THE
SEPTUAGINT
WITH
APOCRYPHA:
GREEK
AND
ENGLISH

The Septuagint is the Greek translation of the Hebrew Old Testament and of the Hebrew apocryphal books. According to tradition, the translation was completed by seventy (according to other sources by seventy-two) scholars in Alexandria, Egypt, between 284 and 247 B.C.

Many of the Old Testament quotations in the New Testament agree with the Septuagint, and the Septuagint vocabulary greatly influenced the New testament writers in their choice of theological terms. This means that we cannot disregard the Septuagint if we are truly to understand the New Testament.

The Greek text in this edition is based on an early fourth-century manuscript known as Codex Vaticanus. Over the centuries, this manuscript has become mutilated in a few places, so that the text can no longer be read. In those cases Brenton has relied on other manuscripts, particularly the fifth-century Codex Alexandrinus. The passages supplied from Alexandrinus are listed in an appendix.

Brenton's translation of the Septuagint with the Apocrypha was first published in 1851.

Features:

- A brief history of the Septuagint
- The complete Vaticanus text of the Septuagint, supplemented where necessary from the Codex Alexandrinus
- Critical notes on the Greek text
- Appendix of difficult words and passages
- Appendix of passages supplied from the Codex Alexandrinus
- Synopsis of each of the apocryphal books

COMPANION TEXTS FOR OLD TESTAMENT STUDIES
from Regency Reference Library

- A Concordance of the Septuagint (Morrish)
- A Grammar of Septuagint Greek (Conybeare and Stock)
- The Septuagint With Apocrypha: Greek and English (Brenton)
- A Hebrew-English Lexicon (Osburn)
- A Reader's Hebrew-English Lexicon of the Old Testament
  (Armstrong, Busby, and Carr)
- Do It Yourself Hebrew and Greek (Goodrick)
- The Analytical Hebrew-Chaldee Lexicon (Davidson)
- The Englishman's Hebrew and Chaldee Concordance of the Old Testament (Wigram)
- The Hebrew Old Testament Slidaverb Conjugation Chart (Peterson and Barker)
- The NIV Interlinear Hebrew-English Old Testament (Kohlenberger)
- The NIV Triglot Old Testament (Kohlenberger)
- A Student's Vocabulary for Biblical Hebrew and Aramaic (Mitchel)

THE
SEPTUAGINT
WITH
APOCRYPHA:
GREEK
AND
ENGLISH

SIR LANCELOT C.L. BRENTON

Regency
Reference Library
Zondervan Publishing House
Grand Rapids, Michigan

Originally published by
SAMUEL BAGSTER & SONS, LONDON, 1851

Requests for information should be addressed to:
Zondervan Publishing House
Grand Rapids, Michigan 49530

Library of Congress Catalog Card Number: 70-106440
ISBN 0-310-20430-5

Printed in the United States of America

94 95 96 97 98 99 00 01 02 / DC / 25 24 23 22 21 20 19 18 17

This edition is printed on acid-free paper and meets the American
National Standards Institute Z39.48 standard.

ORDER OF BOOKS.

ABBREVIATIONS AND SIGNS USED IN THE NOTES.

Heb.	for	Hebrew.	*Alex.*	for	Alexandrine Text.
Gr.	,,	Greek.	*Ald.*	,,	Aldine Text.
Lit.	,,	Literally.	*App.*	,,	Appendix.
q. d.	,,	*quasi dicat.*	+	,,	Sign of addition.
Comp.	,,	Compare.	—	,,	,, omission.
A. V.	,,	Authorised Version.	*sc.*	,,	*scilicet,* that is to say.

INTRODUCTION.

AN HISTORICAL ACCOUNT OF THE SEPTUAGINT VERSION.

The earliest version of the Old Testament Scriptures which is extant, or of which we possess any certain knowledge, is the translation executed at Alexandria in the third century before the Christian era: this version has been so habitually known by the name of the SEPTUAGINT, that the attempt of some learned men in modern times to introduce the designation of the Alexandrian version (as more correct) has been far from successful.

The history of the origin of this translation was embellished with various fables at so early a period, that it has been a work of patient critical research in later times to bring into plain light the facts which may be regarded as well authenticated.

We need not wonder that but little is known with accuracy on this subject; for, with regard to the ancient versions of the Scriptures in general, we possess no information whatever as to the time or place of their execution, or by whom they were made: we simply find such versions in use at particular times, and thus we gather the fact that they must have been previously executed. If, then, our knowledge of the origin of the Septuagint be meagre, it is at least more extensive than that which we possess of other translations.

After the conquests of Alexander had brought Egypt under Macedonian rule, the newly-founded city of Alexandria became especially a place where the Greek language, although by no means in its purest form, was the medium of written and spoken communication amongst the varied population there brought together. This Alexandrian dialect is the idiom in which the Septuagint version was made.

Amongst other inhabitants of Alexandria the number of Jews was considerable: many appear to have settled there even from the first founding of the city, and it became the residence of many more during the reign of the first Ptolemy. Hence the existence of the sacred books of the Jews would easily become known to the Greek population.

The earliest writer who gives an account of the Septuagint version is Aristobulus, a Jew who lived at the commencement of the second century B.C. He says that the version of the Law into Greek was completed under the reign of Ptolemy Philadelphus, and that Demetrius Phalereus had been employed about it. Now, Demetrius died about the beginning of the reign of Ptolemy Philadelphus, and hence it has been reasonably inferred that Aristobulus is a witness that the work of translation had been commenced under Ptolemy Soter.

Different opinions have been formed as to what is intended by Aristobulus when he speaks of the *Law:* some consider that he refers merely to the Pentateuch, while others extend the signification to the Old Testament Scriptures in general: the former opinion appears to be favoured by the strict meaning of the terms used; the latter by the mode in which the Jews often applied the name of Law to the whole of their sacred writings.

The fact may, however, be regarded as certain, that prior to the year 285 B.C. the Septuagint version had been commenced, and that in the reign of Ptolemy Philadelphus, either the books in general or at least an important part of them had been completed.

The embellishments and fictitious additions which this account soon received might be scarcely worthy of notice in this place, were it not that they are intimately connected with the *authority* which this version was once supposed to possess, and with the *name* by which it is commonly known.

A writer, who calls himself Aristeas, says that when Ptolemy Philadelphus was engaged in the formation of the Alexandrian Library, he was advised by Demetrius Phalereus to procure a translation of the sacred books of the Jews. The king accordingly, as a preliminary, purchased the freedom of more than one hundred thousand Jewish captives, and he then sent a deputation, of which Aristeas himself was one, to Eleazar the high-priest to request a copy of the Jewish Law and *seventy-two* interpreters, six out of each tribe. To this the priest is represented to have agreed; and after the arrival of the translators and their magnificent reception by the king, they are said to have been conducted to an island by Demetrius, who wrote down the renderings on which they agreed by mutual conference; and thus the work is stated to have been completed in seventy-two days. The translators are then said to have received from the king most abundant rewards; and the Jews are stated to have asked permission to take copies of the version.

Other additions were subsequently made to this story: some said that each translator was shut into a separate cell, and that all by divine inspiration made their versions word for word alike; others said that there were two in each cell, accompanied by an amanuensis; but at all events miracle and direct inspiration were supposed to be connected with the translation: hence we cannot wonder that the authority attached to this version in the minds of those who believed these stories was almost unbounded.

The basis of truth which appears to be under this story seems to be, that it was an Egyptian king who caused the translation to be made, and that it was from the Royal Library at Alexandria that the Hellenistic Jews received the copies which they used.

In examining the version itself, it bears manifest proof that it was not executed by Jews of Palestine, but by those of Egypt:—there are words and expressions which plainly denote its Alexandrian origin: this alone would be a sufficient demonstration that the narrative of Aristeas is a mere fiction. It may also be doubted whether in the year 285 B.C. there were Jews in Palestine who had sufficient intercourse with the Greeks to have executed a translation into that language; for it must be borne in mind how recently they had become the subjects of Greek monarchs, and how differently they were situated from the Alexandrians as to the influx of Greek settlers.

Some in rejecting the fabulous embellishments have also discarded *all* connected with them: they have then sought to devise new hypotheses as to the origin of the version. Some have thus supposed that the translation was made by Alexandrian Jews for their own use, in order to meet a necessity which they had felt to have a version of the Scriptures in the tongue which had become vernacular to them.

There would be, however, many difficulties in the way of this hypothesis. We would hardly suppose that in a space of thirty-five years the Alexandrian Jews had found such a translation needful or desirable: we must also bear in mind that we find at this period no trace of any versions having been made by Jews into the languages of other countries in which they had continued for periods much longer than that of their settlement at Alexandria.

The most reasonable conclusion is, that the version was executed for the Egyptian king; and that the Hellenistic Jews afterwards used it as they became less and less familiar with the language of the original.

If the expression of Aristobulus does not designate the whole of the books of the Old Testament as translated in the time of Ptolemy Philadelphus, the question arises, When were the other books besides the Pentateuch turned into Greek? To this no definite answer could

be given: we may however be certain that various interpreters were occupied in translating various parts, and in all probability the interval between the commencement and the conclusion of the work was not great.

The variety of the translators is proved by the unequal character of the version: some books show that the translators were by no means competent to the task, while others, on the contrary, exhibit on the whole a careful translation. The Pentateuch is considered to be the part the best executed, while the book of Isaiah appears to be the very worst.

In estimating the general character of the version, it must be remembered that the translators were Jews, full of traditional thoughts of their own as to the meaning of Scripture; and thus nothing short of a miracle could have prevented them from infusing into their version the thoughts which were current in their own minds. They could only translate passages as they themselves understood them. This is evidently the case when their work is examined.

It would be, however, too much to say that they translated with dishonest intention; for it cannot be doubted that they wished to express their Scriptures truly in Greek, and that their deviations from accuracy may be simply attributed to the incompetency of some of the interpreters, and the tone of mental and spiritual feeling which was common to them all.

One difficulty which they had to overcome was that of introducing theological ideas, which till then had only their proper terms in Hebrew, into a language of Gentiles, which till then had terms for no religious notions except those of heathens. Hence the necessity of using many words and phrases in new and appropriated senses.

These remarks are not intended as depreciatory of the Septuagint version: their object is rather to show what difficulties the translators had to encounter, and why in some respects they failed; as well as to meet the thought which has occupied the minds of some, who would extol this version as though it possessed something resembling co-ordinate authority with the Hebrew text itself.

One of the earliest of those writers who mention the Greek translation of the Scriptures, speaks also of the version as not fully adequate. The Prologue of Jesus the son of Sirach (written as many suppose B.C. 130) to his Greek version of his grandfather's work, states: οὐ γὰρ ἰσοδυναμεῖ αὐτὰ ἐν ἑαυτοῖς Ἑβραϊστὶ λεγόμενα, καὶ ὅταν μεταχθῇ εἰς ἑτέραν γλῶσσαν· οὐ μόνον δὲ ταῦτα, ἀλλὰ καὶ αὐτὸς ὁ νόμος καὶ αἱ προφητεῖαι, καὶ τὰ λοιπὰ τῶν βιβλίων οὐ μικρὰν ἔχει τὴν διαφορὰν ἐν ἑαυτοῖς λεγόμενα: "For the same things expressed in Hebrew have not an equal force when translated into another language. Not only so, but even *the Law* and *the prophecies* and *the rest of the books* differ not a little as to the things said in them." The writer of this Prologue had come into Egypt from the Holy Land: he had undertaken the translation of his grandfather's work into Greek, but in explanation of the difficulty which he had to encounter in this work, he refers to the defects found even in the version of the Law, the prophets, and the other books, of which he had previously spoken. Doubtless coming into Egypt he was more conscious of the defects of the Septuagint version than could have been the case with Egyptian Jews, who had used the translation commonly and habitually for a century and a quarter.

At Alexandria the Hellenistic Jews used the version, and gradually attached to it the greatest possible authority: from Alexandria it spread amongst the Jews of the dispersion, so that at the time of our Lord's birth it was the common form in which the Old Testament Scriptures had become diffused.

In examining the Pentateuch of the Septuagint in connection with the Hebrew text, and with the copies preserved by the Samaritans in their crooked letters, it is remarkable that in very many passages the readings of the Septuagint accord with the Samaritan copies where they differ from the Jewish. We cannot here notice the various theories which have been advanced to account for this accordance of the Septuagint with the Samaritan copies of the Hebrew; indeed it is not very satisfactory to enter into the details of the subject, because no theory hitherto brought forward explains *all* the facts, or meets *all* the difficulties. To one point, however, we will advert, because it has not been sufficiently taken into account,—in the places in which the Samaritan and Jewish copies of the Hebrew text differ, *in important and material*

points, the Septuagint accords *much more* with the Jewish than with the Samaritan copies, and in a good many points it introduces variations unknown to either.

The Septuagint version having been current for about three centuries before the time when the books of the New Testament were written, it is not surprising that the Apostles should have used it more often than not in making citations from the Old Testament. They used it as an honestly-made version in pretty general use at the time when they wrote. They did not on every occasion give an authoritative translation of each passage *de novo,* but they used what was already familiar to the ears of converted Hellenists, when it was sufficiently accurate to suit the matter in hand. In fact, they used it as did their contemporary Jewish writers, Philo and Josephus, but not, however, with the blind implicitness of the former.

In consequence of the fact that the New Testament writers used on many occasions the Septuagint version, some have deduced a new argument for its *authority,*—a theory which we might have thought to be sufficiently disproved by the defects of the version, which evince that it is merely a human work. But the fact that the New Testament writers used this version on many occasions supplies a new proof in opposition to the idea of its *authority,* for in not a few places they do *not* follow it, but they supply a version of their own which rightly represents the Hebrew text, although contradicting the Septuagint.

The use, however, which the writers of the New Testament have made of the Septuagint version must always invest it with a peculiar interest; we thus see what honour God may be pleased to put on an honestly-made version, since we find that inspired writers often used such a version, when it was sufficiently near the original to suit the purpose for which it was cited, instead of rendering the Hebrew text *de novo* on every occasion.

Another important point on which the Septuagint stands in close connection with the New Testament is the general phraseology of the version,—a phraseology in which the traces of Hebrew elements are most marked, but with regard to which we should mistake greatly if we supposed that it *originated* with the New Testament writers. Thus we may see that the study of the Septuagint is almost needful to any biblical scholar who wishes to estimate adequately the phraseology and *usus loquendi* of the New Testament.

Besides the direct citations in the New Testament in which the Septuagint is manifestly used, there are not a few passages in which it is clear that the train of expression has been formed on words and phrases of the Septuagint: thus an intimate acquaintance with this version becomes in a manner necessary on the part of an expositor who wishes to enter accurately into the scope of many parts of the New Testament.

Thus, whatever may be our estimate of the defects found in the Septuagint—its inadequate renderings, its departures from the sense of the Hebrew, its doctrinal deficiencies owing to the limited apprehensions of the translators—there is no reason whatever for our neglecting the version, or not being fully alive to its real value and importance.

After the diffusion of Christianity, copies of the Septuagint became widely dispersed amongst the new communities that were formed; so that before many years had elapsed this version must have been as much in the hands of Gentiles as of Jews.

The veneration with which the Jews had treated this version (as is shown in the case of Philo and Josephus), gave place to a very contrary feeling when they found how it could be used against them in argument: hence they decried the version, and sought to deprive it of all authority. As the Gentile Christians were generally unacquainted with Hebrew, they were unable to meet the Jews on the ground which they now took; and as the Gentile Christians at this time believed the most extraordinary legends of the origin of the version, so that they fully embraced the opinions of its authority and inspiration, they necessarily regarded the denial on the part of the Jews of its accuracy, as little less than blasphemy, and as a proof of their blindness.

In the course of the second century, three other complete versions of the Old Testament into Greek were executed: these are of importance in this place, because of the manner in which they were afterwards connected with the Septuagint.

The first of the Greek versions of the Old Testament executed in the second century was that of AQUILA. He is described as a Jew or Jewish proselyte of Pontus, and the date commonly attributed to his version is about the year A.D. 126. His translation is said to have been executed for the express purpose of opposing the authority of the Septuagint: his version was in consequence upheld by the Jews. His labour was evidently directed in opposing the passages which the Christians were accustomed to cite from the Septuagint as applicable to the Lord Jesus. The general characteristic of this version is bold literality of rendering: such an endeavour is made to render each Hebrew word and particle into Greek, that all grammar is often set at defiance, and not unfrequently the sense is altogether sacrificed. From the scrupulosity of Aquila in rendering each Hebrew word, his work, if we possessed it complete (and not merely in scattered fragments), would be of great value in textual criticism.

Another Greek translator at a subsequent period in the second century was SYMMACHUS. He is described as an Ebionite, a kind of semi-Christian. His version seems to have been executed in good and pure Greek: perhaps he was the more particular in his attention to this in consequence of the mere barbarism of Aquila.

A third translator in the same century was THEODOTION, an Ebionite like Symmachus, to whom he was probably anterior. His version is in many parts based on the Septuagint. He is less servile in his adherence to the words of the Hebrew than Aquila, although he is void of the freedom of Symmachus. His knowledge of Hebrew was certainly but limited, and without the Septuagint it is hardly probable that he could have undertaken this version.

Thus, before the end of the second century there were, besides the Septuagint, three versions of the Old Testament in Greek, known to both Jews and Christians. All this could not fail in making the Old Testament Scriptures better known and more widely read.

Although many Christians believed in the inspiration and authority of the Septuagint, yet this could not have been universally the case; otherwise the disuse of the real Septuagint version of the book of Daniel, and the adoption of that of Theodotion in its stead, could never have taken place. This must have arisen from an apprehension of the poverty and inaccuracy of the Septuagint in this book, so that another version similar in its general style was gladly adopted.

We have now to speak of the labours of ORIGEN in connection with the text of the Septuagint. This learned and enterprising scholar, having acquired a knowledge of Hebrew, found that in many respects the copies of the Septuagint differed from the Hebrew text. It seems to be uncertain whether he regarded such differences as having arisen from mistakes on the part of copyists, or from errors of the original translators themselves.

The object which he proposed to himself was not to restore the Septuagint to its original condition, nor yet to correct mere errors of translation simply as such, but to cause that the Church should possess a text of the Septuagint in which all *additions* to the Hebrew should be marked with an *obelus*, and in which all that the Septuagint omitted should be added from one of the other versions marked with an *asterisk*. He also indicated readings in the Septuagint which were so incorrect that the passage ought to be changed for the corresponding one in another version.

With the object of thus amending the Septuagint, he formed his great works, the Hexapla and Tetrapla; these were (as the names imply) works in which the page was divided respectively into six columns and into four columns.

The Hexapla contained, 1st, the Hebrew text; 2nd, the Hebrew text expressed in Greek characters; 3rd, the version of Aquila; 4th, that of Symmachus; 5th, the Septuagint; 6th, Theodotion. The Tetrapla contained merely the four last columns.

Besides these four versions of the entire Old Testament, Origen employed *three* anonymous Greek versions of particular books; these are commonly called the *fifth, sixth,* and *seventh*

versions. Hence in the parts in which *two* of these versions are added, the work was designated Octapla, and where all the three appeared, it was called Enneapla.

References were then made from the column of the Septuagint to the other versions, so as to complete and correct it: for this purpose Theodotion was principally used. This recension by Origen has generally been called the *Hexaplar* text. The Hexapla itself is said never to have been copied: what remains of the versions which it contained (mere fragments) were edited by Montfaucon in 1714, and in an abridged edition by Bahrdt in 1769–70.

The Hexaplar text of the Septuagint was copied about half a century after Origen's death by Pamphilus and Eusebius; it thus obtained a circulation; but the errors of copyists soon confounded the marks of addition and omission which Origen placed, and hence the text of the Septuagint became almost hopelessly mixed up with that of other versions.

The Hexaplar text is best known from a Syriac version which was made from it; of this many books have been published from a MS. at Milan; other books are now in the British Museum amongst the rest of the Syriac treasures obtained from the Nitrian monasteries. This Syro-Hexaplar translation preserves the marks of the Greek text, and the references to the other translations. It may yet be made of great use in separating the readings which were introduced by Origen from those of an older date.

There were two other early attempts to revise the Septuagint besides that of Origen. In the beginning of the fourth century, Lucian, a presbyter of Antioch, and Hesychius, an Egyptian bishop, undertook similar labours of the same kind. These two *recensions* (which they were in the proper sense of the term) were much used in the Eastern Churches.

From the fourth century and onward, we know of no definite attempt to revise the text of the Septuagint, or to correct the discrepancies of various copies. It is probable, however, that just as the text of the Greek New Testament became in a great measure fixed into the same form as we find it in the modern copies, something of the same kind must have been the case with the Septuagint. As to the Greek New Testament, this seems to have occurred about the eleventh century, when the mass of copies were written within the limits of the patriarchate of Constantinople. It is probable that certain copies approved at the metropolis, both politically and religiously, of those who used the Greek tongue, were tacitly taken as a kind of standard.

We find amongst the members of the Eastern Churches who use the Greek language, that the Septuagint has been and is still so thoroughly received as authentic Scripture, that any effort to introduce amongst them versions which accurately represent the Hebrew (as has been attempted in modern times) has been wholly fruitless.

Thus the Septuagint demands our attention, were it only from the fact that the whole circle of religious ideas and thoughts amongst Christians in the East has *always* been moulded according to this version. Without an acquaintance with the Septuagint, numerous allusions in the writings of the Fathers become wholly unintelligible, and even important doctrinal discussions and difficulties (such even as some connected with the Arian controversy) become wholly unintelligible.

As the Septuagint was held in such honour in the East, it is no cause for surprise that this version was the basis of the other translations which were made in early times into vernacular tongues. There was, however, also another reason;—the general ignorance of the original Hebrew amongst the early Christians prevented their forming their translations from the fountain itself. The especial exception to this remark is the Syriac version of the Old Testament formed at once from the Hebrew.

ΓΕΝΕΣΙΣ.

2 ἘΝ ἀρχῇ ἐποίησεν ὁ Θεὸς τὸν οὐρανὸν καὶ τὴν γῆν. Ἡ δὲ
γῆ ἦν ἀόρατος καὶ ἀκατασκεύαστος, καὶ σκότος ἐπάνω τῆς
3 ἀβύσσου· καὶ πνεῦμα Θεοῦ ἐπεφέρετο ἐπάνω τοῦ ὕδατος. Καὶ
4 εἶπεν ὁ Θεὸς, γενηθήτω φῶς· καὶ ἐγένετο φῶς. Καὶ εἶδεν ὁ
Θεὸς τὸ φῶς, ὅτι καλόν· καὶ διεχώρισεν ὁ Θεὸς ἀνὰ μέσον τοῦ
5 φωτὸς, καὶ ἀνὰ μέσον τοῦ σκότους. Καὶ ἐκάλεσεν ὁ Θεὸς τὸ
φῶς ἡμέραν, καὶ τὸ σκότος ἐκάλεσε νύκτα. Καὶ ἐγένετο
ἑσπέρα, καὶ ἐγένετο πρωῒ, ἡμέρα μία.

6 Καὶ εἶπεν ὁ Θεὸς, γενηθήτω στερέωμα ἐν μέσῳ τοῦ ὕδατος·
καὶ ἔστω διαχωρίζον ἀνὰ μέσον ὕδατος καὶ ὕδατος· καὶ ἐγένετο
7 οὕτως. Καὶ ἐποίησεν ὁ Θεὸς τὸ στερέωμα· καὶ διεχώρισεν ὁ
Θεὸς ἀνὰ μέσον τοῦ ὕδατος, ὃ ἦν ὑποκάτω τοῦ στερεώματος,
8 καὶ ἀνὰ μέσον τοῦ ὕδατος, τοῦ ἐπάνω τοῦ στερεώματος. Καὶ
ἐκάλεσεν ὁ Θεὸς τὸ στερέωμα οὐρανόν· καὶ εἶδεν ὁ Θεὸς ὅτι
καλόν· καὶ ἐγένετο ἑσπέρα, καὶ ἐγένετο πρωῒ, ἡμέρα δευτέρα.

9 Καὶ εἶπεν ὁ Θεὸς, συναχθήτω τὸ ὕδωρ τὸ ὑποκάτω τοῦ
οὐρανοῦ εἰς συναγωγὴν μίαν, καὶ ὀφθήτω ἡ ξηρά· καὶ ἐγένετο
οὕτως· καὶ συνήχθη τὸ ὕδωρ τὸ ὑποκάτω τοῦ οὐρανοῦ εἰς τὰς
10 συναγωγὰς αὐτῶν, καὶ ὤφθη ἡ ξηρά. Καὶ ἐκάλεσεν ὁ Θεὸς
τὴν ξηρὰν, γῆν· καὶ τὰ συστήματα τῶν ὑδάτων ἐκάλεσε θαλάσ-
11 σας· καὶ εἶδεν ὁ Θεὸς ὅτι καλόν. Καὶ εἶπεν ὁ Θεὸς, βλαστη-
σάτω ἡ γῆ βοτάνην χόρτου, σπεῖρον σπέρμα κατὰ γένος καὶ
καθ᾽ ὁμοιότητα, καὶ ξύλον κάρπιμον ποιοῦν καρπὸν, οὗ τὸ
σπέρμα αὐτοῦ ἐν αὐτῷ κατὰ γένος ἐπὶ τῆς γῆς· καὶ ἐγένετο
12 οὕτως. Καὶ ἐξήνεγκεν ἡ γῆ βοτάνην χόρτου, σπεῖρον σπέρμα
κατὰ γένος καὶ καθ᾽ ὁμοιότητα, καὶ ξύλον κάρπιμον ποιοῦν
καρπὸν, οὗ τὸ σπέρμα αὐτοῦ ἐν αὐτῷ κατὰ γένος ἐπὶ τῆς γῆς·
13 καὶ εἶδεν ὁ Θεὸς ὅτι καλόν. Καὶ ἐγένετο ἑσπέρα, καὶ ἐγένετο
πρωῒ, ἡμέρα τρίτη.

14 Καὶ εἶπεν ὁ Θεὸς, γενηθήτωσαν φωστῆρες ἐν τῷ στερεώματι
τοῦ οὐρανοῦ εἰς φαῦσιν ἐπὶ τῆς γῆς, τοῦ διαχωρίζειν ἀνὰ μέσον
τῆς ἡμέρας καὶ ἀνὰ μέσον τῆς νυκτός· καὶ ἔστωσαν εἰς σημεῖα,
15 καὶ εἰς καιροὺς, καὶ εἰς ἡμέρας, καὶ εἰς ἐνιαυτούς. Καὶ ἔστωσαν
εἰς φαῦσιν ἐν τῷ στερεώματι τοῦ οὐρανοῦ, ὥστε φαίνειν ἐπὶ
16 τῆς γῆς· καὶ ἐγένετο οὕτως. Καὶ ἐποίησεν ὁ Θεὸς τοὺς δύο
φωστῆρας τοὺς μεγάλους· τὸν φωστῆρα τὸν μέγαν εἰς ἀρχὰς

In the beginning God made the heaven and
the earth. [2] But the earth was unsightly
and unfurnished, and darkness was over the
deep, and the Spirit of God moved over the
water. [3] And God said, Let there be light,
and there was light. [4] And God saw the
light that it was good, and God divided be-
tween the light [β] and the darkness. [5] And
God called the light Day, and the darkness
he called Night, and there was evening and
there was morning, the first day.

[6] And God said, Let there be a firmament
in the midst of the water, and let it be a
division between water and water, and it
was so. [7] And God made the firmament, and
God divided between the water which was
under the firmament and the water which
was above the firmament. [8] And God called
the firmament Heaven, and God saw that it
was good, and there was evening and there
was morning, the second day.

[9] And God said, Let the water which is
under the heaven be collected into one
[γ] place, and let the dry land appear, and it
was so. And the water which was under
the heaven was collected into [δ] its places, and
the dry land appeared. [10] And God called
the dry land Earth, and the [ζ] gatherings of
the waters he called Seas, and God saw that
it was good. [11] And God said, Let the earth
bring forth the herb of grass [θ] bearing seed
according to its kind and according to its
likeness, and the fruit-tree bearing fruit
whose seed is in it, according to its kind [λ] on
the earth, and it was so. [12] And the earth
brought forth the herb of grass bearing seed
according to its kind and according to its
likeness, and the fruit tree bearing fruit
whose seed is in it, according to its kind on
the earth, and God saw that it was good.
[13] And there was evening and there was
morning, the third day.

[14] And God said, Let there be lights in the
firmament of the heaven [μ] to give light upon
the earth, to divide between day and night,
and let them be for signs and for seasons and
for days and for years. [15] And let them be
for light in the firmament of the heaven, so
as to shine upon the earth, and it was so.
[16] And God made the two great lights, the
greater light for regulating the day and the

β Gr. and between the darkness. *Hebraism.*   γ Gr. meeting.   δ Gr. their meetings.   ζ Gr. systems.   θ Gr. sowing.
λ *Alex.* + εἰς ὁμοιότητα.   μ Gr. for light or shining.

lesser light for regulating the night, the stars also. ¹⁷And God placed them in the firmament of the heaven, so as to shine upon the earth, ¹⁸and to regulate day and night, and to divide between the light and the darkness. And God saw that it was good. ¹⁹And there was evening and there was morning, the fourth day.

²⁰And God said, Let the waters bring forth reptiles β having life, and winged creatures flying above the earth in the firmament of heaven, and it was so. ²¹And God made great γ whales, and δ every living reptile, which the waters brought forth according to their kinds, and every creature that flies with wings according to its kind, and God saw that they were good. ²²And God blessed them, saying, Increase and multiply and fill the waters in the seas, and let the creatures that fly be multiplied on the earth. ²³And there was evening and there was morning, the fifth day.

²⁴And God said, Let the earth bring forth the living ζ creature according to its kind, quadrupeds and reptiles and wild beasts of the earth according to their kind, and it was so. ²⁵And God made the wild beasts of the earth according to their kind, and cattle according to their kind, and all the reptiles of the earth according to their kind, and God saw that they were good.

²⁶And God said, Let us make man according to our image and likeness, and let them have dominion over the fish of the sea, and over the flying creatures of heaven, and over the cattle and all the earth, and over all the reptiles that creep on the earth. ²⁷And God made man, according to the image of God θ he made him, male and female he made them. ²⁸And God blessed them, saying, Increase and multiply, and fill the earth and subdue it, and have dominion over the fish of the seas and flying creatures of heaven, and all the cattle and all the earth, and all the reptiles that creep on the earth. ²⁹And God said, Behold I have given to you every seed-bearing herb sowing seed which is upon all the earth, and every tree which has in itself the fruit of seed that is sown, to you it shall be for food. ³⁰And to all the wild beasts of the earth, and to all the flying creatures of heaven, and to every reptile creeping on the earth, which has in itself the λ breath of life, even every green plant for food; and it was so. ³¹And God saw all the things that he had made, and, behold, they were very good. And there was evening and there was morning, the sixth day. ¹And the heavens and the earth were finished, and the whole μ world of them.

²ξAnd God finished on the sixth day his works which he made, and he ceased on the seventh day from all his works which he made. ³And God blessed the seventh day and sanctified it, because in it he ceased from all his works which God π began to do.

⁴This is the book of the generation of heaven and earth, when ρ they were made, in the day in which the Lord God made the heaven and the earth, ⁵and every herb of the

τῆς ἡμέρας, καὶ τὸν φωστῆρα τὸν ἐλάσσω εἰς ἀρχὰς τῆς νυκτὸς, καὶ τοὺς ἀστέρας. Καὶ ἔθετο αὐτοὺς ὁ Θεὸς ἐν τῷ στερεώματι 17 τοῦ οὐρανοῦ, ὥστε φαίνειν ἐπὶ τῆς γῆς, καὶ ἄρχειν τῆς ἡμέρας 18 καὶ τῆς νυκτὸς, καὶ διαχωρίζειν ἀνὰ μέσον τοῦ φωτὸς, καὶ ἀνὰ μέσον τοῦ σκότους· καὶ εἶδεν ὁ Θεὸς ὅτι καλόν. Καὶ ἐγένετο 19 ἑσπέρα, καὶ ἐγένετο πρωὶ, ἡμέρα τετάρτη.

Καὶ εἶπεν ὁ Θεὸς, ἐξαγαγέτω τὰ ὕδατα ἑρπετὰ ψυχῶν ζωσῶν, 20 καὶ πετεινὰ πετόμενα ἐπὶ τῆς γῆς κατὰ τὸ στερέωμα τοῦ οὐρανοῦ· καὶ ἐγένετο οὕτως. Καὶ ἐποίησεν ὁ Θεὸς τὰ κήτη τὰ 21 μεγάλα, καὶ πᾶσαν ψυχὴν ζώων ἑρπετῶν, ἃ ἐξήγαγε τὰ ὕδατα κατὰ γένη αὐτῶν, καὶ πᾶν πετεινὸν πτερωτὸν κατὰ γένος· καὶ εἶδεν ὁ Θεὸς ὅτι καλά. Καὶ εὐλόγησεν αὐτὰ ὁ Θεὸς, λέγων, 22 αὐξάνεσθε καὶ πληθύνεσθε, καὶ πληρώσατε τὰ ὕδατα ἐν ταῖς θαλάσσαις, καὶ τὰ πετεινὰ πληθυνέσθωσαν ἐπὶ τῆς γῆς. Καὶ 23 ἐγένετο ἑσπέρα, καὶ ἐγένετο πρωὶ, ἡμέρα πέμπτη.

Καὶ εἶπεν ὁ Θεὸς, ἐξαγαγέτω ἡ γῆ ψυχὴν ζῶσαν κατὰ γένος, 24 τετράποδα, καὶ ἑρπετὰ, καὶ θηρία τῆς γῆς κατὰ γένος· καὶ ἐγένετο οὕτως. Καὶ ἐποίησεν ὁ Θεὸς τὰ θηρία τῆς γῆς κατὰ 25 γένος, καὶ τὰ κτήνη κατὰ γένος αὐτῶν, καὶ πάντα τὰ ἑρπετὰ τῆς γῆς κατὰ γένος· καὶ εἶδεν ὁ Θεὸς ὅτι καλά.

Καὶ εἶπεν ὁ Θεὸς, ποιήσωμεν ἄνθρωπον κατ᾽ εἰκόνα ἡμετέραν 26 καὶ καθ᾽ ὁμοίωσιν· καὶ ἀρχέτωσαν τῶν ἰχθύων τῆς θαλάσσης, καὶ τῶν πετεινῶν τοῦ οὐρανοῦ, καὶ τῶν κτηνῶν, καὶ πάσης τῆς γῆς, καὶ πάντων τῶν ἑρπετῶν τῶν ἑρπόντων ἐπὶ τῆς γῆς. Καὶ 27 ἐποίησεν ὁ Θεὸς τὸν ἄνθρωπον· κατ᾽ εἰκόνα Θεοῦ ἐποίησεν αὐτόν· ἄρσεν καὶ θῆλυ ἐποίησεν αὐτούς. Καὶ εὐλόγησεν 28 αὐτοὺς ὁ Θεὸς, λέγων, αὐξάνεσθε καὶ πληθύνεσθε, καὶ πληρώσατε τὴν γῆν, καὶ κατακυριεύσατε αὐτῆς· καὶ ἄρχετε τῶν ἰχθύων τῆς θαλάσσης, καὶ τῶν πετεινῶν τοῦ οὐρανοῦ, καὶ πάντων τῶν κτηνῶν, καὶ πάσης τῆς γῆς, καὶ πάντων τῶν ἑρπετῶν τῶν ἑρπόντων ἐπὶ τῆς γῆς. Καὶ εἶπεν ὁ Θεὸς, Ἰδοὺ δέδωκα ὑμῖν πάντα 29 χόρτον σπόριμον σπεῖρον σπέρμα, ὅ ἐστιν ἐπάνω πάσης τῆς γῆς· καὶ πᾶν ξύλον, ὃ ἔχει ἐν ἑαυτῷ καρπὸν σπέρματος σπορίμου, ὑμῖν ἔσται εἰς βρῶσιν, καὶ πᾶσι τοῖς θηρίοις τῆς 30 γῆς, καὶ πᾶσι τοῖς πετεινοῖς τοῦ οὐρανοῦ, καὶ παντὶ ἑρπετῷ ἕρποντι ἐπὶ τῆς γῆς, ὃ ἔχει ἐν ἑαυτῷ ψυχὴν ζωῆς, καὶ πάντα χόρτον χλωρὸν εἰς βρῶσιν· καὶ ἐγένετο οὕτως. Καὶ εἶδεν 31 ὁ Θεὸς τὰ πάντα, ὅσα ἐποίησε, καὶ ἰδοὺ καλὰ λίαν· καὶ ἐγένετο ἑσπέρα, καὶ ἐγένετο πρωὶ, ἡμέρα ἕκτη. Καὶ συνετελέσθησαν 2 ὁ οὐρανὸς καὶ ἡ γῆ, καὶ πᾶς ὁ κόσμος αὐτῶν.

Καὶ συνετέλεσεν ὁ Θεὸς ἐν τῇ ἡμέρᾳ τῇ ἕκτῃ τὰ ἔργα αὐτοῦ, 2 ἃ ἐποίησε· καὶ κατέπαυσε τῇ ἡμέρᾳ τῇ ἑβδόμῃ ἀπὸ πάντων τῶν ἔργων αὐτοῦ, ὧν ἐποίησε. Καὶ εὐλόγησεν ὁ Θεὸς τὴν 3 ἡμέραν τὴν ἑβδόμην, καὶ ἡγίασεν αὐτὴν, ὅτι ἐν αὐτῇ κατέπαυσεν ἀπὸ πάντων τῶν ἔργων αὐτοῦ, ὧν ἤρξατο ὁ Θεὸς ποιῆσαι.

Αὕτη ἡ βίβλος γενέσεως οὐρανοῦ καὶ γῆς, ὅτε ἐγένετο, ᾗ 4 ἡμέρᾳ ἐποίησε Κύριος ὁ Θεὸς τὸν οὐρανὸν καὶ τὴν γῆν, καὶ 5

β Lit. of living souls.   γ Or, probably any large fish, or marine animals, whether cetaceous or not.
δ Gr. every soul of living reptiles.   ζ Gr. soul.   θ Mat. 19. 4.   λ Gr. soul.   μ Or, order. See John 1. 10.   ξ Heb. 4. 4.
π Or, made in the beginning. See Acts 1. 1.   ρ Or, it took place.

πᾶν χλωρὸν ἀγροῦ πρὸ τοῦ γενέσθαι ἐπὶ τῆς γῆς, καὶ πάντα
χόρτον ἀγροῦ πρὸ τοῦ ἀνατεῖλαι· οὐ γὰρ ἔβρεξεν ὁ Θεὸς ἐπὶ
6 τὴν γῆν, καὶ ἄνθρωπος οὐκ ἦν ἐργάζεσθαι αὐτήν. Πηγὴ δὲ
ἀνέβαινεν ἐκ τῆς γῆς, καὶ ἐπότιζε πᾶν τὸ πρόσωπον τῆς γῆς.
7 Καὶ ἔπλασεν ὁ Θεὸς τὸν ἄνθρωπον, χοῦν ἀπὸ τῆς γῆς· καὶ
ἐνεφύσησεν εἰς τὸ πρόσωπον αὐτοῦ πνοὴν ζωῆς, καὶ ἐγένετο ὁ
ἄνθρωπος εἰς ψυχὴν ζῶσαν.

8 Καὶ ἐφύτευσεν ὁ Θεὸς παράδεισον ἐν Ἐδὲμ κατὰ ἀνατολάς·
9 καὶ ἔθετο ἐκεῖ τὸν ἄνθρωπον, ὃν ἔπλασε. Καὶ ἐξανέτειλεν ὁ
Θεὸς ἔτι ἐκ τῆς γῆς πᾶν ξύλον ὡραῖον εἰς ὅρασιν, καὶ καλὸν εἰς
βρῶσιν, καὶ τὸ ξύλον τῆς ζωῆς ἐν μέσῳ τοῦ παραδείσου, καὶ τὸ
10 ξύλον τοῦ εἰδέναι γνωστὸν καλοῦ καὶ πονηροῦ. Ποταμὸς
δὲ ἐκπορεύεται ἐξ Ἐδὲμ ποτίζειν τὸν παράδεισον· ἐκεῖθεν
11 ἀφορίζεται εἰς τέσσαρας ἀρχάς. Ὄνομα τῷ ἑνὶ, Φισών· οὗτος
ὁ κυκλῶν πᾶσαν τὴν γῆν Εὐιλάτ· ἐκεῖ οὗ ἐστι τὸ χρυσίον·
12 Τὸ δὲ χρυσίον τῆς γῆς ἐκείνης καλόν· καὶ ἐκεῖ ἐστιν ὁ ἄνθραξ,
13 καὶ ὁ λίθος ὁ πράσινος. Καὶ ὄνομα τῷ ποταμῷ τῷ δευτέρῳ,
14 Γεών· οὗτος ὁ κυκλῶν πᾶσαν τὴν γῆν Αἰθιοπίας. Καὶ ὁ
ποταμὸς ὁ τρίτος, Τίγρις· οὗτος ὁ προπορευόμενος κατέναντι
15 Ἀσσυρίων· ὁ δὲ ποταμὸς ὁ τέταρτος, Εὐφράτης! Καὶ ἔλαβε
Κύριος ὁ Θεὸς τὸν ἄνθρωπον ὃν ἔπλασε, καὶ ἔθετο αὐτὸν ἐν τῷ
παραδείσῳ τῆς τρυφῆς, ἐργάζεσθαι αὐτὸν καὶ φυλάσσειν.
16 Καὶ ἐνετείλατο Κύριος ὁ Θεὸς τῷ Ἀδὰμ, λέγων, ἀπὸ παντὸς
17 ξύλου τοῦ ἐν τῷ παραδείσῳ βρώσει φαγῇ. Ἀπὸ δὲ τοῦ ξύλου
τοῦ γινώσκειν καλὸν καὶ πονηρὸν, οὐ φάγεσθε ἀπ' αὐτοῦ· ᾗ δ'
ἂν ἡμέρᾳ φάγητε ἀπ' αὐτοῦ, θανάτῳ ἀποθανεῖσθε.

18 Καὶ εἶπε Κύριος ὁ Θεὸς, οὐ καλὸν εἶναι τὸν ἄνθρωπον μόνον·
19 ποιήσωμεν αὐτῷ βοηθὸν κατ' αὐτόν. Καὶ ἔπλασεν ὁ Θεὸς ἔτι
ἐκ τῆς γῆς πάντα τὰ θηρία τοῦ ἀγροῦ, καὶ πάντα τὰ πετεινὰ
τοῦ οὐρανοῦ· καὶ ἤγαγεν αὐτὰ πρὸς τὸν Ἀδὰμ, ἰδεῖν τί καλέσει
αὐτά· καὶ πᾶν ὃ ἐὰν ἐκάλεσεν αὐτὸ Ἀδὰμ ψυχὴν ζῶσαν, τοῦτο
20 ὄνομα αὐτῷ. Καὶ ἐκάλεσεν Ἀδὰμ ὀνόματα πᾶσι τοῖς κτήνεσι,
καὶ πᾶσι τοῖς πετεινοῖς τοῦ οὐρανοῦ, καὶ πᾶσι τοῖς θηρίοις τοῦ
21 ἀγροῦ· τῷ δὲ Ἀδὰμ οὐχ εὑρέθη βοηθὸς ὅμοιος αὐτῷ. Καὶ
ἐπέβαλεν ὁ Θεὸς ἔκστασιν ἐπὶ τὸν Ἀδὰμ, καὶ ὕπνωσε· καὶ
ἔλαβε μίαν τῶν πλευρῶν αὐτοῦ, καὶ ἀνεπλήρωσε σάρκα ἀντ'
22 αὐτῆς. Καὶ ᾠκοδόμησεν ὁ Θεὸς τὴν πλευρὰν, ἣν ἔλαβεν ἀπὸ
τοῦ Ἀδὰμ εἰς γυναῖκα· καὶ ἤγαγεν αὐτὴν πρὸς τὸν Ἀδάμ.
23 Καὶ εἶπεν Ἀδάμ· τοῦτο νῦν ὀστοῦν ἐκ τῶν ὀστέων μου, καὶ
σὰρξ ἐκ τῆς σαρκός μου· αὕτη κληθήσεται γυνὴ, ὅτι ἐκ τοῦ
24 ἀνδρὸς αὐτῆς ἐλήφθη. Ἕνεκεν τούτου καταλείψει ἄνθρωπος
τὸν πατέρα αὐτοῦ καὶ τὴν μητέρα, καὶ προσκολληθήσεται πρὸς
3 τὴν γυναῖκα αὐτοῦ· καὶ ἔσονται οἱ δύο εἰς σάρκα μίαν. Καὶ ἦσαν
οἱ δύο γυμνοὶ, ὅ, τε Ἀδὰμ καὶ ἡ γυνὴ αὐτοῦ, καὶ οὐκ ᾐσχύνοντο.

2 Ὁ δὲ ὄφις ἦν φρονιμώτατος πάντων τῶν θηρίων τῶν ἐπὶ τῆς
γῆς, ὧν ἐποίησε Κύριος ὁ Θεός· καὶ εἶπεν ὁ ὄφις τῇ γυναικὶ, τί
ὅτι εἶπεν ὁ Θεὸς, οὐ μὴ φάγητε ἀπὸ παντὸς ξύλου τοῦ παρα-
3 δείσου; Καὶ εἶπεν ἡ γυνὴ τῷ ὄφει, ἀπὸ καρποῦ τοῦ ξύλου τοῦ

field before it was on the earth, and all the
grass of the field before it sprang up, for God
had not rained on the earth, and there was
not a man to cultivate it. [6]But there rose
a fountain out of the earth, and watered
the whole face of the earth. [7]And God
formed the man *of* dust of the earth, and
breathed upon his face the breath of life,
βand the man became a living soul.

[8]And God planted a garden eastward in
Edem, and placed there the man whom he
had formed. [9]And God made to spring up
also out of the earth every tree beautiful
γ to the eye and good for food, and the tree
of life in the midst of the garden, and the
tree of learning δthe knowledge of good and
evil. [10]And a river proceeds out of Edem
to water the garden, thence it divides itself
into four heads. [11]The name of the one,
Phisom, this it is which encircles the whole
land of Evilat, where there is gold. [12]And
the gold of that land is good, there also is
carbuncle and emerald. [13]And the name of
the second river is Geon, this it is which
encircles the whole land of Ethiopia. [14]And
the third river is Tigris, this is that which
flows forth over against the Assyrians.
And the fourth river is Euphrates. [15]And
the Lord God took the man whom he
had formed, and placed him in the garden
of Delight, to cultivate and keep it. [16]And
the Lord God gave a charge to Adam,
saying, Of every tree which is in the gar-
den thou ςmayest freely eat, [17]but of the
tree of the knowledge of good and evil—
of it ye shall not eat, but in whatsoever
day ye eat of it, ye shall θsurely die.

[18]And the Lord God said, *It is* not good
that the man should be alone, let us make
for him a help λsuitable to him. [19]And
God formed yet farther out of the earth
all the wild beasts of the field, and all
the birds of the sky, and he brought them
to Adam, to see what he would call them,
and whatever Adam called any living μcrea-
ture, that was the name of it. [20]And
Adam ξgave names to all the cattle and
to all the birds of the sky, and to all the
wild beasts of the field, but for Adam
there was not found a help like to himself.
[21]And God brought a trance upon Adam,
and he slept, and he took one of his ribs,
and filled up the flesh instead thereof.
[22]And God πformed the rib which he took
from Adam into a woman, and brought
her to Adam. [23]And Adam said, This now
is bone ρof my bones, and flesh of my flesh;
she shall be called σwoman, because she was
taken out of τher husband. [24]Therefore
shall a man leave his father and his mother
and shall φcleave to his wife, and they two
shall be one flesh. [1]And the two were
naked, both Adam and his wife, and were
not ashamed.

[2]Now the serpent was the most crafty of
all the brutes on the earth, which the Lord
God made, and the serpent said to the wo-
man, Wherefore has God said, Eat not of
every tree of the garden? [3]And the woman
said to the serpent, We may eat of the fruit

β 1 Cor. 15. 45.   γ Gr. for sight.   δ Or, that which is to be known. Comp. Rom. i. 19.   ζ Or, eat for food.   θ Or, die by death.
λ Gr. according to him.   μ Gr. soul.   ξ Gr. called.   π Gr. built.   ρ Or, out of. See the force of ἐκ in Eph. 5. 30.   σ Or, wife.
τ In the Heb. the reason of the name appears. She shall be called Issha because she was taken out of Ish.   φ Gr. be cemented. Mat. 1⁹. 5.

of the trees of the garden, ⁴ but of the fruit of the tree which is in the midst of the garden, God said, Ye shall not eat of it, neither shall ye touch it, lest ye die. ⁵ And the serpent said to the woman, ^β Ye shall not surely die. ⁶ For God knew that in whatever day ye should eat of it your eyes would be opened, and ye would be as gods, knowing good and evil. ⁷ And the woman saw that the tree was good for food, and that it was pleasant to the eyes to look upon and beautiful to contemplate, and having taken of its fruit she ate, and she gave to her husband also with her, and they ate. ⁸ And the eyes of both were opened, and they perceived that they were naked, and they sewed fig leaves together, and made themselves aprons to go round them. ⁹ And they heard the voice of the Lord God walking in the garden in the afternoon; and both Adam and his wife hid themselves from the face of the Lord God in the midst of the trees of the garden. ¹⁰ And the Lord God called Adam and said to him, Adam, where art thou? ¹¹ And he said to him, I heard ^γ thy voice as thou walkedst in the garden, and I feared because I ^δ was naked and I hid myself. ¹² And God said to him, Who told thee that thou ^ς wast naked, unless thou hast eaten of the tree concerning which I charged thee of it alone not to eat? ¹³ And Adam said, The woman whom thou gavest to be with me—she gave me of the tree and I ate. ¹⁴ And the Lord God said to the woman, Why hast thou done this? And the woman said, The serpent deceived me and I ate.

¹⁵ And the Lord God said to the serpent, Because thou hast done this thou art cursed above all cattle and all the brutes of the earth, on thy breast and belly thou shalt go, and thou shalt eat earth all the days of thy life. ¹⁶ And I will put enmity between thee and the woman and between thy seed and her seed, he shall ^θ watch against thy head, and thou shalt ^θ watch against his heel. ¹⁷ And to the woman he said, I will greatly multiply thy pains and thy groanings; in pain thou shalt bring forth children, and thy ^λ submission shall be to thy husband, and he shall rule over thee. ¹⁸ And to Adam he said, Because thou hast hearkened to the voice of thy wife, and eaten of the tree concerning which I charged thee of it only not to eat—of that thou hast eaten, cursed is the ground in thy labours, in pain shalt thou eat of it all the days of thy life. ¹⁹ Thorns and thistles shall it bring forth to thee, and thou shalt eat the herb of the field. ²⁰ In the sweat of thy face shalt thou eat thy bread until thou return to the earth out of which thou wast taken, for earth thou art and to earth thou shalt return. ²¹ And Adam called the name of his wife ^μ Life, because she was the mother of all living. ²² And the Lord God made for Adam and his wife garments of skin, and clothed them.

²³ And ^ξ God said, Behold, Adam is become as one of us, to know good and evil, and now lest at any time he stretch forth his hand, and take of the tree of life and eat, and so

παραδείσου φαγούμεθα· Ἀπὸ δὲ τοῦ καρποῦ τοῦ ξύλου, ὅ ἐστιν 4 ἐν μέσῳ τοῦ παραδείσου, εἶπεν ὁ Θεός, οὐ φάγεσθε ἀπ᾽ αὐτοῦ, οὐδὲ μὴ ἅψησθε αὐτοῦ, ἵνα μὴ ἀποθάνητε.　Καὶ εἶπεν ὁ ὄφις 5 τῇ γυναικί· οὐ θανάτῳ ἀποθανεῖσθε.　Ἤδει γὰρ ὁ Θεὸς, ὅτι ᾗ 6 ἂν ἡμέρᾳ φάγητε ἀπ᾽ αὐτοῦ, διανοιχθήσονται ὑμῶν οἱ ὀφθαλμοὶ, καὶ ἔσεσθε ὡς θεοὶ, γινώσκοντες καλὸν καὶ πονηρόν.　Καὶ 7 εἶδεν ἡ γυνὴ, ὅτι καλὸν τὸ ξύλον εἰς βρῶσιν, καὶ ὅτι ἀρεστὸν τοῖς ὀφθαλμοῖς ἰδεῖν, καὶ ὡραῖόν ἐστι τοῦ κατανοῆσαι· καὶ λαβοῦσα ἀπὸ τοῦ καρποῦ αὐτοῦ, ἔφαγε· καὶ ἔδωκε καὶ τῷ ἀνδρὶ αὐτῆς μετ᾽ αὐτῆς, καὶ ἔφαγον.　Καὶ διηνοίχθησαν οἱ ὀφθαλμοὶ 8 τῶν δύο, καὶ ἔγνωσαν ὅτι γυμνοὶ ἦσαν· καὶ ἔρραψαν φύλλα συκῆς, καὶ ἐποίησαν ἑαυτοῖς περιζώματα.　Καὶ ἤκουσαν τῆς 9 φωνῆς Κυρίου τοῦ Θεοῦ περιπατοῦντος ἐν τῷ παραδείσῳ τὸ δειλινόν· καὶ ἐκρύβησαν ὅ, τε Ἀδὰμ καὶ ἡ γυνὴ αὐτοῦ ἀπὸ προσώπου Κυρίου τοῦ Θεοῦ ἐν μέσῳ τοῦ ξύλου τοῦ παραδείσου. Καὶ ἐκάλεσεν Κύριος ὁ Θεὸς τὸν Ἀδὰμ, καὶ εἶπεν αὐτῷ· Ἀδὰμ 10 ποῦ εἶ; Καὶ εἶπεν αὐτῷ· τῆς φωνῆς σου ἤκουσα περιπατοῦν- 11 τος ἐν τῷ παραδείσῳ, καὶ ἐφοβήθην ὅτι γυμνός εἰμι, καὶ ἐκρύβην.　Καὶ εἶπεν αὐτῷ ὁ Θεὸς, τίς ἀνήγγειλέ σοι ὅτι 12 γυμνὸς εἶ, εἰ μὴ ἀπὸ τοῦ ξύλου, οὗ ἐνετειλάμην σοι τούτου μόνου μὴ φαγεῖν, ἀπ᾽ αὐτοῦ ἔφαγες;　Καὶ εἶπεν ὁ Ἀδὰμ· ἡ 13 γυνὴ, ἣν ἔδωκας μετ᾽ ἐμοῦ, αὕτη μοι ἔδωκεν ἀπὸ τοῦ ξύλου, καὶ ἔφαγον.　Καὶ εἶπε Κύριος ὁ Θεὸς τῇ γυναικί· τί τοῦτο 14 ἐποίησας; καὶ εἶπεν ἡ γυνὴ, ὁ ὄφις ἠπάτησέ με. καὶ ἔφαγον.

Καὶ εἶπε Κύριος ὁ Θεὸς τῷ ὄφει· ὅτι ἐποίησας τοῦτο, 15 ἐπικατάρατος σὺ ἀπὸ πάντων τῶν κτηνῶν, καὶ ἀπὸ πάντων τῶν θηρίων τῶν ἐπὶ τῆς γῆς· ἐπὶ τῷ στήθει σου καὶ τῇ κοιλίᾳ πορεύσῃ, καὶ γῆν φαγῇ πάσας τὰς ἡμέρας τῆς ζωῆς σου. Καὶ 16 ἔχθραν θήσω ἀνὰ μέσον σοῦ καὶ ἀνὰ μέσον τῆς γυναικὸς, καὶ ἀνὰ μέσον τοῦ σπέρματός σου, καὶ ἀνὰ μέσον τοῦ σπέρματος αὐτῆς· αὐτός σου τηρήσει κεφαλὴν, καὶ σὺ τηρήσεις αὐτοῦ πτέρναν. Καὶ 17 τῇ γυναικὶ εἶπε· πληθύνων πληθυνῶ τὰς λύπας σου, καὶ τὸν στεναγμόν σου· ἐν λύπαις τέξῃ τέκνα, καὶ πρὸς τὸν ἄνδρα σου ἡ ἀποστροφή σου· καὶ αὐτός σου κυριεύσει.　Τῷ δὲ Ἀδὰμ 18 εἶπεν· ὅτι ἤκουσας τῆς φωνῆς τῆς γυναικός σου, καὶ ἔφαγες ἀπὸ τοῦ ξύλου, οὗ ἐνετειλάμην σοι τούτου μόνου μὴ φαγεῖν, ἀπ᾽ αὐτοῦ ἔφαγες, ἐπικατάρατος ἡ γῆ ἐν τοῖς ἔργοις σου· ἐν λύπαις φαγῇ αὐτὴν πάσας τὰς ἡμέρας τῆς ζωῆς σου.　Ἀκάν- 19 θας καὶ τριβόλους ἀνατελεῖ σοι, καὶ φαγῇ τὸν χόρτον τοῦ ἀγροῦ.　Ἐν ἱδρῶτι τοῦ προσώπου σου φαγῇ τὸν ἄρτον σου, 20 ἕως τοῦ ἀποστρέψαι σε εἰς τὴν γῆν ἐξ ἧς ἐλήφθης· ὅτι γῆ εἶ, καὶ εἰς γῆν ἀπελεύσῃ.　Καὶ ἐκάλεσεν Ἀδὰμ τὸ ὄνομα τῆς 21 γυναικὸς αὐτοῦ Ζωὴ, ὅτι μήτηρ πάντων τῶν ζώντων.　Καὶ 22 ἐποίησε Κύριος ὁ Θεὸς τῷ Ἀδὰμ, καὶ τῇ γυναικὶ αὐτοῦ χιτῶνας δερματίνους, καὶ ἐνέδυσεν αὐτούς.

Καὶ εἶπεν ὁ Θεὸς, ἰδοὺ Ἀδὰμ γέγονεν ὡς εἷς ἐξ ἡμῶν, τοῦ 23 γινώσκειν καλὸν καὶ πονηρόν· καὶ νῦν μή ποτε ἐκτείνῃ τὴν χεῖρα αὐτοῦ, καὶ λάβῃ ἀπὸ τοῦ ξύλου τῆς ζωῆς καὶ φάγῃ,

---

β Gr. ye shall not die by death.　γ Or, the sound of thee walking.　δ Gr. am.　ζ Gr. art.　θ Gr. keep. Other readings of the passage are πλήξει and πλήξεις and τειρήσει and ειρήσεις. See Parkhurst in פוו.　λ Gr. turning.　μ Gr. Zoe.　ξ Alex. + the Lord.

24 καὶ ζήσεται εἰς τὸν αἰῶνα. Καὶ ἐξαπέστειλεν αὐτὸν Κύριος ὁ
Θεὸς ἐκ τοῦ παραδείσου τῆς τρυφῆς, ἐργάζεσθαι τὴν γῆν ἐξ
25 ἧς ἐλήφθη. Καὶ ἐξέβαλε τὸν Ἀδὰμ, καὶ κατῴκισεν αὐτὸν ἀπέ-
ναντι τοῦ παραδείσου τῆς τρυφῆς· καὶ ἔταξε τὰ χερουβὶμ· καὶ
τὴν φλογίνην ῥομφαίαν τὴν στρεφομένην, φυλάσσειν τὴν ὁδὸν
τοῦ ξύλου τῆς ζωῆς.

4 Ἀδὰμ δὲ ἔγνω Εὔαν τὴν γυναῖκα αὐτοῦ, καὶ συλλαβοῦσα
ἔτεκε τὸν Κάϊν· καὶ εἶπεν, ἐκτησάμην ἄνθρωπον διὰ τοῦ Θεοῦ.
2 Καὶ προσέθηκε τεκεῖν τὸν ἀδελφὸν αὐτοῦ τὸν Ἄβελ· καὶ ἐγέ-
νετο Ἄβελ ποιμὴν προβάτων, Κάϊν δὲ ἦν ἐργαζόμενος τὴν γῆν.
3 Καὶ ἐγένετο μεθ᾽ ἡμέρας ἤνεγκε Κάϊν ἀπὸ τῶν καρπῶν τῆς γῆς
4 θυσίαν τῷ Κυρίῳ. Καὶ Ἄβελ ἤνεγκε καὶ αὐτὸς ἀπὸ τῶν
πρωτοτόκων τῶν προβάτων αὐτοῦ, καὶ ἀπὸ τῶν στεάτων αὐτῶν·
5 καὶ ἐπεῖδεν ὁ Θεὸς ἐπὶ Ἄβελ, καὶ ἐπὶ τοῖς δώροις αὐτοῦ. Ἐπὶ
δὲ Κάϊν, καὶ ἐπὶ ταῖς θυσίαις αὐτοῦ, οὐ προσέσχε· καὶ ἐλυπήθη
6 Κάϊν λίαν, καὶ συνέπεσε τῷ προσώπῳ αὐτοῦ. Καὶ εἶπε
Κύριος ὁ Θεὸς τῷ Κάϊν, ἵνα τί περίλυπος ἐγένου, καὶ ἵνα τί
7 συνέπεσε τὸ πρόσωπόν σου; Οὐκ ἐὰν ὀρθῶς προσενέγκῃς,
ὀρθῶς δὲ μὴ διέλῃς, ἥμαρτες; ἡσύχασον· πρὸς σὲ ἡ ἀπο-
στροφὴ αὐτοῦ, καὶ σὺ ἄρξεις αὐτοῦ.

8 Καὶ εἶπε Κάϊν πρὸς Ἄβελ τὸν ἀδελφὸν αὐτοῦ, διέλθωμεν
εἰς τὸ πεδίον· καὶ ἐγένετο ἐν τῷ εἶναι αὐτοὺς ἐν τῷ πεδίῳ,
ἀνέστη Κάϊν ἐπὶ Ἄβελ τὸν ἀδελφὸν αὐτοῦ, καὶ ἀπέκτεινεν
9 αὐτόν. Καὶ εἶπε Κύριος ὁ Θεὸς πρὸς Κάϊν· ποῦ ἐστιν Ἄβελ
ὁ ἀδελφός σου; καὶ εἶπεν, οὐ γινώσκω· μὴ φύλαξ τοῦ ἀδελ-
10 φοῦ μου εἰμὶ ἐγώ; Καὶ εἶπε Κύριος, τί πεποίηκας; φωνὴ
11 αἵματος τοῦ ἀδελφοῦ σου βοᾷ πρός με ἐκ τῆς γῆς. Καὶ νῦν
ἐπικατάρατος σὺ ἀπὸ τῆς γῆς, ἣ ἔχανε τὸ στόμα αὐτῆς δέ-
12 ξασθαι τὸ αἷμα τοῦ ἀδελφοῦ σου ἐκ τῆς χειρός σου. Ὅτε ἐργᾷ
τὴν γῆν, καὶ οὐ προσθήσει τὴν ἰσχὺν αὐτῆς δοῦναί σοι· στένων
13 καὶ τρέμων ἔσῃ ἐπὶ τῆς γῆς. Καὶ εἶπε Κάϊν πρὸς Κύριον τὸν
14 Θεὸν, μείζων ἡ αἰτία μου τοῦ ἀφεθῆναί με. Εἰ ἐκβάλλεις με
σήμερον ἀπὸ προσώπου τῆς γῆς, καὶ ἀπὸ τοῦ προσώπου σου
κρυβήσομαι, καὶ ἔσομαι στένων καὶ τρέμων ἐπὶ τῆς γῆς, καὶ
15 ἔσται πᾶς ὁ εὑρίσκων με, ἀποκτενεῖ με. Καὶ εἶπεν αὐτῷ
Κύριος ὁ Θεὸς, οὐχ οὕτω· πᾶς ὁ ἀποκτείνας Κάϊν, ἑπτὰ ἐκδι-
κούμενα παραλύσει. Καὶ ἔθετο Κύριος ὁ Θεὸς σημεῖον τῷ
Κάϊν, τοῦ μὴ ἀνελεῖν αὐτὸν πάντα τὸν εὑρίσκοντα αὐτόν.
16 Ἐξῆλθε δὲ Κάϊν ἀπὸ προσώπου τοῦ Θεοῦ, καὶ ᾤκησεν ἐν γῇ
Ναὶδ κατέναντι Ἐδέμ.

17 Καὶ ἔγνω Κάϊν τὴν γυναῖκα αὐτοῦ· καὶ συλλαβοῦσα ἔτεκε
τὸν Ἐνώχ. Καὶ ἦν οἰκοδομῶν πόλιν· καὶ ἐπωνόμασε τὴν πόλιν
18 ἐπὶ τῷ ὀνόματι τοῦ υἱοῦ αὐτοῦ, Ἐνώχ. Ἐγεννήθη δὲ τῷ Ἐνὼχ
Γαϊδάδ· καὶ Γαϊδὰδ ἐγέννησε τὸν Μαλελεήλ· καὶ Μαλελεὴλ ἐγέν-
νησε τὸν Μαθουσάλα· καὶ Μαθουσάλα ἐγέννησε τὸν Λάμεχ.
19 Καὶ ἔλαβεν ἑαυτῷ Λάμεχ δύο γυναῖκας· ὄνομα τῇ μιᾷ, Ἀδά·
20 καὶ ὄνομα τῇ δευτέρᾳ, Σελλά. Καὶ ἔτεκεν Ἀδὰ τὸν Ἰωβήλ·
21 οὗτος ἦν πατὴρ οἰκούντων ἐν σκηναῖς κτηνοτρόφων. Καὶ
ὄνομα τῷ ἀδελφῷ αὐτοῦ, Ἰουβάλ· οὗτος ἦν ὁ καταδείξας

he shall live for ever—24 So the Lord God
sent him forth out of the garden of Delight
to cultivate the ground out of which he was
taken. 25 And he cast out Adam and caused
him to dwell over against the garden of
Delight, and stationed the cherubs and the
fiery sword that turns about to keep the
way of the tree of life.

And Adam knew Eve his wife, and she
conceived and brought forth Cain and said,
I have gained a man through God. 2 And
she again bore his brother Abel. And Abel
was a keeper of sheep, but Cain was a tiller
of the ground. 3 And it was so β after some
time that Cain brought of the fruits of the
earth a sacrifice to the Lord. 4 And Abel
γ also brought of the firstborn of his sheep
and of his fatlings, and God looked upon
Abel and his gifts, 5 but Cain and his sacri-
fices he regarded not, and Cain was exceed-
ingly sorrowful and his countenance fell.
6 And the Lord God said to Cain, Why art
thou become very sorrowful and why is thy
countenance fallen? 7 Hast thou not sinned
if thou hast brought it rightly, but not
rightly divided it? be still, to thee shall
be his submission, and thou shalt rule
over him.

8 And Cain said to Abel his brother, Let
us go out into the plain; and it came to
pass that when they were in the plain Cain
rose up against Abel his brother, and slew
him. 9 And the Lord God said to Cain,
Where is Abel thy brother? and he said,
I know not, am I my brother's keeper?
10 And the Lord said, What hast thou
done? the voice of thy brother's blood
cries to me out of the ground. 11 And now
thou *art* cursed from the earth which has
opened her mouth to receive thy brother's
blood from thy hand. 12 When thou tillest
the earth, then it shall not continue to
give its strength to thee: thou shalt be
groaning and trembling on the earth.
13 And Cain said to the Lord God, My
crime *is* too great for me to be forgiven.
14 If thou castest me out this day from
the face of the earth, δ and I shall be hidden
from thy presence, and I shall be groaning
and trembling upon the earth, then it will
be that any one that finds me shall slay
me. 15 And the Lord God said to him,
Not so, any one that slays Cain shall ζ suffer
seven-fold vengeance; and the Lord God
set a mark upon Cain that no one that
found him might slay him. 16 So Cain went
forth from the presence of God and dwelt
in the land of Nod over against Edem.

17 And Cain knew his wife, and having
conceived she bore Enoch; and he θ built
a city; and he named the city after the
name of his son, Enoch. 18 And to Enoch
was born Gaidad; and Gaidad begot Male-
leel; and Maleleel begot Mathusala; and
Mathusala begot Lamech. 19 And Lamech
took to himself two wives; the name of
the one was Ada, and the name of the
second Sella. 20 And Ada bore Jobel;
he was the father of those that dwell in
tents, feeding cattle. 21 And the name of
his brother was Jubal; he it was who

β *Gr.* after days.   γ *Gr.* he also.   δ *Or,* then shall I be.   ζ *Gr.* pay seven penalties.   θ *Or,* was building.

β invented the psaltery and harp. ²²And Sella γ also bore Thobel; he was a smith, a manufacturer both of brass and iron: and the sister of Thobel was Noëma. ²³And Lamech said to his wives, Ada and Sella, Hear my voice, ye wives of Lamech, consider my words, because I have slain a man to my δ sorrow and a youth to my ζ grief. ²⁴Because vengeance has been exacted seven times on Cain's behalf, on Lamech's it shall be seventy times seven.

²⁵And Adam knew Eve his wife, and she conceived and bore a son, and called his name Seth, saying, For God has raised up to me another seed instead of Abel, whom Cain slew. ²⁶And Seth had a son, and he called his name Enos: he θ hoped to call on the name of the Lord God.

This is the λ genealogy of men in the day in which God made Adam; in the image of God he made him: ²male and female he made them, and blessed them; and he called μ his name Adam, in the day in which he made them. ³And Adam lived two hundred and thirty years, and begot a son after his own form, and after his own image, and he called his name Seth. ⁴And the days of Adam, which he lived after his begetting Seth, were seven hundred years; and he begot sons and daughters. ⁵And all the days of Adam which he lived were nine hundred and thirty years, and he died. ⁶Now Seth lived two hundred and five years, and begot Enos. ⁷And Seth lived after his begetting Enos, seven hundred and seven years, and he begot sons and daughters. ⁸And all the days of Seth were nine hundred and twelve years, and he died. ⁹And Enos lived an hundred and ninety years, and begot Cainan. ¹⁰And Enos lived after his begetting Cainan, seven hundred and fifteen years, and he begot sons and daughters. ¹¹And all the days of Enos were nine hundred and five years, and he died. ¹²And Cainan lived an hundred and seventy years, and he begot Maleleel. ¹³And Cainan lived after his begetting Maleleel, seven hundred and forty years, and he begot sons and daughters. ¹⁴And all the days of Cainan were nine hundred and ten years, and he died.

¹⁵And Maleleel lived an hundred and sixty and five years, and he begot Jared. ¹⁶And Maleleel lived after his begetting Jared, seven hundred and thirty years, and he begot sons and daughters. ¹⁷And all the days of Maleleel were eight hundred and ninety and five years, and he died. ¹⁸And Jared lived an hundred and sixty and two years, and begot Enoch: ¹⁹and Jared lived after his begetting Enoch, eight hundred years, and he begot sons and daughters. ²⁰And all the days of Jared were nine hundred and sixty and two years, and he died. ²¹And Enoch lived an hundred and sixty and five years, and begat Mathusala. ²²And Enoch was well-pleasing to God after his begetting Mathusala, two hundred years, and he begot sons and daughters. ²³And all the days of Enoch were three hundred and sixty and

ψαλτήριον καὶ κιθάραν. Σελλὰ δὲ καὶ αὐτὴ ἔτεκε τὸν Θόβελ· 22 καὶ ἦν σφυροκόπος χαλκεὺς χαλκοῦ καὶ σιδήρου· ἀδελφὴ δὲ Θόβελ, Νοεμά. Εἶπε δὲ Λάμεχ ταῖς ἑαυτοῦ γυναιξίν, Ἀδὰ 23 καὶ Σελλά, ἀκούσατέ μου τῆς φωνῆς, γυναῖκες Λάμεχ, ἐνωτί-σασθέ μου τοὺς λόγους· ὅτι ἄνδρα ἀπέκτεινα εἰς τραῦμα ἐμοὶ, καὶ νεανίσκον εἰς μώλωπα ἐμοί. Ὅτι ἑπτάκις ἐκδεδίκηται ἐκ 24 Κάϊν· ἐκ δὲ Λάμεχ, ἑβδομηκοντάκις ἑπτά.

Ἔγνω δὲ Ἀδὰμ Εὔαν τὴν γυναῖκα αὐτοῦ· καὶ συλλαβοῦσα 25 ἔτεκεν υἱόν· καὶ ἐπωνόμασε τὸ ὄνομα αὐτοῦ Σὴθ, λέγουσα, ἐξανέστησε γάρ μοι ὁ Θεὸς σπέρμα ἕτερον ἀντὶ Ἄβελ, ὃν ἀπέκτεινε Κάϊν. Καὶ τῷ Σὴθ ἐγένετο υἱός· ἐπωνόμασε δὲ τὸ 26 ὄνομα αὐτοῦ, Ἐνώς· οὗτος ἤλπισεν ἐπικαλεῖσθαι τὸ ὄνομα Κυρίου τοῦ Θεοῦ.

Αὕτη ἡ βίβλος γενέσεως ἀνθρώπων· ᾗ ἡμέρα ἐποίησεν ὁ 5 Θεὸς τὸν Ἀδὰμ, κατ᾽ εἰκόνα Θεοῦ ἐποίησεν αὐτόν. Ἄρσεν καὶ 2 θῆλυ ἐποίησεν αὐτούς· καὶ εὐλόγησεν αὐτούς· καὶ ἐπωνόμασε τὸ ὄνομα αὐτοῦ Ἀδὰμ, ᾗ ἡμέρα ἐποίησεν αὐτούς. Ἔζησε δὲ Ἀδὰμ 3 τριάκοντα καὶ διακόσια ἔτη, καὶ ἐγέννησε κατὰ τὴν ἰδέαν αὐτοῦ, καὶ κατὰ τὴν εἰκόνα αὐτοῦ, καὶ ἐπωνόμασε τὸ ὄνομα αὐτοῦ, Σήθ. Ἐγένοντο δὲ αἱ ἡμέραι Ἀδὰμ, ἃς ἔζησε μετὰ τὸ γεννῆσαι 4 αὐτὸν τὸν Σὴθ, ἔτη ἑπτακόσια· καὶ ἐγέννησεν υἱοὺς καὶ θυγατέ-ρας. Καὶ ἐγένοντο πᾶσαι αἱ ἡμέραι Ἀδὰμ, ἃς ἔζησε, τριά- 5 κοντα καὶ ἐννακόσια ἔτη· καὶ ἀπέθανεν. Ἔζησε δὲ Σὴθ πέντε 6 καὶ διακόσια ἔτη· καὶ ἐγέννησε τὸν Ἐνώς. Καὶ ἔζησε Σὴθ 7 μετὰ τὸ γεννῆσαι αὐτὸν τὸν Ἐνώς, ἑπτὰ ἔτη καὶ ἑπτακόσια· καὶ ἐγέννησεν υἱοὺς καὶ θυγατέρας. Καὶ ἐγένοντο πᾶσαι αἱ ἡμέραι 8 Σὴθ δώδεκα καὶ ἐννακόσια ἔτη· καὶ ἀπέθανε. Καὶ ἔζησεν Ἐνὼς 9 ἔτη ἑκατὸν ἐννενήκοντα· καὶ ἐγέννησε τὸν Καϊνᾶν. Καὶ ἔζησεν 10 Ἐνὼς μετὰ τὸ γεννῆσαι αὐτὸν τὸν Καϊνᾶν, πεντεκαίδεκα ἔτη καὶ ἑπτακόσια· καὶ ἐγέννησεν υἱοὺς καὶ θυγατέρας. Καὶ ἐγένοντο 11 πᾶσαι αἱ ἡμέραι Ἐνὼς πέντε ἔτη καὶ ἐννακόσια· καὶ ἀπέθανε. Καὶ ἔζησε Καϊνᾶν ἑβδομήκοντα καὶ ἑκατὸν ἔτη· καὶ ἐγέννησε 12 τὸν Μαλελεήλ. Καὶ ἔζησε Καϊνᾶν μετὰ τὸ γεννῆσαι αὐτὸν 13 τὸν Μαλελεήλ, τεσσαράκοντα καὶ ἑπτακόσια ἔτη· καὶ ἐγέννησεν υἱοὺς καὶ θυγατέρας. Καὶ ἐγένοντο πᾶσαι αἱ ἡμέραι Καϊνᾶν 14 δέκα ἔτη καὶ ἐννακόσια· καὶ ἀπέθανε.

Καὶ ἔζησε Μαλελεὴλ πέντε καὶ ἑξήκοντα καὶ ἑκατὸν ἔτη· καὶ 15 ἐγέννησε τὸν Ἰάρεδ. Καὶ ἔζησε Μαλελεὴλ μετὰ τὸ γεννῆσαι 16 αὐτὸν τὸν Ἰάρεδ, ἔτη τριάκοντα καὶ ἑπτακόσια· καὶ ἐγέννησεν υἱοὺς καὶ θυγατέρας. Καὶ ἐγένοντο πᾶσαι αἱ ἡμέραι Μαλελεὴλ, 17 ἔτη πέντε καὶ ἐννενήκοντα καὶ ὀκτακόσια· καὶ ἀπέθανε. Καὶ 18 ἔζησεν Ἰάρεδ δύο καὶ ἑξήκοντα ἔτη καὶ ἑκατόν· καὶ ἐγέννησε τὸν Ἐνώχ. Καὶ ἔζησεν Ἰάρεδ μετὰ τὸ γεννῆσαι αὐτὸν τὸν 19 Ἐνώχ, ὀκτακόσια ἔτη· καὶ ἐγέννησεν υἱοὺς καὶ θυγατέρας. Καὶ ἐγένοντο πᾶσαι αἱ ἡμέραι Ἰάρεδ, δύο καὶ ἑξήκοντα καὶ 20 ἐννακόσια ἔτη· καὶ ἀπέθανε. Καὶ ἔζησεν Ἐνὼχ πέντε καὶ ἑξή- 21 κοντα καὶ ἑκατὸν ἔτη· καὶ ἐγέννησε τὸν Μαθουσάλα. Εὐη- 22 ρέστησε δὲ Ἐνὼχ τῷ Θεῷ μετὰ τὸ γεννῆσαι αὐτὸν τὸν Μαθου-σάλα, διακόσια ἔτη· καὶ ἐγέννησεν υἱοὺς καὶ θυγατέρας. Καὶ 23 ἐγένοντο πᾶσαι αἱ ἡμέραι Ἐνώχ, πέντε καὶ ἑξήκοντα καὶ τρια-

---

β Gr. made known.   γ Gr. she also.   δ Gr. wound.   ζ Gr. hurt.   θ Or, trusted, q. d. had faith to call, &c.
The LXX. seem to have read יהוה as a part of יהי   λ Gr. book of generation.   μ Alex. their.

24 κόσια ἔτη. Καὶ εὐηρέστησεν Ἐνὼχ τῷ Θεῷ· καὶ οὐχ εὑρίσκετο,
25 ὅτι μετέθηκεν αὐτὸν ὁ Θεός. Καὶ ἔζησε Μαθουσάλα ἑπτὰ ἔτη
26 καὶ ἑξήκοντα καὶ ἑκατόν· καὶ ἐγέννησε τὸν Λάμεχ. Καὶ ἔζησε
Μαθουσάλα μετὰ τὸ γεννῆσαι αὐτὸν τὸν Λάμεχ, δύο καὶ ὀκτα-
27 κόσια ἔτη· καὶ ἐγέννησεν υἱοὺς καὶ θυγατέρας. Καὶ ἐγένοντο
πᾶσαι αἱ ἡμέραι Μαθουσάλα ἃς ἔζησεν, ἐννέα καὶ ἑξήκοντα καὶ
28 ἐννακόσια ἔτη· καὶ ἀπέθανε. Καὶ ἔζησε Λάμεχ ὀκτὼ καὶ ὀγδοή-
29 κοντα καὶ ἑκατὸν ἔτη· καὶ ἐγέννησεν υἱόν. Καὶ ἐπωνόμασε τὸ
ὄνομα αὐτοῦ Νῶε, λέγων, οὗτος διαναπαύσει ἡμᾶς ἀπὸ τῶν ἔργων
ἡμῶν, καὶ ἀπὸ τῶν λυπῶν τῶν χειρῶν ἡμῶν, καὶ ἀπὸ τῆς γῆς, ἧς
30 κατηράσατο Κύριος ὁ Θεός. Καὶ ἔζησε Λάμεχ μετὰ τὸ γεννῆσαι
αὐτὸν τὸν Νῶε, πεντακόσια καὶ ἑξήκοντα καὶ πέντε ἔτη· καὶ ἐγέν-
31 νησεν υἱοὺς καὶ θυγατέρας. Καὶ ἐγένοντο πᾶσαι αἱ ἡμέραι Λάμεχ,
6 ἑπτακόσια καὶ πεντήκοντα τρία ἔτη· καὶ ἀπέθανε. Καὶ ἦν Νῶε
ἐτῶν πεντακοσίων· καὶ ἐγέννησε τρεῖς υἱούς, τὸν Σὴμ, τὸν Χὰμ,
τὸν Ἰάφεθ.
2 Καὶ ἐγένετο ἡνίκα ἤρξαντο οἱ ἄνθρωποι πολλοὶ γίνεσθαι
3 ἐπὶ τῆς γῆς, καὶ θυγατέρες ἐγεννήθησαν αὐτοῖς. Ἰδόντες δὲ
νἱοὶ τοῦ Θεοῦ τὰς θυγατέρας τῶν ἀνθρώπων, ὅτι καλαί εἰσιν,
4 ἔλαβον ἑαυτοῖς γυναῖκας ἀπὸ πασῶν, ὧν ἐξελέξαντο. Καὶ
εἶπε Κύριος ὁ Θεός, οὐ μὴ καταμείνῃ τὸ πνεῦμά μου ἐν τοῖς
ἀνθρώποις τούτοις εἰς τὸν αἰῶνα, διὰ τὸ εἶναι αὐτοὺς σάρκας·
5 ἔσονται δὲ αἱ ἡμέραι αὐτῶν, ἑκατὸν εἴκοσιν ἔτη. Οἱ δὲ γίγαν-
τες ἦσαν ἐπὶ τῆς γῆς ἐν ταῖς ἡμέραις ἐκείναις, καὶ μετʼ ἐκεῖνο,
ὡς ἂν εἰσεπορεύοντο οἱ υἱοὶ τοῦ Θεοῦ πρὸς τὰς θυγατέρας τῶν
ἀνθρώπων, καὶ ἐγεννῶσαν αὑτοῖς· ἐκεῖνοι ἦσαν οἱ γίγαντες οἱ
ἀπʼ αἰῶνος, οἱ ἄνθρωποι οἱ ὀνομαστοί.
6 Ἰδὼν δὲ Κύριος ὁ Θεός, ὅτι ἐπληθύνθησαν αἱ κακίαι τῶν
ἀνθρώπων ἐπὶ τῆς γῆς, καὶ πᾶς τις διανοεῖται ἐν τῇ καρδίᾳ αὐτοῦ
7 ἐπιμελῶς ἐπὶ τὰ πονηρὰ πάσας τὰς ἡμέρας. Καὶ ἐνεθυμήθη ὁ
Θεός, ὅτι ἐποίησε τὸν ἄνθρωπον ἐπὶ τῆς γῆς, καὶ διενοήθη.
8 Καὶ εἶπεν ὁ Θεός, ἀπαλείψω τὸν ἄνθρωπον, ὃν ἐποίησα, ἀπὸ
προσώπου τῆς γῆς, ἀπὸ ἀνθρώπου ἕως κτήνους, καὶ ἀπὸ ἑρπετῶν
ἕως πετεινῶν τοῦ οὐρανοῦ· ὅτι ἐνεθυμήθην, ὅτι ἐποίησα αὐτούς.
9, 10 Νῶε δὲ εὗρε χάριν ἐναντίον Κυρίου τοῦ Θεοῦ. Αὗται δὲ αἱ
γενέσεις Νῶε. Νῶε ἄνθρωπος δίκαιος, τέλειος ὢν ἐν τῇ γενεᾷ
11 αὐτοῦ, τῷ Θεῷ εὐηρέστησε Νῶε. Ἐγέννησε δὲ Νῶε τρεῖς
12 υἱούς, τὸν Σὴμ, τὸν Χὰμ, τὸν Ἰάφεθ. Ἐφθάρη δὲ ἡ γῆ ἐναν-
13 τίον τοῦ Θεοῦ, καὶ ἐπλήσθη ἡ γῆ ἀδικίας. Καὶ εἶδε Κύριος ὁ
Θεὸς τὴν γῆν, καὶ ἦν κατεφθαρμένη· ὅτι κατέφθειρε πᾶσα σὰρξ
14 τὴν ὁδὸν αὐτοῦ ἐπὶ τῆς γῆς. Καὶ εἶπε Κύριος ὁ Θεὸς τῷ Νῶε,
καιρὸς παντὸς ἀνθρώπου ἥκει ἐναντίον μου, ὅτι ἐπλήσθη ἡ γῆ
ἀδικίας ἀπʼ αὐτῶν· καὶ ἰδοὺ ἐγὼ καταφθείρω αὐτοὺς καὶ τὴν
γῆν.
15 Ποίησον οὖν σεαυτῷ κιβωτὸν ἐκ ξύλων τετραγώνων· νοσσιὰς
ποιήσεις τὴν κιβωτόν· καὶ ἀσφαλτώσεις αὐτὴν ἔσωθεν καὶ
16 ἔξωθεν τῇ ἀσφάλτῳ. Καὶ οὕτω ποιήσεις τὴν κιβωτόν· τρια-
κοσίων πήχεων τὸ μῆκος τῆς κιβωτοῦ, καὶ πεντήκοντα πήχεων
17 τὸ πλάτος, καὶ τριάκοντα πήχεων τὸ ὕψος αὐτῆς. Ἐπισυνάγων
ποιήσεις τὴν κιβωτόν, καὶ εἰς πῆχυν συντελέσεις αὐτὴν ἄνωθεν·

five years. 24 And Enoch was well-pleasing to God, and was not found, because God translated him. 25 And Mathusala lived β an hundred and sixty and seven years, and begot Lamech. 26 And Mathusala lived after his begetting Lamech γ eight hundred and two years, and begot sons and daughters. 27 And all the days of Mathusala which he lived, were nine hundred and sixty and nine years, and he died. 28 And Lamech lived an hundred and eighty and eight years, and begot a son. 29 And he called his name Noe, saying, This one will cause us to cease from our works, and from the toils of our hands, and from the earth, which the Lord God has cursed. 30 And Lamech lived after his begetting Noe, five hundred and sixty and five years, and begot sons and daughters. 31 And all the days of Lamech were seven hundred and fifty-three years, and he died. 1 And Noe was five hundred years old, and he begot three sons, Sem, δ Cham, and Japheth.

2 And it came to pass wnen men began to be numerous upon the earth, and daughters were born to them, 3 that the ς sons of God having seen the daughters of men that they were beautiful, took to themselves wives of all whom they chose. 4 And the Lord God said, My Spirit shall certainly not remain among these men for ever, because they are flesh, but their days shall be an hundred and twenty years. 5 Now the giants were upon the earth in those days; and after that when the sons of God were wont to go in to the daughters of men, they bore children to them, those were the giants of old, the men of renown.

6 And the Lord God having seen that the wicked actions of men were multiplied upon the earth, and that every one in his heart was intently brooding over evil continually, 7 then God laid it to heart that he had made man upon the earth, and he pondered it deeply. 8 And God said, I will blot out man whom I have made from the face of the earth, even man with cattle, and reptiles with flying creatures of the sky, for I am θ grieved that I have made them.

9 But Noe found grace before the Lord God. 10 And these are the generations of Noe. Noe was a just man; being perfect in his generation, Noe was well-pleasing to God. 11 And Noe begot three sons, Sem, λ Cham, Japheth. 12 But the earth was corrupted before God, and the earth was filled with iniquity. 13 And the Lord God saw the earth, and it was corrupted; because all flesh had corrupted its way upon the earth. 14 And the Lord God said to Noe, μ A period of all men is come before me; because the earth has been filled with iniquity by them, and, behold, I destroy them and the earth. 15 Make therefore for thyself an ark of square timber; thou shalt make the ark in ξ compartments, and thou shalt pitch it within and without with pitch. 16 And thus shalt thou make the ark; three hundred cubits the length of the ark, and fifty cubits the breadth, and thirty cubits the height of it. 17 Thou shalt narrow the ark in

---

making it, and in a cubit above thou shalt finish it, and the door of the ark thou shalt make β on the side; with lower, second, and third storie‡ thou shalt make it. 18 And behold I bring a γ flood of water upon the earth, to destroy all flesh in which is the breath of life under heaven, and whatsoever things are upon the earth shall die.

19 And I will establish my covenant with thee, and thou shalt enter into the ark, and thy sons and thy wife, and thy sons' wives with thee. 20 And of all cattle and of all reptiles and of all wild beasts, even of all flesh, thou shalt bring by δ pairs of all, into the ark, that thou mayest feed them with thyself: male and female they shall be. 21 Of all winged birds after their kind, and of all cattle after their kind, and of all reptiles creeping upon the earth after their kind, pairs of all shall come in to thee, male and female to be fed with thee. 22 And thou shalt take to thyself of all kinds of food which ye eat, and thou shalt gather them to thyself, and it shall be for thee and them to eat. 23 And Noe did all things whatever the Lord God commanded him, so did he.

And the Lord God said to Noe, Enter thou and all thy ζ family into the ark, for thee have I seen righteous before me in this generation. 2 And of the clean cattle take in to thee sevens, male and female, and of the unclean cattle pairs male and female. 3 And of clean flying creatures of the sky sevens, male and female, and of all unclean flying creatures pairs, male and female, to maintain seed on all the earth. 4 For yet seven days *having passed* I bring rain upon the earth forty days and forty nights, and I will blot out every offspring which I have made from the face of all the earth. 5 And Noe *did* all things whatever the Lord God commanded him. 6 And Noe was six hundred years old when the flood of water was upon the earth. 7 And then went in Noe and his sons and his wife, and his sons' wives with him into the ark, because of the water of the flood. 8 And of clean flying creatures and of unclean flying creatures, and of clean cattle and of unclean cattle, and of all things that creep upon the earth, 9 pairs went in to Noe into the ark, male and female, as God commanded Noe. 10 And it came to pass after the seven days that the water of the flood came upon the earth. 11 In the six hundredth year of the life of Noe, in the second month, on the twenty-seventh day of the month, on this day all the fountains of the abyss were broken up, and the θ flood-gates of heaven were opened. 12 And the rain was upon the earth forty days and forty nights. 13 On that very day en'ered Noe, Sem, Cham, Japheth, the sons ot Noe, and the wife of Noe, and the three wives of his sons with him into the ark. 14 And all the wild beasts after their kind, and all cattle after their kind, and every reptile moving itself on the earth after its kind, and every flying bird after its kind, 15 went in to Noe into the ark, pairs, male and female

τὴν δὲ θύραν τῆς κιβωτοῦ ποιήσεις ἐκ πλαγίων· κατάγαια διώροφα καὶ τριώροφα ποιήσεις αὐτήν. Ἐγὼ δὲ ἰδοὺ ἐπάγω τὸν 18 κατακλυσμόν, ὕδωρ ἐπὶ τὴν γῆν, καταφθεῖραι πᾶσαν σάρκα, ἐν ᾗ ἐστι πνεῦμα ζωῆς ὑποκάτω τοῦ οὐρανοῦ· καὶ ὅσα ἂν ᾖ ἐπὶ τῆς γῆς, τελευτήσει.

Καὶ στήσω τὴν διαθήκην μου μετά σου· εἰσελεύσῃ δὲ εἰς 19 τὴν κιβωτὸν σὺ, καὶ οἱ υἱοί σου, καὶ ἡ γυνή σου, καὶ αἱ γυναῖκες τῶν υἱῶν σου μετὰ σου. Καὶ ἀπὸ πάντων τῶν κτηνῶν, καὶ 20 ἀπὸ πάντων τῶν ἑρπετῶν, καὶ ἀπὸ πάντων τῶν θηρίων, καὶ ἀπὸ πάσης σαρκὸς δύο δύο ἀπὸ πάντων εἰσάξεις εἰς τὴν κιβωτόν, ἵνα τρέφῃς μετὰ σεαυτοῦ· ἄρσεν καὶ θῆλυ ἔσονται. Ἀπὸ 21 πάντων τῶν ὀρνέων τῶν πετεινῶν κατὰ γένος, καὶ ἀπὸ πάντων τῶν κτηνῶν κατὰ γένος, καὶ ἀπὸ πάντων τῶν ἑρπετῶν τῶν ἑρπόντων ἐπὶ τῆς γῆς κατὰ γένος αὐτῶν, δύο δύο ἀπὸ πάντων εἰσελεύσονται πρὸς σὲ τρέφεσθαι μετὰ σου, ἄρσεν καὶ θῆλυ. Σὺ 22 δὲ λήψῃ σεαυτῷ ἀπὸ πάντων τῶν βρωμάτων ἃ ἔδεσθε, καὶ συνάξεις πρὸς σεαυτόν, καὶ ἔσται σοι καὶ ἐκείνοις φαγεῖν. Καὶ ἐποίησε Νῶε πάντα ὅσα ἐνετείλατο αὐτῷ Κύριος ὁ Θεός, 23 οὕτως ἐποίησε.

Καὶ εἶπε Κύριος ὁ Θεὸς πρὸς Νῶε, εἴσελθε σὺ καὶ πᾶς ὁ 7 οἶκός σου εἰς τὴν κιβωτόν, ὅτι σὲ εἶδον δίκαιον ἐναντίον μου ἐν τῇ γενεᾷ ταύτῃ. Ἀπὸ δὲ τῶν κτηνῶν τῶν καθαρῶν εἰσάγαγε 2 πρὸς σὲ ἑπτὰ ἑπτὰ ἄρσεν καὶ θῆλυ, ἀπὸ δὲ τῶν κτηνῶν τῶν μὴ καθαρῶν δύο δύο ἄρσεν καὶ θῆλυ. Καὶ ἀπὸ τῶν πετεινῶν τοῦ 3 οὐρανοῦ τῶν καθαρῶν ἑπτὰ ἑπτὰ ἄρσεν καὶ θῆλυ, καὶ ἀπὸ πάντων τῶν πετεινῶν τῶν μὴ καθαρῶν δύο δύο ἄρσεν καὶ θῆλυ, διαθρέψαι σπέρμα ἐπὶ πᾶσαν τὴν γῆν. Ἔτι γὰρ ἡμερῶν ἑπτὰ ἐγὼ ἐπάγω 4 ὑετὸν ἐπὶ τὴν γῆν, τεσσαράκοντα ἡμέρας καὶ τεσσαράκοντα νύκτας· καὶ ἐξαλείψω πᾶν τὸ ἀνάστημα, ὃ ἐποίησα ἀπὸ προσώπου πάσης τῆς γῆς. Καὶ ἐποίησε Νῶε πάντα, ὅσα ἐνετείλατο αὐτῷ 5 Κύριος ὁ Θεός. Νῶε δὲ ἦν ἐτῶν ἑξακοσίων, καὶ ὁ κατακλυσμὸς 6 τοῦ ὕδατος ἐγένετο ἐπὶ τῆς γῆς. Εἰσῆλθε δὲ Νῶε καὶ οἱ υἱοὶ 7 αὐτοῦ, καὶ ἡ γυνὴ αὐτοῦ, καὶ αἱ γυναῖκες τῶν υἱῶν αὐτοῦ μετ' αὐτοῦ εἰς τὴν κιβωτόν, διὰ τὸ ὕδωρ τοῦ κατακλυσμοῦ. Καὶ ἀπὸ 8 τῶν πετεινῶν τῶν καθαρῶν, καὶ ἀπὸ τῶν πετεινῶν τῶν μὴ καθαρῶν, καὶ ἀπὸ τῶν κτηνῶν τῶν καθαρῶν, καὶ ἀπὸ τῶν κτηνῶν τῶν μὴ καθαρῶν, καὶ ἀπὸ πάντων τῶν ἑρπόντων ἐπὶ τῆς γῆς, δύο δύο 9 εἰσῆλθον πρὸς Νῶε εἰς τὴν κιβωτὸν ἄρσεν καὶ θῆλυ, καθὰ ἐνετείλατο ὁ Θεὸς τῷ Νῶε. Καὶ ἐγένετο μετὰ τὰς ἑπτὰ ἡμέρας, καὶ 10 τὸ ὕδωρ τοῦ κατακλυσμοῦ ἐγένετο ἐπὶ τῆς γῆς. Ἐν τῷ ἑξακο- 11 σιοστῷ ἔτει ἐν τῇ ζωῇ τοῦ Νῶε, τοῦ δευτέρου μηνὸς, ἑβδόμῃ καὶ εἰκάδι τοῦ μηνὸς, τῇ ἡμέρᾳ ταύτῃ ἐρράγησαν πᾶσαι αἱ πηγαὶ τῆς ἀβύσσου, καὶ οἱ καταρράκται τοῦ οὐρανοῦ ἠνεώχθησαν. Καὶ 12 ἐγένετο ὁ ὑετὸς ἐπὶ τῆς γῆς τεσσαράκοντα ἡμέρας καὶ τεσσαράκοντα νύκτας. Ἐν τῇ ἡμέρᾳ ταύτῃ εἰσῆλθε Νῶε, Σήμ, Χάμ, 13 Ἰάφεθ, οἱ υἱοὶ Νῶε, καὶ ἡ γυνὴ Νῶε, καὶ αἱ τρεῖς γυναῖκες τῶν υἱῶν αὐτοῦ μετ' αὐτοῦ, εἰς τὴν κιβωτόν. Καὶ πάντα τὰ θηρία 14 κατὰ γένος, καὶ πάντα τὰ κτήνη κατὰ γένος, καὶ πᾶν ἑρπετὸν κινούμενον ἐπὶ τῆς γῆς κατὰ γένος, καὶ πᾶν ὄρνεον πετεινὸν κατὰ γένος αὐτοῦ, εἰσῆλθον πρὸς Νῶε εἰς τὴν κιβωτόν, δύο δύο ἄρσεν καὶ 15

β *out of the side.*   γ *Gr.* flood, water.   δ *Gr.* two, two.   ζ *Gr.* house.   θ *Or,* bars, *or,* cataracts.

16 θῆλυ ἀπὸ πάσης σαρκὸς, ἐν ᾧ ἐστι πνεῦμα ζωῆς. Καὶ τὰ εἰσπορευόμενα ἄρσεν καὶ θῆλυ ἀπὸ πάσης σαρκὸς εἰσῆλθε, καθὰ ἐνετείλατο ὁ Θεὸς τῷ Νῶε· καὶ ἔκλεισε Κύριος ὁ Θεὸς τὴν κιβωτὸν ἔξωθεν αὐτοῦ.

17 Καὶ ἐγένετο ὁ κατακλυσμὸς τεσσαράκοντα ἡμέρας καὶ τεσσαράκοντα νύκτας ἐπὶ τῆς γῆς· καὶ ἐπεπληθύνθη τὸ ὕδωρ· καὶ ἐπῆρε

18 τὴν κιβωτὸν, καὶ ὑψώθη ἀπὸ τῆς γῆς. Καὶ ἐπεκράτει τὸ ὕδωρ, καὶ ἐπληθύνετο σφόδρα ἐπὶ τῆς γῆς· καὶ ἐπεφέρετο ἡ κιβωτὸς

19 ἐπάνω τοῦ ὕδατος. Τὸ δὲ ὕδωρ ἐπεκράτει σφόδρα σφόδρα ἐπὶ τῆς γῆς· καὶ ἐκάλυψε πάντα τὰ ὄρη τὰ ὑψηλὰ, ἃ ἦν ὑποκάτω τοῦ

20 οὐρανοῦ. Πεντεκαίδεκα πήχεις ὑπεράνω ὑψώθη τὸ ὕδωρ· καὶ

21 ἐπεκάλυψε πάντα τὰ ὄρη τὰ ὑψηλά. Καὶ ἀπέθανε πᾶσα σὰρξ κινουμένη ἐπὶ τῆς γῆς τῶν πετεινῶν, καὶ τῶν κτηνῶν, καὶ τῶν θηρίων· καὶ πᾶν ἑρπετὸν κινούμενον ἐπὶ τῆς γῆς, καὶ πᾶς ἄνθρωπος.

22 Καὶ πάντα ὅσα ἔχει πνοὴν ζωῆς, καὶ πᾶν ὃ ἦν ἐπὶ τῆς ξηρᾶς,

23 ἀπέθανε. Καὶ ἐξήλειψε πᾶν τὸ ἀνάστημα, ὃ ἦν ἐπὶ προσώπου τῆς γῆς, ἀπὸ ἀνθρώπου ἕως κτήνους, καὶ ἑρπετῶν, καὶ τῶν πετεινῶν τοῦ οὐρανοῦ· καὶ ἐξηλείφησαν ἀπὸ τῆς γῆς· καὶ κατε-

24 λείφθη μόνος Νῶε, καὶ οἱ μετ᾽ αὐτοῦ ἐν τῇ κιβωτῷ. Καὶ ὑψώθη τὸ ὕδωρ ἐπὶ τῆς γῆς ἡμέρας ἑκατὸν πεντήκοντα.

8 Καὶ ἀνεμνήσθη ὁ Θεὸς τοῦ Νῶε, καὶ πάντων τῶν θηρίων, καὶ πάντων τῶν κτηνῶν, καὶ πάντων τῶν πετεινῶν, καὶ πάντων τῶν ἑρπετῶν τῶν ἑρπόντων, ὅσα ἦν μετ᾽ αὐτοῦ ἐν τῇ κιβωτῷ· καὶ ἐπήγαγεν ὁ Θεὸς πνεῦμα ἐπὶ τὴν γῆν, καὶ ἐκόπασε τὸ ὕδωρ.

2 Καὶ ἐπεκαλύφθησαν αἱ πηγαὶ τῆς ἀβύσσου, καὶ οἱ καταρράκται

3 τοῦ οὐρανοῦ, καὶ συνεσχέθη ὁ ὑετὸς ἀπὸ τοῦ οὐρανοῦ. Καὶ ἐνεδίδου τὸ ὕδωρ πορευόμενον ἀπὸ τῆς γῆς· καὶ ἠλαττονοῦτο τὸ ὕδωρ μετὰ πεντήκοντα καὶ ἑκατὸν ἡμέρας. Καὶ ἐκάθισεν ἡ κιβωτὸς ἐν μηνὶ τῷ ἑβδόμῳ, ἑβδόμῃ καὶ εἰκάδι τοῦ μηνὸς, ἐπὶ

4 τὰ ὄρη τὰ Ἀραράτ. Τὸ δὲ ὕδωρ ἠλαττονοῦτο ἕως τοῦ δεκάτου

5 μηνός. Καὶ ἐν τῷ δεκάτῳ μηνὶ, τῇ πρώτῃ τοῦ μηνὸς, ὤφθησαν

6 αἱ κεφαλαὶ τῶν ὀρέων. Καὶ ἐγένετο μετὰ τεσσαράκοντα ἡμέ-

7 ρας ἠνέῳξε Νῶε τὴν θυρίδα τῆς κιβωτοῦ, ἣν ἐποίησε. Καὶ ἀπέστειλε τὸν κόρακα· καὶ ἐξελθὼν, οὐκ ἀνέστρεψεν ἕως τοῦ

8 ξηρανθῆναι τὸ ὕδωρ ἀπὸ τῆς γῆς. Καὶ ἀπέστειλε τὴν περιστερὰν

9 ὀπίσω αὐτοῦ, ἰδεῖν εἰ κεκόπακε τὸ ὕδωρ ἀπὸ τῆς γῆς. Καὶ οὐχ εὑροῦσα ἡ περιστερὰ ἀνάπαυσιν τοῖς ποσὶν αὐτῆς, ἀνέστρεψε πρὸς αὐτὸν εἰς τὴν κιβωτὸν, ὅτι ὕδωρ ἦν ἐπὶ πᾶν τὸ πρόσωπον τῆς γῆς· καὶ ἐκτείνας τὴν χεῖρα ἔλαβεν αὐτὴν, καὶ εἰσήγαγεν

10 αὐτὴν πρὸς ἑαυτὸν εἰς τὴν κιβωτόν. Καὶ ἐπισχὼν ἔτι ἡμέρας ἑπτὰ ἑτέρας, πάλιν ἐξαπέστειλε τὴν περιστερὰν ἐκ τῆς κιβωτοῦ.

11 Καὶ ἀνέστρεψε πρὸς αὐτὸν ἡ περιστερὰ τὸ πρὸς ἑσπέραν· καὶ εἶχε φύλλον ἐλαίας κάρφος ἐν τῷ στόματι αὐτῆς· καὶ ἔγνω

12 Νῶε, ὅτι κεκόπακε τὸ ὕδωρ ἀπὸ τῆς γῆς. Καὶ ἐπισχὼν ἔτι ἡμέρας ἑπτὰ ἑτέρας, πάλιν ἐξαπέστειλε τὴν περιστερὰν, καὶ οὐ

13 προσέθετο τοῦ ἐπιστρέψαι πρὸς αὐτὸν ἔτι. Καὶ ἐγένετο ἐν τῷ ἑνὶ καὶ ἑξακοσιοστῷ ἔτει ἐν τῇ ζωῇ τοῦ Νῶε, τοῦ πρώτου μηνὸς, μιᾷ τοῦ μηνὸς, ἐξέλιπε τὸ ὕδωρ ἀπὸ τῆς γῆς. Καὶ ἀπεκάλυψε Νῶε τὴν στέγην τῆς κιβωτοῦ, ἣν ἐποίησε· καὶ εἶδεν ὅτι ἐξέλιπε

of all flesh in which is the breath of life. [16] And they that entered went in male and female of all flesh, as God commanded Noe and the Lord God shut the ark outside of him. [17] And the flood was upon the earth forty days and forty nights, and the water abounded greatly and bore up the ark, and it was lifted on high from off the earth. [18] And the water prevailed and abounded exceedingly upon the earth, and the ark was borne upon the water. [19] And the water prevailed exceedingly upon the earth, and covered all the high mountains which were under heaven. [20] Fifteen cubits upwards was the water raised, and it covered all the high mountains [21] And there died all flesh that moved upon the earth, of flying creatures and cattle, and of wild beasts, and every reptile moving upon the earth, and every man. [22] And all things which have the breath of life, and whatever was on the dry land, died. [23] And *God* blotted out every offspring which was upon the face of the earth, both man and beast, and reptiles, and birds of the sky, and they were blotted out from the earth, and Noe was left alone, and those with him in the ark. [24] And the water was raised over the earth an hundred and fifty days.

And God remembered Noe, and all the wild beasts, and all the cattle, and all the birds, and all the reptiles that creep, as many as were with him in the ark, and God brought a wind upon the earth, and the water stayed. [2] And the fountains of the deep were closed up, and the flood-gates of heaven, and the rain from heaven was withheld. [3] And the water subsided, and went off the earth, and after an hundred and fifty days the water was diminished, and the ark rested in the seventh month, on the twenty-seventh day of the month, on the mountains of Ararat. [4] And the water continued to decrease until the tenth month. [5] And in the tenth month, on the first day of the month, the heads of the mountains were seen. [6] And it came to pass after forty days Noe opened the window of the ark which he had made. [7] And he sent forth βa raven; γand it went forth and returned not until the water was dried from off the earth. [8] And he sent δ a dove after it to see if the water had ceased from off the earth. [9] And the dove not having found rest for her feet, returned to him into the ark, because the water was on all the face of the earth, and he stretched out his hand and took her, and brought her to himself into the ark. [10] And having waited yet seven other days, he again sent forth the dove from the ark. [11] And the dove returned to him in the evening, and had a leaf of olive, a sprig in her mouth; and Noe knew that the water had ceased from off the earth. [12] And having waited yet seven other days, he again sent forth the dove, and she did not return to him again any more. [13] And it came to pass in the six hundred and first year of the life of Noe, in the first month, on the first day of the month, the water subsided from off the earth, and Noe opened the covering of the ark which he had made, and he saw that the water had subsided from the face of the

---

β *Gr.* the raven.   γ *Alex.* + to see if the water had ceased.   δ *Gr.* the dove.

earth. ¹⁴ And in the second month the earth was dried, on the twenty-seventh day of the month.

¹⁵ And the Lord God spoke to Noe, saying, ¹⁶ Come out from the ark, thou and thy wife and thy sons, and thy sons' wives with thee. ¹⁷ And all the wild beasts as many as are with thee, and all flesh both of birds and beasts, and every reptile moving upon the earth, bring forth with thee: and increase ye and multiply upon the earth. ¹⁸ And Noe came forth, and his wife and his sons, and his sons' wives with him. ¹⁹ And all the wild beasts and all the cattle and every bird, and every reptile creeping upon the earth after their kind, came forth out of the ark.

²⁰ And Noe built an altar to the Lord, and took of all clean beasts, and of all clean birds, and offered a whole burnt-offering upon the altar. ²¹ And the Lord God smelled a smell of sweetness, and the Lord God having considered, said, I will not any more curse the earth, because of the works of men, because the imagination of man is intently bent upon evil things from his youth, I will not therefore any more smite all living flesh as I have done. ²² All the days of the earth, seed and harvest, cold and heat, summer and spring, shall not cease by day or night.

And God blessed Noe and his sons, and said to them, Increase and multiply, and fill the earth and have dominion over it. ² And the dread and the fear of you shall be upon all the wild beasts of the earth, on all the birds of the sky, and on all things moving upon the earth, and upon all the fishes of the sea, I have placed them under your ᵝ power. ³ And every reptile which is living shall be to you for meat, I have given all things to you as the ᵞ green herbs. ⁴ But flesh with blood of life ye shall not eat. ⁵ For your blood of your lives will I require at the hand of all wild beasts, and I will require the life of man at the hand of *his* brother man. ⁶ He that sheds man's blood, instead of that blood shall his own be shed, for in the image of God I made man. ⁷ But do ye increase and multiply, and fill the earth, and have dominion over it.

⁸ And God spoke to Noe, and to his sons with him, saying, ⁹ And behold I establish my covenant with you, and with your seed after you, ¹⁰ and with every ᵟ living creature with you, of birds and of beasts, and with all the wild beasts of the earth, as many as are with you, of all that come out of the ark. ¹¹ And I will establish my covenant with you and all flesh shall not any more die by the water of the flood, and there shall no more be a flood of water to destroy all the earth. ¹² And the Lord God said to Noe, This *is* the sign of the covenant which I set between me and you, and between every living creature which is with you for perpetual generations. ¹³ I set my bow in the cloud, and it shall be for a sign of covenant between me and the earth. ¹⁴ And it shall be when I gather clouds upon the earth, that my bow

τὸ ὕδωρ ἀπὸ προσώπου τῆς γῆς. Ἐν δὲ τῷ δευτέρῳ μηνὶ ἐξη- 14 ράνθη ἡ γῆ, ἑβδόμῃ καὶ εἰκάδι τοῦ μηνός.

Καὶ εἶπε Κύριος ὁ Θεὸς πρὸς Νῶε, λέγων, Ἔξελθε ἐκ τῆς 15,16 κιβωτοῦ σὺ, καὶ ἡ γυνή σου, καὶ οἱ υἱοί σου, καὶ αἱ γυναῖκες τῶν υἱῶν σου μετὰ σοῦ, Καὶ πάντα τὰ θηρία ὅσα ἐστὶ μετὰ 17 σοῦ, καὶ πᾶσα σὰρξ ἀπὸ πετεινῶν ἕως κτηνῶν, καὶ πᾶν ἑρπετὸν κινούμενον ἐπὶ τῆς γῆς, ἐξάγαγε μετὰ σεαυτοῦ. καὶ αὐξάνεσθε καὶ πληθύνεσθε ἐπὶ τῆς γῆς. Καὶ ἐξῆλθε Νῶε, καὶ ἡ γυνὴ 18 αὐτοῦ, καὶ οἱ υἱοὶ αὐτοῦ, καὶ αἱ γυναῖκες τῶν υἱῶν αὐτοῦ μετ' αὐτοῦ· Καὶ πάντα τὰ θηρία, καὶ πάντα τὰ κτήνη, καὶ πᾶν 19 πετεινὸν, καὶ πᾶν ἑρπετὸν κινούμενον ἐπὶ τῆς γῆς κατὰ γένος αὐτῶν, ἐξήλθοσαν ἐκ τῆς κιβωτοῦ.

Καὶ ᾠκοδόμησε Νῶε θυσιαστήριον τῷ Κυρίῳ· καὶ ἔλαβεν 20 ἀπὸ πάντων τῶν κτηνῶν τῶν καθαρῶν, καὶ ἀπὸ πάντων τῶν πετεινῶν τῶν καθαρῶν, καὶ ἀνήνεγκεν εἰς ὁλοκάρπωσιν ἐπὶ τὸ θυσιαστήριον. Καὶ ὠσφράνθη Κύριος ὁ Θεὸς ὀσμὴν εὐωδίας. 21 Καὶ εἶπε Κύριος ὁ Θεὸς διανοηθεὶς, οὐ προσθήσω ἔτι καταρά- σασθαι τὴν γῆν διὰ τὰ ἔργα τῶν ἀνθρώπων· ὅτι ἔγκειται ἡ διάνοια τοῦ ἀνθρώπου ἐπιμελῶς ἐπὶ τὰ πονηρὰ ἐκ νεότητος αὐ- τοῦ· οὐ προσθήσω οὖν ἔτι πατάξαι πᾶσαν σάρκα ζῶσαν, καθὼς ἐποίησα. Πάσας τὰς ἡμέρας τῆς γῆς, σπέρμα καὶ θερισμὸς, 22 ψύχος καὶ καῦμα, θέρος καὶ ἔαρ, ἡμέραν καὶ νύκτα, οὐ κατα- παύσουσι.

Καὶ εὐλόγησεν ὁ Θεὸς τὸν Νῶε, καὶ τοὺς υἱοὺς αὐτοῦ· καὶ 9 εἶπεν αὐτοῖς· αὐξάνεσθε καὶ πληθύνεσθε, καὶ πληρώσατε τὴν γῆν, καὶ κατακυριεύσατε αὐτῆς. Καὶ ὁ τρόμος, καὶ ὁ φόβος 2 ὑμῶν, ἔσται ἐπὶ πᾶσι τοῖς θηρίοις τῆς γῆς, ἐπὶ πάντα τὰ πετεινὰ τοῦ οὐρανοῦ, καὶ ἐπὶ πάντα τὰ κινούμενα ἐπὶ τῆς γῆς, καὶ ἐπὶ πάντας τοὺς ἰχθύας τῆς θαλάσσης· ὑπὸ χεῖρας ὑμῖν δέδωκα. Καὶ 3 πᾶν ἑρπετὸν, ὅ ἐστι ζῶν, ὑμῖν ἔσται εἰς βρῶσιν· ὡς λάχανα χόρτου δέδωκα ὑμῖν τὰ πάντα. Πλὴν κρέας ἐν αἵματι ψυχῆς 4 οὐ φάγεσθε. Καὶ γὰρ τὸ ὑμέτερον αἷμα τῶν ψυχῶν ὑμῶν ἐκ 5 χειρὸς πάντων τῶν θηρίων ἐκζητήσω αὐτό· καὶ ἐκ χειρὸς ἀνθρώ- που ἀδελφοῦ ἐκζητήσω τὴν φυχὴν τοῦ ἀνθρώπου. Ὁ ἐκχέων 6 αἷμα ἀνθρώπου, ἀντὶ τοῦ αἵματος αὐτοῦ ἐκχυθήσεται, ὅτι ἐν εἰκόνι Θεοῦ ἐποίησα τὸν ἄνθρωπον. Ὑμεῖς δὲ αὐξάνεσθε, καὶ 7 πληθύνεσθε, καὶ πληρώσατε τὴν γῆν, καὶ κατακυριεύσατε αὐτῆς.

Καὶ εἶπεν ὁ Θεὸς τῷ Νῶε καὶ τοῖς υἱοῖς αὐτοῦ μετ' αὐτοῦ, 8 λέγων, καὶ ἰδοὺ ἐγὼ ἀνίστημι τὴν διαθήκην μου ὑμῖν, καὶ τῷ 9 σπέρματι ὑμῶν μεθ' ὑμᾶς, καὶ πάσῃ ψυχῇ ζώσῃ μεθ' ὑμῶν, 10 ἀπὸ ὀρνέων, καὶ ἀπὸ κτηνῶν· καὶ πᾶσι τοῖς θηρίοις τῆς γῆς, ὅσα ἐστὶ μεθ' ὑμῶν ἀπὸ πάντων τῶν ἐξελθόντων ἐκ τῆς κιβωτοῦ. Καὶ στήσω τὴν διαθήκην μου πρὸς ὑμᾶς· καὶ οὐκ ἀποθανεῖται 11 πᾶσα σὰρξ ἔτι ἀπὸ τοῦ ὕδατος τοῦ κατακλυσμοῦ· καὶ οὐκ ἔτι ἔσται κατακλυσμὸς ὕδατος, καταφθεῖραι πᾶσαν τὴν γῆν. Καὶ 12 εἶπε Κύριος ὁ Θεὸς πρὸς Νῶε· τοῦτο τὸ σημεῖον τῆς διαθήκης, ὃ ἐγὼ δίδωμι ἀνὰ μέσον ἐμοῦ καὶ ὑμῶν, καὶ ἀνὰ μέσον πάσης ψυχῆς ζώσης, ἥ ἐστι μεθ' ὑμῶν εἰς γενεὰς αἰωνίους. Τὸ τόξον 13 μου τίθημι ἐν τῇ νεφέλῃ, καὶ ἔσται εἰς σημεῖον διαθήκης ἀνὰ μέσον ἐμοῦ καὶ τῆς γῆς. Καὶ ἔσται ἐν τῷ συννεφεῖν με νεφέλας 14

ᵝ *Gr.* hands.　　　ᵞ *Gr.* herbs of grass.　　　ᵟ *Gr.* living soul.

15 ἐπὶ τὴν γῆν, ὀφθήσεται τὸ τόξον ἐν τῇ νεφέλῃ· Καὶ μνησθήσομαι τῆς διαθήκης μου, ἥ ἐστιν ἀνὰ μέσον ἐμοῦ καὶ ὑμῶν, καὶ ἀνὰ μέσον πάσης ψυχῆς ζώσης ἐν πάσῃ σαρκί· καὶ οὐκ ἔσται

16 ἔτι τὸ ὕδωρ εἰς κατακλυσμόν, ὥστε ἐξαλείψαι πᾶσαν σάρκα. Καὶ ἔσται τὸ τόξον μου ἐν τῇ νεφέλῃ· καὶ ὄψομαι τοῦ μνησθῆναι διαθήκην αἰώνιον ἀνὰ μέσον ἐμοῦ καὶ τῆς γῆς, καὶ ἀνὰ μέσον

17 ψυχῆς ζώσης ἐν πάσῃ σαρκὶ, ἥ ἐστιν ἐπὶ τῆς γῆς. Καὶ εἶπεν ὁ Θεὸς τῷ Νῶε, τοῦτο τὸ σημεῖον τῆς διαθήκης, ἧς διεθέμην ἀνὰ μέσον ἐμοῦ, καὶ ἀνὰ μέσον πάσης σαρκὸς, ἥ ἐστιν ἐπὶ τῆς γῆς.

18 Ἦσαν δὲ οἱ υἱοὶ Νῶε, οἱ ἐξελθόντες ἐκ τῆς κιβωτοῦ, Σὴμ, Χὰμ,

19 Ἰάφεθ. Χὰμ δὲ ἦν πατὴρ Χαναάν. Τρεῖς οὗτοί εἰσιν υἱοὶ Νῶε·

20 ἀπὸ τούτων διεσπάρησαν ἐπὶ πᾶσαν τὴν γῆν. Καὶ ἤρξατο Νῶε

21 ἄνθρωπος γεωργὸς γῆς, καὶ ἐφύτευσεν ἀμπελῶνα. Καὶ ἔπιεν ἐκ

22 τοῦ οἴνου, καὶ ἐμεθύσθη, καὶ ἐγυμνώθη ἐν τῷ οἴκῳ αὐτοῦ. Καὶ εἶδε Χὰμ ὁ πατὴρ Χαναὰν τὴν γύμνωσιν τοῦ πατρὸς αὐτοῦ, καὶ

23 ἐξελθὼν ἀνήγγειλε τοῖς δυσὶν ἀδελφοῖς αὐτοῦ ἔξω. Καὶ λαβόντες Σὴμ καὶ Ἰάφεθ τὸ ἱμάτιον, ἐπέθεντο ἐπὶ τὰ δύο νῶτα αὐτῶν, καὶ ἐπορεύθησαν ὀπισθοφανῶς, καὶ συνεκάλυψαν τὴν γύμνωσιν τοῦ πατρὸς αὐτῶν· καὶ τὸ πρόσωπον αὐτῶν ὀπισθοφανῶς, καὶ

24 τὴν γύμνωσιν τοῦ πατρὸς αὐτῶν οὐκ εἶδον. Ἐξένηψε δὲ Νῶε ἀπὸ τοῦ οἴνου, καὶ ἔγνω ὅσα ἐποίησεν αὐτῷ ὁ υἱὸς αὐτοῦ ὁ

25 νεώτερος. Καὶ εἶπεν, ἐπικατάρατος Χαναὰν παῖς· οἰκέτης ἔσται

26 τοῖς ἀδελφοῖς αὐτοῦ. Καὶ εἶπεν, εὐλογητὸς Κύριος ὁ Θεὸς τοῦ

27 Σήμ· καὶ ἔσται Χαναὰν παῖς οἰκέτης αὐτοῦ. Πλατύναι ὁ Θεὸς τῷ Ἰάφεθ, καὶ κατοικησάτω ἐν τοῖς οἴκοις τοῦ Σήμ· καὶ γενηθήτω Χαναὰν παῖς αὐτοῦ.

28 Ἔζησε δὲ Νῶε μετὰ τὸν κατακλυσμὸν ἔτη τριακόσια πεντή-

29 κοντα. Καὶ ἐγένοντο πᾶσαι αἱ ἡμέραι Νῶε ἐννακόσια πεντήκοντα ἔτη· καὶ ἀπέθανεν.

10 Αὗται δὲ αἱ γενέσεις τῶν υἱῶν Νῶε, Σὴμ, Χὰμ, Ἰάφεθ· καὶ ἐγεννήθησαν αὐτοῖς υἱοὶ μετὰ τὸν κατακλυσμόν.

2 Υἱοὶ Ἰάφεθ, Γαμὲρ, καὶ Μαγὼγ, καὶ Μαδοὶ, καὶ Ἰωύαν, καὶ

3 Ἐλισὰ, καὶ Θοβὲλ, καὶ Μοσὸχ, καὶ Θείρας. Καὶ υἱοὶ Γαμὲρ,

4 Ἀσχανὰζ, καὶ Ῥιφὰθ, καὶ Θοργαμά. Καὶ υἱοὶ Ἰωύαν, Ἐλισὰ,

5 καὶ Θάρσεις, Κήτιοι, Ῥόδιοι. Ἐκ τούτων ἀφωρίσθησαν νῆσοι τῶν ἐθνῶν ἐν τῇ γῇ αὐτῶν· ἕκαστος κατὰ γλῶσσαν ἐν ταῖς φυλαῖς αὐτῶν, καὶ ἐν τοῖς ἔθνεσιν αὐτῶν.

6,7 Υἱοὶ δὲ Χὰμ, Χοὺς, καὶ Μεσραὶν, Φοὺδ, καὶ Χαναάν. Υἱοὶ δὲ Χοὺς, Σαβὰ, καὶ Εὐϊλὰ, καὶ Σαβαθὰ, καὶ Ῥεγμὰ, καὶ Σα-

8 βαθακά· υἱοὶ δὲ Ῥεγμὰ, Σαβὰ, καὶ Δαδάν. Χοὺς δὲ ἐγέννησε

9 τὸν Νεβρὼδ· οὗτος ἤρξατο εἶναι γίγας ἐπὶ τῆς γῆς. Οὗτος ἦν γίγας κυνηγὸς ἐναντίον Κυρίου τοῦ Θεοῦ· διὰ τοῦτο ἐροῦσιν,

10 ὡς Νεβρὼδ γίγας κυνηγὸς ἐναντίον Κυρίου. Καὶ ἐγένετο ἀρχὴ τῆς βασιλείας αὐτοῦ Βαβυλὼν, καὶ Ὀρὲχ, καὶ Ἀρχὰδ, καὶ

11 Χαλάννη, ἐν τῇ γῇ Σεναάρ. Ἐκ τῆς γῆς ἐκείνης ἐξῆλθεν Ἀσσούρ· καὶ ᾠκοδόμησε τὴν Νινευὶ, καὶ τὴν Ῥοωβὼθ πόλιν,

12 καὶ τὴν Χαλὰχ, καὶ τὴν Δασὴ ἀνὰ μέσον Νινευὶ, καὶ ἀνὰ

13 μέσον Χαλάχ· αὕτη ἡ πόλις μεγάλη. Καὶ Μεσραὶν ἐγέννησε τοὺς Λουδιεὶμ, καὶ τοὺς Νεφθαλεὶμ, καὶ τοὺς Ἐνεμετιεὶμ, καὶ

14 τοὺς Λαβιεὶμ, καὶ τοὺς Πατροσωνιεὶμ, καὶ τοὺς Χασμωνιεὶμ,

shall be seen in the cloud. [15] And I will remember my covenant, which is between me and you, and between every living soul in all flesh, and there shall no longer be water for a deluge, so as to blot out all flesh. [16] And my bow shall be in the cloud, and I will look to remember the everlasting covenant between me and the earth, and between *every* living soul in all flesh, which is upon the earth. [17] And God said to Noe, This *is* the sign of the covenant, which I have made between me βand all flesh, which is upon the earth.

[18] Now the sons of Noe which came out of the ark, were Sem, Cham, Japheth. And Cham was father of Chanaan. [19] These three are the sons of Noe, of these were men scattered over all the earth. [20] And Noe began to be a husbandman, and he planted a vineyard. [21] And he drank of the wine, and was drunk, and was naked in his house. [22] And Cham the father of Chanaan saw the nakedness of his father, and he went out and told his two brothers without. [23] And Sem and Japheth having taken a garment, put it on both their backs and went backwards, and covered the nakedness of their father; and their face *was* backward, and they saw not the nakedness of their father. [24] And Noe recovered from the wine, and knew all that his younger son had done to him. [25] And he said, Cursed be the servant Chanaan, a slave shall he be to his brethren. [26] And he said, Blessed *be* the Lord God of Sem, and Chanaan shall be his bond-servant. [27] May God make room for Japheth, and let him dwell in the habitations of Sem, and let Chanaan be his servant.

[28] And Noe lived after the flood three hundred and fifty years. [29] And all the days of Noe were nine hundred and fifty years, and he died.

Now these *are* the generations of the sons of Noe, Sem, Cham, Japheth; and sons were born to them after the flood. [2] The sons of Japheth, Gamer, and Magog, and Madoi, and Jovan, and Elisa, and Thobel, and Mosoch, and Thiras. [3] And the sons of Gamer, Aschanaz, and Riphath, and Thorgama. [4] And the sons of Jovan, Elisa, and Tharseis, Cetians, Rhodians. [5] From these were the islands of the Gentiles divided in their land, each according to his tongue, in their tribes and in their nations.

[6] And the sons of Cham, Chus, and Mesrain, Phud, and Chanaan. [7] And the sons of Chus, Saba, and Evila, and Sabatha, and Rhegma, and Sabathaca. And the sons of Rhegma, Saba, and Dadan. [8] And Chus begot Nebrod: he began to be a giant upon the earth. [9] He was a giant hunter before the Lord God; therefore they say, As Nebrod the giant hunter before the Lord. [10] And the beginning of his kingdom was Babylon, and Orech, and Archad, and Chalanne, in the land of Senaar. [11] Out of that land came Assur, and built Ninevi, and the city Rhooboth, and Chalach, [12] and Dase between Ninevi and Chalach: this is the great city. [13] And Mesrain begot the Ludiim, and the Nephthalim, and the Enemetiim, and the Labiim, [14] and the Patro-

β *Gr.* and between.

soniim, and the Chasmoniim (whence came forth Phylistiim) and the Gaphthoriim. ¹⁵ And Chanaan begot Sidon his first-born, and the Chettite, ¹⁶ and the Jebusite. and the Amorite, and the Girgashite, ¹⁷ and the Evite, and the Arukite, and the Asennite, ¹⁸ and the Aradian, and the Samarean, and the Amathite; and after this the tribes of the Chananites were dispersed. ¹⁹ And the boundaries of the Chananites were from Sidon till one comes to Gerara and Gaza, till one comes to Sodom and Gomorrha, Adama and Seboim, as far as Dasa. ²⁹ These *were* the sons of Cham in their tribes according to their tongues, in their countries, and in their nations.

²¹ And to Sem himself also were children born, the father of all the sons of Heber, the brother of Japheth the elder. ²² Sons of Sem, Elam, and Assur, and Arphaxad, and Lud, and Aram, and Cainan. ²³ And sons of Aram, Uz, and Ul, and Gater, and Mosoch. ²⁴ And Arphaxad begot Cainan, and Cainan begot Sala. And Sala begot Heber. ²⁵ And to Heber were born two sons, the name of the one, Phaleg, because in his days the earth was divided, and the name of his brother Jektan. ²⁶ And Jektan begot Elmodad, and Saleth, and Sarmoth, and Jarach, ²⁷ and Odorrha, and Aibel, and Decla, ²⁸ and Eval, and Abimael, and Saba, ²⁹ and Uphir, and Evila, and Jobab, all these were the sons of Jektan. ³⁰ And their dwelling was from Masse, till one comes to Saphera, a mountain of the east. ³¹ These were the sons of Sem in their tribes, according to their tongues, in their countries, and in their nations. ³² These are the tribes of the sons of Noe, according to their generations, according to their nations: of them were β the islands of the Gentiles scattered over the earth after the flood.

And all the earth was one lip, and there was one language to all. ² And it came to pass as they moved from the east, they found a plain in the land of Senaar, and they dwelt there. ³ And a man said to his neighbour, Come, let us make bricks and bake them with fire. And the brick was to them for stone, and their mortar was bitumen. ⁴ And they said, Come, let us build to ourselves a city and tower, whose top shall be to heaven, and let us make to ourselves a name, before we are scattered abroad upon the face of all the earth. ⁵ And the Lord came down to see the city and the tower, which the sons of men built. ⁶ And the Lord said, Behold, *there is* one race, and one lip of all, and they have begun to do this, and now nothing shall fail from them of all that they may have undertaken to do. ⁷ Come, and having gone down let us there confound their tongue, that they may not understand each the voice of his neighbour. ⁸ And the Lord scattered them thence over the face of all the earth, and they left off building the city and the tower. ⁹ On this account its name was called Confusion, because there the Lord confounded the languages of all the earth, and thence the Lord scattered them upon the face of all the earth.

¹⁰ And these *are* the generations of Sem:

ὅθεν ἐξῆλθε Φυλιστιείμ, καὶ τοὺς Γαφθοριείμ. Χαναὰν δὲ 15 ἐγέννησε τὸν Σιδῶνα πρωτότοκον αὐτοῦ, καὶ τὸν Χετταῖον, καὶ 16 τὸν Ἰεβουσαῖον, καὶ τὸν Ἀμορραῖον, καὶ τὸν Γεργεσαῖον, καὶ 17 τὸν Εὑαῖον, καὶ τὸν Ἀρουκαῖον, καὶ τὸν Ἀσενναῖον, καὶ τον 18 Ἀράδιον, καὶ τὸν Σαμαραῖον, καὶ τὸν Ἀμαθί. Καὶ μετὰ τοῦτο διεσπάρησαν αἱ φυλαὶ τῶν Χαναναίων. Καὶ ἐγένετο τὰ ὅρια 19 τῶν Χαναναίων ἀπὸ Σιδῶνος ἕως ἐλθεῖν εἰς Γεραρὰ καὶ Γαζὰν, ἕως ἐλθεῖν ἕως Σοδόμων καὶ Γομόρρας, Ἀδαμὰ καὶ Σεβωὶμ ἕως Δασά. Οὗτοι υἱοὶ Χὰμ, ἐν ταῖς φυλαῖς αὐτῶν, κατὰ γλώσσας 20 αὐτῶν, ἐν ταῖς χώραις αὐτῶν, καὶ ἐν τοῖς ἔθνεσιν αὐτῶν.

Καὶ τῷ Σὴμ ἐγεννήθη καὶ αὐτῷ πατρὶ πάντων τῶν υἱῶν 21 Ἔβερ, ἀδελφῷ Ἰάφεθ τοῦ μείζονος. Υἱοὶ Σὴμ, Ἐλὰμ, καὶ 22 Ἀσσοὺρ, καὶ Ἀρφαξὰδ, καὶ Λούδ, καὶ Ἀρὰμ, καὶ Καϊνᾶν. Καὶ υἱοὶ Ἀρὰμ, Οὖζ, καὶ Οὖλ, καὶ Γατὲρ, καὶ Μοσόχ. Καὶ 23, 24 Ἀρφαξὰδ ἐγέννησε τὸν Καϊνᾶν, καὶ Καϊνᾶν ἐγέννησε τὸν Σαλά· Σαλὰ δὲ ἐγέννησε τὸν Ἔβερ. Καὶ τῷ Ἔβερ ἐγεννήθησαν δύο 25 υἱοί· ὄνομα τῷ ἑνὶ, Φαλὲγ, ὅτι ἐν ταῖς ἡμέραις αὐτοῦ διεμερίσθη ἡ γῆ· καὶ ὄνομα τῷ ἀδελφῷ αὐτοῦ Ἰεκτάν. Ἰεκτὰν δὲ ἐγέννησε 26 τὸν Ἐλμωδὰδ, καὶ Σαλὲθ, καὶ τὸν Σαρμὼθ, καὶ Ἰαρὰχ, καὶ 27 Ὁδορρὰ, καὶ Αἰβὴλ, καὶ Δεκλὰ, καὶ Εὐὰλ, καὶ Ἀβιμαὲλ, 28 καὶ Σαβὰ, καὶ Οὐφεὶρ, καὶ Εὐείλὰ, καὶ Ἰωβάβ· πάντες οὗτοι 29 υἱοὶ Ἰεκτάν. Καὶ ἐγένετο ἡ κατοίκησις αὐτῶν, ἀπὸ Μασσῆ 30 ἕως ἐλθεῖν εἰς Σαφηρὰ ὄρος ἀνατολῶν. Οὗτοι υἱοὶ Σὴμ, ἐν 31 ταῖς φυλαῖς αὐτῶν, κατὰ γλώσσας αὐτῶν, ἐν ταῖς χώραις αὐτῶν, καὶ ἐν τοῖς ἔθνεσιν αὐτῶν. Αὗται αἱ φυλαὶ υἱῶν Νῶε κατὰ 32 γενέσεις αὐτῶν, κατὰ ἔθνη αὐτῶν· ἀπὸ τούτων διεσπάρησαν νῆσοι τῶν ἐθνῶν ἐπὶ τῆς γῆς μετὰ τὸν κατακλυσμόν.

Καὶ ἦν πᾶσα ἡ γῆ χεῖλος ἕν, καὶ φωνὴ μία πᾶσι. 11 Καὶ ἐγένετο ἐν τῷ κινῆσαι αὐτοὺς ἀπὸ ἀνατολῶν, εὗρον πεδίον 2 ἐν γῇ Σεναὰρ, καὶ κατῴκησαν ἐκεῖ. Καὶ εἶπεν ἄνθρωπος τῷ 3 πλησίον αὐτοῦ, δεῦτε πλινθεύσωμεν πλίνθους, καὶ ὀπτήσωμεν αὐτὰς πυρί· καὶ ἐγένετο αὐτοῖς ἡ πλίνθος εἰς λίθον, καὶ ἄσφαλτος ἦν αὐτοῖς ὁ πηλός. Καὶ εἶπαν, δεῦτε οἰκοδομήσωμεν 4 ἑαυτοῖς πόλιν καὶ πύργον, οὗ ἔσται ἡ κεφαλὴ ἕως τοῦ οὐρανοῦ, καὶ ποιήσωμεν ἑαυτοῖς ὄνομα, πρὸ τοῦ διασπαρῆναι ἡμᾶς ἐπὶ προσώπου πάσης τῆς γῆς. Καὶ κατέβη Κύριος ἰδεῖν τὴν πόλιν 5 καὶ τὸν πύργον, ὃν ᾠκοδόμησαν οἱ υἱοὶ τῶν ἀνθρώπων. Καὶ 6 εἶπε Κύριος, ἰδοὺ γένος ἕν, καὶ χεῖλος ἓν πάντων, καὶ τοῦτο ἤρξαντο ποιῆσαι, καὶ νῦν οὐκ ἐκλείψει ἀπʼ αὐτῶν πάντα ὅσα ἂν ἐπιθῶνται ποιεῖν. Δεῦτε, καὶ καταβάντες συγχέωμεν αὐτῶν 7 ἐκεῖ τὴν γλῶσσαν, ἵνα μὴ ἀκούσωσιν ἕκαστος τὴν φωνὴν τοῦ πλησίον. Καὶ διέσπειρεν αὐτοὺς Κύριος ἐκεῖθεν ἐπὶ πρόσωπον 8 πάσης τῆς γῆς· καὶ ἐπαύσαντο οἰκοδομοῦντες τὴν πόλιν καὶ τὸν πύργον. Διὰ τοῦτο ἐκλήθη τὸ ὄνομα αὐτῆς, Σύγχυσις, ὅτι ἐκεῖ 9 συνέχεε Κύριος τὰ χείλη πάσης τῆς γῆς, καὶ ἐκεῖθεν διέσπειρεν αὐτοὺς Κύριος ἐπὶ πρόσωπον πάσης τῆς γῆς.

Καὶ αὗται αἱ γενέσεις Σήμ· καὶ ἦν Σὴμ υἱὸς ἑκατὸν ἐτῶν, ὅτε 10

β *Or*, simply Gentiles.

ἐγέννησε τὸν Ἀρφαξὰδ, δευτέρου ἔτους μετὰ τὸν κατακλυσμόν.
11 Καὶ ἔζη τε Σὴμ, μετὰ τὸ γεννῆσαι αὐτὸν τὸν Ἀρφαξὰδ, ἔτη
πεντακόσια, καὶ ἐγέννησεν υἱοὺς καὶ θυγατέρας, καὶ ἀπέθανε.
12 Καὶ ἔζησεν Ἀρφαξὰδ ἑκατὸν τριακονταπέντε ἔτη, καὶ ἐγέννησε
13 τὸν Καϊνάν. Καὶ ἔζησεν Ἀρφαξὰδ, μετὰ τὸ γεννῆσαι αὐτὸν
τὸν Καϊνάν, ἔτη τετρακόσια, καὶ ἐγέννησεν υἱοὺς καὶ θυγατέρας,
καὶ ἀπέθανε. Καὶ ἔζησε Καϊνὰν ἑκατὸν καὶ τριάκοντα ἔτη, καὶ
ἐγέννησε τὸν Σαλά· καὶ ἔζησε Καϊνὰν, μετὰ τὸ γεννῆσαι αὐτὸν
τὸν Σαλὰ, ἔτη τριακόσια τριάκοντα, καὶ ἐγέννησεν υἱοὺς καὶ
14 θυγατέρας, καὶ ἀπέθανε. Καὶ ἔζησε Σαλὰ ἑκατὸν τριάκοντα
15 ἔτη, καὶ ἐγέννησε τὸν Ἔβερ. Καὶ ἔζησε Σαλὰ μετὰ τὸ γεν-
νῆσαι αὐτὸν τὸν Ἔβερ, τριακόσια τριάκοντα ἔτη, καὶ ἐγέννησεν
16 υἱοὺς καὶ θυγατέρας· καὶ ἀπέθανε. Καὶ ἔζησεν Ἔβερ ἑκατὸν
17 τριάκοντα τέσσαρα ἔτη, καὶ ἐγέννησε τὸν Φαλέγ. Καὶ ἔζησεν
Ἔβερ, μετὰ τὸ γεννῆσαι αὐτὸν τὸν Φαλὲγ, ἔτη διακόσια ἑβδο-
18 μήκοντα, καὶ ἐγέννησεν υἱοὺς καὶ θυγατέρας, καὶ ἀπέθανε. Καὶ
ἔζησε Φαλὲγ τριάκοντα καὶ ἑκατὸν ἔτη, καὶ ἐγέννησε τὸν Ῥαγαῦ.
19 Καὶ ἔζησε Φαλὲγ, μετὰ τὸ γεννῆσαι αὐτὸν τὸν Ῥαγαῦ, ἐννέα καὶ
διακόσια ἔτη, καὶ ἐγέννησεν υἱοὺς καὶ θυγατέρας, καὶ ἀπέθανε.
20 Καὶ ἔζησε Ῥαγαῦ ἑκατὸν τριάκοντα καὶ δύο ἔτη, καὶ ἐγέννησε
21 τὸν Σερούχ. Καὶ ἔζησε Ῥαγαῦ, μετὰ τὸ γεννῆσαι αὐτὸν τὸν
Σερούχ, διακόσια ἑπτὰ ἔτη, καὶ ἐγέννησεν υἱοὺς καὶ θυγατέρας, καὶ
22 καὶ ἀπέθανε. Καὶ ἔζησε Σερούχ ἑκατὸν τριάκοντα ἔτη, καὶ
23 ἐγέννησε τὸν Ναχώρ. Καὶ ἔζησε Σερούχ, μετὰ τὸ γεννῆσαι
αὐτὸν τὸν Ναχώρ, ἔτη διακόσια, καὶ ἐγέννησεν υἱοὺς καὶ θυγα-
24 τέρας, καὶ ἀπέθανε. Καὶ ἔζησε Ναχώρ ἔτη ἑκατὸν ἑβδομή-
25 κονταεννέα, καὶ ἐγέννησε τὸν Θάρρα. Καὶ ἔζησε Ναχώρ, μετὰ
τὸ γεννῆσαι αὐτὸν τὸν Θάρρα, ἔτη ἑκατὸν εἰκοσιπέντε, καὶ ἐγέν-
26 νησεν υἱοὺς καὶ θυγατέρας, καὶ ἀπέθανε. Καὶ ἔζησε Θάρρα
ἑβδομήκοντα ἔτη, καὶ ἐγέννησε τὸν Ἄβραμ, καὶ τὸν Ναχώρ,
καὶ τὸν Ἀρράν.
27 Αὗται δὲ αἱ γενέσεις Θάρρα· Θάρρα ἐγέννησε τὸν Ἄβραμ,
καὶ τὸν Ναχώρ, καὶ τὸν Ἀρράν· καὶ Ἀρρὰν ἐγέννησε τὸν Λώτ.
28 Καὶ ἀπέθανεν Ἀρρὰν ἐνώπιον Θάρρα τοῦ πατρὸς αὐτοῦ ἐν τῇ
29 γῇ ᾗ ἐγεννήθη, ἐν τῇ χώρᾳ τῶν Χαλδαίων. Καὶ ἔλαβον Ἄβραμ
καὶ Ναχὼρ ἑαυτοῖς γυναῖκας· ὄνομα τῇ γυναικὶ Ἄβραμ, Σάρα,
καὶ ὄνομα τῇ γυναικὶ Ναχώρ, Μελχὰ, θυγάτηρ Ἀρράν· καὶ
30 πατὴρ Μελχὰ, καὶ πατὴρ Ἰεσχά. Καὶ ἦν Σάρα στεῖρα, καὶ
31 οὐκ ἐτεκνοποίει. Καὶ ἔλαβε Θάρρα τὸν Ἄβραμ υἱὸν αὐτοῦ,
καὶ τὸν Λὼτ υἱὸν Ἀρρὰν, υἱὸν τοῦ υἱοῦ αὐτοῦ, καὶ τὴν Σάραν
τὴν νύμφην αὐτοῦ, γυναῖκα Ἄβραμ τοῦ υἱοῦ αὐτοῦ, καὶ ἐξήγαγεν
αὐτοὺς ἐκ τῆς χώρας τῶν Χαλδαίων, πορευθῆναι εἰς γῆν Χαναάν·
32 καὶ ἦλθον ἕως Χαρρὰν, καὶ κατῴκησεν ἐκεῖ. Καὶ ἐγένοντο
πᾶσαι αἱ ἡμέραι Θάρρα ἐν γῇ Χαρρὰν, διακόσια πέντε ἔτη· καὶ
ἀπέθανε Θάρρα ἐν Χαρράν.
12 Καὶ εἶπε Κύριος τῷ Ἄβραμ, ἔξελθε ἐκ τῆς γῆς σου, καὶ ἐκ τῆς
συγγενείας σου, καὶ ἐκ τοῦ οἴκου τοῦ πατρός σου, καὶ δεῦρο εἰς
2 τὴν γῆν, ἣν ἄν σοι δείξω. Καὶ ποιήσω σε εἰς ἔθνος μέγα, καὶ
εὐλογήσω σε, καὶ μεγαλυνῶ τὸ ὄνομά σου, καὶ ἔσῃ εὐλογημέ-
3 νος. Καὶ εὐλογήσω τοὺς εὐλογοῦντάς σε, καὶ τοὺς καταρωμέ-

and Sem was a hundred years old when he begot Arphaxad, the second year after the flood. [11]And Sem lived, after he had begotten Arphaxad, five hundred years, and begot sons and daughters, and died. [12]And Arphaxad lived a hundred and thirty-five years, and begot Cainan. [13]And Arphaxad lived after he had begotten Cainan, β four hundred years, and begot sons and daughters, and died. And Cainan lived a hundred and thirty years and begot Sala; and Canaan lived after he had begotten Sala, three hundred and thirty years, and begot sons and daughters, and died. [14]And Sala lived an hundred and thirty years, and begot Heber. [15]And Sala lived after he had begotten Heber, three hundred and thirty years, and begot sons and daughters, and died. [16]And Heber lived an hundred and thirty-four years, and begot Phaleg. [17]And Heber lived after he had begotten Phaleg γ two hundred and seventy years, and begot sons and daughters, and died. [18]And Phaleg lived an hundred and thirty years, and begot Ragau. [19]And Phaleg lived after he had begotten Ragau, two hundred and nine years, and begot sons and daughters, and died. [20]And Ragau lived an hundred thirty and two years, and begot Seruch. [21]And Ragau lived after he had begotten Seruch, two hundred and seven years, and begot sons and daughters, and died. [22]And Seruch lived a hundred and thirty years, and begot Nachor. [23]And Seruch lived after he had begotten Nachor, two hundred years, and begot sons and daughters, and died. [24]And Nachor lived δ a hundred and seventy-nine years, and begot Tharrha. [25]And Nachor lived after he had begotten Tharrha, ζ an hundred and twenty-five years, and begot sons and daughters, and he died. [26]And Tharrha lived seventy years, and begot Abram, and Nachor, and Arrhan.

[27]And these *are* the generations of Tharrha. Tharrha begot Abram and Nachor, and Arrhan; and Arrhan begot Lot. [28]And Arrhan died in the presence of Tharrha his father, in the land in which he was born, in the country of the Chaldees. [29]And Abram and Nachor took to themselves wives, the name of the wife of Abram was Sara, θ and the name of the wife of Nachor, Malcha, daughter of Arrhan, and he was the father of Malcha, the father of Jescha. [30]And Sara was barren, and did not bear children. [31]And Tharrha took Abram his son, and Lot the son of Arrhan, the son of his son, and Sara his daughter-in-law, the wife of Abram his son, and led them forth out of the land of the Chaldees, to go into the land of Chanaan, and they came as far as Charrhan, and he dwelt there. [32]And all the days of Tharrha in the land of Charrhan were two hundred and five years, and Tharrha died in Charrhan.

And the Lord said to Abram, Go forth out of thy land and out of thy kindred, and out of the house of thy father, and come into the land which I shall shew thee. [2]And I will make thee a great nation, and I will bless thee and magnify thy name, and thou shalt be blessed. [3]And I will bless those

---

that bless thee, and curse those that curse thee, and in thee shall all the tribes of the earth be blessed. ⁴ And Abram went as the Lord spoke to him, and Lot departed with him, and Abram was seventy-five years old, when he went out of Charrhan. ⁵ And Abram took Sara his wife, and Lot the son of his brother, and all their possessions, as many as they had got, and every soul which they had got in Charrhan, and they went forth to go into the land of Chanaan.ᵝ ⁶ And Abram traversed the land lengthwise as far as the place Sychem, to the high oak, and the Chananites then inhabited the land. ⁷ And the Lord appeared to Abram, and said to him, I will give this land to thy seed. And Abram built an altar to the Lord, who appeared to him. ⁸ And he departed thence to the mountain eastward of Bæthel, and there he pitched his tent in Bæthel near the sea, and Aggai toward the east, and there he built an altar to the Lord, and called on the name of the Lord. ⁹ And Abram departed and went and encamped in the wilderness.

¹⁰ And there was a famine in the land, and Abram went down to Egypt to sojourn there, because the famine prevailed in the land. ¹¹ And it came to pass when Abram drew nigh to enter into Egypt, Abram said to Sara his wife, I know that thou art a fair woman. ¹² It shall come to pass then that when the Egyptians shall see thee, they shall say, This is his wife, and they shall slay me, but they shall save thee alive. ¹³ Say, therefore, I am his sister, that it may be well with me on account of thee, and my soul shall live because of thee. ¹⁴ And it came to pass when Abram entered into Egypt—the Egyptians having seen his wife that she was very beautiful—¹⁵ that the princes of Pharao saw her, and praised her to Pharao and brought her into the house of Pharao. ¹⁶ And they treated Abram well on her account, and he had sheep, and calves, and asses, and men-servants, and women-servants, and mules, and camels. ¹⁷ And God afflicted Pharao with great and severe afflictions, and his house, because of Sara, Abram's wife. ¹⁸ And Pharao having called Abram, said, What is this thou hast done to me, that thou didst not tell me that she was thy wife? ¹⁹ Wherefore didst thou say, She is my sister? and I took her for a wife to myself; and now, behold, thy wife is before thee, take her and go quickly away. ²⁰ And Pharao gave charge to men concerning Abram, to join in sending him forward, and his wife, and all that he had.ᵧ

And Abram went up out of Egypt, he and his wife, and all that he had, and Lot with him, into the wilderness. ² And Abram was very rich in cattle, and silver, and gold. ³ And he went *to the place* whence he came, into the wilderness as far as Bæthel, as far as the place where his tent was before, between Bæthel and Aggai, ⁴ to the place of the altar, ᵟ which he built there at first, and Abram there called on the name of the Lord. ⁵ And Lot who went out with Abram had sheep, and oxen, and ᶻtents. ⁶ And the land was not large enough for them to live to-

νους σε καταρᾴομαι, καὶ ἐνευλογηθήσονται ἐν σοὶ πᾶσαι αἱ φυλαὶ τῆς γῆς. Καὶ ἐπορεύθη Ἄβραμ, καθάπερ ἐλάλησεν 4 αὐτῷ Κύριος, καὶ ᾤχετο μετ' αὐτοῦ Λώτ. Ἄβραμ δὲ ἦν ἐτῶν ἑβδομηκονταπέντε, ὅτε ἐξῆλθεν ἐκ Χαρράν. Καὶ ἔλαβεν Ἄβραμ Σάραν τὴν γυναῖκα αὐτοῦ, καὶ τὸν Λὼτ υἱὸν τοῦ ἀδελφοῦ αὐτοῦ, καὶ πάντα τὰ ὑπάρχοντα αὐτῶν ὅσα ἐκτήσαντο, καὶ πᾶσαν ψυχὴν ἣν ἐκτήσαντο, ἐκ Χαρράν, καὶ ἐξήλθοσαν πορευθῆναι εἰς γῆν Χαναάν. Καὶ διώδευσεν Ἄβραμ τὴν γῆν εἰς τὸ 6 μῆκος αὐτῆς ἕως τοῦ τόπου Συχέμ, ἐπὶ τὴν δρῦν τὴν ὑψηλήν· οἱ δὲ Χαναναῖοι τότε κατῴκουν τὴν γῆν· Καὶ ὤφθη Κύριος 7 τῷ Ἄβραμ, καὶ εἶπεν αὐτῷ, τῷ σπέρματί σου δώσω τὴν γῆν ταύτην· καὶ ᾠκοδόμησεν ἐκεῖ Ἄβραμ θυσιαστήριον Κυρίῳ τῷ ὀφθέντι αὐτῷ. Καὶ ἀπέστη ἐκεῖθεν εἰς τὸ ὄρος κατὰ ἀνατολὰς 8 Βαιθήλ· ἔστησεν ἐκεῖ τὴν σκηνὴν αὐτοῦ ἐν Βαιθὴλ κατὰ θάλασσαν, καὶ Ἀγγαὶ κατὰ ἀνατολάς· καὶ ᾠκοδόμησεν ἐκεῖ θυσιαστήριον τῷ Κυρίῳ, καὶ ἐπεκαλέσατο ἐπὶ τῷ ὀνόματι Κυρίου. Καὶ ἀπῆρεν Ἄβραμ, καὶ πορευθεὶς ἐστρατοπέδευσεν 9 ἐν τῇ ἐρήμῳ.

Καὶ ἐγένετο λιμὸς ἐπὶ τῆς γῆς· καὶ κατέβη Ἄβραμ εἰς 10 Αἴγυπτον παροικῆσαι ἐκεῖ, ὅτι ἐνίσχυσεν ὁ λιμὸς ἐπὶ τῆς γῆς. Ἐγένετο δὲ ἡνίκα ἤγγισεν Ἄβραμ εἰσελθεῖν εἰς Αἴγυπτον, 11 εἶπεν Ἄβραμ Σάρα τῇ γυναικί, γινώσκω ἐγὼ, ὅτι γυνὴ εὐπρόσωπος εἶ. Ἔσται οὖν ὡς ἂν ἴδωσί σε οἱ Αἰγύπτιοι, ἐροῦσιν ὅτι 12 γυνὴ αὐτοῦ ἐστιν αὐτή, καὶ ἀποκτενοῦσί με, σὲ δὲ περιποιήσονται. Εἶπον οὖν, ὅτι ἀδελφὴ αὐτοῦ εἰμι, ὅπως ἂν εὖ μοι γένηται 13 διὰ σὲ, καὶ ζήσεται ἡ ψυχή μου ἕνεκέν σου. Ἐγένετο δὲ, ἡνίκα 14 εἰσῆλθεν Ἄβραμ εἰς Αἴγυπτον, ἰδόντες οἱ Αἰγύπτιοι τὴν γυναῖκα αὐτοῦ, ὅτι καλὴ ἦν σφόδρα. Καὶ ἴδον αὐτὴν οἱ ἄρχοντες Φαραώ, 15 καὶ ἐπήνεσαν αὐτὴν πρὸς Φαραώ, καὶ εἰσήγαγον αὐτὴν εἰς τὸν οἶκον Φαραώ. Καὶ τῷ Ἄβραμ εὖ ἐχρήσαντο δι' αὐτήν· καὶ 16 ἐγένοντο αὐτῷ πρόβατα, καὶ μόσχοι, καὶ ὄνοι, καὶ παῖδες, καὶ παιδίσκαι, καὶ ἡμίονοι, καὶ κάμηλοι. Καὶ ἤτασεν ὁ Θεὸς τὸν 17 Φαραὼ ἐτασμοῖς μεγάλοις καὶ πονηροῖς, καὶ τὸν οἶκον αὐτοῦ, περὶ Σάρας τῆς γυναικὸς Ἄβραμ. Καλέσας δὲ Φαραὼ τὸν 18 Ἄβραμ, εἶπεν, τί τοῦτο ἐποίησάς μοι, ὅτι οὐκ ἀπήγγειλάς μοι, ὅτι γυνή σου ἐστίν; Ἱνατί εἶπας ὅτι ἀδελφή μου ἐστίν; καὶ 19 ἔλαβον αὐτὴν ἐμαυτῷ γυναῖκα· καὶ νῦν ἰδοὺ ἡ γυνή σου ἔναντί σου, λαβὼν ἀπότρεχε. Καὶ ἐνετείλατο Φαραὼ ἀνδράσι περὶ 20 Ἄβραμ συμπροπέμψαι αὐτὸν, καὶ τὴν γυναῖκα αὐτοῦ, καὶ πάντα ὅσα ἦν αὐτῷ.

Ἀνέβη δὲ Ἄβραμ ἐξ Αἰγύπτου αὐτὸς, καὶ ἡ γυνὴ αὐτοῦ, 13 καὶ πάντα τὰ αὐτοῦ, καὶ Λὼτ μετ' αὐτοῦ, εἰς τὴν ἔρημον. Ἄ- 2 βραμ δὲ ἦν πλούσιος σφόδρα κτήνεσι, καὶ ἀργυρίῳ, καὶ χρυσίῳ. Καὶ ἐπορεύθη ὅθεν ἦλθεν εἰς τὴν ἔρημον ἕως Βαιθήλ, ἕως τοῦ 3 τόπου οὗ ἦν ἡ σκηνὴ αὐτοῦ τὸ πρότερον, ἀνὰ μέσον Βαιθὴλ καὶ ἀνὰ μέσον Ἀγγαί, εἰς τὸν τόπον τοῦ θυσιαστηρίου, οὗ 4 ἐποίησεν ἐκεῖ τὴν ἀρχὴν, καὶ ἐπεκαλέσατο ἐκεῖ Ἄβραμ τὸ ὄνομα τοῦ Κυρίου. Καὶ Λὼτ τῷ συμπορευομένῳ μετὰ Ἄβραμ 5 ἦν πρόβατα, καὶ βόες, καὶ σκηναί. Καὶ οὐκ ἐχώρει αὐτοὺς ἡ 6 γῆ κατοικεῖν ἅμα, ὅτι ἦν τὰ ὑπάρχοντα αὐτῶν πολλά· καὶ οὐκ

β Alex. + and came into the land of Chanaan. So the *Heb.*　　γ Alex. + and Lot with him.　　δ Alex. where he made or pitched his tent.
ζ Alex. cattle.

7 ἐχώρει αὐτοὺς ἡ γῆ κατοικεῖν ἅμα. Καὶ ἐγένετο μάχη ἀνὰ μέσον τῶν ποιμένων τῶν κτηνῶν τοῦ Ἅβραμ, καὶ ἀνὰ μέσον τῶν ποιμένων τῶν κτηνῶν τοῦ Λώτ· οἱ δὲ Χαναναῖοι καὶ οἱ
8 Φερεζαῖοι τότε κατῴκουν τὴν γῆν. Εἶπε δὲ Ἅβραμ τῷ Λώτ, μὴ ἔστω μάχη ἀνὰ μέσον ἐμοῦ καὶ σοῦ, καὶ ἀνὰ μέσον τῶν ποιμένων μου καὶ ἀνὰ μέσον τῶν ποιμένων σου, ὅτι ἄνθρωποι
9 ἀδελφοὶ ἐσμὲν ἡμεῖς. Οὐκ ἰδοὺ πᾶσα ἡ γῆ ἐναντίον σου ἐστί; διαχωρίσθητι ἀπ᾿ ἐμοῦ· εἰ σὺ εἰς ἀριστερά, ἐγὼ εἰς δεξιά· εἰ δὲ
10 σὺ εἰς δεξιά, ἐγὼ εἰς ἀριστερά. Καὶ ἐπάρας Λὼτ τοὺς ὀφθαλμοὺς αὐτοῦ, ἐπεῖδε πᾶσαν τὴν περίχωρον τοῦ Ἰορδάνου, ὅτι πᾶσα ἦν ποτιζομένη, πρὸ τοῦ καταστρέψαι τὸν Θεὸν Σόδομα καὶ Γόμορρα, ὡς ὁ παράδεισος τοῦ Θεοῦ, καὶ ὡς ἡ γῆ Αἰγύπτου,
11 ἕως ἐλθεῖν εἰς Ζόγορα. Καὶ ἐξελέξατο ἑαυτῷ Λὼτ πᾶσαν τὴν περίχωρον τοῦ Ἰορδάνου· καὶ ἀπῆρε Λὼτ ἀπὸ ἀνατολῶν· καὶ
12 διεχωρίσθησαν ἕκαστος ἀπὸ τοῦ ἀδελφοῦ αὐτοῦ. Ἅβραμ δὲ κατῴκησεν ἐν γῇ Χαναάν· Λὼτ δὲ κατῴκησεν ἐν πόλει τῶν
13 περιχώρων, καὶ ἐσκήνωσεν ἐν Σοδόμοις. Οἱ δὲ ἄνθρωποι οἱ ἐν Σοδόμοις πονηροὶ καὶ ἁμαρτωλοὶ ἐναντίον τοῦ Θεοῦ σφόδρα.
14 Ὁ δὲ Θεὸς εἶπε τῷ Ἅβραμ μετὰ τὸ διαχωρισθῆναι τὸν Λὼτ ἀπ᾿ αὐτοῦ, ἀνάβλεψον τοῖς ὀφθαλμοῖς σου, καὶ ἴδε ἀπὸ τοῦ τόπου οὗ νῦν σὺ εἶ πρὸς βορρᾶν καὶ λίβα καὶ ἀνατολὰς καὶ θάλασσαν·
15 ὅτι πᾶσαν τὴν γῆν, ἣν σὺ ὁρᾷς, σοὶ δώσω αὐτὴν καὶ τῷ σπέρ-
16 ματί σου ἕως αἰῶνος. Καὶ ποιήσω τὸ σπέρμα σου, ὡς τὴν ἄμμον τῆς γῆς· εἰ δύναταί τις ἐξαριθμῆσαι τὴν ἄμμον τῆς γῆς,
17 καὶ τὸ σπέρμα σου ἐξαριθμηθήσεται. Ἀναστὰς διόδευσον τὴν γῆν εἴς τε τὸ μῆκος αὐτῆς καὶ εἰς τὸ πλάτος· ὅτι σοι δώσω αὐτὴν
18 καὶ τῷ σπέρματί σου εἰς τὸν αἰῶνα. Καὶ ἀποσκηνώσας Ἅβραμ, ἐλθὼν κατῴκησε παρὰ τὴν δρῦν τὴν Μαμβρῆ, ἣ ἦν ἐν Χεβρώμ, καὶ ᾠκοδόμησεν ἐκεῖ θυσιαστήριον τῷ Κυρίῳ.

14 Ἐγένετο δὲ ἐν τῇ βασιλείᾳ τῇ Ἀμαρφὰλ βασιλέως Σενναάρ, καὶ Ἀριὼχ βασιλέως Ἑλλασάρ, Χοδολλογομὸρ βασιλεὺς Ἐλάμ,
2 καὶ Θαργὰλ βασιλεὺς ἐθνῶν, ἐποίησαν πόλεμον μετὰ Βαλλὰ βασιλέως Σοδόμων, καὶ μετὰ Βαρσὰ βασιλέως Γομόρρας, καὶ μετὰ Σενναὰρ βασιλέως Ἀδαμὰ, καὶ μετὰ Συμοβὸρ βασιλέως
3 Σεβωείμ, καὶ βασιλέως Βαλάκ· αὕτη ἐστὶ Σηγώρ. Πάντες οὗτοι συνεφώνησαν ἐπὶ τὴν φάραγγα τὴν ἁλυκήν· αὕτη ἡ θά-
4 λασσα τῶν ἁλῶν. Δώδεκα ἔτη αὐτοὶ ἐδούλευσαν τῷ Χοδολ-
5 λογομόρ· τῷ δὲ τρισκαιδεκάτῳ ἔτει ἀπέστησαν. Ἐν δὲ τῷ τεσσαρεσκαιδεκάτῳ ἔτει ἦλθε Χοδολλογομὸρ καὶ οἱ βασιλεῖς μετ᾿ αὐτοῦ, καὶ κατέκοψαν τοὺς γίγαντας τοὺς ἐν Ἀσταρώθ, καὶ Καρναΐν, καὶ ἔθνη ἰσχυρὰ ἅμα αὐτοῖς, καὶ τοὺς Ὀμμαίους
6 τοὺς ἐν Σαυῇ τῇ πόλει. Καὶ τοὺς Χορραίους τοὺς ἐν τοῖς ὄρεσι Σηείρ, ἕως τῆς τερεβίνθου τῆς Φαράν, ἥ ἐστιν ἐν τῇ ἐρήμῳ.
7 Καὶ ἀναστρέψαντες ἦλθον ἐπὶ τὴν πηγὴν τῆς κρίσεως· αὕτη ἐστὶ Κάδης· καὶ κατέκοψαν πάντας τοὺς ἄρχοντας Ἀμαλὴκ, καὶ τοὺς Ἀμορραίους τοὺς κατοικοῦντας ἐν Ἀσασονθαμάρ.
8 Ἐξῆλθε δὲ βασιλεὺς Σοδόμων, καὶ βασιλεὺς Γομόρρας, καὶ βασιλεὺς Ἀδαμὰ, καὶ βασιλεὺς Σεβωείμ, καὶ βασιλεὺς Βαλάκ· αὕτη ἐστὶ Σηγώρ· καὶ παρετάξαντο αὐτοῖς εἰς· πόλεμον ἐν τῇ
9 κοιλάδι τῇ ἁλυκῇ, πρὸς Χοδολλογομὸρ βασιλέα Ἐλὰμ, καὶ

gether, because their possessions were great; and the land was not large enough for them to live together. 7 And there was a strife between the herdmen of Abram's cattle, and the herdmen of Lot's cattle, and the Chananites and the Pherezites then inhabited the land. 8 And Abram said to Lot, Let there not be a strife between me and thee, and between my herdmen and thy herdmen, for we are β brethren. 9 Lo! is not the whole land before thee? Separate thyself from me; if thou *goest* to the left, I will go to the right, and if thou goest to the right, I will go to the left. 10 And Lot having lifted up his eyes, observed all the country round about Jordan, that it was all watered, before God overthrew Sodom and Gomorrha, as the garden of the Lord, and as the land of Egypt, until thou come to Zogora. 11 And Lot chose for himself all the country round Jordan, and Lot went from the east, and they were separated each from his brother. And Abram dwelt in the land of Chanaan. 12 And Lot dwelt in a city of the neighbouring people, and pitched his tent in Sodom. 13 But the men of Sodom were evil, and exceedingly sinful before God. 14 And God said to Abram after Lot was separated from him, Look up with thine eyes, and behold from the place where thou now art northward and southward, and eastward and seaward; 15 for all the land which thou seest, I will give it to thee and to thy seed for ever. 16 And I will make thy seed like the γ dust of the earth; if any one is able to number the dust of the earth, then shall thy seed be numbered. 17 Arise and traverse the land, both in the length of it and in the breadth; for to thee will I give it, and to thy seed for ever. 18 And Abram having δ removed his tent, came and dwelt by the oak of Mambre, which is in Chebrom, and he there built an altar to the Lord.

And it came to pass in the reign of Amarphal king of Sennaar, and Arioch king of Ellasar, that Chodollogomor king of Elam, and Thargal king of nations, 2 made war with Balla king of Sodom, and with Barsa king of Gomorrha, and with Sennaar, king of Adama, and with Symobor king of Seboim and the king of Balac, this is Segor. 3 All these ζ met with one consent at the salt valley; this is *now* the sea of salt. 4 Twelve years they served Chodollogomor, and the thirteenth year they revolted. 5 And in the fourteenth year came Chodollogomor, and the kings with him, and cut to pieces the giants in Astaroth, and Carnain, and strong nations with them, and the Ommæans in the city Save. 6 And the Chorrhæans in the mountains of Seir, to the turpentine tree of Pharan, which is in the desert. 7 And having turned back they came to the well of judgment; this is Cades, and they cut in pieces all the princes of Amalec, and the Amorites dwelling in Asasonthamar. 8 And the king of Sodom went out, and the king of Gomorrha, and king of Adama, and king of Seboim, and king of Balac, this is Segor, and they set themselves in array against them for war in the salt valley, 9 against Chodollo-

---

β *Gr.* men, brethren.　　γ *Gr.* sand.　　δ *Or,* having dwelt at a distance.　　ζ *Gr.* agreed.

gomor king of Elam, and Thargal king of nations, and Amarphal king of Sennaar, and Arioch king of Ellasar, the four kings against the five. ¹⁰ Now the salt valley *consists of* slime-pits. And the king of Sodom fled and the king of Gomorrha, and they fell in there: and they that were left fled to the mountain country. ¹¹ And they took all the cavalry of Sodom and Gomorrha, and all their provisions, and departed. ¹² And they took also Lot the son of Abram's brother, and his baggage, and departed, for he dwelt in Sodom.

¹³ And one of them that had been rescued came and told Abram the β Hebrew; and he dwelt by the oak of Mamre the Amorite the brother of Eschol, and the brother of Aunan, who were confederates with Abram. ¹⁴ And Abram having heard that Lot his nephew had been taken captive, numbered his own home-born *servants* three hundred and eighteen, and pursued after them to Dan. ¹⁵ And he came upon them by night, he and his servants, and he smote them and pursued them as far as Choba, which is on the left of Damascus. ¹⁶ And he recovered all the cavalry of Sodom, and he recovered Lot his nephew, and all his possessions, and the women and the people. ¹⁷ And the king of Sodom went out to meet him, after he returned from the slaughter of Chodollogomor, and the kings with him, to the valley of Saby; this was the plain of the kings.

¹⁸ And Melchisedec king of Salem brought forth loaves and wine, and he was the priest of the most high God. ¹⁹ And he blessed Abram, and said, Blessed be Abram of the most high God, who made heaven and earth, ²⁰ and blessed be the most high God who delivered thine enemies into thy γ power. And Abram gave him the tithe of all. ²¹ And the king of Sodom said to Abram, Give me the men, and take the δ horses to thyself. ²² And Abram said to the king of Sodom, I will stretch out my hand to the Lord the most high God, who made the heaven and the earth, ²³ *that* I will not take from all thy goods from a string to a shoe-latchet, lest thou shouldest say, I have made Abram rich. ²⁴ Except what things the young men have eaten, and the portion of the men that went with me, Eschol, Aunan, Mambre, these shall take a portion.

And after these things the word of the Lord came to Abram in a vision, saying, Fear not, Abram, I shield thee, thy reward shall be very great. ² And Abram said, Master *and* Lord, what wilt thou give me? whereas I am departing without a child, but the son of Masek my home-born *female slave*, this Eliezer of Damascus *is mine heir*. ³ And Abram said, I *am grieved* since thou hast given me no seed, but my home-born *servant* shall succeed me. ⁴ And immediately there was a voice of the Lord to him, saying, This shall not be thine heir; but he that shall come out of thee shall be thine heir. ⁵ And he brought him out and said to him, Look up now to heaven, and count the stars, if thou shalt be able to number them fully, and he said, ζ Thus shall thy seed be. ⁶ θ And Abram believed God, and it was

Θαργὰλ βασιλέα ἐθνῶν, καὶ ᾽Αμαρφὰλ βασιλέα Σενναὰρ, καὶ ᾽Αριὼχ βασιλέα ᾽Ελλασὰρ, οἱ τέσσαρες βασιλεῖς πρὸς τοὺς πέντε. Ἡ δὲ κοιλὰς ἡ ἁλυκὴ, φρέατα ἀσφάλτου· ἔφυγε δὲ 10 βασιλεὺς Σοδόμων καὶ βασιλεὺς Γομόρρας, καὶ ἐνέπεσαν ἐκεῖ· οἱ δὲ καταλειφθέντες εἰς τὴν ὀρεινὴν ἔφυγον. Ἔλαβον δὲ τὴν 11 ἵππον πᾶσαν τὴν Σοδόμων καὶ Γομόρρας, καὶ πάντα τὰ βρώματα αὐτῶν, καὶ ἀπῆλθον. Ἔλαβον δὲ καὶ τὸν Λὼτ τὸν υἱὸν τοῦ 12 ἀδελφοῦ ᾽Αβραμ, καὶ τὴν ἀποσκευὴν αὐτοῦ, καὶ ἀπῴχοντο· ἦν γὰρ κατοικῶν ἐν Σοδόμοις.

Παραγενόμενος δὲ τῶν ἀνασωθέντων τις ἀπήγγειλεν ῎Αβραμ 13 τῷ περάτῃ· αὐτὸς δὲ κατῴκει παρὰ τῇ δρυὶ τῇ Μαμβρῇ ᾽Αμορ- ραίου τοῦ ἀδελφοῦ ᾽Εσχὼλ, καὶ τοῦ ἀδελφοῦ Αὐνὰν, οἳ ἦσαν συνωμόται τοῦ ῎Αβραμ. ᾽Ακούσας δὲ ῎Αβραμ ὅτι ἠχμαλώτευ- 14 ται Λὼτ ὁ ἀδελφιδοῦς αὐτοῦ, ἠρίθμησε τοὺς ἰδίους οἰκογενεῖς αὐτοῦ τριακοσίους δέκα καὶ ὀκτώ· καὶ κατεδίωξεν ὀπίσω αὐτῶν ἕως Δάν. Καὶ ἐπέπεσεν ἐπ᾽ αὐτοὺς τὴν νύκτα αὐτὸς, καὶ οἱ 15 παῖδες αὐτοῦ, καὶ ἐπάταξεν αὐτοὺς, καὶ κατεδίωξεν αὐτοὺς ἕως Χοβὰ, ἥ ἐστιν ἐν ἀριστερᾷ Δαμασκοῦ. Καὶ ἀπέστρεψε πᾶσαν 16 τὴν ἵππον Σοδόμων· καὶ Λὼτ τὸν ἀδελφιδοῦν αὐτοῦ ἀπέστρεψε, καὶ πάντα τὰ ὑπάρχοντα αὐτοῦ, καὶ τὰς γυναῖκας, καὶ τὸν λαόν. Ἐξῆλθε δὲ βασιλεὺς Σοδόμων εἰς συνάντησιν αὐτῷ, μετὰ τὸ 17 ὑποστρέψαι αὐτὸν ἀπὸ τῆς κοπῆς τοῦ Χοδολλογομὸρ, καὶ τῶν βασιλέων τῶν μετ᾽ αὐτοῦ εἰς τὴν κοιλάδα τοῦ Σαβύ· τοῦτο ἦν τὸ πεδίον τῶν βασιλέων.

Καὶ Μελχισεδὲκ βασιλεὺς Σαλὴμ ἐξήνεγκεν ἄρτους καὶ οἶνον· 18 ἦν δὲ ἱερεὺς τοῦ Θεοῦ τοῦ ὑψίστου. Καὶ εὐλόγησε τὸν ῎Αβραμ, 19 καὶ εἶπεν, εὐλογημένος ῎Αβραμ τῷ Θεῷ τῷ ὑψίστῳ, ὃς ἔκτισε τὸν οὐρανὸν καὶ τὴν γῆν. Καὶ εὐλογητὸς ὁ Θεὸς ὁ ὕψιστος, ὃς 20 παρέδωκε τοὺς ἐχθρούς σου ὑποχειρίους σοι· καὶ ἔδωκεν αὐτῷ ῎Αβραμ δεκάτην ἀπὸ πάντων. Εἶπε δὲ βασιλεὺς Σοδόμων πρὸς 21 ῎Αβραμ, δός μοι τοὺς ἄνδρας, τὴν δὲ ἵππον λάβε σεαυτῷ. Εἶπε 22 δὲ ῎Αβραμ πρὸς τὸν βασιλέα Σοδόμων, ἐκτενῶ τὴν χεῖρά μου πρὸς Κύριον τὸν Θεὸν τὸν ὕψιστον, ὃς ἔκτισε τὸν οὐρανὸν καὶ τὴν γῆν, εἰ ἀπὸ σπαρτίου ἕως σφυρωτῆρος ὑποδήματος λήψο- 23 μαι ἀπὸ πάντων τῶν σῶν, ἵνα μὴ εἴπῃς, ὅτι ἐγὼ ἐπλούτισα τὸν ῎Αβραμ. Πλὴν ὧν ἔφαγον οἱ νεανίσκοι, καὶ τῆς μερίδος τῶν 24 ἀνδρῶν τῶν συμπορευθέντων μετ᾽ ἐμοῦ ᾽Εσχὼλ, Αὐνὰν, Μαμβρῆ· οὗτοι λήψονται μερίδα.

Μετὰ δὲ τὰ ῥήματα ταῦτα ἐγενήθη ῥῆμα Κυρίου πρὸς ῎Αβραμ 15 ἐν ὁράματι, λέγων, μὴ φοβοῦ ῎Αβραμ· ἐγὼ ὑπερασπίζω σου· ὁ μισθός σου πολὺς ἔσται σφόδρα· Λέγει δὲ ῎Αβραμ, Δέσποτα 2 Κύριε, τί μοι δώσεις; ἐγὼ δὲ ἀπολύομαι ἄτεκνος· ὁ δὲ υἱὸς Μασὲκ τῆς οἰκογενοῦς μου, οὗτος Δαμασκὸς ᾽Ελιέζερ. Καὶ 3 εἶπεν ῎Αβραμ, ἐπειδὴ ἐμοὶ οὐκ ἔδωκας σπέρμα, ὁ δὲ οἰκογενής μου κληρονομήσει με. Καὶ εὐθὺς φωνὴ Κυρίου ἐγένετο πρὸς 4 αὐτὸν, λέγουσα, οὐ κληρονομήσει σε οὗτος· ἀλλ᾽ ὃς ἐξελεύσεται ἐκ σοῦ, οὗτος κληρονομήσει σε. Ἐξήγαγε δὲ αὐτὸν ἔξω, καὶ 5 εἶπεν αὐτῷ, ἀνάβλεψον δὴ εἰς τὸν οὐρανὸν, καὶ ἀρίθμησον τοὺς ἀστέρας, εἰ δυνήσῃ ἐξαριθμῆσαι αὐτούς· καὶ εἶπεν, οὕτως ἔσται τὸ σπέρμα σου. Καὶ ἐπίστευσεν ῎Αβραμ τῷ Θεῷ, καὶ ἐλογίσθη 6

β Gr. passer. Heb. עבר.   γ Gr. under hand to thee.   δ Or, cavalry. Heb. הרכש.   ζ Rom. 4. 18.   θ Rom. 4. 3.

7 αὐτῷ εἰς δικαιοσύνην. Εἶπε δὲ πρὸς αὐτόν, ἐγὼ ὁ Θεὸς ὁ
ἐξαγαγών σε ἐκ χώρας Χαλδαίων, ὥστε δοῦναί σοι τὴν γῆν
8 ταύτην κληρονομῆσαι. Εἶπε δέ, Δέσποτα Κύριε, κατὰ τί γνώ-
9 σομαι, ὅτι κληρονομήσω αὐτήν; Εἶπε δὲ αὐτῷ, λάβε μοι
δάμαλιν τριετίζουσαν, καὶ αἶγα τριετίζουσαν, καὶ κριὸν τριετί-
10 ζοντα, καὶ τρυγόνα, καὶ περιστεράν. Ἔλαβε δὲ αὐτῷ πάντα
ταῦτα, καὶ διεῖλεν αὐτὰ μέσα, καὶ ἔθηκεν αὐτὰ ἀντιπρόσωπα
11 ἀλλήλοις· τὰ δὲ ὄρνεα οὐ διεῖλε. Κατέβη δὲ ὄρνεα ἐπὶ τὰ σώ-
ματα, ἐπὶ τὰ διχοτομήματα αὐτῶν· καὶ συνεκάθισεν αὐτοῖς
12 Ἄβραμ. Περὶ δὲ ἡλίου δυσμὰς ἔκστασις ἐπέπεσε τῷ Ἄβραμ,
13 καὶ ἰδοὺ φόβος σκοτεινὸς μέγας ἐπιπίπτει αὐτῷ. Καὶ ἐρρέθη
πρὸς Ἄβραμ· γινώσκων γνώσῃ ὅτι πάροικον ἔσται τὸ σπέρμα
σου ἐν γῇ οὐκ ἰδίᾳ, καὶ δουλώσουσιν αὐτούς, καὶ κακώσουσιν
14 αὐτούς, καὶ ταπεινώσουσιν αὐτούς, τετρακόσια ἔτη. Τὸ δὲ ἔθνος,
ᾧ ἐὰν δουλεύσωσι, κρινῶ ἐγώ· μετὰ δὲ ταῦτα, ἐξελεύσονται ὧδε
15 μετὰ ἀποσκευῆς πολλῆς. Σὺ δὲ ἀπελεύσῃ πρὸς τοὺς πατέρας
16 σου ἐν εἰρήνῃ, τραφεὶς ἐν γήρᾳ καλῷ. Τετάρτῃ δὲ γενεᾷ ἀπο-
στραφήσονται ὧδε· οὔπω γὰρ ἀναπεπλήρωνται αἱ ἁμαρτίαι τῶν
17 Ἀμορραίων ἕως τοῦ νῦν. Ἐπεὶ δὲ ὁ ἥλιος ἐγένετο πρὸς
δυσμάς, φλὸξ ἐγένετο· καὶ ἰδοὺ κλίβανος καπνιζόμενος καὶ
λαμπάδες πυρός, αἳ διῆλθον ἀνὰ μέσον τῶν διχοτομημάτων
18 τούτων. Ἐν τῇ ἡμέρᾳ ἐκείνῃ διέθετο Κύριος τῷ Ἄβραμ διαθή-
κην, λέγων, τῷ σπέρματί σου δώσω τὴν γῆν ταύτην, ἀπὸ τοῦ
ποταμοῦ Αἰγύπτου ἕως τοῦ ποταμοῦ τοῦ μεγάλου Εὐφράτου·
19 Τοὺς Κεναίους, καὶ τοὺς Κενεζαίους, καὶ τοὺς Κεδμωναίους,
20 καὶ τοὺς Χετταίους, καὶ τοὺς Φερεζαίους, καὶ τοὺς Ῥαφαείν,
21 καὶ τοὺς Ἀμορραίους, καὶ τοὺς Χαναναίους, καὶ τοὺς Εὐαίους,
καὶ τοὺς Γεργεσαίους, καὶ τοὺς Ἰεβουσαίους.

16 Σάρα δὲ ἡ γυνὴ Ἄβραμ οὐκ ἔτικτεν αὐτῷ· ἦν δὲ αὐτῇ παι-
2 δίσκη Αἰγυπτία, ᾗ ὄνομα Ἄγαρ. Εἶπε δὲ Σάρα πρὸς Ἄβραμ,
ἰδοὺ συνέκλεισέ με Κύριος τοῦ μὴ τίκτειν· εἴσελθε οὖν πρὸς
τὴν παιδίσκην μου, ἵνα τεκνοποιήσωμαι ἐξ αὐτῆς· ὑπήκουσε δὲ
3 Ἄβραμ τῆς φωνῆς Σάρας. Καὶ λαβοῦσα Σάρα ἡ γυνὴ Ἄβραμ
Ἄγαρ τὴν Αἰγυπτίαν τὴν ἑαυτῆς παιδίσκην, μετὰ δέκα ἔτη τοῦ
οἰκῆσαι Ἄβραμ ἐν γῇ Χαναάν, ἔδωκεν αὐτὴν τῷ Ἄβραμ ἀνδρὶ
4 αὐτῆς αὐτῷ γυναῖκα. Καὶ εἰσῆλθε πρὸς Ἄγαρ, καὶ συνέλαβε·
καὶ εἶδεν ὅτι ἐν γαστρὶ ἔχει, καὶ ἠτιμάσθη ἡ κυρία ἐναντίον
5 αὐτῆς. Εἶπε δὲ Σάρα πρὸς Ἄβραμ, ἀδικοῦμαι ἐκ σοῦ· ἐγὼ
δέδωκα τὴν παιδίσκην μου εἰς τὸν κόλπον σου, ἰδοῦσα δὲ ὅτι ἐν
γαστρὶ ἔχει, ἠτιμάσθην ἐναντίον αὐτῆς· κρίναι ὁ Θεὸς ἀνὰ
6 μέσον ἐμοῦ καί σου. Εἶπε δὲ Ἄβραμ πρὸς Σάραν, ἰδοὺ ἡ
παιδίσκη σου ἐν ταῖς χερσί σου, χρῶ αὐτῇ ὡς ἄν σοι ἀρεστὸν
ᾖ. καὶ ἐκάκωσεν αὐτὴν Σάρα, καὶ ἀπέδρα ἀπὸ προσώπου αὐτῆς.

7 Εὗρε δὲ αὐτὴν ἄγγελος Κυρίου ἐπὶ τῆς πηγῆς τοῦ ὕδατος ἐν
8 τῇ ἐρήμῳ, ἐπὶ τῆς πηγῆς ἐν τῇ ὁδῷ Σούρ. Καὶ εἶπεν αὐτῇ ὁ
ἄγγελος Κυρίου, Ἄγαρ παιδίσκη Σάρας, πόθεν ἔρχῃ; καὶ ποῦ
πορεύῃ; καὶ εἶπεν· ἀπὸ προσώπου Σάρας τῆς κυρίας μου ἐγὼ
9 ἀποδιδράσκω. Εἶπε δὲ αὐτῇ ὁ ἄγγελος Κυρίου, ἀποστράφηθι

counted to him for righteousness. 7 And he said to him, I am God that brought thee out of the land of the Chaldeans, so as to give thee this land to inherit. 8 And he said, Master *and* Lord, how shall I know that I shall inherit it? 9 And he said to him, Take for me an heifer in her third year, and a she-goat in her third year, and a ram in his third year, and a dove and a pigeon. 10 So he took to him all these, and divided them in the midst, and set them opposite to each other, but the birds he did not divide. 11 And birds came down upon the bodies, *even* upon the divided parts of them, and Abram β sat down by them. 12 And about sunset a trance fell upon Abram, and lo! a great gloomy terror falls upon him. 13 And it was said to Abram, Thou shalt surely know that thy seed shall be a sojourner in a land not their own, and they shall enslave them, and afflict them, and humble them four hundred years. 14 And the nation whomsoever they shall serve I will judge; and after this, they shall come forth hither with much γ property. 15 But thou shalt depart to thy fathers in peace, nourished in a good old age. 16 And in the fourth generation they shall return hither, for the sins of the Amorites are not yet filled up, even until now. 17 And when the sun was about to set, there was a flame, and behold a smoking furnace and lamps of fire, which passed between these divided pieces. 18 In that day the Lord made a covenant with Abram, saying, To thy seed I will give this land, from the river of Egypt to the great river Euphrates. 19 The Kenites, and the Kenezites, and the Kedmoneans, 20 and the Chettites, and the Pherezites, and the Raphaim, 21 and the Amorites, and the Chananites, and the Evites, and the Gergesites, and the Jebusites.

And Sara the wife of Abram bore him no children; and she had an Egyptian maid, whose name was Agar. 2 And Sara said to Abram, Behold, the Lord has restrained me from bearing, go therefore in to my maid, that I may get children for myself through her. And Abram hearkened to the voice of Sara. 3 So Sara the wife of Abram having taken Agar the Egyptian her handmaid, after Abram had dwelt ten years in the land of Chanaan, gave her to Abram her husband as a wife to him. 4 And he went in to Agar, and she conceived, and saw that she was with child, and her mistress was dishonoured before her. 5 And Sara said to Abram, I am injured by thee; I gave my handmaid into thy bosom, and when I saw that she was with child, I was dishonoured before her. The Lord judge between me and thee. 6 And Abram said to Sara, Behold thy handmaid is in thy hands, use her as it may seem good to thee. And Sara afflicted her, and she fled from her face.

7 And an angel of the Lord found her by the fountain of water in the wilderness, by the fountain in the way to Sur. 8 And the angel of the Lord said to her, Agar, Sara's maid, whence comest thou, and whither goest thou? and she said, I am fleeing from the face of my mistress Sara. 9 And the angel of the Lord said to her, Return to

---

β *Or*, drove them away. The LXX. seem to have read ישׁי for שׁוב   γ *Lit.* baggage.

thy mistress, and submit thyself under her hands. ¹⁰ And the angel of the Lord said to her, I will surely multiply thy seed, and it shall not be numbered for multitude. ¹¹And the angel of the Lord said to her, Behold, thou art with child, and shalt bear a son, and shalt call his name Ismael, for the Lord hath hearkened to thy humiliation. ¹²He shall be a wild man, his hands against all, and the hands of all against him, and he shall dwell in the presence of all his brethren. ¹³And she called the name of the Lord God who spoke to her, Thou art God who seest me; for she said, For I have openly seen him that appeared to me. ¹⁴Therefore she called the well, The well of him whom I have openly seen; behold it is between Cades and Barad. ¹⁵And Agar bore a son to Abram; and Abram called the name of his son which Agar bore to him, Ismael. ¹⁶And Abram was eighty-six years old, when Agar bore Ismael to Abram.

And Abram was ninety-nine years old, and the Lord appeared to Abram and said to him, I am thy God, be well-pleasing before me, and be blameless. ²And I will establish my covenant between me and thee, and I will multiply thee exceedingly. ³And Abram fell upon his face, and God spoke to him, saying, ⁴And I, behold! my covenant *is* with thee, and thou shalt be a father of a multitude of nations. ⁵And thy name shall no more be called Abram, but thy name shall be Abraam, β for I have made thee a father of many nations. ⁶And I will increase thee very exceedingly, and I will make nations of thee, and kings shall come out of thee. ⁷And I will establish my covenant between thee and thy seed after thee, to their generations, for an everlasting covenant, to be thy God, and *the God* of thy seed after thee. ⁸And I will give to thee and to thy seed after thee the land wherein thou sojournest, even all the land of Chanaan for an everlasting possession, and I will be to them a God. ⁹And God said to Abraam, Thou also shalt fully keep my covenant, thou and thy seed after thee for their generations. ¹⁰And this *is* the covenant which thou shalt fully keep between me and you, and between thy seed after thee for their generations; every male of you shall be circumcised. ¹¹And ye shall be circumcised in the flesh of your foreskin, and it shall be for a sign of a covenant between me and you. ¹²And the child of eight days *old* shall be circumcised by you, every male throughout your generations, and *the servant* born in the house and he that is bought with money, of every son of a stranger, who is not of thy seed. ¹³He that is born in thy house, and he that is bought with money shall be surely circumcised, and my covenant shall be on your flesh for an everlasting covenant. ¹⁴And the uncircumcised male, who shall not be circumcised in the flesh of his foreskin on the eighth day, that soul shall be utterly destroyed from its family, for he has broken my covenant. ¹⁵And God said to Abraam, Sara thy wife—her name shall not be called Sara, Sarrha shall be her name. ¹⁶And I will bless her,

πρὸς τὴν κυρίαν σου, καὶ ταπεινώθητι ὑπὸ τὰς χεῖρας αὐτῆς. Καὶ εἶπεν αὐτῇ ὁ ἄγγελος Κυρίου, πληθύνων πληθυνῶ τὸ 10 σπέρμα σου, καὶ οὐκ ἀριθμηθήσεται ὑπὸ τοῦ πλήθους. Καὶ 11 εἶπεν αὐτῇ ὁ ἄγγελος Κυρίου, ἰδοὺ σὺ ἐν γαστρὶ ἔχεις, καὶ τέξῃ υἱόν, καὶ καλέσεις τὸ ὄνομα αὐτοῦ Ἰσμαήλ, ὅτι ἐπήκουσε Κύριος τῇ ταπεινώσει σου. Οὗτος ἔσται ἄγροικος ἄνθρωπος· 12 αἱ χεῖρες αὐτοῦ ἐπὶ πάντας, καὶ αἱ χεῖρες πάντων ἐπ' αὐτόν· καὶ κατὰ πρόσωπον πάντων τῶν ἀδελφῶν αὐτοῦ κατοικήσει. Καὶ ἐκάλεσε τὸ ὄνομα Κυρίου τοῦ λαλοῦντος πρὸς αὐτὴν, 13 σὺ ὁ Θεὸς ὁ ἐπιδών με· ὅτι εἶπε, καὶ γὰρ ἐνώπιον εἶδον ὀφθέντα μοι. Ἕνεκεν τούτου ἐκάλεσε τὸ φρέαρ, φρέαρ οὗ 14 ἐνώπιον εἶδον· ἰδοὺ ἀνὰ μέσον Κάδης καὶ ἀνὰ μέσον Βαράδ. Καὶ ἔτεκεν Ἄγαρ τῷ Ἄβραμ υἱόν, καὶ ἐκάλεσεν Ἄβραμ τὸ 15 ὄνομα τοῦ υἱοῦ αὐτοῦ, ὃν ἔτεκεν αὐτῷ Ἄγαρ, Ἰσμαήλ. Ἄβραμ 16 δὲ ἦν ἐτῶν ὀγδοηκονταέξ, ἡνίκα ἔτεκεν Ἄγαρ τῷ Ἄβραμ τὸν Ἰσμαήλ.

Ἐγένετο δὲ Ἄβραμ ἐτῶν ἐννενηκονταεννέα. Καὶ ὤφθη 17 Κύριος τῷ Ἄβραμ, καὶ εἶπεν αὐτῷ, ἐγώ εἰμι ὁ Θεός σου· εὐαρέστει ἐνώπιον ἐμοῦ, καὶ γίνου ἄμεμπτος. Καὶ θήσομαι 2 τὴν διαθήκην μου ἀνὰ μέσον ἐμοῦ, καὶ ἀνὰ μέσον σου, καὶ πληθυνῶ σε σφόδρα. Καὶ ἔπεσεν Ἄβραμ ἐπὶ πρόσωπον αὐ- 3 τοῦ. Καὶ ἐλάλησεν αὐτῷ ὁ Θεὸς, λέγων, Καὶ ἐγὼ ἰδοὺ ἡ 4 διαθήκη μου μετὰ σοῦ· καὶ ἔσῃ πατὴρ πλήθους ἐθνῶν. Καὶ 5 οὐ κληθήσεται ἔτι τὸ ὄνομά σου Ἄβραμ, ἀλλ' ἔσται τὸ ὄνομά σου Ἀβραὰμ, ὅτι πατέρα πολλῶν ἐθνῶν τέθεικά σε. Καὶ 6 αὐξανῶ σε σφόδρα σφόδρα, καὶ θήσω σε εἰς ἔθνη· καὶ βασιλεῖς ἐκ σοῦ ἐξελεύσονται. Καὶ στήσω τὴν διαθήκην μου ἀνὰ 7 μέσον σου, καὶ ἀνὰ μέσον τοῦ σπέρματός σου μετὰ σὲ εἰς τὰς γενεὰς αὐτῶν, εἰς διαθήκην αἰώνιον εἶναί σου Θεὸς, καὶ τοῦ σπέρματός σου μετὰ σέ. Καὶ δώσω σοι καὶ τῷ σπέρματί σου 8 μετὰ σὲ τὴν γῆν, ἣν παροικεῖς, πᾶσαν τὴν γῆν Χαναὰν, εἰς κατάσχεσιν αἰώνιον· καὶ ἔσομαι αὐτοῖς εἰς Θεόν. Καὶ εἶπεν ὁ 9 Θεὸς πρὸς Ἀβραὰμ, σὺ δὲ τὴν διαθήκην μου διατηρήσεις, σὺ καὶ τὸ σπέρμα σου μετὰ σὲ εἰς τὰς γενεὰς αὐτῶν. Καὶ αὕτη 10 ἡ διαθήκη, ἣν διατηρήσεις, ἀνὰ μέσον ἐμοῦ καὶ ὑμῶν, καὶ ἀνὰ μέσον τοῦ σπέρματός σου μετὰ σὲ εἰς τὰς γενεὰς αὐτῶν· περιτμηθήσεται ὑμῶν πᾶν ἀρσενικόν. Καὶ περιτμηθήσεσθε τὴν 11 σάρκα τῆς ἀκροβυστίας ὑμῶν, καὶ ἔσται εἰς σημεῖον διαθήκης ἀνὰ μέσον ἐμοῦ καὶ ὑμῶν. Καὶ παιδίον ὀκτὼ ἡμερῶν περιτμηθή- 12 σεται ὑμῖν, πᾶν ἀρσενικὸν εἰς τὰς γενεὰς ὑμῶν· καὶ οἰκογενὴς καὶ ὁ ἀργυρώνητος ἀπὸ παντὸς υἱοῦ ἀλλοτρίου, ὃς οὐκ ἔστιν ἐκ τοῦ σπέρματός σου, Περιτομῇ περιτμηθήσεται ὁ οἰκογενὴς τῆς 13 οἰκίας σου, καὶ ὁ ἀργυρώνητος· καὶ ἔσται ἡ διαθήκη μου ἐπὶ τῆς σαρκὸς ὑμῶν εἰς διαθήκην αἰώνιον. Καὶ ἀπερίτμητος 14 ἄρσην, ὃς οὐ περιτμηθήσεται τὴν σάρκα τῆς ἀκροβυστίας αὐτοῦ τῇ ἡμέρᾳ τῇ ὀγδόῃ, ἐξολοθρευθήσεται ἡ ψυχὴ ἐκείνη ἐκ τοῦ γένους αὐτῆς, ὅτι τὴν διαθήκην μου διεσκέδασε. Καὶ 15 εἶπεν ὁ Θεὸς τῷ Ἀβραὰμ, Σάρα ἡ γυνή σου, οὐ κληθήσεται τὸ ὄνομα αὐτῆς Σάρα, Σάρρα ἔσται τὸ ὄνομα αὐτῆς. Εὐλο- 16

β Rom. 4. 17.

γήσω δὲ αὐτὴν, καὶ δώσω σοι ἐξ αὐτῆς τέκνον, καὶ εὐλογήσω
αὐτὸ, καὶ ἔσται εἰς ἔθνη, καὶ βασιλεῖς ἐθνῶν ἐξ αὐτοῦ ἔσονται.

17 Καὶ ἔπεσεν Ἀβραὰμ ἐπὶ πρόσωπον αὐτοῦ, καὶ ἐγέλασε· καὶ
εἶπεν ἐν τῇ διανοίᾳ αὐτοῦ, λέγων, εἰ τῷ ἑκατονταετεῖ γενήσεται

18 υἱός; καὶ εἰ ἡ Σάῤῥα ἐννενήκοντα ἐτῶν τέξεται; Εἶπε δὲ
Ἀβραὰμ πρὸς τὸν Θεόν· Ἰσμαὴλ οὗτος ζήτω ἐναντίον σου.

19 Εἶπε δὲ ὁ Θεὸς πρὸς Ἀβραὰμ, ναί· ἰδοὺ Σάῤῥα ἡ γυνή σου
τέξεταί σοι υἱὸν, καὶ καλέσεις τὸ ὄνομα αὐτοῦ Ἰσαάκ· καὶ
στήσω τὴν διαθήκην μου πρὸς αὐτὸν, εἰς διαθήκην αἰώνιον,

20 εἶναι αὐτῷ Θεὸς καὶ τῷ σπέρματι αὐτοῦ μετ' αὐτόν. Περὶ δὲ
Ἰσμαὴλ ἰδοὺ ἐπήκουσά σου· καὶ ἰδοὺ εὐλόγηκα αὐτὸν, καὶ
αὐξανῶ αὐτὸν, καὶ πληθυνῶ αὐτὸν σφόδρα· δώδεκα ἔθνη γεννή-

21 σει, καὶ δώσω αὐτὸν εἰς ἔθνος μέγα. Τὴν δὲ διαθήκην μου
στήσω πρὸς Ἰσαὰκ, ὃν τέξεταί σοι Σάῤῥα εἰς τὸν καιρὸν τοῦ-

22 τον, ἐν τῷ ἐνιαυτῷ τῷ ἑτέρῳ. Συνετέλεσε δὲ λαλῶν πρὸς
αὐτὸν, καὶ ἀνέβη ὁ Θεὸς ἀπὸ Ἀβραάμ.

23 Καὶ ἔλαβεν Ἀβραὰμ Ἰσμαὴλ τὸν υἱὸν ἑαυτοῦ, καὶ πάντας
τοὺς οἰκογενεῖς αὐτοῦ, καὶ πάντας τοὺς ἀργυρωνήτους, καὶ
πᾶν ἄρσεν τῶν ἀνδρῶν τῶν ἐν τῷ οἴκῳ Ἀβραὰμ, καὶ περιέτεμε
τὰς ἀκροβυστίας αὐτῶν, ἐν τῷ καιρῷ τῆς ἡμέρας ἐκείνης, καθὰ

24 ἐλάλησεν αὐτῷ ὁ Θεός. Ἀβραὰμ δὲ ἐννενηκονταεννέα ἦν
ἐτῶν, ἡνίκα περιετέμετο τὴν σάρκα τῆς ἀκροβυστίας αὐτοῦ.

25 Ἰσμαὴλ δὲ ὁ υἱὸς αὐτοῦ ἦν ἐτῶν δεκατριῶν, ἡνίκα περιετέμετο

26 τὴν σάρκα τῆς ἀκροβυστίας αὐτοῦ. Ἐν δὲ τῷ καιρῷ τῆς ἡμέ-
ρας ἐκείνης, περιετμήθη Ἀβραὰμ, καὶ Ἰσμαὴλ ὁ υἱὸς αὐτοῦ,

27 καὶ πάντες οἱ ἄνδρες τοῦ οἴκου αὐτοῦ, καὶ οἱ οἰκογενεῖς αὐτοῦ,
καὶ οἱ ἀργυρώνητοι ἐξ ἀλλογενῶν ἐθνῶν.

18 Ὤφθη δὲ αὐτῷ ὁ Θεὸς πρὸς τῇ δρυὶ τῇ Μαμβρῇ, καθημένου
2 αὐτοῦ ἐπὶ τῆς θύρας τῆς σκηνῆς αὐτοῦ μεσημβρίας. Ἀναβλέ-
ψας δὲ τοῖς ὀφθαλμοῖς αὐτοῦ εἶδε, καὶ ἰδοὺ τρεῖς ἄνδρες εἰστή-
κεισαν ἐπάνω αὐτοῦ· καὶ ἰδὼν, προσέδραμεν εἰς συνάντησιν
αὐτοῖς ἀπὸ τῆς θύρας τῆς σκηνῆς αὐτοῦ, καὶ προσεκύνησεν ἐπὶ

3 τὴν γῆν. Καὶ εἶπε, Κύριε, εἰ ἄρα εὗρον χάριν ἐναντίον σου, μὴ
4 παρέλθῃς τὸν παῖδά σου. Ληφθήτω δὴ ὕδωρ, καὶ νιψάτωσαν
5 τοὺς πόδας ὑμῶν, καὶ καταψύξατε ὑπὸ τὸ δένδρον. Καὶ λήψο-
μαι ἄρτον, καὶ φάγεσθε. Καὶ μετὰ τοῦτο παρελεύσεσθε εἰς
τὴν ὁδὸν ὑμῶν, οὗ ἕνεκεν ἐξεκλίνατε πρὸς τὸν παῖδα ὑμῶν. Καὶ

6 εἶπεν, οὕτω ποίησον, καθὼς εἴρηκας. Καὶ ἔσπευσεν Ἀβραὰμ
ἐπὶ τὴν σκηνὴν πρὸς Σάῤῥαν, καὶ εἶπεν αὐτῇ, σπεῦσον, καὶ

7 φύρασον τρία μέτρα σεμιδάλεως, καὶ ποίησον ἐγκρυφίας. Καὶ
εἰς τὰς βόας ἔδραμεν Ἀβραὰμ, καὶ ἔλαβεν ἀπαλὸν μοσχάριον
καὶ καλὸν, καὶ ἔδωκε τῷ παιδὶ, καὶ ἐτάχυνε τοῦ ποιῆσαι αὐτό.

8 Ἔλαβε δὲ βούτυρον, καὶ γάλα, καὶ τὸ μοσχάριον ὃ ἐποίησε,
καὶ παρέθηκεν αὐτοῖς, καὶ ἔφαγον· αὐτὸς δὲ παρειστήκει αὐτοῖς
ὑπὸ τὸ δένδρον.

9 Εἶπε δὲ πρὸς αὐτὸν, ποῦ Σάῤῥα ἡ γυνή σου; ὁ δὲ ἀπο-
10 κριθεὶς εἶπεν, ἰδοὺ ἐν τῇ σκηνῇ. Εἶπε δὲ, ἐπαναστρέφων ἥξω
πρὸς σὲ κατὰ τὸν καιρὸν τοῦτον εἰς ὥρας, καὶ ἕξει υἱὸν Σάῤῥα ἡ
γυνή σου. Σάῤῥα δὲ ἤκουσε πρὸς τῇ θύρᾳ τῆς σκηνῆς οὖσα

11 ὄπισθεν αὐτοῦ. Ἀβραὰμ δὲ καὶ Σάῤῥα πρεσβύτεροι προβε-

and give thee a son of her, and I will bless him, and he shall become nations, and kings of nations shall be of him. 17 And Abram fell upon his face, and laughed; and spoke in his heart, saying, Shall there be a child to one who is a hundred years old, and shall Sarrha who is ninety years old, bear? 18 And Abraam said to God, Let this Ismael live before thee. 19 And God said to Abraam, Yea, behold, Sarrha thy wife shall bear thee a son, and thou shalt call his name Isaac; and I will establish my covenant with him, for an everlasting covenant, to be a God to him and to his seed after him. 20 And concerning Ismael, behold, I have heard thee, and, behold, I have blessed him, and will increase him and multiply him exceedingly; twelve nations shall he beget, and I will make him a great nation. 21 But I will establish my covenant with Isaac, whom Sarrha shall bear to thee at this time, in the next year. 22 And he left off speaking with him, and God went up from Abraam.

23 And Abraam took Ismael his son, and all his home-born *servants*, and all those bought with money, and every male of the men in the house of Abraam, and he circumcised their foreskins in the time of that day, according as God spoke to him. 24 And Abraam was ninety-nine years old, when he was circumcised in the flesh of his foreskin. 25 And Ismael his son was thirteen years old when he was circumcised in the flesh of his foreskin. 26 And at the period of that day, Abraam was circumcised, and Ismael his son, 27 and all the men of his house, both those born in the house, and those bought with money of foreign nations.

And God appeared to him by the oak of Mambre, as he sat by the door of his tent at noon. 2 And he lifted up his eyes and beheld, and lo! three men stood before him; and having seen them he ran to meet them from the door of his tent, and did obeisance to the ground. 3 And he said, Lord, if indeed I have found grace in thy sight, pass not by thy servant. 4 Let water now be brought, and let them wash your feet, and do ye refresh *yourselves* under the tree. 5 And I will bring bread, and ye shall eat, and after this ye shall depart on your journey, on account of which *refreshment* ye have turned aside to your servant. And he said, So do, as thou hast said. 6 And Abraam hasted to the tent to Sarrha, and said to her, Hasten, and knead three measures of fine flour, and make cakes. 7 And Abraam ran to the kine, and took a young calf, tender and good, and gave it to his servant, and he hasted to dress it. 8 And he took butter and milk, and the calf which he had dressed; and he set them before them, and they did eat, and he stood by them under the tree.

9 And he said to him, Where is Sarrha thy wife? And he answered and said, Behold! in the tent. 10 And he said, [β] I will return and come to thee according to this period seasonably, and Sarrha thy wife shall have a son; and Sarrha heard at the door of the tent, being behind him. 11 And Abraam

---

and Sarrha were old, advanced in days, and the custom of women ceased with Sarrha. ¹² And Sarrha laughed in herself, saying, β The thing has not as yet happened to me, even until now, and my lord is old. ¹³ And the Lord said to Abraam, Why is it that Sarrha has laughed in herself, saying, Shall I then indeed bear? but I am grown old. ¹⁴ Shall anything be impossible with the Lord? At this time I will return to thee seasonably, and Sarrha shall have a son. ¹⁵ But Sarrha denied, saying, I did not laugh, for she was afraid. And he said to her, Nay, but thou didst laugh.

¹⁶ And the men having risen up from thence looked towards Sodom and Gomorrha. And Abraam went with them, attending them on their journey. ¹⁷ And the Lord said, Shall I hide from Abraam my servant what things I intend to do? ¹⁸ But Abraam shall become a great and populous nation, and in him shall all the nations of the earth be blest. ¹⁹ For I know that he will order his sons, and his house after him, and they will keep the ways of the Lord, to do justice and judgment, that the Lord may bring upon Abraam all things whatsoever he has spoken to him. ²⁰ And the Lord said, The cry of Sodom and Gomorrha has been increased towards me, and their sins are very great. ²¹ I will therefore go down and see, if they completely γcorrespond with the cry which comes to me, and if not, that I may know. ²² And the men having departed thence, came to Sodom; and Abraam was still standing before the Lord. ²³ And Abraam drew nigh and said, Wouldest thou destroy the righteous with the wicked, and shall the righteous be as the wicked? ²⁴ Should there be fifty righteous in the city, wilt thou destroy them? wilt thou not spare the whole place for the sake of the fifty righteous, if they be in it? ²⁵ By no means shalt thou do as this thing is so as to destroy the righteous with the wicked, so the righteous shall be as the wicked: by no means. Thou that judgest the whole earth, shalt thou not do right? ²⁶ And the Lord said, If there should be in Sodom fifty righteous in the city, I will spare the whole city, and the whole place for their sakes. ²⁷ And Abraam answered and said, Now I have begun to speak to my Lord, and I am earth and ashes. ²⁸ But if the fifty righteous should be diminished to forty-five, wilt thou destroy the whole city because of the five wanting? And he said, I will not destroy it, if I should find there forty-five. ²⁹ And he continued to speak to him still, and said, But if there should be found there forty? And he said, I will not destroy it for the forty's sake. ³⁰ And he said, Will there be anything against me, Lord, if I shall speak? but if there be found there thirty? And he said, I will not destroy it for the thirty's sake. ³¹ And he said, Since I am able to speak to the Lord, what if there should be found there twenty? And he said, I will not destroy it, if I should find there twenty. ³² And he said, Will there be anything against me, Lord, if I speak yet once? but if there should be found there

βηκότες ἡμερῶν· ἐξέλιπε δὲ τῇ Σάρρᾳ γίνεσθαι τὰ γυναικεῖα. Ἐγέλασε δὲ Σάρρα ἐν ἑαυτῇ λέγουσα, οὔπω μέν 12 μοι γέγονεν ἕως τοῦ νῦν· ὁ δὲ κύριός μου πρεσβύτερος. Καὶ εἶπε Κύριος πρὸς Ἀβραάμ, τί ὅτι ἐγέλασε Σάρρα 13 ἐν ἑαυτῇ, λέγουσα, ἆρά γε ἀληθῶς τέξομαι; ἐγὼ δὲ γεγήρακα. Μὴ ἀδυνατήσει παρὰ τῷ Θεῷ ῥῆμα; εἰς 14 τὸν καιρὸν τοῦτον ἀναστρέψω πρὸς σὲ εἰς ὥρας, καὶ ἔσται τῇ Σάρρᾳ υἱός. Ἠρνήσατο δὲ Σάρρα, λέγουσα, 15 οὐκ ἐγέλασα· ἐφοβήθη γάρ. Καὶ εἶπεν αὐτῇ, οὐχὶ, ἀλλὰ ἐγέλασας.

Ἐξαναστάντες δὲ ἐκεῖθεν οἱ ἄνδρες κατέβλεψαν ἐπὶ 16 πρόσωπον Σοδόμων καὶ Γομόρρας. Ἀβραὰμ δὲ συνεπορεύετο μετ᾽ αὐτῶν, συμπροπέμπων αὐτούς. Ὁ δὲ Κύ- 17 ριος εἶπε, οὐ μὴ κρύψω ἐγὼ ἀπὸ Ἀβραὰμ τοῦ παιδός μου ἃ ἐγὼ ποιῶ. Ἀβραὰμ δὲ γινόμενος ἔσται εἰς 18 ἔθνος μέγα καὶ πολύ, καὶ ἐνευλογηθήσονται ἐν αὐτῷ πάντα τὰ ἔθνη τῆς γῆς. Ἤδειν γὰρ ὅτι συντάξει τοῖς 19 υἱοῖς αὐτοῦ, καὶ τῷ οἴκῳ αὐτοῦ μετ᾽ αὐτόν, καὶ φυλάξουσι τὰς ὁδοὺς Κυρίου, ποιεῖν δικαιοσύνην καὶ κρίσιν, ὅπως ἂν ἐπαγάγῃ Κύριος ἐπὶ Ἀβραὰμ πάντα ὅσα ἐλάλησε πρὸς αὐτόν. Εἶπε δὲ Κύριος, κραυγὴ Σοδόμων καὶ Γο- 20 μόρρας πεπλήθυνται πρὸς μὲ, καὶ αἱ ἁμαρτίαι αὐτῶν μεγάλαι σφόδρα. Καταβὰς οὖν ὄψομαι, εἰ κατὰ τὴν 21 κραυγὴν αὐτῶν τὴν ἐρχομένην πρὸς μὲ, συντελοῦνται· εἰ δὲ μὴ, ἵνα γνῶ. Καὶ ἀποστρέψαντες ἐκεῖθεν οἱ ἄνδρες, 22 ἦλθον εἰς Σόδομα· Ἀβραὰμ δὲ ἔτι ἦν ἑστηκὼς ἐναντίον Κυρίου. Καὶ ἐγγίσας Ἀβραὰμ, εἶπε, μὴ συναπολέσῃς 23 δίκαιον μετὰ ἀσεβοῦς· καὶ ἔσται ὁ δίκαιος ὡς ὁ ἀσεβής. Ἐὰν ὦσι πεντήκοντα δίκαιοι ἐν τῇ πόλει, ἀπολεῖς αὐτούς; 24 οὐκ ἀνήσεις πάντα τὸν τόπον ἕνεκεν τῶν πεντήκοντα δικαίων, ἐὰν ὦσιν ἐν αὐτῇ; Μηδαμῶς σὺ ποιήσεις ὡς τὸ 25 ῥῆμα τοῦτο, τοῦ ἀποκτεῖναι δίκαιον μετὰ ἀσεβοῦς, καὶ ἔσται ὁ δίκαιος ὡς ὁ ἀσεβής· μηδαμῶς· ὁ κρίνων πᾶσαν τὴν γῆν, οὐ ποιήσεις κρίσιν; Εἶπε δὲ Κύριος, ἐὰν ὦσιν ἐν 26 Σοδόμοις πεντήκοντα δίκαιοι ἐν τῇ πόλει, ἀφήσω ὅλην τὴν πόλιν, καὶ πάντα τὸν τόπον δι᾽ αὐτούς. Καὶ ἀπο- 27 κριθεὶς Ἀβραὰμ εἶπε, νῦν ἠρξάμην λαλῆσαι πρὸς τὸν Κύριόν μου· ἐγὼ δὲ εἰμι γῆ καὶ σποδός. Ἐὰν δὲ ἐλατ- 28 τονωθῶσιν οἱ πεντήκοντα δίκαιοι εἰς τεσσαρακονταπέντε, ἀπολεῖς ἕνεκεν τῶν πέντε πᾶσαν τὴν πόλιν; καὶ εἶπεν, οὐ μὴ ἀπολέσω, ἐὰν εὕρω ἐκεῖ τεσσαρακονταπέντε. Καὶ 29 προσέθηκεν ἔτι λαλῆσαι πρὸς αὐτόν, καὶ εἶπεν, ἐὰν δὲ εὑρεθῶσιν ἐκεῖ τεσσαράκοντα· καὶ εἶπεν, οὐ μὴ ἀπολέσω ἕνεκεν τῶν τεσσαράκοντα. Καὶ εἶπε, μή τι Κύριε ἐὰν 30 λαλήσω; ἐὰν δὲ εὑρεθῶσιν ἐκεῖ τριάκοντα; καὶ εἶπεν, οὐ μὴ ἀπολέσω ἕνεκεν τῶν τριάκοντα. Καὶ εἶπεν, ἐπειδὴ 31 ἔχω λαλῆσαι πρὸς τὸν Κύριον, ἐὰν δὲ εὑρεθῶσιν ἐκεῖ εἴκοσι; καὶ εἶπεν, οὐ μὴ ἀπολέσω, ἐὰν εὕρω ἐκεῖ εἴκοσι. Καὶ εἶπε, μή τι Κύριε ἐὰν λαλήσω ἔτι ἅπαξ; ἐὰν δὲ 32

β The difference turns on the word עֶדְנָה Heb. pleasure. Gr. until now.　　γ Gr. συντελοῦνται. Heb. כָּלָה עָשׂוּ A.V. have done altogether.

εὑρεθῶσιν ἐκεῖ δέκα; καὶ εἶπεν, οὐ μὴ ἀπολέσω ἕνεκεν
33 τῶν δέκα. Ἀπῆλθε δὲ ὁ Κύριος, ὡς ἐπαύσατο λαλῶν τῷ
Ἀβραάμ· καὶ Ἀβραὰμ ἀπέστρεψεν εἰς τὸν τόπον αὐτοῦ.

19 Ἦλθον δὲ οἱ δύο ἄγγελοι εἰς Σόδομα ἑσπέρας. Λὼτ δὲ ἐκά-
θητο παρὰ τὴν πύλην Σοδόμων· ἰδὼν δὲ Λώτ, ἐξανέστη εἰς
συνάντησιν αὐτοῖς, καὶ προσεκύνησε τῷ προσώπῳ ἐπὶ τὴν γῆν.
2 Καὶ εἶπεν, ἰδοὺ, Κύριοι, ἐκκλίνατε εἰς τὸν οἶκον τοῦ παιδὸς
ὑμῶν, καὶ καταλύσατε, καὶ νίψασθε τοὺς πόδας ὑμῶν, καὶ ὀρθρί-
σαντες ἀπελεύσεσθε εἰς τὴν ὁδὸν ὑμῶν. Καὶ εἶπαν, οὐχὶ, ἀλλ᾿
3 ἐν τῇ πλατείᾳ καταλύσομεν. Καὶ κατεβιάσατο αὐτοὺς, καὶ
ἐξέκλιναν πρὸς αὐτὸν, καὶ εἰσῆλθον εἰς τὸν οἶκον αὐτοῦ· καὶ
ἐποίησεν αὐτοῖς πότον, καὶ ἀζύμους ἔπεψεν αὐτοῖς, καὶ ἔφαγον.
4 Πρὸ τοῦ κοιμηθῆναι δὲ, οἱ ἄνδρες τῆς πόλεως, οἱ Σοδομῖται
περιεκύκλωσαν τὴν οἰκίαν, ἀπὸ νεανίσκου ἕως πρεσβυτέρου,
5 ἅπας ὁ λαὸς ἅμα. Καὶ ἐξεκαλοῦντο τὸν Λώτ, καὶ ἔλεγον πρὸς
αὐτὸν, ποῦ εἰσιν οἱ ἄνδρες οἱ εἰσελθόντες πρὸς σὲ τὴν νύκτα;
6 ἐξάγαγε αὐτοὺς πρὸς ἡμᾶς, ἵνα συγγενώμεθα αὐτοῖς. Ἐξῆλθε
δὲ Λὼτ πρὸς αὐτοὺς πρὸς τὸ πρόθυρον, τὴν δὲ θύραν προσέῳξεν
7 ὀπίσω αὐτοῦ. Εἶπε δὲ πρὸς αὐτοὺς, μηδαμῶς ἀδελφοὶ μὴ
8 πονηρεύσησθε. Εἰσὶ δέ μοι δύο θυγατέρες, αἳ οὐκ ἔγνωσαν
ἄνδρα· ἐξάξω αὐτὰς πρὸς ὑμᾶς, καὶ χρᾶσθε αὐταῖς καθὰ ἂν
ἀρέσκοι ὑμῖν· μόνον εἰς τοὺς ἄνδρας τούτους μὴ ποιήσητε ἄδικον,
9 οὗ εἵνεκεν εἰσῆλθον ὑπὸ τὴν σκέπην τῶν δοκῶν μου. Εἶπαν
δὲ αὐτῷ, ἀπόστα ἐκεῖ· εἰσῆλθες παροικεῖν, μὴ καὶ κρίσιν
κρίνειν; νῦν οὖν σε κακώσωμεν μᾶλλον ἢ ἐκείνους. Καὶ παρε-
βιάζοντο τὸν ἄνδρα τὸν Λὼτ σφόδρα, καὶ ἤγγισαν συντρίψαι
10 τὴν θύραν. Ἐκτείναντες δὲ οἱ ἄνδρες τὰς χεῖρας εἰσεσπάσαντο
τὸν Λὼτ πρὸς ἑαυτοὺς εἰς τὸν οἶκον, καὶ τὴν θύραν τοῦ οἴκου
11 ἀπέκλεισαν. Τοὺς δὲ ἄνδρας τοὺς ὄντας ἐπὶ τῆς θύρας τοῦ
οἴκου ἐπάταξαν ἐν ἀορασίᾳ ἀπὸ μικροῦ ἕως μεγάλου· καὶ παρε-
12 λύθησαν ζητοῦντες τὴν θύραν. Εἶπαν δὲ οἱ ἄνδρες πρὸς τὸν
Λώτ, εἰσί σοι ὧδε γαμβροὶ, ἢ υἱοὶ, ἢ θυγατέρες; ἢ εἴ τίς σοι
13 ἄλλος ἐστὶν ἐν τῇ πόλει, ἐξάγαγε ἐκ τοῦ τόπου τούτου, Ὅτι
ἡμεῖς ἀπόλλυμεν τὸν τόπον τοῦτον· ὅτι ὑψώθη ἡ κραυγὴ αὐτῶν
ἔναντι Κυρίου, καὶ ἀπέστειλεν ἡμᾶς Κύριος ἐκτρίψαι αὐτήν.
14 Ἐξῆλθε δὲ Λώτ, καὶ ἐλάλησε πρὸς τοὺς γαμβροὺς αὐτοῦ τοὺς
εἰληφότας τὰς θυγατέρας αὐτοῦ, καὶ εἶπεν, ἀνάστητε, καὶ ἐξέλ-
θετε ἐκ τοῦ τόπου τούτου, ὅτι ἐκτρίβει Κύριος τὴν πόλιν· ἔδοξε
15 δὲ γελοιάζειν ἐναντίον τῶν γαμβρῶν αὐτοῦ. Ἡνίκα δὲ ὄρθρος
ἐγένετο, ἐσπούδαζον οἱ ἄγγελοι τὸν Λώτ, λέγοντες, ἀναστὰς
λάβε τὴν γυναῖκά σου, καὶ τὰς δύο θυγατέρας σου, ἃς ἔχεις, καὶ
ἔξελθε, ἵνα μὴ καὶ σὺ συναπόλῃ ταῖς ἀνομίαις τῆς πόλεως.
16 Καὶ ἐταράχθησαν, καὶ ἐκράτησαν οἱ ἄγγελοι τῆς χειρὸς αὐτοῦ,
καὶ τῆς χειρὸς τῆς γυναικὸς αὐτοῦ, καὶ τῶν χειρῶν τῶν δύο
θυγατέρων αὐτοῦ, ἐν τῷ φείσασθαι Κύριον αὐτοῦ.

17 Καὶ ἐγένετο ἡνίκα ἐξήγαγον αὐτοὺς ἔξω, καὶ εἶπαν, σώζων σῶζε
τὴν σεαυτοῦ ψυχήν· μὴ περιβλέψῃ εἰς τὰ ὀπίσω, μηδὲ στῇς ἐν
πάσῃ τῇ περιχώρῳ· εἰς τὸ ὄρος σώζου, μή ποτε συμπαραληφ-

ten? And he said, I will not destroy it for the ten's sake. [33] And the Lord departed, when he left off speaking to Abraam, and Abraam returned to his place.

And the two angels came to Sodom at evening. And Lot sat by the gate of Sodom, and Lot having seen them, rose up to meet them, and he worshipped with his face to the ground, and said, [2] Lo! my lords, turn aside to the house of your servant, and rest from your journey, and wash your feet, and having risen early in the morning ye shall depart on your journey. And they said, Nay, but we will lodge in the street. [3] And he constrained them, and they turned aside to him, and they entered into his house, and he made a feast for them, and baked unleavened cakes for them, and they did eat. [4] But before they went to sleep, the men of the city, the Sodomites, compassed the house, both young and old, all the people together. [5] And they called out Lot, and said to him, Where are the men that went in to thee this night? bring them out to us that we may be with them. [6] And Lot went out to them to the porch, and he shut the door after him, [7] and said to them, By no means, brethren, do not act villanously. [8] But I have two daughters, who have not known a man. I will bring them out to you, and do ye use them as it may please you, only do not injury to these men, to avoid which they came under the shelter of my βroof. [9] And they said to him, Stand back there, thou camest in to sojourn, was it also to judge? Now then we would harm thee more than them. And they pressed hard on the man, even Lot, and they drew nigh to break the door. [10] And the men stretched forth their hands and drew Lot in to them into the house, and shut the door of the house. [11] And they smote the men that were at the door of the house with blindness, both small and great, and they were wearied with seeking the door. [12] And the men said to Lot, Hast thou here sons-in-law, or sons or daughters, or if thou hast any other friend in the city, bring them out of this place. [13]γ For we are going to destroy this place; for their cry has been raised up before the Lord, and the Lord has sent us to destroy δit. [14] And Lot went out, and spoke to his sons-in-law who had married his daughters, and said, Rise up, and depart out of this place, for the Lord is about to destroy the city; but he seemed to be speaking absurdly before his sons-in-law. [15] But when it was morning, the angels hastened Lot, saying, Arise and take thy wife, and thy two daughters whom thou hast, and go forth; lest thou also be destroyed with the iniquities of the city. [16] And they were troubled, and the angels laid hold on his hand, and the hand of his wife, and the hands of his two daughters, in that the Lord spared him.

[17] And it came to pass when they brought them out, that they said, Save thine own life by all means; look not round to that which is behind, nor stay in all the country round about, escape to the mountain, lest perhaps thou be overtaken together with

---

β Lit. beams.　　γ See Note, Lam. 3. 21.　　δ αὐτήν. Scil. πόλιν.

them. ¹⁸And Lot said to them, I pray, Lord, ¹⁹since thy servant has found mercy before thee, and thou hast magnified thy righteousness, in what thou doest towards me that my soul may live,—but I shall not be able to escape to the mountain, lest perhaps the calamity overtake me and I die. ²⁰Behold this city is near for me to escape thither, which is a small one, and there shall I be preserved, is it not little? and my soul shall live because of thee. ²¹And he said to him, Behold, I have had respect to β thee also about this thing, that I should not overthrow the city about which thou hast spoken. ²²Hasten therefore to escape thither, for I shall not be able to do anything until thou art come thither; therefore he called the name of that city, Segor. ²³The sun was risen upon the earth, when Lot entered into Segor. ²⁴And the Lord rained on Sodom and Gomorrha brimstone and fire from the Lord out of heaven. ²⁵And he overthrew these cities, and all the country round about, and all that dwelt in the cities, and the plants springing out of the ground. ²⁶And his wife looked back, and she became a pillar of salt. ²⁷And Abraam rose up early to go to the place, where he had stood before the Lord. ²⁸And he looked towards Sodom and Gomorrha, and towards the surrounding country, and saw, and behold a flame went up from the earth, as the smoke of a furnace. ²⁹And it came to pass that when God destroyed all the cities of the region round about, God remembered Abraam, and sent Lot out of the midst of the overthrow, when the Lord overthrew those cities in which Lot dwelt.

³⁰And Lot went up out of Segor, and dwelt in the mountain, and his two daughters with him, for he feared to dwell in Segor; and he dwelt in a cave, he and his two daughters with him. ³¹And the elder said to the younger, Our father is old, and there is no one on the earth who shall come in to us, as it is fit in all the earth. ³²Come and let us make our father drink wine, and let us sleep with him, and let us raise up seed from our father. ³³So they made their father drink wine in that night, and the elder went in and lay with her father that night, and he knew not when he slept and when he rose up. ³⁴And it came to pass on the morrow, that the elder said to the younger, Behold, I slept yesternight with our father, let us make him drink wine in this night also, and do thou go in and sleep with him, and let us raise up seed of our father. ³⁵So they made their father drink wine in that night also, and the younger went in and slept with her father, and he knew not when he slept, nor when he arose. ³⁶And the two daughters of Lot conceived by their father. ³⁷And the elder bore a son, and called his name Moab, saying, *He is of* my father. This is the father of the Moabites to this present day. ³⁸And the younger also bore a son, and called his name Amman, saying, The son of my family. This is the father of the Ammanites to this present day.

And Abraam removed thence to the south-

θῆς. Εἶπε δὲ Λὼτ πρὸς αὐτούς, δέομαι Κύριε, ἐπειδὴ ευρεν 18, 19 ὁ παῖς σου ἔλεος ἐναντίον σου, καὶ ἐμεγάλυνας τὴν δικαιοσύνην σου, ὃ ποιεῖς ἐπ᾽ ἐμέ, τοῦ ζῇν τὴν ψυχήν μου· ἐγὼ δὲ οὐ δυνήσομαι διασωθῆναι εἰς τὸ ὄρος, μή ποτε καταλάβῃ με τὰ κακά, καὶ ἀποθάνω. Ἰδοὺ πόλις αὕτη ἐγγὺς τοῦ καταφυγεῖν με ἐκεῖ, 20 ἥ ἐστι μικρά· καὶ ἐκεῖ διασωθήσομαι· οὐ μικρά ἐστι; καὶ ζήσεται ἡ ψυχή μου ἕνεκέν σου. Καὶ εἶπεν αὐτῷ, ἰδοὺ ἐθαύμασά 21 σου τὸ πρόσωπον καὶ ἐπὶ τῷ ῥήματι τούτῳ, τοῦ μὴ καταστρέψαι τὴν πόλιν περὶ ἧς ἐλάλησας. Σπεῦσον οὖν τοῦ σωθῆναι ἐκεῖ, 22 οὐ γὰρ δυνήσομαι ποιῆσαι πρᾶγμα, ἕως τοῦ ἐλθεῖν σε ἐκεῖ· διὰ τοῦτο ἐκάλεσε τὸ ὄνομα τῆς πόλεως ἐκείνης, Σηγώρ. Ὁ ἥλιος 23 ἐξῆλθεν ἐπὶ τὴν γῆν, καὶ Λὼτ εἰσῆλθεν εἰς Σηγώρ. Καὶ Κύριος 24 ἔβρεξεν ἐπὶ Σόδομα καὶ Γόμορρα θεῖον καὶ πῦρ παρὰ Κυρίου ἐξ οὐρανοῦ. Καὶ κατέστρεψε τὰς πόλεις ταύτας, καὶ πᾶσαν 25 τὴν περίχωρον, καὶ πάντας τοὺς κατοικοῦντας ἐν ταῖς πόλεσι, καὶ τὰ ἀνατέλλοντα ἐκ τῆς γῆς. Καὶ ἐπέβλεψεν ἡ γυνὴ αὐτοῦ 26 εἰς τὰ ὀπίσω, καὶ ἐγένετο στήλη ἁλός. Ὤρθρισε δὲ Ἀβραὰμ 27 τῷ πρωῒ εἰς τὸν τόπον, οὗ εἱστήκει ἐναντίον Κυρίου. Καὶ 28 ἐπέβλεψεν ἐπὶ πρόσωπον Σοδόμων καὶ Γομόρρας, καὶ ἐπὶ πρόσωπον τῆς περιχώρου, καὶ εἶδε, καὶ ἰδοὺ ἀνέβαινεν φλὸξ ἐκ τῆς γῆς, ὡσεὶ ἀτμὶς καμίνου. Καὶ ἐγένετο ἐν τῷ ἐκτρίψαι 29 τὸν Θεὸν πάσας τὰς πόλεις τῆς περιοίκου, ἐμνήσθη ὁ Θεὸς τοῦ Ἀβραάμ· καὶ ἐξαπέστειλε τὸν Λὼτ ἐκ μέσου τῆς καταστροφῆς, ἐν τῷ καταστρέψαι Κύριον τὰς πόλεις, ἐν αἷς κατῴκει ἐν αὐταῖς Λώτ.

Ἀνέβη δὲ Λὼτ ἐκ Σηγώρ, καὶ ἐκάθητο ἐν τῷ ὄρει αὐτός, καὶ 30 αἱ δύο θυγατέρες αὐτοῦ μετ᾽ αὐτοῦ· ἐφοβήθη γὰρ κατοικῆσαι ἐν Σηγώρ· καὶ κατῴκησεν ἐν τῷ σπηλαίῳ αὐτός, καὶ αἱ δύο θυγατέρες αὐτοῦ μετ᾽ αὐτοῦ. Εἶπε δὲ ἡ πρεσβυτέρα πρὸς τὴν νεωτέ- 31 ραν, ὁ πατὴρ ἡμῶν πρεσβύτερος, καὶ οὐδείς ἐστιν ἐπὶ τῆς γῆς, ὃς εἰσελεύσεται πρὸς ἡμᾶς, ὡς καθήκει πάσῃ τῇ γῇ. Δεῦρο καὶ 32 ποτίσωμεν τὸν πατέρα ἡμῶν οἶνον, καὶ κοιμηθῶμεν μετ᾽ αὐτοῦ, καὶ ἐξαναστήσωμεν ἐκ τοῦ πατρὸς ἡμῶν σπέρμα. Ἐπότισαν 33 δὲ τὸν πατέρα αὐτῶν οἶνον ἐν τῇ νυκτὶ ἐκείνῃ, καὶ εἰσελθοῦσα ἡ πρεσβυτέρα ἐκοιμήθη μετὰ τοῦ πατρὸς αὐτῆς ἐν τῇ νυκτὶ ἐκείνῃ· καὶ οὐκ ᾔδει ἐν τῷ κοιμηθῆναι αὐτόν, καὶ ἐν τῷ ἀναστῆναι. Ἐγένετο δὲ ἐν τῇ ἐπαύριον, καὶ εἶπεν ἡ πρεσβυτέρα πρὸς τὴν 34 νεωτέραν, ἰδοὺ ἐκοιμήθην χθὲς μετὰ τοῦ πατρὸς ἡμῶν· ποτίσωμεν αὐτὸν οἶνον καὶ ἐν τῇ νυκτὶ ταύτῃ, καὶ εἰσελθοῦσα κοιμήθητι μετ᾽ αὐτοῦ, καὶ ἐξαναστήσωμεν ἐκ τοῦ πατρὸς ἡμῶν σπέρμα. Ἐπότισαν δὲ καὶ ἐν τῇ νυκτὶ ἐκείνῃ τὸν πατέρα αὐτῶν οἶνον, 35 καὶ εἰσελθοῦσα ἡ νεωτέρα ἐκοιμήθη μετὰ τοῦ πατρὸς αὐτῆς· καὶ οὐκ ᾔδει ἐν τῷ κοιμηθῆναι αὐτόν, καὶ ἀναστῆναι. Καὶ 36 συνέλαβον αἱ δύο θυγατέρες Λὼτ ἐκ τοῦ πατρὸς αὐτῶν. Καὶ 37 ἔτεκεν ἡ πρεσβυτέρα υἱόν, καὶ ἐκάλεσε τὸ ὄνομα αὐτοῦ Μωάβ, λέγουσα, ἐκ τοῦ πατρός μου· οὗτος πατὴρ Μωαβιτῶν ἕως τῆς σήμερον ἡμέρας. Ἔτεκε δὲ καὶ ἡ νεωτέρα υἱόν, καὶ ἐκάλεσε 38 τὸ ὄνομα αὐτοῦ Ἀμμάν, λέγουσα, υἱὸς γένους μου· οὗτος πατὴρ Ἀμμανιτῶν ἕως τῆς σήμερον ἡμέρας.

Καὶ ἐκίνησεν ἐκεῖθεν Ἀβραὰμ εἰς γῆν πρὸς Λίβα· καὶ ᾤκησεν 20

β *Gr.* thy countenance.

ἀνὰ μέσον Κάδης, καὶ ἀνὰ μέσον Σούρ· καὶ παρῴκησεν ἐν Γερά-
2 ροις. Εἶπε δὲ Ἀβραὰμ περὶ Σάρρας τῆς γυναικὸς αὐτοῦ, ὅτι
ἀδελφή μου ἐστίν· ἐφοβήθη γὰρ εἰπεῖν ὅτι γυνή μου ἐστί, μὴ
ποτε ἀποκτείνωσιν αὐτὸν οἱ ἄνδρες τῆς πόλεως δι᾿ αὐτήν· ἀπέσ-
τειλε δὲ Ἀβιμέλεχ βασιλεὺς Γεράρων, καὶ ἔλαβε τὴν Σάρραν.
3 Καὶ εἰσῆλθεν ὁ Θεὸς πρὸς Ἀβιμέλεχ ἐν ὕπνῳ τὴν νύκτα, καὶ
εἶπεν, ἰδοὺ σὺ ἀποθνήσκεις περὶ τῆς γυναικὸς, ἧς ἔλαβες· αὕτη
4 δέ ἐστι συνῳκηκυῖα ἀνδρί. Ἀβιμέλεχ δὲ οὐκ ἥψατο αὐτῆς· καὶ
5 εἶπε, Κύριε, ἔθνος ἀγνοοῦν καὶ δίκαιον ἀπολεῖς; Οὐκ αὐτός μοι
εἶπεν, ἀδελφή μου ἐστί; καὶ αὕτη μοι εἶπεν, ἀδελφός μου
ἐστίν; ἐν καθαρᾷ καρδίᾳ καὶ ἐν δικαιοσύνῃ χειρῶν ἐποίησα
6 τοῦτο. Εἶπε δὲ αὐτῷ ὁ Θεὸς καθ᾿ ὕπνον, κἀγὼ ἔγνων ὅτι ἐν
καθαρᾷ καρδίᾳ ἐποίησας τοῦτο, καὶ ἐφεισάμην σου τοῦ μὴ
ἁμαρτεῖν σε εἰς ἐμέ· ἕνεκα τούτου οὐκ ἀφῆκά σε ἅψασθαι αὐτῆς.
7 Νῦν δὲ ἀπόδος τὴν γυναῖκα τῷ ἀνθρώπῳ, ὅτι προφήτης ἐστὶ,
καὶ προσεύξεται περὶ σοῦ, καὶ ζήσῃ· εἰ δὲ μὴ ἀποδίδως, γνώσῃ
8 ὅτι ἀποθανῇ σὺ καὶ πάντα τὰ σά. Καὶ ὤρθρισεν Ἀβιμέλεχ
τῷ πρωῒ, καὶ ἐκάλεσε πάντας τοὺς παῖδας αὐτοῦ, καὶ ἐλάλησε
πάντα τὰ ῥήματα ταῦτα εἰς τὰ ὦτα αὐτῶν· ἐφοβήθησαν δὲ
9 πάντες οἱ ἄνθρωποι σφόδρα. Καὶ ἐκάλεσεν Ἀβιμέλεχ τὸν
Ἀβραὰμ καὶ εἶπεν αὐτῷ, τί τοῦτο ἐποίησας ἡμῖν; μήτι ἡμάρ-
τομεν εἰς σὲ, ὅτι ἐπήγαγες ἐπ᾿ ἐμὲ καὶ ἐπὶ τὴν βασιλείαν μου
ἁμαρτίαν μεγάλην; ἔργον ὃ οὐδεὶς ποιήσει, πεποίηκάς μοι.
10 Εἶπε δὲ Ἀβιμέλεχ τῷ Ἀβραὰμ, τί ἐνιδὼν ἐποίησας τοῦτο;
11 Εἶπε δὲ Ἀβραὰμ, εἶπα γὰρ, ἄρα οὐκ ἔστι θεοσέβεια ἐν τῷ τόπῳ
12 τούτῳ, ἐμέ τε ἀποκτενοῦσιν ἕνεκεν τῆς γυναικός μου. Καὶ γὰρ
ἀληθῶς, ἀδελφή μου ἐστὶν ἐκ πατρὸς, ἀλλ᾿ οὐκ ἐκ μητρός·
13 ἐγενήθη δέ μοι εἰς γυναῖκα. Ἐγένετο δὲ ἡνίκα ἐξήγαγέ με ὁ
Θεὸς ἐκ τοῦ οἴκου τοῦ πατρός μου, καὶ εἶπα αὐτῇ, ταύτην
τὴν δικαιοσύνην ποιήσεις εἰς ἐμέ, εἰς πάντα τόπον οὗ ἐὰν
14 εἰσέλθωμεν ἐκεῖ, εἶπον ἐμὲ, ὅτι ἀδελφός μου ἐστίν. Ἔλαβε
δὲ Ἀβιμέλεχ χίλια δίδραγμα, καὶ πρόβατα, καὶ μόσχους,
καὶ παῖδας, καὶ παιδίσκας, καὶ ἔδωκε τῷ Ἀβραάμ· καὶ ἀπέ-
15 δωκεν αὐτῷ Σάρραν τὴν γυναῖκα αὐτοῦ. Καὶ εἶπεν Ἀβιμέλεχ
τῷ Ἀβραὰμ, ἰδοὺ ἡ γῆ μου ἐναντίον σου· οὗ ἄν σοι ἀρέσκῃ,
16 κατοίκει. Τῇ δὲ Σάρρᾳ εἶπεν, ἰδοὺ δέδωκα χίλια δίδραγμα
τῷ ἀδελφῷ σου· ταῦτα ἔσται σοι εἰς τιμὴν τοῦ προσώπου
σου, καὶ· πάσαις ταῖς μετὰ σοῦ· καὶ πάντα ἀλήθευσον.
17 Προσηύξατο δὲ Ἀβραὰμ πρὸς τὸν Θεὸν, καὶ ἰάσατο ὁ Θεὸς
τὸν Ἀβιμέλεχ, καὶ τὴν γυναῖκα αὐτοῦ, καὶ τὰς παιδίσκας αὐτοῦ·
18 καὶ ἔτεκον. Ὅτι συγκλείων συνέκλεισε Κύριος ἔξωθεν πᾶσαν
μήτραν ἐν τῷ οἴκῳ Ἀβιμέλεχ, ἕνεκεν Σάρρας τῆς γυναικὸς
Ἀβραάμ.

21 Καὶ Κύριος ἐπεσκέψατο τὴν Σάρραν, καθὰ εἶπε· καὶ ἐποίησε
2 Κύριος τῇ Σάρρᾳ, καθὰ ἐλάλησε. Καὶ συλλαβοῦσα ἔτεκε τῷ
Ἀβραὰμ υἱὸν εἰς τὸ γῆρας, εἰς τὸν καιρὸν καθὰ ἐλάλησεν αὐτῷ
3 Κύριος. Καὶ ἐκάλεσεν Ἀβραὰμ τὸ ὄνομα τοῦ υἱοῦ αὐτοῦ τοῦ
4 γενομένου αὐτῷ, ὃν ἔτεκεν αὐτῷ Σάρρα, Ἰσαάκ. Περιέτεμε δὲ
Ἀβραὰμ τὸν Ἰσαὰκ τῇ ἡμέρᾳ τῇ ὀγδόῃ, καθὰ ἐνετείλατο αὐτῷ

---

ern country, and dwelt between Cades and Sur, and sojourned in Gerara. ²And Abraam said concerning Sarrha his wife, She is my sister, for he feared to say, She is my wife, lest at any time the men of the city should kill her for her sake. So Abimelech king of Gerara sent and took Sarrha. ³And God came to Abimelech by night in sleep, and said, Behold, thou diest for the woman, whom thou hast taken, whereas she has lived with a husband. ⁴But Abimelech had not touched her, and he said, Lord, wilt thou destroy an ignorantly *sinning* and just nation? ⁵Said he not to me, She is my sister, and said she not to me, He is my brother? with a pure heart and in the righteousness of my hands have I done this. ⁶And God said to him in sleep, Yea, I knew that thou didst this with a pure heart, and I spared thee, so that thou shouldest not sin against me, therefore I suffered thee not to touch her. 7 But now return the man his wife; for he is a prophet, and shall pray for thee, and thou shalt live; but if thou restore her not, know that thou shalt die and all thine. ⁸And Abimelech rose early in the morning, and called all his servants, and he spoke all these words in their ears, and all the men feared exceedingly. ⁹And Abimelech called Abraam and said to him, What is this that thou hast done to us? Have we sinned against thee, that thou hast brought upon me and upon my kingdom a great sin? Thou hast done to me a deed, which no one ought to do. ¹⁰And Abimelech said to Abraam, What hast thou seen in *me* that thou hast done this? ¹¹And Abraam said, Why I said, Surely there is not the worship of God in this place, and they will slay me because of my wife. ¹²For truly she is my sister by my father, but not by my mother, and she became my wife. ¹³And it came to pass when God brought me forth out of the house of my father, that I said to her, This righteousness thou shalt perform to me, in every place into which we may enter, say of me, He is my brother. ¹⁴And Abimelech took a thousand β pieces of silver, and sheep, and calves, and servants, and maid-servants, and gave them to Abraam, And he returned him Sarrha his wife. ¹⁵And Abimelech said to Abraam, Behold, my land is before thee, dwell wheresoever it may please thee. ¹⁶And to Sarrha he said, Behold, I have given thy brother a thousand pieces of silver, those shall be to thee for the price of thy countenance, and to all the women with thee, and speak the truth in all things. ¹⁷And Abraam prayed to God, and God healed Abimelech, and his wife, and his women servants, and they bore children. ¹⁸Because the Lord had fast closed from without every womb in the house of Abimelech, because of Sarrha Abraam's wife.

And the Lord visited Sarrha, as he said, and the Lord did to Sarrha, as he spoke. ² And she conceived and bore to Abraam a son in old age, at the set time according as the Lord spoke to him. ³ And Abraam called the name of his son that was born to him, whom Sarrha bore to him, Isaac. ⁴And Abraam circumcised Isaac on the eighth

---

β *Gr.* didrachms.

day, as God commanded him. ⁵And Abraam was a hundred years old when Isaac his son was born to him. ⁶And Sarrha said, The Lord has made laughter for me, for whoever shall hear shall rejoice with me. ⁷And she said, Who shall say to Abraam that Sarrha suckles a child? for I have born a child in my old age. ⁸And the child grew and was weaned, and Abraam made a great feast the day that his son Isaac was weaned. ⁹And Sarrha having seen the son of Agar the Egyptian who was born to Abraam, sporting with Isaac her son, ¹⁰then she said to Abraam, β Cast out this bondwoman and her son, for the son of this bondwoman shall not inherit with my son Isaac. ¹¹But the γword appeared very hard before Abraam concerning his son. ¹²But God said to Abraam, Let it not be hard before thee concerning the child, and concerning the bondwoman; in all things whatsoever Sarrha shall say to thee, hear her voice, for δ in Isaac shall thy seed be called. ¹³And moreover I will make the son of this bondwoman a great nation, because he is thy seed. ¹⁴And Abraam rose up in the morning and took loaves and a skin of water, and gave them to Agar, and he put the child on her shoulder, and sent her away, and she having departed wandered in the wilderness ζnear the well of the oath. ¹⁵And the water failed out of the skin, and she cast the child under a fir tree. ¹⁶And she departed and sat down opposite him at a distance, as it were a bow-shot, for she said, Surely I cannot see the death of my child: and she sat opposite him, and the child cried aloud and wept. ¹⁷And God heard the voice of the child from the place where he was, and an angel of God called Agar out of heaven, and said to her, What is it, Agar? fear not, for God has heard the voice of the child from the place where he is. ¹⁸Rise up, and take the child, and hold him in thine hand, for I will make him a great nation. ¹⁹And God opened her eyes, and she saw a well of θ springing water; and she went and filled the skin with water, and gave the child drink. ²⁰And God was with the child, and he grew and dwelt in the wilderness, and became an archer. ²¹And he dwelt in the wilderness, and his mother took him a wife out of Pharan of Egypt.

²²And it came to pass at that time that Abimelech spoke, and Ochozath his λ friend, and Phichol the chief captain of his host, to Abraam, saying, God is with thee in all things, whatsoever thou mayest do. ²³Now therefore swear to me by God that thou wilt not injure me, nor my seed, nor my name, but according to the righteousness which I have performed with thee thou shalt deal with me, and with the land in which thou hast sojourned. ²⁴And Abraam said, I will swear. ²⁵And Abraam reproved Abimelech because of the wells of water, which the servants of Abimelech took away. ²⁶And Abimelech said to him, I know not who has done this thing to thee, neither didst thou tell it me, neither heard I it but only to-day. ²⁷And Abraam took sheep and calves, and gave them to Abimelech, and both made a covenant. ²⁸And Abraam set seven ewe-

ὁ Θεός. Καὶ Ἀβραὰμ ἦν ἑκατὸν ἐτῶν, ἡνίκα ἐγένετο αὐτῷ 5 Ἰσαὰκ ὁ υἱὸς αὐτοῦ. Εἶπε δὲ Σάρρα, γέλωτά μοι ἐποίησε 6 Κύριος· ὃς γὰρ ἂν ἀκούσῃ συγχαρεῖταί μοι. Καὶ εἶπε, τίς 7 ἀναγγελεῖ τῷ Ἀβραὰμ ὅτι θηλάζει παιδίον Σάρρα; ὅτι ἔτεκον υἱὸν ἐν τῷ γήρᾳ μου. Καὶ ηὐξήθη τὸ παιδίον, καὶ ἀπεγαλα- 8 κτίσθη· καὶ ἐποίησεν Ἀβραὰμ δοχὴν μεγάλην, ᾗ ἡμέρᾳ ἀπε- γαλακτίσθη Ἰσαὰκ ὁ υἱὸς αὐτοῦ. Ἰδοῦσα δὲ Σάρρα τὸν υἱὸν 9 Ἄγαρ τῆς Αἰγυπτίας, ὃς ἐγένετο τῷ Ἀβραὰμ, παίζοντα μετὰ Ἰσαὰκ τοῦ υἱοῦ αὐτῆς, καὶ εἶπε τῷ Ἀβραὰμ, ἔκβαλε τὴν παι- 10 δίσκην ταύτην, καὶ τὸν υἱὸν αὐτῆς· οὐ γὰρ μὴ κληρονομήσει ὁ υἱὸς τῆς παιδίσκης ταύτης μετὰ τοῦ υἱοῦ μου Ἰσαάκ. Σκλη- 11 ρὸν δὲ ἐφάνη τὸ ῥῆμα σφόδρα ἐναντίον Ἀβραὰμ περὶ τοῦ υἱοῦ αὐτοῦ. Εἶπε δὲ ὁ Θεὸς τῷ Ἀβραὰμ, μὴ σκληρὸν ἔστω ἐναν- 12 τίον σου περὶ τοῦ παιδίου, καὶ περὶ τῆς παιδίσκης· πάντα ὅσα ἂν εἴπῃ σοι Σάρρα, ἄκουε τῆς φωνῆς αὐτῆς· ὅτι ἐν Ἰσαὰκ κλη- θήσεταί σοι σπέρμα. Καὶ τὸν υἱὸν δὲ τῆς παιδίσκης ταύτης 13 εἰς ἔθνος μέγα ποιήσω αὐτὸν, ὅτι σπέρμα σόν ἐστιν. Ἀνέστη 14 δὲ Ἀβραὰμ τὸ πρωῒ, καὶ ἔλαβεν ἄρτους καὶ ἀσκὸν ὕδατος, καὶ ἔδωκεν τῇ Ἄγαρ· καὶ ἐπέθηκεν ἐπὶ τὸν ὦμον αὐτῆς τὸ παιδίον, καὶ ἀπέστειλεν αὐτήν. Ἀπελθοῦσα δὲ ἐπλανᾶτο κατὰ τὴν ἔρη- μον, κατὰ τὸ φρέαρ τοῦ ὅρκου. Ἐξέλιπε δὲ τὸ ὕδωρ ἐκ τοῦ 15 ἀσκοῦ· καὶ ἔρριψε τὸ παιδίον ὑποκάτω μιᾶς ἐλάτης. Ἀπελ- 16 θοῦσα δὲ ἐκάθητο ἀπέναντι αὐτοῦ μακρόθεν, ὡσεὶ τόξου βολήν· εἶπε γὰρ, οὐ μὴ ἴδω τὸν θάνατον τοῦ παιδίου μου. καὶ ἐκάθισεν ἀπέναντι αὐτοῦ· ἀναβοῆσαν δὲ τὸ παιδίον ἔκλαυσεν. Εἰσήκουσε 17 δὲ ὁ Θεὸς τῆς φωνῆς τοῦ παιδίου ἐκ τοῦ τόπου οὗ ἦν· καὶ ἐκά- λεσεν ἄγγελος Θεοῦ τὴν Ἄγαρ ἐκ τοῦ οὐρανοῦ, καὶ εἶπεν αὐτῇ, τί ἐστιν Ἄγαρ; μὴ φοβοῦ· ἐπακήκοε γὰρ ὁ Θεὸς τῆς φωνῆς τοῦ παιδίου ἐκ τοῦ τόπου οὗ ἐστιν. Ἀνάστηθι καὶ λάβε τὸ 18 παιδίον, καὶ κράτησον τῇ χειρί σου αὐτό· εἰς γὰρ ἔθνος μέγα ποιήσω αὐτό. Καὶ ἀνέῳξεν ὁ Θεὸς τοὺς ὀφθαλμοὺς αὐτῆς· 19 καὶ εἶδε φρέαρ ὕδατος ζῶντος, καὶ ἐπορεύθη, καὶ ἔπλησε τὸν ἀσκὸν ὕδατος, καὶ ἐπότισε τὸ παιδίον. Καὶ ἦν ὁ Θεὸς μετὰ τοῦ 20 παιδίου· καὶ ηὐξήθη, καὶ κατῴκησεν ἐν τῇ ἐρήμῳ· ἐγένετο δὲ τοξότης. Καὶ κατῴκησεν ἐν τῇ ἐρήμῳ· καὶ ἔλαβεν αὐτῷ ἡ 21 μήτηρ γυναῖκα ἐκ Φαρὰν Αἰγύπτου.

Ἐγένετο δὲ ἐν τῷ καιρῷ ἐκείνῳ, καὶ εἶπεν Ἀβιμέλεχ, καὶ 22 Ὀχοζὰθ ὁ νυμφαγωγὸς αὐτοῦ, καὶ Φιχὸλ ὁ ἀρχιστράτηγος τῆς δυνάμεως αὐτοῦ, πρὸς Ἀβραὰμ, λέγων, ὁ Θεὸς μετὰ σοῦ ἐν πᾶσιν, οἷς ἐὰν ποιῇς. Νῦν οὖν ὅμοσόν μοι τὸν Θεὸν μὴ 23 ἀδικήσειν με, μηδὲ τὸ σπέρμα μου, μηδὲ τὸ ὄνομά μου· ἀλλὰ κατὰ τὴν δικαιοσύνην ἣν ἐποίησα μετὰ σοῦ, ποιήσεις μετ' ἐμοῦ, καὶ τῇ γῇ, ᾗ σὺ παρῴκησας ἐν αὐτῇ. Καὶ 24 εἶπεν Ἀβραὰμ, ἐγὼ ὀμοῦμαι. Καὶ ἤλεγξεν Ἀβραὰμ τὸν Ἀβι- 25 μέλεχ περὶ τῶν φρεάτων τοῦ ὕδατος, ὧν ἀφείλοντο οἱ παῖδες τοῦ Ἀβιμέλεχ. Καὶ εἶπεν αὐτῷ Ἀβιμέλεχ, οὐκ ἔγνων τίς ἐποίησέ 26 σοι τὸ ῥῆμα τοῦτο· οὐδὲ σύ μοι ἀπήγγειλας, οὐδὲ ἐγὼ ἤκουσα, ἀλλ' ἢ σήμερον. Καὶ ἔλαβεν Ἀβραὰμ πρόβατα καὶ μόσχους, 27 καὶ ἔδωκε τῷ Ἀβιμέλεχ· καὶ διέθεντο ἀμφότεροι διαθήκην. Καὶ 28

β Gal. 4. 30.　　γ Gr. saying, or matter.　　δ Rom. 9. 7.　　ζ Or, near Beersheba.　　θ Gr. living.
λ Not in the Heb. friend of bridegroom, or attendant at marriage.

29 ἔστησεν ᾿Αβραὰμ, ἑπτὰ ἀμνάδας προβάτων μόνας. Καὶ εἶπεν ᾿Αβιμέλεχ τῷ ᾿Αβραὰμ, τί εἰσιν αἱ ἑπτὰ ἀμνάδες τῶν προβά-
30 των τούτων, ἃς ἔστησας μόνας; Καὶ εἶπεν ᾿Αβραὰμ, ὅτι τὰς ἑπτὰ ἀμνάδας λήψῃ παρ᾿ ἐμοῦ, ἵνα ὦσι μοι εἰς μαρτύριον, ὅτι
31 ἐγὼ ὤρυξα τὸ φρέαρ τοῦτο. Διὰ τοῦτο ἐπωνόμασε τὸ ὄνομα τοῦ τόπου ἐκείνου, φρέαρ ὁρκισμοῦ· ὅτι ἐκεῖ ὤμοσαν ἀμφότεροι.
32 Καὶ διέθεντο διαθήκην ἐν τῷ φρέατι τοῦ ὁρκισμου· ἀνέστη δὲ ᾿Αβιμέλεχ, ᾿Οχοζὰθ ὁ νυμφαγωγὸς αὐτοῦ, καὶ Φίχολ ὁ ἀρχιστράτηγος τῆς δυνάμεως αὐτοῦ, καὶ ἐπέστρεψαν εἰς τὴν
33 γῆν τῶν Φυλιστιείμ. Καὶ ἐφύτευσεν ᾿Αβραὰμ ἄρουραν ἐπὶ τῷ φρέατι τοῦ ὅρκου· καὶ ἐπεκαλέσατο ἐκεῖ τὸ ὄνομα Κυρίου, Θεὸς αἰώνιος. Παρῴκησε δὲ ᾿Αβραὰμ ἐν τῇ γῇ τῶν Φυλιστιείμ ἡμέρας πολλάς.

22 Καὶ ἐγένετο μετὰ τὰ ῥήματα ταῦτα ὁ Θεὸς ἐπείρασε τὸν ᾿Αβραὰμ, καὶ εἶπεν αὐτῷ, ᾿Αβραάμ, ᾿Αβραάμ· καὶ εἶπεν, ἰδοὺ
2 ἐγώ. Καὶ εἶπε, λάβε τὸν υἱόν σου τὸν ἀγαπητὸν, ὃν ἠγάπησας, τὸν ᾿Ισαὰκ, καὶ πορεύθητι εἰς τὴν γῆν τὴν ὑψηλὴν, καὶ ἀνένεγκε αὐτὸν ἐκεῖ εἰς ὁλοκάρπωσιν ἐφ᾿ ἓν τῶν ὀρέων ὧν ἄν
3 σοι εἴπω. ᾿Αναστὰς δὲ ᾿Αβραὰμ τὸ πρωῒ, ἐπέσαξε τὴν ὄνον αὐτοῦ· παρέλαβε δὲ μεθ᾿ ἑαυτοῦ δύο παῖδας, καὶ ᾿Ισαὰκ τὸν υἱὸν αὐτοῦ· καὶ σχίσας ξύλα εἰς ὁλοκάρπωσιν, ἀναστὰς ἐπο-
4 ρεύθη, καὶ ἦλθεν ἐπὶ τὸν τόπον, ὃν εἶπεν αὐτῷ ὁ Θεὸς, τῇ ἡμέρᾳ τῇ τρίτῃ. Καὶ ἀναβλέψας ᾿Αβραὰμ τοῖς ὀφθαλμοῖς
5 αὐτοῦ, εἶδε τὸν τόπον μακρόθεν. Καὶ εἶπεν ᾿Αβραὰμ τοῖς παισὶν αὐτοῦ, καθίσατε αὐτοῦ μετὰ τῆς ὄνου· ἐγὼ δὲ καὶ τὸ παιδάριον διελευσόμεθα ἕως ὧδε· καὶ προσκυνήσαντες ἀνα-
6 στρέψομεν πρὸς ὑμᾶς. ᾿Ελαβε δὲ ᾿Αβραὰμ τὰ ξύλα τῆς ὁλοκαρπώσεως, καὶ ἐπέθηκεν ᾿Ισαὰκ τῷ υἱῷ αὐτοῦ· ἔλαβε δὲ μετὰ χεῖρας καὶ τὸ πῦρ καὶ τὴν μάχαιραν, καὶ ἐπορεύθησαν οἱ δύο
7 ἅμα. Εἶπε δὲ ᾿Ισαὰκ πρὸς ᾿Αβραὰμ τὸν πατέρα αὐτοῦ, πάτερ· ὁ δὲ εἶπε, τί ἐστι, τέκνον· εἶπε δὲ, ἰδοὺ τὸ πῦρ καὶ τὰ ξύλα,
8 ποῦ ἐστι τὸ πρόβατον τὸ εἰς ὁλοκάρπωσιν; Εἶπε δὲ ᾿Αβραὰμ, ὁ Θεὸς ὄψεται ἑαυτῷ πρόβατον εἰς ὁλοκάρπωσιν, τέκνον.
9 πορευθέντες δὲ ἀμφότεροι ἅμα, ἦλθον ἐπὶ τὸν τόπον, ὃν εἶπεν αὐτῷ ὁ Θεός· καὶ ᾠκοδόμησεν ἐκεῖ ᾿Αβραὰμ τὸ θυσιαστήριον, καὶ ἐπέθηκε τὰ ξύλα· καὶ συμποδίσας ᾿Ισαὰκ τὸν υἱὸν αὐτοῦ,
10 ἐπέθηκεν αὐτὸν ἐπὶ τὸ θυσιαστήριον ἐπάνω τῶν ξύλων. Καὶ ἐξέτεινεν ᾿Αβραὰμ τὴν χεῖρα αὐτοῦ λαβεῖν τὴν μάχαιραν, σφά-
11 ξαι τὸν υἱὸν αὐτοῦ. Καὶ ἐκάλεσεν αὐτὸν ῎Αγγελος Κυρίου ἐκ τοῦ οὐρανοῦ, καὶ εἶπεν, ᾿Αβραὰμ, ᾿Αβραάμ· ὁ δὲ εἶπεν, ἰδοὺ ἐγώ.
12 Καὶ εἶπε, μὴ ἐπιβάλῃς τὴν χεῖρά σου ἐπὶ τὸ παιδάριον, μηδὲ ποιήσῃς αὐτῷ μηδέν· νῦν γὰρ ἔγνων, ὅτι φοβῇ σὺ τὸν Θεόν·
13 καὶ οὐκ ἐφείσω τοῦ υἱοῦ σου τοῦ ἀγαπητοῦ δι᾿ ἐμέ. Καὶ ἀναβλέψας ᾿Αβραὰμ τοῖς ὀφθαλμοῖς αὐτοῦ εἶδε, καὶ ἰδοὺ κριὸς εἷς κατεχόμενος ἐν φυτῷ Σαβὲκ τῶν κεράτων. Καὶ ἐπορεύθη ᾿Αβραὰμ, καὶ ἔλαβε τὸν κριὸν, καὶ ἀνήνεγκεν αὐτὸν εἰς ὁλοκάρπωσιν ἀντὶ ᾿Ισαὰκ τοῦ υἱοῦ αὐτοῦ.
14 Καὶ ἐκάλεσεν ᾿Αβραὰμ τὸ ὄνομα τοῦ τόπου ἐκείνου, Κύριος
15 εἶδεν· ἵνα εἴπωσι σήμερον, ἐν τῷ ὄρει Κύριος ὤφθη. Καὶ ἐκάλεσεν ῎Αγγελος Κυρίου τὸν ᾿Αβραὰμ δεύτερον ἐκ τοῦ οὐρανοῦ,

lambs by themselves. 29 And Abimelech said to Abraam, What are these seven ewe-lambs which thou hast set alone? 30 And Abraam said, Thou shalt receive the seven ewe-lambs of me, that they may be for me as a witness, that I dug this well. 31 Therefore he named the name of that place, The Well of the Oath, for there they both swore. 32 And they made a covenant at the well of the oath. And there rose up Abimelech, Ochozath his friend, and Phichol the commander-in-chief of his army, and they returned to the land of the Phylistines. 33 And Abraam planted a field at the well of the oath, and called there on the name of the Lord, the everlasting God. 34 And Abraam sojourned in the land of the Phylistines many days.

And it came to pass after these things that God tempted Abraam, and said to him, Abraam, Abraam; and he said, Lo! I *am* here. 2 And he said, Take thy son, the beloved one, whom thou hast loved—Isaac, and go into the high land, and offer him there for a whole-burnt-offering on one of the mountains which I will tell thee of. 3 And Abraam rose up in the morning and saddled his ass, and he took with him two servants, and Isaac his son, and having split wood for a whole-burnt-offering, he arose and departed, and came to the place of which God spoke to him, 4 on the third day; and Abraam having β lifted up his eyes, saw the place afar off. 5 And Abraam said to his servants, Sit ye here with the ass, and I and the lad will proceed thus far, and having worshipped we will return to you. 6 And Abraam took the wood of the whole-burnt-offering, and laid it on Isaac his son, and he took into his hands both the fire and the γ knife, and the two went together. 7 And Isaac said to Abraam his father, Father. And he said, What is it, son? And he said, Behold the fire and the wood, where is the sheep for a whole-burnt-offering? 8 And Abraam said, God will provide himself a sheep for a whole-burnt-offering, *my* son. And both having gone together, 9 came to the place which God spoke of to him; and there Abraam built the altar, and laid the wood on it, and having bound the feet of Isaac his son together, he laid him on the altar upon the wood. 10 And Abraam stretched forth his hand to take the knife to slay his son. 11 And an angel of the Lord called him out of heaven, and said, Abraam, Abraam. And he said, Behold, I *am* here. 12 And he said, Lay not thine hand upon the child, neither do anything to him, for now I know that thou fearest God, and for my sake thou hast not spared thy beloved son. 13 And Abraam lifted up his eyes and beheld, and lo! a ram caught by his horns in a δ plant of Sabec; and Abraam went and took the ram, and offered him up for a whole-burnt-offering in the place of Isaac his son.

14 And Abraam called the name of that place, The Lord hath seen; that they might say to-day, In the mount the Lord was seen. 15 And an angel of the Lord called Abraam the second time out of heaven,

---

β *Lit.* looked up with.   γ μάχαιραν, a short dagger used both for defence and sacrifice, etc.   δ *Heb.* in a thicket.

saying, I have sworn by myself, says the Lord, because thou hast done this thing, and on my account hast not spared thy beloved son, [17β] surely blessing I will bless thee, and multiplying I will multiply thy seed as the stars of heaven, and as the sand which is by the shore of the sea, and thy seed shall inherit the cities of their enemies. [18] And [γ] in thy seed shall all the nations of the earth be blessed, because thou hast hearkened to my voice. [19] And Abraam returned to his servants, and they arose and went together to the well of the oath; and Abraam dwelt at the well of the oath.

[20] And it came to pass after these things, that it was reported to Abraam, [δ] saying, Behold, Melcha herself too has born sons to Nachor thy brother, [21] Uz the first-born, and Baux his brother, and Camuel the father of the Syrians, and Chazad, and [22] Azav and Phaldes, and Jeldaph, and Bathuel, and Bathuel begot Rebecca; [23] these are eight sons, which Melcha bore to Nachor the brother of Abraam. [24] And his concubine whose name was Rheuma, she also bore Tabec, and Taam, and Tochos, and Mocha.

And the life of Sarrha was a hundred and twenty-seven years. [2] And Sarrha died in the city of Arboc, which is in the valley, this is Chebron in the land of Chanaan; and Abraam came to lament for Sarrha and to mourn. [3] And Abraam stood up from before his dead; and Abraam spoke to the sons of Chet, saying, [4] I am a sojourner and a stranger among you, give me therefore possession of a burying-place among you, and I will bury my dead away from me. And the sons of Chet answered to Abraam, saying, Not so, Sir, [6] but hear us; thou art in the midst of us a king from God; bury thy dead in our choice sepulchres, for not one of us will by any means withhold his sepulchre from thee, so that thou shouldest not bury thy dead there. [7] And Abraam rose up and did obeisance to the people of the land, to the sons of Chet. [8] And Abraam spoke to them, saying, If ye have it in your mind that I should bury my dead out of my sight, hearken to me, and speak for me to Ephron the son of Saar. [9] And let him give me the double cave which he has, which is in a part of his field, let him give it me for the money it is worth for possession of a burying-place among you. [10] Now Ephron was sitting in the midst of the children of Chet, and Ephron the Chettite answered Abraam and spoke in the hearing of the sons of Chet, and of all who entered the city, saying, [11β] Attend to me, my lord, and hear me, I give to thee the field and the cave which is in it; I have given it thee before all my countrymen; bury thy dead. [12] And Abraam did obeisance before the people of the land. [13] And he said in the ears of Ephron before the people of the land, Since thou art on my side, hear me; take the price of the field from me, and I will bury my dead there. [14] But Ephron answered Abraam, saying, [15] Nay, my lord, I have heard indeed, the land *is worth* four hundred silver didrachms, but what can this be between me and thee? nay, do thou bury thy dead. [16] And Abraam

λέγων, Κατ᾽ ἐμαυτοῦ ὤμοσα, λέγει Κύριος, οὗ εἵνεκεν ἐποίη- 16 σας τὸ ῥῆμα τοῦτο, καὶ οὐκ ἐφείσω τοῦ υἱοῦ σου τοῦ ἀγαπητοῦ δι᾽ ἐμὲ, Ἦ μὴν εὐλογῶν εὐλογήσω σε, καὶ πληθύνων πληθυνῶ 17 τὸ σπέρμα σου, ὡς τοὺς ἀστέρας τοῦ οὐρανοῦ, καὶ ὡς τὴν ἄμμον τὴν παρὰ τὸ χεῖλος τῆς θαλάσσης· καὶ κληρονομήσει τὸ σπέρμα σου τὰς πόλεις τῶν ὑπεναντίων. Καὶ ἐνευλογηθήσον- 18 ται ἐν τῷ σπέρματί σου πάντα τὰ ἔθνη τῆς γῆς, ἀνθ᾽ ὧν ὑπή- κουσας τῆς ἐμῆς φωνῆς. Ἀπεστράφη δὲ Ἀβραὰμ πρὸς τοὺς 19 παῖδας αὐτοῦ· καὶ ἀναστάντες ἐπορεύθησαν ἅμα ἐπὶ τὸ φρέαρ τοῦ ὅρκου. Καὶ κατῴκησεν Ἀβραὰμ ἐπὶ τὸ φρέαρ τοῦ ὅρκου.

Ἐγένετο δὲ μετὰ τὰ ῥήματα ταῦτα, καὶ ἀνηγγέλη τῷ Ἀ- 20 βραὰμ, λέγοντες, ἰδοὺ τέτοκε Μελχὰ καὶ αὐτὴ υἱοὺς τῷ Ναχὼρ τῷ ἀδελφῷ σου, τὸν Οὖξ πρωτότοκον, καὶ τὸν Βαὺξ ἀδελφὸν 21 αὐτοῦ, καὶ τὸν Καμουὴλ πατέρα Σύρων, καὶ τὸν Χαζὰδ, καὶ 22 Ἀζαῦ, καὶ τὸν Φαλδὲς, καὶ τὸν Ἰελδὰφ, καὶ τὸν Βαθουήλ. Βαθουὴλ δὲ ἐγέννησε τὴν Ῥεβέκκαν. ὀκτὼ οὗτοι υἱοὶ, οὓς 23 ἔτεκε Μελχὰ τῷ Ναχὼρ τῷ ἀδελφῷ Ἀβραάμ. Καὶ ἡ παλλακὴ 24 αὐτοῦ, ᾗ ὄνομα Ῥεύμα, ἔτεκε καὶ αὐτὴ τὸν Ταβὲκ, καὶ τὸν Ταὰμ, καὶ τὸν Τοχὸς, καὶ τὸν Μοχά.

Ἐγένετο δὲ ἡ ζωὴ Σάρρας, ἔτη ἑκατὸν εἰκοσιεπτά. Καὶ 23 ἀπέθανε Σάρρα ἐν πόλει Ἀρβὸκ, ἥ ἐστιν ἐν τῷ κοιλώματι· αὕτη 2 ἐστι Χεβρὼν ἐν τῇ γῇ Χαναάν· ἦλθε δὲ Ἀβραὰμ κόψασθαι Σάρραν, καὶ πενθῆσαι. Καὶ ἀνέστη Ἀβραὰμ ἀπὸ τοῦ νεκροῦ 3 αὐτοῦ· καὶ εἶπεν Ἀβραὰμ τοῖς υἱοῖς τοῦ Χὲτ, λέγων, Πάροικος 4 καὶ παρεπίδημος ἐγώ εἰμι μεθ᾽ ὑμῶν· δότε μοι οὖν κτῆσιν τάφου μεθ᾽ ὑμῶν, καὶ θάψω τὸν νεκρόν μου ἀπ᾽ ἐμοῦ. Ἀπεκρίθησαν 5 δὲ οἱ υἱοὶ Χὲτ πρὸς Ἀβραὰμ, λέγοντες, μὴ, κύριε. Ἄκουσον 6 δὲ ἡμῶν· βασιλεὺς παρὰ Θεοῦ σὺ εἶ ἐν ἡμῖν· ἐν τοῖς ἐκλεκτοῖς μνημείοις ἡμῶν θάψον τὸν νεκρόν σου· οὐδεὶς γὰρ ἡμῶν οὐ μὴ κωλύσει τὸ μνημεῖον αὐτοῦ ἀπὸ σοῦ, τοῦ θάψαι τὸν νεκρόν σου ἐκεῖ. Ἀναστὰς δὲ Ἀβραὰμ προσεκύνησε τῷ λαῷ τῆς γῆς, τοῖς 7 υἱοῖς τοῦ Χέτ. Καὶ ἐλάλησε πρὸς αὐτοὺς Ἀβραὰμ, λέγων, εἰ 8 ἔχετε τῇ ψυχῇ ὑμῶν, ὥστε θάψαι τὸν νεκρόν μου ἀπὸ προσώπου μου, ἀκούσατέ μου, καὶ λαλήσατε περὶ ἐμοῦ Ἐφρὼν τῷ τοῦ Σαάρ. Καὶ δότω μοι τὸ σπήλαιον τὸ διπλοῦν, ὅ ἐστιν αὐτῷ, 9 τὸ ὂν ἐν μέρει τοῦ ἀγροῦ αὐτοῦ· ἀργυρίου τοῦ ἀξίου δότω μοι αὐτὸ ἐν ὑμῖν εἰς κτῆσιν μνημείου. Ἐφρὼν δὲ ἐκάθητο ἐν μέσῳ 10 τῶν υἱῶν Χέτ· ἀποκριθεὶς δὲ Ἐφρὼν ὁ Χετταῖος πρὸς Ἀβραὰμ εἶπεν, ἀκουόντων τῶν υἱῶν Χὲτ, καὶ τῶν εἰσπορευομένων εἰς τὴν πόλιν πάντων, λέγων, Παρ᾽ ἐμοὶ γενοῦ, κύριε, καὶ ἄκουσόν 11 μου· τὸν ἀγρὸν, καὶ τὸ σπήλαιον τὸ ἐν αὐτῷ, σοὶ δίδωμι· ἐν- αντίον πάντων τῶν πολιτῶν μου δέδωκά σοι· θάψον τὸν νεκρόν σου. Καὶ προσεκύνησεν Ἀβραὰμ ἐναντίον τοῦ λαοῦ τῆς γῆς. 12 Καὶ εἶπε τῷ Ἐφρὼν εἰς τὰ ὦτα ἐναντίον τοῦ λαοῦ τῆς γῆς, 13 ἐπειδὴ πρὸς ἐμοῦ εἶ, ἄκουσόν μου· τὸ ἀργύριον τοῦ ἀγροῦ λάβε παρ᾽ ἐμοῦ, καὶ θάψω τὸν νεκρόν μου ἐκεῖ. Ἀπεκρίθη δὲ 14 Ἐφρὼν τῷ Ἀβραὰμ, λέγων, Οὐχὶ, κύριε· ἀκήκοα γὰρ, γῆ 15 τετρακοσίων διδράχμων ἀργύριον· ἀλλὰ τί ἂν εἴη τοῦτο ἀνὰ μέσον ἐμοῦ καὶ σοῦ; σὺ δὲ τὸν νεκρόν σου θάψον. Καὶ ἤκου- 16

β Heb. 6. 14.   γ Acts 3. 25.   δ Men, understood.   *Gr.* be with me.

σεν Ἀβραὰμ τοῦ Ἐφρών· καὶ ἀπεκατέστησεν Ἀβραὰμ τῷ Ἐφρὼν τὸ ἀργύριον, ὃ ἐλάλησεν εἰς τὰ ὦτα τῶν υἱῶν Χέτ,

17 τετρακόσια δίδραχμα ἀργυρίου δοκίμου ἐμπόροις. Καὶ ἔστη ὁ ἀγρὸς Ἐφρών, ὃς ἦν ἐν τῷ διπλῷ σπηλαίῳ, ὅς ἐστι κατὰ πρόσωπον Μαμβρῆ, ὁ ἀγρὸς καὶ τὸ σπήλαιον, ὃ ἦν ἐν αὐτῷ, καὶ πᾶν δένδρον, ὃ ἦν ἐν τῷ ἀγρῷ, καὶ πᾶν ὅ ἐστιν ἐν τοῖς ὁρίοις αὐτοῦ

18 κύκλῳ, τῷ Ἀβραὰμ, εἰς κτῆσιν ἐναντίον τῶν υἱῶν Χέτ, καὶ

19 πάντων τῶν εἰσπορευομένων εἰς τὴν πόλιν. Μετὰ ταῦτα ἔθαψεν Ἀβραὰμ Σάρραν τὴν γυναῖκα αὐτοῦ ἐν τῷ σπηλαίῳ τοῦ ἀγροῦ τῷ διπλῷ, ὅ ἐστιν ἀπέναντι Μαμβρῆ· αὕτη ἐστὶ Χεβρὼν ἐν τῇ

20 γῇ Χαναάν. Καὶ ἐκυρώθη ὁ ἀγρὸς καὶ τὸ σπήλιον ὃ ἦν ἐν

24 αὐτῷ τῷ Ἀβραὰμ εἰς κτῆσιν τάφου, παρὰ τῶν υἱῶν Χέτ. Καὶ Ἀβραὰμ ἦν πρεσβύτερος προβεβηκὼς ἡμερῶν· καὶ Κύριος ηὐλόγησε τὸν Ἀβραὰμ κατὰ πάντα.

2 Καὶ εἶπεν Ἀβραὰμ τῷ παιδὶ αὐτοῦ τῷ πρεσβυτέρῳ τῆς οἰκίας αὐτοῦ, τῷ ἄρχοντι πάντων τῶν αὐτοῦ, θὲς τὴν χεῖρά σου ὑπὸ τὸν

3 μηρόν μου. Καὶ ἐξορκιῶ σε Κύριον τὸν Θεὸν τοῦ οὐρανοῦ καὶ τὸν Θεὸν τῆς γῆς, ἵνα μὴ λάβῃς γυναῖκα τῷ υἱῷ μου Ἰσαὰκ ἀπὸ τῶν θυγατέρων τῶν Χαναναίων, μεθ᾿ ὧν ἐγὼ οἰκῶ ἐν αὐτοῖς.

4 Ἀλλ᾿ ἢ εἰς τὴν γῆν μου, οὗ ἐγεννήθην, πορεύσῃ, καὶ εἰς τὴν

5 φυλήν μου, καὶ λήψῃ γυναῖκα τῷ υἱῷ μου Ἰσαὰκ ἐκεῖθεν. Εἶπε δὲ πρὸς αὐτὸν ὁ παῖς, μή ποτε οὐ βούληται ἡ γυνὴ πορευθῆναι μετ᾿ ἐμοῦ ὀπίσω εἰς τὴν γῆν ταύτην, ἀποστρέψω τὸν υἱόν σου

6 εἰς τὴν γῆν, ὅθεν ἐξῆλθες ἐκεῖθεν; Εἶπε δὲ πρὸς αὐτὸν Ἀβραάμ,

7 πρόσεχε σεαυτῷ μὴ ἀποστρέψῃς τὸν υἱόν μου ἐκεῖ. Κύριος ὁ Θεὸς τοῦ οὐρανοῦ καὶ ὁ Θεὸς τῆς γῆς, ὃς ἔλαβέ με ἐκ τοῦ οἴκου τοῦ πατρός μου, καὶ ἐκ τῆς γῆς ἧς ἐγεννήθην, ὃς ἐλάλησέ μοι, καὶ ὃς ὤμοσέ μοι, λέγων, σοὶ δώσω τὴν γῆν ταύτην καὶ τῷ σπέρματί σου, αὐτὸς ἀποστελεῖ τὸν Ἄγγελον αὐτοῦ ἔμπροσθέν

8 σου, καὶ λήψῃ γυναῖκα τῷ υἱῷ μου ἐκεῖθεν. Ἐὰν δὲ μὴ θέλῃ ἡ γυνὴ πορευθῆναι μετὰ σοῦ εἰς τὴν γῆν ταύτην, καθαρὸς ἔσῃ ἀπὸ τοῦ ὅρκου μου· μόνον τὸν υἱόν μου μὴ ἀποστρέψῃς ἐκεῖ.

9 Καὶ ἔθηκεν ὁ παῖς τὴν χεῖρα αὐτοῦ ὑπὸ τὸν μηρὸν Ἀβραὰμ τοῦ κυρίου αὐτοῦ, καὶ ὤμοσεν αὐτῷ περὶ τοῦ ῥήματος τούτου.

10 Καὶ ἔλαβεν ὁ παῖς δέκα καμήλους ἀπὸ τῶν καμήλων τοῦ κυρίου αὐτοῦ, καὶ ἀπὸ πάντων τῶν ἀγαθῶν τοῦ κυρίου αὐτοῦ μεθ᾿ ἑαυτοῦ· καὶ ἀναστὰς ἐπορεύθη εἰς τὴν Μεσοποταμίαν εἰς τὴν

11 πόλιν Ναχώρ. Καὶ ἐκοίμισε τὰς καμήλους ἔξω τῆς πόλεως παρὰ τὸ φρέαρ τοῦ ὕδατος τὸ πρὸς ὀψὲ, ἡνίκα ἐκπορεύονται αἱ ὑδρευόμεναι.

12 Καὶ εἶπε, Κύριε ὁ Θεὸς τοῦ κυρίου μου Ἀβραὰμ, εὐόδωσον ἐναντίον ἐμοῦ σήμερον, καὶ ποίησον ἔλεος μετὰ τοῦ κυρίου μου

13 Ἀβραάμ. Ἰδοὺ ἐγὼ ἔστηκα ἐπὶ τῆς πηγῆς τοῦ ὕδατος· αἱ δὲ θυγατέρες τῶν οἰκούντων τὴν πόλιν ἐκπορεύονται ἀντλῆσαι ὕδωρ.

14 Καὶ ἔσται ἡ παρθένος ᾗ ἂν ἐγὼ εἴπω, ἐπίκλινον τὴν ὑδρίαν σου, ἵνα πίω, καὶ εἴπῃ μοι, πίε σὺ, καὶ τὰς καμήλους σου ποτιῶ, ἕως ἂν παύσωνται πίνουσαι, ταύτην ἡτοίμασας τῷ παιδί σου τῷ Ἰσαάκ· καὶ ἐν τούτῳ γνώσομαι, ὅτι ἐποίησας ἔλεος μετὰ τοῦ κυρίου μου Ἀβραάμ.

15 Καὶ ἐγένετο πρὸ τοῦ συντελέσαι αὐτὸν λαλοῦντα ἐν τῇ

hearkened to Ephron, and Abraam rendered to Ephron the money, which he mentioned in the ears of the sons of Chet, four hundred didrachms of silver approved with merchants. [17] And the field of Ephron, which was in Double Cave, which is opposite Mambre, the field and the cave, which was in it, and every tree which was in the field, and whatever is in its borders round about, were made sure [18] to Abraam for a possession, before the sons of Chet, and all that entered into the city. [19] After this Abraam buried Sarrha his wife in the Double Cave of the field, which is opposite Mambre, this is Chebron in the land of Chanaan. [20] So the field and the cave which was in it were made sure to Abraam for possession of a burying place, by the sons of Chet. [1] And Abraam was old, advanced in days, and the Lord blessed Abraam in all things.

[2] And Abraam said to his servant the elder of his house, who had rule over all his possessions, Put thy hand under my thigh, [3] and I will adjure thee by the Lord the God of heaven, and the God of the earth, that thou take not a wife for my son Isaac from the daughters of the Chananites, with whom I dwell, in the midst of them. [4] But thou shalt go instead to my country, where I was born, and to my tribe, and thou shalt take from thence a wife for my son Isaac. [5] And the servant said to him, Shall I carry back thy son to the land whence thou camest forth, [β] if haply the woman should not be willing to return with me to this land? [6] And Abraam said to him, Take heed to thyself that thou carry not my son back thither. [7] The Lord the God of heaven, and the God of the earth, who took me out of my father's house, and out of the land whence I sprang, who spoke to me, and who swore to me, saying, I will give this land to thee and to thy seed, he shall send his angel before thee, and thou shalt take a wife to my son from thence. [8] And if the woman should not be willing to come with thee into this land, thou shalt be clear from my oath, only carry not my son thither again. [9] And the servant put his hand under the thigh of his master Abraam, and swore to him concerning this matter. [10] And the servant took ten camels of his master's camels, and he took of all the goods of his master with him, and he arose and went into Mesopotamia to the city of Nachor. [11] And he γ rested his camels without the city by the well of water towards evening, when damsels go forth to draw water. [12] And he said, O Lord God of my master Abraam, prosper my way before me to day, and deal mercifully with my master Abraam. [13] Lo! I stand by the well of water, and the daughters of them that inhabit the city come forth to draw water. [14] And it shall be, the virgin to whomsoever I shall say, Incline thy water-pot, that I may drink, and she shall say, Drink thou, and I will give thy camels drink, until they shall have done drinking—even this one thou hast prepared for thy servant Isaac, and hereby shall I know that thou hast dealt mercifully with my master Abraam. [15] And it came to pass before he had done speaking in his mind, that behold, Rebecca

---

β See the use of μή ποτε in a somewhat similar case, 2 Tim. 2. 25.   γ Heb. caused to kneel down. Gr. caused to sleep.

the daughter of Bathuel, the son of Melcha, the wife of Nachor, and *the same* β the brother of Abraam, came forth, having a waterpot on her shoulders. ¹⁶ And the virgin was very beautiful in appearance, she was a virgin, a man had not known her; and she went down to the well, and filled her waterpot, and came up. ¹⁷ And the servant ran up to meet her, and said, Give me a little water to drink out of thy pitcher; ¹⁸ and she said, Drink, Sir; and she hasted, and let down the pitcher upon her arm, and gave him to drink, till he ceased drinking. ¹⁹ And she said, I will also draw water for thy camels, till they shall all have drunk. ²⁰ And she hasted, and emptied the waterpot into the trough, and ran to the well to draw again, and drew water for all the camels. ²¹ And the man took great notice of her, and remained silent to know whether the Lord had made his way prosperous or not. ²² And it came to pass when all the camels ceased drinking, that the man took golden ear-rings, each of a drachm weight, and he *put* two bracelets on her hands, their weight was ten pieces of gold. ²³ And he asked her, and said, Whose daughter art thou? Tell me if there is room for us to lodge with thy father. ²⁴ And she said to him, I am the daughter of Bathuel the son of Melcha, whom she bore to Nachor. ²⁵ And she said to him, We have both straw and much provender, and a place for resting. ²⁶ And the man being well pleased, worshipped the Lord, ²⁷ and said, Blessed be the Lord the God of my master Abraam, who has not suffered his righteousness to fail, nor his truth from my master, and the Lord has brought me prosperously to the house of the brother of my lord. ²⁸ And the damsel ran and reported to the house of her mother according to these words. ²⁹ And Rebecca had a brother whose name was Laban; and Laban ran out to meet the man, to the well. ³⁰ And it came to pass when he saw the ear-rings and the bracelets on the hands of his sister, and when he heard the words of Rebecca his sister, saying, Thus the man spoke to me, that he went to the man, as he stood by the camels at the well. ³¹ And he said to him, Come in hither, thou blessed of the Lord, why standest thou without, whereas I have prepared the house and a place for the camels? ³² And the man entered into the house, and unloaded the camels, and gave the camels straw and provender, and water to wash his feet, and the feet of the men that were with him. ³³ And he set before them loaves to eat; but he said, I will not eat, until I have γ told my errand. And he said, Speak on.

³⁴ And he said, I am a servant of Abraam; ³⁵ and the Lord has blessed my master greatly, and he is exalted, and he has given him sheep, and calves, and silver, and gold, servants and servant-maids, camels, and asses. ³⁶ And Sarrha my master's wife bore one son to my master after he had grown old; and he gave him whatever he had. ³⁷ And my master caused me to swear, saying, Thou shalt not take a wife to my son of the daughters of the Chananites,

διανοία αὐτοῦ, καὶ ἰδοὺ Ῥεβέκκα ἐξεπορεύετο ἡ τεχθεῖσα Βαθουήλ, υἱῷ Μελχὰς τῆς γυναικὸς Ναχώρ, ἀδελφοῦ δὲ Ἀβραάμ, ἔχουσα τὴν ὑδρίαν ἐπὶ τῶν ὤμων αὐτῆς. Ἡ δὲ παρθένος ἦν 16 καλὴ τῇ ὄψει σφόδρα· παρθένος ἦν, ἀνὴρ οὐκ ἔγνω αὐτήν· καταβᾶσα δὲ ἐπὶ τὴν πηγὴν, ἔπλησε τὴν ὑδρίαν αὐτῆς, καὶ ἀνέβη. Ἐπέδραμε δὲ ὁ παῖς εἰς συνάντησιν αὐτῆς, καὶ εἶπε, 17 πότισόν με μικρὸν ὕδωρ ἐκ τῆς ὑδρίας σου. Ἡ δὲ εἶπε, πίε, 18 κύριε· καὶ ἔσπευσε καὶ καθεῖλε τὴν ὑδρίαν ἐπὶ τὸν βραχίονα αὐτῆς, καὶ ἐπότισεν αὐτὸν, ἕως ἐπαύσατο πίνων. Καὶ εἶπε, καὶ 19 ταῖς καμήλοις σου ὑδρεύσομαι, ἕως ἂν πᾶσαι πίωσι. Καὶ 20 ἔσπευσε καὶ ἐξεκένωσε τὴν ὑδρίαν εἰς τὸ ποτιστήριον· καὶ ἔδραμεν ἐπὶ τὸ φρέαρ ἀντλῆσαι πάλιν· καὶ ὑδρεύσατο πάσαις ταῖς καμήλοις. Ὁ δὲ ἄνθρωπος κατεμάνθανεν αὐτήν· καὶ παρ- 21 εσιώπα τοῦ γνῶναι εἰ εὐώδωκε Κύριος τὴν ὁδὸν αὐτοῦ, ἢ οὔ. Ἐγένετο δὲ ἡνίκα ἐπαύσαντο πᾶσαι αἱ κάμηλοι πίνουσαι, 22 ἔλαβεν ὁ ἄνθρωπος ἐνώτια χρυσᾶ ἀνὰ δραχμὴν ὁλκῆς, καὶ δύο ψέλλια ἐπὶ τὰς χεῖρας αὐτῆς, δέκα χρυσῶν ὁλκὴ αὐτῶν. Καὶ 23 ἐπηρώτησεν αὐτὴν, καὶ εἶπε, θυγάτηρ τίνος εἶ; ἀνάγγειλόν μοι, εἰ ἔστι παρὰ τῷ πατρί σου τόπος ἡμῖν τοῦ καταλῦσαι. Ἡ δὲ εἶπεν αὐτῷ, θυγάτηρ Βαθουὴλ εἰμι τοῦ Μελχὰς, ὃν ἔτεκε 24 τῷ Ναχώρ. Καὶ εἶπεν αὐτῷ, καὶ ἄχυρα καὶ χορτάσματα πολλὰ 25 παρ' ἡμῖν, καὶ τόπος τοῦ καταλῦσαι. Καὶ εὐδοκήσας ὁ ἄνθρω- 26 πος προσεκύνησε τῷ Κυρίῳ. Καὶ εἶπεν, εὐλογητὸς Κύριος ὁ 27 Θεὸς τοῦ κυρίου μου Ἀβραάμ, ὃς οὐκ ἐγκατέλιπε τὴν δικαιοσύνην αὐτοῦ, καὶ τὴν ἀλήθειαν, ἀπὸ τοῦ κυρίου μου· ἐμέ τ' εὐώδωκε Κύριος εἰς οἶκον τοῦ ἀδελφοῦ τοῦ κυρίου μου. Καὶ 28 δραμοῦσα ἡ παῖς ἀνήγγειλεν εἰς τὸν οἶκον τῆς μητρὸς αὐτῆς, κατὰ τὰ ῥήματα ταῦτα. Τῇ δὲ Ῥεβέκκᾳ ἀδελφὸς ἦν, ᾧ ὄνομα 29 Λάβαν· καὶ ἔδραμε Λάβαν πρὸς τὸν ἄνθρωπον ἔξω ἐπὶ τὴν πηγήν. Καὶ ἐγένετο ἡνίκα εἶδε τὰ ἐνώτια, καὶ τά ψέλλια ἐν 30 ταῖς χερσὶ τῆς ἀδελφῆς αὐτοῦ, καὶ ὅτε ἤκουσε τὰ ῥήματα Ῥεβέκκας τῆς ἀδελφῆς αὐτοῦ, λεγούσης, οὕτω λελάληκέ μοι ὁ ἄνθρωπος, καὶ ἦλθε πρὸς τὸν ἄνθρωπον, ἑστηκότος αὐτοῦ ἐπὶ τῶν καμήλων ἐπὶ τῆς πηγῆς. Καὶ εἶπεν αὐτῷ, δεῦρο εἴσελθε, 31 εὐλογητὸς Κυρίου· ἱνατί ἕστηκας ἔξω; ἐγὼ δὲ ἡτοίμασα τὴν οἰκίαν, καὶ τόπον ταῖς καμήλοις. Εἰσῆλθε δὲ ὁ ἄνθρωπος 32 εἰς τὴν οἰκίαν, καὶ ἀπέσαξε τὰς καμήλους· καὶ ἔδωκεν ἄχυρα καὶ χορτάσματα ταῖς καμήλοις, καὶ ὕδωρ νίψασθαι τοῖς ποσὶν αὐτοῦ, καὶ τοῖς ποσὶ τῶν ἀνδρῶν τῶν μετ' αὐτοῦ. Καὶ 33 παρέθηκεν αὐτοῖς ἄρτους φαγεῖν· καὶ εἶπεν, οὐ μὴ φάγω, ἕως τοῦ λαλῆσαί με τὰ ῥήματά μου· καὶ εἶπεν, λάλησον.

Καὶ εἶπε, παῖς Ἀβραὰμ ἐγώ εἰμι. Κύριος δὲ ηὐλόγησε 34, 35 τὸν κύριόν μου σφόδρα, καὶ ὑψώθη· καὶ ἔδωκεν αὐτῷ πρόβατα, καὶ μόσχους, καὶ ἀργύριον, καὶ χρυσίον, παῖδας, καὶ παιδίσκας, καμήλους, καὶ ὄνους. Καὶ ἔτεκε Σάρρα ἡ γυνὴ τοῦ κυρίου 36 μου υἱὸν ἕνα τῷ κυρίῳ μου μετὰ τὸ γηράσαι αὐτόν· καὶ ἔδωκεν αὐτῷ ὅσα ἦν αὐτῷ. Καὶ ὥρκισέ με ὁ κύριός μου, λέγων, 37 οὐ λήψῃ γυναῖκα τῷ υἱῷ μου ἀπὸ τῶν θυγατέρων τῶν Χανα-

---

β *i. e.* Nachor.　　　γ *Gr.* spoken my words.

38 ναίων, ἐν οἷς ἐγὼ παροικῶ ἐν τῇ γῇ αὐτῶν. Ἀλλ' εἰς τὸν
οἶκον τοῦ πατρός μου πορεύσῃ, καὶ εἰς τὴν φυλήν μου, καὶ
39 λήψῃ γυναῖκα τῷ υἱῷ μου ἐκεῖθεν. Εἶπα δὲ τῷ κυρίῳ μου,
40 μήποτε οὐ πορεύσεται ἡ γυνὴ μετ' ἐμοῦ. Καὶ εἶπέ μοι,
Κύριος ὁ Θεὸς ᾧ εὐηρέστησα ἐναντίον αὐτοῦ, αὐτὸς ἐξαπο-
στελεῖ τὸν Ἀγγελον αὐτοῦ μετὰ σοῦ, καὶ εὐοδώσει τὴν ὁδόν
σου· καὶ λήψῃ γυναῖκα τῷ υἱῷ μου ἐκ τῆς φυλῆς μου, καὶ
41 ἐκ τοῦ οἴκου τοῦ πατρός μου. Τότε ἀθῷος ἔσῃ ἀπὸ τῆς
ἀρᾶς μου· ἡνίκα γὰρ ἐὰν ἔλθῃς εἰς τὴν φυλήν μου, καὶ
42 μή σοι δῶσι, καὶ ἔσῃ ἀθῷος ἀπὸ τοῦ ὁρκισμοῦ μου. Καὶ
ἐλθὼν σήμερον ἐπὶ τὴν πηγὴν εἶπα, Κύριε ὁ Θεὸς τοῦ
κυρίου μου Ἀβραὰμ, εἰ σὺ εὐοδοῖς τὴν ὁδόν μου, ἐν ᾗ νῦν
43 ἐγὼ πορεύομαι ἐν αὐτῇ, ἰδοὺ ἐγὼ ἐφέστηκα ἐπὶ τῆς
πηγῆς τοῦ ὕδατος, καὶ αἱ θυγατέρες τῶν ἀνθρώπων τῆς
πόλεως ἐκπορεύονται ἀντλῆσαι ὕδωρ· καὶ ἔσται ἡ παρθένος,
ᾗ ἂν ἐγὼ εἴπω, πότισόν με ἐκ τῆς ὑδρίας σου μικρὸν ὕδωρ,
44 καὶ εἴπῃ μοι, καὶ σὺ πίε, καὶ ταῖς καμήλοις σου ὑδρεύσομαι,
αὐτὴ ἡ γυνὴ ἣν ἡτοίμασε Κύριος τῷ ἑαυτοῦ θεράποντι
Ἰσαάκ· καὶ ἐν τούτῳ γνώσομαι, ὅτι πεποίηκας ἔλεος
45 τῷ κυρίῳ μου Ἀβραάμ. Καὶ ἐγένετο πρὸ τοῦ συντε-
λέσαι με λαλοῦντα ἐν τῇ διανοίᾳ μου, εὐθὺς Ῥεβέκκα ἐξεπο-
ρεύετο, ἔχουσα τὴν ὑδρίαν ἐπὶ τῶν ὤμων· καὶ κατέβη
ἐπὶ τὴν πηγὴν, καὶ ὑδρεύσατο· εἶπα δὲ αὐτῇ, πότισόν
46 με. Καὶ σπεύσασα καθεῖλε τὴν ὑδρίαν ἐπὶ τὸν βραχίονα
αὐτῆς ἀφ' ἑαυτῆς, καὶ εἶπε, πίε σὺ, καὶ τὰς καμήλους
47 σου ποτιῶ· καὶ ἔπιον, καὶ τὰς καμήλους ἐπότισε. Καὶ
ἠρώτησα αὐτὴν, καὶ εἶπα, θυγάτηρ τίνος εἶ, ἀναγγειλόν
μοι· ἡ δὲ ἔφη, θυγάτηρ Βαθουὴλ εἰμὶ υἱοῦ τοῦ Ναχὼρ, ὃν
ἔτεκεν αὐτῷ Μελχά· καὶ περιέθηκα αὐτῇ τὰ ἐνώτια, καὶ τὰ
48 ψέλλια περὶ τὰς χεῖρας αὐτῆς. Καὶ εὐδοκήσας προσεκύνησα
τῷ Κυρίῳ, καὶ εὐλόγησα Κύριον τὸν Θεὸν τοῦ κυρίου μου
Ἀβραὰμ, ὃς εὐώδωσέ με ἐν ὁδῷ ἀληθείας λαβεῖν τὴν
49 θυγατέρα τοῦ ἀδελφοῦ τοῦ κυρίου μου τῷ υἱῷ αὐτοῦ. Εἰ
οὖν ποιεῖτε ὑμεῖς ἔλεος καὶ δικαιοσύνην πρὸς τὸν κύριόν
μου· εἰ δὲ μὴ, ἀπαγγείλατέ μοι, ἵνα ἐπιστρέψω εἰς δεξιὰν ἢ
ἀριστεράν.

50 Ἀποκριθεὶς δὲ Λάβαν καὶ Βαθουὴλ εἶπαν, παρὰ Κυρίου
ἐξῆλθε τὸ πρᾶγμα τοῦτο· οὐ δυνησόμεθά σοι ἀντειπεῖν κακὸν
51 ἢ καλόν. Ἰδοὺ Ῥεβέκκα ἐνώπιόν σου· λαβὼν ἀπότρεχε· καὶ
ἔστω γυνὴ τῷ υἱῷ τοῦ κυρίου σου, καθὰ ἐλάλησε Κύριος.
52 Ἐγένετο δὲ ἐν τῷ ἀκοῦσαι τὸν παῖδα τοῦ Ἀβραὰμ τῶν ῥημάτων
53 αὐτῶν, προσεκύνησεν ἐπὶ τὴν γῆν τῷ Κυρίῳ. Καὶ ἐξενέγκας ὁ
παῖς σκεύη ἀργυρᾶ καὶ χρυσᾶ καὶ ἱματισμὸν, ἔδωκε τῇ Ῥεβέκκᾳ·
54 καὶ δῶρα ἔδωκε τῷ ἀδελφῷ αὐτῆς, καὶ τῇ μητρὶ αὐτῆς. Καὶ
ἔφαγον καὶ ἔπιον καὶ αὐτὸς καὶ οἱ ἄνδρες οἱ μετ' αὐτοῦ ὄντες,
καὶ ἐκοιμήθησαν· καὶ ἀναστὰς τὸ πρωὶ εἶπεν, ἐκπέμψατέ με,
55 ἵνα ἀπέλθω πρὸς τὸν κύριόν μου. Εἶπαν δὲ οἱ ἀδελφοὶ αὐτῆς,
καὶ ἡ μήτηρ, μεινάτω ἡ παρθένος μεθ' ἡμῶν ἡμέρας ὡσεὶ δέκα,
56 καὶ μετὰ ταῦτα ἀπελεύσεται. Ὁ δὲ εἶπε πρὸς αὐτοὺς, μὴ

among whom I sojourn in their land. **38** But thou shalt go to the house of my father, and to my tribe, and thou shalt take thence a wife for my son. **39** And I said to my master, Haply the woman will not go with me. **40** And he said to me, The Lord God to whom I have been acceptable in his presence, himself shall send out his angel with thee, and shall prosper thy journey, and thou shalt take a wife for my son of my tribe, and of the house of my father. **41** Then shalt thou be clear from my curse, for whensoever thou shalt have come to my tribe, and they shall not give her to thee, then shalt thou be clear from my oath. **42** And having come this day to the well, I said, Lord God of my master Abraam, if thou prosperest my journey on which I am now going, **43** behold, I stand by the well of water, and the daughters of the men of the city come forth to draw water, and it shall be *that* the damsel to whom I shall say, Give me a little water to drink out of thy pitcher, **44** and she shall say to me, Both drink thou, and I will draw water for thy camels, this *shall be* the wife whom the Lord has prepared for his own servant Isaac; and hereby shall I know that thou hast wrought mercy with my master Abraam. **45** And it came to pass before I had done speaking in my mind, straightway Rebecca came forth, having her pitcher on her shoulders; and she went down to the well, and drew water; and I said to her, Give me to drink. **46** And she hasted and let down her pitcher on her arm β from her head, and said, Drink thou, and I will give thy camels drink; and I drank, and she gave the camels drink. **47** And I asked her, and said, Whose daughter art thou? tell me; and she said, I am daughter of Bathuel the son of Nachor, whom Melcha bore to him; and I put on her the ear-rings, and the bracelets on her hands. **48** And being well-pleased I worshipped the Lord, and I blessed the Lord the God of my master Abraam, who has prospered me in a true way, so that I should take the daughter of my master's brother for his son. **49** If then ye *will* deal mercifully and justly with my lord, *tell me*, and if not, tell me, that I may turn to the right hand or to the left.

50 And Laban and Bathuel answered and said, This matter has come forth from the Lord, we shall not be able to answer thee bad or good. **51** Behold, Rebecca is before thee, take her and γ go away, and let her be wife to the son of thy master, as the Lord has said. **52** And it came to pass when the servant of Abraam heard these words, he bowed himself to the Lord down to the earth. **53** And the servant having brought forth jewels of silver and gold and raiment, gave them to Rebecca, and gave gifts to her brother, and to her mother. **54** And both he and the men with him ate and drank and went to sleep. And he arose in the morning and said, Send me away, that I may go to my master. **55** And her brethren and her mother said, Let the virgin remain with us about ten days, and after that she shall depart. **56** But he said to them, Hinder me

---

β *Gr.* from herself.   γ *Gr.* run away.

not, for the Lord has prospered my journey for me; send me away, that I may depart to my master. ⁵⁷And they said, Let us call the damsel, and enquire at her mouth. ⁵⁸And they called Rebecca, and said to her, Wilt thou go with this man? and she said, I will go. ⁵⁹So they sent forth Rebecca their sister, and her goods, and the servant of Abraam, and his attendants. ⁶⁰And they blessed Rebecca, and said to her, Thou art our sister; become thou thousands of myriads, and let thy seed possess the cities of their enemies. ⁶¹And Rebecca rose up and her maidens, and they mounted the camels and went with the man; and the servant having taken up Rebecca, departed.

⁶²And Isaac went through the wilderness to the well of the vision, and he dwelt in the land toward the south. ⁶³And Isaac went forth into the plain toward evening to meditate; and having lifted up his eyes, he saw camels coming. ⁶⁴And Rebecca lifted up her eyes, and saw Isaac; and she alighted briskly from the camel, ⁶⁵and said to the servant, Who is that man that walks in the plain to meet us? And the servant said, This is my master; and she took her veil and covered herself. ⁶⁶And the servant told Isaac all ᵝthat he had done. ⁶⁷And Isaac went into the house of his mother, and took Rebecca, and she became his wife, and he loved her; and Isaac was comforted for Sarrha his mother.

And Abraam again took a wife, whose name was Chettura. ²And she bore to him Zombran, and Jezan, and Madal, and Madiam, and Jesboc, and Soie. ³And Jezan begot Saba and Dedan. And the sons of Dedan were the Assurians and the Latusians, and Laomim. ⁴And the sons of Madiam were Gephar and Aphir, and Enoch, and Abeida, and Eldaga; all these were sons of Chettura. ⁵But Abraam gave all his possessions to Isaac his son. ⁶But to the sons of his concubines Abraam gave gifts, and he sent them away from his son Isaac, while he was yet living, to the east into the country of the east. ⁷And these were the years of the days of the life of Abraam as many as he lived, a hundred and seventy-five years. ⁸And Abraam failing died in a good old age, an old man and full of days, and was added to his people. ⁹And Isaac and Ismael his sons buried him in the double cave, in the field of Ephron the son of Saar the Chettite, which is over against Mambre: ¹⁰even the field and the cave which Abraam bought of the sons of Chet; there they buried Abraam and Sarrha his wife. ¹¹And it came to pass after Abraam was dead, that God blessed Isaac his son, and Isaac dwelt by the well of the vision. ¹²And these are the generations of Ismael the son of Abraam, whom Agar the Egyptian the hand-maid of Sarrha bore to Abraam. ¹³And these are the names of the sons of Ismael, according to the names of their generations. The firstborn of Ismael, Nabaioth, and Kedar, and Nabdeel, and Massam, ¹⁴and Masma, and Duma, and

κατέχετέ με· καὶ Κύριος εὐώδωσε τὴν ὁδόν μου ἐν ἐμοί· ἐκπέμ-ψατέ με, ἵνα ἀπέλθω πρὸς τὸν κύριόν μου. Οἱ δὲ εἶπαν, καλέ- 57 σωμεν τὴν παῖδα, καὶ ἐρωτήσωμεν τὸ στόμα αὐτῆς. Καὶ ἐκά- 58 λεσαν τὴν Ῥεβέκκαν, καὶ εἶπαν αὐτῇ, πορεύσῃ μετὰ τοῦ ἀνθρώπου τούτου; ἡ δὲ εἶπε, πορεύσομαι. Καὶ ἐξέπεμψαν 59 Ῥεβέκκαν τὴν ἀδελφὴν αὐτῶν, καὶ τὰ ὑπάρχοντα αὐτῆς, καὶ τὸν παῖδα τοῦ Ἀβραὰμ, καὶ τοὺς μετ᾽ αὐτοῦ. Καὶ εὐλόγησαν 60 Ῥεβέκκαν, καὶ εἶπαν αὐτῇ, ἀδελφὴ ἡμῶν εἶ, γίνου εἰς χιλιάδας μυριάδων, καὶ κληρονομησάτω τὸ σπέρμα σου τὰς πόλεις τῶν ὑπεναντίων. Ἀναστᾶσα δὲ Ῥεβέκκα καὶ αἱ ἄβραι αὐτῆς, ἐπέ- 61 βησαν ἐπὶ τὰς καμήλους, καὶ ἐπορεύθησαν μετὰ τοῦ ἀνθρώπου· καὶ ἀναλαβὼν ὁ παῖς τὴν Ῥεβέκκαν ἀπῆλθεν.

Ἰσαὰκ δὲ διεπορεύετο διὰ τῆς ἐρήμου κατὰ τὸ φρέαρ τῆς 62 ὁράσεως· αὐτὸς δὲ κατῴκει ἐν τῇ γῇ τῇ πρὸς Λίβα. Καὶ 63 ἐξῆλθεν Ἰσαὰκ ἀδολεσχῆσαι εἰς τὸ πεδίον τὸ πρὸς δείλης, καὶ ἀναβλέψας τοῖς ὀφθαλμοῖς αὐτοῦ εἶδε καμήλους ἐρχομένας. Καὶ ἀναβλέψασα Ῥεβέκκα τοῖς ὀφθαλμοῖς εἶδε τὸν Ἰσαάκ· καὶ 64 κατεπήδησεν ἀπὸ τῆς καμήλου. Καὶ εἶπε τῷ παιδὶ, τίς ἐστιν 65 ὁ ἄνθρωπος ἐκεῖνος ὁ πορευόμενος ἐν τῷ πεδίῳ εἰς συνάντησιν ἡμῖν; εἶπε δὲ ὁ παῖς, οὗτός ἐστιν ὁ κύριός μου· ἡ δὲ λαβοῦσα τὸ θέριστρον, περιεβάλετο. Καὶ διηγήσατο ὁ παῖς τῷ Ἰσαὰκ 66 πάντα τὰ ῥήματα, ἃ ἐποίησεν. Εἰσῆλθε δὲ Ἰσαὰκ εἰς τὸν 67 οἶκον τῆς μητρὸς αὐτοῦ, καὶ ἔλαβε τὴν Ῥεβέκκαν, καὶ ἐγένετο αὐτοῦ γυνή, καὶ ἠγάπησεν αὐτήν· καὶ παρεκλήθη Ἰσαὰκ περὶ Σάῤῥας τῆς μητρὸς αὐτοῦ.

Προσθέμενος δὲ Ἀβραὰμ ἔλαβε γυναῖκα, ᾗ ὄνομα Χεττούρα. 25 Ἔτεκε δὲ αὐτῷ τὸν Ζομβρὰν, καὶ τὸν Ἰεζὰν, καὶ τὸν Μαδὰλ, 2 καὶ τὸν Μαδιὰμ, καὶ τὸν Ἰεσβὼκ, καὶ τὸν Σωίε. Ἰεζὰν δὲ 3 ἐγέννησε τὸν Σαβὰ, καὶ τὸν Δεδάν· υἱοὶ δὲ Δεδὰν Ἀσσουριεὶμ, καὶ Λατουσιεὶμ, καὶ Λαωμείμ. Υἱοὶ δὲ Μαδιὰμ Γεφὰρ, καὶ 4 Ἀφεὶρ, καὶ Ἑνὼχ, καὶ Ἀβειδὰ, καὶ Ἐλδαγά· πάντες οὗτοι ἦσαν υἱοὶ Χεττούρας. Ἔδωκε δὲ Ἀβραὰμ πάντα τὰ ὑπάρχοντα 5 αὐτοῦ Ἰσαὰκ τῷ υἱῷ αὐτοῦ. Καὶ τοῖς υἱοῖς τῶν παλλακῶν 6 αὐτοῦ ἔδωκεν Ἀβραὰμ δόματα, καὶ ἐξαπέστειλεν αὐτοὺς ἀπὸ Ἰσαὰκ τοῦ υἱοῦ αὐτοῦ, ἔτι ζῶντος αὐτοῦ, πρὸς ἀνατολὰς εἰς γῆν ἀνατολῶν. Ταῦτα δὲ τὰ ἔτη ἡμερῶν τῆς ζωῆς Ἀβραὰμ ὅσα 7 ἔζησεν, ἑκατὸν ἑβδομηκονταπέντε ἔτη. Καὶ ἐκλείπων ἀπέθανεν 8 Ἀβραὰμ ἐν γήρᾳ καλῷ πρεσβύτης, καὶ πλήρης ἡμερῶν, καὶ προσετέθη πρὸς τὸν λαὸν αὐτοῦ. Καὶ ἔθαψαν αὐτὸν Ἰσαὰκ καὶ 9 Ἰσμαὴλ οἱ υἱοὶ αὐτοῦ εἰς τὸ σπήλαιον τὸ διπλοῦν, εἰς τὸν ἀγρὸν Ἐφρὼν τοῦ Σαὰρ τοῦ Χετταίου, ὅς ἐστιν ἀπέναντι Μαμβρῆ, τὸν ἀγρὸν καὶ τὸ σπήλαιον, ὃ ἐκτήσατο Ἀβραὰμ παρὰ τῶν 10 υἱῶν τοῦ Χέτ· ἐκεῖ ἔθαψαν Ἀβραὰμ, καὶ Σάῤῥαν τὴν γυναῖκα αὐτοῦ. Ἐγένετο δὲ μετὰ τὸ ἀποθανεῖν Ἀβραὰμ, εὐλόγησεν 11 ὁ Θεὸς τὸν Ἰσαὰκ υἱὸν αὐτοῦ· καὶ κατῴκησεν Ἰσαὰκ παρὰ τὸ φρέαρ τῆς ὁράσεως. Αὗται δὲ αἱ γενέσεις Ἰσμαὴλ τοῦ υἱοῦ 12 Ἀβραὰμ, ὃν ἔτεκεν Ἄγαρ ἡ Αἰγυπτία, ἡ παιδίσκη Σάῤῥας, τῷ Ἀβραάμ. Καὶ ταῦτα τὰ ὀνόματα τῶν υἱῶν Ἰσμαὴλ, κατ᾽ 13 ὀνόματα τῶν γενεῶν αὐτοῦ· πρωτότοκος Ἰσμαὴλ, καὶ Ναβαίωθ, καὶ Κηδὰρ, καὶ Ναβδεὴλ, καὶ Μασσὰμ, καὶ Μασμὰ, καὶ 14

ᵝ Lit. all the words which. *Hebraism.*

15 Δουμὰ, καὶ Μασσῆ, καὶ Χοδδὰν, καὶ Θαιμὰν, καὶ Ἰετοὺρ, καὶ
16 Ναφὲς, καὶ Κεδμά. Οὗτοί εἰσιν οἱ υἱοὶ Ἰσμαὴλ, καὶ ταῦτα τὰ ὀνόματα αὐτῶν ἐν ταῖς σκηναῖς αὐτῶν, καὶ ἐν ταῖς ἐπαύλεσιν
17 αὐτῶν· δώδεκα ἄρχοντες κατὰ ἔθνη αὐτῶν. Καὶ ταῦτα τὰ ἔτη τῆς ζωῆς Ἰσμαὴλ, ἑκατὸν τριακονταεπτὰ ἔτη· καὶ ἐκλείπων
18 ἀπέθανε, καὶ προσετέθη πρὸς τὸ γένος αὐτοῦ. Κατῴκησε δὲ ἀπὸ Εὐΐλὰτ ἕως Σοὺρ, ἥ ἐστι κατὰ πρόσωπον Αἰγύπτου ἕως ἐλθεῖν πρὸς Ἀσσυρίους· κατὰ πρόσωπον πάντων τῶν ἀδελφῶν αὐτοῦ κατῴκησε.
19 Καὶ αὗται αἱ γενέσεις Ἰσαὰκ τοῦ υἱοῦ Ἀβραάμ· Ἀβραὰμ
20 ἐγέννησε τὸν Ἰσαάκ. Ἦν δὲ Ἰσαὰκ ἐτῶν τεσσαράκοντα ὅτε ἔλαβε τὴν Ῥεβέκκαν θυγατέρα Βαθουὴλ τοῦ Σύρου ἐκ τῆς Μεσοποταμίας Συρίας, ἀδελφὴν Λάβαν τοῦ Σύρου, ἑαυτῷ
21 εἰς γυναῖκα. Ἐδέετο δὲ Ἰσαὰκ Κυρίου περὶ Ῥεβέκκας τῆς γυναικὸς αὐτοῦ, ὅτι στεῖρα ἦν· ἐπήκουσε δὲ αὐτοῦ ὁ Θεὸς, καὶ
22 συνέλαβεν ἐν γαστρὶ Ῥεβέκκα ἡ γυνὴ αὐτοῦ. Ἐσκίρτων δὲ τὰ παιδία ἐν αὐτῇ· εἶπε δὲ, εἰ οὕτω μοι μέλλει γίνεσθαι, ἵνα τί
23 μοι τοῦτο; ἐπορεύθη δὲ πυθέσθαι παρὰ Κυρίου. Καὶ εἶπε Κύριος αὐτῇ, δύο ἔθνη ἐν γαστρί σου εἰσὶ, καὶ δύο λαοὶ ἐκ τῆς κοιλίας σου διασταλήσονται· καὶ λαὸς λαοῦ ὑπερέξει, καὶ ὁ
24 μείζων δουλεύσει τῷ ἐλάσσονι. Καὶ ἐπληρώθησαν αἱ ἡμέραι τοῦ τεκεῖν αὐτήν· καὶ τῇδε ἦν δίδυμα ἐν τῇ κοιλίᾳ αὐτῆς.
25 Ἐξῆλθε δὲ ὁ πρωτότοκος πυρράκης· ὅλος, ὡσεὶ δορὰ, δασύς·
26 ἐπωνόμασε δὲ τὸ ὄνομα αὐτοῦ, Ἠσαῦ. Καὶ μετὰ τοῦτο ἐξῆλθεν ὁ ἀδελφὸς αὐτοῦ, καὶ ἡ χεὶρ αὐτοῦ ἐπειλημμένη τῆς πτέρνης Ἠσαῦ· καὶ ἐκάλεσε τὸ ὄνομα αὐτοῦ, Ἰακώβ. Ἰσαὰκ
27 δὲ ἦν ἐτῶν ἑξήκοντα, ὅτε ἔτεκεν αὐτοὺς Ῥεβέκκα. Ηὐξήθησαν δὲ οἱ νεανίσκοι· καὶ ἦν Ἠσαῦ ἄνθρωπος εἰδὼς κυνηγεῖν, ἄγροι-
28 κος· Ἰακὼβ δὲ ἄνθρωπος ἄπλαστος, οἰκῶν οἰκίαν. Ἠγάπησε δὲ Ἰσαὰκ τὸν Ἠσαῦ, ὅτι ἡ θήρα αὐτοῦ βρῶσις αὐτῷ· Ῥεβέκκα δὲ ἠγάπα τὸν Ἰακώβ.
29 Ἥψησε δὲ Ἰακὼβ ἕψημα· ἦλθε δὲ Ἠσαῦ ἐκ τοῦ πεδίου
30 ἐκλείπων. Καὶ εἶπεν Ἠσαῦ τῷ Ἰακὼβ, γεῦσόν με ἀπὸ τοῦ ἑψήματος πυρροῦ τούτου, ὅτι ἐκλείπω· διὰ τοῦτο ἐκλήθη τὸ
31 ὄνομα αὐτοῦ, Ἐδώμ. Εἶπε δὲ Ἰακὼβ τῷ Ἠσαῦ, ἀπόδου μοι
32 σήμερον τὰ πρωτοτόκιά σου ἐμοί. Καὶ εἶπεν Ἠσαῦ, ἰδοὺ ἐγὼ πορεύομαι τελευτᾶν· καὶ ἵνα τί μοι ταῦτα τὰ πρωτοτόκια;
33 Καὶ εἶπεν αὐτῷ Ἰακὼβ, ὄμοσόν μοι σήμερον· καὶ ὤμοσεν
34 αὐτῷ· ἀπέδοτο δὲ Ἠσαῦ τὰ πρωτοτόκια τῷ Ἰακώβ. Ἰακὼβ δὲ ἔδωκε τῷ Ἠσαῦ ἄρτον, καὶ ἕψημα φακοῦ· καὶ ἔφαγε καὶ ἔπιε, καὶ ἀναστὰς ᾤχετο· καὶ ἐφαύλισεν Ἠσαῦ τὰ πρωτο-τόκια.
26 Ἐγένετο δὲ λιμὸς ἐπὶ τῆς γῆς, χωρὶς τοῦ λιμοῦ τοῦ πρό-τερον, ὃς ἐγένετο ἐν τῷ καιρῷ τοῦ Ἀβραάμ· ἐπορεύθη δὲ Ἰσαὰκ
2 πρὸς Ἀβιμέλεχ βασιλέα Φυλιστιεὶμ εἰς Γέραρα. Ὤφθη δὲ αὐτῷ Κύριος, καὶ εἶπε, μὴ καταβῇς εἰς Αἴγυπτον· κατοίκησον
3 δὲ ἐν τῇ γῇ, ᾗ ἄν σοι εἴπω. Καὶ παροίκει ἐν τῇ γῇ ταύτῃ, καὶ ἔσομαι μετὰ σοῦ, καὶ εὐλογήσω σε· σοὶ γὰρ καὶ τῷ σπέρ-ματί σου δώσω πᾶσαν τὴν γῆν ταύτην· καὶ στήσω τὸν ὅρκον
4 μου, ὃν ὤμοσα τῷ Ἀβραὰμ τῷ πατρί σου. Καὶ πληθυνῶ τὸ

Masse, [15] and Choddan, and Thæman, and Jetur, and Naphes, and Kedma. [16] These are the sons of Ismael, and these are their names in their tents and in their dwellings, twelve princes according to their nations. [17] And these are the years of the life of Ismael, a hundred and thirty-seven years; and he failed and died, and was added to his [β] fathers. [18] And he dwelt from Evilat to Sur, which is opposite Egypt, until one comes to the Assyrians; he dwelt in the presence of all his brethren.'

[19] And these are the generations of Isaac the son of Abraam. [20] Abraam begot Isaac. And Isaac was forty years old when he took to wife Rebecca, daughter of Bathuel the Syrian, out of Syrian Mesopotamia, sister of Laban the Syrian. [21] And Isaac prayed the Lord concerning Rebecca his wife, because she was barren; and the Lord heard him, and his wife Rebecca conceived in her womb. [22] And the babes leaped within her; and she said, If it will be so with me, why is this to me? And she went to enquire of the Lord. [23] And the Lord said to her, There are two nations in thy womb, and two peoples shall be separated from thy belly, and one people shall excel the other, and the [γ] elder shall serve the younger. [24] And the days were fulfilled that she should be delivered, and she had twins in her womb. [25] And the first came out red, hairy all over like a skin; and she called his name Esau. [26] And after this came forth his brother, and his hand took hold of the heel of Esau; and she called his name Jacob. And Isaac was sixty years old when Rebecca bore them. [27] And the lads grew, and Esau was a man skilled in hunting, dwelling in the country, and Jacob a simple man, dwelling in a house. [28] And Isaac loved Esau, because his venison was his food, but Rebecca loved Jacob.

[29] And Jacob cooked pottage, and Esau came from the plain, fainting. [30] And Esau said to Jacob, Let me taste of that red pottage, because I am fainting; therefore his name was called Edom. [31] And Jacob said to Esau, Sell me this day thy birth-right. [32] And Esau said, Behold, I am going to die, and for what good does this birthright belong to me? [33] And Jacob said to him, Swear to me this day; and he swore to him; and Esau sold his birth-right to Jacob. [34] And Jacob gave bread to Esau, and pottage of lentiles; and he ate and drank, and he arose and departed; so Esau slighted his birthright.

And there was a famine in the land, besides the former famine, which was in the time of Abraam; and Isaac went to Abimelech the king of the Phylistines to Gerara. [2] And the Lord appeared to him and said, Go not down to Egypt, but dwell in the land, which I shall tell thee of. [3] And sojourn in this land; and I will be with thee, and bless thee; for I will give to thee and to thy seed all this land; and I will establish my oath which I swore to thy father Abraam. [4] And I will multiply

β Gr. family. γ Gr. the greater shall serve the less. Rom. 9. 12.

thy seed as the stars of heaven; and I will give to thy seed all this land, and all the nations of the earth shall be blest in thy seed. ⁵Because Abraam thy father hearkened to my voice, and kept my injunctions, and my commandments, and my ordinances, and my statutes. ⁶And Isaac dwelt in Gerara. ⁷And the men of the place questioned him concerning Rebecca his wife, and he said, She is my sister, for he feared to say, She is my wife, lest at any time the men of the place should slay him because of Rebecca, because she was β fair. ⁸And he remained there a long time, and Abimelech the king of Gerara leaned to look through the window, and saw Isaac sporting with Rebecca his wife. ⁹And Abimelech called Isaac, and said to him, Is she then thy wife? why hast thou said, She is my sister? And Isaac said to him, *I did so*, for I said, Lest at any time I die on her account. ¹⁰And Abimelech said to him, Why hast thou done this to us? one of my kindred γ within a little had lain with thy wife, and thou wouldest have brought *a sin of* ignorance upon us. ¹¹And Abimelech charged all his people, saying, Every man that touches this man and his wife shall be liable to death. ¹²And Isaac sowed in that land, and he found in that year barley an hundred-fold, and the Lord blessed him. ¹³And the man was exalted, and advancing he increased, till he became very great. ¹⁴And he had cattle of sheep, and cattle of oxen, and many tilled lands, and the Phylistines envied him. ¹⁵And all the wells which the servants of his father had dug in the time of his father, the Phylistines stopped them, and filled them with earth. ¹⁶And Abimelech said to Isaac, Depart from us, for thou art become much mightier than we. ¹⁷And Isaac departed thence, and rested in the valley of Gerara, and dwelt there.

¹⁸And Isaac dug again the wells of water, which the servants of his father Abraam had dug, and the Phylistines had stopped them, after the death of his father Abraam; and he gave them names, according to the names by which his father named them. ¹⁹And the servants of Isaac dug in the valley of Gerara, and they found there a well of living water. ²⁰And the shepherds of Gerara strove with the shepherds of Isaac, saying that the water was theirs; and they called the name of the well, Injury, for they injured him. ²¹And having departed thence he dug another well, and they strove also for that; and he named the name of it, Enmity. ²²And he departed thence and dug another well; and they did not strive about that; and he named the name of it, Room, saying, Because now the Lord has made room for us, and has increased us upon the earth.

²³And he went up thence to the well of the oath. ²⁴And the Lord appeared to him in that night, and said, I am the God of Abraam thy father; fear not, for I am with thee, and I will bless thee, and multiply thy seed for the sake of Abraam thy father. ²⁵And he built there an altar,

σπέρμα σου, ὡς τοὺς ἀστέρας τοῦ οὐρανοῦ· καὶ δώσω τῷ σπέρματί σου πᾶσαν τὴν γῆν ταύτην· καὶ εὐλογηθήσονται ἐν τῷ σπέρματί σου πάντα τὰ ἔθνη τῆς γῆς. Ἀνθ ὧν ὑπήκουσεν 5 Ἀβραὰμ ὁ πατήρ σου τῆς ἐμῆς φωνῆς, καὶ ἐφύλαξε τὰ προστάγματά μου, καὶ τὰς ἐντολάς μου, καὶ τὰ δικαιώματά μου, καὶ τὰ νόμιμά μου. Κατῴκησε δὲ Ἰσαὰκ ἐν Γεράροις. 6 Ἐπηρώτησαν δὲ οἱ ἄνδρες τοῦ τόπου περὶ Ῥεβέκκας τῆς γυναικὸς 7 αὐτοῦ, καὶ εἶπεν, ἀδελφή μου ἐστίν· ἐφοβήθη γὰρ εἰπεῖν, ὅτι γυνή μου ἐστί, μή ποτε ἀποκτείνωσιν αὐτὸν οἱ ἄνδρες τοῦ τόπου περὶ Ῥεβέκκας, ὅτι ὡραία τῇ ὄψει ἦν. Ἐγένετο δὲ πολυ- 8 χρόνιος ἐκεῖ· καὶ παρακύψας Ἀβιμέλεχ ὁ βασιλεὺς Γεράρων διὰ τῆς θυρίδος, εἶδε τὸν Ἰσαὰκ παίζοντα μετὰ Ῥεβέκκας τῆς γυναικὸς αὐτοῦ. Ἐκάλεσε δὲ Ἀβιμέλεχ τὸν Ἰσαάκ, καὶ εἶπεν 9 αὐτῷ, ἆρά γε γυνή σου ἐστί; τί ὅτι εἶπας, ἀδελφή μου ἐστίν; εἶπε δὲ αὐτῷ Ἰσαὰκ, εἶπα γὰρ, μή ποτε ἀποθάνω δι᾽ αὐτήν. Εἶπε δὲ αὐτῷ Ἀβιμέλεχ, τί τοῦτο ἐποίησας ἡμῖν; μικροῦ 10 ἐκοιμήθη τις ἐκ τοῦ γένους μου μετὰ τῆς γυναικός σου, καὶ ἐπήγαγες ἂν ἐφ᾽ ἡμᾶς ἄγνοιαν. Συνέταξε δὲ Ἀβιμέλεχ παντὶ 11 τῷ λαῷ αὐτοῦ, λέγων, πᾶς ὁ ἁψάμενος τοῦ ἀνθρώπου τούτου καὶ τῆς γυναικὸς αὐτοῦ, θανάτῳ ἔνοχος ἔσται. Ἔσπειρε δὲ 12 Ἰσαὰκ ἐν τῇ γῇ ἐκείνῃ, καὶ εὗρεν ἐν τῷ ἐνιαυτῷ ἐκείνῳ ἑκατοστεύουσαν κριθήν· εὐλόγησε δὲ αὐτὸν Κύριος. Καὶ ὑψώθη ὁ 13 ἄνθρωπος, καὶ προβαίνων μείζων ἐγένετο, ἕως οὗ μέγας ἐγένετο σφόδρα. Ἐγένετο δὲ αὐτῷ κτήνη προβάτων, καὶ κτήνη βοῶν, 14 καὶ γεώργια πολλά· ἐζήλωσαν δὲ αὐτὸν οἱ Φυλιστιείμ. Καὶ 15 πάντα τὰ φρέατα, ἃ ὤρυξαν οἱ παῖδες τοῦ πατρὸς αὐτοῦ ἐν τῷ χρόνῳ τοῦ πατρὸς αὐτοῦ, ἐνέφραξαν αὐτὰ οἱ Φυλιστιείμ, καὶ ἔπλησαν αὐτὰ γῆς. Εἶπε δὲ Ἀβιμέλεχ πρὸς Ἰσαὰκ, ἄπελθε 16 ἀφ᾽ ἡμῶν, ὅτι δυνατώτερος ἡμῶν ἐγένου σφόδρα. Καὶ ἀπῆλθεν 17 ἐκεῖθεν Ἰσαάκ· καὶ κατέλυσεν ἐν τῇ φάραγγι Γεράρων, καὶ κατῴκησεν ἐκεῖ.

Καὶ πάλιν Ἰσαὰκ ὤρυξε τὰ φρέατα τοῦ ὕδατος, ἃ ὤρυξαν οἱ 18 παῖδες Ἀβραὰμ τοῦ πατρὸς αὐτοῦ, καὶ ἐνέφραξαν αὐτὰ οἱ Φυλιστιείμ μετὰ τὸ ἀποθανεῖν Ἀβραὰμ τὸν πατέρα αὐτοῦ· καὶ ἐπωνόμασεν αὐτοῖς ὀνόματα κατὰ τὰ ὀνόματα, ἃ ὠνόμασεν ὁ πατὴρ αὐτοῦ. Καὶ ὤρυξαν οἱ παῖδες Ἰσαὰκ ἐν τῇ φάραγγι 19 Γεράρων· καὶ εὗρον ἐκεῖ φρέαρ ὕδατος ζῶντος. Καὶ ἐμαχέ- 20 σαντο οἱ ποιμένες Γεράρων μετὰ τῶν ποιμένων Ἰσαάκ, φάσκοντες αὐτῶν εἶναι τὸ ὕδωρ· καὶ ἐκάλεσαν τὸ ὄνομα τοῦ φρέατος, Ἀδικία· ἠδίκησαν γὰρ αὐτόν. Ἀπάρας δὲ ἐκεῖθεν ὤρυξε φρέαρ 21 ἕτερον· ἐκρίνοντο δὲ καὶ περὶ ἐκείνου· καὶ ἐπωνόμασε τὸ ὄνομα αὐτοῦ, Ἐχθρία. Ἀπάρας δὲ ἐκεῖθεν ὤρυξε φρέαρ ἕτε- 22 ρον· καὶ οὐκ ἐμαχέσαντο περὶ αὐτοῦ· καὶ ἐπωνόμασε τὸ ὄνομα αὐτοῦ, Εὐρυχωρία, λέγων, διότι νῦν ἐπλάτυνε Κύριος ἡμῖν, καὶ ηὔξησεν ἡμᾶς ἐπὶ τῆς γῆς.

Ἀνέβη δὲ ἐκεῖθεν ἐπὶ τὸ φρέαρ τοῦ ὅρκου. Καὶ ὤφθη 23, 24 αὐτῷ Κύριος ἐν τῇ νυκτὶ ἐκείνῃ, καὶ εἶπεν, ἐγώ εἰμι ὁ Θεὸς Ἀβραὰμ τοῦ πατρός σου· μὴ φοβοῦ, μετὰ σοῦ γάρ εἰμι, καὶ εὐλογήσω σε, καὶ πληθυνῶ τὸ σπέρμα σου δι᾽ Ἀβραὰμ τὸν πατέρα σου. Καὶ ᾠκοδόμησεν ἐκεῖ θυσιαστήριον, καὶ ἐπεκάλε- 25

β *Gr.* fair of countenance.　　γ *q. d.* had almost.

σατο τὸ ὄνομα Κυρίου, καὶ ἔπηξεν ἐκεῖ τὴν σκηνὴν αὐτοῦ·
ὤρυξαν δὲ ἐκεῖ οἱ παῖδες Ἰσαὰκ φρέαρ ἐν τῇ φάραγγι Γεράρων.
26 Καὶ Ἀβιμέλεχ ἐπορεύθη πρὸς αὐτὸν ἀπὸ Γεράρων, καὶ Ὀχοζὰθ
ὁ νυμφαγωγὸς αὐτοῦ, καὶ Φιχὼλ ὁ ἀρχιστράτηγος τῆς δυνά-
27 μεως αὐτοῦ.   Καὶ εἶπεν αὐτοῖς Ἰσαάκ, ἵνα τί ἤλθετε πρός με;
28 ὑμεῖς δὲ ἐμισήσατέ με, καὶ ἐξαπεστείλατέ με ἀφ᾽ ὑμῶν.   Οἱ
δὲ εἶπαν, ἰδόντες ἑωράκαμεν ὅτι ἦν Κύριος μετὰ σοῦ· καὶ
εἴπαμεν, γενέσθω ἀρὰ ἀνὰ μέσον ἡμῶν καὶ ἀνὰ μέσον σου, καὶ
29 διαθησόμεθα μετὰ σοῦ διαθήκην, Μὴ ποιῆσαι μεθ᾽ ἡμῶν κακόν,
καθότι οὐκ ἐβδελυξάμεθά σε ἡμεῖς, καὶ ὃν τρόπον ἐχρησάμεθά
σοι καλῶς, καὶ ἐξαπεστείλαμέν σε μετ᾽ εἰρήνης· καὶ νῦν εὐλογη-
30 μένος σὺ ὑπὸ Κυρίου.   Καὶ ἐποίησεν αὐτοῖς δοχήν, καὶ
31 ἔφαγον καὶ ἔπιον.   Καὶ ἀναστάντες τὸ πρωὶ, ὤμοσεν ἕκαστος
τῷ πλησίον· καὶ ἐξαπέστειλεν αὐτοὺς Ἰσαάκ· καὶ ἀπῴχοντο
32 ἀπ᾽ αὐτοῦ μετὰ σωτηρίας.   Ἐγένετο δὲ ἐν τῇ ἡμέρᾳ ἐκείνῃ, καὶ
παραγενόμενοι οἱ παῖδες Ἰσαὰκ ἀπήγγειλαν αὐτῷ περὶ τοῦ
33 φρέατος οὗ ὤρυξαν, καὶ εἶπαν, οὐχ εὕρομεν ὕδωρ.   Καὶ
ἐκάλεσεν αὐτό, Ὅρκος· διὰ τοῦτο ἐκάλεσεν ὄνομα τῇ πόλει
ἐκείνῃ, Φρέαρ Ὅρκου, ἕως τῆς σήμερον ἡμέρας.

34 Ἦν δὲ Ἡσαῦ ἐτῶν τεσσαράκοντα, καὶ ἔλαβε γυναῖκα
Ἰουδὶθ, θυγατέρα Βεὼχ τοῦ Χετταίου, καὶ τὴν Βασεμὰθ,
35 θυγατέρα Ἑλὼν Χετταίου.   Καὶ ἦσαν ἐρίζουσαι τῷ Ἰσαὰκ
καὶ τῇ Ῥεβέκκᾳ.

27 Ἐγένετο δὲ μετὰ τὸ γηράσαι τὸν Ἰσαάκ, καὶ ἠμβλύνθησαν
οἱ ὀφθαλμοὶ αὐτοῦ τοῦ ὁρᾶν, καὶ ἐκάλεσεν Ἡσαῦ τὸν υἱὸν
αὐτοῦ τὸν πρεσβύτερον, καὶ εἶπεν αὐτῷ, υἱέ μου· καὶ εἶπεν,
2 ἰδοὺ ἐγώ.   Καὶ εἶπεν, ἰδοὺ γεγήρακα, καὶ οὐ γινώσκω τὴν
3 ἡμέραν τῆς τελευτῆς μου.   Νῦν οὖν λάβε τὸ σκεῦός σου, τήν
τε φαρέτραν, καὶ τὸ τόξον, καὶ ἔξελθε εἰς τὸ πεδίον, καὶ
4 θήρευσόν μοι θήραν.   Καὶ ποίησόν μοι ἐδέσματα, ὡς φιλῶ
ἐγὼ, καὶ ἔνεγκέ μοι, ἵνα φάγω, ὅπως εὐλογήσῃ σε ἡ ψυχή μου
5 πρὶν ἀποθανεῖν με.   Ῥεβέκκα δὲ ἤκουσε λαλοῦντος Ἰσαὰκ
πρὸς Ἡσαῦ τὸν υἱὸν αὐτοῦ· ἐπορεύθη δὲ Ἡσαῦ εἰς τὸ πεδίον
6 θηρεῦσαι θήραν τῷ πατρὶ αὐτοῦ.   Ῥεβέκκα δὲ εἶπε πρὸς τὸν
Ἰακὼβ τὸν υἱὸν αὐτῆς τὸν ἐλάσσω, ἴδε, ἤκουσα τοῦ πατρός σου
7 λαλοῦντος πρὸς Ἡσαῦ τὸν ἀδελφόν σου, λέγοντος, Ἔνεγκόν
μοι θήραν, καὶ ποίησόν μοι ἐδέσματα, ἵνα φαγὼν εὐλογήσω σε
8 ἐναντίον Κυρίου πρὸ τοῦ ἀποθανεῖν με.   Νῦν οὖν, υἱέ μου,
9 ἄκουσόν μου, καθὰ ἐγώ σοι ἐντέλλομαι.   Καὶ πορευθεὶς εἰς τὰ
πρόβατα, λάβε μοι ἐκεῖθεν δύο ἐρίφους ἁπαλοὺς καὶ καλούς,
10 καὶ ποιήσω αὐτοὺς ἐδέσματα τῷ πατρί σου, ὡς φιλεῖ.   Καὶ
εἰσοίσεις τῷ πατρί σου, καὶ φάγεται, ὅπως εὐλογήσῃ σε ὁ
11 πατήρ σου πρὸ τοῦ ἀποθανεῖν αὐτόν.   Εἶπε δὲ Ἰακὼβ πρὸς
Ῥεβέκκαν τὴν μητέρα αὐτοῦ, ἔστιν Ἡσαῦ ὁ ἀδελφός μου ἀνὴρ
12 δασὺς, ἐγὼ δὲ ἀνὴρ λεῖος.   Μή ποτε ψηλαφήσῃ με ὁ πατήρ,
καὶ ἔσομαι ἐναντίον αὐτοῦ ὡς καταφρονῶν, καὶ ἐπάξω ἐπ᾽
13 ἐμαυτὸν κατάραν, καὶ οὐκ εὐλογίαν.   Εἶπε δὲ αὐτῷ ἡ μήτηρ,
ἐπ᾽ ἐμὲ ἡ κατάρα σου, τέκνον· μόνον ἐπάκουσόν μου τῆς
14 φωνῆς, καὶ πορευθεὶς ἔνεγκέ μοι.   Πορευθεὶς δὲ ἔλαβε, καὶ

and called on the name of the Lord, and
there he pitched his tent, and there the
servants of Isaac dug a well in the valley
of Gerara. ²⁶And Abimelech came to him
from Gerara, and so did Ochozath his
β friend, and Phichol the commander-in-
chief of his army. ²⁷And Isaac said to
them, Wherefore have ye come to me?
whereas ye hated me, and sent me away
from you. ²⁸And they said, We have surely
seen that the Lord was with thee, and
we said, Let there be an oath between
us and thee, and we will make a covenant
with thee, ²⁹that thou shalt do no wrong
by us, as we have not abhorred thee, and
according as we have treated thee well,
and have sent thee forth peaceably; and
now thou art blessed of the Lord. ³⁰And
he made a feast for them, and they ate
and drank. ³¹And they arose in the morn-
ing, and swore each to his neighbour; and
Isaac sent them forth, and they departed
from him in safety. ³²And it came to pass
in that day, that the servants of Isaac
came and told him of the well which
they had dug; and they said, We have
not found water. ³³And he called it, Oath:
therefore he called the name of that city,
the Well of Oath, until this day.

³⁴And Esau was forty years old; and
he took to wife Judith the daughter of
Beoch the Chettite, and Basemath, daugh-
ter of Helon the γ Chettite. ³⁵And they
were provoking to Isaac and Rebecca.

And it came to pass after Isaac was old,
that his eyes were dimmed so that he could
not see; and he called Esau, his elder son,
and said to him, My son; and he said, Be-
hold, I *am here.* ²And he said, Behold, I am
grown old, and know not the day of my
death. ³Now then take thy weapons, both
thy quiver and thy bow, and go into the
plain, and get me venison, ⁴and make me
meats, as I like them, and bring them to me
that I may eat, that my soul may bless thee,
before I die. ⁵And Rebecca heard Isaac
speaking to Esau his son; and Esau went to
the plain to procure venison for his father.
⁶And Rebecca said to Jacob her younger
son, Behold, I heard thy father speaking to
Esau thy brother, saying, ⁷Bring me venison,
and prepare me meats, that I may eat and
bless thee before the Lord before I die.
⁸Now then, my son, hearken to me, as I
command thee. ⁹And go to the cattle and
take for me thence two kids, tender and.
good, and I will make them meats for thy
father, as he likes. ¹⁰And thou shalt bring
them in to thy father, and he shall eat, that
thy father may bless thee before he dies.
¹¹And Jacob said to his mother Rebecca,
Esau my brother is a hairy man, and I a
smooth man. ¹²Peradventure my father
may feel me, and I shall be before him as
one ill-intentioned, and I shall bring upon
me a curse, and not a blessing. ¹³And his
mother said to him, On me be thy curse,
son; only hearken to my voice, and go and
bring *them* me. ¹⁴So he went and took and

β *Gr.* νυμφαγωγός.   *q. d.* he that gives away in marriage.   γ *Alex.* Hivite.

brought them to his mother; and his mother made meats, as his father liked *them*.

15 And Rebecca having taken the fine raiment of her elder son Esau which was with her in the house, put it on Jacob her younger son. 16 And she put on his arms the skins of the kids, and on the bare parts of his neck. 17 And she gave the meats, and the loaves which she had prepared, into the hands of Jacob her son. 18 And he brought *them* to his father, and said, Father; and he said, Behold I *am here*; who art thou, son? 19 And Jacob said to his father, I, Esau thy first-born, have done as thou toldest me; rise, sit, and eat of my venison, that thy soul may bless me. 20 And Isaac said to his son, What is this which thou hast quickly found? And he said, That which the Lord thy God presented before me. 21 And Isaac said to Jacob, Draw nigh to me, and I will feel thee, son, if thou art my son Esau or not. 22 And Jacob drew nigh to his father Isaac, and he felt him, and said, The voice *is* Jacob's voice, but the hands *are* the hands of Esau. 23 And he knew him not, for his hands were as the hands of his brother Esau, hairy; and he blessed him, 24 and he said, Art thou my son Esau? and he said, I *am*. 25 And he said, Bring hither, and I will eat of thy venison, son, that my soul may bless thee; and he brought *it* near to him, and he ate, and he brought him wine, and he drank. 26 And Isaac his father said to him, Draw nigh to me, and kiss me, son. 27 And he drew nigh and kissed him, and smelled the smell of his garments, and blessed him, and said, Behold, the smell of my son is as the smell of an abundant field, which the Lord has blessed. 28 And may God give thee of the dew of heaven, and of the fatness of the earth, and abundance of corn and wine. 29 And let nations serve thee, and princes bow down to thee, and be thou lord of thy brother, and the sons of thy father shall do thee reverence; accursed is he that curses thee, and blessed is he that blesses thee.

30 And it came to pass after Isaac had ceased blessing his son Jacob, it even came to pass, just when Jacob had gone out from the presence of Isaac his father, that Esau his brother came in from his hunting. 31 And he also had made meats and brought them to his father; and he said to his father, Let my father arise and eat of his son's venison, that thy soul may bless me. 32 And Isaac his father said to him, Who art thou? And he said, I am thy first-born son Esau. 33 And Isaac was amazed with very great amazement, and said, Who then is it that has procured venison for me and brought it to me? and I have eaten of all before thou camest, and I have blessed him, and he shall be blessed. 34 And it came to pass when Esau heard the words of his father Isaac, he cried out with a great and very bitter cry, and said, Bless, I pray thee, me also, father. 35 And he said to him, Thy brother has come with subtlety, and taken thy blessing. 36 And he said, Rightly was his name called Jacob, for lo! this second time has he supplanted me; he has both taken my birthright, and now he has taken my blessing; and Esau said to his father, Hast

ἤνεγκε τῇ μητρί· καὶ ἐποίησεν ἡ μήτηρ αὐτοῦ ἐδέσματα, καθὰ 14 ἐφίλει ὁ πατὴρ αὐτοῦ.

Καὶ λαβοῦσα Ῥεβέκκα τὴν στολὴν Ἡσαῦ τοῦ υἱοῦ αὐτῆς 15 τοῦ πρεσβυτέρου τὴν καλὴν, ἣ ἦν παρ' αὐτῇ ἐν τῷ οἴκῳ, ἐνέδυσεν αὐτὴν Ἰακὼβ τὸν υἱὸν αὐτῆς τὸν νεώτερον. Καὶ τὰ 16 δέρματα τῶν ἐρίφων περιέθηκεν ἐπὶ τοὺς βραχίονας αὐτοῦ, καὶ ἐπὶ τὰ γυμνὰ τοῦ τραχήλου αὐτοῦ. Καὶ ἔδωκε τὰ ἐδέσματα, 17 καὶ τοὺς ἄρτους οὓς ἐποίησεν, εἰς τὰς χεῖρας Ἰακὼβ τοῦ υἱοῦ αὐτῆς. Καὶ εἰσήνεγκε τῷ πατρὶ αὐτοῦ· εἶπε δὲ, πάτερ· ὁ δὲ 18 εἶπεν, ἰδοὺ ἐγώ· τίς εἶ σὺ, τέκνον; Καὶ εἶπεν Ἰακὼβ τῷ πατρὶ, 19 ἐγὼ Ἡσαῦ ὁ πρωτότοκός σου πεποίηκα καθὰ ἐλάλησάς μοι· ἀναστὰς κάθισον, καὶ φάγε ἀπὸ τῆς θήρας μου, ὅπως εὐλογήσῃ με ἡ ψυχή σου. Εἶπε δὲ Ἰσαὰκ τῷ υἱῷ αὐτοῦ, τί τοῦτο, ὃ 20 ταχὺ εὖρες, ὦ τέκνον; ὁ δὲ εἶπεν, ὃ παρέδωκε Κύριος ὁ Θεός σου ἐναντίον μου. Εἶπε δὲ Ἰσαὰκ τῷ Ἰακὼβ, ἔγγισόν μοι, 21 καὶ ψηλαφήσω σε, τέκνον, εἰ σὺ εἶ ὁ υἱός μου Ἡσαῦ, ἢ οὔ. Ἤγγισε δὲ Ἰακὼβ πρὸς Ἰσαὰκ τὸν πατέρα αὐτοῦ· καὶ ἐψηλά- 22 φησεν αὐτὸν, καὶ εἶπεν, ἡ μὲν φωνὴ, φωνὴ Ἰακὼβ, αἱ δὲ χεῖρες, χεῖρες Ἡσαῦ. Καὶ οὐκ ἐπέγνω αὐτὸν, ἦσαν γὰρ αἱ χεῖρες 23 αὐτοῦ, ὡς αἱ χεῖρες Ἡσαῦ τοῦ ἀδελφοῦ αὐτοῦ, δασεῖαι· καὶ εὐλόγησεν αὐτόν, καὶ εἶπε, σὺ εἶ ὁ υἱός μου Ἡσαῦ; ὁ δὲ 24 εἶπεν, ἐγώ. Καὶ εἶπε, προσάγαγέ μοι, καὶ φάγομαι ἀπὸ τῆς 25 θήρας σου, τέκνον, ἵνα εὐλογήσῃ σε ἡ ψυχή μου· καὶ προσήνεγ-κεν αὐτῷ, καὶ ἔφαγε· καὶ εἰσήνεγκεν αὐτῷ οἶνον, καὶ ἔπιε. Καὶ εἶπεν αὐτῷ Ἰσαὰκ ὁ πατὴρ αὐτοῦ, ἔγγισόν μοι, καὶ φίλη- 26 σόν με, τέκνον. Καὶ ἐγγίσας ἐφίλησεν αὐτόν· καὶ ὠσφράνθη 27 τὴν ὀσμὴν τῶν ἱματίων αὐτοῦ, καὶ εὐλόγησεν αὐτὸν, καὶ εἶπεν, ἰδοὺ ὀσμὴ τοῦ υἱοῦ μου, ὡς ὀσμὴ ἀγροῦ πλήρους, ὃν εὐλόγησε Κύριος. Καὶ δῴη σοι ὁ Θεὸς ἀπὸ τῆς δρόσου τοῦ οὐρανοῦ, καὶ 28 ἀπὸ τῆς πιότητος τῆς γῆς, καὶ πλῆθος σίτου καὶ οἴνου. Καὶ 29 δουλευσάτωσάν σοι ἔθνη, καὶ προσκυνησάτωσάν σοι ἄρχοντες· καὶ γίνου κύριος τοῦ ἀδελφοῦ σου, καὶ προσκυνήσουσί σοι οἱ υἱοὶ τοῦ πατρός σου· ὁ καταρώμενός σε, ἐπικατάρατος· ὁ δὲ εὐλογῶν σε, εὐλογημένος.

Καὶ ἐγένετο μετὰ τὸ παύσασθαι Ἰσαὰκ εὐλογοῦντα Ἰακὼβ 30 τὸν υἱὸν αὐτοῦ, καὶ ἐγένετο, ὡς ἂν ἐξῆλθεν Ἰακὼβ ἀπὸ προσώ-που Ἰσαὰκ τοῦ πατρὸς αὐτοῦ, καὶ Ἡσαῦ ὁ ἀδελφὸς αὐτοῦ ἦλθεν ἀπὸ τῆς θήρας. Καὶ ἐποίησε καὶ αὐτὸς ἐδέσματα, καὶ προσή- 31 νεγκε τῷ πατρὶ αὐτοῦ· καὶ εἶπε τῷ πατρὶ, ἀναστήτω ὁ πατήρ μου, καὶ φαγέτω ἀπὸ τῆς θήρας τοῦ υἱοῦ αὐτοῦ, ὅπως εὐλογήσῃ με ἡ ψυχή σου. Καὶ εἶπεν αὐτῷ Ἰσαὰκ ὁ πατὴρ αὐτοῦ, τίς εἶ 32 σύ; ὁ δὲ εἶπεν, ἐγώ εἰμι ὁ υἱός σου ὁ πρωτότοκος Ἡσαῦ. Ἐξέστη δὲ Ἰσαὰκ ἔκστασιν μεγάλην σφόδρα, καὶ εἶπε, τίς οὖν 33 ὁ θηρεύσας μοι θήραν καὶ εἰσενέγκας μοι, καὶ ἔφαγον ἀπὸ πάντων πρὸ τοῦ ἐλθεῖν σε; καὶ εὐλόγησα αὐτὸν, καὶ εὐλο-γημένος ἔσται. Ἐγένετο δὲ ἡνίκα ἤκουσεν Ἡσαῦ τὰ ῥήματα 34 τοῦ πατρὸς αὐτοῦ Ἰσαὰκ, ἀνεβόησε φωνὴν μεγάλην καὶ πικρὰν σφόδρα· καὶ εἶπεν, εὐλόγησον δὴ κἀμὲ, πάτερ. Εἶπε δὲ αὐτῷ, 35 ἐλθὼν ὁ ἀδελφός σου μετὰ δόλου ἔλαβε τὴν εὐλογίαν σου. Καὶ εἶπε, δικαίως ἐκλήθη τὸ ὄνομα αὐτοῦ Ἰακὼβ, ἐπτέρνικε 36 γάρ με ἰδοὺ δεύτερον τοῦτο· τά τε πρωτοτόκιά μου εἴληφε, καὶ

νῦν ἔλαβε τὴν εὐλογίαν μου· καὶ εἶπεν Ἡσαῦ τῷ πατρὶ αὐτοῦ,
37 οὐχ ὑπελίπου μοι εὐλογίαν, πάτερ; Ἀποκριθεὶς δὲ Ἰσαὰκ εἶπε
τῷ Ἡσαῦ, εἰ κύριον αὐτὸν πεποίηκά σου, καὶ πάντας τοὺς
ἀδελφοὺς αὐτοῦ πεποίηκα αὐτοῦ οἰκέτας· σίτῳ καὶ οἴνῳ ἐστήριξα
38 αὐτόν· σοὶ δὲ τί ποιήσω, τέκνον; Εἶπε δὲ Ἡσαῦ πρὸς τὸν
πατέρα αὐτοῦ, μὴ εὐλογία μία σοι ἐστι, πάτερ; εὐλόγησον δὴ
κἀμὲ, πάτερ· κατανυχθέντος δὲ Ἰσαὰκ, ἀνεβόησε φωνῇ Ἡσαῦ,
39 καὶ ἔκλαυσεν. Ἀποκριθεὶς δὲ Ἰσαὰκ ὁ πατὴρ αὐτοῦ εἶπεν
αὐτῷ, ἰδοὺ ἀπὸ τῆς πιότητος τῆς γῆς ἔσται ἡ κατοίκησίς σου,
40 καὶ ἀπὸ τῆς δρόσου τοῦ οὐρανοῦ ἄνωθεν. Καὶ ἐπὶ τῇ μαχαίρᾳ
σου ζήσῃ, καὶ τῷ ἀδελφῷ σου δουλεύσεις· ἔσται δὲ ἡνίκα ἐὰν
καθέλῃς καὶ ἐκλύσῃς τὸν ζυγὸν αὐτοῦ ἀπὸ τοῦ τραχήλου σου.

41 Καὶ ἐνεκότει Ἡσαῦ τῷ Ἰακὼβ περὶ τῆς εὐλογίας, ἧς εὐλόγη-
σεν αὐτὸν ὁ πατὴρ αὐτοῦ· εἶπε δὲ Ἡσαῦ ἐν τῇ διανοίᾳ αὐτοῦ,
ἐγγισάτωσαν αἱ ἡμέραι τοῦ πένθους τοῦ πατρός μου, ἵνα
42 ἀποκτείνω Ἰακὼβ τὸν ἀδελφόν μου. Ἀπηγγέλη δὲ Ῥεβέκκᾳ
τὰ ῥήματα Ἡσαῦ τοῦ υἱοῦ αὐτῆς τοῦ πρεσβυτέρου· καὶ πέμψασα
ἐκάλεσεν Ἰακὼβ τὸν υἱὸν αὐτῆς τὸν νεώτερον, καὶ εἶπεν αὐτῷ,
43 ἰδοὺ Ἡσαῦ ὁ ἀδελφός σου ἀπειλεῖ σοι τοῦ ἀποκτεῖναί σε. Νῦν
οὖν, τέκνον, ἄκουσόν μου τῆς φωνῆς, καὶ ἀναστὰς ἀπόδραθι εἰς
τὴν Μεσοποταμίαν πρὸς Λάβαν τὸν ἀδελφόν μου εἰς Χαρράν.
44 Καὶ οἴκησον μετ᾽ αὐτοῦ ἡμέρας τινάς, ἕως τοῦ ἀποστρέψαι τὸν
45 θυμόν, καὶ τὴν ὀργὴν τοῦ ἀδελφοῦ σου ἀπὸ σοῦ, καὶ ἐπιλάθη-
ται ἃ πεποίηκας αὐτῷ· καὶ ἀποστείλασα μεταπέμψομαί σε
ἐκεῖθεν, μή ποτε ἀποτεκνωθῶ ἀπὸ τῶν δύο ὑμῶν ἐν ἡμέρᾳ μιᾷ.
46 Εἶπε δὲ Ῥεβέκκα πρὸς Ἰσαάκ, προσώχθικα τῇ ζωῇ μου διὰ τὰς
θυγατέρας τῶν υἱῶν Χέτ· εἰ λήψεται Ἰακὼβ γυναῖκα ἀπὸ τῶν
θυγατέρων τῆς γῆς ταύτης, ἵνα τί μοι τὸ ζῆν;

28 Προσκαλεσάμενος δὲ Ἰσαὰκ τὸν Ἰακώβ, εὐλόγησεν αὐτόν,
καὶ ἐνετείλατο αὐτῷ, λέγων, οὐ λήψῃ γυναῖκα ἐκ τῶν θυγατέρων
2 τῶν Χαναναίων. Ἀναστὰς ἀπόδραθι εἰς τὴν Μεσοποταμίαν, εἰς
τὸν οἶκον Βαθουὴλ τοῦ πατρὸς τῆς μητρός σου, καὶ λάβε σεαυτῷ
ἐκεῖθεν γυναῖκα ἐκ τῶν θυγατέρων Λάβαν τοῦ ἀδελφοῦ τῆς
3 μητρός σου. Ὁ δὲ Θεός μου εὐλογήσαι σε, καὶ αὐξήσαι σε,
4 καὶ πληθύναι σε· καὶ ἔσῃ εἰς συναγωγὰς ἐθνῶν. Καὶ δῴη σοι
τὴν εὐλογίαν Ἀβραὰμ τοῦ πατρός μου, σοὶ καὶ τῷ σπέρματί σου
μετὰ σέ, κληρονομῆσαι τὴν γῆν τῆς παροικήσεώς σου, ἣν ἔδωκεν
5 ὁ Θεὸς τῷ Ἀβραάμ. Καὶ ἀπέστειλεν Ἰσαὰκ τὸν Ἰακώβ· καὶ
ἐπορεύθη εἰς τὴν Μεσοποταμίαν πρὸς Λάβαν τὸν υἱὸν Βαθουὴλ
τοῦ Σύρου, ἀδελφὸν Ῥεβέκκας τῆς μητρὸς Ἰακὼβ καὶ Ἡσαῦ.
6 Ἴδε δὲ Ἡσαῦ ὅτι εὐλόγησεν Ἰσαὰκ τὸν Ἰακώβ, καὶ ἀπέστει-
λεν εἰς τὴν Μεσοποταμίαν Συρίας, λαβεῖν ἑαυτῷ γυναῖκα ἐκεῖθεν,
ἐν τῷ εὐλογεῖν αὐτόν· καὶ ἐνετείλατο αὐτῷ, λέγων, οὐ λήψῃ
7 γυναῖκα ἐκ τῶν θυγατέρων τῶν Χαναναίων. Καὶ ἤκουσεν
Ἰακὼβ τοῦ πατρὸς καὶ τῆς μητρὸς αὐτοῦ· καὶ ἐπορεύθη εἰς τὴν
8 Μεσοποταμίαν Συρίας. Ἰδὼν δὲ καὶ Ἡσαῦ ὅτι πονηραί εἰσιν
9 αἱ θυγατέρες Χαναὰν ἐναντίον Ἰσαὰκ τοῦ πατρὸς αὐτοῦ, ἐπο-
ρεύθη Ἡσαῦ πρὸς Ἰσμαήλ· καὶ ἔλαβε τὴν Μαελέθ, θυγατέρα
Ἰσμαὴλ τοῦ υἱοῦ Ἀβραάμ, ἀδελφὴν Ναβεώθ, πρὸς ταῖς γυναιξὶν
αὐτοῦ γυναῖκα.

thou not left a blessing for me, father? [37] And Isaac answered and said to Esau, If I have made him thy lord, and have made all his brethren his servants, and have strengthened him with corn and wine, what then shall I do for thee, son? [38] And Esau said to his father, Hast thou *only* one blessing, father? Bless, I pray thee, me also, father. And [β] Isaac being troubled, Esau cried aloud and wept. [39] And Isaac his father answered and said to him, Behold, thy dwelling shall be of the fatness of the earth, and of the dew of heaven from above. [40] And thou shalt live by thy sword, and shalt serve thy brother; and there shall be *a time* when thou shalt break and loosen his yoke from off thy neck.

[41] And Esau was angry with Jacob because of the blessing, with which his father blessed him; and Esau said in his mind, Let the days of my father's mourning draw nigh, that I may slay my brother Jacob. [42] And the words of Esau her elder son were reported to Rebecca, and she sent and called Jacob her younger son, and said to him, Behold, Esau thy brother threatens thee to kill thee. [43] Now then, my son, hear my voice, and rise and depart quickly into Mesopotamia to Laban my brother into Charran. [44] And dwell with him certain days, until thy brother's anger [45] and rage depart from thee, and he forget what thou hast done to him; and I will send and fetch thee thence, lest at any time I should be bereaved of you both in one day. [46] And Rebecca said to Isaac, I am weary of my life, because of the daughters of the sons of Chet; if Jacob shall take a wife of the daughters of this land, wherefore should I live?

And Isaac having called for Jacob, blessed him, and charged him, saying, Thou shalt not take a wife of the daughters of the Chananites. [2] Rise and depart quickly into Mesopotamia, to the house of Bathuel the father of thy mother, and take to thyself thence a wife of the daughters of Laban thy mother's brother. [3] And may my God bless thee, and increase thee, and multiply thee, and thou shalt become gatherings of nations. [4] And may he give thee the blessing of my father Abraam, even to thee and to thy seed after thee, to inherit the land of thy sojourning, which God gave to Abraam. [5] So Isaac sent away Jacob, and he went into Mesopotamia to Laban the son of Bethuel the Syrian, the brother of Rebecca the mother of Jacob and Esau.

[6] And Esau saw that Isaac blessed Jacob, and sent him away to Mesopotamia of Syria as he blessed him, to take to himself a wife thence, and *that* he charged him, saying, Thou shalt not take a wife of the daughters of the Chananites; [7] and *that* Jacob hearkened to his father and his mother, and went to Mesopotamia of Syria. [8] And Esau also having seen that the daughters of Chanaan were evil before his father Isaac, [9] Esau went to Ismael, and took Maeleth the daughter of Ismael, the son of Abraam, the sister of Nabeoth, a wife in addition to his *other* wives.

β *Heb.* — Isaac being troubled.

¹⁰ And Jacob went forth from the well of the oath, and departed into Charrhan. ¹¹ And came to a certain place and slept there, for the sun had gone down; and he took one of the stones of the place, and put it at his head, and lay down to sleep in that place, ¹² and dreamed, and behold a ladder fixed on the earth, whose top reached to heaven, and the angels of God ascended and descended on it. ¹³ And the Lord β stood upon it, and said, I am the God of thy father Abraam, and the God of Isaac; fear not, the land on which thou liest, to thee will I give it, and to thy seed. ¹⁴ And thy seed shall be as the sand of the earth; and it shall spread abroad to the sea, and the south, and the north, and the east; and in thee and in thy seed shall all the tribes of the earth be blessed. ¹⁵ And behold I am with thee to preserve thee continually in all the way wherein thou shalt go; and I will bring thee back to this land; for I will not desert thee, until I have done all that I have said to thee. ¹⁶ And Jacob awaked out of his sleep, and said, The Lord is in this place, and I knew it not. ¹⁷ And he was afraid, and said, How fearful is this place! this is none other than the house of God, and this is the gate of heaven. ¹⁸ And Jacob rose up in the morning, and took the stone he γ had laid there by his head, and he set it up as a pillar, and poured oil on the top of it. ¹⁹ And he called the name of that place, the House of God; and the name of the city before was Ulam-luz. ²⁰ And Jacob vowed a vow, saying, If the Lord God will be with me, and guard me throughout on this journey, on which I am going, and give me bread to eat, and raiment to put on, ²¹ and bring me back in safety to the house of my father, then shall the Lord be for a God to me. ²² And this stone, which I have set up for a pillar, shall be to me a house of God; and of all whatsoever thou shalt give me, I will tithe a tenth for thee.

And Jacob δ started and went to the land of the east to Laban, the son of Bathuel the Syrian, and the brother of Rebecca, mother of Jacob and Esau. ² And he looks, and behold! a well in the plain; and there were there three flocks of sheep resting at it, for out of that well they watered the flocks, but there was a great stone at the mouth of the well. ³ And there were all the flocks gathered, and they used to roll away the stone from the mouth of the well, and water the flocks, and set the stone again in its place on the mouth of the well. ⁴ And Jacob said to them, Brethren, whence are ye? and they said, We are of Charrhan. ⁵ And he said to them, Know ye Laban, the son of Nachor? and they said, We do know him. ⁶ And he said to them, Is he well? And they said, He is well. And behold Rachel his daughter came with the sheep. ⁷ And Jacob said, it is yet high day, it is not yet time that the flocks be gathered together; water ye the flocks, and depart and feed them. ⁸ And they said, We shall not be able, until all the shepherds be gathered together, and they shall roll away the stone from the mouth of the well, then we will water the

Καὶ ἐξῆλθεν Ἰακὼβ ἀπὸ τοῦ φρέατος τοῦ ὅρκου, καὶ ἐπορεύθη 10 εἰς Χαρράν. Καὶ ἀπήντησε τόπῳ, καὶ ἐκοιμήθη ἐκεῖ, ἔδυ γὰρ 11 ὁ ἥλιος· καὶ ἔλαβεν ἀπὸ τῶν λίθων τοῦ τόπου, καὶ ἔθηκε πρὸς κεφαλῆς αὐτοῦ· καὶ ἐκοιμήθη ἐν τῷ τόπῳ ἐκείνῳ. Καὶ ἐνυπνιά- 12 σθη· καὶ ἰδοὺ κλίμαξ ἐστηριγμένη ἐν τῇ γῇ, ἧς ἡ κεφαλὴ ἀφικνεῖτο εἰς τὸν οὐρανόν· καὶ οἱ ἄγγελοι τοῦ Θεοῦ ἀνέβαινον καὶ κατέβαινον ἐπ᾿ αὐτῇ. Ὁ δὲ Κύριος ἐπεστήρικτο ἐπ᾿ αὐτῆς· 13 καὶ εἶπεν, ἐγώ εἰμι ὁ Θεὸς Ἀβραὰμ τοῦ πατρός σου, καὶ ὁ Θεὸς Ἰσαάκ· μὴ φοβοῦ· ἡ γῆ ἐφ᾿ ἧς σὺ καθεύδεις ἐπ᾿ αὐτῆς, σοὶ δώσω αὐτήν, καὶ τῷ σπέρματί σου. Καὶ ἔσται τὸ σπέρμα 14 σου ὡς ἡ ἄμμος τῆς γῆς, καὶ πλατυνθήσεται ἐπὶ θάλασσαν, καὶ Λίβα, καὶ Βορρὰν, καὶ ἐπὶ ἀνατολάς· καὶ ἐνευλογηθήσονται ἐν σοὶ πᾶσαι αἱ φυλαὶ τῆς γῆς, καὶ ἐν τῷ σπέρματί σου. Καὶ 15 ἰδοὺ ἐγώ εἰμι μετὰ σοῦ, διαφυλάσσων σε ἐν τῇ ὁδῷ πάσῃ, οὗ ἂν πορευθῇς· καὶ ἀποστρέψω σε εἰς τὴν γῆν ταύτην· ὅτι οὐ μή σε ἐγκαταλίπω, ἕως τοῦ ποιῆσαί με πάντα ὅσα ἐλάλησά σοι. Καὶ ἐξηγέρθη Ἰακὼβ ἐκ τοῦ ὕπνου αὐτοῦ, καὶ εἶπεν, ὅτι ἔστι 16 Κύριος ἐν τῷ τόπῳ τούτῳ, ἐγὼ δὲ οὐκ ᾔδειν. Καὶ ἐφοβήθη, 17 καὶ εἶπεν, ὡς φοβερὸς ὁ τόπος οὗτος· οὐκ ἔστι τοῦτο ἀλλ᾿ ἢ οἶκος Θεοῦ, καὶ αὕτη ἡ πύλη τοῦ οὐρανοῦ. Καὶ ἀνέστη Ἰακὼβ 18 τὸ πρωὶ, καὶ ἔλαβε τὸν λίθον, ὃν ὑπέθηκεν ἐκεῖ πρὸς κεφαλῆς αὐτοῦ, καὶ ἔστησεν αὐτὸν στήλην, καὶ ἐπέχεεν ἔλαιον ἐπὶ τὸ ἄκρον αὐτῆς. Καὶ ἐκάλεσε τὸ ὄνομα τοῦ τόπου ἐκείνου, οἶκος 19 Θεοῦ· καὶ Οὐλαμλοὺζ ἦν ὄνομα τῇ πόλει τὸ πρότερον. Καὶ 20 ηὔξατο Ἰακὼβ εὐχὴν, λέγων, ἐὰν ᾖ Κύριος ὁ Θεὸς μετ᾿ ἐμοῦ, καὶ διαφυλάξῃ με ἐν τῇ ὁδῷ ταύτῃ, ᾗ ἐγὼ πορεύομαι, καὶ δῷ μοι ἄρτον φαγεῖν, καὶ ἱμάτιον περιβαλέσθαι, καὶ ἀποστρέψῃ 21 με μετὰ σωτηρίας εἰς τὸν οἶκον τοῦ πατρός μου, καὶ ἔσται Κύριός μοι εἰς Θεόν. Καὶ ὁ λίθος οὗτος, ὃν ἔστησα στήλην, 22 ἔσται μοι οἶκος Θεοῦ· καὶ πάντων ὧν ἐάν μοι δῷς, δεκάτην ἀποδεκατώσω αὐτά σοι.

Καὶ ἐξάρας Ἰακὼβ τοὺς πόδας ἐπορεύθη εἰς γῆν ἀνατολῶν, 29 πρὸς Λάβαν τὸν υἱὸν Βαθουὴλ τοῦ Σύρου, ἀδελφὸν δὲ Ῥεβέκ- κας, μητρὸς Ἰακὼβ καὶ Ἡσαῦ. Καὶ ὁρᾷ, καὶ ἰδοὺ φρέαρ ἐν 2 τῷ πεδίῳ· ἦσαν δὲ ἐκεῖ τρία ποίμνια προβάτων ἀναπαυόμενα ἐπ᾿ αὐτοῦ· ἐκ γὰρ τοῦ φρέατος ἐκείνου ἐπότιζον τὰ ποίμνια· λίθος δὲ ἦν μέγας ἐπὶ τῷ στόματι τοῦ φρέατος. Καὶ συνήγοντο 3 ἐκεῖ πάντα τὰ ποίμνια· καὶ ἀπεκύλιον τὸν λίθον ἀπὸ τοῦ στό- ματος τοῦ φρέατος, καὶ ἐπότιζον τὰ πρόβατα, καὶ ἀπεκαθίστων τὸν λίθον ἐπὶ τὸ στόμα τοῦ φρέατος εἰς τὸν τόπον αὐτοῦ. Εἶπε 4 δὲ αὐτοῖς Ἰακὼβ, ἀδελφοὶ, πόθεν ἐστὲ ὑμεῖς; οἱ δὲ εἶπαν, ἐκ Χαρρὰν ἐσμέν. Εἶπε δὲ αὐτοῖς, γινώσκετε Λάβαν τὸν υἱὸν 5 Ναχώρ; οἱ δὲ εἶπαν, γινώσκομεν· Εἶπε δὲ αὐτοῖς, ὑγιαίνει; 6 οἱ δὲ εἶπαν, ὑγιαίνει· καὶ ἰδοὺ Ῥαχὴλ ἡ θυγάτηρ αὐτοῦ ἤρχετο μετὰ τῶν προβάτων. Καὶ εἶπεν Ἰακὼβ, ἔτι ἐστὶν ἡμέρα πολ- 7 λή· οὔπω ὥρα συναχθῆναι τὰ κτήνη· ποτίσαντες τὰ πρόβατα, ἀπελθόντες βόσκετε. Οἱ δὲ εἶπαν, οὐ δυνησόμεθα, ἕως τοῦ 8 συναχθῆναι πάντας τοὺς ποιμένας, καὶ ἀποκυλίσουσι τὸν λίθον ἀπὸ τοῦ στόματος τοῦ φρέατος, καὶ ποτιοῦμεν τὰ πρόβατα.

β *Gr.* was established.   γ *Lit.* put under. See 1 Tim. 3. 15.   δ *Gr.* having lifted up his feet, went, etc.

9 Ἔτι αὐτοῦ λαλοῦντος αὐτοῖς, καὶ ἰδοὺ Ῥαχὴλ ἡ θυγάτηρ
Λάβαν ἤρχετο μετὰ τῶν προβάτων τοῦ πατρὸς αὐτῆς· αὐτὴ γὰρ
10 ἔβοσκε τὰ πρόβατα τοῦ πατρὸς αὐτῆς. Ἐγένετο δὲ ὡς εἶδεν
Ἰακὼβ τὴν Ῥαχὴλ τὴν θυγατέρα Λάβαν, τοῦ ἀδελφοῦ τῆς
μητρὸς αὐτοῦ, καὶ τὰ πρόβατα Λάβαν τοῦ ἀδελφοῦ τῆς μητρὸς
αὐτοῦ, καὶ προσελθὼν Ἰακὼβ ἀπεκύλισε τὸν λίθον ἀπὸ τοῦ
στόματος τοῦ φρέατος, καὶ ἐπότιζε τὰ πρόβατα Λάβαν τοῦ
11 ἀδελφοῦ τῆς μητρὸς αὐτοῦ. Καὶ ἐφίλησεν Ἰακὼβ τὴν Ῥαχὴλ,
12 καὶ βοήσας τῇ φωνῇ αὐτοῦ ἔκλαυσε. Καὶ ἀπήγγειλε τῇ
Ῥαχὴλ, ὅτι ἀδελφὸς τοῦ πατρὸς αὐτῆς ἐστι, καὶ ὅτι υἱὸς
Ῥεβέκκας ἐστί· καὶ δραμοῦσα ἀπήγγειλε τῷ πατρὶ αὐτῆς κατὰ
13 τὰ ῥήματα ταῦτα. Ἐγένετο δὲ ὡς ἤκουσε Λάβαν τὸ ὄνομα
Ἰακὼβ τοῦ υἱοῦ τῆς ἀδελφῆς αὐτοῦ, ἔδραμεν εἰς συνάντησιν
αὐτῷ, καὶ περιλαβὼν αὐτὸν ἐφίλησε, καὶ εἰσήγαγεν αὐτὸν εἰς
τὸν οἶκον αὐτοῦ· καὶ διηγήσατο τῷ Λάβαν πάντας τοὺς λόγους
14 τούτους. Καὶ εἶπεν αὐτῷ Λάβαν, ἐκ τῶν ὀστῶν μου καὶ ἐκ τῆς
σαρκός μου εἶ σύ· καὶ ἦν μετ' αὐτοῦ μῆνα ἡμερῶν.
15 Εἶπε δὲ Λάβαν τῷ Ἰακὼβ, ὅτι γὰρ ἀδελφός μου εἶ, οὐ
δουλεύσεις μοι δωρεάν· ἀπάγγειλόν μοι τίς ὁ μισθός σου ἐστί;
16 Τῷ δὲ Λάβαν ἦσαν δύο θυγατέρες· ὄνομα τῇ μείζονι, Λεία, καὶ
17 ὄνομα τῇ νεωτέρᾳ, Ῥαχήλ. Οἱ δὲ ὀφθαλμοὶ Λείας, ἀσθενεῖς·
Ῥαχὴλ δὲ ἦν καλὴ τῷ εἴδει, καὶ ὡραία τῇ ὄψει σφόδρα.
18 Ἠγάπησε δὲ Ἰακὼβ τὴν Ῥαχήλ· καὶ εἶπε, δουλεύσω σοι ἑπτὰ
19 ἔτη περὶ τῆς Ῥαχὴλ τῆς θυγατρός σου τῆς νεωτέρας. Εἶπε δὲ
αὐτῷ Λάβαν, βέλτιον δοῦναί με αὐτὴν σοι, ἢ δοῦναί με αὐτὴν
20 ἀνδρὶ ἑτέρῳ· οἴκησον μετ' ἐμοῦ. Καὶ ἐδούλευσεν Ἰακὼβ περὶ
Ῥαχὴλ ἑπτὰ ἔτη· καὶ ἦσαν ἐναντίον αὐτοῦ ὡς ἡμέραι ὀλίγαι,
21 παρὰ τὸ ἀγαπᾶν αὐτὸν αὐτήν. Εἶπε δὲ Ἰακὼβ τῷ Λάβαν, δός
μοι τὴν γυναῖκά μου, πεπλήρωνται γὰρ αἱ ἡμέραι ὅπως εἰσέλθω
22 πρὸς αὐτήν. Συνήγαγε δὲ Λάβαν πάντας τοὺς ἄνδρας τοῦ
23 τόπου, καὶ ἐποίησε γάμον. Καὶ ἐγένετο ἑσπέρα, καὶ λαβὼν
Λείαν τὴν θυγατέρα αὐτοῦ, εἰσήγαγεν πρὸς Ἰακὼβ, καὶ εἰσῆλθε
24 πρὸς αὐτὴν Ἰακώβ. Ἔδωκε δὲ Λάβαν Λείᾳ τῇ θυγατρὶ αὐτοῦ
25 Ζελφὰν τὴν παιδίσκην αὐτοῦ, αὐτῇ παιδίσκην. Ἐγένετο δὲ
πρωΐ, καὶ ἰδοὺ ἦν Λεία· εἶπε δὲ Ἰακὼβ τῷ Λάβαν, τί τοῦτο
ἐποίησάς μοι; οὐ περὶ Ῥαχὴλ ἐδούλευσα παρὰ σοι; καὶ ἱνατί
26 παρελογίσω με; Ἀπεκρίθη δὲ Λάβαν, οὐκ ἔστιν οὕτως ἐν τῷ
τόπῳ ἡμῶν, δοῦναι τὴν νεωτέραν πρινὴ τὴν πρεσβυτέραν.
27 Συντέλεσον οὖν τὰ ἕβδομα ταύτης, καὶ δώσω σοι καὶ ταύτην,
ἀντὶ τῆς ἐργασίας, ἧς ἐργᾷ παρ' ἐμοὶ ἔτι ἑπτὰ ἔτη ἕτερα.
28 Ἐποίησε δὲ Ἰακὼβ οὕτως, καὶ ἀνεπλήρωσε τὰ ἕβδομα ταύτης·
καὶ ἔδωκεν αὐτῷ Λάβαν Ῥαχὴλ τὴν θυγατέρα αὐτοῦ αὐτῷ
29 γυναῖκα. Ἔδωκε δὲ Λάβαν τῇ θυγατρὶ αὐτοῦ Βαλλὰν τὴν
30 παιδίσκην αὐτοῦ, αὐτῇ παιδίσκην. Καὶ εἰσῆλθε πρὸς Ῥαχήλ·
ἠγάπησε δὲ Ῥαχὴλ μᾶλλον ἢ Λείαν· καὶ ἐδούλευσεν αὐτῷ
ἑπτὰ ἔτη ἕτερα.
31 Ἰδὼν δὲ Κύριος ὁ Θεὸς ὅτι ἐμισεῖτο Λεία, ἤνοιξε τὴν μήτραν
32 αὐτῆς· Ῥαχὴλ δὲ ἦν στεῖρα. Καὶ συνέλαβε Λεία, καὶ ἔτεκεν
υἱὸν τῷ Ἰακώβ· ἐκάλεσε δὲ τὸ ὄνομα αὐτοῦ Ῥουβὴν, λέγουσα,
διότι εἶδέ μου Κύριος τὴν ταπείνωσιν, καὶ ἔδωκέ μοι υἱόν· νῦν

flocks. 9 While he was yet speaking to them, behold, Rachel the daughter of Laban came with her father's sheep, for she fed the sheep of her father. 10 And it came to pass when Jacob saw Rachel the daughter of Laban, his mother's brother, and the sheep of Laban, his mother's brother, that Jacob came and rolled away the stone from the mouth of the well, and watered the sheep of Laban, his mother's brother. 11 And Jacob kissed Rachel, and cried with a loud voice and wept. 12 And he told Rachel that he was the near relative of her father, and the son of Rebecca; and she ran and reported to her father according to these words. 13 And it came to pass when Laban heard the name of Jacob, his sister's son, he ran to meet him, and embraced and kissed him, and brought him into his house; and he told Laban all these sayings. 14 And Laban said to him, Thou art of my bones and of my flesh; and he was with him a β full month.

15 And Laban said to Jacob, Surely thou shalt not serve me for nothing, because thou art my brother; tell me what thy reward is to be. 16 Now Laban had two daughters, the name of the elder was Lea, and the name of the younger, Rachel. 17 And the eyes of Lea were weak. But Rachel was beautiful in appearance, and exceedingly fair in countenance. 18 And Jacob loved Rachel, and said, I will serve thee seven years for thy younger daughter Rachel. 19 And Laban said to him, It is better that I should give her to thee, than that I should give her to another man; dwell with me. 20 And Jacob served for Rachel seven years, and they were before him as a few days, by reason of his loving her. 21 And Jacob said to Laban, Give me my wife, for my days are fulfilled, that I may go in to her. 22 And Laban gathered together all the men of the place, and made a marriage-feast. 23 And it was even, and he took his daughter Lea, and brought her in to Jacob, and Jacob went in to her. 24 And Laban gave to his daughter Lea, Zelpha his handmaid, as a handmaid for her. 25 And it was morning, and behold it was Lea; and Jacob said to Laban, What is this that thou hast done to me? did I not serve thee for Rachel? and wherefore hast thou deceived me? 26 And Laban answered, It is not done thus in our country, to give the younger before the elder. 27 Fulfil then her sevens, and I will give to thee her also in return for thy labour, which thou labourest with me, yet seven other years. 28 And Jacob did so, and fulfilled her sevens; and Laban gave him his daughter Rachel to wife. 29 And Laban gave to his daughter his handmaid Balla, for a handmaid to her. 30 And he went in to Rachel; and he loved Rachel more than Lea; and he served him seven other years.

31 And when the Lord God saw that Lea was hated, he opened her womb; but Rachel was barren. 32 And Lea conceived and bore a son to Jacob; and she called his name, Ruben; saying, Because the Lord has looked on my humiliation, and has given me a son,

---

β Gr. month of days.

now then my husband will love me. ³³And she conceived again, and bore a second son to Jacob; and she said, Because the Lord has heard that I am hated, he has given to me this one also; and she called his name, Simeon. ³⁴And she conceived yet again, and bore a son, and said, In the present time my husband will be with me, for I have born him three sons; therefore she called his name, Levi. ³⁵And having conceived yet again, she bore a son, and said, Now yet again this time will I give thanks to the Lord; therefore she called his name, Juda; and ceased bearing.

And Rachel having perceived that she bore Jacob no children, was jealous of her sister; and said to Jacob, Give me children; and if not, I shall die. ²And Jacob was angry with Rachel, and said to her, Am I in the place of God, who has deprived thee of the fruit of the womb? ³And Rachel said to Jacob, Behold my handmaid Balla, go in to her, and she shall bear upon my knees, and I also shall have children by her. ⁴And she gave him Balla her maid, for a wife to him; and Jacob went in to her. ⁵And Balla, Rachel's maid, conceived, and bore Jacob a son. ⁶And Rachel said, God has given judgment for me, and hearkened to my voice, and has given me a son; therefore she called his name, Dan. ⁷And Balla, Rachel's maid, conceived yet again, and bore a second son to Jacob. ⁸And Rachel said, God has helped me, and I contended with my sister and prevailed; and she called his name, Nephthalim. ⁹And Lea saw that she ceased from bearing, and she took Zelpha her maid, and gave her to Jacob for a wife; and he went in to her. ¹⁰And Zelpha the maid of Lea conceived, and bore Jacob a son. ¹¹And Lea said, It is happily: and she called his name, Gad. ¹²And Zelpha the maid of Lea conceived yet again, and bore Jacob a second son. ¹³And Lea said, I am blessed, for the women will pronounce me blessed; and she called his name, Aser. ¹⁴And Ruben went in the day of barley-harvest, and found apples of mandrakes in the field, and brought them to his mother Lea; and Rachel said to Lea her sister, Give me of thy son's mandrakes. ¹⁵And Lea said, Is it not enough for thee that thou hast taken my husband, wilt thou also take my son's mandrakes? And Rachel said, Not so: let him lie with thee to-night for thy son's mandrakes. ¹⁶And Jacob came in out of the field at even; and Lea went forth to meet him, and said, Thou shalt come in to me this day, for I have hired thee for my son's mandrakes; and he lay with her that night. ¹⁷And God hearkened to Lea, and she conceived, and bore Jacob a fifth son. ¹⁸And Lea said, God has given me my reward, because I gave my maid to my husband; and she called his name Issachar, which is, Reward. ¹⁹And Lea conceived again, and bore Jacob a sixth son. ²⁰And Lea said, God has given me a good gift in this time; my husband will choose me, for I have born him six sons: and she called his name, Zabulon. ²¹And after this she bore a daughter; and she called her name, Dina. ²²And God remembered Rachel, and God hearkened to her,

οὖν ἀγαπήσει με ὁ ἀνήρ μου. Καὶ συνέλαβε πάλιν, καὶ ἔτεκεν 33 υἱὸν δεύτερον τῷ Ἰακὼβ, καὶ εἶπεν, ὅτι ἤκουσε Κύριος ὅτι μισοῦμαι, καὶ προσέδωκέ μοι καὶ τοῦτον· καὶ ἐκάλεσε τὸ ὄνομα αὐτοῦ, Συμεών. Καὶ συνέλαβεν ἔτι, καὶ ἔτεκεν υἱὸν, καὶ εἶπεν, 34 ἐν τῷ νῦν καιρῷ πρὸς ἐμοῦ ἔσται ὁ ἀνήρ μου, τέτοκα γὰρ αὐτῷ τρεῖς υἱούς· διὰ τοῦτο ἐκάλεσε τὸ ὄνομα αὐτοῦ, Λευεί. Καὶ 35 συλλαβοῦσα ἔτι ἔτεκεν υἱὸν, καὶ εἶπε, νῦν ἔτι τοῦτο ἐξομολογήσομαι Κυρίῳ· διὰ τοῦτο ἐκάλεσε τὸ ὄνομα αὐτοῦ, Ἰούδαν· καὶ ἔστη τοῦ τίκτειν.

Ἰδοῦσα δὲ Ῥαχὴλ, ὅτι οὐ τέτοκε τῷ Ἰακὼβ· καὶ ἐζήλωσε 30 Ῥαχὴλ τὴν ἀδελφὴν αὐτῆς· καὶ εἶπε τῷ Ἰακὼβ, δός μοι τέκνα· εἰ δὲ μὴ, τελευτήσω ἐγώ. Θυμωθεὶς δὲ Ἰακὼβ τῇ Ῥαχὴλ 2 εἶπεν αὐτῇ, μὴ ἀντὶ Θεοῦ ἐγώ εἰμι, ὃς ἐστέρησέ σε καρπὸν κοιλίας; Εἶπε δὲ Ῥαχὴλ τῷ Ἰακὼβ, ἰδοὺ ἡ παιδίσκη μου 3 Βαλλά· εἴσελθε πρὸς αὐτήν· καὶ τέξεται ἐπὶ τῶν γονάτων μου, καὶ τεκνοποιήσομαι κἀγὼ ἐξ αὐτῆς. Καὶ ἔδωκεν αὐτῷ Βαλλὰν 4 τὴν παιδίσκην αὐτῆς, αὐτῷ γυναῖκα· καὶ εἰσῆλθε πρὸς αὐτὴν Ἰακώβ. Καὶ συνέλαβε Βαλλὰ ἡ παιδίσκη Ῥαχὴλ, καὶ ἔτεκε 5 τῷ Ἰακὼβ υἱόν. Καὶ εἶπε Ῥαχὴλ, ἔκρινέ μοι ὁ Θεὸς, καὶ 6 ἐπήκουσε τῆς φωνῆς μου, καὶ ἔδωκέ μοι υἱόν· διὰ τοῦτο ἐκάλεσε τὸ ὄνομα αὐτοῦ, Δάν. Καὶ συνέλαβεν ἔτι Βαλλὰ ἡ παιδίσκη 7 Ῥαχὴλ, καὶ ἔτεκεν υἱὸν δεύτερον τῷ Ἰακώβ. Καὶ εἶπε Ῥαχὴλ, 8 συναντελάβετό μου ὁ Θεὸς, καὶ συνανεστράφην τῇ ἀδελφῇ μου, καὶ ἠδυνάσθην· καὶ ἐκάλεσε τὸ ὄνομα αὐτοῦ, Νεφθαλεί. Εἶδε 9 δὲ Λεία ὅτι ἔστη τοῦ τίκτειν· καὶ ἔλαβε Ζελφὰν τὴν παιδίσκην αὐτῆς, καὶ ἔδωκεν αὐτὴν τῷ Ἰακὼβ γυναῖκα· καὶ εἰσῆλθε πρὸς αὐτήν. Καὶ συνέλαβε Ζελφὰ ἡ παιδίσκη Λείας, καὶ ἔτεκε τῷ 10 Ἰακὼβ υἱόν. Καὶ εἶπε Λεία, ἐν τύχῃ· καὶ ἐπωνόμασε τὸ ὄνομα 11 αὐτοῦ, Γάδ. Καὶ συνέλαβεν ἔτι Ζελφὰ ἡ παιδίσκη Λείας, καὶ 12 ἔτεκε τῷ Ἰακὼβ υἱὸν δεύτερον. Καὶ εἶπε Λεία, μακαρία ἐγὼ, 13 ὅτι μακαριοῦσί με αἱ γυναῖκες· καὶ ἐκάλεσε τὸ ὄνομα αὐτοῦ, Ἀσήρ. Ἐπορεύθη δὲ Ῥουβὴν ἐν ἡμέρᾳ θερισμοῦ πυρῶν, καὶ 14 εὗρε μῆλα μανδραγορῶν ἐν τῷ ἀγρῷ, καὶ ἤνεγκεν αὐτὰ πρὸς Λείαν τὴν μητέρα αὐτοῦ· εἶπε δὲ Ῥαχὴλ τῇ Λείᾳ τῇ ἀδελφῇ αὐτῆς, δός μοι τῶν μανδραγορῶν τοῦ υἱοῦ σου. Εἶπε δὲ Λεία, 15 οὐχ ἱκανόν σοι ὅτι ἔλαβες τὸν ἄνδρα μου; μὴ καὶ τοὺς μανδραγόρας τοῦ υἱοῦ μου λήψῃ; εἶπε δὲ Ῥαχὴλ, οὐχ οὕτως· κοιμηθήτω μετὰ σοῦ τὴν νύκτα ταύτην ἀντὶ τῶν μανδραγορῶν τοῦ υἱοῦ σου. Εἰσῆλθεν δὲ Ἰακὼβ ἐξ ἀγροῦ ἑσπέρας· καὶ 16 ἐξῆλθε Λεία εἰς συνάντησιν αὐτῷ, καὶ εἶπε, πρὸς ἐμὲ εἰσελεύσῃ σήμερον· μεμίσθωμαι γάρ σε ἀντὶ τῶν μανδραγορῶν τοῦ υἱοῦ μου· καὶ ἐκοιμήθη μετʼ αὐτῆς τὴν νύκτα ἐκείνην. Καὶ ἐπήκου- 17 σεν ὁ Θεὸς Λείας· καὶ συλλαβοῦσα ἔτεκε τῷ Ἰακὼβ υἱὸν πέμπτον. Καὶ εἶπε Λεία, δέδωκέ μοι ὁ Θεὸς τὸν μισθόν μου, ἀνθʼ 18 οὗ ἔδωκα τὴν παιδίσκην μου τῷ ἀνδρί μου· καὶ ἐκάλεσε τὸ ὄνομα αὐτοῦ, Ἰσσάχαρ, ὅ ἐστι μισθός. Καὶ συνέλαβεν ἔτι 19 Λεία, καὶ ἔτεκεν υἱὸν ἕκτον τῷ Ἰακώβ. Καὶ εἶπε Λεία, 20 δεδώρηται ὁ Θεός μοι δῶρον καλὸν ἐν τῷ νῦν καιρῷ· αἱρετιεῖ με ὁ ἀνήρ μου, τέτοκα γὰρ αὐτῷ υἱοὺς ἕξ· καὶ ἐκάλεσε τὸ ὄνομα αὐτοῦ, Ζαβουλών. Καὶ μετὰ τοῦτο ἔτεκε θυγατέρα, καὶ 21 ἐκάλεσε τὸ ὄνομα αὐτῆς, Δεῖνα. Ἐμνήσθη δὲ ὁ Θεὸς τῆς 22 Ῥαχὴλ, καὶ ἐπήκουσεν αὐτῆς ὁ Θεός· καὶ ἀνέῳξεν αὐτῆς τὴν

23 μήτραν. Καὶ συλλαβοῦσα ἔτεκε τῷ Ἰακὼβ υἱόν· εἶπε δὲ
24 Ῥαχὴλ, ἀφεῖλεν ὁ Θεός μου τὸ ὄνειδος. Καὶ ἐκάλεσε τὸ
ὄνομα αὐτοῦ Ἰωσὴφ, λέγουσα, προσθέτω ὁ Θεός μοι υἱὸν
ἕτερον.

25 Ἐγένετο δὲ ὡς ἔτεκε Ῥαχὴλ τὸν Ἰωσὴφ, εἶπεν Ἰακὼβ
τῷ Λάβαν, ἀπόστειλόν με, ἵνα ἀπέλθω εἰς τὸν τόπον μου, καὶ
26 εἰς τὴν γῆν μου. Ἀπόδος τὰς γυναῖκας μου, καὶ τὰ παιδία
μου, περὶ ὧν δεδούλευκά σοι, ἵνα ἀπέλθω· σὺ γὰρ γινώ-
27 σκεις τὴν δουλείαν, ἣν δεδούλευκά σοι. Εἶπε δὲ αὐτῷ Λάβαν,
εἰ εὗρον χάριν ἐναντίον σου, οἰωνισάμην ἄν· εὐλόγησε γάρ
28 με ὁ Θεὸς ἐπὶ τῇ σῇ εἰσόδῳ. Διάστειλον τὸν μισθόν σου
29 πρός με, καὶ δώσω. Εἶπε δὲ Ἰακὼβ, σὺ γινώσκεις ἃ δεδού-
30 λευκά σοι, καὶ ὅσα ἦν κτήνη σου μετ' ἐμοῦ. Μικρὰ γὰρ ἦν
ὅσα σοι ἐναντίον ἐμοῦ, καὶ ηὐξήθη εἰς πλῆθος· καὶ εὐλόγησέ
σε Κύριος ὁ Θεὸς ἐπὶ τῷ ποδί μου· νῦν οὖν πότε ποιήσω
31 κἀγὼ ἐμαυτῷ οἶκον; Καὶ εἶπεν αὐτῷ Λάβαν, τί σοι δώσω;
Εἶπε δὲ αὐτῷ Ἰακὼβ, οὐ δώσεις μοι οὐθέν, ἐὰν ποιήσῃς
μοι τὸ ῥῆμα τοῦτο, πάλιν ποιμανῶ τὰ πρόβατά σου, καὶ
32 φυλάξω. Παρελθέτω πάντα τὰ πρόβατά σου σήμερον, καὶ
διαχώρισον ἐκεῖθεν πᾶν πρόβατον φαιὸν ἐν τοῖς ἄρνασι,
καὶ πᾶν διάλευκον καὶ ῥαντὸν ἐν ταῖς αἰξὶν, ἔσται μοι
33 μισθός. Καὶ ἐπακούσεταί μοι ἡ δικαιοσύνη μου ἐν τῇ
ἡμέρᾳ τῇ ἐπαύριον, ὅτι ἐστὶν ὁ μισθός μου ἐνώπιόν σου·
πᾶν ὃ ἐὰν μὴ ᾖ ῥαντὸν καὶ διάλευκον ἐν ταῖς αἰξὶ, καὶ
34 φαιὸν ἐν τοῖς ἄρνασι, κεκλεμμένον ἔσται παρ' ἐμοί. Εἶπε
35 δὲ αὐτῷ Λάβαν, ἔστω κατὰ τὸ ῥῆμά σου. Καὶ διέστειλεν
ἐν τῇ ἡμέρᾳ ἐκείνῃ τοὺς τράγους τοὺς ῥαντοὺς καὶ τοὺς
διαλεύκους, καὶ πάσας τὰς αἶγας τὰς ῥαντὰς καὶ τὰς δια-
λεύκους, καὶ πᾶν ὃ ἦν φαιὸν ἐν τοῖς ἄρνασι, καὶ πᾶν ὃ
ἦν λευκὸν ἐν αὐτοῖς, καὶ ἔδωκε διὰ χειρὸς τῶν υἱῶν αὐτοῦ.
36 Καὶ ἀπέστησεν ὁδὸν τριῶν ἡμερῶν, καὶ ἀνὰ μέσον
αὐτῶν καὶ ἀνὰ μέσον Ἰακώβ· Ἰακὼβ δὲ ἐποίμαινε τὰ
37 πρόβατα Λάβαν τὰ ὑπολειφθέντα. Ἔλαβε δὲ ἑαυτῷ
Ἰακὼβ ῥάβδον στυρακίνην χλωρὰν καὶ καρυΐνην καὶ πλα-
τάνου· καὶ ἐλέπισεν αὐτὰς Ἰακὼβ λεπίσματα λευκά·
καὶ περισύρων τὸ χλωρὸν, ἐφαίνετο ἐπὶ ταῖς ῥάβδοις
38 τὸ λευκὸν, ὃ ἐλέπισε, ποικίλον. Καὶ παρέθηκε τὰς
ῥάβδους, ἃς ἐλέπισεν, ἐν τοῖς ληνοῖς τῶν ποτιστηρίων
τοῦ ὕδατος, ἵνα ὡς ἂν ἔλθωσι τὰ πρόβατα πιεῖν, ἐνώπιον
τῶν ῥάβδων ἐλθόντων αὐτῶν εἰς τὸ πιεῖν, ἐγκισσήσωσι
39 τὰ πρόβατα εἰς τὰς ῥάβδους. Καὶ ἐνεκίσσων τὰ
πρόβατα εἰς τὰς ῥάβδους· καὶ ἔτικτον τὰ πρόβατα διά-
40 λευκα καὶ ποικίλα καὶ σποδοειδῆ ῥαντά. Τοὺς δὲ ἀμνοὺς
διέστειλεν Ἰακὼβ, καὶ ἔστησεν ἐναντίον τῶν προβάτων κριὸν
διάλευκον, καὶ πᾶν ποικίλον ἐν τοῖς ἀμνοῖς· καὶ διεχώρισεν
ἑαυτῷ ποίμνια καθ' ἑαυτὸν, καὶ οὐκ ἔμιξεν αὐτὰ εἰς τὰ πρόβατα
41 Λάβαν. Ἐγένετο δὲ ἐν τῷ καιρῷ ᾧ ἐνεκίσσων τὰ πρόβατα ἐν
γαστρὶ λαμβάνοντα, ἔθηκεν Ἰακὼβ τὰς ῥάβδους ἐναντίον τῶν
προβάτων ἐν τοῖς ληνοῖς, τοῦ ἐγκισσῆσαι αὐτὰ κατὰ τὰς ῥάβδους.

and he opened her womb. 23 And she con-
ceived, and bore Jacob a son; and Rachel
said, God has taken away my reproach.
24 And she called his name Joseph, saying,
Let God add to me another son.

25 And it came to pass when Rachel had
born Joseph, Jacob said to Laban, Send me
away, that I may go to my place and to my
land. 26 Restore my wives and my children,
for whom I have served thee, that I may
depart, for thou knowest the service where-
with I have served thee. 27 And Laban
said to him, If I have found grace in thy
sight, β I would augur *well*, for the Lord
has blessed me at thy coming in. 28 Appoint
γ me thy wages, and I will give *them*. 29 And
Jacob said, Thou knowest in what things
I have served thee, and how many cattle
of thine are with me. 30 For it was little
thou hadst before my time, and it is in-
creased to a multitude, and the Lord God
has blessed thee δ since my coming; now
then, when shall I set up also my own
house? 31 And Laban said to him, What
shall I give thee? and Jacob said to him,
Thou shalt not give me anything; if thou
wilt do this thing for me, I will again tend
thy flocks and keep them. 32 Let all thy
sheep pass by to-day, and separate thence
every grey sheep among the rams, and every
one that is speckled and spotted among
the goats—*this* shall be my reward. 33 And
my righteousness shall ζ answer for me
on the morrow, for it is my reward be-
fore thee: whatever shall not be spotted
and speckled among the goats, and grey
among the rams, shall be stolen with me.
34 And Laban said to him, Let it be accord-
ing to thy word. 35 And he separated in
that day the spotted and speckled he-goats,
and all the spotted and speckled she-goats,
and all that was grey among the rams, and
every one that was white among them,
and he gave them into the hand of his sons.
36 And he set a distance of a three days'
journey between them θ and Jacob. And
Jacob tended the cattle of Laban that
were left behind. 37 And Jacob took to him-
self green rods of storax tree and walnut
and plane-tree; and Jacob peeled in them
white stripes; and as λ he drew off the
green, the white stripe which he had made
appeared alternate on the rods. 38 And
he laid the rods which he had peeled, in
the hollows of the watering-troughs, that
whensoever the cattle should come to
drink, as they should have come to drink
before the rods, the cattle might con-
ceive at the rods. 39 So the cattle conceived
at the rods, and the cattle brought forth
young speckled, and streaked and spotted
with ash-coloured *spots*. 40 And Jacob
separated the lambs, and set before the
sheep a speckled ram, and every variegated
one among the lambs, and he separated
flocks for himself alone, and did not
mingle them with the sheep of Laban.
41 And it came to pass in the time wherein the
cattle became pregnant, conceiving in the
belly, Jacob put the rods before the cattle in
the troughs, that they might conceive by the

β Stay thou, perhaps understood. *Heb.* I have argued that, etc.   γ Lit. thy wages to or with me.
δ So *A. V.* but *Gr.* and *Heb.* literally, at my foot.   ζ Hearken to or obey me.   θ *Gr.* and between. *Hebraism.*   λ Apparently the nom. absol.

rods.β ⁴²But he did not put them in *indiscriminately* whenever the cattle happened to bring forth, but the unmarked ones were Laban's, and the marked ones Jacob's. ⁴³And the man became very rich, and he had many cattle, and oxen, and servants, and maid-servants, and camels, and asses.

And Jacob heard the words of the sons of Laban, saying, Jacob has taken all that was our father's, and of our father's property has he gotten all this glory. ²And Jacob saw the countenance of Laban, and behold it was not toward him as γ before. ³And the Lord said to Jacob, Return to the land of thy father, and to thy family, and I will be with thee. ⁴And Jacob sent and called Lea and Rachel to the plain where the flocks were. ⁵And he said to them, I see the face of your father, that it is not toward me as before, but the God of my father was with me. ⁶And ye too know that with all my might I have served your father. ⁷But your father deceived me, and changed my wages for the ten lambs, yet God gave him not *power* to hurt me. ⁸If he should say thus, The speckled shall be thy reward, then all the cattle would bear speckled; and if he should say, The white shall be thy reward, then would all the cattle bear white. ⁹So God has taken away all the cattle of your father, and given them to me. ¹⁰And it came to pass when the cattle conceived and were with young, that I beheld with mine eyes in sleep, and behold the he-goats and the rams leaping on the sheep and the she-goats, speckled and variegated and spotted with ash-coloured spots. ¹¹And the angel of God said to me δ in a dream, Jacob; and I said, What is it? ¹²And he said, Look up with thine eyes, and behold the he-goats and the rams leaping on the sheep and the she-goats, speckled and variegated and spotted with ash-coloured spots; for I have seen all things that Laban does to thee. ¹³I am God that appeared to thee in the place of God, where thou anointedst a pillar to me, and vowedst to me there a vow; now then arise and depart out of this land, depart into the land of thy nativity, and I will be with thee. ¹⁴And Rachel and Lea answered and said to him, Have we yet a part or inheritance in the house of our father? ¹⁵Are we not considered strangers by him? for he has sold us, and quite devoured our money. ¹⁶All the wealth and the glory which God has taken from our father, it shall be our's and our children's; now then do whatsoever God has said to thee. ¹⁷And Jacob arose and took his wives and his children up on the camels; ¹⁸and he took away all his possessions and all his store, which he had gotten in Mesopotamia, and all that belonged to him, to depart to Isaac his father in the land of Chanaan. ¹⁹And Laban went to shear his sheep; and Rachel stole her father's images. ²⁰And Jacob hid *the matter from* Laban the Syrian, so as not to tell him that he ran away. ²¹And he departed himself and all that belonged to him, and passed over the river, and went into the mountain

Ἡνίκα δ' ἂν ἔτεκε τὰ πρόβατα, οὐκ ἐτίθει· ἐγένετο δὲ τὰ μὲν 42 ἄσημα τοῦ Λάβαν, τὰ δὲ ἐπίσημα τοῦ Ἰακώβ. Καὶ ἐπλούτη- 43 σεν ὁ ἄνθρωπος σφόδρα σφόδρα· καὶ ἐγένετο αὐτῷ κτήνη πολλὰ, καὶ βόες, καὶ παῖδες, καὶ παιδίσκαι, καὶ κάμηλοι, καὶ ὄνοι.

Ἤκουσε δὲ Ἰακὼβ τὰ ῥήματα τῶν υἱῶν Λάβαν, λεγόντων, 31 εἴληφεν Ἰακὼβ πάντα τὰ τοῦ πατρὸς ἡμῶν, καὶ ἐκ τῶν τοῦ πατρὸς ἡμῶν πεποίηκε πᾶσαν τὴν δόξαν ταύτην. Καὶ εἶδεν 2 Ἰακὼβ τὸ πρόσωπον τοῦ Λάβαν, καὶ ἰδοὺ οὐκ ἦν πρὸς αὐτὸν ὡσεὶ χθὲς καὶ τρίτην ἡμέραν. Εἶπε δὲ Κύριος πρὸς Ἰακὼβ, 3 ἀποστρέφου εἰς τὴν γῆν τοῦ πατρός σου, καὶ εἰς τὴν γενεάν σου, καὶ ἔσομαι μετὰ σοῦ. Ἀποστείλας δὲ Ἰακὼβ ἐκάλεσε 4 Λείαν καὶ Ῥαχὴλ εἰς τὸ πεδίον, οὗ ἦν τὰ ποίμνια. Καὶ εἶπεν 5 αὐταῖς, ὁρῶ ἐγὼ τὸ πρόσωπον τοῦ πατρὸς ὑμῶν, ὅτι οὐκ ἔστι πρὸς ἐμοῦ, ὡς ἐχθὲς καὶ τρίτην ἡμέραν· ὁ δὲ Θεὸς τοῦ πατρός μου ἦν μετ' ἐμοῦ. Καὶ αὐταὶ δὲ οἴδατε, ὅτι ἐν πάσῃ τῇ ἰσχύϊ 6 μου δεδούλευκα τῷ πατρὶ ὑμῶν. Ὁ δὲ πατὴρ ὑμῶν παρεκρού- 7 σατό με, καὶ ἤλλαξε τὸν μισθόν μου τῶν δέκα ἀμνῶν· καὶ οὐκ ἔδωκεν αὐτῷ ὁ Θεὸς κακοποιῆσαί με. Ἐὰν οὕτως εἴπῃ, τὰ 8 ποικίλα ἔσται σου μισθὸς, καὶ τέξεται πάντα τὰ πρόβατα ποικίλα· ἐὰν δὲ εἴπῃ, τὰ λευκὰ ἔσται σου μισθὸς, καὶ τέξεται πάντα τὰ πρόβατα λευκά. Καὶ ἀφείλετο ὁ Θεὸς πάντα τὰ 9 κτήνη τοῦ πατρὸς ὑμῶν, καὶ ἔδωκέ μοι αὐτά. Καὶ ἐγένετο 10 ἡνίκα ἐνεκίσσων τὰ πρόβατα ἐν γαστρὶ λαμβάνοντα, καὶ εἶδον τοῖς ὀφθαλμοῖς μου ἐν τῷ ὕπνῳ· καὶ ἰδοὺ οἱ τράγοι καὶ οἱ κριοὶ ἀναβαίνοντες ἐπὶ τὰ πρόβατα καὶ τὰς αἶγας, διάλευκοι καὶ ποικί- λοι καὶ σποδοειδεῖς ῥαντοί. Καὶ εἶπέ μοι ὁ Ἄγγελος τοῦ Θεοῦ 11 καθ' ὕπνον, Ἰακώβ· ἐγὼ δὲ εἶπα, τί ἐστι; Καὶ εἶπεν, ἀνάβλεψον 12 τοῖς ὀφθαλμοῖς σου, καὶ ἴδε τοὺς τράγους καὶ τοὺς κριοὺς ἀναβαίνοντας ἐπὶ τὰ πρόβατα καὶ τὰς αἶγας διαλεύκους καὶ ποικίλους καὶ σποδοειδεῖς ῥαντούς· ἑώρακα γὰρ ὅσα σοι Λάβαν ποιεῖ. Ἐγώ εἰμι ὁ Θεὸς ὁ ὀφθείς σοι ἐν τόπῳ Θεοῦ, οὗ 13 ἤλειψάς μοι ἐκεῖ στήλην, καὶ ηὔξω μοι ἐκεῖ εὐχήν· νῦν οὖν ἀνάστηθι, καὶ ἔξελθε ἐκ τῆς γῆς ταύτης, καὶ ἄπελθε εἰς τὴν γῆν τῆς γενέσεώς σου, καὶ ἔσομαι μετὰ σοῦ. Καὶ ἀποκριθεῖσαι 14 Ῥαχὴλ καὶ Λεία εἶπαν αὐτῷ, μὴ ἔστιν ἡμῖν ἔτι μερὶς ἢ κλη- ρονομία ἐν τῷ οἴκῳ τοῦ πατρὸς ἡμῶν; Οὐχ ὡς αἱ ἀλλότριαι 15 λελογίσμεθα αὐτῷ; πέπρακε γὰρ ἡμᾶς, καὶ καταβρώσει κατέ- φαγε τὸ ἀργύριον ἡμῶν. Πάντα τὸν πλοῦτον καὶ τὴν δόξαν, 16 ἣν ἀφείλετο ὁ Θεὸς τοῦ πατρὸς ἡμῶν, ἡμῖν ἔσται καὶ τοῖς τέκνοις ἡμῶν· νῦν οὖν ὅσα σοι εἴρηκεν ὁ Θεὸς, ποίει. Ἀναστὰς δὲ 17 Ἰακὼβ ἔλαβε τὰς γυναῖκας αὐτοῦ καὶ τὰ παιδία αὐτοῦ ἐπὶ τὰς καμήλους. Καὶ ἀπήγαγε πάντα τὰ ὑπάρχοντα αὐτῷ, καὶ πᾶσαν 18 τὴν ἀποσκευὴν αὐτοῦ, ἣν περιεποιήσατο ἐν τῇ Μεσοποταμίᾳ, καὶ πάντα τὰ αὐτοῦ, ἀπελθεῖν πρὸς Ἰσαὰκ τὸν πατέρα αὐτοῦ εἰς γῆν Χαναάν. Λάβαν δὲ ᾤχετο κεῖραι τὰ πρόβατα αὐτοῦ· 19 ἔκλεψε δὲ Ῥαχὴλ τὰ εἴδωλα τοῦ πατρὸς αὐτῆς. Ἔκρυψε δὲ 20 Ἰακὼβ Λάβαν τὸν Σύρον, τοῦ μὴ ἀναγγεῖλαι αὐτῷ, ὅτι ἀποδι- δράσκει. Καὶ ἀπέδρα αὐτὸς, καὶ τὰ αὐτοῦ πάντα, καὶ διέβη 21

β The meaning of the Hebrew seems to be, when the cattle were weak *from any cause*. The LXX. by assigning the yeaning time as the cause, have obscured the passage. *Of course* Jacob would not put them in *then*.   γ Gr. yesterday and the day before. *Hebraism.*   δ *Lit.* in sleep.

22 τὸν ποταμὸν, καὶ ὥρμησεν εἰς τὸ ὄρος Γαλαάδ. Ἀνηγγέλη
δὲ Λάβαν τῷ Σύρῳ τῇ ἡμέρᾳ τῇ τρίτῃ, ὅτι ἀπέδρα Ἰακώβ.

23 Καὶ παραλαβὼν τοὺς ἀδελφοὺς αὐτοῦ μεθ᾽ ἑαυτοῦ, ἐδίωξεν
ὀπίσω αὐτοῦ ὁδὸν ἡμερῶν ἑπτά· καὶ κατέλαβεν αὐτὸν ἐν

24 τῷ ὄρει Γαλαάδ. Ἦλθε δὲ ὁ Θεὸς πρὸς Λάβαν τὸν Σύρον
καθ᾽ ὕπνον τὴν νύκτα, καὶ εἶπεν αὐτῷ, φύλαξαι σεαυτὸν μὴ

25 ποτε λαλήσῃς μετὰ Ἰακὼβ πονηρά. Καὶ κατέλαβε Λάβαν τὸν
Ἰακώβ· Ἰακὼβ δὲ ἔπηξε τὴν σκηνὴν αὐτοῦ ἐν τῷ ὄρει·
Λάβαν δὲ ἔστησε τοὺς ἀδελφοὺς αὐτοῦ ἐν τῷ ὄρει Γαλαάδ.

26 Εἶπε δὲ Λάβαν τῷ Ἰακώβ, τί ἐποίησας; ἱνατί κρυφῇ ἀπέ-
δρας, καὶ ἐκλοποφόρησάς με, καὶ ἀπήγαγες τὰς θυγατέρας μου,

27 ὡς αἰχμαλώτιδας μαχαίρᾳ; Καὶ εἰ ἀνήγγειλάς μοι, ἐξαπέστειλα
ἄν σε μετ᾽ εὐφροσύνης, καὶ μετὰ μουσικῶν, καὶ τυμπάνων,

28 καὶ κιθάρας. Καὶ οὐκ ἠξιώθην καταφιλῆσαι τὰ παιδία μου,

29 καὶ τὰς θυγατέρας μου· νῦν δὲ ἀφρόνως ἔπραξας. Καὶ νῦν
ἰσχύει ἡ χείρ μου κακοποιῆσαί σε· ὁ δὲ Θεὸς τοῦ πατρός
σου χθὲς εἶπε πρός με, λέγων, φύλαξαι σεαυτὸν μή ποτε

30 λαλήσῃς μετὰ Ἰακὼβ πονηρά. Νῦν οὖν πεπόρευσαι·
ἐπιθυμίᾳ γὰρ ἐπεθύμησας ἀπελθεῖν εἰς τὸν οἶκον τοῦ πατρός

31 σου· ἱνατί ἔκλεψας τοὺς θεούς μου; Ἀποκριθεὶς δὲ Ἰακὼβ
εἶπε τῷ Λάβαν, ὅτι ἐφοβήθην· εἶπα γὰρ, μή ποτε ἀφέλῃ

32 τὰς θυγατέρας σου ἀπ᾽ ἐμοῦ, καὶ πάντα τὰ ἐμά. Καὶ εἶπεν
Ἰακώβ, παρ᾽ ᾧ ἂν εὕρῃς τοὺς θεούς σου, οὐ ζήσεται ἐναντίον
τῶν ἀδελφῶν ἡμῶν· ἐπίγνωθι τί ἐστι παρ᾽ ἐμοὶ τῶν σῶν,
καὶ λάβε· καὶ οὐκ ἐπέγνω παρ᾽ αὐτῷ οὐθέν· οὐκ ᾔδει δὲ

33 Ἰακώβ, ὅτι Ῥαχὴλ ἡ γυνὴ αὐτοῦ ἔκλεψεν αὐτούς. Εἰσελθὼν
δὲ Λάβαν ἠρεύνησεν εἰς τὸν οἶκον Λείας, καὶ οὐχ εὗρεν·
καὶ ἐξῆλθεν ἐκ τοῦ οἴκου Λείας, καὶ ἠρεύνησε τὸν οἶκον
Ἰακώβ, καὶ ἐν τῷ οἴκῳ τῶν δύο παιδισκῶν, καὶ οὐχ εὗρεν·

34 εἰσῆλθε δὲ καὶ εἰς τὸν οἶκον Ῥαχήλ. Ῥαχὴλ δὲ ἔλαβε τὰ
εἴδωλα, καὶ ἐνέβαλεν αὐτὰ εἰς τὰ σάγματα τῆς καμήλου, καὶ

35 ἐπεκάθισεν αὐτοῖς. Καὶ εἶπε τῷ πατρὶ αὐτῆς, μὴ βαρέως
φέρε, κύριε· οὐ δύναμαι ἀναστῆναι ἐνώπιόν σου, ὅτι τὰ
κατ᾽ ἐθισμὸν τῶν γυναικῶν μοι ἐστίν· ἠρεύνησε Λάβαν ἐν

36 ὅλῳ τῷ οἴκῳ, καὶ οὐχ εὗρε τὰ εἴδωλα. Ὠργίσθη δὲ Ἰακώβ, καὶ
ἐμαχέσατο τῷ Λάβαν· ἀποκριθεὶς δὲ Ἰακὼβ εἶπε τῷ Λάβαν,
τί τὸ ἀδίκημά μου; καὶ τί τὸ ἁμάρτημά μου, ὅτι κατεδίωξας

37 ὀπίσω μου, καὶ ὅτι ἠρεύνησας πάντα τὰ σκεύη τοῦ οἴκου
μου; τί εὗρες ἀπὸ πάντων τῶν σκευῶν τοῦ οἴκου σου; θὲς
ὧδε ἐνώπιον τῶν ἀδελφῶν σου καὶ τῶν ἀδελφῶν μου, καὶ

38 ἐλεγξάτωσαν ἀνὰ μέσον τῶν δύο ἡμῶν. Ταῦτά μοι εἴκοσι
ἔτη ἐγώ εἰμι μετὰ σοῦ· τὰ πρόβατά σου καὶ αἱ αἶγές σου
οὐκ ἠτεκνώθησαν· κριοὺς τῶν προβάτων σου οὐ κατέφαγον.

39 Θηριάλωτον οὐκ ἐνήνοχά σοι· ἐγὼ ἀπετίννυον παρ᾽ ἐμαυτοῦ

40 κλέμματα ἡμέρας, καὶ κλέμματα νυκτός. Ἐγενόμην τῆς ἡμέρας
συγκαιόμενος τῷ καύματι, καὶ τῷ παγετῷ τῆς νυκτός· καὶ

41 ἀφίστατο ὁ ὕπνος μου ἀπὸ τῶν ὀφθαλμῶν μου. Ταῦτά μοι
εἴκοσι ἔτη ἐγώ εἰμι ἐν τῇ οἰκίᾳ σου· ἐδούλευσά σοι δεκατέσσαρα
ἔτη ἀντὶ τῶν δύο θυγατέρων σου, καὶ ἓξ ἔτη ἐν τοῖς προβάτοις

42 σου, καὶ παρελογίσω τὸν μισθόν μου δέκα ἀμνάσιν. Εἰ μὴ ὁ
Θεὸς τοῦ πατρός μου Ἀβραὰμ, καὶ ὁ φόβος Ἰσαὰκ, ἦν μοι,
νῦν ἂν κενόν με ἐξαπέστειλας· τὴν ταπείνωσίν μου, καὶ τὸν

Galaad. 22 But it was told Laban the Syrian on the third day, that Jacob was fled. 23 And having taken his brethren with him, he pursued after him seven days' journey, and overtook him on Mount Galaad. 24 And God came to Laban the Syrian in sleep by night, and said to him, Take heed to thyself that thou speak not at any time to Jacob evil things. 25 And Laban overtook Jacob; and Jacob pitched his tent in the mountain; and Laban stationed his brothers in the mount Galaad. 26 And Laban said to Jacob, What hast thou done? wherefore didst thou run away secretly, and pillage me, and lead away my daughters as captives taken with the sword? 27 Whereas if thou hadst told me, I would have sent thee away with mirth, and with songs, and timbrels, and harp. 28 And I was not counted worthy to embrace my children and my daughters; now then thou hast wrought foolishly. 29 And now my hand has power to hurt thee; but the God of thy father spoke to me yesterday, saying, Take heed to thyself that thou speak not evil words to Jacob. 30 Now then go on thy way, for thou hast earnestly desired to depart to the house of thy father; wherefore hast thou stolen my gods? 31 And Jacob answered and said to Laban, Because I was afraid; for I said, Lest at any time thou shouldest take away thy daughters from me, and all my possessions. 32 And Jacob said, With whomsoever thou shalt find thy gods, he shall not live in the presence of our brethren; take notice of what I have of thy property, and take it; and he observed nothing with him, but Jacob knew not that his wife Rachel had stolen them. 33 And Laban went in and searched in the house of Lea, and found *them* not; and he went out of the house of Lea, and searched in the house of Jacob, and in the house of the two maid-servants, and found them not; and he went also into the house of Rachel. 34 And Rachel took the idols, and cast them among the camels' packs, and sat upon them. 35 And she said to her father, Be not indignant, Sir; I cannot rise up before thee, for it is with me according to the manner of women. Laban searched in all the house, and found not the images. 36 And Jacob was angry, and strove with Laban; and Jacob answered and said to Laban, What is my injustice, and what my sin, that thou hast pursued after me, 37 and that thou hast searched all the furniture of my house? what hast thou found of all the furniture of thine house? set it here between thy relations and my relations, and let them decide between us two. 38 These twenty years have I been with thee; thy sheep, and thy she-goats have not failed in bearing; I devoured not the rams of thy cattle. 39 That which was taken of beasts I brought not to thee; I made good of myself the thefts of the day, and the thefts of the night. 40 I was parched with heat by day, and *chilled* with frost by night, and my sleep departed from my eyes. 41 These twenty years have I been in thy house; I served thee fourteen years for thy two daughters, and six years among thy sheep, and thou didst falsely rate my wages for ten lambs. 42 Unless I had the God of my father Abraam, and the fear of Isaac, now thou wouldest have sent me away empty; God saw my

humiliation, and the labour of my hands, and rebuked thee yesterday.

⁴³ And Laban answered and said to Jacob, The daughters are my daughters, and the sons my sons, and the cattle are my cattle, and all things which thou seest are mine, and *the property* of my daughters; what shall I do to them to-day, or their children which they bore? ⁴⁴ Now then come, let me make a covenant, both I and thou, and it shall be for a witness between me and thee; and he said to him, Behold, there is no one with us; behold, God is witness between me and thee. ⁴⁵ And Jacob having taken a stone, set it up for a pillar. ⁴⁶ And Jacob said to his brethren, Gather stones; and they gathered stones and made a heap, and ate there upon the heap; and Laban said to him, This heap witnesses between me and thee to-day. ⁴⁷ And Laban called it, the Heap of Testimony; and Jacob called it, the Witness Heap. ⁴⁸ And Laban said to Jacob, Behold this heap, and the pillar, which I have set between me and thee; this heap witnesses, and this pillar witnesses; therefore its name was called, the Heap witnesses. ⁴⁹ And the vision of which he said—Let God look to it between me and thee, because we are about to depart from each other,—⁵⁰ If thou shalt humble my daughters, if thou shouldest take wives in addition to my daughters, see, there is no one with us looking on. God *is* witness between me and thee. ⁵¹ And Laban said to Jacob, Behold, this heap, and this pillar are a witness. ⁵² For if I should not cross over unto thee, neither shouldest thou cross over to me, for mischief beyond this heap and this pillar. ⁵³ The God of Abraam and the God of Nachor judge between us; and Jacob swore by the Fear of his father Isaac. ⁵⁴ And he offered a sacrifice in the mountain, and called his brethren, and they ate and drank, and slept in the mountain. ⁵⁵ And Laban rose up in the morning, and kissed his sons and his daughters, and blessed them; and Laban having turned back, departed to his place.

And Jacob departed for his journey; and having looked up, he saw the ^β host of God encamped ; and the angels of God met him. ² And Jacob said, when he saw them, This is the Camp of God; and he called the name of that place, Encampments.

³ And Jacob sent messengers before him to Esau his brother to the land of Seir, to the country of Edom. ⁴ And he charged them, saying, Thus shall ye say to my lord Esau: Thus saith thy servant Jacob; I have sojourned with Laban and tarried until now. ⁵ And there were born to me oxen, and asses, and sheep, and men-servants and women-servants; and I sent to tell my lord Esau, that thy servant might find grace in thy sight. ⁶ And the messengers returned to Jacob, saying, We came to thy brother Esau, and lo! he comes to meet thee, and four hundred men with him. ⁷ And Jacob was greatly terrified, and was perplexed; and he divided the people that was with him, and the cows, and the camels, and the sheep, into two camps. ⁸ And Jacob said, If

κόπον τῶν χειρῶν μου, εἶδεν ὁ Θεός· καὶ ἤλεγξέ σε χθές.

Ἀποκριθεὶς δὲ Λάβαν εἶπε τῷ Ἰακώβ, αἱ θυγατέρες, θυγατέρες 43 μου, καὶ υἱοὶ, υἱοί μου, καὶ τὰ κτήνη, κτήνη μου· καὶ πάντα ὅσα σὺ ὁρᾷς, ἐμά ἐστι, καὶ τῶν θυγατέρων μου· τί ποιήσω ταύταις σήμερον ἢ τοῖς τέκνοις αὐτῶν, οἷς ἔτεκον; Νῦν οὖν δεῦρο διαθῶμαι διαθήκην 44 ἐγώ τε καὶ σύ· καὶ ἔσται εἰς μαρτύριον ἀνὰ μέσον ἐμοῦ καὶ σοῦ· εἶπε δὲ αὐτῷ, ἰδοὺ οὐθεὶς μεθ᾽ ἡμῶν ἐστιν· ἴδε ὁ Θεὸς μάρτυς ἀνὰ μέσον ἐμοῦ καὶ σοῦ. Λαβὼν δὲ Ἰακὼβ λίθον, 45 ἔστησεν αὐτὸν στήλην. Εἶπε δὲ Ἰακὼβ τοῖς ἀδελφοῖς αὐτοῦ, 46 συλλέγετε λίθους· καὶ συνέλεξαν λίθους, καὶ ἐποίησαν βουνόν· καὶ ἔφαγον ἐκεῖ ἐπὶ τοῦ βουνοῦ· καὶ εἶπεν αὐτῷ Λάβαν, ὁ βουνὸς οὗτος μαρτυρεῖ ἀνὰ μέσον ἐμοῦ καὶ σοῦ σήμερον. Καὶ 47 ἐκάλεσεν αὐτὸν Λάβαν, βουνὸς τῆς μαρτυρίας· Ἰακὼβ δὲ ἐκάλεσεν αὐτὸν, βουνὸς μάρτυς. Εἶπε δὲ Λάβαν τῷ Ἰακώβ, 48 ἰδοὺ ὁ βουνὸς οὗτος καὶ ἡ στήλη, ἣν ἔστησα ἀνὰ μέσον ἐμοῦ καὶ σοῦ· μαρτυρεῖ ὁ βουνὸς οὗτος, καὶ μαρτυρεῖ ἡ στήλη αὕτη· διὰ τοῦτο ἐκλήθη τὸ ὄνομα, βουνὸς μαρτυρεῖ. Καὶ ἡ ὅρασις, 49 ἣν εἶπεν, ἐπίδοι ὁ Θεὸς ἀνὰ μέσον ἐμοῦ καὶ σοῦ· ὅτι ἀποστησό- μεθα ἕτερος ἀφ᾽ ἑτέρου. Εἰ ταπεινώσεις τὰς θυγατέρας μου, 50 εἰ λάβῃς γυναῖκας πρὸς ταῖς θυγατράσι μου, ὅρα, οὐθεὶς μεθ᾽ ἡμῶν ἐστιν ὁρῶν· Θεὸς μάρτυς μεταξὺ ἐμοῦ καὶ μεταξὺ σοῦ. Καὶ εἶπε Λάβαν τῷ Ἰακώβ, ἰδοὺ ὁ βουνὸς οὗτος καὶ μάρτυς 51 ἡ στήλη αὕτη. Ἐάν τε γὰρ ἐγὼ μὴ διαβῶ πρός σε, μήτε σὺ 52 διαβῇς πρός με τὸν βουνὸν τοῦτον καὶ τὴν στήλην ταύτην ἐπὶ κακίᾳ. Ὁ Θεὸς Ἀβραὰμ καὶ ὁ Θεὸς Ναχὼρ κρίναι ἀνὰ μέσον 53 ἡμῶν· καὶ ὤμοσεν Ἰακὼβ κατὰ τοῦ φόβου τοῦ πατρὸς αὐτοῦ Ἰσαάκ. Καὶ ἔθυσεν θυσίαν ἐν τῷ ὄρει· καὶ ἐκάλεσε τοὺς 54 ἀδελφοὺς αὐτοῦ, καὶ ἔφαγον καὶ ἔπιον, καὶ ἐκοιμήθησαν ἐν τῷ ὄρει. Ἀναστὰς δὲ Λάβαν τὸ πρωὶ, κατεφίλησε τοὺς υἱοὺς καὶ 55 τὰς θυγατέρας αὐτοῦ, καὶ εὐλόγησεν αὐτούς· καὶ ἀποστραφεὶς Λάβαν ἀπῆλθεν εἰς τὸν τόπον αὐτοῦ.

Καὶ Ἰακὼβ ἀπῆλθεν εἰς τὴν ὁδὸν ἑαυτοῦ· καὶ ἀναβλέψας 32 εἶδε παρεμβολὴν Θεοῦ παρεμβεβληκυῖαν· καὶ συνήντησαν αὐτῷ οἱ Ἄγγελοι τοῦ Θεοῦ. Εἶπε δὲ Ἰακὼβ, ἡνίκα εἶδεν αὐτοὺς, 2 παρεμβολὴ Θεοῦ αὕτη· καὶ ἐκάλεσε τὸ ὄνομα τοῦ τόπου ἐκείνου, Παρεμβολαί.

Ἀπέστειλε δὲ Ἰακὼβ ἀγγέλους ἔμπροσθεν αὐτοῦ πρὸς Ἡσαῦ 3 τὸν ἀδελφὸν αὐτοῦ εἰς γῆν Σηεὶρ, εἰς χώραν Ἐδώμ. Καὶ ἐνετεί- 4 λατο αὐτοῖς, λέγων, οὕτως ἐρεῖτε τῷ κυρίῳ μου Ἡσαῦ· οὕτως λέγει ὁ παῖς σου Ἰακώβ· μετὰ Λάβαν παρῴκησα, καὶ ἐχρόνισα ἕως τοῦ νῦν. Καὶ ἐγένοντό μοι βόες, καὶ ὄνοι, καὶ πρόβατα, 5 καὶ παῖδες, καὶ παιδίσκαι· καὶ ἀπέστειλα ἀναγγεῖλαι τῷ κυρίῳ μου Ἡσαῦ, ἵνα εὕρῃ ὁ παῖς σου χάριν ἐναντίον σου. Καὶ 6 ἀνέστρεψαν οἱ ἄγγελοι πρὸς Ἰακὼβ, λέγοντες, ἤλθομεν πρὸς τὸν ἀδελφόν σου Ἡσαῦ· καὶ ἰδοὺ αὐτὸς ἔρχεται εἰς συνάντησίν σου, καὶ τετρακόσιοι ἄνδρες μεθ᾽ αὐτοῦ. Ἐφοβήθη δὲ Ἰακὼβ 7 σφόδρα, καὶ ἠπορεῖτο· καὶ διεῖλε τὸν λαὸν τὸν μεθ᾽ ἑαυτοῦ, καὶ τοὺς βόας, καὶ τὰς καμήλους, καὶ τὰ πρόβατα, εἰς δύο παρεμβο- λάς. Καὶ εἶπεν Ἰακὼβ, ἐὰν ἔλθῃ Ἡσαῦ εἰς παρεμβολὴν μίαν, 8

β Gr. camp

καὶ κόψῃ αὐτὴν, ἔσται ἡ παρεμβολὴ ἡ δευτέρα εἰς τὸ σῴζεσθαι.

9 Εἶπε δὲ Ἰακὼβ, ὁ Θεὸς τοῦ πατρός μου Ἀβραὰμ, καὶ ὁ Θεὸς τοῦ πατρός μου Ἰσαὰκ, Κύριε σὺ ὁ εἰπών μοι, ἀπότρεχε εἰς τὴν

10 γῆν τῆς γενέσεώς σου, καὶ εὖ σε ποιήσω· Ἱκανούσθω μοι ἀπὸ πάσης δικαιοσύνης, καὶ ἀπὸ πάσης ἀληθείας, ἧς ἐποίησας τῷ παιδί σου· ἐν γὰρ τῇ ῥάβδῳ μου ταύτῃ διέβην τὸν Ἰορδάνην

11 τοῦτον· νυνὶ δὲ γέγονα εἰς δύο παρεμβολάς. Ἐξελοῦ με ἐκ χειρὸς τοῦ ἀδελφοῦ μου, ἐκ χειρὸς Ἡσαῦ· ὅτι φοβοῦμαι ἐγὼ

12 αὐτὸν, μή ποτε ἐλθὼν πατάξῃ με, καὶ μητέρα ἐπὶ τέκνοις. Σὺ δὲ εἶπας, εὖ σε ποιήσω, καὶ θήσω τὸ σπέρμα σου ὡς τὴν ἄμμον

13 τῆς θαλάσσης, ἣ οὐκ ἀριθμηθήσεται ὑπὸ τοῦ πλήθους. Καὶ ἐκοιμήθη ἐκεῖ τὴν νύκτα ἐκείνην· καὶ ἔλαβεν ὧν ἔφερεν

14 δῶρα· καὶ ἐξαπέστειλεν Ἡσαῦ τῷ ἀδελφῷ αὐτοῦ, αἶγας διακοσίας, τράγους εἴκοσι, πρόβατα διακόσια, κριοὺς εἴκοσι,

15 καμήλους θηλαζούσας καὶ τὰ παιδία αὐτῶν τριάκοντα, βόας τεσσαράκοντα, ταύρους δέκα, ὄνους εἴκοσι, καὶ πώλους δέκα.

16 Καὶ ἔδωκεν αὐτὰ τοῖς παισὶν αὐτοῦ ποίμνιον κατὰ μόνας· εἶπε δὲ τοῖς παισὶν αὐτοῦ, προπορεύεσθε ἔμπροσθέν μου, καὶ διάστημα ποιεῖτε ἀνὰ μέσον ποίμνης καὶ ποίμνης.

17 Καὶ ἐνετείλατο τῷ πρώτῳ, λέγων, ἐάν σοι συναντήσῃ Ἡσαῦ ὁ ἀδελφός μου, καὶ ἐρωτᾷ σε, λέγων, τίνος εἶ; καὶ ποῦ πορεύῃ;

18 καὶ τίνος ταῦτα τὰ προπορευόμενά σου; Ἐρεῖς, τοῦ παιδός σου Ἰακώβ· δῶρα ἀπέσταλκε τῷ κυρίῳ μου Ἡσαῦ· καὶ ἰδοὺ αὐτὸς

19 ὀπίσω ἡμῶν. Καὶ ἐνετείλατο τῷ πρώτῳ, καὶ τῷ δευτέρῳ, καὶ τῷ τρίτῳ, καὶ πᾶσι τοῖς προπορευομένοις ὀπίσω τῶν ποιμνίων τούτων, λέγων, κατὰ τὸ ῥῆμα τοῦτο λαλήσατε Ἡσαῦ ἐν τῷ

20 εὑρεῖν ὑμᾶς αὐτόν· Καὶ ἐρεῖτε, ἰδοὺ ὁ παῖς σου Ἰακὼβ παραγίνεται ὀπίσω ἡμῶν· εἶπε γὰρ, ἐξιλάσομαι τὸ πρόσωπον αὐτοῦ ἐν τοῖς δώροις τοῖς προπορευομένοις αὐτοῦ, καὶ μετὰ τοῦτο ὄψομαι τὸ πρόσωπον αὐτοῦ· ἴσως γὰρ προσδέξεται τὸ πρόσωπόν μου.

21 Καὶ προεπορεύετο τὰ δῶρα κατὰ πρόσωπον αὐτοῦ· αὐτὸς δὲ

22 ἐκοιμήθη τὴν νύκτα ἐκείνην ἐν τῇ παρεμβολῇ. Ἀναστὰς δὲ τὴν νύκτα ἐκείνην, ἔλαβε τὰς δύο γυναῖκας, καὶ τὰς δύο παιδίσκας, καὶ τὰ ἕνδεκα παιδία αὐτοῦ, καὶ διέβη τὴν διάβασιν

23 τοῦ Ἰαβώχ. Καὶ ἔλαβεν αὐτοὺς, καὶ διέβη τὸν χειμάρρουν, καὶ διεβίβασε πάντα τὰ αὐτοῦ.

24 Ὑπελείφθη δὲ Ἰακὼβ μόνος· καὶ ἐπάλαιεν ἄνθρωπος μετ'

25 αὐτοῦ ἕως πρωΐ. Εἶδε δὲ ὅτι οὐ δύναται πρὸς αὐτόν· καὶ ἥψατο τοῦ πλάτους τοῦ μηροῦ αὐτοῦ, καὶ ἐνάρκησε τὸ πλάτος

26 τοῦ μηροῦ Ἰακὼβ ἐν τῷ παλαίειν αὐτὸν μετ' αὐτοῦ. Καὶ εἶπεν αὐτῷ, ἀπόστειλόν με, ἀνέβη γὰρ ὁ ὄρθρος· ὁ δὲ εἶπεν, οὐ μή

27 σε ἀποστείλω, ἐὰν μή με εὐλογήσῃς. Εἶπε δὲ αὐτῷ, τί τὸ

28 ὄνομά σου ἐστίν; ὁ δὲ εἶπεν, Ἰακώβ. Καὶ εἶπεν αὐτῷ, οὐ κληθήσεται ἔτι τὸ ὄνομά σου Ἰακὼβ, ἀλλ' Ἰσραὴλ ἔσται τὸ ὄνομά σου· ὅτι ἐνίσχυσας μετὰ Θεοῦ, καὶ μετὰ ἀνθρώπων

29 δυνατὸς ἔσῃ. Ἠρώτησε δὲ Ἰακὼβ, καὶ εἶπεν, ἀνάγγειλόν μοι τὸ ὄνομά σου· καὶ εἶπεν, ἱνατί τοῦτο ἐρωτᾷς σὺ τὸ ὄνομά μου;

30 καὶ εὐλόγησεν αὐτὸν ἐκεῖ. Καὶ ἐκάλεσεν Ἰακὼβ τὸ ὄνομα τοῦ τόπου ἐκείνου, εἶδος Θεοῦ· εἶδον γὰρ Θεὸν πρόσωπον πρὸς πρός-

31 ωπον, καὶ ἐσώθη μου ἡ ψυχή. Ἀνέτειλε δὲ αὐτῷ ὁ ἥλιος, ἡνίκα

Esau should come to one camp, and smite it, the other camp shall be in safety. 9 And Jacob said, God of my father Abraam, and God of my father Isaac, O Lord, thou *art* he that said to me, Depart quickly to the land of thy birth, and I will do thee good. 10 Let there be to me a sufficiency of all the justice and all the truth which thou hast wrought with thy servant; for with this my staff I passed over this Jordan, and now I am become two camps. 11 Deliver me from the hand of my brother, from the hand of Esau, for I am afraid of him, lest haply he should come and smite me, and the mother upon the children. 12 But thou saidst, I will do thee good, and will make thy seed as the sand of the sea, which shall not be numbered for multitude. 13 And he slept there that night, and took of the gifts which he carried *with him*, and sent out to Esau his brother, 14 two hundred she-goats, twenty he-goats, two hundred sheep, twenty rams, 15 milch camels, and their foals, thirty, forty kine, ten bulls, twenty asses, and ten colts. 16 And he gave them to his servants *each* drove apart; and he said to his servants, Go on before me, and put a space between drove and drove. 17 And he charged the first, saying, If Esau my brother meet thee, and he ask thee, saying, Whose art thou? and whither wouldest thou go, and whose are these possessions advancing before thee? 18 Thou shalt say, Thy servant Jacob's; he hath sent gifts to my lord Esau, and lo! he is behind us. 19 And he charged the first and the second and the third, and all that went before him after these flocks, saying, Thus shall ye speak to Esau when ye find him; 20 and ye shall say, Behold thy servant Jacob comes after us. For he said, I will propitiate his countenance with the gifts going before his presence, and afterwards I will behold his face, for peradventure he will accept βme. 21 So the presents went on before him, but he himself lodged that night in the camp. 22 And he rose up in that night, and took his two wives and his two servantmaids, and his eleven children, and crossed over the ford of Jaboch. 23 And he took them, and passed over the torrent, and brought over all his possessions.

24 And Jacob was left alone; and a man wrestled with him till the morning. 25 And he saw that he prevailed not against him; and he touched the broad part of his thigh, and the broad part of Jacob's thigh was benumbed in his wrestling with him. 26 And he said to him, Let me go, for the day has dawned; but he said, I will not let thee go, except thou bless me. 27 And he said to him, What is thy name? and he answered, Jacob. 28 And he said to him, Thy name shall no longer be called Jacob, but Israel shall be thy name; for thou hast prevailed with God, and shalt be mighty with men. 29 And Jacob asked and said, Tell me thy name; and he said, Wherefore dost thou ask after my name? and he blessed him there. 30 And Jacob called the name of that place, the Face of God; for, *said he*, I have seen God face to face, and my life was preserved. 31 And the sun rose upon him, when

---

β Gr. my face.

he passed the Face of God; and he halted upon his thigh. ³²Therefore the children of Israel will by no means eat of the sinew which was benumbed, which is on the broad part of the thigh, until this day, because *the angel* touched the broad part of the thigh of Jacob—*even* the sinew which was benumbed.

And Jacob β lifted up his eyes, and beheld, and lo! Esau his brother coming, and four hundred men with him; and Jacob divided the children to Lea and to Rachel, and the two handmaidens. ²And he put the two handmaidens and their children with the first, and Lea and her children behind, and Rachel and Joseph last. ³But he advanced himself before them, and did reverence to the ground seven times, until he drew near to his brother. ⁴And Esau ran on to meet him, and embraced him, and fell on his neck, and kissed him; and they both wept. ⁵And Esau looked up and saw the women and the children, and said, What are these to thee? And he said, The children with which God has mercifully blessed thy servant. ⁶And the maid-servants and their children drew near and did reverence. ⁷And Lea and her children drew near and did reverence; and after this drew near Rachel and Joseph, and did reverence. ⁸And he said, What are these things to thee, all these companies that I have met? And he said, That thy servant might find grace in thy sight, my lord. ⁹And Esau said, I have much, my brother; keep thine own. ¹⁰And Jacob said, If I have found grace in thy sight, receive the gifts through my hands; therefore have I seen thy face, as if any one should see the face of God, and thou shalt be well-pleased with me. ¹¹Receive my blessings, which I have brought thee, because God has had mercy on me, and I have all things; and he constrained him, and he took *them*. ¹²And he said, Let us depart, and proceed right onward. ¹³And he said to him, My lord knows, that the children are very tender, and the flocks and the herds with me are with young; if then I shall drive them hard one day, all the cattle will die. ¹⁴Let my lord go on before his servant, and I shall have strength on the road according to the ease of the journey before me, and according to the γ strength of the children, until I come to my lord to Seir. ¹⁵And Esau said, I will leave with thee some of the people who are with me. And he said, Why so? it is enough that I have found favour before thee, *my lord.* ¹⁶And Esau returned on that day on his journey to Seir. ¹⁷And Jacob departs to his tents; and he made for himself there habitations, and for his cattle he made booths; therefore he called the name of that place, Booths.

¹⁸And Jacob came to Salem, a city of Secima, which is in the land of Chanaan, when he departed out of Mesopotamia of Syria, and δtook up a position in front of the city. ¹⁹And he bought the portion of the field, where he pitched his tent, of Emmor the father of Sychem, for a hundred lambs. ²⁰And he set up there an altar, and called on the God of Israel.

παρῆλθε τὸ εἶδος τοῦ Θεοῦ· αὐτὸς δὲ ἐπέσκαζε τῷ μηρῷ αὐτοῦ. Ἕνεκεν τούτου οὐ μὴ φάγωσιν υἱοὶ Ἰσραὴλ τὸ νεῦρον, ὃ ἐνάρ- 32 κησεν, ὅ ἐστιν ἐπὶ τοῦ πλάτους τοῦ μηροῦ, ἕως τῆς ἡμέρας ταύτης, ὅτι ἥψατο τοῦ πλάτους τοῦ μηροῦ Ἰακὼβ τοῦ νεύρου, ὃ ἐνάρκησεν.

Ἀναβλέψας δὲ Ἰακὼβ τοῖς ὀφθαλμοῖς αὐτοῦ εἶδε· καὶ ἰδοὺ 33 Ἡσαῦ ὁ ἀδελφὸς αὐτοῦ ἐρχόμενος, καὶ τετρακόσιοι ἄνδρες μετ' αὐτοῦ· καὶ διεῖλεν Ἰακὼβ τὰ παιδία ἐπὶ Λείαν, καὶ ἐπὶ Ῥαχὴλ, καὶ τὰς δύο παιδίσκας. Καὶ ἔθετο τὰς δύο παιδίσκας καὶ τοὺς 2 υἱοὺς αὐτῶν ἐν πρώτοις, καὶ Λείαν καὶ τὰ παιδία αὐτῆς ὀπίσω, καὶ Ῥαχὴλ καὶ Ἰωσὴφ ἐσχάτους. Αὐτὸς δὲ προῆλθεν ἔμπρο- 3 σθεν αὐτῶν· καὶ προσεκύνησεν ἐπὶ τὴν γῆν ἑπτάκις, ἕως τοῦ ἐγγίσαι τῷ ἀδελφῷ αὐτοῦ. Καὶ προσέδραμεν Ἡσαῦ εἰς 4 συνάντησιν αὐτῷ· καὶ περιλαβὼν αὐτὸν προσέπεσεν ἐπὶ τὸν τράχηλον αὐτοῦ, καὶ κατεφίλησεν αὐτόν· καὶ ἔκλαυσαν ἀμφό- τεροι. Καὶ ἀναβλέψας Ἡσαῦ εἶδε τὰς γυναῖκας καὶ τὰ παιδία· 5 καὶ εἶπε, τί ταῦτά σοι ἐστίν; ὁ δὲ εἶπε, τὰ παιδία, οἷς ἠλέησεν ὁ Θεὸς τὸν παιδά σου. Καὶ προσήγγισαν αἱ παιδίσκαι καὶ τὰ 6 τέκνα αὐτῶν, καὶ προσεκύνησαν. Καὶ προσήγγισε Λεία καὶ τὰ 7 τέκνα αὐτῆς, καὶ προσεκύνησαν· καὶ μετὰ ταῦτα προσήγγισε Ῥαχὴλ καὶ Ἰωσὴφ, καὶ προσεκύνησαν. Καὶ εἶπε, τί ταῦτά 8 σοι ἐστιν, πᾶσαι αἱ παρεμβολαὶ αὗται, αἷς ἀπήντηκα; ὁ δὲ εἶπεν, ἵνα εὕρῃ ὁ παῖς σου χάριν ἐναντίον σου, κύριε. Εἶπε δὲ 9 Ἡσαῦ, ἔστι μοι πολλὰ, ἀδελφέ· ἔστω σοι τὰ σά. Εἶπε δὲ 10 Ἰακὼβ, εἰ εὗρον χάριν ἐναντίον σου, δέξαι τὰ δῶρα διὰ τῶν ἐμῶν χειρῶν· ἕνεκεν τούτου εἶδον τὸ πρόσωπόν σου, ὡς ἄν τις ἴδοι πρόσωπον Θεοῦ, καὶ εὐδοκήσεις με. Λάβε τὰς εὐλογίας 11 μου, ἃς ἤνεγκά σοι, ὅτι ἠλέησέ με ὁ Θεὸς, καὶ ἔστι μοι πάντα· καὶ ἐβιάσατο αὐτὸν, καὶ ἔλαβε. Καὶ εἶπεν, ἀπάραντες πορευ- 12 σώμεθα ἐπ' εὐθεῖαν. Εἶπε δὲ αὐτῷ, ὁ κύριός μου γινώσκει, ὅτι 13 τὰ παιδία ἁπαλώτερα, καὶ τὰ πρόβατα καὶ αἱ βόες λοχεύονται ἐπ' ἐμέ· ἐὰν οὖν καταδιώξω αὐτὰ ἡμέραν μίαν, ἀποθανοῦνται πάντα τὰ κτήνη. Προελθέτω ὁ κύριός μου ἔμπροσθεν τοῦ 14 παιδός αὐτοῦ· ἐγὼ δὲ ἐνισχύσω ἐν τῇ ὁδῷ κατὰ σχολὴν τῆς πορεύσεως τῆς ἐναντίον μου, καὶ κατὰ πόδα τῶν παιδαρίων, ἕως τοῦ ἐλθεῖν με πρὸς τὸν κύριόν μου εἰς Σηείρ. Εἶπε δὲ Ἡσαῦ, 15 καταλείψω μετὰ σοῦ ἀπὸ τοῦ λαοῦ τοῦ μετ' ἐμοῦ· ὁ δὲ εἶπεν, ἱνατί τοῦτο; ἱκανὸν ὅτι εὗρον χάριν ἐναντίον σου, κύριε. Ἀπέ- 16 στρεψε δὲ Ἡσαῦ ἐν τῇ ἡμέρᾳ ἐκείνῃ εἰς τὴν ὁδὸν αὐτοῦ εἰς Σηείρ. Καὶ Ἰακὼβ ἀπαίρει εἰς σκηνὰς, καὶ ἐποίησεν ἑαυτῷ 17 ἐκεῖ οἰκίας, καὶ τοῖς κτήνεσιν αὐτοῦ ἐποίησε σκηνάς· διὰ τοῦτο ἐκάλεσε τὸ ὄνομα τοῦ τόπου ἐκείνου, Σκηναί.

Καὶ ἦλθεν Ἰακὼβ εἰς Σαλὴμ, πόλιν Σηκίμων, ἥ ἐστιν ἐν γῇ 18 Χαναὰν, ὅτε ἐπανῆλθεν ἐκ τῆς Μεσοποταμίας Συρίας· καὶ παρενέλαβε κατὰ πρόσωπον τῆς πόλεως. Καὶ ἐκτήσατο τὴν 19 μερίδα τοῦ ἀγροῦ, οὗ ἔστησεν ἐκεῖ τὴν σκηνὴν αὐτοῦ, παρὰ Ἐμμὼρ πατρὸς Συχὲμ, ἑκατὸν ἀμνῶν. Καὶ ἔστησεν ἐκεῖ 20 θυσιαστήριον, καὶ ἐπεκαλέσατο τὸν Θεὸν Ἰσραήλ.

β Gr. looked up with.   λ Gr. foot.
δ Or, pitched his tent. *Alex.* παρενέβαλε, for which probably παρενέλαβε is a mere mistake. So *Bos* and *P. Junius* thought.

34 Ἐξῆλθε δὲ Δεῖνα, ἡ θυγάτηρ Λείας, ἣν ἔτεκε τῷ Ἰακὼβ,
2 καταμαθεῖν τὰς θυγατέρας τῶν ἐγχωρίων. Καὶ εἶδεν αὐτὴν
Συχὲμ ὁ υἱὸς Ἐμμὼρ ὁ Εὑαῖος, ὁ ἄρχων τῆς γῆς· καὶ λαβὼν
3 αὐτὴν, ἐκοιμήθη μετ᾽ αὐτῆς, καὶ ἐταπείνωσεν αὐτήν. Καὶ
προσέσχε τῇ ψυχῇ Δείνας τῆς θυγατρὸς Ἰακώβ· καὶ ἠγάπησε
τὴν παρθένον· καὶ ἐλάλησε κατὰ τὴν διάνοιαν τῆς παρθένου
4 αὐτῇ. Εἶπε Συχὲμ πρὸς Ἐμμὼρ τὸν πατέρα αὐτοῦ, λέγων,
5 λάβε μοι τὴν παῖδα ταύτην εἰς γυναῖκα. Ἰακὼβ δὲ ἤκουσεν,
ὅτι ἐμίανεν ὁ υἱὸς Ἐμμὼρ Δείναν τὴν θυγατέρα αὐτοῦ· οἱ δὲ
υἱοὶ αὐτοῦ ἦσαν μετὰ τῶν κτηνῶν αὐτοῦ ἐν τῷ πεδίῳ· παρεσιώ-
6 πησε δὲ Ἰακὼβ, ἕως τοῦ ἐλθεῖν αὐτούς. Ἐξῆλθε δὲ Ἐμμὼρ ὁ
7 πατὴρ Συχὲμ πρὸς Ἰακὼβ, λαλῆσαι αὐτῷ. Οἱ δὲ υἱοὶ Ἰακὼβ
ἦλθον ἐκ τοῦ πεδίου· ὡς δὲ ἤκουσαν, κατενύγησαν οἱ ἄνδρες,
καὶ λυπηρὸν ἦν αὐτοῖς σφόδρα· ὅτι ἄσχημον ἐποίησεν ἐν Ἰσ-
ραήλ, κοιμηθεὶς μετὰ τῆς θυγατρὸς Ἰακώβ· καὶ οὐχ οὕτως
8 ἔσται. Καὶ ἐλάλησεν Ἐμμὼρ αὐτοῖς, λέγων, Συχὲμ ὁ υἱός μου
προείλετο τῇ ψυχῇ τὴν θυγατέρα ὑμῶν· δότε οὖν αὐτὴν αὐτῷ
9 γυναῖκα, καὶ ἐπιγαμβρεύσασθε ἡμῖν· τὰς θυγατέρας ὑμῶν
10 δότε ἡμῖν, καὶ τὰς θυγατέρας ἡμῶν λάβετε τοῖς υἱοῖς ὑμῶν. Καὶ
ἐν ἡμῖν κατοικεῖτε· καὶ ἡ γῆ ἰδοὺ πλατεῖα ἐναντίον ὑμῶν· κατοι-
11 κεῖτε, καὶ ἐμπορεύεσθε ἐπ᾽ αὐτῆς, καὶ ἐγκτᾶσθε ἐν αὐτῇ. Εἶπε δὲ
Συχὲμ πρὸς τὸν πατέρα αὐτῆς, καὶ πρὸς τοὺς ἀδελφοὺς αὐτῆς,
12 εὕροιμι χάριν ἐναντίον ὑμῶν· καὶ ὃ ἐὰν εἴπητε, δώσομεν. Πλη-
θύνατε τὴν φερνὴν σφόδρα, καὶ δώσω καθότι ἂν εἴπητέ μοι,
καὶ δώσετέ μοι τὴν παῖδα ταύτην εἰς γυναῖκα.
13 Ἀπεκρίθησαν δὲ οἱ υἱοὶ Ἰακὼβ τῷ Συχὲμ, καὶ Ἐμμὼρ τῷ
πατρὶ αὐτοῦ, μετὰ δόλου· καὶ ἐλάλησαν αὐτοῖς, ὅτι ἐμίαναν
14 Δεῖναν τὴν ἀδελφὴν αὐτῶν. Καὶ εἶπαν αὐτοῖς Συμεὼν καὶ
Λευὶ οἱ ἀδελφοὶ Δείνας, οὐ δυνησόμεθα ποιῆσαι τὸ ῥῆμα
τοῦτο, δοῦναι τὴν ἀδελφὴν ἡμῶν ἀνθρώπῳ, ὃς ἔχει ἀκροβυστ-
15 ίαν· ἔστι γὰρ ὄνειδος ἡμῖν. Μόνον ἐν τούτῳ ὁμοιωθησόμεθα
ὑμῖν, καὶ κατοικήσομεν ἐν ὑμῖν, ἐὰν γένησθε ὡς ἡμεῖς καὶ ὑμεῖς,
16 ἐν τῷ περιτμηθῆναι ὑμῶν πᾶν ἀρσενικόν. Καὶ δώσομεν τὰς
θυγατέρας ἡμῶν ὑμῖν, καὶ ἀπὸ τῶν θυγατέρων ὑμῶν ληψόμεθα
ἡμῖν γυναῖκας, καὶ οἰκήσομεν παρ᾽ ὑμῖν, καὶ ἐσόμεθα ὡς γένος
17 ἕν. Ἐὰν δὲ μὴ εἰσακούσητε ἡμῶν τοῦ περιτεμέσθαι, λαβόντες
18 τὴν θυγατέρα ἡμῶν ἀπελευσόμεθα. Καὶ ἤρεσαν οἱ λόγοι
19 ἐναντίον Ἐμμὼρ, καὶ ἐναντίον Συχὲμ τοῦ υἱοῦ Ἐμμόρ. Καὶ
οὐκ ἐχρόνισεν ὁ νεανίσκος τοῦ ποιῆσαι τὸ ῥῆμα τοῦτο· ἐνέκειτο
γὰρ τῇ θυγατρὶ Ἰακώβ· αὐτὸς δὲ ἦν ἐνδοξότατος πάντων τῶν
20 ἐν τῷ οἴκῳ τοῦ πατρὸς αὐτοῦ. Ἦλθε δὲ Ἐμμὼρ καὶ Συχὲμ
ὁ υἱὸς αὐτοῦ πρὸς τὴν πύλην τῆς πόλεως αὐτῶν, καὶ ἐλάλησαν
21 πρὸς τοὺς ἄνδρας τῆς πόλεως αὐτῶν, λέγοντες, Οἱ ἄνθρωποι
οὗτοι εἰρηνικοί εἰσι, μεθ᾽ ἡμῶν οἰκείτωσαν ἐπὶ τῆς γῆς, καὶ
ἐμπορευέσθωσαν αὐτήν· ἡ δὲ γῆ ἰδοὺ πλατεῖα ἐναντίον αὐτῶν·
τὰς θυγατέρας αὐτῶν ληψόμεθα ἡμῖν γυναῖκας, καὶ τὰς θυγατέ-
22 ρας ἡμῶν δώσομεν αὐτοῖς. Ἐν τούτῳ μόνον ὁμοιωθήσονται
ἡμῖν οἱ ἄνθρωποι τοῦ κατοικεῖν μεθ᾽ ἡμῶν, ὥστε εἶναι λαὸν
ἕνα, ἐν τῷ περιτεμέσθαι ἡμῶν πᾶν ἀρσενικὸν, καθὰ καὶ αὐτοὶ
23 περιτέτμηνται. Καὶ τὰ κτήνη αὐτῶν, καὶ τὰ τετράποδα, καὶ τὰ

And Dina, the daughter of Lea, whom she bore to Jacob, went forth to observe the daughters of the inhabitants. [2] And Sychem the son of Emmor the β Evite, the ruler of the land, saw her, and took her and lay with her, and humbled her. [3] And he was attached to the soul of Dina the daughter of Jacob, and he loved the damsel, and he spoke γ kindly to the damsel. [4] Sychem spoke to Emmor his father, saying, Take for me this damsel to wife. [5] And Jacob heard that the son of Emmor had defiled Dina his daughter (now his sons were with his cattle in the plain). And Jacob was silent until they came. [6] And Emmor the father of Sychem went forth to Jacob, to speak to him. [7] And the sons of Jacob came from the plain; and when they heard, the men were deeply pained, and it was very grievous to them, because *the man* wrought folly in Israel, having lain with the daughter of Jacob, and so it δ must not be. [8] And Emmor spoke to them, saying, Sychem my son has chosen in his heart your daughter; give her therefore to him for a wife, [9] and intermarry with us. Give us your daughters, and take our daughters for your sons. [10] And dwell in the midst of us; and, behold, the land is spacious before you, dwell in it, and trade, and get possessions in it. [11] And Sychem said to her father and to her brothers, I would find grace before you, and we will give whatever ye shall name. [12] Multiply *your demand of* dowry very much, and I will give accordingly as ye shall say to me, only ye shall give me this damsel for a wife.

[13] And the sons of Jacob answered to Sychem and Emmor his father craftily, and spoke to them, because they had defiled Dina their sister. [14] And Symeon and Levi, the brothers of Dina, said to them, We shall not be able to do this thing, to give our sister to a man who is uncircumcised, for it is a reproach to us. [15] Only on these terms will we conform to you, and dwell among you, if ye also will be as we are, in that every male of you be circumcised. [16] And we will give our daughters to you, and we will take of your daughters for wives to us, and we will dwell with you, and we will be as one race. [17] But if ye will not hearken to us to be circumcised, we will take our daughter and depart. [18] And the words pleased Emmor, and Sychem the son of Emmor. [19] And the young man delayed not to do this ζ thing, for he was much attached to Jacob's daughter, and he was the most honourable of all in his father's house. [20] And Emmor and Sychem his son came to the gate of their city, and spoke to the men of their city, saying, [21] These men are peaceable, let them dwell with us upon the land, and let them trade in it, and behold the land is extensive before them; we will take their daughters to us for wives, and we will give them our daughters. [22] Only on these terms will the men conform to us to dwell with us so as to be one people, if every male of us be circumcised, as they also are circumcised. [23] And shall not their cattle and

---

β *Alex.* the Chorrhæan.   γ *Lit.* spoke according to the heart of the damsel—to her.   A literal version of the Hebrew.
δ *Lit.* shall not be.   ζ *Gr.* word.

their β herds, and their possessions, be ours? only in this let us conform to them, and they will dwell with us. ²⁴ And all that went in at the gate of their city hearkened to Emmor and Sychem his son, and they were circumcised in the flesh of their foreskin every male.

²⁵ And it came to pass on the third day, when they were in pain, the two sons of Jacob, Symeon and Levi, Dina's brethren, took each man his sword, and came upon the city securely, and slew every male. ²⁶ And they slew Emmor and Sychem his son with the edge of the sword, and took Dina out of the house of Sychem, and went forth. ²⁷ But the sons of Jacob came upon the γ wounded, and ravaged the city wherein they had defiled Dina their sister. ²⁸ And their sheep, and their oxen, and their asses they took, and all things whatsoever were in the city, and whatsoever were in the plain. ²⁹ And they took captive all the persons of them, and all their store, and their wives, and plundered both whatever things there were in the city, and whatever things there were in the houses. ³⁰ And Jacob said to Symeon and Levi, Ye have made me hateful so that I should be evil to all the inhabitants of the land, both among the Chananites and the Pherezites, and I am few in number; they will gather themselves against me and cut me in pieces, and I shall be utterly destroyed, and my house. ³¹ And they said, Nay, but shall they treat our sister as an harlot?

And God said to Jacob, Arise, go up to the place, Bæthel, and dwell there; and make there an altar to the God that appeared to thee, when thou fleddest from the face of Esau thy brother. ² And Jacob said to his house, and to all that were with him, Remove the strange gods that are with you from the midst of you, and purify yourselves, and change your clothes. ³ And let us rise and go up to Bæthel, and let us there make an altar to God who hearkened to me in the day of calamity, who was with me, and preserved me throughout in the journey, by which I went. ⁴ And they gave to Jacob the strange gods, which were in their hands, and the ear-rings which were in their ears, and Jacob hid them under the turpentine tree which is in Secima, and δ destroyed them to this day. ⁵ So Israel departed from Secima, and the fear of God was upon the cities round about them, and they did not pursue after the children of Israel. ⁶ And Jacob came to Luza, which is in the land of Channan, which is Bæthel, he and all the people that were with him. ⁷ And he built there an altar, and called the name of the place Bæthel; for there God appeared to him, when he fled from the face of his brother Esau.

⁸ And Deborrha, Rebecca's nurse, died, and was buried below Bæthel under the oak; and Jacob called its name, The Oak of Mourning. ⁹ And God appeared to Jacob once more in Luza, when he came out of Mesopotamia of Syria, and God blessed him. ¹⁰ And God said to him, Thy name

ὑπάρχοντα αὐτῶν, οὐχ ἡμῶν ἔσται; μόνον ἐν τούτῳ ὁμοιωθῶμεν αὐτοῖς, καὶ οἰκήσουσι μεθ' ἡμῶν. Καὶ εἰσήκουσαν Ἐμμὼρ 24 καὶ Συχὲμ τοῦ υἱοῦ αὐτοῦ πάντες οἱ ἐμπορευόμενοι τὴν πύλην τῆς πόλεως αὐτῶν· καὶ περιετέμοντο τὴν σάρκα τῆς ἀκροβυστίας αὐτῶν πᾶς ἄρσην.

Ἐγένετο δὲ ἐν τῇ ἡμέρᾳ τῇ τρίτῃ, ὅτε ἦσαν ἐν τῷ πόνῳ, 25 ἔλαβον οἱ δύο υἱοὶ Ἰακὼβ Συμεὼν καὶ Λευὶ, ἀδελφοὶ Δείνας, ἕκαστος τὴν μάχαιραν αὐτοῦ, καὶ εἰσῆλθον εἰς τὴν πόλιν ἀσφαλῶς, καὶ ἀπέκτειναν πᾶν ἀρσενικόν. Τόν τε Ἐμμὼρ καὶ 26 Συχὲμ τὸν υἱὸν αὐτοῦ ἀπέκτειναν ἐν στόματι μαχαίρας· καὶ ἔλαβον τὴν Δείναν ἐκ τοῦ οἴκου τοῦ Συχὲμ, καὶ ἐξῆλθον. Οἱ 27 δὲ υἱοὶ Ἰακὼβ εἰσῆλθον ἐπὶ τοὺς τραυματίας, καὶ διήρπασαν τὴν πόλιν, ἐν ᾗ ἐμίαναν Δείναν τὴν ἀδελφὴν αὐτῶν. Καὶ τὰ 28 πρόβατα αὐτῶν, καὶ τοὺς βόας αὐτῶν, καὶ τοὺς ὄνους αὐτῶν, ὅσα τε ἦν ἐν τῇ πόλει, καὶ ὅσα ἦν ἐν τῷ πεδίῳ, ἔλαβον. Καὶ 29 πάντα τὰ σώματα αὐτῶν, καὶ πᾶσαν τὴν ἀποσκευὴν αὐτῶν, καὶ τὰς γυναῖκας αὐτῶν ᾐχμαλώτευσαν· καὶ διήρπασαν ὅσα τε ἦν ἐν τῇ πόλει, καὶ ὅσα ἦν ἐν ταῖς οἰκίαις. Εἶπε δὲ Ἰακὼβ πρὸς 30 Συμεὼν καὶ Λευὶ, μισητόν με πεποιήκατε, ὥστε πονηρόν με εἶναι πᾶσι τοῖς κατοικοῦσι τὴν γῆν, ἔν τε τοῖς Χαναναίοις, καὶ ἐν τοῖς Φερεζαίοις· ἐγὼ δὲ ὀλιγοστός εἰμι ἐν ἀριθμῷ· καὶ συναχθέντες ἐπ' ἐμὲ συγκόψουσί με, καὶ ἐκτριβήσομαι ἐγὼ, καὶ ὁ οἶκός μου. Οἱ δὲ εἶπαν, ἀλλ' ὡσεὶ πόρνῃ χρήσονται τῇ 31 ἀδελφῇ ἡμῶν;

Εἶπε δὲ ὁ Θεὸς πρὸς Ἰακὼβ, ἀναστὰς ἀνάβηθι εἰς τὸν τόπον 35 Βαιθὴλ, καὶ οἴκει ἐκεῖ· καὶ ποίησον ἐκεῖ θυσιαστήριον τῷ Θεῷ τῷ ὀφθέντι σοι, ἐν τῷ ἀποδιδράσκειν σε ἀπὸ προσώπου Ἠσαῦ τοῦ ἀδελφοῦ σου. Εἶπε δὲ Ἰακὼβ τῷ οἴκῳ αὐτοῦ, καὶ πᾶσι 2 τοῖς μετ' αὐτοῦ, ἄρατε τοὺς θεοὺς τοὺς ἀλλοτρίους τοὺς μεθ' ὑμῶν ἐκ μέσου ὑμῶν, καὶ καθαρίσθητε, καὶ ἀλλάξατε τὰς στολὰς ὑμῶν. Καὶ ἀναστάντες ἀναβῶμεν εἰς Βαιθὴλ, καὶ 3 ποιήσωμεν ἐκεῖ θυσιαστήριον τῷ Θεῷ τῷ ἐπακούσαντί μου ἐν ἡμέρᾳ θλίψεως, ὃς ἦν μετ' ἐμοῦ, καὶ διέσωσέ με ἐν τῇ ὁδῷ, ᾗ ἐπορεύθην. Καὶ ἔδωκαν τῷ Ἰακὼβ τοὺς θεοὺς τοὺς ἀλλο- 4 τρίους, οἳ ἦσαν ἐν ταῖς χερσὶν αὐτῶν, καὶ τὰ ἐνώτια τὰ ἐν τοῖς ὠσὶν αὐτῶν· καὶ κατέκρυψεν αὐτὰ Ἰακὼβ ὑπὸ τὴν τερέβινθον τὴν ἐν Σηκίμοις· καὶ ἀπώλεσεν αὐτὰ, ἕως τῆς σήμερον ἡμέρας. Καὶ ἐξῆρεν Ἰσραὴλ ἐκ Σηκίμων· καὶ ἐγένετο φόβος Θεοῦ ἐπὶ 5 τὰς πόλεις τὰς κύκλῳ αὐτῶν, καὶ οὐ κατεδίωξαν ὀπίσω τῶν υἱῶν Ἰσραήλ. Ἦλθε δὲ Ἰακὼβ εἰς Λουζὰ ἥ ἐστιν ἐν γῇ 6 Χαναὰν, ἥ ἐστι Βαιθὴλ, αὐτὸς, καὶ πᾶς ὁ λαὸς, ὃς ἦν μετ' αὐτοῦ. Καὶ ᾠκοδόμησεν ἐκεῖ θυσιαστήριον, καὶ ἐκάλεσε τὸ 7 ὄνομα τοῦ τόπου, Βαιθήλ· ἐκεῖ γὰρ ἐφάνη αὐτῷ ὁ Θεὸς, ἐν τῷ ἀποδιδράσκειν αὐτὸν ἀπὸ προσώπου Ἠσαῦ τοῦ ἀδελφοῦ αὐτοῦ.

Ἀπέθανε δὲ Δεβόρρα, ἡ τρόφος Ῥεβέκκας, καὶ ἐτάφη 8 κατώτερον Βαιθὴλ ὑπὸ τὴν βάλανον· καὶ ἐκάλεσεν Ἰακὼβ τὸ ὄνομα αὐτῆς, βάλανος πένθους. Ὤφθη δὲ ὁ Θεὸς τῷ Ἰακὼβ 9 ἔτι ἐν Λουζᾷ, ὅτε παρεγένετο ἐκ Μεσοποταμίας τῆς Συρίας· καὶ εὐλόγησεν αὐτὸν ὁ Θεός. Καὶ εἶπεν αὐτῷ ὁ Θεὸς, τὸ 10

β Gr. quadrupeds.   γ Or, slain, which seems frequently the sense in LXX.   δ Or, lost.

ὄνομά σου οὐ κληθήσεται ἔτι Ἰακὼβ, ἀλλ' Ἰσραὴλ ἔσται
11 τὸ ὄνομά σου· καὶ ἐκάλεσε τὸ ὄνομα αὐτοῦ Ἰσραήλ. Εἶπε δὲ
αὐτῷ ὁ Θεὸς, ἐγὼ ὁ Θεός σου· αὐξάνου, καὶ πληθύνου· ἔθνη
καὶ συναγωγαὶ ἐθνῶν ἔσονται ἐκ σοῦ, καὶ βασιλεῖς ἐκ τῆς
12 ὀσφύος σου ἐξελεύσονται. Καὶ τὴν γῆν, ἣν ἔδωκα Ἀβραὰμ
καὶ Ἰσαὰκ, σοὶ δέδωκα αὐτήν· σοὶ ἔσται· καὶ τῷ σπέρματί
13 σου μετὰ σὲ δώσω τὴν γῆν ταύτην. Ἀνέβη δὲ ὁ Θεὸς ἀπ'
14 αὐτοῦ ἐκ τοῦ τόπου, οὗ ἐλάλησε μετ' αὐτοῦ. Καὶ ἔστησεν
Ἰακὼβ στήλην ἐν τῷ τόπῳ, ᾧ ἐλάλησε μετ' αὐτοῦ ὁ Θεὸς,
στήλην λιθίνην· καὶ ἔσπεισεν ἐπ' αὐτὴν σπονδὴν, καὶ ἐπέχεεν
15 ἐπ' αὐτὴν ἔλαιον. Καὶ ἐκάλεσεν Ἰακὼβ τὸ ὄνομα τοῦ τόπου,
16 ἐν ᾧ ἐλάλησε μετ' αὐτοῦ ἐκεῖ ὁ Θεὸς, Βαιθήλ. Ἀπάρας δὲ
Ἰακὼβ ἐκ Βαιθὴλ, ἔπηξε τὴν σκηνὴν αὐτοῦ ἐπέκεινα τοῦ
πύργου Γαδέρ· ἐγένετο δὲ ἡνίκα ἤγγισεν εἰς Χαβραθὰ τοῦ
ἐλθεῖν εἰς τὴν Ἐφραθᾶ, ἔτεκε Ῥαχήλ· καὶ ἐδυστόκησεν ἐν τῷ
17 τοκετῷ. Ἐγένετο δὲ ἐν τῷ σκληρῶς αὐτὴν τίκτειν, εἶπεν αὐτῇ
18 ἡ μαῖα, θάρσει, καὶ γὰρ οὗτός σοι ἐστὶν υἱός. Ἐγένετο δὲ ἐν
τῷ ἀφιέναι αὐτὴν τὴν ψυχὴν, ἀπέθνησκε γὰρ, ἐκάλεσε τὸ ὄνομα
αὐτοῦ, υἱὸς ὀδύνης μου· ὁ δὲ πατὴρ ἐκάλεσεν τὸ ὄνομα αὐτοῦ,
19 Βενιαμίν. Ἀπέθανε δὲ Ῥαχήλ, καὶ ἐτάφη ἐν τῇ ὁδῷ τοῦ ἱππο-
20 δρόμου Ἐφραθᾶ· αὕτη ἐστὶ Βηθλεέμ. Καὶ ἔστησεν Ἰακὼβ
στήλην ἐπὶ τοῦ μνημείου αὐτῆς· αὕτη ἐστὶν ἡ στήλη ἐπὶ τοῦ
21 μνημείου Ῥαχὴλ ἕως τῆς ἡμέρας ταύτης. Ἐγένετο δὲ ἡνίκα
κατῴκησεν Ἰσραὴλ ἐν τῇ γῇ ἐκείνῃ, ἐπορεύθη Ῥουβὴν, καὶ
ἐκοιμήθη μετὰ Βαλλὰς, τῆς παλλακῆς τοῦ πατρὸς αὐτοῦ
Ἰακώβ· καὶ ἤκουσεν Ἰσραὴλ, καὶ πονηρὸν ἐφάνη ἐναντίον
αὐτοῦ.

22, 23 Ἦσαν δὲ οἱ υἱοὶ Ἰακὼβ, δώδεκα. Υἱοὶ Λείας, πρωτότο-
κος Ἰακὼβ, Ῥουβὴν, Συμεὼν, Λευὶ, Ἰούδας, Ἰσσάχαρ, Ζαβου-
24, 25 λών. Υἱοὶ δὲ Ῥαχὴλ, Ἰωσὴφ, καὶ Βενιαμίν. Υἱοὶ δὲ
26 Βαλλᾶς παιδίσκης Ῥαχὴλ, Δαν, καὶ Νεφθαλείμ. Υἱοὶ δὲ
Ζελφᾶς παιδίσκης Λείας, Γὰδ, καὶ Ἀσήρ· οὗτοι υἱοὶ Ἰακὼβ, οἳ
27 ἐγένοντο αὐτῷ ἐν Μεσοποταμίᾳ τῆς Συρίας. Ἦλθε δὲ Ἰακὼβ
πρὸς Ἰσαὰκ τὸν πατέρα αὐτοῦ εἰς Μαμβρῆ, εἰς πόλιν τοῦ
πεδίου· αὕτη ἐστὶ Χεβρὼν ἐν γῇ Χαναάν, οὗ παρῴκησεν Ἀβραὰμ
28 καὶ Ἰσαάκ. Ἐγένοντο δὲ αἱ ἡμέραι Ἰσαὰκ, ἃς ἔζησεν, ἔτη
29 ἑκατὸν ὀγδοήκοντα. Καὶ ἐκλείπων Ἰσαὰκ ἀπέθανε, καὶ προσε-
τέθη πρὸς τὸ γένος αὐτοῦ πρεσβύτερος καὶ πλήρης ἡμερῶν· καὶ
ἔθαψαν αὐτὸν Ἡσαῦ καὶ Ἰακὼβ οἱ υἱοὶ αὐτοῦ.

36 Αὗται δὲ αἱ γενέσεις Ἡσαῦ· αὐτός ἐστιν Ἐδώμ. Ἡσαῦ
2 δὲ ἔλαβε τὰς γυναῖκας ἑαυτῷ ἀπὸ τῶν θυγατέρων τῶν Χα-
ναναίων· τὴν Ἀδὰ, θυγατέρα Αἰλὼμ τοῦ Χετταίου· καὶ τὴν
3 Ὀλιβεμὰ, θυγατέρα Ἀνὰ τοῦ υἱοῦ Σεβεγὼν τοῦ Εὐαίου. Καὶ
4 τὴν Βασεμάθ, θυγατέρα Ἰσμαὴλ, ἀδελφὴν Ναβαιώθ. Ἔτεκε
δὲ αὐτῷ Ἀδὰ τὸν Ἐλιφάς· καὶ Βασεμὰθ ἔτεκε τὸν Ῥαγουήλ.
5 Καὶ Ὀλιβεμὰ ἔτεκε τὸν Ἰεοὺς, καὶ τὸν Ἰεγλὸμ, καὶ τὸν Κορέ·
6 οὗτοι υἱοὶ Ἡσαῦ, οἳ ἐγένοντο αὐτῷ ἐν γῇ Χαναάν. Ἔλαβε δὲ
Ἡσαῦ τὰς γυναῖκας αὐτοῦ, καὶ τοὺς υἱοὺς αὐτοῦ, καὶ τὰς θυγα-
τέρας αὐτοῦ, καὶ πάντα τὰ σώματα τοῦ οἴκου αὐτοῦ, καὶ πάντα

shall not be called Jacob, but Israel shall be thy name; and he called his name Israel, 11 And God said to him, I am thy God; increase and multiply; for nations and gatherings of nations shall be of thee, and kings shall come out of thy loins. 12 And the land which I gave to Abraam and Isaac, I have given it to thee; and it shall come to pass that I will give this land also to thy seed after thee. 13 And God went up from him from the place where he spoke with him. 14 And Jacob set up a pillar in the place where God spoke with him, even a pillar of stone; and offered a libation upon it, and poured oil upon it. 15 And Jacob called the name of the place in which God spoke with him, Bæthel. β 16 [And Jacob removed from Bæthel, and pitched his tent beyond the tower of Gader,] and it came to pass when he drew nigh to Chabratha, to enter into Ephratha, Rachel travailed; and in her travail she was in hard labour. 17 And it came to pass in her hard labour, that the midwife said to her, Be of good courage, for thou shalt also have this son. 18 And it came to pass in her giving up the ghost (for she was dying), that she called his name, The son of my pain; but his father called his name Benjamin. 19 So Rachel died, and was buried in the way of the course of Ephratha, this is Bethleem. 20 And Jacob set up a pillar on her tomb; this is the pillar on the tomb of Rachel, until this day. 21 And it came to pass when Israel dwelt in that land, that Ruben went and lay with Balla, the concubine of his father Jacob; and Israel heard, and the thing appeared grievous before him. 22 And the sons of Jacob were twelve. 23 The sons of Lea, the first-born of Jacob; Ruben, Symeon, Levi, Judas, Issachar, Zabulon. 24 And the sons of Rachel; Joseph and Benjamin. 25 And the sons of Balla, the hand-maid of Rachel; Dan and Nephthalim. 26 And the sons of Zelpha, the hand-maid of Lea; Gad and Aser. These are the sons of Jacob, which were born to him in Mesopotamia of Syria. 27 And Jacob came to Isaac his father to Mambre, to a city of the plain; this is Chebron in the land of Chanaan, where Abraam and Isaac sojourned. 28 And the days of Isaac which he lived were an hundred and eighty years. 29 And Isaac gave up the ghost and died, and was laid to his family, old and full of days; and Esau and Jacob his sons buried him.

And these are the generations of Esau; this is Edom. 2 And Esau took to himself wives of the daughters of the Chananites; Ada, the daughter of Ælom the Chettite; and Olibema, daughter of Ana the son of Sebegon, the Evite; 3 and Basemath, daughter of Ismael, sister of Nabaioth. 4 And Ada bore to him Eliphas; and Basemath bore Raguel. 5 And Olibema bore Jeus, and Jeglom, and Core; these are the sons of Esau, which were born to him in the land of Chanaan. 6 And Esau took his wives, and his sons, and his daughters, and all the persons of his house, and all his possessions,

---

β Note.—The words between brackets form the 21st verse of this chapter in the Hebrew.

and all his cattle, and all that he had got, and all things whatsoever he had acquired in the land of Chanaan ; and Esau went forth from the land of Chanaan, from the face of his brother Jacob. ⁷ For their substance was too great for them to dwell together ; and the land of their sojourning could not bear them, because of the abundance of their possessions. ⁸ And Esau dwelt in mount Seir ; Esau, he is Edom. ⁹ And these *are* the generations of Esau, the father of Edom in the mount Seir. ¹⁰ And these *are* the names of the sons of Esau. Eliphas, the son of Ada, the wife of Esau ; and Raguel, the son of Basemath, wife of Esau. ¹¹ And the sons of Eliphas were Thæman, Omar, Sophar, Gothom, and Kenez. ¹² And Thamna was a concubine of Eliphaz, the son of Esau ; and she bore Amalec to Eliphas. These *are* the sons of Ada, the wife of Esau. ¹³ And these *are* the sons of Raguel ; Nachoth, Zare, Some, and Moze. These were the sons of Basemath, wife of Esau. ¹⁴ And these *are* the sons of Olibema, the daughter of Ana, the son of Sebegon, the wife of Esau ; and she bore to Esau, Jeus, and Jeglom, and Core. ¹⁵ These *are* the chiefs of the son of Esau, *even* the sons of Eliphas, the first-born of Esau ; chief Thæman, chief Omar, chief Sophar, chief Kenez, ¹⁶ chief Core, chief Gothom, chief Amalec. These *are* the chiefs of Eliphas, in the land of Edom ; these are the sons of Ada. ¹⁷ And these *are* the sons of Raguel, the son of Esau ; chief Nachoth, chief Zare, chief Some, chief Moze. These *are* the chiefs of Raguel, in the land of Edom ; these are the sons of Basemath, wife of Esau. ¹⁸ And these *are* the sons of Olibema, wife of Esau ; chief Jeus, chief Jeglom, chief Core. These *are* the chiefs of Olibema, daughter of Ana, wife of Esau. ¹⁹ These *are* the sons of Esau, and these are the chiefs ; these are the sons of Edom. ²⁰ And these *are* the sons of Seir, the Chorrhite, who inhabited the land ; Lotan, Sobal, Sebegon, Ana, ²¹ and Deson, and Asar, and Rison. These *are* the chiefs of the Chorrhite, the son of Seir, in the land of Edom. ²² And the sons of Lotan *were* Chorrhi and Hæman ; and the sister of Lotan, Thamna. ²³ And these *are* the sons of Sobal ; Golam, and Manachath, and Gæbel, and Sophar, and Omar. ²⁴ And these *are* the sons of Sebegon ; Aïe, and Ana ; this *is* the Ana who found Jamin in the wilderness, when he tended the beasts of his father Sebegon. ²⁵ And these *are* the sons of Ana ; Deson— and Olibema *was* daughter of Ana. ²⁶ And these *are* the sons of Deson ; Amada, and Asban, and Ithran, and Charrhan. ²⁷ And these *are* the sons of Asar ; Balaam, and Zucam, and Jucam. ²⁸ And these *are* the sons of Rison ; Hos, and Aran. ²⁹ And these *are* the chiefs of Chorri ; chief Lotan, chief Sobal, chief Sebegon, chief Ana, ³⁰ chief Deson, chief Asar, chief Rison. These *are* the chiefs of Chorri, in their principalities in the land of Edom.

³¹ And these *are* the kings which reigned in Edom, before a king reigned in Israel. ³² And Balac, son of Beor, reigned in Edom ; and the name of his city *was* Dennaba. ³³ And Balac died ; and Jobab, son of Zara, from Bosorrha reigned in his stead. ³⁴ And

τὰ ὑπάρχοντα αὐτοῦ, καὶ πάντα τὰ κτήνη, καὶ πάντα ὅσα ἐκτή- 6 σατο, καὶ πάντα ὅσα περιεποιήσατο ἐν γῇ Χαναάν· καὶ ἐπορεύθη Ἡσαῦ ἐκ τῆς γῆς Χαναὰν ἀπὸ προσώπου Ἰακὼβ τοῦ ἀδελφοῦ αὐτοῦ. Ἦν γὰρ αὐτῶν τὰ ὑπάρχοντα πολλὰ, τοῦ οἰκεῖν ἅμα· 7 καὶ οὐκ ἠδύνατο ἡ γῆ τῆς παροικήσεως αὐτῶν φέρειν αὐτοὺς, ἀπὸ τοῦ πλήθους τῶν ὑπαρχόντων αὐτῶν. Κατῴκησε δὲ Ἡσαῦ 8 ἐν τῷ ὄρει Σηείρ· Ἡσαῦ αὐτός ἐστιν Ἐδώμ. Αὗται δὲ αἱ 9 γενέσεις Ἡσαῦ πατρὸς Ἐδὼμ ἐν τῷ ὄρει Σηείρ. Καὶ ταῦτα 10 τὰ ὀνόματα τῶν υἱῶν Ἡσαῦ· Ἐλιφὰς υἱὸς Ἀδὰς γυναικὸς Ἡσαῦ· καὶ Ῥαγουὴλ υἱὸς Βασεμὰθ γυναικὸς Ἡσαῦ. Ἐγένοντο 11 δὲ Ἐλιφὰς υἱοὶ, Θαιμὰν, Ὠμὰρ, Σωφὰρ, Γοθὼμ, καὶ Κενέζ. Θαμνὰ δὲ ἦν παλλακὴ Ἐλιφὰς τοῦ υἱοῦ Ἡσαῦ· καὶ ἔτεκε τῷ 12 Ἐλιφὰς τὸν Ἀμαλήκ· οὗτοι υἱοὶ Ἀδὰς γυναικὸς Ἡσαῦ. Οὗτοι δὲ υἱοὶ Ῥαγουὴλ, Ναχὼθ, Ζαρὲ, Σομὲ, καὶ Μοζέ· οὗτοι 13 ἦσαν υἱοὶ Βασεμὰθ γυναικὸς Ἡσαῦ. Οὗτοι δὲ υἱοὶ Ὀλιβεμᾶς 14 θυγατρὸς Ἀνὰ τοῦ υἱοῦ Σεβεγὼν, γυναικὸς Ἡσαῦ· ἔτεκε δὲ τῷ Ἡσαῦ τὸν Ἰεοὺς, καὶ τὸν Ἰεγλὸμ, καὶ τὸν Κορέ. Οὗτοι 15 ἡγεμόνες υἱοὶ Ἡσαῦ· υἱοὶ Ἐλιφὰς πρωτοτόκου Ἡσαῦ· ἡγεμὼν Θαιμὰν, ἡγεμὼν Ὠμὰρ, ἡγεμὼν Σωφὰρ, ἡγεμὼν Κενὲζ, ἡγεμὼν Κορὲ, ἡγεμὼν Γοθὼμ, ἡγεμὼν Ἀμαλήκ· οὗτοι ἡγε- 16 μόνες Ἐλιφὰς ἐν γῇ Ἰδουμαίᾳ· οὗτοι υἱοὶ Ἀδάς. Καὶ οὗτοι 17 υἱοὶ Ῥαγουὴλ υἱοῦ Ἡσαῦ· ἡγεμὼν Ναχὼθ, ἡγεμὼν Ζαρὲ, ἡγεμὼν Σομὲ, ἡγεμὼν Μοζέ· οὗτοι ἡγεμόνες Ῥαγουὴλ ἐν γῇ Ἐδώμ· οὗτοι υἱοὶ Βασεμὰθ γυναικὸς Ἡσαῦ. Οὗτοι δὲ υἱοὶ 18 Ὀλιβεμᾶς γυναικὸς Ἡσαῦ· ἡγεμὼν Ἰεοὺς, ἡγεμὼν Ἰεγλὸμ, ἡγεμὼν Κορέ· οὗτοι ἡγεμόνες Ὀλιβεμᾶς θυγατρὸς Ἀνὰ γυναικὸς Ἡσαῦ. Οὗτοι υἱοὶ Ἡσαῦ, καὶ οὗτοι ἡγεμόνες αὐτῶν· 19 οὗτοί εἰσιν υἱοὶ Ἐδώμ. Οὗτοι δὲ υἱοὶ Σηεὶρ τοῦ Χορραίου 20 τοῦ κατοικοῦντος τὴν γῆν· Λωτὰν, Σωβὰλ, Σεβεγὼν, Ἀνὰ, καὶ Δησὼν, καὶ Ἀσὰρ, καὶ Ῥισών· οὗτοι ἡγεμόνες τοῦ 21 Χορραίου, τοῦ υἱοῦ Σηεὶρ ἐν τῇ γῇ Ἐδώμ. Ἐγένοντο δὲ 22 υἱοὶ Λωτάν· Χορρὶ, καὶ Αἱμάν· ἀδελφὴ δὲ Λωτὰν, Θαμνά. Οὗτοι δὲ υἱοὶ Σωβάλ· Γωλὰμ, καὶ Μαναχὰθ, καὶ Γαιβὴλ, 23 καὶ Σωφὰρ, καὶ Ὠμάρ. Καὶ οὗτοι υἱοὶ Σεβεγὼν, Ἀϊὲ, καὶ 24 Ἀνά· οὗτός ἐστιν Ἀνὰ, ὃς εὗρε τὸν Ἰαμεὶν ἐν τῇ ἐρήμῳ, ὅτε ἔνεμε τὰ ὑποζύγια Σεβεγὼν τοῦ πατρὸς αὐτοῦ. Οὗτοι 25 δὲ υἱοὶ Ἀνά· Δησὼν, καὶ Ὀλιβεμὰ θυγάτηρ Ἀνά. Οὗτοι 26 δὲ υἱοὶ Δησών· Ἀμαδὰ, καὶ Ἀσβὰν, καὶ Ἰθρὰν, καὶ Χαρράν. Οὗτοι δὲ υἱοὶ Ἀσάρ· Βαλαὰμ, καὶ Ζουκὰμ, καὶ Ἰουκάμ. 27 Οὗτοι δὲ υἱοὶ Ῥισὼν, Ὣς, καὶ Ἀράν. Οὗτοι δὲ ἡγεμόνες 28, 29 Χορρί· ἡγεμὼν Λωτὰν, ἡγεμὼν Σωβὰλ, ἡγεμὼν Σεβεγὼν, ἡγεμὼν Ἀνὰ, ἡγεμὼν Δησὼν, ἡγεμὼν Ἀσὰρ, ἡγεμὼν 30 Ῥισών· οὗτοι ἡγεμόνες Χορρὶ ἐν ταῖς ἡγεμονίαις αὐτῶν ἐν γῇ Ἐδώμ.

Καὶ οὗτοι οἱ βασιλεῖς οἱ βασιλεύσαντες ἐν Ἐδὼμ, πρὸ τοῦ 31 βασιλεῦσαι βασιλέα ἐν Ἰσραήλ. Καὶ ἐβασίλευσεν ἐν Ἐδὼμ 32 Βαλὰκ υἱὸς Βεώρ· καὶ ὄνομα τῇ πόλει αὐτοῦ, Δενναβά. Ἀπέθανε δὲ Βαλὰκ, καὶ ἐβασίλευσεν ἀντʼ αὐτοῦ Ἰωβὰβ υἱὸς 33 Ζαρὰ ἐκ Βοσόῤῥας. Ἀπέθανε δὲ Ἰωβὰβ, καὶ ἐβασίλευσεν 34

35 ἀντ' αὐτοῦ Ἀσὼμ ἐκ τῆς γῆς Θαιμανών. Ἀπέθανε δὲ Ἀσὼμ, καὶ ἐβασίλευσεν ἀντ' αὐτοῦ Ἀδὰδ υἱὸς Βαρὰδ ὁ ἐκκόψας Μαδιὰμ ἐν τῷ πεδίῳ Μωάβ· καὶ ὄνομα τῇ πόλει αὐτοῦ
36 Γετθαίμ. Ἀπέθανε δὲ Ἀδὰδ, καὶ ἐβασίλευσεν ἀντ' αὐτοῦ
37 Σαμαδὰ ἐκ Μασσεκκάς. Ἀπέθανε δὲ Σαμαδά, καὶ ἐβασίλευσεν
38 ἀντ' αὐτοῦ Σαοὺλ ἐκ Ῥοωβὼθ τῆς παρὰ ποταμόν. Ἀπέθανε δὲ Σαοὺλ, καὶ ἐβασίλευσεν ἀντ' αὐτοῦ Βαλλενὼν υἱὸς Ἀχοβώρ.
39 Ἀπέθανε δὲ Βαλλενὼν υἱὸς Ἀχοβώρ, καὶ ἐβασίλευσεν ἀντ' αὐτοῦ Ἀρὰδ υἱὸς Βαράδ· καὶ ὄνομα τῇ πόλει αὐτοῦ Φογώρ· ὄνομα δὲ τῇ γυναικὶ αὐτοῦ Μετεβεὴλ, θυγάτηρ Ματραὶθ, υἱοῦ
40 Μαιζοώβ. Ταῦτα τὰ ὀνόματα τῶν ἡγεμόνων Ἡσαῦ, ἐν ταῖς φυλαῖς αὐτῶν, κατὰ τόπον αὐτῶν, ἐν ταῖς χώραις αὐτῶν, καὶ ἐν τοῖς ἔθνεσιν αὐτῶν· ἡγεμὼν Θαμνὰ, ἡγεμὼν Γωλὰ, ἡγεμὼν
41 Ἰεθὲρ, ἡγεμὼν Ὀλιβεμὰς, ἡγεμὼν Ἡλὰς, ἡγεμὼν Φινὼν,
42, 43 ἡγεμὼν Κενὲζ, ἡγεμὼν Θαιμὰν, ἡγεμὼν Μαζὰρ, ἡγεμὼν Μαγεδιὴλ, ἡγεμὼν Ζαφωίν· οὗτοι ἡγεμόνες Ἐδὼμ, ἐν ταῖς κατῳκοδομημέναις ἐν τῇ γῇ τῆς κτήσεως αὐτῶν· οὗτος Ἡσαῦ πατὴρ Ἐδώμ.
44 Κατώκει δὲ Ἰακὼβ ἐν τῇ γῇ, οὗ παρῴκησεν ὁ πατὴρ αὐτοῦ
37 ἐν γῇ Χαναάν. αὗται δὲ αἱ γενέσεις Ἰακώβ. Ἰωσὴφ δὲ δέκα καὶ ἑπτὰ ἐτῶν ἦν, ποιμαίνων τὰ πρόβατα τοῦ πατρὸς αὐτοῦ μετὰ τῶν ἀδελφῶν αὐτοῦ, ὢν νέος, μετὰ τῶν υἱῶν Βαλλᾶς, καὶ μετὰ τῶν υἱῶν Ζελφὰς, τῶν γυναικῶν τοῦ πατρὸς αὐτοῦ· κατήνεγκαν δὲ Ἰωσὴφ ψόγον πονηρὸν πρὸς Ἰσραὴλ τὸν πατέρα
3 αὐτῶν. Ἰακὼβ δὲ ἠγάπα τὸν Ἰωσὴφ παρὰ πάντας τοὺς υἱοὺς αὐτοῦ, ὅτι υἱὸς γήρως ἦν αὐτῷ· ἐποίησε δὲ αὐτῷ χιτῶνα ποικί-
4 λον. Ἰδόντες δὲ οἱ ἀδελφοὶ αὐτοῦ, ὅτι αὐτὸν ὁ πατὴρ φιλεῖ ἐκ πάντων τῶν υἱῶν αὐτοῦ, ἐμίσησαν αὐτὸν, καὶ οὐκ ἠδύναντο
5 λαλεῖν αὐτῷ οὐδὲν εἰρηνικόν. Ἐνυπνιασθεὶς δὲ Ἰωσὴφ ἐνύπνιον,
6 ἀπήγγειλεν αὐτὸ τοῖς ἀδελφοῖς αὐτοῦ. Καὶ εἶπεν αὐτοῖς,
7 ἀκούσατε τοῦ ἐνυπνίου τούτου, οὗ ἐνυπνιάσθην. Ὤμην ὑμᾶς δεσμεύειν δράγματα ἐν μέσῳ τῷ πεδίῳ· καὶ ἀνέστη τὸ ἐμὸν δράγμα, καὶ ὠρθώθη· περιστραφέντα δὲ τὰ δράγματα ὑμῶν,
8 προσεκύνησαν τὸ ἐμὸν δράγμα. Εἶπαν δὲ αὐτῷ οἱ ἀδελφοὶ αὐτοῦ, μὴ βασιλεύων βασιλεύσεις ἐφ' ἡμᾶς, ἢ κυριεύων κυριεύ- σεις ἡμῶν, καὶ προσέθεντο ἔτι μισεῖν αὐτὸν ἕνεκεν τῶν ἐνυπνίων
9 αὐτοῦ, καὶ ἕνεκεν τῶν ῥημάτων αὐτοῦ. Εἶδε δὲ ἐνύπνιον ἕτερον, καὶ διηγήσατο αὐτὸ τῷ πατρὶ αὐτοῦ, καὶ τοῖς ἀδελφοῖς αὐτοῦ· καὶ εἶπεν, ἰδοὺ ἐνυπνιασάμην ἐνύπνιον ἕτερον· ὥσπερ ὁ ἥλιος,
10 καὶ ἡ σελήνη, καὶ ἕνδεκα ἀστέρες προσεκύνουν με. Καὶ ἐπετίμησεν αὐτῷ ὁ πατὴρ αὐτοῦ, καὶ εἶπεν αὐτῷ, τί τὸ ἐνύπνιον τοῦτο, ὃ ἐνυπνιάσθης; ἆρά γε ἐλθόντες ἐλευσόμεθα ἐγώ τε καὶ ἡ μήτηρ σου καὶ οἱ ἀδελφοί σου προσκυνῆσαί σοι ἐπὶ τὴν γῆν;
11 Ἐζήλωσαν δὲ αὐτὸν οἱ ἀδελφοὶ αὐτοῦ· ὁ δὲ πατὴρ αὐτοῦ
12 διετήρησε τὸ ῥῆμα. Ἐπορεύθησαν δὲ οἱ ἀδελφοὶ αὐτοῦ βόσκειν
13 τὰ πρόβατα τοῦ πατρὸς αὐτῶν εἰς Συχέμ. Καὶ εἶπεν Ἰσραὴλ πρὸς Ἰωσήφ, οὐχὶ οἱ ἀδελφοί σου ποιμαίνουσιν εἰς Συχέμ; δεῦρο ἀποστείλω σε πρὸς αὐτούς· εἶπε δὲ αὐτῷ, ἰδοὺ ἐγώ.
14 Εἶπε δὲ αὐτῷ Ἰσραήλ, πορευθεὶς ἴδε, εἰ ὑγιαίνουσιν οἱ ἀδελφοί σου, καὶ τὰ πρόβατα, καὶ ἀνάγγειλόν μοι· καὶ ἀπέστειλεν

Jobab died; and Asom, from the land of the Thæmanites, reigned in his stead. 35 And Asom died; and Adad son of Barad, who cut off Madiam in the plain of Moab, ruled in his stead; and the name of his city was Getthaim. 36 And Adad died; and Samada of Massecca reigned in his stead. 37 And Samada died; and Saul of Rhoöboth by the river reigned in his stead. 38 And Saul died; and Ballenon the son of Achobor reigned in his stead. 39 And Ballenon the son of Achobor died; and Arad the son of Barad reigned in his stead; and the name of his city was Phogor; and the name of his wife was Metebeel, daughter of Matraith, son of Maizoöb. 40 These are the names of the chiefs of Esau, in their tribes, according to their place, in their countries, and in their nations; chief Thamna, chief Gola, chief Jether, 41 chief Olibema, chief Helas, chief Phinon, 42 chief Kenez, chief Thæman, chief Mazar, 43 chief Magediel, chief Zaphoin. These are the chiefs of Edom in their dwelling-places, in the land of their possession; this is Esau, the father of Edom.

44 And Jacob dwelt in the land where his father sojourned, in the land of Chanaan. 1 And these are the generations of Jacob. And Joseph was seventeen years old, feeding the sheep of his father with his brethren, being young; with the sons of Balla, and with the sons of Zelpha, the wives of his father; β and Joseph brought to Israel their father their evil reproach. 3 And Jacob loved Joseph more than all his sons, because he was to him the son of old age; and he made for him a coat of many colours. 4 And his brethren having seen that his father loved him more than all his sons, hated him, and could not speak anything peaceable to him. 5 And Joseph dreamed a dream, and reported it to his brethren. 6 And he said to them, Hear this dream which I have dreamed. 7 I thought ye were binding sheaves in the middle of the field, and my sheaf stood up and was erected, and your sheaves turned round, and did obeisance to my sheaf. 8 And his brethren said to him, Shalt thou indeed reign over us, or shalt thou indeed be lord over us? And they hated him still more for his dreams and for his words. 9 And he γ dreamed another dream, and related it to his father, and to his brethren, and said, Behold, I have dreamed another dream: as it were the sun, and the moon, and the eleven stars did me reverence. 10 And his father rebuked him, and said to him, What is this dream which thou hast dreamed? shall indeed both I and thy mother and thy brethren come and bow before thee to the earth? 11 And his brethren envied him; but his father observed the saying. 12 And his brethren went to feed the sheep of their father to Sychem. 13 And Israel said to Joseph, Do not thy brethren feed their flock in Sychem? Come, I will send thee to them; and he said to him, Behold, I am here. 14 And Israel said to him, Go and see if thy brethren and the sheep are well, and bring me word; and he sent him out of the valley of

---

β Or, according to some copies, they brought an evil report of Joseph, etc.　　γ Gr. saw.

Chebron, and he came to Sychem. ¹⁵And a man found him wandering in the field; and the man asked him, saying, What seekest thou? ¹⁶And he said, I am seeking my brethren; tell me where they feed *their* flocks. ¹⁷And the man said to him, They have departed hence, for I heard them saying, Let us go to Dothaim; and Joseph went after his brethren, and found them in Dothaim.

¹⁸And they spied him from a distance before he drew nigh to them, and they wickedly took counsel to slay him. ¹⁹And each said to his brother, Behold, that dreamer comes. ²⁰Now then come, let us kill him, and cast him into one of the pits; and we will say, An evil wild beast has devoured him; and we shall see what his dreams will be. ²¹And Ruben having heard it, rescued him out of their hands, and said, Let us not β kill him. ²²And Ruben said to them, Shed not blood; cast him into one of these pits in the wilderness, but do not lay *your* hand upon him; that he might rescue him out of their hands, and restore him to his father. ²³And it came to pass, when Joseph came to his brethren, that they stripped Joseph of his many-coloured coat that was upon him. ²⁴And they took him and cast him into the pit; and the pit was empty, it had not water. ²⁵And they sat down to eat bread: and having lifted up their eyes they beheld, and lo, Ismaelitish travellers came from Galaad, and their camels were heavily loaded with spices, and resin, and γ myrrh; and they went to bring them to Egypt.

²⁶And Judas said to his brethren, What profit is it if we slay our brother, and conceal his blood? ²⁷Come, let us sell him to these Ismaelites, but let not our hands be upon him, because he is our brother and our flesh; and his brethren hearkened. ²⁸And the men, the merchants of Madian, went by, and they drew and lifted Joseph out of the pit, and sold Joseph to the Ismaelites for twenty pieces of gold; and they brought Joseph down into Egypt. ²⁹And Ruben returned to the pit, and sees not Joseph in the pit; and he rent his garments. ³⁰And he returned to his brethren and said, The boy is not; and I, whither am I yet to go? ³¹And having taken the coat of Joseph, they slew a kid of the goats, and stained the coat with the blood. ³²And they sent the coat of many colours; and they brought it to their father, and said, This have we found; know if it be thy son's coat or no. And he recognised it, and said, It is my son's coat, an evil wild beast has devoured him; a wild beast has carried off Joseph. ³³And Jacob rent his clothes, and put sackcloth on his loins, and mourned for his son many days. ³⁴And all his sons and his daughters gathered themselves together, and came to comfort him; but he would not be comforted, saying, I will go down to my son mourning to Hades; and his father wept for him. ³⁵And the Madianites sold Joseph into

αὐτὸν ἐκ τῆς κοιλάδος τῆς Χεβρών· καὶ ἦλθεν εἰς Συχέμ. Καὶ 15 εὗρεν αὐτὸν ἄνθρωπος πλανώμενον ἐν τῷ πεδίῳ· ἠρώτησε δὲ αὐτὸν ὁ ἄνθρωπος, λέγων, τί ζητεῖς; Ὁ δὲ εἶπε, τοὺς ἀδελ- 16 φούς μου ζητῶ· ἀπάγγειλόν μοι ποῦ βόσκουσιν. Εἶπε δὲ 17 αὐτῷ ὁ ἄνθρωπος, ἀπήρκασιν ἐντεῦθεν· ἤκουσα γὰρ αὐτῶν λεγόντων, πορευθῶμεν εἰς Δωθαείμ· καὶ ἐπορεύθη Ἰωσὴφ κατόπισθε τῶν ἀδελφῶν αὐτοῦ, καὶ εὗρεν αὐτοὺς ἐν Δωθαείμ.

Προεῖδον δὲ αὐτὸν μακρόθεν πρὸ τοῦ ἐγγίσαι αὐτὸν πρὸς 18 αὐτούς· καὶ ἐπονηρεύοντο τοῦ ἀποκτεῖναι αὐτόν. Εἶπε δὲ 19 ἕκαστος πρὸς τὸν ἀδελφὸν αὐτοῦ, ἰδοὺ ὁ ἐνυπνιαστὴς ἐκεῖνος ἔρχεται. Νῦν οὖν δεῦτε ἀποκτείνωμεν αὐτόν, καὶ ῥίψωμεν 20 αὐτὸν εἰς ἕνα τῶν λάκκων· καὶ ἐροῦμεν, θηρίον πονηρὸν κατέφαγεν αὐτόν· καὶ ὀψόμεθα, τί ἔσται τὰ ἐνύπνια αὐτοῦ. Ἀκούσας δὲ Ῥουβὴν, ἐξείλετο αὐτὸν ἐκ τῶν χειρῶν αὐτῶν· 21 καὶ εἶπεν, οὐ πατάξωμεν αὐτὸν εἰς ψυχήν. Εἶπε δὲ αὐτοῖς 22 Ῥουβὴν, μὴ ἐκχέητε αἷμα· ἐμβάλλετε αὐτὸν εἰς ἕνα τῶν λάκκων τούτων τῶν ἐν τῇ ἐρήμῳ, χεῖρα δὲ μὴ ἐπενέγκητε αὐτῷ· ὅπως ἐξέληται αὐτὸν ἐκ τῶν χειρῶν αὐτῶν, καὶ ἀποδῷ αὐτὸν τῷ πατρὶ αὐτοῦ. Ἐγένετο δὲ ἡνίκα ἦλθεν Ἰωσὴφ πρὸς 23 τοὺς ἀδελφοὺς αὐτοῦ, ἐξέδυσαν Ἰωσὴφ τὸν χιτῶνα τὸν ποικίλον τὸν περὶ αὐτόν. Καὶ λαβόντες αὐτὸν, ἔρριψαν εἰς τὸν λάκκον· 24 ὁ δὲ λάκκος κενός, ὕδωρ οὐκ εἶχε. Ἐκάθισαν δὲ φαγεῖν ἄρτον· 25 καὶ ἀναβλέψαντες τοῖς ὀφθαλμοῖς εἶδον, καὶ ἰδοὺ ὁδοιπόροι Ἰσμαηλῖται ἤρχοντο ἐκ Γαλαάδ· καὶ αἱ κάμηλοι αὐτῶν ἔγεμον θυμιαμάτων καὶ ῥητίνης καὶ στακτῆς. ἐπορεύοντο δὲ καταγαγεῖν εἰς Αἴγυπτον.

Εἶπε δὲ Ἰούδας πρὸς τοὺς ἀδελφοὺς αὐτοῦ, τί χρήσιμον, ἐὰν 26 ἀποκτείνωμεν τὸν ἀδελφὸν ἡμῶν, καὶ κρύψωμεν τὸ αἷμα αὐτοῦ; Δεῦτε ἀποδώμεθα αὐτὸν τοῖς Ἰσμαηλίταις τούτοις· αἱ δὲ χεῖρες 27 ἡμῶν μὴ ἔστωσαν ἐπ᾽ αὐτόν, ὅτι ἀδελφὸς ἡμῶν καὶ σάρξ ἡμῶν ἐστίν. Ἤκουσαν δὲ οἱ ἀδελφοὶ αὐτοῦ. Καὶ παρεπορεύοντο 28 οἱ ἄνθρωποι οἱ Μαδιηναῖοι ἔμποροι, καὶ ἐξείλκυσαν καὶ ἀνεβίβασαν τὸν Ἰωσὴφ ἐκ τοῦ λάκκου· καὶ ἀπέδοντο τὸν Ἰωσὴφ τοῖς Ἰσμαηλίταις εἴκοσι χρυσῶν. Καὶ κατήγαγον τὸν Ἰωσὴφ εἰς Αἴγυπτον. Ἀνέστρεψε δὲ Ῥουβὴν ἐπὶ τὸν λάκκον, καὶ οὐχ 29 ὁρᾷ τὸν Ἰωσὴφ ἐν τῷ λάκκῳ· καὶ διέρρηξε τὰ ἱμάτια αὐτοῦ. Καὶ ἐπέστρεψε πρὸς τοὺς ἀδελφοὺς αὐτοῦ, καὶ εἶπε, τὸ παιδά- 30 ριον οὐκ ἔστιν· ἐγὼ δὲ ποῦ πορεύομαι ἔτι; Λαβόντες δὲ τὸν 31 χιτῶνα τοῦ Ἰωσήφ, ἔσφαξαν ἔριφον αἰγῶν, καὶ ἐμόλυναν τὸν χιτῶνα τῷ αἵματι. Καὶ ἀπέστειλαν τὸν χιτῶνα τὸν ποικίλον, 32 καὶ εἰσήνεγκαν τῷ πατρὶ αὐτῶν· καὶ εἶπαν, τοῦτον εὕρομεν, ἐπίγνωθι εἰ χιτὼν τοῦ υἱοῦ σου ἐστὶν, ἢ οὔ. Καὶ ἐπέγνω αὐτὸν, καὶ εἶπε, χιτὼν τοῦ υἱοῦ μου ἐστί· θηρίον πονηρὸν κατέφαγεν αὐτόν· θηρίον ἥρπασε τὸν Ἰωσήφ. Διέρρηξε δὲ 33 Ἰακὼβ τὰ ἱμάτια αὐτοῦ, καὶ ἐπέθετο σάκκον ἐπὶ τὴν ὀσφὺν αὐτοῦ, καὶ ἐπένθει τὸν υἱὸν αὐτοῦ ἡμέρας πολλάς. Συνή- 34 χθησαν δὲ πάντες οἱ υἱοὶ αὐτοῦ καὶ αἱ θυγατέρες, καὶ ἦλθον παρακαλέσαι αὐτόν· καὶ οὐκ ἤθελε παρακαλεῖσθαι, λέγων, ὅτι καταβήσομαι πρὸς τὸν υἱόν μου πενθῶν εἰς ᾅδου· καὶ ἔκλαυσεν αὐτὸν ὁ πατὴρ αὐτοῦ. Οἱ δὲ Μαδιηναῖοι ἀπέδοντο 35

β *Gr.* smite him to the life.   γ *Gr.* stacte.

τὸν Ἰωσὴφ εἰς Αἴγυπτον τῷ Πετεφρῇ τῷ σπάδοντι Φαραὼ ἀρχιμαγείρῳ.

38 Ἐγένετο δὲ ἐν τῷ καιρῷ ἐκείνῳ, κατέβη Ἰούδας ἀπὸ τῶν ἀδελφῶν αὐτοῦ, καὶ ἀφίκετο ἕως πρὸς ἄνθρωπον τινὰ Ὀδολλα-

2 μίτην, ᾧ ὄνομα Εἰράς. Καὶ εἶδεν ἐκεῖ Ἰούδας θυγατέρα ἀνθρώπου Χαναναίου, ᾗ ὄνομα Σαυά· καὶ ἔλαβεν αὐτὴν, καὶ εἰσῆλθε

3 πρὸς αὐτήν. Καὶ συλλαβοῦσα ἔτεκεν υἱὸν, καὶ ἐκάλεσε τὸ

4 ὄνομα αὐτοῦ, Ἤρ. Καὶ συλλαβοῦσα ἔτεκεν υἱὸν ἔτι, καὶ

5 ἐκάλεσε τὸ ὄνομα αὐτοῦ, Αὐνάν. Καὶ προσθεῖσα ἔτεκεν υἱὸν, καὶ ἐκάλεσε τὸ ὄνομα αὐτοῦ, Σηλώμ· αὕτη δὲ ἦν ἐν Χασβὶ,

6 ἡνίκα ἔτεκεν αὐτούς. Καὶ ἔλαβεν Ἰούδας γυναῖκα Ἤρ τῷ

7 πρωτοτόκῳ αὐτοῦ, ᾗ ὄνομα Θάμαρ. Ἐγένετο δὲ Ἤρ πρωτότοκος Ἰούδα πονηρὸς ἔναντι Κυρίου· καὶ ἀπέκτεινεν αὐτὸν ὁ Θεός.

8 Εἶπε δὲ Ἰούδας τῷ Αὐνάν· εἴσελθε πρὸς τὴν γυναῖκα τοῦ ἀδελφοῦ σου, καὶ ἐπιγάμβρευσαι αὐτὴν, καὶ ἀνάστησον

9 σπέρμα τῷ ἀδελφῷ σου. Γνοὺς δὲ Αὐνὰν, ὅτι οὐκ αὐτῷ ἔσται τὸ σπέρμα, ἐγένετο ὅταν εἰσήρχετο πρὸς τὴν γυναῖκα τοῦ ἀδελφοῦ αὐτοῦ, ἐξέχεεν ἐπὶ τὴν γῆν, τοῦ μὴ δοῦναι σπέρμα τῷ

10 ἀδελφῷ αὐτοῦ. Πονηρὸν δὲ ἐφάνη ἐναντίον τοῦ Θεοῦ, ὅτι ἐποίησε τοῦτο· καὶ ἐθανάτωσε καὶ τοῦτον.

11 Εἶπε δὲ Ἰούδας Θάμαρ τῇ νύμφῃ αὐτοῦ, κάθου χήρα ἐν τῷ οἴκῳ τοῦ πατρός σου, ἕως μέγας γένηται Σηλὼμ ὁ υἱός μου· εἶπε γὰρ, μή ποτε ἀποθάνῃ καὶ οὗτος, ὥσπερ καὶ οἱ ἀδελφοὶ αὐτοῦ. Ἀπελθοῦσα δὲ Θάμαρ ἐκάθητο ἐν τῷ οἴκῳ τοῦ πατρὸς αὐτῆς.

12 Ἐπληθύνθησαν δὲ αἱ ἡμέραι, καὶ ἀπέθανε Σαυὰ ἡ γυνὴ Ἰούδα· καὶ παρακληθεὶς Ἰούδας ἀνέβη ἐπὶ τοὺς κείροντας τὰ πρόβατα αὐτοῦ, αὐτὸς καὶ Εἰρᾶς ὁ ποιμὴν αὐτοῦ ὁ Ὀδολλαμίτης εἰς

13 Θαμνά. Καὶ ἀπηγγέλη Θάμαρ τῇ νύμφῃ αὐτοῦ, λέγοντες, ἰδοὺ ὁ πενθερός σου ἀναβαίνει εἰς Θαμνὰ, κεῖραι τὰ πρόβατα αὐτοῦ.

14 Καὶ περιελομένη τὰ ἱμάτια τῆς χηρεύσεως ἀφ᾽ ἑαυτῆς, περιέβαλε τὸ θέριστρον, καὶ ἐκαλλωπίσατο, καὶ ἐκάθισε πρὸς ταῖς πύλαις Αἰνὰν, ἥ ἐστιν ἐν παρόδῳ Θαμνά· ἴδε γὰρ ὅτι μέγας γέγονε

15 Σηλὼμ, αὐτὸς δὲ οὐκ ἔδωκεν αὐτὴν αὐτῷ γυναῖκα. Καὶ ἰδὼν αὐτὴν Ἰούδας ἔδοξεν αὐτὴν πόρνην εἶναι· κατεκαλύψατο γὰρ τὸ

16 πρόσωπον αὐτῆς καὶ οὐκ ἐπέγνω αὐτήν. Ἐξέκλινε δὲ πρὸς αὐτὴν τὴν ὁδόν· καὶ εἶπεν αὐτῇ, ἔασόν με εἰσελθεῖν πρός σε· οὐ γὰρ ἔγνω, ὅτι νύμφη αὐτοῦ ἐστίν· ἡ δὲ εἶπε, τί μοι δώσεις, ἐὰν

17 εἰσέλθῃς πρός με; Ὁ δὲ εἶπεν, ἐγώ σοι ἀποστελῶ ἔριφον αἰγῶν ἐκ τῶν προβάτων μου· ἡ δὲ εἶπεν, ἐὰν δῷς μοι ἀῤῥαβῶνα, ἕως

18 τοῦ ἀποστεῖλαί σε. Ὁ δὲ εἶπε, τίνα τὸν ἀῤῥαβῶνά σοι δώσω· ἡ δὲ εἶπε, τὸν δακτύλιόν σου, καὶ τὸν ὁρμίσκον, καὶ τὴν ῥάβδον τὴν ἐν τῇ χειρί σου. Καὶ ἔδωκεν αὐτῇ, καὶ εἰσῆλθε πρὸς αὐτήν·

19 καὶ ἐν γαστρὶ ἔλαβεν ἐξ αὐτοῦ. Καὶ ἀναστᾶσα ἀπῆλθε, καὶ περιείλετο τὸ θέριστρον αὐτῆς ἀφ᾽ ἑαυτῆς, καὶ ἐνεδύσατο τὰ

20 ἱμάτια τῆς χηρεύσεως αὐτῆς. Ἀπέστειλε δὲ Ἰούδας τὸν ἔριφον ἐξ αἰγῶν ἐν χειρὶ τοῦ ποιμένος αὐτοῦ τοῦ Ὀδολλαμίτον, κομίσασθαι παρὰ τῆς γυναικὸς τὸν ἀῤῥαβῶνα· καὶ οὐχ εὗρεν αὐτήν.

21 Ἐπηρώτησε δὲ τοὺς ἄνδρας τοὺς ἐκ τοῦ τόπου, ποῦ ἐστιν ἡ πόρνη ἡ γενομένη ἐν Αἰνὰν ἐπὶ τῆς ὁδοῦ; καὶ εἶπαν, οὐκ ἦν

22 ἐνταῦθα πόρνη. Καὶ ἀπεστράφη πρὸς Ἰούδαν, καὶ εἶπεν, οὐχ

Egypt; to Petephres, the eunuch of Pharao, captain of the guard.

And it came to pass at that time that Judas went down from his brethren, and came as far as to a certain man of Odollam, whose name was Iras. [2]And Judas saw there the daughter of a Chananitish man, whose name was Sava; and he took her, and went in to her. [3]And she conceived and bore a son, and called his name, Er. [4]And she conceived and bore a son again; and called his name, Aunan. [5]And she again bore a son; and called his name, Selom: and she was in Chasbi when she bore them. [6]And Judas took a wife for Er his first-born, whose name was Thamar. [7]And Er, the first-born of Judas, was wicked before the Lord; and God killed him. [8]And Judas said to Aunan, Go in to thy brother's wife, and marry her as her brother-in-law, and raise up seed to thy brother. [9]And Aunan, knowing that the seed should not be his—it came to pass when he went in to his brother's wife, that he spilled *it* upon the ground, so that he should not give seed to his brother's wife. [10]And his doing this appeared evil before God; and he slew him also.

[11]And Judas said to Thamar, his daughter-in-law, Sit thou a widow in the house of thy father-in-law, until Selom my son be grown; for he said, lest he also die as his brethren; and Thamar departed, and sat in the house of her father. [12]And the days were fulfilled, and Sava the wife of Judas died; and Judas, being comforted, went to them that sheared his sheep, himself and Iras his shepherd the Odollamite, to Thamna. [13]And it was told Thamar his daughter-in-law, saying, Behold, thy father-in-law goeth up to Thamna, to shear his sheep. [14]And having taken off the garments of her widowhood from her, she put on a veil, and ornamented her face, and sat by the gates of Ænan, which is in the way to Thamna, for she saw that Selom was grown; but he gave her not to him for a wife. [15]And when Judas saw her, he thought her to be a harlot; for she covered her face, and he knew her not. [16]And he went out of βhis way to her, and said to her, Let me come in to thee; for he knew not that she was his daughter-in-law; and she said, What wilt thou give me if thou shouldest come in to me? [17]And he said, I will send thee a kid of the goats from my flock; and she said, *Well*, if thou wilt give me an earnest, until thou send it. [18]And he said, What is the earnest that I shall give thee? and she said, Thy ring, and thy γbracelet, and the staff in thy hand; and he gave them to her, and went in to her, and she conceived by him. [19]And she arose and departed, and took her veil from off her, and put on the garments of her widowhood. [20]And Judas sent the kid of the goats by the hand of his shepherd the Odollamite, to receive the pledge from the woman; and he found her not. [21]And he asked the men of the place, Where is the harlot who was in Ænan by the way-side? and they said, There was no harlot here. [22]And he returned to Judas, and said, I

β *Lit.* turned his way to her.   γ *Or*, necklace.

have not found her; and the men of the place say, There is no harlot here. ²³ And Judas said, Let her have them, but let us not be ridiculed; I sent this kid, but thou hast not found her. ²⁴ And it came to pass after three months, that it was told Judas, saying, Thamar thy daughter-in-law has grievously played the harlot, and behold she is with child by whoredom; and Judas said, Bring her out, and let her be burnt. ²⁵ And as they were bringing her, she sent to her father-in-law, saying, I am with child by the man whose these things are; and she said, See whose is this ring and bracelet and staff. ²⁶ And Judas knew *them*, and said, Thamar is cleared rather than I, forasmuch as I gave her not to Selom my son: and he knew her not again. ²⁷ And it came to pass when she was in labour, that she also had twins in her womb. ²⁸ And it came to pass as she was bringing forth, one thrust forth his hand, and the midwife having taken hold of it, bound upon his hand a scarlet *thread*, saying, This one shall come out first. ²⁹ And when he drew back his hand, then immediately came forth his brother; and she said, Why has the barrier been cut through because of thee? and she called his name, Phares. ³⁰ And after this came forth his brother, on whose hand was the scarlet thread; and she called his name, Zara.

And Joseph was brought down to Egypt; and Petephres the eunuch of Pharao, the ᵝ captain of the guard, an Egyptian, bought him of the hands of the Ismaelites, who brought him down thither. ² And the Lord was with Joseph, and he was a prosperous man; and he was in the house with his lord the Egyptian. ³ And his master knew that the Lord was with him, and the Lord prospers in his hands whatsoever he happens to do. ⁴ And Joseph found grace in the presence of his lord, and was well-pleasing to him; and he set him over his house, and all that he had he gave into the hand of Joseph. ⁵ And it came to pass after that he was set over his house, and over all that he had, that the Lord blessed the house of the Egyptian for Joseph's sake; and the blessing of the Lord was on all his possessions in the house, and in his field. ⁶ And he committed all that he had into the hands of Joseph; and he knew not of anything that belonged to him, save the bread which he himself ate. And Joseph was handsome in form, and exceedingly beautiful in countenance. ⁷ And it came to pass after these things, that his master's wife cast her eyes upon Joseph, and said, Lie with me. ⁸ But he would not; but said to his master's wife, If because of me my master knows nothing in his house, and has given into my hands all things that belong to him: ⁹ and in this house there is nothing above me, nor has anything been kept back from me, but thou, because thou art his wife—how then shall I do this wicked thing, and sin against God? ¹⁰ And when she talked with Joseph day by day, and he hearkened not to her to sleep with her, so as to be with her, ¹¹ ᵞ it came to pass on a certain day, that Joseph went into the house to do his business, and there was no one of

εὗρον· καὶ οἱ ἄνθρωποι οἱ ἐκ τοῦ τόπου λέγουσι, μὴ εἶναι ὧδε πόρνην. Εἶπε δὲ Ἰούδας, ἐχέτω αὐτά· ἀλλὰ μή ποτε καταγε- 23 λασθῶμεν· ἐγὼ μὲν ἀπέσταλκα τὸν ἔριφον τοῦτον, σὺ δὲ οὐχ εὕρηκας. Ἐγένετο δὲ μετὰ τρίμηνον ἀνηγγέλη τῷ Ἰούδα, 24 λέγοντες, ἐκπεπόρνευκε Θάμαρ ἡ νύμφη σου, καὶ ἰδοὺ ἐν γασ- τρὶ ἔχει ἐκ πορνείας· Εἶπε δὲ Ἰούδας, ἐξαγάγετε αὐτὴν, καὶ κατακαυθήτω. Αὐτὴ δὲ ἀγομένη ἀπέστειλε πρὸς τὸν πενθερὸν 25 αὐτῆς, λέγουσα, ἐκ τοῦ ἀνθρώπου οὗτινος ταῦτά ἐστιν, ἐγὼ ἐν γαστρὶ ἔχω· καὶ εἶπεν, ἐπίγνωθι τίνος ὁ δακτύλιος, καὶ ὁ ὁρμί- σκος, καὶ ἡ ῥάβδος αὕτη. Ἐπέγνω δὲ Ἰούδας, καὶ εἶπε, δεδι- 26 καίωται Θάμαρ ἢ ἐγώ· οὗ ἕνεκεν οὐκ ἔδωκα αὐτὴν Σηλὼμ τῷ υἱῷ μου. Καὶ οὐ προσέθετο ἔτι τοῦ γνῶναι αὐτήν. Ἐγένετο δὲ 27 ἡνίκα ἔτικτε, καὶ τῇδε ἦν δίδυμα ἐν τῇ γαστρὶ αὐτῆς. Ἐγένετο δὲ 28 ἐν τῷ τίκτειν αὐτὴν, ὁ εἷς προεξήνεγκε τὴν χεῖρα· λαβοῦσα δὲ ἡ μαῖα, ἔδησεν ἐπὶ τὴν χεῖρα αὐτοῦ κόκκινον, λέγουσα, οὗτος ἐξελεύσεται πρότερος. Ὡς δὲ ἐπισυνήγαγε τὴν χεῖρα, καὶ 29 εὐθὺς ἐξῆλθεν ὁ ἀδελφὸς αὐτοῦ· ἡ δὲ εἶπε, τί διεκόπη διὰ σὲ φραγμός; καὶ ἐκάλεσε τὸ ὄνομα αὐτοῦ, Φαρές. Καὶ μετὰ 30 τοῦτο ἐξῆλθεν ὁ ἀδελφὸς αὐτοῦ, ἐφ᾽ ᾧ ἦν ἐπὶ τῇ χειρὶ αὐτοῦ τὸ κόκκινον· καὶ ἐκάλεσε τὸ ὄνομα αὐτοῦ, Ζαρά.

Ἰωσὴφ δὲ κατήχθη εἰς Αἴγυπτον· καὶ ἐκτήσατο αὐτὸν 39 Πετεφρῆς ὁ εὐνοῦχος Φαραὼ, ὁ ἀρχιμάγειρος, ἀνὴρ Αἰγύπτιος, ἐκ χειρῶν τῶν Ἰσμαηλιτῶν, οἳ κατήγαγον αὐτὸν ἐκεῖ. Καὶ 2 ἦν Κύριος μετὰ Ἰωσήφ· καὶ ἦν ἀνὴρ ἐπιτυγχάνων· καὶ ἐγένετο ἐν τῷ οἴκῳ παρὰ τῷ κυρίῳ αὐτοῦ τῷ Αἰγυπτίῳ. Ἤδει δὲ ὁ 3 κύριος αὐ-οῦ, ὅτι ὁ Κύριος ἦν μετ᾽ αὐτοῦ, καὶ ὅσα ἐὰν ποιῇ, Κύριος εὐοδοῖ ἐν ταῖς χερσὶν αὐτοῦ. Καὶ εὗρεν Ἰωσὴφ χάριν 4 ἐναντίον τοῦ κυρίου αὐτοῦ, καὶ εὐηρέστησεν αὐτῷ. Καὶ κατέ- στησεν αὐτὸν ἐπὶ τοῦ οἴκου αὐτοῦ· καὶ πάντα ὅσα ἦν αὐτῷ, ἔδωκε διὰ χειρὸς Ἰωσήφ. Ἐγένετο δὲ μετὰ τὸ καταστῆναι 5 αὐτὸν ἐπὶ τοῦ οἴκου αὐτοῦ, καὶ ἐπὶ πάντα ὅσα ἦν αὐτῷ, καὶ ηὐλόγησε Κύριος τὸν οἶκον τοῦ Αἰγυπτίου διὰ Ἰωσήφ· καὶ ἐγενήθη εὐλογία Κυρίου ἐν πᾶσι τοῖς ὑπάρχουσιν αὐτῷ ἐν τῷ οἴκῳ, καὶ ἐν τῷ ἀγρῷ αὐτοῦ. Καὶ ἐπέτρεψε πάντα ὅσα ἦν 6 αὐτῷ, εἰς χεῖρας Ἰωσήφ· καὶ οὐκ ᾔδει τῶν καθ᾽ αὐτὸν οὐδὲν, πλὴν τοῦ ἄρτου, οὗ ἤσθιεν αὐτός. Καὶ ἦν Ἰωσὴφ καλὸς τῷ εἴδει, καὶ ὡραῖος τῇ ὄψει σφόδρα. Καὶ ἐγένετο μετὰ τὰ ῥήματα 7 ταῦτα, καὶ ἐπέβαλεν ἡ γυνὴ τοῦ κυρίου αὐτοῦ τοὺς ὀφθαλμοὺς αὐτῆς ἐπὶ Ἰωσήφ· καὶ εἶπεν, κοιμήθητι μετ᾽ ἐμοῦ. Ὁ δὲ οὐκ 8 ἤθελεν· εἶπε δὲ τῇ γυναικὶ τοῦ κυρίου αὐτοῦ, εἰ ὁ κύριός μου οὐ γινώσκει δι᾽ ἐμὲ οὐδὲν ἐν τῷ οἴκῳ αὐτοῦ, καὶ πάντα ὅσα ἐστὶν αὐτῷ ἔδωκεν εἰς τὰς χεῖράς μου, καὶ οὐχ ὑπερέχει ἐν τῇ 9 οἰκίᾳ ταύτῃ οὐθὲν ἐμοῦ, οὐδὲ ὑπεξήρηται ἀπ᾽ ἐμοῦ οὐδὲν, πλὴν σοῦ, διὰ τὸ σὲ γυναῖκα αὐτοῦ εἶναι, καὶ πῶς ποιήσω τὸ ῥῆμα τὸ πονηρὸν τοῦτο, καὶ ἁμαρτήσομαι ἐναντίον τοῦ Θεοῦ; Ἡνίκα 10 δὲ ἐλάλει τῷ Ἰωσὴφ ἡμέραν ἐξ ἡμέρας, καὶ οὐχ ὑπήκουεν αὐτῇ καθεύδειν μετ᾽ αὐτῆς, τοῦ συγγενέσθαι αὐτῇ. Ἐγένετο δὲ 11 τοιαύτη τις ἡμέρα, καὶ εἰσῆλθεν Ἰωσὴφ εἰς τὴν οἰκίαν ποιεῖν

ᵝ *Gr.* chief cook. The same Hebrew word טַבָּח signifies a cook, who was also a butcher; and a guardsman, who was also an executioner.
ᵞ *Lit.* there happened such a day, and, etc.

12 τὰ ἔργα αὐτοῦ, καὶ οὐθεὶς ἦν τῶν ἐν τῇ οἰκίᾳ ἔσω. Καὶ ἐπεσπάσατο αὐτὸν τῶν ἱματίων, λέγουσα, κοιμήθητι μετ᾽ ἐμοῦ· καὶ καταλιπὼν τὰ ἱμάτια αὐτοῦ ἐν ταῖς χερσὶν αὐτῆς ἔφυγε, καὶ

13 ἐξῆλθεν ἔξω. Καὶ ἐγένετο ὡς εἶδεν ὅτι καταλιπὼν τὰ ἱμάτια

14 αὐτοῦ ἐν ταῖς χερσὶν αὐτῆς ἔφυγε, καὶ ἐξῆλθεν ἔξω, καὶ ἐκάλεσε τοὺς ὄντας ἐν τῇ οἰκίᾳ, καὶ εἶπεν αὐτοῖς, λέγουσα, ἴδετε, εἰσήγαγεν ἡμῖν παῖδα Ἑβραῖον, ἐμπαίζειν ἡμῖν· εἰσῆλθε πρός με, λέγων, κοιμήθητι μετ᾽ ἐμοῦ· καὶ ἐβόησα φωνῇ μεγάλῃ.

15 Ἐν δὲ τῷ ἀκοῦσαι αὐτὸν, ὅτι ὕψωσα τὴν φωνήν μου καὶ ἐβόησα, καταλιπὼν τὰ ἱμάτια αὐτοῦ παρ᾽ ἐμοὶ ἔφυγε, καὶ ἐξῆλθεν ἔξω.

16 Καὶ καταλιμπάνει τὰ ἱμάτια παρ᾽ ἑαυτῇ, ἕως ἦλθεν ὁ κύριος εἰς

17 τὸν οἶκον αὐτοῦ. Καὶ ἐλάλησεν αὐτῷ κατὰ τὰ ῥήματα ταῦτα, λέγουσα, εἰσῆλθε πρός με ὁ παῖς ὁ Ἑβραῖος, ὃν εἰσήγαγες πρὸς ἡμᾶς, ἐμπαῖξαί μοι· καὶ εἶπέ μοι, κοιμηθήσομαι μετὰ σοῦ.

18 Ὡς δὲ ἤκουσεν, ὅτι ὕψωσα τὴν φωνήν μου καὶ ἐβόησα, καταλιπὼν τὰ ἱμάτια αὐτοῦ παρ᾽ ἐμοὶ ἔφυγε, καὶ ἐξῆλθεν ἔξω.

19 Ἐγένετο δὲ, ὡς ἤκουσεν ὁ κύριος αὐτοῦ τὰ ῥήματα τῆς γυναικὸς αὐτοῦ, ὅσα ἐλάλησε πρὸς αὐτὸν, λέγουσα, οὕτως ἐποίησέ μοι ὁ παῖς σου, καὶ ἐθυμώθη ὀργῇ.

20 Καὶ λαβὼν ὁ κύριος Ἰωσὴφ, ἐνέβαλεν αὐτὸν εἰς τὸ ὀχύρωμα, εἰς τὸν τόπον ἐν ᾧ οἱ δεσμῶται τοῦ βασιλέως κατέχονται ἐκεῖ

21 ἐν τῷ ὀχυρώματι. Καὶ ἦν Κύριος μετὰ Ἰωσὴφ, καὶ κατέχεεν αὐτοῦ ἔλεος· καὶ ἔδωκεν αὐτῷ χάριν ἐναντίον τοῦ ἀρχιδεσμοφύ-

22 λακος. Καὶ ἔδωκεν ὁ ἀρχιδεσμοφύλαξ τὸ δεσμωτήριον διὰ χειρὸς Ἰωσὴφ, καὶ πάντας τοὺς ἀπηγμένους ὅσοι ἐν τῷ δεσμω-

23 τηρίῳ, καὶ πάντα ὅσα ποιοῦσιν ἐκεῖ, αὐτὸς ἦν ποιῶν. Οὐκ ἦν ὁ ἀρχιδεσμοφύλαξ τοῦ δεσμωτηρίου γινώσκων δι᾽ αὐτὸν οὐθέν· πάντα γὰρ ἦν διὰ χειρὸς Ἰωσὴφ, διὰ τὸ τὸν Κύριον μετ᾽ αὐτοῦ εἶναι· καὶ ὅσα αὐτὸς ἐποίει, ὁ Κύριος εὐώδου ἐν ταῖς χερσὶν αὐτοῦ.

40 Ἐγένετο δὲ μετὰ τὰ ῥήματα ταῦτα, ἥμαρτεν ὁ ἀρχιοινοχόος τοῦ βασιλέως Αἰγύπτου, καὶ ὁ ἀρχισιτοποιὸς, τῷ κυρίῳ αὐτῶν

2 βασιλεῖ Αἰγύπτου. Καὶ ὠργίσθη Φαραὼ ἐπὶ τοῖς δυσὶν εὐνού-

3 χοις αὐτοῦ, ἐπὶ τῷ ἀρχιοινοχόῳ, καὶ ἐπὶ τῷ ἀρχισιτοποιῷ. Καὶ ἔθετο αὐτοὺς ἐν φυλακῇ εἰς τὸ δεσμωτήριον, εἰς τὸν τόπον, οὗ

4 Ἰωσὴφ ἀπῆκτο ἐκεῖ. Καὶ συνέστησεν ὁ ἀρχιδεσμώτης τῷ Ἰωσὴφ αὐτούς· καὶ παρέστη αὐτοῖς· ἦσαν δὲ ἡμέρας ἐν τῇ

5 φυλακῇ. Καὶ εἶδον ἀμφότεροι ἐνύπνιον ἐν μιᾷ νυκτί· ἡ δὲ ὅρασις τοῦ ἐνυπνίου τοῦ ἀρχιοινοχόου καὶ ἀρχισιτοποιοῦ, οἳ ἦσαν τῷ βασιλεῖ Αἰγύπτου, οἱ ὄντες ἐν τῷ δεσμωτηρίῳ, ἦν αὕτη.

6 Εἰσῆλθε πρὸς αὐτοὺς Ἰωσὴφ τὸ πρωῒ, καὶ εἶδεν αὐτοὺς, καὶ

7 ἦσαν τεταραγμένοι. Καὶ ἠρώτα τοὺς εὐνούχους Φαραὼ, οἳ ἦσαν μετ᾽ αὐτοῦ ἐν τῇ φυλακῇ παρὰ τῷ κυρίῳ αὐτοῦ, λέγων, τί

8 ὅτι τὰ πρόσωπα ὑμῶν σκυθρωπὰ σήμερον; Οἱ δὲ εἶπαν αὐτῷ, ἐνύπνιον εἴδομεν, καὶ ὁ συγκρίνων οὐκ ἔστιν αὐτό· εἶπε δὲ αὐτοῖς Ἰωσὴφ, οὐχὶ διὰ τοῦ Θεοῦ ἡ διασάφησις αὐτῶν ἐστι;

9 διηγήσασθε οὖν μοι. Καὶ διηγήσατο ὁ ἀρχιοινοχόος τὸ ἐν-ύπνιον αὐτοῦ τῷ Ἰωσὴφ· καὶ εἶπεν, ἐν τῷ ὕπνῳ μου ἦν ἄμπελος

10 ἐναντίον μου. Ἐν δὲ τῇ ἀμπέλῳ τρεῖς πυθμένες, καὶ αὐτὴ θάλλουσα, ἀνενηνοχυῖα βλαστούς· πέπειροι οἱ βότρυες στα-

---

the household within. **12** And she caught hold of him by his clothes, and said, Lie with me; and having left his clothes in her hands, he fled, and went forth. **13** And it came to pass, when she saw that he had left his clothes in her hands, and fled, and gone forth, **14** that she called those that were in the house, and spoke to them, saying, See, he has brought in to us a Hebrew servant to mock us—he came in to me, saying, Lie with me, and I cried with a loud voice. **15** And when he heard that I lifted up my voice and cried, having left his clothes with me, he fled, and went forth out. **16** So she leaves the clothes by her, until the master came to his house. **17** And she spoke to him according to these words, saying, The Hebrew servant, whom thou broughtest in to us, came in to me to mock me, and said to me, I will lie with thee. **18** And when he heard that I lifted up my voice and cried, having left his clothes with me, he fled and departed forth. **19** And it came to pass, when his master heard all the words of his wife, that she spoke to him, saying, Thus did thy servant to me, that he was very angry. **20** And his master took Joseph, and cast him into the prison, into the place where the king's prisoners are kept, there in the prison. **21** And the Lord was with Joseph, and poured down mercy upon him; and he gave him favour in the sight of the chief keeper of the prison. **22** And the chief keeper of the prison gave the prison into the hand of Joseph, and all the prisonersβ as many as were in the prison; and all things whatsoever they do there, he did them. **23** Because of him the chief keeper of the prison knew nothing, for all things were in the hand of Joseph, because the Lord was with him; and whatever things he did, the Lord made them to prosper in his hands.

And it came to pass after these things, that the chief cupbearer of the king of Egypt and the chief baker trespassed against their lord the king of Egypt. **2** And Pharao was wroth with his two eunuchs, with his chief cupbearer, and with his chief baker. **3** And he put them in ward, into the prison, into the place whereinto Joseph had been led. **4** And the chief keeper of the prison committed them to Joseph, and he stood by them; and they were *some* days in the prison. **5** And they both γhad a dream in one night; and the vision of the dream of the chief cupbearer and chief baker, who belonged to the king of Egypt, who were in the prison, was this. **6** Joseph went in to them in the morning, and saw them, and they had been troubled. **7** And he asked the eunuchs of Pharao who were with him in the prison with his master, saying, Why is it that your countenances are sad to-day? **8** And they said to him, We have seen a dream, and there is no interpreter of it. And Joseph said to them, Is not the interpretation of them through God? tell *them* then to me. **9** And the chief cupbearer related his dream to Joseph, and said, In my δdream a vine was before me. **10** And in the vine *were* three stems; and it budding shot forth blossoms; the clusters of grapes were

---

β *Lit.* men led away to prison or punishment.   γ *Gr.* saw.   δ *Gr.* sleep.

ripe. ¹¹ And the cup of Pharao was in my hand; and I took the bunch of grapes, and squeezed it into the cup, and gave the cup into Pharao's hand. ¹² And Joseph said to him, This is the interpretation of it. The three stems are three days. ¹³ Yet three days and Pharao shall remember thy office, and he shall restore thee to thy place of chief cupbearer, and thou shalt give the cup of Pharao into his hand, according to thy former high place, as thou wast wont to be cupbearer. ¹⁴ But remember me of thyself, when it shall be well with thee, and thou shalt deal mercifully with me, and thou shalt make mention of me to Pharao, and thou shalt bring me forth out of this dungeon. ¹⁵ For surely I was stolen away out of the land of the Hebrews, and here I have done nothing, but they have cast me into this pit. ¹⁶ And the chief baker saw that he interpreted aright; and he said to Joseph, I also saw a dream, and methought I took up on my head three baskets of mealy food. ¹⁷ And in the upper basket there was the work of the baker of every kind which Pharao eats; and the fowls of the air ate them out of the basket that was on my head. ¹⁸ And Joseph answered and said to him, This is the interpretation of it; The three baskets are three days. ¹⁹ Yet three days, and Pharao shall take away thy head from off thee, and shall hang thee on a tree, and the birds of the sky shall eat thy flesh from off thee. ²⁰ And it came to pass on the third day that it was Pharao's birth-day, and he made a banquet for all his servants, and he remembered the office of the cupbearer and the office of the baker in the midst of his servants. ²¹ And he restored the chief cupbearer to his office, and he gave the cup into Pharao's hand. ²² And he hanged the chief baker, as Joseph interpreted to them. ²³ Yet did not the chief cupbearer remember Joseph, but forgot him.

And it came to pass after two [β] full years that Pharao had a dream. He thought he stood upon *the bank of* the river. ² And lo, there came up as it were out of the river seven cows, fair in appearance, and choice of flesh, and they fed on the sedge.[γ] ³ And other seven cows came up after these out of the river, ill-favoured and lean-fleshed, and fed by the *other* cows on the bank of the river. ⁴ And the seven ill-favoured and lean cows devoured the seven well-favoured and choice-fleshed cows; and Pharao awoke. ⁵ And he dreamed again. And, behold, seven ears came up on one stalk, choice and good. ⁶ And, behold, seven ears thin and blasted with the wind, grew up after them. ⁷ And the seven thin ears and blasted with the wind devoured the seven choice and full ears; and Pharao awoke, and it was a dream. ⁸ And it was morning, and his soul was troubled; and he sent and called all the interpreters of Egypt, and all her wise men; and Pharao related to them his dream, and there was no one to [δ] interpret it to Pharao. ⁹ And the chief cupbearer spoke to Pharao, saying, I this day remember my fault: ¹⁰ Pharao was angry with his servants, and put us in prison in the house of the captain of the

φυλῆς. Καὶ τὸ ποτήριον Φαραὼ ἐν τῇ χειρί μου· καὶ ἔλαβον 11 τὴν σταφυλὴν, καὶ ἐξέθλιψα αὐτὴν εἰς τὸ ποτήριον, καὶ ἔδωκα τὸ ποτήριον εἰς τὴν χεῖρα Φαραώ. Καὶ εἶπεν αὐτῷ Ἰωσὴφ, 12 τοῦτο ἡ σύγκρισις αὐτοῦ· οἱ τρεῖς πυθμένες, τρεῖς ἡμέραι εἰσίν. Ἔτι τρεῖς ἡμέραι, καὶ μνησθήσεται Φαραὼ τῆς ἀρχῆς σου, καὶ 13 ἀποκαταστήσει σε ἐπὶ τὴν ἀρχιοινοχοΐαν σου, καὶ δώσεις τὸ ποτήριον Φαραὼ εἰς τὴν χεῖρα αὐτοῦ κατὰ τὴν ἀρχήν σου τὴν προτέραν, ὡς ἦσθα οἰνοχόων. Ἀλλὰ μνήσθητί μου διὰ σεαυ- 14 τοῦ, ὅταν εὖ γένηταί σοι· καὶ ποιήσεις ἐν ἐμοὶ ἔλεος· καὶ μνησθήσῃ περὶ ἐμοῦ πρὸς Φαραὼ, καὶ ἐξάξεις με ἐκ τοῦ ὀχυρώ- ματος τούτου. Ὅτι κλοπῇ ἐκλάπην ἐκ γῆς Ἑβραίων, καὶ ὧδε 15 οὐκ ἐποίησα οὐδὲν, ἀλλ᾽ ἐνέβαλόν με εἰς τὸν λάκκον τοῦτον. Καὶ εἶδεν ὁ ἀρχισιτοποιὸς ὅτι ὀρθῶς συνέκρινε· καὶ εἶπε τῷ 16 Ἰωσὴφ, κἀγὼ εἶδον ἐνύπνιον· καὶ ᾤμην τρία κανᾶ χονδριτῶν αἴρειν ἐπὶ τῆς κεφαλῆς μου. Ἐν δὲ κανῷ τῷ ἐπάνω ἀπὸ 17 πάντων τῶν γενῶν, ὧν Φαραὼ ἐσθίει, ἔργον σιτοποιοῦ, καὶ τὰ πετεινὰ τοῦ οὐρανοῦ κατήσθιεν αὐτὰ ἀπὸ τοῦ κανοῦ τοῦ ἐπάνω τῆς κεφαλῆς μου. Ἀποκριθεὶς δὲ Ἰωσὴφ εἶπεν αὐτῷ, αὕτη ἡ 18 σύγκρισις αὐτοῦ· τὰ τρία κανᾶ, τρεῖς ἡμέραι εἰσίν. Ἔτι τριῶν 19 ἡμερῶν, καὶ ἀφελεῖ Φαραὼ τὴν κεφαλήν σου ἀπὸ σου· καὶ κρεμάσει σε ἐπὶ ξύλου, καὶ φάγεται τὰ ὄρνεα τοῦ οὐρανοῦ τὰς σάρκας σου ἀπὸ σου. Ἐγένετο δὲ ἐν τῇ ἡμέρᾳ τῇ τρίτῃ, 20 ἡμέρα γενέσεως ἦν Φαραὼ, καὶ ἐποίει πότον πᾶσι τοῖς παισὶν αὐτοῦ· καὶ ἐμνήσθη τῆς ἀρχῆς τοῦ οἰνοχόου καὶ τῆς ἀρχῆς τοῦ σιτοποιοῦ ἐν μέσῳ τῶν παίδων αὐτοῦ. Καὶ ἀπεκατέστησε τὸν 21 ἀρχιοινοχόον ἐπὶ τὴν ἀρχὴν αὐτοῦ· καὶ ἔδωκε τὸ ποτήριον εἰς τὴν χεῖρα Φαραώ. Τὸν δὲ ἀρχισιτοποιὸν ἐκρέμασεν, καθὰ 22 συνέκρινεν αὐτοῖς Ἰωσήφ. Καὶ οὐκ ἐμνήσθη ὁ ἀρχιοινοχόος 23 τοῦ Ἰωσὴφ, ἀλλ᾽ ἐπελάθετο αὐτοῦ.

Ἐγένετο δὲ μετὰ δύο ἔτη ἡμερῶν, Φαραὼ εἶδεν ἐνύπνιον· 41 ᾤετο ἑστάναι ἐπὶ τοῦ ποταμοῦ. Καὶ ἰδοὺ ὥσπερ ἐκ τοῦ ποταμοῦ 2 ἀνέβαινον ἑπτὰ βόες, καλαὶ τῷ εἴδει, καὶ ἐκλεκταὶ ταῖς σαρξὶ, καὶ ἐβόσκοντο ἐν τῷ Ἄχει. Ἄλλαι δὲ ἑπτὰ βόες ἀνέβαινον 3 μετὰ ταύτας ἐκ τοῦ ποταμοῦ, αἰσχραὶ τῷ εἴδει, καὶ λεπταὶ ταῖς σαρξὶ, καὶ ἐνέμοντο παρὰ τὰς βόας ἐπὶ τὸ χεῖλος τοῦ ποταμοῦ. Καὶ κατέφαγον αἱ ἑπτὰ βόες αἱ αἰσχραὶ καὶ λεπταὶ ταῖς σαρξὶ 4 τὰς ἑπτὰ βόας τὰς καλὰς τῷ εἴδει καὶ τὰς ἐκλεκτὰς ταῖς σαρξί· ἠγέρθη δὲ Φαραώ. Καὶ ἐνυπνιάσθη τὸ δεύτερον· καὶ ἰδοὺ 5 ἑπτὰ στάχυες ἀνέβαινον ἐν τῷ πυθμένι ἑνὶ ἐκλεκτοὶ καὶ καλοί. Καὶ ἰδοὺ ἑπτὰ στάχυες λεπτοὶ καὶ ἀνεμόφθοροι ἀνεφύοντο μετ᾽ 6 αὐτούς. Καὶ κατέπιον οἱ ἑπτὰ στάχυες οἱ λεπτοὶ καὶ ἀνεμό- 7 φθοροι τοὺς ἑπτὰ στάχυας τοὺς ἐκλεκτοὺς καὶ τοὺς πλήρεις· ἠγέρθη δὲ Φαραὼ, καὶ ἦν ἐνύπνιον. Ἐγένετο δὲ πρωὶ, καὶ 8 ἐταράχθη ἡ ψυχὴ αὐτοῦ, καὶ ἀποστείλας ἐκάλεσε πάντας τοὺς ἐξηγητὰς Αἰγύπτου, καὶ πάντας τοὺς σοφοὺς αὐτῆς· καὶ διηγή- σατο αὐτοῖς Φαραὼ τὸ ἐνύπνιον αὐτοῦ, καὶ οὐκ ἦν ὁ ἀπαγ- γέλλων αὐτὸ τῷ Φαραώ. Καὶ ἐλάλησεν ὁ ἀρχιοινοχόος πρὸς 9 Φαραὼ, λέγων, τὴν ἁμαρτίαν μου ἀναμιμνήσκω σήμερον. Φαραὼ ὠργίσθη τοῖς παισὶν αὐτοῦ, καὶ ἔθετο ἡμᾶς ἐν φυλακῇ, 10

β *Gr.* years of days.   γ The Hebrew word which the LXX. have here written in Greek characters without translating it, is rendered in this place *A.V.* by *meadow*, in Job 8. 11, the only other passage where it occurs, by *flag*.   δ *Or,* tell.

ἐν τῷ οἴκῳ τοῦ ἀρχιμαγείρου, ἐμέ τε καὶ τὸν ἀρχισιτοποιόν.
11 Καὶ εἴδομεν ἐνύπνιον ἀμφότεροι ἐν νυκτὶ μιᾷ ἐγὼ καὶ αὐτὸς,
12 ἕκαστος κατὰ τὸ αὐτοῦ ἐνύπνιον εἴδομεν. Ἦν δὲ ἐκεῖ μεθ’
ἡμῶν νεανίσκος παῖς Ἑβραῖος τοῦ ἀρχιμαγείρου, καὶ διηγη-
13 σάμεθα αὐτῷ, καὶ συνέκρινεν ἡμῖν. Ἐγενήθη δὲ, καθὼς
συνέκρινεν ἡμῖν οὕτω καὶ συνέβη, ἐμέ τε ἀποκατασταθῆναι ἐπὶ
14 τὴν ἀρχήν μου, ἐκεῖνον δὲ κρεμασθῆναι. Ἀποστείλας δὲ
Φαραὼ ἐκάλεσε τὸν Ἰωσήφ· καὶ ἐξήγαγον αὐτὸν ἀπὸ τοῦ
ὀχυρώματος, καὶ ἐξύρησαν αὐτὸν, καὶ ἤλλαξαν τὴν στολὴν
15 αὐτοῦ· καὶ ἦλθε πρὸς Φαραώ. Εἶπε δὲ Φαραὼ πρὸς Ἰωσήφ,
ἐνύπνιον ἑώρακα, καὶ ὁ συγκρίνων οὐκ ἔστιν αὐτό· ἐγὼ δὲ ἀκήκοα
περὶ σοῦ λεγόντων, ἀκούσαντά σε ἐνύπνια, συγκρῖναι αὐτά.
16 Ἀποκριθεὶς δὲ Ἰωσὴφ τῷ Φαραὼ εἶπεν, ἄνευ τοῦ Θεοῦ οὐκ
17 ἀποκριθήσεται τὸ σωτήριον Φαραώ. Ἐλάλησε δὲ Φαραὼ τῷ
Ἰωσήφ, λέγων, ἐν τῷ ὕπνῳ μου ᾤμην ἑστάναι παρὰ τὸ χεῖλος
18 τοῦ ποταμοῦ. Καὶ ὥσπερ ἐκ τοῦ ποταμοῦ ἀνέβαινον ἑπτὰ
βόες καλαὶ τῷ εἴδει καὶ ἐκλεκταὶ ταῖς σαρξὶ, καὶ ἐνέμοντο ἐν
19 τῷ Ἄχει. Καὶ ἰδοὺ ἑπτὰ βόες ἕτεραι ἀνέβαινον ὀπίσω αὐτῶν
ἐκ τοῦ ποταμοῦ, πονηραὶ καὶ αἰσχραὶ τῷ εἴδει, καὶ λεπταὶ ταῖς
σαρξὶν, οἵας οὐκ εἶδον τοιαύτας ἐν ὅλῃ γῇ Αἰγύπτου αἰσχροτέ-
20 ρας. Καὶ κατέφαγον αἱ ἑπτὰ βόες αἱ αἰσχραὶ καὶ λεπταὶ
21 τὰς ἑπτὰ βόας τὰς πρώτας τὰς καλὰς καὶ τὰς ἐκλεκτάς. Καὶ
εἰσῆλθον εἰς τὰς κοιλίας αὐτῶν· καὶ οὐ διάδηλοι ἐγένοντο, ὅτι
εἰσῆλθον εἰς τὰς κοιλίας αὐτῶν· καὶ αἱ ὄψεις αὐτῶν αἰσχραὶ,
22 καθὰ καὶ τὴν ἀρχήν· ἐξεγερθεὶς δὲ ἐκοιμήθην. Καὶ εἶδον
πάλιν ἐν τῷ ὕπνῳ μου, καὶ ὥσπερ ἑπτὰ στάχυες ἀνέβαινον ἐν
23 πυθμένι ἑνὶ πλήρεις καὶ καλοί. Ἄλλοι δὲ ἑπτὰ στάχυες
24 λεπτοὶ καὶ ἀνεμόφθοροι ἀνεφύοντο ἐχόμενοι αὐτῶν. Καὶ
κατέπιον οἱ ἑπτὰ στάχυες οἱ λεπτοὶ καὶ ἀνεμόφθοροι τοὺς ἑπτὰ
στάχυας τοὺς καλοὺς καὶ τοὺς πλήρεις· εἶπα οὖν τοῖς ἐξηγη-
ταῖς, καὶ οὐκ ἦν ὁ ἀπαγγέλλων μοι αὐτό.
25 Καὶ εἶπεν Ἰωσὴφ τῷ Φαραὼ, τὸ ἐνύπνιον Φαραὼ ἕν ἐστιν·
26 ὅσα ὁ Θεὸς ποιεῖ, ἔδειξε τῷ Φαραώ. Αἱ ἑπτὰ βόες αἱ
καλαὶ, ἑπτὰ ἔτη ἐστί· καὶ οἱ ἑπτὰ στάχυες οἱ καλοὶ, ἑπτὰ
27 ἔτη ἐστί· τὸ ἐνύπνιον Φαραὼ ἕν ἐστι. Καὶ αἱ ἑπτὰ βόες αἱ
λεπταὶ, αἱ ἀναβαίνουσαι ὀπίσω αὐτῶν, ἑπτὰ ἔτη ἐστί· καὶ
οἱ ἑπτὰ στάχυες οἱ λεπτοὶ καὶ ἀνεμόφθοροι, ἑπτὰ ἔτη
28 ἐστί· ἔσονται ἑπτὰ ἔτη λιμοῦ. Τὸ δὲ ῥῆμα ὃ εἴρηκα
29 Φαραὼ, ὅσα ὁ Θεὸς ποιεῖ, ἔδειξε τῷ Φαραώ. Ἰδοὺ ἑπτὰ
ἔτη ἔρχεται εὐθηνία πολλὴ ἐν πάσῃ γῇ Αἰγύπτου.
30 Ἥξει δὲ ἑπτὰ ἔτη λιμοῦ μετὰ ταῦτα· καὶ ἐπιλήσονται τῆς
πλησμονῆς τῆς ἐσομένης ἐν ὅλῃ Αἰγύπτῳ· καὶ ἀναλώσει ὁ
31 λιμὸς τὴν γῆν. Καὶ οὐκ ἐπιγνωσθήσεται ἡ εὐθηνία ἐπὶ τῆς
γῆς ἀπὸ τοῦ λιμοῦ τοῦ ἐσομένου μετὰ ταῦτα· ἰσχυρὸς γὰρ
32 ἔσται σφόδρα. Περὶ δὲ τοῦ δευτερῶσαι τὸ ἐνύπνιον Φαραὼ
δὶς, ὅτι ἀληθὲς ἔσται τὸ ῥῆμα τὸ παρὰ τοῦ Θεοῦ· καὶ ταχυνεῖ
33 ὁ Θεὸς τοῦ ποιῆσαι αὐτό. Νῦν οὖν σκέψαι ἄνθρωπον φρόνιμον
34 καὶ συνετόν, καὶ κατάστησον αὐτὸν ἐπὶ γῆς Αἰγύπτου. Καὶ
ποιησάτω Φαραὼ καὶ καταστησάτω τοπάρχας ἐπὶ τῆς γῆς· καὶ
ἀποπεμπτωσάτωσαν πάντα τὰ γεννήματα τῆς γῆς Αἰγύπτου

guard, both me and the chief baker. [11]And we βhad a dream both in one night, I and he; we saw, each according to his dream. [12]And there was there with us a young man, a Hebrew servant of the captain of the guard; and we related to him *our dreams*, and he interpreted *them* to us. [13]And it came to pass, as he interpreted them to us, so also it happened, both that I was restored to my office, and that he was hanged. [14]And Pharao having sent, called Joseph; and they brought him out from the prison, and shaved him, and changed his dress, and he came to Pharao. [15]And Pharao said to Joseph, I have seen a vision, and there is no one to interpret it; but I have heard γ say concerning thee that thou didst hear dreams and interpret them. [16]And Joseph answered Pharao and said, Without God an answer of safety shall not be given to Pharao. [17]And Pharao spoke to Joseph, saying, In my dream methought I stood by the bank of the river; [18]and there came up as it were out of the river, seven cows well-favoured and choice-fleshed, and they fed on the sedge. [19]And behold seven other cows came up after them out of the river, evil and ill-favoured and lean-fleshed, such that I never saw worse in all the land of Egypt. [20]And the seven ill-favoured and thin cows ate up the seven first good and choice cows. [21]And they went into their bellies; and δit was not perceptible that they had gone into their bellies, and their appearance was ill-favoured, as also at the beginning; and after I awoke I slept, [22]and saw again in my sleep, and as it were seven ears came up on one stem, full and good. [23]And other seven ears, thin and blasted with the wind, sprang up close to them. [24]And the seven thin and blasted ears devoured the seven fine and full ears: so I spoke to the interpreters, and there was no one to explain it to me.

[25]And Joseph said to Pharao, The dream of Pharao is one; whatever God does, he has shewn to Pharao. [26]The seven good cows are seven years, and the seven good ears are seven years; the dream of Pharao is one. [27]And the seven thin kine that came up after them are seven years; and the seven thin and blasted ears are seven years; there shall be seven years of famine. [28]And as for the word which I have told Pharao, whatso-ever God intends to do, he has shewn to Pharao: [29]behold, for seven years there is coming great plenty in all the land of Egypt. [30]But there shall come seven years of famine after these, and they shall forget the plenty that shall be in all Egypt, and the famine shall consume the land. [31]And the plenty shall not be known in the land by reason of the famine that shall be after this, for it shall be very grievous. [32]And concerning the repetition of the dream to Pharao twice, *it is* because the saying which is from God shall be true, and God will hasten to accom-plish it. [33]Now then, look out a wise and prudent man, and set him over the land of Egypt. [34]And let Pharao make and appoint local governors over the land; and let them take up a fifth part of all the produce of the land of Egypt for the seven years of the

---

β *Gr.* saw.   γ *Gr.* men saying.   δ *Gr.* they were.

plenty. ³⁵ And let them gather all the food of these seven good years that are coming, and let the corn be gathered under the hand of Pharao ; let food be kept in the cities. ³⁶ And the stored food shall be for the land against the seven years of famine, which shall be in the land of Egypt; and the land shall not be utterly destroyed by the famine. ³⁷ And the word was pleasing in the sight of Pharao, and in the sight of all his servants. ³⁸ And Pharao said to all his servants, Shall we find such a man as this, who has the Spirit of God in him ? ³⁹ And Pharao said to Joseph, Since God has shewed thee all these things, there is not a wiser or more prudent man than thou. ⁴⁰ Thou shalt be over my house, and all my people shall be obedient to thy ^β word ; only in the throne will I excel thee. ⁴¹ And Pharao said to Joseph, Behold, I set thee this day over all the land of Egypt. ⁴² And Pharao took his ring off his hand, and put it on the hand of Joseph, and put on him a robe of fine linen, and put a necklace of gold about his neck. ⁴³ And he mounted him on the second of his chariots, and a herald made proclamation before him ; and he set him over all the land of Egypt. ⁴⁴ And Pharao said to Joseph, I am Pharao ; without thee no one shall lift up his hand on all the land of Egypt. ⁴⁵ And Pharao called the name of Joseph, Psonthomphanech ; and he gave him Aseneth, the daughter of Petephres, priest of Heliopolis, to wife. ⁴⁶ And Joseph was thirty years old when he stood before Pharao, king of Egypt. And Joseph went out from the presence of Pharao, and went through all the land of Egypt. ⁴⁷ And the land produced, in the seven years of plenty, *whole* handfuls *of corn.* ⁴⁸ And he gathered all the food of the seven years, in which was the plenty in the land of Egypt; and he laid up the food in the cities ; the food of the fields of a city round about it he laid up in it. ⁴⁹ And Joseph gathered very much corn as the sand of the sea, until it could not be numbered, for there was no number *of it.*

⁵⁰ And to Joseph were born two sons, before the seven years of famine came, which Aseneth, the daughter of Petephres, priest of Heliopolis, bore to him. ⁵¹ And Joseph called the name of the first-born, Manasse ; for God, *said he,* has made me forget all my toils, and all ^γ my father's house. ⁵² And he called the name of the second, Ephraim ; for God, *said he,* has increased me in the land of my humiliation. ⁵³ And the seven years of plenty passed away, which were in the land of Egypt. ⁵⁴ And the seven years of famine began to come, as Joseph said ; and there was a famine in all the land ; but in all the land of Egypt there was bread. ⁵⁵ And all the land of Egypt was hungry ; and the people cried to Pharao for bread. And Pharao said to all the Egyptians, Go to Joseph, and do whatsoever he shall tell you. ⁵⁶ And the famine was on the face of all the earth ; and Joseph opened all the granaries, and sold to all the Egyptians. ⁵⁷ And all countries came to Egypt to buy of Joseph, for the famine prevailed in all the earth.

τῶν ἑπτὰ ἐτῶν τῆς εὐθηνίας, καὶ συναγαγέτωσαν πάντα τὰ 35 βρώματα τῶν ἑπτὰ ἐτῶν τῶν ἐρχομένων τῶν καλῶν τούτων· καὶ συναχθήτω ὁ σῖτος ὑπὸ χεῖρα Φαραώ· βρώματα ἐν ταῖς πόλεσι φυλαχθήτω. Καὶ ἔσται τὰ βρώματα τὰ πεφυλαγμένα 36 τῇ γῇ εἰς τὰ ἑπτὰ ἔτη τοῦ λιμοῦ, ἃ ἔσονται ἐν γῇ Αἰγύπτου, καὶ οὐκ ἐκτριβήσεται ἡ γῆ ἐν τῷ λιμῷ. Ἤρεσε δὲ τὸ ῥῆμα 37 ἐναντίον Φαραώ, καὶ ἐναντίον πάντων τῶν παίδων αὐτοῦ.

Καὶ εἶπε Φαραὼ πᾶσι τοῖς παισὶν αὐτοῦ, μὴ εὑρήσομεν 38 ἄνθρωπον τοιοῦτον, ὃς ἔχει πνεῦμα Θεοῦ ἐν αὐτῷ; Εἶπε δὲ 39 Φαραὼ τῷ Ἰωσήφ, ἐπειδὴ ἔδειξεν ὁ Θεός σοι πάντα ταῦτα, οὐκ ἔστιν ἄνθρωπος φρονιμώτερος καὶ συνετώτερός σου. Σὺ 40 ἔσῃ ἐπὶ τῷ οἴκῳ μου, καὶ ἐπὶ τῷ στόματί σου ὑπακούσεται πᾶς ὁ λαός μου· πλὴν τὸν θρόνον ὑπερέξω σου ἐγώ. Εἶπε δὲ 41 Φαραὼ τῷ Ἰωσήφ, ἰδοὺ καθίστημί σε σήμερον ἐπὶ πάσῃ γῇ Αἰγύπτου. Καὶ περιελόμενος Φαραὼ τὸν δακτύλιον ἀπὸ τῆς 42 χειρὸς αὐτοῦ, περιέθηκεν αὐτὸν ἐπὶ τὴν χεῖρα Ἰωσήφ, καὶ ἐνέδυσεν αὐτὸν στολὴν βυσσίνην, καὶ περιέθηκε κλοιὸν χρυσοῦν περὶ τὸν τράχηλον αὐτοῦ. Καὶ ἀνεβίβασεν αὐτὸν ἐπὶ τὸ ἅρμα 43 τὸ δεύτερον τῶν αὐτοῦ· καὶ ἐκήρυξεν ἔμπροσθεν αὐτοῦ κήρυξ· καὶ κατέστησεν αὐτὸν ἐφ᾽ ὅλης γῆς Αἰγύπτου. Εἶπε δὲ 44 Φαραὼ τῷ Ἰωσήφ, ἐγὼ Φαραώ· ἄνευ σοῦ οὐκ ἐξαρεῖ οὐθεὶς τὴν χεῖρα αὐτοῦ ἐπὶ πάσης γῆς Αἰγύπτου. Καὶ ἐκάλεσε Φαραὼ 45 τὸ ὄνομα Ἰωσήφ, Ψονθομφανήχ· καὶ ἔδωκεν αὐτῷ τὴν Ἀσενὲθ θυγατέρα Πετεφρῆ ἱερέως Ἡλιουπόλεως αὐτῷ εἰς γυναῖκα. Ἰωσὴφ δὲ ἦν ἐτῶν τριάκοντα, ὅτε ἔστη ἐναντίον Φαραὼ 46 βασιλέως Αἰγύπτου· ἐξῆλθε δὲ Ἰωσὴφ ἀπὸ προσώπου Φαραώ, καὶ διῆλθε πᾶσαν γῆν Αἰγύπτου. Καὶ ἐποίησεν ἡ γῆ ἐν τοῖς 47 ἑπτὰ ἔτεσι τῆς εὐθηνίας δράγματα. Καὶ συνήγαγε πάντα τὰ 48 βρώματα τῶν ἑπτὰ ἐτῶν, ἐν οἷς ἦν ἡ εὐθηνία ἐν τῇ γῇ Αἰγύπτου· καὶ ἔθηκε τὰ βρώματα ἐν ταῖς πόλεσι· βρώματα τῶν πεδίων τῆς πόλεως τῶν κύκλῳ αὐτῆς ἔθηκεν ἐν αὐτῇ. Καὶ 49 συνήγαγεν Ἰωσὴφ σῖτον ὡσεὶ τὴν ἄμμον τῆς θαλάσσης πολὺν σφόδρα, ἕως οὐκ ἠδύνατο ἀριθμηθῆναι, οὐ γὰρ ἦν ἀριθμός.

Τῷ δὲ Ἰωσὴφ ἐγένοντο υἱοὶ δύο πρὸ τοῦ ἐλθεῖν τὰ ἑπτὰ ἔτη 50 τοῦ λιμοῦ, οὓς ἔτεκεν αὐτῷ Ἀσενὲθ ἡ θυγάτηρ Πετεφρῆ ἱερέως Ἡλιουπόλεως. Ἐκάλεσε δὲ Ἰωσὴφ τὸ ὄνομα τοῦ πρωτο- 51 τόκου, Μανασσῆ· ὅτι ἐπιλαθέσθαι με ἐποίησεν ὁ Θεὸς πάντων τῶν πόνων μου, καὶ πάντων τῶν τοῦ πατρός μου. Τὸ δὲ 52 ὄνομα τοῦ δευτέρου ἐκάλεσεν, Ἐφραίμ· ὅτι ηὔξησέ με ὁ Θεὸς ἐν γῇ ταπεινώσεώς μου. Παρῆλθον δὲ τὰ ἑπτὰ ἔτη τῆς 53 εὐθηνίας, ἃ ἐγένοντο ἐν τῇ γῇ Αἰγύπτου. Καὶ ἤρξατο τὰ 54 ἑπτὰ ἔτη τοῦ λιμοῦ ἔρχεσθαι, καθὰ εἶπεν Ἰωσήφ· καὶ ἐγένετο λιμὸς ἐν πάσῃ τῇ γῇ· ἐν δὲ πάσῃ τῇ γῇ Αἰγύπτου ἦσαν ἄρτοι. Καὶ ἐπείνασε πᾶσα ἡ γῆ Αἰγύπτου· ἔκραξε δὲ ὁ λαὸς πρὸς 55 Φαραὼ περὶ ἄρτων· εἶπε δὲ Φαραὼ πᾶσι τοῖς Αἰγυπτίοις, πορεύεσθε πρὸς Ἰωσήφ, καὶ ὃ ἐὰν εἴπῃ ὑμῖν, ποιήσατε. Καὶ 56 ὁ λιμὸς ἦν ἐπὶ προσώπου πάσης τῆς γῆς· ἀνέῳξε δὲ Ἰωσὴφ πάντας τοὺς σιτοβολῶνας, καὶ ἐπώλει πᾶσι τοῖς Αἰγυπτίοις. Καὶ πᾶσαι αἱ χῶραι ἦλθον εἰς Αἴγυπτον, ἀγοράζειν πρὸς 57 Ἰωσήφ· ἐπεκράτησε γὰρ ὁ λιμὸς ἐν πάσῃ τῇ γῇ.

β *Gr.* mouth.   γ *Gr.* things belonging to my father.

42 Ἰδὼν δὲ Ἰακὼβ ὅτι ἐστὶ πρᾶσις ἐν Αἰγύπτῳ, εἶπε τοῖς υἱοῖς
2 αὐτοῦ, ἱνατί ῥαθυμεῖτε; Ἰδοὺ ἀκήκοα, ὅτι ἐστὶ σῖτος ἐν
Αἰγύπτῳ· κατάβητε ἐκεῖ, καὶ πρίασθε ἡμῖν μικρὰ βρώματα,
ἵνα ζήσωμεν καὶ μὴ ἀποθάνωμεν.

3 Κατέβησαν δὲ οἱ ἀδελφοὶ Ἰωσὴφ οἱ δέκα, πρίασθαι σῖτον
4 ἐξ Αἰγύπτου. Τὸν δὲ Βενιαμὶν, τὸν ἀδελφὸν Ἰωσὴφ, οὐκ
ἀπέστειλε μετὰ τῶν ἀδελφῶν αὐτοῦ· εἶπε γὰρ, μή ποτε συμβῇ
5 αὐτῷ μαλακία. Ἦλθον δὲ οἱ υἱοὶ Ἰσραὴλ ἀγοράζειν μετὰ
6 τῶν ἐρχομένων· ἦν γὰρ ὁ λιμὸς ἐν γῇ Χαναάν. Ἰωσὴφ δὲ
ἦν ὁ ἄρχων τῆς γῆς· οὗτος ἐπώλει παντὶ τῷ λαῷ τῆς γῆς·
ἐλθόντες δὲ οἱ ἀδελφοὶ Ἰωσὴφ προσεκύνησαν αὐτῷ ἐπὶ πρόσω-
7 πον ἐπὶ τὴν γῆν. Ἰδὼν δὲ Ἰωσὴφ τοὺς ἀδελφοὺς αὐτοῦ,
ἐπέγνω· καὶ ἠλλοτριοῦτο ἀπ᾽ αὐτῶν, καὶ ἐλάλησεν αὐτοῖς
σκληρά· καὶ εἶπεν αὐτοῖς, πόθεν ἥκατε; οἱ δὲ εἶπον, ἐκ γῆς
8 Χαναὰν, ἀγοράσαι βρώματα. Ἐπέγνω δὲ Ἰωσὴφ τοὺς ἀδελ-
9 φοὺς αὐτοῦ· αὐτοὶ δὲ οὐκ ἐπέγνωσαν αὐτόν. Καὶ ἐμνήσθη
Ἰωσὴφ τῶν ἐνυπνίων αὐτοῦ, ὧν εἶδεν αὐτός· καὶ εἶπεν αὐτοῖς,
κατάσκοποί ἐστε, κατανοῆσαι τὰ ἴχνη τῆς χώρας ἥκατε.
10 Οἱ δὲ εἶπαν, οὐχὶ, κύριε· οἱ παῖδές σου ἤλθομεν πρίασθαι
11 βρώματα. Πάντες ἐσμὲν υἱοὶ ἑνὸς ἀνθρώπου· εἰρηνικοί ἐσμεν,
12 οὐκ εἰσὶν οἱ παῖδές σου κατάσκοποι. Εἶπε δὲ αὐτοῖς, οὐχί·
13 ἀλλὰ τὰ ἴχνη τῆς γῆς ἤλθετε ἰδεῖν. Οἱ δὲ εἶπαν, δώδεκά
ἐσμεν οἱ παῖδές σου ἀδελφοὶ ἐν γῇ Χαναάν· καὶ ἰδοὺ ὁ νεώτερος
μετὰ τοῦ πατρὸς ἡμῶν σήμερον· ὁ δὲ ἕτερος οὐχ ὑπάρχει.
14 Εἶπε δὲ αὐτοῖς Ἰωσὴφ, τοῦτό ἐστιν ὃ εἴρηκα ὑμῖν, λέγων, ὅτι
15 κατάσκοποί ἐστε. Ἐν τούτῳ φανεῖσθε· νὴ τὴν ὑγίειαν Φαραὼ,
οὐ μὴ ἐξέλθητε ἐντεῦθεν, ἐὰν μὴ ὁ ἀδελφὸς ὑμῶν ὁ νεώτερος
16 ἔλθῃ ὧδε. Ἀποστείλατε ἐξ ὑμῶν ἕνα, καὶ λάβετε τὸν ἀδελφὸν
ὑμῶν· ὑμεῖς δὲ ἀπάχθητε ἕως τοῦ φανερὰ γενέσθαι τὰ ῥήματα
ὑμῶν, εἰ ἀληθεύετε ἢ οὔ· εἰ δὲ μὴ, νὴ τὴν ὑγίειαν Φαραὼ,
17 ἦ μὴν κατάσκοποί ἐστε. Καὶ ἔθετο αὐτοὺς ἐν φυλακῇ
18 ἡμέρας τρεῖς. Εἶπε δὲ αὐτοῖς τῇ ἡμέρᾳ τῇ τρίτῃ, τοῦτο
19 ποιήσατε, καὶ ζήσεσθε· τὸν Θεὸν γὰρ ἐγὼ φοβοῦμαι. Εἰ
εἰρηνικοί ἐστε, ἀδελφὸς ὑμῶν κατασχεθήτω εἷς ἐν τῇ φυλακῇ·
αὐτοὶ δὲ βαδίσατε, καὶ ἀπαγάγετε τὸν ἀγορασμὸν τῆς σιτο-
20 δοσίας ὑμῶν. Καὶ τὸν ἀδελφὸν ὑμῶν τὸν νεώτερον ἀγάγετε
πρός με, καὶ πιστευθήσονται τὰ ῥήματα ὑμῶν· εἰ δὲ μὴ,
21 ἀποθανεῖσθε. Ἐποίησαν δὲ οὕτως. Καὶ εἶπεν ἕκαστος πρὸς
τὸν ἀδελφὸν αὐτοῦ, ναὶ, ἐν ἁμαρτίαις γάρ ἐσμεν περὶ τοῦ
ἀδελφοῦ ἡμῶν, ὅτι ὑπερείδομεν τὴν θλίψιν τῆς ψυχῆς αὐτοῦ,
ὅτε κατεδέετο ἡμῶν, καὶ οὐκ εἰσηκούσαμεν αὐτοῦ· καὶ ἕνεκεν
22 τούτου ἐπῆλθεν ἐφ᾽ ἡμᾶς ἡ θλίψις αὕτη. Ἀποκριθεὶς δὲ
Ῥουβὴν εἶπεν αὐτοῖς, οὐκ ἐλάλησα ὑμῖν, λέγων, μὴ ἀδικήσητε
τὸ παιδάριον, καὶ οὐκ εἰσηκούσατέ μου; καὶ ἰδοὺ τὸ αἷμα
23 αὐτοῦ ἐκζητεῖται. Αὐτοὶ δὲ οὐκ ᾔδεισαν, ὅτι ἀκούει Ἰωσήφ·
24 ὁ γὰρ ἑρμηνευτὴς ἀνὰ μέσον αὐτῶν ἦν. Ἀποστραφεὶς δὲ ἀπ᾽
αὐτῶν ἔκλαυσεν Ἰωσήφ· καὶ πάλιν προσῆλθε πρὸς αὐτοὺς, καὶ
εἶπεν αὐτοῖς· καὶ ἔλαβε τὸν Συμεὼν ἀπ᾽ αὐτῶν, καὶ ἔδησεν
αὐτὸν ἐναντίον αὐτῶν.

And Jacob having seen that there was a sale *of corn* in Egypt, said to his sons, Why are ye indolent? 2 Behold, I have heard that there is corn in Egypt; go down thither, and buy for us a little food, that we may live, and not die.

3 And the ten brethren of Joseph went down to buy corn out of Egypt. 4 But *Jacob* sent not Benjamin, the brother of Joseph, with his brethren; for he said, Lest, haply, disease befal him. 5 And the sons of Israel came to buy with those that came, for the famine was in the land of Chanaan. 6 And Joseph was ruler of the land; he sold to all the people of the land. And the brethren of Joseph, having come, did reverence to him, *bowing* with the face to the ground. 7 And when Joseph saw his brethren, he knew them, and estranged himself from them, and spoke hard words to them; and said to them, Whence are ye come? And they said, Out of the land of Chanaan, to buy food. 8 And Joseph knew his brethren, but they knew not him. 9 And Joseph remembered his dream, which he saw; and he said to them, Ye are spies; to observe the marks of the land are ye come. 10 But they said, Nay, Sir, we thy servants are come to buy food; 11 we are all sons of one man; we are peaceable, thy servants are not spies. 12 And he said to them, Nay, but ye are come to observe the marks of the land. 13 And they said, We thy servants are twelve brethren, in the land of Chanaan; and, behold, the youngest is with our father to-day, but the other one is not. 14 And Joseph said to them, This is it that I spoke to you, saying, ye are spies; 15 herein shall ye be manifested; by the health of Pharao, ye shall not depart hence, unless your younger brother come hither. 16 Send one of you, and take your brother; and go ye to prison, till your words be clear, whether ye speak the truth or not; but, if not, by the health of Pharao, verily ye are spies. 17 And he put them in prison three days. 18 And he said to them on the third day, This do, and ye shall live, for I fear God. 19 If ye be peaceable, let one of your brethren be detained in prison; but go ye, and carry back the β corn ye have purchased. 20 And bring your younger brother to me, and your words shall be believed; but, if not, ye shall die. And they did so. 21 And each said to his brother, Yes, indeed, for we are in fault concerning our brother, when we disregarded the anguish of his soul, when he besought us, and we hearkened not to him; and therefore has this affliction come upon us. 22 And Ruben answered them, saying, Did I not speak to you, saying, Hurt not the boy, and ye heard me not? and, behold, his blood is required. 23 But they knew not that Joseph γ understood them; for there was an interpreter between them. 24 And Joseph turned away from them, and wept; and again he came to them, and spoke to them; and he took Symeon from them, and bound him before their eyes.

β *Gr.* the purchase of your gift of corn.   γ *Gr.* heard them.

²⁵ And Joseph gave orders to fill their vessels with corn, and to return their money to each into his sack, and to give them provision for the way; and it was so done to them. ²⁶ And having put the corn on the asses, they departed thence. ²⁷ And one having opened his sack to give his asses fodder, at the place where they rested, saw also his bundle of money, for it was on the mouth of his sack. ²⁸ And he said to his brethren, My money has been restored to me, and behold this is in my sack. And their heart was wonder-struck, and they were troubled, saying one to another, What is this that God has done to us? ²⁹ And they came to their father, Jacob, into the land of Chanaan, and reported to him all that had happened to them, saying, ³⁰ The man, the lord of the land, spoke harsh words to us, and put us in prison as spies of the land. ³¹ And we said to him, We are men of peace, we are not spies. ³² We are twelve brethren, sons of our father; one is not, and the youngest is with his father to-day in the land of Chanaan. ³³ And the man, the lord of the land, said to us, Herein shall I know that ye are peaceable; leave one brother here with me, and having taken the corn ye have purchased for your family, depart. ³⁴ And bring to me your younger brother; then I shall know that ye are not spies, but that ye are men of peace: and I will restore you your brother, and ye shall trade in the land. ³⁵ And it came to pass as they were emptying their sacks, there was each man's bundle of money in his sack; and they and their father saw their bundles of money, and they were afraid. ³⁶ And their father Jacob said to them, Ye have bereaved me. Joseph is not, Symeon is not, and will ye take Benjamin? all these things have come upon me. ³⁷ And Ruben spoke to his father, saying, Slay my two sons, if I bring him not to thee; give him into my hand, and I will bring him back to thee. ³⁸ But he said, My son shall not go down with you, because his brother is dead, and he only has been left; and *suppose* it shall come to pass that he is afflicted by the way by which ye go, then ye shall bring down my old age with sorrow to Hades.

But the famine prevailed in the land. ² And it came to pass, when they had finished eating the corn which they had brought out of Egypt, that their father said to them, Go again; buy us a little food. ³ And Judas spoke to him, saying, The man, the lord of the country, positively testified to us, saying, Ye shall not see my face, unless your younger brother be with you. ⁴ If, then, thou send our brother with us, we will go down, and buy thee food; ⁵ but if thou send not our brother with us, we will not go: for the man spoke to us, saying, Ye shall not see my face, unless your younger brother be with you. ⁶ And Israel said, Why did ye harm me, inasmuch as ye told the man that ye had a brother? ⁷ And they said, The man closely questioned us about our family also, saying, Does your father yet live, and have ye a brother? and we answered him according to this question: did we know that he would say to us, Bring your brother?

Ἐνετείλατο δὲ Ἰωσὴφ ἐμπλῆσαι τὰ ἀγγεῖα αὐτῶν σίτου, 25 καὶ ἀποδοῦναι τὸ ἀργύριον αὐτῶν ἑκάστῳ εἰς τὸν σάκκον αὐτοῦ, καὶ δοῦναι αὐτοῖς ἐπισιτισμὸν εἰς τὴν ὁδόν· καὶ ἐγενήθη αὐτοῖς οὕτως. Καὶ ἐπιθέντες τὸν σῖτον ἐπὶ τοὺς ὄνους αὐτῶν, ἀπῆλθον 26 ἐκεῖθεν. Λύσας δὲ εἷς τὸν μάρσιππον αὐτοῦ, δοῦναι χορτάσματα 27 τοῖς ὄνοις αὐτοῦ, οὗ κατέλυσαν, καὶ εἶδε τὸν δεσμὸν τοῦ ἀργυρίου αὐτοῦ, καὶ ἦν ἐπάνω τοῦ στόματος τοῦ μαρσίππου. Καὶ εἶπε 28 τοῖς ἀδελφοῖς αὐτοῦ, ἀπεδόθη μοι τὸ ἀργύριον, καὶ ἰδοὺ τοῦτο ἐν τῷ μαρσίππῳ μου· καὶ ἐξέστη ἡ καρδία αὐτῶν, καὶ ἐταράχθησαν πρὸς ἀλλήλους, λέγοντες, τί τοῦτο ἐποίησεν ὁ Θεὸς ἡμῖν; Ἦλθον δὲ πρὸς Ἰακὼβ τὸν πατέρα αὐτῶν εἰς γῆν Χαναάν, 29 καὶ ἀπήγγειλαν αὐτῷ πάντα τὰ συμβάντα αὐτοῖς, λέγοντες, Λελάληκεν ὁ ἄνθρωπος ὁ κύριος τῆς γῆς πρὸς ἡμᾶς σκληρά, 30 καὶ ἔθετο ἡμᾶς ἐν φυλακῇ, ὡς κατασκοπεύοντας τὴν γῆν. Εἴπαμεν δὲ αὐτῷ, εἰρηνικοί ἐσμεν, οὐκ ἐσμὲν κατάσκοποι. 31 Δώδεκα ἀδελφοί ἐσμεν, υἱοὶ τοῦ πατρὸς ἡμῶν· ὁ εἷς οὐχ 32 ὑπάρχει· ὁ δὲ μικρὸς μετὰ τοῦ πατρὸς ἡμῶν σήμερον ἐν γῇ Χαναάν. Εἶπε δὲ ἡμῖν ὁ ἄνθρωπος ὁ κύριος τῆς γῆς, ἐν 33 τούτῳ γνώσομαι, ὅτι εἰρηνικοί ἐστε· ἀδελφὸν ἕνα ἄφετε ὧδε μετ᾽ ἐμοῦ· τὸν δὲ ἀγορασμὸν τῆς σιτοδοσίας τοῦ οἴκου ὑμῶν λαβόντες ἀπέλθατε. Καὶ ἀγάγετε πρός με τὸν ἀδελφὸν 34 ὑμῶν τὸν νεώτερον· καὶ γνώσομαι ὅτι οὐ κατάσκοποί ἐστε, ἀλλ᾽ ὅτι εἰρηνικοί ἐστε· καὶ τὸν ἀδελφὸν ὑμῶν ἀποδώσω ὑμῖν, καὶ τῇ γῇ ἐμπορεύσεσθε. Ἐγένετο δὲ ἐν τῷ κατακενοῦν 35 αὐτοὺς τοὺς σάκκους αὐτῶν, καὶ ἦν ἑκάστου ὁ δεσμὸς τοῦ ἀργυρίου ἐν τῷ σάκκῳ αὐτῶν· καὶ εἶδον τοὺς δεσμοὺς τοῦ ἀργυρίου αὐτῶν αὐτοί, καὶ ὁ πατὴρ αὐτῶν, καὶ ἐφοβήθησαν. Εἶπε δὲ αὐτοῖς Ἰακὼβ ὁ πατὴρ αὐτῶν, ἐμὲ ἠτεκνώσατε· 36 Ἰωσὴφ οὐκ ἔστι, Συμεὼν οὐκ ἔστι, καὶ τὸν Βενιαμὶν λήψεσθε; ἐπ᾽ ἐμὲ ἐγένετο ταῦτα πάντα. Εἶπε δὲ Ῥουβὴν τῷ πατρὶ αὐτῶν, 37 λέγων, τοὺς δύο υἱούς μου ἀπόκτεινον, ἐὰν μὴ ἀγάγω αὐτὸν πρὸς σέ· δὸς αὐτὸν εἰς τὴν χεῖρά μου, κἀγὼ ἀνάξω αὐτὸν πρὸς σέ. Ὁ δὲ εἶπεν, οὐ καταβήσεται ὁ υἱός μου μεθ᾽ ὑμῶν, 38 ὅτι ὁ ἀδελφὸς αὐτοῦ ἀπέθανε, καὶ αὐτὸς μόνος καταλέλειπται· καὶ συμβήσεται αὐτὸν μαλακισθῆναι ἐν τῇ ὁδῷ, ᾗ ἐὰν πορεύησθε, καὶ κατάξετέ μου τὸ γῆρας μετὰ λύπης εἰς ᾅδου.

Ὁ δὲ λιμὸς ἐνίσχυσεν ἐπὶ τῆς γῆς. Ἐγένετο δὲ ἡνίκα 43 συνετέλεσαν καταφαγεῖν τὸν σῖτον, ὃν ἤνεγκαν ἐξ Αἰγύπτου, καὶ εἶπεν αὐτοῖς ὁ πατὴρ αὐτῶν, πάλιν πορευθέντες πρίασθε 2 ἡμῖν μικρὰ βρώματα. Εἶπε δὲ αὐτῷ Ἰούδας, λέγων, διαμαρ- 3 τυρίᾳ μεμαρτύρηται ἡμῖν ὁ ἄνθρωπος ὁ κύριος τῆς γῆς, λέγων, οὐκ ὄψεσθε τὸ πρόσωπόν μου, ἐὰν μὴ ὁ ἀδελφὸς ὑμῶν ὁ νεώτερος μεθ᾽ ὑμῶν ᾖ. Εἰ μὲν οὖν ἀποστέλλῃς τὸν ἀδελφὸν 4 ἡμῶν μεθ᾽ ἡμῶν, καταβησόμεθα, καὶ ἀγοράσομέν σοι βρώματα. Εἰ δὲ μὴ ἀποστέλλῃς τὸν ἀδελφὸν ἡμῶν μεθ᾽ ἡμῶν, οὐ πορευ- 5 σόμεθα· ὁ γὰρ ἄνθρωπος εἶπεν ἡμῖν, λέγων, οὐκ ὄψεσθέ μου τὸ πρόσωπον, ἐὰν μὴ ὁ ἀδελφὸς ὑμῶν ὁ νεώτερος μεθ᾽ ὑμῶν ᾖ. Εἶπε δὲ Ἰσραήλ, τί ἐκακοποιήσατέ με, ἀναγγείλαντες τῷ 6 ἀνθρώπῳ ὅτι ἐστὶν ὑμῖν ἀδελφός; Οἱ δὲ εἶπαν, ἐρωτῶν 7 ἐπηρώτησεν ἡμᾶς ὁ ἄνθρωπος καὶ τὴν γενεὰν ἡμῶν, λέγων, εἰ ἔτι ὁ πατὴρ ὑμῶν ζῇ, καὶ εἰ ἔστιν ὑμῖν ἀδελφός· καὶ ἀπηγγείλαμεν αὐτῷ κατὰ τὴν ἐπερώτησιν ταύτην· μὴ ᾔδειμεν

8 ὅτι ἐρεῖ ἡμῖν, ἀγάγετε τὸν ἀδελφὸν ὑμῶν; Εἶπε δὲ Ἰούδας
πρὸς Ἰσραὴλ τὸν πατέρα αὐτοῦ, ἀπόστειλον τὸ παιδάριον μετ᾽
ἐμοῦ· καὶ ἀναστάντες πορευσόμεθα, ἵνα ζῶμεν καὶ μὴ ἀποθά-
9 νωμεν καὶ ἡμεῖς, καὶ σὺ, καὶ ἡ ἀποσκευὴ ἡμῶν. Ἐγὼ δὲ
ἐκδέχομαι αὐτόν· ἐκ χειρός μου ζήτησον αὐτόν· ἐὰν μὴ ἀγάγω
αὐτὸν πρός σε, καὶ στήσω αὐτὸν ἐναντίον σου, ἡμαρτηκὼς
10 ἔσομαι εἰς σὲ πάσας τὰς ἡμέρας. Εἰ μὴ γὰρ ἐβραδύναμεν,
11 ἤδη ἂν ὑπεστρέψαμεν δίς. Εἶπε δὲ αὐτοῖς Ἰσραὴλ ὁ πατὴρ
αὐτῶν, εἰ οὕτως ἐστὶ, τοῦτο ποιήσατε· λάβετε ἀπὸ τῶν
καρπῶν τῆς γῆς ἐν τοῖς ἀγγείοις ὑμῶν, καὶ καταγάγετε τῷ
ἀνθρώπῳ δῶρα τῆς ῥητίνης, καὶ τοῦ μέλιτος, θυμιάμά τε καὶ
12 στακτὴν, καὶ τερέβινθον, καὶ κάρυα. Καὶ τὸ ἀργύριον δισσὸν
λάβετε ἐν ταῖς χερσὶν ὑμῶν· καὶ τὸ ἀργύριον τὸ ἀποστραφὲν
ἐν τοῖς μαρσίπποις ὑμῶν ἀποστρέψατε μεθ᾽ ὑμῶν· μή ποτε
13 ἀγνόημά ἐστι. Καὶ τὸν ἀδελφὸν ὑμῶν λάβετε· καὶ ἀναστάν-
14 τες κατάβητε πρὸς τὸν ἄνθρωπον. Ὁ δὲ Θεός μου δώῃ ὑμῖν
χάριν ἐναντίον τοῦ ἀνθρώπου καὶ ἀποστείλαι τὸν ἀδελφὸν ὑμῶν
τὸν ἕνα, καὶ τὸν Βενιαμίν· ἐγὼ μὲν γὰρ καθάπερ ἠτέκνωμαι,
ἠτέκνωμαι.

15 Λαβόντες δὲ οἱ ἄνδρες τὰ δῶρα ταῦτα καὶ τὸ ἀργύριον δι-
πλοῦν, ἔλαβον ἐν ταῖς χερσὶν αὐτῶν καὶ τὸν Βενιαμίν· καὶ
ἀναστάντες κατέβησαν εἰς Αἴγυπτον· καὶ ἔστησαν ἐναντίον
16 Ἰωσήφ. Εἶδε δὲ Ἰωσὴφ αὐτοὺς, καὶ τὸν Βενιαμὶν τὸν ἀδελφὸν
αὐτοῦ τὸν ὁμομήτριον· καὶ εἶπε τῷ ἐπὶ τῆς οἰκίας αὐτοῦ,
εἰσάγαγε τοὺς ἀνθρώπους εἰς τὴν οἰκίαν, καὶ σφάξον θύματα,
καὶ ἑτοίμασον· μετ᾽ ἐμοῦ γὰρ φάγονται οἱ ἄνθρωποι ἄρτους
17 τὴν μεσημβρίαν. Ἐποίησε δὲ ὁ ἄνθρωπος καθὰ εἶπεν Ἰωσήφ·
18 καὶ εἰσήγαγε τοὺς ἀνθρώπους εἰς τὸν οἶκον Ἰωσήφ. Ἰδόντες
δὲ οἱ ἄνδρες ὅτι εἰσήχθησαν εἰς τὸν οἶκον τοῦ Ἰωσήφ, εἶπαν,
διὰ τὸ ἀργύριον τὸ ἀποστραφὲν ἐν τοῖς μαρσίπποις ἡμῶν τὴν
ἀρχὴν, ἡμεῖς εἰσαγόμεθα, τοῦ συκοφαντῆσαι ἡμᾶς καὶ ἐπιθέσθαι
ἡμῖν, τοῦ λαβεῖν ἡμᾶς εἰς παῖδας, καὶ τοὺς ὄνους ἡμῶν.
19 Προσελθόντες δὲ πρὸς τὸν ἄνθρωπον τὸν ἐπὶ τοῦ οἴκου τοῦ
20 Ἰωσήφ, ἐλάλησαν αὐτῷ ἐν τῷ πυλῶνι τοῦ οἴκου, λέγοντες,
δεόμεθα, κύριε· κατέβημεν τὴν ἀρχὴν πρίασθαι βρώματα.
21 Ἐγένετο δὲ ἡνίκα ἤλθομεν εἰς τὸ καταλῦσαι, καὶ ἠνοίξαμεν
τοὺς μαρσίππους ἡμῶν, καὶ τόδε τὸ ἀργύριον ἑκάστου ἐν τῷ
μαρσίππῳ αὐτοῦ· τὸ ἀργύριον ἡμῶν ἐν σταθμῷ ἀπεστρέψαμεν
22 νῦν ἐν ταῖς χερσὶν ἡμῶν. Καὶ ἀργύριον ἕτερον ἠνέγκαμεν
μεθ᾽ ἑαυτῶν, ἀγοράσαι βρώματα· οὐκ οἴδαμεν τίς ἐνέβαλεν
23 τὸ ἀργύριον εἰς τοὺς μαρσίππους ἡμῶν. Εἶπε δὲ αὐτοῖς, ἵλεως
ὑμῖν, μὴ φοβεῖσθε· ὁ Θεὸς ὑμῶν, καὶ ὁ Θεὸς τῶν πατέρων
ὑμῶν, ἔδωκεν ὑμῖν θησαυροὺς ἐν τοῖς μαρσίπποις ὑμῶν· καὶ τὸ
ἀργύριον ὑμῶν εὐδοκιμοῦν ἀπέχω· καὶ ἐξήγαγε πρὸς αὐτοὺς
24 τὸν Συμεών. Καὶ ἤνεγκεν ὕδωρ νίψαι τοὺς πόδας αὐτῶν· καὶ
25 ἔδωκε χορτάσματα τοῖς ὄνοις αὐτῶν. Ἡτοίμασαν δὲ τὰ δῶρα,
ἕως τοῦ ἐλθεῖν τὸν Ἰωσὴφ μεσημβρίας· ἤκουσαν γὰρ ὅτι ἐκεῖ
26 μέλλει ἀριστᾷν. Εἰσῆλθε δὲ Ἰωσὴφ εἰς τὴν οἰκίαν, καὶ
προσήνεγκαν αὐτῷ τὰ δῶρα, ἃ εἶχον ἐν ταῖς χερσὶν αὐτῶν, εἰς
τὸν οἶκον· καὶ προσεκύνησαν αὐτῷ ἐπὶ πρόσωπον ἐπὶ τὴν γῆν.

8 And Judas said to his father Israel, Send the boy with me, and we will arise and go, that we may live and not die, both we and thou, and our store. 9 And I engage for him; at my hand do thou require him; if I bring him not to thee, and place him before thee, I shall be guilty toward thee for ever. 10 For if we had not tarried, we should now have returned twice. 11 And Israel, their father, said to them, If it be so, do this; take of the fruits of the earth in your vessels, and carry down to the man presents of gum and honey, and frank-incense, and stacte, and turpentine, and walnuts. 12 And take double money in your hands, and the money that was returned in your sacks, carry back with you, lest peradventure it is a mistake. 13 And take your brother; and arise, go down to the man. 14 And my God give you favour in the sight of the man, and send away your β other brother, and Benjamin, for I accordingly as I have been bereaved, am bereaved.

15 And the men having taken these presents, and the double money, took in their hands also Benjamin; and they rose up and went down to Egypt, and stood before Joseph. 16 And Joseph saw them and his brother Benjamin, born of the same mother; and he said to the steward of his household, Bring the men into the house, and slay beasts and make ready, for the men are to eat bread with me at noon. 17 And the man did as Joseph said; and he brought the men into the house of Joseph. 18 And the men, when they perceived that they were brought into the house of Joseph, said, We are brought in because of the money that was returned in our sacks at the first; even in order to inform against us, and lay it to our charge; to take us for servants, and our asses. 19 And having approached the man who was over the house of Joseph, they spoke to him in the porch of the house, 20 saying, We pray *thee*, Sir; we came down at first to buy food. 21 And it came to pass, when we came to unlade, and opened our sacks, *there was* also this money of each in his sack; we have now brought back our money by weight in our hands. 22 And we have brought other money with us to buy food; we know not who put the money into our sacks. 23 And he said to them, God deal mercifully with you; be not afraid; your God, and the God of your fathers, has given you treasures in your sacks, and γ I have enough of your good money. And he brought Symeon out to them. 24 And he brought water to wash their feet; and gave provender to their asses. 25 And they prepared their gifts, until Joseph came at noon, for they heard that he was going to dine there. 26 And Joseph entered into the house, and they brought him the gifts which they had in their hands, into the house; and they did him reverence with their face to the

---

β Gr. one.   γ q. d. I am satisfied with the money you have given me, both as to quality and quantity.

ground. ²⁷And he asked them, How are ye? and he said to them, Is your father, the old man of whom ye spoke, well? Does he yet live? ²⁸And they said, Thy servant our father is well; he is yet alive. And he said, Blessed be that man by God;—and they bowed, and did him reverence. ²⁹And Joseph β lifted up his eyes, and saw his brother Benjamin, born of the same mother; and he said, Is this your younger brother, whom ye spoke of bringing to me? and he said, God have mercy on thee, my son. ³⁰And Joseph was troubled, for his bowels yearned over his brother, and he sought to weep; and he went into his chamber, and wept there.

³¹And he washed his face and came out, and refrained himself, and said, Set on bread. ³²And they set on bread for him alone, and for them by themselves, and for the Egyptians feasting with him by themselves, for the Egyptians could not eat bread with the Hebrews, for it is an abomination to the Egyptians. ³³And they sat before him, the first-born according to his seniority, and the younger according to his youth; and the men γ looked with amazement every one at his brother. ³⁴And they took their portions from him to themselves; but Benjamin's portion was δ five times as much as the portions of the others. And they drank and were filled with drink with him. ¹And Joseph charged the steward of his house, saying, Fill the men's sacks with food, as much as they can carry, and put the money of each in the mouth of his sack. ²And put my silver cup into the sack of the youngest, and the price of his corn. And it was done according to the word of Joseph, as he said.

³The morning dawned, and the men were sent away, they and their asses. ⁴And when they had gone out of the city, and were not far off, then Joseph said to his steward, Arise, and pursue after the men; and thou shalt overtake them, and say to them, Why have ye returned evil for good? ⁵Why have ye stolen my silver cup? is it not this ζ out of which my lord drinks? and he divines augury with it; ye have accomplished evil in that which ye have done. ⁶And he found them, and spoke to them according to these words. ⁷And they said to him, Why does our lord speak according to these words? far be it from thy servants to do according to this word. ⁸If we brought back the money out of the land of Chanaan the money which we found in our sacks, how should we steal silver or gold out of the house of thy lord? ⁹With whomsoever of thy servants thou shalt find the cup, let him die; and, moreover, we will be servants to our lord. ¹⁰And he said, Now then it shall be as ye say; with whomsoever the cup shall be found, he shall be my servant, and ye shall be clear. ¹¹And they hasted, and took down every man his sack on the ground, and they opened every man his sack. ¹²And he searched, beginning from the eldest, until he came to the youngest; and he found the cup in Benjamin's sack. ¹³And they rent their garments, and laid each man his sack on his ass, and returned to the city.

Ἠρώτησε δὲ αὐτοὺς, πῶς ἔχετε; καὶ εἶπεν αὐτοῖς, εἰ ὑγιαίνει 27 ὁ πατὴρ ὑμῶν ὁ πρεσβύτης, ὃν εἴπατε; ἔτι ζῇ; Οἱ δὲ εἶπαν, 28 ὑγιαίνει ὁ παῖς σου ὁ πατὴρ ἡμῶν, ἔτι ζῇ. Καὶ εἶπεν, εὐλογημένος ὁ ἄνθρωπος ἐκεῖνος τῷ Θεῷ· καὶ κύψαντες προσεκύνησαν αὐτῷ. Ἀναβλέψας δὲ τοῖς ὀφθαλμοῖς αὐτοῦ Ἰωσὴφ, εἶδε 29 Βενιαμὶν τὸν ἀδελφὸν αὐτοῦ τὸν ὁμομήτριον· καὶ εἶπεν, οὗτος ὁ ἀδελφὸς ὑμῶν ὁ νεώτερος, ὃν εἴπατε πρός με ἀγαγεῖν; καὶ εἶπεν, ὁ Θεὸς ἐλεήσαι σε, τέκνον. Ἐταράχθη δὲ Ἰωσήφ· 30 συνεστρέφετο γὰρ τὰ ἔγκατα αὐτοῦ ἐπὶ τῷ ἀδελφῷ αὐτοῦ, καὶ ἐζήτει κλαῦσαι· εἰσελθὼν δὲ εἰς τὸ ταμεῖον, ἔκλαυσεν ἐκεῖ.

Καὶ νιψάμενος τὸ πρόσωπον, ἐξελθὼν ἐνεκρατεύσατο· καὶ 31 εἶπε, παράθετε ἄρτους. Καὶ παρέθηκαν αὐτῷ μόνῳ, καὶ αὐτοῖς 32 καθ' ἑαυτοὺς, καὶ τοῖς Αἰγυπτίοις τοῖς συνδειπνοῦσι μετ' αὐτοῦ καθ' ἑαυτούς· οὐ γὰρ ἐδύναντο οἱ Αἰγύπτιοι συνεσθίειν μετὰ τῶν Ἑβραίων ἄρτους· βδέλυγμα γάρ ἐστι τοῖς Αἰγυπτίοις. Ἐκάθισαν δὲ ἐναντίον αὐτοῦ, ὁ πρωτότοκος κατὰ τὰ πρεσβεῖα 33 αὐτοῦ, καὶ ὁ νεώτερος κατὰ τὴν νεότητα αὐτοῦ· ἐξίσταντο δὲ οἱ ἄνθρωποι ἕκαστος πρὸς τὸν ἀδελφὸν αὐτοῦ. Ἦραν δὲ μερίδας 34 παρ' αὐτοῦ πρὸς ἑαυτούς· ἐμεγαλύνθη δὲ ἡ μερὶς Βενιαμὶν παρὰ τὰς μερίδας πάντων πενταπλασίως πρὸς τὰς ἐκείνων· ἔπιον δὲ καὶ ἐμεθύσθησαν μετ' αὐτοῦ. Καὶ ἐνετείλατο ὁ Ἰωσὴφ τῷ 44 ὄντι ἐπὶ τῆς οἰκίας αὐτοῦ, λέγων, πλήσατε τοὺς μαρσίππους τῶν ἀνθρώπων βρωμάτων, ὅσα ἐὰν δύνωνται ἆραι· καὶ ἐμβάλετε ἑκάστου τὸ ἀργύριον ἐπὶ τοῦ στόματος τοῦ μαρσίππου. Καὶ 2 τὸ κόνδυ μου τὸ ἀργυροῦν ἐμβάλετε εἰς τὸν μάρσιππον τοῦ νεωτέρου, καὶ τὴν τιμὴν τοῦ σίτου αὐτοῦ· ἐγενήθη δὲ κατὰ τὸ ῥῆμα Ἰωσὴφ, καθὼς εἶπε.

Τὸ πρωῒ διέφαυσε· καὶ οἱ ἄνθρωποι ἀπεστάλησαν, αὐτοὶ καὶ 3 οἱ ὄνοι αὐτῶν. Ἐξελθόντων δὲ αὐτῶν τὴν πόλιν, οὐκ ἀπέσχον 4 μακράν· καὶ Ἰωσὴφ εἶπε τῷ ἐπὶ τῆς οἰκίας αὐτοῦ, ἀναστὰς ἐπιδίωξον ὀπίσω τῶν ἀνθρώπων, καὶ καταλήψῃ αὐτοὺς, καὶ ἐρεῖς αὐτοῖς, τί ὅτι ἀνταπεδώκατε πονηρὰ ἀντὶ καλῶν; Ἱνατί 5 ἐκλέψατέ μου τὸ κόνδυ τὸ ἀργυροῦν; οὐ τοῦτό ἐστιν, ἐν ᾧ πίνει ὁ κύριός μου; αὐτὸς δὲ οἰωνισμῷ οἰωνίζεται ἐν αὐτῷ. πονηρὰ συντετελέκατε ἃ πεποιήκατε. Εὑρὼν δὲ αὐτοὺς, εἶπεν αὐτοῖς 6 κατὰ τὰ ῥήματα ταῦτα. Οἱ δὲ εἶπαν αὐτῷ, ἱνατί λαλεῖ ὁ κύριος 7 κατὰ τὰ ῥήματα ταῦτα; μὴ γένοιτο τοῖς παισί σου ποιῆσαι κατὰ τὸ ῥῆμα τοῦτο. Εἰ τὸ μὲν ἀργύριον, ὃ εὕρομεν ἐν τοῖς 8 μαρσίπποις ἡμῶν, ἀπεστρέψαμεν πρὸς σὲ ἐκ γῆς Χαναάν, πῶς ἂν κλέψαιμεν ἐκ τοῦ οἴκου τοῦ κυρίου σου ἀργύριον ἢ χρυσίον; Παρ' ᾧ ἂν εὕρῃς τὸ κόνδυ τῶν παίδων σου, ἀποθνησκέτω· καὶ 9 ἡμεῖς δὲ ἐσόμεθα παῖδες τῷ κυρίῳ ἡμῶν. Ὁ δὲ εἶπε, καὶ νῦν, 10 ὡς λέγετε, οὕτως ἔσται· παρ' ᾧ ἂν εὑρεθῇ τὸ κόνδυ, ἔσται μου παῖς, ὑμεῖς δὲ ἔσεσθε καθαροί. Καὶ ἔσπευσαν, καὶ καθεῖλαν 11 ἕκαστος τὸν μάρσιππον αὐτοῦ ἐπὶ τὴν γῆν· καὶ ἤνοιξαν ἕκαστος τὸν μάρσιππον αὐτοῦ. Ἠρεύνησε δὲ ἀπὸ τοῦ πρεσβυτέρου 12 ἀρξάμενος, ἕως ἦλθεν ἐπὶ τὸν νεώτερον· καὶ εὗρε τὸ κόνδυ ἐν τῷ μαρσίππῳ τοῦ Βενιαμίν. Καὶ διέρρηξαν τὰ ἱμάτια αὐτῶν, 13 καὶ ἐπέθηκαν ἕκαστος τὸν μάρσιππον αὐτοῦ ἐπὶ τὸν ὄνον αὐτοῦ, καὶ ἐπέστρεψαν εἰς τὴν πόλιν.

β Gr. having looked up with, etc.   γ Gr. were amazed.   δ Gr. was magnified beyond the portions of all five times in comparison of theirs.   ζ Gr. in which.

14 Εἰσῆλθε δὲ Ἰούδας καὶ οἱ ἀδελφοὶ αὐτοῦ πρὸς Ἰωσὴφ ἔτι αὐτοῦ ὄντος ἐκεῖ, καὶ ἔπεσον ἐναντίον αὐτοῦ ἐπὶ τὴν γῆν.

15 Εἶπε δὲ αὐτοῖς Ἰωσήφ, τί τὸ πρᾶγμα τοῦτο ἐποιήσατε; οὐκ

16 οἴδατε ὅτι οἰωνισμῷ οἰωνιεῖται ὁ ἄνθρωπος, οἷος ἐγώ; Εἶπε δὲ Ἰούδας, τί ἀντεροῦμεν τῷ κυρίῳ, ἢ τί λαλήσομεν, ἢ τί δικαιωθῶμεν; ὁ Θεὸς δὲ εὗρε τὴν ἀδικίαν τῶν παίδων σου· ἰδού ἐσμεν οἰκέται τῷ κυρίῳ ἡμῶν, καὶ ἡμεῖς, καὶ παρ᾽ ᾧ εὑρέθη

17 τὸ κόνδυ. Εἶπε δὲ Ἰωσήφ, μή μοι γένοιτο ποιῆσαι τὸ ῥῆμα τοῦτο· ὁ ἄνθρωπος παρ᾽ ᾧ εὑρέθη τὸ κόνδυ, αὐτὸς ἔσται μου παῖς· ὑμεῖς δὲ ἀνάβητε μετὰ σωτηρίας πρὸς τὸν πατέρα ὑμῶν.

18 Ἐγγίσας δὲ αὐτῷ Ἰούδας εἶπε, δέομαι, κύριε· λαλησάτω ὁ παῖς σου ῥῆμα ἐναντίον σου, καὶ μὴ θυμωθῇς τῷ παιδί σου, ὅτι σὺ

19 εἶ μετὰ Φαραώ. Κύριε, σὺ ἠρώτησας τοὺς παῖδάς σου, λέγων,

20 εἰ ἔχετε πατέρα ἢ ἀδελφόν. Καὶ εἴπαμεν τῷ κυρίῳ, ἔστιν ἡμῖν πατὴρ πρεσβύτερος, καὶ παιδίον γήρως νεώτερον αὐτῷ, καὶ ὁ ἀδελφὸς αὐτοῦ ἀπέθανεν, αὐτὸς δὲ μόνος ὑπελείφθη τῇ μητρὶ

21 αὐτοῦ, ὁ δὲ πατὴρ αὐτὸν ἠγάπησεν· Εἶπας δὲ τοῖς παισί σου,

22 καταγάγετε αὐτὸν πρὸς μὲ, καὶ ἐπιμελοῦμαι αὐτοῦ. Καὶ εἴπαμεν τῷ κυρίῳ, οὐ δυνήσεται τὸ παιδίον καταλιπεῖν τὸν πατέρα αὐτοῦ· ἐὰν δὲ καταλίπῃ τὸν πατέρα, ἀποθανεῖται.

23 Σὺ δὲ εἶπας τοῖς παισί σου, ἐὰν μὴ καταβῇ ὁ ἀδελφὸς ὑμῶν ὁ νεώτερος μεθ᾽ ὑμῶν, οὐ προσθήσεσθε ἰδεῖν τὸ πρόσωπόν μου.

24 Ἐγένετο δὲ ἡνίκα ἀνέβημεν πρὸς τὸν παῖδά σου πατέρα ἡμῶν,

25 ἀπηγγείλαμεν αὐτῷ τὰ ῥήματα τοῦ κυρίου ἡμῶν. Εἶπε δὲ ὁ πατὴρ ἡμῶν, βαδίσατε πάλιν καὶ ἀγοράσατε ἡμῖν μικρὰ βρώ-

26 ματα. Ἡμεῖς δὲ εἴπομεν, οὐ δυνησόμεθα καταβῆναι· ἀλλ᾽ εἰ μὲν ὁ ἀδελφὸς ἡμῶν ὁ νεώτερος καταβαίνει μεθ᾽ ἡμῶν, καταβησόμεθα· οὐ γὰρ δυνησόμεθα ἰδεῖν τὸ πρόσωπον τοῦ ἀνθρώπου,

27 τοῦ ἀδελφοῦ ἡμῶν τοῦ νεωτέρου μὴ ὄντος μεθ᾽ ἡμῶν. Εἶπε δὲ ὁ παῖς σου πατὴρ ἡμῶν πρὸς ἡμᾶς, ὑμεῖς γινώσκετε ὅτι δύο

28 ἔτεκέ μοι ἡ γυνὴ, καὶ ἐξῆλθεν ὁ εἷς ἀπ᾽ ἐμοῦ· καὶ εἴπατε ὅτι

29 θηριόβρωτος γέγονεν, καὶ οὐκ ἴδον αὐτὸν ἄχρι νῦν. Ἐὰν οὖν λάβητε καὶ τοῦτον ἐκ τοῦ προσώπου μου, καὶ συμβῇ αὐτῷ μαλακία ἐν τῇ ὁδῷ, καὶ κατάξετέ μου τὸ γῆρας μετὰ λύπης εἰς

30 ᾅδου. Νῦν οὖν ἐὰν εἰσπορεύωμαι πρὸς τὸν παῖδά σου, πατέρα δὲ ἡμῶν, καὶ τὸ παιδίον μὴ ᾖ μεθ᾽ ἡμῶν, ἡ δὲ ψυχὴ αὐτοῦ

31 ἐκκρέμαται ἐκ τῆς τούτου ψυχῆς, καὶ ἔσται ἐν τῷ ἰδεῖν αὐτὸν μὴ ὂν τὸ παιδίον μεθ᾽ ἡμῶν, τελευτήσει, καὶ κατάξουσιν οἱ παῖδές σου τὸ γῆρας τοῦ παιδός σου, πατρὸς δὲ ἡμῶν, μετὰ

32 λύπης εἰς ᾅδου. Ὁ γὰρ παῖς σου παρὰ τοῦ πατρὸς ἐκδέδεκται τὸ παιδίον, λέγων, ἐὰν μὴ ἀγάγω αὐτὸν πρὸς σὲ, καὶ στήσω αὐτὸν ἐνώπιόν σου, ἡμαρτηκὼς ἔσομαι εἰς τὸν πατέρα πάσας

33 τὰς ἡμέρας. Νῦν οὖν παραμενῶ σοι παῖς ἀντὶ τοῦ παιδίου, οἰκέτης τοῦ κυρίου· τὸ δὲ παιδίον ἀναβήτω μετὰ τῶν ἀδελφῶν

34 αὐτοῦ. Πῶς γὰρ ἀναβήσομαι πρὸς τὸν πατέρα, τοῦ παιδίου μὴ ὄντος μεθ᾽ ἡμῶν; ἵνα μὴ ἴδω τὰ κακὰ, ἃ εὑρήσει τὸν πατέρα μου.

45 Καὶ οὐκ ἠδύνατο Ἰωσὴφ ἀνέχεσθαι πάντων τῶν παρεστηκότων αὐτῷ, ἀλλ᾽ εἶπεν, ἐξαποστείλατε πάντας ἀπ᾽ ἐμοῦ· καὶ οὐ παρειστήκει οὐδεὶς τῷ Ἰωσὴφ, ἡνίκα ἀνεγνωρίζετο τοῖς ἀδελ-

14 And Judas and his brethren came in to Joseph, while he was yet there, and fell on the ground before him. 15 And Joseph said to them, What is this thing that ye have done? know ye not that a man such as I can surely divine? 16 And Judas said, What shall we answer to our lord, or what shall we say, or wherein should we be justified? β whereas God has discovered the unrighteousness of thy servants; behold, we are slaves to our lord, both we and he with whom the cup has been found. 17 And Joseph said, Far be it from me to do this thing; the man with whom the cup has been found, he shall be my servant; but do ye go up with safety to your father. 18 And Judas drew near him, and said, I pray, Sir, let thy servant speak a word before thee, and be not angry with thy servant, for thou art next to Pharao. 19 Sir, thou askedst thy servants, saying, Have ye a father or a brother? 20 And we said to my lord, We have a father, an old man, and he has a son of his old age, a young one, and his brother is dead, and he alone has been left behind to his mother, and his father loves him. 21 And thou saidst to thy servants, Bring him down to me, and I will take care of him. 22 And we said to my lord, The child will not be able to leave his father; but if he should leave his father, he will die. 23 But thou saidst to thy servants, Except your younger brother come down with you, ye shall not see my face again. 24 And it came to pass, when we went up to thy servant our father, we reported to him the words of our lord. 25 And our father said, Go again, and buy us a little food. 26 And we said, We shall not be able to go down; but if our younger brother go down with us, we will go down; for we shall not be able to see the man's face, our younger brother not being with us. 27 And thy servant our father said to us, Ye know that my wife bore me two sons; 28 and one is departed from me; and ye said that he was devoured of wild beasts, and I have not seen him until now. 29 If then ye take this one also from my presence, and an affliction happen to him by the way, then shall ye bring down my old age with sorrow to γ the grave. 30 Now then, if I should go in to thy servant, and our father, and the boy should not be with us, (and his life depends on this lad's life)—31 it shall even come to pass, when he sees the boy is not with us, that he will die, and thy servants will bring down the old age of thy servant, and our father, with sorrow to the grave. γ 32 For thy servant has received the boy in charge from his father, saying, If I bring him not to thee, and place him before thee, I shall be guilty towards my father for ever. 33 Now then I will remain a servant with thee instead of the lad, a domestic of my lord; but let the lad go up with his brethren. 34 For how shall I go up to my father, the lad not being with us? lest I behold the evils which will befal my father. And Joseph could not refrain himself when all were standing by him, but said, Dismiss all from me; and no one stood near Joseph, when he made himself known to his

---

β Gr. but.   γ Gr. Hades.

brethren. ² And he uttered his voice with weeping; and all the Egyptians heard, and it was reported to the house of Pharao. ³ And Joseph said to his brethren, I am Joseph; doth my father yet live? And his brethren could not answer him, for they were troubled. ⁴ And Joseph said to his brethren, Draw nigh to me; and they drew nigh; and he said, I am your brother Joseph, whom ye sold into Egypt. ⁵ Now then be not grieved, and let it not seem hard to you that ye sold me hither, for God sent me before you for life. ⁶ For this second year is there famine on the earth, and there are yet five years remaining, in which there is to be neither ploughing, nor mowing. ⁷ For God sent me before you, that there might be left to you a remnant upon the earth, even to nourish a great remnant of you. ⁸ Now then ye did not send me hither, but God; and he hath made me as a father of Pharao, and lord of all his house, and ruler of all the land of Egypt. ⁹ Hasten, therefore, and go up to my father, and say to him, These things saith thy son Joseph: God has made me lord of all the land of Egypt; come down therefore to me, and tarry not. ¹⁰ And thou shalt dwell in the land of Gesem of Arabia; and thou shalt be near me, thou and thy sons, and thy sons' sons, thy sheep and thine oxen, and whatsoever things are thine. ¹¹ And I will nourish thee there: for the famine is yet for five years; lest thou be consumed, and thy sons, and all thy possessions. ¹² Behold, your eyes see, and the eyes of my brother Benjamin, that it is my mouth that speaks to you. ¹³ Report, therefore, to my father all my glory in Egypt, and all things that ye have seen, and make haste and bring down my father hither. ¹⁴ And he fell on his brother Benjamin's neck, and wept on him; and Benjamin wept on his neck. ¹⁵ And he kissed all his brethren, and wept on them; and after these things his brethren spoke to him.

¹⁶ And the report was carried into the house of Pharao, saying, Joseph's brethren are come; and Pharao was glad, and his household. ¹⁷ And Pharao said to Joseph, Say to thy brethren, Do this; fill your waggons, and depart into the land of Chanaan. ¹⁸ And take up your father, and your possessions, and come to me; and I will give you of all the goods of Egypt, and ye shall eat the marrow of the land. ¹⁹ And do thou charge them thus; that they should take for them waggons out of the land of Egypt, for your little ones, and for your wives; and take up your father, and come. ²⁰ And be not sparing in regard to your property, for all the good of Egypt shall be yours. ²¹ And the children of Israel did so; and Joseph gave to them waggons, according to the words spoken by king Pharao; and he gave them provision for the journey. ²² And he gave to them all two sets of raiment apiece; but to Benjamin he gave three hundred pieces of gold, and five changes of raiment. ²³ And to his father he sent *presents* at the same rate, and ten asses, bearing some of all the good things of Egypt, and ten mules, bearing bread for his father for thy journey. ²⁴ And he sent away his brethren, and they went; and he said to them, Be not angry by the way. ²⁵ And they went up out of

φοῖς αὐτοῦ. Καὶ ἀφῆκε φωνὴν μετὰ κλαυθμοῦ· ἤκουσαν δὲ 2 πάντες οἱ Αἰγύπτιοι, καὶ ἀκουστὸν ἐγένετο εἰς τὸν οἶκον Φαραώ. Εἶπε δὲ Ἰωσὴφ πρὸς τοὺς ἀδελφοὺς αὐτοῦ, ἐγώ εἰμι Ἰωσήφ· 3 ἔτι ὁ πατήρ μου ζῇ; καὶ οὐκ ἠδύναντο οἱ ἀδελφοὶ ἀποκριθῆναι αὐτῷ· ἐταράχθησαν γάρ. Εἶπε δὲ Ἰωσὴφ πρὸς τοὺς ἀδελφοὺς 4 αὐτοῦ, ἐγγίσατε πρός μέ· καὶ ἤγγισαν· καὶ εἶπεν, ἐγώ εἰμι Ἰωσὴφ ὁ ἀδελφὸς ὑμῶν, ὃν ἀπέδοσθε εἰς Αἴγυπτον. Νῦν οὖν 5 μὴ λυπεῖσθε, μηδὲ σκληρὸν ὑμῖν φανήτω, ὅτι ἀπέδοσθέ με ὧδε· εἰς γὰρ ζωὴν ἀπέστειλέ με ὁ Θεὸς ἔμπροσθεν ὑμῶν. Τοῦτο 6 γὰρ δεύτερον ἔτος λιμὸς ἐπὶ τῆς γῆς, καὶ ἔτι λοιπὰ πέντε ἔτη, ἐν οἷς οὐκ ἔστιν ἀροτρίασις, οὐδὲ ἀμητός. Ἀπέστειλε γάρ με 7 ὁ Θεὸς ἔμπροσθεν ὑμῶν, ὑπολείπεσθαι ὑμῖν κατάλειμμα ἐπὶ τῆς γῆς, καὶ ἐκθρέψαι ὑμῶν κατάλειψιν μεγάλην. Νῦν οὖν 8 οὐχ ὑμεῖς με ἀπεστάλκατε ὧδε, ἀλλὰ ὁ Θεός· καὶ ἐποίησέ με ὡς πατέρα Φαραώ, καὶ κύριον παντὸς τοῦ οἴκου αὐτοῦ, καὶ ἄρχοντα πάσης γῆς Αἰγύπτου. Σπεύσαντες οὖν ἀνάβητε πρὸς 9 τὸν πατέρα μου, καὶ εἴπατε αὐτῷ, τάδε λέγει ὁ υἱός σου Ἰωσήφ· ἐποίησέ με ὁ Θεὸς κύριον πάσης γῆς Αἰγύπτου· κατάβηθι οὖν πρός με, καὶ μὴ μείνῃς. Καὶ κατοικήσεις ἐν γῇ Γεσὲμ 10 Ἀραβίας· καὶ ἔσῃ ἐγγύς μου σὺ, καὶ οἱ υἱοί σου, καὶ οἱ υἱοὶ τῶν υἱῶν σου, τὰ πρόβατά σου, καὶ οἱ βόες σου, καὶ ὅσα σοι ἐστί. Καὶ ἐκθρέψω σε ἐκεῖ· ἔτι γὰρ πέντε ἔτη λιμός· ἵνα μὴ 11 ἐκτριβῇς σὺ, καὶ οἱ υἱοί σου, καὶ πάντα τὰ ὑπάρχοντά σου. Ἰδοὺ οἱ ὀφθαλμοὶ ὑμῶν βλέπουσι, καὶ οἱ ὀφθαλμοὶ Βενιαμὶν 12 τοῦ ἀδελφοῦ μου, ὅτι τὸ στόμα μου τὸ λαλοῦν πρὸς ὑμᾶς. Ἀπαγγείλατε οὖν τῷ πατρί μου πᾶσαν τὴν δόξαν μου τὴν ἐν 13 Αἰγύπτῳ, καὶ ὅσα ἴδετε· καὶ ταχύναντες καταγάγετε τὸν πατέρα μου ὧδε. Καὶ ἐπιπεσὼν ἐπὶ τὸν τράχηλον Βενιαμὶν τοῦ 14 ἀδελφοῦ αὐτοῦ, ἔκλαυσεν ἐπ᾽ αὐτῷ· καὶ Βενιαμὶν ἔκλαυσεν ἐπὶ τῷ τραχήλῳ αὐτοῦ. Καὶ καταφιλήσας πάντας τοὺς ἀδελφοὺς 15 αὐτοῦ, ἔκλαυσεν ἐπ᾽ αὐτοῖς· καὶ μετὰ ταῦτα ἐλάλησαν οἱ ἀδελφοὶ αὐτοῦ πρὸς αὐτόν.

Καὶ διεβοήθη ἡ φωνὴ εἰς τὸν οἶκον Φαραώ, λέγοντες, ἥκασιν 16 οἱ ἀδελφοὶ Ἰωσήφ· ἐχάρη δὲ Φαραὼ καὶ ἡ θεραπεία αὐτοῦ. Εἶπε δὲ Φαραὼ πρὸς Ἰωσήφ, εἶπον τοῖς ἀδελφοῖς σου, τοῦτο 17 ποιήσατε, γεμίσατε τὰ φορεῖα ὑμῶν, καὶ ἀπέλθετε εἰς γῆν Χαναάν. Καὶ ἀναλαβόντες τὸν πατέρα ὑμῶν, καὶ τὰ ὑπάρχοντα 18 ὑμῶν, ἥκετε πρός με· καὶ δώσω ὑμῖν πάντων τῶν ἀγαθῶν Αἰγύπτου, καὶ φάγεσθε τὸν μυελὸν τῆς γῆς. Σὺ δὲ ἔντειλαι 19 ταῦτα· λαβεῖν αὐτοῖς ἀμάξας ἐκ γῆς Αἰγύπτου τοῖς παιδίοις ὑμῶν, καὶ ταῖς γυναιξὶν ὑμῶν· καὶ ἀναλαβόντες τὸν πατέρα ὑμῶν παραγίνεσθε. Καὶ μὴ φείσησθε τοῖς ὀφθαλμοῖς τῶν 20 σκευῶν ὑμῶν· τὰ γὰρ πάντα ἀγαθὰ Αἰγύπτου ὑμῖν ἔσται. Ἐποίησαν δὲ οὕτως οἱ υἱοὶ Ἰσραήλ· ἔδωκε δὲ Ἰωσὴφ αὐτοῖς 21 ἀμάξας κατὰ τὰ εἰρημένα ὑπὸ Φαραὼ τοῦ βασιλέως· καὶ ἔδωκεν αὐτοῖς ἐπισιτισμὸν εἰς τὴν ὁδόν. Καὶ πᾶσιν ἔδωκε δισσὰς 22 στολάς· τῷ δὲ Βενιαμὶν ἔδωκε τριακοσίους χρυσοῦς, καὶ πέντε ἐξαλλασσούσας στολάς. Καὶ τῷ πατρὶ αὐτοῦ ἀπέστειλε κατὰ 23 τὰ αὐτά· καὶ δέκα ὄνους, αἴροντας ἀπὸ πάντων τῶν ἀγαθῶν Αἰγύπτου, καὶ δέκα ἡμιόνους, αἰρούσας ἄρτους τῷ πατρὶ αὐτοῦ εἰς ὁδόν. Ἐξαπέστειλε δὲ τοὺς ἀδελφοὺς αὐτοῦ, καὶ ἐπορεύθη- 24 σαν· καὶ εἶπεν αὐτοῖς, μὴ ὀργίζεσθε ἐν τῇ ὁδῷ. Καὶ ἀνέβησαν 25

ἐξ Αἰγύπτου, καὶ ἦλθον εἰς γῆν Χαναὰν πρὸς Ἰακὼβ τὸν
26 πατέρα αὐτῶν. Καὶ ἀνήγγειλαν αὐτῷ, λέγοντες, ὅτι ὁ υἱός
σου Ἰωσὴφ ζῇ, καὶ αὐτὸς ἄρχει πάσης γῆς Αἰγύπτου· καὶ
27 ἐξέστη τῇ διανοίᾳ Ἰακὼβ, οὐ γὰρ ἐπίστευσεν αὐτοῖς. Ἐλάλη-
σαν δὲ αὐτῷ πάντα τὰ ῥηθέντα ὑπὸ Ἰωσήφ, ὅσα εἶπεν αὐτοῖς.
Ἰδὼν δὲ τὰς ἁμάξας, ἃς ἀπέστειλεν Ἰωσὴφ ὥστε ἀναλαβεῖν
αὐτόν, ἀνεζωπύρησε τὸ πνεῦμα Ἰακὼβ τοῦ πατρὸς αὐτῶν.
28 Εἶπε δὲ Ἰσραήλ, μέγα μοι ἐστίν, εἰ ἔτι Ἰωσὴφ ὁ υἱός μου ζῇ·
πορευθεὶς ὄψομαι αὐτὸν πρὸ τοῦ ἀποθανεῖν με.

46 Ἀπάρας δὲ Ἰσραήλ, αὐτὸς καὶ πάντα τὰ αὐτοῦ, ἦλθεν ἐπὶ τὸ
φρέαρ τοῦ ὅρκου· καὶ ἔθυσε θυσίαν τῷ Θεῷ τοῦ πατρὸς αὐτοῦ
2 Ἰσαάκ. Εἶπε δὲ ὁ Θεὸς τῷ Ἰσραὴλ ἐν ὁράματι τῆς νυκτός,
3 εἰπών, Ἰακώβ, Ἰακώβ· ὁ δὲ εἶπε, τί ἐστιν; Ὁ δὲ λέγει αὐτῷ,
ἐγώ εἰμι ὁ Θεὸς τῶν πατέρων σου· μὴ φοβοῦ καταβῆναι εἰς
4 Αἴγυπτον· εἰς γὰρ ἔθνος μέγα ποιήσω σε ἐκεῖ. Καὶ ἐγὼ
καταβήσομαι μετὰ σοῦ εἰς Αἴγυπτον, καὶ ἐγὼ ἀναβιβάσω σε
εἰς τέλος· καὶ Ἰωσὴφ ἐπιβαλεῖ τὰς χεῖρας αὐτοῦ ἐπὶ τοὺς
5 ὀφθαλμούς σου. Ἀνέστη δὲ Ἰακὼβ ἀπὸ τοῦ φρέατος τοῦ
ὅρκου· καὶ ἀνέλαβον οἱ υἱοὶ Ἰσραὴλ τὸν πατέρα αὐτῶν, καὶ
τὴν ἀποσκευήν, καὶ τὰς γυναῖκας αὐτῶν, ἐπὶ τὰς ἁμάξας, ἃς
6 ἀπέστειλεν Ἰωσὴφ ἆραι αὐτόν. Καὶ ἀναλαβόντες τὰ ὑπάρ-
χοντα αὐτῶν, καὶ πᾶσαν τὴν κτῆσιν, ἣν ἐκτήσαντο ἐν γῇ Χαναάν,
εἰσῆλθον εἰς Αἴγυπτον, Ἰακώβ, καὶ πᾶν τὸ σπέρμα αὐτοῦ μετ'
7 αὐτοῦ. Υἱοί, καὶ υἱοὶ τῶν υἱῶν αὐτοῦ μετ' αὐτοῦ· θυγατέρες,
καὶ θυγατέρες τῶν θυγατέρων αὐτοῦ· καὶ πᾶν τὸ σπέρμα αὐτοῦ
8 ἤγαγεν εἰς Αἴγυπτον· Ταῦτα δὲ τὰ ὀνόματα τῶν υἱῶν Ἰσραὴλ
τῶν εἰσελθόντων εἰς Αἴγυπτον ἅμα Ἰακὼβ τῷ πατρὶ αὐτῶν.
9 Ἰακὼβ καὶ οἱ υἱοὶ αὐτοῦ· πρωτότοκος Ἰακώβ, Ῥουβήν. Υἱοὶ
10 δὲ Ῥουβήν, Ἐνώχ, καὶ Φαλλός, Ἀσρών, καὶ Χαρμί. Υἱοὶ
δὲ Συμεών, Ἰεμουήλ, καὶ Ἰαμείν, καὶ Ἀώδ, καὶ Ἀχείν, καὶ
11 Σαάρ, καὶ Σαοὺλ υἱὸς τῆς Χανανίτιδος. Υἱοὶ δὲ Λευὶ, Γηρσών,
12 Κάθ, καὶ Μεραρί. Υἱοὶ δὲ Ἰούδα, Ἢρ, καὶ Αὐνὰν, καὶ Σηλώμ,
καὶ Φαρές, καὶ Ζαρά· ἀπέθανε δὲ Ἢρ καὶ Αὐνὰν ἐν γῇ Χαναάν.
13 ἐγένοντο δὲ υἱοὶ Φαρές, Ἐσρών, καὶ Ἰεμουήλ. Υἱοὶ δὲ Ἰσσά-
14 χαρ, Θωλά, καὶ Φουά, καὶ Ἀσούμ, καὶ Σαμβράν. Υἱοὶ δὲ
15 Ζαβουλών, Σερέδ, καὶ Ἀλλών, καὶ Ἀχοήλ. Οὗτοι υἱοὶ Λείας,
οὓς ἔτεκε τῷ Ἰακὼβ ἐν Μεσοποταμίᾳ τῆς Συρίας, καὶ Δείναν
τὴν θυγατέρα αὐτοῦ· πᾶσαι αἱ ψυχαί, υἱοὶ καὶ θυγατέρες,
16 τριάκοντα τρεῖς. Υἱοὶ δὲ Γάδ, Σαφών, καὶ Ἀγγίς, καὶ Σαννίς,
17 καὶ Θασοβάν, καὶ Ἀηδείς, καὶ Ἀροηδείς, καὶ Ἀρεηλείς. Υἱοὶ
δὲ Ἀσήρ, Ἰεμνά, Ἰεσσουά, καὶ Ἰεούλ, καὶ Βαριά, καὶ Σάρα
18 ἀδελφὴ αὐτῶν. Υἱοὶ δὲ Βαριά, Χοβόρ, καὶ Μελχιήλ. Οὗτοι
υἱοὶ Ζελφᾶς, ἣν ἔδωκε Λάβαν Λείᾳ τῇ θυγατρὶ αὐτοῦ, ἣ ἔτεκε
19 τούτους τῷ Ἰακώβ, δεκαὲξ ψυχάς. Υἱοὶ δὲ Ῥαχὴλ γυναικὸς
20 Ἰακώβ, Ἰωσήφ, καὶ Βενιαμίν. Ἐγένοντο δὲ υἱοὶ Ἰωσὴφ ἐν γῇ
Αἰγύπτου, οὓς ἔτεκεν αὐτῷ Ἀσενὲθ θυγάτηρ Πετεφρῆ ἱερέως
Ἡλιουπόλεως, τὸν Μανασσῆ, καὶ τὸν Ἐφραίμ· ἐγένοντο δὲ
υἱοὶ Μανασσῆ, οὓς ἔτεκεν αὐτῷ ἡ παλλακὴ ἡ Σύρα, τὸν Μαχίρ·

Egypt, and came into the land of Chanaan, to Jacob their father. 26 And they reported to him, saying, Thy son Joseph is living, and he is ruler over all the land of Egypt; and Jacob was β amazed, for he did not believe them. 27 But they spoke to him all the words uttered by Joseph, whatsoever he said to them; and having seen the chariots which Joseph sent to take him up, the spirit of Jacob their father revived. 28 And Israel said, It is a great thing for me if Joseph my son is yet alive, I will go and see him before I die.

And Israel departed, he and all that he had, and came to the well of the oath; and he offered sacrifice to the God of his father Isaac. 2 And God spoke to Israel in a night vision, saying, Jacob, Jacob; and he said, What is it? 3 And he says to him, I am the God of thy fathers; fear not to go down into Egypt, for I will make thee there a great nation. 4 And I will go down with thee into Egypt, and I will bring thee up at the end; and Joseph shall put his hands on thine eyes. 5 And Jacob rose up from the well of the oath; and the sons of Israel took up their father, and the baggage, and their wives on the waggons, which Joseph sent to take them. 6 And they took up their goods, and all their property, which they had gotten in the land of Chanaan; they came into the land of Egypt, Jacob, and all his seed with him. 7 The sons, and the sons of his sons with him; his daughters, and the daughters of his daughters; and he brought all his seed into Egypt. 8 And these are the names of the sons of Israel that went into Egypt with their father Jacob—Jacob and his sons. The first-born of Jacob, Ruben. 9 And the sons of Ruben; Enoch, and Phallus, Asron, and Charmi. 10 And the sons of Symeon; Jemuel, and Jamin, and Aod, and Achin, and Saar, and Saul, the son of a Chananitish woman. 11 And the sons of Levi; Gerson, Cath, and Merari. 12 And the sons of Judas; Er, and Aunan, and Selom, and Phares, and Zara: and Er and Aunan died in the land of Chanaan. 13 And the sons of Phares were Esron, and Jemuel. And the sons of Issachar; Thola, and Phua, and Asum, and Sambran. 14 And the sons of Zabulun, Sered, and Allon, and Achoel. 15 These are the sons of Lea, which she bore to Jacob in Mesopotamia of Syria, and Dina his daughter; all the souls, sons and daughters, thirty-three. 16 And the sons of Gad; Saphon, and Angis, and Sannis, and Thasoban, and Aedis, and Aroedis, and Areelis. 17 And the sons of Aser; Jemna, Jessua, and Jeul, and Baria, and Sara their sister. And the sons of Baria; Chobor, and Melchiil. 18 These are the sons of Zelpha, which Laban gave to his daughter Lea, who bore these to Jacob, sixteen souls. 19 And the sons of Rachel, the wife of Jacob; Joseph, and Benjamin. 20 And there were sons born to Joseph in the land of Egypt, whom Aseneth, the daughter of Petephres, priest of Heliopolis, bore to him, even Manasses and Ephraim. And there were sons born to Manasses, which the Syrian concubine bore to him, even Machir. And Machir begot Ga-

---

β *Gr.* amazed in mind.

laad. And the sons of Ephraim, the brother of Manasses; Sutalaam, and Taam. And the sons of Sutalaam; Edom. 21 And the sons of Benjamin; Bala, and Bochor, and Asbel. And the sons of Bala were Gera, and Noeman, and Anchis, and Ros, and Mamphim. And Gera begot Arad. 22 These *are* the sons of Rachel, which she bore to Jacob; all the souls eighteen. 23 And the sons of Dan; Asom. 24 And the sons of Nephthalim; Asiel, and Goni, and Issaar, and Sollem. 25 These *are* the sons of Balla, whom Laban gave to his daughter Rachel, who bore these to Jacob; all the souls, seven. 26 And all the souls that came with Jacob into Egypt, who came out of his βloins, besides the wives of the sons of Jacob, *even* all the souls were sixty-six. 27 And the sons of Joseph, who were born to him in the land of Egypt, were nine souls; all the souls of the house of Jacob who came with Joseph into Egypt, were seventy-five souls.

28 And he sent Judas before him to Joseph, to meet him to the city of γ Heroes, into the land of Ramesses. 29 And Joseph having δmade ready his chariots, went up to meet Israel his father, at the city of Heroes; and having appeared to him, fell on his neck, and wept with ςabundant weeping. 20 And Israel said to Joseph, After this I will *gladly* die, since I have seen thy face, for thou art yet living. 31 And Joseph said to his brethren, I will go up and tell Pharao, and will say to him, My brethren, and my father's house, who were in the land of Chanaan, are come to me. 32 And the men are shepherds; for they have been feeders of cattle, and they have brought with them their cattle, and their kine, and all their property. 33 If then Pharao call you, and say to you, What is your occupation? 34 Ye shall say, We thy servants are herdsmen from our youth until now, both we and our fathers: that ye may dwell in the land of Gesem of Arabia, for every shepherd is an abomination to the Egyptians.

And Joseph came and told Pharao, *saying*, My father, and my brethren, and their cattle, and their oxen, and all their possessions, are come out of the land of Chanaan, and, behold, they are in the land of Gesem. 2 And he took of his brethren five men, and set them before Pharao. 3 And Pharao said to the brethren of Joseph, What is your occupation? and they said to Pharao, Thy servants are shepherds, both we and our fathers. 4 And they said to Pharao, We are come to sojourn in the land, for there is no pasture for the flocks of thy servants, for the famine has prevailed in the land of Chanaan; now then, θ we will dwell in the land of Gesem. And Pharao said to Joseph, Let them dwell in the land of Gesem; and if thou knowest that there are among them able men, make them overseers of my cattle. So Jacob and his sons came into Egypt, to Joseph; and Pharao, king of Egypt, heard *of it.* 5 And Pharao spoke to Joseph, saying, Thy father, and thy brethren, are come to thee. 6 Behold, the land of Egypt is before thee; settle thy father and thy brethren in

Μαχὶρ δὲ ἐγέννησε τὸν Γαλαάδ· υἱοὶ δὲ Ἐφραὶμ ἀδελφοῦ Μανασσῆ, Σουταλαάμ, καὶ Ταάμ· υἱοὶ δὲ Σουταλαάμ, Ἐδώμ. Υἱοὶ δὲ Βενιαμὶν, Βαλὰ, καὶ Βοχὸρ, καὶ Ἀσβήλ. Ἐγένοντο δὲ 21 υἱοὶ Βαλὰ, Γηρὰ, καὶ Νοεμὰν, καὶ Ἀγχὶς, καὶ Ῥὼς, καὶ Μαμφίμ· Γηρὰ δὲ ἐγέννησε τὸν Ἀράδ. Οὗτοι υἱοὶ Ῥαχήλ, οὓς ἔτεκε τῷ 22 Ἰακώβ· πᾶσαι αἱ ψυχαὶ δεκαοκτώ. Υἱοὶ δὲ Δὰν, Ἀσόμ. 23 Καὶ υἱοὶ Νεφθαλὶ, Ἀσιὴλ, καὶ Γωνὶ, καὶ Ἰσσάαρ, καὶ 24 Σολλήμ. Οὗτοι υἱοὶ Βαλλὰς, ἣν ἔδωκε Λάβαν Ῥαχὴλ τῇ 25 θυγατρὶ αὐτοῦ, ἣ ἔτεκε τούτους τῷ Ἰακὼβ, πᾶσαι αἱ ψυχαὶ ἑπτά. Πᾶσαι δὲ ψυχαὶ αἱ εἰσελθοῦσαι μετὰ Ἰακὼβ εἰς Αἴγυπ- 26 τον, οἱ ἐξελθόντες ἐκ τῶν μηρῶν αὐτοῦ, χωρὶς τῶν γυναικῶν υἱῶν Ἰακὼβ, πᾶσαι αἱ ψυχαὶ, ἑξηκονταέξ· Υἱοὶ δὲ Ἰωσήφ, οἱ 27 γενόμενοι αὐτῷ ἐν γῇ Αἰγύπτῳ, ψυχαὶ ἐννέα. Πᾶσαι ψυχαὶ οἴκου Ἰακὼβ, αἱ εἰσελθοῦσαι μετὰ Ἰακὼβ εἰς Αἴγυπτον, ψυχαὶ ἑβδομηκονταπέντε.

Τὸν δὲ Ἰούδαν ἀπέστειλεν ἔμπροσθεν αὐτοῦ πρὸς Ἰωσήφ, 28 συναντῆσαι αὐτῷ καθ᾽ Ἡρώων πόλιν, εἰς γῆν Ῥαμεσσῆ. Ζεύξας δὲ Ἰωσὴφ τὰ ἅρματα αὐτοῦ, ἀνέβη εἰς συνάντησιν 29 Ἰσραὴλ τῷ πατρὶ αὐτοῦ, καθ᾽ Ἡρώων πόλιν· καὶ ὀφθεὶς αὐτῷ ἐπέπεσεν ἐπὶ τὸν τράχηλον αὐτοῦ, καὶ ἔκλαυσε κλαυθμῷ πίονι. Καὶ εἶπεν Ἰσραὴλ πρὸς Ἰωσήφ, ἀποθανοῦμαι ἀπὸ τοῦ νῦν, ἐπεὶ 30 ἑώρακα τὸ πρόσωπόν σου· ἔτι γὰρ σὺ ζῇς. Εἶπε δὲ Ἰωσὴφ 31 πρὸς τοὺς ἀδελφοὺς αὐτοῦ, ἀναβὰς ἀπαγγελῶ τῷ Φαραῷ, καὶ ἐρῶ αὐτῷ, οἱ ἀδελφοί μου, καὶ ὁ οἶκος τοῦ πατρός μου, οἳ ἦσαν ἐν γῇ Χανάαν, ἥκασι πρός με. Οἱ δὲ ἄνδρες εἰσὶ 32 ποιμένες· ἄνδρες γὰρ κτηνοτρόφοι ἦσαν· καὶ τὰ κτήνη, καὶ τοὺς βόας, καὶ πάντα τὰ αὐτῶν ἀγηόχασιν. Ἐὰν οὖν καλέσῃ 33 ὑμᾶς Φαραὼ, καὶ εἴπῃ ὑμῖν, τί τὸ ἔργον ὑμῶν ἐστι; Ἐρεῖτε, 34 ἄνδρες κτηνοτρόφοι ἐσμὲν οἱ παῖδές σου ἐκ παιδὸς ἕως τοῦ νῦν, καὶ ἡμεῖς, καὶ οἱ πατέρες ἡμῶν· ἵνα κατοικήσητε ἐν γῇ Γεσὲμ Ἀραβίας· βδέλυγμα γάρ ἐστιν Αἰγυπτίοις πᾶς ποιμὴν προβάτων.

Ἐλθὼν δὲ Ἰωσὴφ ἀπήγγειλε τῷ Φαραῷ, λέγων, ὁ πατήρ 47 μου, καὶ οἱ ἀδελφοί μου, καὶ τὰ κτήνη, καὶ οἱ βόες αὐτῶν, καὶ πάντα τὰ αὐτῶν, ἦλθον ἐκ γῆς Χανάαν· καὶ ἰδοὺ εἰσιν ἐν γῇ Γεσέμ. Ἀπὸ δὲ τῶν ἀδελφῶν αὐτοῦ παρέλαβε πέντε ἄνδρας, 2 καὶ ἔστησεν αὐτοὺς ἐναντίον Φαραώ. Καὶ εἶπε Φαραὼ τοῖς 3 ἀδελφοῖς Ἰωσήφ, Τί τὸ ἔργον ὑμῶν; οἱ δὲ εἶπαν τῷ Φαραῷ, ποιμένες προβάτων οἱ παῖδές σου, καὶ ἡμεῖς, καὶ οἱ πατέρες ἡμῶν. Εἶπαν δὲ τῷ Φαραῷ, παροικεῖν ἐν τῇ γῇ ἥκαμεν, οὐ 4 γάρ ἐστι νομὴ τοῖς κτήνεσι τῶν παίδων σου, ἐνίσχυσε γὰρ ὁ λιμὸς ἐν γῇ Χανάαν· νῦν οὖν κατοικήσομεν ἐν γῇ Γεσέμ. Εἶπε δὲ Φαραὼ τῷ Ἰωσήφ, κατοικείτωσαν ἐν γῇ Γεσέμ· εἰ δὲ ἐπίστῃ, ὅτι εἰσὶν ἐν αὐτοῖς ἄνδρες δυνατοὶ, κατάστησον αὐτοὺς ἄρχοντας τῶν ἐμῶν κτηνῶν. Ἦλθον δὲ εἰς Αἴγυπτον πρὸς Ἰωσὴφ Ἰακὼβ, καὶ οἱ υἱοὶ αὐτοῦ· καὶ ἤκουσε Φαραὼ βασιλεὺς Αἰγύπτου. Καὶ εἶπε Φαραὼ πρὸς Ἰωσήφ, λέγων, ὁ πατήρ σου, καὶ 5 οἱ ἀδελφοί σου, ἥκασι πρὸς σέ. Ἰδοὺ ἡ γῆ Αἰγύπτου ἐναντίον 6 σου ἐστίν· ἐν τῇ βελτίστῃ γῇ κατοίκισον τὸν πατέρα σου, καὶ

β *Gr.* thighs.   γ *Heb.* Goshen.   δ *Gr.* yoked.   ζ *Gr.* fat.   θ *Or,* let us dwell. See 1 Tim. 6. 8.

7 τοὺς ἀδελφούς σου. Εἰσήγαγε δὲ Ἰωσὴφ Ἰακὼβ τὸν πατέρα αὐτοῦ, καὶ ἔστησεν αὐτὸν ἐναντίον Φαραώ· καὶ ηὐλόγησεν
8 Ἰακὼβ τὸν Φαραώ. Εἶπε δὲ Φαραὼ τῷ Ἰακώβ, πόσα ἔτη
9 ἡμερῶν τῆς ζωῆς σου; Καὶ εἶπεν Ἰακὼβ τῷ Φαραώ, αἱ ἡμέραι τῶν ἐτῶν τῆς ζωῆς μου, ἃς παροικῶ, ἑκατὸν τριάκοντα ἔτη· μικραὶ καὶ πονηραὶ γεγόνασιν αἱ ἡμέραι τῶν ἐτῶν τῆς ζωῆς μου· οὐκ ἀφίκοντο εἰς τὰς ἡμέρας τῶν ἐτῶν τῆς ζωῆς τῶν
10 πατέρων μου, ἃς ἡμέρας παρῴκησαν. Καὶ εὐλογήσας Ἰακὼβ τὸν Φαραώ, ἐξῆλθεν ἀπʼ αὐτοῦ.

11   Καὶ κατῴκισεν Ἰωσὴφ τὸν πατέρα αὐτοῦ, καὶ τοὺς ἀδελφοὺς αὐτοῦ, καὶ ἔδωκεν αὐτοῖς κατάσχεσιν ἐν γῇ Αἰγύπτῳ, ἐν τῇ
12 βελτίστῃ γῇ, ἐν γῇ Ῥαμεσσῆ, καθὰ προσέταξε Φαραώ. Καὶ ἐσιτομέτρει Ἰωσὴφ τῷ πατρὶ αὐτοῦ, καὶ τοῖς ἀδελφοῖς, καὶ παντὶ τῷ οἴκῳ τοῦ πατρὸς αὐτοῦ, σῖτον κατὰ σῶμα.

13   Σῖτος δὲ οὐκ ἦν ἐν πάσῃ τῇ γῇ, ἐνίσχυσε γὰρ ὁ λιμὸς σφόδρα· ἐξέλιπε δὲ ἡ γῆ Αἰγύπτου καὶ ἡ γῆ Χαναὰν ἀπὸ τοῦ
14 λιμοῦ. Συνήγαγε δὲ Ἰωσὴφ πᾶν τὸ ἀργύριον τὸ εὑρεθὲν ἐν γῇ Αἰγύπτου καὶ ἐν γῇ Χαναάν, τοῦ σίτου, οὗ ἠγόραζον, καὶ ἐσιτομέτρει αὐτοῖς, καὶ εἰσήνεγκεν Ἰωσὴφ πᾶν τὸ ἀργύριον εἰς τὸν
15 οἶκον Φαραώ. Καὶ ἐξέλιπε πᾶν τὸ ἀργύριον ἐκ γῆς Αἰγύπτου καὶ ἐκ γῆς Χαναάν· ἦλθον δὲ πάντες οἱ Αἰγύπτιοι πρὸς Ἰωσήφ, λέγοντες, δὸς ἡμῖν ἄρτους, καὶ ἱνατί ἀποθνήσκομεν ἐναντίον
16 σου; ἐκλέλοιπε γὰρ τὸ ἀργύριον ἡμῶν. Εἶπε δὲ αὐτοῖς Ἰωσήφ, φέρετε τὰ κτήνη ὑμῶν, καὶ δώσω ὑμῖν ἄρτους, ἀντὶ
17 τῶν κτηνῶν ὑμῶν, εἰ ἐκλέλοιπε τὸ ἀργύριον ὑμῶν. Ἤγαγον δὲ τὰ κτήνη αὐτῶν πρὸς Ἰωσήφ· καὶ ἔδωκεν αὐτοῖς Ἰωσὴφ ἄρτους ἀντὶ τῶν ἵππων, καὶ ἀντὶ τῶν προβάτων, καὶ ἀντὶ τῶν βοῶν, καὶ ἀντὶ τῶν ὄνων· καὶ ἐξέθρεψεν αὐτοὺς ἐν ἄρτοις ἀντὶ
18 πάντων τῶν κτηνῶν αὐτῶν ἐν τῷ ἐνιαυτῷ ἐκείνῳ. Ἐξῆλθε δὲ τὸ ἔτος ἐκεῖνο, καὶ ἦλθον πρὸς αὐτὸν ἐν τῷ ἔτει τῷ δευτέρῳ, καὶ εἶπαν αὐτῷ, μή ποτε ἐκτριβῶμεν ἀπὸ τοῦ κυρίου ἡμῶν; εἰ γὰρ ἐκλέλοιπε τὸ ἀργύριον ἡμῶν, καὶ τὰ ὑπάρχοντα καὶ τὰ κτήνη πρός σε τὸν κύριον, καὶ οὐχ ὑπολέλειπται ἡμῖν ἐναντίον
19 τοῦ κυρίου ἡμῶν, ἀλλʼ ἢ τὸ ἴδιον σῶμα καὶ ἡ γῆ ἡμῶν, ἵνα οὖν μὴ ἀποθάνωμεν ἐναντίον σου, καὶ ἡ γῆ ἐρημωθῇ, κτῆσαι ἡμᾶς καὶ τὴν γῆν ἡμῶν ἀντὶ ἄρτων, καὶ ἐσόμεθα ἡμεῖς καὶ ἡ γῆ ἡμῶν παῖδες τῷ Φαραώ· δὸς σπέρμα, ἵνα σπείρωμεν, καὶ
20 ζῶμεν καὶ μὴ ἀποθάνωμεν, καὶ ἡ γῆ οὐκ ἐρημωθήσεται. Καὶ ἐκτήσατο Ἰωσὴφ πᾶσαν τὴν γῆν τῶν Αἰγυπτίων τῷ Φαραώ· ἀπέδοντο γὰρ οἱ Αἰγύπτιοι τὴν γῆν αὐτῶν τῷ Φαραώ· ἐπε-
21 κράτησε γὰρ αὐτῶν ὁ λιμός· καὶ ἐγένετο ἡ γῆ τῷ Φαραώ. Καὶ τὸν λαὸν κατεδουλώσατο αὐτῷ εἰς παῖδας, ἀπʼ ἄκρων ὁρίων
22 Αἰγύπτου ἕως τῶν ἄκρων, χωρὶς τῆς γῆς τῶν ἱερέων μόνον· οὐκ ἐκτήσατο ταύτην Ἰωσήφ· ἐν δόσει γὰρ ἔδωκε δόμα τοῖς ἱερεῦσι Φαραώ, καὶ ἤσθιον τὴν δόσιν, ἣν ἔδωκεν αὐτοῖς Φαραώ·
23 διὰ τοῦτο οὐκ ἀπέδοντο τὴν γῆν αὐτῶν. Εἶπε δὲ Ἰωσὴφ πᾶσι τοῖς Αἰγυπτίοις, ἰδοὺ κέκτημαι ὑμᾶς καὶ τὴν γῆν ὑμῶν σήμερον τῷ Φαραώ· λάβετε ἑαυτοῖς σπέρμα, καὶ σπείρατε τὴν γῆν.
24 Καὶ ἔσται τὰ γεννήματα αὐτῆς· καὶ δώσετε τὸ πεμπτὸν μέρος τῷ Φαραώ· τὰ δὲ τέσσαρα μέρη ἔσται ὑμῖν αὐτοῖς εἰς σπέρμα τῇ γῇ, καὶ εἰς βρῶσιν ὑμῖν, καὶ πᾶσι τοῖς ἐν τοῖς οἴκοις ὑμῶν.

the best land. **7** And Joseph brought in Jacob his father, and set him before Pharao; and Jacob blessed Pharao. **8** And Pharao said to Jacob, How many are the years of the days of thy life? **9** And Jacob said to Pharao, The days of the years of my life, wherein I sojourn, are a hundred and thirty years; few and evil have been the days of the years of my life, they have not attained to the days of the life of my fathers, in which days they sojourned. **10** And Jacob blessed Pharao, and departed from him. **11** And Joseph settled his father and his brethren, and gave them a possession in the land of Egypt, in the best land, in the land of Ramesses, as Pharao commanded. **12** And Joseph gave provision to his father, and his brethren, and to all the house of his father, corn for each person.

13 And there was no corn in all the land, for the famine prevailed greatly; and the land of Egypt, and the land of Chanaan, fainted for the famine. **14** And Joseph gathered all the money that was found in the land of Egypt, and the land of Chanaan, *in return for* the corn which they bought, and he distributed corn to them; and Joseph brought all the money into the house of Pharao. **15** And all the money failed out of the land of Egypt, and out of the land of Chanaan; and all the Egyptians came to Joseph, saying, Give us bread, and why do we die in thy presence? for our money is spent. **16** And Joseph said to them, Bring your cattle, and I will give you bread for your cattle, if your money is spent. **17** And they brought their cattle to Joseph; and Joseph gave them bread in return for their horses, and for their sheep, and for their oxen, and for their asses; and Joseph maintained them with bread for all their cattle in that year. **18** And that year passed, and they came to him in the second year, and said to him, Must we then be consumed from before our lord? for if our money has failed, and our possessions, and our cattle, *brought* to thee our lord, and there has not been left to us before our lord more than our own bodies and our land, *we are indeed destitute.* **19** In order, then, that we die not before thee, and the land be made desolate, buy us and our land for bread, and we and our land will be servants to Pharao: give seed that we may sow, and live and not die, so our land shall not be made desolate. **20** And Joseph bought all the land of the Egyptians, for Pharao; for the Egyptians sold their land to Pharao; for the famine prevailed against them, and the land became Pharao's. **21** And he brought the people into bondage to him, for servants, from one extremity of Egypt to the other, **22** except only the land of the priests; Joseph bought not this, for Pharao gave a portion in the way of gift to the priests; and they ate their portion which Pharao gave them; therefore they sold not their land. **23** And Joseph said to all the Egyptians, Behold, I have bought you and your land this day for Pharao; take seed for you, and sow the land. **24** And there shall be the fruits of it; and ye shall give the fifth part to Pharao, and the four *remaining* parts shall be for yourselves, for seed for the earth, and for food for you, and all that are in your houses.

²⁵ And they said, Thou hast saved us; we have found favour before our lord, and we will be servants to Pharao. ²⁶ And Joseph appointed it to them for an ordinance until this day; to reserve a fifth part for Pharao, on the land of Egypt, except only the land of the priests, that was not Pharao's.

²⁷ And Israel dwelt in Egypt, in the land of Gesem, and they gained an inheritance upon it; and they increased and multiplied very greatly. ²⁸ And Jacob survived seventeen years in the land of Egypt; and Jacob's 'lays of the years of his life were a hundred and forty-seven years. ²⁹ And the days of Israel drew nigh for him to die: and he called his son Joseph, and said to him, If I have found favour before thee, put thy hand under my thigh, and thou shalt execute mercy and truth toward me, so as not to bury me in Egypt. ³⁰ But I will sleep with my fathers, and thou shalt carry me up out of Egypt, and bury me in their sepulchre. And he said, I will do according to thy word. ³¹ And he said, Swear to me; and he swore to him. And Israel did reverence, leaning on the top of his staff.

And it came to pass after these things, that it was reported to Joseph, Behold, thy father is ill; and, having taken his two sons, Manasse and Ephraim, he came to Jacob. ² And it was reported to Jacob, saying, Behold, thy son Joseph cometh to thee; and Israel having strengthened himself, sat upon the bed. ³ And Jacob said to Joseph, My God appeared to me in Luza, in the land of Chanaan, and blessed me, ⁴ and said to me, Behold, I will increase thee, and multiply thee, and will make of thee multitudes of nations; and I will give this land to thee, and to thy seed after thee, for an everlasting possession. ⁵ Now then thy two sons, who were born to thee in the land of Egypt, before I came to thee into Egypt, are mine; Ephraim and Manasse, as Ruben and Symeon they shall be mine. ⁶ And the children which thou shalt beget hereafter, shall be in the name of their brethren; they shall be named after their inheritances. ⁷ And as for me, when I came out of Mesopotamia of Syria, Rachel, thy mother, died in the land of Chanaan, as I drew nigh to the horse-course of Chabratha of the land *of Chanaan*, so as to come to Ephratha; and I buried her in the road of the course; this is Bethlehem.

⁸ And when Israel saw the sons of Joseph, he said, Who are these to thee? ⁹ And Joseph said to his father, They are my sons, whom God gave me here; and Jacob said, Bring me them, that I may bless them. ¹⁰ Now the eyes of Israel were dim through age, and he could not see; and he brought them near to him, and he kissed them, and embraced them. ¹¹ And Israel said to Joseph, Behold, I have not been deprived of *seeing* thy face, and lo! God has showed me thy seed also. ¹² And Joseph brought them out from *between* his knees, and they did reverence to him, with their face to the ground. ¹³ And Joseph took his two sons, both Ephraim in his right hand, but on the left of Israel, and Manasse on his left hand, but on the right of Israel, and brought them near to him. ¹⁴ But Israel having stretched out his right hand, laid it on the head of

Καὶ εἶπαν, σέσωκας ἡμᾶς· εὕρομεν χάριν ἐναντίον τοῦ κυρίου 25 ἡμῶν, καὶ ἐσόμεθα παῖδες τῷ Φαραώ. Καὶ ἔθετο αὐτοῖς 26 Ἰωσὴφ εἰς πρόσταγμα ἕως τῆς ἡμέρας ταύτης, ἐπὶ γῆς Αἰγύπτου τῷ Φαραὼ ἀποπεμπτοῦν, χωρὶς τῆς γῆς τῶν ἱερέων μόνον· οὐκ ἦν τῷ Φαραώ.

Κατῴκησε δὲ Ἰσραὴλ ἐν γῇ Αἰγύπτῳ ἐπὶ γῆς Γεσὲμ, καὶ 27 ἐκληρονόμησαν ἐπ' αὐτῆς· καὶ ηὐξήθησαν καὶ ἐπληθύνθησαν σφόδρα. Ἐπέζησε δὲ Ἰακὼβ ἐν γῇ Αἰγύπτῳ δεκαεπτὰ ἔτη. 28 καὶ ἐγένοντο αἱ ἡμέραι Ἰακὼβ ἐνιαυτῶν τῆς ζωῆς αὐτοῦ ἑκατὸν τεσσαρακονταεπτὰ ἔτη. Ἤγγισαν δὲ αἱ ἡμέραι Ἰσραὴλ τοῦ 29 ἀποθανεῖν· καὶ ἐκάλεσε τὸν υἱὸν αὐτοῦ Ἰωσήφ, καὶ εἶπεν αὐτῷ, εἰ εὕρηκα χάριν ἐναντίον σου, ὑπόθες τὴν χεῖρά σου ὑπὸ τὸν μηρόν μου, καὶ ποιήσεις ἐπ' ἐμὲ ἐλεημοσύνην, καὶ ἀλήθειαν, τοῦ μή με θάψαι ἐν Αἰγύπτῳ· Ἀλλὰ κοιμηθήσομαι μετὰ τῶν 30 πατέρων μου· καὶ ἀρεῖς με ἐξ Αἰγύπτου, καὶ θάψεις με ἐν τῷ τάφῳ αὐτῶν· ὁ δὲ εἶπεν, ἐγὼ ποιήσω κατὰ τὸ ῥῆμά σου. Εἶπε δὲ, ὄμοσόν μοι· καὶ ὤμοσεν αὐτῷ· καὶ προσεκύνησεν 31 Ἰσραὴλ ἐπὶ τὸ ἄκρον τῆς ῥάβδου αὐτοῦ.

Ἐγένετο δὲ μετὰ τὰ ῥήματα ταῦτα, καὶ ἀπηγγέλη τῷ 48 Ἰωσήφ, ὅτι ὁ πατήρ σου ἐνοχλεῖται· καὶ ἀναλαβὼν τοὺς δύο υἱοὺς αὐτοῦ τὸν Μανασσῆ καὶ τὸν Ἐφραὶμ, ἦλθε πρὸς Ἰακώβ. Ἀπηγγέλη δὲ τῷ Ἰακὼβ, λέγοντες, ἰδοὺ ὁ υἱός σου Ἰωσὴφ 2 ἔρχεται πρὸς σέ· καὶ ἐνισχύσας Ἰσραὴλ ἐκάθισεν ἐπὶ τὴν κλίνην. Καὶ εἶπεν Ἰακὼβ τῷ Ἰωσήφ, ὁ Θεός μου ὤφθη 3 μοι ἐν Λουζᾷ ἐν γῇ Χαναὰν, καὶ εὐλόγησέ με, καὶ εἶπέ 4 μοι, ἰδοὺ ἐγὼ αὐξανῶ σε, καὶ πληθυνῶ σε, καὶ ποιήσω σε εἰς συναγωγὰς ἐθνῶν· καὶ δώσω σοι τὴν γῆν ταύτην, καὶ τῷ σπέρματί σου μετὰ σὲ, εἰς κατάσχεσιν αἰώνιον. Νῦν 5 οὖν οἱ δύο υἱοί σου, οἱ γενόμενοί σοι ἐν γῇ Αἰγύπτῳ πρὸ τοῦ με ἐλθεῖν πρός σε εἰς Αἴγυπτον, ἐμοί εἰσιν, Ἐφραὶμ καὶ Μανασσῆ· ὡς Ῥουβὴν καὶ Συμεὼν ἔσονταί μοι. Τὰ 6 δὲ ἔκγονα, ἃ ἐὰν γεννήσῃς μετὰ ταῦτα, ἔσονται ἐπὶ τῷ ὀνόματι τῶν ἀδελφῶν αὐτῶν· κληθήσονται ἐπὶ τοῖς ἐκείνων κλήροις. Ἐγὼ δὲ ἡνίκα ἠρχόμην ἐκ Μεσοποταμίας τῆς Συρίας, ἀπέθανε 7 Ῥαχὴλ ἡ μήτηρ σου ἐν γῇ Χαναὰν, ἐγγίζοντός μου κατὰ τὸν ἱππόδρομον Χαβραθὰ τῆς γῆς, τοῦ ἐλθεῖν Ἐφραθά· καὶ κατώρυξα αὐτὴν ἐν τῇ ὁδῷ τοῦ ἱπποδρόμου· αὕτη ἐστὶ Βηθλεέμ.

Ἰδὼν δὲ Ἰσραὴλ τοὺς υἱοὺς Ἰωσήφ, εἶπε, τίνες σοι οὗτοι; 8 Εἶπε δὲ Ἰωσὴφ τῷ πατρὶ αὐτοῦ, υἱοί μου εἰσὶν, οὓς ἔδωκε 9 μοι ὁ Θεὸς ἐνταῦθα. Καὶ εἶπεν Ἰακὼβ, προσάγαγέ μοι αὐτοὺς, ἵνα εὐλογήσω αὐτούς. Οἱ ὀφθαλμοὶ δὲ Ἰσραὴλ 10 ἐβαρυώπησαν ἀπὸ τοῦ γήρως, καὶ οὐκ ἠδύνατο βλέπειν· καὶ ἤγγισεν αὐτοὺς πρὸς αὐτὸν, καὶ ἐφίλησεν αὐτούς, καὶ περιέλαβεν αὐτούς. Καὶ εἶπεν Ἰσραὴλ πρὸς Ἰωσήφ, ἰδοὺ τοῦ 11 προσώπου σου οὐκ ἐστερήθην, καὶ ἰδοὺ ἔδειξέ μοι ὁ Θεὸς καὶ τὸ σπέρμα σου. Καὶ ἐξήγαγεν αὐτοὺς Ἰωσὴφ ἀπὸ τῶν 12 γονάτων αὐτοῦ· καὶ προσεκύνησαν αὐτῷ ἐπὶ πρόσωπον ἐπὶ τῆς γῆς. Λαβὼν δὲ Ἰωσὴφ τοὺς δύο υἱοὺς αὐτοῦ, τόν τε 13 Ἐφραὶμ ἐν τῇ δεξιᾷ, ἐξ ἀριστερῶν δὲ Ἰσραὴλ, τὸν δὲ Μανασσῆ ἐξ ἀριστερῶν, ἐκ δεξιῶν δὲ Ἰσραὴλ, ἤγγισεν αὐτοὺς αὐτῷ. Ἐκτείνας δὲ Ἰσραὴλ τὴν χεῖρα τὴν δεξιὰν, ἐπέβαλεν ἐπὶ 14

τὴν κεφαλὴν Ἐφραίμ, οὗτος δὲ ἦν ὁ νεώτερος, καὶ τὴν ἀρι-
στερὰν ἐπὶ τὴν κεφαλὴν Μανασσῆ, ἐναλλὰξ τὰς χεῖρας.

15 Καὶ εὐλόγησεν αὐτοὺς, καὶ εἶπεν, ὁ Θεὸς, ᾧ εὐηρέστησαν οἱ
πατέρες μου ἐνώπιον αὐτοῦ, Ἀβραὰμ καὶ Ἰσαὰκ, ὁ Θεὸς
16 ὁ τρέφων με ἐκ νεότητος ἕως τῆς ἡμέρας ταύτης, ὁ Ἄγγελος
ὁ ῥυόμενός με ἐκ πάντων τῶν κακῶν, εὐλογήσαι τὰ παιδία
ταῦτα· καὶ ἐπικληθήσεται ἐν αὐτοῖς τὸ ὄνομά μου, καὶ τὸ
ὄνομα τῶν πατέρων μου Ἀβραὰμ καὶ Ἰσαάκ· καὶ πληθυν-
17 θείησαν εἰς πλῆθος πολὺ ἐπὶ τῆς γῆς. Ἰδὼν δὲ Ἰωσὴφ ὅτι
ἐπέβαλεν ὁ πατὴρ αὐτοῦ τὴν χεῖρα τὴν δεξιὰν αὐτοῦ ἐπὶ τὴν
κεφαλὴν Ἐφραὶμ, βαρὺ αὐτῷ κατεφάνη· καὶ ἀντελάβετο
Ἰωσὴφ τῆς χειρὸς τοῦ πατρὸς αὐτοῦ, ἀφελεῖν αὐτὴν ἀπὸ
18 τῆς κεφαλῆς Ἐφραὶμ ἐπὶ τὴν κεφαλὴν Μανασσῆ. Εἶπε
δὲ Ἰωσὴφ τῷ πατρὶ αὐτοῦ, οὐχ οὕτως, πατήρ, οὗτος γὰρ ὁ
πρωτότοκος· ἐπίθες τὴν δεξιάν σου ἐπὶ τὴν κεφαλὴν αὐτοῦ.
19 Καὶ οὐκ ἠθέλησεν, ἀλλ' εἶπεν, οἶδα, τέκνον, οἶδα· καὶ οὗτος
ἔσται εἰς λαὸν, καὶ οὗτος ὑψωθήσεται· ἀλλ' ὁ ἀδελφὸς αὐτοῦ
ὁ νεώτερος μείζον αὐτοῦ ἔσται, καὶ τὸ σπέρμα αὐτοῦ ἔσται
20 εἰς πλῆθος ἐθνῶν. Καὶ εὐλόγησεν αὐτοὺς ἐν τῇ ἡμέρᾳ ἐκείνῃ,
λέγων, ἐν ὑμῖν εὐλογηθήσεται Ἰσραὴλ, λέγοντες, ποιήσαι
σε ὁ Θεὸς ὡς Ἐφραὶμ καὶ ὡς Μανασσῆ· καὶ ἔθηκε τὸν Ἐφραὶμ
21 ἔμπροσθεν τοῦ Μανασσῆ. Εἶπε δὲ Ἰσραὴλ τῷ Ἰωσὴφ, ἰδοὺ
ἐγὼ ἀποθνήσκω· καὶ ἔσται ὁ Θεὸς μεθ' ὑμῶν, καὶ ἀποστρέψει
22 ὑμᾶς εἰς τὴν γῆν τῶν πατέρων ὑμῶν. Ἐγὼ δὲ δίδωμί σοι
Σίκιμα ἐξαίρετον ὑπὲρ τοὺς ἀδελφούς σου, ἣν ἔλαβον ἐκ χειρὸς
Ἀμορραίων ἐν μαχαίρᾳ μου καὶ τόξῳ.

49 Ἐκάλεσε δὲ Ἰακὼβ τοὺς υἱοὺς αὐτοῦ, καὶ εἶπεν αὐτοῖς,
συνάχθητε, ἵνα ἀναγγείλω ὑμῖν, τί ἀπαντήσει ὑμῖν ἐπ' ἐσχάτων
2 τῶν ἡμερῶν. Συνάχθητε, καὶ ἀκούσατέ μου, υἱοὶ Ἰακώβ·
3 ἀκούσατε Ἰσραὴλ, ἀκούσατε τοῦ πατρὸς ὑμῶν. Ῥουβὴν
πρωτότοκός μου, σὺ ἰσχύς μου, καὶ ἀρχὴ τέκνων μου, σκληρὸς
4 φέρεσθαι, καὶ σκληρὸς αὐθάδης. Ἐξύβρισας ὡς ὕδωρ, μὴ
ἐκζέσῃς, ἀνέβης γὰρ ἐπὶ τὴν κοίτην τοῦ πατρός σου· τότε
5 ἐμίανας τὴν στρωμνήν, οὗ ἀνέβης. Συμεὼν καὶ Λευὶ ἀδελφοὶ
6 συνετέλεσαν ἀδικίαν ἐξαιρέσεως αὐτῶν. Εἰς βουλὴν αὐτῶν μὴ
ἔλθοι ἡ ψυχή μου, καὶ ἐπὶ τῇ συστάσει αὐτῶν μὴ ἐρίσαι τὰ
ἥπατά μου· ὅτι ἐν τῷ θυμῷ αὐτῶν ἀπέκτειναν ἀνθρώπους,
7 καὶ ἐν τῇ ἐπιθυμίᾳ αὐτῶν ἐνευροκόπησαν ταῦρον. Ἐπικατά-
ρατος ὁ θυμὸς αὐτῶν, ὅτι αὐθάδης· καὶ ἡ μῆνις αὐτῶν, ὅτι
ἐσκληρύνθη· διαμεριῶ αὐτοὺς ἐν Ἰακὼβ, καὶ διασπερῶ αὐτοὺς
8 ἐν Ἰσραήλ. Ἰούδα, σὲ αἰνέσαισαν οἱ ἀδελφοί σου· αἱ χεῖρές
σου ἐπὶ νώτου τῶν ἐχθρῶν σου· προσκυνήσουσί σοι οἱ υἱοὶ
9 τοῦ πατρός σου. Σκύμνος λέοντος Ἰούδα· ἐκ βλαστοῦ, υἱέ
μου, ἀνέβης· ἀναπεσὼν ἐκοιμήθης ὡς λέων καὶ ὡς σκύμνος·
10 τίς ἐγερεῖ αὐτόν; Οὐκ ἐκλείψει ἄρχων ἐξ Ἰούδα, καὶ ἡγού-
μενος ἐκ τῶν μηρῶν αὐτοῦ, ἕως ἐὰν ἔλθῃ τὰ ἀποκείμενα αὐτῷ·
11 καὶ αὐτὸς προσδοκία ἐθνῶν. Δεσμεύων πρὸς ἄμπελον τὸν
πῶλον αὐτοῦ, καὶ τῇ ἕλικι τὸν πῶλον τῆς ὄνου αὐτοῦ, πλυνεῖ
ἐν οἴνῳ τὴν στολὴν αὐτοῦ, καὶ ἐν αἵματι σταφυλῆς τὴν περι-
12 βολὴν αὐτοῦ. Χαροποιοὶ οἱ ὀφθαλμοὶ αὐτοῦ ὑπὲρ οἶνον·

Ephraim, and he was the younger; and his left hand on the head of Manasse, *guiding* his hands crosswise.

[15] And he blessed them and said, The God in whose sight my fathers were well pleasing, *even* Abram and Isaac, the God who continues to feed me from my youth until this day; [16] the angel who delivers me from all evils, bless these boys, and my name shall be called upon them, and the name of my fathers, Abraam and Isaac; and let them be increased to a great multitude on the earth. [17] And Joseph having seen that his father put his right hand on the head of Ephraim —it seemed grievous to him; and Joseph took hold of the hand of his father, to remove it from the head of Ephraim to the head of Manasse. [18] And Joseph said to his father, Not so, father; for this is the first-born; lay thy right-hand upon his head. [19] And he would not, but said, I know it, son, I know it; he also shall be a people, and he shall be exalted, but his younger brother shall be greater than he, and his seed shall become a multitude of nations. [20] And he blessed Israel in that day, saying, In you shall Israel be blessed, saying, God make thee as Ephraim and Manasse; and he set Ephraim before Manasse. [21] And Israel said to Joseph, Behold, I die; and God shall be with you, and restore you to the land of your fathers. [22] And I give to thee Sicima, a select portion above thy brethren, which I took out of the hand of the Amorites with my sword and bow.

And Jacob called his sons, and said to them, [2] Assemble yourselves, that I may tell you what shall happen to you in the last days. Gather yourselves together, and hear me, sons of Jacob; hear Israel, hear your father. [3] Ruben, thou [β] art my first-born, thou my strength, and the first of my children, hard to be endured, *hard and* self-willed. [4] Thou wast insolent like water, burst not forth with violence, for thou wentest up to the bed of thy father; then thou defiledst the couch, whereupon thou wentest up. [5] Symeon and Levi, brethren, accomplished the injustice of their cutting off. [6] Let not my soul come into their counsel, and let not mine inward parts contend in their conspiracy, for in their wrath they slew men, and in their passion they houghed a bull. [7] Cursed be their wrath, for it was wilful, and their anger, for it was [γ] cruel: I will divide them in Jacob, and scatter them in Israel. [8] Juda, thy brethren have praised thee, and thy hands shall be on the back of thine enemies; thy father's sons shall do thee reverence. [9] [δ] Juda is a lion's whelp: from the tender plant, my son, thou art gone up, having couched thou liest as a lion, and as a whelp; who shall stir him up? [10] A ruler shall not fail from Juda, nor a prince from his [ζ] loins, until there come the things stored up for him; and he is the expectation of nations. [11] Binding his foal to the vine, and the foal of his ass to the branch *of it*, he shall wash his robe in wine, and his garment in the blood of the grape. [12] His eyes shall be more cheering than wine, and

---

β Or, thou my first-born, etc., *nom.* and *voc.* not being always regularly distinguished in the LXX. *See* Heb. 1. 8. ὁ Θεός.
γ more lit. hardened or aggravated.   δ The terminations of proper names are occasionally varied.   ζ Gr. thighs.

his teeth whiter than milk. [13]Zabulon shall dwell on the coast, and he *shall be* by a haven of ships, and shall extend to Sidon. [14]Issachar has desired that which is good; resting between the inheritances. [15]And having seen the resting place that it was good, and the land that it was fertile, he subjected his shoulder to labour, and became a husbandman. [16]Dan shall judge his people, as one tribe too in Israel. [17]And let Dan be a serpent in the way, besetting the path, biting the heel of the horse (and the rider shall fall backward), [18]waiting for the salvation of the Lord. [19]Gad, a plundering troop shall plunder him; but he shall plunder him, *pursuing him* closely. [20]Aser, his bread *shall be* fat; and he shall yield dainties to princes. [21]Nephthalim is a spreading stem, bestowing beauty on its fruit. [22]Joseph is a son increased; my dearly loved son is increased; my youngest son, turn to me. [23]Against whom men taking evil counsel reproached *him*, and the archers pressed hard upon him. [24]But their bow and arrows were mightily consumed, and the sinews of their arms were slackened by the hand of the mighty one of Jacob; thence is he that strengthened Israel from the God of thy father; [25]and my God helped thee, and he blessed thee with the blessing of heaven from above, and the blessing of the earth possessing all things, because of the blessing of the breasts and of the womb, [26]the blessings of thy father and thy mother —it has prevailed above the blessing of the lasting mountains, and beyond the blessings of the everlasting hills; they shall be upon the head of Joseph, and upon the head of the brothers of whom he took the lead. [27]Benjamin, as a ravening wolf, shall eat still in the morning, and at evening he gives food. [28]All these *are* the twelve sons of Jacob; and their father spoke these words to them, and he blessed them; he blessed each of them according to his blessing. [29]And he said to them, I am added to my people; ye shall bury me with my fathers in the cave, which is in the field of Ephron the Chettite, [30]in the double cave which is opposite Mambre, in the land of Chanaan, the cave which Abraam bought of Ephron the Chettite, for a possession of a sepulchre. [31]There they buried Abraam and Sarrha his wife; there they buried Isaac, and Rebecca his wife; there they buried Lea; [32]in the portion of the field, and of the cave that was in it, *purchased* of the sons of Chet. [33]And Jacob ceased giving charges to his sons; and having lifted up his feet on the bed, he died, and was gathered to his people.

And Joseph fell upon his father's face, and wept on him, and kissed him. [2]And Joseph commanded his servants the embalmers to embalm his father; and the embalmers embalmed Israel. [3]And they fulfilled forty days for him, for so are the days of embalming numbered; and Egypt mourned for him seventy days. [4]And when the days of mourning were past, Joseph spoke to the princes of Pharao, saying, If I have found favour in your sight, speak concerning me in the ears of Pharao, saying, [5]My father adjured me, saying, In the sepulchre which I dug for myself in the land of Chanaan,

καὶ λευκοὶ οἱ ὀδόντες αὐτοῦ ἢ γάλα. Ζαβουλὼν παράλιος 13 κατοικήσει καὶ αὐτὸς παρ᾽ ὅρμον πλοίων, καὶ παρατενεῖ ἕως Σιδῶνος. Ἰσσάχαρ τὸ καλὸν ἐπεθύμησεν, ἀναπαυόμενος 14 ἀνὰ μέσον τῶν κλήρων. Καὶ ἰδὼν τὴν ἀνάπαυσιν ὅτι καλὴ, 15 καὶ τὴν γῆν ὅτι πίων, ὑπέθηκε τὸν ὦμον αὐτοῦ εἰς τὸ πονεῖν, καὶ ἐγενήθη ἀνὴρ γεωργός. Δὰν κρινεῖ τὸν λαὸν αὐτοῦ, ὡσεὶ 16 καὶ μία φυλὴ ἐν Ἰσραήλ. Καὶ γενηθήτω Δὰν ὄφις ἐφ᾽ 17 ὁδοῦ, ἐγκαθήμενος ἐπὶ τρίβου, δάκνων πτέρναν ἵππου· καὶ πεσεῖται ὁ ἱππεὺς εἰς τὰ ὀπίσω, τὴν σωτηρίαν περιμένων 18 Κυρίου. Γὰδ, πειρατήριον πειρατεύσει αὐτόν· αὐτὸς δὲ πειρα- 19 τεύσει αὐτὸν κατὰ πόδας. Ἀσὴρ, πίων αὐτοῦ ὁ ἄρτος· καὶ 20 αὐτὸς δώσει τρυφὴν ἄρχουσι. Νεφθαλὶ στέλεχος ἀνειμένον, 21 ἐπιδιδοὺς ἐν τῷ γεννήματι κάλλος. Υἱὸς ηὐξημένος Ἰωσὴφ, 22 υἱὸς ηὐξημένος μου ζηλωτός, υἱός μου νεώτατος· πρός με ἀνάστρεψον. Εἰς ὃν διαβουλευόμενοι ἐλοιδόρουν, καὶ ἐνεῖχον 23 αὐτῷ κύριοι τοξευμάτων. Καὶ συνετρίβη μετὰ κράτους τὰ 24 τόξα αὐτῶν· καὶ ἐξελύθη τὰ νεῦρα βραχιόνων χειρὸς αὐτῶν, διὰ χεῖρα δυνάστου Ἰακώβ· ἐκεῖθεν ὁ κατισχύσας Ἰσραὴλ παρὰ Θεοῦ τοῦ πατρός σου. Καὶ ἐβοήθησέ σοι ὁ Θεὸς ὁ 25 ἐμὸς, καὶ εὐλόγησέ σε εὐλογίαν οὐρανοῦ ἄνωθεν, καὶ εὐλογίαν γῆς ἐχούσης πάντα, εἵνεκεν εὐλογίας μαστῶν καὶ μήτρας, εὐλογίας πατρός σου καὶ μητρός σου· ὑπερίσχυσεν ὑπὲρ 26 εὐλογίας ὀρέων μονίμων, καὶ ἐπ᾽ εὐλογίαις θινῶν ἀενάων· ἔσονται ἐπὶ κεφαλὴν Ἰωσὴφ, καὶ ἐπὶ κορυφῆς ὧν ἡγήσατο ἀδελφῶν. Βενιαμὶν λύκος ἅρπαξ, τὸ πρωϊνὸν ἔδεται ἔτι, καὶ 27 εἰς τὸ ἑσπέρας δίδωσι τροφήν. Πάντες οὗτοι υἱοὶ Ἰακὼβ 28 δώδεκα· καὶ ταῦτα ἐλάλησεν αὐτοῖς ὁ πατὴρ αὐτῶν· καὶ εὐλό- γησεν αὐτούς· ἕκαστον κατὰ τὴν εὐλογίαν αὐτοῦ εὐλόγησεν αὐτούς. Καὶ εἶπεν αὐτοῖς, ἐγὼ προστίθεμαι πρὸς τὸν ἐμὸν 29 λαόν· θάψετέ με μετὰ τῶν πατέρων μου ἐν τῷ σπηλαίῳ, ὅ ἐστιν ἐν τῷ ἀγρῷ Ἐφρὼν τοῦ Χετταίου, ἐν τῷ σπηλαίῳ τῷ 30 διπλῷ, τῷ ἀπέναντι Μαμβρῆ, ἐν γῇ Χανάαν, ὃ ἐκτήσατο Ἀβραὰμ τὸ σπήλαιον παρὰ Ἐφρὼν τοῦ Χετταίου ἐν κτήσει μνημείου. Ἐκεῖ ἔθαψαν Ἀβραὰμ καὶ Σάρραν τὴν γυναῖκα 31 αὐτοῦ· ἐκεῖ ἔθαψαν Ἰσαὰκ καὶ Ῥεβέκκαν τὴν γυναῖκα αὐτοῦ· ἐκεῖ ἔθαψαν Λείαν· Ἐν κτήσει τοῦ ἀγροῦ καὶ τοῦ σπηλαίου 32 τοῦ ὄντος ἐν αὐτῷ, παρὰ τῶν υἱῶν Χέτ. Καὶ κατέπαυσεν Ἰακὼβ ἐπιτάσσων τοῖς υἱοῖς αὐτοῦ· καὶ ἐξάρας τοὺς πόδας 33 αὐτοῦ ἐπὶ τὴν κλίνην, ἐξέλιπε· καὶ προσετέθη πρὸς τὸν λαὸν αὐτοῦ.

Καὶ ἐπιπεσὼν Ἰωσὴφ ἐπὶ πρόσωπον τοῦ πατρὸς αὐτοῦ 50 ἔκλαυσεν αὐτὸν, καὶ ἐφίλησεν αὐτόν. Καὶ προσέταξεν Ἰω- 2 σὴφ τοῖς παισὶν αὐτοῦ τοῖς ἐνταφιασταῖς, ἐνταφιάσαι τὸν πατέρα αὐτοῦ· καὶ ἐνεταφίασαν οἱ ἐνταφιασταὶ τὸν Ἰσραήλ. Καὶ ἐπλήρωσαν αὐτοῦ τεσσαράκοντα ἡμέρας· οὕτω γὰρ κατ- 3 αριθμοῦνται αἱ ἡμέραι τῆς ταφῆς· καὶ ἐπένθησεν αὐτὸν Αἴγυπτος ἑβδομήκοντα ἡμέρας. Ἐπεὶ δὲ παρῆλθον αἱ ἡμέραι τοῦ πέν- 4 θους, ἐλάλησεν Ἰωσὴφ πρὸς τοὺς δυνάστας Φαραώ, λέγων, εἰ εὗρον χάριν ἐναντίον ὑμῶν, λαλήσατε περὶ ἐμοῦ εἰς τὰ ὦτα Φαραώ, λέγοντες, ὁ πατήρ μου ὥρκισέ με, λέγων, ἐν τῷ 5 μνημείῳ, ᾧ ὤρυξα ἐμαυτῷ ἐν γῇ Χανάαν, ἐκεῖ με θάψεις·

νῦν οὖν ἀναβὰς· θάψω τὸν πατέρα μου, καὶ ἐπανελεύσομαι·

6 Καὶ εἶπε Φαραὼ τῷ Ἰωσήφ, ἀνάβηθι, θάψον τὸν πατέρα

7 σου, καθάπερ ὥρκισέ σε. Καὶ ἀνέβη Ἰωσὴφ θάψαι τὸν πατέρα αὐτοῦ· καὶ συνανέβησαν μετ᾽ αὐτοῦ πάντες οἱ παῖδες Φαραὼ, καὶ οἱ πρεσβύτεροι τοῦ οἴκου αὐτοῦ, καὶ πάντες οἱ

8 πρεσβύτεροι τῆς γῆς Αἰγύπτου, καὶ πᾶσα ἡ πανοικία Ἰωσήφ, καὶ οἱ ἀδελφοὶ αὐτοῦ, καὶ πᾶσα ἡ οἰκία ἡ πατρικὴ αὐτοῦ, καὶ ἡ συγγένεια αὐτοῦ· καὶ τὰ πρόβατα, καὶ τοὺς βόας ὑπελί-

9 ποντο ἐν γῇ Γεσέμ. Καὶ συνανέβησαν μετ᾽ αὐτοῦ καὶ ἅρματα

10 καὶ ἱππεῖς, καὶ ἐγένετο ἡ παρεμβολὴ μεγάλη σφόδρα. Καὶ παρεγένοντο εἰς ἅλωνα Ἀτάδ, ὅ ἐστι πέραν τοῦ Ἰορδάνου· καὶ ἐκόψαντο αὐτὸν κοπετὸν μέγαν καὶ ἰσχυρὸν σφόδρα· καὶ

11 ἐποίησε τὸ πένθος τῷ πατρὶ αὐτοῦ ἑπτὰ ἡμέρας. Καὶ εἶδον οἱ κάτοικοι τῆς γῆς Χαναὰν τὸ πένθος ἐπὶ ἅλωνι Ἀτάδ, καὶ εἶπαν, πένθος μέγα τοῦτό ἐστι τοῖς Αἰγυπτίοις· διὰ τοῦτο ἐκάλεσε τὸ ὄνομα αὐτοῦ, Πένθος Αἰγύπτου, ὅ ἐστι πέραν

12 τοῦ Ἰορδάνου. Καὶ ἐποίησαν αὐτῷ οὕτως οἱ υἱοὶ αὐτοῦ.

13 Καὶ ἀνέλαβον αὐτὸν οἱ υἱοὶ αὐτοῦ εἰς γῆν Χαναάν· καὶ ἔθαψαν αὐτὸν εἰς τὸ σπήλαιον τὸ διπλοῦν, ὃ ἐκτήσατο Ἀβραὰμ τὸ σπήλαιον ἐν κτήσει μνημείου παρὰ Ἐφρὼν τοῦ Χετταίου,

14 κατέναντι Μαμβρῆ. Καὶ ὑπέστρεψεν Ἰωσὴφ εἰς Αἴγυπτον, αὐτὸς καὶ οἱ ἀδελφοὶ αὐτοῦ, καὶ οἱ συναναβάντες θάψαι τὸν πατέρα αὐτοῦ.

15 Ἰδόντες δὲ οἱ ἀδελφοὶ Ἰωσήφ, ὅτι τέθνηκεν ὁ πατὴρ αὐτῶν, εἶπαν, μή ποτε μνησικακήσῃ ἡμῖν Ἰωσήφ, καὶ ἀνταπόδομα ἀνταποδῷ ἡμῖν πάντα τὰ κακὰ, ἃ ἐνεδειξάμεθα εἰς αὐτόν.

16 Καὶ παραγενόμενοι πρὸς Ἰωσὴφ εἶπαν, ὁ πατήρ σου ὥρκισε

17 πρὸ τοῦ τελευτῆσαι αὐτὸν, λέγων, οὕτως εἴπατε Ἰωσήφ· ἄφες αὐτοῖς τὴν ἀδικίαν καὶ τὴν ἁμαρτίαν αὐτῶν, ὅτι πονηρά σοι ἐνεδείξαντο· καὶ νῦν δέξαι τὴν ἀδικίαν τῶν θεραπόντων τοῦ Θεοῦ τοῦ πατρός σου· καὶ ἔκλαυσεν Ἰωσὴφ λαλούντων αὐτῶν

18 πρὸς αὐτόν. Καὶ ἐλθόντες πρὸς αὐτὸν εἶπαν, οἵδε ἡμεῖς σοὶ

19 οἰκέται. Καὶ εἶπεν αὐτοῖς Ἰωσήφ, μὴ φοβεῖσθε, τοῦ γὰρ

20 Θεοῦ εἰμι ἐγώ. Ὑμεῖς ἐβουλεύσασθε κατ᾽ ἐμοῦ εἰς πονηρά, ὁ δὲ Θεὸς ἐβουλεύσατο περὶ ἐμοῦ εἰς ἀγαθά, ὅπως ἂν γενηθῇ

21 ὡς σήμερον, καὶ τραφῇ λαὸς πολύς. Καὶ εἶπεν αὐτοῖς, μὴ φοβεῖσθε· ἐγὼ διαθρέψω ὑμᾶς, καὶ τὰς οἰκίας ὑμῶν· καὶ παρεκάλεσεν αὐτοὺς, καὶ ἐλάλησεν αὐτῶν εἰς τὴν καρδίαν.

22 Καὶ κατῴκησεν Ἰωσὴφ ἐν Αἰγύπτῳ, αὐτὸς καὶ οἱ ἀδελφοὶ αὐτοῦ, καὶ πᾶσα ἡ πανοικία τοῦ πατρὸς αὐτοῦ· καὶ ἔζησεν

23 Ἰωσὴφ ἔτη ἑκατὸν δέκα. Καὶ εἶδεν Ἰωσὴφ Ἐφραὶμ παιδία, ἕως τρίτης γενεᾶς· καὶ οἱ υἱοὶ Μαχεὶρ τοῦ υἱοῦ Μανασσῆ

24 ἐτέχθησαν ἐπὶ μηρῶν Ἰωσήφ. Καὶ εἶπεν Ἰωσὴφ τοῖς ἀδελφοῖς αὐτοῦ, λέγων, ἐγὼ ἀποθνήσκω· ἐπισκοπῇ δὲ ἐπισκέψεται ὁ Θεὸς ὑμᾶς, καὶ ἀνάξει ὑμᾶς ἐκ τῆς γῆς ταύτης εἰς τὴν γῆν, ἣν ὤμοσεν ὁ Θεὸς τοῖς πατράσιν ἡμῶν, Ἀβραὰμ, Ἰσαὰκ, καὶ

25 Ἰακώβ. Καὶ ὥρκισεν Ἰωσὴφ τοὺς υἱοὺς Ἰσραὴλ, λέγων, ἐν τῇ ἐπισκοπῇ ᾗ ἐπισκέψηται ὁ Θεὸς ὑμᾶς, καὶ συνανοίσετε τὰ

26 ὀστᾶ μου ἐντεῦθεν μεθ᾽ ὑμῶν. Καὶ ἐτελεύτησεν Ἰωσὴφ ἐτῶν ἑκατὸν δέκα· καὶ ἔθαψαν αὐτὸν, καὶ ἔθηκαν ἐν τῇ σορῷ ἐν Αἰγύπτῳ.

there thou shalt bury me; now then I will go up and bury my father, and return again. ⁶ And Pharao said to Joseph, Go up, bury thy father, as he constrained thee to swear. ⁷ So Joseph went up to bury his father; and all the servants of Pharao went up with him, and the elders of his house, and all the elders of the land of Egypt. ⁸ And all the household of Joseph, and his brethren, and all the house of his father, and his kindred; and they left behind the sheep and the oxen in the land of Gesem. ⁹ And there went up with him also chariots and horsemen; and there was a very great company. ¹⁰ And they came to the threshing-floor of Atad, which is beyond Jordan; and they bewailed him with a great and very sore lamentation; and he made a mourning for his father seven days. ¹¹ And the inhabitants of the land of Chanaan saw the mourning at the floor of Atad, and said, This is a great mourning to the Egyptians; therefore he called its name, The mourning of Egypt, which is beyond Jordan. ¹² And thus his sons did to him. ¹³ So his sons carried him up into the land of Chanaan, and buried him in the double cave, which cave Abraam bought for possession of a burying place, of Ephrom the Chettite, before Mambre. ¹⁴ And Joseph returned to Egypt, he and his brethren, and those that had gone up with him to bury his father.

¹⁵ And when the brethren of Joseph saw that their father was dead, they said, *Let us take heed,* lest at any time Joseph remember evil against us, and recompense to us all the evils which we have done against him. ¹⁶ And they came to Joseph, and said, Thy father adjured *us* before his death, saying, ¹⁷ Thus say ye to Joseph, Forgive them their injustice and their sin, forasmuch as they have done thee evil; and now ᵝ pardon the injustice of the servants of the God of thy father. And Joseph wept while they spoke to him. ¹⁸ And they came to him and said, We, these *persons,* are thy servants. ¹⁹ And Joseph said to them, Fear not, for I am God's. ²⁰ Ye took counsel against me for evil, but God took counsel for me for good, that *the matter* might be as *it is* to-day, and much people might be fed. ²¹ And he said to them, Fear not, I will maintain you, and your families: and he comforted them, and spoke kindly to them. ²² And Joseph dwelt in Egypt, he and his brethren, and all the family of his father; and Joseph lived a hundred and ten years. ²³ And Joseph saw the children of Ephraim to the third generation; and the sons of Machir the son of Manasse were borne on the ᵞ sides of Joseph. ²⁴ And Joseph spoke to his brethren, saying, I die, and God will surely visit you, and will bring you out of this land to the land concerning which God sware to our fathers, Abraam, Isaac, and Jacob. ²⁵ And Joseph adjured the sons of Israel, saying, At the visitation with which God shall visit you, then ye shall carry up my bones hence with you. ²⁶ And Joseph died, aged an hundred and ten years; and ᵟ they prepared his corpse, and put him in a coffin in Egypt.

β *Gr.* accept.　　γ *Gr.* thighs.　　δ *Gr.* buried him.'

ΕΞΟΔΟΣ.

THESE are the names of the sons of Israel that came into Egypt together with Jacob their father; they came in each with their whole family. 2 Ruben, Simeon, Levi, Judas, 3 Issachar, Zabulon, Benjamin, 4 Dan and Nephthalim, Gad and Aser. 5 But Joseph was in Egypt. And all the souls *born* of Jacob were seventy-five. 6 And Joseph died, and all his brethren, and all that generation. 7 And the children of Israel increased and multiplied, and became numerous and grew exceedingly strong, and the land multiplied them. 8 And there arose up another king over Egypt, who knew not Joseph. 9 And he said to his nation, Behold, the race of the children of Israel is a great multitude, and is stronger than we: 10 come then, let us deal craftily with them, lest at any time they be increased, and whensoever war shall happen to us, these also shall be added to our enemies, and having prevailed against us in war, they will depart out of the land. 11 And he set over them task-masters, who should afflict them in their works; and they built strong cities for Pharao, both Pitho, and Ramesses, and On, which is Heliopolis. 12 But as they humbled them, by so much they multiplied, and grew exceedingly strong: and the Egyptians greatly abhorred the children of Israel. 13 And the Egyptians tyrannised over the children of Israel by force. 14 And they embittered their life by hard labours, in the clay and in brick-making, and all the works in the plains, according to all the works, wherein they caused them to serve with violence.

15 And the king of the Egyptians spoke to the midwives of the Hebrews; the name of the one was, Sepphora; and the name of the second, Phua. 16 And he said, When ye do the office of midwives to the Hebrew women, and they are about to be delivered, if it be a male, kill it; but if a female, save it. 17 But the midwives feared God, and did not as the king of Egypt appointed them; and they saved the male children alive. 18 And the king of Egypt called the midwives, and said to them, Why is it that ye have done this thing, and saved the male children alive? 19 And the midwives said to Pharao, The Hebrew women are not as the women of Egypt, for they are delivered before the midwives go in to them. So they bore children. 20 And God did well to the midwives, and the people multiplied, and grew very strong. 21 And as the midwives

ΤΑΥΤΑ τὰ ὀνόματα τῶν υἱῶν Ἰσραὴλ τῶν εἰσπεπορευμένων εἰς Αἴγυπτον ἅμα Ἰακὼβ τῷ πατρὶ αὐτῶν, ἕκαστος πανοικὶ αὐτῶν εἰσήλθοσαν. Ῥουβὴν, Συμεὼν, Λευὶ, Ἰούδας, Ἰσσάχαρ, 2, 3 Ζαβουλὼν, Βενιαμὶν, Δὰν, καὶ Νεφθαλὶ, Γὰδ, καὶ Ἀσήρ. 4 Ἰωσὴφ δὲ ἦν ἐν Αἰγύπτῳ· ἦσαν δὲ πᾶσαι ψυχαὶ ἐξ Ἰακὼβ, 5 πέντε καὶ ἑβδομήκοντα. Ἐτελεύτησε δὲ Ἰωσὴφ, καὶ πάντες 6 οἱ ἀδελφοὶ αὐτοῦ, καὶ πᾶσα ἡ γενεὰ ἐκείνη. Οἱ δὲ υἱοὶ 7 Ἰσραὴλ ηὐξήθησαν, καὶ ἐπληθύνθησαν, καὶ χυδαῖοι ἐγένοντο, καὶ κατίσχυον σφόδρα σφόδρα· ἐπλήθυνε δὲ ἡ γῆ αὐτούς. Ἀνέστη δὲ βασιλεὺς ἕτερος ἐπ᾽ Αἴγυπτον, ὃς οὐκ ᾔδει τὸν 8 Ἰωσήφ. Εἶπε δὲ τῷ ἔθνει αὐτοῦ, ἰδοὺ τὸ γένος τῶν υἱῶν 9 Ἰσραὴλ μέγα πλῆθος, καὶ ἰσχύει ὑπὲρ ἡμᾶς. Δεῦτε οὖν κατα- 10 σοφισώμεθα αὐτοὺς, μήποτε πληθυνθῇ, καὶ ἡνίκα ἂν συμβῇ ἡμῖν πόλεμος, προστεθήσονται καὶ οὗτοι πρὸς τοὺς ὑπεναν- τίους, καὶ ἐκπολεμήσαντες ἡμᾶς, ἐξελεύσονται ἐκ τῆς γῆς. Καὶ ἐπέστησεν αὐτοῖς ἐπιστάτας τῶν ἔργων, ἵνα κακώσωσιν 11 αὐτοὺς ἐν τοῖς ἔργοις. Καὶ ᾠκοδόμησαν πόλεις ὀχυρὰς τῷ Φαραῷ, τήν τε Πειθὼ, καὶ Ῥαμεσσῆ, καὶ Ὢν, ἥ ἐστιν Ἡλιούπολις. Καθότι δὲ αὐτοὺς ἐταπείνουν, τοσούτῳ πλείους 12 ἐγίγνοντο, καὶ ἴσχυον σφόδρα σφόδρα· καὶ ἐβδελύσσοντο οἱ Αἰγύπτιοι ἀπὸ τῶν υἱῶν Ἰσραήλ. Καὶ κατεδυνάστευον οἱ 13 Αἰγύπτιοι τοὺς υἱοὺς Ἰσραὴλ βίᾳ. Καὶ κατωδύνων αὐτῶν 14 τὴν ζωὴν ἐν τοῖς ἔργοις τοῖς σκληροῖς, τῷ πηλῷ καὶ τῇ πλινθείᾳ, καὶ πᾶσι τοῖς ἔργοις τοῖς ἐν τοῖς πεδίοις, κατὰ πάντα τὰ ἔργα, ὧν κατεδουλοῦντο αὐτοὺς μετὰ βίας.

Καὶ εἶπεν ὁ βασιλεὺς τῶν Αἰγυπτίων ταῖς μαίαις τῶν 15 Ἑβραίων, τῇ μιᾷ αὐτῶν ὄνομα Σεπφώρα, καὶ τὸ ὄνομα τῆς δευτέρας Φουά· Καὶ εἶπεν, ὅταν μαιοῦσθε τὰς Ἑβραίας, καὶ 16 ὦσι πρὸς τῷ τίκτειν, ἐὰν μὲν ἄρσεν ᾖ, ἀποκτείνατε αὐτό· ἐὰν δὲ θῆλυ, περιποιεῖσθε αὐτό. Ἐφοβήθησαν δὲ αἱ μαῖαι τὸν 17 Θεὸν, καὶ οὐκ ἐποίησαν καθότι συνέταξεν αὐταῖς ὁ βασιλεὺς Αἰγύπτου, καὶ ἐζωογόνουν τὰ ἄρσενα. Ἐκάλεσε δὲ ὁ βασιλεὺς 18 Αἰγύπτου τὰς μαίας, καὶ εἶπεν αὐταῖς, τί ὅτι ἐποιήσατε τὸ πρᾶγμα τοῦτο, καὶ ἐζωογονεῖτε τὰ ἄρσενα; Εἶπαν δὲ αἱ 19 μαῖαι τῷ Φαραῷ, οὐχ ὡς γυναῖκες Αἰγύπτου αἱ Ἑβραῖαι· τίκτουσι γὰρ πρὶν ἢ εἰσελθεῖν πρὸς αὐτὰς τὰς μαίας· καὶ ἔτικτον. Εὖ δὲ ἐποίει ὁ Θεὸς ταῖς μαίαις· καὶ ἐπλήθυνεν ὁ 20 λαὸς, καὶ ἴσχυε σφόδρα. Ἐπεὶ δὲ ἐφοβοῦντο αἱ μαῖαι τὸν 21

Θεὸν, ἐποίησαν ἑαυταῖς οἰκίας. Συνέταξε δὲ Φαραὼ παντὶ
22 τῷ λαῷ αὐτοῦ, λέγων, πᾶν ἄρσεν, ὃ ἐὰν τεχθῇ τοῖς Ἑβραίοις,
εἰς τὸν ποταμὸν ῥίψατε, καὶ πᾶν θῆλυ, ζωογονεῖτε αὐτό.

2 Ἦν δέ τις ἐκ τῆς φυλῆς Λευὶ, ὃς ἔλαβεν τῶν θυγατέρων
2 Λευί. Καὶ ἐν γαστρὶ ἔλαβε, καὶ ἔτεκεν ἄρσεν· ἰδόντες δὲ
3 αὐτὸ ἀστεῖον, ἐσκέπασαν αὐτὸ μῆνας τρεῖς. Ἐπεὶ δὲ οὐκ
ἐδύναντο αὐτὸ ἔτι κρύπτειν, ἔλαβεν αὐτῷ ἡ μήτηρ αὐτοῦ θίβιν,
καὶ κατέχρισεν αὐτὴν ἀσφαλτοπίσσῃ, καὶ ἐνέβαλε τὸ παιδίον
εἰς αὐτὴν, καὶ ἔθηκεν αὐτὴν εἰς τὸ ἕλος παρὰ τὸν ποταμόν.
4 Καὶ κατεσκόπευεν ἡ ἀδελφὴ αὐτοῦ μακρόθεν, μαθεῖν τί τὸ
ἀποβησόμενον αὐτῷ.
5 Κατέβη δὲ ἡ θυγάτηρ Φαραὼ λούσασθαι ἐπὶ τὸν ποταμὸν,
καὶ αἱ ἄβραι αὐτῆς παρεπορεύοντο παρὰ τὸν ποταμόν· καὶ
ἰδοῦσα τὴν θίβιν ἐν τῷ ἕλει, ἀποστείλασα τὴν ἄβραν, ἀνείλατο
6 αὐτήν. Ἀνοίξασα δὲ ὁρᾷ παιδίον κλαῖον ἐν τῇ θίβει· καὶ
ἐφείσατο αὐτοῦ ἡ θυγάτηρ Φαραὼ, καὶ ἔφη, ἀπὸ τῶν παιδίων
7 τῶν Ἑβραίων τοῦτο. Καὶ εἶπεν ἡ ἀδελφὴ αὐτοῦ τῇ θυγατρὶ
Φαραὼ, θέλεις καλέσω σοι γυναῖκα τροφεύουσαν ἐκ τῶν
8 Ἑβραίων, καὶ θηλάσει σοι τὸ παιδίον; Ἡ δὲ εἶπεν ἡ θυγάτηρ
Φαραὼ, πορεύου· ἐλθοῦσα δὲ νεᾶνις ἐκάλεσε τὴν μητέρα τοῦ
9 παιδίου. Εἶπε δὲ πρὸς αὐτὴν ἡ θυγάτηρ Φαραὼ, διατήρησόν
μοι τὸ παιδίον τοῦτο, καὶ θήλασόν μοι αὐτὸ, ἐγὼ δὲ δώσω
σοι τὸν μισθόν· ἔλαβε δὲ ἡ γυνὴ τὸ παιδίον, καὶ ἐθήλαζεν
10 αὐτό. Ἀδρυνθέντος δὲ τοῦ παιδίου, εἰσήγαγεν αὐτὸ πρὸς
τὴν θυγατέρα Φαραὼ, καὶ ἐγενήθη αὐτῇ εἰς υἱόν· ἐπωνόμασε
δὲ τὸ ὄνομα αὐτοῦ Μωυσῆν, λέγουσα, ἐκ τοῦ ὕδατος αὐτὸν
ἀνειλόμην.
11 Ἐγένετο δὲ ἐν ταῖς ἡμέραις ταῖς πολλαῖς ἐκείναις μέγας
γενόμενος Μωυσῆς, ἐξῆλθε πρὸς τοὺς ἀδελφοὺς αὐτοῦ τοὺς
υἱοὺς Ἰσραήλ· κατανοήσας δὲ τὸν πόνον αὐτῶν, ὁρᾷ ἄνθρωπον
Αἰγύπτιον τύπτοντα τινὰ Ἑβραῖον, τῶν ἑαυτοῦ ἀδελφῶν
12 τῶν υἱῶν Ἰσραήλ. Περιβλεψάμενος δὲ ὧδε καὶ ὧδε οὐχ
ὁρᾷ οὐδένα, καὶ πατάξας τὸν Αἰγύπτιον, ἔκρυψεν αὐτὸν ἐν τῇ
13 ἄμμῳ. Ἐξελθὼν δὲ τῇ ἡμέρᾳ τῇ δευτέρᾳ, ὁρᾷ δύο ἄνδρας
Ἑβραίους διαπληκτιζομένους· καὶ λέγει τῷ ἀδικοῦντι, διὰ τί σὺ
14 τύπτεις τὸν πλησίον; Ὁ δὲ εἶπε, τίς σε κατέστησεν ἄρχοντα
καὶ δικαστὴν ἐφ᾽ ἡμῶν; μὴ ἀνελεῖν με σὺ θέλεις, ὃν τρόπον
ἀνεῖλες χθὲς τὸν Αἰγύπτιον; ἐφοβήθη δὲ Μωυσῆς, καὶ εἶπεν,
15 εἰ οὕτως ἐμφανὲς γέγονε τὸ ῥῆμα τοῦτο. Ἤκουσε δὲ Φαραὼ
τὸ ῥῆμα τοῦτο, καὶ ἐζήτει ἀνελεῖν Μωυσῆν. Ἀνεχώρησε
δὲ Μωυσῆς ἀπὸ προσώπου Φαραὼ, καὶ ᾤκησεν ἐν γῇ Μαδιάμ·
16 ἐλθὼν δὲ εἰς γῆν Μαδιὰμ, ἐκάθισεν ἐπὶ τοῦ φρέατος. Τῷ
δὲ ἱερεῖ Μαδιὰμ ἦσαν ἑπτὰ θυγατέρες, ποιμαίνουσαι τὰ πρό-
βατα τοῦ πατρὸς αὐτῶν Ἰοθόρ· παραγενόμεναι δὲ ἤντλουν,
ἕως ἔπλησαν τὰς δεξαμενὰς, ποτίσαι τὰ πρόβατα τοῦ πατρὸς
17 αὐτῶν Ἰοθόρ. Παραγενόμενοι δὲ οἱ ποιμένες ἐξέβαλλον
αὐτάς· ἀναστὰς δὲ Μωυσῆς ἐρρύσατο αὐτὰς, καὶ ἤντλησεν
18 αὐταῖς, καὶ ἐπότισε τὰ πρόβατα αὐτῶν. Παρεγένοντο δὲ
πρὸς Ῥαγουὴλ τὸν πατέρα αὐτῶν· ὁ δὲ εἶπεν αὐταῖς, διατί
19 ἐταχύνατε τοῦ παραγενέσθαι σήμερον; Αἱ δὲ εἶπαν, ἄνθρωπος

feared God, they established for themselves families. [22]And Pharao charged all his people, saying, Whatever male *child* shall be born to the Hebrews, cast into the river; and every female, save it alive.

And there was a certain man of the tribe of Levi, who took to wife one of the daughters of Levi. [2]And she conceived, and bore a male child; and having seen that he was fair, they hid him three months. [3]And when they could no longer hide him, his mother took for him an ark, and besmeared it with β bitumen, and cast the child into it, and put it in the ooze by the river. [4]And his sister was watching from a distance, to learn what would happen to him.

[5]And the daughter of Pharao came down to the river to bathe; and her maids walked by the river's side, and having seen the ark in the ooze, she sent her maid, and took it up. [6]And having opened it, she sees the babe weeping in the ark: and the daughter of Pharao had compassion on it, and said, This *is one* of the Hebrews' children. [7]And his sister said to the daughter of Pharao, Wilt thou that I call to thee a nurse of the Hebrews, and shall she suckle the child for thee? [8]And the daughter of Pharao said, Go: and the young woman went, and called the mother of the child. [9]And the daughter of Pharao said to her, Take care of this child, and suckle it for me, and I will give thee the wages; and the woman took the child, and suckled it. [10]And when the boy was grown, she brought him to the daughter of Pharao, and he became her son; and she called his name, Moses, saying, I took him out of the water.

[11]And it came to pass in that length of time, that Moses having grown, went out to his brethren the sons of Israel: and having noticed their distress, he sees an Egyptian smiting a certain Hebrew of his brethren the children of Israel. [12]And having looked round this way and that way, he sees no one; and he smote the Egyptian, and hid him in the sand. [13]And having gone out the second day he sees two Hebrew men fighting; and he says to the injurer, Wherefore smitest thou thy neighbour? [14]And he said, Who made thee a ruler and a judge over us? wilt thou slay me as thou yesterday slewest the Egyptian? Then Moses was alarmed, and said, If it be thus, this matter has become known. [15]And Pharao heard this matter, and sought to slay Moses; and Moses departed from the presence of Pharao, and dwelt in the land of Madiam; and having come into the land of Madiam, he sat on the well. [16]And the priest of Madiam had seven daughters, feeding the flock of their father Jothor; and they came and drew water until they filled their pitchers, to water the flock of their father Jothor. [17]And the shepherds came, and were driving them away; and Moses rose up and rescued them, and drew water for them, and watered their sheep. [18]And they came to Raguel their father; and he said to them, Why have ye come so quickly to-day? [19]And they said, An Egyptian

---

β *i. e.* a peculiar kind, more resembling vegetable pitch.

delivered us from the shepherds, and drew water for us and watered our sheep. ²⁰ And he said to his daughters, And where is he? and why have ye left the man? call him therefore, that he may eat bread. ²¹ And Moses was established with the man, and he gave Sepphora his daughter to Moses to wife. ²² And the woman conceived and bore a son, and Moses called his name Gersam, saying, I am a sojourner in a strange land. ²³ And in those days after a length of time, the king of Egypt died; and the children of Israel groaned because of their tasks, and cried, and their cry because of their tasks went up to God. ²⁴ And God heard their groanings, and God remembered his covenant made with Abraam and Isaac and Jacob. ²⁵ And God looked upon the children of Israel, and was made known to them.

And Moses was feeding the flock of Jothor his father-in-law, the priest of Madiam; and he brought the sheep nigh to the wilderness, and came to the mount of Choreb. ² And an angel of the Lord appeared to him in β flaming fire out of the bush, and he sees that the bush burns with fire,—but the bush was not consumed. ³ And Moses said, I will go near and see this great sight, why the bush is not consumed. ⁴ And when the Lord saw that he drew nigh to see, the Lord called him out of the bush, saying, Moses, Moses; and he said, What is it? ⁵ And he said, Draw not nigh hither: loose thy sandals from off thy feet, for the place whereon thou standest is holy ground. ⁶ And he said, γ I am the God of thy father, the God of Abraam, and the God of Isaac, and the God of Jacob; and Moses turned away his face, for he was afraid to gaze at God. ⁷ And the Lord said to Moses, I have surely seen the affliction of my people that is in Egypt, and I have heard their cry caused by their taskmasters; for I know their affliction. ⁸ And I have come down to deliver them out of the hand of the Egyptians, and to bring them out of that land, and to bring them into a good and wide land, into a land flowing with milk and honey, into the place of the Chananites, and the Chettites, and Amorites, and Pherezites, and Gergesites, and Evites, and Jebusites. ⁹ And now, behold, the cry of the children of Israel is come to me, and I have seen the affliction with which the · Egyptians afflict them. ¹⁰ And now come, I will send thee to Pharao king of Egypt, and thou shalt bring out my people the children of Israel from the land of Egypt.

¹¹ And Moses said to God, Who am I, that I should go to Pharao king of Egypt, and that I should bring out the children of Israel from the land of Egypt? ¹² And God spoke to Moses, saying, I will be with thee, and this shall be the sign to thee that I shall send thee forth,—when thou bringest out my people out of Egypt, then ye shall serve God in this mountain. ¹³ And Moses said to God, Behold, I shall go forth to the children of Israel, and shall say to them, The God of our fathers has sent me to you; and they will ask me, What is his name? What

Αἰγύπτιος ἐρρύσατο ἡμᾶς ἀπὸ τῶν ποιμένων, καὶ ἤντλησεν ἡμῖν, καὶ ἐπότισε τὰ πρόβατα ἡμῶν. Ὁ δὲ εἶπε ταῖς θυγα- 20 τράσιν αὐτοῦ, καὶ ποῦ ἐστιν; καὶ ἱνατί καταλελοίπατε τὸν ἄνθρωπον; καλέσατε οὖν αὐτὸν, ὅπως φάγῃ ἄρτον. Κατω- 21 κίσθη δὲ Μωυσῆς παρὰ τῷ ἀνθρώπῳ· καὶ ἐξέδοτο Σεπφώραν τὴν θυγατέρα αὐτοῦ Μωυσῇ γυναῖκα. Ἐν γαστρὶ δὲ λαβοῦσα 22 ἡ γυνὴ ἔτεκεν υἱόν· καὶ ἐπωνόμασε Μωυσῆς τὸ ὄνομα αὐτοῦ Γηρσὰμ, λέγων, ὅτι πάροικός εἰμι ἐν γῇ ἀλλοτρίᾳ. Μετὰ 23 δὲ τὰς ἡμέρας τὰς πολλὰς ἐκείνας, ἐτελεύτησεν ὁ βασιλεὺς Αἰγύπτου, καὶ κατεστέναξαν οἱ υἱοὶ Ἰσραὴλ ἀπὸ τῶν ἔργων, καὶ ἀνεβόησαν· καὶ ἀνέβη ἡ βοὴ αὐτῶν πρὸς τὸν Θεὸν ἀπὸ τῶν ἔργων. Καὶ εἰσήκουσεν ὁ Θεὸς τὸν στεναγμὸν αὐτῶν· 24 καὶ ἐμνήσθη ὁ Θεὸς τῆς διαθήκης αὐτοῦ τῆς πρὸς Ἀβραὰμ, καὶ Ἰσαὰκ, καὶ Ἰακώβ. Καὶ ἐπεῖδεν ὁ Θεὸς τοὺς υἱοὺς 25 Ἰσραὴλ, καὶ ἐγνώσθη αὐτοῖς.

Καὶ Μωυσῆς ἦν ποιμαίνων τὰ πρόβατα Ἰοθὸρ τοῦ γαμβροῦ 3 αὐτοῦ, τοῦ ἱερέως Μαδιὰμ, καὶ ἤγαγε τὰ πρόβατα ὑπὸ τὴν ἔρημον, καὶ ἦλθεν εἰς τὸ ὄρος Χωρήβ. Ὤφθη δὲ αὐτῷ 2 Ἄγγελος Κυρίου ἐν πυρὶ φλογὸς ἐκ τοῦ βάτου· καὶ ὁρᾷ ὅτι ὁ βάτος καίεται πυρὶ, ὁ δὲ βάτος οὐ κατεκαίετο. Εἶπε δὲ 3 Μωυσῆς, παρελθὼν ὄψομαι τὸ ὅραμα τὸ μέγα τοῦτο, ὅτι οὐ κατακαίεται ὁ βάτος. Ὡς δὲ εἶδε Κύριος ὅτι προσάγει ἰδεῖν, 4 ἐκάλεσεν αὐτὸν Κύριος ἐκ τοῦ βάτου, λέγων, Μωυσῆ, Μωυσῆ· ὁ δὲ εἶπε, τί ἐστιν; Ὁ δὲ εἶπε, μὴ ἐγγίσῃς ὧδε· λύσαι τὸ 5 ὑπόδημα ἐκ τῶν ποδῶν σου, ὁ γὰρ τόπος, ἐν ᾧ σὺ ἕστηκας, γῆ ἁγία ἐστί. Καὶ εἶπεν, ἐγώ εἰμι ὁ Θεὸς τοῦ πατρός σου, 6 Θεὸς Ἀβραὰμ, καὶ Θεὸς Ἰσαὰκ, καὶ Θεὸς Ἰακώβ· ἀπέστρεψε δὲ Μωυσῆς τὸ πρόσωπον αὐτοῦ, εὐλαβεῖτο γὰρ κατεμβλέψαι ἐνώπιον τοῦ Θεοῦ. Εἶπε δὲ Κύριος πρὸς Μωυσῆν, ἰδὼν εἶδον 7 τὴν κάκωσιν τοῦ λαοῦ μου τοῦ ἐν Αἰγύπτῳ, καὶ τῆς κραυγῆς αὐτῶν ἀκήκοα ἀπὸ τῶν ἐργοδιωκτῶν· οἶδα γὰρ τὴν ὀδύνην αὐτων, καὶ κατέβην ἐξελέσθαι αὐτοὺς ἐκ χειρὸς τῶν Αἰγυπ- 8 τίων, καὶ ἐξαγαγεῖν αὐτοὺς ἐκ τῆς γῆς ἐκείνης, καὶ εἰσαγαγεῖν αὐτοὺς εἰς γῆν ἀγαθὴν καὶ πολλὴν, εἰς γῆν ῥέουσαν γάλα καὶ μέλι, εἰς τὸν τόπον τῶν Χαναναίων, καὶ Χετταίων, καὶ Ἀμορραίων, καὶ Φερεζαίων, καὶ Γεργεσαίων, καὶ Εὐαίων, καὶ Ἰεβουσαίων. Καὶ νῦν ἰδοὺ κραυγὴ τῶν υἱῶν Ἰσραὴλ ἥκει 9 πρός με· κἀγὼ ἑώρακα τὸν θλιμμὸν, ὃν οἱ Αἰγύπτιοι θλίβουσιν αὐτούς. Καὶ νῦν δεῦρο, ἀποστείλω σε πρὸς Φαραὼ βασιλέα 10 Αἰγύπτου, καὶ ἐξάξεις τὸν λαόν μου τοὺς υἱοὺς Ἰσραὴλ ἐκ γῆς Αἰγύπτου.

Καὶ εἶπε Μωυσῆς πρὸς τὸν Θεὸν, τίς εἰμι ἐγὼ, ὅτι πορεύ- 11 σομαι πρὸς Φαραὼ βασιλέα Αἰγύπτου, καὶ ὅτι ἐξάξω τοὺς υἱοὺς Ἰσραὴλ ἐκ γῆς Αἰγύπτου; Εἶπε δὲ ὁ Θεὸς Μωυσῇ, 12 λέγων, ὅτι ἔσομαι μετὰ σοῦ· καὶ τοῦτό σοι τὸ σημεῖον ὅτι ἐγώ σε ἐξαποστελῶ, ἐν τῷ ἐξαγαγεῖν σε τὸν λαόν μου ἐξ Αἰγύπτου, καὶ λατρεύσετε τῷ Θεῷ ἐν τῷ ὄρει τούτῳ. Καὶ εἶπε 13 Μωυσῆς πρὸς τὸν Θεὸν, ἰδοὺ ἐγὼ ἐξελεύσομαι πρὸς τοὺς υἱοὺς Ἰσραὴλ, καὶ ἐρῶ πρὸς αὐτοὺς, ὁ Θεὸς τῶν πατέρων ἡμῶν ἀπέσταλκέ με πρὸς ὑμᾶς· ἐρωτήσουσί με, τί ὄνομα αὐτῷ; τί ἐρῶ

β *Gr.* fire of flame.　　γ Matt. 22. 32.

14 πρὸς αὐτούς; Καὶ εἶπεν ὁ Θεὸς πρὸς Μωυσῆν, λέγων, ἐγώ
εἰμι ὁ Ὤν· καὶ εἶπεν, οὕτως ἐρεῖς τοῖς υἱοῖς Ἰσραὴλ, ὁ Ὤν
15 ἀπέσταλκέ με πρὸς ὑμᾶς. Καὶ εἶπεν ὁ Θεὸς πάλιν πρὸς
Μωυσῆν, οὕτως ἐρεῖς τοῖς υἱοῖς Ἰσραὴλ, Κύριος ὁ Θεὸς τῶν
πατέρων ἡμῶν, Θεὸς Ἀβραὰμ, καὶ Θεὸς Ἰσαὰκ, καὶ Θεὸς
Ἰακὼβ, ἀπέσταλκέ με πρὸς ὑμᾶς· τοῦτό μου ἐστὶν ὄνομα αἰώ-
16 νιον, καὶ μνημόσυνον γενεῶν γενεαῖς. Ἐλθὼν οὖν συνάγαγε τὴν
γερουσίαν τῶν υἱῶν Ἰσραὴλ, καὶ ἐρεῖς πρὸς αὐτοὺς, Κύριος ὁ
Θεὸς τῶν πατέρων ἡμῶν ὦπταί μοι, Θεὸς Ἀβραὰμ, καὶ Θεὸς
Ἰσαὰκ, καὶ Θεὸς Ἰακὼβ, λέγων, ἐπισκοπῇ ἐπέσκεμμαι ὑμᾶς,
17 καὶ ὅσα συμβέβηκεν ὑμῖν ἐν Αἰγύπτῳ. Καὶ εἶπεν, ἀναβι-
βάσω ὑμᾶς ἐκ τῆς κακώσεως τῶν Αἰγυπτίων, εἰς τὴν γῆν τῶν
Χαναναίων, καὶ Χετταίων, καὶ Ἀμορραίων, καὶ Φερεζαίων, καὶ
Γεργεσαίων, καὶ Εὐαίων, καὶ Ἰεβουσαίων, εἰς γῆν ῥέουσαν γάλα
18 καὶ μέλι. Καὶ εἰσακούσονταί σου τῆς φωνῆς· καὶ εἰσελεύσῃ
σὺ, καὶ ἡ γερουσία Ἰσραὴλ, πρὸς Φαραὼ βασιλέα Αἰγύπτου,
καὶ ἐρεῖς πρὸς αὐτὸν, ὁ Θεὸς τῶν Ἑβραίων προσκέκληται
ἡμᾶς· πορευσόμεθα οὖν ὁδὸν τριῶν ἡμερῶν εἰς τὴν ἔρημον, ἵνα
19 θύσωμεν τῷ Θεῷ ἡμῶν. Ἐγὼ δὲ οἶδα ὅτι οὐ προήσεται ὑμᾶς
Φαραὼ βασιλεὺς Αἰγύπτου πορευθῆναι, ἐὰν μὴ μετὰ χειρὸς
20 κραταιᾶς. Καὶ ἐκτείνας τὴν χεῖρα, πατάξω τοὺς Αἰγυπτίους
ἐν πᾶσι τοῖς θαυμασίοις μου, οἷς ποιήσω ἐν αὐτοῖς· καὶ μετὰ
21 ταῦτα ἐξαποστελεῖ ὑμᾶς. Καὶ δώσω χάριν τῷ λαῷ τούτῳ
ἐναντίον τῶν Αἰγυπτίων· ὅταν δὲ ἀποτρέχητε, οὐκ ἀπελεύσεσθε
22 κενοί. Ἀλλὰ αἰτήσει γυνὴ παρὰ γείτονος καὶ συσκήνου
αὐτῆς σκεύη ἀργυρᾶ, καὶ χρυσᾶ, καὶ ἱματισμόν· καὶ ἐπιθήσετε
ἐπὶ τοὺς υἱοὺς ὑμῶν, καὶ ἐπὶ τὰς θυγατέρας ὑμῶν, καὶ σκυλεύ-
σατε τοὺς Αἰγυπτίους.

4 Ἀπεκρίθη δὲ Μωυσῆς, καὶ εἶπεν, ἐὰν μὴ πιστεύσωσί μοι,
μηδὲ εἰσακούσωσι τῆς φωνῆς μου, ἐροῦσι γὰρ, ὅτι οὐκ ὦπταί
2 σοι ὁ Θεὸς, τί ἐρῶ πρὸς αὐτούς; Εἶπε δὲ αὐτῷ Κύριος, τί
3 τοῦτό ἐστι τὸ ἐν τῇ χειρί σου; ὁ δὲ εἶπε, ῥάβδος. Καὶ εἶπεν,
ῥίψον αὐτὴν ἐπὶ τὴν γῆν· καὶ ἔρριψεν αὐτὴν ἐπὶ τὴν γῆν, καὶ
4 ἐγένετο ὄφις· καὶ ἔφυγε Μωυσῆς ἀπ᾽ αὐτοῦ. Καὶ εἶπε Κύριος
πρὸς Μωυσῆν, ἔκτεινον τὴν χεῖρα, καὶ ἐπιλαβοῦ τῆς κέρκου·
ἐκτείνας οὖν τὴν χεῖρα ἐπελάβετο τῆς κέρκου· καὶ ἐγένετο
5 ῥάβδος ἐν τῇ χειρὶ αὐτοῦ. Ἵνα πιστεύσωσί σοι, ὅτι ὦπταί
σοι ὁ Θεὸς τῶν πατέρων αὐτῶν, Θεὸς Ἀβραὰμ, καὶ Θεὸς Ἰσαὰκ,
6 καὶ Θεὸς Ἰακώβ. Εἶπε δὲ αὐτῷ Κύριος πάλιν, εἰσένεγκον τὴν
χεῖρά σου εἰς τὸν κόλπον σου· καὶ εἰσήνεγκε τὴν χεῖρα αὐτοῦ
εἰς τὸν κόλπον αὐτοῦ· καὶ ἐξήνεγκεν τὴν χεῖρα αὐτοῦ ἐκ τοῦ
7 κόλπου αὐτοῦ, καὶ ἐγενήθη ἡ χεὶρ αὐτοῦ ὡσεὶ χιών. Καὶ
εἶπεν πάλιν, εἰσένεγκον τὴν χεῖρά σου εἰς τὸν κόλπον σου·
καὶ εἰσήνεγκε τὴν χεῖρα εἰς τὸν κόλπον αὐτοῦ· καὶ ἐξήνεγκεν
αὐτὴν ἐκ τοῦ κόλπου αὐτοῦ, καὶ πάλιν ἀπεκατέστη εἰς τὴν
8 χρόαν τῆς σαρκὸς αὐτῆς. Ἐὰν δὲ μὴ πιστεύσωσί σοι, μηδὲ
εἰσακούσωσι τῆς φωνῆς τοῦ σημείου τοῦ πρώτου, πιστεύσουσί
9 σοι τῆς φωνῆς τοῦ σημείου τοῦ δευτέρου. Καὶ ἔσται ἐὰν
μὴ πιστεύσωσί σοι τοῖς δυσὶ σημείοις τούτοις, μηδὲ εἰσακού-
σωσι τῆς φωνῆς σου, λήψῃ ἀπὸ τοῦ ὕδατος τοῦ ποταμοῦ, καὶ

shall I say to them? 14 And God spoke to
Moses, saying, I am THE BEING; and he
said, Thus shall ye say to the children of
Israel, THE BEING has sent me to you.
15 And God said again to Moses, Thus shalt
thou say to the sons of Israel, The Lord God
of our fathers, the God of Abraam, and
God of Isaac, and God of Jacob, has sent me
to you: this is my name for ever, and my
memorial to generations of generations.
16 Go then and gather the elders of the chil-
dren of Israel, and thou shalt say to them,
The Lord God of our fathers has appeared
to me, the God of Abraam, and God of
Isaac, and God of Jacob, saying, I have
surely looked upon you, and upon all the
things which have happened to you in
Egypt. 17 And he said, I will bring you up
out of the affliction of the Egyptians to the
land of the Chananites and the Chettites,
and Amorites and Pherezites, and Gerges-
ites, and Evites, and Jebusites, to a land
flowing with milk and honey. 18 And they
shall hearken to thy voice, and thou and the
elders of Israel shall go in to Pharao king
of Egypt, and thou shalt say to him, The
God of the Hebrews has called us; we will
go then a journey of three days into the
wilderness, that we may sacrifice to our
God. 19 But I know that Pharao king of
Egypt will not let you go, save with a mighty
hand; 20 and I will stretch out my hand, and
smite the Egyptians with all my wonders,
which I shall work among them, and after
that he will send you forth. 21 And I will
give this people favour in the sight of the
Egyptians, and whenever ye shall escape,
ye shall not depart empty. 22 But *every*
woman shall ask of her neighbour and fel-
low lodger, articles of gold and silver, and
apparel; and ye shall put them upon your
sons and upon your daughters,—and spoil
ye the Egyptians.

And Moses answered and said, If they
believe me not, and do not hearken to my
voice (for they will say, God has not ap-
peared to thee), what shall I say to them?
2 And the Lord said to him, What is this
thing that is in thine hand? and he said, A
rod. 3 And he said, Cast it on the ground:
and he cast it on the ground, and it became
a serpent, and Moses fled from it. 4 And
the Lord said to Moses, Stretch forth thine
hand, and take hold of its tail: so he
stretched forth his hand and took hold of
the tail, 5 and it became a rod in his hand,
—that they may believe thee, that the God
of thy fathers has appeared to thee, the God
of Abraam, and God of Isaac, and God of
Jacob. 6 And the Lord said again to him,
Put thine hand into thy bosom; and he
put his hand into his bosom, and brought
his hand out of his bosom, and his hand be-
came as snow. 7 And he said again, Put thy
hand into thy bosom; and he put his hand
into his bosom, and brought his hand out
of his bosom, and it was again restored to
the complexion of his *other* flesh. 8 And if
they will not believe thee, nor hearken to
the voice of the first sign, they will believe
thee *because* of the voice of the second sign.
9 And it shall come to pass if they will not
believe thee for these two signs, and will
not hearken to thy voice, that thou shalt
take of the water of the river and pour it

upon the dry land, and the water which thou shalt take from the river shall be blood upon the dry land. [10] And Moses said to the Lord, I pray, Lord, I have not been sufficient *β* in former times, neither from the time that thou hast begun to speak to thy servant: I am weak in speech, and slow-tongued. [11] And the Lord said to Moses, Who has given a mouth to man, and who has made the very hard of hearing, and the deaf, the seeing and the blind? have not I, God? [12] And now go and I will open thy mouth, and will *γ* instruct thee in what thou shalt say. [13] And Moses said, I pray thee, Lord, appoint another able *person* whom thou shalt send. [14] And the Lord was greatly angered against Moses, and said, Lo! is not Aaron the Levite thy brother? I know that he will surely speak to thee; and, behold, he will come forth to meet thee, and beholding thee he will rejoice within himself. [15] And thou shalt speak to him; and thou shalt put my words into his mouth, and I will open thy mouth and his mouth, and I will instruct you in what ye shall do. [16] And he shall speak for thee to the people, and he shall be thy mouth, and thou shalt be for him in things pertaining to God. [17] And this rod that was turned into a serpent thou shalt take in thine hand, wherewith thou shalt work miracles.

[18] And Moses went and returned to Jothor his father-in-law, and says, I will go and return to my brethren in Egypt, and will see if they are yet living. And Jothor said to Moses, Go in health. And in those days after some time, the king of Egypt died. [19] And the Lord said to Moses in Madiam, Go, depart into Egypt, for all that sought thy life are dead. [20] And Moses took his wife and his children, and mounted them on the beasts, and returned to Egypt; and Moses took the rod *which he had* from God in his hand. [21] And the Lord said to Moses, When thou goest and returnest to Egypt, see—all the miracles I have *δ* charged thee with, thou shalt work before Pharao: and I will harden his heart, and he shall certainly not send away the people. [22] And thou shalt say to Pharao, These things saith the Lord, Israel *is* my first-born. [23] And I said to thee, Send away my people, that they may serve me: now if thou wilt not send them away, see, I will slay thy first-born son. [24] And it came to pass *that* the angel of the Lord met him by the way in the inn, and sought to slay him. [25] And Sepphora having taken a stone cut off the foreskin of her son, and fell at his feet and said, The blood of the circumcision of my son is staunched. [26] and he departed from him, because she said, The blood of the circumcision of my son is staunched. [27] And the Lord said to Aaron, Go into the wilderness to meet Moses; and he went and met him in the mount of God, and they kissed each other. [28] And Moses reported to Aaron all the words of the Lord, which he sent, and all the things which he charged him. [29] And Moses and Aaron went and gathered the

ἐκχεεῖς ἐπὶ τὸ ξηρόν· καὶ ἔσται τὸ ὕδωρ, ὃ ἐὰν λάβῃς ἀπὸ τοῦ ποταμοῦ, αἷμα ἐπὶ τοῦ ξηροῦ. Εἶπε δὲ Μωυσῆς πρὸς 10 Κύριον, δέομαι, Κύριε· οὐχ ἱκανός εἰμι πρὸ τῆς χθὲς οὐδὲ πρὸ τῆς τρίτης ἡμέρας, οὐδὲ ἀφ᾽ οὗ ἤρξω λαλεῖν τῷ θεράποντί σου· ἰσχνόφωνος καὶ βραδύγλωσσος ἐγώ εἰμι. Εἶπε δὲ Κύριος 11 πρὸς Μωυσῆν, τίς ἔδωκε στόμα ἀνθρώπῳ; καὶ τίς ἐποίησε δύσκωφον καὶ κωφόν, βλέποντα καὶ τυφλόν; οὐκ ἐγὼ ὁ Θεός, Καὶ νῦν πορεύου, καὶ ἐγὼ ἀνοίξω τὸ στόμα σου, καὶ συμβιβάσω 12 σε ὃ μέλλεις λαλῆσαι. Καὶ εἶπε Μωυσῆς, δέομαι, Κύριε· 13 προχείρισαι δυνάμενον ἄλλον, ὃν ἀποστελεῖς. Καὶ θυμωθεὶς 14 ὀργῇ Κύριος ἐπὶ Μωυσῆν, εἶπεν, οὐκ ἰδοὺ Ἀαρὼν ὁ ἀδελφός σου ὁ Λευίτης; ἐπίσταμαι ὅτι λαλῶν λαλήσει αὐτός σοι· καὶ ἰδοὺ αὐτὸς ἐξελεύσεται εἰς συνάντησίν σοι, καὶ ἰδών σε χαρήσεται ἐν ἑαυτῷ. Καὶ ἐρεῖς πρὸς αὐτόν, καὶ δώσεις 15 τὰ ῥήματά μου εἰς τὸ στόμα αὐτοῦ, καὶ ἐγὼ ἀνοίξω τὸ στόμα σου καὶ τὸ στόμα αὐτοῦ, καὶ συμβιβάσω ὑμᾶς ἃ ποιήσετε. Καὶ αὐτός σοι λαλήσει πρὸς τὸν λαόν, καὶ αὐτὸς ἔσται 16 σου στόμα· σὺ δὲ αὐτῷ ἔσῃ τὰ πρὸς τὸν Θεόν. Καὶ τὴν 17 ῥάβδον ταύτην, τὴν στραφεῖσαν εἰς ὄφιν, λήψῃ ἐν τῇ χειρί σου, ἐν ᾗ ποιήσεις ἐν αὐτῇ τὰ σημεῖα.

Ἐπορεύθη δὲ Μωυσῆς, καὶ ἀπέστρεψε πρὸς Ἰοθὸρ τὸν 18 γαμβρὸν αὐτοῦ, καὶ λέγει, πορεύσομαι καὶ ἀποστρέψω πρὸς τοὺς ἀδελφούς μου τοὺς ἐν Αἰγύπτῳ, καὶ ὄψομαι εἰ ἔτι ζῶσι· καὶ εἶπεν Ἰοθὸρ Μωυσῇ, βάδιζε ὑγιαίνων· μετὰ δὲ τὰς ἡμέρας τὰς πολλὰς ἐκείνας ἐτελεύτησεν ὁ βασιλεὺς Αἰγύπτου. Εἶπε 19 δὲ Κύριος πρὸς Μωυσῆν ἐν Μαδιὰμ, βάδιζε, ἄπελθε εἰς Αἴγυπτον, τεθνήκασι γὰρ πάντες οἱ ζητοῦντές σου τὴν ψυχήν. Ἀναλαβὼν δὲ Μωυσῆς τὴν γυναῖκα καὶ τὰ παιδία, ἀνεβίβασεν 20 αὐτὰ ἐπὶ τὰ ὑποζύγια, καὶ ἐπέστρεψεν εἰς Αἴγυπτον· ἔλαβε δὲ Μωυσῆς τὴν ῥάβδον τὴν παρὰ τοῦ Θεοῦ ἐν τῇ χειρὶ αὐτοῦ. Εἶπε δὲ Κύριος πρὸς Μωυσῆν, πορευομένου σου καὶ ἀποστρέ- 21 φοντος εἰς Αἴγυπτον, ὅρα πάντα τὰ τέρατα ἃ δέδωκα ἐν ταῖς χερσί σου, ποιήσεις αὐτὰ ἐναντίον Φαραώ· ἐγὼ δὲ σκληρυνῶ τὴν καρδίαν αὐτοῦ, καὶ οὐ μὴ ἐξαποστείλῃ τὸν λαόν. Σὺ δὲ 22 ἐρεῖς τῷ Φαραώ, τάδε λέγει Κύριος, υἱὸς πρωτότοκός μου Ἰσραήλ. Εἶπα δέ σοι, ἐξαπόστειλον τὸν λαόν μου, ἵνα μοι 23 λατρεύσῃ· εἰ μὲν οὖν μὴ βούλει ἐξαποστεῖλαι αὐτούς, ὅρα οὖν ἐγὼ ἀποκτενῶ τὸν υἱόν σου τὸν πρωτότοκον. Ἐγένετο 24 δὲ ἐν τῇ ὁδῷ ἐν τῷ καταλύματι συνήντησεν αὐτῷ Ἄγγελος Κυρίου, καὶ ἐζήτει αὐτὸν ἀποκτεῖναι. Καὶ λαβοῦσα Σεπφώρα 25 ψῆφον, περιέτεμε τὴν ἀκροβυστίαν τοῦ υἱοῦ αὐτῆς· καὶ προσ-έπεσε πρὸς τοὺς πόδας αὐτοῦ, καὶ εἶπεν, ἔστη τὸ αἷμα τῆς περιτομῆς τοῦ παιδίου μου. Καὶ ἀπῆλθεν ἀπ᾽ αὐτοῦ, διότι 26 εἶπεν, ἔστη τὸ αἷμα τῆς περιτομῆς τοῦ παιδίου μου. Εἶπε 27 δὲ Κύριος πρὸς Ἀαρών, πορεύθητι εἰς συνάντησιν Μωυσῇ εἰς τὴν ἔρημον· καὶ ἐπορεύθη, καὶ συνήντησεν αὐτῷ ἐν τῷ ὄρει τοῦ Θεοῦ, καὶ κατεφίλησαν ἀλλήλους. Καὶ ἀνήγγειλε Μωυ- 28 σῆς τῷ Ἀαρὼν πάντας τοὺς λόγους Κυρίου, οὓς ἀπέστειλε, καὶ πάντα τὰ ῥήματα, ἃ ἐνετείλατο αὐτῷ. Ἐπορεύθη δὲ 29 Μωυσῆς καὶ Ἀαρών, καὶ συνήγαγον τὴν γερουσίαν τῶν υἱῶν

β Gr. before yesterday, neither before the third day.   *γ* See 1 Cor. 2. 16, *Gr.*   *δ Lit.* put into thine hands.

30 Ἰσραήλ. Καὶ ἐλάλησεν Ἀαρὼν πάντα τὰ ῥήματα ταῦτα, ἃ
ἐλάλησεν ὁ Θεὸς πρὸς Μωυσῆν, καὶ ἐποίησε τὰ σημεῖα ἐναντίον
31 τοῦ λαοῦ. Καὶ ἐπίστευσεν ὁ λαὸς καὶ ἐχάρη, ὅτι ἐπεσκέψατο
ὁ Θεὸς τοὺς υἱοὺς Ἰσραήλ, καὶ ὅτι εἶδεν αὐτῶν τὴν θλῖψιν·
κύψας δὲ ὁ λαὸς προσεκύνησε.

5 Καὶ μετὰ ταῦτα εἰσῆλθε Μωυσῆς καὶ Ἀαρὼν πρὸς Φαραὼ,
καὶ εἶπαν αὐτῷ, τάδε λέγει Κύριος ὁ Θεὸς Ἰσραήλ, ἐξαπόστει-
2 λον τὸν λαόν μου, ἵνα μοι ἑορτάσωσιν ἐν τῇ ἐρήμῳ. Καὶ
εἶπε Φαραὼ, τίς ἐστιν οὗ εἰσακούσομαι τῆς φωνῆς αὐτοῦ,
ὥστε ἐξαποστεῖλαι τοὺς υἱοὺς Ἰσραήλ; οὐκ οἶδα τὸν Κύριον,
3 καὶ τὸν Ἰσραὴλ οὐκ ἐξαποστέλλω. Καὶ λέγουσιν αὐτῷ, ὁ
Θεὸς τῶν Ἑβραίων προσκέκληται ἡμᾶς· πορευσόμεθα οὖν ὁδὸν
τριῶν ἡμερῶν εἰς τὴν ἔρημον, ὅπως θύσωμεν Κυρίῳ τῷ Θεῷ
4 ἡμῶν, μή ποτε συναντήσῃ ἡμῖν θάνατος ἢ φόνος. Καὶ εἶπεν
αὐτοῖς ὁ βασιλεὺς Αἰγύπτου, ἱνατί Μωυσῆς καὶ Ἀαρὼν δια-
στρέφετε τὸν λαὸν ἀπὸ τῶν ἔργων; ἀπέλθατε ἕκαστος ὑμῶν
5 πρὸς τὰ ἔργα αὐτοῦ. Καὶ εἶπεν Φαραὼ, ἰδοὺ νῦν πολυπληθεῖ
6 ὁ λαὸς, μὴ οὖν καταπαύσωμεν αὐτοὺς ἀπὸ τῶν ἔργων. Συνέταξε
δὲ Φαραὼ τοῖς ἐργοδιώκταις τοῦ λαοῦ, καὶ τοῖς γραμματεῦσι,
7 λέγων, οὐκέτι προστεθήσεσθε διδόναι ἄχυρον τῷ λαῷ εἰς
τὴν πλινθουργίαν, καθάπερ χθὲς καὶ τρίτην ἡμέραν· ἀλλ' αὐτοὶ
8 πορευέσθωσαν καὶ συναγαγέτωσαν ἑαυτοῖς ἄχυρα. Καὶ τὴν
σύνταξιν τῆς πλινθείας, ἧς αὐτοὶ ποιοῦσι, καθ' ἑκάστην ἡμέραν
ἐπιβαλεῖς αὐτοῖς· οὐκ ἀφελεῖς οὐδέν· σχολάζουσι γάρ· διὰ
τοῦτο κεκράγασι, λέγοντες, ἐγερθῶμεν, καὶ θύσωμεν τῷ Θεῷ
9 ἡμῶν. Βαρυνέσθω τὰ ἔργα τῶν ἀνθρώπων τούτων, καὶ μεριμ-
νάτωσαν ταῦτα, καὶ μὴ μεριμνάτωσαν ἐν λόγοις κενοῖς.

10 Κατέσπευδον δὲ αὐτοὺς οἱ ἐργοδιῶκται καὶ οἱ γραμματεῖς,
καὶ ἔλεγον πρὸς τὸν λαὸν, λέγοντες, τάδε λέγει Φαραὼ, οὐκέτι
11 δίδωμι ὑμῖν ἄχυρα. Αὐτοὶ ὑμεῖς πορευόμενοι συλλέγετε ἑαυ-
τοῖς ἄχυρα, ὅθεν ἐὰν εὕρητε· οὐ γὰρ ἀφαιρεῖται ἀπὸ τῆς
12 συντάξεως ὑμῶν οὐθέν. Καὶ διεσπάρη ὁ λαὸς ἐν ὅλῃ γῇ
13 Αἰγύπτῳ συναγαγεῖν καλάμην εἰς ἄχυρα. Οἱ δὲ ἐργοδιῶκται
κατέσπευδον αὐτοὺς, λέγοντες, συντελεῖτε τὰ ἔργα τὰ καθήκοντα
14 καθ' ἡμέραν, καθάπερ καὶ ὅτε τὸ ἄχυρον ἐδίδοτο ὑμῖν. Καὶ
ἐμαστιγώθησαν οἱ γραμματεῖς τοῦ γένους τῶν υἱῶν Ἰσραήλ,
οἱ κατασταθέντες ἐπ' αὐτοὺς, ὑπὸ τῶν ἐπιστατῶν τοῦ Φαραὼ,
λέγοντες, διατί οὐ συνετελέσατε τὰς συντάξεις ὑμῶν τῆς
πλινθείας καθάπερ χθὲς καὶ τρίτην ἡμέραν, καὶ τὸ τῆς σήμερον;
15 Εἰσελθόντες δὲ οἱ γραμματεῖς τῶν υἱῶν Ἰσραὴλ κατεβόησαν
πρὸς Φαραὼ, λέγοντες, ἱνατί σὺ οὕτως ποιεῖς τοῖς σοῖς οἰκέταις;
16 Ἄχυρον οὐ δίδοται τοῖς οἰκέταις σου, καὶ τὴν πλίνθον ἡμῖν
λέγουσι ποιεῖν· καὶ ἰδοὺ οἱ παῖδές σου μεμαστίγωνται, ἀδική-
17 σεις οὖν τὸν λαόν σου. Καὶ εἶπεν αὐτοῖς, σχολάζετε, σχολα-
σταί ἐστε· διὰ τοῦτο λέγετε, πορευθῶμεν, θύσωμεν τῷ Θεῷ
18 ἡμῶν. Νῦν οὖν πορευθέντες, ἐργάζεσθε· τὸ γὰρ ἄχυρον οὐ
δοθήσεται ὑμῖν, καὶ τὴν σύνταξιν τῆς πλινθείας ἀποδώσετε.
19 Ἑώρων δὲ οἱ γραμματεῖς τῶν υἱῶν Ἰσραὴλ ἑαυτοὺς ἐν κακοῖς,
λέγοντες, οὐκ ἀπολείψετε τῆς πλινθείας τὸ καθῆκον τῇ ἡμέρᾳ.

elders of the children of Israel. [30] And Aaron
spoke all these words, which God spoke to
Moses, and wrought the miracles before the
people. [31] And the people believed and re-
joiced, because God visited the children of
Israel, and because he saw their affliction:
and the people bowed and worshipped.

And after this went in Moses and Aaron
to Pharao, and they said to him, These
things says the Lord God of Israel, Send my
people away, that they may keep a feast to
me in the wilderness. [2] And Pharao said,
Who is he that I should hearken to his
voice, so that I should send away the chil-
dren of Israel? I do not know the Lord,
and I [β] will not let Israel go. [3] And they
say to him, The God of the Hebrews has
called us to him: we will go therefore a three
days' journey into the wilderness, that we
may sacrifice to the Lord our God, lest at any
time death or slaughter happen to us. [4] And
the king of Egypt said to them, Why do ye,
Moses and Aaron, turn the people from
their works? depart each of you to your
works. [5] And Pharao said, Behold now, the
people is very numerous; let us not then
give them rest from their work. [6] And
Pharao gave orders to the task-masters
of the people and the accountants, saying,
[7] Ye shall no longer give straw to the people
for brick-making as yesterday and the third
day; but let them go themselves, and collect
straw for themselves. [8] And thou shalt im-
pose on them daily the rate of brick-making
which they perform: thou shalt not abate
anything, for they are idle; therefore have
they cried, saying, Let us arise and do sacri-
fice to our God. [9] Let the works of these
men be made grievous, and let them care
for these things, and not care for vain words.
[10] And the taskmasters and the account-
ants hastened them, and they spoke to the
people, saying, Thus says Pharao, I *will* give
you straw no longer. [11] Go ye, yourselves,
get for yourselves straw whencesoever ye
can find it, for nothing is diminished from
your rate. [12] So the people were dispersed
in all the land of Egypt, to gather stubble
for straw. [13] And the taskmasters hastened
them, saying, Fulfil your regular daily tasks,
even as when straw was given you. [14] And
the accountants of the race of the children
of Israel, who were set over them by the
masters of Pharao, were scourged, [γ *and
questioned*,] *men* saying, Why have ye not
fulfilled your rates of brick-work as yester-
day and the third day, to-day also? [15] And
the accountants of the children of Israel
went in and cried to Pharao, saying, Why
dost thou act thus to thy servants? [16] Straw
is not given to thy servants, and they tell
us to make brick; and behold thy servants
have been scourged: thou wilt therefore
injure thy people. [17] And he said to them,
Ye are idle, ye are idlers: therefore ye say,
Let us go *and* do sacrifice to our God.
[18] Now then go and work, for straw shall not
be given to you, yet ye shall return the rate
of bricks. [19] And the accountants of the
children of Israel saw themselves in an evil
plight, *men* saying, Ye shall not fail [δ] to
deliver the daily rate of the brick-making.

β *Gr.* do not let, etc.   γ Supplied from the *Hebrew.*   δ *Gr.* from the brick-making *to deliver* that which belongs to each day.

²⁰ And they met Moses and Aaron coming forth to meet them, as they came forth from Pharao. ²¹ And they said to them, The Lord look upon you and judge you, for ye have made our savour abominable before Pharao, and before his servants, to put a sword into his hands to slay us. ²² And Moses turned to the Lord, and said, I pray, Lord, why hast thou afflicted this people? and wherefore hast thou sent me? ²³ For from the time that I went to Pharao to speak in thy name, he has afflicted this people, and thou hast not delivered thy people.

And the Lord said to Moses, Now thou shalt see what I will do to Pharao; for he shall send them forth with a mighty hand, and with a high arm shall he cast them out of his land. ² And God spoke to Moses and said to him, I *am* the Lord. ³ And I appeared to Abraam and Isaac and Jacob, being their God, but I did not manifest to them my name β Lord. ⁴ And I established my covenant with them, to give them the land of the Chananites, the land wherein they sojourned, in which also they dwelt as strangers. ⁵ And I hearkened to the groaning of the children of Israel (the affliction with which the Egyptians enslave them) and I remembered the covenant with you.γ ⁶ Go, speak to the children of Israel, saying, I *am* the Lord; and I will lead you forth from the tyranny of the Egyptians, and I will deliver you from bondage, and I will ransom you with a high arm, and great judgment. ⁷ And I will take you to me a people for myself, and will be your God; and ye shall know that I am the Lord your God, who brought you out from the tyranny of the Egyptians. ⁸ And I will bring you into the land concerning which I stretched out my hand to give it to Abraam and Isaac and Jacob, and I will give it you for an inheritance: I *am* the Lord. ⁹ And Moses spoke thus to the sons of Israel, and they hearkened not to Moses for faint-heartedness, and for their hard tasks. ¹⁰ And the Lord spoke to Moses, saying, ¹¹ Go in, speak to Pharao king of Egypt, that he send forth the children of Israel out of his land. ¹² And Moses spoke before the Lord, saying, Behold, the children of Israel hearkened not to me, and how shall Pharao hearken to me? and I am not eloquent. ¹³ And the Lord spoke to Moses and Aaron, and gave them a charge to Pharao king of Egypt, that he should send forth the children of Israel out of the land of Egypt.

¹⁴ And these are the heads of the houses of their families: the sons of Ruben the first-born of Israel; Enoch and Phallus, Asron, and Charmi, this is the kindred of Ruben. ¹⁵ And the sons of Symeon, Jemuel and Jamin, and Aod, and Jachin and Saar, and Saul the son of a Phœnician woman, these are the families of the sons of Symeon. ¹⁶ And these are the names of the sons of Levi according to their kindreds, Gedson, Caath, and Merari; and the years of the life of Levi were a hundred and thirty-seven. ¹⁷ And these are the sons of Gedson, Lobeni

Συνήντησαν δὲ Μωυσῇ καὶ ᾿Ααρὼν ἐρχομένοις εἰς συνάντησιν 20 αὐτοῖς, ἐκπορευομένων αὐτῶν ἀπὸ Φαραώ. Καὶ εἶπαν αὐτοῖς, 21 ἴδοι ὁ Θεὸς ὑμᾶς καὶ κρίναι, ὅτι ἐβδελύξατε τὴν ὀσμὴν ἡμῶν ἐναντίον Φαραώ, καὶ ἐναντίον τῶν θεραπόντων αὐτοῦ, δοῦναι ῥομφαίαν εἰς τὰς χεῖρας αὐτοῦ, ἀποκτεῖναι ἡμᾶς. ᾿Επέστρεψε 22 δὲ Μωυσῆς πρὸς Κύριον, καὶ εἶπε, δέομαι, Κύριε· τί ἐκάκωσας τὸν λαὸν τοῦτον; καὶ ἱνατί ἀπέσταλκάς με; Καὶ ἀφ᾿ οὗ 23 πεπόρευμαι πρὸς Φαραώ, λαλῆσαι ἐπὶ τῷ σῷ ὀνόματι, ἐκάκωσε τὸν λαὸν τοῦτον· καὶ οὐκ ἐῤῥύσω τὸν λαόν σου.

Καὶ εἶπε Κύριος πρὸς Μωυσῆν, ἤδη ὄψει ἃ ποιήσω τῷ 6 Φαραώ· ἐν γὰρ χειρὶ κραταιᾷ ἐξαποστελεῖ αὐτούς, καὶ ἐν βραχίονι ὑψηλῷ ἐκβαλεῖ αὐτοὺς ἐκ τῆς γῆς αὐτοῦ. ᾿Ελάλησε 2 δὲ ὁ Θεὸς πρὸς Μωυσῆν, καὶ εἶπε πρὸς αὐτόν, ἐγὼ Κύριος. Καὶ ὤφθην πρὸς ᾿Αβραὰμ καὶ ᾿Ισαὰκ καὶ ᾿Ιακώβ, Θεὸς ὢν 3 αὐτῶν· καὶ τὸ ὄνομά μου Κύριος οὐκ ἐδήλωσα αὐτοῖς. Καὶ 4 ἔστησα τὴν διαθήκην μου πρὸς αὐτούς, ὥστε δοῦναι αὐτοῖς τὴν γῆν τῶν Χαναναίων, τὴν γῆν ἣν παρῳκήκασιν, ἐν ᾗ καὶ παρῴκησαν ἐπ᾿ αὐτῆς. Καὶ ἐγὼ εἰσήκουσα τὸν στεναγμὸν 5 τῶν υἱῶν ᾿Ισραήλ, ὃν οἱ Αἰγύπτιοι καταδουλοῦνται αὐτούς, καὶ ἐμνήσθην τῆς διαθήκης ὑμῶν. Βάδιζε, εἶπον τοῖς υἱοῖς ᾿Ισραήλ, 6 λέγων, ἐγὼ Κύριος· καὶ ἐξάξω ὑμᾶς ἀπὸ τῆς δυναστείας τῶν Αἰγυπτίων, καὶ ῥύσομαι ὑμᾶς ἐκ τῆς δουλείας, καὶ λυτρώσομαι ὑμᾶς ἐν βραχίονι ὑψηλῷ καὶ κρίσει μεγάλῃ. Καὶ λήψομαι 7 ἐμαυτῷ ὑμᾶς λαὸν ἐμοί, καὶ ἔσομαι ὑμῶν Θεός· καὶ γνώσεσθε ὅτι ἐγὼ Κύριος ὁ Θεὸς ὑμῶν, ὁ ἐξαγαγὼν ὑμᾶς ἐκ τῆς καταδυναστείας τῶν Αἰγυπτίων. Καὶ εἰσάξω ὑμᾶς εἰς 8 τὴν γῆν, εἰς ἣν ἐξέτεινα τὴν χεῖρά μου, δοῦναι αὐτὴν τῷ ᾿Αβραάμ, καὶ ᾿Ισαάκ, καὶ ᾿Ιακώβ, καὶ δώσω ὑμῖν αὐτὴν ἐν κλήρῳ· ἐγὼ Κύριος. ᾿Ελάλησε δὲ Μωυσῆς οὕτω τοῖς υἱοῖς 9 ᾿Ισραήλ· καὶ οὐκ εἰσήκουσαν Μωυσῇ ἀπὸ τῆς ὀλιγοψυχίας, καὶ ἀπὸ τῶν ἔργων τῶν σκληρῶν. Εἶπε δὲ Κύριος 10 πρὸς Μωυσῆν λέγων, εἴσελθε, λάλησον Φαραὼ βασιλεῖ 11 Αἰγύπτου, ἵνα ἐξαποστείλῃ τοὺς υἱοὺς ᾿Ισραὴλ ἐκ τῆς γῆς αὐτοῦ. ᾿Ελάλησε δὲ Μωυσῆς ἔναντι Κυρίου, λέγων, ἰδοὺ 12 οἱ υἱοὶ ᾿Ισραὴλ οὐκ εἰσήκουσάν μου, καὶ πῶς εἰσακούσεταί μου Φαραώ; ἐγὼ δὲ ἄλογός εἰμι. Εἶπε δὲ Κύριος πρὸς 13 Μωυσῆν καὶ ᾿Ααρών, καὶ συνέταξεν αὐτοῖς πρὸς Φαραὼ βασιλέα Αἰγύπτου, ὥστε ἐξαποστεῖλαι τοὺς υἱοὺς ᾿Ισραὴλ ἐκ γῆς Αἰγύπτου.

Καὶ οὗτοι ἀρχηγοὶ οἴκων πατριῶν αὐτῶν· υἱοὶ ᾿Ρουβὴν, 14 πρωτοτόκου ᾿Ισραήλ· ᾿Ενώχ, καὶ Φαλλούς, ᾿Ασρών, καὶ Χαρμεί· αὕτη ἡ συγγένεια ᾿Ρουβήν. Καὶ υἱοὶ Συμεών· ᾿Ιεμουήλ, καὶ 15 ᾿Ιαμείμ, καὶ ᾿Αώδ, καὶ ᾿Ιαχείν, καὶ Σαάρ, καὶ Σαοὺλ ὁ ἐκ τῆς Φοινίσσης· αὗται αἱ πατριαὶ τῶν υἱῶν Συμεών. Καὶ ταῦτα 16 τὰ ὀνόματα τῶν υἱῶν Λευὶ κατὰ συγγενείας αὐτῶν· Γεδσών, Καάθ, καὶ Μεραρεί· καὶ τὰ ἔτη τῆς ζωῆς Λευὶ ἑκατὸν τριάκοντα ἑπτά. Καὶ οὗτοι υἱοὶ Γεδσών· Λοβενεί, καὶ Σεμεεί· 17

β *Or*, The Lord.   γ *Lit.* your covenant.

18 οἶκοι πατριᾶς αὐτῶν. Καὶ υἱοὶ Καάθ· Ἀμβρὰμ, καὶ Ἰσσαὰρ,
Χεβρὼν, καὶ Ὀζειήλ· καὶ τὰ ἔτη τῆς ζωῆς Καὰθ ἑκατὸν
19 τριάκοντα τρία ἔτη. Καὶ υἱοὶ Μεραρεί· Μοολεὶ, καὶ Ὀμουσεί·
20 οὗτοι οἱ οἶκοι πατριῶν Λευὶ κατὰ συγγενείας αὐτῶν. Καὶ
ἔλαβεν Ἀμβρὰμ τὴν Ἰωχαβὲδ, θυγατέρα τοῦ ἀδελφοῦ τοῦ
πατρὸς αὐτοῦ, ἑαυτῷ εἰς γυναῖκα· καὶ ἐγέννησεν αὐτῷ τόν τε
Ἀαρὼν καὶ τὸν Μωυσῆν, καὶ Μαριὰμ τὴν ἀδελφὴν αὐτῶν·
21 τὰ δὲ ἔτη τῆς ζωῆς Ἀμβρὰμ, ἑκατὸν τριάκοντα δύο ἔτη. Καὶ
22 υἱοὶ Ἰσσαάρ· Κορὲ, καὶ Ναφὲκ, καὶ Ζεχρεί. Καὶ υἱοὶ Ὀζειήλ·
23 Μισαὴλ, καὶ Ἐλισαφὰν, καὶ Σεγρεί. Ἔλαβε δὲ Ἀαρὼν τὴν
Ἐλισαβὲθ θυγατέρα Ἀμιναδὰβ, ἀδελφὴν Ναασσὼν, αὐτῷ
γυναῖκα· καὶ ἔτεκεν αὐτῷ τόν τε Ναδὰβ, καὶ Ἀβιοὺδ, καὶ τὸν
24 Ἐλεάζαρ, καὶ Ἰθάμαρ. Υἱοὶ δὲ Κορέ· Ἀσεὶρ, καὶ Ἑλκανὰ,
25 καὶ Ἀβιασάρ· αὗται αἱ γενέσεις Κορέ. Καὶ Ἐλεάζαρ ὁ τοῦ
Ἀαρὼν ἔλαβε τῶν θυγατέρων Φουτιὴλ αὐτῷ γυναῖκα· καὶ
ἔτεκεν αὐτῷ τὸν Φινεές· αὗται αἱ ἀρχαὶ πατριᾶς Λευιτῶν, κατὰ
26 γενέσεις αὐτῶν. Οὗτος Ἀαρὼν καὶ Μωυσῆς, οἷς εἶπεν αὐτοῖς
ὁ Θεὸς ἐξαγαγεῖν τοὺς υἱοὺς Ἰσραὴλ ἐκ γῆς Αἰγύπτου σὺν
27 δυνάμει αὐτῶν. Οὗτοί εἰσιν οἱ διαλεγόμενοι πρὸς Φαραὼ
βασιλέα Αἰγύπτου· καὶ ἐξήγαγον τοὺς υἱοὺς Ἰσραὴλ ἐκ γῆς
28 Αἰγύπτου αὐτὸς Ἀαρὼν καὶ Μωυσῆς, ᾗ ἡμέρᾳ ἐλάλησε
29 Κύριος Μωυσῇ ἐν γῇ Αἰγύπτῳ. Καὶ ἐλάλησε Κύριος πρὸς
Μωυσῆν, λέγων, ἐγὼ Κύριος· λάλησον πρὸς Φαραὼ βασιλέα
30 Αἰγύπτου ὅσα ἐγὼ λέγω πρὸς σέ. Καὶ εἶπε Μωυσῆς ἐναντίον
Κυρίου, ἰδοὺ ἐγὼ ἰσχνόφωνός εἰμι, καὶ πῶς εἰσακούσεταί μου
Φαραώ,

7 Καὶ εἶπε Κύριος πρὸς Μωυσῆν, λέγων, ἰδοὺ δέδωκά σε
θεὸν Φαραὼ, καὶ Ἀαρὼν ὁ ἀδελφός σου ἔσται σου προφήτης.
2 Σὺ δὲ λαλήσεις αὐτῷ πάντα ὅσα σοι ἐντέλλομαι· ὁ δὲ Ἀαρὼν
ὁ ἀδελφός σου λαλήσει πρὸς Φαραὼ, ὥστε ἐξαποστεῖλαι
3 τοὺς υἱοὺς Ἰσραὴλ ἐκ τῆς γῆς αὐτοῦ. Ἐγὼ δὲ σκληρυνῶ
τὴν καρδίαν Φαραὼ, καὶ πληθυνῶ τὰ σημεῖά μου καὶ τὰ
4 τέρατα ἐν γῇ Αἰγύπτῳ. Καὶ οὐκ εἰσακούσεται ὑμῶν Φαραώ·
καὶ ἐπιβαλῶ τὴν χεῖρά μου ἐπ᾽ Αἴγυπτον, καὶ ἐξάξω σὺν
δυνάμει μου τὸν λαόν μου τοὺς υἱοὺς Ἰσραὴλ ἐκ γῆς Αἰγύπτου
5 σὺν ἐκδικήσει μεγάλῃ. Καὶ γνώσονται πάντες οἱ Αἰγύπτιοι
ὅτι ἐγώ εἰμι Κύριος, ἐκτείνων τὴν χεῖρά μου ἐπ᾽ Αἴγυπτον,
6 καὶ ἐξάξω τοὺς υἱοὺς Ἰσραὴλ ἐκ μέσον αὐτῶν. Ἐποίησε δὲ
Μωυσῆς καὶ Ἀαρὼν καθάπερ ἐνετείλατο αὐτοῖς Κύριος, οὕτως
7 ἐποίησαν. Μωυσῆς δὲ ἦν ἐτῶν ὀγδοήκοντα, Ἀαρὼν δὲ ὁ
ἀδελφὸς αὐτοῦ ἐτῶν ὀγδοήκοντατριῶν, ἡνίκα ἐλάλησεν πρὸς
8 Φαραώ. Καὶ εἶπε Κύριος πρὸς Μωυσῆν καὶ Ἀαρὼν, λέγων,
9 καὶ ἐὰν λαλήσῃ πρὸς ὑμᾶς Φαραὼ, λέγων, δότε ἡμῖν σημεῖον
ἢ τέρας, καὶ ἐρεῖς Ἀαρὼν τῷ ἀδελφῷ σου, λάβε τὴν ῥάβδον,
καὶ ῥῖψον ἐπὶ τὴν γῆν ἐναντίον Φαραὼ, καὶ ἐναντίον τῶν
10 θεραπόντων αὐτοῦ, καὶ ἔσται δράκων. Εἰσῆλθε δὲ Μωυσῆς
καὶ Ἀαρὼν ἐναντίον Φαραὼ, καὶ τῶν θεραπόντων αὐτοῦ· καὶ
ἐποίησαν οὕτως, καθάπερ ἐνετείλατο αὐτοῖς Κύριος· καὶ
ἔρριψεν Ἀαρὼν τὴν ῥάβδον ἐναντίον Φαραὼ, καὶ ἐναντίον τῶν

and Semei, the houses of their family.
And the sons of Caath, 18 Ambram and
Issaar, Chebron, and Oziel; and the years
of the life of Caath were a β hundred and
thirty-three years. 19 And the sons of Me-
rari, Mooli, and Omusi, these are the houses
of the families of Levi, according to their
kindreds. 20 And Ambram took to wife Jo-
chabed the daughter of his father's brother,
and she bore to him both Aaron and Moses,
and Mariam their sister: and the years of
the life of Ambram were a γ hundred and
thirty-two years. 21 And the sons of Issaar,
Core, and Naphec, and Zechri. 22 And the
sons of Oziel, Misael, and Elisaphan, and
Segri. 23 And Aaron took to himself to
wife Elisabeth daughter of Aminadab sister
of Naasson, and she bore to him both Na-
dab and Abiud, and Eleazar and Ithamar.
24 And the sons of Core, Asir, and Elkana,
and Abiasar, these are the generations of
Core. 25 And Eleazar the son of Aaron took
to himself for a wife *one* of the daughters of
Phutiel, and she bore to him Phinees.
These are the heads of the family of the
Levites, according to their generations.
26 This is Aaron and Moses, whom God told
to bring out the children of Israel out of
the land of Egypt with their forces. 27 These
are they that spoke with Pharao king of
Egypt, and Aaron himself and Moses brought
out the children of Israel from the land of
Egypt, 28 in the day in which the Lord
spoke to Moses in the land of Egypt; 29 then
the Lord spoke to Moses, saying, I am the
Lord: speak to Pharao king of Egypt what-
soever I say to thee. 30 And Moses said before
the Lord, Behold, I am not able in speech,
and how shall Pharao hearken to me?

And the Lord spoke to Moses, saying,
Behold, I have made thee a god to Pharao,
and Aaron thy brother shall be thy δ pro-
phet. 2 And thou shalt say to him all things
that I charge thee, and Aaron thy brother
shall speak to Pharao, that he should send
forth the children of Israel out of his land.
3 And I will harden the heart of Pharao,
and I will multiply my signs and wonders
in the land of Egypt. 4 And Pharao will
not hearken to you, and I will lay my hand
upon Egypt; and will bring out my people
the children of Israel with my power out of
the land of Egypt with great vengeance.
5 And all the Egyptians shall know that I
am the Lord, stretching out my hand upon
Egypt, and I will bring out the children of
Israel out of the midst of them. 6 And
Moses and Aaron did as the Lord com-
manded them, so did they. 7 And Moses
was eighty years old, and Aaron his brother
was eighty-three years old, when he spoke
to Pharao. 8 And the Lord spoke to Moses
and Aaron, saying, 9 Now if Pharao should
speak to you, and say, Give us a sign or a
wonder, then shalt thou say to thy brother
Aaron, Take thy rod and cast it upon the
ground before Pharao, and before his ser-
vants, and it shall become a serpent. 10 And
Moses and Aaron went in before Pharao,
and *before* his servants, and they did so, as
the Lord commanded them; and Aaron
cast down his rod before Pharao, and before

β *Alex.* 130 years.   γ *Alex.* 136 years.   δ *Or*, spokesman; for the use of this word in a wide sense, see Tit. 1. 12.

his servants, and it became a serpent. [11] But Pharao called together the wise men of Egypt, and the sorcerers, and the charmers also of the Egyptians did likewise with their sorceries. [12] And they cast down each βhis rod, and they became serpents, but the rod of Aaron swallowed up their rods. [13] And the heart of Pharao was hardened, and he hearkened not to them, as the Lord charged them.

[14] And the Lord said to Moses, The heart of Pharao is made hard, so that he should not let the people go. [15] Go to Pharao early in the morning: behold, he goes forth to the water; and thou shalt meet him on the bank of the river, and thou shalt take in thine hand the rod that was turned into a serpent. [16] And thou shalt say to him, The Lord God of the Hebrews has sent me to thee, saying, Send my people away, that they may serve me in the wilderness, and, behold, hitherto thou hast not hearkened. [17] These things saith the Lord: Hereby shalt thou know that I am the Lord: behold, I strike with the rod that is in my hand on the water which is in the river, and it shall change it into blood. [18] And the fish that are in the river shall die, and the river shall stink thereupon, and the Egyptians shall not be able to drink water from the river. [19] And the Lord said to Moses, Say to thy brother Aaron, Take thy rod in thy hand, and stretch forth thy hand over the waters of Egypt, and over their rivers, and over their canals, and over their ponds, and over all their standing water, and it shall become blood: and there was blood in all the land of Egypt, both in vessels of wood and of stone. [20] And Moses and Aaron did so, as the Lord commanded them; and *Aaron* having lifted up *his* hand with his rod, smote the water in the river before Pharao, and before his servants, and changed all the water in the river into blood. [21] And the fish in the river died, and the river stank thereupon; and the Egyptians could not drink water from the river, and the blood was in all the land of Egypt. [22] And the charmers also of the Egyptians did so with their sorceries; and the heart of Pharao was hardened, and he did not hearken to them, even as the Lord said. [23] And Pharao turned and entered into his house, nor did he fix his attention even on this thing. [24] And all the Egyptians dug round about the river, so as to drink water, for they could not drink water from the river. [25] And seven days were fulfilled after the Lord had smitten the river.

And the Lord said to Moses, Go in to Pharao, and thou shalt say to him, These things says the Lord: send forth my people, that they may serve me. [2] And if thou wilt not send them forth, behold, I afflict all thy borders with frogs: [3] and the river shall teem with frogs, and they shall go up and enter into thy houses, and into thy bed-chambers, and upon thy beds, and upon the houses of thy servants, and of thy people, and on thy dough, and on thine ovens. [4] And upon thee, and upon thy servants,

θεραπόντων αὐτοῦ, καὶ ἐγένετο δράκων. Συνεκάλεσε δὲ Φαραὼ [11] τοὺς σοφιστὰς Αἰγύπτου, καὶ τοὺς φαρμακούς· καὶ ἐποίησαν καὶ οἱ ἐπαοιδοὶ τῶν Αἰγυπτίων ταῖς φαρμακίαις αὐτῶν ὡσαύτως. Καὶ ἔῤῥιψαν ἕκαστος τὴν ῥάβδον αὐτῶν, καὶ ἐγένοντο δράκοντες· [12] καὶ κατέπιεν ἡ ῥάβδος ἡ Ἀαρὼν τὰς ἐκείνων ῥάβδους. Καὶ [13] κατίσχυσεν ἡ καρδία Φαραὼ, καὶ οὐκ εἰσήκουσεν αὐτῶν, καθάπερ ἐνετείλατο αὐτοῖς Κύριος.

Εἶπε δὲ Κύριος πρὸς Μωυσῆν, βεβάρηται ἡ καρδία Φαραὼ, [14] τοῦ μὴ ἐξαποστεῖλαι τὸν λαόν. Βάδισον πρὸς Φαραὼ τὸ [15] πρωΐ· ἰδοὺ αὐτὸς ἐκπορεύεται ἐπὶ τὸ ὕδωρ, καὶ ἔσῃ συναντῶν αὐτῷ ἐπὶ τὸ χεῖλος τοῦ ποταμοῦ· καὶ τὴν ῥάβδον τὴν στραφεῖσαν εἰς ὄφιν λήψῃ ἐν τῇ χειρί σου. Καὶ ἐρεῖς πρὸς αὐτὸν, [16] Κύριος ὁ Θεὸς τῶν Ἑβραίων ἀπέσταλκέ με πρὸς σὲ, λέγων, ἐξαπόστειλον τὸν λαόν μου, ἵνα μοι λατρεύσῃ ἐν τῇ ἐρήμῳ· καὶ ἰδοὺ οὐκ εἰσήκουσας ἕως τούτου. Τάδε λέγει Κύριος, ἐν [17] τούτῳ γνώσῃ ὅτι ἐγὼ Κύριος· ἰδοὺ ἐγὼ τύπτω τῇ ῥάβδῳ τῇ ἐν τῇ χειρί μου ἐπὶ τὸ ὕδωρ τὸ ἐν τῷ ποταμῷ, καὶ μεταβαλεῖ εἰς αἷμα. Καὶ οἱ ἰχθύες οἱ ἐν τῷ ποταμῷ τελευτήσουσι· καὶ [18] ἐποζέσει ὁ ποταμὸς, καὶ οὐ δυνήσονται οἱ Αἰγύπτιοι πιεῖν ὕδωρ ἀπὸ τοῦ ποταμοῦ. Εἶπε δὲ Κύριος πρὸς Μωυσῆν, εἶπον [19] Ἀαρὼν τῷ ἀδελφῷ σου, λάβε τὴν ῥάβδον σου ἐν τῇ χειρί σου, καὶ ἔκτεινον τὴν χεῖρά σου ἐπὶ τὰ ὕδατα Αἰγύπτου, καὶ ἐπὶ τοὺς ποταμοὺς αὐτῶν, καὶ ἐπὶ τὰς διώρυγας αὐτῶν, καὶ ἐπὶ τὰ ἕλη αὐτῶν, καὶ ἐπὶ πᾶν συνεστηκὸς ὕδωρ αὐτῶν, καὶ ἔσται αἷμα· καὶ ἐγένετο αἷμα ἐν πάσῃ γῇ Αἰγύπτου, ἔν τε τοῖς ξύλοις καὶ ἐν τοῖς λίθοις. Καὶ ἐποίησαν οὕτως Μωυσῆς καὶ Ἀαρὼν, [20] καθάπερ ἐνετείλατο αὐτοῖς Κύριος· καὶ ἐπάρας τῇ ῥάβδῳ αὐτοῦ ἐπάταξε τὸ ὕδωρ τὸ ἐν τῷ ποταμῷ ἐναντίον Φαραὼ, καὶ ἐναντίον τῶν θεραπόντων αὐτοῦ· καὶ μετέβαλε πᾶν τὸ ὕδωρ τὸ ἐν τῷ ποταμῷ εἰς αἷμα. Καὶ οἱ ἰχθύες οἱ ἐν τῷ ποταμῷ [21] ἐτελεύτησαν· καὶ ἐπώζεσεν ὁ ποταμὸς, καὶ οὐκ ἠδύναντο οἱ Αἰγύπτιοι πιεῖν ὕδωρ ἐκ τοῦ ποταμοῦ· καὶ ἦν τὸ αἷμα ἐν πάσῃ γῇ Αἰγύπτου. Ἐποίησαν δὲ ὡσαύτως καὶ οἱ ἐπαοιδοὶ τῶν [22] Αἰγυπτίων ταῖς φαρμακίαις αὐτῶν· καὶ ἐσκληρύνθη ἡ καρδία Φαραὼ, καὶ οὐκ εἰσήκουσεν αὐτῶν, καθάπερ εἶπε Κύριος. Ἐπιστραφεὶς δὲ Φαραὼ εἰσῆλθεν εἰς τὸν οἶκον αὐτοῦ· καὶ [23] οὐκ ἐπέστησε τὸν νοῦν αὐτοῦ οὐδὲ ἐπὶ τούτῳ. Ὤρυξαν [24] δὲ πάντες οἱ Αἰγύπτιοι κύκλῳ τοῦ ποταμοῦ, ὥστε πιεῖν ὕδωρ· καὶ οὐκ ἠδύναντο πιεῖν ὕδωρ ἀπὸ τοῦ ποταμοῦ. Καὶ [25] ἀνεπληρώθησαν ἑπτὰ ἡμέραι, μετὰ τὸ πατάξαι Κύριον τὸν ποταμόν.

Εἶπε δὲ Κύριος πρὸς Μωυσῆν, εἴσελθε πρὸς Φαραὼ, καὶ 8 ἐρεῖς πρὸς αὐτὸν, τάδε λέγει Κύριος, ἐξαπόστειλον τὸν λαόν μου, ἵνα μοι λατρεύσωσιν. Εἰ δὲ μὴ βούλει σὺ ἐξαποστεῖλαι, 2 ἰδοὺ ἐγὼ τύπτω πάντα τὰ ὅριά σου τοῖς βατράχοις. Καὶ 3 ἐξερεύξεται ὁ ποταμὸς βατράχους· καὶ ἀναβάντες εἰσελεύσονται εἰς τοὺς οἴκους σου, καὶ εἰς τὰ ταμιεῖα τῶν κοιτώνων σου, καὶ ἐπὶ τῶν κλινῶν σου, καὶ ἐπὶ τοὺς οἴκους τῶν θεραπόντων σου, καὶ τοῦ λαοῦ σου, καὶ ἐν τοῖς φυράμασί σου, καὶ ἐν τοῖς κλιβάνοις σου. Καὶ ἐπὶ σὲ, καὶ ἐπὶ τοὺς θεράποντάς σου, καὶ 4

β *Gr.* their.

5 ἐπὶ τὸν λαόν σου, ἀναβήσονται οἱ βάτραχοι. Εἶπε δὲ Κύριος πρὸς Μωυσῆν, εἶπον Ἀαρὼν τῷ ἀδελφῷ σου, ἔκτεινον τῇ χειρὶ τὴν ῥάβδον σου ἐπὶ τοὺς ποταμούς, καὶ ἐπὶ τὰς διώρυγας, καὶ
6 ἐπὶ τὰ ἕλη, καὶ ἀνάγαγε τοὺς βατράχους. Καὶ ἐξέτεινεν Ἀαρὼν τὴν χεῖρα ἐπὶ τὰ ὕδατα Αἰγύπτου, καὶ ἀνήγαγε τοὺς βατράχους· καὶ ἀνεβιβάσθη ὁ βάτραχος, καὶ ἐ·άλυψε τὴν γῆν
7 Αἰγύπτου. Ἐποίησαν δὲ ὡσαύτως καὶ οἱ ἐπαοιδοὶ τῶν Αἰγυπτίων ταῖς φαρμακίαις αὐτῶν, καὶ ἀνήγαγον τοὺς βατράχους
8 ἐπὶ γῆν Αἰγύπτου. Καὶ ἐκάλεσε Φαραὼ Μωυσῆν καὶ Ἀαρὼν, καὶ εἶπεν, εὔξασθε περὶ ἐμοῦ πρὸς Κύριον, καὶ περιελέτω τοὺς βατράχους ἀπ᾽ ἐμοῦ, καὶ ἀπὸ τοῦ ἐμοῦ λαοῦ· καὶ ἐξαποστελῶ
9 αὐτοὺς, καὶ θύσωσι τῷ Κυρίῳ. Εἶπε δὲ Μωυσῆς πρὸς Φαραὼ, τάξαι πρός με πότε εὔξομαι περὶ σοῦ, καὶ περὶ τῶν θεραπόντων σου, καὶ τοῦ λαοῦ σου, ἀφανίσαι τοὺς βατράχους ἀπὸ σοῦ, καὶ ἀπὸ τοῦ λαοῦ σου, καὶ ἐκ τῶν οἰκιῶν ὑμῶν, πλὴν ἐν τῷ ποταμῷ
10 ὑπολειφθήσονται. Ὁ δὲ εἶπεν, εἰς αὔριον· εἶπεν οὖν, ὡς
11 εἴρηκας· ἵνα εἰδῇς ὅτι οὐκ ἔστιν ἄλλος πλὴν Κυρίου. Καὶ περιαιρεθήσονται οἱ βάτραχοι ἀπὸ σοῦ, καὶ ἀπὸ τῶν οἰκιῶν ὑμῶν, καὶ ἀπὸ τῶν ἐπαύλεων, καὶ ἀπὸ τῶν θεραπόντων σου, καὶ ἀπὸ τοῦ λαοῦ σου, πλὴν ἐν τῷ ποταμῷ ὑπολειφθήσονται.
12 Ἐξῆλθε δὲ Μωυσῆς καὶ Ἀαρὼν ἀπὸ Φαραὼ· καὶ ἐβόησε Μωυσῆς πρὸς Κύριον περὶ τοῦ ὁρισμοῦ τῶν βατράχων, ὡς
13 ἐτάξατο Φαραώ. Ἐποίησε δὲ Κύριος καθάπερ εἶπε Μωυσῆς· καὶ ἐτελεύτησαν οἱ βάτραχοι ἐκ τῶν οἰκιῶν, καὶ ἐκ τῶν ἐπαύ-
14 λεων, καὶ ἐκ τῶν ἀγρῶν. Καὶ συνήγαγον αὐτοὺς, θημωνίας
15 θημωνίας· καὶ ὤζεσεν ἡ γῆ. Ἰδὼν δὲ Φαραὼ ὅτι γέγονεν ἀνάψυξις, ἐβαρύνθη ἡ καρδία αὐτοῦ, καὶ οὐκ εἰσήκουσεν αὐτῶν,
16 καθάπερ ἐλάλησε Κύριος. Εἶπε δὲ Κύριος πρὸς Μωυσῆν, εἶπον Ἀαρὼν, ἔκτεινον τῇ χειρὶ τὴν ῥάβδον σου, καὶ πάταξον τὸ χῶμα τῆς γῆς· καὶ ἔσονται σκνῖφες ἔν τε τοῖς ἀνθρώποις,
17 καὶ ἐν τοῖς τετράποσι, καὶ ἐν πάσῃ γῇ Αἰγύπτου. Ἐξέτεινεν οὖν Ἀαρὼν τῇ χειρὶ τὴν ῥάβδον, καὶ ἐπάταξε τὸ χῶμα τῆς γῆς· καὶ ἐγένοντο οἱ σκνῖφες ἐν τοῖς ἀνθρώποις, ἔν τε τοῖς τετράποσι, καὶ ἐν παντὶ χώματι τῆς γῆς ἐγένοντο οἱ σκνῖφες.
18 Ἐποίησαν δὲ ὡσαύτως καὶ οἱ ἐπαοιδοὶ ταῖς φαρμακίαις αὐτῶν, ἐξαγαγεῖν τὸν σκνῖφα, καὶ οὐκ ἠδύναντο· καὶ ἐγένοντο οἱ
19 σκνῖφες ἔν τε τοῖς ἀνθρώποις, καὶ ἐν τοῖς τετράποσιν. Εἶπαν οὖν οἱ ἐπαοιδοὶ τῷ Φαραῷ, δάκτυλος Θεοῦ ἐστι τοῦτο· καὶ ἐσκληρύνθη ἡ καρδία Φαραὼ, καὶ οὐκ εἰσήκουσεν αὐτῶν,
20 καθάπερ ἐλάλησε Κύριος. Εἶπε δὲ Κύριος πρὸς Μωυσῆν, ὄρθρισον τὸ πρωὶ, καὶ στῆθι ἐναντίον Φαραώ· καὶ ἰδοὺ αὐτὸς ἐξελεύσεται ἐπὶ τὸ ὕδωρ· καὶ ἐρεῖς πρὸς αὐτὸν, τάδε λέγει Κύριος, ἐξαπόστειλον τὸν λαόν μου, ἵνα μοι λατρεύσωσιν ἐν
21 τῇ ἐρήμῳ. Ἐὰν δὲ μὴ βούλει ἐξαποστεῖλαι τὸν λαόν μου, ἰδοὺ ἐγὼ ἐξαποστέλλω ἐπὶ σὲ, καὶ ἐπὶ τοὺς θεράποντάς σου, καὶ ἐπὶ τὸν λαόν σου, καὶ ἐπὶ τοὺς οἴκους ὑμῶν, κυνόμυιαν· καὶ πλησθήσονται αἱ οἰκίαι τῶν Αἰγυπτίων τῆς κυνομυίης, καὶ
22 εἰς τὴν γῆν ἐφ᾽ ἧς εἰσιν ἐπ᾽ αὐτῆς. Καὶ παραδοξάσω ἐν τῇ ἡμέρᾳ ἐκείνῃ τὴν γῆν Γεσὲμ, ἐφ᾽ ἧς ὁ λαός μου ἔπεστιν ἐπ᾽ αὐτῆς, ἐφ᾽ ἧς οὐκ ἔσται ἐκεῖ ἡ κυνόμυια· ἵνα εἰδῇς ὅτι ἐγώ εἰμι
23 Κύριος ὁ Θεὸς πάσης τῆς γῆς. Καὶ δώσω διαστολὴν ἀνὰ μέσον τοῦ ἐμοῦ λαοῦ, καὶ ἀνὰ μέσον τοῦ σου λαοῦ· ἐν δὲ τῇ

and upon thy people, shall the frogs come up. 5 And the Lord said to Moses, Say to Aaron thy brother, Stretch forth with the hand thy rod over the rivers, and over the canals, and over the pools, and bring up the frogs. 6 And Aaron stretched forth his hand over the waters of Egypt, and brought up the frogs: and the frog was brought up, and covered the land of Egypt. 7 And the charmers of the Egyptians also did likewise with their sorceries, and brought up the frogs on the land of Egypt. 8 And Pharao called Moses and Aaron, and said, Pray for me to the Lord, and let him take away the frogs from me and from my people; and I will send them away, and they shall sacrifice to the Lord. 9 And Moses said to Pharao, Appoint me *a time* when I shall pray for thee, and for thy servants, and for thy people, to cause the frogs to disappear from thee, and from thy people, and from your houses, only in the river shall they be left behind. 10 And he said, On the morrow: he said therefore, As thou hast said; that thou mayest know, that there is no other *God* but the Lord. 11 And the frogs shall be removed away from thee, and from your houses and from the villages, and from thy servants, and from thy people, only in the river they shall be left. 12 And Moses and Aaron went forth from Pharao, and Moses cried to the Lord concerning the restriction of the frogs, as Pharao appointed him. 13 And the Lord did as Moses said, and the frogs died out of the houses, and out of the villages, and out of the fields. 14 And they gathered them together in heaps, and the land stank. 15 And when Pharao saw that there was relief, his heart was hardened, and he did not hearken to them, as the Lord spoke. 16 And the Lord said to Moses, Say to Aaron, Stretch forth thy rod with thy hand and smite the dust of the earth; and there shall be lice both upon man, and upon quadrupeds, and in all the land of Egypt. 17 So Aaron stretched out his rod with his hand, and smote the dust of the earth; and the lice were on men and on quadrupeds, and in all the dust of the earth there were lice. 18 And the charmers also did so with their sorceries, to bring forth the louse, and they could not. And the lice were both on the men and on the quadrupeds. 19 So the charmers said to Pharao, This is the finger of God. But the heart of Pharao was hardened, and he hearkened not to them, as the Lord said. 20 And the Lord said to Moses, Rise up early in the morning, and stand before Pharao: and, behold, he will go forth to the water, and thou shalt say to him, These things says the Lord: Send away my people, that they may serve me in the wilderness. 21 And if thou wilt not let my people go, behold, I send upon thee, and upon thy servants, and upon thy people, and upon your houses, the dog-fly; and the houses of the Egyptians shall be filled with the dog-fly, even throughout the land upon which they are. 22 And I will distinguish marvellously in that day the land of Gesem, on which my people dwell, in which the dog-fly shall not be: that thou mayest know that I am the Lord the God of all the earth. 23 And I will put a difference between my people and thy people,

and on the morrow shall this be on the land. And the Lord did thus. ²⁴And the dog-fly came in abundance into the houses of Pharao, and into the houses of his servants, and into all the land of Egypt; and the land was destroyed by the dog-fly.

²⁵And Pharao called Moses and Aaron, saying, Go and sacrifice to the Lord your God in the land. ²⁶And Moses said, It cannot be so, for we shall sacrifice to the Lord our God the abominations of the Egyptians; for if we sacrifice the abominations of the Egyptians before them, we shall be stoned. ²⁷We will go a journey of three days into the wilderness, and we will sacrifice to the Lord our God, as the Lord said to us. ²⁸And Pharao said, I *will* let you go, and do ye sacrifice to your God in the wilderness, but do not go very far away: pray then for me to the Lord. ²⁹And Moses said, I then will go forth from thee and pray to God, and the dog-fly shall depart both from thy servants, and from thy people to-morrow. Do not thou, Pharao, deceive again, so as not to send the people away to do sacrifice to the Lord. ³⁰And Moses went out from Pharao, and prayed to God. ³¹And the Lord did as Moses said, and removed the dog-fly from Pharao, and from his servants, and from his people, and there was not one left. ³²And Pharao hardened his heart, even on this occasion, and he would not send the people away.

And the Lord said to Moses, Go in to Pharao, and thou shalt say to him, These things saith the Lord God of the Hebrews; Send my people away that they may serve me. ²If however thou wilt not send my people away, but yet detainest them: ³behold, the hand of the Lord shall be upon thy cattle in the fields, both on the horses, and on the asses, and on the camels and oxen and sheep, a very great ᵝmortality. ⁴And I will make a marvellous distinction in that time between the cattle of the Egyptians, and the cattle of the children of Israel: ᵞnothing shall die of all that is of the children's of Israel. ⁵And God fixed a limit, saying, To-morrow the Lord will do this thing on the land. ⁶And the Lord did this thing on the next day, and all the cattle of the Egyptians died, but of the cattle of the children of Israel there died not one. ⁷And when Pharao saw, that of all the cattle of the children of Israel there died not one, the heart of Pharao was hardened, and he did not let the people go. ⁸And the Lord spoke to Moses and Aaron, saying, Take you handfuls of ashes of the furnace, and let Moses scatter it toward heaven before Pharao, and before his servants. ⁹And let it become dust over all the land of Egypt, and there shall be upon men and upon beasts ᵟsore blains breaking forth both on men and on beasts, in all the land of Egypt. ¹⁰So he took of the ashes of the furnace before Pharao, and Moses scattered it toward heaven, and it became sore blains breaking forth both on men and on beasts.

αὔριον ἔσται τοῦτο ἐπὶ τῆς γῆς. Ἐποίησε δὲ Κύριος οὕτως· καὶ παρεγένετο ἡ κυνόμυια πλῆθος εἰς τοὺς οἴκους Φαραὼ, καὶ 24 εἰς τοὺς οἴκους τῶν θεραπόντων αὐτοῦ, καὶ εἰς πᾶσαν τὴν γῆν Αἰγύπτου· καὶ ἐξωλοθρεύθη ἡ γῆ ἀπὸ τῆς κυνομυίης.

Ἐκάλεσε δὲ Φαραὼ Μωυσῆν καὶ Ἀαρὼν, λέγων, ἐλθόντες 25 θύσατε Κυρίῳ τῷ Θεῷ ὑμῶν ἐν τῇ γῇ. Καὶ εἶπε Μωυσῆς, 26 οὐ δυνατὸν γενέσθαι οὕτως· τὰ γὰρ βδελύγματα τῶν Αἰγυπτίων θύσομεν Κυρίῳ τῷ Θεῷ ἡμῶν· ἐὰν γὰρ θύσωμεν τὰ βδελύγματα τῶν Αἰγυπτίων ἐναντίον αὐτῶν, λιθοβοληθησόμεθα. Ὁδὸν τριῶν ἡμερῶν πορευσόμεθα εἰς τὴν ἔρημον· καὶ θύσομεν 27 τῷ Θεῷ ἡμῶν, καθάπερ εἶπεν Κύριος ἡμῖν. Καὶ εἶπε Φαραὼ, 28 ἐγὼ ἀποστέλλω ὑμᾶς, καὶ θύσατε τῷ Θεῷ ὑμῶν ἐν τῇ ἐρήμῳ· ἀλλ᾽ οὐ μακρὰν ἀποτενεῖτε πορευθῆναι· εὔξασθε οὖν περὶ ἐμοῦ πρὸς Κύριον. Εἶπε δὲ Μωυσῆς, ὁ δὲ ἐγὼ ἐξελεύσομαι ἀπὸ 29 σοῦ, καὶ εὔξομαι πρὸς τὸν Θεὸν, καὶ ἀπελεύσεται ἡ κυνόμυια καὶ ἀπὸ τῶν θεραπόντων σου, καὶ ἀπὸ τοῦ λαοῦ σου αὔριον· μὴ προσθῇς ἔτι Φαραὼ ἐξαπατῆσαι, τοῦ μὴ ἐξαποστεῖλαι τὸν λαὸν θῦσαι Κυρίῳ. Ἐξῆλθε δὲ Μωυσῆς ἀπὸ Φαραὼ, καὶ 30 ηὔξατο πρὸς τὸν Θεόν. Ἐποίησε δὲ Κύριος καθάπερ εἶπε 31 Μωυσῆς· καὶ περιεῖλε τὴν κυνόμυιαν ἀπὸ Φαραὼ, καὶ τῶν θεραπόντων αὐτοῦ, καὶ τοῦ λαοῦ αὐτοῦ, καὶ οὐ κατελείφθη οὐδεμία. Καὶ ἐβάρυνε Φαραὼ τὴν καρδίαν αὐτοῦ καὶ ἐπὶ τοῦ 32 καιροῦ τούτου, καὶ οὐκ ἠθέλησεν ἐξαποστεῖλαι τὸν λαόν.

Εἶπε δὲ Κύριος πρὸς Μωυσῆν, εἴσελθε πρὸς Φαραὼ, καὶ 9 ἐρεῖς αὐτῷ, τάδε λέγει Κύριος ὁ Θεὸς τῶν Ἑβραίων, ἐξαπόστειλον τὸν λαόν μου, ἵνα μοι λατρεύσωσι. Εἰ μὲν οὖν μὴ 2 βούλει ἐξαποστεῖλαι τὸν λαόν μου, ἀλλὰ ἔτι ἐγκρατεῖς αὐτοῦ, Ἰδοὺ, χεὶρ Κυρίου ἐπέσται ἐν τοῖς κτήνεσί σου τοῖς ἐν τοῖς 3 πεδίοις, ἔν τε τοῖς ἵπποις, καὶ ἐν τοῖς ὑποζυγίοις, καὶ ταῖς καμήλοις, καὶ βουσὶ, καὶ προβάτοις, θάνατος μέγας σφόδρα. Καὶ παραδοξάσω ἐγὼ ἐν τῷ καιρῷ ἐκείνῳ ἀνὰ μέσον τῶν 4 κτηνῶν τῶν Αἰγυπτίων, καὶ ἀνὰ μέσον τῶν κτηνῶν τῶν υἱῶν Ἰσραήλ· οὐ τελευτήσει ἀπὸ πάντων τῶν τοῦ Ἰσραὴλ υἱῶν ῥητόν. Καὶ ἔδωκεν ὁ Θεὸς ὅρον, λέγων, ἐν τῇ αὔριον ποιήσει 5 Κύριος τὸ ῥῆμα τοῦτο ἐπὶ τῆς γῆς. Καὶ ἐποίησε Κύριος τὸ 6 ῥῆμα τοῦτο τῇ ἐπαύριον· καὶ ἐτελεύτησε πάντα τὰ κτήνη τῶν Αἰγυπτίων· ἀπὸ δὲ τῶν κτηνῶν τῶν υἱῶν Ἰσραὴλ οὐκ ἐτελεύτησεν οὐδέν. Ἰδὼν δὲ Φαραὼ ὅτι οὐκ ἐτελεύτησεν ἀπὸ πάντων 7 τῶν κτηνῶν τῶν υἱῶν Ἰσραὴλ οὐδὲν, ἐβαρύνθη ἡ καρδία Φαραὼ, καὶ οὐκ ἐξαπέστειλε τὸν λαόν. Εἶπε δὲ Κύριος πρὸς Μωυσῆν 8 καὶ Ἀαρὼν, λέγων, λάβετε ὑμεῖς πλήρεις τὰς χεῖρας αἰθάλης καμιναίας, καὶ πασάτω Μωυσῆς εἰς τὸν οὐρανὸν ἐναντίον Φαραὼ, καὶ ἐναντίον τῶν θεραπόντων αὐτοῦ. Καὶ γενηθήτω κονιορτὸς 9 ἐπὶ πᾶσαν τὴν γῆν Αἰγύπτου· καὶ ἔσται ἐπὶ τοὺς ἀνθρώπους, καὶ ἐπὶ τὰ τετράποδα, ἕλκη, φλυκτίδες ἀναζέουσαι ἔν τε τοῖς ἀνθρώποις, καὶ ἐν τοῖς τετράποσιν, ἐν πάσῃ γῇ Αἰγύπτου. Καὶ ἔλαβεν τὴν αἰθάλην τῆς καμιναίας ἐναντίον Φαραὼ, καὶ 10 ἔπασεν αὐτὴν Μωυσῆς εἰς τὸν οὐρανόν· καὶ ἐγένετο ἕλκη, φλυκτίδες ἀναζέουσαι ἔν τε τοῖς ἀνθρώποις, καὶ ἐν τοῖς

ᵝ Or, death.　　ᵞ Gr. ῥητόν. Heb. דבר　　ᵟ Gr. sores, blains.

11 τετράποσι. Καὶ οὐκ ἠδύναντο οἱ φαρμακοὶ στῆναι ἐναντίον Μωυσῇ διὰ τὰ ἕλκη· ἐγένετο γὰρ τὰ ἕλκη ἐν τοῖς φαρμακοῖς,
12 καὶ ἐν πάσῃ γῇ Αἰγύπτου. Ἐσκλήρυνε δὲ Κύριος τὴν καρδίαν Φαραὼ, καὶ οὐκ εἰσήκουσεν αὐτῶν, καθὰ συνέταξε Κύριος.
13 Εἶπε δὲ Κύριος πρὸς Μωυσῆν, ὄρθρισον τὸ πρωΐ, καὶ στῆθι ἐναντίον Φαραὼ, καὶ ἐρεῖς πρὸς αὐτὸν, τάδε λέγει Κύριος ὁ Θεὸς τῶν Ἑβραίων, ἐξαπόστειλον τὸν λαόν μου, ἵνα λατρεύσωσί
14 μοι. Ἐν τῷ γὰρ νῦν καιρῷ ἐγὼ ἐξαποστέλλω πάντα τὰ συναντήματά μου εἰς τὴν καρδίαν σου, καὶ τῶν θεραπόντων σου, καὶ τοῦ λαοῦ σου, ἵνα εἰδῇς ὅτι οὐκ ἔστιν, ὡς ἐγὼ, ἄλλος
15 ἐν πάσῃ τῇ γῇ. Νῦν γὰρ ἀποστείλας τὴν χεῖρα πατάξω σε, καὶ τὸν λαόν σου θανατώσω, καὶ ἐκτριβήσῃ ἀπὸ τῆς γῆς.
16 Καὶ ἕνεκεν τούτου διετηρήθης, ἵνα ἐνδείξωμαι ἐν σοὶ τὴν ἰσχύν
17 μου, καὶ ὅπως διαγγελῇ τὸ ὄνομά μου ἐν πάσῃ τῇ γῇ. Ἔτι οὖν σὺ ἐμποιῇ τοῦ λαοῦ μου, τοῦ μὴ ἐξαποστεῖλαι αὐτούς;
18 Ἰδοὺ ἐγὼ ὕω ταύτην τὴν ὥραν αὔριον χάλαζαν πολλὴν σφόδρα, ἥτις τοιαύτη οὐ γέγονεν ἐν Αἰγύπτῳ, ἀφ᾽ ἧς ἡμέρας ἔκτισται,
19 ἕως τῆς ἡμέρας ταύτης. Νῦν οὖν κατάσπευσον συναγαγεῖν τὰ κτήνη σου, καὶ ὅσα σοι ἐστὶν ἐν τῷ πεδίῳ· πάντες γὰρ οἱ ἄνθρωποι, καὶ τὰ κτήνη, ὅσα ἐὰν εὑρεθῇ ἐν τοῖς πεδίοις, καὶ μὴ εἰσέλθῃ εἰς οἰκίαν, πεσῇ δὲ ἐπ᾽ αὐτὰ ἡ χάλαζα, τελευτήσει.
20 Ὁ φοβούμενος τὸ ῥῆμα Κυρίου τῶν θεραπόντων Φαραὼ, συν-
21 ήγαγε τὰ κτήνη αὐτοῦ εἰς τοὺς οἴκους. Ὃς δὲ μὴ πρόσεσχεν τῇ διανοίᾳ εἰς τὸ ῥῆμα Κυρίου, ἀφῆκε τὰ κτήνη ἐν τοῖς πεδίοις.

22 Εἶπε δὲ Κύριος πρὸς Μωυσῆν, ἔκτεινον τὴν χεῖρά σου εἰς τὸν οὐρανὸν, καὶ ἔσται χάλαζα ἐπὶ πᾶσαν γῆν Αἰγύπτου, ἐπί τε τοὺς ἀνθρώπους, καὶ τὰ κτήνη, καὶ ἐπὶ πᾶσαν βοτάνην τὴν
23 ἐπὶ τῆς γῆς. Ἐξέτεινε δὲ Μωυσῆς τὴν χεῖρα εἰς τὸν οὐρανὸν, καὶ Κύριος ἔδωκε φωνὰς καὶ χάλαζαν· καὶ διέτρεχε τὸ πῦρ ἐπὶ τῆς γῆς· καὶ ἔβρεξε Κύριος χάλαζαν ἐπὶ πᾶσαν γῆν Αἰγύπτου.
24 Ἦν δὲ ἡ χάλαζα καὶ τὸ πῦρ φλογίζον ἐν τῇ χαλάζῃ· ἡ δὲ χάλαζα πολλὴ σφόδρα, ἥτις τοιαύτη οὐ γέγονεν ἐν Αἰγύπτῳ,
25 ἀφ᾽ ἧς ἡμέρας γεγένηται ἐπ᾽ αὐτῆς ἔθνος. Ἐπάταξε δὲ ἡ χάλαζα ἐν πάσῃ γῇ Αἰγύπτου, ἀπὸ ἀνθρώπου ἕως κτήνους· καὶ πᾶσαν βοτάνην τὴν ἐν τῷ πεδίῳ ἐπάταξεν ἡ χάλαζα· καὶ πάντα
26 τὰ ξύλα τὰ ἐν τοῖς πεδίοις συνέτριψεν ἡ χάλαζα. Πλὴν ἐν γῇ Γεσὲμ, οὗ ἦσαν οἱ υἱοὶ Ἰσραὴλ, οὐκ ἐγένετο ἡ χάλαζα.
27 Ἀποστείλας δὲ Φαραὼ ἐκάλεσε Μωυσῆν καὶ Ἀαρὼν, καὶ εἶπεν αὐτοῖς, ἡμάρτηκα τὸ νῦν· ὁ Κύριος δίκαιος, ἐγὼ δὲ καὶ ὁ λαός
28 μου ἀσεβεῖς. Εὔξασθε οὖν περὶ ἐμοῦ πρὸς Κύριον, καὶ παυσάσθω τοῦ γενηθῆναι φωνὰς Θεοῦ, καὶ χάλαζαν, καὶ πῦρ· καὶ ἐξαποστελῶ ὑμᾶς, καὶ οὐκέτι προστεθήσεσθε μένειν.
29 Εἶπε δὲ αὐτῷ Μωυσῆς, ὡς ἂν ἐξέλθω τὴν πόλιν, ἐκπετάσω τὰς χεῖράς μου πρὸς τὸν Κύριον, καὶ αἱ φωναὶ παύσονται, καὶ ἡ χάλαζα καὶ ὁ ὑετὸς οὐκ ἔσται ἔτι, ἵνα γνῷς ὅτι τοῦ Κυρίου ἡ
30 γῆ. Καὶ σὺ καὶ οἱ θεράποντές σου, ἐπίσταμαι ὅτι οὐδέπω
31 πεφόβησθε τὸν Κύριον. Τὸ δὲ λίνον καὶ ἡ κριθὴ ἐπλήγη· ἡ γὰρ κριθὴ παρεστηκυῖα, τὸ δὲ λίνον σπερματίζον.

---

[11] And the sorcerers could not stand before Moses because of the sores, for the sores were on the sorcerers, and in all the land of Egypt. [12] And the Lord hardened Pharao's heart, and he hearkened not to them, as the Lord appointed. [13] And the Lord said to Moses, Rise up early in the morning, and stand before Pharao; and thou shalt say to him, These things saith the Lord God of the Hebrews, Send away my people that they may serve me. [14] For at this present time do I send forth all my β plagues into thine heart, and the heart of thy servants and of thy people; that thou mayest know that there is not another such as I in all the earth. [15] For now I will stretch forth my hand and smite thee and kill thy people, and thou shalt be consumed from off the earth. [16] And γ for this purpose hast thou been preserved, that I might display in thee my strength, and that my name might be published in all the earth. [17] Dost thou then yet exert thyself to hinder my people, so as not to let them go? [18] Behold, to-morrow at this hour I will rain a very great hail, such as has not been in Egypt, from the time it was created until this day. [19] Now then hasten to gather thy cattle, and all that thou hast in the fields; for all the men and cattle as many as shall be found in the fields, and shall not enter into a house, (but the hail shall fall upon them,) shall die. [20] He of the servants of Pharao that feared the word of the Lord, gathered his cattle into the houses. [21] And he that did not attend in his mind to the word of the Lord, left the cattle in the fields.

[22] And the Lord said to Moses, Stretch out thine hand to heaven, and there shall be hail on all the land of Egypt, both on the men and on the cattle, and on all the herbage on the land. [23] And Moses stretched forth his hand to heaven, and the Lord sent thunderings δ and hail; and the fire ran along upon the ground, and the Lord rained hail on all the land of Egypt. [24] So there was hail and flaming fire mingled with hail; and the hail was very great, such as was not in Egypt, from the time there was a nation upon it. [25] And the hail smote in all the land of Egypt both man and beast, and the hail smote all the grass in the field, and the hail broke in pieces all the trees in the field. [26] Only in the land of Gesem where the children of Israel were, the hail was not. [27] And Pharao sent and called Moses and Aaron, and said to them, I have sinned this time: the Lord is righteous, and I and my people are wicked. [28] Pray then for me to the Lord, and let him cause the thunderings of God to ζ cease, and the hail and the fire, and I will send you forth and ye shall remain no longer. [29] And Moses said to him, When I shall have departed from the city, I will stretch out my hands to the Lord, and the thunderings shall cease, and the hail and the rain shall be no longer, that thou mayest know that the earth is the Lord's. [30] But as for thee and thy servants, I know that ye have not yet feared the Lord. [31] And the flax and the barley were smitten, for the barley was θ advanced, and the flax

---

β Lit. occurrences.   γ See Rom. 9. 17.   δ Gr. voices.   ζ Gr. cease from being.   θ Or, in the ear.

was seeding. ³² But the wheat and the rye were not smitten, for they were late. ³³ And Moses went forth from Pharao out of the city, and stretched out his hands to the Lord, and the thunders ceased and the hail, and the rain did not drop on the earth. ³⁴ And when Pharao saw that the rain and the hail and the thunders ceased, he continued to sin; and *he* hardened his heart, and the heart of his servants. ³⁵ And the heart of Pharao was hardened, and he did not send forth the children of Israel, as the Lord said to Moses.

And the Lord spoke to Moses, saying, Go in to Pharao : for I have hardened his heart and the heart of his servants, that these signs may come upon them; in order ² that ye may relate in the ears of your children, and to your children's children, in how many things I have mocked the Egyptians, and my wonders which I wrought among them; and ye shall know that I *am* the Lord. ³ And Moses and Aaron went in before Pharao, and they said to him, These things saith the Lord God of the Hebrews, How long dost thou refuse to reverence me? Send my people away, that they may serve me. ⁴ But if thou wilt not send my people away, behold, at this hour to-morrow I will bring an abundance of locusts upon all thy coasts. ⁵ And they shall cover the face of the earth, and thou shalt not be able to see the earth; and they shall devour all that is left of the abundance of the earth, which the hail has left you, and shall devour every tree that grows for you on the land. ⁶ And thy houses shall be filled, and the houses of thy servants, and all the houses in all the land of the Egyptians; things which thy fathers have never seen, nor their forefathers, from the day that they were upon the earth until this day. And Moses turned away and departed from Pharao. ⁷ And the servants of Pharao say to him, How long shall this be a snare to us? send away the men, that they may serve their God; wilt thou know that Egypt is destroyed? ⁸ And they brought back both Moses and Aaron to Pharao; and he said to them, Go and serve the Lord your God; but who are they that are going with you? ⁹ And Moses said, We will go with the young and the old, with our sons, and daughters, and sheep, and oxen, for it is a feast of the Lord. ¹⁰ And he said to them, So let the Lord be with you : as I *will* send you away, *must I send away* your store also? see that ^β evil is attached to you. ¹¹ Not so, but let the men go and serve God, for this ye yourselves seek^t: and they cast them out from the presence of Pharao. ¹² And the Lord said to Moses, Stretch out thine hand over the land of Egypt, and let the locust come up on the land, and it shall devour every herb of the land, and all the fruit of the trees, which the hail left. ¹³ And Moses lifted up his rod towards heaven, and the Lord brought a south wind upon the earth, all that day and all that night : the morning dawned, and the south wind brought up the locusts, ¹⁴ and brought them up over all the land of Egypt. And they rested in very great abundance

Ὁ δὲ πυρὸς καὶ ἡ ὀλύρα οὐκ ἐπλήγησαν, ὄψιμα γὰρ ἦν. 32 Ἐξῆλθε δὲ Μωυσῆς ἀπὸ Φαραὼ ἐκτὸς τῆς πόλεως, καὶ ἐξέτεινε 33 τὰς χεῖρας πρὸς Κύριον· καὶ αἱ φωναὶ ἐπαύσαντο, καὶ ἡ χάλαζα καὶ ὁ ὑετὸς οὐκ ἔσταξεν ἔτι ἐπὶ τὴν γῆν. Ἰδὼν δὲ Φαραὼ ὅτι 34 πέπαυται ὁ ὑετὸς καὶ ἡ χάλαζα καὶ αἱ φωναὶ, προσέθετο τοῦ ἁμαρτάνειν· καὶ ἐβάρυνεν αὐτοῦ τὴν καρδίαν, καὶ τῶν θεραπόντων αὐτοῦ. Καὶ ἐσκληρύνθη ἡ καρδία Φαραὼ, καὶ οὐκ 35 ἐξαπέστειλε τοὺς υἱοὺς Ἰσραὴλ, καθάπερ ἐλάλησε Κύριος τῷ Μωυσῇ.

Εἶπε δὲ Κύριος πρὸς Μωυσῆν, λέγων, εἴσελθε πρὸς Φαραὼ, 10 ἐγὼ γὰρ ἐσκλήρυνα αὐτοῦ τὴν καρδίαν καὶ τῶν θεραπόντων αὐτοῦ, ἵνα ἑξῆς ἐπέλθῃ τὰ σημεῖα ταῦτα ἐπʼ αὐτούς· ὅπως 2 διηγήσησθε εἰς τὰ ὦτα τῶν τέκνων ὑμῶν, καὶ τοῖς τέκνοις τῶν τέκνων ὑμῶν, ὅσα ἐμπέπαιχα τοῖς Αἰγυπτίοις, καὶ τὰ σημεῖά μου, ἃ ἐποίησα ἐν αὐτοῖς· καὶ γνώσεσθε ὅτι ἐγὼ Κύριος. Εἰσῆλθε δὲ Μωυσῆς καὶ Ἀαρὼν ἐναντίον Φαραὼ, 3 καὶ εἶπαν αὐτῷ, τάδε λέγει Κύριος ὁ Θεὸς τῶν Ἑβραίων, ἕως τίνος οὐ βούλει ἐντραπῆναί με; ἐξαπόστειλον τὸν λαόν μου, ἵνα λατρεύσωσί μοι. Ἐὰν δὲ μὴ θέλῃς σὺ ἐξαποστεῖλαι τὸν 4 λαόν μου, ἰδοὺ ἐγὼ ἐπάγω ταύτην τὴν ὥραν αὔριον ἀκρίδα πολλὴν ἐπὶ πάντα τὰ ὅριά σου. Καὶ καλύψει τὴν ὄψιν τῆς 5 γῆς, καὶ οὐ δυνήσῃ κατιδεῖν τὴν γῆν· καὶ κατέδεται πᾶν τὸ περισσὸν τῆς γῆς τὸ καταλειφθὲν, ὃ κατέλιπεν ὑμῖν ἡ χάλαζα, καὶ κατέδεται πᾶν ξύλον τὸ φυόμενον ὑμῖν ἐπὶ τῆς γῆς. Καὶ πλησθήσονταί σου αἱ οἰκίαι, καὶ αἱ οἰκίαι τῶν θεραπόντων 6 σου, καὶ πᾶσαι αἱ οἰκίαι ἐν πάσῃ γῇ τῶν Αἰγυπτίων· ἃ οὐδέποτε ἑωράκασιν οἱ πατέρες σου, οὐδʼ οἱ πρόπαπποι αὐτῶν, ἀφʼ ἧς ἡμέρας γεγόνασιν ἐπὶ τῆς γῆς, ἕως τῆς ἡμέρας ταύτης· καὶ ἐκκλίνας Μωυσῆς ἐξῆλθεν ἀπὸ Φαραώ. Καὶ λέγουσιν 7 οἱ θεράποντες Φαραὼ πρὸς αὐτὸν, ἕως τίνος ἔσται τοῦτο ἡμῖν σκῶλον; ἐξαπόστειλον τοὺς ἀνθρώπους, ὅπως λατρεύσωσι τῷ Θεῷ αὐτῶν· ἢ εἰδέναι βούλει ὅτι ἀπόλωλεν Αἴγυπτος; Καὶ ἀπέστρεψαν τόν τε Μωυσῆν καὶ Ἀαρὼν πρὸς Φαραὼ, 8 καὶ εἶπεν αὐτοῖς, πορεύεσθε καὶ λατρεύσατε Κυρίῳ τῷ Θεῷ ὑμῶν· τίνες δὲ καὶ τίνες εἰσιν οἱ πορευόμενοι; Καὶ λέγει 9 Μωυσῆς, σὺν τοῖς νεανίσκοις καὶ πρεσβυτέροις πορευσόμεθα, σὺν τοῖς υἱοῖς καὶ θυγατράσι, καὶ προβάτοις, καὶ βουσὶν ἡμῶν· ἔστι γὰρ ἑορτὴ Κυρίου. Καὶ εἶπε πρὸς αὐτοὺς, ἔστω οὕτω 10 Κύριος μεθʼ ὑμῶν· καθότι ἀποστέλλω ὑμᾶς, μὴ καὶ τὴν ἀποσκευὴν ὑμῶν; ἴδετε ὅτι πονηρία πρόσκειται ὑμῖν. Μὴ οὕτως· 11 πορευέσθωσαν δὲ οἱ ἄνδρες, καὶ λατρευσάτωσαν τῷ Θεῷ· τοῦτο γὰρ αὐτοὶ ἐκζητεῖτε· ἐξέβαλον δὲ αὐτοὺς ἀπὸ προσώπου Φαραώ. Εἶπε δὲ Κύριος πρὸς Μωυσῆν, ἔκτεινον τὴν χεῖρα ἐπὶ γῆν 12 Αἰγύπτου· καὶ ἀναβήτω ἀκρὶς ἐπὶ τὴν γῆν, καὶ κατέδεται πᾶσαν βοτάνην τῆς γῆς, καὶ πάντα τὸν καρπὸν τῶν ξύλων, ὃν ὑπελίπετο ἡ χάλαζα. Καὶ ἐπῆρε Μωυσῆς τὴν ῥάβδον εἰς 13 τὸν οὐρανὸν, καὶ Κύριος ἐπήγαγεν ἄνεμον νότον ἐπὶ τὴν γῆν, ὅλην τὴν ἡμέραν ἐκείνην, καὶ ὅλην τὴν νύκτα· τὸ πρωῒ ἐγενήθη, καὶ ὁ ἄνεμος ὁ νότος ἀνέλαβε τὴν ἀκρίδα, καὶ ἀνήγαγεν αὐτὴν 14 ἐπὶ πᾶσαν γῆν Αἰγύπτου· καὶ κατέπαυσεν ἐπὶ πάντα τὰ ὅρια

β *i. e.* moral evil, but another reading is πρόκειται, which is nearer to the Hebrew.

Αἰγύπτου πολλὴ σφόδρα· προτέρα αὐτῆς οὐ γέγονε τοιαύτη
15 ἀκρὶς, καὶ μετὰ ταῦτα οὐκ ἔσται οὕτως. Καὶ ἐκάλυψε τὴν
ὄψιν τῆς γῆς, καὶ ἐφθάρη ἡ γῆ· καὶ κατέφαγε πᾶσαν βοτάνην
τῆς γῆς, καὶ πάντα τὸν καρπὸν τῶν ξύλων, ὃς ὑπελείφθη ἀπὸ
τῆς χαλάζης· οὐχ ὑπελείφθη χλωρὸν οὐδὲν ἐν τοῖς ξύλοις, καὶ
ἐν πάσῃ βοτάνῃ τοῦ πεδίου, ἐν πάσῃ γῇ Αἰγύπτου.
16 Κατέσπευδε δὲ Φαραὼ καλέσαι Μωυσῆν καὶ Ἀαρὼν, λέγων,
ἡμάρτηκα ἐναντίον Κυρίου τοῦ Θεοῦ ὑμῶν, καὶ εἰς ὑμᾶς.
17 Προσδέξασθε οὖν μου τὴν ἁμαρτίαν ἔτι νῦν, καὶ προσεύξασθε
πρὸς Κύριον τὸν Θεὸν ὑμῶν, καὶ περιελέτω ἀπ᾽ ἐμοῦ τὸν
18 θάνατον τοῦτον. Ἐξῆλθε δὲ Μωυσῆς ἀπὸ Φαραὼ, καὶ ηὔξατο
19 πρὸς τὸν Θεόν. Καὶ μετέβαλε Κύριος ἄνεμον ἀπὸ θαλάσσης
σφοδρὸν, καὶ ἀνέλαβε τὴν ἀκρίδα, καὶ ἔβαλεν αὐτὴν εἰς τὴν
ἐρυθρὰν θάλασσαν· καὶ οὐχ ὑπελείφθη ἀκρὶς μία ἐν πάσῃ γῇ
20 Αἰγύπτου. Καὶ ἐσκλήρυνε Κύριος τὴν καρδίαν Φαραὼ, καὶ
21 οὐκ ἐξαπέστειλε τοὺς υἱοὺς Ἰσραήλ. Εἶπε δὲ Κύριος πρὸς
Μωυσῆν, ἔκτεινον τὴν χεῖρά σου εἰς τὸν οὐρανὸν, καὶ γενηθήτω
22 σκότος ἐπὶ γῆς Αἰγύπτου, ψηλαφητὸν σκότος. Ἐξέτεινε δὲ
Μωυσῆς τὴν χεῖρα εἰς τὸν οὐρανόν· καὶ ἐγένετο σκότος γνόφος,
23 θύελλα ἐπὶ πᾶσαν γῆν Αἰγύπτου τρεῖς ἡμέρας. Καὶ οὐκ εἶδεν
οὐδεὶς τὸν ἀδελφὸν αὐτοῦ τρεῖς ἡμέρας· καὶ οὐκ ἐξανέστη
οὐδεὶς ἐκ τῆς κοίτης αὐτοῦ τρεῖς ἡμέρας· πᾶσι δὲ τοῖς υἱοῖς
24 Ἰσραὴλ φῶς ἦν ἐν πᾶσιν οἷς κατεγίνοντο. Καὶ ἐκάλεσε
Φαραὼ Μωυσῆν καὶ Ἀαρὼν, λέγων, βαδίζετε, λατρεύσατε
Κυρίῳ τῷ Θεῷ ὑμῶν, πλὴν τῶν προβάτων καὶ τῶν βοῶν
ὑπολείπεσθε· καὶ ἡ ἀποσκευὴ ὑμῶν ἀποτρεχέτω μεθ᾽ ὑμῶν.
25 Καὶ εἶπε Μωυσῆς, ἀλλὰ καὶ σὺ δώσεις ἡμῖν ὁλοκαυτώματα
26 καὶ θυσίας, ἃ ποιήσομεν Κυρίῳ τῷ Θεῷ ἡμῶν. Καὶ τὰ κτήνη
ἡμῶν πορεύσεται μεθ᾽ ἡμῶν, καὶ οὐχ ὑπολειψόμεθα ὁπλήν·
ἀπ᾽ αὐτῶν γὰρ ληψόμεθα λατρεῦσαι Κυρίῳ τῷ Θεῷ ἡμῶν·
ἡμεῖς δὲ οὐκ οἴδαμεν τί λατρεύσομεν Κυρίῳ τῷ Θεῷ ἡμῶν, ἕως
27 τοῦ ἐλθεῖν ἡμᾶς ἐκεῖ. Ἐσκλήρυνε δὲ Κύριος τὴν καρδίαν
28 Φαραὼ, καὶ οὐκ ἐβουλήθη ἐξαποστεῖλαι αὐτούς. Καὶ λέγει
Φαραὼ, ἄπελθε ἀπ᾽ ἐμοῦ· πρόσεχε σεαυτῷ ἔτι προσθεῖναι
ἰδεῖν μου τὸ πρόσωπον· ᾗ δ᾽ ἂν ἡμέρᾳ ὀφθῇς μοι, ἀποθανῇ.
29 Λέγει δὲ Μωυσῆς, εἴρηκας· οὐκ ἔτι ὀφθήσομαί σοι εἰς
πρόσωπον.
11 Εἶπε δὲ Κύριος πρὸς Μωυσῆν, ἔτι μίαν πληγὴν ἐγὼ ἐπάξω
ἐπὶ Φαραὼ, καὶ ἐπ᾽ Αἴγυπτον, καὶ μετὰ ταῦτα ἐξαποστελεῖ
ὑμᾶς ἐντεῦθεν· ὅταν δὲ ἐξαποστέλλῃ ὑμᾶς σὺν παντὶ, ἐκβαλεῖ
2 ὑμᾶς ἐκβολῇ. Λάλησον οὖν κρυφῇ εἰς τὰ ὦτα τοῦ λαοῦ, καὶ
αἰτησάτω ἕκαστος παρὰ τοῦ πλησίον σκεύη ἀργυρᾶ καὶ χρυσᾶ
3 καὶ ἱματισμόν. Κύριος δὲ ἔδωκε τὴν χάριν τῷ λαῷ αὐτοῦ
ἐναντίον τῶν Αἰγυπτίων, καὶ ἔχρησαν αὐτοῖς· καὶ ὁ ἄνθρωπος
Μωυσῆς μέγας ἐγενήθη σφόδρα ἐναντίον τῶν Αἰγυπτίων, καὶ
4 ἐναντίον Φαραὼ, καὶ ἐναντίον τῶν θεραπόντων αὐτοῦ. Καὶ
εἶπε Μωυσῆς, τάδε λέγει Κύριος, περὶ μέσας νύκτας ἐγὼ
5 εἰσπορεύομαι εἰς μέσον Αἰγύπτου. Καὶ τελευτήσει πᾶν
πρωτότοκον ἐν γῇ Αἰγύπτῳ, ἀπὸ πρωτοτόκου Φαραὼ, ὃς κάθη-
ται ἐπὶ τοῦ θρόνου, καὶ ἕως πρωτοτόκου τῆς θεραπαίνης τῆς

over all the borders of Egypt. Before them there were not such locusts, neither after them shall there be. [15] And they covered the face of the earth, and the land was wasted, and they devoured all the herbage of the land, and all the fruit of the trees, which was left by the hail: there was no green thing left on the trees, nor on all the herbage of the field, in all the land of Egypt. [16] And Pharao hasted to call Moses and Aaron, saying, I have sinned before the Lord your God, and against you; [17] [β]pardon therefore my sin yet this time, and pray to the Lord your God, and let him take away from me this death. [18] And Moses went forth from Pharao, and prayed to God. [19] And the Lord brought in the opposite direction a strong wind from the sea, and took up the locusts and cast them into the Red Sea, and there was not one locust left in all the land of Egypt. [20] And the Lord hardened the heart of Pharao, and he did not send away the children of Israel. [21] And the Lord said to Moses, Stretch out thy hand to heaven, and let there be darkness over the land of Egypt—darkness that may be felt. [22] And Moses stretched out his hand to heaven, and there was [γ]darkness very black, even a storm over all the land of Egypt three days. [23] And for three days no man saw his brother, and no man rose up from his bed for three days: but all the children of Israel had light in all the places where they were. [24] And Pharao called Moses and Aaron, saying, Go, serve the Lord your God, only [δ]leave your sheep and your oxen, and let your store depart with you. [25] And Moses said, Nay, but thou shalt give to us whole burnt-offerings and sacrifices, which we will sacrifice to the Lord our God. [26] And our cattle shall go with us, and we will not leave a hoof behind, for of them we will take to serve the Lord our God: but we know not in what manner we shall serve the Lord our God, until we arrive there. [27] But the Lord hardened the heart of Pharao, and he would not let them go. [28] And Pharao says, Depart from me, beware of seeing my face again, for in what day thou shalt appear before me, thou shalt die. [29] And Moses says, Thou hast said, I will not appear in thy presence again.

And the Lord said to Moses, I will yet bring one plague upon Pharao and upon Egypt, and after that he will send you forth thence; and whenever he sends you forth with every thing, he will indeed drive you out. [2] Speak therefore secretly in the ears of the people, and let every one ask of his neighbour jewels of silver and gold, and raiment. [3] And the Lord gave his people favour in the sight of the Egyptians, and they lent to them; and the man Moses was very great before the Egyptians, and before Pharao, and before his servants. [4] And Moses said, These things saith the Lord, About midnight I go forth into the midst of Egypt. [5] And every first-born in the land of Egypt shall die, from the first-born of Pharao that sits on the throne, even to the first-born of the woman-servant that is by

---

β *Gr.* accept or allow.   γ *Gr.* darkness, blackness.   δ *Gr.* be left of.

the mill, and to the first-born of all cattle.
⁶ And there shall be a great cry through all
the land of Egypt, such as has not been,
and such shall not be repeated any more.
⁷ But among all the children of Israel shall
not a dog snarl with his tongue, either at
man or beast; that thou mayest know how
wide a distinction the Lord will make be-
tween the Egyptians and Israel. ⁸ And all
these thy servants shall come down to me,
and do me reverence, saying, Go forth, thou
and all the people over whom thou presidest,
and afterwards I will go forth. ⁹ And Moses
went forth from Pharao with wrath. And the
Lord said to Moses, Pharao will not hearken
to you, that I may greatly multiply my signs
and wonders in the land *of* Egypt. ¹⁰ And
Moses and Aaron wrought all these signs and
wonders in the land *of* Egypt before Pharao;
and the Lord hardened the heart of Pharao,
and he did not hearken to send forth the
children of Israel out of the land of Egypt.

And the Lord spoke to Moses and Aaron
in the land of Egypt, saying, ²This month
shall be to you the beginning of months: it
is the first to you among the months of the
year. ³ Speak to all the congregation of the
children of Israel, saying, On the tenth of
this month let them take each man a ᵝlamb
according to the houses of their families,
every man a lamb for his household. ⁴ And
if they be few in a household, so that there
are not enough for the lamb, he shall take
with himself his neighbour that lives near
to him,—as to the number of souls, every
one according to that which suffices him
shall make a reckoning for the lamb. ⁵ It
shall be to you a lamb unblemished, a male
of a year old: ye shall take it of the lambs
and the kids. ⁶ And it shall be kept by you
till the fourteenth of this month, and all
the multitude of the congregation of the
children of Israel shall kill it toward even-
ing. ⁷ And they shall take of the blood, and
shall put it on the two door-posts, and on
the lintel, in the houses in which soever
they shall eat them. ⁸ And they shall eat
the flesh in this night roast with fire, and
they shall eat unleavened *bread* with bitter
herbs. ⁹ Ye shall not eat of it raw nor
sodden in water, but only roast with fire,
the head with the feet and the appurtenan-
ces. ¹⁰ Nothing shall be left of it till the
morning, and a bone of it ye shall not break;
but that which is left of it till the morning
ye shall burn with fire. ¹¹ And thus shall
ye eat it : your loins girded, and your san-
dals on your feet, and your staves in your
hands, and ye shall eat it in haste. It is a
passover to the Lord. ¹² And I will go
through the land of Egypt in that night,
and will smite every first-born in the land
of Egypt both man and beast, and on all the
gods of Egypt will I execute vengeance: I *am*
the Lord. ¹³ And the blood shall be for a sign
to you on the houses in which ye are, and I
will see the blood, and will protect you, and
there shall not be on you the plague of destruc-
tion, when I ᵞ smite in the land of Egypt.
¹⁴ And this day shall be to you a memorial,
and ye shall keep it a feast to the Lord
through all your generations; ye shall

παρὰ τὸν μύλον, καὶ ἕως πρωτοτοκου παντος κτήνους. Καὶ 6
ἔσται κραυγὴ μεγάλη κατὰ πᾶσαν γῆν Αἰγύπτου, ἥτις τοιαύτη
οὐ γέγονε, καὶ τοιαύτη οὐκ ἔτι προστεθήσεται. Καὶ ἐν πᾶσι 7
τοῖς υἱοῖς Ἰσραὴλ οὐ γρύξει κύων τῇ γλώσσῃ αὐτοῦ, ἀπὸ
ἀνθρώπου ἕως κτήνους· ὅπως εἰδῇς ὅσα παραδοξάσει Κύριος
ἀνὰ μέσον τῶν Αἰγυπτίων καὶ τοῦ Ἰσραήλ. Καὶ καταβήσονται 8
πάντες οἱ παῖδές σου οὗτοι πρός με, καὶ προσκυνήσουσί με,
λέγοντες, ἔξελθε σὺ, καὶ πᾶς ὁ λαός σου, οὗ σὺ ἀφηγῇ· καὶ
μετὰ ταῦτα ἐξελεύσομαι· ἐξῆλθε δὲ Μωυσῆς ἀπὸ Φαραὼ μετὰ
θυμοῦ. Εἶπε δὲ Κύριος πρὸς Μωυσῆν, οὐκ εἰσακούσεται 9
ὑμῶν Φαραώ, ἵνα πληθύνων πληθυνῶ μου τὰ σημεῖα, καὶ τὰ
τέρατα ἐν γῇ Αἰγύπτῳ. Μωυσῆς δὲ καὶ Ἀαρὼν ἐποίησαν 10
πάντα τὰ σημεῖα καὶ τὰ τέρατα ταῦτα ἐν γῇ Αἰγύπτῳ ἐναντίον
Φαραώ· ἐσκλήρυνε δὲ Κύριος τὴν καρδίαν Φαραώ, καὶ οὐκ
εἰσήκουσεν ἐξαποστεῖλαι τοὺς υἱοὺς Ἰσραὴλ ἐκ γῆς
Αἰγύπτου.

Εἶπε δὲ Κύριος πρὸς Μωυσῆν καὶ Ἀαρὼν ἐν γῇ Αἰγύπτου, 12
λέγων, ὁ μὴν οὗτος ὑμῖν ἀρχὴ μηνῶν· πρῶτός ἐστιν ὑμῖν ἐν 2
τοῖς μησὶ τοῦ ἐνιαυτοῦ. Λάλησον πρὸς πᾶσαν συναγωγὴν 3
υἱῶν Ἰσραὴλ, λέγων, τῇ δεκάτῃ τοῦ μηνὸς τούτου λαβέτωσαν
ἕκαστος πρόβατον κατ᾽ οἴκους πατριῶν, ἕκαστος πρόβατον
κατ᾽ οἰκίαν. Ἐὰν δὲ ὀλιγοστοὶ ὦσιν ἐν τῇ οἰκίᾳ, ὥστε μὴ 4
εἶναι ἱκανοὺς εἰς πρόβατον, συλλήψεται μεθ᾽ ἑαυτοῦ τὸν
γείτονα τὸν πλησίον αὐτοῦ· κατὰ ἀριθμὸν ψυχῶν, ἕκαστος τὸ
ἀρκοῦν αὐτῷ συναριθμήσεται εἰς πρόβατον. Πρόβατον τέλειον, 5
ἄρσεν, ἐνιαύσιον ἔσται ὑμῖν· ἀπὸ τῶν ἀρνῶν καὶ τῶν ἐρίφων
λήψεσθε. Καὶ ἔσται ὑμῖν διατετηρημένον ἕως τῆς τεσσαρεσ- 6
καιδεκάτης τοῦ μηνὸς τούτου· καὶ σφάξουσιν αὐτὸ πᾶν τὸ
πλῆθος συναγωγῆς υἱῶν Ἰσραὴλ πρὸς ἑσπέραν. Καὶ λήψονται 7
ἀπὸ τοῦ αἵματος, καὶ θήσουσιν ἐπὶ τῶν δύο σταθμῶν καὶ ἐπὶ
τὴν φλιὰν, ἐν τοῖς οἴκοις ἐν οἷς ἐὰν φάγωσιν αὐτὰ ἐν αὐτοῖς.
Καὶ φάγονται τὰ κρέα τῇ νυκτὶ ταύτῃ ὀπτὰ πυρὶ, καὶ ἄζυμα 8
ἐπὶ πικρίδων ἔδονται. Οὐκ ἔδεσθε ἀπ᾽ αὐτῶν ὠμὸν, οὐδὲ 9
ἡψημένον ἐν ὕδατι, ἀλλ᾽ ἢ ὀπτὰ πυρὶ, κεφαλὴν σὺν τοῖς ποσὶ
καὶ τοῖς ἐνδοσθίοις. Οὐκ ἀπολείψεται ἀπ᾽ αὐτοῦ ἕως πρωΐ· 10
καὶ ὀστοῦν οὐ συντρίψετε ἀπ᾽ αὐτοῦ· τὰ δὲ καταλειπόμενα ἀπ᾽
αὐτοῦ ἕως πρωὶ ἐν πυρὶ κατακαύσετε. Οὕτω δὲ φάγεσθε αὐτό· 11
αἱ ὀσφύες ὑμῶν περιεζωσμέναι, καὶ τὰ ὑποδήματα ἐν τοῖς
ποσὶν ὑμῶν, καὶ αἱ βακτηρίαι ἐν ταῖς χερσὶν ὑμῶν· καὶ ἔδεσθε
αὐτὸ μετὰ σπουδῆς· Πάσχα ἐστὶ Κυρίῳ. Καὶ διελεύσομαι 12
ἐν γῇ Αἰγύπτῳ ἐν τῇ νυκτὶ ταύτῃ, καὶ πατάξω πᾶν πρωτότοκον
ἐν γῇ Αἰγύπτῳ ἀπὸ ἀνθρώπου ἕως κτήνους· καὶ ἐν πᾶσι τοῖς
θεοῖς τῶν Αἰγυπτίων ποιήσω τὴν ἐκδίκησιν· ἐγὼ Κύριος.
Καὶ ἔσται τὸ αἷμα ὑμῖν ἐν σημείῳ ἐπὶ τῶν οἰκιῶν, ἐν αἷς 13
ὑμεῖς ἔστε ἐκεῖ· καὶ ὄψομαι τὸ αἷμα, καὶ σκεπάσω ὑμᾶς,
καὶ οὐκ ἔσται ἐν ὑμῖν πληγὴ τοῦ ἐκτριβῆναι, ὅταν παίω ἐν γῇ
Αἰγύπτῳ.

Καὶ ἔσται ἡ ἡμέρα ὑμῖν αὕτη μνημόσυνον, καὶ ἑορτάσετε 14
αὐτὴν ἑορτὴν Κυρίῳ εἰς πάσας τὰς γενεὰς ὑμῶν· νόμιμον

β πρόβατον, sheep, *generally*, but ver. 5 seems to show that the word *lamb* is admissible in this passage.
γ Or, smite the land. *Hebraism.*

15 αἰώνιον ἑορτάσετε αὐτήν. Ἑπτὰ ἡμέρας ἄζυμα ἔδεσθε· ἀπὸ δὲ τῆς ἡμέρας τῆς πρώτης, ἀφανιεῖτε ζύμην ἐκ τῶν οἰκιῶν ὑμῶν· πᾶς ὃς ἂν φάγῃ ζύμην, ἐξολοθρευθήσεται ἡ ψυχὴ ἐκείνη ἐξ Ἰσραὴλ, ἀπὸ τῆς ἡμέρας τῆς πρώτης ἕως τῆς ἡμέρας τὴν ἑβδόμης.

16. Καὶ ἡ ἡμέρα ἡ πρώτη, κληθήσεται ἁγία· καὶ ἡ ἡμέρα ἡ ἑβδόμη, κλητὴ ἁγία ἔσται ὑμῖν· πᾶν ἔργον λατρευτὸν οὐ ποιήσετε ἐν αὐταῖς, πλὴν ὅσα ποιηθήσεται πάσῃ ψυχῇ, τοῦτο μόνον ποιη-

17 θήσεται ὑμῖν. Καὶ φυλάξετε τὴν ἐντολὴν ταύτην· ἐν γὰρ τῇ ἡμέρᾳ ταύτῃ ἐξάξω τὴν δύναμιν ὑμῶν ἐκ γῆς Αἰγύπτου, καὶ ποιήσετε τὴν ἡμέραν ταύτην εἰς γενεὰς ὑμῶν νόμιμον

18 αἰώνιον, ἐναρχόμενοι τῇ τεσσαρεσκαιδεκάτῃ ἡμέρᾳ τοῦ μηνὸς τοῦ πρώτου, ἀφ᾽ ἑσπέρας ἔδεσθε ἄζυμα, ἕως ἡμέρας

19 μίας καὶ εἰκάδος τοῦ μηνὸς, ἕως ἑσπέρας. Ἑπτὰ ἡμέρας ζύμη οὐχ εὑρεθήσεται ἐν ταῖς οἰκίαις ὑμῶν· πᾶς ὃς ἂν φάγῃ ζυμωτὸν, ἐξολοθρευθήσεται ἡ ψυχὴ ἐκείνη ἐκ συναγωγῆς

20 Ἰσραήλ· ἕν τε τοῖς γειώραις, καὶ αὐτόχθοσι τῆς γῆς. Πᾶν ζυμωτὸν οὐκ ἔδεσθε, ἐν παντὶ δὲ κατοικητηρίῳ ὑμῶν ἔδεσθε ἄζυμα.

21 Ἐκάλεσε δὲ Μωυσῆς πᾶσαν γερουσίαν υἱῶν Ἰσραὴλ, καὶ εἶπε πρὸς αὐτοὺς, ἀπελθόντες λάβετε ὑμῖν αὐτοῖς πρόβατον

22 κατὰ συγγενείας ὑμῶν, καὶ θύσατε τὸ πάσχα. Λήψεσθε δὲ δέσμην ὑσσώπου, καὶ βάψαντες ἀπὸ τοῦ αἵματος τοῦ παρὰ τὴν θύραν, καθίξετε τῆς φλιᾶς, καὶ ἐπ᾽ ἀμφοτέρων τῶν σταθ- μῶν, ἀπὸ τοῦ αἵματος ὅ ἐστι παρὰ τὴν θύραν· ὑμεῖς δὲ οὐκ ἐξελεύσεσθε ἕκαστος τὴν θύραν τοῦ οἴκου αὐτοῦ ἕως πρωΐ.

23 Καὶ παρελεύσεται Κύριος πατάξαι τοὺς Αἰγυπτίους, καὶ ὄψεται τὸ αἷμα ἐπὶ τῆς φλιᾶς, καὶ ἐπ᾽ ἀμφοτέρων τῶν σταθμῶν· καὶ παρελεύσεται Κύριος τὴν θύραν, καὶ οὐκ ἀφήσει τὸν ὀλο-

24 θρεύοντα εἰσελθεῖν εἰς τὰς οἰκίας ὑμῶν πατάξαι. Καὶ φυλάξασθε τὸ ῥῆμα τοῦτο νόμιμον σεαυτῷ, καὶ τοῖς υἱοῖς σου, ἕως αἰῶνος.

25 Ἐὰν δὲ εἰσέλθητε εἰς τὴν γῆν, ἣν ἂν δῷ Κύριος ὑμῖν, καθότι

26 ἐλάλησε, φυλάξασθε τὴν λατρείαν ταύτην. Καὶ ἔσται ἐὰν

27 λέγωσι πρὸς ὑμᾶς οἱ υἱοὶ ὑμῶν, τίς ἡ λατρεία αὕτη; Καὶ ἐρεῖτε αὐτοῖς, θυσία τὸ πάσχα τοῦτο Κυρίῳ, ὡς ἐσκέπασε τοὺς οἴκους τῶν υἱῶν Ἰσραὴλ ἐν Αἰγύπτῳ, ἡνίκα ἐπάταξε τοὺς Αἰγυπτίους, τοὺς δὲ οἴκους ἡμῶν ἐῤῥύσατο· καὶ κύψας ὁ λαὸς

28 προσεκύνησε. Καὶ ἀπελθόντες ἐποίησαν οἱ υἱοὶ Ἰσραὴλ, καθὰ ἐνετείλατο Κύριος τῷ Μωυσῇ καὶ Ἀαρὼν, οὕτως ἐποίησαν.

29 Ἐγενήθη δὲ μεσούσης τῆς νυκτὸς, καὶ Κύριος ἐπάταξε πᾶν πρωτότοκον ἐν γῇ Αἰγύπτῳ, ἀπὸ πρωτοτόκου Φαραὼ τοῦ καθη- μένου ἐπὶ τοῦ θρόνου, ἕως πρωτοτόκου τῆς αἰχμαλωτίδος τῆς

30 ἐν τῷ λάκκῳ, καὶ ἕως πρωτοτόκου παντὸς κτήνους. Καὶ ἀναστὰς Φαραὼ νυκτὸς, καὶ οἱ θεράποντες αὐτοῦ, καὶ πάντες οἱ Αἰγύπτιοι, καὶ ἐγενήθη κραυγὴ μεγάλη ἐν πάσῃ γῇ Αἰγύπτῳ·

31 οὐ γὰρ ἦν οἰκία, ἐν ᾗ οὐκ ἦν ἐν αὐτῇ τεθνηκώς. Καὶ ἐκάλεσε Φαραὼ Μωυσῆν καὶ Ἀαρὼν νυκτὸς, καὶ εἶπεν αὐτοῖς, ἀνάστητε, καὶ ἐξέλθατε ἐκ τοῦ λαοῦ μου, καὶ ὑμεῖς, καὶ οἱ υἱοὶ Ἰσραήλ·

keep it a feast for a perpetual ordinance. [15] Seven days ye shall eat unleavened bread, and from the first day ye shall utterly remove leaven from your houses: whoever shall eat leaven, that soul shall be utterly destroyed from Israel, from the first day until the seventh day. [16] And the first day shall be called holy, and the seventh day shall be a β holy convocation to you: ye shall do no servile work on them, only as many things as will *necessarily* be done by every soul, this only shall be done by you. [17] And ye shall keep this commandment, for on this day will I bring out your force out of the land of Egypt; and ye shall make this day a perpetual ordinance for you throughout your generations. [18] Beginning the four-teenth day of the first month, ye shall eat unleavened bread from evening, till the twenty-first day of the month, till evening. [19] Seven days leaven shall not be found in your houses; whosoever shall eat anything leavened, that soul shall be cut off from the congregation of Israel, both among the occupiers of the land and the original inhabitants. [20] Ye shall eat nothing leavened, but in every habitation of yours ye shall eat unleavened bread.

[21] And Moses called all the elders of the children of Israel, and said to them, Go away and take to yourselves a lamb according to your kindreds, and slay the passover. [22] And ye shall take a bunch of hyssop, and having dipped it into some of the blood that is by the door, ye shall touch the lintel, and *shall put it* upon both door-posts, even of the blood which is by the door; but ye shall not go out every one from the door of his house till the morning. [23] And the Lord shall pass by to smite the Egyptians, and shall see the blood upon the lintel, and upon both the door-posts; and the Lord shall pass by the door, and shall not suffer the destroyer to enter into your houses to smite *you.* [24] And keep ye this thing as an ordinance for thyself and for thy children for ever. [25] And if ye should enter into the land, which the Lord shall give you, as he has spoken, keep this service. [26] And it shall come to pass, if your sons say to you, What is this service? [27] that ye shall say to them, This passover is a sacrifice to the Lord, as he defended the houses of the children of Israel in Egypt, when he smote the Egyptians, but delivered our houses. [28] And the people bowed and worshipped. And the children of Israel departed and did as the Lord commanded Moses and Aaron, so did they.

[29] And it came to pass at midnight that the Lord smote all the first-born in the land of Egypt, from the first-born of Pharao that sat on the throne, to the first-born of the captive-maid in the dungeon, and the first-born of all cattle. [30] And Pharao rose up by night, and his servants, and all the Egyptians; and there was a great cry in all the land of Egypt, for there was not a house in which there was not one dead. [31] And Pharao called Moses and Aaron by night, and said to them, Rise and depart from my people, both ye and the children of Israel.

β *Gr.* called holy.

Go and serve the Lord your God, even as ye say. [32] And take with you your sheep, and your oxen: bless me also, I pray you. [33] And the Egyptians constrained the people, so that they cast them out of the land with haste, for they said, We all shall die. [34] And the people took their dough before their β meal was leavened, bound up *as it was* in their garments, on their shoulders. [35] And the children of Israel did as Moses commanded them, and they asked of the Egyptians articles of silver and gold and apparel. [36] And the Lord gave his people favour in the sight of the Egyptians, and they lent to them; and they spoiled the Egyptians.

[37] And the children of Israel γ departed from Ramesses to Socchoth, to *the full number of* six hundred thousand footmen, even men, besides the baggage. [38] And a great mixed *company* went up with them, and sheep and oxen and very much cattle. [39] And they baked the dough which they brought out of Egypt, unleavened cakes, for it had not been leavened; for the Egyptians cast them out, and they could not remain, neither did they prepare provision for themselves for the journey. [40] And the sojourning of the children of Israel, δ while they sojourned in the land of Egypt and the land of Chanaan, *was* four hundred and thirty years. [41] And it came to pass after the four hundred and thirty years, all the forces of the Lord came forth out of the land of Egypt by night. [42] ζ It is a watch kept to the Lord, so that he should bring them out of the land of Egypt; that very night is a watch kept to the Lord, so that it should be to all the children of Israel to their generations. [43] And the Lord said to Moses and Aaron, This is the law of the passover: no stranger shall eat of it. [44] And every slave or servant bought with money—him thou shalt circumcise, and then shall he eat of it. [45] A sojourner or hireling shall not eat of it. [46] In one house shall it be eaten, and ye shall not carry of the flesh out from the house; θ and a bone of it ye shall not break. [47] All the congregation of the children of Israel shall keep it. [48] And if any proselyte shall come to you to keep the passover to the Lord, thou shalt circumcise every male of him, and then shall he approach to sacrifice it, and he shall be even as the original inhabitant of the land; no uncircumcised person shall eat of it. [49] There shall be one law to the native, and to the proselyte coming among you. [50] And the children of Israel did as the Lord commanded Moses and Aaron for them, so they did. [51] And it came to pass in that day that the Lord brought out the children of Israel from the land of Egypt with their forces.

And the Lord spoke to Moses, saying, [2] λ Sanctify to me every first-born, first produced, opening every womb among the children of Israel both of man and beast: it is mine. [3] And Moses said to the people, Remember this day, in which ye came forth out of the land of Egypt, out of the house of bondage, for with a strong hand the Lord brought you forth thence; and leaven shall not be eaten. [4] For on this day ye go

βαδίζετε καὶ λατρεύσατε Κυρίῳ τῷ Θεῷ ὑμῶν, καθὰ λέγετε. Καὶ τὰ πρόβατα καὶ τοὺς βόας ὑμῶν ἀναλαβόντες πορεύεσθε· [32] εὐλογήσατε δὴ κᾀμέ. Καὶ κατεβιάζοντο οἱ Αἰγύπτιοι τὸν [33] λαὸν σπουδῇ ἐκβαλεῖν αὐτοὺς ἐν τῆς γῆς· εἶπαν γὰρ, ὅτι πάντες ἡμεῖς ἀποθνήσκομεν. Ἀνέλαβε δὲ ὁ λαὸς τὸ σταῖς [34] αὐτῶν, πρὸ τοῦ ζυμωθῆναι τὰ φυράματα αὐτῶν, ἐνδεδεμένα ἐν τοῖς ἱματίοις αὐτῶν ἐπὶ τῶν ὤμων. Οἱ δὲ υἱοὶ Ἰσραὴλ [35] ἐποίησαν, καθὰ συνέταξεν αὐτοῖς Μωυσῆς, καὶ ᾔτησαν παρὰ τῶν Αἰγυπτίων σκεύη ἀργυρᾶ καὶ χρυσᾶ καὶ ἱματισμόν. Καὶ [36] ἔδωκε Κύριος τὴν χάριν τῷ λαῷ αὐτοῦ ἐναντίον τῶν Αἰγυπτίων, καὶ ἔχρησαν αὐτοῖς· καὶ ἐσκύλευσαν τοὺς Αἰγυπτίους.

Ἀπάραντες δὲ υἱοὶ Ἰσραὴλ ἐκ Ῥαμεσσῆ εἰς Σοκχὼθ εἰς [37] ἑξακοσίας χιλιάδας πεζῶν, οἱ ἄνδρες, πλὴν τῆς ἀποσκευῆς. Καὶ ἐπίμικτος πολὺς συνανέβη αὐτοῖς, καὶ πρόβατα, καὶ [38] βόες, καὶ κτήνη πολλὰ σφόδρα. Καὶ ἔπεψαν τὸ σταῖς ὃ [39] ἐξήνεγκαν ἐξ Αἰγύπτου, ἐγκρυφίας ἀζύμους, οὐ γὰρ ἐζυμώθη· ἐξέβαλον γὰρ αὐτοὺς οἱ Αἰγύπτιοι, καὶ οὐκ ἠδυνήθησαν ἐπιμεῖναι, οὐδὲ ἐπισιτισμὸν ἐποίησαν ἑαυτοῖς εἰς τὴν ὁδόν. Ἡ δὲ [40] κατοίκησις τῶν υἱῶν Ἰσραὴλ, ἣν κατῴκησαν ἐν γῇ Αἰγύπτῳ καὶ ἐν γῇ Χαναὰν, ἔτη τετρακόσια τριάκοντα. Καὶ ἐγένετο [41] μετὰ τὰ τετρακόσια τριάκοντα ἔτη, ἐξῆλθε πᾶσα ἡ δύναμις Κυρίου ἐκ γῆς Αἰγύπτου νυκτός. Προφυλακή ἐστι τῷ Κυρίῳ, [42] ὥστε ἐξαγαγεῖν αὐτοὺς ἐκ γῆς Αἰγύπτου· ἐκείνη ἡ νὺξ αὕτη, προφυλακὴ Κυρίῳ, ὥστε πᾶσι τοῖς υἱοῖς Ἰσραὴλ εἶναι εἰς γενεὰς αὐτῶν. Εἶπε δὲ Κύριος πρὸς Μωυσῆν καὶ Ἀαρὼν, [43] οὗτος ὁ νόμος τοῦ πάσχα· πᾶς ἀλλογενὴς οὐκ ἔδεται ἀπ᾿ αὐτοῦ. Καὶ πάντα οἰκέτην ἢ ἀργυρώνητον περιτεμεῖς αὐτόν· [44] καὶ τότε φάγεται ἀπ᾿ αὐτοῦ. Πάροικος ἢ μισθωτὸς οὐκ ἔδεται [45] ἀπ᾿ αὐτοῦ. Ἐν οἰκίᾳ μιᾷ βρωθήσεται, καὶ οὐκ ἐξοίσετε ἐκ τῆς [46] οἰκίας τῶν κρεῶν ἔξω· καὶ ὀστοῦν οὐ συντρίψετε ἀπ᾿ αὐτοῦ. Πᾶσα συναγωγὴ υἱῶν Ἰσραὴλ ποιήσει αὐτό. Ἐὰν δέ τις [47, 48] προσέλθῃ πρὸς ὑμᾶς προσήλυτος ποιῆσαι τὸ πάσχα Κυρίῳ, περιτεμεῖς αὐτοῦ πᾶν ἀρσενικὸν, καὶ τότε προσελεύσεται ποιῆσαι αὐτό· καὶ ἔσται ὥσπερ καὶ ὁ αὐτόχθων τῆς γῆς· πᾶς ἀπερίτμητος οὐκ ἔδεται ἀπ᾿ αὐτοῦ. Νόμος εἷς ἔσται τῷ ἐγχω- [49] ρίῳ, καὶ τῷ προσελθόντι προσηλύτῳ ἐν ὑμῖν. Καὶ ἐποίησαν [50] οἱ υἱοὶ Ἰσραὴλ καθὰ ἐνετείλατο Κύριος τῷ Μωυσῇ καὶ Ἀαρὼν πρὸς αὐτούς, οὕτως ἐποίησαν. Καὶ ἐγένετο ἐν τῇ ἡμέρᾳ ἐκείνῃ, [51] ἐξήγαγε Κύριος τοὺς υἱοὺς Ἰσραὴλ ἐκ γῆς Αἰγύπτου σὺν δυνάμει αὐτῶν.

Εἶπε δὲ Κύριος πρὸς Μωυσῆν, λέγων, ἁγίασόν μοι πᾶν [13] πρωτότοκον πρωτογενὲς διανοῖγον πᾶσαν μήτραν ἐν τοῖς υἱοῖς [2] Ἰσραὴλ ἀπὸ ἀνθρώπου ἕως κτήνους, ἐμοί ἐστιν. Εἶπε δὲ [3] Μωυσῆς πρὸς τὸν λαὸν, μνημονεύετε τὴν ἡμέραν ταύτην, ἐν ᾗ ἐξήλθατε ἐκ γῆς Αἰγύπτου, ἐξ οἴκου δουλείας· ἐν γὰρ χειρὶ κραταιᾷ ἐξήγαγεν ὑμᾶς Κύριος ἐντεῦθεν· καὶ οὐ βρωθήσεται ζύμη. Ἐν γὰρ τῇ σήμερον ὑμεῖς ἐκπορεύεσθε ἐν μηνὶ τῶν [4]

β *Gr.* lumps of meal.   γ *Gr.* having departed.   δ *Gr.* which.   ζ ὥστε seems to be given for ל, instead of 'when he brought,' etc.
θ John 19. 36.   λ Luke 2. 23.

5 νέων. Καὶ ἔσται ἡνίκα ἐὰν εἰσαγάγῃ σε Κύριος ὁ Θεός σου εἰς τὴν γῆν τῶν Χαναναίων, καὶ Χετταίων, καὶ Ἀμορραίων, καὶ Εὐαίων, καὶ Ἰεβουσαίων, καὶ Γεργεσαίων, καὶ Φερεζαίων, ἣν ὤμοσε τοῖς πατράσι 'σου, δοῦναί σοι γῆν ῥέουσαν γάλα καὶ
6 μέλι· καὶ ποιήσεις τὴν λατρείαν ταύτην ἐν τῷ μηνὶ τούτῳ. Ἐξ ἡμέρας ἔδεσθε ἄζυμα, τῇ δὲ ἡμέρᾳ τῇ ἑβδόμῃ ἑορτὴ Κυρίου.
7 Ἄζυμα ἔδεσθε ἑπτὰ ἡμέρας· οὐκ ὀφθήσεταί σοι ζυμωτὸν, οὐδὲ
8 ἔσται σοι ζύμη ἐν πᾶσι τοῖς ὁρίοις σου. Καὶ ἀναγγελεῖς τῷ υἱῷ σου ἐν τῇ ἡμέρᾳ ἐκείνῃ, λέγων, διὰ τοῦτο ἐποίησε Κύριος
9 ὁ Θεός μοι, ὡς ἐξεπορευόμην ἐξ Αἰγύπτου. Καὶ ἔσται σοι σημεῖον ἐπὶ τῆς χειρός σου, καὶ μνημόσυνον πρὸ ὀφθαλμῶν σου, ὅπως ἂν γένηται ὁ νόμος Κυρίου ἐν τῷ στόματί σου· ἐν γὰρ χειρὶ κραταιᾷ ἐξήγαγέ σε Κύριος ὁ Θεὸς ἐξ Αἰγύπτου.
10 Καὶ φυλάξασθε τὸν νόμον τοῦτον κατὰ καιροὺς ὡρῶν, ἀφ' ἡμερῶν εἰς ἡμέρας.

11 Καὶ ἔσται ὡς ἂν εἰσαγάγῃ σε Κύριος ὁ Θεός σου εἰς τὴν γῆν τῶν Χαναναίων, ὃν τρόπον ὤμοσε τοῖς πατράσι
12 σου, καὶ δώσει σοι αὐτήν. Καὶ ἀφελεῖς πᾶν διανοῖγον μήτραν, τὰ ἀρσενικὰ τῷ Κυρίῳ· πᾶν διανοῖγον μήτραν ἐκ βουκολίων ἢ ἐν τοῖς κτήνεσί σου, ὅσα ἐὰν γένηταί σοι, τὰ
13 ἀρσενικὰ ἁγιάσεις τῷ Κυρίῳ. Πᾶν διανοῖγον μήτραν ὄνου, ἀλλάξεις προβάτῳ· ἐὰν δὲ μὴ ἀλλάξῃς, λυτρώσῃ αὐτό· πᾶν
14 πρωτότοκον ἀνθρώπου τῶν υἱῶν σου λυτρώσῃ. Ἐὰν δὲ ἐρωτήσῃ σε ὁ υἱός σου μετὰ ταῦτα, λέγων, τί τοῦτο; καὶ ἐρεῖς αὐτῷ, ὅτι ἐν χειρὶ κραταιᾷ ἐξήγαγεν Κύριος ἡμᾶς ἐκ
15 γῆς Αἰγύπτου, ἐξ οἴκου δουλείας. Ἡνίκα δὲ ἐσκλήρυνε Φαραὼ ἐξαποστείλαι ἡμᾶς, ἀπέκτεινε πᾶν πρωτότοκον ἐν γῇ Αἰγύπτῳ, ἀπὸ πρωτοτόκων ἀνθρώπων ἕως πρωτοτόκων κτηνῶν· διὰ τοῦτο ἐγὼ θύω πᾶν διανοῖγον μήτραν, τὰ ἀρσενικὰ τῷ Κυρίῳ, καὶ πᾶν πρωτότοκον τῶν υἱῶν μου λυτρώσομαι.
16 Καὶ ἔσται εἰς σημεῖον ἐπὶ τῆς χειρός σου, καὶ ἀσάλευτον πρὸ ὀφθαλμῶν σου· ἐν γὰρ χειρὶ κραταιᾷ ἐξήγαγέ σε Κύριος ἐξ Αἰγύπτου.

17 Ὡς δὲ ἐξαπέστειλε Φαραὼ τὸν λαὸν, οὐχ ὡδήγησεν αὐτοὺς ὁ Θεὸς ὁδὸν γῆς Φυλιστιείμ, ὅτι ἐγγὺς ἦν· εἶπε γὰρ ὁ Θεός, μήποτε μεταμελήσῃ τῷ λαῷ ἰδόντι πόλεμον, καὶ ἀποστρέψῃ
18 εἰς Αἴγυπτον. Καὶ ἐκύκλωσεν ὁ Θεὸς τὸν λαὸν ὁδὸν τὴν εἰς τὴν ἔρημον, εἰς τὴν ἐρυθρὰν θάλασσαν· πέμπτῃ δὲ γενεᾷ
19 ἀνέβησαν οἱ υἱοὶ Ἰσραὴλ ἐκ γῆς Αἰγύπτου. Καὶ ἔλαβε Μωυσῆς τὰ ὀστᾶ Ἰωσὴφ μεθ' ἑαυτοῦ· ὅρκῳ γὰρ ὥρκισεν τοὺς υἱοὺς Ἰσραὴλ, λέγων, ἐπισκοπῇ ἐπισκέψεται ὑμᾶς Κύριος, καὶ συνανοίσετε μου τὰ ὀστᾶ ἐντεῦθεν μεθ' ὑμῶν.
20 Ἐξάραντες δὲ οἱ υἱοὶ Ἰσραὴλ ἐκ Σοκχὼθ, ἐστρατοπέδευσαν
21 ἐν Ὀθὼμ παρὰ τὴν ἔρημον. Ὁ δὲ Θεὸς ἡγεῖτο αὐτῶν, ἡμέρας μὲν ἐν στύλῳ νεφέλης, δεῖξαι αὐτοῖς τὴν ὁδόν· τὴν
22 δὲ νύκτα ἐν στύλῳ πυρός. Οὐκ ἐξέλιπεν δὲ ὁ στύλος τῆς νεφέλης ἡμέρας, καὶ ὁ στύλος τοῦ πυρὸς νυκτὸς, ἐναντίον τοῦ λαοῦ παντός.

---

forth in the month of new *corn*. ⁵ And it shall come to pass when the Lord thy God shall have brought thee into the land of the Chananites, and the Chettites, and Amorites, and Evites, and Jebusites, and Gergesites, and Pherezites, which he sware to thy fathers to give thee, a land flowing with milk and honey, that thou shalt perform this service in this month. ⁶ Six days ye shall eat unleavened bread, and on the seventh day is a feast to the Lord. ⁷ Seven days shall ye eat unleavened bread; nothing leavened shall be seen with thee, neither shalt thou have leaven in all thy borders. ⁸ And thou shalt tell thy son in that day, saying, Therefore the Lord β dealt thus with me, as I was going out of Egypt. ⁹ And it shall be to thee a sign upon thy hand and a memorial before thine eyes, that the law of the Lord may be in thy mouth, for with a strong hand the Lord God brought thee out of Egypt. ¹⁰ And preserve ye this law according to the times of the seasons, γ from year to year.

¹¹ And it shall come to pass when the Lord thy God shall bring thee into the land of the Chananites, as he sware to thy fathers, and shall give it thee, ¹² that thou shalt δ set apart every *offspring* opening the womb, the males to the Lord, every one that opens the womb out of the herds or among thy cattle, as many as thou shalt have: thou shalt sanctify the males to the Lord. ¹³ Every *offspring* opening the womb of the ass thou shalt change for a sheep; and if thou wilt not change it, thou shalt redeem it: every first-born of man of thy sons shalt thou redeem. ¹⁴ And if thy son should ask thee hereafter, saying, What is this? then thou shalt say to him, With a strong hand the Lord brought us out of Egypt, out of the house of bondage. ¹⁵ And when Pharao hardened *his heart so as not* to send us away, he slew every first-born in the land of Egypt, both the first-born of man and the first-born of beast; therefore do I sacrifice every *offspring* that opens the womb, the males to the Lord, and every first-born of my sons I will redeem. ¹⁶ And it shall be for a sign upon thy hand, and immovable before thine eyes, for with a strong hand the Lord brought thee out of Egypt.

¹⁷ And when Pharao sent forth the people, God led them not by the way of the land of the Phylistines, because it was near; for God said, Lest at any time the people repent when they see war, and return to Egypt. ¹⁸ And God led the people round by the way to the wilderness, to the Red Sea: and in the fifth generation the children of Israel went up out of the land of Egypt. ¹⁹ And Moses took the bones of Joseph with him, for he had solemnly adjured the children of Israel, saying, God will surely visit you, and ye shall carry up my bones hence with you. ²⁰ And the children of Israel departed from Socchoth, and encamped in Othom by the wilderness. ²¹ And God led them, in the day by a pillar of cloud, to show them the way, and in the night by a pillar of fire. ²² And the pillar of cloud failed not by day, nor the pillar of fire by night, before all the people.

β *Gr.* did thus to me.   γ *Gr.* from days to days. *Hebraism.*   δ *Or,* separate.

And the Lord spoke to Moses, saying, [2] Speak to the children of Israel, and let them turn and encamp before the village, between Magdol and the sea, opposite Beel-sepphon : before them shalt thou encamp by the sea. [3] And Pharao will say to his people, As for these children of Israel, they are wandering in the land, for the wilderness has shut them in. [4] And I will harden the heart of Pharao, and he shall pursue after them ; and I will be glorified in Pharao, and in all his host, and all the Egyptians shall know that I am the Lord. And they did so. [5] And it was reported to the king of the Egyptians that the people had fled : and the heart of Pharao was turned, and that of his servants against the people ; and they said, What is this that we have done, to let the children of Israel go, so that they should not serve us ? [6] So Pharao yoked his chariots, and led off all his people with himself : [7] having also taken six hundred chosen chariots, and all the cavalry of the Egyptians, and rulers over all. [8] And the Lord hardened the heart of Pharao king of Egypt, and of his servants, and he pursued after the children of Israel ; and the children of Israel went forth with a high hand. [9] And the Egyptians pursued after them, and found them encamped by the sea ; and all the cavalry and the chariots of Pharao, and the horsemen, and his host *were* before the village, over against Beel-sepphon. [10] And Pharao approached, and the children of Israel having β looked up, beheld, and the Egyptians encamped behind them : and they were very greatly terrified, and the children of Israel cried to the Lord ; [11] and said to Moses, Because there were no graves in the land of Egypt, hast thou brought us forth to slay *us* in the wilderness ? What is this that thou hast done to us, having brought us out of Egypt ? [12] Is not this the word which we spoke to thee in Egypt, saying, Let us alone that we may serve the Egyptians ? for it is better for us to serve the Egyptians than to die in this wilderness. [13] And Moses said to the people, Be of good courage : stand and see the salvation which is from the Lord, which he will work for us this day ; for as ye have seen the Egyptians to-day, ye shall see them again no more for ever. [14] The Lord shall fight for you, and ye shall hold your peace. [15] And the Lord said to Moses, Why criest thou to me ? speak to the children of Israel, and let them γ proceed. [16] And do thou lift up δ thy rod, and stretch forth thy hand over the sea, and divide it, and let the children of Israel enter into the midst of the sea on the dry land. [17] And lo ! I will harden the heart of Pharao and of all the Egyptians, and they shall go in after them ; and I will be glorified upon Pharao, and on all his host, and on his chariots and his horses. [18] And all the Egyptians shall know that I am the Lord, when I am glorified upon Pharao and upon his chariots and his horses. [19] And the angel of God that went before the camp of the children of Israel removed and went behind, and the pillar of the cloud also re-

Καὶ ἐλάλησε Κύριος πρὸς Μωυσῆν, λέγων, Λάλησον τοῖς 14 υἱοῖς Ἰσραήλ, καὶ ἀποστρέψαντες στρατοπεδευσάτωσαν ἀπέν- 2 αντι τῆς ἐπαύλεως, ἀνὰ μέσον Μαγδώλου καὶ ἀνὰ μέσον τῆς θαλάσσης, ἐξεναντίας Βεελσεπφών· ἐνώπιον αὐτῶν στρατοπε- δεύσεις ἐπὶ τῆς θαλάσσης. Καὶ ἐρεῖ Φαραὼ τῷ λαῷ αὐτοῦ, 3 οἱ υἱοὶ Ἰσραὴλ πλανῶνται οὗτοι ἐν τῇ γῇ, συγκέκλεικε γὰρ αὐτοὺς ἡ ἔρημος. Ἐγὼ δὲ σκληρυνῶ τὴν καρδίαν Φαραώ, καὶ 4 καταδιώξεται ὀπίσω αὐτῶν· καὶ ἐνδοξασθήσομαι ἐν Φαραώ, καὶ ἐν πάσῃ τῇ στρατιᾷ αὐτοῦ· καὶ γνώσονται πάντες οἱ Αἰγύπτιοι ὅτι ἐγώ εἰμι Κύριος· καὶ ἐποίησαν οὕτως. Καὶ ἀνηγγέλη τῷ 5 βασιλεῖ τῶν Αἰγυπτίων ὅτι πέφευγεν ὁ λαός· καὶ μετεστράφη ἡ καρδία Φαραώ, καὶ τῶν θεραπόντων αὐτοῦ, ἐπὶ τὸν λαόν, καὶ εἶπαν, τί τοῦτο ἐποιήσαμεν, τοῦ ἐξαποστεῖλαι τοὺς υἱοὺς Ἰσραήλ, τοῦ μὴ δουλεύειν ἡμῖν ; Ἔζευξεν οὖν Φαραὼ τὰ 6 ἅρματα αὐτοῦ, καὶ πάντα τὸν λαὸν αὐτοῦ συναπήγαγε μεθ᾽ ἑαυτοῦ, καὶ λαβὼν ἑξακόσια ἅρματα ἐκλεκτά, καὶ πᾶσαν τὴν 7 ἵππον τῶν Αἰγυπτίων, καὶ τριστάτας ἐπὶ πάντων. Καὶ ἐσκλή- 8 ρυνε Κύριος τὴν καρδίαν Φαραὼ βασιλέως Αἰγύπτου, καὶ τῶν θεραπόντων αὐτοῦ, καὶ κατεδίωξεν ὀπίσω τῶν υἱῶν Ἰσραήλ· οἱ δὲ υἱοὶ Ἰσραὴλ ἐξεπορεύοντο ἐν χειρὶ ὑψηλῇ. Καὶ κατεδίω- 9 ξαν οἱ Αἰγύπτιοι ὀπίσω αὐτῶν, καὶ εὕροσαν αὐτοὺς παρεμ- βεβληκότας παρὰ τὴν θάλασσαν· καὶ πᾶσα ἡ ἵππος καὶ τὰ ἅρματα Φαραώ, καὶ οἱ ἱππεῖς, καὶ ἡ στρατιὰ αὐτοῦ ἀπέναντι τῆς ἐπαύλεως, ἐξεναντίας Βεελσεπφών. Καὶ Φαραὼ προσῆγε· 10 καὶ ἀναβλέψαντες οἱ υἱοὶ Ἰσραὴλ τοῖς ὀφθαλμοῖς ὁρῶσι, καὶ οἱ Αἰγύπτιοι ἐστρατοπέδευσαν ὀπίσω αὐτῶν· καὶ ἐφοβήθησαν σφόδρα· ἀνεβόησαν δὲ οἱ υἱοὶ Ἰσραὴλ πρὸς Κύριον. Καὶ 11 εἶπαν πρὸς Μωυσῆν, παρὰ τὸ μὴ ὑπάρχειν μνήματα ἐν γῇ Αἰγύπτῳ, ἐξήγαγες ἡμᾶς θανατῶσαι ἐν τῇ ἐρήμῳ· τί τοῦτο ἐποίησας ἡμῖν, ἐξαγαγὼν ἐξ Αἰγύπτου ; Οὐ τοῦτο ἦν τὸ ῥῆμα, 12 ὃ ἐλαλήσαμεν πρὸς σὲ ἐν Αἰγύπτῳ, λέγοντες, πάρες ἡμᾶς, ὅπως δουλεύσωμεν τοῖς Αἰγυπτίοις ; κρεῖσσον γὰρ ἡμᾶς δουλεύειν τοῖς Αἰγυπτίοις, ἢ ἀποθανεῖν ἐν τῇ ἐρήμῳ ταύτῃ. Εἶπε δὲ Μωυσῆς πρὸς τὸν λαόν, θαρσεῖτε, στῆτε καὶ ὁρᾶτε 13 τὴν σωτηρίαν τὴν παρὰ τοῦ Κυρίου, ἣν ποιήσει ἡμῖν σήμερον· ὃν τρόπον γὰρ ἑωράκατε τοὺς Αἰγυπτίους σήμερον, οὐ προσθή- σεσθε ἔτι ἰδεῖν αὐτοὺς εἰς τὸν αἰῶνα χρόνον. Κύριος πολεμήσει 14 περὶ ὑμῶν, καὶ ὑμεῖς σιγήσετε. Εἶπε δὲ Κύριος πρὸς Μωυσῆν, 15 τί βοᾷς πρός με ; λάλησον τοῖς υἱοῖς Ἰσραήλ, καὶ ἀναζευ- ξάτωσαν. Καὶ σὺ ἔπαρον τῇ ῥάβδῳ σου, καὶ ἔκτεινον τὴν 16 χεῖρά σου ἐπὶ τὴν θάλασσαν, καὶ ῥῆξον αὐτήν· καὶ εἰσελθά- τωσαν οἱ υἱοὶ Ἰσραὴλ εἰς μέσον τῆς θαλάσσης κατὰ τὸ ξηρόν. Καὶ ἰδοὺ ἐγὼ σκληρυνῶ τὴν καρδίαν Φαραώ, καὶ τῶν Αἰγυπτίων 17 πάντων, καὶ εἰσελεύσονται ὀπίσω αὐτῶν· καὶ ἐνδοξασθήσομαι ἐν Φαραώ, καὶ ἐν πάσῃ τῇ στρατιᾷ αὐτοῦ, καὶ ἐν τοῖς ἅρμασι, καὶ ἐν τοῖς ἵπποις αὐτοῦ. Καὶ γνώσονται πάντες οἱ Αἰγύπτιοι 18 ὅτι ἐγώ εἰμι Κύριος, ἐνδοξαζομένου μου ἐν Φαραώ, καὶ ἐν τοῖς ἅρμασι, καὶ ἵπποις αὐτοῦ. Ἐξῆρε δὲ ὁ Ἄγγελος τοῦ Θεοῦ 19 ὁ προπορευόμενος τῆς παρεμβολῆς τῶν υἱῶν Ἰσραήλ, καὶ ἐπορεύθη ἐκ τῶν ὄπισθεν· ἐξῆρε δὲ καὶ ὁ στῦλος τῆς νεφέλης

β Gr. having, etc. with their eyes.　　γ Gr. harness or yoke the horses again.　　δ Or, thy hand with thy rod ; but another reading is τὴν ῥάβδον.

20 ἀπὸ προσώπου αὐτῶν, καὶ ἔστη ἐκ τῶν ὀπίσω αὐτῶν. Καὶ εἰσῆλθεν ἀνὰ μέσον τῆς παρεμβολῆς τῶν Αἰγυπτίων, καὶ ἀνὰ μέσον τῆς παρεμβολῆς Ἰσραήλ, καὶ ἔστη· καὶ ἐγένετο σκότος καὶ γνόφος· καὶ διῆλθεν ἡ νύξ· καὶ οὐ συνέμιξαν ἀλλήλοις

21 ὅλην τὴν νύκτα. Ἐξέτεινε δὲ Μωυσῆς τὴν χεῖρα ἐπὶ τὴν θάλασσαν· καὶ ὑπήγαγε Κύριος τὴν θάλασσαν ἐν ἀνέμῳ νότῳ βιαίῳ ὅλην τὴν νύκτα, καὶ ἐποίησε τὴν θάλασσαν ξηράν· καὶ

22 ἐσχίσθη τὸ ὕδωρ. Καὶ εἰσῆλθον οἱ υἱοὶ Ἰσραὴλ εἰς μέσον τῆς θαλάσσης κατὰ τὸ ξηρόν· καὶ τὸ ὕδωρ αὐτῆς τεῖχος ἐκ δεξιῶν, καὶ τεῖχος ἐξ εὐωνύμων.

23 Καὶ κατεδίωξαν οἱ Αἰγύπτιοι, καὶ εἰσῆλθον ὀπίσω αὐτῶν καὶ πᾶς ἵππος Φαραώ, καὶ τὰ ἅρματα, καὶ οἱ ἀναβάται, εἰς μέσον τῆς

24 θαλάσσης. Ἐγενήθη δὲ ἐν τῇ φυλακῇ τῇ ἑωθινῇ, καὶ ἐπίβλεψε Κύριος ἐπὶ τὴν παρεμβολὴν τῶν Αἰγυπτίων ἐν στύλῳ πυρὸς καὶ

25 νεφέλης, καὶ συνετάραξε τὴν παρεμβολὴν τῶν Αἰγυπτίων, καὶ συνέδησε τοὺς ἄξονας τῶν ἁρμάτων αὐτῶν, καὶ ἤγαγεν αὐτοὺς μετὰ βίας· καὶ εἶπαν οἱ Αἰγύπτιοι, φύγωμεν ἀπὸ προσώπου Ἰσραήλ· ὁ γὰρ Κύριος πολεμεῖ περὶ αὐτῶν τοὺς Αἰγυπτίους.

26 Εἶπε δὲ Κύριος πρὸς Μωυσῆν, ἔκτεινον τὴν χεῖρά σου ἐπὶ τὴν θάλασσαν, καὶ ἀποκαταστήτω τὸ ὕδωρ, καὶ ἐπικαλυψάτω τοὺς

27 Αἰγυπτίους, ἐπί τε τὰ ἅρματα καὶ τοὺς ἀναβάτας. Ἐξέτεινε δὲ Μωυσῆς τὴν χεῖρα ἐπὶ τὴν θάλασσαν, καὶ ἀπεκατέστη τὸ ὕδωρ πρὸς ἡμέραν ἐπὶ χώρας· οἱ δὲ Αἰγύπτιοι ἔφυγον ὑπὸ τὸ ὕδωρ· καὶ ἐξετίναξε Κύριος τοὺς Αἰγυπτίους μέσον τῆς

28 θαλάσσης. Καὶ ἐπαναστραφὲν τὸ ὕδωρ ἐκάλυψε τὰ ἅρματα καὶ τοὺς ἀναβάτας, καὶ πᾶσαν τὴν δύναμιν Φαραώ, τοὺς εἰσπεπορευμένους ὀπίσω αὐτῶν εἰς τὴν θάλασσαν· καὶ οὐ

29 κατελείφθη ἐξ αὐτῶν οὐδὲ εἷς. Οἱ δὲ υἱοὶ Ἰσραὴλ ἐπορεύθησαν διὰ ξηρᾶς ἐν μέσῳ τῆς θαλάσσης· τὸ δὲ ὕδωρ αὐτοῖς τεῖχος

30 ἐκ δεξιῶν, καὶ τεῖχος ἐξ εὐωνύμων. Καὶ ἐρρύσατο Κύριος τὸν Ἰσραὴλ ἐν τῇ ἡμέρᾳ ἐκείνῃ ἐκ χειρὸς τῶν Αἰγυπτίων· καὶ εἶδεν Ἰσραὴλ τοὺς Αἰγυπτίους τεθνηκότας παρὰ τὸ χεῖλος

31 τῆς θαλάσσης. Εἶδε δὲ Ἰσραὴλ τὴν χεῖρα τὴν μεγάλην, ἃ ἐποίησε Κύριος τοῖς Αἰγυπτίοις· ἐφοβήθη δὲ ὁ λαὸς τὸν Κύριον, καὶ ἐπίστευσαν τῷ Θεῷ, καὶ Μωυσῇ τῷ θεράποντι αὐτοῦ.

15 Τότε ᾖσε Μωυσῆς καὶ οἱ υἱοὶ Ἰσραὴλ τὴν ᾠδὴν ταύτην τῷ Θεῷ, καὶ εἶπαν, λέγοντες, ᾄσωμεν τῷ Κυρίῳ, ἐνδόξως γὰρ

2 δεδόξασται· ἵππον καὶ ἀναβάτην ἔρριψεν εἰς θάλασσαν. Βοηθὸς καὶ σκεπαστὴς ἐγένετό μοι εἰς σωτηρίαν· οὗτός μου Θεὸς, καὶ δοξάσω αὐτόν· Θεὸς τοῦ πατρός μου, καὶ ὑψώσω αὐτόν.

3, 4 Κύριος συντρίβων πολέμους, Κύριος ὄνομα αὐτῷ. Ἅρματα Φαραώ, καὶ τὴν δύναμιν αὐτοῦ, ἔρριψεν εἰς θάλασσαν, ἐπιλέκτους ἀναβάτας τριστάτας· κατεπόθησαν ἐν ἐρυθρᾷ θαλάσσῃ.

5 Πόντῳ ἐκάλυψεν αὐτούς· κατέδυσαν εἰς βυθὸν ὡσεὶ λίθος.

6 Ἡ δεξιά σου, Κύριε, δεδόξασται ἐν ἰσχύϊ· ἡ δεξιά σου χεὶρ,

7 Κύριε, ἔθραυσεν ἐχθρούς. Καὶ τῷ πλήθει τῆς δόξης σου συνέτριψας τοὺς ὑπεναντίους· ἀπέστειλας τὴν ὀργήν σου κατ-

8 έφαγεν αὐτοὺς ὡς καλάμην. Καὶ διὰ πνεύματος τοῦ θυμοῦ σου διέστη τὸ ὕδωρ· ἐπάγη ὡσεὶ τεῖχος τὰ ὕδατα· ἐπάγη τὰ

moved from before them and stood behind them. [20] And it went between the camp of the Egyptians and the camp of Israel, and stood; and there was darkness and blackness; and the night passed, and they came not near to one another during the whole night. [21] And Moses stretched forth his hand over the sea, and the Lord carried back the sea with a strong south wind all the night, and made the sea dry, and the water was divided. [22] And the children of Israel went into the midst of the sea on the dry land, and the water of it was a wall on the right hand and a wall on the left. [23] And the Egyptians pursued them and went in after them, and every horse of Pharao, and his chariots, and his horsemen, into the midst of the sea. [24] And it came to pass in the morning watch that the Lord looked forth on the camp of the Egyptians through the pillar of fire and cloud, and troubled the camp of the Egyptians, [25] and bound the axle-trees of their chariots, and caused them to go with difficulty; and the Egyptians said, Let us flee from the face of Israel, for the Lord fights for them against the Egyptians. [26] And the Lord said to Moses, Stretch forth thine hand over the sea, and let the water be turned back to its place, and let it cover the Egyptians *coming* both upon the chariots and the riders. [27] And Moses stretched forth his hand over the sea, and the water returned to its place toward day; and the Egyptians fled *β* from the water, and the Lord shook off the Egyptians in the midst of the sea. [28] And the water returned and covered the chariots and the riders, and all the forces of Pharao, who entered after them into the sea: and there was not left of them even one. [29] But the children of Israel went along dry land in the midst of the sea, and the water was to them a wall on the right hand, and a wall on the left. [30] So the Lord delivered Israel in that day from the hand of the Egyptians, and Israel saw the Egyptians dead by the shore of the sea. [31] And Israel saw the mighty hand, the *things* which the Lord did to the Egyptians; and the people feared the Lord, and they believed God and Moses his servant. Then sang Moses and the children of Israel this song to God, and spoke, saying, Let us sing to the Lord, for he is very greatly glorified: horse and rider he has thrown into the sea. [2] He was to me a helper and protector for salvation: this is my God, and I will glorify him; my father's God, and I will exalt him. [3] The Lord bringing wars to nought, the Lord *is* his name. [4] He has cast the chariots of Pharao and his host into the sea, the chosen mounted captains: they were swallowed up in the Red Sea. [5] He covered them with the sea: they sank to the depth like a stone. [6] Thy right hand, O God, has been glorified in strength; thy right hand, O God, has broken the enemies. [7] And in the abundance of thy glory thou hast broken the adversaries to pieces: thou sentest forth thy wrath, it devoured them as stubble. [8] And by the breath of thine anger the water parted asunder; the waters were congealed as a wall, the waves were

---

β Lit. under.

congealed in the midst of the sea. ⁹The enemy said, I will pursue, I will overtake, I will divide the spoils ; I will satisfy my soul, I will destroy with my sword, my hand shall have dominion. ¹⁰Thou sentest forth thy wind, the sea covered them; they sank like lead in the mighty water. ¹¹Who is like to thee among the gods, O Lord? who is like to thee? glorified in holiness, marvellous in glories, doing wonders. ¹²Thou stretchedst forth thy right hand, the earth swallowed them up. ¹³Thou hast guided in thy righteousness this thy people whom thou hast redeemed, by thy strength thou hast called them into thy holy resting-place. ¹⁴The nations heard and were angry, pangs have seized on the dwellers among the Phylistines. ¹⁵Then the princes of Edom, and the chiefs of the Moabites hasted; trembling took hold upon them, all the inhabitants of Chanaan melted away. ¹⁶Let trembling and fear fall upon them; by the greatness of thine arm, let them become as stone; till thy people pass over, O Lord, till this thy people pass over, whom thou hast purchased. ¹⁷Bring them in and plant them in the mountain of their inheritance, in thy prepared habitation, which thou, O Lord, hast prepared; the sanctuary, O Lord, which thine hands have made ready. ¹⁸The Lord β reigns for ever and ever and ever. ¹⁹For the horse of Pharao went in with the chariots and horsemen into the sea, and the Lord brought upon them the water of the sea, but the children of Israel walked through dry land in the midst of the sea.

²⁰And Mariam the prophetess, the sister of Aaron, having taken a timbrel in her hand—then there went forth all the women after her with timbrels and dances. ²¹And Mariam led them, saying, Let us sing to the Lord, for he has been very greatly glorified: the horse and rider has he cast into the sea. ²²So Moses brought up the children of Israel from the Red Sea, and brought them into the wilderness of Sur; and they went three days in the wilderness, and found no water to drink. ²³And they came to Merrha, and could not drink of Merrha, for it was bitter; therefore he named the name of that place, Bitterness. ²⁴And the people murmured against Moses, saying, What shall we drink? ²⁵And Moses cried to the Lord, and the Lord shewed him a tree, and he cast it into the water, and the water was sweetened: there he established to him ordinances and judgments, and there he proved him, ²⁶and said, If thou wilt indeed hear the voice of the Lord thy God, and do things pleasing before him, and wilt hearken to his commands, and keep all his ordinances, no disease which I have brought upon the Egyptians will I bring upon thee, for I am the Lord thy God that heals thee. ²⁷And they came to Ælim, and there were there twelve fountains of water, and seventy stems of palm-trees; and they encamped there by the waters.

And they departed from Ælim, and all the congregation of the children of Israel came to the wilderness of Sin, which is between Ælim and Sina; and on the fifteenth day, in the second month after their

κύματα ἐν μέσῳ τῆς θαλάσσης. Εἶπεν ὁ ἐχθρός, διώξας 9 καταλήψομαι, μεριῶ σκῦλα· ἐμπλήσω ψυχήν μου, ἀνελῶ τῇ μαχαίρῃ μου, κυριεύσει ἡ χείρ μου. Ἀπέστειλας τὸ πνεῦμά 10 σου· ἐκάλυψεν αὐτοὺς θάλασσα· ἔδυσαν ὡσεὶ μόλιβος ἐν ὕδατι σφοδρῷ. Τίς ὅμοιός σοι ἐν θεοῖς, Κύριε; τίς ὅμοιός σοι; 11 δεδοξασμένος ἐν ἁγίοις, θαυμαστὸς ἐν δόξαις, ποιῶν τέρατα. Ἐξέτεινας τὴν δεξιάν σου· κατέπιεν αὐτοὺς γῆ. Ὡδήγησας 12, 13 τῇ δικαιοσύνῃ σου τὸν λαόν σου τοῦτον, ὃν ἐλυτρώσω· παρεκάλεσας τῇ ἰσχύϊ σου εἰς κατάλυμα ἅγιόν σου. Ἤκουσαν ἔθνη, 14 καὶ ὠργίσθησαν· ὠδῖνες ἔλαβον κατοικοῦντας Φυλιστιείμ. Τότε ἔσπευσαν ἡγεμόνες Ἐδώμ, καὶ ἄρχοντες Μωαβιτῶν· 15 ἔλαβεν αὐτοὺς τρόμος· ἐτάκησαν πάντες οἱ κατοικοῦντες Χανάαν. Ἐπιπέσοι ἐπ᾽ αὐτοὺς τρόμος καὶ φόβος· μεγέθει 16 βραχίονός σου ἀπολιθωθήτωσαν, ἕως ἂν παρέλθῃ ὁ λαός σου, Κύριε· ἕως ἂν παρέλθῃ ὁ λαός σου οὗτος, ὃν ἐκτήσω. Εἰσ- 17 αγαγὼν καταφύτευσον αὐτοὺς εἰς ὄρος κληρονομίας σου, εἰς ἕτοιμον κατοικητήριόν σου, ὃ κατηρτίσω, Κύριε, ἁγίασμα, Κύριε, ὃ ἡτοίμασαν αἱ χεῖρές σου. Κύριος βασιλεύων τὸν 18 αἰῶνα, καὶ ἐπ᾽ αἰῶνα, καὶ ἔτι. Ὅτι εἰσῆλθεν ἵππος Φαραὼ 19 σὺν ἅρμασι καὶ ἀναβάταις εἰς θάλασσαν, καὶ ἐπήγαγεν ἐπ᾽ αὐτοὺς Κύριος τὸ ὕδωρ τῆς θαλάσσης· οἱ δὲ υἱοὶ Ἰσραὴλ ἐπορεύθησαν διὰ ξηρᾶς ἐν μέσῳ τῆς θαλάσσης.

Λαβοῦσα δὲ Μαριὰμ ἡ προφῆτις ἡ ἀδελφὴ Ἀαρὼν τὸ τύμ- 20 πανον ἐν τῇ χειρὶ αὐτῆς, καὶ ἐξήλθοσαν πᾶσαι αἱ γυναῖκες ὀπίσω αὐτῆς μετὰ τυμπάνων καὶ χορῶν. Ἐξῆρχε δὲ αὐτῶν 21 Μαριὰμ, λέγουσα, ᾄσωμεν τῷ Κυρίῳ, ἐνδόξως γὰρ δεδόξασται· ἵππον καὶ ἀναβάτην ἔρριψεν εἰς θάλασσαν. Ἐξῆρε δὲ Μωυσῆς 22 τοὺς υἱοὺς Ἰσραὴλ ἀπὸ θαλάσσης ἐρυθρᾶς, καὶ ἤγαγεν αὐτοὺς εἰς τὴν ἔρημον Σούρ· καὶ ἐπορεύοντο τρεῖς ἡμέρας ἐν τῇ ἐρήμῳ, καὶ οὐχ ηὕρισκον ὕδωρ, ὥστε πιεῖν. Ἦλθον δὲ εἰς Μερρᾶ, 23 καὶ οὐκ ἠδύναντο πιεῖν ἐκ Μερρᾶς· πικρὸν γὰρ ἦν· διὰ τοῦτο ἐπωνόμασε τὸ ὄνομα τοῦ τόπου ἐκείνου, Πικρία. Καὶ διεγόγ- 24 γυζεν ὁ λαὸς ἐπὶ Μωυσῇ, λέγοντες, τί πιόμεθα; Ἐβόησε δὲ 25 Μωυσῆς πρὸς Κύριον· καὶ ἔδειξεν αὐτῷ Κύριος ξύλον, καὶ ἐνέβαλεν αὐτὸ εἰς τὸ ὕδωρ, καὶ ἐγλυκάνθη τὸ ὕδωρ· ἐκεῖ ἔθετο αὐτῷ δικαιώματα καὶ κρίσεις· καὶ ἐκεῖ αὐτὸν ἐπείρασε, καὶ 26 εἶπεν, ἐὰν ἀκοῇ ἀκούσῃς τῆς φωνῆς Κυρίου τοῦ Θεοῦ σου, καὶ τὰ ἀρεστὰ ἐναντίον αὐτοῦ ποιήσῃς, καὶ ἐνωτίσῃ ταῖς ἐντολαῖς αὐτοῦ, καὶ φυλάξῃς πάντα τὰ δικαιώματα αὐτοῦ, πᾶσαν νόσον, ἣν ἐπήγαγον τοῖς Αἰγυπτίοις, οὐκ ἐπάξω ἐπὶ σέ· ἐγὼ γάρ εἰμι Κύριος ὁ Θεός σου ὁ ἰώμενός σε. Καὶ ἤλθοσαν εἰς Αἰλείμ· 27 καὶ ἦσαν ἐκεῖ δώδεκα πηγαὶ ὑδάτων, καὶ ἑβδομήκοντα στελέχη φοινίκων· παρενέβαλον δὲ ἐκεῖ παρὰ τὰ ὕδατα.

Ἀπῆραν δὲ ἐξ Αἰλείμ, καὶ ἤλθοσαν πᾶσα συναγωγὴ υἱῶν 16 Ἰσραὴλ εἰς τὴν ἔρημον Σὶν, ὅ ἐστιν ἀνὰ μέσον Αἰλείμ, καὶ ἀνὰ μέσον Σινά· τῇ δὲ πεντεκαιδεκάτῃ ἡμέρᾳ, τῷ μηνὶ τῷ δευτέρῳ

β Gr. reigning.

2 ἐξεληλυθότων αὐτῶν ἐκ γῆς Αἰγύπτου, διεγόγγυζε πᾶσα συν-
3 αγωγὴ υἱῶν Ἰσραὴλ ἐπὶ Μωυσὴν καὶ Ἀαρών. Καὶ εἶπεν πρὸς
αὐτοὺς οἱ υἱοὶ Ἰσραήλ, ὄφελον ἀπεθάνομεν πληγέντες ὑπὸ
Κυρίου ἐν γῇ Αἰγύπτῳ, ὅταν ἐκαθίσαμεν ἐπὶ τῶν λεβήτων τῶν
κρεῶν, καὶ ἠσθίομεν ἄρτους εἰς πλησμονήν· ὅτι ἐξηγάγετε
ἡμᾶς εἰς τὴν ἔρημον ταύτην, ἀποκτεῖναι πᾶσαν τὴν συναγωγὴν
4 ταύτην ἐν λιμῷ. Εἶπε δὲ Κύριος πρὸς Μωυσῆν, ἰδοὺ ἐγὼ ὕω
ὑμῖν ἄρτους ἐκ τοῦ οὐρανοῦ· καὶ ἐξελεύσεται ὁ λαός, καὶ
συλλέξουσι τὸ τῆς ἡμέρας εἰς ἡμέραν, ὅπως πειράσω αὐτοὺς εἰ
5 πορεύσονται τῷ νόμῳ μου, ἢ οὔ. Καὶ ἔσται ἐν τῇ ἡμέρᾳ
τῇ ἕκτῃ, καὶ ἑτοιμάσουσιν ὃ ἐὰν εἰσενέγκωσι· καὶ ἔσται δι-
6 πλοῦν ὃ ἐὰν συναγάγωσι τὸ καθ᾽ ἡμέραν εἰς ἡμέραν. Καὶ
εἶπε Μωυσῆς καὶ Ἀαρὼν πρὸς πᾶσαν συναγωγὴν υἱῶν
Ἰσραήλ, ἑσπέρας γνώσεσθε, ὅτι Κύριος ἐξήγαγεν ὑμᾶς ἐκ γῆς
7 Αἰγύπτου, καὶ πρωὶ ὄψεσθε τὴν δόξαν Κυρίου ἐν τῷ εἰσακοῦσαι
τὸν γογγυσμὸν ὑμῶν ἐπὶ τῷ Θεῷ· ἡμεῖς δὲ τί ἐσμεν, ὅτι
8 διαγογγύζετε καθ᾽ ἡμῶν; Καὶ εἶπε Μωυσῆς, ἐν τῷ διδόναι
Κύριον ὑμῖν ἑσπέρας κρέα φαγεῖν, καὶ ἄρτους τὸ πρωὶ
εἰς πλησμονήν, διὰ τὸ εἰσακοῦσαι Κύριον τὸν γογγυσμὸν
ὑμῶν, ὃν ὑμεῖς διαγογγύζετε καθ᾽ ἡμῶν· ἡμεῖς δὲ τί ἐσμεν;
οὐ γὰρ καθ᾽ ἡμῶν ἐστιν ὁ γογγυσμὸς ὑμῶν, ἀλλ᾽ ἢ κατὰ
τοῦ Θεοῦ.

9 Εἶπε δὲ Μωυσῆς πρὸς Ἀαρών, εἶπον πάσῃ συναγωγῇ υἱῶν
Ἰσραήλ, προσέλθετε ἐναντίον τοῦ Θεοῦ· εἰσακήκοε γὰρ τὸν
10 γογγυσμὸν ὑμῶν. Ἡνίκα δὲ ἐλάλει Ἀαρὼν πάσῃ συναγωγῇ
υἱῶν Ἰσραήλ, καὶ ἐπεστράφησαν εἰς τὴν ἔρημον, καὶ ἡ δόξα
11 Κυρίου ὤφθη ἐν νεφέλῃ. Καὶ ἐλάλησε Κύριος πρὸς Μωυσῆν,
12 λέγων, εἰσακήκοα τὸν γογγυσμὸν τῶν υἱῶν Ἰσραήλ· λάλησον
πρὸς αὐτούς, λέγων, τὸ πρὸς ἑσπέραν ἔδεσθε κρέα, καὶ τὸ πρωὶ
πλησθήσεσθε ἄρτων· καὶ γνώσεσθε, ὅτι ἐγὼ Κύριος ὁ Θεὸς
13 ὑμῶν. Ἐγένετο δὲ ἑσπέρα· καὶ ἀνέβη ὀρτυγομήτρα, καὶ
ἐκάλυψε τὴν παρεμβολήν· τὸ πρωὶ ἐγένετο καταπαυομένης
14 τῆς δρόσου κύκλῳ τῆς παρεμβολῆς. Καὶ ἰδοὺ ἐπὶ πρόσωπον
τῆς ἐρήμου λεπτὸν ὡσεὶ κόριον λευκόν, ὡσεὶ πάγος ἐπὶ τῆς
15 γῆς. Ἰδόντες δὲ αὐτὸ οἱ υἱοὶ Ἰσραήλ, εἶπαν ἕτερος τῷ ἑτέρῳ,
τί ἐστι τοῦτο; οὐ γὰρ ᾔδεισαν τί ἦν· εἶπε δὲ Μωυσῆς αὐτοῖς,
16 οὗτος ὁ ἄρτος, ὃν ἔδωκε Κύριος ὑμῖν φαγεῖν. Τοῦτο τὸ ῥῆμα
ὃ συνέταξε Κύριος· συναγάγετε ἀπ᾽ αὐτοῦ ἕκαστος εἰς τοὺς
καθήκοντας γομόρ, κατὰ κεφαλὴν κατὰ ἀριθμὸν ψυχῶν ὑμῶν,
17 ἕκαστος σὺν τοῖς συσκηνίοις ὑμῶν συλλέξατε. Ἐποίησαν
δὲ οὕτως οἱ υἱοὶ Ἰσραήλ· καὶ συνέλεξαν ὃ τὸ πολὺ καὶ ὃ τὸ
18 ἔλαττον. Καὶ μετρήσαντες γομόρ, οὐκ ἐπλεόνασεν ὁ τὸ πολύ,
καὶ ὃ τὸ ἔλαττον οὐκ ἠλαττόνησεν· ἕκαστος εἰς τοὺς καθή-
19 κοντας παρ᾽ ἑαυτῷ συνέλεξαν. Εἶπε δὲ Μωυσῆς πρὸς αὐτούς,
μηδεὶς καταλειπέτω ἀπ᾽ αὐτοῦ εἰς τὸ πρωί.

20 Καὶ οὐκ εἰσήκουσαν Μωυσῆ, ἀλλὰ κατέλιπόν τινες ἀπ᾽
αὐτοῦ εἰς τὸ πρωί· καὶ ἐξέζεσε σκώληκας, καὶ ἐπώζεσε·
21 καὶ ἐπικράνθη ἐπ᾽ αὐτοῖς Μωυσῆς. Καὶ συνέλεξαν αὐτὸ

departure from the land of Egypt, [2] all the congregation of the children of Israel murmured against Moses and Aaron. [3] And the children of Israel said to them, Would we had died smitten by the Lord in the land of Egypt, when we sat by the flesh-pots, and ate bread to satiety! for ye have brought us out into this wilderness, to slay all this congregation with hunger. [4] And the Lord said to Moses, Behold, I *will* rain bread upon you out of heaven: and the people shall go forth, and they shall gather their daily portion for the day, that I may try them whether they will walk in my law or not. [5] And it shall come to pass on the sixth day that they shall prepare whatsoever they have brought in, and it shall be double of what they shall have gathered for the day, daily. [6] And Moses and Aaron said to all the congregation of the children of Israel, At even ye shall know that the Lord has brought you out of the land of Egypt; [7] and in the morning ye shall see the glory of the Lord, inasmuch as he hears your murmuring against God; and who are we, that ye continue to murmur against us? [8] And Moses said, *This shall be* when the Lord gives you in the evening flesh to eat, and bread in the morning to satiety, because the Lord has heard your murmuring, which ye murmur against us: and what are we? for your murmuring is not against us, but against God.

[9] And Moses said to Aaron, Say to all the congregation of the children of Israel, Come near before God; for he has heard your murmuring. [10] And when Aaron spoke to all the congregation of the children of Israel, and they turned toward the wilderness, then the glory of the Lord appeared in a cloud. [11] And the Lord spoke to Moses, saying, [12] I have heard the murmuring of the children of Israel: speak to them, saying, Towards evening ye shall eat flesh, and in the morning ye shall be satisfied with bread; and ye shall know that I am the Lord your God. [13] And it was evening, and quails came up and covered the camp: [14] in the morning it came to pass as the dew ceased round about the camp, that, behold, on the face of the wilderness *was* a small thing like white coriander seed, as frost upon the earth. [15] And when the children of Israel saw it, they said one to another, What is this? for they knew not what it was; and Moses said to them, [16] This *is* the bread which the Lord has given you to eat. This is that which the Lord has appointed: gather of it each man for his family, a homer for each person, [β]according to the number of your souls, gather each of you with his fellow-lodgers. [17] And the children of Israel did so, and gathered some much and some less. [18] And having measured the homer full, [γ]he that had gathered much had nothing over, and he that had gathered less had no lack; each gathered [δ]according to the need of those who belonged to him. [19] And Moses said to them, Let no man leave of it till the morning.

[20] But they did not hearken to Moses, but some left of it till the morning; and it bred worms and stank: and Moses was irritated with them. [21] And they ga-

---

β *Gr.* by the head.   γ 2 Cor. 8. 15.   δ *i. e.* just sufficient for.

thered it every morning, each man what he needed, and when the sun waxed hot it melted. ²²And it came to pass on the sixth day, they gathered double what was needed, two homers for one *man;* and all the chiefs of the synagogue went in and reported it to Moses. ²³And Moses said to them, Is not this the word which the Lord spoke? To-morrow *is* the sabbath, a holy rest to the Lord: bake that ye will bake, and seethe that ye will seethe, and all that is over leave to be laid by for the morrow. ²⁴And they left of it till the morning, as Moses commanded them; and it stank not, neither was there a worm in it. ²⁵And Moses said, Eat *that* to-day, for to-day is a sabbath to the Lord: *it* shall not be found in the plain. ²⁶Six days ye shall gather it, and on the seventh day is a sabbath, for there shall be none on that *day.* ²⁷And it came to pass on the seventh day *that* some of the people went forth to gather, and found none. ²⁸And the Lord said to Moses, How long are ye unwilling to hearken to my commands and my law? ²⁹See, for the Lord has given you this day *as* the sabbath, therefore he has given you on the sixth day the bread of two days: ye shall sit each of you in your houses; let no one go forth from his place on the seventh day. ³⁰And the people kept sabbath on the seventh day. ³¹And the children of Israel called the name of it Man; and it was as white coriander seed, and the taste of it as a wafer with honey. ³²And Moses said, This *is* the thing which the Lord hath commanded, Fill an homer with manna, to be laid up for your generations; that they may see the bread which ye ate in the wilderness, when the Lord led you forth out of the land of Egypt. ³³And Moses said to Aaron, Take a golden pot, and cast into it one full homer of manna; and thou shalt lay it up before God, to be kept for your generations, ³⁴as the Lord commanded Moses: and Aaron laid it up before the testimony to be kept. ³⁵And the children of Israel ate manna forty years, until they came to the ᵝ land they ate the manna, until they came to the region of Phœnicia. ³⁶Now the homer was the tenth part of three measures.

And all the congregation of the children of Israel departed from the wilderness of Sin, according to their encampments, by the word of the Lord; and they encamped in Raphidin: and there was no water for the people to drink. ²And the people reviled Moses, saying, Give us water, that we may drink; and Moses said to them, Why do ye revile me, and why tempt ye the Lord? ³And the people thirsted there for water, and there the people murmured against Moses, saying, Why is this? hast thou brought us up out of Egypt to slay us and our children and our cattle with thirst? ⁴And Moses cried to the Lord, saying, What shall I do to this people? yet a little while and they will stone me. ⁵And the Lord said to Moses, Go before this people, and take to thyself of the elders of the people; and the rod with which thou smotest the

πρωῒ πρωΐ, ἕκαστος τὸ καθῆκον αὐτῷ· ἡνίκα δὲ διεθέρμαινεν ὁ ἥλιος, ἐτήκετο. Ἐγένετο δὲ τῇ ἡμέρᾳ τῇ ἕκτῃ, συνέλεξαν 22 τὰ δέοντα διπλᾶ, δύο γομὸρ τῷ ἑνί· εἰσήλθοσαν δὲ πάντες οἱ ἄρχοντες τῆς συναγωγῆς, καὶ ἀνήγγειλαν Μωυσῇ. Εἶπε δὲ Μωυσῆς πρὸς αὐτούς, οὐ τοῦτο τὸ ῥῆμά ἐστιν 23 ὃ ἐλάλησε Κύριος; σάββατα ἀνάπαυσις ἁγία τῷ Κυρίῳ αὔριον· ὅσα ἐὰν πέσσητε, πέσσετε· καὶ ὅσα ἐὰν ἕψητε, ἕψετε· καὶ πᾶν τὸ πλεονάζον καταλείπετε αὐτὸ εἰς ἀποθήκην εἰς τὸ πρωΐ. Καὶ κατελίποσαν ἀπ᾽ αὐτοῦ ἕως πρωΐ, καθὼς συνέταξεν 24 αὐτοῖς Μωυσῆς· καὶ οὐκ ἐπώζεσεν, οὐδὲ σκώληξ ἐγένετο ἐν αὐτῷ. Εἶπε δὲ Μωυσῆς, φάγετε σήμερον· ἔστι γὰρ σάββατα 25 σήμερον τῷ Κυρίῳ· οὐχ εὑρεθήσεται ἐν τῷ πεδίῳ. Ἓξ ἡμέρας 26 συλλέξετε· τῇ δὲ ἡμέρᾳ τῇ ἑβδόμῃ σάββατα, ὅτι οὐκ ἔσται ἐν αὐτῇ. Ἐγένετο δὲ ἐν τῇ ἡμέρᾳ τῇ ἑβδόμῃ ἐξήλθοσάν τινες ἐκ 27 τοῦ λαοῦ συλλέξαι, καὶ οὐχ εὗρον. Εἶπε δὲ Κύριος πρὸς 28 Μωυσῆν, ἕως τίνος οὐ βούλεσθε εἰσακούειν τὰς ἐντολάς μου, καὶ τὸν νόμον μου; Ἴδετε, ὁ γὰρ Κύριος ἔδωκεν ὑμῖν σάββατα 29 τὴν ἡμέραν ταύτην· διὰ τοῦτο αὐτὸς ἔδωκεν ὑμῖν τῇ ἡμέρᾳ τῇ ἕκτῃ ἄρτους δύο ἡμερῶν· καθίσεσθε ἕκαστος εἰς τοὺς οἴκους ὑμῶν· μηδεὶς ἐκπορευέσθω ἐκ τοῦ τόπου αὐτοῦ τῇ ἡμέρᾳ τῇ ἑβδόμῃ. Καὶ ἐσαββάτισεν ὁ λαὸς τῇ ἡμέρᾳ τῇ ἑβδόμῃ. 30 Καὶ ἐπωνόμασαν αὐτὸ οἱ υἱοὶ Ἰσραὴλ τὸ ὄνομα αὐτοῦ, Μάν· 31 ἦν δὲ ὡσεὶ σπέρμα κορίου λευκόν· τὸ δὲ γεῦμα αὐτοῦ ὡς ἐγκρὶς ἐν μέλιτι. Εἶπε δὲ Μωυσῆς, τοῦτο τὸ ῥῆμα, ὃ συνέ- 32 ταξε Κύριος, πλήσατε τὸ γομὸρ τοῦ μὰν, εἰς ἀποθήκην εἰς τὰς γενεὰς ὑμῶν· ἵνα ἴδωσι τὸν ἄρτον, ὃν ἐφάγετε ὑμεῖς ἐν τῇ ἐρήμῳ, ὡς ἐξήγαγεν ὑμᾶς Κύριος ἐκ γῆς Αἰγύπτου. Καὶ εἶπε 33 Μωυσῆς πρὸς Ἀαρών, λάβε στάμνον χρυσοῦν ἕνα, καὶ ἔμβαλε εἰς αὐτὸν πλῆρες τὸ γομὸρ τοῦ μὰν, καὶ ἀποθήσεις αὐτὸ ἐναντίον τοῦ Θεοῦ, εἰς διατήρησιν εἰς τὰς γενεὰς ὑμῶν, ὃν τρόπον 34 συνέταξε Κύριος τῷ Μωυσῇ· καὶ ἀπέθηκεν Ἀαρὼν ἐναντίον τοῦ μαρτυρίου εἰς διατήρησιν. Οἱ δὲ υἱοὶ Ἰσραὴλ ἔφαγον 35 τὸ μὰν ἔτη τεσσαράκοντα, ἕως ἦλθον εἰς τὴν οἰκουμένην· ἐφάγοσαν τὸ μὰν, ἕως παρεγένοντο εἰς μέρος τῆς Φοινίκης. Τὸ δὲ γομὸρ τὸ δέκατον τῶν τριῶν μέτρων ἦν. 36

Καὶ ἀπῆρε πᾶσα συναγωγὴ υἱῶν Ἰσραὴλ ἐκ τῆς ἐρήμου Σὶν 17 κατὰ παρεμβολὰς αὐτῶν, διὰ ῥήματος Κυρίου· καὶ παρενεβά- λοσαν ἐν Ῥαφιδείν· οὐκ ἦν δὲ ὕδωρ τῷ λαῷ πιεῖν. Καὶ 2 ἐλοιδορεῖτο ὁ λαὸς πρὸς Μωυσῆν, λέγοντες, δὸς ἡμῖν ὕδωρ, ἵνα πίωμεν· καὶ εἶπεν αὐτοῖς Μωυσῆς, τί λοιδορεῖσθέ μοι, καὶ τί πειράζετε Κύριον; Ἐδίψησε δὲ ἐκεῖ ὁ λαὸς ὕδατι· καὶ 3 διεγόγγυσεν ἐκεῖ ὁ λαὸς πρὸς Μωυσῆν, λέγοντες, ἱνατί τοῦτο; ἀνεβίβασας ἡμᾶς ἐξ Αἰγύπτου ἀποκτεῖναι ἡμᾶς καὶ τὰ τέκνα ἡμῶν καὶ τὰ κτήνη τῷ δίψει; Ἐβόησε δὲ Μωυσῆς πρὸς 4 Κύριον, λέγων, τί ποιήσω τῷ λαῷ τούτῳ; ἔτι μικρόν, καὶ καταλιθοβολήσουσί με. Καὶ εἶπε Κύριος πρὸς Μωυσῆν, 5 προπορεύου τοῦ λαοῦ τούτου· λάβε δὲ σεαυτῷ ἀπὸ τῶν πρεσ- βυτέρων τοῦ λαοῦ· καὶ τὴν ῥάβδον, ἐν ᾗ ἐπάταξας τὸν ποταμόν,

---

β *Gr.* οἰκουμένη.

λάβε ἐν τῇ χειρί σου, καὶ πορεύσῃ. Ὅδε ἐγὼ ἕστηκα ἐκεῖ
6 πρὸ τοῦ σὲ ἐπὶ τῆς πέτρας ἐν Χωρήβ· καὶ πατάξεις τὴν πέτραν,
καὶ ἐξελεύσεται ἐξ, αὐτῆς ὕδωρ, καὶ πίεται ὁ λαός. Ἐποίησε
7 δὲ Μωυσῆς οὕτως ἐναντίον τῶν υἱῶν Ἰσραήλ. Καὶ ἐπωνόμασε
τὸ ὄνομα τοῦ τόπου ἐκείνου, Πειρασμὸς, καὶ Λοιδόρησις, διὰ
τὴν λοιδορίαν τῶν υἱῶν Ἰσραήλ, καὶ διὰ τὸ πειράζειν Κύριον,
λέγοντας, εἰ ἔστι Κύριος ἐν ἡμῖν, ἢ οὔ;

8 Ἦλθε δὲ Ἀμαλὴκ καὶ ἐπολέμει Ἰσραὴλ ἐν Ῥαφιδείν.
9 Εἶπε δὲ Μωυσῆς τῷ Ἰησοῖ, Ἐπίλεξον σεαυτῷ ἄνδρας δυνατοὺς,
καὶ ἐξελθὼν παράταξαι τῷ Ἀμαλήκ αὔριον· καὶ ἰδοὺ ἐγὼ
ἕστηκα ἐπὶ τῆς κορυφῆς τοῦ βουνοῦ, καὶ ἡ ῥάβδος τοῦ Θεοῦ ἐν
10 τῇ χειρί μου. Καὶ ἐποίησεν Ἰησοῦς καθάπερ εἶπεν αὐτῷ
Μωυσῆς, καὶ ἐξελθὼν παρετάξατο τῷ Ἀμαλήκ· καὶ Μωυσῆς
καὶ Ἀαρὼν καὶ Ὤρ ἀνέβησαν ἐπὶ τὴν κορυφὴν τοῦ βουνοῦ.
11 Καὶ ἐγένετο ὅταν ἐπῆρε Μωυσῆς τὰς χεῖρας, κατίσχυεν Ἰσ-
12 ραήλ· ὅταν δὲ καθῆκε τὰς χεῖρας, κατίσχυεν Ἀμαλήκ. Αἱ δὲ
χεῖρες Μωυσῆ βαρεῖαι· καὶ λαβόντες λίθον ὑπέθηκαν ὑπ᾽ αὐτὸν,
καὶ ἐκάθητο ἐπ᾽ αὐτοῦ· καὶ Ἀαρὼν καὶ Ὤρ ἐστήριζον τὰς
χεῖρας αὐτοῦ ἐντεῦθεν εἷς, καὶ ἐντεῦθεν εἷς· καὶ ἐγένοντο αἱ
13 χεῖρες Μωυσῆ ἐστηριγμέναι ἕως δυσμῶν ἡλίου. Καὶ ἐτρέψατο
Ἰησοῦς τὸν Ἀμαλήκ, καὶ πάντα τὸν λαὸν αὐτοῦ ἐν φόνῳ
14 μαχαίρας. Εἶπε δὲ Κύριος πρὸς Μωυσῆν, Κατάγραψον τοῦτο
εἰς μνημόσυνον εἰς βιβλίον, καὶ δὸς εἰς τὰ ὦτα Ἰησοῖ· ὅτι
ἀλοιφῇ ἐξαλείψω τὸ μνημόσυνον Ἀμαλὴκ ἐκ τῆς ὑπὸ τὸν
15 οὐρανόν. Καὶ ᾠκοδόμησε Μωυσῆς θυσιαστήριον Κυρίῳ· καὶ
16 ἐπωνόμασε τὸ ὄνομα αὐτοῦ, Κύριος καταφυγή μου. Ὅτι ἐν
χειρὶ κρυφαίᾳ πολεμεῖ Κύριος ἐπὶ Ἀμαλὴκ ἀπὸ γενεῶν εἰς
γενεάς.

18 Ἤκουσε δὲ Ἰοθὸρ ἱερεὺς Μαδιὰμ ὁ γαμβρὸς Μωυσῆ πάντα
ὅσα ἐποίησε Κύριος Ἰσραὴλ τῷ ἑαυτοῦ λαῷ· ἐξήγαγε γὰρ
2 Κύριος τὸν Ἰσραὴλ ἐξ Αἰγύπτου. Ἔλαβε δὲ Ἰοθὸρ ὁ γαμ-
βρὸς Μωυσῆ Σεπφώραν τὴν γυναῖκα Μωυσῆ μετὰ τὴν ἄφεσιν
3 αὐτῆς, καὶ τοὺς δύο υἱοὺς αὐτῆς· ὄνομα τῷ ἑνὶ αὐτῶν Γηρσὰμ,
4 λέγων, πάροικος ἤμην ἐν γῇ ἀλλοτρίᾳ· καὶ τὸ ὄνομα τοῦ δευτέ-
ρου Ἐλιέζερ, λέγων, ὁ γὰρ Θεὸς τοῦ πατρός μου βοηθός μου,
5 καὶ ἐξείλατό με ἐκ χειρὸς Φαραώ. Καὶ ἐξῆλθεν Ἰοθὸρ ὁ
γαμβρὸς Μωυσῆ καὶ οἱ υἱοὶ καὶ ἡ γυνὴ πρὸς Μωυσῆν εἰς τὴν
6 ἔρημον, οὗ παρενέβαλεν ἐπ᾽ ὄρους τοῦ Θεοῦ. Ἀνηγγέλη δὲ
Μωυσῇ, λέγοντες, ἰδοὺ ὁ γαμβρός σου Ἰοθὸρ παραγίνεται
7 πρὸς σὲ, καὶ ἡ γυνὴ, καὶ οἱ δύο υἱοί σου μετ᾽ αὐτοῦ. Ἐξῆλθε
δὲ Μωυσῆς εἰς συνάντησιν τῷ γαμβρῷ, καὶ προσεκύνησεν
αὐτῷ, καὶ ἐφίλησεν αὐτὸν, καὶ ἠσπάσαντο ἀλλήλους, καὶ
8 εἰσήγαγεν αὐτοὺς εἰς τὴν σκηνήν. Καὶ διηγήσατο Μωυσῆς τῷ
γαμβρῷ πάντα ὅσα ἐποίησε Κύριος τῷ Φαραῷ καὶ πᾶσι τοῖς
Αἰγυπτίοις ἕνεκεν τοῦ Ἰσραήλ, καὶ πάντα τὸν μόχθον τὸν
γενόμενον αὐτοῖς ἐν τῇ ὁδῷ, καὶ ὅτι ἐξείλατο αὐτοὺς Κύριος ἐκ
9 χειρὸς Φαραώ, καὶ ἐκ χειρὸς τῶν Αἰγυπτίων. Ἐξέστη δὲ
Ἰοθὸρ ἐπὶ πᾶσι τοῖς ἀγαθοῖς οἷς ἐποίησεν αὐτοῖς Κύριος, ὅτι

river, take in thine hand, and thou shalt go.
[6] Behold, I stand there before thou *come*,
on the rock in Choreb, and thou shalt smite
the rock, and water shall come out from it,
and the people shall drink. And Moses did
so before the sons of Israel. [7] And he called
the name of that place, Temptation, and
Reviling, because of the reviling of the chil-
dren of Israel, and because they tempted
the Lord, saying, Is the Lord among us
or not?

[8] And Amalec came and fought with
Israel in Raphidin. [9] And Moses said to
Joshua, Choose out for thyself mighty men,
and go forth and set the army in array
against Amalec to-morrow; and, behold, I
shall stand on the top of the hill, and the
rod of God *will be* in my hand. [10] And
Joshua did as Moses said to him, and he
went out and set the army in array against
Amalec, and Moses and Aaron and Or went
up to the top of the hill. [11] And it came to
pass, when Moses lifted up his hands, Israel
prevailed; and when he let down his hands,
Amalec prevailed. [12] But the hands of
Moses were heavy, and they took a stone
and put it under him, and he sat upon it;
and Aaron and Or supported his hands one
on this side and the other on that, and the
hands of Moses were supported till the
going down of the sun. [13] And Joshua
routed Amalec and all his people with the
slaughter of the sword. [14] And the Lord
said to Moses, Write this for a memorial in
a book, and β speak *this* in the ears of
Joshua; for I will utterly blot out the
memorial of Amalec from γ under heaven.
[15] And Moses built an altar to the Lord, and
called the name of it, The Lord my Refuge.
[16] For with a secret hand the Lord wages
war upon Amalec to all generations.

And Jothor the priest of Madiam, the
father-in-law of Moses, heard of all that the
Lord did to his people Israel; for the Lord
brought Israel out of Egypt. [2] And Jothor
the father-in-law of Moses, took Sepphora
the wife of Moses after she had been sent
away, [3] and her two sons: the name of the
one was Gersam, *his father* saying, I was a
sojourner in a strange land; — [4] and the
name of the second Eliezer, saying, For the
God of my father *is* my helper, and he has
rescued me out of the hand of Pharao.
[5] And Jothor the father-in-law of Moses,
and his sons and his wife, went forth to
Moses into the wilderness, where he en-
camped on the mount of God. [6] And it was
told Moses, saying, Behold, thy father-in-
law Jothor is coming to thee, and thy wife
and two sons with him. [7] And Moses went
forth to meet his father-in-law, and did him
reverence, and kissed him, and they em-
braced each other, and he brought them
into the tent. [8] And Moses related to his
father-in-law all things that the Lord did to
Pharao and all the Egyptians for Israel's
sake, and all the labour that had befallen
them in the way, and that the Lord had
rescued them out of the hand of Pharao,
and out of the hand of the Egyptians. [9] And
Jothor was amazed at all the good things
which the Lord did to them, forasmuch as

β *Gr.* give.   γ *Gr.* the *part* under heaven.

he rescued them out of the hand of the Egyptians and out of the hand of Pharao. ¹⁰ And Jothor said, Blessed be the Lord, because he has rescued them out of the hand of the Egyptians and out of the hand of Pharao. ¹¹ Now know I that the Lord is great above all gods, because of this,^β wherein they attacked them. ¹² And Jothor the father-in-law of Moses took whole burnt-offerings and sacrifices for God, for Aaron and all the elders of Israel came to eat bread with the father-in-law of Moses before God.

¹³ And it came to pass after the morrow that Moses sat to judge the people, and all the people stood by Moses from morning till evening. ¹⁴ And Jothor having seen all that *Moses* γ did to the people, says, What is this that thou doest to the people? wherefore sittest thou alone, and all the people stand by thee from morning till evening? ¹⁵ And Moses says to his father-in-law, Because the people come to me to seek judgment from God. ¹⁶ For whenever there is a dispute among them, and they come to me, I give judgment upon each, and I teach them the ordinances of God and his law. ¹⁷ And the father-in-law of Moses said to him, Thou dost not this thing rightly, ¹⁸ thou wilt wear away with intolerable weariness, both those and all this people which is with thee: this thing is hard, thou wilt not be able to endure it thyself alone. ¹⁹ Now then hearken to me, and I will advise thee, and God shall be with thee: be thou to the people in the things pertaining to God, and thou shalt bring their ^δ matters to God. ²⁰ And thou shalt testify to them the ordinances of God and his law, and thou shalt shew to them the ways in which they shall walk, and the works which they shall do. ²¹ And do thou look out for thyself out of all the people able men, fearing God, righteous men, hating pride, and thou shalt set over ^ζ the people captains of thousands and captains of hundreds, and captains of fifties, and captains of tens. ²² And they shall judge the people at all times, and the too burdensome matter they shall bring to thee, but they shall judge the smaller cases; so they shall relieve thee and help thee. ²³ If thou wilt do this thing, God shall strengthen thee, and thou shalt be able to attend, and all this people shall come with peace into ^θ their own place. ²⁴ And Moses hearkened to the voice of his father-in-law, and did whatsoever he said to him. ²⁵ And Moses chose out able men out of all Israel, and he made them captains of thousands and captains of hundreds, and captains of fifties and captains of tens over ^λ the people. ²⁶ And they judged the people at all times; and every too burdensome matter they brought to Moses, but every light matter they judged themselves. ²⁷ And Moses dismissed his father-in-law, and he returned to his own land.

And in the third month of the departure of the children of Israel out of the land of Egypt, on the same day, they came into the wilderness of Sina. ² And they departed from Raphidin, and came into the wilderness of Sina, and there Israel encamped before the mountain. ³ And Moses went up

ἐξείλατο αὐτοὺς ἐκ χειρὸς Αἰγυπτίων καὶ ἐκ χειρὸς Φαραώ. Καὶ εἶπεν Ἰοθὸρ, εὐλογητὸς Κύριος, ὅτι ἐξείλατο αὐτοὺς ἐκ 10 χειρὸς Αἰγυπτίων, καὶ ἐκ χειρὸς Φαραώ. Νῦν ἔγνων ὅτι μέγας 11 Κύριος παρὰ πάντας τοὺς θεοὺς ἕνεκεν τούτου, ὅτι ἐπέθεντο αὐτοῖς. Καὶ ἔλαβεν Ἰοθὸρ ὁ γαμβρὸς Μωυσῆ ὁλοκαυτώματα 12 καὶ θυσίας τῷ Θεῷ· παρεγένετο δὲ Ἀαρὼν καὶ πάντες οἱ πρεσβύτεροι Ἰσραὴλ συμφαγεῖν ἄρτον μετὰ τοῦ γαμβροῦ Μωυσῆ, ἐναντίον τοῦ Θεοῦ.

Καὶ ἐγένετο μετὰ τὴν ἐπαύριον συνεκάθισε Μωυσῆς 13 κρίνειν τὸν λαόν· παρειστήκει δὲ πᾶς ὁ λαὸς Μωυσῇ ἀπὸ πρωΐθεν ἕως δείλης. Καὶ ἰδὼν Ἰοθὸρ πάντα ὅσα ποιεῖ τῷ 14 λαῷ, λέγει, τί τοῦτο ὃ σὺ ποιεῖς τῷ λαῷ; διατί σὺ κάθησαι μόνος, πᾶς δὲ ὁ λαὸς παρέστηκέ σοι ἀπὸ πρωΐθεν ἕως δείλης; Καὶ λέγει Μωυσῆς τῷ γαμβρῷ, Ὅτι παραγίνεται 15 πρός με ὁ λαὸς ἐκζητῆσαι κρίσιν παρὰ τοῦ Θεοῦ. Ὅταν γὰρ 16 γένηται αὐτοῖς ἀντιλογία, καὶ ἔλθωσι πρός με, διακρίνω ἕκαστον, καὶ συμβιβάζω αὐτοὺς τὰ προστάγματα τοῦ Θεοῦ καὶ τὸν νόμον αὐτοῦ. Εἶπε δὲ ὁ γαμβρὸς Μωυσῆ πρὸς αὐτὸν, οὐκ 17 ὀρθῶς σὺ ποιεῖς τὸ ῥῆμα τοῦτο. Φθορᾷ καταφθαρήσῃ ἀνυπο- 18 μονήτῳ καὶ σὺ, καὶ πᾶς ὁ λαὸς οὗτος, ὅς ἐστι μετὰ σοῦ· βαρύ σοι τὸ ῥῆμα τοῦτο· οὐ δυνήσῃ ποιεῖν σὺ μόνος. Νῦν οὖν 19 ἄκουσόν μου, καὶ συμβουλεύσω σοι, καὶ ἔσται ὁ Θεὸς μετὰ σοῦ· γίνου σὺ τῷ λαῷ τὰ πρὸς τὸν Θεὸν, καὶ ἀνοίσεις τοὺς λόγους αὐτῶν πρὸς τὸν Θεόν. Καὶ διαμαρτύρῃ αὐτοῖς τὰ 20 προστάγματα τοῦ Θεοῦ καὶ τὸν νόμον αὐτοῦ, καὶ σημανεῖς αὐτοῖς τὰς ὁδοὺς ἐν αἷς πορεύσονται ἐν αὐταῖς, καὶ τὰ ἔργα ἃ ποιήσουσι. Καὶ σὺ σεαυτῷ σκέψαι ἀπὸ παντὸς τοῦ λαοῦ 21 ἄνδρας δυνατοὺς, θεοσεβεῖς, ἄνδρας δικαίους, μισοῦντας ὑπερηφανίαν, καὶ καταστήσεις ἐπ᾽ αὐτῶν χιλιάρχους καὶ ἑκατοντάρχους καὶ πεντηκοντάρχους καὶ δεκαδάρχους. Καὶ κρινοῦσι 22 τὸν λαὸν πᾶσαν ὥραν· τὸ δὲ ῥῆμα τὸ ὑπέρογκον ἀνοίσουσιν ἐπὶ σέ· τὰ δὲ βραχέα τῶν κριμάτων κρινοῦσιν αὐτοί· καὶ κουφιοῦσιν ἀπὸ σοῦ, καὶ συναντιλήψονταί σοι. Ἐὰν τὸ ῥῆμα 23 τοῦτο ποιήσῃς, κατισχύσει σε ὁ Θεὸς, καὶ δυνήσῃ παραστῆναι, καὶ πᾶς ὁ λαὸς οὗτος εἰς τὸν ἑαυτοῦ τόπον μετ᾽ εἰρήνης ἥξει. Ἤκουσε δὲ Μωυσῆς τῆς φωνῆς τοῦ γαμβροῦ, καὶ ἐποίησεν 24 ὅσα εἶπεν αὐτῷ. Καὶ ἐπέλεξε Μωυσῆς ἄνδρας δυνατοὺς ἀπὸ 25 παντὸς Ἰσραὴλ, καὶ ἐποίησεν αὐτοὺς ἐπ᾽ αὐτῶν χιλιάρχους καὶ ἑκατοντάρχους καὶ πεντηκοντάρχους καὶ δεκαδάρχους. Καὶ 26 ἐκρίνοσαν τὸν λαὸν πᾶσαν ὥραν· πᾶν δὲ ῥῆμα ὑπέρογκον ἀνεφέροσαν ἐπὶ Μωυσῆν· πᾶν δὲ ῥῆμα ἐλαφρὸν ἐκρίνοσαν αὐτοί. Ἐξαπέστειλε δὲ Μωυσῆς τὸν ἑαυτοῦ γαμβρὸν, καὶ ἀπῆλθεν εἰς 27 τὴν γῆν αὐτοῦ.

Τοῦ δὲ μηνὸς τοῦ τρίτου τῆς ἐξόδου τῶν υἱῶν Ἰσραὴλ ἐκ γῆς 19 Αἰγύπτου τῇ ἡμέρᾳ ταύτῃ, ἤλθοσαν εἰς τὴν ἔρημον τοῦ Σινά. Καὶ ἀπῆραν ἐκ Ῥαφιδεὶν, καὶ ἤλθοσαν εἰς τὴν ἔρημον τοῦ 2 Σινὰ, καὶ παρενέβαλεν ἐκεῖ Ἰσραὴλ κατέναντι τοῦ ὄρους. Καὶ 3

β The meaning appears to be, The Lord shewed his superiority on this occasion, when the enemy attacked the Israelites.
γ Gr. does.　δ Gr. words.　ζ Gr. them.　θ Gr. his own.　λ Gr. them.

Μωυσῆς ἀνέβη εἰς τὸ ὄρος τοῦ Θεοῦ· καὶ ἐκάλεσεν αὐτὸν ὁ Θεὸς ἐκ τοῦ ὄρους, λέγων, τάδε ἐρεῖς τῷ οἴκῳ Ἰακὼβ, καὶ ἀναγ-
4 γελεῖς τοῖς υἱοῖς Ἰσραήλ. Αὐτοὶ ἑωράκατε ὅσα πεποίηκα τοῖς Αἰγυπτίοις, καὶ ἀνέλαβον ὑμᾶς ὡσεὶ ἐπὶ πτερύγων ἀετῶν,
5 καὶ προσηγαγόμην ὑμᾶς πρὸς ἐμαυτόν. Καὶ νῦν ἐὰν ἀκοῇ ἀκούσητε τῆς ἐμῆς φωνῆς, καὶ φυλάξητε τὴν διαθήκην μου, ἔσεσθέ μοι λαὸς περιούσιος ἀπὸ πάντων τῶν ἐθνῶν· ἐμὴ γάρ
6 ἐστι πᾶσα ἡ γῆ. Ὑμεῖς δὲ ἔσεσθέ μοι βασίλειον ἱεράτευμα καὶ ἔθνος ἅγιον· ταῦτα τὰ ῥήματα ἐρεῖς τοῖς υἱοῖς Ἰσραήλ.
7 Ἦλθε δὲ Μωυσῆς, καὶ ἐκάλεσε τοὺς πρεσβυτέρους τοῦ λαοῦ· καὶ παρέθηκεν αὐτοῖς πάντας τοὺς λόγους τούτους, οὓς συν-
8 έταξεν αὐτοῖς ὁ Θεός. Ἀπεκρίθη δὲ πᾶς ὁ λαὸς ὁμοθυμαδὸν, καὶ εἶπαν, πάντα ὅσα εἶπεν ὁ Θεὸς, ποιήσομεν καὶ ἀκουσόμεθα· ἀνήνεγκε δὲ Μωυσῆς τοὺς λόγους τούτους πρὸς τὸν Θεόν.
9 Εἶπε δὲ Κύριος πρὸς Μωυσῆν, ἰδοὺ ἐγὼ παραγίνομαι πρὸς σὲ ἐν στύλῳ νεφέλης, ἵνα ἀκούσῃ ὁ λαὸς λαλοῦντός μου πρὸς σὲ, καὶ σοὶ πιστεύσωσιν εἰς τὸν αἰῶνα· ἀνήγγειλε δὲ Μωυσῆς
10 τὰ ῥήματα τοῦ λαοῦ πρὸς Κύριον. Εἶπε δὲ Κύριος πρὸς Μωυσῆν, Καταβὰς διαμάρτυραι τῷ λαῷ, καὶ ἅγνισον αὐτοὺς
11 σήμερον καὶ αὔριον, καὶ πλυνάτωσαν τὰ ἱμάτια, καὶ ἔστωσαν ἕτοιμοι εἰς τὴν ἡμέραν τὴν τρίτην· τῇ γὰρ ἡμέρᾳ τῇ τρίτῃ καταβήσεται Κύριος ἐπὶ τὸ ὄρος τὸ Σινᾶ, ἐναντίον παντὸς τοῦ
12 λαοῦ. Καὶ ἀφοριεῖς τὸν λαὸν κύκλῳ, λέγων, προσέχετε ἑαυτοῖς· τοῦ ἀναβῆναι εἰς τὸ ὄρος, καὶ θίγειν τι αὐτοῦ· πᾶς ὁ ἁψάμενος
13 τοῦ ὄρους, θανάτῳ τελευτήσει. Οὐχ ἅψεται αὐτοῦ χείρ· ἐν γὰρ λίθοις λιθοβοληθήσεται, ἢ βολίδι κατατοξευθήσεται· ἐάν τε κτῆνος ἐάν τε ἄνθρωπος, οὐ ζήσεται· ὅταν αἱ φωναὶ καὶ αἱ σάλπιγγες καὶ ἡ νεφέλη ἀπέλθῃ ἀπὸ τοῦ ὄρους, ἐκεῖνοι ἀναβήσονται ἐπὶ τὸ ὄρος.

14 Κατέβη δὲ Μωυσῆς ἐκ τοῦ ὄρους πρὸς τὸν λαὸν, καὶ ἡγίασεν
15 αὐτούς· καὶ ἔπλυναν τὰ ἱμάτια. Καὶ εἶπε τῷ λαῷ, γίνεσθε
16 ἕτοιμοι, τρεῖς ἡμέρας μὴ προσέλθητε γυναικί. Ἐγένετο δὲ τῇ ἡμέρᾳ τῇ τρίτῃ γενηθέντος πρὸς ὄρθρον, καὶ ἐγένοντο φωναὶ καὶ ἀστραπαὶ καὶ νεφέλη γνοφώδης ἐπʼ ὄρους Σινᾶ· φωνὴ τῆς σάλπιγγος ἤχει μέγα· καὶ ἐπτοήθη πᾶς ὁ λαὸς ὁ ἐν τῇ
17 παρεμβολῇ. Καὶ ἐξήγαγε Μωυσῆς τὸν λαὸν εἰς συνάντησιν τοῦ Θεοῦ ἐκ τῆς παρεμβολῆς· καὶ παρέστησαν ὑπὸ τὸ ὄρος.
18 Τὸ ὄρος τὸ Σινᾶ ἐκαπνίζετο ὅλον, διὰ τὸ καταβεβηκέναι ἐπʼ αὐτὸ τὸν Θεὸν ἐν πυρί· καὶ ἀνέβαινεν ὁ καπνὸς, ὡσεὶ καπνὸς
19 καμίνου· καὶ ἐξέστη πᾶς ὁ λαὸς σφόδρα. Ἐγίνοντο δὲ αἱ φωναὶ τῆς σάλπιγγος προβαίνουσαι ἰσχυρότεραι σφόδρα.
20 Μωυσῆς ἐλάλησεν, ὁ δὲ Θεὸς ἀπεκρίνατο αὐτῷ φωνῇ. Κατέβη δὲ Κύριος ἐπὶ τὸ ὄρος τὸ Σινᾶ ἐπὶ τὴν κορυφὴν τοῦ ὄρους· καὶ ἐκάλεσε Κύριος Μωυσῆν ἐπὶ τὴν κορυφὴν τοῦ ὄρους· καὶ
21 ἀνέβη Μωυσῆς. Καὶ εἶπεν ὁ Θεὸς πρὸς Μωυσῆν, λέγων, καταβὰς διαμάρτυραι τῷ λαῷ, μή ποτε ἐγγίσωσι πρὸς τὸν
22 Θεὸν κατανοῆσαι, καὶ πέσωσιν ἐξ αὐτῶν πλῆθος. Καὶ οἱ ἱερεῖς οἱ ἐγγίζοντες Κυρίῳ τῷ Θεῷ ἁγιασθήτωσαν, μήποτε ἀπαλλάξῃ ἀπʼ αὐτῶν Κύριος.

to the mount of God, and God called him out of the mountain, saying, These things shalt thou say to the house of Jacob, and thou shalt report them to the children of Israel. [4] Ye have seen all that I have done to the Egyptians, and I took you up as upon eagles' wings, and I brought you near to myself. [5] And now if ye will indeed hear my voice, and keep my covenant, ye shall be to me a peculiar people above all nations; for the whole earth is mine. [6] And ye shall be to me a royal priesthood and a holy nation: these words shalt thou speak to the children of Israel. [7] And Moses came and called the elders of the people, and he set before them all these words, which God appointed them. [8] And all the people answered with one accord, and said, All things that God has spoken, we will do and hearken to: and Moses reported these words to God. [9] And the Lord said to Moses, Lo! I come to thee in a pillar of a cloud, that the people may hear me speaking to thee, and may believe thee for ever: and Moses reported the words of the people to the Lord. [10] And the Lord said to Moses, Go down and solemnly charge the people, and sanctify them to-day and to-morrow, and let them wash their garments. [11] And let them be ready against the third day, for on the third day the Lord will descend upon mount Sina before all the people. [12] And thou shalt separate the people round about, saying, Take heed to yourselves that ye go not up into the mountain, nor touch any part of it: every one that touches the mountain shall surely die. [13] A hand shall not touch it, for *every one that touches* shall be stoned with stones or shot through with a dart, whether beast or whether man, it shall not live: when the voices and trumpets and cloud depart from off the mountain, they shall come up on the mountain.

[14] And Moses went down from the mountain to the people, and sanctified them, and they washed their clothes. [15] And he said to the people, Be ready: for three days come not near to a woman. [16] And it came to pass on the third day, as the morning drew nigh, there were voices and lightnings and a dark cloud on mount Sina: the voice of the trumpet sounded loud, and all the people in the camp trembled. [17] And Moses led the people forth out of the camp to meet God, and they stood by under the camp. [18] The mount of Sina was altogether on a smoke, because God had descended upon it in fire; and the smoke went up as the smoke of a furnace, and the people were exceedingly amazed. [19] And the sounds of the trumpet were waxing very much louder. Moses spoke, and God answered him with a voice. [20] And the Lord came down upon mount Sina on the top of the mountain; and the Lord called Moses to the top of the mountain, and Moses went up. [21] And God spoke to Moses, saying, Go down, and solemnly charge the people, lest at any time they draw nigh to God to gaze, and a multitude of them fall. [22] And let the priests that draw nigh to the Lord God sanctify themselves, lest he βdestroy some of them.

β Gr. change. ἀπαλλατέω is used in this sense elsewhere. q. d. remove by destroying.

²³And Moses said to God, The people will not be able to approach to the mount of Sina, for thou hast solemnly charged us, saying, Set bounds to the mountain and sanctify it. ²⁴And the Lord said to him, Go, descend, and come up thou and Aaron with thee; but let not the priests and the people β force their way to come up to God, lest the Lord destroy some of them. ²⁵And Moses went down to the people, and spoke to them.

And the Lord spoke all these words, saying: ²I am the Lord thy God, who brought thee out of the land of Egypt, out of the house of bondage. ³Thou shalt have no other gods beside me. ⁴Thou shalt not make to thyself an idol, nor likeness of anything, whatever things are in the heaven above, and whatever are in the earth beneath, and whatever are in the waters under the earth. ⁵Thou shalt not bow down to them, nor serve them; for I am the Lord thy God, a jealous God, recompensing the sins of the fathers upon the children, to the third and fourth generation to them that hate me, ⁶and bestowing mercy on them that love me to thousands of them, and on them that keep my commandments. ⁷Thou shalt not take the name of the Lord thy God in vain; for the Lord thy God will not acquit him that takes his name in vain. ⁸Remember the sabbath day to keep it holy. ⁹Six days thou shalt labour, and shalt perform all thy work. ¹⁰But on the seventh day is the sabbath of the Lord thy God; on it thou shalt do no work, thou, nor thy son, nor thy daughter, thy servant nor thy maidservant, thine ox nor thine ass, nor any cattle of thine, nor the stranger that sojourns with thee. ¹¹For in six days the Lord made the heaven and the earth, and the sea and all things in them, and rested on the seventh day; therefore the Lord blessed the seventh day, and hallowed it. ¹²γ Honour thy father and thy mother, that it may be well with thee, and that thou mayest live long on the good land, which the Lord thy God gives to thee. ¹³δ Thou shalt not commit adultery. ¹⁴ζ Thou shalt not steal. ¹⁵θ Thou shalt not kill. ¹⁶Thou shalt not bear false witness against thy neighbour. ¹⁷Thou shalt not covet thy neighbour's wife; thou shalt not covet thy neighbour's house; nor his field, nor his servant, nor his maid, nor his ox, nor his ass, nor any of his cattle, nor whatever belongs to thy neighbour.

¹⁸And all the people perceived the λ thundering, and the flashes, and the voice of the trumpet, and the mountain smoking; and all the people feared and stood afar off, ¹⁹and said to Moses, Speak thou to us, and let not God speak to us, lest we die. ²⁰And Moses says to them, Be of good courage, for God is come to you to try you, that his fear may be among you, that ye sin not. ²¹And the people stood afar off, and Moses went into the darkness where God was. ²²And the Lord said to Moses, Thus shalt thou say to the house of Jacob, and thou shalt report it to the children of Israel, Ye have seen that I have spoken to you from heaven. ²³Ye shall not make to yourselves

Καὶ εἶπε Μωυσῆς πρὸς τὸν Θεὸν, οὐ δυνήσεται ὁ λαὸς προσ- 23 αναβῆναι πρὸς τὸ ὄρος τὸ Σινά· σὺ γὰρ διαμεμαρτύρησαι ἡμῖν, λέγων, ἀφόρισαι τὸ ὄρος, καὶ ἁγίασαι αὐτό. Εἶπε δὲ 24 αὐτῷ Κύριος, βάδιζε, κατάβηθι, καὶ ἀνάβηθι σὺ καὶ Ἀαρὼν μετὰ σοῦ· οἱ δὲ ἱερεῖς καὶ ὁ λαὸς μὴ βιαζέσθωσαν ἀναβῆναι πρὸς τὸν Θεὸν, μή ποτε ἀπολέσῃ ἀπ᾽ αὐτῶν Κύριος. Κατέβη 25 δὲ Μωυσῆς πρὸς τὸν λαὸν, καὶ εἶπεν αὐτοῖς.

Καὶ ἐλάλησε Κύριος πάντας τοὺς λόγους τούτους, λέγων, 20 ἐγώ εἰμι Κύριος ὁ Θεός σου, ὅστις ἐξήγαγόν σε ἐκ γῆς Αἰγύπ- 2 του, ἐξ οἴκου δουλείας. Οὐκ ἔσονταί σοι θεοὶ ἕτεροι πλὴν 3 ἐμοῦ. Οὐ ποιήσεις σεαυτῷ εἴδωλον, οὐδὲ παντὸς ὁμοίωμα, 4 ὅσα ἐν τῷ οὐρανῷ ἄνω, καὶ ὅσα ἐν τῇ γῇ κάτω, καὶ ὅσα ἐν τοῖς ὕδασιν ὑποκάτω τῆς γῆς. Οὐ προσκυνήσεις αὐτοῖς, οὐδὲ μὴ 5 λατρεύσεις αὐτοῖς· ἐγὼ γάρ εἰμι Κύριος ὁ Θεός σου, Θεὸς ζηλωτὴς, ἀποδιδοὺς ἁμαρτίας πατέρων ἐπὶ τέκνα, ἕως τρίτης καὶ τετάρτης γενεᾶς τοῖς μισοῦσί με, καὶ ποιῶν ἔλεος εἰς 6 χιλιάδας τοῖς ἀγαπῶσί με, καὶ τοῖς φυλάσσουσι τὰ προστάγ- ματά μου. Οὐ λήψῃ τὸ ὄνομα Κυρίου τοῦ Θεοῦ σου ἐπὶ 7 ματαίῳ· οὐ γὰρ μὴ καθαρίσῃ Κύριος ὁ Θεός σου τὸν λαμβά- νοντα τὸ ὄνομα αὐτοῦ ἐπὶ ματαίῳ. Μνήσθητι τὴν ἡμέραν 8 τῶν σαββάτων ἁγιάζειν αὐτήν. Ἓξ ἡμέρας ἐργᾷ, καὶ ποιήσεις 9 πάντα τὰ ἔργα σου. Τῇ δὲ ἡμέρᾳ τῇ ἑβδόμῃ, σάββατα Κυρίῳ 10 τῷ Θεῷ σου· οὐ ποιήσεις ἐν αὐτῇ πᾶν ἔργον σὺ, καὶ ὁ υἱός σου, καὶ ἡ θυγάτηρ σου, ὁ παῖς σου, καὶ ἡ παιδίσκη σου, ὁ βοῦς σου, καὶ τὸ ὑποζύγιόν σου, καὶ πᾶν κτῆνός σου, καὶ ὁ προσήλυτος ὁ παροικῶν ἐν σοί. Ἐν γὰρ ἓξ ἡμέραις ἐποίησε 11 Κύριος τὸν οὐρανὸν καὶ τὴν γῆν καὶ τὴν θάλασσαν καὶ πάντα τὰ ἐν αὐτοῖς, καὶ κατέπαυσε τῇ ἡμέρᾳ τῇ ἑβδόμῃ· διὰ τοῦτο εὐλόγησε Κύριος τὴν ἡμέραν τὴν ἑβδόμην, καὶ ἡγίασεν αὐτήν. Τίμα τὸν πατέρα σου, καὶ τὴν μητέρα σου, ἵνα εὖ σοι γένηται, 12 καὶ ἵνα μακροχρόνιος γένῃ ἐπὶ τῆς γῆς τῆς ἀγαθῆς, ἧς Κύριος ὁ Θεός σου δίδωσί σοι. Οὐ μοιχεύσεις. Οὐ κλέψεις. 13, 14 Οὐ φονεύσεις. Οὐ ψευδομαρτυρήσεις κατὰ τοῦ πλησίον 15, 16 σου μαρτυρίαν ψευδῆ. Οὐκ ἐπιθυμήσεις τὴν γυναῖκα τοῦ 17 πλησίον σου· οὐκ ἐπιθυμήσεις τὴν οἰκίαν τοῦ πλησίον σου, οὔτε τὸν ἀγρὸν αὐτοῦ, οὔτε τὸν παῖδα αὐτοῦ, οὔτε τὴν παιδίσκην αὐτοῦ, οὔτε τοῦ βοὸς αὐτοῦ, οὔτε τοῦ ὑποζυγίου αὐτοῦ, οὔτε παντὸς κτήνους αὐτοῦ, οὔτε ὅσα τῷ πλησίον σου ἐστί.

Καὶ πᾶς ὁ λαὸς ἑώρα τὴν φωνὴν, καὶ τὰς λαμπάδας, καὶ 18 τὴν φωνὴν τῆς σάλπιγγος, καὶ τὸ ὄρος τὸ καπνίζον· φοβηθέντες δὲ πᾶς ὁ λαὸς ἔστησαν μακρόθεν. Καὶ εἶπαν πρὸς Μωυσῆν, 19 λάλησον σὺ ἡμῖν, καὶ μὴ λαλείτω πρὸς ἡμᾶς ὁ Θεὸς, μὴ ἀποθάνωμεν. Καὶ λέγει αὐτοῖς Μωυσῆς, θαρσεῖτε· ἕνεκεν γὰρ 20 τοῦ πειράσαι ὑμᾶς παρεγενήθη ὁ Θεὸς πρὸς ὑμᾶς, ὅπως ἂν γένηται ὁ φόβος αὐτοῦ ἐν ὑμῖν, ἵνα μὴ ἁμαρτάνητε. Εἱστήκει 21 δὲ ὁ λαὸς μακρόθεν, Μωυσῆς δὲ εἰσῆλθεν εἰς τὸν γνόφον, οὗ ἦν ὁ Θεός. Εἶπε δὲ Κύριος πρὸς Μωυσῆν, τάδε ἐρεῖς τῷ οἴκῳ 22 Ἰακὼβ, καὶ ἀναγγελεῖς τοῖς υἱοῖς Ἰσραήλ· ὑμεῖς ἑωράκατε, ὅτι ἐκ τοῦ οὐρανοῦ λελάληκα πρὸς ὑμᾶς. Οὐ ποιήσετε ὑμῖν αὐτοῖς 23

β See Luke 16. 16, which perhaps refers to this passage.   γ Matt. 15. 4.   δ Matt. 5. 27.   ζ Mark 10. 19.   θ Matt. 5. 21.
λ Or, saw the lightning, lit. saw the voice.

θεοὺς ἀργυροῦς, καὶ θεοὺς χρυσοῦς οὐ ποιήσετε ὑμῖν αὐτοῖς.
24 Θυσιαστήριον ἐκ γῆς ποιήσετέ μοι, καὶ θύσετε ἐπ᾽ αὐτοῦ τὰ
ὁλοκαυτώματα ὑμῶν, καὶ τὰ σωτήρια ὑμῶν, καὶ τὰ πρόβατα,
καὶ τοὺς μόσχους ὑμῶν ἐν παντὶ τόπῳ, οὗ ἐὰν ἐπονομάσω
25 τὸ ὄνομά μου ἐκεῖ, καὶ ἥξω πρὸς σὲ, καὶ εὐλογήσω σε. Ἐὰν
δὲ θυσιαστήριον ἐκ λίθων ποιῇς μοι, οὐκ οἰκοδομήσεις αὐτοὺς
τμητούς· τὸ γὰρ ἐγχειρίδιόν σου ἐπιβέβληκας ἐπ᾽ αὐτούς,
26 καὶ μεμίανται. Οὐκ ἀναβήσῃ ἐν ἀναβαθμίσιν ἐπὶ τὸ θυσια-
στήριόν μου, ὅπως ἂν μὴ ἀποκαλύψῃς τὴν ἀσχημοσύνην σου
ἐπ᾽ αὐτοῦ.

21   Καὶ ταῦτα τὰ δικαιώματα, ἃ παραθήσῃ ἐνώπιον αὐτῶν.
2 Ἐὰν κτήσῃ παῖδα Ἑβραῖον, ἓξ ἔτη δουλεύσει σοι· τῷ δὲ
3 ἑβδόμῳ ἔτει ἀπελεύσεται ἐλεύθερος δωρεάν. Ἐὰν αὐτὸς μόνος
εἰσέλθῃ, καὶ μόνος ἐξελεύσεται· ἐὰν δὲ γυνὴ συνεισέλθῃ μετ᾽
4 αὐτοῦ, ἐξελεύσεται καὶ ἡ γυνὴ αὐτοῦ. Καὶ ἐὰν δὲ ὁ κύριος δῷ
αὐτῷ γυναῖκα, καὶ τέκῃ αὐτῷ υἱοὺς ἢ θυγατέρας, ἡ γυνὴ καὶ τὰ
παιδία ἔσται τῷ κυρίῳ αὐτοῦ, αὐτὸς δὲ μόνος ἐξελεύσεται.
5 Ἐὰν δὲ ἀποκριθεὶς εἴπῃ ὁ παῖς, ἠγάπηκα τὸν κύριόν μου,
καὶ τὴν γυναῖκα, καὶ τὰ παιδία, οὐκ ἀποτρέχω ἐλεύθερος·
6 προσάξει αὐτὸν ὁ κύριος αὐτοῦ πρὸς τὸ κριτήριον τοῦ Θεοῦ,
καὶ τότε προσάξει αὐτὸν ἐπὶ τὴν θύραν ἐπὶ τὸν σταθμὸν, καὶ
τρυπήσει ὁ κύριος αὐτοῦ τὸ οὖς τῷ ὀπητίῳ, καὶ δουλεύσει αὐτῷ
εἰς τὸν αἰῶνα.

7   Ἐὰν δέ τις ἀποδῶται τὴν ἑαυτοῦ θυγατέρα οἰκέτιν, οὐκ
8 ἀπελεύσεται, ὥσπερ ἀποτρέχουσιν αἱ δοῦλαι. Ἐὰν μὴ
εὐαρεστήσῃ τῷ κυρίῳ αὐτῆς, ἣ αὐτῷ καθωμολογήσατο, ἀπο-
λυτρώσει αὐτήν· ἔθνει δὲ ἀλλοτρίῳ οὐ κύριός ἐστι πωλεῖν
9 αὐτὴν, ὅτι ἠθέτησεν ἐν αὐτῇ. Ἐὰν δὲ τῷ υἱῷ καθωμολογήση-
ται αὐτὴν, κατὰ τὸ δικαίωμα τῶν θυγατέρων ποιήσει αὐτῇ.
10 Ἐὰν δὲ ἄλλην λάβῃ ἑαυτῷ, τὰ δέοντα καὶ τὸν ἱματισμὸν καὶ
11 τὴν ὁμιλίαν αὐτῆς οὐκ ἀποστερήσει. Ἐὰν δὲ τὰ τρία ταῦτα
12 μὴ ποιήσῃ αὐτῇ, ἐξελεύσεται δωρεὰν ἄνευ ἀργυρίου. Ἐὰν
13 δὲ πατάξῃ τις τινὰ, καὶ ἀποθάνῃ, θανάτῳ θανατούσθω. Ὁ δὲ
οὐχ ἑκὼν, ἀλλὰ ὁ Θεὸς παρέδωκεν εἰς τὰς χεῖρας αὐτοῦ, δώσω
14 σοι τόπον οὗ φεύξεται ἐκεῖ ὁ φονεύσας. Ἐὰν δέ τις ἐπιθῆται
τῷ πλησίον ἀποκτεῖναι αὐτὸν δόλῳ, καὶ καταφύγῃ, ἀπὸ τοῦ
15 θυσιαστηρίου μου λήψῃ αὐτὸν θανατῶσαι. Ὃς τύπτει πατέρα
16 αὐτοῦ ἢ μητέρα αὐτοῦ, θανάτῳ θανατούσθω. Ὁ κακολογῶν
17 πατέρα αὐτοῦ ἢ μητέρα αὐτοῦ, τελευτήσει θανάτῳ. Ὃς ἐὰν
κλέψῃ τις τινὰ τῶν υἱῶν Ἰσραὴλ, καὶ καταδυναστεύσας αὐτὸν
18 ἀποδῶται, καὶ εὑρεθῇ ἐν αὐτῷ, θανάτῳ τελευτάτω. Ἐὰν δὲ
λοιδορῶνται δύο ἄνδρες, καὶ πατάξωσι τὸν πλησίον λίθῳ ἢ
19 πυγμῇ, καὶ μὴ ἀποθάνῃ, κατακλιθῇ δὲ ἐπὶ τὴν κοίτην, ἐὰν
ἐξαναστὰς ὁ ἄνθρωπος περιπατήσῃ ἔξω ἐπὶ ῥάβδου, ἀθῷος
ἔσται ὁ πατάξας· πλὴν τῆς ἀργείας αὐτοῦ ἀποτίσει, καὶ τὰ
20 ἰατρεῖα. Ἐὰν δέ τις πατάξῃ τὸν παῖδα αὐτοῦ ἢ τὴν παιδίσκην
αὐτοῦ ἐν ῥάβδῳ, καὶ ἀποθάνῃ ὑπὸ τὰς χεῖρας αὐτοῦ, δίκῃ
21 ἐκδικηθήσεται. Ἐὰν δὲ διαβιώσῃ ἡμέραν μίαν ἢ δύο, οὐκ

gods of silver, and gods of gold ye shall not make to yourselves. 24 Ye shall make to me an altar of earth; and upon it ye shall sacrifice your whole burnt-offerings, and your peace-offerings, and your sheep and your calves in every place, where I shall record my name; and I will come to thee and bless thee. 25 And if thou wilt make to me an altar of stones, thou shalt not build them hewn *stones;* for thou hast lifted up thy tool upon them, and they are defiled. 26 Thou shalt not go up to my altar by steps, that thou mayest not uncover thy nakedness upon it.

And these *are* the ordinances which thou shalt set before them. 2 If thou buy a Hebrew servant, six years shall he serve thee, and in the seventh year he shall go forth free for nothing. 3 If he should have come in alone, he shall also go forth alone; and if his wife should have gone in together with him, his wife also shall go out. 4 Moreover, if his master give him a wife, and she have *born* him sons or daughters, the wife and the children shall be his master's; and he shall go forth alone. 5 And if the servant should answer and say, I love my master and wife and children, I β will not go away free; 6 his master shall bring him to the judgment-seat of God, and then shall he bring him to the door,—to the door-post, and his master shall bore his ear through with an awl, and he shall serve him for ever.

7 And if any one sell his daughter as a domestic, she shall not depart as the maid-servants depart. 8 If she be not pleasing to her master, γ after she has betrothed herself to him, he shall let her go free; but he is not at liberty to sell her to a foreign nation, because he has trifled with her. 9 And if he should have betrothed her to his son, he shall do to her according to the right of daughters. 10 And if he take another to himself, he shall not deprive her of necessaries and her apparel, and her companionship *with him.* 11 And if he will not do these three things to her, she shall go out free without money. 12 And if any man smite another and he die, let him be certainly put to death. 13 But as for him that did it not willingly, but God delivered him into his hands, I will give thee a place whither the slayer may flee. 14 And if any one lie in wait for his neighbour to slay him by craft, and he go for refuge, thou shalt take him from my altar to put him to death. 15 Whoever smites his father or his mother, let him be certainly put to death. 16 He that reviles his father or his mother shall surely die. 17 Whosoever shall steal one of the children of Israel, and prevail over him and sell him, and he be found with him, δ let him certainly die. 18 And if two men revile each other and smite the one the other with a stone or his fist, and he die not, but be laid upon his bed; 19 if the man arise and walk abroad on his staff, he that smote him shall be clear; only he shall pay for his loss of time, and for his healing. 20 And if a man smite his man-servant or his maid-servant, with a rod, and *the party* die under his hands, he shall be surely punished. 21 But if *the servant* continue to live a day or two,

---

β *Gr.* do not run away.   γ *Gr.* who has.   δ Matt. 15. 4.

let not *the master* be punished; for he is his money. ²²And if two men strive and smite a woman with child, and her child be born imperfectly formed, he shall be forced to pay a penalty: as the woman's husband may lay upon him, he shall pay with a valuation. ²³But if it be perfectly formed, he shall give life for life, ²⁴βeye for eye, tooth for tooth, hand for hand, foot for foot, ²⁵burning for burning, wound for wound, stripe for stripe. ²⁶And if one smite the eye of his man-servant, or the eye of his maid-servant, and put it out, he shall let them go free for their eye's sake. ²⁷And if he should smite out the tooth of his man-servant, or the tooth of his maid-servant, he shall send them away free for their tooth's sake. ²⁸And if a bull gore a man or woman and γthey die, the bull shall be stoned with stones, and his flesh shall not be eaten; but the owner of the bull shall be clear. ²⁹But if the bull should have been given to goring in former time, and men should have told his owner, and he have not removed him, but he should have slain a man or woman, the bull shall be stoned, and his owner shall die also. ³⁰And if a ransom should be imposed on him, he shall pay for the ransom of his soul as much as they shall lay upon him. ³¹And if *the bull* gore a son or daughter, let them do to him according to this ordinance. ³²And if the bull gore a man-servant or maid-servant, he shall pay to their master thirty silver didrachms, and the bull shall be stoned. ²³And if any one open a pit or dig a cavity in stone, and cover it not, and an ox or an ass fall in there, ³⁴the owner of the pit shall make compensation; he shall give money to their owner, and the dead shall be his own. ³⁵And if any man's bull gore the bull of his neighbour, and it die, they shall sell the living bull and divide the money, and they shall divide the dead bull. ³⁶But if the bull be known to have been given to goring in time past, and they have testified to his owner, and he have not removed him, he shall repay bull for bull, but the dead shall be his own.

And if one steal δan ox or a sheep, and kill it or sell it, he shall pay five calves for a calf, and four sheep for a sheep. ²And if the thief be found in the breach *made by himself* and be smitten and die, there shall not be blood shed for him. ³But if the sun be not risen upon him, he is guilty, he shall die instead; and if ζa thief have nothing, let him be sold in compensation for what he has stolen. ⁴And if the thing stolen be left and be in his hand alive, whether ox or sheep, he shall restore them two-fold. ⁵And if any one should feed down a field or a vineyard, and should send in his beast to feed down another field, he shall make compensation of his own field according to his produce; and if he shall have fed down the whole field, he shall pay for compensation the best of his own field and the best of his vineyard. ⁶And if fire have gone forth and caught thorns, and should also set on fire threshing-floors or ears of corn or a field, he that kindled the fire shall make compensation.

ἐκδικηθήτω· τὸ γὰρ ἀργύριον αὐτοῦ ἐστιν. Ἐὰν δὲ μάχωνται 22 δύο ἄνδρες, καὶ πατάξωσι γυναῖκα ἐν γαστρὶ ἔχουσαν, καὶ ἐξέλθῃ τὸ παιδίον αὐτῆς μὴ ἐξεικονισμένον, ἐπιζήμιον ζημιωθή-σεται· καθότι ἂν ἐπιβάλῃ ὁ ἀνὴρ τῆς γυναικὸς, δώσει μετὰ ἀξιώματος. Ἐὰν δὲ ἐξεικονισμένον ᾖ, δώσει ψυχὴν ἀντὶ 23 ψυχῆς, Ὀφθαλμὸν ἀντὶ ὀφθαλμοῦ, ὀδόντα ἀντὶ ὀδόντος, 24 χεῖρα ἀντὶ χειρὸς, πόδα ἀντὶ ποδὸς, κατάκαυμα ἀντὶ κατακαύ- 25 ματος, τραῦμα ἀντὶ τραύματος, μώλωπα ἀντὶ μώλωπος. Ἐὰν δέ τις πατάξῃ τὸν ὀφθαλμὸν τοῦ οἰκέτου αὐτοῦ, ἢ τὸν 26 ὀφθαλμὸν τῆς θεραπαίνης αὐτοῦ, καὶ ἐκτυφλώσῃ, ἐλευθέρους ἐξαποστελεῖ αὐτοὺς ἀντὶ τοῦ ὀφθαλμοῦ αὐτῶν. Ἐὰν δὲ τὸν 27 ὀδόντα τοῦ οἰκέτου, ἢ τὸν ὀδόντα τῆς θεραπαίνης αὐτοῦ ἐκκόψῃ, ἐλευθέρους ἐξαποστελεῖ αὐτοὺς ἀντὶ τοῦ ὀδόντος αὐτῶν. Ἐὰν δὲ κερατίσῃ ταῦρος ἄνδρα ἢ γυναῖκα καὶ ἀποθάνῃ, λίθοις 28 λιθοβοληθήσεται ὁ ταῦρος, καὶ οὐ βρωθήσεται τὰ κρέα αὐτοῦ· ὁ δὲ κύριος τοῦ ταύρου ἀθῶος ἔσται. Ἐὰν δὲ ὁ ταῦρος 29 κερατιστὴς ᾖ πρὸ τῆς χθὲς καὶ πρὸ τῆς τρίτης, καὶ διαμαρτύ-ρωνται τῷ κυρίῳ αὐτοῦ, καὶ μὴ ἀφανίσῃ αὐτὸν, ἀνέλῃ δὲ ἄνδρα ἢ γυναῖκα, ὁ ταῦρος λιθοβοληθήσεται, καὶ ὁ κύριος αὐτοῦ προσαποθανεῖται. Ἐὰν δὲ λύτρα ἐπιβληθῇ αὐτῷ, δώσει 30 λύτρα τῆς ψυχῆς αὐτοῦ ὅσα ἐὰν ἐπιβάλωσιν αὐτῷ. Ἐὰν δὲ 31 υἱὸν ἢ θυγατέρα κερατίσῃ, κατὰ τὸ δικαίωμα τοῦτο ποιήσωσιν αὐτῷ. Ἐὰν δὲ παῖδα κερατίσῃ ὁ ταῦρος ἢ παιδίσκην, ἀργυρίου 32 τριάκοντα δίδραχμα δώσει τῷ κυρίῳ αὐτῶν, καὶ ὁ ταῦρος λιθο-βοληθήσεται. Ἐὰν δέ τις ἀνοίξῃ λάκκον ἢ λατομήσῃ λάκκον, 33 καὶ μὴ καλύψῃ αὐτὸν, καὶ ἐμπέσῃ ἐκεῖ μόσχος ἢ ὄνος, ὁ 34 κύριος τοῦ λάκκου ἀποτίσει, ἀργύριον δώσει τῷ κυρίῳ αὐτῶν· τὸ δὲ τετελευτηκὸς αὐτῷ ἔσται. Ἐὰν δὲ κερατίσῃ τινὸς ταῦρος 35 τὸν ταῦρον τοῦ πλησίον, καὶ τελευτήσῃ, ἀποδώσονται τὸν ταῦρον τὸν ζῶντα, καὶ διελοῦνται τὸ ἀργύριον αὐτοῦ, καὶ τὸν ταῦρον τὸν τεθνηκότα διελοῦνται. Ἐὰν δὲ γνωρίζηται ὁ ταῦ- 36 ρος ὅτι κερατιστής ἐστι πρὸ τῆς χθὲς καὶ πρὸ τῆς τρίτης ἡμέρας, καὶ διαμεμαρτυρημένοι ὦσι τῷ κυρίῳ αὐτοῦ. καὶ μὴ ἀφανίσῃ αὐτὸν, ἀποτίσει ταῦρον ἀντὶ ταύρου, ὁ δὲ τετελευτηκὼς αὐτῷ ἔσται.

Ἐὰν δέ τις κλέψῃ μόσχον ἢ πρόβατον, καὶ σφάξῃ 22 ἢ ἀποδῶται, πέντε μόσχους ἀποτίσει ἀντὶ τοῦ μόσχου, καὶ τέσσαρα πρόβατα ἀντὶ τοῦ προβάτου. Ἐὰν δὲ ἐν τῷ 2 διορύγματι εὑρεθῇ ὁ κλέπτης, καὶ πληγεὶς ἀποθάνῃ, οὐκ ἔστιν αὐτῷ φόνος. Ἐὰν δὲ ἀνατείλῃ ὁ ἥλιος ἐπ᾽ αὐτῷ, ἔνοχός ἐστιν, 3 ἀνταποθανεῖται· ἐὰν δὲ μὴ ὑπάρχῃ αὐτῷ, πραθήτω ἀντὶ τοῦ κλέμματος. Ἐὰν δὲ καταλειφθῇ καὶ εὑρεθῇ ἐν τῇ χειρὶ αὐτοῦ 4 τὸ κλέμμα ἀπό τε ὄνου ἕως προβάτου ζῶντα, διπλᾶ αὐτὰ ἀποτίσει. Ἐὰν δὲ καταβοσκήσῃ τις ἀγρὸν ἢ ἀμπελῶνα, καὶ 5 ἀφῇ τὸ κτῆνος αὐτοῦ καταβοσκῆσαι ἀγρὸν ἕτερον, ἀποτίσει ἐκ τοῦ ἀγροῦ αὐτοῦ κατὰ τὸ γέννημα αὐτοῦ· ἐὰν δὲ πάντα τὸν ἀγρὸν καταβοσκήσῃ, τὰ βέλτιστα τοῦ ἀγροῦ αὐτοῦ καὶ τὰ βέλτιστα τοῦ ἀμπελῶνος αὐτοῦ ἀποτίσει. Ἐὰν δὲ ἐξελθὸν 6 πῦρ εὕρῃ ἀκάνθας, καὶ προσεμπρήσῃ ἅλωνας ἢ στάχυς ἢ πεδίον, ἀποτίσει ὁ τὸ πῦρ ἐκκαύσας.

β Matt. 5. 38.   γ Or, he or she die.   δ Gr. a calf.   ζ Gr. he.

7 Ἐὰν δέ τις δῷ τῷ πλησίον ἀργύριον ἢ σκεύη φυλάξαι,
καὶ κλαπῇ ἐκ τῆς οἰκίας τοῦ ἀνθρώπου, ἐὰν εὑρεθῇ ὁ κλέψας,
8 ἀποτίσει τὸ διπλοῦν. Ἐὰν δὲ μὴ εὑρεθῇ ὁ κλέψας, προσ-
ελεύσεται ὁ κύριος τῆς οἰκίας ἐνώπιον τοῦ Θεοῦ, καὶ ὀμεῖται
ἦ μὴν μὴ αὐτὸν πεπονηρεῦσθαι ἐφ᾽ ὅλης τῆς παρακαταθήκης
9 τοῦ πλησίον, κατὰ πᾶν ῥητὸν ἀδίκημα, περί τε μόσχου,
καὶ ὑποζυγίου, καὶ προβάτου, καὶ ἱματίου, καὶ πάσης
ἀπωλείας τῆς ἐγκαλουμένης· ὅ, τι οὖν ἂν ᾖ, ἐνώπιον
τοῦ Θεοῦ ἐλεύσεται ἡ κρίσις ἀμφοτέρων, καὶ ὁ ἁλοὺς
10 διὰ τοῦ Θεοῦ, ἀποτίσει διπλοῦν τῷ πλησίον. Ἐὰν δέ
τις δῷ τῷ πλησίον ὑποζύγιον ἢ μόσχον ἢ πρόβατον ἢ πᾶν
κτῆνος φυλάξαι, καὶ συντριβῇ ἢ τελευτήσῃ ἢ αἰχμάλωτον
11 γένηται, καὶ μηδεὶς γνῷ, ὅρκος ἔσται τοῦ Θεοῦ ἀνὰ μέσον
ἀμφοτέρων, ἦ μὴν μὴ αὐτὸν πεπονηρεῦσθαι καθόλου τῆς
παρακαταθήκης τοῦ πλησίον· καὶ οὕτως προσδέξεται ὁ κύριος
12 αὐτοῦ, καὶ οὐκ ἀποτίσει. Ἐὰν δὲ κλαπῇ παρ᾽ αὐτοῦ, ἀποτίσει
13 τῷ κυρίῳ. Ἐὰν δὲ θηριάλωτον γένηται, ἄξει αὐτὸν ἐπὶ τὴν
14 θήραν, καὶ οὐκ ἀποτίσει. Ἐὰν δὲ αἰτήσῃ τις παρὰ τοῦ
πλησίον, καὶ συντριβῇ ἢ ἀποθάνῃ ἢ αἰχμάλωτον γένηται,
15 ὁ δὲ κύριος μὴ ᾖ μετ᾽ αὐτοῦ, ἀποτίσει. Ἐὰν δὲ ὁ κύριος ᾖ
μετ᾽ αὐτοῦ, οὐκ ἀποτίσει· ἐὰν δὲ μισθωτὸς ᾖ, ἔσται αὐτῷ ἀντὶ
τοῦ μισθοῦ αὐτοῦ.

16 Ἐὰν δὲ ἀπατήσῃ τις παρθένον ἀμνήστευτον, καὶ κοιμηθῇ
17 μετ᾽ αὐτῆς, φερνῇ φερνιεῖ αὐτὴν αὐτῷ γυναῖκα. Ἐὰν δὲ
ἀνανεύων ἀνανεύσῃ, καὶ μὴ βούληται ὁ πατὴρ αὐτῆς δοῦναι
αὐτὴν αὐτῷ γυναῖκα, ἀργύριον ἀποτίσει τῷ πατρὶ καθ᾽ ὅσον
18 ἐστὶν ἡ φερνὴ τῶν παρθένων. Φαρμακοὺς οὐ περιποιή-
19 σετε. Πᾶν κοιμώμενον μετὰ κτήνους θανάτῳ ἀποκτενεῖτε
20 αὐτούς. Ὁ θυσιάζων θεοῖς θανάτῳ ἐξολοθρευθήσεται, πλὴν
Κυρίῳ μόνῳ.

21 Καὶ προσήλυτον οὐ κακώσετε, οὐδὲ μὴ θλίψητε αὐτόν·
22 ἦτε γὰρ προσήλυτοι ἐν γῇ Αἰγύπτῳ. Πᾶσαν χήραν καὶ
23 ὀρφανὸν οὐ κακώσετε. Ἐὰν δὲ κακίᾳ κακώσητε αὐτούς, καὶ
κεκράξαντες καταβοήσωσι πρός με, ἀκοῇ εἰσακούσομαι τῆς
24 φωνῆς αὐτῶν, καὶ ὀργισθήσομαι θυμῷ, καὶ ἀποκτενῶ ὑμᾶς
μαχαίρᾳ, καὶ ἔσονται αἱ γυναῖκες ὑμῶν χῆραι, καὶ τὰ παιδία
25 ὑμῶν ὀρφανά. Ἐὰν δὲ ἀργύριον ἐκδανείσῃς τῷ ἀδελφῷ τῷ
πενιχρῷ παρὰ σοί, οὐκ ἔσῃ αὐτὸν κατεπείγων, οὐκ ἐπιθήσεις
26 αὐτῷ τόκον. Ἐὰν δὲ ἐνεχύρασμα ἐνεχυράσῃς τὸ ἱμάτιον τοῦ
27 πλησίον, πρὸ δυσμῶν ἡλίου ἀποδώσεις αὐτῷ. Ἔστι γὰρ
τοῦτο περιβόλαιον αὐτοῦ, μόνον τοῦτο τὸ ἱμάτιον ἀσχημοσύνης
αὐτοῦ· ἐν τίνι κοιμηθήσεται; Ἐὰν οὖν καταβοήσῃ πρός με,
28 εἰσακούσομαι αὐτοῦ· ἐλεήμων γάρ εἰμι. Θεοὺς οὐ κακολογή-
29 σεις, καὶ ἄρχοντα τοῦ λαοῦ σου οὐ κακῶς ἐρεῖς. Ἀπαρχὰς
ἅλωνος καὶ ληνοῦ σου οὐ καθυστερήσεις· τὰ πρωτότοκα τῶν
30 υἱῶν σου δώσεις ἐμοί. Οὕτω ποιήσεις τὸν μόσχον σου καὶ
τὸ πρόβατόν σου καὶ τὸ ὑποζύγιόν σου· ἑπτὰ ἡμέρας ἔσται
ὑπὸ τὴν μητέρα, τῇ δὲ ὀγδόῃ ἡμέρᾳ ἀποδώσεις μοι αὐτό.

7 And if any one give to his neighbour money or goods to keep, and they be stolen out of the man's house, if the thief be found, he shall repay double. 8 But if the thief be not found, the master of the house shall come forward before God, and shall swear that surely he has not wrought wickedly in β regard of any part of his neighbour's deposit, 9 according to every injury alleged, both concerning a calf, and an ass, and a sheep, and a garment, and every alleged loss, whatsoever in fact it may be,—the judgment of both shall proceed before God, and he that is convicted by God shall repay to his neighbour double. 10 And if any one give to his neighbour to keep a calf or sheep or any beast, and it be wounded or die or be taken, and no one know, 11 an oath of God shall be between both, *each swearing* that he has surely not at all been guilty in the matter of his neighbour's deposit; and so his master shall γ hold him guiltless, and he shall not make compensation. 12 And if it be stolen from him, he shall make compensation to the owner. 13 And if it be seized of beasts, he shall bring him to *witness the* prey, and he shall not make compensation. 14 And if any one borrow *ought* of his neighbour, and it be wounded or die or be carried away, and the owner of it be not with it, he shall make compensation. 15 But if the owner be with it, he shall not make compensation : but if it be a δ hired thing, there shall be *a compensation* to him instead of his hire.

16 And if any one deceive a virgin that is not betrothed, and lie with her, he shall surely endow her for a wife to himself. 17 And if her father positively refuse, and will not consent to give her to him for a wife, he shall pay ζ compensation to her father according to the amount of the dowry of virgins. 18 Ye shall not save the lives of sorcerers. 19 Every one that lies with a beast ye shall surely put to death. 20 He that sacrifices to any gods but to the Lord alone, shall be destroyed by death.

21 And ye shall not hurt a stranger, nor afflict him ; for ye were strangers in the land of Egypt. 22 Ye shall hurt no widow or orphan. 23 And if ye should afflict them by ill-treatment, and they should cry aloud to me, I will surely hear their voice. 24 And I will be very angry, and will slay you with the sword, and your wives shall be widows and your children orphans. 25 And if thou shouldest lend money to thy poor brother who is by thee, thou shalt not be hard upon him thou shalt not exact usury of him. 26 And if thou take thy neighbour's garment for a pledge, thou shalt restore it to him before sunset. 27 For this is his clothing, this is the only covering of his nakedness ; wherein shall he sleep ? If then he shall cry to me, I will hearken to him, for I am merciful. 28 θ Thou shalt not revile the gods, nor speak ill of the ruler of thy people. 29 Thou shalt not keep back the first-fruits of thy threshing floor and press. The first-born of thy sons thou shalt give to me. 30 So shalt thou do with thy calf and thy sheep and thine ass ; seven days shall it be under the mother, and the eighth

---

β *Gr.* over.   γ *Gr.* accept him.   δ *Qy.* If the *borrower* be a hireling, he shall have the ruined beast instead of his hire?
ζ *Gr.* money.   θ Acts 23. 5.

day thou shalt give it to me. ³¹ And ye shall be holy men to me; and ye shall not eat flesh taken of beasts, ye shall cast it to the dog.

Thou shalt not receive a vain report: thou shalt not agree with the unjust *man* to become an unjust witness. ² Thou shalt not associate with the multitude for evil; thou shalt not join thyself with a multitude to turn aside with the majority so as to shut out judgment. ³ And thou shalt not spare a poor man in judgment. ⁴ And if thou meet thine enemy's ox or his ass going astray, thou shalt turn them back and restore them to him. ⁵ And if thou see thine enemy's ass fallen under its burden, thou shalt not pass by it, but shalt help to raise it with him.

⁶ Thou shalt not wrest the sentence of the poor in his judgment. ⁷ Thou shalt abstain from every unjust thing: thou shalt not slay the innocent and just, and thou shalt not justify the wicked for gifts. ⁸ And thou shalt not receive gifts; for gifts blind the eyes of the seeing, and corrupt just words. ⁹ And ye shall not afflict a stranger, for ye know the heart of a stranger; for ye were yourselves strangers in the land of Egypt. ¹⁰ Six years thou shalt sow thy land, and gather in the fruits of it. ¹¹ But in the seventh year thou shalt let it rest, and leave it, and the poor of thy nation shall feed; and the wild beasts of the field shall eat that which remains: thus shalt thou do to thy vineyard and to thine oliveyard. ¹² Six days shalt thou do thy works, and on the seventh day there shall be rest, that thine ox and thine ass may rest, and that the son of thy maid-servant and the stranger may be refreshed. ¹³ Observe all things whatsoever I have commanded you; and ye shall make no mention of the name of other gods, neither shall they be heard out of your mouth.

¹⁴ Keep a feast to me three times in the year. ¹⁵ Take heed to keep the feast of unleavened bread: seven days ye shall eat unleavened bread, as I charged thee at the season of the month of new *corn*, for in it thou camest out of Egypt: thou shalt not appear before me empty. ¹⁶ And thou shalt keep the feast of the harvest of first-fruits of thy labours, whatsoever thou shalt have sown in thy field, and the feast of completion at the end of the year in the gathering in of thy β fruits out of thy field. ¹⁷ Three times in the year shall all thy males appear before the Lord thy God. ¹⁸ For when I shall have cast out the nations from before thee, and shall have widened thy borders, thou shalt not offer the blood of my γ sacrifice with leaven, neither must the fat of my feast abide till the morning. ¹⁹ Thou shalt bring the first-offerings of the first-fruits of thy land into the house of the Lord thy God. Thou shalt not seethe a lamb in its mother's milk. ²⁰ And, behold, I send my angel before thy face, that he may keep thee in the way, that he may bring thee into the land which I have prepared for thee. ²¹ Take heed to thyself and hearken to him, and disobey him not; for he will not give way to thee, for my name is on him. ²² If ye will indeed hear my voice, and if thou wilt do all the things I shall charge thee with, and keep my cove-

Καὶ ἄνδρες ἅγιοι ἔσεσθέ μοι· καὶ κρέας θηριάλωτον οὐκ ἔδεσθε, 31 τῷ κυνὶ ἀπορρίψατε αὐτό.

Οὐ παραδέξῃ ἀκοὴν ματαίαν· οὐ συγκαταθήσῃ μετὰ τοῦ 23 ἀδίκου γενέσθαι μάρτυς ἄδικος. Οὐκ ἔσῃ μετὰ πλειόνων 2 ἐπὶ κακίᾳ· οὐ προστεθήσῃ μετὰ πλήθους ἐκκλῖναι μετὰ τῶν πλειόνων, ὥστε ἐκκλεῖσαι κρίσιν. Καὶ πένητα οὐκ 3 ἐλεήσεις ἐν κρίσει. Ἐὰν δὲ συναντήσῃς τῷ βοῒ τοῦ ἐχ- 4 θροῦ σου, ἢ τῷ ὑποζυγίῳ αὐτοῦ πλανωμένοις, ἀποστρέψας ἀποδώσεις αὐτῷ. Ἐὰν δὲ ἴδῃς τὸ ὑποζύγιον τοῦ ἐχθροῦ 5 σου πεπτωκὸς ὑπὸ τὸν γόμον αὐτοῦ, οὐ παρελεύσῃ αὐτό, ἀλλὰ συναρεῖς αὐτὸ μετ᾽ αὐτοῦ.

Οὐ διαστρέψεις κρίμα πένητος ἐν κρίσει αὐτοῦ. Ἀπὸ 6, 7 παντὸς ῥήματος ἀδίκου ἀποστήσῃ· ἀθῷον καὶ δίκαιον οὐκ ἀποκτενεῖς· καὶ οὐ δικαιώσεις τὸν ἀσεβῆ ἕνεκεν δώρων. Καὶ δῶρα οὐ λήψῃ· τὰ γὰρ δῶρα ἐκτυφλοῖ ὀφθαλμοὺς 8 βλεπόντων, καὶ λυμαίνεται ῥήματα δίκαια. Καὶ προσ- 9 ήλυτον οὐ θλίψετε· ὑμεῖς γὰρ οἴδατε τὴν ψυχὴν τοῦ προσηλύτου· αὐτοὶ γὰρ προσήλυτοι ἦτε ἐν γῇ Αἰγύπτῳ. Ἓξ ἔτη σπερεῖς τὴν γῆν σου, καὶ συνάξεις τὰ γεννήματα 10 αὐτῆς. Τῷ δὲ ἑβδόμῳ ἄφεσιν ποιήσεις, καὶ ἀνήσεις αὐτὴν, 11 καὶ ἔδονται οἱ πτωχοὶ τοῦ ἔθνους σου· τὰ δὲ ὑπολειπόμενα ἔδεται τὰ ἄγρια θηρία· οὕτω ποιήσεις τὸν ἀμπελῶνά σου, καὶ τὸν ἐλαιῶνά σου. Ἓξ ἡμέρας ποιήσεις τὰ ἔργα σου, 12 τῇ δὲ ἡμέρᾳ τῇ ἑβδόμῃ, ἀνάπαυσις· ἵνα ἀναπαύσηται ὁ βοῦς σου, καὶ τὸ ὑποζύγιόν σου, καὶ ἵνα ἀναψύξῃ ὁ υἱὸς τῆς παιδίσκης σου καὶ ὁ προσήλυτος. Πάντα ὅσα εἴρηκα πρὸς 13 ὑμᾶς, φυλάξασθε· καὶ ὄνομα θεῶν ἑτέρων οὐκ ἀναμνησθήσεσθε, οὐδὲ μὴ ἀκουσθῇ ἐκ τοῦ στόματος ὑμῶν.

Τρεῖς καιροὺς τοῦ ἐνιαυτοῦ ἑορτάσατέ μοι. Τὴν ἑορτὴν 14, 15 τῶν ἀζύμων φυλάξασθε ποιεῖν· ἑπτὰ ἡμέρας ἔδεσθε ἄζυμα, καθάπερ ἐνετειλάμην σοι κατὰ τὸν καιρὸν τοῦ μηνὸς τῶν νέων· ἐν γὰρ αὐτῷ ἐξῆλθες ἐξ Αἰγύπτου· οὐκ ὀφθήσῃ ἐνώπιόν μου κενός. Καὶ ἑορτὴν θερισμοῦ πρωτογεννημάτων ποιήσεις τῶν 16 ἔργων σου, ὧν ἐὰν σπείρῃς ἐν τῷ ἀγρῷ σου, καὶ ἑορτὴν συντε- λείας ἐπ᾽ ἐξόδου τοῦ ἐνιαυτοῦ ἐν τῇ συναγωγῇ τῶν ἔργων σου τῶν ἐκ τοῦ ἀγροῦ σου. Τρεῖς καιροὺς τοῦ ἐνιαυτοῦ ὀφθήσεται 17 πᾶν ἀρσενικόν σου ἐνώπιον Κυρίου τοῦ Θεοῦ σου. Ὅταν γὰρ 18 ἐκβάλω τὰ ἔθνη ἀπὸ προσώπου σου, καὶ ἐμπλατύνω τὰ ὅριά σου, οὐ θύσεις ἐπὶ ζύμῃ αἷμα θυμιάματός μου, οὐδὲ μὴ κοιμηθῇ στέαρ τῆς ἑορτῆς μου ἕως πρωΐ. Τὰς ἀπαρχὰς τῶν πρωτογεν- 19 νημάτων τῆς γῆς σου εἰσοίσεις εἰς τὸν οἶκον Κυρίου τοῦ Θεοῦ σου· οὐχ ἑψήσεις ἄρνα ἐν γάλακτι μητρὸς αὐτοῦ. Καὶ ἰδοὺ 20 ἐγὼ ἀποστέλλω τὸν ἄγγελόν μου πρὸ προσώπου σου, ἵνα φυλάξῃ σε ἐν τῇ ὁδῷ, ὅπως εἰσαγάγῃ σε εἰς τὴν γῆν, ἣν ἡτοίμασά σοι. Πρόσεχε σεαυτῷ, καὶ εἰσάκουε αὐτοῦ, καὶ 21 μὴ ἀπείθει αὐτῷ, οὐ γὰρ μὴ ὑποστείληταί σε· τὸ γὰρ ὄνομά μου ἐστὶν ἐπ᾽ αὐτῷ. Ἐὰν ἀκοῇ ἀκούσητε τῆς ἐμῆς φωνῆς, 22 καὶ ποιήσῃς πάντα ὅσα ἂν ἐντείλωμαί σοι, καὶ φυλάξῃτε

β *Gr.* works.　　　γ *Gr.* incense offering.

τὴν διαθήκην μου, ἔσεσθέ μοι λαὸς περιούσιος ἀπὸ πάντων τῶν
ἐθνῶν· ἐμὴ γάρ ἐστι πᾶσα ἡ γῆ· ὑμεῖς δὲ ἔσεσθέ μοι βασί-
λειον ἱεράτευμα, καὶ ἔθνος ἅγιον· ταῦτα τὰ ῥήματα ἐρεῖς τοῖς
υἱοῖς Ἰσραὴλ, ἐὰν ἀκοῇ ἀκούσητε τῆς φωνῆς μου, καὶ ποιήσητε
πάντα ὅσα ἂν εἴπω σοι, ἐχθρεύσω τοῖς ἐχθροῖς σου, καὶ ἀντικεί-
23 σομαι τοῖς ἀντικειμένοις σοι.   Πορεύσεται γὰρ ὁ ἄγγελός μου
ἡγούμενός σου, καὶ εἰσάξει σε πρὸς τὸν Ἀμορραῖον, καὶ
Χετταῖον, καὶ Φερεζαῖον, καὶ Χαναναῖον, καὶ Γεργεσαῖον, καὶ
24 Εὐαῖον, καὶ Ἰεβουσαῖον, καὶ ἐκτρίψω αὐτούς.   Οὐ προσκυνή-
σεις τοῖς θεοῖς αὐτῶν, οὐδὲ μὴ λατρεύσῃς αὐτοῖς· οὐ ποιήσεις
κατὰ τὰ ἔργα αὐτῶν· ἀλλὰ καθαιρέσει καθελεῖς, καὶ συντρίβων
25 συντρίψεις τὰς στήλας αὐτῶν.   Καὶ λατρεύσεις Κυρίῳ τῷ Θεῷ
σου· καὶ εὐλογήσω τὸν ἄρτον σου καὶ τὸν οἶνόν σου καὶ τὸ
26 ὕδωρ σου, καὶ ἀποστρέψω μαλακίαν ἀφ᾽ ὑμῶν.   Οὐκ ἔσται
ἄγονος, οὐδὲ στεῖρα ἐπὶ τῆς γῆς σου· τὸν ἀριθμὸν τῶν ἡμερῶν
27 σου ἀναπληρῶν ἀναπληρώσω.   Καὶ τὸν φόβον ἀποστελῶ
ἡγούμενόν σου, καὶ ἐκστήσω πάντα τὰ ἔθνη, εἰς οὓς σὺ εἰσ-
πορεύῃ εἰς αὐτούς· καὶ δώσω πάντας τοὺς ὑπεναντίους σου
28 φυγάδας.   Καὶ ἀποστελῶ τὰς σφηκίας προτέρας σου· καὶ
ἐκβαλεῖς τοὺς Ἀμορραίους, καὶ τοὺς Εὐαίους, καὶ τοὺς Χανα-
29 ναίους, καὶ τοὺς Χετταίους ἀπὸ σοῦ.   Οὐκ ἐκβαλῶ αὐτοὺς
ἐν ἐνιαυτῷ ἑνί, ἵνα μὴ γένηται ἡ γῆ ἔρημος, καὶ πολλὰ γένηται
30 ἐπὶ σὲ τὰ θηρία τῆς γῆς.   Κατὰ μικρὸν ἐκβαλῶ αὐτοὺς ἀπὸ σοῦ,
31 ἕως ἂν αὐξηθῇς καὶ κληρονομήσῃς τὴν γῆν.   Καὶ θήσω τὰ
ὅριά σου ἀπὸ τῆς ἐρυθρᾶς θαλάσσης, ἕως τῆς θαλάσσης τῆς
Φυλιστιείμ· καὶ ἀπὸ τῆς ἐρήμου, ἕως τοῦ μεγάλου ποταμοῦ
Εὐφράτου· καὶ παραδώσω εἰς τὰς χεῖρας ὑμῶν τοὺς ἐγκαθημέ-
32 νους ἐν τῇ γῇ, καὶ ἐκβαλῶ αὐτοὺς ἀπὸ σοῦ.   Οὐ συγκαταθήσῃ
33 αὐτοῖς καὶ τοῖς θεοῖς αὐτῶν διαθήκην.   Καὶ οὐκ ἐγκαθήσονται
ἐν τῇ γῇ σου, ἵνα μὴ ἁμαρτεῖν σε ποιήσωσι πρὸς μέ· ἐὰν
γὰρ δουλεύσῃς τοῖς θεοῖς αὐτῶν, οὗτοι ἔσονταί σοι πρόσκομμα.

24   Καὶ Μωυσῇ εἶπεν, ἀνάβηθι πρὸς τὸν Κύριον σὺ καὶ Ἀαρών,
καὶ Ναδὰβ, καὶ Ἀβιοὺδ, καὶ ἑβδομήκοντα τῶν πρεσβυτέρων
2 Ἰσραήλ· καὶ προσκυνήσουσι μακρόθεν τῷ Κυρίῳ.   Καὶ ἐγγιεῖ
Μωυσῆς μόνος πρὸς τὸν Θεόν, αὐτοὶ δὲ οὐκ ἐγγιοῦσιν, ὁ δὲ
3 λαὸς οὐ συναναβήσεται μετ᾽ αὐτῶν.   Εἰσῆλθε δὲ Μωυσῆς, καὶ
διηγήσατο τῷ λαῷ πάντα τὰ ῥήματα τοῦ Θεοῦ καὶ τὰ δικαιώ-
ματα· ἀπεκρίθη δὲ πᾶς ὁ λαὸς φωνῇ μιᾷ, λέγοντες, πάντας
τοὺς λόγους, οὓς ἐλάλησε Κύριος, ποιήσομεν, καὶ ἀκου-
4 σόμεθα.   Καὶ ἔγραψε Μωυσῆς πάντα τὰ ῥήματα Κυρίου·
ὀρθρίσας δὲ Μωυσῆς τὸ πρωὶ ᾠκοδόμησε θυσιαστήριον
ὑπὸ τὸ ὄρος, καὶ δώδεκα λίθους εἰς τὰς δώδεκα φυλὰς τοῦ
5 Ἰσραήλ.   Καὶ ἐξαπέστειλε τοὺς νεανίσκους τῶν υἱῶν Ἰσραὴλ,
καὶ ἀνήνεγκαν ὁλοκαυτώματα· καὶ ἔθυσαν θυσίαν σωτηρίου τῷ
6 Θεῷ μοσχάρια.   Λαβὼν δὲ Μωυσῆς τὸ ἥμισυ τοῦ αἵματος,
ἐνέχεεν εἰς κρατῆρας, τὸ δὲ ἥμισυ τοῦ αἵματος προσέχεε πρὸς
7 τὸ θυσιαστήριον.   Καὶ λαβὼν τὸ βιβλίον τῆς διαθήκης, ἀνέγνω
εἰς τὰ ὦτα τοῦ λαοῦ· καὶ εἶπαν, πάντα ὅσα ἐλάλησε Κύριος,
8 ποιήσομεν καὶ ἀκουσόμεθα.   Λαβὼν δὲ Μωυσῆς τὸ αἷμα,

nant, ye shall be to me a peculiar people above all nations, for the whole earth is mine; and ye shall be to me a royal priesthood, and a holy nation: these words shall ye speak to the children of Israel, If ye shall indeed hear my voice, and do all the things I shall tell thee, I will be an enemy to thine enemies, and an adversary to thine adversaries. [23] For my angel shall go as thy leader, and shall bring thee to the Amorite, and Chettite, and Pherezite, and Chananite, and Gergesite, and Evite, and Jebusite, and I will destroy them. [24] Thou shalt not worship their gods, nor serve them: thou shalt not do according to their works, but shalt utterly destroy them, and break to pieces their pillars. [25] And thou shalt serve the Lord thy God, and I will bless thy bread and thy wine and thy water, and I will turn away sickness from you. [26] There shall not be on thy land one that is impotent or barren. I will surely fulfil the number of thy days. [27] And I will send terror before thee, and I will strike with amazement all the nations to which thou shalt come, and I will make all thine enemies to flee. [28] And I will send hornets before thee, and thou shalt cast out the Amorites and the Evites, and the Chananites and the Chettites from thee. [29] I will not cast them out in one year, lest the land become desolate, and the beasts of the field multiply against thee. [30] By little *and little* I will cast them out from before thee, until thou shalt be increased and inherit the earth. [31] And I will set thy borders from the Red Sea, to the sea of the Phylistines, and from the wilderness to the great river Euphrates; and I will give into your hand those that dwell in the land, and will cast them out from thee. [32] Thou shalt make no covenant with them and their gods. [33] And they shall not dwell in thy land, lest they cause thee to sin against me; for if thou shouldest serve their gods, these will be an offence to thee.

And to Moses he said, Go up to the Lord, thou and Aaron and Nadab and Abiud, and seventy of the elders of Israel: and they shall worship the Lord from a distance. [2] And Moses alone shall draw nigh to God; and they shall not draw nigh, and the people shall not come up with them. [3] And Moses went in and related to the people all the words of God and the ordinances; and all the people answered with one voice, saying, All the words which the Lord has spoken, we will do and β be obedient. [4] And Moses wrote all the words of the Lord; and Moses rose up early in the morning, and built an altar under the mountain, and *set up* twelve stones for the twelve tribes of Israel. [5] And he sent forth the young men of the children of Israel, and they offered whole burnt-offerings, and they sacrificed young calves as a peace-offering to God. [6] And Moses took half the blood and poured it into bowls, and half the blood he poured out upon the altar. [7] And he took the book of the covenant and read it in the ears of the people, and they said, All things whatsoever the Lord has spoken we will do and hearken therein. [8] And γ Moses took the blood and

---

β Lit. hearken.   γ Heb. 9. 19.

sprinkled it upon the people, and said, Behold the blood of the covenant, which the Lord has made with you concerning all these words.

⁹And Moses went up, and Aaron, and Nadab and Abiud, and seventy of the elders of Israel. ¹⁰And they saw the place where the God of Israel stood; and under his feet was as it were a work of sapphire slabs, and as it were the appearance of the firmament of heaven in its purity. ¹¹And of the chosen ones of Israel there was not even one missing, and they appeared in β the place of God, and did eat and drink. ¹²And the Lord said to Moses, Come up to me into the mountain, and be there; and I will give thee the tables of stone, the law and the commandments, which I have written to give them laws. ¹³And Moses rose up and Joshua his attendant, and they went up into the mount of God. ¹⁴And to the elders they said, Rest there till we return to you; and behold, Aaron and Or are with you: if any man have a cause to be tried, let them go to them. ¹⁵And Moses and Joshua went up to the mountain, and the cloud covered the mountain. ¹⁶And the glory of God came down upon the mount Sina, and the cloud covered it six days; and the Lord called Moses on the seventh day out of the midst of the cloud. ¹⁷And the appearance of the glory of the Lord was as burning fire on the top of the mountain, before the children of Israel. ¹⁸And Moses went into the midst of the cloud, and went up to the mountain, and was there in the mountain forty days and forty nights.

And the Lord spoke to Moses, saying, ²Speak to the children of Israel, and take first-fruits of all, who may be disposed in their heart to give; and ye shall take my first-fruits. ³And this is the offering which ye shall take of them; gold and silver and brass, ⁴and blue, and purple, and double scarlet, and fine spun linen, and goats' hair, ⁵and rams' skins dyed red, and blue skins, and incorruptible wood, ⁶and oil for the light, incense for anointing oil, and for the composition of incense, ⁷and sardius stones, and stones for the carved work of the γ breast-plate, and the full-length robe. ⁸And thou shalt make me a sanctuary, and I will appear among you. ⁹And thou shalt make for me according to all things which I shew thee in the mountain; even the pattern of the tabernacle, and the pattern of all its furniture: so shalt thou make it. ¹⁰And thou shalt make the ark of testimony of incorruptible wood; the length of two cubits and a half, and the breadth of a cubit and a half, and the height of a cubit and a half. ¹¹And thou shalt gild it with pure gold, thou shalt gild it within and without; and thou shalt make for it golden wreaths twisted round about. ¹²And thou shalt cast for it four golden rings, and shalt put them on the four sides; two rings on the one side, and two rings on the other side. ¹³And thou shalt make staves of incorruptible wood, and shalt gild them with gold. ¹⁴And thou shalt put the staves into the rings on the sides of the ark, to bear the ark with them. ¹⁵The staves shall re-

κατεσκέδασε τοῦ λαοῦ, καὶ εἶπεν, ἰδοὺ τὸ αἷμα τῆς διαθήκης, ἧς διέθετο Κύριος πρὸς ὑμᾶς περὶ πάντων τῶν λόγων τούτων.

Καὶ ἀνέβη Μωυσῆς καὶ Ἀαρὼν, καὶ Ναδὰβ, καὶ Ἀβιοὺδ, 9 καὶ ἑβδομήκοντα τῆς γερουσίας Ἰσραήλ. Καὶ εἶδον τὸν τόπον 10 οὗ εἱστήκει ὁ Θεὸς τοῦ Ἰσραήλ· καὶ τὰ ὑπὸ τοὺς πόδας αὐτοῦ, ὡσεὶ ἔργον πλίνθου σαπφείρου, καὶ ὥσπερ εἶδος στερεώματος τοῦ οὐρανοῦ τῇ καθαριότητι. Καὶ τῶν ἐπιλέκτων τοῦ Ἰσραὴλ 11 οὐ διεφώνησεν οὐδὲ εἷς· καὶ ὤφθησαν ἐν τῷ τόπῳ τοῦ Θεοῦ, καὶ ἔφαγον καὶ ἔπιον. Καὶ εἶπε Κύριος πρὸς Μωυσῆν, ἀνάβηθι 12 πρός με εἰς τὸ ὄρος, καὶ ἴσθι ἐκεῖ· καὶ δώσω σοι τὰ πυξία τὰ λίθινα, τὸν νόμον καὶ τὰς ἐντολὰς, ἃς ἔγραψα νομοθετῆσαι αὐτοῖς. Καὶ ἀναστὰς Μωυσῆς καὶ Ἰησοῦς ὁ παρεστηκὼς 13 αὐτῷ, ἀνέβησαν εἰς τὸ ὄρος τοῦ Θεοῦ. Καὶ τοῖς πρεσβυτέροις 14 εἶπαν, ἡσυχάζετε αὐτοῦ, ἕως ἀναστρέψωμεν πρὸς ὑμᾶς· καὶ ἰδοὺ Ἀαρὼν καὶ Ὢρ μεθ' ὑμῶν· ἐάν τινι συμβῇ κρίσις, προσπορευέσθωσαν αὐτοῖς. Καὶ ἀνέβη Μωυσῆς καὶ Ἰησοῦς εἰς 15 τὸ ὄρος· καὶ ἐκάλυψεν ἡ νεφέλη τὸ ὄρος. Καὶ κατέβη ἡ 16 δόξα τοῦ Θεοῦ ἐπὶ τὸ ὄρος τὸ Σινὰ, καὶ ἐκάλυψεν αὐτὸ ἡ νεφέλη ἓξ ἡμέρας· καὶ ἐκάλεσε Κύριος τὸν Μωυσῆν τῇ ἡμέρᾳ τῇ ἑβδόμῃ ἐκ μέσου τῆς νεφέλης. Τὸ δὲ εἶδος τῆς 17 δόξης Κυρίου, ὡσεὶ πῦρ φλέγον ἐπὶ τῆς κορυφῆς τοῦ ὄρους, ἐναντίον τῶν υἱῶν Ἰσραήλ. Καὶ εἰσῆλθε Μωυσῆς εἰς τὸ 18 μέσον τῆς νεφέλης, καὶ ἀνέβη εἰς τὸ ὄρος· καὶ ἦν ἐκεῖ ἐν τῷ ὄρει τεσσαράκοντα ἡμέρας καὶ τεσσαράκοντα νύκτας.

Καὶ ἐλάλησε Κύριος πρὸς Μωυσῆν, λέγων, εἶπον τοῖς υἱοῖς 25 Ἰσραὴλ, καὶ λάβετε ἀπαρχὰς παρὰ πάντων, οἷς ἂν δόξῃ τῇ 2 καρδίᾳ, καὶ λήψεσθε τὰς ἀπαρχάς μου. Καὶ αὕτη ἐστὶν ἡ 3 ἀπαρχὴ, ἣν λήψεσθε παρ' αὐτῶν· χρυσίον, καὶ ἀργύριον, καὶ χαλκὸν, καὶ ὑάκινθον, καὶ πορφύραν, καὶ κόκκινον διπλοῦν, 4 καὶ βύσσον κεκλωσμένην, καὶ τρίχας αἰγείας, καὶ δέρματα 5 κριῶν ἠρυθροδανωμένα, καὶ δέρματα ὑακίνθινα, καὶ ξύλα ἄσηπτα, καὶ ἔλαιον εἰς τὴν φαῦσιν, θυμιάματα εἰς τὸ ἔλαιον τῆς χρί- 6 σεως, καὶ εἰς τὴν σύνθεσιν τοῦ θυμιάματος, καὶ λίθους Σαρδίου, 7 καὶ λίθους εἰς τὴν γλυφὴν εἰς τὴν ἐπωμίδα, καὶ τὸν ποδήρη. Καὶ ποιήσεις μοι ἁγίασμα, καὶ ὀφθήσομαι ἐν ὑμῖν. Καὶ 8, 9 ποιήσεις μοι κατὰ πάντα ὅσα σοι δεικνύω ἐν τῷ ὄρει, τὸ παράδειγμα τῆς σκηνῆς, καὶ τὸ παράδειγμα πάντων τῶν σκευῶν αὐτῆς· οὕτω ποιήσεις. Καὶ ποιήσεις κιβωτὸν μαρτυρίου ἐκ 10 ξύλων ἀσήπτων, δύο πήχεων καὶ ἡμίσους τὸ μῆκος, καὶ πήχεως καὶ ἡμίσους τὸ πλάτος, καὶ πήχεως καὶ ἡμίσους τὸ ὕψος. Καὶ καταχρυσώσεις αὐτὴν χρυσίῳ καθαρῷ, ἔσωθεν καὶ ἔξωθεν 11 χρυσώσεις αὐτήν· καὶ ποιήσεις αὐτῇ κυμάτια χρυσᾶ στρεπτὰ κύκλῳ. Καὶ ἐλάσεις αὐτῇ τέσσαρας δακτυλίους χρυσοῦς, 12 καὶ ἐπιθήσεις ἐπὶ τὰ τέσσαρα κλίτη· δύο δακτυλίους ἐπὶ τὸ κλίτος τὸ ἓν, καὶ δύο δακτυλίους ἐπὶ τὸ κλίτος τὸ δεύτερον. Ποιήσεις δὲ ἀναφορεῖς ξύλα ἄσηπτα, καὶ καταχρυσώσεις 13 αὐτὰ χρυσίῳ. Καὶ εἰσάξεις τοὺς ἀναφορεῖς εἰς τοὺς δακτυ- 14 λίους τοὺς ἐν τοῖς κλίτεσι τῆς κιβωτοῦ, αἴρειν τὴν κιβωτὸν ἐν αὐτοῖς. Ἐν τοῖς δακτυλίοις τῆς κιβωτοῦ ἔσονται οἱ 15

β i. e. where God was.   γ Lit. shoulder-piece.

16 ἀναφορεῖς ἀκίνητοι. Καὶ ἐμβαλεῖς εἰς τὴν κιβωτὸν τὰ
17 μαρτύρια, ἃ ἂν δῶ σοι. Καὶ ποιήσεις ἱλαστήριον ἐπίθεμα
χρυσίου καθαροῦ, δύο πήχεων καὶ ἡμίσους τὸ μῆκος, καὶ
18 πήχεως καὶ ἡμίσους τὸ πλάτος. Καὶ ποιήσεις δύο χερουβὶμ
χρυσοτορευτά, καὶ ἐπιθήσεις αὐτὰ ἐξ ἀμφοτέρων τῶν κλιτῶν
19 τοῦ ἱλαστηρίου. Ποιηθήσονται χερούβ εἷς ἐκ τοῦ κλίτους
τούτου, καὶ χερούβ εἷς ἐκ τοῦ κλίτους τοῦ δευτέρου τοῦ ἱλα-
στηρίου· καὶ ποιήσεις τοὺς δύο χερουβὶμ ἐπὶ τὰ δύο κλίτη.
20 Ἔσονται οἱ χερουβὶμ ἐκτείνοντες τὰς πτέρυγας ἐπάνωθεν,
συσκιάζοντες ἐν ταῖς πτέρυξιν αὐτῶν ἐπὶ τοῦ ἱλαστηρίου,
καὶ τὰ πρόσωπα αὐτῶν εἰς ἄλληλα, εἰς τὸ ἱλαστήριον ἔσονται
21 τὰ πρόσωπα τῶν χερουβίμ. Καὶ ἐπιθήσεις τὸ ἱλαστήριον
ἐπὶ τὴν κιβωτὸν ἄνωθεν, καὶ εἰς τὴν κιβωτὸν ἐμβαλεῖς
22 τὰ μαρτύρια, ἃ ἂν δῶ σοι. Καὶ γνωσθήσομαί σοι ἐκεῖθεν,
καὶ λαλήσω σοι ἄνωθεν τοῦ ἱλαστηρίου ἀνὰ μέσον τῶν δύο
χερουβὶμ, τῶν ὄντων ἐπὶ τῆς κιβωτοῦ τοῦ μαρτυρίου, καὶ
κατὰ πάντα ὅσα ἐὰν ἐντείλωμαί σοι πρὸς τοὺς υἱοὺς Ἰσραήλ.
23 Καὶ ποιήσεις τράπεζαν χρυσῆν χρυσίου καθαροῦ, δύο πήχεων
τὸ μῆκος, καὶ πήχεως τὸ εὖρος, καὶ πήχεως καὶ ἡμίσους τὸ
24 ὕψος. Καὶ ποιήσεις αὐτῇ στρεπτὰ κυμάτια χρυσᾶ κύκλῳ· καὶ
ποιήσεις αὐτῇ στεφάνην παλαιστοῦ κύκλῳ.
25 Καὶ ποιήσεις στρεπτὸν κυμάτιον τῇ στεφάνῃ κύκλῳ.
26 Καὶ ποιήσεις τέσσαρας δακτυλίους χρυσοῦς, καὶ ἐπιθήσεις
τοὺς τέσσαρας δακτυλίους ἐπὶ τὰ τέσσαρα μέρη τῶν ποδῶν
27 αὐτῆς ὑπὸ τὴν στεφάνην. Καὶ ἔσονται οἱ δακτύλιοι εἰς θήκας
28 τοῖς ἀναφορεῦσιν, ὥστε αἴρειν ἐν αὐτοῖς τὴν τράπεζαν. Καὶ
ποιήσεις τοὺς ἀναφορεῖς ἐκ ξύλων ἀσήπτων, καὶ καταχρυσώσεις
αὐτοὺς χρυσίῳ καθαρῷ, καὶ ἀρθήσεται ἐν αὐτοῖς ἡ τράπεζα.
29 Καὶ ποιήσεις τὰ τρυβλία αὐτῆς, καὶ τὰς θυΐσκας, καὶ τὰ
σπονδεῖα, καὶ τοὺς κυάθους, ἐν οἷς σπείσεις ἐν αὐτοῖς, ἐκ
30 χρυσίου καθαροῦ ποιήσεις αὐτά. Καὶ ἐπιθήσεις ἐπὶ τὴν
τράπεζαν ἄρτους ἐνωπίους ἐναντίον μου διαπαντός.
31 Καὶ ποιήσεις λυχνίαν ἐκ χρυσίου καθαροῦ, τορευτὴν ποιήσεις
τὴν λυχνίαν· ὁ καυλὸς αὐτῆς, καὶ ὁ καλαμίσκοι, καὶ οἱ κρατῆ-
32 ρες, καὶ οἱ σφαιρωτῆρες, καὶ τὰ κρίνα ἐξ αὐτῆς ἔσται. Ἑξ
δὲ καλαμίσκοι ἐκπορευόμενοι ἐκ πλαγίων, τρεῖς καλαμίσκοι
τῆς λυχνίας ἐκ τοῦ κλίτους τοῦ ἑνὸς αὐτῆς, καὶ τρεῖς καλα-
33 μίσκοι τῆς λυχνίας ἐκ τοῦ κλίτους τοῦ δευτέρου. Καὶ τρεῖς
κρατῆρες ἐκτετυπωμένοι καρυΐσκους· ἐν τῷ ἑνὶ καλαμίσκῳ
σφαιρωτὴρ καὶ κρίνον· οὕτω τοῖς ἓξ καλαμίσκοις τοῖς ἐκπο-
34 ρευομένοις ἐκ τῆς λυχνίας. Καὶ ἐν τῇ λυχνίᾳ τέσσαρες
κρατῆρες ἐκτετυπωμένοι καρυΐσκους· ἐν τῷ ἑνὶ καλαμίσκῳ
35 σφαιρωτῆρες, καὶ τὰ κρίνα αὐτῆς. Ὁ σφαιρωτὴρ ὑπὸ τοὺς
δύο καλαμίσκους ἐξ αὐτῆς· καὶ σφαιρωτὴρ ὑπὸ τοὺς τέσσαρας
καλαμίσκους ἐξ αὐτῆς· οὕτω τοῖς ἓξ καλαμίσκοις τοῖς ἐκπορευ-
ομένοις ἐκ τῆς λυχνίας· καὶ ἐν τῇ λυχνίᾳ τέσσαρες κρατῆρες
36 ἐκτετυπωμένοι καρυΐσκους. Οἱ σφαιρωτῆρες καὶ οἱ καλα-
μίσκοι ἐξ αὐτῆς ἔστωσαν· ὅλη τορευτὴ ἐξ ἑνὸς χρυσίου
37 καθαροῦ. Καὶ ποιήσεις τοὺς λύχνους αὐτῆς ἑπτά· καὶ ἐπιθή-
σεις τοὺς λύχνους, καὶ φανοῦσιν ἐκ τοῦ ἑνὸς προσώπου.

main fixed in the rings of the ark. 16 And
thou shalt put into the ark the testimonies
which I shall give thee. 17 And thou shalt
make a propitiatory, a lid of pure gold; the
length of two cubits and a half, and the
breadth of a cubit and a half. 18 And thou
shalt make two cherubs graven in gold, and
thou shalt put them on both sides of the
propitiatory. 19 They shall be made, one
cherub on this side, and another cherub on
the other side of the propitiatory; and thou
shalt make the two cherubs on the two sides.
20 The cherubs shall stretch forth their wings
above, overshadowing the propitiatory with
their wings; and their faces shall be toward
each other, the faces of the cherubs shall be
toward the propitiatory. 21 And thou shalt
set the propitiatory on the ark above, and
thou shalt put into the ark the testimonies
which I shall give thee. 22 And I will make
myself known to thee from thence, and I
will speak to thee above the propitiatory
between the two cherubs, which are upon
the ark of testimony, even in all things
which I shall charge thee concerning the
children of Israel. 23 And thou shalt make
a golden table of pure gold, in length two
cubits, and in breadth a cubit, and in height
a cubit and a half. 24 And thou shalt make
for it golden wreaths twisted round about,
and thou shalt make for it a crown of an
hand-breadth round about.

25 And thou shalt make a twisted wreath
for the crown round about. 26 And thou
shalt make four golden rings; and thou
shalt put the four rings upon the four parts
of its feet under the crown. 27 And the
rings shall be for bearings for the staves,
that they may bear the table with them.
28 And thou shalt make the staves of incor-
ruptible wood, and thou shalt gild them
with pure gold; and the table shall be borne
with them. 29 And thou shalt make its
dishes and its censers, and its bowls, and its
cups, with which thou shalt offer drink-
offerings: of pure gold shalt thou make them.
30 And thou shalt set upon the table shew-
bread before me continually.

31 And thou shalt make a candlestick of
pure gold; thou shalt make the candlestick
of graven work: its stem and its branches,
and its bowls and its knops and its lilies
shall be β of one piece. 32 And six branches
proceeding sideways, three branches of the
candlestick from one side of it, and three
branches of the candlestick from the other
side. 33 And three bowls fashioned like
almonds, on each branch a knop and a lily;
so to the six branches proceeding from the
candlestick, 34 and in the candlestick four
bowls fashioned like almonds, in each branch
knops and the flowers β of the same. 35 A
knop under two branches out of it, and a
knop under four branches out of it; so to
the six branches proceeding from the candle-
stick; and in the candlestick four bowls
fashioned like almonds. 36 Let the knops
and the branches be β of one piece, alto-
gether graven of one piece of pure gold.
37 And thou shalt make its seven lamps: and
thou shalt set on it the lamps, and they

β Gr. of it.

shall shine from one front. [38]And thou shalt make its funnel and its snuff-dishes of pure gold. [39]All these articles *shall be a* talent of pure gold. [40]See, thou shalt make them β according to the pattern shewed thee in the mount.

And thou shalt make the tabernacle, ten curtains of fine linen spun, and blue and purple, and scarlet spun *with* cherubs; thou shalt make them with work of a weaver. [2]The length of one curtain shall be eight and twenty cubits, and one curtain shall be the breadth of four cubits : there shall be the same measure to all the curtains. [3]And the five curtains shall be joined one to another, and *the other* five curtains shall be closely connected the one with the other. [4]And thou shalt make for them loops of blue on the edge of one curtain, on one side for the coupling, and so shalt thou make on the edge of the outer curtain for the second coupling. [5]Fifty loops shalt thou make for one curtain, and fifty loops shalt thou make on the part of the curtain answering to the coupling of the second, opposite *each other*, corresponding to each other γ at each point. [6]And thou shalt make fifty golden rings; and thou shalt join the curtains to each other with the rings, and it shall be one tabernacle. [7]And thou shalt make for a covering of the tabernacle skins with the hair on, thou shalt make them eleven skins. [8]The length of one skin thirty cubits, and the breadth of one skin four cubits : there shall be the same measure to the eleven skins. [9]And thou shalt join the five skins together, and the six skins together; and thou shalt double the sixth skin in front of the tabernacle. [10]And thou shalt make fifty loops on the border of one skin, which is in the midst for the joinings; and thou shalt make fifty loops on the edge of the second skin that joins it.

[11]And thou shalt make fifty brazen rings; and thou shalt join the rings by the loops, and thou shalt join the skins, and they shall be one. [12]And thou shalt fix at the end that which is over in the skins of the tabernacle; the half of the skin that is left shalt thou fold over, according to the overplus of the skins of the tabernacle; thou shalt fold it over behind the tabernacle. [13]A cubit on this side, and a cubit on that side of that which remains of the skins, of the length of the skins of the tabernacle : it shall be folding over the sides of the tabernacle on this side and that side, that it may cover it. [14]And thou shalt make for a covering of the tabernacle rams' skins dyed red, and blue skins as coverings above.

[15]And thou shalt make the posts of the tabernacle of incorruptible wood. [16]Of ten cubits shalt thou make one post, and the breadth of one post of a cubit and a half. [17]Two joints thou shalt make in one post, answering the one to the other : so shalt thou do to all the posts of the tabernacle. [18]And thou shalt make posts to the tabernacle, twenty posts on the north side. [19]And thou shalt make to the twenty posts forty silver sockets; two sockets to one post on

Καὶ τὸν ἐπαρυστῆρα αὐτῆς, καὶ τὰ ὑποθέματα αὐτῆς ἐκ χρυσίου 38 καθαροῦ ποιήσεις. Πάντα τὰ σκεύη ταῦτα τάλαντον χρυσίου 39 καθαροῦ. Ὅρα, ποιήσεις κατὰ τὸν τύπον τὸν δεδειγμένον σοι 40 ἐν τῷ ὄρει.

Καὶ τὴν σκηνὴν ποιήσεις, δέκα αὐλαίας ἐκ βύσσου κεκλω- 26 σμένης, καὶ ὑακίνθου, καὶ πορφύρας, καὶ κοκκίνου κεκλωσμένου χερουβίμ· ἐργασίᾳ ὑφάντου ποιήσεις αὐτάς. Μῆκος τῆς 2 αὐλαίας τῆς μιᾶς ὀκτὼ καὶ εἴκοσι πήχεων, καὶ εὖρος τεσσάρων πήχεων ἡ αὐλαία ἡ μία ἔσται· μέτρον τὸ αὐτὸ ἔσται πάσαις ταῖς αὐλαίαις. Πέντε δὲ αὐλαίαι ἔσονται ἐξ ἀλλήλων ἐχόμεναι 3 ἡ ἑτέρα ἐκ τῆς ἑτέρας· καὶ πέντε αὐλαίαι ἔσονται συνεχόμεναι ἑτέρα τῇ ἑτέρᾳ. Καὶ ποιήσεις αὐταῖς ἀγκύλας ὑακινθίνας 4 ἐπὶ τοῦ χείλους τῆς αὐλαίας τῆς μιᾶς, ἐκ τοῦ ἑνὸς μέρους εἰς τὴν συμβολὴν· καὶ οὕτω ποιήσεις ἐπὶ τοῦ χείλους τῆς αὐλαίας τῆς ἐξωτέρας πρὸς τῇ συμβολῇ τῇ δευτέρᾳ. Πεντή- 5 κοντα ἀγκύλας ποιήσεις τῇ αὐλαίᾳ τῇ μιᾷ, καὶ πεντήκοντα ἀγκύλας ποιήσεις ἐκ τοῦ μέρους τῆς αὐλαίας κατὰ τὴν συμ- βολὴν τῆς δευτέρας, ἀντιπρόσωποι ἀντιπίπτουσαι ἀλλήλαις εἰς ἑκάστην. Καὶ ποιήσεις κρίκους πεντήκοντα χρυσοῦς· 6 καὶ συνάψεις τὰς αὐλαίας ἑτέραν τῇ ἑτέρᾳ τοῖς κρίκοις· καὶ ἔσται ἡ σκηνὴ μία. Καὶ ποιήσεις δέρρεις τριχίνας σκέπην 7 ἐπὶ τῆς σκηνῆς, ἔνδεκα δέρρεις ποιήσεις αὐτάς. Τὸ μῆκος 8 τῆς δέρρεως τῆς μιᾶς, τριάκοντα πήχεων, καὶ τεσσάρων πήχεων τὸ εὖρος τῆς δέρρεως τῆς μιᾶς· τὸ αὐτὸ μέτρον ἔσται ταῖς ἔνδεκα δέρρεσι. Καὶ συνάψεις τὰς πέντε δέρρεις ἐπὶ τὸ 9 αὐτό, καὶ τὰς ἓξ δέρρεις ἐπὶ τὸ αὐτό· καὶ ἐπιδιπλώσεις τὴν δέρριν τὴν ἕκτην κατὰ πρόσωπον τῆς σκηνῆς. Καὶ ποιήσεις 10 ἀγκύλας πεντήκοντα ἐπὶ τοῦ χείλους τῆς δέρρεως τῆς μιᾶς, τῆς ἀναμέσον κατὰ συμβολήν· καὶ πεντήκοντα ἀγκύλας ποιή- σεις ἐπὶ τοῦ χείλους τῆς δέρρεως, τῆς συναπτούσης τῆς δευτέρας.

Καὶ ποιήσεις κρίκους χαλκοῦς πεντήκοντα· καὶ συνάψεις 11 τοὺς κρίκους ἐκ τῶν ἀγκυλῶν, καὶ συνάψεις τὰς δέρρεις, καὶ ἔσται ἕν. Καὶ ὑποθήσεις τὸ πλεονάζον ἐν ταῖς δέρρεσι τῆς 12 σκηνῆς· τὸ ἥμισυ τῆς δέρρεως τὸ ὑπολελειμμένον ὑποκαλύψεις εἰς τὸ πλεονάζον τῶν δέρρεων τῆς σκηνῆς, ὑποκαλύψεις ὀπίσω τῆς σκηνῆς. Πῆχυν ἐκ τούτου, καὶ πῆχυν ἐκ τούτου, ἐκ τοῦ 13 ὑπερέχοντος τῶν δέρρεων, ἐκ τοῦ μήκους τῶν δέρρεων τῆς σκηνῆς· ἔσται συγκαλύπτον ἐπὶ τὰ πλάγια τῆς σκηνῆς ἔνθεν καὶ ἔνθεν, ἵνα καλύπτῃ. Καὶ ποιήσεις κατακάλυμμα τῇ 14 σκηνῇ δέρματα κριῶν ἠρυθροδανωμένα, καὶ ἐπικαλύμματα δέρματα ὑακίνθινα ἐπάνωθεν.

Καὶ ποιήσεις στύλους τῆς σκηνῆς ἐκ ξύλων ἀσήπτων. 15 Δέκα πήχεων ποιήσεις τὸν στύλον τὸν ἕνα, καὶ πήχεως ἑνὸς 16 καὶ ἡμίσους τὸ πλάτος τοῦ στύλου τοῦ ἑνός. Δύο ἀγκω- 17 νίσκους τῷ στύλῳ τῷ ἑνί, ἀντιπίπτοντας ἕτερον τῷ ἑτέρῳ· οὕτω ποιήσεις πᾶσι τοῖς στύλοις τῆς σκηνῆς. Καὶ ποιήσεις 18 στύλους τῇ σκηνῇ, εἴκοσι στύλους ἐκ τοῦ κλίτους τοῦ πρὸς Βορρᾶν. Καὶ τεσσαράκοντα βάσεις ἀργυρᾶς ποιήσεις τοῖς 19 εἴκοσι στύλοις· δύο βάσεις τῷ στύλῳ τῷ ἑνὶ εἰς ἀμφότερα

β Heb. 8. 5.   γ *i. e.* at each coupling.

τὰ μέρη αὐτοῦ· καὶ δύο βάσεις τῷ στύλῳ τῷ ἑνὶ εἰς ἀμφότερα
20 τὰ μέρη αὐτοῦ. Καὶ τὸ κλίτος τὸ δεύτερον τὸ πρὸς Νότον,
21 εἴκοσι στύλους, καὶ τεσσαράκοντα βάσεις αὐτῶν ἀργυρᾶς·
δύο βάσεις τῷ στύλῳ τῷ ἑνὶ εἰς ἀμφότερα τὰ μέρη αὐτοῦ,
καὶ δύο βάσεις τῷ στύλῳ τῷ ἑνὶ εἰς ἀμφότερα τὰ μέρη αὐτοῦ.
22 Καὶ ἐκ τῶν ὀπίσω τῆς σκηνῆς κατὰ τὸ μέρος τὸ πρὸς θάλασσαν
23 ποιήσεις ἐξ στύλους. Καὶ δύο στύλους ποιήσεις ἐπὶ τῶν
24 γωνιῶν τῆς σκηνῆς ἐκ τῶν ὀπισθίων. Καὶ ἔσται ἐξ ἴσου
κάτωθεν· κατὰ τὸ αὐτὸ ἔσονται ἴσοι ἐκ τῶν κεφαλῶν εἰς
σύμβλησιν μίαν· οὕτω ποιήσεις ἀμφοτέραις ταῖς δυσὶ γωνίαις·
25 ἴσαι ἔστωσαν. Καὶ ἔσονται ὀκτὼ στύλοι, καὶ αἱ βάσεις
αὐτῶν ἀργυραῖ δεκαέξ· δύο βάσεις τῷ ἑνὶ στύλῳ εἰς ἀμφότερα
26 τὰ μέρη αὐτοῦ, καὶ δύο βάσεις τῷ στύλῳ τῷ ἑνί. Καὶ
ποιήσεις μοχλοὺς ἐκ ξύλων ἀσήπτων· πέντε τῷ ἑνὶ
27 στύλῳ ἐκ τοῦ ἑνὸς μέρους τῆς σκηνῆς, καὶ πέντε μοχλοὺς
τῷ στύλῳ τῷ ἑνὶ κλίτει τῆς σκηνῆς τῷ δευτέρῳ, καὶ πέντε
μοχλοὺς τῷ στύλῳ τῷ ὀπισθίῳ τῷ κλίτει τῆς σκηνῆς τῷ πρὸς
28 θάλασσαν. Καὶ ὁ μοχλὸς ὁ μέσος ἀναμέσον τῶν στύλων
29 διϊκνείσθω ἀπὸ τοῦ ἑνὸς κλίτους εἰς τὸ ἕτερον κλίτος. Καὶ
τοὺς στύλους καταχρυσώσεις χρυσίῳ· καὶ τοὺς δακτυλίους
ποιήσεις χρυσοῦς, εἰς οὓς εἰσάξεις τοὺς μοχλούς· καὶ κατα-
30 χρυσώσεις τοὺς μοχλοὺς χρυσίῳ. Καὶ ἀναστήσεις τὴν σκηνὴν
κατὰ τὸ εἶδος τὸ δεδειγμένον σοι ἐν τῷ ὄρει.

31 Καὶ ποιήσεις καταπέτασμα ἐξ ὑακίνθου, καὶ πορφύρας,
καὶ κοκκίνου κεκλωσμένου, καὶ βύσσου νενησμένης· ἔργον
32 ὑφαντὸν ποιήσεις αὐτὸ χερουβίμ. Καὶ ἐπιθήσεις αὐτὸ ἐπὶ
τεσσάρων στύλων ἀσήπτων κεχρυσωμένων χρυσίῳ· καὶ αἱ
κεφαλίδες αὐτῶν χρυσαῖ, καὶ αἱ βάσεις αὐτῶν τέσσαρες
33 ἀργυραῖ. Καὶ θήσεις τὸ καταπέτασμα ἐπὶ τῶν στύλων· καὶ
εἰσοίσεις ἐκεῖ ἐσώτερον τοῦ καταπετάσματος τὴν κιβωτὸν τοῦ
μαρτυρίου· καὶ διοριεῖ τὸ καταπέτασμα ὑμῖν ἀναμέσον τοῦ
34 ἁγίου καὶ ἀναμέσον τοῦ ἁγίου τῶν ἁγίων. Καὶ κατακαλύψεις
τῷ καταπετάσματι τὴν κιβωτὸν τοῦ μαρτυρίου ἐν τῷ ἁγίῳ
35 τῶν ἁγίων. Καὶ ἐπιθήσεις τὴν τράπεζαν ἔξωθεν τοῦ κατα-
πετάσματος, καὶ τὴν λυχνίαν ἀπέναντι τῆς τραπέζης ἐπὶ
μέρους τῆς σκηνῆς τὸ πρὸς Νότον· καὶ τὴν τράπεζαν θήσεις
36 ἐπὶ μέρους τῆς σκηνῆς τὸ πρὸς Βορρᾶν. Καὶ ποιήσεις ἐπί-
σπαστρον τῇ θύρᾳ τῆς σκηνῆς ἐξ ὑακίνθου, καὶ πορφύρας, καὶ
κοκκίνου κεκλωσμένου, καὶ βύσσου κεκλωσμένης, ἔργον ποι-
37 κιλτοῦ. Καὶ ποιήσεις τῷ καταπετάσματι πέντε στύλους, καὶ
χρυσώσεις αὐτοὺς χρυσίῳ· καὶ αἱ κεφαλίδες αὐτῶν χρυσαῖ· καὶ
χωνεύσεις αὐτοῖς πέντε βάσεις χαλκᾶς.

27 Καὶ ποιήσεις θυσιαστήριον ἐκ ξύλων ἀσήπτων, πέντε πήχεων
τὸ μῆκος, καὶ πέντε πήχεων τὸ εὖρος· τετράγωνον ἔσται τὸ
2 θυσιαστήριον, καὶ τριῶν πήχεων τὸ ὕψος αὐτοῦ. Καὶ ποιή-
σεις τὰ κέρατα ἐπὶ τῶν τεσσάρων γωνιῶν· ἐξ αὐτοῦ ἔσται
3 τὰ κέρατα, καὶ καλύψεις αὐτὰ χαλκῷ. Καὶ ποιήσεις στεφάνην
τῷ θυσιαστηρίῳ· καὶ τὸν καλυπτῆρα αὐτοῦ, καὶ τὰς φιάλας
αὐτοῦ, καὶ τὰς κρεάγρας αὐτοῦ, καὶ τὸ πυρεῖον αὐτοῦ, καὶ
4 πάντα τὰ σκεύη αὐτοῦ ποιήσεις χαλκᾶ. Καὶ ποιήσεις αὐτῷ

both its sides, and two sockets to the other post on both its sides. 20 And for the next side, toward the south, twenty posts, 21 and their forty silver sockets : two sockets to one post on both its sides, and two sockets to the other post on both its sides. 22 And on the back of the tabernacle at the part which is toward the *west* thou shalt make six posts. 23 And thou shalt make two posts on the corners of the tabernacle behind. 24 And it shall be equal below, they shall be equal toward the same part from the heads to one joining; so shalt thou make to both the two corners, let them be equal. 25 And there shall be eight posts, and their sixteen silver sockets ; two sockets to one post on both its sides, and two sockets to the other post. 26 And thou shalt make bars of incorruptible wood ; five to one post on one side of the tabernacle, 27 and five bars to one post on the second side of the tabernacle, and five bars to the hinder posts, on the side of the tabernacle toward the sea. 28 And let the bar in the middle between the posts go through from the one side to the other side. 29 And thou shalt gild the posts with gold ; and thou shalt make golden rings, into which thou shalt introduce the bars, and thou shalt gild the bars with gold. 30 And thou shalt set up the tabernacle according to the pattern shewed thee in the mount.

31 And thou shalt make a veil of blue and purple and scarlet woven, and fine linen spun : thou shalt make it cherubs *in* woven work. 32 And thou shalt set it upon four posts of incorruptible wood overlaid with gold ; and their tops *shall be* gold, and their four sockets *shall be* of silver. 33 And thou shalt put the veil on the posts, and thou shalt carry in thither within the veil the ark of the testimony ; and the veil shall make a separation for you between the holy and the holy of holies. 34 And thou shalt screen with the veil the ark of the testimony in the holy of holies. 35 And thou shalt set the table outside the veil, and the candlestick opposite the table on the south side of the tabernacle ; and thou shalt put the table on the north side of the tabernacle. 36 And thou shalt make a screen for the door of the tabernacle of blue, and purple, and spun scarlet and fine linen spun, the work of the embroiderer. 37 And thou shalt make for the veil five posts, and thou shalt gild them with gold ; and their chapiters shall be gold ; and thou shalt cast for them five brazen sockets.

And thou shalt make an altar of incorruptible wood, of five cubits in the length, and five cubits in the breadth ; the altar shall be square, and the height of it shall be of three cubits. 2 And thou shalt make the horns on the four corners ; the horns shall be of the β same piece, and thou shalt overlay them with brass. 3 And thou shalt make a rim for the altar ; and its covering and its cups, and its flesh-hooks, and its fire-pan, and all its vessels shalt thou make of brass. 4 And thou shalt make for it a brazen grate

---

β Gr. of it.

with net-work; and thou shalt make for the grate four brazen rings under the four sides. ⁵ And thou shalt put them below under the grate of the altar, and the grate shall extend to the middle of the altar. ⁶ And thou shalt make for the altar staves of incorruptible wood, and thou shalt overlay them with brass. ⁷ And thou shalt put the staves into the rings; and let the staves be on the sides of the altar to carry it. ⁸ Thou shalt make it hollow with boards: according to what was shewed thee in the mount, so thou shalt make it. ⁹ And thou shalt make a court for the tabernacle, curtains of the court of fine linen spun on the south side, the length of a hundred cubits for one side. ¹⁰ And their pillars twenty, and twenty brazen sockets ᵝfor them, and their rings and their clasps of silver. ¹¹ Thus *shall there be* to the side toward the north curtains of a hundred cubits in length; and their pillars twenty, and their sockets twenty of brass, and the rings and the clasps of the pillars, and their sockets overlaid with silver. ¹² And in the breadth of the tabernacle toward the west curtains of fifty cubits, their pillars ten and their sockets ten. ¹³ And in the breadth of the tabernacle toward the south, curtains of fifty cubits; their pillars ten, and their sockets ten. ¹⁴ And the height of the curtains *shall be* of fifty cubits for the one side *of the gate;* their pillars three, and their sockets three. ¹⁵ And *for* the second side the height of the curtains *shall be* of fifteen cubits; their pillars three, and their sockets three. ¹⁶ And a veil for the door of the court, the height *of it* of twenty cubits of blue linen, and of purple, and spun scarlet, and of fine linen spun with the art of the embroiderer; their pillars four, and their sockets four. ¹⁷ All the pillars of the court round about overlaid with silver, and their chapiters silver and their brass sockets. ¹⁸ And the length of the court *shall be a* hundred *cubits* on each side, and the breadth fifty on each side, and the height five cubits of fine linen spun, and their sockets of brass. ¹⁹ And all the furniture and all the instruments and the pins of the court *shall be* of brass.

²⁰ And do thou charge the children of Israel, and let them take for thee refined pure olive-oil beaten to burn for light, that a lamp may burn continually ²¹ in the tabernacle of the testimony, without the veil that is γ before the *ark of the* covenant, shall Aaron and his sons burn it from evening until morning, before the Lord: it is a perpetual ordinance δ throughout your generations of the children of Israel.

And do thou take to thyself both Aaron thy brother, and his sons, even *them* of the children of Israel; so that Aaron, and Nadab and Abiud, and Eleazar and Ithamar, sons of Aaron, may minister to me. ² And thou shalt make holy apparel for Aaron thy brother, for honour and glory. ³ And speak thou to all those who are wise in understanding, whom I have filled with the spirit of wisdom and perception; and they shall make the holy apparel of Aaron for the sanctuary, in which *apparel* he shall minister to

ἐσχάραν ἔργῳ δικτυωτῷ χαλκῆν· καὶ ποιήσεις τῇ ἐσχάρᾳ τέσσαρας δακτυλίους χαλκοῦς ὑπὸ τὰ τέσσαρα κλίτη. Καὶ 5 ὑποθήσεις αὐτοὺς ὑπὸ τὴν ἐσχάραν τοῦ θυσιαστηρίου κάτωθεν· ἔσται δὲ ἡ ἐσχάρα ἕως τοῦ ἡμίσους τοῦ θυσιαστηρίου. Καὶ 6 ποιήσεις τῷ θυσιαστηρίῳ ἀναφορεῖς ἐκ ξύλων ἀσήπτων, καὶ περιχαλκώσεις αὐτοὺς χαλκῷ. Καὶ εἰσάξεις τοὺς ἀναφορεῖς 7 εἰς τοὺς δακτυλίους· καὶ ἔστωσαν ἀναφορεῖς κατὰ πλευρὰ τοῦ θυσιαστηρίου ἐν τῷ αἴρειν αὐτό. Κοῖλον συνιδωτὸν 8 ποιήσεις αὐτό· κατὰ τὸ παραδειχθέν σοι ἐν τῷ ὄρει, οὕτω ποιήσεις αὐτό. Καὶ ποιήσεις αὐλὴν τῇ σκηνῇ· εἰς τὸ κλίτος 9 τὸ πρὸς Λίβα ἱστία τῆς αὐλῆς ἐκ βύσσου κεκλωσμένης· μῆκος ἑκατὸν πήχεων τῷ ἑνὶ κλίτει. Καὶ οἱ στύλοι αὐτῶν 10 εἴκοσι, καὶ αἱ βάσεις αὐτῶν εἴκοσι χαλκαῖ, καὶ οἱ κρίκοι αὐτῶν καὶ αἱ ψαλίδες ἀργυραῖ. Οὕτως τῷ κλίτει τῷ πρὸς ἀπηλιώτην 11 ἱστία ἑκατὸν πήχεων μῆκος· καὶ οἱ στύλοι αὐτῶν εἴκοσι, καὶ αἱ βάσεις αὐτῶν εἴκοσι χαλκαῖ· καὶ οἱ κρίκοι καὶ αἱ ψαλίδες τῶν στύλων, καὶ αἱ βάσεις αὐτῶν περιηργυρωμέναι ἀργυρίῳ. Τὸ δὲ εὖρος τῆς αὐλῆς τὸ κατὰ θάλασσαν ἱστία 12 πεντήκοντα πήχεων· στύλοι αὐτῶν δέκα, καὶ βάσεις αὐτῶν δέκα. Καὶ εὖρος τῆς αὐλῆς τῆς πρὸς Νότον ἱστία πεντήκοντα 13 πήχεων· στύλοι αὐτῶν δέκα, καὶ βάσεις αὐτῶν δέκα. Καὶ 14 πεντεκαίδεκα πήχεων τὸ ὕψος τῶν ἱστίων τῷ κλίτει τῷ ἑνί· στύλοι αὐτῶν τρεῖς, καὶ αἱ βάσεις αὐτῶν τρεῖς. Καὶ τὸ κλίτος 15 τὸ δεύτερον δεκαπέντε πήχεων τῶν ἱστίων τὸ ὕψος· στύλοι αὐτῶν τρεῖς, καὶ αἱ βάσεις αὐτῶν τρεῖς. Καὶ τῇ πύλῃ τῆς 16 αὐλῆς κάλυμμα· εἴκοσι πήχεων τὸ ὕψος ἐξ ὑακίνθου, καὶ πορφύρας, καὶ κοκκίνου κεκλωσμένου, καὶ βύσσου κεκλω- σμένης τῇ ποικιλίᾳ τοῦ ῥαφιδευτοῦ· στύλοι αὐτῶν τέσσαρες, καὶ αἱ βάσεις αὐτῶν τέσσαρες. Πάντες οἱ στύλοι τῆς αὐλῆς 17 κύκλῳ κατηργυρωμένοι ἀργυρίῳ, καὶ αἱ κεφαλίδες αὐτῶν ἀργυ- ραῖ, καὶ αἱ βάσεις αὐτῶν χαλκαῖ. Τὸ δὲ μῆκος τῆς αὐλῆς 18 ἑκατὸν ἐφ᾽ ἑκατόν· καὶ εὖρος πεντήκοντα ἐπὶ πεντήκοντα· καὶ ὕψος πέντε πήχεων ἐκ βύσσου κεκλωσμένης, καὶ βάσεις αὐτῶν χαλκαῖ. Καὶ πᾶσα ἡ κατασκευὴ καὶ πάντα τὰ ἐργαλεῖα 19 καὶ οἱ πάσσαλοι τῆς αὐλῆς χαλκοῖ.

Καὶ σὺ σύνταξον τοῖς υἱοῖς Ἰσραὴλ, καὶ λαβέτωσάν σοι 20 ἔλαιον ἐξ ἐλαιῶν ἄτρυγον καθαρὸν κεκομμένον εἰς φῶς καῦσαι, ἵνα καίηται λύχνος διαπαντός ἐν τῇ σκηνῇ τοῦ μαρτυρίου· 21 ἔξωθεν τοῦ καταπετάσματος τοῦ ἐπὶ τῆς διαθήκης καύσει αὐτὸ Ἀαρὼν καὶ οἱ υἱοὶ αὐτοῦ ἀφ᾽ ἑσπέρας ἕως πρωῒ, ἐναντίον Κυρίου, νόμιμον αἰώνιον εἰς τὰς γενεὰς ὑμῶν παρὰ τῶν υἱῶν Ἰσραήλ.

Καὶ σὺ προσαγάγου πρὸς σεαυτὸν τόν τε Ἀαρὼν τὸν 28 ἀδελφόν σου, καὶ τοὺς υἱοὺς αὐτοῦ, καὶ ἐκ τῶν υἱῶν Ἰσραὴλ, ἱερατεύειν μοι Ἀαρὼν, καὶ Ναδὰβ, καὶ Ἀβιοὺδ, καὶ Ἐλεάζαρ, καὶ Ἰθάμαρ, υἱοὺς Ἀαρών. Καὶ ποιήσεις στολὴν ἁγίαν Ἀαρὼν 2 τῷ ἀδελφῷ σου εἰς τιμὴν καὶ δόξαν. Καὶ σὺ λάλησον πᾶσι 3 τοῖς σοφοῖς τῇ διανοίᾳ, οὓς ἐνέπλησα πνεύματος σοφίας καὶ αἰσθήσεως· καὶ ποιήσουσι τὴν στολὴν τὴν ἁγίαν Ἀαρὼν

β *Gr.* of.   γ *Gr.* over.   δ *Gr.* to.

4 εἰς τὸ ἅγιον, ἐν ᾗ ἱερατεύσει μοι. Καὶ αὗται αἱ στολαὶ,
ἃς ποιήσουσι· τὸ περιστήθιον, καὶ τὴν ἐπωμίδα, καὶ τὸν
ποδήρη, καὶ χιτῶνα κοσυμβωτόν, καὶ κίδαριν, καὶ ζώνην·
καὶ ποιήσουσι στολὰς ἁγίας Ἀαρὼν καὶ τοῖς υἱοῖς αὐτοῦ εἰς
5 τὸ ἱερατεύειν μοι. Καὶ αὐτοὶ λήψονται τὸ χρυσίον, καὶ τὸν
ὑάκινθον, καὶ τὴν πορφύραν, καὶ τὸ κόκκινον, καὶ τὴν βύσσον.
6 Καὶ ποιήσουσι τὴν ἐπωμίδα ἐκ βύσσου κεκλωσμένης, ἔργον
7 ὑφαντὸν ποικιλτοῦ. Δύο ἐπωμίδες συνέχουσαι ἔσονται αὐτῷ
8 ἑτέρα τὴν ἑτέραν, ἐπὶ τοῖς δυσὶ μέρεσιν ἐξηρτημέναι. Καὶ
τὸ ὕφασμα τῶν ἐπωμίδων ὅ ἐστιν ἐπ᾽ αὐτῷ, κατὰ τὴν ποίησιν
ἐξ αὐτοῦ ἔσται ἐκ χρυσίου καθαροῦ, καὶ ὑακίνθου, καὶ πορφύ-
ρας, καὶ κοκκίνου διανενησμένου, καὶ βύσσου κεκλωσμένης.
9 Καὶ λήψῃ τοὺς δύο λίθους, λίθους σμαράγδου, καὶ γλύψεις
10 ἐν αὐτοῖς τὰ ὀνόματα τῶν υἱῶν Ἰσραήλ. Ἓξ ὀνόματα ἐπὶ
τὸν λίθον τὸν ἕνα, καὶ τὰ ἓξ ὀνόματα τὰ λοιπὰ ἐπὶ τὸν λίθον
11 τὸν δεύτερον κατὰ τὰς γενέσεις αὐτῶν. Ἔργον λιθουργικῆς
τέχνης· γλύμμα σφραγῖδος διαγλύψεις τοὺς δύο λίθους ἐπὶ
12 τοῖς ὀνόμασι τῶν υἱῶν Ἰσραήλ. Καὶ θήσεις τοὺς δύο λίθους
ἐπὶ τῶν ὤμων τῆς ἐπωμίδος· λίθοι μνημοσύνου εἰσὶ τοῖς
υἱοῖς Ἰσραήλ· καὶ ἀναλήψεται Ἀαρὼν τὰ ὀνόματα τῶν υἱῶν
Ἰσραὴλ ἔναντι Κυρίου ἐπὶ τῶν δύο ὤμων αὐτοῦ, μνημόσυνον
13 περὶ αὐτῶν. Καὶ ποιήσεις ἀσπιδίσκας ἐκ χρυσίου καθαροῦ.
14 Καὶ ποιήσεις δύο κροσσωτὰ ἐκ χρυσίου καθαροῦ, καταμε-
μιγμένα ἐν ἄνθεσιν, ἔργον πλοκῆς· καὶ ἐπιθήσεις τὰ κροσσωτὰ
τὰ πεπλεγμένα ἐπὶ τὰς ἀσπιδίσκας, κατὰ τὰς παρωμίδας
αὐτῶν ἐκ τῶν ἐμπροσθίων.
15 Καὶ ποιήσεις λογεῖον τῶν κρίσεων, ἔργον ποικιλτοῦ· κατὰ
τὸν ῥυθμὸν τῆς ἐπωμίδος ποιήσεις αὐτὸ ἐκ χρυσίου, καὶ
ὑακίνθου, καὶ πορφύρας, καὶ κοκκίνου κεκλωσμένου, καὶ
16 βύσσου κεκλωσμένης. Ποιήσεις αὐτὸ τετράγωνον· ἔσται
διπλοῦν, σπιθαμῆς τὸ μῆκος αὐτοῦ, καὶ σπιθαμῆς τὸ
17 εὖρος. Καὶ καθυφανεῖς ἐν αὐτῷ ὕφασμα κατάλιθον
τετράστιχον· στίχος λίθων ἔσται, σάρδιον, τοπάζιον, καὶ
18 σμάραγδος, ὁ στίχος ὁ εἷς. Καὶ ὁ στίχος ὁ δεύτερος,
19 ἄνθραξ, καὶ σάπφειρος, καὶ ἴασπις. Καὶ ὁ στίχος ὁ τρίτος,
20 λιγύριον, ἀχάτης, ἀμέθυστος. Καὶ ὁ στίχος ὁ τέταρτος,
χρυσόλιθος, καὶ βηρύλλιον, καὶ ὀνύχιον, περικεκαλυμμένα
χρυσίῳ, συνδεδεμένα ἐν χρυσίῳ· ἔστωσαν κατὰ στίχον αὐτῶν.
21 Καὶ οἱ λίθοι ἔστωσαν ἐκ τῶν ὀνομάτων τῶν υἱῶν Ἰσραὴλ
δεκαδύο κατὰ τὰ ὀνόματα αὐτῶν· γλυφαὶ σφραγίδων, ἕκαστος
22 κατὰ τὸ ὄνομα ἔστωσαν εἰς δεκαδύο φυλάς. Καὶ ποιήσεις
ἐπὶ τὸ λογεῖον κροσσοὺς συμπεπλεγμένους, ἔργον ἁλυσιδωτὸν
23 ἐκ χρυσίου καθαροῦ. Καὶ λήψεται Ἀαρὼν τὰ ὀνόματα τῶν
υἱῶν Ἰσραὴλ ἐπὶ τοῦ λογείου τῆς κρίσεως ἐπὶ τοῦ στήθους,
24 εἰσιόντι εἰς τὸ ἅγιον μνημόσυνον ἐναντίον τοῦ Θεοῦ. Καὶ
θήσεις ἐπὶ τὸ λογεῖον τῆς κρίσεως τοὺς κρωσσούς· τὰ ἀλυσι-
25 δωτὰ ἐπ᾽ ἀμφοτέρων τῶν κλιτῶν τοῦ λογείου ἐπιθήσεις. Καὶ
τὰς δύο ἀσπιδίσκας ἐπιθήσεις ἐπ᾽ ἀμφοτέρους τοὺς ὤμους
26 τῆς ἐπωμίδος κατὰ πρόσωπον. Καὶ ἐπιθήσεις ἐπὶ τὸ λογεῖον
τῆς κρίσεως τὴν δήλωσιν καὶ τὴν ἀλήθειαν· καὶ ἔσται ἐπὶ

me as priest. 4 And these are the garments
which they shall make: the breast-plate,
and the shoulder-piece, and the full-length
robe, and the tunic with a fringe, and the
tire, and the girdle; and they shall make
holy garments for Aaron and his sons to
minister to me as priests. 5 And they shall
take the gold, and the blue, and the purple,
and the scarlet, and the fine linen. 6 And
they shall make the shoulder-piece of fine
linen spun, the woven work of the em-
broiderer. 7 β It shall have two shoulder-
pieces joined together, fastened on the two
sides. 8 And the woven work of the shoulder-
pieces which is upon γ it, shall be of one
piece according to the work, of pure gold
and blue and purple, and spun scarlet and
fine twined linen. 9 And thou shalt take
the two stones, the stones of emerald, and
thou shalt grave on them the names of the
children of Israel. 10 Six names on the first
stone, and the other six names on the second
stone, according to their births. 11 It shall
be the work of the stone-engraver's art; as
the graving of a seal thou shalt engrave the
two stones with the names of the children
of Israel. 12 And thou shalt put the two
stones on the shoulders of the shoulder-
piece: they are memorial-stones for the
children of Israel: and Aaron shall bear the
names of the children of Israel before the
Lord on his two shoulders, a memorial for
them. 13 And thou shalt make δ circlets of
pure gold; 14 and thou shalt make two
fringes of pure gold, variegated with flowers,
wreathen work; and thou shalt put the
wreathen fringes on the circlets, fastening
them on their shoulder-pieces in front.
15 And thou shalt make the oracle of judg-
ment, the work of the embroiderer: in keep-
ing with the ephod, thou shalt make it of
gold, and blue and purple, and spun scarlet,
and fine linen spun. 16 Thou shalt make it
square: it shall be double; of a span the
length of it, and of a span the breadth.
17 And thou shalt interweave with it a tex-
ture of four rows of stone; there shall be a
row of stones, a sardius, a topaz, an emerald,
the first row. 18 And the second row, a car-
buncle, a sapphire, and a jasper. 19 And the
third row, a ligure, an agate, an amethyst:
20 and the fourth row, a chrysolite, and a
beryl, and an onyx stone, set round with
gold, bound together with gold: let them
be according to their row. 21 And let the
stones of the names of the children of Israel
be twelve according to their names, engra-
vings of seals: let them be for the twelve
tribes each according to the name. 22 And
thou shalt make on the oracle woven fringes,
a chain-work of pure gold. 23 And Aaron
shall take the names of the children of Israel,
on the oracle of judgment on his breast; a
memorial before God for him as he goes
into the sanctuary. 24 And thou shalt put
the fringes on the oracle of judgment; thou
shalt put the wreaths on both sides of the
oracle, 25 and thou shalt put the two circlets
on both the shoulders of the ephod in front.
26 And thou shalt put the ς Manifestation
and the Truth on the oracle of judgment;
and it shall be on the breast of Aaron, when

β i. e. the work, or, he, i. e. Aaron.   γ Or, him.   δ Gr. little shields.   ζ i. e. in Heb. Urim and Thummim ;
lit. lights and perfections.

he goes into the holy place before the Lord; and Aaron shall bear the judgments of the children of Israel on his breast before the Lord continually. ²⁷ And thou shalt make the full-length tunic all of blue. ²⁸ And the opening of it shall be in the middle having a fringe round about the opening, the work of the weaver, woven together in the joining of the same piece that it might not be rent. ²⁹ And under the fringe of the robe below thou shalt make as it were pomegranates of a flowering pomegranate tree, of blue, and purple, and spun scarlet, and fine linen spun, under the fringe of the robe round about: golden pomegranates of the same shape, and bells round about between these. ³⁰ A bell by the side of a golden pomegranate, and flower-work on the fringe of the robe round about. ³¹ And the sound of Aaron shall be audible when he ministers, as he goes into the sanctuary before the Lord, and as he goes out, that he die not. ³² And thou shalt make a plate of pure gold, and thou shalt grave on it as the graving of a signet, Holiness of the Lord. ³³ And thou shalt put it on the spun blue cloth, and it shall be on the mitre: it shall be in the front of the mitre. ³⁴ And it shall be on the forehead of Aaron; and Aaron shall bear away the sins of their holy things, all that the children of Israel shall sanctify of every gift of their holy things, and it shall be on the forehead of Aaron continually acceptable for them before the Lord.

³⁵ And the fringes of the garments shall be of fine linen; and thou shalt make a tire of fine linen, and thou shalt make a girdle, the work of the embroiderer. ³⁶ And for the sons of Aaron thou shalt make tunics and girdles, and thou shalt make for them tires for honour and glory. ³⁷ And thou shalt put them on Aaron thy brother, and his sons with him, and thou shalt anoint them and ᵝfill their hands: and thou shalt sanctify them, that they may minister to me in the priest's office. ³⁸ And thou shalt make for them linen drawers to cover the nakedness of their flesh; they shall reach from the loins to the thighs. ³⁹ And Aaron shall have them, and his sons, whenever they enter into the tabernacle of witness, or when they shall advance to the altar of the sanctuary to minister, so they shall not bring sin upon themselves, lest they die: it is a perpetual statute for him, and for his seed after him.

And these are the things which thou shalt do to them: thou shalt sanctify them, so that they shall serve me in the priesthood; and thou shalt take one young calf from the herd, and two unblemished rams; ² and unleavened loaves kneaded with oil, and unleavened cakes anointed with oil: thou shalt make them of fine flour of wheat. ³ And thou shalt put them on one basket, and thou shalt offer them on the basket, and the young calf and the two rams. ⁴ And thou shalt bring Aaron and his sons to the doors of the tabernacle of testimony, and thou shalt wash them with water. ⁵ And having taken the garments, thou shalt put on Aaron thy brother both the full-length robe and the ephod and the oracle; and thou shalt

τοῦ στήθους Ἀαρὼν, ὅταν εἰσπορεύεται εἰς τὸ ἅγιον ἔναντι Κυρίου· καὶ οἴσει Ἀαρὼν τὰς κρίσεις τῶν υἱῶν Ἰσραὴλ ἐπὶ τοῦ στήθους ἔναντι Κυρίου διαπαντός. Καὶ ποιήσεις ὑποδύτην 27 ποδήρη ὅλον ὑακίνθινον. Καὶ ἔσται τὸ περιστόμιον ἐξ αὐτοῦ 28 μέσον, ὦαν ἔχον κύκλῳ τοῦ περιστομίου, ἔργον ὑφαντοῦ, τὴν συμβολὴν συνυφασμένην ἐξ αὐτοῦ, ἵνα μὴ ῥαγῇ. Καὶ 29 ποιήσεις ὑπὸ τὸ λῶμα τοῦ ὑποδύτου κάτωθεν, ὡσεὶ ἐξανθούσης ῥόας ῥοΐσκους ἐξ ὑακίνθου, καὶ πορφύρας, καὶ κοκκίνου διανενη-σμένου, καὶ βύσσου κεκλωσμένης, ὑπὸ τοῦ λώματος τοῦ ὑποδύτου κύκλῳ· τὸ αὐτὸ εἶδος ῥοΐσκους χρυσοῦς, καὶ κώδωνας ἀναμέσον τούτων περικύκλῳ. Παρὰ ῥοΐσκον χρυσοῦν δώδωνα, 30 καὶ ἄνθινον ἐπὶ τοῦ λώματος τοῦ ὑποδύτου κύκλῳ. Καὶ ἔσται 31 Ἀαρὼν ἐν τῷ λειτουργεῖν ἀκουστὴ ἡ φωνὴ αὐτοῦ, εἰσιόντι εἰς τὸ ἅγιον ἔναντι Κυρίου, καὶ ἐξιόντι, ἵνα μὴ ἀποθάνῃ. Καὶ ποιήσεις πέταλον χρυσοῦν καθαρόν· καὶ ἐκτυπώσεις ἐν 32 αὐτῷ ἐκτύπωμα σφραγῖδος, Ἁγίασμα Κυρίου. Καὶ ἐπιθήσεις 33 αὐτὸ ἐπὶ ὑακίνθου κεκλωσμένης· καὶ ἔσται ἐπὶ τῆς μίτρας, κατὰ πρόσωπον τῆς μίτρας ἔσται. Καὶ ἔσται ἐπὶ τοῦ μετώ- 34 που Ἀαρών· καὶ ἐξαρεῖ Ἀαρὼν τὰ ἁμαρτήματα τῶν ἁγίων, ὅσα ἂν ἁγιάσωσιν οἱ υἱοὶ Ἰσραὴλ παντὸς δόματος τῶν ἁγίων αὐτῶν· καὶ ἔσται ἐπὶ τοῦ μετώπου Ἀαρὼν διαπαντὸς δεκτὸν αὐτοῖς ἔναντι Κυρίου.

Καὶ οἱ κοσυμβωτοὶ τῶν χιτώνων ἐκ βύσσου· καὶ ποιήσεις 35 κίδαριν βυσσίνην· καὶ ζώνην ποιήσεις, ἔργον ποικιλτοῦ. Καὶ τοῖς υἱοῖς Ἀαρὼν ποιήσεις χιτῶνας καὶ ζώνας, καὶ 36 κιδάρεις ποιήσεις αὐτοῖς εἰς τιμὴν καὶ δόξαν. Καὶ ἐνδύσεις 37 αὐτὰ Ἀαρὼν τὸν ἀδελφόν σου, καὶ τοὺς υἱοὺς αὐτοῦ μετ᾽ αὐτοῦ· καὶ χρίσεις αὐτούς, καὶ ἐμπλήσεις αὐτῶν τὰς χεῖρας· καὶ ἁγιάσεις αὐτούς, ἵνα ἱερατεύωσί μοι. Καὶ ποιή- 38 σεις αὐτοῖς περισκελῆ λινᾶ καλύψαι ἀσχημοσύνην χρωτὸς αὐτῶν, ἀπὸ ὀσφύος ἕως μηρῶν ἔσται. Καὶ ἕξει Ἀαρὼν αὐτὰ 39 καὶ οἱ υἱοὶ αὐτοῦ, ὅταν εἰσπορεύωνται εἰς τὴν σκηνὴν τοῦ μαρτυρίου, ἢ ὅταν προσπορεύωνται λειτουργεῖν πρὸς τὸ θυσια-στήριον τοῦ ἁγίου· καὶ οὐκ ἐπάξονται πρὸς ἑαυτοὺς ἁμαρτίαν, ἵνα μὴ ἀποθάνωσι· νόμιμον αἰώνιον αὐτῷ, καὶ τῷ σπέρματι αὐτοῦ μετ᾽ αὐτόν.

Καὶ ταῦτά ἐστιν, ἃ ποιήσεις αὐτοῖς· ἁγιάσεις αὐτούς, ὥστε 29 ἱερατεύειν μοι αὐτούς· λήψῃ δὲ μοσχάριον ἐκ βοῶν ἕν, καὶ κριοὺς ἀμώμους δύο, καὶ ἄρτους ἀζύμους πεφυραμένους ἐν 2 ἐλαίῳ, καὶ λάγανα ἄζυμα κεχρισμένα ἐν ἐλαίῳ· σεμίδαλιν ἐκ πυρῶν ποιήσεις αὐτά. Καὶ ἐπιθήσεις αὐτὰ ἐπὶ κανοῦν ἕν· 3 καὶ προσοίσεις αὐτὰ ἐπὶ τῷ κανῷ· καὶ τὸ μοσχάριον, καὶ τοὺς δύο κριούς. Καὶ Ἀαρὼν καὶ τοὺς υἱοὺς αὐτοῦ προσάξεις 4 ἐπὶ τὰς θύρας τῆς σκηνῆς τοῦ μαρτυρίου, καὶ λούσεις αὐτοὺς ἐν ὕδατι. Καὶ λαβὼν τὰς στολὰς, ἐνδύσεις Ἀαρὼν τὸν 5 ἀδελφόν σου καὶ τὸν χιτῶνα τὸν ποδήρη, καὶ τὴν ἐπωμίδα, καὶ τὸ λογεῖον· καὶ συνάψεις αὐτῷ τὸ λογεῖον πρὸς τὴν

ᵝ Or, consecrate them.

6 ἐπωμίδα. Καὶ ἐπιθήσεις τὴν μίτραν ἐπὶ τὴν κεφαλὴν αὐτοῦ,
7 καὶ ἐπιθήσεις τὸ πέταλον τὸ ἁγίασμα ἐπὶ τὴν μίτραν. Καὶ
λήψῃ τοῦ ἐλαίου τοῦ χρίσματος· καὶ ἐπιχεεῖς αὐτὸ ἐπὶ τὴν
8 κεφαλὴν αὐτοῦ, καὶ χρίσεις αὐτόν. Καὶ τοὺς υἱοὺς αὐτοῦ
9 προσάξεις, καὶ ἐνδύσεις αὐτοὺς χιτῶνας. Καὶ ζώσεις αὐτοὺς
ταῖς ζωναῖς, καὶ περιθήσεις αὐτοῖς τὰς κιδάρεις· καὶ ἔσται
αὐτοῖς ἱερατεία μοι εἰς τὸν αἰῶνα· καὶ τελειώσεις Ἀαρὼν τὰς
10 χεῖρας αὐτοῦ, καὶ τὰς χεῖρας τῶν υἱῶν αὐτοῦ. Καὶ προσάξεις
τὸν μόσχον ἐπὶ τὰς θύρας τῆς σκηνῆς τοῦ μαρτυρίου· καὶ
ἐπιθήσουσιν Ἀαρὼν καὶ οἱ υἱοὶ αὐτοῦ τὰς χεῖρας αὐτῶν ἐπὶ
τὴν κεφαλὴν τοῦ μόσχου, ἔναντι Κυρίου, παρὰ τὰς θύρας τῆς
11 σκηνῆς τοῦ μαρτυρίου. Καὶ σφάξεις τὸν μόσχον ἔναντι
12 Κυρίου, παρὰ τὰς θύρας τῆς σκηνῆς τοῦ μαρτυρίου. Καὶ
λήψῃ ἀπὸ τοῦ αἵματος τοῦ μόσχου, καὶ θήσεις ἐπὶ τῶν
κεράτων τοῦ θυσιαστηρίου τῷ δακτύλῳ σου· τὸ δὲ λοιπὸν
13 πᾶν αἷμα ἐκχεεῖς παρὰ τὴν βάσιν τοῦ θυσιαστηρίου. Καὶ
λήψῃ πᾶν τὸ στέαρ τὸ ἐπὶ τῆς κοιλίας, καὶ τὸν λοβὸν τοῦ
ἥπατος, καὶ τοὺς δύο νεφροὺς, καὶ τὸ στέαρ τὸ ἐπ᾽ αὐτῶν, καὶ
14 ἐπιθήσεις ἐπὶ τὸ θυσιαστήριον. Τὰ δὲ κρέατα τοῦ μόσχου,
καὶ τὸ δέρμα, καὶ τὴν κόπρον κατακαύσεις πυρὶ ἔξω τῆς
παρεμβολῆς· ἁμαρτίας γάρ ἐστι.
15 Καὶ τὸν κριὸν λήψῃ τὸν ἕνα, καὶ ἐπιθήσουσιν Ἀαρὼν καὶ οἱ υἱοὶ
16 αὐτοῦ τὰς χεῖρας αὐτῶν ἐπὶ τὴν κεφαλὴν τοῦ κριοῦ. Καὶ σφάξεις
αὐτὸν, καὶ λαβὼν τὸ αἷμα προσχεεῖς πρὸς τὸ θυσιαστήριον
17 κύκλῳ. Καὶ τὸν κριὸν διχοτομήσεις κατὰ μέλη· καὶ πλυνεῖς τὰ
ἐνδόσθια καὶ τοὺς πόδας ὕδατι, καὶ ἐπιθήσεις ἐπὶ τὰ διχοτομή-
18 ματα σὺν τῇ κεφαλῇ. Καὶ ἀνοίσεις ὅλον τὸν κριὸν ἐπὶ τὸ
θυσιαστήριον, ὁλοκαύτωμα τῷ Κυρίῳ εἰς ὀσμὴν εὐωδίας·
19 θυμίαμα Κυρίῳ ἐστί. Καὶ λήψῃ τὸν κριὸν τὸν δεύτερον, καὶ
ἐπιθήσει Ἀαρὼν καὶ οἱ υἱοὶ αὐτοῦ τὰς χεῖρας αὐτῶν ἐπὶ τὴν
20 κεφαλὴν τοῦ κριοῦ. Καὶ σφάξεις αὐτὸν, καὶ λήψῃ τοῦ
αἵματος αὐτοῦ, καὶ ἐπιθήσεις ἐπὶ τὸν λοβὸν τοῦ ὠτὸς Ἀαρὼν
τοῦ δεξιοῦ, καὶ ἐπὶ τὸ ἄκρον τῆς δεξιᾶς χειρὸς, καὶ ἐπὶ τὸ
ἄκρον τοῦ ποδὸς τοῦ δεξιοῦ, καὶ ἐπὶ τοὺς λοβοὺς τῶν ὤτων
τῶν υἱῶν αὐτοῦ τῶν δεξιῶν, καὶ ἐπὶ τὰ ἄκρα τῶν χειρῶν αὐτῶν
τῶν δεξιῶν, καὶ ἐπὶ τὰ ἄκρα τῶν ποδῶν αὐτῶν τῶν δεξιῶν.
21 Καὶ λήψῃ ἀπὸ τοῦ αἵματος τοῦ ἀπὸ τοῦ θυσιαστηρίου, καὶ
ἀπὸ τοῦ ἐλαίου τῆς χρίσεως, καὶ ῥανεῖς ἐπὶ Ἀαρὼν καὶ ἐπὶ
τὴν στολὴν αὐτοῦ, καὶ ἐπὶ τοὺς υἱοὺς αὐτοῦ καὶ ἐπὶ τὰς
στολὰς τῶν υἱῶν αὐτοῦ μετ᾽ αὐτοῦ· καὶ ἁγιασθήσεται αὐτὸς
καὶ ἡ στολὴ αὐτοῦ, καὶ οἱ υἱοὶ αὐτοῦ καὶ αἱ στολαὶ τῶν υἱῶν
αὐτοῦ μετ᾽ αὐτοῦ· τὸ δὲ αἷμα τοῦ κριοῦ προσχεεῖς πρὸς τὸ
22 θυσιαστήριον κύκλῳ. Καὶ λήψῃ ἀπὸ τοῦ κριοῦ τὸ στέαρ
αὐτοῦ, καὶ τὸ στέαρ τὸ κατακαλύπτον τὴν κοιλίαν, καὶ τὸν
λοβὸν τοῦ ἥπατος, καὶ τοὺς δύο νεφροὺς, καὶ τὸ στέαρ τὸ ἐπ᾽
αὐτῶν, καὶ τὸν βραχίονα τὸν δεξιόν· ἔστι γὰρ τελείωσις αὕτη.
23 Καὶ ἄρτον ἕνα ἐξ ἐλαίου, καὶ λάγανον ἓν ἀπὸ τοῦ κανοῦ τῶν
24 ἀζύμων τῶν προτεθειμένων ἔναντι Κυρίου. Καὶ ἐπιθήσεις
τὰ πάντα ἐπὶ τὰς χεῖρας Ἀαρὼν, καὶ ἐπὶ τὰς χεῖρας τῶν υἱῶν
25 αὐτοῦ· καὶ ἀφοριεῖς αὐτὰ ἀφόρισμα ἔναντι Κυρίου. Καὶ

join for him the oracle to the ephod. ⁶And thou shalt put the mitre on his head; and thou shalt put the plate, *even* the Holiness, on the mitre. ⁷And thou shalt take of the anointing oil, and thou shalt pour it on his head, and shalt anoint him, ⁸and thou shalt bring his sons, and put garments on them. ⁹And thou shalt gird them with the girdles, and put the tires upon them, and they shall have a priestly office to me for ever; and thou shalt β fill the hands of Aaron and the hands of his sons. ¹⁰And thou shalt bring the calf to the door of the tabernacle of witness; and Aaron and his sons shall lay their hands on the head of the calf, before the Lord, by the doors of the tabernacle of witness. ¹¹And thou shalt slay the calf before the Lord, by the doors of the tabernacle of witness. ¹²And thou shalt take of the blood of the calf, and put it on the horns of the altar with thy finger, but all the rest of the blood thou shalt pour out at the foot of the altar. ¹³And thou shalt take all the fat that is on the belly, and the lobe of the liver, and the two kidneys, and the fat that is upon them, and shalt put them upon the altar. ¹⁴But the flesh of the calf, and his skin, and his dung, shalt thou burn with fire without the camp; for it is an *offering on account* of sin.

¹⁵And thou shalt take one ram, and Aaron and his sons shall lay their hands on the head of the ram. ¹⁶And thou shalt kill it, and take the blood and pour it on the altar round about. ¹⁷And thou shalt divide the ram by his several limbs, and thou shalt wash the inward parts and the feet with water, and thou shalt put them on the divided parts with the head. ¹⁸And thou shalt offer the whole ram on the altar, a whole burnt-offering to the Lord for a sweet-smelling savour: it is an offering of incense to the Lord. ¹⁹And thou shalt take the second ram, and Aaron and his sons shall lay their hands on the head of the ram. ²⁰And thou shalt kill it, and take of the blood of it, and put it on the tip of Aaron's right ear, and on the thumb of his right hand, and on the great toe of his right foot, and on the tips of the right ears of his sons, and on the thumbs of their right hands, and on the great toes of their right feet. ²¹And thou shalt take of the blood from the altar, and of the anointing oil; and thou shalt sprinkle it upon Aaron and on his garments, and on his sons and on his sons' garments with him; and he shall be sanctified and his apparel, and his sons and his sons' apparel with him: but the blood of the ram thou shalt pour round about upon the altar. ²²And thou shalt take from the ram its fat, both the fat that covers the belly, and the lobe of the liver, and the two kidneys, and the fat that is upon them, and the right shoulder, for this is a γ consecration. ²³And one cake *made* with oil, and one cake from the basket of unleavened bread set forth before the Lord. ²⁴And thou shalt put them all on the hands of Aaron, and on the hands of his sons, and thou shalt δ separate them as a separate offering before the Lord. ²⁵And thou shalt

---

β Or, consecrate. *Lit.* make perfect the hands. γ *Gr.* an accomplishment. *q. d.* a filling of the hands. δ *Gr.* separate them for a separation. *Heb.* wave them for a wave-offering.

take them from their hands, and shalt offer them up on the altar of whole burnt-offering for a sweet-smelling savour before the Lord: it is an offering to the Lord. ²⁶ And thou shalt take the breast from the ram of consecration which is Aaron's, and thou shalt separate it as a separate offering before the Lord, and it shall be to thee for a portion. ²⁷ And thou shalt sanctify the separated breast and the shoulder of removal which has been separated, and which has been removed from the ram of consecration, of the portion of Aaron and of *that of* his sons. ²⁸ And it shall be a perpetual statute of the children of Israel to Aaron and his sons, for this is a separate offering; and it shall be a β special offering from the children of Israel, from the peace-offerings of the children of Israel, a special offering to the Lord.

²⁹ And the apparel of the sanctuary which is Aaron's shall be his sons' after him, for them to be anointed in them, and to fill their hands. ³⁰ The priest his successor from among his sons who shall go into the tabernacle of witness to minister in the holies, shall put them on seven days. ³¹ And thou shalt take the ram of consecration, and thou shalt boil the flesh in the holy place. ³² And Aaron and his sons shall eat the flesh of the ram, and the loaves in the basket, by the doors of the tabernacle of witness. ³³ They shall eat the offerings with which they were sanctified to fill their hands, to sanctify them; and a stranger shall not eat of them, for they are holy. ³⁴ And if *aught* be left of the flesh of the sacrifice of consecration and of the loaves until the morning, thou shalt burn the remainder with fire: it shall not be eaten, for it is a holy thing.

³⁵ And thus shalt thou do for Aaron and for his sons according to all things that I have commanded thee; seven days shalt thou fill their hands. ³⁶ And thou shalt sacrifice the calf of the sin-offering on the day of purification, and thou shalt purify the altar when thou dost γ perform consecration upon it, and thou shalt anoint it so as to sanctify it. ³⁷ Seven days shalt thou purify the altar and sanctify it; and the altar shall be most holy, every one that touches the altar shall be hallowed. ³⁸ And these are the offerings which thou shalt offer upon the altar: two unblemished lambs of a year old daily on the altar continually, a constant offering. ³⁹ One lamb thou shalt offer in the morning, and the second lamb thou shalt offer in the evening. ⁴⁰ And a tenth measure of fine flour mingled with the fourth part of an hin of beaten oil, and a drink-offering the fourth part of a hin of wine for one lamb. ⁴¹ And thou shalt offer the second lamb in the evening, after the manner of the morning-offering, and according to the drink-offering δ of the morning lamb; thou shalt offer it an offering to the Lord for a sweet-smelling savour, ⁴² a perpetual sacrifice ς throughout your generations, at the door of the tabernacle of witness before the Lord; wherein I will be known to thee from thence, so as to speak to thee. ⁴³ And I will there give orders to the children of Israel, and I will be sanctified in my glory. ⁴⁴ And I will

λήψῃ αὐτὰ ἐκ τῶν χειρῶν αὐτῶν, καὶ ἀνοίσεις ἐπὶ τὸ θυσιαστήριον τῆς ὁλοκαυτώσεως εἰς ὀσμὴν εὐωδίας ἔναντι Κυρίου· κάρπωμά ἐστι Κυρίῳ. Καὶ λήψῃ τὸ στηθύνιον ἀπὸ τοῦ κριοῦ 26 τῆς τελειώσεως, ὅ ἐστιν Ἀαρών· καὶ ἀφοριεῖς αὐτὸ ἀφόρισμα ἔναντι Κυρίου· καὶ ἔσται σοι ἐν μερίδι. Καὶ ἁγιάσεις τὸ 27 στηθύνιον ἀφόρισμα, καὶ τὸν βραχίονα τοῦ ἀφαιρέματος, ὃς ἀφώρισται, καὶ ὃς ἀφῄρηται ἀπὸ τοῦ κριοῦ τῆς τελειώσεως ἀπὸ τοῦ Ἀαρών, καὶ ἀπὸ τῶν υἱῶν αὐτοῦ. Καὶ ἔσται Ἀαρὼν 28 καὶ τοῖς υἱοῖς αὐτοῦ νόμιμον αἰώνιον παρὰ τῶν υἱῶν Ἰσραήλ· ἔστι γὰρ ἀφόρισμα τοῦτο· καὶ ἀφαίρεμα ἔσται παρὰ τῶν υἱῶν Ἰσραὴλ ἀπὸ τῶν θυμάτων τῶν σωτηρίων τῶν υἱῶν Ἰσραὴλ, ἀφαίρεμα Κυρίῳ.

Καὶ ἡ στολὴ τοῦ ἁγίου, ἥ ἐστιν Ἀαρὼν, ἔσται τοῖς υἱοῖς 29 αὐτοῦ μετ᾽ αὐτὸν, χρισθῆναι αὐτοὺς ἐν αὐτοῖς, καὶ τελειῶσαι τὰς χεῖρας αὐτῶν. Ἑπτὰ ἡμέρας ἐνδύσεται αὐτὰ ὁ ἱερεὺς 30 ὁ ἀντ᾽ αὐτοῦ ἐκ τῶν υἱῶν αὐτοῦ, ὃς εἰσελεύσεται εἰς τὴν σκηνὴν τοῦ μαρτυρίου λειτουργεῖν ἐν τοῖς ἁγίοις. Καὶ τὸν κριὸν 31 τῆς τελειώσεως λήψῃ· καὶ ἑψήσεις τὰ κρέα ἐν τόπῳ ἁγίῳ. Καὶ ἔδονται Ἀαρὼν καὶ οἱ υἱοὶ αὐτοῦ τὰ κρέα τοῦ κριοῦ, καὶ 32 τοὺς ἄρτους τοὺς ἐν τῷ κανῷ, παρὰ τὰς θύρας τῆς σκηνῆς τοῦ μαρτυρίου. Ἔδονται αὐτὰ ἐν οἷς ἡγιάσθησαν ἐν αὐτοῖς 33 τελειῶσαι τὰς χεῖρας αὐτῶν, ἁγιάσαι αὐτούς· καὶ ἀλλογενὴς οὐκ ἔδεται ἀπ᾽ αὐτῶν· ἔστι γὰρ ἅγια. Ἐὰν δὲ καταλειφθῇ 34 ἀπὸ τῶν κρεῶν τῆς θυσίας τῆς τελειώσεως καὶ τῶν ἄρτων ἕως πρωῒ, κατακαύσεις τὰ λοιπὰ πυρί· οὐ βρωθήσεται· ἁγίασμα γάρ ἐστι.

Καὶ ποιήσεις Ἀαρὼν καὶ τοῖς υἱοῖς αὐτοῦ οὕτω κατὰ 35 πάντα ὅσα ἐνετειλάμην σοι· ἑπτὰ ἡμέρας τελειώσεις τὰς χεῖρας αὐτῶν. Καὶ τὸ μοσχάριον τῆς ἁμαρτίας ποιήσεις τῇ 36 ἡμέρᾳ τοῦ καθαρισμοῦ· καὶ καθαριεῖς τὸ θυσιαστήριον ἐν τῷ ἁγιάζειν σε ἐπ᾽ αὐτῷ· καὶ χρίσεις αὐτὸ ὥστε ἁγιάσαι αὐτό. Ἑπτὰ ἡμέρας καθαριεῖς τὸ θυσιαστήριον, καὶ ἁγιάσεις αὐτό· 37 καὶ ἔσται τὸ θυσιαστήριον, ἅγιον τοῦ ἁγίου· πᾶς ὁ ἁπτόμενος τοῦ θυσιαστηρίου, ἁγιασθήσεται. Καὶ ταῦτά ἐστιν, ἃ ποιήσεις 38 ἐπὶ τοῦ θυσιαστηρίου· ἀμνοὺς ἐνιαυσίους ἀμώμους δύο τὴν ἡμέραν ἐπὶ τὸ θυσιαστήριον ἐνδελεχῶς, κάρπωμα ἐνδελεχισμοῦ.

Τὸν ἀμνὸν τὸν ἕνα ποιήσεις τὸ πρωῒ, καὶ τὸν ἀμνὸν τὸν 39 δεύτερον ποιήσεις τὸ δειλινόν. Καὶ δέκατον σεμιδάλεως 40 πεφυραμένης ἐν ἐλαίῳ κεκομμένῳ τῷ τετάρτῳ τοῦ εἴν· καὶ σπονδὴν τὸ τέταρτον τοῦ εἴν οἴνου τῷ ἀμνῷ τῷ ἑνί. Καὶ 41 τὸν ἀμνὸν τὸν δεύτερον ποιήσεις τὸ δειλινὸν, κατὰ τὴν θυσίαν τὴν πρωϊνὴν, καὶ κατὰ τὴν σπονδὴν αὐτοῦ· ποιήσεις εἰς ὀσμὴν εὐωδίας κάρπωμα Κυρίῳ, θυσίαν ἐνδελεχισμοῦ εἰς γενεὰς 42 ὑμῶν, ἐπὶ θύρας τῆς σκηνῆς τοῦ μαρτυρίου ἔναντι Κυρίου, ἐν οἷς γνωσθήσομαί σοι ἐκεῖθεν, ὥστε λαλῆσαί σοι. Καὶ τάξομαι 43 ἐκεῖ τοῖς υἱοῖς Ἰσραὴλ, καὶ ἁγιασθήσομαι ἐν δόξῃ μου. Καὶ 44

ἁγιάσω τὴν σκηνὴν τοῦ μαρτυρίου, καὶ τὸ θυσιαστήριον· καὶ
45 Ἀαρὼν καὶ τοὺς υἱοὺς αὐτοῦ ἁγιάσω, ἱερατεύειν μοι. Καὶ
ἐπικληθήσομαι ἐν τοῖς υἱοῖς Ἰσραὴλ, καὶ ἔσομαι αὐτῶν
46 Θεός. Καὶ γνώσονται, ὅτι ἐγώ εἰμι Κύριος ὁ Θεὸς αὐτῶν, ὁ
ἐξαγαγὼν αὐτοὺς ἐκ γῆς Αἰγύπτου, ἐπικληθῆναι αὐτοῖς, καὶ
εἶναι αὐτῶν Θεός.

30 Καὶ ποιήσεις θυσιαστήριον θυμιάματος ἐκ ξύλων ἀσήπτων.
2 Καὶ ποιήσεις αὐτὸ πήχεως τὸ μῆκος, καὶ πήχεως τὸ εὖρος·
τετράγωνον ἔσται, καὶ δύο πήχεων τὸ ὕψος· ἐξ αὐτοῦ ἔσται
3 τὰ κέρατα αὐτοῦ. Καὶ καταχρυσώσεις χρυσίῳ καθαρῷ τὴν
ἐσχάραν αὐτοῦ, καὶ τοὺς τοίχους αὐτοῦ κύκλῳ, καὶ τὰ κέρατα
αὐτοῦ· καὶ ποιήσεις αὐτῷ στρεπτὴν στεφάνην χρυσῆν κύκλῳ.
4 Καὶ δύο δακτυλίους χρυσοῦς καθαροὺς ποιήσεις ὑπὸ τὴν
στρεπτὴν στεφάνην αὐτοῦ, εἰς τὰ δύο κλίτη ποιήσεις ἐν τοῖς
δυσὶ πλευροῖς· καὶ ἔσονται ψαλίδες ταῖς σκυτάλαις, ὥστε
5 αἴρειν αὐτὸ ἐν αὐταῖς. Καὶ ποιήσεις σκυτάλας ἐκ ξύλων
6 ἀσήπτων, καὶ καταχρυσώσεις αὐτὰς χρυσίῳ. Καὶ θήσεις
αὐτὸ ἀπέναντι τοῦ καταπετάσματος, τοῦ ὄντος ἐπὶ τῆς κιβωτοῦ
7 τῶν μαρτυρίων, ἐν οἷς γνωσθήσομαί σοι ἐκεῖθεν. Καὶ
θυμιάσει ἐπ᾽ αὐτοῦ Ἀαρὼν θυμίαμα σύνθετον λεπτὸν τὸ πρωὶ
πρωΐ· ὅταν ἐπισκευάζῃ τοὺς λύχνους, θυμιάσει ἐπ᾽ αὐτοῦ.
8 Καὶ ὅταν ἐξάπτῃ Ἀαρὼν τοὺς λύχνους ὀψέ, θυμιάσει ἐπ᾽
αὐτοῦ· θυμίαμα ἐνδελεχισμοῦ διαπαντὸς ἔναντι Κυρίου εἰς
9 γενεὰς αὐτῶν. Καὶ οὐκ ἀνοίσεις ἐπ᾽ αὐτοῦ θυμίαμα ἕτερον·
10 κάρπωμα, θυσίαν, καὶ σπονδὴν οὐ σπείσεις ἐπ᾽ αὐτοῦ. Καὶ
ἐξιλάσεται ἐπ᾽ αὐτοῦ Ἀαρὼν ἐπὶ τῶν κεράτων αὐτοῦ ἅπαξ
τοῦ ἐνιαυτοῦ· ἀπὸ τοῦ αἵματος τοῦ καθαρισμοῦ καθαριεῖ αὐτὸ
εἰς γενεὰς αὐτῶν· ἅγιον τῶν ἁγίων ἐστὶ Κυρίῳ.

11, 12 Καὶ ἐλάλησε Κύριος πρὸς Μωυσῆν, λέγων, ἐὰν λάβῃς
τὸν συλλογισμὸν τῶν υἱῶν Ἰσραὴλ ἐν τῇ ἐπισκοπῇ αὐτῶν,
καὶ δώσουσιν ἕκαστος λύτρα τῆς ψυχῆς αὐτοῦ Κυρίῳ, καὶ
13 οὐκ ἔσται ἐν αὐτοῖς πτῶσις ἐν τῇ ἐπισκοπῇ αὐτῶν. Καὶ
τοῦτό ἐστιν ὃ δώσουσιν ὅσοι ἂν παραπορεύωνται τὴν ἐπίσκεψιν·
τὸ ἥμισυ τοῦ διδράχμου ὅ ἐστι κατὰ τὸ δίδραχμον τὸ ἅγιον,
εἴκοσι ὀβολοὶ τὸ δίδραχμον, τὸ δὲ ἥμισυ τοῦ διδράχμου
14 εἰσφορὰ Κυρίῳ. Πᾶς ὁ παραπορευόμενος εἰς τὴν ἐπίσκεψιν
ἀπὸ εἰκοσαετοῦς καὶ ἐπάνω, δώσουσι τὴν εἰσφορὰν Κυρίῳ.
15 Ὁ πλουτῶν οὐ προσθήσει, καὶ ὁ πενόμενος οὐκ ἐλαττονήσει
ἀπὸ τοῦ ἡμίσεως τοῦ διδράχμου ἐν τῷ διδόναι τὴν εἰσφορὰν
16 Κυρίῳ, ἐξιλάσασθαι περὶ τῶν ψυχῶν ὑμῶν. Καὶ λήψῃ τὸ
ἀργύριον τῆς εἰσφορᾶς παρὰ τῶν υἱῶν Ἰσραὴλ, καὶ δώσεις
αὐτὸ εἰς τὸ κάτεργον τῆς σκηνῆς τοῦ μαρτυρίου· καὶ ἔσται
τοῖς υἱοῖς Ἰσραὴλ μνημόσυνον ἔναντι Κυρίου, ἐξιλάσασθαι
17 περὶ τῶν ψυχῶν ὑμῶν. Καὶ ἐλάλησε Κύριος πρὸς Μωυσῆν,
18 λέγων, ποίησον λουτῆρα χαλκοῦν, καὶ βάσιν αὐτῷ χαλκῆν,
ὥστε νίπτεσθαι· καὶ θήσεις αὐτὸν ἀνὰ μέσον τῆς σκηνῆς τοῦ
μαρτυρίου, καὶ ἀνὰ μέσον τοῦ θυσιαστηρίου· καὶ ἐκχεεῖς εἰς
19 αὐτὸν ὕδωρ. Καὶ νίψεται Ἀαρὼν καὶ οἱ υἱοὶ αὐτοῦ ἐξ αὐτοῦ

sanctify the tabernacle of testimony and the altar, and I will sanctify Aaron and his sons, to minister as priests to me. 45 And I will be β called upon among the children of Israel, and will be their God. 46 And they shall know that I am the Lord their God, who brought them forth out of the land of Egypt, to be β called upon by them, and to be their God.

And thou shalt make the altar of incense of incorruptible wood. 2 And thou shalt make it a cubit in length, and a cubit in breadth: it shall be square; and the height of it shall be of two cubits, its horns shall be γ of the same piece. 3 And thou shalt gild its grate with pure gold, and its sides round about, and its horns; and thou shalt make for it a wreathen border of gold round-about. 4 And thou shalt make under its wreathen border two rings of pure gold; thou shalt make it to the two corners on the two sides, and they shall be bearings for the staves, so as to bear it with them. 5 And thou shalt make the staves of incorruptible wood, and shalt gild them with gold. 6 And thou shalt set it before the veil that is over the ark of the testimonies, wherein I will make myself known to thee from thence. 7 And Aaron shall burn upon it fine compound incense every morning; whensoever he trims the lamps he shall burn incense upon it. 8 And when Aaron lights the lamps in the evening, he shall burn incense upon it; a constant incense-offering always before the Lord for their generations. 9 And thou shalt not offer strange incense upon it, nor an offering made by fire, nor a sacrifice; and thou shalt not pour a drink-offering upon it. 10 And once in the year Aaron shall make atonement δ on its horns, he shall purge it with the blood of purification for their generations: it is most holy to the Lord.

11 And the Lord spoke to Moses, saying, 12 If thou take account of the children of Israel in the surveying of them, and they shall give every one a ransom for his soul to the Lord, then there shall not be among them a ζ destruction in the visiting of them. 13 And this is what they shall give, as many as pass the survey, half a didrachm which is according to the didrachm of the sanctuary: twenty oboli go to the didrachm, but the half of the didrachm is the offering to the Lord. 14 Every one that passes the survey from twenty years old and upwards shall give the offering to the Lord. 15 The rich shall not give more, and the poor shall not give less than the half didrachm in giving the offering to the Lord, to make atonement for your souls. 16 And thou shalt take the money of the offering from the children of Israel, and shalt give it for the service of the tabernacle of testimony; and it shall be to the children of Israel a memorial before the Lord, to make atonement for your souls. 17 And the Lord spoke to Moses, saying, 18 Make a brazen laver, and a brazen base for it, θ for washing; and thou shalt put it between the tabernacle of witness and the altar, and thou shalt pour forth water into it. 19 And Aaron and his sons shall wash

---

β Or, named.   γ Gr. of it.   δ Gr. on it, on its horns.   ζ Gr. fall.   θ Gr. so as to wash one's self.

their hands and their feet with water from it. ²⁰ Whensoever they shall go into the tabernacle of witness, they shall wash themselves with water, so they shall not die, whensoever they advance to the altar to do service and to offer the whole burnt-offerings to the Lord. ²¹ They shall wash their hands and feet with water, whensoever they shall go into the tabernacle of witness ; they shall wash themselves with water, that they die not ; and it shall be for them a perpetual statute, for him and his ^β posterity after him. ²² And the Lord spoke to Moses, saying, ²³ Do thou also take sweet herbs, the flower of choice myrrh five hundred shekels, and the half of this two hundred and fifty shekels of sweet-smelling cinnamon, and two hundred and fifty shekels of sweet-smelling calamus, ²⁴ and of ^γ cassia five hundred shekels of the sanctuary, and a hin of olive oil. ²⁵ And thou shalt make it a holy anointing oil, a perfumed ointment *tempered* by the art of the perfumer : it shall be a holy anointing oil. ²⁶ And thou shalt anoint with it the tabernacle of witness, and the ark of the tabernacle of witness, ²⁷ and all its furniture, and the candlestick and all its furniture, and the altar of incense, ²⁸ and the altar of whole burnt-offerings and all its furniture, and the table and all its furniture, and the laver. ²⁹ And thou shalt sanctify them, and they shall be most holy : every one that touches them shall be hallowed. ³⁰ And thou shalt anoint Aaron and his sons, and sanctify them that they may minister to me as priests. ³¹ And thou shalt speak to the children of Israel, saying, This shall be to you a holy anointing oil throughout your generations. ³² On man's flesh it shall not be poured, and ye shall not make *any* for yourselves according to this composition : it is holy, and shall be holiness to you. ³³ Whosoever shall make it in like manner, and whosoever shall give of it to a stranger, shall be destroyed from among his people.

³⁴ And the Lord said to Moses, Take for thyself sweet herbs, stacte, onycha, sweet galbanum, and transparent frankincense ; there shall be ^δ an equal weight of each. ³⁵ And they shall make with it perfumed incense, tempered with the art of a perfumer, a pure holy work. ³⁶ And of these thou shalt beat some small, and thou shalt put it before the testimonies in the tabernacle of testimony, whence I will make myself known to thee : it shall be to you a most holy incense. ³⁷ Ye shall not make any for yourselves according to this composition ; it shall be to you a holy thing for the Lord. ³⁸ Whosoever shall make any in like manner, so as ^ζ to smell it, shall perish from his people.

And the Lord spoke to Moses, saying, ² Behold, I have called by name Beseleel the son of Urias the son of Or, of the tribe of Juda. ³ And I have filled him *with* a divine spirit of wisdom, and understanding, and knowledge, to invent in every work, ⁴ to frame works, to labour in gold, and silver, and brass, and blue, and purple, and spun scarlet, ⁵ and works in stone, and for artificers' work in wood, to work at all works.

τὰς χεῖρας, καὶ τοὺς πόδας ὕδατι. Ὅταν εἰσπορεύωνται εἰς 20 τὴν σκηνὴν τοῦ μαρτυρίου, νίψονται ὕδατι, καὶ οὐ μὴ ἀποθάνωσιν, ὅταν προσπορεύωνται πρὸς τὸ θυσιαστήριον λειτουργεῖν καὶ ἀναφέρειν τὰ ὁλοκαυτώματα Κυρίῳ. Νίψονται τὰς χεῖρας 21 καὶ τοὺς πόδας ὕδατι, ὅταν εἰσπορεύωνται εἰς τὴν σκηνὴν τοῦ μαρτυρίου, νίψονται ὕδατι, ἵνα μὴ ἀποθάνωσι· καὶ ἔσται αὐτοῖς νόμιμον αἰώνιον, αὐτῷ καὶ ταῖς γενεαῖς αὐτοῦ μετʼ αὐτόν. Καὶ ἐλάλησε Κύριος πρὸς Μωυσῆν, λέγων, καὶ σὺ λάβε 22, 23 ἡδύσματα, τὸ ἄνθος σμύρνης ἐκλεκτῆς πεντακοσίους σίκλους, καὶ κινναμώμου εὐώδους τὸ ἥμισυ τούτου διακοσίους πεντήκοντα, καὶ καλάμου εὐώδους διακοσίους πεντήκοντα, καὶ ἴρεως 24 πεντακοσίους σίκλους τοῦ ἁγίου, καὶ ἔλαιον ἐξ ἐλαιῶν εἶν. Καὶ ποιήσεις αὐτὸ ἔλαιον χρίσμα ἅγιον, μύρον μυρεψικὸν 25 τέχνῃ μυρεψοῦ· ἔλαιον χρίσμα ἅγιον ἔσται. Καὶ χρίσεις 26 ἐξ αὐτοῦ τὴν σκηνὴν τοῦ μαρτυρίου, καὶ τὴν κιβωτὸν τῆς σκηνῆς τοῦ μαρτυρίου, καὶ πάντα τὰ σκεύη αὐτῆς, καὶ τὴν 27 λυχνίαν καὶ πάντα τὰ σκεύη αὐτῆς, καὶ τὸ θυσιαστήριον τοῦ θυμιάματος, καὶ τὸ θυσιαστήριον τῶν ὁλοκαυτωμάτων 28 καὶ πάντα αὐτοῦ τὰ σκεύη, καὶ τὴν τράπεζαν καὶ πάντα τὰ σκεύη αὐτῆς, καὶ τὸν λουτῆρα. Καὶ ἁγιάσεις αὐτά· καὶ ἔσται 29 ἅγια τῶν ἁγίων· πᾶς ὁ ἁπτόμενος αὐτῶν, ἁγιασθήσεται. Καὶ Ἀαρὼν καὶ τοὺς υἱοὺς αὐτοῦ χρίσεις, καὶ ἁγιάσεις αὐτοὺς 30 ἱερατεύειν μοι. Καὶ τοῖς υἱοῖς Ἰσραὴλ λαλήσεις, λέγων, 31 ἔλαιον ἄλειμμα χρίσεως ἅγιον ἔσται τοῦτο ὑμῖν εἰς τὰς γενεὰς ὑμῶν. Ἐπὶ σάρκα ἀνθρώπου οὐ χρισθήσεται· καὶ κατὰ τὴν 32 σύνθεσιν ταύτην οὐ ποιήσετε ὑμῖν ἑαυτοῖς ὡσαύτως· ἅγιόν ἐστι, καὶ ἁγίασμα ἔσται ὑμῖν. Ὃς ἂν ποιήσῃ ὡσαύτως, καὶ 33 ὃς ἂν δῷ ἀπ᾽ αὐτοῦ ἀλλογενεῖ, ἐξολοθρευθήσεται ἐκ τοῦ λαοῦ αὐτοῦ.

Καὶ εἶπε Κύριος πρὸς Μωυσῆν, λάβε σεαυτῷ ἡδύσματα, 34 στακτὴν, ὄνυχα, χαλβάνην ἡδυσμοῦ, καὶ λίβανον διαφανῆ· ἴσον ἴσῳ ἔσται. Καὶ ποιήσουσιν ἐν αὐτῷ θυμίαμα μυρεψικὸν 35 ἔργον μυρεψοῦ μεμιγμένον, καθαρὸν ἔργον ἅγιον. Καὶ 36 συγκόψεις ἐκ τούτων λεπτὸν, καὶ θήσεις ἀπέναντι τῶν μαρτυρίων ἐν τῇ σκηνῇ τοῦ μαρτυρίου, ὅθεν γνωσθήσομαί σοι ἐκεῖθεν· ἅγιον τῶν ἁγίων ἔσται ὑμῖν θυμίαμα. Κατὰ τὴν 37 σύνθεσιν ταύτην οὐ ποιήσετε ὑμῖν ἑαυτοῖς· ἁγίασμα ἔσται ὑμῖν Κυρίῳ. Ὃς ἂν ποιήσῃ ὡσαύτως, ὥστε ὀσφραίνεσθαι ἐν αὐτῷ, 38 ἀπολεῖται ἐκ τοῦ λαοῦ αὐτοῦ.

Καὶ ἐλάλησε Κύριος πρὸς Μωυσῆν, λέγων, ἰδοὺ ἀνα- 31 κέκλημαι ἐξ ὀνόματος τὸν Βεσελεὴλ τὸν τοῦ Οὐρείου τὸν Ὢρ, 2 ἐκ τῆς φυλῆς Ἰούδα. Καὶ ἐνέπλησα αὐτὸν πνεῦμα θεῖον 3 σοφίας καὶ συνέσεως καὶ ἐπιστήμης, ἐν παντὶ ἔργῳ διανοεῖσθαι, καὶ ἀρχιτεκτονῆσαι, ἐργάζεσθαι τὸ χρυσίον, καὶ τὸ 4 ἀργύριον, καὶ τὸν χαλκὸν, καὶ τὴν ὑάκινθον, καὶ τὴν πορφύραν, καὶ τὸ κόκκινον τὸ νηστὸν, καὶ τὰ λιθουργικὰ, καὶ εἰς τὰ 5 ἔργα τὰ τεκτονικὰ τῶν ξύλων, ἐργάζεσθαι κατὰ πάντα τὰ

---

6 ἔργα. Καὶ ἐγὼ ἔδωκα αὐτὸν καὶ τὸν Ἐλιὰβ τὸν τοῦ Ἀχισαμὰχ ἐκ φυλῆς Δάν· καὶ παντὶ συνετῷ καρδίᾳ δέδωκα

7 σύνεσιν· καὶ ποιήσουσι πάντα ὅσα συνέταξά σοι, τὴν σκηνὴν τοῦ μαρτυρίου, καὶ τὴν κιβωτὸν τῆς διαθήκης, καὶ τὸ ἱλαστή-

8 ριον τὸ ἐπ᾿ αὐτῆς, καὶ τὴν διασκευὴν τῆς σκηνῆς, καὶ τὰ θυσιαστήρια, καὶ τὴν τράπεζαν καὶ πάντα τὰ σκεύη αὐτῆς,

9 καὶ τὴν λυχνίαν τὴν καθαρὰν καὶ πάντα τὰ σκεύη αὐτῆς, καὶ

10 τὸν λουτῆρα καὶ τὴν βάσιν αὐτοῦ, καὶ τὰς στολὰς τὰς λειτουργικὰς Ἀαρών, καὶ τὰς στολὰς τῶν υἱῶν αὐτοῦ ἱερα-

11 τεύειν μοι, καὶ τὸ ἔλαιον τῆς χρίσεως, καὶ τὸ θυμίαμα τῆς συνθέσεως τοῦ ἁγίου· κατὰ πάντα ὅσα ἐγὼ ἐνετειλάμην σοι, ποιήσουσι.

12, 13 Καὶ ἐλάλησε Κύριος πρὸς Μωυσῆν, λέγων, καὶ σὺ σύνταξον τοῖς υἱοῖς Ἰσραὴλ, λέγων, ὁρᾶτε, καὶ τὰ σάββατά μου φυλάξεσθε· σημεῖόν ἐστι παρ᾿ ἐμοὶ καὶ ἐν ὑμῖν εἰς τὰς γενεὰς ὑμῶν, ἵνα γνῶτε ὅτι ἐγὼ Κύριος ὁ ἁγιάζων ὑμᾶς.

14 Καὶ φυλάξεσθε τὰ σάββατα, ὅτι ἅγιον τοῦτό ἐστι Κυρίῳ ὑμῖν· ὁ βεβηλῶν αὐτὸ, θανάτῳ θανατωθήσεται· πᾶς ὃς ποιήσει ἐν αὐτῷ ἔργον, ἐξολοθρευθήσεται ἡ ψυχὴ ἐκείνη ἐκ μέσου

15 τοῦ λαοῦ αὐτοῦ. Ἓξ ἡμέρας ποιήσεις ἔργα, τῇ δὲ ἡμέρᾳ τῇ ἑβδόμῃ σάββατα, ἀνάπαυσις ἁγία τῷ Κυρίῳ· πᾶς ὃς ποιήσει

16 ἔργον τῇ ἡμέρᾳ τῇ ἑβδόμῃ, θανατωθήσεται. Καὶ φυλάξουσιν οἱ υἱοὶ Ἰσραὴλ τὰ σάββατα, ποιεῖν αὐτὰ εἰς τὰς γενεὰς

17 αὐτῶν. Διαθήκη αἰώνιος ἐν ἐμοὶ καὶ τοῖς υἱοῖς Ἰσραὴλ, σημεῖόν ἐστιν ἐν ἐμοὶ αἰώνιον· ὅτι ἐξ ἡμέραις ἐποίησε Κύριος τὸν οὐρανὸν καὶ τὴν γῆν, καὶ τῇ ἡμέρᾳ τῇ ἑβδόμῃ κατέπαυσε,

18 καὶ ἐπαύσατο. Καὶ ἔδωκε Μωυσῇ ἡνίκα κατέπαυσε λαλῶν αὐτῷ ἐν τῷ ὄρει τῷ Σινὰ, τὰς δύο πλάκας τοῦ μαρτυρίου, πλάκας λιθίνας γεγραμμένας τῷ δακτύλῳ τοῦ Θεοῦ.

32 Καὶ ἰδὼν ὁ λαὸς, ὅτι κεχρόνικε Μωυσῆς καταβῆναι ἐκ τοῦ ὄρους, συνέστη ὁ λαὸς ἐπὶ Ἀαρὼν, καὶ λέγουσιν αὐτῷ, ἀνάστηθι, καὶ ποίησον ἡμῖν θεοὺς, οἳ προπορεύσονται ἡμῶν· ὁ γὰρ Μωυσῆς οὗτος ὁ ἄνθρωπος ὃς ἐξήγαγεν ἡμᾶς ἐκ γῆς Αἰγύπτου,

2 οὐκ οἴδαμεν τί γέγονεν αὐτῷ. Καὶ λέγει αὐτοῖς Ἀαρὼν, περιέλεσθε τὰ ἐνώτια τὰ χρυσᾶ τὰ ἐν τοῖς ὠσὶ τῶν γυναικῶν

3 ὑμῶν καὶ θυγατέρων, καὶ ἐνέγκατε πρός με. Καὶ περιείλαντο πᾶς ὁ λαὸς τὰ ἐνώτια τὰ χρυσᾶ τὰ ἐν τοῖς ὠσὶν αὐτῶν, καὶ

4 ἤνεγκαν πρὸς Ἀαρών. Καὶ ἐδέξατο ἐκ τῶν χειρῶν αὐτῶν, καὶ ἔπλασεν αὐτὰ ἐν τῇ γραφίδι· καὶ ἐποίησεν αὐτὰ μόσχον χωνευτὸν, καὶ εἶπεν, οὗτοι οἱ θεοί σου Ἰσραὴλ, οἵτινες ἀνεβί-

5 βασάν σε ἐκ γῆς Αἰγύπτου. Καὶ ἰδὼν Ἀαρὼν ᾠκοδόμησε θυσιαστήριον κατέναντι αὐτοῦ, καὶ ἐκήρυξεν Ἀαρὼν, λέγων,

6 ἑορτὴ τοῦ Κυρίου αὔριον. Καὶ ὀρθρίσας τῇ ἐπαύριον ἀνεβίβασεν ὁλοκαυτώματα, καὶ προσήνεγκε θυσίαν σωτηρίου· καὶ ἐκάθισεν ὁ λαὸς φαγεῖν καὶ πιεῖν, καὶ ἀνέστησαν παίζειν.

7 Καὶ ἐλάλησε Κύριος πρὸς Μωυσῆν, λέγων, βάδιζε τὸ τάχος, κατάβηθι ἐντεῦθεν· ἠνόμησε γὰρ ὁ λαός σου, ὃν ἐξή-

8 γαγες ἐκ γῆς Αἰγύπτου. Παρέβησαν ταχὺ ἐκ τῆς ὁδοῦ, ἧς ἐνετείλω αὐτοῖς· ἐποίησαν ἑαυτοῖς μόσχον, καὶ προσκεκυνή-

6 And I have β appointed him and Eliab the *son* of Achisamach of the tribe of Dan, and to every one understanding in heart I have given understanding ; and they shall γ make all things as many as I have appointed thee, —7 the tabernacle of witness, and the ark of the covenant, and the propitiatory that is upon it, and the furniture of the tabernacle, 8 and the altars, and the table and all its furniture, 9 and the pure candlestick and all its furniture, and the laver and its base, 10 and Aaron's robes of ministry, and the robes of his sons to minister to me as priests, 11 and the anointing oil and the compound incense of the sanctuary ; according to all that I have commanded thee shall they make them.

12 And the Lord spoke to Moses, saying, 13 Do thou also charge the children of Israel, saying, Take heed and keep my sabbaths ; *for* they are a sign with me and among you throughout your generations, that ye may know that I am the Lord that sanctifies you. 14 And ye shall keep the sabbaths, because this is holy to the Lord for you ; he that profanes it shall surely be put to death : every one who shall do a work on it, that soul shall be destroyed from the midst of his people. 15 Six days thou shalt do works, but the seventh day is the sabbath, a holy rest to the Lord ; every one who shall do a work on the seventh day shall be put to death. 16 And the children of Israel shall keep the sabbaths, to observe them throughout their generations. 17 It is a perpetual covenant with me and the children of Israel, it is a perpetual sign with me ; for in six days the Lord made the heaven and the earth, and on the seventh day he ceased, and rested. 18 And he gave to Moses when he left off speaking to him in mount Sina the two tables of testimony, tables of stone written *upon* with the finger of God.

δ And when the people saw that Moses delayed to come down from the mountain, the people combined against Aaron, and said to him, Arise and make us gods who shall go before us ; for this Moses, the man who brought us forth out of the land of Egypt— we do not know what is become of him. 2 And Aaron says to them, Take off the golden ear-rings which are in the ears of your wives and daughters, and bring them to me. 3 And all the people took off the golden ear-rings that were in their ears, and brought them to Aaron. 4 And he received them at their hands, and formed them with a graving tool ; and he made them a molten calf, and said, These *are* thy gods, O Israel, which have brought thee up out of the land of Egypt. 5 And Aaron having seen it built an altar before it, and Aaron made proclamation saying, To-morrow *is* a feast of the Lord. 6 And having risen early on the morrow, he ζ offered whole burnt-offerings, and offered a peace-offering ; and θ the people sat down to eat and drink, and rose up to play.

7 And the Lord spoke to Moses, saying, Go quickly, descend hence, for thy people whom thou broughtest out of the land of Egypt have transgressed ; 8 they have quickly gone out of the way which thou commandedst ; they have made for themselves a calf,

---

β Gr. given.   γ Or, work in or at. One reading is ποιήσουσι.   δ Acts 7. 40.   ζ Set upon the altar.   θ 1 Cor. 10. 7.

and worshipped it, and sacrificed to it, and said, ⁹These are thy gods, O Israel, who brought thee up out of the land of Egypt. ¹⁰And now let me alone, and I will be very angry with them and consume them, and I will make thee a great nation. ¹¹And Moses prayed before the Lord God, and said, Wherefore, O Lord, art thou very angry with thy people, whom thou broughtest out of the land of Egypt with great strength, and with thy high arm? ¹² *Take heed* lest at any time the Egyptians speak, saying, With evil intent he brought them out to slay them in the mountains, and to consume them from off the earth; cease from thy wrathful anger, and be merciful to the sin of thy people, ¹³remembering Abraam and Isaac and Jacob thy servants, to whom thou hast sworn by thyself, and hast spoken to them, saying, I will greatly multiply your seed as the stars of heaven for multitude, and all this land which thou spokest of to give to them, so that they shall possess it for ever. ¹⁴And the Lord was ᵝ prevailed upon to preserve his people.

¹⁵And Moses turned and went down from the mountain, and the two tables of testimony were in his hands, tables of stone written on both their sides: they were written within and without. ¹⁶ And the tables were the work of God, and the writing the writing of God written on the tables. ¹⁷And ᵞ Joshua having heard the voice of the people crying, says to Moses, There is a noise of war in the camp. ¹⁸And *Moses* says, It is not the voice of them that begin the battle, nor the voice of them that begin *the cry* of defeat, but the voice of them that begin *the banquet* of wine do I hear.

¹⁹And when he drew nigh to the camp, he sees the calf and the dances; and Moses being very angry cast the two tables out of his hands, and broke them to pieces under the mountain. ²⁰And having taken the calf which they made, he consumed it with fire, and ground it very small, and ᵟ scattered it on the water, and made the children of Israel to drink it. ²¹And Moses said to Aaron, What has this people done to thee, that thou hast brought upon them a great sin? ²²And Aaron said to Moses, Be not angry, *my lord*, for thou knowest the ᵟimpetuosity of this people. ²³For they say to me, Make us gods, which shall go before us; for as for this man Moses, who brought us out of Egypt, we do not know what is ᶿ become of him. ²⁴And I said to them, If any one has golden ornaments, take them off; and they gave them me, and I cast them into the fire, and there came out this calf. ²⁵And when Moses saw that the people was scattered,—for Aaron *had* scattered them *so as to be* a rejoicing to their enemies,—²⁶then stood Moses at the gate of the camp, and said, Who is on the Lord's side? let him come to me. Then all the sons of Levi came to him. ²⁷And he says to them, Thus saith the Lord God of Israel, Put every one his sword on his thigh, and go through and return from gate to gate through the camp, and slay every one his brother, and every one his neighbour, and every one him that is nearest to him. ²⁸And the sons of Levi did as Moses spoke to them,

κασιν αὐτῷ, καὶ τεθύκασιν αὐτῷ, καὶ εἶπαν, οὗτοι οἱ θεοί σου 9 Ἰσραὴλ, οἵτινες ἀνεβίβασάν σε ἐκ γῆς Αἰγύπτου. Καὶ νῦν 10 ἔασόν με, καὶ θυμωθεὶς ὀργῇ εἰς αὐτοὺς, ἐκτρίψω αὐτούς· καὶ ποιήσω σὲ εἰς ἔθνος μέγα. Καὶ ἐδεήθη Μωυσῆς ἔναντι 11 Κυρίου τοῦ Θεοῦ, καὶ εἶπεν, ἱνατί, Κύριε, θυμοῖ ὀργῇ εἰς τὸν λαόν σου, οὓς ἐξήγαγες ἐκ γῆς Αἰγύπτου ἐν ἰσχῦι μεγάλῃ, καὶ ἐν τῷ βραχίονί σου τῷ ὑψηλῷ; Μή ποτε εἴπωσιν οἱ Αἰγύπτιοι, 12 λέγοντες, μετὰ πονηρίας ἐξήγαγεν αὐτοὺς ἀποκτεῖναι ἐν τοῖς ὄρεσι, καὶ ἐξαναλῶσαι αὐτοὺς ἀπὸ τῆς γῆς· παῦσαι τῆς ὀργῆς τοῦ θυμοῦ σου, καὶ ἵλεως γενοῦ ἐπὶ τῇ κακίᾳ τοῦ λαοῦ σου, μνησθεὶς Ἀβραὰμ καὶ Ἰσαὰκ καὶ Ἰακὼβ τῶν σῶν οἰκετῶν, 13 οἷς ὤμοσας κατὰ σεαυτοῦ, καὶ ἐλάλησας πρὸς αὐτοὺς, λέγων, πολυπληθυνῶ τὸ σπέρμα ὑμῶν ὡσεὶ τὰ ἄστρα τοῦ οὐρανοῦ τῷ πλήθει· καὶ πᾶσαν τὴν γῆν ταύτην ἣν εἶπας δοῦναι αὐτοῖς, καὶ καθέξουσιν αὐτὴν εἰς τὸν αἰῶνα. Καὶ ἱλάσθη Κύριος 14 περιποιῆσαι τὸν λαὸν αὐτοῦ.

Καὶ ἀποστρέψας Μωυσῆς, κατέβη ἀπὸ τοῦ ὄρους· καὶ 15 αἱ δύο πλάκες τοῦ μαρτυρίου ἐν ταῖς χερσὶν αὐτοῦ, πλάκες λίθιναι καταγεγραμμέναι ἐξ ἀμφοτέρων τῶν μερῶν αὐτῶν, ἔνθεν καὶ ἔνθεν ἦσαν γεγραμμέναι. Καὶ αἱ πλάκες ἔργον 16 Θεοῦ ἦσαν, καὶ ἡ γραφὴ γραφὴ Θεοῦ κεκολαμμένη ἐν ταῖς πλαξί. Καὶ ἀκούσας Ἰησοῦς τῆς φωνῆς τοῦ λαοῦ κραζόντων, 17 λέγει πρὸς Μωυσῆν, φωνὴ πολέμου ἐν τῇ παρεμβολῇ. Καὶ 18 λέγει, οὐκ ἔστι φωνὴ ἐξαρχόντων κατʼ ἰσχὺν, οὐδὲ φωνὴ ἐξαρχόντων τροπῆς, ἀλλὰ φωνὴν ἐξαρχόντων οἴνου ἐγὼ ἀκούω.

Καὶ ἡνίκα ἤγγιζε τῇ παρεμβολῇ, ὁρᾷ τὸν μόσχον καὶ τοὺς 19 χορούς· καὶ ὀργισθεὶς θυμῷ Μωυσῆς ἔρριψεν ἀπὸ τῶν χειρῶν αὐτοῦ τὰς δύο πλάκας, καὶ συνέτριψεν αὐτὰς ὑπὸ τὸ ὄρος. Καὶ λαβὼν τὸν μόσχον ὃν ἐποίησαν, κατέκαυσεν αὐτὸν ἐν 20 πυρὶ, καὶ κατήλεσεν αὐτὸν λεπτὸν, καὶ ἔσπειρεν αὐτὸν ὑπὸ τὸ ὕδωρ, καὶ ἐπότισεν αὐτὸ τοὺς υἱοὺς Ἰσραήλ. Καὶ εἶπε 21 Μωυσῆς τῷ Ἀαρὼν, τί ἐποίησέ σοι ὁ λαὸς οὗτος, ὅτι ἐπήγαγες ἐπ' αὐτοὺς ἁμαρτίαν μεγάλην; Καὶ εἶπεν Ἀαρὼν πρὸς 22 Μωυσῆν, μὴ ὀργίζου, κύριε· σὺ γὰρ οἶδας τὸ ὅρμημα τοῦ λαοῦ τούτου. Λέγουσι γάρ μοι, ποίησον ἡμῖν θεοὺς, οἳ 23 προπορεύσονται ἡμῶν· ὁ γὰρ Μωυσῆς οὗτος ὁ ἄνθρωπος, ὃς ἐξήγαγεν ἡμᾶς ἐξ Αἰγύπτου, οὐκ οἴδαμεν τί γέγονεν αὐτῷ. Καὶ εἶπα αὐτοῖς, εἴ τινι ὑπάρχει χρυσία, περιέλεσθε· καὶ 24 ἔδωκάν μοι· καὶ ἔρριψα εἰς τὸ πῦρ· καὶ ἐξῆλθεν ὁ μόσχος οὗτος. Καὶ ἰδὼν Μωυσῆς τὸν λαὸν ὅτι διεσκέδασται· (διεσκέ- 25 δασε γὰρ αὐτοὺς Ἀαρὼν ἐπίχαρμα τοῖς ὑπεναντίοις αὐτῶν) ἔστη δὲ Μωυσῆς ἐπὶ τῆς πύλης τῆς παρεμβολῆς, καὶ εἶπε, 26 τίς πρὸς Κύριον; ἴτω πρός με. Συνῆλθον οὖν πρὸς αὐτὸν πάντες οἱ υἱοὶ Λευί. Καὶ λέγει αὐτοῖς, τάδε λέγει Κύριος 27 ὁ Θεὸς Ἰσραήλ· θέσθε ἕκαστος τὴν ἑαυτοῦ ῥομφαίαν ἐπὶ τὸν μηρὸν, καὶ διέλθατε καὶ ἀνακάμψατε ἀπὸ πύλης ἐπὶ πύλην διὰ τῆς παρεμβολῆς, καὶ ἀποκτείνατε ἕκαστος τὸν ἀδελφὸν αὐτοῦ, καὶ ἕκαστος τὸν πλησίον αὐτοῦ, καὶ ἕκαστος τὸν ἔγγιστα αὐτοῦ. Καὶ ἐποίησαν οἱ υἱοὶ Λευὶ καθὰ ἐλάλησεν αὐτοῖς 28

ᵝ Gr. **pro**pitiated.   ᵞ Gr. Jesus.   ᵟ Gr. sowed it under the water, *but another reading is* ἐπί.   ᶻ Gr. impulse.   ᶿ Done to him.

Μωυσῆς· καὶ ἔπεσαν ἐκ τοῦ λαοῦ ἐν ἐκείνῃ τῇ ἡμέρᾳ εἰς
29 τρισχιλίους ἄνδρας. Καὶ εἶπεν αὐτοῖς Μωυσῆς, ἐπληρώσατε
τὰς χεῖρας ὑμῶν σήμερον Κυρίῳ ἕκαστος ἐν τῷ υἱῷ ἢ ἐν
τῷ ἀδελφῷ αὐτοῦ, δοθῆναι ἐφ᾿ ὑμᾶς εὐλογίαν.

30 Καὶ ἐγένετο μετὰ τὴν αὔριον εἶπε Μωυσῆς πρὸς τὸν λαόν,
ὑμεῖς ἡμαρτήκατε ἁμαρτίαν μεγάλην· καὶ νῦν ἀναβήσομαι
πρὸς τὸν Θεόν, ἵνα ἐξιλάσωμαι περὶ τῆς ἁμαρτίας ὑμῶν.
31 Ὑπέστρεψε δὲ Μωυσῆς πρὸς Κύριον, καὶ εἶπε, δέομαι Κύριε·
ἡμάρτηκεν ὁ λαὸς οὗτος ἁμαρτίαν μεγάλην, καὶ ἐποίησαν ἑαυτοῖς
32 θεοὺς χρυσοῦς. Καὶ νῦν εἰ μὲν ἀφεῖς αὐτοῖς τὴν ἁμαρτίαν
αὐτῶν, ἄφες· εἰ δὲ μή, ἐξάλειψόν με ἐκ τῆς βίβλου σου,
33 ἧς ἔγραψας. Καὶ εἶπε Κύριος πρὸς Μωυσῆν, εἴ τις ἡμάρ-
τηκεν ἐνώπιόν μου, ἐξαλείψω αὐτοὺς ἐκ τῆς βίβλου μου.
34 Νυνὶ δὲ βάδιζε, κατάβηθι, καὶ ὁδήγησον τὸν λαὸν τοῦτον
εἰς τὸν τόπον, ὃν εἶπά σοι· ἰδοὺ ὁ ἄγγελός μου προπορεύ-
σεται πρὸ προσώπου σου· ᾗ δ᾿ ἂν ἡμέρᾳ ἐπισκέπτωμαι,
35 ἐπάξω ἐπ᾿ αὐτοὺς τὴν ἁμαρτίαν αὐτῶν. Καὶ ἐπάταξε Κύριος
τὸν λαὸν περὶ τῆς ποιήσεως τοῦ μόσχου, οὗ ἐποίησεν
Ἀαρών.

33 Καὶ εἶπε Κύριος πρὸς Μωυσῆν, προπορεύου, ἀνάβηθι
ἐντεῦθεν σὺ καὶ ὁ λαός σου, οὓς ἐξήγαγες ἐκ γῆς Αἰγύπτου,
εἰς τὴν γῆν, ἣν ὤμοσα τῷ Ἀβραὰμ, καὶ Ἰσαὰκ, καὶ Ἰακὼβ,
2 λέγων, τῷ σπέρματι ὑμῶν δώσω αὐτήν. Καὶ συναποστελῶ
τὸν ἄγγελόν μου πρὸ προσώπου σου· καὶ ἐκβαλεῖ τὸν Ἀμορ-
ραῖον, καὶ Χετταῖον, καὶ Φερεζαῖον, καὶ Γεργεσαῖον, καὶ
3 Εὐαῖον, καὶ Ἰεβουσαῖον, καὶ Χαναναῖον. Καὶ εἰσάξω σε
εἰς γῆν ῥέουσαν γάλα καὶ μέλι· οὐ γὰρ μὴ συναναβῶ μετὰ
σοῦ, διὰ τὸ λαὸν σκληροτράχηλόν σε εἶναι, ἵνα μὴ ἐξαναλώσω
4 σε ἐν τῇ ὁδῷ. Καὶ ἀκούσας ὁ λαὸς τὸ ῥῆμα τὸ πονηρὸν
5 τοῦτο, κατεπένθησεν ἐν πενθικοῖς. Καὶ εἶπε Κύριος τοῖς υἱοῖς
Ἰσραήλ, ὑμεῖς λαὸς σκληροτράχηλος· ὁρᾶτε, μὴ πληγὴν ἄλλην
ἐπάξω ἐγὼ ἐφ᾿ ὑμᾶς, καὶ ἐξαναλώσω ὑμᾶς· νῦν οὖν ἀφέλεσθε
τὰς στολὰς τῶν δοξῶν ὑμῶν, καὶ τὸν κόσμον, καὶ δείξω σοι
6 ἃ ποιήσω σοι. Καὶ περιείλαντο οἱ υἱοὶ Ἰσραὴλ τὸν κόσμον
7 αὐτῶν, καὶ τὴν περιστολὴν ἀπὸ τοῦ ὄρους τοῦ Χωρήβ. Καὶ
λαβὼν Μωυσῆς τὴν σκηνὴν αὐτοῦ, ἔπηξεν ἔξω τῆς παρεμβολῆς,
μακρὰν ἀπὸ τῆς παρεμβολῆς· καὶ ἐκλήθη Σκηνὴ μαρτυρίου·
καὶ ἐγένετο, πᾶς ὁ ζητῶν Κύριον ἐξεπορεύετο εἰς τὴν σκηνὴν
8 τὴν ἔξω τῆς παρεμβολῆς. Ἡνίκα δ᾿ ἂν εἰσεπορεύετο Μωυσῆς
εἰς τὴν σκηνὴν ἔξω τῆς παρεμβολῆς, εἱστήκει πᾶς ὁ λαὸς
σκοπεύοντες ἕκαστος παρὰ τὰς θύρας τῆς σκηνῆς αὐτοῦ· καὶ
κατενοοῦσαν ἀπιόντος Μωυσῆ ἕως τοῦ εἰσελθεῖν αὐτὸν εἰς
9 τὴν σκηνήν. Ὡς δ᾿ ἂν εἰσῆλθε Μωυσῆς εἰς τὴν σκηνήν,
κατέβαινεν ὁ στύλος τῆς νεφέλης, καὶ ἵστατο ἐπὶ τὴν θύραν
10 τῆς σκηνῆς, καὶ ἐλάλει Μωυσῇ. Καὶ ἑώρα πᾶς ὁ λαὸς τὸν
στύλον τῆς νεφέλης ἑστῶτα ἐπὶ τῆς θύρας τῆς σκηνῆς· καὶ
στάντες πᾶς ὁ λαός, προσεκύνησαν ἕκαστος ἀπὸ τῆς θύρας
11 τῆς σκηνῆς αὐτοῦ. Καὶ ἐλάλησε Κύριος πρὸς Μωυσῆν,
ἐνώπιος ἐνωπίῳ, ὡς εἴ τις λαλήσαι πρὸς τὸν ἑαυτοῦ φίλον·

and there fell of the people in that day to the *number of* three thousand men. [29]And Moses said to them, Ye have filled your hands this day to the Lord each one on his son or on his brother, so that blessing should be given to you.

[30]And it came to pass after the morrow *had begun,* that Moses said to the people, Ye have sinned a great sin; and now I will go up to God, that I may make atonement for your sin. [31]And Moses returned to the Lord and said, I pray, O Lord, this people has sinned a great sin, and they have made for themselves golden gods. [32]And now if thou β wilt forgive their sin, forgive *it;* and if not, blot me out of thy book, which thou hast written. [33]And the Lord said to Moses, If any one has sinned against me, I will blot them out of my book. [34]And now go, descend, and lead this people into the place of which I spoke to thee: behold, my angel shall go before thy face; and in the day when I shall visit I will bring upon them their sin. [35]And the Lord smote the people for the making the calf, which Aaron made.

And the Lord said to Moses, Go forward, go up hence, thou and thy people, *whom* thou broughtest out of the land of Egypt, into the land which I swore to Abraam, and Isaac, and Jacob, saying, I will give it to your seed. [2]And I will send at the same time my angel before thy face, and he shall cast out the Amorite and the Chettite, and the Pherezite and Gergesite, and Evite, and Jebusite, and Chananite. [3]And I will bring thee into a land flowing with milk and honey; for I will not go up with thee, because thou art a stiff-necked people, lest I consume thee by the way. [4]And the people having heard this γ grievous saying, mourned in mourning apparel. [5]For the Lord said to the children of Israel, Ye are a stiff-necked people; take heed lest I bring on you another plague, and destroy you: now then put off your glorious apparel, and *your* ornaments, and I will shew thee what I will do to thee. [6]So the sons of Israel took off their ornaments and their array δ at the mount of Choreb. [7]And Moses took his tabernacle and pitched it without the camp, at a distance from the camp; and it was called the Tabernacle of Testimony: and it came to pass *that* every one that sought the Lord went forth to the tabernacle which was without the camp. [8]And whenever Moses went into the tabernacle without the camp, all the people stood every one watching by the doors of his tent; and when Moses departed, they took notice until he entered into the tabernacle. [9]And when Moses entered into the tabernacle, the pillar of the cloud descended, and stood at the door of the tabernacle, and *God* talked to Moses. [10]And all the people saw the pillar of the cloud standing by the door of the tabernacle, and all the people stood and worshipped every one δ at the door of his tent. [11]And the Lord spoke to Moses face to face, as if one should speak to his friend; and he

---

β *Gr.* dost.   γ *Gr.* evil.   δ *Gr.* from.

retired into the camp: but his servant Joshua the son of Naue, a young man, departed not forth from the tabernacle.

¹²And Moses said to the Lord, Lo! thou sayest to me, Lead on this people; but thou hast not shewed me whom thou wilt send with me, but thou hast said to me, I know thee above all, and thou hast favour with me. ¹³If then I have found favour in thy sight, reveal thyself to me, that I may evidently see thee; that I may find favour in thy sight, and that I may know that this great nation *is* thy people. ¹⁴And he says, I myself will go before thee, and give thee rest. ¹⁵And he says to him, If thou go not up with us thyself, bring me not up hence. ¹⁶And how shall it be surely known, that both I and this people have found favour with thee, except only if thou go with us? So both I and thy people shall be glorified beyond all the nations, as many as are upon the earth. ¹⁷And the Lord said to Moses, I will also do for thee this thing, which thou hast spoken; for thou hast found grace before me, and I know thee above all. ¹⁸And *Moses* says, Manifest thyself to me. ¹⁹And *God* said, I will pass by before thee with my glory, and I will call by my name, the Lord, before thee; and ᵝI will have mercy on whom I will have mercy, and will have pity on whom I will have pity. ²⁰And *God* said, Thou shalt not be able to see my face; for no man shall see my face, and live. ²¹And the Lord said, Behold, *there is* a place by me: thou shalt stand upon the rock; ²²and when my glory shall pass by, then I will put thee into a hole of the rock; and I will cover thee over with my hand, until I shall have passed by. ²³And I will remove my hand, and then shalt thou see my back parts; but my face shall not appear to thee.

And the Lord said to Moses, Hew for thyself two tables of stone, as also the first were, and come up to me to the mountain; and I will write upon the tables the words, which were on the first tables, which thou brokest. ²And be ready by the morning, and thou shalt go up to the mount Sina, and shalt stand there for me on the top of the mountain. ³And let no one go up with thee, nor be seen in all the mountain; and let not the sheep and oxen feed near that mountain. ⁴And *Moses* hewed two tables of stone, as also the first were; and Moses having arisen early, went up to the mount Sina, as the Lord appointed him; and Moses took the two tables of stone. ⁵And the Lord descended in a cloud, and stood near him there, and called ᵞby the name of the Lord. ⁶And the Lord passed by before his face, and proclaimed, The Lord God, pitiful and merciful, longsuffering and very compassionate, and true, ⁷and keeping justice and mercy for thousands, taking away iniquity, and unrighteousness, and sins; and he will not clear the guilty; bringing the iniquity of the fathers upon the children, and to the children's children, to the third and fourth generation. ⁸And Moses hasted, and bowed to the earth and worshipped; ⁹and said, If I have found grace before thee, let my Lord go with us; for the people is

Καὶ εἶπε Μωυσῆς πρὸς Κύριον, ἰδοὺ σύ μοι λέγεις, ἀνάγαγε 12 τὸν λαὸν τοῦτον, σὺ δὲ οὐκ ἐδήλωσάς μοι, ὃν συναποστελεῖς μετ' ἐμοῦ· σὺ δέ μοι εἶπας, οἶδά σε παρὰ πάντας, καὶ χάριν ἔχεις παρ' ἐμοί. Εἰ οὖν εὕρηκα χάριν ἐναντίον σου, ἐμφάνισόν μοι 13 σεαυτόν· γνωστῶς ἵνα ἴδω σε, ὅπως ἂν ὦ εὑρηκὼς χάριν ἐναντίον σου, καὶ ἵνα γνῶ, ὅτι λαός σου τὸ ἔθνος τὸ μέγα τοῦτο. Καὶ λέγει, αὐτὸς προπορεύσομαί σου, καὶ καταπαύσω 14 σε. Καὶ λέγει πρὸς αὐτόν, εἰ μὴ αὐτὸς σὺ συμπορεύῃ, μή 15 με ἀναγάγῃς ἐντεῦθεν. Καὶ πῶς γνωστὸν ἔσται ἀληθῶς, ὅτι 16 εὕρηκα χάριν παρὰ σοὶ ἐγώ τε καὶ ὁ λαός σου, ἀλλ' ἢ συμπορευομένου σου μεθ' ἡμῶν; καὶ ἐνδοξασθήσομαι ἐγώ τε καὶ ὁ λαός σου παρὰ πάντα τὰ ἔθνη, ὅσα ἐπὶ τῆς γῆς ἐστι. Καὶ εἶπε Κύριος πρὸς Μωυσῆν, καὶ τοῦτόν σοι τὸν λόγον 17 ὃν εἴρηκας, ποιήσω· εὕρηκας γὰρ χάριν ἐνώπιον ἐμοῦ, καὶ οἶδά σε παρὰ πάντας. Καὶ λέγει, ἐμφάνισόν μοι σεαυτόν. 18 Καὶ εἶπεν, ἐγὼ παρελεύσομαι πρότερός σου τῇ δόξῃ μου, 19 καὶ καλέσω τῷ ὀνόματί μου, Κύριος ἐναντίον σου· καὶ ἐλεήσω, ὃν ἂν ἐλεῶ, καὶ οἰκτειρήσω, ὃν ἂν οἰκτειρῶ. Καὶ εἶπεν, 20 οὐ δυνήσῃ ἰδεῖν τὸ πρόσωπόν μου· οὐ γὰρ μὴ ἴδῃ ἄνθρωπος τὸ πρόσωπόν μου, καὶ ζήσεται. Καὶ εἶπε Κύριος, ἰδοὺ τόπος 21 παρ' ἐμοί, στήσῃ ἐπὶ τῆς πέτρας. Ἡνίκα δ' ἂν παρέλθῃ ἡ 22 δόξα μου, καὶ θήσω σε εἰς ὀπὴν τῆς πέτρας, καὶ σκεπάσω τῇ χειρί μου ἐπὶ σέ, ἕως ἂν παρέλθω. Καὶ ἀφελῶ τὴν χεῖρα, 23 καὶ τότε ὄψει τὰ ὀπίσω μου· τὸ δὲ πρόσωπόν μου οὐκ ὀφθήσεταί σοι.

Καὶ εἶπε Κύριος πρὸς Μωυσῆν, λάξευσον σεαυτῷ δύο πλάκας 34 λιθίνας, καθὼς καὶ αἱ πρῶται, καὶ ἀνάβηθι πρός με εἰς τὸ ὄρος· καὶ γράψω ἐπὶ τῶν πλακῶν τὰ ῥήματα, ἃ ἦν ἐν ταῖς πλαξὶ ταῖς πρώταις, αἷς συνέτριψας. Καὶ γίνου ἕτοιμος εἰς τὸ 2 πρωΐ, καὶ ἀναβήσῃ ἐπὶ τὸ ὄρος τὸ Σινὰ, καὶ στήσῃ μοι ἐκεῖ ἐπ' ἄκρου τοῦ ὄρους. Καὶ μηδεὶς ἀναβήτω μετὰ σοῦ, μηδὲ 3 ὀφθήτω ἐν παντὶ τῷ ὄρει· καὶ τὰ πρόβατα καὶ βόες μὴ νεμέσθωσαν πλησίον τοῦ ὄρους ἐκείνου. Καὶ ἐλάξευσε δύο πλάκας 4 λιθίνας, καθάπερ καὶ αἱ πρῶται· καὶ ὀρθρίσας Μωυσῆς, ἀνέβη εἰς τὸ ὄρος τὸ Σινὰ, καθότι συνέταξεν αὐτῷ Κύριος· καὶ ἔλαβε Μωυσῆς τὰς δύο πλάκας τὰς λιθίνας. Καὶ κατέβη Κύριος 5 ἐν νεφέλῃ, καὶ παρέστη αὐτῷ ἐκεῖ, καὶ ἐκάλεσε τῷ ὀνόματι Κυρίου. Καὶ παρῆλθε Κύριος πρὸ προσώπου αὐτοῦ, καὶ 6 ἐκάλεσε, Κύριος ὁ Θεὸς οἰκτίρμων, καὶ ἐλεήμων, μακρόθυμος, καὶ πολυέλεος, καὶ ἀληθινὸς, καὶ δικαιοσύνην διατηρῶν καὶ 7 ἔλεος εἰς χιλιάδας, ἀφαιρῶν ἀνομίας, καὶ ἀδικίας, καὶ ἁμαρτίας, καὶ οὐ καθαριεῖ τὸν ἔνοχον, ἐπάγων ἀνομίας πατέρων ἐπὶ τέκνα, καὶ ἐπὶ τέκνα τέκνων, ἐπὶ τρίτην καὶ τετάρτην γενεάν. Καὶ σπεύσας Μωυσῆς, κύψας ἐπὶ τὴν γῆν προσεκύ- 8 νησε· καὶ εἶπεν, εἰ εὕρηκα χάριν ἐνώπιόν σου, συμπορευθήτω 9

β Rom. 9. 15.   γ *Or*, the name of the Lord, *Hebraism*. Another reading is ἐν ὀνόματι.

9 ὁ Κύριός μου μεθ᾽ ἡμῶν· ὁ λαὸς γὰρ σκληροτράχηλός ἐστι· καὶ ἀφελεῖς σὺ τὰς ἁμαρτίας ἡμῶν, καὶ τὰς ἀνομίας ἡμῶν, καὶ ἐσόμεθά σοι.

10 Καὶ εἶπε Κύριος πρὸς Μωυσῆν, ἰδού, ἐγὼ τίθημί σοι διαθήκην ἐνώπιον παντὸς τοῦ λαοῦ σου, ποιήσω ἔνδοξα, ἃ οὐ γέγονεν ἐν πάσῃ τῇ γῇ, καὶ ἐν παντὶ ἔθνει· καὶ ὄψεται πᾶς ὁ λαός, ἐν οἷς εἶ σύ, τὰ ἔργα Κυρίου, ὅτι θαυμαστά 11 ἐστιν, ἃ ἐγὼ ποιήσω σοι. Πρόσεχε σὺ πάντα ὅσα ἐγὼ ἐντέλλωμαί σοι· ἰδοὺ ἐγὼ ἐκβάλλω πρὸ προσώπου ὑμῶν τὸν Ἀμορραῖον, καὶ Χαναναῖον, καὶ Φερεζαῖον, καὶ Χετταῖον, 12 καὶ Εὐαῖον, καὶ Γεργεσαῖον, καὶ Ἰεβουσαῖον. Πρόσεχε σεαυτῷ, μή ποτε θῇς διαθήκην τοῖς ἐγκαθημένοις ἐπὶ τῆς γῆς, εἰς ἣν εἰσπορεύῃ εἰς αὐτήν, μή σοι γένηται πρόσκομμα ἐν ὑμῖν. 13 Τοὺς βωμοὺς αὐτῶν καθελεῖτε, καὶ τὰς στήλας αὐτῶν συντρί- ψετε, καὶ τὰ ἄλση αὐτῶν ἐκκόψετε, καὶ τὰ γλυπτὰ τῶν θεῶν 14 αὐτῶν κατακαύσετε ἐν πυρί. Οὐ γὰρ μὴ προσκυνήσητε θεοῖς ἑτέροις· ὁ γὰρ Κύριος ὁ Θεός, ζηλωτὸν ὄνομα, Θεὸς ζηλωτής 15 ἐστι. Μή ποτε θῇς διαθήκην τοῖς ἐγκαθημένοις ἐπὶ τῆς γῆς, καὶ ἐκπορνεύσωσιν ὀπίσω τῶν θεῶν αὐτῶν, καὶ θύσωσι τοῖς 16 θεοῖς αὐτῶν, καὶ καλέσωσί σε, καὶ φάγῃς τῶν αὐτῶν, καὶ λάβῃς τῶν θυγατέρων αὐτῶν τοῖς υἱοῖς σου, καὶ τῶν θυγατέρων σου δῷς τοῖς υἱοῖς αὐτῶν, καὶ ἐκπορνεύσωσιν αἱ θυγατέρες σου ὀπίσω τῶν θεῶν αὐτῶν, καὶ ἐκπορνεύσωσιν οἱ υἱοί σου ὀπίσω 17 τῶν θεῶν αὐτῶν. Καὶ θεοὺς χωνευτοὺς οὐ ποιήσεις σεαυτῷ. 18 Καὶ τὴν ἑορτὴν τῶν ἀζύμων φυλάξῃ· ἑπτὰ ἡμέρας φαγῇ ἄζυμα, καθάπερ ἐντέταλμαί σοι, εἰς τὸν καιρὸν ἐν μηνὶ τῶν 19 νέων· ἐν γὰρ μηνὶ τῶν νέων ἐξῆλθες ἐξ Αἰγύπτου. Πᾶν δια- νοῖγον μήτραν, ἐμοὶ τὰ ἀρσενικά, πᾶν πρωτότοκον μόσχου, καὶ 20 πρωτότοκον προβάτου. Καὶ πρωτότοκον ὑποζυγίου λυτρώσῃ προβάτῳ· ἐὰν δὲ μὴ λυτρώσῃ αὐτό, τιμὴν δώσεις· πᾶν πρωτότοκον τῶν υἱῶν σου λυτρώσῃ· οὐκ ὀφθήσῃ ἐνώπιόν μου κενός.

21 Ἓξ ἡμέρας ἐργᾷ, τῇ δὲ ἑβδόμῃ καταπαύσεις· τῷ σπόρῳ καὶ 22 τῷ ἀμητῷ κατάπαυσις. Καὶ ἑορτὴν ἑβδομάδων ποιήσεις μοι, ἀρχὴν θερισμοῦ πυροῦ· καὶ ἑορτὴν συναγωγῆς μεσοῦντος τοῦ 23 ἐνιαυτοῦ. Τρεῖς καιροὺς τοῦ ἐνιαυτοῦ ὀφθήσεται πᾶν ἀρσενικόν 24 σου ἐνώπιον Κυρίου τοῦ Θεοῦ Ἰσραήλ. Ὅταν γὰρ ἐκβάλω τὰ ἔθνη πρὸ προσώπου σου, καὶ πλατυνῶ τὰ ὅριά σου, οὐκ ἐπιθυ- μήσει οὐθεὶς τῆς γῆς σου, ἡνίκα ἂν ἀναβαίνῃς ὀφθῆναι ἐναντίον 25 Κυρίου τοῦ Θεοῦ σου, τρεῖς καιροὺς τοῦ ἐνιαυτοῦ. Οὐ σφάξεις ἐπὶ ζύμῃ αἷμα θυμιαμάτων μου, καὶ οὐ κοιμηθήσεται εἰς τὸ 26 πρωὶ θύματα ἑορτῆς τοῦ πάσχα. Τὰ πρωτογεννήματα τῆς γῆς σου θήσεις εἰς τὸν οἶκον Κυρίου τοῦ Θεοῦ σου· οὐχ ἑψήσεις 27 ἄρνα ἐν γάλακτι μητρὸς αὐτοῦ. Καὶ εἶπε Κύριος πρὸς Μωυσῆν, γράψον σεαυτῷ τὰ ῥήματα ταῦτα· ἐπὶ γὰρ τῶν λόγων 28 τούτων τέθειμαί σοι διαθήκην, καὶ τῷ Ἰσραήλ. Καὶ ἦν ἐκεῖ Μωυσῆς ἐναντίον Κυρίου τεσσαράκοντα ἡμέρας, καὶ τεσσαρά-

stiff-necked: and thou shalt take away our sins and our iniquities, and we will be thine. [10] And the Lord said to Moses, Behold, I establish a covenant for thee in the presence of all thy people; I will do glorious things, which have not been done in all the earth, or in any nation; and all the people among whom thou art shall see the works of the Lord, that they are wonderful, which I will do for thee. [11] Do thou take heed to all things whatsoever I command thee: behold, I cast out before your face the Amorite and the Chananite and the Pherezite, and the Chettite, and Evite, and Gergesite and Je- busite: [12] take heed to thyself, lest at any time thou make a covenant with the dwellers on the land, into which thou art entering, lest it be to thee a stumbling-block among you. [13] Ye shall destroy their altars, and break in pieces their pillars, and ye shall cut down their groves, and the graven images of their gods ye shall burn with fire. [14] For ye shall not worship strange gods, for the Lord God, a jealous name, is a jealous God; [15] lest at any time thou make a covenant with the dwellers on the land, and they go a whoring after their gods, and sacrifice to their gods, and they call thee, and thou shouldest eat of their feasts, [16] and thou shouldest take of their daughters to thy sons, and thou shouldest give of thy daughters to their sons; and thy daughters should go a whor- ing after their gods, and thy sons should go a whoring after their gods. [17] And thou shalt not make to thyself molten gods. [18] And thou shalt keep the feast of unlea- vened bread: seven days shalt thou eat unleavened bread, as I have charged thee, at the season in the month of new corn; for in the month of new corn thou camest out from Egypt. [19] The males are mine, everything that opens the womb; every first-born of β oxen, and every first-born of sheep. [20] And the first-born of an ass thou shalt redeem with a sheep, and if thou wilt not redeem it thou shalt pay a price: every first-born of thy sons shalt thou redeem: thou shalt not appear before me empty. [21] Six days thou shalt work, but on the seventh day thou shalt rest: there shall be rest in seed-time and harvest. [22] And thou shalt γ keep to me the feast of weeks, the beginning of wheat-harvest; and the feast of ingathering in the middle of the year. [23] Three times in the year shall every male of thine appear before the Lord the God of Israel. [24] For when I shall have cast out the nations before thy face, and shall have enlarged thy coasts, no one shall desire thy land, whenever thou mayest go up to appear before the Lord thy God, three times in the year. [25] Thou shalt not δ offer the blood of my ς sacrifices θ with leaven, neither shall the sacrifices of the feast of the passover λ remain till the morning. [26] The first-fruits of thy land shalt thou put into the house of the Lord thy God: thou shalt not boil a lamb in his mother's milk. [27] And the Lord said to Moses, Write these words for thyself, for on these words I have established a covenant with thee and with Israel. [28] And Moses was there before the Lord forty days

---

β Gr. of a calf.   γ Gr. make.   δ Gr. slay.   ζ Gr. incense-offerings.   θ Gr. upon.   λ Gr. sleep.

and forty nights; he did not eat bread, and he did not drink water; and he wrote upon the tables these words of the covenant, the ten sayings.

²⁹ And when Moses went down from the mountain, β *there were* the two tables in the hands of Moses,—as then he went down from the mountain, Moses knew not that the appearance of the skin of his face was glorified, when γ God spoke to him. ³⁰ And Aaron and all the elders of Israel saw Moses, and the appearance of the skin of his face was made glorious, and they feared to approach him. ³¹ And Moses called them, and Aaron and all the rulers of the synagogue turned towards him, and Moses spoke to them.

³² And afterwards all the children of Israel came to him, and he commanded them all things, whatsoever the Lord had commanded him in the mount of Sina. ³³ And when he ceased speaking to them, he put a veil on his face. ³⁴ And whenever Moses went in before the Lord to speak to him, he took off the veil till he went out, and he went forth and spoke to all the children of Israel whatsoever the Lord commanded him. ³⁵ And the children of Israel saw the face of Moses, that it was glorified; and Moses put the veil over his face, till he went in to speak with him.

And Moses gathered all the congregation of the children of Israel together, and said, These are the words which the Lord has spoken for *you* to do them. ² Six days shalt thou perform works, but on the seventh day *shall be* rest—a holy sabbath—a rest for the Lord: every one that does work on it, let him die. ³ Ye shall not burn a fire in any of your dwellings on the sabbath-day; I *am* the Lord. ⁴ And Moses spoke to all the congregation of the children of Israel, saying, This *is* the thing which the Lord has appointed you, saying, ⁵ Take of yourselves an offering for the Lord: every one that engages in his heart of the first-fruits to the Lord; gold, silver, brass, ⁶ blue, purple, double scarlet spun, and fine linen spun, and goats' hair, ⁷ and rams' skins dyed red, and skins *dyed* blue, and incorruptible wood, ⁸ and sardine stones, and stones for engraving for the ζ shoulder-piece and full-length robe. ⁹ And every man that is wise in heart among you, let him come and work all things whatsoever the Lord has commanded. ¹⁰ The tabernacle, and the cords, and the coverings, and the rings, and the bars, and the posts, ¹¹ and the ark of the testimony, and its staves, and its propitiatory, and the veil, ¹² and the curtains of the court, and its posts, ¹³ and the emerald stones, ¹⁴ and the incense, and the anointing oil, ¹⁵ and the table and all its furniture, ¹⁶ and the candlestick for the light and all its furniture, ¹⁷ and the altar and all its furniture; ¹⁸ and the holy garments of Aaron the priest, and the garments in which they shall do service; ¹⁹ and the garments of priesthood for the sons of Aaron and the anointing oil, and the compound incense.

κοντα νύκτας· ἄρτον οὐκ ἔφαγε, καὶ ὕδωρ οὐκ ἔπιε· καὶ ἔγραψεν ἐπὶ τῶν πλακῶν τὰ ῥήματα ταῦτα τῆς διαθήκης, τοὺς δέκα λόγους.

Ὡς δὲ κατέβαινε Μωυσῆς ἐκ τοῦ ὄρους, καὶ αἱ δύο πλάκες 29 ἐπὶ τῶν χειρῶν Μωυσῆ· καταβαίνοντος δὲ αὐτοῦ ἐκ τοῦ ὄρους, Μωυσῆς οὐκ ᾔδει ὅτι δεδόξασται ἡ ὄψις τοῦ χρώματος τοῦ προσώπου αὐτοῦ ἐν τῷ λαλεῖν αὐτὸν αὐτῷ. Καὶ εἶδεν Ἀαρὼν 30 καὶ πάντες οἱ πρεσβύτεροι Ἰσραὴλ τὸν Μωυσῆν, καὶ ἦν δεδοξασμένη ἡ ὄψις τοῦ χρώματος τοῦ προσώπου αὐτοῦ· καὶ ἐφοβήθησαν ἐγγίσαι αὐτῷ. Καὶ ἐκάλεσεν αὐτοὺς Μωυσῆς, 31 καὶ ἐπεστράφησαν πρὸς αὐτὸν Ἀαρὼν καὶ πάντες οἱ ἄρχοντες τῆς συναγωγῆς· καὶ ἐλάλησεν αὐτοῖς Μωυσῆς.

Καὶ μετὰ ταῦτα προσῆλθον πρὸς αὐτὸν πάντες οἱ υἱοὶ Ἰσραήλ· 32 καὶ ἐνετείλατο αὐτοῖς πάντα, ὅσα ἐνετείλατο Κύριος πρὸς αὐτὸν ἐν τῷ ὄρει Σινά. Καὶ ἐπειδὴ κατέπαυσε λαλῶν πρὸς αὐτούς, 33 ἐπέθηκεν ἐπὶ τὸ πρόσωπον αὐτοῦ κάλυμμα. Ἡνίκα δ᾽ ἂν 34 εἰσεπορεύετο Μωυσῆς, ἔναντι Κυρίου λαλεῖν αὐτῷ, περιῃρεῖτο τὸ κάλυμμα ἕως τοῦ ἐκπορεύεσθαι· καὶ ἐξελθὼν ἐλάλει πᾶσι τοῖς υἱοῖς Ἰσραὴλ ὅσα ἐνετείλατο αὐτῷ Κύριος. Καὶ εἶδον οἱ 35 υἱοὶ Ἰσραὴλ τὸ πρόσωπον Μωυσέως, ὅτι δεδόξασται· καὶ περιέθηκε Μωυσῆς κάλυμμα ἐπὶ τὸ πρόσωπον ἑαυτοῦ, ἕως ἂν εἰσέλθῃ συλλαλεῖν αὐτῷ.

Καὶ συνήθροισε Μωυσῆς πᾶσαν συναγωγὴν υἱῶν Ἰσραὴλ, 35 καὶ εἶπεν, οὗτοι οἱ λόγοι, οὓς εἶπε Κύριος ποιῆσαι αὐτούς. Ἓξ ἡμέρας ποιήσεις ἔργα, τῇ δὲ ἡμέρᾳ τῇ ἑβδόμῃ κατάπαυσις· 2 ἅγια σάββατα· ἀνάπαυσις Κυρίῳ· πᾶς ὁ ποιῶν ἔργον ἐν αὐτῇ, τελευτάτω. Οὐ καύσετε πῦρ ἐν πάσῃ κατοικίᾳ ὑμῶν τῇ 3 ἡμέρᾳ τῶν σαββάτων· ἐγὼ Κύριος. Καὶ εἶπε Μωυσῆς πρὸς 4 πᾶσαν συναγωγὴν υἱῶν Ἰσραὴλ, λέγων, τοῦτο τὸ ῥῆμα, ὃ συνέταξε Κύριος, λέγων, λάβετε παρ᾽ ὑμῶν αὐτῶν ἀφαίρεμα 5 Κυρίῳ· πᾶς ὁ καταδεχόμενος τῇ καρδίᾳ, οἴσουσι τὰς ἀπαρχὰς Κυρίῳ, χρυσίον, ἀργύριον, χαλκὸν, ὑάκινθον, πορφύραν, κόκ- 6 κινον διπλοῦν διανενησμένον, καὶ βύσσον κεκλωσμένην, καὶ τρίχας αἰγείας, καὶ δέρματα κριῶν ἠρυθροδανωμένα, καὶ 7 δέρματα ὑακίνθινα, καὶ ξύλα ἄσηπτα, καὶ λίθους σαρδίου, καὶ 8 λίθους εἰς τὴν γλυφὴν εἰς τὴν ἐπωμίδα καὶ τὸν ποδήρη. Καὶ 9 πᾶς σοφὸς τῇ καρδίᾳ ἐν ὑμῖν, ἐλθὼν ἐργαζέσθω πάντα ὅσα συνέταξε Κύριος· Τὴν σκηνὴν, καὶ τὰ παραρύματα, καὶ τὰ 10 κατακαλύμματα, καὶ τὰ διατόνια, καὶ τοὺς μοχλοὺς, καὶ τοὺς στύλους, καὶ τὴν κιβωτὸν τοῦ μαρτυρίου, καὶ τοὺς ἀναφορεῖς 11 αὐτῆς, καὶ τὸ ἱλαστήριον αὐτῆς, καὶ τὸ καταπέτασμα, καὶ 12 τὰ ἱστία τῆς αὐλῆς, καὶ τοὺς στύλους αὐτῆς, καὶ τοὺς λίθους 13 τοὺς τῆς σμαράγδου, καὶ τὸ θυμίαμα, καὶ τὸ ἔλαιον τοῦ χρί- 14 σματος, καὶ τὴν τράπεζαν καὶ πάντα τὰ σκεύη αὐτῆς, καὶ 15, 16 τὴν λυχνίαν τοῦ φωτὸς καὶ πάντα τὰ σκεύη αὐτῆς, καὶ τὸ 17 θυσιαστήριον καὶ πάντα τὰ σκεύη αὐτοῦ, καὶ τὰς στολὰς 18 τὰς ἁγίας Ἀαρὼν τοῦ ἱερέως, καὶ τὰς στολὰς ἐν αἷς λειτουργήσουσιν ἐν αὐταῖς, καὶ τοὺς χιτῶνας τοῖς υἱοῖς Ἀαρὼν τῆς 19 ἱερατείας, καὶ τὸ ἔλαιον τοῦ χρίσματος, καὶ τὸ θυμίαμα τῆς συνθέσεως.

β *Gr.* and.　　　γ *Gr.* he.　　　δ *Gr.* they shall.　　　ζ *Or,* ephod.

20 Καὶ ἐξῆλθε πᾶσα συναγωγὴ υἱῶν Ἰσραὴλ ἀπὸ Μωυσῆ.
21 Καὶ ἤνεγκαν ἕκαστος, ὧν ἔφερεν ἡ καρδία αὐτῶν, καὶ ὅσοις
ἔδοξε τῇ ψυχῇ αὐτῶν, ἀφαίρεμα· καὶ ἤνεγκαν ἀφαίρεμα Κυρίῳ
εἰς πάντα τὰ ἔργα τῆς σκηνῆς τοῦ μαρτυρίου, καὶ εἰς πάντα
22 τὰ κάτεργα αὐτῆς, καὶ εἰς πάσας τὰς στολὰς τοῦ ἁγίου. Καὶ
ἤνεγκαν οἱ ἄνδρες παρὰ τῶν γυναικῶν, πᾶς ᾧ ἔδοξε τῇ διανοίᾳ,
ἤνεγκαν σφραγῖδας, καὶ ἐνώτια, καὶ δακτυλίους, καὶ ἐμπλόκια,
23 καὶ περιδέξια, πᾶν σκεῦος χρυσοῦν. Καὶ πάντες ὅσοι ἤνεγκαν
ἀφαιρέματα χρυσίου Κυρίῳ, καὶ παρ᾽ ᾧ εὑρέθη βύσσος· καὶ
δέρματα ὑακίνθινα καὶ δέρματα κριῶν ἠρυθροδανωμένα ἤνεγκαν.
24 Καὶ πᾶς ὁ ἀφαιρῶν ἀφαίρεμα, ἤνεγκαν ἀργύριον καὶ χαλκὸν,
τὰ ἀφαιρέματα Κυρίῳ· καὶ παρ᾽ οἷς εὑρέθη ξύλα ἄσηπτα·
25 καὶ εἰς πάντα τὰ ἔργα τῆς παρασκευῆς ἤνεγκαν. Καὶ πᾶσα
γυνὴ σοφὴ τῇ διανοίᾳ ταῖς χερσὶ νήθειν, ἤνεγκαν νενησμένα,
τὴν ὑάκινθον, καὶ τὴν πορφύραν, καὶ τὸ κόκκινον, καὶ τὴν
26 βύσσον. Καὶ πᾶσαι αἱ γυναῖκες, αἷς ἔδοξε τῇ διανοίᾳ αὐτῶν
27 ἐν σοφίᾳ, ἔνησαν τὰς τρίχας τὰς αἰγείας. Καὶ οἱ ἄρχοντες
ἤνεγκαν τοὺς λίθους τῆς σμαράγδου, καὶ τοὺς λίθους τῆς
28 πληρώσεως εἰς τὴν ἐπωμίδα, καὶ τὸ λογεῖον, καὶ τὰς συν-
θέσεις, καὶ εἰς τὸ ἔλαιον τῆς χρίσεως, καὶ τὴν σύνθεσιν τοῦ
29 θυμιάματος. Καὶ πᾶς ἀνὴρ καὶ γυνὴ, ὧν ἔφερεν ἡ διάνοια
αὐτῶν εἰσελθόντας ποιεῖν πάντα τὰ ἔργα, ὅσα συνέταξε
Κύριος ποιῆσαι αὐτὰ διὰ Μωυσῆ, ἤνεγκαν οἱ υἱοὶ Ἰσραὴλ,
30 ἀφαίρεμα Κυρίῳ. Καὶ εἶπε Μωυσῆς τοῖς υἱοῖς Ἰσραὴλ,
ἰδοὺ ἀνακέκληκεν ὁ Θεὸς ἐξ ὀνόματος τὸν Βεσελεὴλ τὸν τοῦ
31 Οὐρίου τὸν Ὢρ, ἐκ τῆς φυλῆς Ἰούδα, καὶ ἐνέπλησεν αὐτὸν
πνεῦμα θεῖον σοφίας καὶ συνέσεως, καὶ ἐπιστήμης πάντων,
32 ἀρχιτεκτονεῖν κατὰ πάντα τὰ ἔργα τῆς ἀρχιτεκτονίας, ποιεῖν
33 τὸ χρυσίον καὶ τὸ ἀργύριον καὶ τὸν χαλκὸν, καὶ λιθουργῆσαι
τὸν λίθον, καὶ κατεργάζεσθαι τὰ ξύλα, καὶ ποιεῖν ἐν παντὶ
34 ἔργῳ σοφίας. Καὶ προβιβάσαι γε ἔδωκεν ἐν τῇ διανοίᾳ αὐτῷ
35 τε, καὶ τῷ Ἐλιὰβ τῷ τοῦ Ἀχισαμὰχ, ἐκ φυλῆς Δάν. Καὶ
ἐνέπλησεν αὐτοὺς σοφίας, συνέσεως, διανοίας, πάντα συνιέναι
ποιῆσαι τὰ ἔργα τοῦ ἁγίου, καὶ τὰ ὑφαντὰ καὶ ποικιλτὰ ὑφᾶναι
τῷ κοκκίνῳ, καὶ τῇ βύσσῳ, ποιεῖν πᾶν ἔργον ἀρχιτεκτονίας,
ποικιλίας.

36 Καὶ ἐποίησε Βεσελεὴλ καὶ Ἐλιὰβ, καὶ πᾶς σοφὸς τῇ
διανοίᾳ, ᾧ ἐδόθη σοφία καὶ ἐπιστήμη ἐν αὐτοῖς, συνιέναι
ποιεῖν πάντα τὰ ἔργα, κατὰ τὰ ἅγια καθήκοντα, κατὰ πάντα
2 ὅσα συνέταξε Κύριος. Καὶ ἐκάλεσε Μωυσῆς Βεσελεὴλ καὶ
Ἐλιὰβ, καὶ πάντας τοὺς ἔχοντας τὴν σοφίαν, ᾧ ἔδωκεν ὁ
Θεὸς ἐπιστήμην ἐν τῇ καρδίᾳ, καὶ πάντας τοὺς ἑκουσίως
βουλομένους προσπορεύεσθαι πρὸς τὰ ἔργα, ὥστε συντελεῖν
3 αὐτά. Καὶ ἔλαβον παρὰ Μωυσῆ πάντα τὰ ἀφαιρέματα, ἃ
ἤνεγκαν οἱ υἱοὶ Ἰσραὴλ εἰς πάντα τὰ ἔργα τοῦ ἁγίου ποιεῖν
αὐτά· καὶ αὐτοὶ προσεδέχοντο ἔτι τὰ προσφερόμενα παρὰ
4 τῶν φερόντων τὸ πρωί. Καὶ παρεγίνοντο πάντες οἱ σοφοὶ
οἱ ποιοῦντες τὰ ἔργα τοῦ ἁγίου, ἕκαστος κατὰ τὸ αὐτοῦ ἔργον,

20 And all the congregation of the children of Israel went out from Moses. And they brought, they whose heart prompted them, and they to whomsoever it seemed good in their mind, each an offering: ²¹and they brought an offering to the Lord for all the works of the tabernacle of witness, and all its services, and for all the robes of the sanctuary. ²²And the men, even every one to whom it seemed good in his heart, brought from the women, *even* brought seals and ear-rings, and finger-rings, and β necklaces, and bracelets, every article of gold. ²³And all as many as brought ornaments of gold to the Lord, and with whomsoever fine linen was found; and they brought skins *dyed* blue, and rams' skins dyed red. ²⁴And every one that offered an offering γ brought silver and brass, the offerings to the Lord; and *they* with whom was found incorruptible wood; and they brought *offerings* for all the works of the preparation. ²⁵And every woman skilled in her heart to spin with her hands,γ brought spun *articles*, the blue, and purple, and scarlet and fine linen. ²⁶And all the women to whom it seemed good in their heart in their wisdom, spun the goats' hair. ²⁷And the rulers brought the emerald stones, and the stones for setting in the ephod, and the oracle, ²⁸and the compounds both for the anointing oil, and the composition of the incense. ²⁹And every man and woman whose mind inclined them to come in and do all the works as many as the Lord appointed them to do by Moses—*they* the children of Israel brought an offering to the Lord. ³⁰And Moses said to the children of Israel, Behold, God has called by name Beseleel the *son of* Urias the *son of* Or, of the tribe of Juda, ³¹and has filled him with a divine spirit of wisdom and understanding, and knowledge of all things, ³²to labour δ skilfully in all works of cunning workmanship, to form the gold and the silver and the brass, ³³and to work in stone, and to fashion the wood, and to work in every work of wisdom. ³⁴And *God* gave improvement in understanding both to him, and to Eliab the *son of* Achisamach of the tribe of Dan. ³⁵And *God* filled them with wisdom, understanding *and* perception, to understand to work all the works of the sanctuary, and to weave the woven and embroidered work with scarlet and fine linen, to do all work of curious workmanship *and* embroidery.

And Beseleel wrought, and Eliab and every one wise in understanding, to whom was given wisdom and knowledge, to understand to do all the works according to the holy offices, according to all things which the Lord appointed. ²And Moses called Beseleel and Eliab, and all that had wisdom, to whom God gave knowledge in *their* heart, and all who were freely willing to come forward to the works, to perform them. ³And they received from Moses all the offerings, which the children of Israel brought for all the works of the sanctuary to do them; and they continued to receive the gifts brought, from those who brought them in the morning. ⁴And there came all the wise men who wrought the works of

---

β Or, chains. ~ Gr. they brought. δ i. e. as a master workman.

the sanctuary, each according to his own work, which they wrought. ⁵ And ᵝ one said to Moses, The people bring an abundance *too great* in proportion to all the works which the Lord has appointed *them* to do. ⁶ And Moses commanded, and proclaimed in the camp, saying, Let neither man nor woman any longer labour for the offerings of the sanctuary; and the people were restrained from bringing any more. ⁷ And they had ᵞ materials sufficient for making the furniture, and they left some besides. ⁸ And every wise one among those that wrought made the robes of the holy places, which belong to Aaron the priest, as the Lord commanded Moses. ⁹ And ᵟ he made the ephod of gold, and blue, and purple, and spun scarlet, and fine linen twined. ¹⁰ And the plates were divided, the threads of gold, so as to interweave with the blue and purple, and with the spun scarlet, and the fine linen twined, they made it a woven work; ¹¹ shoulder-pieces joined from both sides, a work woven by mutual twisting of the parts into ᶻ one another. ¹² They made it of the same material according to the making of it, of gold, and blue, and purple, and spun scarlet, and fine linen twined, as the Lord commanded Moses; ¹³ and they made the two emerald stones clasped together and set in gold, graven and cut after the cutting of a seal with the names of the children of Israel; ¹⁴ and he put them on the shoulder-pieces of the ephod, *as* stones of memorial of the children of Israel, as the Lord appointed Moses.

¹⁵ And they made the oracle, a work woven with embroidery, according to the work of the ephod, of gold, and blue, and purple, and spun scarlet, and fine linen twined. ¹⁶ They made the oracle square *and* double, the length of a span, and the breadth of a span,—double. ¹⁷ And there was interwoven with it a woven work of four rows of stones, a series of stones, the first row, a sardius and topaz and emerald; ¹⁸ and the second row, a carbuncle and sapphire and jasper; ¹⁹ and the third row, a ligure and agate and amethyst; ²⁰ and the fourth row a chrysolite and beryl and onyx set round about with gold, and fastened with gold. ²¹ And the stones were twelve according to the names of the children of Israel, graven according to their names ᶿ like seals, each according to his own name for the twelve tribes. ²² And they made on the oracle turned wreaths, wreathen work, of pure gold, ²³ and they made two golden circlets and two golden rings. ²⁴ And they put the two golden rings on both the *upper* corners of the oracle; ²⁵ and they put the golden wreaths on the rings on both sides of the oracle, and the two wreaths into the two couplings. ²⁶ And they put them on the two circlets, and they put them on the shoulders of the ephod opposite *each other* in front. ²⁷ And they made two golden rings, and put them on the two projections on the top of the oracle, and on the top of the hinder part of the ephod within. ²⁸ And they made two golden rings, and put them on both the shoulders of the ephod under

ὃ εἰργάζοντο αὐτοί. Καὶ εἶπε πρὸς Μωυσῆν, ὅτι πλῆθος 5 φέρει ὁ λαὸς κατὰ τὰ ἔργα ὅσα συνέταξε Κύριος ποιῆσαι. Καὶ προσέταξε Μωυσῆς, καὶ ἐκήρυξεν ἐν τῇ παρεμβολῇ, 6 λέγων, ἀνὴρ καὶ γυνὴ μηκέτι ἐργαζέσθωσαν εἰς τὰς ἀπαρχὰς τοῦ ἁγίου· καὶ ἐκωλύθη ὁ λαὸς ἔτι προσφέρειν. Καὶ τὰ 7 ἔργα ἦν αὐτοῖς ἱκανὰ εἰς τὴν κατασκευὴν ποιῆσαι, καὶ προσκατέλιπον. Καὶ ἐποίησε πᾶς σοφὸς ἐν τοῖς ἐργαζομένοις τὰς 8 στολὰς τῶν ἁγίων, αἵ εἰσιν Ἀαρὼν τῷ ἱερεῖ, καθὰ συνέταξε Κύριος τῷ Μωυσῇ. Καὶ ἐποίησε τὴν ἐπωμίδα ἐκ χρυσίου, 9 καὶ ὑακίνθου, καὶ πορφύρας, καὶ κοκκίνου νενησμένου, καὶ βύσσου κεκλωσμένης· καὶ ἐτμήθη τὰ πέταλα τοῦ χρυσίου 10 τρίχες, ὥστε συνυφάναι σὺν τῇ ὑακίνθῳ, καὶ τῇ πορφύρᾳ, καὶ σὺν τῷ κοκκίνῳ τῷ διανενησμένῳ, καὶ τῇ βύσσῳ τῇ κεκλωσμένῃ· ἔργον ὑφαντὸν ἐποίησαν αὐτό· ἐπωμίδας συνεχούσας 11 ἐξ ἀμφοτέρων τῶν μερῶν, ἔργον ὑφαντὸν εἰς ἄλληλα συμπεπλεγμένα καθ᾽ ἑαυτό. Ἐξ αὐτοῦ ἐποίησαν αὐτὸ κατὰ τὴν 12 αὐτοῦ ποίησιν, ἐκ χρυσίου, καὶ ὑακίνθου, καὶ πορφύρας, καὶ κοκκίνου διανενησμένου, καὶ βύσσου κεκλωσμένης, καθὰ συνέταξε Κύριος τῷ Μωυσῇ· καὶ ἐποίησαν ἀμφοτέρους τοὺς 13 λίθους τῆς σμαράγδου συμπεπορπημένους καὶ περισεσιαλωμένους χρυσίῳ, γεγλυμμένους καὶ ἐκκεκολαμμένους ἐγκόλαμμα σφραγίδος ἐκ τῶν ὀνομάτων τῶν υἱῶν Ἰσραήλ· καὶ ἐπέθηκεν 14 αὐτοὺς ἐπὶ τοὺς ὤμους τῆς ἐπωμίδος, λίθους μνημοσύνου τῶν υἱῶν Ἰσραήλ, καθὰ συνέταξε Κύριος τῷ Μωυσῇ.

Καὶ ἐποίησαν λογεῖον, ἔργον ὑφαντὸν ποικιλίᾳ κατὰ τὸ ἔργον 15 τῆς ἐπωμίδος, ἐκ χρυσίου, καὶ ὑακίνθου, καὶ πορφύρας, καὶ κοκκίνου διανενησμένου, καὶ βύσσου κεκλωσμένης· τετράγωνον διπλοῦν 16 ἐποίησαν τὸ λογεῖον· σπιθαμῆς τὸ μῆκος, καὶ σπιθαμῆς τὸ εὖρος διπλοῦν. Καὶ συνυφάνθη ἐν αὐτῷ ὕφασμα κατάλιθον τετρά- 17 στιχον· στίχος λίθων, σάρδιον καὶ τοπάζιον καὶ σμάραγδος, ὁ στίχος ὁ εἷς· καὶ ὁ στίχος ὁ δεύτερος, ἄνθραξ καὶ σάπφειρος 18 καὶ ἴασπις· καὶ ὁ στίχος ὁ τρίτος, λιγύριον καὶ ἀχάτης καὶ 19 ἀμέθυστος· καὶ ὁ στίχος ὁ τέταρτος, χρυσόλιθος καὶ βηρύλλιον 20 καὶ ὀνύχιον περικεκυκλωμένα χρυσίῳ, καὶ συνδεδεμένα χρυσίῳ. Καὶ οἱ λίθοι ἦσαν ἐκ τῶν ὀνομάτων τῶν υἱῶν Ἰσραὴλ δώδεκα, 21 ἐκ τῶν ὀνομάτων αὐτῶν ἐγγεγλυμμένα εἰς σφραγίδας, ἕκαστος ἐκ τοῦ ἑαυτοῦ ὀνόματος εἰς τὰς δώδεκα φυλάς. Καὶ ἐποίησαν 22 ἐπὶ τὸ λογεῖον κροσσοὺς συμπεπλεγμένους, ἔργον ἐμπλοκίου, ἐκ χρυσίου καθαροῦ. Καὶ ἐποίησαν δύο ἀσπιδίσκας χρυσᾶς, 23 καὶ δύο δακτυλίους χρυσοῦς· καὶ ἐπέθηκαν τοὺς δύο δακ- 24 τυλίους τοὺς χρυσοῦς ἐπ᾽ ἀμφοτέρας τὰς ἀρχὰς τοῦ λογείου. Καὶ ἐπέθηκαν τὰ ἐμπλόκια ἐκ χρυσίου ἐπὶ τοὺς δακτυλίους 25 ἐπ᾽ ἀμφοτέρων τῶν μερῶν τοῦ λογείου· καὶ εἰς τὰς δύο συμβολὰς τὰ δύο ἐμπλόκια. Καὶ ἐπέθηκαν ἐπὶ τὰς δύο 26 ἀσπιδίσκας· καὶ ἐπέθηκαν ἐπὶ τοὺς ὤμους τῆς ἐπωμίδος ἐξεναντίας κατὰ πρόσωπον. Καὶ ἐποίησαν δύο δακτυλίους 27 χρυσοῦς, καὶ ἐπέθηκαν ἐπὶ τὰ δύο πτερύγια ἐπ᾽ ἄκρου τοῦ λογείου, καὶ ἐπὶ τὸ ἄκρον τοῦ ὀπισθίου τῆς ἐπωμίδος ἔσωθεν· Καὶ ἐποίησαν δύο δακτυλίους χρυσοῦς, καὶ ἐπέθηκαν ἐπ᾽ 28 ἀμφοτέρους τοὺς ὤμους τῆς ἐπωμίδος κάτωθεν αὐτοῦ, κατὰ

β Another reading is εἶπαν, but there is occasionally confusion of number in LXX.; the singular being several times used for the plural.
γ Gr. works.　δ Or, they.　ζ Gr. itself.　θ Gr. for seals.

πρόσωπον κατὰ τὴν συμβολὴν ἄνωθεν τῆς συνυφῆς τῆς
29 ἐπωμίδος· καὶ συνέσφιγξε τὸ λογεῖον ἀπὸ τῶν δακτυλίων
τῶν ἐπ᾽ αὐτοῦ εἰς τοὺς δακτυλίους τῆς ἐπωμίδος, συνεχομένους
ἐκ τῆς ὑακίνθου, συμπεπλεγμένους εἰς τὸ ὕφασμα τῆς ἐπωμίδος,
ἵνα μὴ χαλᾶται τὸ λογεῖον ἀπὸ τῆς ἐπωμίδος, καθὰ συνέταξε
30 Κύριος τῷ Μωυσῇ. Καὶ ἐποίησαν τὸν ὑποδύτην ὑπὸ τὴν
31 ἐπωμίδα, ἔργον ὑφαντὸν, ὅλον ὑακίνθινον· τὸ δὲ περιστόμιον
τοῦ ὑποδύτου ἐν τῷ μέσῳ διυφασμένον συμπλεκτὸν, ᾤαν
32 ἔχον κύκλῳ τὸ περιστόμιον ἀδιάλυτον· Καὶ ἐποίησαν ἐπὶ
τοῦ λώματος τοῦ ὑποδύτου κάτωθεν ὡς ἐξανθούσης ῥόας
ῥοΐσκους, ἐξ ὑακίνθου, καὶ πορφύρας, καὶ κοκκίνου νενησμένου,
33 καὶ βύσσου κεκλωσμένης. Καὶ ἐποίησαν κώδωνας χρυσοῦς,
καὶ ἐπέθηκαν τοὺς κώδωνας ἐπὶ τὸ λῶμα τοῦ ὑποδύτου κύκλῳ
34 ἀνὰ μέσον τῶν ῥοΐσκων· κώδων χρυσοῦς καὶ ῥοΐσκος ἐπὶ
τοῦ λώματος τοῦ ὑποδύτου κύκλῳ, εἰς τὸ λειτουργεῖν, καθὰ
35 συνέταξε Κύριος τῷ Μωυσῇ. Καὶ ἐποίησαν χιτῶνας βυσ-
36 σίνους, ἔργον ὑφαντὸν, Ἀαρὼν καὶ τοῖς υἱοῖς αὐτοῦ, καὶ τὰς
κιδάρεις ἐκ βύσσου, καὶ τὴν μίτραν ἐκ βύσσου, καὶ τὰ περι-
37 σκελῆ ἐκ βύσσου κεκλωσμένης, καὶ τὰς ζώνας αὐτῶν ἐκ βύσσου,
καὶ ὑακίνθου, καὶ πορφύρας, καὶ κοκκίνου νενησμένου, ἔργον
38 ποικιλτοῦ, ὃν τρόπον συνέταξε Κύριος τῷ Μωυσῇ. Καὶ
ἐποίησαν τὸ πέταλον τὸ χρυσοῦν, ἀφόρισμα τοῦ ἁγίου, χρυσίου
39 καθαροῦ· καὶ ἔγραψεν ἐπ᾽ αὐτοῦ γράμματα ἐκτετυπωμένα,
40 σφραγίδος, Ἁγίασμα Κυρίῳ. Καὶ ἐπέθηκαν ἐπὶ τὸ λῶμα
ὑακίνθινον, ὥστε ἐπικεῖσθαι ἐπὶ τὴν μίτραν ἄνωθεν, ὃν τρόπον
συνέταξε Κύριος τῷ Μωυσῇ.

37 Καὶ ἐποίησαν τῇ σκηνῇ δέκα αὐλαίας· ὀκτὼ καὶ εἴκοσι
2 πήχεων μῆκος τῆς αὐλαίας τῆς μιᾶς· τὸ αὐτὸ ἦν πάσαις· καὶ
3 τεσσάρων πήχεων τὸ εὖρος τῆς αὐλαίας τῆς μιᾶς. Καὶ ἐποίη-
σαν τὸ καταπέτασμα ἐξ ὑακίνθου, καὶ πορφύρας, καὶ κοκκίνου
νενησμένου, καὶ βύσσου κεκλωσμένης, ἔργον ὑφαντὸν χερουβίμ·
4 καὶ ἐπέθηκαν αὐτὸ ἐπὶ τέσσαρας στύλους ἀσήπτους κατακε-
χρυσωμένους ἐν χρυσίῳ· καὶ αἱ κεφαλίδες αὐτῶν χρυσαῖ, καὶ
5 αἱ βάσεις αὐτῶν τέσσαρες ἀργυραῖ. Καὶ ἐποίησαν τὸ κατα-
πέτασμα τῆς θύρας τῆς σκηνῆς τοῦ μαρτυρίου ἐξ ὑακίνθου,
καὶ πορφύρας, καὶ κοκκίνου νενησμένου, καὶ βύσσου κεκλω-
6 σμένης, ἔργον ὑφαντὸν χερουβίμ· καὶ τοὺς στύλους αὐτῶν πέντε,
καὶ τοὺς κρίκους· καὶ τὰς κεφαλίδας αὐτῶν, καὶ τὰς ψαλίδας
αὐτῶν κατεχρύσωσαν χρυσίῳ· καὶ αἱ βάσεις αὐτῶν πέντε χαλκαῖ.
7 Καὶ ἐποίησαν τὴν αὐλὴν τὰ πρὸς Λίβα, ἱστία τῆς αὐλῆς
8 ἐκ βύσσου κεκλωσμένης ἑκατὸν ἐφ᾽ ἑκατόν· καὶ οἱ στύλοι
9 αὐτῶν εἴκοσι, καὶ αἱ βάσεις αὐτῶν εἴκοσι. Καὶ τὸ κλίτος
τὸ πρὸς Βορρᾶν, ἑκατὸν ἐφ᾽ ἑκατόν· καὶ τὸ κλίτος τὸ
πρὸς Νότον, ἑκατὸν ἐφ᾽ ἑκατόν· καὶ οἱ στύλοι αὐτῶν εἴκοσι,
10 καὶ αἱ βάσεις αὐτῶν εἴκοσι· Καὶ τὸ κλίτος τὸ πρὸς θάλασσαν
αὐλαῖαι πεντήκοντα πήχεων· στύλοι αὐτῶν δέκα, καὶ αἱ βάσεις
11 αὐτῶν δέκα· Καὶ τὸ κλίτος τὸ πρὸς ἀνατολὰς πεντήκοντα
12 πήχεων ἱστία, πεντεκαίδεκα πήχεων τὸ κατὰ νώτου· καὶ οἱ
13 στύλοι αὐτῶν τρεῖς, καὶ αἱ βάσεις αὐτῶν τρεῖς· Καὶ ἐπὶ τοῦ
νώτου τοῦ δευτέρου ἔνθεν καὶ ἔνθεν κατὰ τὴν πύλην τῆς αὐλῆς,

it, in front by the coupling above the connexion of the ephod. ²⁹And he fastened the oracle by the rings that were on it to the rings of the ephod, which were fastened with *a string* of blue, joined together with the woven work of the ephod; that the oracle should not be loosed from the ephod, as the Lord commanded Moses. ³⁰And they made the tunic under the ephod, woven work, all of blue. ³¹And the opening of the tunic in the midst woven closely together, the opening having a fringe round about, that it might not be rent. ³²And they made on the border of the tunic below pomegranates as of a flowering pomegranate tree, of blue, and purple, and spun scarlet, and fine linen twined. ³³And they made golden bells, and put the bells on the border of the tunic round about between the pomegranates: ³⁴a golden bell and a pomegranate on the border of the tunic round about, for the ministration, as the Lord commanded Moses. ³⁵And they made vestments of fine linen, a woven work, for Aaron and his sons, ³⁶and the tires of fine linen, and the mitre of fine linen, and the drawers of fine linen twined; ³⁷and their girdles of fine linen, and blue, and purple, and scarlet spun, the work of an embroiderer, according as the Lord commanded Moses. ³⁸And they made the golden plate, a dedicated thing of the sanctuary, of pure gold; ³⁹and he wrote upon it graven letters *as* of a seal, Holiness to the Lord. ⁴⁰And they put it on the border of blue, so that it should be on the mitre above, as the Lord commanded Moses.

And they made ten curtains for the tabernacle; ²of eight and twenty cubits the length of one curtain: the same *measure* was to all, and the breadth of one curtain was of four cubits. ³And they made the veil of blue, and purple, and spun scarlet, and fine linen twined, the woven work with cherubs. ⁴And they put it on four posts of incorruptible *wood* overlaid with gold; and their chapiters were gold, and their four sockets were silver. ⁵And they made the veil of the door of the tabernacle of witness of blue, and purple, and spun scarlet, and fine linen twined, woven work with cherubs, ⁶and their posts five, and the rings; and they gilded their chapiters and their clasps with gold, and they had five sockets of brass.

⁷And they made the court toward the south; the curtains of the court of fine linen twined, a hundred *cubits* β every way, ⁸and their posts twenty, and their sockets twenty; ⁹and on the north side a hundred every way, and on the south side a hundred every way, and their posts twenty and their sockets twenty. ¹⁰And on the west side curtains of fifty cubits, their posts ten and their sockets ten. ¹¹And on the east side curtains of fifty cubits of fifteen cubits behind, ¹²and their pillars three, and their sockets three. ¹³And at the second back on this side and on that by the gate of the

---

β Or, on each side.

court, curtains of fifteen cubits, their pillars three and their sockets three; [14]all the curtains of the tabernacle of fine linen twined. [15]And the sockets of their pillars of brass, and their hooks of silver, and their chapiters overlaid with silver, and all the posts of the court overlaid with silver: [16]and the veil of the gate of the court, the work of an embroiderer of blue, and purple, and spun scarlet, and fine linen twined; the length of twenty cubits, and the height and the breadth of five cubits, made equal to the curtains of the court; [17]and their pillars four, and their sockets four of brass, and their hooks of silver, and their chapiters overlaid with silver. [18]And all the pins of the court round about of brass, and they *were* overlaid with silver. [19]And this was the β construction of the tabernacle of witness, accordingly as it was appointed to Moses; so that the public service should belong to the Levites, through Ithamar the son of Aaron the priest.

[20]And Beseleel the son of Urias of the tribe of Juda, did as the Lord commanded Moses. And Eliab the son of Achisamach of the tribe of Dan *was there*, who was chief artificer in the woven works and needleworks and embroideries, γ in weaving with the scarlet and fine linen.

And Beseleel made the ark, [2]and overlaid it with pure gold within and without; [3]and he cast for it four golden rings, two on the one side, and two on the other, [4]wide *enough* for the staves, so that men should bear δ the ark with them. [5]And he made the propitiatory over the ark of pure gold, [6]and the two cherubs of gold; [7]one cherub on the one end of the propitiatory, and another cherub on the other end of the propitiatory, [8]overshadowing the propitiatory with their wings. [9]And he made the ς set table of pure gold, [10]and cast for it four rings: two on the one side and two on the other side, broad, so that *men* should lift it with the staves in them. θ [11]And he made the staves of the ark and of the table, and gilded them with gold. [12]And he made the furniture of the table, both the dishes, and the censers, and the cups, and the bowls with which he λ should offer drink-offerings, of gold. [13]And he made the candlestick which gives light, of gold; [14]the stem solid, and the branches from both its sides; [15]and blossoms proceeding from its branches, three on this side, and three on the other, made equal to each other. [16]And *as to* their lamps, which are on the ends, μ knops *proceeded* from them; and sockets proceeding from them, that the lamps might be upon them; and the seventh socket, on the top of the candlestick, on the summit above, entirely of solid gold. [17]And on ξ the candlestick seven golden lamps, and its snuffers gold, and its π funnels gold. [18]He overlaid the posts *with silver*, and cast for ρ each post golden rings, and gilded the bars with gold; and he gilded the posts of the veil with gold, and made the hooks of gold. [19]He made also the rings of the tabernacle of gold; and the rings of

αὐλαῖαι πεντεκαίδεκα πήχεων· στύλοι αὐτῶν τρεῖς, καὶ αἱ βάσεις αὐτῶν τρεῖς· πᾶσαι αἱ αὐλαῖαι τῆς σκηνῆς ἐκ βύσσου 14 κεκλωσμένης. Καὶ αἱ βάσεις τῶν στύλων αὐτῶν χαλκαῖ, καὶ 15 αἱ ἀγκύλαι αὐτῶν ἀργυραῖ, καὶ αἱ κεφαλίδες αὐτῶν περιηργυρωμέναι ἀργυρίῳ, καὶ οἱ στύλοι περιηργυρωμένοι ἀργυρίῳ πάντες οἱ στύλοι τῆς αὐλῆς· καὶ τὸ καταπέτασμα τῆς πύλης τῆς 16 αὐλῆς ἔργον ποικιλτοῦ ἐξ ὑακίνθου, καὶ πορφύρας, καὶ κοκκίνου νενησμένου, καὶ βύσσου κεκλωσμένης· εἴκοσι πήχεων τὸ μῆκος, καὶ τὸ ὕψος καὶ τὸ εὖρος πέντε πήχεων ἐξισούμενον τοῖς ἱστίοις τῆς αὐλῆς· καὶ οἱ στύλοι αὐτῶν τέσσαρες, καὶ αἱ 17 βάσεις αὐτῶν τέσσαρες χαλκαῖ, καὶ αἱ ἀγκύλαι αὐτῶν ἀργυραῖ, καὶ αἱ κεφαλίδες αὐτῶν περιηργυρωμέναι ἀργυρίῳ. Καὶ πάντες 18 οἱ πάσσαλοι τῆς αὐλῆς κύκλῳ χαλκοῖ, καὶ αὐτοὶ περιηργυρωμένοι ἀργυρίῳ. Καὶ αὕτη ἡ σύνταξις τῆς σκηνῆς τοῦ μαρ- 19 τυρίου, καθὰ συνετάγη Μωυσῇ, τὴν λειτουργίαν εἶναι τῶν Λευιτῶν διὰ Ἰθάμαρ τοῦ υἱοῦ Ἀαρὼν τοῦ ἱερέως.

Καὶ Βεσελεὴλ ὁ τοῦ Οὐρείου, ἐκ φυλῆς Ἰούδα, ἐποίησε 20 καθὰ συνέταξε Κύριος τῷ Μωυσῇ, καὶ Ἐλιὰβ ὁ τοῦ Ἀχισαμὰχ 21 ἐκ φυλῆς Δάν, ὃς ἠρχιτεκτόνησε τὰ ὑφαντὰ καὶ τὰ ῥαφιδευτὰ καὶ ποικιλτικά, ὑφᾶναι τῷ κοκκίνῳ καὶ τῇ βύσσῳ.

Καὶ ἐποίησε Βεσελεὴλ τὴν κιβωτὸν, καὶ κατεχρύσωσεν 38 αὐτὴν χρωσίῳ καθαρῷ ἔσωθεν καὶ ἔξωθεν· καὶ ἐχώνευσεν αὐτῇ 2, 3 τέσσαρας δακτυλίους χρυσοῦς· δύο ἐπὶ τὸ κλίτος τὸ ἐν, καὶ δύο ἐπὶ τὸ κλίτος τὸ δεύτερον, εὐρεῖς τοῖς διωστῆρσιν, ὥστε αἴρειν 4 αὐτὴν ἐν αὐτοῖς. Καὶ ἐποίησε τὸ ἱλαστήριον ἐπάνωθεν τῆς 5 κιβωτοῦ ἐκ χρυσίου καθαροῦ, καὶ τοὺς δύο χερουβὶμ χρυσοῦς· 6 χεροὺβ ἕνα ἐπὶ τὸ ἄκρον τοῦ ἱλαστηρίου τὸ ἐν, καὶ χεροὺβ ἕνα 7 ἐπὶ τὸ ἄκρον τοῦ ἱλαστηρίου τὸ δεύτερον, σκιάζοντα ταῖς 8 πτέρυξιν αὐτῶν ἐπὶ τὸ ἱλαστήριον. Καὶ ἐποίησε τὴν τράπεζαν 9 τὴν προκειμένην ἐκ χρυσίου καθαροῦ, καὶ ἐχώνευσεν αὐτῇ 10 τέσσαρας δακτυλίους, δύο ἐπὶ τοῦ κλίτους τοῦ ἑνὸς, καὶ δύο ἐπὶ τοῦ κλίτους τοῦ δευτέρου, εὐρεῖς, ὥστε αἴρειν τοῖς διωστῆρσιν ἐν αὐτοῖς. Καὶ τοὺς διωστῆρας τῆς κιβωτοῦ καὶ τῆς τραπέζης 11 ἐποίησε, καὶ κατεχρύσωσεν αὐτοὺς χρυσίῳ. Καὶ ἐποίησε 12 τὰ σκεύη τῆς τραπέζης, τά τε τρυβλία, καὶ τὰς θυΐσκας, καὶ τοὺς κυάθους, καὶ τὰ σπονδεῖα, ἐν οἷς σπείσει ἐν αὐτοῖς, χρυσᾶ. Καὶ ἐποίησε τὴν λυχνίαν ἣ φωτίζει, χρυσῆν, 13 στερεὰν τὸν καυλὸν, καὶ τοὺς καλαμίσκους ἐξ ἀμφοτέρων τῶν 14 μερῶν αὐτῆς· ἐκ τῶν καλαμίσκων αὐτῆς οἱ βλαστοὶ ἐξέ- 15 χοντες· τρεῖς ἐκ τούτου, καὶ τρεῖς ἐκ τούτου, ἐξισούμενοι ἀλλήλοις. Καὶ τὰ λαμπάδια αὐτῶν, ἅ ἐστιν ἐπὶ τῶν ἄκρων, 16 καρυωτὰ ἐξ αὐτῶν· καὶ τὰ ἐνθέμια ἐξ αὐτῶν, ἵνα ὦσιν οἱ λύχνοι ἐπ᾽ αὐτῶν· καὶ τὸ ἐνθέμιον τὸ ἕβδομον, τὸ ἐπ᾽ ἄκρου τοῦ λαμπαδίου, ἐπὶ τῆς κορυφῆς ἄνωθεν, στερεὸν ὅλον χρυσοῦν. Καὶ ἑπτὰ λύχνους ἐπ᾽ αὐτῆς χρυσοῦς, καὶ τὰς λαβίδας αὐτῆς 17 χρυσᾶς, καὶ τὰς ἐπαρυστρίδας αὐτῶν χρυσᾶς. Οὗτος περιηρ- 18 γύρωσε τοὺς στύλους, καὶ ἐχώνευσε τῷ στύλῳ δακτυλίους χρυσοῦς, καὶ ἐχρύσωσε τοὺς μοχλοὺς χρυσίῳ· καὶ κατεχρύσωσε τοὺς στύλους τοῦ καταπετάσματος χρυσίῳ· καὶ ἐποίησε τὰς ἀγκύλας χρυσᾶς. Οὗτος ἐποίησε καὶ τοὺς κρίκους τῆς σκηνῆς 19

β Or, appointment.   γ Gr. to weave.   δ Gr. it.   ζ i. e. table of shewbread.   θ i. e. the rings.   λ Gr. will.   μ Gr. knops like walnuts.
ξ Gr. it.   π Or, snuff-dishes; but the word seems to mean the instruments with which oil was poured into the lamp.   ρ Gr. the post.

χρυσοῦς, καὶ τοὺς κρίκους τῆς αὐλῆς, καὶ κρίκους εἰς τὸ ἐκτεί-
20 νειν τὸ κατακάλυμμα ἄνωθεν χαλκοῦς· Οὗτος ἐχώνευσε τὰς
κεφαλίδας τὰς ἀργυρᾶς τῆς σκηνῆς, καὶ τὰς κεφαλίδας τὰς
χαλκᾶς τῆς θύρας τῆς σκηνῆς, καὶ τὴν πύλην τῆς αὐλῆς· καὶ
ἀγκύλας ἐποίησε τοῖς στύλοις ἀργυρᾶς, ἐπὶ τῶν στύλων οὗτος
21 περιηργύρωσεν αὐτάς· Οὗτος ἐποίησε τοὺς πασσάλους τῆς
22 σκηνῆς, καὶ τοὺς πασσάλους τῆς αὐλῆς χαλκοῦς· Οὗτος
ἐποίησε τὸ θυσιαστήριον τὸ χαλκοῦν ἐκ τῶν πυρείων τῶν
χαλκῶν, ἃ ἦσαν τοῖς ἀνδράσι τοῖς καταστασιάσασι μετὰ τῆς
23 Κορὲ συναγωγῆς· Οὗτος ἐποίησε πάντα τὰ σκεύη τοῦ θυσια-
στηρίου, καὶ τὸ πυρεῖον αὐτοῦ, καὶ τὴν βάσιν, καὶ τὰς φιάλας,
24 καὶ τὰς κρεάγρας τὰς χαλκᾶς· Οὗτος ἐποίησε θυσιαστηρίῳ
παράθεμα, ἔργον δικτυωτὸν κάτωθεν τοῦ πυρείου ὑπὸ αὐτὸ
ἕως τοῦ ἡμίσους αὐτοῦ· καὶ ἐπέθηκεν αὐτῷ τέσσαρας δακτυ-
λίους ἐκ τῶν τεσσάρων μερῶν τοῦ παραθέματος τοῦ θυσια-
στηρίου χαλκοῦς, εὐρεῖς τοῖς μοχλοῖς, ὥστε αἴρειν ἐν αὐτοῖς
25 τὸ θυσιαστήριον· Οὗτος ἐποίησε τὸ ἔλαιον τῆς χρίσεως τὸ
ἅγιον, καὶ τὴν σύνθεσιν τοῦ θυμιάματος καθαρὸν ἔργον μυρεψοῦ·
26 Οὗτος ἐποίησε τὸν λουτῆρα τὸν χαλκοῦν, καὶ τὴν βάσιν αὐτοῦ
χαλκῆν ἐκ τῶν κατόπτρων τῶν νηστευσασῶν, αἳ ἐνήστευσαν
παρὰ τὰς θύρας τῆς σκηνῆς τοῦ μαρτυρίου, ἐν ᾗ ἡμέρᾳ ἔπηξεν
αὐτήν.
27 Καὶ ἐποίησε τὸν λουτῆρα, ἵνα νίπτωνται ἐξ αὐτοῦ Μωυσῆς
καὶ Ἀαρὼν καὶ οἱ υἱοὶ αὐτοῦ τὰς χεῖρας αὐτῶν καὶ τοὺς πόδας,
εἰσπορευομένων αὐτῶν εἰς τὴν σκηνὴν τοῦ μαρτυρίου, ἢ ὅταν
προσπορεύωνται πρὸς τὸ θυσιαστήριον λειτουργεῖν, ἐνίπτοντο
ἐξ αὐτοῦ, καθάπερ συνέταξε Κύριος τῷ Μωυσῇ.
39 Πᾶν τὸ χρυσίον, ὃ κατειργάσθη εἰς τὰ ἔργα κατὰ πᾶσαν τὴν
ἐργασίαν τῶν ἁγίων, ἐγένετο χρυσίου τοῦ τῆς ἀπαρχῆς, ἐννέα καὶ
εἴκοσι τάλαντα, καὶ ἑπτακόσιοι εἴκοσι σίκλοι κατὰ τὸν σίκλον
2 τὸν ἅγιον· Καὶ ἀργυρίου ἀφαίρεμα παρὰ τῶν ἐπεσκεμμένων
ἀνδρῶν τῆς συναγωγῆς ἑκατὸν τάλαντα, καὶ χίλιοι ἑπτακόσιοι
ἑβδομηκονταπέντε σίκλοι· δραχμὴ μία τῇ κεφαλῇ τὸ ἥμισυ
3 τοῦ σίκλου, κατὰ τὸν σίκλον τὸν ἅγιον· Πᾶς ὁ παραπορευό-
μενος τὴν ἐπίσκεψιν ἀπὸ εἰκοσαετοῦς καὶ ἐπάνω εἰς τὰς ἑξή-
κοντα μυριάδας, καὶ τρισχίλιοι πεντακόσιοι καὶ πεντήκοντα·
4 Καὶ ἐγενήθη τὰ ἑκατὸν τάλαντα τοῦ ἀργυρίου εἰς τὴν χώνευσιν
τῶν ἑκατὸν κεφαλίδων τῆς σκηνῆς, καὶ εἰς τὰς κεφαλίδας τοῦ
5 καταπετάσματος, ἑκατὸν κεφαλίδες εἰς τὰ ἑκατὸν τάλαντα,
6 τάλαντον τῇ κεφαλίδι· Καὶ τοὺς χιλίους ἑπτακοσίους ἑβδομη-
κονταπέντε σίκλους ἐποίησεν εἰς τὰς ἀγκύλας τοῖς στύλοις· καὶ
κατεχρύσωσε τὰς κεφαλίδας αὐτῶν, καὶ κατεκόσμησεν αὐτούς.
7 Καὶ ὁ χαλκὸς τοῦ ἀφαιρέματος ἑβδομήκοντα τάλαντα,
8 καὶ χίλιοι πεντακόσιοι σίκλοι· Καὶ ἐποίησαν ἐξ αὐτοῦ τὰς
9 βάσεις τῆς θύρας τῆς σκηνῆς τοῦ μαρτυρίου, καὶ τὰς βάσεις
τῆς αὐλῆς κύκλῳ, καὶ τὰς βάσεις τῆς πύλης τῆς αὐλῆς, καὶ
τοὺς πασσάλους τῆς σκηνῆς, καὶ τοὺς πασσάλους τῆς αὐλῆς
10 κύκλῳ, καὶ τὸ παράθεμα τὸ χαλκοῦν τοῦ θυσιαστηρίου, καὶ
πάντα τὰ σκεύη τοῦ θυσιαστηρίου, καὶ πάντα τὰ ἐργαλεῖα τῆς
11 σκηνῆς τοῦ μαρτυρίου· Καὶ ἐποίησαν οἱ υἱοὶ Ἰσραὴλ, καθὰ

the court, and the rings for drawing out the veil above of brass. [20] He cast the silver chapiters of the tabernacle, and the brazen chapiters of the door of its base, and the gate of the court; and he made silver hooks for the posts, he overlaid them with silver on the posts. [21] He made the pins of the tabernacle and the pins of the court of brass. [22] He made the brazen altar of the brazen censers, which belonged to the men engaged in sedition with the gathering of Core. [23] He made all the vessels of the altar and its β grate, and its base, and its bowls, and the brazen flesh-hooks. [24] He made an appendage for the altar of network under the grate, beneath it as far as the middle of it; and he fastened to it four brazen rings on the four parts of the appendage of the altar, wide *enough* for the bars, so as to bear the altar with them. [25] He made the holy anointing oil and the composition of the incense, the pure work of the perfumer. [26] He made the brazen laver, and the brazen base of it of the mirrors of the women that fasted, who fasted by the doors of the tabernacle of witness, in the day in which he set it up.

[27] And he made the laver, that γ at it Moses and Aaron and his sons might wash their hands and their feet: when they went into the tabernacle of witness, or whensoever they should advance to the altar to do service, they washed γ at it, as the Lord commanded Moses.

All the gold that was employed for the works according to all the fabrication of the holy things, was of the gold of the δ offerings, twenty-nine talents, and ζ seven hundred and twenty shekels according to the holy shekel. [2] And the offering of silver from the men that were numbered of the congregation a hundred talents, and a thousand seven hundred and seventy-five shekels, one drachm apiece, even the half shekel, according to the holy shekel. [3] Every one that passed the survey from twenty years old and upwards to the *number of* six hundred thousand, and three thousand five hundred and fifty. [4] And the hundred talents of silver went to the casting of the hundred chapiters of the tabernacle, and to the chapiters of the veil; [5] a hundred chapiters to the hundred talents, a talent to a chapiter. [6] And the thousand seven hundred and seventy-five shekels he formed into hooks for the pillars, and he gilt their chapiters and adorned them.

[7] And the brass of the offering *was* θ seventy talents, and λ a thousand five hundred shekels; [8] and they made of it the bases of the door of the tabernacle of witness, [9] and the bases of the court round about, and the bases of the gate of the court, and the pins of the tabernacle, and the pins of the court round about; [10] and the brazen appendage of the altar, and all the vessels of the altar, and all the instruments of the tabernacle of witness. [11] And the children of Israel did as the Lord

---

β *Or,* firepan.   γ *Gr.* of it.   δ *Gr.* first-fruits.   ζ *Alex.* 730 shekels.   θ *Alex.* 470 talents.   λ *Alex.* 2400 shekels.

commanded Moses, so did they. ¹²And of the gold that remained of the offering they made vessels to minister with before the Lord. ¹³And the blue that was left, and the purple, and the scarlet they made *into* garments of ministry for Aaron, so that he should minister with them in the sanctuary; ¹⁴and they brought the garments to Moses, and the tabernacle, and its furniture, its bases and its bars and the posts; ¹⁵and the ark of the covenant, and its bearers, and the altar and all its furniture.

¹⁶And they made the anointing oil, and the incense of composition, and the pure candlestick, ¹⁷and its lamps, lamps for burning, and oil for the light, ¹⁸and the table of shewbread, and all its furniture, and the shewbread upon it, ¹⁹and the garments of the sanctuary which belong to Aaron, and the garments of his sons, for the priestly ministry; ²⁰and the curtains of the court, and the posts, and the veil of the door of the tabernacle, and the gate of the court, ²¹and all the vessels of the tabernacle and all its instruments: and the skins, even rams' skins dyed red, and the blue coverings, and the coverings of the other things, and the pins, and all the instruments for the works of the tabernacle of witness. ²²Whatsoever things the Lord appointed Moses, so did the children of Israel make all the ^βfurniture. ²³And Moses saw all the works; and they had done them all as the Lord commanded Moses, so had they made them; and Moses blessed them.

And the Lord spoke to Moses, saying, ²On the first day of the first month, at the new moon, thou shalt set up the tabernacle of witness, ³and thou shalt place *in it* the ark of the testimony, and shalt cover the ark with the veil, ⁴and thou shalt bring in the table and shalt set forth ^γthat which is to be set forth on it; and thou shalt bring in the candlestick and place its lamps on it. ⁵And thou shalt place the golden altar, to burn incense before the ark; and thou shalt put a covering of a veil on the door of the tabernacle of witness. ⁶And thou shalt put the altar of burnt-offerings by the doors of the tabernacle of witness, and thou shalt set up the tabernacle round about, and thou shalt hallow all that belongs to it round about. ⁹And thou shalt take the anointing oil, and shalt anoint the tabernacle, and all things in it; and shalt sanctify it, and all its furniture, and it shall be holy. ¹⁰And thou shalt anoint the altar of burnt-offerings, and all its furniture; and thou shalt hallow the altar, and the altar shall be most holy. ¹²And thou shalt bring Aaron and his sons to the doors of the tabernacle of witness, and thou shalt wash them with water. ¹³And thou shalt put on Aaron the holy garments, and thou shalt anoint him, and thou shalt sanctify him, and he shall minister to me as priest. ¹⁴And thou shalt bring up his sons, and shalt put garments on them. ¹⁵And thou shalt anoint them as thou didst anoint their father, and they shall minister to me as priests; and it shall be that they shall have an ^δeverlasting anointing of priesthood, throughout their

συνέταξε Κύριος τῷ Μωυσῇ, οὕτως ἐποίησαν· Τὸ δὲ λοιπὸν 12 χρυσίον τοῦ ἀφαιρέματος ἐποίησαν σκεύη εἰς τὸ λειτουργεῖν ἐν αὐτοῖς ἔναντι Κυρίου. Καὶ τὴν καταλειφθεῖσαν ὑάκινθον, 13 καὶ πορφύραν, καὶ τὸ κόκκινον ἐποίησαν στολὰς λειτουργικὰς Ἀαρὼν, ὥστε λειτουργεῖν ἐν αὐταῖς ἐν τῷ ἁγίῳ. Καὶ ἤνεγκαν 14 τὰς στολὰς πρὸς Μωυσῆν, καὶ τὴν σκηνὴν, καὶ τὰ σκεύη αὐτῆς, τὰς βάσεις καὶ τοὺς μοχλοὺς αὐτῆς, καὶ τοὺς στύλους· Καὶ τὴν κιβωτὸν τῆς διαθήκης, καὶ τοὺς διωστῆρας αὐτῆς· καὶ 15 τὸ θυσιαστήριον, καὶ πάντα τὰ σκεύη αὐτοῦ.

Καὶ τὸ ἔλαιον τῆς χρίσεως, καὶ τὸ θυμίαμα τῆς συνθέσεως, 16 καὶ τὴν λυχνίαν τὴν καθαρὰν, καὶ τοὺς λύχνους αὐτῆς, λύχνους 17 τῆς καύσεως, καὶ τὸ ἔλαιον τοῦ φωτός· Καὶ τὴν τράπεζαν 18 τῆς προθέσεως, καὶ πάντα τὰ σκεύη αὐτῆς· καὶ τοὺς ἄρτους τοὺς προκειμένους· Καὶ τὰς στολὰς τοῦ ἁγίου, αἵ εἰσιν 19 Ἀαρὼν, καὶ τὰς στολὰς τῶν υἱῶν αὐτοῦ, εἰς τὴν ἱερατείαν· Καὶ τὰ ἱστία τῆς αὐλῆς, καὶ τοὺς στύλους· καὶ τὸ καταπέτασμα 20 τῆς θύρας τῆς σκηνῆς, καὶ τῆς πύλης τῆς αὐλῆς. Καὶ πάντα 21 τὰ σκεύη τῆς σκηνῆς, καὶ πάντα τὰ ἐργαλεῖα αὐτῆς· καὶ τὰς διφθέρας δέρματα κριῶν ἠρυθροδανωμένα, καὶ τὰ καλύμματα ὑακίνθινα, καὶ τῶν λοιπῶν τὰ ἐπικαλύμματα· καὶ τοὺς πασσάλους, καὶ πάντα τὰ ἐργαλεῖα τὰ εἰς τὰ ἔργα τῆς σκηνῆς τοῦ μαρτυρίου. Ὅσα συνέταξε Κύριος τῷ Μωυσῇ, οὕτως 22 ἐποίησαν οἱ υἱοὶ Ἰσραὴλ πᾶσαν τὴν ἀποσκευήν· Καὶ εἶδε 23 Μωυσῆς πάντα τὰ ἔργα, καὶ ἦσαν πεποιηκότες αὐτὰ ὃν τρόπον συνέταξε Κύριος τῷ Μωυσῇ, οὕτως ἐποίησαν αὐτὰ, καὶ εὐλόγησεν αὐτοὺς Μωυσῆς.

Καὶ ἐλάλησε Κύριος πρὸς Μωυσῆν, λέγων, ἐν ἡμέρᾳ 40 μιᾷ τοῦ μηνὸς τοῦ πρώτου νουμηνίᾳ, στήσεις τὴν σκηνὴν 2 τοῦ μαρτυρίου. Καὶ θήσεις τὴν κιβωτὸν τοῦ μαρτυρίου, καὶ 3 σκεπάσεις τὴν κιβωτὸν τῷ καταπετάσματι. Καὶ εἰσοίσεις 4 τὴν τράπεζαν, καὶ προθήσεις τὴν πρόθεσιν αὐτῆς· καὶ εἰσοίσεις τὴν λυχνίαν, καὶ ἐπιθήσεις τοὺς λύχνους αὐτῆς. Καὶ θήσεις 5 τὸ θυσιαστήριον τὸ χρυσοῦν, εἰς τὸ θυμιᾷν ἐναντίον τῆς κιβωτοῦ· καὶ ἐπιθήσεις κάλυμμα καταπετάσματος ἐπὶ τὴν θύραν τῆς σκηνῆς τοῦ μαρτυρίου. Καὶ τὸ θυσιαστήριον τῶν 6 καρπωμάτων θήσεις παρὰ τὰς θύρας τῆς σκηνῆς τοῦ μαρτυρίου· καὶ περιθήσεις τὴν σκηνὴν, καὶ πάντα τὰ αὐτῆς ἁγιάσεις κύκλῳ. Καὶ λήψῃ τὸ ἔλαιον τοῦ χρίσματος, καὶ χρίσεις τὴν 9 σκηνὴν, καὶ πάντα τὰ ἐν αὐτῇ, καὶ ἁγιάσεις αὐτὴν, καὶ πάντα τὰ σκεύη αὐτῆς, καὶ ἔσται ἁγία. Καὶ χρίσεις τὸ θυσιαστήριον 10 τῶν καρπωμάτων, καὶ πάντα τὰ σκεύη αὐτοῦ· καὶ ἁγιάσεις τὸ θυσιαστήριον, καὶ ἔσται τὸ θυσιαστήριον ἅγιον τῶν ἁγίων. Καὶ προσάξεις Ἀαρὼν καὶ τοὺς υἱοὺς αὐτοῦ ἐπὶ τὰς θύρας 12 τῆς σκηνῆς τοῦ μαρτυρίου, καὶ λούσεις αὐτοὺς ὕδατι. Καὶ 13 ἐνδύσεις Ἀαρὼν τὰς στολὰς τὰς ἁγίας, καὶ χρίσεις αὐτὸν, καὶ ἁγιάσεις αὐτὸν, καὶ ἱερατεύσει μοι. Καὶ τοὺς υἱοὺς αὐτοῦ 14 προσάξεις, καὶ ἐνδύσεις αὐτοὺς χιτῶνας. Καὶ ἀλείψεις αὐτοὺς 15 ὃν τρόπον ἤλειψας τὸν πατέρα αὐτῶν, καὶ ἱερατεύσουσί μοι· καὶ ἔσται, ὥστε εἶναι αὐτοῖς χρίσμα ἱερατείας εἰς τὸν αἰῶνα, εἰς

β *Or*, store, possession, etc.; as in Gen. 43.　　γ Setting forth of it.　　δ See 1 John 2. 27; The anointing abideth, etc.

16 τὰς γενεὰς αὐτῶν. Καὶ ἐποίησε Μωυσῆς πάντα, ὅσα ἐνετείλατο αὐτῷ Κύριος, οὕτως ἐποίησε.

17 Καὶ ἐγένετο ἐν τῷ μηνὶ τῷ πρώτῳ, τῷ δευτέρῳ ἔτει, ἐκπορευομένων αὐτῶν ἐξ Αἰγύπτου, νουμηνίᾳ ἐστάθη ἡ σκηνή.

18 Καὶ ἔστησε Μωυσῆς τὴν σκηνὴν, καὶ ἐπέθηκε τὰς κεφαλίδας, καὶ διενέβαλε τοὺς μοχλοὺς, καὶ ἔστησε τοὺς στύλους.

19 Καὶ ἐξέτεινε τὰς αὐλαίας ἐπὶ τὴν σκηνὴν, καὶ ἐπέθηκε τὸ κατακάλυμμα τῆς σκηνῆς ἐπ᾽ αὐτὴν ἄνωθεν, καθὰ συνέταξε

20 Κύριος τῷ Μωυσῇ. Καὶ λαβὼν τὰ μαρτύρια ἐνέβαλεν εἰς τὴν κιβωτόν· καὶ ὑπέθηκε τοὺς διωστῆρας ὑπὸ τὴν κιβωτόν,

21 καὶ εἰσήνεγκε τὴν κιβωτὸν εἰς τὴν σκηνὴν, καὶ ἐπέθηκε τὸ κατακάλυμμα τοῦ καταπετάσματος, καὶ ἐσκέπασε τὴν κιβωτὸν τοῦ μαρτυρίου, ὃν τρόπον συνέταξε Κύριος τῷ Μωυσῇ.

22 Καὶ ἐπέθηκε τὴν τράπεζαν εἰς τὴν σκηνὴν τοῦ μαρτυρίου, τὸ

23 πρὸς Βορρᾶν ἔξωθεν τοῦ καταπετάσματος τῆς σκηνῆς. Καὶ προσέθηκεν ἐπ᾽ αὐτῆς ἄρτους τῆς προθέσεως ἔναντι Κυρίου,

24 ὃν τρόπον συνέταξε Κύριος τῷ Μωυσῇ. Καὶ ἔθηκε τὴν λυχνίαν εἰς τὴν σκηνὴν τοῦ μαρτυρίου, εἰς τὸ κλίτος τῆς

25 σκηνῆς τὸ πρὸς Νότον. Καὶ ἐπέθηκε τοὺς λύχνους αὐτῆς

26 ἔναντι Κυρίου, ὃν τρόπον συνέταξε Κύριος τῷ Μωυσῇ. Καὶ ἔθηκε τὸ θυσιαστήριον τὸ χρυσοῦν ἐν τῇ σκηνῇ τοῦ μαρτυρίου

27 ἀπέναντι τοῦ καταπετάσματος, καὶ ἐθυμίασεν ἐπ᾽ αὐτοῦ θυμίαμα

29 τῆς συνθέσεως, καθάπερ συνέταξε Κύριος τῷ Μωυσῇ. Καὶ τὸ θυσιαστήριον τῶν καρπωμάτων ἔθηκε παρὰ τὰς θύρας τῆς

33 σκηνῆς. Καὶ ἔστησε τὴν αὐλὴν κύκλῳ τῆς σκηνῆς, καὶ τοῦ θυσιαστηρίου· καὶ συνετέλεσε Μωυσῆς πάντα τὰ ἔργα.

34 Καὶ ἐκάλυψεν ἡ νεφέλη τὴν σκηνὴν τοῦ μαρτυρίου· καὶ

35 δόξης Κυρίου ἐπλήσθη ἡ σκηνή. Καὶ οὐκ ἠδυνάσθη Μωυσῆς εἰσελθεῖν εἰς τὴν σκηνὴν τοῦ μαρτυρίου, ὅτι ἐπεσκίαζεν ἐπ᾽ αὐτὴν ἡ νεφέλη, καὶ δόξης Κυρίου ἐνεπλήσθη ἡ σκηνή.

36 Ἡνίκα δ᾽ ἂν ἀνέβη ἡ νεφέλη ἀπὸ τῆς σκηνῆς, ἀνεζεύγνυσαν

37 οἱ υἱοὶ Ἰσραὴλ σὺν τῇ ἀπαρτίᾳ αὐτῶν. Εἰ δὲ μὴ ἀνέβη ἡ νεφέλη, οὐκ ἀνεζεύγνυσαν ἕως ἡμέρας, ἧς ἀνέβη ἡ νεφέλη.

38 Νεφέλη γὰρ ἦν ἐπὶ τῆς σκηνῆς ἡμέρας, καὶ πῦρ ἦν ἐπ᾽ αὐτῆς νυκτὸς ἐναντίον παντὸς Ἰσραὴλ, ἐν πάσαις ταῖς ἀναζυγαῖς αὐτῶν.

generations. 16 And Moses did all things whatsoever the Lord commanded him, so did he.

17 And it came to pass in the first month, in the second year after their going forth out of Egypt, at the new moon, that the tabernacle was set up. 18 And Moses set up the tabernacle, and put on the chapiters, and put the bars into their places, and set up the posts. 19 And he stretched out the curtains over the tabernacle, and put the veil of the tabernacle on it above as the Lord commanded Moses. 20 And he took the testimonies, and put them into the ark; and he put the staves β by the sides of the ark. 21 And he brought the ark into the tabernacle, and put on it the covering of the veil, and covered the ark of the testimony, as the Lord commanded Moses. 22 And he put the table in the tabernacle of witness, on the north side without the veil of the tabernacle. 23 And he put on it the shewbread before the Lord, as the Lord commanded Moses. 24 And he put the candlestick into the tabernacle of witness, on the side of the tabernacle toward the south. 25 And he put on it its lamps before the Lord, as the Lord had commanded Moses. 26 And he put the golden altar in the tabernacle of witness before the veil; 27 and he burnt on it incense of composition, as the Lord commanded Moses. 29 And he put the altar of the burnt-offerings by the doors of the tabernacle. 33 And he set up the court round about the tabernacle and the altar; and Moses accomplished all the works.

34 And the cloud covered the tabernacle of witness, and the tabernacle was filled with the glory of the Lord. 35 And Moses was not able to enter into the tabernacle of testimony, because the cloud overshadowed it, and the tabernacle was filled with the glory of the Lord. 36 And when the cloud went up from the tabernacle, the children of Israel γ prepared to depart with their baggage. 37 And if the cloud went not up, they did not prepare to depart, till the day when the cloud went up. 38 For a cloud was on the tabernacle by day, and fire was on it by night before all Israel, in all their δ journeyings.

β *Gr.* under.   γ *Gr.* harnessed again.   δ *Or,* preparations, etc.

ΛΕΥΙΤΙΚΟΝ.

A<small>ND</small> the Lord called Moses again and spoke to him out of the tabernacle of witness, saying, Speak to the children of Israel, and thou shalt say to them, [2] If *any* man of you shall bring gifts to the Lord, ye shall bring your gifts of the cattle and of the oxen and of the sheep. [3] If his gift be a whole-burnt-offering, he shall bring an unblemished male of the herd to the door of the tabernacle of witness, he shall bring it as acceptable before the Lord. [4] And he shall lay his hand on the head of the burnt-offering as a thing acceptable for him, to make atonement for him. [5] And they shall slay the calf before the Lord ; and the sons of Aaron the priests shall bring the blood, and they shall pour the blood round about on the altar, which *is* at the doors of the tabernacle of witness. [6] And having flayed the whole burnt-offering, they shall divide it by its limbs. [7] And the sons of Aaron the priests shall put fire on the altar, and shall pile wood on the fire. [8] And the sons of Aaron the priests shall pile up the divided parts, and the head, and the fat on the wood on the fire, *the wood* which is on the altar. [9] And the entrails and the feet they shall wash in water, and the priests shall put all on the altar : it is a burnt-offering, a sacrifice, a smell of sweet savour to the Lord. [10] And if his gift *be* of the sheep to the Lord, or of the lambs, or of the kids for whole-burnt-offerings, he shall bring it a male without blemish. [11] And he shall lay his hand on its head ; and they shall kill it by the side of the altar, toward the north before the Lord, and the sons of Aaron the priests shall put its blood on the altar round about. [12] And they shall divide it by its limbs, and its head and its fat, and the priests shall pile them up on the wood which is on the fire, on the altar. [13] And they shall wash the entrails and the feet with water, and the priest shall bring all the *parts* and put them on the altar : it is a burnt-offering, a sacrifice, a smell of sweet savour to the Lord. [14] And if he bring his gift, a burnt-offering to the Lord, of birds, then shall he bring his gift of doves or pigeons. [15] And the priest shall bring it to the altar, and shall wring off its head ; and the priest shall put it on the altar, and shall wring out the blood at the bottom of the altar. [16] And he shall take away the crop with the feathers, and shall cast it forth by

ΚΑΙ ἀνεκάλεσε Μωυσῆν, καὶ ἐλάλησε Κύριος αὐτῷ ἐκ τῆς σκηνῆς τοῦ μαρτυρίου, λέγων, λάλησον τοῖς υἱοῖς Ἰσραηλ, 2 καὶ ἐρεῖς πρὸς αὐτούς, ἄνθρωπος ἐξ ὑμῶν ἐὰν προσαγάγῃ δῶρα τῷ Κυρίῳ, ἀπὸ τῶν κτηνῶν καὶ ἀπὸ τῶν βοῶν καὶ ἀπὸ τῶν προβάτων προσοίσετε τὰ δῶρα ὑμῶν. Ἐὰν ὁλοκαύτωμα 3 τὸ δῶρον αὐτοῦ, ἐκ τῶν βοῶν ἄρσεν ἄμωμον προσάξει πρὸς τὴν θύραν τῆς σκηνῆς τοῦ μαρτυρίου, προσοίσει αὐτὸ δεκτὸν ἐναντίον Κυρίου. Καὶ ἐπιθήσει τὴν χεῖρα ἐπὶ τὴν κεφαλὴν 4 τοῦ καρπώματος δεκτὸν αὐτῷ, ἐξιλάσασθαι περὶ αὐτοῦ. Καὶ 5 σφάξουσι τὸν μόσχον ἔναντι Κυρίου· καὶ προσοίσουσιν οἱ υἱοὶ Ἀαρὼν οἱ ἱερεῖς τὸ αἷμα, καὶ προσχεοῦσι τὸ αἷμα ἐπὶ τὸ θυσιαστήριον κύκλῳ τὸ ἐπὶ τῶν θυρῶν τῆς σκηνῆς τοῦ μαρτυρίου· καὶ ἐκδείραντες τὸ ὁλοκαύτωμα, μελιοῦσιν αὐτὸ κατὰ 6 μέλη. Καὶ ἐπιθήσουσιν οἱ υἱοὶ Ἀαρὼν οἱ ἱερεῖς πῦρ ἐπὶ τὸ 7 θυσιαστήριον, καὶ ἐπιστοιβάσουσι ξύλα ἐπὶ τὸ πῦρ. Καὶ 8 ἐπιστοιβάσουσιν οἱ υἱοὶ Ἀαρὼν οἱ ἱερεῖς τὰ διχοτομήματα, καὶ τὴν κεφαλὴν, καὶ τὸ στέαρ ἐπὶ τὰ ξύλα τὰ ἐπὶ τοῦ πυρὸς τὰ ὄντα ἐπὶ τοῦ θυσιαστηρίου. Τὰ δὲ ἐγκοίλια καὶ τοὺς πόδας 9 πλυνοῦσιν ὕδατι· καὶ ἐπιθήσουσιν οἱ ἱερεῖς τὰ πάντα ἐπὶ τὸ θυσιαστήριον· κάρπωμά ἐστι θυσία ὀσμὴ εὐωδίας τῷ Κυρίῳ. Ἐὰν δὲ ἀπὸ τῶν προβάτων τὸ δῶρον αὐτοῦ τῷ Κυρίῳ, ἀπό 10 τε τῶν ἀρνῶν, καὶ τῶν ἐρίφων εἰς ὁλοκαυτώματα, ἄρσεν ἄμωμον προσάξει αὐτό. Καὶ ἐπιθήσει τὴν χεῖρα ἐπὶ τὴν κεφαλὴν 11 αὐτοῦ· καὶ σφάξουσιν αὐτὸ ἐκ πλαγίων τοῦ θυσιαστηρίου πρὸς Βορρᾶν ἔναντι Κυρίου· καὶ προσχεοῦσιν οἱ υἱοὶ Ἀαρὼν οἱ ἱερεῖς τὸ αἷμα αὐτοῦ ἐπὶ τὸ θυσιαστήριον κύκλῳ. Καὶ διελοῦ- 12 σιν αὐτὸ κατὰ μέλη, καὶ τὴν κεφαλὴν, καὶ τὸ στέαρ· καὶ ἐπιστοιβάσουσιν οἱ ἱερεῖς αὐτὰ ἐπὶ τὰ ξύλα τὰ ἐπὶ τοῦ πυρὸς τὰ ἐπὶ τοῦ θυσιαστηρίου. Καὶ τὰ ἐγκοίλια, καὶ τοὺς πόδας 13 πλυνοῦσιν ὕδατι· καὶ προσοίσει ὁ ἱερεὺς τὰ πάντα, καὶ ἐπιθήσει ἐπὶ τὸ θυσιαστήριον· κάρπωμά ἐστι θυσία ὀσμὴ εὐωδίας τῷ Κυρίῳ. Ἐὰν δὲ ἀπὸ τῶν πετεινῶν κάρπωμα προσφέρει δῶρον 14 αὐτῷ τῷ Κυρίῳ, καὶ προσοίσει ἀπὸ τῶν τρυγόνων, ἢ ἀπὸ τῶν περιστερῶν τὸ δῶρον αὐτοῦ. Καὶ προσοίσει αὐτὸ ὁ ἱερεὺς 15 πρὸς τὸ θυσιαστήριον, καὶ ἀποκνίσει τὴν κεφαλὴν, καὶ ἐπιθήσει ὁ ἱερεὺς ἐπὶ τὸ θυσιαστήριον, καὶ στραγγιεῖ τὸ αἷμα πρὸς τὴν βάσιν τοῦ θυσιαστηρίου. Καὶ ἀφελεῖ τὸν πρόλοβον σὺν τοῖς 16 πτεροῖς, καὶ ἐκβαλεῖ αὐτὸ παρὰ τὸ θυσιαστήριον κατ' ἀνατολὰς

17 εἰς τὸν τόπον τῆς σποδοῦ· Καὶ ἐκκλάσει αὐτὸ ἐκ τῶν πτερύγων, καὶ οὐ διελεῖ, καὶ ἐπιθήσει αὐτὸ ὁ ἱερεὺς ἐπὶ τὸ θυσιαστήριον ἐπὶ τὰ ξύλα τὰ ἐπὶ τοῦ πυρός· κάρπωμά ἐστι θυσία ὀσμὴ εὐωδίας τῷ Κυρίῳ.

2 Ἐὰν δὲ ψυχὴ προσφέρῃ δῶρον θυσίαν τῷ Κυρίῳ, σεμίδαλις ἔσται τὸ δῶρον αὐτοῦ, καὶ ἐπιχεεῖ ἐπ᾽ αὐτὸ ἔλαιον, καὶ ἐπιθήσει
2 ἐπ᾽ αὐτὸ λίβανον· θυσία ἐστί. Καὶ οἴσει πρὸς τοὺς υἱοὺς Ἀαρὼν τοὺς ἱερεῖς· καὶ δραξάμενος ἀπ᾽ αὐτῆς πλήρη τὴν δράκα ἀπὸ τῆς σεμιδάλεως σὺν τῷ ἐλαίῳ, καὶ πάντα τὸν λίβανον αὐτῆς, καὶ ἐπιθήσει ὁ ἱερεὺς τὸ μνημόσυνον αὐτῆς ἐπὶ τὸ
3 θυσιαστήριον· θυσία ὀσμὴ εὐωδίας τῷ Κυρίῳ. Καὶ τὸ λοιπὸν ἀπὸ τῆς θυσίας Ἀαρὼν καὶ τοῖς υἱοῖς αὐτοῦ, ἅγιον τῶν ἁγίων
4 ἀπὸ τῶν θυσιῶν Κυρίου. Ἐὰν δὲ προσφέρῃ δῶρον θυσίαν πεπεμμένην ἐκ κλιβάνου δῶρον Κυρίῳ ἐκ σεμιδάλεως, ἄρτους ἀζύμους πεφυραμένους ἐν ἐλαίῳ, καὶ λάγανα ἄζυμα διακεχρι-
5 σμένα ἐν ἐλαίῳ. Ἐὰν δὲ θυσία ἀπὸ τηγάνου τὸ δῶρόν σου,
6 σεμίδαλις πεφυραμένη ἐν ἐλαίῳ ἄζυμά ἐστι. Καὶ διαθρύψεις αὐτὰ κλάσματα, καὶ ἐπιχεεῖς ἐπ᾽ αὐτὰ ἔλαιον· θυσία ἐστὶ
7 Κυρίῳ. Ἐὰν δὲ θυσία ἀπὸ ἐσχάρας τὸ δῶρόν σου, σεμίδαλις
8 ἐν ἐλαίῳ ποιηθήσεται. Καὶ προσοίσει τὴν θυσίαν ἣν ἂν ποιήσῃ ἐκ τούτων τῷ Κυρίῳ, καὶ προσοίσει πρὸς τὸν ἱερέα.
9 Καὶ προσεγγίσας πρὸς τὸ θυσιαστήριον, ἀφελεῖ ὁ ἱερεὺς ἀπὸ τῆς θυσίας τὸ μνημόσυνον αὐτῆς, καὶ ἐπιθήσει ὁ ἱερεὺς ἐπὶ τὸ
10 θυσιαστήριον, κάρπωμα· ὀσμὴ εὐωδίας Κυρίῳ. Τὸ δὲ καταλειφθὲν ἀπὸ τῆς θυσίας, Ἀαρὼν καὶ τοῖς υἱοῖς αὐτοῦ, ἅγια τῶν
11 ἁγίων ἀπὸ τῶν καρπωμάτων Κυρίου. Πᾶσαν θυσίαν, ἣν ἂν προσφέρητε Κυρίῳ, οὐ ποιήσετε ζυμωτόν· πᾶσαν γὰρ ζύμην, καὶ πᾶν μέλι οὐ προσοίσετε ἀπ᾽ αὐτοῦ, καρπῶσαι Κυρίῳ δῶρον.
12 Ἀπαρχῆς προσοίσετε αὐτὰ Κυρίῳ, ἐπὶ δὲ τὸ θυσιαστήριον οὐκ
13 ἀναβιβασθήσεται εἰς ὀσμὴν εὐωδίας Κυρίῳ. Καὶ πᾶν δῶρον θυσίας ὑμῶν ἁλὶ ἁλισθήσεται· οὐ διαπαύσατε ἅλας διαθήκης Κυρίου ἀπὸ θυσιασμάτων ὑμῶν· ἐπὶ παντὸς δώρου ὑμῶν
14 προσοίσετε Κυρίῳ τῷ Θεῷ ὑμῶν ἅλας. Ἐὰν δὲ προσφέρῃς θυσίαν πρωτογεννημάτων τῷ Κυρίῳ, νέα, πεφρυγμένα χίδρα ἐρικτὰ τῷ Κυρίῳ· καὶ προσοίσεις τὴν θυσίαν τῶν πρωτογεννη-
15 μάτων. Καὶ ἐπιχεεῖς ἐπ᾽ αὐτὴν ἔλαιον, καὶ ἐπιθήσεις ἐπ᾽ αὐτὴν
16 λίβανον· θυσία ἐστί. Καὶ ἀνοίσει ὁ ἱερεὺς τὸ μνημόσυνον αὐτῆς ἀπὸ τῶν χίδρων σὺν τῷ ἐλαίῳ, καὶ πάντα τὸν λίβανον αὐτῆς· κάρπωμά ἐστι Κυρίῳ.

3 Ἐὰν δὲ θυσία σωτηρίου τὸ δῶρον αὐτοῦ τῷ Κυρίῳ, ἐὰν μὲν ἐκ τῶν βοῶν αὐτὸ προσαγάγῃ, ἐάν τε ἄρσεν, ἐάν τε θῆλυ,
2 ἄμωμον προσάξει αὐτὸ ἔναντι Κυρίου. Καὶ ἐπιθήσει τὰς χεῖρας ἐπὶ τὴν κεφαλὴν τοῦ δώρου, καὶ σφάξει αὐτὸ ἐναντίον Κυρίου παρὰ τὰς θύρας τῆς σκηνῆς τοῦ μαρτυρίου· καὶ προσχεοῦσιν οἱ υἱοὶ Ἀαρὼν οἱ ἱερεῖς τὸ αἷμα ἐπὶ τὸ θυσιαστήριον
3 τῶν ὁλοκαυτωμάτων κύκλῳ. Καὶ προσάξουσιν ἀπὸ τῆς θυσίας τοῦ σωτηρίου κάρπωμα Κυρίῳ,, τὸ στέαρ τὸ κατακαλύπτον τὴν
4 κοιλίαν, καὶ πᾶν τὸ στέαρ τὸ ἐπὶ τῆς κοιλίας. Καὶ τοὺς δύο νεφροὺς, καὶ τὸ στέαρ τὸ ἐπ᾽ αὐτῶν, τὸ ἐπὶ τῶν μηρίων, καὶ τὸν

---

the altar toward the east to the place of the ashes. [17] And he shall break it off from the wings and shall not separate it, and the priest shall put it on the altar on the wood which is on the fire: it is a burnt-offering, a sacrifice, a sweet-smelling savour to the Lord.

And if a soul bring a gift, a sacrifice to the Lord, his gift shall be fine flour; and he shall pour oil upon it, and shall put frankincense on it: it is a sacrifice. [2] And he shall bring it to the priests the sons of Aaron: and having taken from it a handful of the fine flour with the oil, and all its frankincense, then the priest shall put the memorial of it on the altar: *it is* a sacrifice, an odour of sweet savour to the Lord. [3] And the remainder of the sacrifice shall be for Aaron and his sons, a most holy portion from the sacrifices of the Lord. [4] And if he bring as a gift a sacrifice baked from the oven, a gift to the Lord of fine flour, *he shall bring* unleavened bread kneaded with oil, and unleavened cakes anointed with oil. [5] And if thy gift *be* a sacrifice from a pan, it is fine flour mingled with oil, unleavened *offerings*. [6] And thou shalt break them into fragments and pour oil upon them: it is a sacrifice to the Lord. [7] And if thy gift be a sacrifice from the hearth, it shall be made of fine flour with oil. [8] And he shall offer the sacrifice which he shall make of these to the Lord, and shall bring it to the priest. [9] And the priest shall approach the altar, and shall take away from the sacrifice a memorial of it, and the priest shall place it on the altar: a burnt offering, a smell of sweet savour to the Lord. [10] And that which is left of the sacrifice *shall be* for Aaron and his sons, most holy from the burnt-offerings of the Lord. [11] Ye shall not leaven any sacrifice which ye shall bring to the Lord; for *as to* any leaven, or any honey, ye shall not bring of it to offer a gift to the Lord. [12] Ye shall bring them in the way of fruits to the Lord, but they shall not be offered on the altar for a sweet-smelling savour to the Lord. [13] And every gift of your sacrifice shall be seasoned with salt; omit not the salt of the covenant of the Lord from your sacrifices: on every gift of yours ye shall offer salt to the Lord your God. [14] And if thou wouldest offer a sacrifice of first-fruits to the Lord, *it shall be* new grains ground *and* roasted for the Lord; so shalt thou bring the sacrifice of the first-fruits. [15] And thou shalt pour oil upon it, and shalt put frankincense on it: it is a sacrifice. [16] And the priest shall offer the memorial of it *taken* from the grains with the oil, and all its frankincense: it is a burnt-offering to the Lord.

And if his gift to the Lord be a peace-offering, if he should bring it of the oxen, whether it be male or whether it be female, he shall bring it unblemished before the Lord. [2] And he shall lay his hands on the head of the gift, and shall slay it before the Lord, by the doors of the tabernacle of witness. And the priests the sons of Aaron shall pour the blood on the altar of burnt-offerings round about. [3] And they shall bring of the peace-offering a burnt-sacrifice to the Lord, the fat covering the belly, and all the fat on the belly. [4] And the two kidneys and the fat that is upon them; he shall

take away that which is on the thighs, and the caul above the liver together with the kidneys. ⁵And the priests the sons of Aaron shall offer them on the altar on the burnt-offering, on the wood which is on the fire upon the altar : *it is* a burnt-offering, a smell of sweet savour to the Lord. ⁶And if his gift be of the sheep, a peace-offering to the Lord, male or female, he shall bring it unblemished. ⁷If he bring a lamb for his gift, he shall bring it before the Lord. ⁸And he shall lay his hands on the head of his offering, and shall slay it by the doors of the tabernacle of witness; and the priests the sons of Aaron shall pour out the blood on the altar round about. ⁹And he shall bring of the peace-offering a burnt-sacrifice to the Lord : the fat and the hinder part unblemished he shall take away with the loins, and having taken away all the fat that covers the belly, and all the fat that is on the belly, ¹⁰and both the kidneys and the fat that is upon them, *and* that which is on the thighs, and the caul which is on the liver with the kidneys, ¹¹the priest shall offer these on the altar : *it is* a sacrifice of sweet savour, a burnt-offering to the Lord.

¹²And if his offering be of the goats, then shall he bring it before the Lord. ¹³And he shall lay his hands on its head ; and they shall slay it before the Lord by the doors of the tabernacle of witness; and the priests the sons of Aaron shall pour out the blood on the altar round about. ¹⁴And he shall offer of it a burnt-offering to the Lord, *even* the fat that covers the belly, and all the fat that is on the belly. ¹⁵And both the kidneys, and all the fat that is upon them, that which is upon the thighs, and the caul of the liver with the kidneys, shall he take away. ¹⁶And the priest shall offer it upon the altar : *it is* a burnt-offering, a smell of sweet savour to the Lord. All the fat *belongs* to the Lord. ¹⁷*It is* a perpetual statute throughout your generations, in all your habitations ; ye shall eat no fat and no blood.

And the Lord spoke to Moses, saying, ²Speak to the children of Israel, saying, If a soul shall sin unwillingly before the Lord, β in any of the commandments of the Lord concerning things which he ought not to do, and shall do some of them ; ³if the anointed priest γ so as to cause the people to sin, then shall he bring for his sin, which he has sinned, an unblemished calf of the herd to the Lord for his sin. ⁴And he shall bring the calf to the door of the tabernacle of witness before the Lord, and he shall put his hand on the head of the calf before the Lord, and shall slay the calf in the presence of the Lord. ⁵And the anointed priest δ who has been consecrated having received of the blood of the calf, shall then bring it into the tabernacle of witness. ⁶And the priest shall dip his finger into the blood, and sprinkle of the blood seven times before the Lord, over against the holy veil. ⁷And the priest shall put of the blood of the calf on the horns of the altar of the compound incense which is before the Lord, which is in the tabernacle of witness ; and all the blood of the calf shall he pour out by the foot of the

λοβὸν τὸν ἐπὶ τοῦ ἥπατος σὺν τοῖς νεφροῖς περιελεῖ. Καὶ 5 ἀνοίσουσιν αὐτὰ οἱ υἱοὶ Ἀαρὼν οἱ ἱερεῖς ἐπὶ τὸ θυσιαστήριον ἐπὶ τὰ ὁλοκαυτώματα ἐπὶ τὰ ξύλα, τὰ ἐπὶ τοῦ πυρὸς ἐπὶ τοῦ θυσιαστηρίου· κάρπωμα ὀσμὴ εὐωδίας Κυρίῳ. Ἐὰν δὲ ἀπὸ τῶν προβάτων τὸ δῶρον αὐτοῦ θυσία σωτηρίου τῷ 6 Κυρίῳ, ἄρσεν ἢ θῆλυ, ἄμωμον προσοίσει αὐτό. Ἐὰν ἄρνα 7 προσαγάγῃ τὸ δῶρον αὐτοῦ, προσάξει αὐτὸ ἔναντι Κυρίου. Καὶ ἐπιθήσει τὰς χεῖρας ἐπὶ τὴν κεφαλὴν τοῦ δώρου αὐτοῦ, 8 καὶ σφάξει αὐτὸ παρὰ τὰς θύρας τῆς σκηνῆς τοῦ μαρτυρίου· καὶ προσχεοῦσιν οἱ υἱοὶ Ἀαρὼν οἱ ἱερεῖς τὸ αἷμα ἐπὶ τὸ θυσιαστήριον κύκλω. Καὶ προσοίσει ἀπὸ τῆς θυσίας τοῦ 9 σωτηρίου κάρπωμα τῷ Κυρίῳ· τὸ στέαρ καὶ τὴν ὀσφὺν ἄμωμον σὺν ταῖς ψόαις περιελεῖ αὐτό· καὶ πᾶν τὸ στέαρ τὸ κατακαλύπτον τὴν κοιλίαν, καὶ πᾶν τὸ στέαρ τὸ ἐπὶ τῆς κοιλίας. Καὶ 10 ἀμφοτέρους τοὺς νεφρούς, καὶ τὸ στέαρ τὸ ἐπ᾽ αὐτῶν, τὸ ἐπὶ τῶν μηρίων, καὶ τὸν λοβὸν τὸν ἐπὶ τοῦ ἥπατος σὺν τοῖς νεφροῖς περιελών, ἀνοίσει ὁ ἱερεὺς ἐπὶ τὸ θυσιαστήριον· ὀσμὴ εὐωδίας 11 κάρπωμα Κυρίῳ.

Ἐὰν δὲ ἀπὸ τῶν αἰγῶν τὸ δῶρον αὐτοῦ, καὶ προσάξει 12 ἔναντι Κυρίου. Καὶ ἐπιθήσει τὰς χεῖρας ἐπὶ τὴν κεφαλὴν 13 αὐτοῦ, καὶ σφάξουσιν αὐτὸ ἔναντι Κυρίου παρὰ τὰς θύρας τῆς σκηνῆς τοῦ μαρτυρίου· καὶ προσχεοῦσιν οἱ υἱοὶ Ἀαρὼν οἱ ἱερεῖς τὸ αἷμα ἐπὶ τὸ θυσιαστήριον κύκλω. Καὶ 14 ἀνοίσει ἀπ᾽ αὐτοῦ κάρπωμα Κυρίῳ τὸ στέαρ τὸ κατακαλύπτον τὴν κοιλίαν, καὶ πᾶν τὸ στέαρ τὸ ἐπὶ τῆς κοιλίας. Καὶ 15 ἀμφοτέρους τοὺς νεφρούς, καὶ πᾶν τὸ στέαρ τὸ ἐπ᾽ αὐτῶν, τὸ ἐπὶ τῶν μηρίων, καὶ τὸν λοβὸν τοῦ ἥπατος σὺν τοῖς νεφροῖς περιελεῖ, καὶ ἀνοίσει ὁ ἱερεὺς ἐπὶ τὸ θυσιαστήριον· κάρπωμα 16 ὀσμὴ εὐωδίας τῷ Κυρίῳ· πᾶν τὸ στέαρ τῷ Κυρίῳ. Νόμιμον 17 εἰς τὸν αἰῶνα εἰς τὰς γενεὰς ὑμῶν, ἐν πάσῃ κατοικίᾳ ὑμῶν· πᾶν στέαρ καὶ πᾶν αἷμα οὐκ ἔδεσθε.

Καὶ ἐλάλησε Κύριος πρὸς Μωυσῆν, λέγων, Λάλησον 4 πρὸς τοὺς υἱοὺς Ἰσραήλ, λέγων, ψυχὴ ἐὰν ἁμάρτῃ ἔναντι 2 Κυρίου ἀκουσίως ἀπὸ πάντων τῶν προσταγμάτων Κυρίου, ὧν οὐ δεῖ ποιεῖν, καὶ ποιήσῃ ἕν τι ἀπ᾽ αὐτῶν· Ἐὰν μὲν ὁ 3 ἀρχιερεὺς ὁ κεχρισμένος ἁμάρτῃ τοῦ τὸν λαὸν ἁμαρτεῖν, καὶ προσάξει περὶ τῆς ἁμαρτίας αὐτοῦ, ἧς ἥμαρτε, μόσχον ἐκ βοῶν ἄμωμον τῷ Κυρίῳ περὶ τῆς ἁμαρτίας. Καὶ προσάξει τὸν 4 μόσχον παρὰ τὴν θύραν τῆς σκηνῆς τοῦ μαρτυρίου ἔναντι Κυρίου, καὶ ἐπιθήσει τὴν χεῖρα αὐτοῦ ἐπὶ τὴν κεφαλὴν τοῦ μόσχου ἔναντι Κυρίου, καὶ σφάξει τὸν μόσχον ἐνώπιον Κυρίου. Καὶ λαβὼν ὁ ἱερεὺς ὁ χριστὸς ὁ τετελειωμένος τὰς χεῖρας ἀπὸ 5 τοῦ αἵματος τοῦ μόσχου, καὶ εἰσοίσει αὐτὸ εἰς τὴν σκηνὴν τοῦ μαρτυρίου. Καὶ βάψει ὁ ἱερεὺς τὸν δάκτυλον εἰς τὸ αἷμα, καὶ 6 προσρανεῖ ἀπὸ τοῦ αἵματος ἑπτάκις ἔναντι Κυρίου, κατὰ τὸ καταπέτασμα τὸ ἅγιον. Καὶ ἐπιθήσει ὁ ἱερεὺς ἀπὸ τοῦ αἵμα- 7 τος τοῦ μόσχου ἐπὶ τὰ κέρατα τοῦ θυσιαστηρίου τοῦ θυμιά- ματος τῆς συνθέσεως τοῦ ἐναντίον Κυρίου, ὅ ἐστιν ἐν τῇ σκηνῇ τοῦ μαρτυρίου· καὶ πᾶν τὸ αἷμα τοῦ μόσχου ἐκχεεῖ παρὰ τὴν

β *Gr.* from.   γ *Or,* by reason of the people's sinning.   δ *Gr.* whose hands have been filled or perfected. *Hebraism.*

βάσιν τοῦ θυσιαστηρίου τῶν ὁλοκαυτωμάτων, ὅ ἐστι παρὰ τὰς
8 θύρας τῆς σκηνῆς τοῦ μαρτυρίου. Καὶ πᾶν τὸ στέαρ τοῦ
μόσχου τοῦ τῆς ἁμαρτίας περιελεῖ ἀπ᾽ αὐτοῦ, τὸ στέαρ τὸ
κατακαλύπτον τὰ ἐνδόσθια, καὶ πᾶν τὸ στέαρ τὸ ἐπὶ τῶν
9 ἐνδοσθίων, καὶ τοὺς δύο νεφροὺς, καὶ τὸ στέαρ τὸ ἐπ᾽ αὐτῶν, ὅ
ἐστιν ἐπὶ τῶν μηρίων, καὶ τὸν λοβὸν τὸν ἐπὶ τοῦ ἥπατος σὺν
10 τοῖς νεφροῖς περιελεῖ αὐτὸ, ὃν τρόπον ἀφαιρεῖται αὐτὸ ἀπὸ τοῦ
μόσχου τοῦ τῆς θυσίας τοῦ σωτηρίου, καὶ ἀνοίσει ὁ ἱερεὺς ἐπὶ
11 τὸ θυσιαστήριον τῆς καρπώσεως. Καὶ τὸ δέρμα τοῦ μόσχου,
καὶ πᾶσαν αὐτοῦ τὴν σάρκα σὺν τῇ κεφαλῇ καὶ τοῖς ἀκρωτη-
12 ρίοις καὶ τῇ κοιλίᾳ καὶ τῇ κόπρῳ· καὶ ἐξοίσουσιν ὅλον τὸν
μόσχον ἔξω τῆς παρεμβολῆς εἰς τόπον καθαρὸν, οὗ ἐκχεοῦσι
τὴν σποδιὰν, καὶ κατακαύσουσιν αὐτὸν ἐπὶ ξύλων ἐν πυρί· ἐπὶ
τῆς ἐκχύσεως τῆς σποδιᾶς καυθήσεται.

13 Ἐὰν δὲ πᾶσα συναγωγὴ Ἰσραὴλ ἀγνοήσῃ ἀκουσίως, καὶ
λάθῃ ῥῆμα ἐξ ὀφθαλμῶν τῆς συναγωγῆς, καὶ ποιήσωσι μίαν
ἀπὸ πασῶν τῶν ἐντολῶν Κυρίου, ἣ οὐ ποιηθήσεται, καὶ πλήμ-
14 μελήσωσι, καὶ γνωσθῇ αὐτοῖς ἡ ἁμαρτία, ἣν ἥμαρτον ἐν αὐτῇ,
καὶ προσάξει ἡ συναγωγὴ μόσχον ἐκ βοῶν ἄμωμον περὶ τῆς
ἁμαρτίας, καὶ προσάξει αὐτὸν παρὰ τὰς θύρας τῆς σκηνῆς τοῦ
15 μαρτυρίου. Καὶ ἐπιθήσουσιν οἱ πρεσβύτεροι τῆς συναγωγῆς
τὰς χεῖρας αὐτῶν ἐπὶ τὴν κεφαλὴν τοῦ μόσχου ἔναντι Κυρίου,
16 καὶ σφάξουσι τὸν μόσχον ἔναντι Κυρίου. Καὶ εἰσοίσει ὁ
ἱερεὺς ὁ χριστὸς ἀπὸ τοῦ αἵματος τοῦ μόσχου εἰς τὴν σκηνὴν
17 τοῦ μαρτυρίου. Καὶ βάψει ὁ ἱερεὺς τὸν δάκτυλον ἀπὸ τοῦ
αἵματος τοῦ μόσχου, καὶ ῥανεῖ ἑπτάκις ἔναντι Κυρίου, κατενώ-
18 πιον τοῦ καταπετάσματος τοῦ ἁγίου. Καὶ ἀπὸ τοῦ αἵματος
ἐπιθήσει ὁ ἱερεὺς ἐπὶ τὰ κέρατα τοῦ θυσιαστηρίου τῶν θυμια-
μάτων τῆς συνθέσεως, ὅ ἐστιν ἐνώπιον Κυρίου, ὅ ἐστιν ἐν τῇ
σκηνῇ τοῦ μαρτυρίου· καὶ τὸ πᾶν αἷμα ἐκχεεῖ πρὸς τὴν βάσιν
τοῦ θυσιαστηρίου τῶν καρπώσεων, τοῦ πρὸς τῇ θύρᾳ τῆς
19 σκηνῆς τοῦ μαρτυρίου. Καὶ τὸ πᾶν στέαρ περιελεῖ ἀπ᾽ αὐτοῦ,
20 καὶ ἀνοίσει ἐπὶ τὸ θυσιαστήριον. Καὶ ποιήσει τὸν μόσχον,
ὃν τρόπον ἐποίησε τὸν μόσχον τὸν τῆς ἁμαρτίας, οὕτω ποιη-
θήσεται· καὶ ἐξιλάσεται περὶ αὐτῶν ὁ ἱερεὺς, καὶ ἀφεθή-
21 σεται αὐτοῖς ἡ ἁμαρτία. Καὶ ἐξοίσουσι τὸν μόσχον ὅλον
ἔξω τῆς παρεμβολῆς, καὶ κατακαύσουσι τὸν μόσχον, ὃν τρόπον
κατέκαυσαν τὸν μόσχον τὸν πρότερον· ἁμαρτία συναγωγῆς
ἐστιν.

22 Ἐὰν δὲ ὁ ἄρχων ἁμάρτῃ, καὶ ποιήσῃ μίαν ἀπὸ πασῶν τῶν
ἐντολῶν Κυρίου τοῦ Θεοῦ αὐτοῦ, ἣ οὐ ποιηθήσεται, ἀκουσίως,
23 καὶ ἁμάρτῃ καὶ πλημμελήσῃ, καὶ γνωσθῇ αὐτῷ ἡ ἁμαρτία, ἣν
24 ἥμαρτεν ἐν αὐτῇ, καὶ προσοίσει τὸ δῶρον αὐτοῦ χίμαρον ἐξ
αἰγῶν, ἄρσεν ἄμωμον. Καὶ ἐπιθήσει τὴν χεῖρα ἐπὶ τὴν κεφα-
λὴν τοῦ χιμάρου· καὶ σφάξουσιν αὐτὸν ἐν τόπῳ, οὗ σφάζουσι
25 τὰ ὁλοκαυτώματα ἐνώπιον Κυρίου· ἁμαρτία ἐστί. Καὶ ἐπι-
θήσει ὁ ἱερεὺς ἀπὸ τοῦ αἵματος τοῦ τῆς ἁμαρτίας τῷ δακτύλῳ

altar of whole-burnt-offerings, which is by
the doors of the tabernacle of witness. [8]And
all the fat of the calf of the sin-offering shall
he take off from it; the fat that covers the
inwards, and all the fat that is on the in-
wards, [9]and the two kidneys, and the fat
that is upon them, which is on the thighs,
and the caul that is on the liver with the
kidneys, β them shall he take away, [10]as he
takes it away from the calf of the sacrifice
of peace-offering, so shall the priest offer it
on the altar of burnt-offering. [11]And *they
shall take* the skin of the calf, and all his
flesh with the head and the extremities and
the belly and the dung, [12]and they shall
carry out the whole calf out of the camp
into a clean place, where they pour out the
ashes, and they shall consume it there on
wood with fire: it shall be burnt on the
γ ashes poured out.

[13]And if the whole congregation of Israel
δ trespass ignorantly, and a thing should
escape the notice of the congregation, and
they should do one thing forbidden of any
of the commands of the Lord, ζ which ought
not to be done, and should transgress: [14]and
the sin wherein they have sinned should
become known to them, then shall the con-
gregation bring an unblemished calf of the
herd for a sin-offering, and they shall bring
it to the doors of the tabernacle of witness.
[15]And the elders of the congregation shall
lay their hands on the head of the calf before
the Lord, and they shall slay the calf before
the Lord. [16]And the anointed priest shall
bring in of the blood of the calf into the
tabernacle of witness. [17]And the priest
shall dip his finger into some of the blood
of the calf, and shall sprinkle it seven times
before the Lord, in front of the veil of the
sanctuary. [18]And the priest shall put some
of the blood on the horns of the altar of the
incense of composition, which is before the
Lord, which is in the tabernacle of witness;
and he shall pour out all the blood at the
bottom of the altar of whole-burnt-offer-
ings, which is by the door of the tabernacle
of witness. [19]And he shall take away all the
fat from it, and shall offer it up on the
altar. [20]And he shall do to the calf as he
did to the calf of the sin-offering, so shall it
be done; and the priest shall make atone-
ment for them, and the trespass shall be
forgiven them. [21]And they shall carry forth
the calf whole without the camp, and they
shall burn the calf as they burnt the former
calf: it is the sin-offering of the congrega-
tion.

[22]And if a ruler sin, and θ break one of all
the commands of the Lord his God, *doing
the thing* which ought not to be done, un-
willingly, and shall sin and trespass, [23]and
his trespass wherein he has sinned, be known
to him,—then shall he offer for his gift a
kid of the goats, a male without blemish.
[24]And he shall lay his hand on the head of
the kid, and they shall kill it in the place
where they kill the *victims for* whole-burnt-
offerings before the Lord; it is a sin-offering.
[25]And the priest shall put some of the blood
of the sin-offering with his finger on the
horns of the altar of whole-burnt-offering;

β Gr. it.   γ Gr. the outpouring of the ashes.   δ Gr. should be ignorant unwillingly.   ζ Gr. do one of the commandments of
the Lord which shall not be done.   θ Gr. do.

and he shall pour out all its blood by the bottom of the altar of whole-burnt-offerings. 26 And he shall offer up all his fat on the altar, as the fat of the sacrifice of peace-offering; and the priest shall make atonement for him concerning his sin, and it shall be forgiven him.

27 And if a soul of the people of the land should sin unwillingly, in doing a thing *contrary to* any of the commandments of the Lord, which ought not to be done, and shall transgress, 28 and his sin should be known to him, wherein he has sinned, then shall he bring a kid of the goats, a female without blemish shall he bring for his sin, which he has sinned. 29 And he shall lay his hand on the head of his sin-offering, and they shall slay the kid of the sin-offering in the place where they slay the *victims for* whole-burnt-offerings. 30 And the priest shall take of its blood with his finger, and shall put it on the horns of the altar of whole-burnt-offerings; and all its blood he shall pour forth by the foot of the altar. 31 And he shall take away all the fat, as the fat is taken away from the sacrifice of peace-offering, and the priest shall offer it on the altar for a smell of sweet savour to the Lord; and the priest shall make atonement for him, and *his sin* shall be forgiven him. 32 And if he should offer a lamb for his sin-offering, he shall offer it a female without blemish. 33 And he shall lay his hand on the head of the sin-offering, and they shall kill it in the place where they kill the *victims for* whole-burnt-offerings. 34 And the priest shall take of the blood of the sin-offering with his finger, and shall put it on the horns of the altar of whole-burnt-offerings, and he shall pour out all its blood by the bottom of the altar of whole-burnt-offering. 35 And he shall take away all his fat, as the fat of the lamb of the sacrifice of peace-offering is taken away, and the priest shall put it on the altar for a whole-burnt-offering to the Lord; and the priest shall make atonement for him for the sin which he sinned, and it shall be forgiven him.

And if a soul sin, and hear the voice of swearing, and he is a witness or has seen or been conscious, if he do not report it, he shall bear his iniquity. 2 That soul which shall touch any unclean thing, or carcase, or *that which is* unclean being taken of beasts, or the dead bodies of abominable *reptiles* which are unclean, or carcases of unclean cattle, 3 or should touch the uncleanness of a man, of whatever kind, which he may touch and be defiled by, and it should have escaped him, but afterwards he should know,—then he shall have transgressed. 4 That unrighteous soul, which determines with his lips to do evil or to do good according to whatsoever a man may determine with an oath, and it shall have escaped his notice, and he shall *afterwards* know *it*, and *so* he should sin in some one of these things :— 5 then shall he declare his sin in the things wherein he has sinned by that sin. 6 And he shall bring for his transgressions against the Lord, for his sin which he has sinned, a ewe lamb of the flock, or a kid of the goats, for a sin-offering ; and the priest shall make an atonement for him for his sin which he has sinned, and his sin shall

ἐπὶ τὰ κέρατα τοῦ θυσιαστηρίου τῶν ὁλοκαυτωμάτων· καὶ τὸ πᾶν αἷμα αὐτοῦ ἐκχεεῖ παρὰ τὴν βάσιν τοῦ θυσιαστηρίου τῶν ὁλοκαυτωμάτων. Καὶ τὸ πᾶν στέαρ αὐτοῦ ἀνοίσει ἐπὶ τὸ 26 θυσιαστήριον, ὥσπερ τὸ στέαρ θυσίας σωτηρίου· καὶ ἐξιλάσεται περὶ αὐτοῦ ὁ ἱερεὺς ἀπὸ τῆς ἁμαρτίας αὐτοῦ, καὶ ἀφεθήσεται αὐτῷ.

Ἐὰν δὲ ψυχὴ μία ἁμάρτῃ ἀκουσίως ἐκ τοῦ λαοῦ τῆς 27 γῆς, ἐν τῷ ποιῆσαι μίαν ἀπὸ πασῶν τῶν ἐντολῶν Κυρίου, ἣ οὐ ποιηθήσεται, καὶ πλημμελήσῃ· καὶ γνωσθῇ αὐτῷ ἡ ἁμαρτία, 28 ἣν ἥμαρτεν ἐν αὐτῇ, καὶ οἴσει χίμαιραν ἐξ αἰγῶν, θήλειαν ἄμωμον οἴσει περὶ τῆς ἁμαρτίας, ἧς ἥμαρτε. Καὶ ἐπιθήσει 29 τὴν χεῖρα ἐπὶ τὴν κεφαλὴν τοῦ ἁμαρτήματος αὐτοῦ· καὶ σφάξουσι τὴν χίμαιραν τὴν τῆς ἁμαρτίας ἐν τῷ τόπῳ, οὗ σφάζουσι τὰ ὁλοκαυτώματα. Καὶ λήψεται ὁ ἱερεὺς ἀπὸ τοῦ αἵματος 30 αὐτῆς τῷ δακτύλῳ, καὶ ἐπιθήσει ἐπὶ τὰ κέρατα τοῦ θυσιαστηρίου τῶν ὁλοκαυτωμάτων· καὶ πᾶν τὸ αἷμα αὐτῆς ἐκχεεῖ παρὰ τὴν βάσιν τοῦ θυσιαστηρίου. Καὶ πᾶν τὸ στέαρ 31 περιελεῖ, ὃν τρόπον περιαιρεῖται στέαρ ἀπὸ θυσίας σωτηρίου· καὶ ἀνοίσει ὁ ἱερεὺς ἐπὶ τὸ θυσιαστήριον εἰς ὀσμὴν εὐωδίας Κυρίῳ· καὶ ἐξιλάσεται περὶ αὐτοῦ ὁ ἱερεύς, καὶ ἀφεθήσεται αὐτῷ.

Ἐὰν δὲ πρόβατον προσενέγκῃ τὸ δῶρον αὐτοῦ περὶ τῆς ἁμαρ- 32 τίας, θῆλυ ἄμωμον προσοίσει αὐτό. Καὶ ἐπιθήσει τὴν χεῖρα ἐπὶ 33 τὴν κεφαλὴν τοῦ τῆς ἁμαρτίας· καὶ σφάξουσιν αὐτὸ ἐν τόπῳ, οὗ σφάζουσι τὰ ὁλοκαυτώματα. Καὶ λαβὼν ὁ ἱερεὺς ἀπὸ 34 τοῦ αἵματος τοῦ τῆς ἁμαρτίας τῷ δακτύλῳ, ἐπιθήσει ἐπὶ τὰ κέρατα τοῦ θυσιαστηρίου τῆς ὁλοκαρπώσεως· καὶ πᾶν αὐτοῦ τὸ αἷμα ἐκχεεῖ παρὰ τὴν βάσιν τοῦ θυσιαστηρίου τῆς ὁλοκαυτώσεως. Καὶ πᾶν αὐτοῦ τὸ στέαρ περιελεῖ, ὃν τρόπον 35 περιαιρεῖται στέαρ προβάτου ἐκ τῆς θυσίας τοῦ σωτηρίου· καὶ ἐπιθήσει αὐτὸ ὁ ἱερεὺς ἐπὶ τὸ θυσιαστήριον ἐπὶ τὸ ὁλοκαύτωμα Κυρίου· καὶ ἐξιλάσεται περὶ αὐτοῦ ὁ ἱερεὺς περὶ τῆς ἁμαρτίας ἧς ἥμαρτε, καὶ ἀφεθήσεται αὐτῷ.

Ἐὰν δὲ ψυχὴ ἁμάρτῃ, καὶ ἀκούσῃ φωνὴν ὁρκισμοῦ, καὶ 5 οὗτος μάρτυς ἢ ἑώρακεν ἢ σύνοιδεν, ἐὰν μὴ ἀπαγγείλῃ, λήψεται τὴν ἁμαρτίαν. Ἡ ψυχὴ ἐκείνη ἥτις ἐὰν ἅψηται παντὸς πράγ- 2 ματος ἀκαθάρτου, ἢ θνησιμαίου, ἢ θηριαλώτου ἀκαθάρτου, ἢ τῶν θνησιμαίων βδελυγμάτων τῶν ἀκαθάρτων, ἢ τῶν θνησι- μαίων κτηνῶν τῶν ἀκαθάρτων, ἢ ἅψηται ἀπὸ ἀκαθαρσίας 3 ἀνθρώπου, ἀπὸ πάσης ἀκαθαρσίας αὐτοῦ, ἧς ἂν ἁψάμενος μιανθῇ καὶ ἔλαθεν αὐτόν, μετὰ τοῦτο δὲ γνῷ, καὶ πλημμελήσῃ. Ἡ ψυχὴ ἡ ἄνομος, ἡ διαστέλλουσα τοῖς χείλεσι κακοποιῆσαι 4 ἢ καλῶς ποιῆσαι κατὰ πάντα ὅσα ἐὰν διαστείλῃ ὁ ἄνθρωπος μεθ' ὅρκου, καὶ λάθῃ αὐτὸν πρὸ ὀφθαλμῶν, καὶ οὗτος γνῷ, καὶ ἁμάρτῃ ἔν τι τούτων. Καὶ ἐξαγορεύσει τὴν ἁμαρτίαν 5 περὶ ὧν ἡμάρτηκε κατ' αὐτῆς. Καὶ οἴσει περὶ ὧν ἐπλημμέλησε 6 Κυρίῳ, περὶ τῆς ἁμαρτίας ἧς ἥμαρτε, θῆλυ ἀπὸ τῶν προβάτων ἀμνάδα, ἢ χίμαιραν ἐξ αἰγῶν, περὶ ἁμαρτίας· καὶ ἐξιλάσεται περὶ αὐτοῦ ὁ ἱερεὺς περὶ τῆς ἁμαρτίας αὐτοῦ, ἧς ἥμαρτε, καὶ

7 ἀφεθήσεται αὐτῷ ἡ ἁμαρτία. Ἐὰν δὲ μὴ ἰσχύῃ ἡ χεὶρ αὐτοῦ
τὸ ἱκανὸν εἰς τὸ πρόβατον, οἴσει περὶ τῆς ἁμαρτίας αὐτοῦ, ἧς
ἥμαρτε, δύο τρυγόνας, ἢ δύο νοσσοὺς περιστερῶν Κυρίῳ, ἕνα
8 περὶ ἁμαρτίας, καὶ ἕνα εἰς ὁλοκαύτωμα. Καὶ οἴσει αὐτὰ πρὸς
τὸν ἱερέα· καὶ προσάξει ὁ ἱερεὺς τὸ περὶ τῆς ἁμαρτίας πρό-
τερον· καὶ ἀποκνίσει ὁ ἱερεὺς τὴν κεφαλὴν αὐτοῦ ἀπὸ τοῦ
9 σφονδύλου, καὶ οὐ διελεῖ. Καὶ ρανεῖ ἀπὸ τοῦ αἵματος τοῦ
περὶ τῆς ἁμαρτίας ἐπὶ τὸν τοῖχον τοῦ θυσιαστηρίου· τὸ δὲ
κατάλοιπον τοῦ αἵματος καταστραγγιεῖ ἐπὶ τὴν βάσιν τοῦ
10 θυσιαστηρίου· ἁμαρτία γάρ ἐστι. Καὶ τὸ δεύτερον ποιήσει
ὁλοκάρπωμα, ὡς καθήκει· καὶ ἐξιλάσεται ὁ ἱερεὺς περὶ τῆς
ἁμαρτίας αὐτοῦ, ἧς ἥμαρτε, καὶ ἀφεθήσεται αὐτῷ.

11 Ἐὰν δὲ μὴ εὑρίσκῃ ἡ χεὶρ αὐτοῦ ζεῦγος τρυγόνων, ἢ δύο
νοσσοὺς περιστερῶν, καὶ οἴσει τὸ δῶρον αὐτοῦ, περὶ οὗ ἥμαρτε,
τὸ δέκατον τοῦ οἰφὶ σεμιδάλεως περὶ ἁμαρτίας· οὐκ ἐπιχεεῖ ἐπ᾽
αὐτὸ ἔλαιον, οὐδὲ ἐπιθήσει ἐπ᾽ αὐτῷ λίβανον, ὅτι περὶ ἁμαρ-
12 τίας ἐστί. Καὶ οἴσει αὐτὸ πρὸς τὸν ἱερέα· καὶ δραξάμενος ὁ
ἱερεὺς ἀπ᾽ αὐτῆς πλήρη τὴν δράκα, τὸ μνημόσυνον αὐτῆς
ἐπιθήσει ἐπὶ τὸ θυσιαστήριον τῶν ὁλοκαυτωμάτων Κυρίῳ·
13 ἁμαρτία ἐστί. Καὶ ἐξιλάσεται περὶ αὐτοῦ ὁ ἱερεὺς περὶ τῆς
ἁμαρτίας αὐτοῦ, ἧς ἥμαρτεν ἀφ᾽ ἑνὸς τούτων, καὶ ἀφεθή-
σεται αὐτῷ· τὸ δὲ καταλειφθὲν ἔσται τῷ ἱερεῖ, ὡς θυσία τῆς
σεμιδάλεως.

14, 15 Καὶ ἐλάλησε Κύριος πρὸς Μωυσῆν, λέγων, ψυχὴ ἢ ἂν
λάθῃ αὐτὸν λήθῃ, καὶ ἁμάρτῃ ἀκουσίως ἀπὸ τῶν ἁγίων Κυρίου,
καὶ οἴσει τῆς πλημμελείας αὐτοῦ τῷ Κυρίῳ κριὸν ἄμωμον ἐκ
τῶν προβάτων, τιμῆς ἀργυρίου σίκλων, τῷ σίκλῳ τῶν ἁγίων,
16 περὶ οὗ ἐπλημμέλησε. Καὶ ὃ ἥμαρτεν ἀπὸ τῶν ἁγίων ἀποτίσει
αὐτὸ, καὶ τὸ ἐπίπεμπτον προσθήσει ἐπ᾽ αὐτὸ, καὶ δώσει αὐτὸ
τῷ ἱερεῖ· καὶ ὁ ἱερεὺς ἐξιλάσεται περὶ αὐτοῦ ἐν τῷ κριῷ τῆς
17 πλημμελείας, καὶ ἀφεθήσεται αὐτῷ. Καὶ ἡ ψυχὴ ἢ ἂν ἁμάρτῃ,
καὶ ποιήσῃ μίαν ἀπὸ πασῶν τῶν ἐντολῶν Κυρίου, ὧν οὐ δεῖ
ποιεῖν, καὶ οὐκ ἔγνω, καὶ πλημμελήσῃ, καὶ λάβῃ τὴν ἁμαρτίαν,
18 καὶ οἴσει κριὸν ἄμωμον ἐκ τῶν προβάτων, τιμῆς ἀργυρίου εἰς
πλημμέλειαν πρὸς τὸν ἱερέα· καὶ ἐξιλάσεται περὶ αὐτοῦ ὁ
ἱερεὺς περὶ τῆς ἀγνοίας αὐτοῦ, ἧς ἠγνόησε, καὶ αὐτὸς οὐκ ᾔδει,
19 καὶ ἀφεθήσεται αὐτῷ. Ἐπλημμέλησε γὰρ πλημμελείᾳ ἔναντι
Κυρίου.

6 Καὶ ἐλάλησε Κύριος πρὸς Μωυσῆν, λέγων, ψυχὴ ἢ
2 ἂν ἁμάρτῃ, καὶ παριδὼν παρίδῃ τὰς ἐντολὰς Κυρίου, καὶ
ψεύσηται τὰ πρὸς τὸν πλησίον ἐν παραθήκῃ, ἢ περὶ κοινωνίας,
3 ἢ περὶ ἁρπαγῆς, ἢ ἠδίκησέ τι τὸν πλησίον, ἢ εὗρεν ἀπωλείαν,
καὶ ψεύσηται περὶ αὐτῆς, καὶ ὀμόσῃ ἀδίκως περὶ ἑνὸς ἀπὸ πάν-
4 των, ὧν ἐὰν ποιήσῃ ὁ ἄνθρωπος, ὥστε ἁμαρτεῖν ἐν τούτοις· Καὶ

be forgiven him. 7 And if βhe cannot afford
a sheep, he shall bring for his sin which he
has sinned, two turtle-doves or two young
pigeons to the Lord; one for a sin-offering,
and the other for a burnt-offering. 8 And
he shall bring them to the priest, and the
priest shall bring the sin-offering first; and
the priest shall pinch off the head from the
neck, and shall not divide the body. 9 And
he shall sprinkle of the blood of the sin-
offering on the side of the altar, but the rest
of the blood he shall drop at the foot of the
altar, for it is a sin-offering. 10 And he shall
make the second a whole-burnt-offering, as it
is fit; and the priest shall make atonement
for his sin which he has sinned, and it shall
be forgiven him.

11 And if γhe cannot afford a pair of turtle-
doves, or two young pigeons, then shall
he bring as his gift for his sin, the tenth
part of an ephah of fine flour for a sin-
offering; he shall not pour oil upon it,
nor shall he put frankincense upon it, be-
cause it is a sin-offering. 12 And he shall
bring it to the priest; and the priest having
taken a handful of it, shall lay the memorial
of it on the altar of whole-burnt-offerings
to the Lord; it is a sin-offering. 13 And
the priest shall make atonement for him
for his sin, which he has sinned in one of
these things, and it shall be forgiven him;
and that which is left shall be the priest's,
as an offering of fine flour.

14 And the Lord spoke to Moses, saying,
15 The soul which shall be really unconscious,
and shall sin unwillingly in any of the holy
things of the Lord, shall even bring to the
Lord for his transgression, a ram of the
flock without blemish, valued according to
shekels of silver according to the shekel of
the sanctuary, for his *transgression* wherein
he transgressed. 16 And he shall make com-
pensation for that wherein he has sinned in
the holy things; and he shall add the fifth
part to it, and give it to the priest; and the
priest shall make atonement for him with
the ram of transgression, and *his sin* shall
be forgiven him. 17 And the soul which
shall sin, and do one thing *against* any of
the commandments of the Lord, which it is
not right to do, and has not known it, and
shall have transgressed, and shall have con-
tracted guilt, 18 he shall even bring a ram
without blemish from the flock, *valued* at a
price of silver for his transgression to the
priest; and the priest shall make atonement
for his trespass of ignorance, wherein he igno-
rantly trespassed, and he knew it not; and it
shall be forgiven him. 19 For he has surely
been guilty of transgression before the Lord.
And the Lord spoke to Moses, saying,
2 The soul which shall have sinned, and
δ wilfully overlooked the commandments of
the Lord, and shall have dealt falsely in the
affairs of his neighbour in the matter of a
deposit, or concerning fellowship, or con-
cerning plunder, or has in anything wronged
his neighbour, 3 or has found that which
was lost, and shall have lied concerning it,
and shall have sworn unjustly concerning
any one of all the things, whatsoever a man
may do, so as to sin hereby; 4 it shall come

β *Gr.* his hand be not sufficiently strong for, etc.　γ *Gr.* his hand cannot find, etc.　δ *Gr.* overlooking overlooked. *i. e.* very
decidedly, which in the end is guiltily or wilfully. *Hebraism.*

to pass, whensoever he shall have sinned, and transgressed, that he shall restore the plunder which he has seized, or *redress* the injury which he has committed, or restore the deposit which was entrusted to him, or the lost article which he has found of any βkind, about which he swore unjustly, he shall even restore it in full; and he shall add to it a fifth part besides; he shall restore it to him whose it is in the day in which he happens to be convicted. ⁵And he shall bring to the Lord for his trespass, a ram of the flock, without blemish, of value to the amount of the thing in which he trespassed. ⁶And the priest shall make atonement for him before the Lord, and he shall be forgiven for any one of all the things which he did and trespassed in it.

⁷And the Lord spoke to Moses, saying, ⁸Charge Aaron and his sons, saying, ⁹This *is* the law of whole-burnt-offering; this is the whole-burnt-offering γin its burning on the altar all the night till the morning; and the fire of the altar shall burn on it, it shall not be put out. ¹⁰And the priest shall put on the linen tunic, and he shall put the linen drawers on his body; and shall take away that which has been thoroughly burnt, which the fire shall have consumed, even the whole-burnt-offering from the altar, and he shall put it near the altar. ¹¹And he shall put off his robe, and put on another robe, and he shall take forth the offering that has been burnt without the camp into a clean place. ¹²And the fire on the altar shall be kept burning on it, and shall not be δextinguished; and the priest shall burn on it wood every morning, and shall heap on it the whole-burnt-offering, and shall lay on it the fat of the peace-offering. ¹³And the fire shall always burn on the altar; it shall not be extinguished. ¹⁴This is the law of the sacrifice, which the sons of Aaron shall bring near before the Lord, before the altar. ¹⁵And he shall take from it a handful of the fine flour of the sacrifice with its oil, and with all its frankincense, which are upon the sacrifice; and he shall offer up on the altar a burnt-offering as a sweet-smelling savour, a memorial of it to the Lord. ¹⁶And Aaron and his sons shall eat that which is left of it: it shall be eaten without leaven in a holy place, they shall eat it in the court of the tabernacle of witness. ¹⁷It shall not be baked with leaven. I have given it as a portion to them of the burnt-offerings of the Lord: it is most holy, as the offering for sin, and as the offering for trespass. ¹⁸Every male of the priests shall eat it: it is a perpetual ordinance throughout your generations of the burnt-offerings of the Lord; whosoever shall touch them shall be hallowed.

¹⁹And the Lord spoke to Moses, saying, ²⁰This is the gift of Aaron and of his sons, which they shall offer to the Lord in the day in which thou shalt anoint him; the tenth of an ephah of fine flour for a sacrifice continually, the half of it in the morning, and the half of it in the evening. ²¹It shall be made with oil ζin a frying-pan; he shall offer it kneaded *and* θin rolls, an offering of

ἔσται ἡνίκα ἐὰν ἁμάρτῃ, καὶ πλημμελήσῃ, καὶ ἀποδῷ τὸ ἅρπαγμα, ὃ ἥρπασεν, ἢ τὸ ἀδίκημα, ὃ ἠδίκησεν, ἢ τὴν παραθήκην, ἥτις παρετέθη αὐτῷ, ἢ τὴν ἀπώλειαν, ἣν εὗρεν ἀπὸ παντὸς πράγματος, οὗ ὤμοσε περὶ αὐτοῦ ἀδίκως, καὶ ἀποτίσει αὐτὸ τὸ κεφάλαιον, καὶ τὸ ἐπίπεμπτον προσθήσει ἐπ' αὐτό, τίνος ἐστίν, αὐτῷ ἀποδώσει ᾗ ἡμέρᾳ ἐλεγχθῇ. Καὶ τῆς πλημ-5 μελείας αὐτοῦ οἴσει τῷ Κυρίῳ κριὸν ἀπὸ τῶν προβάτων ἄμωμον, τιμῆς, εἰς ὃ ἐπλημμέλησε. Καὶ ἐξιλάσεται περὶ 6 αὐτοῦ ὁ ἱερεὺς ἔναντι Κυρίου, καὶ ἀφεθήσεται αὐτῷ περὶ ἑνὸς ἀπὸ πάντων ὧν ἐποίησε καὶ ἐπλημμέλησεν ἐν αὐτῷ.

Καὶ ἐλάλησε Κύριος πρὸς Μωυσῆν, λέγων, ἔντειλαι τῷ 7, 8 Ἀαρὼν καὶ τοῖς υἱοῖς αὐτοῦ, λέγων, οὗτος ὁ νόμος τῆς 9 ὁλοκαυτώσεως· αὕτη ἡ ὁλοκαύτωσις ἐπὶ τῆς καύσεως αὐτῆς ἐπὶ τοῦ θυσιαστηρίου ὅλην τὴν νύκτα ἕως τοπρωΐ, καὶ τὸ πῦρ τοῦ θυσιαστηρίου καυθήσεται ἐπ' αὐτοῦ, οὐ σβεσθήσεται. Καὶ ἐνδύσεται ὁ ἱερεὺς χιτῶνα λινοῦν, καὶ περισκελὲς λινοῦν 10 ἐνδύσεται περὶ τὸ σῶμα αὐτοῦ, καὶ ἀφελεῖ τὴν κατακάρπωσιν, ἣν ἂν καταναλώσῃ τὸ πῦρ, τὴν ὁλοκαύτωσιν ἀπὸ τοῦ θυσιαστηρίου· καὶ παραθήσει αὐτὸ ἐχόμενον τοῦ θυσιαστηρίου. Καὶ 11 ἐκδύσεται τὴν στολὴν αὐτοῦ, καὶ ἐνδύσεται στολὴν ἄλλην· καὶ ἐξοίσει τὴν κατακάρπωσιν ἔξω τῆς παρεμβολῆς εἰς τόπον καθαρόν. Καὶ πῦρ ἐπὶ τὸ θυσιαστήριον καυθήσεται ἀπ' 12 αὐτοῦ, καὶ οὐ σβεσθήσεται· καὶ καύσει ἐπ' αὐτοῦ ὁ ἱερεὺς ξύλα τοπρωῒ πρωΐ, καὶ στοιβάσει ἐπ' αὐτοῦ τὴν ὁλοκαύτωσιν, καὶ ἐπιθήσει ἐπ' αὐτὸ τὸ στέαρ τοῦ σωτηρίου. Καὶ πῦρ 13 διαπαντὸς καυθήσεται ἐπὶ τὸ θυσιαστήριον, οὐ σβεσθήσεται. Οὗτος ὁ νόμος τῆς θυσίας, ἣν προσάξουσιν αὐτὴν οἱ υἱοὶ 14 Ἀαρὼν ἔναντι Κυρίου, ἀπέναντι τοῦ θυσιαστηρίου. Καὶ 15 ἀφελεῖ ἀπ' αὐτοῦ τῇ δρακὶ ἀπὸ τῆς σεμιδάλεως τῆς θυσίας σὺν τῷ ἐλαίῳ αὐτῆς, καὶ σὺν παντὶ τῷ λιβάνῳ αὐτῆς, τὰ ὄντα ἐπὶ τῆς θυσίας· καὶ ἀνοίσει ἐπὶ τὸ θυσιαστήριον κάρπωμα ὀσμὴν εὐωδίας, τὸ μνημόσυνον αὐτῆς τῷ Κυρίῳ. Τὸ δὲ κατα-16 λειφθὲν ἀπ' αὐτῆς ἔδεται Ἀαρὼν καὶ οἱ υἱοὶ αὐτοῦ· ἄζυμα βρωθήσεται ἐν τόπῳ ἁγίῳ· ἐν αὐλῇ τῆς σκηνῆς τοῦ μαρτυρίου ἔδονται αὐτήν. Οὐ πεφθήσεται ἐζυμωμένη· μερίδα αὐτὴν 17 ἔδωκα αὐτοῖς ἀπὸ τῶν καρπωμάτων Κυρίου· ἅγια ἁγίων ἐστὶν, ὥσπερ τὸ τῆς ἁμαρτίας, καὶ ὥσπερ τὸ τῆς πλημμελείας. Πᾶν ἀρσενικὸν τῶν ἱερέων ἔδονται αὐτήν· νόμιμον αἰώνιον εἰς 18 τὰς γενεὰς ὑμῶν ἀπὸ τῶν καρπωμάτων Κυρίου· πᾶς ὃς ἐὰν ἅψηται αὐτῶν, ἁγιασθήσεται.

Καὶ ἐλάλησε Κύριος πρὸς Μωυσῆν, λέγων, τοῦτο τὸ 19, 20 δῶρον Ἀαρὼν καὶ τῶν υἱῶν αὐτοῦ, ὃ προσοίσουσι Κυρίῳ ἐν τῇ ἡμέρᾳ, ᾗ ἂν χρίσῃς αὐτόν· τὸ δέκατον τοῦ οἰφὶ σεμιδάλεως εἰς θυσίαν διαπαντός, τὸ ἥμισυ αὐτῆς τοπρωΐ, καὶ τὸ ἥμισυ αὐτῆς τοδειλινόν. Ἐπὶ τηγάνου ἐν ἐλαίῳ ποιηθήσεται, 21 πεφυραμένην οἴσει αὐτὴν ἑλικτὰ, θυσίαν ἐκ κλασμάτων, θυσίαν

β *Gr.* thing.   γ *Gr.* on.   δ Or, suffered to go out.   ζ *Gr.* on.   θ *Gr.* rolled. pl.

22 εἰς ὀσμὴν εὐωδίας Κυρίῳ. Ὁ ἱερεὺς ὁ χριστὸς ὁ ἀντ᾽ αὐτοῦ
ἐκ τῶν υἱῶν αὐτοῦ ποιήσει, αὐτήν· νόμος αἰώνιος· ἅπαν
23 ἐπιτελεσθήσεται. Καὶ πᾶσα θυσία ἱερέως ὁλόκαυτος ἔσται,
24 καὶ οὐ βρωθήσεται. Καὶ ἐλάλησε Κύριος πρὸς Μωυσῆν,
25 λέγων, λάλησον τῷ Ἀαρὼν καὶ τοῖς υἱοῖς αὐτοῦ, λέγων, οὗτος
ὁ νόμος τῆς ἁμαρτίας· ἐν τόπῳ οὗ σφάζουσι τὸ ὁλοκαύτωμα,
σφάξουσι τὰ περὶ τῆς ἁμαρτίας ἔναντι Κυρίου· ἅγια ἁγίων
26 ἐστίν. Ὁ ἱερεὺς ὁ ἀναφέρων αὐτὴν, ἔδεται αὐτήν· ἐν τόπῳ
27 ἁγίῳ βρωθήσεται, ἐν αὐλῇ τῆς σκηνῆς τοῦ μαρτυρίου. Πᾶς
ὁ ἁπτόμενος τῶν κρεῶν αὐτῆς, ἁγιασθήσεται· καὶ ᾧ ἐὰν
ἐπιρραντισθῇ ἀπὸ τοῦ αἵματος αὐτῆς ἐπὶ τὸ ἱμάτιον, ὃς ἐὰν
28 ῥαντισθῇ ἐπ᾽ αὐτὸ, πλυθήσεται ἐν τόπῳ ἁγίῳ. Καὶ σκεῦος
ὀστράκινον, οὗ ἐὰν ἑψηθῇ ἐν αὐτῷ, συντριβήσεται· ἐὰν δὲ ἐν
σκεύει χαλκῷ ἑψηθῇ, ἐκτρίψει αὐτὸ, καὶ ἐκκλύσει ὕδατι.
29 Πᾶς ἄρσην ἐν τοῖς ἱερεῦσι φάγεται αὐτά· ἅγια ἁγίων ἐστὶ
30 Κυρίῳ. Καὶ πάντα τὰ περὶ τῆς ἁμαρτίας, ὧν ἐὰν εἰσενεχθῇ
ἀπὸ τοῦ αἵματος αὐτῶν εἰς τὴν σκηνὴν τοῦ μαρτυρίου ἐξιλά-
σασθαι ἐν τῷ ἁγίῳ, οὐ βρωθήσεται· ἐν πυρὶ κατακαυθήσεται.

31 Καὶ οὗτος ὁ νόμος τοῦ κριοῦ τοῦ περὶ τῆς πλημμελείας· ἅγια
32 ἁγίων ἐστίν. Ἐν τόπῳ οὗ σφάζουσι τὸ ὁλοκαύτωμα, σφά-
ξουσι τὸν κριὸν τῆς πλημμελείας ἔναντι Κυρίου· καὶ τὸ αἷμα
33 προσχεεῖ ἐπὶ τὴν βάσιν τοῦ θυσιαστηρίου κύκλῳ. Καὶ πᾶν
τὸ στέαρ αὐτοῦ προσοίσει ἀπ᾽ αὐτοῦ, καὶ τὴν ὀσφὺν, καὶ πᾶν
τὸ στέαρ τὸ κατακαλύπτον τὰ ἐνδόσθια, καὶ πᾶν τὸ στέαρ
34 τὸ ἐπὶ τῶν ἐνδοσθίων, καὶ τοὺς δύο νεφροὺς, καὶ τὸ στέαρ
τὸ ἐπ᾽ αὐτῶν, τὸ ἐπὶ τῶν μηρίων, καὶ τὸν λοβὸν τὸν ἐπὶ τοῦ
35 ἥπατος σὺν τοῖς νεφροῖς, περιελεῖ αὐτά. Καὶ ἀνοίσει αὐτὰ
ὁ ἱερεὺς ἐπὶ τὸ θυσιαστήριον κάρπωμα τῷ Κυρίῳ· περὶ πλημ-
36 μελείας ἐστί. Πᾶς ἄρσην ἐκ τῶν ἱερέων ἔδεται αὐτά· ἐν τόπῳ
37 ἁγίῳ ἔδονται αὐτά· ἅγια ἁγίων ἐστίν. Ὥσπερ τὸ περὶ τῆς
ἁμαρτίας, οὕτω καὶ τὸ τῆς πλημμελείας· νόμος εἷς αὐτῶν· ὁ
38 ἱερεὺς ὅστις ἐξιλάσεται ἐν αὐτῷ, αὐτῷ ἔσται. Καὶ ὁ ἱερεὺς
ὁ προσάγων ὁλοκαύτωμα ἀνθρώπου, τὸ δέρμα τῆς ὁλοκαυ-
39 τώσεως, ἧς προσφέρει αὐτὸς, αὐτῷ ἔσται. Καὶ πᾶσα θυσία
ἥτις ποιηθήσεται ἐν τῷ κλιβάνῳ, καὶ πᾶσα ἥτις ποιηθήσεται
ἐπ᾽ ἐσχάρας, ἢ ἐπὶ τηγάνου, τοῦ ἱερέως τοῦ προσφέροντος
40 αὐτὴν, αὐτῷ ἔσται. Καὶ πᾶσα θυσία ἀναπεποιημένη ἐν
ἐλαίῳ, καὶ μὴ ἀναπεποιημένη, πᾶσι τοῖς υἱοῖς Ἀαρὼν ἔσται,
ἑκάστῳ τὸ ἴσον.

7 Οὗτος ὁ νόμος θυσίας σωτηρίου, ἣν προσοίσουσι Κυρίῳ.
2 Ἐὰν μὲν περὶ αἰνέσεως προσφέρῃ αὐτὴν, καὶ προσοίσει ἐπὶ
τῆς θυσίας τῆς αἰνέσεως ἄρτους ἐκ σεμιδάλεως ἀναπεποιη-
μένους ἐν ἐλαίῳ, καὶ λάγανα ἄζυμα διακεχρισμένα ἐν ἐλαίῳ,
3 καὶ σεμίδαλιν πεφυραμένην ἐν ἐλαίῳ. Ἐπ᾽ ἄρτοις ζυμίταις
4 προσοίσει τὰ δῶρα αὐτοῦ ἐπὶ θυσίᾳ αἰνέσεως σωτηρίου. Καὶ
προσάξει ἓν ἀπὸ πάντων τῶν δώρων αὐτοῦ, ἀφαίρεμα Κυρίῳ·
τῷ ἱερεῖ τῷ προσχέοντι τὸ αἷμα τοῦ σωτηρίου, αὐτῷ ἔσται.

fragments, an offering of a sweet savour unto the Lord. 22 The anointed priest who is in his place, *one* of his sons, shall offer it: it is a perpetual statute, it shall all be consumed. 23 And every sacrifice of a priest shall be thoroughly burnt, and shall not be eaten. 24 And the Lord spoke to Moses, saying, 25 Speak to Aaron and to his sons, saying, This is the law of the sin-offering ;—in the place where they slay the whole-burnt-offering, they shall slay the sin-offerings before the Lord: they are most holy. 26 The priest that offers it shall eat it : in a holy place it shall be eaten, in the court of the tabernacle of witness. 27 Every one that touches the flesh of it shall be holy, and on whosesoever garment any of its blood shall have been sprinkled, whosoever β shall have it sprinkled, shall be washed in the holy place. 28 And the earthen vessel, in whichsoever it shall have been sodden, shall be broken; and if it shall have been sodden in a brazen vessel, he shall scour it and wash it with water. 29 Every male among the priests shall eat it : it is most holy to the Lord. 30 And no offerings for sin, of whose blood there shall be brought any into the tabernacle of witness to make atonement in the holy place, shall be eaten: they shall be burned with fire. 31 And this *is* the law of the ram for the trespass-offering; it is most holy. 32 In the place where they slay the whole-burnt-offering, they shall slay the ram of the trespass-offering before the Lord, and he shall pour out the blood at the bottom of the altar round about. 33 And he shall offer all the fat from it ; and the γ loins, and all the fat that covers the inwards, and all the fat that is upon the inwards, 34 and the two kidneys, and the fat that is upon them, that which is upon the thighs, and the caul upon the liver with the kidney, he shall take them away. 35 And the priest shall offer them on the altar a burnt-offering to the Lord; it is for trespass. 36 Every male of the priest shall eat them, in the holy place they shall eat them : they are most holy. 37 As the sin-offering, so also *is* the trespass-offering. There is one law of them ; the priest who shall make atonement with it, his it shall be. 38 And *as for* the priest who offers a man's whole-burnt-offering, the skin of the whole-burnt-offering which he offers, shall be his. 39 And every sacrifice which shall be δ prepared in the oven, and every one which shall be prepared on the hearth, or on a frying-pan, it shall be the property of the priest that offers it ; it shall be his. 40 And every sacrifice made up with oil, or not made up *with oil*, shall belong to the sons of Aaron, an equal portion to each.

This *is* the law of the sacrifice of peace-offering, which they shall bring to the Lord. 2 If a man should offer it for praise, then shall he bring, for the sacrifice of praise, loaves of fine flour made up with oil, and unleavened cakes anointed with oil, and fine flour kneaded with oil. 3 With leavened bread he shall offer his gifts, with the peace-offering of praise. 4 And he shall bring one of all his gifts, a separate offering to the Lord: it shall belong to the priest who

---

β *Gr.* shall have been sprinkled upon it.   γ *Or,* hind-quarters.   δ *Gr.* made.

pours forth the blood of the peace-offering.
⁵ And the flesh of the sacrifice of the peace-offering of praise shall be his, and it shall be eaten in the day in which it is offered : they shall not leave of it till the morning. ⁶ And if it be a vow, or he offer his gift of his own will, on whatsoever day he shall offer his sacrifice, it shall be eaten, and on the morrow. ⁷ And that which is left of the flesh of the sacrifice till the third day, shall be consumed with fire. ⁸ And if he do at all eat of the flesh on the third day, it shall not be accepted for him that offers : it shall not be reckoned to him, it is pollution ; and whatsoever soul shall eat of it, shall bear his iniquity. ⁹ And whatsoever flesh shall have touched any unclean thing, it shall not be eaten, it shall be consumed with fire ; every one that is clean shall eat the flesh. ¹⁰ And whatsoever soul shall eat of the flesh of the sacrifice of the peace-offering which is the Lord's, and his uncleanness be upon him, that soul shall perish from his people. ¹¹ And whatsoever soul shall touch any unclean thing, either of the uncleanness of a man, or of unclean quadrupeds, or any unclean βabominable thing, and shall eat of the flesh of the sacrifice of the peace-offering, which is the Lord's, that soul shall perish from his people.

¹² And the Lord spoke to Moses, saying, ¹³ Speak to the children of Israel, saying, Ye shall eat no fat of oxen or sheep or goats. ¹⁴ And the fat of such animals as have died of themselves, or have been seized of beasts, may be employed for any work ; but it shall not be eaten for food. ¹⁵ Every one that eats fat off the beasts, from which he will bring a burnt-offering to the Lord—that soul shall perish from his people. ¹⁶ Ye shall eat no blood in all your habitations, either of beasts or of birds. ¹⁷ Every soul that shall eat blood, that soul shall perish from his people.

¹⁸ And the Lord spoke to Moses, saying, ¹⁹ Thou shalt also speak to the children of Israel, saying, He that offers a sacrifice of peace-offering, shall bring his gift to the Lord also from the sacrifice of peace-offering. ²⁰ His hands shall bring the burnt-offerings to the Lord ; the fat which is on the breast and the lobe of the liver, he shall bring them, so as to set them for a gift before the Lord. ²¹ And the priest shall offer the fat upon the altar, and the breast shall be Aaron's and his sons, ²² and ye shall give the right shoulder for a choice piece to the priest of your sacrifices of peace-offering. ²³ He that offers the blood of the peace-offering, and the fat, of the sons of Aaron, his shall be the right shoulder for a portion. ²⁴ For I have taken the γwave-breast and δshoulder of separation from the children of Israel from the sacrifices of your peace-offerings, and I have given them to Aaron the priest and his sons, a perpetual ordinance due from the children of Israel. ²⁵ This is the anointing of Aaron, and the anointing of his sons, *their portion* of the burnt-offerings of the Lord, in the day in which he brought them forward to minister as priests to the Lord ; ²⁶ as the Lord commanded to give to them in the day in which he anointed them of the sons

Καὶ τὰ κρέα θυσίας αἰνέσεως σωτηρίου αὐτῷ ἔσται· καὶ ἐν ᾗ 5 ἡμέρᾳ δωρεῖται, βρωθήσεται· οὐ καταλείψουσιν ἀπ' αὐτοῦ εἰς τὸ πρωΐ. Καὶ ἐὰν εὐχὴ ᾖ, ἢ ἑκούσιον θυσιάζῃ τὸ δῶρον 6 αὐτοῦ, ᾗ ἂν ἡμέρᾳ προσαγάγῃ τὴν θυσίαν αὐτοῦ, βρωθήσεται, καὶ τῇ αὔριον. Καὶ τὸ καταλειφθὲν ἀπὸ τῶν κρεῶν τῆς θυσίας 7 ἕως ἡμέρας τρίτης, ἐν πυρὶ κατακαυθήσεται. Ἐὰν δὲ φαγὼν 8 φάγῃ ἀπὸ τῶν κρεῶν τῇ ἡμέρᾳ τῇ τρίτῃ, οὐ δεχθήσεται αὐτῷ τῷ προσφέροντι αὐτό· οὐ λογισθήσεται αὐτῷ, μίασμά ἐστιν· ἡ δὲ ψυχὴ ἥτις ἐὰν φάγῃ ἀπ' αὐτοῦ, τὴν ἁμαρτίαν λήψεται. Καὶ κρέα ὅσα ἐὰν ἅψηται παντὸς ἀκαθάρτου, οὐ βρωθήσεται, 9 ἐν πυρὶ κατακαυθήσεται· πᾶς καθαρὸς φάγεται κρέα. Ἡ δὲ 10 ψυχὴ ἥτις ἐὰν φάγῃ ἀπὸ τῶν κρεῶν τῆς θυσίας τοῦ σωτηρίου, ὅ ἐστι Κυρίου, καὶ ἡ ἀκαθαρσία αὐτοῦ ἐπ' αὐτῷ, ἀπολεῖται ἡ ψυχὴ ἐκείνη ἐκ τοῦ λαοῦ αὐτῆς. Καὶ ἡ ψυχὴ ἣ ἂν ἅψηται 11 παντὸς πράγματος ἀκαθάρτου, ἢ ἀπὸ ἀκαθαρσίας ἀνθρώπου, ἢ τῶν τετραπόδων τῶν ἀκαθάρτων, ἢ παντὸς βδελύγματος ἀκαθάρτου, καὶ φάγῃ ἀπὸ τῶν κρεῶν τῆς θυσίας τοῦ σωτηρίου, ὅ ἐστι Κυρίου, ἀπολεῖται ἡ ψυχὴ ἐκείνη ἐκ τοῦ λαοῦ αὐτῆς.

Καὶ ἐλάλησε Κύριος πρὸς Μωυσῆν, λέγων, λάλησον 12, 13 τοῖς υἱοῖς Ἰσραήλ, λέγων, πᾶν στέαρ βοῶν, καὶ προβάτων, καὶ αἰγῶν οὐκ ἔδεσθε. Καὶ στέαρ θνησιμαίων καὶ θηριαλώτων 14 ποιηθήσεται εἰς πᾶν ἔργον, καὶ εἰς βρῶσιν οὐ βρωθήσεται. Πᾶς ὁ ἔσθων στέαρ ἀπὸ τῶν κτηνῶν, ὧν προσάξει ἀπ' αὐτῶν 15 κάρπωμα Κυρίῳ, ἀπολεῖται ἡ ψυχὴ ἐκείνη ἀπὸ τοῦ λαοῦ αὐτῆς. Πᾶν αἷμα οὐκ ἔδεσθε ἐν πάσῃ τῇ κατοικίᾳ ὑμῶν, ἀπό τε 16 τῶν κτηνῶν καὶ ἀπὸ τῶν πετεινῶν. Πᾶσα ψυχὴ ἣ ἂν φάγῃ 17 αἷμα, ἀπολεῖται ἡ ψυχὴ ἐκείνη ἀπὸ τοῦ λαοῦ αὐτῆς.

Καὶ ἐλάλησε Κύριος πρὸς Μωυσῆν, λέγων, καὶ τοῖς υἱοῖς 18, 19 Ἰσραὴλ λαλήσεις, λέγων, ὁ προσφέρων θυσίαν σωτηρίου, οἴσει τὸ δῶρον αὐτοῦ Κυρίῳ καὶ ἀπὸ τῆς θυσίας τοῦ σωτηρίου. Αἱ 20 χεῖρες αὐτοῦ προσοίσουσι τὰ καρπώματα Κυρίῳ· τὸ στέαρ τὸ ἐπὶ τοῦ στηθυνίου, καὶ τὸν λοβὸν τοῦ ἥπατος προσοίσει αὐτά, ὥστε ἐπιτιθέναι δόμα ἔναντι Κυρίου. Καὶ ἀνοίσει ὁ 21 ἱερεὺς τὸ στέαρ ἐπὶ τοῦ θυσιαστηρίου· καὶ ἔσται τὸ στηθύνιον Ἀαρὼν καὶ τοῖς υἱοῖς αὐτοῦ. Καὶ τὸν βραχίονα τὸν δεξιὸν 22 δώσετε ἀφαίρεμα τῷ ἱερεῖ ἀπὸ τῶν θυσιῶν τοῦ σωτηρίου ὑμῶν. Ὁ προσφέρων τὸ αἷμα τοῦ σωτηρίου, καὶ τὸ στέαρ τὸ ἀπὸ 23 τῶν υἱῶν Ἀαρών, αὐτῷ ἔσται ὁ βραχίων ὁ δεξιὸς ἐν μερίδι. Τὸ γὰρ στηθύνιον τοῦ ἐπιθέματος καὶ τὸν βραχίονα τοῦ 24 ἀφαιρέματος εἴληφα παρὰ τῶν υἱῶν Ἰσραὴλ ἀπὸ τῶν θυσιῶν τοῦ σωτηρίου ὑμῶν, καὶ ἔδωκα αὐτὰ Ἀαρὼν τῷ ἱερεῖ καὶ τοῖς υἱοῖς αὐτοῦ, νόμιμον αἰώνιον παρὰ τῶν υἱῶν Ἰσραήλ. Αὕτη 25 ἡ χρίσις Ἀαρών, καὶ ἡ χρίσις τῶν υἱῶν αὐτοῦ ἀπὸ τῶν καρπωμάτων Κυρίου, ἐν ᾗ ἡμέρᾳ προσηγάγετο αὐτοὺς τοῦ ἱερατεύειν τῷ Κυρίῳ, καθὰ ἐνετείλατο Κύριος δοῦναι αὐτοῖς ᾗ 26 ἡμέρᾳ ἔχρισεν αὐτοὺς παρὰ τῶν υἱῶν Ἰσραήλ, νόμιμον αἰώνιον

β *Gr.* abomination.   γ *Gr.* breast of *offering* placed on *the altar*.   δ *Or*, heave shoulder. The word ἀφαίρεμα seems to denote,
1. a thing separated ; 2. a choice piece offered ; 3. any offering.

27 εἰς τὰς γενεὰς αὐτῶν. Οὗτος ὁ νόμος τῶν ὁλοκαυτωμάτων, καὶ θυσίας, καὶ περὶ ἁμαρτίας, καὶ τῆς πλημμελείας καὶ τῆς

28 τελειώσεως, καὶ τῆς θυσίας τοῦ σωτηρίου, ὃν τρόπον ἐνετείλατο Κύριος τῷ Μωυσῇ ἐν τῷ ὄρει Σινᾷ, ᾗ ἡμέρᾳ ἐνετείλατο τοῖς υἱοῖς Ἰσραὴλ προσφέρειν τὰ δῶρα αὐτῶν ἔναντι Κυρίου ἐν τῇ ἐρήμῳ Σινᾷ.

8 Καὶ ἐλάλησε Κύριος πρὸς Μωυσῆν, λέγων, λάβε Ἀαρὼν

2 καὶ τοὺς υἱοὺς αὐτοῦ, καὶ τὰς στολὰς αὐτοῦ, καὶ τὸ ἔλαιον τῆς χρίσεως, καὶ τὸν μόσχον τὸν περὶ τῆς ἁμαρτίας, καὶ τοὺς

3 δύο κριοὺς, καὶ τὸ κανοῦν τῶν ἀζύμων, καὶ πᾶσαν τὴν συναγωγὴν ἐκκλησίασον ἐπὶ τὴν θύραν τῆς σκηνῆς τοῦ

4 μαρτυρίου. Καὶ ἐποίησε Μωυσῆς ὃν τρόπον συνέταξεν αὐτῷ Κύριος· καὶ ἐξεκκλησίασε τὴν συναγωγὴν ἐπὶ τὴν θύραν τῆς

5 σκηνῆς τοῦ μαρτυρίου. Καὶ εἶπε Μωυσῆς τῇ συναγωγῇ,

6 τοῦτό ἐστι τὸ ῥῆμα, ὃ ἐνετείλατο Κύριος ποιῆσαι. Καὶ προσήνεγκε Μωυσῆς τὸν Ἀαρὼν, καὶ τοὺς υἱοὺς αὐτοῦ, καὶ

7 ἔλουσεν αὐτοὺς ὕδατι. Καὶ ἐνέδυσεν αὐτὸν τὸν χιτῶνα, καὶ ἔζωσεν αὐτὸν τὴν ζώνην, καὶ ἐνέδυσεν αὐτὸν τὸν ὑποδύτην, καὶ

8 ἐπέθηκεν ἐπ᾿ αὐτὸν τὴν ἐπωμίδα. Καὶ συνέζωσεν αὐτὸν κατὰ τὴν ποίησιν τῆς ἐπωμίδος, καὶ συνέσφιγξεν αὐτὸν ἐν αὐτῇ· καὶ ἐπέθηκεν ἐπ᾿ αὐτὴν τὸ λογεῖον, καὶ ἐπέθηκεν ἐπὶ τὸ

9 λογεῖον τὴν δήλωσιν καὶ τὴν ἀλήθειαν. Καὶ ἐπέθηκε τὴν μίτραν ἐπὶ τὴν κεφαλὴν αὐτοῦ, καὶ ἐπέθηκεν ἐπὶ τὴν μίτραν κατὰ πρόσωπον αὐτοῦ τὸ πέταλον τὸ χρυσοῦν τὸ καθηγιασμένον ἅγιον, ὃν τρόπον συνέταξε Κύριος τῷ Μωυσῇ.

10, 11 Καὶ ἔλαβε Μωυσῆς ἀπὸ τοῦ ἐλαίου τῆς χρίσεως, καὶ ἔρρανεν ἀπ᾿ αὐτοῦ ἐπὶ τὸ θυσιαστήριον ἑπτάκις· καὶ ἔχρισε τὸ θυσιαστήριον, καὶ ἡγίασεν αὐτὸ, καὶ πάντα τὰ ἐν αὐτῷ, καὶ τὸν λουτῆρα, καὶ τὴν βάσιν αὐτοῦ, καὶ ἡγίασεν αὐτά· καὶ ἔχρισε τὴν σκηνὴν, καὶ πάντα τὰ σκεύη αὐτῆς, καὶ ἡγίασεν

12 αὐτήν. Καὶ ἐπέχεε Μωυσῆς ἀπὸ τοῦ ἐλαίου τῆς χρίσεως ἐπὶ τὴν κεφαλὴν Ἀαρών· καὶ ἔχρισεν αὐτὸν, καὶ ἡγίασεν αὐτόν.

13 Καὶ προσήγαγε Μωυσῆς τοὺς υἱοὺς Ἀαρὼν, καὶ ἐνέδυσεν αὐτοὺς χιτῶνας, καὶ ἔζωσεν αὐτοὺς ζώνας, καὶ περιέθηκεν αὐτοῖς κιδάρεις, καθάπερ συνέταξε Κύριος τῷ Μωυσῇ.

14 Καὶ προσήγαγε Μωυσῆς τὸν μόσχον τὸν περὶ τῆς ἁμαρτίας· καὶ ἐπέθηκεν Ἀαρὼν καὶ οἱ υἱοὶ αὐτοῦ τὰς χεῖρας ἐπὶ τὴν κεφα-

15 λὴν τοῦ μόσχου τοῦ τῆς ἁμαρτίας. Καὶ ἔσφαξεν αὐτόν· καὶ ἔλαβε Μωυσῆς ἀπὸ τοῦ αἵματος, καὶ ἐπέθηκεν ἐπὶ τὰ κέρατα τοῦ θυσιαστηρίου κύκλῳ τῷ δακτύλῳ, καὶ ἐκαθάρισε τὸ θυσιαστήριον· καὶ τὸ αἷμα ἐξέχεεν ἐπὶ τὴν βάσιν τοῦ θυσιαστηρίου,

16 καὶ ἡγίασεν αὐτὸ, τοῦ ἐξιλάσασθαι ἐπ᾿ αὐτοῦ. Καὶ ἔλαβε Μωυσῆς πᾶν τὸ στέαρ τὸ ἐπὶ τῶν ἐνδοσθίων, καὶ τὸν λοβὸν τὸν ἐπὶ τοῦ ἥπατος, καὶ ἀμφοτέρους τοὺς νεφροὺς, καὶ τὸ στέαρ τὸ ἐπ᾿ αὐτῶν, καὶ ἀνήνεγκε Μωυσῆς ἐπὶ τὸ θυσιαστή-

17 ριον. Καὶ τὸν μόσχον, καὶ τὴν βύρσαν αὐτοῦ, καὶ τὰ κρέα αὐτοῦ, καὶ τὴν κόπρον αὐτοῦ, κατέκαυσεν αὐτὰ πυρὶ ἔξω τῆς παρεμβολῆς, ὃν τρόπον συνέταξε Κύριος τῷ Μωυσῇ.

18 Καὶ προσήγαγε Μωυσῆς τὸν κριὸν τὸν εἰς ὁλοκαύτωμα· καὶ ἐπέθηκεν Ἀαρὼν καὶ υἱοὶ αὐτοῦ τὰς χεῖρας αὐτῶν ἐπὶ τὴν

---

of Israel, a perpetual statute through their generations. 27 This is the law of the whole-burnt-offerings, and of sacrifice, and of sin-offering, and of offering for transgression, and of the sacrifice of consecration, and of the sacrifice of peace-offering; 28 as the Lord commanded Moses in the mount Sina, in the day in which he commanded the children of Israel to offer their gifts before the Lord in the wilderness of Sina.

And the Lord spoke to Moses, saying, 2 Take Aaron and his sons, and his robes and the anointing oil, and the calf for the sin-offering, and the two rams, and the basket of unleavened bread, 3 and assemble the whole congregation at the door of the tabernacle of witness. 4 And Moses did as the Lord appointed him, and he assembled the congregation at the door of the tabernacle of witness. 5 And Moses said to the congregation, This is the thing which the Lord has commanded you to do. 6 And Moses brought nigh Aaron and his sons, and washed them with water, 7 and put on him the coat, and girded him with the girdle, and clothed him with the tunic, and put on him the ephod; 8 and girded him *with a girdle* according to the make of the ephod, and clasped him closely with it: and put upon it the oracle, and put upon the oracle the β Manifestation and the Truth. 9 And he put the mitre on his head, and put upon the mitre in front the golden plate, γ the most holy thing, as the Lord commanded Moses.

10 And Moses took of the anointing oil, 11 and sprinkled of it seven times on the altar; and anointed the altar, and hallowed it, and all things δ on it, and the laver, and its foot, and sanctified them; and anointed the tabernacle and all its furniture, and hallowed it. 12 And Moses poured of the anointing oil on the head of Aaron; and he anointed him and sanctified him. 13 And Moses brought the sons of Aaron near, and put on them coats and girded them with girdles, and put on them bonnets, as the Lord commanded Moses.

14 And Moses brought near the calf for the sin-offering, and Aaron and his sons laid their hands on the head of the calf of the sin-offering. 15 And he slew it; and Moses took of the blood, and put it on the horns of the altar round about with his finger; and he purified the altar, and poured out the blood at the bottom of the altar, and sanctified it, to make atonement upon it. 16 And Moses took all the fat that was upon the inwards, and the lobe on the liver, and both the kidneys, and the fat that was upon them, and Moses offered them on the altar. 17 But the calf, and his hide, and his flesh, and his dung, he burnt with fire without the camp, as the Lord commanded Moses.

18 And Moses brought near the ram for a whole-burnt-offering, and Aaron and his sons laid their hands on the head of the

---

β *Heb.* Urim and Thummim.   γ *Gr.* the sanctified holy thing.   δ *Gr.* in it.

ram. And Moses slew the ram : and Moses poured the blood on the altar round about. ¹⁹ And he divided the ram by its limbs, and Moses offered the head, and the limbs, and the fat ; and he washed the belly and the feet with water. ²⁰ And Moses offered up the whole ram on the altar : it is a whole-burnt-offering for a sweet-smelling savour ; it is a burnt-offering to the Lord, as the Lord commanded Moses.

²¹ And Moses brought the second ram, the ram of consecration, and Aaron and his sons laid their hands on the head of the ram, and he slew him ; ²² and Moses took of his blood, and put it upon the tip of Aaron's right ear, and on the thumb of his right hand, and on the great toe of his right foot. ²³ And Moses brought near the sons of Aaron ; and Moses put of the blood on the tips of their right ears, and on the thumbs of their right hands, and on the great toes of their right feet, and Moses poured out the blood on the altar round about. ²⁴ And he took the fat, and the rump, and the fat on the belly, and the lobe of the liver, and the two kidneys, and the fat that is upon them, and the right shoulder. ²⁵ And from the basket of consecration, which was before the Lord, he also took one unleavened loaf, and one loaf made with oil, and one cake ; and put them upon the fat, and the right shoulder : ²⁶ and put them all on the hands of Aaron, and upon the hands of his sons, and offered them up for a wave-offering before the Lord. ²⁷ And Moses took them at their hands, and Moses offered them on the altar, on the whole-burnt-offering of consecration, which is a smell of sweet savour : it is a burnt-offering to the Lord. ²⁸ And Moses took the breast, and separated it for a heave-offering before the Lord, from the ram of consecration ; and it became Moses' portion, as the Lord commanded Moses.

²⁹ And Moses took of the anointing oil, and of the blood that was on the altar, and sprinkled it on Aaron, and on his garments, and his sons, and the garments of his sons with him. ³⁰ And he sanctified Aaron and his garments, and his sons, and the garments of his sons with him. ³¹ And Moses said to Aaron and to his sons, Boil the flesh in the tent of the tabernacle of witness in the holy place ; and there ye shall eat it and the loaves in the basket of consecration, as it has been appointed me, the Lord saying, Aaron and his sons shall eat them. ³² And that which is left of the flesh and of the loaves burn ye with fire. ³³ And ye shall not go out from the door of the tabernacle of witness for seven days, until the day be fulfilled, the day of your consecration ; for in seven days shall he ^β consecrate you, ³⁴ as he did in this day on which the Lord commanded me to do so, to make an atonement for you. ³⁵ And ye shall ^γ remain seven days at the door of the tabernacle of witness, day and night ; ye shall observe the ordinances of the Lord, that ye die not ; for so has

κεφαλὴν τοῦ κριοῦ. Καὶ ἔσφαξε Μωυσῆς τὸν κριόν· καὶ προσέχεε Μωυσῆς τὸ αἷμα ἐπὶ τὸ θυσιαστήριον κύκλῳ. Καὶ τὸν κριὸν ἐκρεανόμησε κατὰ μέλη· καὶ ἀνήνεγκε Μωυσῆς τὴν 19 κεφαλὴν, καὶ τὰ μέλη, καὶ τὸ στέαρ· καὶ τὴν κοιλίαν, καὶ τοὺς πόδας ἔπλυνεν ὕδατι. Καὶ ἀνήνεγκε Μωυσῆς ὅλον τὸν κριὸν 20 ἐπὶ τὸ θυσιαστήριον· ὁλοκαύτωμά ἐστιν εἰς ὀσμὴν εὐωδίας· κάρπωμά ἐστι τῷ Κυρίῳ, καθάπερ ἐνετείλατο Κύριος τῷ Μωυσῇ.

Καὶ προσήγαγε Μωυσῆς τὸν κριὸν τὸν δεύτερον, κριὸν 21 τελειώσεως· καὶ ἐπέθηκεν Ἀαρὼν καὶ οἱ υἱοὶ αὐτοῦ τὰς χεῖρας αὐτῶν ἐπὶ τὴν κεφαλὴν τοῦ κριοῦ. Καὶ ἔσφαξεν 22 αὐτόν· καὶ ἔλαβε Μωυσῆς ἀπὸ τοῦ αἵματος αὐτοῦ, καὶ ἐπέθηκεν ἐπὶ τὸν λοβὸν τοῦ ὠτὸς Ἀαρὼν τοῦ δεξιοῦ, καὶ ἐπὶ τὸ ἄκρον τῆς χειρὸς τῆς δεξιᾶς, καὶ ἐπὶ τὸ ἄκρον τοῦ ποδὸς τοῦ δεξιοῦ. Καὶ προσήγαγε Μωυσῆς τοὺς υἱοὺς Ἀαρών· καὶ ἐπέθηκε 23 Μωυσῆς ἀπὸ τοῦ αἵματος ἐπὶ τοὺς λοβοὺς τῶν ὤτων τῶν δεξιῶν, καὶ ἐπὶ τὰ ἄκρα τῶν χειρῶν αὐτῶν τῶν δεξιῶν· καὶ ἐπὶ τὰ ἄκρα τῶν ποδῶν αὐτῶν τῶν δεξιῶν· καὶ προσέχεε Μωυσῆς τὸ αἷμα ἐπὶ τὸ θυσιαστήριον κύκλῳ. Καὶ ἔλαβε τὸ 24 στέαρ, καὶ τὴν ὀσφὺν, καὶ τὸ στέαρ τὸ ἐπὶ τῆς κοιλίας, καὶ τὸν λοβὸν τοῦ ἥπατος, καὶ τοὺς δύο νεφροὺς, καὶ τὸ στέαρ τὸ ἐπ᾽ αὐτῶν, καὶ τὸν βραχίονα τὸν δεξιόν. Καὶ ἀπὸ τοῦ κανοῦ 25 τῆς τελειώσεως, τοῦ ὄντος ἔναντι Κυρίου, καὶ ἔλαβεν ἄρτον ἕνα ἄζυμον, καὶ ἄρτον ἐξ ἐλαίου ἕνα, καὶ λάγανον ἕν, καὶ ἐπέθηκεν ἐπὶ τὸ στέαρ, καὶ τὸν βραχίονα τὸν δεξιόν. Καὶ ἐπέθηκεν 26 ἅπαντα ἐπὶ τὰς χεῖρας Ἀαρὼν, καὶ ἐπὶ τὰς χεῖρας τῶν υἱῶν αὐτοῦ, καὶ ἀνήνεγκεν αὐτὰ ἀφαίρεμα ἔναντι Κυρίου. Καὶ 27 ἔλαβε Μωυσῆς ἀπὸ τῶν χειρῶν αὐτῶν, καὶ ἀνήνεγκεν αὐτὰ Μωυσῆς ἐπὶ τὸ θυσιαστήριον, ἐπὶ τὸ ὁλοκαύτωμα τῆς τελειώσεως, ὅ ἐστιν ὀσμὴ εὐωδίας· κάρπωμά ἐστι τῷ Κυρίῳ. Καὶ λαβὼν Μωυσῆς τὸ στηθύνιον, ἀφεῖλεν αὐτὸ ἐπίθεμα 28 ἔναντι Κυρίου, ἀπὸ τοῦ κριοῦ τῆς τελειώσεως· καὶ ἐγένετο Μωυσῇ ἐν μερίδι, καθὰ ἐνετείλατο Κύριος τῷ Μωυσῇ.

Καὶ ἔλαβε Μωυσῆς ἀπὸ τοῦ ἐλαίου τῆς χρίσεως, καὶ ἀπὸ 29 τοῦ αἵματος τοῦ ἐπὶ τοῦ θυσιαστηρίου, καὶ προσέρρανεν ἐπὶ Ἀαρὼν, καὶ τὰς στολὰς αὐτοῦ, καὶ τοὺς υἱοὺς αὐτοῦ, καὶ τὰς στολὰς τῶν υἱῶν αὐτοῦ μετ᾽ αὐτοῦ. Καὶ ἡγίασεν Ἀαρὼν, 30 καὶ τὰς στολὰς αὐτοῦ, καὶ τοὺς υἱοὺς αὐτοῦ, καὶ τὰς στολὰς τῶν υἱῶν αὐτοῦ μετ᾽ αὐτοῦ. Καὶ εἶπε Μωυσῆς πρὸς Ἀαρὼν, 31 καὶ τοὺς υἱοὺς αὐτοῦ, ἑψήσατε τὰ κρέα ἐν τῇ αὐλῇ τῆς σκηνῆς τοῦ μαρτυρίου ἐν τόπῳ ἁγίῳ· καὶ ἐκεῖ φάγεσθε αὐτὰ, καὶ τοὺς ἄρτους τοὺς ἐν τῷ κανῷ τῆς τελειώσεως, ὃν τρόπον συντέτακταί μοι, λέγων, Ἀαρὼν καὶ οἱ υἱοὶ αὐτοῦ φάγονται αὐτά. Καὶ τὸ καταλειφθὲν τῶν κρεῶν καὶ τῶν ἄρτων ἐν πυρὶ 32 κατακαύσατε. Καὶ ἀπὸ τῆς θύρας τῆς σκηνῆς τοῦ μαρτυρίου 33 οὐκ ἐξελεύσεσθε ἑπτὰ ἡμέρας, ἕως ἡμέρα πληρωθῇ, ἡμέρα τελειώσεως ὑμῶν· ἑπτὰ γὰρ ἡμέρας τελειώσει τὰς χεῖρας ὑμῶν. Καθάπερ ἐποίησεν ἐν τῇ ἡμέρᾳ ταύτῃ, ᾗ ἐνετείλατο Κύριος 34 τοῦ ποιῆσαι, ὥστε ἐξιλάσασθαι περὶ ὑμῶν. Καὶ ἐπὶ τὴν 35 θύραν τῆς σκηνῆς τοῦ μαρτυρίου καθήσεσθε ἑπτὰ ἡμέρας, ἡμέραν καὶ νύκτα· φυλάξεσθε τὰ φυλάγματα Κυρίου, ἵνα

β Gr. complete your hands.   Heb. fill your hands.   γ Gr. sit.

μὴ ἀποθάνητε· οὕτω γὰρ ἐνετείλατό μοι Κύριος ὁ Θεός.
36 Καὶ ἐποίησεν Ἀαρὼν καὶ οἱ υἱοὶ αὐτοῦ πάντας τοὺς λόγους,
οὓς συνέταξε Κύριος τῷ Μωυσῇ.

9 Καὶ ἐγενήθη τῇ ἡμέρᾳ τῇ ὀγδόῃ, ἐκάλεσε Μωυσῆς Ἀαρὼν,
2 καὶ τοὺς υἱοὺς αὐτοῦ, καὶ τὴν γερουσίαν Ἰσραὴλ, καὶ εἶπε
Μωυσῆς πρὸς Ἀαρὼν, λάβε σεαυτῷ μοσχάριον ἐκ βοῶν περὶ
ἁμαρτίας, καὶ κριὸν εἰς ὁλοκαύτωμα, ἄμωμα, καὶ προσένεγκε
3 αὐτὰ ἔναντι Κυρίου. Καὶ τῇ γερουσίᾳ Ἰσραὴλ λάλησον,
λέγων, λάβετε χίμαρον ἐξ αἰγῶν ἕνα περὶ ἁμαρτίας, καὶ
4 μοσχάριον, καὶ ἀμνὸν ἐνιαύσιον εἰς ὁλοκάρπωσιν, ἄμωμα, καὶ
μόσχον, καὶ κριὸν εἰς θυσίαν σωτηρίου ἔναντι Κυρίου, καὶ
σεμίδαλιν πεφυραμένην ἐν ἐλαίῳ· ὅτι σήμερον Κύριος
5 ὀφθήσεται ἐν ὑμῖν. Καὶ ἔλαβον καθὸ ἐνετείλατο Μωυσῆς
ἀπέναντι τῆς σκηνῆς τοῦ μαρτυρίου· καὶ προσῆλθε πᾶσα
6 συναγωγὴ, καὶ ἔστησαν ἔναντι Κυρίου. Καὶ εἶπε Μωυσῆς,
τοῦτο τὸ ῥῆμα, ὃ εἶπε Κύριος, ποιήσατε, καὶ ὀφθήσεται ἐν
7 ὑμῖν ἡ δόξα Κυρίου. Καὶ εἶπε Μωυσῆς τῷ Ἀαρὼν, πρόσελθε
πρὸς τὸ θυσιαστήριον, καὶ ποίησον τὸ περὶ τῆς ἁμαρτίας σου,
καὶ τὸ ὁλοκαύτωμά σου, καὶ ἐξίλασαι περὶ σεαυτοῦ, καὶ τοῦ
οἴκου σου· καὶ ποίησον τὰ δῶρα τοῦ λαοῦ, καὶ ἐξίλασαι περὶ
8 αὐτῶν, καθάπερ ἐνετείλατο Κύριος τῷ Μωυσῇ. Καὶ προσῆλθεν
Ἀαρὼν πρὸς τὸ θυσιαστήριον, καὶ ἔσφαξε τὸ μοσχάριον τὸ
9 περὶ τῆς ἁμαρτίας αὐτοῦ. Καὶ προσήνεγκαν οἱ υἱοὶ Ἀαρὼν
τὸ αἷμα πρὸς αὐτόν· καὶ ἔβαψε τὸν δάκτυλον εἰς τὸ αἷμα,
καὶ ἐπέθηκεν ἐπὶ τὰ κέρατα τοῦ θυσιαστηρίου· καὶ τὸ αἷμα
10 ἐξέχεεν ἐπὶ τὴν βάσιν τοῦ θυσιαστηρίου. Καὶ τὸ στέαρ
καὶ τοὺς νεφροὺς καὶ τὸν λοβὸν τοῦ ἥπατος τοῦ περὶ τῆς
ἁμαρτίας ἀνήνεγκεν ἐπὶ τὸ θυσιαστήριον, ὃν τρόπον ἐνετείλατο
11 Κύριος τῷ Μωυσῇ. Καὶ τὰ κρέα καὶ τὴν βύρσαν κατέκαυσεν
12 αὐτὰ πυρὶ, ἔξω τῆς παρεμβολῆς. Καὶ ἔσφαξε τὸ ὁλοκαύτωμα·
καὶ προσήνεγκαν οἱ υἱοὶ Ἀαρὼν τὸ αἷμα πρὸς αὐτόν· καὶ
13 προσέχεεν ἐπὶ τὸ θυσιαστήριον κύκλῳ. Καὶ τὸ ὁλοκαύτωμα
προσήνεγκαν αὐτὸ κατὰ μέλη· αὐτὰ καὶ τὴν κεφαλὴν ἐπέθηκεν
14 ἐπὶ τὸ θυσιαστήριον. Καὶ ἔπλυνε τὴν κοιλίαν καὶ τοὺς πόδας
ὕδατι· καὶ ἐπέθηκεν ἐπὶ τὸ ὁλοκαύτωμα ἐπὶ τὸ θυσιαστήριον.
15 Καὶ προσήνεγκε τὸ δῶρον τοῦ λαοῦ, καὶ ἔλαβε τὸν χίμαρον
τὸν περὶ τῆς ἁμαρτίας τοῦ λαοῦ, καὶ ἔσφαξεν αὐτόν, καὶ
16 ἐκαθάρισεν αὐτόν, καθὰ καὶ τὸν πρῶτον. Καὶ προσήνεγκε
17 τὸ ὁλοκαύτωμα, καὶ ἐποίησεν αὐτὸ ὡς καθῆκει. Καὶ προσ-
ήνεγκε τὴν θυσίαν, καὶ ἔπλησε τὰς χεῖρας ἀπ᾽ αὐτῆς, καὶ
ἐπέθηκεν ἐπὶ τὸ θυσιαστήριον χωρὶς τοῦ ὁλοκαυτώματος τοῦ
18 πρωϊνοῦ. Καὶ ἔσφαξε τὸν μόσχον, καὶ τὸν κριὸν τῆς θυσίας
τοῦ σωτηρίου τῆς τοῦ λαοῦ· καὶ προσήνεγκαν οἱ υἱοὶ Ἀαρὼν
τὸ αἷμα πρὸς αὐτόν, καὶ προσέχεε πρὸς τὸ θυσιαστήριον
19 κύκλῳ, καὶ τὸ στέαρ τὸ ἀπὸ τοῦ μόσχου, καὶ τοῦ κριοῦ τὴν
ὀσφὺν, καὶ τὸ στέαρ τὸ κατακαλύπτον ἐπὶ τῆς κοιλίας, καὶ
τοὺς δύο νεφροὺς, καὶ τὸ στέαρ τὸ ἐπ᾽ αὐτῶν, καὶ τὸν λοβὸν
20 τὸν ἐπὶ τοῦ ἥπατος. Καὶ ἐπέθηκε τὰ στέατα ἐπὶ τὰ στηθύνια
21 καὶ ἀνήνεγκε τὰ στέατα ἐπὶ τὸ θυσιαστήριον. Καὶ τὸ
στηθύνιον, καὶ τὸν βραχίονα τὸν δεξιὸν ἀφεῖλεν Ἀαρὼν

the Lord God commanded me. 36 And
Aaron and his sons performed all these
commands which the Lord commanded
Moses.

And it came to pass on the eighth day,
that Moses called Aaron and his sons, and
the elders of Israel, 2 and Moses said to
Aaron, Take to thyself a young calf of the
herd for a sin-offering, and a ram for a
whole-burnt-offering, unblemished, and
offer them before the Lord. 3 And speak to
the elders of Israel, saying, Take one kid of
the goats for a sin-offering, and a young
calf, and a lamb of a year old for a whole-
burnt-offering, spotless, 4 and a calf and a
ram for a peace offering before the Lord,
and fine flour mingled with oil, for to-day
the Lord will appear among you. 5 And
they took as Moses commanded them before
the tabernacle of witness, and all the con-
gregation drew nigh, and they stood before
the Lord. 6 And Moses said, This is the
thing which the Lord has spoken; do *it*,
and the glory of the Lord shall appear
among you. 7 And Moses said to Aaron,
Draw nigh to the altar, and offer thy sin-
offering, and thy whole-burnt-offering, and
make atonement for thyself, and for thy
house; and offer the gifts of the people,
and make atonement for them, as the Lord
commanded Moses. 8 And Aaron drew nigh
to the altar, and slew the calf of his sin-
offering. 9 And the sons of Aaron brought
the blood to him, and he dipped his finger
into the blood, and put it on the horns of
the altar, and he poured out the blood at
the bottom of the altar. 10 And he offered
up on the altar the fat and the kidneys and
the lobe of the liver of the sin-offering,
according as the Lord commanded Moses.
11 And the flesh and the hide he burnt with
fire outside of the camp. 12 And he slew the
whole-burnt-offering; and the sons of Aaron
brought the blood to him, and he poured it
on the altar round about. 13 And they
brought the whole-burnt-offering, accord-
ing to its pieces; them and the head he put
upon the altar. 14 And he washed the
belly and the feet with water, and he put
them on the whole-burnt-offering on the
altar.

15 And he brought the gift of the people,
and took the goat of the sin-offering of the
people, and slew it, and purified it as also
the first. 16 And he brought the whole-
burnt-offering, and offered it β in due form.
17 And he brought the sacrifice and filled his
hands with it, and laid it on the altar,
besides the morning whole-burnt-offering.
18 And he slew the calf, and the ram of the
sacrifice of peace-offering of the people; and
the sons of Aaron brought the blood to him,
and he poured it out on the altar round
about. 19 And *he took* the fat of the calf,
and the γ hind quarters of the ram, and the
fat covering the belly, and the two kidneys,
and the fat upon them, and the caul on the
liver. 20 And he put the fat on the breasts,
and offered the fat on the altar. 21 And
Aaron separated the breast and the right

β *Gr.* as is proper.　　γ *Gr.* loins.

shoulder as a choice-offering before the Lord, as the Lord commanded Moses. ²²And Aaron lifted up his hands on the people and blessed them; and after he had offered the sin-offering, and the whole-burnt-offerings, and the peace-offerings, he came down. ²³And Moses and Aaron entered into the tabernacle of witness. And they came out and blessed all the people, and the glory of the Lord appeared to all the people. ²⁴And fire came forth from the Lord, and devoured the offerings on the altar, both the whole-burnt-offerings and the fat; and all the people saw, and were amazed, and fell upon their faces.

And the two sons of Aaron, Nadab and Abiud, took each his censer, and put fire therein, and threw incense thereon, and offered strange fire before the Lord, which the Lord did not command them, ²and fire came forth from the Lord, and devoured them, and they died before the Lord. ³And Moses said to Aaron, This is the thing which the Lord spoke, saying, I will be sanctified among them that draw nigh to me, and I will be glorified in the whole congregation; and Aaron was pricked *in his heart.* ⁴And Moses called Misadaë, and Elisaphan, sons of Oziel, sons of the brother of Aaron's father, and said to them, Draw near and take your brethren from before the ^βsanctuary out of the camp. ⁵And they came near and took them in their coats out of the camp, as Moses said. ⁶And Moses said to Aaron, and Eleazar and Ithamar his sons that were left, Ye shall not make bare your ^γheads, and ye shall not tear your garments; that ye die not, and *so there* ^δshould be wrath on all the congregation: but your brethren, *even* all the house of Israel, shall lament for the burning, with which they were burnt by the Lord. ⁷And ye shall not go forth from the door of the tabernacle of witness, that ye die not; for the Lord's anointing oil *is* upon you: and they did according to the word of Moses.

⁸And the Lord spoke to Aaron, saying, ⁹Ye shall not drink wine nor strong drink, thou and thy sons with thee, whensoever ye enter into the tabernacle of witness, or when ye approach the altar, so shall ye not die; *it is* a perpetual statute for your generations, ¹⁰to distinguish between sacred and profane, and between clean and unclean, ¹¹and to teach the children of Israel all the statutes, which the Lord spoke to them ^ζby Moses. ¹²And Moses said to Aaron, and to Eleazar and Ithamar, the sons of Aaron who survived, Take the sacrifice that is left of the burnt-offerings of the Lord, and ye shall eat unleavened bread by the altar: it is most holy. ¹³And ye shall eat it in the holy place; for this is a statute for thee and a statute for thy sons, of the burnt-offerings to the Lord; for so it has been commanded me. ¹⁴And ye shall eat the breast of separation, and the shoulder of the choice-offering in the holy place, thou and thy sons and thy house with thee; for it has been given as an ordinance for thee and an ordinance for thy sons, of the sacrifices of peace-offering of the children of Israel. ¹⁵They shall

ἀφαίρεμα ἔναντι Κυρίου, ὃν τρόπον συνέταξε Κύριος τῷ Μωυσῇ. Καὶ ἐξάρας Ἀαρὼν τὰς χεῖρας ἐπὶ τὸν λαὸν, εὐλόγη- 22 σεν αὐτούς· καὶ κατέβη ποιήσας τὸ περὶ τῆς· ἁμαρτίας, καὶ τὰ ὁλοκαυτώματα, καὶ τὰ τοῦ σωτηρίου. Καὶ εἰσῆλθε Μωυσῆς 23 καὶ Ἀαρὼν εἰς τὴν σκηνὴν τοῦ μαρτυρίου· καὶ ἐξελθόντες εὐλόγησαν πάντα τὸν λαόν· καὶ ὤφθη δόξα Κυρίου παντὶ τῷ λαῷ. Καὶ ἐξῆλθε πῦρ παρὰ Κυρίου, καὶ κατέφαγε τὰ ἐπὶ 24 τοῦ θυσιαστηρίου, τά τε ὁλοκαυτώματα, καὶ τὰ στέατα· καὶ εἶδε πᾶς ὁ λαὸς, καὶ ἐξέστη, καὶ ἔπεσαν ἐπὶ πρόσωπον.

Καὶ λαβόντες οἱ δύο υἱοὶ Ἀαρὼν Ναδὰβ καὶ Ἀβιοὺδ, 10 ἕκαστος τὸ πυρεῖον αὐτοῦ, ἐπέθηκαν ἐπ᾽ αὐτὸ πῦρ, καὶ ἐπέ- βαλον ἐπ᾽ αὐτὸ θυμίαμα, καὶ προσήνεγκαν ἔναντι Κυρίου πῦρ ἀλλότριον, ὃ οὐ προσέταξε Κύριος αὐτοῖς. Καὶ ἐξῆλθε πῦρ 2 παρὰ Κυρίου, καὶ κατέφαγεν αὐτοὺς, καὶ ἀπέθανον ἔναντι Κυρίου. Καὶ εἶπε Μωυσῆς πρὸς Ἀαρὼν, τοῦτό ἐστιν, ὃ εἶπε 3 Κύριος, λέγων, ἐν τοῖς ἐγγίζουσί μοι ἁγιασθήσομαι, καὶ ἐν πάσῃ τῇ συναγωγῇ δοξασθήσομαι· καὶ κατενύχθη Ἀαρών. Καὶ ἐκάλεσε Μωυσῆς τὸν Μισαδάη, καὶ τὸν Ἐλισαφὰν, υἱοὺς 4 Ὀζιήλ, υἱοὺς τοῦ ἀδελφοῦ τοῦ πατρὸς Ἀαρὼν, καὶ εἶπεν αὐτοῖς, προσέλθατε καὶ ἄρατε τοὺς ἀδελφοὺς ὑμῶν ἐκ προσώπου τῶν ἁγίων ἔξω τῆς παρεμβολῆς. Καὶ προσῆλθον, καὶ ἦραν αὐτοὺς 5 ἐν τοῖς χιτῶσιν αὐτῶν ἔξω τῆς παρεμβολῆς, ὃν τρόπον εἶπε Μωυσῆς. Καὶ εἶπε Μωυσῆς πρὸς Ἀαρὼν καὶ Ἐλεάζαρ καὶ 6 Ἰθάμαρ τοὺς υἱοὺς αὐτοῦ τοὺς καταλελειμμένους, τὴν κεφαλὴν ὑμῶν οὐκ ἀποκιδαρώσετε, καὶ τὰ ἱμάτια ὑμῶν οὐ διαρρήξετε, ἵνα μὴ ἀποθάνητε, καὶ ἐπὶ πᾶσαν τὴν συναγωγὴν ἔσται θυμός· οἱ δὲ ἀδελφοὶ ὑμῶν, πᾶς ὁ οἶκος Ἰσραὴλ, κλαύσονται τὸν ἐμπυρισμὸν, ὃν ἐνεπυρίσθησαν ὑπὸ Κυρίου. Καὶ ἀπὸ τῆς 7 θύρας τῆς σκηνῆς τοῦ μαρτυρίου οὐκ ἐξελεύσεσθε, ἵνα μὴ ἀπο- θάνητε· τὸ ἔλαιον γὰρ τῆς χρίσεως, τὸ παρὰ Κυρίου, ἐφ᾽ ὑμῖν, καὶ ἐποίησαν κατὰ τὸ ῥῆμα Μωυσῆ.

Καὶ ἐλάλησε Κύριος τῷ Ἀαρὼν, λέγων, οἶνον καὶ σίκερα 8, 9 οὐ πίεσθε σὺ καὶ οἱ υἱοί σου μετὰ σοῦ, ἡνίκα ἐὰν εἰσπορεύησθε εἰς τὴν σκηνὴν τοῦ μαρτυρίου, ἢ προσπορευομένων ὑμῶν πρὸς τὸ θυσιαστήριον, καὶ οὐ μὴ ἀποθάνητε· νόμιμον αἰώνιον εἰς τὰς γενεὰς ὑμῶν, διαστεῖλαι ἀναμέσον τῶν ἁγίων καὶ τῶν 10 βεβήλων, καὶ ἀναμέσον τῶν ἀκαθάρτων καὶ τῶν καθαρῶν, καὶ 11 συμβιβάζειν τοὺς υἱοὺς Ἰσραὴλ ἅπαντα τὰ νόμιμα, ἃ ἐλάλησε Κύριος πρὸς αὐτοὺς διὰ χειρὸς Μωυσῆ. Καὶ εἶπε Μωυσῆς 12 πρὸς Ἀαρὼν καὶ πρὸς Ἐλεάζαρ καὶ Ἰθάμαρ τοὺς υἱοὺς Ἀαρὼν τοὺς καταλειφθέντας, λάβετε τὴν θυσίαν τὴν καταλειφθεῖσαν ἀπὸ τῶν καρπωμάτων Κυρίου, καὶ φάγεσθε ἄζυμα παρὰ τὸ θυσιαστήριον· ἅγια ἁγίων ἐστί. Καὶ φάγεσθε αὐτὴν ἐν τόπῳ 13 ἁγίῳ· νόμιμον γάρ σοι, καὶ νόμιμον τοῖς υἱοῖς σου τοῦτο ἀπὸ τῶν καρπωμάτων Κυρίου· οὕτω γὰρ ἐντέταλταί μοι. Καὶ 14 τὸ στηθύνιον τοῦ ἀφορίσματος, καὶ τὸν βραχίονα τοῦ ἀφαιρέ- ματος φάγεσθε ἐν τόπῳ ἁγίῳ, σὺ καὶ οἱ υἱοί σου καὶ ὁ οἶκός σου μετὰ σοῦ· νόμιμον γάρ σοι, καὶ νόμιμον τοῖς υἱοῖς σου ἐδόθη ἀπὸ τῶν θυσιῶν τοῦ σωτηρίου τῶν υἱῶν Ἰσραήλ. Τὸν 15

β Gr. holies.   γ Gr. head.   δ Gr. shall.   ζ Or, by the hand of.

βραχίονα τοῦ ἀφαιρέματος, καὶ τὸ στηθύνιον τοῦ ἀφορίσματος ἐπὶ τῶν καρπωμάτων τῶν στεάτων· προσοίσουσιν ἀφόρισμα ἀφορίσαι ἔναντι Κυρίου· καὶ ἔσται σοι καὶ τοῖς υἱοῖς σου καὶ ταῖς θυγατράσι σου μετὰ σοῦ νόμιμον αἰώνιον, ὃν τρόπον συνέταξε Κύριος τῷ Μωυσῇ.

16 Καὶ τὸν χίμαρον τὸν περὶ τῆς ἁμαρτίας ζητῶν ἐξεζήτησε Μωυσῆς· καὶ ὁ δὲ ἐνεπεπύριστο· καὶ ἐθυμώθη Μωυσῆς ἐπὶ Ἐλεάζαρ καὶ Ἰθάμαρ τοὺς υἱοὺς Ἀαρὼν τοὺς καταλελειμ-
17 μένους, λέγων, διατί οὐκ ἐφάγετε τὸ περὶ τῆς ἁμαρτίας ἐν τόπῳ ἁγίῳ; ὅτι γὰρ ἅγια ἁγίων ἐστὶ, τοῦτο ἔδωκεν ὑμῖν φαγεῖν, ἵνα ἀφέλητε τὴν ἁμαρτίαν τῆς συναγωγῆς, καὶ ἐξιλά-
18 σησθε περὶ αὐτῶν ἔναντι Κυρίου. Οὐ γὰρ εἰσήχθη τοῦ αἵματος αὐτοῦ εἰς τὸ ἅγιον· κατὰ πρόσωπον ἔσω φάγεσθε αὐτὸ ἐν
19 τόπῳ ἁγίῳ, ὃν τρόπον μοι συνέταξε Κύριος. Καὶ ἐλάλησεν Ἀαρὼν πρὸς Μωυσῆν, λέγων, εἰ σήμερον προσαγήοχασι τὰ περὶ τῆς ἁμαρτίας αὐτῶν, καὶ τὰ ὁλοκαυτώματα αὐτῶν ἔναντι Κυρίου, καὶ συμβέβηκέ μοι τοιαῦτα, καὶ φάγομαι τὰ περὶ
20 τῆς ἁμαρτίας σήμερον, μὴ ἀρεστὸν ἔσται Κυρίῳ; Καὶ ἤκουσε Μωυσῆς, καὶ ἤρεσεν αὐτῷ.

11 Καὶ ἐλάλησε Κύριος πρὸς Μωυσῆν καὶ Ἀαρὼν, λέγων,
2 λαλήσατε τοῖς υἱοῖς Ἰσραὴλ, λέγοντες, ταῦτα τὰ κτήνη, ἃ
3 φάγεσθε ἀπὸ πάντων τῶν κτηνῶν τῶν ἐπὶ τῆς γῆς. Πᾶν κτῆνος διχηλοῦν ὁπλὴν καὶ ὀνυχιστῆρας ὀνυχίζον δύο χηλῶν, καὶ
4 ἀνάγον μηρυκισμὸν ἐν τοῖς κτήνεσι, ταῦτα φάγεσθε. Πλὴν ἀπὸ τούτων οὐ φάγεσθε, ἀπὸ τῶν ἀναγόντων μηρυκισμὸν, καὶ ἀπὸ τῶν διχηλούντων τὰς ὁπλὰς, καὶ ὀνυχιζόντων ὀνυχιστῆρας· τὸν κάμηλον, ὅτι ἀνάγει μηρυκισμὸν τοῦτο, ὁπλὴν δὲ οὐ
5 διχηλεῖ, ἀκάθαρτον τοῦτο ὑμῖν. Καὶ τὸν δασύποδα, ὅτι ἀνάγει μηρυκισμὸν τοῦτο, καὶ ὁπλὴν οὐ διχηλεῖ, ἀκάθαρτον τοῦτο
6 ὑμῖν. Καὶ τὸν χοιρογρύλλιον, ὅτι οὐκ ἀνάγει μηρυκισμὸν τοῦτο,
7 καὶ ὁπλὴν οὐ διχηλεῖ, ἀκάθαρτον τοῦτο ὑμῖν. Καὶ τὸν ὗν, ὅτι διχηλεῖ ὁπλὴν τοῦτο, καὶ ὀνυχίζει ὄνυχας ὁπλῆς, καὶ τοῦτο
8 οὐκ ἀνάγει μηρυκισμὸν, ἀκάθαρτον τοῦτο ὑμῖν. Ἀπὸ τῶν κρεῶν αὐτῶν οὐ φάγεσθε, καὶ τῶν θνησιμαίων αὐτῶν οὐχ ἅψεσθε· ἀκάθαρτα ταῦτα ὑμῖν.

9 Καὶ ταῦτα, ἃ φάγεσθε ἀπὸ πάντων τῶν ἐν τοῖς ὕδασι· πάντα ὅσα ἐστὶν αὐτοῖς πτερύγια καὶ λεπίδες ἐν τοῖς ὕδασι, καὶ ἐν ταῖς θαλάσσαις, καὶ ἐν τοῖς χειμάρροις, ταῦτα
10 φάγεσθε. Καὶ πάντα ὅσα οὐκ ἔστιν αὐτοῖς πτερύγια, οὐδὲ λεπίδες ἐν τῷ ὕδατι, ἢ ἐν ταῖς θαλάσσαις, καὶ ἐν τοῖς χειμάρροις, ἀπὸ πάντων ὧν ἐρεύγεται τὰ ὕδατα, καὶ ἀπὸ πάσης ψυχῆς τῆς ζώσης ἐν τῷ ὕδατι, βδέλυγμά ἐστι,
11 καὶ βδελύγματα ἔσονται ὑμῖν. Ἀπὸ τῶν κρεῶν αὐτῶν οὐκ
12 ἔδεσθε, καὶ τὰ θνησιμαῖα αὐτῶν βδελύξεσθε. Καὶ πάντα ὅσα οὐκ ἔστιν αὐτοῖς πτερύγια, οὐδὲ λεπίδες τῶν ἐν τοῖς
13 ὕδασι, βδέλυγμα τοῦτό ἐστιν ὑμῖν. Καὶ ταῦτα, ἃ βδελύξεσθε ἀπὸ τῶν πετεινῶν, καὶ οὐ βρωθήσεται, βδέλυγμά ἐστι· τὸν
14 ἀετὸν, καὶ τὸν γρύπα, καὶ τὸν ἁλιαίετον, καὶ τὸν γύπα, καὶ τὸν
15 ἴκτινον καὶ τὰ ὅμοια αὐτῷ. Καὶ στρουθὸν, καὶ γλαῦκα, καὶ
16 λάρον, καὶ τὰ ὅμοια αὐτῷ· Καὶ πάντα κόρακα, καὶ τὰ ὅμοια

bring the shoulder of the choice-offering, and the breast of the separation upon the burnt-offerings of the fat, to separate for a separation before the Lord; and it shall be a perpetual ordinance for thee and thy sons and thy daughters with thee, as the Lord commanded Moses.

16 And Moses diligently sought the goat of the sin-offering, but it had been consumed by fire; and Moses was angry with Eleazar and Ithamar the sons of Aaron that were left, saying, 17 Why did ye not eat the sin-offering in the holy place? for because it is most holy he has given you this to eat, that ye might take away the sin of the congregation, and make atonement for them before the Lord. 18 For the blood of it was not brought into the holy place: ye shall eat it within, β before the Lord, as the Lord commanded me. 19 And Aaron spoke to Moses, saying, If they have brought nigh to-day their sin-offerings, and their whole-burnt-offerings before the Lord, and these events have happened to me, and yet I should eat to-day of the sin-offerings, γ would it be pleasing to the Lord? 20 And Moses heard it, and it pleased him.

And the Lord spoke to Moses and Aaron, saying, 2 Speak ye to the sons of Israel, saying, These are the beasts which ye shall eat of all beasts that are upon the earth. 3 Every beast parting the hoof and making divisions of two claws, and chewing the cud among beasts, these ye shall eat. 4 But of these ye shall not eat, of those that chew the cud, and of those that part the hoofs, and divide claws; the camel, because it chews the cud, but does not divide the hoof, this is unclean to you. 5 And the rabbit, because it chews the cud, but does not divide the hoof, this is unclean to you. 6 And the hare, because it does δ not chew the cud, and does not divide the hoof, this is unclean to you. 7 And the swine, because this animal divides the hoof, and makes claws of the hoof, and it does not chew the cud, is unclean to you. 8 Ye shall not eat of their flesh, and ye shall not touch their ς carcases; these are unclean to you.

9 And these are what ye shall eat of all that are in the waters: all things that have fins and scales in the waters, and in the seas, and in the brooks, these ye shall eat. 10 And all things which have not fins or scales in the water, or in the seas, and in the brooks, of all which the waters θ produce, and of every soul living in the water, are an abomination; and they shall be abominations to you. 11 Ye shall not eat of their flesh, and ye shall abhor their carcases. 12 And all things that have not fins or scales of those that are in the waters, these are an abomination to you. 13 And these are the things which ye shall abhor of birds, and they shall not be eaten, they are an abomination: the eagle and the ossifrage, and the sea-eagle. 14 And the vulture, and the kite, and the like to it; 15 and the sparrow, and the owl, and the sea-mew, and the like to it: 16 and every raven, and the birds like it, and

---

γ The words κατα πρόσωπον are of doubtful authority.   γ Gr. will.   δ Heb. and Alex. — not.   ζ i. e. especially of such as
died of themselves.   θ Gr. eructant, see Ps. 44. 1, in LXX. also in Heb.

the hawk and his like, [17]and the night-raven and the cormorant and the stork, [18]and the red-bill, and pelican, and swan, [19]and the heron, and the [β]lapwing, and the like to it, and the hoopoe and the bat. [20]And all winged creatures that creep, which go upon four feet, are abominations to you. [21]But these ye shall eat of the creeping winged animals, which go upon four feet, which have legs above their feet, to leap with on the earth. [22]And these of them ye shall eat: the caterpillar and his like, and the attacus and his like, and the [γ]cantharus and his like, and the locust and his like. [23]Every creeping thing from among the birds, [δ]which has four feet, is an abomination to you. [24]And by these ye shall be defiled; every one that touches their carcases shall be unclean till the evening. [25]And every one that takes of their dead bodies shall wash his garments, and shall be unclean till the evening. [26]And whichever among the beasts divides the hoof and makes claws, and does not chew the cud, shall be unclean to you; every one that touches their dead bodies shall be unclean till evening. [27]And every one among all the wild beasts that moves upon its fore feet, which goes on all four, [ζ]is unclean to you; every one that touches their dead bodies shall be unclean till evening. [28]And he that takes of their dead bodies shall wash his garments, and shall be unclean till evening: these are unclean to you.

[29]And these *are* unclean to you of reptiles upon the earth, the [θ]weasel, and the mouse, and the [λ]lizard, [30]the ferret, and the chameleon, and the evet, and the newt, and the mole. [31]These are unclean to you of all the reptiles which are on the earth; every one who touches their carcases shall be unclean till evening. [32]And on whatsoever one of their dead bodies shall fall it shall be unclean; [μ]whatever wooden vessel, or garment, or skin, or [ξ]sack it may be, every vessel in which work should be done, shall be dipped in water, and shall be unclean till evening; and *then* it shall be clean. [33]And every earthen vessel into which one of these things shall fall, whatsoever is inside it, shall be unclean, and it shall be broken. [34]And all food that is eaten, on which water shall come *from such a vessel*, shall be unclean; and every beverage which is drunk in any *such* vessel, shall be unclean. [35]And every thing on which there shall fall of their dead bodies shall be unclean; ovens and stands for jars shall be broken down: these are unclean, and they shall be unclean to you. [36]Only *if the water be* of fountains of water, or a pool, or confluence of water, it shall be clean; but he that touches their carcases shall be unclean. [37]And if one of their carcases should fall upon any sowing seed which shall be sown, it shall be clean. [38]But if water be poured on any seed, and one of their dead bodies fall upon it, it is unclean to you. [39]And if one of the cattle die, which it is lawful for you to eat, he that touches their carcases shall be unclean till evening. [40]And he that eats of their carcases shall wash his garments, and he that carries any

αὐτῷ· καὶ ἱέρακα, καὶ τὰ ὅμοια αὐτῷ· καὶ νυκτικόρακα, καὶ 17 καταράκτην, καὶ ἴβιν, καὶ · πορφυρίωνα, καὶ πελεκᾶνα, καὶ 18 κύκνον, καὶ ἐρωδιὸν, καὶ χαράδριον, καὶ τὰ ὅμοια αὐτῷ· καὶ 19 ἔποπα, καὶ νυκτερίδα. Καὶ πάντα τὰ ἑρπετὰ τῶν πετεινῶν, 20 ἃ πορεύεται ἐπὶ τέσσαρα, βδελύγματά ἐστιν ὑμῖν. Ἀλλὰ 21 ταῦτα φάγεσθε ἀπὸ τῶν ἑρπετῶν τῶν πετεινῶν, ἃ πορεύεται ἐπὶ τέσσαρα, ἃ ἔχει σκέλη ἀνώτερον τῶν ποδῶν αὐτοῦ, πηδᾶν ἐν αὐτοῖς ἐπὶ τῆς γῆς. Καὶ ταῦτα φάγεσθε ἀπ᾽ αὐτῶν· τὸν 22 βροῦχον, καὶ τὰ ὅμοια αὐτῷ· καὶ τὸν ἀττάκην, καὶ τὰ ὅμοια αὐτῷ· καὶ ὀφιομάχην, καὶ τὰ ὅμοια αὐτῷ· καὶ τὴν ἀκρίδα, καὶ τὰ ὅμοια αὐτῇ. Πᾶν ἑρπετὸν ἀπὸ τῶν πετεινῶν, οἷς εἰσι 23 τέσσαρες πόδες, βδελύγματά ἐστιν ὑμῖν, καὶ ἐν τούτοις μιαν- 24 θήσεσθε· πᾶς ὁ ἁπτόμενος τῶν θνησιμαίων αὐτῶν, ἀκάθαρτος ἔσται ἕως ἑσπέρας. Καὶ πᾶς ὁ αἴρων τῶν θνησιμαίων αὐτῶν, 25 πλυνεῖ τὰ ἱμάτια αὐτοῦ, καὶ ἀκάθαρτος ἔσται ἕως ἑσπέρας. Καὶ 26 ἐν πᾶσι τοῖς κτήνεσιν ὅ ἐστι διχηλοῦν ὁπλὴν, καὶ ὀνυχιστῆρας ὀνυχίζει, καὶ μηρυκισμὸν οὐ μηρυκᾶται, ἀκάθαρτα ἔσονται ὑμῖν· πᾶς ὁ ἁπτόμενος τῶν θνησιμαίων αὐτῶν, ἀκάθαρτος ἔσται ἕως ἑσπέρας. Καὶ πᾶς ὃς πορεύεται ἐπὶ χειρῶν ἐν πᾶσι τοῖς 27 θηρίοις, ἃ πορεύεται ἐπὶ τέσσαρα, ἀκάθαρτά ἐστιν ὑμῖν· πᾶς ὁ ἁπτόμενος τῶν θνησιμαίων αὐτῶν, ἀκάθαρτος ἔσται ἕως ἑσπέρας. Καὶ ὁ αἴρων τῶν θνησιμαίων αὐτῶν, πλυνεῖ τὰ 28 ἱμάτια αὐτοῦ, καὶ ἀκάθαρτος ἔσται ἕως ἑσπέρας· ἀκάθαρτα ταῦτά ἐστιν ὑμῖν.

Καὶ ταῦτα ὑμῖν ἀκάθαρτα ἀπὸ τῶν ἑρπετῶν τῶν ἐπὶ τῆς 29 γῆς· ἡ γαλῆ, καὶ ὁ μῦς, καὶ ὁ κροκόδειλος ὁ χερσαῖος, μυγάλη, καὶ χαμαιλέων, καὶ χαλαβώτης, καὶ σαῦρα, καὶ 30 ἀσπάλαξ. Ταῦτα ἀκάθαρτα ὑμῖν ἀπὸ πάντων τῶν ἑρπετῶν 31 τῶν ἐπὶ τῆς γῆς· πᾶς ὁ ἁπτόμενος αὐτῶν τεθνηκότων, ἀκά- θαρτος ἔσται ἕως ἑσπέρας. Καὶ πᾶν ἐφ᾽ ὃ ἂν ἐπιπέσῃ ἀπ᾽ 32 αὐτῶν ἐπ᾽ αὐτὸ τεθνηκότων αὐτῶν, ἀκάθαρτον ἔσται ἀπὸ παντὸς σκεύους ξυλίνου ἢ ἱματίου ἢ δέρματος ἢ σάκκου· πᾶν σκεῦος ὃ ἂν ποιηθῇ ἔργον ἐν αὐτῷ, εἰς ὕδωρ βαφήσεται, καὶ ἀκάθαρτον ἔσται ἕως ἑσπέρας· καὶ καθαρὸν ἔσται. Καὶ πᾶν σκεῦος 33 ὀστράκινον εἰς ὃ ἐὰν πέσῃ ἀπὸ τούτων ἔνδον, ὅσα ἐὰν ἔνδον ᾖ, ἀκάθαρτα ἔσται, καὶ αὐτὸ συντριβήσεται. Καὶ πᾶν βρῶμα, 34 ὃ ἔσθεται, εἰς ὃ ἂν ἐπέλθῃ ἐπ᾽ αὐτὸ ὕδωρ, ἀκάθαρτον ἔσται· καὶ πᾶν ποτὸν, ὃ πίνεται ἐν παντὶ ἀγγείῳ, ἀκάθαρτον ἔσται. Καὶ πᾶν ὃ ἐὰν ἐπιπέσῃ ἀπὸ τῶν θνησιμαίων αὐτῶν ἐπ᾽ αὐτὸ, 35 ἀκάθαρτον ἔσται· κλίβανοι καὶ χυτρόποδες καθαιρεθήσονται· ἀκάθαρτα ταῦτά ἐστι, καὶ ἀκάθαρτα ταῦτα ὑμῖν ἔσονται. Πλὴν 36 πηγῶν ὑδάτων καὶ λάκκου καὶ συναγωγῆς ὕδατος, ἔσται καθαρόν· ὁ δὲ ἁπτόμενος τῶν θνησιμαίων αὐτῶν, ἀκάθαρτος ἔσται. Ἐὰν δὲ ἐπιπέσῃ ἀπὸ τῶν θνησιμαίων αὐτῶν ἐπὶ πᾶν σπέρμα 37 σπόριμον, ὃ σπαρήσεται, καθαρὸν ἔσται. Ἐὰν δὲ ἐπιχυθῇ 38 ὕδωρ ἐπὶ πᾶν σπέρμα, καὶ ἐπιπέσῃ τῶν θνησιμαίων αὐτῶν ἐπ᾽ αὐτὸ, ἀκάθαρτόν ἐστιν ὑμῖν. Ἐὰν δὲ ἀποθάνῃ τῶν κτηνῶν, 39 ὅ ἐστιν ὑμῖν φαγεῖν τοῦτο, ὁ ἁπτόμενος τῶν θνησιμαίων αὐτῶν, ἀκάθαρτος ἔσται ἕως ἑσπέρας· καὶ ὁ ἐσθίων ἀπὸ τῶν θνησιμαίων 40 τούτων, πλυνεῖ τὰ ἱμάτια, καὶ ἀκάθαρτος ἔσται ἕως ἑσπέρας· καὶ

β *Or*, sealark.   γ *Or*, a kind of lizard.   δ *Gr*. have.   ζ *Gr*. they are unclean.   θ *Or*, eat.   λ *Or*, land crocodile.
        Gr. from every, etc.   ξ *Or*, cloth, *i. e.* sackcloth.

ὁ αἴρων ἀπὸ θνησιμαίων αὐτῶν, πλυνεῖ τὰ ἱμάτια, καὶ λούσεται
41 ὕδατι, καὶ ἀκάθαρτος ἔσται ἕως ἑσπέρας. Καὶ πᾶν ἑρπετὸν,
ὃ ἕρπει ἐπὶ τῆς γῆς, βδέλυγμα ἔσται τοῦτο ὑμῖν· οὐ βρωθή-
42 σεται. Καὶ πᾶς ὁ πορευόμενος ἐπὶ κοιλίας, καὶ πᾶς ὁ πορευό-
μενος ἐπὶ τέσσαρα διαπαντὸς, ὃ πολυπληθεῖ ποσὶν ἐν πᾶσι
τοῖς ἑρπετοῖς τοῖς ἕρπουσιν ἐπὶ τῆς γῆς, οὐ φάγεσθε αὐτὸ,
43 ὅτι βδέλυγμα ὑμῖν ἐστι. Καὶ οὐ μὴ βδελύξητε τὰς ψυχὰς
ὑμῶν ἐν πᾶσι τοῖς ἑρπετοῖς τοῖς ἕρπουσιν ἐπὶ τῆς γῆς, καὶ
οὐ μιανθήσεσθε ἐν τούτοις, καὶ οὐκ ἀκάθαρτοι ἔσεσθε ἐν αὐτοῖς,
44 ὅτι ἐγώ εἰμι Κύριος ὁ Θεὸς ὑμῶν· καὶ ἁγιασθήσεσθε, καὶ
ἅγιοι ἔσεσθε, ὅτι ἅγιός εἰμι ἐγὼ Κύριος ὁ Θεὸς ὑμῶν· καὶ
οὐ μιανεῖτε τὰς ψυχὰς ὑμῶν ἐν πᾶσι τοῖς ἑρπετοῖς τοῖς κινου-
45 μένοις ἐπὶ τῆς γῆς, ὅτι ἐγώ εἰμι Κύριος ὁ ἀναγαγὼν ὑμᾶς
ἐκ γῆς Αἰγύπτου εἶναι ὑμῶν Θεός· καὶ ἔσεσθε ἅγιοι, ὅτι ἅγιός
46 εἰμι ἐγὼ Κύριος. Οὗτος ὁ νόμος περὶ τῶν κτηνῶν καὶ τῶν
πετεινῶν καὶ πάσης ψυχῆς τῆς κινουμένης ἐν τῷ ὕδατι, καὶ
47 πάσης ψυχῆς ἑρπούσης ἐπὶ τῆς γῆς, διαστεῖλαι ἀναμέσον
τῶν ἀκαθάρτων καὶ ἀναμέσον τῶν καθαρῶν, καὶ ἀναμέσον τῶν
ζωογονούντων τὰ ἐσθιόμενα καὶ ἀναμέσον τῶν ζωογονούντων
τὰ μὴ ἐσθιόμενα.

12 Καὶ ἐλάλησε Κύριος πρὸς Μωυσῆν, λέγων, λάλησον τοῖς
2 υἱοῖς Ἰσραήλ, καὶ ἐρεῖς πρὸς αὐτούς, γυνὴ ἥτις ἐὰν σπερ-
ματισθῇ, καὶ τέκῃ ἄρσεν, καὶ ἀκάθαρτος ἔσται ἑπτὰ ἡμέρας·
κατὰ τὰς ἡμέρας τοῦ χωρισμοῦ τῆς ἀφέδρου αὐτῆς, ἀκάθαρτος
3 ἔσται. Καὶ τῇ ἡμέρᾳ τῇ ὀγδόῃ περιτεμεῖ τὴν σάρκα τῆς
4 ἀκροβυστίας αὐτοῦ. Καὶ τριάκοντα καὶ τρεῖς ἡμέρας καθή-
σεται ἐν αἵματι ἀκαθάρτῳ αὐτῆς· παντὸς ἁγίου οὐχ ἅψεται,
καὶ εἰς τὸ ἁγιαστήριον οὐκ εἰσελεύσεται, ἕως ἂν πληρωθῶσιν
5 αἱ ἡμέραι καθάρσεως αὐτῆς. Ἐὰν δὲ θῆλυ τέκῃ, καὶ ἀκάθαρτος
ἔσται δὶς ἑπτὰ ἡμέρας, κατὰ τὴν ἄφεδρον αὐτῆς· καὶ ἑξήκοντα
ἡμέρας καὶ ἓξ καθεσθήσεται ἐν αἵματι ἀκαθάρτῳ αὐτῆς.

6 Καὶ ὅταν ἀναπληρωθῶσιν αἱ ἡμέραι καθάρσεως αὐτῆς ἐφ' υἱῷ
ἢ ἐπὶ θυγατρί, προσοίσει ἀμνὸν ἐνιαύσιον ἄμωμον εἰς ὁλοκαύ-
τωμα, καὶ νοσσὸν περιστερᾶς ἢ τρυγόνα περὶ ἁμαρτίας ἐπὶ
7 τὴν θύραν τῆς σκηνῆς τοῦ μαρτυρίου, πρὸς τὸν ἱερέα. Καὶ
προσοίσει αὐτὸν ἔναντι Κυρίου· καὶ ἐξιλάσεται περὶ αὐτῆς
ὁ ἱερεύς, καὶ καθαριεῖ αὐτὴν ἀπὸ τῆς πηγῆς τοῦ αἵματος αὐτῆς·
8 οὗτος ὁ νόμος τῆς τικτούσης ἄρσεν ἢ θῆλυ. Ἐὰν δὲ μὴ
εὑρίσκῃ ἡ χεὶρ αὐτῆς τὸ ἱκανὸν εἰς ἀμνὸν, καὶ λήψεται δύο
τρυγόνας ἢ δύο νοσσοὺς περιστερῶν, μίαν εἰς ὁλοκαύτωμα,
καὶ μίαν περὶ ἁμαρτίας· καὶ ἐξιλάσεται περὶ αὐτῆς ὁ ἱερεύς, καὶ
καθαρισθήσεται.

13 Καὶ ἐλάλησε Κύριος πρὸς Μωυσῆν καὶ Ἀαρὼν, λέγων,
2 ἀνθρώπῳ ἐάν τινι γένηται ἐν δέρματι χρωτὸς αὐτοῦ οὐλὴ
σημασίας τηλαυγὴς, καὶ γένηται ἐν δέρματι χρωτὸς αὐτοῦ ἁφὴ
λέπρας, ἀχθήσεται πρὸς Ἀαρὼν τὸν ἱερέα, ἢ ἕνα τῶν υἱῶν
3 αὐτοῦ τῶν ἱερέων. Καὶ ὄψεται ὁ ἱερεὺς τὴν ἀφὴν ἐν δέρματι

of their carcases shall wash his garments, and bathe himself in water, and be unclean till evening. [41] And every reptile that creeps on the earth, this shall be an abomination to you; it shall not be eaten. [42] And every *animal* that creeps on its belly, and every one that goes on four *feet* continually, which abounds with feet among all the reptiles creeping upon the earth—ye shall not eae it, for it is an abomination to you. [43] And ye shall not ᵝdefile your souls with any of the reptiles that creep upon the earth, and ye shall not be polluted with them, and ye shall not be unclean by them. [44] For I am the Lord your God; and ye shall be sanctified, and ye shall be holy, because I the Lord your God am holy; and ye shall not defile your souls with any of the reptiles creeping upon the earth. [45] For I am the Lord who brought you up out of the land of Egypt to be your God; and ye shall be holy, for I the Lord am holy. [46] This is the law concerning beasts and birds and every living creature moving in the water, and every living creature creeping on the earth; [47] to distinguish between the unclean and the clean; and between those that bring forth alive, such as should be eaten, and those that bring forth alive, such as should not be eaten.

And the Lord spoke to Moses, saying, [2] Speak to the children of Israel, and thou shalt say to them, Whatsoever woman shall have conceived and born a male child shall be unclean seven days, she shall be unclean according to the days of separation for her monthly courses. [3] And on the eighth day she shall circumcise the flesh of his foreskin. [4] And for thirty-three days she shall continue in her unclean blood; she shall touch nothing holy, and shall not enter the sanctuary, until the days of her purification be fulfilled. [5] But if she should have born a female child, then she shall be unclean twice seven days, according to the time of her monthly courses; and for sixty-six days shall she remain in her unclean blood.

[6] And when the days of her purification shall have been fulfilled for a son or a daughter, she shall bring a lamb of a year old without blemish for a whole-burnt-offering, and a young pigeon or turtle-dove for a sin-offering to the door of the tabernacle of witness, to the priest. [7] And he shall present it before the Lord, and the priest shall make atonement for her, and shall purge her from the fountain of her blood; this is the law of her who bears a male or a female. [8] And if ᵞ she cannot afford a lamb, then shall she take two turtle-doves or two young pigeons, one for a whole-burnt-offering, and one for a sin-offering; and the priest shall make atonement for her, and she shall be purified.

And the Lord spoke to Moses and Aaron, saying, [2] If any man should have in the skin of his flesh a bright clear spot, and there should be in the skin of his flesh a plague of leprosy, he shall be brought to Aaron the priest, or to one of his sons the priests. [3] And the priest shall view the spot in the skin of his flesh; and *if* the hair in the spot

---

ᵝ *Or*, make them abominable.　　ᵞ *Lit.* her hand find not sufficient for, etc.

be changed *to* white, and the appearance of the spot be β below the skin of the flesh, it is a plague of leprosy; and the priest shall look upon it, and γ pronounce him unclean. ⁴But if the spot be clear and white in the skin of his flesh, yet the appearance of it be not deep below the skin, and its hair have not changed *itself for* white hair, but it is dark, then the priest shall separate *him that has* the spot seven days; ⁵and the priest shall look on the spot on the seventh day; and, behold, *if* the spot remains before him, *if* the spot has not spread in the skin, then the priest shall separate him the second time seven days. ⁶And the priest shall look upon him the second time on the seventh day; and, behold, *if* the spot be dark, *and the* spot have not spread in the skin, then the priest shall pronounce him clean; for it is a *mere* mark, and the man shall wash his garments and be clean. ⁷But if the bright spot should have changed and spread in the skin, after the priest has seen him for the purpose of purifying him, then shall he appear the second time to the priest, ⁸and the priest shall look upon him; and, behold, *if* the mark have spread in the skin, then the priest shall pronounce him unclean: it is a leprosy.

⁹And if a man have a plague of leprosy, then he shall come to the priest; ¹⁰and the priest shall look, and, behold, if it is a white spot in the skin, and it has changed the hair to white, and *there be* some of the sound part of the quick flesh in the sore—¹¹it is a leprosy waxing old in the skin of the flesh; and the priest shall pronounce him unclean, and shall separate him, because he is unclean.

¹²And if the leprosy should have come out very evidently in the skin, and the leprosy should cover all the skin of the δ patient from the head to the feet, ζ wheresoever the priest shall look; ¹³then the priest shall look, and, behold, the leprosy has covered all the skin of the flesh; and the priest shall pronounce him clean of the plague, because it has changed all to white, it is clean. ¹⁴But on whatsoever day the quick flesh shall appear on him, he shall be pronounced unclean. ¹⁵And the priest shall look upon the sound flesh, and the sound flesh shall prove him to be unclean; for it is unclean, it is a leprosy. ¹⁶But if the sound flesh be restored and changed *to* white, then shall he come to the priest; ¹⁷and the priest shall see *him,* and, behold, *if* the plague is turned white, then the priest shall pronounce the patient clean: he is clean.

¹⁸And if the flesh should have become an ulcer in his skin, and should be healed, ¹⁹and there should be in the place of the ulcer a white sore, or *one* looking white and bright, or fiery, and it shall be seen by the priest; ²⁰then the priest shall look, and, behold, if the appearance be beneath the skin, and its hair has changed to white, then the priest shall pronounce him unclean; because it is a leprosy, it has broken out in the ulcer. ²¹But if the priest look, and behold there is no white hair on it, and it be not below the skin of the flesh, and it be dark-coloured; then the priest shall separate him seven days. ²²But if it

τοῦ χρωτὸς αὐτοῦ, καὶ ἡ θρὶξ ἐν τῇ ἁφῇ μεταβάλῃ λευκή, καὶ ἡ ὄψις τῆς ἁφῆς ταπεινὴ ἀπὸ τοῦ δέρματος τοῦ χρωτὸς, ἁφὴ λέπρας ἐστί· καὶ ὄψεται ὁ ἱερεὺς, καὶ μιανεῖ αὐτόν. Ἐὰν 4 δὲ καὶ τηλαυγὴς λευκὴ ᾖ ἐν τῷ δέρματι τοῦ χρωτὸς αὐτοῦ, καὶ ταπεινὴ μὴ ᾖ ἡ ὄψις αὐτῆς ἀπὸ τοῦ δέρματος, καὶ ἡ θρὶξ αὐτοῦ οὐ μετέβαλε τρίχα λευκὴν, αὐτὴ δέ ἐστιν ἀμαυρὰ, καὶ ἀφοριεῖ ὁ ἱερεὺς τὴν ἁφὴν ἑπτὰ ἡμέρας. Καὶ ὄψεται ὁ ἱερεὺς τὴν 5 ἁφὴν τῇ ἡμέρᾳ τῇ ἑβδόμῃ· καὶ ἰδοὺ ἡ ἁφὴ μένει ἐναντίον αὐτοῦ, οὐ μετέπεσεν ἡ ἁφὴ ἐν τῷ δέρματι, καὶ ἀφοριεῖ αὐτὸν ὁ ἱερεὺς ἑπτὰ ἡμέρας τοδεύτερον. Καὶ ὄψεται ὁ ἱερεὺς αὐτὸν 6 τῇ ἡμέρᾳ τῇ ἑβδόμῃ τοδεύτερον· καὶ ἰδοὺ ἀμαυρὰ ἡ ἁφὴ, οὐ μετέπεσεν ἡ ἁφὴ ἐν τῷ δέρματι· καὶ καθαριεῖ αὐτὸν ὁ ἱερεὺς, σημασία γάρ ἐστι· καὶ πλυνάμενος τὰ ἱμάτια αὐτοῦ, καθαρὸς ἔσται. Ἐὰν δὲ μεταβαλοῦσα μεταπέσῃ ἡ σημασία ἐν τῷ 7 δέρματι, μετὰ τὸ ἰδεῖν αὐτὸν τὸν ἱερέα τοῦ καθαρίσαι αὐτὸν, καὶ ὀφθήσεται τοδεύτερον τῷ ἱερεῖ. Καὶ ὄψεται αὐτὸν ὁ ἱερεὺς, 8 καὶ ἰδοὺ μετέπεσεν ἡ σημασία ἐν τῷ δέρματι, καὶ μιανεῖ αὐτὸν ὁ ἱερεύς· λέπρα ἐστί.

Καὶ ἁφῇ λέπρας ἐὰν γένηται ἐν ἀνθρώπῳ, καὶ ἥξει 9 πρὸς τὸν ἱερέα· Καὶ ὄψεται ὁ ἱερεὺς, καὶ ἰδοὺ οὐλὴ λευκὴ 10 ἐν τῷ δέρματι, καὶ αὕτη μετέβαλε τρίχα λευκὴν, καὶ ἀπὸ τοῦ ὑγιοῦς τῆς σαρκὸς τῆς ζώσης ἐν τῇ οὐλῇ. Λέπρα 11 παλαιουμένη ἐστὶν ἐν τῷ δέρματι τοῦ χρωτὸς, καὶ μιανεῖ αὐτὸν ὁ ἱερεὺς, καὶ ἀφοριεῖ αὐτὸν, ὅτι ἀκάθαρτός ἐστιν.

Ἐὰν δὲ ἀνθοῦσα ἐξανθήσῃ λέπρα ἐν τῷ δέρματι, καὶ καλύψῃ 12 ἡ λέπρα πᾶν τὸ δέρμα τῆς ἁφῆς ἀπὸ κεφαλῆς ἕως ποδῶν, καθ᾽ ὅλην τὴν ὅρασιν τοῦ ἱερέως. Καὶ ὄψεται ὁ ἱερεὺς, καὶ ἰδοὺ 13 ἐκάλυψεν ἡ λέπρα πᾶν τὸ δέρμα τοῦ χρωτός· καὶ καθαριεῖ αὐτὸν ὁ ἱερεὺς τὴν ἁφὴν, ὅτι πᾶν μετέβαλε λευκὸν, καθαρόν ἐστι. Καὶ ᾗ ἂν ἡμέρᾳ ὀφθῇ ἐν αὐτῷ χρὼς ζῶν, μιανθήσεται. 14 Καὶ ὄψεται ὁ ἱερεὺς τὸν χρῶτα τὸν ὑγιῆ, καὶ μιανεῖ αὐτὸν 15 ὁ χρὼς ὁ ὑγιὴς, ὅτι ἀκάθαρτός ἐστι· λέπρα ἐστίν. Ἐὰν δὲ 16 ἀποκαταστῇ ὁ χρὼς ὁ ὑγιὴς, καὶ μεταβάλῃ λευκὴ, καὶ ἐλεύσεται πρὸς τὸν ἱερέα· Καὶ ὄψεται ὁ ἱερεὺς, καὶ ἰδοὺ μετέβαλεν 17 ἡ ἁφὴ εἰς τὸ λευκὸν, καὶ καθαριεῖ ὁ ἱερεὺς τὴν ἁφήν· καθαρός ἐστι.

Καὶ σὰρξ ἐὰν γένηται ἐν τῷ δέρματι αὐτοῦ ἕλκος, καὶ 18 ὑγιασθῇ, καὶ γένηται ἐν τῷ τόπῳ τοῦ ἕλκους οὐλὴ λευκὴ, ἢ 19 τηλαυγὴς λευκαίνουσα, ἢ πυῤῥίζουσα, καὶ ὀφθήσεται τῷ ἱερεῖ· Καὶ ὄψεται ὁ ἱερεὺς, καὶ ἰδοὺ ἡ ὄψις ταπεινοτέρα τοῦ δέρματος, 20 καὶ ἡ θρὶξ αὐτῆς μετέβαλεν εἰς λευκὴν, καὶ μιανεῖ αὐτὸν ὁ ἱερεὺς, ὅτι λέπρα ἐστίν· ἐν τῷ ἕλκει ἐξήνθησεν. Ἐὰν δὲ ἴδῃ ὁ 21 ἱερεὺς, καὶ ἰδοὺ οὐκ ἔστιν ἐν αὐτῷ θρὶξ λευκὴ, καὶ ταπεινὸν μὴ ᾖ ἀπὸ τοῦ δέρματος τοῦ χρωτὸς, καὶ αὐτὴ ᾖ ἀμαυρὰ, καὶ ἀφοριεῖ αὐτὸν ὁ ἱερεὺς ἑπτὰ ἡμέρας. Ἐὰν δὲ διαχύσει διαχέηται 22

β *Gr.* lower than, or low compared with. *Hebraism.*   γ *Gr. lit.* defile him.   δ *Gr.* plague.
ζ *Gr.* according to the whole looking of the priest.

ἐν τῷ δέρματι, καὶ μιανεῖ αὐτὸν ὁ ἱερεύς, ἀφὴ λέπρας ἐστίν·
23 ἐν τῷ ἕλκει ἐξήνθησεν. Ἐὰν δὲ κατὰ χώραν μείνῃ τὸ τηλαύ-
γημα καὶ μὴ διαχέηται, οὐλὴ τοῦ ἕλκους ἐστί, καὶ καθαριεῖ
αὐτὸν ὁ ἱερεύς.

24 Καὶ σὰρξ ἐὰν γένηται ἐν τῷ δέρματι αὐτοῦ κατάκαυμα
πυρός, καὶ γένηται ἐν τῷ δέρματι αὐτοῦ τὸ ὑγιασθὲν τοῦ
κατακαύματος αὐγάζον τηλαυγὲς λευκόν, ὑποπυρρίζον, ἢ
25 ἔκλευκον· Καὶ ὄψεται αὐτὸν ὁ ἱερεύς, καὶ ἰδοὺ μετέβαλε
θρὶξ λευκὴ εἰς τὸ αὐγάζον, καὶ ἡ ὄψις αὐτοῦ ταπεινὴ ἀπὸ τοῦ
δέρματος, λέπρα ἐστίν· ἐν τῷ κατακαύματι ἐξήνθησε· καὶ
26 μιανεῖ αὐτὸν ὁ ἱερεύς, ἀφὴ λέπρας ἐστίν. Ἐὰν δὲ ἴδῃ ὁ ἱερεύς,
καὶ ἰδοὺ οὐκ ἔστιν ἐν τῷ· αὐγάζοντι θρὶξ λευκὴ, καὶ ταπεινὸν
μὴ ᾖ ἀπὸ τοῦ δέρματος, αὐτὸ δὲ ἀμαυρὸν, καὶ ἀφοριεῖ αὐτὸν
27 ὁ ἱερεὺς ἑπτὰ ἡμέρας. Καὶ ὄψεται αὐτὸν ὁ ἱερεὺς τῇ ἡμέρᾳ
τῇ ἑβδόμῃ· ἐὰν δὲ διαχύσει διαχέηται ἐν τῷ δέρματι, καὶ
μιανεῖ αὐτὸν ὁ ἱερεύς, ἀφὴ λέπρας ἐστίν· ἐν τῷ ἕλκει ἐξήνθη-
28 σεν. Ἐὰν δὲ κατὰ χώραν μείνῃ τὸ αὐγάζον, καὶ μὴ διαχυθῇ
ἐν τῷ δέρματι, αὐτὴ δὲ ἀμαυρὰ ᾖ, οὐλὴ τοῦ κατακαύματός
ἐστι, καὶ καθαριεῖ αὐτὸν ὁ ἱερεύς· ὁ γὰρ χαρακτὴρ τοῦ κατα-
καύματός ἐστι.

29 Καὶ ἀνδρὶ ἢ γυναικὶ ἐὰν γένηται ἐν αὐτοῖς ἀφὴ λέπρας
30 ἐν τῇ κεφαλῇ ἢ ἐν τῷ πώγωνι· Καὶ ὄψεται ὁ ἱερεὺς τὴν
ἀφήν, καὶ ἰδοὺ ἡ ὄψις αὐτῆς ἐγκοιλοτέρα τοῦ δέρματος,
ἐν αὐτῇ δὲ θρὶξ ξανθίζουσα λεπτὴ, καὶ μιανεῖ αὐτὸν
ὁ ἱερεύς· θραυσμά ἐστι, λέπρα τῆς κεφαλῆς ἢ λέπρα τοῦ
31 πώγωνός ἐστι. Καὶ ἐὰν ἴδῃ ὁ ἱερεὺς τὴν ἀφὴν τοῦ θραύ-
σματος, καὶ ἰδοὺ οὐχ ἡ ὄψις ἐγκοιλοτέρα τοῦ δέρματος, καὶ
θρὶξ ξανθίζουσα οὐκ ἔστιν ἐν αὐτῇ, καὶ ἀφοριεῖ ὁ ἱερεὺς τὴν
32 ἀφὴν τοῦ θραύσματος ἑπτὰ ἡμέρας. Καὶ ὄψεται ὁ ἱερεὺς
τὴν ἀφὴν τῇ ἡμέρᾳ τῇ ἑβδόμῃ, καὶ ἰδοὺ οὐ διεχύθη τὸ θραῦσμα,
καὶ θρὶξ ξανθίζουσα οὐκ ἔστιν ἐν αὐτῇ, καὶ ἡ ὄψις τοῦ θραύ-
33 σματος οὐκ ἔστι κοίλη ἀπὸ τοῦ δέρματος· Καὶ ξυρηθήσεται
τὸ δέρμα, τὸ δὲ θραῦσμα οὐ ξυρηθήσεται, καὶ ἀφοριεῖ ὁ ἱερεὺς
34 τὸ θραῦσμα ἑπτὰ ἡμέρας τὸ δεύτερον. Καὶ ὄψεται ὁ ἱερεὺς
τὸ θραῦσμα τῇ ἡμέρᾳ τῇ ἑβδόμῃ, καὶ ἰδοὺ οὐ διεχύθη τὸ
θραῦσμα ἐν τῷ δέρματι μετὰ τὸ ξυρηθῆναι αὐτόν, καὶ ἡ ὄψις
τοῦ θραύσματος οὐκ ἔστι κοίλη ἀπὸ τοῦ δέρματος, καὶ καθαριεῖ
αὐτὸν ὁ ἱερεὺς, καὶ πλυνάμενος τὰ ἱμάτια, καθαρὸς ἔσται.
35 Ἐὰν δὲ διαχύσει διαχέηται τὸ θραῦσμα ἐν τῷ δέρματι μετὰ
36 τὸ καθαρισθῆναι αὐτόν· Καὶ ὄψεται ὁ ἱερεύς, καὶ ἰδοὺ διακέ-
χυται τὸ θραῦσμα ἐν τῷ δέρματι, οὐκ ἐπισκέψεται ὁ ἱερεὺς
37 περὶ τῆς τριχὸς τῆς ξανθῆς, ὅτι ἀκάθαρτός ἐστιν. Ἐὰν δὲ
ἐνώπιον μείνῃ ἐπὶ χώρας τὸ θραῦσμα, καὶ θρὶξ μέλαινα ἀνατείλῃ
ἐν αὐτῷ, ὑγίακε τὸ θραῦσμα, καθαρός ἐστι, καὶ καθαριεῖ αὐτὸν
38 ὁ ἱερεύς. Καὶ ἀνδρὶ ἢ γυναικὶ ἐὰν γένηται ἐν δέρματι τῆς
39 σαρκὸς αὐτοῦ αὐγάσματα αὐγάζοντα λευκανθίζοντα· καὶ

manifestly spread over the skin, then the priest shall pronounce him unclean: it is a plague of leprosy; it has broken out in the ulcer. [23] But if the bright spot should remain in its place and not spread, it is β the scar of the ulcer; and the priest shall pronounce him clean. [24] And if the flesh be in his skin *in a state of* fiery inflammation, and there should be in his skin the part which is healed of the inflammation, bright, clear, and white, suffused with red or very white; [25] then the priest shall look upon him, and, behold, *if* the hair being white is changed to a bright colour, and its appearance is lower than the skin, it is a leprosy; it has broken out in the inflammation, and the priest shall pronounce him unclean: it is a plague of leprosy. [26] But if the priest should look, and, behold, there is not in the bright spot any white hair, and it should not be lower than the skin, and it should be dark, then the priest shall separate him seven days. [27] And the priest shall look upon him on the seventh day; and if the spot be much spread in the skin, then the priest shall pronounce him unclean: it is a plague of leprosy, it has broken out in the ulcer. [28] But if the bright spot remain stationary, and be not spread in the skin, but *the sore* should be dark, it is a scar of inflammation; and the priest shall pronounce him clean, for it is the mark of the inflammation. [29] And if a man or a woman have in them a plague of leprosy in the head or the beard; [30] then the priest shall look on the plague, and, behold, *if* the appearance of it be γ beneath the skin, and in it there be thin yellowish hair, then the priest shall pronounce him unclean: it is a scurf, it is a leprosy of the head or a leprosy of the beard. [31] And if the priest should see the plague of the δ scurf, and, behold, the appearance of it be not beneath the skin, and there is no yellowish hair in it, then the priest shall set apart *him that has* the plague of the scurf seven days. [32] And the priest shall look at the plague on the seventh day; and, behold, *if* the scurf be not spread, and there be no yellowish hair on it, and the appearance of the scurf is not hollow under the skin; [33] then the skin shall be shaven, but the scurf shall not be shaven; and the priest shall set aside the person having the scurf the second time for seven days. [34] And the priest shall see the scurf on the seventh day; and, behold, *if* the scurf is not spread in the skin after the man's being shaved, and the appearance of the scurf is not hollow beneath the skin, then the priest shall pronounce him clean; and he shall wash his garments, and be clean. [35] But if the scurf be indeed spread in the skin after he has been purified, [36] then the priest shall look, and, behold, *if* the scurf be spread in the skin, the priest shall not examine concerning the yellow hair, for he is unclean. [37] But if the scurf remain before *him* in its place, and a dark hair should have arisen in it, the scurf is healed: he is clean, and the priest shall pronounce him clean. [38] And if a man or woman should have in the skin of their flesh spots of a bright whiteness, [39] then the

---

β *Or,* an ulcerous sore merely.   γ *Gr.* more hollow, lower than.   δ *Gr.* breach.

priest shall look; and, behold, there *being* bright spots of a bright whiteness in the skin of their flesh, it is a tetter; it bursts forth in the skin of his flesh; he is clean. [40]And if any one's head should lose the hair, he is *only* bald, he is clean. [41]And if his head should lose the hair in front, he is forehead bald : he is clean. [42]And if there should be in his baldness of head, or his baldness of forehead, a white or fiery plague, it is leprosy in his baldness of head, or baldness of forehead. [43]And the priest shall look upon him, and, behold, if the appearance of the plague be white or inflamed in his baldness of head or baldness in front, as the appearance of leprosy in the skin of his flesh, [44]he is a leprous man : the priest shall surely pronounce him unclean, his plague is in his head. [45]And the leper in whom the plague is, let his garments be ungirt, and his head uncovered; and let him have a covering put upon his mouth, and he shall be called unclean. [46]All the days in which the plague shall be upon him, being unclean, he shall be *esteemed* unclean; he shall dwell apart, his place of sojourn shall be without the camp. [47]And if a garment have in it the plague of leprosy, a garment of wool, or a garment of flax, [48]either in the warp or in the woof, or in the linen, or in the woollen threads, or in a skin, or in any workmanship of skin, [49]and the plague be greenish or reddish in the skin, or in the garment, either in the warp, or in the woof, or in any β utensil of skin, it is a plague of leprosy, and he shall show it to the priest. [50]And the priest shall look upon the plague, and the priest shall set apart *that which has* the plague seven days. [51]And the priest shall look upon the plague on the seventh day; and if the plague be spread in the garment, either in the warp or in the woof, or in the skin, in whatsoever things skins may be used in their workmanship, the plague is a confirmed leprosy; it is unclean. [52]He shall burn the garment, either the warp or woof in woollen garments or in flaxen, or in any utensil of skin, in which there may be the plague; because it is a confirmed leprosy; it shall be burnt with fire. [53]And if the priest should see, and the plague be not spread in the garments, either in the warp or in the woof, or in any utensil of skin, [54]then the priest shall give directions, and *one* shall wash that on which there may have been the plague, and the priest shall set it aside a second time for seven days. [55]And the priest shall look upon it after the plague has been washed; and *if* this, even the plague, has not changed its appearance, and the plague does not spread, it is unclean; it shall be burnt with fire: it is fixed in the garment, in the warp, or in the woof. [56]And if the priest should look, and the spot be dark after it has been washed, he shall tear it off from the garment, either from the warp or from the woof, or from the skin. [57]And if it should still appear in the garment, either in the warp or in the woof, or in any article of skin, it is a leprosy bursting forth: that wherein is the plague shall be burnt with fire. [58]And the garment, or the

ὄψεται ὁ ἱερεὺς, καὶ ἰδοὺ ἐν δέρματι τῆς σαρκὸς αὐτοῦ αὐγάσματα αὐγάζοντα λευκανθίζοντα, ἀλφός ἐστιν· ἐξανθεῖ ἐν τῷ δέρματι τῆς σαρκὸς αὐτοῦ, καθαρός ἐστιν. Ἐὰν δέ τινι 40 μαδήσῃ ἡ κεφαλὴ αὐτοῦ, φαλακρός ἐστι, καθαρός ἐστιν. Ἐὰν 41 δὲ κατὰ πρόσωπον μαδήσῃ ἡ κεφαλὴ αὐτοῦ, ἀναφάλαντός ἐστι, καθαρός ἐστιν. Ἐὰν δὲ γένηται ἐν τῷ φαλακρώματι 42 αὐτοῦ ἢ ἐν τῷ ἀναφαλαντώματι αὐτοῦ ἁφὴ λευκὴ ἢ πυρρίζουσα, λέπρα ἐστὶν ἐν τῷ φαλακρώματι αὐτοῦ, ἢ ἐν τῷ ἀναφαλαντώματι αὐτοῦ· καὶ ὄψεται αὐτὸν ὁ ἱερεὺς, καὶ ἰδοὺ ἡ 43 ὄψις τῆς ἁφῆς λευκὴ ἢ πυρρίζουσα ἐν τῷ φαλακρώματι αὐτοῦ ἢ ἐν τῷ ἀναφαλαντώματι αὐτοῦ, ὡς εἶδος λέπρας ἐν δέρματι τῆς σαρκὸς αὐτοῦ· Ἄνθρωπος λεπρός ἐστι· μιάνσει μιανεῖ 44 αὐτὸν ὁ ἱερεὺς, ἐν τῇ κεφαλῇ αὐτοῦ ἡ ἁφὴ αὐτοῦ. Καὶ ὁ 45 λεπρὸς ἐν ᾧ ἐστιν ἡ ἁφὴ, τὰ ἱμάτια αὐτοῦ ἔστω παραλελυμένα, καὶ ἡ κεφαλὴ αὐτοῦ ἀκάλυπτος, καὶ περὶ τὸ στόμα αὐτοῦ περιβαλέσθω, καὶ ἀκάθαρτος κεκλήσεται. Πάσας τὰς ἡμέρας, 46 ὅσας ἐὰν ᾖ ἐπ᾽ αὐτὸν ἡ ἁφὴ, ἀκάθαρτος ὢν ἀκάθαρτος ἔσται· κεχωρισμένος καθήσεται, ἔξω τῆς παρεμβολῆς αὐτοῦ ἔσται ἡ διατριβή.

Καὶ ἱματίῳ ἐὰν γένηται ἁφὴ ἐν αὐτῷ λέπρας, ἐν ἱματίῳ 47 ἐρέῳ, ἢ ἐν ἱματίῳ στυππυίνῳ, ἢ ἐν στήμονι, ἢ ἐν κρόκῃ, 48 ἢ ἐν τοῖς λινοῖς, ἢ ἐν τοῖς ἐρέοις, ἢ ἐν δέρματι, ἢ ἐν παντὶ ἐργασίμῳ δέρματι, καὶ γένηται ἡ ἁφὴ χλωρίζουσα ἢ 49 πυρρίζουσα ἐν τῷ δέρματι, ἢ ἐν τῷ ἱματίῳ, ἢ ἐν τῷ στήμονι, ἢ ἐν τῇ κρόκῃ, ἢ ἐν παντὶ σκεύει ἐργασίμῳ δέρματος, ἁφὴ λέπρας ἐστί· καὶ δείξει τῷ ἱερεῖ· Καὶ ὄψεται ὁ ἱερεὺς τὴν 50 ἁφὴν, καὶ ἀφοριεῖ ὁ ἱερεὺς τὴν ἁφὴν ἑπτὰ ἡμέρας. Καὶ ὄψεται 51 ὁ ἱερεὺς τὴν ἁφὴν τῇ ἡμέρᾳ τῇ ἑβδόμῃ· ἐὰν δὲ διαχέηται ἡ ἁφὴ ἐν τῷ ἱματίῳ, ἢ ἐν τῷ στήμονι, ἢ ἐν τῇ κρόκῃ, ἢ ἐν τῷ δέρματι, κατὰ πάντα ὅσα ἐὰν ποιηθῇ δέρματα ἐν τῇ ἐργασίᾳ, λέπρα ἔμμονός ἐστιν ἡ ἁφὴ, ἀκάθαρτός ἐστι. Κατακαύσει 52 τὸ ἱμάτιον, ἢ τὸν στήμονα, ἢ τὴν κρόκην ἐν τοῖς ἐρέοις, ἢ ἐν τοῖς λινοῖς, ἢ ἐν παντὶ σκεύει δερματίνῳ, ἐν ᾧ ἂν ᾖ ἐν αὐτῷ ἡ ἁφὴ, ὅτι λέπρα ἔμμονός ἐστιν, ἐν πυρὶ κατακαυθήσεται.

Ἐὰν δὲ ἴδῃ ὁ ἱερεὺς, καὶ μὴ διαχέηται ἡ ἁφὴ ἐν τῷ ἱματίῳ, 53 ἢ ἐν τῷ στήμονι, ἢ ἐν τῇ κρόκῃ, ἢ ἐν παντὶ σκεύει δερματίνῳ· Καὶ συντάξει ὁ ἱερεὺς, καὶ πλυνεῖ ἐφ᾽ οὗ ἐὰν ᾖ ἐπ᾽ αὐτοῦ ἡ 54 ἁφὴ, καὶ ἀφοριεῖ ὁ ἱερεὺς τὴν ἁφὴν ἑπτὰ ἡμέρας τοδεύτερον. Καὶ ὄψεται ὁ ἱερεὺς μετὰ τὸ πλυθῆναι αὐτὸ τὴν ἁφὴν, καὶ 55 ἥδε οὐ μὴ μετέβαλεν ἡ ἁφὴ τὴν ὄψιν, καὶ ἡ ἁφὴ οὐ διαχεῖται, ἀκάθαρτόν ἐστιν, ἐν πυρὶ κατακαυθήσεται· ἐστήρικται ἐν τῷ ἱματίῳ, ἢ ἐν τῷ στήμονι, ἢ ἐν τῇ κρόκῃ. Καὶ ἐὰν ἴδῃ ὁ ἱερεὺς, 56 καὶ ᾖ ἀμαυρὰ ἡ ἁφὴ μετὰ τὸ πλυθῆναι αὐτὸ, ἀπορρήξει αὐτὸ ἀπὸ τοῦ ἱματίου, ἢ ἀπὸ τοῦ στήμονος, ἢ ἀπὸ τῆς κρόκης, ἢ ἀπὸ τοῦ δέρματος. Ἐὰν δὲ ὀφθῇ ἔτι ἐν τῷ ἱματίῳ, ἢ ἐν τῷ 57 στήμονι, ἢ ἐν τῇ κρόκῃ, ἢ ἐν παντὶ σκεύει δερματίνῳ, λέπρα ἐξανθοῦσά ἐστιν, ἐν πυρὶ κατακαυθήσεται ἐν ᾧ ἐστιν ἡ ἁφή. Καὶ τὸ ἱμάτιον, ἢ ὁ στήμων, ἢ ἡ κρόκη, ἢ πᾶν σκεῦος 58

β *Or*, wrought skin, *i. e.* actively or passively connected with work.

δερμάτινον, ὃ πλυθήσεται, καὶ ἀποστήσεται ἀπ᾽ αὐτοῦ ἡ ἀφή,
59 καὶ πλυθήσεται τὸ δεύτερον, καὶ καθαρὸν ἔσται. Οὗτος ὁ
νόμος ἀφῆς λέπρας ἱματίου ἐρέου, ἢ στυππυίνου, ἢ στήμονος, ἢ
κρόκης, ἢ παντὸς σκεύους δερματίνου, εἰς τὸ καθαρίσαι αὐτὸ, ἢ
μιᾶναι αὐτό.

14 Καὶ ἐλάλησε Κύριος πρὸς Μωυσῆν, λέγων, οὗτος ὁ
2 νόμος τοῦ λεπροῦ· ᾗ ἂν ἡμέρᾳ καθαρισθῇ, καὶ προσαχθή-
3 σεται πρὸς τὸν ἱερέα. Καὶ ἐξελεύσεται ὁ ἱερεὺς ἔξω τῆς
παρεμβολῆς, καὶ ὄψεται ὁ ἱερεὺς, καὶ ἰδοὺ ἰᾶται ἡ ἀφὴ τῆς
4 λέπρας ἀπὸ τοῦ λεπροῦ. Καὶ προστάξει ὁ ἱερεὺς, καὶ
λήψονται τῷ κεκαθαρισμένῳ δύο ὀρνίθια ζῶντα καθαρὰ, καὶ
ξύλον κέδρινον, καὶ κεκλωσμένον κόκκινον, καὶ ὕσσωπον.
5 Καὶ προστάξει ὁ ἱερεὺς, καὶ σφάξουσι τὸ ὀρνίθιον τὸ ἐν εἰς
6 ἀγγεῖον ὀστράκινον ἐφ᾽ ὕδατι ζῶντι. Καὶ τὸ ὀρνίθιον τὸ
ζῶν λήψεται αὐτὸ, καὶ τὸ ξύλον τὸ κέδρινον, καὶ τὸ κλωστὸν
κόκκινον, καὶ τὸν ὕσσωπον, καὶ βάψει αὐτὰ καὶ τὸ ὀρνίθιον
τὸ ζῶν εἰς τὸ αἷμα τοῦ ὀρνιθίου τοῦ σφαγέντος ἐφ᾽ ὕδατι ζῶντι.
7 Καὶ περιρρανεῖ ἐπὶ τὸν καθαρισθέντα ἀπὸ τῆς λέπρας ἑπτάκις,
καὶ καθαρὸς ἔσται· καὶ ἐξαποστελεῖ τὸ ὀρνίθιον τὸ ζῶν εἰς τὸ
8 πεδίον. Καὶ πλυνεῖ ὁ καθαρισθεὶς τὰ ἱμάτια αὐτοῦ, καὶ ξυρη-
θήσεται αὐτοῦ πᾶσαν τὴν τρίχα, καὶ λούσεται ἐν ὕδατι, καὶ
καθαρὸς ἔσται· καὶ μετὰ ταῦτα εἰσελεύσεται εἰς τὴν παρεμβολὴν,
9 καὶ διατρίψει ἔξω τοῦ οἴκου αὐτοῦ ἑπτὰ ἡμέρας. Καὶ ἔσται
τῇ ἡμέρᾳ τῇ ἑβδόμῃ, ξυρηθήσεται πᾶσαν τὴν τρίχα αὐτοῦ,
τὴν κεφαλὴν αὐτοῦ, καὶ τὸν πώγονα, καὶ τὰς ὀφρῦς, καὶ
πᾶσαν τὴν τρίχα αὐτοῦ ξυρηθήσεται· καὶ πλυνεῖ τὰ ἱμάτια,
10 καὶ λούσεται τὸ σῶμα αὐτοῦ ὕδατι, καὶ καθαρὸς ἔσται. Καὶ
τῇ ἡμέρᾳ τῇ ὀγδόῃ λήψεται δύο ἀμνοὺς ἀμώμους ἐνιαυσίους,
καὶ πρόβατον ἄμωμον ἐνιαύσιον, καὶ τρία δέκατα σεμιδάλεως
εἰς θυσίαν πεφυραμένης ἐν ἐλαίῳ, καὶ κοτύλην ἐλαίου μίαν.
11 Καὶ στήσει ὁ ἱερεὺς ὁ καθαρίζων, τὸν ἄνθρωπον τὸν καθαριζό-
μενον, καὶ ταῦτα ἔναντι Κυρίου, ἐπὶ τὴν θύραν τῆς σκηνῆς τοῦ
12 μαρτυρίου. Καὶ λήψεται ὁ ἱερεὺς τὸν ἀμνὸν τὸν ἕνα, καὶ
προσάξει αὐτὸν τῆς πλημμελείας, καὶ τὴν κοτύλην τοῦ ἐλαίου,
13 καὶ ἀφοριεῖ αὐτὰ ἀφόρισμα ἔναντι Κυρίου. Καὶ σφάξουσι
τὸν ἀμνὸν ἐν τόπῳ, οὗ σφάζουσι τὰ ὁλοκαυτώματα, καὶ τὰ
περὶ ἁμαρτίας, ἐν τόπῳ ἁγίῳ· ἔστι γὰρ τὸ περὶ ἁμαρτίας,
ὥσπερ τὸ τῆς πλημμελείας ἐστὶ τῷ ἱερεῖ· ἅγια ἁγίων ἐστί.
14 Καὶ λήψεται ὁ ἱερεὺς ἀπὸ τοῦ αἵματος τοῦ τῆς πλημμελείας,
καὶ ἐπιθήσει ὁ ἱερεὺς ἐπὶ τὸν λοβὸν τοῦ ὠτὸς τοῦ καθαριζομένου
τοῦ δεξιοῦ, καὶ ἐπὶ τὸ ἄκρον τῆς χειρὸς τῆς δεξιᾶς, καὶ ἐπὶ
15 τὸ ἄκρον τοῦ ποδὸς τοῦ δεξιοῦ. Καὶ λαβὼν ὁ ἱερεὺς ἀπὸ
τῆς κοτύλης τοῦ ἐλαίου, ἐπιχεεῖ ἐπὶ τὴν χεῖρα τοῦ ἱερέως τὴν
16 ἀριστεράν. Καὶ βάψει τὸν δάκτυλον τὸν δεξιὸν ἀπὸ τοῦ
ἐλαίου τοῦ ὄντος ἐπὶ τῆς χειρὸς αὐτοῦ τῆς ἀριστερᾶς· καὶ ῥανεῖ
17 τῷ δακτύλῳ ἑπτάκις ἔναντι Κυρίου. Τὸ δὲ καταλειφθὲν
ἔλαιον τὸ ὂν ἐν τῇ χειρὶ, ἐπιθήσει ὁ ἱερεὺς ἐπὶ τὸν λοβὸν τοῦ
ὠτὸς τοῦ καθαριζομένου τοῦ δεξιοῦ, καὶ ἐπὶ τὸ ἄκρον τῆς
χειρὸς τῆς δεξιᾶς, καὶ ἐπὶ τὸ ἄκρον τοῦ ποδὸς τοῦ δεξιοῦ,

warp, or the woof, or any article of skin, which shall be washed, and the plague depart from it, shall also be washed again, and shall be clean. ⁵⁹ This is the law of the plague of leprosy of a woollen or linen garment, either of the warp, or woof, or any leathern article, to pronounce it clean or unclean.

And the Lord spoke to Moses, saying, ² This is the law of the leper: in whatsoever day he shall have been β cleansed, then shall he be brought to the priest. ³ And the priest shall come forth out of the camp, and the priest shall look, and, behold, the plague of the leprosy is γ removed from the leper. ⁴ And the priest shall give directions, and they shall take for him that is cleansed two clean live birds, and cedar wood, and spun scarlet, and hyssop. ⁵ And the priest shall give direction, and they shall kill one bird δ over an earthen vessel over ζ running water. ⁶ And as for the living bird he shall take it, and the cedar wood, and the spun scarlet, and the hyssop, and he shall dip them and the living bird into the blood of the bird that was slain over running water. ⁷ And he shall sprinkle seven times upon him that was cleansed of his leprosy, and he shall be clean; and he shall let go the living bird into the field. ⁸ And the man that has been cleansed shall wash his garments, and shall shave off all his hair, and shall wash himself in water, and shall be clean; and after that he shall go into the camp, and shall remain out of his house seven days. ⁹ And it shall come to pass on the seventh day, he shall shave off all his hair, his head and his beard, and his eye-brows, even all his hair shall he shave; and he shall wash his garments, and wash his body with water, and shall be clean. ¹⁰ And on the eighth day he shall take two lambs without spot of a year old, and one θ ewe lamb without spot of a year old, and three-tenths of fine flour for sacrifice kneaded with oil, and one small cup of oil. ¹¹ And the priest that cleanses shall λ present the man under purification, and these offerings before the Lord, at the door of the tabernacle of witness. ¹² And the priest shall take one lamb, and offer him for a trespass-offering, and the cup of oil, and set them apart for a special offering before the Lord. ¹³ And they shall kill the lamb in the place where they kill the whole-burnt-offerings, and the sin-offerings, in the holy places; for it is a sin-offering: as the trespass-offering, it belongs to the priest, it is most holy. ¹⁴ And the priest shall take of the blood of the trespass-offering, and the priest shall put it on the tip of the right ear of the person under cleansing, and on the thumb of his right hand, and on the great toe of his right foot. ¹⁵ And the priest shall take of the cup of oil, and shall pour it upon μ his own left hand. ¹⁶ And he shall dip with the ξ finger of his right hand into some of the oil that is in his left hand, and he shall sprinkle with his finger seven times before the Lord. ¹⁷ And the remaining oil that is in his hand, the priest shall put on the tip of the right ear of him that is under cleansing, and on the thumb of his right

---

β To cleanse, in this place, seems to mean simply to heal.　　γ Gr. healed.　　δ Gr. into.　　ζ Gr. living.　　θ Gr. sheep.
λ Gr. station or make to stand.　　μ Gr. the priest's.　　ξ Gr. right finger.

hand, and on the great toe of his right foot, on the place of the blood of the trespass-offering. [18]And the remaining oil that is on the hand of the priest, the priest shall put on the head of the cleansed *leper*, and the priest shall make atonement for him before the Lord. [19]And the priest shall sacrifice the sin-offering, and the priest shall make atonement for the person under purification *to cleanse him* from his sin, and afterwards the priest shall slay the whole-burnt-offering. [20]And the priest shall offer the whole-burnt-offering, and the sacrifice upon the altar before the Lord; and the priest shall make atonement for him, and he shall be cleansed. [21]And if he should be poor, and βcannot afford so much, he shall take one lamb for his transgression for a separate-offering, so as to make propitiation for him, and a tenth deal of fine flour mingled with oil for a sacrifice, and one cup of oil, [22]and two turtle-doves, or two young pigeons, γ as he can afford; and the one shall be for a sin-offering, and the other for a whole-burnt-offering. [23]And he shall bring them on the eighth day, to purify him, to the priest, to the door of the tabernacle of witness before the Lord. [24]And the priest shall take the lamb of the trespass-offering, and the cup of oil, and place them for a set-offering before the Lord. [25]And he shall slay the lamb of the trespass-offering; and the priest shall take of the blood of the trespass-offering, and put it on the tip of the right ear of him that is under purification, and on the thumb of his right hand, and on the great toe of his right foot. [26]And the priest shall pour of the oil on his own left hand. [27]And the priest shall sprinkle with the δ finger of his right hand some of the oil that is in his left hand seven times before the Lord. [28]And the priest shall put of the oil that is on his hand on the tip of the right ear of him that is under purification, and on the thumb of his right hand, and on the great toe of his right foot, on the place of the blood of the trespass-offering. [29]And that which is left of the oil which is on the hand of the priest he shall put on the head of him that is purged, and the priest shall make atonement for him before the Lord.

[30]And he shall offer one of the turtle-doves or of the young pigeons, as ζ he can afford it, [31]the one for a sin-offering, the other for a whole-burnt-offering with the meat-offering, and the priest shall make an atonement before the Lord for him that is under purification. [32]This is the law for him in whom is the plague of leprosy, and who cannot afford the offerings for his purification.

[33]And the Lord spoke to Moses and Aaron, saying, [34]Whensoever ye shall enter into the land of the Chananites, which I give you for a possession, and I shall θ put the plague of leprosy in the houses of the land of your possession; [35]then the owner of the house shall come and report to the priest, saying, I have seen as it were a plague in the house. [36]And the priest shall give orders to remove the furniture of the house, before the priest comes in to see the plague,

ἐπὶ τὸν τόπον τοῦ αἵματος τοῦ τῆς πλημμελείας. Τὸ δὲ 18 καταλειφθὲν ἔλαιον τὸ ἐπὶ τῆς χειρὸς τοῦ ἱερέως, ἐπιθήσει ὁ ἱερεὺς ἐπὶ τὴν κεφαλὴν τοῦ καθαρισθέντος· καὶ ἐξιλάσεται περὶ αὐτοῦ ὁ ἱερεὺς ἔναντι Κυρίου. Καὶ ποιήσει ὁ ἱερεὺς τὸ 19 περὶ τῆς ἁμαρτίας, καὶ ἐξιλάσεται ὁ ἱερεὺς περὶ τοῦ καθαριζομένου ἀπὸ τῆς ἁμαρτίας αὐτοῦ· καὶ μετὰ τοῦτο σφάξει ὁ ἱερεὺς τὸ ὁλοκαύτωμα. Καὶ ἀνοίσει ὁ ἱερεὺς τὸ ὁλοκαύτωμα, καὶ 20 τὴν θυσίαν ἐπὶ τὸ θυσιαστήριον ἔναντι κυρίου· καὶ ἐξιλάσεται περὶ αὐτοῦ ὁ ἱερεὺς, καὶ καθαρισθήσεται. Ἐὰν δὲ πένηται, 21 καὶ ἡ χεὶρ αὐτοῦ μὴ εὑρίσκῃ, λήψεται ἀμνὸν ἕνα εἰς ὃ ἐπλημμέλησεν εἰς ἀφαίρεμα, ὥστε ἐξιλάσασθαι περὶ αὐτοῦ, καὶ δέκατον σεμιδάλεως πεφυραμένης ἐν ἐλαίῳ εἰς θυσίαν, καὶ κοτύλην ἐλαίου μίαν, καὶ δύο τρυγόνας, ἢ δύο νοσσοὺς 22 περιστερῶν, ὅσα εὗρεν ἡ χεὶρ αὐτοῦ, καὶ ἔσται ἡ μία περὶ ἁμαρτίας, καὶ ἡ μία εἰς ὁλοκαύτωμα. Καὶ προσοίσει αὐτὰ 23 τῇ ἡμέρᾳ τῇ ὀγδόῃ, εἰς τὸ καθαρίσαι αὐτὸν, πρὸς τὸν ἱερέα, ἐπὶ τὴν θύραν τῆς σκηνῆς τοῦ μαρτυρίου ἔναντι Κυρίου. Καὶ 24 λαβὼν ὁ ἱερεὺς τὸν ἀμνὸν τῆς πλημμελείας, καὶ τὴν κοτύλην τοῦ ἐλαίου, ἐπιθήσει αὐτὰ ἐπίθεμα ἔναντι Κυρίου. Καὶ 25 σφάξει τὸν ἀμνὸν τὸν τῆς πλημμελείας, καὶ λήψεται ὁ ἱερεὺς ἀπὸ τοῦ αἵματος τοῦ τῆς πλημμελείας, καὶ ἐπιθήσει ἐπὶ τὸν λοβὸν τοῦ ὠτὸς τοῦ καθαριζομένου τοῦ δεξιοῦ, καὶ ἐπὶ τὸ ἄκρον τῆς χειρὸς τῆς δεξιᾶς, καὶ ἐπὶ τὸ ἄκρον τοῦ ποδὸς τοῦ δεξιοῦ. Καὶ ἀπὸ τοῦ ἐλαίου ἐπιχεεῖ ὁ ἱερεὺς ἐπὶ τὴν χεῖρα 26 τοῦ ἱερέως τὴν ἀριστεράν. Καὶ ῥανεῖ ὁ ἱερεὺς τῷ δακτύλῳ 27 τῷ δεξιῷ ἀπὸ τοῦ ἐλαίου τοῦ ἐν τῇ χειρὶ αὐτοῦ τῇ ἀριστερᾷ ἑπτάκις ἔναντι Κυρίου. Καὶ ἐπιθήσει ὁ ἱερεὺς ἀπὸ τοῦ ἐλαίου 28 τοῦ ἐπὶ τῆς χειρὸς αὐτοῦ ἐπὶ τὸν λοβὸν τοῦ ὠτὸς τοῦ καθαριζομένου τοῦ δεξιοῦ, καὶ ἐπὶ τὸ ἄκρον τῆς χειρὸς αὐτοῦ τῆς δεξιᾶς, καὶ ἐπὶ τὸ ἄκρον τοῦ ποδὸς αὐτοῦ τοῦ δεξιοῦ, ἐπὶ τὸν τόπον τοῦ αἵματος τοῦ τῆς πλημμελείας. Τὸ δὲ καταλειφθὲν 29 ἀπὸ τοῦ ἐλαίου τὸ ὂν ἐπὶ τῆς χειρὸς τοῦ ἱερέως, ἐπιθήσει ἐπὶ τὴν κεφαλὴν τοῦ καθαρισθέντος· καὶ ἐξιλάσεται περὶ αὐτοῦ ὁ ἱερεὺς ἔναντι Κυρίου.

Καὶ ποιήσει μίαν ἀπὸ τῶν τρυγόνων ἢ ἀπὸ τῶν νοσσῶν 30 τῶν περιστερῶν, καθότι εὗρεν αὐτοῦ ἡ χεὶρ, τὴν μίαν περὶ 31 ἁμαρτίας, καὶ τὴν μίαν εἰς ὁλοκαύτωμα σὺν τῇ θυσίᾳ· καὶ ἐξιλάσεται ὁ ἱερεὺς περὶ τοῦ καθαριζομένου ἔναντι Κυρίου. Οὗτος ὁ νόμος ἐν ᾧ ἐστιν ἡ ἀφὴ τῆς λέπρας, καὶ τοῦ μὴ 32 εὑρίσκοντος τῇ χειρὶ εἰς τὸν καθαρισμὸν αὐτοῦ.

Καὶ ἐλάλησε Κύριος πρὸς Μωυσῆν καὶ Ἀαρὼν, λέγων, 33 ὡς ἂν εἰσέλθητε εἰς τὴν γῆν τῶν Χαναναίων, ἣν ἐγὼ 34 δίδωμι ὑμῖν ἐν κτήσει, καὶ δώσω ἀφὴν λέπρας ἐν ταῖς οἰκίαις τῆς γῆς τῆς ἐγκτήτου ὑμῖν· καὶ ἥξει τίνος αὐτοῦ 35 ἡ οἰκία, καὶ ἀναγγελεῖ τῷ ἱερεῖ, λέγων, ὥσπερ ἀφὴ ἑώραταί μοι ἐν τῇ οἰκίᾳ. Καὶ προστάξει ὁ ἱερεὺς ἀπο- 36 σκευάσαι τὴν οἰκίαν, πρὸ τοῦ εἰσελθόντα τὸν ἱερέα ἰδεῖν τὴν ἀφὴν, καὶ οὐ μὴ ἀκάθαρτα γένηται ὅσα ἂν ᾖ ἐν τῇ

β *Gr.* his hand find not.   γ *Gr.* as many as his hand has found.   δ *Gr.* his right finger.   ζ *Gr.* his hand has found.   θ *Gr.* give.

οἰκίᾳ· καὶ μετὰ ταῦτα εἰσελεύσεται ὁ ἱερεὺς καταμαθεῖν τὴν
37 οἰκίαν. Καὶ ὄψεται τὴν ἀφὴν, καὶ ἰδοὺ ἡ ἀφὴ ἐν τοῖς
τοίχοις τῆς οἰκίας, κοιλάδας χλωριζούσας, ἢ πυῤῥιζούσας, καὶ
38 ἡ ὄψις αὐτῶν ταπεινοτέρα τῶν τοίχων. Καὶ ἐξελθὼν ὁ ἱερεὺς
ἐκ τῆς οἰκίας ἐπὶ τὴν θύραν τῆς οἰκίας, καὶ ἀφοριεῖ ὁ ἱερεὺς
39 τὴν οἰκίαν ἑπτὰ ἡμέρας. Καὶ ἐπανήξει ὁ ἱερεὺς τῇ ἡμέρᾳ
τῇ ἑβδόμῃ, καὶ ὄψεται τὴν οἰκίαν, καὶ ἰδοὺ διεχύθη ἡ ἀφὴ
40 ἐν τοῖς τοίχοις τῆς οἰκίας. Καὶ προστάξει ὁ ἱερεὺς, καὶ
ἐξελοῦσι τοὺς λίθους ἐν οἷς ἐστιν ἡ ἀφὴ, καὶ ἐκβαλοῦσιν
41 αὐτοὺς ἔξω τῆς πόλεως εἰς τόπον ἀκάθαρτον. Καὶ τὴν οἰκίαν
ἀποξύσουσιν ἔσωθεν κύκλῳ, καὶ ἐκχεοῦσι τὸν χοῦν τὸν ἀπεξυσ-
42 μένον ἔξω τῆς πόλεως εἰς τόπον ἀκάθαρτον. Καὶ λήψονται
λίθους ἀπεξυσμένους ἑτέρους, καὶ ἀντιθήσουσιν ἀντὶ τῶν λίθων·
43 καὶ χοῦν ἕτερον λήψονται, καὶ ἐξαλείψουσι τὴν οἰκίαν. Ἐὰν
δὲ ἐπέλθῃ πάλιν ἡ ἀφὴ, καὶ ἀνατείλῃ ἐν τῇ οἰκίᾳ μετὰ τὸ
ἐξελεῖν τοὺς λίθους, καὶ μετὰ τὸ ἀποξυσθῆναι τὴν οἰκίαν, καὶ
44 μετὰ τὸ ἐξαλειφθῆναι, καὶ εἰσελεύσεται ὁ ἱερεὺς, καὶ ὄψεται
εἰ διακέχυται ἡ ἀφὴ ἐν τῇ οἰκίᾳ, λέπρα ἔμμονός ἐστιν ἐν τῇ
45 οἰκίᾳ, ἀκάθαρτός ἐστι. Καὶ καθελοῦσι τὴν οἰκίαν, καὶ τὰ
ξύλα αὐτῆς, καὶ τοὺς λίθους αὐτῆς, καὶ πάντα τὸν χοῦν
46 ἐξοίσουσιν ἔξω τῆς πόλεως εἰς τόπον ἀκάθαρτον. Καὶ ὁ
εἰσπορευόμενος εἰς τὴν οἰκίαν πάσας τὰς ἡμέρας, ἃς ἀφω-
47 ρισμένη ἐστὶν, ἀκάθαρτος ἔσται ἕως ἑσπέρας· Καὶ ὁ κοιμώ-
μενος ἐν τῇ οἰκίᾳ, πλυνεῖ τὰ ἱμάτια αὐτοῦ, καὶ ἀκάθαρτος
ἔσται ἕως ἑσπέρας· καὶ ὁ ἔσθων ἐν τῇ οἰκίᾳ, πλυνεῖ τὰ
ἱμάτια αὐτοῦ, καὶ ἀκάθαρτος ἔσται ἕως ἑσπέρας.

48 Ἐὰν δὲ παραγενόμενος εἰσέλθῃ ὁ ἱερεὺς καὶ ἴδῃ, καὶ ἰδοὺ
διαχύσει οὐ διαχεῖται ἡ ἀφὴ ἐν τῇ οἰκίᾳ μετὰ τὸ ἐξαλειφθῆναι
τὴν οἰκίαν, καὶ καθαριεῖ ὁ ἱερεὺς τὴν οἰκίαν, ὅτι ἰάθη ἡ ἀφή.
49 Καὶ λήψεται ἀφαγνίσαι τὴν οἰκίαν, δύο ὀρνίθια ζῶντα καθαρὰ,
καὶ ξύλον κέδρινον, καὶ κεκλωσμένον κόκκινον, καὶ ὕσσωπον.
50 Καὶ σφάξει τὸ ὀρνίθιον τὸ ἓν εἰς σκεῦος ὀστράκινον ἐφ' ὕδατι
51 ζῶντι· Καὶ λήψεται τὸ ξύλον τὸ κέδρινον, καὶ τὸ κεκλωσμένον
κόκκινον, καὶ τὸν ὕσσωπον, καὶ τὸ ὀρνίθιον τὸ ζῶν· καὶ βάψει
αὐτὸ εἰς τὸ αἷμα τοῦ ὀρνιθίου τοῦ ἐσφαγμένου ἐφ' ὕδατι ζῶντι·
52 καὶ περιῤῥανεῖ ἐν αὐτοῖς ἐπὶ τὴν οἰκίαν ἑπτάκις. Καὶ
ἀφαγνιεῖ τὴν οἰκίαν ἐν τῷ αἵματι τοῦ ὀρνιθίου, καὶ ἐν τῷ
ὕδατι τῷ ζῶντι, καὶ ἐν τῷ ὀρνιθίῳ τῷ ζῶντι, καὶ ἐν τῷ ξύλῳ τῷ
κεδρίνῳ, καὶ ἐν τῷ ὑσσώπῳ, καὶ ἐν τῷ κεκλωσμένῳ κοκκίνῳ.
53 Καὶ ἐξαποστελεῖ τὸ ὀρνίθιον τὸ ζῶν ἔξω τῆς πόλεως εἰς τὸ
πεδίον, καὶ ἐξιλάσεται περὶ τῆς οἰκίας, καὶ καθαρὰ ἔσται.
54 Οὗτος ὁ νόμος κατὰ πᾶσαν ἀφὴν λέπρας, καὶ θραύσματος,
55, 56 καὶ τῆς λέπρας ἱματίου, καὶ οἰκίας, καὶ οὐλῆς, καὶ σημα-
57 σίας, καὶ τοῦ αὐγάζοντος, καὶ τοῦ ἐξηγήσασθαι ᾗ ἡμέρᾳ
ἀκάθαρτον, καὶ ᾗ ἡμέρᾳ καθαρισθήσεται· οὗτος ὁ νόμος
τῆς λέπρας.

15 Καὶ ἐλάλησε Κύριος πρὸς Μωυσῆν καὶ Ἀαρὼν, λέγων,
2 λάλησον τοῖς υἱοῖς Ἰσραὴλ, καὶ ἐρεῖς αὐτοῖς, ἀνδρὶ ἀνδρὶ ᾧ

and *thus* none of the things in the house
shall become unclean; and afterwards the
priest shall go in to examine the house.
[37] And he shall look on the plague, and,
behold, *if* the plague is in the walls of the
house, *he will see* greenish or reddish cavi-
ties, and the appearance of them *will be*
beneath the surface of the walls. [38] And
the priest shall come out of the house to
the door of the house, and the priest shall
separate the house seven days. [39] And the
priest shall return on the seventh day and
view the house; and, behold, *if* the plague
is spread in the walls of the house, [40] then
the priest shall give orders, and they shall
take away the stones in which the plague is,
and shall cast them out of the city into an
unclean place. [41] And they shall scrape the
house within round about, and shall pour
out the dust scraped off outside the city
into an unclean place. [42] And they shall
take other scraped stones, and put them in
the place of the *former* stones, and they shall
take other plaster and plaster the house.
[43] And if the plague should return again,
and break out in the house after they have
taken away the stones and after the house
is scraped, and after it has been plastered,
[44] then the priest shall go in and see if the
plague is spread in the house: it is a con-
firmed leprosy in the house, it is unclean.
[45] And they shall take down the house, and
its timbers and its stones, and they shall
carry out all the mortar without the city
into an unclean place. [46] And he that goes
into the house at any time, during its sepa-
ration, shall be unclean until evening. [47] And
he that sleeps in the house shall wash his
garments, and be unclean until evening;
and he that eats in the house shall wash his
garments, and be unclean until evening.
[48] And if the priest shall arrive and enter
and see, and behold the plague be not at all
spread in the house after the house has been
plastered, then the priest shall declare the
house clean, because the plague is healed.
[49] And he shall take to purify the house two
clean living birds, and cedar wood, and spun
scarlet, and hyssop. [50] And he shall slay one
bird in an earthen vessel over β running
water. [51] And he shall take the cedar wood,
and the spun scarlet, and the hyssop, and
the living bird; and shall dip it into the
blood of the bird slain over running water,
and with them he shall sprinkle the house
seven times. [52] And he shall purify the
house with the blood of the bird, and with
the running water, and with the living bird,
and with the cedar wood, and with the
hyssop, and with the spun scarlet. [53] And
he shall let the living bird go out of the city
into the field, and shall make atonement for
the house, and it shall be clean. [54] This *is*
the law concerning every plague of leprosy
and scurf, [55] and of the leprosy of a garment,
and of a house, [56] and of a sore, and of a clear
spot, and of a shining one, [57] and of declaring
in what day it is unclean, and in what day it
shall be purged: this *is* the law of the leprosy.
And the Lord spoke to Moses and Aaron,
saying, [2] Speak to the children of Israel, and
thou shalt say to them, Whatever man shall

have an issue out of his body, his issue is unclean. ³And this *is* the law of his uncleanness; whoever has a gonorrhœa out of his body, this is his uncleanness in him by reason of the issue, by which his body is affected through the issue: all the days of the issue of his body, by which his body is affected through the issue, there is his uncleanness. ⁴Every bed on which he that has the issue shall happen to lie, is unclean; and every ᵝ seat on which he that has the issue may happen to sit, shall be unclean. ⁵And the man who shall touch his bed, shall wash his garments, and bathe himself in water, and shall be unclean till evening. ⁶And whosoever sits on the ᵝ seat on which he that has the issue may have sat, shall wash his garments, and bathe himself in water, and shall be unclean until evening. ⁷And he that touches the skin of him that has the issue, shall wash his garments and bathe himself in water, and shall be unclean till evening. ⁸And if he that has the issue should spit upon one that is clean, *that person* shall wash his garments, and bathe himself in water, and be unclean until evening. ⁹And every ass's saddle, on which the man with the issue shall have mounted, shall be unclean till evening. ¹⁰And every one that touches whatsoever shall have been under him shall be unclean until evening; and he that takes them up shall wash his garments, and bathe himself in water, and shall be unclean until evening. ¹¹And whomsoever he that has the issue shall touch, if he have not rinsed his hands in water, he shall wash his garments, and bathe his body in water, and shall be unclean until evening. ¹²And the earthen vessel which he that has the issue shall happen to touch, shall be broken; and a wooden vessel shall be washed with water, and shall be clean. ¹³And if he that has the issue should be cleansed of his issue, then shall he number to himself seven days for his purification; and he shall wash his garments, and bathe his body in water, and shall be clean. ¹⁴And on the eighth day he shall take to himself two turtle-doves or two young pigeons, and he shall bring them before the Lord to the doors of the tabernacle of witness, and shall give them to the priest. ¹⁵And the priest shall offer them one for a sin-offering, and the other for a whole-burnt-offering; and the priest shall make atonement for him before the Lord for his issue.

¹⁶And the man whose seed of copulation shall happen to go forth from him, shall then wash his whole body, and shall be unclean until evening. ¹⁷And every garment, and every skin on which there shall be the seed of copulation shall both be washed with water, and be unclean until evening. ¹⁸And a woman, if a man shall lie with her with seed of copulation—they shall both bathe themselves in water and shall be unclean until evening. ¹⁹And the woman whosoever shall have an issue of blood, when her issue shall be in her body, shall be seven days in her separation; every one that touches her shall be unclean until evening. ²⁰And every thing whereon she shall lie in her separation, shall be unclean; and what-

ἐὰν γένηται ῥύσις ἐκ τοῦ σώματος αὐτοῦ, ἡ ῥύσις αὐτοῦ ἀκάθαρτός ἐστι. Καὶ οὗτος ὁ νόμος τῆς ἀκαθαρσίας αὐτοῦ· 3 ῥέων γόνον ἐκ σώματος αὐτοῦ, ἐκ τῆς ῥύσεως, ἧς συνέστηκε τὸ σῶμα αὐτοῦ διὰ τῆς ῥύσεως, αὕτη ἡ ἀκαθαρσία αὐτοῦ ἐν αὐτῷ· πᾶσαι αἱ ἡμέραι ῥύσεως σώματος αὐτοῦ, ᾗ συνέστηκε τὸ σῶμα αὐτοῦ διὰ τῆς ῥύσεως, ἀκαθαρσία αὐτοῦ ἐστι. Πᾶσα κοίτη 4 ἐφ᾽ ἧς ἂν κοιμηθῇ ἐπ᾽ αὐτῆς ὁ γονορρυὴς, ἀκάθαρτός, ἐστι, καὶ πᾶν σκεῦος ἐφ᾽ ὃ ἂν καθίσῃ ἐπ᾽ αὐτὸ ὁ γονορρυὴς, ἀκάθαρτον ἔσται. Καὶ ἄνθρωπος, ὃς ἐὰν ἅψηται τῆς κοίτης 5 αὐτοῦ, πλυνεῖ τὰ ἱμάτια αὐτοῦ, καὶ λούσεται ὕδατι, καὶ ἀκάθαρτος ἔσται ἕως ἑσπέρας. Καὶ ὁ καθήμενος ἐπὶ τοῦ 6 σκεύους ἐφ᾽ ὃ ἂν καθίσῃ ὁ γονορρυὴς, πλυνεῖ τὰ ἱμάτια αὐτοῦ, καὶ λούσεται ὕδατι, καὶ ἀκάθαρτος ἔσται ἕως ἑσπέρας. Καὶ 7 ὁ ἁπτόμενος τοῦ χρωτὸς τοῦ γονορρυοῦς, πλυνεῖ τὰ ἱμάτια, καὶ λούσεται ὕδατι, καὶ ἀκάθαρτος ἔσται ἕως ἑσπέρας. Ἐὰν 8 δὲ προσσιελίσῃ ὁ γονορρυὴς ἐπὶ τὸν καθαρὸν, πλυνεῖ τὰ ἱμάτια αὐτοῦ, καὶ λούσεται ὕδατι, καὶ ἀκάθαρτος ἔσται ἕως ἑσπέρας. Καὶ πᾶν ἐπίσαγμα ὄνου, ἐφ᾽ ὃ ἂν ἐπιβῇ ἐπ᾽ 9 αὐτὸ ὁ γονορρυὴς, ἀκάθαρτον ἔσται ἕως ἑσπέρας. Καὶ πᾶς ὁ 10 ἁπτόμενος ὅσα ἂν ᾖ ὑποκάτω αὐτοῦ, ἀκάθαρτος ἔσται ἕως ἑσπέρας· καὶ ὁ αἴρων αὐτὰ, πλυνεῖ τὰ ἱμάτια αὐτοῦ, καὶ λούσεται ὕδατι, καὶ ἀκάθαρτος ἔσται ἕως ἑσπέρας. Καὶ 11 ὅσων ἐὰν ἅψηται ὁ γονορρυὴς, καὶ τὰς χεῖρας οὐ νένιπται ὕδατι, πλυνεῖ τὰ ἱμάτια, καὶ λούσεται τὸ σῶμα ὕδατι, καὶ ἀκάθαρτος ἔσται ἕως ἑσπέρας. Καὶ σκεῦος ὀστράκινον οὗ ἂν 12 ἅψηται ὁ γονορρυὴς, συντριβήσεται· καὶ σκεῦος ξύλινον νιφήσεται ὕδατι, καὶ καθαρὸν ἔσται. Ἐὰν δὲ καθαρισθῇ ὁ γονορ- 13 ρυὴς ἐκ τῆς ῥύσεως αὐτοῦ, καὶ ἐξαριθμηθήσεται αὐτῷ ἑπτὰ ἡμέρας εἰς τὸν καθαρισμὸν αὐτοῦ, καὶ πλυνεῖ τὰ ἱμάτια αὐτοῦ, καὶ λούσεται τὸ σῶμα ὕδατι, καὶ καθαρὸς ἔσται. Καὶ τῇ 14 ἡμέρᾳ τῇ ὀγδόῃ λήψεται ἑαυτῷ δύο τρυγόνας, ἢ δύο νοσσοὺς περιστερῶν, καὶ οἴσει αὐτὰ ἔναντι Κυρίου ἐπὶ τὰς θύρας τῆς σκηνῆς τοῦ μαρτυρίου, καὶ δώσει αὐτὰ τῷ ἱερεῖ. Καὶ ποιήσει 15 αὐτὰ ὁ ἱερεὺς μίαν περὶ ἁμαρτίας, καὶ μίαν εἰς ὁλοκαύτωμα· καὶ ἐξιλάσεται περὶ αὐτοῦ ὁ ἱερεὺς ἔναντι Κυρίου ἀπὸ τῆς ῥύσεως αὐτοῦ.

Καὶ ἄνθρωπος ᾧ ἂν ἐξέλθῃ ἐξ αὐτοῦ κοίτη σπέρματος, 16 καὶ λούσεται ὕδατι πᾶν τὸ σῶμα αὐτοῦ, καὶ ἀκάθαρτος ἔσται ἕως ἑσπέρας. Καὶ πᾶν ἱμάτιον, καὶ πᾶν δέρμα ἐφ᾽ 17 ὃ ἂν ᾖ ἐπ᾽ αὐτὸ κοίτη σπέρματος, καὶ πλυθήσεται ὕδατι, καὶ ἀκάθαρτον ἔσται ἕως ἑσπέρας. Καὶ γυνὴ ἐὰν κοιμηθῇ 18 ἀνὴρ μετ᾽ αὐτῆς κοίτην σπέρματος, καὶ λούσονται ὕδατι, καὶ ἀκάθαρτοι ἔσονται ἕως ἑσπέρας. Καὶ γυνὴ ἥτις ἂν ᾖ ῥέουσα 19 αἵματι, καὶ ἔσται ἡ ῥύσις αὐτῆς ἐν τῷ σώματι αὐτῆς, ἑπτὰ ἡμέρας ἔσται ἐν τῇ ἀφέδρῳ αὐτῆς· πᾶς ὁ ἁπτόμενος αὐτῆς, ἀκάθαρτος ἔσται ἕως ἑσπέρας. Καὶ πᾶν ἐφ᾽ ὃ ἂν κοιτάζηται 20 ἐπ᾽ αὐτὸ ἐν τῇ ἀφέδρῳ αὐτῆς, ἀκάθαρτον ἔσται· καὶ πᾶν ἐφ᾽

ᵝ *Gr.* vessel, or article of furniture.

21 ὃ ἂν ἐπικαθίσῃ ἐπ' αὐτό, ἀκάθαρτον ἔσται. Καὶ πᾶς ὃς ἂν ἅψηται τῆς κοίτης αὐτῆς, πλυνεῖ τὰ ἱμάτια αὐτοῦ, καὶ λούσεται τὸ σῶμα αὐτοῦ ὕδατι, καὶ ἀκάθαρτος ἔσται ἕως ἑσπέρας.

22 Καὶ πᾶς ὁ ἁπτόμενος παντὸς σκεύους οὗ ἐὰν καθίσῃ ἐπ' αὐτό, πλυνεῖ τὰ ἱμάτια αὐτοῦ, καὶ λούσεται ὕδατι, καὶ ἀκάθαρτος

23 ἔσται ἕως ἑσπέρας. Ἐὰν δὲ ἐν τῇ κοίτῃ αὐτῆς οὔσης, ἢ ἐπὶ τοῦ σκεύους οὗ ἐὰν καθίσῃ ἐπ' αὐτῷ ἐν τῷ ἅπτεσθαι αὐτὸν αὐτῆς, ἀκάθαρτος ἔσται ἕως ἑσπέρας.

24 Ἐὰν δὲ κοίτῃ κοιμηθῇ τις μετ' αὐτῆς, καὶ γένηται ἡ ἀκαθαρσία αὐτῆς ἐπ' αὐτῷ, ἀκάθαρτος ἔσται ἑπτὰ ἡμέρας· καὶ πᾶσα κοίτη ἐφ' ᾗ ἂν κοιμηθῇ ἐπ' αὐτῇ, ἀκάθαρτος ἔσται.

25 Καὶ γυνὴ ἐὰν ῥέῃ ῥύσει αἵματος ἡμέρας πλείους, οὐκ ἐν καιρῷ τῆς ἀφέδρου αὐτῆς, ἐὰν καὶ ῥέῃ μετὰ τὴν ἄφεδρον αὐτῆς, πᾶσαι αἱ ἡμέραι ῥύσεως ἀκαθαρσίας αὐτῆς, καθάπερ αἱ ἡμέραι

26 τῆς ἀφέδρου αὐτῆς, ἔσται ἀκάθαρτος. Καὶ πᾶσα κοίτη ἐφ' ἧς ἂν κοιμηθῇ ἐπ' αὐτῆς πάσας τὰς ἡμέρας τῆς ῥύσεως, κατὰ τὴν κοίτην τῆς ἀφέδρου, ἔσται αὐτῇ· καὶ πᾶν σκεῦος ἐφ' ὃ ἂν καθίσῃ ἐπ' αὐτό, ἀκάθαρτον ἔσται κατὰ τὴν ἀκαθαρσίαν

27 τῆς ἀφέδρου. Πᾶς ὁ ἁπτόμενος αὐτῆς, ἀκάθαρτος ἔσται, καὶ πλυνεῖ τὰ ἱμάτια καὶ λούσεται τὸ σῶμα ὕδατι, καὶ ἀκά-

28 θαρτος ἔσται ἕως ἑσπέρας. Ἐὰν δὲ καθαρισθῇ ἀπὸ τῆς ῥύσεως, καὶ ἐξαριθμήσεται αὐτῇ ἑπτὰ ἡμέρας, καὶ μετὰ ταῦτα

29 καθαρισθήσεται. Καὶ τῇ ἡμέρᾳ τῇ ὀγδόῃ λήψεται αὐτῇ δύο τρυγόνας, ἢ δύο νοσσοὺς περιστερῶν, καὶ οἴσει αὐτὰ πρὸς τὸν

30 ἱερέα ἐπὶ τὴν θύραν τῆς σκηνῆς τοῦ μαρτυρίου. Καὶ ποιήσει ὁ ἱερεὺς τὴν μίαν περὶ ἁμαρτίας, καὶ τὴν μίαν εἰς ὁλοκαύτωμα· καὶ ἐξιλάσεται περὶ αὐτῆς ὁ ἱερεὺς ἔναντι Κυρίου ἀπὸ ῥύσεως ἀκαθαρσίας αὐτῆς.

31 Καὶ εὐλαβεῖς ποιήσετε τοὺς υἱοὺς Ἰσραὴλ ἀπὸ τῶν ἀκαθαρσιῶν αὐτῶν· καὶ οὐκ ἀποθανοῦνται διὰ τὴν ἀκαθαρσίαν αὐτῶν, ἐν τῷ μιαίνειν αὐτοὺς τὴν σκηνήν μου τὴν ἐν

32 αὐτοῖς. Οὗτος ὁ νόμος τοῦ γονορρυοῦς· καὶ ἐάν τινι ἐξέλθῃ

33 ἐξ αὐτοῦ κοίτη σπέρματος, ὥστε μιανθῆναι ἐν αὐτῇ, καὶ τῇ αἱμορροούσῃ ἐν τῇ ἀφέδρῳ αὐτῆς, καὶ ὁ γονορρυὴς ἐν τῇ ῥύσει αὐτοῦ τῷ ἄρσενι ἢ τῇ θηλείᾳ, καὶ τῷ ἀνδρί, ὃς ἂν κοιμηθῇ μετὰ ἀποκαθημένης.

16 Καὶ ἐλάλησε Κύριος πρὸς Μωυσῆν, μετὰ τὸ τελευτῆσαι τοὺς δύο υἱοὺς Ἀαρὼν ἐν τῷ προσάγειν αὐτοὺς πῦρ ἀλλότριον

2 ἔναντι Κυρίου, καὶ ἐτελεύτησαν. Καὶ εἶπε Κύριος πρὸς Μωυσῆν, λάλησον πρὸς Ἀαρὼν τὸν ἀδελφόν σου, καὶ μὴ εἰσπορευέσθω πᾶσαν ὥραν εἰς τὸ ἅγιον ἐσώτερον τοῦ καταπετάσματος εἰς πρόσωπον τοῦ ἱλαστηρίου, ὅ ἐστιν ἐπὶ τῆς κιβωτοῦ τοῦ μαρτυρίου, καὶ οὐκ ἀποθανεῖται· ἐν γὰρ νεφέλῃ ὀφθήσομαι

3 ἐπὶ τοῦ ἱλαστηρίου. Οὕτως εἰσελεύσεται Ἀαρὼν εἰς τὸ ἅγιον· ἐν μόσχῳ ἐκ βοῶν περὶ ἁμαρτίας, καὶ κριὸν εἰς ὁλοκαύτωμα.

4 Καὶ χιτῶνα λινοῦν ἡγιασμένον ἐνδύσεται, καὶ περισκελὲς λινοῦν ἔσται ἐπὶ τοῦ χρωτὸς αὐτοῦ, καὶ ζώνῃ λινῇ ζώσεται, καὶ κίδαριν λινὴν περιθήσεται, ἱμάτια ἅγιά ἐστι· καὶ λούσεται ὕδατι πᾶν

ever she shall sit upon, shall be unclean. [21] And whosoever shall touch her bed shall wash his garments, and bathe his body in water, and shall be unclean until evening. [22] And every one that touches any vessel on which she shall sit, shall wash his garments and bathe himself in water, and shall be unclean until evening. [23] And whether it be while she is on her bed, or on a seat which she may happen to sit upon when he touches her, he shall be unclean till evening.

[24] And if any one shall lie with her, and her uncleanness be upon him, he shall be unclean seven days; and every bed on which he shall have lain shall be unclean. [25] And if a woman have an issue of blood many days, not in the time of her separation; if the blood should also flow after her separation, all the days of the issue of her uncleanness *shall be* as the days of her separation: she shall be unclean. [26] And every bed on which she shall lie all the days of her flux shall be to her as the bed of her separation, and every seat whereon she shall sit shall be unclean according to the uncleanness of her separation. [27] Every one that touches it shall be unclean; and he shall wash his garments, and bathe his body in water, and shall be unclean till evening. [28] But if she shall be cleansed from her flux, then she shall number to herself seven days, and afterwards she shall be β esteemed clean. [29] And on the eighth day she shall take two turtle-doves, or two young pigeons, and shall bring them to the priest, to the door of the tabernacle of witness. [30] And the priest shall offer one for a sin-offering, and the other for a whole-burnt-offering, and the priest shall make atonement for her before the Lord γ for her unclean flux.

[31] And ye shall cause the children of Israel to beware of their uncleannesses; so they shall not die for their uncleanness, in polluting my tabernacle that is among them. [32] This is the law of the man who has an issue, and if one discharge seed of copulation, so that he should be polluted by it. [33] And *this is the law* for her that has the issue of blood in her separation, and as to the person who has an issue of seed, in his issue: *it is a law* for the male and the female, and for the man who shall have lain with her that is set apart.

And the Lord spoke to Moses after the two sons of Aaron died in bringing strange fire before the Lord, so they died. [2] And the Lord said to Moses, Speak to Aaron thy brother, and let him not come in at all times into the holy place within the veil before the propitiatory, which is upon the ark of the testimony, and he shall not die; for I will appear in a cloud on the propitiatory. [3] Thus shall Aaron enter into the holy place; with a calf of the herd for a sin-offering, and *having* a ram for a whole-burnt-offering. [4] And he shall put on the consecrated linen tunic, and he shall have on his flesh the linen drawers, and shall gird himself with a linen girdle, and shall put on the linen cap, they are holy garments; and he shall bathe all

---

β *Gr.* purged. γ *Gr.* from.

his body in water, and shall put them on.
⁵And he shall take of the congregation of
the children of Israel two kids of the goats
for a sin-offering, and one lamb for a whole-
burnt-offering. ⁶And Aaron shall bring the
calf for his own sin-offering, and shall make
atonement for himself and for his house.
⁷And he shall take the two goats, and place
them before the Lord by the door of the
tabernacle of witness. ⁸And Aaron shall
cast lots upon the two goats, one lot for the
Lord, and the other for the scape-goat.
⁹And Aaron shall bring forward the goat on
which the lot for the Lord fell, and shall
offer him for a sin-offering. ¹⁰And the goat
upon which the lot of the scape-goat came, he
shall present alive before the Lord, to make
atonement upon him, so as to send him away
β as a scape-goat, and he shall send him into
the wilderness. ¹¹And Aaron shall bring
the calf for his sin, and he shall make atone-
ment for himself and for his house, and he
shall kill the calf for his sin-offering. ¹²And
he shall take his censer full of coals of fire
off the altar, which is before the Lord; and
he shall fill his hands with fine compound
incense, and shall bring it within the veil.
¹³And he shall put the incense on the fire be-
fore the Lord, and the smoke of the incense
shall cover the mercy-seat over the γ tables
of testimony, and he shall not die. ¹⁴And he
shall take of the blood of the calf, and sprinkle
with his finger on the mercy-seat eastward:
before the mercy-seat shall he sprinkle
seven times of the blood with his finger.
¹⁵And he shall kill the goat for the sin-
offering that is for the people, before the
Lord; and he shall bring in of its blood
within the veil, and shall do with its blood
as he did with the blood of the calf, and
shall sprinkle its blood on the mercy-seat,
in front of the mercy-seat. ¹⁶And he shall
make atonement for the sanctuary on ac-
count of the uncleanness of the children of
Israel, and for their trespasses in the matter
of all their sins; and thus shall he do to
the tabernacle of witness established among
them in the midst of their uncleanness.
¹⁷And there shall be no man in the taber-
nacle of witness, when he goes in to make
atonement in the holy place, until he shall
have come out: and he shall make atone-
ment for himself, and for his house, and for
all the congregation of the children of Israel.
¹⁸And he shall come forth to the altar that
is before the Lord, and he shall make atone-
ment upon it; and he shall take of the blood
of the calf, and of the blood of the goat, and
shall put it on the horns of the altar round
about. ¹⁹And he shall sprinkle some of the
blood upon it seven times with his finger,
and shall purge it, and hallow it from the
uncleanness of the children of Israel. ²⁰And
he shall finish making atonement for the
sanctuary and for the tabernacle of witness,
and for the altar; and he shall make a
cleansing for the priests, and he shall bring
the living goat; ²¹and Aaron shall lay his
hands on the head of the live goat, and he
shall declare over him all the iniquities of
the children of Israel, and all their un-
righteousnesses, and all their sins; and he

τὸ σῶμα αὐτοῦ, καὶ ἐνδύσεται αὐτά. Καὶ παρὰ τῆς συνα- 5
γωγῆς τῶν υἱῶν Ἰσραὴλ λήψεται δύο χιμάρους ἐξ αἰγῶν περὶ
ἁμαρτίας, καὶ κριὸν ἕνα εἰς ὁλοκαύτωμα. Καὶ προσάξει Ἀαρὼν 6
τὸν μόσχον τὸν περὶ τῆς ἁμαρτίας αὐτοῦ, καὶ ἐξιλάσεται περὶ
αὐτοῦ, καὶ τοῦ οἴκου αὐτοῦ. Καὶ λήψεται τοὺς δύο χιμάρους, καὶ 7
στήσει αὐτοὺς ἔναντι Κυρίου παρὰ τὴν θύραν τῆς σκηνῆς τοῦ
μαρτυρίου. Καὶ ἐπιθήσει Ἀαρὼν ἐπὶ τοὺς δύο χιμάρους κλήρους· 8
κλῆρον ἕνα τῷ Κυρίῳ, καὶ κλῆρον ἕνα τῷ ἀποπομπαίῳ. Καὶ 9
προσάξει Ἀαρὼν τὸν χίμαρον ἐφ᾽ ὃν ἐπῆλθεν ἐπ᾽ αὐτὸν ὁ
κλῆρος τῷ Κυρίῳ, καὶ προσοίσει περὶ ἁμαρτίας. Καὶ τὸν 10
χίμαρον, ἐφ᾽ ὃν ἐπῆλθεν ἐπ᾽ αὐτὸν ὁ κλῆρος τοῦ ἀποπομπαίου,
στήσει αὐτὸν ζῶντα ἔναντι Κυρίου, τοῦ ἐξιλάσασθαι ἐπ᾽ αὐτοῦ,
ὥστε ἀποστεῖλαι αὐτὸν εἰς τὴν ἀποπομπήν, καὶ ἀφήσει αὐτὸν
εἰς τὴν ἔρημον. Καὶ προσάξει Ἀαρὼν τὸν μόσχον τὸν περὶ 11
τῆς ἁμαρτίας αὐτοῦ, καὶ ἐξιλάσεται περὶ ἑαυτοῦ, καὶ τοῦ οἴκου·
καὶ σφάξει τὸν μόσχον περὶ τῆς ἁμαρτίας αὐτοῦ. Καὶ λήψε- 12
ται τὸ πυρεῖον πλῆρες ἀνθράκων πυρὸς ἀπὸ τοῦ θυσιαστηρίου,
τοῦ ἀπέναντι Κυρίου· καὶ πλήσει τὰς χεῖρας θυμιάματος συν-
θέσεως λεπτῆς, καὶ εἰσοίσει ἐσώτερον τοῦ καταπετάσματος.
Καὶ ἐπιθήσει τὸ θυμίαμα ἐπὶ τὸ πῦρ ἔναντι Κυρίου· καὶ 13
καλύψει ἡ ἀτμὶς τοῦ θυμιάματος τὸ ἱλαστήριον τὸ ἐπὶ τῶν
μαρτυρίων, καὶ οὐκ ἀποθανεῖται. Καὶ λήψεται ἀπὸ τοῦ αἵμα- 14
τος τοῦ μόσχου, καὶ ῥανεῖ τῷ δακτύλῳ ἐπὶ τὸ ἱλαστήριον
κατὰ ἀνατολάς· κατὰ πρόσωπον τοῦ ἱλαστηρίου ῥανεῖ ἑπτάκις
ἀπὸ τοῦ αἵματος τῷ δακτύλῳ.

Καὶ σφάξει τὸν χίμαρον τὸν περὶ ἁμαρτίας, τὸν περὶ τοῦ 15
λαοῦ, ἔναντι Κυρίου· καὶ εἰσοίσει τοῦ αἵματος αὐτοῦ ἐσώτερον
τοῦ καταπετάσματος, καὶ ποιήσει τὸ αἷμα αὐτοῦ, ὃν τρόπον
ἐποίησε τὸ αἷμα τοῦ μόσχου· καὶ ῥανεῖ τὸ αἷμα αὐτοῦ ἐπὶ
τὸ ἱλαστήριον, κατὰ πρόσωπον τοῦ ἱλαστηρίου. Καὶ ἐξιλά- 16
σεται τὸ ἅγιον ἀπὸ τῶν ἀκαθαρσιῶν τῶν υἱῶν Ἰσραήλ, καὶ
ἀπὸ τῶν ἀδικημάτων αὐτῶν περὶ πασῶν τῶν ἁμαρτιῶν αὐτῶν·
καὶ οὕτω ποιήσει τῇ σκηνῇ τοῦ μαρτυρίου τῇ ἐκτισμένῃ ἐν
αὐτοῖς ἐν μέσῳ τῆς ἀκαθαρσίας αὐτῶν. Καὶ πᾶς ἄνθρωπος 17
οὐκ ἔσται ἐν τῇ σκηνῇ τοῦ μαρτυρίου, εἰσπορευομένου αὐτοῦ
ἐξιλάσασθαι ἐν τῷ ἁγίῳ, ἕως ἂν ἐξέλθῃ· καὶ ἐξιλάσεται περὶ
ἑαυτοῦ, καὶ τοῦ οἴκου αὐτοῦ, καὶ περὶ πάσης συναγωγῆς υἱῶν
Ἰσραήλ. Καὶ ἐξελεύσεται ἐπὶ τὸ θυσιαστήριον τὸ ὂν ἀπέναντι 18
Κυρίου, καὶ ἐξιλάσεται ἐπ᾽ αὐτοῦ· καὶ λήψεται ἀπὸ τοῦ αἵματος
τοῦ μόσχου, καὶ ἀπὸ τοῦ αἵματος τοῦ χιμάρου, καὶ ἐπιθήσει
ἐπὶ τὰ κέρατα τοῦ θυσιαστηρίου κύκλῳ. Καὶ ῥανεῖ ἐπ᾽ αὐτὸ 19
ἀπὸ τοῦ αἵματος τῷ δακτύλῳ ἑπτάκις, καὶ καθαριεῖ αὐτὸ, καὶ
ἁγιάσει αὐτὸ ἀπὸ τῶν ἀκαθαρσιῶν τῶν υἱῶν Ἰσραήλ. Καὶ 20
συντελέσει ἐξιλασκόμενος τὸ ἅγιον, καὶ τὴν σκηνὴν τοῦ μαρτυ-
ρίου, καὶ τὸ θυσιαστήριον, καὶ περὶ τῶν ἱερέων καθαριεῖ· καὶ
προσάξει τὸν χίμαρον τὸν ζῶντα. Καὶ ἐπιθήσει Ἀαρὼν τὰς 21
χεῖρας αὐτοῦ ἐπὶ τὴν κεφαλὴν τοῦ χιμάρου τοῦ ζῶντος, καὶ
ἐξαγορεύσει ἐπ᾽ αὐτοῦ πάσας τὰς ἀνομίας τῶν υἱῶν Ἰσραήλ,
καὶ πάσας τὰς ἀδικίας αὐτῶν, καὶ πάσας τὰς ἁμαρτίας αὐτῶν·

β Gr. for the dismissal.   γ Gr. testimonies.

καὶ ἐπιθήσει αὐτὰς ἐπὶ τὴν κεφαλὴν τοῦ χιμάρου τοῦ ζῶντος· καὶ ἐξαποστελεῖ ἐν χειρὶ ἀνθρώπου ἑτοίμου εἰς τὴν ἔρημον.

22 Καὶ λήψεται ὁ χίμαρος ἐφ᾽ ἑαυτῷ τὰς ἀδικίας αὐτῶν εἰς γῆν

23 ἄβατον· καὶ ἐξαποστελεῖ τὸν χίμαρον εἰς τὴν ἔρημον. Καὶ εἰσελεύσεται Ἀαρὼν εἰς τὴν σκηνὴν τοῦ μαρτυρίου, καὶ ἐκδύσεται τὴν στολὴν τὴν λινῆν, ἣν ἐνδέδυκει, εἰσπορευομένου

24 αὐτοῦ εἰς τὸ ἅγιον, καὶ ἀποθήσει αὐτὴν ἐκεῖ. Καὶ λούσεται τὸ σῶμα αὐτοῦ ὕδατι ἐν τόπῳ ἁγίῳ, καὶ ἐνδύσεται τὴν στολὴν αὐτοῦ, καὶ ἐξελθὼν ποιήσει τὸ ὁλοκαύτωμα αὐτοῦ καὶ τὸ ὁλοκάρπωμα τοῦ λαοῦ, καὶ ἐξιλάσεται περὶ αὐτοῦ, καὶ περὶ τοῦ

25 οἴκου αὐτοῦ, καὶ περὶ τοῦ λαοῦ, ὡς περὶ τῶν ἱερέων. Καὶ τὸ στέαρ τὸ περὶ τῶν ἁμαρτιῶν ἀνοίσει ἐπὶ τὸ θυσιαστήριον.

26 Καὶ ὁ ἐξαποστέλλων τὸν χίμαρον τὸν διεσταλμένον εἰς ἄφεσιν, πλυνεῖ τὰ ἱμάτια, καὶ λούσεται τὸ σῶμα αὐτοῦ ὕδατι, καὶ

27 μετὰ ταῦτα εἰσελεύσεται εἰς τὴν παρεμβολήν. Καὶ τὸν μόσχον τὸν περὶ τῆς ἁμαρτίας, καὶ τὸν χίμαρον τὸν περὶ τῆς ἁμαρτίας, ὧν τὸ αἷμα εἰσηνέχθη ἐξιλάσασθαι ἐν τῷ ἁγίῳ, ἐξοίσουσιν αὐτὰ ἔξω τῆς παρεμβολῆς, ταὶ κατακαύσουσιν αὐτὰ ἐν πυρί, καὶ τὰ δέρματα αὐτῶν καὶ τὰ κρέα αὐτῶν καὶ τὴν κόπρον αὐτῶν.

28 Ὁ δὲ κατακαίων αὐτά, πλυνεῖ τὰ ἱμάτια, καὶ λούσεται τὸ σῶμα αὐτοῦ ὕδατι, καὶ μετὰ ταῦτα εἰσελεύσεται εἰς τὴν παρεμβολήν.

29 Καὶ ἔσται τοῦτο ὑμῖν νόμιμον αἰώνιον· ἐν τῷ μηνὶ τῷ ἑβδόμῳ, δεκάτῃ τοῦ μηνός, ταπεινώσετε τὰς ψυχὰς ὑμῶν, καὶ πᾶν ἔργον οὐ ποιήσετε ὁ αὐτόχθων, καὶ ὁ προσήλυτος ὁ

30 προσκείμενος ἐν ὑμῖν. Ἐν γὰρ τῇ ἡμέρᾳ ταύτῃ ἐξιλάσεται περὶ ὑμῶν, καθαρίσαι ὑμᾶς ἀπὸ πασῶν τῶν ἁμαρτιῶν ὑμῶν

31 ἔναντι Κυρίου, καὶ καθαρισθήσεσθε. Σάββατα σαββάτων ἀνάπαυσις αὕτη ἔσται ὑμῖν· καὶ ταπεινώσετε τὰς ψυχὰς ὑμῶν,

32 νόμιμον αἰώνιον. Ἐξιλάσεται ὁ ἱερεύς, ὃν ἂν χρίσωσιν αὐτόν, καὶ ὃν ἂν τελειώσωσι τὰς χεῖρας αὐτοῦ ἱερατεύειν μετὰ τὸν πατέρα αὐτοῦ· καὶ ἐνδύσεται τὴν στολὴν τὴν λινῆν, στολὴν

33 ἁγίαν. Καὶ ἐξιλάσεται τὸ ἅγιον τοῦ ἁγίου, καὶ τὴν σκηνὴν τοῦ μαρτυρίου, καὶ τὸ θυσιαστήριον ἐξιλάσεται, καὶ περὶ τῶν

34 ἱερέων, καὶ περὶ πάσης συναγωγῆς ἐξιλάσεται. Καὶ ἔσται τοῦτο ὑμῖν νόμιμον αἰώνιον ἐξιλάσκεσθαι περὶ τῶν υἱῶν Ἰσραὴλ ἀπὸ πασῶν τῶν ἁμαρτιῶν αὐτῶν· ἅπαξ τοῦ ἐνιαυτοῦ ποιηθήσεται, καθὰ συνέταξε Κύριος τῷ Μωυσῇ.

17 Καὶ ἐλάλησε Κύριος πρὸς Μωυσῆν, λέγων, λάλησον πρὸς

2 Ἀαρὼν καὶ πρὸς τοὺς υἱοὺς αὐτοῦ, καὶ πρὸς πάντας υἱοὺς Ἰσραήλ, καὶ ἐρεῖς πρὸς αὐτούς, τοῦτο τὸ ῥῆμα ὃ ἐνετείλατο

3 Κύριος, λέγων, ἄνθρωπος ἄνθρωπος τῶν υἱῶν Ἰσραήλ, ἢ τῶν προσηλύτων τῶν προσκειμένων ἐν ὑμῖν, ὃς ἐὰν σφάξῃ μόσχον, ἢ πρόβατον, ἢ αἶγα ἐν τῇ παρεμβολῇ, καὶ ὃς ἂν

4 σφάξῃ ἔξω τῆς παρεμβολῆς, καὶ ἐπὶ τὴν θύραν τῆς σκηνῆς τοῦ μαρτυρίου μὴ ἐνέγκῃ, ὥστε ποιῆσαι αὐτὸ εἰς ὁλοκαύτωμα ἢ σωτήριον Κυρίῳ δεκτὸν εἰς ὀσμὴν εὐωδίας· καὶ ὃς ἂν σφάξῃ ἔξω, καὶ ἐπὶ τὴν θύραν τῆς σκηνῆς τοῦ μαρτυρίου μὴ ἐνέγκῃ αὐτό, ὥστε προσενέγκαι δῶρον τῷ Κυρίῳ ἀπέναντι τῆς σκηνῆς

shall lay them upon the head of the live goat, and shall send him by the hand of a ready man into the wilderness. ²² And the goat shall bear their unrighteousnesses upon him into a desert land; and Aaron shall send away the goat into the wilderness. ²³ And Aaron shall enter into the tabernacle of witness, and shall put off the linen garment, which he had put on, as he entered into the holy place, and shall lay it by there. ²⁴ And he shall bathe the body in water in the holy place, and shall put on his raiment, and shall go out and offer the whole-burnt-offering for himself and the whole-burnt-offering for the people: and shall make atonement for himself and for his house, and for the people, as for the priests. ²⁵ And he shall offer the fat for the sin-offering on the altar.

²⁶ And he that sends forth the goat that has been set apart to be let go, shall wash his garments, and bathe his body in water, and afterwards shall enter into the camp. ²⁷ And the calf for the sin-offering, and the goat for the sin-offering, whose blood was brought in to make atonement in the holy place, they shall carry forth out of the camp, and burn them with fire, even their skins and their flesh and their dung. ²⁸ And he that burns them shall wash his garments, and bathe his body in water, and afterwards he shall enter into the camp.

²⁹ And this shall be a perpetual statute for you; in the seventh month, on the tenth day of the month, ye shall humble your souls, and shall do no work, the native and the stranger who ^βabides among you. ³⁰ For in this day he shall make an atonement for you, to cleanse you from all your sins before the Lord, and ye shall be purged. ³¹ This shall be to you a ^γ most holy sabbath, a rest, and ye shall humble your souls; it is a perpetual ordinance. ³² The priest whomsoever they shall anoint shall make atonement, and ^δ whomsoever they shall consecrate to exercise the priestly office after his father; and he shall put on the linen robe, the holy garment. ³³ And he shall make atonement for the most holy place, and the tabernacle of witness; and he shall make atonement for the altar, and for the priests; and he shall make atonement for all the congregation. ³⁴ And this shall be to you a perpetual statute to make atonement for the children of Israel ^ζ for all their sins: it shall be done once in the year, as the Lord commanded Moses.

And the Lord spoke to Moses, saying, ² Speak to Aaron and to his sons, and to all the children of Israel, and thou shalt say to them, This is the word which the Lord has commanded, saying, ³ Every man of the children of Israel, or of the strangers abiding among you, who shall kill a calf, or a sheep, or a goat in the camp, or who shall kill it out of the camp, ⁴ and shall not bring it to the door of the tabernacle of witness, so as to sacrifice it for a whole-burnt-offering or peace-offering to the Lord to be acceptable for a sweet-smelling savour: and whosoever shall slay it without, and shall not bring it to the door of the tabernacle of witness, so as to offer it as a gift to the Lord before the

---

β Or, attaches himself to you. ἐν in LXX. and N.T. has frequently a Hebraistic signification. γ Gr. sabbath of sabbaths, or week of weeks. δ Gr. whosoever hands they shall accomplish. Heb. to fill hands. ζ Gr. from.

tabernacle of the Lord; blood shall be imputed to that man, he has shed blood; that soul shall be cut off from his people. ⁵That the children of Israel may offer their sacrifices, all that they shall slay in the fields, and bring them to the Lord unto the doors of the tabernacle of witness to the priest, and they shall sacrifice them as a peace-offering to the Lord. ⁶And the priest ᵝshall pour the blood on the altar round about before the Lord by the doors of the tabernacle of witness, and shall offer the fat for a sweet-smelling savour to the Lord.

⁷And they shall no longer offer their sacrifices to vain *gods* after which they go a whoring; it shall be a perpetual statute to you for your generations. ⁸And thou shalt say to them, Whatever man of the children of Israel, or of the sons of the proselytes abiding among you, shall offer a whole-burnt-offering or a sacrifice, ⁹and shall not bring it to the door of the tabernacle of witness to sacrifice it to the Lord, that man shall be destroyed from among his people. ¹⁰And whatever man of the children of Israel, or of the strangers abiding among you, shall eat any blood, I will even set my face against that soul that eats blood, and will destroy it from its people. ¹¹For the life of flesh is its blood, and I have given it to you on the altar to make atonement for your souls; for its blood shall make atonement for the soul. ¹²Therefore I said to the children of Israel, No soul of you shall eat blood, and the stranger that abides among you shall not eat blood. ¹³And whatever man of the children of Israel, or of the strangers abiding among you shall take any animal in hunting, beast, or bird, which is eaten, then shall he pour out the blood, and cover it in the dust. ¹⁴For the blood of all flesh is its life; and I said to the children of Israel, Ye shall not eat the blood of any flesh, for the life of all flesh is its blood: every one that eats it shall be destroyed. ¹⁵And every soul which eats that which has died of itself, or is taken of beasts, either among the natives or among the strangers, shall wash his garments, and bathe himself in water, and shall be unclean until evening: then shall he be clean. ¹⁶But if he do not wash his garments, and do not bathe his body in water, then shall he bear his iniquity.

And the Lord spoke to Moses, saying, ²Speak to the children of Israel, and thou shalt say to them, I *am* the Lord your God. ³Ye shall not do according to the devices of Egypt, in which ye dwelt: and according to the devices of the land of Chanaan, into which I bring you, ye shall not do; and ye shall not walk in their ordinances. ⁴Ye shall observe my judgments, and shall keep my ordinances, and shall walk in them: I *am* the Lord your God. ⁵ᵞSo ye shall keep all my ordinances, and all my judgments, and do them; which if a man do, he shall live in them: I *am* the Lord your God. ⁶No man shall draw nigh to any of his near kindred to uncover their nakedness; I *am* the Lord. ⁷Thou shalt not uncover the nakedness of thy father, or the nakedness of thy mother, for she is thy mother; thou

Κυρίου· καὶ λογισθήσεται τῷ ἀνθρώπῳ ἐκείνῳ αἷμα· αἷμα ἐξέχεεν· ἐξολοθρευθήσεται ἡ ψυχὴ ἐκείνη ἐκ τοῦ λαοῦ αὐτῆς. Ὅπως ἀναφέρωσιν οἱ υἱοὶ Ἰσραὴλ τὰς θυσίας αὐτῶν, ὅσας 5 ἂν αὐτοὶ σφάξουσιν ἐν τοῖς πεδίοις, καὶ οἴσουσι τῷ Κυρίῳ ἐπὶ τὰς θύρας τῆς σκηνῆς τοῦ μαρτυρίου πρὸς τὸν ἱερέα· καὶ θύσουσι θυσίαν σωτηρίου τῷ Κυρίῳ αὐτά. Καὶ προσχεεῖ 6 ὁ ἱερεὺς τὸ αἷμα ἐπὶ τὸ θυσιαστήριον κύκλῳ ἀπέναντι Κυρίου παρὰ τὰς θύρας τῆς σκηνῆς τοῦ μαρτυρίου· καὶ ἀνοίσει τὸ στέαρ εἰς ὀσμὴν εὐωδίας Κυρίῳ.

Καὶ οὐ θύσουσιν ἔτι τὰς θυσίας αὐτῶν τοῖς ματαίοις, οἷς 7 αὐτοὶ ἐκπορνεύουσιν ὀπίσω αὐτῶν· νόμιμον αἰώνιον ἔσται ὑμῖν εἰς τὰς γενεὰς ὑμῶν. Καὶ ἐρεῖς πρὸς αὐτούς, ἄνθρωπος 8 ἄνθρωπος τῶν υἱῶν Ἰσραὴλ, ἢ ἀπὸ τῶν υἱῶν τῶν προσηλύτων τῶν προσκειμένων ἐν ὑμῖν, ὃς ἂν ποιήσῃ ὁλοκαύτωμα ἢ θυσίαν, καὶ ἐπὶ τὴν θύραν τῆς σκηνῆς τοῦ μαρτυρίου μὴ ἐνέγκῃ 9 ποιῆσαι αὐτὸ τῷ Κυρίῳ, ἐξολοθρευθήσεται ὁ ἄνθρωπος ἐκεῖνος ἐκ τοῦ λαοῦ αὐτοῦ. Καὶ ἄνθρωπος ἄνθρωπος τῶν υἱῶν Ἰσραὴλ, 10 ἢ τῶν προσηλύτων τῶν προσκειμένων ἐν ὑμῖν, ὃς ἂν φάγῃ πᾶν αἷμα· καὶ ἐπιστήσω τὸ πρόσωπόν μου ἐπὶ τὴν ψυχὴν τὴν ἔσθουσαν τὸ αἷμα, καὶ ἀπολῶ αὐτὴν ἐκ τοῦ λαοῦ αὐτῆς. Ἡ 11 γὰρ ψυχὴ πάσης σαρκὸς αἷμα αὐτοῦ ἐστι· καὶ ἐγὼ δέδωκα αὐτὸ ὑμῖν ἐπὶ τοῦ θυσιαστηρίου ἐξιλάσκεσθαι περὶ τῶν ψυχῶν ὑμῶν· τὸ γὰρ αἷμα αὐτοῦ ἀντὶ ψυχῆς ἐξιλάσεται. Διὰ τοῦτο 12 εἴρηκα τοῖς υἱοῖς Ἰσραὴλ, πᾶσα ψυχὴ ἐξ ὑμῶν οὐ φάγεται αἷμα· καὶ ὁ προσήλυτος ὁ προσκείμενος ἐν ὑμῖν οὐ φάγεται αἷμα. Καὶ ἄνθρωπος ἄνθρωπος τῶν υἱῶν Ἰσραὴλ, ἢ τῶν προσηλύτων 13 τῶν προσκειμένων ἐν ὑμῖν, ὃς ἂν θηρεύσῃ θήρευμα θηρίον ἢ πετεινὸν, ὃ ἔσθεται, καὶ ἐκχεεῖ τὸ αἷμα, καὶ καλύψει αὐτὸ τῇ γῇ. Ἡ γὰρ ψυχὴ πάσης σαρκὸς αἷμα αὐτοῦ ἐστι· καὶ 14 εἶπα τοῖς υἱοῖς Ἰσραὴλ, αἷμα πάσης σαρκὸς οὐ φάγεσθε, ὅτι ἡ ψυχὴ πάσης σαρκὸς αἷμα αὐτοῦ ἐστι· πᾶς ὁ ἔσθων αὐτὸ, ἐξολοθρευθήσεται. Καὶ πᾶσα ψυχὴ, ἥτις φάγεται θνησιμαῖον, 15 ἢ θηριάλωτον ἐν τοῖς αὐτόχθοσιν, ἢ ἐν τοῖς προσηλύτοις, πλυνεῖ τὰ ἱμάτια αὐτοῦ, καὶ λούσεται ὕδατι, καὶ ἀκάθαρτος ἔσται ἕως ἑσπέρας, καὶ καθαρὸς ἔσται. Ἐὰν δὲ μὴ πλύνῃ τὰ ἱμάτια, 16 καὶ τὸ σῶμα μὴ λούσηται ὕδατι, καὶ λήψεται ἀνόμημα αὐτοῦ.

Καὶ εἶπε Κύριος πρὸς Μωυσῆν, λέγων, λάλησον τοῖς υἱοῖς 18 Ἰσραὴλ, καὶ ἐρεῖς πρὸς αὐτούς, ἐγὼ Κύριος ὁ Θεὸς ὑμῶν. 2 Κατὰ τὰ ἐπιτηδεύματα Αἰγύπτου, ἐν ᾗ κατῳκήσατε ἐπ᾽ αὐτῇ, 3 οὐ ποιήσετε· καὶ κατὰ τὰ ἐπιτηδεύματα γῆς Χαναὰν, εἰς ἣν ἐγὼ εἰσάγω ὑμᾶς ἐκεῖ, οὐ ποιήσετε, καὶ τοῖς νομίμοις αὐτῶν οὐ πορεύσεσθε. Τὰ κρίματά μου ποιήσετε, καὶ τὰ προστάγ- 4 ματά μου φυλάξεσθε, καὶ πορεύεσθε ἐν αὐτοῖς· ἐγὼ Κύριος ὁ Θεὸς ὑμῶν. Καὶ φυλάξεσθε πάντα τὰ προστάγματά μου, 5 καὶ πάντα τὰ κρίματά μου, καὶ ποιήσετε αὐτά· ἃ ποιήσας αὐτὰ ἄνθρωπος, ζήσεται ἐν αὐτοῖς· ἐγὼ Κύριος ὁ Θεὸς ὑμῶν. Ἄνθρωπος ἄνθρωπος πρὸς πάντα οἰκεῖα σαρκὸς αὐτοῦ οὐ 6 προσελεύσεται ἀποκαλύψαι ἀσχημοσύνην· ἐγὼ Κύριος. Ἀσχη- 7 μοσύνην πατρός σου καὶ ἀσχημοσύνην μητρός σου οὐκ ἀποκαλύψεις, μήτηρ γάρ σου ἐστίν, οὐκ ἀποκαλύψεις τὴν ἀσχημο-

---

β Gr. pours.   γ Rom. 10. 5.

8 σύνην αὐτῆς. Ἀσχημοσύνην γυναικὸς πατρός σου οὐκ
9 ἀποκαλύψεις, ἀσχημοσύνη πατρός σου ἐστίν. Ἀσχημοσύνην
τῆς ἀδελφῆς σου ἐκ πατρός σου ἢ ἐκ μητρός σου, ἐνδογενοῦς
ἢ γεγεννημένης ἔξω, οὐκ ἀποκαλύψεις ἀσχημοσύνην αὐτῶν.
10 Ἀσχημοσύνην θυγατρὸς υἱοῦ σου, ἢ θυγατρὸς θυγατρός
σου, οὐκ ἀποκαλύψεις τὴν ἀσχημοσύνην αὐτῶν, ὅτι σὴ ἀσχη-
11 μοσύνη ἐστίν. Ἀσχημοσύνην θυγατρὸς γυναικὸς πατρός σου
οὐκ ἀποκαλύψεις, ὁμοπατρία ἀδελφή σου ἐστὶν, οὐκ ἀποκαλύψεις
12 τὴν ἀσχημοσύνην αὐτῆς. Ἀσχημοσύνην ἀδελφῆς πατρός σου
13 οὐκ ἀποκαλύψεις, οἰκεία γὰρ πατρός σου ἐστιν. Ἀσχημοσύνην
ἀδελφῆς μητρός σου οὐκ ἀποκαλύψεις, οἰκεία γὰρ μητρός σου
14 ἐστίν. Ἀσχημοσύνην ἀδελφοῦ τοῦ πατρός σου οὐκ ἀποκα-
λύψεις, καὶ πρὸς τὴν γυναῖκα αὐτοῦ οὐκ εἰσελεύσῃ, συγγενὴς
15 γάρ σου ἐστίν. Ἀσχημοσύνην νύμφης σου οὐκ ἀποκαλύψεις,
γυνὴ γὰρ υἱοῦ σου ἐστὶν, οὐκ ἀποκαλύψεις τὴν ἀσχημοσύνην
16 αὐτῆς. Ἀσχημοσύνην γυναικὸς ἀδελφοῦ σου οὐκ ἀποκαλύ-
17 ψεις, ἀσχημοσύνη ἀδελφοῦ σου ἐστίν. Ἀσχημοσύνην γυναικὸς
καὶ θυγατρὸς αὐτῆς οὐκ ἀποκαλύψεις· τὴν θυγατέρα τοῦ υἱοῦ
αὐτῆς, καὶ τὴν θυγατέρα τῆς θυγατρὸς αὐτῆς οὐ λήψῃ ἀπο-
καλύψαι τὴν ἀσχημοσύνην αὐτῶν, οἰκεῖαι γάρ σου εἰσίν·
18 ἀσέβημα ἐστι. Γυναῖκα ἐπ᾽ ἀδελφῇ αὐτῆς οὐ λήψῃ ἀντίζηλον
ἀποκαλύψαι τὴν ἀσχημοσύνην αὐτῆς ἐπ᾽ αὐτῇ, ἔτι ζώσης
αὐτῆς.

19 Καὶ πρὸς γυναῖκα ἐν χωρισμῷ ἀκαθαρσίας αὐτῆς οὐκ εἰσ-
20 ελεύσῃ ἀποκαλύψαι τὴν ἀσχημοσύνην αὐτῆς. Καὶ πρὸς τὴν
γυναῖκα τοῦ πλησίον σου οὐ δώσεις κοίτην σπέρματός σου,
21 ἐκμιανθῆναι πρὸς αὐτήν. Καὶ ἀπὸ τοῦ σπέρματός σου οὐ
δώσεις λατρεύειν ἄρχοντι· καὶ οὐ βεβηλώσεις τὸ ὄνομα τὸ
22 ἅγιον· ἐγὼ Κύριος. Καὶ μετὰ ἄρσενος οὐ κοιμηθήσῃ κοίτην
23 γυναικείαν, βδέλυγμα γάρ ἐστι. Καὶ πρὸς πᾶν τετράπουν
οὐ δώσεις τὴν κοίτην σου εἰς σπερματισμόν, ἐκμιανθῆναι πρὸς
αὐτό· καὶ γυνὴ οὐ στήσεται πρὸς πᾶν τετράπουν βιβασθῆναι·
24 μυσαρὸν γάρ ἐστι. Μὴ μιαίνεσθε ἐν πᾶσι τούτοις· ἐν πᾶσι
γὰρ τούτοις ἐμιάνθησαν τὰ ἔθνη, ἃ ἐγὼ ἐξαποστέλλω πρὸ
25 προσώπου ὑμῶν, καὶ ἐξεμιάνθη ἡ γῆ καὶ ἀνταπέδωκα ἀδικίαν
αὐτοῖς δι᾽ αὐτήν, καὶ προσώχθισεν ἡ γῆ τοῖς ἐγκαθημένοις
26 ἐπ᾽ αὐτῆς. Καὶ φυλάξεσθε πάντα τὰ νόμιμά μου, καὶ πάντα
τὰ προστάγματά μου, καὶ οὐ ποιήσετε ἀπὸ πάντων τῶν βδελυγ-
μάτων τούτων ὁ ἐγχώριος, καὶ ὁ προσγενόμενος προσήλυτος
27 ἐν ὑμῖν· (Πάντα γὰρ τὰ βδελύγματα ταῦτα ἐποίησαν οἱ
ἄνθρωποι τῆς γῆς, οἱ ὄντες πρότερον ὑμῶν, καὶ ἐμιάνθη ἡ γῆ·)
28 καὶ ἵνα μὴ προσοχθίσῃ ὑμῖν ἡ γῆ ἐν τῷ μιαίνειν ὑμᾶς αὐτήν,
29 ὃν τρόπον προσώχθισε τοῖς ἔθνεσι τοῖς πρὸ ὑμῶν. Ὅτι πᾶς
ὃς ἐὰν ποιήσῃ ἀπὸ πάντων τῶν βδελυγμάτων τούτων, ἐξολο-
30 θρευθήσονται αἱ ψυχαὶ αἱ ποιοῦσαι ἐκ τοῦ λαοῦ αὐτῶν. Καὶ
φυλάξετε τὰ προστάγματά μου, ὅπως μὴ ποιήσητε ἀπὸ πάντων
τῶν νομίμων τῶν ἐβδελυγμένων, ἃ γέγονε πρὸ τοῦ ὑμᾶς· καὶ
οὐ μιανθήσεσθε ἐν αὐτοῖς, ὅτι ἐγὼ Κύριος ὁ Θεὸς ὑμῶν.

19 Καὶ ἐλάλησε Κύριος πρὸς Μωυσῆν, λέγων, λάλησον τῇ

shalt not uncover her nakedness. [8] Thou shalt not uncover the nakedness of thy father's wife; it is thy father's nakedness. [9] The nakedness of thy sister by thy father or by thy mother, born at home or abroad, their nakedness thou shalt not uncover. [10] The nakedness of thy son's daughter, or thy daughter's daughter, their nakedness thou shalt not uncover; because it is thy nakedness. [11] Thou shalt not uncover the nakedness of the daughter of thy father's wife; she is thy sister by the same father: thou shalt not uncover her nakedness. [12] Thou shalt not uncover the nakedness of thy father's sister, for she is near skin to thy father. [13] Thou shalt not uncover the nakedness of thy mother's sister, for she is near akin to thy mother. [14] Thou shalt not uncover the nakedness of thy father's brother, and thou shalt not go in to his wife; for she is thy relation. [15] Thou shalt not uncover the nakedness of thy daughter-in-law, for she is thy son's wife, thou shalt not uncover her nakedness. [16] Thou shalt not uncover the nakedness of thy brother's wife: it is thy brother's nakedness. [17] The nakedness of a woman and her daughter shalt thou not uncover; her son's daughter, and her daughter's daughter, shalt thou not take, to uncover their nakedness, for they are thy kinswomen: it is impiety. [18] Thou shalt not take a wife in addition to her sister, as a rival, to uncover her nakedness in opposition to her, while she is yet living.

[19] And thou shalt not go in to a woman under separation for her uncleanness, to uncover her nakedness. [20] And thou shalt not lie with thy neighbour's wife, to defile thyself with her. [21] And thou shalt not give of thy seed to serve β a ruler; and thou shalt not profane my holy name; I am the Lord. [22] And thou shalt not lie with a man as with a woman, for it is an abomination. [23] Neither shalt thou lie with any quadruped for copulation, to be polluted with it: neither shall a woman present herself before any quadruped to have connexion with it; for it is an abomination. [24] Do not defile yourselves with any of these things; for in all these things the nations are defiled, which I drive out before you, [25] and the land is polluted; and I have recompensed their iniquity to them because of it, and the land is aggrieved with them that dwell upon it. [26] And ye shall keep all my statutes and all my ordinances, and ye shall do none of these abominations; neither the native, nor the stranger that joins himself with you: ([27] for all these abominations the men of the land did who were before you, and the land was defiled,) [28] and lest the land be aggrieved with you in your polluting it, as it was aggrieved with the nations before you. [29] For whosoever shall do any of these abominations, the souls that do them shall be destroyed from among their people. [30] And ye shall keep mine ordinances, that ye may not do any of the abominable practices, which have taken place before your time: and ye shall not be polluted in them; for I am the Lord your God.

And the Lord spoke to Moses, saying,

β Probably Moloch. Heb. מֹלֶךְ.

²Speak to the congregation of the children of Israel, and thou shalt say to them, Ye shall be holy; for I the Lord your God *am* holy. ³Let every one of you ᵝreverence his father and his mother; and ye shall keep my sabbaths: I *am* the Lord your God. ⁴Ye shall not follow idols, and ye shall not make to yourselves molten gods: I *am* the Lord your God. ⁵And if ye will sacrifice a peace-offering to the Lord, ye shall offer it acceptable from yourselves. ⁶In what day soever ye shall sacrifice it, it shall be eaten; and on the following day, and if any of it should be left till the third day, it shall be thoroughly burnt with fire. ⁷And if it should be at all eaten on the third day, it is unfit for sacrifice: it shall not be accepted. ⁸And he that eats it shall bear his iniquity, because he has profaned the holy things of the Lord; and the souls that eat it shall be destroyed from among their people.

⁹And when ye reap the harvest of your land, ye shall not complete the reaping of your field with exactness, and thou shalt not gather that which falls from thy reaping. ¹⁰And thou shalt not go over the gathering of thy vineyard, neither shalt thou gather the ᵞremaining grapes of thy vineyard: thou shalt leave them for the poor and the stranger: I am the Lord your God. ¹¹Ye shall not steal, ye shall not lie, neither shall ᵟone bear false witness as an informer against his neighbour. ¹²And ye shall not swear unjustly by my name, and ye shall not profane the holy name of your God: I am the Lord your God. ¹³Thou shalt not injure thy neighbour, neither do thou rob *him*, neither shall the wages of thy hireling remain with thee until the morning.

¹⁴Thou shalt not revile the deaf, neither shalt thou put a stumbling-block in the way of the blind; and thou shalt fear the Lord thy God: I am the Lord your God. ¹⁵Thou shalt not act unjustly in judgment: thou shalt not accept the person of the poor, nor admire the person of the mighty; with justice shalt thou judge thy neighbour. ¹⁶Thou shalt not walk deceitfully among thy people; thou shalt not rise up against the blood of thy neighbour: I am the Lord your God. ¹⁷Thou shalt not hate thy brother in thine heart: thou shalt in any wise rebuke thy neighbour, so thou shalt not bear sin on his account. ¹⁸And thy hand shall not avenge thee; and thou shalt not be angry with the children of thy people; ᶻand thou shalt love thy neighbour as thyself; I am the Lord.

¹⁹Ye shall observe my law: thou shalt not let thy cattle gender with one of a different kind, and thou shalt not sow thy vineyard with diverse seed; and thou shalt not put upon thyself a mingled garment woven of two *materials*. ²⁰And if any one lie carnally with a woman, and she should be a home-servant kept for a man, and she has not been ransomed, *and* her freedom has not been given to her, they shall be visited *with punishment;* but they shall not die, because she was not set at liberty. ²¹And he shall bring for his trespass to the Lord to the door of the tabernacle of witness, a ram for a trespass-offering. ²²And

συναγωγῇ τῶν υἱῶν Ἰσραὴλ, καὶ ἐρεῖς πρὸς αὐτούς, ἅγιοι 2 ἔσεσθε, ὅτι ἅγιος ἐγὼ Κύριος ὁ Θεὸς ὑμῶν. Ἕκαστος πατέρα 3 αὐτοῦ καὶ μητέρα αὐτοῦ φοβείσθω, καὶ τὰ σάββατά μου φυλάξεσθε· ἐγὼ Κύριος ὁ Θεὸς ὑμῶν. Οὐκ ἐπακολουθήσετε 4 εἰδώλοις, καὶ θεοὺς χωνευτοὺς οὐ ποιήσετε ὑμῖν· ἐγὼ Κύριος ὁ Θεὸς ὑμῶν. Καὶ ἐὰν θύσητε θυσίαν σωτηρίου τῷ Κυρίῳ, 5 δεκτὴν ὑμῶν θύσετε. ῟ΗΙ ἂν ἡμέρα θύσετε, βρωθήσεται, καὶ 6 τῇ αὔριον· καὶ ἐὰν καταλειφθῇ ἕως ἡμέρας τρίτης, ἐν πυρὶ κατακαυθήσεται. Ἐὰν δὲ βρώσει βρωθῇ τῇ ἡμέρα τῇ τρίτῃ, 7 ἄθυτόν ἐστιν, οὐ δεχθήσεται. Ὁ δὲ ἔσθων αὐτό, ἁμαρτίαν 8 λήψεται, ὅτι τὰ ἅγια Κυρίου ἐβεβήλωσε· καὶ ἐξολοθρευθήσονται αἱ ψυχαὶ αἱ ἔσθουσαι ἐκ τοῦ λαοῦ αὐτῶν.

Καὶ ἐκθεριζόντων ὑμῶν τὸν θερισμὸν τῆς γῆς ὑμῶν, οὐ 9 συντελέσετε τὸν θερισμὸν ὑμῶν τοῦ ἀγροῦ σου ἐκθερίσαι· καὶ τὰ ἀποπίπτοντα τοῦ θερισμοῦ σου οὐ συλλέξεις, καὶ τὸν 10 ἀμπελῶνά σου οὐκ ἐπανατρυγήσεις, οὐδὲ τὰς ῥῶγας τοῦ ἀμπελῶνός σου συλλέξεις· τῷ πτωχῷ καὶ τῷ προσηλύτῳ καταλείψεις αὐτά. ἐγώ εἰμι Κύριος ὁ Θεὸς ὑμῶν. Οὐ κλέψετε, οὐ ψεύ- 11 σεσθε, οὐδὲ συκοφαντήσει ἕκαστος τὸν πλησίον. Καὶ οὐκ 12 ὀμεῖσθε τῷ ὀνόματί μου ἐπ' ἀδίκῳ, καὶ οὐ βεβηλώσετε τὸ ὄνομα τὸ ἅγιον τοῦ Θεοῦ ὑμῶν· ἐγώ εἰμι Κύριος ὁ Θεὸς ὑμῶν. Οὐκ ἀδικήσεις τὸν πλησίον, καὶ οὐχ ἁρπᾷ· καὶ οὐ 13 μὴ κοιμηθήσεται ὁ μισθὸς τοῦ μισθωτοῦ σου παρὰ σοὶ ἕως πρωΐ.

Οὐ κακῶς ἐρεῖς κωφόν, καὶ ἀπέναντι τυφλοῦ οὐ προσθήσεις 14 σκάνδαλον· καὶ φοβηθήσῃ Κύριον τὸν Θεόν σου· ἐγώ εἰμι Κύριος ὁ Θεὸς ὑμῶν. Οὐ ποιήσετε ἄδικον ἐν κρίσει· 15 οὐ λήψῃ πρόσωπον πτωχοῦ, οὐδὲ μὴ θαυμάσῃς πρόσωπον δυνάστου· ἐν δικαιοσύνῃ κρίνεις τὸν πλησίον σου. Οὐ πορεύ- 16 σῃ δόλῳ ἐν τῷ ἔθνει σου· οὐκ ἐπιστήσῃ ἐφ' αἷμα τοῦ πλησίον σου· ἐγώ εἰμι Κύριος ὁ Θεὸς ὑμῶν. Οὐ μισήσεις τὸν ἀδελφόν 17 σου τῇ διανοίᾳ σου· ἐλεγμῷ ἐλέγξεις τὸν πλησίον σου, καὶ οὐ λήψῃ δι' αὐτὸν ἁμαρτίαν. Καὶ οὐκ ἐκδικᾶταί σου ἡ χείρ, 18 καὶ οὐ μηνιεῖς τοῖς υἱοῖς τοῦ λαοῦ σου· καὶ ἀγαπήσεις τὸν πλησίον σου ὡς σεαυτόν· ἐγώ εἰμι Κύριος.

Τὸν νόμον μου φυλάξεσθε· τὰ κτήνη σου οὐ κατοχεύσεις 19 ἑτεροζύγῳ· καὶ τὸν ἀμπελῶνά σου οὐ κατασπερεῖς διάφορον· καὶ ἱμάτιον ἐκ δύο ὑφασμένον κίβδηλον οὐκ ἐπιβαλεῖς σεαυτῷ. Καὶ ἐάν τις κοιμηθῇ μετὰ γυναικὸς κοίτην σπέρματος, καὶ 20 αὕτη ᾖ οἰκέτις διαπεφυλαγμένη ἀνθρώπῳ, καὶ αὕτη λύτροις οὐ λελύτρωται, ἢ ἐλευθερία οὐκ ἐδόθη αὐτῇ, ἐπισκοπὴ ἔσται αὐτοῖς· οὐκ ἀποθανοῦνται, ὅτι οὐκ ἀπηλευθερώθη. Καὶ 21 προσάξει τῆς πλημμελείας αὐτοῦ τῷ Κυρίῳ παρὰ τὴν θύραν τῆς σκηνῆς τοῦ μαρτυρίου κριὸν πλημμελείας. Καὶ ἐξιλάσεται 22

ᵝ *Gr.* fear.　　ᵞ *Lit.* grapestones or husks.　　ᵟ *Gr.* each.　　ᶻ Matt. 22. 39.

περὶ αὐτοῦ ὁ ἱερεὺς ἐν τῷ κριῷ τῆς πλημμελείας ἔναντι Κυρίου περὶ τῆς ἁμαρτίας ἧς ἥμαρτε, καὶ ἀφεθήσεται αὐτῷ ἡ ἁμαρτία
23 ἣν ἥμαρτεν. Ὅταν δὲ εἰσέλθητε εἰς τὴν γῆν, ἣν Κύριος ὁ Θεὸς ὑμῶν δίδωσιν ὑμῖν, καὶ καταφυτεύσετε πᾶν ξύλον βρώσιμον, καὶ περικαθαριεῖτε τὴν ἀκαθαρσίαν αὐτοῦ· ὁ καρπὸς αὐτοῦ τρία ἔτη ἔσται ὑμῖν ἀπερικάθαρτος, οὐ βρωθήσεται.
24 Καὶ τῷ ἔτει τῷ τετάρτῳ · ἔσται πᾶς ὁ καρπὸς αὐτοῦ ἅγιος
25 αἰνετὸς τῷ Κυρίῳ. Ἐν δὲ τῷ ἔτει τῷ πέμπτῳ φάγεσθε τὸν καρπόν, πρόσθεμα ὑμῖν τὰ γεννήματα αὐτοῦ· ἐγώ εἰμι Κύριος ὁ Θεὸς ὑμῶν.
26 Μὴ ἔσθετε ἐπὶ τῶν ὀρέων, καὶ οὐκ οἰωνιεῖσθε, οὐδὲ ὀρνιθο-
27 σκοπήσεσθε. Οὐ ποιήσετε σισόην ἐκ τῆς κόμης τῆς κεφαλῆς
28 ὑμῶν, οὐδὲ φθερεῖτε τὴν ὄψιν τοῦ πώγωνος ὑμῶν. Καὶ ἐντομίδας οὐ ποιήσετε ἐπὶ ψυχῇ ἐν τῷ σώματι ὑμῶν· καὶ γράμματα στικτὰ οὐ ποιήσετε ἐν ὑμῖν· ἐγώ εἰμι Κύριος ὁ Θεὸς ὑμῶν.
29 Οὐ βεβηλώσεις τὴν θυγατέρα σου ἐκπορνεῦσαι αὐτήν· καὶ
30 οὐκ ἐκπορνεύσει ἡ γῆ, καὶ ἡ γῆ πλησθήσεται ἀνομίας. Τὰ σάββατά μου φυλάξεσθε, καὶ ἀπὸ τῶν ἁγίων μου φοβηθήσεσθε·
31 ἐγώ εἰμι Κύριος. Οὐκ ἐπακολουθήσετε ἐγγαστριμύθοις, καὶ τοῖς ἐπαοιδοῖς οὐ προσκολληθήσεσθε, ἐκμιανθῆναι ἐν αὐτοῖς·
32 ἐγώ εἰμι Κύριος ὁ Θεὸς ὑμῶν. Ἀπὸ προσώπου πολιοῦ ἐξαναστήσῃ, καὶ τιμήσεις πρόσωπον πρεσβυτέρου, καὶ φοβηθήσῃ
33 τὸν Θεόν σου· ἐγώ εἰμι Κύριος ὁ Θεὸς ὑμῶν. Ἐὰν δέ τις προσέλθῃ ὑμῖν προσήλυτος ἐν τῇ γῇ ὑμῶν, οὐ θλίψετε αὐτόν.
34 Ὡς ὁ αὐτόχθων ἐν ὑμῖν ἔσται ὁ προσήλυτος ὁ προσπορευόμενος πρὸς ὑμᾶς, καὶ ἀγαπήσεις αὐτὸν ὡς σεαυτόν· ὅτι προσήλυτοι ἐγενήθητε ἐν γῇ Αἰγύπτῳ· ἐγώ εἰμι Κύριος ὁ Θεὸς ὑμῶν.
35 Οὐ ποιήσετε ἄδικον ἐν κρίσει, ἐν μέτροις καὶ ἐν σταθμίοις
36 καὶ ἐν ζυγοῖς. Ζυγὰ δίκαια καὶ σταθμία δίκαια καὶ χοῦς δίκαιος ἔσται ἐν ὑμῖν· ἐγώ εἰμι Κύριος ὁ Θεὸς ὑμῶν, ὁ ἐξ-
37 αγαγὼν ὑμᾶς ἐκ γῆς Αἰγύπτου. Καὶ φυλάξεσθε πάντα τὸν νόμον μου, καὶ πάντα τὰ προστάγματά μου, καὶ ποιήσετε αὐτά· ἐγώ εἰμι Κύριος ὁ Θεὸς ὑμῶν.
20 Καὶ ἐλάλησε Κύριος πρὸς Μωυσῆν, λέγων, καὶ τοῖς υἱοῖς
2 Ἰσραὴλ λαλήσεις, ἐάν τις ἀπὸ τῶν υἱῶν Ἰσραὴλ, ἢ ἀπὸ τῶν γεγενημένων προσηλύτων ἐν Ἰσραὴλ, ὃς ἂν δῷ τοῦ σπέρματος αὐτοῦ ἄρχοντι, θανάτῳ θανατούσθω· τὸ ἔθνος τὸ ἐπὶ
3 τῆς γῆς λιθοβολήσουσιν αὐτὸν ἐν λίθοις. Καὶ ἐγὼ ἐπιστήσω τὸ πρόσωπόν μου ἐπὶ τὸν ἄνθρωπον ἐκεῖνον, καὶ ἀπολῶ αὐτὸν ἐκ τοῦ λαοῦ αὐτοῦ, ὅτι τοῦ σπέρματος αὐτοῦ ἔδωκεν ἄρχοντι, ἵνα μιάνῃ τὰ ἅγιά μου, καὶ βεβηλώσῃ τὸ ὄνομα τῶν ἡγια-
4 σμένων μοι. Ἐὰν δὲ ὑπερόψει ὑπερίδωσιν οἱ αὐτόχθονες τῆς γῆς τοῖς ὀφθαλμοῖς αὐτῶν ἀπὸ τοῦ ἀνθρώπου ἐκείνου, ἐν τῷ δοῦναι αὐτὸν τοῦ σπέρματος αὐτοῦ ἄρχοντι, τοῦ μὴ ἀποκτεῖναι
5 αὐτόν· καὶ ἐπιστήσω τὸ πρόσωπόν μου ἐπὶ τὸν ἄνθρωπον ἐκεῖνον, καὶ τὴν συγγένειαν αὐτοῦ, καὶ ἀπολῶ αὐτὸν, καὶ πάντας τοὺς ὁμονοοῦντας αὐτῷ, ὥστε ἐκπορνεύειν αὐτὸν εἰς τοὺς ἄρχοντας, ἐκ τοῦ λαοῦ αὐτῶν.
6 Καὶ ψυχὴ ἣ ἂν ἐπακολουθήσῃ ἐγγαστριμύθοις ἢ ἐπαοιδοῖς, ὥστε ἐκπορνεῦσαι ὀπίσω αὐτῶν, ἐπιστήσω τὸ πρόσωπόν μου

the priest shall make atonement for him with the ram of the trespass-offering, before the Lord, for the sin which he sinned; and the sin which he sinned shall be forgiven him. 23 And whenever ye shall enter into the land which the Lord your God gives you, and shall plant any fruit-tree, then shall ye purge away its uncleanness; its fruit shall be three years uncleansed to you, it shall not be eaten. 24 And in the fourth year all its fruit shall be holy, βa subject of praise to the Lord. 25 And in the fifth year ye shall eat the fruit, its produce is an increase to you. I am the Lord your God.

26 Eat not on the mountains, nor shall ye employ auguries, nor divine by inspection of birds. 27 Ye shall not make a round cutting of the hair of your head, nor γdisfigure your beard. 28 And ye shall not make cuttings in your body for a *dead* δ body, and ye shall not inscribe on yourselves any marks. I am the Lord your God. 29 Thou shalt not profane thy daughter to prostitute her; so the land shall not go a whoring, and the land be filled with iniquity. 30 Ye shall keep my sabbaths, and reverence my sanctuaries: I am the Lord. 31 Ye shall not attend to ζthose who have in them divining spirits, nor attach yourselves to enchanters, to pollute yourselves with them: I am the Lord your God. 32 Thou shalt rise up before the hoary head, and honour the face of the old man, and shalt fear thy God: I am the Lord your God. 33 And if there should come to you a stranger in your land, ye shall not afflict him. 34 The stranger that comes to you shall be among you as the native, and thou shalt love him as thyself; for ye were strangers in the land of Egypt: I am the Lord your God. 35 Ye shall not act unrighteously in judgment, in measures and weights and scales. 36 There shall be among you just balances and just weights and a just liquid measure. I am the Lord your God, who brought you out of the land of Egypt. 37 And ye shall keep all my law and all my ordinances, and ye shall do them: I am the Lord your God.

And the Lord spoke to Moses, saying, 2 Thou shalt also say to the children of Israel, If *there shall be* any of the children of Israel, or of those who have become proselytes in Israel, who shall give of his seed to θ Moloch, let him be surely put to death; the nation upon the land shall stone him with stones. 3 And I will set my face against that man, and will cut him off from his people, because he has given of his seed to Moloch, to defile my sanctuary, and profane the name of them that are consecrated to me. 4 And if the natives of the land should in anywise overlook that man in giving of his seed to Moloch, so as not to put him to death; 5 then will I set my face against that man and his family, and I will destroy him, and all who have been of one mind with him, so that he should go a whoring to λ the princes, from their people.

6 And the soul that shall follow those who have in them divining spirits, or enchanters, so as to go a whoring after them; I will set

---

β *Gr.* laudable. γ *Gr.* mar the appearance of. ζ *Gr.* ventriloquists. δ *Gr.* soul. *Heb.* שֶׁפֶשׁ. θ *Gr.* the ruler. *q. d.* that animal frame which *once* breathed. λ *Heb.* Moloch.

my face against that soul, and will destroy it from among its people. ⁷ And ye shall be holy, for I the Lord your God *am* holy. ⁸ And ye shall observe my ordinances, and do them : I *am* the Lord that sanctifies you. ⁹ Every man who shall speak evil of his father or of his mother, let him die the death ; has he spoken evil of his father or his mother? he shall be guilty. ¹⁰ Whatever man shall commit adultery with the wife of a man, or whoever shall commit adultery with the wife of his neighbour, let them die the death, the adulterer and the adulteress. ¹¹ And if any one should lie with his father's wife, he has uncovered his father's nakedness : let them both die the death, they are guilty. ¹² And if any one should lie with his daughter-in-law, let them both be put to death ; for they have wrought impiety, they are guilty. ¹³ And whoever shall lie with a male as with a woman, they have both wrought abomination ; let them die the death, they are guilty. ¹⁴ Whosoever shall take a woman and her mother, it is iniquity : they shall burn him and them with fire ; so there shall not be iniquity among you. ¹⁵ And whosoever shall lie with a beast, let him die the death ; and ye shall kill the beast. ¹⁶ And whatever woman shall approach any beast, so as to have connexion with it, ye shall kill the woman and the beast : let them die the death, they are guilty. ¹⁷ Whosoever shall take his sister by his father or by his mother, and shall see her nakedness, and she see his nakedness, it is a reproach : they shall be destroyed before the children of their family ; he has uncovered his sister's nakedness, they shall bear their sin. ¹⁸ And whatever man shall lie with a woman that is set apart *for a flux,* and shall uncover her nakedness, he has uncovered her fountain, and she has uncovered the flux of her blood : they shall both be destroyed from among their generation. ¹⁹ And thou shalt not uncover the nakedness of thy father's sister, or of the sister of thy mother ; for that man has uncovered the nakedness of one near akin : they shall bear their iniquity. ²⁰ Whosoever shall lie with his near kinswoman, has uncovered the nakedness of one near akin to him : they shall die childless. ²¹ Whoever shall take his brother's wife, it is uncleanness ; he has uncovered his brother's nakedness ; they shall die childless.

²² And keep ye all my ordinances, and my judgments ; and ye shall do them, and the land shall not be aggrieved with you, into which I bring you to dwell upon it. ²³ And walk ye not in the customs of the nations which I drive out from before you ; for they have done all these things, and I have abhorred them : ²⁴ and I said to you, Ye shall inherit their land, and I will give it to you for a possession, *even* a land flowing with milk and honey : I *am* the Lord your God, who have separated you from all people. ²⁵ And βye shall make a distinction between the clean and the unclean cattle, and between clean and unclean birds ; and ye shall not defile your souls with cattle, or with birds, or with any creeping things of

ἐπὶ τὴν ψυχὴν ἐκείνην, καὶ ἀπολῶ αὐτὴν ἐκ τοῦ λαοῦ αὐτῆς. Καὶ ἔσεσθε ἅγιοι, ὅτι ἅγιος ἐγὼ Κύριος ὁ Θεὸς ὑμῶν. 7 Καὶ φυλάξεσθε τὰ προστάγματά μου, καὶ ποιήσετε αὐτά· 8 ἐγὼ Κύριος ὁ ἁγιάζων ὑμᾶς. Ἄνθρωπος ἄνθρωπος, ὃς ἂν 9 κακῶς εἴπῃ τὸν πατέρα αὐτοῦ ἢ τὴν μητέρα αὐτοῦ, θανάτῳ θανατούσθω· πατέρα αὐτοῦ ἢ μητέρα αὐτοῦ κακῶς εἶπεν· ἔνοχος ἔσται.

Ἄνθρωπος ὃς ἂν μοιχεύσηται γυναῖκα ἀνδρός, ἢ ὃς ἂν 10 μοιχεύσηται γυναῖκα τοῦ πλησίον, θανάτῳ θανατούσθωσαν, ὁ μοιχεύων καὶ ἡ μοιχευομένη. Καὶ ἐάν τις κοιμηθῇ μετὰ 11 γυναικὸς τοῦ πατρὸς αὐτοῦ, ἀσχημοσύνην τοῦ πατρὸς αὐτοῦ ἀπεκάλυσε· θανάτῳ θανατούσθωσαν ἀμφότεροι, ἔνοχοί εἰσι. Καὶ ἐάν τις κοιμηθῇ μετὰ νύμφης αὐτοῦ, θανάτῳ θανατού- 12 σθωσαν ἀμφότεροι· ἠσεβήκασι γάρ, ἔνοχοί εἰσι. Καὶ ὃς ἂν 13 κοιμηθῇ μετὰ ἄρσενος κοίτην γυναικός, βδέλυγμα ἐποίησαν ἀμφότεροι· θανάτῳ θανατούσθωσαν, ἔνοχοι εἰσιν. Ὃς ἂν 14 λάβῃ γυναῖκα καὶ τὴν μητέρα αὐτῆς, ἀνόμημά ἐστιν· ἐν πυρὶ κατακαύσουσιν αὐτὸν καὶ αὐτάς, καὶ οὐκ ἔσται ἀνομία ἐν ὑμῖν. Καὶ ὃς ἂν δῷ κοιτασίαν αὐτοῦ ἐν τετράποδι, θανάτῳ θανά- 15 τούσθω, καὶ τὸ τετράπουν ἀποκτενεῖτε. Καὶ γυνὴ ἥτις προσ- 16 ελεύσεται πρὸς πᾶν κτῆνος βιβασθῆναι αὐτὴν ὑπ' αὐτοῦ, ἀποκτενεῖτε τὴν γυναῖκα καὶ τὸ κτῆνος· θανάτῳ θανατούσθωσαν, ἔνοχοί εἰσιν. Ὃς ἂν λάβῃ τὴν ἀδελφὴν αὐτοῦ ἐκ πατρὸς 17 αὐτοῦ ἢ ἐκ μητρὸς αὐτοῦ, καὶ ἴδῃ τὴν ἀσχημοσύνην αὐτῆς, καὶ αὕτη ἴδῃ τὴν ἀσχημοσύνην αὐτοῦ, ὄνειδός ἐστιν, ἐξολο- θρευθήσονται ἐνωπιον υἱῶν γένους αὐτῶν· ἀσχημοσύνην ἀδελφῆς αὐτοῦ ἀπεκάλυψεν, ἁμαρτίαν κομιοῦνται. Καὶ ἀνὴρ 18 ὃς ἂν κοιμηθῇ μετὰ γυναικὸς ἀποκαθημένης, καὶ ἀποκαλύψῃ τὴν ἀσχημοσύνην αὐτῆς, τὴν πηγὴν αὐτῆς ἀπεκάλυψε, καὶ αὕτη ἀπεκάλυψε τὴν ῥύσιν τοῦ αἵματος αὐτῆς· ἐξολοθρευθή- σονται ἀμφότεροι ἐκ τῆς γενεᾶς αὐτῶν. Καὶ ἀσχημοσύνην 19 ἀδελφῆς πατρὸς σου, καὶ ἀδελφῆς μητρός σου οὐκ ἀποκα- λύψεις· τὴν γὰρ οἰκειότητα ἀπεκάλυψεν, ἁμαρτίαν ἀποίσονται. Ὃς ἂν κοιμηθῇ μετὰ τῆς συγγενοῦς αὐτοῦ, ἀσχημοσύνην 20 τῆς συγγενείας αὐτοῦ ἀπεκάλυψεν, ἄτεκνοι ἀποθανοῦνται. Ὃς ἐὰν λάβῃ γυναῖκα τοῦ ἀδελφοῦ αὐτοῦ, ἀκαθαρσία ἐστίν· 21 ἀσχημοσύνην τοῦ ἀδελφοῦ αὐτοῦ ἀπεκάλυψεν, ἄτεκνοι ἀπο- θανοῦνται.

Καὶ φυλάξασθε πάντα τὰ προστάγματά μου, καὶ τὰ κρίματά 22 μου, καὶ ποιήσετε αὐτά, καὶ οὐ μὴ προσοχθίσῃ ὑμῖν ἡ γῆ, εἰς ἣν ἐγὼ εἰσάγω ὑμᾶς ἐκεῖ κατοικεῖν ἐπ' αὐτῆς. Καὶ οὐχὶ 23 πορεύεσθε τοῖς νομίμοις τῶν ἐθνῶν, οὓς ἐξαποστέλλω ἀφ' ὑμῶν· ὅτι ταῦτα πάντα ἐποίησαν, καὶ ἐβδελυξάμην αὐτούς. Καὶ εἶπα ὑμῖν, ὑμεῖς κληρονομήσετε τὴν γῆν αὐτῶν, καὶ 24 ἐγὼ δώσω ὑμῖν αὐτὴν ἐν κτήσει, γῆν ῥέουσαν γάλα καὶ μέλι· ἐγὼ Κύριος ὁ Θεὸς ὑμῶν, ὃς διώρισα ὑμᾶς ἀπὸ πάντων τῶν ἐθνῶν. Καὶ ἀφοριεῖτε αὐτοὺς ἀναμέσον τῶν κτηνῶν τῶν 25 καθαρῶν καὶ ἀναμέσον τῶν κτηνῶν τῶν ἀκαθάρτων, καὶ ἀνα- μέσον τῶν πετεινῶν τῶν καθαρῶν καὶ τῶν ἀκαθάρτων· καὶ οὐ βδελύξετε τὰς ψυχὰς ὑμῶν ἐν τοῖς κτήνεσι, καὶ ἐν τοῖς

β *Gr.* ye shall separate them.

πετεινοῖς, καὶ ἐν πᾶσι τοῖς ἑρπετοῖς τῆς γῆς ἃ ἐγὼ ἀφώρισα
26 ὑμῖν ἐν ἀκαθαρσίᾳ. Καὶ ἔσεσθέ μοι ἅγιοι, ὅτι ἐγὼ ἅγιός
εἰμι Κύριος ὁ Θεὸς ὑμῶν, ὁ ἀφορίσας ὑμᾶς ἀπὸ πάντων τῶν
ἐθνῶν, εἶναί μοι.

27 Καὶ ἀνὴρ ἢ γυνὴ ὃς ἂν γένηται αὐτῶν ἐγγαστρίμυθος ἢ
ἐπαοιδός, θανάτῳ θανατούσθωσαν ἀμφότεροι· λίθοις λιθοβολή-
σετε αὐτούς, ἔνοχοί εἰσι.

21 Καὶ εἶπε Κύριος πρὸς Μωυσῆν, λέγων, εἶπον τοῖς ἱερεῦσι
τοῖς υἱοῖς Ἀαρών, καὶ ἐρεῖς πρὸς αὐτούς, ἐν ταῖς ψυχαῖς οὐ
2 μιανθήσονται ἐν τῷ ἔθνει αὐτῶν, ἀλλ᾿ ἢ ἐν τῷ οἰκείῳ τῷ
ἔγγιστα αὐτῶν, ἐπὶ πατρὶ καὶ μητρὶ, καὶ υἱοῖς, καὶ θυγατράσιν,
3 ἐπ᾿ ἀδελφῷ, καὶ ἐπ᾿ ἀδελφῇ παρθένῳ τῇ ἐγγιζούσῃ αὐτῷ,
4 τῇ μὴ ἐκδεδομένῃ ἀνδρί, ἐπὶ τούτοις μιανθήσεται. Οὐ μιανθή-
5 σεται ἐξάπινα ἐν τῷ λαῷ αὐτοῦ εἰς βεβήλωσιν αὐτοῦ. Καὶ
φαλάκρωμα οὐ ξυρηθήσεσθε τὴν κεφαλὴν ἐπὶ νεκρῷ· καὶ τὴν
ὄψιν τοῦ πώγωνος οὐ ξυρήσονται· καὶ ἐπὶ τὰς σάρκας αὐτῶν
6 οὐ κατατεμοῦσιν ἐντομίδας. Ἅγιοι ἔσονται τῷ Θεῷ αὐτῶν,
καὶ οὐ βεβηλώσουσι τὸ ὄνομα τοῦ Θεοῦ αὐτῶν· τὰς γὰρ
θυσίας Κυρίου δῶρα τοῦ Θεοῦ αὐτῶν αὐτοὶ προσφέρουσι,
7 καὶ ἔσονται ἅγιοι. Γυναῖκα πόρνην καὶ βεβηλωμένην οὐ
λήψονται, καὶ γυναῖκα ἐκβεβλημένην ἀπὸ ἀνδρὸς αὐτῆς, ὅτι
8 ἅγιός ἐστι Κυρίῳ τῷ Θεῷ αὐτοῦ. Καὶ ἁγιάσεις αὐτόν· τὰ
δῶρα Κυρίου τοῦ Θεοῦ ὑμῶν οὗτος προσφέρει, ἅγιος ἔσται·
9 ὅτι ἅγιος ἐγὼ Κύριος ὁ ἁγιάζων αὐτούς. Καὶ θυγάτηρ
ἀνθρώπου ἱερέως ἐὰν βεβηλωθῇ τοῦ ἐκπορνεῦσαι, τὸ ὄνομα
τοῦ πατρὸς αὐτῆς αὐτὴ βεβηλοῖ· ἐπὶ πυρὸς κατακαυθή-
σεται.

10 Καὶ ὁ ἱερεὺς ὁ μέγας ἀπὸ τῶν ἀδελφῶν αὐτοῦ, τοῦ ἐπικε-
χυμένου ἐπὶ τὴν κεφαλὴν τοῦ ἐλαίου τοῦ χριστοῦ, καὶ τετε-
λειωμένου ἐνδύσασθαι τὰ ἱμάτια, τὴν κεφαλὴν οὐκ ἀποκι-
11 δαρώσει, καὶ τὰ ἱμάτια οὐ διαρρήξει, καὶ ἐπὶ πάσῃ ψυχῇ
τετελευτηκυίᾳ οὐκ εἰσελεύσεται, ἐπὶ πατρὶ αὐτοῦ οὐδὲ ἐπὶ
12 μητρὶ αὐτοῦ οὐ μιανθήσεται. Καὶ ἐκ τῶν ἁγίων οὐκ ἐξελεύ-
σεται, καὶ οὐ βεβηλώσει τὸ ἡγιασμένον τοῦ Θεοῦ αὐτοῦ,
ὅτι τὸ ἅγιον ἔλαιον τὸ χριστὸν τοῦ Θεοῦ ἐπ᾿ αὐτῷ· ἐγὼ Κύριος.
13, 14 Οὗτος γυναῖκα παρθένον ἐκ τοῦ γένους αὐτοῦ λήψεται. Χή-
ραν δὲ καὶ ἐκβεβλημένην καὶ βεβηλωμένην καὶ πόρνην, ταύτας
οὐ λήψεται, ἀλλ᾿ ἢ παρθένον ἐκ τοῦ λαοῦ αὐτοῦ λήψεται
15 γυναῖκα. Καὶ οὐ βεβηλώσει τὸ σπέρμα αὐτοῦ ἐν τῷ λαῷ
16 αὐτοῦ· ἐγὼ Κύριος ὁ ἁγιάζων αὐτόν. Καὶ ἐλάλησε Κύριος
17 πρὸς Μωυσῆν, λέγων, εἶπον Ἀαρών, ἄνθρωπος ἐκ τοῦ γένους
σου εἰς τὰς γενεὰς ὑμῶν, τινὶ ἐὰν ᾖ ἐν αὐτῷ μῶμος, οὐ προσ-
18 ελεύσεται προσφέρειν τὰ δῶρα τοῦ Θεοῦ αὐτοῦ· πᾶς ἄνθρωπος
ᾧ ἐστιν ἐν αὐτῷ μῶμος, οὐ προσελεύσεται· ἄνθρωπος τυφλὸς,
19 ἢ χωλὸς, ἢ κολοβόριν, ἢ ὠτότμητος, ἢ ἄνθρωπος ᾧ ἂν ᾖ
20 ἐν αὐτῷ σύντριμμα χειρὸς, ἢ σύντριμμα ποδὸς, ἢ κυρτὸς, ἢ
ἔφηλος, ἢ πτίλλος τοὺς ὀφθαλμοὺς, ἢ ἄνθρωπος ᾧ ἂν ᾖ ἐν
21 αὐτῷ ψώρα ἀγρία, ἢ λειχὴν, ἢ μονόρχις. Πᾶς ᾧ ἐστιν ἐν
αὐτῷ μῶμος, ἐκ τοῦ σπέρματος Ἀαρὼν τοῦ ἱερέως, οὐκ ἐγγιεῖ
τοῦ προσενεγκεῖν τὰς θυσίας τῷ Θεῷ σου, ὅτι μῶμος ἐν

the earth, which I have separated for you by reason of uncleanness. [26] And ye shall be holy to me; because I the Lord your God am holy, who separated you from all nations, to be mine. [27] And as for a man or woman whosoever of them shall have in them a divining spirit, or be an enchanter, let them both die the death: ye shall stone them with stones, they are guilty.

And the Lord spoke to Moses, saying, Speak to the priests the sons of Aaron, and thou shalt tell them that they shall not defile themselves in their nation for the dead, [2] but they may mourn for a relative who is very near to them, for a father and mother, and sons and daughters, for a brother, [3] and for a virgin sister that is near to one, that is not espoused to a man; for these one shall defile himself. [4] He shall not defile himself suddenly among his people to profane himself. [5] And ye shall not shave your head for the dead with a baldness on the top; and they shall not βshave their beard, neither shall they make gashes on their flesh. [6] They shall be holy to their God, and they shall not profane the name of their God; for they offer the sacrifices of the Lord as the gifts of their God, and they shall be holy. [7] They shall not take a woman who is a harlot and profaned, γ or a woman put away from her husband; for he is holy to the Lord his God. [8] And thou shalt hallow him; he offers the gifts of the Lord your God: he shall be holy, for I the Lord that sanctify them am holy. [9] And if the daughter of a δ priest should be profaned to go a whoring, she profanes the name of her father: she shall be burnt with fire.

[10] And the priest that is chief among his brethren, the oil having been poured upon the head of the anointed one, and he having been consecrated to put on the garments, shall not take the mitre off his head, and shall not rend his garments: [11] neither shall he go in to any dead body, neither shall he defile himself for his father or his mother. [12] And he shall not go forth out of the sanctuary, and he shall not profane the sanctuary of his God, because the holy anointing oil of God is upon him: I am the Lord. [13] He shall take for a wife a virgin of his own ζtribe. [14] But a widow, or one that is put away, or profaned, or a harlot, these he shall not take; but he shall take for a wife a virgin of his own people. [15] And he shall not profane his seed among his people: I am the Lord that sanctifies him. [16] And the Lord spoke to Moses, saying, [17] Say to Aaron, A man of the ζtribe throughout your generations, who shall have a blemish on him, shall not draw nigh to offer the gifts of his God. [18] No man who has a blemish on him shall draw nigh; a man lame, blind, with his nose disfigured, or his ears cut, [19] a man who has a broken hand or a broken foot, [20] or hump-backed, or blear-eyed, or that has lost his eye-lashes, or a man who has a malignant ulcer, or tetter, or one that has lost a testicle. [21] Whoever of the seed of Aaron the priest has a blemish on him, shall not draw nigh to offer sacrifices to thy God,

---

β Gr. the face of the beard.　γ Gr. and.　δ Gr. a man, a priest.　ζ Or, race.

because he has a blemish on him; he shall not draw nigh to offer the gifts of God. 22 The gifts of God *are* most holy, and he shall eat of the holy things. 23 Only he shall not approach the veil, and he shall not draw nigh to the altar, because he has a blemish; and he shall not profane the sanctuary of his God, for I am the Lord that sanctifies them. 24 And Moses spoke to Aaron and his sons, and to all the children of Israel.

And the Lord spoke to Moses, saying, 2 Speak to Aaron and to his sons, and let them take heed concerning the holy things of the children of Israel, so they shall not profane my holy name in any of the things which they consecrate to me: I *am* the Lord. 3 Say to them, Every man throughout your generations, whoever of all your seed shall approach to the holy things, whatsoever the children of Israel shall consecrate to the Lord, β while his uncleanness is upon him, that soul shall be cut off from me: I *am* the Lord your God. 4 And the man of the seed of Aaron the priest, if he should have leprosy or issue of the reins, shall not eat of the holy things, until he be cleansed; and he that touches any uncleanness of a dead body, or the man whose seed of copulation shall have gone out from him, 5 or whosoever shall touch any unclean reptile, which will defile him, or *who shall touch* a man, whereby he shall defile him according to all his uncleanness: 6 whatsoever soul shall touch them shall be unclean until evening; he shall not eat of the holy things, unless he bathe his body in water, 7 and the sun go down, and then he shall be clean; and then shall he eat of all the holy things, for they are his bread. 8 He shall not eat that which dies of itself, or is taken of beasts, so that he should be polluted by them: I *am* the Lord. 9 And they shall keep my ordinances, that they do not bear iniquity because of them, and die because of them, if they shall profane them: I *am* the Lord God that sanctifies them. 10 And no stranger shall eat the holy things: one that sojourns with a priest, or a hireling, shall not eat the holy things. 11 But if a priest should have a soul purchased for money, he shall eat of his bread; and they that are born in his house, they also shall eat of his bread. 12 And if the daughter of a priest should marry a stranger, she shall not eat of the γ offerings of the sanctuary. 13 And if the daughter of a priest should be a widow, or put away, and have no seed, she shall return to her father's house, as in her youth: she shall eat of her father's bread, but no stranger shall eat of it. 14 And the man who shall ignorantly eat holy things, shall add the fifth part to it, and give the holy thing to the priest. 15 And they shall not profane the holy things of the children of Israel, which they offer to the Lord. 16 So δ should they bring upon themselves the iniquity of trespass in their eating their holy things: for I *am* the Lord that sanctifies them.

17 And the Lord spoke to Moses, saying, 18 Speak to Aaron and his sons, and to all the congregation of Israel, and thou shalt say to them, Any man of the children of Israel, or

αὐτῷ· τὰ δῶρα τοῦ Θεοῦ οὐ προσελεύσεται προσενεγκεῖν. Τὰ δῶρα τοῦ Θεοῦ τὰ ἅγια τῶν ἁγίων, καὶ ἀπὸ τῶν ἁγίων 22 φάγεται. Πλὴν πρὸς τὸ καταπέτασμα οὐ προσελεύσεται, 23 καὶ πρὸς τὸ θυσιαστήριον οὐκ ἐγγιεῖ, ὅτι μῶμον ἔχει· καὶ οὐ βεβηλώσει τὸ ἅγιον τοῦ Θεοῦ αὐτοῦ, ὅτι ἐγώ εἰμι Κύριος ὁ ἁγιάζων αὐτούς. Καὶ ἐλάλησε Μωυσῆς πρὸς Ἀαρὼν καὶ 24 τοὺς υἱοὺς αὐτοῦ, καὶ πρὸς πάντας υἱοὺς Ἰσραήλ.

Καὶ ἐλάλησε Κύριος πρὸς Μωυσῆν, λέγων, εἶπον 22 Ἀαρὼν καὶ τοῖς υἱοῖς αὐτοῦ· καὶ προσεχέτωσαν ἀπὸ τῶν 2 ἁγίων τῶν υἱῶν Ἰσραήλ, καὶ οὐ βεβηλώσουσι τὸ ὄνομα·τὸ ἅγιόν μου, ὅσα αὐτοὶ ἁγιάζουσί μοι· ἐγὼ Κύριος. Εἶπον 3 αὐτοῖς, εἰς τὰς γενεὰς ὑμῶν πᾶς ἄνθρωπος, ὃς ἂν προσέλθῃ ἀπὸ παντὸς τοῦ σπέρματος ὑμῶν πρὸς τὰ ἅγια, ὅσα ἂν ἁγιά- ζωσιν οἱ υἱοὶ Ἰσραὴλ τῷ Κυρίῳ, καὶ ἡ ἀκαθαρσία αὐτοῦ ἐπ' αὐτῷ ᾖ, ἐξολοθρευθήσεται ἡ ψυχὴ ἐκείνη ἀπ' ἐμοῦ· ἐγὼ Κύριος ὁ Θεὸς ὑμῶν. Καὶ ἄνθρωπος ἐκ τοῦ σπέρματος Ἀαρὼν τοῦ 4 ἱερέως, καὶ οὗτος λεπρᾷ ἢ γονορρυεῖ, τῶν ἁγίων οὐκ ἔδεται, ἕως ἂν καθαρισθῇ· καὶ ὁ ἁπτόμενος πάσης ἀκαθαρσίας ψυχῆς, ἢ ἄνθρωπος ᾧ ἂν ἐξέλθῃ ἐξ αὐτοῦ κοίτη σπέρματος, ἢ ὅστις ἂν 5 ἅψηται παντὸς ἑρπετοῦ ἀκαθάρτου, ὃ μιανεῖ αὐτόν, ἢ ἐπ' ἀνθρώπῳ, ἐν ᾧ μιανεῖ αὐτὸν κατὰ πᾶσαν ἀκαθαρσίαν αὐτοῦ· Ψυχὴ ἥτις ἐὰν ἅψηται αὐτῶν, ἀκάθαρτος ἔσται ἕως ἑσπέρας· 6 οὐκ ἔδεται ἀπὸ τῶν ἁγίων, ἐὰν μὴ λούσηται τὸ σῶμα αὐτοῦ ὕδατι. Καὶ δύῃ ὁ ἥλιος, καὶ καθαρὸς ἔσται· καὶ τότε φάγεται 7 τῶν ἁγίων, ὅτι ἄρτος αὐτοῦ ἐστι. Θνησιμαῖον καὶ θηριάλωτον 8 οὐ φάγεται, μιανθῆναι αὐτὸν ἐν αὐτοῖς· ἐγὼ Κύριος. Καὶ 9 φυλάξονται τὰ φυλάγματά μου, ἵνα μὴ λάβωσι δι' αὐτὰ ἁμαρτίαν, καὶ ἀποθάνωσι δι' αὐτά, ἐὰν βεβηλώσουσιν αὐτά· ἐγὼ Κύριος ὁ Θεὸς ὁ ἁγιάζων αὐτούς. Καὶ πᾶς ἀλλογενὴς 10 οὐ φάγεται ἅγια· πάροικος ἱερέως, ἢ μισθωτός, οὐ φάγεται ἅγια. Ἐὰν δὲ ἱερεὺς κτήσηται ψυχὴν ἔγκτητον ἀργυρίου, 11 οὗτος φάγεται ἐκ τῶν ἄρτων αὐτοῦ· καὶ οἱ οἰκογενεῖς αὐτοῦ, καὶ οὗτοι φάγονται τῶν ἄρτων αὐτοῦ. Καὶ θυγάτηρ ἀνθρώπου 12 ἱερέως ἐὰν γένηται ἀνδρὶ ἀλλογενεῖ, αὐτὴ τῶν ἀπαρχῶν ἁγίου οὐ φάγεται. Καὶ θυγάτηρ ἱερέως ἐὰν γένηται χήρα ἢ ἐκβεβλη- 13 μένη, σπέρμα δὲ μὴ ᾖ αὐτῇ, ἐπαναστρέψει ἐπὶ τὸν οἶκον τὸν πατρικὸν κατὰ τὴν νεότητα αὐτῆς· ἀπὸ τῶν ἄρτων τοῦ πατρὸς αὐτῆς φάγεται· καὶ πᾶς ἀλλογενὴς οὐ φάγεται ἀπ' αὐτῶν. Καὶ ἄνθρωπος ὃς ἂν φάγῃ ἅγια κατ' ἄγνοιαν, καὶ προσθήσει 14 τὸ ἐπίπεμπτον αὐτοῦ ἐπ' αὐτό, καὶ δώσει τῷ ἱερεῖ τὸ ἅγιον. Καὶ οὐ βεβηλώσουσι τὰ ἅγια τῶν υἱῶν Ἰσραήλ, ἃ αὐτοὶ 15 ἀφαιροῦσι τῷ Κυρίῳ, καὶ ἐπάξουσιν ἐφ' ἑαυτοὺς ἀνομίαν 16 πλημμελείας ἐν τῷ ἐσθίειν αὐτοὺς τὰ ἅγια αὐτῶν, ὅτι ἐγὼ Κύριος ὁ ἁγιάζων αὐτούς.

Καὶ ἐλάλησε Κύριος πρὸς Μωυσῆν, λέγων, λάλησον 17, 18 Ἀαρὼν καὶ τοῖς υἱοῖς αὐτοῦ, καὶ πάσῃ συναγωγῇ Ἰσραήλ, καὶ ἐρεῖς πρὸς αὐτούς, ἄνθρωπος ἄνθρωπος ἀπὸ τῶν υἱῶν Ἰσραήλ,

---

β *Gr.* and his uncleanness be upon him. γ *Gr.* first-fruits. δ *Gr.* shall.

ἢ τῶν προσηλύτων τῶν προσκειμένων πρὸς αὐτοὺς ἐν Ἰσραὴλ,
ὃς ἂν προσενέγκῃ τὰ δῶρα αὐτοῦ κατὰ πᾶσαν ὁμολογίαν αὐτῶν,
ἢ κατὰ πᾶσαν αἵρεσιν αὐτῶν, ὅσα ἂν προσενέγκωσι τῷ Θεῷ
19 εἰς ὁλοκαύτωμα· Δεκτὰ ὑμῖν ἄμωμα ἄρσενα ἐκ τῶν βουκο-
20 λίων, ἢ ἐκ τῶν προβάτων, καὶ ἐκ τῶν αἰγῶν. Πάντα ὅσα
ἂν ἔχῃ μῶμον ἐν αὐτῷ οὐ προσάξουσι Κυρίῳ, διότι οὐ δεκτὸν
21 ἔσται ὑμῖν. Καὶ ἄνθρωπος ὃς ἂν προσενέγκῃ θυσίαν σωτη-
ρίου τῷ Κυρίῳ, διαστείλας εὐχὴν ἢ κατὰ αἵρεσιν ἢ ἐν ταῖς
ἑορταῖς ὑμῶν, ἐκ τῶν βουκολίων ἢ ἐκ τῶν προβάτων, ἄμωμον
22 ἔσται εἰσδεκτόν, πᾶς μῶμος οὐκ ἔσται ἐν αὐτῷ. Τυφλὸν
ἢ συντετριμμένον ἢ γλωσσότμητον ἢ μυρμηκιῶντα ἢ ψωραγ-
ριῶντα ἢ λειχῆνας ἔχοντα, οὐ προσάξουσι ταῦτα τῷ Κυρίῳ,
καὶ εἰς κάρπωσιν οὐ δώσετε ἀπ᾽ αὐτῶν ἐπὶ τὸ θυσιαστήριον τῷ
23 Κυρίῳ. Καὶ μόσχον ἢ πρόβατον ὠτότμητον ἢ κολοβόκερκον,
σφάγια ποιήσεις αὐτὰ σεαυτῷ, εἰς δὲ εὐχήν σου οὐ δεχθήσεται.
24 Θλαδίαν καὶ ἐκτεθλιμμένον καὶ ἐκτομίαν καὶ ἀπεσπασμένον,
οὐ προσάξεις αὐτὰ τῷ Κυρίῳ, καὶ ἐπὶ τῆς γῆς ὑμῶν οὐ
25 ποιήσετε. Καὶ ἐκ χειρὸς ἀλλογενοῦς οὐ προσοίσετε τὰ δῶρα
τοῦ Θεοῦ ὑμῶν ἀπὸ πάντων τούτων· ὅτι φθάρματά ἐστιν ἐν
26 αὐτοῖς, μῶμος ἐν αὐτοῖς οὐ δεχθήσεται ταῦτα ὑμῖν. Καὶ
27 ἐλάλησε Κύριος πρὸς Μωυσῆν, λέγων, μόσχον ἢ πρόβατον ἢ
αἶγα, ὡς ἂν τεχθῇ, καὶ ἔσται ἑπτὰ ἡμέρας ὑπὸ τὴν μητέρα,
τῇ δὲ ἡμέρᾳ τῇ ὀγδόῃ καὶ ἐπέκεινα δεχθήσεται εἰς δῶρα,
28 κάρπωμα Κυρίῳ. Καὶ μόσχον καὶ πρόβατον, αὐτὴν καὶ τὰ
παιδία αὐτῆς, οὐ σφάξεις ἐν ἡμέρᾳ μιᾷ.

29 Ἐὰν δὲ θύσῃς θυσίαν εὐχὴν χαρμοσύνης Κυρίῳ, εἰσδεκτὸν
30 ὑμῖν θύσετε αὐτό. Αὐτῇ τῇ ἡμέρᾳ ἐκείνῃ βρωθήσεται· οὐκ
ἀπολείψετε ἀπὸ τῶν κρεῶν εἰς τοπρωΐ· ἐγώ εἰμι Κύριος.
31, 32 Καὶ φυλάξετε τὰς ἐντολάς μου, καὶ ποιήσετε αὐτάς. Καὶ
οὐ βεβηλώσετε τὸ ὄνομα τοῦ ἁγίου, καὶ ἁγιασθήσομαι ἐν μέσῳ
33 τῶν υἱῶν Ἰσραήλ· ἐγὼ Κύριος ὁ ἁγιάζων ὑμᾶς, ὁ ἐξαγαγὼν
ὑμᾶς ἐκ γῆς Αἰγύπτου, ὥστε εἶναι ὑμῶν Θεός· ἐγὼ Κύριος.

23 Καὶ εἶπε Κύριος πρὸς Μωυσῆν, λέγων, λάλησον τοῖς
2 υἱοῖς Ἰσραήλ, καὶ ἐρεῖς πρὸς αὐτούς, αἱ ἑορταὶ Κυρίου ἃς
καλέσετε αὐτὰς κλητὰς ἁγίας, αὗταί εἰσιν αἱ ἑορταί μου.
3 Ἐξ ἡμέρας ποιήσεις ἔργα, τῇ δὲ ἡμέρᾳ τῇ ἑβδόμῃ σάββατα,
ἀνάπαυσις, κλητὴ ἁγία τῷ Κυρίῳ· πᾶν ἔργον οὐ ποιήσεις·
σάββατά ἐστι τῷ Κυρίῳ ἐν πάσῃ κατοικίᾳ ὑμῶν.

4 Αὗται αἱ ἑορταὶ τῷ Κυρίῳ κληταὶ ἅγιαι, ἃς καλέσετε αὐτὰς
5 ἐν τοῖς καιροῖς αὐτῶν. Ἐν τῷ πρώτῳ μηνί, ἐν τῇ τεσ-
σαρεσκαιδεκάτῃ ἡμέρᾳ τοῦ μηνός, ἀναμέσον τῶν ἑσπερινῶν
6 πάσχα τῷ Κυρίῳ. Καὶ ἐν τῇ πεντεκαιδεκάτῃ ἡμέρᾳ τοῦ μηνὸς
τούτου ἑορτὴ τῶν ἀζύμων τῷ Κυρίῳ· ἑπτὰ ἡμέρας ἄζυμα
7 ἔδεσθε. Καὶ ἡμέρα ἡ πρώτη κλητὴ ἁγία ἔσται ὑμῖν· πᾶν
8 ἔργον λατρευτὸν οὐ ποιήσετε. Καὶ προσάξετε ὁλοκαυτώματα

of the strangers that abide among them in Israel, who shall offer his gifts according to all their confession and according to all their choice, whatsoever they may bring to the Lord for whole-burnt-offerings — [19] your β free-will-offerings *shall* be males without blemish of the herds, or of the sheep, or of the goats. [20] They shall not bring to the Lord anything that has a blemish in it, for it shall not be acceptable for you. [21] And whatsoever man shall offer a peace-offering to the Lord, discharging a vow, or in the way of free-will-offering, or an offering in your feasts, of the herds or of the sheep, it shall be without blemish for acceptance: there shall be no blemish in it. [22] One that is blind, or broken, or has its tongue cut out, or is troubled with warts, or has a malignant ulcer, or tetters, they shall not offer these to the Lord; neither shall ye offer any of them for a burnt-offering on the altar of the Lord. [23] And a calf or a sheep with the ears cut off, or that has lost its tail, thou shalt slay them for thyself; but they shall not be accepted for thy vow. [24] That which has broken testicles, or is crushed or gelt or mutilated,—thou shalt not offer them to the Lord, neither shall ye sacrifice them upon your land. [25] Neither shall ye offer the gifts of your God of all these things by the hand of a stranger, because there is γ corruption in them, a blemish in them: these shall not be accepted for you. [26] And the Lord spoke to Moses, saying, [27] As for a calf, or a sheep, or a goat, whenever it is born, then shall it be seven days under its mother; and on the eighth day and after they shall be accepted for sacrifices, a burnt-offering to the Lord. [28] And a δ bullock and a ζ ewe, it and its young, thou shalt not kill in one day.

[29] And if thou shouldest offer a sacrifice, a vow of rejoicing to the Lord, ye shall offer it so as to be accepted for you. [30] In that same day it shall be eaten; ye shall not leave of the flesh till the morrow: I am the Lord. [31] And ye shall keep my commandments and do them. [32] And ye shall not profane the name of the Holy One, and I will be sanctified in the midst of the children of Israel. I *am* the Lord that sanctifies you, [33] who brought you out of the land of Egypt, to be your God: I *am* the Lord.

And the Lord spoke to Moses, saying, [2] Speak to the children of Israel, and thou shalt say unto them, The feasts of the Lord which ye shall call holy assemblies, these are my feasts. [3] Six days shalt thou do works, but on the seventh day is the sabbath; a rest, a holy convocation to the Lord: thou shalt not do any work, it is a sabbath to the Lord in all your dwellings.

[4] These *are* the feasts to the Lord, holy convocations, which ye shall call in their seasons. [5] In the first month, on the fourteenth day of the month, between the evening times is the Lord's passover. [6] And on the fifteenth day of this month is the feast of unleavened bread to the Lord; seven days shall ye eat unleavened bread. [7] And the first day shall be a holy convocation to you: ye shall do no servile work. [8] And ye shall offer whole-burnt-offerings to the Lord

---

β *Gr.* acceptable.   γ *Gr.* corruptions.   δ *Gr.* calf   ζ *Gr.* sheep.

seven days; and the seventh day shall be β a holy convocation to you: ye shall do no servile work. ⁹And the Lord spoke to Moses, saying, ¹⁰Speak to the children of Israel, and thou shalt say to them, When ye shall enter into the land which I give you, and reap the harvest of it, then shall ye bring a sheaf, the first-fruits of your harvest, to the priest; ¹¹and he shall lift up the sheaf before the Lord, to be accepted for you. On the morrow of the first day the priest shall lift it up. ¹²And ye shall 'offer on the day on which ye bring the sheaf, a lamb without blemish of a year old for a whole-burnt-offering to the Lord. ¹³And its meat-offering two tenth portions of fine flour mingled with oil: it is a sacrifice to the Lord, a smell of sweet savour to the Lord, and its drink-offering the fourth part of a hin of wine. ¹⁴And ye shall not eat bread, or the new parched corn, until this same day, until ye offer the sacrifices to your God: it is a perpetual statute throughout your generations in all your dwellings.

¹⁵And ye shall number to yourselves from the day after the sabbath, from the day on which ye shall offer the sheaf of the heave-offering, seven full weeks: ¹⁶until the morrow after the last week ye shall number fifty days, and shall bring a new meat-offering to the Lord. ¹⁷Ye shall bring from your dwelling loaves, as a heave-offering, two loaves: they shall be of two tenth portions of fine flour, they shall be baked with leaven of the first-fruits to the Lord. ¹⁸And ye shall bring with the loaves seven unblemished lambs of a year old, and one calf of the herd, and two rams without blemish, and they shall be a whole-burnt-offering to the Lord: and their meat-offerings and their drink-offerings *shall be* a sacrifice, a smell of sweet savour to the Lord. ¹⁹And they shall sacrifice one kid of the goats for a sin-offering, and two lambs of a year old for a peace-offering, with the loaves of the first-fruits. ²⁰ And the priest shall place them with the loaves of the first-fruits an offering before the Lord with the two lambs, they shall be holy to the Lord; they shall belong to the priest that brings them. ²¹ And ye shall call this day a convocation: it shall be holy to you; ye shall do no servile work on it: it is a perpetual ordinance throughout your generations in all your habitations. ²²And when ye shall reap the harvest of your land, ye shall not fully reap the remainder of the harvest of your field when thou reapest, and thou shalt not gather that which falls from thy reaping; thou shalt leave it for the poor and the stranger: I *am* the Lord your God.

²³And the Lord spoke to Moses, saying, ²⁴Speak to the children of Israel, saying, In the seventh month, on the first day of the month, ye shall have a rest, a memorial of trumpets: it shall be to you a holy convocation. ²⁵ Ye shall do no servile work, and ye shall offer a whole-burnt-offering to the Lord.

²⁶And the Lord spoke to Moses, saying, ²⁷Also on the tenth day of this seventh month is a day of atonement: it shall be β a holy convocation to you; and ye shall humble

τῷ Κυρίῳ ἑπτὰ ἡμέρας· καὶ ἡ ἡμέρα ἡ ἑβδόμη κλητὴ ἁγία ἔσται ὑμῖν· πᾶν ἔργον λατρευτὸν οὐ ποιήσετε. Καὶ ἐλάλησε 9 Κύριος πρὸς Μωυσῆν, λέγων, εἶπον τοῖς υἱοῖς Ἰσραὴλ, καὶ 10 ἐρεῖς πρὸς αὐτούς, ὅταν εἰσέλθητε εἰς τὴν γῆν, ἣν ἐγὼ δίδωμι ὑμῖν, καὶ θερίζητε τὸν θερισμὸν αὐτῆς, καὶ οἴσετε τὸ δράγμα ἀπαρχὴν τοῦ θερισμοῦ ὑμῶν πρὸς τὸν ἱερέα· Καὶ ἀνοίσει 11 τὸ δράγμα ἔναντι Κυρίου δεκτὸν ὑμῖν· τῇ ἐπαύριον τῆς πρώτης ἀνοίσει αὐτὸ ὁ ἱερεύς. Καὶ ποιήσετε ἐν τῇ ἡμέρᾳ ἐν ᾗ ἂν 12 φέρητε τὸ δράγμα, πρόβατον ἄμωμον ἐνιαύσιον εἰς ὁλοκαύ-τωμα τῷ Κυρίῳ. Καὶ τὴν θυσίαν αὐτοῦ δύο δέκατα σεμιδά- 13 λεως ἀναπεποιημένης ἐν ἐλαίῳ· θυσία τῷ Κυρίῳ, ὀσμὴ εὐωδίας Κυρίῳ· καὶ σπονδὴν αὐτοῦ τὸ τέταρτον τοῦ ἲν οἴνου. Καὶ 14 ἄρτον, καὶ πεφρυγμένα χίδρα νέα οὐ φάγεσθε ἕως εἰς αὐτὴν τὴν ἡμέραν ταύτην, ἕως ἂν προσενέγκητε ὑμεῖς τὰ δῶρα τῷ Θεῷ ὑμῶν· νόμιμον αἰώνιον εἰς τὰς γενεὰς ὑμῶν ἐν πάσῃ κατοικίᾳ ὑμῶν.

Καὶ ἀριθμήσετε ὑμῖν ἀπὸ τῆς ἐπαύριον τῶν σαββάτων, 15 ἀπὸ τῆς ἡμέρας ἧς ἂν προσενέγκητε τὸ δράγμα τοῦ ἐπιθέματος, ἑπτὰ ἑβδομάδας ὁλοκλήρους, ἕως τῆς ἐπαύριον τῆς ἐσχάτης 16 ἑβδομάδος ἀριθμήσετε πεντήκοντα ἡμέρας, καὶ προσοίσετε θυσίαν νέαν τῷ Κυρίῳ. Ἀπὸ τῆς κατοικίας ὑμῶν προσοίσετε 17 ἄρτους ἐπίθεμα, δύο ἄρτους· ἐκ δύο δεκάτων σεμιδάλεως ἔσονται, ἐζυμωμένοι πεφθήσονται πρωτογεννημάτων τῷ Κυρίῳ. Καὶ προσάξετε μετὰ τῶν ἄρτων ἑπτὰ ἀμνοὺς ἀμώμους ἐνιαυ- 18 σίους, καὶ μόσχον ἕνα ἐκ βουκολίου, καὶ κριοὺς δύο ἀμώμους, καὶ ἔσονται ὁλοκαύτωμα τῷ Κυρίῳ· καὶ αἱ θυσίαι αὐτῶν καὶ αἱ σπονδαὶ αὐτῶν θυσία ὀσμὴ εὐωδίας τῷ Κυρίῳ. Καὶ ποιήσουσι 19 χίμαρον ἐξ αἰγῶν ἕνα περὶ ἁμαρτίας, καὶ δύο ἀμνοὺς ἐνιαυσίους εἰς θυσίαν σωτηρίου μετὰ τῶν ἄρτων τοῦ πρωτογεννήματος. Καὶ ἐπιθήσει αὐτὰ ὁ ἱερεὺς μετὰ τῶν ἄρτων τοῦ πρωτογεννή- 20 ματος ἐπίθεμα ἐναντίον Κυρίου μετὰ τῶν δύο ἀμνῶν, ἅγια ἔσονται τῷ Κυρίῳ· τῷ ἱερεῖ τῷ προσφέροντι αὐτὰ αὐτῷ ἔσται. Καὶ καλέσετε ταύτην τὴν ἡμέραν κλητήν· ἁγία ἔσται ὑμῖν· 21 πᾶν ἔργον λατρευτὸν οὐ ποιήσετε ἐν αὐτῇ· νόμιμον αἰώνιον εἰς τὰς γενεὰς ὑμῶν ἐν πάσῃ τῇ κατοικίᾳ ὑμῶν. Καὶ ὅταν 22 θερίζητε τὸν θερισμὸν τῆς γῆς ὑμῶν, οὐ συντελέσετε τὸ λοιπὸν τοῦ θερισμοῦ τοῦ ἀγροῦ σου ἐν τῷ θερίζειν σε, καὶ τὰ ἀποπίπτοντα τοῦ θερισμοῦ σου οὐ συλλέξεις· τῷ πτωχῷ καὶ τῷ προσηλύτῳ ὑπολείψεις αὐτά· ἐγὼ Κύριος ὁ Θεὸς ὑμῶν.

Καὶ ἐλάλησε Κύριος πρὸς Μωυσῆν, λέγων, λάλησον 23, 24 τοῖς υἱοῖς Ἰσραὴλ, λέγων, τοῦ μηνὸς τοῦ ἑβδόμου μιᾷ τοῦ μηνὸς ἔσται ὑμῖν ἀνάπαυσις, μνημόσυνον σαλπίγγων· κλητὴ ἁγία ἔσται ὑμῖν. Πᾶν ἔργον λατρευτὸν οὐ ποιήσετε· καὶ 25 προσάξετε ὁλοκαύτωμα Κυρίῳ.

Καὶ ἐλάλησε Κύριος πρὸς Μωυσῆν, λέγων, καὶ τῇ 26, 27 δεκάτῃ τοῦ μηνὸς τοῦ ἑβδόμου τούτου, ἡμέρα ἐξιλασμοῦ, κλητὴ ἁγία ἔσται ὑμῖν· καὶ ταπεινώσετε τὰς ψυχὰς ὑμῶν, καὶ προσ-

---

β Or, called holy. See Rom. 1. 7.

28 ἄξετε ὁλοκαύτωμα τῷ Κυρίῳ. Πᾶν ἔργον οὐ ποιήσετε ἐν αὐτῇ τῇ ἡμέρᾳ ταύτῃ· ἔστι γὰρ ἡμέρα ἐξιλασμοῦ αὕτη ὑμῖν,
29 ἐξιλάσασθαι περὶ ὑμῶν ἔναντι Κυρίου τοῦ Θεοῦ ὑμῶν. Πᾶσα ψυχὴ, ἥτις μὴ ταπεινωθήσεται ἐν αὐτῇ τῇ ἡμέρᾳ ταύτῃ,
30 ἐξολοθρευθήσεται ἐκ τοῦ λαοῦ αὐτῆς. Καὶ πᾶσα ψυχὴ, ἥτις ποιήσει ἔργον ἐν αὐτῇ τῇ ἡμέρᾳ ταύτῃ, ἀπολεῖται ἡ ψυχὴ
31 ἐκείνη ἐκ τοῦ λαοῦ αὐτῆς. Πᾶν ἔργον οὐ ποιήσετε· νόμιμον αἰώνιον εἰς τὰς γενεὰς ὑμῶν ἐν πάσαις κατοικίαις ὑμῶν.
32 Σάββατα σαββάτων ἔσται ὑμῖν· καὶ ταπεινώσετε τὰς ψυχὰς ὑμῶν· ἀπὸ ἐνάτης τοῦ μηνὸς, ἀπὸ ἑσπέρας ἕως ἑσπέρας σαββατιεῖτε τὰ σάββατα ὑμῶν.

33, 34 Καὶ ἐλάλησε Κύριος πρὸς Μωυσῆν, λέγων, λάλησον τοῖς υἱοῖς Ἰσραὴλ, λέγων, τῇ πεντεκαιδεκάτῃ τοῦ μηνὸς τοῦ
35 ἑβδόμου τούτου, ἑορτὴ σκηνῶν ἑπτὰ ἡμέρας τῷ Κυρίῳ. Καὶ ἡ ἡμέρᾳ ἡ πρώτη κλητὴ ἁγία· πᾶν ἔργον λατρευτὸν οὐ
36 ποιήσετε. Ἑπτὰ ἡμέρας προσάξετε ὁλοκαυτώματα τῷ Κυρίῳ, καὶ ἡ ἡμέρα ἡ ὀγδόη κλητὴ ἁγία ἔσται ὑμῖν· καὶ προσάξετε ὁλοκαυτώματα Κυρίῳ· ἐξόδιόν ἐστι· πᾶν ἔργον λατρευτὸν οὐ
37 ποιήσετε. Αὗται ἑορταὶ Κυρίῳ, ἃς καλέσετε κλητὰς ἁγίας, ὥστε προσενέγκαι καρπώματα τῷ Κυρίῳ, ὁλοκαυτώματα καὶ θυσίας αὐτῶν, καὶ σπονδὰς αὐτῶν τὸ καθ' ἡμέραν εἰς ἡμέραν·
38 πλὴν τῶν σαββάτων Κυρίου, καὶ πλὴν τῶν δομάτων ὑμῶν, καὶ πλὴν πασῶν τῶν εὐχῶν ὑμῶν, καὶ πλὴν τῶν ἑκουσίων ὑμῶν,
39 ἃ ἂν δῶτε τῷ Κυρίῳ. Καὶ ἐν τῇ πεντεκαιδεκάτῃ ἡμέρᾳ τοῦ μηνὸς τοῦ ἑβδόμου τούτου, ὅταν συντελέσητε τὰ γεννήματα τῆς γῆς, ἑορτάσετε τῷ Κυρίῳ ἑπτὰ ἡμέρας· τῇ ἡμέρᾳ τῇ πρώτῃ
40 ἀνάπαυσις, καὶ τῇ ἡμέρᾳ τῇ ὀγδόῃ ἀνάπαυσις. Καὶ λήψεσθε τῇ ἡμέρᾳ τῇ πρώτῃ καρπὸν ξύλου ὡραῖον, καὶ κάλλυνθρα φοινίκων, καὶ κλάδους ξύλου δασεῖς, καὶ ἰτέας, καὶ ἄγνου κλάδους ἐκ χειμάρρου, εὐφρανθῆναι ἔναντι Κυρίου τοῦ Θεοῦ
41 ὑμῶν ἑπτὰ ἡμέρας τοῦ ἐνιαυτοῦ. Νόμιμον αἰώνιον εἰς τὰς
42 γενεὰς ὑμῶν· ἐν τῷ μηνὶ τῷ ἑβδόμῳ ἑορτάσετε αὐτήν. Ἐν σκηναῖς κατοικήσετε ἑπτὰ ἡμέρας· πᾶς ὁ αὐτόχθων ἐν Ἰσραὴλ
43 κατοικήσει ἐν σκηναῖς, ὅπως ἴδωσιν αἱ γενεαὶ ὑμῶν, ὅτι ἐν σκηναῖς κατῴκισα τοὺς υἱοὺς Ἰσραὴλ, ἐν τῷ ἐξαγαγεῖν με
44 αὐτοὺς ἐκ γῆς Αἰγύπτου· ἐγὼ Κύριος ὁ Θεὸς ὑμῶν. Καὶ ἐλάλησε Μωυσῆς τὰς ἑορτὰς Κυρίου τοῖς υἱοῖς Ἰσραήλ.

24 Καὶ ἐλάλησε Κύριος πρὸς Μωυσῆν, λέγων, ἔντειλαι τοῖς
2 υἱοῖς Ἰσραὴλ, καὶ λαβέτωσάν σοι ἔλαιον ἐλάϊνον καθαρὸν
3 κεκομμένον εἰς φῶς, καῦσαι λύχνον διαπαντός, ἔξωθεν τοῦ καταπετάσματος ἐν τῇ σκηνῇ τοῦ μαρτυρίου· καὶ καύσουσιν αὐτὸ Ἀαρὼν καὶ οἱ υἱοὶ αὐτοῦ ἀπὸ ἑσπέρας ἕως πρωὶ ἐνώπιον
4 Κυρίου ἐνδελεχῶς, νόμιμον αἰώνιον εἰς τὰς γενεὰς ὑμῶν. Ἐπὶ τῆς λυχνίας τῆς καθαρᾶς καύσετε τοὺς λύχνους ἐναντίον
5 Κυρίου ἕως εἰς τοπρωΐ. Καὶ λήψεσθε σεμίδαλιν, καὶ ποιήσετε αὐτὴν δώδεκα ἄρτους· δύο δεκάτων ἔσται ὁ ἄρτος ὁ εἷς.
6 Καὶ ἐπιθήσετε αὐτοὺς δύο θέματα, ἐξ ἄρτους τὸ ἓν θέμα ἐπὶ
7 τὴν τράπεζαν τὴν καθαρὰν ἔναντι Κυρίου. Καὶ ἐπιθήσετε

your souls, and offer a whole-burnt-offering to the Lord. [28] Ye shall do no work on this self-same day: for this is a day of atonement for you, to make atonement for you before the Lord your God. [29] Every soul that shall not be humbled in that day, shall be cut off from among its people. [30] And every soul which shall do work on that day, that soul shall be destroyed from among its people. [31] Ye shall do no manner of work: it is a perpetual statute throughout your generations in all your habitations. [32] It shall be a holy sabbath to you; and ye shall β humble your souls, from the ninth day of the month: from evening to evening ye shall keep your sabbaths.

[33] And the Lord spoke to Moses, saying, [34] Speak to the children of Israel, saying, On the fifteenth day of this seventh month, there shall be a feast of tabernacles seven days to the Lord. [35] And on the first day shall be a holy convocation; ye shall do no servile work. [36] Seven days shall ye offer whole-burnt-offerings to the Lord, and the eighth-day shall be a holy convocation to you; and ye shall offer whole-burnt-offerings to the Lord: it is a time of release, ye shall do no servile work. [37] These are the feasts to the Lord, which ye shall call holy convocations, to offer burnt-offerings to the Lord, whole-burnt-offerings and their meat-offerings, and their drink-offerings, that for each day on its day: [38] besides the sabbaths of the Lord, and besides your gifts, and besides all your vows, and besides your free-will-offerings, which ye shall give to the Lord. [39] And on the fifteenth day of this seventh month, when ye shall have completely gathered in the fruits of the earth, ye shall keep a feast to the Lord seven days; on the first day there shall be a rest, and on the eighth day a rest. [40] And on the first day ye shall take goodly fruit of trees, and branches of palm trees, and thick boughs of trees, and willows, and branches of osiers from the brook, to rejoice before the Lord your God seven days in the year. [41] It is a perpetual statute for your generations: in the seventh month ye shall keep it. [42] Seven days ye shall dwell in tabernacles: every native in Israel shall dwell in tents, [43] that your γ posterity may see, that I made the children of Israel to dwell in tents, when I brought them out of the land of Egypt: I am the Lord your God. [44] And Moses δ recounted the feasts of the Lord to the children of Israel.

And the Lord spoke to Moses, saying, [2] Charge the children of Israel, and let them take for thee pure olive oil beaten for the light, to burn a lamp continually, [3] outside the veil in the tabernacle of witness; and Aaron and his sons shall burn it from evening until morning before the Lord continually, a perpetual statute throughout your generations. [4] Ye shall burn the lamps on the pure lamp-stand before the Lord till the morrow. [5] And ye shall take fine flour, and make of it twelve loaves; each loaf shall be of two tenth parts. [6] And ye shall put them in two rows, each row containing six loaves, on the pure table before the Lord. [7] And

---

β Or, afflict.   γ Gr. generations.   δ Gr. spoke.

ye shall put on *each* row pure frankincense and salt; and *these things* shall be for loaves for a memorial, set forth before the Lord. ⁸On the sabbath-day they shall be set forth before the Lord continually before the children of Israel, for an everlasting covenant. ⁹And they shall be for Aaron and his sons, and they shall eat them in the holy place: for this is their most holy portion of the offerings made to the Lord, a perpetual statute.

¹⁰And there went forth a son of an Israelitish woman, and he was son of an Egyptian man among the sons of Israel; and they fought in the camp, the son of the Israelitish woman, and a man who was an Israelite. ¹¹And the son of the Israelitish woman named THE NAME and cursed; and they brought him to Moses: and his mother's name was Salomith, daughter of Dabri of the tribe of Dan. ¹²And they put him in ward, to judge him by the command of the Lord. ¹³And the Lord spoke to Moses, saying, ¹⁴Bring forth him that cursed outside the camp, and all who heard shall lay their hands upon his head, and all the congregation shall stone him. ¹⁵And speak to the sons of Israel, and thou shalt say to them, Whosoever shall curse God shall bear his sin. ¹⁶And he that names the name of the Lord, let him die the death: let all the congregation of Israel stone him with stones; whether he be a stranger or a native, let him die for naming the name of the Lord. ¹⁷And whosoever shall smite βa man and he die, let him die the death. ¹⁸And whosoever shall smite a beast, and it shall die, let him render life for life. ¹⁹And whosoever shall inflict a blemish on his neighbour, as he has done to him, so shall it be done to himself in return; ²⁰γ bruise for bruise, eye for eye, tooth for tooth: as any one may inflict a blemish on a man, so shall it be rendered to him. ²¹Whosoever shall smite a man, and he shall die, let him die the death. ²²There shall be one judgment for the stranger and the native, for I *am* the Lord your God. ²³And Moses spoke to the children of Israel, and they brought him that had cursed out of the camp, and stoned him with stones: and the children of Israel did as the Lord commanded Moses.

And the Lord spoke to Moses in the mount Sina, saying, ²Speak to the children of Israel, and thou shalt say to them, Whensoever ye shall have entered into the land, which I give to you, then the land shall rest which I give to you, for its sabbaths to the Lord. ³Six years thou shalt sow thy field, and six years thou shalt prune thy vine, and gather in its fruit. ⁴But in the seventh year *shall be* a sabbath, it shall be a rest to the land, a sabbath to the Lord: thou shalt not sow thy field, and thou shalt not prune thy vine. ⁵And thou shalt not gather the spontaneous produce of thy field, and thou shalt not gather fully the grapes of thy dedication: it shall be a year of rest to the land. ⁶And the sabbaths of the land shall be δfood for thee, and for thy manservant, and for thy maid-servant, and thy

ἐπὶ τὸ θέμα λίβανον καθαρὸν καὶ ἄλα, καὶ ἔσονται εἰς ἄρτους εἰς ἀνάμνησιν προκείμενα τῷ Κυρίῳ. Τῇ ἡμέρᾳ τῶν σαββά- 8 των προσθήσεται ἔναντι Κυρίου διαπαντὸς ἐνώπιον τῶν υἱῶν Ἰσραήλ, διαθήκην αἰώνιον. Καὶ ἔσται Ἀαρὼν καὶ τοῖς υἱοῖς 9 αὐτοῦ· καὶ φάγονται αὐτὰ ἐν τόπῳ ἁγίῳ· ἔστι γὰρ ἅγια τῶν ἁγίων τοῦτο αὐτῶν ἀπὸ τῶν θυσιαζομένων τῷ Κυρίῳ, νόμιμον αἰώνιον.

Καὶ ἐξῆλθεν υἱὸς γυναικὸς Ἰσραηλίτιδος, καὶ οὗτος ἦν υἱὸς 10 Αἰγυπτίου ἐν τοῖς υἱοῖς Ἰσραήλ· καὶ ἐμαχέσαντο ἐν τῇ παρεμ- βολῇ ὁ ἐκ τῆς Ἰσραηλίτιδος, καὶ ὁ ἄνθρωπος ὁ Ἰσραηλίτης. Καὶ ἐπονομάσας ὁ υἱὸς τῆς γυναικὸς τῆς Ἰσραηλίτιδος τὸ 11 ὄνομα κατηράσατο· καὶ ἤγαγον αὐτὸν πρὸς Μωυσῆν· καὶ τὸ ὄνομα τῆς μητρὸς αὐτοῦ Σαλωμεὶθ θυγάτηρ Δαβρεὶ ἐκ τῆς φυλῆς Δάν. Καὶ ἀπέθεντο αὐτὸν εἰς φυλακὴν διακρῖναι αὐτὸν 12 διὰ προστάγματος Κυρίου. Καὶ ἐλάλησε Κύριος πρὸς 13 Μωυσῆν, λέγων, ἐξάγαγε τὸν καταρασάμενον ἔξω τῆς παρεμ- 14 βολῆς, καὶ ἐπιθήσουσι πάντες οἱ ἀκούσαντες τὰς χεῖρας αὐτῶν ἐπὶ τὴν κεφαλὴν αὐτοῦ, καὶ λιθοβολήσουσιν αὐτὸν πᾶσα ἡ συναγωγή. Καὶ τοῖς υἱοῖς Ἰσραὴλ λάλησον, καὶ ἐρεῖς πρὸς 15 αὐτούς, ἄνθρωπος ὃς ἐὰν καταράσηται Θεόν, ἁμαρτίαν λήψεται. Ὀνομάζων δὲ τὸ ὄνομα Κυρίου, θανάτῳ θανατούσθω· λίθοις 16 λιθοβολείτω αὐτὸν πᾶσα ἡ συναγωγὴ Ἰσραήλ· ἐάν τε προσή- λυτος ἐάν τε αὐτόχθων, ἐν τῷ ὀνομάσαι αὐτὸν τὸ ὄνομα Κυρίου, τελευτάτω. Καὶ ἄνθρωπος ὃς ἂν πατάξῃ ψυχὴν ἀνθρώπου, 17 καὶ ἀποθάνῃ, θανάτῳ θανατούσθω. Καὶ ὃς ἂν πατάξῃ κτῆνος, 18 καὶ ἀποθάνῃ, ἀποτισάτω ψυχὴν ἀντὶ ψυχῆς. Καὶ ἐάν τις 19 δῷ μῶμον τῷ πλησίον, ὡς ἐποίησεν αὐτῷ, ὡσαύτως ἀντιποιηθή- σεται αὐτῷ· Σύντριμμα ἀντὶ συντρίμματος, ὀφθαλμὸν ἀντὶ 20 ὀφθαλμοῦ, ὀδόντα ἀντὶ ὀδόντος, καθότι ἂν δῷ μῶμον τῷ ἀνθρώπῳ, οὕτω δοθήσεται αὐτῷ. Ὃς ἂν πατάξῃ ἄνθρωπον, 21 καὶ ἀποθάνῃ, θανάτῳ θανατούσθω. Δικαίωσις μία ἔσται τῷ 22 προσηλύτῳ καὶ τῷ ἐγχωρίῳ, ὅτι ἐγώ εἰμι Κύριος ὁ Θεὸς ὑμῶν. Καὶ ἐλάλησε Μωυσῆς τοῖς υἱοῖς Ἰσραήλ· καὶ ἐξήγαγον τὸν 23 καταρασάμενον ἔξω τῆς παρεμβολῆς, καὶ ἐλιθοβόλησαν αὐτὸν ἐν λίθοις· καὶ οἱ υἱοὶ Ἰσραὴλ ἐποίησαν καθάπερ συνέταξε Κύριος τῷ Μωυσῇ.

Καὶ ἐλάλησε Κύριος πρὸς Μωυσῆν ἐν τῷ ὄρει Σινᾷ, λέγων, 25 λάλησον τοῖς υἱοῖς Ἰσραήλ, καὶ ἐρεῖς πρὸς αὐτούς, ὅταν 2 εἰσέλθητε εἰς τὴν γῆν, ἣν ἐγὼ δίδωμι ὑμῖν, καὶ ἀναπαύσεται ἡ γῆ, ἣν ἐγὼ δίδωμι ὑμῖν, σάββατα τῷ Κυρίῳ. Ἐξ ἔτη σπερεῖς 3 τὸν ἀγρόν σου, καὶ ἐξ ἔτη τεμεῖς τὴν ἄμπελόν σου, καὶ συνάξεις τὸν καρπὸν αὐτῆς. Τῷ δὲ ἔτει τῷ ἑβδόμῳ σάββατα· 4 ἀνάπαυσις ἔσται τῇ γῇ, σάββατα τῷ Κυρίῳ· τὸν ἀγρόν σου οὐ σπερεῖς, καὶ τὴν ἄμπελόν σου οὐ τεμεῖς, καὶ τὰ αὐτόματα 5 ἀναβαίνοντα τοῦ ἀγροῦ σου οὐκ ἐκθερίσεις, καὶ τὴν σταφυλὴν τοῦ ἁγιάσματός σου οὐκ ἐκτρυγήσεις· ἐνιαυτὸς ἀναπαύσεως ἔσται τῇ γῇ. Καὶ ἔσται τὰ σάββατα τῆς γῆς βρώματά 6 σοι, καὶ τῷ παιδί σου, καὶ τῇ παιδίσκῃ σου, καὶ τῷ

β *Gr.* the life of a man.   γ See Matt. 5. 21.   δ *Gr.* foods.

7 μισθωτῷ σου, καὶ τῷ παροίκῳ τῷ προσκειμένῳ πρὸς σέ. Καὶ τοῖς κτήνεσί σου, καὶ τοῖς θηρίοις τοῖς ἐν τῇ γῇ σου ἔσται πᾶν τὸ γέννημα αὐτοῦ εἰς βρῶσιν.

8 Καὶ ἐξαριθμήσεις σεαυτῷ ἑπτὰ ἀναπαύσεις ἐτῶν, ἑπτὰ ἔτη ἑπτάκις· καὶ ἔσονταί σοι ἑπτὰ ἑβδομάδες ἐτῶν ἐννέα καὶ
9 τεσσαράκοντα ἔτη. Διαγγελεῖτε σάλπιγγος φωνῇ ἐν πάσῃ τῇ γῇ ὑμῶν ἐν τῷ μηνὶ τῷ ἑβδόμῳ τῇ δεκάτῃ τοῦ μηνός· τῇ ἡμέρᾳ τοῦ ἱλασμοῦ διαγγελεῖτε σάλπιγγι ἐν πάσῃ τῇ γῇ
10 ὑμῶν. Καὶ ἁγιάσετε τὸ ἔτος τὸν πεντηκοστὸν ἐνιαυτόν, καὶ διαβοήσετε ἄφεσιν ἐπὶ τῆς γῆς πᾶσι τοῖς κατοικοῦσιν αὐτήν· ἐνιαυτὸς ἀφέσεως σημασία αὕτη ἔσται ὑμῖν· καὶ ἀπελεύσεται εἰς ἕκαστος εἰς τὴν κτῆσιν αὐτοῦ, καὶ ἕκαστος εἰς τὴν πατριὰν
11 αὐτοῦ ἀπελεύσεσθε. Ἀφέσεως σημασία αὕτη, τὸ ἔτος τὸ πεντηκοστὸν ἐνιαυτὸς ἔσται ὑμῖν· οὐ σπερεῖτε, οὐδὲ ἀμήσετε τὰ αὐτόματα ἀναβαίνοντα αὐτῆς, καὶ οὐ τρυγήσετε τὰ
12 ἡγιασμένα αὐτῆς, ὅτι ἀφέσεως σημασία ἐστίν· ἅγιον ἔσται
13 ὑμῖν· ἀπὸ τῶν πεδίων φάγεσθε τὰ γεννήματα αὐτῆς. Ἐν τῷ ἔτει τῆς ἀφέσεως σημασίας αὐτῆς ἐπανελεύσεται εἰς τὴν
14 ἔγκτησιν αὐτοῦ. Ἐὰν δὲ ἀποδῷ πρᾶσιν τῷ πλησίον σου, ἐὰν δὲ καὶ κτήσῃ παρὰ τοῦ πλησίον σου, μὴ θλιβέτω ἄνθρωπος
15 τὸν πλησίον. Κατὰ ἀριθμὸν ἐτῶν μετὰ τὴν σημασίαν κτήσῃ παρὰ τοῦ πλησίον, κατὰ ἀριθμὸν ἐνιαυτῶν γεννημάτων ἀπο-
16 δώσεταί σοι. Καθότι ἂν πλεῖον τῶν ἐτῶν πληθυνεῖ τὴν ἔγκτησιν αὐτοῦ, καὶ καθότι ἂν ἔλαττον τῶν ἐτῶν ἐλαττονώσει τὴν ἔγκτησιν αὐτοῦ· ὅτι ἀριθμὸν γεννημάτων αὐτοῦ, οὕτως
17 ἀποδώσεταί σοι. Μὴ θλιβέτω ἄνθρωπος τὸν πλησίον· καὶ φοβηθήσῃ Κύριον τὸν Θεόν σου· ἐγώ εἰμι Κύριος ὁ Θεὸς ὑμῶν.

18 Καὶ ποιήσετε πάντα τὰ δικαιώματά μου, καὶ πάσας τὰς κρίσεις μου, καὶ φυλάξασθε, καὶ ποιήσετε αὐτά, καὶ κατοική-
19 σετε ἐπὶ τῆς γῆς πεποιθότες. Καὶ δώσει ἡ γῆ τὰ ἐκφόρια αὐτῆς, καὶ φάγεσθε εἰς πλησμονήν, καὶ κατοικήσετε πεποιθότες
20 ἐπʼ αὐτῆς. Ἐὰν δὲ λέγητε, τί φαγόμεθα ἐν τῷ ἔτει τῷ ἑβδόμῳ τούτῳ, ἐὰν μὴ σπείρωμεν μηδὲ συναγάγωμεν τὰ γεννή-
21 ματα ἡμῶν; Καὶ ἀποστελῶ τὴν εὐλογίαν μου ὑμῖν ἐν τῷ ἔτει τῷ ἕκτῳ, καὶ ποιήσει τὰ γεννήματα αὐτῆς εἰς τὰ τρία ἔτη.
22 Καὶ σπερεῖτε τὸ ἔτος τὸ ὄγδοον, καὶ φάγεσθε ἀπὸ τῶν γεννημάτων παλαιὰ ἕως τοῦ ἔτους τοῦ ἐνάτου· ἕως ἂν ἔλθῃ
23 τὸ γέννημα αὐτῆς, φάγεσθε παλαιὰ παλαιῶν. Καὶ ἡ γῆ οὐ πραθήσεται εἰς βεβαίωσιν· ἐμὴ γάρ ἐστιν ἡ γῆ, διότι προσή-
24 λυτοι καὶ πάροικοι ὑμεῖς ἐστε ἐναντίον μου. Καὶ κατὰ πᾶσαν
25 γῆν κατασχέσεως ὑμῶν, λύτρα δώσετε τῆς γῆς. Ἐὰν δὲ πένηται ὁ ἀδελφός σου ὁ μετὰ σοῦ, καὶ ἀποδῶται ἀπὸ τῆς κατασχέσεως αὐτοῦ, καὶ ἔλθῃ ὁ ἀγχιστεύων ὁ ἐγγίζων αὐτῷ,
26 καὶ λυτρώσεται τὴν πρᾶσιν τοῦ ἀδελφοῦ αὐτοῦ. Ἐὰν δὲ μὴ ᾖ τινι ὁ ἀγχιστεύων, καὶ εὐπορηθῇ τῇ χειρί, καὶ εὑρεθῇ αὐτῷ
27 τὸ ἱκανόν, λύτρα αὐτοῦ· καὶ συλλογιεῖται τὰ ἔτη τῆς πράσεως αὐτοῦ, καὶ ἀποδώσει ὃ ὑπερέχει τῷ ἀνθρώπῳ, ᾧ ἀπέ-δοτο αὐτὸ αὐτῷ, καὶ ἀπελεύσεται εἰς τὴν κατάσχεσιν αὐτοῦ.

hireling, and the stranger that abides with thee. [7] And for thy cattle, and for the wild beasts that are in thy land, shall every fruit of βit be for food. [8] And thou shalt reckon to thyself seven sabbaths of years, seven times seven years; and they shall be to thee seven weeks of years, nine and forty years. [9] In the seventh month, on the tenth day of the month, ye shall make a proclamation with the sound of a trumpet in all your land; on the day of atonement ye shall make a proclamation with a trumpet in all your land. [10] And ye shall sanctify the year, the fiftieth year, and ye shall proclaim a release upon the land to all that inhabit it; it shall be given a year of release, a γjubilee for you; and each one shall depart to his possession, and ye shall go each to his family. [11] This is a jubilee of release, the year shall be to you the fiftieth year: ye shall not sow, nor reap the produce that comes of itself from the land, neither shall ye gather its dedicated fruits. [12] For it is a jubilee of release; it shall be holy to you, ye shall eat its fruits off the fields. [13] In the year of the release *even* the jubilee of it, shall *each* one return to his possession. [14] And if thou shouldest sell a δpossession to thy neighbour, or if thou shouldest buy of thy neighbour, let not a man oppress his neighbour. [15] According to the number of years after the jubilee shalt thou buy of thy neighbour, according to the number of years of the fruits shall he sell to thee. [16] According as *there may be* a greater number of years he shall increase *the value of* his possession, and according as *there may be* a less number of years he shall lessen *the value of* his possession; for according to the number of his crops, so shall he sell to thee. [17] Let not a man oppress his neighbour, and thou shalt fear the Lord thy God: I am the Lord thy God. [18] And ye shall keep all my ordinances, and all my judgments; and do ye observe them, and ye shall keep them, and dwell securely in the land. [19] And the land shall yield her increase, and ye shall eat to fulness, and shall dwell securely in the land. [20] And if ye should say, What shall we eat in this seventh year, if we do not sow nor gather in our fruits? [21] Then will I send my blessing upon you in the sixth year, and the land shall produce its fruits for three years. [22] And ye shall sow in the eighth year, and eat old fruits till the ninth year: until its fruit come, ye shall eat old fruits of the old. [23] And the land shall not be sold for a permanence; for the land is mine, because ye are strangers and sojourners before me. [24] And in every land of your possession, ye shall ζallow ransoms for the land. [25] And if thy brother who is with thee be poor, and should have sold *part* of his possession, and his kinsman who is nigh to him come, then he shall redeem the possession which his brother has sold. [26] And if one have no near kinsman, and he prosper with his hand, and he find sufficient money, *even* his ransom; [27] then shall he calculate the years of his sale, and he shall give θ what is due to the man to whom he sold it, and he shall

---

β *q. d.* ἀγροῦ.   γ *Gr.* manifestation, *or* indication.   δ *Gr.* selling.   ζ *Or*, pay.   θ *Gr.* what is over.

return to his possession. ²⁸But if his hand have not prospered sufficiently, so as that he should restore the money to him, then he that bought the possessions shall have them till the sixth year of the release; and it shall go out in the release, and the owner shall return to his possession.

²⁹And if any one should sell an inhabited house in a walled city, then there shall be the ransom of it, until *the time* is fulfilled: its time of ransom shall be a full year. ³⁰And if it be not ransomed until there be completed ᵝof its time a full year, the house which is in the walled city shall be surely confirmed to him that bought it, throughout his generations ; and it shall not go out in the release. ³¹But the houses in the villages which have not a wall round about them, shall be reckoned ᵞas the fields of the country : they shall always be redeemable, and they shall go out in the release. ³²And the cities of the Levites, the houses of the cities in their possession, shall be always redeemable to the Levites. ³³And if any one shall redeem a house of the Levites, then shall their sale of the houses of their possession go out in the release; because the houses of the cities of the Levites are their possession in the midst of the children of Israel. ³⁴And the lands set apart for their cities shall not be sold, because this is their perpetual possession.

³⁵And if thy brother who is with thee become poor, and he fail in ᵟresources with thee, thou shalt help him as a stranger and a sojourner, and thy brother shall live with thee. ³⁶Thou shalt not receive from him interest, nor increase : and thou shalt fear thy God : I *am* the Lord : and thy brother shall live with thee. ³⁷Thou shalt not lend thy money to him at interest, and thou shalt not lend thy ᶻmeat to him to be returned with increase. ³⁸I *am* the Lord your God, who brought you out of the land of Egypt, to give you the land of Chanaan, so as to be your God.

³⁹And if thy brother by thee be lowered, and be sold to thee, he shall not serve thee with the servitude of a slave. ⁴⁰He shall be with thee as a hireling or a sojourner, he shall work for thee till the year of release : ⁴¹and he shall go out in the release, and his children with him ; and he shall go to his family, he shall hasten back to his patrimony. ⁴²Because these are my servants, whom I brought out of the land of Egypt ; such an one shall not be sold as a *common* servant. ⁴³Thou shalt not ᶿoppress him with labour, and shalt fear the Lord thy God. ⁴⁴And whatever number of men-servants and maid-servants thou shalt have, thou shalt purchase male and female servants from the nations that are round about thee. ⁴⁵And of the sons of the sojourners that are among you, of these ye shall buy and of their relations, all that shall be in your lands ; let them be to you for a possession. ⁴⁶And ye shall distribute them to your children after you, and they shall be to you permanent possessions for ever : but of your brethren the children of Israel, one shall not oppress his brother in labours.

Ἐὰν δὲ μὴ εὐπορηθῇ αὐτοῦ ἡ χεὶρ τὸ ἱκανὸν, ὥστε ἀποδοῦναι 28 αὐτῷ, καὶ ἔσται ἡ πρᾶσις τῷ κτησαμένῳ αὐτὰ ἕως τοῦ ἕκτου ἔτους τῆς ἀφέσεως, καὶ ἐξελεύσεται ἐν τῇ ἀφέσει, καὶ ἀπελεύσεται εἰς τὴν κατάσχεσιν αὐτοῦ.

Ἐὰν δέ τις ἀποδῶται οἰκίαν οἰκητὴν ἐν πόλει τετειχισμένῃ, 29 καὶ ἔσται ἡ λύτρωσις αὐτῆς, ἕως πληρωθῇ· ἐνιαυτὸς ἡμερῶν ἔσται ἡ λύτρωσις αὐτῆς. Ἐὰν δὲ μὴ λυτρωθῇ ἕως ἂν πληρωθῇ 30 αὐτῆς ἐνιαυτὸς ὅλος, κυρωθήσεται ἡ οἰκία ἡ οὖσα ἐν πόλει τῇ ἐχούσῃ τεῖχος, βεβαίως τῷ κτησαμένῳ αὐτὴν εἰς τὰς γενεὰς αὐτοῦ, καὶ οὐκ ἐξελεύσεται ἐν τῇ ἀφέσει. Αἱ δὲ οἰκίαι αἱ ἐν 31 ἐπαύλεσιν, αἷς οὐκ ἔστιν ἐν αὐταῖς τεῖχος κύκλῳ, πρὸς τὸν ἀγρὸν τῆς γῆς λογισθήσονται· λυτρωταὶ διαπαντὸς ἔσονται, καὶ ἐν τῇ ἀφέσει ἐξελεύσονται. Καὶ αἱ πόλεις τῶν Λευιτῶν, 32 οἰκίαι τῶν πόλεων κατασχέσεως αὐτῶν, λυτρωταὶ διαπαντὸς ἔσονται τοῖς Λευίταις. Καὶ ὃς ἂν λυτρώσηται παρὰ τῶν 33 Λευιτῶν, καὶ ἐξελεύσεται ἡ διάπρασις αὐτῶν οἰκιῶν πόλεως κατασχέσεως αὐτῶν ἐν τῇ ἀφέσει, ὅτι οἰκίαι τῶν πόλεων τῶν Λευιτῶν κατάσχεσις αὐτῶν ἐν μέσῳ υἱῶν Ἰσραήλ. Καὶ οἱ 34 ἀγροὶ ἀφωρισμένοι ταῖς πόλεσιν αὐτῶν οὐ πραθήσονται, ὅτι κατάσχεσις αἰωνία τοῦτο αὐτῶν ἐστιν.

Ἐὰν δὲ πένηται ὁ ἀδελφός σου ὁ μετὰ σοῦ, καὶ ἀδυνατήσῃ 35 ταῖς χερσὶ παρὰ σοί, ἀντιλήψῃ αὐτοῦ ὡς προσηλύτου καὶ παροίκου, καὶ ζήσεται ὁ ἀδελφός σου μετὰ σοῦ. Οὐ λήψῃ 36 παρ᾽ αὐτοῦ τόκον, οὐδὲ ἐπὶ πλήθει· καὶ φοβηθήσῃ τὸν Θεόν σου· ἐγὼ Κύριος· καὶ ζήσεται ὁ ἀδελφός σου μετὰ σοῦ. Τὸ ἀργύριόν σου οὐ δώσεις αὐτῷ ἐπὶ τόκῳ, καὶ ἐπὶ πλεονασμῷ 37 οὐ δώσεις αὐτῷ τὰ βρώματά σου. Ἐγὼ Κύριος ὁ Θεὸς ὑμῶν, 38 ὁ ἐξαγαγὼν ὑμᾶς ἐκ γῆς Αἰγύπτου, δοῦναι ὑμῖν τὴν γῆν Χαναὰν, ὥστε εἶναι ὑμῶν Θεός.

Ἐὰν δὲ ταπεινωθῇ ὁ ἀδελφός σου παρὰ σοί, καὶ πραθῇ σοι, 39 οὐ δουλεύσει σοι δουλείαν οἰκέτου. Ὡς μισθωτὸς ἢ πάροι- 40 κος ἔσται σοι· ἕως τοῦ ἔτους τῆς ἀφέσεως ἐργᾶται παρὰ σοί, καὶ ἐξελεύσεται τῇ ἀφέσει, καὶ τὰ τέκνα αὐτοῦ μετ᾽ αὐτοῦ, 41 καὶ ἀπελεύσεται εἰς τὴν γενεὰν αὐτοῦ, εἰς τὴν κατάσχεσιν τὴν πατρικὴν ἀποδραμεῖται. Διότι οἰκέται μου εἰσὶν οὗτοι, οὓς 42 ἐξήγαγον ἐκ γῆς Αἰγύπτου· οὐ πραθήσεται ἐν πράσει οἰκέτου. Οὐ κατατενεῖς αὐτὸν ἐν τῷ μόχθῳ, καὶ φοβηθήσῃ Κύριον τὸν 43 Θεόν σου, καὶ παῖς καὶ παιδίσκη ὅσοι ἂν γένωνταί σοι, ἀπὸ 44 τῶν ἐθνῶν ὅσοι κύκλῳ σου εἰσὶν, ἀπ᾽ αὐτῶν κτήσεσθε δοῦλον καὶ δούλην, καὶ ἀπὸ τῶν υἱῶν τῶν παροίκων τῶν ὄντων ἐν ὑμῖν, 45 ἀπὸ τούτων κτήσεσθε καὶ ἀπὸ τῶν συγγενῶν αὐτῶν, ὅσοι ἂν γένωνται ἐν τῇ γῇ ὑμῶν, ἔστωσαν ὑμῖν εἰς κατάσχεσιν. Καὶ καταμεριεῖτε αὐτοὺς τοῖς τέκνοις ὑμῶν μεθ᾽ ὑμᾶς· καὶ 46 ἔσονται ὑμῖν κατόχιμοι εἰς τὸν αἰῶνα· τῶν δὲ ἀδελφῶν ὑμῶν τῶν υἱῶν Ἰσραήλ, ἕκαστος τὸν ἀδελφὸν αὐτοῦ οὐ κατατενεῖ αὐτὸν ἐν τοῖς μόχθοις.

ᵝ *Gr.* of it.   ᵞ *Gr.* to.   ᵟ *Gr.* hands.   ᶻ *Gr.* meats.   ᶿ *Gr.* violently strain him.

47 Ἐὰν δὲ εὕρῃ ἡ χεὶρ τοῦ προσηλύτου ἢ τοῦ παροίκου τοῦ παρὰ σοὶ, καὶ ἀπορηθεὶς ὁ ἀδελφός σου πραθῇ τῷ προσηλύτῳ

48 ἢ τῷ παροίκῳ τῷ παρὰ σοὶ, ἢ ἐκ γενετῆς προσηλύτῳ, μετὰ τὸ πραθῆναι αὐτῷ, λύτρωσις ἔσται αὐτῷ· εἷς τῶν ἀδελφῶν αὐτοῦ

49 λυτρώσεται αὐτόν. Ἀδελφὸς πατρὸς αὐτοῦ, ἢ υἱὸς ἀδελφοῦ πατρὸς λυτρώσεται αὐτὸν, ἢ ἀπὸ τῶν οἰκείων τῶν σαρκῶν αὐτοῦ ἐκ τῆς φυλῆς αὐτοῦ λυτρῶται αὐτόν· ἐὰν δὲ εὐπορηθεὶς

50 ταῖς χερσὶ λυτρῶται ἑαυτὸν, καὶ συλλογιεῖται πρὸς τὸν κεκτη-μένον αὐτὸν ἀπὸ τοῦ ἔτους οὗ ἀπέδοτο ἑαυτὸν αὐτῷ ἕως τοῦ ἐνιαυτοῦ τῆς ἀφέσεως· καὶ ἔσται τὸ ἀργύριον τῆς πράσεως

51 αὐτοῦ ὡς μισθίου· ἔτος ἐξ ἔτους ἔσται μετ᾽ αὐτοῦ. Ἐὰν δέ τινι πλεῖον τῶν ἐτῶν ᾖ, πρὸς ταῦτα ἀποδώσει τὰ λύτρα αὐτοῦ

52 ἀπὸ τοῦ ἀργυρίου τῆς πράσεως αὐτοῦ. Ἐὰν δὲ ὀλίγον κατα-λειφθῇ ἀπὸ τῶν ἐτῶν εἰς τὸν ἐνιαυτὸν τῆς ἀφέσεως, καὶ συλλογιεῖται αὐτῷ κατὰ τὰ ἔτη αὐτοῦ, καὶ ἀποδώσει τὰ λύτρα

53 αὐτοῦ ὡς μισθωτός· ἐνιαυτὸν ἐξ ἐνιαυτοῦ ἔσται μετ᾽ αὐτοῦ·

54 οὐ κατατενεῖς αὐτὸν ἐν τῷ μόχθῳ ἐνώπιόν σου. Ἐὰν δὲ μὴ λυτρῶται κατὰ ταῦτα, ἐξελεύσεται ἐν τῷ ἔτει τῆς ἀφέσεως

55 αὐτὸς καὶ τὰ παιδία αὐτοῦ μετ᾽ αὐτοῦ. Ὅτι ἐμοὶ οἱ υἱοὶ Ἰσραὴλ οἰκέται εἰσὶ, παῖδές μου οὗτοί εἰσιν, οὓς ἐξήγαγον ἐκ γῆς Αἰγύπτου.

26 Ἐγὼ Κύριος ὁ Θεὸς ὑμῶν· οὐ ποιήσετε ὑμῖν αὐτοῖς χειρο-ποίητα, οὐδὲ γλυπτὰ, οὐδὲ στήλην ἀναστήσετε ὑμῖν, οὐδὲ λίθον σκοπὸν θήσετε ἐν τῇ γῇ ὑμῶν προσκυνῆσαι αὐτῷ·

2 ἐγὼ εἰμι Κύριος ὁ Θεὸς ὑμῶν. Τὰ σάββατά μου φυλάξεσθε,

3 καὶ ἀπὸ τῶν ἁγίων μου φοβηθήσεσθε· ἐγὼ εἰμι Κύριος. Ἐὰν τοῖς προστάγμασί μου πορεύησθε, καὶ τὰς ἐντολάς μου φυλάσ-

4 σησθε, καὶ ποιήσητε αὐτὰς, καὶ δώσω τὸν ὑετὸν ὑμῖν ἐν καιρῷ αὐτοῦ, καὶ ἡ γῆ δώσει τὰ γεννήματα αὐτῆς, καὶ τὰ ξύλα

5 τῶν πεδίων ἀποδώσει τὸν καρπὸν αὐτῶν· Καὶ καταλήψεται ὑμῖν ὁ ἀλοητὸς τὸν τρυγητὸν, καὶ ὁ τρυγητὸς καταλήψεται τὸν σπόρον· καὶ φάγεσθε τὸν ἄρτον ὑμῶν εἰς πλησμονήν· καὶ κατοικήσετε μετὰ ἀσφαλείας ἐπὶ τῆς γῆς ὑμῶν, καὶ

6 πόλεμος οὐ διελεύσεται διὰ τῆς γῆς ὑμῶν· Καὶ δώσω εἰρήνην ἐν τῇ γῇ ὑμῶν· καὶ κοιμηθήσεσθε, καὶ οὐκ ἔσται ὑμᾶς ὁ

7 ἐκφοβῶν· καὶ ἀπολῶ θηρία πονηρὰ ἐκ τῆς γῆς ὑμῶν. Καὶ διώξεσθε τοὺς ἐχθροὺς ὑμῶν, καὶ πεσοῦνται ἐναντίον ὑμῶν

8 φόνῳ. Καὶ διώξονται ἐξ ὑμῶν πέντε ἑκατὸν, καὶ ἑκατὸν ὑμῶν διώξονται μυριάδας· καὶ πεσοῦνται οἱ ἐχθροὶ ὑμῶν

9 ἐναντίον ὑμῶν μαχαίρα. Καὶ ἐπιβλέψω ἐφ᾽ ὑμᾶς, καὶ αὐξανῶ ὑμᾶς, καὶ πληθυνῶ ὑμᾶς, καὶ στήσω τὴν διαθήκην μου μεθ᾽

10 ὑμῶν. Καὶ φάγεσθε παλαιὰ καὶ παλαιὰ παλαιῶν, καὶ παλαιὰ

11 ἐκ προσώπου νέων ἐξοίσετε. Καὶ θήσω τὴν σκηνήν μου ἐν

12 ὑμῖν, καὶ οὐ βδελύξεται ἡ ψυχή μου ὑμᾶς, καὶ ἐμπεριπατήσω ἐν ὑμῖν· καὶ ἔσομαι ὑμῶν Θεὸς, καὶ ὑμεῖς ἔσεσθέ μοι λαός.

13 Ἐγώ εἰμι Κύριος ὁ Θεὸς ὑμῶν, ὁ ἐξαγαγὼν ὑμᾶς ἐκ γῆς Αἰγύπτου, ὄντων ὑμῶν δούλων· καὶ συνέτριψα τὸν δεσμὸν τοῦ ζυγοῦ ὑμῶν, καὶ ἤγαγον ὑμᾶς μετὰ παρρησίας.

14 Ἐὰν δὲ μὴ ὑπακούσητέ μου, μηδὲ ποιήσητε τὰ προστάγ-

15 ματά μου ταῦτα, ἀλλὰ ἀπειθήσητε αὐτοῖς, καὶ τοῖς κρίμασί

47 And if β a stranger or sojourner with thee wax rich, and thy brother in distress be sold to the stranger or the sojourner that is with thee, or to a proselyte by extraction; 48 after he is sold to him there shall be redemption for him, one of his brethren shall redeem him. 49 A brother of his father, or son of his father's brother shall redeem him; or let one of his near kin of his tribe redeem him, and if he should be rich and redeem himself, 50 then shall he calculate with his purchaser from the year that he sold himself to him until the year of release: and the money of his purchase shall be as that of a hireling, he shall be with him from year to year. 51 And if any have a greater number of years *than enough*, according to these he shall pay his ransom out of his purchase-money. 52 And if but a little time be left of the years to the year of release, then shall he reckon to him according to his years, and shall pay his ransom 53 as a hireling; he shall be with him from year to year: thou shalt not oppress him with labour before thee. 54 And if he do not pay his ransom accordingly, he shall go out in the year of his release, he and his children with him. 55 For the children of Israel are my servants: they are my attendants, whom I brought out of the land of Egypt.

I *am* the Lord your God: ye shall not make to yourselves gods made with hands, or graven; neither shall ye rear up a pillar for yourselves, neither shall ye set up a stone *for* an object in your land to worship it: I am the Lord your God. 2 Ye shall keep my sabbaths, and reverence my sanctuaries: I am the Lord. 3 If ye will walk in my ordinances, and keep my commandments, and do them, 4 then will I give you the rain in its season, and the land shall produce its fruits, and the trees of the field shall yield their fruit. 5 And your threshing time shall overtake the vintage, and your vintage shall overtake your seed time; and ye shall eat your bread to the full; and ye shall dwell safely upon your land, and war shall not go through your land. 6 And I will give peace in your land, and ye shall sleep, and none *shall* make you afraid; and I will destroy the evil beasts out of your land, 7 and ye shall pursue your enemies, and they shall fall before you with slaughter. 8 And five of you shall chase a hundred, and a hundred of you shall chase tens of thousands; and your enemies shall fall before you by the sword. 9 And I will look upon you, and increase you, and multiply you, and establish my covenant with you. 10 And ye shall eat that which is old and very old, and bring forth the old γ to make way for the new. 11 And I will set my tabernacle among you, and my soul shall not abhor you; 12 and δ I will walk among you, and be your God, and ye shall be my people. 13 I am the Lord your God, who brought you out of the land of Egypt, where ye were slaves; and I broke the band of your yoke, and brought you forth openly.

14 But if ye will not hearken to me, nor obey these my ordinances, 15 but disobey

---

them, and your soul should loathe my judgments, so that ye should not keep all my commands, so as to break my covenant, [16] then will I do thus to you: I will even bring upon you perplexity and the β itch, and the fever that causes your eyes to waste away, and *disease* that consumes your life; and ye shall sow your seeds in vain, and your enemies shall eat them. [17] And I will set my face against you, and ye shall fall before your enemies, and they that hate you shall pursue you; and ye shall flee, no one pursuing you. [18] And if ye still γ refuse to hearken to me, then will I chasten you yet more even seven times for your sins. [19] And I will break down the haughtiness of your pride; and I will make your heaven iron, and your earth as it were brass. [20] And your strength shall be in vain; and your land shall not yield its seed, and the tree of your field shall not yield its fruit.

[21] And if after this ye should walk perversely, and not be willing to obey me, I will further bring upon you seven plagues according to your sins. [22] And I will send upon you the wild beasts of the land, and they shall devour you, and shall consume your cattle: and I will make you few in number, and your ways shall be desolate. [23] And if hereupon ye are not corrected, but walk perversely towards me, [24] I also will walk with you with a perverse spirit, and I also will smite you seven times for your sins. [25] And I will bring upon you a sword avenging the cause of *my* covenant, and ye shall flee for refuge to your cities; and I will send out death against you, and ye shall be delivered into the hands of your enemies. [26] When I afflict you with famine of bread, then ten women shall bake your loaves in one oven, and they shall render your loaves by weight; and ye shall eat, and not be satisfied.

[27] And if hereupon ye will not obey me, but walk perversely towards me, [28] then will I walk with you with a froward mind, and I will chasten you sevenfold according to your sins. [29] And ye shall eat the flesh of your sons, and the flesh of your daughters shall ye eat. [30] And I will render your pillars desolate, and will utterly destroy your wooden *images* made with hands; and I will lay your carcases on the carcases of your idols, and my soul shall loathe you. [31] And I will lay your cities waste, and I will make your sanctuaries desolate, and I will not smell the savour of your sacrifices. [32] And I will lay your land desolate, and your enemies who dwell in it shall wonder at it. [33] And I will scatter you among the nations, and the sword shall come upon you and consume you; and your land shall be desolate, and your cities shall be desolate. [34] Then the land shall enjoy its sabbaths all the days of its desolation. [35] And ye shall be in the land of your enemies; then the land shall keep its sabbaths, and the land shall enjoy its sabbaths all the days of its desolation: it shall keep sabbaths which it kept not among your sabbaths, when ye dwelt in it. [36] And to those who are left of

μου προσοχθίση ἡ ψυχὴ ὑμῶν, ὥστε ὑμᾶς μὴ ποιεῖν πάσας τὰς ἐντολάς μου, ὥστε διασκεδάσαι τὴν διαθήκην μου, καὶ 16 ἐγὼ ποιήσω οὕτως ὑμῖν· καὶ ἐπιστήσω ἐφ᾽ ὑμᾶς τὴν ἀπορίαν, τήν τε ψώραν, καὶ τὸν ἴκτερα σφακελίζοντα τοὺς ὀφθαλμοὺς ὑμῶν, καὶ τὴν ψυχὴν ὑμῶν ἐκτήκουσαν· καὶ σπερεῖτε διακενῆς τὰ σπέρματα ὑμῶν, καὶ ἔδονται οἱ ὑπεναντίοι ὑμῶν. Καὶ 17 ἐπιστήσω τὸ πρόσωπόν μου ἐφ᾽ ὑμᾶς, καὶ πεσεῖσθε ἐναντίον τῶν ἐχθρῶν ὑμῶν, καὶ διώξονται ὑμᾶς οἱ μισοῦντες ὑμᾶς, καὶ φεύξεσθε οὐδενὸς διώκοντος ὑμᾶς. Καὶ ἐὰν ἕως τούτου 18 μὴ ὑπακούσητέ μου, καὶ προσθήσω τοῦ παιδεῦσαι ὑμᾶς ἑπτάκις ἐπὶ ταῖς ἁμαρτίαις ὑμῶν. Καὶ συντρίψω τὴν ὕβριν τῆς 19 ὑπερηφανίας ὑμῶν· καὶ θήσω τὸν οὐρανὸν ὑμῖν σιδηροῦν, καὶ τὴν γῆν ὑμῶν ὡσεὶ χαλκήν. Καὶ ἔσται εἰς κενὸν ἡ 20 ἰσχὺς ὑμῶν· καὶ οὐ δώσει ἡ γῆ ὑμῶν τὸν σπόρον αὐτῆς, καὶ τὸ ξύλον τοῦ ἀγροῦ ὑμῶν οὐ δώσει τὸν καρπὸν αὐτοῦ.

Καὶ ἐὰν μετὰ ταῦτα πορεύησθε πλάγιοι, καὶ μὴ βούλησθε 21 ὑπακούειν μου, προσθήσω ὑμῖν πληγὰς ἑπτὰ κατὰ τὰς ἁμαρτίας ὑμῶν. Καὶ ἀποστέλλω ἐφ᾽ ὑμᾶς τὰ θηρία τὰ 22 ἄγρια τῆς γῆς, καὶ κατέδεται ὑμᾶς, καὶ ἐξαναλώσει τὰ κτήνη ὑμῶν, καὶ ὀλιγοστοὺς ποιήσω ὑμᾶς, καὶ ἐρημωθήσονται αἱ ὁδοὶ ὑμῶν. Καὶ ἐπὶ τούτοις ἐὰν μὴ παιδευθῆτε, ἀλλὰ 23 πορεύησθε πρός με πλάγιοι, πορεύσομαι κἀγὼ μεθ᾽ ὑμῶν 24 θυμῷ πλαγίῳ, καὶ πατάξω ὑμᾶς κἀγὼ ἑπτάκις ἀντὶ τῶν ἁμαρτιῶν ὑμῶν. Καὶ ἐπάξω ἐφ᾽ ὑμᾶς μάχαιραν ἐκδικοῦσαν δίκην 25 διαθήκης, καὶ καταφεύξεσθε εἰς τὰς πόλεις ὑμῶν· καὶ ἐξαποστελῶ θάνατον εἰς ὑμᾶς, καὶ παραδοθήσεσθε εἰς χεῖρας τῶν ἐχθρῶν. Ἐν τῷ θλίψαι ὑμᾶς σιτοδείᾳ ἄρτων, καὶ πέψουσι 26 δέκα γυναῖκες τοὺς ἄρτους ὑμῶν ἐν κλιβάνῳ ἑνὶ, καὶ ἀποδώσουσι τοὺς ἄρτους ὑμῶν ἐν σταθμῷ, καὶ φάγεσθε, καὶ οὐ μὴ ἐμπλησθῆτε.

Ἐὰν δὲ ἐπὶ τούτοις μὴ ὑπακούσητέ μου, καὶ πορεύησθε 27 πρός με πλάγιοι, καὶ αὐτὸς πορεύσομαι μεθ᾽ ὑμῶν ἐν θυμῷ 28 πλαγίῳ, καὶ παιδεύσω ὑμᾶς ἐγὼ ἑπτάκις κατὰ τὰς ἁμαρτίας ὑμῶν. Καὶ φάγεσθε τὰς σάρκας τῶν υἱῶν ὑμῶν, καὶ τὰς 29 σάρκας τῶν θυγατέρων ὑμῶν φάγεσθε. Καὶ ἐρημώσω τὰς 30 στήλας ὑμῶν, καὶ ἐξολοθρεύσω τὰ ξύλινα χειροποίητα ὑμῶν, καὶ θήσω τὰ κῶλα ὑμῶν ἐπὶ τὰ κῶλα τῶν εἰδώλων ὑμῶν, καὶ προσοχθιεῖ ἡ ψυχή μου ὑμῖν. Καὶ θήσω τὰς πόλεις 31 ὑμῶν ἐρήμους, καὶ ἐξερημώσω τὰ ἅγια ὑμῶν, καὶ οὐ μὴ ὀσφρανθῶ τῆς ὀσμῆς τῶν θυσιῶν ὑμῶν. Καὶ ἐξερημώσω ἐγὼ 32 τὴν γῆν ὑμῶν, καὶ θαυμάσονται ἐπ᾽ αὐτῇ οἱ ἐχθροὶ ὑμῶν, οἱ ἐνοικοῦντες ἐν αὐτῇ. Καὶ διασπερῶ ὑμᾶς εἰς τὰ ἔθνη, 33 καὶ ἐξαναλώσει ὑμᾶς ἐπιπορευομένη ἡ μάχαιρα, καὶ ἔσται ἡ γῆ ὑμῶν ἔρημος, καὶ αἱ πόλεις ὑμῶν ἔσονται ἔρημοι. Τότε 34 εὐδοκήσει ἡ γῆ τὰ σάββατα αὐτῆς πάσας τὰς ἡμέρας τῆς ἐρημώσεως αὐτῆς, καὶ ὑμεῖς ἔσεσθε ἐν τῇ γῇ τῶν ἐχθρῶν 35 ὑμῶν· τότε σαββατιεῖ ἡ γῆ, καὶ εὐδοκήσει ἡ γῆ τὰ σάββατα αὐτῆς πάσας τὰς ἡμέρας τῆς ἐρημώσεως αὐτῆς· σαββατιεῖ ἃ οὐκ ἐσαββάτισεν ἐν τοῖς σαββάτοις ὑμῶν, ἡνίκα κατῳκεῖτε αὐτήν. Καὶ τοῖς καταλειφθεῖσιν ἐξ ὑμῶν ἐπάξω δουλείαν 36

β *Or,* scab. γ *Gr.* will not.

εἰς τὴν καρδίαν αὐτῶν ἐν τῇ γῇ τῶν ἐχθρῶν αὐτῶν· καὶ διώξεται αὐτοὺς φωνὴ φύλλου φερομένου, καὶ φεύξονται ὡς φεύγοντες
37 ἀπὸ πολέμου, καὶ πεσοῦνται οὐθενὸς διώκοντος. Καὶ ὑπερόψεται ὁ ἀδελφὸς τὸν ἀδελφὸν ὡσεὶ ἐν πολέμῳ, οὐθενὸς κατατρέχοντος· καὶ οὐ δυνήσεσθε ἀντιστῆναι τοῖς ἐχθροῖς
38 ὑμῶν. Καὶ ἀπολεῖσθε ἐν τοῖς ἔθνεσι, καὶ κατέδεταί ὑμᾶς
39 ἡ γῆ τῶν ἐχθρῶν ὑμῶν. Καὶ οἱ καταλειφθέντες ἀφ᾽ ὑμῶν, καταφθαρήσονται διὰ τὰς ἁμαρτίας αὐτῶν, καὶ διὰ τὰς ἁμαρτίας τῶν πατέρων αὐτῶν· ἐν τῇ γῇ τῶν ἐχθρῶν αὐτῶν τακήσονται.

40 Καὶ ἐξαγορεύσουσι τὰς ἁμαρτίας αὐτῶν, καὶ τὰς ἁμαρτίας τῶν πατέρων αὐτῶν, ὅτι παρέβησαν καὶ ὑπερεῖδόν με, καὶ
41 ὅτι ἐπορεύθησαν ἐναντίον μου πλάγιοι, καὶ ἐγὼ ἐπορεύθην μετ᾽ αὐτῶν ἐν θυμῷ πλαγίῳ· καὶ ἀπολῶ αὐτοὺς ἐν τῇ γῇ τῶν ἐχθρῶν αὐτῶν· τότε ἐντραπήσεται ἡ καρδία αὐτῶν ἡ
42 ἀπερίτμητος, καὶ τότε εὐδοκήσουσι τὰς ἁμαρτίας αὐτῶν. Καὶ μνησθήσομαι τῆς διαθήκης Ἰακὼβ, καὶ τῆς διαθήκης Ἰσαὰκ, καὶ τῆς διαθήκης Ἀβραὰμ μνησθήσομαι.

43 Καὶ τῆς γῆς μνησθήσομαι, καὶ ἡ γῆ ἐγκαταλειφθήσεται ἀπ᾽ αὐτῶν· τότε προσδέξεται ἡ γῆ τὰ σάββατα αὐτῆς, ἐν τῷ ἐρημωθῆναι αὐτὴν δι᾽ αὐτούς· καὶ αὐτοὶ προσδέξονται τὰς αὐτῶν ἀνομίας, ἀνθ᾽ ὧν τὰ κρίματά μου ὑπερεῖδον, καὶ
44 τοῖς προστάγμασί μου προσώχθισαν τῇ ψυχῇ αὐτῶν. Καὶ οὐδ᾽ ὡς ὄντων αὐτῶν ἐν τῇ γῇ τῶν ἐχθρῶν αὐτῶν, οὐχ ὑπερεῖδον αὐτούς, οὐδὲ προσώχθισα αὐτοῖς ὥστε ἐξαναλῶσαι αὐτοὺς τοῦ διασκεδάσαι τὴν διαθήκην μου τὴν πρὸς αὐτούς· ἐγὼ
45 γάρ εἰμι Κύριος ὁ Θεὸς αὐτῶν. Καὶ μνησθήσομαι διαθήκης αὐτῶν τῆς προτέρας, ὅτε ἐξήγαγον αὐτοὺς ἐκ γῆς Αἰγύπτου, ἐξ οἴκου δουλείας ἔναντι τῶν ἐθνῶν, τοῦ εἶναι αὐτῶν Θεός·
46 ἐγώ εἰμι Κύριος. Ταῦτα τὰ κρίματά μου, καὶ τὰ προστάγματά μου, καὶ ὁ νόμος ὃν ἔδωκε Κύριος ἀναμέσον αὐτοῦ καὶ ἀναμέσον τῶν υἱῶν Ἰσραήλ, ἐν τῷ ὄρει Σινᾷ ἐν χειρὶ Μωυσῆ.

27 Καὶ ἐλάλησε Κύριος πρὸς Μωυσῆν, λέγων, λάλησον τοῖς
2 υἱοῖς Ἰσραήλ, καὶ ἐρεῖς αὐτοῖς, ὃς ἂν εὔξηται εὐχὴν ὥστε
3 τιμὴν τῆς ψυχῆς αὐτοῦ τῷ Κυρίῳ, ἔσται ἡ τιμὴ τοῦ ἄρσενος ἀπὸ εἰκοσαετοῦς, ἕως ἑξηκονταετοῦς, ἔσται αὐτοῦ ἡ τιμὴ πεντή-
4 κοντα δίδραχμα ἀργυρίου τῷ σταθμῷ τῷ ἁγίῳ. Τῆς δὲ θηλείας
5 ἔσται ἡ συντίμησις τριάκοντα δίδραχμα. Ἐὰν δὲ ἀπὸ πεντα ετοῦς ἕως εἴκοσι ἐτῶν, ἔσται ἡ τιμὴ τοῦ ἄρσενος εἴκοσι
6 δίδραχμα· τῆς δὲ θηλείας, δέκα δίδραχμα. Ἀπὸ δὲ μηνιαίου ἕως πενταετοῦς, ἔσται ἡ τιμὴ τοῦ ἄρσενος πέντε δίδραχμα·
7 τῆς δὲ θηλείας, τρία δίδραχμα ἀργυρίου. Ἐὰν δὲ ἀπὸ ἑξή- κοντα ἐτῶν καὶ ἐπάνω, ἐὰν μὲν ἄρσεν ᾖ, ἔσται ἡ τιμὴ αὐτοῦ πεντεκαίδεκα δίδραχμα ἀργυρίου· ἐὰν δὲ θήλεια, δέκα δίδραχμα.
8 Ἐὰν δὲ ταπεινὸς ᾖ τῇ τιμῇ, στήσεται ἐναντίον τοῦ ἱερέως· καὶ τιμήσεται αὐτὸν ὁ ἱερεύς· καθάπερ ἰσχύει ἡ χεὶρ τοῦ εὐξα- μένου, τιμήσεται αὐτὸν ὁ ἱερεύς.

9 Ἐὰν δὲ ἀπὸ τῶν κτηνῶν τῶν προσφερομένων ἀπ᾽ αὐτῶν

you I will bring bondage into their heart in the land of their enemies; and the sound of a shaken leaf shall chase them, and they shall flee as fleeing from war, and shall fall when none pursues them. [37] And brother shall disregard brother as in war, when none pursues; and ye shall not be able to withstand your enemies. [38] And ye shall perish among the Gentiles, and the land of your enemies shall devour you. [39] And those who are left of you shall perish, because of their sins, and because of the sins of their fathers: in the land of their enemies shall they consume away.

[40] And they shall confess their sins, and the sins of their fathers, that they have transgressed and neglected me, and that they have walked perversely before me, [41] and I walked with them with a perverse mind; and I will destroy them in the land of their enemies: then shall their uncircumcised heart be ashamed, and then shall they acquiesce in *βthe punishment of* their sins. [42] And I will remember the covenant of Jacob, and the covenant of Isaac, and the covenant of Abraam will I remember.

[43] And I will remember the land, and the land shall be left of them; then the land shall enjoy her sabbaths, when it is deserted through them: and they shall accept *the punishment of* their iniquities, because they neglected my judgments, and in their soul loathed my ordinances. [44] And yet not even thus, while they were in the land of their enemies, did I overlook them, nor did I loathe them so as to consume them, to break my covenant made with them; for I am the Lord their God. [45] And I will remember their former covenant, when I brought them out of the land of Egypt, out of the house of bondage before the nations, to be their God; I am the Lord. [46] These are my judgments and my ordinances, and the law which the Lord gave between himself and the children of Israel, in the mount Sina, by the hand of Moses.

And the Lord spoke to Moses, saying, [2] Speak to the children of Israel, and thou shalt say to them, Whosoever shall vow a vow as the valuation of his soul for the Lord, [3] the valuation of a male from twenty years old to sixty years old shall be—his valuation shall be fifty didrachms of silver by the γstandard of the sanctuary. [4] And the valuation of a female shall be thirty didrachms. [5] And if it be from five years old to twenty, the valuation of a male shall be twenty didrachms, and of a female ten didrachms. [6] And from a month old to five years old, the valuation of a male shall be five didrachms, and of a female, three didrachms of silver. [7] And if from sixty years *old* and upward, if it be a male, his valuation shall be fifteen didrachms of silver, and if a female, ten didrachms. [8] And if the man be too poor for the valuation, he shall stand before the priest; and the priest shall value him: according to what the man who has vowed can afford, the priest shall value him.

[9] And if it be from the cattle that are offered as a gift to the Lord, whoever shall

---

β *Gr.* their sins.   Hebraism.   γ *Gr.* holy standards.

offer one of these to the Lord, it shall be holy. ¹⁰ He shall not change it, a good for a bad, or a bad for a good; and if he do at all change it, a beast for a beast, it and the substitute shall be holy. ¹¹ And if it be any unclean beast, of which none are offered as a gift to the Lord, he shall set the beast before the priest. ¹² And the priest shall make a valuation between the good and the bad, and accordingly as the priest shall value it, so shall it stand. ¹³ And if *the worshipper* will at all redeem it, he shall add the fifth part to its value. ¹⁴ And whatsoever man shall consecrate his house as holy to the Lord, the priest shall make a valuation of it between the good and the bad: as the priest shall value it, so shall it stand. ¹⁵ And if he that has sanctified it should redeem his house, he shall add to it the fifth part of the money of the valuation, and it shall be his.

¹⁶ And if a man should hallow to the Lord a part of the field of his possession, then the valuation shall be according to its seed, fifty didrachms of silver for a homer of barley. ¹⁷ And if he should sanctify his field from the year of release, it shall stand according to his valuation. ¹⁸ And if he should sanctify his field in the latter time after the release, the priest shall reckon to him the money for the remaining years, until the *next* year of release, and it shall be deducted as an equivalent from his full valuation. ¹⁹ And if he that sanctified the field would redeem it, he shall add to its value the fifth part of the money, and it shall be his. ²⁰ And if he do not redeem the field, but should sell the field to another man, he shall not after redeem it. ²¹ But the field shall be holy to the Lord after the release, as separated land; the priest shall have possession of it. ²² And if he should consecrate to the Lord of a field which he has bought, which is not of the field of his possession, ²³ the priest shall reckon to him the full valuation from the year of release, and he shall pay the valuation in that day *as* holy to the Lord. ²⁴ And in the year of release the land shall be restored to the man of whom the other bought it, whose the possession of the land was. ²⁵ And every valuation shall be by holy weights: the didrachm shall be twenty oboli. ²⁶ And every first-born which shall be produced among thy cattle shall be the Lord's, and no man shall sanctify it: whether calf or sheep, it is the Lord's. ²⁷ But if he should ᵝredeem an unclean beast, according to its valuation, then he shall add the fifth part to it, and it shall be his; and if he redeem it not, it shall be sold according to its valuation.

²⁸ And every dedicated thing which a man shall dedicate to the Lord of all that he has, whether man or beast, or of the field of his possession, he shall not sell it, nor redeem it: every devoted thing shall be most holy to the Lord. ²⁹ And whatever shall be dedicated of men, shall not be ransomed, but shall be surely put to death. ³⁰ Every tithe of the land, both of the seed of the land, and of the fruit of trees, is the Lord's,

δῶρον τῷ Κυρίῳ, ὃς ἂν δῷ ἀπὸ τούτων τῷ Κυρίῳ, ἔσται ἅγιον. Οὐκ ἀλλάξει αὐτὸ καλὸν πονηρῷ, οὐδὲ πονηρὸν καλῷ· ἐὰν 10 δὲ ἀλλάσσων ἀλλάξῃ αὐτὸ κτῆνος κτήνει, ἔσται αὐτὸ καὶ τὸ ἄλλαγμα ἅγια. Ἐὰν δὲ πᾶν κτῆνος ἀκάθαρτον, ἀφ' ὧν 11 οὐ προσφέρεται ἀπ' αὐτῶν δῶρον τῷ Κυρίῳ, στήσει τὸ κτῆνος ἔναντι τοῦ ἱερέως, καὶ τιμήσεται αὐτὸ ὁ ἱερεὺς ἀναμέσον 12 καλοῦ καὶ ἀναμέσον πονηροῦ· καὶ καθότι ἂν τιμήσηται αὐτὸ ὁ ἱερεὺς, οὕτω στήσεται. Ἐὰν δὲ λυτρούμενος λυτρώσηται 13 αὐτὸ, προσθήσει τὸ ἐπίπεμπτον πρὸς τὴν τιμὴν αὐτοῦ. Καὶ 14 ἄνθρωπος ὃς ἂν ἁγιάσῃ τὴν οἰκίαν αὐτοῦ ἁγίαν τῷ Κυρίῳ, καὶ τιμήσεται αὐτὴν ὁ ἱερεὺς ἀναμέσον καλῆς καὶ ἀναμέσον πονηρᾶς· ὡς ἂν τιμήσηται αὐτὴν ὁ ἱερεὺς, οὕτω σταθήσεται. Ἐὰν δὲ ὁ ἁγιάσας αὐτὴν λυτρῶται τὴν οἰκίαν αὐτοῦ, προσθήσει 15 ἐπ' αὐτὸ τὸ ἐπίπεμπτον τοῦ ἀργυρίου τῆς τιμῆς, καὶ ἔσται αὐτῷ.

Ἐὰν δὲ ἀπὸ τοῦ ἀγροῦ τῆς κατασχέσεως αὐτοῦ ἁγιάσῃ 16 ἄνθρωπος τῷ Κυρίῳ, καὶ ἔσται ἡ τιμὴ κατὰ τὸν σπόρον αὐτοῦ, κόρου κριθῶν πεντήκοντα δίδραχμα ἀργυρίου. Ἐὰν δὲ ἀπὸ 17 τοῦ ἐνιαυτοῦ τῆς ἀφέσεως ἁγιάσῃ τὸν ἀγρὸν αὐτοῦ, κατὰ τὴν τιμὴν αὐτοῦ στήσεται. Ἐὰν δὲ ἔσχατον μετὰ τὴν ἄφεσιν 18 ἁγιάσῃ τὸν ἀγρὸν αὐτοῦ, προσλογιεῖται αὐτῷ ὁ ἱερεὺς τὸ ἀργύριον ἐπὶ τὰ ἔτη τὰ ἐπίλοιπα, ἕως εἰς τὸν ἐνιαυτὸν τῆς ἀφέσεως, καὶ ἀνθυφαιρεθήσεται ἀπὸ τῆς συντιμήσεως αὐτοῦ. Ἐὰν δὲ λυτρῶται τὸν ἀγρὸν ὁ ἁγιάσας αὐτὸν, προσθήσει 19 τὸ ἐπίπεμπτον τοῦ ἀργυρίου πρὸς τὴν τιμὴν αὐτοῦ, καὶ ἔσται αὐτῷ. Ἐὰν δὲ μὴ λυτρῶται τὸν ἀγρὸν, καὶ ἀποδῶται τὸν 20 ἀγρὸν ἀνθρώπῳ ἑτέρῳ, οὐκέτι μὴ λυτρώσηται αὐτόν. Ἀλλ' 21 ἔσται ὁ ἀγρὸς ἐξεληλυθυίας τῆς ἀφέσεως ἅγιος τῷ Κυρίῳ, ὥσπερ ἡ γῆ ἡ ἀφωρισμένη τῷ ἱερεῖ ἔσται κατάσχεσις αὐτοῦ. Ἐὰν δὲ ἀπὸ τοῦ ἀγροῦ οὗ κέκτηται, ὃς οὐκ ἔστιν ἀπὸ τοῦ 22 ἀγροῦ τῆς κατασχέσεως αὐτοῦ, ἁγιάσῃ τῷ Κυρίῳ, λογιεῖται 23 πρὸς αὐτὸν ὁ ἱερεὺς τὸ τέλος τῆς τιμῆς ἐκ τοῦ ἐνιαυτοῦ τῆς ἀφέσεως, καὶ ἀποδώσει τὴν τιμὴν ἐν τῇ ἡμέρᾳ ἐκείνῃ ἁγίαν τῷ Κυρίῳ. Καὶ ἐν τῷ ἐνιαυτῷ τῆς ἀφέσεως ἀποδοθήσεται ὁ 24 ἀγρὸς τῷ ἀνθρώπῳ παρ' οὗ κέκτηται αὐτὸν, οὗ ἦν ἡ κατάσχεσις τῆς γῆς. Καὶ πᾶσα τιμὴ ἔσται σταθμίοις ἁγίοις· εἴκοσι 25 ὀβολοὶ ἔσται τὸ δίδραχμον. Καὶ πᾶν πρωτότοκον ὃ ἐὰν 26 γένηται ἐν τοῖς κτήνεσί σου, ἔσται τῷ Κυρίῳ, καὶ οὐ καθαγιάσει αὐτὸ οὐδείς· ἐάν τε μόσχον, ἐάν τε πρόβατον, τῷ Κυρίῳ ἐστίν. Ἐὰν δὲ τῶν τετραπόδων τῶν ἀκαθάρτων ἀλλάξῃ κατὰ 27 τὴν τιμὴν αὐτοῦ, καὶ προσθήσει τὸ ἐπίπεμπτον πρὸς αὐτὸ, καὶ ἔσται αὐτῷ· ἐὰν δὲ μὴ λυτρῶται, πραθήσεται κατὰ τὸ τίμημα αὐτοῦ.

Πᾶν δὲ ἀνάθεμα, ὃ ἂν ἀναθῇ ἄνθρωπος τῷ Κυρίῳ ἀπὸ 28 πάντων, ὅσα αὐτῷ ἐστιν, ἀπὸ ἀνθρώπου ἕως κτήνους, καὶ ἀπὸ ἀγροῦ κατασχέσεως αὐτοῦ, οὐκ ἀποδώσεται οὐδὲ λυτρώσεται· πᾶν ἀνάθεμα ἅγιον ἁγίων ἔσται τῷ Κυρίῳ. Καὶ 29 πᾶν ὃ ἐὰν ἀνατεθῇ ἀπὸ τῶν ἀνθρώπων, οὐ λυτρωθήσεται, ἀλλὰ θανάτῳ θανατωθήσεται. Πᾶσα δεκάτη τῆς γῆς, ἀπὸ 30 τοῦ σπέρματος τῆς γῆς, καὶ τοῦ καρποῦ τοῦ ξυλίνου, τῷ

ᵝ Gr. exchange.

31 Κυρίῳ ἐστὶν, ἅγιον τῷ Κυρίῳ. Ἐὰν δὲ λυτρῶται λύτρῳ ἄνθρωπος τὴν δεκάτην αὐτοῦ, τὸ ἐπίπεμπτον προσθήσει πρὸς
32 αὐτόν, καὶ ἔσται αὐτῷ· Καὶ πᾶσα δεκάτη βοῶν, καὶ προβάτων, καὶ πᾶν ὃ ἂν ἔλθῃ ἐν τῷ ἀριθμῷ ὑπὸ τὴν ῥάβδον,
33 τὸ δέκατον ἔσται ἅγιον τῷ Κυρίῳ. Οὐκ ἀλλάξεις καλὸν πονηρῷ, οὐδὲ πονηρὸν καλῷ· ἐὰν δὲ ἀλλάσσων ἀλλάξῃς αὐτό, καὶ τὸ ἄλλαγμα αὐτοῦ ἔσται ἅγιον, οὐ λυτρωθήσεται.
34 Αὗταί εἰσιν αἱ ἐντολαὶ ἃς ἐνετείλατο Κύριος τῷ Μωυσῇ πρὸς τοὺς υἱοὺς Ἰσραὴλ ἐν τῷ ὄρει Σινᾷ.

holy to the Lord. [31] And if a man should at all redeem his tithe, he shall add the fifth part to it, and it shall be his. [32] And every tithe of oxen, and of sheep, and whatsoever may come in numbering under the rod, the tenth shall be holy to the Lord. [33] Thou shalt not change a good for a bad, or a bad for a good; and if thou shouldest at all change it, its equivalent also shall be holy, it shall not be redeemed. [34] These are the commandments which the Lord commanded Moses for the sons of Israel in mount Sina.

ΑΡΙΘΜΟΙ.

ΚΑΙ ἐλάλησε Κύριος πρὸς Μωυσῆν ἐν τῇ ἐρήμῳ τῇ Σινᾷ, ἐν τῇ σκηνῇ τοῦ μαρτυρίου, ἐν μιᾷ τοῦ μηνὸς τοῦ δευτέρου, ἔτους δευτέρου ἐξελθόντων αὐτῶν ἐκ γῆς Αἰγύπτου, λέγων,
2 λάβετε ἀρχὴν πάσης συναγωγῆς Ἰσραὴλ κατὰ συγγενείας, κατ᾽ οἴκους πατριῶν αὐτῶν, κατὰ ἀριθμὸν ἐξ ὀνόματος αὐτῶν,
3 κατὰ κεφαλὴν αὐτῶν· πᾶς ἄρσην ἀπὸ εἰκοσαετοῦς καὶ ἐπάνω, πᾶς ὁ ἐκπορευόμενος ἐν δυνάμει Ἰσραήλ, ἐπισκέψασθε αὐτοὺς σὺν δυνάμει αὐτῶν· σὺ καὶ Ἀαρὼν ἐπισκέψασθε
4 αὐτούς. Καὶ μεθ᾽ ὑμῶν ἔσονται ἕκαστος κατὰ φυλὴν ἑκάστου ἀρχόντων, κατ᾽ οἴκους πατριῶν ἔσονται.

5 Καὶ ταῦτα τὰ ὀνόματα τῶν ἀνδρῶν, οἵτινες παραστήσονται
6 μεθ᾽ ὑμῶν· τῶν Ῥουβήν, Ἐλισοὺρ υἱὸς Σεδιούρ. Τῶν Συμεών,
7 Σαλαμιὴλ υἱὸς Σουρισαδαί. Τῶν Ἰούδα, Ναασσὼν υἱὸς
8, 9 Ἀμιναδάβ. Τῶν Ἰσσάχαρ, Ναθαναὴλ υἱὸς Σωγάρ. Τῶν
10 Ζαβουλών, Ἐλιὰβ υἱὸς Χαιλών. Τῶν υἱῶν Ἰωσὴφ τῶν Ἐφραίμ, Ἐλισαμὰ υἱὸς Ἐμιούδ· τῶν Μανασσῆ, Γαμαλιὴλ
11 υἱὸς Φαδασσούρ. Τῶν Βενιαμίν, Ἀβιδὰν υἱὸς Γαδεωνί.
12, 13 Τῶν Δάν, Ἀχιέζερ υἱὸς Ἀμισαδαΐ. Τῶν Ἀσήρ, Φαγαϊήλ,
14, 15 υἱὸς Ἐχράν. Τῶν Γάδ, Ἐλισὰφ υἱὸς Ῥαγουήλ. Τῶν
16 Νεφθαλί, Ἀχιρὲ υἱὸς Αἰνάν. Οὗτοι ἐπίκλητοι τῆς συναγωγῆς, ἄρχοντες τῶν φυλῶν κατὰ πατριὰς αὐτῶν, χιλίαρχοι Ἰσραὴλ εἰσι.

17 Καὶ ἔλαβε Μωυσῆς καὶ Ἀαρὼν τοὺς ἄνδρας τούτους τοὺς
18 ἀνακληθέντας ἐξ ὀνόματος. Καὶ πᾶσαν τὴν συναγωγὴν συνήγαγον ἐν μιᾷ τοῦ μηνὸς τοῦ δευτέρου ἔτους· καὶ ἐπηξονοῦσαν

And the Lord spoke to Moses in the wilderness of Sina, in the tabernacle of witness, on the first day of the second month, in the second year of their departure from the land of Egypt, saying, [2] Take the sum of all the congregation of Israel according to their kindreds, according to the houses of their fathers' families, according to their number by their names, according to their heads: every male [3] from twenty years old and upwards, every one that goes forth in the [β] forces of Israel, take account of them with their strength; thou and Aaron take account of them. [4] And with you there shall be each one of the rulers according to the tribe of each: they shall be according to the houses of their families.

[5] And these are the names of the men who shall be present with you: of the tribe of Ruben, Elisur the son of Sediur. [6] Of Symeon, Salamiel the son of Surisadai. [7] Of Juda, Naasson the son of Aminadab. [8] Of Issachar, Nathanael the son of Sogar. [9] Of Zabulon, Eliab the son of Chælon. [10] Of the sons of Joseph, of Ephraim, Elisama the son of Emiud: of Manasses, Gamaliel the son of Phadasur. [11] Of Benjamin, Abidan the son of Gadeoni. [12] Of Dan, Achiezer the son of Amisadai. [13] Of Aser, Phagaiel the son of Echran. [14] Of Gad, Elisaph the son of Raguel. [15] Of Nephthali, Achire the son of Ænan. [16] These were famous men of the congregation, heads of the tribes according to their families: these are heads of thousands in Israel.

[17] And Moses and Aaron took these men who were called by name. [18] And they assembled all the congregation on the first day

---

β Gr. force.

of the month in the second year; and they β registered them after their lineage, after their families, after the number of their names, from twenty years old and upwards, every male according to their γ number: ¹⁹ as the Lord commanded Moses, so they were numbered in the wilderness of Sina.

²⁰ And the sons of Ruben the first-born of Israel according to their kindreds, according to their divisions, according to the houses of their families, according to the number of their names, according to their heads, were—all males from twenty years old and upward, every one that went out with the host—²¹ the numbering of them of the tribe of Ruben, was forty-six thousand and four hundred. ²² For the children of Symeon according to their kindreds, according to their divisions, according to the houses of their families, according to the number of their names, according to their polls, all males from twenty years old and upward, every one that goes out with the host, ²³ the numbering of them of the tribe of Symeon, was fifty-nine thousand and three hundred.

²⁴ For the sons of Juda according to their kindreds, according to their divisions, according to the houses of their families, according to the number of their names, according to their polls, all males from twenty years old and upward, every one that goes forth with the host, ²⁵ the numbering of them of the tribe of Juda, was seventy-four thousand and six hundred.

²⁶ For the sons of Issachar according to their kindreds, according to their divisions, according to the houses of their families, according to the number of their names, according to their polls, all males from twenty years old and upward, every one that goes forth with the host, ²⁷ the numbering of them of the tribe of Issachar, was fifty-four thousand and four hundred. ²⁸ For the sons of Zabulon according to their kindreds, according to their divisions, according to the houses of their families, according to the number of their names, according to their polls, all males from twenty years old and upward, every one that goes out with the host, ²⁹ the numbering of them of the tribe of Zabulon, was fifty-seven thousand and δ four hundred.

³⁰ For the sons of Joseph, the sons of Ephraim, according to their kindreds, according to their divisions, according to the houses of their families, according to the number of their names, according to their polls, all males from twenty years old and upward, every one that goes out with the host, ³¹ the numbering of them of the tribe of Ephraim, was forty thousand and five hundred. ³² For the sons of Manasse according to their kindreds, according to their divisions, according to the houses of their families, according to the number of their names, according to their polls, all males from twenty years old and upward, every one that goes out with the host, ³³ the numbering of them of the tribe of Manasse, was thirty-two thousand and two hundred. ³⁴ For the sons of Benjamin according to their kindreds, according to their divisions,

κατὰ γενέσεις αὐτῶν, κατὰ πατριὰς αὐτῶν, κατὰ ἀριθμὸν ὀνομάτων αὐτῶν, ἀπὸ εἰκοσαετοῦς καὶ ἐπάνω, πᾶν ἀρσενικὸν κατὰ κεφαλὴν αὐτῶν, ὃν τρόπον συνέταξε Κύριος τῷ Μωυσῇ· 19 καὶ ἐπεσκέπησαν ἐν τῇ ἐρήμῳ τοῦ Σινά.

Καὶ ἐγένοντο οἱ υἱοὶ Ῥουβὴν πρωτοτόκου Ἰσραὴλ κατὰ συγ- 20 γενείας αὐτῶν, κατὰ δήμους αὐτῶν, κατ᾽ οἴκους πατριῶν αὐτῶν, κατὰ ἀριθμὸν ὀνομάτων αὐτῶν, κατὰ κεφαλὴν αὐτῶν, πάντα ἀρσενικὰ ἀπὸ εἰκοσαετοῦς καὶ ἐπάνω, πᾶς ὁ ἐκπορευόμενος ἐν τῇ δυνάμει, ἡ ἐπίσκεψις αὐτῶν ἐκ τῆς φυλῆς Ῥουβὴν, ἓξ καὶ τεσ- 21 σαράκοντα χιλιάδες καὶ πεντακόσιοι. Τοῖς υἱοῖς Συμεὼν κατὰ 22 συγγενείας αὐτῶν, κατὰ δήμους αὐτῶν, κατ᾽ οἴκους πατριῶν αὐτῶν, κατὰ ἀριθμὸν ὀνομάτων αὐτῶν, κατὰ κεφαλὴν αὐτῶν, πάντα ἀρσενικὰ ἀπὸ εἰκοσαετοῦς καὶ ἐπάνω, πᾶς ὁ ἐκπορευόμενος ἐν τῇ δυνάμει, ἡ ἐπίσκεψις αὐτῶν ἐκ τῆς φυλῆς Συμεὼν, 23 ἐννέα καὶ πεντήκοντα χιλιάδες καὶ τριακόσιοι.

Τοῖς υἱοῖς Ἰούδα κατὰ συγγενείας αὐτῶν, κατὰ δήμους 24 αὐτῶν, κατ᾽ οἴκους πατριῶν αὐτῶν, κατὰ ἀριθμὸν ὀνομάτων αὐτῶν, κατὰ κεφαλὴν αὐτῶν, πάντα ἀρσενικὰ ἀπὸ εἰκο- σαετοῦς καὶ ἐπάνω, πᾶς ὁ ἐκπορευόμενος ἐν τῇ δυνάμει, ἡ ἐπίσκεψις αὐτῶν ἐκ τῆς φυλῆς Ἰούδα, τέσσαρες καὶ 25 ἑβδομήκοντα χιλιάδες καὶ ἑξακόσιοι.

Τοῖς υἱοῖς Ἰσσάχαρ κατὰ συγγενείας αὐτῶν, κατὰ δήμους 26 αὐτῶν, κατ᾽ οἴκους πατριῶν αὐτῶν, κατὰ ἀριθμὸν ὀνομάτων αὐτῶν, κατὰ κεφαλὴν αὐτῶν, πάντα ἀρσενικὰ ἀπὸ εἰκοσαετοῦς καὶ ἐπάνω, πᾶς ὁ ἐκπορευόμενος ἐν τῇ δυνάμει, ἡ ἐπίσκεψις 27 αὐτῶν ἐκ τῆς φυλῆς Ἰσσάχαρ, τέσσαρες καὶ πεντήκοντα χιλιάδες καὶ τετρακόσιοι. Τοῖς υἱοῖς Ζαβουλὼν κατὰ συγ- 28 γενείας αὐτῶν, κατὰ δήμους αὐτῶν, κατ᾽ οἴκους πατριῶν αὐτῶν, κατὰ ἀριθμὸν ὀνομάτων αὐτῶν, κατὰ κεφαλὴν αὐτῶν, πάντα ἀρσενικὰ ἀπὸ εἰκοσαετοῦς καὶ ἐπάνω, πᾶς ὁ ἐκπορευόμενος ἐν τῇ δυνάμει, ἡ ἐπίσκεψις αὐτῶν ἐκ τῆς φυλῆς Ζαβουλὼν, 29 ἑπτὰ καὶ πεντήκοντα χιλιάδες καὶ τετρακόσιοι.

Τοῖς υἱοῖς Ἰωσὴφ υἱοῖς Ἐφραὶμ κατὰ συγγενείας αὐτῶν, 30 κατὰ δήμους αὐτῶν, κατ᾽ οἴκους πατριῶν αὐτῶν, κατὰ ἀριθμὸν ὀνομάτων αὐτῶν, κατὰ κεφαλὴν αὐτῶν, πάντα ἀρσενικὰ ἀπὸ εἰκοσαετοῦς καὶ ἐπάνω, πᾶς ὁ ἐκπορευόμενος ἐν τῇ δυνάμει, ἡ ἐπίσκεψις αὐτῶν ἐκ τῆς φυλῆς Ἐφραὶμ, τεσσαράκοντα 31 χιλιάδες καὶ πεντακόσιοι. Τοῖς υἱοῖς Μανασσῆ κατὰ συγ- 32 γενείας αὐτῶν, κατὰ δήμους αὐτῶν, κατ᾽ οἴκους πατριῶν αὐτῶν, κατὰ ἀριθμὸν ὀνομάτων αὐτῶν, κατὰ κεφαλὴν αὐτῶν, πάντα ἀρσενικὰ, ἀπὸ εἰκοσαετοῦς καὶ ἐπάνω, πᾶς ὁ ἐκπορευόμενος ἐν τῇ δυνάμει, ἡ ἐπίσκεψις αὐτῶν ἐκ τῆς φυλῆς Μανασσῆ, 33 δύο καὶ τριάκοντα χιλιάδες καὶ διακόσιοι. Τοῖς υἱοῖς Βενιαμὶν 34 κατὰ συγγενείας αὐτῶν, κατὰ δήμους αὐτῶν, κατ᾽ οἴκους πατριῶν

β ἄξονες dicebantur olim tabulæ publicæ; atque inde ἐπαξοῦν, quod videtur esse, in tabulas referre. L. Bos.
γ Gr. head or poll.   δ Alex. 500.

αὐτῶν, κατὰ ἀριθμὸν ὀνομάτων αὐτῶν, κατὰ κεφαλὴν αὐτῶν, πάντα ἀρσενικὰ ἀπὸ εἰκοσαετοῦς καὶ ἐπάνω, πᾶς ὁ ἐκπορευό-
35 μενος ἐν τῇ δυνάμει, ἡ ἐπίσκεψις αὐτῶν ἐκ τῆς φυλῆς Βενιαμίν,
36 πέντε καὶ τριάκοντα χιλιάδες καὶ τετρακόσιοι. Τοῖς υἱοῖς Γὰδ κατὰ συγγενείας αὐτῶν, κατὰ δήμους αὐτῶν, κατ᾽ οἴκους πατριῶν αὐτῶν, κατὰ ἀριθμὸν ὀνομάτων αὐτῶν, κατὰ κεφαλὴν αὐτῶν, πάντα ἀρσενικὰ ἀπὸ εἰκοσαετοῦς καὶ ἐπάνω, πᾶς ὁ
37 ἐκπορευόμενος ἐν τῇ δυνάμει, ἡ ἐπίσκεψις αὐτῶν· ἐκ τῆς φυλῆς Γάδ, πέντε καὶ τεσσαράκοντα χιλιάδες καὶ ἑξακόσιοι καὶ πεντήκοντα.

38 Τοῖς υἱοῖς Δὰν κατὰ συγγενείας αὐτῶν, κατὰ δήμους αὐτῶν, κατ᾽ οἴκους πατριῶν αὐτῶν, κατὰ ἀριθμὸν ὀνομάτων αὐτῶν, κατὰ κεφαλὴν αὐτῶν, πάντα ἀρσενικὰ ἀπὸ εἰκοσαετοῦς καὶ
39 ἐπάνω, πᾶς ὁ ἐκπορευόμενος ἐν τῇ δυνάμει, ἡ ἐπίσκεψις αὐτῶν ἐκ τῆς φυλῆς Δάν, δύο καὶ ἑξήκοντα χιλιάδες καὶ ἑπτακόσιοι.
40 Τοῖς υἱοῖς Ἀσὴρ κατὰ συγγενείας αὐτῶν, κατὰ δήμους αὐτῶν, κατ᾽ οἴκους πατριῶν αὐτῶν, κατὰ ἀριθμὸν ὀνομάτων αὐτῶν, κατὰ κεφαλὴν αὐτῶν, πάντα ἀρσενικὰ ἀπὸ εἰκοσαετοῦς καὶ
41 ἐπάνω, πᾶς ὁ ἐκπορευόμενος ἐν τῇ δυνάμει, ἡ ἐπίσκεψις αὐτῶν ἐκ τῆς φυλῆς Ἀσήρ, μία καὶ τεσσαράκοντα χιλιάδες καὶ πεντακόσιοι.

42 Τοῖς υἱοῖς Νεφθαλὶ κατὰ συγγενείας αὐτῶν, κατὰ δήμους αὐτῶν, κατ᾽ οἴκους πατριῶν αὐτῶν, κατὰ ἀριθμὸν ὀνομάτων αὐτῶν, κατὰ κεφαλὴν αὐτῶν, πάντα ἀρσενικὰ ἀπὸ εἰκοσαετοῦς
43 καὶ ἐπάνω, πᾶς ὁ ἐκπορευόμενος ἐν τῇ δυνάμει, ἡ ἐπίσκεψις αὐτῶν ἐκ τῆς φυλῆς Νεφθαλί, τρεῖς καὶ πεντήκοντα χιλιάδες καὶ τετρακόσιοι.

44 Αὕτη ἡ ἐπίσκεψις, ἣν ἐπεσκέψαντο Μωυσῆς καὶ Ἀαρὼν καὶ οἱ ἄρχοντες Ἰσραὴλ δώδεκα ἄνδρες· ἀνὴρ εἷς κατὰ φυλὴν
45 μίαν, κατὰ φυλὴν οἴκων πατριᾶς ἦσαν. Καὶ ἐγένετο πᾶσα ἡ ἐπίσκεψις υἱῶν Ἰσραὴλ σὺν δυνάμει αὐτῶν ἀπὸ εἰκοσαετοῦς καὶ
46 ἐπάνω, πᾶς ὁ ἐκπορευόμενος παρατάξασθαι ἐν Ἰσραήλ, ἑξακόσιαι χιλιάδες καὶ τρισχίλιοι καὶ πεντακόσιοι καὶ πεντήκοντα.

47 Οἱ δὲ Λευῖται ἐκ τῆς φυλῆς πατριᾶς αὐτῶν οὐκ ἐπεσκέπησαν
48 ἐν τοῖς υἱοῖς Ἰσραήλ· καὶ ἐλάλησε Κύριος πρὸς Μωυσῆν
49 λέγων, ὅρα, τὴν φυλὴν Λευὶ οὐ συνεπισκέψῃ, καὶ τὸν ἀριθμὸν
50 αὐτῶν οὐ λήψῃ, ἐν μέσῳ υἱῶν Ἰσραήλ. Καὶ σὺ ἐπίστησον τοὺς Λευίτας ἐπὶ τὴν σκηνὴν τοῦ μαρτυρίου, καὶ ἐπὶ πάντα τὰ σκεύη αὐτῆς, καὶ ἐπὶ πάντα ὅσα ἐστὶν ἐν αὐτῇ· ἀροῦσιν αὐτοὶ τὴν σκηνήν, καὶ πάντα τὰ σκεύη αὐτῆς· καὶ αὐτοὶ λειτουργήσουσιν ἐν αὐτῇ, καὶ κύκλῳ τῆς σκηνῆς παρεμβα-
51 λοῦσι. Καὶ ἐν τῷ ἐξαίρειν τὴν σκηνήν, καθελοῦσιν αὐτὴν οἱ Λευῖται, καὶ ἐν τῷ παρεμβάλλειν τὴν σκηνήν, ἀναστή-
52 σουσι· καὶ ὁ ἀλλογενὴς ὁ προσπορευόμενος ἀποθανέτω. Καὶ παρεμβαλοῦσιν οἱ υἱοὶ Ἰσραήλ, ἀνὴρ ἐν τῇ ἑαυτοῦ τάξει, καὶ ἀνὴρ κατὰ τὴν ἑαυτοῦ ἡγεμονίαν, σὺν δυνάμει αὐτῶν.

according to the houses of their families, according to the number of their names, according to their polls, every male from twenty years old and upward, every one that goes forth with the host, [35] the numbering of them of the tribe of Benjamin, was thirty-five thousand and four hundred. [36] For the sons of Gad according to their kindreds, according to their divisions, according to the houses of their families, according to the number of their names, according to their polls, all males from twenty years old and upward, every one that goes forth with the host, [37] the numbering of them of the tribe of Gad, was forty and five thousand and six hundred and fifty. [38] For the sons of Dan according to their kindreds, according to their divisions, according to the houses of their families, according to the number of their names, according to their polls, all males from twenty years old and upward, every one that goes forth with the host, [39] the numbering of them of the tribe of Dan, was sixty and two thousand and seven hundred. [40] For the sons of Aser according to their kindreds, according to their divisions, according to the houses of their families, according to the number of their names, according to their polls, every male from twenty years old and upward, every one that goes forth with the host, [41] the numbering of them of the tribe of Aser, was forty and one thousand and five hundred. [42] For the sons of Nephthali according to their kindreds, according to their divisions, according to the houses of their families, according to the number of their names, according to their polls, every male from twenty years old and upward, every one who goes forth with the host, [43] the numbering of them of the tribe of Nephthali, was fifty-three thousand and four hundred. [44] This is the numbering which Moses and Aaron and the rulers of Israel, being twelve men, conducted: there was a man for each tribe, they were according to the tribe of the houses of their family. [45] And the whole numbering of the children of Israel with their host from twenty years old and upward, every one that goes out to set himself in battle array in Israel, came to [46] six hundred thousand and three thousand and five hundred and fifty. [47] But the Levites of the tribe of their family were not counted among the children of Israel. [48] And the Lord spoke to Moses, saying, [49] See, thou shalt not muster the tribe of Levi, and thou shalt not take their numbers, in the midst of the children of Israel. [50] And do thou set the Levites over the tabernacle of witness, and over all its furniture, and over all things that are in it; and they shall do service in it, and they shall encamp round about the tabernacle. [51] And in removing the tabernacle, the Levites shall take it down, and in pitching the tabernacle they shall set it up: and let the stranger that advances *to touch it* die. [52] And the children of Israel shall encamp, every man in his own order, and every man according to his β company, with their host.

β Or, headship, *i. e.* according to the situation of his captain or prince.

⁵³But let the Levites encamp round about the tabernacle of witness fronting it, and so there shall be no sin among the children of Israel; and the Levites themselves shall keep the guard of the tabernacle of witness. ⁵⁴And the children of Israel did according to all that the Lord commanded Moses and Aaron, so did they.

And the Lord spoke to Moses and Aaron, saying, ²Let the children of Israel encamp fronting *each other*, every man keeping his own rank, according to *their* standards, according to the houses of their families; the children of Israel shall encamp round about the tabernacle of witness. ³And they that encamp first toward the east *shall be* the order of the camp of Juda with their host, and the prince of the sons of Juda, Naasson the son of Aminadab. ⁴His forces that were numbered, were seventy-four thousand and six hundred. ⁵And they that encamp next *shall be* of the tribe of Issachar, and the prince of the sons of Issachar *shall be* Nathanael the son of Sogar. ⁶His forces that were numbered, were fifty-four thousand and four hundred. ⁷And they that encamp next *shall be* of the tribe of Zabulon, and the prince of the sons of Zabulon *shall be* Eliab the son of Chælon. ⁸His forces that were numbered, were fifty-seven thousand and four hundred. ⁹All that were numbered of the camp of Juda were a hundred and eighty thousand and six hundred and four hundred: they shall move first with their forces. ¹⁰This *is* the order of the camp of Ruben; their forces *shall be* toward the south, and the prince of the children of Ruben *shall be* Elisur the son of Sediur. ¹¹His forces that were numbered, were forty-six thousand and five hundred. ¹²And they that encamp next to him *shall be* of the tribe of Symeon, and the prince of the sons of Symeon *shall be* Salamiel the son of Surisadai. ¹³His forces that were numbered, were fifty-nine thousand and three hundred. ¹⁴And they that encamp next to them *shall be* the tribe of Gad; and the prince of the sons of Gad, Elisaph the son of Raguel. ¹⁵His forces that were numbered, were forty-five thousand and six hundred and fifty. ¹⁶All who were numbered of the camp of Ruben, were a hundred and fifty-one thousand and four hundred and fifty: they with their forces shall proceed in the second place.

¹⁷And *then* the tabernacle of witness shall be set forward, and the camp of the Levites *shall be* between the camps; as they shall encamp, so also shall they commence their march, each one next in order to his fellow according to their companies. ¹⁸The station of the camp of Ephraim *shall be* β westward with their forces, and the head of the children of Ephraim *shall be* Elisama the son of Emiud. ¹⁹His forces that were numbered, are forty thousand and five hundred. ²⁰And they that encamp next *shall be* of the tribe of Manasse, and the prince of the sons of Manasse, Gamaliel the son of Phadassur. ²¹His forces that were numbered, were thirty-two thousand and two hundred. ²²And they that encamp next *shall*

Οἱ δὲ Λευῖται παρεμβαλλέτωσαν ἐναντίοι κύκλῳ τῆς σκηνῆς 53 τοῦ μαρτυρίου, καὶ οὐκ ἔσται ἁμάρτημα ἐν υἱοῖς Ἰσραήλ· καὶ φυλάξουσιν οἱ Λευῖται αὐτοὶ τὴν φυλακὴν τῆς σκηνῆς τοῦ μαρτυρίου. Καὶ ἐποίησαν οἱ υἱοὶ Ἰσραὴλ, κατὰ πάντα 54 ἃ ἐνετείλατο Κύριος τῷ Μωυσῇ καὶ Ἀαρὼν, οὕτως ἐποίησαν.

Καὶ ἐλάλησε Κύριος πρὸς Μωυσῆν καὶ Ἀαρὼν, λέγων, 2 ἄνθρωπος ἐχόμενος αὐτοῦ κατὰ τάγμα, κατὰ σημαίας, κατ᾽ 2 οἴκους πατριῶν αὐτῶν, παρεμβαλλέτωσαν οἱ υἱοὶ Ἰσραὴλ ἐναντίοι· κύκλῳ τῆς σκηνῆς τοῦ μαρτυρίου παρεμβαλοῦσιν οἱ υἱοὶ Ἰσραήλ. Καὶ οἱ παρεμβάλλοντες πρῶτοι κατὰ ἀνα- 3 τολὰς, τάγμα παρεμβολῆς Ἰούδα σὺν δυνάμει αὐτῶν, καὶ ὁ ἄρχων τῶν υἱῶν Ἰούδα, Ναασσὼν υἱὸς Ἀμιναδάβ. Δύναμις 4 αὐτοῦ οἱ ἐπεσκεμμένοι, τέσσαρες καὶ ἑβδομήκοντα χιλιάδες καὶ ἑξακόσιοι. Καὶ οἱ παρεμβάλλοντες ἐχόμενοι φυλῆς 5 Ἰσσάχαρ, καὶ ὁ ἄρχων τῶν υἱῶν Ἰσσάχαρ, Ναθαναὴλ υἱὸς Σωγάρ. Δύναμις αὐτοῦ οἱ ἐπεσκεμμένοι, τέσσαρες καὶ πεντή- 6 κοντα χιλιάδες καὶ τετρακόσιοι. Καὶ οἱ παρεμβάλλοντες 7 ἐχόμενοι φυλῆς Ζαβουλὼν, καὶ ὁ ἄρχων τῶν υἱῶν Ζαβουλὼν, Ἐλιὰβ υἱὸς Χαιλών. Δύναμις αὐτοῦ οἱ ἐπεσκεμμένοι, ἑπτὰ 8 καὶ πεντήκοντα χιλιάδες καὶ τετρακόσιοι. Πάντες οἱ ἐπεσκεμ- 9 μένοι ἐκ τῆς παρεμβολῆς Ἰούδα, ἑκατὸν ὀγδοήκοντα χιλιάδες καὶ ἑξακισχίλιοι καὶ τετρακόσιοι, σὺν δυνάμει αὐτῶν πρῶτον ἐξαροῦσι. Τάγματα παρεμβολῆς Ῥουβὴν, πρὸς λίβα δύναμις 10 αὐτῶν, καὶ ὁ ἄρχων τῶν υἱῶν Ῥουβὴν, Ἐλισοὺρ υἱὸς Σεδιούρ. Δύναμις αὐτοῦ οἱ ἐπεσκεμμένοι, ἓξ καὶ τεσσαράκοντα χιλιάδες 11 καὶ πεντακόσιοι. Καὶ οἱ παρεμβάλλοντες ἐχόμενοι αὐτοῦ 12 φυλῆς Συμεὼν, καὶ ὁ ἄρχων τῶν υἱῶν Συμεὼν, Σαλαμιὴλ υἱὸς Σουρισαδαί. Δύναμις αὐτοῦ οἱ ἐπεσκεμμένοι, ἐννέα 13 καὶ πεντήκοντα χιλιάδες καὶ τριακόσιοι. Καὶ οἱ παρεμβάλ- 14 λοντες ἐχόμενοι αὐτοῦ φυλὴ Γὰδ, καὶ ὁ ἄρχων τῶν υἱῶν Γὰδ, Ἐλισὰφ υἱὸς Ῥαγουήλ. Δύναμις αὐτοῦ οἱ ἐπεσκεμμένοι, 15 πέντε καὶ τεσσαράκοντα χιλιάδες καὶ ἑξακόσιοι καὶ πεντήκοντα. Πάντες οἱ ἐπεσκεμμένοι τῆς παρεμβολῆς Ῥουβὴν, ἑκατὸν 16 πεντήκοντα μία χιλιάδες καὶ τετρακόσιοι καὶ πεντήκοντα, σὺν δυνάμει αὐτῶν δεύτεροι ἐξαροῦσι.

Καὶ ἀρθήσεται ἡ σκηνὴ τοῦ μαρτυρίου, καὶ ἡ παρεμβολὴ 17 τῶν Λευιτῶν μέσον τῶν παρεμβολῶν· ὡς καὶ παρεμβαλοῦσιν, οὕτω καὶ ἐξαροῦσιν ἕκαστος ἐχόμενος καθ᾽ ἡγεμονίας. Τάγμα 18 παρεμβολῆς Ἐφραὶμ παρὰ θάλασσαν σὺν δυνάμει αὐτῶν, καὶ ὁ ἄρχων τῶν υἱῶν Ἐφραὶμ, Ἐλισαμὰ υἱὸς Ἐμιούδ. Δύνα- 19 μις αὐτοῦ οἱ ἐπεσκεμμένοι, τεσσαράκοντα χιλιάδες καὶ πεντα- κόσιοι.

Καὶ οἱ παρεμβάλλοντες ἐχόμενοι φυλῆς Μανασσῆ, καὶ 20 ὁ ἄρχων τῶν υἱῶν Μανασσῆ, Γαμαλιὴλ υἱὸς Φαδασσούρ. Δύναμις αὐτοῦ οἱ ἐπεσκεμμένοι, δύο καὶ τριάκοντα χιλιάδες 21 καὶ διακόσιοι. Καὶ οἱ παρεμβάλλοντες ἐχόμενοι φυλῆς 22

β *Gr.* by the sea.

Βενιαμὶν, καὶ ὁ ἄρχων τῶν υἱῶν Βενιαμὶν, Ἀβιδὰν υἱὸς Γαδεωνί.
23 Δύναμις αὐτοῦ οἱ ἐπεσκεμμένοι, πέντε καὶ τριάκοντα χιλιάδες
24 καὶ τετρακόσιοι. Πάντες οἱ ἐπεσκεμμένοι τῆς παρεμβολῆς
Ἐφραὶμ, ἑκατὸν χιλιάδες καὶ ὀκτακισχίλιοι καὶ ἑκατὸν· σὺν
δυνάμει αὐτῶν τρίτοι ἐξαροῦσι.

25 Τάγμα παρεμβολῆς Δὰν πρὸς Βορρᾶν σὺν δυνάμει αὐτῶν,
26 καὶ ὁ ἄρχων τῶν υἱῶν Δὰν, Ἀχιέζερ υἱὸς Ἀμισαδαί. Δύναμις
αὐτοῦ οἱ ἐπεσκεμμένοι, δύο καὶ ἑξήκοντα χιλιάδες καὶ ἑπτακό-
27 σιοι. Καὶ οἱ παρεμβάλλοντες ἐχόμενοι αὐτοῦ φυλὴ Ἀσὴρ,
28 καὶ ὁ ἄρχων τῶν υἱῶν Ἀσὴρ, Φαγεὴλ υἱὸς Ἐχράν. Δύναμις
αὐτοῦ οἱ ἐπεσκεμμένοι, μία καὶ τεσσαράκοντα χιλιάδες καὶ
29 πεντακόσιοι. Καὶ οἱ παρεμβάλλοντες ἐχόμενοι φυλῆς Νεφθαλὶ,
30 καὶ ὁ ἄρχων τῶν υἱῶν Νεφθαλὶ, Ἀχιρὲ υἱὸς Αἰνάν. Δύναμις
αὐτοῦ οἱ ἐπεσκεμμένοι, τρεῖς καὶ πεντήκοντα χιλιάδες καὶ
31 τετρακόσιοι. Πάντες οἱ ἐπεσκεμμένοι τῆς παρεμβολῆς Δὰν,
ἑκατὸν καὶ πεντηκονταεπτὰ χιλιάδες καὶ ἑξακόσιοι· ἔσχατοι
ἐξαροῦσι κατὰ τάγμα αὐτῶν.

32 Αὕτη ἡ ἐπίσκεψις τῶν υἱῶν Ἰσραὴλ κατ᾽ οἴκους πατριῶν
αὐτῶν· πᾶσα ἡ ἐπίσκεψις τῶν παρεμβολῶν σὺν ταῖς δυνάμεσιν
αὐτῶν, ἑξακόσιαι χιλιάδες καὶ τρισχίλιοι πεντακόσιοι πεν-
33 τήκοντα. Οἱ δὲ Λευῖται οὐ συνεπεσκέπησαν ἐν αὐτοῖς, καθὰ
34 ἐνετείλατο Κύριος τῷ Μωυσῇ. Καὶ ἐποίησαν οἱ υἱοὶ Ἰσραὴλ
πάντα ὅσα συνέταξε Κύριος τῷ Μωυσῇ· οὕτω παρενέβαλον
κατὰ τάγμα αὐτῶν, καὶ οὕτως ἐξῆρον ἕκαστος ἐχόμενοι κατὰ
δήμους αὐτῶν, κατ᾽ οἴκους πατριῶν αὐτῶν.

3 Καὶ αὗται αἱ γενέσεις Ἀαρὼν καὶ Μωυσῆ, ἐν ᾗ ἡμέρᾳ
2 ἐλάλησε Κύριος τῷ Μωυσῇ ἐν ὄρει Σινᾷ. Καὶ ταῦτα τὰ
ὀνόματα τῶν υἱῶν Ἀαρών· πρωτότοκος Ναδάβ, καὶ Ἀβιούδ,
3 Ἐλεάζαρ, καὶ Ἰθάμαρ. Ταῦτα τὰ ὀνόματα τῶν υἱῶν Ἀαρὼν,
οἱ ἱερεῖς οἱ ἠλειμμένοι, οὓς ἐτελείωσαν τὰς χεῖρας αὐτῶν
4 ἱερατεύειν. Καὶ ἐτελεύτησε Ναδὰβ καὶ Ἀβιοὺδ ἔναντι Κυρίου,
προσφερόντων αὐτῶν πῦρ ἀλλότριον ἔναντι Κυρίου, ἐν τῇ ἐρήμῳ
Σινᾷ, καὶ παιδία οὐκ ἦν αὐτοῖς· καὶ ἱεράτευσεν Ἐλεάζαρ καὶ
Ἰθάμαρ μετὰ Ἀαρὼν τοῦ πατρὸς αὐτῶν.

5, 6 Καὶ ἐλάλησε Κύριος πρὸς Μωυσῆν, λέγων, λάβε τὴν
φυλὴν Λευὶ, καὶ στήσεις αὐτοὺς ἐναντίον Ἀαρὼν τοῦ ἱερέως,
7 καὶ λειτουργήσουσιν αὐτῷ, καὶ φυλάξουσι τὰς φυλακὰς αὐτοῦ,
καὶ τὰς φυλακὰς τῶν υἱῶν Ἰσραὴλ ἔναντι τῆς σκηνῆς τοῦ
8 μαρτυρίου, ἐργάζεσθαι τὰ ἔργα τῆς σκηνῆς. Καὶ φυλάξουσι
πάντα τὰ σκεύη τῆς σκηνῆς τοῦ μαρτυρίου, καὶ τὰς φυλακὰς
9 τῶν υἱῶν Ἰσραὴλ κατὰ πάντα τὰ ἔργα τῆς σκηνῆς. Καὶ
δώσεις τοὺς Λευίτας Ἀαρὼν, καὶ τοῖς υἱοῖς αὐτοῦ τοῖς ἱερεῦσι·
10 δεδομένοι δόμα οὗτοί μοι εἰσὶν ἀπὸ τῶν υἱῶν Ἰσραήλ. Καὶ
Ἀαρὼν καὶ τοὺς υἱοὺς αὐτοῦ καταστήσεις ἐπὶ τῆς σκηνῆς
τοῦ μαρτυρίου· καὶ φυλάξουσι τὴν ἱερατείαν αὐτῶν, καὶ πάντα
τὰ κατὰ τὸν βωμὸν, καὶ ἔσω τοῦ καταπετάσματος· καὶ ὁ
11 ἀλλογενὴς ὁ ἁπτόμενος ἀποθανεῖται. Καὶ ἐλάλησε Κύριος

be of the tribe of Benjamin, and the prince of the sons of Benjamin, Abidan the son of Gadeoni. 23 His forces that were numbered, were thirty-five thousand and four hundred. 24 All that were numbered of the camp of Ephraim, were one hundred and eight thousand and one hundred: they with their forces shall set out third.

25 The order of the camp of Dan *shall be* northward with their forces; and the prince of the sons of Dan, Achiezer the son of Amisadai. 26 His forces that were numbered, were sixty-two thousand and seven hundred. 27 And they that encamp next to him *shall be* the tribe of Aser; and the prince of the sons of Aser, Phagiel the son of Echran. 28 His forces that were numbered, were forty-one thousand and five hundred. 29 And they that encamp next *shall be* of the tribe of Nephthali; and the prince of the children of Nephthali, Achire son of Ænan. 30 His forces that were numbered were fifty-three thousand and four hundred. 31 All that were numbered of the camp of Dan, *were* a hundred and fifty-seven thousand and six hundred: they shall set out last according to their order. 32 This *is* the numbering of the children of Israel according to the houses of their families: all the numbering of the camps with their forces, *was* six hundred and three thousand, five hundred and fifty. 33 But the Levites were not numbered with them, as the Lord commanded Moses. 34 And the children of Israel did all things that the Lord commanded Moses; thus they encamped in their order, and thus they began their march in succession each according to their divisions, according to the houses of their families.

And these *are* the generations of Aaron and Moses, in the day in which the Lord spoke to Moses in mount Sina. 2 And these *are* the names of the sons of Aaron; Nadab the first-born; and Abiud, Eleazar and Ithamar. 3 These *are* the names of the sons of Aaron, the anointed priests whom they β consecrated to the priesthood. 4 And Nadab and Abiud died before the Lord, when they offered strange fire before the Lord, in the wilderness of Sina; and they had no children; and Eleazar and Ithamar ministered in the priests' office with Aaron their father.

5 And the Lord spoke to Moses, saying, 6 Take the tribe of Levi, and thou shalt set them before Aaron the priest, and they shall minister to him, 7 and shall keep his charges, and the charges of the children of Israel, before the tabernacle of witness, to do the works of the tabernacle. 8 And they shall keep all the furniture of the tabernacle of witness, and the charges of the children of Israel as to all the works of the tabernacle. 9 And thou shalt give the Levites to Aaron, and to his sons the priests; they are given for a gift to me of the children of Israel. 10 And thou shalt appoint Aaron and his sons over the tabernacle of witness; and they shall keep their charge of priesthood, and all things belonging to the altar, and within the veil; and the stranger that touches them shall die. 11 And the Lord

---

β *Gr.* accomplished their hands to minister: according to the Hebrew idiom, *filled* their hands.

spoke to Moses, saying, ¹²Behold, I have taken the Levites from the midst of the children of Israel, instead of every male that opens the womb from among the children of Israel: they shall be their ransom, and the Levites shall be mine. ¹³ For every first-born *is* mine; in the day in which I smote every first-born in the land of Egypt, I sanctified to myself every first-born in Israel: both of man and beast, they shall be mine: I *am* the Lord.

¹⁴And the Lord spoke to Moses in the wilderness of Sina, saying, ¹⁵ Take the number of the sons of Levi, according to the houses of their families, according to their divisions; number ye them every male from a month old and upwards. ¹⁶ And Moses and Aaron numbered them by the β word of the Lord, as the Lord commanded them.

¹⁷ And these were the sons of Levi by their names; Gedson, Caath, and Merari. ¹⁸And these *are* the names of the sons of Gedson according to their families; Lobeni and Semei: ¹⁹ and the sons of Caath according to their families; Amram and Issaar, Chebron and Oziel: ²⁰ and the sons of Merari according to their families, Mooli and Musi; these are the families of the Levites according to the houses of their families. ²¹ To Gedson belongs the family of Lobeni, and the family of Semei: these are the families of Gedson. ²² The numbering of them according to the number of every male from a month old and upwards, their numbering *was* seven thousand and five hundred. ²³And the sons of Gedson shall encamp westward behind the tabernacle. ²⁴ And the ruler of the household of the family of Gedson *was* Elisaph the son of Dael. ²⁵ And the charge of the sons of Gedson in the tabernacle of witness *was* the tent and the veil, and the covering of the door of the tabernacle of witness, ²⁶ and the curtains of the court, and the veil of the door of the court, which is by the tabernacle, and the remainder of all its works.

²⁷ To Caath *belonged* one division, that of Amram, and another division, that of Issaar, and another division, that of Chebron, and another division, that of Oziel: these are the divisions of Caath, according to number. ²⁸ Every male from a month old and upward, eight thousand and six hundred, keeping the charges of the holy things. ²⁹ The families of the sons of Caath, shall encamp beside the tabernacle toward the south. ³⁰And the chief of the house of the families of the divisions of aath, *was* Elisaphan the son of Oziel. ³¹And their charge *was* the ark, and the table, and the candlestick, and the altars, and all the vessels of the sanctuary wherewith they do holy service, and the veil, and all their works. ³²And the chief over the chief of the Levites, *was* Eleazar the son of Aaron the priest, appointed to keep the charges of the holy things. ³³ To Merari *belonged* the family of Mooli, and the family of Musi: these are the families of Merari. ³⁴The mustering of them according to number, every male from a month old and upwards, *was* six thousand and fifty. ³⁵ And the head of the house of the families of the

πρὸς Μωυσῆν, λέγων, καὶ ἰδοὺ ἐγὼ εἴληφα τοὺς Λευίτας ἐκ ¹² μέσου τῶν υἱῶν Ἰσραὴλ ἀντὶ παντὸς πρωτοτόκου διανοίγοντος μήτραν παρὰ τῶν υἱῶν Ἰσραήλ· λύτρα αὐτῶν ἔσονται, καὶ ἔσονται ἐμοὶ οἱ Λευῖται. Ἐμοὶ γὰρ πᾶν προτότοκον· ἐν ᾗ ¹³ ἡμέρᾳ ἐπάταξα πᾶν πρωτότοκον ἐν γῇ Αἰγύπτου, ἡγίασα ἐμοὶ πᾶν πρωτότοκον ἐν Ἰσραήλ· ἀπὸ ἀνθρώπου ἕως κτήνους ἐμοὶ ἔσονται· ἐγὼ Κύριος.

Καὶ ἐλάλησε Κύριος πρὸς Μωυσῆν ἐν τῇ ἐρήμῳ Σινᾷ, ¹⁴ λέγων, ἐπίσκεψαι τοὺς υἱοὺς Λευὶ κατ᾽ οἴκους πατριῶν αὐτῶν, ¹⁵ κατὰ δήμους αὐτῶν· πᾶν ἀρσενικὸν ἀπὸ μηνιαίου καὶ ἐπάνω, ἐπισκέψασθε αὐτούς. Καὶ ἐπεσκέψαντο αὐτοὺς Μωυσῆς καὶ ¹⁶ Ἀαρὼν διὰ φωνῆς Κυρίου, ὃν τρόπον συνέταξεν αὐτοῖς Κύριος.

Καὶ ἦσαν οὗτοι οἱ υἱοὶ Λευὶ ἐξ ὀνομάτων αὐτῶν· Γεδσών, ¹⁷ Καὰθ, καὶ Μεραρί. Καὶ ταῦτα τὰ ὀνόματα τῶν υἱῶν Γεδσὼν ¹⁸ κατὰ δήμους αὐτῶν· Λοβενὶ καὶ Σεμεΐ. Καὶ υἱοὶ Καὰθ κατὰ ¹⁹ δήμους αὐτῶν· Ἀμρὰμ καὶ Ἰσσαάρ, Χεβρὼν καὶ Ὀζιήλ. Καὶ υἱοὶ Μεραρὶ κατὰ δήμους αὐτῶν· Μοολὶ καὶ Μουσί· οὗτοί ²⁰ εἰσι δῆμοι τῶν Λευιτῶν κατ᾽ οἴκους πατριῶν αὐτῶν. Τῷ ²¹ Γεδσὼν δῆμος τοῦ Λοβενὶ, καὶ δῆμος τοῦ Σεμεΐ· οὗτοι δῆμοι τοῦ Γεδσών. Ἡ ἐπίσκεψις αὐτῶν κατὰ ἀριθμὸν παντὸς ²² ἀρσενικοῦ ἀπὸ μηνιαίου καὶ ἐπάνω, ἡ ἐπίσκεψις αὐτῶν, ἑπτακισχίλιοι καὶ πεντακόσιοι. Καὶ οἱ υἱοὶ Γεδσὼν ὀπίσω ²³ τῆς σκηνῆς παρεμβαλοῦσι παρὰ θάλασσαν. Καὶ ὁ ἄρχων ²⁴ οἴκου πατριᾶς τοῦ δήμου τοῦ Γεδσών, Ἐλισὰφ υἱὸς Δαήλ. Καὶ ἡ φυλακὴ υἱῶν Γεδσὼν ἐν τῇ σκηνῇ τοῦ μαρτυρίου, ἡ ²⁵ σκηνὴ καὶ τὸ κάλυμμα, καὶ τὸ κατακάλυμμα τῆς θύρας τῆς σκηνῆς τοῦ μαρτυρίου, καὶ τὰ ἱστία τῆς αὐλῆς, καὶ τὸ κατα- ²⁶ πέτασμα τῆς πύλης τῆς αὐλῆς τῆς οὔσης ἐπὶ τῆς σκηνῆς, καὶ τὰ κατάλοιπα πάντων τῶν ἔργων αὐτοῦ.

Τῷ Καὰθ δῆμος ὁ Ἀμρὰμ εἷς, καὶ δῆμος ὁ Ἰσσαὰρ εἷς, ²⁷ καὶ δῆμος ὁ Χεβρὼν εἷς, καὶ δῆμος ὁ Ὀζιὴλ εἷς· οὗτοί εἰσιν οἱ δῆμοι τοῦ Καάθ, κατὰ ἀριθμόν. Πᾶν ἀρσενικὸν ἀπὸ ²⁸ μηνιαίου καὶ ἐπάνω, ὀκτακισχίλιοι καὶ ἑξακόσιοι, φυλάσσοντες τὰς φυλακὰς τῶν ἁγίων. Οἱ δῆμοι τῶν υἱῶν Καὰθ παρεμ- ^{·29} βαλοῦσιν ἐκ πλαγίου τῆς σκηνῆς κατὰ Λίβα. Καὶ ὁ ἄρχων ³⁰ οἴκου πατριῶν τῶν δήμων τοῦ Καάθ, Ἐλισαφὰν υἱὸς Ὀζιήλ.

Καὶ ἡ φυλακὴ αὐτῶν ἡ κιβωτὸς, καὶ ἡ τράπεζα, καὶ ἡ λυχνία, ³¹ καὶ τὰ θυσιαστήρια, καὶ τὰ σκεύη τοῦ ἁγίου ὅσα λειτουργοῦσιν ἐν αὐτοῖς, καὶ τὸ κατακάλυμμα, καὶ πάντα τὰ ἔργα αὐτῶν. Καὶ ὁ ἄρχων ἐπὶ τῶν ἀρχόντων τῶν Λευιτῶν, Ἐλεάζαρ ³² ὁ υἱὸς Ἀαρὼν τοῦ ἱερέως, καθεσταμένος φυλάσσειν τὰς φυλακὰς τῶν ἁγίων. Τῷ Μεραρὶ δῆμος ὁ Μοολὶ, καὶ δῆμος ³³ ὁ Μουσί· οὗτοί εἰσι δῆμοι τοῦ Μεραρί. Ἡ ἐπίσκεψις αὐτῶν ³⁴ κατὰ ἀριθμόν, πᾶν ἀρσενικὸν ἀπὸ μηνιαίου καὶ ἐπάνω, ἑξακισχίλιοι καὶ πεντήκοντα. Καὶ ὁ ἄρχων οἴκου πατριῶν τοῦ ³⁵

β Gr. voice.

δήμου τοῦ Μεραρὶ, Σουριὴλ υἱὸς Ἀβιχαίλ· ἐκ πλαγίων τῆς
36 σκηνῆς παρεμβαλοῦσι πρὸς Βορρᾶν. Ἡ ἐπίσκεψις τῆς
φυλακῆς υἱῶν Μεραρὶ, τὰς κεφαλίδας τῆς σκηνῆς, καὶ τοὺς
μοχλοὺς αὐτῆς, καὶ τοὺς στύλους αὐτῆς, καὶ τὰς βάσεις αὐτῆς,
37 καὶ πάντα τὰ σκεύη αὐτῶν, καὶ τὰ ἔργα αὐτῶν, καὶ τοὺς
στύλους τῆς αὐλῆς κύκλῳ, καὶ τὰς βάσεις αὐτῶν, καὶ τοὺς
πασσάλους, καὶ τοὺς κάλους αὐτῶν.
38 Οἱ παρεμβάλλοντες κατὰ πρόσωπον τῆς σκηνῆς τοῦ μαρτυ-
ρίου ἀπὸ ἀνατολῆς, Μωυσῆς καὶ Ἀαρὼν καὶ οἱ υἱοὶ αὐτοῦ,
φυλάσσοντες τὰς φυλακὰς τοῦ ἁγίου εἰς τὰς φυλακὰς τῶν
υἱῶν Ἰηραὴλ· καὶ ὁ ἀλλογενὴς ὁ ἁπτόμενος, ἀποθανεῖται.
39 Πᾶσα ἡ ἐπίσκεψις τῶν Λευιτῶν, οὓς ἐπεσκέψατο Μωυσῆς
καὶ Ἀαρὼν διὰ φωνῆς Κυρίου κατὰ δήμους αὐτῶν, πᾶν ἀρσενι-
κὸν ἀπὸ μηνιαίου καὶ ἐπάνω, δύο καὶ εἴκοσι χιλιάδες.
40 Καὶ εἶπε Κύριος πρὸς Μωυσῆν, λέγων, ἐπίσκεψαι πᾶν
πρωτότοκον ἄρσεν τῶν υἱῶν Ἰσραὴλ ἀπὸ μηνιαίου καὶ ἐπάνω·
41 καὶ λάβετε τὸν ἀριθμὸν ἐξ ὀνόματος. Καὶ λήψῃ τοὺς Λευίτας
ἐμοὶ, ἐγὼ Κύριος, ἀντὶ πάντων τῶν πρωτοτόκων τῶν υἱῶν
Ἰσραὴλ, καὶ τὰ κτήνη τῶν Λευιτῶν ἀντὶ πάντων τῶν πρωτο-
42 τόκων ἐν τοῖς κτήνεσι τῶν υἱῶν Ἰσραήλ. Καὶ ἐπεσκέψατο
Μωυσῆς ὃν τρόπον ἐνετείλατο Κύριος πᾶν πρωτότοκον ἐν
43 τοῖς υἱοῖς Ἰσραήλ. Καὶ ἐγένοντο πάντα τὰ πρωτότοκα τὰ
ἀρσενικὰ κατὰ ἀριθμὸν ἐξ ὀνόματος ἀπὸ μηνιαίου καὶ ἐπ-
άνω ἐκ τῆς ἐπισκέψεως αὐτῶν, δύο καὶ εἴκοσι χιλιάδες καὶ
44 τρεῖς καὶ ἑβδομήκοντα καὶ διακόσιοι. Καὶ ἐλάλησε Κύριος
45 πρὸς Μωυσῆν, λέγων, λάβε τοὺς Λευίτας ἀντὶ πάντων τῶν
πρωτοτόκων υἱῶν Ἰσραὴλ, καὶ τὰ κτήνη τῶν Λευιτῶν
ἀντὶ τῶν κτηνῶν αὐτῶν, καὶ ἔσονται ἐμοὶ οἱ Λευῖται· ἐγὼ
46 Κύριος. Καὶ τὰ λύτρα τριῶν καὶ ἑβδομήκοντα καὶ δια-
κοσίων οἱ πλεονάζοντες παρὰ τοὺς Λευίτας ἀπὸ τῶν πρω-
47 τοτόκων τῶν υἱῶν Ἰσραήλ. Καὶ λήψῃ πέντε σίκλους
κατὰ κεφαλὴν, κατὰ τὸ δίδραχμον τὸ ἅγιον λήψῃ, εἴκοσι
48 ὀβολοὺς τοῦ σίκλου. Καὶ δώσεις τὸ ἀργύριον Ἀαρὼν καὶ
49 τοῖς υἱοῖς αὐτοῦ, λύτρα τῶν πλεοναζόντων ἐν αὐτοῖς. Καὶ
ἔλαβε Μωυσῆς τὸ ἀργύριον τὰ λύτρα τῶν πλεοναζόντων εἰς
50 τὴν ἐκλύτρωσιν τῶν Λευιτῶν. Παρὰ τῶν πρωτοτόκων τῶν
υἱῶν Ἰσραὴλ ἔλαβε τὸ ἀργύριον, χιλίους τριακοσίους ἑξή-
51 κονταπέντε σίκλους, κατὰ τὸν σίκλον τὸν ἅγιον. Καὶ ἔδωκε
Μωυσῆς τὰ λύτρα τῶν πλεοναζόντων Ἀαρὼν καὶ τοῖς υἱοῖς
αὐτοῦ, διὰ φωνῆς Κυρίου, ὃν τρόπον συνέταξε Κύριος τῷ
Μωυσῇ.
4 Καὶ ἐλάλησε Κύριος πρὸς Μωυσῆν καὶ Ἀαρὼν, λέγων,
2 λάβε τὸ κεφάλαιον τῶν υἱῶν Καὰθ ἐκ μέσου υἱῶν Λευὶ, κατὰ
3 δήμους αὐτῶν, κατ᾽ οἴκους πατριῶν αὐτῶν, ἀπὸ εἴκοσι καὶ πέντε
ἐτῶν καὶ ἐπάνω ἕως πεντήκοντα ἐτῶν, πᾶς ὁ εἰσπορευόμενος
λειτουργεῖν, ποιῆσαι πάντα τὰ ἔργα ἐν τῇ σκηνῇ τοῦ μαρτυρίου.
4 Καὶ ταῦτα τὰ ἔργα τῶν υἱῶν Καὰθ ἐν τῇ σκηνῇ τοῦ
5 μαρτυρίου· ἅγιον τῶν ἁγίων. Καὶ εἰσελεύσεται Ἀαρὼν καὶ
υἱοὶ αὐτοῦ, ὅταν ἐξαίρῃ ἡ παρεμβολὴ, καὶ καθελοῦσι τὸ
καταπέτασμα τὸ συσκιάζον, καὶ κατακαλύψουσιν ἐν αὐτῷ τὴν

division of Merari, was Suriel the son of Abichail: they shall encamp by the side of the tabernacle northwards. [36] The oversight of the charge of the sons of Merari *included* the chapiters of the tabernacle, and its bars, and its pillars, and its sockets, and all their furniture, and their works, [37] and the pillars of the court round about, and their bases, and their pins, and their cords.
[38] They that encamp before the tabernacle of witness on the east *shall be* Moses and Aaron and his sons, keeping the charges of the sanctuary according to the charges of the children of Israel; and the stranger that touches shall die. [39] All the numbering of the Levites, whom Moses and Aaron numbered by the word of the Lord, according to their families, every male from a month old and upwards, *were* two and twenty thousand.
[40] And the Lord spoke to Moses, saying, Count every first-born male of the children of Israel from a month old and upwards, and take the number by name. [41] And thou shalt take the Levites for me—I *am* the Lord—instead of all the first-born of the sons of Israel, and the cattle of the Levites instead of all the first-born among the cattle of the children of Israel. [42] And Moses counted, as the Lord commanded him, every first-born among the children of Israel. [43] And all the male first-born in number by name, from a month old and upwards, *were* according to their numbering twenty-two thousand and two hundred and seventy-three. [44] And the Lord spoke to Moses, saying, [45] Take the Levites instead of all the first-born of the sons of Israel, and the cattle of the Levites instead of their cattle, and the Levites shall be mine; I *am* the Lord. [46] And for the ransoms of the two hundred and seventy-three which exceed the Levites in number of the first-born of the sons of Israel; [47] thou shalt even take five shekels a head; thou shalt take them according to the holy didrachm, twenty oboli to the shekel. [48] And thou shalt give the money to Aaron and to his sons, the ransom of those who exceed in number among them. [49] And Moses took the silver, the ransom of those that exceeded in number β redemption of the Levites. [50] He took the silver from the first-born of the sons of Israel, a thousand three hundred and sixty-five shekels, according to the holy shekel. [51] And Moses gave the ransom of them that were over to Aaron and his sons, by the γ word of the Lord, as the Lord commanded Moses.
And the Lord spoke to Moses and Aaron, saying, [2] Take the sum of the children of Caath from the midst of the sons of Levi, after their families, according to the houses of their fathers' households; [3] from twenty-five years old and upward until fifty years, every one that goes in to minister, to do all the works in the tabernacle of witness. [4] And these are the works of the sons of Caath in the tabernacle of witness; it is most holy. [5] And Aaron and his sons shall go in, when the camp is about to move, and shall take down the shadowing veil, and

---

β *i. e.* the number redeemed by the Levites.   γ *Gr.* voice.

shall cover with it the ark of the testimony.
⁶And they shall put on it a cover, even a
blue skin, and put on it above a garment all
of blue, and shall put the staves through *the
rings*.

⁷And they shall put on the table set
forth for shew-bread a cloth all of purple,
and the dishes, and the censers, and the
cups, and the vessels with which one offers
drink-offerings ; and the continual loaves
shall be upon it. ⁸And they shall put upon
it a scarlet cloth, and they shall cover it
with a blue covering of skin, and they shall
put the staves into it. ⁹And they shall take
a blue covering, and cover the candlestick
that gives light, and its lamps, and its snuf-
fers, and its funnels, and all the vessels of
oil with which they minister. ¹⁰And they
shall put it, and all its vessels, into a blue
skin cover ; and they shall put it on bearers.
¹¹And they shall put a blue cloth for a cover
on the golden altar, and shall cover it with
a blue skin cover, and put in its staves.

¹²And they shall take all the instruments
of service, with which they minister in the
sanctuary : and shall place them in a cloth
of blue, and shall cover them with blue
skin covering, and put them upon staves.
¹³And he shall put the covering on the
altar, and they shall cover it with a cloth
all of purple. ¹⁴And they shall put upon it
all the vessels with which they minister
upon it, and the fire-pans, and the flesh-
hooks, and the cups, and the cover, and all
the vessels of the altar ; and they shall put
on it a blue cover of skins, and shall put in
its staves ; and they shall take a purple
cloth, and cover the laver and its foot, and
they shall put it into a blue cover of skin,
and put it on bars. ¹⁵And Aaron and his
sons shall finish covering the holy things,
and all the holy vessels, when the camp
begins to move ; and afterwards the sons of
Caath shall go in to take up *the furniture ;*
but shall not touch the holy things, lest
they die : these shall the sons of Caath bear
in the tabernacle of witness.

¹⁶Eleazar the son of Aaron the priest is
overseer—the oil of the light, and the in-
cense of composition, and the daily meat-
offering and the anointing oil, are his charge;
even the oversight of the whole tabernacle,
and all things that are in it in the holy
place, in all the works.

¹⁷And the Lord spoke to Moses and
Aaron, saying, ¹⁸Ye shall not destroy the
family of Caath from the tribe out of
the midst of the Levites. ¹⁹This do ye
to them, and they shall live and not
die, when they approach the holy of holies :
Let Aaron and his sons advance, and they
shall place them each in his post for bear-
ing. ²⁰And *so* they shall by no means go
in to look suddenly upon the holy things,
and die.

²¹And the Lord spoke to Moses, saying,
²²Take the sum of the children of Gedson,
and these according to the houses of their
lineage, according to their families. ²³Take
the number of them from five and twenty
years old and upwards until the age of fifty,
every one that goes in to minister, to do his

κιβωτὸν τοῦ μαρτυρίου, καὶ ἐπιθήσουσιν ἐπ᾽ αὐτὸ κατακά- 6
λυμμα δέρμα ὑακίνθινον, καὶ ἐπιβαλοῦσιν ἐπ᾽ αὐτὴν ἱμάτιον
ὅλον ὑακίνθινον ἄνωθεν, καὶ διεμβαλοῦσι τοὺς ἀναφορεῖς.

Καὶ ἐπί τὴν τράπεζαν τὴν προκειμένην ἐπιβαλοῦσιν ἐπ᾽ 7
αὐτὴν ἱμάτιον ὁλοπόρφυρον, καὶ τὰ τρυβλία, καὶ τὰς θυΐσκας,
καὶ τοὺς κυάθους, καὶ τὰ σπονδεῖα ἐν οἷς σπένδει, καὶ οἱ ἄρτοι
οἱ διαπαντὸς ἐπ᾽ αὐτῆς ἔσονται. Καὶ ἐπιβαλοῦσιν ἐπ᾽ αὐτὴν 8
ἱμάτιον κόκκινον, καὶ καλύψουσιν αὐτὴν καλύμματι δερματίνῳ
ὑακινθίνῳ, καὶ διεμβαλοῦσι δι᾽ αὐτῆς τοὺς ἀναφορεῖς. Καὶ 9
λήψονται ἱμάτιον ὑακίνθινον, καὶ καλύψουσι τὴν λυχνίαν τὴν
φωτίζουσαν, καὶ τοὺς λύχνους αὐτῆς, καὶ τὰς λαβίδας αὐτῆς,
καὶ τὰς ἐπαρυστρίδας αὐτῆς, καὶ πάντα τὰ ἀγγεῖα τοῦ ἐλαίου
οἷς λειτουργοῦσιν ἐν αὐτοῖς. Καὶ ἐμβαλοῦσιν αὐτὴν, καὶ 10
πάντα τὰ σκεύη αὐτῆς, εἰς κάλυμμα δερμάτινον ὑακίνθινον,
καὶ ἐπιθήσουσιν αὐτὴν ἐπ᾽ ἀναφορέων. Καὶ ἐπὶ τὸ θυσια- 11
στήριον τὸ χρυσοῦν ἐπικαλύψουσιν ἱμάτιον ὑακίνθινον, καὶ
καλύψουσιν αὐτὸ καλύμματι δερματίνῳ ὑακινθίνῳ, καὶ διεμβα-
λοῦσι τοὺς ἀναφορεῖς αὐτοῦ.

Καὶ λήψονται πάντα τὰ σκεύη τὰ λειτουργικὰ ὅσα λειτουρ- 12
γοῦσιν ἐν αὐτοῖς ἐν τοῖς ἁγίοις· καὶ ἐμβαλοῦσιν εἰς ἱμάτιον
ὑακίνθινον, καὶ καλύψουσιν αὐτὰ καλύμματι δερματίνῳ ὑακιν-
θίνῳ, καὶ ἐπιθήσουσιν ἐπὶ ἀναφορεῖς. Καὶ τὸν καλυπτῆρα 13
ἐπιθήσει ἐπὶ τὸ θυσιαστήριον, καὶ ἐπικαλύψουσιν ἐπ᾽ αὐτὸ
ἱμάτιον ὁλοπόρφυρον. Καὶ ἐπιθήσουσιν ἐπ᾽ αὐτὸ πάντα τὰ 14
σκεύη ὅσοις λειτουργοῦσιν ἐπ᾽ αὐτῷ ἐν αὐτοῖς, καὶ τὰ πυρεῖα,
καὶ τὰς κρεάγρας, καὶ τὰς φιάλας, καὶ τὸν καλυπτῆρα, καὶ
πάντα τὰ σκεύη τοῦ θυσιαστηρίου· καὶ ἐπιβαλοῦσιν ἐπ᾽ αὐτὸ
κάλυμμα δερμάτινον ὑακίνθινον, καὶ διεμβαλοῦσι τοὺς ἀναφο-
ρεῖς αὐτοῦ· καὶ λήψονται ἱμάτιον πορφυροῦν, καὶ συγκαλύ-
ψουσι τὸν λουτῆρα καὶ τὴν βάσιν αὐτοῦ, καὶ ἐμβαλοῦσιν αὐτὸ
εἰς κάλυμμα δερμάτινον ὑακίνθινον, καὶ ἐπιθήσουσιν ἐπὶ
ἀναφορεῖς, καὶ συντελέσουσιν Ἀαρὼν καὶ οἱ υἱοὶ αὐτοῦ, 15
καλύπτοντες τὰ ἅγια, καὶ πάντα τὰ σκεύη τὰ ἅγια, ἐν τῷ
ἐξαίρειν τὴν παρεμβολήν· καὶ μετὰ ταῦτα εἰσελεύσονται υἱοὶ
Καὰθ αἴρειν, καὶ οὐχ ἅψονται τῶν ἁγίων, ἵνα μὴ ἀποθάνωσι·
ταῦτα ἀροῦσιν οἱ υἱοὶ Καὰθ ἐν τῇ σκηνῇ τοῦ μαρτυρίου.

Ἐπίσκοπος Ἐλεάζαρ υἱὸς Ἀαρὼν τοῦ ἱερέως, τὸ ἔλαιον τοῦ 16
φωτὸς, καὶ τὸ θυμίαμα τῆς συνθέσεως, καὶ ἡ θυσία ἡ καθ᾽
ἡμέραν, καὶ τὸ ἔλαιον τῆς χρίσεως, ἡ ἐπισκοπὴ ὅλης τῆς
σκηνῆς, καὶ ὅσα ἐστὶν ἐν αὐτῇ ἐν τῷ ἁγίῳ, ἐν πᾶσι τοῖς
ἔργοις.

Καὶ ἐλάλησε Κύριος πρὸς Μωυσῆν καὶ Ἀαρὼν, λέγων, 17
μὴ ὀλοθρεύσητε τῆς φυλῆς τὸν δῆμον τὸν Καὰθ ἐκ μέσου 18
τῶν Λευιτῶν. Τοῦτο ποιήσατε αὐτοῖς, καὶ ζήσονται καὶ οὐ 19
μὴ ἀποθάνωσι, προσπορευομένων αὐτῶν πρὸς τὰ ἅγια τῶν
ἁγίων· Ἀαρὼν καὶ οἱ υἱοὶ αὐτοῦ προσπορευέσθωσαν, καὶ
καταστήσουσιν αὐτοὺς ἕκαστον κατὰ τὴν ἀναφορὰν αὐτοῦ, καὶ 20
οὐ μὴ εἰσέλθωσιν ἰδεῖν ἐξάπινα τὰ ἅγια, καὶ ἀποθανοῦνται.

Καὶ ἐλάλησε Κύριος πρὸς Μωυσῆν, λέγων, λάβε τὴν 21, 22
ἀρχὴν τῶν υἱῶν Γεδσὼν, καὶ τούτους κατ᾽ οἴκους πατριῶν
αὐτῶν, κατὰ δήμους αὐτῶν, ἀπὸ πέντε καὶ εἰκοσαετοῦς καὶ 23
ἐπάνω ἕως πεντηκονταετοῦς ἐπίσκεψαι αὐτοὺς, πᾶς ὁ εἰσπο-

ρευόμενος λειτουργεῖν, ποιεῖν τὰ ἔργα αὐτοῦ ἐν τῇ σκηνῇ τοῦ
24 μαρτυρίου. Αὕτη ἡ λειτουργία τοῦ δήμου τοῦ Γεδσών,
25 λειτουργεῖν καὶ αἴρειν. Καὶ ἀρεῖ τὰς δέῤῥεις τῆς σκηνῆς, καὶ
τὴν σκηνὴν τοῦ μαρτυρίου, καὶ τὸ κάλυμμα αὐτῆς, καὶ τὸ
κατακάλυμμα τὸ ὑακίνθινον τὸ ὂν ἐπ᾽ αὐτῆς ἄνωθεν, καὶ τὸ
26 κάλυμμα τῆς θύρας τῆς σκηνῆς τοῦ μαρτυρίου, καὶ τὰ ἱστία
τῆς αὐλῆς, ὅσα ἐπὶ τῆς σκηνῆς τοῦ μαρτυρίου, καὶ τὰ περισσὰ,
καὶ πάντα τὰ σκεύη τὰ λειτουργικὰ ὅσα λειτουργοῦσιν ἐν
27 αὐτοῖς ποιήσουσι. Κατὰ στόμα Ἀαρὼν καὶ τῶν υἱῶν αὐτοῦ
ἔσται ἡ λειτουργία τῶν υἱῶν Γεδσὼν κατὰ πάσας τὰς λειτ-
ουργίας αὐτῶν, καὶ κατὰ πάντα τὰ ἔργα αὐτῶν· καὶ ἐπισκέψῃ
28 αὐτοὺς ἐξ ὀνόματος πάντα τὰ ἀρτὰ ὑπ᾽ αὐτῶν. Αὕτη ἡ
λειτουργία τῶν υἱῶν Γεδσὼν ἐν τῇ σκηνῇ τοῦ μαρτυρίου,
καὶ ἡ φυλακὴ αὐτῶν ἐν χειρὶ Ἰθάμαρ τοῦ υἱοῦ Ἀαρὼν
τοῦ ἱερέως.

29   Οἱ υἱοὶ Μεραρὶ κατὰ δήμους αὐτῶν, κατ᾽ οἴκους πατριῶν
30 αὐτῶν, ἐπισκέψασθε αὐτοὺς, ἀπὸ πέντε καὶ εἰκοσαετοῦς καὶ
ἐπάνω ἕως πεντηκονταετοῦς ἐπισκέψασθε αὐτοὺς, πᾶς ὁ
εἰσπορευόμενος λειτουργεῖν τὰ ἔργα τῆς σκηνῆς τοῦ μαρτυ-
31 ρίου. Καὶ ταῦτα τὰ φυλάγματα τῶν αἰρομένων ὑπ᾽ αὐτῶν
κατὰ πάντα τὰ ἔργα αὐτῶν ἐν τῇ σκηνῇ τοῦ μαρτυρίου· τὰς
κεφαλίδας τῆς σκηνῆς, καὶ τοὺς μοχλοὺς, καὶ τοὺς στύλους
αὐτῆς, καὶ τὰς βάσεις αὐτῆς, καὶ τὸ κατακάλυμμα, καὶ αἱ
βάσεις αὐτῶν, καὶ οἱ στύλοι αὐτῶν, καὶ τὸ κατακάλυμμα τῆς
32 θύρας τῆς σκηνῆς, καὶ τοὺς στύλους τῆς αὐλῆς κύκλῳ, καὶ αἱ
βάσεις αὐτῶν, καὶ τοὺς στύλους τοῦ καταπετάσματος τῆς
πύλης τῆς αὐλῆς, καὶ τὰς βάσεις αὐτῶν, καὶ τοὺς πασσάλους
αὐτῶν, καὶ τοὺς κάλους αὐτῶν, καὶ πάντα τὰ σκεύη αὐτῶν,
καὶ πάντα τὰ λειτουργήματα αὐτῶν· ἐξ ὀνομάτων ἐπισκέψασθε
αὐτοὺς, καὶ πάντα τὰ σκεύη τῆς φυλακῆς τῶν αἰρομένων ὑπ᾽
33 αὐτῶν. Αὕτη ἡ λειτουργία δήμου υἱῶν Μεραρὶ ἐν πᾶσι τοῖς
ἔργοις αὐτῶν ἐν τῇ σκηνῇ τοῦ μαρτυρίου ἐν χειρὶ Ἰθάμαρ τοῦ
υἱοῦ Ἀαρὼν τοῦ ἱερέως.

34   Καὶ ἐπεσκέψατο Μωυσῆς καὶ Ἀαρὼν καὶ οἱ ἄρχοντες
Ἰσραὴλ τοὺς υἱοὺς Καὰθ κατὰ δήμους αὐτῶν, κατ᾽ οἴκους
35 πατριῶν αὐτῶν, ἀπὸ πέντε καὶ εἰκοσαετοῦς καὶ ἐπάνω ἕως
πεντηκονταετοῦς, πᾶς ὁ εἰσπορευόμενος λειτουργεῖν καὶ ποιεῖν
36 ἐν τῇ σκηνῇ τοῦ μαρτυρίου. Καὶ ἐγένετο ἡ ἐπίσκεψις αὐτῶν
37 κατὰ δήμους αὐτῶν, δισχίλιοι ἑπτακόσιοι πεντήκοντα. Αὕτη
ἡ ἐπίσκεψις δήμου Καὰθ, πᾶς ὁ λειτουργῶν ἐν τῇ σκηνῇ τοῦ
μαρτυρίου, καθὰ ἐπεσκέψατο Μωυσῆς καὶ Ἀαρὼν διὰ φωνῆς
Κυρίου, ἐν χειρὶ Μωυσῆ.

38   Καὶ ἐπεσκέπησαν υἱοὶ Γεδσὼν κατὰ δήμους αὐτῶν, κατ᾽ οἴκους
39 πατριῶν αὐτῶν, ἀπὸ πέντε καὶ εἰκοσαετοῦς καὶ ἐπάνω ἕως
πεντηκονταετοῦς, πᾶς ὁ εἰσπορευόμενος λειτουργεῖν καὶ ποιεῖν τὰ
40 ἔργα ἐν τῇ σκηνῇ τοῦ μαρτυρίου. Καὶ ἐγένετο ἡ ἐπίσκεψις αὐτῶν,
κατὰ δήμους αὐτῶν, κατ᾽ οἴκους πατριῶν αὐτῶν, δισχίλιοι ἑξακόσιοι
41 τριάκοντα. Αὕτη ἡ ἐπίσκεψις δήμου υἱῶν Γεδσὼν, πᾶς ὁ λειτ-

business in the tabernacle of witness. [24] This *is* the public service of the family of Gedson, to minister and to bear. [25] And [β]they shall bear the skins of the tabernacle, and the tabernacle of witness, and its veil, and the blue cover that was on it above, and the cover of the door of the tabernacle of witness. [26] And all the curtains of the court which were upon the tabernacle of witness, and the appendages, and all the vessels of service that they minister with they shall attend to. [27] According to the direction of Aaron and his sons shall be the ministry of the sons of Gedson, in all their ministries, and in all their works; and thou shalt take account of them by name in all things borne by them. [28] This is the service of the sons of Gedson in the tabernacle of witness, and their charge by the hand of Ithamar the son of Aaron the priest.

[29] The sons of Merari according to their families, according to the houses of their lineage, take ye the number of them. [30] Take the number of them from five and twenty years old and upwards until fifty years old, every one that goes in to perform the services of the tabernacle of witness. [31] And these are the charges of the things borne by them according to all their works in the tabernacle of witness: they shall bear the chapiters of the tabernacle, and the bars, and its pillars, and its sockets, and the veil, and *there shall be* their sockets, and their pillars, and the curtain of the door of the tabernacle. [32] And they shall bear the pillars of the court round about, and *there shall be* their sockets, and *they shall bear* the pillars of the veil of the door of the court, and their sockets and their pins, and their cords, and all their furniture, and all their instruments of service: take ye their number by name, and all the articles of the charge of the things borne by them. [33] This is the ministration of the family of the sons of Merari in all their works in the tabernacle of witness, by the hand of Ithamar the son of Aaron the priest.

[34] And Moses and Aaron and the rulers of Israel took the number of the sons of Caath according to their families, according to the houses of their lineage; [35] from five and twenty years old and upwards to the age of fifty years, every one that goes in to minister and do service in the tabernacle of witness. [36] And the numbering of them according to their families was two thousand, [γ]seven hundred and fifty. [37] This is the numbering of the family of Caath, every one that ministers in the tabernacle of witness, as Moses and Aaron numbered them by the word of the Lord, by the hand of Moses. [38] And the sons of Gedson were numbered according to their families, according to the houses of their lineage, [39]from five and twenty years old and upward till fifty years old, every one that goes in to minister and to do the services in the tabernacle of witness. [40] And the numbering of them according to their families, according to the houses of their lineage, *was* two thousand six hundred and thirty. [41] This *is* the numbering of the family of the sons of

---

Gedson, every one who ministers in the tabernacle of witness; whom Moses and Aaron numbered by the word of the Lord, by the hand of Moses.

[42] And also the family of the sons of Merari were numbered according to their divisions, according to the house of their fathers; [43] from five and twenty years old and upward till fifty years old, every one that goes in to minister in the services of the tabernacle of witness. [44] And the numbering of them according to their families, according to the houses of their lineage, was three thousand and two hundred. [45] This is the numbering of the family of the sons of Merari, whom Moses and Aaron numbered by the β word of the Lord, by the hand of Moses. [46] All that were numbered, whom Moses and Aaron and the rulers of Israel numbered, namely, the Levites, according to their families and according to the houses of their lineage, [47] from five and twenty years old and upward till fifty years old, every one that goes in to the γ service of the works, and the charge of the things that are carried in the tabernacle of witness. [48] And they that were numbered were eight thousand δ five hundred and eighty. [49] He reviewed them by the word of the Lord by the hand of Moses, appointing each man severally over their respective work, and over their burdens; and they were numbered, as the Lord commanded Moses.

And the Lord spoke to Moses, saying, [2] Charge the children of Israel, and let them send forth out of the camp every leper, and every one who has an issue of the reins, and every one who is unclean from a ζ dead body. [3] Whether male or female, send them forth out of the camp; and they shall not defile their camps in which I dwell among them. [4] And the children of Israel did so, and sent them out of the camp: as the Lord said to Moses, so did the children of Israel.

[5] And the Lord spoke to Moses, saying, [6] Speak to the children of Israel, saying, Every man or woman who shall commit any sin that is common to man, or if that soul shall in anywise have neglected the commandment and transgressed; [7] that person shall confess the sin which he has committed, and shall make satisfaction for his trespass: he shall pay the principal, and shall add to it the fifth part, and shall make restoration to him against whom he has trespassed. [8] But if a man have no near kinsman, so as to make satisfaction for his trespass to him, the trespass-offering paid to the Lord shall be for the priest, besides the ram of atonement, by which he shall make atonement with it for him. [9] And every first-fruits in all the sanctified things among the children of Israel, whatsoever they shall offer to the Lord, shall be for the priest himself. [10] And the hallowed things of every man shall be his; and whatever man shall give any thing to the priest, the gift shall be his.

[11] And the Lord spoke to Moses, saying, [12] Speak to the children of Israel, and thou shalt say to them, Whosesoever wife shall

ουργῶν ἐν τῇ σκηνῇ τοῦ μαρτυρίου, οὓς ἐπεσκέψατο Μωυσῆς καὶ Ἀαρὼν διὰ φωνῆς Κυρίου, ἐν χειρὶ Μωυσῇ.

Ἐπεσκέπησαν δὲ καὶ δῆμος υἱῶν Μεραρὶ κατὰ δήμους 42 αὐτῶν, κατ᾽ οἴκους πατριῶν αὐτῶν, ἀπὸ πέντε καὶ εἰκοσαετοῦς 43 καὶ ἐπάνω ἕως πεντηκονταετοῦς, πᾶς ὁ εἰσπορευόμενος λειτουργεῖν πρὸς τὰ ἔργα τῆς σκηνῆς τοῦ μαρτυρίου. Καὶ 44 ἐγενήθη ἡ ἐπίσκεψις αὐτῶν κατὰ δήμους αὐτῶν, κατ᾽ οἴκους πατριῶν αὐτῶν, τρισχίλιοι καὶ διακόσιοι. Αὕτη ἡ ἐπίσκεψις 45 δήμου υἱῶν Μεραρὶ, οὓς ἐπεσκέψατο Μωυσῆς καὶ Ἀαρὼν διὰ φωνῆς Κυρίου, ἐν χειρὶ Μωυσῇ. Πάντες οἱ ἐπεσκεμμένοι, οὓς 46 ἐπεσκέψατο Μωυσῆς καὶ Ἀαρὼν καὶ οἱ ἄρχοντες Ἰσραὴλ τοὺς Λευίτας, κατὰ δήμους καὶ κατ᾽ οἴκους πατριῶν αὐτῶν, ἀπὸ 47 πέντε καὶ εἰκοσαετοῦς καὶ ἐπάνω ἕως πεντηκονταετοῦς, πᾶς ὁ εἰσπορευόμενος πρὸς τὸ ἔργον τῶν ἔργων, καὶ τὰ ἔργα τὰ αἰρόμενα ἐν τῇ σκηνῇ τοῦ μαρτυρίου. Καὶ ἐγενήθησαν οἱ 48 ἐπισκεπέντες, ὀκτακισχίλιοι πεντακόσιοι ὀγδοήκοντα. Διὰ 49 φωνῆς Κυρίου ἐπεσκέψατο αὐτοὺς ἐν χειρὶ Μωυσῇ, ἄνδρα κατὰ ἄνδρα ἐπὶ τῶν ἔργων αὐτῶν, καὶ ἐπὶ ὧν αἴρουσιν αὐτοί· καὶ ἐπεσκέπησαν, ὃν τρόπον συνέταξε Κύριος τῷ Μωυσῇ.

Καὶ ἐλάλησε Κύριος πρὸς Μωυσῆν, λέγων, πρόσταξον 5 τοῖς υἱοῖς Ἰσραὴλ, καὶ ἐξαποστειλάτωσαν ἐκ τῆς παρεμβολῆς 2 πάντα λεπρὸν, καὶ πάντα γονορρύη, καὶ πάντα ἀκάθαρτον ἐπὶ ψυχῇ. Ἀπὸ ἀρσενικοῦ ἕως θηλυκοῦ, ἐξαποστείλατε ἔξω 3 τῆς παρεμβολῆς, καὶ οὐ μὴ μιανοῦσι τὰς παρεμβολὰς αὐτῶν, ἐν οἷς ἐγὼ καταγίνομαι ἐν αὐτοῖς. Καὶ ἐποίησαν οὕτως οἱ 4 υἱοὶ Ἰσραὴλ, καὶ ἐξαπέστειλαν αὐτοὺς ἔξω τῆς παρεμβολῆς· καθὰ ἐλάλησε Κύριος Μωυσῇ, οὕτως ἐποίησαν οἱ υἱοὶ Ἰσραήλ.

Καὶ ἐλάλησε Κύριος πρὸς Μωυσῆν, λέγων, λάλησον 5, 6 τοῖς υἱοῖς Ἰσραὴλ, λέγων, ἀνὴρ ἢ γυνὴ, ὅστις ἂν ποιήσῃ ἀπὸ πασῶν τῶν ἁμαρτιῶν τῶν ἀνθρωπίνων, καὶ παριδὼν παρίδῃ καὶ πλημμελήσῃ ἡ ψυχὴ ἐκείνη, ἐξαγορεύσει τὴν ἁμαρτίαν, 7 ἣν ἐποίησε, καὶ ἀποδώσει τὴν πλημμέλειαν· τὸ κεφάλαιον, καὶ τὸ ἐπίπεμπτον αὐτοῦ προσθήσει ἐπ᾽ αὐτὸ, καὶ ἀποδώσει τίνι ἐπλημμέλησεν αὐτῷ. Ἐὰν δὲ μὴ ᾖ τῷ ἀνθρώπῳ ὁ 8 ἀγχιστεύων, ὥστε ἀποδοῦναι αὐτῷ τὸ πλημμέλημα πρὸς αὐτὸν, τὸ πλημμέλημα τὸ ἀποδιδόμενον Κυρίῳ, τῷ ἱερεῖ ἔσται, πλὴν τοῦ κριοῦ τοῦ ἱλασμοῦ, δι᾽ οὗ ἐξιλάσεται ἐν αὐτῷ περὶ αὐτοῦ.

Καὶ πᾶσα ἀπαρχὴ κατὰ πάντα τὰ ἁγιαζόμενα ἐν υἱοῖς 9 Ἰσραὴλ, ὅσα ἐὰν προσφέρωσι Κυρίῳ, τῷ ἱερεῖ αὐτῷ ἔσται· 10 Καὶ ἑκάστου τὰ ἡγιασμένα, αὐτοῦ ἔσται· καὶ ἀνὴρ, ὃς ἂν δῷ τῷ ἱερεῖ, αὐτῷ ἔσται.

Καὶ ἐλάλησε Κύριος πρὸς Μωυσῆν, λέγων, λάλησον τοῖς 11, 12 υἱοῖς Ἰσραὴλ, καὶ ἐρεῖς πρὸς αὐτοὺς, ἀνδρὸς ἀνδρὸς ἐὰν παραβῇ

β Gr. voice.   γ Gr. work.   δ Alex. 450.   ζ Gr. soul.

13 ἡ γυνὴ αὐτοῦ, καὶ ὑπεριδοῦσα παρίδῃ αὐτόν, καὶ κοιμηθῇ τις μετ᾽ αὐτῆς κοίτην σπέρματος, καὶ λάθῃ ἐξ ὀφθαλμῶν τοῦ ἀνδρὸς αὐτῆς, καὶ κρύψῃ, αὐτὴ δὲ ᾖ μεμιασμένη, καὶ μάρτυς

14 μὴ ἦν μετ᾽ αὐτῆς, καὶ αὐτὴ μὴ ᾖ συνειλημμένη, καὶ ἐπέλθῃ αὐτῷ πνεῦμα ζηλώσεως, καὶ ζηλώσῃ τὴν γυναῖκα αὐτοῦ, αὐτὴ δὲ μεμίανται, ἢ ἐπέλθῃ αὐτῷ πνεῦμα ζηλώσεως, καὶ ζηλώσῃ

15 τὴν γυναῖκα αὐτοῦ, αὐτὴ δὲ μὴ ᾖ μεμιασμένη, καὶ ἄξει ὁ ἄνθρωπος τὴν γυναῖκα αὐτοῦ πρὸς τὸν ἱερέα, καὶ προσοίσει τὸ δῶρον περὶ αὐτῆς, τὸ δέκατον τοῦ οἰφὶ ἄλευρον κρίθινον· οὐκ ἐπιχεεῖ ἐπ᾽ αὐτὸ ἔλαιον, οὐδὲ ἐπιθήσει ἐπ᾽ αὐτὸ λίβανον· ἔστι γὰρ θυσία ζηλοτυπίας, θυσία μνημοσύνου, ἀναμιμνήσκουσα ἁμαρτίαν.

16 Καὶ προσάξει αὐτὴν ὁ ἱερεύς, καὶ στήσει αὐτὴν ἔναντι

17 Κυρίου. Καὶ λήψεται ὁ ἱερεὺς ὕδωρ καθαρὸν ζῶν ἐν ἀγγείῳ ὀστρακίνῳ, καὶ τῆς γῆς τῆς οὔσης ἐπὶ τοῦ ἐδάφους τῆς σκηνῆς

18 τοῦ μαρτυρίου, καὶ λαβὼν ὁ ἱερεὺς ἐμβαλεῖ εἰς τὸ ὕδωρ. Καὶ στήσει ὁ ἱερεὺς τὴν γυναῖκα ἔναντι Κυρίου, καὶ ἀποκαλύψει τὴν κεφαλὴν τῆς γυναικός, καὶ δώσει ἐπὶ τὰς χεῖρας αὐτῆς τὴν θυσίαν τοῦ μνημοσύνου, τὴν θυσίαν τῆς ζηλοτυπίας· ἐν δὲ τῇ χειρὶ τοῦ ἱερέως ἔσται τὸ ὕδωρ τοῦ ἐλεγμοῦ τοῦ

19 ἐπικαταρωμένου τούτου. Καὶ ὁρκιεῖ αὐτὴν ὁ ἱερεύς, καὶ ἐρεῖ τῇ γυναικί, εἰ μὴ κεκοίμηταί τις μετὰ σοῦ, εἰ μὴ παραβέβηκας μιανθῆναι ὑπὸ τὸν ἄνδρα τὸν σεαυτῆς, ἀθῷα ἴσθι ἀπὸ τοῦ ὕδατος τοῦ ἐλεγμοῦ τοῦ ἐπικαταρωμένου τούτου.

20 Εἰ δὲ σὺ παραβέβηκας ὕπανδρος οὖσα, ἢ μεμίανσαι, καὶ ἔδωκέ τις τὴν κοίτην αὐτοῦ ἐν σοί, πλὴν τοῦ ἀνδρός σου·

21 Καὶ ὁρκιεῖ ὁ ἱερεὺς τὴν γυναῖκα ἐν τοῖς ὅρκοις τῆς ἀρᾶς ταύτης, καὶ ἐρεῖ ὁ ἱερεὺς τῇ γυναικί, δῴη σε Κύριος ἐν ἀρᾷ καὶ ἐνόρκιον ἐν μέσῳ τοῦ λαοῦ σου, ἐν τῷ δοῦναι Κύριον τὸν μηρόν σου διαπεπτωκότα, καὶ τὴν κοιλίαν σου πεπρη

22 σμένην. Καὶ εἰσελεύσεται τὸ ὕδωρ τὸ ἐπικαταρώμενον τοῦτο εἰς τὴν κοιλίαν σου πρῆσαι γαστέρα, καὶ διαπεσεῖν μηρόν σου· καὶ ἐρεῖ ἡ γυνή, γένοιτο, γένοιτο.

23 Καὶ γράψει ὁ ἱερεὺς τὰς ἀρὰς ταύτας εἰς βιβλίον, καὶ ἐξα

24 λείψει εἰς τὸ ὕδωρ τοῦ ἐλεγμοῦ τοῦ ἐπικαταρωμένου. Καὶ ποτιεῖ τὴν γυναῖκα τὸ ὕδωρ τοῦ ἐλεγμοῦ τοῦ ἐπικαταρωμένου· καὶ εἰσελεύσεται εἰς αὐτὴν τὸ ὕδωρ τὸ ἐπικαταρώμενον τοῦ ἐλεγμοῦ.

25 Καὶ λήψεται ὁ ἱερεὺς ἐκ χειρὸς τῆς γυναικὸς τὴν θυσίαν τῆς ζηλοτυπίας, καὶ ἐπιθήσει τὴν θυσίαν ἔναντι Κυρίου, καὶ

26 προσοίσει αὐτὴν πρὸς τὸ θυσιαστήριον. Καὶ δράξεται ὁ ἱερεὺς ἀπὸ τῆς θυσίας τὸ μνημόσυνον αὐτῆς, καὶ ἀνοίσει αὐτὸ ἐπὶ τὸ θυσιαστήριον, καὶ μετὰ ταῦτα ποτιεῖ τὴν γυναῖκα τὸ

27 ὕδωρ. Καὶ ἔσται ἐὰν ᾖ μεμιασμένη καὶ λήθῃ λάθῃ τὸν ἄνδρα αὐτῆς, καὶ εἰσελεύσεται εἰς αὐτὴν τὸ ὕδωρ τοῦ ἐλεγμοῦ τὸ ἐπικαταρώμενον, καὶ πρησθήσεται τὴν κοιλίαν, καὶ διαπεσεῖται ὁ μηρὸς αὐτῆς, καὶ ἔσται ἡ γυνὴ εἰς ἀρὰν τῷ λαῷ

transgress against him, and slight and despise him, [13] and *supposing* any one shall lie with her carnally, and the thing shall be hid from the eyes of her husband, and she should conceal it and be herself defiled, and there be no witness with her, and she should not be taken; [14] and there should come upon him a spirit of jealousy, and he should be jealous of his wife, and she be defiled; or there should come upon him a spirit of jealousy, and he should be jealous of his wife, and she should not be defiled; [15] then shall the man bring his wife to the priest, and shall bring his gift for her, the tenth part of an ephah of barley-meal: he shall not pour oil upon it, neither shall he put frankincense upon it; for it is a sacrifice of jealousy, a sacrifice of memorial, recalling sin to remembrance.

[16] And the priest shall bring her, and cause her to stand before the Lord. [17] And the priest shall take pure running water in an earthen vessel, and he shall take of the dust that is on the floor of the tabernacle of witness, and the priest having taken it shall cast it into the water. [18] And the priest shall cause the woman to stand before the Lord, and shall uncover the head of the woman, and shall put into her hands the sacrifice of memorial, the sacrifice of jealousy; and in the hand of the priest shall be the water of this conviction that brings the curse. [19] And the priest shall adjure her, and shall say to the woman, If no one has lain with thee, and if thou hast not transgressed so as to be polluted, being under the power of thy husband, be free from this water of the conviction that causes the curse. [20] But if being a married woman thou hast transgressed, or been polluted, and any one has lain with thee, beside thy husband: [21] then the priest shall adjure the woman by the oaths of this curse, and the priest shall say to the woman, The Lord bring thee into a curse and under an oath in the midst of thy people, in that the Lord should cause thy thigh to rot and thy belly to swell; [22] and this water bringing the curse shall enter into thy womb to cause thy belly to swell, and thy thigh to rot. And the woman shall say, So be it, So be it.

[23] And the priest shall write these curses in a book, and shall blot them out β with the water of the conviction that brings the curse. [24] And he shall cause the woman to drink the water of the conviction that brings the curse; and the water of the conviction that brings the curse shall enter into her. [25] And the priest shall take from the hand of the woman the sacrifice of jealousy, and shall present the sacrifice before the Lord, and shall bring it to the altar. [26] And the priest shall take a handful of the sacrifice as a memorial of it, and shall offer it up upon the altar; and afterwards he shall cause the woman to drink the water. [27] And it shall come to pass, if she be defiled, and have altogether escaped the notice of her husband, then the water of the conviction that brings the curse shall enter into her; and she shall swell in her belly, and her thigh shall rot, and the woman shall be for a curse

in the midst of her people. **28** But if the woman have not been polluted, and be clean, then shall she be guiltless and shall β conceive seed. **29** This is the law of jealousy, wherein a married woman should happen to transgress, and be defiled ; **30** or in the case of a man on whomsoever the spirit of jealousy should come, and he should be jealous of his wife, and he should place his wife before the Lord, and the priest shall execute towards her all this law. **31** Then the man shall be clear from sin, and that woman shall bear her sin.

And the Lord spoke to Moses, saying, **2** Speak to the children of Israel, and thou shalt say to them, Whatsoever man or woman shall specially vow a vow to separate oneself with purity to the Lord, **3** he shall purely abstain from wine and strong drink ; and he shall drink no vinegar of wine or vinegar of strong drink ; and whatever is made of the grape he shall not drink ; neither shall he eat fresh grapes or raisins, **4** all the days of his vow : he shall eat no one of all the things that come from the vine, wine from the grape-stones to the γ husk, **5** all the days of his separation :—a razor shall not come upon his head, until the days be fulfilled which he vowed to the Lord : he shall be holy, cherishing the δ long hair of the head, **6** all the days of his vow to the Lord : he shall not come nigh to any dead body, **7** to his father or his mother, or to his brother or his sister ; he shall not defile himself for them, when they have died, because the vow of God is upon him on his head.

8 All the days of his vow he shall be holy to the Lord. **9** And if any one should die suddenly by him, immediately the head of his vow shall be defiled ; and he shall shave his head in whatever day he shall be purified : on the seventh day he shall be shaved. **10** And on the eighth day he shall bring two turtle-doves, or two young pigeons, to the priest, to the doors of the tabernacle of witness.

11 And the priest shall offer one for a sin-offering ; and the other for a whole-burnt-offering ; and the priest shall make atonement for him in the things wherein he sinned respecting the dead body, and he shall sanctify his head in that day, **12** in which he was consecrated to the Lord, *all* the days of his vow ; and he shall bring a lamb of a year old for a trespass-offering ; and the former days shall not be reckoned, because the head of his vow was polluted.

13 And this is the law of him that has vowed : in whatever day he shall have fulfilled the days of his vow, he shall himself bring his gift to the doors of the tabernacle of witness. **14** And he shall bring his gift to the Lord ; one he-lamb of a year old without blemish for a whole-burnt-offering, and one ewe-lamb of a year old without blemish for a sin-offering, and one ram without blemish for a peace-offering ; **15** and a basket of unleavened bread of fine flour, *even* loaves kneaded with oil, and unleavened cakes anointed with oil, and their meat-offering, and their drink-offering. **16** And the priest shall bring them before the Lord, and shall offer his sin-offering, and his whole-burnt-

αὐτῆς. Ἐὰν δὲ μὴ μιανθῇ ἡ γυνή, καὶ καθαρὰ ᾖ, καὶ ἀθῷα 28 ἔσται καὶ ἐκσπερματιεῖ σπέρμα. Οὗτος ὁ νόμος τῆς ζηλο- 29 τυπίας, ᾧ ἂν παραβῇ ἡ γυνὴ ὕπανδρος οὖσα, καὶ μιανθῇ. Ἢ ἄνθρωπος ὃς ἐὰν ἐπέλθῃ ἐπ᾽ αὐτὸν πνεῦμα ζηλώσεως, 30 καὶ ζηλώσῃ τὴν γυναῖκα αὐτοῦ, καὶ στήσῃ τὴν γυναῖκα αὐτοῦ ἔναντι Κυρίου, καὶ ποιήσει αὐτῇ ὁ ἱερεὺς πάντα τὸν νόμον τοῦτον, καὶ ἀθῶος ἔσται ὁ ἄνθρωπος ἀπὸ ἁμαρτίας· καὶ γυνὴ 31 ἐκείνη λήψεται τὴν ἁμαρτίαν αὐτῆς.

Καὶ ἐλάλησε Κύριος πρὸς Μωυσῆν, λέγων, λάλησον τοῖς 6 υἱοῖς Ἰσραήλ, καὶ ἐρεῖς πρὸς αὐτούς, ἀνὴρ ἢ γυνή, ὃς ἂν 2 μεγάλως εὔξηται εὐχὴν ἀφαγνίσασθαι ἁγνείαν Κυρίῳ, ἀπὸ 3 οἴνου καὶ σίκερα ἁγνισθήσεται· καὶ ὄξος ἐξ οἴνου καὶ ὄξος ἐκ σίκερα οὐ πίεται· καὶ ὅσα κατεργάζεται ἐκ σταφυλῆς οὐ πίεται· καὶ σταφυλὴν πρόσφατον καὶ σταφίδα οὐ φάγεται πάσας τὰς ἡμέρας τῆς εὐχῆς αὐτοῦ· ἀπὸ πάντων ὅσα γίνεται 4 ἐξ ἀμπέλου, οἶνον ἀπὸ στεμφύλων ἕως γιγάρτου οὐ φάγεται πάσας τὰς ἡμέρας τοῦ ἁγνισμοῦ. ξυρὸν οὐκ ἐπελεύσεται ἐπὶ 5 τὴν κεφαλὴν αὐτοῦ, ἕως ἂν πληρωθῶσιν αἱ ἡμέραι, ὅσας ηὔξατο Κυρίῳ· ἅγιος ἔσται τρέφων κόμην τρίχα κεφαλῆς πάσας τὰς ἡμέρας τῆς εὐχῆς Κυρίῳ· ἐπὶ πάσῃ ψυχῇ τετε- 6 λευτηκυίᾳ οὐκ εἰσελεύσεται ἐπὶ πατρὶ καὶ μητρί, καὶ ἐπ᾽ 7 ἀδελφῷ καὶ ἐπ᾽ ἀδελφῇ, οὐ μιανθήσεται ἐπ᾽ αὐτοῖς ἀποθα- νόντων αὐτῶν, ὅτι εὐχὴ Θεοῦ αὐτοῦ ἐπ᾽ αὐτῷ ἐπὶ κεφαλῆς αὐτοῦ.

Πάσας τὰς ἡμέρας τῆς εὐχῆς αὐτοῦ ἅγιος ἔσται Κυρίῳ. 8 Ἐὰν δέ τις ἀποθάνῃ ἐπ᾽ αὐτῷ ἐξάπινα, παραχρῆμα μιανθήσεται 9 ἡ κεφαλὴ εὐχῆς αὐτοῦ· καὶ ξυρήσεται τὴν κεφαλὴν αὐτοῦ ᾗ ἂν ἡμέρᾳ καθαρισθῇ· τῇ ἡμέρᾳ τῇ ἑβδόμῃ ξυρηθήσεται. Καὶ τῇ 10 ἡμέρᾳ τῇ ὀγδόῃ οἴσει δύο τρυγόνας, ἢ δύο νοσσοὺς περι- στερῶν πρὸς τὸν ἱερέα, ἐπὶ τὰς θύρας τῆς σκηνῆς τοῦ μαρ- τυρίου.

Καὶ ποιήσει ὁ ἱερεὺς μίαν περὶ ἁμαρτίας, καὶ μίαν εἰς ὁλο- 11 καύτωμα· καὶ ἐξιλάσεται περὶ αὐτοῦ ὁ ἱερεὺς περὶ ὧν ἥμαρτε περὶ τῆς ψυχῆς· καὶ ἁγιάσει τὴν κεφαλὴν αὐτοῦ ἐν ἐκείνῃ τῇ ἡμέρᾳ, ᾗ ἡγιάσθη Κυρίῳ, τὰς ἡμέρας τῆς εὐχῆς· καὶ προσ- 12 άξει ἀμνὸν ἐνιαύσιον εἰς πλημμέλειαν· καὶ αἱ ἡμέραι αἱ πρότεραι ἄλογοι ἔσονται, ὅτι ἐμιάνθη ἡ κεφαλὴ εὐχῆς αὐτοῦ.

Καὶ οὗτος ὁ νόμος τοῦ εὐξαμένου· ᾗ ἂν ἡμέρᾳ πληρώσῃ 13 ἡμέρας εὐχῆς αὐτοῦ, προσοίσει αὐτὸς παρὰ τὰς θύρας τῆς σκηνῆς τοῦ μαρτυρίου. Καὶ προσάξει τὸ δῶρον αὐτοῦ Κυρίῳ 14 ἀμνὸν ἐνιαύσιον ἄμωμον ἕνα εἰς ὁλοκαύτωσιν, καὶ ἀμνάδα ἐνιαυσίαν μίαν ἄμωμον εἰς ἁμαρτίαν, καὶ κριὸν ἕνα ἄμωμον εἰς σωτήριον, καὶ κανοῦν ἀζύμων σεμιδάλεως ἄρτους ἀναπε- 15 ποιημένους ἐν ἐλαίῳ, καὶ λάγανα ἄζυμα κεχρισμένα ἐν ἐλαίῳ, καὶ θυσίαν αὐτῶν, καὶ σπονδὴν αὐτῶν. Καὶ προσοίσει ὁ 16 ἱερεὺς ἔναντι Κυρίου, καὶ ποιήσει τὸ περὶ ἁμαρτίας αὐτοῦ,

---

β *Gr.* give out seed.   γ *Gr.* grape-stones.   δ *Gr.* a head of hair *even* hair, etc.

17 καὶ τὸ ὁλοκαύτωμα αὐτοῦ. Καὶ τὸν κριὸν ποιήσει θυσίαν σωτηρίου τῷ Κυρίῳ ἐπὶ τῷ κανῷ τῶν ἀζύμων· καὶ ποιήσει 18 ὁ ἱερεὺς τὴν θυσίαν αὐτοῦ, καὶ τὴν σπονδὴν αὐτοῦ. Καὶ ξυρήσεται ὁ ἡγύμενος παρὰ τὰς θύρας τῆς σκηνῆς τοῦ μαρτυρίου τὴν κεφαλὴν τῆς εὐχῆς αὐτοῦ, καὶ ἐπιθήσει τὰς τρίχας ἐπὶ τὸ πῦρ, ὅ ἐστιν ὑπὸ τὴν θυσίαν τοῦ σωτηρίου.

19 Καὶ λήψεται ὁ ἱερεὺς τὸν βραχίονα ἑφθὸν ἀπὸ τοῦ κριοῦ, καὶ ἄρτον ἕνα ἄζυμον ἀπὸ τοῦ κανοῦ, καὶ λάγανον ἄζυμον ἓν, καὶ ἐπιθήσει ἐπὶ τὰς χεῖρας τοῦ ἡγυμένου μετὰ τὸ ξυρή- 20 σασθαι αὐτὸν τὴν εὐχὴν αὐτοῦ, καὶ προσοίσει αὐτὰ ὁ ἱερεὺς ἐπίθεμα ἔναντι Κυρίου· ἅγιον ἔσται τῷ ἱερεῖ ἐπὶ τοῦ στηθηνίου τοῦ ἐπιθέματος, καὶ ἐπὶ τοῦ βραχίονος τοῦ ἀφαιρέματος· 21 καὶ μετὰ ταῦτα πίεται ὁ ἡγύμενος οἶνον. Οὗτος ὁ νόμος τοῦ εὐξαμένου, ὃς ἂν εὔξηται Κυρίῳ δῶρον αὐτοῦ Κυρίῳ περὶ τῆς εὐχῆς, χωρὶς ὧν ἂν εὕρῃ ἡ χεὶρ αὐτοῦ, κατὰ δύναμιν τῆς εὐχῆς αὐτοῦ, ἣν ἂν εὔξηται κατὰ νόμον ἁγνείας.

22, 23 Καὶ ἐλάλησε Κύριος πρὸς Μωυσῆν, λέγων, λάλησον Ἀαρὼν καὶ τοῖς υἱοῖς αὐτοῦ, λέγων, οὕτως εὐλογήσετε τοὺς 24 υἱοὺς Ἰσραὴλ, λέγοντες αὐτοῖς, εὐλογήσαι σε Κύριος, καὶ 25 φυλάξαι σε. Ἐπιφάναι Κύριος τὸ πρόσωπον αὐτοῦ ἐπὶ σὲ, 26 καὶ ἐλεήσαι σε. Ἐπάραι Κύριος τὸ πρόσωπον αὐτοῦ ἐπὶ 27 σὲ, καὶ δῴη σοι εἰρήνην. Καὶ ἐπιθήσουσι τὸ ὄνομά μου ἐπὶ τοὺς υἱοὺς Ἰσραὴλ, καὶ ἐγὼ Κύριος εὐλογήσω αὐτούς.

7 Καὶ ἐγένετο ᾗ ἡμέρᾳ συνετέλεσε Μωυσῆς, ὥστε ἀναστῆσαι τὴν σκηνὴν, καὶ ἔχρισεν αὐτὴν, καὶ ἡγίασεν αὐτὴν, καὶ πάντα τὰ σκεύη αὐτῆς, καὶ τὸ θυσιαστήριον, καὶ πάντα τὰ σκεύη 2 αὐτοῦ, καὶ ἔχρισεν αὐτὰ, καὶ ἡγίασεν αὐτά. Καὶ προσ- ήνεγκαν οἱ ἄρχοντες Ἰσραὴλ, δώδεκα ἄρχοντες οἴκων πατριῶν αὐτῶν· οὗτοι οἱ ἄρχοντες φυλῶν, οὗτοι οἱ παρεστηκότες ἐπὶ 3 τῆς ἐπισκοπῆς. Καὶ ἤνεγκαν τὸ δῶρον αὐτῶν ἔναντι Κυρίου, ἓξ ἁμάξας λαμπηνίκας, καὶ δώδεκα βόας· ἅμαξαν παρὰ δύο ἀρχόντων, καὶ μόσχον παρὰ ἑκάστου· καὶ προσήγαγον ἐναντίον 4, 5 τῆς σκηνῆς. Καὶ εἶπε Κύριος πρὸς Μωυσῆν, λέγων, λάβε παρ᾽ αὐτῶν, καὶ ἔσονται πρὸς τὰ ἔργα τὰ λειτουργικὰ τῆς σκηνῆς τοῦ μαρτυρίου· καὶ δώσεις αὐτὰ τοῖς Λευίταις, ἑκάστῳ 6 κατὰ τὴν αὐτοῦ λειτουργίαν. Καὶ λαβὼν Μωυσῆς τὰς ἁμάξας 7 καὶ τοὺς βόας, ἔδωκεν αὐτὰ τοῖς Λευίταις. Καὶ τὰς δύο ἁμάξας καὶ τοὺς τέσσαρας βόας ἔδωκε τοῖς υἱοῖς Γεδσὼν 8 κατὰ τὰς λειτουργίας αὐτῶν. Καὶ τὰς τέσσαρας ἁμάξας καὶ τοὺς ὀκτὼ βόας ἔδωκε τοῖς υἱοῖς Μεραρὶ κατὰ τὰς λειτουρ- 9 γίας αὐτῶν, διὰ Ἰθάμαρ υἱοῦ Ἀαρὼν τοῦ ἱερέως. Καὶ τοῖς υἱοῖς Καὰθ οὐ δέδωκεν, ὅτι τὰ λειτουργήματα τοῦ ἁγίου ἔχουσιν· ἐπ᾽ ὤμων ἀροῦσι.

10 Καὶ προσήνεγκαν οἱ ἄρχοντες εἰς τὸν ἐγκαινισμὸν τοῦ θυσιαστηρίου, ἐν τῇ ἡμέρᾳ ᾗ ἔχρισεν αὐτὸ, καὶ προσήνεγκαν 11 οἱ ἄρχοντες τὰ δῶρα αὐτῶν ἀπέναντι τοῦ θυσιαστηρίου. Καὶ εἶπε Κύριος πρὸς Μωυσῆν, ἄρχων εἰς καθ᾽ ἡμέραν, ἄρχων

offering. 17 And he shall offer the ram as a sacrifice of peace-offering to the Lord with the basket of unleavened bread; and the priest shall offer its meat-offering and its drink-offering. 18 And he that has vowed shall shave the head of his consecration by the doors of the tabernacle of witness, and shall put the hairs on the fire which is under the sacrifice of peace-offering.

19 And the priest shall take the sodden shoulder of the ram, and one unleavened loaf from the basket, and one unleavened cake, and shall put them on the hands of the votary after he has shaved off his ᵝholy hair. 20 And the priest shall present them as an offering before the Lord; it shall be the holy portion for the priest beside the breast of the heave-offering, and beside the shoulder of the wave-offering:. and after- wards the votary shall drink wine. 21 This is the law of the votary who shall have vowed to the Lord his gift to the Lord, concerning his vow, besides what he may be able to afford according to the value of his vow, which he may have vowed according to the law of separation.

22 And the Lord spoke to Moses, saying, 23 Speak to Aaron and to his sons, saying, Thus ye shall bless the children of Israel, saying to them, 24 The Lord bless thee and keep thee; 25 the Lord make his face to shine upon thee, and have mercy upon thee; 26 the Lord lift up his countenance upon thee, and give thee peace. 27 And they shall put my name upon the children of Israel, and I the Lord will bless them.

And it came to pass in the day in which Moses finished ᵞthe setting-up of the taber- nacle, that he anointed it, and consecrated it, and all its furniture, and the altar and all its furniture, he even anointed them, and consecrated them. 2 And the princes of Israel brought *gifts*, twelve princes of their fathers' houses: these were the heads of tribes, these are they that presided over the numbering. 3 And they brought their gift before the Lord, six covered waggons, and twelve oxen; a waggon from two princes, and a calf from each: and they brought them before the tabernacle. 4 And the Lord spoke to Moses, saying, 5 Take of them, and they shall be for the works of the services of the tabernacle of witness: and thou shalt give them to the Levites, to each one ac- cording to his ministration. 6 And Moses took the waggons and the oxen, and gave them to the Levites. 7 And he gave two waggons and four oxen to the sons of Ged- son, according to their ministrations. 8 And four waggons and eight oxen he gave to the sons of Merari according to their ministra- tions, by Ithamar the son of Aaron the priest. 9 But to the sons of Caath he gave them not, because they have the ministra- tions of the sacred things: they shall bear them on their shoulders.

10 And the rulers brought *gifts* for the dedication of the altar, in the day in which he anointed it, and the rulers brought their gifts before the altar. 11 And the Lord said to Moses, One chief each day, they shall

---

β *Gr.* his vow, compare Acts 18. 18. γ *Gr.* so as to set up.

offer their gifts a chief each day for the dedication of the altar.

¹² And he that offered his gift on the first day, was Naasson the son of Aminadab, prince of the tribe of Juda. ¹³ And he brought his gift, one silver charger of a hundred and thirty shekels was its weight, one silver bowl, of seventy shekels according to the holy shekel; both full of fine flour kneaded with oil for a meat-offering. ¹⁴ One β golden censer of ten shekels full of incense. ¹⁵ One calf of the herd, one ram, one he-lamb of a year old for a whole-burnt-offering; ¹⁶ and one kid of the goats for a sin-offering. ¹⁷ And for a sacrifice of peace-offering, two heifers, five rams, five he goats, five ewe-lambs of a year old: this *was* the gift of Naasson the son of Aminadab.

¹⁸ On the second day Nathanael son of Sogar, the prince of the tribe of Issachar, brought *his offering*. ¹⁹ And he brought his gift, one silver charger, its weight a hundred and thirty shekels, one silver bowl of seventy shekels according to the holy shekel; both full of fine flour kneaded with oil for a meat-offering. ²⁰ One censer of ten golden shekels, full of incense. ²¹ One calf of the herd, one ram, one he-lamb of a year old for a whole-burnt-offering, ²² and one kid of the goats for a sin-offering. ²³ And for a sacrifice, a peace-offering, two heifers, five rams, five he-goats, five ewe-lambs of a year old: this *was* the gift of Nathanael the son of Sogar.

²⁴ On the third day the prince of the sons of Zabulon, Eliab the son of Chælon. ²⁵ *He brought* his gift, one silver charger, its weight a hundred and thirty shekels, one silver bowl of seventy shekels according to the holy shekel; both full of fine flour kneaded with oil for a meat-offering. ²⁶ One golden censer of ten shekels, full of incense. ²⁷ One calf of the herd, one ram, one he-lamb of a year old for a whole-burnt-offering, ²⁸ and one kid of the goats for a sin-offering. ²⁹ And for a sacrifice of peace-offering, two heifers, five rams, five he-goats, five ewe-lambs of a year old: this *was* the gift of Eliab the son of Chælon.

³⁰ On the fourth day Elisur the son of Sediur, the prince of the children of Ruben. ³¹ *He brought* his gift, one silver charger, its weight a hundred and thirty shekels, one silver bowl of seventy shekels according to the holy shekel; both full of fine flour kneaded with oil for a meat-offering. ³² One golden censer of ten shekels full of incense. ³³ One calf of the herd, one ram, one he-lamb of a year old for a whole-burnt-offering, ³⁴ and one kid of the goats for a sin-offering. ³⁵ And for a sacrifice of peace-offering, two heifers, five rams, five he-goats, five ewe-lambs of a year old: this *was* the gift of Elisur the son of Sediur.

³⁶ On the fifth day the prince of the children of Symeon, Salamiel the son of Surisadai. ³⁷ *He brought* his gift, one silver charger, its weight one hundred and thirty shekels, one silver bowl of seventy shekels according to the holy shekel; both full of fine flour kneaded with oil for a meat-

καθ᾽ ἡμέραν προσοίσουσι τὰ δῶρα αὐτῶν εἰς τὸν ἐγκαινισμὸν τοῦ θυσιαστηρίου.

Καὶ ἦν ὁ προσφέρων ἐν τῇ ἡμέρᾳ τῇ πρώτῃ τὸ δῶρον αὐτοῦ, 12 Ναασσὼν υἱὸς Ἀμιναδὰβ, ἄρχων τῆς φυλῆς Ἰούδα. Καὶ 13 προσήνεγκε τὸ δῶρον αὐτοῦ, τρυβλίον ἀργυροῦν ἕν, τριάκοντα καὶ ἑκατὸν ὁλκὴ αὐτοῦ· φιάλην μίαν ἀργυρᾶν, ἑβδομήκοντα σίκλον κατὰ τὸν σίκλον τὸν ἅγιον· ἀμφότερα πλήρη σεμιδάλεως ἀναπεποιημένης ἐν ἐλαίῳ εἰς θυσίαν. Θυΐσκην μίαν 14 δέκα χρυσῶν, πλήρη θυμιάματος. Μόσχον ἕνα ἐκ βοῶν, 15 κριὸν ἕνα, ἀμνὸν ἕνα ἐνιαύσιον εἰς ὁλοκαύτωμα, καὶ χίμαρον 16 ἐξ αἰγῶν ἕνα περὶ ἁμαρτίας. Καὶ εἰς θυσίαν σωτηρίου δαμά- 17 λεις δύο, κριοὺς πέντε, τράγους πέντε, ἀμνάδας ἐνιαυσίας πέντε· τοῦτο δῶρον Ναασσὼν υἱοῦ Ἀμιναδάβ.

Τῇ ἡμέρᾳ τῇ δευτέρᾳ προσήνεγκε Ναθαναὴλ υἱὸς Σωγὰρ, 18 ὁ ἄρχων τῆς φυλῆς Ἰσσάχαρ. Καὶ προσήνεγκε τὸ δῶρον 19 αὐτοῦ, τρυβλίον ἀργυροῦν ἕν, τριάκοντα καὶ ἑκατὸν ὁλκὴ αὐτοῦ· φιάλην μίαν ἀργυρᾶν, ἑβδομήκοντα σίκλων κατὰ τὸν σίκλον τὸν ἅγιον· ἀμφότερα πλήρη σεμιδάλεως ἀναπεποιημένης ἐν ἐλαίῳ εἰς θυσίαν. Θυΐσκην μίαν δέκα χρυσῶν, 20 πλήρη θυμιάματος. Μόσχον ἕνα ἐκ βοῶν, κριὸν ἕνα, ἀμνὸν 21 ἕνα ἐνιαύσιον εἰς ὁλοκαύτωμα, καὶ χίμαρον ἐξ αἰγῶν ἕνα 22 περὶ ἁμαρτίας. Καὶ εἰς θυσίαν σωτηρίου δαμάλεις δύο, κριοὺς 23 πέντε, τράγους πέντε, ἀμνάδας ἐνιαυσίας πέντε· τοῦτο τὸ δῶρον Ναθαναὴλ υἱοῦ Σωγάρ.

Τῇ ἡμέρᾳ τῇ τρίτῃ ἄρχων τῶν υἱῶν Σαβουλὼν, Ἐλιὰβ 24 υἱὸς Χαιλών. Τὸ δῶρον αὐτοῦ, τρυβλίον ἀργυροῦν ἕν, τριά- 25 κοντα καὶ ἑκατὸν ὁλκὴ αὐτοῦ· φιάλην μίαν ἀργυρᾶν, ἑβδομήκοντα σίκλων κατὰ τὸν σίκλον τὸν ἅγιον· ἀμφότερα πλήρη σεμιδάλεως ἀναπεποιημένης ἐν ἐλαίῳ εἰς θυσίαν. Θυΐσκην 26 μίαν δέκα χρυσῶν, πλήρη θυμιάματος. Μόσχον ἕνα ἐκ βοῶν, 27 κριὸν ἕνα, ἀμνὸν ἕνα ἐνιαύσιον εἰς ὁλοκαύτωμα, καὶ χίμαρον 28 ἐξ αἰγῶν ἕνα περὶ ἁμαρτίας. Καὶ εἰς θυσίαν σωτηρίου δαμάλεις 29 δύο, κριοὺς πέντε, τράγους πέντε, ἀμνάδας ἐνιαυσίας πέντε· τοῦτο τὸ δῶρον Ἐλιὰβ υἱοῦ Χαιλών.

Τῇ ἡμέρᾳ τῇ τετάρτῃ ἄρχων τῶν υἱῶν Ῥουβὴν, Ἐλισοὺρ 30 υἱὸς Σεδιούρ. Τὸ δῶρον αὐτοῦ, τρυβλίον ἀργυροῦν ἕν, τριά- 31 κοντα καὶ ἑκατὸν ὁλκὴ αὐτοῦ· φιάλην μίαν ἀργυρᾶν, ἑβδομήκοντα σίκλων κατὰ τὸν σίκλον τὸν ἅγιον· ἀμφότερα πλήρη σεμιδάλεως ἀναπεποιημένης ἐν ἐλαίῳ εἰς θυσίαν. Θυΐσκην 32 μίαν δέκα χρυσῶν, πλήρη θυμιάματος. Μόσχον ἕνα ἐκ βοῶν, 33 κριὸν ἕνα, ἀμνὸν ἕνα ἐνιαύσιον εἰς ὁλοκαύτωμα, καὶ χίμαρον 34 ἐξ αἰγῶν ἕνα περὶ ἁμαρτίας. Καὶ εἰς θυσίαν σωτηρίου δαμά- 35 λεις δύο, κριοὺς πέντε, τράγους πέντε, ἀμνάδας ἐνιαυσίας πέντε· τοῦτο τὸ δῶρον Ἐλισοὺρ υἱοῦ Σεδιούρ.

Τῇ ἡμέρᾳ τῇ πέμπτῃ ἄρχων τῶν υἱῶν Συμεὼν, Σαλαμιὴλ 36 υἱὸς Σουρισαδαί. Τὸ δῶρον αὐτοῦ, τρυβλίον ἀργυροῦν ἕν, 37 τριάκοντα καὶ ἑκατὸν ὁλκὴ αὐτοῦ· φιάλην μίαν ἀργυρᾶν, ἑβδομήκοντα σίκλων κατὰ τὸν σίκλον τὸν ἅγιον· ἀμφότερα πλήρη σεμιδάλεως ἐναπεποιημένης ἐν ἐλαίῳ εἰς θυσίαν.

β *Gr.* one censer of ten golden *weights*.

Greek column

38, 39 Θυΐσκην μίαν δέκα χρυσῶν, πλήρη θυμιάματος. Μόσχον
ἕνα ἐκ βοῶν, κριὸν ἕνα, ἀμνὸν ἕνα ἐνιαύσιον εἰς ὁλοκαύτωμα,
40, 41 καὶ χίμαρον ἐξ αἰγῶν ἕνα περὶ ἁμαρτίας. Καὶ εἰς θυσίαν
σωτηρίου δαμάλεις δύο, κριοὺς πέντε, τράγους πέντε, ἀμνάδας
ἐνιαυσίας πέντε· τοῦτο τὸ δῶρον Σαλαμιὴλ υἱοῦ Σουρισαδαί.

42 Τῇ ἡμέρᾳ τῇ ἕκτη ἄρχων τῶν υἱῶν Γάδ, Ἐλεισὰφ υἱὸς
43 Ῥαγουήλ. Τὸ δῶρον αὐτοῦ, τρυβλίον ἀργυροῦν ἕν, τριά-
κοντα καὶ ἑκατὸν ὁλκὴ αὐτοῦ· φιάλην μίαν ἀργυρᾶν, ἑβδομή-
κοντα σίκλων κατὰ τὸν σίκλον τὸν ἅγιον· ἀμφότερα πλήρη
44 σεμιδάλεως ἀναπεποιημένης ἐν ἐλαίῳ εἰς θυσίαν. Θυΐσκην
45 μίαν δέκα χρυσῶν, πλήρη θυμιάματος. Μόσχον ἕνα ἐκ βοῶν,
46 κριὸν ἕνα, ἀμνὸν ἕνα ἐνιαύσιον εἰς ὁλοκαύτωμα, καὶ χίμαρον
47 ἐξ αἰγῶν ἕνα περὶ ἁμαρτίας. Καὶ εἰς θυσίαν σωτηρίου
δαμάλεις δύο, κριοὺς πέντε, τράγους πέντε, ἀμνάδας ἐνιαυσίας
πέντε· τοῦτο τὸ δῶρον Ἐλισὰφ υἱοῦ Ῥαγουήλ.

48 Τῇ ἡμέρᾳ τῇ ἑβδόμη ἄρχων τῶν υἱῶν Ἐφραῒμ, Ἐλισαμὰ
49 υἱὸς Ἐμιούδ. Τὸ δῶρον αὐτοῦ, τρυβλίον ἀργυροῦν ἕν, τριά-
κοντα καὶ ἑκατὸν ὁλκὴ αὐτοῦ· φιάλην μίαν ἀργυρᾶν, ἑβδομή-
κοντα σίκλων κατὰ τὸν σίκλον τὸν ἅγιον· ἀμφότερα πλήρη
50 σεμιδάλεως ἀναπεποιημένης ἐν ἐλαίῳ εἰς θυσίαν. Θυΐσκην
51 μίαν δέκα χρυσῶν, πλήρη θυμιάματος. Μόσχον ἕνα ἐκ
52 βοῶν, κριὸν ἕνα, ἀμνὸν ἕνα ἐνιαύσιον εἰς ὁλοκαύτωμα, καὶ
53 χίμαρον ἐξ αἰγῶν ἕνα περὶ ἁμαρτίας. Καὶ εἰς θυσίαν σωτηρίου
δαμάλεις δύο, κριοὺς πέντε, τράγους πέντε, ἀμνάδας ἐνιαυσίας
πέντε· τοῦτο τὸ δῶρον Ἐλισαμὰ υἱοῦ Ἐμιούδ.

54 Τῇ ἡμέρᾳ τῇ ὀγδόῃ ἄρχων τῶν υἱῶν Μανασσῆ, Γαμαλιὴλ
55 υἱὸς Φαδασσούρ. Τὸ δῶρον αὐτοῦ, τρυβλίον ἀργυροῦν ἕν,
τριάκοντα καὶ ἑκατὸν ὁλκὴ αὐτοῦ· φιάλην μίαν ἀργυρᾶν,
ἑβδομήκοντα σίκλων κατὰ τὸν σίκλον τὸν ἅγιον· ἀμφότερα
πλήρη σεμιδάλεως ἀναπεποιημένης ἐν ἐλαίῳ εἰς θυσίαν.
56, 57 Θυΐσκην μίαν δέκα χρυσῶν, πλήρη θυμιάματος. Μόσχον
ἕνα ἐκ βοῶν, κριὸν ἕνα, ἀμνὸν ἕνα ἐνιαύσιον εἰς ὁλοκαύτωμα,
58, 59 καὶ χίμαρον ἐξ αἰγῶν ἕνα περὶ ἁμαρτίας. Καὶ εἰς θυσίαν
σωτηρίου δαμάλεις δύο, κριοὺς πέντε, τράγους πέντε, ἀμνά-
δας ἐνιαυσίας πέντε· τοῦτο τὸ δῶρον Γαμαλιὴλ υἱοῦ Φαδασ-
σούρ.

60 Τῇ ἡμέρᾳ τῇ ἐνάτη ἄρχων τῶν υἱῶν Βενιαμίν, Ἀβιδὰν
61 υἱὸς Γαδεωνί. Τὸ δῶρον αὐτοῦ, τρυβλίον ἀργυροῦν ἕν,
τριάκοντα καὶ ἑκατὸν ὁλκὴ αὐτοῦ· φιάλην, μίαν ἀργυρᾶν,
ἑβδομήκοντα σίκλων κατὰ τὸν σίκλον τὸν ἅγιον· ἀμφότερα
πλήρη σεμιδάλεως ἀναπεποιημένης ἐν ἐλαίῳ εἰς θυσίαν.
62, 63 Θυΐσκην μίαν δέκα χρυσῶν, πλήρη θυμιάματος. Μόσχον
ἕνα ἐκ βοῶν, κριὸν ἕνα, ἀμνὸν ἕνα ἐνιαύσιον εἰς ὁλοκαύ-
64, 65 τωμα, καὶ χίμαρον ἐξ αἰγῶν ἕνα περὶ ἁμαρτίας. Καὶ
εἰς θυσίαν σωτηρίου δαμάλεις δύο, κριοὺς πέντε, τράγους
πέντε, ἀμνάδας ἐνιαυσίας πέντε· τοῦτο τὸ δῶρον Ἀβιδὰν
υἱοῦ Γαδεωνί.

66 Τῇ ἡμέρᾳ τῇ δεκάτη ἄρχων τῶν υἱῶν Δάν, Ἀχιέζερ υἱὸς
67 Ἀμισαδαί. Τὸ δῶρον αὐτοῦ, τρυβλίον ἀργυροῦν ἕν, τριάκοντα
καὶ ἑκατὸν ὁλκὴ αὐτοῦ· φιάλην μίαν ἀργυρᾶν, ἑβδομήκοντα
σίκλων κατὰ τὸν σίκλον τὸν ἅγιον· ἀμφότερα πλήρη σεμι-

English column

offering. [38]One golden censer of ten shekels, full of incense. [39]One calf of the herd, one ram, one he-lamb of a year old for a whole-burnt-offering, [40]and one kid of the goats for a sin-offering. [41]And for a sacrifice of peace-offering, two heifers, five rams, five he-goats, five ewe-lambs of a year old: this was the gift of Salamiel the son of Surisadai.

[42]On the sixth day the prince of the sons of Gad, Elisaph the son of Raguel. [43]He brought his gift, one silver charger, its weight a hundred and thirty shekels, one silver bowl of seventy shekels according to the holy shekel; both full of fine flour kneaded with oil for a meat offering. [44]One golden censer of ten shekels, full of incense. [45]One calf of the herd, one ram, one he-lamb of a year old for a whole-burnt-offering, [46]and one kid of the goats for a sin-offering. [47]And for a sacrifice of peace-offering, two heifers, five rams, five he-goats, five ewe-lambs of a year old: this was the gift of Elisaph the son of Raguel.

[48]On the seventh day the prince of the sons of Ephraim, Elisama the son of Emiud. [49]He brought his gift, one silver charger, its weight was a hundred and thirty skekels, one silver bowl of seventy shekels according to the holy shekel; both full of fine flour kneaded with oil for a meat-offering. [50]One golden censer of ten shekels, full of incense. [51]One calf of the herd, one ram, one he-lamb of a year old for a whole-burnt-offering, [52]and one kid of the goats for a sin-offering. [53]And for a sacrifice of peace-offering, two heifers, five rams, five he-goats, five ewe-lambs of a year old: this was the gift of Elisama the son of Emiud.

[54]On the eighth day the prince of the sons of Manasse, Gamaliel the son of Phadassur. [55]He brought his gift, one silver charger, its weight one hundred and thirty shekels, one silver bowl of seventy shekels according to the holy shekel; both full of fine flour mingled with oil for a meat-offering. [56]One golden censer of ten shekels, full of incense. [57]One calf of the herd, one ram, one he-lamb of a year old for a whole-burnt-offering, [58]and one kid of the goats for a sin-offering. [59]And for a sacrifice of peace-offering two heifers, five rams, five he-goats, five ewe-lambs of a year old: this was the gift of Gamaliel the son of Phadassur.

[60]On the ninth day the prince of the sons of Benjamin, Abidan the son of Gadeoni. [61]He brought his gift, one silver charger, its weight a hundred and thirty shekels, one silver bowl of seventy shekels according to the holy shekel; both full of fine flour mingled with oil for a meat-offering. [62]One golden censer of ten shekels, full of incense. [63]One calf of the herd, one ram, one he-lamb of a year old for a whole-burnt-offering, [64]and one kid of the goats for a sin-offering. [65]And for a sacrifice of peace-offering, two heifers, five rams, five he-goats, five ewe-lambs of a year old: this was the gift of Abidan the son of Gadeoni.

[66]On the tenth day the prince of the sons of Dan, Achiezer the son of Amisadai. [67]He brought his gift, one silver charger, its weight a hundred and thirty shekels, one silver bowl of seventy shekels according to the holy shekel; both full of fine flour kneaded

with oil for a meat-offering. ⁶⁸ One golden censer of ten shekels, full of incense. ⁶⁹ One calf of the herd, one ram, one he-lamb of a year old for a whole-burnt-offering, ⁷⁰ and one kid of the goats for a sin-offering. ⁷¹ And for a sacrifice of peace-offering, two heifers, five rams, five he-goats, five ewe-lambs of a year old. This *was* the gift of Achiezer the son of Amisadai.

⁷² On the eleventh day the prince of the sons of Aser, Phageel the son of Echran. ⁷³ *He brought* his gift, one silver charger, its weight a hundred and thirty *shekels*, one silver bowl of seventy shekels according to the holy shekel; both full of fine flour mingled with oil for a meat-offering. ⁷⁴ One golden censer of ten shekels, full of incense. ⁷⁵ One calf of the herd, one ram, one he-lamb of a year old for a whole-burnt-offering, ⁷⁶ and one kid of the goats for a sin-offering. ⁷⁷ And for a sacrifice of peace-offering, two heifers, five rams, five he-goats, five ewe-lambs of a year old: this *was* the gift of Phageel the son of Echran.

⁷⁸ On the twelfth day the prince of the sons of Nephthali, Achire the son of Ænan. ⁷⁹ *He brought* his gift, one silver charger, its weight a hundred and thirty shekels; one silver bowl of seventy shekels according to the holy shekel; both full of fine flour mingled with oil for a meat offering. ⁸⁰ One golden censer of ten shekels, full of incense. ⁸¹ One calf of the herd, one ram, one he-lamb of a year old for a whole-burnt-offering, ⁸² and one kid of the goats for a sin-offering. ⁸³ And for a sacrifice of peace-offering, two heifers, five rams, five he-goats, five ewe-lambs of a year old: this *was* the gift of Achire the son of Ænan.

⁸⁴ This was the dedication of the altar in the day in which *Moses* anointed it, by the princes of the sons of Israel; twelve silver chargers, twelve silver bowls, twelve golden censers: ⁸⁵ β each charger of a hundred and thirty shekels, and each bowl of seventy shekels: all the silver of the vessels *was* two thousand four hundred shekels, the shekels according to the holy shekel. ⁸⁵ Twelve golden censers full of incense: all the gold of the shekels, a hundred and twenty shekels. ⁸⁷ All the γ cattle for whole-burnt-offerings, twelve calves, twelve rams, twelve he-lambs of a year old, and their meat-offerings, and their drink-offerings: and twelve kids of the goats for sin-offering. ⁸⁵ All the cattle for a sacrifice of peace-offering, twenty-four heifers, sixty rams, sixty he-goats of a year old, sixty ewe-lambs of a year old without blemish: this is the dedication of the altar, after that *Moses* δ consecrated *Aaron*, after he anointed him.

⁸⁹ When Moses went into the tabernacle of witness to speak to ζ God, then he heard the voice of the Lord speaking to him from off the mercy-seat, which is upon the ark of the testimony, between the two cherubs; and he spoke to him.

And the Lord spoke to Moses, saying, ² Speak to Aaron, and thou shalt say to him, Whenever thou shalt set the lamps in order, the seven lamps shall give light opposite the candlestick. ³ And Aaron did so: on one

δάλεως ἀναπεποιημένης ἐν ἐλαίῳ εἰς θυσίαν. Θυΐσκην μίαν 68 δέκα χρυσῶν, πλήρη θυμιάματος. Μόσχον ἕνα ἐκ βοῶν, 69 κριὸν ἕνα, ἀμνὸν ἕνα ἐνιαύσιον εἰς ὁλοκαύτωμα, καὶ χίμαρον 70 ἐξ αἰγῶν ἕνα περὶ ἁμαρτίας. Καὶ εἰς θυσίαν σωτηρίου δαμάλεις 71 δύο, κριοὺς πέντε, τράγους πέντε, ἀμνάδας ἐνιαυσίας πέντε· τοῦτο τὸ δῶρον Ἀχιέζερ υἱοῦ Ἀμισαδαί.

Τῇ ἡμέρᾳ τῇ ἐνδεκάτῃ ἄρχων τῶν υἱῶν Ἀσὴρ, Φαγεὴλ υἱὸς 72 Ἐχράν. Τὸ δῶρον αὐτοῦ, τρυβλίον ἀργυροῦν ἕν, τριάκοντα 73 καὶ ἑκατὸν ὁλκὴ αὐτοῦ· φιάλην μίαν ἀργυρᾶν, ἑβδομήκοντα σίκλων κατὰ τὸν σίκλον τὸν ἅγιον· ἀμφότερα πλήρη σεμιδάλεως ἀναπεποιημένης ἐν ἐλαίῳ εἰς θυσίαν. Θυΐσκην μίαν 74 δέκα χρυσῶν, πλήρη θυμιάματος. Μόσχον ἕνα ἐκ βοῶν, 75 κριὸν ἕνα, ἀμνὸν ἐνιαύσιον ἕνα εἰς ὁλοκαύτωμα, καὶ χίμαρον ἐξ 76 αἰγῶν ἕνα περὶ ἁμαρτίας. Καὶ εἰς θυσίαν σωτηρίου δαμάλεις 77 δύο, κριοὺς πέντε, τράγους πέντε, ἀμνάδας ἐνιαυσίας πέντε· τοῦτο τὸ δῶρον Φαγεὴλ υἱοῦ Ἐχράν.

Τῇ ἡμέρᾳ τῇ δωδεκάτῃ ἄρχων τῶν υἱῶν Νεφθαλὶ, Ἀχιρὲ 78 υἱὸς Αἰνάν. Τὸ δῶρον αὐτοῦ, τρυβλίον ἀργυροῦν ἕν, τριά- 79 κοντα καὶ ἑκατὸν ὁλκὴ αὐτοῦ· φιάλην μίαν ἀργυρᾶν, ἑβδομή- κοντα σίκλων κατὰ τὸν σίκλον τὸν ἅγιον· ἀμφότερα πλήρη σεμιδάλεως ἀναπεποιημένης ἐν ἐλαίῳ εἰς θυσίαν. Θυΐσκην 80 μίαν δέκα χρυσῶν, πλήρη θυμιάματος. Μόσχον ἕνα ἐκ βοῶν, 81 κριὸν ἕνα, ἀμνὸν ἕνα ἐνιαύσιον εἰς ὁλόκαυτωμα, καὶ χίμαρον 82 ἐξ αἰγῶν ἕνα περὶ ἁμαρτίας. Καὶ εἰς θυσίαν σωτηρίου δαμά- 83 λεις δύο, κριοὺς πέντε, τράγους πέντε, ἀμνάδας ἐνιαυσίας πέντε· τοῦτο τὸ δῶρον Ἀχιρὲ υἱοῦ Αἰνάν.

Οὗτος ὁ ἐγκαινισμὸς τοῦ θυσιαστηρίου ᾗ ἡμέρᾳ ἔχρισεν 84 αὐτὸ, παρὰ τῶν ἀρχόντων τῶν υἱῶν Ἰσραὴλ· τρυβλία ἀργυρᾶ δώδεκα, φιάλαι ἀργυραῖ δώδεκα, θυΐσκαι χρυσαῖ δώδεκα. Τριάκοντα καὶ ἑκατὸν σίκλων, τὸ τρυβλίον τὸ ἕν, καὶ ἑβδομή- 85 κοντα σίκλων ἡ φιάλη ἡ μία· πᾶν τὸ ἀργύριον τῶν σκευῶν, δισχίλιοι καὶ τετρακόσιοι σίκλοι· σίκλοι, ἐν τῷ σίκλῳ τῷ ἁγίῳ. Θυΐσκαι χρυσαῖ δώδεκα πλήρεις θυμιάματος· πᾶν 86 τὸ χρυσίον τῶν θυΐσκων, εἴκοσι καὶ ἑκατὸν χρυσοῖ. Πᾶσαι 87 αἱ βόες αἱ εἰς ὁλοκαύτωσιν, μόσχοι δώδεκα, κριοὶ δώδεκα, ἀμνοὶ ἐνιαύσιοι δώδεκα, καὶ αἱ θυσίαι αὐτῶν, καὶ αἱ σπονδαὶ αὐτῶν· καὶ χίμαροι ἐξ αἰγῶν δώδεκα περὶ ἁμαρτίας. Πᾶσαι 88 αἱ βόες εἰς θυσίαν σωτηρίου, δαμάλεις εἰκοσιτέσσαρες, κριοὶ ἑξήκοντα, τράγοι ἑξήκοντα ἐνιαύσιοι, ἀμνάδες ἑξήκοντα ἐνιαύσιοι ἄμωμοι· αὕτη ἡ ἐγκαίνωσις τοῦ θυσιαστηρίου, μετὰ τὸ πλη- ρῶσαι τὰς χεῖρας αὐτοῦ, καὶ μετὰ τὸ χρῖσαι αὐτόν.

Ἐν τῷ εἰσπορεύεσθαι Μωυσῆν εἰς τὴν σκηνὴν τοῦ μαρ- 89 τυρίου λαλῆσαι αὐτῷ, καὶ ἤκουσε τὴν φωνὴν Κυρίου λαλοῦντος πρὸς αὐτὸν ἄνωθεν τοῦ ἱλαστηρίου, ὅ ἐστιν ἐπὶ τῆς κιβωτοῦ τοῦ μαρτυρίου, ἀναμέσον τῶν δύο χερουβίμ· καὶ ἐλάλει πρὸς αὐτόν.

Καὶ ἐλάλησε Κύριος πρὸς Μωυσῆν, λέγων, λάλησον τῷ 8 Ἀαρὼν, καὶ ἐρεῖς πρὸς αὐτὸν, ὅταν ἐπιτιθῇς τοὺς λύχνους 2 ἐκ μέρους, κατὰ πρόσωπον τῆς λυχνίας φωτιοῦσιν οἱ ἑπτὰ λύχνοι. Καὶ ἐποίησεν οὕτως Ἀαρών· ἐκ τοῦ ἑνὸς μέρους 3

β *Gr.* one.　　γ *Gr.* cows.　　δ *Gr.* filled his hands.　　ζ *Gr.* him.

κατὰ πρόσωπον τῆς λυχνίας ἐξῆψε τοὺς λύχνους αὐτῆς, καθὰ
4 συνέταξε Κύριος τῷ Μωυσῇ. Καὶ αὕτη ἡ κατασκευὴ τῆς
λυχνίας· στερεά, χρυσῆ, ὁ καυλὸς αὐτῆς, καὶ τὰ κρίνα αὐτῆς,
στερεὰ ὅλη· κατὰ τὸ εἶδος ὃ ἔδειξε Κύριος τῷ Μωυσῇ, οὕτως
ἐποίησε τὴν λυχνίαν.

5, 6 Καὶ ἐλάλησε Κύριος πρὸς Μωυσῆν, λέγων, λάβε τοὺς
7 Λευίτας ἐκ μέσου υἱῶν Ἰσραήλ, καὶ ἀφαγνιεῖς αὐτούς. Καὶ
οὕτω ποιήσεις αὐτοῖς τὸν ἁγνισμὸν αὐτῶν· περιρρανεῖς αὐτοὺς
ὕδωρ ἁγνισμοῦ· καὶ ἐπελεύσεται ξυρὸν ἐπὶ πᾶν τὸ σῶμα
αὐτῶν, καὶ πλυνοῦσι τὰ ἱμάτια αὐτῶν, καὶ καθαροὶ ἔσονται.

8 Καὶ λήψονται μόσχον ἕνα ἐκ βοῶν, καὶ τούτου θυσίαν
σεμίδαλιν ἀναπεποιημένην ἐν ἐλαίῳ· καὶ μόσχον ἐνιαύσιον ἐκ
9 βοῶν λήψῃ περὶ ἁμαρτίας. Καὶ προσάξεις τοὺς Λευίτας
ἔναντι τῆς σκηνῆς τοῦ μαρτυρίου· καὶ συνάξεις πᾶσαν συν-
10 αγωγὴν υἱῶν Ἰσραήλ. Καὶ προσάξεις τοὺς Λευίτας ἔναντι
Κυρίου, καὶ ἐπιθήσουσιν οἱ υἱοὶ Ἰσραὴλ τὰς χεῖρας αὐτῶν
11 ἐπὶ τοὺς Λευίτας. Καὶ ἀφοριεῖ Ἀαρὼν τοὺς Λευίτας ἀπόδομα
ἔναντι Κυρίου παρὰ τῶν υἱῶν Ἰσραήλ· καὶ ἔσονται ὥστε ἐργά-
12 ζεσθαι τὰ ἔργα Κυρίου. Οἱ δὲ Λευῖται ἐπιθήσουσι τὰς
χεῖρας ἐπὶ τὰς κεφαλὰς τῶν μόσχων· καὶ ποιήσεις τὸν ἕνα
περὶ ἁμαρτίας, καὶ τὸν ἕνα εἰς ὁλοκαύτωμα Κυρίῳ ἐξιλάσασθαι
περὶ αὐτῶν.

13 Καὶ στήσεις τοὺς Λευίτας ἔναντι Κυρίου, καὶ ἔναντι Ἀαρών,
καὶ ἔναντι τῶν υἱῶν αὐτοῦ, καὶ ἀποδώσεις αὐτοὺς ἀπόδομα
14 ἔναντι Κυρίου. Καὶ διαστελεῖς τοὺς Λευίτας ἐκ μέσου υἱῶν
15 Ἰσραήλ· καὶ ἔσονταί μοι. Καὶ μετὰ ταῦτα εἰσελεύσονται
οἱ Λευῖται ἐργάζεσθαι τὰ ἔργα τῆς σκηνῆς τοῦ μαρτυρίου·
καὶ καθαριεῖς αὐτούς, καὶ ἀποδώσεις αὐτοὺς ἔναντι Κυρίου·
16 ὅτι ἀπόδομα ἀποδεδομένοι οὗτοί μοι εἰσὶν ἐκ μέσου υἱῶν
Ἰσραήλ· ἀντὶ τῶν διανοιγόντων πᾶσαν μήτραν πρωτοτόκων
17 πάντων ἐκ τῶν υἱῶν Ἰσραὴλ εἴληφα αὐτοὺς ἐμοί. Ὅτι ἐμοὶ
πᾶν πρωτότοκον ἐν υἱοῖς Ἰσραὴλ ἀπὸ ἀνθρώπων ἕως κτήνους·
ᾗ ἡμέρᾳ ἐπάταξα πᾶν πρωτότοκον ἐν γῇ Αἰγύπτου, ἡγίασα
18 αὐτοὺς ἐμοί, καὶ ἔλαβον τοὺς Λευίτας ἀντὶ παντὸς πρωτοτόκου
19 ἐν υἱοῖς Ἰσραήλ. Καὶ ἀπέδωκα τοὺς Λευίτας ἀπόδομα δεδο-
μένους Ἀαρὼν καὶ τοῖς υἱοῖς αὐτοῦ ἐκ μέσου υἱῶν Ἰσραήλ,
ἐργάζεσθαι τὰ ἔργα τῶν υἱῶν Ἰσραὴλ ἐν τῇ σκηνῇ τοῦ μαρ-
τυρίου, καὶ ἐξιλάσκεσθαι περὶ τῶν υἱῶν Ἰσραήλ· καὶ οὐκ ἔσται
ἐν τοῖς υἱοῖς Ἰσραὴλ προσεγγίζων πρὸς τὰ ἅγια.

20 Καὶ ἐποίησε Μωυσῆς καὶ Ἀαρὼν καὶ πᾶσα ἡ συναγωγὴ
υἱῶν Ἰσραὴλ τοῖς Λευίταις καθὰ ἐνετείλατο Κύριος τῷ Μωυσῇ
περὶ τῶν Λευιτῶν, οὕτως ἐποίησαν αὐτοῖς οἱ υἱοὶ Ἰσραήλ.
21 Καὶ ἡγνίσαντο οἱ Λευῖται, καὶ ἐπλύναντο τὰ ἱμάτια· καὶ
ἀπέδωκεν αὐτοὺς Ἀαρὼν ἀπόδομα ἔναντι Κυρίου, καὶ ἐξιλάσατο
22 περὶ αὐτῶν Ἀαρὼν ἀφαγνίσασθαι αὐτούς. Καὶ μετὰ ταῦτα
εἰσῆλθον οἱ Λευῖται λειτουργεῖν τὴν λειτουργίαν αὐτῶν ἐν τῇ
σκηνῇ τοῦ μαρτυρίου ἔναντι Ἀαρών, καὶ ἔναντι τῶν υἱῶν αὐτοῦ·

side opposite the candlestick he lighted its lamps, as the Lord appointed Moses. ⁴And this *is* the β construction of the candlestick: *it is* solid, golden—its stem, and its lilies—all solid : according to the pattern which the Lord shewed Moses, so he made the candlestick.

⁵And the Lord spoke to Moses, saying, ⁶Take the Levites out of the midst of the children of Israel, and thou shalt purify them. ⁷And thus shalt thou perform their purification : thou shalt sprinkle them with water of purification, and a razor shall come upon the whole of their body, and they shall wash their garments, and shall be clean.

⁸And they shall take one calf of the herd, and its meat-offering, fine flour mingled with oil : and thou shalt take a calf of a year old of the herd for a sin-offering. ⁹And thou shalt bring the Levites before the tabernacle of witness ; and thou shalt assemble all the congregation of the sons of Israel. ¹⁰And thou shalt bring the Levites before the Lord ; and the sons of Israel shall lay their hands upon the Levites. ¹¹And Aaron shall separate the Levites for a gift before the Lord from the children of Israel : and they shall be prepared γ to perform the works of the Lord. ¹²And the Levites shall lay their hands on the heads of the calves ; and thou shalt offer one for a sin-offering, and the other for a whole-burnt-offering to the Lord, to make atonement for them.

¹³And thou shalt set the Levites before the Lord, and before Aaron, and before his sons ; and thou shalt give them as a gift before the Lord. ¹⁴And thou shalt separate the Levites from the midst of the sons of Israel, and they shall be mine. ¹⁵And afterwards the Levites shall go in to perform the works of the tabernacle of witness ; and thou shalt purify them, and present them before the Lord. ¹⁶For these are given to me for a present out of the midst of the children of Israel : I have taken them to myself instead of all the first-born of the sons of Israel that open every womb. ¹⁷For every first-born among the children of Israel *is* mine, whether of man or beast : in the day in which I smote every first-born in the land of Egypt, I sanctified them to myself. ¹⁸And I took the Levites in the place of every first-born among the children of Israel. ¹⁹And I gave the Levites presented as a gift to Aaron and his sons out of the midst of the children of Israel, to do the service of the children of Israel in the tabernacle of witness, and to make atonement for the children of Israel : thus there shall be none among the sons of Israel to draw nigh to the holy things.

²⁰And Moses and Aaron, and all the congregation of the children of Israel, did to the Levites as the Lord commanded Moses concerning the Levites, so the sons of Israel did to them. ²¹So the Levites purified themselves and washed their garments ; and Aaron presented them as a gift before the Lord, and Aaron made atonement for them to purify them. ²²And afterwards the Levites went in to minister in their service in the tabernacle of witness before Aaron, and before his sons ; as the Lord appointed

---

β *Or,* appointment, *or* arrangement.　　γ *Gr.* so as to perform.

Moses concerning the Levites, so they did to them.

²³And the Lord spoke to Moses, saying, ²⁴This is the *ordinance* for the Levites; From five and twenty years old and upward, they shall go in to ᵝminister in the tabernacle of witness. ²⁵And from fifty years old *the Levite* shall cease from the ministry, and shall not work any longer. ²⁶And his brother shall serve in the tabernacle of witness to keep charges, but he shall not do works: so shalt thou do to the Levites in their charges.

And the Lord spoke to Moses in the wilderness of Sina in the second year after they had gone forth from the land of Egypt, in the first month, saying, ²Speak, and let the children of Israel keep the passover in its season. ³On the fourteenth day of the first month at even, thou shalt keep it in its season; thou shalt keep it according to its law, and according to its ordinance. ⁴And Moses ordered the children of Israel to sacrifice the passover, ⁵on the fourteenth day of the first month in the wilderness of Sina, as the Lord appointed Moses, so the children of Israel did.

⁶And there came men who were unclean by reason of a dead body, and they were not able to keep the passover on that day; and they came before Moses and Aaron on that day. ⁷And those men said to ᵞMoses, We are unclean by reason of the dead body of a man: shall we therefore fail to offer the gift to the Lord in its season in the midst of the children of Israel? ⁸And Moses said to them, Stand there, and I will hear what charge the Lord will give concerning you. ⁹And the Lord spoke to Moses, saying, ¹⁰Speak to the children of Israel, saying, Whatever man shall be unclean by reason of a dead body, or on a journey far off, among you, or among your posterity; he shall then keep the passover to the Lord, ¹¹in the second month, on the fourteenth day; in the evening they shall offer it, with unleavened bread and bitter herbs shall they eat it. ¹²They shall not leave of it until the morrow, and they shall not break a bone of it; they shall sacrifice it according to the ordinance of the passover. ¹³And whatsoever man shall be clean, and is not far off on a journey, and shall fail to keep the passover, that soul shall be cut off from his people, because he has not offered the gift to the Lord in its season: that man shall bear his iniquity. ¹⁴And if there should come to you a stranger in your land, and should keep the passover to the Lord, he shall keep it according to the law of the passover and according to its ordinance: there shall be one law for you, both for the stranger, and for the native of the land.

¹⁵And in the day in which the tabernacle was pitched the cloud covered the tabernacle, the ᵟplace of the testimony; and in the evening there was upon the tabernacle as the appearance of fire till the morning. ¹⁶So it was continually: the cloud covered it by day, and the appearance of fire by night. ¹⁷And when the cloud went up from the tabernacle, then after that the children of Israel departed; and in whatever place the

καθὰ συνέταξε Κύριος τῷ Μωυσῇ περὶ τῶν Λευιτῶν, οὕτως ἐποίησαν αὐτοῖς.

Καὶ ἐλάλησε Κύριος πρὸς Μωυσῆν, λέγων, τοῦτό ἐστι 23, 24 τὸ περὶ τῶν Λευιτῶν· ἀπὸ πέντε καὶ εἰκοσαετοῦς καὶ ἐπάνω, εἰσελεύσονται ἐνεργεῖν ἐν τῇ σκηνῇ τοῦ μαρτυρίου. Καὶ 25 ἀπὸ πεντηκονταετοῦς ἀποστήσεται ἀπὸ τῆς λειτουργίας, καὶ οὐκ ἐργᾶται ἔτι. Καὶ λειτουργήσει ὁ ἀδελφὸς αὐτοῦ ἐν 26 τῇ σκηνῇ τοῦ μαρτυρίου φυλάσσειν φυλακὰς, ἔργα δὲ οὐκ ἐργᾶται· οὕτως ποιήσεις τοῖς Λευίταις ἐν ταῖς φυλακαῖς αὐτῶν.

Καὶ ἐλάλησε Κύριος πρὸς Μωυσῆν ἐν τῇ ἐρήμῳ Σινᾷ ἐν 9 τῷ ἔτει τῷ δευτέρῳ, ἐξελθόντων αὐτῶν ἐκ γῆς Αἰγύπτου, ἐν τῷ μηνὶ τῷ πρώτῳ, λέγων, εἶπον, καὶ ποιείτωσαν οἱ υἱοὶ 2 Ἰσραὴλ τὸ πάσχα καθ᾽ ὥραν αὐτοῦ, τῇ τεσσαρεσκαιδεκάτῃ 3 ἡμέρᾳ τοῦ μηνὸς τοῦ πρώτου πρὸς ἑσπέραν, ποιήσεις αὐτὸ κατὰ καιρούς· κατὰ τὸν νόμον αὐτοῦ, καὶ κατὰ τὴν σύγκρισιν αὐτοῦ ποιήσεις αὐτό. Καὶ ἐλάλησε Μωυσῆς τοῖς υἱοῖς 4 Ἰσραὴλ ποιῆσαι τὸ πάσχα ἐναρχομένου τῇ τεσσαρεσκαιδεκάτῃ 5 ἡμέρᾳ τοῦ μηνὸς ἐν τῇ ἐρήμῳ τοῦ Σινᾶ· καθὰ συνέταξε Κύριος τῷ Μωυσῇ, οὕτως ἐποίησαν οἱ υἱοὶ Ἰσραήλ.

Καὶ παρεγένοντο οἱ ἄνδρες οἳ ἦσαν ἀκάθαρτοι ἐπὶ ψυχῇ 6 ἀνθρώπου, καὶ οὐκ ἠδύναντο ποιῆσαι τὸ πάσχα ἐν τῇ ἡμέρᾳ ἐκείνῃ· καὶ προσῆλθον ἐναντίον Μωυσῇ καὶ Ἀαρὼν ἐν ἐκείνῃ τῇ ἡμέρᾳ. Καὶ εἶπαν οἱ ἄνδρες ἐκεῖνοι πρὸς αὐτὸν, ἡμεῖς 7 ἀκάθαρτοι ἐπὶ ψυχῇ ἀνθρώπου· μὴ οὖν ὑστερήσωμεν προσενέγκαι τὸ δῶρον Κυρίῳ κατὰ καιρὸν αὐτοῦ ἐν μέσῳ υἱῶν Ἰσραήλ; Καὶ εἶπε πρὸς αὐτοὺς Μωυσῆς, στῆτε αὐτοῦ, καὶ ἀκούσομαι 8 τί ἐντελεῖται Κύριος περὶ ὑμῶν. Καὶ ἐλάλησε Κύριος πρὸς 9 Μωυσῆν, λέγων, λάλησον τοῖς υἱοῖς Ἰσραὴλ, λέγων, ἄνθρωπος 10 ἄνθρωπος, ὃν ἐὰν γένηται ἀκάθαρτος ἐπὶ ψυχῇ ἀνθρώπου, ἢ ἐν ὁδῷ μακρὰν ὑμῖν, ἢ ἐν ταῖς γενεαῖς ὑμῶν, καὶ ποιήσει τὸ πάσχα Κυρίῳ ἐν τῷ μηνὶ τῷ δευτέρῳ ἐν τῇ τεσσαρεσκαιδεκάτῃ 11 ἡμέρᾳ· τὸ πρὸς ἑσπέραν ποιήσουσιν αὐτὸ, ἐπ᾽ ἀζύμων καὶ πικρίδων φάγονται αὐτό. Οὐ καταλείψουσιν ἀπ᾽ αὐτοῦ εἰς τὸ 12 πρωῒ, καὶ ὀστοῦν οὐ συντρίψουσιν ἀπ᾽ αὐτοῦ· κατὰ τὸν νόμον τοῦ πάσχα ποιήσουσιν αὐτό. Καὶ ἄνθρωπος ὃς ἐὰν καθαρὸς 13 ᾖ, καὶ ἐν ὁδῷ μακρὰν οὐκ ἔστι, καὶ ὑστερήσῃ ποιῆσαι τὸ πάσχα, ἐξολοθρευθήσεται ἡ ψυχὴ ἐκείνη ἐκ τοῦ λαοῦ αὐτῆς, ὅτι τὸ δῶρον Κυρίῳ οὐ προσήνεγκε κατὰ τὸν καιρὸν αὐτοῦ· ἁμαρτίαν αὐτοῦ λήψεται ὁ ἄνθρωπος ἐκεῖνος. Ἐὰν δὲ 14 προσέλθῃ πρὸς ὑμᾶς προσήλυτος ἐν τῇ γῇ ὑμῶν, καὶ ποιήσῃ τὸ πάσχα Κυρίῳ, κατὰ τὸν νόμον τοῦ πάσχα, καὶ κατὰ τὴν σύνταξιν αὐτοῦ ποιήσει αὐτό· νόμος εἷς ἔσται ὑμῖν, καὶ τῷ προσηλύτῳ, καὶ τῷ αὐτόχθονι τῆς γῆς.

Καὶ τῇ ἡμέρᾳ ᾗ ἐστάθη ἡ σκηνὴ, ἐκάλυψεν ἡ νεφέλη τὴν 15 σκηνὴν, τὸν οἶκον τοῦ μαρτυρίου· καὶ τὸ ἑσπέρας ἦν ἐπὶ τῆς σκηνῆς ὡς εἶδος πυρὸς ἕως πρωΐ. Οὕτως ἐγίνετο διαπαντός· 16 ἡ νεφέλη ἐκάλυπτεν αὐτὴν ἡμέρας, καὶ εἶδος πυρὸς τὴν νύκτα. Καὶ ἡνίκα ἀνέβη ἡ νεφέλη ἀπὸ τῆς σκηνῆς, καὶ μετὰ ταῦτα 17 ἀπῆραν οἱ υἱοὶ Ἰσραήλ· καὶ ἐν τῷ τόπῳ οὗ ἂν ἔστη ἡ νεφέλη,

---

β *Gr.* do the work.   γ *Gr.* him.   δ *Gr.* house.

18 ἐκεῖ παρενέβαλον οἱ υἱοὶ Ἰσραήλ. Διὰ προστάγματος Κυρίου παρεμβαλοῦσιν οἱ υἱοὶ Ἰσραήλ, καὶ διὰ προστάγματος Κυρίου ἀπαροῦσι· πάσας τὰς ἡμέρας ἐν αἷς σκιάζει ἡ νεφέλη ἐπὶ τῆς
19 σκηνῆς, παρεμβαλοῦσιν οἱ υἱοὶ Ἰσραήλ. Καὶ ὅταν ἐφέλκηται ἡ νεφέλη ἐπὶ τῆς σκηνῆς ἡμέρας πλείους, καὶ φυλάξονται οἱ υἱοὶ Ἰσραὴλ τὴν φυλακὴν τοῦ Θεοῦ, καὶ οὐ μὴ ἐξάρωσι.
20 Καὶ ἔσται ὅταν σκεπάζῃ ἡ νεφέλη ἡμέρας ἀριθμῷ ἐπὶ τῆς σκηνῆς, διὰ φωνῆς Κυρίου παρεμβαλοῦσι, καὶ διὰ προστάγ-
21 ματος Κυρίου ἀπαροῦσι. Καὶ ἔσται ὅταν γένηται ἡ νεφέλη ἀφ᾽ ἑσπέρας ἕως πρωΐ, καὶ ἀναβῇ ἡ νεφέλη τοπρωΐ, καὶ
22 ἀπαροῦσιν ἡμέρας ἢ νυκτός. Μηνὸς ἡμέρας πλεοναζούσης τῆς νεφέλης σκιαζούσης ἐπ᾽ αὐτῆς, παρεμβαλοῦσιν οἱ υἱοὶ
23 Ἰσραήλ, καὶ οὐ μὴ ἀπάρωσιν. Ὅτι διὰ προστάγματος Κυρίου ἀπαροῦσι· τὴν φυλακὴν Κυρίου ἐφυλάξαντο διὰ προστάγματος Κυρίου ἐν χειρὶ Μωυσῆ.

10 Καὶ ἐλάλησε Κύριος πρὸς Μωυσῆν, λέγων, ποίησον σεαυτῷ
2 δύο σάλπιγγας ἀργυρᾶς· ἐλατὰς ποιήσεις αὐτάς· καὶ ἔσονταί σοι ἀνακαλεῖν τὴν συναγωγήν, καὶ ἐξαίρειν τὰς παρεμβολάς.
3 Καὶ σαλπιεῖς ἐν αὐταῖς, καὶ συναχθήσεται πᾶσα ἡ συναγωγὴ
4 ἐπὶ τὴν θύραν τῆς σκηνῆς τοῦ μαρτυρίου. Ἐὰν δὲ ἐν μιᾷ σαλπίσωσι, προσελεύσονται πρὸς σὲ πάντες οἱ ἄρχοντες
5 ἀρχηγοὶ Ἰσραήλ. Καὶ σαλπιεῖτε σημασίαν, καὶ ἐξαροῦσιν
6 αἱ παρεμβολαὶ αἱ παρεμβάλλουσαι ἀνατολάς· Καὶ σαλπιεῖτε σημασίαν δευτέραν, καὶ ἐξαροῦσιν αἱ παρεμβολαὶ αἱ παρεμβάλ- λουσαι Λίβα· καὶ σαλπιεῖτε σημασίαν τρίτην, καὶ ἐξαροῦσιν αἱ παρεμβολαὶ αἱ παρεμβάλλουσαι παρὰ θάλασσαν· καὶ σαλπιεῖτε σημασίαν τετάρτην, καὶ ἐξαροῦσιν αἱ παρεμβολαὶ αἱ παρεμβάλλουσαι πρὸς Βορρᾶν· σημασία σαλπιοῦσιν ἐν
7 τῇ ἐξάρσει αὐτῶν. Καὶ ὅταν συναγάγητε τὴν συναγωγὴν,
8 σαλπιεῖτε, καὶ οὐ σημασία. Καὶ οἱ υἱοὶ Ἀαρὼν οἱ ἱερεῖς σαλπιοῦσι ταῖς σάλπιγξι· καὶ ἔσται ὑμῖν νόμιμον αἰώνιον εἰς
9 τὰς γενεὰς ὑμῶν. Ἐὰν δὲ ἐξέλθητε εἰς πόλεμον ἐν τῇ γῇ ὑμῶν πρὸς τοὺς ὑπεναντίους τοὺς ἀνθεστηκότας ὑμῖν, καὶ σημανεῖτε ταῖς σάλπιγξι, καὶ ἀναμνησθήσεσθε ἔναντι Κυρίου,
10 καὶ διασωθήσεσθε ἀπὸ τῶν ἐχθρῶν ὑμῶν. Καὶ ἐν ταῖς ἡμέραις τῆς εὐφροσύνης ὑμῶν, καὶ ἐν ταῖς ἑορταῖς ὑμῶν, καὶ ἐν ταῖς νουμηνίαις ὑμῶν, σαλπιεῖτε ταῖς σάλπιγξιν ἐπὶ τοῖς ὁλοκαυτώμασι, καὶ ἐπὶ ταῖς θυσίαις τῶν σωτηρίων ὑμῶν· καὶ ἔσται ὑμῖν ἀνάμνησις ἔναντι τοῦ Θεοῦ ὑμῶν· ἐγὼ Κύριος ὁ Θεὸς ὑμῶν.

11 Καὶ ἐγένετο ἐν τῷ ἐνιαυτῷ τῷ δευτέρῳ ἐν τῷ μηνὶ τῷ δευτέρῳ εἰκάδι τοῦ μηνός, ἀνέβη ἡ νεφέλη ἀπὸ τῆς σκηνῆς
12 τοῦ μαρτυρίου. Καὶ ἐξῆραν οἱ υἱοὶ Ἰσραὴλ σὺν ἀπαρτίαις αὐτῶν ἐν τῇ ἐρήμῳ Σινά· καὶ ἔστη ἡ νεφέλη ἐν τῇ ἐρήμῳ
13 τοῦ Φαράν. Καὶ ἐξῆραν πρῶτοι διὰ φωνῆς Κυρίου ἐν χειρὶ Μωυσῆ.

14 Καὶ ἐξῆραν τάγμα παρεμβολῆς υἱῶν Ἰούδα πρῶτοι σὺν

cloud rested, there the children of Israel encamped. [18] The children of Israel shall encamp by the command of the Lord, and by the command of the Lord they shall remove: all the days in which the cloud overshadows the tabernacle, the children of Israel shall encamp. [19] And whenever the cloud shall be drawn over the tabernacle for many days, then the children of Israel shall keep the charge of God, and they shall not remove. [20] And it shall be, whenever the cloud over-shadows the tabernacle β a number of days, they shall encamp by the word of the Lord, and shall remove by the command of the Lord. [21] And it shall come to pass, when-ever the cloud shall remain from the even-ing till the morning, and in the morning the cloud shall go up, then shall they remove by day or by night. [22] When the cloud con-tinues γ a full month overshadowing the tabernacle, the children of Israel shall en-camp, and shall not depart. [23] For they shall depart by the command of the Lord : —they kept the charge of the Lord by the command of the Lord by the hand of Moses.

And the Lord spoke to Moses, saying, [2] Make to thyself two silver trumpets: thou shalt make them of beaten work ; and they shall be to thee for the purpose of calling the assembly, and of removing the δ camps. [3] And thou shalt sound with them, and all the congregation shall be gathered to the door of the tabernacle of witness. [4] And if they shall sound with one, all the rulers even the princes of Israel shall come to thee. [5] And ye shall sound an alarm, and the camps pitched eastward shall begin to move. [6] And ye shall sound a second alarm, and the camps pitched southward shall move ; and ye shall sound a third alarm, and the camps pitched westward shall move forward ; and ye shall sound a fourth alarm, and they that encamp toward the north shall move forward : they shall sound an alarm at their departure. [7] And whenever ye shall gather the assembly, ye shall sound, but not an alarm. [8] And the priests the sons of Aaron shall sound with the trumpets ; and it shall be a perpetual ordinance for you throughout your genera-tions. [9] And if ye shall go forth to war in your land against your enemies that are opposed to you, then shall ye sound with the trumpets ; and ye shall be had in re-membrance before the Lord, and ye shall be saved from your enemies. [10] And in the days of your gladness, and in your feasts, and in your new moons, ye shall sound with the trumpets at your whole-burnt-offerings, and at the sacrifices of your peace-offerings ; and there shall be a memorial for you before your God : I am the Lord your God.

[11] And it came to pass in the second year, in the second month, on the twentieth day of the month, the cloud went up from the tabernacle of witness. [12] And the children of Israel set forward with their baggage in the wilderness of Sina ; and the cloud rested in the wilderness of Pharan. [13] And the first rank departed by the word of the Lord by the hand of Moses. [14] And they first set in motion the order of the camp of the children of Juda with

β Gr. days by number.   γ Or, more than a month.   δ i.e. the successive encampments.

their host; and over their host *was* Naasson, son of Aminadab. ¹⁵And over the host of the tribe of the sons of Issachar, *was* Nathanael son of Sogar. ¹⁶And over the host of the tribe of the sons of Zabulon, *was* Eliab the son of Chælon. ¹⁷And they shall take down the tabernacle, and the sons of Gedson shall set forward, and the sons of Merari, who bear the tabernacle.

¹⁸And the order of the camp of Ruben set forward with their host; and over their host *was* Elisur the son of Sediur. ¹⁹And over the host of the tribe of the sons of Symeon, *was* Salamiel son of Surisadai. ²⁰ And over the host of the tribe of the children of Gad, *was* Elisaph the son of Raguel. ²¹And the sons of Caath shall set forward bearing the holy things, and β *the others* shall set up the tabernacle until they arrive. ²²And the order of the camp of Ephraim shall set forward with their forces; and over their forces *was* Elisama the son of Semiud.

²³And over the forces of the tribe of the sons of Manasse, *was* Gamaliel the *son* of Phadassur. ²⁴And over the forces of the tribe of the children of Benjamin, *was* Abidan the *son* of Gadeoni. ²⁵And the order of the camp of the sons of Dan shall set forward the last of all the camps, with their forces: and over their forces *was* Achiezer the *son* of Amisadai. ²⁶And over the forces of the tribe of the sons of Aser, *was* Phageel the son of Echran. ²⁷And over the forces of the tribe of the sons of Nephthali, *was* Achire the son of Ænan. ²⁸These *are* the armies of the children of Israel; and they set forward with their forces.

²⁹And Moses said to Obab the son of Raguel the Madianite, the father-in-law of Moses, We are going forward to the place concerning which the Lord said, This will I give to you: Come with us, and we will do thee good, for the Lord has spoken good concerning Israel. ³⁰And he said to him, I will not go, but *I will go* to my land and to my kindred. ³¹And he said, Leave us not, because thou hast been with us in the wilderness, and thou shalt be an elder among us. ³²And it shall come to pass if thou wilt go with us, it shall even come to pass that in whatsoever things the Lord shall do us good, we will also do thee good.

³³And they departed from the mount of the Lord a three days' journey; and the ark of the covenant of the Lord went before them a three days' journey to provide rest for them. ³⁵And it came to pass when the ark set forward, that Moses said, Arise, O Lord, and let thine enemies be scattered: let all that hate thee flee. ³⁶And in the resting he said, Turn again, O Lord, the thousands *and* tens of thousands in Israel. ³⁴And the cloud overshadowed them by day, when they departed from the camp.

And the people murmured sinfully before the Lord; and the Lord heard *them* and was very angry; and fire was kindled among them from the Lord, and devoured a part of the camp. ²And the people cried to Moses: and Moses prayed to the Lord, and the fire was quenched. ³And the name of that place was called γBurning; for a fire

δυνάμει αὐτῶν· καὶ ἐπὶ τῆς δυνάμεως αὐτῶν, Ναασσὼν υἱὸς Ἀμιναδάβ. Καὶ ἐπὶ τῆς δυνάμεως φυλῆς υἱῶν Ἰσσάχαρ, 15 Ναθαναὴλ υἱὸς Σωγάρ. Καὶ ἐπὶ τῆς δυνάμεως φυλῆς υἱῶν 16 Ζαβουλών, Ἐλιάβ, υἱὸς Χαιλών. Καὶ καθελοῦσι τὴν σκηνήν, 17 καὶ ἐξαροῦσιν οἱ υἱοὶ Γεδσὼν, καὶ οἱ υἱοὶ Μεραρὶ, οἱ αἴροντες τὴν σκηνήν.

Καὶ ἐξῆραν τάγμα παρεμβολῆς Ῥουβὴν σὺν δυνάμει 18 αὐτῶν· καὶ ἐπὶ τῆς δυνάμεως αὐτῶν, Ἐλισοὺρ υἱὸς Σεδιούρ. Καὶ ἐπὶ τῆς δυνάμεως φυλῆς υἱῶν Συμεὼν, Σαλαμιὴλ 19 υἱὸς Σουρισαδαί. Καὶ ἐπὶ τῆς δυνάμεως φυλῆς υἱῶν Γὰδ, 20 Ἐλισὰφ ὁ τοῦ Ῥαγουήλ. Καὶ ἐξαροῦσιν οἱ υἱοὶ Καὰθ 21 αἴροντες τὰ ἅγια· καὶ στήσουσι τὴν σκηνὴν ἕως παραγένωνται. Καὶ ἐξαροῦσι τάγμα παρεμβολῆς Ἐφραὶμ σὺν δυνάμει αὐτῶν· 22 καὶ ἐπὶ τῆς δυνάμεως αὐτῶν, Ἐλισαμὰ υἱὸς Σεμιούδ.

Καὶ ἐπὶ τῆς δυνάμεως φυλῆς υἱῶν Μανασσῆ, Γαμαλιὴλ ὁ τοῦ 23 Φαδασσούρ. Καὶ ἐπὶ τῆς δυνάμεως φυλῆς υἱῶν Βενιαμὶν, 24 Ἀβιδὰν ὁ τοῦ Γαδεωνί. Καὶ ἐξαροῦσι τάγμα παρεμβολῆς 25 υἱῶν Δὰν, ἔσχατοι πασῶν τῶν παρεμβολῶν, σὺν δυνάμει αὐτῶν· καὶ ἐπὶ τῆς δυνάμεως αὐτῶν, Ἀχιέζερ ὁ τοῦ Ἀμισαδαί. Καὶ ἐπὶ τῆς δυνάμεως φυλῆς υἱῶν Ἀσὴρ, Φαγεὴλ υἱὸς Ἐχράν. 26 Καὶ ἐπὶ τῆς δυνάμεως φυλῆς υἱῶν Νεφθαλὶ, Ἀχιρὲ υἱὸς 27 Αἰνάν. Αὗται αἱ στρατιαὶ υἱῶν Ἰσραήλ· καὶ ἐξῆραν σὺν 28 δυνάμει αὐτῶν.

Καὶ εἶπε Μωυσῆς τῷ Ὀβὰβ υἱῷ Ῥαγουὴλ τῷ Μαδιανίτῃ 29 τῷ γαμβρῷ Μωυσῆ, ἐξαίρομεν ἡμεῖς εἰς τὸν τόπον ὃν εἶπε Κύριος, τοῦτον δώσω ὑμῖν· δεῦρο μεθ᾽ ἡμῶν, καὶ εὖ σε ποιήσομεν, ὅτι Κύριος ἐλάλησε καλὰ περὶ Ἰσραήλ. Καὶ εἶπε 30 πρὸς αὐτὸν, οὐ πορεύσομαι, ἀλλὰ εἰς τὴν γῆν μου, καὶ εἰς τὴν γενεάν μου. Καὶ εἶπε, μὴ ἐγκαταλίπῃς ἡμᾶς, οὗ ἕνεκεν 31 ἦσθα μεθ᾽ ἡμῶν ἐν τῇ ἐρήμῳ, καὶ ἔσῃ ἐν ἡμῖν πρεσβύτης. Καὶ ἔσται ἐὰν πορευθῇς μεθ᾽ ἡμῶν, καὶ ἔσται τὰ ἀγαθὰ 32 ἐκεῖνα ὅσα ἂν ἀγαθοποιήσῃ Κύριος ἡμᾶς, καὶ εὖ σε ποιήσομεν.

Καὶ ἐξῆραν ἐκ τοῦ ὄρους Κυρίου ὁδὸν τριῶν ἡμερῶν· καὶ ἡ 33 κιβωτὸς τῆς διαθήκης Κυρίου προεπορεύετο προτέρα αὐτῶν ὁδὸν τριῶν ἡμερῶν κατασκέψασθαι αὐτοῖς ἀνάπαυσιν. Καὶ 35 ἐγένετο ἐν τῷ ἐξαίρειν τὴν κιβωτὸν, καὶ εἶπε Μωυσῆς, ἐξεγέρθητι Κύριε, καὶ διασκορπισθήτωσαν οἱ ἐχθροί σου, φυγέτωσαν πάντες οἱ μισοῦντές σε. Καὶ ἐν τῇ καταπαύσει εἶπεν, ἐπίστρεφε 36 Κύριε χιλιάδας μυριάδας ἐν τῷ Ἰσραήλ. Καὶ ἡ νεφέλη ἐγέ- 34 νετο σκιάζουσα ἐπ᾽ αὐτοῖς ἡμέρας, ἐν τῷ ἐξαίρειν αὐτοὺς ἐκ τῆς παρεμβολῆς.

Καὶ ἦν ὁ λαὸς γογγύζων πονηρὰ ἔναντι Κυρίου· καὶ ἤκουσε 11 Κύριος, καὶ ἐθυμώθη ὀργῇ· καὶ ἐξεκαύθη ἐν αὐτοῖς πῦρ παρὰ Κυρίου, καὶ κατέφαγε μέρος τι τῆς παρεμβολῆς. Καὶ ἐκέ- 2 κραξεν ὁ λαὸς πρὸς Μωυσῆν· καὶ ηὔξατο Μωυσῆς πρὸς Κύριον, καὶ ἐκόπασε τὸ πῦρ. Καὶ ἐκλήθη τὸ ὄνομα τοῦ τόπου ἐκείνου, 3

β *i. e.* the Gershonites and the Merarites.   *A. V.* margin.   γ *Heb.* Taberah.

4 Ἐμπυρισμός· ὅτι ἐξεκαύθη ἐν αὐτοῖς παρὰ Κυρίου. Καὶ ὁ ἐπίμικτος ὁ ἐν αὐτοῖς ἐπεθύμησεν ἐπιθυμίαν· καὶ καθίσαντες ἔκλαιον καὶ οἱ υἱοὶ Ἰσραήλ, καὶ εἶπαν, τίς ἡμᾶς ψωμιεῖ κρέα;

5 Ἐμνήσθημεν τοὺς ἰχθύας, οὓς ἠσθίομεν ἐν Αἰγύπτῳ δωρεάν. καὶ τοὺς σικύους, καὶ τοὺς πέπονας, καὶ τὰ πράσα, καὶ·τὰ

6 κρόμμυα, καὶ τὰ σκόρδα. Νυνὶ δὲ ἡ ψυχὴ ἡμῶν κατάξηρος·

7 οὐδὲν πλὴν εἰς τὸ μάννα οἱ ὀφθαλμοὶ ἡμῶν. Τὸ δὲ μάννα ὡσεὶ σπέρμα κορίου ἐστί, καὶ τὸ εἶδος αὐτοῦ εἶδος κρυστάλλου.

8 Καὶ διεπορεύετο ὁ λαός, καὶ συνέλεγον, καὶ ἤληθον αὐτὸ ἐν τῷ μύλῳ, καὶ ἔτριβον ἐν τῇ θυΐᾳ, καὶ ἥψουν αὐτὸ ἐν τῇ χύτρᾳ, καὶ ἐποίουν αὐτὸ ἐγκρυφίας· καὶ ἦν ἡ ἡδονὴ αὐτοῦ ὡσεὶ γεῦμα

9 ἐγκρὶς ἐξ ἐλαίου. Καὶ ὅταν κατέβη ἡ δρόσος ἐπὶ τὴν παρεμβολὴν νυκτός, κατέβαινε τὸ μάννα ἐπ᾽ αὐτῆς.

10 Καὶ ἤκουσε Μωυσῆς κλαιόντων αὐτῶν κατὰ δήμους αὐτῶν, ἔκαστον ἐπὶ τῆς θύρας αὐτοῦ· καὶ ἐθυμώθη ὀργῇ Κύριος

11 σφόδρα· καὶ ἔναντι Μωυσῆ ἦν πονηρόν. Καὶ εἶπε Μωυσῆς πρὸς Κύριον, ἱνατί ἐκάκωσας τὸν θεράποντά σου, καὶ διατί οὐχ εὕρηκα χάριν ἐναντίον σου, ἐπιθεῖναι τὴν ὁρμὴν τοῦ λαοῦ

12 τούτου ἐπ᾽ ἐμέ; Μὴ ἐγὼ ἐν γαστρὶ ἔλαβον πάντα τὸν λαὸν τοῦτον, ἢ ἐγὼ ἔτεκον αὐτούς; ὅτι λέγεις μοι, λάβε αὐτὸν εἰς τὸν κόλπον σου, ὡσεὶ ἄραι τιθηνὸς τὸν θηλάζοντα, εἰς τὴν γῆν

13 ἣν ὤμοσας τοῖς πατράσιν αὐτῶν; Πόθεν μοι κρέα, δοῦναι παντὶ τῷ λαῷ τούτῳ; ὅτι κλαίουσιν ἐπ᾽ ἐμοί, λέγοντες, δὸς

14 ἡμῖν κρέα, ἵνα φάγωμεν. Οὐ δυνήσομαι ἐγὼ μόνος φέρειν

15 τὸν λαὸν τοῦτον, ὅτι βαρύτερόν μοι ἐστὶ τὸ ῥῆμα τοῦτο. Εἰ δ᾽ οὕτω σὺ ποιεῖς μοι, ἀπόκτεινόν με ἀναιρέσει, εἰ εὕρηκα ἔλεος παρὰ σοί, ἵνα μὴ ἴδω τὴν κάκωσίν μου.

16 .Καὶ εἶπε Κύριος πρὸς Μωυσῆν, συνάγαγέ μοι ἑβδομήκοντα ἄνδρας ἀπὸ τῶν πρεσβυτέρων Ἰσραήλ, οὓς αὐτὸς σὺ οἶδας, ὅτι οὗτοί εἰσι πρεσβύτεροι τοῦ λαοῦ καὶ γραμματεῖς αὐτῶν· καὶ ἄξεις αὐτοὺς πρὸς τὴν σκηνὴν τοῦ μαρτυρίου, καὶ στήσονται

17 ἐκεῖ μετὰ σοῦ. Καὶ καταβήσομαι, καὶ λαλήσω ἐκεῖ μετὰ σοῦ· καὶ ἀφελῶ ἀπὸ τοῦ πνεύματος τοῦ ἐπὶ σοί, καὶ ἐπιθήσω ἐπ᾽ αὐτούς· καὶ συναντιλήψονται μετὰ σοῦ τὴν ὁρμὴν τοῦ λαοῦ,

18 καὶ οὐκ οἴσεις αὐτοὺς σὺ μόνος. Καὶ τῷ λαῷ ἐρεῖς, ἁγνίσασθε εἰς αὔριον, καὶ φάγεσθε κρέα· ὅτι ἐκλαύσατε ἔναντι Κυρίου, λέγοντες, τίς ἡμᾶς ψωμιεῖ κρέα; ὅτι καλὸν ἡμῖν ἐστιν ἐν Αἰγύπτῳ· καὶ δώσει Κύριος ὑμῖν φαγεῖν κρέα, καὶ φάγεσθε

19 κρέα. Οὐχ ἡμέραν μίαν φάγεσθε, οὐ δὲ δύο, οὐ δὲ πέντε

20 ἡμέρας, οὐ δὲ δέκα ἡμέρας, οὐ δὲ εἴκοσι ἡμέρας, ἕως μηνὸς ἡμερῶν φάγεσθε, ἕως ἂν ἐξέλθῃ ἐκ τῶν μυκτήρων ὑμῶν· καὶ ἔσται ὑμῖν εἰς χολέραν, ὅτι ἠπειθήσατε Κυρίῳ, ὅς ἐστιν ἐν ὑμῖν, καὶ ἐκλαύσατε ἐναντίον αὐτοῦ, λέγοντες, ἱνατί ἡμῖν

21 ἐξελθεῖν ἐξ Αἰγύπτου; Καὶ εἶπε Μωυσῆς, ἑξακόσιαι χιλιάδες πεζῶν ὁ λαός, ἐν οἷς εἰμι ἐν αὐτοῖς· καὶ σὺ εἶπας, κρέα δώσω

22 αὐτοῖς φαγεῖν, καὶ φάγονται μῆνα ἡμερῶν. Μὴ πρόβατα καὶ βόες σφαγήσονται αὐτοῖς, καὶ ἀρκέσει αὐτοῖς; ἢ πᾶν τὸ ὄψος τῆς θαλάσσης συναχθήσεται αὐτοῖς, καὶ ἀρκέσει

23 αὐτοῖς; Καὶ εἶπε Κύριος πρὸς Μωυσῆν, μὴ χεὶρ Κυρίου

was kindled among them from the Lord. [4] And the mixed multitude among them βlusted exceedingly; and they and the children of Israel sat down and wept and said, Who shall give us flesh to eat? [5] We remember the fish, which we ate in Egypt freely; and the cucumbers, and the γmelons, and the leeks, and the garlic, and the onions. [6] But now our soul is dried up; our eyes turn to nothing but to the manna. [7] And the manna is as coriander seed, and the appearance of it the appearance of hoarfrost. [8] And the people went through the field, and gathered, and ground it in the mill, or pounded it in a mortar, and baked it in a pan, and made cakes of it; and the sweetness of it was as the taste of wafer made with oil. [9] And when the dew came upon the camp by night, the manna came down upon it.

[10] And Moses heard them weeping by their families, every one in his door: and the Lord was very angry; and the thing was evil in the sight of Moses. [11] And Moses said to the Lord, Why hast thou afflicted thy servant, and why have I not found grace in thy sight, that thou shouldest lay the weight of this people upon me? [12] Have I conceived all this people, or have I born them? that thou sayest to me, Take them into thy bosom, as a nurse would take her suckling, into the land which thou swarest to their fathers? [13] Whence have I flesh to give to all this people? for they weep to me, saying, Give us flesh, that we may eat. [14] I shall not be able to bear this people alone, for this thing is too heavy for me. [15] And if thou doest thus to me, slay me utterly, if I have found favour with thee, that I may not see my affliction.

[16] And the Lord said to Moses, Gather me seventy men from the elders of Israel, whom thou thyself knowest that they are the elders of the people, and their scribes; and thou shalt bring them to the tabernacle of witness, and they shall stand there with thee. [17] And I will go down, and speak there with thee; and I will take of the spirit that is upon thee, and will put it upon them; and they shall bear together with thee the δburden of the people, and thou shalt not bear them alone. [18] And to the people thou shalt say, Purify yourselves for the morrow, and ye shall eat flesh; for ye wept before the Lord, saying, Who shall give us flesh to eat? for it ζwas well with us in Egypt: and the Lord shall allow you to eat flesh, and ye shall eat flesh. [19] Ye shall not eat one day, nor two, nor five days, nor ten days, nor twenty days; [20] ye shall eat for θa full month, until the flesh come out at your nostrils; and it shall be λnausea to you, because ye disobeyed the Lord, who is among you, and wept before him, saying, What had we to do to come out of Egypt? [21] And Moses said, The people among whom I am are six hundred thousand footmen; and thou saidst, I will give them flesh to eat, and they shall eat a whole month. [22] Shall sheep and oxen be slain for them, and shall it suffice them? or shall all the fish of the sea be gathered together for them, and shall it suffice them? [23] And the Lord said to Moses, Shall not the hand of

---

β Gr. lusted a lust. γ Or, pumpkins. δ Or, impetus. ζ Gr. is. θ Gr. a month of days. λ Lit. cholera.

the Lord be fully sufficient? now shalt thou know whether my word shall βcome to pass to thee or not.

²⁴ And Moses went out, and spoke the words of the Lord to the people; and he gathered seventy men of the elders of the people, and he set them round about the tabernacle. ²⁵ And the Lord came down in a cloud, and spoke to him, and took of the spirit that was upon him, and put it upon the seventy men that were elders; and when the spirit rested upon them, they prophesied and ceased. ²⁶ And there were two men left in the camp, the name of the one was Eldad, and the name of the other Modad; and the spirit rested upon them, and these were of the number of them that were enrolled, but they did not come to the tabernacle; and they prophesied in the camp. ²⁷ And a young man ran and told Moses, and spoke, saying, Eldad and Modad prophesy in the camp. ²⁸ And Joshua the son of Naue, who attended on Moses, the chosen one, said, My lord Moses, forbid them. ²⁹ And Moses said to him, Art thou jealous on my account? and would that all the Lord's people were prophets; whenever the Lord shall put his spirit upon them. ³⁰ And Moses departed into the camp, himself and the elders of Israel.

³¹ And there went forth a wind from the Lord, and brought quails over from the sea; and it brought them down upon the camp a day's journey on this side, and a day's journey on that side, round about the camp, as it were two cubits from the earth. ³² And the people rose up all the day, and all the night, and all the next day, and gathered quails; he that gathered γleast, gathered ten δmeasures; and they ʽrefreshed themselves round about the camp. ³³ The flesh was yet between their teeth, before it failed, when the Lord was wroth with the people, and the Lord smote the people with a very great plague. ³⁴ And the name of that place was called the θ Graves of Lust; for there they buried the people that lusted. ³⁵ The people departed from the Graves of Lust to Aseroth; and the people λhalted at Aseroth.

And Mariam and Aaron spoke against Moses, because of the Ethiopian woman whom Moses took; for he had taken an Ethiopian woman. ² And they said, Has the Lord spoken to Moses only? has he not also spoken to us? and the Lord heard it. ³ And the man Moses was very meek beyond all the men that were upon the earth. ⁴ And the Lord said immediately to Moses and Aaron and Mariam, Come forth μall three of you to the tabernacle of witness. ⁵ And the three came forth to the tabernacle of witness; and the Lord descended in a pillar of a cloud, and stood at the door of the tabernacle of witness; and Aaron and Mariam were called; and both came forth. ⁶ And he said to them, Hear my words: If there should be of you a prophet to the Lord, I will be made known to him in a vision, and in sleep will I speak to him. ⁷ My servant Moses is not so; he is faithful

οὐκ ἐξαρκέσει; ἤδη γνώσῃ εἰ ἐπικαταλήψεταί σε ὁ λόγος μου ἢ οὔ.

Καὶ ἐξῆλθε Μωυσῆς, καὶ ἐλάλησε πρὸς τὸν λαὸν τὰ ῥήματα 24 Κυρίου· καὶ συνήγαγεν ἑβδομήκοντα ἄνδρας ἀπὸ τῶν πρεσβυτέρων τοῦ λαοῦ, καὶ ἔστησεν αὐτοὺς κύκλῳ τῆς σκηνῆς. Καὶ κατέβη Κύριος ἐν νεφέλῃ, καὶ ἐλάλησε πρὸς αὐτόν· καὶ 25 παρείλατο ἀπὸ τοῦ πνεύματος τοῦ ἐπ᾽ αὐτῷ, καὶ ἐπέθηκεν ἐπὶ τοὺς ἑβδομήκοντα ἄνδρας τοὺς πρεσβυτέρους· ὡς δὲ ἐπανεπαύσατο πνεῦμα ἐπ᾽ αὐτούς, καὶ ἐπροφήτευσαν, καὶ οὐκ ἔτι προσέθεντο. Καὶ κατελείφθησαν δύο ἄνδρες ἐν τῇ παρεμβολῇ, 26 ὄνομα τῷ ἑνὶ Ἐλδὰδ, καὶ ὄνομα τῷ δευτέρῳ Μωδάδ· καὶ ἐπανεπαύσατο ἐπ᾽ αὐτοὺς πνεῦμα· καὶ οὗτοι ἦσαν τῶν καταγεγραμμένων, καὶ οὐκ ἦλθον πρὸς τὴν σκηνήν· καὶ ἐπροφήτευσαν ἐν τῇ παρεμβολῇ. Καὶ προσδραμὼν ὁ νεανίσκος, 27 ἀπήγγειλε Μωυσῇ· καὶ εἶπε, λέγων, Ἐλδὰδ καὶ Μωδὰδ προφητεύουσιν ἐν τῇ παρεμβολῇ. Καὶ ἀποκριθεὶς Ἰησοῦς ὁ τοῦ 28 Ναυὴ, ὁ παρεστηκὼς Μωυσῇ, ὁ ἐκλεκτός, εἶπε, κύριε Μωυσῆ, κώλυσον αὐτούς. Καὶ εἶπε Μωυσῆς αὐτῷ, μὴ ζηλοῖς ἐμέ; 29 καὶ τίς δώῃ πάντα τὸν λαὸν Κυρίου προφήτας, ὅταν δῷ Κύριος τὸ πνεῦμα αὐτοῦ ἐπ᾽ αὐτούς; Καὶ ἀπῆλθε Μωυσῆς εἰς τὴν 30 παρεμβολὴν αὐτὸς καὶ οἱ πρεσβύτεροι Ἰσραήλ.

Καὶ πνεῦμα ἐξῆλθε παρὰ Κυρίου, καὶ ἐξεπέρασεν ὀρτυγομή- 31 τραν ἀπὸ τῆς θαλάσσης· καὶ ἐπέβαλεν ἐπὶ τὴν παρεμβολὴν ὁδὸν ἡμέρας ἐντεῦθεν, καὶ ὁδὸν ἡμέρας ἐντεῦθεν, κύκλῳ τῆς παρεμβολῆς, ὡσεὶ δίπηχυ ἀπὸ τῆς γῆς. Καὶ ἀναστὰς ὁ 32 λαὸς ὅλην τὴν ἡμέραν, καὶ ὅλην τὴν νύκτα, καὶ ὅλην τὴν ἡμέραν τὴν ἐπαύριον, καὶ συνήγαγον τὴν ὀρτυγομήτραν· ὁ τὸ ὀλίγον, συνήγαγε δέκα κόρους· καὶ ἔψυξαν ἑαυτοῖς ψυγμοὺς κύκλῳ τῆς παρεμβολῆς. Τὰ κρέα ἔτι ἦν ἐν τοῖς ὀδοῦσιν 33 αὐτῶν πρινὴ ἐκλείπειν, καὶ Κύριος ἐθυμώθη εἰς τὸν λαόν, καὶ ἐπάταξε Κύριος τὸν λαὸν πληγὴν μεγάλην σφόδρα. Καὶ 34 ἐκλήθη τὸ ὄνομα τοῦ τόπου ἐκείνου, Μνήματα τῆς ἐπιθυμίας· ὅτι ἐκεῖ ἔθαψαν τὸν λαὸν τὸν ἐπιθυμητήν. Ἀπὸ Μνημάτων 35 ἐπιθυμίας ἐξῆρεν ὁ λαὸς εἰς Ἀσηρώθ· καὶ ἐγένετο ὁ λαὸς ἐν Ἀσηρώθ.

Καὶ ἐλάλησε Μαριὰμ καὶ Ἀαρὼν κατὰ Μωυσῆ, ἕνεκεν τῆς 12 γυναικὸς τῆς Αἰθιοπίσσης ἣν ἔλαβε Μωυσῆς, ὅτι γυναῖκα Αἰθιόπισσαν ἔλαβε, καὶ εἶπαν, μὴ Μωυσῇ μόνῳ λελάληκε 2 Κύριος; οὐχὶ καὶ ἡμῖν ἐλάλησε; καὶ ἤκουσε Κύριος. Καὶ 3 ὁ ἄνθρωπος Μωυσῆς πραῢς σφόδρα παρὰ πάντας τοὺς ἀνθρώπους τοὺς ὄντας ἐπὶ τῆς γῆς. Καὶ εἶπε Κύριος παραχρῆμα 4 πρὸς Μωυσῆν καὶ Ἀαρὼν καὶ Μαριὰμ, ἐξέλθετε ὑμεῖς οἱ τρεῖς εἰς τὴν σκηνὴν τοῦ μαρτυρίου. Καὶ ἐξῆλθον οἱ τρεῖς εἰς τὴν 5 σκηνὴν τοῦ μαρτυρίου· καὶ κατέβη Κύριος ἐν στύλῳ νεφέλης, καὶ ἔστη ἐπὶ τῆς θύρας τῆς σκηνῆς τοῦ μαρτυρίου· καὶ ἐκλήθησαν Ἀαρὼν καὶ Μαριάμ· καὶ ἐξῆλθοσαν ἀμφότεροι. Καὶ 6 εἶπε πρὸς αὐτούς, ἀκούσατε τῶν λόγων μου· ἐὰν γένηται προφήτης ὑμῶν Κυρίῳ, ἐν ὁράματι αὐτῷ γνωσθήσομαι, καὶ ἐν ὕπνῳ λαλήσω αὐτῷ. Οὐχ οὕτως ὁ θεράπων μου Μωυσῆς, ἐν 7

β Gr. will overtake thee.　γ Gr. little.　δ Gr. cors.　ζ Gr. refreshed refreshments to themselves.　Heb. spread a spreading. ישמחו שמחו.　θ Heb. התאוה קברות Kibroth-hattaavah.　λ Gr. were in.　μ Gr. the three.

8 ὅλῳ τῷ οἴκῳ μου πιστός ἐστι· Στόμα κατὰ στόμα λαλήσω
αὐτῷ ἐν εἴδει, καὶ οὐ δι᾽ αἰνιγμάτων, καὶ τὴν δόξαν Κυρίου εἶδε·
καὶ διατί οὐκ ἐφοβήθητε καταλαλῆσαι κατὰ τοῦ θεράποντός
9 μου Μωυσῆ; Καὶ ὀργὴ θυμοῦ Κυρίου ἐπ᾽ αὐτοῖς, καὶ ἀπῆλθε.
10 Καὶ ἡ νεφέλη ἀπέστη ἀπὸ τῆς σκηνῆς· καὶ ἰδοὺ Μαριὰμ
λεπρῶσα ὡσεὶ χιών· καὶ ἐπέβλεψεν Ἀαρὼν ἐπὶ Μαριὰμ, καὶ
11 ἰδοὺ λεπρῶσα. Καὶ εἶπεν Ἀαρὼν πρὸς Μωυσῆν, δέομαι κύριε,
μὴ συνεπιθῇ ἡμῖν ἁμαρτίαν, διότι ἠγνοήσαμεν καθ᾽ ὅτι ἡμάρ-
12 τομεν. Μὴ γένηται ὡσεὶ ἴσον θανάτῳ, ὡσεὶ ἔκτρωμα ἐκπορευό-
μενον ἐκ μήτρας μητρός, καὶ κατεσθίει τὸ ἥμισυ τῶν σαρκῶν
13 αὐτῆς. Καὶ ἐβόησε Μωυσῆς πρὸς Κύριον, λέγων, ὁ Θεὸς
14 δέομαί σου, ἴασαι αὐτήν. Καὶ εἶπε Κύριος πρὸς Μωυσῆν,
εἰ ὁ πατὴρ αὐτῆς πτύων ἐνέπτυσεν εἰς τὸ πρόσωπον αὐτῆς οὐκ
ἐντραπήσεται ἑπτὰ ἡμέρας; ἀφορισθήτω ἑπτὰ ἡμέρας ἔξω τῆς
παρεμβολῆς, καὶ μετὰ ταῦτα εἰσελεύσεται.

15 Καὶ ἀφωρίσθη Μαριὰμ ἔξω τῆς παρεμβολῆς ἑπτὰ ἡμέρας·
καὶ ὁ λαὸς οὐκ ἐξῆρεν, ἕως ἐκαθαρίσθη Μαριάμ.

13 Καὶ μετὰ ταῦτα ἐξῆρεν ὁ λαὸς ἐξ Ἀσηρώθ, καὶ παρενέβαλον
2 ἐν τῇ ἐρήμῳ τοῦ Φαράν. Καὶ ἐλάλησε Κύριος πρὸς Μωυσῆν,
3 λέγων, ἀπόστειλον σεαυτῷ ἄνδρας, καὶ κατασκεψάσθωσαν τὴν
γῆν τῶν Χαναναίων, ἣν ἐγὼ δίδωμι τοῖς υἱοῖς Ἰσραὴλ εἰς κατά-
σχεσιν· ἄνδρα ἕνα κατὰ φυλήν, κατὰ δήμους πατριῶν αὐτῶν
ἀποστελεῖς αὐτούς, πάντα ἀρχηγὸν ἐξ αὐτῶν.

4 Καὶ ἐξαπέστειλεν αὐτοὺς Μωυσῆς ἐκ τῆς ἐρήμου Φαρὰν διὰ
φωνῆς Κυρίου· πάντες ἄνδρες ἀρχηγοὶ υἱῶν Ἰσραὴλ οὗτοι.
5 Καὶ ταῦτα τὰ ὀνόματα αὐτῶν· τῆς φυλῆς Ῥουβὴν, Σαμουὴλ
6, 7 υἱὸς Ζαχούρ. Τῆς φυλῆς Συμεὼν, Σαφὰτ υἱὸς Σουρί. Τῆς
8 φυλῆς Ἰούδα, Χάλεβ υἱὸς Ἰεφοννή. Τῆς φυλῆς Ἰσσάχαρ,
9 Ἰλαὰλ υἱὸς Ἰωσήφ. Τῆς φυλῆς Ἐφραὶμ, Αὐσὴ υἱὸς Ναυή.
10, 11 Τῆς φυλῆς Βενιαμὶν, Φαλτὶ υἱὸς Ῥαφοῦ. Τῆς φυλῆς
12 Ζαβουλὼν, Γουδιὴλ υἱὸς Σουδί. Τῆς φυλῆς Ἰωσὴφ τῶν υἱῶν
13 Μανασσῆ, Γαδδὶ υἱὸς Σουσί. Τῆς φυλῆς Δὰν, Ἀμιὴλ υἱὸς
14, 15 Γαμαλί. Τῆς φυλῆς Ἀσὴρ, Σαθοὺρ υἱὸς Μιχαήλ. Τῆς
16 φυλῆς Νεφθαλὶ, Ναβὶ υἱὸς Σαβί. Τῆς φυλῆς Γὰδ, Γουδιὴλ
17 υἱὸς Μακχί. Ταῦτα τὰ ὀνόματα τῶν ἀνδρῶν, οὓς ἀπέστειλε
Μωυσῆς κατασκέψασθαι τὴν γῆν· καὶ ἐπωνόμασε Μωυσῆς τὸν
Αὐσὴ υἱὸν Ναυὴ, Ἰησοῦν.

18 Καὶ ἀπέστειλεν αὐτοὺς Μωυσῆς κατασκέψασθαι τὴν γῆν
Χαναὰν, καὶ εἶπε πρὸς αὐτούς, ἀνάβητε ταύτῃ τῇ ἐρήμῳ, καὶ
19 ἀναβήσεσθε εἰς τὸ ὄρος, καὶ ὄψεσθε τὴν γῆν τίς ἐστι, καὶ τὸν
λαὸν τὸν ἐγκαθήμενον ἐπ᾽ αὐτῆς, εἰ ἰσχυρός ἐστιν ἢ ἀσθενής,
20 ἢ ὀλίγοι εἰσὶν ἢ πολλοί. Καὶ τίς ἡ γῆ εἰς ἣν οὗτοι ἐγκάθηνται
ἐπ᾽ αὐτῆς, ἢ καλή ἐστιν ἢ πονηρά· καὶ τίνες αἱ πόλεις ἃς
οὗτοι κατοικοῦσιν ἐν αὐταῖς, εἰ ἐν τειχήρεσιν ἢ ἐν ἀτειχίστοις.
21 Καὶ τίς ἡ γῆ, ἢ πίων ἢ παρειμένη· εἰ ἔστιν ἐν αὐτῇ δένδρα, ἢ
οὔ· καὶ προσκαρτερήσαντες λήψεσθε ἀπὸ τῶν καρπῶν τῆς γῆς·
καὶ αἱ ἡμέραι, ἡμέραι ἔαρος, πρόδρομοι σταφυλῆς.

in all my house. ⁸I will speak to him
mouth to mouth apparently, and not in
dark speeches; and he has seen the glory of
the Lord; and why were ye not afraid to
speak against my servant Moses? ⁹And
the great anger of the Lord *was* upon them,
and he departed. ¹⁰And the cloud departed
from the tabernacle; and, behold, Mariam
was leprous, *white* as snow; and Aaron
looked upon Mariam, and, behold, she *was*
leprous. ¹¹And Aaron said to Moses, I
beseech thee, my lord, do not lay upon
us, for we were ignorant wherein we sinned.
¹²Let her not be as it were like death, as an
abortion coming out of his mother's womb,
when *the disease* devours the half of the
flesh. ¹³And Moses cried to the Lord, say-
ing, O God, I beseech thee, heal her. ¹⁴And
the Lord said to Moses, If her father had
only spit in her face, βwould she not be
ashamed seven days? let her be set apart
seven days without the camp, and afterwards
she shall come in.

¹⁵And Mariam was separated without the
camp seven days; and the people moved not
forward till Mariam was cleansed.

And afterwards the people set forth from
Aseroth, and encamped in the wilderness of
Pharan. ²And the Lord spoke to Moses,
saying, ³Send for thee men, and let them
spy the land of the Chananites, which
I give to the sons of Israel for a possession;
one man for a tribe, thou shalt send them
away according to their families, every one
of them a prince.

⁴And Moses sent them out of the wilder-
ness of Pharan by the word of the Lord;
all these *were* the princes of the sons of
Israel. ⁵And these *are* their names: of the
tribe of Ruben, Samuel the son of Zachur.
⁶Of the tribe of Symeon, Saphat the son of
Suri. ⁷Of the tribe of Judah, Chaleb the
son of Jephonne. ⁸Of the tribe of Issachar,
Ilaal the son of Joseph. ⁹Of the tribe of
Ephraim, Ause the son of Naue. ¹⁰Of the
tribe of Benjamin, Phalti the son of Raphu.
¹¹Of the tribe of Zabulon, Gudiel the son of
Sudi. ¹²Of the tribe of Joseph of the sons
of Manasse, Gaddi the son of Susi. ¹³Of the
tribe of Dan, Amiel the son of Gamali. ¹⁴Of
the tribe of Aser, Sathur the son of Michael.
¹⁵Of the tribe of Nephthali, Nabi the son of
Sabi. ¹⁶Of the tribe of Gad, Gudiel the son of
Macchi. ¹⁷These *are* the names of the men
whom Moses sent to spy out the land; and
Moses called Ause the son of Naue, Joshua.

¹⁸And Moses sent them to spy out the
land of Chanaan, and said to them, Go up by
this wilderness, and ye shall go up to the
mountain, ¹⁹and ye shall see the land, what it
is, and the people that dwells on it, whether it
is strong or weak, or *whether* they are few
or many. ²⁰And what the land is on which
they dwell, *whether* it is good or bad; and
what the cities are wherein these dwell,
whether they dwell in walled *cities* or un-
walled. ²¹And what the land is, whether
rich or γ poor; whether there are trees in it
or no: and ye shall persevere and take of
the fruits of the land: and the days *were*
the days of spring, the forerunners of the
grape.

β *Gr.* will.   γ *Gr. q. d.* neglected.

²²And they went up and surveyed the land from the wilderness of Sin to Rhoob, as men go in to Æmath. ²³And they went up by the wilderness, and departed as far as Chebron; and there *was* Achiman, and Sessi, and Thelami, the progeny of Enach. Now Chebron was built seven years before Tanin of Egypt. ²⁴And they came to the valley of the cluster and surveyed it; and they cut down thence a bough and one cluster of grapes upon it, and bore it on staves, and *they took* of the pomegranates and the figs. ²⁵And they called that place, The valley of the cluster, because of the cluster which the children of Israel cut down from thence. ²⁶And they returned from thence, having surveyed the land, after forty days. ²⁷And they proceeded and came to Moses and Aaron and all the congregation of the children of Israel, to the wilderness of Pharan Cades; and they brought word to them and to all the congregation, and they shewed the fruit of the land: ²⁸and they reported to him, and said, We came into the land into which thou sentest us, a land flowing with milk and honey; and this is the fruit of it. ²⁹Only the nation that dwells upon it is bold, and they have very great and strong walled towns, and we saw there the children of Enach. ³⁰And Amalec dwells in the land toward the south: and the Chettite and the Evite, and the Jebusite, and the Amorite dwells in the hill country: and the Chananite dwells by the sea, and by the river Jordan. ³¹And Chaleb stayed the people from speaking β before Moses, and said to him, Nay, but we will go up by all means, and will inherit it, for we shall surely prevail against them. ³²But the men that went up together with him said, We γ will not go up, for we shall not by any means be able to go up against the nation, for it is much stronger than we. ³³And they brought a horror of that land which they surveyed upon the children of Israel, saying, The land which we passed by to survey it, is a land that eats up its inhabitants; and all the people whom we saw in it are men of extraordinary stature. ³⁴And there we saw the giants; and we were before them as locusts, yea even so were we before them.

And all the congregation lifted up their voice and cried; and the people wept all that night. ²And all the children of Israel murmured against Moses and Aaron; and all the congregation said to them, ³Would we had died in the land of Egypt! or in this wilderness, would we had died! and why does the Lord bring us into this land to fall in war? our wives and our children shall be for a prey: now then it is better to return into Egypt. ⁴And they said one to another, Let us make a ruler, and return into Egypt. ⁵And Moses and Aaron fell upon their face before all the congregation of the children of Israel.

⁶But Joshua the *son* of Naue, and Chaleb the *son* of Jephonne, of *the number of* them that spied out the land, rent their garments, ⁷and spoke to all the congregation of the children of Israel, saying, The land which

Καὶ ἀναβάντες κατεσκέψαντο τὴν γῆν ἀπὸ τῆς ἐρήμου Σὶν 22 ἕως Ῥοὸβ, εἰσπορευομένων Αἰμάθ. Καὶ ἀνέβησαν κατὰ τὴν 23 ἔρημον, καὶ ἀπῆλθον ἕως Χεβρὼν, καὶ ἐκεῖ Ἀχιμὰν, καὶ Σεσσὶ, καὶ Θελαμὶ, γενεαὶ Ἐνάχ· καὶ Χεβρὼν ἑπτὰ ἔτεσιν ᾠκοδομήθη πρὸ τοῦ Τανὶν Αἰγύπτου. Καὶ ἤλθοσαν ἕως φάραγγος 24 βότρυος, καὶ κατεσκέψαντο αὐτήν· καὶ ἔκοψαν ἐκεῖθεν κλῆμα καὶ βότρυν σταφυλῆς ἕνα ἐπ᾽ αὐτοῦ, καὶ ἦραν αὐτὸν ἐπ᾽ ἀναφορεῦσι, καὶ ἀπὸ τῶν ῥοῶν, καὶ ἀπὸ τῶν συκῶν. Καὶ τὸν 25 τόπον ἐκεῖνον ἐπωνόμασαν Φάραγξ βότρυος, διὰ τὸν βότρυν, ὃν ἔκοψαν ἐκεῖθεν οἱ υἱοὶ Ἰσραήλ. Καὶ ἀπέστρεψαν ἐκεῖθεν 26 κατασκεψάμενοι τὴν γῆν μετὰ τεσσαράκοντα ἡμέρας.

Καὶ πορευθέντες ἦλθον πρὸς Μωυσῆν καὶ Ἀαρὼν καὶ πρὸς 27 πᾶσαν συναγωγὴν υἱῶν Ἰσραὴλ, εἰς τὴν ἔρημον Φαρὰν Κάδης· καὶ ἀπεκρίθησαν αὐτοῖς ῥῆμα καὶ πάσῃ συναγωγῇ, καὶ ἔδειξαν τὸν καρπὸν τῆς γῆς, καὶ διηγήσαντο αὐτῷ, καὶ εἶπαν, ἤλθαμεν 28 εἰς τὴν γῆν εἰς ἣν ἀπέστειλας ἡμᾶς, γῆν ῥέουσαν γάλα καὶ μέλι· καὶ οὗτος ὁ καρπὸς αὐτῆς. Ἀλλ᾽ ἢ ὅτι θρασὺ τὸ ἔθνος 29 τὸ κατοικοῦν ἐπ᾽ αὐτῆς, καὶ πόλεις ὀχυραὶ τετειχισμέναι μεγάλαι σφόδρα· καὶ τὴν γενεὰν Ἐνὰχ ἑωράκαμεν ἐκεῖ. Καὶ Ἀμαλὴκ 30 κατοικεῖ ἐν τῇ γῇ τῇ πρὸς Νότον· καὶ ὁ Χετταῖος, καὶ ὁ Εὐαῖος, καὶ ὁ Ἰεβουσαῖος, καὶ ὁ Ἀμορραῖος κατοικεῖ ἐν τῇ ὀρεινῇ· καὶ ὁ Χαναναῖος κατοικεῖ παρὰ θάλασσαν, καὶ παρὰ τὸν Ἰορδάνην ποταμόν. Καὶ κατεσιώπησε Χάλεβ τὸν λαὸν 31 πρὸς Μωυσῆν, καὶ εἶπεν αὐτῷ, οὐχὶ, ἀλλὰ ἀναβάντες ἀναβησόμεθα, καὶ κατακληρονομήσομεν αὐτήν, ὅτι δυνατοὶ δυνησόμεθα πρὸς αὐτούς. Καὶ οἱ ἄνθρωποι οἱ συναναβάντες μετ᾽ αὐτοῦ, 32 εἶπαν, οὐκ ἀναβαίνομεν, ὅτι οὐ μὴ δυνώμεθα ἀναβῆναι πρὸς τὸ ἔθνος, ὅτι ἰσχυρότερον ἡμῶν ἐστι μᾶλλον. Καὶ ἐξήνεγκαν 33 ἔκστασιν τῆς γῆς ἣν κατεσκέψαντο αὐτὴν πρὸς τοὺς υἱοὺς Ἰσραὴλ, λέγοντες, τὴν γῆν ἣν παρήλθομεν αὐτὴν κατασκέψασθαι, γῆ κατέσθουσα τοὺς κατοικοῦντας ἐπ᾽ αὐτῆς ἐστι· καὶ πᾶς ὁ λαὸς ὃν ἑωράκαμεν ἐν αὐτῇ, ἄνδρες ὑπερμήκεις. Καὶ ἐκεῖ 34 ἑωράκαμεν τοὺς γίγαντας, καὶ ἦμεν ἐνώπιον αὐτῶν ὡσεὶ ἀκρίδες· ἀλλὰ καὶ οὕτως ἦμεν ἐνώπιον αὐτῶν.

Καὶ ἀναλαβοῦσα πᾶσα ἡ συναγωγὴ, ἐνέδωκε φωνήν· καὶ 14 ἔκλαιεν ὁ λαὸς ὅλην τὴν νύκτα ἐκείνην. Καὶ διεγόγγυζον 2 ἐπὶ Μωυσῆν καὶ Ἀαρὼν πάντες οἱ υἱοὶ Ἰσραήλ· καὶ εἶπαν πρὸς αὐτοὺς πᾶσα ἡ συναγωγὴ, Ὄφελον ἀπεθάνομεν ἐν γῇ 3 Αἰγύπτῳ, ἢ ἐν τῇ ἐρήμῳ ταύτῃ, εἰ ἀπεθάνομεν· καὶ ἱνατί Κύριος εἰσάγει ἡμᾶς εἰς τὴν γῆν ταύτην πεσεῖν ἐν πολέμῳ; αἱ γυναῖκες ἡμῶν καὶ τὰ παιδία ἔσονται εἰς διαρπαγήν· νῦν οὖν βέλτιόν ἐστιν ἀποστραφῆναι εἰς Αἴγυπτον. Καὶ εἶπαν 4 ἕτερος τῷ ἑτέρῳ, δῶμεν ἀρχηγὸν, καὶ ἀποστρέψωμεν εἰς Αἴγυπτον. Καὶ ἔπεσε Μωυσῆς καὶ Ἀαρὼν ἐπὶ πρόσωπον ἐναντίον 5 πάσης συναγωγῆς υἱῶν Ἰσραήλ.

Ἰησοῦς δὲ ὁ τοῦ Ναυῆ, καὶ Χάλεβ ὁ τοῦ Ἰεφοννῆ τῶν 6 κατασκεψαμένων τὴν γῆν, διέρρηξαν τὰ ἱμάτια αὐτῶν, καὶ 7 εἶπαν πρὸς πᾶσαν συναγωγὴν υἱῶν Ἰσραὴλ, λέγοντες, ἡ γῆ

β Or, to.   γ Gr. do not.

8 ἦν κατεσκεψάμεθα αὐτήν, ἀγαθή ἐστι σφόδρα σφόδρα. Εἰ αἱρετίζει ἡμᾶς Κύριος, εἰσάξει ἡμᾶς εἰς τὴν γῆν ταύτην, καὶ
9 δώσει αὐτὴν ἡμῖν· γῆ ἥτις ἐστὶ ῥέουσα γάλα καὶ μέλι. Ἀλλὰ ἀπὸ τοῦ Κυρίου μὴ ἀποστάται γίνεσθε· ὑμεῖς δὲ μὴ φοβηθῆτε τὸν λαὸν τῆς γῆς, ὅτι κατάβρωμα ὑμῖν ἐστιν· ἀφέστηκε γὰρ ὁ καιρὸς ἀπ᾽ αὐτῶν· ὁ δὲ Κύριος ἐν ἡμῖν· μὴ φοβηθῆτε αὐτούς.
10 Καὶ εἶπε πᾶσα ἡ συναγωγὴ καταλιθοβολῆσαι αὐτοὺς ἐν λίθοις· καὶ ἡ δόξα Κυρίου ὤφθη ἐν τῇ νεφέλῃ ἐπὶ τῆς σκηνῆς
11 τοῦ μαρτυρίου πᾶσι τοῖς υἱοῖς Ἰσραήλ. Καὶ εἶπε Κύριος πρὸς Μωυσῆν, ἕως τίνος παροξύνει με ὁ λαὸς οὗτος; καὶ ἕως τίνος οὐ πιστεύουσί μοι ἐπὶ πᾶσι τοῖς σημείοις, οἷς ἐποίησα
12 ἐν αὐτοῖς; Πατάξω αὐτοὺς θανάτῳ, καὶ ἀπολῶ αὐτούς· καὶ ποιήσω σε καὶ τὸν οἶκον τοῦ πατρός σου εἰς ἔθνος μέγα, καὶ
13 πολὺ μᾶλλον ἢ τοῦτο. Καὶ εἶπε Μωυσῆς πρὸς Κύριον, καὶ ἀκούσεται Αἴγυπτος, ὅτι ἀνήγαγες τῇ ἰσχύϊ σου τὸν λαὸν
14 τοῦτον ἐξ αὐτῶν. Ἀλλὰ καὶ πάντες οἱ κατοικοῦντες ἐπὶ τῆς γῆς ταύτης ἀκηκόασιν, ὅτι σὺ εἶ Κύριος ἐν τῷ λαῷ τούτῳ, ὅστις ὀφθαλμοῖς κατ᾽ ὀφθαλμοὺς ὀπτάζῃ Κύριε, καὶ ἡ νεφέλη σου ἐφέστηκεν ἐπ᾽ αὐτῶν, καὶ ἐν στύλῳ νεφέλης σὺ πορεύῃ πρότερος αὐτῶν τὴν ἡμέραν, καὶ ἐν στύλῳ πυρὸς τὴν νύκτα.
15 Καὶ ἐκτρίψεις τὸν λαὸν τοῦτον ὡσεὶ ἄνθρωπον ἕνα· καὶ ἐροῦσι
16 τὰ ἔθνη ὅσοι ἀκηκόασι τὸ ὄνομά σου, λέγοντες, παρὰ τὸ μὴ δύνασθαι Κύριον εἰσαγαγεῖν τὸν λαὸν τοῦτον εἰς τὴν γῆν
17 ἣν ὤμοσεν αὐτοῖς, κατέστρωσεν αὐτοὺς ἐν τῇ ἐρήμῳ. Καὶ νῦν ὑψωθήτω ἡ ἰσχύς σου Κύριε, ὃν τρόπον εἶπας, λέγων,
18 Κύριος μακρόθυμος, καὶ πολυέλεος, καὶ ἀληθινός, ἀφαιρῶν ἀνομίας καὶ ἀδικίας καὶ ἁμαρτίας, καὶ καθαρισμῷ οὐ καθαριεῖ τὸν ἔνοχον, ἀποδιδοὺς ἁμαρτίας πατέρων ἐπὶ τέκνα ἕως τρίτης
19 καὶ τετάρτης γενεᾶς. Ἄφες τὴν ἁμαρτίαν τῷ λαῷ τούτῳ κατὰ τὸ μέγα ἔλεός σου, καθάπερ ἵλεως ἐγένου αὐτοῖς ἀπ᾽ Αἰγύπτου ἕως τοῦ νῦν.
20 Καὶ εἶπε Κύριος πρὸς Μωυσῆν, ἵλεως αὐτοῖς εἰμι κατὰ τὸ
21 ῥῆμά σου. Ἀλλὰ ζῶ ἐγὼ καὶ ζῶν τὸ ὄνομά μου, καὶ ἐμπλήσει
22 ἡ δόξα Κυρίου πᾶσαν τὴν γῆν. Ὅτι πάντες οἱ ἄνδρες οἱ ὁρῶντες τὴν δόξαν μου, καὶ τὰ σημεῖα ἃ ἐποίησα ἐν Αἰγύπτῳ, καὶ ἐν τῇ ἐρήμῳ, καὶ ἐπείρασάν με τοῦτο δέκατον, καὶ οὐκ
23 εἰσήκουσαν τῆς φωνῆς μου, ἦ μὴν οὐκ ὄψονται τὴν γῆν, ἣν ὤμοσα τοῖς πατράσιν αὐτῶν· ἀλλ᾽ ἢ τὰ τέκνα αὐτῶν ἅ ἐστι μετ᾽ ἐμοῦ ὧδε, ὅσοι οὐκ οἴδασιν ἀγαθὸν οὐδὲ κακόν, πᾶς νεώτε-ρος ἄπειρος, τούτοις δώσω τὴν γῆν· πάντες δὲ οἱ παροξύναντές
24 με, οὐκ ὄψονται αὐτήν. Ὁ δὲ παῖς μου Χάλεβ, ὅτι πνεῦμα ἕτερον ἐν αὐτῷ, καὶ ἐπηκολούθησέ μοι, εἰσάξω αὐτὸν εἰς τὴν γῆν εἰς ἣν εἰσῆλθεν ἐκεῖ, καὶ τὸ σπέρμα αὐτοῦ κληρονομήσει
25 αὐτήν. Ὁ δὲ Ἀμαλὴκ καὶ ὁ Χαναναῖος κατοικοῦσιν ἐν τῇ κοιλάδι· αὔριον ἐπιστράφητε καὶ ἀπάρατε ὑμεῖς εἰς τὴν ἔρημον, ὁδὸν θάλασσαν ἐρυθράν.
26, 27 Καὶ εἶπε Κύριος πρὸς Μωυσῆν καὶ Ἀαρὼν, λέγων, ἕως τίνος τὴν συναγωγὴν τὴν πονηρὰν ταύτην; ἃ αὐτοὶ γογγύ-ζουσιν ἐναντίον μου, τὴν γόγγυσιν τῶν υἱῶν Ἰσραήλ, ἣν

we surveyed is indeed extremely good. ⁸ If the Lord choose us, he will bring us into this land, and give it us ; a land which flows with milk and honey. ⁹ Only depart not from the Lord ; and fear ye not the people of the land, for they are meat for us ; for the season *of prosperity* is departed from them, but the Lord *is* among us : fear them not.

¹⁰ And all the congregation bade stone them with stones ; and the glory of the Lord appeared in the cloud on the taber-nacle of witness to all the children of Israel. ¹¹ And the Lord said to Moses, How long does this people provoke me ? and how long do they βrefuse to believe me for all the signs which I have wrought among them ? ¹² I will smite them with death, and destroy them ; and I will make of thee and of thy father's house a great nation, and much greater than this. ¹³ And Moses said to the Lord, So Egypt shall hear, for thou hast brought up this people from them by thy might. ¹⁴ Moreover all the dwellers upon this land have heard that thou art Lord in the midst of this people, who, O Lord, art seen *by them* face to face, and thy cloud rests upon them, and thou goest before them by day in a pillar of a cloud, and by night in a pillar of fire. ¹⁵ And *if* thou shalt destroy this nation as one man ; then all the nations that have heard thy name shall speak, saying, ¹⁶ Because the Lord could not bring this people into the land which he sware to them, he has overthrown them in the wilderness. ¹⁷ And now, O Lord, let thy strength be exalted, as thou spakest, saying, ¹⁸ The Lord *is* long-suffering and merciful, and true, removing transgressions and iniquities and sins, and he will by no means clear the guilty, visiting the sins of the fathers upon the children to the third and fourth generation. ¹⁹ Forgive this peo-ple their sin according to thy great mercy, as thou wast favourable to them from Egypt until now.

²⁰ And the Lord said to Moses, I am gra-cious to them according to thy word. ²¹ But *as* I live and my name is living, so the glory of the Lord shall fill all the earth. ²² For all the men who see my glory, and the signs which I wrought in Egypt, and in the wil-derness, and have tempted me this tenth time, and have not hearkened to my voice, ²³ surely they shall not see the land, which I sware to their fathers ; but their children which are with me here, as many as know not good or evil, every inexperienced youth, to them will I give the land ; but none who have provoked me shall see it. ²⁴ But my servant Chaleb, because there was another spirit in him, and he followed me, I will bring him into the land into which he entered, and his seed shall inherit it. ²⁵ But Amalec and the Chananite dwell in the val-ley : to-morrow turn and depart for the wilderness by the way of the Red Sea.

²⁶ And the Lord spoke to Moses and Aaron, saying, ²⁷ How long *shall I endure* this wicked congregation ? I have heard their murmurings against me, *even* the murmur-ing of the children of Israel, which they

---

β *Gr.* not believe me.

have murmured concerning you. ²⁸ Say to them, *As* I live, saith the Lord : surely as ye spoke into my ears, so will I do to you. ²⁹Your carcases shall fall in this wilderness; and all those of you that were reviewed, and those of you that were numbered from twenty years old and upward, all that murmured against me, ³⁰ ye shall not enter into the land for which I stretched out my hand to establish you upon it; except only Chaleb the son of Jephonne, and Joshua the *son* of Naue. ³¹ And your little ones, who ye said should be a prey, them will I bring into the land; and they shall inherit the land, ^βwhich ye rejected. ³² And your carcases shall fall in this wilderness. ³³ And your sons shall be fed in the wilderness forty years, and they shall bear your fornication, until your carcases be consumed in the wilderness. ³⁴ According to the number of the days during which ye spied the land, forty days, a day for a year, ye shall bear your sins forty years, and ye shall know my fierce anger. ³⁵ I the Lord have spoken, Surely will I do thus to this evil congregation ^γthat has risen up together against me : in this wilderness they shall be utterly consumed, and there they shall die.

³⁶ And the men whom Moses sent to spy out the land, and who came and murmured against it to the assembly so as to bring out evil words concerning the land,— ³⁷ the men that spoke evil reports against the land, even died of the plague before the Lord. ³⁸ And Joshua the son of Naue and Chaleb the son of Jephonne *still* lived of those men that went to spy out the land. ³⁹ And Moses spoke these words to all the children of Israel; and the people mourned exceedingly.

⁴⁰ And they rose early in the morning and went up to the top of the mountain, saying, Behold, we ^δ that are here will go up to the place of which the Lord has spoken, because we have sinned. ⁴¹ And Moses said, Why do ye transgress the word of the Lord? ye shall not prosper. ⁴² Go not up, for the Lord is not with you ; so shall ye fall before the face of your enemies. ⁴³ For Amalec and the Chananite *are* there before you, and ye shall fall by the sword ; because ye have disobeyed the Lord and turned aside, and the Lord will not be among you. ⁴⁴ And having forced their passage, they went up to the top of the mountain ; but the ark of the covenant of the Lord and Moses stirred not out of the camp. ⁴⁵ And Amalec and the Chananite that dwelt in that mountain came down, and routed them, and destroyed them unto Herman ; and they returned to the camp.

And the Lord spoke to Moses, saying, ²Speak to the children of Israel, and thou shalt say to them, When ye are come into the land of your habitation, which I give to you, ³ and thou wilt offer whole-burnt-offerings to the Lord, a whole-burnt-offering or a meat-offering to ^ζperform a vow, or a free-will offering, or to offer in your feasts a sacrifice of sweet savour to the Lord, whether of the herd or the flock : ⁴ then he that offers his gift to the Lord shall bring a meat-offering of fine flour, a tenth part of an

ἐγόγγυσαν περὶ ὑμῶν, ἀκήκοα. Εἶπον αὐτοῖς, ζῶ ἐγώ, λέγει 28 Κύριος· ἦ μὴν ὃν τρόπον λελαλήκατε εἰς τὰ ὦτά μου, οὕτω ποιήσω ὑμῖν. Ἐν τῇ ἐρήμῳ ταύτῃ πεσεῖται τὰ κῶλα ὑμῶν· 29 καὶ πᾶσα ἡ ἐπισκοπὴ ὑμῶν, καὶ οἱ κατηριθμημένοι ὑμῶν ἀπὸ εἰκοσαετοῦς καὶ ἐπάνω, ὅσοι ἐγόγγυσαν ἐπ' ἐμοί· εἰ ὑμεῖς 30 εἰσελεύσεσθε εἰς τὴν γῆν ἐφ' ἣν ἐξέτεινα τὴν χεῖρά μου κατασκηνῶσαι ὑμᾶς ἐπ' αὐτῆς· ἀλλ' ἢ Χάλεβ υἱὸς Ἰεφοννὴ, καὶ Ἰησοῦς ὁ τοῦ Ναυῆ. Καὶ τὰ παιδία, ἃ εἴπατε ἐν διαρπαγῇ 31 ἔσεσθαι, εἰσάξω αὐτοὺς εἰς τὴν γῆν· καὶ κληρονομήσουσι τὴν γῆν, ἣν ὑμεῖς ἀπέστητε ἀπ' αὐτῆς. Καὶ τὰ κῶλα ὑμῶν 32 πεσεῖται ἐν τῇ ἐρήμῳ ταύτῃ. Οἱ δὲ υἱοὶ ὑμῶν ἔσονται νεμό- 33 μενοι ἐν τῇ ἐρήμῳ τεσσαράκοντα ἔτη· καὶ ἀνοίσουσι τὴν πορνείαν ὑμῶν, ἕως ἂν ἀναλωθῇ τὰ κῶλα ὑμῶν ἐν τῇ ἐρήμῳ, κατὰ τὸν ἀριθμὸν τῶν ἡμερῶν ὅσας κατεσκέψασθε τὴν γῆν, 34 τεσσαράκοντα ἡμέρας, ἡμέραν τοῦ ἐνιαυτοῦ, λήψεσθε τὰς ἁμαρτίας ὑμῶν τεσσαράκοντα ἔτη· καὶ γνώσεσθε τὸν θυμὸν τῆς ὀργῆς μου. Ἐγὼ Κύριος ἐλάλησα, ἦ μὴν οὕτω ποιήσω τῇ 35 συναγωγῇ τῇ πονηρᾷ ταύτῃ, τῇ ἐπισυνισταμένῃ ἐπ' ἐμέ· ἐν τῇ ἐρήμῳ ταύτῃ ἐξαναλωθήσονται, καὶ ἐκεῖ ἀποθανοῦνται.

Καὶ οἱ ἄνθρωποι, οὓς ἀπέστειλε Μωυσῆς κατασκέψασθαι 36 τὴν γῆν, καὶ παραγενηθέντες διεγόγγυσαν κατ' αὐτῆς πρὸς τὴν συναγωγὴν ἐξενέγκαι ῥήματα πονηρὰ περὶ τῆς γῆς, καὶ 37 ἀπέθανον οἱ ἄνθρωποι οἱ κατείπαντες πονηρὰ κατὰ τῆς γῆς ἐν τῇ πληγῇ ἔναντι Κυρίου. Καὶ Ἰησοῦς υἱὸς Ναυῆ καὶ 38 Χάλεβ υἱὸς Ἰεφοννὴ ἔζησαν ἀπὸ τῶν ἀνθρώπων ἐκείνων τῶν πεπορευμένων κατασκέψασθαι τὴν γῆν. Καὶ ἐλάλησε Μωυσῆς 39 τὰ ῥήματα ταῦτα πρὸς πάντας υἱοὺς Ἰσραήλ· καὶ ἐπένθησεν ὁ λαὸς σφόδρα.

Καὶ ὀρθρίσαντες τοπρωὶ ἀνέβησαν εἰς τὴν κορυφὴν τοῦ 40 ὄρους, λέγοντες, ἰδού, οἴδε ἡμεῖς ἀναβησόμεθα εἰς τὸν τόπον ὃν εἶπε Κύριος, ὅτι ἡμάρτομεν. Καὶ εἶπε Μωυσῆς, ἱνατί 41 ὑμεῖς παραβαίνετε τὸ ῥῆμα Κυρίου; οὐκ εὔοδα ἔσται ὑμῖν. Μὴ ἀναβαίνετε, οὐ γάρ ἐστι Κύριος μεθ' ὑμῶν· καὶ πεσεῖσθε 42 πρὸ προσώπου τῶν ἐχθρῶν ὑμῶν. Ὅτι ὁ Ἀμαλὴκ καὶ ὁ 43 Χαναναῖος ἐκεῖ ἔμπροσθεν ὑμῶν, καὶ πεσεῖσθε μαχαίρᾳ, οὗ εἵνεκεν ἀπεστράφητε ἀπειθοῦντες Κυρίῳ, καὶ οὐκ ἔσται Κύριος ἐν ὑμῖν. Καὶ διαβιασάμενοι, ἀνέβησαν ἐπὶ τὴν κορυφὴν 44 τοῦ ὄρους· ἡ δὲ κιβωτὸς τῆς διαθήκης Κυρίου καὶ Μωυσῆς οὐκ ἐκινήθησαν ἐκ τῆς παρεμβολῆς. Καὶ κατέβη ὁ Ἀμαλὴκ 45 καὶ ὁ Χαναναῖος ὁ ἐγκαθήμενος ἐν τῷ ὄρει ἐκείνῳ, καὶ ἐτρέψαντο αὐτοὺς, καὶ κατέκοψαν αὐτοὺς ἕως Ἑρμάν· καὶ ἀπεστράφησαν εἰς τὴν παρεμβολήν.

Καὶ εἶπε Κύριος πρὸς Μωυσῆν, λέγων, λάλησον τοῖς υἱοῖς 15 Ἰσραήλ, καὶ ἐρεῖς πρὸς αὐτοὺς, ὅταν εἰσέλθητε εἰς τὴν γῆν 2 τῆς κατοικήσεως ὑμῶν, ἣν ἐγὼ δίδωμι ὑμῖν, καὶ ποιήσεις 3 ὁλοκαυτώματα Κυρίῳ, ὁλοκάρπωμα ἢ θυσίαν, μεγαλῦναι εὐχὴν, ἢ καθ' ἑκούσιον, ἢ ἐν ταῖς ἑορταῖς ὑμῶν ποιῆσαι ὀσμὴν εὐωδίας τῷ Κυρίῳ, εἰ μὲν ἀπὸ τῶν βοῶν ἢ ἀπὸ τῶν προβάτων. Καὶ 4 προσοίσει ὁ προσφέρων τὸ δῶρον αὐτοῦ Κυρίῳ, θυσίαν σεμι-

---

δάλεως δέκατον τοῦ οἰφὶ ἀναπεποιημένης ἐν ἐλαίῳ ἐν τετάρτῳ
5 τοῦ ἵν. Καὶ οἶνον εἰς σπονδὴν τὸ τέταρτον τοῦ ἲν ποιήσετε
ἐπὶ τῆς ὁλοκαυτώσεως, ἢ ἐπὶ τῆς θυσίας· τῷ ἀμνῷ τῷ ἑνὶ
6 ποιήσεις τοσοῦτο, κάρπωμα ὀσμὴν εὐωδίας τῷ Κυρίῳ. Καὶ
τῷ κριῷ, ὅταν ποιῆτε αὐτὸν εἰς ὁλοκαύτωμα ἢ εἰς θυσίαν,
ποιήσεις θυσίαν σεμιδάλεως δύο δέκατα ἀναπεποιημένης ἐν
7 ἐλαίῳ τὸ τρίτον τοῦ ἵν. Καὶ οἶνον εἰς σπονδὴν τὸ τρίτον
τοῦ ἲν προσοίσετε εἰς ὀσμὴν εὐωδίας Κυρίῳ.

8 Ἐὰν δὲ ποιῆτε ἀπὸ τῶν βοῶν εἰς ὁλοκαύτωσιν ἢ εἰς θυσίαν
9 μεγαλῦναι εὐχήν, ἢ εἰς σωτήριον Κυρίῳ, καὶ προσοίσει ἐπὶ
τοῦ μόσχου θυσίαν σεμιδάλεως τρία δέκατα ἀναπεποιημένης
10 ἐν ἐλαίῳ ἥμισυ τοῦ ἲν. Καὶ οἶνον εἰς σπονδὴν τὸ ἥμισυ
τοῦ ἲν, κάρπωμα ὀσμὴν εὐωδίας Κυρίῳ.

11 Οὕτω ποιήσεις τῷ μόσχῳ τῷ ἑνί, ἢ τῷ κριῷ τῷ ἑνί, ἢ τῷ
12 ἀμνῷ τῷ ἑνὶ ἐκ τῶν προβάτων ἢ ἐκ τῶν αἰγῶν. Κατὰ τὸν
ἀριθμὸν ὧν ἐὰν ποιήσητε, οὕτως ποιήσετε τῷ ἑνί, κατὰ τὸν
ἀριθμὸν αὐτῶν.

13 Πᾶς ὁ αὐτόχθων ποιήσει οὕτως τοιαῦτα προσενέγκαι καρ-
14 πώματα εἰς ὀσμὴν εὐωδίας Κυρίῳ. Ἐὰν δὲ προσήλυτος ἐν
ὑμῖν προσγένηται ἐν τῇ γῇ ὑμῶν, ἢ ὃς ἂν γένηται ἐν ὑμῖν
ἐν ταῖς γενεαῖς ὑμῶν, καὶ ποιήσει κάρπωμα ὀσμὴν εὐωδίας
Κυρίῳ, ὃν τρόπον ποιεῖτε ὑμεῖς, οὕτω ποιήσει ἡ συναγωγὴ
Κυρίῳ.

15 Νόμος εἷς ἔσται ὑμῖν καὶ τοῖς προσηλύτοις τοῖς προσ-
κειμένοις ἐν ὑμῖν, νόμος αἰώνιος εἰς τὰς γενεὰς ὑμῶν· ὡς
16 ὑμεῖς, καὶ ὁ προσήλυτος ἔσται ἔναντι Κυρίου. Νόμος εἷς
ἔσται καὶ δικαίωμα ἓν ἔσται ὑμῖν καὶ τῷ προσηλύτῳ τῷ προσ-
κειμένῳ ἐν ὑμῖν.

17, 18 Καὶ ἐλάλησε Κύριος πρὸς Μωυσῆν, λέγων, λάλησον
τοῖς υἱοῖς Ἰσραὴλ, καὶ ἐρεῖς πρὸς αὐτοὺς, ἐν τῷ εἰσπορεύεσθαι
19 ὑμᾶς εἰς τὴν γῆν, εἰς ἣν ἐγὼ εἰσάγω ὑμᾶς ἐκεῖ, καὶ ἔσται
ὅταν ἔσθητε ὑμεῖς ἀπὸ τῶν ἄρτων τῆς γῆς, ἀφελεῖτε ἀφαίρεμα
20 ἀφόρισμα Κυρίῳ, ἀπαρχὴν φυράματος ὑμῶν. Ἄρτον ἀφοριεῖτε
ἀφαίρεμα αὐτό· ὡς ἀφαίρεμα ἀπὸ ἅλω, οὕτως ἀφελεῖτε αὐτὸν,
21 ἀπαρχὴν φυράματος ὑμῶν, καὶ δώσετε Κυρίῳ ἀφαίρεμα εἰς τὰς
γενεὰς ὑμῶν.

22 Ὅταν δὲ διαμάρτητε καὶ μὴ ποιήσητε πάσας τὰς ἐντολὰς
23 ταύτας, ἃς ἐλάλησε Κύριος πρὸς Μωυσῆν, καθὰ συνέταξε
Κύριος πρὸς ὑμᾶς ἐν χειρὶ Μωυσῆ, ἀπὸ τῆς ἡμέρας ᾗ συνέ-
24 ταξε Κύριος πρὸς ὑμᾶς καὶ ἐπέκεινα εἰς τὰς γενεὰς ὑμῶν, καὶ
ἔσται ἐὰν ἐξ ὀφθαλμῶν τῆς συναγωγῆς γενηθῇ ἀκουσίως,
καὶ ποιήσει πᾶσα ἡ συναγωγὴ μόσχον ἕνα ἐκ βοῶν ἄμωμον
εἰς ὁλοκαύτωμα εἰς ὀσμὴν εὐωδίας Κυρίῳ, καὶ θυσίαν τούτου
καὶ σπονδὴν αὐτοῦ κατὰ τὴν σύνταξιν, καὶ χίμαρον ἐξ αἰγῶν
25 ἕνα περὶ ἁμαρτίας. Καὶ ἐξιλάσεται ὁ ἱερεὺς περὶ πάσης
συναγωγῆς υἱῶν Ἰσραὴλ, καὶ ἀφεθήσεται αὐτοῖς, ὅτι ἀκούσιόν
ἐστι· καὶ αὐτοὶ ἤνεγκαν τὸ δῶρον αὐτῶν κάρπωμα Κυρίῳ περὶ
τῆς ἁμαρτίας αὐτῶν ἔναντι Κυρίου, περὶ τῶν ἀκουσίων αὐτῶν.

ephah mingled with oil, even with the fourth part of a hin. [5] And for a drink-offering ye shall offer the fourth part of a hin on the whole-burnt-offering, or on the meat-offering: for every lamb thou shalt offer so much, as a sacrifice, a smell of sweet savour to the Lord. [6] And for a ram, when ye offer it as a whole-burnt-offering or as a sacrifice, thou shalt prepare as a meat-offering two tenths of fine flour mingled with oil, the third part of a hin. [7] And ye shall offer for a smell of sweet savour to the Lord wine for a drink-offering, the third part of a hin.

[8] And if ye sacrifice *a bullock* from the herd for a whole-burnt-offering or for a sacrifice, to perform a vow or a peace-offering to the Lord, [9] then *the worshipper* shall offer upon the calf a meat-offering, three tenth deals of fine flour mingled with oil, *even* the half of a hin. [10] And wine for a drink-offering the half of a hin, a sacrifice for a smell of sweet savour to the Lord.

[11] Thus shalt thou do to one calf or to one ram, or to one lamb of the sheep or kid of the goats. [12] According to the number of what ye shall offer, so shall ye do to each one, according to their number.

[13] Every native of the country shall do thus to offer such things as sacrifices for a smell of sweet savour to the Lord. [14] And if there should be a stranger among you in your land, or one who should be born to you among your generations, and he will offer a sacrifice, a smell of sweet savour to the Lord —as ye do, so the *whole* congregation shall offer to the Lord.

[15] There shall be one law for you and for the strangers abiding among you, a perpetual law for your generations: as ye *are*, so shall the stranger be before the Lord. [16] There shall be one law and one ordinance for you, and for the stranger that abides among you.

[17] And the Lord spoke to Moses, saying, [18] Speak to the sons of Israel, and thou shalt say to them, When ye are entering into the land, into which I bring you, [19] then it shall come to pass, when ye shall eat of the bread of the land, ye shall separate a wave-offering, a special offering to the Lord, the first-fruits of your dough. [20] Ye shall offer your bread a heave-offering: as a heave-offering from the threshing-floor, so shall ye separate it, [21] even the first-fruits of your dough, and ye shall give the Lord a heave-offering throughout your generations.

[22] But whensoever ye shall transgress, and not perform all these commands, which the Lord spoke to Moses, [23] as the Lord appointed you by the hand of Moses, from the day which the Lord appointed you and forward throughout your generations, [24] then it shall come to pass, if a trespass be committed unwillingly, unknown to the congregation, then shall all the congregation offer a calf of the herd without blemish for a whole-burnt-offering of sweet savour to the Lord, and its meat-offering and its drink-offering according to the ordinance, and one kid of the goats for a sin-offering. [25] And the priest shall make atonement for all the congregation of the children of Israel, and *the trespass* shall be forgiven them, because it is involuntary; and they have brought their gift, a burnt-offering to the Lord for their trespass before the Lord, even for their involuntary sins.

²⁶ And it shall be forgiven as respects all the congregation of the children of Israel, and the stranger that is abiding among you, because *it is* involuntary to all the people. ²⁷ And if one soul sin unwillingly, he shall bring one she-goat of a year old for a sin-offering. ²⁸ And the priest shall make atonement for the soul that committed the trespass unwillingly, and that sinned unwillingly before the Lord, to make atonement for him. ²⁹ There shall be one law for the native among the children of Israel, and for the stranger that abides among them, whosoever shall commit a trespass unwillingly. ³⁰ And whatever soul either of the natives or of the strangers shall do any thing with a presumptuous hand, he will provoke God; that soul shall be cut off from his people, ³¹ for he has set at nought the word of the Lord and broken his commands: that soul shall be utterly destroyed, his sin *is* upon him. ³² And the children of Israel were in the wilderness, and they found a man gathering sticks on the sabbath-day. ³³ And they who found him gathering sticks on the sabbath-day brought him to Moses and Aaron, and to all the congregation of the children of Israel. ³⁴ And they placed him in custody, for they did not determine what they should do to him. ³⁵ And the Lord spoke to Moses, saying, Let the man be by all means put to death: *do ye* all the congregation, stone him with stones. ³⁶ And all the congregation brought him forth out of the camp; and all the congregation stoned him with stones outside the camp, as the Lord commanded Moses. ³⁷ And the Lord spoke to Moses, saying, ³⁸ Speak to the children of Israel, and thou shalt tell them; and let them make for themselves fringes upon the borders of their garments throughout their generations: and ye shall put upon the fringes of the borders a lace of blue. ³⁹ And it shall be on your fringes, and ye shall look on them, and ye shall remember all the commands of the Lord, and do them: and ye shall not turn back after your imaginations, and after *the sight of your* eyes in the things after which ye go a whoring, ⁴⁰ that ye may remember and perform all my commands, and ye shall be holy unto your God. ⁴¹ I *am* the Lord your God that brought you out of the land of Egypt, to be your God: I *am* the Lord your God.

And Core the son of Isaar the son of Caath the son of Levi, and Dathan and Abiron, sons of Eliab, and Aun the son of Phaleth the son of Ruben, spoke; ² and rose up before Moses, and two hundred and fifty men of the sons of Israel, chiefs of the assembly, chosen councillors, and men of renown. ³ They rose up against Moses and Aaron, and said, Let it be enough for you that all the congregation *are* holy, and the Lord *is* among them; and why do ye set up yourselves against the congregation of the Lord? ⁴ And when Moses heard it, he fell on his face. ⁵ And he spoke to Core and all his assembly, saying, God has visited and known those that are his and who are holy, and has brought them to himself; and whom

Καὶ ἀφεθήσεται κατὰ πᾶσαν συναγωγὴν υἱῶν Ἰσραήλ, καὶ 26 τῷ προσηλύτῳ τῷ προσκειμένῳ πρὸς ὑμᾶς, ὅτι παντὶ τῷ λαῷ ἀκούσιον.

Ἐάν τε ψυχὴ μία ἁμάρτῃ ἀκουσίως, προσάξει αἶγα μίαν 27 ἐνιαυσίαν περὶ ἁμαρτίας. Καὶ ἐξιλάσεται ὁ ἱερεὺς περὶ τῆς 28 ψυχῆς τῆς ἀκουσιασθείσης, καὶ ἁμαρτούσης ἀκουσίως ἔναντι Κυρίου, ἐξιλάσασθαι περὶ αὐτοῦ. Τῷ ἐγχωρίῳ ἐν υἱοῖς Ἰσραὴλ, 29 καὶ τῷ προσηλύτῳ τῷ προσκειμένῳ ἐν αὐτοῖς νόμος εἷς ἔσται αὐτοῖς, ὃς ἂν ποιήσῃ ἀκουσίως.

Καὶ ψυχὴ ἥτις ποιήσῃ ἐν χειρὶ ὑπερηφανίας ἀπὸ τῶν 30 αὐτοχθόνων ἢ ἀπὸ τῶν προσηλύτων, τὸν Θεὸν οὗτος παροξυνεῖ, ἐξολοθρευθήσεται ἡ ψυχὴ ἐκείνη ἐκ τοῦ λαοῦ αὐτῆς, ὅτι τὸ ῥῆμα Κυρίου ἐφαύλισε, καὶ τὰς ἐντολὰς αὐτοῦ διε- 31 σκέδασεν· ἐκτρίψει ἐκτριβήσεται ἡ ψυχὴ ἐκείνη, ἡ ἁμαρτία αὐτῆς ἐν αὐτῇ.

Καὶ ἦσαν οἱ υἱοὶ Ἰσραὴλ ἐν τῇ ἐρήμῳ, καὶ εὗρον ἄνδρα 32 συλλέγοντα ξύλα τῇ ἡμέρᾳ τῶν σαββάτων. Καὶ προσήγαγον 33 αὐτὸν οἱ εὑρόντες συλλέγοντα ξύλα τῇ ἡμέρᾳ τῶν σαββάτων πρὸς Μωυσῆν καὶ Ἀαρὼν, καὶ πρὸς πᾶσαν συναγωγὴν υἱῶν Ἰσραήλ. Καὶ ἀπέθεντο αὐτὸν εἰς φυλακὴν, οὐ γὰρ συνέκριναν 34 τί ποιήσωσιν αὐτόν. Καὶ ἐλάλησε Κύριος πρὸς Μωυσῆν, 35 λέγων, θανάτῳ θανατούσθω ὁ ἄνθρωπος· λιθοβολήσατε αὐτὸν λίθοις πᾶσα ἡ συναγωγή. Καὶ ἐξήγαγον αὐτὸν πᾶσα ἡ 36 συναγωγὴ ἔξω τῆς παρεμβολῆς· καὶ ἐλιθοβόλησεν αὐτὸν πᾶσα ἡ συναγωγὴ λίθοις ἔξω τῆς παρεμβολῆς, καθὰ συνέταξε Κύριος τῷ Μωυσῇ.

Καὶ εἶπε Κύριος πρὸς Μωυσῆν, λέγων, λάλησον τοῖς 37, 38 υἱοῖς Ἰσραὴλ, καὶ ἐρεῖς πρὸς αὐτοὺς, καὶ ποιησάτωσαν ἑαυτοῖς κράσπεδα ἐπὶ τὰ πτερύγια τῶν ἱματίων αὐτῶν εἰς τὰς γενεὰς αὐτῶν· καὶ ἐπιθήσετε ἐπὶ τὰ κράσπεδα τῶν πτερυγίων κλῶσμα ὑακίνθινον. Καὶ ἔσται ὑμῖν ἐν τοῖς κρασπέδοις, καὶ ὄψεσθε 39 αὐτά· καὶ μνησθήσεσθε πασῶν τῶν ἐντολῶν Κυρίου, καὶ ποιήσετε αὐτάς· καὶ οὐ διαστραφήσεσθε ὀπίσω τῶν διανοιῶν ὑμῶν, καὶ τῶν ὀφθαλμῶν ἐν οἷς ὑμεῖς ἐκπορνεύετε ὀπίσω αὐτῶν, ὅπως ἂν μνησθῆτε καὶ ποιήσητε πάσας τὰς ἐντολάς μου, καὶ 40 ἔσεσθε ἅγιοι τῷ Θεῷ ὑμῶν. Ἐγὼ Κύριος ὁ Θεὸς ὑμῶν ὁ ἐξα- 41 γαγὼν ὑμᾶς ἐκ γῆς Αἰγύπτου, εἶναι ὑμῶν Θεός· ἐγὼ Κύριος ὁ Θεὸς ὑμῶν.

Καὶ ἐλάλησε Κορὲ υἱὸς Ἰσαὰρ υἱοῦ Καὰθ υἱοῦ Λευὶ, καὶ 16 Δαθὰν καὶ Ἀβειρὼν υἱοὶ Ἐλιὰβ, καὶ Αὐν υἱὸς Φαλὲθ υἱοῦ Ῥουβήν· καὶ ἀνέστησαν ἔναντι Μωυσῆ, καὶ ἄνδρες τῶν υἱῶν 2 Ἰσραὴλ πεντήκοντα καὶ διακόσιοι, ἀρχηγοὶ συναγωγῆς, σύγκλητοι βουλῆς, καὶ ἄνδρες ὀνομαστοί. Συνέστησαν ἐπὶ Μωυσῆν 3 καὶ Ἀαρὼν, καὶ εἶπαν, ἐχέτω ὑμῖν ὅτι πᾶσα ἡ συναγωγὴ πάντες ἅγιοι, καὶ ἐν αὐτοῖς Κύριος· καὶ διατί κατανίστασθε ἐπὶ τὴν συναγωγὴν Κυρίου; Καὶ ἀκούσας Μωυσῆς, ἔπεσεν ἐπὶ 4 πρόσωπον. Καὶ ἐλάλησε πρὸς Κορὲ καὶ πρὸς πᾶσαν αὐτοῦ 5 τὴν συναγωγὴν, λέγων, ἐπέσκεπται καὶ ἔγνω ὁ Θεὸς τοὺς ὄντας αὐτοῦ καὶ τοὺς ἁγίους, καὶ προσηγάγετο πρὸς ἑαυτόν· καὶ οὓς

6 ἐξελέξατο ἑαυτῷ, προσηγάγετο πρὸς ἑαυτόν. Τοῦτο ποιήσατε·
λάβετε ὑμῖν αὐτοῖς πυρεῖα Κορὲ, καὶ πᾶσα ἡ συναγωγὴ αὐτοῦ,
7 καὶ ἐπίθετε ἐπ᾽ αὐτὰ πῦρ, καὶ ἐπίθετε ἐπ᾽ αὐτὰ θυμίαμα ἔναντι
Κυρίου αὔριον· καὶ ἔσται ὁ ἀνὴρ ὃν ἐκλέλεκται Κύριος, οὗτος
8 ἅγιος· ἱκανούσθω ὑμῖν υἱοὶ Λευί. Καὶ εἶπε Μωυσῆς πρὸς
9 Κορὲ, εἰσακούσατέ μου υἱοὶ Λευί. Μὴ μικρόν ἐστι τοῦτο
ὑμῖν, ὅτι διέστειλεν ὁ Θεὸς Ἰσραὴλ ὑμᾶς ἐκ συναγωγῆς
Ἰσραὴλ, καὶ προσηγάγετο ὑμᾶς πρὸς ἑαυτὸν λειτουργεῖν τὰς
λειτουργίας τῆς σκηνῆς Κυρίου, καὶ παρίστασθαι ἔναντι τῆς
10 σκηνῆς λατρεύειν αὐτοῖς; καὶ προσηγάγετό σε καὶ πάντας
τοὺς ἀδελφούς σου υἱοὺς Λευὶ μετὰ σοῦ, καὶ ζητεῖτε καὶ ἱερα-
11 τεύειν; Οὕτως σὺ καὶ πᾶσα ἡ συναγωγή σου ἡ συνηθροισμένη
πρὸς τὸν Θεόν· καὶ Ἀαρὼν τίς ἐστιν, ὅτι διαγογγύζετε κατ᾽
αὐτοῦ;

12 Καὶ ἀπέστειλε Μωυσῆς καλέσαι Δαθὰν καὶ Ἀβειρὼν υἱοὺς
13 Ἐλιάβ· καὶ εἶπαν, οὐκ ἀναβαίνομεν. Μὴ μικρὸν τοῦτο, ὅτι
ἀνήγαγες ἡμᾶς εἰς γῆν ῥέουσαν γάλα καὶ μέλι, ἀποκτεῖναι ἡμᾶς
14 ἐν τῇ ἐρήμῳ, ὅτι κατάρχεις ἡμῶν; Ἄρχων εἶ· καὶ σὺ εἰς γῆν
ῥέουσαν γάλα καὶ μέλι εἰσήγαγες ἡμᾶς, καὶ ἔδωκας ἡμῖν
κλῆρον ἀγροῦ καὶ ἀμπελῶνας; τοὺς ὀφθαλμοὺς τῶν ἀνθρώπων
15 ἐκείνων ἂν ἐξέκοψας; οὐκ ἀναβαίνομεν. Καὶ ἐβαρυθύμησε
Μωυσῆς σφόδρα, καὶ εἶπε πρὸς Κύριον, μὴ πρόσχῃς εἰς τὴν
θυσίαν αὐτῶν· οὐκ ἐπιθύμημα οὐδενὸς αὐτῶν εἴληφα, οὐδὲ
16 ἐκάκωσα οὐδένα αὐτῶν. Καὶ εἶπε Μωυσῆς πρὸς Κορὲ, ἁγίασον
τὴν συναγωγήν σου, καὶ γίνεσθε ἕτοιμοι ἔναντι Κυρίου σὺ καὶ
17 Ἀαρὼν καὶ αὐτοὶ αὔριον. Καὶ λάβετε ἕκαστος τὸ πυρεῖον
αὐτοῦ, καὶ ἐπιθήσετε ἐπ᾽ αὐτὰ θυμίαμα, καὶ προσάξετε ἔναντι
Κυρίου ἕκαστος τὸ πυρεῖον αὐτοῦ, πεντήκοντα καὶ διακόσια
πυρεῖα, καὶ σὺ καὶ Ἀαρὼν ἕκαστος τὸ πυρεῖον αὐτοῦ.

18 Καὶ ἔλαβεν ἕκαστος τὸ πυρεῖον αὐτοῦ, καὶ ἐπέθηκαν ἐπ᾽
αὐτὰ πῦρ, καὶ ἐπέβαλον ἐπ᾽ αὐτὰ θυμίαμα· καὶ ἔστησαν παρὰ
τὰς θύρας τῆς σκηνῆς τοῦ μαρτυρίου Μωυσῆς καὶ Ἀαρών.
19 Καὶ ἐπισυνέστησεν ἐπ᾽ αὐτοὺς Κορὲ τὴν πᾶσαν αὐτοῦ συνα-
γωγὴν παρὰ τὴν θύραν τῆς σκηνῆς τοῦ μαρτυρίου· καὶ ὤφθη ἡ
20 δόξα Κυρίου πάσῃ τῇ συναγωγῇ. Καὶ ἐλάλησε Κύριος πρὸς
21 Μωυσῆν καὶ Ἀαρὼν, λέγων, ἀποσχίσθητε ἐκ μέσου τῆς συν-
22 αγωγῆς ταύτης, καὶ ἐξαναλώσω αὐτοὺς εἰσάπαξ. Καὶ ἔπεσαν
ἐπὶ πρόσωπον αὐτῶν, καὶ εἶπαν, Θεὸς, Θεὸς τῶν πνευμάτων
καὶ πάσης σαρκὸς, εἰ ἄνθρωπος εἰς ἥμαρτεν, ἐπὶ πᾶσαν τὴν
23 συναγωγὴν ὀργὴ Κυρίου; Καὶ ἐλάλησε Κύριος πρὸς Μωυσῆν,
24 λέγων, λάλησον τῇ συναγωγῇ, λέγων, ἀναχωρήσατε κύκλῳ
ἀπὸ τῆς συναγωγῆς Κορέ.

25 Καὶ ἀνέστη Μωυσῆς, καὶ ἐπορεύθη πρὸς Δαθὰν καὶ Ἀβειρὼν,
καὶ συνεπορεύθησαν μετ᾽ αὐτοῦ πάντες οἱ πρεσβύτεροι Ἰσραήλ.
26 Καὶ ἐλάλησε πρὸς τὴν συναγωγὴν, λέγων, ἀποσχίσθητε ἀπὸ
τῶν σκηνῶν τῶν ἀνθρώπων τῶν σκληρῶν τούτων, καὶ μὴ
ἅπτεσθε ἀπὸ πάντων ὧν ἐστιν αὐτοῖς, μὴ συναπόλησθε ἐν
27 πάσῃ τῇ ἁμαρτίᾳ αὐτῶν. Καὶ ἀπέστησαν ἀπὸ τῆς σκηνῆς
Κορὲ κύκλῳ· καὶ Δαθὰν καὶ Ἀβειρὼν ἐξῆλθον, καὶ εἰστήκεισαν

he has chosen for himself, he has brought
to himself. ⁶ This do ye: take to yourselves
censers, Core and all his company; ⁷ and
put fire on them, and put incense on them
before the Lord to-morrow; and it shall
come to pass that the man whom the Lord
has chosen, he shall be holy: let it be enough
for you, ye sons of Levi. ⁸ And Moses said
to Core, Hearken to me, ye sons of Levi.
⁹ Is it a little thing for you, that the God of
Israel has separated you from the congrega-
tion of Israel, and brought you near to
himself to minister in the services of the
tabernacle of the Lord, and to stand before
the tabernacle to minister for them? ¹⁰ and
he has brought thee near and all thy brethren
the sons of Levi with thee, and do ye seek
to be priests also? ¹¹ Thus *it is with* thee
and all thy congregation which is gathered
together against God: and who is Aaron,
that ye murmur against him?

¹² And Moses sent to call Dathan and
Abiron sons of Eliab; and they said, We
β will not go up. ¹³ Is it a little thing that
thou hast brought us up γ to a land flowing
with milk and honey, to kill us in the wil-
derness, *and* that thou altogether rulest
over us? ¹⁴ Thou art a prince, and hast
thou brought us into a land flowing with
milk and honey, and hast thou given us an
inheritance of land and vineyards? wouldest
thou have δ put out the eyes of those men?
we β will not go up. ¹⁵ And Moses was ex-
ceedingly indignant, and said to the Lord,
Do thou take no heed to their sacrifice: I
have not taken away ς the desire of any one
of them, neither have I hurt any one of
them. ¹⁶ And Moses said to Core, Sanctify
thy company, and be ready before the Lord,
thou and Aaron and they, to-morrow.
¹⁷ And take each man his censer, and ye
shall put incense upon them, and shall
bring each one his censer before the Lord,
two hundred and fifty censers, and thou
and Aaron shall bring each his censer.

¹⁸ And each man took his censer, and they
put on them fire, and laid incense on them;
and Moses and Aaron stood by the doors of
the tabernacle of witness. ¹⁹ And Core
raised up against them all his company by
the door of the tabernacle of witness; and
the glory of the Lord appeared to all the
congregation. ²⁰ And the Lord spoke to
Moses and Aaron, saying, ²¹ Separate your-
selves from the midst of this congregation,
and I will consume them at once. ²² And
they fell on their faces, and said, O God, the
God of spirits and of all flesh, if one man
has sinned, *shall* the wrath of the Lord *be*
upon the whole congregation? ²³ And the
Lord spoke to Moses, saying, ²⁴ Speak to the
congregation, saying, Depart from the com-
pany of Core round about.

²⁵ And Moses rose up and went to Dathan
and Abiron, and all the elders of Israel went
with him. ²⁶ And he spoke to the congre-
gation, saying, Separate yourselves from the
tents of these stubborn men, and touch
nothing that belongs to them, lest ye be
consumed with them in all their sin. ²⁷ And
they stood aloof from the tent of Core
round about; and Dathan and Abiron went

β *Gr.* do not.   γ Some read, out of.   δ *Gr.* cut out.   ζ הפר for הפור.

forth and stood by the doors of their tents, and their wives and their children and their store.

²⁸ And Moses said, Hereby shall ye know that the Lord has sent me to perform all these works, that *I have* not *done them* of myself. ²⁹ If these men shall die according to the death of all men, if also their visitation shall be according to the visitation of all men, then the Lord has not sent me. ³⁰ But if the Lord shall shew by a ᵝwonder, and the earth shall open her mouth and swallow them up, and their houses, and their tents, and all that belongs to them, and they shall go down alive into Hades, then ye shall know that these men have provoked the Lord.

³¹ And when he ceased speaking all these words, the ground clave asunder beneath them. ³² And the ground opened, and swallowed them up, and their houses, and all the men that were with Core, and their cattle. ³³ And they went down and all that they had, alive into Hades; and the ground covered them, and they perished from the midst of the congregation. ³⁴ And all Israel round about them fled from the sound of them, for ᵞthey said, Lest the earth swallow us up *also*. ³⁵ And fire went forth from the Lord, and devoured the two hundred and fifty men that offered incense.

³⁶ And the Lord said to Moses, ³⁷ and to Eleazar the son of Aaron the priest, Take up the brazen censers out of the midst of the men that have been burnt, and scatter the strange fire yonder, for they have sanctified the censers ³⁸ of these sinners against their own souls, and do thou make them beaten plates a covering to the altar, because they were brought before the Lord and hallowed; and they became a sign to the children of Israel. ³⁹ And Eleazar the son of Aaron the priest took the brazen censers, which the men who had been burnt brought near, and they put them as a covering on the altar: ⁴⁰ a memorial to the children of Israel that no stranger might draw nigh, who is not of the seed of Aaron, to offer incense before the Lord; so he shall not be as Core and as they that conspired with him, as the Lord spoke to him by the hand of Moses.

⁴¹ And the children of Israel murmured the next day against Moses and Aaron, saying, Ye have killed the people of the Lord. ⁴² And it came to pass when the congregation combined against Moses and Aaron, that they ran impetuously to the tabernacle of witness; and the cloud covered it, and the glory of the Lord appeared. ⁴³ And Moses and Aaron went in, in front of the tabernacle of witness.

⁴⁴ And the Lord spoke to Moses and Aaron, saying, ⁴⁵ Depart out of the midst of this congregation, and I will consume them at once: and they fell upon their faces. ⁴⁶ And Moses said to Aaron, Take a censer, and put on it fire from the altar, and put incense on it, and carry it away quickly into the camp, and make atonement for them; for wrath is gone forth from the presence of the Lord, it has begun to destroy the people. ⁴⁷ And Aaron took as Moses spoke to him,

παρὰ τὰς θύρας τῶν σκηνῶν αὐτῶν, καὶ αἱ γυναῖκες αὐτῶν, καὶ τὰ τέκνα αὐτῶν, καὶ ἡ ἀποσκευὴ αὐτῶν.

Καὶ εἶπε Μωυσῆς, ἐν τούτῳ γνώσεσθε ὅτι Κύριος ἀπέστειλέ 28 με ποιῆσαι πάντα τὰ ἔργα ταῦτα, ὅτι οὐκ ἀπ᾽ ἐμαυτοῦ. Εἰ 29 κατὰ θάνατον πάντων ἀνθρώπων ἀποθανοῦνται οὗτοι, εἰ καὶ κατ᾽ ἐπίσκεψιν πάντων ἀνθρώπων ἐπισκοπὴ ἔσται αὐτῶν, οὐχὶ Κύριος ἀπέσταλκέ με. Ἀλλ᾽ ἢ ἐν φάσματι δείξει Κύριος, 30 καὶ ἀνοίξασα ἡ γῆ τὸ στόμα αὐτῆς καταπίεται αὐτοὺς, καὶ τοὺς οἴκους αὐτῶν, καὶ τὰς σκηνὰς αὐτῶν, καὶ πάντα ὅσα ἐστὶν αὐτοῖς, καὶ καταβήσονται ζῶντες εἰς ᾅδου, καὶ γνώσεσθε, ὅτι παρώξυναν οἱ ἄνθρωποι οὗτοι τὸν Κύριον.

Ὡς δὲ ἐπαύσατο λαλῶν πάντας τοὺς λόγους τούτους, ἐρράγη 31 ἡ γῆ ὑποκάτω αὐτῶν. Καὶ ἠνοίχθη ἡ γῆ, καὶ κατέπιεν αὐτοὺς, 32 καὶ τοὺς οἴκους αὐτῶν, καὶ πάντας τοὺς ἀνθρώπους τοὺς ὄντας μετὰ Κορὲ, καὶ τὰ κτήνη αὐτῶν. Καὶ κατέβησαν αὐτοὶ, καὶ 33 ὅσα ἐστὶν αὐτῶν ζῶντα εἰς ᾅδου, καὶ ἐκάλυψεν αὐτοὺς ἡ γῆ, καὶ ἀπώλοντο ἐκ μέσου τῆς συναγωγῆς. Καὶ πᾶς Ἰσραὴλ 34 οἱ κύκλῳ αὐτῶν ἔφυγον ἀπὸ τῆς φωνῆς αὐτῶν, ὅτι λέγοντες, μή ποτε καταπίῃ ἡμᾶς ἡ γῆ. Καὶ πῦρ ἐξῆλθε παρὰ Κυρίου, 35 καὶ κατέφαγε τοὺς πεντήκοντα καὶ διακοσίους ἄνδρας τοὺς προσφέροντας τὸ θυμίαμα.

Καὶ εἶπε Κύριος πρὸς Μωυσῆν, καὶ πρὸς Ἐλεάζαρ τὸν 36, 37 υἱὸν Ἀαρὼν τὸν ἱερέα, ἀνέλεσθε τὰ πυρεῖα τὰ χαλκᾶ ἐκ μέσου τῶν κατακεκαυμένων, καὶ τὸ πῦρ τὸ ἀλλότριον τοῦτο σπεῖρον ἐκεῖ, ὅτι ἡγίασαν τὰ πυρεῖα τῶν ἁμαρτωλῶν τούτων ἐν ταῖς 38 ψυχαῖς αὐτῶν, καὶ ποίησον αὐτὰ λεπίδας ἐλατὰς περίθεμα τῷ θυσιαστηρίῳ, ὅτι προσηνέχθησαν ἔναντι Κυρίου καὶ ἡγιάσθησαν· καὶ ἐγένοντο εἰς σημεῖον τοῖς υἱοῖς Ἰσραήλ. Καὶ 39 ἔλαβεν Ἐλεάζαρ υἱοῖς Ἀαρὼν τοῦ ἱερέως τὰ πυρεῖα τὰ χαλκᾶ, ὅσα προσήνεγκαν οἱ κατακεκαυμένοι, καὶ προσέθηκαν αὐτὰ περίθεμα τῷ θυσιαστηρίῳ, μνημόσυνον τοῖς υἱοῖς Ἰσραὴλ, 40 ὅπως ἂν μὴ προσέλθῃ μηδεὶς ἀλλογενὴς, ὃς οὐκ ἔστιν ἐκ τοῦ σπέρματος Ἀαρὼν, ἐπιθεῖναι θυμίαμα ἔναντι Κυρίου· καὶ οὐκ ἔσται ὥσπερ Κορὲ, καὶ ἡ ἐπισύστασις αὐτοῦ, καθὰ ἐλάλησε Κύριος ἐν χειρὶ Μωυσῇ αὐτῷ.

Καὶ ἐγόγγυσαν οἱ υἱοὶ Ἰσραὴλ τῇ ἐπαύριον ἐπὶ Μωυσῆν 41 καὶ Ἀαρὼν, λέγοντες, ὑμεῖς ἀπεκτάγκατε τὸν λαὸν Κυρίου. Καὶ ἐγένετο ἐν τῷ ἐπισυστρέφεσθαι τὴν συναγωγὴν ἐπὶ Μωυσῆν 42 καὶ Ἀαρὼν, καὶ ὥρμησαν ἐπὶ τὴν σκηνὴν τοῦ μαρτυρίου· καὶ τήνδε ἐκάλυψεν αὐτὴν ἡ νεφέλη, καὶ ὤφθη ἡ δόξα Κυρίου. Καὶ εἰσῆλθε Μωυσῆς καὶ Ἀαρὼν κατὰ πρόσωπον τῆς σκηνῆς 43 τοῦ μαρτυρίου. Καὶ ἐλάλησε Κύριος πρὸς Μωυσῆν καὶ 44 Ἀαρὼν, λέγων, ἐκχωρήσατε ἐκ μέσου τῆς συναγωγῆς ταύτης, 45 καὶ ἐξαναλώσω αὐτοὺς εἰσάπαξ· καὶ ἔπεσον ἐπὶ πρόσωπον αὐτῶν. Καὶ εἶπε Μωυσῆς πρὸς Ἀαρὼν, λάβε τὸ πυρεῖον, 46 καὶ ἐπίθες ἐπ᾽ αὐτὸ πῦρ ἀπὸ τοῦ θυσιαστηρίου, καὶ ἐπίβαλε ἐπ᾽ αὐτὸ θυμίαμα, καὶ ἀπένεγκε τοτάχος εἰς τὴν παρεμβολὴν, καὶ ἐξίλασαι περὶ αὐτῶν· ἐξῆλθε γὰρ ὀργὴ ἀπὸ προσώπου Κυρίου, ἦρκται θραύειν τὸν λαόν. Καὶ ἔλαβεν Ἀαρὼν καθά- 47

β Or, vision. Some copies read χάσματι. γ Gr. saying.

περ ἐλάλησεν αὐτῷ Μωυσῆς, καὶ ἔδραμεν εἰς τὴν συναγωγήν·
καὶ ἤδη ἐνῆρκτο ἡ θραῦσις ἐν τῷ λαῷ· καὶ ἐπέβαλε τὸ θυμίαμα,
48 καὶ ἐξιλάσατο περὶ τοῦ λαοῦ. Καὶ ἔστη ἀναμέσον τῶν
49 τεθνηκότων καὶ τῶν ζώντων, καὶ ἐκόπασεν ἡ θραῦσις. Καὶ
ἐγένοντο οἱ τεθνηκότες ἐν τῇ θραύσει τεσσαρεσκαίδεκα χιλιάδες
50 καὶ ἑπτακόσιοι, χωρὶς τῶν τεθνηκότων ἕνεκεν Κορέ. Καὶ
ἐπέστρεψεν Ἀαρὼν πρὸς Μωυσῆν ἐπὶ τὴν θύραν τῆς σκηνῆς
τοῦ μαρτυρίου, καὶ ἐκόπασεν ἡ θραῦσις.

17 Καὶ ἐλάλησε Κύριος πρὸς Μωυσῆν, λέγων, λάλησον τοῖς
2 υἱοῖς Ἰσραὴλ, καὶ λάβε παρ᾽ αὐτῶν ῥάβδον, ῥάβδον κατ᾽
οἴκους πατριῶν παρὰ πάντων τῶν ἀρχόντων αὐτῶν, κατ᾽ οἴκους
πατριῶν αὐτῶν, δώδεκα ῥάβδους, καὶ ἑκάστου τὸ ὄνομα αὐτοῦ
3 ἐπίγραψον ἐπὶ τῆς ῥάβδου. Καὶ τὸ ὄνομα Ἀαρὼν ἐπίγραψον
ἐπὶ τῆς ῥάβδου Λευί· ἔστι γὰρ ῥάβδος μία· κατὰ φυλὴν οἴκου
4 πατριῶν αὐτῶν δώσουσι. Καὶ θήσεις αὐτὰς ἐν τῇ σκηνῇ τοῦ
μαρτυρίου, κατέναντι τοῦ μαρτυρίου, ἐν οἷς γνωσθήσομαί σοι
5 ἐκεῖ. Καὶ ἔσται ὁ ἄνθρωπος ὃν ἂν ἐκλέξωμαι αὐτὸν, ἡ ῥάβδος
αὐτοῦ ἐκβλαστήσει· καὶ περιελῶ ἀπ᾽ ἐμοῦ τὸν γογγυσμὸν υἱῶν
Ἰσραὴλ, ἃ αὐτοὶ γογγύζουσιν ἐφ᾽ ὑμῖν.

6 Καὶ ἐλάλησε Μωυσῆς τοῖς υἱοῖς Ἰσραήλ· καὶ ἔδωκαν αὐτῷ
πάντες οἱ ἄρχοντες αὐτῶν ῥάβδον· τῷ ἄρχοντι τῷ ἑνὶ ῥάβδον
κατ᾽ ἄρχοντα, κατ᾽ οἴκους πατριῶν αὐτῶν, δώδεκα ῥάβδους·
7 καὶ ἡ ῥάβδος Ἀαρὼν ἀναμέσον τῶν ῥάβδων αὐτῶν. Καὶ
ἀπέθηκε Μωυσῆς τὰς ῥάβδους ἔναντι Κυρίου ἐν τῇ σκηνῇ
8 τοῦ μαρτυρίου. Καὶ ἐγένετο τῇ ἐπαύριον, καὶ εἰσῆλθε Μωυσῆς
καὶ Ἀαρὼν ἐν τῇ σκηνῇ τοῦ μαρτυρίου· καὶ ἰδοὺ ἐβλάστησεν
ἡ ῥάβδος Ἀαρὼν εἰς οἶκον Λευὶ, καὶ ἐξήνεγκε βλαστὸν, καὶ
9 ἐξήνθησεν ἄνθη, καὶ ἐβλάστησε κάρυα. Καὶ ἐξήνεγκε Μωυσῆς
πάσας τὰς ῥάβδους ἀπὸ προσώπου Κυρίου πρὸς πάντας υἱοὺς
Ἰσραήλ· καὶ εἶδον, καὶ ἔλαβον ἕκαστος τὴν ῥάβδον αὐτοῦ.

10 Καὶ εἶπε Κύριος πρὸς Μωυσῆν, ἀπόθες τὴν ῥάβδον Ἀαρὼν
ἐνώπιον τῶν μαρτυρίων εἰς διατήρησιν, σημεῖον τοῖς υἱοῖς
τῶν ἀνηκόων· καὶ παυσάσθω ὁ γογγυσμὸς αὐτῶν ἀπ᾽ ἐμοῦ,
11 καὶ οὐ μὴ ἀποθάνωσι. Καὶ ἐποίησε Μωυσῆς καὶ Ἀαρὼν. Καὶ
12 καθὰ συνέταξε Κύριος τῷ Μωυσῇ, οὕτως ἐποίησαν. Καὶ
εἶπαν οἱ υἱοὶ Ἰσραὴλ πρὸς Μωυσῆν, λέγοντες, ἰδοὺ ἐξανη-
13 λώμεθα, ἀπολώλαμεν, παρανηλώμεθα. Πᾶς ὁ ἁπτόμενος τῆς
σκηνῆς Κυρίου, ἀποθνήσκει· ἕως εἰς τέλος ἀποθάνωμεν;

18 Καὶ εἶπε Κύριος πρὸς Ἀαρὼν, λέγων, σὺ καὶ οἱ υἱοί σου
καὶ ὁ οἶκος τοῦ πατρός σου λήψεσθε τὰς ἁμαρτίας τῶν ἁγίων,
καὶ σὺ καὶ οἱ υἱοί σου λήψεσθε τὰς ἁμαρτίας τῆς ἱερατείας
2 ὑμῶν. Καὶ τοὺς ἀδελφούς σου φυλὴν Λευὶ δῆμον τοῦ πατρός
σου προσαγάγου πρὸς σεαυτὸν, καὶ προστεθήτωσάν σοι, καὶ
λειτουργείτωσάν σοι· καὶ σὺ καὶ οἱ υἱοί σου μετὰ σοῦ ἀπέναντι
3 τῆς σκηνῆς τοῦ μαρτυρίου. Καὶ φυλάξονται τὰς φυλακάς σου,
καὶ τὰς φυλακὰς τῆς σκηνῆς· πλὴν πρὸς τὰ σκεύη τὰ ἅγια,
πρὸς τὸ θυσιαστήριον οὐ προσελεύσονται, καὶ οὐκ ἀποθανοῦν-
4 ται καὶ οὗτοι καὶ ὑμεῖς. Καὶ προστεθήσονται πρὸς σὲ, καὶ
φυλάξονται τὰς φυλακὰς τῆς σκηνῆς τοῦ μαρτυρίου, κατὰ

and ran among the congregation, for already
the plague had begun among the people;
and he put on incense, and made an atone-
ment for the people. [48] And he stood be-
tween the dead and the living, and the
plague ceased. [49] And they that died in the
plague were fourteen thousand and seven
hundred, besides those that died on account
of Core. [50] And Aaron returned to Moses
to the door of the tabernacle of witness, and
the plague ceased.

And the Lord spoke to Moses, saying,
[2] Speak to the children of Israel, and take
βrods of them, according to the houses of
their families, a rod from all their princes,
according to the houses of their families,
twelve rods, and write the name of each on
his rod. [3] And write the name of Aaron on
the rod of Levi; for it is one rod *for each*:
they shall give *them* according to the tribe
of the house of their families. [4] And thou
shalt put them in the tabernacle of witness,
before the testimony, where I will be made
known to thee. [5] And it shall be, the man
whom I shall choose, his rod shall blossom;
and I will remove from me the murmuring
of the children of Israel, which they mur-
mur against you.

[6] And Moses spoke to the children of
Israel, and all their chiefs gave him a rod
each, for one chief a rod, according to the
house of their families, twelve rods; and
the rod of Aaron *was* in the midst of the
rods. [7] And Moses laid up the rods before
the Lord in the tabernacle of witness. [8] And
it came to pass on the morrow, that Moses
and Aaron went into the tabernacle of wit-
ness; and, behold, the rod of Aaron for the
house of Levi blossomed, and put forth a
bud, and bloomed blossoms and produced
almonds. [9] And Moses brought forth all
the rods from before the Lord to all the
sons of Israel; and they looked, and each
one took his rod.

[10] And the Lord said to Moses, Lay up the
rod of Aaron before the testimonies to be
kept as a sign for the children of the dis-
obedient; and let their murmuring cease
from me, and they shall not die. [11] And
Moses and Aaron did as the Lord com-
manded Moses, so did they. [12] And the
children of Israel spoke to Moses, saying,
Behold, we are cut off, we are destroyed, we
are consumed. [13] Every one that touches
the tabernacle of the Lord, dies: shall we
die utterly?

And the Lord spoke to Aaron, saying,
Thou and thy sons and thy father's house
shall bear the sins of the holy things, and
thou and thy sons shall bear the iniquity of
your priesthood. [2] And take to thyself thy
brethren the tribe of Levi, the family of thy
father, and let them be joined to thee, and
let them minister to thee; and thou and
thy sons with thee *shall minister* before the
tabernacle of witness. [3] And they shall keep
thy charges, and the charges of the taber-
nacle; only they shall not approach the holy
vessels and the altar, so both they and you
shall not die. [4] And they shall be joined to
thee, and shall keep the charges of the
tabernacle of witness, in all the services of

β Gr. a rod.

the tabernacle; and a stranger shall not approach to thee. [5] And ye shall keep the charges of the holy things, and the charges of the altar, and so there shall not be anger [β] among the children of Israel. [6] And I have taken your brethren the Levites out of the midst of the children of Israel, a present given to the Lord, to minister in the services of the tabernacle of witness. [7] And thou and thy sons after thee shall keep up your priestly ministration, according to the whole manner of the altar, and that which is within the veil; and ye shall minister in the services as the office of your priesthood; and the stranger that comes near shall die.

[8] And the Lord said to Aaron, And, behold, I have given you the charge of the first-fruits of all things consecrated to me by the children of Israel; and I have given them to thee as an honour, and to thy sons after thee for a perpetual ordinance. [9] And let this be to you from all the holy things that are consecrated to me, even the burnt-offerings, from all their gifts, and from all their sacrifices, and from every trespass-offering of theirs, and from all their sin-offerings, whatever things they give to me of all their holy things, they shall be thine and thy sons. [10] In the most holy place shall ye eat them; every male shall eat them, thou and thy sons: they shall be holy to thee. [11] And this shall be to you of the first-fruits of their gifts, of all the [γ] wave-offerings of the children of Israel; to them have I given them and to thy sons and thy daughters with thee, a perpetual ordinance; every clean person in thy house shall eat them.

[12] Every first-offering of oil, and every first-offering of wine, their first-fruits of corn, whatsoever they may give to the Lord, to thee have I given them. [13] All the first-fruits that are in their land, whatsoever they shall offer to the Lord, shall be thine: every clean person in thy house shall eat them.

[14] Every devoted thing among the children of Israel shall be thine. [15] And every thing that opens the womb of all flesh, whatsoever they bring to the Lord, whether man or beast, shall be thine: only the first-born of men shall be surely redeemed, and thou shalt redeem the first-born of unclean cattle. [16] And the redemption of them shall be from a month old; their valuation of five shekels—it is twenty oboli according to the holy shekel. [17] But thou shalt not redeem the first-born [δ] of calves and the first-born of sheep and the first-born of goats; they are holy: and thou shalt pour their blood upon the altar, and thou shalt offer the fat as a burnt-offering for a smell of sweet savour to the Lord. [18] And the flesh shall be thine, as also the breast of the wave-offering and as the right shoulder, it shall be thine. [19] Every special offering of the holy things, whatsoever the children of Israel shall specially offer to the Lord, I have given to thee and to thy sons and to thy daughters with thee, a perpetual ordinance: it is a covenant [ζ] of salt for ever before the Lord, for thee and thy seed after thee.

πάσας τὰς λειτουργίας τῆς σκηνῆς· καὶ ὁ ἀλλογενὴς οὐ προσελεύσεται πρὸς σέ. Καὶ φυλάξεσθε τὰς φυλακὰς τῶν ἁγίων, [5] καὶ τὰς φυλακὰς τοῦ θυσιαστηρίου, καὶ οὐκ ἔσται θυμὸς ἐν τοῖς υἱοῖς Ἰσραήλ. Καὶ ἐγὼ εἴληφα τοὺς ἀδελφοὺς ὑμῶν [6] τοὺς Λευίτας ἐκ μέσου τῶν υἱῶν Ἰσραὴλ δόμα δεδομένον Κυρίῳ, λειτουργεῖν τὰς λειτουργίας τῆς σκηνῆς τοῦ μαρτυρίου. Καὶ [7] σὺ καὶ οἱ υἱοί σου μετὰ σοῦ διατηρήσετε τὴν ἱερατείαν ὑμῶν, κατὰ πάντα τρόπον τοῦ θυσιαστηρίου, καὶ τὸ ἔνδοθεν τοῦ καταπετάσματος· καὶ λειτουργήσετε τὰς λειτουργίας δόμα τῆς ἱερατείας ὑμῶν· καὶ ὁ ἀλλογενὴς ὁ προσπορευόμενος ἀποθανεῖται.

Καὶ ἐλάλησε Κύριος πρὸς Ἀαρὼν, καὶ ἰδοὺ ἐγὼ δέδωκα ὑμῖν [8] τὴν διατήρησιν τῶν ἀπαρχῶν ἀπὸ πάντων τῶν ἡγιασμένων μοι παρὰ τῶν υἱῶν Ἰσραήλ· σοὶ δέδωκα αὐτὰ εἰς γέρας, καὶ τοῖς υἱοῖς σου μετὰ σὲ νόμιμον αἰώνιον. Καὶ τοῦτο ἔστω [9] ὑμῖν ἀπὸ τῶν ἡγιασμένων ἁγίων τῶν καρπωμάτων, ἀπὸ πάντων τῶν δώρων αὐτῶν, καὶ ἀπὸ πάντων τῶν θυσιασμάτων αὐτῶν, καὶ ἀπὸ πάσης πλημμελείας αὐτῶν, καὶ ἀπὸ πασῶν τῶν ἁμαρτιῶν αὐτῶν, ὅσα ἀποδιδόασί μοι ἀπὸ πάντων τῶν ἁγίων, σοὶ ἔσται καὶ τοῖς υἱοῖς σου. Ἐν τῷ ἁγίῳ τῶν ἁγίων φάγεσθε [10] αὐτά· πᾶν ἀρσενικὸν φάγεται αὐτά· σὺ καὶ οἱ υἱοί σου· ἅγια ἔσται σοι.

Καὶ τοῦτο ἔσται ὑμῖν ἀπαρχῶν δομάτων αὐτῶν, ἀπὸ πάντων [11] τῶν ἐπιθεμάτων τῶν υἱῶν Ἰσραήλ· σοὶ δέδωκα αὐτὰ καὶ τοῖς υἱοῖς σου καὶ ταῖς θυγατράσι σου μετὰ σοῦ, νόμιμον αἰώνιον· πᾶς καθαρὸς ἐν τῷ οἴκῳ σου ἔδεται αὐτά.

Πᾶσα ἀπαρχὴ ἐλαίου, καὶ πᾶσα ἀπαρχὴ οἴνου, σίτου ἀπαρχὴ [12] αὐτῶν ὅσα ἂν δῶσι τῷ Κυρίῳ, σοὶ δέδωκα αὐτά. Τὰ πρωτο- [13] γεννήματα πάντα ὅσα ἐν τῇ γῇ αὐτῶν, ὅσα ἂν ἐνέγκωσι Κυρίῳ, σοὶ ἔσται· πᾶς καθαρὸς ἐν τῷ οἴκῳ σου ἔδεται αὐτά.

Πᾶν ἀνατεθεματισμένον ἐν υἱοῖς Ἰσραήλ, σοὶ ἔσται. Καὶ [14, 15] πᾶν διανοῖγον μήτραν ἀπὸ πάσης σαρκὸς, ὅσα προσφέρουσι Κυρίῳ ἀπὸ ἀνθρώπου ἕως κτήνους, σοὶ ἔσται· ἀλλ᾽ ἢ λύτροις λυτρωθήσεται τὰ πρωτότοκα τῶν ἀνθρώπων, καὶ τὰ πρωτότοκα τῶν κτηνῶν τῶν ἀκαθάρτων λυτρώσῃ. Καὶ ἡ λύτρωσις αὐτοῦ, [16] ἀπὸ μηνιαίου· ἡ συντίμησις πέντε σίκλων, κατὰ τὸν σίκλον τὸν ἅγιον εἴκοσι ὀβολοί εἰσι. Πλὴν πρωτότοκα μόσχων καὶ [17] πρωτότοκα προβάτων, καὶ πρωτότοκα αἰγῶν οὐ λυτρώσῃ· ἅγιά ἐστι· καὶ τὸ αἷμα αὐτῶν προσχεεῖς πρὸς τὸ θυσιαστήριον, καὶ τὸ στέαρ ἀνοίσεις κάρπωμα εἰς ὀσμὴν εὐωδίας Κυρίῳ.

Καὶ τὰ κρέα ἔσται σοι, καθὰ καὶ τὸ στηθύνιον τοῦ ἐπιθέματος· [18] καὶ κατὰ τὸν βραχίονα τὸν δεξιὸν, σοὶ ἔσται. Πᾶν ἀφαίρεμα τῶν [19] ἁγίων, ὅσα ἐὰν ἀφέλωσιν οἱ υἱοὶ Ἰσραὴλ Κυρίῳ, δέδωκά σοι καὶ τοῖς υἱοῖς σου καὶ ταῖς θυγατράσι σου μετὰ σοῦ, νόμιμον αἰώνιον· διαθήκη ἁλὸς αἰωνίου ἔστιν ἔναντι Κυρίου, σοὶ καὶ τῷ σπέρματί σου μετὰ σέ.

β Gr. in. γ Heb. חֹזֵה. Such appears its general meaning. cattle old enough to breed. δ i. e. among. But μόσχος is used elsewhere in LXX. for horned ζ Gr. of perpetual salt.

20 Καὶ ἐλάλησε Κύριος πρὸς ᾿Ααρὼν, ἐν τῇ γῇ αὐτῶν οὐ κληρονομήσεις, καὶ μερὶς οὐκ ἔσται σοι ἐν αὐτοῖς, ὅτι ἐγὼ μερίς σου καὶ κληρονομία σου ἐν μέσῳ τῶν υἱῶν ᾿Ισραήλ.

21 Καὶ τοῖς υἱοῖς Λευὶ ἰδοὺ δέδωκα πᾶν ἐπιδέκατον ἐν ᾿Ισραὴλ ἐν κλήρῳ ἀντὶ τῶν λειτουργιῶν αὐτῶν, ὅσα αὐτοὶ λειτουργοῦσι

22 λειτουργίαν ἐν τῇ σκηνῇ τοῦ μαρτυρίου. Καὶ οὐ προσελεύσονται ἔτι οἱ υἱοὶ ᾿Ισραὴλ εἰς τὴν σκηνὴν τοῦ μαρτυρίου λαβεῖν

23 ἁμαρτίαν θανατηφόρον. Καὶ λειτουργήσει ὁ Λευίτης αὐτὸς τὴν λειτουργίαν τῆς σκηνῆς τοῦ μαρτυρίου· καὶ αὐτοὶ λήψονται τὰ ἁμαρτήματα αὐτῶν, νόμιμον αἰώνιον εἰς τὰς γενεὰς αὐτῶν· καὶ ἐν μέσῳ υἱῶν ᾿Ισραὴλ οὐ κληρονομήσουσι κληρονομίαν.

24 ῞Οτι τὰ ἐπιδέκατα τῶν υἱῶν ᾿Ισραὴλ ὅσα ἐὰν ἀφορίσωσι Κυρίῳ, ἀφαίρεμα δέδωκα τοῖς Λευίταις ἐν κλήρῳ· διὰ τοῦτο εἴρηκα αὐτοῖς, ἐν μέσῳ υἱῶν ᾿Ισραὴλ οὐ κληρονομήσουσι κλῆρον.

25, 26 Καὶ ἐλάλησε Κύριος πρὸς Μωυσῆν, λέγων, καὶ τοῖς Λευίταις λαλήσεις, καὶ ἐρεῖς πρὸς αὐτοὺς, ἐὰν λάβητε παρὰ τῶν υἱῶν ᾿Ισραὴλ τὸ ἐπιδέκατον, ὃ δέδωκα ὑμῖν παρ᾽ αὐτῶν ἐν κλήρῳ, καὶ ἀφελεῖτε ὑμεῖς ἀπ᾽ αὐτοῦ ἀφαίρεμα Κυρίῳ, ἐπι-

27 δέκατον ἀπὸ τοῦ ἐπιδεκάτου. Καὶ λογισθήσεται ὑμῖν τὰ ἀφαιρέματα ὑμῶν ὡς σῖτος ἀπὸ ἅλω, καὶ ἀφαίρεμα ἀπὸ ληνοῦ.

28 Οὕτως ἀφελεῖτε αὐτοὺς καὶ ὑμεῖς ἀπὸ πάντων τῶν ἀφαιρεμάτων Κυρίου ἀπὸ πάντων τῶν ἐπιδεκάτων ὑμῶν, ὅσα ἐὰν λάβητε παρὰ τῶν υἱῶν ᾿Ισραήλ· καὶ δώσετε ἀπ᾽ αὐτῶν ἀφαίρεμα

29 Κυρίῳ ᾿Ααρὼν τῷ ἱερεῖ. ᾿Απὸ πάντων τῶν δομάτων ὑμῶν ἀφελεῖτε ἀφαίρεμα Κυρίῳ, ἢ ἀπὸ πάντων τῶν ἀπαρχῶν τὸ

30 ἡγιασμένον ἀπ᾽ αὐτοῦ. Καὶ ἐρεῖς πρὸς αὐτοὺς, ὅταν ἀφαιρῆτε τὴν ἀπαρχὴν ἀπ᾽ αὐτοῦ, καὶ λογισθήσεται τοῖς Λευίταις

31 ὡς γέννημα ἀπὸ ἅλω, καὶ ὡς γέννημα ἀπὸ ληνοῦ. Καὶ ἔδεσθε αὐτὸ ἐν παντὶ τόπῳ ὑμεῖς καὶ οἱ οἶκοι ὑμῶν, ὅτι μισθὸς οὗτος ὑμῖν ἐστιν ἀντὶ τῶν λειτουργιῶν ὑμῶν τῶν ἐν τῇ σκηνῇ τοῦ

32 μαρτυρίου. Καὶ οὐ λήψεσθε δι᾽ αὐτὸ ἁμαρτίαν, ὅτι ἂν ἀφαιρῆτε τὴν ἀπαρχὴν ἀπ᾽ αὐτοῦ· καὶ τὰ ἅγια τῶν υἱῶν ᾿Ισραὴλ οὐ βεβηλώσετε, ἵνα μὴ ἀποθάνητε.

19 Καὶ ἐλάλησε Κύριος πρὸς Μωυσῆν καὶ ᾿Ααρὼν, λέγων, αὕτη

2 ἡ διαστολὴ τοῦ νόμου, ὅσα συνέταξε Κύριος, λέγων, λάλησον τοῖς υἱοῖς ᾿Ισραήλ· καὶ λαβέτωσαν πρὸς σὲ δάμαλιν πυῤῥὰν ἄμωμον, ἥτις οὐκ ἔχει ἐν αὐτῇ μῶμον, καὶ ᾗ οὐκ ἐπεβλήθη ἐπ᾽

3 αὐτὴν ζυγός. Καὶ δώσεις αὐτὴν πρὸς ᾿Ελεάζαρ τὸν ἱερέα· καὶ ἐξάξουσιν αὐτὴν ἔξω τῆς παρεμβολῆς εἰς τόπον καθαρὸν,

4 καὶ σφάξουσιν αὐτὴν ἐνώπιον αὐτοῦ. Καὶ λήψεται ᾿Ελεάζαρ ἀπὸ τοῦ αἵματος αὐτῆς, καὶ ῥανεῖ ἀπέναντι τοῦ προσώπου τῆς σκηνῆς τοῦ μαρτυρίου ἀπὸ τοῦ αἵματος αὐτῆς ἑπτάκις.

5 Καὶ κατακαύσουσιν αὐτὴν ἐναντίον αὐτοῦ· καὶ τὸ δέρμα καὶ τὰ κρέα αὐτῆς καὶ τὸ αἷμα αὐτῆς σὺν τῇ κόπρῳ αὐτῆς κατακαυθή-

6 σεται. Καὶ λήψεται ὁ ἱερεὺς ξύλον κέδρινον καὶ ὕσσωπον καὶ κόκκινον, καὶ ἐμβαλοῦσιν εἰς μέσον τοῦ κατακαύματος τῆς δαμάλεως.

---

20 And the Lord said to Aaron, Thou shalt have no inheritance in their land, neither shalt thou have any portion among them; for I *am* thy portion and thine inheritance in the midst of the children of Israel. **21** And, behold, I have given to the sons of Levi every tithe in Israel for an inheritance for their services, whereinsoever they perform ministry in the tabernacle of witness. **22** And the children of Israel shall no more draw nigh to the tabernacle of witness to incur fatal guilt. **23** And the Levite himself shall perform the service of the tabernacle of witness; and they shall bear their iniquities, it is a perpetual statute throughout their generations; and in the midst of the children of Israel they shall not receive an inheritance. **24** Because I have given as a distinct portion to the Levites for an inheritance the tithes of the children of Israel, whatsoever they shall offer to the Lord; therefore I said to them, In the midst of the children of Israel they shall have no inheritance.

25 And the Lord spoke to Moses, saying, **26** Thou shalt also speak to the Levites, and shalt say to them, If ye take the tithe from the children of Israel, which I have given you from them for an inheritance, then shall ye separate from it a heave-offering to the Lord, a tenth of the tenth. **27** And your heave-offerings shall be reckoned to you as corn from the floor, and an offering from the wine-press. **28** So shall ye also separate them from all the offerings of the Lord out of all your tithes, whatsoever ye shall receive from the children of Israel; and ye shall give of them an offering to the Lord to Aaron the priest. **29** Of all your gifts ye shall offer an offering to the Lord, and of every first-fruit the consecrated part from it. **30** And thou shalt say to them, When ye shall offer the first-fruits from it, then shall it be reckoned to the Levites as produce from the threshing-floor, and as produce from the wine-press. **31** And ye shall eat it in any place, ye and your families; for this is your reward for your services in the tabernacle of witness. **32** And ye shall not bear sin by reason of it, β for ye shall have offered an offering of first-fruits from it, and ye shall not profane the holy things of the children of Israel, that ye die not.

And the Lord spoke to Moses and Aaron, saying, **2** This is the constitution of the law, as the Lord has commanded, saying, Speak to the sons of Israel, and let them take for thee a red heifer without spot, which has no spot on her, and on which no yoke has been put. **3** And thou shalt give her to Eleazar the priest; and they shall bring her out of the camp into a clean place, and shall kill her before his face. **4** And Eleazar shall take of her blood, and sprinkle of her blood seven times in front of the tabernacle of witness. **5** And they shall burn her to ashes before him; and her skin and her flesh and her blood, with her dung, shall be consumed. **6** And the priest shall take cedar wood and hyssop and scarlet wool, and they shall cast them into the midst of the burning of the heifer.

β *Or,* because ye shall.

7 And the priest shall wash his garments, and bathe his body in water, and afterwards he shall go into the camp, and the priest shall be unclean till evening. 8 And he that burns her shall wash his garments, and bathe his body, and shall be unclean till evening. 9 And a clean man shall gather up the ashes of the heifer, and lay them up in a clean place outside the camp; and they shall be for the congregation of the children of Israel to keep: it is the water of sprinkling, a purification. 10 And he that gathers up the ashes of the heifer shall wash his garments, and shall be unclean until evening; and it shall be a perpetual statute for the children of Israel and for the strangers joined to them.

11 He that touches the dead body of any man, shall be unclean seven days. 12 He shall be purified on the third day and the seventh day, and shall be clean; but if he be not purged on the third day and the seventh day, he shall not be clean. 13 Every one that touches the carcase of the person of a man, if he should have died, and *the other* have not been purified, has defiled the tabernacle of the Lord: that soul shall be cut off from Israel, because the water of sprinkling has not been sprinkled upon him; he is unclean; his uncleanness is yet upon him. 14 And this *is* the law; if a man die in a house, every one that goes into the house, and all things in the house, shall be unclean seven days. 15 And every open vessel which has not a covering bound upon it, shall be unclean. 16 And every one who shall touch a man slain by violence, or a corpse, or human bone, or sepulchre, shall be unclean seven days.

17 And they shall take for the unclean of the burnt ashes of purification, and they shall pour upon them running water into a vessel. 18 And a clean man shall take hyssop, and dip it into the water, and sprinkle it upon the house, and the furniture, and all the souls that are therein, and upon him that touched the human bone, or the slain man, or the corpse, or the tomb. 19 And the clean man shall sprinkle *the water* on the unclean on the third day and on the seventh day, and on the seventh day he shall purify himself; and *the other* shall wash his garments, and bathe himself in water, and shall be unclean until evening. 20 And whatever man shall be defiled and shall not purify himself, that soul shall be cut off from the midst of the congregation, because he has defiled the holy things of the Lord, because the water of sprinkling has not been sprinkled upon him; he is unclean. 21 And it shall be to you a perpetual statute; and he that sprinkles the water of sprinkling shall wash his garments; and he that touches the water of sprinkling shall be unclean until evening. 22 And whatsoever the unclean man shall touch shall be unclean, and the soul that touches it shall be unclean till evening.

And the children of Israel, *even* the whole congregation, came into the wilderness of Sin, in the first month, and the people abode in Cades; and Mariam died there, and was buried there. 2 And there was no water for the congregation: and they gathered themselves together against Moses

Καὶ πλυνεῖ τὰ ἱμάτια αὐτοῦ ὁ ἱερεὺς, καὶ λούσεται τὸ σῶμα 7 αὐτοῦ ὕδατι, καὶ μετὰ ταῦτα εἰσελεύσεται εἰς τὴν παρεμβολὴν, καὶ ἀκάθαρτος ἔσται ὁ ἱερεὺς ἕως ἑσπέρας. Καὶ ὁ κατακαίων 8 αὐτὴν πλυνεῖ τὰ ἱμάτια αὐτοῦ, καὶ λούσεται τὸ σῶμα αὐτοῦ, καὶ ἀκάθαρτος ἔσται ἕως ἑσπέρας. Καὶ συνάξει ἄνθρωπος 9 καθαρὸς τὴν σποδὸν τῆς δαμάλεως, καὶ ἀποθήσει ἔξω τῆς παρεμβολῆς εἰς τόπον καθαρόν· καὶ ἔσται τῇ συναγωγῇ υἱῶν Ἰσραὴλ εἰς διατήρησιν· ὕδωρ ῥαντισμοῦ ἅγνισμά ἐστι. Καὶ ὁ συνάγων τὴν σποδιὰν τῆς δαμάλεως, πλυνεῖ τὰ 10 ἱμάτια αὐτοῦ, καὶ ἀκάθαρτος ἔσται ἕως ἑσπέρας· καὶ ἔσται τοῖς υἱοῖς Ἰσραὴλ καὶ τοῖς προσηλύτοις προσκειμένοις νόμιμον αἰώνιον.

Ὁ ἁπτόμενος τοῦ τεθνηκότος πάσης ψυχῆς ἀνθρώπου, ἀκά- 11 θαρτος ἔσται ἑπτὰ ἡμέρας. Οὗτος ἁγνισθήσεται τῇ ἡμέρᾳ 12 τῇ τρίτῃ καὶ τῇ ἡμέρᾳ τῇ ἑβδόμῃ, καὶ καθαρὸς ἔσται· ἐὰν δὲ μὴ ἀφαγνισθῇ τῇ ἡμέρᾳ τῇ τρίτῃ καὶ τῇ ἡμέρᾳ τῇ ἑβδόμῃ, οὐ καθαρὸς ἔσται. Πᾶς ὁ ἁπτόμενος τοῦ τεθνηκότος ἀπὸ 13 ψυχῆς ἀνθρώπου, ἐὰν ἀποθάνῃ, καὶ μὴ ἀφαγνισθῇ, τὴν σκηνὴν Κυρίου ἐμίανεν· ἐκτριβήσεται ἡ ψυχὴ ἐκείνη ἐξ Ἰσραὴλ, ὅτι ὕδωρ ῥαντισμοῦ οὐ περιεῤῥαντίσθη ἐπ᾽ αὐτόν· ἀκάθαρτός ἐστιν· ἔτι ἡ ἀκαθαρσία αὐτοῦ ἐν αὐτῷ ἐστι. Καὶ οὗτος ὁ νόμος· 14 ἄνθρωπος ἐὰν ἀποθάνῃ ἐν οἰκίᾳ, πᾶς ὁ εἰσπορευόμενος εἰς τὴν οἰκίαν, καὶ ὅσα ἐστὶν ἐν τῇ οἰκίᾳ, ἀκάθαρτα ἔσται ἑπτὰ ἡμέρας. Καὶ πᾶν σκεῦος ἀνεῳγμένον ὅσα οὐχὶ δεσμὸν καταδέδεται ἐπ᾽ 15 αὐτῷ, ἀκάθαρτά ἐστι. Καὶ πᾶς ὃς ἂν ἅψηται ἐπὶ προσώπου 16 τοῦ πεδίου τραυματίου ἢ νεκροῦ ἢ ὀστέου ἀνθρωπίνου ἢ μνή- ματος, ἑπτὰ ἡμέρας ἀκάθαρτος ἔσται.

Καὶ λήψονται τῷ ἀκαθάρτῳ ἀπὸ τῆς σποδιᾶς τῆς κατακεκαυ- 17 μένης τοῦ ἁγνισμοῦ, καὶ κέχεουσιν ἐπ᾽ αὐτὴν ὕδωρ ζῶν εἰς σκεῦος. Καὶ λήψεται ὕσσωπον, καὶ βάψει εἰς τὸ ὕδωρ ἀνὴρ 18 καθαρὸς, καὶ περιῤῥανεῖ ἐπὶ τὸν οἶκον, καὶ ἐπὶ τὰ σκεύη, καὶ ἐπὶ τὰς ψυχὰς, ὅσαι ἂν ὦσιν ἐκεῖ, καὶ ἐπὶ τὸν ἡμμένον τοῦ ὀσ- τέου τοῦ ἀνθρωπίνου, ἢ τοῦ τραυματίου, ἢ τοῦ τεθνηκότος, ἢ τοῦ μνήματος. Καὶ περιῤῥανεῖ ὁ καθαρὸς ἐπὶ τὸν ἀκάθαρτον ἐν τῇ 19 ἡμέρᾳ τῇ τρίτῃ καὶ ἐν τῇ ἡμέρᾳ τῇ ἑβδόμῃ, καὶ ἀφαγνισθή- σεται τῇ ἡμέρᾳ τῇ ἑβδόμῃ· καὶ πλυνεῖ τὰ ἱμάτια αὐτοῦ, καὶ λούσεται ὕδατι, καὶ ἀκάθαρτος ἔσται ἕως ἑσπέρας. Καὶ 20 ἄνθρωπος ὃς ἂν μιανθῇ, καὶ μὴ ἀφαγνισθῇ, ἐξολοθρευθήσεται ἡ ψυχὴ ἐκείνη ἐκ μέσου τῆς συναγωγῆς, ὅτι τὰ ἅγια Κυρίου ἐμίανεν, ὅτι ὕδωρ ῥαντισμοῦ οὐ περιεῤῥαντίσθη ἐπ᾽ αὐτόν· ἀκάθαρτός ἐστι. Καὶ ἔσται ὑμῖν νόμιμον αἰώνιον· καὶ ὁ 21 περιῤῥαίνων ὕδωρ ῥαντισμοῦ, πλυνεῖ τὰ ἱμάτια αὐτοῦ· καὶ ὁ ἁπτόμενος τοῦ ὕδατος τοῦ ῥαντισμοῦ, ἀκάθαρτος ἔσται ἕως ἑσπέρας. Καὶ παντὸς οὗ ἐὰν ἅψηται αὐτοῦ ὁ ἀκάθαρτος, 22 ἀκάθαρτον ἔσται· καὶ ψυχὴ ἡ ἁπτομένη, ἀκάθαρτος ἔσται ἕως ἑσπέρας.

Καὶ ἦλθον οἱ υἱοὶ Ἰσραὴλ, πᾶσα ἡ συναγωγὴ, εἰς τὴν ἔρημον 20 Σὶν, ἐν τῷ μηνὶ τῷ πρώτῳ, καὶ κατέμεινεν ὁ λαὸς ἐν Κάδης· καὶ ἐτελεύτησεν ἐκεῖ Μαριὰμ, καὶ ἐτάφη ἐκεῖ. Καὶ οὐκ ἦν 2 ὕδωρ τῇ συναγωγῇ· καὶ ἠθροίσθησαν ἐπὶ Μωυσῆν καὶ Ἀαρών.

3 Καὶ ἐλοιδορεῖτο ὁ λαὸς πρὸς Μωυσῆν, λέγοντες, ὄφελον ἀπεθάνομεν ἐν τῇ ἀπωλείᾳ τῶν ἀδελφῶν ἡμῶν ἔναντι Κυρίου.

4 Καὶ ἱνατί ἀνηγάγετε τὴν συναγωγὴν Κυρίου εἰς τὴν ἔρημον

5 ταύτην ἀποκτεῖναι ἡμᾶς, καὶ τα κτήνη ἡμῶν; Καὶ ἱνατί τοῦτο; ἀνηγάγετε ἡμᾶς ἐξ Αἰγύπτου, παραγενέσθαι εἰς τὸν τόπον τὸν πονηρὸν τοῦτον· τόπος οὗ οὐ σπείρεται, οὐδὲ συκαῖ, οὐδὲ ἄμπελοι, οὔτε ῥοαὶ, οὔτε ὕδωρ ἐστὶ πιεῖν.

6 Καὶ ἦλθε Μωυσῆς καὶ Ἀαρὼν ἀπὸ προσώπου τῆς συναγωγῆς ἐπὶ τὴν θύραν τῆς σκηνῆς τοῦ μαρτυρίου, καὶ ἔπεσον ἐπὶ

7 πρόσωπον· καὶ ὤφθη ἡ δόξα Κυρίου πρὸς αὐτούς. Καὶ

8 ἐλάλησε Κύριος πρὸς Μωυσῆν, λέγων, λάβε τὴν ῥάβδον σου, καὶ ἐκκλησίασον τὴν συναγωγὴν σὺ καὶ Ἀαρὼν ὁ ἀδελφός σου, καὶ λαλήσατε πρὸς τὴν πέτραν ἐναντίον αὐτῶν, καὶ δώσει τὰ ὕδατα αὐτῆς, καὶ ἐξοίσετε αὐτοῖς ὕδωρ ἐκ τῆς πέτρας, καὶ

9 ποτιεῖτε τὴν συναγωγὴν, καὶ τὰ κτήνη αὐτῶν. Καὶ ἔλαβε Μωυσῆς τὴν ῥάβδον τὴν ἀπέναντι Κυρίου, καθὰ συνέταξε

10 Κύριος. Καὶ ἐξεκκλησίασε Μωυσῆς καὶ Ἀαρὼν τὴν συναγωγὴν ἀπέναντι τῆς πέτρας, καὶ εἶπε πρὸς αὐτούς, ἀκούσατέ μου οἱ ἀπειθεῖς· μὴ ἐκ τῆς πέτρας ταύτης ἐξάξομεν ὑμῖν ὕδωρ;

11 Καὶ ἐπάρας Μωυσῆς τὴν χεῖρα αὐτοῦ, ἐπάταξε τὴν πέτραν τῇ ῥάβδῳ δίς· καὶ ἐξῆλθεν ὕδωρ πολὺ, καὶ ἔπιεν ἡ συναγωγὴ,

12 καὶ τὰ κτήνη αὐτῶν. Καὶ εἶπε Κύριος πρὸς Μωυσῆν καὶ Ἀαρὼν, ὅτι οὐκ ἐπιστεύσατε ἁγιάσαι με ἐναντίον τῶν υἱῶν Ἰσραὴλ, διὰ τοῦτο οὐκ εἰσάξετε ὑμεῖς τὴν συναγωγὴν ταύτην

13 εἰς τὴν γῆν ἣν δέδωκα αὐτοῖς. Τοῦτο τὸ ὕδωρ Ἀντιλογίας, ὅτι ἐλοιδορήθησαν οἱ υἱοὶ Ἰσραὴλ ἔναντι Κυρίου, καὶ ἡγιάσθη ἐν αὐτοῖς.

14 Καὶ ἀπέστειλε Μωυσῆς ἀγγέλους ἐκ Κάδης πρὸς βασιλέα Ἐδὼμ, λέγων, τάδε λέγει ὁ ἀδελφός σου Ἰσραήλ· σὺ ἐπίστῃ

15 πάντα τὸν μόχθον τὸν εὑρόντα ἡμᾶς. Καὶ κατέβησαν οἱ πατέρες ἡμῶν εἰς Αἴγυπτον, καὶ παρῳκήσαμεν ἐν Αἰγύπτῳ ἡμέρας πλείους, καὶ ἐκάκωσαν ἡμᾶς οἱ Αἰγύπτιοι καὶ τοὺς

16 πατέρας ἡμῶν. Καὶ ἀνεβοήσαμεν πρὸς Κύριον, καὶ εἰσήκουσε Κύριος τῆς φωνῆς ἡμῶν, καὶ ἀποστείλας ἄγγελον, ἐξήγαγεν ἡμᾶς ἐξ Αἰγύπτου· καὶ νῦν ἐσμὲν ἐν Κάδης πόλει, ἐκ μέρους

17 τῶν ὁρίων σου. Παρελευσόμεθα διὰ τῆς γῆς σου· οὐ διελευσόμεθα δι᾽ ἀγρῶν, οὐδὲ δι᾽ ἀμπελώνων, οὐδὲ πιόμεθα ὕδωρ ἐκ λάκκου σου· ὁδῷ βασιλικῇ πορευσόμεθα· οὐκ ἐκκλινοῦμεν

18 δεξιὰ οὐδὲ εὐώνυμα, ἕως ἂν παρέλθωμεν τὰ ὁριά σου. Καὶ εἶπε πρὸς αὐτὸν Ἐδὼμ, οὐ διελεύσῃ δι᾽ ἐμοῦ· εἰ δὲ μὴ, ἐν

19 πολέμῳ ἐξελεύσομαι εἰς συνάντησίν σοι. Καὶ λέγουσιν αὐτῷ οἱ υἱοὶ Ἰσραήλ, παρὰ τὸ ὄρος παρελευσόμεθα· ἐὰν δὲ τοῦ ὕδατός σου πίωμεν ἐγώ τε καὶ τὰ κτήνη μου, δώσω τιμήν σοι· ἀλλὰ τὸ πρᾶγμα οὐδέν ἐστι· παρὰ τὸ ὄρος παρελευσόμεθα.

20 Ὁ δὲ εἶπεν, οὐ διελεύσῃ δι᾽ ἐμοῦ· καὶ ἐξῆλθεν Ἐδὼμ εἰς

21 συνάντησιν αὐτῷ ἐν ὄχλῳ βαρεῖ, καὶ ἐν χειρὶ ἰσχυρᾷ. Καὶ οὐκ ἠθέλησεν Ἐδὼμ δοῦναι τῷ Ἰσραὴλ παρελθεῖν διὰ τῶν

22 ὁρίων αὐτοῦ· καὶ ἐξέκλινεν Ἰσραὴλ ἀπ᾽ αὐτοῦ. Καὶ ἀπῆραν ἐκ Κάδης· καὶ παρεγένοντο οἱ υἱοὶ Ἰσραὴλ πᾶσα ἡ συναγωγὴ εἰς Ὣρ τὸ ὄρος.

and Aaron. ³ And the people reviled Moses, saying, Would we had died in the destruction of our brethren before the Lord! ⁴ And wherefore have ye brought up the congregation of the Lord into this wilderness, to kill us and our cattle? ⁵ And wherefore is this? Ye have brought us up out of Egypt, that we should come into this evil place; a place where there is no sowing, neither figs, nor vines, nor pomegranates, neither is there water to drink.

⁶ And Moses and Aaron went from before the assembly to the door of the tabernacle of witness, and they fell upon their faces; and the glory of the Lord appeared to them. ⁷ And the Lord spoke to Moses, saying, ⁸ Take thy rod, and call the assembly, thou and Aaron thy brother, and speak ye to the rock before them, and it shall give forth its waters; and ye shall bring forth for them water out of the rock, and give drink to the congregation and their cattle. ⁹ And Moses took his rod which was before the Lord, as the Lord commanded. ¹⁰ And Moses and Aaron assembled the congregation before the rock, and said to them, Hear me, ye disobedient ones; must we bring you water out of this rock? ¹¹ And Moses lifted up his hand and struck the rock with his rod twice; and much water came forth, and the congregation drank, and their cattle. ¹² And the Lord said to Moses and Aaron, Because ye have not believed me to sanctify me before the children of Israel, therefore ye shall not bring this congregation into the land which I have given them. ¹³ This is the water of Strife, because the children of Israel spoke insolently before the Lord, and he was sanctified in them.

¹⁴ And Moses sent messengers from Cades to the king of Edom, saying, Thus says thy brother Israel; Thou knowest all the distress that has β come upon us. ¹⁵ And how our fathers went down into Egypt, and we sojourned in Egypt many days, and the Egyptians afflicted us and our fathers. ¹⁶ And we cried to the Lord, and the Lord heard our voice, and sent an angel and brought us out of Egypt; and now we are in the city of Cades, at the extremity of thy coasts. ¹⁷ We will pass through thy land: we will not go through the fields, nor through the vineyards, nor will we drink water out of thy cistern: we will go by the king's highway; we will not turn aside to the right hand or to the left, until we have passed thy borders. ¹⁸ And Edom said to him, Thou shalt not pass through me, and if otherwise, I will go forth to meet thee in war. ¹⁹ And the children of Israel say to him, We will pass by the mountain; and if I and my cattle drink of thy water, I will pay thee: but it is no matter of importance, we will go by the mountain. ²⁰ And he said, Thou shalt not pass through me; and Edom went forth to meet him with a great host, and a mighty hand. ²¹ So Edom refused to allow Israel to pass through his borders, and Israel turned away from him. ²² And they departed from Cades; and the children of Israel, even the whole congregation, came to Mount Or.

β Gr. found us.

²³And the Lord spoke to Moses and Aaron in mount Or, on the borders of the land of Edom, saying, ²⁴Let Aaron be added to his people; for ye shall certainly not go into the land which I have given the children of Israel, because ye provoked me at the water of strife. ²⁵Take Aaron, and Eleazar his son, and bring them up to the mount Or before all the congregation; ²⁶and take Aaron's apparel from off him, and put it on Eleazar his son: and let Aaron die there and be added to *his* people. ²⁷And Moses did as the Lord commanded him, and took him up to mount Or, before all the congregation. ²⁸And he took Aaron's garments off him, and put them on Eleazar his son, and Aaron died on the top of the mountain; and Moses and Eleazar came down from the mountain. ²⁹And all the congregation saw that Aaron was dead: and they wept for Aaron thirty days, *even* all the house of Israel.

And Arad the Chananitish king who dwelt by the wilderness, heard that Israel came by the way of Atharin; and he made war on Israel, and carried off β some of them captives. ²And Israel vowed a vow to the Lord, and said, If thou wilt deliver this people into my power, I will devote it and its cities *to thee*. ³And the Lord hearkened to the voice of Israel, and delivered the Chananite into his power; and *Israel* devoted him and his cities, and they called the name of that place γ Anathema.

⁴And having departed from mount Or by the way *leading* to the Red Sea, they compassed the land of Edom, and the people lost courage by the way. ⁵And the people spoke against God and against Moses, saying, Why is this? Hast thou brought us ought of Egypt to slay us in the wilderness? for there is not bread nor water; and our soul loathes this light bread. ⁶And the Lord sent among the people deadly serpents, and they bit the people, and much people of the children of Israel died. ⁷And the people came to Moses and said, We have sinned, for we have spoken against the Lord, and against thee; pray therefore to the Lord, and let him take away the serpent from us. ⁸And Moses prayed to the Lord for the people; and the Lord said to Moses, Make thee a serpent, and put it ·on a signal-*staff*; and it shall come to pass that whenever a serpent shall bite a man, every one *so* bitten that looks upon it shall live. ⁹And Moses made a serpent of brass, and put it upon a signal-*staff*: and it came to pass that whenever a serpent bit a man, and he looked on the brazen serpent, he lived.

¹⁰And the children of Israel departed, and encamped in Oboth. ¹¹And having departed from Oboth, they encamped in Achalgai, on the farther side in the wilderness, which is opposite Moab, toward the east. ¹²And thence they departed, and encamped in the valley of Zared. ¹³And they departed thence and encamped on the other side of Arnon in the wilderness, *the country* which extends from the coasts of the Amorites; for Arnon is the borders of Moab, between Moab and the δ Amorites. ¹⁴Therefore it is

Καὶ εἶπε Κύριος πρὸς Μωυσῆν καὶ Ἀαρὼν ἐν Ὢρ τῷ ὄρει 23 ἐπὶ τῶν ὁρίων τῆς γῆς Ἐδώμ, λέγων, προστεθήτω Ἀαρὼν πρὸς 24 τὸν λαὸν αὐτοῦ, ὅτι οὐ μὴ εἰσέλθητε εἰς τὴν γῆν ἣν δέδωκα τοῖς υἱοῖς Ἰσραήλ, διότι παρωξύνατέ με ἐπὶ τοῦ ὕδατος τῆς λοιδορίας. Λάβε τὸν Ἀαρὼν, καὶ Ἐλεάζαρ τὸν υἱὸν αὐτοῦ, 25 καὶ ἀναβίβασον αὐτοὺς εἰς Ὢρ τὸ ὄρος, ἔναντι πάσης τῆς συναγωγῆς, καὶ ἔκδυσον Ἀαρὼν τὴν στολὴν αὐτοῦ, καὶ ἔνδυσον 26 Ἐλεάζαρ τὸν υἱὸν αὐτοῦ· καὶ Ἀαρὼν προστεθεὶς ἀποθανέτω ἐκεῖ. Καὶ ἐποίησε Μωυσῆς καθὰ συνέταξε Κύριος αὐτῷ, καὶ 27 ἀνεβίβασεν αὐτὸν εἰς Ὢρ τὸ ὄρος, ἐναντίον πάσης τῆς συναγωγῆς, καὶ ἐξέδυσε τὸν Ἀαρὼν τὰ ἱμάτια αὐτοῦ, καὶ ἐνέδυσεν 28 αὐτὰ Ἐλεάζαρ τὸν υἱὸν αὐτοῦ· καὶ ἀπέθανεν Ἀαρὼν ἐπὶ τῆς κορυφῆς τοῦ ὄρους· καὶ κατέβη Μωυσῆς καὶ Ἐλεάζαρ ἐκ τοῦ ὄρους. Καὶ εἶδε πᾶσα ἡ συναγωγὴ ὅτι ἀπελύθη Ἀαρὼν, καὶ 29 ἔκλαυσαν τὸν Ἀαρὼν τριάκοντα ἡμέρας πᾶς οἶκος Ἰσραήλ.

Καὶ ἤκουσεν ὁ Χανανεὶς βασιλεὺς Ἀρὰδ ὁ κατοικῶν κατὰ 21 τὴν ἔρημον, ὅτι ἦλθεν Ἰσραὴλ ὁδὸν Ἀθαρεὶν, καὶ ἐπολέμησε πρὸς Ἰσραὴλ, καὶ κατεπροενόμευσεν ἐξ αὐτῶν αἰχμαλωσίαν. Καὶ ηὔξατο Ἰσραὴλ εὐχὴν Κυρίῳ, καὶ εἶπεν, ἐάν μοι παραδῷς 2 τὸν λαὸν τοῦτον ὑποχείριον, ἀναθεματιῶ αὐτὸν καὶ τὰς πόλεις αὐτοῦ. Καὶ εἰσήκουσε Κύριος τῆς φωνῆς Ἰσραὴλ, καὶ παρ- 3 έδωκε τὸν Χανανεὶν ὑποχείριον αὐτοῦ· καὶ ἀνεθεμάτισεν αὐτὸν, καὶ τὰς πόλεις αὐτοῦ· καὶ ἐπεκάλεσαν τὸ ὄνομα τοῦ τόπου ἐκείνου, Ἀνάθεμα.

Καὶ ἀπάραντες ἐξ Ὢρ τοῦ ὄρους ὁδὸν ἐπὶ θάλασσαν ἐρυθράν, 4 περιεκύκλωσαν γῆν Ἐδώμ· καὶ ὠλιγοψύχησεν ὁ λαὸς ἐν τῇ ὁδῷ. Καὶ κατελάλει ὁ λαὸς πρὸς τὸν Θεὸν καὶ κατὰ Μωυσῆ, 5. λέγοντες, ἱνατί τοῦτο; ἐξήγαγες ἡμᾶς ἐξ Αἰγύπτου ἀποκτεῖναι ἐν τῇ ἐρήμῳ; ὅτι οὐκ ἔστιν ἄρτος, οὐδὲ ὕδωρ· ἡ δὲ ψυχὴ ἡμῶν προσώχθισεν ἐν τῷ ἄρτῳ τῷ διακένῳ τούτῳ. Καὶ ἀπέ- 6 στειλε Κύριος εἰς τὸν λαὸν τοὺς ὄφεις τοὺς θανατοῦντας, καὶ ἔδακνον τὸν λαὸν, καὶ ἀπέθανε λαὸς πολὺς τῶν υἱῶν Ἰσραήλ. Καὶ παραγενόμενος ὁ λαὸς πρὸς Μωυσῆν, ἔλεγον, ὅτι ἡμάρ- 7 τομεν, ὅτι κατελαλήσαμεν κατὰ τοῦ Κυρίου, καὶ κατὰ σοῦ· εὖξαι οὖν πρὸς Κύριον, καὶ ἀφελέτω ἀφ᾽ ἡμῶν τὸν ὄφιν. Καὶ 8 ηὔξατο Μωυσῆς πρὸς Κύριον περὶ τοῦ λαοῦ· καὶ εἶπε Κύριος πρὸς Μωυσῆν, ποίησον σεαυτῷ ὄφιν, καὶ θὲς αὐτὸν ἐπὶ σημείου, καὶ ἔσται ἐὰν δάκῃ ὄφις ἄνθρωπον, πᾶς ὁ δεδηγμένος ἰδὼν αὐτὸν ζήσεται. Καὶ ἐποίησε Μωυσῆς ὄφιν χαλκοῦν, καὶ 9 ἔστησεν αὐτὸν ἐπὶ σημείου· καὶ ἐγένετο ὅταν ἔδακνεν ὄφις ἄνθρωπον, καὶ ἐπέβλεψεν ἐπὶ τὸν ὄφιν τὸν χαλκοῦν, καὶ ἔζη.

Καὶ ἀπῆραν οἱ υἱοὶ Ἰσραὴλ, καὶ παρενέβαλον ἐν Ὠβώθ. 10 Καὶ ἐξάραντες ἐξ Ὠβὼθ, καὶ παρενέβαλον ἐν Ἀχαλγαὶ ἐκ τοῦ 11 πέραν ἐν τῇ ἐρήμῳ, ἥ ἐστι κατὰ πρόσωπον Μωὰβ, κατ᾽ ἀνατολὰς ἡλίου. Καὶ ἐκεῖθεν ἀπῆραν, καὶ παρενέβαλον εἰς φάραγγα 12 Ζαρέδ. Καὶ ἐκεῖθεν ἀπάραντες παρενέβαλον εἰς τὸ πέραν 13 Ἀρνῶν ἐν τῇ ἐρήμῳ, τὸ ἐξέχον ἀπὸ τῶν ὁρίων τῶν Ἀμορραίων· ἔστι γὰρ Ἀρνῶν ὅρια Μωὰβ, ἀναμέσον Μωὰβ καὶ ἀναμέσον τοῦ Ἀμορραίου. Διὰ τοῦτο λέγεται ἐν βιβλίῳ, πόλεμος 14

β *Gr.* a captivity of them.   γ *Gr.* devoted thing.   δ *Gr.* Amorite.

τοῦ Κυρίου τὴν Ζωὸβ ἐφλόγισε, καὶ τοὺς χιμάρρους Ἀρνῶν.

15 Καὶ τοὺς χιμάρρους κατέστησε κατοικίσαι Ἠρ· καὶ πρόσκειται τοῖς ὁρίοις Μωάβ.

16 Καὶ ἐκεῖθεν τὸ φρέαρ· τοῦτο φρέαρ, ὃ εἶπε Κύριος πρὸς Μωυσῆν, συνάγαγε τὸν λαὸν, καὶ δώσω αὐτοῖς ὕδωρ πιεῖν.

17 Τότε ᾖσεν Ἰσραὴλ τὸ ᾆσμα τοῦτο ἐπὶ τοῦ φρέατος, ἐξάρχετε

18 αὐτῷ φρέαρ, ὤρυξαν αὐτὸ ἄρχοντες, ἐξελατόμησαν αὐτὸ βασι-

19 λεῖς ἐθνῶν ἐν τῇ βασιλείᾳ αὐτῶν, ἐν τῷ κυριεῦσαι αὐτῶν· καὶ ἀπὸ φρέατος εἰς Μανθαναεὶν, καὶ ἀπὸ Μανθαναεὶν εἰς Νααλιὴλ, καὶ ἀπὸ Νααλιὴλ εἰς Βαμώθ, καὶ ἀπὸ Βαμὼθ εἰς Ἰανὴν, ἥ ἐστιν ἐν τῷ πεδίῳ Μωάβ, ἀπὸ κορυφῆς τοῦ λελαξευμένου, τὸ βλέπον κατὰ πρόσωπον τῆς ἐρήμου.

20 Καὶ ἀπέστειλε Μωυσῆς πρέσβεις πρὸς Σηὼν βασιλέα Ἀμορ-

21 ραίων, λόγοις εἰρηνικοῖς, λέγων, παρελευσόμεθα διὰ τῆς γῆς σου, τῇ ὁδῷ πορευσόμεθα· οὐκ ἐκκλινοῦμεν οὔτε εἰς ἀγρὸν,

22 οὔτε εἰς ἀμπελῶνα· Οὐ πιόμεθα ὕδωρ ἐκ φρέατός σου· ὁδῷ

23 βασιλικῇ παρευσόμεθα, ἕως παρέλθωμεν τὰ ὅριά σου. Καὶ οὐκ ἔδωκε Σηὼν τῷ Ἰσραὴλ παρελθεῖν διὰ τῶν ὁρίων αὐτοῦ· καὶ συνήγαγε Σηὼν πάντα τὸν λαὸν αὐτοῦ, καὶ ἐξῆλθε παρατάξασθαι τῷ Ἰσραὴλ εἰς τὴν ἔρημον· καὶ ἦλθεν εἰς Ἰασσὰ, καὶ

24 παρετάξατο τῷ Ἰσραήλ. Καὶ ἐπάταξεν αὐτὸν Ἰσραὴλ φόνῳ μαχαίρας, καὶ κατεκυρίευσαν τῆς γῆς αὐτοῦ, ἀπὸ Ἀρνῶν ἕως Ἰαβὸκ, ἕως υἱῶν Ἀμμὰν, ὅτι Ἰαζὴρ ὅρια υἱῶν Ἀμμάν ἐστι.

25 Καὶ ἔλαβεν Ἰσραὴλ πάσας τὰς πόλεις ταύτας, καὶ κατῴκησεν Ἰσραὴλ ἐν πάσαις ταῖς πόλεσι τῶν Ἀμορραίων, ἐν Ἐσεβὼν,

26 καὶ ἐν πάσαις ταῖς συγκυρούσαις αὐτῇ. Ἔστι γὰρ Ἐσεβὼν, πόλις Σηὼν τοῦ βασιλέως τῶν Ἀμορραίων ἐστὶν· καὶ οὗτος ἐπολέμησε βασιλέα Μωὰβ τὸ πρότερον· καὶ ἔλαβον πᾶσαν

27 τὴν γῆν αὐτοῦ, ἀπὸ Ἀροὴρ ἕως Ἀρνῶν. Διὰ τοῦτο ἐροῦσιν οἱ αἰνιγματισταὶ, Ἔλθετε εἰς Ἐσεβὼν, ἵνα οἰκοδομηθῇ καὶ κατα-

28 σκευασθῇ πόλις Σηών· ὅτι πῦρ ἐξῆλθεν ἐξ Ἐσεβὼν, φλὸξ ἐκ πόλεως Σηὼν, καὶ κατέφαγεν ἕως Μωὰβ, καὶ κατέπιε στήλας

29 Ἀρνῶν. Οὐαί σοι Μωὰβ, ἀπώλου λαὸς Χαμώς· ἀπεδόθησαν οἱ υἱοὶ αὐτῶν διασώζεσθαι, καὶ αἱ θυγατέρες αὐτῶν αἰχμάλωτοι

30 τῷ βασιλεῖ τῶν Ἀμορραίων Σηὼν, καὶ τὸ σπέρμα αὐτῶν ἀπολεῖται, Ἐσεβὼν ἕως Δαιβών· καὶ αἱ γυναῖκες ἔτι προσεξέκαυσαν πῦρ ἐπὶ Μωάβ.

31 Κατῴκησε δὲ Ἰσραὴλ ἐν πάσαις ταῖς πόλεσι τῶν Ἀμορ-

32 ραίων. Καὶ ἀπέστειλε Μωυσῆς κατασκέψασθαι τὴν Ἰαζήρ· καὶ κατελάβοντο αὐτὴν, καὶ τὰς κώμας αὐτῆς, καὶ ἐξέβαλον τὸν

33 Ἀμορραῖον τὸν κατοικοῦντα ἐκεῖ. Καὶ ἐπιστρέψαντες, ἀνέβησαν ὁδὸν τὴν εἰς Βασάν· καὶ ἐξῆλθεν Ὢγ βασιλεὺς τῆς Βασὰν εἰς συνάντησιν αὐτοῖς, καὶ πᾶς ὁ λαὸς αὐτοῦ εἰς πόλεμον εἰς

34 Ἐδραείν. Καὶ εἶπε Κύριος πρὸς Μωυσῆν, μὴ φοβηθῇς αὐτὸν, ὅτι εἰς τὰς χεῖράς σου παραδέδωκα αὐτὸν, καὶ πάντα τὸν λαὸν αὐτοῦ, καὶ πᾶσαν τὴν γῆν αὐτοῦ· καὶ ποιήσεις αὐτῷ καθὼς ἐποίησας τῷ Σηὼν βασιλεῖ τῶν Ἀμορραίων, ὃς κατῴκει ἐν

35 Ἐσεβών. Καὶ ἐπάταξεν αὐτὸν καὶ τοὺς υἱοὺς αὐτοῦ, καὶ πάντα τὸν λαὸν αὐτοῦ, ἕως τοῦ μὴ καταλιπεῖν αὐτοῦ ζωγρείαν· καὶ ἐκληρονόμησαν τὴν γῆν αὐτοῦ.

said in a book, A war of the Lord has set on fire Zoob, and the brooks of Arnon. 15 And he has appointed brooks to cause Er to dwell *there;* and it lies near to the coasts of Moab. 16 And thence *they came to* the well; this *is* the well of which the Lord said to Moses, Gather the people, and I will give them water to drink. 17 Then Israel sang this song at the well, Begin *to sing* β of the well; 18 the princes digged it, the kings of the nations in their kingdom, in their lordship sank it in the rock: and *they went* from the well to Manthanain, 19 and from Manthanain to Naaliel, and from Naaliel to Bamoth, and from Bamoth to γ Janen, which is in the plain of Moab *as seen* from the top of the quarried *rock* that looks toward the wilderness. 20 And Moses sent ambassadors to Seon king of the Amorites, with peaceable words, saying, 21 We will pass through thy land, we will go by the road; we will not turn aside to the field or to the vineyard. 22 We will not drink water out of thy well; we will go by the king's highway, until we have past thy boundaries. 23 And Seon did not allow Israel to pass through his borders, and Seon gathered all his people, and went out to set the battle in array against Israel into the wilderness; and he came to Jassa, and set the battle in array against Israel. 24 And Israel smote him with the slaughter of the sword, and they became possessors of his land, from Arnon to Jaboc, as far as the children of Amman, for Jazer is the borders of the children of Amman. 25 And Israel took all their cities, and Israel dwelt in all the cities of the Amorites, in Esebon, and in all cities belonging to it. 26 For Esebon is the city of Seon king of the Amorites; and he before fought against the king of Moab, and they took all his land, from Aroer to Arnon. 27 Therefore say they who deal in dark speeches, Come to Esebon, that the city of Seon may be built and prepared. 28 For a fire has gone forth from Esebon, a flame from the city of Seon, and has consumed as far as Moab, and devoured the pillars of Arnon. 29 Woe to thee, Moab; thou art lost, thou people of Chamos: their sons are sold for preservation, and their daughters are captives to Seon king of the Amorites. 30 And their seed shall perish *from* Esebon to Dæbon; and their women have yet farther kindled a fire against Moab. 31 And Israel dwelt in all the cities of the Amorites. 32 And Moses sent to spy out Jazer; and they took it, and its villages, and cast out the Amorite that dwelt there. 33 And having returned, they went up the road that leads to Basan; and Og the king of Basan went forth to meet them, and all his people to war to Edrain. 34 And the Lord said to Moses, Fear him not; for I have delivered him and all his people, and all his land, into thy hands; and thou shalt do to him as thou didst to Seon king of the Amorites, whe dwelt in Esebon. 35 And he smote him and his sons, and all his people, until he left none of his to be taken alive; and they inherited his land.

β *Gr.* of the well for it.   γ *Or*, Jané, but the reading is uncertain.

And the children of Israel departed, and encamped on the west of Moab by Jordan toward Jericho. [2]And when Balac son of Sepphor saw all that Israel did to the Amorite, [3]then Moab feared the people exceedingly because they were many; and Moab was grieved βbefore the face of the children of Israel. [4]And Moab said to the elders of Madiam, Now shall this assembly lick up all that are round about us, as a calf would lick up the green *herbs* of the field: —and Balac son of Sepphor was king of Moab at that time. [5]And he sent ambassadors to Balaam the son of Beor, to Phathura, which is on a river of the land of the sons of his people, to call him, saying, Behold, a people is come out of Egypt, and behold it has covered the face of the earth, and it has encamped close to me. [6]And now come, curse me this people, for it is stronger than we; if we may be able to smite some of them, and I will cast them out of the land: for I know that whomsoever thou dost bless, they are blessed, and whomsoever thou dost curse, they are cursed. [7]And the elders of Moab went, and the elders of Madiam, and their divining *instruments were* in their hands; and they came to Balaam, and spoke to him the words of Balac. [8]And he said to them, Tarry here the night, and I will answer you the things which the Lord shall say to me; and the princes of Moab stayed with Balaam.

[9]And God came to Balaam, and said to him, Who are these men with thee? [10]And Balaam said to God, Balac son of Sepphor, king of Moab, sent them to me, saying, [11]Behold, a people has come forth out of Egypt, and has covered the face of the land, and it has encamped near to me; and now come, curse it for me, if indeed I shall be able to smite it, and cast it out of the land. [12]And God said to Balaam, Thou shalt not go with them, neither shalt thou curse the people; for they are blessed. [13]And Balaam rose up in the morning, and said to the princes of Balac, Depart quickly to your lord; God does not permit me to go with you. [14]And the princes of Moab rose, and came to Balac, and said, Balaam will not come with us.

[15]And Balac yet again sent more princes and more honourable than they. [16]And they came to Balaam, and they say to him, Thus says Balac the son of Sepphor: I beseech thee, delay not to come to me. [17]For I will greatly honour thee, and will do for thee whatsoever thou shalt say; come then, curse me this people. [18]And Balaam answered and said to the princes of Balac, If Balac would give me his house full of silver and gold, I shall not be able to go beyond the word of the Lord God, to make it little or great in my mind. [19]And now do ye also tarry here this night, and I shall know what the Lord will yet say to me. [20]And God came to Balaam by night, and said to him, If these men are come to call thee, rise and follow them; nevertheless the word which I shall speak to thee, it shalt thou do. [21]And Balaam rose up in the morning,

Καὶ ἀπάραντες οἱ υἱοὶ Ἰσραὴλ παρενέβαλον ἐπὶ δυσμῶν 22 Μωὰβ παρὰ τὸν Ἰορδάνην κατὰ Ἱεριχώ. Καὶ ἰδὼν Βαλὰκ 2 υἱὸς Σεπφὼρ πάντα ὅσα ἐποίησεν Ἰσραὴλ τῷ Ἀμορραίῳ, καὶ 3 ἐφοβήθη Μωὰβ τὸν λαὸν σφόδρα ὅτι πολλοὶ ἦσαν· καὶ προσώχθισε Μωὰβ ἀπὸ προσώπου υἱῶν Ἰσραήλ. Καὶ εἶπε 4 Μωὰβ τῇ γερουσίᾳ Μαδιάμ, νῦν ἐκλείξει ἡ συναγωγὴ αὕτη πάντας τοὺς κύκλῳ ἡμῶν, ὡσεὶ ἐκλείξαι ὁ μόσχος τὰ χλωρὰ ἐκ τοῦ πεδίου· καὶ Βαλὰκ υἱὸς Σεπφὼρ βασιλεὺς Μωὰβ ἦν κατὰ τὸν καιρὸν ἐκεῖνον. Καὶ ἀπέστειλε πρέσβεις πρὸς Βαλαὰμ 5 υἱὸν Βεὼρ Φαθουρά, ὅ ἐστιν ἐπὶ τοῦ ποταμοῦ γῆς υἱῶν λαοῦ αὐτοῦ, καλέσαι αὐτόν, λέγων, ἰδοὺ λαὸς ἐξελήλυθεν ἐξ Αἰγύπτου, καὶ ἰδοὺ κατεκάλυψε τὴν ὄψιν τῆς γῆς, καὶ οὗτος ἐγκάθηται ἐχόμενός μου. Καὶ νῦν δεῦρο ἄρασαί μοι τὸν λαὸν τοῦτον, ὅτι 6 ἰσχύει οὗτος ἢ ἡμεῖς, ἐὰν δυνώμεθα πατάξαι ἐξ αὐτῶν, καὶ ἐκβαλῶ αὐτοὺς ἐκ τῆς γῆς· ὅτι οἶδα οὓς ἐὰν εὐλογήσῃς σύ, εὐλόγηνται, καὶ οὓς ἂν καταράσῃ σύ, κεκατήρανται. Καὶ 7 ἐπορεύθη ἡ γερουσία Μωὰβ, καὶ ἡ γερουσία Μαδιάμ, καὶ τὰ μαντεῖα ἐν ταῖς χερσὶν αὐτῶν· καὶ ἦλθον πρὸς Βαλαάμ, καὶ εἶπαν αὐτῷ τὰ ῥήματα Βαλάκ. Καὶ εἶπε πρὸς αὐτούς, κατα- 8 λύσατε αὐτοῦ τὴν νύκτα, καὶ ἀποκριθήσομαι ὑμῖν πράγματα ἃ ἂν λαλήσῃ Κύριος πρός με· καὶ κατέμειναν οἱ ἄρχοντες Μωὰβ παρὰ Βαλαάμ.

Καὶ ἦλθεν ὁ Θεὸς πρὸς Βαλαάμ, καὶ εἶπεν αὐτῷ, τί οἱ 9 ἄνθρωποι οὗτοι παρὰ σοί; Καὶ εἶπε Βαλαὰμ πρὸς τὸν Θεόν, 10 Βαλὰκ υἱὸς Σεπφώρ, βασιλεὺς Μωάβ, ἀπέστειλεν αὐτοὺς πρὸς μέ, λέγων, ἰδοὺ λαὸς ἐξελήλυθεν ἐξ Αἰγύπτου, καὶ κεκάλυφεν 11 τὴν ὄψιν τῆς γῆς, καὶ οὗτος ἐγκάθηται ἐχόμενός μου, καὶ νῦν δεῦρο ἄρασαί μοι αὐτόν, εἰ ἄρα δυνήσομαι πατάξαι αὐτόν, καὶ ἐκβαλῶ αὐτὸν ἀπὸ τῆς γῆς. Καὶ εἶπεν ὁ Θεὸς πρὸς 12 Βαλαάμ, οὐ πορεύσῃ μετ' αὐτῶν, οὐδὲ καταράσῃ τὸν λαόν· ἔστι γὰρ εὐλογημένος. Καὶ ἀναστὰς Βαλαὰμ τοπρωΐ, εἶπε 13 τοῖς ἄρχουσι Βαλάκ, ἀποτρέχετε πρὸς τὸν κύριον ὑμῶν, οὐκ ἀφίησί με ὁ Θεὸς πορεύεσθαι μεθ' ὑμῶν. Καὶ ἀναστάντες 14 οἱ ἄρχοντες Μωάβ, ἦλθον πρὸς Βαλάκ, καὶ εἶπαν, οὐ θέλει Βαλαὰμ πορευθῆναι μεθ' ἡμῶν.

Καὶ προσέθετο Βαλὰκ ἔτι ἀποστεῖλαι ἄρχοντας πλείους, 15 καὶ ἐντιμοτέρους τούτων. Καὶ ἦλθον πρὸς Βαλαάμ, καὶ 16 λέγουσιν αὐτῷ, τάδε λέγει Βαλὰκ ὁ τοῦ Σεπφώρ· ἀξιῶ σε μὴ ὀκνήσῃς ἐλθεῖν πρός μέ· ἐντίμως γὰρ τιμήσω σε, καὶ 17 ὅσα ἐὰν εἴπῃς ποιήσω σοι· καὶ δεῦρο ἐπικατάρασαί μοι τὸν λαὸν τοῦτον. Καὶ ἀπεκρίθη Βαλαάμ, καὶ εἶπε τοῖς ἄρχουσι 18 Βαλάκ, ἐὰν δῷ μοι Βαλὰκ πλήρη τὸν οἶκον αὐτοῦ ἀργυρίου καὶ χρυσίου, οὐ δυνήσομαι παραβῆναι τὸ ῥῆμα Κυρίου τοῦ Θεοῦ, ποιῆσαι αὐτὸ μικρὸν ἢ μέγα ἐν τῇ διανοίᾳ μου. Καὶ 19 νῦν ὑπομείνατε αὐτοῦ καὶ ὑμεῖς τὴν νύκτα ταύτην, καὶ γνώσομαι τί προσθήσει Κύριος λαλῆσαι πρός μέ. Καὶ ἦλθεν 20 ὁ Θεὸς πρὸς Βαλαὰμ νυκτός, καὶ εἶπεν αὐτῷ, εἰ καλέσαι σε πάρεισιν οἱ ἄνθρωποι οὗτοι, ἀναστὰς ἀκολούθησον αὐτοῖς· ἀλλὰ τὸ ῥῆμα ὃ ἐὰν λαλήσω πρὸς σέ, τοῦτο ποιήσεις.

Καὶ ἀναστὰς Βαλαὰμ τοπρωΐ, ἐπέσαξε τὴν ὄνον αὐτοῦ, 21

β *q. d.* because of. *Hebraism.*

22 καὶ ἐπορεύθη μετὰ τῶν ἀρχόντων Μωάβ. Καὶ ὠργίσθη θυμῷ ὁ Θεὸς ὅτι ἐπορεύθη αὐτός· καὶ ἀνέστη ὁ ἄγγελος τοῦ Θεοῦ διαβαλεῖν αὐτόν· καὶ αὐτὸς ἐπιβεβήκει ἐπὶ τῆς ὄνου αὐτοῦ,
23 καὶ οἱ δύο παῖδες αὐτοῦ μετ᾽ αὐτοῦ. Καὶ ἰδοῦσα ἡ ὄνος τὸν ἄγγελον τοῦ Θεοῦ ἀνθεστηκότα ἐν τῇ ὁδῷ, καὶ τὴν ῥομφαίαν ἐσπασμένην ἐν τῇ χειρὶ αὐτοῦ, καὶ ἐξέκλινεν ἡ ὄνος ἐκ τῆς ὁδοῦ, καὶ ἐπορεύετο εἰς τὸ πεδίον· καὶ ἐπάταξε τὴν ὄνον ἐν τῇ ῥάβδῳ αὐτοῦ τοῦ εὐθῦναι αὐτὴν ἐν τῇ ὁδῷ.

24 Καὶ ἔστη ὁ ἄγγελος τοῦ Θεοῦ ἐν ταῖς αὔλαξι τῶν ἀμπέλων,
25 φραγμὸς ἐντεῦθεν καὶ φραγμὸς ἐντεῦθεν. Καὶ ἰδοῦσα ἡ ὄνος τὸν ἄγγελον τοῦ Θεοῦ, προσέθλιψεν ἑαυτὴν πρὸς τὸν τοῖχον, καὶ ἀπέθλιψε τὸν πόδα Βαλαὰμ πρὸς τὸν τοῖχον· καὶ προσέθετο ἔτι μαστίξαι αὐτήν.

26 Καὶ προσέθετο ὁ ἄγγελος τοῦ Θεοῦ, καὶ ἀπελθὼν ὑπέστη ἐν τόπῳ στενῷ, εἰς ὃν οὐκ ἦν ἐκκλῖναι δεξιὰν ἢ ἀριστεράν.
27 Καὶ ἰδοῦσα ἡ ὄνος τὸν ἄγγελον τοῦ Θεοῦ, συνεκάθισεν ὑποκάτω Βαλαάμ· καὶ ἐθυμώθη Βαλαάμ, καὶ ἔτυπτε τὴν ὄνον τῇ ῥάβδῳ.
28 Καὶ ἤνοιξεν ὁ Θεὸς τὸ στόμα τῆς ὄνου, καὶ λέγει τῷ Βαλαάμ,
29 τί ἐποίησά σοι, ὅτι πέπαικάς με τρίτον τοῦτο; Καὶ εἶπε Βαλαὰμ τῇ ὄνῳ, ὅτι ἐμπέπαιχάς μοι, καὶ εἰ εἶχον μάχαιραν
30 ἐν τῇ χειρὶ ἤδη ἂν ἐξεκέντησά σε. Καὶ λέγει ἡ ὄνος τῷ Βαλαάμ, οὐκ ἐγὼ ἡ ὄνος σου ἐφ᾽ ἧς ἐπέβαινες ἀπὸ νεότητός σου, ἕως τῆς σήμερον ἡμέρας; μὴ ὑπεροράσει ὑπεριδοῦσα
31 ἐποίησά σοι οὕτως; ὁ δὲ εἶπεν, οὐχί. Ἀπεκάλυψε δὲ ὁ Θεὸς τοὺς ὀφθαλμοὺς Βαλαάμ, καὶ ὁρᾷ τὸν ἄγγελον Κυρίου ἀνθεστηκότα ἐν τῇ ὁδῷ, καὶ τὴν μάχαιραν ἐσπασμένην ἐν τῇ χειρὶ αὐτοῦ, καὶ κύψας προσεκύνησε τῷ προσώπῳ αὐτοῦ.
32 Καὶ εἶπεν αὐτῷ ὁ ἄγγελος τοῦ Θεοῦ, διατί ἐπάταξας τὴν ὄνον σου τοῦτο τρίτον; καὶ ἰδοὺ ἐγὼ ἐξῆλθον εἰς διαβολήν σου, ὅτι οὐκ ἀστεία ἡ ὁδός σου ἐναντίον μου, καὶ ἰδοῦσά με ἡ ὄνος,
33 ἐξέκλινεν ἀπ᾽ ἐμοῦ τρίτον τοῦτο. Καὶ εἰ μὴ ἐξέκλινεν, νῦν
34 οὖν σὲ μὲν ἀπέκτεινα, ἐκείνην δ᾽ ἂν περιεποιησάμην. Καὶ εἶπε Βαλαὰμ τῷ ἀγγέλῳ Κυρίου, ἡμάρτηκα, οὐ γὰρ ἠπιστάμην ὅτι σύ μοι ἀνθέστηκας ἐν τῇ ὁδῷ εἰς συνάντησιν· καὶ νῦν
35 εἰ μή σοι ἀρκέσει, ἀποστραφήσομαι. Καὶ εἶπεν ὁ ἄγγελος τοῦ Θεοῦ πρὸς Βαλαάμ, συμπορεύθητι μετὰ τῶν ἀνθρώπων· πλὴν τὸ ῥῆμα ὃ ἐὰν εἴπω πρὸς σέ, τοῦτο φυλάξῃ λαλῆσαι. Καὶ ἐπορεύθη Βαλαὰμ μετὰ τῶν ἀρχόντων Βαλάκ.

36 Καὶ ἀκούσας Βαλὰκ ὅτι ἥκει Βαλαάμ, ἐξῆλθεν εἰς συνάντησιν αὐτῷ, εἰς πόλιν Μωάβ, ἥ ἐστιν ἐπὶ τῶν ὁρίων Ἀρνῶν,
37 ἥ ἐστιν ἐκ μέρους τῶν ὁρίων. Καὶ εἶπε Βαλὰκ πρὸς Βαλαάμ, οὐχὶ ἀπέστειλα πρὸς σὲ καλέσαι σε; διατί οὐκ ἤρχου πρὸς
38 μέ; ὄντως οὐ δυνήσομαι τιμῆσαί σε; Καὶ εἶπε Βαλαὰμ πρὸς Βαλάκ, ἰδοὺ ἥκω πρὸς σὲ νῦν· δυνατὸς ἔσομαι λαλῆσαί τι; τὸ ῥῆμα ὃ ἐὰν ἐμβάλῃ ὁ Θεὸς εἰς τὸ στόμα μου, τοῦτο
39 λαλήσω. Καὶ ἐπορεύθη Βαλαὰμ μετὰ Βαλάκ, καὶ ἦλθον
40 εἰς πόλεις ἐπαύλεων. Καὶ ἔθυσε Βαλὰκ πρόβατα καὶ μόσχους, καὶ ἀπέστειλε τῷ Βαλαὰμ καὶ τοῖς ἄρχουσι τοῖς μετ᾽ αὐτοῦ.

and saddled his ass, and went with the princes of Moab. [22] And God was very angry because he went; and the angel of the Lord rose up to withstand him. Now he had mounted his ass, and his two servants were with him. [23] And when the ass saw the angel of God standing opposite in the way, and his sword drawn in his hand, then the ass turned aside out of the way, and went into the field; and *Balaam* smote the ass with his staff to direct her in the way.

[24] And the angel of the Lord stood in the avenues of the vines, a fence *being* on this side and a fence on that. [25] And when the ass saw the angel of God, she thrust herself against the wall, and crushed Balaam's foot against the wall, and he smote her again.

[26] And the angel of the Lord went farther, and came and stood in a narrow place where it was impossible to turn to the right or the left. [27] And when the ass saw the angel of God, she β lay down under Balaam; and Balaam was angry, and struck the ass with his staff. [28] And God opened the mouth of the ass, and she says to Balaam, What have I done to thee, that thou hast smitten me this third time? [29] And Balaam said to the ass, Because thou hast mocked me; and if I *had* had a sword in my hand, I would now have killed thee. [30] And the ass says to Balaam, *Am* not I thine ass on which thou hast ridden since thy youth till this day? did I ever do thus to thee, utterly disregarding *thee*? and he said, No. [31] And God opened the eyes of Balaam, and he sees the angel of the Lord withstanding *him* in the way, and his sword drawn in his hand, and he stooped down and worshipped on his face. [32] And the angel of God said to him, Why hast thou smitten thine ass this third time? and, behold, I came out to withstand thee, for thy way was not seemly before me; and when the ass saw me, she turned away from me this third time. [33] And if she had not turned out of the way, surely now, I should have slain thee, and should have saved her alive. [34] And Balaam said to the angel of the Lord, I have sinned, for I did not know that thou wert standing opposite in the way to meet *me*; and now if it shall not be pleasing to thee *for me to go on*, I will return. [35] And the angel of the Lord said to Balaam, Go with the men: nevertheless the word which I shall speak to thee, that thou shalt take heed to speak. And Balaam went with the princes of Balac.

[36] And when Balac heard that Balaam was come, he went out to meet him, to a city of Moab, which is on the borders of Arnon, which is on the *extreme* part of the borders. [37] And Balac said to Balaam, Did I not send to thee to call thee? why hast thou not come to me? shall I not indeed be able to honour thee? [38] And Balaam said to Balac, Behold, I am now come to thee: shall I be able to say anything? the word which God shall put into my mouth, that I shall speak. [39] And Balaam went with Balac, and they came to γ the cities of streets. [40] And Balac offered sheep and calves, and sent to Balaam and to his princes

---

β *Gr.* sat down.   γ *Or*, cities of villages. *Heb.*

who were with him. ⁴¹And it was morning; and Balac took Balaam, and brought him up to the pillar of Baal, and shewed him thence a part of the people.

And Balaam said to Balac, Build me here seven altars, and prepare me here seven calves, and seven rams. ²And Balac did as Balaam told him; and he offered up a calf and a ram on *every* altar. ³And Balaam said to Balac, Stand by thy sacrifice, and I will go and see if God will βappear to me and meet me, and the word which he shall shew me, I will report to thee. And Balac stood by his sacrifice. ⁴And Balaam went to enquire of God; and he went straight forward, and God appeared to Balaam; and Balaam said to him, I have prepared the seven altars, and have offered a calf and a ram on *every* altar. ⁵And God put a word into the mouth of Balaam, and said, Thou shalt return to Balac, and thus shalt thou speak. ⁶And he returned to him, and moreover he stood over his whole-burnt-offerings, and all the princes of Moab with him; and the Spirit of God came upon him. ⁷And he took up his parable, and said, Balac king of Moab sent for me out of Mesopotamia, out of the mountains of the east, saying, Come, curse me Jacob, and Come, call for a curse for me upon Israel. ⁸How can I curse whom the Lord curses not? or how can I devote whom God devotes not? ⁹For from the top of the mountains I shall see him, and from the hills I shall observe him: behold, the people shall dwell alone, and shall not be reckoned among the nations. ¹⁰Who has exactly calculated the seed of Jacob, and who shall number the families of Israel? let my soul die with the souls of the righteous, and let my seed be as their seed.

¹¹And Balac said to Balaam, What hast thou done to me? I called thee to curse my enemies, and behold thou hast greatly blessed *them*. ¹²And Balaam said to Balac, Whatsoever the Lord shall put into my mouth, shall I not take heed to speak this? ¹³And Balac said to him, Come yet with me to another place where thou shalt not see γthe people, but only thou shalt see a part of them, and shalt not see them all; and curse them from thence.

¹⁴And he took him to a high place of the field to the top of the quarried *rock*, and he built there seven altars, and offered a calf and a ram on *every* altar. ¹⁵And Balaam said to Balac, Stand by thy sacrifice, and I will go to enquire of God. ¹⁶And God met Balaam, and put a word into his mouth, and said, Return to Balac, and thus shalt thou speak. ¹⁷And he returned to him: and he also was standing by his whole-burnt-sacrifice, and all the princes of Moab with him; and Balac said to him, What has the Lord spoken? ¹⁸And he took up his parable, and said, Rise up, Balac, and hear; hearken as a witness, thou son of Sepphor. ¹⁹God is not as man to waver, nor as the son of man to be threatened; shall he say and not perform? shall he speak and not keep *to his word*? ²⁰Behold, I have received *commandment* to bless: I will bless,

Καὶ ἐγενήθη πρωΐ· καὶ παραλαβὼν Βαλὰκ τὸν Βαλαάμ, ἀνεβί- 41 βασεν αὐτὸν ἐπὶ τὴν στήλην τοῦ Βαάλ, καὶ ἔδειξεν αὐτῷ ἐκεῖθεν μέρος τι τοῦ λαοῦ.

Καὶ εἶπε Βαλαὰμ τῷ Βαλὰκ, οἰκοδόμησόν μοι ἐνταῦθα 23 ἑπτὰ βωμούς, καὶ ἑτοίμασόν μοι ἐνταῦθα ἑπτὰ μόσχους, καὶ ἑπτὰ κριούς. Καὶ ἐποίησε Βαλὰκ ὃν τρόπον εἶπεν αὐτῷ 2 Βαλαάμ· καὶ ἀνήνεγκε μόσχον καὶ κριὸν ἐπὶ τὸν βωμόν. Καὶ 3 εἶπε Βαλαὰμ πρὸς Βαλὰκ, παράστηθι ἐπὶ τῆς θυσίας σου, καὶ πορεύσομαι εἴ μοι φανεῖται ὁ Θεὸς ἐν συναντήσει, καὶ ῥῆμα ὃ ἐάν μοι δείξῃ, ἀναγγελῶ σοι· καὶ παρέστη Βαλὰκ ἐπὶ τῆς θυσίας αὐτοῦ. Καὶ Βαλαὰμ ἐπορεύθη ἐπερωτῆσαι 4 τὸν Θεόν· καὶ ἐπορεύθη εὐθεῖαν· καὶ ἐφάνη ὁ Θεὸς τῷ Βαλαάμ· καὶ εἶπε πρὸς αὐτὸν Βαλαάμ, τοὺς ἑπτὰ βωμοὺς ἡτοίμασα, καὶ ἀνεβίβασα μόσχον καὶ κριὸν ἐπὶ τὸν βωμόν. Καὶ ἐνέ- 5 βαλεν ὁ Θεὸς ῥῆμα εἰς τὸ στόμα Βαλαάμ, καὶ εἶπεν, ἐπι- στραφεὶς πρὸς Βαλὰκ, οὕτω λαλήσεις. Καὶ ἀπεστράφη 6 πρὸς αὐτόν· καὶ ὁ δὲ ἐφειστήκει ἐπὶ τῶν ὁλοκαυτωμάτων αὐτοῦ, καὶ πάντες οἱ ἄρχοντες Μωὰβ μετ᾽ αὐτοῦ· καὶ ἐγενήθη πνεῦμα Θεοῦ ἐπ᾽ αὐτῷ. Καὶ ἀναλαβὼν τὴν παραβολὴν αὐτοῦ, 7 εἶπεν, ἐκ Μεσοποταμίας μετεπέμψατό με Βαλὰκ βασιλεὺς Μωὰβ ἐξ ὀρέων ἀπ᾽ ἀνατολῶν, λέγων, δεῦρο ἄρασαί μοι τὸν Ἰακώβ, καὶ δεῦρο ἐπικατάρασαί μοι τὸν Ἰσραήλ. Τί ἀρά- 8 σωμαι ὃν μὴ ἄρᾶται Κύριος; ἢ τί καταράσωμαι ὃν μὴ κατα- ρᾶται ὁ Θεός; Ὅτι ἀπὸ κορυφῆς ὀρέων ὄψομαι αὐτόν, καὶ 9 ἀπὸ βουνῶν προσνοήσω αὐτόν· ἰδοὺ λαὸς μόνος κατοικήσει, καὶ ἐν ἔθνεσιν οὐ συλλογισθήσεται. Τίς ἐξηκριβάσατο τὸ 10 σπέρμα Ἰακώβ, καὶ τίς ἐξαριθμήσεται δήμους Ἰσραήλ; ἀπο- θάνοι ἡ ψυχή μου ἐν ψυχαῖς δικαίων, καὶ γένοιτο τὸ σπέρμα μου ὡς τὸ σπέρμα τούτων.

Καὶ εἶπε Βαλὰκ πρὸς Βαλαάμ, τί πεποίηκάς μοι; εἰς 11 κατάρασιν ἐχθρῶν μου κέκληκά σε, καὶ ἰδοὺ εὐλόγηκας εὐλογίαν. Καὶ εἶπε Βαλαὰμ πρὸς Βαλάκ, οὐχὶ ὅσα ἂν ἐμβάλῃ ὁ Θεὸς 12 εἰς τὸ στόμα μου, τοῦτο φυλάξω λαλῆσαι; Καὶ εἶπε πρὸς 13 αὐτὸν Βαλάκ, δεῦρο ἔτι μετ᾽ ἐμοῦ εἰς τόπον ἄλλον ἐξ οὗ οὐκ ὄψει αὐτὸν ἐκεῖθεν, ἀλλ᾽ ἢ μέρος τι αὐτοῦ ὄψει, πάντας δὲ οὐ μὴ ἴδῃς, καὶ κατάρασαί μοι αὐτὸν ἐκεῖθεν.

Καὶ παρέλαβεν αὐτὸν εἰς ἀγροῦ σκοπιὰν ἐπὶ κορυφὴν 14 λελαξευμένου· καὶ ᾠκοδόμησεν ἐκεῖ ἑπτὰ βωμούς, καὶ ἀνεβί- βασε μόσχον καὶ κριὸν ἐπὶ τὸν βωμόν. Καὶ εἶπε Βαλαὰμ 15 πρὸς Βαλάκ, παράστηθι ἐπὶ τῆς θυσίας σου, ἐγὼ δὲ πορεύ- σομαι ἐπερωτῆσαι τὸν Θεόν. Καὶ συνήντησεν ὁ Θεὸς τῷ 16 Βαλαάμ, καὶ ἐνέβαλε ῥῆμα εἰς τὸ στόμα αὐτοῦ, καὶ εἶπεν, ἀποστράφηθι πρὸς Βαλάκ, καὶ τάδε λαλήσεις. Καὶ ἀπεστράφη 17 πρὸς αὐτόν· καὶ ὁ δὲ ἐφειστήκει ἐπὶ τῆς ὁλοκαυτώσεως αὐτοῦ, καὶ πάντες οἱ ἄρχοντες Μωὰβ μετ᾽ αὐτοῦ· καὶ εἶπεν αὐτῷ Βαλάκ, τί ἐλάλησε Κύριος; Καὶ ἀναλαβὼν τὴν παραβολὴν 18 αὐτοῦ, εἶπεν, ἀνάστηθι Βαλάκ, καὶ ἄκουε, ἐνώτισαι μάρτυς υἱὸς Σεφώρ. Οὐχ ὡς ἄνθρωπος ὁ Θεὸς διαρτηθῆναι, οὐδ᾽ 19 ὡς υἱὸς ἀνθρώπου ἀπειληθῆναι, αὐτὸς εἴπας, οὐχὶ ποιήσει; λαλήσει, καὶ οὐχὶ ἐμμενεῖ; Ἰδοὺ εὐλογεῖν παρείλημμαι· εὐλο- 20

β *Gr.* appear to me in meeting.   γ *Gr.* him *or* it.

21 γήσω, καὶ οὐ μὴ ἀποστρέψω. Οὐκ ἔσται μόχθος ἐν Ἰακὼβ, οὐδὲ ὀφθήσεται πόνος ἐν Ἰσραήλ· Κύριος ὁ Θεὸς αὐτοῦ μετ᾽
22 αὐτοῦ, τὰ ἔνδοξα ἀρχόντων ἐν αὐτῷ. Θεὸς ὁ ἐξαγαγὼν αὐτὸν
23 ἐξ Αἰγύπτου, ὡς δόξα μονοκέρωτος αὐτῷ. Οὐ γάρ ἐστιν οἰωνισμὸς ἐν Ἰακὼβ, οὐδὲ μαντεία ἐν Ἰσραήλ· κατὰ καιρὸν
24 ῥηθήσεται Ἰακὼβ, καὶ τῷ Ἰσραήλ, τί ἐπιτελέσει ὁ Θεός; Ἰδοὺ λαὸς ὡς σκύμνος ἀναστήσεται, καὶ ὡς λέων γαυρωθήσεται· οὐ κοιμηθήσεται ἕως φάγῃ θήραν, καὶ αἷμα τραυματιῶν πίεται.
25 Καὶ εἶπε Βαλὰκ πρὸς Βαλαάμ, οὔτε κατάραις καταράσῃ μοι
26 αὐτὸν, οὔτε εὐλογῶν μὴ εὐλογήσῃς αὐτόν. Καὶ ἀποκριθεὶς Βαλαάμ, εἶπε τῷ Βαλάκ, οὐκ ἐλάλησά σοι, λέγων, τὸ ῥῆμα
27 ὃ ἐὰν λαλήσῃ ὁ Θεὸς, τοῦτο ποιήσω; Καὶ εἶπε Βαλὰκ πρὸς Βαλαάμ, δεῦρο παραλάβω σε εἰς τόπον ἄλλον, εἰ ἀρέσει τῷ
28 Θεῷ, καὶ κατάρασαί μοι αὐτὸν ἐκεῖθεν. Καὶ παρέλαβε Βαλὰκ τὸν Βαλαὰμ ἐπὶ κορυφὴν τοῦ Φογὼρ, τὸ παρατεῖνον εἰς τὴν
29 ἔρημον. Καὶ εἶπε Βαλαὰμ πρὸς Βαλάκ, οἰκοδόμησόν μοι ὧδε ἑπτὰ βωμοὺς, καὶ ἑτοίμασόν μοι ὧδε ἑπτὰ μόσχους, καὶ
30 ἑπτὰ κριούς. Καὶ ἐποίησε Βαλὰκ καθάπερ εἶπεν αὐτῷ Βαλαάμ, καὶ ἀνήνεγκε μόσχον καὶ κριὸν ἐπὶ τὸν βωμόν.

24 Καὶ ἰδὼν Βαλαὰμ ὅτι καλόν ἐστιν ἐναντίον Κυρίου εὐλογεῖν τὸν Ἰσραὴλ, οὐκ ἐπορεύθη κατὰ τὸ εἰωθὸς αὐτῷ εἰς συνάντησιν τοῖς οἰωνοῖς, καὶ ἀπέστρεψε τὸ πρόσωπον αὐτοῦ εἰς
2 τὴν ἔρημον. Καὶ ἐξάρας Βαλαὰμ τοὺς ὀφθαλμοὺς αὐτοῦ, καθορᾷ τὸν Ἰσραὴλ ἐστρατοπεδευκότα κατὰ φυλάς· καὶ ἐγένετο
3 ἐπ᾽ αὐτῷ πνεῦμα Θεου. Καὶ ἀναλαβὼν τὴν παραβολὴν αὐτοῦ, εἶπε, φησὶ Βαλαὰμ υἱὸς Βεὼρ, φησὶν ὁ ἄνθρωπος ὁ ἀληθινὸς
4 ὁρῶν, φησὶν ἀκούων λόγια ἰσχυροῦ, ὅστις ὅρασιν Θεοῦ εἶδεν
5 ἐν ὕπνῳ· ἀποκεκαλυμμένοι οἱ ὀφθαλμοὶ αὐτοῦ. Ὡς καλοί
6 οἱ οἶκοί σου Ἰακὼβ, αἱ σκηναί σου Ἰσραήλ. Ὡσεὶ νάπαι σκιάζουσαι, καὶ ὡσεὶ παράδεισοι ἐπὶ ποταμῷ, καὶ ὡσεὶ σκηναὶ,
7 ἃς ἔπηξε Κύριος, καὶ ὡσεὶ κέδροι παρ᾽ ὕδατα. Ἐξελεύσεται ἄνθρωπος ἐκ τοῦ σπέρματος αὐτοῦ, καὶ κυριεύσει ἐθνῶν πολλῶν· καὶ ὑψωθήσεται ἡ Γὼγ βασιλεία, καὶ αὐξηθήσεται βασιλεία
8 αὐτοῦ. Θεὸς ὡδήγησεν αὐτὸν ἐξ Αἰγύπτου· ὡς δόξα μονοκέρωτος αὐτῷ· ἔδεται ἔθνη ἐχθρῶν αὐτοῦ, καὶ τὰ πάχη αὐτῶν
9 ἐκμυελιεῖ, καὶ ταῖς βολίσιν αὐτοῦ κατατοξεύσει ἐχθρόν. Κατακλιθεὶς ἀνεπαύσατο ὡς λέων, καὶ ὡς σκύμνος· τίς ἀναστήσει αὐτόν· οἱ εὐλογοῦντές σε, εὐλόγηνται· καὶ οἱ καταρώμενοί σε, κεκατήρανται.
10 Καὶ ἐθυμώθη Βαλὰκ ἐπὶ Βαλαάμ, καὶ συνεκρότησε ταῖς χερσὶν αὐτοῦ, καὶ εἶπε Βαλὰκ πρὸς Βαλαάμ, καταρᾶσθαι τὸν ἐχθρόν μου κέκληκά σε, καὶ ἰδοὺ εὐλογῶν εὐλόγησας τρίτον
11 τοῦτο. Νῦν οὖν φεῦγε εἰς τὸν τόπον σου· εἶπα, τιμήσω σε,
12 καὶ νῦν ἐστέρησέ σε Κύριος τῆς δόξης. Καὶ εἶπε Βαλαὰμ πρὸς Βαλάκ, οὐχὶ καὶ τοῖς ἀγγέλοις σου οὓς ἀπέστειλας πρός
13 με ἐλάλησα, λέγων, ἐάν μοι δῷ Βαλὰκ πλήρη τὸν οἶκον αὐτοῦ ἀργυρίου καὶ χρυσίου, οὐ δυνήσομαι παραβῆναι τὸ ῥῆμα Κυρίου ποιῆσαι αὐτὸ καλὸν ἢ πονηρὸν παρ᾽ ἐμαυτοῦ· ὅσα
14 ἂν εἴπῃ ὁ Θεὸς, ταῦτα ἐρῶ. Καὶ νῦν ἰδοὺ ἀποτρέχω εἰς

and not turn back. 21 There shall not be trouble in Jacob, neither shall sorrow be seen in Israel: the Lord his God is with him, the glories of rulers are in him. 22 It was God who brought him out of Egypt; he has as it were the glory of a unicorn. 23 For there is no divination βin Jacob, nor enchantment β in Israel; in season it shall be told to Jacob and Israel γ what God shall perform. 24 Behold, the people shall rise up as a lion's whelp, and shall exalt himself as a lion; he shall not lie down till he have eaten the prey, and he shall drink the blood of the slain. 25 And Balac said to Balaam, Neither curse δ the people at all for me, nor bless them at all. 26 And Balaam answered and said to Balac, Spoke I not to thee, saying, Whatsoever thing God shall speak to me, that will I do? 27 And Balac said to Balaam, Come and I will remove thee to another place, if it shall please God, and curse me them from thence. 28 And Balac took Balaam to the top of Phogor, which extends to the wilderness. 29 And Balaam said to Balac, Build me here seven altars, and prepare me here seven calves, and seven rams. 30 And Balac did as Balaam told him, and offered a calf and a ram on every altar.

And when Balaam saw that it pleased God to bless Israel, he did not go according to his custom to meet the omens, but turned his face toward the wilderness. 2 And Balaam lifted up his eyes, and sees Israel encamped by their tribes; and the Spirit of God came upon him. 3 And he took up his parable and said, Balaam son of Beor says, the man who sees truly says, 4 he says who hears the oracle of the Mighty One, who saw a vision of God in sleep; his eyes were opened: 5 How goodly are thy habitations, Jacob, and thy tents, Israel! 6 as shady groves, and as gardens by a river, and as tents which God pitched, and as cedars by the waters. 7 There shall come a man out of his seed, and he shall rule over many nations; and the kingdom of Gog shall be exalted, and his kingdom shall be increased. 8 God led him out of Egypt; he has as it were the glory of a unicorn: he shall consume the nations of his enemies, and he shall ζdrain their marrow, and with his darts he shall shoot through the enemy. 9 He lay down, he rested as a lion, and as a young lion; who shall stir him up? they that bless thee are blessed, and they that curse thee are cursed.

10 And Balac was angry with Balaam, and clapped his hands together; and Balac said to Balaam, I called thee to curse my enemy, and behold thou hast decidedly blessed him this third time. 11 Now therefore flee to thy place: I said, I will honour thee, but now the Lord has deprived thee of glory. 12 And Balaam said to Balac, Did I not speak to thy messengers also whom thou sentest to me, saying, 13 If Balac should give me his house full of silver and gold, I shall not be able to θ transgress the word of the Lord to make it good or bad by myself; whatsoever things God shall say, them will I speak. 14 And now, behold, I return to my place;

come, I will advise thee of what this people shall do to thy people in the last days.

15 And he took up his parable and said, Balaam the son of Beor says, the man who sees truly says, 16 hearing the oracles of God, β receiving knowledge from the Most High, and having seen a vision of God in sleep; his eyes were γ opened. 17 I will point to him, but not now; I bless him, but he draws not near: a star shall rise out of Jacob, a man shall spring out of Israel; and shall crush the princes of Moab, and shall spoil all the sons of Seth. 18 And Edom shall be an inheritance, and Esau his enemy shall be an inheritance *of Israel*, and Israel wrought valiantly. 19 And *one* shall arise out of Jacob, and destroy out of the city him that escapes. 20 And having seen Amalec, he took up his parable and said, Amalec *is* the first of the nations; yet his seed shall perish. 21 And having seen the Kenite, he took up his parable and said, Thy dwelling-place *is* strong; yet though thou shouldest put thy nest in a rock, 22 and though Beor should have a δ skilfully contrived hiding-place, the Assyrians shall carry thee away captive. 23 And he looked upon Og, and took up his parable and said, Oh, oh, who shall live, when God shall ς do these things? 24 And one shall come forth from the hands of the Citians, and shall afflict Assur, and shall afflict the θ Hebrews, and they shall perish together. 25 And Balaam rose up and departed and returned to his place, and Balac went λ to his own home.

And Israel sojourned in Sattin, and the people μ profaned itself by going a-whoring after the daughters of Moab. 2 And they called them to the sacrifices of their idols; and the people ate of their sacrifices, and worshipped their idols. 3 And Israel consecrated themselves to Beel-phegor; and the Lord was very angry with Israel. 4 And the Lord said to Moses, Take all the princes of the people, and ξ make them examples of *judgment* for the Lord in the face of the sun, and the anger of the Lord shall be turned away from Israel. 5 And Moses said to the tribes of Israel, Slay ye every one his friend that is consecrated to Beel-phegor. 6 And, behold, a man of the children of Israel came and brought his brother to a Madianitish woman before Moses, and before all the congregation of the children of Israel; and they were weeping at the door of the tabernacle of witness. 7 And Phinees the son of Eleazar, the son of Aaron the priest, saw it, and rose out of the midst of the congregation, and took a π javelin in his hand, 8 and went in after the Israelitish man into the ρ chamber, and pierced them both through, both the Israelitish man, and the woman through her womb; and the plague was stayed from the children of Israel. 9 And those that died in the plague were four and twenty thousand.

10 And the Lord spoke to Moses, saying, 11 Phinees the son of Eleazar the son of Aaron the priest has caused my wrath to cease from the children of Israel, when I was exceedingly jealous σ among them, and

τὸν τόπον μου· δεῦρο, συμβουλεύσω σοι, τί ποιήσει ὁ λαὸς οὗτος τὸν λαόν σου ἐπ᾽ ἐσχάτου τῶν ἡμερῶν.

Καὶ ἀναλαβὼν τὴν παραβολὴν αὐτοῦ, εἶπε,   15

Φησὶ Βαλαὰμ υἱὸς Βεὼρ, φησὶν ὁ ἄνθρωπος ὁ ἀληθινῶς 16 ὁρῶν, ἀκούων λόγια Θεοῦ, ἐπιστάμενος ἐπιστήμην παρὰ ὑψί- στου, καὶ ὅρασιν Θεοῦ ἰδὼν ἐν ὕπνῳ· ἀποκεκαλυμμένοι οἱ ὀφθαλμοὶ αὐτοῦ. Δείξω αὐτῷ, καὶ οὐχὶ νῦν· μακαρίζω, καὶ 17 οὐκ ἐγγίζει· ἀνατελεῖ ἄστρον ἐξ Ἰακὼβ, ἀναστήσεται ἄνθρωπος ἐξ Ἰσραήλ· καὶ θραύσει τοὺς ἀρχηγοὺς Μωάβ, καὶ προνομεύ- σει πάντας υἱοὺς Σήθ. Καὶ ἔσται Ἐδὼμ κληρονομία, καὶ 18 ἔσται κληρονομία Ἡσαῦ ὁ ἐχθρὸς αὐτοῦ· καὶ Ἰσραὴλ ἐποίησεν ἐν ἰσχύϊ. Καὶ ἐξεγερθήσεται ἐξ Ἰακὼβ, καὶ ἀπολεῖ σωζό- 19 μενον ἐκ πόλεως. Καὶ ἰδὼν τὸν Ἀμαλὴκ, καὶ ἀναλαβὼν τὴν 20 παραβολὴν αὐτοῦ, εἶπεν, ἀρχὴ ἐθνῶν Ἀμαλὴκ, καὶ τὸ σπέρμα αὐτῶν ἀπολεῖται. Καὶ ἰδὼν τὸν Κεναῖον, καὶ ἀναλαβὼν τὴν 21 παραβολὴν αὐτοῦ, εἶπεν, ἰσχυρὰ ἡ κατοικία σου· καὶ ἐὰν θῇς ἐν πέτρᾳ τὴν νοσσίαν σου, καὶ ἐὰν γένηται τῷ Βεὼρ νοσσιὰ 22 πανουργίας, Ἀσσύριοι αἰχμαλωτεύσουσί σε. Καὶ ἰδὼν τὸν 23 Ὢγ, καὶ ἀναλαβὼν τὴν παραβολὴν αὐτοῦ, εἶπεν, ὦ ὦ, τίς ζήσεται, ὅταν θῇ ταῦτα ὁ Θεός; Καὶ ἐξελεύσεται ἐκ χειρῶν 24 Κιτιαίων, καὶ κακώσουσιν Ἀσσοὺρ, καὶ κακώσουσιν Ἑβραίους, καὶ αὐτοὶ ὁμοθυμαδὸν ἀπολοῦνται. Καὶ ἀναστὰς Βαλαὰμ 25 ἀπῆλθεν, ἀποστραφεὶς εἰς τὸν τόπον αὐτοῦ· καὶ Βαλὰκ ἀπῆλθε πρὸς ἑαυτόν.

Καὶ κατέλυσεν Ἰσραὴλ ἐν Σαττεὶν, καὶ ἐβεβηλώθη ὁ λαὸς 25 ἐκπορνεῦσαι εἰς τὰς θυγατέρας Μωάβ. Καὶ ἐκάλεσαν αὐτοὺς 2 εἰς τὰς θυσίας τῶν εἰδώλων αὐτῶν· καὶ ἔφαγεν ὁ λαὸς τῶν θυσιῶν αὐτῶν, καὶ προσεκύνησαν τοῖς εἰδώλοις αὐτῶν. Καὶ 3 ἐτελέσθη Ἰσραὴλ τῷ Βεελφεγώρ· καὶ ὠργίσθη θυμῷ Κύριος τῷ Ἰσραήλ. Καὶ εἶπε Κύριος τῷ Μωυσῇ, λάβε πάντας τοὺς 4 ἀρχηγοὺς τοῦ λαοῦ, καὶ παραδειγμάτισον αὐτοὺς Κυρίῳ κατέ- ναντι τοῦ ἡλίου, καὶ ἀποστραφήσεται ὀργὴ θυμοῦ Κυρίου ἀπὸ Ἰσραήλ. Καὶ εἶπε Μωυσῆς ταῖς φυλαῖς Ἰσραὴλ, ἀπο- 5 κτείνατε ἕκαστος τὸν οἰκεῖον αὐτοῦ τὸν τετελεσμένον τῷ Βεελφεγώρ. Καὶ ἰδοὺ ἄνθρωπος τῶν υἱῶν Ἰσραὴλ ἐλθὼν προσ- 6 ήγαγε τὸν ἀδελφὸν αὐτοῦ πρὸς τὴν Μαδιανῖτιν ἐναντίον Μωυσῆ, καὶ ἐναντίον πάσης συναγωγῆς υἱῶν Ἰσραήλ· αὐτοὶ δὲ ἔκλαιον παρὰ τὴν θύραν τῆς σκηνῆς τοῦ μαρτυρίου. Καὶ ἰδὼν Φινεὲς 7 υἱὸς Ἐλεάζαρ υἱοῦ Ἀαρὼν τοῦ ἱερέως, ἐξανέστη ἐκ μέσου τῆς συναγωγῆς, καὶ λαβὼν σειρομάστην ἐν τῇ χειρὶ, εἰσῆλθεν 8 ὀπίσω τοῦ ἀνθρώπου τοῦ Ἰσραηλίτου εἰς τὴν κάμινον, καὶ ἀπεκέντησεν ἀμφοτέρους, τόν τε ἄνθρωπον τὸν Ἰσραηλίτην, καὶ τὴν γυναῖκα διὰ τῆς μήτρας αὐτῆς· καὶ ἐπαύσατο ἡ πληγὴ ἀπὸ υἱῶν Ἰσραήλ. Καὶ ἐγένοντο οἱ τεθνηκότες ἐν τῇ πληγῇ, 9 τέσσαρες καὶ εἴκοσι χιλιάδες.

Καὶ ἐλάλησε Κύριος πρὸς Μωυσῆν, λέγων, Φινεὲς υἱὸς 10, 11 Ἐλεάζαρ υἱοῦ Ἀαρὼν τοῦ ἱερέως κατέπαυσε τὸν θυμόν μου ἀπὸ υἱῶν Ἰσραὴλ, ἐν τῷ ζηλῶσαί μου τὸν ζῆλον ἐν αὐτοῖς,

---

β Gr. knowing knowledge.   γ Or, unveiled.   δ Gr. nest of cunning.   ζ Gr. put.   θ Or, men of Heber.   λ Gr. q.d. chez lui.
μ Heb. הֵחֵל to begin and to profane, etc.   ξ Or, put them to shame. See Heb. 6. 6.   π Gr. dagger.   ρ Gr. furnace, κάμινον.
Trom. renders *lupanar*. Heb. הַקֻּבָּה.   σ Or, with *or* against them. *Hebraism.*

12 καὶ οὐκ ἐξανήλωσα τοὺς υἱοὺς Ἰσραὴλ ἐν τῷ ζήλῳ μου. Οὕτως
13 εἶπον, ἰδοὺ ἐγὼ δίδωμι αὐτῷ διαθήκην εἰρήνης, καὶ ἔσται αὐτῷ καὶ τῷ σπέρματι αὐτοῦ μετ᾽ αὐτὸν διαθήκη ἱερατείας αἰωνία, ἀνθ᾽ ὧν ἐζήλωσε τῷ Θεῷ αὐτοῦ, καὶ ἐξιλάσατο περὶ τῶν υἱῶν
14 Ἰσραήλ. Τὸ δὲ ὄνομα τοῦ ἀνθρώπου τοῦ Ἰσραηλίτου τοῦ πεπληγότος, ὃς ἐπλήγη μετὰ τῆς Μαδιανίτιδος, Ζαμβρὶ, υἱὸς
15 Σαλμὼν, ἄρχων οἴκου πατριᾶς τῶν Συμεών. Καὶ ὄνομα τῇ γυναικὶ τῇ Μαδιανίτιδι τῇ πεπληγυίᾳ, Χασβὶ, θυγάτηρ Σοὺρ, ἄρχοντος ἔθνους Ὀμμώθ· οἴκου πατριᾶς ἐστι τῶν Μαδιάμ.

16 Καὶ ἐλάλησε Κύριος πρὸς Μωυσῆν, λέγων, λάλησον τοῖς
17 υἱοῖς Ἰσραὴλ, λέγων, ἐχθραίνετε τοῖς Μαδιηναίοις καὶ πατά-
18 ξατε αὐτοὺς, ὅτι ἐχθραίνουσιν αὐτοὶ ὑμῖν ἐν δολιότητι, ὅσα δολιοῦσιν ὑμᾶς διὰ Φογώρ, καὶ διὰ Χασβὶ θυγατέρα ἄρχοντος Μαδιὰμ ἀδελφὴν αὐτῶν, τὴν πεπληγυῖαν ἐν τῇ ἡμέρᾳ τῆς πληγῆς διὰ Φογώρ.

26 Καὶ ἐγένετο μετὰ τὴν πληγὴν, καὶ ἐλάλησε Κύριος πρὸς
2 Μωυσῆν καὶ Ἐλεάζαρ τὸν ἱερέα, λέγων, λάβε τὴν ἀρχὴν πάσης συναγωγῆς υἱῶν Ἰσραὴλ ἀπὸ εἰκοσαετοῦς καὶ ἐπάνω κατ᾽ οἴκους πατριῶν αὐτῶν, πᾶς ὁ ἐκπορευόμενος παρατάξασθαι ἐν Ἰσραήλ.

3 Καὶ ἐλάλησε Μωυσῆς καὶ Ἐλεάζαρ ὁ ἱερεὺς ἐν Ἀραβὼθ
4 Μωὰβ ἐπὶ τοῦ Ἰορδάνου κατὰ Ἱεριχὼ, λέγων, ἀπὸ εἰκοσαετοῦς καὶ ἐπάνω, ὃν τρόπον συνέταξε Κύριος τῷ Μωυσῇ· καὶ οἱ υἱοὶ
5 Ἰσραὴλ οἱ ἐξελθόντες ἐξ Αἰγύπτου, Ῥουβὴν πρωτότοκος Ἰσραήλ· υἱοὶ δὲ Ῥουβὴν Ἐνὼχ, καὶ δῆμος τοῦ Ἐνώχ· τῷ
6 Φαλλοῦ, δῆμος τοῦ Φαλλουΐ. Τῷ Ἀσρὼν, δῆμος τοῦ Ἀσρωνί·
7 τῷ Χαρμὶ, δῆμος τοῦ Χαρμί. Οὗτοι δῆμοι Ῥουβήν· καὶ ἐγένετο ἡ ἐπίσκεψις αὐτῶν, τρεῖς καὶ τεσσαράκοντα χιλιάδες καὶ ἑπτακόσιοι καὶ τριάκοντα.

8, 9 Καὶ υἱοὶ Φαλλοῦ, Ἑλιάβ. Καὶ υἱοὶ Ἑλιὰβ, Ναμουὴλ, καὶ Δαθὰν, καὶ Ἀβειρών· οὗτοι ἐπίκλητοι τῆς συναγωγῆς· οὗτοί εἰσιν οἱ ἐπισυστάντες ἐπὶ Μωυσῆν καὶ Ἀαρὼν ἐν τῇ
10 συναγωγῇ Κορὲ, ἐν τῇ ἐπισυστάσει Κυρίου. Καὶ ἀνοίξασα ἡ γῆ τὸ στόμα αὐτῆς, κατέπιεν αὐτοὺς καὶ Κορὲ, ἐν τῷ θανάτῳ τῆς συναγωγῆς αὐτοῦ, ὅτε κατέφαγε τὸ πῦρ τοὺς πεντήκοντα
11 καὶ διακοσίους, καὶ ἐγενήθησαν ἐν σημείῳ· οἱ δὲ υἱοὶ Κορὲ οὐκ ἀπέθανον.

12 Καὶ οἱ υἱοὶ Συμεών, ὁ δῆμος τῶν υἱῶν Συμεών· τῷ Να-μουὴλ, δῆμος ὁ Ναμουηλί· τῷ Ἰαμὶν, δῆμος ὁ Ἰαμινί· τῷ
13 Ἰαχὶν, δῆμος Ἰαχινί· Τῷ Ζαρὰ δῆμος ὁ Ζαραΐ· τῷ Σαοὺλ,
14 δῆμος ὁ Σαουλί. Οὗτοι δῆμοι Συμεὼν ἐκ τῆς ἐπισκέψεως αὐτῶν, δύο καὶ εἴκοσι χιλιάδες καὶ διακόσιοι.

15 Υἱοὶ δὲ Ἰούδα, Ἢρ καὶ Αὐνάν· καὶ ἀπέθανον Ἢρ καὶ
16 Αὐνὰν ἐν γῇ Χαναάν. Καὶ ἐγένοντο οἱ υἱοὶ Ἰούδα κατὰ δήμους αὐτῶν· τῷ Σηλὼμ, δῆμος ὁ Σηλωνί· τῷ Φαρὲς, δῆμος

I did not consume the children of Israel in my jealousy. [12] Thus do thou say *to him*, Behold, I give him a covenant of peace: [13] and he and his seed after him shall have a perpetual covenant of priesthood, because he was zealous for his God, and made atonement for the children of Israel. [14] Now the name of the smitten Israelitish man, who was smitten with the Madianitish woman, *was* Zambri son of Salmon, prince of a house of the tribe of Symeon. [15] And the name of the Madianitish woman who was smitten, *was* Chasbi, daughter of Sur, a prince of the nation of Ommoth: it is a chief house among the people of Madiam.

[16] And the Lord spoke to Moses, saying, Speak to the children of Israel, saying, [17] Plague the Madianites as enemies, and smite them, [18] for they are enemies to you by the treachery wherein they ensnare you through Phogor, and through Chasbi their sister, daughter of a prince of Madiam, who was smitten in the day of the plague because of Phogor.

And it came to pass after the plague, that the Lord spoke to Moses and Eleazar the priest, saying, [2] Take the sum of all the congregation of the children of Israel, from twenty years old and upward, according to the houses β of their lineage, every one that goes forth γ to battle in Israel.

[3] And Moses and Eleazar the priest spoke in Araboth of Moab at the Jordan by Jericho, saying, [4] *This is the numbering* from twenty years old and upward as the Lord commanded Moses. And the sons of Israel that came out of Egypt *are as follows:* [5] Ruben *was* the first-born of Israel: and the sons of Ruben, Enoch, and the family of Enoch; to Phallu belongs the family of the Phalluites. [6] To Asron, the family of Asroni: to Charmi, the family of Charmi. [7] These *are* the families of Ruben; and their numbering was forty-three thousand and seven hundred and thirty.

[8] And the sons of Phallu *were* Eliab, [9] and the sons of Eliab, Namuel, and Dathan, and Abiron: these *are* renowned men of the congregation; these are they that rose up against Moses and Aaron in the gathering of Core, in the rebellion against the Lord. [10] And the earth opened her mouth, and swallowed up them and Core, when their assembly perished, when the fire devoured the two hundred and fifty, and they were δ made a sign. [11] But the sons of Core died not.

[12] And the sons of Symeon:—the family of the sons of Symeon: to Namuel, *belonged* the family of the Namuelites; to Jamin the family of the Jaminites; to Jachin the family of the Jachinites. [13] To Zara the family of the Zaraites; to Saul the family of the Saulites. [14] These *are* the families of Symeon according to their numbering, two and twenty thousand and two hundred.

[15] And the sons of Juda, Er and Aunan; and Er and Aunan died in the land of Chanaan. [16] And these were the sons of Juda, according to their families: to Selom *belonged* the family of the Selonites; to Phares, the family of the Pharesites; to Zara, the family

---

β *Gr.* of their fathers' families.   γ *Gr.* to set himself in array.   δ *Or*, for a sign.

of the Zaraites. [17] And the sons of Phares were, to Asron, the family of the Asronites; to Jamun, the family of the Jamunites. [18] These *are* the families of Juda according to their numbering, seventy-six thousand and five hundred.

[19] And the sons of Issachar according to their families: to Thola, the family of the Tholaites; to Phua, the family of the Phuaites. [20] To Jasub, the family of the Jasubites; to Samram, the family of the Samramites. [21] These *are* the families of Issachar according to their numbering, sixty-four thousand and four hundred.

[22] The sons of Zabulon according to their families : to Sared, the family of the Saredites; to Allon, the family of the Allonites; to Allel, the family of the Allelites. [23] These *are* the families of Zabulon according to their numbering, sixty thousand and five hundred.

[24] The sons of Gad according to their families: to Saphon, the family of the Saphonites; to Angi, the family of the Angites; to Suni, the family of the Sunites; [25] to Azeni, the family of the Azenites; to Addi, the family of the Addites; [26] to Aroadi, the family of the Aroadites; to Ariel, the family of the Arielites. [27] These *are* the families of the children of Gad according to their numbering, forty-four thousand and five hundred.

[28] The sons of Aser according to their families; to Jamin, the family of the Jaminites; to Jesu, the family of the Jesusites; to Baria, the family of the Bariaites. [29] To Chober, the family of the Choberites; to Melchiel, the family of the Melchielites. [30] And the name of the daughter of Aser, Sara. [31] These *are* the families of Aser according to their numbering, forty-three thousand and *β* four hundred.

[32] The sons of Joseph according to their families, Manasse and Ephraim. [33] The sons of Manasse. To Machir the family of the Machirites; and Machir begot Galaad: to Galaad, the family of the Galaadites. [34] And these *are* the sons of Galaad; to Achiezer, the family of the Achiezerites; to Cheleg, the family of the Chelegites. [35] To Esriel, the family of the Esrielites; to Sychem, the family of the Sychemites. [36] To Symaer, the family of the Symaerites; and to Opher, the family of the Opherites. [37] And to Salpaad the son of Opher there were no sons, but daughters: and these *were* the names of the daughters of Salpaad; Mala, and Nua, and Egla, and Melcha, and Thersa. [38] These *are* the families of Manasse according to their numbering, *γ* fifty-two thousand and seven hundred.

[39] And these *are* the children of Ephraim; to Suthala, the family of the Suthalanites; to Tanach, the family of the Tanachites. [40] These *are* the sons of Suthala; to Eden, the family of the Edenites. [41] These *are* the families of Ephraim according to their numbering, thirty-two thousand and five hundred : these *are* the families of the children of Joseph according to their families.

[42] The sons of Benjamin according to their families; to Bale, the family of the Balites; to Asyber, the family of the Asyberites; to Jachiran, the family of the Jachiranites.

ὁ Φαρεσί· τῷ Ζαρὰ, δῆμος ὁ Ζαραΐ. Καὶ ἐγένοντο οἱ [17] υἱοὶ Φαρὲς, τῷ Ἀσρὼν, δῆμος ὁ Ἀσρωνί· τῷ Ἰαμοῦν, δῆμος ὁ Ἰαμουνί. Οὗτοι δῆμοι τοῦ Ἰούδα κατὰ τὴν [18] ἐπίσκεψιν αὐτῶν, ἓξ καὶ ἑβδομήκοντα χιλιάδες καὶ πεντακόσιοι.

Καὶ υἱοὶ Ἰσσάχαρ κατὰ δήμους αὐτῶν· τῷ Θωλᾷ, [19] δῆμος ὁ Θωλαΐ· τῷ Φουᾷ, δῆμος ὁ Φουαΐ. Τῷ Ἰασοὺβ, [20] δῆμος ὁ Ἰασουβί· τῷ Σαμρὰμ, δῆμος ὁ Σαμραμί. Οὗτοι [21] δῆμοι Ἰσσάχαρ ἐξ ἐπισκέψεως αὐτῶν, τέσσαρες καὶ ἑξήκοντα χιλιάδες καὶ τετρακόσιοι.

Υἱοὶ Ζαβουλὼν κατὰ δήμους αὐτῶν· τῷ Σαρὲδ, δῆμος [22] ὁ Σαρεδί· τῷ Ἀλλὼν, δῆμος ὁ Ἀλλωνί· τῷ Ἀλλὴλ, δῆμος ὁ Ἀλληλί. Οὗτοι δῆμοι Ζαβουλὼν ἐξ ἐπισκέψεως [23] αὐτῶν, ἑξήκοντα χιλιάδες καὶ πεντακόσιοι.

Υἱοὶ Γὰδ κατὰ δήμους αὐτῶν· τῷ Σαφὼν, δῆμος ὁ [24] Σαφωνί· τῷ Ἀγγὶ, δῆμος ὁ Ἀγγί· τῷ Σουνὶ, δῆμος ὁ Σουνί· τῷ Ἀζενὶ, δῆμος ὁ Ἀζενί· τῷ Ἀδδὶ, δῆμος ὁ Ἀδδί· [25] τῷ Ἀροαδὶ, δῆμος ὁ Ἀροαδί· τῷ Ἀριὴλ, δῆμος ὁ Ἀριηλί. [26] Οὗτοι δῆμοι υἱῶν Γὰδ ἐξ ἐπισκέψεως αὐτῶν, τέσσαρες [27] καὶ τεσσαράκοντα χιλιάδες καὶ πεντακόσιοι.

Υἱοὶ Ἀσὴρ κατὰ δήμους αὐτῶν· τῷ Ἰαμὶν, δῆμος ὁ [28] Ἰαμινί· τῷ Ἰεσοῦ, δῆμος ὁ Ἰεσουΐ· τῷ Βαριὰ, δῆμος ὁ Βαριαΐ. Τῷ Χοβὲρ, δῆμος ὁ Χοβερί· τῷ Μελχιὴλ, δῆμος [29] ὁ Μελχιηλί. Καὶ τὸ ὄνομα θυγατρὸς Ἀσὴρ, Σάρα. [30] Οὗτοι δῆμοι Ἀσὴρ ἐξ ἐπισκέψεως αὐτῶν, τρεῖς καὶ τεσ- [31] σαράκοντα χιλιάδες καὶ τετρακόσιοι.

Υἱοὶ Ἰωσὴφ κατὰ δήμους αὐτῶν, Μανασσῆ καὶ Ἐφραίμ. [32]

Υἱοὶ Μανασσῆ. Τῷ Μαχὶρ, δῆμος ὁ Μαχιρί· καὶ [33] Μαχὶρ ἐγέννησε τὸν Γαλαάδ· τῷ Γαλαάδ, δῆμος ὁ Γαλααδί. Καὶ οὗτοι υἱοὶ Γαλαάδ· Ἀχιέζερ, δῆμος ὁ Ἀχιεζερί· τῷ [34] Χελέγ, δῆμος ὁ Χελεγί. Τῷ Ἐσριὴλ, δῆμος ὁ Ἐσριηλί· [35] τῷ Συχέμ, δῆμος ὁ Συχεμί· Τῷ Συμαὲρ, δῆμος ὁ Συμαερί· [36] καὶ τῷ Ὀφὲρ, δῆμος ὁ Ὀφερί. Καὶ τῷ Σαλπαὰδ, υἱῷ [37] Ὀφὲρ, οὐκ ἐγένοντο αὐτῷ υἱοὶ, ἀλλ᾽ ἢ θυγατέρες· καὶ ταῦτα τὰ ὀνόματα τῶν θυγατέρων Σαλπαάδ· Μαλὰ, καὶ Νουὰ, καὶ Ἐγλὰ, καὶ Μελχὰ, καὶ Θερσά. Οὗτοι δῆμοι Μα- [38] νασσῆ ἐξ ἐπισκέψεως αὐτῶν, δύο καὶ πεντήκοντα χιλιάδες καὶ ἑπτακόσιοι.

Καὶ οὗτοι υἱοὶ Ἐφραίμ· τῷ Σουθαλὰ, δῆμος ὁ Σου- [39] θαλάν· τῷ Τανὰχ, δῆμος ὁ Ταναχί. Οὗτοι υἱοὶ Σουθαλά· [40] τῷ Ἐδὲν, δῆμος ὁ Ἐδενί. Οὗτοι δῆμοι Ἐφραὶμ ἐξ ἐπι- [41] σκέψεως αὐτῶν, δύο καὶ τριάκοντα χιλιάδες καὶ πεντακόσιοι· οὗτοι δῆμοι υἱῶν Ἰωσὴφ κατὰ δήμους αὐτῶν.

Υἱοὶ Βενιαμὶν κατὰ δήμους αὐτῶν· τῷ Βαλὲ, δῆμος ὁ Βαλί· [42] τῷ Ἀσυβὴρ, δῆμος ὁ Ἀσυβηρί· τῷ Ἰαχιρὰν, δῆμος ὁ Ἰαχιρανί.

43, 44 Τῷ Σωφὰν, δῆμος ὁ Σωφανί. Καὶ ἐγένοντο οἱ υἱοὶ Βαλὲ,
Ἀδὰρ, καὶ Νοεμάν· τῷ Ἀδὰρ, δῆμος ὁ Ἀδαρί· καὶ τῷ Νοε-
45 μὰν, δῆμος ὁ Νοεμανί. Οὗτοι υἱοὶ Βενιαμὶν κατὰ δήμους
αὐτῶν ἐξ ἐπισκέψεως αὐτῶν, πέντε καὶ τριάκοντα χιλιάδες καὶ
πεντακόσιοι.

46 Καὶ υἱοὶ Δὰν κατὰ δήμους αὐτῶν· τῷ Σαμὲ, δῆμος ὁ Σαμεΐ,
47 οὗτοι δῆμοι Δὰν κατὰ δήμους αὐτῶν. Πάντες οἱ δῆμοι Σαμεὶ
κατ᾽ ἐπισκοπὴν αὐτῶν, τέσσαρες καὶ ἑξήκοντα χιλιάδες καὶ
τετρακόσιοι.

48 Υἱοὶ Νεφθαλὶ κατὰ δήμους αὐτῶν· τῷ Ἀσιὴλ· δῆμος ὁ
49 Ἀσιηλί· τῷ Γαυνὶ, δῆμος ὁ Γαυνί. Τῷ Ἰεσὲρ, δῆμος ὁ Ἰεσερί·
50 τῷ Σελλὴμ, δῆμος ὁ Σελλημί. Οὗτοι δῆμοι Νεφθαλὶ ἐξ
ἐπισκέψεως αὐτῶν, τεσσαράκοντα χιλιάδες καὶ τριακόσιοι.

51 Αὕτη ἡ ἐπίσκεψις υἱῶν Ἰσραὴλ, ἑξακόσιαι χιλιάδες καὶ χίλιοι
καὶ ἑπτακόσιοι καὶ τριάκοντα.

52, 53 Καὶ ἐλάλησε Κύριος πρὸς Μωυσῆν, λέγων, τούτοις
54 μερισθήσεται ἡ γῆ, κληρονομεῖν ἐξ ἀριθμοῦ ὀνομάτων. Τοῖς
πλείοσι πλεονάσεις τὴν κληρονομίαν, καὶ τοῖς ἐλάττοσιν ἐλατ-
τώσεις τὴν κληρονομίαν αὐτῶν· ἑκάστῳ, καθὼς ἐπεσκέπησαν,
55 δοθήσεται ἡ κληρονομία αὐτῶν. Διὰ κλήρων μερισθήσεται ἡ γῆ
56 τοῖς ὀνόμασι· κατὰ φυλὰς πατριῶν αὐτῶν κληρονομήσουσιν. Ἐκ
τοῦ κλήρου μεριεῖς τὴν κληρονομίαν αὐτῶν ἀναμέσον πολλῶν
καὶ ὀλίγων.

57 Καὶ υἱοὶ Λευὶ κατὰ δήμους αὐτῶν· τῷ Γεδσὼν, δῆμος ὁ
Γεδσωνί· τῷ Καὰθ, δῆμος ὁ Κααθί· τῷ Μεραρὶ, δῆμος ὁ
58 Μεραρί. Οὗτοι δῆμοι υἱῶν Λευί· δῆμος ὁ Λυβενὶ, δῆμος ὁ
Χεβρωνὶ, δῆμος ὁ Κορὲ, καὶ δῆμος ὁ Μουσί· καὶ Καὰθ
59 ἐγέννησε τὸν Ἀμράμ. Τὸ δὲ ὄνομα τῆς γυναικὸς αὐτοῦ
Ἰωχαβὲδ, θυγάτηρ Λευὶ, ἣ ἔτεκε τούτους τῷ Λευὶ ἐν Αἰγύπτῳ,
καὶ ἔτεκε τῷ Ἀμρὰμ τὸν Ἀαρὼν καὶ Μωυσῆν, καὶ Μαριὰμ
60 τὴν ἀδελφὴν αὐτῶν. Καὶ ἐγενήθησαν τῷ Ἀαρὼν, ὅ, τε Ναδὰβ
61 καὶ Ἀβιούδ, καὶ Ἐλεάζαρ, καὶ Ἰθάμαρ. Καὶ ἀπέθανε Ναδὰβ
καὶ Ἀβιοὺδ ἐν τῷ προσφέρειν αὐτοὺς πῦρ ἀλλότριον ἔναντι
62 Κυρίου ἐν τῇ ἐρήμῳ Σινᾶ. Καὶ ἐγενήθησαν ἐξ ἐπισκέψεως
αὐτῶν, τρεῖς καὶ εἴκοσι χιλιάδες, πᾶν ἀρσενικὸν ἀπὸ μηνιαίου
καὶ ἐπάνω· οὐ γὰρ συνεπεσκέπησαν ἐν μέσῳ υἱῶν Ἰσραήλ, ὅτι
οὐ δίδοται αὐτοῖς κλῆρος ἐν μέσῳ υἱῶν Ἰσραήλ.

63 Καὶ αὕτη ἡ ἐπίσκεψις Μωυσῆ καὶ Ἐλεάζαρ τοῦ ἱερέως, οἱ
ἐπεσκέψαντο τοὺς υἱοὺς Ἰσραὴλ ἐν Ἀραβὼθ Μωὰβ, ἐπὶ τοῦ
64 Ἰορδάνου κατὰ Ἰεριχώ. Καὶ ἐν τούτοις οὐκ ἦν ἄνθρωπος τῶν
ἐπεσκεμμένων ὑπὸ Μωυσῆ καὶ Ἀαρὼν, οὓς ἐπεσκέψαντο τοὺς
65 υἱοὺς Ἰσραὴλ ἐν τῇ ἐρήμῳ Σινᾶ. Ὅτι εἶπε Κύριος αὐτοῖς,
θανάτῳ ἀποθανοῦνται ἐν τῇ ἐρήμῳ· καὶ οὐ κατελείφθη ἐξ
αὐτῶν οὐδὲ εἷς, πλὴν Χάλεβ υἱὸς Ἰεφοννὴ, καὶ Ἰησοῦς ὁ
τοῦ Ναυή.

27 Καὶ προσελθοῦσαι αἱ θυγατέρες Σαλπαὰδ υἱοῦ Ὀφὲρ, υἱοῦ

---

[43] To Sophan, the family of the Sophanites. [44] And the sons of Bale were Adar and Noeman; to Adar, the family of the Adarites; and to Noeman, the family of the Noemanites. [45] These are the sons of Benjamin by their families according to their numbering, thirty-five thousand and five hundred. [46] And the sons of Dan according to their families; to Same, the family of the Sameites; these are the families of Dan according to their families. [47] All the families of Samei according to their numbering, sixty-four thousand and β four hundred. [43] The sons of Nephthali according to their families; to Asiel, the family of the Asielites; to Gauni, the family of the Gaunites. [49] To Jeser, the family of the Jeserites; to Sellem, the family of the Sellemites. [50] These are the families of Nephthali, according to their numbering, forty thousand and three hundred. [51] This is the numbering of the children of Israel, six hundred and one thousand and seven hundred and thirty. [52] And the Lord spoke to Moses, saying, [53] To these the land shall be divided, so that they may inherit according to the number of the names. [54] To the greater number thou shalt give the greater inheritance, and to the less number thou shalt give the less inheritance: to each one, as they have been numbered, shall their inheritance be given. [55] The land shall be divided to the names by lot, they shall inherit according to the tribes of their families. [56] Thou shalt divide their inheritance by lot between the many and the few. [57] And the sons of Levi according to their families; to Gedson, the family of the Gedsonites; to Caath, the family of the Caathites; to Merari, the family of the Merarites. [58] These are the families of the sons of Levi; the family of the Lobenites, the family of the Chebronites, the family of the Coreites, and the family of the Musites; and Caath begot Amram. [59] And the name of his wife was Jochabed, daughter of Levi, who bore these to Levi in Egypt, and she bore to Amram, Aaron and Moses, and Mariam their sister. [60] And to Aaron were born both Nadab and Abiud, Eleazar, and Ithamar. [61] And Nadab and Abiud died when they offered strange fire before the Lord in the wilderness of Sina. [62] And there were according to their numbering, twenty-three thousand, every male from a month old and upward; for they were not numbered among the children of Israel, because they have no inheritance in the midst of the children of Israel. [63] And this is the numbering of Moses and Eleazar the priest, who numbered the children of Israel in Araboth of Moab, at Jordan by Jericho. [64] And among these there was not a man numbered by Moses and Aaron, whom, even the children of Israel, they numbered in the wilderness of Sinai. [65] For the Lord said to them, They shall surely die in the wilderness; and there was not left even one of them, except Chaleb the son of Jephonne, and Joshua the son of Naue. And the daughters of Salpaad the son of

---

Opher, the son of Galaad, the son of Machir, of the tribe of Manasse, of the sons of Joseph, came near; and these were their names, Maala, and Nua, and Egla, and Melcha, and Thersa; [2] and they stood before Moses, and before Eleazar the priest, and before the princes, and before all the congregation at the door of the tabernacle of witness, saying, [3] Our father died in the wilderness, and he was not in the midst of the congregation that rebelled against the Lord in the gathering of Core; for he died for his own sin, and he had no sons. Let not the name of our father be blotted out of the midst of his people, because he has no son: give us an inheritance in the midst of our father's brethren. [4] And Moses brought their case before the Lord.

[5] And the Lord spoke to Moses, saying, [6] The daughters of Salpaad have spoken rightly: thou shalt surely give them a possession of inheritance in the midst of their father's brethren, and thou shalt assign their father's inheritance to them. [7] And thou shalt speak to the children of Israel, saying, [8] If a man die, and have no son, ye shall assign his inheritance to his daughter. [9] And if he have no daughter, ye shall give his inheritance to his brother. [10] And if he have no brethren, ye shall give his inheritance to his father's brother. [11] And if there be no brethren of his father, ye shall give the inheritance to his nearest relation of his tribe, to inherit his possessions; and this shall be to the children of Israel an ordinance of judgment, as the Lord commanded Moses.

[12] And the Lord said to Moses, Go up to the mountain that is in the country beyond Jordan, this mount Nabau, and behold the land Chanaan, which I give to the sons of Israel for a possession. [13] And thou shalt see it, and thou also shalt be added to thy people, as Aaron thy brother was added *to them* in mount Or: [14] because ye transgressed my commandment in the wilderness of Sin, when the congregation resisted *and refused* to sanctify me; ye sanctified me not at the water before them. This is the water of Strife in Cades in the wilderness of Sin. [15] And Moses said to the Lord, [16] Let the Lord God of spirits and of all flesh look out for a man over this congregation, [17] who shall go out before them, and who shall come in before them, and who shall lead them out, and who shall bring them in; so the congregation of the Lord shall not be as sheep without a shepherd. [18] And the Lord spoke to Moses, saying, Take to thyself Joshua the son of Naue, a man who has the Spirit in him, and thou shalt lay thy hands upon him. [19] And thou shalt set him before Eleazar the priest, and thou shalt give him a charge before all the congregation, and thou shalt give a charge concerning him before them. [20] And thou shalt put of thy glory upon him, that the children of Israel may hearken to him. [21] And he shall stand before Eleazar the priest, and they shall ask of him before the Lord the judgment of the Urim: they shall go forth at his word, and at his word they shall come in, he and the children of Israel with one accord, and all the congregation.

[12] And Moses did as the Lord commanded

Γαλαάδ, υἱοῦ Μαχίρ, τοῦ δήμου Μανασσῆ, τῶν υἱῶν Ἰωσῆφ, καὶ ταῦτα τὰ ὀνόματα αὐτῶν, Μααλὰ, καὶ Νουὰ, καὶ Ἐγλὰ, καὶ Μελχὰ, καὶ Θερσὰ, καὶ στᾶσαι ἔναντι Μωυσῆ, καὶ ἔναντι 2 Ἐλεάζαρ τοῦ ἱερέως, καὶ ἔναντι τῶν ἀρχόντων, καὶ ἔναντι πάσης συναγωγῆς ἐπὶ τῆς θύρας τῆς σκηνῆς τοῦ μαρτυρίου, λέγουσιν, ὁ πατὴρ ἡμῶν ἀπέθανεν ἐν τῇ ἐρήμῳ, καὶ αὐτὸς οὐκ 3 ἦν ἐν μέσῳ τῆς συναγωγῆς τῆς ἐπισυστάσης ἔναντι Κυρίου ἐν τῇ συναγωγῇ Κορὲ, ὅτι δι' ἁμαρτίαν αὐτοῦ ἀπέθανε, καὶ υἱοὶ οὐκ ἐγένοντο αὐτῷ· μὴ ἐξαλειφθήτω τὸ ὄνομα τοῦ πατρὸς ἡμῶν ἐκ μέσου τοῦ δήμου αὐτοῦ, ὅτι οὐκ ἔστιν αὐτῷ υἱός· δότε ἡμῖν κατάσχεσιν ἐν μέσῳ ἀδελφῶν πατρὸς ἡμῶν. Καὶ 4 προσήγαγε Μωυσῆς τὴν κρίσιν αὐτῶν ἔναντι Κυρίου.

Καὶ ἐλάλησε Κύριος πρὸς Μωυσῆν, λέγων, ὀρθῶς θυγα- 5, 6 τέρες Σαλπαὰδ λελαλήκασι· δόμα δώσεις αὐταῖς κατάσχεσιν κληρονομίας ἐν μέσῳ ἀδελφῶν πατρὸς αὐτῶν, καὶ περιθήσεις τὸν κλῆρον τοῦ πατρὸς αὐτῶν αὐταῖς. Καὶ τοῖς υἱοῖς Ἰσραὴλ 7 λαλήσεις, λέγων, ἄνθρωπος ἐὰν ἀποθάνῃ, καὶ υἱὸς μὴ ᾖ αὐτῷ, 8 περιθήσετε τὴν κληρονομίαν αὐτοῦ τῇ θυγατρὶ αὐτοῦ. Ἐὰν δὲ 9 μὴ ᾖ θυγάτηρ αὐτῷ, δώσετε τὴν κληρονομίαν τῷ ἀδελφῷ αὐτοῦ. Ἐὰν δὲ μὴ ὦσιν αὐτῷ ἀδελφοὶ, δώσετε τὴν κληρονομίαν τῷ 10 ἀδελφῷ τοῦ πατρὸς αὐτοῦ. Ἐὰν δὲ μὴ ὦσιν ἀδελφοὶ τοῦ 11 πατρὸς αὐτοῦ, δώσετε τὴν κληρονομίαν τῷ οἰκείῳ τῷ ἔγγιστα αὐτοῦ ἐκ τῆς φυλῆς αὐτοῦ, κληρονομῆσαι τὰ αὐτοῦ· καὶ ἔσται τοῦτο τοῖς υἱοῖς Ἰσραὴλ δικαίωμα κρίσεως, καθὰ συνέταξε Κύριος τῷ Μωυσῇ.

Καὶ εἶπε Κύριος πρὸς Μωυσῆν, ἀνάβηθι εἰς τὸ ὄρος τὸ ἐν τῷ 12 πέραν τοῦ Ἰορδάνου, τοῦτο τὸ ὄρος Ναβαῦ, καὶ ἴδε τὴν γῆν Χαναὰν, ἣν ἐγὼ δίδωμι τοῖς υἱοῖς Ἰσραὴλ ἐν κατασχέσει. Καὶ ὄψῃ αὐτὴν, καὶ προστεθήσῃ πρὸς τὸν λαόν σου καὶ σὺ, 13 καθὰ προσετέθη Ἀαρὼν ὁ ἀδελφός σου ἐν Ὢρ τῷ ὄρει. Διότι 14 παρέβητε τὸ ῥῆμά μου ἐν τῇ ἐρήμῳ Σὶν, ἐν τῷ ἀντιπίπτειν τὴν συναγωγὴν ἁγιάσαι με, οὐχ ἡγιάσατέ με ἐπὶ τῷ ὕδατι ἔναντι αὐτῶν· τοῦτ' ἐστι τὸ ὕδωρ ἀντιλογίας ἐν Κάδης ἐν τῇ ἐρήμῳ Σίν. Καὶ εἶπε Μωυσῆς πρὸς Κύριον, ἐπισκεψάσθω Κύριος 15, 16 ὁ Θεὸς τῶν πνευμάτων καὶ πάσης σαρκὸς ἄνθρωπον ἐπὶ τῆς συναγωγῆς ταύτης, ὅστις ἐξελεύσεται πρὸ προσώπου αὐτῶν, 17 καὶ ὅστις εἰσελεύσεται πρὸ προσώπου αὐτῶν, καὶ ὅστις ἐξάξει αὐτοὺς, καὶ ὅστις εἰσάξει αὐτοὺς, καὶ οὐκ ἔσται ἡ συναγωγὴ Κυρίου ὡσεὶ πρόβατα οἷς οὐκ ἔστι ποιμήν. Καὶ ἐλάλησε 18 Κύριος πρὸς Μωυσῆν, λέγων, λάβε πρὸς σεαυτὸν Ἰησοῦν υἱὸν Ναυῆ, ἄνθρωπον ὃς ἔχει πνεῦμα ἐν ἑαυτῷ, καὶ ἐπιθήσεις τὰς χεῖράς σου ἐπ' αὐτόν. Καὶ στήσεις αὐτὸν ἔναντι Ἐλεάζαρ 19 τοῦ ἱερέως, καὶ ἐντελῇ αὐτῷ ἔναντι πάσης συναγωγῆς, καὶ ἐντελῇ περὶ αὐτοῦ ἐναντίον αὐτῶν. Καὶ δώσεις τῆς δόξης σου 20 ἐπ' αὐτὸν, ὅπως ἂν εἰσακούσωσιν αὐτοῦ οἱ υἱοὶ Ἰσραήλ. Καὶ 21 ἔναντι Ἐλεάζαρ τοῦ ἱερέως στήσεται, καὶ ἐπερωτήσουσιν αὐτὸν τὴν κρίσιν τῶν δήλων ἔναντι Κυρίου· ἐπὶ τῷ στόματι αὐτοῦ ἐξελεύσονται, καὶ ἐπὶ τῷ στόματι αὐτοῦ εἰσελεύσονται αὐτὸς καὶ οἱ υἱοὶ Ἰσραὴλ ὁμοθυμαδόν, καὶ πᾶσα ἡ συναγωγή.

Καὶ ἐποίησε Μωυσῆς καθὰ ἐνετείλατο αὐτῷ Κύριος· καὶ 22

λαβὼν τὸν Ἰησοῦν, ἔστησεν αὐτὸν ἐναντίον Ἐλεάζαρ τοῦ
23 ἱερέως, καὶ ἐναντίον πάσης συναγωγῆς, καὶ ἐπέθηκε τὰς χεῖρας
αὐτοῦ ἐπ᾽ αὐτόν, καὶ συνέστησεν αὐτὸν καθάπερ συνέταξε
Κύριος τῷ Μωυσῇ.

28 Καὶ ἐλάλησε Κύριος πρὸς Μωυσῆν, λέγων, ἔντειλαι τοῖς
2 υἱοῖς Ἰσραὴλ, καὶ ἐρεῖς πρὸς αὐτούς, λέγων, τὰ δῶρά μου
δόματά μου καρπώματά μου εἰς ὀσμὴν εὐωδίας διατηρήσετε
3 προσφέρειν ἐμοὶ ἐν ταῖς ἑορταῖς μου. Καὶ ἐρεῖς πρὸς αὐτούς,
ταῦτα τὰ καρπώματα ὅσα προσάξετε Κυρίῳ, ἀμνοὺς ἐνιαυσίους
4 ἀμώμους δύο τὴν ἡμέραν εἰς ὁλοκαύτωσιν ἐνδελεχῶς. Τὸν
ἀμνὸν τὸν ἕνα ποιήσεις τὸ τοπρωΐ, καὶ τὸν ἀμνὸν τὸν δεύτερον
ποιήσεις τὸ πρὸς ἑσπέραν.

5 Καὶ ποιήσεις τὸ δέκατον τοῦ οἰφὶ σεμίδαλιν εἰς θυσίαν
6 ἀναπεποιημένην ἐν ἐλαίῳ ἐν τετάρτῳ τοῦ ἴν. Ὁλοκαύτωμα
ἐνδελεχισμοῦ, ἡ γενομένη ἐν τῷ ὄρει Σινᾶ εἰς ὀσμὴν εὐωδίας
7 Κυρίῳ. Καὶ σπονδὴν αὐτοῦ τὸ τέταρτον τοῦ ἴν τῷ ἀμνῷ
8 τῷ ἑνί· ἐν τῷ ἁγίῳ σπείσεις σπονδὴν σίκερα Κυρίῳ· καὶ
τὸν ἀμνὸν τὸν δεύτερον ποιήσεις τὸ πρὸς ἑσπέραν· κατὰ
9 τὴν θυσίαν αὐτοῦ καὶ κατὰ τὴν σπονδὴν αὐτοῦ ποιήσετε
εἰς ὀσμὴν εὐωδίας Κυρίῳ. Καὶ τῇ ἡμέρᾳ τῶν σαββάτων
προσάξετε δύο ἀμνοὺς ἐνιαυσίους ἀμώμους, καὶ δύο δέκατα
10 σεμιδάλεως ἀναπεποιημένης ἐν ἐλαίῳ εἰς θυσίαν καὶ σπονδὴν,
ὁλοκαύτωμα σαββάτων ἐν τοῖς σαββάτοις ἐπὶ τῆς ὁλοκαυτώσεως
τῆς διαπαντὸς, καὶ τὴν σπονδὴν αὐτοῦ.

11 Καὶ ἐν ταῖς νεομηνίαις προσάξετε ὁλοκαύτωμα τῷ Κυρίῳ,
μόσχους ἐκ βοῶν δύο, καὶ κριὸν ἕνα, ἀμνοὺς ἐνιαυσίους ἑπτὰ
12 ἀμώμους· Τρία δέκατα σεμιδάλεως ἀναπεποιημένης ἐν ἐλαίῳ
τῷ μόσχῳ τῷ ἑνί, καὶ δύο δέκατα σεμιδάλεως ἀναπεποιημένης
13 ἐν ἐλαίῳ τῷ κριῷ τῷ ἑνί· Δέκατον δέκατον σεμιδάλεως
ἀναπεποιημένης ἐν ἐλαίῳ τῷ ἀμνῷ τῷ ἑνί, θυσίαν ὀσμὴν εὐωδίας
14 κάρπωμα Κυρίῳ. Ἡ σπονδὴ αὐτῶν τὸ ἥμισυ τοῦ ἴν ἔσται τῷ
μόσχῳ τῷ ἑνί· καὶ τὸ τρίτον τοῦ ἴν ἔσται τῷ κριῷ τῷ ἑνί. Καὶ
τὸ τέταρτον τοῦ ἴν ἔσται τῷ ἀμνῷ τῷ ἑνὶ οἴνου· τοῦτο τὸ
ὁλοκαύτωμα μῆνα ἐκ μηνὸς εἰς τοὺς μῆνας τοῦ ἐνιαυτοῦ.

15 Καὶ χίμαρον ἐξ αἰγῶν ἕνα περὶ ἁμαρτίας Κυρίῳ, ἐπὶ τῆς
ὁλοκαυτώσεως τῆς διαπαντὸς ποιηθήσεται, καὶ ἡ σπονδὴ
αὐτοῦ.

16 Καὶ ἐν τῷ μηνὶ τῷ πρώτῳ τεσσαρεσκαιδεκάτῃ ἡμέρᾳ τοῦ
17 μηνὸς πάσχα Κυρίῳ. Καὶ τῇ πεντεκαιδεκάτῃ ἡμέρᾳ τοῦ μηνὸς
18 τούτου ἑορτή· ἑπτὰ ἡμέρας ἄζυμα ἔδεσθε. Καὶ ἡ ἡμέρα ἡ
πρώτη ἐπίκλητος ἁγία ἔσται ὑμῖν· πᾶν ἔργον λατρευτὸν οὐ
19 ποιήσετε. Καὶ προσάξετε ὁλοκαυτώματα κάρπωμα Κυρίῳ,
μόσχους ἐκ βοῶν δύο, κριὸν ἕνα, ἀμνοὺς ἐνιαυσίους ἑπτά·
20 ἄμωμοι ἔσονται ὑμῖν. Καὶ θυσία αὐτῶν σεμίδαλις ἀναπεποιη-
μένη ἐν ἐλαίῳ· τρία δέκατα τῷ μόσχῳ τῷ ἑνί, καὶ δύο δέκατα
21 τῷ κριῷ τῷ ἑνί. Δέκατον δέκατον ποιήσεις τῷ ἀμνῷ τῷ ἑνί,
22 τοῖς ἑπτὰ ἀμνοῖς. Καὶ χίμαρον ἐξ αἰγῶν ἕνα περὶ ἁμαρτίας,

him; and he took Joshua, and set him before Eleazar the priest, and before all the congregation. [23]And he laid his hands on him, and appointed him as the Lord ordered Moses.

And the Lord spoke to Moses, saying, [2]Charge the children of Israel, and thou shalt speak to them, saying, Ye shall observe to offer to me in my feasts my gifts, my presents, my burnt-offerings for a sweet-smelling savour. [3]And thou shalt say to them, These are the burnt-offerings, all that ye shall bring to the Lord; two lambs of a year old without blemish daily, for a whole-burnt offering perpetually. [4]Thou shalt offer one lamb in the morning, and thou shalt offer the second lamb towards evening.

[5]And thou shalt offer the tenth part of an ephah of fine flour for a meat-offering, mingled with oil, with the fourth part of a hin. [6]It is a perpetual whole-burnt-offering, a sacrifice offered in the mount of Sina for a sweet-smelling savour to the Lord. [7]And its drink-offering, the fourth part of a hin to each lamb; in the holy place shalt thou pour strong drink as a drink-offering to the Lord. [8]And the second lamb thou shalt offer toward evening; thou shalt offer it according to its meat-offering and according to its drink-offering for a smell of sweet savour to the Lord. [9]And on the sabbath-day ye shall offer two lambs of a year old without blemish, and two tenth deals of fine flour mingled with oil for a meat-offering, and a drink-offering. [10]It is a whole-burnt-offering of the sabbaths on the sabbath days, besides the continued whole-burnt-offering, and its drink offering.

[11]And at the new moons ye shall bring a whole-burnt-offering to the Lord, two calves of the herd, and one ram, seven lambs of a year old without blemish. [12]Three tenth deals of fine flour mingled with oil for one calf, and two tenth deals of fine flour mingled with oil for one ram. [13]A tenth deal of fine flour mingled with oil for each lamb, as a meat-offering, a sweet-smelling savour, a [β] burnt-offering to the Lord. [14]Their drink-offering shall be the half of a hin for one calf; and the third of a hin for one ram; and the fourth part of a hin of wine for one lamb: this is the whole-burnt-offering monthly throughout the months of the year. [15]And he shall offer one kid of the goats for a sin-offering to the Lord; it shall be offered beside the continual whole-burnt-offering and its drink-offering.

[16]And in the first month, on the fourteenth day of the month, is the passover to the Lord. [17]And on the fifteenth day of this month is a feast; seven days ye shall eat unleavened bread. [18]And the first day shall be to you a holy convocation; ye shall do no servile work. [19]And ye shall bring whole-burnt-offerings, a sacrifice to the Lord, two calves of the herd, one ram, seven lambs of a year old; they shall be to you without blemish. [20]And their meat-offering shall be fine flour mingled with oil; three tenth deals for one calf, and two tenth deals for one ram. [21]Thou shalt offer a tenth for each lamb, for the seven lambs. [22]And thou shalt offer one kid of the goats for a sin-

---

β This seems to be the general meaning of κάρπωμα in LXX.

offering, to make atonement for you. ²³ Beside the perpetual whole-burnt-offering in the morning, which is a whole-burnt-sacrifice for a continuance, ²⁴ these shall ye thus offer daily for ^β seven days, a gift, a sacrifice for a sweet-smelling savour to the Lord; beside the continual whole-burnt-offering, thou shalt offer its drink-offering. ²⁵ And the seventh day shall be to you a holy convocation; ye shall do no servile work in it.

²⁶ And on the day of the new corn, when ye shall offer a new sacrifice *at the festival* of weeks to the Lord, there shall be to you a holy convocation; ye shall do no servile work, ²⁷ and ye shall bring whole-burnt-offerings for a sweet-smelling savour to the Lord, two calves of the herd, one ram, seven lambs without blemish. ²⁸ Their meat-offering *shall be* fine flour mingled with oil; there shall be three tenth deals for one calf, and two tenth deals for one ram. ²⁹ A tenth for each lamb separately, for the seven lambs; and a kid of the goats, ³⁰ for a sin-offering, to make atonement for you; beside the perpetual whole-burnt-offering: and ³¹ ye shall offer to me their meat-offering. They shall be to you unblemished, and ye shall offer their drink-offerings.

And in the seventh month, on the first day of the month, there shall be to you a holy convocation: ye shall do no servile work: it shall be to you a day of blowing the trumpets. ² And ye shall offer whole-burnt-offerings for a savour to the Lord, one calf of the herd, one ram, seven lambs of a year old without blemish. ³ Their meat-offering shall be fine flour mingled with oil; three tenth deals for one calf, and two tenth deals for one ram: ⁴ a tenth deal for each several ram, for the seven lambs. ⁵ And one kid of the goats for a sin-offering, to make atonement for you. ⁶ Beside the whole-burnt-offerings for the new moon, and their meat-offerings, and their drink-offerings, and their perpetual whole-burnt-offering; and their meat-offerings and their drink-offerings according to their ordinance for a sweet-smelling savour to the Lord.

⁷ And on the tenth of this month there shall be to you a holy convocation; and ye shall afflict your souls, and ye shall do no work. ⁸ And ye shall bring near whole-burnt-offerings for a sweet-smelling savour to the Lord; burnt-sacrifices to the Lord, one calf of the herd, one ram, seven lambs of a year old; they shall be to you without blemish. ⁹ Their meat-offering shall be fine flour mingled with oil; three tenth deals for one calf, and two tenth deals for one ram. ¹⁰ A tenth deal for each several lamb, for the seven lambs. ¹¹ And one kid of the goats for a sin-offering, to make atonement for you; beside the sin-offering for atonement, and the continual whole-burnt-offering, its meat-offering, and its drink-offering according to its ordinance for a smell of sweet savour, a burnt-sacrifice to the Lord.

¹² And on the fifteenth day of this seventh month ye shall have a holy convocation; ye shall do no servile work; and ye shall keep it a feast to the Lord seven days. ¹³ And ye shall bring near whole-burnt-offerings, a

ἐξιλάσασθαι περὶ ὑμῶν· Πλὴν τῆς ὁλοκαυτώσεως τῆς δια- 23 παντὸς τῆς πρωϊνῆς, ὅ ἐστιν ὁλοκαύτωμα ἐνδελεχισμοῦ. Ταῦτα 24 κατὰ ταῦτα ποιήσετε τὴν ἡμέραν εἰς τὰς ἑπτὰ ἡμέρας, δῶρον κάρπωμα εἰς ὀσμὴν εὐωδίας Κυρίῳ, ἐπὶ τοῦ ὁλοκαυτώματος τοῦ διαπαντὸς ποιήσεις τὴν σπονδὴν αὐτοῦ. Καὶ ἡμέρα ἡ 25 ἑβδόμη κλητὴ ἁγία ἔσται ὑμῖν· πᾶν ἔργον λατρευτὸν οὐ ποιήσετε ἐν αὐτῇ.

Καὶ τῇ ἡμέρᾳ τῶν νέων, ὅταν προσφέρητε θυσίαν νέαν 26 Κυρίῳ τῶν ἑβδομάδων, ἐπίκλητος ἁγία ἔσται ὑμῖν· πᾶν ἔργον λατρευτὸν οὐ ποιήσετε. Καὶ προσάξετε ὁλοκαυτώματα εἰς 27 ὀσμὴν εὐωδίας Κυρίῳ, μόσχους ἐκ βοῶν δύο, κριὸν ἕνα, ἀμνοὺς ἐνιαυσίους ἑπτὰ ἀμώμους. Ἡ θυσία αὐτῶν σεμίδαλις ἀναπε- 28 ποιημένη ἐν ἐλαίῳ· τρία δέκατα τῷ μόσχῳ τῷ ἑνὶ, καὶ δύο δέκατα τῷ κριῷ τῷ ἑνί. Δέκατον δέκατον τῷ ἀμνῷ τῷ ἑνὶ, 29 τοῖς ἑπτὰ ἀμνοῖς· καὶ χίμαρον ἐξ αἰγῶν ἕνα περὶ ἁμαρτίας, 30 ἐξιλάσασθαι περὶ ὑμῶν· πλὴν τοῦ ὁλοκαυτώματος τοῦ διαπαντός· καὶ τὴν θυσίαν αὐτῶν ποιήσετέ μοι, ἄμωμοι ἔσονται ὑμῖν, καὶ 31 τὰς σπονδὰς αὐτῶν.

Καὶ τῷ μηνὶ τῷ ἑβδόμῳ, μιᾷ τοῦ μηνός, ἐπίκλητος ἁγία 29 ἔσται ὑμῖν· πᾶν ἔργον λατρευτὸν οὐ ποιήσετε· ἡμέρα σημασίας ἔσται ὑμῖν. Καὶ ποιήσετε ὁλοκαυτώματα εἰς ὀσμὴν εὐωδίας 2 Κυρίῳ, μόσχον ἕνα ἐκ βοῶν, κριὸν ἕνα, ἀμνοὺς ἐνιαυσίους ἑπτὰ ἀμώμους. Ἡ θυσία αὐτῶν σεμίδαλις ἀναπεποιημένη ἐν ἐλαίῳ· 3 τρία δέκατα τῷ μόσχῳ τῷ ἑνὶ, καὶ δύο δέκατα τῷ κριῷ τῷ ἑνί· Δέκατον δέκατον τῷ ἀμνῷ τῷ ἑνὶ, τοῖς ἑπτὰ ἀμνοῖς· 4 Καὶ χίμαρον ἐξ αἰγῶν ἕνα περὶ ἁμαρτίας, ἐξιλάσασθαι περὶ 5 ὑμῶν· Πλὴν τῶν ὁλοκαυτωμάτων τῆς νουμηνίας· καὶ αἱ θυσίαι 6 αὐτῶν, καὶ αἱ σπονδαὶ αὐτῶν, καὶ τὸ ὁλοκαύτωμα τὸ διαπαντός· καὶ αἱ θυσίαι αὐτῶν καὶ αἱ σπονδαὶ αὐτῶν κατὰ τὴν σύγκρισιν αὐτῶν εἰς ὀσμὴν εὐωδίας Κυρίῳ.

Καὶ τῇ δεκάτῃ τοῦ μηνὸς τούτου ἐπίκλητος ἁγία ἔσται 7 ὑμῖν· καὶ κακώσετε τὰς ψυχὰς ὑμῶν, καὶ πᾶν ἔργον οὐ ποιήσετε. Καὶ προσοίσετε ὁλοκαυτώματα εἰς ὀσμὴν εὐωδίας 8 Κυρίῳ, καρπώματα Κυρίῳ, μόσχον ἐκ βοῶν ἕνα, κριὸν ἕνα, ἀμνοὺς ἐνιαυσίους ἑπτά· ἄμωμοι ἔσονται ὑμῖν. Ἡ 9 θυσία αὐτῶν σεμίδαλις ἀναπεποιημένη ἐν ἐλαίῳ· τρία δέκατα τῷ μόσχῳ τῷ ἑνὶ, καὶ δύο δέκατα τῷ κριῷ τῷ ἑνί· Δέκατον 10 δέκατον τῷ ἀμνῷ τῷ ἑνὶ, εἰς τοὺς ἑπτὰ ἀμνούς· Καὶ 11 χίμαρον ἐξ αἰγῶν ἕνα περὶ ἁμαρτίας, ἐξιλάσασθαι περὶ ὑμῶν· πλὴν τὸ περὶ τῆς ἁμαρτίας τῆς ἐξιλάσεως, καὶ ἡ ὁλοκαύτωσις ἡ διαπαντός· ἡ θυσία αὐτῆς, καὶ ἡ σπονδὴ αὐτῆς κατὰ τὴν σύγκρισιν εἰς ὀσμὴν εὐωδίας κάρπωμα Κυρίῳ.

Καὶ τῇ πεντεκαιδεκάτῃ ἡμέρᾳ τοῦ μηνὸς τοῦ ἑβδόμου τούτου 12 ἐπίκλητος ἁγία ἔσται ὑμῖν· πᾶν ἔργον λατρευτὸν οὐ ποιήσετε· καὶ ἑορτάσατε αὐτὴν ἑορτὴν Κυρίῳ ἑπτὰ ἡμέρας. Καὶ προσ- 13 άξετε ὁλοκαυτώματα κάρπωμα εἰς ὀσμὴν εὐωδίας Κυρίῳ, τῇ

β *Alex.* two days.

ἡμέρᾳ τῇ πρώτῃ μόσχους ἐκ βοῶν τρεῖς καὶ δέκα, κριοὺς δυο,
14 ἀμνοὺς ἐνιαυσίους δεκατέσσαρας· ἄμωμοι ἔσονται. Αἱ θυσίαι
αὐτῶν σεμίδαλις ἀναπεποιημένη ἐν ἐλαίῳ· τρία δέκατα τῷ
μόσχῳ τῷ ἑνί, τοῖς τρισκαίδεκα μόσχοις· καὶ δύο δέκατα τῷ
15 κριῷ τῷ ἑνί, ἐπὶ τοὺς δύο κριούς· Δέκατον δέκατον τῷ ἀμνῷ τῷ
16 ἑνί, ἐπὶ τοὺς τέσσαρας καὶ δέκα ἀμνούς· Καὶ χίμαρον ἐξ
αἰγῶν ἕνα περὶ ἁμαρτίας· πλὴν τῆς ὁλοκαυτώσεως τῆς δια-
παντός· αἱ θυσίαι αὐτῶν καὶ αἱ σπονδαὶ αὐτῶν.

17 Καὶ τῇ ἡμέρᾳ τῇ δευτέρᾳ μόσχους δώδεκα, κριοὺς δύο, ἀμνοὺς
18 ἐνιαυσίους τέσσαρας καὶ δέκα ἀμώμους. Ἡ θυσία αὐτῶν καὶ
ἡ σπονδὴ αὐτῶν τοῖς μόσχοις καὶ τοῖς κριοῖς καὶ τοῖς ἀμνοῖς
19 κατὰ ἀριθμὸν αὐτῶν, κατὰ τὴν σύγκρισιν αὐτῶν. καὶ χίμαρον
ἐξ αἰγῶν ἕνα περὶ ἁμαρτίας· πλὴν τῆς ὁλοκαυτώσεως τῆς
διαπαντός· αἱ θυσίαι αὐτῶν καὶ αἱ σπονδαὶ αὐτῶν.

20 Τῇ ἡμέρᾳ τῇ τρίτῃ μόσχους ἕνδεκα, κριοὺς δύο, ἀμνοὺς
21 ἐνιαυσίους τέσσαρας καὶ δέκα ἀμώμους. Ἡ θυσία αὐτῶν καὶ
ἡ σπονδὴ αὐτῶν τοῖς μόσχοις καὶ τοῖς κριοῖς καὶ τοῖς ἀμνοῖς
22 κατὰ ἀριθμὸν αὐτῶν, κατὰ τὴν σύγκρισιν αὐτῶν. Καὶ χίμαρον
ἐξ αἰγῶν ἕνα περὶ ἁμαρτίας· πλὴν τῆς ὁλοκαυτώσεως τῆς
διαπαντός· αἱ θυσίαι αὐτῶν καὶ αἱ σπονδαὶ αὐτῶν.

23 Τῇ ἡμέρᾳ τῇ τετάρτῃ μόσχους δέκα, κριοὺς δύο, ἀμνοὺς
24 ἐνιαυσίους τέσσαρας καὶ δέκα ἀμώμους. Αἱ θυσίαι αὐτῶν καὶ αἱ
σπονδαὶ αὐτῶν τοῖς μόσχοις καὶ τοῖς κριοῖς καὶ τοῖς ἀμνοῖς
25 κατὰ ἀριθμὸν αὐτῶν, κατὰ τὴν σύγκρισιν αὐτῶν. Καὶ χίμαρον
ἐξ αἰγῶν ἕνα περὶ ἁμαρτίας· πλὴν τῆς ὁλοκαυτώσεως τῆς
διαπαντός· αἱ θυσίαι αὐτῶν καὶ αἱ σπονδαὶ αὐτῶν.

26 Τῇ ἡμέρᾳ τῇ πέμπτῃ μόσχους ἐννέα, κριοὺς δύο, ἀμνοὺς ἐνιαυ-
27 σίους τέσσαρας καὶ δέκα ἀμώμους. Αἱ θυσίαι αὐτῶν καὶ αἱ
σπονδαὶ αὐτῶν τοῖς μόσχοις καὶ τοῖς κριοῖς καὶ τοῖς ἀμνοῖς κατὰ
28 ἀριθμὸν αὐτῶν, κατὰ τὴν σύγκρισιν αὐτῶν. Καὶ χίμαρον ἐξ
αἰγῶν ἕνα περὶ ἁμαρτίας πλὴν τῆς ὁλοκαυτώσεως τῆς διαπαντός·
αἱ θυσίαι αὐτῶν καὶ αἱ σπονδαὶ αὐτῶν.

29 Τῇ ἡμέρᾳ τῇ ἕκτῃ μόσχους ὀκτὼ, κριοὺς δύο, ἀμνοὺς
30 ἐνιαυσίους δεκατέσσαρας ἀμώμους. Αἱ θυσίαι αὐτῶν καὶ αἱ
σπονδαὶ αὐτῶν τοῖς μόσχοις καὶ τοῖς κριοῖς καὶ τοῖς ἀμνοῖς
31 κατὰ ἀριθμὸν αὐτῶν, κατὰ τὴν σύγκρισιν αὐτῶν. Καὶ
χίμαρον ἐξ αἰγῶν ἕνα περὶ ἁμαρτίας· πλὴν τῆς ὁλοκαυτώσεως
τῆς διαπαντός· αἱ θυσίαι αὐτῶν καὶ αἱ σπονδαὶ αὐτῶν.

32 Τῇ ἡμέρᾳ τῇ ἑβδόμῃ μόσχους ἑπτὰ, κριοὺς δύο, ἀμνοὺς
33 ἐνιαυσίους δεκατέσσαρας ἀμώμους. Αἱ θυσίαι αὐτῶν καὶ
αἱ σπονδαὶ αὐτῶν τοῖς μόσχοις καὶ τοῖς κριοῖς καὶ τοῖς ἀμνοῖς
34 κατὰ ἀριθμὸν αὐτῶν, κατὰ τὴν σύγκρισιν αὐτῶν. Καὶ χίμαρον
ἐξ αἰγῶν ἕνα περὶ ἁμαρτίας· πλὴν τῆς ὁλοκαυτώσεως τῆς
35 διαπαντός· αἱ θυσίαι αὐτῶν καὶ αἱ σπονδαὶ αὐτῶν. Καὶ τῇ
ἡμέρᾳ τῇ ὀγδόῃ ἐξόδιον ἔσται ὑμῖν· πᾶν ἔργον λατρευτὸν οὐ

sacrifice for a smell of sweet savour to the Lord, on the first day thirteen calves of the herd, two rams, fourteen lambs of a year old; they shall be without blemish. [14]Their meat-offerings *shall be* fine flour mingled with oil; there shall be three tenth deals for one calf, for the thirteen calves; and two tenth deals for one ram, for the two rams. [15]A tenth deal for every lamb, for the fourteen lambs. [16]And one kid of the goats for a sin-offering; beside the continual whole-burnt-offering: there shall be their meat-offerings and their drink-offerings.

[17]And on the second day twelve calves, two rams, fourteen lambs of a year old without blemish. [18]Their meat-offering and their drink-offering shall be for the calves and the rams and the lambs according to their number, according to their ordinance. [19]And one kid of the goats for a sin-offering; beside the perpetual whole-burnt-offering; their meat-offerings and their drink-offerings.

[20]On the third day eleven calves, two rams, fourteen lambs of a year old without blemish. [21]Their meat-offering and their drink-offering shall be to the rams and to the lambs according to their number, according to their ordinance. [22]And one kid of the goats for a sin-offering; beside the continual whole-burnt-offering; *there shall be* their meat-offerings and their drink-offerings.

[23]On the fourth day ten calves, two rams, fourteen lambs of a year old without spot. [24]There shall be their meat-offerings and their drink-offerings to the calves and the rams and the lambs according to their number, according to their ordinance. [25]And one kid of the goats for a sin-offering; beside the continual whole-burnt-offering *there shall be* their meat-offerings and their drink-offerings.

[26]On the fifth day nine calves, two rams, fourteen lambs of a year old without spot. [27]Their meat-offerings and their drink-offerings *shall be* to the calves and the rams and the lambs according to their number, according to their ordinance. [28]And one kid of the goats for a sin-offering; beside the perpetual whole-burnt-offering; *there shall be* their meat-offerings and their drink-offerings.

[29]On the sixth day eight calves, two rams, fourteen lambs of a year old without blemish. [30]There shall be their meat-offerings and their drink-offerings to the calves and rams and lambs according to their number, according to their ordinance. [31]And one kid of the goats for a sin-offering; beside the perpetual whole-burnt-offering; *there shall be* their meat-offerings and their drink-offerings.

[32]On the seventh day seven calves, two rams, fourteen lambs of a year old without blemish. [33]Their meat-offerings and their drink-offerings shall be to the calves and the rams and the lambs according to their number, according to their ordinance. [34]And one kid of the goats for a sin-offering; beside the continual whole-burnt-offering; *there shall be* their meat-offerings and their drink-offerings. [35]And on the eighth day there shall be to you βa release: ye shall do

---

β *Or*, solemn assembly. See Lev. 23. 36.

no servile work in it. ³⁶ And ye shall offer whole-burnt-offerings *as* sacrifices to the Lord, one calf, one ram, seven lambs of a year old without spot. ³⁷ *There shall be* their meat-offerings and their drink-offerings for the calf and the ram and the lambs according to their number, according to their ordinance. ³⁸ And one kid of the goats for a sin-offering; beside the continual whole-burnt-offering; *there shall be* their meat-offerings and their drink-offerings. ³⁹ These *sacrifices* shall ye offer to the Lord in your feasts, besides your vows; and *ye shall offer* your free-will-offerings and your whole-burnt-offerings, and your meat-offerings and your drink-offerings, and your peace-offerings.

And Moses spoke to the children of Israel according to all that the Lord commanded Moses. ² And Moses spoke to the heads of the tribes of the children of Israel, saying, This *is* the thing which the Lord has commanded. ³ Whatsoever man shall vow a vow to the Lord, or swear an oath, or bind himself with an obligation upon his soul, he shall not β break his word; all that shall come out of his mouth he shall do. ⁴ And if a woman shall vow a vow to the Lord, or bind herself with an obligation in her youth in her father's house; and her father should hear her vows and her obligations, wherewith she has bound her soul, and her father should hold his peace at her, then all her vows shall stand, ⁵ and all the obligations with which she has bound her soul, shall remain to her. ⁶ But if her father straitly forbid *her* in the day in which he shall hear all her vows and her obligations, which she has contracted upon her soul, they shall not stand; and the Lord shall hold her guiltless, because her father forbade her.

⁷ But if she should be indeed married, and her vows be upon her according to the utterance of her lips, γ in respect of *the obligations* which she has contracted upon her soul; ⁸ and her husband should hear, and hold his peace at her in the day in which he should hear, then thus shall all her vows be binding, and her obligations, which she has contracted upon her soul shall stand. ⁹ But if her husband should δ straitly forbid *her* in the day in which he should hear her, none of her vows or obligations which she has contracted upon her soul shall stand, because her husband has disallowed her, and the Lord shall hold her guiltless.

¹⁰ And the vow of a widow and of her that is put away, whatsoever she shall ζ bind upon her soul, shall stand to her. ¹¹ And if her vow *be made* in the house of her husband, or the obligation upon her soul with an oath, ¹² and her husband should hear, and hold his peace at her, and not disallow her, then all her vows shall stand, and all the obligations which she contracted against her soul, shall stand against her. ¹³ But if her husband should utterly θ cancel the vow in the day in which he shall hear it, none of the things which shall proceed out of her lips in her vows, and in the obligations *contracted* upon her soul, shall stand to her; her husband has cancelled them, and the

ποιήσετε ἐν αὐτῇ. Καὶ προσάξετε ὁλοκαυτώματα εἰς ὀσμὴν 36 εὐωδίας καρπώματα τῷ Κυρίῳ, μόσχον ἕνα, κριὸν ἕνα, ἀμνοὺς ἐνιαυσίους ἑπτὰ ἀμώμους. Αἱ θυσίαι αὐτῶν καὶ αἱ σπονδαὶ 37 αὐτῶν τῷ μόσχῳ καὶ τῷ κριῷ καὶ τοῖς ἀμνοῖς κατὰ ἀριθμὸν αὐτῶν, κατὰ τὴν σύγκρισιν αὐτῶν. Καὶ χίμαρον ἐξ αἰγῶν 38 ἕνα περὶ ἁμαρτίας· πλὴν τῆς ὁλοκαυτώσεως τῆς διαπαντός· αἱ θυσίαι αὐτῶν καὶ αἱ σπονδαὶ αὐτῶν.

Ταῦτα ποιήσετε Κυρίῳ ἐν ταῖς ἑορταῖς ὑμῶν, πλὴν τῶν 39 εὐχῶν ὑμῶν, καὶ τὰ ἑκούσια ὑμῶν, καὶ τὰ ὁλοκαυτώματα ὑμῶν, καὶ τὰς θυσίας ὑμῶν, καὶ τὰς σπονδὰς ὑμῶν, καὶ τὰ σωτήρια ὑμῶν.

Καὶ ἐλάλησε Μωυσῆς τοῖς υἱοῖς Ἰσραὴλ κατὰ πάντα ὅσα 30 ἐνετείλατο Κύριος τῷ Μωυσῇ. Καὶ ἐλάλησε Μωυσῆς πρὸς 2 τοὺς ἄρχοντας τῶν φυλῶν υἱῶν Ἰσραὴλ, λέγων, τοῦτο τὸ ῥῆμα ὃ συνέταξε Κύριος. Ἄνθρωπος ἄνθρωπος ὃς ἂν εὔξηται 3 εὐχὴν Κυρίῳ, ἢ ὁμόσῃ ὅρκον, ἢ ὁρίσηται ὁρισμῷ περὶ τῆς ψυχῆς αὐτοῦ, οὐ βεβηλώσει τὸ ῥῆμα αὐτοῦ· πάντα ὅσα ἂν ἐξέλθῃ ἐκ τοῦ στόματος αὐτοῦ, ποιήσει. Ἐὰν δὲ εὔξηται 4 γυνὴ εὐχὴν Κυρίῳ, ἢ ὁρίσηται ὁρισμὸν ἐν τῷ οἴκῳ τοῦ πατρὸς αὐτῆς ἐν τῇ νεότητι αὐτῆς, καὶ ἀκούσῃ ὁ πατὴρ αὐτῆς τὰς εὐχὰς αὐτῆς, καὶ τοὺς ὁρισμοὺς αὐτῆς, οὓς ὡρίσατο κατὰ τῆς ψυχῆς αὐτῆς, καὶ παρασιωπήσῃ αὐτῆς ὁ πατὴρ, καὶ στήσονται πᾶσαι αἱ εὐχαὶ αὐτῆς, καὶ πάντες οἱ ὁρισμοὶ οὓς ὡρίσατο 5 κατὰ τῆς ψυχῆς αὐτῆς, μενοῦσιν αὐτῇ· Ἐὰν δὲ ἀνανεύων 6 ἀνανεύσῃ ὁ πατὴρ αὐτῆς, ᾗ ἂν ἡμέρᾳ ἀκούσῃ πάσας τὰς εὐχὰς αὐτῆς καὶ τοὺς ὁρισμοὺς, οὓς ὡρίσατο κατὰ τῆς ψυχῆς αὐτῆς, οὐ στήσονται· καὶ Κύριος καθαριεῖ αὐτὴν, ὅτι ἀνένευσεν ὁ πατὴρ αὐτῆς.

Ἐὰν δὲ γενομένη γένηται ἀνδρὶ, καὶ αἱ εὐχαὶ αὐτῆς ἐπ' 7 αὐτῇ κατὰ τὴν διαστολὴν τῶν χειλέων αὐτῆς, οὓς ὡρίσατο κατὰ τῆς ψυχῆς αὐτῆς, καὶ ἀκούσῃ ὁ ἀνὴρ αὐτῆς, καὶ παρασιω- 8 πήσῃ αὐτῇ ᾗ ἂν ἡμέρᾳ ἀκούσῃ, καὶ οὕτω στήσονται πᾶσαι αἱ εὐχαὶ αὐτῆς, καὶ οἱ ὁρισμοὶ αὐτῆς, οὓς ὡρίσατο κατὰ τῆς ψυχῆς αὐτῆς, στήσονται. Ἐὰν δὲ ἀνανεύων ἀνανεύσῃ ὁ ἀνὴρ 9 αὐτῆς ᾗ ἐὰν ἡμέρᾳ ἀκούσῃ, πᾶσαι αἱ εὐχαὶ αὐτῆς, καὶ οἱ ὁρισμοὶ αὐτῆς οὓς ὡρίσατο κατὰ τῆς ψυχῆς αὐτῆς, οὐ με-νοῦσιν, ὅτι ὁ ἀνὴρ ἀνένευσεν ἀπ' αὐτῆς· καὶ Κύριος καθαριεῖ αὐτήν.

Καὶ εὐχὴ χήρας καὶ ἐκβεβλημένης ὅσα ἐὰν εὔξηται κατὰ 10 τῆς ψυχῆς αὐτῆς, μενοῦσιν αὐτῇ. Ἐὰν δὲ ἐν τῷ οἴκῳ τοῦ 11 ἀνδρὸς αὐτῆς ἡ εὐχὴ αὐτῆς, ἢ ὁ ὁρισμὸς κατὰ τῆς ψυχῆς αὐτῆς μεθ' ὅρκου, καὶ ἀκούσῃ ὁ ἀνὴρ αὐτῆς, καὶ παρασιωπήσῃ αὐτῇ, 12 καὶ μὴ ἀνανεύσῃ αὐτῇ, καὶ στήσονται πᾶσαι αἱ εὐχαὶ αὐτῆς, καὶ πάντες οἱ ὁρισμοὶ αὐτῆς οὓς ὡρίσατο κατὰ τῆς ψυχῆς αὐτῆς, στήσονται κατ' αὐτῆς. Ἐὰν δὲ περιελὼν περιέλῃ ὁ 13 ἀνὴρ αὐτῆς ᾗ ἂν ἡμέρᾳ ἀκούσῃ, πάντα ὅσα ἐὰν ἐξέλθῃ ἐκ τῶν χειλέων αὐτῆς κατὰ τὰς εὐχὰς αὐτῆς, καὶ κατὰ τοὺς ὁρι-σμοὺς τοὺς κατὰ τῆς ψυχῆς αὐτῆς, οὐ μενεῖ αὐτῇ· ὁ ἀνὴρ

β *Gr.* profane.　γ It would seem that the relative οὓς must refer to ὁρισμοὺς, understood.　δ *Or*, in any wise.　ζ *Gr.* vow.
θ *Or*, forbid; *lit.* take away.

14 αὐτῆς περιεῖλε, καὶ Κύριος καθαριεῖ αὐτήν. Πᾶσα εὐχὴ καὶ πᾶς ὅρκος δεσμοῦ κακῶσαι ψυχήν, ὁ ἀνὴρ αὐτῆς στήσει αὐτῇ,

15 καὶ ὁ ἀνὴρ αὐτῆς περιελεῖ. Ἐὰν δὲ σιωπῶν παρασιωπήσῃ αὐτῇ ἡμέραν ἐξ ἡμέρας, καὶ στήσει αὐτῇ πάσας τὰς εὐχὰς αὐτῆς, καὶ τοὺς ὁρισμοὺς τοὺς ἐπ᾽ αὐτῆς στήσει αὐτῇ, ὅτι

16 ἐσιώπησεν αὐτῇ τῇ ἡμέρᾳ ᾗ ἤκουσεν. Ἐὰν δὲ περιελὼν περιέλῃ ὁ ἀνὴρ αὐτῆς μετὰ τὴν ἡμέραν ἣν ἤκουσε, καὶ λήψεται

17 τὴν ἁμαρτίαν αὐτοῦ. Ταῦτα τὰ δικαιώματα ὅσα ἐνετείλατο Κύριος τῷ Μωυσῇ, ἀναμέσον ἀνδρὸς καὶ γυναικὸς αὐτοῦ, καὶ ἀναμέσον πατρὸς καὶ θυγατρὸς ἐν νεότητι ἐ οἴκῳ πατρός.

31 Καὶ ἐλάλησε Κύριος πρὸς Μωυσῆν, λέγων, ἐκδίκει τὴν

2 ἐκδίκησιν υἱῶν Ἰσραὴλ ἐκ τῶν Μαδιανιτῶν, καὶ ἔσχατον προσ-

3 τεθήσῃ πρὸς τὸν λαόν σου. Καὶ ἐλάλησε Μωυσῆς πρὸς τὸν λαόν, λέγων, ἐξοπλίσατε ἐξ ὑμῶν ἄνδρας, καὶ παρατάξασθε ἔναντι Κυρίου ἐπὶ Μαδιάν, ἀποδοῦναι ἐκδίκησιν παρὰ τοῦ

4 Κυρίου τῇ Μαδιάν. Χιλίους ἐκ φυλῆς, χιλίους ἐκ φυλῆς, ἐκ πασῶν φυλῶν υἱῶν Ἰσραήλ, ἀποστείλατε παρατάξασθαι.

5 Καὶ ἐξηρίθμησαν ἐκ τῶν χιλιάδων Ἰσραὴλ χιλίους ἐκ φυλῆς,

6 δώδεκα χιλιάδας ἐνωπλισμένοι εἰς παράταξιν. Καὶ ἀπέστειλεν αὐτοὺς Μωυσῆς χιλίους ἐκ φυλῆς, χιλίους ἐκ φυλῆς σὺν δυνάμει αὐτῶν, καὶ Φινεὲς υἱὸν Ἐλεάζαρ υἱοῦ Ἀαρὼν τοῦ ἱερέως· καὶ τὰ σκεύη τὰ ἅγια, καὶ αἱ σάλπιγγες τῶν σημασιῶν ἐν ταῖς χερσὶν αὐτῶν.

7 Καὶ παρετάξαντο ἐπὶ Μαδιάν, καθὰ ἐνετείλατο Κύριος

8 Μωυσῇ· καὶ ἀπέκτειναν πᾶν ἀρσενικόν. Καὶ τοὺς βασιλεῖς Μαδιὰν ἀπέκτειναν ἅμα τοῖς τραυματίαις αὐτῶν· καὶ τὸν Εὐίν, καὶ τὸν Ῥοκὸν, καὶ τὸν Σοὺρ, καὶ τὸν Οὔρ, καὶ τὸν Ῥοβὸκ, πέντε βασιλεῖς Μαδιάν· καὶ τὸν Βαλαὰμ υἱὸν Βεὼρ ἀπέκτειναν

9 ἐν ῥομφαίᾳ σὺν τοῖς τραυματίαις αὐτῶν· Καὶ ἐπρονόμευσαν τὰς γυναῖκας Μαδιὰν, καὶ τὴν ἀποσκευὴν αὐτῶν, καὶ τὰ κτήνη αὐτῶν, καὶ πάντα τὰ ἔγκτητα αὐτῶν· καὶ τὴν δύναμιν αὐτῶν

10 ἐπρονόμευσαν· Καὶ πάσας τὰς πόλεις αὐτῶν τὰς ἐν ταῖς κατοικίαις αὐτῶν, καὶ τὰς ἐπαύλεις αὐτῶν ἐνέπρησαν ἐν πυρί.

11 Καὶ ἔλαβον πᾶσαν τὴν προνομὴν αὐτῶν, καὶ πάντα τὰ σκῦλα

12 αὐτῶν ἀπὸ ἀνθρώπου ἕως κτήνους. Καὶ ἤγαγον πρὸς Μωυσῆν καὶ πρὸς Ἐλεάζαρ τὸν ἱερέα, καὶ πρὸς πάντας υἱοὺς Ἰσραήλ, τὴν αἰχμαλωσίαν, καὶ τὰ σκῦλα, καὶ τὴν προνομὴν εἰς τὴν παρεμβολὴν εἰς Ἀραβὼθ Μωὰβ, ἥ ἐστιν ἐπὶ τοῦ Ἰορδάνου

13 κατὰ Ἰεριχώ. Καὶ ἐξῆλθε Μωυσῆς καὶ Ἐλεάζαρ ὁ ἱερεὺς καὶ πάντες οἱ ἄρχοντες τῆς συναγωγῆς εἰς συνάντησιν αὐτοῖς ἔξω τῆς

14 παρεμβολῆς. Καὶ ὠργίσθη Μωυσῆς ἐπὶ τοῖς ἐπισκόποις τῆς δυνάμεως, χιλιάρχοις καὶ ἑκατοντάρχοις τοῖς ἐρχομένοις ἐκ τῆς

15 παρατάξεως τοῦ πολέμου. Καὶ εἶπεν αὐτοῖς Μωυσῆς, ἱνατί

16 ἐζωγρήσατε πᾶν θῆλυ; Αὗται γὰρ ἦσαν τοῖς υἱοῖς Ἰσραὴλ κατὰ τὸ ῥῆμα Βαλαὰμ τοῦ ἀποστῆσαι καὶ ὑπεριδεῖν τὸ ῥῆμα Κυρίου, ἕνεκεν Φογώρ· καὶ ἐγένετο ἡ πληγὴ ἐν τῇ συναγωγῇ

17 Κυρίου. Καὶ νῦν ἀποκτείνατε πᾶν ἀρσενικὸν ἐν πάσῃ τῇ ἀπαρτίᾳ, πᾶσαν γυναῖκα, ἥτις ἔγνω κοίτην ἄρσενος, ἀπο-

18 κτείνατε. Καὶ πᾶσαν τὴν ἀπαρτίαν τῶν γυναικῶν, ἥτις οὐκ

Lord shall hold her guiltless. ¹⁴ Every vow, and every binding oath to afflict her soul, her husband shall confirm it to her, or her husband shall cancel it. ¹⁵ But if he be wholly silent at her from day to day, then shall he bind upon her all her vows; and he shall confirm to her the obligations *which she has bound* upon herself, because he held his peace at her in the day in which he heard her. ¹⁶ And if her husband should βin any wise cancel *them* after the day in which he heard *them*, then he shall bear his iniquity. ¹⁷ These *are* the ordinances which the Lord commanded Moses, between a man and his wife, and between a father and daughter in *her* youth in the house of *her* father.

And the Lord spoke to Moses, saying, ² Avenge the γwrongs of the children of Israel on the Madianites, and δ afterwards thou shalt be added to thy people. ³ And Moses spoke to the people, saying, Arm ζsome of you, and set yourselves in array before the Lord against Madian, to inflict vengeance on Madian from the Lord. ⁴ Send a thousand of each tribe from all the tribes of the children of Israel to set themselves in array. ⁵ And they numbered of the thousands of Israel a thousand of *each* tribe, twelve thousands; *these were* armed for war. ⁶ And Moses sent them away a thousand of every tribe with their forces, and Phinees the son of Eleazar the son of Aaron the priest: and the holy instruments, and the signal trumpets *were* in their hands.

⁷ And they set themselves in array against Madian, as the Lord commanded Moses; and they slew every male. ⁸ And they slew the kings of Madian together with their slain *subjects*; even Evi and Rocon, and Sur, and Ur, and Roboc, five kings of Madian; and they slew with the sword Balaam the son of Beor with their *other* slain. ⁹ And they made a prey of the women of Madian, and their store, and their cattle, and all their possessions: and they spoiled their forces. ¹⁰ And they burnt with fire all their cities in the places of their habitation, and they burnt their villages with fire. ¹¹ And they took all their plunder, and all their spoils, both man and beast. ¹² And they brought to Moses and to Eleazar the priest, and to all the children of Israel, the captives, and the spoils, and the plunder, to the camp to Araboth Moab, which is at Jordan by Jericho. ¹³ And Moses and Eleazar the priest and all the rulers of the synagogue went forth out of the camp to meet them. ¹⁴ And Moses was angry with the captains of the host, the heads of thousands and the heads of hundreds who came from the battle-array. ¹⁵ And Moses said to them, Why have ye saved every female alive? ¹⁶ For they were the occasion to the children of Israel by the word of Balaam of their revolting and despising the word of the Lord, because of Phogor; and there was a plague in the congregation of the Lord. ¹⁷ Now then slay every male in all the spoil, slay every woman, who has known the lying with man. ¹⁸ And as for all the captivity of women, who have not known the lying with

β *Or,* utterly.   γ *Gr.* vengeance.   δ *Gr.* last.   ζ *Gr.* men.

man, save ye them alive. ¹⁹And ye shall encamp outside the *great* camp seven days; every one who has slain and who touches a ᵝdead body, ᵞshall be purified on the third day, and ye and your captivity *shall purify yourselves* on the seventh day. ²⁰And ye shall purify every garment and every leathern utensil, and ᵟall furniture of goat skin, and every wooden vessel.

²¹And Eleazar the priest said to the men of the host that came from the battle-array, This *is* the ordinance of the law which the Lord has commanded Moses. ²²Beside the gold, and the silver, and the brass, and the iron, and lead, and tin, ²³every thing that shall pass through the fire shall so be clean, nevertheless it shall be purified with the water of sanctification; and whatsoever will not pass through the fire shall pass through water. ²⁴And on the seventh day ye shall wash your garments, and be clean; and afterwards ye shall come into the camp.

²⁵And the Lord spoke to Moses, saying, ²⁶Take the sum of the spoils of the captivity both of man and beast, thou and Eleazar the priest, and the heads of the families of the congregation. ²⁷And ye shall divide the spoils between the warriors that went out to battle, and the whole congregation. ²⁸And ye shall take a tribute for the Lord from the warriors that went out to battle; one soul out of five hundred, from the men, and from the cattle, even from the oxen, and from the sheep, and from the asses; and ye shall take from their half. ²⁹And thou shalt give *them* to Eleazar the priest *as* the first-fruits of the Lord. ³⁰And from the half belonging to the children of Israel thou shalt take one ᶚin fifty from the men, and from the oxen, and from the sheep, and from the asses, and from all the cattle; and thou shalt give them to the Levites that keep the charges in the tabernacle of the Lord.

³¹And Moses and Eleazar the priest did as the Lord commanded Moses. ³²And that which remained of the spoil which the warriors took, was—of the sheep, six hundred and seventy-five thousand: ³³and oxen, seventy-two thousand: ³⁴and asses, sixty-one thousand. ³⁵And persons of women who had not known lying with man, all the souls, thirty-two thousand. ³⁶And the half, *even* the portion of them that went out to war, from the number of the sheep, was three hundred and thirty-seven thousand and five hundred. ³⁷And the tribute to the Lord from the sheep was six hundred and seventy-five. ³⁸And the oxen, six and thirty thousand, and the tribute to the Lord, seventy-two. ³⁹And asses, thirty thousand and five hundred, and the tribute to the Lord, sixty-one: ⁴⁰and the persons, sixteen thousand, and the tribute of them to the Lord, thirty-two souls.

⁴¹And Moses gave the tribute to the Lord, the heave-offering of God, to Eleazar the priest, as the Lord commanded Moses; ⁴²from the half belonging to the children of Israel, whom Moses separated from the men of war. ⁴³And the half *taken* from the

οἶδε κοίτην ἄρσενος, ζωγρήσατε αὐτάς. Καὶ ὑμεῖς παρεμ- 19 βάλετε ἔξω τῆς παρεμβολῆς ἑπτὰ ἡμέρας· πᾶς ὁ ἀνελὼν καὶ ὁ ἁπτόμενος τοῦ τετρωμένου ἁγνισθήσεται τῇ ἡμέρᾳ τῇ τρίτῃ, καὶ τῇ ἡμέρᾳ τῇ ἑβδόμῃ ὑμεῖς καὶ ἡ αἰχμαλωσία ὑμῶν. Καὶ πᾶν περίβλημα καὶ πᾶν σκεῦος δερμάτινον, καὶ πᾶσαν 20 ἐργασίαν ἐξ αἰγείας, καὶ πᾶν σκεῦος ξύλινον ἀφαγνιεῖτε.

Καὶ εἶπεν Ἐλεάζαρ ὁ ἱερεὺς πρὸς τοὺς ἄνδρας τῆς δυνάμεως 21 τοὺς ἐρχομένους ἐκ τῆς παρατάξεως τοῦ πολέμου, τοῦτο τὸ δικαίωμα τοῦ νόμου ὃ συνέταξε Κύριος τῷ Μωυσῇ. Πλὴν 22 τοῦ χρυσίου καὶ τοῦ ἀργυρίου καὶ χαλκοῦ καὶ σιδήρου καὶ μολίβου καὶ κασσιτέρου, πᾶν πρᾶγμα ὃ διελεύσεται ἐν πυρὶ, καὶ 23 καθαρισθήσεται, ἀλλ᾽ ἢ τῷ ὕδατι τοῦ ἁγνισμοῦ ἁγνισθήσεται· καὶ πάντα ὅσα ἐὰν μὴ διαπορεύηται διὰ πυρός, διελεύσεται δι᾽ ὕδατος. Καὶ πλυνεῖσθε τὰ ἱμάτια τῇ ἡμέρᾳ τῇ ἑβδόμῃ, καὶ καθα- 24 ρισθήσεσθε· καὶ μετὰ ταῦτα εἰσελεύσεσθε εἰς τὴν παρεμβολήν.

Καὶ ἐλάλησε Κύριος πρὸς Μωυσῆν, λέγων, λάβε τὸ 25, 26 κεφάλαιον τῶν σκύλων τῆς αἰχμαλωσίας ἀπὸ ἀνθρώπου ἕως κτήνους σὺ καὶ Ἐλεάζαρ ὁ ἱερεὺς καὶ οἱ ἄρχοντες τῶν πατριῶν τῆς συναγωγῆς. Καὶ διελεῖτε τὰ σκῦλα ἀναμέσον τῶν πολε- 27 μιστῶν τῶν ἐκπεπορευμένων εἰς τὴν παράταξιν, καὶ ἀναμέσον πάσης συναγωγῆς. Καὶ ἀφελεῖτε τέλος Κυρίῳ παρὰ τῶν 28 ἀνθρώπων τῶν πολεμιστῶν τῶν ἐκπεπορευμένων εἰς τὴν παρά-ταξιν, μίαν ψυχὴν ἀπὸ πεντακοσίων, ἀπὸ τῶν ἀνθρώπων, καὶ ἀπὸ τῶν κτηνῶν, καὶ ἀπὸ τῶν βοῶν, καὶ ἀπὸ τῶν προβάτων, καὶ ἀπὸ τῶν ὄνων· καὶ ἀπὸ τοῦ ἡμίσους αὐτῶν λήψεσθε. Καὶ 29 δώσεις Ἐλεάζαρ τῷ ἱερεῖ τὰς ἀπαρχὰς Κυρίου. Καὶ ἀπὸ τοῦ 30 ἡμίσους τοῦ τῶν υἱῶν Ἰσραὴλ λήψῃ ἕνα ἀπὸ πεντήκοντα ἀπὸ τῶν ἀνθρώπων, καὶ ἀπὸ τῶν βοῶν, καὶ ἀπὸ τῶν προβάτων, καὶ ἀπὸ τῶν ὄνων, καὶ ἀπὸ πάντων τῶν κτηνῶν· καὶ δώσεις αὐτὰ τοῖς Λευίταις τοῖς φυλάσσουσι τὰς φυλακὰς ἐν τῇ σκηνῇ Κυρίου.

Καὶ ἐποίησε Μωυσῆς καὶ Ἐλεάζαρ ὁ ἱερεὺς, καθὰ συνέταξε 31 Κύριος τῷ Μωυσῇ. Καὶ ἐγενήθη τὸ πλεόνασμα τῆς προνομῆς, 32 ὃ προενόμευσαν οἱ ἄνδρες οἱ πολεμισταὶ, ἀπὸ τῶν προβάτων, ἑξακόσιαι χιλιάδες καὶ ἑβδομήκοντα καὶ πέντε χιλιάδες· Καὶ 33 βόες, δύο καὶ ἑβδομήκοντα χιλιάδες· Καὶ ὄνοι, μία καὶ ἑξή- 34 κοντα χιλιάδες· Καὶ ψυχαὶ ἀνθρώπων ἀπὸ τῶν γυναικῶν 35 αἳ οὐκ ἔγνωσαν κοίτην ἀνδρὸς, πᾶσαι ψυχαὶ, δύο καὶ τριά-κοντα χιλιάδες. Καὶ ἐγενήθη τὸ ἡμίσευμα ἡ μερὶς τῶν 36 ἐκπεπορευμένων εἰς τὸν πόλεμον ἐκ τοῦ ἀριθμοῦ τῶν προβάτων, τριακόσιαι καὶ τριάκοντα χιλιάδες καὶ ἑπτακισχίλια καὶ πεντα-κόσια. Καὶ ἐγένετο τὸ τέλος Κυρίῳ ἀπὸ τῶν προβάτων, 37 ἑξακόσιαι ἑβδομήκοντα πέντε· Καὶ βόες, ἓξ καὶ τριάκοντα 38 χιλιάδες, καὶ τὸ τέλος Κυρίῳ, δύο καὶ ἑβδομήκοντα· Καὶ 39 ὄνοι, τριάκοντα χιλιάδες καὶ πεντακόσιοι, καὶ τὸ τέλος Κυρίῳ, εἷς καὶ ἑξήκοντα· Καὶ ψυχαὶ ἀνθρώπων, ἑκκαίδεκα χιλιάδες, 40 καὶ τὸ τέλος αὐτῶν Κυρίῳ, δύο καὶ τριάκοντα ψυχαί.

Καὶ ἔδωκε Μωυσῆς τὸ τέλος Κυρίῳ τὸ ἀφαίρεμα τοῦ Θεοῦ 41 Ἐλεάζαρ τῷ ἱερεῖ, καθὰ συνέταξε Κύριος τῷ Μωυσῇ· ἀπὸ 42 τοῦ ἡμισεύματος τῶν υἱῶν Ἰσραὴλ, οὓς διεῖλε Μωυσῆς ἀπὸ τῶν ἀνδρῶν τῶν πολεμιστῶν. Καὶ ἐγένετο τὸ ἡμίσευμα 43

β *i. e.* of a slain man.   γ *Or,* shall purify himself.   δ *Gr.* every work.   ζ *Gr.* from or of.

ἀπὸ τῆς συναγωγῆς ἀπὸ τῶν προβάτων, τριακόσιαι καὶ τριά-
44 κοντα χιλιάδες καὶ ἑπτακισχίλια καὶ πεντακόσια· Καὶ βόες,
45 ἓξ καὶ τριάκοντα χιλιάδες· Ὄνοι, τριάκοντα χιλιάδες καὶ
46 πεντακόσιοι· Καὶ ψυχαὶ ἀνθρώπων, ἓξ καὶ δέκα χιλιάδες.
47 Καὶ ἔλαβε Μωσῆς ἀπὸ τοῦ ἡμισεύματος τῶν υἱῶν Ἰσραὴλ τὸ
ἓν ἀπὸ τῶν πεντήκοντα, ἀπὸ τῶν ἀνθρώπων καὶ ἀπὸ τῶν κτηνῶν,
καὶ ἔδωκεν αὐτὰ τοῖς Λευίταις τοῖς φυλάσσουσι τὰς φυλακὰς
τῆς σκηνῆς Κυρίου, ὃν τρόπον συνέταξε Κύριος τῷ Μωσῇ.
48 Καὶ προσῆλθον πρὸς Μωσῆν πάντες οἱ καθεσταμένοι εἰς
τὰς χιλιαρχίας τῆς δυνάμεως, χιλίαρχοι καὶ ἑκατόνταρχοι, καὶ
49 εἶπαν πρὸς Μωσῆν, Οἱ παῖδές σου εἰλήφασι τὸ κεφάλαιον
τῶν ἀνδρῶν τῶν πολεμιστῶν τῶν παρ᾽ ἡμῖν, καὶ οὐ διαπεφώ-
50 νηκεν ἀπ᾽ αὐτῶν οὐδὲ εἷς. Καὶ προσενηνόχαμεν τὸ δῶρον
Κυρίῳ, ἀνὴρ ὃ εὗρε σκεῦος χρυσοῦν καὶ χλιδῶνα καὶ ψέλλιον
καὶ δακτύλιον καὶ περιδέξιον καὶ ἐμπλόκιον, ἐξιλάσασθαι περὶ
51 ἡμῶν ἔναντι Κυρίου. Καὶ ἔλαβε Μωσῆς καὶ Ἐλεάζαρ ὁ
52 ἱερεὺς τὸ χρυσίον παρ᾽ αὐτῶν πᾶν σκεῦος εἰργασμένον. Καὶ
ἐγένετο πᾶν τὸ χρυσίον τὸ ἀφαίρεμα ὃ ἀφεῖλον Κυρίῳ,
ἐκκαίδεκα χιλιάδες καὶ ἑπτακόσιοι καὶ πεντήκοντα σίκλοι παρὰ
53 τῶν χιλιάρχων καὶ παρὰ τῶν ἑκατοντάρχων. Καὶ οἱ ἄνδρες
54 οἱ πολεμισταὶ ἐπρονόμευσαν ἕκαστος ἑαυτῷ. Καὶ ἔλαβε
Μωσῆς καὶ Ἐλεάζαρ ὁ ἱερεὺς τὸ χρυσίον παρὰ τῶν χιλιάρχων
καὶ παρὰ τῶν ἑκατοντάρχων, καὶ εἰσήνεγκεν αὐτὰ εἰς τὴν
σκηνὴν τοῦ μαρτυρίου, μνημόσυνον τῶν υἱῶν Ἰσραὴλ ἔναντι
Κυρίου.

32 Καὶ κτήνη πλῆθος ἦν τοῖς υἱοῖς Ῥουβὴν καὶ τοῖς υἱοῖς
Γὰδ, πλῆθος σφόδρα· καὶ εἶδον τὴν χώραν Ἰαζὴρ, καὶ τὴν
2 χώραν Γαλαάδ· καὶ ἦν ὁ τόπος, τόπος κτήνεσι· Καὶ προσελ-
θόντες οἱ υἱοὶ Ῥουβὴν καὶ οἱ υἱοὶ Γὰδ, εἶπαν πρὸς Μωσῆν
καὶ πρὸς Ἐλεάζαρ τὸν ἱερέα καὶ πρὸς τοὺς ἄρχοντας τῆς
3 συναγωγῆς, λέγοντες, Ἀταρὼθ, καὶ Δαιβὼν, καὶ Ἰαζὴρ, καὶ
Ναμρὰ, καὶ Ἐσεβὼν, καὶ Ἐλεαλὴ, καὶ Σεβαμὰ, καὶ Ναβαὺ,
4 καὶ Βαιὰν, τὴν γῆν ἣν παραδέδωκε Κύριος ἐνώπιον τῶν υἱῶν
Ἰσραὴλ, γῆ κτηνοτρόφος ἐστὶ, καὶ τοῖς παισί σου κτήνη
5 ὑπάρχει. Καὶ ἔλεγον, εἰ εὕρομεν χάριν ἐνώπιόν σου, δοθήτω
ἡ γῆ αὕτη τοῖς οἰκέταις σου ἐν κατασχέσει, καὶ μὴ διαβιβάσῃς
ἡμᾶς τὸν Ἰορδάνην.
6 Καὶ εἶπε Μωσῆς τοῖς υἱοῖς Γὰδ καὶ τοῖς υἱοῖς Ῥουβὴν,
οἱ ἀδελφοὶ ὑμῶν πορεύονται εἰς τὸν πόλεμον, καὶ ὑμεῖς καθή-
7 σεσθε αὐτοῦ; Καὶ ἱνατί διαστρέφετε τὰς διανοίας τῶν υἱῶν
Ἰσραὴλ μὴ διαβῆναι εἰς τὴν γῆν, ἣν Κύριος δίδωσιν αὐτοῖς;
8 Οὐχ οὕτως ἐποίησαν οἱ πατέρες ὑμῶν, ὅτε ἀπέστειλα αὐτοὺς
9 ἐκ Κάδης Βαρνὴ κατανοῆσαι τὴν γῆν; καὶ ἀνέβησαν φάραγγα
βότρυος, καὶ κατενόησαν τὴν γῆν, καὶ ἀπέστησαν τὴν καρδίαν
τῶν υἱῶν Ἰσραὴλ, ὅπως μὴ εἰσέλθωσιν εἰς τὴν γῆν, ἣν ἔδωκε
10 Κύριος αὐτοῖς. Καὶ ὠργίσθη θυμῷ Κύριος ἐν τῇ ἡμέρᾳ ἐκείνῃ,
11 καὶ ὤμοσε, λέγων, εἰ ὄψονται οἱ ἄνθρωποι οὗτοι οἱ ἀναβάντες
ἐξ Αἰγύπτου ἀπὸ εἰκοσαετοῦς καὶ ἐπάνω, οἱ ἐπιστάμενοι τὸ
ἀγαθὸν καὶ τὸ κακόν, τὴν γῆν ἣν ὤμοσα τῷ Ἀβραὰμ καὶ
Ἰσαὰκ καὶ Ἰακὼβ, οὐ γὰρ συνεπηκολούθησαν ὀπίσω μου·

sheep, belonging to the congregation, was three hundred and thirty-seven thousand and five hundred. 44 And the oxen, thirty-six thousand; 45 asses, thirty thousand and five hundred; 46 and persons, sixteen thousand. 47 And Moses took of the half belonging to the children of Israel β the fiftieth part, of men and of cattle, and he gave them to the Levites who keep the charges of the tabernacle of the Lord, as the Lord commanded Moses. 48 And all those who were appointed to be officers of thousands of the host, captains of thousands and captains of hundreds, approached Moses, and said to Moses, 49 Thy servants have taken the sum of the men of war with us, and not one is missing. 50 And we have brought our gift to the Lord, every man who has found an article of gold, whether an armlet, or a chain, or a ring, or a bracelet, or a clasp for hair, to make atonement for us before the Lord. 51 And Moses and Eleazar the priest took the gold from them, even every wrought article. 52 And all the wrought gold, even the offering that they offered to the Lord, was sixteen thousand and seven hundred and fifty shekels from the captains of thousands and the captains of hundreds. 53 For the men of war took plunder every one for himself. 54 And Moses and Eleazar the priest took the gold from the captains of thousands and captains of hundreds, and brought γ the vessels into the tabernacle of witness, a memorial of the children of Israel before the Lord.

And the children of Ruben and the children of Gad had δ a multitude of cattle, very great; and they saw the land of Jazer, and the land of Galaad; and the place was a place for cattle: 2 and the children of Ruben and the children of Gad came, and spoke to Moses, and to Eleazar the priest, and to the princes of the congregation, saying, 3 Ataroth, and Dæbon, and Jazer, and Namra, and Esebon, and Eleale, and Sebama, and Nabau, and Bæan, 4 the land which the Lord has delivered up before the children of Israel, is pasture land, and thy servants have cattle. 5 And they said, If we have found grace in thy sight, let this land be given to thy servants for a possession, and do not cause us to pass over Jordan.

6 And Moses said to the sons of Gad and the sons of Ruben, Shall your brethren go to war, and shall ye sit here? 7 And why do ye pervert the minds of the children of Israel, that they should not cross over into the land, which the Lord gives them? 8 Did not your fathers thus, when I sent them from Cades Barne to spy out the land? 9 and they went up to the valley of the cluster, and spied the land, and turned aside the heart of the children of Israel, that they should not go into the land, which the Lord gave them. 10 And the Lord was very angry in that day, and sware, saying, 11 Surely these men who came up out of Egypt from twenty years old and upward, who know good and evil, shall not see the land which I sware to give to Abraam and Isaac and Jacob, for they have not closely followed after me:

β Gr. the one out of the fifty.   γ Gr. them.   δ Gr. cattle, a multitude, greatly a multitude.

¹²save Caleb the son of Jephonne, who was set apart, and Joshua the son of Naue, for they closely followed after the Lord. ¹³And the Lord was very angry with Israel; and for forty years he caused them to wander in the wilderness, until all the generation which did evil βin the sight of the Lord was extinct. ¹⁴ Behold, ye are risen up in the room of your fathers, a γ combination of sinful men, to increase yet farther the fierce wrath of the Lord against Israel. ¹⁵ For ye will turn away from him to desert him yet once more in the wilderness, and ye will sin against this whole congregation.

¹⁶ And they came to him, and said, We will build here folds for our cattle, and cities for our possessions; ¹⁷and we will arm ourselves and go as an advanced guard before the children of Israel, until we shall have brought them into their place; and our possessions shall remain in walled cities because of the inhabitants of the land. ¹⁸We will not return to our houses till the children of Israel shall have been distributed, each to his own inheritance. ¹⁹ And we will not any longer inherit with them from the other side of Jordan and onwards, because we have our full inheritance on the side beyond Jordan eastward.

²⁰ And Moses said to them, If ye will do according to δthese words, if ye will arm yourselves before the Lord for battle, ²¹and every one of you will pass over Jordan fully armed before the Lord, until his enemy be destroyed from before his face, ²²and the land shall be subdued before the Lord, then afterwards ye shall return, and be guiltless before the Lord, and as regards Israel; and this land shall be to you for a possession before the Lord. ²³But if ye will not do so, ye will sin against the Lord; and ye shall know your sin, when afflictions shall come upon you. ²⁴And ye shall build for yourselves cities for your store, and folds for your cattle; and ye shall do that which proceeds out of your mouth.

²⁵ And the sons of Ruben and the sons of Gad spoke to Moses, saying, Thy servants will do as our lord commands. ²⁶ Our store, and our wives, and all our cattle shall be in the cities of Galaad. ²⁷ But thy servants will go over all armed and set in order before the Lord to battle, as *our* lord says.

²⁸And Moses appointed to them *for judges* Eleazar the priest, and Joshua the son of Naue, and the chiefs of the families of the tribes of Israel. ²⁹ And Moses said to them, If the sons of Ruben and the sons of Gad will pass over Jordan with you, every one armed for war before the Lord, and ye shall subdue the land before you, then ye shall give to them the land of Galaad for a possession. ³⁰ But if they will not pass over armed with you to war before the Lord, then shall ye cause to pass over their possessions and their wives and their cattle before you into the land of Chanaan, and they shall inherit with you in the land of Chanaan. ³¹ And the sons of Ruben and

πλὴν Χάλεβ υἱὸς Ἰεφοννὴ ὁ διακεχωρισμένος, καὶ Ἰησοῦς 12 ὁ τοῦ Ναυὴ, ὅτι συνεπηκολούθησαν ὀπίσω Κυρίου. Καὶ 13 ὠργίσθη θυμῷ Κύριος ἐπὶ τὸν Ἰσραὴλ, καὶ κατερόμβευσεν αὐτοὺς ἐν τῇ ἐρήμῳ τεσσαράκοντα ἔτη, ἕως ἐξανηλώθη πᾶσα ἡ γενεὰ, οἱ ποιοῦντες τὰ πονηρὰ ἔναντι Κυρίου. Ἰδοὺ ἀνέ- 14 στητε ἀντὶ τῶν πατέρων ὑμῶν, σύντριμμα ἀνθρώπων ἁμαρτωλῶν, προσθεῖναι ἔτι ἐπὶ τὸν θυμὸν τῆς ὀργῆς Κυρίου ἐπὶ Ἰσραήλ. Ὅτι ἀποστραφήσεσθε ἀπ᾽ αὐτοῦ προσθεῖναι ἔτι 15 καταλιπεῖν αὐτὸν ἐν τῇ ἐρήμῳ, καὶ ἀνομήσετε εἰς ὅλην τὴν συναγωγὴν ταύτην.

Καὶ προσῆλθον αὐτῷ, καὶ ἔλεγον, ἐπαύλεις προβάτων 16 οἰκοδομήσομεν ὧδε τοῖς κτήνεσιν ἡμῶν, καὶ πόλεις ταῖς ἀποσκευαῖς ἡμῶν. Καὶ ἡμεῖς ἐνοπλισάμενοι προφυλακὴν πρότεροι 17 τῶν υἱῶν Ἰσραὴλ, ἕως ἂν ἀγάγωμεν αὐτοὺς εἰς τὸν ἑαυτῶν τόπον· καὶ κατοικήσει ἡ ἀποσκευὴ ἡμῶν ἐν πόλεσι τετειχισμέναις διὰ τοὺς κατοικοῦντας τὴν γῆν. Οὐ μὴ ἀποστραφῶμεν 18 εἰς τὰς οἰκίας ἡμῶν ἕως ἂν καταμερισθῶσιν οἱ υἱοὶ Ἰσραὴλ,. ἕκαστος εἰς τὴν κληρονομίαν αὐτοῦ. Καὶ οὐκέτι κληρονο- 19 μήσομεν ἐν αὐτοῖς ἀπὸ τοῦ πέραν τοῦ Ἰορδάνου καὶ ἐπέκεινα, ὅτι ἀπέχομεν τοὺς κλήρους ἡμῶν ἐν τῷ πέραν τοῦ Ἰορδάνου ἐν ἀνατολαῖς.

Καὶ εἶπε πρὸς αὐτοὺς Μωυσῆς, ἐὰν ποιήσητε κατὰ τὸ ῥῆμα 20 τοῦτο, ἐὰν ἐξοπλίσησθε ἔναντι Κυρίου εἰς πόλεμον, καὶ 21 παρελεύσεται ὑμῶν πᾶς ὁπλίτης τὸν Ἰορδάνην ἔναντι Κυρίου, ἕως ἂν ἐκτριβῇ ὁ ἐχθρὸς αὐτοῦ ἀπὸ προσώπου αὐτοῦ, καὶ 22 κατακυριευθῇ ἡ γῆ ἔναντι Κυρίου, καὶ μετὰ ταῦτα ἀποστραφήσεσθε, καὶ ἔσεσθε ἀθῷοι ἔναντι Κυρίου, καὶ ἀπὸ Ἰσραήλ· καὶ ἔσται ἡ γῆ αὕτη ὑμῖν ἐν κατασχέσει ἔναντι Κυρίου. Ἐὰν δὲ μὴ ποιήσητε οὕτως, ἁμαρτήσεσθε ἔναντι Κυρίου· καὶ 23 γνώσεσθε τὴν ἁμαρτίαν ὑμῶν, ὅταν ὑμᾶς καταλάβῃ τὰ κακά. Καὶ οἰκοδομήσετε ὑμῖν ἑαυτοῖς πόλεις τῇ ἀποσκευῇ ὑμῶν, καὶ 24 ἐπαύλεις τοῖς κτήνεσιν ὑμῶν· καὶ τὸ ἐκπορευόμενον ἐκ τοῦ στόματος ὑμῶν ποιήσετε.

Καὶ εἶπαν υἱοὶ Ῥουβὴν καὶ υἱοὶ Γὰδ πρὸς Μωυσῆν, λέ- 25 γοντες, οἱ παῖδές σου ποιήσουσι καθὰ ὁ Κύριος ἡμῶν ἐντέλλεται. Ἡ ἀποσκευὴ ἡμῶν, καὶ αἱ γυναῖκες ἡμῶν, καὶ πάντα 26 τὰ κτήνη ἡμῶν ἔσονται ἐν ταῖς πόλεσι Γαλαάδ. Οἱ δὲ παῖδές 27 σου παρελεύσονται πάντες ἐνωπλισμένοι καὶ ἐντεταγμένοι ἔναντι Κυρίου εἰς τὸν πόλεμον, ὃν τρόπον ὁ κύριος λέγει.

Καὶ συνέστησεν αὐτοῖς Μωυσῆς Ἐλεάζαρ τὸν ἱερέα, καὶ 28 Ἰησοῦν υἱὸν Ναυὴ, καὶ τοὺς ἄρχοντας πατριῶν τῶν φυλῶν Ἰσραήλ. Καὶ εἶπε πρὸς αὐτοὺς Μωυσῆς, ἐὰν διαβῶσιν οἱ 29 υἱοὶ Ῥουβὴν καὶ οἱ υἱοὶ Γὰδ μεθ᾽ ὑμῶν τὸν Ἰορδάνην, πᾶς ἐνωπλισμένος εἰς πόλεμον ἔναντι Κυρίου, καὶ κατακυριεύσητε τῆς γῆς ἀπέναντι ὑμῶν, καὶ δώσετε αὐτοῖς τὴν γῆν Γαλαὰδ ἐν κατασχέσει. Ἐὰν δὲ μὴ διαβῶσιν ἐνωπλισμένοι μεθ᾽ 30 ὑμῶν εἰς τὸν πόλεμον ἔναντι Κυρίου, καὶ διαβιβάσετε τὴν ἀποσκευὴν αὐτῶν, καὶ τὰς γυναῖκας αὐτῶν, καὶ τὰ κτήνη αὐτῶν πρότερα ὑμῶν εἰς γῆν Χαναὰν, καὶ συγκατακληρονομηθήσονται ἐν ὑμῖν ἐν τῇ γῇ Χαναάν. Καὶ ἀπεκρίθησαν οἱ υἱοὶ Ῥουβὴν 31

β *Or*, before.   γ *Or*, an evil race, *lit.* a destruction; but some read, σύστρεμμα.   δ *Gr.* this word.

καὶ οἱ υἱοὶ Γὰδ λέγοντες, ὅσα ὁ Κύριος λέγει τοῖς θεράπουσιν,
32 οὕτω ποιήσομεν ἡμεῖς. Διαβησόμεθα ἐνωπλισμένοι ἔναντι
Κυρίου εἰς γῆν Χαναάν, καὶ δώσετε τὴν κατάσχεσιν ἡμῖν ἐν τῷ
πέραν τοῦ Ἰορδάνου.

33 Καὶ ἔδωκεν αὐτοῖς Μωυσῆς τοῖς υἱοῖς Γὰδ, καὶ τοῖς υἱοῖς
Ῥουβὴν, καὶ τῷ ἡμίσει φυλῆς Μανασσῆ υἱῶν Ἰωσὴφ, τὴν
βασιλείαν Σηὼν βασιλέως Ἀμορραίων, καὶ τὴν βασιλείαν
Ὢγ βασιλέως τῆς Βασὰν, τὴν γῆν καὶ τὰς πόλεις σὺν τοῖς
34 ὁρίοις αὐτῆς, πόλεις τῆς γῆς κύκλῳ. Καὶ ᾠκοδόμησαν οἱ
35 υἱοὶ Γὰδ τὴν Δαιβὼν, καὶ τὴν Ἀταρὼθ, καὶ τὴν Ἀροὴρ, καὶ
36 τὴν Σοφὰρ, καὶ τὴν Ἰαζὴρ, καὶ ὕψωσαν αὐτὰς, καὶ τὴν
Ναμρὰμ, καὶ τὴν Βαιθαρὰν, πόλεις ὀχυρὰς, καὶ ἐπαύλεις
37 προβάτων. Καὶ οἱ υἱοὶ Ῥουβὴν ᾠκοδόμησαν τὴν Ἐσεβὼν,
38 καὶ Ἐλεάλην, καὶ Καριαθὰμ, καὶ τὴν Βεελμεὼν, περικεκυκλω-
μένας, καὶ τὴν Σεβαμά· καὶ ἐπωνόμασαν κατὰ τὰ ὀνόματα
39 αὐτῶν τὰ ὀνόματα τῶν πόλεων, ἃς ᾠκοδόμησαν. Καὶ ἐπορεύθη
υἱὸς Μαχὶρ υἱοῦ Μανασσῆ Γαλαὰδ, καὶ ἔλαβεν αὐτὴν, καὶ
40 ἀπώλεσε τὸν Ἀμορραῖον τὸν κατοικοῦντα ἐν αὐτῇ. Καὶ
ἔδωκε Μωυσῆς τὴν Γαλαὰδ τῷ Μαχὶρ υἱῷ Μανασσῆ, καὶ κατ-
41 ῴκησεν ἐκεῖ. Καὶ Ἰαὶρ ὁ τοῦ Μανασσῆ ἐπορεύθη, καὶ ἔλαβε
τὰς ἐπαύλεις αὐτῶν, καὶ ἐπωνόμασεν αὐτὰς ἐπαύλεις Ἰαίρ.
42 Καὶ Ναβαῦ ἐπορεύθη, καὶ ἔλαβε τὴν Καὰθ καὶ τὰς κώμας
αὐτῆς, καὶ ἐπωνόμασεν αὐτὰς Ναβὼθ ἐκ τοῦ ὀνόματος αὐτοῦ.

33 Καὶ οὗτοι οἱ σταθμοὶ τῶν υἱῶν Ἰσραὴλ, ὡς ἐξῆλθον ἐκ
γῆς Αἰγύπτου σὺν δυνάμει αὐτῶν ἐν χειρὶ Μωυσῆ καὶ Ἀαρών.
2 Καὶ ἔγραψε Μωυσῆς τὰς ἀπάρσεις αὐτῶν, καὶ τοὺς σταθμοὺς
αὐτῶν, διὰ ῥήματος Κυρίου· καὶ οὗτοι σταθμοὶ τῆς πορείας
3 αὐτῶν. Ἀπῆραν ἐκ Ῥαμεσσῆ τῷ μηνὶ τῷ πρώτῳ τῇ πεντεκαι-
δεκάτῃ ἡμέρᾳ τοῦ μηνὸς τοῦ πρώτου· τῇ ἐπαύριον τοῦ πάσχα
ἐξῆλθον οἱ υἱοὶ Ἰσραὴλ ἐν χειρὶ ὑψηλῇ ἐναντίον πάντων
4 τῶν Αἰγυπτίων. Καὶ οἱ Αἰγύπτιοι ἔθαπτον ἐξ αὐτῶν τοὺς
τεθνηκότας πάντας οὓς ἐπάταξε Κύριος, πᾶν πρωτότοκον ἐν γῇ
Αἰγύπτῳ· καὶ ἐν τοῖς θεοῖς αὐτῶν ἐποίησε τὴν ἐκδίκησιν
5 Κύριος. Καὶ ἀπάραντες οἱ υἱοὶ Ἰσραὴλ ἐκ Ῥαμεσσῆ, παρεν-
6 έβαλον εἰς Σοκχώθ. Καὶ ἀπάραντες ἐκ Σοκχὼθ, παρενέβαλον
7 εἰς Βουθὰν, ὅ ἐστι μέρος τι τῆς ἐρήμου. Καὶ ἀπῆραν ἐκ
Βουθὰν, καὶ παρενέβαλον ἐπὶ τὸ στόμα Εἰρὼθ, ὅ ἐστιν ἀπέναντι
8 Βεελσεπφὼν, καὶ παρενέβαλον ἀπέναντι Μαγδώλου. Καὶ
ἀπῆραν ἀπέναντι Εἰρὼθ, καὶ διέβησαν μέσον τῆς θαλάσσης
εἰς τὴν ἔρημον· καὶ ἐπορεύθησαν ὁδὸν τριῶν ἡμερῶν διὰ τῆς
9 ἐρήμου αὐτοὶ, καὶ παρενέβαλον ἐν Πικρίαις. Καὶ ἀπῆραν
ἐκ Πικριῶν, καὶ ἦλθον εἰς Αἰλίμ· καὶ ἐν Αἰλὶμ δώδεκα πηγαὶ
ὑδάτων, καὶ ἑβδομήκοντα στελέχη φοινίκων, καὶ παρενέβαλον
10 ἐκεῖ παρὰ τὸ ὕδωρ. Καὶ ἀπῆραν ἐξ Αἰλὶμ, καὶ παρενέβαλον
11 ἐπὶ θάλασσαν ἐρυθράν. Καὶ ἀπῆραν ἀπὸ θαλάσσης ἐρυθρᾶς,
καὶ παρενέβαλον εἰς τὴν ἔρημον Σίν.
12 Καὶ ἀπῆραν ἐκ τῆς ἐρήμου Σὶν, καὶ παρενέβαλον εἰς
13 Ῥαφακά. Καὶ ἀπῆραν ἐκ Ῥαφακά, καὶ παρενέβαλον ἐν
14 Αἰλούς. Καὶ ἀπῆραν ἐξ Αἰλοῦς, καὶ παρενέβαλον ἐν Ῥαφι-
15 δίν· καὶ οὐκ ἦν ἐκεῖ ὕδωρ τῷ λαῷ πιεῖν. Καὶ ἀπῆραν ἐκ

the sons of Gad answered, saying, What-soever β the Lord says to his servants, that will we do. ³² We will go over armed before the Lord into the land of Chanaan, and ye shall give us our inheritance beyond Jordan.

³³ And Moses gave to them, even to the sons of Gad and the sons of Ruben, and to the half tribe of Manasse of the sons of Joseph, the kingdom of Seon king of the Amorites, and the kingdom of Og king of Basan, the land and γ its cities with its coasts, the cities of the land round about. ³⁴ And the sons of Gad built Dæbon, and Ataroth, and Aroer, ³⁵ and Sophar, and Jazer, and they set them up, ³⁶ and Namram, and Bætharan, strong cities, and folds for sheep. ³⁷ And the sons of Ruben built Esebon, and Eleale, and Kariatham, ³⁸ and Beelmeon, surrounded with walls, and Sebama; and they called the names of the cities which they built, after their own names. ³⁹ And a son of Machir the son of Manasse went to Galaad, and took it, and destroyed the Amorite who dwelt in it. ⁴⁰ And Moses gave Galaad to Machir the son of Manasse, and he dwelt there. ⁴¹ And Jair the son of Manasse went and took their δ villages, and called them the villages of Jair. ⁴² And Nabau went and took Caath and her villages, and called them Naboth after his name.

And these are the stages of the children of Israel, as they went out from the land of Egypt with their host by the hand of Moses and Aaron. ² And Moses wrote their removals and their stages, by the word of the Lord: and these are the stages of their journeying. ³ They departed from Ramesses in the first month, on the fifteenth day of the first month; on the day after the passover the children of Israel went forth with a high hand before all the Egyptians. ⁴ And the Egyptians buried those that died of them, even all that the Lord smote, every first-born in the land of Egypt; also the Lord executed vengeance on their gods. ⁵ And the children of Israel departed from Ramesses, and encamped in Socchoth: ⁶ and they departed from Socchoth and encamped in Buthan, which is a part of the wilderness. ⁷ And they departed from Buthan and encamped at the mouth of Iroth, which is opposite Beel-sepphon, and encamped opposite Magdol. ⁸ And they departed from before Iroth, and crossed the middle of the sea into the wilderness; and they went a journey of three days through the wilderness, and encamped in ζ Picriæ. ⁹ And they departed from Picriæ, and came to Ælim; and in Ælim were twelve fountains of water, and seventy palm-trees, and they encamped there by the water. ¹⁰ And they departed from Ælim, and encamped by the Red Sea. ¹¹ And they departed from the Red Sea, and encamped in the wilderness of Sin. ¹² And they departed from the wilderness of Sin, and encamped in Raphaca. ¹³ And they departed from Raphaca, and encamped in Ælus. ¹⁴ And they departed from Ælus, and encamped in Raphidin; and there was no water there for the people to drink. ¹⁵ And

---

they departed from Raphidin, and encamped in the wilderness of Sina. ¹⁶And they departed from the wilderness of Sina, and encamped at the βGraves of Lust. ¹⁷And they departed from the Graves of Lust, and encamped in Aseroth. ¹⁸And they departed from Aseroth, and encamped in Rathama.

¹⁹And they departed from Rathama, and encamped in Remmon Phares. ²⁰And they departed from Remmon Phares, and encamped in Lebona. ²¹And they departed from Lebona, and encamped in Ressan. ²²And they departed from Ressan, and encamped in Makellath. ²³And they departed from Makellath, and encamped in Saphar. ²⁴And they departed from Saphar, and encamped in Charadath. ²⁵And they departed from Charadath, and encamped in Makeloth. ²⁶And they departed from Makeloth, and encamped in Kataath. ²⁷And they departed from Kataath, and encamped in Tarath. ²⁸And they departed from Tarath, and encamped in Mathecca. ²⁹And they departed from Mathecca, and encamped in Selmona. ³⁰And they departed from Selmona, and encamped in Masuruth. ³¹And they departed from Masuruth, and encamped in Banæa. ³²And they departed from Banæa, and encamped in the mountain Gadgad.

³³And they departed from the mountain Gadgad, and encamped in Etebatha. ³⁴And they departed from Etebatha, and encamped in Ebrona. ³⁵And they departed from Ebrona, and encamped in Gesion Gaber. ³⁶And they departed from Gesion Gaber, and encamped in the wilderness of Sin; and they departed from the wilderness of Sin, and encamped in the wilderness of Pharan; this is Cades. ³⁷And they departed from Cades, and encamped in mount Or near the land of Edom.

³⁸And Aaron the priest went up by the command of the Lord, and died there in the fortieth year of the departure of the children of Israel from the land of Egypt, in the fifth month, on the first day of the month. ³⁹And Aaron was a hundred and twenty-three years old, when he died in mount Or. ⁴⁰And Arad the Chananitish king (he too dwelt in the land of Chanaan) having heard when the children of Israel were entering the land—⁴¹then they departed from mount Or, and encamped in Selmona. ⁴²And they departed from Selmona, and encamped in Phino. ⁴³And they departed from Phino, and encamped in Oboth.

⁴⁴And they departed from Oboth, and encamped in Gai, on the other side Jordan on the borders of Moab. ⁴⁵And they departed from Gai, and encamped in Dæbon Gad. ⁴⁶And they departed from Dæbon Gad, and encamped in Gelmon Deblathaim. ⁴⁷And they departed from Gelmon Deblathaim, and encamped on the mountains of Abarim, over against Nabau. ⁴⁸And they departed from the mountains of Abarim, and encamped on the west of Moab, at Jordan by Jericho. ⁴⁹And they encamped by Jordan between Æsimoth, as far as Belsa to the west of Moab.

⁵⁰And the Lord spoke to Moses at the west of Moab by Jordan at Jericho, saying,

Ῥαφιδὶν, καὶ παρενέβαλον ἐν τῇ ἐρήμῳ Σινᾷ. Καὶ ἀπῆραν 16 ἐκ τῆς ἐρήμου Σινᾶ, καὶ παρενέβαλον ἐν μνήμασι τῆς ἐπιθυμίας. Καὶ ἀπῆραν ἐκ μνημάτων τῆς ἐπιθυμίας, καὶ παρενέβαλον 17 ἐν Ἀσηρώθ. Καὶ ἀπῆραν ἐξ Ἀσηρὼθ, καὶ παρενέβαλον ἐν 18 Ῥαθαμᾷ.

Καὶ ἀπῆραν ἐκ Ῥαθαμᾶ, καὶ παρενέβαλον ἐν Ῥεμμὼν 19 Φαρές. Καὶ ἀπῆραν ἐκ Ῥεμμὼν Φαρὲς, καὶ παρενέβαλον 20 εἰς Λεβωνᾶ. Καὶ ἀπῆραν ἐκ Λεβῶνα, καὶ παρενέβαλον 21 εἰς Ῥεσσάν. Καὶ ἀπῆραν ἐκ Ῥεσσὰν, καὶ παρενέβαλον εἰς 22 Μακελλάθ. Καὶ ἀπῆραν ἐκ Μακελλὰθ, καὶ παρενέβαλον εἰς 23 Σαφάρ. Καὶ ἀπῆραν ἐκ Σαφὰρ, καὶ παρενέβαλον εἰς Χα- 24 ραδάθ. Καὶ ἀπῆραν ἐκ Χαραδὰθ, καὶ παρενέβαλον εἰς 25 Μακηλώθ. Καὶ ἀπῆραν ἐκ Μακηλὼθ, καὶ παρενέβαλον εἰς 26 Καταάθ. Καὶ ἀπῆραν ἐκ Καταὰθ, καὶ παρενέβαλον εἰς 27 Ταράθ. Καὶ ἀπῆραν ἐκ Ταρὰθ, καὶ παρενέβαλον εἰς Μα- 28 θεκκά. Καὶ ἀπῆραν ἐκ Μαθεκκὰ, καὶ παρενέβαλον εἰς 29 Σελμωνᾶ. Καὶ ἀπῆραν ἐκ Σελμωνᾶ, καὶ παρενέβαλον εἰς 30 Μασουρούθ. Καὶ ἀπῆραν ἐκ Μασουροὺθ, καὶ παρενέβαλον 31 εἰς Βαναία. Καὶ ἀπῆραν ἐκ Βαναία, καὶ παρενέβαλον εἰς τὸ 32 ὄρος Γαδγάδ.

Καὶ ἀπῆραν ἐκ τοῦ ὄρους Γαδγὰδ, καὶ παρενέβαλον εἰς 33 Ἐτεβαθά. Καὶ ἀπῆραν ἐξ Ἐτεβαθὰ, καὶ παρενέβαλον εἰς 34 Ἐβρωνά. Καὶ ἀπῆραν ἐξ Ἐβρωνὰ, καὶ παρενέβαλον εἰς 35 Γεσιὼν Γάβερ. Καὶ ἀπῆραν ἐκ Γεσιὼν Γάβερ, καὶ παρεν- 36 έβαλον ἐν τῇ ἐρήμῳ Σίν· καὶ ἀπῆραν ἐκ τῆς ἐρήμου Σὶν, καὶ παρενέβαλον εἰς τὴν ἔρημον Φαράν· αὕτη ἐστὶ Κάδης. Καὶ 37 ἀπῆραν ἐκ Κάδης, καὶ παρενέβαλον εἰς Ὢρ τὸ ὄρος πλησίον γῆς Ἐδώμ.

Καὶ ἀνέβη Ἀαρὼν ὁ ἱερεὺς διὰ προστάγματος Κυρίου, καὶ 38 ἀπέθανεν ἐκεῖ ἐν τῷ τεσσαρακοστῷ ἔτει τῆς ἐξόδου τῶν υἱῶν Ἰσραὴλ ἐκ γῆς Αἰγύπτου, τῷ μηνὶ τῷ πέμπτῳ μιᾷ τοῦ μηνός. Καὶ Ἀαρὼν ἦν τριῶν καὶ εἴκοσι καὶ ἑκατὸν ἐτῶν, ὅτε ἀπέ- 39 θνησκεν ἐν Ὢρ τῷ ὄρει. Καὶ ἀκούσας ὁ Χανανὶς βασιλεὺς 40 Ἀρὰδ, καὶ οὗτος κατῴκει ἐν γῇ Χαναὰν, ὅτε εἰσεπορεύοντο οἱ υἱοὶ Ἰσραήλ· καὶ ἀπῆραν ἐξ Ὢρ τοῦ ὄρους, καὶ παρεν- 41 έβαλον εἰς Σελμωνᾶ. Καὶ ἀπῆραν ἐκ Σελμωνᾶ, καὶ παρεν- 42 έβαλον εἰς Φινώ. Καὶ ἀπῆραν ἐκ Φινὼ, καὶ παρενέβαλον ἐν 43 Ὠβώθ.

Καὶ ἀπῆραν ἐξ Ὠβώθ, καὶ παρενέβαλον ἐν Γαῒ, ἐν τῷ 44 πέραν ἐπὶ τῶν ὁρίων Μωάβ. Καὶ ἀπῆραν ἐκ Γαῒ, καὶ 45 παρενέβαλον εἰς Δαιβὼν Γάδ. Καὶ ἀπῆραν ἐκ Δαιβὼν Γὰδ, 46 καὶ παρενέβαλον ἐν Γελμὼν Δεβλαθαίμ. Καὶ ἀπῆραν ἐκ 47 Γελμὼν Δεβλαθαὶμ, καὶ παρενέβαλον ἐπὶ τὰ ὄρη τὰ Ἀβαρὶμ, ἀπέναντι Ναβαῦ. Καὶ ἀπῆραν ἀπὸ ὀρέων Ἀβαρὶμ, καὶ 48 παρενέβαλον ἐπὶ δυσμῶν Μωάβ, ἐπὶ τοῦ Ἰορδάνου κατὰ Ἱεριχώ. Καὶ παρενέβαλον παρὰ τὸν Ἰορδάνην ἀναμέσον 49 Αἰσιμώθ, ἕως Βελσᾶ τὸ κατὰ δυσμὰς Μωάβ.

Καὶ ἐλάλησε Κύριος πρὸς Μωυσῆν ἐπὶ δυσμῶν Μωὰβ παρὰ 50

β Heb. Kibroth-hattaavah.

51 τὸν Ἰορδάνην κατὰ Ἱεριχὼ, λέγων, λάλησον τοῖς υἱοῖς Ἰσραὴλ, καὶ ἐρεῖς πρὸς αὐτοὺς, ὑμεῖς διαβαίνετε τὸν Ἰορδάνην **52** εἰς γῆν Χαναάν. Καὶ ἀπολεῖτε πάντας τοὺς κατοικοῦντας ἐν τῇ γῇ πρὸ προσώπου ὑμῶν, καὶ ἐξαρεῖτε τὰς σκοπιὰς αὐτῶν, καὶ πάντα τὰ εἴδωλα τὰ χωνευτὰ αὐτῶν ἀπολεῖτε αὐτὰ, καὶ **53** πάσας τὰς στήλας αὐτῶν ἐξαρεῖτε. Καὶ ἀπολεῖτε πάντας τοὺς κατοικοῦντας τὴν γῆν, καὶ κατοικήσετε ἐν αὐτῇ, ὑμῖν γὰρ **54** δέδωκα τὴν γῆν αὐτῶν ἐν κλήρῳ. Καὶ κατακληρονομήσετε τὴν γῆν αὐτῶν ἐν κλήρῳ κατὰ φυλὰς ὑμῶν· τοῖς πλείοσι πληθυνεῖτε τὴν κατάσχεσιν αὐτῶν, καὶ τοῖς ἐλάττοσιν ἐλαττώσετε τὴν κατάσχεσιν αὐτῶν· εἰς ὃ ἂν ἐξέλθῃ τὸ ὄνομα αὐτοῦ, ἐκεῖ αὐτοῦ ἔσται· κατὰ φυλὰς πατριῶν ὑμῶν κληρονομήσετε. **55** Ἐὰν δὲ μὴ ἀπολέσητε τοὺς κατοικοῦντας ἐπὶ τῆς γῆς ἀπὸ προσώπου ὑμῶν, καὶ ἔσται οὓς ἐὰν καταλίπητε ἐξ αὐτῶν, σκόλοπες ἐν τοῖς ὀφθαλμοῖς ὑμῶν, καὶ βολίδες ἐν ταῖς πλευραῖς ὑμῶν, καὶ ἐχθρεύσουσιν ὑμῖν ἐπὶ τῆς γῆς, ἐφ᾽ ἣν ὑμεῖς **56** κατοικήσετε. Καὶ ἔσται καθότι διεγνώκειν ποιῆσαι αὐτοὺς, ποιήσω ὑμᾶς.

34 Καὶ ἐλάλησε Κύριος πρὸς Μωυσῆν, λέγων, ἔντειλαι τοῖς **2** υἱοῖς Ἰσραὴλ, καὶ ἐρεῖς πρὸς αὐτοὺς, ὑμεῖς εἰσπορεύεσθε εἰς τὴν γῆν Χαναάν· αὕτη ἔσται ὑμῖν εἰς κληρονομίαν, γῆ Χαναὰν **3** σὺν τοῖς ὁρίοις αὐτῆς. Καὶ ἔσται ὑμῖν τὸ κλίτος τὸ πρὸς Λίβα ἀπὸ ἐρήμου Σὶν ἕως ἐχόμενον Ἐδὼμ, καὶ ἔσται ὑμῖν τὰ ὅρια πρὸς Λίβα ἀπὸ μέρους τῆς θαλάσσης τῆς ἁλυκῆς ἀπὸ **4** ἀνατολῶν. Καὶ κυκλώσει ὑμᾶς τὰ ὅρια ἀπὸ Λιβὸς πρὸς ἀνάβασιν Ἀκραβὶν, καὶ παρελεύσεται Ἐννὰκ, καὶ ἔσται ἡ διέξοδος αὐτοῦ πρὸς Λίβα Κάδης τοῦ Βαρνῆ, καὶ ἐξελεύσεται **5** εἰς ἔπαυλιν Ἀρὰδ, καὶ παρελεύσεται Ἀσεμωνᾶ. Καὶ κυκλώσει τὰ ὅρια ἀπὸ Ἀσεμωνᾶ χειμάρρουν Αἰγύπτου, καὶ ἔσται ἡ **6** διέξοδος ἡ θάλασσα. Καὶ τὰ ὅρια τῆς θαλάσσης ἔσται ὑμῖν, ἡ θάλασσα ἡ μεγάλη ὁριεῖ, τοῦτο ἔσται ὑμῖν τὰ ὅρια τῆς θαλάσσης.

7 Καὶ τοῦτο ἔσται ὑμῖν τὰ ὅρια πρὸς Βορρᾶν· ἀπὸ τῆς θαλάσσης τῆς μεγάλης καταμετρήσετε ὑμῖν αὐτοῖς παρὰ τὸ **8** ὄρος τὸ ὄρος. Καὶ ἀπὸ τοῦ ὄρους τὸ ὄρος καταμετρήσετε αὐτοῖς, εἰσπορευομένων εἰς Ἐμὰθ, καὶ ἔσται ἡ διέξοδος αὐτοῦ **9** τὰ ὅρια Σαραδάκ. Καὶ ἐξελεύσεται τὰ ὅρια Δεφρωνὰ, καὶ ἔσται ἡ διέξοδος αὐτοῦ Ἀρσεναΐν· τοῦτο ἔσται ὑμῖν ὅρια ἀπὸ **10** Βορρᾶ. Καὶ καταμετρήσετε ὑμῖν αὐτοῖς τὰ ὅρια ἀνατολῶν **11** ἀπὸ Ἀρσεναῒν Σεπφαμάρ. Καὶ καταβήσεται τὰ ὅρια ἀπὸ Σεπφαμὰρ Βηλὰ ἀπὸ ἀνατολῶν ἐπὶ πηγὰς, καὶ καταβήσεται τὰ ὅρια Βηλὰ ἐπὶ νώτου θαλάσσης Χενερὲθ ἀπὸ ἀνατολῶν. **12** Καὶ καταβήσεται τὰ ὅρια ἐπὶ τὸν Ἰορδάνην, καὶ ἔσται ἡ διέξοδος θάλασσα ἡ ἁλυκή· αὕτη ἔσται ὑμῖν ἡ γῆ καὶ τὰ ὅρια αὐτῆς κύκλῳ. **13** Καὶ ἐνετείλατο Μωυσῆς τοῖς υἱοῖς Ἰσραὴλ, λέγων, αὕτη ἡ γῆ ἣν κατακληρονομήσετε αὐτὴν μετὰ κλήρου, ὃν τρόπον συνέταξε Κύριος δοῦναι αὐτὴν ταῖς ἐννέα φυλαῖς καὶ τῷ ἡμίσει **14** φυλῆς Μανασσῆ. Ὅτι ἔλαβε φυλὴ υἱῶν Ρουβὴν, καὶ φυλὴ υἱῶν Γὰδ κατ᾽ οἴκους πατριῶν αὐτῶν· καὶ τὸ ἥμισυ φυλῆς

[51] Speak to the children of Israel, and thou shalt say to them, Ye are to pass over Jordan into the land of Chanaan. [52] And ye shall destroy all that dwell in the land before your face, and ye shall abolish their high places, and all their molten images ye shall destroy, and ye shall demolish all their pillars. [53] And ye shall destroy all the inhabitants of the land, and ye shall dwell in it, for I have given their land to you for an inheritance. [54] And ye shall inherit their land according to your tribes; to the greater number ye shall give the larger possession, and to the smaller ye shall give the less possession; to whatsoever part β a man's name shall go forth by lot, there shall be his property: ye shall inherit according to the tribes of your families. [55] But if ye will not destroy the dwellers in the land from before you, then it shall come to pass that whomsoever of them ye shall leave shall be thorns in your eyes, and darts in your sides, and they shall be enemies to you on the land on which ye shall dwell; [56] and it shall come to pass that as I had determined to do to them, so I will do to you.

And the Lord spoke to Moses, saying, [2] Charge the children of Israel, and thou shalt say to them, Ye are entering into the land of Chanaan: it shall be to you for an inheritance, the land of Chanaan with its boundaries. [3] And your southern side shall be from the wilderness of Sin to the border of Edom, and your border southward shall γ extend on the side of the salt sea eastward. [4] And your border shall go round you from the south to the ascent of Acrabin, and shall proceed by Ennac, and the going forth of it shall be southward to Cades Barne, and it shall go forth to the village of Arad, and shall proceed by Asemona. [5] And the border shall compass from Asemona to the river of Egypt, and the sea shall be the termination. [6] And ye shall have your border on the δ west, the great sea shall be the boundary: this shall be to you the border on the δ west.

[7] And this shall be your northern border; from the great sea ye shall measure to yourselves, by the side of ζ the mountain. [8] And ye shall measure to yourselves the mountain from mount *Hor* at the entering in to Emath, and the termination of it shall be the coasts of Saradac. [9] And the border shall go out to Dephrona, and its termination shall be at Arsenain; this shall be your border from the north. [10] And ye shall measure to yourselves the eastern border from Arsenain to Sepphamar. [11] And the border shall go down from Sepphamar to Bela eastward to the fountains, and the border shall go down from Bela behind the sea Chenereth eastward. [12] And the border shall go down to Jordan, and the termination shall be the salt sea; this shall be your land and its borders round about. [13] And Moses charged the children of Israel, saying, This *is* the land which ye shall inherit by lot, even as the Lord commanded us to give it to the nine tribes and the half-tribe of Manasse. [14] For the tribe of the children of Ruben, and the tribe of the children of Gad have received *their inheritance*

β *Gr.* his.   γ *Gr.* be.   δ *Gr.* sea.   ζ *Gr.* the mountain, the mountain. By this repetition is perhaps meant mount Hor.

according to their β families; and the half tribe of Manasse have received their inheritances. ¹⁵Two tribes and half a tribe have received their inheritance beyond Jordan by Jericho from the south eastwards.

¹⁶And the Lord spoke to Moses, saying, ¹⁷These are the names of the men who shall γ divide the land to you for an inheritance; Eleazar the priest and Joshua the son of Naue. ¹⁸And ye shall take one ruler from each tribe to divide the land to you by lot.

¹⁹And these are the names of the men; of the tribe of Juda, Chaleb the son of Jephonne. ²⁰Of the tribe of Symeon, Salamiel the son of Semiud. ²¹Of the tribe of Benjamin, Eldad the son of Chaslon. ²²Of the tribe of Dan the prince was Bacchir the son of Egli. ²³Of the sons of Joseph of the tribe of the sons of Manasse, the prince was Aniel the son of Suphi. ²⁴Of the tribe of the sons of Ephraim, the prince was Camuel the son of Sabathan. ²⁵Of the tribe of Zabulon, the prince was Elisaphan the son of Pharnac. ²⁶Of the tribe of the sons of Issachar, the prince was Phaltiel the son of Oza. ²⁷Of the tribe of the children of Aser, the prince was Achior the son of Selemi. ²⁸Of the tribe of Nephthali, the prince was Phadael the son of Jamiud.

²⁹These did the Lord command to distribute the inheritances to the children of Israel in the land of Chanaan.

And the Lord spoke to Moses to the west of Moab by Jordan near Jericho, saying, ²Give orders to the children of Israel, and they shall give to the Levites cities to dwell in from the δ lot of their possession, and they shall give to the Levites the suburbs of the cities round about ζ them. ³And the cities shall be for them to dwell in, and their θ enclosures shall be for their cattle and all their beasts. ⁴And the suburbs of the cities which ye shall give to the Levites, shall be from the wall of the city and outwards two thousand cubits round about. ⁵And thou shalt measure outside the city on the east side two thousand cubits, and on the south side two thousand cubits, and on the west side two thousand cubits, and on the north side two thousand cubits; and your city shall be in the midst of this, and the suburbs of the cities as described. ⁶And ye shall give the cities to the Levites, the six cities of refuge which ye shall give for the slayer to flee thither, and in addition to these, forty-two cities. ⁷Ye shall give to the Levites in all forty-eight cities, them and their suburbs. ⁸And as for the cities which ye shall give out of the possession of the children of Israel, from those that have much ye shall give much, and from those that have less ye shall give less: they shall give of their cities to the Levites each one according to his inheritance which they shall inherit.

⁹And the Lord spoke to Moses, saying, ¹⁰Speak to the children of Israel, and thou shalt say to them, Ye are to cross over Jordan into the land of Chanaan. ¹¹And ye shall appoint to yourselves cities: they shall be to you cities of refuge for the slayer to flee to, every one who has λ killed another unintentionally. ¹²And the cities shall be

Μανασσῆ ἀπέλαβον τοὺς κλήρους αὐτῶν. Δύο φυλαὶ καὶ 15 ἥμισυ φυλῆς ἔλαβον τοὺς κλήρους αὐτῶν πέραν τοῦ Ἰορδάνου κατὰ Ἰεριχὼ ἀπὸ Νότου κατ᾽ ἀνατολάς.

Καὶ ἐλάλησε Κύριος πρὸς Μωυσῆν, λέγων, ταῦτα τὰ 16, 17 ὀνόματα τῶν ἀνδρῶν, οἳ κληρονομήσουσιν ὑμῖν τὴν γῆν· Ἐλεάζαρ ὁ ἱερεὺς καὶ Ἰησοῦς ὁ τοῦ Ναυή. Καὶ ἄρχοντα ἕνα 18 ἐκ φυλῆς λήψεσθε κατακληρονομῆσαι ὑμῖν τὴν γῆν.

Καὶ ταῦτα τὰ ὀνόματα τῶν ἀνδρῶν· τῆς φυλῆς Ἰούδα, Χάλεβ 19 υἱὸς Ἰεφοννή. Τῆς φυλῆς Συμεὼν, Σαλαμιὴλ υἱὸς Σεμιούδ. 20 Τῆς φυλῆς Βενιαμὶν, Ἐλδὰδ υἱὸς Χασλών. Τῆς φυλῆς 21, 22 Δὰν, ἄρχων Βακχὶρ υἱὸς Ἐγλί. Τῶν υἱῶν Ἰωσὴφ φυλῆς 23 υἱῶν Μανασσῆ, ἄρχων Ἀνιὴλ υἱὸς Σουφί. Τῆς φυλῆς υἱῶν 24 Ἐφραῒμ, ἄρχων Καμουὴλ υἱὸς Σαβαθάν. Τῆς φυλῆς Ζαβου- 25 λὼν, ἄρχων Ἐλισαφὰν υἱὸς Φαρνάχ. Τῆς φυλῆς υἱῶν Ἰσσά- 26 χαρ, ἄρχων Φαλτιὴλ υἱὸς Ὀζᾶ. Τῆς φυλῆς υἱῶν Ἀσὴρ, 27 ἄρχων Ἀχιὼρ υἱὸς Σελεμί. Τῆς φυλῆς Νεφθαλὶ, ἄρχων Φα- 28 δαὴλ υἱὸς Ἰαμιούδ.

Τούτοις ἐνετείλατο Κύριος καταμερίσαι τοῖς υἱοῖς Ἰσραὴλ 29 ἐν γῇ Χαναάν.

Καὶ ἐλάλησε Κύριος πρὸς Μωυσῆν ἐπὶ δυσμῶν Μωὰβ παρὰ 35 τὸν Ἰορδάνην κατὰ Ἰεριχὼ, λέγων, σύνταξον τοῖς υἱοῖς Ἰσ- 2 ραὴλ, καὶ δώσουσι τοῖς Λευίταις ἀπὸ τῶν κλήρων κατασχέσεως αὐτῶν πόλεις κατοικεῖν· καὶ τὰ προάστεια τῶν πόλεων κύκλῳ αὐτῶν δώσουσι τοῖς Λευίταις. Καὶ ἔσονται αὐτοῖς αἱ πόλεις 3 κατοικεῖν, καὶ τὰ ἀφορίσματα αὐτῶν ἔσται τοῖς κτήνεσιν αὐτῶν, καὶ πᾶσι τοῖς τετράποσιν αὐτῶν. Καὶ τὰ συγκυροῦντα 4 τῶν πόλεων, ἃς δώσετε τοῖς Λευίταις, ἀπὸ τείχους τῆς πόλεως καὶ ἔξω δισχιλίους πήχεις κύκλῳ. Καὶ μετρήσεις ἔξω τῆς 5 πόλεως τὸ κλίτος τὸ πρὸς ἀνατολὰς δισχιλίους πήχεις, καὶ τὸ κλίτος τὸ πρὸς Λίβα δισχιλίους πήχεις, καὶ τὸ κλίτος τὸ πρὸς θάλασσαν δισχιλίους πήχεις, καὶ τὸ κλίτος τὸ πρὸς Βορρᾶν δισχιλίους πήχεις· καὶ ἡ πόλις μέσον τούτου ἔσται ὑμῖν, καὶ τὰ ὅμορα τῶν πόλεων. Καὶ τὰς πόλεις δώσετε τοῖς Λευίταις, 6 τὰς ἓξ πόλεις τῶν φυγαδευτηρίων ἃς δώσετε φυγεῖν ἐκεῖ τῷ φονεύσαντι, καὶ πρὸς ταύταις τεσσαράκοντα καὶ δύο πόλεις. Πάσας τὰς πόλεις δώσετε τοῖς Λευίταις τεσσαράκοντα καὶ 7 ὀκτὼ πόλεις· ταύτας, καὶ τὰ προάστεια αὐτῶν. Καὶ τὰς 8 πόλεις ἃς δώσετε ἀπὸ τῆς κατασχέσεως υἱῶν Ἰσραὴλ, ἀπὸ τῶν τὰ πολλὰ, πολλά· καὶ ἀπὸ τῶν ἐλαττόνων, ἐλάττω ἕκαστος κατὰ τὴν κληρονομίαν αὐτοῦ ἣν κατακληρονομήσουσι, δώσουσιν ἀπὸ τῶν πόλεων τοῖς Λευίταις.

Καὶ ἐλάλησε Κύριος πρὸς Μωυσῆν, λέγων, λάλησον τοῖς 9, 10 υἱοῖς Ἰσραὴλ, καὶ ἐρεῖς πρὸς αὐτοὺς, ὑμεῖς διαβαίνετε τὸν Ἰορδάνην εἰς γῆν Χαναάν. Καὶ διαστελεῖτε ὑμῖν αὐτοῖς 11 πόλεις· φυγαδευτήρια ἔσται ὑμῖν φυγεῖν ἐκεῖ τὸν φονευτὴν, πᾶς ὁ πατάξας ψυχὴν ἀκουσίως. Καὶ ἔσονται αἱ πόλεις ὑμῖν 12

β Gr. the houses of their families.   γ Gr. inherit the land for you.   δ Or, lots.   ζ i. e. the Levites.
θ Or, districts, i. e. spaces marked off. Gr. special offerings of land, q. d. glebe lands. This latter sense is probably the right one here.
λ Gr. smitten a life.

φυγαδευτήρια ἀπὸ τοῦ ἀγχιστεύοντος τὸ αἷμα, καὶ οὐ μὴ
ἀποθάνῃ ὁ φονεύων ἕως ἂν στῇ ἔναντι τῆς συναγωγῆς εἰς
13 κρίσιν. Καὶ αἱ πόλεις ἃς δώσετε τὰς ἐξ πόλεις, φυγαδευτήρια
14 ἔσονται ὑμῖν. Τὰς τρεῖς πόλεις δώσετε πέραν τοῦ Ἰορδάνου,
καὶ τὰς τρεῖς πόλεις δώσετε ἐν γῇ Χαναάν.

15 Φυγαδεῖον ἔσται τοῖς υἱοῖς Ἰσραήλ, καὶ τῷ προσηλύτῳ, καὶ
τῷ παροίκῳ τῷ ἐν ὑμῖν· ἔσονται αἱ πόλεις αὗται εἰς φυγαδευ-
τήριον, φυγεῖν ἐκεῖ παντὶ πατάξαντι ψυχὴν ἀκουσίως.

16 Ἐὰν δὲ ἐν σκεύει σιδήρου πατάξῃ αὐτὸν, καὶ τελευτήσῃ,
17 φονευτής ἐστι· θανάτῳ θανατούσθω ὁ φονευτής. Ἐὰν δὲ ἐν
λίθῳ ἐκ χειρὸς ἐν ᾧ ἀποθανεῖται ἐν αὐτῷ, πατάξῃ αὐτὸν, καὶ
ἀποθάνῃ, φονευτής ἐστι· θανάτῳ θανατούσθω ὁ φονευτής.
18 Ἐὰν δὲ ἐν σκεύει ξυλίνῳ ἐκ χειρὸς ἐξ οὗ ἀποθανεῖται ἐν αὐτῷ,
πατάξῃ αὐτὸν, καὶ ἀποθάνῃ, φονευτής ἐστι· θανάτῳ θανα-
τούσθω ὁ φονευτής.

19 Ὁ ἀγχιστεύων τὸ αἷμα, οὗτος ἀποκτενεῖ τὸν φονεύσαντα·
20 ὅταν συναντήσῃ αὐτῷ οὗτος, ἀποκτενεῖ αὐτόν. Ἐὰν δὲ δι᾽
ἔχθραν ὤσῃ αὐτὸν, καὶ ἐπιῤῥίψῃ ἐπ᾽ αὐτὸν πᾶν σκεῦος ἐξ
21 ἐνέδρου, καὶ ἀποθάνῃ, ἢ διὰ μῆνιν ἐπάταξεν αὐτὸν τῇ χειρὶ,
καὶ ἀποθάνῃ, θανάτῳ θανατούσθω ὁ πατάξας, φονευτής
ἐστι· θανάτῳ θανατούσθω ὁ φονεύων· ὁ ἀγχιστεύων τὸ αἷμα
ἀποκτενεῖ τὸν φονεύσαντα ἐν τῷ συναντῆσαι αὐτῷ.

22 Ἐὰν δὲ ἐξάπινα, οὐ δι᾽ ἔχθραν ὤσῃ αὐτὸν, ἢ ἐπιῤῥίψῃ ἐπ᾽
23 αὐτὸν πᾶν σκεῦος, οὐκ ἐξ ἐνέδρου, ἢ παντὶ λίθῳ, ἐν ᾧ ἀπο-
θανεῖται ἐν αὐτῷ, οὐκ εἰδὼς, καὶ ἐπιπέσῃ ἐπ᾽ αὐτὸν, καὶ
ἀποθάνῃ, αὐτὸς δὲ οὐκ ἐχθρὸς αὐτοῦ ἦν, οὐδὲ ζητῶν κακοποιῆσαι
24 αὐτόν· καὶ κρινεῖ ἡ συναγωγὴ ἀναμέσον τοῦ πατάξαντος καὶ
ἀναμέσον τοῦ ἀγχιστεύοντος τὸ αἷμα, κατὰ τὰ κρίματα ταῦτα.
25 Καὶ ἐξελεῖται ἡ συναγωγὴ τὸν φονεύσαντα ἀπὸ τοῦ ἀγχι-
στεύοντος τὸ αἷμα, καὶ ἀποκαταστήσουσιν αὐτὸν ἡ συναγωγὴ
εἰς τὴν πόλιν τοῦ φυγαδευτηρίου αὐτοῦ, οὗ κατέφυγε, καὶ
κατοικήσει ἐκεῖ ἕως ἂν ἀποθάνῃ ὁ ἱερεὺς ὁ μέγας, ὃν ἔχρισαν
αὐτὸν τῷ ἐλαίῳ τῷ ἁγίῳ.

26 Ἐὰν δὲ ἐξόδῳ ἐξέλθῃ ὁ φονεύσας τὰ ὅρια τῆς πόλεως
27 εἰς ἣν κατέφυγεν ἐκεῖ, καὶ εὕρῃ αὐτὸν ὁ ἀγχιστεύων τὸ
αἷμα ἔξω τῶν ὁρίων τῆς πόλεως καταφυγῆς αὐτοῦ, καὶ
φονεύσῃ ὁ ἀγχιστεύων τὸ αἷμα τὸν φονεύσαντα, οὐκ ἔνοχός
28 ἐστιν. Ἐν γὰρ τῇ πόλει τῆς καταφυγῆς κατοικείτω ἕως ἂν
ἀποθάνῃ ὁ ἱερεὺς ὁ μέγας· καὶ μετὰ τὸ ἀποθανεῖν τὸν ἱερέα
τὸν μέγαν, ἐπαναστραφήσεται ὁ φονεύσας εἰς τὴν γῆν τῆς
κατασχέσεως αὐτοῦ.

29 Καὶ ἔσται ταῦτα ὑμῖν εἰς δικαίωμα κρίματος εἰς τὰς γενεὰς
30 ὑμῶν ἐν πάσαις ταῖς κατοικίαις ὑμῶν. Πᾶς πατάξας ψυχὴν,
διὰ μαρτύρων φονεύσεις τὸν φονεύσαντα· καὶ μάρτυς εἷς οὐ
31 μαρτυρήσει ἐπὶ ψυχὴν ἀποθανεῖν. Καὶ οὐ λήψεσθε λύτρα
περὶ ψυχῆς παρὰ τοῦ φονεύσαντος τοῦ ἐνόχου ὄντος ἀναιρεθῆ-

to you places of refuge from β the avenger of blood, and the slayer shall not die until he stands before the congregation for judgment. 13 And the cities which ye shall assign, even the six cities, shall be places of refuge for you. 14 Ye shall assign three cities on the other side of Jordan, and ye shall assign three cities in the land of Chanaan.

15 It shall be a place of refuge for the children of Israel, and for the stranger, and for him that sojourns among you; these cities shall be for a place of refuge, for every one to flee thither who has killed a man unintentionally.

16 And if he should smite him with an iron instrument, and the man should die, he is a murderer; let the murderer by all means be put to death. 17 And if he should smite him with a stone thrown from his hand, whereby a man may die, and he thus die, he is a murderer; let the murderer by all means be put to death. 18 And if he should smite him with an instrument of wood from his hand, whereby he may die, and he thus die, he is a murderer; let the murderer by all means be put to death.

19 The avenger of blood himself shall slay the murderer: whensoever he shall meet him he shall slay him. 20 And if he should thrust him through enmity, or cast any thing upon him from an ambuscade, and the man should die, 21 or if he have smitten him with his hand through anger, and the man should die, let the man that smote him be put to death by all means, he is a murderer: let the murderer by all means be put to death: the avenger of blood shall slay the murderer when he meets him.

22 But if he should thrust him suddenly, not through enmity, or cast γ any thing upon him, not from an ambuscade, 23 or smite him with any stone, whereby a man may die, unawares, and it should fall upon him, and he should die, but he was not his enemy, nor sought to hurt him; 24 then the assembly shall judge between the smiter and the avenger of blood, according to these judgments. 25 And the congregation shall rescue the slayer from the avenger of blood, and the congregation shall restore him to his city of refuge, whither he fled for refuge; and he shall dwell there till the death of the high-priest, whom they anointed with the holy oil.

26 But if the slayer should in any wise go out beyond the bounds of the city whither he fled for refuge, 27 and the avenger of blood should find him without the bounds of the city of his refuge, and the avenger of blood should kill the slayer, he is not guilty. 28 For δ he ought to have remained in the city of refuge till the high-priest died; and after the death of the high-priest the slayer shall return to the land of his possession.

29 And these things shall be to you for an ordinance of judgment throughout your generations in all your dwellings. 30 Whoever ζ kills a man, thou shalt slay the murderer θ on the testimony of witnesses; and one witness shall not testify against a soul that he should die. 31 And ye shall not accept ransoms for life from a murderer who

---

β Gr. him that as kinsman represents the blood. γ Gr. any vessel or weapon. δ Gr. let him remain. ζ Gr. smites a life.
θ Gr. by witnesses.

is worthy of death, for he shall be surely put to death. ³²Ye shall not accept a ransom *to excuse* his fleeing to the city of refuge, so that he should again dwell in the land, until the death of the high-priest. ³³So shall ye not pollute with murder the land in which ye dwell; for this blood pollutes the land, and the land shall not be purged from the blood shed upon it, but by the blood of him that shed it. ³⁴And ye shall not defile the land whereon ye dwell, on which I dwell in the midst of you; for I am the Lord dwelling in the midst of the children of Israel.

And the heads of the tribe of the sons of Galaad the son of Machir the son of Manasse, of the tribe of the sons of Joseph, drew near, and spoke before Moses, and before Eleazar the priest, and before the heads of the houses of the families of the children of Israel: ²and they said, The Lord commanded our lord to render the land of inheritance by lot to the children of Israel; and the Lord appointed our lord to give the inheritance of Salpaad our brother to his daughters. ³And they will become wives in one of the tribes of the children of Israel; so their inheritance shall be taken away from the possession of our fathers, and shall be added to the inheritance of the tribe into which the women shall marry, and shall be taken away from the portion of our inheritance. ⁴And if there shall be a release of the children of Israel, then shall their inheritance be added to the inheritance of the tribe into which the women marry, and their inheritance shall be taken away from the inheritance of our family's tribe.

⁵And Moses charged the children of Israel by the commandment of the Lord, saying, Thus β says the tribe of the children of Joseph. ⁶This *is* the thing which the Lord has appointed the daughters of Salpaad, saying, Let them γ marry where they please, only let them marry *men* of their father's tribe. ⁷So shall not the inheritance of the children of Israel go about from tribe to tribe, for the children of Israel shall δ steadfastly continue each in the inheritance of his family's tribe. ⁸And whatever daughter is heiress to a property of the tribes of the children of Israel, *such* women shall be married each to one of her father's-tribe, that the sons of Israel may each inherit the property of his father's tribe. ⁹And the inheritance shall not go about from one tribe to another, but the children of Israel shall steadfastly continue each in his own inheritance.

¹⁰As the Lord commanded Moses, so did they to the daughters of Salpaad. ¹¹So Thersa, and Egla, and Melcha, and Nua, and Malaa, the daughters of Salpaad, married their cousins; ¹²they were married *to men* of the tribe of Manasse of the sons of Joseph; and their inheritance was attached to the tribe of their father's family. ¹³These *are* the commandments, and the ordinances, and the judgments, which the Lord commanded by the hand of Moses, at the west of Moab, at Jordan by Jericho.

ναι· θανάτῳ γὰρ θανατωθήσεται. Οὐ λήψεσθε λύτρα τοῦ 32 φυγεῖν εἰς πόλιν τῶν φυγαδευτηρίων, τοῦ πάλιν κατοικεῖν ἐπὶ τῆς γῆς, ἕως ἂν ἀποθάνῃ ὁ ἱερεὺς ὁ μέγας. Καὶ οὐ μὴ 33 φονοκτονήσητε τὴν γῆν εἰς ἣν ὑμεῖς κατοικεῖτε· τὸ γὰρ αἷμα τοῦτο φονοκτονεῖ τὴν γῆν, καὶ οὐκ ἐξιλασθήσεται ἡ γῆ ἀπὸ τοῦ αἵματος τοῦ ἐκχυθέντος ἐπ᾽ αὐτῆς, ἀλλ᾽ ἐπὶ τοῦ αἵματος τοῦ ἐκχέοντος. Καὶ οὐ μιανεῖτε τὴν γῆν ἐφ᾽ ἧς κατοικεῖτε ἐπ᾽ 34 αὐτῆς, ἐφ᾽ ἧς ἐγὼ κατασκηνῶ ἐν ὑμῖν· ἐγὼ γάρ εἰμι Κύριος κατασκηνῶν ἐν μέσῳ τῶν υἱῶν Ἰσραήλ.

Καὶ προσῆλθον οἱ ἄρχοντες φυλῆς υἱῶν Γαλαὰδ υἱοῦ Μαχὶρ 36 υἱοῦ Μανασσῆ ἐκ τῆς φυλῆς υἱῶν Ἰωσήφ, καὶ ἐλάλησαν ἔναντι Μωυσῆ, καὶ ἔναντι Ἐλεάζαρ τοῦ ἱερέως, καὶ ἔναντι τῶν ἀρχόντων οἴκων πατριῶν τῶν υἱῶν Ἰσραήλ, καὶ εἶπαν, τῷ 2 κυρίῳ ἡμῶν ἐνετείλατο Κύριος ἀποδοῦναι τὴν γῆν τῆς κληρονομίας ἐν κλήρῳ τοῖς υἱοῖς Ἰσραήλ· καὶ τῷ κυρίῳ συνέταξε Κύριος δοῦναι τὴν κληρονομίαν Σαλπαὰδ τοῦ ἀδελφοῦ ἡμῶν ταῖς θυγατράσιν αὐτοῦ. Καὶ ἔσονται ἑνὶ τῶν φυλῶν 3 υἱῶν Ἰσραὴλ γυναῖκες· καὶ ἀφαιρεθήσεται ὁ κλῆρος αὐτῶν ἐκ τῆς κατασχέσεως τῶν πατέρων ἡμῶν, καὶ προστεθήσεται εἰς κληρονομίαν τῆς φυλῆς, οἷς ἂν γένωνται γυναῖκες, καὶ ἐκ τοῦ κλήρου τῆς κληρονομίας ἡμῶν ἀφαιρεθήσεται. Ἐὰν δὲ 4 γένηται ἡ ἄφεσις τῶν υἱῶν Ἰσραήλ, καὶ προστεθήσεται ἡ κληρονομία αὐτῶν ἐπὶ τὴν κληρονομίαν τῆς φυλῆς, οἷς ἂν γένωνται γυναῖκες, καὶ ἀπὸ τῆς κληρονομίας φυλῆς πατριᾶς ἡμῶν ἀφαιρεθήσεται ἡ κληρονομία αὐτῶν.

Καὶ ἐνετείλατο Μωυσῆς τοῖς υἱοῖς Ἰσραὴλ διὰ προστάγ- 5 ματος Κυρίου, λέγων, οὕτως φυλὴ υἱῶν Ἰωσὴφ λέγουσι. Τοῦτο τὸ ῥῆμα ὃ συνέταξε Κύριος ταῖς θυγατράσι Σαλπαάδ, 6 λέγων, οὗ ἀρέσκῃ ἐναντίον αὐτῶν, ἔστωσαν γυναῖκες, πλὴν ἐκ τοῦ δήμου τοῦ πατρὸς αὐτῶν ἔστωσαν γυναῖκες. Καὶ οὐχὶ 7 περιστραφήσεται κληρονομία τοῖς υἱοῖς Ἰσραὴλ ἀπὸ φυλῆς ἐπὶ φύλην, ὅτι ἕκαστος ἐν τῇ κληρονομίᾳ τῆς φυλῆς τῆς πατριᾶς αὐτοῦ προσκολληθήσονται οἱ υἱοὶ Ἰσραήλ. Καὶ 8 πᾶσα θυγάτηρ ἀγχιστεύουσα κληρονομίαν ἐκ τῶν φυλῶν υἱῶν Ἰσραήλ, ἑνὶ τῶν ἐκ τοῦ δήμου τοῦ πατρὸς αὐτῆς ἔσονται γυναῖκες, ἵνα ἀγχιστεύσωσιν οἱ υἱοὶ Ἰσραὴλ ἕκαστος τὴν κληρονομίαν τὴν πατρικὴν αὐτοῦ. Καὶ οὐ περιστραφή- 9 σεται ὁ κλῆρος ἐκ φυλῆς ἐπὶ φυλὴν ἑτέραν, ἀλλ᾽ ἕκαστος ἐν τῇ κληρονομίᾳ αὐτοῦ προσκολληθήσονται οἱ υἱοὶ Ἰσραήλ.

Ὃν τρόπον συνέταξε Κύριος Μωυσῆ, οὕτως ἐποίησαν 10 θυγατράσι Σαλπαάδ. Καὶ ἐγένοντο Θερσὰ καὶ Ἐγλὰ καὶ 11 Μελχὰ καὶ Νουὰ καὶ Μαλαὰ θυγατέρες Σαλπαάδ, τοῖς ἀνεψιοῖς αὐτῶν, ἐκ τοῦ δήμου τοῦ Μανασσῆ υἱῶν Ἰωσὴφ ἐγενήθη- 12 σαν γυναῖκες· καὶ ἐγενήθη ἡ κληρονομία αὐτῶν ἐπὶ τὴν φυλὴν δήμου τοῦ πατρὸς αὐτῶν. Αὗται αἱ ἐντολαὶ καὶ τὰ δικαιώ- 13 ματα καὶ τὰ κρίματα, ἃ ἐνετείλατο Κύριος ἐν χειρὶ Μωυσῆ ἐπὶ δυσμῶν Μωὰβ ἐπὶ τοῦ Ἰορδάνου κατὰ Ἱεριχώ.

β *Gr.* say.   γ *Gr.* be wives.   δ *Gr.* be cemented. See Matt. 19. 5. Acts 5. 36.

ΔΕΥΤΕΡΟΝΟΜΙΟΝ.

ΟΥΤΟΙ οἱ λόγοι οὓς ἐλάλησε Μωυσῆς παντὶ Ἰσραὴλ πέραν τοῦ Ἰορδάνου ἐν τῇ ἐρήμῳ πρὸς δυσμαῖς πλησίον τῆς ἐρυθρᾶς θαλάσσης ἀναμέσον Φαρὰν Τοφὸλ, καὶ Λοβὸν, καὶ Αὐλὼν, 2 καὶ καταχρύσεα. Ἔνδεκα ἡμερῶν ἐκ Χωρὴβ ὁδὸς ἐπʼ ὄρος 3 Σηεὶρ ἕως Κάδης Βαριή. Καὶ ἐγενήθη ἐν τῷ τεσσαρακοστῷ ἔτει ἐν τῷ ἑνδεκάτῳ μηνὶ μιᾷ τοῦ μηνὸς, ἐλάλησε Μωυσῆς πρὸς πάντας υἱοὺς Ἰσραὴλ, κατὰ πάντα ὅσα ἐνετείλατο Κύριος 4 αὐτῷ πρὸς αὐτούς· μετὰ τὸ πατάξαι Σηὼν βασιλέα Ἀμορραίων τὸν κατοικήσαντα ἐν Ἐσεβὼν, καὶ τὸν Ὢγ βασιλέα τῆς Βασὰν τὸν κατοικήσαντα ἐν Ἀσταρὼθ καὶ ἐν Ἐδραΐν, 5 ἐν τῷ πέραν τοῦ Ἰορδάνου ἐν γῇ Μωὰβ, ἤρξατο Μωυσῆς 6 διασαφῆσαι τὸν νόμον τοῦτον, λέγων, Κύριος ὁ Θεὸς ἡμῶν ἐλάλησεν ἡμῖν ἐν Χωρὴβ, λέγων, ἱκανούσθω ὑμῖν κατοικεῖν 7 ἐν τῷ ὄρει τούτῳ. Ἐπιστράφητε καὶ ἀπάρατε ὑμεῖς καὶ εἰσπορεύεσθε εἰς ὄρος Ἀμορραίων, καὶ πρὸς πάντας τοὺς περιοίκους Ἄραβα, εἰς ὄρος καὶ πεδίον, καὶ πρὸς Λίβα, καὶ παραλίαν γῆν Χαναναίων, καὶ Ἀντιλίβανον ἕως τοῦ ποταμοῦ 8 τοῦ μεγάλου, ποταμοῦ Εὐφράτου. Ἴδετε, παραδέδωκεν ἐνώπιον ὑμῶν τὴν γῆν· εἰσπορευθέντες κληρονομήσατε τὴν γῆν, ἣν ὤμοσα τοῖς πατράσιν ὑμῶν τῷ Ἀβραὰμ, καὶ Ἰσαὰκ, καὶ Ἰακὼβ, δοῦναι αὐτοῖς καὶ τῷ σπέρματι αὐτῶν μετʼ αὐτούς. 9 Καὶ εἶπα πρὸς ὑμᾶς ἐν τῷ καιρῷ ἐκείνῳ, λέγων, οὐ δυνή- 10 σομαι μόνος φέρειν ὑμᾶς. Κύριος ὁ Θεὸς ὑμῶν ἐπλήθυνεν ὑμᾶς, καὶ ἰδοὺ ἐστε σήμερον ὡσεὶ τὰ ἄστρα τοῦ οὐρανοῦ τῷ 11 πλήθει. Κύριος ὁ Θεὸς τῶν πατέρων ὑμῶν προσθείη ὑμῖν ὡς ἐστὲ χιλιοπλασίως, καὶ εὐλογῆσαι ὑμᾶς καθότι ἐλάλησεν ὑμῖν. 12 Πῶς δυνήσομαι μόνος φέρειν τὸν κόπον ὑμῶν καὶ τὴν ὑπόστα- 13 σιν ὑμῶν καὶ τὰς ἀντιλογίας ὑμῶν; Δότε ἑαυτοῖς ἄνδρας σοφοὺς καὶ ἐπιστήμονας καὶ συνετοὺς εἰς τὰς φυλὰς ὑμῶν, καὶ 14 καταστήσω ἐφʼ ὑμῶν, ἡγουμένους ὑμῶν. Καὶ ἀπεκρίθητέ μοι, 15 καὶ εἴπατε, καλὸν τὸ ῥῆμα ὃ ἐλάλησας ποιῆσαι. Καὶ ἔλαβον ἐξ ὑμῶν ἄνδρας σοφοὺς καὶ ἐπιστήμονας καὶ συνετοὺς, καὶ κατέστησα αὐτοὺς ἡγεῖσθαι ἐφʼ ὑμῶν χιλιάρχους, καὶ ἑκατον- τάρχους, καὶ πεντηκοντάρχους, καὶ δεκάρχους, καὶ γραμματο- 16 εισαγωγεῖς τοῖς κριταῖς ὑμῶν· Καὶ ἐνετειλάμην τοῖς κριταῖς ὑμῶν ἐν τῷ καιρῷ ἐκείνῳ, λέγων, διακούετε ἀναμέσον τῶν ἀδελφῶν ὑμῶν, καὶ κρίνατε δικαίως ἀναμέσον ἀνδρὸς, καὶ ἀνα-

THESE *are* the words which Moses spoke to all Israel on this side Jordan in the desert towards the west near the Red Sea, between Pharan Tophol, and Lobon, and Aulon, and the gold works. [2] *It is* a journey of eleven days from Choreb to mount Seir as far as Cades Barne. [3] And it came to pass in the fortieth year, in the eleventh month, on the first *day* of the month, Moses spoke to all the children of Israel, according to all things which the Lord commanded him for them: [4] after he had smitten Seon king of the Amorites who dwelt in Esebon, and Og the king of Basan who dwelt in Astaroth and in Edrain; [5] beyond Jordan in the land of Moab, Moses began to declare this law, say- ing, [6] The Lord your God spoke to us in Choreb, saying, Let it suffice you β to have dwelt *so long* in this mountain. [7] Turn ye and depart and enter into the mountain of the Amorites, and *go* to all that dwell near about Araba, to the mountain and the plain and to the south, and the land of the Chananites near the sea, and Antilibanus, as far as the great river, the river Euphrates. [8] Behold, *God* has delivered the land before you; go in and inherit the land, which I sware to your fathers, Abraam, and Isaac, and Jacob, to give it to them and to their seed after them. [9] And I spoke to you at that time, saying, I shall not be able by myself to bear you. [10] The Lord your God has multiplied you, and, behold, ye are to-day as the stars of heaven for multitude. [11] The Lord God of your fathers γ add to you a thousand- fold more than you are, and bless you as he has spoken to you. [12] How shall I alone be able to bear your labour, and your burden, and your gainsayings? [13] δ Take to yourselves wise and understanding and pru- dent men for your tribes, and I will set your leaders over you. [14] And ye answered me and said, The thing which thou hast told us *is* good to do. [15] So I took of you wise and understanding and prudent men, and I set them to rule over you as rulers of thousands, and rulers of hundreds, and rulers of fifties, and rulers of tens, and ζ officers to your judges. [16] And I charged your judges at that time, saying, Hear *causes* between your brethren, and judge rightly between a man and. *his* brother, and the

---

β *Gr.* to dwell.   γ *Or*, increase you.   δ *Gr.* Give.   ζ Perhaps, recorders: *more lit.* instructers in reading and writing.

βstranger that is with him. ¹⁷Thou shalt not have respect to γpersons in judgment, thou shalt judge δsmall and great equally; thou shalt not shrink from before the person of a man, for the judgment is God's; and whatsoever matter shall be too hard for you, ye shall bring it to me, and I will hear it. ¹⁸And I charged upon you at that time all the commands which ye shall perform.

¹⁹And we departed from Choreb, and went through all that great wilderness and terrible, which ye saw, by the way of the mountain of the Amorite, as the Lord our God charged us, and we came as far as Cades Barne. ²⁰And I said to you, Ye have come as far as the mountain of the Amorite, which the Lord our God gives to you: ²¹behold, the Lord your God has delivered to us the land before you: go up and inherit it as the Lord God of your fathers said to you; fear not, neither be afraid. ²²And ye all came to me, and said, Let us send men before us, and let them go up to the land for us; and let them bring back to us a report of the way by which we shall go up, and of the cities into which we shall enter. ²³And the saying pleased me: and I took of you twelve men, one man of a tribe. ²⁴And they turned and went up to the mountain, and they came as far as the valley of the cluster, and surveyed it. ²⁵And they took in their hands of the fruit of the land, and brought it to you, and said, The land is good which the Lord our God gives us.

²⁶Yet ye would not go up, but rebelled against the words of the Lord our God. ²⁷And ye murmured in your tents, and said, Because the Lord hated us, he has brought us out of the land of Egypt to deliver us into the hands of the Amorites, to destroy us. ²⁸Whither do we go up? and your brethren drew away your heart, saying, *It is a* great nation and populous, and mightier than we; and *there are* cities great and walled up to heaven: moreover we saw there the sons of the giants. ²⁹And I said to you, Fear not, neither be ye afraid of them; ³⁰the Lord your God who goes before your face, he shall fight against them together with you effectually, according to all that he wrought for you in the land of Egypt; ³¹and in this wilderness which ye saw, by the way of the mountain of the Amorite, ζhow the Lord thy God will bear thee as a nursling, as if any man should nurse his child, through all the way which ye have gone until ye came to this place.

³²And in this matter ye believed not the Lord our God, ³³who goes before you in the way to choose you a place, guiding you in fire by night, shewing you the way by which ye go, and a cloud by day.

³⁴And the Lord heard the voice of your words, and being greatly provoked he sware, saying, ³⁵θNot one of these men shall see this good land, which I sware to their fathers, ³⁶except Chaleb the son of Jephonne,

μέσον ἀδελφοῦ, καὶ ἀναμέσον προσηλύτου αὐτοῦ. Οὐκ 17 ἐπιγνώσῃ πρόσωπον ἐν κρίσει, κατὰ τὸν μικρὸν καὶ κατὰ τὸν μέγαν κρινεῖς· οὐ μὴ ὑποστείλῃ πρόσωπον ἀνθρώπου, ὅτι ἡ κρίσις τοῦ Θεοῦ ἐστι· καὶ τὸ ῥῆμα ὃ ἐὰν σκληρὸν ᾖ ἀφ' ὑμῶν, ἀνοίσετε αὐτὸ ἐπ' ἐμὲ, καὶ ἀκούσομαι αὐτό. Καὶ 18 ἐνετειλάμην ὑμῖν ἐν τῷ καιρῷ ἐκείνῳ πάντας τοὺς λόγους, οὓς ποιήσετε.

Καὶ ἀπάραντες ἐκ Χωρὴβ ἐπορεύθημεν πᾶσαν τὴν ἔρημον 19 τὴν μεγάλην καὶ τὴν φοβερὰν ἐκείνην, ἣν εἴδετε, ὁδὸν ὄρους τοῦ Ἀμορραίου, καθότι ἐνετείλατο Κύριος ὁ Θεὸς ἡμῶν ἡμῖν, καὶ ἤλθομεν ἕως Κάδης Βαρνή. Καὶ εἶπα πρὸς ὑμᾶς, ἤλθατε 20 ἕως τοῦ ὄρους τοῦ Ἀμορραίου, ὃ Κύριος ὁ Θεὸς ἡμῶν δίδωσιν ὑμῖν. Ἴδετε, παραδέδωκεν ἡμῖν Κύριος ὁ Θεὸς ὑμῶν· πρὸ 21 προσώπου ὑμῶν τὴν γῆν· ἀναβάντες κληρονομήσατε ὃν τρόπον εἶπε Κύριος ὁ Θεὸς τῶν πατέρων ὑμῶν ὑμῖν· μὴ φοβεῖσθε, μηδὲ δειλιάσητε. Καὶ προσήλθατέ μοι πάντες, καὶ εἴπατε, 22 Ἀποστείλωμεν ἄνδρας προτέρους ἡμῶν, καὶ ἐφοδευσάτωσαν ἡμῖν τὴν γῆν, καὶ ἀναγγειλάτωσαν ἡμῖν ἀπόκρισιν τὴν ὁδὸν δι' ἧς ἀναβησόμεθα ἐν αὐτῇ, καὶ τὰς πόλεις εἰς ἃς εἰσπορευσόμεθα εἰς αὐτάς. Καὶ ἤρεσεν ἐναντίον μου τὸ ῥῆμα· καὶ 23 ἔλαβον ἐξ ὑμῶν δώδεκα ἄνδρας, ἄνδρα ἕνα κατὰ φυλήν. Καὶ 24 ἐπιστραφέντες ἀνέβησαν εἰς τὸ ὄρος, καὶ ἤλθοσαν ἕως φάραγγος βότρυος, καὶ κατεσκόπευσαν αὐτήν. Καὶ ἐλάβοσαν ἐν 25 ταῖς χερσὶν αὐτῶν ἀπὸ τοῦ καρποῦ τῆς γῆς, καὶ κατήνεγκαν πρὸς ὑμᾶς, καὶ ἔλεγον, Ἀγαθὴ ἡ γῆ, ἣν Κύριος ὁ Θεὸς ἡμῶν δίδωσιν ἡμῖν.

Καὶ οὐκ ἠθελήσατε ἀναβῆναι, ἀλλ' ἠπειθήσατε τῷ ῥήματι 26 Κυρίου τοῦ Θεοῦ ἡμῶν. Καὶ διεγογγύζετε ἐν ταῖς σκηναῖς 27 ὑμῶν, καὶ εἴπατε, διὰ τὸ μισεῖν Κύριον ἡμᾶς, ἐξήγαγεν ἡμᾶς ἐκ γῆς Αἰγύπτου παραδοῦναι ἡμᾶς εἰς χεῖρας Ἀμορραίων, ἐξολοθρεῦσαι ἡμᾶς. Ποῦ ἡμεῖς ἀναβαίνομεν; οἱ δὲ ἀδελφοὶ 28 ὑμῶν ἀπέστησαν τὴν καρδίαν ὑμῶν, λέγοντες, ἔθνος μέγα καὶ πολὺ καὶ δυνατώτερον ἡμῶν, καὶ πόλεις μεγάλαι καὶ τετειχισμέναι ἕως τοῦ οὐρανοῦ· ἀλλὰ καὶ υἱοὺς γιγάντων ἑωράκαμεν ἐκεῖ. Καὶ εἶπα πρὸς ὑμᾶς, μὴ πτήξητε, μηδὲ φοβηθῆτε ἀπ' 29 αὐτῶν. Κύριος ὁ Θεὸς ὑμῶν ὁ προπορευόμενος πρὸ προσώπου 30 ὑμῶν, αὐτὸς συνεκπολεμήσει αὐτοὺς μεθ' ὑμῶν κατὰ πάντα ὅσα ἐποίησεν ὑμῖν ἐν γῇ Αἰγύπτῳ, καὶ ἐν τῇ ἐρήμῳ ταύτῃ, ἣν 31 εἴδετε, ὁδὸν ὄρους τοῦ Ἀμορραίου· ὡς τροφοφορήσει σε Κύριος ὁ Θεός σου, ὡς εἴτις τροφοφορήσαι ἄνθρωπος τὸν υἱὸν αὐτοῦ, κατὰ πᾶσαν τὴν ὁδὸν εἰς ἣν ἐπορεύθητε ἕως ἤλθετε εἰς τὸν τόπον τοῦτον.

Καὶ ἐν τῷ λόγῳ τούτῳ οὐκ ἐνεπιστεύσατε Κυρίῳ τῷ Θεῷ 32 ἡμῶν, ὃς προπορεύεται πρότερος ὑμῶν ἐν τῇ ὁδῷ ἐκλέ- 33 γεσθαι ὑμῖν τόπον, ὁδηγῶν ὑμᾶς ἐν πυρὶ νυκτὸς, δεικνύων ὑμῖν τὴν ὁδὸν καθ' ἣν πορεύεσθε ἐπ' αὐτῆς, καὶ ἐν νεφέλῃ ἡμέρας.

Καὶ ἤκουσε Κύριος τὴν φωνὴν τῶν λόγων ὑμῶν, καὶ 34 παροξυνθεὶς ὤμοσε, λέγων, εἰ ὄψεταί τις τῶν ἀνδρῶν τούτων 35 τὴν γῆν ἀγαθὴν ταύτην, ἣν ὤμοσα τοῖς πατράσιν αὐτῶν, πλὴν 36

Χάλεβ υἱὸς Ἰεφοννὴ, οὗτος ὄψεται αὐτὴν, καὶ τούτῳ δώσω τὴν γῆν ἐφ᾽ ἣν ἐπέβη, καὶ τοῖς υἱοῖς αὐτοῦ, διὰ τὸ προσκεῖσθαι 37 αὐτὸν τὰ πρὸς Κύριον. Καὶ ἐμοὶ ἐθυμώθη Κύριος δι᾽ ὑμᾶς, 38 λέγων, οὐδὲ σὺ οὐ μὴ εἰσέλθῃς ἐκεῖ. Ἰησοῦς υἱὸς Ναυὴ ὁ παρεστηκώς σοι, οὗτος εἰσελεύσεται ἐκεῖ· αὐτὸν κατίσχυσον, 39 ὅτι αὐτὸς κατακληρονομήσει αὐτὴν τῷ Ἰσραήλ. Καὶ πᾶν παιδίον νέον ὅστις οὐκ οἶδε σήμερον ἀγαθὸν ἢ κακὸν, οὗτοι εἰσελεύσονται ἐκεῖ, καὶ τούτοις δώσω αὐτὴν, καὶ αὐτοὶ 40 κληρονομήσουσιν αὐτήν. Καὶ ὑμεῖς ἐπιστραφέντες ἐστρατοπεδεύσατε εἰς τὴν ἔρημον, ὁδὸν τὴν ἐπὶ τῆς ἐρυθρᾶς θαλάσσης.

41 Καὶ ἀπεκρίθητε, καὶ εἴπατε, ἡμάρτομεν ἔναντι Κυρίου τοῦ Θεοῦ ἡμῶν· ἡμεῖς ἀναβάντες πολεμήσομεν κατὰ πάντα ὅσα ἐνετείλατο Κύριος ὁ Θεὸς ἡμῶν ἡμῖν· καὶ ἀναλαβόντες ἕκαστος τὰ σκεύη τὰ πολεμικὰ αὐτοῦ, καὶ συναθροισθέντες ἀναβαίνετε 42 εἰς τὸ ὄρος. Καὶ εἶπε Κύριος πρὸς μὲ, εἶπον αὐτοῖς, οὐκ ἀναβήσεσθε οὐδὲ μὴ πολεμήσετε, οὐ γάρ εἰμι μεθ᾽ ὑμῶν, καὶ 43 οὐ μὴ συντριβῆτε ἐνώπιον τῶν ἐχθρῶν ὑμῶν. Καὶ ἐλάλησα ὑμῖν, καὶ οὐκ εἰσηκούσατέ μου· καὶ παρέβητε τὸ ῥῆμα Κυρίου· 44 καὶ παραβιασάμενοι ἀνέβητε εἰς τὸ ὄρος. Καὶ ἐξῆλθεν ὁ Ἀμορραῖος ὁ κατοικῶν ἐν τῷ ὄρει ἐκείνῳ εἰς συνάντησιν ὑμῖν, καὶ κατεδίωξεν ὑμᾶς ὡσεὶ ποιήσαισαν αἱ μέλισσαι, καὶ 45 ἐτίτρωσκον ὑμᾶς ἀπὸ Σηεὶρ ἕως Ἑρμᾶ. Καὶ καθίσαντες ἐκλαίετε ἐναντίον Κυρίου τοῦ Θεοῦ ἡμῶν, καὶ οὐκ εἰσήκουσε Κύριος τῆς φωνῆς ὑμῶν, οὐδὲ προσέσχεν ὑμῖν. 46 Καὶ ἐνεκάθησθε ἐν Κάδης ἡμέρας πολλὰς, ὅσας ποτὲ ἡμέρας ἐνεκάθησθε.

2 Καὶ ἐπιστραφέντες ἀπήραμεν εἰς τὴν ἔρημον, ὁδὸν θάλασσαν ἐρυθρὰν, ὃν τρόπον ἐλάλησε Κύριος πρὸς μὲ, καὶ ἐκυκλώσαμεν 2 τὸ ὄρος τὸ Σηεὶρ ἡμέρας πολλάς. Καὶ εἶπε Κύριος πρὸς 3 μὲ, ἱκανούσθω ὑμῖν κυκλοῦν τὸ ὄρος τοῦτο· ἐπιστράφητε οὖν 4 ἐπὶ Βορρᾶν. Καὶ τῷ λαῷ ἔντειλαι, λέγων, ὑμεῖς παραπορεύεσθε διὰ τῶν ὁρίων τῶν ἀδελφῶν ὑμῶν υἱῶν Ἡσαῦ, οἳ κατοικοῦσιν ἐν Σηεὶρ, καὶ φοβηθήσονται ὑμᾶς, καὶ εὐλαβη- 5 θήσονται ὑμᾶς σφόδρα. Μὴ συνάψητε πρὸς αὐτοὺς πόλεμον, οὐ γὰρ δῶ ὑμῖν ἀπὸ τῆς γῆς αὐτῶν οὐδὲ βῆμα ποδός, ὅτι 6 ἐν κλήρῳ δέδωκα τοῖς υἱοῖς Ἡσαῦ τὸ ὄρος τὸ Σηεὶρ. Ἀργυρίου βρώματα ἀγοράσατε παρ᾽ αὐτῶν καὶ φάγεσθε, καὶ ὕδωρ 7 μέτρῳ λήψεσθε παρ᾽ αὐτῶν ἀργυρίου καὶ πίεσθε. Ὁ γὰρ Κύριος ὁ Θεὸς ἡμῶν εὐλόγησέ σε ἐν παντὶ ἔργῳ τῶν χειρῶν σου· ᵟγνῶθι πῶς διῆλθες τὴν ἔρημον τὴν μεγάλην καὶ τὴν φοβερὰν ἐκείνην· ἰδοὺ τεσσαράκοντα ἔτη Κύριος ὁ Θεός σου μετὰ σοῦ· οὐκ ἐπεδεήθης ῥήματος.

8 Καὶ παρήλθομεν τοὺς ἀδελφοὺς ἡμῶν υἱοὺς Ἡσαῦ, τοὺς κατοικοῦντας ἐν Σηεὶρ, παρὰ τὴν ὁδὸν τὴν Ἄραβα ἀπὸ Αἰλὼν καὶ ἀπὸ Γεσιὼν Γάβερ· καὶ ἐπιστρέψαντες παρήλθομεν ὁδὸν 9 ἔρημον Μωάβ. Καὶ εἶπε Κύριος πρὸς μὲ, μὴ ἐχθραίνετε τοῖς Μωαβίταις, καὶ μὴ συνάψητε πρὸς αὐτοὺς πόλεμον· οὐ γὰρ μὴ δῶ ἀπὸ τῆς γῆς αὐτῶν ὑμῖν ἐν κλήρῳ, τοῖς γὰρ 10 υἱοῖς Λὼτ δέδωκα τὴν Ἀροὴρ κληρονομεῖν. Οἱ Ὀμμὶν πρό-

37 And the Lord was angry with me for your sake, saying, Neither shalt thou by any means enter therein. 38 Joshua the son of Naue, who stands by thee, he shall enter in there; do thou strengthen him, for he shall cause Israel to inherit it. 39 And every young child who this day knows not good or evil,—they shall enter therein, and to them I will give it, and they shall inherit it. 40 And ye turned and marched into the wilderness, in the way by the Red Sea.

41 And ye answered and said, We have sinned before the Lord our God; we will go up and fight according to all that the Lord our God has commanded us: and having taken every one his weapons of war, and being gathered together, ye γ went up to the mountain. 42 And the Lord said to me, Tell them, Ye shall not go up, neither shall ye fight, for I am not with you; thus shall ye not be destroyed before your enemies. 43 And I spoke to you, and ye did not hearken to me; and ye transgressed the commandment of the Lord; and ye forced your way and went up into the mountain. 44 And the Amorite who dwelt in that mountain came out to meet you, and pursued you as bees do, and wounded you from Seir to Herma. 45 And ye sat down and wept before the Lord our God, and the Lord hearkened not to your voice, neither did he take heed to you.

46 And ye dwelt in Cades many days, as many days as ye dwelt there.

And we turned and departed into the wilderness, by the way of the Red Sea, as the Lord spoke to me, and we compassed mount Seir many days. 2 And the Lord said to me, 3 δ Ye have compassed this mount long enough; turn therefore toward the north. 4 And charge the people, saying, Ye are going through the borders of your brethren the children of Esau, who dwell in Seir; and they shall fear you, and dread you greatly. 5 Do not engage in war against them, for I will not give you of their land even enough to set your foot upon, for I have given mount Seir to the children of Esau as an inheritance. 6 Buy food of them for money and eat, and ye shall receive water of them by measure for money, and drink. 7 For the Lord our God has blessed thee in every work of thy hands. Consider how thou wentest through that great and terrible wilderness: behold, the Lord thy God has been with thee forty years; thou didst not lack any thing.

8 And we passed by our brethren the children of Esau, who dwelt in Seir, by the way of Araba from Ælon and from Gesion Gaber; and we turned and passed by the way of the desert of Moab. 9 And the Lord said to me, Do not ye quarrel with the Moabites, and do not engage in war with them; for I will not give you of their land for an inheritance, for I have given Aroer to the children of Lot to inherit. 10 Formerly the Ommin dwelt in

---

β Or, followed closely after the Lord.   γ Gr. go up.   δ Or, Let it suffice you to compass.

it, a great and numerous nation and powerful, like the Enakim. [11] These also shall be accounted β Raphain like the Enakim ; and the Moabites call them Ommin. [12] And the Chorrhite dwelt in Seir before, and the sons of Esau destroyed them, and utterly consumed them from before them ; and they dwelt in their place, as Israel did to the land of his inheritance, which the Lord gave to them. [13] Now then, arise ye, *said I*, and depart, and cross the valley of Zaret.

[14] And the days in which we travelled from Cades Barne till we crossed the valley of Zaret, *were* thirty and eight years, until the whole generation of the men of war failed, dying out of the camp, as the Lord God sware to them. [15] And the hand of the Lord was upon them to destroy them out of the midst of the camp, until they were consumed.

[16] And it came to pass when all the men of war dying out of the midst of the people had fallen, [17] that the Lord spoke to me, saying, [18] Thou shalt pass over this day the borders of Moab γ to Aroer ; [19] and ye shall draw nigh to the children of Amman: do not quarrel with them, nor wage war with them ; for I will not give thee of the land of the children of Amman for an inheritance, because I have given it to the children of Lot for an inheritance. [20] It shall be accounted a land of Raphain, for the Raphain dwelt there before, and the Ammanites call them Zochommin. [21] A great nation and populous, and mightier than you, as also the Enakim: yet the Lord destroyed them from before them, and they inherited *their land*, and they dwelt *there* instead of them until this day. [22] As they did to the children of Esau that dwell in Seir, even as they destroyed the Chorrhite from before them, and inherited δ their country, and dwelt *therein* instead of them until this day. [23] And the Evites who dwell in Asedoth to Gaza, and the Cappadocians who came out of Cappadocia, destroyed them, and dwelt in their room.

[24] Now then arise and depart, and pass over the valley of Arnon: behold, I have delivered into thy hands Seon the king of Esebon the Amorite, and his land: begin to inherit *it*: engage in war with him this day. [25] Begin to put thy terror and thy fear on the face of all the nations under heaven, who shall be troubled when they have heard thy name, and shall be in anguish ϛ before thee.

[26] And I sent ambassadors from the wilderness of Kedamoth to Seon king of Esebon with peaceable words, saying, [27] I will pass through thy land: I will go by the road, I will not turn aside to the right hand or to the left. [28] Thou shalt give me food for money, and I will eat ; and thou shalt give me water for money, and I will drink ; I will only go through on my feet: [29] as the sons of Esau did to me, who dwelt in Seir, and the Moabites who dwelt in Aroer, until I shall have passed Jordan into the land which the Lord our God gives us. [30] And

τεροι ἐνεκάθηντο ἐπ᾽ αὐτῆς, ἔθνος μέγα καὶ πολὺ καὶ ἰσχύοντες, ὥσπερ οἱ Ἐνακίμ. Ῥαφαὶν λογισθήσονται καὶ οὗτοι ὥσπερ 11 καὶ οἱ Ἐνακίμ· καὶ οἱ Μωαβῖται ἐπονομάζουσιν αὐτοὺς Ὀμμίν. Καὶ ἐν Σηεὶρ ἐνεκάθητο ὁ Χορραῖος τὸ πρότερον, καὶ υἱοὶ 12 Ἡσαῦ ἀπώλεσαν αὐτούς, καὶ ἐξέτριψαν αὐτοὺς ἀπὸ προσώπου αὐτῶν· καὶ κατῳκίσθησαν ἀντ᾽ αὐτῶν, ὃν τρόπον ἐποίησεν Ἰσραὴλ τὴν γῆν τῆς κληρονομίας αὐτοῦ, ἣν δέδωκε Κύριος αὐτοῖς. Νῦν οὖν ἀνάστητε καὶ ἀπάρατε ὑμεῖς, καὶ παραπο- 13 ρεύεσθε τὴν φάραγγα Ζαρέτ.

Καὶ αἱ ἡμέραι ἃς παρεπορεύθημεν ἀπὸ Κάδης Βαρνὴ ἕως οὗ 14 παρήλθομεν τὴν φάραγγα Ζαρέτ, τριάκοντα καὶ ὀκτὼ ἔτη, ἕως οὗ διέπεσε πᾶσα γενεὰ ἀνδρῶν πολεμιστῶν ἀποθνήσκοντες ἐκ τῆς παρεμβολῆς, καθότι ὤμοσε Κύριος ὁ Θεὸς αὐτοῖς. Καὶ ἡ χεὶρ τοῦ Θεοῦ ἦν ἐπ᾽ αὐτοῖς ἐξαναλῶσαι αὐτοὺς ἐκ 15 μέσου τῆς παρεμβολῆς ἕως οὗ διέπεσαν.

Καὶ ἐγενήθη ἐπειδὰν ἔπεσαν πάντες οἱ ἄνδρες οἱ πολεμισταὶ 16 ἀποθνήσκοντες ἐκ μέσου τοῦ λαοῦ, καὶ ἐλάλησε Κύριος 17 πρός μὲ, λέγων, σὺ παραπορεύσῃ σήμερον τὰ ὅρια Μωὰβ 18 τὴν Ἀροὴρ, καὶ προσάξετε ἐγγὺς υἱῶν Ἀμμάν· μὴ ἐχθραίνετε 19 αὐτοῖς, μηδὲ συνάψητε αὐτοῖς εἰς πόλεμον· οὐ γὰρ μὴ δῶ ἀπὸ τῆς γῆς υἱῶν Ἀμμάν σοι ἐν κλήρῳ, ὅτι τοῖς υἱοῖς Λὼτ δέδωκα αὐτὴν ἐν κλήρῳ. Γῇ Ῥαφαὶν λογισθήσεται, καὶ γὰρ 20 ἐπ᾽ αὐτῆς κατῴκουν οἱ Ῥαφαὶν τοπρότερον καὶ οἱ Ἀμμανῖται ἐπονομάζουσιν αὐτοὺς Ζοχομμίν. Ἔθνος μέγα καὶ πολὺ καὶ 21 δυνατώτερον ὑμῶν, ὥσπερ καὶ οἱ Ἐνακίμ· καὶ ἀπώλεσεν αὐτοὺς Κύριος πρὸ προσώπου αὐτῶν, καὶ κατεκληρονόμησαν, καὶ κατῳκίσθησαν ἀντ᾽ αὐτῶν ἕως τῆς ἡμέρας ταύτης. Ὥσπερ 22 ἐποίησαν τοῖς υἱοῖς Ἡσαῦ τοῖς κατοικοῦσιν ἐν Σηεὶρ, ὃν τρόπον ἐξέτριψαν τὸν Χορραῖον ἀπὸ προσώπου αὐτῶν, καὶ κατεκληρονόμησαν αὐτοὺς, καὶ κατῳκίσθησαν ἀντ᾽ αὐτῶν ἕως τῆς ἡμέρας ταύτης. Καὶ οἱ Εὐαῖοι οἱ κατοικοῦντες ἐν Ἀσηδὼθ ἕως Γάζης, 23 καὶ οἱ Καππάδοκες οἱ ἐξελθόντες ἐκ Καππαδοκίας, ἐξέτριψαν αὐτοὺς, καὶ κατῳκίσθησαν ἀντ᾽ αὐτῶν.

Νῦν οὖν ἀνάστητε καὶ ἀπάρατε, καὶ παρέλθετε ὑμεῖς τὴν 24 φάραγγα Ἀρνῶν· ἰδοὺ παραδέδωκα εἰς τὰς χεῖράς σου τὸν Σηὼν βασιλέα Ἐσεβὼν τὸν Ἀμορραῖον, καὶ τὴν γῆν αὐτοῦ· ἐνάρχου κληρονομεῖν· σύναπτε πρὸς αὐτὸν πόλεμον ἐν τῇ ἡμέρᾳ ταύτῃ. Ἐνάρχου δοῦναι τὸν τρόμον σου καὶ τὸν φόβον 25 σου ἐπὶ προσώπου πάντων τῶν ἐθνῶν τῶν ὑποκάτω τοῦ οὐρανοῦ, οἵτινες ἀκούσαντες τὸ ὄνομά σου ταραχθήσονται, καὶ ὠδῖνας ἕξουσιν ἀπὸ προσώπου σου.

Καὶ ἀπέστειλα πρέσβεις ἐκ τῆς ἐρήμου Κεδαμὼθ πρὸς Σηὼν 26 βασιλέα Ἐσεβὼν λόγοις εἰρηνικοῖς, λέγων, παρελεύσομαι διὰ 27 τῆς γῆς σου· ἐν τῇ ὁδῷ παρεύσομαι, οὐκ ἐκκλινῶ δεξιὰ οὐδ᾽ ἀριστερά. Βρώματα ἀργυρίου ἀποδώσῃ μοι, καὶ φάγομαι· 28 καὶ ὕδωρ ἀργυρίου ἀποδώσῃ μοι, καὶ πίομαι· πλὴν ὅτι παρελεύσομαι τοῖς ποσί· Καθὼς ἐποίησάν μοι οἱ υἱοὶ Ἡσαῦ 29 οἱ κατοικοῦντες ἐν Σηεὶρ, καὶ οἱ Μωαβῖται οἱ κατοικοῦντες ἐν Ἀροήρ· ἕως ἂν παρέλθω τὸν Ἰορδάνην εἰς τὴν γῆν, ἣν Κύριος ὁ Θεὸς ἡμῶν δίδωσιν ἡμῖν. Καὶ οὐκ ἠθέλησε Σηὼν 30

β *Heb.* giants.   γ *Or,* even Aroer.   δ *Gr.* them.   ζ *Or,* for fear of thee.   *Hebraism.*

βασιλεὺς Ἐσεβὼν παρελθεῖν ἡμᾶς δι᾽ αὐτοῦ, ὅτι ἐσκλήρυνε Κύριος ὁ Θεὸς ἡμῶν τὸ πνεῦμα αὐτοῦ, καὶ κατίσχυσε τὴν καρδίαν αὐτοῦ, ἵνα παραδοθῇ εἰς τὰς χεῖράς σου ὡς ἐν τῇ ἡμέρᾳ ταύτῃ.

31 Καὶ εἶπε Κύριος πρὸς μὲ, ἰδοὺ ἦργμαι παραδοῦναι πρὸ προσώπου σου τὸν Σηὼν βασιλέα Ἐσεβὼν τὸν Ἀμορραῖον, καὶ τὴν γῆν αὐτοῦ, καὶ ἔναρξαι κληρονομῆσαι τὴν γῆν αὐτοῦ.

32 Καὶ ἐξῆλθε Σηὼν βασιλεὺς Ἐσεβὼν εἰς συνάντησιν ἡμῖν,

33 αὐτὸς καὶ πᾶς ὁ λαὸς αὐτοῦ εἰς πόλεμον εἰς Ἰασσά. Καὶ παρέδωκεν αὐτὸν Κύριος ὁ Θεὸς ἡμῶν πρὸ προσώπου ἡμῶν· καὶ ἐπατάξαμεν αὐτὸν καὶ τοὺς υἱοὺς αὐτοῦ καὶ πάντα τὸν

34 λαὸν αὐτοῦ. Καὶ ἐκρατήσαμεν πασῶν τῶν πόλεων αὐτοῦ ἐν τῷ καιρῷ ἐκείνῳ, καὶ ἐξωλοθρεύσαμεν πᾶσαν πόλιν ἑξῆς, καὶ τὰς γυναῖκας αὐτῶν καὶ τὰ τέκνα αὐτῶν· οὐ κατελίπομεν

35 ζωγρίαν. Πλὴν τὰ κτήνη ἐπρονομεύσαμεν, καὶ τὰ σκῦλα

36 τῶν πόλεων ἐλάβομεν ἐξ Ἀροὴρ, ἥ ἐστι παρὰ τὸ χεῖλος χειμάρρου Ἀρνῶν, καὶ τὴν πόλιν τὴν οὖσαν ἐν τῇ φάραγγι, καὶ ἕως ὄρους τοῦ Γαλαάδ· οὐκ ἐγενήθη πόλις ἥτις διέφυγεν ἡμᾶς· τὰς πάσας παρέδωκε Κύριος ὁ Θεὸς ἡμῶν εἰς τὰς

37 χεῖρας ἡμῶν. Πλὴν ἐγγὺς υἱῶν Ἀμμὰν οὐ προσήλθομεν πάντα τὰ συγκυροῦντα χειμάρρου Ἰαβὸκ, καὶ τὰς πόλεις τὰς ἐν τῇ ὀρεινῇ, καθότι ἐνετείλατο Κύριος ὁ Θεὸς ἡμῶν ἡμῖν.

3 Καὶ ἐπιστραφέντες, ἀνέβημεν ὁδὸν τὴν εἰς Βασάν· καὶ ἐξῆλθεν Ὢγ βασιλεὺς τῆς Βασὰν εἰς συνάντησιν ἡμῖν, αὐτὸς

2 καὶ πᾶς ὁ λαὸς αὐτοῦ εἰς πόλεμον εἰς Ἐδραΐμ. Καὶ εἶπε Κύριος πρὸς μὲ, μὴ φοβηθῇς αὐτὸν, ὅτι εἰς τὰς χεῖράς σου παραδέδωκα αὐτὸν, καὶ πάντα τὸν λαὸν αὐτοῦ, καὶ πᾶσαν τὴν γῆν αὐτοῦ· καὶ ποιήσεις αὐτῷ, ὥσπερ ἐποίησας Σηὼν

3 βασιλεῖ τῶν Ἀμορραίων, ὃς κατῴκει ἐν Ἐσεβών. Καὶ παρέδωκεν αὐτὸν Κύριος ὁ Θεὸς ἡμῶν εἰς τὰς χεῖρας ἡμῶν, καὶ τὸν Ὢγ βασιλέα τῆς Βασὰν, καὶ πάντα τὸν λαὸν αὐτοῦ· καὶ ἐπατάξαμεν αὐτὸν, ἕως τοῦ μὴ καταλιπεῖν αὐτοῦ σπέρμα.

4 Καὶ ἐκρατήσαμεν πασῶν τῶν πόλεων αὐτοῦ ἐν τῷ καιρῷ ἐκείνῳ· οὐκ ἦν πόλις, ἣν οὐκ ἐλάβομεν παρ᾽ αὐτῶν· ἑξήκοντα πόλεις, πάντα τὰ περίχωρα Ἀργὸβ βασιλέως Ὢγ ἐν Βασάν.

5 Πᾶσαι πόλεις ὀχυραὶ, τείχη ὑψηλά, πύλαι καὶ μοχλοί· πλὴν

6 τῶν πόλεων τῶν Φερεζαίων τῶν πολλῶν σφόδρα· Ἐξωλοθρεύσαμεν, ὥσπερ ἐποιήσαμεν τὸν Σηὼν βασιλέα Ἐσεβὼν, καὶ ἐξωλοθρεύσαμεν πᾶσαν πόλιν ἑξῆς, καὶ τὰς γυναῖκας, καὶ τὰ

7 παιδία, καὶ πάντα τὰ κτήνη· καὶ τὰ σκῦλα τῶν πόλεων ἐπρονομεύσαμεν ἑαυτοῖς.

8 Καὶ ἐλάβομεν ἐν τῷ καιρῷ ἐκείνῳ τὴν γῆν ἐκ χειρῶν δύο βασιλέων τῶν Ἀμορραίων, οἳ ἦσαν πέραν τοῦ Ἰορδάνου ἀπὸ

9 τοῦ χειμάρρου Ἀρνῶν καὶ ἕως Ἀερμῶν. Οἱ Φοίνικες ἐπονομάζουσι τὸ Ἀερμὼν Σανιὼρ, καὶ ὁ Ἀμορραῖος ἐπωνόμασεν

10 αὐτὸ Σανίρ. Πᾶσαι πόλεις Μισὼρ, καὶ πᾶσα Γαλαάδ, καὶ πᾶσα Βασὰν ἕως Ἑλχὰ καὶ Ἐδραΐμ, πόλεις βασιλείας τοῦ

11 Ὢγ ἐν τῇ Βασάν. Ὅτι πλὴν Ὢγ βασιλεὺς Βασὰν κατελείφθη ἀπὸ τῶν Ῥαφαΐν· ἰδοὺ ἡ κλίνη αὐτοῦ κλίνη σιδηρᾶ, ἰδοὺ αὐτὴ ἐν τῇ ἄκρᾳ τῶν υἱῶν Ἀμμάν· ἐννέα πήχεων τὸ

---

31 And the Lord said to me, Behold, I have begun to deliver before thee Seon the king of Esebon the Amorite, and his land, and do thou begin to inherit his land. 32 And Seon the king of Esebon came forth to meet us, he and all his people to war at Jassa. 33 And the Lord our God delivered him before our face, and we smote him, and his sons, and all his people. 34 And we took possession of all his cities at that time, and we utterly destroyed every city in succession, and their wives, and their children; we left no living prey. 35 Only we took the cattle captive, and took the spoil of the cities. 36 From Aroer, which is by the brink of the brook of Arnon, and the city which is in the valley, and as far as the mount of Galaad; there was not a city which escaped us: the Lord our God delivered all of them into our hands. 37 Only we did not draw near to the children of Amman, even all the parts bordering on the brook Jaboc, and the cities in the mountain country, as the Lord our God charged us.

And we turned and went by the way leading to Basan; and Og the king of Basan came out to meet us, he and all his people, to battle at Edraim. 2 And the Lord said to me, Fear him not, for I have delivered him, and all his people, and all his land, into thy hands; and thou shalt do to him as thou didst to Seon king of the Amorites who dwelt in Esebon. 3 And the Lord our God delivered him into our hands, even Og the king of Basan, and all his people; and we smote him until we left none of his seed.

4 And we mastered all his cities at that time; there was not a city which we took not from them; sixty cities, all the country round about Argob, belonging to king Og in Basan: 5 all strong cities, lofty walls, gates and bars; besides the very many cities of the Pherezites. 6 We utterly destroyed *them* as we dealt with Seon the king of Esebon, so we utterly destroyed every city in order, and the women and the children, 7 and all the cattle; and we took for a prey to ourselves the spoil of the cities.

8 And we took at that time the land out of the hands of the two kings of the Amorites, who were beyond Jordan, *extending* from the brook of Arnon even unto Aermon. 9 The Phœnicians call Aermon Sanior, but the Amorite has called it Sanir. 10 All the cities of Misor, and all Galaad, and all Basan as far as Elcha and Edraim, cities of the kingdom of Og in Basan. 11 For only Og the king of Basan was left of the Raphain: behold, his bed *was* a bed of iron; behold, *it* is in the β chief city of the children of Ammon; the length of it *is* nine

---

β Or, acropolis, citadel: or extremity of the land of the Ammonites.

cubits, and the breadth of it four cubits, according to the cubit of a man. [12]And we inherited that land at that time from Aroer, which is by the border of the torrent Arnon, and half the mount of Galaad; and I gave his cities to Ruben and to Gad. [13]And the rest of Galaad, and all Basan the kingdom of Og I gave to the half-tribe of Manasse, and all the country round about Argob, all that Basan; it shall be accounted the land of Raphain. [14]And Jair the son of Manasse took all the country round about Argob as far as the borders of Gargasi and Machathi: he called them by his name Basan Thavoth Jair until this day. [15]And to Machir I gave Galaad. [16]And to Ruben and to Gad I gave *the land* under Galaad as far as the brook of Arnon, the border between the brook and as far as Jaboc; the brook *is* the border to the children of Amman. [17]And Araba and Jordan *are* the boundary of Machanareth, even to the sea of Araba, the salt sea under Asedoth Phasga eastward.

[18]And I charged you at that time, saying, The Lord your God has given you this land by lot; arm yourselves, every one *that is* powerful, and go before your brethren the children of Israel. [19]Only your wives and your children and your cattle (I know that ye have much cattle), let them dwell in your cities which I have given you; [20]until the Lord your God give your brethren rest, as also he has given to you, and they also shall inherit the land, which the Lord our God gives them on the other side of Jordan; then ye shall return, each one to his inheritance which I have given you.

[21]And I commanded Joshua at that time, saying, Your eyes have seen all things, which the Lord our God did to these two kings: so shall the Lord our God do to all the kingdoms against which thou crossest over thither. [22]Ye shall not be afraid of them, because the Lord our God himself shall fight for you.

[23]And I besought the Lord at that time, saying, [24]Lord God, thou hast begun to shew to thy servant thy strength, and thy power, and thy mighty hand, and thy high arm: for what God is there in heaven or on the earth, who will do as thou hast done, and according to thy might? [25]I will therefore go over and see this good land that is beyond Jordan, this good mountain and Antilibanus.

[26]And the Lord because of you did not regard me, and hearkened not to me; and the Lord said to me, Let it suffice thee, speak not of this matter to me any more. [27]Go up to the top of the β quarried rock, and look with thine eyes westward, and northward, and southward, and eastward, and behold *it* with thine eyes, for thou shalt not go over this Jordan. [28]And charge Joshua, and strengthen him, and encourage him; for he shall go before the face of this people, and he shall give them the inheritance of all the land which thou hast seen. [29]And we abode in the valley near the house of Phogor.

μῆκος αὐτῆς, καὶ τεσσάρων πήχεων τὸ εὖρος αὐτῆς ἐν πήχει ἀνδρός. Καὶ τὴν γῆν ἐκείνην ἐκληρονομήσαμεν ἐν τῷ καιρῷ ἐκείνῳ 12 ἀπὸ Ἀροήρ, ἥ ἐστι παρὰ τὸ χεῖλος χειμάρρου Ἀρνῶν, καὶ τὸ ἥμισυ τοῦ ὄρους Γαλαάδ· καὶ τὰς πόλεις αὐτοῦ ἔδωκα τῷ Ῥουβὴν καὶ τῷ Γάδ. Καὶ τὸ κατάλοιπον τοῦ Γαλαὰδ, 13 καὶ πᾶσαν τὴν Βασὰν βασιλείαν Ὢγ ἔδωκα τῷ ἡμίσει φυλῆς Μανασσῆ, καὶ πᾶσαν περίχωρον Ἀργὸβ, πᾶσαν Βασὰν ἐκείνην· γῇ Ῥαφαὶν λογισθήσεται. Καὶ Ἰαὶρ υἱὸς Μανασσῆ ἔλαβε 14 πᾶσαν τὴν περίχωρον Ἀργὸβ ἕως τῶν ὁρίων Γαργασὶ καὶ Μαχαθί· ἐπωνόμασεν αὐτὰς ἐπὶ τῷ ὀνόματι αὐτοῦ τὴν Βασὰν Θανὼθ Ἰαὶρ ἕως τῆς ἡμέρας ταύτης. Καὶ τῷ Μαχὶρ ἔδωκα 15 τὴν Γαλαάδ. Καὶ τῷ Ῥουβὴν καὶ τῷ Γὰδ δέδωκα ὑπὸ τῆς 16 Γαλαὰδ ἕως χειμάρρου Ἀρνῶν μέσον τοῦ χειμάρρου ὅριον καὶ ἕως τοῦ Ἰαβόκ· ὁ χειμάρρους ὅριον τοῖς υἱοῖς Ἀμμάν. Καὶ ἡ 17 Ἄραβα καὶ ὁ Ἰορδάνης ὅριον Μαχαναρὲθ, καὶ ἕως θαλάσσης Ἄραβα, θαλάσσης ἁλυκῆς ὑπὸ Ἀσηδὼθ τὴν Φασγὰ ἀνατολῶν.

Καὶ ἐνετειλάμην ὑμῖν ἐν τῷ καιρῷ ἐκείνῳ, λέγων, Κύριος 18 ὁ Θεὸς ὑμῶν ἔδωκεν ὑμῖν τὴν γῆν ταύτην ἐν κλήρῳ· ἐνοπλι- σάμενοι προπορεύεσθε πρὸ προσώπου τῶν ἀδελφῶν ὑμῶν υἱῶν Ἰσραὴλ πᾶς δυνατός. Πλὴν αἱ γυναῖκες ὑμῶν καὶ τὰ 19 τέκνα ὑμῶν καὶ τὰ κτήνη ὑμῶν, οἶδα ὅτι πολλὰ κτήνη ὑμῖν, κατοικείτωσαν ἐν ταῖς πόλεσιν ὑμῶν, αἷς ἔδωκα ὑμῖν, ἕως 20 ἂν καταπαύσῃ Κύριος ὁ Θεὸς ὑμῶν τοὺς ἀδελφοὺς ὑμῶν, ὥσπερ καὶ ὑμᾶς, καὶ κατακληρονομήσωσι καὶ οὗτοι τὴν γῆν, ἣν Κύριος ὁ Θεὸς ἡμῶν δίδωσιν αὐτοῖς ἐν τῷ πέραν τοῦ Ἰορδάνου· καὶ ἐπαναστραφήσεσθε ἕκαστος εἰς τὴν κληρονομίαν αὐτοῦ, ἣν ἔδωκα ὑμῖν.

Καὶ τῷ Ἰησοῖ ἐνετειλάμην ἐν τῷ καιρῷ ἐκείνῳ, λέγων, οἱ 21 ὀφθαλμοὶ ὑμῶν ἑωράκασι πάντα, ὅσα ἐποίησε Κύριος ὁ Θεὸς ἡμῶν τοῖς δυσὶ βασιλεῦσι τούτοις· οὕτως ποιήσει Κύριος ὁ Θεὸς ἡμῶν πάσας τὰς βασιλείας ἐφ' ἃς σὺ διαβαίνεις ἐκεῖ. Οὐ φοβηθήσεσθε ἀπ' αὐτῶν, ὅτι Κύριος ὁ Θεὸς ἡμῶν αὐτὸς 22 πολεμήσει περὶ ὑμῶν.

Καὶ ἐδεήθην Κυρίου ἐν τῷ καιρῷ ἐκείνῳ, λέγων, Κύριε 23, 24 Θεέ, σὺ ἤρξω δεῖξαι τῷ σῷ θεράποντι τὴν ἰσχύν σου, καὶ τὴν δύναμίν σου, καὶ τὴν χεῖρα τὴν κραταιὰν, καὶ τὸν βραχίονα τὸν ὑψηλόν· τίς γάρ ἐστι Θεὸς ἐν τῷ οὐρανῷ ἢ ἐπὶ τῆς γῆς, ὅστις ποιήσει καθὰ ἐποίησας σύ, καὶ κατὰ τὴν ἰσχύν σου; Δια- βὰς οὖν ὄψομαι τὴν γῆν τὴν ἀγαθὴν ταύτην τὴν οὖσαν πέραν 25 τοῦ Ἰορδάνου, τὸ ὄρος τοῦτο τὸ ἀγαθὸν καὶ τὸν Ἀντιλίβανον.

Καὶ ὑπερεῖδε Κύριος ἐμὲ ἕνεκεν ὑμῶν, καὶ οὐκ εἰσ- 26 ήκουσέ μου· καὶ εἶπε Κύριος πρὸς μὲ, ἱκανούσθω σοι, μὴ προσθῇς ἔτι λαλῆσαι τὸν λόγον τοῦτον. Ἀνάβηθι ἐπὶ τὴν 27 κορυφὴν τοῦ λελαξευμένου, καὶ ἀναβλέψας τοῖς ἀφθαλμοῖς σου κατὰ θάλασσαν καὶ Βορρᾶν καὶ Λίβα καὶ ἀνατολὰς, καὶ ἴδε τοῖς ὀφθαλμοῖς σου, ὅτι οὐ διαβήσῃ τὸν Ἰορδάνην τοῦτον. Καὶ ἔντειλαι Ἰησοῖ καὶ κατίσχυσον αὐτὸν καὶ παρα- 28 κάλεσον αὐτὸν, ὅτι οὗτος διαβήσεται πρὸ προσώπου τοῦ λαοῦ τούτου, καὶ οὗτος κατακληρονομήσει αὐτοῖς πᾶσαν τὴν γῆν ἣν ἑώρακας. Καὶ ἐνεκαθήμεθα ἐν νάπῃ σύνεγγυς οἴκου Φογώρ. 29

β i.e. Pisgah.

4 Καὶ νῦν Ἰσραὴλ ἄκουε τῶν δικαιωμάτων καὶ τῶν κριμάτων, ὅσα ἐγὼ διδάσκω ὑμᾶς σήμερον ποιεῖν, ἵνα ζῆτε, καὶ πολυπλασιασθῆτε, καὶ εἰσελθόντες κληρονομήσητε τὴν γῆν, ἣν
2 Κύριος ὁ Θεὸς τῶν πατέρων ὑμῶν δίδωσιν ὑμῖν. Οὐ προσθήσετε πρὸς τὸ ῥῆμα ὃ ἐγὼ ἐντέλλομαι ὑμῖν, καὶ οὐκ ἀφελεῖτε ἀπ’ αὐτοῦ· φυλάσσεσθε τὰς ἐντολὰς Κυρίου τοῦ Θεοῦ ἡμῶν,
3 ὅσα ἐγὼ ἐντέλλομαι ὑμῖν σήμερον. Οἱ ὀφθαλμοὶ ὑμῶν ἑωράκασι πάντα ὅσα ἐποίησε Κύριος ὁ Θεὸς ἡμῶν τῷ Βεελφεγὼρ, ὅτι πᾶς ἄνθρωπος ὅστις ἐπορεύθη ὀπίσω Βεελφεγὼρ,
4 ἐξέτριψεν αὐτὸν Κύριος ὁ Θεὸς ὑμῶν ἐξ ὑμῶν. Ὑμεῖς δὲ οἱ προσκείμενοι Κυρίῳ τῷ Θεῷ ὑμῶν, ζῆτε πάντες ἐν τῇ σήμερον.
5 Ἴδετε, δέδειχα ὑμῖν δικαιώματα καὶ κρίσεις καθὰ ἐνετείλατό μοι Κύριος, ποιῆσαι οὕτως ἐν τῇ γῇ εἰς ἣν ὑμεῖς εἰσπορεύεσθε
6 ἐκεῖ κληρονομεῖν αὐτήν. Καὶ φυλάξεσθε καὶ ποιήσετε· ὅτι αὕτη ἡ σοφία ὑμῶν καὶ ἡ σύνεσις ἐναντίον πάντων τῶν ἐθνῶν, ὅσοι ἂν ἀκούσωσι πάντα τὰ δικαιώματα ταῦτα· καὶ ἐροῦσιν, ἰδοὺ λαὸς σοφὸς καὶ ἐπιστήμων τὸ ἔθνος τὸ μέγα τοῦτο.
7 Ὅτι ποῖον ἔθνος μέγα, ᾧ ἐστιν αὐτῷ Θεὸς ἐγγίζων αὐτοῖς ὡς Κύριος ὁ Θεὸς ἡμῶν ἐν πᾶσιν οἷς ἐὰν αὐτὸν ἐπικαλεσώ-
8 μεθα; Καὶ ποῖον ἔθνος μέγα, ᾧ ἐστιν αὐτῷ δικαιώματα καὶ κρίματα δίκαια κατὰ πάντα τὸν νόμον τοῦτον, ὃν ἐγὼ δίδωμι ἐνώπιον ὑμῶν σήμερον;
9 Πρόσεχε σεαυτῷ, καὶ φύλαξον τὴν ψυχήν σου σφόδρα· μὴ ἐπιλάθῃ πάντας τοὺς λόγους, οὓς ἑωράκασιν οἱ ὀφθαλμοί σου, καὶ μὴ ἀποστήτωσαν ἀπὸ τῆς καρδίας σου πάσας τὰς ἡμέρας τῆς ζωῆς σου· καὶ συμβιβάσεις τοὺς υἱούς σου καὶ
10 τοὺς υἱοὺς τῶν υἱῶν σου, ἡμέραν ἣν ἔστητε ἐνώπιον Κυρίου τοῦ Θεοῦ ἡμῶν ἐν Χωρὴβ τῇ ἡμέρᾳ τῆς ἐκκλησίας· ὅτι εἶπε Κύριος πρὸς μὲ, ἐκκλησίασον πρὸς μὲ τὸν λαὸν, καὶ ἀκουσάτωσαν τὰ ῥήματά μου, ὅπως μάθωσι φοβεῖσθαί με πάσας τὰς ἡμέρας ἃς αὐτοὶ ζῶσιν ἐπὶ τῆς γῆς, καὶ τοὺς υἱοὺς αὐτῶν
11 διδάξουσι. Καὶ προσήλθετε καὶ ἔστητε ὑπὸ τὸ ὄρος· καὶ τὸ ὄρος ἐκαίετο πυρὶ ἕως τοῦ οὐρανοῦ· σκότος, γνόφος, θύελλα.
12 Καὶ ἐλάλησε Κύριος πρὸς ὑμᾶς ἐκ μέσου τοῦ πυρὸς φωνὴν ῥημάτων, ἣν ὑμεῖς ἠκούσατε· καὶ ὁμοίωμα οὐκ εἴδετε, ἀλλ’
13 ἢ φωνήν. Καὶ ἀνήγγειλεν ὑμῖν τὴν διαθήκην αὐτοῦ, ἣν ἐνετείλατο ὑμῖν ποιεῖν, τὰ δέκα ῥήματα, καὶ ἔγραψεν αὐτὰ ἐπὶ δύο πλάκας λιθίνας.
14 Καὶ ἐμοὶ ἐνετείλατο Κύριος ἐν τῷ καιρῷ ἐκείνῳ, διδάξαι ὑμᾶς δικαιώματα καὶ κρίσεις, ποιεῖν ὑμᾶς αὐτὰ ἐπὶ τῆς γῆς,
15 εἰς ἣν ὑμεῖς εἰσπορεύεσθε ἐκεῖ κληρονομῆσαι αὐτήν. Καὶ φυλάξεσθε σφόδρα τὰς ψυχὰς ὑμῶν, ὅτι οὐκ εἴδετε ὁμοίωμα ἐν τῇ ἡμέρᾳ ᾗ ἐλάλησε Κύριος πρὸς ὑμᾶς ἐν Χωρὴβ ἐν τῷ
16 ὄρει ἐκ μέσου τοῦ πυρός. Μὴ ἀνομήσητε καὶ ποιήσητε ὑμῖν ἑαυτοῖς γλυπτὸν ὁμοίωμα, πᾶσαν εἰκόνα ὁμοίωμα ἄρσε-
17 νικοῦ ἢ θηλυκοῦ, ὁμοίωμα παντὸς κτήνους τῶν ὄντων ἐπὶ τῆς γῆς, ὁμοίωμα παντὸς ὀρνέου πτερωτοῦ ὃ πέταται ὑπὸ
18 τὸν οὐρανὸν, ὁμοίωμα παντὸς ἑρπετοῦ ὃ ἕρπει ἐπὶ τῆς γῆς, ὁμοίωμα παντὸς ἰχθύος, ὅσα ἐστὶν ἐν τοῖς ὕδασιν ὑποκάτω

And now, Israel, hear the ordinances and judgments, all that I teach you this day to do: that ye may live, and be multiplied, and that ye may go in and inherit the land, which the Lord God of your fathers gives you. [2] Ye shall not add to the word which I command you, and ye shall not take from it: keep the commandments of the Lord our God, all that I command you this day. [3] Your eyes have seen all that the Lord our God did in *the case of* Beel-phegor; for every man that went after Beel-phegor, the Lord your God has utterly destroyed him from among you. [4] But ye that kept close to the Lord your God are all alive to-day.

[5] Behold, I have shewn you ordinances and judgments as the Lord commanded me, that ye should do so in the land into which ye go to inherit it. [6] And ye shall keep and do them: for this is your wisdom and understanding before all nations, as many as shall hear all these ordinances; and they shall say, Behold, this great nation *is* a wise and understanding people. [7] For what manner of nation *is so* great, which has God so near to them as the Lord our God *is* in all things in whatsoever we may call upon him? [8] And what manner of nation *is so* great, which has righteous ordinances and judgments according to all this law, which I set before you this day?

[9] Take heed to thyself, and keep thy βheart diligently: forget not any of the things, which thine eyes have seen, and let them not depart from thine heart all the days of thy life; and thou shalt teach thy sons and thy sons’, [10] *even the things that happened in* the day in which ye stood before the Lord our God in Choreb in the day of the assembly; for the Lord said to me, Gather the people to me, and let them hear my words, that they may learn to fear me all the days which they live upon the earth, and they shall teach their sons. [11] And ye drew nigh and stood under the mountain; and the mountain burned with fire up to heaven: *there was* darkness, blackness, *and* tempest. [12] And the Lord spoke to you out of the midst of the fire a voice of words, which ye heard: and ye saw no likeness, only *ye heard* a voice. [13] And he announced to you his covenant, which he commanded you to keep, even the ten γcommandments; and he wrote them on two tables of stone.

[14] And the Lord commanded me at *that* time, to teach you ordinances and judgments, that ye should do them on the land, into which ye go to inherit it. [15] And take good heed to your hearts, for ye saw no similitude in the day in which the Lord spoke to you in Choreb in the mountain out of the midst of the fire: [16] lest ye transgress, and make to yourselves a carved image, any kind of figure, the likeness of male or female, [17] the likeness of any beast of those that are on the earth, the likeness of any winged bird which flies under heaven, [18] the likeness of any reptile which creeps on the earth, the likeness of any fish of those which are in the

---

β *Gr.* soul.   γ *Gr.* words or sayings.

waters under the earth; [19]and lest having looked up to the sky, and having seen the sun and the moon and the stars, and all the β heavenly bodies, thou shouldest go astray and worship them, and serve them, which the Lord thy God has distributed to all the nations under heaven. [20] But God took you, and led you forth out of the land of Egypt, out of the iron furnace, out of Egypt, to be to him a people of inheritance, as at this day.

[21] And the Lord God was angry with me for the things said by you, and sware that I should not go over this Jordan, and that I should not enter into the land, which the Lord thy God giveth thee for an inheritance. [22] For γ I am to die in this land, and shall not pass over this Jordan; but ye are to pass over, and shall inherit this good land. [23] Take heed to yourselves, lest ye forget the covenant of the Lord our God, which he made with you, and ye transgress, and make to yourselves a graven image of any of the things concerning which the Lord thy God commanded thee. [24] For δ the Lord thy God is a consuming fire, a jealous God.

[25] And when thou shalt have begotten sons, and shalt have sons' sons, and ye shall have dwelt a long time on the land, and shall have transgressed, and made a graven image of any thing, and shall have done wickedly before the Lord your God to provoke him; [26] I call heaven and earth this day to witness against you, that ye shall surely perish from off the land, into which ye go across Jordan to inherit it there; ye shall not prolong your days upon it, but shall be utterly cut off. [27] And the Lord shall scatter you among all nations, and ye shall be left few in number among all the nations, among which the Lord shall bring you. [28] And ye shall there serve other gods, the works of the hands of men, wood and stones, which ζ cannot see, nor can they hear, nor eat, nor smell. [29] And there ye shall seek the Lord your God, and ye shall find him whenever ye shall seek him with all θ your heart, and with all θ your soul in θ your affliction. [30] And λ all these things shall come upon thee in the last days, and thou shalt turn to the Lord thy God, and shalt hearken to his voice. [31] Because the Lord thy God is a God of pity: he will not forsake thee, nor destroy thee; he will not forget the covenant of thy fathers, which the Lord sware to them.

[32] Ask of the former days which were before thee, from the day when God created man upon the earth, and beginning at the one end of heaven to the other end of heaven, if there has happened any thing like to this great event, if such a thing has been heard: [33] if a nation have heard the voice of the living God speaking out of the midst of the fire, as thou hast heard and hast lived; [34] if God has assayed to go and take to himself a nation out of the midst of another nation with trial, and with signs, and with wonders, and with war, and with a mighty hand, and with a high arm, and with great sights, according to all the things which the

τῆς γῆς. Καὶ μὴ ἀναβλέψας εἰς τὸν οὐρανόν, καὶ ἰδὼν τὸν [19] ἥλιον καὶ τὴν σελήνην καὶ τοὺς ἀστέρας, καὶ πάντα τὸν κόσμον τοῦ οὐρανοῦ, πλανηθεὶς προσκυνήσῃς αὐτοῖς, καὶ λατρεύσῃς αὐτοῖς, ἃ ἀπένειμε Κύριος ὁ Θεός σου αὐτὰ πᾶσι τοῖς ἔθνεσι τοῖς ὑποκάτω τοῦ οὐρανοῦ. Ὑμᾶς δὲ ἔλαβεν [20] ὁ Θεός, καὶ ἐξήγαγεν ὑμᾶς ἐκ γῆς Αἰγύπτου, ἐκ τῆς καμίνου τῆς σιδηρᾶς, ἐξ Αἰγύπτου, εἶναι αὐτῷ λαὸν ἔγκληρον, ὡς ἐν τῇ ἡμέρᾳ ταύτῃ.

Καὶ Κύριος ὁ Θεὸς ἐθυμώθη μοι περὶ τῶν λεγομένων ὑφ' [21] ὑμῶν, καὶ ὤμοσεν ἵνα μὴ διαβῶ τὸν Ἰορδάνην τοῦτον, καὶ ἵνα μὴ εἰσέλθω εἰς τὴν γῆν, ἣν Κύριος ὁ Θεός σου δίδωσί σοι ἐν κλήρῳ. Ἐγὼ γὰρ ἀποθνήσκω ἐν τῇ γῇ ταύτῃ, καὶ [22] οὐ διαβαίνω τὸν Ἰορδάνην τοῦτον· ὑμεῖς δὲ διαβαίνετε, καὶ κληρονομήσετε τὴν γῆν τὴν ἀγαθὴν ταύτην. Προσέχετε [23] ὑμῖν, μὴ ἐπιλάθησθε τὴν διαθήκην Κυρίου τοῦ Θεοῦ ἡμῶν, ἣν διέθετο πρὸς ὑμᾶς, καὶ ἀνομήσητε, καὶ ποιήσητε ὑμῖν ἑαυτοῖς γλυπτὸν ὁμοίωμα πάντων ὧν συνέταξέ σοι Κύριος ὁ Θεός σου. Ὅτι Κύριος ὁ Θεός σου πῦρ καταναλίσκον ἐστι, [24] Θεὸς ζηλωτής.

Ἐὰν δὲ γεννήσῃς υἱοὺς καὶ υἱοὺς τῶν υἱῶν σου, καὶ χρονί- [25] σητε ἐπὶ τῆς γῆς, καὶ ἀνομήσητε, καὶ ποιήσετε γλυπτὸν ὁμοίωμα παντός, καὶ ποιήσητε τὸ πονηρὸν ἐνώπιον Κυρίου τοῦ Θεοῦ ὑμῶν παροργίσαι αὐτόν, διαμαρτύρομαι ὑμῖν σήμερον [26] τόν τε οὐρανὸν καὶ τὴν γῆν, ὅτι ἀπωλείᾳ ἀπολεῖσθε ἀπὸ τῆς γῆς, εἰς ἣν ὑμεῖς διαβαίνετε τὸν Ἰορδάνην ἐκεῖ κληρονομῆ- σαι· οὐχὶ πολυχρονιεῖτε ἡμέρας ἐπ' αὐτῆς, ἀλλ' ἢ ἐκτριβῇ ἐκτριβήσεσθε. Καὶ διασπερεῖ Κύριος ὑμᾶς ἐν πᾶσι τοῖς [27] ἔθνεσι, καὶ καταλειφθήσεσθε ὀλίγοι ἀριθμῷ ἐν πᾶσι τοῖς ἔθνεσιν, εἰς οὓς εἰσάξει Κύριος ὑμᾶς ἐκεῖ. Καὶ λατρεύσετε [28] ἐκεῖ θεοῖς ἑτέροις ἔργοις χειρῶν ἀνθρώπων, ξύλοις καὶ λίθοις, οἳ οὐκ ὄψονται, οὔτε μὴ ἀκούσωσιν, οὔτε μὴ φάγωσιν, οὔτε μὴ ὀσφρανθῶσι. Καὶ ζητήσετε ἐκεῖ Κύριον τὸν Θεὸν ὑμῶν, [29] καὶ εὑρήσετε αὐτὸν ὅταν ἐκζητήσητε αὐτὸν ἐξ ὅλης τῆς καρδίας σου, καὶ ἐξ ὅλης τῆς ψυχῆς σου ἐν τῇ θλίψει σου. Καὶ εὑρή- [30] σουσί σε πάντες οἱ λόγοι οὗτοι ἐπ' ἐσχάτῳ τῶν ἡμερῶν, καὶ ἐπιστραφήσῃ πρὸς Κύριον τὸν Θεόν σου, καὶ εἰσακούσῃ τῆς φωνῆς αὐτοῦ. Ὅτι Θεὸς οἰκτίρμων Κύριος ὁ Θεός σου· [31] οὐκ ἐγκαταλείψει σε, οὐδὲ μὴ ἐκτρίψει σε· οὐκ ἐπιλήσεται τὴν διαθήκην τῶν πατέρων σου, ἣν ὤμοσεν αὐτοῖς Κύριος.

Ἐπερωτήσατε ἡμέρας προτέρας τὰς γενομένας προτέρας [32] σου ἀπὸ τῆς ἡμέρας ἧς ἔκτισεν ὁ Θεὸς ἄνθρωπον ἐπὶ τῆς γῆς, καὶ ἐπὶ τὸ ἄκρον τοῦ οὐρανοῦ ἕως τοῦ ἄκρου τοῦ οὐρανοῦ, εἰ γέγονε κατὰ τὸ ῥῆμα τὸ μέγα τοῦτο, εἰ ἤκουσται τοιοῦτο· εἰ ἀκήκοεν ἔθνος φωνὴν Θεοῦ ζῶντος λαλοῦντος ἐκ μέσου [33] τοῦ πυρός, ὃν τρόπον ἀκήκοας σὺ καὶ ἔζησας· εἰ ἐπείρασεν [34] ὁ Θεὸς εἰσελθὼν λαβεῖν ἑαυτῷ ἔθνος ἐκ μέσου ἔθνους ἐν πειρασμῷ, καὶ ἐν σημείοις, καὶ ἐν τέρασι, καὶ ἐν πολέμῳ, καὶ ἐν χειρὶ κραταιᾷ, καὶ ἐν βραχίονι ὑψηλῷ, καὶ ἐν ὁρά-

---

β Gr. order of heaven.   γ Gr. I die.   δ Heb. 12. 29.   ζ Gr. shall not see, etc.   θ Gr. thy.   λ Gr. all these words shall find thee. Hebraism.

μασι μεγάλοις, κατὰ πάντα ὅσα ἐποίησε Κύριος ὁ Θεὸς ἡμῶν
35 ἐν Αἰγύπτῳ ἐνώπιόν σου βλέποντος· ὥστε εἰδῆσαί σε ὅτι
Κύριος ὁ Θεός σου οὗτος Θεός ἐστι, καὶ οὐκ ἔστιν ἔτι πλὴν
36 αὐτοῦ. Ἐκ τοῦ οὐρανοῦ ἀκουστὴ ἐγένετο ἡ φωνὴ αὐτοῦ
παιδεῦσαί σε, καὶ ἐπὶ τῆς γῆς ἔδειξέ σοι τὸ πῦρ αὐτοῦ τὸ
μέγα, καὶ τὰ ῥήματα αὐτοῦ ἤκουσας ἐκ μέσου τοῦ πυρός.
37 Διὰ τὸ ἀγαπῆσαι αὐτὸν τοὺς πατέρας σου, καὶ ἐξελέξατο
τὸ σπέρμα αὐτῶν μετ᾽ αὐτοὺς ὑμᾶς, καὶ ἐξήγαγέ σε αὐτὸς
38 ἐν τῇ ἰσχύϊ αὐτοῦ τῇ μεγάλῃ ἐξ Αἰγύπτου, ἐξολοθρεῦσαι
ἔθνη μεγάλα καὶ ἰσχυρότερά σου πρὸ προσώπου σου, εἰσα-
γαγεῖν σε δοῦναί σοι τὴν γῆν αὐτῶν κληρονομεῖν, καθὼς ἔχεις
σήμερον.
39 Καὶ γνώσῃ σήμερον, καὶ ἐπιστραφήσῃ τῇ διανοίᾳ, ὅτι
Κύριος ὁ Θεός σου οὗτος Θεὸς ἐν τῷ οὐρανῷ ἄνω καὶ ἐπὶ
40 τῆς γῆς κάτω, καὶ οὐκ ἔστιν ἔτι πλὴν αὐτοῦ. Καὶ φυλάξασθε
τὰς ἐντολὰς αὐτοῦ, καὶ τὰ δικαιώματα αὐτοῦ, ὅσα ἐγὼ ἀντέλ-
λομαί σοι σήμερον, ἵνα εὖ σοι γένηται καὶ τοῖς υἱοῖς σου
μετὰ σέ, ὅπως μακροήμεροι γένησθε ἐπὶ τῆς γῆς, ἧς Κύριος
41 ὁ Θεός σου δίδωσί σοι πάσας τὰς ἡμέρας. Τότε ἀφώρισε
Μωυσῆς τρεῖς πόλεις πέραν τοῦ Ἰορδάνου ἀπὸ ἀνατολῶν
42 ἡλίου, φυγεῖν ἐκεῖ τὸν φονευτὴν ὃς ἂν φονεύσῃ τὸν πλησίον
οὐκ εἰδώς, καὶ οὗτος οὐ μισῶν αὐτὸν πρὸ τῆς χθὲς καὶ τῆς
τρίτης, καὶ καταφεύξεται εἰς μίαν τῶν πόλεων τούτων, καὶ
43 ζήσεται· τὴν Βοσὸρ ἐν τῇ ἐρήμῳ ἐν τῇ γῇ τῇ πεδινῇ τῷ
Ῥουβήν, καὶ τὴν Ῥαμὼθ ἐν Γαλαὰδ τῷ Γαδδί, καὶ τὴν Γαυλὼν
ἐν Βασὰν τῷ Μανασσῇ.
44 Οὗτος ὁ νόμος, ὃν παρέθετο Μωυσῆς ἐνώπιον υἱῶν Ἰσραήλ.
45 Ταῦτα τὰ μαρτύρια, καὶ τὰ δικαιώματα, καὶ τὰ κρίματα, ὅσα
ἐλάλησε Μωυσῆς τοῖς υἱοῖς Ἰσραήλ, ἐξελθόντων αὐτῶν ἐκ
46 γῆς Αἰγύπτου, ἐν τῷ πέραν τοῦ Ἰορδάνου, ἐν φάραγγι, ἐγγὺς
οἴκου Φογώρ, ἐν γῇ Σηὼν βασιλέως τῶν Ἀμορραίων, ὃς
κατῴκει ἐν Ἐσεβών, ὃν ἐπάταξε Μωυσῆς, καὶ οἱ υἱοὶ Ἰσραήλ,
47 ἐξελθόντων αὐτῶν ἐκ γῆς Αἰγύπτου. Καὶ ἐκληρονόμησαν τὴν
γῆν αὐτοῦ, καὶ τὴν γῆν Ὢγ βασιλέως τῆς Βασάν, δύο βασιλέων
τῶν Ἀμορραίων, οἳ ἦσαν πέραν τοῦ Ἰορδάνου κατὰ ἀνατολὰς
48 ἡλίου, ἀπὸ Ἀροήρ, ἥ ἐστιν ἐπὶ τοῦ χείλους χειμάρρου Ἀρνῶν,
49 καὶ ἐπὶ τοῦ ὄρους τοῦ Σηών, ὅ ἐστιν Ἀερμών, πᾶσαν τὴν
Ἄραβα πέραν τοῦ Ἰορδάνου κατὰ ἀνατολὰς ἡλίου ὑπὸ Ἀσηδὼθ
τὴν λαξευτήν.
5 Καὶ ἐκάλεσε Μωυσῆς πάντα Ἰσραήλ, καὶ εἶπε πρὸς αὐτούς,
ἄκουε Ἰσραὴλ τὰ δικαιώματα καὶ τὰ κρίματα, ὅσα ἐγὼ λαλῶ
ἐν τοῖς ὠσὶν ὑμῶν ἐν τῇ ἡμέρᾳ ταύτῃ, καὶ μαθήσεσθε αὐτά, καὶ
2 φυλάξεσθε ποιεῖν αὐτά. Κύριος ὁ Θεὸς ὑμῶν διέθετο πρὸς
3 ὑμᾶς διαθήκην ἐν Χωρήβ. Οὐχὶ τοῖς πατράσιν ὑμῶν διέθετο
Κύριος τὴν διαθήκην ταύτην, ἀλλ᾽ ἢ πρὸς ὑμᾶς· ὑμεῖς ὧδε
4 πάντες ζῶντες σήμερον. Πρόσωπον κατὰ πρόσωπον ἐλάλησε
5 Κύριος πρὸς ὑμᾶς ἐν τῷ ὄρει ἐκ μέσου τοῦ πυρός. Κἀγὼ
εἱστήκειν ἀναμέσον Κυρίου καὶ ὑμῶν ἐν τῷ καιρῷ ἐκείνῳ ἀναγ-
γεῖλαι ὑμῖν τὰ ῥήματα Κυρίου, ὅτι ἐφοβήθητε ἀπὸ προσώπου
6 τοῦ πυρός, καὶ οὐκ ἀνέβητε εἰς τὸ ὄρος, λέγων, ἐγώ εἰμι

Lord our God did in Egypt β in thy sight.
35 So that thou shouldest know that the
Lord thy God he is God, and there is none
beside him. 36 His voice was made audible
from heaven to instruct thee, and he shewed
thee upon the earth his great fire, and thou
heardest his words out of the midst of the
fire.
37 Because he loved thy fathers, he also
chose you their seed after them, and he
brought thee himself with his great strength
out of Egypt, 38 to destroy nations γgreat
and stronger than thou before thy face, to
bring thee in, to give thee their land to in-
herit, as thou hast it this day.
39 And thou shalt know this day, and
shalt consider in thine heart, that the Lord
thy God he is God in heaven above, and on
the earth beneath, and there is none else
but he. 40 And keep ye his commandments,
and his ordinances, all that I command you
this day; that it may be well with thee, and
with thy sons after thee, that ye may be
long-lived upon the earth, which the Lord
thy God giveth thee for ever. 41 Then
Moses separated three cities beyond Jordan
on the east, 42 that the slayer might flee
thither, who should have slain his neigh-
bour unintentionally, and should not have
hated him δ in times past, and he shall flee
to one of these cities and live: 43 Bosor in
the wilderness, in the plain country of Ru-
ben, and Ramoth in Galaad belonging to
ζ Gad, and Gaulon in Basan belonging to
Manasse.
44 This is the law which Moses set before
the children of Israel. 45 These are the tes-
timonies, and the ordinances, and the judg-
ments, which Moses spoke to the sons of
Israel, when they came out of the land of
Egypt: 46 on θ the other side of Jordan, in
the valley near the house of Phogor, in the
land of Seon king of the Amorites, who
dwelt in Esebon, whom Moses and the sons
of Israel smote when they came out of the
land of Egypt. 47 And they inherited his
land, and the land of Og king of Basan, two
kings of the Amorites, who were beyond
Jordan eastward. 48 From Aroer, which is
on the border of the brook Arnon, even to
the mount of Seon, which is Aermon, 49 All
λ Araba beyond Jordan eastward under Ase-
doth μhewn in the rock.

And Moses called all Israel, and said to
them, Hear, Israel, the ordinances and
judgments, all that I speak in your ears this
day, and ye shall learn them, and observe to
do them. 2 The Lord your God made a
covenant with you in Choreb. 3 The Lord
did not make this covenant with your
fathers, but with you: ye are all here alive
this day. 4 The Lord spoke to you face to
face in the mountain out of the midst of the
fire. 5 And I stood between the Lord and
you at that time to report to you the words
of the Lord, (because ye were afraid before
the fire, and ye went not up to the mountain,)
saying,6 I am the Lord thy God, who brought

β Gr. before thee seeing.   γ Or, greater.   δ Gr. before yesterday and the third day.   Hebraism.   ζ Or, the Gaddite.
θ i.e. the east side.   λ Heb. the plain.   μ Or, the quarried rock.   Heb. Ashdoth Pisgah.

thee out of the land of Egypt, out of the house of bondage.

⁷ Thou shalt have no other gods before my face. ⁸ Thou shalt not make to thyself an image, nor likeness of any thing, whatever things *are* in the heaven above, and whatever *are* in the earth beneath, and whatever *are* in the waters under the earth. ⁹ Thou shalt not bow down to them, nor shalt thou serve them; for I am the Lord thy God, a jealous God, visiting the sins of the fathers upon the children to the third and fourth generation to them that hate me, ¹⁰ and doing mercifully to ᵝ thousands of them that love me, and that keep my commandments. ¹¹ Thou shalt not take the name of the Lord thy God in vain, for the Lord thy God will certainly not acquit him that takes his name in vain.

¹² Keep the sabbath day to sanctify it, as the Lord thy God commanded thee. ¹³ Six days thou shalt work, and thou shalt do all thy works; ¹⁴ but on the seventh day *is* the sabbath of the Lord thy God : thou shalt do in it no work, thou, and thy son, and thy daughter, thy man-servant, and thy maid-servant, thine ox, and thine ass, and all thy cattle, and the stranger that sojourns in the midst of thee; that thy man-servant may rest, and thy maid, and thine ox, as well as thou. ¹⁵ And thou shalt remember that thou wast a slave in the land of Egypt, and the Lord thy God brought thee out thence with a mighty hand, and a high arm : therefore the Lord appointed thee to keep the sabbath day and to sanctify it. ¹⁶ ᵞ Honour thy father and thy mother, as the Lord thy God commanded thee ; that it may be well with thee, and that thou mayest live long upon the land, which the Lord thy God gives thee. ¹⁷ Thou shalt not commit murder. ¹⁸ Thou shalt not commit adultery. ¹⁹ Thou shalt not steal. ²⁰ Thou shalt not bear false witness against thy neighbour. ²¹ Thou shalt not covet thy neighbour's wife ; thou shalt not covet thy neighbour's house, nor his field, nor his man-servant, nor his maid, nor his ox, nor his ass, nor any beast of his, nor any thing that is thy neighbour's.

²² These words the Lord spoke to all the assembly of you in the mountain out of the midst of the fire—*there was* darkness, blackness, storm, a loud voice—and he added no more, and he wrote them on two tables of stone, and he gave them to me. ²³ And it came to pass when ye heard the voice out of the midst of the fire, for the mountain burned with fire, that ye came to me, even all the heads of your tribes, and your elders : ²⁴ and ye said, Behold, the Lord our God has shewn us his glory, and we have heard his voice out of the midst of the fire : ᵟ this day we have seen that God shall speak to man, and he shall live. ²⁵ And now let us not die, for this great fire will consume us, if we shall hear the voice of the Lord our God any more, and we shall die. ²⁶ For what flesh *is there* which has heard the voice of the living God, speaking out of the midst of the fire, as we *have heard*, and

Κύριος ὁ Θεός σου ὁ ἐξαγαγών σε ἐκ γῆς Αἰγύπτου, ἐξ οἴκου 6 δουλείας.

Οὐκ ἔσονταί σοι θεοὶ ἕτεροι πρὸ προσώπου μου. Οὐ 7, 8 ποιήσεις σεαυτῷ εἴδωλον, οὐδὲ παντὸς ὁμοίωμα, ὅσα ἐν τῷ οὐρανῷ ἄνω, καὶ ὅσα ἐν τῇ γῇ κάτω, καὶ ὅσα ἐν τοῖς ὕδασιν ὑποκάτω τῆς γῆς. Οὐ προσκυνήσεις αὐτοῖς, οὐδὲ μὴ λατρεύσῃς 9 αὐτοῖς· ὅτι ἐγώ εἰμι Κύριος ὁ Θεός σου, Θεὸς ζηλωτὴς, ἀποδιδοὺς ἁμαρτίας πατέρων ἐπὶ τέκνα ἐπὶ τρίτην καὶ τετάρτην γενεὰν τοῖς μισοῦσί με, καὶ ποιῶν ἔλεος εἰς χιλιάδας τοῖς 10 ἀγαπῶσί με, καὶ τοῖς φυλάσσουσι τὰ προστάγματά μου. Οὐ 11 λήψῃ τὸ ὄνομα Κυρίου τοῦ Θεοῦ σου ἐπὶ ματαίῳ· οὐ γὰρ μὴ καθαρίσῃ Κύριος ὁ Θεός σου τὸν λαμβάνοντα τὸ ὄνομα αὐτοῦ ἐπὶ ματαίῳ.

Φύλαξαι τὴν ἡμέραν τῶν σαββάτων ἁγιάζειν αὐτὴν, ὃν 12 τρόπον ἐνετείλατό σοι Κύριος ὁ Θεός σου. Ἓξ ἡμέρας ἐργᾷ 13 καὶ ποιήσεις πάντα τὰ ἔργα σου· τῇ δὲ ἡμέρᾳ τῇ ἑβδόμῃ 14 σάββατα Κυρίῳ τῷ Θεῷ σου· οὐ ποιήσεις ἐν αὐτῇ πᾶν ἔργον σὺ καὶ ὁ υἱός σου καὶ ἡ θυγάτηρ σου, ὁ παῖς σου καὶ ἡ παιδίσκη σου, ὁ βοῦς σου καὶ τὸ ὑποζύγιόν σου, καὶ πᾶν κτῆνός σου, καὶ προσήλυτος ὁ παροικῶν ἐν σοί· ἵνα ἀναπαύσηται ὁ παῖς σου, καὶ ἡ παιδίσκη σου, καὶ τὸ ὑποζύγιόν σου, ὥσπερ καὶ σύ. Καὶ μνησθήσῃ ὅτι οἰκέτης ἦσθα ἐν 15 γῇ Αἰγύπτῳ, καὶ ἐξήγαγέ σε Κύριος ὁ Θεός σου ἐκεῖθεν ἐν χειρὶ κραταιᾷ, καὶ ἐν βραχίονι ὑψηλῷ· διὰ τοῦτο συνέταξέ σοι Κύριος ὁ Θεός σου ὥστε φυλάσσεσθαι τὴν ἡμέραν τῶν σαββάτων καὶ ἁγιάζειν αὐτήν. Τίμα τὸν πατέρα σου καὶ 16 τὴν μητέρα σου, ὃν τρόπον ἐνετείλατό σοι Κύριος ὁ Θεός σου, ἵνα εὖ σοι γένηται, καὶ ἵνα μακροχρόνιος γένῃ ἐπὶ τῆς γῆς, ἧς Κύριος ὁ Θεός σου δίδωσί σοι. Οὐ φονεύσεις. Οὐ 17, 18 μοιχεύσεις. Οὐ κλέψεις. Οὐ ψευδομαρτυρήσεις κατὰ 19, 20 τοῦ πλησίον σου μαρτυρίαν ψευδῆ. Οὐκ ἐπιθυμήσεις τὴν 21 γυναῖκα τοῦ πλησίον σου· οὐκ ἐπιθυμήσεις τὴν οἰκίαν τοῦ πλησίον σου, οὔτε τὸν ἀγρὸν αὐτοῦ, οὔτε τὸν παῖδα αὐτοῦ, οὔτε τὴν παιδίσκην αὐτοῦ, οὔτε τοῦ βοὸς αὐτοῦ, οὔτε τοῦ ὑποζυγίου αὐτοῦ, οὔτε παντὸς κτήνους αὐτοῦ, οὔτε πάντα ὅσα τῷ πλησίον σου ἐστί.

Ταῦτα τὰ ῥήματα ἐλάλησε Κύριος πρὸς πᾶσαν συναγωγὴν 22 ὑμῶν ἐν τῷ ὄρει ἐκ μέσου τοῦ πυρός· σκότος, γνόφος, θύελλα, φωνὴ μεγάλη· καὶ οὐ προσέθηκε· καὶ ἔγραψεν αὐτὰ ἐπὶ δύο πλάκας λιθίνας, καὶ ἔδωκέ μοι. Καὶ ἐγένετο ὡς ἠκούσατε 23 τὴν φωνὴν ἐκ μέσου τοῦ πυρὸς, καὶ τὸ ὄρος ἐκαίετο πυρὶ, καὶ προσήλθετε πρὸς μὲ πάντες οἱ ἡγούμενοι τῶν φυλῶν ὑμῶν, καὶ ἡ γερουσία ὑμῶν, καὶ ἐλέγετε, ἰδοὺ ἔδειξεν ἡμῖν Κύριος 24 ὁ Θεὸς ἡμῶν τὴν δόξαν αὐτοῦ, καὶ τὴν φωνὴν αὐτοῦ ἠκούσαμεν ἐκ μέσου τοῦ πυρός· ἐν τῇ ἡμέρᾳ ταύτῃ εἴδομεν ὅτι λαλήσει ὁ Θεὸς πρὸς ἄνθρωπον, καὶ ζήσεται. Καὶ νῦν μὴ ἀποθάνωμεν, 25 ὅτι ἐξαναλώσει ἡμᾶς τὸ πῦρ τὸ μέγα τοῦτο, ἐὰν προσθώμεθα ἡμεῖς ἀκοῦσαι τὴν φωνὴν Κυρίου τοῦ Θεοῦ ἡμῶν ἔτι, καὶ ἀποθανούμεθα. Τίς γὰρ σὰρξ ἥτις ἤκουσε φωνὴν Θεοῦ ζῶν- 26 τος, λαλοῦντος ἐκ μέσου τοῦ πυρὸς, ὡς ἡμεῖς, καὶ ζήσεται;

ᵝ *Gr.* to them that love, etc. to *the number of* thousands.   ᵞ Matt. 15. 4. Eph. 6. 1.   ᵟ *Or,* by this day.

27 Πρόσελθε σὺ, καὶ ἄκουσον πάντα ὅσα ἂν εἴπῃ Κύριος ὁ Θεὸς ἡμῶν, καὶ σὺ λαλήσεις πρὸς ἡμᾶς πάντα ὅσα ἂν λαλήσει Κύριος ὁ Θεὸς ἡμῶν πρὸς σὲ, καὶ ἀκουσόμεθα, καὶ ποιήσομεν.

28 Καὶ ἤκουσε Κύριος τὴν φωνὴν τῶν λόγων ὑμῶν λαλούντων πρὸς μέ· καὶ εἶπε Κύριος πρὸς μὲ, ἤκουσα τὴν φωνὴν τῶν λόγων τοῦ λαοῦ τούτου ὅσα ἐλάλησαν πρὸς σέ· ὀρθῶς πάντα

29 ὅσα ἐλάλησαν. Τίς δώσει εἶναι οὕτω τὴν καρδίαν αὐτῶν ἐν αὐτοῖς, ὥστε φοβεῖσθαί με καὶ φυλάσσεσθαι τὰς ἐντολάς μου πάσας τὰς ἡμέρας, ἵνα εὖ ᾖ αὐτοῖς, καὶ τοῖς υἱοῖς αὐτῶν

30 δι᾽ αἰῶνος; Βάδισον, εἶπον αὐτοῖς, ἀποστράφητε ὑμεῖς εἰς

31 τοὺς οἴκους ὑμῶν· σὺ δὲ αὐτοῦ στῆθι μετ᾽ ἐμοῦ, καὶ λαλήσω πρὸς σὲ τὰς ἐντολὰς καὶ τὰ δικαιώματα καὶ τὰ κρίματα ὅσα διδάξεις αὐτοὺς, καὶ ποιείτωσαν οὕτως ἐν τῇ γῇ ἣν ἐγὼ δίδωμι

32 αὐτοῖς ἐν κλήρῳ. Καὶ φυλάξεσθε ποιεῖν ὃν τρόπον ἐνετείλατό σοι Κύριος ὁ Θεός σου· οὐκ ἐκκλινεῖτε εἰς δεξιὰ οὐδὲ εἰς

33 ἀριστερά, κατὰ πᾶσαν τὴν ὁδὸν, ἣν ἐνετείλατό σοι Κύριος ὁ Θεός σου πορεύεσθαι ἐν αὐτῇ, ὅπως καταπαύσῃ σε, καὶ εὖ σοι ᾖ, καὶ μακροημερεύσητε ἐπὶ τῆς γῆς ἣν κληρονομήσετε.

6 Καὶ αὗται αἱ ἐντολαὶ καὶ τὰ δικαιώματα καὶ τὰ κρίματα ὅσα ἐνετείλατο Κύριος ὁ Θεὸς ἡμῶν διδάξαι ὑμᾶς ποιεῖν οὕτως ἐν τῇ γῇ, εἰς ἣν ὑμεῖς εἰσπορεύεσθε ἐκεῖ κληρονομῆσαι αὐτήν.

2 Ἵνα φοβῆσθε Κύριον τὸν Θεὸν ὑμῶν, φυλάσσεσθε πάντα τὰ δικαιώματα αὐτοῦ, καὶ τὰς ἐντολὰς αὐτοῦ, ἃς ἐγὼ ἐντέλλομαί σοι σήμερον, σὺ καὶ οἱ υἱοί σου, καὶ οἱ υἱοὶ τῶν υἱῶν σου πάσας τὰς ἡμέρας τῆς ζωῆς σου, ἵνα μακροημερεύσητε.

3 Καὶ ἄκουσον Ἰσραὴλ, καὶ φύλαξον ποιεῖν, ὅπως εὖ σοι ᾖ, καὶ ἵνα πληθυνθῆτε σφόδρα, καθάπερ ἐλάλησε Κύριος ὁ Θεὸς τῶν πατέρων σου δοῦναί σοι γῆν ῥέουσαν γάλα καὶ μέλι· καὶ ταῦτα τὰ δικαιώματα καὶ τὰ κρίματα, ὅσα ἐνετείλατο Κύριος τοῖς υἱοῖς Ἰσραὴλ ἐν τῇ ἐρήμῳ, ἐξελθόντων

4 αὐτῶν ἐκ γῆς Αἰγύπτου. Ἄκουε Ἰσραὴλ, Κύριος ὁ Θεὸς

5 ἡμῶν, Κύριος εἷς ἐστι. Καὶ ἀγαπήσεις Κύριον τὸν Θεόν σου ἐξ ὅλης τῆς διανοίας σου, καὶ ἐξ ὅλης τῆς ψυχῆς

6 σου, καὶ ἐξ ὅλης τῆς δυνάμεώς σου. Καὶ ἔσται τὰ ῥήματα ταῦτα, ὅσα ἐγὼ ἐντέλλομαί σοι σήμερον, ἐν τῇ καρδίᾳ

7 σου, καὶ ἐν τῇ ψυχῇ σου. Καὶ προβιβάσεις αὐτὰ τοὺς υἱούς σου, καὶ λαλήσεις ἐν αὐτοῖς καθήμενος ἐν οἴκῳ, καὶ πορευόμενος ἐν ὁδῷ, καὶ κοιταζόμενος, καὶ διανιστά-

8 μενος. Καὶ ἀφάψεις αὐτὰ εἰς σημεῖον ἐπὶ τῆς χειρός

9 σου, καὶ ἔσται ἀσάλευτον πρὸ ὀφθαλμῶν σου. Καὶ γράψετε αὐτὰ ἐπὶ τὰς φλιὰς τῶν οἰκιῶν ὑμῶν, καὶ τῶν πυλῶν ὑμῶν.

10 Καὶ ἔσται ὅταν εἰσαγάγῃ σε Κύριος ὁ Θεός σου εἰς τὴν γῆν ἣν ὤμοσε τοῖς πατράσι σου, τῷ Ἀβραὰμ, καὶ τῷ Ἰσαακ, καὶ τῷ Ἰακὼβ, δοῦναί σοι πόλεις μεγάλας καὶ καλὰς ἃς οὐκ

11 ᾠκοδόμησας, οἰκίας πλήρεις πάντων ἀγαθῶν ἃς οὐκ ἐνέπλησας, λάκκους λελατομημένους οὓς οὐκ ἐξελατόμησας, ἀμπελῶνας

shall live? ²⁷Do thou draw near, and hear all that the Lord our God shall say, and thou shalt speak to us all things whatsoever the Lord our God shall speak to thee, and we will hear, and do.

²⁸And the Lord heard the voice of your words as ye spoke to me; and the Lord said to me, I have heard the voice of the words of this people, even all things that they have said to thee. *They have well said* all that they have spoken. ²⁹βO that there were such a heart in them, that they should fear me and keep my commands always, that it might be well with them and with their sons for ever. ³⁰Go, say to them, Return ye to your houses; ³¹but stand thou here with me, and I will tell thee all the commands, and the ordinances, and the judgments, which thou' shalt teach them, and let them do so in the land which I give them for an inheritance. ³²And ye shall take heed to do as the Lord thy God commanded thee; ye shall not turn aside to the right hand or to the left, ³³according to all the way which the Lord thy God commanded thee to walk in it, that he may give thee rest; and that it may be well with thee, and ye may prolong your days on the land which ye shall inherit.

And these *are* the commands, and the ordinances, and the judgments, as many as the Lord our God gave commandment to teach you to do so in the land on which ye enter to inherit it. ²That ye may fear the Lord your God, keep ye all his ordinances, and his commandments, which I command thee to-day, thou, and thy sons, and thy sons' sons, all the days of thy life, that ye may live many days.

³Hear, therefore, O Israel, and observe to do them, that it may be well with thee, and that ye 'may be greatly multiplied, as the Lord God of thy fathers said that he would give thee a land flowing with milk and honey: and these *are* the ordinances, and the judgments, which the Lord commanded the children of Israel in the wilderness, when they had gone forth from the land of Egypt. ⁴γHear, O Israel, The Lord our God is one Lord. ⁵And thou shalt love the Lord thy God with all thy mind, and with all thy soul, and all thy strength. ⁶And these words, all that I command thee this day, shall be in thy heart and in thy soul. ⁷And thou shalt teach them to thy children, and thou shalt speak of them sitting in the house, and walking by the way, and lying down, and rising up. ⁸And thou shalt fasten them for a sign upon thy hand, and it shall be immoveable before thine eyes. ⁹And ye shall write them on the lintels of your houses and of your gates.

¹⁰And it shall come to pass when the Lord thy God shall have brought thee into the land which he sware 'to thy fathers, to Abraam, and to Isaac, and to Jacob, to give thee great and beautiful cities which thou didst not build, ¹¹houses full of all good things which thou didst not fill, δwells dug in the rock which thou didst not dig, vine-

---

β *Gr.* Who will give that there should be so an heart, etc.   γ Matt. 22. 37. Luke 10. 27.   δ *Or*, pits or pools.

yards and oliveyards which thou didst not plant, then having eaten and been filled, [12] beware lest thou forget the Lord thy God that brought thee forth out of the land of Egypt, out of the house of bondage. [13]βThou shalt fear the Lord thy God, and him only shalt thou serve; and thou shalt cleave to him, and by his name thou shalt swear.

[14] Go ye not after other gods of the gods of the nations round about you; [15] for the Lord thy God in the midst of thee is a jealous God, lest the Lord thy God be very angry with thee, and destroy thee from off the face of the earth.

[16]γThou shalt not tempt the Lord thy God, as ye tempted him in the temptation. [17] Thou shalt by all means keep the commands of the Lord thy God, the testimonies, and the ordinances, which he commanded thee. [18] And thou shalt do that which is pleasing and good before the Lord thy God, that it may be well with thee, and that thou mayest go in and inherit the good land, which the Lord sware to your fathers, [19] to chase all thine enemies from before thy face, as the Lord said.

[20] And it shall come to pass when thy son shall ask thee δat a future time, saying, What are the testimonies, and the ordinances, and the judgments, which the Lord our God has commanded us? [21] Then shalt thou say to thy son, We were slaves to Pharao in the land of Egypt, and the Lord brought us forth thence with a mighty hand, and with a high arm. [22] And the Lord ζwrought signs and great and θgrievous wonders in Egypt, on Pharao and on his house before us. [23] And he brought us out thence to give us this land, which he sware to give to our fathers. [24] And the Lord charged us to observe all these ordinances; to fear the Lord our God, that it may be well with us for ever, that we may live, as even to-day. [25] And there shall be mercy to us, if we take heed to keep all these commands before the Lord our God, as he has commanded us.

And when the Lord thy God shall bring thee into the land, into which thou goest to possess it, and shall remove great nations from before thee, the Chettite, and Gergesite, and Amorite, and Chananite, and Pherezite, and Evite, and Jebusite, seven nations more numerous and stronger than you, [2] and the Lord thy God shall deliver them into thy hands, then thou shalt smite them: thou shalt utterly destroy them: thou shalt not make a covenant with them, neither shall ye pity them: [3] neither shall ye contract marriages with them: thou shalt not give thy daughter to his son, and thou shalt not take his daughter to thy son. [4] For he will draw away thy son from me, and he will serve other gods; and the Lord will be very angry with you, and will soon utterly destroy thee. [5] But thus shall ye do to them; ye shall destroy their altars, and shall break down their pillars, and shall cut down their groves, and shall burn with fire the graven images of their gods. [6] For thou art a holy people to the Lord thy God; and the Lord thy God chose thee to be to him

καὶ ἐλαιῶνας οὓς οὐ κατεφύτευσας, καὶ φαγὼν καὶ ἐμπλησθεὶς, πρόσεχε σεαυτῷ μὴ ἐπιλάθῃ Κυρίου τοῦ Θεοῦ σου τοῦ ἐξαγα- 12 γόντος σε ἐκ γῆς Αἰγύπτου, ἐξ οἴκου δουλείας. Κύριον τὸν 13 Θεόν σου φοβηθήσῃ, καὶ αὐτῷ μόνῳ λατρεύσεις, καὶ πρὸς αὐτὸν κολληθήσῃ, καὶ ἐπὶ τῷ ὀνόματι αὐτοῦ ὁμῇ.

Οὐ πορεύεσθε ὀπίσω θεῶν ἑτέρων ἀπὸ τῶν θεῶν τῶν ἐθνῶν 14 τῶν περικύκλῳ ὑμῶν, ὅτι ὁ Θεὸς ζηλωτὴς Κύριος ὁ Θεός σου 15 ἐν σοί· μὴ ὀργισθεὶς θυμῷ Κύριος ὁ Θεός σου σοὶ, ἐξολοθρεύσῃ σε ἀπὸ προσώπου τῆς γῆς.

Οὐκ ἐκπειράσεις Κύριον τὸν Θεόν σου, ὃν τρόπον ἐξεπειρά- 16 σατε ἐν τῷ πειρασμῷ. Φυλάσσων φυλάξῃ τὰς ἐντολὰς Κυρίου 17 τοῦ Θεοῦ σου, τὰ μαρτύρια, καὶ τὰ δικαιώματα, ὅσα ἐνετείλατό σοι. Καὶ ποιήσεις τὸ ἀρεστὸν καὶ τὸ καλὸν ἔναντι Κυρίου 18 τοῦ Θεοῦ σου, ἵνα εὖ σοι γένηται, καὶ εἰσέλθῃς καὶ κληρονο- μήσῃς τὴν γῆν τὴν ἀγαθὴν, ἣν ὤμοσε Κύριος τοῖς πατράσιν ὑμῶν, ἐκδιῶξαι πάντας τοὺς ἐχθρούς σου πρὸ προσώπου σου, 19 καθὰ ἐλάλησε Κύριος.

Καὶ ἔσται ὅταν ἐρωτήσῃ σε ὁ υἱός σου αὔριον, λέγων, τί 20 ἐστι τὰ μαρτύρια, καὶ τὰ δικαιώματα καὶ τὰ κρίματα, ὅσα ἐνετείλατο Κύριος ὁ Θεὸς ἡμῶν ἡμῖν; Καὶ ἐρεῖς τῷ υἱῷ 21 σου, οἰκέται ἦμεν τῷ Φαραὼ ἐν γῇ Αἰγύπτῳ, καὶ ἐξήγαγεν ἡμᾶς Κύριος ἐκεῖθεν ἐν χειρὶ κραταιᾷ, καὶ ἐν βραχίονι ὑψηλῷ. Καὶ ἔδωκε Κύριος σημεῖα καὶ τέρατα μεγάλα καὶ πονηρὰ 22 ἐν Αἰγύπτῳ ἐν Φαραὼ καὶ ἐν τῷ οἴκῳ αὐτοῦ ἐνώπιον ἡμῶν, καὶ ἡμᾶς ἐξήγαγεν ἐκεῖθεν δοῦναι ἡμῖν τὴν γῆν ταύτην, ἣν 23 ὤμοσε δοῦναι τοῖς πατράσιν ἡμῶν. Καὶ ἐνετείλατο ἡμῖν 24 Κύριος ποιεῖν πάντα τὰ δικαιώματα ταῦτα· φοβεῖσθαι Κύριον τὸν Θεὸν ἡμῶν, ἵνα εὖ ᾖ ἡμῖν πάσας τὰς ἡμέρας, ἵνα ζῶμεν ὥσπερ καὶ σήμερον. Καὶ ἐλεημοσύνη ἔσται ἡμῖν, ἐὰν φυλασ- 25 σώμεθα ποιεῖν πάσας τὰς ἐντολὰς ταύτας ἐναντίον Κυρίου τοῦ Θεοῦ ἡμῶν, καθὰ ἐνετείλατο ἡμῖν.

Ἐὰν δὲ εἰσάγῃ σε Κύριος ὁ Θεός σου εἰς τὴν γῆν, εἰς ἣν 7 εἰσπορεύῃ ἐκεῖ κληρονομῆσαι αὐτὴν, καὶ ἐξάρῃ ἔθνη μεγάλα ἀπὸ προσώπου σου, τὸν Χετταῖον καὶ Γεργεσαῖον καὶ Ἀμοῤ- ῥαῖον καὶ Χαναναῖον καὶ Φερεζαῖον καὶ Εὐαῖον καὶ Ἰεβου- σαῖον, ἑπτὰ ἔθνη πολλὰ καὶ ἰσχυρότερα ὑμῶν· Καὶ παραδώσει 2 αὐτοὺς Κύριος ὁ Θεός σου εἰς τὰς χεῖράς σου, καὶ πατάξεις αὐτούς· ἀφανισμῷ ἀφανιεῖς αὐτούς· οὐ διαθήσῃ πρὸς αὐτοὺς διαθήκην, οὐδὲ μὴ ἐλεήσητε αὐτοὺς, οὐδὲ μὴ γαμβρεύσητε 3 πρὸς αὐτούς· τὴν θυγατέρα σου οὐ δώσεις τῷ υἱῷ αὐτοῦ, καὶ τὴν θυγατέρα αὐτοῦ οὐ λήψῃ τῷ υἱῷ σου. Ἀποστήσει γὰρ 4 τὸν υἱόν σου ἀπ᾽ ἐμοῦ, καὶ λατρεύσει θεοῖς ἑτέροις· καὶ ὀργισ- θήσεται θυμῷ Κύριος εἰς ὑμᾶς, καὶ ἐξολοθρεύσει σε τοτάχος. Ἀλλ᾽ οὕτω ποιήσετε αὐτοῖς· τοὺς βωμοὺς αὐτῶν καθελεῖτε, 5 καὶ τὰς στήλας αὐτῶν συντρίψετε, καὶ τὰ ἄλση αὐτῶν ἐκκόψετε, καὶ τὰ γλυπτὰ τῶν θεῶν αὐτῶν κατακαύσετε πυρί. Ὅτι λαὸς 6 ἅγιος εἶ Κυρίῳ τῷ Θεῷ σου· καὶ σὲ προείλετο Κύριος ὁ Θεός

β Matt. 4. 10.   γ Matt. 4. 7.   δ Gr. to-morrow.   ζ Gr. gave.   θ Gr. evil.

σου εἶναι αὐτῷ λαὸν περιούσιον παρὰ πάντα τὰ ἔθνη, ὅσα ἐπὶ προσώπου τῆς γῆς.

7 Οὐχ ὅτι πολυπληθεῖτε παρὰ πάντα τὰ ἔθνη, προείλετο Κύριος ὑμᾶς, καὶ ἐξελέξατο Κύριος ὑμᾶς· ὑμεῖς γάρ ἐστε
8 ὀλιγοστοὶ παρὰ πάντα τὰ ἔθνη. Ἀλλὰ παρὰ τὸ ἀγαπᾶν Κύριον ὑμᾶς, καὶ διατηρῶν τὸν ὅρκον ὃν ὤμοσε τοῖς πατράσιν ὑμῶν, ἐξήγαγεν ὑμᾶς Κύριος ἐν χειρὶ κραταιᾷ, καὶ ἐλυτρώσατό σε Κύριος ἐξ οἴκου δουλείας, ἐκ χειρὸς Φαραὼ βασιλέως
9 Αἰγύπτου. Καὶ γνώσῃ, ὅτι Κύριος ὁ Θεός σου, οὗτος Θεός· Θεὸς πιστός, ὁ φυλάσσων διαθήκην καὶ ἔλεος τοῖς ἀγαπῶσιν αὐτὸν καὶ τοῖς φυλάσσουσι τὰς ἐντολὰς αὐτοῦ εἰς χιλίας
10 γενεάς, καὶ ἀποδιδοὺς τοῖς μισοῦσι κατὰ πρόσωπον ἐξολο-θρεῦσαι αὐτούς· καὶ οὐχὶ βραδυνεῖ τοῖς μισοῦσι· κατὰ πρόσ-ωπον ἀποδώσει αὐτοῖς.

11 Καὶ φυλάξῃ τὰς ἐντολὰς, καὶ τὰ δικαιώματα, καὶ τὰ κρίματα
12 ταῦτα, ὅσα ἐγὼ ἐντέλλομαί σοι σήμερον ποιεῖν. Καὶ ἔσται ἡνίκα ἂν ἀκούσητε τὰ δικαιώματα ταῦτα, καὶ φυλάξητε καὶ ποιήσητε αὐτὰ, καὶ διαφυλάξει Κύριος ὁ Θεός σου σοὶ τὴν
13 διαθήκην καὶ τὸ ἔλεος, ὃ ὤμοσε τοῖς πατράσιν ὑμῶν. Καὶ ἀγαπήσει σε, καὶ εὐλογήσει σε, καὶ πληθυνεῖ σε, καὶ εὐλο-γήσει τὰ ἔγγονα τῆς κοιλίας σου, καὶ τὸν καρπὸν τῆς γῆς σου, τὸν σῖτόν σου, καὶ τὸν οἶνόν σου, καὶ τὸ ἔλαιόν σου, τὰ βουκόλια τῶν βοῶν σου, καὶ τὰ ποίμνια τῶν προβάτων σου ἐπὶ τῆς γῆς, ἧς ὤμοσε Κύριος τοῖς πατράσι σου δοῦναί
14 σοι. Εὐλογητὸς ἔσῃ παρὰ πάντα τὰ ἔθνη· οὐκ ἔσται ἐν
15 ὑμῖν ἄγονος, οὐδὲ στεῖρα, καὶ ἐν τοῖς κτήνεσί σου. Καὶ περιελεῖ Κύριος ὁ Θεός σου ἀπὸ σοῦ πᾶσαν μαλακίαν, καὶ πάσας νόσους Αἰγύπτου τὰς πονηρὰς, ἃς ἑώρακας, καὶ ὅσα ἔγνως, οὐκ ἐπιθήσει ἐπὶ σὲ· καὶ ἐπιθήσει αὐτὰ ἐπὶ πάντας τοὺς μισοῦντάς σε.

16 Καὶ φαγῇ πάντα τὰ σκῦλα τῶν ἐθνῶν, ἃ Κύριος ὁ Θεός σου δίδωσί σοι· οὐ φείσεται ὁ ὀφθαλμός σου ἐπ᾽ αὐτοῖς, καὶ οὐ μὴ λατρεύσῃς τοῖς θεοῖς αὐτῶν· ὅτι σκῶλον τοῦτό ἐστι σοί.

17 Ἐὰν δὲ λέγῃς ἐν τῇ διανοίᾳ σου, ὅτι πολὺ τὸ ἔθνος τοῦτο
18 ἢ ἐγὼ, πῶς δυνήσομαι ἐξολοθρεῦσαι αὐτούς; Οὐ φοβηθήσῃ αὐτούς· μνείᾳ μνησθήσῃ, ὅσα ἐποίησε Κύριος ὁ Θεός σου τῷ
19 Φαραὼ καὶ πᾶσι τοῖς Αἰγυπτίοις· Τοὺς πειρασμοὺς τοὺς μεγάλους, οὓς ἴδοσαν οἱ ὀφθαλμοί σου, τὰ σημεῖα καὶ τὰ τέρατα τὰ μεγάλα ἐκεῖνα, τὴν χεῖρα τὴν κραταιὰν, καὶ τὸν βραχίονα τὸν ὑψηλόν· ὡς ἐξήγαγέ σε Κύριος ὁ Θεός σου, οὕτω ποιήσει Κύριος ὁ Θεὸς ὑμῶν πᾶσι τοῖς ἔθνεσιν, οὓς σὺ
20 φοβῇ ἀπὸ προσώπου αὐτῶν. Καὶ τὰς σφηκίας ἀποστελεῖ Κύριος ὁ Θεός σου εἰς αὐτοὺς, ἕως ἂν ἐκτριβῶσιν οἱ καταλε-
21 λειμμένοι καὶ οἱ κεκρυμμένοι ἀπὸ σοῦ. Οὐ τρωθήσῃ ἀπὸ προσ-ώπου αὐτῶν, ὅτι Κύριος ὁ Θεός σου ἐν σοὶ, Θεὸς μέγας καὶ
22 κραταιός. Καὶ καταναλώσει Κύριος ὁ Θεός σου τὰ ἔθνη ταῦτα ἀπὸ προσώπου σου κατὰ μικρὸν μικρόν· οὐ δυνήσῃ ἐξαναλῶσαι αὐτοὺς τοτάχος, ἵνα μὴ γένηται ἡ γῆ ἔρημος, καὶ πληθυνθῇ

a peculiar people beyond all nations that *are* upon the face of the earth.
[7] It was not because ye are more numerous than all *other* nations that the Lord preferred you, and the Lord made choice of you: for ye are fewer in number than all *other* nations. [8] But because the Lord loved you, and as keeping the oath which he sware to your fathers, the Lord brought you out with a strong hand, and the Lord redeemed thee from the house of bondage, out of the hand of Pharao king of Egypt. [9] Thou shalt know therefore, that the Lord thy God, he *is* God, a faithful God, who keeps covenant and mercy for them that love him, and for those that keep his commandments to a thousand generations, [10] and who recompenses them that hate him to their face, to destroy them utterly; and will not be slack with them that hate him: he will recompense them to their face.
[11] Thou shalt keep therefore the commands, and the ordinances, and these judgments, which I command thee this day to do. [12] And it shall come to pass when ye shall have heard these ordinances, and shall have kept and done them, that the Lord thy God shall keep for thee the covenant and the mercy, which he sware to your fathers. [13] And he will love thee, and bless thee, and multiply thee; and he will bless the offspring of thy [β] body, and the fruit of thy land, thy corn, and thy wine, and thine oil, the herds of thine oxen, and the flocks of thy sheep, on the land which the Lord sware to thy fathers to give to thee. [14] Thou shalt be blessed beyond all nations; there shall not be among you an impotent or barren one, [γ] or among thy cattle. [15] And the Lord thy God shall remove from thee all sickness; and none of the evil diseases of Egypt, which thou hast seen, and all that thou hast known, will he lay upon thee; but he will lay them upon all that hate thee.
[16] And thou shalt eat all the spoils of the nations which the Lord thy God gives thee; thine eye shall not spare them, and thou shalt not serve their gods; for this is an offence to thee.
[17] But if thou shouldest say in thine heart, This nation *is* [δ] greater than I, how shall I be able to destroy them utterly? [18] thou shalt not fear them; thou shalt surely remember all that the Lord thy God did to Pharao and to all the Egyptians: [19] the great temptations which thine eyes have seen, those signs and great wonders, the strong hand, and the high arm; how the Lord thy God brought thee forth: so the Lord your God will do to all the nations, whom thou fearest in their presence. [20] And the Lord thy God shall send against them the hornets, until they that are left and they that are hidden from thee be utterly destroyed. [21] Thou shalt not be wounded before them, because the Lord thy God in the midst of thee *is* a great and powerful God. [22] And the Lord thy God shall consume these nations before thee by little and little: thou shalt not be able to consume them speedily, lest the land become desert,

---

β *Gr,* belly.   γ *Gr.* and.   δ *Gr.* more.

and the wild beasts of the field be multiplied against thee. ²³ And the Lord thy God shall deliver them into thy hands, and thou shalt destroy them with a great destruction, until ye shall have utterly destroyed them. ²⁴ And he shall deliver their kings into your hands, and ye shall destroy their name from that place; none shall stand up in opposition before thee, until thou shalt have utterly destroyed them.

²⁵ Ye shall burn with fire the graven images of their gods: thou shalt not covet *their* silver, neither shalt thou take to thyself gold from them, lest thou shouldest offend thereby, because it is an abomination to the Lord thy God. ²⁶ And thou shalt not bring an abomination into thine house, so β shouldest thou be an accursed thing like it; thou shalt utterly hate it, and altogether abominate it, because it is an accursed thing.

Ye shall observe to do all the commands which I charge you to-day, that ye may live and be multiplied, and enter in and inherit the land, which the Lord your God sware *to give* to your fathers. ² And thou shalt remember all the way which the Lord thy God led thee in the wilderness, that he might afflict thee, and try thee, and that the things in thine heart might be made manifest, whether thou wouldest keep his commandments or no. ³ And he afflicted thee and straitened thee with hunger, and fed thee with manna, which thy fathers knew not; that he might teach thee that γ man shall not live by bread alone, but by every word that proceeds out of the mouth of God shall man live. ⁴ Thy garments grew not old from off thee, thy shoes were not worn from off thee, thy feet were not *painfully* hardened, lo! these forty years.

⁵ And thou shalt know in thine heart, that as if any man should chasten his son, so the Lord thy God will chasten thee. ⁶ And thou shalt keep the commands of the Lord thy God, to walk in his ways, and to fear him.

⁷ For the Lord thy God will bring thee into a good and extensive land, where there are torrents of waters, and fountains δ of deep places issuing through the plains and through the mountains: ⁸ a land of wheat and barley, *wherein are* vines, figs, pomegranates; a land of olive oil and honey; ⁹ a land on which thou shalt not eat thy bread with poverty, and thou shalt not want any thing upon it; a land whose stones are iron, and out of its mountains thou shalt dig brass.

¹⁰ And thou shalt eat and be filled, and shalt bless the Lord thy God on the good land, which he has given thee. ¹¹ Take heed to thyself that thou forget not the Lord thy God, so as not to keep his commands, and his judgments, and ordinances, which I command thee this day: ¹² lest when thou hast eaten and art full, and hast built goodly houses, and dwelt in them; ¹³ and thy oxen and thy sheep are multiplied to thee, and thy silver and thy gold are multiplied to thee, and all thy possessions are multiplied to thee, ¹⁴ thou shouldest be exalted in heart,

ἐπὶ σὲ τὰ θηρία τὰ ἄγρια. Καὶ παραδώσει αὐτοὺς Κύριος ὁ 23 Θεός σου εἰς τὰς χεῖράς σου, καὶ ἀπολεῖς αὐτοὺς ἀπωλείᾳ μεγάλῃ, ἕως ἂν ἐξολοθρεύσητε αὐτούς. Καὶ παραδώσει τοὺς 24 βασιλεῖς αὐτῶν εἰς τὰς χεῖρας ὑμῶν, καὶ ἀπολεῖτε τὸ ὄνομα αὐτῶν ἐκ τοῦ τόπου ἐκείνου· οὐκ ἀντιστήσεται οὐθεὶς κατὰ πρόσωπόν σου, ἕως ἂν ἐξολοθρεύσῃς αὐτούς.

Τὰ γλυπτὰ τῶν Θεῶν αὐτῶν καύσετε πυρί· οὐκ ἐπιθυμήσεις 25 ἀργύριον, οὐδὲ χρυσίον ἀπ᾽ αὐτῶν οὐ λήψῃ σεαυτῷ, μὴ πταίσῃς δι᾽ αὐτό, ὅτι βδέλυγμα Κυρίῳ τῷ Θεῷ σου ἐστί. Καὶ οὐκ 26 εἰσοίσεις βδέλυγμα εἰς τὸν οἶκόν σου, καὶ ἀνάθεμα ἔσῃ ὥσπερ τοῦτο· προσοχθίσματι προσοχθιεῖς, καὶ βδελύγματι βδελύξῃ, ὅτι ἀνάθεμά ἐστι.

Πάσας τὰς ἐντολὰς, ἃς ἐγὼ ἐντέλλομαι ὑμῖν σήμερον, 8 φυλάξεσθε ποιεῖν, ἵνα ζῆτε καὶ πολυπλασιασθῆτε, καὶ εἰσέλθητε καὶ κληρονομήσητε τὴν γῆν, ἣν ὤμοσε Κύριος ὁ Θεὸς ὑμῶν τοῖς πατράσιν ὑμῶν. Καὶ μνησθήσῃ πᾶσαν τὴν ὁδὸν, ἣν 2 ἤγαγέ σε Κύριος ὁ Θεός σου ἐν τῇ ἐρήμῳ, ὅπως ἂν κακώσῃ σε καὶ πειράσῃ σε, καὶ διαγνωσθῇ τὰ ἐν τῇ καρδίᾳ σου, εἰ φυλάξῃ τὰς ἐντολὰς αὐτοῦ ἢ οὔ. Καὶ ἐκάκωσέ σε, καὶ 3 ἐλιμαγχόνησέ σε, καὶ ἐψώμισέ σε τὸ μάννα, ὃ οὐκ ᾔδεισαν οἱ πατέρες σου· ἵνα ἀναγγείλῃ σοι, ὅτι οὐκ ἐπ᾽ ἄρτῳ μόνῳ ζήσεται ὁ ἄνθρωπος, ἀλλ᾽ ἐπὶ παντὶ ῥήματι τῷ ἐκπορευομένῳ διὰ στόματος Θεοῦ ζήσεται ὁ ἄνθρωπος. Τὰ ἱμάτιά σου οὐκ 4 ἐπαλαιώθη ἀπὸ σοῦ, τὰ ὑποδήματά σου οὐ κατετρίβη ἀπὸ σοῦ· οἱ πόδες σου οὐκ ἐτυλώθησαν, ἰδοὺ τεσσαράκοντα ἔτη.

Καὶ γνώσῃ τῇ καρδίᾳ σου, ὅτι ὡς εἴτις ἄνθρωπος παιδεύσῃ 5 τὸν υἱὸν αὐτοῦ, οὕτω Κύριος ὁ Θεός σου παιδεύσει σε. Καὶ 6 φυλάξῃ τὰς ἐντολὰς Κυρίου τοῦ Θεοῦ σου πορεύεσθαι ἐν ταῖς ὁδοῖς αὐτοῦ, καὶ φοβεῖσθαι αὐτόν.

Ὁ γὰρ Κύριος ὁ Θεός σου εἰσάξει σε εἰς γῆν ἀγαθὴν καὶ 7 πολλὴν, οὗ χείμαρροι ὑδάτων, καὶ πηγαὶ ἀβύσσων ἐκπορευόμεναι διὰ τῶν πεδίων καὶ διὰ τῶν ὀρέων· Γῆ πυροῦ καὶ κριθῆς, 8 ἄμπελοι, συκαῖ, ῥοαί· γῆ ἐλαίας ἐλαίου καὶ μέλιτος· γῆ ἐφ᾽ 9 ἧς οὐ μετὰ πτωχείας φαγῇ τὸν ἄρτον σου, καὶ οὐκ ἐνδεηθήσῃ ἐπ᾽ αὐτῆς οὐδέν· γῆ ἧς οἱ λίθοι σίδηρος, καὶ ἐκ τῶν ὀρέων αὐτῆς μεταλλεύσεις χαλκόν.

Καὶ φαγῇ καὶ ἐμπλησθήσῃ, καὶ εὐλογήσεις Κύριον τὸν 10 Θεόν σου ἐπὶ τῆς γῆς τῆς ἀγαθῆς, ἧς δέδωκέ σοι. Πρόσεχε 11 σεαυτῷ μὴ ἐπιλάθῃ Κυρίου τοῦ Θεοῦ σου, τοῦ μὴ φυλάξαι τὰς ἐντολὰς αὐτοῦ, καὶ τὰ κρίματα καὶ τὰ δικαιώματα αὐτοῦ, ὅσα ἐγὼ ἐντέλλομαί σοι σήμερον· Μὴ φαγὼν καὶ ἐμπλησθεὶς, 12 καὶ οἰκίας καλὰς οἰκοδομήσας καὶ κατοικήσας ἐν αὐταῖς, καὶ 13 τῶν βοῶν σου καὶ τῶν προβάτων σου πληθυνθέντων σοι, ἀργυρίου καὶ χρυσίου πληθυνθέντος σοι, καὶ πάντων ὅσων σοι ἔσται πληθυνθέντων σοι, ὑψωθῇς τῇ καρδίᾳ, καὶ ἐπιλάθῃ 14

β *Gr.* shalt.   γ Matt. 4.4.   δ *Or,* issuing from deep places.

Κυρίου τοῦ Θεοῦ σου, τοῦ ἐξαγαγόντος σε ἐκ γῆς Αἰγύπτου, ἐξ
15 οἴκου δουλείας· τοῦ ἀγαγόντος σε διὰ τῆς ἐρήμου τῆς μεγάλης
καὶ τῆς φοβερᾶς ἐκείνης, οὗ ὄφις δάκνων, καὶ σκορπίος, καὶ
δίψα, οὗ οὐκ ἦν ὕδωρ· τοῦ ἐξαγαγόντος σοι ἐκ πέτρας ἀκρο-
16 τόμου πηγὴν ὕδατος· τοῦ ψωμίσαντός σε τὸ μάννα ἐν τῇ ἐρήμῳ
ὃ οὐκ ᾔδεις σὺ, καὶ οὐκ ᾔδεισαν οἱ πατέρες σου, ἵνα κακώσῃ
σε, καὶ ἐκπειράσῃ σε, καὶ εὖ σε ποιήσῃ ἐπ᾽ ἐσχάτων τῶν
17 ἡμερῶν σου. Μὴ εἴπῃς ἐν τῇ καρδίᾳ σου, ἡ ἰσχύς μου, καὶ
τὸ κράτος τῆς χειρός μου ἐποίησέ μοι τὴν δύναμιν τὴν μεγάλην
18 ταύτην. Καὶ μνησθήσῃ Κυρίου τοῦ Θεοῦ σου, ὅτι αὐτός
σοι δίδωσιν ἰσχὺν τοῦ ποιῆσαι δύναμιν, καὶ ἵνα στήσῃ τὴν
διαθήκην αὐτοῦ ἣν ὤμοσε Κύριος τοῖς πατράσι σου, ὡς
σήμερον.
19 Καὶ ἔσται ἐὰν λήθῃ ἐπιλάθῃ Κυρίου τοῦ Θεοῦ σου, καὶ
πορευθῇς ὀπίσω θεῶν ἑτέρων, καὶ λατρεύσῃς αὐτοῖς, καὶ
προσκυνήσῃς αὐτοῖς, διαμαρτύρομαι ὑμῖν σήμερον τόν τε
20 οὐρανὸν καὶ τὴν γῆν, ὅτι ἀπωλείᾳ ἀπολεῖσθε. Καθὰ καὶ τὰ
λοιπὰ ἔθνη ὅσα Κύριος ὁ Θεὸς ἀπολλύει πρὸ προσώπου ὑμῶν,
οὕτως ἀπολεῖσθε, ἀνθ᾽ ὧν οὐκ ἠκούσατε τῆς φωνῆς Κυρίου τοῦ
Θεοῦ ὑμῶν.

9 Ἄκουε Ἰσραήλ· σὺ διαβαίνεις σήμερον τὸν Ἰορδάνην εἰσ-
ελθεῖν κληρονομῆσαι ἔθνη μεγάλα καὶ ἰσχυρότερα μᾶλλον ἢ
2 ὑμεῖς, πόλεις μεγάλας καὶ τειχήρεις ἕως τοῦ οὐρανοῦ, λαὸν
μέγαν καὶ πολὺν καὶ εὐμήκη, υἱοὺς Ἐνάκ, οὓς σὺ οἶσθα, καὶ
σὺ ἀκήκοας, τίς ἀντιστήσεται κατὰ πρόσωπον υἱῶν Ἐνάκ;
3 Καὶ γνώσῃ σήμερον, ὅτι Κύριος ὁ Θεός σου οὗτος προπορεύ-
σεται πρὸ προσώπου σου· πῦρ καταναλίσκον ἐστίν· οὗτος
ἐξολοθρεύσει αὐτούς, καὶ οὗτος ἀποστρέψει αὐτοὺς ἀπὸ
προσώπου σου, καὶ ἀπολεῖ αὐτοὺς ἐν τάχει, καθάπερ εἶπέ σοι
4 Κύριος. Μὴ εἴπῃς ἐν τῇ καρδίᾳ σου ἐν τῷ ἐξαναλῶσαι
Κύριον τὸν Θεόν σου τὰ ἔθνη ταῦτα πρὸ προσώπου σου,
λέγων, διὰ τὴν δικαιοσύνην μου εἰσήγαγέ με Κύριος κληρονο-
5 μῆσαι τὴν γῆν τὴν ἀγαθὴν ταύτην. Οὐχὶ διὰ τὴν δικαιοσύνην
σου, οὐδὲ διὰ τὴν ὁσιότητα τῆς καρδίας σου σὺ εἰσπορεύῃ
κληρονομῆσαι τὴν γῆν αὐτῶν, ἀλλὰ διὰ τὴν ἀσέβειαν τῶν
ἐθνῶν τούτων Κύριος ἐξολοθρεύσει αὐτοὺς ἀπὸ προσώπου σου,
καὶ ἵνα στήσῃ τὴν διαθήκην, ἣν ὤμοσε Κύριος τοῖς πατράσιν
ἡμῶν τῷ Ἀβραὰμ καὶ τῷ Ἰσαὰκ καὶ τῷ Ἰακώβ.
6 Καὶ γνώσῃ σήμερον, ὅτι οὐχὶ διὰ τὰς δικαιοσύνας σου
Κύριος ὁ Θεός σου δίδωσί σοι τὴν γῆν τὴν ἀγαθὴν ταύτην
7 κληρονομῆσαι, ὅτι λαὸς σκληροτράχηλος εἶ. Μνήσθητι, μὴ
ἐπιλάθῃ ὅσα παρώξυνας Κύριον τὸν Θεόν σου ἐν τῇ ἐρήμῳ·
ἀφ᾽ ἧς ἡμέρας ἐξήλθετε ἐξ Αἰγύπτου, καὶ ἤλθετε εἰς τὸν τόπον
τοῦτον, ἀπειθοῦντες διετελεῖτε τὰ πρὸς Κύριον.
8 Καὶ ἐν Χωρὴβ παρωξύνατε Κύριον, καὶ ἐθυμώθη Κύριος ἐφ᾽
9 ὑμῖν ἐξολοθρεῦσαι ὑμᾶς, ἀναβαίνοντός μου εἰς τὸ ὄρος λαβεῖν
τὰς πλάκας τὰς λιθίνας, πλάκας διαθήκης, ἃς διέθετο Κύριος
πρὸς ὑμᾶς, καὶ κατεγενόμην ἐν τῷ ὄρει τεσσαράκοντα ἡμέρας
καὶ τεσσαράκοντα νύκτας, ἄρτον οὐκ ἔφαγον καὶ ὕδωρ οὐκ
10 ἔπιον. Καὶ ἔδωκέ μοι Κύριος τὰς δύο πλάκας τὰς λιθίνας
γεγραμμένας ἐν τῷ δακτύλῳ τοῦ Θεοῦ, καὶ ἐπ᾽ αὐταῖς ἐγέγραπτο
πάντες οἱ λόγοι οὓς ἐλάλησε Κύριος πρὸς ὑμᾶς ἐν τῷ ὄρει

and forget the Lord thy God, who brought thee out of the land of Egypt, out of the house of bondage: [15] who brought thee through that great and terrible wilderness, where *is* the biting serpent, and scorpion, and drought, where there was no water; who brought thee a fountain of water out of the flinty rock: [16] who fed thee with manna in the wilderness, which thou knewest not, and thy fathers knew not; that he might afflict thee, and thoroughly try thee, and do thee good in thy latter days. [17] Lest thou shouldest say in thine heart, My strength, and the power of mine hand have wrought for me this great wealth. [18] But thou shalt remember the Lord thy God, that he gives thee strength to get wealth; even that he may establish his covenant, which the Lord sware to thy fathers, as at this day.

[19] And it shall come to pass if thou do at all forget the Lord thy God, and shouldest go after other gods, and serve them, and worship them, I call heaven and earth to witness against you this day, that ye shall surely perish. [20] As also the other nations which the Lord God destroys before your face, so shall ye perish, because ye hearkened not to the voice of the Lord your God.

Hear, O Israel: Thou goest this day across Jordan to inherit nations greater and stronger than yourselves, cities great and walled up to heaven; [2] a people great and many and tall, the sons of Enac, whom thou knowest, and concerning whom thou hast heard *say*, Who can stand before the children of Enac? [3] And thou shalt know to-day, that the Lord thy God he shall go before thy face: he is a consuming fire; he shall destroy them, and he shall turn them back before thee, and shall destroy them quickly, as the Lord said to thee. [4] Speak not in thine heart, when the Lord thy God has destroyed these nations before thy face, saying, For my righteousness the Lord brought me in to inherit this good land. [5] Not for thy righteousness, nor for the holiness of thy heart, dost thou go in to inherit their land, but because of the wickedness of these nations the Lord will destroy them from before thee, and that he may establish the covenant, which the Lord sware to our fathers, to Abraam, and to Isaac, and to Jacob.

[6] And thou shalt know to-day, that *it is* not for thy righteousnesses the Lord thy God gives thee this good land to inherit, for thou art a stiff-necked people. [7] Remember, forget not, how much thou provokedst the Lord thy God in the wilderness: from the day that ye came forth out of Egypt, even till ye came into this place, ye continued to be disobedient toward the Lord.

[8] Also in Choreb ye provoked the Lord, and the Lord was angry with you to destroy you; [9] when I went up into the mountain to receive the tables of stone, the tables of the covenant, which the Lord made with you, and I was in the mountain forty days and forty nights, I ate no bread and drank no water. [10] And the Lord gave me the two tables of stone written with the finger of God, and on them there had been written all the words which the Lord spoke to you in the mountain in the day of the assembly.

¹¹ And it came to pass after forty days and forty nights, the Lord gave me the two tables of stone, the tables of the covenant. ¹² And the Lord said to me, Arise, go down quickly from hence, for thy people whom thou broughtest out of the land of Egypt have transgressed; they have gone aside quickly out of the way which I commanded them, and have made themselves a molten image.

¹³ And the Lord spoke to me, saying, I have spoken to thee once and again, saying, I have seen this people, and, behold, it is a stiff-necked people. ¹⁴ And now suffer me utterly to destroy them, and I will blot out their name from under heaven, and will make of thee a nation great and strong, and more numerous than this. ¹⁵ And I turned and went down from the mountain; and the mountain burned with fire to heaven; and the two tables of the testimonies were βin my two hands. ¹⁶ And when I saw that ye had sinned against the Lord your God, and had made to yourselves a molten image, and had gone astray out of the way, which the Lord commanded you to γ keep; ¹⁷ then I took hold of the two tables, and cast them out of my two hands, and broke them before you. ¹⁸ And I made my petition before the Lord as also at the first forty days and forty nights: I ate no bread and drank no water, on account of all your sins which ye sinned in doing evil before the Lord God to provoke him. ¹⁹ And I δwas greatly terrified because of the wrath and anger, because the Lord was provoked with you utterly to destroy you; yet the Lord hearkened to me at this time also. ²⁰ And he was angry with Aaron to destroy him utterly, and I prayed for Aaron also at that time. ²¹ And your sin which ye had made, even the calf, I took, and burnt it with fire, and pounded it and ground it down till it became fine; and it became like dust, and I cast the dust into the brook that descended from the mountain.

²² Also in the ζ burning, and in the ζ temptation, and at the ζgraves of lust, ye provoked the Lord. ²³ And when the Lord sent you forth from Cades Barne, saying, Go up and inherit the land which I give to you, then ye disobeyed the word of the Lord your God, and believed him not, and hearkened not to his voice. ²⁴ Ye were disobedient θ in the things relating to the Lord from the day in which he became known to you. ²⁵ And I prayed before the Lord forty days and forty nights, the number that I prayed before, for the Lord said that he would utterly destroy you. ²⁶ And I prayed to God, and said, O Lord, King of gods, destroy not thy people and thine λinheritance,whom thou didst redeem, whom thou broughtest out of the land of Egypt with thy great power, and with thy strong hand, and with thy high arm. ²⁷ Remember Abraam, and Isaac, and Jacob thy servants, to whom thou swarest by thyself: look not upon the hardness of heart of this people, and their impieties, and their sins. ²⁸ Lest the inhabitants of the land whence thou broughtest

ἡμέρα ἐκκλησίας. Καὶ ἐγένετο διὰ τεσσαράκοντα ἡμερῶν 11 καὶ διὰ τεσσαράκοντα νυκτῶν ἔδωκε Κύριος ἐμοὶ τὰς δύο πλάκας τὰς λιθίνας, πλάκας διαθήκης. Καὶ εἶπε Κύριος 12 πρὸς μὲ, ἀνάστηθι, κατάβηθι τοτάχος ἐντεῦθεν, ὅτι ἠνόμησεν ὁ λαός σου, οὓς ἐξήγαγες ἐκ γῆς Αἰγύπτου· παρέβησαν ταχὺ ἐκ τῆς ὁδοῦ ἧς ἐνετείλω αὐτοῖς, καὶ ἐποίησαν ἑαυτοῖς χώνευμα.

Καὶ εἶπε Κύριος πρὸς μὲ, λέγων, λελάληκα πρὸς σὲ ἅπαξ 13 καὶ δὶς, λέγων, ἑώρακα τὸν λαὸν τοῦτον, καὶ ἰδοὺ λαὸς σκληροτράχηλός ἐστι. Καὶ νῦν ἔασόν με ἐξολοθρεῦσαι αὐτοὺς, 14 καὶ ἐξαλείψω τὸ ὄνομα αὐτῶν ὑποκάτωθεν τοῦ οὐρανοῦ, καὶ ποιήσω σε εἰς ἔθνος μέγα, καὶ ἰσχυρὸν, καὶ πολὺ μᾶλλον ἢ τοῦτο. Καὶ ἐπιστρέψας, κατέβην ἐκ τοῦ ὄρους· καὶ τὸ ὄρος 15 ἐκαίετο πυρὶ ἕως τοῦ οὐρανοῦ· καὶ αἱ δύο πλάκες τῶν μαρτυρίων ἐπὶ ταῖς δυσὶ χερσί μου. Καὶ ἰδὼν ὅτι ἡμάρτετε 16 ἐναντίον Κυρίου τοῦ Θεοῦ ὑμῶν, καὶ ἐποιήσατε ὑμῖν αὐτοῖς χωνευτὸν, καὶ παρέβητε ἀπὸ τῆς ὁδοῦ, ἧς ἐνετείλατο Κύριος ὑμῖν ποιεῖν· καὶ ἐπιλαβόμενος τῶν δύο πλακῶν, ἔρριψα 17 αὐτὰς ἀπὸ τῶν δύο χειρῶν μου, καὶ συνέτριψα ἐναντίον ὑμῶν. Καὶ ἐδεήθην ἐναντίον Κυρίου δεύτερον καθάπερ καὶ τὸ πρό- 18 τερον τεσσαράκοντα ἡμέρας καὶ τεσσαράκοντα νύκτας, ἄρτον οὐκ ἔφαγον καὶ ὕδωρ οὐκ ἔπιον, περὶ πασῶν τῶν ἁμαρτιῶν ὑμῶν ὧν ἡμάρτετε ποιῆσαι τὸ πονηρὸν ἐναντίον Κυρίου τοῦ Θεοῦ παροξῦναι αὐτόν. Καὶ ἔκφοβός εἰμι διὰ τὸν θυμὸν 19 καὶ τὴν ὀργὴν, ὅτι παρωξύνθη Κύριος ἐφ᾽ ὑμῖν τοῦ ἐξολοθρεῦσαι ὑμᾶς· καὶ εἰσήκουσε Κύριος ἐμοῦ καὶ ἐν τῷ καιρῷ τούτῳ. Καὶ ἐπὶ Ἀαρὼν ἐθυμώθη ἐξολοθρεῦσαι αὐτὸν, καὶ ηὐξάμην 20 καὶ περὶ Ἀαρὼν ἐν τῷ καιρῷ ἐκείνῳ. Καὶ τὴν ἁμαρτίαν ὑμῶν, 21 ἣν ἐποιήσατε, τὸν μόσχον ἔλαβον αὐτὸν, καὶ κατέκαυσα αὐτὸν ἐν πυρὶ, καὶ συνέκοψα αὐτὸν καταλέσας σφόδρα ἕως ἐγένετο λεπτὸν, καὶ ἐγένετο ὡσεὶ κονιορτὸς· καὶ ἔρριψα τὸν κονιορτὸν εἰς τὸν χειμάρρουν τὸν καταβαίνοντα ἐκ τοῦ ὄρους.

Καὶ ἐν τῷ ἐμπυρισμῷ, καὶ ἐν τῷ πειρασμῷ, καὶ ἐν τοῖς 22 μνήμασι τῆς ἐπιθυμίας παροξύναντες ἦτε Κύριον. Καὶ ὅτε 23 ἐξαπέστειλεν ὑμᾶς Κύριος ἐκ Κάδης Βαρνῆ, λέγων, ἀνάβητε καὶ κληρονομήσατε τὴν γῆν, ἣν δίδωμι ὑμῖν, καὶ ἠπειθήσατε τῷ ῥήματι Κυρίου τοῦ Θεοῦ ὑμῶν, καὶ οὐκ ἐπιστεύσατε αὐτῷ, καὶ οὐκ εἰσηκούσατε τῆς φωνῆς αὐτοῦ. Ἀπειθοῦντες ἦτε τὰ 24 πρὸς Κύριον ἀπὸ τῆς ἡμέρας ἧς ἐγνώσθη ὑμῖν. Καὶ ἐδεήθην 25 ἔναντι Κυρίου τεσσαράκοντα ἡμέρας καὶ τεσσαράκοντα νύκτας, ὅσας ἐδεήθην· εἶπε γὰρ Κύριος ἐξολοθρεῦσαι ὑμᾶς. Καὶ 26 ηὐξάμην πρὸς τὸν Θεὸν, καὶ εἶπα, Κύριε βασιλεῦ τῶν θεῶν, μὴ ἐξολοθρεύσῃς τὸν λαόν σου καὶ τὴν μερίδα σου, ἣν ἐλυτρώσω, οὓς ἐξήγαγες ἐκ γῆς Αἰγύπτου ἐν τῇ ἰσχύϊ σου τῇ μεγάλῃ, καὶ ἐν τῇ χειρί σου τῇ κραταιᾷ, καὶ ἐν τῷ βραχίονί σου τῷ ὑψηλῷ. Μνήσθητι Ἀβραὰμ καὶ Ἰσαὰκ καὶ Ἰακὼβ 27 τῶν θεραπόντων σου, οἷς ὤμοσας κατὰ σεαυτοῦ· μὴ ἐπιβλέψῃς ἐπὶ τὴν σκληρότητα τοῦ λαοῦ τούτου, καὶ τὰ ἀσεβήματα, καὶ ἐπὶ τὰ ἁμαρτήματα αὐτῶν. Μὴ εἴπωσιν οἱ κατοικοῦντες 28 τὴν γῆν ὅθεν ἐξήγαγες ἡμᾶς ἐκεῖθεν, λέγοντες, παρὰ τὸ μὴ

β Gr. on. γ Gr. to do. δ Gr. am. ζ Heb. Taberah, Massah, and Kibroth Hattaavah. θ Or, toward the Lord
λ Gr. portion or part.

δύνασθαι Κύριον εἰσαγαγεῖν αὐτοὺς εἰς τὴν γῆν ἣν εἶπεν αὐτοῖς, καὶ παρὰ τὸ μισῆσαι αὐτοὺς, ἐξήγαγεν αὐτοὺς ἐν τῇ
29 ἐρήμῳ ἀποκτεῖναι αὐτούς. Καὶ οὗτοι λαός σου καὶ κλῆρός σου, οὓς ἐξήγαγες ἐκ γῆς Αἰγύπτου ἐν τῇ ἰσχύϊ σου τῇ μεγάλῃ, καὶ ἐν τῇ χειρί σου τῇ κραταιᾷ, καὶ ἐν τῷ βραχίονί σου τῷ ὑψηλῷ.

10 Ἐν ἐκείνῳ τῷ καιρῷ εἶπε Κύριος πρός μὲ, λάξευσον σεαυτῷ δύο πλάκας λιθίνας ὥσπερ τὰς πρώτας, καὶ ἀνάβηθι πρὸς μὲ
2 εἰς τὸ ὄρος, καὶ ποιήσεις σεαυτῷ κιβωτὸν ξυλίνην. Καὶ γράψεις ἐπὶ τὰς πλάκας τὰ ῥήματα, ἃ ἦν ἐν ταῖς πλαξὶ ταῖς πρώταις ἃς συνέτριψας, καὶ ἐμβαλεῖς αὐτὰς εἰς τὴν κιβωτόν.
3 Καὶ ἐποίησα κιβωτὸν ἐκ ξύλων ἀσήπτων, καὶ ἐλάξευσα τὰς πλάκας λιθίνας ὡς αἱ πρῶται, καὶ ἀνέβην εἰς τὸ ὄρος καὶ αἱ
4 δύο πλάκες ἐπὶ ταῖς χερσί μου. Καὶ ἔγραψεν ἐπὶ τὰς πλάκας κατὰ τὴν γραφὴν τὴν πρώτην τοὺς δέκα λόγους, οὓς ἐλάλησε Κύριος πρὸς ὑμᾶς ἐν τῷ ὄρει ἐκ μέσου τοῦ πυρὸς, καὶ ἔδωκεν
5 αὐτὰς Κύριος ἐμοί. Καὶ ἐπιστρέψας κατέβην ἐκ τοῦ ὄρους, καὶ ἐνέβαλον τὰς πλάκας εἰς τὴν κιβωτὸν ἣν ἐποίησα· καὶ
6 ἦσαν ἐκεῖ, καθὰ ἐνετείλατό μοι Κύριος. Καὶ οἱ υἱοὶ Ἰσραὴλ ἀπῆραν ἐκ Βηρὼθ υἱῶν Ἰακὶμ Μισαδαΐ· ἐκεῖ ἀπέθανεν Ἀαρὼν, καὶ ἐτάφη ἐκεῖ, καὶ ἱεράτευσεν Ἐλεάζαρ υἱὸς αὐτοῦ ἀντ᾽ αὐτοῦ.
7 Ἐκεῖθεν ἀπῆραν εἰς Γαδγάδ· καὶ ἀπὸ Γαδγὰδ εἰς Ἐτεβαθᾶ, γῆ χείμαρροι ὑδάτων.
8 Ἐν ἐκείνῳ τῷ καιρῷ διέστειλε Κύριος τὴν φυλὴν τὴν Λευὶ, αἴρειν τὴν κιβωτὸν τῆς διαθήκης Κυρίου, παρεστάναι ἔναντι Κυρίου, λειτουργεῖν καὶ ἐπεύχεσθαι ἐπὶ τῷ ὀνόματι αὐτοῦ ἕως
9 τῆς ἡμέρας ταύτης. Διὰ τοῦτο οὐκ ἔστι τοῖς Λευίταις μερὶς καὶ κλῆρος ἐν τοῖς ἀδελφοῖς αὐτῶν· Κύριος αὐτὸς κλῆρος αὐτοῦ,
10 καθότι εἶπεν αὐτῷ. Κἀγὼ εἱστήκειν ἐν τῷ ὄρει τεσσαράκοντα ἡμέρας καὶ τεσσαράκοντα νύκτας· καὶ εἰσήκουσε Κύριος ἐμοῦ καὶ ἐν τῷ καιρῷ τούτῳ, καὶ οὐκ ἠθέλησε Κύριος ἐξολοθρεῦσαι
11 ὑμᾶς. Καὶ εἶπε Κύριος πρὸς μὲ, βάδιζε, ἄπαρον ἐναντίον τοῦ λαοῦ τούτου, καὶ εἰσπορευέσθωσαν καὶ κληρονομείτωσαν τὴν γῆν, ἣν ὤμοσα τοῖς πατράσιν αὐτῶν δοῦναι αὐτοῖς.

12 Καὶ νῦν Ἰσραὴλ, τί Κύριος ὁ Θεός σου αἰτεῖται παρὰ σοῦ, ἀλλ᾽ ἢ φοβεῖσθαι Κύριον τὸν Θεόν σου, καὶ πορεύεσθαι ἐν πάσαις ταῖς ὁδοῖς αὐτοῦ, καὶ ἀγαπᾶν αὐτὸν, καὶ λατρεύειν Κυρίῳ τῷ Θεῷ σου ἐξ ὅλης τῆς καρδίας σου, καὶ ἐξ ὅλης τῆς
13 ψυχῆς σου, φυλάσσεσθαι τὰς ἐντολὰς Κυρίου τοῦ Θεοῦ σου, καὶ τὰ δικαιώματα αὐτοῦ, ὅσα ἐγὼ ἐντέλλομαί σοι σήμερον,
14 ἵνα εὖ σοι ᾖ; Ἰδοὺ Κυρίου τοῦ Θεοῦ σου ὁ οὐρανὸς καὶ ὁ οὐρανὸς τοῦ οὐρανοῦ, ἡ γῆ καὶ πάντα ὅσα ἐστὶν ἐν αὐτῇ.
15 Πλὴν τοὺς πατέρας ὑμῶν προείλετο Κύριος ἀγαπᾶν αὐτοὺς, καὶ ἐξελέξατο τὸ σπέρμα αὐτῶν μετ᾽ αὐτοὺς, ὑμᾶς, παρὰ πάντα
16 τὰ ἔθνη, κατὰ τὴν ἡμέραν ταύτην. Καὶ περιτεμεῖσθε τὴν σκληροκαρδίαν ὑμῶν, καὶ τὸν τράχηλον ὑμῶν οὐ σκληρυνεῖτε.
17 Ὁ γὰρ Κύριος ὁ Θεὸς ὑμῶν, οὗτος Θεὸς τῶν θεῶν, καὶ Κύριος τῶν κυρίων, ὁ Θεὸς ὁ μέγας, καὶ ἰσχυρὸς, καὶ φοβερὸς, ὅστις
18 οὐ θαυμάζει πρόσωπον, οὐδὲ οὐ μὴ λάβῃ δῶρον· ποιῶν

us out speak, saying, Because the Lord could not bring them into the land of which he spoke to them, and because he hated them, has he brought them forth to slay them in the wilderness. [29]And these *are* thy people and thy portion, whom thou broughtest out of the land of Egypt with thy great strength, and with thy mighty hand, and with thy high arm.

At that time the Lord said to me, Hew for thyself two stone tables as the first, and come up to me into the mountain, and thou shalt make for thyself an ark of wood. [2]And thou shalt write upon the tables the words which were on the first tables which thou didst break, and thou shalt put them into the ark. [3]So I made an ark of boards of incorruptible wood, and I hewed tables of stone like the first, and I went up to the mountain, and the two tables were in my hand. [4]And I wrote upon the tables according to the first writing the ten commandments, which the Lord spoke to you in the mountain out of the midst of the fire, and the Lord gave them to me. [5]So I turned and came down from the mountain, and I put the tables into the ark which I had made; and there they were, as the Lord commanded me. [6]And the children of Israel departed from Beeroth of the sons of Jakim *to* Misadai: there Aaron died, and there he was buried, and Eleazar his son was priest in his stead. [7]Thence they departed to Gadgad; and from Gadgad to Etebatha, a land *wherein are* torrents of water. [8]At that time the Lord separated the tribe of Levi, to bear the ark of the covenant of the Lord, to stand near before the Lord, to minister and bless in his name to this day. [9]Therefore the Levites have no part nor inheritance among their brethren; the Lord himself *is* their inheritance, as he said to them. [10]And I [β]remained in the mount forty days and forty nights: and the Lord heard me at that time also, and the Lord would not destroy you. [11]And the Lord said to me, Go, set out before this people, and let them go in and inherit the land, which I sware to their fathers to give to them.

[12]And now, Israel, what does the Lord thy God require of thee, but to fear the Lord thy God, and to walk in all his ways, and to love him, and to serve the Lord thy God with all thy heart, and with all thy soul; [13]to keep the commandments of the Lord thy God, and his ordinances, all that I charge thee to-day, that it may be well with thee? [14]γ Behold, the heaven and the heaven of heavens belong to the Lord thy God, the earth and all things that are in it. [15]Only the Lord chose your fathers to love them, and he chose out their seed after them, *even* you, beyond all nations, as at this day. [16]δ Therefore ye shall circumcise the hardness of your heart, and ye shall not harden your neck. [17]For the Lord your God, he *is* God of gods, and Lord of lords, the great and strong, and terrible God, who does not ζ accept persons, nor will he by any means accept a bribe: [18]executing judgment

---

β Gr. stood.　　γ 1 Cor. 10. 26, 28.　　δ Gr. and.　　ζ Gr. wonder at or admire a face.

for the stranger and orphan and widow, and he loves the stranger to give him food and raiment. ¹⁹ And ye shall love the stranger ; for ye were strangers in the land of Egypt.

²⁰ Thou shalt fear the Lord thy God, and serve him, and shalt cleave to him, and shalt swear by his name. ²¹ He *is* thy boast, and he *is* thy God, who has wrought in the midst of thee these great and glorious things, which thine eyes have seen. ²²With seventy souls your fathers went down into Egypt ; but the Lord thy God has made thee as the stars of heaven in multitude.

Therefore thou shalt love the Lord thy God, and shalt observe his appointments, and his ordinances, and his commandments, and his judgments, always. ² And ye shall know this day ; for *I speak* not to your children, who know not and have not seen the discipline of the Lord thy God, and his wonderful works, and his strong hand, and his high arm, ³ and his miracles, and his wonders, which he wrought in the midst of Egypt on Pharao king of Egypt, and all his land ; ⁴ and what he did to the host of the Egyptians, and to their chariots, and their cavalry, and their host ; how he made the water of the Red Sea to overwhelm the face of them as they pursued after you, and the Lord destroyed them until this day ; ⁵ and all the things which he did to you in the wilderness until ye came into this place ; ⁶ and all things that he did to Dathan and Abiron the sons of Eliab the son of Ruben, whom the earth opening her mouth swallowed up, and their houses, and their tents, and all their substance that was with them, in the midst of all Israel : ⁷ for your eyes have seen all the mighty works of the Lord, which he wrought among you to-day.

⁸ And ye shall keep all his commandments, as many as I command thee to-day, that ye may live, and be multiplied, and that ye may go in and inherit the land, into which ye go across Jordan to inherit it : ⁹ that ye may live long upon the land, which the Lord sware to your fathers to give to them, and to their seed after them, a land flowing with milk and honey. ¹⁰ For the land into which thou goest to inherit it, is not as the land of Egypt, whence ye came out, whensoever they sow the seed, and water it with their feet, as a garden of herbs : ¹¹ but the land into which thou goest to inherit it, is a land of mountains and plains ; it shall drink water of the rain of heaven. ¹² A land which the Lord thy God surveys continually, the eyes of the Lord thy God are upon it from the beginning of the year to the end of the year.

¹³ Now if ye will indeed hearken to all the commands which I charge thee this day, to love the Lord thy God, and to serve him with all thy heart, and with all thy soul, ¹⁴ then he shall give to thy land the early and latter rain in its season, and thou shalt bring in thy corn, and thy wine, and thine oil. ¹⁵ And he shall give food in thy fields to thy cattle ; and when thou hast eaten and art full, ¹⁶ take heed to thyself that thy

κρίσιν προσηλύτῳ καὶ ὀρφανῷ καὶ χήρᾳ, καὶ ἀγαπᾷ τὸν προσήλυτον δοῦναι αὐτῷ ἄρτον καὶ ἱμάτιον. Καὶ ἀγαπήσετε 19 τὸν προσήλυτον· προσήλυτοι γὰρ ἦτε ἐν γῇ Αἰγύπτῳ.

Κύριον τὸν Θεόν σου φοβηθήσῃ, καὶ αὐτῷ λατρεύσεις, καὶ 20 πρὸς αὐτὸν κολληθήσῃ, καὶ ἐπὶ τῷ ὀνόματι αὐτοῦ ὀμῇ. Οὗτος 21 καύχημά σου, καὶ οὗτος Θεός σου, ὅστις ἐποίησεν ἐν σοὶ τὰ μεγάλα καὶ τὰ ἔνδοξα ταῦτα, ἃ ἴδοσαν οἱ ὀφθαλμοί σου. Ἐν ἑβδομήκοντα ψυχαῖς κατέβησαν οἱ πατέρες σου εἰς Αἴγυπ- 22 τον· νυνὶ δὲ ἐποίησέ σε Κύριος ὁ Θεός σου ὡσεὶ τὰ ἄστρα τοῦ οὐρανοῦ τῷ πλήθει.

Καὶ ἀγαπήσεις Κύριον τὸν Θεόν σου, καὶ φυλάξῃ τὰ φυ- 11 λάγματα αὐτοῦ, καὶ τὰ δικαιώματα αὐτοῦ, καὶ τὰς ἐντολὰς αὐτοῦ, καὶ τὰς κρίσεις αὐτοῦ πάσας τὰς ἡμέρας. Καὶ γνώ- 2 σεσθε σήμερον, ὅτι οὐχὶ τὰ παιδία ὑμῶν, ὅσοι οὐκ οἴδασιν οὐδὲ ἴδοσαν τὴν παιδείαν Κυρίου τοῦ Θεοῦ σου, καὶ τὰ μεγα- 3 λεῖα αὐτοῦ, καὶ τὴν χεῖρα τὴν κραταιὰν, καὶ τὸν βραχίονα τὸν ὑψηλὸν, καὶ τὰ σημεῖα αὐτοῦ, καὶ τὰ τέρατα αὐτοῦ, ὅσα ἐποίησεν ἐν μέσῳ Αἰγύπτου Φαραὼ βασιλεῖ Αἰγύπτου, καὶ πάσῃ τῇ γῇ αὐτοῦ, καὶ ὅσα ἐποίησε τὴν δύναμιν τῶν Αἰγυπ- 4 τίων, καὶ τὰ ἅρματα αὐτῶν, καὶ τὴν ἵππον αὐτῶν, καὶ τὴν δύναμιν αὐτῶν, ὡς ἐπέκλυσε τὸ ὕδωρ τῆς θαλάσσης τῆς ἐρυθρᾶς ἐπὶ προσώπου αὐτῶν καταδιωκόντων αὐτῶν ἐκ τῶν ὀπίσω ὑμῶν, καὶ ἀπώλεσεν αὐτοὺς Κύριος ἕως τῆς σήμερον ἡμέρας, καὶ ὅσα ἐποίησεν ὑμῖν ἐν τῇ ἐρήμῳ ἕως ἤλθετε εἰς 5 τὸν τόπον τοῦτον, καὶ ὅσα ἐποίησε τῷ Δαθὰν καὶ Ἀβειρὼν 6 υἱοῖς Ἐλιὰβ υἱοῦ Ῥουβὴν, οὓς ἀνοίξασα ἡ γῆ τὸ στόμα αὐτῆς κατέπιεν αὐτοὺς, καὶ τοὺς οἴκους αὐτῶν, καὶ τὰς σκηνὰς αὐτῶν, καὶ πᾶσαν αὐτῶν τὴν ὑπόστασιν τὴν μετ' αὐτῶν ἐν μέσῳ παντὸς Ἰσραήλ. Ὅτι οἱ ὀφθαλμοὶ ὑμῶν ἑώρακαν πάντα 7 τὰ ἔργα Κυρίου τὰ μεγάλα, ὅσα ἐποίησεν ἐν ὑμῖν σήμερον.

Καὶ φυλάξεσθε πάσας τὰς ἐντολὰς αὐτοῦ ὅσας ἐγὼ ἐν- 8 τέλλομαί σοι σήμερον, ἵνα ζῆτε, καὶ πολυπλασιασθῆτε, καὶ εἰσελθόντες κληρονομήσητε τὴν γῆν, εἰς ἣν ὑμεῖς διαβαίνετε τὸν Ἰορδάνην ἐκεῖ κληρονομῆσαι αὐτήν. Ἵνα μακροημερεύσητε 9 ἐπὶ τῆς γῆς, ἧς ὤμοσε Κύριος τοῖς πατράσιν ὑμῶν δοῦναι αὐτοῖς καὶ τῷ σπέρματι αὐτῶν μετ' αὐτούς, γῆν ῥέουσαν γάλα καὶ μέλι. Ἔστι γὰρ ἡ γῆ εἰς ἣν εἰσπορεύῃ ἐκεῖ κληρονομῆ- 10 σαι αὐτὴν, οὐχ ὥσπερ γῆ Αἰγύπτου ἐστὶν, ὅθεν ἐκπεπόρευσθε ἐκεῖθεν, ὅταν σπείρωσι τὸν σπόρον, καὶ ποτίζωσι τοῖς ποσὶν αὐτῶν, ὡσεὶ κῆπον λαχανείας. Ἡ δὲ γῆ εἰς ἣν εἰσπορεύῃ 11 ἐκεῖ κληρονομῆσαι αὐτὴν, γῆ ὀρεινὴ καὶ πεδεινὴ· ἐκ τοῦ ὑετοῦ τοῦ οὐρανοῦ πίεται ὕδωρ. Γῆ, ἣν Κύριος ὁ Θεός 12 σου ἐπισκοπεῖται αὐτὴν διαπαντὸς, οἱ ὀφθαλμοὶ Κυρίου τοῦ Θεοῦ σου ἐπ' αὐτῆς ἀπ' ἀρχῆς τοῦ ἐνιαυτοῦ καὶ ἕως συντελείας τοῦ ἐνιαυτοῦ.

Ἐὰν δὲ ἀκοῇ ἀκούσητε πάσας τὰς ἐντολὰς, ἃς ἐγὼ ἐντέλλο- 13 μαί σοι σήμερον, ἀγαπᾶν Κύριον τὸν Θεόν σου, καὶ λατρεύειν αὐτῷ ἐξ ὅλης τῆς καρδίας σου, καὶ ἐξ ὅλης τῆς ψυχῆς σου, καὶ δώσει τὸν ὑετὸν τῇ γῇ σου καθ' ὥραν πρώϊμον καὶ ὄψιμον, 14 καὶ εἰσοίσεις τὸν σῖτόν σου, καὶ τὸν οἶνόν σου, καὶ τὸ ἔλαιόν σου, καὶ δώσει χορτάσματα ἐν τοῖς ἀγροῖς σου τοῖς κτήνεσί 15 σου· καὶ φαγὼν, καὶ ἐμπλησθεὶς, πρόσεχε σεαυτῷ μὴ 16

πλατυνθῇ ἡ καρδία σου, καὶ παραβῆτε, καὶ λατρεύσητε θεοῖς
17 ἑτέροις, καὶ προσκυνήσητε αὐτοῖς, καὶ θυμωθεὶς ὀργῇ Κύριος
ἐφ᾽ ὑμῖν, καὶ συσχῇ τὸν οὐρανὸν, καὶ οὐκ ἔσται ὑετὸς, καὶ ἡ
γῆ οὐ δώσει τὸν καρπὸν αὐτῆς, καὶ ἀπολεῖσθε ἐν τάχει ἀπὸ τῆς
γῆς τῆς ἀγαθῆς, ἧς Κύριος ἔδωκεν ὑμῖν.

18 Καὶ ἐμβαλεῖτε τὰ ῥήματα ταῦτα εἰς τὴν καρδίαν ὑμῶν καὶ
εἰς τὴν ψυχὴν ὑμῶν, καὶ ἀφάψετε αὐτὰ εἰς σημεῖον ἐπὶ τῆς
19 χειρὸς ὑμῶν, καὶ ἔσται ἀσάλευτον πρὸ ὀφθαλμῶν ὑμῶν. Καὶ
διδάξετε αὐτὰ τὰ τέκνα ὑμῶν λαλεῖν ἐν αὐτοῖς καθημένου
σου ἐν οἴκῳ, καὶ πορευομένου σου ἐν ὁδῷ, καὶ καθεύδοντός
20 σου, καὶ διανισταμένου σου. Καὶ γράψετε αὐτὰ ἐπὶ τὰς
21 φλιὰς τῶν οἰκιῶν ὑμῶν, καὶ τῶν πυλῶν ὑμῶν, ἵνα μακρο-
ημερεύσητε, καὶ αἱ ἡμέραι τῶν υἱῶν ὑμῶν ἐπὶ τῆς γῆς, ἧς
ὤμοσε Κύριος τοῖς πατράσιν ὑμῶν δοῦναι αὐτοῖς, καθὼς αἱ
22 ἡμέραι τοῦ οὐρανοῦ ἐπὶ τῆς γῆς. Καὶ ἔσται ἐὰν ἀκοῇ ἀκούσητε
πάσας τὰς ἐντολὰς ταύτας ἃς ἐγὼ ἐντέλλομαί σοι σήμερον
ποιεῖν, ἀγαπᾶν Κύριον τὸν Θεὸν ἡμῶν, καὶ πορεύεσθαι ἐν
23 πάσαις ταῖς ὁδοῖς αὐτοῦ, καὶ προσκολλᾶσθαι αὐτῷ, καὶ
ἐκβαλεῖ Κύριος πάντα τὰ ἔθνη ταῦτα ἀπὸ προσώπου ὑμῶν,
καὶ κληρονομήσετε ἔθνη μεγάλα καὶ ἰσχυρὰ μᾶλλον ἢ ὑμεῖς.
24 Πάντα τὸν τόπον οὗ ἐὰν πατήσῃ τὸ ἴχνος τοῦ ποδὸς ὑμῶν,
ὑμῖν ἔσται· ἀπὸ τῆς ἐρήμου καὶ Ἀντιλιβάνου, καὶ ἀπὸ τοῦ
ποταμοῦ τοῦ μεγάλου, ποταμοῦ Εὐφράτου, καὶ ἕως τῆς
25 θαλάσσης τῆς ἐπὶ δυσμῶν ἔσται τὰ ὅριά σου. Οὐκ ἀντιστή-
σεται οὐδεὶς κατὰ πρόσωπον ὑμῶν· καὶ τὸν φόβον ὑμῶν
καὶ τὸν τρόμον ὑμῶν ἐπιθήσει Κύριος ὁ Θεὸς ὑμῶν ἐπὶ
πρόσωπον πάσης τῆς γῆς, ἐφ᾽ ἧς ἂν ἐπιβῆτε ἐπ᾽ αὐτῆς, ὃν
τρόπον ἐλάλησε πρὸς ὑμᾶς.

26 Ἰδοὺ ἐγὼ δίδωμι ἐνώπιον ὑμῶν σήμερον τὴν εὐλογίαν καὶ
27 τὴν κατάραν· Τὴν εὐλογίαν, ἐὰν ἀκούσητε τὰς ἐντολὰς Κυρίου
28 τοῦ Θεοῦ ὑμῶν, ὅσας ἐγὼ ἐντέλλομαι ὑμῖν σήμερον· καὶ
τὴν κατάραν, ἐὰν μὴ ἀκούσητε τὰς ἐντολὰς Κυρίου τοῦ Θεοῦ
ἡμῶν, ὅσα ἐγὼ ἐντέλλομαι ὑμῖν σήμερον, καὶ πλανηθῆτε ἀπὸ
τῆς ὁδοῦ ἧς ἐνετειλάμην ὑμῖν, πορευθέντες λατρεύειν θεοῖς
29 ἑτέροις, οὓς οὐκ οἴδατε. Καὶ ἔσται ὅταν εἰσαγάγῃ σε Κύριος
ὁ Θεός σου εἰς τὴν γῆν εἰς ἣν διαβαίνεις ἐκεῖ κληρονομῆσαι
αὐτὴν, καὶ δώσεις εὐλογίαν ἐπ᾽ ὄρος Γαριζὶν, καὶ τὴν κατάραν
30 ἐπ᾽ ὄρος Γαιβάλ. Οὐκ ἰδοὺ ταῦτα πέραν τοῦ Ἰορδάνου,
ὀπίσω ὁδὸν δυσμῶν ἡλίου ἐν γῇ Χαναὰν, τὸ κατοικοῦν ἐπὶ
δυσμῶν ἐχόμενον τοῦ Γολγὸλ πλησίον τῆς δρυὸς τῆς ὑψηλῆς;
31 Ὑμεῖς γὰρ διαβαίνετε τὸν Ἰορδάνην, εἰσελθόντες κληρονομῆ-
σαι τὴν γῆν, ἣν Κύριος ὁ Θεὸς ἡμῶν δίδωσιν ὑμῖν ἐν κλήρῳ
πάσας τὰς ἡμέρας, καὶ κατοικήσετε ἐν αὐτῇ.

32 Καὶ φυλάξεσθε τοῦ ποιεῖν πάντα τὰ προστάγματα αὐτοῦ,
καὶ τὰς κρίσεις ταύτας, ὅσας ἐγὼ δίδωμι ἐνώπιον ὑμῶν σήμερον.

12 Καὶ ταῦτα τὰ προστάγματα καὶ αἱ κρίσεις, ἃς φυλάξετε
τοῦ ποιεῖν ἐν τῇ γῇ, ἣν Κύριος ὁ Θεὸς τῶν πατέρων ὑμῶν
δίδωσιν ὑμῖν ἐν κλήρῳ, πάσας τὰς ἡμέρας, ἃς ὑμεῖς ζῆτε
2 ἐπὶ τῆς γῆς. Ἀπωλείᾳ ἀπολεῖτε πάντας τοὺς τόπους ἐν οἷς
ἐλάτρευσαν ἐκεῖ τοῖς θεοῖς αὐτῶν, οὓς ὑμεῖς κληρονομεῖτε

heart be not β puffed up, and ye transgress, and serve other gods, and worship them: 17 and the Lord be angry with you, and restrain the heaven; and there shall not be rain, and the earth shall not yield its fruit, and ye shall perish quickly from off the good land, which the Lord has given you.

18 And ye shall store these words in your heart and in your soul, and ye shall bind them as a sign on your hand, and it shall be fixed before your eyes. 19 And ye shall teach them to your children, so as to speak about them when thou sittest in the house, and when thou walkest by the way, and when thou sleepest, and when thou risest up. 20 And ye shall write them on the γ lintels of your houses, and on your gates; 21 that your days may be long, and the days of your children, upon the land which the Lord sware to your fathers to give to them, as the days of heaven upon the earth. 22 And it shall come to pass that if ye will indeed hearken to all these commands, which I charge thee to observe this day, to love the Lord our God, and to walk in all his ways, and to cleave close to him; 23 then the Lord shall cast out all these nations before you, and ye shall inherit great nations and stronger than yourselves. 24 Every place whereon the sole of your foot shall tread shall be yours; from the wilderness and Antilibanus, and from the great river, the river Euphrates, even as far as the west sea shall be your coasts. 25 No one shall stand before you; and the Lord your God will put the fear of you and the dread of you on the face of all the land, on which ye shall tread, as he told you.

26 Behold, I set before you this day the blessing and the curse; 27 the blessing, if ye hearken to the commands of the Lord your God, all that I command you this day; 28 and the curse, if ye do not hearken to the commands of the Lord our God, as many as I command you this day, and ye wander from the way which I have commanded you, having gone to serve other gods, which ye know not. 29 And it shall come to pass when the Lord thy God shall have brought thee into the land into which thou goest over to inherit it, then thou shalt put blessing on mount Garizin, and the curse upon mount Gæbal. 30 Lo! are not these beyond Jordan, behind, westward in the land of Chanaan, which lies westward near Golgol, by the high oak? 31 For ye are passing over Jordan, to go in and inherit the land, which the Lord our God gives you to inherit always, and ye shall dwell in it.

32 And ye shall take heed to do all his ordinances, and these judgments, as many as I set before you to-day.

And these *are* the ordinances and the judgments, which ye shall observe to do in the land, which the Lord God of your fathers gives you for an inheritance, all the days which ye live upon the land. 2 Ye shall utterly destroy all the places in which they served their gods, whose *land* ye inherit, on

---

β *Gr.* made broad.   γ *Or,* thresholds.

the high mountains and on the hills, and under the thick tree. [3] And ye shall destroy their altars, and break in pieces their pillars, and ye shall cut down their groves, and ye shall burn with fire the graven images of their gods, and ye shall abolish their name out of that place. [4] Ye shall not do so to the Lord your God. [5] But in the place which the Lord thy God shall choose in one of your cities to name his name there, and to be called upon, ye shall even seek *him* out and go thither. [6] And ye shall carry thither your whole-burnt-offerings, and your sacrifices, and your first-fruits, and your β vowed-offerings, and your freewill-offerings, and your offerings of thanksgiving, the first-born of your herds, and of your flocks. [7] And ye shall eat there before the Lord your God, and ye shall rejoice in all the things on which ye shall lay your hand, ye and your houses, as the Lord your God has blessed you.

[8] Ye shall not do altogether as we do here to-day, every man that which is pleasing in his own sight. [9] For hitherto ye have not arrived at the rest and the inheritance, which the Lord our God gives you. [10] And ye shall go over Jordan, and shall dwell in the land, which the Lord our God takes as an inheritance for you; and he shall give you rest from all your enemies round about, and ye shall dwell safely. [11] And there shall be a place which the Lord thy God shall choose for his name to be called there, thither shall ye bring all things that I order you to-day; your whole-burnt-offerings, and your sacrifices, and your tithes, and the first-fruits of your hands, and every choice gift of yours, whatsoever ye shall vow to the Lord your God. [12] And ye shall rejoice before the Lord your God, ye and your sons, and your daughters, and your men-servants and your maid-servants, and the Levite that is at your gates; because he has no portion or inheritance with you. [13] Take heed to thyself that thou offer not thy whole-burnt-offerings in any place which thou shalt see; [14] save in the place wheih the Lord thy God shall choose, in one of thy tribes, there shall ye offer your whole-burnt-offerings, and there shalt thou do all things whatsoever I charge thee this day. [15] But thou shalt kill according to all thy desire, and shalt eat flesh according to the blessing of the Lord thy God, which he has given thee in every city; the unclean that is within thee and the clean shall eat it on equal terms, as the doe or the stag. [16] Only ye shall not eat the blood; ye shall pour it out on the ground as water.

[17] Thou shalt not be able to eat in thy cities the tithe of thy corn, and of thy wine, and of thine oil, the first-born of thine herd and of thy flock, and all *your* vows as many as ye shall have vowed, and your thank-offerings, and the first-fruits of thine hands. [18] But before the Lord thy God thou shalt eat it, in the place which the Lord thy God shall choose for himself, thou, and thy son, and thy daughter, thy man-servant, and thy maid-servant, and the

αὐτοὺς, ἐπὶ τῶν ὀρέων τῶν ὑψηλῶν, καὶ ἐπὶ τῶν θινῶν, καὶ ὑποκάτω δένδρου δασέως. Καὶ κατασκάψετε τοὺς βωμοὺς 3 αὐτῶν, καὶ συντρίψετε τὰς στήλας αὐτῶν, καὶ τὰ ἄλση αὐτῶν ἐκκόψετε, καὶ τὰ γλυπτὰ τῶν θεῶν αὐτῶν κατακαύσετε πυρὶ, καὶ ἀπολεῖτε τὸ ὄνομα αὐτῶν ἐκ τοῦ τόπου ἐκείνου. Οὐ 4 ποιήσετε οὕτω Κυρίῳ τῷ Θεῷ ὑμῶν. Ἀλλ' ἢ εἰς τὸν τόπον, 5 ὃν ἂν ἐκλέξηται Κύριος ὁ Θεός σου ἐν μιᾷ τῶν πόλεων ὑμῶν ἐπονομάσαι τὸ ὄνομα αὐτοῦ ἐκεῖ καὶ ἐπικληθῆναι, καὶ ἐκζητήσετε καὶ ἐλεύσεσθε ἐκεῖ. Καὶ οἴσετε ἐκεῖ τὰ ὁλοκαυτώματα 6 ὑμῶν, καὶ τὰ θυσιάσματα ὑμῶν, καὶ τὰς ἀπαρχὰς ὑμῶν, καὶ τὰς εὐχὰς ὑμῶν, καὶ τὰ ἑκούσια ὑμῶν, καὶ τὰς ὁμολογίας ὑμῶν, τὰ πρωτότοκα τῶν βοῶν ὑμῶν, καὶ τῶν προβάτων ὑμῶν. Καὶ φάγεσθε ἐκεῖ ἐναντίον Κυρίου τοῦ Θεοῦ ὑμῶν, 7 καὶ εὐφρανθήσεσθε ἐπὶ πᾶσιν, οὗ ἐὰν ἐπιβάλητε τὴν χεῖρα ὑμεῖς, καὶ οἱ οἶκοι ὑμῶν, καθότι εὐλόγησέ σε Κύριος ὁ Θεός σου.

Οὐ ποιήσετε πάντα ὅσα ἡμεῖς ποιοῦμεν ὧδε σήμερον, 8 ἕκαστος τὸ ἀρεστὸν ἐνώπιον αὐτοῦ. Οὐ γὰρ ἥκατε ἕως τοῦ 9 νῦν εἰς τὴν κατάπαυσιν, καὶ εἰς τὴν κληρονομίαν, ἣν Κύριος ὁ Θεὸς ἡμῶν δίδωσιν ὑμῖν. Καὶ διαβήσεσθε τὸν Ἰορδάνην, 10 καὶ κατοικήσετε ἐπὶ τῆς γῆς, ἧς Κύριος ὁ Θεὸς ἡμῶν κατακληρονομεῖ ὑμῖν, καὶ καταπαύσει ὑμᾶς ἀπὸ πάντων τῶν ἐχθρῶν ὑμῶν τῶν κύκλῳ, καὶ κατοικήσετε μετὰ ἀσφαλείας. Καὶ 11 ἔσται ὁ τόπος, ὃν ἂν ἐκλέξηται Κύριος ὁ Θεός σου ἐπικληθῆναι τὸ ὄνομα αὐτοῦ ἐκεῖ, ἐκεῖ οἴσετε πάντα ὅσα ἐγὼ ἐντέλλομαι ὑμῖν σήμερον· τὰ ὁλοκαυτώματα ὑμῶν, καὶ τὰ θυσιάσματα ὑμῶν, καὶ τὰ ἐπιδέκατα ὑμῶν, καὶ τὰς ἀπαρχὰς τῶν χειρῶν ὑμῶν, καὶ πᾶν ἐκλεκτὸν τῶν δώρων ὑμῶν, ὅσα ἂν εὔξησθε Κυρίῳ τῷ Θεῷ ὑμῶν. Καὶ εὐφρανθήσεσθε ἐναντίον Κυρίου 12 τοῦ Θεοῦ ὑμῶν, ὑμεῖς καὶ οἱ υἱοὶ ὑμῶν, καὶ αἱ θυγατέρες ὑμῶν, καὶ οἱ παῖδες ὑμῶν, καὶ αἱ παιδίσκαι ὑμῶν, καὶ ὁ Λευίτης ὁ ἐπὶ τῶν πυλῶν ὑμῶν· ὅτι οὐκ ἔστιν αὐτῷ μερὶς οὐδὲ κλῆρος μεθ' ὑμῶν. Πρόσεχε σεαυτῷ, μὴ ἀνενέγκῃς τὰ ὁλοκαυτώματά 13 σου ἐν παντὶ τόπῳ οὗ ἐὰν ἴδῃς. Ἀλλ' ἢ εἰς τὸν τόπον, ὃν ἂν 14 ἐκλέξηται Κύριος ὁ Θεός σου αὐτὸν, ἐν μιᾷ τῶν φυλῶν σου, ἐκεῖ ἀνοίσετε τὰ ὁλοκαυτώματα ὑμῶν, καὶ ἐκεῖ ποιήσεις πάντα ὅσα ἐγὼ ἐντέλλομαί σοι σήμερον. Ἀλλ' ἢ ἐν πάσῃ ἐπιθυμίᾳ σου 15 θύσεις, καὶ φαγῇ κρέα κατὰ τὴν εὐλογίαν Κυρίου τοῦ Θεοῦ σου, ἣν ἔδωκέ σοι ἐν πάσῃ πόλει· ὁ ἀκάθαρτος ἐν σοὶ καὶ ὁ καθαρὸς ἐπὶ τὸ αὐτὸ φάγεται αὐτὸ, ὡς δορκάδα ἢ ἔλαφον. Πλὴν τὸ αἷμα οὐ φάγεσθε· ἐπὶ τὴν γῆν ἐκχεεῖτε αὐτὸ, ὡς 16 ὕδωρ.

Οὐ δυνήσῃ φαγεῖν ἐν ταῖς πόλεσί σου τὸ ἐπιδέκατον 17 τοῦ σίτου σου, καὶ τοῦ οἴνου σου, καὶ τοῦ ἐλαίου σου, τὰ πρωτότοκα τῶν βοῶν σου, καὶ τῶν προβάτων σου, καὶ πάσας τὰς εὐχὰς, ὅσας ἂν εὔξησθε, καὶ τὰς ὁμολογίας ὑμῶν, καὶ τὰς ἀπαρχὰς τῶν χειρῶν σου. Ἀλλ' ἢ ἐναντίον Κυρίου τοῦ 18 Θεοῦ σου φαγῇ αὐτὸ ἐν τῷ τόπῳ, ᾧ ἂν ἐκλέξηται Κύριος ὁ Θεός σου αὐτῷ, σὺ καὶ ὁ υἱός σου, καὶ ἡ θυγάτηρ σου, ὁ παῖς σου, καὶ ἡ παιδίσκη σου, καὶ ὁ προσήλυτος ὁ ἐν ταῖς

β Gr. vows.

πόλεσιν ὑμῶν· καὶ εὐφρανθήσῃ ἐναντίον Κυρίου τοῦ Θεοῦ σου ἐπὶ πάντα, οὗ ἐὰν ἐπιβάλῃς τὴν χεῖρά σου.

19 Πρόσεχε σεαυτῷ μὴ ἐγκαταλίπῃς τὸν Λευίτην πάντα τὸν χρόνον ὅσον ἂν ζῆς ἐπὶ τῆς γῆς.

20 Ἐὰν δὲ ἐμπλατύνῃ Κύριος ὁ Θεός σου τὰ ὅριά σου, καθάπερ ἐλάλησέ σοι, καὶ ἐρεῖς, φάγομαι κρέα, ἐὰν ἐπιθυμήσῃ ἡ ψυχή σου ὥστε φαγεῖν κρέα, ἐν πάσῃ ἐπιθυμίᾳ τῆς ψυχῆς σου
21 φαγῇ κρέα. Ἐὰν δὲ μακρὰν ἀπέχῃ σου ὁ τόπος, ὃν ἂν ἐκλέξηται Κύριος ὁ Θεός σου ἐκεῖ ἐπικληθῆναι τὸ ὄνομα αὐτοῦ ἐκεῖ, καὶ θύσεις ἀπὸ τῶν βοῶν σου, καὶ ἀπὸ τῶν προβάτων σου ὧν ἂν δῷ ὁ Θεός σοι, ὃν τρόπον ἐνετειλάμην σοι, καὶ φαγῇ ἐν ταῖς πόλεσί σου κατὰ τὴν ἐπιθυμίαν τῆς ψυχῆς σου.
22 Ὡς ἔσθεται ἡ δορκὰς καὶ ἡ ἔλαφος, οὕτω φαγῇ αὐτό· ὁ ἀκά-
23 θαρτος ἐν σοὶ καὶ ὁ καθαρὸς ὡσαύτως ἔδεται. Πρόσεχε ἰσχυρῶς τοῦ μὴ φαγεῖν αἷμα, ὅτι αἷμα αὐτοῦ ψυχή· οὐ βρωθή-
24 σεται ψυχὴ μετὰ τῶν κρεῶν. Οὐ φάγεσθε· ἐπὶ τὴν γῆν
25 ἐκχεεῖτε αὐτὸ ὡς ὕδωρ. Οὐ φαγῇ αὐτό, ἵνα εὖ σοι γένηται καὶ τοῖς υἱοῖς σου μετὰ σὲ, ἐὰν ποιήσῃς τὸ καλὸν καὶ τὸ
26 ἀρεστὸν ἐναντίον Κυρίου τοῦ Θεοῦ σου. Πλὴν τὰ ἅγιά σου ἐὰν γένηταί σοι, καὶ τὰς εὐχάς σου λαβὼν ἥξεις εἰς τὸν τόπον, ὃν ἂν ἐκλέξηται Κύριος ὁ Θεός σου ἐπικληθῆναι τὸ ὄνομα
27 αὐτοῦ ἐκεῖ. Καὶ ποιήσεις τὰ ὁλοκαυτώματά σου, τὰ κρέα ἀνοίσεις ἐπὶ τὸ θυσιαστήριον Κυρίου τοῦ Θεοῦ σου· τὸ δὲ αἷμα τῶν θυσιῶν σου προσχεεῖς πρὸς τὴν βάσιν τοῦ θυσιαστη-
28 ρίου Κυρίου τοῦ Θεοῦ σου, τὰ δὲ κρέα φαγῇ. Φυλάσσου καὶ ἄκουε καὶ ποιήσεις πάντας τοὺς λόγους οὓς ἐγὼ ἐντέλ-λομαί σοι, ἵνα εὖ σοι γένηται καὶ τοῖς υἱοῖς σου δι᾽ αἰῶνος, ἐὰν ποιήσῃς τὸ ἀρεστὸν καὶ τὸ καλὸν ἐναντίον Κυρίου τοῦ Θεοῦ σου.

29 Ἐὰν δὲ ἐξολοθρεύσῃ Κύριος ὁ Θεός σου τὰ ἔθνη, εἰς οὓς εἰσπορεύῃ ἐκεῖ κληρονομῆσαι τὴν γῆν αὐτῶν, ἀπὸ προσώπου σου, καὶ κατακληρονομήσῃς αὐτὴν, καὶ κατοικήσῃς ἐν τῇ γῇ
30 αὐτῶν, πρόσεχε σεαυτῷ μὴ ἐκζητήσῃς ἐπακολουθῆσαι αὐτοῖς μετὰ τὸ ἐξολοθρευθῆναι αὐτοὺς ἀπὸ προσώπου σου, λέγων, πῶς ποιοῦσι τὰ ἔθνη ταῦτα τοῖς θεοῖς αὐτῶν; ποιήσω κἀγώ.
31 Οὐ ποιήσεις οὕτω τῷ Θεῷ σου· τὰ γὰρ βδελύγματα Κυρίου ἃ ἐμίσησεν, ἐποίησαν ἐν τοῖς θεοῖς αὐτῶν, ὅτι τοὺς υἱοὺς αὐτῶν, καὶ τὰς θυγατέρας αὐτῶν κατακαίουσιν ἐν πυρὶ τοῖς
32 θεοῖς αὐτῶν. Πᾶν ῥῆμα ὃ ἐγὼ ἐντέλλομαι ὑμῖν σήμερον, τοῦτο φυλάξῃ ποιεῖν· οὐ προσθήσεις ἐπ᾽ αὐτὸ, οὐδὲ ἀφελεῖς ἀπ᾽ αὐτοῦ.

13 Ἐὰν δὲ ἀναστῇ ἐν σοὶ προφήτης ἢ ἐνυπνιαζόμενος τὸ
2 ἐνύπνιον, καὶ δῷ σοι σημεῖον ἢ τέρας, καὶ ἔλθῃ τὸ σημεῖον ἢ τὸ τέρας ὃ ἐλάλησε πρὸς σὲ, λέγων, πορευθῶμεν καὶ λα-
3 τρεύσωμεν θεοῖς ἑτέροις οὓς οὐκ οἴδατε, οὐκ ἀκούσεσθε τῶν λόγων τοῦ προφήτου ἐκείνου ἢ τοῦ ἐνυπνιαζομένου τὸ ἐν-ύπνιον ἐκεῖνο· ὅτι πειράζει Κύριος ὁ Θεός σου ὑμᾶς, εἰδέναι εἰ ἀγαπᾶτε τὸν Θεὸν ὑμῶν ἐξ ὅλης τῆς καρδίας ὑμῶν, καὶ ἐξ
4 ὅλης τῆς ψυχῆς ὑμῶν. Ὀπίσω Κυρίου τοῦ Θεοῦ ὑμῶν πορεύσεσθε, καὶ τοῦτον φοβηθήσεσθε, καὶ τῆς φωνῆς αὐτοῦ

stranger that is within thy gates; and thou shalt rejoice before the Lord thy God, on whatsoever thou shalt lay thine hand. ¹⁹ Take heed to thyself that thou do not desert the Levite all the time that thou livest upon the earth. ²⁰ And if the Lord thy God shall enlarge thy borders, as he said to thee, and thou shalt say, I will eat flesh; if thy soul should desire to eat flesh, thou shalt eat flesh β according to all the desire of thy soul. ²¹ And if the place be far from thee, which the Lord thy God shall choose for himself, that his name be called upon it, then thou shalt kill of thy herd and of thy flock which God shall have given thee, even as I commanded thee, and thou shalt eat in thy cities according to the desire of thy soul. ²² As the doe and the stag are eaten, so shalt thou eat it; the unclean in thee and the clean shall eat it in like manner. ²³ Take diligent heed that thou eat no blood, for blood is the life of it; the life shall not be eaten with the flesh. ²⁴ Ye shall not eat it; ye shall pour it out on the ground as water. ²⁵ Thou shalt not eat it, that it may be well with thee and with thy sons after thee, if thou shalt do that which is good and pleasing before the Lord thy God. ²⁶ But thou shalt take thy holy things, if thou hast any, and thy vowed-offerings, and come to the place which the Lord thy God shall choose to have his name named upon it. ²⁷ And thou shalt sacrifice thy whole-burnt-offerings, thou shalt offer the flesh upon the altar of the Lord thy God; but the blood of thy sacrifices thou shalt pour out at the foot of the altar of the Lord thy God, but the flesh thou shalt eat. ²⁸ Beware and hearken, and thou shalt do all the commands which I charge thee, that it may be well with thee and with thy sons for ever, if thou shalt do that which is pleasing and good before the Lord thy God.

²⁹ And if the Lord thy God shall utterly destroy the nations, to whom thou goest in thither to inherit their land, from before thee, and thou shalt inherit it, and dwell in their land; ³⁰ take heed to thyself that thou seek not to follow them after they are destroyed before thee, saying, How do these nations act towards their gods? I will do likewise. ³¹ Thou shalt not do so to thy God; for they have sacrificed γ to their gods the abominations of the Lord which he hates, for they burn their sons and their daughters in fire to their gods. ³² Every word that I command you this day, it shalt thou observe to do: thou shalt not add to it, nor diminish from it.

And if there arise within thee a prophet, or one who dreams a dream, and he gives thee a sign or a wonder, ² and the sign or the wonder come to pass which he spoke to thee, saying, Let us go and serve other gods, which ye know not; ³ ye shall not hearken to the words of that prophet, or the dreamer of that dream, because the Lord thy God tries you, to know whether ye love your God with all your heart and with all your soul. ⁴ Ye shall follow the Lord your God, and fear him, and ye shall hear his voice, and

---

β Gr. in all.   γ Gr. in, or, among.

attach yourselves to him. [5] And that prophet or that dreamer of a dream, shall die; for he has spoken to make thee err from the Lord thy God who brought thee out of the land of Egypt, who redeemed thee from bondage, to thrust thee out of the way which the Lord thy God commanded thee to walk in: so shalt thou abolish the evil from among you.

[6] And if thy brother by thy father or mother, or thy son, or daughter, or thy wife in thy bosom, or friend who is equal to thine own soul, entreat thee secretly, saying, Let us go and serve other gods, which neither thou nor thy fathers have known, [7] of the gods of the nations that are round about you, who are near thee or at a distance from thee, from one end of the earth to the other; [8] thou shalt not consent to him, neither shalt thou hearken to him; and thine eye shall not spare him, thou shalt feel no regret for him, neither shalt thou at all protect him: [9] thou shalt surely report concerning him, and thy hands shall be upon him among the first to slay him, and the hands of all the people at the last. [10] And they shall stone him with stones, and he shall die, because he sought to draw thee away from the Lord thy God who brought thee out of the land of Egypt, out of the house of bondage. [11] And all Israel shall hear, and fear, and shall not again do according to this evil thing among you.

[12] And if in one of thy cities which the Lord God gives thee to dwell therein, thou shalt hear men saying, [13] Evil men have gone out from you, and have caused all the inhabitants of their land to fall away, saying, Let us go and worship other gods, whom ye knew not, [14] then thou shalt enquire and ask, and search diligently, and behold, *if* the thing is clearly true, and this abomination has taken place among you, [15] thou shalt utterly destroy all the dwellers in that land with the edge of the sword; ye shall solemnly curse it, and all things in it. [16] And all its spoils thou shalt gather into its public ways, and thou shalt burn the city with fire, and all its spoils publicly before the Lord thy God; and it shall be uninhabited for ever, it shall not be built again. [17] And there shall nothing of the cursed thing cleave to thy hand, that the Lord may turn from his fierce anger, and β shew thee mercy, and pity thee, and multiply thee, as he sware to thy fathers; [18] if thou wilt hear the voice of the Lord thy God, to keep his commandments, all that I charge thee this day, to do that which is good and pleasing before the Lord thy God.

Ye are the children of the Lord your God: ye shall not make any baldness between your eyes for the dead. [2] For thou art a holy people to the Lord thy God, and the Lord thy God has chosen thee to be a peculiar people to himself of all the nations on the face of the earth. [3] Ye shall not eat any abominable thing. [4] These *are* the beasts which ye shall eat; the calf of the herd, and lamb of the sheep, and kid of the goats; [5] the stag, and doe, and pygarg, and γ wild goat, and camelopard. [6] Every beast that

ἀκούσεσθε, καὶ αὐτῷ προστεθήσεσθε.   Καὶ ὁ προφήτης ἐκεῖνος [5] ἢ ὁ τὸ ἐνύπνιον ἐνυπνιαζόμενος ἐκεῖνος, ἀποθανεῖται· ἐλάλησε γὰρ πλανῆσαί σε ἀπὸ Κυρίου τοῦ Θεοῦ σου ἐξαγαγόντος σε ἐκ γῆς Αἰγύπτου, τοῦ λυτρωσαμένου σε ἐκ τῆς δουλείας, ἐξῶσαί σε ἀπὸ τῆς ὁδοῦ, ἧς ἐνετείλατό σοι Κύριος ὁ Θεός σου πορεύεσθαι ἐν αὐτῇ· καὶ ἀφανιεῖς τὸ πονηρὸν ἐξ ὑμῶν αὐτῶν.

Ἐὰν δὲ παρακαλέσῃ σε ὁ ἀδελφός σου ἐκ πατρός σου [6] ἢ ἐκ μητρός σου, ἢ ὁ υἱός σου, ἢ ἡ θυγάτηρ, ἢ ἡ γυνή σου ἢ ἐν κόλπῳ σου, ἢ φίλος ἴσος τῇ ψυχῇ σου λάθρα, λέγων, βαδίσωμεν καὶ λατρεύσωμεν θεοῖς ἑτέροις, οὓς οὐκ ᾔδεις σὺ καὶ οἱ πατέρες σου, ἀπὸ τῶν θεῶν τῶν ἐθνῶν τῶν περὶ κύκλῳ [7] ὑμῶν, τῶν ἐγγιζόντων σοι ἢ τῶν μακρὰν ἀπὸ σοῦ, ἀπ᾽ ἄκρου τῆς γῆς ἕως ἄκρου τῆς γῆς, οὐ συνθελήσεις αὐτῷ, καὶ οὐκ [8] εἰσακούσῃ αὐτοῦ, καὶ οὐ φείσεται ὁ ὀφθαλμός σου ἐπ᾽ αὐτῷ, οὐκ ἐπιποθήσεις ἐπ᾽ αὐτῷ, οὐδ᾽ οὐ μὴ σκεπάσῃς αὐτόν· ἀναγ- [9] γέλλων ἀναγγελεῖς περὶ αὐτοῦ, καὶ αἱ χεῖρές σου ἔσονται ἐπ᾽ αὐτὸν ἐν πρώτοις ἀποκτεῖναι αὐτόν, καὶ αἱ χεῖρες παντὸς τοῦ λαοῦ ἐπ᾽ ἐσχάτῳ.   Καὶ λιθοβολήσουσιν αὐτὸν ἐν λίθοις, [10] καὶ ἀποθανεῖται, ὅτι ἐζήτησεν ἀποστῆσαί σε ἀπὸ Κυρίου τοῦ Θεοῦ σου τοῦ ἐξαγαγόντος σε ἐκ γῆς Αἰγύπτου, ἐξ οἴκου δουλείας.   Καὶ πᾶς Ἰσραὴλ ἀκούσας φοβηθήσεται, καὶ [11] οὐ προσθήσει ποιῆσαι ἔτι κατὰ τὸ ῥῆμα τὸ πονηρὸν τοῦτο ἐν ὑμῖν.

Ἐὰν δὲ ἀκούσῃς ἐν μιᾷ τῶν πόλεών σου, ὧν Κύριος ὁ Θεός [12] σου δίδωσί σοι κατοικεῖν σε ἐκεῖ, λεγόντων, ἐξῆλθοσαν ἄνδρες [13] παράνομοι ἐξ ὑμῶν, καὶ ἀπέστησαν πάντας τοὺς κατοικοῦντας τὴν γῆν αὐτῶν, λέγοντες, πορευθῶμεν καὶ λατρεύσωμεν θεοῖς ἑτέροις, οὓς οὐκ ᾔδειτε, καὶ ἐτάσεις καὶ ἐρωτήσεις, καὶ ἐρευ- [14] νήσεις σφόδρα, καὶ ἰδοὺ ἀληθὴς σαφῶς ὁ λόγος, γεγένηται τὸ βδέλυγμα τοῦτο ἐν ὑμῖν· ἀναιρῶν ἀνελεῖς πάντας τοὺς [15] κατοικοῦντας ἐν τῇ γῇ ἐκείνῃ ἐν φόνῳ μαχαίρας, ἀναθέματι ἀναθεματιεῖτε αὐτὴν, καὶ πάντα τὰ ἐν αὐτῇ.   Καὶ πάντα τὰ [16] σκῦλα αὐτῆς συνάξεις εἰς τὰς διόδους αὐτῆς, καὶ ἐμπρήσεις τὴν πόλιν ἐν πυρὶ, καὶ πάντα τὰ σκῦλα αὐτῆς πανδημεὶ ἐναν- τίον Κυρίου τοῦ Θεοῦ σου· καὶ ἔσται ἀοίκητος εἰς τὸν αἰῶνα, οὐκ ἀνοικοδομηθήσεται ἔτι.   Καὶ οὐ προσκολληθήσεται οὐδὲν [17] ἀπὸ τοῦ ἀναθέματος ἐν τῇ χειρί σου, ἵνα ἀποστραφῇ Κύριος ἀπὸ θυμοῦ τῆς ὀργῆς αὐτοῦ, καὶ δώσῃ σοι ἔλεος, καὶ ἐλεήσῃ σε, καὶ πληθύνῃ σε, ὃν τρόπον ὤμοσε τοῖς πατράσι σου, ἐὰν ἀκούσῃς τῆς φωνῆς Κυρίου τοῦ Θεοῦ σου, φυλάσσειν [18] τὰς ἐντολὰς αὐτοῦ, ὅσας ἐγὼ ἐντέλλομαί σοι σήμερον, ποιεῖν τὸ καλὸν καὶ τὸ ἀρεστὸν ἐναντίον Κυρίου τοῦ Θεοῦ σου.

Υἱοί ἐστε Κυρίου τοῦ Θεοῦ ὑμῶν· οὐκ ἐπιθήσετε φαλά- [14] κρωμα ἀναμέσον τῶν ὀφθαλμῶν ὑμῶν ἐπὶ νεκρῷ.   Ὅτι λαὸς [2] ἅγιος εἶ Κυρίῳ τῷ Θεῷ σου, καί σε ἐξελέξατο Κύριος ὁ Θεός σου γενέσθαι σε λαὸν αὐτῷ περιούσιον ἀπὸ πάντων τῶν ἐθνῶν τῶν ἐπὶ προσώπου τῆς γῆς.   Οὐ φάγεσθε πᾶν βδέλυγμα. [3] Ταῦτα κτήνη ἃ φάγεσθε· μόσχον ἐκ βοῶν, καὶ ἀμνὸν ἐκ [4] προβάτων, καὶ χίμαρον ἐξ αἰγῶν· ἔλαφον, καὶ δορκάδα, καὶ [5] πύγαργον, ὄρυγα, καὶ καμηλοπάρδαλιν.   Πᾶν κτῆνος διχηλοῦν [6]

β Heb. give.   γ Or, buffalo.

ὁπλήν, καὶ ὀνυχιστῆρας ὀνυχίζον δύο χηλῶν, καὶ ἀνάγον μη-
7 ρυκισμὸν ἐν τοῖς κτήνεσι, ταῦτα φάγεσθε. Καὶ ταῦτα οὐ
φάγεσθε ἀπὸ τῶν ἀναγόντων μηρυκισμόν, καὶ ἀπὸ τῶν διχη-
λούντων τὰς ὁπλὰς, καὶ ὀνυχιζόντων ὀνυχιστῆρας· τὸν κάμηλον,
καὶ δασύποδα, καὶ χοιρογρύλλιον· ὅτι ἀνάγουσι μηρυκισμόν,
8 καὶ ὁπλὴν οὐ διχηλοῦσιν, ἀκάθαρτα ταῦτα ὑμῖν ἐστι. Καὶ
τὸν ὗν, ὅτι διχηλεῖ ὁπλὴν τοῦτο, καὶ ὀνυχίζει ὀνυχιστῆρας
ὁπλῆς, καὶ τοῦτο μηρυκισμὸν οὐ μηρυκᾶται ἀκάθαρτον τοῦτο
ὑμῖν· ἀπὸ τῶν κρεῶν αὐτῶν οὐ φάγεσθε, τῶν θνησιμαίων αὐτῶν
οὐχ ἅψεσθε.
9 Καὶ ταῦτα φάγεσθε ἀπὸ πάντων τῶν ἐν τῷ ὕδατι, πάντα ὅσα
10 ἐστὶν ἐν αὐτοῖς πτερύγια καὶ λεπίδες, φάγεσθε. Καὶ πάντα
ὅσα οὐκ ἔστιν αὐτοῖς πτερύγια καὶ λεπίδες, οὐ φάγεσθε· ἀκά-
11, 12 θαρτα ὑμῖν ἐστι. Πᾶν ὄρνεον καθαρὸν φάγεσθε. Καὶ
ταῦτα οὐ φάγεσθε ἀπ’ αὐτῶν· τὸν ἀετὸν, καὶ τὸν γρύπα, καὶ
13 τὸν ἁλιαίετον, καὶ τὸν γύπα, καὶ τὸν ἴκτινον, καὶ τὰ ὅμοια
15, 16 αὐτῷ, καὶ στρουθὸν, καὶ γλαῦκα, καὶ λάρον, καὶ ἐρωδιὸν,
17 καὶ κύκνον, καὶ ἴβιν, καὶ καταράκτην, καὶ ἱέρακα, καὶ τὰ ὅμοια
18 αὐτῷ, καὶ ἔποπα, καὶ νυκτικόρακα, καὶ πελακᾶνα, καὶ χαρα-
δριὸν, καὶ τὰ ὅμοια αὐτῷ, καὶ πορφυρίωνα, καὶ νυκτερίδα.
19 Πάντα τὰ ἑρπετὰ τῶν πετεινῶν ἀκάθαρτά ἐστιν ὑμῖν· οὐ
20, 21 φάγεσθε ἀπ’ αὐτῶν. Πᾶν πετεινὸν καθαρὸν φάγεσθε. Πᾶν
θνησιμαῖον οὐ φάγεσθε· τῷ παροίκῳ τῷ ἐν ταῖς πόλεσί σου
δοθήσεται καὶ φάγεται, ἢ ἀποδώσῃ τῷ ἀλλοτρίῳ, ὅτι λαὸς
ἅγιος εἶ Κυρίῳ τῷ Θεῷ σου. Οὐχ ἑψήσεις ἄρνα ἐν γάλακτι
μητρὸς αὐτοῦ.
22 Δεκάτην ἀποδεκατώσεις παντὸς γεννήματος τοῦ σπέρματός
23 σου, τὸ γέννημα τοῦ ἀγροῦ σου ἐνιαυτὸν κατ’ ἐνιαυτόν. Καὶ
φαγῇ αὐτὸ ἐν τῷ τόπῳ, ᾧ ἐὰν ἐκλέξηται Κύριος ὁ Θεός σου
ἐπικληθῆναι τὸ ὄνομα αὐτοῦ ἐκεῖ· οἴσετε τὰ ἐπιδέκατα τοῦ
σίτου σου, καὶ τοῦ οἴνου σου, καὶ τοῦ ἐλαίου σου, τὰ πρωτό-
τοκα τῶν βοῶν σου, καὶ τῶν προβάτων σου, ἵνα μάθῃς φοβεῖ-
24 σθαι Κύριον τὸν Θεόν σου πάσας τὰς ἡμέρας. Ἐὰν δὲ μακρὰν
γένηται ἡ ὁδὸς ἀπὸ σοῦ, καὶ μὴ δύνῃ ἀναφέρειν αὐτὰ, ὅτι
μακρὰν ἀπὸ σοῦ ὁ τόπος, ὃν ἂν ἐκλέξηται Κύριος ὁ Θεός
σου ἐπικληθῆναι τὸ ὄνομα αὐτοῦ ἐκεῖ, ὅτι εὐλογήσει σε Κύριος
25 ὁ Θεός σου, καὶ ἀποδώσῃ αὐτὰ ἀργυρίου, καὶ λήψῃ τὸ ἀργύριον
ἐν ταῖς χερσί σου, καὶ πορεύσῃ εἰς τὸν τόπον ὃν ἂν ἐκλέξηται
26 Κύριος ὁ Θεός σου αὐτόν. Καὶ δώσεις ἀργύριον ἐπὶ παντὸς οὗ
ἂν ἐπιθυμῇ ἡ ψυχή σου, ἐπὶ βουσὶν ἢ ἐπὶ προβάτοις, ἢ ἐπ’
οἴνῳ ἢ ἐπὶ σίκερα, ἢ ἐπὶ παντὸς οὗ ἂν ἐπιθυμῇ ἡ ψυχή σου,
καὶ φαγῇ ἐκεῖ ἐναντίον Κυρίου τοῦ Θεοῦ σου, καὶ εὐφρανθήσῃ
27 σὺ καὶ ὁ οἶκός σου, καὶ ὁ Λευίτης ὁ ἐν ταῖς πόλεσί σου, ὅτι οὐκ
ἔστιν αὐτῷ μερὶς οὐδὲ κλῆρος μετὰ σοῦ.
28 Μετὰ τρία ἔτη ἐξοίσεις πᾶν τὸ ἐπιδέκατον τῶν γεννημάτων
σου, ἐν τῷ ἐνιαυτῷ ἐκείνῳ θήσεις αὐτὸ ἐν ταῖς πόλεσί σου.
29 Καὶ ἐλεύσεται ὁ Λευίτης, ὅτι οὐκ ἔστιν αὐτῷ μερὶς οὐδὲ κλῆρος
μετὰ σοῦ, καὶ ὁ προσήλυτος καὶ ὁ ὀρφανὸς καὶ ἡ χήρα ἡ ἐν
ταῖς πόλεσί σου, καὶ φάγονται καὶ ἐμπλησθήσονται, ἵνα εὐλο-
γήσῃ σε Κύριος ὁ Θεός σου ἐν πᾶσι τοῖς ἔργοις οἷς ἐὰν ποιῇς.

divides the hoofs, and makes claws of two divisions, and that chews the cud among beasts, these ye shall eat. [7]And these ye shall not eat of them that chew the cud, and of those that divide the hoofs, and make distinct claws; the camel, and the hare, and the rabbit; because they chew the cud, and do not divide the hoof, these are unclean to you. [8]And as for the swine, because he divides the hoof, and makes claws of the hoof, yet he chews not the cud, he is unclean to you; ye shall not eat of their flesh, ye shall not touch their dead bodies.

[9]And these ye shall eat of all that are in the water, ye shall eat all that have fins and scales. [10]And all that have not fins and scales ye shall not eat; they are unclean to you. [11]Ye shall eat every clean bird. [12]And these of β them ye shall not eat; the eagle, and the ossifrage, and the sea-eagle, [13]and the vulture, and the kite and the like to it, [15]and the sparrow, and the owl, and the sea-mew, [16]and the heron, and the swan, and the stork, [17]and the cormorant, and the hawk, and its like, and the hoopoe, and the raven, [18]and the pelican, and the γ diver and the like to it, and the δ red-bill and the bat. [19]All winged animals that creep are unclean to you; ye shall not eat of them. [20]Ye shall eat every clean bird. [21]Ye shall eat nothing that dies of itself; it shall be given to the sojourner in thy cities and he shall eat it, or thou shalt sell it to a stranger, because thou art a holy people to the Lord thy God. Thou shalt not boil a lamb in his mother's milk.

[22]Thou shalt tithe a tenth of all the produce of thy seed, the fruit of thy field year by year. [23]And thou shalt eat it in the place which the Lord thy God shall choose to have his name called there; ye shall bring the tithe of thy corn and of thy wine, and of thine oil, the first-born of thy herd and of thy flock, that thou mayest learn to fear the Lord thy God always. [24]And if the journey be too far for thee, and thou art not able to bring them, because the place is far from thee which the Lord thy God shall choose to have his name called there, because the Lord thy God will bless thee; [25]then thou shalt sell them for money, and thou shalt take the money in thy hands, and thou shalt go to the place which the Lord thy God shall choose. [26]And thou shalt give the money for whatsoever thy soul shall desire, for oxen or for sheep, or for wine, or thou shalt lay it out on strong drink, or on whatsoever thy soul may desire, and thou shalt eat there before the Lord thy God, and thou shalt rejoice and thy house, [27]and the Levite that is in thy cities, because he has not a portion or inheritance with thee.

[28]After three years thou shalt bring out all the tithes of thy fruits, in that year thou shalt lay it up in thy cities. [29]And the Levite shall come, because he has no part or lot with thee, and the stranger, and the orphan, and the widow which is in thy cities; and they shall eat and be filled, that the Lord thy God may bless thee in all the works which thou shalt do.

β i. e. birds.   γ Or, heron.   δ Or, flamingo.

Every seven years thou shalt make a release. ²And this *is* the ordinance of the release : thou shalt remit every private debt which thy neighbour owes thee, and thou shalt not ask payment of it from thy brother ; for it has been called a release to the Lord thy God. ³Of a stranger thou shalt ask again whatsoever he has of thine, but to thy brother thou shalt remit his debt to thee. ⁴For *thus* there shall not be a poor person in the midst of thee, for the Lord thy God will surely bless thee in the land which the Lord thy God gives thee by inheritance, that thou shouldest inherit it.

⁵And if ye shall indeed hearken to the voice of the Lord your God, to keep and do all these commandments, as many as I charge thee this day, ⁶(for the Lord thy God has blessed thee in the way of which he spoke to thee,) then thou shalt lend to many nations, but thou shalt not borrow ; and thou shalt rule over many nations, but they shall not rule over thee.

⁷And if there shall be in the midst of thee a poor *man* of thy brethren in one of thy cities in the land, which the Lord thy God gives thee, thou shalt not harden thine heart, neither shalt thou by any means close up thine hand from thy brother who is in want. ⁸Thou shalt surely open thine hands to him, and shalt lend to him as much as he wants according to his need. ⁹Take heed to thyself that there be not a secret thing in thine heart, an iniquity, saying, The seventh year, the year of release, draws nigh ; and thine eye shall be evil to thy brother that is in want, and thou shalt not give to him, and he shall cry against thee to the Lord, and there shall be great sin in thee. ¹⁰Thou shalt surely give to him, and thou shalt lend him as much as he wants, according as he is in need ; and thou shalt not grudge in thine heart as thou givest to him, because on this account the Lord thy God will bless thee in all thy works, and in all things on which thou shalt lay thine hand. ¹¹For the poor shall not fail off thy land, therefore I charge thee to do this thing, saying, Thou shalt surely open thine hands to thy poor brother, and to him that is distressed upon thy land.

¹²And if thy brother *or sister*, a Hebrew man or a Hebrew woman, be sold to thee, he shall serve thee six years, and in the seventh year thou shalt send him out free from thee. ¹³And when thou shalt send him out free from thee, thou shalt not send him out empty. ¹⁴Thou shalt give him provision for the way from thy flock, and from thy corn, and from thy wine ; as the Lord thy God has blessed thee, thou shalt give to him.

¹⁵And thou shalt remember that thou wast a servant in the land of Egypt, and the Lord thy God redeemed thee from thence ; therefore I charge thee to do this thing. ¹⁶And if he should say to thee, I will not go out from thee, because he continues to love thee and thy house, because he is well with thee ; ¹⁷then thou shalt take an awl, and bore his ear through to the door, and he shall be thy servant for ever ; and in like manner shalt thou do to thy maid-servant. ¹⁸It shall not seem hard to thee when they are sent out free from thee, because *thy servant* has served thee six years according to

Δι' ἑπτὰ ἐτῶν ποιήσεις ἄφεσιν. Καὶ οὕτω τὸ πρόσταγμα 15 τῆς ἀφέσεως· ἀφήσεις πᾶν χρέος ἴδιον, ὃ ὀφείλει σοι ὁ πλη- 2 σίον, καὶ τὸν ἀδελφόν σου οὐκ ἀπαιτήσεις· ἐπικέκληται γὰρ ἄφεσις Κυρίῳ τῷ Θεῷ σου. Τὸν ἀλλότριον ἀπαιτήσεις ὅσα 3 ἐὰν ᾖ σοι παρ' αὐτῷ, τῷ δὲ ἀδελφῷ σου ἄφεσιν ποιήσεις τοῦ χρέους σου. Ὅτι οὐκ ἔσται ἐν σοὶ ἐνδεής, ὅτι εὐλογῶν εὐλο- 4 γήσει σε Κύριος ὁ Θεός σου ἐν τῇ γῇ, ᾗ Κύριος ὁ Θεός σου δίδωσί σοι ἐν κλήρῳ κατακληρονομεῖν σε αὐτήν.

Ἐὰν δὲ ἀκοῇ εἰσακούσητε τῆς φωνῆς Κυρίου τοῦ Θεοῦ 5 ὑμῶν φυλάσσειν καὶ ποιεῖν πάσας τὰς ἐντολὰς ταύτας, ὅσας ἐγὼ ἐντέλλομαί σοι σήμερον, ὅτι Κύριος ὁ Θεός σου εὐλόγησέ σε ὃν τρόπον ἐλάλησέ σοι· καὶ δανειεῖς ἔθνεσι 6 πολλοῖς, σὺ δὲ οὐ δανειῇ· καὶ ἄρξεις ἐθνῶν πολλῶν, σοῦ δὲ οὐκ ἄρξουσιν.

Ἐὰν δὲ γένηται ἐν σοὶ ἐνδεὴς ἐκ τῶν ἀδελφῶν σου ἐν μιᾷ 7 τῶν πόλεών σου ἐν τῇ γῇ, ᾗ Κύριος ὁ Θεός σου δίδωσί σοι, οὐκ ἀποστέρξεις τὴν καρδίαν σου, οὐδ' οὐ μὴ συσφίγξεις τὴν χεῖρά σου ἀπὸ τοῦ ἀδελφοῦ σου τοῦ ἐπιδεομένου. Ἀνοίγων 8 ἀνοίξεις τὰς χεῖράς σου αὐτῷ, καὶ δάνειον δανειεῖς αὐτῷ ὅσον ἐπιδέεται, καθότι ἐνδεεῖται. Πρόσεχε σεαυτῷ μὴ γένηται 9 ῥῆμα κρυπτὸν ἐν τῇ καρδίᾳ σου ἀνόμημα, λέγων, Ἐγγίζει τὸ ἔτος τὸ ἕβδομον, ἔτος τῆς ἀφέσεως, καὶ πονηρεύσηται ὁ ὀφθαλμός σου τῷ ἀδελφῷ σου τῷ ἐπιδεομένῳ, καὶ οὐ δώσεις αὐτῷ, καὶ καταβοήσεται κατὰ σοῦ πρὸς Κύριον, καὶ ἔσται ἐν σοὶ ἁμαρτία μεγάλη. Διδοὺς δώσεις αὐτῷ, καὶ δάνειον 10 δανειεῖς αὐτῷ ὅσον ἐπιδέεται, καθότι ἐνδεεῖται· καὶ οὐ λυπη- θήσῃ τῇ καρδίᾳ σου διδόντος σου αὐτῷ, ὅτι διὰ τὸ ῥῆμα τοῦτο εὐλογήσει σε Κύριος ὁ Θεός σου ἐν πᾶσι τοῖς ἔργοις, καὶ ἐν πᾶσιν οὗ ἂν ἐπιβάλῃς τὴν χεῖρά σου. Οὐ γὰρ μὴ 11 ἐκλίπῃ ἐνδεὴς ἀπὸ τῆς γῆς· διὰ τοῦτο ἐγώ σοι ἐντέλλομαι ποιεῖν τὸ ῥῆμα τοῦτο, λέγων, ἀνοίγων ἀνοίξεις τὰς χεῖράς σου τῷ ἀδελφῷ σου τῷ πένητι καὶ τῷ ἐπιδεομένῳ τῷ ἐπὶ τῆς γῆς σου.

Ἐὰν δὲ πραθῇ σοι ὁ ἀδελφός σου ὁ Ἑβραῖος ἢ Ἑβραία, 12 δουλεύσει σοι ἓξ ἔτη, καὶ τῷ ἑβδόμῳ ἐξαποστελεῖς αὐτὸν ἐλεύ- θερον ἀπὸ σοῦ. Ὅταν δὲ ἐξαποστέλλῃς αὐτὸν ἐλεύθερον 13 ἀπὸ σοῦ, οὐκ ἐξαποστελεῖς αὐτὸν κενόν. Ἐφόδιον ἐφοδιάσεις 14 αὐτὸν ἀπὸ τῶν προβάτων σου, καὶ ἀπὸ τοῦ σίτου σου, καὶ ἀπὸ τοῦ οἴνου σου· καθὰ εὐλόγησέ σε Κύριος ὁ Θεός σου, δώσεις αὐτῷ.

Καὶ μνησθήσῃ ὅτι οἰκέτης ἦσθα ἐν γῇ Αἰγύπτου, καὶ 15 ἐλυτρώσατό σε Κύριος ὁ Θεός σου ἐκεῖθεν· διὰ τοῦτο ἐγώ σοι ἐντέλλομαι ποιεῖν τὸ ῥῆμα τοῦτο. Ἐὰν δὲ λέγῃ πρὸς σὲ, 16 οὐκ ἐξελεύσομαι ἀπὸ σοῦ, ὅτι ἠγάπηκέ σε καὶ τὴν οἰκίαν σου, ὅτι εὖ ἐστιν αὐτῷ παρὰ σοί. Καὶ λήψῃ τὸ ὀπήτιον, 17 καὶ τρυπήσεις τὸ ὠτίον αὐτοῦ πρὸς τὴν θύραν, καὶ ἔσται σοι οἰκέτης εἰς τὸν αἰῶνα· καὶ τὴν παιδίσκην σου ὡσαύτως ποιήσεις. Οὐ σκληρὸν ἔσται ἐναντίον σου ἐξαποστελλομένων 18 αὐτῶν ἐλευθέρων ἀπὸ σου, ὅτι ἐπέτειον μισθὸν τοῦ μισθωτοῦ

ἐδούλευσέ σοι ἓξ ἔτη· καὶ εὐλογήσει σε Κύριος ὁ Θεός σου ἐν πᾶσιν οἷς ἐὰν ποιῇς.

19 Πᾶν πρωτότοκον ὃ ἐὰν τεχθῇ ἐν ταῖς βουσί σου, καὶ ἐν τοῖς προβάτοις σου, τὰ ἀρσενικὰ ἁγιάσεις Κυρίῳ τῷ Θεῷ σου· οὐκ ἐργᾷ ἐν τῷ πρωτοτόκῳ μόσχῳ σου, καὶ οὐ μὴ κείρῃς τὰ πρω-
20 τότοκα τῶν προβάτων σου. Ἔναντι Κυρίου φαγῇ αὐτὸ ἐνιαυ-τὸν ἐξ ἐνιαυτοῦ ἐν τῷ τόπῳ ᾧ ἐὰν ἐκλέξηται Κύριος ὁ Θεός
21 σου, σὺ καὶ ὁ οἶκός σου. Ἐὰν δὲ ᾖ ἐν αὐτῷ μῶμος, χωλὸν ἢ τυφλον, μῶμον πονηρόν, οὐ θύσεις αὐτὸ Κυρίῳ τῷ Θεῷ σου.

22 Ἐν ταῖς πόλεσί σου φαγῇ αὐτό· ὁ ἀκάθαρτος ἐν σοι, καὶ
23 ὁ καθαρὸς ὡσαύτως ἔδεται ὡς δορκάδα ἢ ἔλαφον. Πλὴν αἷμα οὐ φάγεσθε· ἐπὶ τὴν γῆν ἐκχεεῖς αὐτὸ ὡς ὕδωρ.

16 Φυλάξαι τὸν μῆνα τῶν νέων, καὶ ποιήσεις τὸ πάσχα Κυρίῳ τῷ Θεῷ σου, ὅτι ἐν τῷ μηνὶ τῶν νέων ἐξῆλθες ἐξ Αἰγύπτου
2 νυκτός. Καὶ θύσεις τὸ πάσχα Κυρίῳ τῷ Θεῷ σου πρόβατα καὶ βόας ἐν τῷ τόπῳ, ᾧ ἐὰν ἐκλέξηται Κύριος ὁ Θεός σου
3 αὐτόν, ἐπικληθῆναι τὸ ὄνομα αὐτοῦ ἐκεῖ. Οὐ φαγῇ ἐπ᾽ αὐτοῦ ζύμην· ἑπτὰ ἡμέρας φαγῇ ἐπ᾽ αὐτοῦ ἄζυμα, ἄρτον κακώσεως, ὅτι ἐν σπουδῇ ἐξήλθετε ἐξ Αἰγύπτου, ἵνα μνησθῆτε τὴν ἡμέραν τῆς ἐξοδίας ὑμῶν ἐκ γῆς Αἰγύπτου πάσας τὰς ἡμέρας τῆς ζωῆς
4 ὑμῶν. Οὐκ ὀφθήσεται σοι ζύμη ἐν πᾶσι τοῖς ὁρίοις σου ἑπτὰ ἡμέρας, καὶ οὐ κοιμηθήσεται ἀπὸ τῶν κρεῶν ὧν ἐὰν θύσῃς
5 τὸ ἑσπέρας τῇ ἡμέρᾳ τῇ πρώτῃ εἰς τοπρωΐ. Οὐ δυνήσῃ θῦσαι τὸ πάσχα ἐν οὐδεμιᾷ τῶν πόλεών σου, ὧν Κύριος ὁ Θεός σου
6 δίδωσί σοι· ἀλλ᾽ ἢ εἰς τὸν τόπον, ὃν ἂν ἐκλέξηται Κύριος ὁ Θεός σου, ἐπικληθῆναι τὸ ὄνομα αὐτοῦ ἐκεῖ, θύσεις τὸ πάσχα ἑσπέρας πρὸς δυσμὰς ἡλίου, ἐν τῷ καιρῷ ᾧ ἐξῆλθες ἐξ Αἰγύπ-
7 του. Καὶ ἑψήσεις καὶ ὀπτήσεις καὶ φαγῇ ἐν τῷ τόπῳ, οὗ ἐὰν ἐκλέξηται Κύριος ὁ Θεός σου αὐτόν· καὶ ἀποστραφήσῃ
8 τοπρωΐ, καὶ ἐλεύσῃ εἰς τοὺς οἴκους σου. Ἓξ ἡμέρας φαγῇ ἄζυμα, καὶ τῇ ἡμέρᾳ τῇ ἑβδόμῃ ἐξόδιον ἑορτὴ Κυρίῳ τῷ Θεῷ σου· οὐ ποιήσεις ἐν αὐτῇ πᾶν ἔργον, πλὴν ὅσα ποιηθή-σεται ψυχῇ.

9 Ἑπτὰ ἑβδομάδας ἐξαριθμήσεις σεαυτῷ· ἀρξαμένου σου δρέ-
10 πανον ἐπ᾽ ἀμητόν, ἄρξῃ ἐξαριθμῆσαι ἑπτὰ ἑβδομάδας. Καὶ ποιήσεις ἑορτὴν ἑβδομάδων Κυρίῳ τῷ Θεῷ σου, καθὼς ἡ χείρ σου ἰσχύει, ὅσα ἂν δῷ Κύριος ὁ Θεός σου.

11 Καὶ εὐφρανθήσῃ ἐναντίον Κυρίου τοῦ Θεοῦ σου, σὺ καὶ ὁ υἱός σου, καὶ ἡ θυγάτηρ σου, ὁ παῖς σου, καὶ ἡ παι-δίσκη σου, καὶ ὁ Λευίτης, καὶ ὁ προσήλυτος, καὶ ὁ ὀρφανός, καὶ ἡ χήρα ἡ οὖσα ἐν ὑμῖν, ἐν τῷ τόπῳ, ᾧ ἐὰν ἐκλέξηται Κύριος ὁ Θεός σου αὐτόν, ἐπικληθῆναι τὸ ὄνομα αὐτοῦ ἐκεῖ.

12 Καὶ μνησθήσῃ ὅτι οἰκέτης ἐγένου ἐν γῇ Αἰγύπτῳ,
13 καὶ φυλάξῃ καὶ ποιήσεις τὰς ἐντολὰς ταύτας. Ἑορτὴν σκηνῶν ποιήσεις σεαυτῷ ἑπτὰ ἡμέρας ἐν τῷ συναγαγεῖν

the annual hire of a hireling; so the Lord thy God shall bless thee in all things what-soever thou mayest do.

19 Every first-born that shall be born among thy kine and thy sheep, thou shalt sanctify the males to the Lord thy God; thou shalt not work with thy first-born calf, and thou shalt not shear the first-born of thy sheep. 20 Thou shalt eat it before the Lord year by year in the place which the Lord thy God shall choose, thou and thy house. 21 And if there be in it a blemish, if it be lame or blind, an evil blemish, thou shalt not sacrifice it to the Lord thy God.

22 Thou shalt eat it in thy cities; the un-clean in thee and the clean shall eat it in like manner, as the doe or the stag. 23 Only ye shall not eat the blood; thou shalt pour it out on the earth as water.

Observe the month of new *corn*, and thou shalt sacrifice the passover to the Lord thy God; because in the month of new corn thou camest out of Egypt by night. 2 And thou shalt sacrifice the passover to the Lord thy God, sheep and oxen in the place which the Lord thy God shall choose to have his name called upon it. 3 Thou shalt not eat leaven with it; seven days shalt thou eat unleavened *bread* with it, bread of affliction, because ye came forth out of Egypt in haste; that ye may remember the day of your coming forth out of the land of Egypt all the days of your life. 4 Leaven shall not be seen with thee in all thy borders for seven days, and there shall not be left of the flesh which thou shalt sacrifice at even on the first day until the morning. 5 Thou shalt not have power to sacrifice the passover in any of the cities, which the Lord thy God gives thee. 6 But in the place which the Lord thy God shall choose, to have his name called there, thou shalt sacrifice the passover at even at the setting of the sun, at the time when thou camest out of Egypt. 7 And thou shalt boil and roast and eat it in the place, which the Lord thy God shall choose; and thou shalt return in the morn-ing, and go to thy βhouse. 8 Six days shalt thou eat unleavened bread, and on the seventh day is γa holiday, a feast to the Lord thy God: thou shalt not do in it any work, save what δmust be done εby any one.

9 Seven weeks shalt thou number to thy-self; when thou hast begun *to put* the sickle to the corn, thou shalt begin to number seven weeks. 10 And thou shalt keep the feast of weeks to the Lord thy God, accord-ingly as thy hand has power in as many things as the Lord thy God shall give thee.

11 And thou shalt rejoice before the Lord thy God, thou and thy son, and thy daugh-ter, thy man-servant and thy maid-servant, and the Levite, and the stranger, and the orphan, and the widow which dwells among you, in whatsoever place the Lord thy God shall choose, that his name should be called there. 12 And thou shalt remember that thou wast a servant in the land of Egypt, and thou shalt observe and do these com-mands. 13 Thou shalt keep for thyself the feast of tabernacles seven days, when thou

---

β *Gr.* houses.　　γ See Lev. 23. 36.　Num. 29. 35.　2 Chron. 7. 9.　　δ *Gr.* shall, etc.　　ζ *Gr.* for or by a soul.

gatherest in *thy produce* from thy corn-floor and thy wine-press. ¹⁴And thou shalt rejoice in thy feast, thou, and thy son, and thy daughter, thy man-servant, and thy maid-servant, and the Levite, and the stranger, and the orphan, and the widow that is in thy cities. ¹⁵Seven days shalt thou keep a feast to the Lord thy God in the place which the Lord thy God shall choose for himself; and if the Lord thy God shall bless thee in all thy fruits, and in every work of thy hands, then thou shalt rejoice.

¹⁶Three times in the year shall all thy males appear before the Lord thy God in the place which the Lord shall choose in the feast of unleavened bread, and in the feast of weeks, and in the feast of tabernacles: thou shalt not appear before the Lord thy God empty. ¹⁷Each one according to βhis ability, according to the blessing of the Lord thy God which he has given thee.

¹⁸Thou shalt make for thyself judges and officers in thy cities, which the Lord thy God gives thee in *thy* tribes, and they shall judge the people with righteous judgment: ¹⁹they shall not wrest judgment, nor favour persons, nor receive a gift; for gifts blind the eyes of the wise, and pervert the words of the righteous. ²⁰Thou shalt justly pursue justice, that ye may live, and go in and inherit the land which the Lord thy God gives thee.

²¹Thou shalt not plant for thyself a grove; thou shalt not δplant for thyself any tree near the altar of thy God. ²²Thou shalt not set up for thyself a pillar, which the Lord thy God hates.

Thou shalt not sacrifice to the Lord thy God a calf or a sheep, in which there is a blemish, *or* any evil thing; for it is an abomination to the Lord thy God.

² And if there should be found in any one of thy cities, which the Lord thy God gives thee, a man or a woman who shall do that which is evil before the Lord thy God, so as to transgress his covenant, ³and they should go and serve other gods, and worship them, the sun, or the moon, or any of the host of heaven, which he commanded thee not to do, ⁴and it be told thee, and thou shalt have enquired diligently, and, behold, the thing really took place, this abomination has been done in Israel; ⁵then shalt thou bring out that man, or that woman, and ye shall stone them with stones, and they shall die. ⁶ζHe shall die on the testimony of two or three witnesses; a man who θis put to death shall not be put to death for one witness. ⁷And the hand of the witnesses shall be upon him among the first to put him to death, and the hand of the people at the last; so shalt thou remove the evil one from among yourselves.

⁸And if a matter shall be too hard for thee in judgment, λbetween blood and blood, and between cause and cause, and between stroke and stroke, and between contradiction and contradiction, matters of judgment in your cities; ⁹then thou shalt arise and go up to the place which the Lord thy God shall choose, and thou shalt come to the priests the Levites, and to the judge who

σε ἐκ τῆς ἅλωνός σου καὶ ἀπὸ τῆς ληνοῦ σου. Καὶ 14 εὐφρανθήσῃ ἐν τῇ ἑορτῇ σου, σὺ καὶ ὁ υἱός σου, καὶ ἡ θυγάτηρ σου, ὁ παῖς σου, καὶ ἡ παιδίσκη σου, καὶ ὁ Λευίτης, καὶ ὁ προσήλυτος, καὶ ὁ ὀρφανὸς, καὶ ἡ χήρα ἡ οὖσα ἐν ταῖς πόλεσί σου. Ἑπτὰ ἡμέρας ἑορτάσεις Κυρίῳ τῷ Θεῷ σου ἐν τῷ τόπῳ, 15 ᾧ ἂν ἐκλέξηται Κύριος ὁ Θεός σου αὐτῷ· ἐὰν δὲ εὐλογήσῃ σε Κύριος ὁ Θεός σου ἐν πᾶσι γεννήμασί σου, καὶ ἐν παντὶ ἔργῳ τῶν χειρῶν σου, καὶ ἔσῃ εὐφραινόμενος.

Τρεῖς καιροὺς τοῦ ἐνιαυτοῦ ὀφθήσεται πᾶν ἀρσενικόν σου 16 ἐναντίον Κυρίου τοῦ Θεοῦ σου ἐν τῷ τόπῳ, ᾧ ἐὰν ἐκλέξηται αὐτὸν Κύριος· ἐν τῇ ἑορτῇ τῶν ἀζύμων, καὶ ἐν τῇ ἑορτῇ τῶν ἑβδομάδων, καὶ ἐν τῇ ἑορτῇ τῆς σκηνοπηγίας· οὐκ ὀφθήσῃ ἐνώπιον Κυρίου τοῦ Θεοῦ σου κενός. Ἕκαστος κατὰ δύναμιν 17 τῶν χειρῶν ὑμῶν, κατὰ τὴν εὐλογίαν Κυρίου τοῦ Θεοῦ σου ἣν ἔδωκέ σοι.

Κριτὰς καὶ γραμματοεισαγωγεῖς ποιήσεις σεαυτῷ ἐν ταῖς 18 πόλεσί σου, αἷς Κύριος ὁ Θεός σου δίδωσί σοι κατὰ φυλὰς· καὶ κρινοῦσι τὸν λαὸν κρίσιν δικαίαν. Οὐκ ἐκκλινοῦσι κρίσιν, 19 οὐδὲ ἐπιγνώσονται πρόσωπον, οὐδὲ λήψονται δῶρον· τὰ γὰρ δῶρα ἀποτυφλοῖ ὀφθαλμοὺς σοφῶν, καὶ ἐξαίρει λόγους δικαίων. Δικαίως τὸ δίκαιον διώξῃ, ἵνα ζῆτε, καὶ εἰσελθόντες κληρονομή- 20 σητε τὴν γῆν ἣν Κύριος ὁ Θεός σου δίδωσί σοι.

Οὐ φυτεύσεις σεαυτῷ ἄλσος· πᾶν ξύλον παρὰ τὸ θυσιαστή- 21 ριον τοῦ Θεοῦ σου οὐ ποιήσεις σεαυτῷ. Οὐ στήσεις σεαυτῷ 22 στήλην, ἃ ἐμίσησε Κύριος ὁ Θεός σου.

Οὐ θύσεις Κυρίῳ τῷ Θεῷ σου μόσχον ἢ πρόβατον, ἐν ᾧ 17 ἐστιν ἐν αὐτῷ μῶμος, πᾶν ῥῆμα πονηρόν· ὅτι βδέλυγμα Κυρίῳ τῷ Θεῷ σου ἐστίν.

Ἐὰν δὲ εὑρεθῇ ἐν μιᾷ τῶν πόλεών σου, ὧν Κύριος ὁ Θεός 2 σου δίδωσί σοι, ἀνὴρ ἢ γυνὴ ὃς ποιήσει τὸ πονηρὸν ἐναντίον Κυρίου τοῦ Θεοῦ σου, παρελθεῖν τὴν διαθήκην αὐτοῦ, καὶ 3 ἐλθόντες λατρεύσωσι θεοῖς ἑτέροις, καὶ προσκυνήσωσιν αὐτοῖς, τῷ ἡλίῳ, ἢ τῇ σελήνῃ, ἢ παντὶ τῶν ἐκ τοῦ κόσμου τοῦ οὐρανοῦ, ἃ οὐ προσέταξέ σοι, καὶ ἀναγγελῇ σοι καὶ ἐκζητήσῃς σφόδρα, 4 καὶ ἰδοὺ ἀληθῶς γέγονε τὸ ῥῆμα, γεγένηται τὸ βδέλυγμα τοῦτο ἐν Ἰσραήλ. Καὶ ἐξάξεις τὸν ἄνθρωπον ἐκεῖνον, ἢ τὴν γυναῖκα 5 ἐκείνην, καὶ λιθοβολήσετε αὐτοὺς ἐν λίθοις, καὶ τελευτήσουσιν. Ἐπὶ δυσὶ μάρτυσιν ἢ ἐπὶ τρισὶ μάρτυσιν ἀποθανεῖται· ὁ 6 ἀποθνήσκων οὐκ ἀποθανεῖται ἐφ᾽ ἑνὶ μάρτυρι. Καὶ ἡ χεὶρ 7 τῶν μαρτύρων ἔσται ἐπ᾽ αὐτῷ ἐν πρώτοις θανατῶσαι αὐτὸν, καὶ ἡ χεὶρ τοῦ λαοῦ ἐπ᾽ ἐσχάτων· καὶ ἐξαρεῖς τὸν πονηρὸν ἐξ ὑμῶν αὐτῶν.

Ἐὰν δὲ ἀδυνατήσῃ ἀπὸ σοῦ ῥῆμα ἐν κρίσει ἀναμέσον αἷμα 8 αἵματος, καὶ ἀναμέσον κρίσις κρίσεως, καὶ ἀναμέσον ἀφὴ ἀφῆς, καὶ ἀναμέσον ἀντιλογία ἀντιλογίας, ῥήματα κρίσεως ἐν ταῖς πόλεσιν ὑμῶν, καὶ ἀναστὰς ἀναβήσῃ εἰς τὸν τόπον ὃν ἂν 9 ἐκλέξηται Κύριος ὁ Θεός σου ἐκεῖ, καὶ ἐλεύσῃ πρὸς τοὺς ἱερεῖς τοὺς Λευίτας, καὶ πρὸς τὸν κριτὴν ὃς ἂν γένηται ἐν

β *Gr.* your.   δ *Gr.* make.   ζ John 8. 17.   θ *Gr.* dies shall not die.   λ *Gr.* blood between blood, etc.

ταῖς ἡμέραις ἐκείναις, καὶ ἐκζητήσαντες ἀναγγελοῦσί σοι τὴν
10 κρίσιν. Καὶ ποιήσεις κατὰ τὸ πρᾶγμα ὃ ἂν ἀναγγείλωσί σοι
ἐκ τοῦ τόπου, οὗ ἐὰν ἐκλέξηται Κύριος ὁ Θεός σου, καὶ φυλάξῃ
11 ποιῆσαι πάντα ὅσα ἂν νομοθετηθῇ σοι. Κατὰ τὸν νόμον καὶ
κατὰ τὴν κρίσιν ἣν ἂν εἴπωσί σοι, ποιήσεις· οὐκ ἐκκλινεῖς
ἀπὸ τοῦ ῥήματος οὗ ἐὰν ἀναγγείλωσί σοι δεξιὰ οὐδὲ ἀριστερά.

12 Καὶ ὁ ἄνθρωπος ὃς ἐὰν ποιήσῃ ἐν ὑπερηφανίᾳ, ὥστε μὴ
ὑπακοῦσαι τοῦ ἱερέως τοῦ παρεστηκότος λειτουργεῖν ἐπὶ τῷ
ὀνόματι Κυρίου τοῦ Θεοῦ σου, ἢ τοῦ κριτοῦ ὃς ἂν ᾖ ἐν ταῖς
ἡμέραις ἐκείναις, καὶ ἀποθανεῖται ὁ ἄνθρωπος ἐκεῖνος, καὶ
13 ἐξαρεῖς τὸν πονηρὸν ἐξ Ἰσραήλ. Καὶ πᾶς ὁ λαὸς ἀκούσας
φοβηθήσεται, καὶ οὐκ ἀσεβήσει ἔτι.

14 Ἐὰν δὲ εἰσέλθῃς εἰς τὴν γῆν ἣν Κύριος ὁ Θεός σου δίδωσί
σοι, καὶ κληρονομήσῃς αὐτήν, καὶ κατοικήσῃς ἐπ' αὐτήν, καὶ
εἴπῃς, καταστήσω ἐπ' ἐμαυτὸν ἄρχοντα, καθὰ καὶ τὰ λοιπὰ
15 ἔθνη τὰ κύκλῳ μου· καθιστῶν καταστήσεις ἐπὶ σεαυτὸν
ἄρχοντα, ὃν ἂν ἐκλέξηται Κύριος ὁ Θεὸς αὐτόν· ἐκ τῶν ἀδελ-
φῶν σου καταστήσεις ἐπὶ σεαυτὸν ἄρχοντα· οὐ δυνήσῃ κατα-
στῆσαι ἐπὶ σεαυτὸν ἄνθρωπον ἀλλότριον, ὅτι οὐκ ἀδελφός σου
16 ἐστί. Διότι οὐ πληθυνεῖ ἑαυτῷ ἵππον, οὐδὲ μὴ ἀποστρέψῃ
τὸν λαὸν εἰς Αἴγυπτον, ὅπως μὴ πληθύνῃ αὐτῷ ἵππον· ὁ δὲ
Κύριος εἶπεν, οὐ προσθήσεσθε ἀποστρέψαι τῇ ὁδῷ ταύτῃ
17 ἔτι. Καὶ οὐ πληθυνεῖ ἑαυτῷ γυναῖκας, ἵνα μὴ μεταστῇ
αὐτοῦ ἡ καρδία· καὶ ἀργύριον καὶ χρυσίον οὐ πληθυνεῖ ἑαυτῷ
σφόδρα.

18 Καὶ ὅταν καθίσῃ ἐπὶ τῆς ἀρχῆς αὐτοῦ, καὶ γράψει αὐτῷ τὸ
δευτερονόμιον τοῦτο εἰς βιβλίον παρὰ τῶν ἱερέων τῶν Λευιτῶν,
19 καὶ ἔσται μετ' αὐτοῦ, καὶ ἀναγνώσεται ἐν αὐτῷ πάσας τὰς
ἡμέρας τῆς ζωῆς αὐτοῦ, ἵνα μάθῃ φοβεῖσθαι Κύριον τὸν Θεόν
σου, καὶ φυλάσσεσθαι πάσας τὰς ἐντολὰς ταύτας, καὶ τὰ
20 δικαιώματα ταῦτα ποιεῖν· ἵνα μὴ ὑψωθῇ ἡ καρδία αὐτοῦ
ἀπὸ τῶν ἀδελφῶν αὐτοῦ, ἵνα μὴ παραβῇ ἀπὸ τῶν ἐντολῶν
δεξιὰ ἢ ἀριστερά, ὅπως ἂν μακροχρονίσῃ ἐπὶ τῆς ἀρχῆς αὐτοῦ,
αὐτὸς καὶ οἱ υἱοὶ αὐτοῦ ἐν τοῖς υἱοῖς Ἰσραήλ.

18 Οὐκ ἔσται τοῖς ἱερεῦσι τοῖς Λευίταις ὅλῃ φυλῇ Λευὶ μερὶς
οὐδὲ κλῆρος μετὰ Ἰσραήλ· καρπώματα Κυρίου ὁ κλῆρος
2 αὐτῶν, φάγονται αὐτά. Κλῆρος δὲ οὐκ ἔσται αὐτοῖς ἐν τοῖς
ἀδελφοῖς αὐτῶν· Κύριος αὐτὸς κλῆρος αὐτοῦ, καθότι εἶπεν
3 αὐτῷ. Καὶ αὕτη ἡ κρίσις τῶν ἱερέων τὰ παρὰ τοῦ λαοῦ παρὰ
τῶν θυόντων τὰ θύματα, ἐάν τε μόσχον, ἐάν τε πρόβατον· καὶ
δώσεις τὸν βραχίονα τῷ ἱερεῖ, καὶ τὰ σιαγόνια, καὶ τὸ
4 ἔνυστρον, καὶ τὰς ἀπαρχὰς τοῦ σίτου σου, καὶ τοῦ οἴνου σου,
καὶ τοῦ ἐλαίου σου· καὶ τὴν ἀπαρχὴν τῶν κουρῶν τῶν προ-
5 βάτων σου δώσεις αὐτῷ. Ὅτι αὐτὸν ἐξελέξατο Κύριος ἐκ
πασῶν τῶν φυλῶν σου, παρεστάναι ἔναντι Κυρίου τοῦ Θεοῦ,
λειτουργεῖν καὶ εὐλογεῖν ἐπὶ τῷ ὀνόματι αὐτοῦ, αὐτὸς καὶ οἱ
υἱοὶ αὐτοῦ ἐν τοῖς υἱοῖς Ἰσραήλ.

shall be in those days, and they shall search out *the matter* and report the judgment to thee. [10] And thou shalt act according to the thing which they shall report to thee out of the place which the Lord thy God shall choose, and thou shalt observe to do all whatsoever shall have been by law appointed to thee. [11] Thou shalt do according to the law and to the judgment which they shall declare to thee: thou shalt not swerve to the right hand or to the left from any sentence which they shall report to thee. [12] And the man whosoever shall act in haughtiness, so as not to hearken to the priest who stands to minister in the name of the Lord thy God, or the judge who shall preside in those days, that man shall die, and thou shalt remove the evil one out of Israel. [13] And all the people shall hear and fear, and shall no more commit impiety. [14] And when thou shalt enter into the land which the Lord thy God gives thee, and shalt inherit it and dwell in it, and shalt say, I will set a ruler over me, as also the other nations round about me; [15] thou shalt surely set over thee the ruler whom the Lord God shall choose: of thy brethren thou shalt set over thee a ruler; thou shalt not have power to set over thee a stranger, because he is not thy brother. [16] For he shall not multiply to himself horses, and he shall by no means turn the people back to Egypt, lest he should multiply to himself horses; for the Lord said, Ye shall not any more turn back by that way. [17] And he shall not multiply to himself wives, lest his heart β turn away; and he shall not greatly multiply to himself silver and gold. [18] And when he shall be established in his government, then shall he write for himself this repetition of the law into a book by the hands of the priests the Levites; [19] and it shall be with him, and he shall read in it all the days of his life, that he may learn to fear the Lord thy God, and to keep all these commandments, and to observe these ordinances: [20] that his heart be not lifted up γabove his brethren, that he depart not from the commandments on the right hand or on the left; that he and his sons may reign long in his dominion among the children of Israel.

The priests, the Levites, even the whole tribe of Levi, shall have no part nor inheritance with Israel; the burnt-offerings of the Lord *are* their inheritance, they shall eat them. [2] And they shall have no inheritance among their brethren; the Lord himself *is* his portion, as he said to him. [3] And this *is* the due of the priests in the things coming from the people from those who offer sacrifices, whether it be a calf or a sheep; and thou shalt give the shoulder to the priest, and the cheeks, and the great intestine: [4] and the first-fruits of thy corn, and of thy wine, and of thine oil; and thou shalt give to him the first-fruits of the fleeces of thy sheep: [5] because the Lord has chosen him out of all thy tribes, to stand before the Lord thy God, to minister and bless in his name, himself and his sons among the children of Israel.

β *Gr.* change.　　γ *Gr.* from, *Heb.*—ם.

⁶ And if a Levite come from one of the cities of all the children of Israel, where he himself dwells, accordingly as his mind desires, to the place which ^βhe shall have chosen, ⁷ he shall minister to the name of the Lord his God, as all his brethren the Levites, who stand there present before the Lord thy God. ⁸ He shall eat an allotted portion, besides the sale of his hereditary property. ⁹ And when thou shalt have entered into the land which the Lord thy God gives thee, thou shalt not learn to do according to the abominations of those nations.

¹⁰ There shall not be found in thee one who purges his son or his daughter with fire, one who ^γ uses divination, who deals with omens, and augury, ¹¹ a sorcerer employing incantation, one who has in him a divining spirit, an observer of signs, questioning the dead. ¹² For every one that does these things is an abomination to the Lord thy God; for because of these abominations the Lord will destroy them from before thy face. ¹³ Thou shalt be perfect before the Lord thy God. ¹⁴ For all these nations whose *land* thou shalt inherit, they will listen to omens and divinations; but the Lord thy God has not permitted thee so *to do*.

¹⁵ ^δ The Lord thy God shall raise up to thee a prophet of thy brethren, like me; him shall ye hear: ¹⁶ according to all things which thou didst desire of the Lord thy God in Choreb in the day of the assembly, saying, We will not again hear the voice of the Lord thy God, and we will not any more see this great fire, and *so* we shall not die. ¹⁷ And the Lord said to me, They have spoken rightly all that they have said to thee. ¹⁸ I will raise up to them a prophet of their brethren, like thee; and I will put my words in his mouth, and he shall speak to them as I shall command him. ¹⁹ ^ζ And whatever man shall not hearken to whatsoever words that prophet shall speak in my name, I will take vengeance on him. ²⁰ But the prophet whosoever shall impiously speak in my name a word which I have not commanded him to speak, and whosoever shall speak in the name of other gods, that prophet shall die. ²¹ But if thou shalt say in thine heart, How shall we know the word which the Lord has not spoken? ²² Whatsoever words that prophet shall speak in the name of the Lord, and they shall not come true, and not come to pass, this *is* the thing which the Lord has not spoken; that prophet has spoken wickedly: ye shall not spare him.

And when the Lord thy God shall have destroyed the nations, which God gives thee, *even* the land, and ye shall inherit them, and dwell in their cities, and in their houses, ² thou shalt separate for thyself three cities in the midst of thy land, which the Lord thy God gives thee. ³ Take a survey of thy way, and thou shalt divide the coasts of thy land, which the Lord thy God apportions to thee, into three parts, and there shall be there a refuge for every manslayer. ⁴ And this shall be the ordinance of the manslayer, who shall flee thither, and shall

Ἐὰν δὲ παραγένηται ὁ Λευίτης ἐκ μιᾶς τῶν πόλεων ἐκ 6 πάντων τῶν υἱῶν Ἰσραὴλ, οὗ αὐτὸς παροικεῖ, καθ᾽ ὅτι ἐπιθυμεῖ ἡ ψυχὴ αὐτοῦ, εἰς τὸν τόπον ὃν ἂν ἐκλέξηται, λειτουργήσει 7 τῷ ὀνόματι Κυρίου τοῦ Θεοῦ αὐτοῦ, ὥσπερ πάντες οἱ ἀδελφοὶ αὐτοῦ οἱ Λευῖται οἱ παρεστηκότες ἐκεῖ ἐναντίον Κυρίου τοῦ Θεοῦ σου. Μερίδα μεμερισμένην φάγεται, πλὴν τῆς πράσεως 8 τῆς κατὰ πατριάν. Ἐὰν δὲ εἰσέλθῃς εἰς τὴν γῆν ἣν Κύριος 9 ὁ Θεός σου δίδωσί σοι, οὐ μαθήσῃ ποιεῖν κατὰ τὰ βδελύγματα τῶν ἐθνῶν ἐκείνων.

Οὐχ εὑρεθήσεται ἐν σοὶ περικαθαίρων τὸν υἱὸν αὐτοῦ καὶ 10 τὴν θυγατέρα αὐτοῦ ἐν πυρὶ, μαντευόμενος μαντείαν, κληδονιζόμενος, καὶ οἰωνιζόμενος, φαρμακὸς ἐπαείδων ἐπαοιδὴν, 11 ἐγγαστρίμυθος, καὶ τερατοσκόπος, ἐπερωτῶν τοὺς νεκρούς. Ἔστι γὰρ βδέλυγμα Κυρίῳ τῷ Θεῷ σου πᾶς ποιῶν ταῦτα· 12 ἕνεκεν γὰρ τῶν βδελυγμάτων τούτων Κύριος ἐξολοθρεύσει αὐτοὺς ἀπὸ προσώπου σου. Τέλειος ἔσῃ ἐναντίον Κυρίου 13 τοῦ Θεοῦ σου. Τὰ γὰρ ἔθνη ταῦτα, οὓς σὺ κατακληρονομεῖς 14 αὐτοὺς, οὗτοι κληδόνων καὶ μαντειῶν ἀκούσονται· καί σοι οὐχ οὕτως ἔδωκε Κύριος ὁ Θεός σου.

Προφήτην ἐκ τῶν ἀδελφῶν σου, ὡς ἐμὲ, ἀναστήσει σοι 15 Κύριος ὁ Θεός σου· αὐτοῦ ἀκούσεσθε. Κατὰ πάντα ὅσα 16 ᾐτήσω παρὰ Κυρίου τοῦ Θεοῦ σου ἐν Χωρὴβ τῇ ἡμέρᾳ τῆς ἐκκλησίας, λέγοντες, οὐ προσθήσομεν ἀκοῦσαι τὴν φωνὴν Κυρίου τοῦ Θεοῦ σου, καὶ τὸ πῦρ τοῦτο τὸ μέγα οὐκ ὀψόμεθα ἔτι, οὐδὲ μὴ ἀποθάνωμεν. Καὶ εἶπε Κύριος πρὸς μὲ, ὀρθῶς 17 πάντα ὅσα ἐλάλησαν πρὸς σέ. Προφήτην ἀναστήσω αὐτοῖς 18 ἐκ τῶν ἀδελφῶν αὐτῶν, ὥσπερ σέ· καὶ δώσω τὰ ῥήματα ἐν τῷ στόματι αὐτοῦ, καὶ λαλήσει αὐτοῖς καθ᾽ ὅτι ἂν ἐντείλωμαι αὐτῷ. Καὶ ὁ ἄνθρωπος ὃς ἐὰν μὴ ἀκούσῃ ὅσα ἂν λαλήσῃ 19 ὁ προφήτης ἐκεῖνος ἐπὶ τῷ ὀνόματί μου, ἐγὼ ἐκδικήσω ἐξ αὐτοῦ. Πλὴν ὁ προφήτης ὃς ἂν ἀσεβήσῃ λαλῆσαι ἐπὶ τῷ ὀνόματί 20 μου ῥῆμα ὃ οὐ προσέταξα λαλῆσαι, καὶ ὃς ἂν λαλήσῃ ἐν ὀνόματι θεῶν ἑτέρων, ἀποθανεῖται ὁ προφήτης ἐκεῖνος. Ἐὰν 21 δὲ εἴπῃς ἐν τῇ καρδίᾳ σου, πῶς γνωσόμεθα τὸ ῥῆμα ὃ οὐκ ἐλάλησε Κύριος; Ὅσα ἐὰν λαλήσῃ ὁ προφήτης ἐκεῖνος τῷ 22 ὀνόματι Κυρίου, καὶ μὴ γένηται, καὶ μὴ συμβῇ, τοῦτο τὸ ῥῆμα ὃ οὐκ ἐλάλησε Κύριος, ἐν ἀσεβείᾳ ἐλάλησεν ὁ προφήτης ἐκεῖνος· οὐκ ἀφέξεσθε αὐτοῦ.

Ἐὰν δὲ ἀφανίσῃ Κύριος ὁ Θεός σου τὰ ἔθνη, ἃ ὁ Θεὸς 19 δίδωσί σοι τὴν γῆν, καὶ κατακληρονομήσητε αὐτοὺς, καὶ κατοικήσητε ἐν ταῖς πόλεσιν αὐτῶν, καὶ ἐν τοῖς οἴκοις αὐτῶν, τρεῖς πόλεις διαστελεῖς σεαυτῷ ἐν μέσῳ τῆς γῆς σου, ἧς 2 Κύριος ὁ Θεός σου δίδωσί σοι. Στόχασαί σοι τὴν ὁδὸν, καὶ 3 τριμεριεῖς τὰ ὅρια τῆς γῆς σου, ἣν καταμερίζει σοι Κύριος ὁ Θεός σου, καὶ ἔσται ἐκεῖ καταφυγὴ παντὶ φονευτῇ.

Τοῦτο δὲ ἔσται τὸ πρόσταγμα τοῦ φονευτοῦ, ὃς ἂν φύγῃ 4 ἐκεῖ, καὶ ζήσεται, ὃς ἂν πατάξῃ τὸν πλησίον αὐτοῦ οὐκ εἰδὼς,

---

5 καὶ οὗτος οὐ μισῶν αὐτὸν πρὸ τῆς χθὲς καὶ τρίτης. Καὶ ὃς
ἐὰν εἰσέλθῃ μετὰ τοῦ πλησίον εἰς τὸν δρυμὸν συναγαγεῖν ξύλα,
καὶ ἐκκρουσθῇ ἡ χεὶρ αὐτοῦ τῇ ἀξίνῃ κόπτοντος τὸ ξύλον,
καὶ ἐκπεσὸν τὸ σιδήριον ἀπὸ τοῦ ξύλου τύχῃ τοῦ πλησίον,
καὶ ἀποθάνῃ, οὗτος καταφεύξεται εἰς μίαν τῶν πόλεων τούτων,
6 καὶ ζήσεται. Ἵνα μὴ διώξας ὁ ἀγχιστεύων τοῦ αἵματος
ὀπίσω τοῦ φονεύσαντος, ὅτι παρατεθέρμανται τῇ καρδίᾳ, καὶ
καταλάβῃ αὐτὸν, ἐὰν μακροτέρα ᾖ ἡ ὁδὸς, καὶ πατάξῃ αὐτοῦ
ψυχήν· καὶ τούτῳ οὐκ ἔστι κρίσις θανάτου, ὅτι οὐ μισῶν ἦν
7 αὐτὸν πρὸ τῆς χθὲς, οὐδὲ πρὸ τῆς τρίτης. Διὰ τοῦτο ἐγώ
σοι ἐντέλλομαι τὸ ῥῆμα τοῦτο, λέγων, τρεῖς πόλεις διαστελεῖς
σεαυτῷ.
8 Ἐὰν δὲ ἐμπλατύνῃ Κύριος ὁ Θεός σου τὰ ὅριά σου, ὃν
τρόπον ὤμοσε τοῖς πατράσι σου, καὶ δῷ σοι Κύριος πᾶσαν
9 τὴν γῆν, ἣν εἶπε δοῦναι τοῖς πατράσι σου, ἐὰν ἀκούσῃς ποιεῖν
πάσας τὰς ἐντολὰς ταύτας, ἃς ἐγὼ ἐντέλλομαί σοι σήμερον,
ἀγαπᾶν Κύριον τὸν Θεόν σου, πορεύεσθαι ἐν πάσαις ταῖς
ὁδοῖς αὐτοῦ πάσας τὰς ἡμέρας· προσθήσεις σεαυτῷ ἔτι τρεῖς
10 πόλεις πρὸς τὰς τρεῖς ταύτας. Καὶ οὐκ ἐκχυθήσεται αἷμα
ἀναίτιον ἐν τῇ γῇ, ᾗ Κύριος ὁ Θεός σου δίδωσί σοι ἐν κλήρῳ,
καὶ οὐκ ἔσται ἐν σοὶ αἵματι ἔνοχος.
11 Ἐὰν δὲ γένηται ἐν σοὶ ἄνθρωπος μισῶν τὸν πλησίον, καὶ
ἐνεδρεύσῃ αὐτὸν, καὶ ἐπαναστῇ ἐπ᾽ αὐτὸν, καὶ πατάξῃ αὐτοῦ
ψυχὴν, καὶ ἀποθάνῃ, καὶ φύγῃ εἰς μίαν τῶν πόλεων τούτων·
12 καὶ ἀποστελοῦσιν ἡ γερουσία τῆς πόλεως αὐτοῦ, καὶ λήψονται
αὐτὸν ἐκεῖθεν, καὶ παραδώσουσιν αὐτὸν εἰς χεῖρας τῶν ἀγχι-
13 στευόντων τοῦ αἵματος, καὶ ἀποθανεῖται. Οὐ φείσεται ὁ ὀφ-
θαλμός σου ἐπ᾽ αὐτῷ, καὶ καθαριεῖς τὸ αἷμα τὸ ἀναίτιον
ἐξ Ἰσραὴλ, καὶ εὖ σοι ἔσται.
14 Οὐ μετακινήσεις ὅρια τοῦ πλησίον, ἃ ἔστησαν οἱ πατέρες
σου ἐν τῇ κληρονομίᾳ, ᾗ κατεκληρονομήθης ἐν τῇ γῇ, ἣν
15 Κύριος ὁ Θεός σου δίδωσί σοι ἐν κλήρῳ. Οὐκ ἐμμενεῖ μάρτυς
εἷς μαρτυρῆσαι κατὰ ἀνθρώπου κατὰ πᾶσαν ἀδικίαν, καὶ κατὰ
πᾶν ἁμάρτημα, καὶ κατὰ πᾶσαν ἁμαρτίαν, ἣν ἐὰν ἁμάρτῃ·
ἐπὶ στόματος δύο μαρτύρων, καὶ ἐπὶ στόματος τριῶν μαρτύρων,
16 στήσεται πᾶν ῥῆμα. Ἐὰν δὲ καταστῇ μάρτυς ἄδικος κατὰ
17 ἀνθρώπου, καταλέγων αὐτοῦ ἀσέβειαν· καὶ στήσονται οἱ
δύο ἄνθρωποι οἷς ἐστιν αὐτοῖς ἡ ἀντιλογία, ἔναντι Κυρίου,
καὶ ἔναντι τῶν ἱερέων, καὶ ἔναντι τῶν κριτῶν, οἳ ἂν ὦσιν ἐν
18 ταῖς ἡμέραις ἐκείναις· Καὶ ἐξετάσωσιν οἱ κριταὶ ἀκριβῶς,
καὶ ἰδοὺ μάρτυς ἄδικος ἐμαρτύρησεν ἄδικα, ἀντέστη κατὰ τοῦ
19 ἀδελφοῦ αὐτοῦ· Καὶ ποιήσετε αὐτῷ ὃν τρόπον ἐπονηρεύσατο
ποιῆσαι κατὰ τοῦ ἀδελφοῦ αὐτοῦ, καὶ ἐξαρεῖς τὸ πονηρὸν ἐξ
20 ὑμῶν αὐτῶν. Καὶ οἱ ἐπίλοιποι ἀκούσαντες φοβηθήσονται,
καὶ οὐ προσθήσουσιν ἔτι ποιῆσαι κατὰ τὸ ῥῆμα τὸ πονηρὸν
21 τοῦτο ἐν ὑμῖν. Οὐ φείσεται ὁ ὀφθαλμός σου ἐπ᾽ αὐτῷ· ψυχὴν
ἀντὶ ψυχῆς, ὀφθαλμὸν ἀντὶ ὀφθαλμοῦ, ὀδόντα ἀντὶ ὀδόντος,
χεῖρα ἀντὶ χειρὸς, πόδα ἀντὶ ποδός.
20 Ἐὰν δὲ ἐξέλθῃς εἰς πόλεμον ἐπὶ τοὺς ἐχθρούς σου, καὶ
ἴδῃς ἵππον καὶ ἀναβάτην καὶ λαὸν πλείονά σου, οὐ φοβηθήσῃ

live, whosoever shall have smitten his neigh-
bour ignorantly, whereas he hated him not
[β] in times past. 5 And whosoever shall enter
with his neighbour into the thicket, to
gather wood, if the hand of him that cuts
wood with the axe should be violently
shaken, and the axe head falling off from
the handle should light on his neighbour,
and he should die, he shall flee to one of
these cities, and live. 6 Lest the avenger of
blood pursue after the slayer, because his
heart is hot, and overtake him, if the way
be too long, and [γ] slay him, though there is
to this man no sentence of death, because
he hated him not in time past. 7 There-
fore I charge thee, saying, Thou shalt sepa-
rate for thyself three cities.

8 And if the Lord shall enlarge thy bor-
ders, as he sware to thy fathers, and the
Lord shall give to thee all the land which
he said he would give to thy fathers; 9 if
thou shalt hearken to do all these com-
mands, which I charge thee this day, to love
the Lord thy God, to walk in all his ways
continually; thou shalt add for thyself yet
three cities to these three. 10 So innocent
blood shall not be spilt in the land, which
the Lord thy God gives thee to inherit, and
there shall not be in thee one guilty of
blood.

11 But if there should be in thee a man
hating his neighbour, and he should lay
wait for him, and rise up against him, and
smite him, that he die, and he should flee to
one of these cities, 12 then shall the elders of
his city send, and take him thence, and they
shall deliver him into the hands of the
avengers of blood, and he shall die. 13 Thine
eye shall not spare him; so shalt thou purge
innocent blood from Israel, and it shall be
well with thee.

14 Thou shalt not move the landmarks of
thy neighbour, which thy fathers set in the
inheritance, in which thou hast obtained a
share in the land, which the Lord thy God
gives thee to inherit. 15 One witness shall
not [δ] stand to testify against a man for any
iniquity, or for any fault, or for any sin
which he may commit; [ζ] by the mouth of
two witnesses, or by the mouth of three
witnesses, shall every word be established.
16 And if an unjust witness rise up against
a man, alleging iniquity against him; 17 then
shall the two men between whom the con-
troversy is, stand before the Lord, and before
the priests, and before the judges, who may
be in those days. 18 And the judges shall
make diligent inquiry, and, behold, if an
unjust witness has borne unjust testimony;
and has stood up against his brother, 19 then
shall ye do to him as he wickedly devised to
do against his brother, and thou shalt re-
move the evil from yourselves. 20 And the
rest shall hear and fear, and do no more
according to this evil thing in the midst of
you. 21 Thine eye shall not spare him: thou
shalt exact life for life, eye for eye, tooth
for tooth, hand for hand, foot for foot.

And if thou shouldest go forth to war
against thine enemies, and shouldest see
horse, and rider, and a people more nume-

---

rous than thyself; thou shalt not be afraid of them, for the Lord thy God *is* with thee, who brought thee up out of the land of Egypt. ² And it shall come to pass whenever thou shalt draw nigh to battle, that the priest shall draw nigh and speak to the people, and shall say to them, ³ Hear, O Israel; ye are going this day to battle against your enemies: let not your heart faint, fear not, neither be confounded, neither turn aside from their face. ⁴ For *it is* the Lord your God who advances with you, to fight with you against your enemies, *and* to save you.

⁵ And the scribes shall speak to the people, saying, What man *is* he that has built a new house, and has not dedicated it? let him go and return to his house, lest he die in the war, and another man dedicate it. ⁶ And what man *is* he that has planted a vineyard, and not been made merry with it? let him go and return to his house, lest he die in the battle, and another man be made merry with it. ⁷ And what man *is* he that has betrothed a wife, and has not taken her? let him go and return to his house, lest he die in the battle, and another man take her. ⁸ And the scribes shall speak further to the people, and say, What man *is* he that fears and is cowardly in his heart? Let him go and return to his house, lest he make the heart of his brother fail, as his own. ⁹ And it shall come to pass when the scribes shall have ceased speaking to the people, that they shall appoint generals of the army to be leaders of the people.

¹⁰ And if thou shalt draw nigh to a city to overcome them by war, then call them out peaceably. ¹¹ If then they should answer peaceably to thee, and open to thee, it shall be that all the people found in it shall be tributary and subject to thee. ¹² But if they will not hearken to thee, but wage war against thee, thou shalt invest it; ¹³ until the Lord thy God shall deliver it into thy hands, and thou shalt smite every male of it with the edge of the sword: ¹⁴ except the women and the stuff: and all the cattle, and whatsoever shall be in the city, and all the plunder thou shalt take as spoil for thyself, and shalt eat all the plunder of thine enemies whom the Lord thy God gives thee. ¹⁵ Thus shalt thou do to all the cities that are very far off from thee, not *being* of the cities of these nations which the Lord thy God gives thee to inherit their land. ¹⁶ Of *these* ye shall not take any thing alive; ¹⁷ but ye shall surely curse them, the Chettite, and the Amorite, and the Chananite, and the Pherezite, and the Evite, and the Jebusite, and the Gergesite; as the Lord thy God commanded thee: ¹⁸ that they may not teach you to do all their abominations, which they did to their gods, and *so* ye should sin before the Lord your God.

¹⁹ And if thou shouldest besiege ᵝ a city many days to prevail against it by war to take it, thou shalt not destroy its trees, by applying an iron tool to them, but thou shalt eat of it, and shalt not cut it down: Is the tree that is in the field a man, to enter ᵞ before thee into ᵟ the work of the

ἀπ' αὐτῶν, ὅτι Κύριος ὁ Θεός σου μετὰ σοῦ, ὁ ἀναβιβάσας σε ἐκ γῆς Αἰγύπτου. Καὶ ἔσται ὅταν ἐγγίσῃς τῷ πολέμῳ, 2 καὶ προσεγγίσας ὁ ἱερεὺς λαλήσει τῷ λαῷ, καὶ ἐρεῖ πρὸς αὐτούς, ἄκουε Ἰσραήλ· ὑμεῖς πορεύεσθε σήμερον εἰς τὸν 3 πόλεμον ἐπὶ τοὺς ἐχθροὺς ὑμῶν· μὴ ἐκλυέσθω ἡ καρδία ὑμῶν, μὴ φοβεῖσθε, μηδὲ θραύεσθε, μηδὲ ἐκκλίνετε ἀπὸ προσώπου αὐτῶν. Ὅτι Κύριος ὁ Θεὸς ὑμῶν ὁ προπορευόμενος μεθ' ὑμῶν, 4 συνεκπολεμῆσαι ὑμῖν τοὺς ἐχθροὺς ὑμῶν διασῶσαι ὑμᾶς.

Καὶ λαλήσουσιν οἱ γραμματεῖς πρὸς τὸν λαόν, λέγοντες, 5 τίς ὁ ἄνθρωπος ὁ οἰκοδομήσας οἰκίαν καινήν, καὶ οὐκ ἐνεκαίνισεν αὐτήν; πορευέσθω καὶ ἀποστραφήτω εἰς τὴν οἰκίαν αὐτοῦ, μὴ ἀποθάνῃ ἐν τῷ πολέμῳ, καὶ ἄνθρωπος ἕτερος ἐγκαινιεῖ αὐτήν. Καὶ τίς ὁ ἄνθρωπος ὅστις ἐφύτευσεν ἀμπελῶνα, καὶ 6 οὐκ εὐφράνθη ἐξ αὐτοῦ; πορευέσθω καὶ ἀποστραφήτω εἰς τὴν οἰκίαν αὐτοῦ, μὴ ἀποθάνῃ ἐν τῷ πολέμῳ, καὶ ἄνθρωπος ἕτερος εὐφρανθήσεται ἐξ αὐτοῦ. Καὶ τίς ὁ ἄνθρωπος ὅστις μεμνή- 7 στευται γυναῖκα, καὶ οὐκ ἔλαβεν αὐτήν; πορευέσθω καὶ ἀποστραφήτω εἰς τὴν οἰκίαν αὐτοῦ, μὴ ἀποθάνῃ ἐν τῷ πολέμῳ, καὶ ἄνθρωπος ἕτερος λήψεται αὐτήν. Καὶ προσθήσουσιν οἱ 8 γραμματεῖς λαλῆσαι πρὸς τὸν λαόν, καὶ ἐροῦσι, τίς ὁ ἄνθρωπος ὁ φοβούμενος καὶ δειλὸς τῇ καρδίᾳ; πορευέσθω καὶ ἀποστραφήτω εἰς τὴν οἰκίαν αὐτοῦ, ἵνα μὴ δειλιάνῃ τὴν καρδίαν τοῦ ἀδελφοῦ αὐτοῦ, ὥσπερ ἡ αὐτοῦ. Καὶ ἔσται ὅταν παύσωνται 9 οἱ γραμματεῖς λαλοῦντες πρὸς τὸν λαόν, καὶ καταστήσουσιν ἄρχοντας τῆς στρατιᾶς προηγουμένους τοῦ λαοῦ.

Ἐὰν δὲ προσέλθῃς πρὸς πόλιν ἐκπολεμῆσαι αὐτούς, καὶ 10 ἐκκαλέσαι αὐτοὺς μετ' εἰρήνης. Ἐὰν μὲν εἰρηνικὰ ἀποκριθῶσί 11 σοι, καὶ ἀνοίξωσί σοι, ἔσται πᾶς ὁ λαὸς οἱ εὑρεθέντες ἐν αὐτῇ ἔσονταί σοι φορολόγητοι καὶ ὑπήκοοί σου. Ἐὰν δὲ μὴ 12 ὑπακούσωσί σοι, καὶ ποιῶσι πρὸς σὲ πόλεμον, περικαθιεῖς αὐτήν, ἕως ἂν παραδῷ σοι αὐτὴν Κύριος ὁ Θεός σου εἰς τὰς 13 χεῖράς σου, καὶ πατάξεις πᾶν ἀρσενικὸν αὐτῆς ἐν φόνῳ μαχαίρας, πλὴν τῶν γυναικῶν καὶ τῆς ἀποσκευῆς· καὶ πάντα τὰ 14 κτήνη, καὶ πάντα ὅσα ἂν ὑπάρχῃ ἐν τῇ πόλει, καὶ πᾶσαν τὴν ἀπαρτίαν προνομεύσεις σεαυτῷ, καὶ φαγῇ πᾶσαν τὴν προνομὴν τῶν ἐχθρῶν σου, ὧν Κύριος ὁ Θεός σου δίδωσί σοι. Οὕτω 15 ποιήσεις πάσας τὰς πόλεις τὰς μακρὰν οὔσας σου σφόδρα, οὐχὶ ἐκ τῶν πόλεων τῶν ἐθνῶν τούτων, ὧν Κύριος ὁ Θεός σου δίδωσί σοι κληρονομεῖν τὴν γῆν αὐτῶν. Οὐ ζωγρήσετε 16 πᾶν ἐμπνέον, ἀλλ' ἢ ἀναθέματι ἀναθεματιεῖτε αὐτούς, τὸν 17 Χετταῖον, καὶ Ἀμορραῖον, καὶ Χαναναῖον, καὶ Φερεζαῖον, καὶ Εὐαῖον, καὶ Ἰεβουσαῖον, καὶ Γεργεσαῖον, ὃν τρόπον ἐνετείλατό σοι Κύριος ὁ Θεός σου, ἵνα μὴ διδάξωσι ποιεῖν ὑμᾶς 18 πάντα τὰ βδελύγματα αὐτῶν, ὅσα ἐποίησαν τοῖς θεοῖς αὐτῶν, καὶ ἁμαρτήσεσθε ἐναντίον Κυρίου τοῦ Θεοῦ ὑμῶν.

Ἐὰν δὲ περικαθήσῃς περὶ πόλιν μίαν ἡμέρας πλείους 19 ἐκπολεμῆσαι αὐτὴν εἰς κατάληψιν αὐτῆς, οὐκ ἐξολοθρεύσεις τὰ δένδρα αὐτῆς, ἐπιβαλεῖν ἐπ' αὐτὰ σίδηρον, ἀλλ' ἢ ἀπ' αὐτοῦ φαγῇ, αὐτὸ δὲ οὐκ ἐκκόψεις· μὴ ἄνθρωπος τὸ ξύλον τὸ ἐν τῷ ἀγρῷ, εἰσελθεῖν ἀπὸ προσώπου σου εἰς τὸν χάρακα;

ᵝ *Gr.* one city. ᵞ *Gr.* against thee. ᵟ *Gr.* the trench. See Matt. 3. 10.

20 Ἀλλὰ ξύλον ὃ ἐπίστασαι ὅτι οὐ καρπόβρωτόν ἐστι, τοῦτο ἐλοθρεύσεις καὶ ἐκκόψεις· καὶ οἰκοδομήσεις χαράκωσιν ἐπὶ τὴν πόλιν, ἥτις ποιεῖ πρὸς σὲ τὸν πόλεμον, ἕως ἂν παραδοθῇ.

21 Ἐὰν δὲ εὑρεθῇ τραυματίας ἐν τῇ γῇ, ᾗ Κύριος ὁ Θεός σου δίδωσί σοι κληρονομῆσαι, πεπτωκὼς ἐν τῷ πεδίῳ, καὶ οὐκ 2 οἴδασι τὸν πατάξαντα, ἐξελεύσεται ἡ γερουσία σου καὶ οἱ κριταί σου, καὶ ἐκμετρήσουσιν ἐπὶ τὰς πόλεις τὰς κύκλῳ τοῦ 3 τραυματίου· Καὶ ἔσται ἡ πόλις ἡ ἐγγίζουσα τῷ τραυματίᾳ, καὶ λήψεται ἡ γερουσία τῆς πόλεως ἐκείνης δάμαλιν ἐκ βοῶν, 4 ἥτις οὐκ εἴργασται, καὶ ἥτις οὐχ εἵλκυσε ζυγόν· Καὶ καταβιβάσουσιν ἡ γερουσία τῆς πόλεως ἐκείνης δάμαλιν εἰς φάραγγα τραχεῖαν, ἥτις οὐκ εἴργασται οὐδὲ σπείρεται, καὶ 5 νευροκοπήσουσι τὴν δάμαλιν ἐν τῇ φάραγγι. Καὶ προσελεύσονται οἱ ἱερεῖς οἱ Λευῖται, ὅτι αὐτοὺς ἐπέλεξε Κύριος ὁ Θεὸς παρεστηκέναι αὐτῷ, καὶ εὐλογεῖν ἐπὶ τῷ ὀνόματι αὐτοῦ· καὶ ἐπὶ τῷ στόματι αὐτῶν ἔσται πᾶσα ἀντιλογία, καὶ πᾶσα ἀφή. 6 Καὶ πᾶσα ἡ γερουσία τῆς πόλεως ἐκείνης οἱ ἐγγίζοντες τῷ τραυματίᾳ νίψονται τὰς χεῖρας ἐπὶ τὴν κεφαλὴν τῆς δαμάλεως 7 τῆς νενευροκοπημένης ἐν τῇ φάραγγι· καὶ ἀποκριθέντες, ἐροῦσιν, αἱ χεῖρες ἡμῶν οὐκ ἐξέχεαν τὸ αἷμα τοῦτο, καὶ οἱ 8 ὀφθαλμοὶ ἡμῶν οὐκ ἑωράκασιν. Ἵλεως γένου τῷ λαῷ σου Ἰσραήλ, οὓς ἐλυτρώσω Κύριε, ἵνα μὴ γένηται αἷμα ἀναίτιον ἐν 9 τῷ λαῷ σου Ἰσραήλ· καὶ ἐξιλασθήσεται αὐτοῖς τὸ αἷμα. Σὺ δὲ ἐξαρεῖς τὸ αἷμα τὸ ἀναίτιον ἐξ ὑμῶν αὐτῶν, ἐὰν ποιήσῃς τὸ καλὸν καὶ τὸ ἀρεστὸν ἔναντι Κυρίου τοῦ Θεοῦ σου.

10 Ἐὰν δὲ ἐξελθὼν εἰς πόλεμον ἐπὶ τοὺς ἐχθρούς σου, καὶ παραδῷ σοι Κύριος ὁ Θεός σου εἰς τὰς χεῖράς σου, καὶ προνο- 11 μεύσῃς τὴν προνομὴν αὐτῶν, καὶ ἴδῃς ἐν τῇ προνομῇ γυναῖκα καλὴν τῷ εἴδει, καὶ ἐνθυμηθῇς αὐτῆς, καὶ λάβῃς αὐτὴν σεαυτῷ 12 γυναῖκα, καὶ εἰσάξῃς αὐτὴν ἔνδον εἰς τὴν οἰκίαν σου, καὶ 13 ξυρήσεις τὴν κεφαλὴν αὐτῆς, καὶ περιονυχιεῖς αὐτήν, καὶ περιελεῖς τὰ ἱμάτια τῆς αἰχμαλωσίας ἀπ' αὐτῆς, καὶ καθιεῖται ἐν τῇ οἰκίᾳ σου, καὶ κλαύσεται τὸν πατέρα καὶ τὴν μητέρα μηνὸς ἡμέρας· καὶ μετὰ ταῦτα εἰσελεύσῃ πρὸς αὐτὴν καὶ συνοικισθήσῃ αὐτῇ, καὶ ἔσται σου γυνή.

14 Καὶ ἔσται ἐὰν μὴ θέλῃς αὐτήν, ἐξαποστελεῖς αὐτὴν ἐλευθέραν, καὶ πράσει οὐ πραθήσεται ἀργυρίου· οὐκ ἀθετήσεις αὐτήν, διότι ἐταπείνωσας αὐτήν.

15 Ἐὰν δὲ γένωνται ἀνθρώπῳ δύο γυναῖκες, μία αὐτῶν ἠγαπημένη, καὶ μία αὐτῶν μισουμένη, καὶ τέκωσιν αὐτῷ ἡ ἠγαπημένη καὶ ἡ μισουμένη, καὶ γένηται υἱὸς πρωτότοκος τῆς μισουμένης· 16 Καὶ ἔσται ᾗ ἂν ἡμέρα κατακληρονομῇ τοῖς υἱοῖς αὐτοῦ τὰ ὑπάρχοντα αὐτοῦ, οὐ δυνήσεται πρωτοτοκεῦσαι τῷ υἱῷ τῆς ἠγαπημένης, ὑπεριδὼν τὸν υἱὸν τῆς μισουμένης τὸν πρωτότοκον· 17 Ἀλλὰ τὸν πρωτότοκον υἱὸν τῆς μισουμένης ἐπιγνώσεται δοῦναι αὐτῷ διπλᾶ ἀπὸ πάντων ὧν ἂν εὑρεθῇ αὐτῷ, ὅτι οὗτός ἐστιν

siege? 20 But the tree which thou knowest to be not fruit-bearing, this thou shalt destroy and cut down; and thou shalt construct a mound against the city, which makes war against thee, until it be delivered up.

And if one be found slain with the sword in the land, which the Lord thy God gives thee to inherit, having fallen in the field, and they do not know who has smitten *him;* 2 thine elders and thy judges shall come forth, and shall measure the distances of the cities round about the slain man : 3 and it shall be that the city which is nearest to the slain man the elders of that city shall take a heifer of the herd, which has not laboured, and which has not β borne a yoke. 4 And the elders of that city shall bring down the heifer into a rough valley, which has not been tilled and is not sown, and they shall γslay the heifer in the valley. 5 And the priests the Levites shall come, because the Lord God has chosen them to stand by him, and to bless δin his name, and ζby their word shall every controversy and every stroke be *decided.* 6 And all the elders of that city who draw nigh to the slain man shall wash their hands over the head of the heifer which was slain in the valley; 7 and they shall answer and say, Our hands have not shed this blood, and our eyes have not seen *it.* 8 Be merciful to thy people Israel, whom thou hast redeemed, O Lord, that innocent blood θmay not be charged on thy people Israel : and the blood shall be atoned for to them. 9 And thou shalt take away innocent blood from among you, if thou shouldest do that which is good and pleasing before the Lord thy God.

10 And if when thou goest out to war against thine enemies, the Lord thy God should deliver them into thine hands, and thou shouldest take their spoil, 11 and shouldest see among the spoil a woman beautiful in countenance, and shouldest λdesire her, and take her to thyself for a wife, 12 and shouldest bring her within thine house : then shalt thou shave her head, and pare her nails; 13 and shalt take away her garments of captivity from off her, and she shall abide in thine house, and shall bewail her father and mother the days of a month; and afterwards thou shalt go in to her and dwell with her, and she shall be thy wife.

14 And it shall be if thou do not delight in her, thou shalt send her out free; and she shall not by any means be sold for money, thou shalt not treat her contemptuously, because thou hast humbled her.

15 And if a man have two wives, the one loved and μthe other hated, and both the loved and the hated should have born him *children,* and the son of the hated should be first-born; 16 then it shall be that whensoever he shall divide by inheritance his goods to his sons, he shall not be able to give the right of the first-born to the son of the loved one, having overlooked the son of the hated, which is the first-born. 17 But he shall acknowledge the first-born of the hated one to give to him double of all things which shall be found by him, because he is

---

β *Gr.* drawn. γ *Gr.* cut the sinews, *i. e.* of the neck. δ *Or,* his name. *Hebraism.* ζ *Gr.* at their mouth.
θ *Gr.* may not be in thy people. λ *Gr.* think about her. μ *Gr.* one of them.

βthe first of his children, and to him belongs the birthright. ¹⁸And if any man has a disobedient and contentious son, who hearkens not to the voice of his father and the voice of his mother, and they should correct him, and he should not hearken to them; ¹⁹then shall his father and his mother take hold of him, and bring him forth to the elders of his city, and to the gate of the place; ²⁰and they shall say to the men of their city, This our son is disobedient and contentious, he hearkens not to our voice, he is a reveller and a drunkard. ²¹And the men of his city shall stone him with stones, and he shall die; and thou shalt remove the evil one from yourselves, and the rest shall hear and fear.

²²And if there be sin in any one, *and the judgment of death be upon him*, and he be put to death, and ye hang him on a tree: ²³his body shall not remain all night upon the tree, but ye shall by all means bury it in that day; for γevery one that is hanged on a tree is cursed of God; and ye shall by no means defile the land which the Lord thy God gives thee for an inheritance.

When thou seest the calf of thy brother or his sheep wandering in the way, thou shalt not overlook them; thou shalt by all means turn them back to thy brother, and thou shalt restore them to him. ²And if thy brother do not come nigh thee, and thou dost not know him, thou shalt bring it into thy house within; and it shall be with thee until thy brother shall seek them, and thou shalt restore them to them. ³Thus shalt thou do to his ass, and thus shalt thou do to his garment, and thus shalt thou do to every thing that thy brother has lost; whatsoever shall have been lost by him, and thou shalt have found, thou shalt not have power to overlook. ⁴Thou shalt not see the ass of thy brother, or his calf, fallen in the way: thou shalt not overlook them, thou shalt surely help him to raise them up.

⁵The apparel of a man shall not be on a woman, neither shall a man put on a woman's dress; for every one that does these things is an abomination to the Lord thy God. ⁶And if thou shouldest come upon a brood of birds before thy face in the way or upon any tree, or upon the earth, young or eggs, and the mother be brooding on the young or the eggs, thou shalt not take the dam with the young ones. ⁷Thou shalt by all means let the mother go, but thou shalt take the young to thyself; that it may be well with thee, and that thou mayest live long.

⁸If thou shouldest build a new house, then shalt thou make a parapet to thy house; so thou shalt not bring blood-guiltiness upon thy house, if one should in any wise fall from it. ⁹Thou shalt not sow thy vineyard with diverse seed, lest the fruit be devoted, and whatsoever seed thou mayest sow, with the fruit of thy vineyard. ¹⁰Thou shalt not plough with an ox and an ass together. ¹¹Thou shalt not wear a δmingled *garment*, woollen and linen together. ¹²Thou shalt make fringes on the four borders of thy garments, with which soever thou mayest be clothed.

ἀρχὴ τέκνων αὐτοῦ, καὶ τούτῳ καθήκει τὰ πρωτοτοκεῖα. Ἐὰν 18 δέ τινι ᾖ υἱὸς ἀπειθὴς καὶ ἐρεθιστὴς οὐχ ὑπακούων φωνὴν πατρὸς καὶ φωνὴν μητρός, καὶ παιδεύωσιν αὐτὸν, καὶ μὴ εἰσακούῃ αὐτῶν· Καὶ συλλαβόντες αὐτὸν ὁ πατὴρ αὐτοῦ καὶ 19 ἡ μήτηρ αὐτοῦ, καὶ ἐξάξουσιν αὐτὸν ἐπὶ τὴν γερουσίαν τῆς πόλεως αὐτοῦ, καὶ ἐπὶ τὴν πύλην τοῦ τόπου· Καὶ ἐροῦσι 20 τοῖς ἀνδράσι τῆς πόλεως αὐτῶν, ὁ υἱὸς ἡμῶν οὗτος ἀπειθεῖ καὶ ἐρεθίζει, οὐχ ὑπακούει τῆς φωνῆς ἡμῶν, συμβολοκοπῶν οἰνοφλυγεῖ. Καὶ λιθοβολήσουσιν αὐτὸν οἱ ἄνδρες τῆς 21 πόλεως αὐτοῦ ἐν λίθοις, καὶ ἀποθανεῖται· καὶ ἐξαρεῖς τὸν πονηρὸν ἐξ ὑμῶν αὐτῶν· καὶ οἱ ἐπίλοιποι ἀκούσαντες φοβηθήσονται.

Ἐὰν δὲ γένηται ἔν τινι ἁμαρτία, κρίμα θανάτου, καὶ ἀποθάνῃ, 22 καὶ κρεμάσητε αὐτὸν ἐπὶ ξύλου· οὐ κοιμηθήσεται τὸ σῶμα 23 αὐτοῦ ἐπὶ τοῦ ξύλου, ἀλλὰ ταφῇ θάψετε αὐτὸ ἐν τῇ ἡμέρᾳ ἐκείνῃ, ὅτι κεκατηραμένος ὑπὸ Θεοῦ πᾶς κρεμάμενος ἐπὶ ξύλου· καὶ οὐ μὴ μιανεῖτε τὴν γῆν, ἣν Κύριος ὁ Θεός σου δίδωσί σοι ἐν κλήρῳ.

Μὴ ἰδὼν τὸν μόσχον τοῦ ἀδελφοῦ σου, ἢ τὸ πρόβατον 22 αὐτοῦ, πλανώμενα ἐν τῇ ὁδῷ, ὑπερίδῃς αὐτά· ἀποστροφῇ ἀποστρέψεις αὐτὰ τῷ ἀδελφῷ σου, καὶ ἀποδώσεις αὐτῷ. Ἐὰν 2 δὲ μὴ ἐγγίζῃ ὁ ἀδελφός σου πρὸς σὲ, μηδὲ ἐπίστῃ αὐτὸν, συνάξεις αὐτὸν ἔνδον εἰς τὴν οἰκίαν σου, καὶ ἔσται μετὰ σοῦ ἕως ἂν ζητήσῃ αὐτὰ ὁ ἀδελφός σου, καὶ ἀποδώσεις αὐτῷ. Οὕτω 3 ποιήσεις τὸν ὄνον αὐτοῦ, καὶ οὕτω ποιήσεις τὸ ἱμάτιον αὐτοῦ, καὶ οὕτω ποιήσεις κατὰ πᾶσαν ἀπώλειαν τοῦ ἀδελφοῦ σου· ὅσα ἐὰν ἀπόληται παρ' αὐτοῦ, καὶ εὕρῃς, οὐ δυνήσῃ ὑπεριδεῖν. Οὐκ ὄψῃ τὸν ὄνον τοῦ ἀδελφοῦ σου ἢ τὸν μόσχον αὐτοῦ 4 πεπτωκότας ἐν τῇ ὁδῷ, μὴ ὑπερίδῃς αὐτούς, ἀνιστῶν ἀναστήσεις μετ' αὐτοῦ.

Οὐκ ἔσται σκεύη ἀνδρὸς ἐπὶ γυναικὶ, οὐδὲ μὴ ἐνδύσηται 5 ἀνὴρ στολὴν γυναικείαν, ὅτι βδέλυγμα Κυρίῳ τῷ Θεῷ σου ἐστὶ πᾶς ποιῶν ταῦτα. Ἐὰν δὲ συναντήσῃς νοσσιᾷ ὀρνέων πρὸ 6 προσώπου σου ἐν τῇ ὁδῷ ἢ ἐπὶ παντὶ δένδρῳ, ἢ ἐπὶ τῆς γῆς, νοσσοῖς ἢ ᾠοῖς, καὶ ἡ μήτηρ θάλπῃ ἐπὶ τῶν νοσσῶν ἢ ἐπὶ τῶν ᾠῶν, οὐ λήψῃ τὴν μητέρα μετὰ τῶν τέκνων. Ἀποστολῇ ἀπο- 7 στελεῖς τὴν μητέρα, τὰ δὲ παιδία λήψῃ σεαυτῷ, ἵνα εὖ σοι γένηται καὶ πολυήμερος γένῃ.

Ἐὰν οἰκοδομήσῃς οἰκίαν καινὴν, καὶ ποιήσεις στεφάνην τῷ 8 δώματί σου, καὶ οὐ ποιήσεις φόνον ἐν τῇ οἰκίᾳ σου, ἐὰν πέσῃ ὁ πεσὼν ἀπ' αὐτοῦ. Οὐ κατασπερεῖς τὸν ἀμπελῶνά σου 9 διάφορον, ἵνα μὴ ἁγιασθῇ τὸ γέννημα, καὶ τὸ σπέρμα ὃ ἐὰν σπείρῃς μετὰ τοῦ γεννήματος τοῦ ἀμπελῶνός σου. Οὐκ ἀρο- 10 τριάσεις ἐν μόσχῳ καὶ ὄνῳ ἐπὶ τὸ αὐτό. Οὐκ ἐνδύσῃ κίβδηλον, 11 ἔρια καὶ λίνον ἐν τῷ αὐτῷ. Στρεπτὰ ποιήσεις σεαυτῷ ἐπὶ τῶν 12 τεσσάρων κρασπέδων τῶν περιβολαίων σου, ἃ ἐὰν περιβάλῃ ἐν αὐτοῖς.

β. *Gr.* the beginning or chief.   γ Gal. 3. 13.   δ *Gr.* false or adulterated or drossy.

13 Ἐὰν δέ τις λάβῃ γυναῖκα καὶ συνοικήσῃ αὐτῇ, καὶ μισήσῃ
14 αὐτήν, καὶ ἐπιθῇ αὐτῇ προφασιστικοὺς λόγους, καὶ κατενέγκῃ
αὐτῆς ὄνομα πονηρόν, καὶ λέγῃ, τὴν γυναῖκα ταύτην εἴληφα,
15 καὶ προσελθὼν αὐτῇ οὐχ εὕρηκα αὐτῆς τὰ παρθένια· Καὶ
λαβὼν ὁ πατὴρ τῆς παιδὸς καὶ ἡ μήτηρ ἐξοίσουσι τὰ παρθένια
16 τῆς παιδὸς πρὸς τὴν γερουσίαν ἐπὶ τὴν πύλην. Καὶ ἐρεῖ ὁ
πατὴρ τῆς παιδὸς τῇ γερουσίᾳ, τὴν θυγατέρα μου ταύτην δέδωκα
17 τῷ ἀνθρώπῳ τούτῳ γυναῖκα, καὶ μισήσας αὐτὴν νῦν οὗτος,
ἐπιτίθησιν αὐτῇ προφασιστικοὺς λόγους, λέγων, οὐχ εὕρηκα τῇ
θυγατρί σου παρθένια· καὶ ταῦτα τὰ παρθένια τῆς θυγατρός
μου. Καὶ ἀναπτύξουσι τὸ ἱμάτιον ἐναντίον τῆς γερουσίας τῆς
18 πόλεως. Καὶ λήψεται ἡ γερουσία τῆς πόλεως ἐκείνης τὸν
19 ἄνθρωπον ἐκεῖνον, καὶ παιδεύσουσιν αὐτόν, καὶ ζημιώσουσιν
αὐτὸν ἑκατὸν σίκλους, καὶ δώσουσι τῷ πατρὶ τῆς νεάνιδος, ὅτι
ἐξήνεγκεν ὄνομα πονηρὸν ἐπὶ παρθένον Ἰσραηλῖτιν, καὶ αὐτοῦ
ἔσται γυνή· οὐ δυνήσεται ἐξαποστεῖλαι αὐτὴν τὸν ἅπαντα
χρόνον.
20 Ἐὰν δὲ ἐπ᾽ ἀληθείας γένηται ὁ λόγος οὗτος, καὶ μὴ εὑρεθῇ
21 παρθένια τῇ νεάνιδι, καὶ ἐξάξουσι τὴν νεᾶνιν ἐπὶ τὰς θύρας
τοῦ οἴκου τοῦ πατρὸς αὐτῆς, καὶ λιθοβολήσουσιν αὐτὴν ἐν
λίθοις, καὶ ἀποθανεῖται, ὅτι ἐποίησεν ἀφροσύνην ἐν υἱοῖς
Ἰσραὴλ ἐκπορνεῦσαι τὸν οἶκον τοῦ πατρὸς αὐτῆς· καὶ ἐξαρεῖς
τὸν πονηρὸν ἐξ ὑμῶν αὐτῶν.
22 Ἐὰν δὲ εὑρεθῇ ἄνθρωπος κοιμώμενος μετὰ γυναικὸς συνῳ-
κισμένης ἀνδρί, ἀποκτενεῖτε ἀμφοτέρους, τὸν ἄνδρα τὸν κοιμώ-
μενον μετὰ τῆς γυναικός, καὶ τὴν γυναῖκα· καὶ ἐξαρεῖς τὸν
23 πονηρὸν ἐξ Ἰσραήλ. Ἐὰν δὲ γένηται παῖς παρθένος μεμνη-
στευμένη ἀνδρί, καὶ εὑρὼν αὐτὴν ἄνθρωπος ἐν πόλει κοιμηθῇ
24 μετ᾽ αὐτῆς, ἐξάξετε ἀμφοτέρους ἐπὶ τὴν πύλην τῆς πόλεως
αὐτῶν, καὶ λιθοβοληθήσονται ἐν λίθοις, καὶ ἀποθανοῦνται· τὴν
νεᾶνιν, ὅτι οὐκ ἐβόησεν ἐν τῇ πόλει· καὶ τὸν ἄνθρωπον, ὅτι
ἐταπείνωσε τὴν γυναῖκα τοῦ πλησίον· καὶ ἐξαρεῖς τὸν πονηρὸν
25 ἐξ ὑμῶν αὐτῶν. Ἐὰν δὲ ἐν πεδίῳ εὕρῃ ἄνθρωπος τὴν παῖδα
τὴν μεμνηστευμένην, καὶ βιασάμενος κοιμηθῇ μετ᾽ αὐτῆς,
26 ἀποκτενεῖτε τὸν κοιμώμενον μετ᾽ αὐτῆς μόνον. Καὶ τῇ νεάνιδι
οὐκ ἔστιν ἁμάρτημα θανάτου· ὡς εἴ τις ἐπαναστῇ ἄνθρωπος ἐπὶ
τὸν πλησίον, καὶ φονεύσῃ αὐτοῦ ψυχήν, οὕτω τὸ πρᾶγμα τοῦτο,
27 ὅτι ἐν τῷ ἀγρῷ εὗρεν αὐτήν· ἐβόησεν ἡ νεᾶνις ἡ μεμνηστευ-
μένη, καὶ οὐκ ἦν ὁ βοηθήσων αὐτῇ.
28 Ἐὰν δέ τις εὕρῃ τὴν παῖδα τὴν παρθένον, ἥτις οὐ μεμνή-
29 στευται, καὶ βιασάμενος κοιμηθῇ μετ᾽ αὐτῆς, καὶ εὑρεθῇ, δώσει
ὁ ἄνθρωπος ὁ κοιμηθεὶς μετ᾽ αὐτῆς τῷ πατρὶ τῆς νεάνιδος πεν-
τήκοντα δίδραχμα ἀργυρίου, καὶ αὐτοῦ ἔσται γυνή, ἀνθ᾽ ὧν
ἐταπείνωσεν αὐτήν· οὐ δυνήσεται ἐξαποστεῖλαι αὐτὴν τὸν
30 ἅπαντα χρόνον. Οὐ λήψεται ἄνθρωπος τὴν γυναῖκα τοῦ
πατρὸς αὐτοῦ, καὶ οὐκ ἀποκαλύψει συγκάλυμμα τοῦ πατρὸς
αὐτοῦ.

23 Οὐκ εἰσελεύσεται θλαδίας, οὐδὲ ἀποκεκομμένος, εἰς ἐκκλη-
2 σίαν Κυρίου. Οὐκ εἰσελεύσεται ἐκ πόρνης εἰς ἐκκλησίαν
Κυρίου.

---

13 And if any one should take a wife, and dwell with her, and hate her, 14 and attach to her reproachful words, and bring against her an evil name, and say, I took this woman, and when I came to her I found not her tokens of virginity: 15 then the father and the mother of the damsel shall take and bring out the damsel's tokens of virginity to the elders of the city to the gate. 16 And the father of the damsel shall say to the elders, I gave this my daughter to this man for a wife; 17 and now he has hated her, and attaches reproachful words to her, saying, I have not found tokens of virginity with thy daughter; and these are the tokens of my daughter's virginity. And they shall unfold the garment before the elders of the city. 18 And the elders of that city shall take that man, and shall chastise him, 19 and shall fine him a hundred shekels, and shall give them to the father of the damsel, because he has brought forth an evil name against a virgin of Israel; and she shall be his wife: he shall never be able to put her away.

20 But if this report be true, and the tokens of virginity be not found for the damsel; 21 then shall they bring out the damsel to the doors of her father's house, and shall stone her with stones, and she shall die; because she has wrought folly among the children of Israel, to defile the house of her father by whoring: so thou shalt remove the evil one from among you.

22 And if a man be found lying with a woman married to a man, ye shall kill them both, the man that lay with the woman, and the woman: so shalt thou remove the wicked one out of Israel. 23 And if there be a young damsel espoused to a man, and a man should have found her in the city and have lain with her; 24 ye shall bring them both out to the gate of their city, and they shall be stoned with stones, and they shall die; the damsel, because she cried not in the city; and the man, because he humbled his neighbour's spouse: so shalt thou remove the evil one from yourselves. 25 But if a man find in the field a damsel that is betrothed, and he should force her and lie with her, ye shall slay the man that lay with her only. 26 And the damsel has not committed a sin worthy of death; as if a man should rise up against his neighbour, and slay βhim, so is this thing; 27 because he found her in the field; the betrothed damsel cried, and there was none to help her.

28 And if any one should find a young virgin who has not been betrothed, and should force her and lie with her, and be found, 29 the man who lay with her shall give to the father of the damsel fifty silver didrachms, and she shall be his wife, because he has humbled her; he shall never be able to put her away. 30 A man shall not take his father's wife, and shall not uncover his father's skirt.

He that is fractured or mutilated in his private parts shall not enter into the assembly of the Lord. 2 One born of a harlot shall not enter into the assembly of the Lord.

β Gr. his life.

³ The Ammanite and Moabite shall not enter into the assembly of the Lord, even until the tenth generation he shall not enter into the assembly of the Lord, even for ever: ⁴ because they met you not with bread and water by the way, when ye went out of Egypt; and because they hired against thee Balaam the son of Beor of Mesopotamia to curse thee. ⁵ But the Lord thy God would not hearken to Balaam; and the Lord thy God changed the curses into blessings, because the Lord thy God loved thee. ⁶ Thou shalt not speak peaceably or profitably to them all thy days for ever. ⁷ Thou shalt not abhor an Edomite, because he is thy brother; thou shalt not abhor an Egyptian, because thou wast a stranger in his land. ⁸ If sons be born to them, in the third generation they shall enter into the assembly of the Lord.

⁹ And if thou shouldest go forth to engage with thine enemies, then thou shalt keep thee from every wicked thing. ¹⁰ If there should be in thee a man who is not clean by reason of his issue by night, then he shall go forth out of the camp, and he shall not enter into the camp. ¹¹ And it shall come to pass toward evening he shall wash his body with water, and when the sun has gone down, he shall go into the camp. ¹² And thou shalt have a place outside of the camp, and thou shalt go out thither, ¹³ and thou shalt have a trowel on thy girdle; and it shall come to pass when thou wouldest relieve thyself abroad, that thou shalt dig with it, and shalt bring back the earth and cover thy nuisance. ¹⁴ Because the Lord thy God walks in thy camp to deliver thee, and to give up thine enemy before thy face; and thy camp shall be holy, and there shall not appear in thee a disgraceful thing, and so he ᵝ shall turn away from thee.

¹⁵ Thou shalt not deliver a servant to his master, who *coming* from his master attaches himself to thee. ¹⁶ He shall dwell with thee, he shall dwell among you where he shall please; thou shalt not afflict him. ¹⁷ There shall not be a harlot of the daughters of Israel, and there shall not be a fornicator of the sons of Israel; there shall not be an ᵞ idolatress of the daughters of Israel, and there shall not be an ᵟ initiated person of the sons of Israel. ¹⁸ Thou shalt not bring the hire of a harlot, nor the price of a dog into the house of the Lord thy God, for any vow; because even both are an abomination to the Lord thy God.

¹⁹ Thou shalt not lend to thy brother on usury of silver, or usury of meat, or usury of any thing which thou mayest lend out. ²⁰ Thou mayest lend on usury to a stranger, but to thy brother thou shalt not lend on usury; that the Lord thy God may bless thee in all thy works upon the land, into which thou art entering to inherit it. ²¹ And if thou wilt vow a vow to the Lord thy God, thou shalt not delay to pay it; for the Lord thy God will surely require it of thee, and *otherwise* it shall be sin in thee. ²² But if thou shouldest be unwilling to vow, it is not sin in thee. ²³ Thou shalt observe the words that proceed from between thy lips;

Οὐκ εἰσελεύσεται Ἀμμανίτης καὶ Μωαβίτης εἰς ἐκκλησίαν 3 Κυρίου, καὶ ἕως δεκάτης γενεᾶς οὐκ εἰσελεύσεται εἰς ἐκκλησίαν Κυρίου, καὶ ἕως εἰς τὸν αἰῶνα· παρὰ τὸ μὴ συναντῆσαι αὐτοὺς 4 ὑμῖν μετὰ ἄρτων καὶ ὕδατος ἐν τῇ ὁδῷ, ἐκπορευομένων ὑμῶν ἐξ Αἰγύπτου, καὶ ὅτι ἐμισθώσαντο ἐπὶ σὲ τὸν Βαλαὰμ υἱὸν Βεὼρ ἐκ τῆς Μεσοποταμίας καταρᾶσθαί σε. Καὶ οὐκ 5 ἠθέλησε Κύριος ὁ Θεός σου εἰσακοῦσαι τοῦ Βαλαάμ· καὶ μετέστρεψε Κύριος ὁ Θεός σου τὰς κατάρας εἰς εὐλογίαν, ὅτι ἠγάπησέ σε Κύριος ὁ Θεός σου. Οὐ προσαγορεύσεις εἰρηνικὰ 6 αὐτοῖς καὶ συμφέροντα αὐτοῖς πάσας τὰς ἡμέρας σου εἰς τὸν αἰῶνα. Οὐ βδελύξῃ Ἰδουμαῖον, ὅτι ἀδελφός σου ἐστίν· οὐ 7 βδελύξῃ Αἰγύπτιον, ὅτι πάροικος ἐγένου ἐν τῇ γῇ αὐτοῦ. Υἱοὶ 8 ἐὰν γεννηθῶσιν αὐτοῖς, γενεᾷ τρίτῃ εἰσελεύσονται εἰς ἐκκλησίαν Κυρίου.

Ἐὰν δὲ ἐξέλθῃς παρεμβαλεῖν ἐπὶ τοὺς ἐχθρούς σου, καὶ 9 φυλάξῃ ἀπὸ παντὸς ῥήματος πονηροῦ. Ἐὰν ᾖ ἐν σοὶ ἄνθρω- 10 πος ὃς οὐκ ἔσται καθαρὸς ἐκ ῥύσεως αὐτοῦ νυκτός, καὶ ἐξελεύ- σεται ἔξω τῆς παρεμβολῆς, καὶ οὐκ εἰσελεύσεται εἰς τὴν παρεμβολήν. Καὶ ἔσται τὸ πρὸς ἑσπέραν λούσεται τὸ σῶμα 11 αὐτοῦ ὕδατι, καὶ δεδυκότος ἡλίου εἰσελεύσεται εἰς τὴν παρεμ- βολήν. Καὶ τόπος ἔσται σοι ἔξω τῆς παρεμβολῆς, καὶ 12 ἐξελεύσῃ ἐκεῖ ἔξω. Καὶ πάσσαλος ἔσται σοι ἐπὶ τῆς ζώνης 13 σου· καὶ ἔσται ὅταν διακαθιζάνῃς ἔξω, καὶ ὀρύξεις ἐν αὐτῷ, καὶ ἐπαγαγὼν καλύψεις τὴν ἀσχημοσύνην σου· Ὅτι Κύριος ὁ 14 Θεός σου ἐμπεριπατεῖ ἐν τῇ παρεμβολῇ σου ἐξελέσθαι σε καὶ παραδοῦναι τὸν ἐχθρόν σου πρὸ προσώπου σου· καὶ ἔσται ἡ παρεμβολή σου ἁγία, καὶ οὐκ ὀφθήσεται ἐν σοὶ ἀσχημοσύνη πράγματος, καὶ ἀποστρέψει ἀπὸ σοῦ.

Οὐ παραδώσεις παῖδα τῷ κυρίῳ αὐτοῦ, ὃς προστέθειταί σοι 15 παρὰ τοῦ κυρίου αὐτοῦ. Μετὰ σοῦ κατοικήσει, ἐν ὑμῖν κατοι- 16 κήσει οὗ ἂν ἀρέσῃ αὐτῷ· οὐ θλίψεις αὐτόν. Οὐκ ἔσται πόρνη 17 ἀπὸ θυγατέρων Ἰσραήλ, καὶ οὐκ ἔσται πορνεύων ἀπὸ υἱῶν Ἰσραήλ· οὐκ ἔσται τελεσφόρος ἀπὸ θυγατέρων Ἰσραήλ, καὶ οὐκ ἔσται τελισκόμενος ἀπὸ υἱῶν Ἰσραήλ. Οὐ προσοίσεις 18 μίσθωμα πόρνης, οὐδὲ ἄλλαγμα κυνὸς εἰς τὸν οἶκον Κυρίου τοῦ Θεοῦ σου πρὸς πᾶσαν εὐχὴν, ὅτι βδέλυγμα Κυρίῳ τῷ Θεῷ σου ἐστὶ καὶ ἀμφότερα.

Οὐκ ἐκτοκιεῖς τῷ ἀδελφῷ σου τόκον ἀργυρίου, καὶ τόκον 19 βρωμάτων, καὶ τόκον παντὸς πράγματος, οὗ ἐὰν ἐκδανείσῃς. Τῷ ἀλλοτρίῳ ἐκτοκιεῖς, τῷ δὲ ἀδελφῷ σου οὐκ ἐκτοκιεῖς, ἵνα 20 εὐλογήσῃ σε Κύριος ὁ Θεός σου ἐν πᾶσι τοῖς ἔργοις σου ἐπὶ τῆς γῆς, εἰς ἣν εἰσπορεύῃ ἐκεῖ κληρονομῆσαι αὐτήν.

Ἐὰν δὲ εὔξῃ εὐχὴν Κυρίῳ τῷ Θεῷ σου, οὐ χρονιεῖς ἀποδοῦ- 21 ναι αὐτήν, ὅτι ἐκζητῶν ἐκζητήσει Κύριος ὁ Θεός σου παρὰ σοῦ, καὶ ἔσται ἐν σοὶ ἁμαρτία. Ἐὰν δὲ μὴ θέλῃς εὔξασθαι, 22 οὐκ ἔστιν ἐν σοὶ ἁμαρτία. Τὰ ἐκπορευόμενα διὰ τῶν χειλέων 23

ᵝ *i. e.* would if thou wert disobedient.　　ᵞ *Or*, sodomitess or harlot.　　ᵟ *Or*, sodomite.

σου φυλάξῃ, καὶ ποιήσεις ὃν τρόπον ηὔξω Κυρίῳ τῷ Θεῷ δόμα, ὃ ἐλάλησας τῷ στόματί σου.

24 Ἐὰν δὲ εἰσέλθῃς εἰς ἀμητὸν τοῦ πλησίον σου, καὶ συλλέξῃς ἐν ταῖς χερσί σου στάχυς, καὶ δρέπανον οὐ μὴ ἐπιβάλῃς ἐπ᾿ 2 ἀμητὸν τοῦ πλησίον σου. Ἐὰν δὲ εἰσέλθῃς εἰς τὸν ἀμπελῶνα τοῦ πλησίον σου, φαγῇ σταφυλὴν, ὅσον ψυχήν σου ἐμπλη- 3 σθῆναι, εἰς δὲ ἄγγος οὐκ ἐμβάλῃς. Ἐὰν δέ τις λάβῃ γυναῖκα, καὶ συνοικήσῃ αὐτῇ, καὶ ἔσται ἐὰν μὴ εὕρῃ χάριν ἐναντίον αὐτοῦ, ὅτι εὗρεν ἐν αὐτῇ ἄσχημον πρᾶγμα, καὶ γράψει αὐτῇ βιβλίον ἀποστασίου, καὶ δώσει εἰς τὰς χεῖρας αὐτῆς, καὶ 4 ἐξαποστελεῖ αὐτὴν ἐκ τῆς οἰκίας αὐτοῦ, καὶ ἀπελθοῦσα γένηται 5 ἀνδρὶ ἑτέρῳ, καὶ μισήσῃ αὐτὴν ὁ ἀνὴρ ὁ ἔσχατος, καὶ γράψῃ αὐτῇ βιβλίον ἀποστασίου, καὶ δώσει εἰς τὰς χεῖρας αὐτῆς, καὶ ἐξαποστελεῖ αὐτὴν ἐκ τῆς οἰκίας αὐτοῦ, καὶ ἀποθάνῃ ὁ ἀνὴρ ὁ 6 ἔσχατος, ὃς ἔλαβεν αὐτὴν ἑαυτῷ γυναῖκα, οὐ δυνήσεται ὁ ἀνὴρ ὁ πρότερος ὁ ἐξαποστείλας αὐτὴν, ἐπαναστρέψας λαβεῖν αὐτὴν ἑαυτῷ γυναῖκα, μετὰ τὸ μιανθῆναι αὐτὴν, ὅτι βδέλυγμά ἐστιν ἐναντίον Κυρίου τοῦ Θεοῦ σου, καὶ οὐ μιανεῖτε τὴν γῆν, ἣν Κύριος ὁ Θεός σου δίδωσί σοι ἐν κλήρῳ.

7 Ἐὰν δέ τις λάβῃ γυναῖκα προσφάτως, οὐκ ἐξελεύσεται εἰς πόλεμον, καὶ οὐκ ἐπιβληθήσεται αὐτῷ οὐδὲν πρᾶγμα· ἀθῶος ἔσται ἐν τῇ οἰκίᾳ αὐτοῦ, ἐνιαυτὸν ἕνα εὐφρανεῖ τὴν γυναῖκα αὐτοῦ ἣν ἔλαβεν.

8 Οὐκ ἐνεχυράσεις μύλον, οὐδὲ ἐπιμύλιον, ὅτι ψυχὴν οὗτος 9 ἐνεχυράζει. Ἐὰν δὲ ἁλῷ ἄνθρωπος κλέπτων ψυχὴν ἐκ τῶν ἀδελφῶν αὐτοῦ τῶν υἱῶν Ἰσραὴλ, καὶ καταδυναστεύσας αὐτὸν ἀποδῶται, ἀποθανεῖται ὁ κλέπτης ἐκεῖνος· καὶ ἐξαρεῖς 10 τὸν πονηρὸν ἐξ ὑμῶν αὐτῶν. Πρόσεχε σεαυτῷ ἐν τῇ ἁφῇ τῆς λέπρας· φυλάξῃ σφόδρα ποιεῖν κατὰ πάντα τὸν νόμον, ὃν ἂν ἀναγγείλωσιν ὑμῖν οἱ ἱερεῖς οἱ Λευῖται· ὃν τρόπον 11 ἐνετειλάμην ὑμῖν, φυλάξασθε ποιεῖν. Μνήσθητι ὅσα ἐποίησε Κύριος ὁ Θεός σου τῇ Μαριὰμ ἐν τῇ ὁδῷ, ἐκπορευομένων ὑμῶν ἐξ Αἰγύπτου.

12 Ἐὰν ὀφείλημα ᾖ ἐν τῷ πλησίον σου, ὀφείλημα ὁτιοῦν, οὐκ εἰσελεύσῃ εἰς τὴν οἰκίαν αὐτοῦ ἐνεχυράσαι τὸ ἐνέχυρον αὐτοῦ. 13 Ἔξω στήσῃ, καὶ ὁ ἄνθρωπος οὗ τὸ δάνειόν σου ἐστὶν ἐν αὐτῷ, 14 ἐξοίσει σοι τὸ ἐνέχυρον ἔξω. Ἐὰν δὲ ὁ ἄνθρωπος πένηται, οὐ 15 κοιμηθήσῃ ἐν τῷ ἐνεχύρῳ αὐτοῦ. Ἀποδόσει ἀποδώσεις τὸ ἐνέχυρον αὐτοῦ πρὸς δυσμὰς ἡλίου, καὶ κοιμηθήσεται ἐν τῷ ἱματίῳ αὐτοῦ, καὶ εὐλογήσει σε, καὶ ἔσται σοι ἐλεημοσύνη 16 ἐναντίον Κυρίου τοῦ Θεοῦ σου. Οὐκ ἀπαδικήσεις μισθὸν πένητος καὶ ἐνδεοῦς ἐκ τῶν ἀδελφῶν σου, ἢ ἐκ τῶν προσηλύ- 17 των τῶν ἐν ταῖς πόλεσί σου. Αὐθημερὸν ἀποδώσεις τὸν μισθὸν αὐτοῦ, οὐκ ἐπιδύσεται ὁ ἥλιος ἐπ᾿ αὐτῷ, ὅτι πένης ἐστὶ, καὶ ἐν αὐτῷ ἔχει τὴν ἐλπίδα, καὶ καταβοήσεται κατὰ σοῦ πρὸς Κύριον, 18 καὶ ἔσται ἐν σοὶ ἁμαρτία. Οὐκ ἀποθανοῦνται πατέρες ὑπὲρ τέκνων, καὶ οἱ υἱοὶ οὐκ ἀποθανοῦνται ὑπὲρ πατέρων· ἕκαστος ἐν

and as thou hast vowed a gift to the Lord God, so shalt thou do that which thou hast spoken with thy mouth.

And if thou shouldest go into the corn field of thy neighbour, then thou mayest gather the ears with thy hands; but thou shalt not put the sickle to thy neighbour's corn. [2] And if thou shouldest go into the vineyard of thy neighbour, thou shalt eat grapes sufficient to satisfy thy desire; but thou mayest not put them into a vessel. [3] And if any one should take a wife, and should dwell with her, then it shall come to pass if she should not have found favour before him, because he has found some unbecoming thing in her, that he shall write for her a βbill of divorcement, and give it into her hands, and he shall send her away out of his house. [4] And if she should go away and be married to another man; [5]and the last husband should hate her, and write for her a bill of divorcement; and should give it into her hands, and send her away out of his house, and the last husband should die, who took her to himself for a wife; [6]the former husband who sent her away shall not be able to return and take her to himself for a wife, after she has been defiled; because it is an abomination before the Lord thy God, and ye shall not defile the land, which the Lord thy God gives thee to inherit.

[7]And if any one should have recently taken a wife, he shall not go out to war, neither shall any thing be laid upon him; he shall be γfree in his house; for one year he shall cheer his wife whom he has taken.

[8]Thou shalt not take for a pledge the under millstone, nor the upper millstone; for δhe who does so takes life for a pledge. [9]And if a man should be caught stealing ζone of his brethren of the children of Israel, and having overcome him he should sell him, that thief shall die; so shalt thou remove that evil one from yourselves. [10]Take heed to thyself in regard of the plague of leprosy; thou shalt take great heed to do according to all the law, which the priests the Levites shall report to you; take heed to do, as I have charged you. [11]Remember all that the Lord thy God did to Mariam in the way, when ye were going out of Egypt.

[12]If thy neighbour owe thee a debt, any debt whatsoever, thou shalt not go into his house to take his pledge: [13]thou shalt stand without, and the man who is in thy debt shall bring the pledge out to thee. [14]And if the man be poor, thou shalt not sleep with his pledge. [15]Thou shalt surely restore his pledge at sunset, and he shall sleep in his garment, and he shall bless thee; and it shall be θmercy to thee before the Lord thy God. [16]Thou shalt not unjustly withhold the wages of the poor and needy of thy brethren, or of the strangers who are in thy cities. [17]Thou shalt pay him his wages the same day, the sun shall not go down upon it, because he is poor and he trusts in it; and he shall cry against thee to the Lord, and it shall be sin in thee. [18]The fathers shall not be put to death for the children, and the sons shall not be put to death for the fathers; every one shall λbe put to death

β Or, book.   γ Lit. guiltless.   δ Gr. this man.   ζ Gr. a soul.   θ i. e. mercy shewn by thee.   λ Gr. die in his own sin.

for his own sin. ¹⁹ Thou shalt not wrest the judgment of the stranger and the fatherless, and widow; thou shalt not take the widow's garment for a pledge. ²⁰ And thou shalt remember that thou wast a bondman in the land of Egypt, and the Lord thy God redeemed thee from thence; therefore I charge thee to do this thing.

²¹ And when thou shalt have reaped corn in thy field, and shalt have forgotten a sheaf in thy field, thou shalt not return to take it; it shall be for the stranger, and the orphan, and the widow, that the Lord thy God may bless thee in all the works of thy hands. ²² And if thou shouldest gather thine olives, thou shalt not return to collect the remainder; it shall be for the stranger, and the fatherless, and the widow, and thou shalt remember that thou wast a bondman in the land of Egypt; therefore I command thee to do this thing. ²³ And whensoever thou shalt gather the grapes of thy vineyard, thou shalt not glean what thou hast left; it shall be for the stranger, and the orphan, and the widow: ²⁴ and thou shalt remember that thou wast a bondman in the land of Egypt; therefore I command thee to do this thing.

And if there should be a dispute between men, and they should come forward to judgment, and *the judges* judge, and justify the righteous, and condemn the wicked: ² then it shall come to pass, if the unrighteous should be worthy of stripes, thou shalt lay him down before the judges, and they shall scourge him before them according to his iniquity. ³ And they shall scourge him with forty stripes in number, they shall not inflict more; for if thou shouldest scourge him *with* more stripes beyond these stripes, thy brother will be disgraced before thee. ⁴ Thou shalt β not muzzle the ox that treads out the corn.

⁵ And γ if brethren should live together, and one of them should die, and should not have seed, the wife of the deceased shall not marry out *of the family* to a man not related: her husband's brother shall go in to her, and shall take her to himself for a wife, and shall dwell with her. ⁶ And it shall come to pass that the child which she shall bear, shall be δ named by the name of the deceased, and his name shall not be blotted out of Israel.

⁷ And if the man should not be willing to take his brother's wife, then shall the woman go up to the gate to the elders, and she shall say, My husband's brother will not raise up the name of his brother in Israel, my husband's brother ζ has refused. ⁸ And the elders of his city shall call him, and speak to him; and if he stand and say, I will not take her: ⁹ then his brother's wife shall come forward before the elders, and shall loose one shoe from off his foot, and shall spit in his face, and shall answer and say, Thus shall they do to the man who will not build his brother's house in Israel. ¹⁰ And his name shall be called in Israel, The house of him that has had his shoe loosed.

¹¹ And if men should strive together, a man with his brother, and the wife of one of them should advance to rescue her

τῇ ἑαυτοῦ ἁμαρτίᾳ ἀποθανεῖται. Οὐκ ἐκκλινεῖς κρίσιν προση- 19 λύτου καὶ ὀρφανοῦ καὶ χήρας· οὐκ ἐνεχυράσεις ἱμάτιον χήρας, καὶ μνησθήσῃ ὅτι οἰκέτης ἦσθα ἐν γῇ Αἰγύπτῳ, καὶ ἐλυτρώ- 20 σατό σε Κύριος ὁ Θεός σου ἐκεῖθεν· διὰ τοῦτο ἐγώ σοι ἐντέλλο- μαι ποιεῖν τὸ ῥῆμα τοῦτο.

Ἐὰν δὲ ἀμήσῃς ἀμητὸν ἐν τῷ ἀγρῷ σου, καὶ ἐπιλάθῃ δράγμα 21 ἐν τῷ ἀγρῷ σου, οὐκ ἀναστραφήσῃ λαβεῖν αὐτό· τῷ προσηλύτῳ καὶ τῷ ὀρφανῷ καὶ τῇ χήρᾳ ἔσται, ἵνα εὐλογήσῃ σε Κύριος ὁ Θεός σου ἐν πᾶσι τοῖς ἔργοις τῶν χειρῶν σου. Ἐὰν δὲ 22 ἐλαιολογῇς, οὐκ ἐπαναστρέψεις καλαμήσασθαι τὰ ὀπίσω σου· τῷ προσηλύτῳ καὶ τῷ ὀρφανῷ καὶ τῇ χήρᾳ ἔσται· καὶ μνη- σθήσῃ ὅτι οἰκέτης ἦσθα ἐν γῇ Αἰγύπτῳ· διὰ τοῦτο ἐγώ σοι ἐντέλλομαι ποιεῖν τὸ ῥῆμα τοῦτο. Ἐὰν δὲ τρυγήσῃς τὸν 23 ἀμπελῶνά σου, οὐκ ἐπανατρυγήσεις αὐτὸν τὰ ὀπίσω σου· τῷ προσηλύτῳ καὶ τῷ ὀρφανῷ καὶ τῇ χήρᾳ ἔσται· καὶ μνησθήσῃ 24 ὅτι οἰκέτης ἦσθα ἐν γῇ Αἰγύπτῳ· διὰ τοῦτο ἐγώ σοι ἐντέλλο- μαι ποιεῖν τὸ ῥῆμα τοῦτο.

Ἐὰν δὲ γένηται ἀντιλογία ἀναμέσον ἀνθρώπων, καὶ προσέλ- 25 θωσιν εἰς κρίσιν, καὶ κρίνωσι, καὶ δικαιώσωσι τὸ δίκαιον, καὶ καταγνῶσι τοῦ ἀσεβοῦς· Καὶ ἔσται, ἐὰν ἄξιος ᾖ πληγῶν ὁ 2 ἀσεβῶν, καθιεῖς αὐτὸν ἔναντι τῶν κριτῶν, καὶ μαστιγώσουσιν αὐτὸν ἐναντίον αὐτῶν κατὰ τὴν ἀσέβειαν αὐτοῦ. Καὶ ἀριθμῷ 3 τεσσαράκοντα μαστιγώσουσιν αὐτόν· οὐ προσθήσουσιν· ἐὰν δὲ προσθῇς μαστιγῶσαι ὑπὲρ ταύτας τὰς πληγὰς πλείους, ἀσχη- μονήσει ὁ ἀδελφός σου ἐναντίον σου. Οὐ φιμώσεις βοῦν 4 ἀλοῶντα.

Ἐὰν δὲ κατοικῶσιν ἀδελφοὶ ἐπὶ τὸ αὐτὸ, καὶ ἀποθάνῃ εἷς ἐξ 5 αὐτῶν, σπέρμα δὲ μὴ ᾖ αὐτῷ, οὐκ ἔσται ἡ γυνὴ τοῦ τεθνηκότος ἔξω ἀνδρὶ μὴ ἐγγίζοντι· ὁ ἀδελφὸς τοῦ ἀνδρὸς αὐτῆς εἰσελεύ- σεται πρὸς αὐτὴν, καὶ λήψεται αὐτὴν ἑαυτῷ γυναῖκα, καὶ συνοικήσει αὐτῇ. Καὶ ἔσται τὸ παιδίον ὃ ἐὰν τέκῃ, καταστα- 6 θήσεται ἐκ τοῦ ὀνόματος τοῦ τετελευτηκότος, καὶ οὐκ ἐξαλει- φθήσεται τὸ ὄνομα αὐτοῦ ἐξ Ἰσραήλ.

Ἐὰν δὲ μὴ βούληται ὁ ἄνθρωπος λαβεῖν τὴν γυναῖκα τοῦ 7 ἀδελφοῦ αὐτοῦ, καὶ ἀναβήσεται ἡ γυνὴ ἐπὶ τὴν πύλην ἐπὶ τὴν γερουσίαν, καὶ ἐρεῖ, οὐ θέλει ὁ ἀδελφὸς τοῦ ἀνδρός μου ἀναστῆ- σαι τὸ ὄνομα τοῦ ἀδελφοῦ αὐτοῦ ἐν Ἰσραήλ, οὐκ ἠθέλησεν ὁ ἀδελφὸς τοῦ ἀνδρός μου. Καὶ καλέσουσιν αὐτὸν ἡ γερουσία 8 τῆς πόλεως αὐτοῦ, καὶ ἐροῦσιν αὐτῷ· καὶ στὰς εἴπῃ, οὐ βούλο- μαι λαβεῖν αὐτήν· καὶ προσελθοῦσα ἡ γυνὴ τοῦ ἀδελφοῦ 9 αὐτοῦ ἔναντι τῆς γερουσίας, καὶ ὑπολύσει τὸ ὑπόδημα αὐτοῦ τὸ ἓν ἀπὸ τοῦ ποδὸς αὐτοῦ, καὶ ἐμπτύσεται κατὰ πρόσωπον αὐτοῦ, καὶ ἀποκριθεῖσα ἐρεῖ, οὕτω ποιήσουσι τῷ ἀνθρώπῳ, ὃς οὐκ οἰκοδομήσει τὸν οἶκον τοῦ ἀδελφοῦ αὐτοῦ ἐν Ἰσραήλ. Καὶ κληθήσεται τὸ ὄνομα αὐτοῦ ἐν Ἰσραήλ, οἶκος τοῦ ὑπολυ- 10 θέντος τὸ ὑπόδημα.

Ἐὰν δὲ μάχωνται ἄνθρωποι ἐπὶ τὸ αὐτὸ, ἄνθρωπος μετὰ τοῦ 11 ἀδελφοῦ αὐτοῦ, καὶ προσέλθῃ ἡ γυνὴ ἑνὸς αὐτῶν ἐξελέσθαι τὸν

β 1 Cor. 9. 9.　7 Matt. 22. 24.　δ *Gr.* constituted.　ζ *Gr.* has not been willing.

ἄνδρα αὐτῆς ἐκ χειρὸς τοῦ τύπτοντος αὐτὸν, καὶ ἐκτείνασα τὴν
12 χεῖρα ἐπιλάβηται τῶν διδύμων αὐτοῦ, ἀποκόψεις τὴν χεῖρα·
οὐ φείσεται ὁ ὀφθαλμός σου ἐπ᾿ αὐτῇ.

13 Οὐκ ἔσται ἐν τῷ μαρσίππῳ σου στάθμιον καὶ στάθμιον,
14 μέγα ἢ μικρόν. Οὐκ ἔσται ἐν τῇ οἰκίᾳ σου μέτρον καὶ
15 μέτρον, μέγα ἢ μικρόν. Στάθμιον ἀληθινὸν καὶ δίκαιον
ἔσται σοι, καὶ μέτρον ἀληθινὸν καὶ δίκαιον ἔσται σοι, ἵνα
πολυήμερος γένῃ ἐπὶ τῆς γῆς, ἧς Κύριος ὁ Θεός σου δίδωσί
16 σοι ἐν κλήρῳ. Ὅτι βδέλυγμα Κυρίῳ τῷ Θεῷ σου πᾶς ποιῶν
ταῦτα, πᾶς ποιῶν ἄδικον.

17 Μνήσθητι ὅσα ἐποίησέ σοι Ἀμαλὴκ ἐν τῇ ὁδῷ, ἐκπορευομέ-
18 νου σου ἐκ γῆς Αἰγύπτου, πῶς ἀντέστη σοι ἐν τῇ ὁδῷ, καὶ
19 ἔκοψέ σου τὴν οὐραγίαν τοὺς κοπιῶντας ὀπίσω σου, σὺ δὲ
ἐπείνας καὶ ἐκοπίας· καὶ οὐκ ἐφοβήθη τὸν Θεόν. Καὶ ἔσται
ἡνίκα ἐὰν καταπαύσῃ σε Κύριος ὁ Θεός σου ἀπὸ πάντων τῶν
ἐχθρῶν σου τῶν κύκλῳ σου ἐν τῇ γῇ, ᾗ Κύριος ὁ Θεός σου
δίδωσί σοι κληρονομῆσαι, ἐξαλείψεις τὸ ὄνομα Ἀμαλὴκ ἐκ τῆς
ὑπὸ τὸν οὐρανὸν, καὶ οὐ μὴ ἐπιλάθῃ.

26 Καὶ ἔσται ἐὰν εἰσέλθῃς εἰς τὴν γῆν, ἣν Κύριος ὁ Θεός σου
δίδωσί σοι κληρονομῆσαι, καὶ κατακληρονομήσῃς αὐτὴν, καὶ
2 κατοικήσῃς ἐπ᾿ αὐτὴν, καὶ λήψῃ ἀπὸ τῆς ἀπαρχῆς τῶν καρπῶν
τῆς γῆς σου, ἧς Κύριος ὁ Θεός σου δίδωσί σοι, καὶ ἐμβαλεῖς
εἰς κάρταλλον, καὶ πορεύσῃ εἰς τὸν τόπον, ὃν ἂν ἐκλέξηται
3 Κύριος ὁ Θεός σου ἐπικληθῆναι τὸ ὄνομα αὐτοῦ ἐκεῖ. Καὶ
ἐλεύσῃ πρὸς τὸν ἱερέα ὃς ἔσται ἐν ταῖς ἡμέραις ἐκείναις, καὶ
ἐρεῖς πρὸς αὐτὸν, ἀναγγέλλω σήμερον Κυρίῳ τῷ Θεῷ μου, ὅτι
εἰσελήλυθα εἰς τὴν γῆν, ἣν ὤμοσε Κύριος τοῖς πατράσιν ἡμῶν
4 δοῦναι ἡμῖν. Καὶ λήψεται ὁ ἱερεὺς τὸν κάρταλλον ἐκ τῶν
χειρῶν σου, καὶ θήσει αὐτὸν ἀπέναντι τοῦ θυσιαστηρίου Κυρίου
5 τοῦ Θεοῦ σου. Καὶ ἀποκριθεὶς ἐρεῖ ἔναντι Κυρίου τοῦ Θεοῦ
σου, Συρίαν ἀπέβαλεν ὁ πατήρ μου, καὶ κατέβη εἰς Αἴγυπτον,
καὶ παρῴκησεν ἐκεῖ ἐν ἀριθμῷ βραχεῖ, καὶ ἐγένετο ἐκεῖ εἰς ἔθνος
6 μέγα καὶ πλῆθος πολύ. Καὶ ἐκάκωσαν ἡμᾶς οἱ Αἰγύπτιοι, καὶ
7 ἐταπείνωσαν ἡμᾶς, καὶ ἐπέθηκαν ἡμῖν ἔργα σκληρά· Καὶ
ἀνεβοήσαμεν πρὸς Κύριον τὸν Θεὸν ἡμῶν, καὶ εἰσήκουσε
Κύριος τῆς φωνῆς ἡμῶν, καὶ εἶδε τὴν ταπείνωσιν ἡμῶν, καὶ τὸν
8 μόχθον ἡμῶν, καὶ τὸν θλιμμὸν ἡμῶν. Καὶ ἐξήγαγεν ἡμᾶς
Κύριος ἐξ Αἰγύπτου αὐτὸς ἐν ἰσχύϊ αὐτοῦ τῇ μεγάλῃ, καὶ ἐν
χειρὶ κραταιᾷ, καὶ βραχίονι ὑψηλῷ, καὶ ἐν ὁράμασι μεγάλοις,
9 καὶ ἐν σημείοις, καὶ ἐν τέρασι. Καὶ εἰσήγαγεν ἡμᾶς εἰς τὸν
τόπον τοῦτον, καὶ ἔδωκεν ἡμῖν τὴν γῆν ταύτην, γῆν ῥέουσαν
10 γάλα καὶ μέλι. Καὶ νῦν ἰδοὺ ἐνήνοχα τὴν ἀπαρχὴν τῶν γεννη-
μάτων τῆς γῆς, ἧς ἔδωκάς μοι Κύριε, γῆν ῥέουσαν γάλα καὶ
μέλι· καὶ ἀφήσεις αὐτὸ ἀπέναντι Κυρίου τοῦ Θεοῦ σου, καὶ
11 προσκυνήσεις ἔναντι Κυρίου τοῦ Θεοῦ σου, καὶ εὐφραν-
θήσῃ ἐν πᾶσι τοῖς ἀγαθοῖς, οἷς ἔδωκέ σοι Κύριος ὁ Θεός
σου, καὶ ἡ οἰκία σου, καὶ ὁ Λευίτης, καὶ ὁ προσήλυτος ὁ
ἐν σοί.

husband out of the hand of him that smites
him, and she should stretch forth her hand,
and take hold of his private parts; [12]thou
shalt cut off her hand; thine eye shall not
spare her.

[13]Thou shalt not have in thy bag divers
weights, a great [β]and a small. [14]Thou
shalt not have in thine house divers
measures, a great [β]and a small. [15]Thou
shalt have a true and just weight, and a true
and just measure, that thou mayest live long
upon the land which the Lord thy God gives
thee for an inheritance. [16]For every one that
does this is an abomination to the Lord thy
God, even every one that does injustice.

[17]Remember what things Amalec did to
thee by the way, when thou wentest forth
out of the land of Egypt: [18]how he with-
stood thee in the way, and harassed thy
rear, even those that were weary behind
thee, and thou didst hunger and wast weary;
and he did not fear God. [19]And it shall
come to pass whenever the Lord thy God
shall have given thee rest from all thine ene-
mies round about thee, in the land which
the Lord thy God gives thee to inherit, thou
shalt blot out the name of Amalec from
under heaven, and shalt not forget to do it.

And it shall be when thou shalt have
entered into the land, which the Lord thy
God gives thee to inherit it, and thou shalt
have inherited it, and thou shalt have dwelt
upon it, [2]that thou shalt take of the first of
the fruits of thy land, which the Lord thy
God gives thee, and thou shalt put them
into a basket, and thou shalt go to the place
which the Lord thy God shall choose to
have his name called there. [3]And thou
shalt come to the priest who shall be in
those days, and thou shalt say to him, I
testify this day to the Lord my God, that I
am come into the land which the Lord
sware to our fathers to give to us. [4]And
the priest shall take the basket out of thine
hands, and shall set it before the altar of
the Lord thy God: [5]and he shall answer
and say before the Lord thy God, My father
abandoned Syria, and went down into
Egypt, and sojourned there with a small
number, and became there a mighty nation
and a great multitude. [6]And the Egyp-
tians afflicted us, and humbled us, and im-
posed hard tasks on us: [7]and we cried to
the Lord our God, and the Lord heard our
voice, and saw our humiliation, and our
labour, and our affliction. [8]And the Lord
brought us out of Egypt himself with his
great strength, and his mighty hand, and
his high arm, and with great visions, and
with signs, and with wonders. [9]And he
brought us into this place, and gave us this
land, a land flowing with milk and honey.
[10]And now, behold, I have brought the first
of the fruits of the land, which thou gavest
me, O Lord, a land flowing with milk and
honey: and thou shalt leave it before the
Lord thy God, and thou shalt worship before
the Lord thy God; [11]and thou shalt rejoice
in all the good things, which the Lord thy
God has given thee, thou and thy family,
and the Levite, and the stranger that is
within thee.

β Gr. or.

¹² And when thou shalt have completed all the tithings of thy fruits in the third year, thou shalt give the second tenth to the Levite, and stranger, and fatherless, and widow; and they shall eat it in thy cities, and be merry. ¹³ And thou shalt say before the Lord thy God, I have fully collected the holy things out of my house, and I have given them to the Levite, and the stranger, and the orphan, and the widow, according to all the commands which thou didst command me: I did not transgress thy command, and I did not forget it. ¹⁴ And in my distress I did not eat of them, I have not gathered of them for an unclean β purpose, I have not given of them to the dead; I have hearkened to the voice of the Lord our God, I have done as thou hast commanded me. ¹⁵ Look down from thy holy house, from heaven, and bless thy people Israel, and the land which thou hast given them, as thou didst swear to our fathers, to give to us a land flowing with milk and honey. ¹⁶ On this day the Lord thy God charged thee to keep all the ordinances and judgments; and ye shall observe and do them, with all your heart, and with all your soul. ¹⁷ Thou hast chosen God this day to be thy God, and to walk in all his ways, and to observe his ordinances and judgments, and to hearken to his voice. ¹⁸ And the Lord has chosen thee this day that thou shouldest be to him a peculiar people, as he said, to keep his commands; ¹⁹ and that thou shouldest be above all nations, as he has made thee renowned, and a boast, and glorious, that thou shouldest be a holy people to the Lord thy God, as he has spoken.

And Moses and the elders of Israel commanded, saying, Keep all these commands, all that I command you this day. ² And it shall come to pass in the day when ye shall cross over Jordan into the land which the Lord thy God gives thee, that thou shalt set up for thyself great stones, and shalt plaster them with plaster. ³ And thou shalt write on these stones all the words of this law, as soon as ye have crossed Jordan, when ye are entered into the land, which the Lord God of thy fathers gives thee, a land flowing with milk and honey, according as the Lord God of thy fathers said to thee. ⁴ And it shall be as soon as ye are gone over Jordan, ye shall set up these stones, which I command thee this day, on mount Gæbal, and thou shalt plaster them with plaster. ⁵ And thou shalt build there an altar to the Lord thy God, an altar of stones; thou shalt not lift up iron upon it. ⁶ Of whole stones shalt thou build an altar to the Lord thy God, and thou shalt offer upon it whole-burnt-offerings to the Lord thy God. ⁷ And thou shalt there offer a peace-offering; and thou shalt eat and be filled, and rejoice before the Lord thy God. ⁸ And thou shalt write upon the stones all this law very plainly. ⁹ And Moses and the priests the Levites spoke to all Israel, saying, Be silent and hear, O Israel; this day thou art become a

Ἐὰν δὲ συντελέσῃς ἀποδεκατῶσαι πᾶν τὸ ἐπιδέκατον τῶν 12 γεννημάτων σου ἐν τῷ ἔτει τῷ τρίτῳ, τὸ δεύτερον ἐπιδέκατον δώσεις τῷ Λευίτῃ καὶ τῷ προσηλύτῳ καὶ τῷ ὀρφανῷ καὶ τῇ χήρᾳ, καὶ φάγονται ἐν ταῖς πόλεσί σου, καὶ εὐφρανθήσονται.

Καὶ ἐρεῖς ἔναντι Κυρίου τοῦ Θεοῦ σου, ἐξεκάθαρα τὰ ἅγια 13 ἐκ τῆς οἰκίας μου, καὶ ἔδωκα αὐτὰ τῷ Λευίτῃ καὶ τῷ προσηλύτῳ καὶ τῷ ὀρφανῷ καὶ τῇ χήρᾳ, κατὰ πάσας τὰς ἐντολὰς ἃς ἐνετείλω μοι· οὐ παρῆλθον τὴν ἐντολήν σου, καὶ οὐκ ἐπελαθόμην. Καὶ οὐκ ἔφαγον ἐν ὀδύνῃ μου ἀπ᾿ αὐτῶν, οὐκ 14 ἐκάρπωσα ἀπ᾿ αὐτῶν εἰς ἀκάθαρτον, οὐκ ἔδωκα ἀπ᾿ αὐτῶν τῷ τεθνηκότι· ὑπήκουσα τῆς φωνῆς Κυρίου τοῦ Θεοῦ ἡμῶν, ἐποίησα καθὰ ἐνετείλω μοι. Κάτιδε ἐκ τοῦ οἴκου τοῦ ἁγίου σου ἐκ 15 τοῦ οὐρανοῦ, καὶ εὐλόγησον τὸν λαόν σου τὸν Ἰσραὴλ, καὶ τὴν γῆν ἣν ἔδωκας αὐτοῖς, καθὰ ὤμοσας τοῖς πατράσιν ἡμῶν, δοῦναι ἡμῖν γῆν ῥέουσαν γάλα καὶ μέλι.

Ἐν τῇ ἡμέρᾳ ταύτῃ Κύριος ὁ Θεός σου ἐνετείλατό σοι 16 ποιῆσαι πάντα τὰ δικαιώματα καὶ τὰ κρίματα· καὶ φυλάξεσθε καὶ ποιήσετε αὐτὰ ἐξ ὅλης τῆς καρδίας ὑμῶν, καὶ ἐξ ὅλης τῆς ψυχῆς ὑμῶν. Τὸν Θεὸν εἵλου σήμερον εἶναί σου Θεὸν, καὶ 17 πορεύεσθαι ἐν πάσαις ταῖς ὁδοῖς αὐτοῦ, καὶ φυλάσσεσθαι τὰ δικαιώματα καὶ τὰ κρίματα, καὶ ὑπακούειν τῆς φωνῆς αὐτοῦ. Καὶ Κύριος εἵλατό σε σήμερον γενέσθαι σε αὐτῷ λαὸν περιού- 18 σιον, καθάπερ εἶπε, φυλάττειν τὰς ἐντολὰς αὐτοῦ, καὶ εἶναί 19 σε ὑπεράνω πάντων τῶν ἐθνῶν, ὡς ἐποίησέ σε ὀνομαστὸν καὶ καύχημα καὶ δοξαστὸν, εἶναί σε λαὸν ἅγιον Κυρίῳ τῷ Θεῷ σου, καθὼς ἐλάλησε.

Καὶ προσέταξε Μωυσῆς καὶ ἡ γερουσία Ἰσραὴλ, λέγων, 27 φυλάσσεσθε πάσας τὰς ἐντολὰς ταύτας, ὅσας ἐγὼ ἐντέλλομαι ὑμῖν σήμερον. Καὶ ἔσται ᾗ ἂν ἡμέρᾳ διαβῆτε τὸν Ἰορδάνην 2 εἰς τὴν γῆν, ἣν Κύριος ὁ Θεός σου δίδωσί σοι, καὶ στήσεις σεαυτῷ λίθους μεγάλους, καὶ κονιάσεις αὐτοὺς κονίᾳ. Καὶ 3 γράψεις ἐπὶ τῶν λίθων τούτων πάντας τοὺς λόγους τοῦ νόμου τούτου, ὡς ἂν διαβῆτε τὸν Ἰορδάνην, ἡνίκα ἂν εἰσέλθητε εἰς τὴν γῆν, ἣν Κύριος ὁ Θεὸς τῶν πατέρων σου δίδωσί σοι, γῆν ῥέουσαν γάλα καὶ μέλι, ὃν τρόπον εἶπε Κύριος ὁ Θεὸς τῶν πατέρων σου σοί. Καὶ ἔσται ὡς ἂν διαβῆτε τὸν Ἰορδάνην, 4 στήσετε τοὺς λίθους τούτους, οὓς ἐγὼ ἐντέλλομαί σοι σήμερον, ἐν ὄρει Γαιβὰλ, καὶ κονιάσεις αὐτοὺς κονίᾳ. Καὶ οἰκοδομή- 5 σεις ἐκεῖ θυσιαστήριον Κυρίῳ τῷ Θεῷ σου, θυσιαστήριον ἐκ λίθων· οὐκ ἐπιβαλεῖς ἐπ᾿ αὐτὸ σίδηρον· λίθους ὁλοκλήρους 6 οἰκοδομήσεις θυσιαστήριον Κυρίῳ τῷ Θεῷ σου, καὶ ἀνοίσεις ἐπ᾿ αὐτὸ ὁλοκαυτώματα Κυρίῳ τῷ Θεῷ σου. Καὶ θύσεις ἐκεῖ 7 θυσίαν σωτηρίου· καὶ φαγῇ, καὶ ἐμπλησθήσῃ, καὶ εὐφρανθήσῃ ἔναντι Κυρίου τοῦ Θεοῦ σου. Καὶ γράψεις ἐπὶ τῶν λίθων 8 πάντα τὸν νόμον τοῦτον σαφῶς σφόδρα.

Καὶ ἐλάλησε Μωυσῆς καὶ οἱ ἱερεῖς οἱ Λευῖται παντὶ Ἰσ- 9 ραὴλ, λέγοντες, σιώπα καὶ ἄκουε Ἰσραήλ· ἐν τῇ ἡμέρᾳ ταύτῃ

β Or, person.

10 γέγονας εἰς λαὸν Κυρίῳ τῷ Θεῷ σου, καὶ εἰσακούσῃ τῆς φωνῆς Κυρίου τοῦ Θεοῦ σου, καὶ ποιήσεις πάσας τὰς ἐντολὰς αὐτοῦ, καὶ τὰ δικαιώματα αὐτοῦ, ὅσα ἐγὼ ἐντέλλομαί σοι σήμερον.

11 Καὶ ἐνετείλατο Μωυσῆς τῷ λαῷ ἐν τῇ ἡμέρᾳ ἐκείνῃ, λέγων,

12 οὗτοι στήσονται εὐλογεῖν τὸν λαὸν ἐν ὄρει Γαριζὶν διαβάντες τὸν Ἰορδάνην, Συμεών, Λευί, Ἰούδας, Ἰσσάχαρ, Ἰωσήφ, καὶ

13 Βενιαμίν. Καὶ οὗτοι στήσονται ἐπὶ τῆς κατάρας ἐν ὄρει Γαιβάλ, Ῥουβήν, Γάδ, καὶ Ἀσήρ, Ζαβουλών, Δάν, καὶ Νεφθαλί.

14 Καὶ ἀποκριθέντες ἐροῦσιν οἱ Λευῖται παντὶ Ἰσραὴλ φωνῇ

15 μεγάλῃ, ἐπικατάρατος ἄνθρωπος ὅστις ποιήσει γλυπτὸν καὶ χωνευτόν, βδέλυγμα Κυρίῳ, ἔργον χειρῶν τεχνιτῶν, καὶ θήσει αὐτὸ ἐν ἀποκρύφῳ· καὶ ἀποκριθεὶς πᾶς ὁ λαὸς, ἐροῦσι, γένοιτο.

16 Ἐπικατάρατος ὁ ἀτιμάζων πατέρα αὐτοῦ ἢ μητέρα αὐτοῦ· καὶ

17 ἐροῦσι πᾶς ὁ λαὸς, γένοιτο. Ἐπικατάρατος ὁ μετατιθεὶς ὅρια

18 τοῦ πλησίον· καὶ ἐροῦσι πᾶς ὁ λαὸς, γένοιτο. Ἐπικατάρατος ὁ πλανῶν τυφλὸν ἐν ὁδῷ· καὶ ἐροῦσι πᾶς ὁ λαὸς, γένοιτο.

19 Ἐπικατάρατος ὃς ἂν ἐκκλίνῃ κρίσιν προσηλύτου καὶ ὀρφανοῦ

20 καὶ χήρας· καὶ ἐροῦσι πᾶς ὁ λαὸς, γένοιτο. Ἐπικατάρατος ὁ κοιμώμενος μετὰ γυναικὸς τοῦ πατρὸς αὐτοῦ, ὅτι ἀπεκάλυψε συγκάλυμμα τοῦ πατρὸς αὐτοῦ· καὶ ἐροῦσι πᾶς ὁ λαὸς, γένοιτο.

21 Ἐπικατάρατος ὁ κοιμώμενος μετὰ παντὸς κτήνους· καὶ ἐροῦσι

22 πᾶς ὁ λαὸς, γένοιτο. Ἐπικατάρατος ὁ κοιμώμενος μετὰ ἀδελφῆς ἐκ πατρὸς ἢ μητρὸς αὐτοῦ· καὶ ἐροῦσι πᾶς ὁ λαὸς, γένοιτο.

23 Ἐπικατάρατος ὁ κοιμώμενος μετὰ νύμφης αὐτοῦ· καὶ ἐροῦσι πᾶς ὁ λαὸς, γένοιτο· ἐπικατάρατος ὁ κοιμώμενος μετὰ τῆς ἀδελφῆς τῆς γυναικὸς αὐτοῦ· καὶ ἐροῦσι πᾶς ὁ λαὸς, γένοιτο.

24 Ἐπικατάρατος ὁ τύπτων τὸν πλησίον δόλῳ· καὶ ἐροῦσι πᾶς

25 ὁ λαὸς, γένοιτο. Ἐπικατάρατος ὃς ἂν λάβῃ δῶρα πατάξαι ψυχὴν αἵματος ἀθῴου· καὶ ἐροῦσι πᾶς ὁ λαὸς, γένοιτο.

26 Ἐπικατάρατος πᾶς ἄνθρωπος ὃς οὐκ ἐμμένει ἐν πᾶσι τοῖς λόγοις τοῦ νόμου τούτου ποιῆσαι αὐτούς· καὶ ἐροῦσι πᾶς ὁ λαὸς, γένοιτο.

28 Καὶ ἔσται ἐὰν ἀκοῇ ἀκούσῃς τῆς φωνῆς Κυρίου τοῦ Θεοῦ σου, φυλάσσειν καὶ ποιεῖν πάσας τὰς ἐντολὰς ταύτας, ἃς ἐγὼ ἐντέλλομαί σοι σήμερον, καὶ δώσει σε Κύριος ὁ Θεός σου

2 ὑπεράνω ἐπὶ πάντα τὰ ἔθνη τῆς γῆς, καὶ ἥξουσιν ἐπὶ σὲ πᾶσαι αἱ εὐλογίαι αὗται, καὶ εὑρήσουσί σε· ἐὰν ἀκοῇ ἀκούσῃς τῆς

3 φωνῆς Κυρίου τοῦ Θεοῦ σου, εὐλογημένος σὺ ἐν πόλει, καὶ

4 εὐλογημένος σὺ ἐν ἀγρῷ. Εὐλογημένα τὰ ἔκγονα τῆς κοιλίας σου, καὶ τὰ γεννήματα τῆς γῆς σου, καὶ τὰ βουκόλια τῶν βοῶν

5 σου, καὶ τὰ ποίμνια τῶν προβάτων σου. Εὐλογημέναι αἱ

6 ἀποθῆκαί σου, καὶ τὰ ἐγκαταλείμματά σου. Εὐλογημένος σὺ ἐν τῷ εἰσπορεύεσθαί σε, καὶ εὐλογημένος σὺ ἐν τῷ ἐκπορεύεσθαί σε.

7 Παραδῷ Κύριος ὁ Θεός σου τοὺς ἐχθρούς σου τοὺς ἀνθεστηκότας σοι συντετριμμένους πρὸ προσώπου σου· ὁδῷ μιᾷ ἐξελεύσονται πρὸς σὲ, καὶ ἐν ἑπτὰ ὁδοῖς φεύξονται ἀπὸ προσ-

8 ώπου σου. Ἀποστείλαι Κύριος ἐπὶ σὲ τὴν εὐλογίαν ἐν τοῖς

people to the Lord thy God. ¹⁰And thou shalt hearken to the voice of the Lord thy God, and shalt do all his commands, and his ordinances, as many as I command thee this day.

¹¹ And Moses charged the people on that day, saying, ¹²These shall stand to bless the people on mount Garizin having gone over Jordan; Symeon, Levi, Judas, Issachar, Joseph, and Benjamin. ¹³And these shall stand for cursing on mount Gæbal; Ruben, Gad, and Aser, Zabulon, Dan, and Nephthali.

¹⁴And the Levites shall answer and say to all Israel with a loud voice, ¹⁵Cursed *is* the man whosoever shall make a graven or molten image, an abomination to the Lord, the work of the hands of craftsmen, and shall put it in a secret place: and all the people shall answer and say, So be it. ¹⁶Cursed is the man that dishonours his father or his mother: and all the people shall say, So be it. ¹⁷Cursed is he that removes his neighbour's landmarks: and all the people shall say, So be it. ¹⁸Cursed is he that makes the blind to wander in the way: and all the people shall say, So be it. ¹⁹Cursed is every one that shall pervert the judgment of the stranger, and orphan, and widow: and all the people shall say, So be it. ²⁰Cursed is he that lies with his father's wife, because he has uncovered his father's skirt: and all the people shall say, So be it. ²¹Cursed is he that lies with any beast: and all the people shall say, So be it. ²²Cursed is he that lies with his sister by his father or his mother: and all the people shall say, So be it. ²³Cursed is he that lies with his daughter-in-law: and all the people shall say, So be it. Cursed is he that lies with his wife's sister: and all the people shall say, So be it. ²⁴Cursed is he that smites his neighbour secretly: and all the people shall say, So be it. ²⁵Cursed is he whosoever shall have taken a bribe to βslay an innocent man: and all the people shall say, So be it. ²⁶γCursed is every man that continues not in all the words of this law to do them: and all the people shall say, So be it.

And it shall come to pass, if thou wilt indeed hear the voice of the Lord thy God, to observe and do all these commands, which I charge thee this day, that the Lord thy God shall set thee on high above all the nations of the earth; ²and all these blessings shall come upon thee, and shall find thee. If thou wilt indeed hear the voice of the Lord thy God, ³blessed *shalt* thou *be* in the city, and blessed shalt thou be in the field. ⁴Blessed shall be the offspring of thy δbody, and the fruits of thy land, and the herds of thy oxen, and the flocks of thy sheep. ⁵Blessed shall be thy barns, and thy stores. ⁶Blessed shalt thou be in thy coming in, and blessed shalt thou be in thy going out.

⁷The Lord deliver thine enemies that withstand thee utterly broken before thy face: they shall come out against thee one way, and they shall flee seven ways from before thee. ⁸The Lord send upon thee his

---

β *Gr.* to smite the life of innocent blood.   γ Gal. 3. 10.   δ *Gr.* belly.

blessing in thy barns, and on all on which thou shalt put thine hand, in the land which the Lord thy God gives thee. ⁹ The Lord raise thee up for himself a holy people, as he sware to thy fathers; if thou wilt hear the voice of the Lord thy God, and walk in all his ways. ¹⁰ And all the nations of the earth shall see ^β thee, that the name of the Lord is called upon thee, and they shall stand in awe of thee. ¹¹ And the Lord thy God shall multiply thee for good in the offspring of thy ^γ body, and in the offspring of thy cattle, and in the fruits of thy land, on thy land which the Lord sware to thy fathers to give to thee.

¹² May the Lord open to thee his good treasure, the heaven, to give rain to thy land in season: may he bless all the works of thy hands: so shalt thou lend to many nations, but thou shalt not borrow; and thou shalt rule over many nations, but they shall not rule over thee. ¹³ The Lord thy God make thee the head, and not the tail; and thou shalt then be above and thou shalt not be below, if thou wilt hearken to the voice of the Lord thy God, in all things that I charge thee this day to observe. ¹⁴ Thou shalt not turn aside from any of the commandments, which I charge thee this day, to the right hand or to the left, to go after other gods to serve them.

¹⁵ But it shall come to pass, if thou wilt not hearken to the voice of the Lord thy God, to observe all his commandments, as many as I charge thee this day, then all these curses shall come on thee, and overtake thee. ¹⁶ Cursed *shalt* thou *be* in the city, and cursed shalt thou be in the field. ¹⁷ Cursed shall be thy barns and thy stores. ¹⁸ Cursed shall be the offspring of thy body, and the fruits of thy land, the herds of thine oxen, and the flocks of thy sheep. ¹⁹ Cursed shalt thou be in thy coming in, and cursed shalt thou be in thy going out.

²⁰ The Lord send upon thee want, and famine, and consumption on all things on which thou shalt put thy hand, until he shall have utterly destroyed thee, and until he shall have consumed thee quickly because of thine evil devices, because thou hast forsaken me. ^{21 δ} The Lord cause the pestilence to cleave to thee, until he shall have consumed thee off the land into which thou goest to inherit it. ²² The Lord smite thee with distress, and fever, and cold, and inflammation, and blighting, and paleness, and they shall pursue thee until they have destroyed thee. ²³ And thou shalt have over thine head a sky of brass, and the earth under thee shall be iron. ²⁴ The Lord thy God make the rain of thy land dust; and dust shall come down from heaven, until it shall have destroyed thee, and until it shall have quickly consumed thee. ²⁵ The Lord give thee up for slaughter before thine enemies: thou shalt go out against them one way, and flee from their face seven ways; and thou shalt be a dispersion in all the kingdoms of the earth. ²⁶ And your dead men shall be food to the birds of the sky, and to the beasts of the earth; and there shall be none to scare them away. ²⁷ The

ταμείοις σου, καὶ ἐπὶ πάντα οὗ ἂν ἐπιβάλῃς τὴν χεῖρά σου, ἐπὶ τῆς γῆς, ἧς Κύριος ὁ Θεός σου δίδωσί σοι. Ἀναστήσαι 9 σε Κύριος ἑαυτῷ λαὸν ἅγιον, ὃν τρόπον ὤμοσε τοῖς πατράσι σου· ἐὰν ἀκούσῃς τῆς φωνῆς Κυρίου τοῦ Θεοῦ σου, καὶ πορευθῇς ἐν πάσαις ταῖς ὁδοῖς αὐτοῦ, καὶ ὄψονταί σε πάντα 10 τὰ ἔθνη τῆς γῆς, ὅτι τὸ ὄνομα Κυρίου ἐπικέκληταί σοι, καὶ φοβηθήσονταί σε. Καὶ πληθυνεῖ σε Κύριος ὁ Θεός σου εἰς 11 ἀγαθὰ ἐν τοῖς ἐκγόνοις τῆς κοιλίας σου, καὶ ἐπὶ τοῖς ἐκγόνοις τῶν κτηνῶν σου, καὶ ἐπὶ τοῖς γεννήμασι τῆς γῆς σου, ἐπὶ τῆς γῆς σου ἧς ὤμοσε Κύριος τοῖς πατράσι σου δοῦναί σοι.

Ἀνοίξαι σοι Κύριος τὸν θησαυρὸν αὐτοῦ τὸν ἀγαθόν, τὸν 12 οὐρανόν, δοῦναι τὸν ὑετὸν τῇ γῇ σου ἐπὶ καιροῦ· εὐλογήσαι πάντα τὰ ἔργα τῶν χειρῶν σου· καὶ δανειεῖς ἔθνεσι πολλοῖς, σὺ δὲ οὐ δανειῇ· καὶ ἄρξεις σὺ ἐθνῶν πολλῶν, σοῦ δὲ οὐκ ἄρξουσι. Καταστήσαι σε Κύριος ὁ Θεός σου εἰς κεφαλὴν 13 καὶ μὴ εἰς οὐράν, καὶ ἔσῃ τότε ἐπάνω καὶ οὐκ ἔσῃ ὑποκάτω, ἐὰν ἀκούσῃς τῆς φωνῆς Κυρίου τοῦ Θεοῦ σου, ὅσα ἐγὼ ἐντέλλομαί σοι σήμερον φυλάσσειν. Οὐ παραβήσῃ ἀπὸ 14 πασῶν τῶν ἐντολῶν, ὧν ἐγὼ ἐντέλλομαί σοι σήμερον δεξιὰ οὐδὲ ἀριστερά, πορεύεσθαι ὀπίσω θεῶν ἑτέρων λατρεύειν αὐτοῖς.

Καὶ ἔσται ἐὰν μὴ εἰσακούσῃς τῆς φωνῆς Κυρίου τοῦ Θεοῦ 15 σου, φυλάσσεσθαι πάσας τὰς ἐντολὰς αὐτοῦ, ὅσας ἐγὼ ἐντέλλομαί σοι σήμερον, καὶ ἐλεύσονται ἐπὶ σὲ πᾶσαι αἱ κατάραι αὗται, καὶ καταλήψονταί σε. Ἐπικατάρατος σὺ ἐν 16 πόλει, καὶ ἐπικατάρατος σὺ ἐν ἀγρῷ. Ἐπικατάρατοι αἱ ἀπο- 17 θῆκαί σου, καὶ τὰ ἐγκαταλείμματά σου. Ἐπικατάρατα τὰ 18 ἔκγονα τῆς κοιλίας σου, καὶ τὰ γεννήματα τῆς γῆς σου, τὰ βουκόλια τῶν βοῶν σου, καὶ τὰ ποίμνια τῶν προβάτων σου. Ἐπικατάρατος σὺ ἐν τῷ εἰσπορεύεσθαί σε, καὶ ἐπικατάρατος σὺ 19 ἐν τῷ ἐκπορεύεσθαί σε.

Ἀποστείλαι Κύριος ἐπὶ σὲ τὴν ἔνδειαν καὶ τὴν ἐκλιμίαν 20 καὶ τὴν ἀνάλωσιν ἐπὶ πάντα οὗ ἐὰν ἐπιβάλῃς τὴν χεῖρά σου, ἕως ἂν ἐξολοθρεύσῃ σε, καὶ ἕως ἂν ἀπολέσῃ σε ἐν τάχει διὰ τὰ πονηρὰ ἐπιτηδεύματά σου, διότι ἐγκατέλιπές με. Προσ- 21 κολλήσαι Κύριος εἰς σὲ τὸν θάνατον, ἕως ἂν ἐξαναλώσῃ σε ἀπὸ τῆς γῆς, εἰς ἣν εἰσπορεύῃ ἐκεῖ κληρονομῆσαι αὐτήν. Πατάξαι σε Κύριος ἐν ἀπορίᾳ, καὶ πυρετῷ, καὶ ῥίγει, καὶ 22 ἐρεθισμῷ, καὶ ἀνεμοφθορίᾳ, καὶ τῇ ὤχρᾳ, καὶ καταδιώξονταί σε ἕως ἂν ἀπολέσωσί σε. Καὶ ἔσται σοι ὁ οὐρανὸς ὁ ὑπὲρ 23 κεφαλῆς σου χαλκοῦς, καὶ ἡ γῆ ἡ ὑποκάτω σου σιδηρᾶ. Δώῃ Κύριος ὁ Θεός σου τὸν ὑετὸν τῆς γῆς σου κονιορτόν, καὶ 24 χοῦς ἐκ τοῦ οὐρανοῦ καταβήσεται, ἕως ἂν ἐκτρίψῃ σε, καὶ ἕως ἂν ἀπολέσῃ σε ἐν τάχει. Δώῃ σε Κύριος ἐπὶ κοπὴν ἐναντίον 25 τῶν ἐχθρῶν· ἐν ὁδῷ μιᾷ ἐξελεύσῃ πρὸς αὐτούς, καὶ ἐν ἑπτὰ ὁδοῖς φεύξῃ ἀπὸ προσώπου αὐτῶν· καὶ ἔσῃ διασπορὰ ἐν πάσαις βασιλείαις τῆς γῆς. Καὶ ἔσονται οἱ νεκροὶ ὑμῶν 26 κατάβρωμα τοῖς πετεινοῖς τοῦ οὐρανοῦ, καὶ τοῖς θηρίοις τῆς γῆς, καὶ οὐκ ἔσται ὁ ἐκφοβῶν. Πατάξαι σε Κύριος ἕλκει 27

---

^β Or, see that the name, etc.   ^γ Gr. belly.   ^δ Gr. may the Lord.

Αἰγυπτίῳ εἰς τὴν ἕδραν, καὶ ψώρᾳ ἀγρίᾳ, καὶ κνήφῃ, ὥστε μὴ
28 δύνασθαί σε ἰαθῆναι. Πατάξαι σε Κύριος παραπληξίᾳ, καὶ
29 ἀορασίᾳ, καὶ ἐκστάσει διανοίας. Καὶ ἔσῃ ψηλαφῶν μεσημ-
βρίας, ὡσεί τις ψηλαφήσαι τυφλὸς ἐν τῷ σκότει, καὶ οὐκ
εὐοδώσει τὰς ὁδούς σου· καὶ ἔσῃ τότε ἀδικούμενος, καὶ
διαρπαζόμενος πάσας τὰς ἡμέρας, καὶ οὐκ ἔσται ὁ βοηθῶν.

30 Γυναῖκα λήψῃ, καὶ ἀνὴρ ἕτερος ἕξει αὐτήν· οἰκίαν οἰκοδομή-
σεις, καὶ οὐκ οἰκήσεις ἐν αὐτῇ· ἀμπελῶνα φυτεύσεις, καὶ οὐ μὴ
31 τρυγήσεις αὐτόν. Ὁ μόσχος σου ἐσφαγμένος ἐναντίον σου,
καὶ οὐ φάγῃ ἐξ αὐτοῦ· ὁ ὄνος σου ἡρπασμένος ἀπὸ σοῦ, καὶ
οὐκ ἀποδοθήσεταί σοι· τὰ πρόβατά σου δεδομένα τοῖς ἐχθροῖς
32 σου, καὶ οὐκ ἔσται σοι ὁ βοηθῶν. Οἱ υἱοί σου καὶ αἱ θυγατέ-
ρες σου δεδομέναι ἔθνει ἑτέρῳ, καὶ οἱ ὀφθαλμοί σου βλέψονται
33 σφακελίζοντες εἰς αὐτά· οὐκ ἰσχύσει ἡ χείρ σου. Τὰ ἐκφόρια
τῆς γῆς σου, καὶ πάντας τοὺς πόνους σου φάγεται ἔθνος, ὃ
οὐκ ἐπίστασαι· καὶ ἔσῃ ἀδικούμενος καὶ τεθραυσμένος πάσας
34 τὰς ἡμέρας. Καὶ ἔσῃ παράπληκτος διὰ τὰ ὁράματα τῶν
ὀφθαλμῶν σου, ἃ βλέψῃ.

35 Πατάξαι σε Κύριος ἐν ἕλκει πονηρῷ ἐπὶ τὰ γόνατα καὶ
ἐπὶ τὰς κνήμας, ὥστε μὴ δύνασθαι ἰαθῆναί σε ἀπὸ ἴχνους
τῶν ποδῶν σου ἕως τῆς κορυφῆς σου.

36 Ἀπαγάγοι Κύριός σε καὶ τοὺς ἄρχοντάς σου, οὓς ἂν
καταστήσῃς ἐπὶ σεαυτόν, ἐπ᾽ ἔθνος ὃ οὐκ ἐπίστασαι σὺ καὶ οἱ
πατέρες σου, καὶ λατρεύσεις ἐκεῖ θεοῖς ἑτέροις ξύλοις καὶ
37 λίθοις. Καὶ ἔσῃ ἐκεῖ ἐν αἰνίγματι καὶ παραβολῇ καὶ
διηγήματι ἐν πᾶσι τοῖς ἔθνεσιν, εἰς οὓς ἂν ἀπαγάγῃ σε
Κύριος ἐκεῖ.

38 Σπέρμα πολὺ ἐξοίσεις εἰς τὸ πεδίον, καὶ ὀλίγα εἰσοίσεις, ὅτι
39 κατέδεται αὐτὰ ἡ ἀκρίς· Ἀμπελῶνα φυτεύσεις καὶ κατεργᾷ,
καὶ οἶνον οὐ πίεσαι οὐδὲ εὐφρανθήσῃ ἐξ αὐτοῦ, ὅτι καταφάγεται
40 αὐτὰ ὁ σκώληξ. Ἐλαῖαι ἔσονταί σοι ἐν πᾶσι τοῖς ὁρίοις
41 σου, καὶ ἔλαιον οὐ χρίσῃ, ὅτι ἐκρυήσεται ἡ ἐλαία σου. Υἱοὺς
καὶ θυγατέρας γεννήσεις καὶ οὐκ ἔσονται· ἀπελεύσονται γὰρ
42 ἐν αἰχμαλωσίᾳ. Πάντα τὰ ξύλινά σου, καὶ τὰ γεννήματα
43 τῆς γῆς σου ἐξαναλώσει ἡ ἐρισύβη. Ὁ προσήλυτος ὅς ἐστιν
ἐν σοί, ἀναβήσεται ἄνω ἄνω, σὺ δὲ καταβήσῃ κάτω κάτω.
44 Οὗτος δανειεῖ σοι, σὺ δὲ τούτῳ οὐ δανειεῖς· οὗτος ἔσται κεφαλή,
σὺ δὲ ἔσῃ οὐρά.

45 Καὶ ἐλεύσονται ἐπὶ σὲ πᾶσαι αἱ κατάραι αὗται, καὶ καταδιώ-
ξονταί σε, καὶ καταλήψονταί σε, ἕως ἂν ἐξολοθρεύσῃ σε, καὶ
ἕως ἂν ἀπολέσῃ σε· ὅτι οὐκ εἰσήκουσας τῆς φωνῆς Κυρίου τοῦ
Θεοῦ σου, φυλάξαι τὰς ἐντολὰς αὐτοῦ, καὶ τὰ δικαιώματα ὅσα
46 ἐνετείλατό σοι. Καὶ ἔσται ἐν σοὶ σημεῖα, καὶ τέρατα ἐν τῷ
47 σπέρματί σου ἕως τοῦ αἰῶνος, ἀνθ᾽ ὧν οὐκ ἐλάτρευσας Κυρίῳ
τῷ Θεῷ σου ἐν εὐφροσύνῃ καὶ ἀγαθῇ διανοίᾳ διὰ τὸ πλῆθος
πάντων.

Lord smite thee with the botch of Egypt in
the seat, and with a malignant scab, and
itch, so that thou canst not be healed. 28 The
Lord smite thee with insanity, and blind-
ness, and astonishment of mind. 29 And
thou shalt grope at mid-day, as a blind man
would grope in the darkness, and thou shalt
not prosper in thy ways; and then thou
shalt be unjustly treated, and plundered
continually, and there shall be no helper.
30 Thou shalt take a wife, and another man
shall have her; thou shalt build a house,
and thou shalt not dwell in it; thou shalt
plant a vineyard, and shalt not gather the
grapes of it. 31 Thy calf *shall be* slain before
thee, and thou shalt not eat of it; thine ass
shall be violently taken away from thee, and
shall not be restored to thee: thy sheep
shall be given to thine enemies, and thou
shalt have no helper. 32 Thy sons and thy
daughters shall be given to another nation,
and thine eyes wasting away shall look for
them: thine hand shall have no strength.
33 A nation which thou knowest not shall eat
the produce of thy land, and all thy labours;
and thou shalt be injured and crushed
always. 34 And thou shalt be distracted,
because of the sights of thine eyes which
thou shalt see.
35 The Lord smite thee with an evil sore,
on the knees and the legs, so that thou shalt
not be able to be healed from the sole of thy
foot to the crown of thy head.
36 The Lord carry away thee and thy
princes, whom thou shalt set over thee, to a
nation which neither thou nor thy fathers
know; and thou shalt there serve other
gods, wood and stone. 37 And thou shalt be
there for a wonder, and a parable, and a tale,
among all the nations, to which the Lord
thy God shall carry thee away.
38 Thou shalt carry forth much seed into the
field, and thou shalt bring in little, because
the locust shall devour it. 39 Thou shalt plant
a vineyard, and dress it, and shalt not drink
the wine, neither shalt thou delight thyself
with it, because the worm shall devour β it.
40 Thou shalt have olive trees in all thy bor-
ders, and thou shalt not anoint thee with
oil, because thine olive shall utterly γ cast
its fruit. 41 Thou shalt beget sons and
daughters, and they shall not be *thine*, for
they shall depart into captivity. 42 All thy
trees and the fruits of thy land shall the
blight consume. 43 The stranger that is
within thee shall get up very high, and thou
shalt come down very low. 44 He shall lend
to thee, and thou shalt not lend to him:
he shall be the head, and thou shalt be the
tail.
45 And all these curses shall come upon
thee, and shall pursue thee, and shall over-
take thee, until he shall have consumed thee,
and until he shall have destroyed thee; be-
cause thou didst not hearken to the voice of
the Lord thy God, to keep his commands,
and his ordinances which he has commanded
thee. 46 And *these things* shall be signs in
thee, and wonders among thy seed for ever;
47 because thou didst not serve the Lord thy
God with gladness and a good heart, because
of the abundance of all things.

β *Gr.* them, *i.e.* the fruits of it.   γ *Lit.* flow, or fall down.

48 And thou shalt serve thine enemies, which the Lord will send forth against thee, in hunger, and in thirst, and in nakedness, and in the want of all things; and thou shalt wear upon thy neck a yoke of iron until he shall have destroyed thee. 49 The Lord shall bring upon thee a nation from the extremity of the earth, like the swift flying of an eagle, a nation whose voice thou shalt not [β] understand; 50 a nation bold in countenance, which shall not [γ] respect the person of the aged and shall not pity the young. 51 And it shall eat up the young of thy cattle, and the fruits of thy land, so as not to leave to thee corn, wine, oil, the herds of thine oxen, and the flocks of thy sheep, until it shall have destroyed thee; 52 and have utterly crushed thee in thy cities, until the high and strong walls be destroyed, in which thou trustest, in all thy land; and it shall afflict thee in thy cities, which he has given to thee. 53 And thou shalt eat the fruit of thy [δ] body, the flesh of thy sons and of thy daughters, all that he has given thee, in thy straitness and thy affliction, with which thine enemy shall afflict thee.

54 He that is tender and very delicate within thee shall look with an evil eye upon his brother, and the wife in his bosom, and the children that are left, which may have been left to him; 55 so as *not* to give to one of them of the flesh of his children, whom he shall eat, because of his having nothing left him in thy straitness, and in thy affliction, with which thine enemies shall afflict thee in all thy cities.

56 And she that is tender and delicate among you, whose foot has not assayed to go upon the earth for delicacy and tenderness, shall look with an evil eye on her husband in her bosom, and her son and her daughter, 57 and her [ζ] offspring that comes out between her feet, and the child which she shall bear; for she shall eat them because of the want of all things, secretly in thy straitness, and in thy affliction, with which thine enemy shall afflict thee in thy cities. 58 If thou wilt not hearken to do all the words of this law, which have been written in this book, to fear this glorious and wonderful name, the Lord thy God; 59 then the Lord shall magnify thy plagues, and the plagues of thy seed, great and wonderful plagues, and evil and abiding diseases. 60 And he shall bring upon thee all the evil pain of Egypt, [λ] of which thou wast afraid, and they shall cleave to thee. 61 And the Lord shall bring upon thee every sickness, and every plague that is not written, and every one that is written in the book of this law, until he shall have destroyed thee. 62 And ye shall be left few in number, whereas ye were as the stars of the sky in multitude; because thou didst not hearken to the voice of the Lord thy God.

63 And it shall come to pass that as the Lord rejoiced over you to do you good, and to multiply you, so the Lord will rejoice over you to destroy you; and ye shall be quickly removed from the land, into which ye go to inherit it. 64 And the Lord thy God shall scatter thee among all nations, from

Καὶ λατρεύσεις τοῖς ἐχθροῖς σου, οὓς ἐπαποστελεῖ Κύριος 48
ἐπὶ σὲ, ἐν λιμῷ, καὶ ἐν δίψει, καὶ ἐν γυμνότητι, καὶ ἐν ἐκλείψει
πάντων· καὶ ἐπιθήσῃ κλοιὸν σιδηροῦν ἐπὶ τὸν τράχηλόν σου,
ἕως ἂν ἐξολοθρεύσῃ σε. Ἐπάξει ἐπὶ σὲ Κύριος ἔθνος μακρό- 49
θεν ἀπ' ἐσχάτου τῆς γῆς ὡσεὶ ὅρμημα ἀετοῦ, ἔθνος ὃ οὐκ
ἀκούσῃ τῆς φωνῆς αὐτοῦ, ἔθνος ἀναιδὲς προσώπῳ, ὅστις οὐ 50
θαυμάσει πρόσωπον πρεσβύτου, καὶ νέον οὐκ ἐλεήσει. Καὶ 51
κατέδεται τὰ ἔγκονα τῶν κτηνῶν σου, καὶ τὰ γεννήματα τῆς
γῆς σου, ὥστε μὴ καταλιπεῖν σοι σῖτον, οἶνον, ἔλαιον, τὰ
βουκόλια τῶν βοῶν σου, καὶ τὰ ποίμνια τῶν προβάτων σου,
ἕως ἂν ἀπολέσῃ σε. Καὶ ἐκτρίψῃ σε ἐν ταῖς πόλεσί σου, ἕως 52
ἂν καθαιρεθῶσι τὰ τείχη τὰ ὑψηλὰ καὶ τὰ ὀχυρὰ, ἐφ' οἷς σὺ
πέποιθας ἐπ' αὐτοῖς, ἐν πάσῃ τῇ γῇ σου· καὶ θλίψει σε ἐν ταῖς
πόλεσί σου, αἷς ἔδωκέ σοι. Καὶ φαγῇ τὰ ἔκγονα τῆς κοιλίας 53
σου, κρέα υἱῶν σου καὶ θυγατέρων σου, ὅσα ἔδωκέ σοι,
ἐν τῇ στενοχωρίᾳ σου καὶ ἐν τῇ θλίψει σου, ᾗ θλίψει σε
ὁ ἐχθρός σου.

Ὁ ἁπαλὸς ὁ ἐν σοὶ καὶ ὁ τρυφερὸς σφόδρα, βασκανεῖ τῷ 54
ὀφθαλμῷ αὐτοῦ τὸν ἀδελφὸν αὐτοῦ, καὶ τὴν γυναῖκα τὴν ἐν τῷ
κόλπῳ αὐτοῦ, καὶ τὰ καταλελειμμένα τέκνα, ἃ ἂν καταλειφθῇ
αὐτῷ, ὥστε δοῦναι ἑνὶ αὐτῶν ἀπὸ τῶν σαρκῶν τῶν τέκνων 55
αὐτοῦ, ὧν ἂν κατέσθῃ διὰ τὸ μὴ καταλειφθῆναι αὐτῷ οὐδὲν ἐν
τῇ στενοχωρίᾳ σου, καὶ ἐν τῇ θλίψει σου, ᾗ ἂν θλίψωσί σε οἱ
ἐχθροί σου ἐν πάσαις ταῖς πόλεσί σου.

Καὶ ἡ ἁπαλὴ ἐν ὑμῖν καὶ ἡ τρυφερὰ, ἧς οὐχὶ πεῖραν ἔλαβεν 56
ὁ ποὺς αὐτῆς βαίνειν ἐπὶ τῆς γῆς διὰ τὴν τρυφερότητα καὶ διὰ
τὴν ἁπαλότητα, βασκανεῖ τῷ ὀφθαλμῷ αὐτῆς τὸν ἄνδρα αὐτῆς
τὸν ἐν κόλπῳ αὐτῆς, καὶ τὸν υἱὸν καὶ τὴν θυγατέρα αὐτῆς, καὶ 57
τὸ κόριον αὐτῆς τὸ ἐξελθὸν διὰ τῶν μηρῶν αὐτῆς, καὶ τὸ τέκνον
αὐτῆς ὃ ἐὰν τέκῃ· καταφάγεται γὰρ αὐτὰ διὰ τὴν ἔνδειαν
πάντων κρυφῇ ἐν τῇ στενοχωρίᾳ σου, καὶ ἐν τῇ θλίψει σου, ᾗ
θλίψει σε ὁ ἐχθρός σου ἐν ταῖς πόλεσί σου, ἐὰν μὴ εἰσακούσῃς 58
ποιεῖν πάντα τὰ ῥήματα τοῦ νόμου τούτου, τὰ γεγραμμένα ἐν
τῷ βιβλίῳ τούτῳ, φοβεῖσθαι τὸ ὄνομα τὸ ἔντιμον τὸ θαυ-
μαστὸν τοῦτο, ΚΥΡΙΟΝ τὸν ΘΕΟΝ σου. Καὶ παραδοξάσει 59
Κύριος τὰς πληγάς σου, καὶ τὰς πληγὰς τοῦ σπέρματός σου,
πληγὰς μεγάλας καὶ θαυμαστὰς, καὶ νόσους πονηρὰς καὶ
πιστάς. Καὶ ἐπιστρέψει πᾶσαν τὴν ὀδύνην Αἰγύπτου τὴν 60
πονηρὰν, ἣν διευλαβοῦ ἀπὸ προσώπου αὐτῶν, καὶ κολληθή-
σονται ἐν σοί. Καὶ πᾶσαν μαλακίαν, καὶ πᾶσαν πληγὴν 61
τὴν μὴ γεγραμμένην, καὶ πᾶσαν τὴν γεγραμμένην ἐν τῷ
βιβλίῳ τοῦ νόμου τούτου, ἐπάξει Κύριος ἐπὶ σὲ, ἕως ἂν
ἐξολοθρεύσῃ σε. Καὶ καταλειφθήσεσθε ἐν ἀριθμῷ βραχεῖ, 62
ἀνθ' ὧν ὅτι ἦτε ὡσεὶ τὰ ἄστρα τοῦ οὐρανοῦ τῷ πλήθει, ὅτι οὐκ
εἰσήκουσας τῆς φωνῆς Κυρίου τοῦ Θεοῦ σου.

Καὶ ἔσται ὃν τρόπον εὐφράνθη Κύριος ἐφ' ὑμῖν εὖ ποιῆ- 63
σαι ὑμᾶς, καὶ πληθῦναι ὑμᾶς, οὕτως εὐφρανθήσεται Κύριος
ἐφ' ὑμῖν ἐξολοθρεῦσαι ὑμᾶς· καὶ ἐξαρθήσεσθε ἐν τάχει ἀπὸ
τῆς γῆς, εἰς ἣν εἰσπορεύῃ ἐκεῖ κληρονομῆσαι αὐτήν. Καὶ 64
διασπερεῖ σε Κύριος ὁ Θεός σου εἰς πάντα τὰ ἔθνη, ἀπ'

β *Gr.* hear. γ *Gr.* wonder at. δ *Gr.* belly. ζ *Lit.* afterbirth. λ *Gr.* which thou fearedst before their face. *Hebraism.*

ἄκρου τῆς γῆς ἕως ἄκρου τῆς γῆς, καὶ δουλεύσεις ἐκεῖ θεοῖς
ἑτέροις, ξύλοις καὶ λίθοις, οὓς οὐκ ἠπίστω σὺ καὶ οἱ πατέρες
65 σου. Ἀλλὰ καὶ ἐν τοῖς ἔθνεσιν ἐκείνοις οὐκ ἀναπαύσει σε,
οὐδ᾽ οὐ μὴ γένηται στάσις τῷ ἴχνει τοῦ ποδός σου· καὶ δώσει
σοι Κύριος ἐκεῖ καρδίαν ἑτέραν ἀπειθοῦσαν, καὶ ἐκλείποντας
66 ὀφθαλμοὺς, καὶ τηκομένην ψυχήν. Καὶ ἔσται ἡ ζωή σου
κρεμαμένη ἀπέναντι τῶν ὀφθαλμῶν σου· καὶ φοβηθήσῃ ἡμέρας
67 καὶ νυκτὸς, καὶ οὐ πιστεύσεις τῇ ζωῇ σου. Τὸ πρωὶ ἐρεῖς, πῶς
ἂν γένοιτο ἑσπέρα· καὶ τὸ ἑσπέρας ἐρεῖς, πῶς ἂν γένοιτο πρωΐ·
ἀπὸ τοῦ φόβου τῆς καρδίας σου ἃ φοβηθήσῃ, καὶ ἀπὸ τῶν
68 ὁραμάτων τῶν ὀφθαλμῶν σου ὧν ὄψῃ. Καὶ ἀποστρέψει σε
Κύριος εἰς Αἴγυπτον ἐν πλοίοις, ἐν τῇ ὁδῷ ᾗ εἶπα, οὐ προσθή-
σῃ ἔτι ἰδεῖν αὐτήν· καὶ πραθήσεσθε ἐκεῖ τοῖς ἐχθροῖς ὑμῶν εἰς
παῖδας καὶ παιδίσκας, καὶ οὐκ ἔσται ὁ κτώμενος.

29 Οὗτοι οἱ λόγοι τῆς διαθήκης, οὓς ἐνετείλατο Κύριος Μωυσῇ
στῆσαι τοῖς υἱοῖς Ἰσραὴλ ἐν γῇ Μωὰβ, πλὴν τῆς διαθήκης ἧς
διέθετο αὐτοῖς ἐν Χωρήβ.
2 Καὶ ἐκάλεσε Μωυσῆς πάντας τοὺς υἱοὺς Ἰσραὴλ, καὶ εἶπε
πρὸς αὐτοὺς, ὑμεῖς ἑωράκατε πάντα ὅσα ἐποίησε Κύριος ἐν γῇ
Αἰγύπτῳ ἐνώπιον ὑμῶν Φαραὼ καὶ τοῖς θεράπουσιν αὐτοῦ,
3 καὶ πάσῃ τῇ γῇ αὐτοῦ, τοὺς πειρασμοὺς τοὺς μεγάλους οὓς
ἑωράκασιν οἱ ὀφθαλμοί σου, τὰ σημεῖα καὶ τὰ τέρατα τὰ
4 μεγάλα ἐκεῖνα. Καὶ οὐκ ἔδωκε Κύριος ὁ Θεὸς ὑμῖν καρδίαν
εἰδέναι, καὶ ὀφθαλμοὺς βλέπειν, καὶ ὦτα ἀκούειν ἕως τῆς
5 ἡμέρας ταύτης. Καὶ ἤγαγεν ὑμᾶς τεσσαράκοντα ἔτη ἐν τῇ
ἐρήμῳ· οὐκ ἐπαλαιώθη τὰ ἱμάτια ὑμῶν, καὶ τὰ ὑποδήματα
6 ὑμῶν οὐ κατετρίβη ἀπὸ τῶν ποδῶν ὑμῶν. Ἄρτον οὐκ ἐφάγετε,
οἶνον καὶ σίκερα οὐκ ἐπίετε, ἵνα γνῶτε ὅτι Κύριος ὁ Θεὸς
7 ὑμῶν ἐγώ. Καὶ ἤλθετε ἕως τοῦ τόπου τούτου· καὶ ἐξῆλθε
Σηὼν βασιλεὺς Ἐσεβὼν, καὶ Ὢγ βασιλεὺς Βασὰν εἰς συνάν-
8 τησιν ἡμῖν ἐν πολέμῳ. Καὶ ἐπατάξαμεν αὐτοὺς, καὶ ἐλάβομεν
τὴν γῆν αὐτῶν, καὶ ἔδωκα αὐτὴν ἐν κλήρῳ τῷ Ῥουβὴν, καὶ τῷ
9 Γαδδὶ, καὶ τῷ ἡμίσει φυλῆς Μανασσῆ. Καὶ φυλάξεσθε
ποιεῖν πάντας τοὺς λόγους τῆς διαθήκης ταύτης, ἵνα συνῆτε
πάντα ὅσα ποιήσετε.
10 Ὑμεῖς ἑστήκατε πάντες σήμερον ἐναντίον Κυρίου τοῦ Θεοῦ
ὑμῶν, οἱ ἀρχίφυλοι ὑμῶν, καὶ ἡ γερουσία ὑμῶν, καὶ οἱ κριταὶ
ὑμῶν, καὶ οἱ γραμματοεισαγωγεῖς ὑμῶν, πᾶς ἀνὴρ Ἰσραὴλ,
11 αἱ γυναῖκες ὑμῶν, καὶ τὰ ἔκγονα ὑμῶν καὶ ὁ προσήλυτος ὁ ἐν
μέσῳ τῆς παρεμβολῆς ὑμῶν, ἀπὸ ξυλοκόπου ὑμῶν καὶ ἕως
12 ὑδροφόρου ὑμῶν, παρελθεῖν ἐν τῇ διαθήκῃ Κυρίου τοῦ Θεοῦ
ὑμῶν, καὶ ἐν ταῖς ἀραῖς αὐτοῦ, ὅσα Κύριος ὁ Θεός σου δια-
13 τίθεται πρὸς σὲ σήμερον· ἵνα στήσῃ σε αὐτῷ εἰς λαὸν, καὶ
αὐτὸς ἔσται σου Θεὸς, ὃν τρόπον εἶπέ σοι, καὶ ὃν τρόπον
ὤμοσε τοῖς πατράσι σου Ἀβραὰμ καὶ Ἰσαὰκ καὶ Ἰακώβ.
14 Καὶ οὐχ ὑμῖν μόνοις ἐγὼ διατίθεμαι τὴν διαθήκην ταύτην καὶ
15 τὴν ἀρὰν ταύτην, ἀλλὰ καὶ τοῖς ὧδε οὖσι μεθ᾽ ὑμῶν σήμε-
ρον ἐναντίον Κυρίου τοῦ Θεοῦ ὑμῶν, καὶ τοῖς μὴ οὖσι μεθ᾽
ὑμῶν ὧδε σήμερον.
16 Ὅτι ὑμεῖς οἴδατε πῶς κατῳκήσαμεν ἐν γῇ Αἰγύπτῳ, ὡς
17 παρήλθομεν ἐν μέσῳ τῶν ἐθνῶν οὓς παρήλθετε. Καὶ ἴδετε
τὰ βδελύγματα αὐτῶν, καὶ τὰ εἴδωλα αὐτῶν, ξύλον καὶ λίθον,

one end of the earth to the other; and thou
shalt there serve other gods, wood and
stone, which thou hast not known, nor thy
fathers. [65] Moreover among those nations
he will not give thee quiet, neither by any
means shall the sole of thy foot have rest;
and the Lord shall give thee there another
and a misgiving heart, and failing eyes, and
a wasting soul. [66] And thy life shall be in
suspense before thine eyes; and thou shalt
be afraid by day and by night, and thou
shalt have no assurance of thy life. [67] In the
morning thou shalt say, Would it were even-
ing! and in the evening thou shalt say,
Would it were morning! for the fear of
thine heart with which thou shalt fear, and
for the sights of thine eyes which thou shalt
see. [68] And the Lord shall bring thee back
to Egypt in ships, by the way of which I
said, Thou shalt not see it again; and ye
shall be sold there to your enemies for
bondmen and bondwomen, and none shall
buy you.

These are the words of the covenant,
which the Lord commanded Moses to make
with the children of Israel in the land of
Moab, besides the covenant which he made
with them in Choreb. [2] And Moses called all the sons of Israel
and said to them, Ye have seen all things
that the Lord did in the land of Egypt
before you to Pharao and his servants, and
all his land; [3] the great temptations which
thine eyes have seen, the signs, and those
great wonders. [4] Yet the Lord God has not
given you a heart to know, and eyes to see,
and ears to hear, until this day. [5] And he
led you forty years in the wilderness; your
garments did not grow old, and your sandals
were not worn away off your feet. [6] Ye did
not eat bread, ye did not drink wine or
strong drink, that ye might know that I am
the Lord your God. [7] And ye came as far
as this place; and there came forth Seon
king of Esebon, and Og king of Basan, to
meet us in war. [8] And we smote them and
took their land, and I gave it for an inhe-
ritance to Ruben and Gad, and to the half-
tribe of Manasse. [9] And ye shall take heed
to do all the words of this covenant, that ye
may understand all things that ye shall do.
[10] Ye all stand to-day before the Lord
your God, the heads of your tribes, and your
elders, and your judges, and your officers,
every man of Israel, [11] your wives, and your
children, and the stranger who is in the
midst of your camp, from your hewer of
wood even to your drawer of water, [12] that
thou shouldest enter into the covenant of
the Lord thy God and into his oaths, as
many as the Lord thy God appoints thee
this day; [13] that he may appoint thee to
himself for a people, and he shall be thy
God, as he said to thee, and as he sware to
thy fathers, Abraam, and Isaac, and Jacob.
[14] And I do not appoint to you alone this
covenant and this oath; [15] but to those also
who are here with you to-day before the
Lord your God, and to those who are not
here with you to-day.
[16] For ye know how we dwelt in the land
of Egypt, how we came through the midst
of the nations through whom ye came.
[17] And ye beheld their abominations, and
their idols, wood and stone, silver and gold,

which are among them. ¹⁸Lest there be among you man, or woman, or family, or tribe, whose heart has turned aside from the Lord your God, having gone to serve the gods of these nations; lest there be in you a root springing up with gall and bitterness, ¹⁹And it shall be if one shall hear the words of this curse, and shall flatter himself in his heart, saying, ᵝLet good happen to me, for I will walk in the error of my heart, lest the sinner destroy the guiltless with *him*: ²⁰God shall by no means be willing to pardon him, but then the wrath of the Lord and his jealousy shall flame out against that man; and all the curses of this covenant shall attach themselves to him, which are written in this book, and the Lord shall blot out his name from under heaven. ²¹And the Lord shall separate that man for evil of all the children of Israel, according to all the curses of the covenant that are written in the book of this law.

²²And another generation shall say—even your sons who shall rise up after you, and the stranger who shall come from a land afar off, and shall see the plagues of that land and their diseases, which the Lord has sent upon it, ²³brimstone and burning salt, (the whole land shall not be sown, neither shall any green thing spring, nor rise upon it, as Sodom and Gomorrha were overthrown, Adama and Seboim, which the Lord overthrew in his wrath and anger :)—²⁴and all the nations shall say, Why has the Lord done thus to this land? what *is* this great fierceness of anger? ²⁵And *men* shall say, Because they forsook the covenant of the Lord God of their fathers, the things which he appointed to their fathers, when he brought them out of the land of Egypt: ²⁶and they went and served other gods, which they knew not, neither did he assign *them* to them. ²⁷And the Lord was exceedingly angry with that land to bring upon it according to all the curses which are written in the book of this law. ²⁸And the Lord removed them from their land in anger, and wrath, and very great indignation, and cast them out into another land as at present.

²⁹The secret things *belong* to the Lord our God, but the things that are revealed *belong* to us and to our children for ever, to do all the words of this law.

And it shall come to pass when all these things shall have come upon thee, the blessing and the curse, which I have set before thy face, and thou shalt ᵞ call *them* to mind among all the nations, wherein the Lord shall have scattered thee, ²and shalt return to the Lord thy God, and shalt hearken to his voice, according to all things which I charge thee this day, with all thy heart, and with all thy soul; ³then the Lord shall heal thine iniquities, and shall pity thee, and shall again gather thee out from all the nations, among which the Lord has scattered thee. ⁴If thy dispersion be from one end of heaven to the other, thence will the Lord thy God gather thee, and thence will the Lord thy God take thee. ⁵And the Lord thy God shall bring thee in from thence into the land which thy fathers have

ἀργύριον καὶ χρυσίον, ἅ ἐστι παρ' αὐτοῖς. Μή τις ἐστὶν ἐν 18 ὑμῖν ἀνὴρ, ἢ γυνὴ, ἢ πατριὰ, ἢ φυλὴ, τινὸς ἡ διάνοια ἐξέκλινεν ἀπὸ Κυρίου τοῦ Θεου ὑμῶν, πορευθέντες λατρεύειν τοῖς θεοῖς τῶν ἐθνῶν ἐκείνων· μή τις ἐστὶν ἐν ὑμῖν ῥίζα ἄνω φύουσα ἐν χολῇ καὶ πικρίᾳ· Καὶ ἔσται ἐὰν ἀκούσῃ τὰ ῥήματα 19 τῆς ἀρᾶς ταύτης, καὶ ἐπιφημίσηται ἐν τῇ καρδίᾳ αὐτοῦ, λέγων, ὅσιά μοι γένοιτο, ὅτι ἐν τῇ ἀποπλανήσει τῆς καρδίας μου πορεύσομαι, ἵνα μὴ συναπολέσῃ ὁ ἁμαρτωλὸς τὸν ἀναμάρτητον· Οὐ μὴ θελήσει ὁ Θεὸς εὐϊλατεῦσαι αὐτῷ, ἀλλ' ἢ τότε ἐκκαυθή- 20 σεται ὀργὴ Κυρίου καὶ ὁ ζῆλος αὐτοῦ ἐν τῷ ἀνθρώπῳ ἐκείνῳ καὶ κολληθήσονται ἐν αὐτῷ πᾶσαι αἱ ἀραὶ τῆς διαθήκης ταύτης, αἱ γεγραμμέναι ἐν τῷ βιβλίῳ τούτῳ· καὶ ἐξαλείψει Κύριος τὸ ὄνομα αὐτοῦ ἐκ τῆς ὑπὸ τὸν οὐρανόν. Καὶ διαστελεῖ 21 αὐτὸν Κύριος εἰς κακὰ ἐκ πάντων υἱῶν Ἰσραὴλ, κατὰ πάσας τὰς ἀρᾶς τῆς διαθήκης τὰς γεγραμμένας ἐν τῷ βιβλίῳ τοῦ νόμου τούτου.

Καὶ ἐροῦσιν ἡ γενεὰ ἡ ἑτέρα οἱ υἱοὶ ὑμῶν, οἳ ἀναστήσονται μεθ' 22 ὑμᾶς, καὶ ὁ ἀλλότριος ὃς ἂν ἔλθῃ ἐκ γῆς μακρόθεν, καὶ ὄψονται τὰς πληγὰς τῆς γῆς ἐκείνης καὶ τὰς νόσους αὐτῆς, ἃς ἀπέστειλε Κύριος ἐπ' αὐτὴν, θεῖον καὶ ἄλα κατακεκαυμένον· πᾶσα ἡ γῆ 23 αὐτῆς οὐ σπαρήσεται, οὐδὲ ἀνατελεῖ, οὐδὲ μὴ ἀναβῇ ἐπ' αὐτὴν πᾶν χλωρόν. ὥσπερ κατεστράφη Σόδομα καὶ Γόμορρα, Ἀδαμὰ καὶ Σεβωὶμ, ἃς κατέστρεψε Κύριος ἐν θυμῷ καὶ ὀργῇ· Καὶ 24 ἐροῦσι πάντα τὰ ἔθνη, διατί ἐποίησε Κύριος οὕτω τῇ γῇ ταύτῃ; τίς ὁ θυμὸς τῆς ὀργῆς ὁ μέγας οὗτος; Καὶ ἐροῦσιν, ὅτι 25 κατέλιπον τὴν διαθήκην Κυρίου τοῦ Θεοῦ τῶν πατέρων αὐτῶν, ἃ διέθετο τοῖς πατράσιν αὐτῶν, ὅτε ἐξήγαγεν αὐτοὺς ἐκ γῆς Αἰγύπτου, καὶ πορευθέντες ἐλάτρευσαν θεοῖς ἑτέροις, οὓς οὐκ 26 ἠπίσταντο, οὐδὲ διένειμεν αὐτοῖς· Καὶ ὠργίσθη θυμῷ Κύριος 27 ἐπὶ τὴν γῆν ἐκείνην ἐπαγαγεῖν ἐπ' αὐτὴν κατὰ πάσας τὰς κατάρας τὰς γεγραμμένας ἐν τῷ βιβλίῳ τοῦ νόμου τούτου. Καὶ ἐξῆρεν αὐτοὺς Κύριος ἀπὸ τῆς γῆς αὐτῶν ἐν θυμῷ καὶ 28 ὀργῇ καὶ παροξυσμῷ μεγάλῳ σφόδρα, καὶ ἐξέβαλεν αὐτοὺς εἰς γῆν ἑτέραν ὡσεὶ νῦν.

Τὰ κρυπτὰ Κυρίῳ τῷ Θεῷ ἡμῶν, τὰ δὲ φανερὰ ἡμῖν καὶ 29 τοῖς τέκνοις ἡμῶν εἰς τὸν αἰῶνα, ποιεῖν πάντα τὰ ῥήματα τοῦ νόμου τούτου.

Καὶ ἔσται ὡς ἂν ἔλθωσιν ἐπὶ σὲ πάντα τὰ ῥήματα ταῦτα, 30 ἡ εὐλογία καὶ ἡ κατάρα, ἣν ἔδωκα πρὸ προσώπου σου· καὶ δέξῃ εἰς τὴν καρδίαν σου ἐν πᾶσι τοῖς ἔθνεσιν, οὗ ἐὰν διασκορπίσῃ σε Κύριος ἐκεῖ, καὶ ἐπιστραφήσῃ ἐπὶ Κύριον τὸν Θεόν σου, 2 καὶ εἰσακούσῃ τῆς φωνῆς αὐτοῦ κατὰ πάντα ὅσα ἐγὼ ἐντέλλομαί σοι σήμερον, ἐξ ὅλης τῆς καρδίας σου, καὶ ἐξ ὅλης τῆς ψυχῆς σου, καὶ ἰάσεται Κύριος τὰς ἁμαρτίας σου, καὶ 3 ἐλεήσει σε, καὶ πάλιν συνάξει σε ἐκ πάντων τῶν ἐθνῶν, εἰς οὓς διεσκόρπισέ σε Κύριος ἐκεῖ. Ἐὰν ᾖ ἡ διασπορά σου ἀπ' 4 ἄκρου τοῦ οὐρανοῦ ἕως ἄκρου τοῦ οὐρανοῦ, ἐκεῖθεν συνάξει σε Κύριος ὁ Θεός σου, καὶ ἐκεῖθεν λήψεταί σε Κύριος ὁ Θεός σου. Καὶ εἰσάξει σε ὁ Θεός σου ἐκεῖθεν εἰς τὴν γῆν ἣν ἐκληρονό- 5 μησαν οἱ πατέρες σου, καὶ κληρονομήσεις αὐτήν· καὶ εὖ σε

ᵝ *lit.* May holy things happen to me. See the use of ὅσια in Isaiah 55. 3. Acts 13. 34.   ᵞ *Gr.* receive them into thine heart.

ποιήσει, καὶ πλεοναστόν σε ποιήσει ὑπὲρ τοὺς πατέρας σου.

6 Καὶ περικαθαριεῖ Κύριος τὴν καρδίαν σου, καὶ τὴν καρδίαν τοῦ σπέρματός σου, ἀγαπᾶν Κύριον τὸν Θεόν σου ἐξ ὅλης τῆς καρδίας σου, καὶ ἐξ ὅλης τῆς ψυχῆς σου, ἵνα ζῇς σύ.

7 Καὶ δώσει Κύριος ὁ Θεός σου τὰς ἀρὰς ταύτας ἐπὶ τοὺς
8 ἐχθρούς σου, καὶ ἐπὶ τοὺς μισοῦντάς σε, οἳ ἐδίωξάν σε. Καὶ σὺ ἐπιστραφήσῃ καὶ εἰσακούσῃ τῆς φωνῆς Κυρίου τοῦ Θεοῦ σου, καὶ ποιήσεις τὰς ἐντολὰς αὐτοῦ, ὅσας ἐγὼ ἐντέλλομαί σοι
9 σήμερον. Καὶ εὐλογήσει σε Κύριος ὁ Θεός σου ἐν παντὶ ἔργῳ τῶν χειρῶν σου, ἐν τοῖς ἐκγόνοις τῆς κοιλίας σου, καὶ ἐν τοῖς ἐκγόνοις τῶν κτηνῶν σου, καὶ ἐν τοῖς γεννήμασι τῆς γῆς σου, ὅτι ἐπιστρέψει Κύριος ὁ Θεός σου εὐφρανθῆναι ἐπὶ σοὶ εἰς
10 ἀγαθὰ, καθότι εὐφράνθη ἐπὶ τοῖς πατράσι σου· Ἐὰν εἰσακούσῃς τῆς φωνῆς Κυρίου τοῦ Θεοῦ σου, φυλάσσεσθαι τὰς ἐντολὰς αὐτοῦ, καὶ τὰ δικαιώματα αὐτοῦ, καὶ τὰς κρίσεις αὐτοῦ τὰς γεγραμμένας ἐν τῷ βιβλίῳ τοῦ νόμου τούτου· ἐὰν ἐπιστραφῇς ἐπὶ Κύριον τὸν Θεόν σου ἐξ ὅλης τῆς καρδίας σου, καὶ ἐξ
11 ὅλης τῆς ψυχῆς σου. Ὅτι ἡ ἐντολὴ αὕτη ἣν ἐγὼ ἐντέλλομαί σοι σήμερον, οὐχ ὑπέρογκός ἐστιν, οὐδὲ μακρὰν ἀπὸ σοῦ ἐστιν.
12 Οὐκ ἐν τῷ οὐρανῷ ἄνω ἐστί, λέγων, τίς ἀναβήσεται ἡμῖν εἰς τὸν οὐρανὸν, καὶ λήψεται ἡμῖν αὐτὴν, καὶ ἀκούσαντες αὐτὴν
13 ποιήσομεν; Οὐδὲ πέραν τῆς θαλάσσης ἐστί, λέγων, τίς διαπεράσει ἡμῖν εἰς τὸ πέραν τῆς θαλάσσης, καὶ λάβῃ ἡμῖν αὐτὴν, καὶ ἀκουστὴν ἡμῖν ποιήσῃ αὐτὴν, καὶ ποιήσομεν;
14 Ἐγγύς σου ἐστὶ τὸ ῥῆμα σφόδρα ἐν τῷ στόματί σου, καὶ ἐν τῇ καρδίᾳ σου, καὶ ἐν ταῖς χερσί σου ποιεῖν αὐτό.
15 Ἰδοὺ δέδωκα πρὸ προσώπου σου σήμερον τὴν ζωὴν καὶ τὸν
16 θάνατον, τὸ ἀγαθὸν καὶ τὸ κακόν. Ἐὰν εἰσακούσῃς τὰς ἐντολὰς Κυρίου τοῦ Θεοῦ σου, ἃς ἐγὼ ἐντέλλομαί σοι σήμερον, ἀγαπᾶν Κύριον τὸν Θεόν σου, πορεύεσθαι ἐν πάσαις ταῖς ὁδοῖς αὐτοῦ, καὶ φυλάσσεσθαι τὰ δικαιώματα αὐτοῦ, καὶ τὰς κρίσεις αὐτοῦ, καὶ ζήσεσθε, καὶ πολλοὶ ἔσεσθε, καὶ εὐλογήσει σε Κύριος ὁ Θεός σου ἐν πάσῃ τῇ γῇ, εἰς ἣν εἰσπορεύῃ ἐκεῖ
17 κληρονομῆσαι αὐτήν. Καὶ ἐὰν μεταστῇ ἡ καρδία σου, καὶ μὴ εἰσακούσῃς, καὶ πλανηθεὶς προσκυνήσῃς θεοῖς ἑτέροις καὶ
18 λατρεύσῃς αὐτοῖς, ἀναγγέλλω σοι σήμερον, ὅτι ἀπωλείᾳ ἀπολεῖσθε, καὶ οὐ μὴ πολυήμεροι γένησθε ἐπὶ τῆς γῆς, εἰς ἣν ὑμεῖς διαβαίνετε τὸν Ἰορδάνην ἐκεῖ κληρονομῆσαι αὐτήν.
19 Διαμαρτύρομαι ὑμῖν σήμερον τόν τε οὐρανὸν καὶ τὴν γῆν, τὴν ζωὴν καὶ τὸν θάνατον δέδωκα πρὸ προσώπου ὑμῶν, τὴν εὐλογίαν καὶ τὴν κατάραν· ἔκλεξαι τὴν ζωὴν σὺ, ἵνα ζήσῃς σὺ
20 καὶ τὸ σπέρμα σου, ἀγαπᾶν Κύριον τὸν Θεόν σου, εἰσακούειν τῆς φωνῆς αὐτοῦ, καὶ ἔχεσθαι αὐτοῦ· ὅτι τοῦτο ἡ ζωή σου καὶ ἡ μακρότης τῶν ἡμερῶν σου, τὸ κατοικεῖν ἐπὶ τῆς γῆς, ἧς ὤμοσε Κύριος τοῖς πατράσι σου Ἀβραὰμ καὶ Ἰσαὰκ καὶ Ἰακὼβ δοῦναι αὐτοῖς.
31 Καὶ συνετέλεσε Μωυσῆς λαλῶν πάντας τοὺς λόγους τούτους
2 πρὸς πάντας υἱοὺς Ἰσραήλ, καὶ εἶπε πρὸς αὐτοὺς, ἑκατὸν καὶ εἴκοσι ἐτῶν ἐγώ εἰμι σήμερον· οὐ δυνήσομαι ἔτι εἰσπορεύεσθαι καὶ ἐκπορεύεσθαι· Κύριος δὲ εἶπε πρὸς μὲ, οὐ διαβήσῃ τὸν

---

inherited, and thou shalt inherit it; and he will do thee good, and multiply thee above thy fathers. [6] And the Lord shall purge thy heart, and the heart of thy seed, to love the Lord thy God with all thy heart, and with all thy soul, that thou mayest live.

[7] And the Lord thy God will put these curses upon thine enemies, and upon those that hate thee, who have persecuted thee. [8] And thou shalt return and hearken to the voice of the Lord thy God, and shall keep his commands, all that I charge thee this day. [9] And the Lord thy God shall bless thee in every work of thine hands, in the offspring of thy [β] body, and in the offspring of thy cattle, and in the fruits of thy land, because the Lord thy God will again rejoice over thee for good, as he rejoiced over thy fathers: [10] if thou wilt hearken to the voice of the Lord thy God, to keep his commandments, and his ordinances, and his judgments written in the book of this law, if thou turn to the Lord thy God with all thine heart, and with all thy soul. [11] [γ] For this command which I give thee this day is not grievous, neither is it far from thee. [12] It is not in heaven above, *as if there were one* saying, Who shall go up for us into heaven, and shall take it for us, and we will hear and do it? [13] Neither is it beyond the sea, saying, Who will go over for us to the other side of the sea, and take it for us, and make it audible to us, and we will do it? [14] The word is very near thee, in thy mouth, and in thine heart, and in thine hands to do it.

[15] Behold, I have set before thee this day life and death, good and evil. [16] If thou wilt hearken to the commands of the Lord thy God, which I command thee this day, to love the Lord thy God, to walk in all his ways, and to keep his ordinances, and his judgments; then ye shall live, and shall be many in number, and the Lord thy God shall bless thee in all the land into which thou goest to inherit it. [17] But if thy heart change, and thou wilt not hearken, and thou shalt go astray and worship other gods, and serve them, [18] I declare to you this day, that ye shall utterly perish, and ye shall by no means live long upon the land, into which ye go over Jordan to inherit it.

[19] I call both heaven and earth to witness this day against you, I have set before you life and death, the blessing and the curse: choose thou life, that thou and thy seed may live; [20] to love the Lord thy God, to hearken to his voice, and cleave to him; for this *is* thy life, and the length of thy days, that thou shouldest dwell upon the land, which the Lord sware to thy fathers, Abraam, and Isaac, and Jacob, to give to them.

And Moses finished speaking all these words to all the children of Israel; [2] and said to them, I am this day a hundred and twenty years *old*; I shall not be able any longer to come in or go out; and the Lord said to me, Thou shalt not go over this

---

β Gr. belly.   γ See Rom. 10. 6, 7, 8.

Jordan. ³The Lord thy God who goes before thee, he shall destroy these nations before thee, and thou shalt inherit them: and *it shall be* Joshua that goes before thy face, as the Lord has spoken. ⁴And the Lord thy God shall do to them as he did to Seon and Og the two kings of the Amorites, who were beyond Jordan, and to their land, as he destroyed them. ⁵And the Lord has delivered ᵝ them to you; and ye shall do to them, as I charged you. ⁶Be courageous and strong, fear not, neither be cowardly, neither be afraid before them; for *it is* the Lord your God that advances with you in the midst of you, ˠneither will he by any means forsake thee, nor desert thee. ⁷And Moses called Joshua, and said to him before all Israel, Be courageous and strong; for thou shalt go in before this people into the land which the Lord sware to your fathers to give to them, and thou shalt give it to them for an inheritance. ⁸And the Lord that goes with thee shall not forsake thee nor abandon thee; fear not, neither be afraid.

⁹And Moses wrote the words of this law in a book, and gave it to the priests the sons of Levi who bear the ark of the covenant of the Lord, and to the elders of the sons of Israel.

¹⁰And Moses charged them in that day, saying, After seven years, in the time of the year of release, in the feast of tabernacles, ¹¹when all Israel come together to appear before the Lord your God, in the place which the Lord shall choose, ye shall read this law before all Israel in their ears, ¹²having assembled the people, the men, and the women, and the children, and the stranger that is in your cities, that they may hear, and that they may learn to fear the Lord your God; and they shall hearken to do all the words of this law. ¹³And their sons who have not known shall hear, and shall learn to fear the Lord thy God all the days that they live upon the land, into which ye go over Jordan to inherit it.

¹⁴And the Lord said to Moses, Behold, the days of thy death are at hand; call Joshua, and stand ye by the doors of the tabernacle of testimony, and I will give him a charge. And Moses and Joshua went to the tabernacle of testimony, and stood by the doors of the tabernacle of testimony. ¹⁵And the Lord descended in a cloud, and stood by the doors of the tabernacle of testimony; and the pillar of the cloud stood by the doors of the tabernacle of testimony. ¹⁶And the Lord said to Moses, Behold, thou shalt sleep with thy fathers, and this people will arise and go a whoring after the strange gods of the land, into which they are entering: and they will forsake me, and break my covenant, which I made with them. ¹⁷And I will be very angry with them in that day, and I will leave them and turn my face away from them, and they shall be devoured; and many evils and afflictions shall come upon them; and they shall say in that

Ἰορδάνην τοῦτον. Κύριος ὁ Θεός σου ὁ προπορευόμενος πρὸ 3 προσώπου σου, οὗτος ἐξολοθρεύσει τὰ ἔθνη ταῦτα ἀπὸ προσώπου σου, καὶ κατακληρονομήσεις αὐτούς· καὶ Ἰησοῦς ὁ προπορευόμενος πρὸ προσώπου σου, καθὰ ἐλάλησε Κύριος. Καὶ 4 ποιήσει Κύριος ὁ Θεός σου αὐτοῖς καθὼς ἐποίησε Σηὼν καὶ Ὢγ δυσὶ βασιλεῦσι τῶν Ἀμορραίων, οἳ ἦσαν πέραν τοῦ Ἰορδάνου, καὶ τῇ γῇ αὐτῶν, καθότι ἐξωλόθρευσεν αὐτούς. Καὶ παρέδωκεν αὐτοὺς Κύριος ὑμῖν· καὶ ποιήσετε αὐτοῖς, 5 καθότι ἐνετειλάμην ὑμῖν. Ἀνδρίζου καὶ ἴσχυε, μὴ φοβοῦ, 6 μηδὲ δειλιάσῃς, μηδὲ πτοηθῇς ἀπὸ προσώπου αὐτῶν· ὅτι Κύριος ὁ Θεός σου ὁ προπορευόμενος μεθ᾽ ὑμῶν ἐν ὑμῖν, οὔτε μή σε ἀνῇ, οὔτε μή σε ἐγκαταλίπῃ. Καὶ ἐκάλεσε Μωυσῆς Ἰησοῦν, 7 καὶ εἶπεν αὐτῷ ἔναντι παντὸς Ἰσραὴλ, ἀνδρίζου καὶ ἴσχυε, σὺ γὰρ εἰσελεύσῃ πρὸ προσώπου τοῦ λαοῦ τούτου εἰς τὴν γῆν ἣν ὤμοσε Κύριος τοῖς πατράσιν ὑμῶν δοῦναι αὐτοῖς, καὶ σὺ κατακληρονομήσεις αὐτοῖς. Καὶ Κύριος ὁ συμπορευόμενος 8 μετὰ σοῦ, οὐκ ἀνήσει σε, οὐδὲ μή σε ἐγκαταλίπῃ· μὴ φοβοῦ, μηδὲ δειλία.

Καὶ ἔγραψε Μωυσῆς τὰ ῥήματα τοῦ νόμου τούτου εἰς 9 βιβλίον, καὶ ἔδωκε τοῖς ἱερεῦσι τοῖς υἱοῖς Λευὶ τοῖς αἴρουσι τὴν κιβωτὸν τῆς διαθήκης Κυρίου, καὶ τοῖς πρεσβυτέροις τῶν υἱῶν Ἰσραήλ.

Καὶ ἐνετείλατο Μωυσῆς αὐτοῖς ἐν τῇ ἡμέρᾳ ἐκείνῃ, λέγων, 10 μετὰ ἑπτὰ ἔτη ἐν καιρῷ ἐνιαυτοῦ ἀφέσεως ἐν ἑορτῇ σκηνοπηγίας, ἐν τῷ συμπορεύεσθαι πάντα Ἰσραὴλ ὀφθῆ- 11 ναι ἐνώπιον Κυρίου τοῦ Θεοῦ ὑμῶν, ἐν τῷ τόπῳ ᾧ ἂν ἐκλέξηται Κύριος, ἀναγνώσεσθε τὸν νόμον τοῦτον ἐναντίον παντὸς Ἰσραὴλ εἰς τὰ ὦτα αὐτῶν, ἐκκλησιάσας τὸν λαὸν, τοὺς 12 ἄνδρας καὶ τὰς γυναῖκας καὶ τὰ ἔκγονα καὶ τὸν προσήλυτον τὸν ἐν ταῖς πόλεσιν ὑμῶν, ἵν᾽ ἀκούσωσι, καὶ ἵνα μάθωσι φοβεῖσθαι Κύριον τὸν Θεὸν ὑμῶν· καὶ ἀκούσονται ποιεῖν πάντας τοὺς λόγους τοῦ νόμου τούτου. Καὶ οἱ υἱοὶ αὐτῶν οἳ 13 οὐκ οἴδασιν, ἀκούσονται, καὶ μαθήσονται φοβεῖσθαι Κύριον τὸν Θεόν σου πάσας τὰς ἡμέρας ὅσας αὐτοὶ ζῶσιν ἐπὶ τῆς γῆς, εἰς ἣν ὑμεῖς διαβαίνετε τὸν Ἰορδάνην ἐκεῖ κληρονομῆσαι αὐτήν.

Καὶ εἶπε Κύριος πρὸς Μωυσῆν, ἰδοὺ ἐγγίκασιν αἱ ἡμέραι 14 τοῦ θανάτου σου· κάλεσον Ἰησοῦν, καὶ στῆτε παρὰ τὰς θύρας τῆς σκηνῆς τοῦ μαρτυρίου, καὶ ἐντελοῦμαι αὐτῷ· καὶ ἐπορεύθη Μωυσῆς καὶ Ἰησοῦς εἰς τὴν σκηνὴν τοῦ μαρτυρίου, καὶ ἔστησαν παρὰ τὰς θύρας τῆς σκηνῆς τοῦ μαρτυρίου. Καὶ κατέβη 15 Κύριος ἐν νεφέλῃ, καὶ ἔστη παρὰ τὰς θύρας τῆς σκηνῆς τοῦ μαρτυρίου· καὶ ἔστη ὁ στῦλος τῆς νεφέλης παρὰ τὰς θύρας τῆς σκηνῆς τοῦ μαρτυρίου. Καὶ εἶπε Κύριος πρὸς Μωυσῆν, 16 ἰδοὺ σὺ κοιμᾷ μετὰ τῶν πατέρων σου, καὶ ἀναστὰς οὗτος ὁ λαὸς ἐκπορνεύσει ὀπίσω θεῶν ἀλλοτρίων τῆς γῆς, εἰς ἣν οὗτος εἰσπορεύεται, καὶ καταλείψουσί με, καὶ διασκεδάσουσι τὴν διαθήκην μου, ἣν διεθέμην αὐτοῖς. Καὶ ὀργισθήσομαι θυμῷ 17 εἰς αὐτοὺς ἐν τῇ ἡμέρᾳ ἐκείνῃ, καὶ καταλείψω αὐτοὺς, καὶ ἀποστρέψω τὸ πρόσωπόν μου ἀπ᾽ αὐτῶν, καὶ ἔσται κατάβρωμα· καὶ εὑρήσουσιν αὐτὸν κακὰ πολλὰ καὶ θλίψεις· καὶ ἐρεῖ ἐν τῇ

ᵝ *i. e.* the nations.　　　　ˠ Heb. 13. 5.

ἡμέρα ἐκείνη, διότι οὐκ ἔστι Κύριος ὁ Θεός μου ἐν ἐμοὶ,
18 εὕροσάν με τὰ κακὰ ταῦτα. Ἐγὼ δὲ ἀποστροφῇ ἀποστρέψω
τὸ πρόσωπόν μου ἀπ᾽ αὐτῶν ἐν τῇ ἡμέρᾳ ἐκείνῃ, διὰ
πάσας τὰς κακίας ἃς ἐποίησαν, ὅτι ἀπέστρεψαν ἐπὶ θεοὺς
ἀλλοτρίους.

19 Καὶ νῦν γράψατε τὰ ῥήματα τῆς ᾠδῆς ταύτης, καὶ διδάξατε
αὐτὴν τοὺς υἱοὺς Ἰσραὴλ, καὶ ἐμβαλεῖτε αὐτὴν εἰς τὸ στόμα
αὐτῶν, ἵνα γένηταί μοι ἡ ᾠδὴ αὕτη κατὰ πρόσωπον μαρτυροῦσα
20 ἐν υἱοῖς Ἰσραήλ. Εἰσάξω γὰρ αὐτοὺς εἰς τὴν γῆν τὴν ἀγαθὴν,
ἣν ὤμοσα τοῖς πατράσιν αὐτῶν, δοῦναι αὐτοῖς γῆν ῥέουσαν
γάλα καὶ μέλι, καὶ φάγονται, καὶ ἐμπλησθέντες κορήσουσι,
καὶ ἐπιστραφήσονται ἐπὶ θεοὺς ἀλλοτρίους, καὶ λατρεύσουσιν
αὐτοῖς, καὶ παροξυνοῦσί με, καὶ διασκεδάσουσι τὴν διαθήκην
21 μου. Καὶ ἀντικαταστήσεται ἡ ᾠδὴ αὕτη κατὰ πρόσωπον
μαρτυροῦσα· οὐ γὰρ μὴ ἐπιλησθῇ ἀπὸ στόματος αὐτῶν, καὶ
ἀπὸ στόματος τοῦ σπέρματος αὐτῶν· ἐγὼ γὰρ οἶδα τὴν πονη-
ρίαν αὐτῶν, ὅσα ποιοῦσιν ὧδε σήμερον, πρὸ τοῦ εἰσαγαγεῖν με
αὐτοὺς εἰς τὴν γῆν τὴν ἀγαθὴν, ἣν ὤμοσα τοῖς πατράσιν αὐτῶν.
22 Καὶ ἔγραψε Μωυσῆς τὴν ᾠδὴν ταύτην ἐν ἐκείνῃ τῇ ἡμέρᾳ,
23 καὶ ἐδίδαξεν αὐτὴν τοὺς υἱοὺς Ἰσραήλ. Καὶ ἐνετείλατο
Ἰησοῖ, καὶ εἶπεν, ἀνδρίζου καὶ ἴσχυε, σὺ γὰρ εἰσάξεις τοὺς
υἱοὺς Ἰσραὴλ εἰς τὴν γῆν, ἣν ὤμοσεν αὐτοῖς Κύριος, καὶ αὐτὸς
ἔσται μετὰ σοῦ.
24 Ἡνίκα δὲ συνετέλεσε Μωυσῆς γράφων πάντας τοὺς λόγους
25 τοῦ νόμου τούτου εἰς βιβλίον ἕως εἰς τέλος, καὶ ἐνετείλατο
τοῖς Λευίταις τοῖς αἴρουσι τὴν κιβωτὸν τῆς διαθήκης Κυρίου,
26 λέγων, λαβόντες τὸ βιβλίον τοῦ νόμου τούτου, θήσετε αὐτὸ
ἐκ πλαγίων τῆς κιβωτοῦ τῆς διαθήκης Κυρίου τοῦ Θεοῦ ὑμῶν·
27 καὶ ἔσται ἐκεῖ ἐν σοὶ εἰς μαρτύριον. Ὅτι ἐγὼ ἐπίσταμαι
τὸν ἐρεθισμόν σου, καὶ τὸν τράχηλόν σου τὸν σκληρόν· ἔτι
γὰρ ἐμοῦ ζῶντος μεθ᾽ ὑμῶν σήμερον, παραπικραίνοντες ἦτε τὰ
πρὸς τὸν Θεόν· πῶς οὐχὶ καὶ ἔσχατον τοῦ θανάτου μου;
28 Ἐκκλησιάσατε πρὸς μὲ τοὺς φυλάρχους ὑμῶν, καὶ τοὺς
πρεσβυτέρους ὑμῶν, καὶ τοὺς κριτὰς ὑμῶν, καὶ τοὺς γραμ-
ματοεισαγωγεῖς ὑμῶν, ἵνα λαλήσω εἰς τὰ ὦτα αὐτῶν πάντας
τοὺς λόγους τούτους· καὶ διαμαρτύρομαι αὐτοῖς τόν τε οὐρανὸν
29 καὶ τὴν γῆν· Οἶδα γὰρ ὅτι ἔσχατον τῆς τελευτῆς μου ἀνομίᾳ
ἀνομήσετε, καὶ ἐκκλινεῖτε ἐκ τῆς ὁδοῦ ἧς ἐνετειλάμην ὑμῖν,
καὶ συναντήσεται ὑμῖν τὰ κακὰ ἔσχατον τῶν ἡμερῶν, ὅτι
ποιήσετε τὰ πονηρὰ ἐναντίον Κυρίου, παροργίσαι αὐτὸν ἐν τοῖς
ἔργοις τῶν χειρῶν ὑμῶν.
32 Καὶ ἐλάλησε Μωυσῆς εἰς τὰ ὦτα πάσης ἐκκλησίας τὰ
ῥήματα τῆς ᾠδῆς ταύτης ἕως εἰς τέλος.
Πρόσεχε οὐρανὲ, καὶ λαλήσω, καὶ ἀκουέτω ἡ γῆ ῥήματα ἐκ
2 στόματός μου. Προσδοκάσθω ὡς ὑετὸς τὸ ἀπόφθεγμά μου,
καὶ καταβήτω ὡς δρόσος τὰ ῥήματά μου, ὡσεὶ ὄμβρος ἐπ᾽
3 ἄγρωστιν, καὶ ὡσεὶ νιφετὸς ἐπὶ χόρτον. Ὅτι τὸ ὄνομα Κυρίου
4 ἐκάλεσα· δότε μεγαλωσύνην τῷ Θεῷ ἡμῶν. Θεὸς, ἀληθινὰ τὰ
ἔργα αὐτοῦ, καὶ πᾶσαι αἱ ὁδοὶ αὐτοῦ κρίσεις· Θεὸς πιστὸς, καὶ
5 οὐκ ἔστιν ἀδικία· δίκαιος καὶ ὅσιος Κύριος. Ἡμάρτοσαν οὐκ

day, Because the Lord my God is not with me, these evils have come upon me. [18]And I will surely turn away my face from them in that day, because of all their evil doings which they have done, because they turned aside after strange gods.

[19]And now write the words of this song, and teach it to the children of Israel, and ye shall put it into their mouth, that this song may witness for me among the children of Israel to their face. [20]For I will bring them into the good land, which I sware to their fathers, to give to them a land flowing with milk and honey: and they shall eat and be filled and satisfy *themselves*; then will they turn aside after other gods, and serve them, and they will provoke me, and break my covenant. [21]And this song shall stand up to witness against them; for they shall not forget it out of their mouth, or out of the mouth of their seed; for I know their wickedness, what they are doing here this day, before I have brought them into the good land, which I sware to their fathers.

[22]And Moses wrote this song in that day, and taught it to the children of Israel. [23]And he charged Joshua, and said, Be courageous and strong, for thou shalt bring the sons of Israel into the land, which the Lord sware to them, and he shall be with thee.

[24]And when Moses finished writing all the words of this law in a book, even to the end, [25]then he charged the Levites who bear the ark of the covenant of the Lord, saying, [26]Take the book of this law, and ye shall put it in the side of the ark of the covenant of the Lord your God; and it shall be there β among you for a testimony. [27]For I know thy provocation, and thy stiff neck; for yet during my life with you at this day, ye have been provoking in your conduct toward God: how shall ye not also be so after my death? [28]Gather together to me the heads of your tribes, and your elders, and your judges, and your officers, that I may speak in their ears all these words; and I call both heaven and earth to witness against them. [29]For I know that after my death ye will utterly transgress, and turn aside out of the way which I have commanded you; and evils shall come upon you γ in the latter days, because ye will do evil before the Lord, to provoke him to anger by the works of your hands.

And Moses spoke all the words of this song even to the end, in the ears of the whole assembly.

Attend, O heaven, and I will speak; and let the earth hear the words out of my mouth. [2]Let my speech be looked for as the rain, and my words come down as dew, as the shower upon the herbage, and as snow upon the grass. [3]For I have called on the name of the Lord: assign ye greatness to our God. [4]*As for* God, his works *are* true, and all his ways *are* δ judgment: God *is* faithful, and there is no unrighteousness *in him*; just and holy *is* the Lord. [5]They

---

β *Gr.* within thee.   γ *Gr.* at the end of the days.   δ *Gr.* judgments.

have sinned, not *pleasing* him; spotted children, a froward and perverse generation. 6 Do ye thus recompense the Lord? *is the* people thus foolish and unwise? did not he himself thy father purchase thee, and make thee, and form thee? 7 Remember the days of old, consider the years β for past ages: ask thy father, and he shall relate to thee, thine elders, and they shall tell thee.

8 When the Most High divided the nations, when he separated the sons of Adam, he set the bounds of the nations according to the number of the angels of God. 9 And his people Jacob became the portion of the Lord, Israel was the line of his inheritance. 10 He maintained him in the wilderness, in burning thirst and a dry land: he led him about and instructed him, and kept him as the apple of an eye. 11 As an eagle would watch over his brood, and yearns over his young, receives them having spread his wings, and takes them up on his back: 12 the Lord alone led them, there was no strange god with them. 13 He brought them up on the strength of the land; he fed them with the fruits of the fields; they sucked honey out of the rock, and oil out of the solid rock. 14 Butter of cows, and milk of sheep, with the fat of lambs and rams, of calves and kids, with fat of kidneys of wheat; and he drank wine, the blood of the grape. 15 So Jacob ate and was filled, and the beloved one kicked; he grew fat, he became thick and broad: then he forsook the God that made him, and departed from God his Saviour.

16 They provoked me to anger with strange gods; with their abominations they bitterly angered me. 17 They sacrificed to devils, and not to God; to gods whom they knew not: new and fresh *gods* came in, whom their fathers knew not. 18 Thou hast forsaken God that begot thee, and forgotten God who feeds thee.

19 And the Lord saw, and was jealous; and was provoked by the anger of his sons and daughters, 20 and said, I will turn away my face from them, and will show what shall happen to them in the last days; for it is a perverse generation, sons in whom is no faith.

21 γ They have provoked me to jealousy with *that which is* not God, they have exasperated me with their idols; and I will provoke them to jealousy with them that are no nation, I will anger them with a nation void of understanding. 22 For a fire has been kindled out of my wrath, it shall burn to hell below; it shall devour the land, and the fruits of it; it shall set on fire the foundations of the mountains. 23 I will gather evils upon them, and will δ fight with my weapons against them. 24 *They shall be* consumed with hunger and the devouring of birds, and there shall be irremediable ζ destruction: I will send forth against them the teeth of wild beasts, with the rage of *serpents* creeping on the ground. 25 Without, the sword shall bereave them of children, and terror *shall issue* out of the secret chambers; the young man shall perish with the virgin, the suckling with him who has grown old. 26 I said, I will scatter them, and I will cause their memorial to cease from

αὐτῷ τέκνα μωμητά· γενεὰ σκολιὰ καὶ διεστραμμένη. Ταῦτα 6 Κυρίῳ ἀνταποδίδοτε; οὕτω λαὸς μωρὸς καὶ οὐχὶ σοφός; οὐκ αὐτὸς οὗτός σου πατὴρ ἐκτήσατό σε καὶ ἐποίησέ σε καὶ ἔπλασέ σε; Μνήσθητε ἡμέρας αἰῶνος, σύνετε ἔτη γενεῶν γενεαῖς· 7 ἐπερώτησον τὸν πατέρα σου καὶ ἀναγγελεῖ σοι, τοὺς πρεσβυτέρους σου καὶ ἐροῦσί σοι.

Ὅτε διεμέριζεν ὁ ὕψιστος ἔθνη, ὡς διέσπειρεν υἱοὺς Αδὰμ, 8 ἔστησεν ὅρια ἐθνῶν κατὰ ἀριθμὸν ἀγγέλων Θεοῦ. Καὶ ἐγενήθη 9 μερὶς Κυρίου λαὸς αὐτοῦ Ἰακώβ· σχοίνισμα κληρονομίας αὐτοῦ Ἰσραήλ. Αὐτάρκησεν αὐτὸν ἐν τῇ ἐρήμῳ, ἐν δίψει 10 καύματος ἐν γῇ ἀνύδρῳ· ἐκύκλωσεν αὐτὸν καὶ ἐπαίδευσεν αὐτόν, καὶ διεφύλαξεν αὐτόν, ὡς κόρην ὀφθαλμοῦ· Ὡς ἀετὸς σκεπά- 11 σαι νοσσιὰν αὐτοῦ, καὶ ἐπὶ τοῖς νοσσοῖς αὐτοῦ ἐπεπόθησε, διεὶς τὰς πτέρυγας αὐτοῦ ἐδέξατο αὐτούς, καὶ ἀνέλαβεν αὐτοὺς ἐπὶ τῶν μεταφρένων αὐτοῦ. Κύριος μόνος ἦγεν αὐτούς, οὐκ 12 ἦν μετ᾽ αὐτῶν θεὸς ἀλλότριος. Ἀνεβίβασεν αὐτοὺς ἐπὶ τὴν 13 ἰσχὺν τῆς γῆς· ἐψώμισεν αὐτοὺς γεννήματα ἀγρῶν· ἐθήλασαν μέλι ἐκ πέτρας, καὶ ἔλαιον ἐκ στερεᾶς πέτρας. Βούτυρον 14 βοῶν, καὶ γάλα προβάτων, μετὰ στέατος ἀρνῶν καὶ κριῶν, υἱῶν ταύρων καὶ τράγων, μετὰ στέατος νεφρῶν πυροῦ, καὶ αἷμα σταφυλῆς ἔπιεν οἶνον. Καὶ ἔφαγεν Ἰακὼβ καὶ ἐνεπλήσθη, 15 καὶ ἀπελάκτισεν ὁ ἠγαπημένος· ἐλιπάνθη, ἐπαχύνθη, ἐπλατύνθη, καὶ ἐγκατέλιπε τὸν Θεὸν τὸν ποιήσαντα αὐτόν, καὶ ἀπέστη ἀπὸ Θεοῦ σωτῆρος αὐτοῦ.

Παρώξυνάν με ἐπ᾽ ἀλλοτρίοις· ἐν βδελύγμασιν αὐτῶν 16 παρεπίκρανάν με. Ἔθυσαν δαιμονίοις, καὶ οὐ Θεῷ· θεοῖς 17 οἷς οὐκ ᾔδεισαν· καινοὶ καὶ πρόσφατοι ἥκασιν, οὓς οὐκ ᾔδεισαν οἱ πατέρες αὐτῶν. Θεὸν τὸν γεννήσαντά σε 18 ἐγκατέλιπες, καὶ ἐπελάθου Θεοῦ τοῦ τρέφοντός σε.

Καὶ εἶδε Κύριος, καὶ ἐζήλωσε· καὶ παρωξύνθη δι᾽ ὀργὴν 19 υἱῶν αὐτοῦ καὶ θυγατέρων, καὶ εἶπεν, ἀποστρέψω τὸ πρόσωπόν 20 μου ἀπ᾽ αὐτῶν, καὶ δείξω τί ἔσται αὐτοῖς ἐπ᾽ ἐσχάτων ἡμερῶν· ὅτι γενεὰ ἐξεστραμμένη ἐστίν, υἱοὶ οἷς οὐκ ἔστι πίστις ἐν αὐτοῖς.

Αὐτοὶ παρεζήλωσάν με ἐπ᾽ οὐ Θεῷ, παρώξυνάν με ἐν 21 τοῖς εἰδώλοις αὐτῶν· κἀγὼ παραζηλώσω αὐτοὺς ἐπ᾽ οὐκ ἔθνει, ἐπὶ ἔθνει ἀσυνέτῳ παροργιῶ αὐτούς. Ὅτι πῦρ ἐκκέκαυται 22 ἐκ τοῦ θυμοῦ μου, καυθήσεται ἕως ᾅδου κάτω· καταφάγεται γῆν καὶ τὰ γεννήματα αὐτῆς· φλέξει θεμέλια ὀρέων. Συνάξω 23 εἰς αὐτοὺς κακά, καὶ τὰ βέλη μου συμπολεμήσω εἰς αὐτούς. Τηκόμενοι λιμῷ καὶ βρώσει ὀρνέων, καὶ ὀπισθότονος ἀνίατος· 24 ὀδόντας θηρίων ἐπαποστελῶ εἰς αὐτούς, μετὰ θυμοῦ συρόντων ἐπὶ γῆν. Ἔξωθεν ἀτεκνώσει αὐτοὺς μάχαιρα, καὶ ἐκ τῶν 25 ταμιείων, φόβος· νεανίσκος σὺν παρθένῳ, θηλάζων μετὰ καθεστηκότος πρεσβύτου. Εἶπα, διασπερῶ αὐτούς, παύσω δὲ 26

β *Gr.* in ages of ages.   γ Rom. 10.19.   δ *Gr.* cause my weapons to war together against them.   ζ *Gr.* downfall, *or* falling away.

27 ἐξ ἀνθρώπων τὸ μνημόσυνον αὐτῶν. Εἰ μὴ δι᾿ ὀργὴν ἐχθρῶν, ἵνα μὴ μακροχρονίσωσι, ἵνα μὴ συνεπιθῶνται οἱ ὑπεναντίοι· μὴ εἴπωσιν, ἡ χεὶρ ἡμῶν ἡ ὑψηλὴ, καὶ οὐχὶ Κύριος, ἐποίησε ταῦτα πάντα.

28 Ἔθνος ἀπολωλεκὸς βουλήν ἐστι, καὶ οὐκ ἔστιν ἐν αὐτοῖς
29 ἐπιστήμη. Οὐκ ἐφρόνησαν συνιέναι· ταῦτα καταδεξάσθωσαν
30 εἰς τὸν ἐπιόντα χρόνον. Πῶς διώξεται εἰς χιλίους, καὶ δύο μετακινήσουσι μυριάδας, εἰ μὴ ὁ Θεὸς ἀπέδοτο αὐτοὺς, καὶ
31 Κύριος παρέδωκεν αὐτούς; Ὅτι οὐκ εἰσὶν ὡς ὁ Θεὸς ἡμῶν οἱ
32 θεοὶ αὐτῶν· οἱ δὲ ἐχθροὶ ἡμῶν ἀνόητοι. Ἐκ γὰρ ἀμπέλου Σοδόμων ἡ ἄμπελος αὐτῶν, καὶ ἡ κληματὶς αὐτῶν ἐκ Γομόρρας· σταφυλὴ αὐτῶν σταφυλὴ χολῆς, βότρυς πικρίας αὐτοῖς·
33 Θυμὸς δρακόντων ὁ οἶνος αὐτῶν, καὶ θυμὸς ἀσπίδων ἀνίατος.
34 Οὐκ ἰδοὺ ταῦτα συνῆκται παρ᾿ ἐμοὶ, καὶ ἐσφράγισται ἐν τοῖς
35 θησαυροῖς μου; Ἐν ἡμέρᾳ ἐκδικήσεως ἀνταποδώσω, ὅταν σφαλῇ ὁ πούς αὐτῶν· ὅτι ἐγγὺς ἡμέρα ἀπωλείας αὐτοῖς, καὶ
36 πάρεστιν ἕτοιμα ὑμῖν. Ὅτι κρινεῖ Κύριος τὸν λαὸν αὐτοῦ, καὶ ἐπὶ τοῖς δούλοις αὐτοῦ παρακληθήσεται· εἶδε γὰρ παραλελυμένους αὐτοὺς, καὶ ἐκλελοιπότας ἐν ἐπαγωγῇ, καὶ παρειμένους·
37 Καὶ εἶπε Κύριος, ποῦ εἰσιν οἱ θεοὶ αὐτῶν, ἐφ᾿ οἷς ἐπεποίθεισαν
38 ἐπ᾿ αὐτοῖς, ὧν τὸ στέαρ τῶν θυσιῶν αὐτῶν ἠσθίετε, καὶ ἐπίνετε τὸν οἶνον τῶν σπονδῶν αὐτῶν; ἀναστήτωσαν καὶ βοηθησάτω-
39 σαν ὑμῖν καὶ γενηθήτωσαν ὑμῖν σκεπασταί. Ἴδετε ἴδετε ὅτι ἐγώ εἰμι, καὶ οὐκ ἔστι Θεὸς πλὴν ἐμοῦ· ἐγὼ ἀποκτείνω, καὶ ζῆν ποιήσω· πατάξω, κἀγὼ ἰάσομαι· καὶ οὐκ ἔστιν ὃς ἐξελεῖται ἐκ
40 τῶν χειρῶν μου. Ὅτι ἀρῶ εἰς τὸν οὐρανὸν τὴν χεῖρά μου, καὶ ὀμοῦμαι τὴν δεξιάν μου· καὶ ἐρῶ, ζῶ ἐγὼ εἰς τὸν αἰῶνα·
41 Ὅτι παροξυνῶ ὡς ἀστραπὴν τὴν μάχαιράν μου, καὶ ἀνθέξεται κρίματος ἡ χείρ μου, καὶ ἀποδώσω δίκην τοῖς ἐχθροῖς, καὶ τοῖς
42 μισοῦσί με ἀνταποδώσω. Μεθύσω τὰ βέλη μου ἀφ᾿ αἵματος, καὶ ἡ μάχαιρά μου φάγεται κρέα ἀφ᾿ αἵματος τραυματιῶν καὶ αἰχμαλωσίας ἀπὸ κεφαλῆς ἀρχόντων ἐχθρῶν.

43 Εὐφράνθητε οὐρανοὶ ἅμα αὐτῷ, καὶ προσκυνησάτωσαν αὐτῷ πάντες ἄγγελοι Θεοῦ· εὐφράνθητε ἔθνη μετὰ τοῦ λαοῦ αὐτοῦ, καὶ ἐνισχυσάτωσαν αὐτῷ πάντες υἱοὶ Θεοῦ, ὅτι τὸ αἷμα τῶν υἱῶν αὐτοῦ ἐκδικᾶται· καὶ ἐκδικήσει καὶ ἀνταποδώσει δίκην τοῖς ἐχθροῖς, καὶ τοῖς μισοῦσιν ἀνταποδώσει· καὶ ἐκκαθαριεῖ Κύριος τὴν γῆν τοῦ λαοῦ αὐτοῦ.

44 Καὶ ἔγραψε Μωυσῆς τὴν ᾠδὴν ταύτην ἐν τῇ ἡμέρᾳ ἐκείνῃ, καὶ ἐδίδαξεν αὐτὴν τοὺς υἱοὺς Ἰσραήλ· καὶ εἰσῆλθε Μωυσῆς, καὶ ἐλάλησε πάντας τοὺς λόγους τοῦ νόμου τούτου εἰς τὰ ὦτα
45 τοῦ λαοῦ, αὐτὸς καὶ Ἰησοῦς ὁ τοῦ Ναυή. Καὶ ἐξετέλεσε
46 Μωυσῆς λαλῶν παντὶ Ἰσραήλ. Καὶ εἶπε πρὸς αὐτοὺς, προσέχετε τῇ καρδίᾳ ἐπὶ πάντας τοὺς λόγους τούτους, οὓς ἐγὼ διαμαρτύρομαι ὑμῖν σήμερον, ἃ ἐντελεῖσθε τοῖς υἱοῖς ὑμῶν, φυλάσσειν καὶ ποιεῖν πάντας τοὺς λόγους τοῦ νόμου τούτου·
47 Ὅτι οὐχὶ λόγος κενὸς οὗτος ὑμῖν· ὅτι αὕτη ἡ ζωὴ ὑμῶν, καὶ

among men. 27 Were it not for the wrath of the enemy, lest they should live long, lest their enemies should combine against them ; lest they should say, Our own high arm, and not the Lord, has done all these things.
28 It is a nation that has lost counsel, neither is there understanding in them. 29 They had not sense to understand: let them reserve these things against the time to come. 30 How βshould one pursue a thousand, and two rout tens of thousands, if God had not sold them, and the Lord delivered them up ? 31 For their gods are not as our God, but our enemies are void of understanding. 32 For their vine is of the vine of Sodom, and their vine-branch of Gomorrha : their grape is a grape of gall, their cluster is one of bitterness. 33 Their wine is the rage of serpents, and the incurable rage of asps. 34 Lo! are not these things stored up by me, and sealed among my treasures ? 35 In the day of vengeance γI will recompense, whensoever their foot shall be tripped up; for the day of their destruction is near to them, and the judgments at hand are close upon you. 36 For the Lord shall judge his people, and shall be comforted over his servants; for he saw that they were δ utterly weakened, and failed in the hostile invasion, and were become feeble : 37 and the Lord said, Where are their gods on whom they trusted ? 38 the fat of whose sacrifices ye ate, and ye drank the wine of their drink-offerings ? let them arise and help you, and be your protectors. 39 Behold, behold that I am he, and there is no god beside me : I kill, and I will make to live : I will smite, and I will heal ; and there is none who shall deliver out of my hands. 40 For I will lift up my hand to heaven, and swear by my right hand, and I will say, I live for ever. 41 For I will sharpen my sword like lightning, and my hand shall take hold of judgment; and I will render judgment to my enemies, and will recompense them that hate me. 42 I will make my weapons drunk with blood, and my sword shall devour flesh, it shall glut itself with the blood of the wounded, and from the captivity of the ςheads of their enemies that rule over them.
43 Rejoice, ye heavens, with him, and let all the angels of God worship him ; θ rejoice ye Gentiles, with his people, and let all the sons of God strengthen themselves in him ; for he will avenge the blood of his sons, and he will render vengeance, and recompense justice to his enemies, and will reward them that hate him ; and the Lord shall purge the land of his people.
44 And Moses wrote this song in that day, and taught it to the children of Israel ; and Moses went in and spoke all the words of this law in the ears of the people, he and Joshua the son of Naue. 45 And Moses finished speaking to all Israel. 46 And he said to them, Take heed with your heart to all these words, which I testify to you this day, which ye shall command your sons, to observe and do all the words of this law. 47 For this is no vain word to you ; for it is your life, and because of this word ye shall

---

β Gr. shall.　　γ Rom. 12. 19.　　δ Gr. paralysed.　　ζ Alex. ἐθνῶν, Gentiles·　　θ Rom. 15. 10.

live long upon the land, into which ye go over Jordan to inherit it. ⁴⁸ And the Lord spoke to Moses in this day, saying, ⁴⁹ Go up to the mount Abarim, this mountain Nabau which is in the land of Moab over against Jericho, and behold the land of Chanaan, which I give to the sons of Israel: ⁵⁰ and die in the mount whither thou goest up, and be added to thy people; as Aaron thy brother died in mount Or, and was added to his people. ⁵¹ Because ye disobeyed my word among the children of Israel, at the waters of strife of Cades in the wilderness of Sin; because ye sanctified me not among the sons of Israel. ⁵² Thou shalt see the land before *thee*, but thou shalt not enter into it.

And this *is* the blessing with which Moses the man of God blessed the children of Israel before his death. ² And he said, The Lord is come from Sina, and has appeared from Seir to us, and has hasted out of the mount of Pharan, with the ten thousands of β Cades ; on his right hand *were* his angels with him. ³ And he spared his people, and all his sanctified ones *are* under thy hands; and they are under thee; and he received of his words ⁴ the law which Moses charged us, an inheritance to the assemblies of Jacob. ⁵ And he shall be prince with the beloved one, when the princes of the people are gathered together with the tribes of Israel. ⁶ Let Ruben live, and not die; and let him be many in number.

⁷ And this *is the blessing* of Juda; Hear, Lord, the voice of Juda, and do thou visit his people: his hands shall contend for him, and thou shalt be a help from his enemies.

⁸ And to Levi he said, Give to Levi his manifestations, and his truth to the holy man, whom they tempted in the temptation; they reviled him at the water of strife. ⁹ Who says to his father and mother, I have not seen thee; and he knew not his brethren, and he refused to know his sons: he kept thine oracles, and observed thy covenant. ¹⁰ They shall declare thine ordinances to Jacob, and thy law to Israel: they shall place incense in *the time of* thy wrath continually upon thine altar. ¹¹ Bless, Lord, his strength, and accept the works of his hands; break the loins of his enemies that have risen up against him, and let not them that hate him rise up. ¹² And to Benjamin he said, The beloved of the Lord shall dwell in confidence, and God overshadows him always, and he rested between his shoulders.

¹³ And to Joseph he said, His land *is of* the blessing of the Lord, of the seasons of sky and dew, and of the deeps of wells below, ¹⁴ and of the fruits of the changes of the sun in season, and of the produce of the months, ¹⁵ from the top of the ancient mountains, and from the top of the everlasting hills, ¹⁶ and of the fulness of the land in season: and let the things pleasing to him that dwelt in the bush come on the head of Joseph, and on the crown *of him who was* glorified above his brethren. ¹⁷ His beauty *is as* the firstling of his bull, his horns *are* the horns of a unicorn; with them he shall thrust the nations at once, even from the end of the earth : these *are* the ten thousands of

ἕνεκεν τοῦ λόγου τούτου μακροημερεύσετε ἐπὶ τῆς γῆς, εἰς ἣν ὑμεῖς διαβαίνετε τὸν Ἰορδάνην ἐκεῖ κληρονομῆσαι. Καὶ ἐλάλησε Κύριος πρὸς Μωυσῆν ἐν τῇ ἡμέρᾳ ταύτῃ, λέγων, 48 ἀνάβηθι εἰς τὸ ὄρος τὸ Ἀβαρίμ, τοῦτο ὄρος Ναβαῦ ὅ ἐστιν 49 ἐν γῇ Μωὰβ κατὰ πρόσωπον Ἱεριχώ, καὶ ἴδε τὴν γῆν Χαναὰν, ἣν ἐγὼ δίδωμι τοῖς υἱοῖς Ἰσραὴλ, καὶ τελεύτα ἐν τῷ ὄρει 50 εἰς ὃ ἀναβαίνεις ἐκεῖ, καὶ προστέθητι πρὸς τὸν λαόν σου· ὃν τρόπον ἀπέθανεν Ἀαρὼν ὁ ἀδελφός σου ἐν Ὣρ τῷ ὄρει, καὶ προσετέθη πρὸς τὸν λαὸν αὐτοῦ. Ὅτι ἠπειθήσατε τῷ ῥή- 51 ματί μου ἐν τοῖς υἱοῖς Ἰσραὴλ ἐπὶ τοῦ ὕδατος ἀντιλογίας Κάδης ἐν τῇ ἐρήμῳ Σὶν, διότι οὐχ ἡγιάσατέ με ἐν τοῖς υἱοῖς Ἰσραήλ. Ἀπέναντι ὄψει τὴν γῆν, καὶ ἐκεῖ οὐκ εἰσελεύσῃ. 52

Καὶ αὕτη ἡ εὐλογία ἣν ηὐλόγησε Μωυσῆς ἄνθρωπος τοῦ 33 Θεοῦ τοὺς υἱοὺς Ἰσραὴλ πρὸ τῆς τελευτῆς αὐτοῦ. Καὶ εἶπε, 2 Κύριος ἐκ Σινὰ ἥκει, καὶ ἐπέφανεν ἐκ Σηεὶρ ἡμῖν, καὶ κατέσπευ-σεν ἐξ ὄρους Φαρὰν, σὺν μυριάσι Κάδης, ἐκ δεξιῶν αὐτοῦ ἄγγελοι μετ᾽ αὐτοῦ. Καὶ ἐφείσατο τοῦ λαοῦ αὐτοῦ, καὶ 3 πάντες οἱ ἡγιασμένοι ὑπὸ τὰς χεῖράς σου· καὶ οὗτοι ὑπὸ σὲ εἰσί· καὶ ἐδέξατο ἀπὸ τῶν λόγων αὐτοῦ νόμον, ὃν ἐνετείλατο 4 ἡμῖν Μωυσῆς, κληρονομίαν συναγωγαῖς Ἰακώβ. Καὶ ἔσται 5 ἐν τῷ ἠγαπημένῳ ἄρχων, συναχθέντων ἀρχόντων λαῶν ἅμα φυλαῖς Ἰσραήλ. Ζήτω Ῥουβὴν, καὶ μὴ ἀποθανέτω, καὶ ἔστω 6 πολὺς ἐν ἀριθμῷ.

Καὶ αὕτη Ἰούδα· εἰσάκουσον Κύριε φωνῆς Ἰούδα, καὶ εἰς 7 τὸν λαὸν αὐτοῦ ἔλθοις ἄν· αἱ χεῖρες αὐτοῦ διακρινοῦσιν αὐτῷ, καὶ βοηθὸς ἐκ τῶν ἐχθρῶν ἔσῃ.

Καὶ τῷ Λευῒ εἶπε, δότε Λευῒ δήλους αὐτοῦ, καὶ ἀλήθειαν 8 αὐτοῦ τῷ ἀνδρὶ τῷ ὁσίῳ, ὃν ἐπείρασαν αὐτὸν ἐν πείρᾳ· ἐλοιδόρησαν αὐτὸν ἐφ᾽ ὕδατος ἀντιλογίας· Ὁ λέγων τῷ 9 πατρὶ καὶ τῇ μητρὶ, οὐχ ἑώρακά σε, καὶ τοὺς ἀδελφοὺς αὐτοῦ οὐκ ἐπέγνω, καὶ τοὺς υἱοὺς αὐτοῦ ἀπέγνω· ἐφύλαξε τὰ λόγιά σου, καὶ τὴν διαθήκην σου διετήρησε. Δηλώσουσι τὰ 10 δικαιώματά σου τῷ Ἰακὼβ, καὶ τὸν νόμον σου τῷ Ἰσραήλ· ἐπιθήσουσι θυμίαμα ἐν ὀργῇ σου διαπαντὸς ἐπὶ τὸ θυσιαστή-ριόν σου. Εὐλόγησον, Κύριε, τὴν ἰσχὺν αὐτοῦ, καὶ τὰ ἔργα 11 τῶν χειρῶν αὐτοῦ δέξαι· κάταξον ὀσφῦν ἐχθρῶν ἐπανεστηκότων αὐτῷ, καὶ οἱ μισοῦντες αὐτὸν μὴ ἀναστήτωσαν. Καὶ τῷ 12 Βενιαμὶν εἶπεν, ἠγαπημένος ὑπὸ Κυρίου κατασκηνώσει πε-ποιθὼς, καὶ ὁ Θεὸς σκιάζει ἐπ᾽ αὐτῷ πάσας τὰς ἡμέρας, καὶ ἀναμέσον τῶν ὤμων αὐτοῦ κατέπαυσε.

Καὶ τῷ Ἰωσὴφ εἶπεν, ἀπ᾽ εὐλογίας Κυρίου ἡ γῆ αὐτοῦ, ἀπὸ 13 ὡρῶν οὐρανοῦ, καὶ δρόσου, καὶ ἀπὸ ἀβύσσων πηγῶν κάτωθεν, καὶ καθ᾽ ὥραν γεννημάτων ἡλίου τροπῶν, καὶ ἀπὸ συνόδων 14 μηνῶν, ἀπὸ κορυφῆς ὀρέων ἀρχῆς, καὶ ἀπὸ κορυφῆς βουνῶν 15 ἀενάων, καὶ καθ᾽ ὥραν γῆς πληρώσεως· καὶ τὰ δεκτὰ τῷ 16 ὀφθέντι ἐν τῇ βάτῳ ἔλθοισαν ἐπὶ κεφαλὴν Ἰωσὴφ, καὶ ἐπὶ κορυφῆς δοξασθεὶς ἐπ᾽ ἀδελφοῖς. Πρωτότοκος ταύρου τὸ 17 κάλλος αὐτοῦ, κέρατα μονοκέρωτος τὰ κέρατα αὐτοῦ· ἐν αὐτοῖς ἔθνη κερατιεῖ ἅμα, ἕως ἀπ᾽ ἄκρου γῆς· αὗται μυριάδες Ἐφραὶμ,

---

β *Heb.* קְדֹשׁ, saints.

18 καὶ αὗται χιλιάδες Μανασσῆ. Καὶ τῷ Ζαβουλὼν εἶπεν, εὐφράνθητι Ζαβουλὼν ἐν ἐξοδίᾳ σου, καὶ Ἰσσάχαρ ἐν τοῖς
19 σκηνώμασιν αὐτοῦ. Ἔθνη ἐξολοθρεύσουσι· καὶ ἐπικαλέσεσθε ἐκεῖ, καὶ θύσετε ἐκεῖ θυσίαν δικαιοσύνης· ὅτι πλοῦτος θαλάσσης θηλάσει σε, καὶ ἐμπόρια παράλιον κατοικούντων.

20 Καὶ τῷ Γὰδ εἶπεν, εὐλογημένος ἐμπλατύνων Γάδ· ὡς λέων
21 ἐνεπαύσατο, συντρίψας βραχίονα καὶ ἄρχοντα. Καὶ εἶδεν ἀπαρχὴν αὐτοῦ, ὅτι ἐκεῖ ἐμερίσθη γῆ ἀρχόντων συνηγμένων ἅμα ἀρχηγοῖς λαῶν· δικαιοσύνην Κύριος ἐποίησε, καὶ κρίσιν αὐτοῦ μετὰ Ἰσραήλ.

22 Καὶ τῷ Δὰν εἶπε, Δὰν σκύμνος λέοντος, καὶ ἐκπηδήσεται ἐκ
23 τοῦ Βασάν. Καὶ τῷ Νεφθαλὶ εἶπε, Νεφθαλὶ πλησμονὴ δεκτῶν· καὶ ἐμπλησθήτω εὐλογίας παρὰ Κυρίου· θάλασσαν
24 καὶ Λίβα κληρονομήσει. Καὶ τῷ Ἀσὴρ εἶπεν, εὐλογημένος ἀπὸ τέκνων Ἀσήρ, καὶ ἔσται δεκτὸς τοῖς ἀδελφοῖς αὐτοῦ· βάψει
25 ἐν ἐλαίῳ τὸν πόδα αὐτοῦ. Σίδηρος καὶ χαλκὸς τὸ ὑπόδημα αὐτοῦ ἔσται· ὡς αἱ ἡμέραι σου, ἡ ἰσχύς σου.

26 Οὐκ ἔστιν ὥσπερ ὁ Θεὸς τοῦ ἠγαπημένου, ὁ ἐπιβαίνων ἐπὶ τὸν οὐρανὸν βοηθός σου, καὶ ὁ μεγαλοπρεπὴς τοῦ στερεώματος.
27 Καὶ σκεπάσει σε Θεοῦ ἀρχή, καὶ ὑπὸ ἰσχὺν βραχιόνων ἀενάων· καὶ ἐκβαλεῖ ἀπὸ προσώπου σου ἐχθρὸν, λέγων,
28 ἀπόλοιο. Καὶ κατασκηνώσει Ἰσραὴλ πεποιθὼς μόνος ἐπὶ γῆς Ἰακὼβ, ἐπὶ σίτῳ καὶ οἴνῳ· καὶ ὁ οὐρανός σοι συννεφὴς
29 δρόσῳ. Μακάριος σὺ Ἰσραήλ· τίς ὅμοιός σοι λαὸς σωζόμενος ὑπὸ Κυρίου; ὑπερασπιεῖ ὁ βοηθός σου, καὶ ἡ μάχαιρα καύχημά σου· καὶ ψεύσονταί σε οἱ ἐχθροί σου· καὶ σὺ ἐπὶ τὸν τράχηλον αὐτῶν ἐπιβήσῃ.

34 Καὶ ἀνέβη Μωυσῆς ἀπὸ Ἀραβὼθ Μωὰβ ἐπὶ τὸ ὄρος Ναβαῦ, ἐπὶ κορυφὴν Φασγά, ἥ ἐστιν ἐπὶ προσώπου Ἱεριχώ· καὶ ἔδειξεν
2 αὐτῷ Κύριος πᾶσαν τὴν γῆν Γαλαὰδ ἕως Δάν, καὶ πᾶσαν τὴν γῆν Νεφθαλὶ, καὶ πᾶσαν τὴν γῆν Ἐφραὶμ, καὶ Μανασσῆ, καὶ
3 πᾶσαν τὴν γῆν Ἰούδα ἕως τῆς θαλάσσης τῆς ἐσχάτης, καὶ τὴν ἔρημον, καὶ τὰ περίχωρα Ἱεριχὼ, πόλιν φοινίκων ἕως
4 Σηγώρ. Καὶ εἶπε Κύριος πρὸς Μωυσῆν, αὕτη ἡ γῆ ἣν ὤμοσα τῷ Ἀβραὰμ καὶ Ἰσαὰκ καὶ Ἰακὼβ, λέγων, τῷ σπέρματι ὑμῶν δώσω αὐτήν· καὶ ἔδειξα τοῖς ὀφθαλμοῖς σου, καὶ ἐκεῖ οὐκ εἰσελεύσῃ.

5 Καὶ ἐτελεύτησε Μωυσῆς ὁ οἰκέτης Κυρίου ἐν γῇ Μωὰβ διὰ
6 ῥήματος Κυρίου. Καὶ ἔθαψαν αὐτὸν ἐν Γαῒ ἐγγὺς οἴκου Φογώρ· καὶ οὐκ εἶδεν οὐδεὶς τὴν ταφὴν αὐτοῦ ἕως τῆς ἡμέρας ταύτης.
7 Μωυσῆς δὲ ἦν ἑκατὸν καὶ εἴκοσι ἐτῶν ἐν τῷ τελευτᾶν αὐτόν· οὐκ ἠμαυρώθησαν οἱ ὀφθαλμοὶ αὐτοῦ, οὐδὲ ἐφθάρησαν τὰ χελώνια αὐτοῦ.

8 Καὶ ἔκλαυσαν οἱ υἱοὶ Ἰσραὴλ Μωυσῆν ἐν Ἀραβὼθ Μωὰβ ἐπὶ τοῦ Ἰορδάνου κατὰ Ἱεριχὼ τριάκοντα ἡμέρας, καὶ συνετελέ-
9 σθησαν αἱ ἡμέραι πένθους κλαυθμοῦ Μωυσῆ. Καὶ Ἰησοῦς υἱὸς Ναυῆ ἐνεπλήσθη πνεύματος συνέσεως, ἐπέθηκε γὰρ Μωυσῆς τὰς χεῖρας αὐτοῦ ἐπ᾽ αὐτόν· καὶ εἰσήκουσαν αὐτοῦ οἱ υἱοὶ Ἰσραήλ· καὶ ἐποίησαν καθότι ἐνετείλατο Κύριος τῷ Μωυσῇ.

Ephraim, and these *are* the thousands of Manasse. [18]And to Zabulon he said, Rejoice, Zabulon, in thy going out, and Issachar in his tents. [19]They shall utterly destroy the nations, and ye shall call men there, and there offer the sacrifice of righteousness; for the wealth of the sea shall suckle thee, and so shall the marts of them that dwell by the sea-coast.

[20]And to Gad he said, Blessed *be* he that enlarges Gad: as a lion he rested, having broken the arm and the ruler. [21]And he saw his first-fruits, that there the land of the princes gathered with the chiefs of the people was divided; the Lord wrought righteousness, and his judgment with Israel.

[22]And to Dan he said, Dan *is* a lion's whelp, and shall leap out of Basan. [23]And to Nephthali he said, Nephthali *has* the fulness of good things; and let him be filled with blessing from the Lord: he shall inherit the west and the south. [24]And to Aser he said, Aser *is* blessed with children; and he shall be acceptable to his brethren: he shall dip his foot in oil. [25]His sandal shall be iron and brass; as thy days, so *shall be* thy strength.

[26]There is not *any such* as the God of the beloved; he who rides upon the heaven *is* thy helper, and the magnificent One of the firmament. [27]And the rule of God shall protect thee, and *that* under the strength of the everlasting arms; and he shall cast forth the enemy from before thy face, saying, Perish. [28]And Israel shall dwell in confidence alone on the land of Jacob, with corn and wine; and the sky *shall be* misty with dew upon thee. [29]Blessed *art* thou, O Israel; who *is* like to thee, O people saved by the Lord? thy helper shall hold his shield over thee, and *his* sword *is* thy boast; and thine enemies shall speak falsely to thee, and thou shalt tread upon their neck.

And Moses went up from Araboth Moab to the mount of Nabau, to the top of Phasga, which is before Jericho; and the Lord shewed him all the mount of Galaad to Dan, and all the land of Nephthali, [2]and all the land of Ephraim and Manasse, and all the land of Juda to the farthest sea; [3]and the wilderness, and the country round about Jericho, the city of palm-trees, to Segor. [4]And the Lord said to Moses, This *is* the land of which I sware to Abraam, and Isaac, and Jacob, saying, To your seed will I give it: and I have shewed it to thine eyes, but thou shalt not go in thither.

[5]So Moses the servant of the Lord died in the land of Moab by the word of the Lord. [6]And they buried him in Gai near the house of Phogor; and no one has seen his sepulchre to this day. [7]And Moses was a hundred and twenty years old at his death; his eyes were not dimmed, nor were his natural powers destroyed.

[8]And the children of Israel wept for Moses in Araboth of Moab at Jordan near Jericho thirty days; and the days of the sad mourning for Moses were completed. [9]And Joshua the son of Naue was filled with the spirit of knowledge, for Moses had laid his hands upon him; and the children of Israel hearkened to him; and they did as the Lord commanded Moses.

¹⁰ And there rose up no more a prophet in Israel like Moses, whom the Lord knew face to face, ¹¹ in all the signs and wonders, which the Lord sent him to work in Egypt on Pharao, and his servants, and all his land; ¹² the great wonders, and the mighty hand which Moses displayed before all Israel.

Καὶ οὐκ ἀνέστη ἔτι προφήτης ἐν Ἰσραὴλ ὡς Μωυσῆς· ὃν 10 ἔγνω Κύριος αὐτὸν πρόσωπον κατὰ πρόσωπον ἐν πᾶσι τοῖς 11 σημείοις καὶ τέρασιν, ὃν ἀπέστειλεν αὐτὸν Κύριος ποιῆσαι αὐτὰ ἐν γῇ Αἰγύπτῳ Φαραὼ, καὶ τοῖς θεράπουσιν αὐτοῦ, καὶ πάσῃ τῇ γῇ αὐτοῦ· τὰ θαυμάσια τὰ μεγάλα, καὶ τὴν χεῖρα 12 τὴν κραταιὰν, ἃ ἐποίησε Μωυσῆς ἔναντι παντὸς Ἰσραήλ.

ΙΗΣΟΥΣ ΝΑΥΗ.

AND it came to pass after the death of Moses, that the Lord spoke to Joshua the son of Naue, the minister of Moses, saying, ² Moses my servant is dead; now then arise, go over Jordan, thou and all this people, into the land, which I give them. ³ Every spot on which ye shall tread I will give it you, as I said to Moses. ⁴ The wilderness and Antilibanus, as far as the great river, the river Euphrates, and as far as the βextremity of the sea; your coasts shall be from the setting of the sun. ⁵ Not a man shall stand against you all the days of thy life; and as I was with Moses, so will I also be with thee, and γI will not fail thee, or neglect thee. ⁶ Be strong and 'quit thyself like a man, for thou shalt divide the land to this people, which I sware to give to δ your fathers. ⁷ Be strong, therefore, and quit thyself like a man, to observe and do as Moses my servant commanded thee; and thou shalt not turn ςtherefrom to the right hand or to the left, that thou mayest be wise in whatsoever thou mayest do. ⁸ And the book of this law shall not depart out of thy mouth, and thou shalt meditate in it day and night, that thou mayest know how to do all the things that are written *in it*; then shalt thou prosper, and make thy ways prosperous, and then shalt thou be wise. ⁹ Lo! I have commanded thee; be strong and courageous, be not cowardly nor fearful, for the Lord thy God is with thee in all places whither thou goest. ¹⁰ And Joshua commanded the scribes of the people, saying, ¹¹ Go into the midst of the camp of the people, and command the people, saying, Prepare provisions; for yet three days and ye θshall go over this Jordan, entering in to take possession of the land, which the Lord God of your fathers gives to you.

ΚΑΙ ἐγένετο μετὰ τὴν τελευτὴν Μωυσῆ, εἶπε Κύριος τῷ Ἰησοῖ υἱῷ Ναυῆ τῷ ὑπουργῷ Μωυσῆ, λέγων, Μωυσῆς ὁ θεράπων 2 μου τετελεύτηκε· νῦν οὖν ἀναστὰς, διάβηθι τὸν Ἰορδάνην σὺ καὶ πᾶς ὁ λαὸς οὗτος εἰς τὴν γῆν, ἣν ἐγὼ δίδωμι αὐτοῖς. Πᾶς ὁ τόπος, ἐφ' ὃν ἂν ἐπιβῆτε τῷ ἴχνει τῶν ποδῶν ὑμῶν, 3 ὑμῖν δώσω αὐτὸν, ὃν τρόπον εἴρηκα τῷ Μωυσῇ· Τὴν ἔρημον 4 καὶ τὸν Ἀντιλίβανον, ἕως τοῦ ποταμοῦ τοῦ μεγάλου, ποταμοῦ Εὐφράτου, καὶ ἕως τῆς θαλάσσης τῆς ἐσχάτης· ἀφ' ἡλίου δυσμῶν ἔσται τὰ ὅρια ὑμῶν. Οὐκ ἀντιστήσεται ἄνθρωπος 5 κατενώπιον ὑμῶν πάσας τὰς ἡμέρας τῆς ζωῆς σου· καὶ ὥσπερ ἤμην μετὰ Μωυσῆ, οὕτως ἔσομαι καὶ μετὰ σοῦ, καὶ οὐκ ἐγκαταλείψω σε, οὐδ' ὑπερόψομαί σε. Ἴσχυε καὶ ἀνδρίζου· 6 σὺ γὰρ ἀποδιελεῖς τῷ λαῷ τούτῳ τὴν γῆν, ἣν ὤμοσα τοῖς πατράσιν ὑμῶν δοῦναι αὐτοῖς. Ἴσχυε οὖν καὶ ἀνδρίζου, 7 φυλάσσεσθαι καὶ ποιεῖν καθότι ἐνετείλατό σοι Μωυσῆς ὁ παῖς μου· καὶ οὐκ ἐκκλινεῖς ἀπ' αὐτῶν εἰς δεξιὰ οὐδὲ εἰς ἀριστερὰ, ἵνα συνῇς ἐν πᾶσιν οἷς ἐὰν πράσσῃς. Καὶ οὐκ ἀποστήσεται 8 ἡ βίβλος τοῦ νόμου τούτου ἐκ τοῦ στόματός σου, καὶ μελετήσεις ἐν αὐτῇ ἡμέρας καὶ νυκτὸς, ἵνα εἰδῇς ποιεῖν πάντα τὰ γεγραμμένα· τότε εὐοδωθήσῃ, καὶ εὐοδώσεις τὰς ὁδούς σου, καὶ τότε συνήσεις. Ἰδοὺ ἐντέταλμαί σοι· ἴσχυε καὶ ἀνδρίζου, μὴ 9 δειλιάσῃς, μηδὲ φοβηθῇς, ὅτι μετὰ σοῦ Κύριος ὁ Θεός σου εἰς πάντα οὗ ἐὰν πορεύῃ. Καὶ ἐνετείλατο Ἰησοῦς τοῖς γραμμα- 10 τεῦσι τοῦ λαοῦ, λέγων, εἰσέλθατε κατὰ μέσον τῆς παρεμβολῆς 11 τοῦ λαοῦ, καὶ ἐντείλασθε τῷ λαῷ, λέγοντες, ἑτοιμάζεσθε ἐπισιτισμὸν, ὅτι ἔτι τρεῖς ἡμέραι καὶ ὑμεῖς διαβαίνετε τὸν Ἰορδάνην τοῦτον, εἰσελθόντες κατασχεῖν τὴν γῆν, ἣν Κύριος ὁ Θεὸς τῶν πατέρων ὑμῶν δίδωσιν ὑμῖν.

β *Or,* last, *or,* farthest sea.   γ Heb. 13. 5.   δ *Gr.* to your fathers, to give them.   ζ *Gr.* from them, *sc.* the commands.   θ *Gr.* do go over.

12   Καὶ τῷ Ῥουβὴν, καὶ τῷ Γὰδ, καὶ τῷ ἡμίσει φυλῆς Μανασσῆ

13 εἶπεν Ἰησοῦς, μνήσθητε τὸ ῥῆμα ὃ ἐνετείλατο ὑμῖν Μωυσῆς ὁ παῖς Κυρίου, λέγων, Κύριος ὁ Θεὸς ὑμῶν κατέπαυσεν ὑμᾶς,

14 καὶ ἔδωκεν ὑμῖν τὴν γῆν ταύτην. Αἱ γυναῖκες ὑμῶν καὶ τὰ παιδία ὑμῶν καὶ τὰ κτήνη ὑμῶν κατοικείτωσαν ἐν τῇ γῇ, ᾗ ἔδωκεν ὑμῖν· ὑμεῖς δὲ διαβήσεσθε εὔζωνοι πρότεροι τῶν ἀδελ-

15 φῶν ὑμῶν πᾶς ὁ ἰσχύων· καὶ συμμαχήσετε αὐτοῖς, ἕως ἂν καταπαύσῃ Κύριος ὁ Θεὸς ἡμῶν τοὺς ἀδελφοὺς ὑμῶν, ὥσπερ καὶ ὑμᾶς, καὶ κληρονομήσωσι καὶ οὗτοι τὴν γῆν, ἣν Κύριος ὁ Θεὸς ἡμῶν δίδωσιν αὐτοῖς· καὶ ἀπελεύσεσθε ἕκαστος εἰς τὴν κληρονομίαν αὐτοῦ, ἣν ἔδωκεν ὑμῖν Μωυσῆς εἰς τὸ πέραν τοῦ

16 Ἰορδάνου ἐπ᾿ ἀνατολῶν ἡλίου. Καὶ ἀποκριθέντες τῷ Ἰησοῦ εἶπαν, πάντα ὅσα ἐὰν ἐντείλῃ ἡμῖν, ποιήσομεν, καὶ εἰς πάντα

17 τόπον οὗ ἐὰν ἀποστείλῃς ἡμᾶς, πορευσόμεθα. Κατὰ πάντα ὅσα ἠκούσαμεν Μωυσῆ, ἀκουσόμεθά σου· πλὴν ἔστω Κύριος

18 ὁ Θεὸς ἡμῶν μετὰ σοῦ, ὃν τρόπον ἦν μετὰ Μωυσῆ. Ὁ δὲ ἄνθρωπος ὃς ἂν ἀπειθήσῃ σοι, καὶ ὅστις μὴ ἀκούσῃ τῶν ῥημάτων σου καθότι ἐὰν ἐντείλῃ αὐτῷ, ἀποθανέτω· ἀλλὰ ἴσχυε καὶ ἀνδρίζου.

2   Καὶ ἀπέστειλεν Ἰησοῦς υἱὸς Ναυῆ ἐκ Σαττὶν δύο νεανίσκους κατασκοπεῦσαι, λέγων, ἀνάβητε καὶ ἴδετε τὴν γῆν καὶ τὴν Ἰεριχώ· καὶ πορευθέντες οἱ δύο νεανίσκοι εἰσήλθοσαν εἰς Ἰεριχώ· καὶ εἰσήλθοσαν εἰς οἰκίαν γυναικὸς πόρνης, ᾗ ὄνομα Ῥαάβ· καὶ κατέλυσαν ἐκεῖ.

2   Καὶ ἀπηγγέλη τῷ βασιλεῖ Ἰεριχὼ, λέγοντες, εἰσπεπόρευνται

3 ὧδε ἄνδρες τῶν υἱῶν Ἰσραὴλ κατασκοπεῦσαι τὴν γῆν. Καὶ ἀπέστειλεν ὁ βασιλεὺς Ἰεριχὼ, καὶ εἶπε πρὸς Ῥαάβ, λέγων, ἐξάγαγε τοὺς ἄνδρας τοὺς εἰσπεπορευμένους εἰς τὴν οἰκίαν σου

4 τὴν νύκτα, κατασκοπεῦσαι γὰρ τὴν γῆν ἥκασι. Καὶ λαβοῦσα ἡ γυνὴ τοὺς δύο ἄνδρας, ἔκρυψεν αὐτούς· καὶ εἶπεν αὐτοῖς,

5 λέγουσα, εἰσεληλύθασι πρὸς μὲ οἱ ἄνδρες, ὡς δὲ ἡ πύλη ἐκλείετο ἐν τῷ σκότει, καὶ οἱ ἄνδρες ἐξῆλθον· οὐκ ἐπίσταμαι ποῦ πεπόρευνται· καταδιώξατε ὀπίσω αὐτῶν, εἰ καταλήψεσθε

6 αὐτούς. Αὕτη δὲ ἀνεβίβασεν αὐτοὺς ἐπὶ τὸ δῶμα, καὶ ἔκρυψεν αὐτοὺς ἐν τῇ λινοκαλάμῃ τῇ ἐστοιβασμένῃ αὐτῇ ἐπὶ τοῦ δώμα-

7 τος. Καὶ οἱ ἄνδρες κατεδίωξαν ὀπίσω αὐτῶν ὁδὸν τὴν ἐπὶ τοῦ Ἰορδάνου ἐπὶ τὰς διαβάσεις, καὶ ἡ πύλη ἐκλείσθη.

8   Καὶ ἐγένετο ὡς ἐξῆλθοσαν οἱ διώκοντες ὀπίσω αὐτῶν, καὶ αὐτοὶ δὲ πρὶν ἢ κοιμηθῆναι αὐτούς, αὕτη δὲ ἀνέβη πρὸς αὐτοὺς

9 ἐπὶ τὸ δῶμα, καὶ εἶπε πρὸς αὐτούς, ἐπίσταμαι ὅτι ἔδωκεν ὑμῖν Κύριος τὴν γῆν· ἐπιπέπτωκε γὰρ ὁ φόβος ὑμῶν ἐφ᾿ ἡμᾶς.

10 Ἀκηκόαμεν γὰρ ὅτι κατεξήρανε Κύριος ὁ Θεὸς τὴν ἐρυθρὰν θάλασσαν ἀπὸ προσώπου ὑμῶν, ὅτε ἐξεπορεύεσθε ἐκ γῆς Αἰγύπτου, καὶ ὅσα ἐποίησε τοῖς δυσὶ βασιλεῦσι τῶν Ἀμορραίων, οἳ ἦσαν πέραν τοῦ Ἰορδάνου, τῷ Σηὼν καὶ Ὢγ, οὓς ἐξωλοθρεύσατε

11 αὐτούς. Καὶ ἀκούσαντες ἡμεῖς ἐξέστημεν τῇ καρδίᾳ ἡμῶν, καὶ οὐκ ἔστη ἔτι πνεῦμα ἐν οὐδενὶ ἡμῶν ἀπὸ προσώπου ὑμῶν· ὅτι Κύριος ὁ Θεὸς ὑμῶν, Θεὸς ἐν οὐρανῷ ἄνω καὶ ἐπὶ τῆς γῆς κάτω.

12 Καὶ νῦν ὀμόσατέ μοι Κύριον τὸν Θεὸν, ὅτι ποιῶ ὑμῖν ἔλεος, καὶ

[12] And to Ruben, and to Gad, and to the half tribe of Manasse, Joshua said, [13] Remember the word which Moses the servant of the Lord commanded you, saying, The Lord your God has caused you to rest, and has given you this land. [14] Let your wives and your children and your cattle dwell in the land, which he has given you; and ye shall go over βwell armed before your brethren, every one of you who is strong; and ye shall fight on their side; [15] until the Lord your God shall have given your brethren rest, as also to you, and they also shall have inherited the land, which the Lord your God gives them; then ye shall depart each one to his inheritance, which Moses gave you beyond Jordan eastward. [16] And they answered Joshua and said, We will do all things which thou commandest us, and we will go to every place whither thou shalt send us. [17] Whereinsoever we hearkened to Moses we will hearken to thee; only let the Lord our God be with thee, as he was with Moses. [18] And whosoever shall disobey thee, and whosoever shall not hearken to thy words as thou shalt command him, let him die; but be thou strong and courageous.

And Joshua the son of Naue sent out of Sattin two young men to spy *the land*, saying, Go up and view the land and Jericho: and the two young men went and entered into Jericho; and they entered into the house of a harlot, whose name *was* Raab, and lodged there.

[2] And it was reported to the king of Jericho, saying, Men of the sons of Israel have come in hither to spy the land. [3] And the king of Jericho sent and spoke to Raab, saying, Bring out the men that entered into thine house this night; for they are come to spy out the land. [4] And the woman took the two men and hid them; and she spoke to γthe messengers, saying, The men came in to me, [5] but when the gate was shut in the δevening, the men went out; I know not whither they are gone: follow after them, if ye ζmay overtake them. [6] But she *had* brought them up upon the house, and hid them in the flax-stalks that were spread by her on the house. [7] And the men followed after them in the way to Jordan to the fords; and the gate was shut.

[8] And it came to pass when the men who pursued after them were gone forth, and before the spies had lain down to sleep, that she came up to them on the top of the house; [9] and she said to them, I know that the Lord has given you the land; for the fear of you has fallen upon us. [10] For we have heard that the Lord God dried up the Red Sea before you, when ye came out of the land of Egypt, and all that he did to the two kings of the Amorites, who were beyond Jordan, to Seon and Og, whom ye utterly destroyed. [11] And when we heard it we were amazed in our heart, and there was no longer any spirit in any of us because of you, for the Lord your God is God in heaven above, and on the earth beneath. [12] And now swear to me by the Lord God; since I

β Or, in good order.   γ Gr. them.   δ Gr. dark.   ζ Gr. shall.

deal mercifully with you, so do ye also deal mercifully with the house of my father: [13]and save alive the house of my father, my mother, and my brethren, and all my house, and all that they have, and ye shall rescue my soul from death.

[14]And the men said to her, Our life for yours *even* to death: and she said, When the Lord shall have delivered the city to you, ye shall deal mercifully and truly with me. [15]And she let them down by the window; [16]and she said to them, Depart into the hill-country, lest the pursuers meet you, and ye shall be hidden there three days until your pursuers return from after you, and afterwards ye shall depart on your way.

[17]And the men said to her, We are clear of this thy oath. [18]Behold, we β shall enter into a part of the city, and thou shalt set γ a sign; thou shalt bind this scarlet cord in the window, by which thou hast let us down, and thou shalt bring in to thyself, into thy house, thy father, and thy mother, and thy brethren, and all the family of thy father. [19]And it shall come to pass that whosoever shall go outside the door of thy house, his guilt shall be upon him, and we shall be quit of this thine oath; and we will be responsible for all that shall be found with thee in thy house. [20]But if any one should injure us, or betray these our matters, we shall be quit of this thine oath. [21]And she said to them, Let it be according to your word; and she sent them out, and they departed. [22]And they came to the hill-country, and remained there three days; and the pursuers searched all the roads, and found them not.

[23]And the two young men returned, and came down out of the mountain; and they went over to Joshua the son of Naue, and told him all things that had happened to them. [24]And they said to Joshua, The Lord has delivered all the land into our power, and all the inhabitants of that land tremble because of us.

And Joshua rose up early in the morning, and departed from Sattin; and they came as far as Jordan, and lodged there before they crossed over. [2]And it came to pass after three days, *that* the scribes went through the camp; [3]and they charged the people, saying, When ye shall see the ark of the covenant of the Lord our God, and our priests and the Levites bearing it, ye shall depart from your places, and ye shall go after it. [4]But let there be a distance between you and it; ye shall stand as much as two thousand cubits *from it*. Do not draw nigh to it, that ye may know the way which ye are to go; for ye have not gone the way δ before.

[5]And Joshua said to the people, Sanctify yourselves against to-morrow, for to-morrow the Lord will do wonders among you. [6]And Joshua said to the priests, Take up the ark of the covenant of the Lord, and go before the people: and the priests took up the ark of the covenant of the Lord, and went before the people. [7]And the Lord

ποιήσατε καὶ ὑμεῖς ἔλεος ἐν τῷ οἴκῳ τοῦ πατρός μου, καὶ 13 ζωγρήσατε τὸν οἶκον τοῦ πατρὸς μου, τὴν μητέρα μου, καὶ τοὺς ἀδελφούς μου, καὶ πάντα τὸν οἶκόν μου, καὶ πάντα ὅσα ἐστὶν αὐτοῖς, καὶ ἐξελεῖσθε τὴν ψυχήν μου ἐκ θανάτου.

Καὶ εἶπαν αὐτῇ οἱ ἄνδρες, ἡ ψυχὴ ἡμῶν ἀνθ᾽ ὑμῶν εἰς 14 θάνατον· καὶ αὐτὴ εἶπεν, ὡς ἂν παραδῷ Κύριος ὑμῖν τὴν πόλιν, ποιήσετε εἰς ἐμὲ ἔλεος καὶ ἀλήθειαν. Καὶ κατεχάλασεν αὐτοὺς 15 διὰ τῆς θυρίδος, καὶ εἶπεν αὐτοῖς, εἰς τὴν ὀρεινὴν ἀπέλθετε, 16 μὴ συναντήσωσιν ὑμῖν οἱ καταδιώκοντες, καὶ κρυβήσεσθε ἐκεῖ τρεῖς ἡμέρας ἕως ἂν ἀποστρέψωσιν οἱ καταδιώκοντες ὀπίσω ὑμῶν, καὶ μετὰ ταῦτα ἀπελεύσεσθε εἰς τὴν ὁδὸν ὑμῶν.

Καὶ εἶπαν πρὸς αὐτὴν οἱ ἄνδρες, ἀθῷοι ἐσμὲν τῷ ὅρκῳ σου 17 τούτῳ. Ἰδοὺ ἡμεῖς εἰσπορευόμεθα εἰς μέρος τῆς πόλεως, καὶ 18 θήσεις τὸ σημεῖον, τὸ σπαρτίον τὸ κόκκινον τοῦτο ἐκδήσεις εἰς τὴν θυρίδα δι᾽ ἧς κατεβίβασας ἡμᾶς δι᾽ αὐτῆς· τὸν δὲ πατέρα σου, καὶ τὴν μητέρα σου, καὶ τοὺς ἀδελφούς σου, καὶ πάντα τὸν οἶκον τοῦ πατρός σου συνάξεις πρὸς σεαυτὴν εἰς τὴν οἰκίαν σου. Καὶ ἔσται πᾶς, ὃς ἂν ἐξέλθῃ τὴν θύραν τῆς οἰκίας σου ἔξω, 19 ἔνοχος ἑαυτῷ ἔσται, ἡμεῖς δὲ ἀθῷοι τῷ ὅρκῳ σου τούτῳ· καὶ ὅσοι ἐὰν γένωνται μετὰ σοῦ ἐν τῇ οἰκίᾳ σου, ἡμεῖς ἔνοχοι ἐσόμεθα. Ἐὰν δέ τις ἡμᾶς ἀδικήσῃ ἢ καὶ ἀποκαλύψῃ τοὺς 20 λόγους ἡμῶν τούτους, ἐσόμεθα ἀθῷοι τῷ ὅρκῳ σου τούτῳ. Καὶ εἶπεν αὐτοῖς, κατὰ τὸ ῥῆμα ὑμῶν ἔστω· καὶ ἐξαπέστειλεν 21 αὐτούς, καὶ ἐπορεύθησαν. Καὶ ἤλθοσαν εἰς τὴν ὀρεινήν· καὶ 22 κατέμειναν ἐκεῖ τρεῖς ἡμέρας· καὶ ἐξεζήτησαν οἱ καταδιώκοντες πάσας τὰς ὁδοὺς, καὶ οὐχ εὗροσαν.

Καὶ ὑπέστρεψαν οἱ δύο νεανίσκοι, καὶ κατέβησαν ἐκ τοῦ 23 ὄρους· καὶ διέβησαν πρὸς Ἰησοῦν υἱὸν Ναυὴ, καὶ διηγήσαντο αὐτῷ πάντα τὰ συμβεβηκότα αὐτοῖς. Καὶ εἶπαν πρὸς Ἰησοῦν, 24 ὅτι παραδέδωκε Κύριος πᾶσαν τὴν γῆν ἐν χειρὶ ἡμῶν, καὶ κατέπτηχε πᾶς ὁ κατοικῶν τὴν γῆν ἐκείνην ἀφ᾽ ἡμῶν.

Καὶ ὤρθρισεν Ἰησοῦς τοπρωΐ, καὶ ἀπῆρεν ἐκ Σαττὶν, καὶ 3 ἤλθοσαν ἕως τοῦ Ἰορδάνου, καὶ κατέλυσαν ἐκεῖ πρὸ τοῦ διαβῆναι. Καὶ ἐγένετο μετὰ τρεῖς ἡμέρας διῆλθον οἱ γραμματεῖς 2 διὰ τῆς παρεμβολῆς, καὶ ἐνετείλαντο τῷ λαῷ, λέγοντες, ὅταν 3 ἴδητε τὴν κιβωτὸν τῆς διαθήκης Κυρίου τοῦ Θεοῦ ἡμῶν, καὶ τοὺς ἱερεῖς ἡμῶν καὶ τοὺς Λευίτας αἴροντας αὐτὴν, ἀπαρεῖτε ἀπὸ τῶν τόπων ὑμῶν, καὶ πορεύσεσθε ὀπίσω αὐτῆς. Ἀλλὰ 4 μακρὰν ἔστω ἀναμέσον ὑμῶν καὶ ἐκείνης, ὅσον δισχιλίους πήχεις στήσεσθε· μὴ προσεγγίσητε αὐτῇ, ἵνα ἐπίστησθε τὴν ὁδὸν, ἣν πορεύσεσθε αὐτήν· οὐ γὰρ πεπόρευσθε τὴν ὁδὸν ἀπ᾽ ἐχθὲς καὶ τρίτης ἡμέρας.

Καὶ εἶπεν Ἰησοῦς τῷ λαῷ, ἁγνίσασθε εἰς αὔριον, ὅτι αὔριον 5 ποιήσει Κύριος ἐν ὑμῖν θαυμαστά. Καὶ εἶπεν Ἰησοῦς τοῖς 6 ἱερεῦσιν, ἄρατε τὴν κιβωτὸν τῆς διαθήκης Κυρίου, καὶ προπορεύεσθε τοῦ λαοῦ· καὶ ἦραν οἱ ἱερεῖς τὴν κιβωτὸν τῆς διαθήκης Κυρίου, καὶ ἐπορεύοντο ἔμπροσθεν τοῦ λαοῦ. Καὶ εἶπε Κύριος 7

β *Gr.* do enter.   γ *Gr.* the sign.   δ *Gr.* from yesterday and the third day. A frequent Hebraism.

πρὸς Ἰησοῦν, ἐν τῇ ἡμέρᾳ ταύτῃ ἄρχομαι ὑψῶσαί σε κατενώ-
πιον πάντων υἱῶν Ἰσραὴλ, ἵνα γνῶσιν ὅτι καθότι ἤμην μετὰ
8 Μωυσῆ, οὕτως ἔσομαι καὶ μετὰ σοῦ. Καὶ νῦν ἔντειλαι τοῖς
ἱερεῦσι τοῖς αἴρουσι τὴν κιβωτὸν τῆς διαθήκης, λέγων, ὡς ἂν
εἰσέλθητε ἐπὶ μέρους τοῦ ὕδατος τοῦ Ἰορδάνου, καὶ ἐν τῷ Ἰορ-
δάνῃ στήσεσθε.

9 Καὶ εἶπεν Ἰησοῦς τοῖς υἱοῖς Ἰσραὴλ, προσαγάγετε ὧδε, καὶ
10 ἀκούσατε τὸ ῥῆμα Κυρίου τοῦ Θεοῦ ἡμῶν. Ἐν τούτῳ γνώ-
σεσθε, ὅτι Θεὸς ζῶν ἐν ὑμῖν, καὶ ὀλοθρεύων ὀλοθρεύσει ἀπὸ
προσώπου ἡμῶν τὸν Χαναναῖον, καὶ τὸν Χετταῖον, καὶ τὸν
Φερεζαῖον, καὶ τὸν Εὐαῖον, καὶ τὸν Ἀμορραῖον, καὶ τὸν Γεργε-
11 σαῖον, καὶ τὸν Ἰεβουσαῖον. Ἰδοὺ ἡ κιβωτὸς διαθήκης Κυρίου
12 πάσης τῆς γῆς διαβαίνει τὸν Ἰορδάνην. Προχειρίσασθε ὑμῖν
δώδεκα ἄνδρας ἀπὸ τῶν υἱῶν Ἰσραὴλ, ἕνα ἀφ' ἑκάστης φυλῆς.
13 Καὶ ἔσται, ὡς ἂν καταπαύσωσιν οἱ πόδες τῶν ἱερέων τῶν αἱρόν-
των τὴν κιβωτὸν τῆς διαθήκης Κυρίου πάσης τῆς γῆς ἐν τῷ ὕδατι
τοῦ Ἰορδάνου, τὸ ὕδωρ τοῦ Ἰορδάνου ἐκλείψει, τὸ δὲ ὕδωρ τὸ
καταβαῖνον στήσεται.

14 Καὶ ἀπῆρεν ὁ λαὸς ἐκ τῶν σκηνωμάτων αὐτῶν διαβῆναι τὸν
Ἰορδάνην, οἱ δὲ ἱερεῖς ἤροσαν τὴν κιβωτὸν τῆς διαθήκης Κυρίου
15 πρότεροι τοῦ λαοῦ. Ὡς δὲ εἰσεπορεύοντο οἱ ἱερεῖς οἱ αἴροντες
τὴν κιβωτὸν τῆς διαθήκης ἐπὶ τὸν Ἰορδάνην, καὶ οἱ πόδες τῶν
ἱερέων τῶν αἱρόντων τὴν κιβωτὸν τῆς διαθήκης Κυρίου ἐβάφη-
σαν εἰς μέρος τοῦ ὕδατος τοῦ Ἰορδάνου· ὁ δὲ Ἰορδάνης ἐπλη-
ροῦτο καθ' ὅλην τὴν κρηπῖδα αὐτοῦ, ὡσεὶ ἡμέραι θερισμοῦ
16 πυρῶν· Καὶ ἔστη τὰ ὕδατα τὰ καταβαίνοντα ἄνωθεν, ἔστη
πῆγμα ἓν ἀφεστηκὸς μακρὰν σφόδρα σφοδρῶς ἕως μέρους
Καριαθιαρίμ· τὸ δὲ καταβαῖνον κατέβη εἰς τὴν θάλασσαν
Ἄραβα θάλασσαν ἁλός, ἕως εἰς τὸ τέλος ἐξέλιπε· καὶ ὁ λαὸς
17 εἱστήκει ἀπέναντι Ἱεριχώ. Καὶ ἔστησαν οἱ ἱερεῖς οἱ αἴροντες
τὴν κιβωτὸν τῆς διαθήκης Κυρίου ἐπὶ ξηρᾶς ἐν μέσῳ τοῦ Ἰορ-
δάνου· καὶ πάντες οἱ υἱοὶ Ἰσραὴλ διέβαινον διὰ ξηρᾶς, ἕως
συνετέλεσε πᾶς ὁ λαὸς διαβαίνων τὸν Ἰορδάνην.

4 Καὶ ἐπεὶ συνετέλεσε πᾶς ὁ λαὸς διαβαίνων τὸν Ἰορδάνην,
2 καὶ εἶπε Κύριος τῷ Ἰησοῖ, λέγων, παραλαβὼν ἄνδρας ἀπὸ τοῦ
3 λαοῦ, ἕνα ἀφ' ἑκάστης φυλῆς, σύνταξον αὐτοῖς· καὶ ἀνέλεσθε
ἐκ μέσου τοῦ Ἰορδάνου ἑτοίμους δώδεκα λίθους, καὶ τούτους
διακομίσαντες ἅμα ὑμῖν αὐτοῖς, θέτε αὐτοὺς ἐν τῇ στρατοπεδείᾳ
ὑμῶν, οὗ ἐὰν παρεμβάλητε ἐκεῖ τὴν νύκτα.

4 Καὶ ἀνακαλεσάμενος Ἰησοῦς δώδεκα ἄνδρας τῶν ἐνδόξων
5 ἀπὸ τῶν υἱῶν Ἰσραήλ, ἕνα ἀφ' ἑκάστης φυλῆς, εἶπεν
αὐτοῖς, προσαγάγετε ἔμπροσθέν μου πρὸ προσώπου Κυρίου
εἰς μέσον τοῦ Ἰορδάνου· καὶ ἀνελόμενος ἐκεῖθεν ἕκαστος
λίθον, ἀράτω ἐπὶ τῶν ὤμων αὐτοῦ κατὰ τὸν ἀριθμὸν τῶν
6 δώδεκα φυλῶν τοῦ Ἰσραήλ, ἵνα ὑπάρχωσιν ὑμῖν οὗτοι
εἰς σημεῖον κείμενον διαπαντός· ἵνα ὅταν ἐρωτᾷ σε ὁ υἱός
7 σου αὔριον λέγων, τί εἰσιν οἱ λίθοι οὗτοι ἡμῖν; Καὶ σὺ
δηλώσεις τῷ υἱῷ σου, λέγων, ὅτι ἐξέλιπεν ὁ Ἰορδάνης

said to Joshua, This day do I begin to exalt
thee before all the children of Israel, that
they may know that as I was with Moses,
so will I also be with thee. [8] And now
charge the priests that bear the ark of the
covenant, saying, As soon as ye shall enter
on a part of the water of Jordan, then ye
shall stand in Jordan.

[9] And Joshua said to the children of
Israel, β Come hither, and hearken to the
word of the Lord our God. [10] Hereby ye
shall know that the living God *is* among
you, and will utterly destroy from among
our face the Chananite, and the Chettite
and Pherezite, and the Evite, and the Amo-
rite, and the Gergesite, and the Jebusite.
[11] Behold, the ark of the covenant of the
Lord of all the earth passes over Jordan.
[12] Choose for yourselves twelve men of the
sons of Israel, one of each tribe. [13] And it
shall come to pass, when the feet of the
priests that bear the ark of the covenant of
the Lord of the whole earth rest in the
water of Jordan, the water of Jordan *below*
shall fail, and the water coming down from
above shall stop.

[14] And the people removed from their
tents to cross over Jordan, and the priests
bore the ark of the covenant of the Lord
before the people. [15] And when the priests
that bore the ark of the covenant of the
Lord entered upon Jordan, and the feet of
the priests that bore the ark of the covenant
of the Lord were dipped in part of the water
of Jordan ; (now Jordan overflowed γ all its
banks δ about the time of wheat harvest :)
[16] then the waters that came down from
above stopped ; there stood one solid heap
very far off, as far as ς the region of Karia-
thiarim, and θ the lower part came down to
the sea of Araba, the salt sea, till it com-
pletely failed ; and the people stood opposite
Jericho. [17] And the priests that bore the
ark of the covenant of the Lord stood on
dry land in the midst of Jordan ; and all the
children of Israel went through on dry land,
until all the people had completely gone
over Jordan.

And when the people had completely
passed over Jordan, the Lord spoke to
Joshua, saying, [2] Take men from the people,
one of each tribe, [3] and charge them ; and
ye shall take out of the midst of Jordan
twelve λ fit stones, and having carried them
across together with yourselves, place them
in your camp, where ye shall encamp for the
night.

[4] And Joshua having called twelve men
μ of distinction among the children of
Israel, one of each tribe, [5] said to them,
Advance before me in the presence of the
Lord into the midst of Jordan, and each
having taken up a stone from thence, let
him carry it on his shoulders, according to
the number of the twelve tribes of Israel :
[6] that these may be to you continually for
an appointed sign, that when thy son asks
thee ξ in future, saying, What are these
stones to us ? [7] then thou mayest explain to
thy son, saying, The river Jordan π was dried

β *Gr.* bring hither, *sc.* yourselves.   γ *Gr.* its whole channel.   δ *Gr.* as on the days.   ζ *Gr.* a part.   θ *Gr.* that which
came down.   λ *Gr.* ready. *Heb.* יְהֹן. *A. V. firm,* applied to the feet of the priests.   μ *Gr.* of the distinguished, or, illustrious,
     ξ *Gr.* to-morrow.   π *Gr.* failed.

up from before the ark of the covenant of the Lord of the whole earth, when it passed it: and these stones shall be for a memorial for you for the children of Israel for ever.

⁸ And the children of Israel did so, as the Lord commanded Joshua; and they took up twelve stones out of the midst of Jordan, (as the Lord commanded Joshua, when the children of Israel had completely passed over,) and carried these stones with them into the camp, and laid them down there. ⁹ And Joshua set also other twelve stones in Jordan itself, in the place that was under the feet of the priests that bore the ark of the covenant of the Lord; and there they are to this day.

¹⁰ And the priests that bore the ark of the covenant stood in Jordan, until Joshua had finished all that the Lord commanded him to report to the people; and the people hasted and passed over. ¹¹ And it came to pass when all the people had passed over, that the ark of the covenant of the Lord passed over, and the stones before them. ¹² And the sons of Ruben, and the sons of Gad, and the half tribe of Manasse passed over βarmed before the children of Israel, as Moses commanded them. ¹³ Forty thousand γarmed for battle went over before the Lord to war, to the city of Jericho. ¹⁴ In that day the Lord magnified Joshua before all the people of Israel; and they feared him, as they did Moses, as long as he lived.

¹⁵ And the Lord spoke to Joshua, saying, ¹⁶ Charge the priests that bear the ark of the covenant of the testimony of the Lord, to go up out of Jordan. ¹⁷ And Joshua charged the priests, saying, Go up out of Jordan. ¹⁸ And it came to pass when the priests who bore the ark of the covenant of the Lord were gone up out of Jordan, and set their feet upon the land, that the water of Jordan returned impetuously to its place, and went as before over all its banks.

¹⁹ And the people went up out of Jordan on the tenth day of the first month; and the children of Israel encamped in Galgala in the region eastward from Jericho. ²⁰ And Joshua set these twelve stones which he took out of Jordan, in Galgala, ²¹ saying, When your sons ask you, saying, What are these stones ? ²² Tell your sons, that Israel went over this Jordan on dry land, ²³ when the Lord our God had dried up the water of Jordan from before them, until they had passed over; as the Lord our God did to the Red Sea, which the Lord our God dried up from before us, until we passed over. ²⁴ That all the nations of the earth might know, that the power of the Lord is mighty, and that ye might worship the Lord our God in every work.

And it came to pass when the kings of the Amorites who were beyond Jordan heard, and the kings of Phœnicia by the sea, that the Lord God had dried up the river Jordan from before the children of Israel when they passed over, that their hearts failed, and

ποταμὸς ἀπὸ προσώπου κιβωτοῦ διαθήκης Κυρίου πάσης τῆς γῆς, ὡς διέβαινεν αὐτόν· καὶ ἔσονται οἱ λίθοι οὗτοι ὑμῖν μνημόσυνον τοῖς υἱοῖς Ἰσραὴλ ἕως τοῦ αἰῶνος.

Καὶ ἐποίησαν οὕτως οἱ υἱοὶ Ἰσραήλ, καθότι ἐνετείλατο 8 Κύριος τῷ Ἰησοῦ· καὶ ἀναλαβόντες δώδεκα λίθους ἐκ μέσου τοῦ Ἰορδάνου, καθάπερ συνέταξε Κύριος τῷ Ἰησοῖ ἐν τῇ συντελείᾳ τῆς διαβάσεως τῶν υἱῶν Ἰσραήλ, καὶ διεκόμισαν ἅμα ἑαυτοῖς εἰς τὴν παρεμβολήν, καὶ ἀπέθηκαν ἐκεῖ. Ἔστησε 9 δὲ Ἰησοῦς καὶ ἄλλους δώδεκα λίθους ἐν αὐτῷ τῷ Ἰορδάνῃ, ἐν τῷ γενομένῳ τόπῳ ὑπὸ τοὺς πόδας τῶν ἱερέων τῶν αἰρόντων τὴν κιβωτὸν τῆς διαθήκης Κυρίου· καὶ εἰσὶν ἐκεῖ ἕως τῆς σήμερον ἡμέρας.

Εἱστήκεισαν δὲ οἱ ἱερεῖς οἱ αἴροντες τὴν κιβωτὸν τῆς δια- 10 θήκης ἐν τῷ Ἰορδάνῃ, ἕως οὗ συνετέλεσεν Ἰησοῦς πάντα ἃ ἐνετείλατο Κύριος ἀναγγεῖλαι τῷ λαῷ· καὶ ἔσπευσεν ὁ λαός, καὶ διέβησαν. Καὶ ἐγένετο ὡς συνετέλεσε πᾶς ὁ λαὸς δια- 11 βῆναι, καὶ διέβη ἡ κιβωτὸς τῆς διαθήκης Κυρίου, καὶ οἱ λίθοι ἔμπροσθεν αὐτῶν. Καὶ διέβησαν οἱ υἱοὶ Ῥουβὴν, καὶ οἱ υἱοὶ 12 Γὰδ, καὶ οἱ ἡμίσεις φυλῆς Μανασσῆ διεσκευασμένοι ἔμπροσθεν τῶν υἱῶν Ἰσραήλ, καθάπερ ἐνετείλατο αὐτοῖς Μωυσῆς. Τετρα- 13 κισμύριοι εὔζωνοι εἰς μάχην διέβησαν ἐναντίον Κυρίου εἰς πόλεμον πρὸς τὴν Ἰεριχὼ πόλιν. Ἐν ἐκείνῃ τῇ ἡμέρᾳ ηὔξησε 14 Κύριος τὸν Ἰησοῦν ἐναντίον τοῦ παντὸς γένους Ἰσραήλ· καὶ ἐφοβοῦντο αὐτὸν, ὥσπερ Μωυσῆν, ὅσον χρόνον ἔζη.

Καὶ εἶπε Κύριος τῷ Ἰησοῖ, λέγων, ἔντειλαι τοῖς ἱερεῦσι 15, 16 τοῖς αἴρουσι τὴν κιβωτὸν τῆς διαθήκης τοῦ μαρτυρίου Κυρίου, ἐκβῆναι ἐκ τοῦ Ἰορδάνου. Καὶ ἐνετείλατο Ἰησοῦς τοῖς ἱερεῦσι, 17 λέγων, ἔκβητε ἐκ τοῦ Ἰορδάνου. Καὶ ἐγένετο ὡς ἐξέβησαν οἱ 18 ἱερεῖς οἱ αἴροντες τὴν κιβωτὸν τῆς διαθήκης Κυρίου ἐκ τοῦ Ἰορδάνου, καὶ ἔθηκαν τοὺς πόδας ἐπὶ τῆς γῆς, ὥρμησε τὸ ὕδωρ τοῦ Ἰορδάνου κατὰ χώραν, καὶ ἐπορεύετο καθὰ χθὲς καὶ τρίτην ἡμέραν δι᾽ ὅλης τῆς κρηπίδος.

Καὶ ὁ λαὸς ἀνέβη ἐκ τοῦ Ἰορδάνου δεκάτῃ τοῦ μηνὸς τοῦ 19 πρώτου· καὶ κατεστρατοπέδευσαν οἱ υἱοὶ Ἰσραὴλ ἐν Γαλγάλοις κατὰ μέρος τὸ πρὸς ἡλίου ἀνατολὰς ἀπὸ τῆς Ἰεριχώ. Καὶ 20 τοὺς δώδεκα λίθους τούτους, οὓς ἔλαβεν ἐκ τοῦ Ἰορδάνου, ἔστησεν Ἰησοῦς ἐν Γαλγάλοις, λέγων, ὅταν ἐρωτῶσιν ὑμᾶς 21 οἱ υἱοὶ ὑμῶν λέγοντες, τί εἰσιν οἱ λίθοι οὗτοι; Ἀναγγείλατε 22 τοῖς υἱοῖς ὑμῶν, ὅτι ἐπὶ ξηρᾶς διέβη Ἰσραὴλ τὸν Ἰορδάνην τοῦτον, ἀποξηράναντος Κυρίου τοῦ Θεοῦ ἡμῶν τὸ ὕδωρ τοῦ 23 Ἰορδάνου ἐκ τῶν ἔμπροσθεν αὐτῶν, μέχρις οὗ διέβησαν· καθάπερ ἐποίησε Κύριος ὁ Θεὸς ἡμῶν τὴν ἐρυθρὰν θάλασσαν, ἣν ἀπεξήρανε Κύριος ὁ Θεὸς ἡμῶν ἔμπροσθεν ἡμῶν, ἕως παρήλθομεν. Ὅπως γνῶσι πάντα τὰ ἔθνη τῆς γῆς, ὅτι ἡ 24 δύναμις τοῦ Κυρίου ἰσχυρά ἐστι, καὶ ἵνα ὑμεῖς σέβησθε Κύριον τὸν Θεὸν ἡμῶν ἐν παντὶ ἔργῳ.

Καὶ ἐγένετο ὡς ἤκουσαν οἱ βασιλεῖς τῶν Ἀμορραίων οἳ 5 ἦσαν πέραν τοῦ Ἰορδάνου, καὶ οἱ βασιλεῖς τῆς Φοινίκης οἱ παρὰ τὴν θάλασσαν, ὅτι ἀπεξήρανε Κύριος ὁ Θεὸς τὸν Ἰορδάνην ποταμὸν ἐκ τῶν ἔμπροσθεν τῶν υἱῶν Ἰσραὴλ ἐν τῷ διαβαί-

---

β Or, equipped.   γ Or, in good order.

νειν αὐτοὺς καὶ ἐτάκησαν αὐτῶν αἱ διάνοιαι, καὶ κατεπλάγησαν, καὶ οὐκ ἦν ἐν αὐτοῖς φρόνησις οὐδεμία ἀπὸ προσώπου τῶν υἱῶν Ἰσραήλ.

2 Ὑπὸ δὲ τοῦτον τὸν καιρὸν εἶπε Κύριος τῷ Ἰησοῖ, ποίησον σεαυτῷ μαχαίρας πετρίνας ἐκ πέτρας ἀκροτόμου, καὶ καθίσας

3 περίτεμε τοὺς υἱοὺς Ἰσραὴλ ἐκ δευτέρου. Καὶ ἐποίησεν Ἰησοῦς μαχαίρας πετρίνας ἀκροτόμους, καὶ περιέτεμε τοὺς υἱοὺς Ἰσραὴλ ἐπὶ τοῦ καλουμένου τόπου, Βουνὸς τῶν ἀκροβυστιῶν.

4 Ὃν δὲ τρόπον περιεκάθαρεν Ἰησοῦς τοὺς υἱοὺς Ἰσραήλ· ὅσοι ποτὲ ἐγένοντο ἐν τῇ ὁδῷ, καὶ ὅσοι ποτὲ ἀπερίτμητοι ἦσαν τῶν

5 ἐξεληλυθότων ἐξ Αἰγύπτου, πάντας τούτους περιέτεμεν Ἰησοῦς· τεσσαράκοντα γὰρ καὶ δύο ἔτη ἀνέστραπται Ἰσραὴλ ἐν τῇ

6 ἐρήμῳ τῇ Μαβδαρίτιδι. Διὸ ἀπερίτμητοι ἦσαν οἱ πλεῖστοι αὐτῶν τῶν μαχίμων τῶν ἐξεληλυθότων ἐκ γῆς Αἰγύπτου, οἱ ἀπειθήσαντες τῶν ἐντολῶν τοῦ Θεοῦ, οἷς καὶ διώρισε μὴ ἰδεῖν αὐτοὺς τὴν γῆν, ἣν ὤμοσε Κύριος τοῖς πατράσιν αὐτῶν δοῦναι

7 γῆν ῥέουσαν γάλα καὶ μέλι. Ἀντὶ δὲ τούτων ἀντικατέστησε τοὺς υἱοὺς αὐτῶν, οὓς Ἰησοῦς περιέτεμε, διὰ τὸ αὐτοὺς γεγεννῆ-

8 σθαι κατὰ τὴν ὁδὸν ἀπεριτμήτους. Περιτμηθέντες δὲ ἡσυχίαν εἶχον αὐτόθι καθήμενοι ἐν τῇ παρεμβολῇ ἕως ὑγιάσθησαν.

9 Καὶ εἶπε Κύριος τῷ Ἰησοῖ υἱῷ Ναυῆ, ἐν τῇ σήμερον ἡμέρᾳ ἀφεῖλον τὸν ὀνειδισμὸν Αἰγύπτου ἀφ᾽ ὑμῶν· καὶ ἐκάλεσε τὸ ὄνομα τοῦ τόπου ἐκείνου, Γάλγαλα.

10 Καὶ ἐποίησαν οἱ υἱοὶ Ἰσραὴλ τὸ πάσχα τῇ τεσσαρεσκαι-δεκάτῃ ἡμέρᾳ τοῦ μηνὸς ἀφ᾽ ἑσπέρας ἐπὶ δυσμῶν Ἱεριχὼ ἐν

11 τῷ πέραν τοῦ Ἰορδάνου ἐν τῷ πεδίῳ. Καὶ ἐφάγοσαν ἀπὸ τοῦ

12 σίτου τῆς γῆς ἄζυμα καὶ νέα. Ἐν ταύτῃ τῇ ἡμέρᾳ ἐξέλιπε τὸ μάννα μετὰ τὸ βεβρωκέναι αὐτοὺς ἐκ τοῦ σίτου τῆς γῆς, καὶ οὐκέτι ὑπῆρχε τοῖς υἱοῖς Ἰσραὴλ μάννα· ἐκαρπίσαντο δὲ τὴν χώραν τῶν Φοινίκων ἐν τῷ ἐνιαυτῷ ἐκείνῳ.

13 Καὶ ἐγένετο ὡς ἦν Ἰησοῦς ἐν Ἱεριχὼ, καὶ ἀναβλέψας τοῖς ὀφθαλμοῖς εἶδεν ἄνθρωπον ἑστηκότα ἐναντίον αὐτοῦ, καὶ ἡ ῥομφαία ἐσπασμένη ἐν τῇ χειρὶ αὐτοῦ· καὶ προσελθὼν Ἰησοῦς,

14 εἶπεν αὐτῷ, ἡμέτερος εἶ, ἢ τῶν ὑπεναντίων; Ὁ δὲ εἶπεν αὐτῷ,

15 ἐγὼ ἀρχιστράτηγος δυνάμεως Κυρίου, νυνὶ παραγέγονα. Καὶ Ἰησοῦς ἔπεσεν ἐπὶ πρόσωπον ἐπὶ τὴν γῆν, καὶ εἶπεν αὐτῷ,

16 δέσποτα, τί προστάσσεις τῷ σῷ οἰκέτῃ; Καὶ λέγει ὁ ἀρχι-στράτηγος Κυρίου πρὸς Ἰησοῦν, λῦσαι τὸ ὑπόδημα ἐκ τῶν ποδῶν σου, ὁ γὰρ τόπος ἐφ᾽ ᾧ νῦν ἔστηκας ἐπ᾽ αὐτοῦ, ἅγιός ἐστι.

6 Καὶ Ἱεριχὼ συγκεκλεισμένη καὶ ὠχυρωμένη, καὶ οὐδεὶς

2 ἐξεπορεύετο ἐξ αὐτῆς, οὐδὲ εἰσεπορεύετο. Καὶ εἶπε Κύριος πρὸς Ἰησοῦν, ἰδοὺ ἐγὼ παραδίδωμι ὑποχείριόν σοι τὴν Ἱεριχὼ, καὶ τὸν βασιλέα αὐτῆς τὸν ἐν αὐτῇ, δυνατοὺς ὄντας ἐν ἰσχύῑ.

3, 4 Σὺ δὲ περίστησον αὐτῇ τοὺς μαχίμους κύκλῳ. Καὶ ἔσται ὡς ἂν σαλπίσητε τῇ σάλπιγγι, ἀνακραγέτω πᾶς ὁ λαὸς ἅμα,

5 καὶ ἀνακραγόντων αὐτῶν πεσεῖται αὐτόματα τὰ τείχη τῆς πόλεως, καὶ εἰσελεύσεται πᾶς ὁ λαὸς ὁρμήσας ἕκαστος κατὰ πρόσωπον εἰς τὴν πόλιν.

6 Καὶ εἰσῆλθεν Ἰησοῦς ὁ τοῦ Ναυῆ πρὸς τοὺς ἱερεῖς, καὶ

β they were terror-stricken, and there was no sense in them γ because of the children of Israel. 2 And about this time the Lord said to Joshua, Make thee stone knives of sharp stone, and sit down and circumcise the children of Israel the second time. 3 And Joshua made sharp knives of stone, and circumcised the children of Israel at the place called the "Hill of Foreskins." 4 And *this is* the way in which Joshua purified the children of Israel; as many as were born in the way, and as many as were uncircumcised of them that came out of Egypt, 5 all these Joshua circumcised; for forty and two years Israel wandered in the wilderness of Mabdaris—6 Wherefore most of the fighting men that came out of the land of Egypt, were uncircumcised, who disobeyed the commands of God; concerning whom also he determined that they should not see the land, which the Lord sware to give to their fathers, *even* a land flowing with milk and honey. 7 And in their place he raised up their sons, whom Joshua circumcised, because they were uncircumcised, having been born by the way. 8 And when they had been circumcised they rested δ continuing there in the camp till they were healed. 9 And the Lord said to Joshua the son of Naue, On this day have I removed the reproach of Egypt from you: and he called the name of that place Galgala.

10 And the children of Israel kept the passover on the fourteenth day of the month at evening, to the westward of Jericho on the opposite side of the Jordan in the plain. 11 And they ate of the grain of the earth unleavened and new *corn*. 12 In this day the manna failed, after they had eaten of the corn of the land, and the children of Israel no longer had manna; and they took the fruits of the land of the Phœnicians in that year.

13 And it came to pass when Joshua was in Jericho, that he looked up with his eyes and saw a man standing before him, and *there was* a drawn sword in his hand; and Joshua drew near and said to him, Art thou for us or on the side of our enemies? 14 And he said to him, I am now come, the chief captain of the host of the Lord. 15 And Joshua fell on his face upon the earth, and said to him, Lord, what commandest thou thy servant? 16 And the captain of the Lord's host said to Joshua, Loose thy shoe off thy feet, for the place whereon thou now standest is holy.

Now Jericho was closely shut up and besieged, and none went out of it, and none came in. 2 And the Lord said to Joshua, Behold, I deliver Jericho into thy power, and its king in it, ζ *and its* mighty men. 3 And do thou set the men of war round about it. 4 And it shall be *that* when ye shall sound with the trumpet, θ all the people shall shout together. 5 And when they have shouted, the walls of the city shall fall λ of themselves; and all the people shall enter, each one rushing direct into the city. 6 And Joshua the *son* of Naue went in to the priests, and spoke to them, saying, Charge

---

β *Gr.* their minds or thoughts melted.   γ *Gr.* from the face of.   δ *Gr.* sitting. A frequent Hebraism.   ζ *Gr.* mighty in strength.
θ *Gr.* let all the people, etc.   λ *Or*, of their own accord.

the people to go round, and encompass the city; and let your men of war pass on armed before the Lord. 7 And let seven priests having seven β sacred trumpets proceed thus before the Lord, and let them sound loudly; and let the ark of the covenant of the Lord follow. 9 And let the men of war proceed before, and the priests bringing up the rear behind the ark of the covenant of the Lord *proceed* sounding the trumpets. 10 And Joshua commanded the people, saying, Cry not out, nor let any one hear your voice, until he himself declare to you the γ time to cry out, and then ye shall cry out. 11 And the ark of the covenant of God having gone round immediately returned into the camp, and lodged there.

12 And on the second day Joshua rose up in the morning, and the priests took up the ark of the covenant of the Lord. 13 And the seven priests bearing the seven trumpets went on before the Lord; and afterwards the men of war went on, and the remainder of the multitude went after the ark of the covenant of the Lord, and the priests sounded with the trumpets. 14 And all the rest of the multitude compassed the city six times from within a short distance, and went back again into the camp; this they did six days.

15 And on the seventh day they rose up early, and compassed the city on that day seven times. 16 And it came to pass at the seventh circuit the priests blew the trumpets; and Joshua said to the children of Israel, Shout, for the Lord has given you the city. 17 And the city shall be δ devoted, it and all things that are in it, to the Lord of Hosts: only do ye save Raab the harlot, and all things in her house. 18 But keep yourselves strictly from the accursed thing, lest ye set your mind upon and take of the accursed thing, and ye make the camp of the children of Israel an accursed thing, and destroy us. 19 And all the silver, or gold, or brass, or iron, shall be holy to the Lord; it shall be carried into the treasury of the Lord.

20 And the priests sounded with the trumpets: and when the people heard the trumpets, all the people shouted at once with a loud and strong shout; and all the wall fell round about, and all the people went up into the city: 21 and Joshua devoted it to destruction, and all things that were in the city, man and woman, young man and old, and calf and ass, with the ζ edge of the sword.

22 And Joshua said to the two young men who had acted as spies, Go into the house of the woman, and bring her out thence, and all that she has. 23 And the two young men who had spied out the city entered into the house of the woman, and brought out Raab the harlot, and her father, and her mother, and her brethren, and her kindred, and all that she had; and they set her without the camp of Israel. 24 And the city was burnt with fire with all things that were in it; only of the silver, and gold, and brass, and

εἶπεν αὐτοῖς, λέγων, παραγγείλατε τῷ λαῷ περιελθεῖν, καὶ κυκλῶσαι τὴν πόλιν· καὶ οἱ μάχιμοι παραπορευέσθωσαν ἐνωπλισμένοι ἐναντίον Κυρίου. Καὶ ἑπτὰ ἱερεῖς ἔχοντες ἑπτὰ 7 σάλπιγγας ἱερὰς παρελθέτωσαν ὡσαύτως ἐναντίον τοῦ Κυρίου, καὶ σημαινέτωσαν εὐτόνως· καὶ ἡ κιβωτὸς τῆς διαθήκης Κυρίου ἐπακολουθείτω. Οἱ δὲ μάχιμοι παραπορευέσθωσαν 9 ἔμπροσθεν, καὶ οἱ ἱερεῖς οἱ οὐραγοῦντες ὀπίσω τῆς κιβωτοῦ τῆς διαθήκης Κυρίου σαλπίζοντες. Τῷ δὲ λαῷ ἐνετείλατο Ἰησοῦς, 10 λέγων, μὴ βοᾶτε, μηδὲ ἀκουσάτω μηδεὶς τὴν φωνὴν ὑμῶν, ἕως ἂν ἡμέραν διαγγείλῃ αὐτὸς ἀναβοῆσαι, καὶ τότε ἀναβοήσετε· Καὶ περιελθοῦσα ἡ κιβωτὸς τῆς διαθήκης τοῦ Θεοῦ εὐθέως 11 ἀπῆλθεν εἰς τὴν παρεμβολήν, καὶ ἐκοιμήθη ἐκεῖ.

Καὶ τῇ ἡμέρᾳ τῇ δευτέρᾳ ἀνέστη Ἰησοῦς τοπρωὶ, καὶ ᾖραν 12 οἱ ἱερεῖς τὴν κιβωτὸν τῆς διαθήκης Κυρίου. Καὶ οἱ ἑπτὰ 13 ἱερεῖς οἱ φέροντες τὰς σάλπιγγας τὰς ἑπτὰ προεπορεύοντο ἐναντίον Κυρίου· καὶ μετὰ ταῦτα εἰσεπορεύοντο οἱ μάχιμοι, καὶ ὁ λοιπὸς ὄχλος ὄπισθεν τῆς κιβωτοῦ τῆς διαθήκης Κυρίου· καὶ οἱ ἱερεῖς ἐσάλπισαν ταῖς σάλπιγξι, καὶ ὁ 14 λοιπὸς ὄχλος ἅπας περιεκύκλωσε τὴν πόλιν ἑξάκις ἐγγύθεν, καὶ ἀπῆλθε πάλιν εἰς τὴν παρεμβολήν· οὕτως ἐποίει ἐπὶ ἐξ ἡμέρας.

Καὶ τῇ ἡμέρᾳ τῇ ἑβδόμῃ ἀνέστησαν ὄρθρου, καὶ περιῆλθο- 15 σαν τὴν πόλιν ἐν τῇ ἡμέρᾳ ἐκείνῃ ἑπτάκις. Καὶ ἐγένετο τῇ 16 περιόδῳ τῇ ἑβδόμῃ ἐσάλπισαν οἱ ἱερεῖς· καὶ εἶπεν Ἰησοῦς τοῖς υἱοῖς Ἰσραὴλ, κεκράξατε, παρέδωκε γὰρ Κύριος ὑμῖν τὴν πόλιν. Καὶ ἔσται ἡ πόλις ἀνάθεμα, αὐτὴ καὶ πάντα ὅσα 17 ἐστὶν ἐν αὐτῇ, Κυρίῳ σαβαώθ· πλὴν Ῥαὰβ τὴν πόρνην περιποιήσασθε αὐτὴν, καὶ πάντα ὅσα ἐστὶν ἐν τῷ οἴκῳ αὐτῆς. Ἀλλὰ ὑμεῖς φυλάξεσθε σφόδρα ἀπὸ τοῦ ἀναθέματος, μήποτε 18 ἐνθυμηθέντες ὑμεῖς αὐτοὶ λάβητε ἀπὸ τοῦ ἀναθέματος, καὶ ποιήσητε τὴν παρεμβολὴν τῶν υἱῶν Ἰσραὴλ ἀνάθεμα, καὶ ἐκτρίψητε ἡμᾶς. Καὶ πᾶν ἀργύριον ἢ χρυσίον, ἢ χαλκὸς 19 ἢ σίδηρος, ἅγιον ἔσται τῷ Κυρίῳ· εἰς θησαυρὸν Κυρίου εἰσενεχθήσεται.

Καὶ ἐσάλπισαν ταῖς σάλπιγξιν οἱ ἱερεῖς· ὡς δὲ ἤκουσεν 20 ὁ λαὸς τῶν σαλπίγγων, ἠλάλαξε πᾶς ὁ λαὸς ἅμα ἀλαλαγμῷ μεγάλῳ καὶ ἰσχυρῷ· καὶ ἔπεσεν ἅπαν τὸ τεῖχος κύκλῳ· καὶ ἀνέβη πᾶς ὁ λαὸς εἰς τὴν πόλιν. Καὶ ἀνεθεμάτισεν αὐτὴν 21 Ἰησοῦς, καὶ ὅσα ἦν ἐν τῇ πόλει ἀπὸ ἀνδρὸς καὶ ἕως γυναικὸς, ἀπὸ νεανίσκου καὶ ἕως πρεσβύτου, καὶ ἕως μόσχου καὶ ὑποζυγίου, ἐν στόματι ῥομφαίας.

Καὶ τοῖς δυσὶ νεανίσκοις τοῖς κατασκοπεύσασιν εἶπεν 22 Ἰησοῦς, εἰσέλθατε εἰς τὴν οἰκίαν τῆς γυναικὸς, καὶ ἐξαγάγετε αὐτὴν ἐκεῖθεν, καὶ ὅσα ἐστὶν αὐτῇ. Καὶ εἰσῆλθον οἱ δύο 23 νεανίσκοι οἱ κατασκοπεύσαντες τὴν πόλιν, εἰς τὴν οἰκίαν τῆς γυναικὸς, καὶ ἐξηγάγοσαν Ῥαὰβ τὴν πόρνην, καὶ τὸν πατέρα αὐτῆς, καὶ τὴν μητέρα αὐτῆς, καὶ τοὺς ἀδελφοὺς αὐτῆς, καὶ τὴν συγγένειαν αὐτῆς, καὶ πάντα ὅσα ἦν αὐτῇ· καὶ κατέστησαν αὐτὴν ἔξω τῆς παρεμβολῆς Ἰσραήλ. Καὶ ἡ πόλις 24 ἐνεπρήσθη ἐν πυρισμῷ σὺν πᾶσι τοῖς ἐν αὐτῇ· πλὴν ἀργυρίου

β *Heb.* שׁוֹפְרוֹת הַיּוֹבְלִים. *A. V.* 'rams' horns.' Only in this place.   γ *Gr.* day.   δ *Or*, an accursed thing.   ζ *Gr.* mouth.

καὶ χρυσίου καὶ χαλκοῦ καὶ σιδήρου ἔδωκαν εἰς θησαυρὸν Κυρίου εἰσενεχθῆναι.

25 Καὶ Ῥαὰβ τὴν πόρνην, καὶ πάντα τὸν οἶκον αὐτῆς τὸν πατρικὸν ἐζώγρησεν Ἰησοῦς· καὶ κατῴκισεν ἐν τῷ Ἰσραὴλ ἕως τῆς σήμερον ἡμέρας, διότι ἔκρυψε τοὺς κατασκοπεύσαντας,

26 οὓς ἀπέστειλεν Ἰησοῦς κατασκοπεῦσαι τὴν Ἱεριχώ. Καὶ ὥρκισεν Ἰησοῦς ἐν τῇ ἡμέρᾳ ἐκείνῃ ἐναντίον Κυρίου, λέγων, ἐπικατάρατος ὁ ἄνθρωπος, ὃς οἰκοδομήσει τὴν πόλιν ἐκείνην· ἐν τῷ πρωτοτόκῳ αὐτοῦ θεμελιώσει αὐτὴν, καὶ ἐν τῷ ἐλαχίστῳ αὐτοῦ ἐπιστήσει τὰς πύλας αὐτῆς. Καὶ οὕτως ἐποίησεν Ὀζὰν ὁ ἐκ Βαιθήλ· ἐν τῷ Ἀβιρὼν τῷ πρωτοτόκῳ ἐθεμελίωσεν αὐτὴν, καὶ ἐν τῷ ἐλαχίστῳ διασωθέντι ἐπέστησε τὰς πύλας αὐτῆς.

27 Καὶ ἦν Κύριος μετὰ Ἰησοῦ, καὶ ἦν τὸ ὄνομα αὐτοῦ κατὰ πᾶσαν τὴν γῆν.

7 Καὶ ἐπλημμέλησαν οἱ υἱοὶ Ἰσραὴλ πλημμέλειαν μεγάλην, καὶ ἐνοσφίσαντο ἀπὸ τοῦ ἀναθέματος· καὶ ἔλαβεν Ἄχαρ υἱὸς Χαρμὶ υἱοῦ Ζαμβρὶ υἱοῦ Ζαρὰ ἐκ τῆς φυλῆς Ἰούδα ἀπὸ τοῦ ἀναθέματος· καὶ ἐθυμώθη Κύριος ὀργῇ τοῖς υἱοῖς Ἰσραήλ.

2 Καὶ ἀπέστειλεν Ἰησοῦς ἄνδρας εἰς Γαὶ, ἥ ἐστι κατὰ Βαιθήλ, λέγων, κατασκέψασθε τὴν Γαί· καὶ ἀνέβησαν οἱ ἄνδρες καὶ

3 κατεσκέψαντο τὴν Γαί· Καὶ ἀνέστρεψαν πρὸς Ἰησοῦν, καὶ εἶπαν πρὸς αὐτὸν, μὴ ἀναβήτω πᾶς ὁ λαὸς, ἀλλ᾽ ὡσεὶ δισχίλιοι ἢ τρισχίλιοι ἄνδρες ἀναβήτωσαν καὶ ἐκπολιορκησάτωσαν τὴν πόλιν· μὴ ἀναγάγῃς ἐκεῖ τὸν λαὸν ἅπαντα, ὀλίγοι γάρ εἰσι.

4 Καὶ ἀνέβησαν ὡσεὶ τρισχίλιοι ἄνδρες, καὶ ἔφυγον ἀπὸ

5 προσώπου ἀνδρῶν Γαί. Καὶ ἀπέκτειναν ἀπ᾽ αὐτῶν ἄνδρες Γαὶ εἰς τριακονταὲξ ἄνδρας, καὶ κατεδίωξαν αὐτοὺς ἀπὸ τῆς πύλης, καὶ συνέτριψαν αὐτοὺς ἀπὸ τοῦ καταφεροῦς· καὶ ἐπτοήθη ἡ καρδία τοῦ λαοῦ, καὶ ἐγένετο ὥσπερ ὕδωρ.

6 Καὶ διέρρηξεν Ἰησοῦς τὰ ἱμάτια αὐτοῦ· καὶ ἔπεσεν Ἰησοῦς ἐπὶ τὴν γῆν ἐπὶ πρόσωπον ἐναντίον Κυρίου ἕως ἑσπέρας, αὐτὸς καὶ οἱ πρεσβύτεροι Ἰσραήλ· καὶ ἐπεβάλοντο χοῦν ἐπὶ τὰς

7 κεφαλὰς αὐτῶν. Καὶ εἶπεν Ἰησοῦς, δέομαι Κύριε· ἱνατί διεβίβασεν ὁ παῖς σου τὸν λαὸν τοῦτον τὸν Ἰορδάνην παραδοῦναι αὐτὸν τῷ Ἀμορραίῳ, ἀπολέσαι ἡμᾶς; καὶ εἰ κατεμείνα-

8 μεν καὶ κατῳκίσθημεν παρὰ τὸν Ἰορδάνην. Καὶ τί ἐρῶ ἐπεὶ

9 μετέβαλεν Ἰσραὴλ αὐχένα ἀπέναντι τοῦ ἐχθροῦ αὐτοῦ; Καὶ ἀκούσας ὁ Χαναναῖος· καὶ πάντες οἱ κατοικοῦντες τὴν γῆν, περικυκλώσουσιν ἡμᾶς, καὶ ἐκτρίψουσιν ἡμᾶς ἀπὸ τῆς γῆς· καὶ τί ποιήσεις τὸ ὄνομά σου τὸ μέγα;

10 Καὶ εἶπε Κύριος πρὸς Ἰησοῦν, ἀνάστηθι, ἱνατί τοῦτο σὺ

11 πέπτωκας ἐπὶ πρόσωπόν σου; Ἡμάρτηκεν ὁ λαὸς καὶ παρέβη τὴν διαθήκην, ἣν διεθέμην πρὸς αὐτοὺς, κλέψαντες ἀπὸ τοῦ

12 ἀναθέματος ἐνέβαλον εἰς τὰ σκεύη αὐτῶν. Καὶ οὐ μὴ δύνωνται οἱ υἱοὶ Ἰσραὴλ ὑποστῆναι κατὰ πρόσωπον τῶν ἐχθρῶν αὐτῶν· αὐχένα ὑποστρέψουσιν ἔναντι τῶν ἐχθρῶν αὐτῶν, ὅτι ἐγενήθησαν ἀνάθεμα· οὐ προσθήσω ἔτι εἶναι μεθ᾽ ὑμῶν, ἐὰν μὴ ἐξάρητε

13 τὸ ἀνάθεμα ἐξ ὑμῶν αὐτῶν. Ἀναστὰς ἁγίασον τὸν λαὸν, καὶ εἶπον ἁγιασθῆναι εἰσαύριον· τάδε λέγει Κύριος ὁ Θεὸς Ἰσραὴλ, τὸ ἀνάθεμά ἐστιν ἐν ὑμῖν· οὐ δυνήσεσθε ἀντιστῆναι ἀπέναντι

iron, they gave to be brought into the treasury of the Lord.

25 And Joshua saved alive Raab the harlot, and all the house of her father, and caused her to dwell in Israel until this day, because she hid the spies which Joshua sent to spy out Jericho. 25 And Joshua adjured *them* on that day before the Lord, saying, Cursed *be* the man who shall build that city: he shall lay the foundation of it in his first-born, and he shall set up the gates of it in his youngest son. And so did Hozan of Bæthel; he laid the foundation in Abiron his first-born, and set up the gates of it in his youngest β surviving son.

27 And the Lord was with Joshua, and his name was in all the land.

But the children of Israel committed a great trespass, and purloined *part* of the accursed thing; and Achar the son of Charmi, the son of Zambri, the son of Zara, of the tribe of Juda, took of the accursed thing; and the Lord was very angry with the children of Israel.

2 And Joshua sent men to Gai, which is by Bæthel, saying, Spy out Gai: and the men went up and spied Gai. 3 And they returned to Joshua, and said to him, Let not all the people go up, but let about two or three thousand men go up and take the city by siege: carry not up thither the whole people, for *the enemy* are few. 4 And there went up about three thousand men, and they fled from before the men of Gai. 5 And the men of Gai slew of them to the number of thirty-six men, and they pursued them from the gate, and destroyed them from the steep hill; and the heart of the people was alarmed and became as water.

6 And Joshua tore his garments; and Joshua fell on the earth on his face before the Lord until evening, he and the elders of Israel; and they cast dust on their heads. 7 And Joshua said, I pray, Lord, wherefore has thy servant brought this people over Jordan, to deliver them to the Amorite to destroy us? γ would we had remained and settled ourselves beyond Jordan. 8 And what shall I say since Israel has turned his δ back before his enemy? 9 And when the Chananite and all the inhabitants of the land hear it, they shall compass us round and destroy us from off the land: and what wilt thou do *for* thy great name?

10 And the Lord said to Joshua, Rise up; why hast thou fallen upon thy face? 11 The people has sinned, and transgressed the covenant which I made with them; they have stolen from the cursed thing, and put it into their store. 12 And the children of Israel will not be able to stand before their enemies; they will turn their δ back before their enemies, for they have become an accursed thing: I will not any longer be with you, unless ye remove the cursed thing from yourselves. 13 Rise, sanctify the people and tell them to sanctify themselves for the morrow: thus says the Lord God of Israel, The accursed thing is among you; ye shall not be able to stand before your enemies,

---

β *Gr.* saved.   γ *Gr.* and if we had.   δ *Gr.* neck.   *Heb.* ערף the back of the neck.

until ye shall have removed the cursed thing from among you. ¹⁴ And ye shall all be gathered together by your tribes in the morning, and it shall come to pass that the tribe which the Lord shall shew, ye shall bring by families; and the family which the Lord shall shew, ye shall bring by households; and the household which the Lord shall shew, ye shall bring man by man. ¹⁵ And the man who shall be pointed out, shall be burnt with fire, and all that he has; because he has transgressed the covenant of the Lord, and has wrought wickedness in Israel.

¹⁶ And Joshua rose up early, and brought the people by their tribes; and the tribe of Juda was pointed out. ¹⁷ And it was brought by their families, and the family of the Zaraites was pointed out. ¹⁸ And it was brought man by man, and Achar the son of Zambri the son of Zara was pointed out.

¹⁹ And Joshua said to Achar, Give glory this day to the Lord God of Israel, and make confession; and tell me what thou hast done, and hide it not from me. ²⁰ And Achar answered Joshua, and said, Indeed I have sinned against the Lord God of Israel: thus and thus have I done; ²¹ I saw in the spoil an embroidered mantle, and two hundred didrachms of silver, and one golden wedge of fifty didrachms, and I desired them and took them; and, behold, they are hid in my tent, and the silver is hid under them. ²² And Joshua sent messengers, and they ran to the tent into the camp; and these things were hidden in his tent, and the silver under them. ²³ And they brought them out of the tent, and brought them to Joshua and the elders of Israel, and they laid them before the Lord.

²⁴ And Joshua took Achar the son of Zara, and brought him to the valley of Achor, and his sons, and his daughters, and his calves, and his asses, and all his sheep, and his tent, and all his property, and all the people *were* with him; and he brought them to β Emec Achor. ²⁵ And Joshua said to Achar, Why hast thou destroyed us? the Lord destroy thee γ as at this day. And all Israel stoned him with stones. ²⁶ And they set up over him a great heap of stones; and the Lord ceased from his fierce anger. Therefore he called δ the plâce Emecachor until this day.

And the Lord said to Joshua, Fear not, nor be timorous: take with thee all the men of war, and arise, go up to Gai; behold, I have given into thy hands the king of Gai, and his land. ² And thou shalt do to Gai, as thou didst to Jericho and its king; and thou shalt take to thyself the spoil of its cattle; set now for thyself an ambush for the city behind.

³ And Joshua and all the men of war rose to go up to Gai; and Joshua chose out thirty thousand mighty men, and he sent them away by night. ⁴ And he charged them, saying, Do ye lie in ambush behind the city: do not go far from the city, and ye shall all be ready. ⁵ And I and all with me will draw near to the city: and it shall come to pass

τῶν ἐχθρῶν ὑμῶν, ἕως ἂν ἐξάρητε τὸ ἀνάθεμα ἐξ ὑμῶν. Καὶ 14 συναχθήσεσθε πάντες τοπρωὶ κατὰ φυλὰς, καὶ ἔσται ἡ φυλὴ ἣν ἂν δείξῃ Κύριος, προσάξετε κατὰ δήμους· καὶ τὸν δῆμον ὃν ἂν δείξῃ Κύριος, προσάξετε κατ᾽ οἶκον· καὶ τὸν οἶκον ὃν ἂν δείξῃ Κύριος, προσάξετε κατ᾽ ἄνδρα. Καὶ ὃς ἂν ἐνδειχθῇ, 15 κατακαυθήσεται ἐν πυρὶ, καὶ πάντα ὅσα ἐστὶν αὐτῷ· ὅτι παρέβη τὴν διαθήκην Κυρίου, καὶ ἐποίησεν ἀνόμημα ἐν Ἰσραήλ.

Καὶ ὤρθρισεν Ἰησοῦς, καὶ προσήγαγε τὸν λαὸν κατὰ φυλάς· 16 καὶ ἐνεδείχθη ἡ φυλὴ Ἰούδα. Καὶ προσήχθη κατὰ δήμους, 17 καὶ ἐνεδείχθη δῆμος Ζαραί. Καὶ προσήχθη κατ᾽ ἄνδρα, καὶ 18 ἐνεδείχθη Ἄχαρ υἱὸς Ζαμβρὶ υἱοῦ Ζαρά.

Καὶ εἶπεν Ἰησοῦς τῷ Ἄχαρ, δὸς δόξαν σήμερον τῷ Κυρίῳ 19 Θεῷ Ἰσραήλ, καὶ δὸς τὴν ἐξομολόγησιν, καὶ ἀνάγγειλόν μοι τί ἐποίησας, καὶ μὴ κρύψῃς ἀπ᾽ ἐμοῦ. Καὶ ἀπεκρίθη Ἄχαρ 20 τῷ Ἰησοῖ, καὶ εἶπεν, ἀληθῶς ἥμαρτον ἐναντίον Κυρίου τοῦ Θεοῦ Ἰσραήλ· οὕτως καὶ οὕτως ἐποίησα. Εἶδον ἐν τῇ 21 προνομῇ ψιλὴν ποικίλην, καὶ διακόσια δίδραχμα ἀργυρίου, καὶ γλῶσσαν μίαν χρυσῆν πεντήκοντα διδράχμων, καὶ ἐνθυμηθεὶς αὐτῶν ἔλαβον· καὶ ἰδοὺ αὐτὰ ἐγκέκρυπται ἐν τῇ σκηνῇ μου, καὶ τὸ ἀργύριον κέκρυπται ὑποκάτω αὐτῶν. Καὶ ἀπέστει- 22 λεν Ἰησοῦς ἀγγέλους, καὶ ἔδραμον εἰς τὴν σκηνὴν εἰς τὴν παρεμβολήν· καὶ ταῦτα ἦν κεκρυμμένα εἰς τὴν σκηνὴν αὐτοῦ, καὶ τὸ ἀργύριον ὑποκάτω αὐτῶν. Καὶ ἐξήνεγκαν αὐτὰ ἐκ τῆς 23 σκηνῆς, καὶ ἤνεγκαν πρὸς Ἰησοῦν καὶ τοὺς πρεσβυτέρους Ἰσραήλ, καὶ ἔθηκαν αὐτὰ ἔναντι Κυρίου.

Καὶ ἔλαβεν Ἰησοῦς τὸν Ἄχαρ υἱὸν Ζαρὰ, καὶ ἀνήγαγεν 24 αὐτὸν εἰς φάραγγα Ἀχὼρ, καὶ τοὺς υἱοὺς αὐτοῦ, καὶ τὰς θυγατέρας αὐτοῦ, καὶ τοὺς μόσχους αὐτοῦ, καὶ τὰ ὑποζύγια αὐτοῦ, καὶ πάντα τὰ πρόβατα αὐτοῦ, καὶ τὴν σκηνὴν αὐτοῦ, καὶ πάντα τὰ ὑπάρχοντα αὐτοῦ, καὶ πᾶς ὁ λαὸς μετ᾽ αὐτοῦ· καὶ ἀνήγαγεν αὐτοὺς εἰς Ἐμεκαχώρ. Καὶ εἶπεν Ἰησοῦς τῷ 25 Ἄχαρ, τί ὠλόθρευσας ἡμᾶς; ἐξολοθρεύσαι σε Κύριος καθὰ καὶ σήμερον. Καὶ ἐλιθοβόλησαν αὐτὸν λίθοις πᾶς Ἰσραήλ, καὶ 26 ἐπέστησαν αὐτῷ σωρὸν λίθων μέγαν· καὶ ἐπαύσατο Κύριος τοῦ θυμοῦ τῆς ὀργῆς. Διὰ τοῦτο ἐπωνόμασεν αὐτὸ Ἐμεκαχώρ ἕως τῆς ἡμέρας ταύτης.

Καὶ εἶπε Κύριος πρὸς Ἰησοῦν, μὴ φοβηθῇς, μηδὲ δειλιάσῃς· 8 λάβε μετὰ σοῦ πάντας τοὺς ἄνδρας τοὺς πολεμιστὰς, καὶ ἀναστὰς ἀνάβηθι εἰς Γαί· ἰδοὺ δέδωκα εἰς τὰς χεῖράς σου τὸν βασιλέα Γαὶ, καὶ τὴν γῆν αὐτοῦ. Καὶ ποιήσεις τὴν Γαὶ, 2 ὃν τρόπον ἐποίησας τὴν Ἱεριχὼ, καὶ τὸν βασιλέα αὐτῆς· καὶ τὴν προνομὴν τῶν κτηνῶν προνομεύσεις σεαυτῷ· κατάστησον δὲ σεαυτῷ ἔνεδρα τῇ πόλει εἰς τὰ ὀπίσω.

Καὶ ἀνέστη Ἰησοῦς καὶ πᾶς ὁ λαὸς ὁ πολεμιστὴς ὥστε 3 ἀναβῆναι εἰς Γαί· ἐπέλεξε δὲ Ἰησοῦς τριάκοντα χιλιάδας ἀνδρῶν δυνατῶν ἐν ἰσχύϊ, καὶ ἀπέστειλεν αὐτοὺς νυκτός. Καὶ 4 ἐνετείλατο αὐτοῖς, λέγων, ὑμεῖς ἐνεδρεύσατε ὀπίσω τῆς πόλεως· μὴ μακρὰν γίνεσθε ἀπὸ τῆς πόλεως, καὶ ἔσεσθε πάντες ἕτοιμοι. Καὶ ἐγὼ καὶ πάντες οἱ μετ᾽ ἐμοῦ προσάξομεν πρὸς τὴν πόλιν· 5

β *Heb.* עֵמֶק עָכוֹר valley of trouble.   γ *Gr.* as also to-day.   δ *Gr.* it.

καὶ ἔσται ὡς ἂν ἐξέλθωσιν οἱ κατοικοῦντες Γαὶ εἰς συνάντησιν ἡμῖν, καθάπερ καὶ πρώην, καὶ φευξόμεθα ἀπὸ προσώπου
6 αὐτῶν. Καὶ ὡς ἂν ἐξέλθωσιν ὀπίσω ἡμῶν, ἀποσπάσομεν αὐτοὺς ἀπὸ τῆς πόλεως· καὶ ἐροῦσι, φεύγουσιν οὗτοι ἀπὸ
7 προσώπου ἡμῶν, ὃν τρόπον καὶ ἔμπροσθεν. Ὑμεῖς δὲ ἐξαναστήσεσθε ἐκ τῆς ἐνέδρας, καὶ πορεύσεσθε εἰς τὴν πόλιν.
8 Κατὰ τὸ ῥῆμα τοῦτο ποιήσετε· ἰδοὺ ἐντέταλμαι ὑμῖν.
9 Καὶ ἀπέστειλεν αὐτοὺς Ἰησοῦς, καὶ ἐπορεύθησαν εἰς τὴν ἔνεδραν· καὶ ἐνεκάθισαν ἀναμέσον Βαιθὴλ καὶ ἀναμέσον Γαὶ, ἀπὸ θαλάσσης τῆς Γαί.
10 Καὶ ὀρθρίσας Ἰησοῦς τοπρωΐ, ἐπεσκέψατο τὸν λαόν· καὶ ἀνέβησαν αὐτὸς καὶ οἱ πρεσβύτεροι κατὰ πρόσωπον τοῦ λαοῦ
11 ἐπὶ Γαί. Καὶ πᾶς ὁ λαὸς ὁ πολεμιστὴς μετ' αὐτοῦ ἀνέβησαν· καὶ πορευόμενοι ἦλθον ἐξεναντίας τῆς πόλεως ἀπὸ
12 ἀνατολῶν. Καὶ τὰ ἔνεδρα τῆς πόλεως ἀπὸ θαλάσσης·
14 Καὶ ἐγένετο ὡς εἶδε βασιλεὺς Γαὶ, ἔσπευσε καὶ ἐξῆλθεν εἰς συνάντησιν αὐτοῖς ἐπ' εὐθείας εἰς τὸν πόλεμον, αὐτὸς καὶ πᾶς ὁ λαὸς ὁ μετ' αὐτοῦ· καὶ αὐτὸς οὐκ ᾔδει ὅτι ἔνεδρα αὐτῷ ἐστιν
15 ὀπίσω τῆς πόλεως. Καὶ εἶδε, καὶ ἀνεχώρησεν Ἰησοῦς καὶ
16 Ἰσραὴλ ἀπὸ προσώπου αὐτῶν. Καὶ κατεδίωξαν ὀπίσω τῶν
17 υἱῶν Ἰσραήλ· καὶ αὐτοὶ ἀπέστησαν ἀπὸ τῆς πόλεως. Οὐ κατελείφθη οὐδεὶς ἐν τῇ Γαὶ, ὃς οὐ κατεδίωξεν ὀπίσω Ἰσραήλ· καὶ κατέλιπον τὴν πόλιν ἠνεωγμένην, καὶ κατεδίωξαν ὀπίσω Ἰσραήλ.
18 Καὶ εἶπε Κύριος πρὸς Ἰησοῦν, ἔκτεινον τὴν χεῖρά σου ἐν τῷ γαισῷ τῷ ἐν τῇ χειρί σου ἐπὶ τὴν πόλιν, εἰς γὰρ τὰς χεῖράς σου παραδέδωκα αὐτήν· καὶ τὰ ἔνεδρα ἐξαναστήσονται
19 ἐν τάχει ἐκ τοῦ τόπου αὐτῶν. Καὶ ἐξέτεινεν Ἰησοῦς τὴν χεῖρα αὐτοῦ τὸν γαισὸν ἐπὶ τὴν πόλιν· καὶ τὰ ἔνεδρα ἐξανέστησαν ἐν τάχει ἐκ τοῦ τόπου αὐτῶν· καὶ ἐξῆλθοσαν ὅτε ἐξέτεινε τὴν χεῖρα, καὶ εἰσῆλθοσαν ἐπὶ τὴν πόλιν, καὶ κατελάβοντο αὐτήν· καὶ σπεύσαντες ἐνέπρησαν τὴν πόλιν ἐν πυρί.
20 Καὶ περιβλέψαντες οἱ κάτοικοι Γαὶ εἰς τὰ ὀπίσω αὐτῶν, καὶ ἐθεώρουν καπνὸν ἀναβαίνοντα ἐκ τῆς πόλεως εἰς τὸν
21 οὐρανόν· καὶ οὐκ ἔτι εἶχον ποῦ φύγωσιν ὧδε ἢ ὧδε. Καὶ Ἰησοῦς καὶ πᾶς Ἰσραὴλ εἶδον, ὅτι ἔλαβον τὰ ἔνεδρα τὴν πόλιν, καὶ ὅτι ἀνέβη ὁ καπνὸς τῆς πόλεως εἰς τὸν οὐρανόν·
22 καὶ μεταβαλλόμενοι, ἐπάταξαν τοὺς ἄνδρας τῆς Γαί. Καὶ οὗτοι ἐξῆλθοσαν ἐκ τῆς πόλεως εἰς συνάντησιν· καὶ ἐκενήθησαν ἀναμέσον τῆς παρεμβολῆς, οὗτοι ἐντεῦθεν καὶ οὗτοι ἐντεῦθεν· καὶ ἐπάταξαν αὐτοὺς ἕως τοῦ μὴ καταλειφθῆναι αὐτῶν
23 σεσωσμένον καὶ διαπεφευγότα. Καὶ τὸν βασιλέα τῆς Γαὶ συνέλαβον ζῶντα, καὶ προσήγαγον αὐτὸν πρὸς Ἰησοῦν.
24 Καὶ ὡς ἐπαύσαντο οἱ υἱοὶ Ἰσραὴλ ἀποκτείνοντες πάντας τοὺς ἐν τῇ Γαὶ, καὶ τοὺς ἐν τοῖς πεδίοις, καὶ ἐν τῷ ὄρει ἐπὶ τῆς καταβάσεως, οὗ κατεδίωξαν αὐτοὺς ἀπ' αὐτῆς εἰς τέλος, καὶ ἐπέστρεψεν Ἰησοῦς εἰς Γαὶ, καὶ ἐπάταξεν αὐτὴν ἐν στό-
25 ματι ῥομφαίας. Καὶ ἐγενήθησαν οἱ πεσόντες ἐν τῇ ἡμέρᾳ ἐκείνῃ ἀπὸ ἀνδρὸς καὶ ἕως γυναικὸς, δώδεκα χιλιάδες, πάντας
27 τοὺς κατοικοῦντας Γαί. Πλὴν τῶν σκύλων τῶν ἐν τῇ πόλει

---

when the inhabitants of Gai shall come forth to meet us, as before, that we will flee from before them. [6] And when they shall come out after us, we will draw them away from the city; and they will say, These men flee from before us, as also before. [7] And ye shall rise up out of the ambuscade, and go into the city. [8] Ye shall do according to this word, lo! I have commanded you. [9] And Joshua sent them, and they went to lie in ambush; and they lay between Bæthel and Gai, westward of Gai.

[10] And Joshua rose up early in the morning, and [β]numbered the people; and he went up, he and the elders before the people to Gai. [11] And all the men of war went up with him, and they went forward and came over against the city eastward. [12] And the ambuscade *was* on the west side of the city. [14] And it came to pass when the king of Gai saw *it*, he hasted and went out to meet them direct to the battle, he and all the people *that were* with him: and he knew not that there was an ambuscade *formed* against him behind the city. [15] And Joshua and Israel saw, and retreated from before them. [16] And they pursued after the children of Israel, and they themselves went to a distance from the city. [17] There was no one left in Gai who did not pursue after Israel; and they left the city open, and pursued after Israel.

[18] And the Lord said to Joshua, Stretch forth thy hand with the spear that is in thy hand toward the city, for I have delivered it into thy hands; and the liers in wait shall rise up quickly out of their place. [19] And Joshua stretched out his hand *and* his spear toward the city, and the ambuscade rose up quickly out of their place; and they came forth when he stretched out his hand; and they entered into the city, and took it; and they hasted and [γ]burnt the city with fire.

[20] And when the inhabitants of Gai looked round behind them, then they saw the smoke going up out of the city to heaven, and they were no longer able to flee this way or that way. [21] And Joshua and all Israel saw that the ambuscade [δ] had taken the city, and that the smoke of the city went up to heaven; and they turned and smote the men of Gai. [22] And these came forth out of the city to meet them; and they were in the midst of the army, some *being* on this side, and some on that; and they smote them until there was not left of them one who survived and escaped. [23] And they took the king of Gai alive, and brought him to Joshua.

[24] And when the children of Israel had ceased slaying all that were in Gai, and in the fields, and in the mountain on the descent, from whence they pursued them *even* to the end, then Joshua returned to Gai, and smote it with the edge of the sword. [25] And they that fell in that day, men and women, were twelve thousand : *they slew* all the inhabitants of Gai. [27] Beside the spoils that were in the city, all things which the

---

β Gr. reviewed.   γ Or, set it on fire.   δ Gr. took.

children of Israel 'took as spoil for themselves according to the command of the Lord, as the Lord commanded Joshua.

²⁸ And Joshua burnt the city with fire: he made it an uninhabited heap for ever, *even* to this day. ²⁹ And he hanged the king of Gai on a βgallows; and he remained on the tree till evening: and when the sun went down, Joshua gave charge, and they took down his body from the tree, and cast it into γa pit, and they set over him a heap of stones until this day.

And when the kings of the Amorites on the other side of Jordan, who were in the mountain country, and in the plain, and in all the coast of the great sea, and those who were near Antilibanus, and the Chettites, and the Chananites, and the Pherezites, and the Evites, and the Amorites, and the Gergesites, and the Jebusites, heard *of it*, ²they came all together at the same time to make war against Joshua and Israel.

³⁰ Then Joshua built an altar to the Lord God of Israel in mount Gæbal, ³¹ as Moses the servant of the Lord commanded the children of Israel, as it is written in the law of Moses, an altar of unhewn stones, on which iron δ had not been lifted up; and he offered there whole-burnt-offerings to the Lord, and a peace-offering. ³² And Joshua wrote upon the stones ζa copy of the law, *even* the law of Moses, before the children of Israel. ³³ And all Israel, and their elders, and their judges, and their scribes, passed on one side and on the other before the ark; and the priests and the Levites took up the ark of the covenant of the Lord; and the stranger and the native *were there*, who were half of them near mount Garizin, and half near mount Gæbal, as Moses the servant of the Lord commanded at first, to bless the people.

³⁴ And afterwards Joshua read accordingly all the words of this law, the blessings and the curses, according to all things written in the law of Moses. ³⁵ There was not a word of all that Moses charged Joshua, which Joshua read not in the ears of all the assembly of the children of Israel, the men, and the women, and the children, and the strangers that joined themselves to Israel.

³ And the inhabitants of Gabaon heard of all that the Lord did to Jericho and Gai. ⁴ And they also wrought craftily, and they went and made provision and prepared themselves; and having taken old sacks on their shoulders, and old and rent and patched bottles of wine, ⁵ and the upper part of their shoes and their sandals old and clouted on their feet, and their garments old upon them—and the bread of their provision was dry and mouldy and θ corrupt.

⁶ And they came to Joshua into the camp of Israel to Galgala, and said to Joshua and Israel, We are come from a far land: now then make a covenant with us. ⁷ And the children of Israel said to the Chorrhæan, Peradventure thou dwellest amongst us;

πάντα, ἃ ἐπρονόμευσαν ἑαυτοῖς οἱ υἱοὶ Ἰσραὴλ κατὰ πρόσταγμα Κυρίου, ὃν τρόπον συνέταξε Κύριος τῷ Ἰησοῖ.

Καὶ ἐνεπύρισεν Ἰησοῦς τὴν πόλιν ἐν πυρί· χῶμα ἀοίκητον 28 εἰς τὸν αἰῶνα ἔθηκεν αὐτὴν ἕως τῆς ἡμέρας ταύτης. Καὶ τὸν 29 βασιλέα τῆς Γαὶ ἐκρέμασεν ἐπὶ ξύλου διδύμου· καὶ ἦν ἐπὶ τοῦ ξύλου ἕως ἑσπέρας· καὶ ἐπιδύνοντος τοῦ ἡλίου συνέταξεν Ἰησοῦς, καὶ καθείλοσαν τὸ σῶμα αὐτοῦ ἀπὸ τοῦ ξύλου, καὶ ἔρριψαν αὐτὸ εἰς τὸν βόθρον· καὶ ἐπέστησαν αὐτῷ σωρὸν λίθων, ἕως τῆς ἡμέρας ταύτης.

Ὡς δὲ ἤκουσαν οἱ βασιλεῖς τῶν Ἀμορραίων οἱ ἐν τῷ πέραν 9 τοῦ Ἰορδάνου, οἱ ἐν τῇ ὀρεινῇ, καὶ οἱ ἐν τῇ πεδινῇ, καὶ οἱ ἐν πάσῃ τῇ παραλίᾳ τῆς θαλάσσης τῆς μεγάλης, καὶ οἱ πρὸς τῷ Ἀντιλιβάνῳ, καὶ οἱ Χετταῖοι, καὶ οἱ Χαναναῖοι, καὶ οἱ Φερεζαῖοι, καὶ οἱ Εὐαῖοι, καὶ οἱ Ἀμορραῖοι, καὶ οἱ Γεργεσαῖοι, καὶ οἱ Ἰεβουσαῖοι, συνήλθοσαν ἐπὶ τὸ αὐτὸ ἐκπολεμῆσαι 2 Ἰησοῦν καὶ Ἰσραὴλ ἅμα πάντες.

Τότε ᾠκοδόμησεν Ἰησοῦς θυσιαστήριον Κυρίῳ τῷ Θεῷ 30 Ἰσραὴλ ἐν ὄρει Γαιβὰλ, καθότι ἐνετείλατο Μωυσῆς ὁ θεράπων 31 Κυρίου τοῖς υἱοῖς Ἰσραὴλ, καθὰ γέγραπται ἐν τῷ νόμῳ Μωυσῆ, θυσιαστήριον λίθων ὁλοκλήρων, ἐφ’ οὓς οὐκ ἐπεβλήθη σίδηρος· καὶ ἀνεβίβασεν ἐκεῖ ὁλοκαυτώματα Κυρίῳ, καὶ θυσίαν σωτηρίου. Καὶ ἔγραψεν Ἰησοῦς ἐπὶ τῶν λίθων τὸ δευτερονόμιον, 32 νόμον Μωυσῆ, ἐνώπιον τῶν υἱῶν Ἰσραήλ. Καὶ πᾶς Ἰσραὴλ, 33 καὶ οἱ πρεσβύτεροι αὐτῶν, καὶ οἱ δικασταὶ, καὶ οἱ γραμματεῖς αὐτῶν, παρεπορεύοντο ἔνθεν καὶ ἔνθεν τῆς κιβωτοῦ ἀπέναντι· καὶ οἱ ἱερεῖς καὶ οἱ Λευῖται ἦραν τὴν κιβωτὸν τῆς διαθήκης Κυρίου· καὶ ὁ προσήλυτος καὶ ὁ αὐτόχθων, οἳ ἦσαν ἥμισυ πλησίον ὄρους Γαριζὶν, καὶ οἳ ἦσαν ἥμισυ πλησίον ὄρους Γαιβὰλ, καθότι ἐνετείλατο Μωυσῆς ὁ θεράπων Κυρίου εὐλογῆσαι τὸν λαὸν ἐν πρώτοις.

Καὶ μετὰ ταῦτα οὕτως ἀνέγνω Ἰησοῦς πάντα τὰ ῥήματα 34 τοῦ νόμου τούτου, τὰς εὐλογίας καὶ τὰς κατάρας, κατὰ πάντα τὰ γεγραμμένα ἐν τῷ νόμῳ Μωυσῆ. Οὐκ ἦν ῥῆμα ἀπὸ πάν- 35 των ὧν ἐνετείλατο Μωυσῆς τῷ Ἰησοῖ, ὃ οὐκ ἀνέγνω Ἰησοῦς εἰς τὰ ὦτα πάσης ἐκκλησίας υἱῶν Ἰσραὴλ, τοῖς ἀνδράσι καὶ ταῖς γυναιξὶ καὶ τοῖς παιδίοις καὶ τοῖς προσηλύτοις τοῖς προσπορευομένοις τῷ Ἰσραήλ.

Καὶ οἱ κατοικοῦντες Γαβαὼν ἤκουσαν πάντα ὅσα ἐποίησε 3 Κύριος τῇ Ἱεριχὼ καὶ τῇ Γαί. Καὶ ἐποίησαν καί γε αὐτοὶ 4 μετὰ πανουργίας· καὶ ἐλθόντες ἐπεσιτίσαντο καὶ ἡτοιμάσαντο· καὶ λαβόντες σάκκους παλαιοὺς ἐπὶ τῶν ὤμων αὐτῶν, καὶ ἀσκοὺς οἴνου παλαιοὺς καὶ κατερρωγότας ἀποδεδεμένους, καὶ 5 τὰ κοῖλα τῶν ὑποδημάτων αὐτῶν, καὶ τὰ σανδάλια αὐτῶν παλαιὰ καὶ καταπεπελματωμένα ἐν τοῖς ποσὶν αὐτῶν, καὶ τὰ ἱμάτια αὐτῶν πεπαλαιωμένα ἐπάνω αὐτῶν, καὶ ὁ ἄρτος αὐτῶν τοῦ ἐπισιτισμοῦ ξηρὸς καὶ εὐρωτιῶν καὶ βεβρωμένος.

Καὶ ἤλθοσαν πρὸς Ἰησοῦν εἰς τὴν παρεμβολὴν Ἰσραὴλ εἰς 6 Γάλγαλα, καὶ εἶπαν πρὸς Ἰησοῦν καὶ Ἰσραὴλ, ἐκ γῆς μακρόθεν ἥκαμεν· καὶ νῦν διάθεσθε ἡμῖν διαθήκην. Καὶ εἶπαν οἱ υἱοὶ 7 Ἰσραὴλ πρὸς τὸν Χορραῖον, ὅρα μὴ ἐν ἐμοὶ κατοικεῖς· καὶ

β *Gr.* double tree.   γ *Gr.* the pit or trench.   For vv. 30–35, see chap. 9. 2.   δ *Gr.* was not lifted up.   ζ *Or*, a Deuteronomy.
θ *Gr.* eaten, *sc.* of worms or maggots.

8 πῶς σοι διαθῶμαι διαθήκην; Καὶ εἶπαν πρὸς Ἰησοῦν, οἰκέται
σου ἐσμέν· καὶ εἶπε πρὸς αὐτοὺς Ἰησοῦς, πόθεν ἐστὲ, καὶ

9 πόθεν παραγεγόνατε; Καὶ εἶπαν, ἐκ γῆς μακρόθεν σφόδρα
ἥκασιν οἱ παῖδές σου ἐν ὀνόματι Κυρίου τοῦ Θεοῦ σου·
ἀκηκόαμεν γὰρ τὸ ὄνομα αὐτοῦ, καὶ ὅσα ἐποίησεν ἐν Αἰγύπτῳ,

10 καὶ ὅσα ἐποίησε τοῖς βασιλεῦσι τῶν Ἀμορραίων, οἳ ἦσαν
πέραν τοῦ Ἰορδάνου, τῷ Σηὼν βασιλεῖ τῶν Ἀμορραίων, καὶ
τῷ Ὢγ βασιλεῖ τῆς Βασὰν, ὃς κατῴκει ἐν Ἀσταρὼθ καὶ ἐν

11 Ἑδραΐν. Καὶ ἀκούσαντες εἶπαν πρὸς ἡμᾶς οἱ πρεσβύτεροι
ἡμῶν καὶ πάντες οἱ κατοικοῦντες τὴν γῆν ἡμῶν, λέγοντες,
λάβετε ἑαυτοῖς ἐπισιτισμὸν εἰς τὴν ὁδὸν, καὶ πορεύθητε εἰς
συνάντησιν αὐτῶν, καὶ ἐρεῖτε πρὸς αὐτούς, οἰκέται σου ἐσμέν,

12 καὶ νῦν διάθεσθε ἡμῖν τὴν διαθήκην. Οὗτοι οἱ ἄρτοι, θερμοὺς
ἐφωδιάσθημεν αὐτοὺς ἐν τῇ ἡμέρᾳ ᾗ ἐξήλθομεν παραγενέσθαι
πρὸς ὑμᾶς· νῦν δὲ ἐξηράνθησαν, καὶ γεγόνασι βεβρωμένοι.

13 Καὶ οὗτοι οἱ ἀσκοὶ τοῦ οἴνου οὓς ἐπλήσαμεν καινοὺς, καὶ
οὗτοι ἐρρώγασι· καὶ τὰ ἱμάτια ἡμῶν, καὶ τὰ ὑποδήματα ἡμῶν
πεπαλαίωται ἀπὸ τῆς πολλῆς ὁδοῦ σφόδρα.

14 Καὶ ἔλαβον οἱ ἄρχοντες τοῦ ἐπισιτισμοῦ αὐτῶν, καὶ Κύριον

15 οὐκ ἐπηρώτησαν. Καὶ ἐποίησεν Ἰησοῦς πρὸς αὐτοὺς εἰρήνην,
καὶ διέθεντο πρὸς αὐτοὺς διαθήκην τοῦ διασῶσαι αὐτούς· καὶ
ὤμοσαν αὐτοῖς οἱ ἄρχοντες τῆς συναγωγῆς.

16 Καὶ ἐγένετο μετὰ τρεῖς ἡμέρας μετὰ τὸ διαθέσθαι πρὸς
αὐτοὺς διαθήκην, ἤκουσαν ὅτι ἐγγύθεν αὐτῶν εἰσι, καὶ ὅτι ἐν

17 αὐτοῖς κατοικοῦσι. Καὶ ἀπῆραν οἱ υἱοὶ Ἰσραὴλ, καὶ ἦλθον
εἰς τὰς πόλεις αὐτῶν· αἱ δὲ πόλεις αὐτῶν Γαβαὼν καὶ Κεφιρὰ

18 καὶ Βηρὼτ, καὶ πόλεις Ἰαρίν. Καὶ οὐκ ἐμαχέσαντο αὐτοῖς
οἱ υἱοὶ Ἰσραὴλ, ὅτι ὤμοσαν αὐτοῖς πάντες οἱ ἄρχοντες
Κύριον τὸν Θεὸν Ἰσραήλ· καὶ διεγόγγυσαν πᾶσα ἡ συναγωγὴ
ἐπὶ τοῖς ἄρχουσι.

19 Καὶ εἶπαν οἱ ἄρχοντες πάσῃ τῇ συναγωγῇ, ἡμεῖς ὠμόσαμεν
αὐτοῖς Κύριον τὸν Θεὸν Ἰσραήλ, καὶ νῦν οὐ δυνησόμεθα ἅψα-

20 σθαι αὐτῶν. Τοῦτο ποιήσομεν, ζωγρῆσαι αὐτοὺς, καὶ περιποιη-
σόμεθα αὐτούς· καὶ οὐκ ἔσται καθ᾽ ἡμῶν ὀργὴ διὰ τὸν ὅρκον,

21 ὃν ὠμόσαμεν αὐτοῖς. Ζήσονται, καὶ ἔσονται ξυλοκόποι
καὶ ὑδροφόροι πάσῃ τῇ συναγωγῇ, καθάπερ εἶπαν αὐτοῖς
οἱ ἄρχοντες.

22 Καὶ συνεκάλεσεν αὐτοὺς Ἰησοῦς, καὶ εἶπεν αὐτοῖς, διατί
παρελογίσασθέ με, λέγοντες, μακρὰν ἀπὸ σοῦ ἐσμὲν σφόδρα·

23 ὑμεῖς δὲ ἐγχώριοί ἐστε τῶν κατοικούντων ἐν ἡμῖν; Καὶ νῦν
ἐπικατάρατοί ἐστε· οὐ μὴ ἐκλείπῃ ἐξ ὑμῶν δοῦλος, οὐδὲ ξυλο-

24 κόπος, οὐδὲ ὑδροφόρος ἐμοὶ καὶ τῷ Θεῷ μου. Καὶ ἀπεκρίθη-
σαν τῷ Ἰησοῖ, λέγοντες, ἀνηγγέλη ἡμῖν ὅσα συνέταξε Κύριος
ὁ Θεός σου Μωυσῇ τῷ παιδὶ αὐτοῦ, δοῦναι ὑμῖν τὴν γῆν
ταύτην, καὶ ἐξολοθρεῦσαι ἡμᾶς καὶ πάντας τοὺς κατοικοῦντας
ἐπ᾽ αὐτῆς ἀπὸ προσώπου ὑμῶν· καὶ ἐφοβήθημεν σφόδρα περὶ
τῶν ψυχῶν ἡμῶν ἀπὸ προσώπου ὑμῶν, καὶ ἐποιήσαμεν τὸ

25 πρᾶγμα τοῦτο. Καὶ νῦν ἰδοὺ ἡμεῖς ὑποχείριοι ὑμῖν· ὡς ἀρέ-
σκει ὑμῖν καὶ ὡς δοκεῖ ὑμῖν, ποιήσατε ἡμῖν.

26 Καὶ ἐποίησαν αὐτοῖς οὕτως· καὶ ἐξείλατο αὐτοὺς Ἰησοῦς

and how should I make a covenant with thee? [8] And they said to Joshua, We are thy servants: and Joshua said to them, Whence are ye, and whence have ye come? [9] And they said, Thy servants are come from a very far country in the name of the Lord thy God: for we have heard his name, and all that he did in Egypt, [10] and all that he did to the kings of the Amorites, who were beyond Jordan, to Seon king of the Amorites, and Og king of Basan, who dwelt in Astaroth and in Edrain. [11] And our elders and all that inhabit our land when they heard spoke to us, saying, Take to yourselves provision for the way, and go to meet them; and ye shall say to them, We are thy servants, and now make a covenant with us. [12] These are the loaves—we took them hot for our journey on the day on which we came out to come to you; and now they are dried and become mouldy. [13] And these are the skins of wine which we filled when new, and they are rent; and our garments and our shoes are worn out because of the very long journey.

[14] And the chiefs took of their provision, and asked not *counsel of* the Lord. [15] And Joshua made peace with them, and they made a covenant with them to preserve them; and the princes of the congregation sware to them.

[16] And it came to pass βthree days after they had made a covenant with them, they heard that they were near neighbours, and that they γdwelt among them. [17] And the children of Israel departed and came to their cities; and their cities *were* Gabaon, and Kephira, and Berot, and the cities of Jarin. [18] And the children of Israel fought not with them, because all the princes sware to them by the Lord God of Israel; and all the congregation murmured at the princes.

[19] And the princes said to all the congregation: We have sworn to them by the Lord God of Israel, and now we shall not be able to touch them. [20] This we will do; take them alive, and we will preserve them: so there shall not be wrath against us by reason of the oath which we swore to them. [21] They shall live, and shall be hewers of wood and drawers of water to all the congregation, as the princes said to them.

[22] And Joshua called them together and said to them, Why have ye deceived me, saying, We live very far from you; whereas ye are fellow-countrymen of those who dwell among us? [23] And now ye are cursed: there shall not fail of you a slave, or a hewer of wood, or a drawer of water to me and my God. [24] And they answered Joshua, saying, It was reported to us what the Lord thy God charged his servant Moses, to give you this land, and to destroy us and all that dwelt on it from before you; and we feared very much for our lives δbecause of you, and *therefore* we did this thing. [25] And now, behold, we *are* in your power; do to us as it is pleasing to you, and as it seems *good* to you.

[26] And they did so to them; and Joshua

β *Gr.* after three days after, etc.   γ *Gr.* dwell.   δ *Gr.* from before you.

rescued them in that day out of the hands of the children of Israel, and they did not slay them. ²⁷ And Joshua made them in that day hewers of wood and drawers of water to the whole congregation, and for the altar of God: therefore the inhabitants of Gabaon became hewers of wood and drawers of water for the altar of God until this day, even for the place which the Lord should choose.

And when Adoni-bezec king of Jerusalem heard that Joshua had taken Gai, and had destroyed it, as he did to Jericho and its king, even so they did to Gai and its king, and that the inhabitants of Gabaon had gone over to Joshua and Israel; ² then they were greatly terrified by them, for *the king* knew that Gabaon *was* a great city, as one of the ᵝchief cities, and all its men *were* mighty. ³ So Adoni-bezec king of Jerusalem sent to Elam king of Hebron, and to Phidon king of Jerimuth, and to Jephtha king of Lachis, and to Dabin king of Odollam, saying, ⁴ Come up hither to me, and help me, and let us take Gabaon; for ᵞ the Gabaonites have gone over to Joshua and to the children of Israel. ⁵ And the five kings of the Jebusites went up, the king of Jerusalem, and the king of Chebron, and the king of Jerimuth, and the king of Lachis, and the king of Odollam, they and all their people; and encamped around Gabaon, and besieged it.

⁶ And the inhabitants of Gabaon sent to Joshua into the camp to Galgala, saying, Slack not thy hands from thy servants: come up quickly to us, and help us, and rescue us; for all the kings of the Amorites who dwell in the hill country are gathered together against us. ⁷ And Joshua went up from Galgala, he and all the people of war with him, every one mighty in strength.

⁸ And the Lord said to Joshua, Fear them not, for I have delivered them into thy hands; there shall not one of them be left before you.

⁹ And when Joshua came suddenly upon them, he *had* advanced all the night out of Galgala. · ¹⁰ And the Lord struck them with terror before the children of Israel; and the Lord destroyed them with a great slaughter at Gabaon; and they pursued them by the way of the going up of Oronin, and they smote them to Azeca and to Makeda. ¹¹ And when they fled from the face of the children of Israel at the descent of Oronin, then the Lord cast upon them hailstones from heaven to Azeca; and they were more that died by the hailstones, than those whom the children of Israel slew with the sword in the battle.

¹² Then Joshua spoke to the Lord, in the day in which the Lord delivered the Amorite into the power of Israel, when he destroyed them in Gabaon, and they were destroyed from before the children of Israel: and Joshua said, Let the sun stand over against Gabaon, and the moon over against the valley of Ælon. ¹³ And the sun and the

ἐν τῇ ἡμέρᾳ ἐκείνῃ ἐκ χειρῶν υἱῶν Ἰσραήλ, καὶ οὐκ ἀνεῖλον αὐτούς. Καὶ κατέστησεν αὐτοὺς Ἰησοῦς ἐν τῇ ἡμέρᾳ ἐκείνῃ 27 ξυλοκόπους καὶ ὑδροφόρους πάσῃ τῇ συναγωγῇ, καὶ τῷ θυσιαστηρίῳ τοῦ Θεοῦ· διὰ τοῦτο ἐγένοντο οἱ κατοικοῦντες Γαβαὼν ξυλοκόποι καὶ ὑδροφόροι τοῦ θυσιαστηρίου τοῦ Θεοῦ ἕως τῆς σήμερον ἡμέρας, καὶ εἰς τὸν τόπον ὃν ἂν ἐκλέξη- ται Κύριος.

Ὡς δὲ ἤκουσεν Ἀδωνιβεζὲκ βασιλεὺς Ἰερουσαλὴμ ὅτι 10 ἔλαβεν Ἰησοῦς τὴν Γαί, καὶ ἐξωλόθρευσεν αὐτήν, ὃν τρόπον ἐποίησαν τὴν Ἰεριχὼ καὶ τὸν βασιλέα αὐτῆς, οὕτως ἐποίησαν καὶ τὴν Γαί καὶ τὸν βασιλέα αὐτῆς, καὶ ὅτι ηὐτομόλησαν οἱ κατοικοῦντες Γαβαὼν πρὸς Ἰησοῦν καὶ πρὸς Ἰσραήλ, καὶ 2 ἐφοβήθησαν ἀπ᾽ αὐτῶν σφόδρα· ᾔδει γὰρ ὅτι πόλις μεγάλη Γαβαών, ὡσεὶ μία τῶν μητροπόλεων, καὶ πάντες οἱ ἄνδρες αὐτῆς ἰσχυροί. Καὶ ἀπέστειλεν Ἀδωνιβεζὲκ βασιλεὺς Ἰερου- 3 σαλὴμ πρὸς Ἐλὰμ βασιλέα Χεβρών, καὶ πρὸς Φιδὼν βασιλέα Ἱεριμοὺθ, καὶ πρὸς Ἰεφθᾶ βασιλέα Λαχὶς καὶ πρὸς Δαβὶν βασιλέα Ὀδολλὰμ, λέγων, δεῦτε, ἀνάβητε πρός με, καὶ βοη- 4 θήσατέ μοι, καὶ ἐκπολεμήσωμεν Γαβαών· ηὐτομόλησαν γὰρ πρὸς Ἰησοῦν καὶ πρὸς τοὺς υἱοὺς Ἰσραήλ. Καὶ ἀνέβησαν οἱ 5 πέντε βασιλεῖς τῶν Ἰεβουσαίων, βασιλεὺς Ἰερουσαλήμ, καὶ βασιλεὺς Χεβρὼν, καὶ βασιλεὺς Ἱεριμοὺθ, καὶ βασιλεὺς Λαχὶς, καὶ βασιλεὺς Ὀδολλὰμ, αὐτοὶ καὶ πᾶς ὁ λαὸς αὐτῶν· καὶ περι- εκάθισαν τὴν Γαβαών, καὶ ἐξεπολιόρκουν αὐτήν.

Καὶ ἀπέστειλαν οἱ κατοικοῦντες Γαβαὼν πρὸς Ἰησοῦν εἰς 6 τὴν παρεμβολὴν Ἰσραὴλ εἰς Γάλγαλα, λέγοντες, μὴ ἐκλύσης τὰς χεῖράς σου ἀπὸ τῶν παίδων σου· ἀνάβηθι πρὸς ἡμᾶς τοτάχος, καὶ βοήθησον ἡμῖν, καὶ ἐξελοῦ ἡμᾶς· ὅτι συνηγμένοι εἰσὶν ἐφ᾽ ἡμᾶς πάντες οἱ βασιλεῖς τῶν Ἀμορραίων, οἱ κατοι- κοῦντες τὴν ὀρεινήν. Καὶ ἀνέβη Ἰησοῦς ἐκ Γαλγάλων, αὐτὸς 7 καὶ πᾶς ὁ λαὸς ὁ πολεμιστὴς μετ᾽ αὐτοῦ, πᾶς δυνατὸς ἐν ἰσχύϊ.

Καὶ εἶπε Κύριος πρὸς Ἰησοῦν, μὴ φοβηθῇς αὐτούς, εἰς γὰρ 8 τὰς χεῖράς σου παραδέδωκα αὐτούς· οὐχ ὑπολειφθήσεται ἐξ αὐτῶν οὐδεὶς ἐνώπιον ὑμῶν.

Καὶ ἐπεὶ παρεγένετο Ἰησοῦς ἐπ᾽ αὐτοὺς ἄφνω, ὅλην τὴν 9 νύκτα εἰσεπορεύθη ἐκ Γαλγάλων. Καὶ ἐξέστησεν αὐτοὺς 10 Κύριος ἀπὸ προσώπου τῶν υἱῶν Ἰσραήλ· καὶ συνέτριψεν αὐτοὺς Κύριος συντρίψει μεγάλῃ ἐν Γαβαών· καὶ κατεδίωξαν αὐτοὺς ὁδὸν ἀναβάσεως Ὡρωνὶν, καὶ κατέκοπτον αὐτοὺς ἕως Ἀζηκὰ καὶ ἕως Μακηδά. Ἐν δὲ τῷ φεύγειν αὐτοὺς ἀπὸ προσώπου 11 τῶν υἱῶν Ἰσραὴλ ἐπὶ τῆς καταβάσεως Ὡρωνὶν, καὶ Κύριος ἐπέρριψεν αὐτοῖς λίθους χαλάζης ἐκ τοῦ οὐρανοῦ ἕως Ἀζηκά· καὶ ἐγένοντο πλείους οἱ ἀποθανόντες διὰ τοὺς λίθους τῆς χαλάζης, ἢ οὓς ἀπέκτειναν οἱ υἱοὶ Ἰσραὴλ μαχαίρᾳ ἐν τῷ πολέμῳ.

Τότε ἐλάλησεν Ἰησοῦς πρὸς Κύριον, ᾗ ἡμέρᾳ παρέδωκεν 12 ὁ Θεὸς τὸν Ἀμορραῖον ὑποχείριον Ἰσραήλ, ἡνίκα συνέτριψεν αὐτοὺς ἐν Γαβαών, καὶ συνετρίβησαν ἀπὸ προσώπου υἱῶν Ἰσραήλ· καὶ εἶπεν Ἰησοῦς, στήτω ὁ ἥλιος κατὰ Γαβαών, καὶ ἡ σελήνη κατὰ φάραγγα Αἰλών. Καὶ ἔστη ὁ ἥλιος καὶ ἡ σελήνη 13

ᵝ *Gr.* mother-cities.　　ᵞ *Gr.* they.

ἐν στάσει, ἕως ἡμύνατο ὁ Θεὸς τοὺς ἐχθροὺς αὐτῶν· καὶ ἔστη ὁ ἥλιος κατὰ μέσον τοῦ οὐρανοῦ· οὐ προεπορεύετο εἰς δυσμὰς

14 εἰς τέλος ἡμέρας μιᾶς. Καὶ οὐκ ἐγένετο ἡμέρα τοιαύτη οὐδὲ τὸ πρότερον οὐδὲ τὸ ἔσχατον, ὥστε ἐπακοῦσαι Θεὸν ἀνθρώπου, ὅτι Κύριος συνεξεπολέμησε τῷ Ἰσραήλ.

16 Καὶ ἔφυγον οἱ πέντε βασιλεῖς οὗτοι, καὶ κατεκρύβησαν εἰς

17 τὸ σπήλαιον τὸ ἐν Μακηδά. Καὶ ἀπηγγέλη τῷ Ἰησοῦ, λέγοντες, εὕρηνται οἱ πέντε βασιλεῖς κεκρυμμένοι ἐν τῷ σπηλαίῳ

18 τῷ ἐν Μακηδά. Καὶ εἶπεν Ἰησοῦς, κυλίσατε λίθους ἐπὶ τὸ στόμα τοῦ σπηλαίου, καὶ καταστήσατε ἄνδρας φυλάσσειν ἐπ'

19 αὐτούς. Ὑμεῖς δὲ μὴ ἑστήκατε, καταδιώκοντες ὀπίσω τῶν ἐχθρῶν ὑμῶν, καὶ καταλάβετε τὴν οὐραγίαν αὐτῶν, καὶ μὴ ἄφητε εἰσελθεῖν εἰς τὰς πόλεις αὐτῶν· παρέδωκε γὰρ αὐτοὺς

20 Κύριος ὁ Θεὸς ἡμῶν εἰς τὰς χεῖρας ἡμῶν. Καὶ ἐγένετο ὡς κατέπαυσεν Ἰησοῦς καὶ πᾶς υἱὸς Ἰσραὴλ κόπτοντες αὐτοὺς κοπὴν μεγάλην σφόδρα ἕως εἰς τέλος, καὶ οἱ διασωζόμενοι διεσώθησαν εἰς τὰς πόλεις τὰς ὀχυράς.

21 Καὶ ἀπεστράφη πᾶς ὁ λαὸς πρὸς Ἰησοῦν εἰς Μακηδὰ ὑγιεῖς· καὶ οὐκ ἔγρυξεν οὐδεὶς τῶν υἱῶν Ἰσραὴλ τῇ γλώσσῃ αὐτοῦ.

22 Καὶ εἶπεν Ἰησοῦς, ἀνοίξατε τὸ σπήλαιον, καὶ ἐξαγάγετε

23 τοὺς πέντε βασιλεῖς τούτους ἐκ τοῦ σπηλαίου. Καὶ ἐξηγάγοσαν τοὺς πέντε βασιλεῖς ἐκ τοῦ σπηλαίου, τὸν βασιλέα Ἰερουσαλήμ, καὶ τὸν βασιλέα Χεβρών, καὶ τὸν βασιλέα Ἰεριμούθ, καὶ τὸν βασιλέα Λαχίς, καὶ τὸν βασιλέα Ὀδολλάμ.

24 Καὶ ἐπεὶ ἐξήγαγον αὐτοὺς πρὸς Ἰησοῦν, καὶ συνεκάλεσεν Ἰησοῦς πάντα Ἰσραήλ, καὶ τοὺς ἐναρχομένους τοῦ πολέμου τοὺς συμπορευομένους αὐτῷ, λέγων αὐτοῖς, προπορεύεσθε καὶ ἐπίθετε τοὺς πόδας ὑμῶν ἐπὶ τοὺς τραχήλους αὐτῶν· καὶ προσελθόντες ἐπέθηκαν τοὺς πόδας αὐτῶν ἐπὶ τοὺς τραχήλους

25 αὐτῶν. Καὶ εἶπεν Ἰησοῦς πρὸς αὐτούς, μὴ φοβηθῆτε αὐτούς, μηδὲ δειλιάσητε, ἀνδρίζεσθε καὶ ἰσχύετε, ὅτι οὕτω ποιήσει Κύριος πᾶσι τοῖς ἐχθροῖς ὑμῶν, οὓς ὑμεῖς καταπολεμεῖτε

26 αὐτούς. Καὶ ἀπέκτεινεν αὐτοὺς Ἰησοῦς, καὶ ἐκρέμασεν αὐτοὺς ἐπὶ πέντε ξύλων· καὶ ἦσαν κρεμάμενοι ἐπὶ τῶν ξύλων ἕως

27 ἑσπέρας. Καὶ ἐγενήθη πρὸς ἡλίου δυσμάς, ἐνετείλατο Ἰησοῦς, καὶ καθεῖλον αὐτοὺς ἀπὸ τῶν ξύλων, καὶ ἔρριψαν αὐτοὺς εἰς τὸ σπήλαιον, εἰς ὃ κατεφύγοσαν ἐκεῖ, καὶ ἐπεκύλισαν λίθους ἐπὶ τὸ σπήλαιον ἕως τῆς σήμερον ἡμέρας.

28 Καὶ τὴν Μακηδὰ ἐλάβοσαν ἐν τῇ ἡμέρᾳ ἐκείνῃ, καὶ ἐφόνευσαν αὐτὴν ἐν στόματι ξίφους, καὶ ἐξωλόθρευσαν πᾶν ἐμπνέον ὃ ἦν ἐν αὐτῇ· καὶ οὐ κατελείφθη οὐδεὶς ἐν αὐτῇ διασεσωσμένος καὶ διαπεφευγώς· καὶ ἐποίησαν τῷ βασιλεῖ Μακηδά, ὃν τρόπον ἐποίησαν τῷ βασιλεῖ Ἰεριχώ.

29 Καὶ ἀπῆλθεν Ἰησοῦς καὶ πᾶς Ἰσραὴλ μετ' αὐτοῦ ἐκ Μακηδὰ

30 εἰς Λεβνά, καὶ ἐπολιόρκει Λεβνά. Καὶ παρέδωκεν αὐτὴν Κύριος εἰς χεῖρας Ἰσραήλ· καὶ ἔλαβον αὐτήν, καὶ τὸν βασιλέα αὐτῆς, καὶ ἐφόνευσαν αὐτὴν ἐν στόματι ξίφους, καὶ πᾶν ἐμπνέον ἐν αὐτῇ· καὶ οὐ κατελείφθη ἐν αὐτῇ διασεσωσμένος καὶ διαπεφευγώς· καὶ ἐποίησαν τῷ βασιλεῖ αὐτῆς, ὃν τρόπον ἐποίησαν τῷ βασιλεῖ Ἰεριχώ.

---

moon stood still, until God executed vengeance on their enemies; and the sun stood still in the midst of heaven; it did not proceed to set till the end of [β]one day. [14]And there was not such a day either before or after, so that God should hearken to a man, because the Lord fought on the side of Israel.

[16]And these five kings fled, and hid themselves in a cave that is in Makeda. [17]And it was told Joshua, saying, The five kings have been found hid in the cave that is in Makeda. [18]And Joshua said, Roll stones to the mouth of the cave, and set men to watch over them. [19]But do not ye stand, but pursue after your enemies, and [γ]attack the rear of them, and do not suffer them to enter into their cities; for the Lord our God has delivered them into our hands. [20]And it came to pass when Joshua and all Israel ceased destroying them utterly with a very great slaughter, that they that escaped took refuge in the strong cities.

[21]And all the people returned [δ]safe to Joshua to Makeda; and no one of the children of Israel murmured with his tongue.

[22]And Joshua said, Open the cave, and bring out these five kings out of the cave. [23]And they brought out the five kings out of the cave, the king of Jerusalem, and the king of Chebron, and the king of Jerimuth, and the king of Lachis, and the king of Odollam. [24]And when they brought them out to Joshua, then Joshua called together all Israel, and the chiefs [ζ]of the army that went with him, saying to them, Come forward and set your feet on their necks; and they came and set their feet on their necks. [25]And Joshua said to them, Do not fear them, neither be cowardly; be courageous and strong, for thus the Lord will do to all your enemies, against whom ye fight. [26]And Joshua slew them, and hanged them on five trees; and they hung upon the trees until the evening. [27]And it came to pass toward the setting of the sun, Joshua commanded, and they took them down from the trees, and cast them into the cave into which they had fled for refuge, and rolled stones to the cave, which remain till this day.

[28]And they took Makeda on that day, and slew [θ]the inhabitants with the [λ]edge of the sword, and they utterly destroyed every living thing that was in it; and there was none left in it that was preserved and had escaped; and they did to the king of Makeda, as they did to the king of Jericho.

[29]And Joshua and all Israel with him departed out of Makeda to Lebna, and besieged Lebna. [30]And the Lord delivered it into the hands of Israel: and they took it, and its king, and slew the inhabitants with the edge of the sword, and every thing breathing in it; and there was not left in it any that survived and escaped; and they did to its king, as they did to the king of Jericho.

β i. e. additional day without a night between.   γ Gr. fasten upon or seize.   δ Gr. sound, or healthy.   ζ Gr. of the war.
θ Gr. it.   λ Gr. mouth.

³¹ And Joshua and all Israel with him departed from Lebna to Lachis, and he encamped about it, and besieged it. ³² And the Lord delivered Lachis into the hands of Israel; and ᵝthey took it on the second day, and they put the inhabitants to death with the edge of the sword, and utterly destroyed it, as they had done to Lebna. ³³ Then Elam the king of Gazer went up to help Lachis; and Joshua smote him and his people with the edge of the sword, until there was not left to him one that was preserved and escaped.

³⁴ And Joshua and all Israel with him departed from Lachis to Odollam, and he besieged it and ᵞtook it. ³⁵ And the Lord delivered it into the hand of Israel; and he took it on that day, and slew the inhabitants with the edge of the sword, and slew every thing breathing in it, as they did to Lachis.

³⁶ And Joshua and all Israel ¦with him departed to Chebron, and encamped about it. ³⁷ And he smote it with the edge of the sword, and all the living creatures that were in it; there was no one preserved: they destroyed it and all things in it, as they did to Odollam.

³⁸ And Joshua and all Israel returned to Dabir; and they encamped about it; ³⁹ and they took it, and its king, and its villages: and he smote it with the edge of the sword, and they destroyed it, and every thing breathing in it; and they did not leave in it any one that was preserved: as they did to Chebron and her king, so they did to Dabir and her king.

⁴⁰ And Joshua smote all the land of the hill country, and ᵟNageb and the plain country, and Asedoth, and her kings, they did not leave of them one that was saved: and they utterly destroyed every thing that had the breath of life, as the Lord God of Israel commanded, ⁴¹ from Cades Barne to Gaza, all Gosom, as far as Gabaon. ⁴² And Joshua smote, once for all, all their kings, and their land, because the Lord God of Israel fought on the side of Israel.

And when Jabis the king of Asor heard, he sent to Jobab king of Maron, and to the king of Symoön, and to the king of Aziph, ² and to the kings who were by the great Sidon, to the hill country and to Araba opposite Keneroth, and to the plain, and to Phenaeddor, ³ and to the Chananites on the coast eastward, and to the Amorites on the coast, and the Chettites, and the Pherezites, and the Jebusites in the mountain, and the Evites, and those dwelling under *mount* Aermon in the land Massyma. ⁴ And they and their kings with them went forth, as the sand of the sea in multitude, and horses, and very many chariots. ⁵ And all the kings assembled in person, and came to the same place, and encamped at the waters of Maron to war with Israel.

⁶ And the Lord said to Joshua, Be not afraid of them, for to-morrow *at* this time

Καὶ ἀπῆλθεν Ἰησοῦς καὶ πᾶς Ἰσραὴλ μετ' αὐτοῦ ἐκ Λεβνὰ 31 εἰς Λαχὶς, καὶ περιεκάθισεν αὐτὴν, καὶ ἐπολιόρκει αὐτήν. Καὶ παρέδωκε Κύριος τὴν Λαχὶς εἰς τὰς χεῖρας Ἰσραήλ· καὶ 32 ἔλαβεν αὐτὴν ἐν τῇ ἡμέρᾳ τῇ δευτέρᾳ, καὶ ἐφόνευσαν αὐτὴν ἐν στόματι ξίφους, καὶ ἐξωλόθρευσαν αὐτὴν, ὃν τρόπον ἐποίη- σαν τὴν Λεβνά. Τότε ἀνέβη Ἐλὰμ βασιλεὺς Γαζὲρ βοηθήσων 33 τῇ Λαχὶς· καὶ ἐπάταξεν αὐτὸν Ἰησοῦς ἐν στόματι ξίφους, καὶ τὸν λαὸν αὐτοῦ, ἕως τοῦ μὴ καταλειφθῆναι αὐτῶν σεσωσμένον καὶ διαπεφευγότα.

Καὶ ἀπῆλθεν Ἰησοῦς καὶ πᾶς Ἰσραὴλ μετ' αὐτοῦ ἐκ Λαχὶς 34 εἰς Ὀδολλὰμ, καὶ περιεκάθισεν αὐτὴν καὶ ἐξεπολιόρκησεν αὐτήν. Καὶ παρέδωκεν αὐτὴν Κύριος ἐν χειρὶ Ἰσραήλ· καὶ ἔλαβεν 35 αὐτὴν ἐν τῇ ἡμέρᾳ ἐκείνῃ, καὶ ἐφόνευσεν αὐτὴν ἐν στόματι ξίφους, καὶ πᾶν ἐμπνέον ἐν αὐτῇ ἐφόνευσαν, ὃν τρόπον ἐποίησαν τῇ Λαχίς.

Καὶ ἀπῆλθεν Ἰησοῦς καὶ πᾶς Ἰσραὴλ μετ' αὐτοῦ εἰς Χεβρὼν, 36 καὶ περιεκάθισεν αὐτήν. Καὶ ἐπάταξεν αὐτὴν ἐν στόματι 37 ξίφους, καὶ πᾶν τὸ ἐμπνέον ὅσα ἦν ἐν αὐτῇ· οὐκ ἦν διασεσω- σμένος· ὃν τρόπον ἐποίησαν τὴν Ὀδολλὰμ, ἐξωλόθρευσαν αὐτὴν, καὶ ὅσα ἦν ἐν αὐτῇ.

Καὶ ἀπέστρεψεν Ἰησοῦς καὶ πᾶς Ἰσραὴλ εἰς Δαβίρ· καὶ 38 περικαθίσαντες αὐτὴν, ἔλαβον αὐτὴν, καὶ τὸν βασιλέα αὐτῆς, 39 καὶ τὰς κώμας αὐτῆς· καὶ ἐπάταξεν αὐτὴν ἐν στόματι ξίφους, καὶ ἐξωλόθρευσαν αὐτὴν, καὶ πᾶν ἐμπνέον ἐν αὐτῇ· καὶ οὐ κατέλιπον αὐτῇ οὐδένα διασεσωσμένον· ὃν τρόπον ἐποίησαν τῇ Χεβρὼν καὶ τῷ βασιλεῖ αὐτῆς, οὕτως ἐποίησαν τῇ Δαβὶρ καὶ τῷ βασιλεῖ αὐτῆς.

Καὶ ἐπάταξεν Ἰησοῦς πᾶσαν τὴν γῆν τῆς ὀρεινῆς, καὶ τὴν 40 Ναγὲβ, καὶ τὴν πεδινὴν, καὶ τὴν Ἀσηδὼθ, καὶ τοὺς βασιλεῖς αὐτῆς· οὐ κατέλιπον αὐτῶν σεσωσμένον· καὶ πᾶν ἐμπνέον ζωῆς ἐξωλόθρευσεν, ὃν τρόπον ἐνετείλατο Κύριος ὁ Θεὸς Ἰσραὴλ, ἀπὸ Κάδης Βαρνὴ ἕως Γάζης πᾶσαν τὴν Γοσὸμ ἕως τῆς Γαβαῶν. 41 Καὶ πάντας τοὺς βασιλεῖς αὐτῶν, καὶ τὴν γῆν αὐτῶν ἐπάταξεν 42 Ἰησοῦς εἰσάπαξ· ὅτι Κύριος ὁ Θεὸς Ἰσραὴλ συνεπολέμει τῷ Ἰσραήλ.

Ὡς δὲ ἤκουσεν Ἰαβὶς βασιλεὺς Ἀσὼρ, ἀπέστειλε πρὸς 11 Ἰωβὰβ βασιλέα Μαρὼν, καὶ πρὸς βασιλέα Συμοὼν, καὶ πρὸς βασιλέα Ἀζὶφ, καὶ πρὸς βασιλεῖς τοὺς κατὰ Σιδῶνα τὴν 2 μεγάλην, εἰς τὴν ὀρεινὴν καὶ εἰς Ἄραβα ἀπέναντι Κενερὼθ, καὶ εἰς τὸ πεδίον, καὶ εἰς Φεναεδδὼρ, καὶ εἰς τοὺς παραλίους 3 Χαναναίους ἀπὸ ἀνατολῶν, καὶ εἰς τοὺς παραλίους Ἀμορραίους, καὶ τοὺς Χετταίους, καὶ Φερεζαίους, καὶ Ἰεβουσαίους τοὺς ἐν τῷ ὄρει, καὶ τοὺς Εὐαίους, καὶ τοὺς ὑπὸ τὴν Ἀερμὼν εἰς γῆν Μασσύμα. Καὶ ἐξῆλθον αὐτοὶ καὶ οἱ βασιλεῖς αὐτῶν 4 μετ' αὐτῶν, ὥσπερ ἡ ἄμμος τῆς θαλάσσης τῷ πλήθει, καὶ ἵπποι καὶ ἅρματα πολλὰ σφόδρα. Καὶ συνῆλθον πάντες οἱ 5 βασιλεῖς αὐτοὶ καὶ παρεγένοντο ἐπὶ τὸ αὐτὸ, καὶ παρενέβαλον ἐπὶ τοῦ ὕδατος Μαρὼν πολεμῆσαι τὸν Ἰσραήλ.

Καὶ εἶπε Κύριος πρὸς Ἰησοῦν, μὴ φοβηθῇς ἀπὸ προσώπου 6 αὐτῶν, ὅτι αὔριον ταύτην τὴν ὥραν ἐγὼ παραδίδωμι τετρο-

---

ᵝ *Gr.* he, *i. e.* Israel.   ᵞ *Or,* vigorously attacked it.   ᵟ *Heb.* south.

πωμένους αὐτοὺς ἐναντίον τοῦ Ἰσραήλ· τοὺς ἵππους αὐτῶν νευροκοπήσεις, καὶ τὰ ἅρματα αὐτῶν κατακαύσεις ἐν πυρί.

7 Καὶ ἦλθεν Ἰησοῦς καὶ πᾶς ὁ λαὸς ὁ πολεμιστὴς ἐπ᾽ αὐτοὺς ἐπὶ τὸ ὕδωρ Μαρὼν ἐξάπινα· καὶ ἐπέπεσαν ἐπ᾽ αὐτοὺς ἐν τῇ

8 ὀρεινῇ. Καὶ παρέδωκεν αὐτοὺς Κύριος ὑποχειρίους Ἰσραήλ· καὶ κόπτοντες αὐτοὺς κατεδίωκον ἕως Σιδῶνος τῆς μεγάλης, καὶ ἕως Μασερῶν, καὶ ἕως τῶν πεδίων Μασσὼχ κατ᾽ ἀνατολάς· καὶ κατέκοψαν αὐτοὺς ἕως τοῦ μὴ καταλειφθῆναι αὐτῶν

9 διασεσωσμένον. Καὶ ἐποίησεν αὐτοῖς Ἰησοῦς, ὃν τρόπον ἐνετείλατο αὐτῷ Κύριος· τοὺς ἵππους αὐτῶν ἐνευροκόπησε, καὶ τὰ ἅρματα αὐτῶν ἐνέπρησε πυρί.

10 Καὶ ἐπεστράφη Ἰησοῦς ἐν τῷ καιρῷ ἐκείνῳ, καὶ κατελάβετο Ἀσώρ, καὶ τὸν βασιλέα αὐτῆς· ἦν δὲ Ἀσὼρ τοπρότερον

11 ἄρχουσα πασῶν τῶν βασιλειῶν τούτων. Καὶ ἀπέκτειναν πᾶν ἐμπνέον ἐν αὐτῇ ἐν ξίφει, καὶ ἐξωλόθρευσαν πάντας, καὶ οὐ κατελείφθη ἐν αὐτῇ ἐμπνέον· καὶ τὴν Ἀσὼρ ἐνέπρησαν ἐν

12 πυρί. Καὶ πάσας τὰς πόλεις τῶν βασιλειῶν, καὶ τοὺς βασιλεῖς αὐτῶν ἔλαβεν Ἰησοῦς, καὶ ἀνεῖλεν αὐτοὺς ἐν στόματι ξίφους· καὶ ἐξωλόθρευσαν αὐτοὺς, ὃν τρόπον συνέταξε Μω-

13 σῆς ὁ παῖς Κυρίου. Ἀλλὰ πάσας τὰς πόλεις τὰς κεχωματι- σμένας οὐκ ἐνέπρησεν Ἰσραήλ· πλὴν Ἀσὼρ μόνην ἐνέπρησεν

14 Ἰσραήλ, καὶ πάντα τὰ σκῦλα αὐτῆς ἐπρονόμευσαν ἑαυτοῖς οἱ υἱοὶ Ἰσραήλ· αὐτοὺς δὲ πάντας ἐξωλόθρευσαν ἐν στόματι ξίφους, ἕως ἀπώλεσεν αὐτούς· οὐ κατέλιπον ἐξ αὐτῶν οὐδὲν

15 ἐμπνέον. Ὃν τρόπον συνέταξε Κύριος τῷ Μωυσῇ τῷ παιδὶ αὐτοῦ, καὶ Μωυσῆς ὡσαύτως ἐνετείλατο τῷ Ἰησοῖ· καὶ οὕτως ἐποίησεν Ἰησοῦς, οὐ παρέβη οὐδὲν ἀπὸ πάντων ὧν συνέταξεν αὐτῷ Μωυσῆς.

16 Καὶ ἔλαβεν Ἰησοῦς πᾶσαν τὴν γῆν τὴν ὀρεινήν, καὶ πᾶσαν τὴν γῆν Ναγὲβ, καὶ πᾶσαν τὴν γῆν Γοσόμ, καὶ τὴν πεδινήν, καὶ τὴν πρὸς δυσμαῖς, καὶ τὸ ὄρος Ἰσραήλ, καὶ τὰ ταπεινὰ τὰ

17 πρὸς τῷ ὄρει ἀπὸ ὄρους Χελχὰ, καὶ ὁ προσαναβαίνει εἰς Σηεὶρ, καὶ ἕως Βαλαγὰδ, καὶ τὰ πεδία τοῦ Λιβάνου ὑπὸ τὸ ὄρος τὸ Ἀερμών· καὶ πάντας τοὺς βασιλεῖς αὐτῶν ἔλαβε, καὶ

18 ἀνεῖλε, καὶ ἀπέκτεινε. Καὶ ἡμέρας πλείους ἐποίησεν Ἰησοῦς πρὸς τοὺς βασιλεῖς τούτους τὸν πόλεμον.

19 Καὶ οὐκ ἦν πόλις, ἣν οὐκ ἔλαβεν Ἰσραήλ· πάντα ἐλάβο-

20 σαν ἐν πολέμῳ. Ὅτι διὰ Κυρίου ἐγένετο κατισχῦσαι αὐτῶν τὴν καρδίαν συναντᾶν εἰς πόλεμον πρὸς Ἰσραήλ, ἵνα ἐξολο- θρευθῶσιν, ὅπως μὴ δοθῇ αὐτοῖς ἔλεος, ἀλλ᾽ ἵνα ἐξολοθρευθῶσιν, ὃν τρόπον εἶπε Κύριος πρὸς Μωυσῆν.

21 Καὶ ἦλθεν Ἰησοῦς ἐν τῷ καιρῷ ἐκείνῳ, καὶ ἐξωλόθρευσε τοὺς Ἐνακὶμ ἐκ τῆς ὀρεινῆς, ἐκ Χεβρών, καὶ ἐκ Δαβὶρ, καὶ ἐξ Ἀναβὼθ, καὶ ἐκ παντὸς γένους Ἰσραήλ, καὶ ἐκ παντὸς ὄρους Ἰούδα σὺν ταῖς πόλεσιν αὐτῶν· καὶ ἐξωλόθρευσεν αὐτοὺς

22 Ἰησοῦς. Οὐ κατελείφθη τῶν Ἐνακὶμ ἀπὸ τῶν υἱῶν Ἰσ- ραήλ, ἀλλὰ πλὴν ἐν Γάζῃ, καὶ ἐν Γὲθ, καὶ ἐν Ἀσελδὼ κατε- λείφθη.

23 Καὶ ἔλαβεν Ἰησοῦς πᾶσαν τὴν γῆν, καθότι ἐνετείλατο Κύριος τῷ Μωυσῇ· καὶ ἔδωκεν αὐτοὺς Ἰησοῦς ἐν κληρονομίᾳ

I will put them to flight before Israel: thou shalt hough their horses, and burn their chariots with fire. 7 And Joshua and all the men of war came upon them β at the water of Maron suddenly; and they attacked them in the hill country. 8 And the Lord delivered them into the power of Israel; and they smote them and pursued them to great Sidon, and to Maseron, and to the plains of Massoch eastward; and they destroyed them till there was not one of them left that survived. 9 And Joshua did to them, as the Lord commanded him: he houghed their horses, and burned their chariots with fire.

10 And Joshua returned at that time, and took Asor and her king; now Asor in former time was the chief of these kingdoms. 11 And they slew with the sword all that breathed in it, and utterly destroyed them all, and there was no living thing left in it; and they burnt Asor with fire. 12 And Joshua took all the cities of the kingdoms, and their kings, and slew them with the edge of the sword; and utterly slew them, as Moses the servant of the Lord commanded. 13 But all the walled cities Israel burnt not; but Israel burnt Asor only. 14 And the children of Israel took all its spoils to themselves; and they slew all the men with the edge of the sword, until they destroyed them; they left not one of them breathing. 15 As the Lord commanded his servant Moses, even so Moses commanded Joshua; and so Joshua did, he transgressed no precept of all that Moses commanded him.

16 And Joshua took all the hill country, and all the land of Nageb, and all the land of Gosom, and the plain country, and that toward the west, and the mountain of Israel and the low country by the mountain; 17 from the mountain of Chelcha, and that which goes up to Seir, and as far as Balagad, and the plains of Libanus, under mount Aermon; and he took all their kings, and destroyed, and slew them. 18 And for many days Joshua waged war with these kings.

19 And there was no city which Israel took not; they took all in war. 20 For it was of the Lord to γ harden their hearts to go forth to war against Israel, that they might be utterly destroyed, that mercy should not be granted to them, but that they should be utterly destroyed, as the Lord said to Moses.

21 And Joshua came at that time, and utterly destroyed the Enakim out of the hill country, from Chebron and from Dabir, and from Anaboth, and from all the δ race of Israel, and from all the mountain of Juda with their cities; and Joshua utterly destroyed them. 22 There was not any one left of the Enakim by the children of Israel, only there was left of them in Gaza, and in Gath, and in Aseldo.

23 And Joshua took all the land, as the Lord commanded Moses; and Joshua gave them for an inheritance to Israel by division

---

β Gr. to.   γ Gr. strengthen.   δ Heb. הר ישראל probably הר for דור a mountain, not a generation.

according to their tribes; and the land ceased from war.

And these *are* the kings of the land, whom the children of Israel slew, and inherited their land beyond Jordan from the east, from the valley of Arnon to the mount of Aermon, and all the land of Araba on the east. ² Seon king of the Amorites, who dwelt in Esebon, ruling from Arnon, which is in the valley, ᵝ on the side of the valley, and half of Galaad as far as Jaboc, the borders of the children of Ammon. ³ And Araba as far as the sea of Chenereth eastward, and as far as the sea of Araba; the salt sea eastward *by* the way to Asimoth, from Thæman under Asedoth Phasga. ⁴ And Og king of Basan, who dwelt in Astaroth and in Edrain, was left of the giants ⁵ ruling from mount Aermon and from Secchai, and *over* all the land of Basan to the borders of Gergesi, and Machi, and the half of Galaad of the borders of Seon king of Esebon. ⁶ Moses the servant of the Lord and the children of Israel smote them; and Moses gave them by way of inheritance to Ruben, and Gad, and to the half tribe of Manasse.

⁷ And these *are* the kings of the Amorites, whom Joshua and the children of Israel slew beyond Jordan by the sea of Balagad in the plain of Libanus, and as far as the mountain of Chelcha, as men go up to Seir: and Joshua gave it to the tribes of Israel to inherit according to their portion; ⁸ in the mountain, and in the plain, and in Araba, and in Asedoth, and in the wilderness, and Nageb; the Chettite, and the Amorite, and the Chananite, and the Pherezite, and the Evite, and the Jebusite.

⁹ The king of Jericho, and the king of Gai, which is near Bæthel; ¹⁰ the king of Jerusalem, the king of Chebron, ¹¹ the king of Jerimuth, the king of Lachis; ¹² the king of Ælam, the king of Gazer; ¹³ the king of Dabir, the king of Gader: ¹⁴ the king of Hermath, the king of Ader; ¹⁵ the king of Lebna, the king of Odollam, the king of Elath, the king of Taphut, the king of Opher, the king of Ophec of Aroc, the king of Asom, the king of Symoön, the king of Mambroth, the king of Aziph, the king of Cades, the king of Zachac, the king of Maredoth, the king of Jecom of Chermel, ²³ the king of γ Odollam *belonging to* Phennealdor, the king of Gei of Galilee: ²⁴ the king of Thersa: all these *were* twenty-nine kings.

And Joshua *was* old and very advanced in ᵟ years; and the Lord said to Joshua, Thou art advanced in years, and there is much land left to inherit. ² And this *is* the land that is left: the borders of the Phylistines, the Gesirite, and the Chananite, ³ from the ᷠ wilderness before Egypt, as far as the borders of Accaron on the left of the Chananite the *land* is reckoned to the five principalities of the Phylistines, to the inhabitant of Gaza, and of Azotus, and of Ascalon, and of Geth, and of Accaron, and to the Evite; ⁴ from Thæman even to all the land of Chanaan before Gaza, and the Sidonians as far as Aphec, as far as the borders of the Amorites. ⁵ And all the land of Galiath of the Phylistines, and all Libanus

Ἰσραὴλ ἐν μερισμῷ κατὰ φυλὰς αὐτῶν· καὶ ἡ γῆ κατέπαυσε πολεμουμένη.

Καὶ οὗτοι οἱ βασιλεῖς τῆς γῆς, οὓς ἀνεῖλον οἱ υἱοὶ Ἰσραὴλ, 12 καὶ κατεκληρονόμησαν τὴν γῆν αὐτῶν πέραν τοῦ Ἰορδάνου ἀφ' ἡλίου ἀνατολῶν ἀπὸ φάραγγος Ἀρνῶν ἕως τοῦ ὄρους Ἀερμὼν, καὶ πᾶσαν τὴν γῆν Ἄραβα ἀπ' ἀνατολῶν. Σηὼν τὸν βασιλέα 2 τῶν Ἀμορραίων, ὃς κατῴκει ἐν Ἐσεβὼν, κυριεύων ἀπὸ Ἀρνῶν, ἥ ἐστιν ἐν τῇ φάραγγι κατὰ μέρος τῆς φάραγγος, καὶ τὸ ἥμισυ τῆς Γαλαὰδ ἕως Ἰαβὸκ, ὅρια υἱῶν Ἀμμών. Καὶ Ἄραβα ἕως 3 τῆς θαλάσσης Χενερὲθ κατ' ἀνατολὰς, καὶ ἕως τῆς θαλάσσης Ἄραβα, θάλασσαν τῶν ἁλῶν ἀπὸ ἀνατολῶν ὁδὸν τὴν κατὰ Ἀσειμὼθ, ἀπὸ Θαιμὰν τὴν ὑπὸ Ἀσηδὼθ Φασγά. Καὶ Ὢγ 4 βασιλεὺς Βασὰν ὑπελείφθη ἐκ τῶν γιγάντων, ὁ κατοικῶν ἐν Ἀσταρὼθ καὶ ἐν Ἐδραῒν, ἄρχων ἀπὸ ὄρους Ἀερμὼν καὶ ἀπὸ 5 Σεκχαὶ, καὶ πᾶσαν τὴν γῆν Βασὰν ἕως ὁρίων Γεργεσὶ, καὶ τὴν Μαχὶ, καὶ τὸ ἥμισυ Γαλαὰδ ὁρίων Σηὼν βασιλέως Ἐσεβὼν. Μωυσῆς ὁ παῖς Κυρίου καὶ οἱ υἱοὶ Ἰσραὴλ ἐπάταξαν αὐτούς· 6 καὶ ἔδωκεν αὐτὴν Μωυσῆς ἐν κληρονομίᾳ Ῥουβὴν, καὶ Γὰδ, καὶ τῷ ἡμίσει φυλῆς Μανασσῆ.

Καὶ οὗτοι οἱ βασιλεῖς τῶν Ἀμορραίων, οὓς ἀνεῖλεν Ἰησοῦς 7 καὶ υἱοὶ Ἰσραὴλ ἐν τῷ πέραν τοῦ Ἰορδάνου παρὰ θάλασσαν Βαλαγὰδ ἐν τῷ πεδίῳ τοῦ Λιβάνου, καὶ ἕως ὄρους τοῦ Χελχὰ ἀναβαινόντων εἰς Σηείρ· καὶ ἔδωκεν αὐτὴν Ἰησοῦς ταῖς φυλαῖς Ἰσραὴλ κληρονομεῖν κατὰ κλῆρον αὐτῶν, ἐν τῷ ὄρει, καὶ ἐν τῷ 8 πεδίῳ, καὶ ἐν Ἄραβα, καὶ ἐν Ἀσηδὼθ, καὶ ἐν τῇ ἐρήμῳ, καὶ Ναγὲβ· τὸν Χετταῖον, καὶ τὸν Ἀμορραῖον, καὶ τὸν Χαναναῖον, καὶ τὸν Φερεζαῖον, καὶ τὸν Εὐαῖον, καὶ τὸν Ἰεβουσαῖον.

Τὸν βασιλέα Ἰεριχὼ, καὶ τὸν βασιλέα τῆς Γαὶ, ἥ ἐστι 9 πλησίον Βαιθὴλ, βασιλέα Ἰερουσαλὴμ, βασιλέα Χεβρὼν, βα- 10 σιλέα Ἰεριμοῦθ, βασιλέα Λαχὶς, βασιλέα Αἰλὰμ, βασιλέα 11, 12 Γαζὲρ, βασιλέα Δαβὶρ, βασιλέα Γαδὲρ, βασιλέα Ἑρμὰθ, 13, 14 βασιλέα Ἀδὲρ, βασιλέα Λεβνὰ, βασιλέα Ὀδολλὰμ, βασιλέα 15 Ἠλὰθ, βασιλέα Ταφοὺτ, βασιλέα Ὀφὲρ, βασιλέα Ὀφὲκ τῆς Ἀρὼκ, βασιλέα Ἀσὼμ, βασιλέα Συμοὼν, βασιλέα Μαμβρὼθ, βασιλέα Ἀζὶφ, βασιλέα Κάδης, βασιλέα Ζαχὰκ, βασιλέα Μαρεδὼθ, βασιλέα Ἰεκὸμ τοῦ Χερμὲλ, βασιλέα Ὀδολλὰμ τοῦ 23 Φεννεαλδὼρ, βασιλέα Γεῒ τῆς Γαλιλαίας, βασιλέα Θερσά· 24 πάντες οὗτοι βασιλεῖς εἰκοσιεννέα.

Καὶ Ἰησοῦς πρεσβύτερος προβεβηκὼς τῶν ἡμερῶν· καὶ εἶπε 13 Κύριος πρὸς Ἰησοῦν, σὺ προβέβηκας τῶν ἡμερῶν, καὶ ἡ γῆ ὑπολέλειπται πολλὴ εἰς κληρονομίαν. Καὶ αὕτη ἡ γῆ καταλε- 2 λειμμένη· ὅρια Φυλιστιείμ, ὁ Γεσιρὶ, καὶ ὁ Χαναναῖος, ἀπὸ 3 τῆς ἀοικήτου τῆς κατὰ πρόσωπον Αἰγύπτου ἕως τῶν ὁρίων Ἀκκαρῶν ἐξ εὐωνύμων τῶν Χαναναίων προσλογίζεται ταῖς πέντε σατραπείαις τῶν Φυλιστιείμ, τῷ Γαζαίῳ, καὶ τῷ Ἀζωτίῳ, καὶ τῷ Ἀσκαλωνίτῃ, καὶ τῷ Γεθθαίῳ, καὶ τῷ Ἀκκαρω- νίτῃ, καὶ τῷ Εὐαίῳ, ἐκ Θαιμὰν καὶ πάσῃ γῇ Χαναὰν ἐναντίον 4 Γάζης, καὶ οἱ Σιδώνιοι ἕως Ἀφὲκ, ἕως τῶν ὁρίων τῶν Ἀμορ- ραίων, καὶ πᾶσαν τὴν γῆν Γαλιὰθ Φυλιστιείμ, καὶ πάντα τὸν 5

β Another reading is ἐπὶ τοῦ χείλους, on the slope *or* edge. 　γ Heb. Dor, in the coast of Dor. 　δ Gr. days. 　ζ Gr. uninhabited country.

Λίβανον ἀπὸ ἀνατολῶν ἡλίου ἀπὸ Γαλγὰλ ὑπὸ τὸ ὅρος τὸ
6 Ἀερμὼν ἕως τῆς εἰσόδου Ἐμὰθ, πᾶς ὁ κατοικῶν τὴν ὀρεινὴν
ἀπὸ τοῦ Λιβάνου ἕως τῆς Μασερὲθ Μεμφωμαίμ. Πάντας τοὺς
Σιδωνίους, ἐγὼ αὐτοὺς ἐξολοθρεύσω ἀπὸ προσώπου Ἰσραήλ·
ἀλλὰ διάδος αὐτὴν ἐν κλήρῳ τῷ Ἰσραὴλ, ὃν τρόπον σοὶ ἐνε-
τειλάμην.

7 Καὶ νῦν μέρισον τὴν γῆν ταύτην ἐν κληρονομίᾳ ταῖς ἐννέα
8 φυλαῖς, καὶ τῷ ἡμίσει φυλῆς Μανασσῆ. Ἀπὸ τοῦ Ἰορδάνου
ἕως τῆς θαλάσσης τῆς μεγάλης κατὰ δυσμὰς ἡλίου δώσεις
αὐτήν· ἡ θάλασσα ἡ μεγάλη ὁριεῖ· ταῖς δυσὶ φυλαῖς, καὶ τῷ
8 ἡμίσει φυλῆς Μανασσῆ, τῷ Ρουβήν, καὶ τῷ Γὰδ ἔδωκε Μωυσῆς
ἐν τῷ πέραν τοῦ Ἰορδάνου· κατ' ἀνατολὰς ἡλίου δέδωκεν αὐτῷ
9 Μωυσῆς ὁ παῖς Κυρίου, ἀπὸ Ἀροήρ, ἥ ἐστιν ἐπὶ τοῦ χείλους
χειμάρρου Ἀρνῶν, καὶ τὴν πόλιν τὴν ἐν μέσῳ τῆς φάραγγος,
10 καὶ πᾶσαν τὴν Μισὼρ ἀπὸ Μαιδαβάν· Πάσας τὰς πόλεις
Σηὼν βασιλέως Ἀμορραίων, ὃς ἐβασίλευσεν ἐν Ἐσεβὼν ἕως
11 τῶν ὁρίων υἱῶν Ἀμμὼν· Καὶ τὴν Γαλααδ'τιδα, καὶ τὰ ὅρια
Γεσιρὶ, καὶ τοὺς Μαχατὶ, πᾶν ὄρος Ἀερμὼν, καὶ πᾶσαν τὴν
12 Βασανίτιν ἕως Ἀχά· Πᾶσαν τὴν βασιλείαν Ὢγ ἐν τῇ Βασα-
νίτιδι, ὃς ἐβασίλευσεν ἐν Ἀσταρὼθ καὶ ἐν Ἐδραΐν· οὗτος
κατελείφθη ἀπὸ τῶν γιγάντων, καὶ ἐπάταξεν αὐτὸν Μωυσῆς
13 καὶ ἐξωλόθρευσε. Καὶ οὐκ ἐξωλόθρευσαν οἱ υἱοὶ Ἰσραὴλ τὸν
Γεσιρὶ, καὶ τὸν Μαχατὶ, καὶ τὸν Χαναναῖον· καὶ κατῴκει
βασιλεὺς Γεσιρὶ καὶ ὁ Μαχατὶ ἐν τοῖς υἱοῖς Ἰσραὴλ ἕως τῆς
σήμερον ἡμέρας.

14 Πλὴν τῆς φυλῆς Λευὶ οὐκ ἐδόθη κληρονομία· Κύριος
ὁ Θεὸς Ἰσραὴλ, οὗτος κληρονομία αὐτῶν, καθὰ εἶπεν αὐτοῖς
Κύριος· καὶ οὗτος ὁ καταμερισμὸς, ὃν κατεμέρισε Μωυσῆς τοῖς
υἱοῖς Ἰσραὴλ ἐν Ἀραβὼθ Μωὰβ ἐν τῷ πέραν τοῦ Ἰορδάνου
κατὰ Ἰεριχώ.

15 Καὶ ἔδωκε Μωυσῆς τῇ φυλῇ Ρουβὴν κατὰ δήμους αὐτῶν.
16 Καὶ ἐγενήθη αὐτῶν τὰ ὅρια ἀπὸ Ἀροήρ, ἥ ἐστι κατὰ πρόσωπον
φάραγγος Ἀρνῶν, καὶ ἡ πόλις ἡ ἐν τῇ φάραγγι Ἀρνῶν· καὶ
17 πᾶσαν τὴν Μισὼρ, ἕως Ἐσεβὼν, καὶ πάσας τὰς πόλεις τὰς
οὔσας ἐν τῇ Μισὼρ, καὶ Δαιβὼν, καὶ Βαιμὼν Βαὰλ, καὶ οἴκου
18, 19 Μεελβὼθ, καὶ Βασὰν, καὶ Βακεδμὼθ, καὶ Μαιφαὰδ, καὶ
Καριαθαὶμ, καὶ Σεβαμὰ, καὶ Σεραδὰ, καὶ Σιὼν ἐν τῷ ὄρει
20 Ἐνὰβ, καὶ Βαιθφογώρ, καὶ Ἀσηδὼθ Φασγὰ, καὶ Βαιτθασεινὼθ,
21 καὶ πάσας τὰς πόλεις τοῦ Μισὼρ, καὶ πᾶσαν τὴν βασιλείαν
τοῦ Σηὼν βασιλέως τῶν Ἀμορραίων, ὃν ἐπάταξε Μωυσῆς
αὐτὸν καὶ τοὺς ἡγουμένους Μαδιὰμ, καὶ τὸν Εὐὶ, καὶ τὸν
Ροβὸκ, καὶ τὸν Σοὺρ, καὶ τὸν Οὐρ, καὶ τὸν Ροβὲ ἄρχοντα
ἔναρα Σιὼν, καὶ τοὺς κατοικοῦντας Σιών.
22 Καὶ τὸν Βαλαὰμ τὸν τοῦ Βαιὼρ τὸν μάντιν ἀπέκτειναν ἐν
τῇ ῥοπῇ.
23 Ἐγένετο δὲ τὰ ὅρια Ρουβὴν, Ἰορδάνης ὅριον· αὕτη ἡ κλη-
ρονομία υἱῶν Ρουβὴν κατὰ δήμους αὐτῶν, αἱ πόλεις αὐτῶν καὶ
αἱ ἐπαύλεις αὐτῶν.
24 Ἔδωκε δὲ Μωυσῆς τοῖς υἱοῖς Γὰδ κατὰ δήμους αὐτῶν.
25 Καὶ ἐγένετο τὰ ὅρια αὐτῶν Ἰαζήρ· πᾶσαι πόλεις Γαλαὰδ, καὶ

eastward from Galgal, under the mountain Aermon as far as the entering in of Emath; [6] every one that inhabits the hill country from Libanus as far as Masereth Memphomaim. All the Sidonians, I will destroy them from before Israel; but do thou give them by inheritance to Israel, as I charged thee.

[7] And now divide this land by lot to the nine tribes, and to the half tribe of Manasse. [8] From Jordan to the great sea westward thou shalt give it *them*: the great sea shall be the boundary. *But* to the two tribes and to the half tribe of Manasse, [8] to Ruben and to Gad Moses gave *an inheritance* beyond Jordan : Moses the servant of the Lord gave *it* to βthem eastward, [9] from Aroer, which is on the bank of the brook of Arnon, and the city in the midst of the valley, and all Misor from Mædaban. [10] All the cities of Seon king of the Amorites, who reigned from Esebon to the coasts of the children of Ammon; [11] and the region of Galaad, and the borders of the Gesirites and the Machatites, the whole mount of Aermon, and all the land of Basan to Acha. [12] All the kingdom of Og in the region of Basan, who reigned in Astaroth and in Edrain : he was left of the giants; and Moses smote him, and destroyed him. [13] But the children of Israel destroyed not the Gesirite and the Machatite and the Chananite; and the king of the Gesiri and the Machatite dwelt among the children of Israel until this day.

[14] Only no inheritance was given to the tribe of Levi : the Lord God of Israel, he *is* their inheritance, as the Lord said to them ; and this *is* the division which Moses made to the children of Israel in Araboth Moab, on the other side of Jordan, by Jericho.

[15] And Moses gave the land to the tribe of Ruben according to their families. [16] And their borders were from Aroer, which is opposite the brook of Arnon, and *theirs is* the city that is in the valley of Arnon ; and all Misor, [17] to Esebon, and all the cities in Misor, and Dæbon, and Bæmon-Baal, and the house of Meelboth ; [18] and Basan, and Bakedmoth, and Mæphaad, [19] and Kariathaim, and Sebama, and Serada, and Sion in mount Enab ; [20] and Bætphogor, and Asedoth Phasga, and Bætthasinoth, [21] and all the cities of Misor, and all the kingdom of Seon king of the Amorites, whom Moses smote, even him and the princes of Madian, and Evi, and Roboc, and Sur, and Ur, and Robe prince of the spoils of Sion, and the inhabitants of Sion.

[22] And Balaam the son of Bæor the prophet they slew in the battle.

[23] And the borders of Ruben were—*even* Jordan *was the* boundary ; this *is* the inheritance of the children of Ruben according to their families, *these were* their cities and their villages.

[24] And Moses gave inheritance to the sons of Gad according to their families. [25] And their borders were Jazer, all the cities of Galaad, and half the land of the children of

β Gr. him.

Ammon to Araba, which is before Arad.
²⁶ And from Esebon to Araboth by Masse-
pha, and Botanim, and Maan to the borders
of Dæbon, ²⁷ and Enadom, and Othargai,
and Bænthanabra, and Soccotha, and Sa-
phan, and the rest of the kingdom of Seon
king of Esebon : and Jordan shall be the
boundary as far as part of the sea of Chene-
reth beyond Jordan eastward. ²⁸ This is the
inheritance of the children of Gad accord-
ing to their families and according to their
cities: according to their families they will
turn their ᵝ backs before their enemies, be-
cause their cities and their villages were
according to their families.

²⁹ And Moses gave to half the tribe of
Manasse according to their families. ³⁰ And
their borders were from Maan, and all the
kingdom of Basan, and all the kingdom
of Og king of Basan, and all the villages
of Jair, which are in the region of Basan,
sixty cities : ³¹ and the half of Galaad, and
in Astaroth, and in Edrain, royal cities
of Og in the land of Basan, Moses gave to
the sons of Machir the sons of Manasse,
even to the half-tribe sons of Machir the
sons of Manasse, according to their families.
³² These are they whom Moses caused to
inherit beyond Jordan in Araboth Moab,
beyond Jordan by Jericho eastward.

And these are they of the children of
Israel that received their inheritance in the
land of Chanaan, to whom Eleazar the
priest, and Joshua the son of Naue, and the
heads of the families of the tribes of the
children of Israel, gave inheritance. ² They
inherited according to their lots, as the
Lord commanded by the hand of Joshua to
the nine tribes and the half tribe, on the
other side of Jordan. ³ But to the Levites
he gave no inheritance among them. ⁴ For
the sons of Joseph were two tribes, Manasse
and Ephraim ; and there was none inherit-
ance in the land given to the Levites, only
cities to dwell in, and their suburbs separa-
ted for the cattle, and their cattle. ⁵ As the
Lord commanded Moses, so did the child-
ren of Israel ; and they divided the land.

⁶ And the children of Juda came to Joshua
in Galgal, and Chaleb the son of Jephone
the Kenezite said to him, Thou knowest the
word that the Lord spoke to Moses the man
of God concerning me and thee in Cades
Barne. ⁷ For I was forty years old when
Moses the servant of God sent me out of
Cades Barne to spy out the land ; and I re-
turned him an answer according to his
mind. ⁸ My brethren that went up with
me turned away the heart of the people, but
I ᵞ applied myself to follow the Lord my
God. ⁹ And Moses sware on that day, say-
ing, The land on which thou art gone up, it
shall be thy inheritance and thy children's
for ever, because thou hast applied thyself
to follow the Lord our God. ¹⁰ And now
the Lord has kept me alive as he said : this
is the forty-fifth year since the Lord spoke
that word to Moses ; and Israel journeyed
in the wilderness ; and now, behold, I am
this day eighty-five years old. ¹¹ I am still
strong this day, as when the Lord sent me :
just so strong am I now to go out and to

τὸ ἥμισυ γῆς υἱῶν Ἀμμῶν ἕως Ἄραβα, ἥ ἐστι κατὰ προσωπον
Ἀράδ. Καὶ ἀπὸ Ἐσεβὼν ἕως Ἀραβὼθ κατὰ τὴν Μασσηφὰ, 26
καὶ Βοτανὶμ, καὶ Μαὰν ἕως τῶν ὁρίων Δαιβῶν, καὶ Ἐναδὼμ 27
καὶ Ὀθαργαὶ καὶ Βαινθαναβρὰ καὶ Σοκχωθὰ καὶ Σαφὰν καὶ τὴν
λοιπὴν βασιλείαν Σηὼν βασιλέως Ἐσεβῶν· καὶ ὁ Ἰορδάνης
ὁριεῖ ἕως μέρους τῆς θαλάσσης Χενερὲθ πέραν τοῦ Ἰορδάνου
ἀπ’ ἀνατολῶν. Αὕτη ἡ κληρονομία υἱῶν Γὰδ κατὰ δήμους 28
αὐτῶν καὶ κατὰ πόλεις αὐτῶν· κατὰ δήμους αὐτῶν αὐχένα
ἐπιστρέψουσιν ἐναντίον τῶν ἐχθρῶν αὐτῶν, ὅτι ἐγενήθη κατὰ
δήμους αὐτῶν αἱ πόλεις αὐτῶν, καὶ αἱ ἐπαύλεις αὐτῶν.

Καὶ ἔδωκε Μωυσῆς τῷ ἡμίσει φυλῆς Μανασσῆ κατὰ δήμους 29
αὐτῶν. Καὶ ἐγένετο τὰ ὅρια αὐτῶν ἀπὸ Μαὰν, καὶ πᾶσα 30
βασιλεία Βασὰν, καὶ πᾶσα βασιλεία Ὢγ βασιλέως τῆς Βασὰν,
καὶ πάσας τὰς κώμας Ἰαὶρ, αἵ εἰσιν ἐν τῇ Βασανίτιδι, ἑξήκοντα
πόλεις. Καὶ τὸ ἥμισυ τῆς Γαλαάδ· καὶ ἐν Ἀσταρὼθ, καὶ 31
ἐν Ἐδραὶν πόλεις βασιλείας Ὢγ ἐν τῇ Βασανίτιδι, τοῖς υἱοῖς
Μαχὶρ υἱοῖς Μανασσῆ, καὶ τοῖς ἡμίσεσιν υἱοῖς Μαχὶρ υἱοῖς
Μανασσῆ, κατὰ δήμους αὐτῶν. Οὗτοι οὓς κατεκληρονόμησε 32
Μωυσῆς πέραν τοῦ Ἰορδάνου ἐν Ἀραβὼθ Μωὰβ ἐν τῷ πέραν
τοῦ Ἰορδάνου τοῦ κατὰ Ἰεριχὼ ἀπ’ ἀνατολῶν.

Καὶ οὗτοι οἱ κατακληρονομήσαντες υἱῶν Ἰσραὴλ ἐν τῇ γῇ 14
Χαναὰν, οἷς κατεκληρονόμησαν αὐτοῖς Ἐλεάζαρ ὁ ἱερεὺς, καὶ
Ἰησοῦς ὁ τοῦ Ναυῆ, καὶ οἱ ἄρχοντες πατριῶν φυλῶν τῶν υἱῶν
Ἰσραήλ. Κατὰ κλήρους ἐκληρονόμησαν, ὃν τρόπον ἐνετείλατο 2
Κύριος ἐν χειρὶ Ἰησοῦ ταῖς ἐννέα φυλαῖς, καὶ τῷ ἡμίσει φυλῆς
ἀπὸ τοῦ πέραν τοῦ Ἰορδάνου. Καὶ τοῖς Λευίταις οὐκ ἔδωκε 3
κλῆρον ἐν αὐτοῖς, ὅτι ἦσαν οἱ υἱοὶ Ἰωσὴφ δύο φυλαὶ Μανασσῆ 4
καὶ Ἐφραίμ· καὶ οὐκ ἐδόθη μερὶς ἐν τῇ γῇ τοῖς Λευίταις, ἀλλ’
ἢ πόλεις κατοικεῖν, καὶ τὰ ἀφωρισμένα αὐτῶν τοῖς κτήνεσι, καὶ
τὰ κτήνη αὐτῶν. Ὃν τρόπον ἐνετείλατο Κύριος τῷ Μωυσῇ, 5
οὕτως ἐποίησαν οἱ υἱοὶ Ἰσραὴλ, καὶ ἐμέρισαν τὴν γῆν.

Καὶ προσήλθοσαν οἱ υἱοὶ Ἰούδα πρὸς Ἰησοῦν ἐν Γαλγάλ· 6
καὶ εἶπε πρὸς αὐτὸν Χάλεβ ὁ τοῦ Ἰεφονῆ ὁ Κενεζαῖος, σὺ
ἐπίστῃ τὸ ῥῆμα, ὃ ἐλάλησε Κύριος πρὸς Μωυσῆν ἄνθρωπον
τοῦ Θεοῦ περὶ ἐμοῦ καὶ σοῦ ἐν Κάδης Βαρνῆ. Τεσσαράκοντα 7
γὰρ ἐτῶν ἤμην ὅτε ἀπέστειλέ με Μωυσῆς ὁ παῖς τοῦ Θεοῦ ἐκ
Κάδης Βαρνῆ κατασκοπεῦσαι τὴν γῆν· καὶ ἀπεκρίθην αὐτῷ
λόγον κατὰ τὸν νοῦν αὐτοῦ. Οἱ ἀδελφοί μου οἱ ἀναβάντες 8
μετ’ ἐμοῦ μετέστησαν τὴν καρδίαν τοῦ λαοῦ, ἐγὼ δὲ προσετέθην
ἐπακολουθῆσαι Κυρίῳ τῷ Θεῷ μου. Καὶ ὤμοσε Μωυσῆς ἐν 9
ἐκείνῃ τῇ ἡμέρᾳ, λέγων, ἡ γῆ ἐφ’ ἣν ἐπέβης, σοὶ ἔσται ἐν
κλήρῳ καὶ τοῖς τέκνοις σου εἰς τὸν αἰῶνα, ὅτι προσετέθης ἐπακο-
λουθῆσαι ὀπίσω Κυρίου τοῦ Θεοῦ ἡμῶν. Καὶ νῦν διέθρεψέ με 10
Κύριος ὃν τρόπον εἶπε· τοῦτο τεσσαρακοστὸν καὶ πέμπτον ἔτος,
ἀφ’ οὗ ἐλάλησε Κύριος τὸ ῥῆμα τοῦτο πρὸς Μωυσῆν· καὶ
ἐπορεύθη Ἰσραὴλ ἐν τῇ ἐρήμῳ· καὶ νῦν ἰδοὺ ἐγὼ σήμερον
ὀγδοήκοντα καὶ πέντε ἐτῶν. Ἔτι εἰμὶ σήμερον ἰσχύων, ὡσεὶ 11
ὅτε ἀπέστειλέ με Μωυσῆς, ὡσαύτως ἰσχύω νῦν ἐξελθεῖν καὶ

ᵝ Gr. necks. See note on chap. 7. 12.   ᵞ Or, according to the Heb. idiom, 'fully followed.'

12 εἰσελθεῖν εἰς τὸν πόλεμον. Καὶ νῦν αἰτοῦμαί σε τὸ ὄρος τοῦτο, καθὰ εἶπε Κύριος τῇ ἡμέρᾳ ἐκείνῃ, ὅτι σὺ ἀκήκοας τὸ ῥῆμα τοῦτο ἐν τῇ ἡμέρᾳ ἐκείνῃ· νῦν δὲ οἱ Ἐνακὶμ ἐκεῖ εἰσι, πόλεις ὀχυραὶ καὶ μεγάλαι· ἐὰν οὖν Κύριος μετ' ἐμοῦ ᾖ, ἐξολοθρεύσω αὐτούς, ὃν τρόπον εἶπέ μοι Κύριος.

13 Καὶ εὐλόγησεν αὐτὸν Ἰησοῦς, καὶ ἔδωκε Χεβρὼν τῷ Χάλεβ

14 υἱῷ Ἰεφονῆ υἱῷ Κενὲζ ἐν κλήρῳ. Διὰ τοῦτο ἐγενήθη ἡ Χεβρὼν τῷ Χάλεβ τῷ τοῦ Ἰεφονῆ τοῦ Κενεζαίου ἐν κλήρῳ ἕως τῆς ἡμέρας ταύτης, διὰ τὸ αὐτὸν ἐπακολουθῆσαι τῷ προστάγματι

15 Κυρίου Θεοῦ Ἰσραήλ. Τὸ δὲ ὄνομα τῆς Χεβρὼν ἦν τὸ πρότερον πόλις Ἀργόβ, μητρόπολις τῶν Ἐνακὶμ αὕτη· καὶ ἡ γῆ ἐκόπασε τοῦ πολέμου.

15 Καὶ ἐγένετο τὰ ὅρια φυλῆς Ἰούδα κατὰ δήμους αὐτῶν ἀπὸ τῶν ὁρίων τῆς Ἰδουμαίας ἀπὸ τῆς ἐρήμου Σὶν ἕως Κάδης πρὸς Λίβα.

2 Καὶ ἐγενήθη αὐτῶν τὰ ὅρια ἀπὸ Λιβὸς ἕως μέρους θαλάσσης

3 τῆς ἁλυκῆς ἀπὸ τῆς λοφιᾶς τῆς φερούσης ἐπὶ Λίβα. Καὶ διαπορεύεται ἀπέναντι τῆς προσαναβάσεως Ἀκραβίν· καὶ ἐκπεριπορεύεται Σενὰ, καὶ ἀναβαίνει ἀπὸ Λιβὸς ἐπὶ Κάδης Βαρνῆ· καὶ ἐκπορεύεται Ἀσωρὼν, καὶ προσαναβαίνει εἰς

4 Σάραδα· καὶ ἐκπορεύεται τὴν κατὰ δυσμὰς Κάδης, καὶ ἐκπορεύεται ἐπὶ Σελμωνὰν, καὶ διεκβάλλει ἕως φάραγγος Αἰγύπτου· καὶ ἔσται αὐτοῦ ἡ διέξοδος τῶν ὁρίων ἐπὶ τὴν θάλασσαν· τοῦτό ἐστιν αὐτῶν ὅρια ἀπὸ Λιβός.

5 Καὶ τὰ ὅρια ἀπὸ ἀνατολῶν πᾶσα ἡ θάλασσα ἡ ἁλυκὴ ἕως τοῦ Ἰορδάνου. Καὶ τὰ ὅρια αὐτῶν ἀπὸ Βορρᾶ, καὶ ἀπὸ τῆς λοφιᾶς τῆς θαλάσσης καὶ ἀπὸ τοῦ μέρους τοῦ Ἰορδάνου.

6 Ἐπιβαίνει τὰ ὅρια ἐπὶ Βαιθαγλαάμ· καὶ παραπορεύεται ἀπὸ Βορρᾶ ἐπὶ Βαιθάραβα, καὶ προσαναβαίνει τὰ ὅρια ἐπὶ λίθον

7 Βαὼν υἱοῦ Ῥουβήν. Καὶ προσαναβαίνει τὰ ὅρια ἐπὶ τὸ τέταρτον τῆς φάραγγος Ἀχώρ, καὶ καταβαίνει ἐπὶ Γαλγὰλ, ἥ ἐστιν ἀπέναντι τῆς προσβάσεως Ἀδαμμίν, ἥ ἐστι κατὰ Λίβα τῇ φάραγγι, καὶ διεκβάλλει ἐπὶ τὸ ὕδωρ τῆς πηγῆς τοῦ ἡλίου·

8 καὶ ἔσται αὐτοῦ ἡ διέξοδος πηγὴ Ῥωγήλ. Καὶ ἀναβαίνει τὰ ὅρια εἰς φάραγγα Ἐννόμ, ἐπὶ νώτου τοῦ Ἰεβοῦς ἀπὸ Λιβός· αὕτη ἐστὶν Ἱερουσαλήμ· καὶ διεκβάλλει τὰ ὅρια ἐπὶ κορυφὴν ὄρους, ἥ ἐστι κατὰ πρόσωπον φάραγγος Ἐννόμ πρὸς θαλάσ-

9 σης, ἥ ἐστιν ἐκ μέρους γῆς Ῥαφαὶν ἐπὶ Βορρᾶ. Καὶ διεκβάλλει τὸ ὅριον ἀπὸ κορυφῆς τοῦ ὄρους ἐπὶ πηγὴν ὕδατος Ναφθὼ, καὶ διεκβάλλει εἰς τὸ ὄρος Ἐφρών· καὶ ἄξει τὸ ὅριον εἰς Βαάλ·

10 αὕτη ἐστὶ πόλις Ἰαρίμ. Καὶ περιελεύσεται ὅριον ἀπὸ Βαὰλ ἐπὶ θάλασσαν, καὶ παρελεύσεται εἰς ὄρος Ἀσσὺρ ἐπὶ νώτου πόλιν Ἰαρὶν ἀπὸ Βορρᾶ· αὕτη ἐστὶ Χασλών· καὶ καταβήσεται

11 ἐπὶ πόλιν ἡλίου, καὶ παρελεύσεται ἐπὶ Λίβα. Καὶ διεκβάλλει τὸ ὅριον κατὰ νώτου Ἀκκαρὼν ἐπὶ Βορρᾶν, καὶ διεκβαλεῖ τὰ ὅρια εἰς Σοκχὼθ, καὶ παρελεύσεται ὅρια ἐπὶ Λίβα, καὶ διεκβαλεῖ ἐπὶ Λεβνὰ, καὶ ἔσται ἡ διέξοδος τῶν ὁρίων ἐπὶ θάλασσαν· Καὶ τὰ ὅρια αὐτῶν ἀπὸ θαλάσσης, ἡ θάλασσα ἡ μεγάλη ὁριεῖ.

12 Ταῦτα τὰ ὅρια υἱῶν Ἰούδα κύκλῳ κατὰ δήμους αὐτῶν.

---

come in for war. [12]And now I ask of thee this mountain, as the Lord said in that day; for thou heardest this word on that day; and now the Enakim are there, cities great and strong: if then the Lord should be with me, I will utterly destroy them, as the Lord said to me.

[13]And Joshua blessed him, and gave Chebron to Chaleb the son of Jephone the son of Kenez for an inheritance. [14]Therefore Chebron became the inheritance of Chaleb the *son* of Jephone the Kenezite until this day, because he followed the commandment of the Lord God of Israel. [15]And the name of Chebron before was the city Argob, it *is* the βmetropolis of the Enakim: and the land rested from war.

And the borders of the tribe of Juda according to their families were from the borders of Idumea from the wilderness of Sin, as far as Cades southward.

[2]And their borders were from the south as far as a part of the salt sea from the γhigh country that extends southward. [3]And they proceed before the ascent of Acrabin, and go out round Sena, and go up from the south to Cades Barne; and go out to Asoron, and proceed out to Sarada, and go out by the way that is west of Cades. [4]And they go out to Selmona, and issue at the valley of Egypt; and the termination of its boundaries shall be at the sea: these are their boundaries southward.

[5]And their boundaries eastward *are* all the salt sea as far as Jordan; and their borders from the north, and from the border of the sea, and from part of Jordan—[6]the borders go up to Bæthaglaam, and they go along from the north to Bætharaba, and the borders go on up to the stone of Bæon the son of Ruben. [7]And the borders continue on to δthe fourth part of the valley of Achor, and go down to Galgal, which is before the approach of Adammin, which is southward in the valley, and terminate at the water of the fountain of the sun; and their going forth shall be the fountain of Rogel. [8]And the borders go up to the valley of Ennom, behind Jebus southward; this is Jerusalem: and the borders terminate at the top of the mountain, which is before the valley of Ennom toward the west, which is by the side of the land of Raphain northward. [9]And the border *going forth* from the top of the mountain terminates at the fountain of the water of Naphtho, and terminates at mount Ephron; and the border will lead to Baal; this is the city of Jarim. [10]And the border will go round from Baal to the sea, and will go on to the mount of Assar behind the city of Jarin northwards; this is Chaslon: and it will come down to the city of the Sun, and will go on to the south. [11]And the border terminates behind Accaron northward, and the borders will terminate at Socchoth, and the borders will go on to the south, and will terminate at Lebna, and the issue of the borders will be at the sea; and their borders *shall be* toward the sea, the great sea shall be the boundary. [12]These *are* the borders of the children of Juda round about according to their families.

β *Gr.* mother-cities.   γ *Gr.* neck. *Heb.* tongue.   δ So the Greek. There seems to have been a reading of the word רבד as if part of רבע.

¹³ And to Chaleb the son of Jephone he gave a portion in the midst of the children of Juda by the command of God; and Joshua gave him the city of Arboc the metropolis of Enac; this is Chebron. ¹⁴ And Chaleb the son of Jephone destroyed thence the three sons of Enac, Susi, and Tholami, and Achima. ¹⁵ And Chaleb went up thence to the inhabitants of Dabir; and the name of Dabir before was β the city of Letters.

¹⁶ And Chaleb said, Whosoever shall take and destroy the city of Letters, and master it, to him will I give my daughter Ascha to wife. ¹⁷ And Gothoniel the son of Chenez the brother of Chaleb took it; and he gave him Ascha his daughter to wife. ¹⁸ And it came to pass as she went out that she counselled him, saying, I will ask of my father a field; and she cried from off her ass; and Chaleb said to her, γ What is it? ¹⁹ And she said to him, Give me a blessing, for thou hast set me in the land of Nageb; give me Botthanis: and he gave her Gonæthla the upper, and Gonæthla the lower.

²⁰ This *is* the inheritance of the tribe of the children of Juda. ²¹ And their cities were cities belonging to the tribe of the children of Juda on the borders of Edom by the wilderness, and Bœseleel, and Ara, and Asor, ²² and Icam, and Regma, and Aruel, ²³ and Cades, and Asorionain, and Mænam, ²⁴ and Balmænan, and their villages, ²⁵ and the cities of Aseron, this *is* Asor, and Sen, and Salmaa, and Molada, ²⁷ and Seri, and Bæphalath, ²⁸ and Cholascola, and Beersabee; and their villages, and their hamlets, ²⁹ Bala and Bacoc, and Asom, ³⁰ and Elboüdad, and Bæthel, and Herma, ³¹ and Sekelac, and Macharim, and Sethennac, ³² and Labos, and Sale, and Eromoth; twenty-nine cities, and their villages.

³³ In the plain country Astaol, and Raa, and Assa, ³⁴ and Ramen, and Tano, and Iluthoth, and Mæani, ³⁵ and Jermuth, and Odollam, and Membra, and Saocho, and Jazeca. ³⁶ And Sacarim and Gadera, and its villages; fourteen cities, and their villages; ³⁷ Senna, and Adasan, and Magadalgad, and Dalad, and Maspha, and Jachareel, ³⁹ and Basedoth, and Ideadalea; ⁴⁰ and Chabra, and Maches, and Maachos, ⁴¹ and Geddor, and Bagadiel, and Noman, and Machedan: sixteen cities, and their villages; ⁴² Lebna, and Ithac, and Anoch, ⁴³ and Jana, and Nasib, ⁴⁴ and Keilam, and Akiezi, and Kezib, and Bathesar, and Ælom: ten cities, and their villages; ⁴⁵ Accaron and her villages, and their hamlets: ⁴⁶ from Accaron, Genna, and all the cities that are near Asedoth; and their villages. ⁴⁷ Asiedoth, and her villages, and her hamlets; Gaza, and its villages and its hamlets as far as the river of Egypt, and the great sea is the boundary.

⁴⁸ And in the hill country Samir, and Jether, and Socha, ⁴⁹ and Renna and the city of Letters, this *is* Dabir; ⁵⁰ and Anon, and Es, and Man, and Æsam, ⁵¹ and Gosom, and Chalu, and Channa, and Gelom: eleven cities, and their villages; ⁵² Ærem, and Remna, and Soma, ⁵³ and Jemain, and Bæthachu, and Phacua, ⁵⁴ and Euma, and the city Arboc, this *is* Chebron, and Soraith: nine

Καὶ τῷ Χάλεβ υἱῷ Ἰεφονῆ ἔδωκε μερίδα ἐν μέσῳ υἱῶν Ἰούδα 13 διὰ προστάγματος τοῦ Θεοῦ· καὶ ἔδωκεν αὐτῷ Ἰησοῦς τὴν πόλιν Ἀρβὸκ μητρόπολιν Ἐνάκ· αὕτη ἐστὶ Χεβρών. Καὶ ἐξωλό- 14 θρευσεν ἐκεῖθεν Χάλεβ υἱὸς Ἰεφονῆ τοὺς τρεῖς υἱοὺς Ἐνάκ, τὸν Σουσὶ καὶ Θολαμὶ καὶ τὸν Ἀχιμᾶ. Καὶ ἀνέβη ἐκεῖθεν Χάλεβ 15 ἐπὶ τοὺς κατοικοῦντας Δαβίρ· τὸ δὲ ὄνομα Δαβὶρ ἦν τὸ πρότερον πόλις Γραμμάτων.

Καὶ εἶπε Χάλεβ, ὃς ἂν λάβῃ καὶ ἐκκόψῃ τὴν πόλιν τῶν 16 Γραμμάτων καὶ κυριεύσῃ αὐτῆς, δώσω αὐτῷ τὴν Ἀσχὰν θυγατέρα μου εἰς γυναῖκα. Καὶ ἔλαβεν αὐτὴν Γοθονιὴλ υἱὸς Χενὲζ 17 ἀδελφοῦ Χάλεβ· καὶ ἔδωκεν αὐτῷ τὴν Ἀσχὰν θυγατέρα αὐτοῦ γυναῖκα. Καὶ ἐγένετο ἐν τῷ ἐκπορεύεσθαι αὐτὴν καὶ συνεβού- 18 λεύσατο αὐτῷ, λέγουσα, αἰτήσομαι τὸν πατέρα μου ἀγρόν· καὶ ἐβόησεν ἐκ τοῦ ὄνου· καὶ εἶπεν αὐτῇ Χάλεβ, τί ἐστί σοι; Καὶ 19 εἶπεν αὐτῷ, δός μοι εὐλογίαν, ὅτι εἰς γῆν Ναγὲβ δέδωκάς με· δός μοι τὴν Βοτθανίς· καὶ ἔδωκεν αὐτῇ τὴν Γοναιθλὰν τὴν ἄνω καὶ τὴν Γοναιθλὰν τὴν κάτω.

Αὕτη ἡ κληρονομία φυλῆς υἱῶν Ἰούδα. Ἐγενήθησαν δὲ 20, 21 πόλεις αὐτῶν πόλεις πρὸς τῇ φυλῇ υἱῶν Ἰούδα ἐφ᾽ ὁρίων Ἐδὼμ ἐπὶ τῆς ἐρήμου, καὶ Βαισελεήλ, καὶ Ἀρά, καὶ Ἀσώρ, καὶ Ἰκάμ, 22 καὶ Ῥεγμά, καὶ Ἀρουήλ, καὶ Κάδης, καὶ Ἀσοριωναὶν, καὶ 23 Μαινάμ, καὶ Βαλμαινάν, καὶ αἱ κῶμαι αὐτῶν, καὶ αἱ πόλεις 24, 25 Ἀσερών, αὕτη Ἀσώρ, καὶ Σὴν, καὶ Σαλμαὰ, καὶ Μωλαδὰ, 26 καὶ Σερὶ, καὶ Βαιφαλὰθ, καὶ Χολασεωλὰ, καὶ Βηρσαβεέ· 27, 28 καὶ αἱ κῶμαι αὐτῶν, καὶ αἱ ἐπαύλεις αὐτῶν, Βαλὰ, καὶ Βακὼκ, 29 καὶ Ἀσὸμ, καὶ Ἐλβωΰδὰδ, καὶ Βαιθὴλ, καὶ Ἑρμὰ, καὶ 30, 31 Σεκελὰκ, καὶ Μαχαρὶμ, καὶ Σεθεννὰκ, καὶ Λαβὼς, καὶ Σαλὴ, 32 καὶ Ἐρωμώθ· πόλεις εἰκοσιεννέα, καὶ αἱ κῶμαι αὐτῶν.

Ἐν τῇ πεδινῇ Ἀσταὼλ, καὶ Ῥάα, καὶ Ἄσσα. Καὶ 33, 34 Ῥάμεν, καὶ Τανὼ, καὶ Ἰλουθώθ, καὶ Μαιανὶ, καὶ Ἱερμοὺθ, καὶ 35 Ὀδολλὰμ, καὶ Μεμβρὰ, καὶ Σαωχὼ, καὶ Ἰαζηκὰ, καὶ Σακαρὶμ, 36 καὶ Γάδηρα, καὶ αἱ ἐπαύλεις αὐτῆς· πόλεις δεκατέσσαρες, καὶ αἱ κῶμαι αὐτῶν. Σεννὰ, καὶ Ἀδασὰν, καὶ Μαγαδαλγὰδ, καὶ 37, 38 Δαλὰδ, καὶ Μασφὰ, καὶ Ἰαχαρὴλ, καὶ Βασηδώθ, καὶ Ἰδεαδα- 39 λέα, καὶ Χαβρά, καὶ Μαχὲς, καὶ Μααχὼς, καὶ Γεδδώρ, καὶ 40, 41 Βαγαδιὴλ, καὶ Νωμὰν, καὶ Μαχηδάν· πόλεις ἑκκαίδεκα, καὶ αἱ κῶμαι αὐτῶν. Λεβνὰ, καὶ Ἰθὺκ, καὶ Ἀνὼχ, καὶ Ἰανὰ, καὶ 42, 43 Νασὶβ, καὶ Κεῖλὰμ, καὶ Ἀκιεζὶ, καὶ Κεζὶβ, καὶ Βαθησὰρ, καὶ 44 Αἰλώμ· πόλεις δέκα, καὶ αἱ κῶμαι αὐτῶν· Ἀκκαρὼν, καὶ αἱ 45 κῶμαι αὐτῆς, καὶ αἱ ἐπαύλεις αὐτῶν, ἀπὸ Ἀκκαρὼν Γεμνά· 46 καὶ πᾶσαι ὅσαι εἰσὶ πλησίον Ἀσηδώθ· καὶ αἱ κῶμαι αὐτῶν, Ἀσιεδὼθ, καὶ αἱ κῶμαι αὐτῆς, καὶ αἱ ἐπαύλεις αὐτῆς· Γάζα, καὶ 47 αἱ κῶμαι αὐτῆς, καὶ ἐπαύλεις αὐτῆς ἕως τοῦ χειμάρρου Αἰγύπτου, καὶ ἡ θάλασσα ἡ μεγάλη διορίζει.

Καὶ ἐν τῇ ὀρεινῇ Σαμὶρ, καὶ Ἰεθὲρ, καὶ Σωχὰ, καὶ Ῥεννὰ, 48, 49 καὶ πόλις Γραμμάτων, αὕτη Δαβὶρ, καὶ Ἀνὼν, καὶ Ἐς, καὶ 50 Μὰν, καὶ Αἰσὰμ, καὶ Γοσὸμ, καὶ Χαλοὺ, καὶ Χαννὰ, καὶ 51 Γηλόμ· πόλεις ἕνδεκα, καὶ αἱ κῶμαι αὐτῶν· Αἰρὲμ, καὶ Ῥεμνὰ, 52 καὶ Σομὰ, καὶ Ἰεμαῖν, καὶ Βαιθαχοὺ, καὶ Φακουὰ, καὶ 53, 54 Εὐμὰ, καὶ πόλις Ἀρβὸκ, αὕτη ἐστὶ Χεβρὼν, καὶ Σωραίθ·

β *Heb.* Kirjath-sepher.   γ What hast thou to say? *or* of what hast thou need?

55 πόλεις ἐννέα, καὶ αἱ ἐπαύλεις αὐτῶν· Μαώρ, καὶ Χερμὲλ, καὶ
56 Ὀζὶβ, καὶ Ἰτὰν, καὶ Ἰαριὴλ, καὶ Ἀρικὰμ, καὶ Ζακαναΐμ,
57 καὶ Γαβαὰ, καὶ Θαμναθά· πόλεις ἐννέα, καὶ αἱ κῶμαι αὐτῶν·
58, 59 Αἰλουά, καὶ Βηθσοὺρ, καὶ Γεδδὼν, καὶ Μαγαρὼθ, καὶ Βαι-
60 θανὰμ, καὶ Θεκούμ· πόλεις ἓξ, καὶ αἱ κῶμαι αὐτῶν· Θεκὼ, καὶ
Ἐφραθὰ, αὕτη ἐστὶ Βαιθλεὲμ, καὶ Φαγὼρ, καὶ Αἰτὰν, καὶ
Κουλὸν, καὶ Τατὰμ, καὶ Θωβῆς, καὶ Καρὲμ, καὶ Γαλὲμ, καὶ
Θεθὴρ, καὶ Μανοχώ· πόλεις ἕνδεκα, καὶ αἱ κῶμαι αὐτῶν·
Καριαθβαὰλ, αὕτη ἡ πόλις Ἰαρὶμ, καὶ Σωθηβᾶ· πόλεις δύο,
61 καὶ αἱ ἐπαύλεις αὐτῶν· καὶ Βαδδαργεὶς, καὶ Θαραβαὰμ, καὶ
62 Αἰνὼν, καὶ Αἰοχιοζὰ, καὶ Ναφλαζὼν, καὶ αἱ πόλεις Σαδῶν, καὶ
Ἀγκάδης· πόλεις ἑπτὰ, καὶ αἱ κῶμαι αὐτῶν.

63 Καὶ ὁ Ἰεβουσαῖος κατῴκει ἐν Ἰερουσαλήμ, καὶ οὐκ ἠδυνή-
θησαν οἱ υἱοὶ Ἰούδα ἀπολέσαι αὐτούς· καὶ κατῴκησαν οἱ
Ἰεβουσαῖοι ἐν Ἰερουσαλὴμ ἕως τῆς ἡμέρας ταύτης.

16 Καὶ ἐγένετο τὰ ὅρια υἱῶν Ἰωσὴφ ἀπὸ τοῦ Ἰορδάνου τοῦ
κατὰ Ἰεριχὼ ἀπὸ ἀνατολῶν· καὶ ἀναβήσεται ἀπὸ Ἰεριχὼ εἰς
2 τὴν ὀρεινήν, τὴν ἔρημον, εἰς Βαιθὴλ Λουζά. Καὶ ἐξελεύσεται
εἰς Βαιθήλ, καὶ παρελεύσεται ἐπὶ τὰ ὅρια τοῦ Ἀχαταρωθί.
3 Καὶ διελεύσεται ἐπὶ τὴν θάλασσαν ἐπὶ τὰ ὅρια Ἀπταλὶμ ἕως
τῶν ὁρίων Βαιθωρὼν τὴν κάτω, καὶ ἔσται ἡ διέξοδος αὐτῶν ἐπὶ
4 τὴν θάλασσαν. Καὶ ἐκληρονόμησαν οἱ υἱοὶ Ἰωσήφ, Ἐφραὶμ
καὶ Μανασσῆ.

5 Καὶ ἐγενήθη ὅρια υἱῶν Ἐφραὶμ κατὰ δήμους αὐτῶν· καὶ
ἐγενήθη τὰ ὅρια τῆς κληρονομίας αὐτῶν ἀπ' ἀνατολῶν Ἀταρὼθ,
6 καὶ Ἐρὼκ ἕως Βαιθωρὼν τὴν ἄνω, καὶ Γαζαρά. Καὶ ἐλεύσεται
τὰ ὅρια ἐπὶ τὴν θάλασσαν εἰς Ἰκασμὼν ἀπὸ Βορρᾶ Θερμᾶ·
περιελεύσεται ἐπ' ἀνατολὰς εἰς Θηνασὰ, καὶ Σέλλης, καὶ παρ-
7 ελεύσεται ἀπ' ἀνατολῶν εἰς Ἰανωκὰ, καὶ εἰς Μαχὼ, καὶ Ἀταρὼθ,
καὶ αἱ κῶμαι αὐτῶν· καὶ ἐλεύσεται ἐπὶ Ἰεριχὼ, καὶ διεκβαλεῖ
8 ἐπὶ τὸν Ἰορδάνην. Καὶ ἀπὸ Τάφου πορεύσεται τὰ ὅρια ἐπὶ
θάλασσαν ἐπὶ Χελκανα· καὶ ἔσται ἡ διέξοδος αὐτῶν ἐπὶ θάλασ-
σαν· αὕτη ἡ κληρονομία φυλῆς Ἐφραὶμ κατὰ δήμους αὐτῶν.

9 Καὶ αἱ πόλεις αἱ ἀφορισθεῖσαι τοῖς υἱοῖς Ἐφραὶμ ἀναμέσον
τῆς κληρονομίας υἱῶν Μανασσῆ, πᾶσαι αἱ πόλεις καὶ αἱ κῶμαι
10 αὐτῶν. Καὶ οὐκ ἀπώλεσεν Ἐφραὶμ τὸν Χαναναῖον τὸν κατοι-
κοῦντα ἐν Γαζέρ· καὶ κατῴκει ὁ Χαναναῖος ἐν τῷ Ἐφραὶμ ἕως
τῆς ἡμέρας ταύτης, ἕως ἀνέβη Φαραὼ βασιλεὺς Αἰγύπτου, καὶ
ἔλαβεν αὐτὴν, καὶ ἐνέπρησεν αὐτὴν ἐν πυρί· καὶ τοὺς Χανα-
ναίους, καὶ τοὺς Φερεζαίους, καὶ τοὺς κατοικοῦντας ἐν Γαζὲρ,
ἐξεκέντησαν· καὶ ἔδωκεν αὐτὴν Φαραὼ ἐν φερνῇ τῇ θυγατρὶ
αὐτοῦ.

17 Καὶ ἐγένετο τὰ ὅρια φυλῆς υἱῶν Μανασσῆ, ὅτι οὗτος πρωτό-
τοκος τῷ Ἰωσήφ, τῷ Μαχὶρ πρωτοτόκῳ Μανασσῆ πατρὶ
Γαλαὰδ, ἀνὴρ γὰρ πολεμιστὴς ἦν, ἐν τῇ Γαλααδίτιδι καὶ ἐν
2 τῇ Βασανίτιδι. Καὶ ἐγενήθη τοῖς υἱοῖς Μανασσῆ τοῖς λοιποῖς
κατὰ δήμους αὐτῶν· τοῖς υἱοῖς Ἰεζί, καὶ τοῖς υἱοῖς Κελὲζ,
καὶ τοῖς υἱοῖς Ἰεζιὴλ, καὶ τοῖς υἱοῖς Συχὲμ, καὶ τοῖς υἱοῖς
Συμαρὶμ, καὶ τοῖς υἱοῖς Ὀφέρ· οὗτοι ἄρσενες κατὰ δήμους
αὐτῶν.

cities, and their villages : [55] Maor, and Cher-
mel, and Ozib, and Itan, [56] and Jariel, and
Aricam, and Zacanaim, [57] and Gabaa, and
Thamnatha ; nine cities, and their villages ;
[58] Ælua, and Bethsur, and Geddon, [59] and
Magaroth, and Bæthanam, and Thecum ;
six cities, and their villages ; [60] Theco, and
Ephratha, this is Bæthleem, and Phagor,
and Ætan, and Culon, and Tatam, and
Thobes, and Carem, and Galem, and The-
ther, and Manocho : eleven cities, and their
villages, Cariathbaal, this is the city of Ja-
rim, and Sotheba : two cities, and their
villages ; [61] and Baddargeis, and Tharabaam,
and Ænon ; [62] and Æochioza, and Naphla-
zon, and the cities of Sadon, and Ancades ;
seven cities, and their villages.
[63] And the Jebusite dwelt in Jerusalem,
and the children of Juda could not destroy
them ; and the Jebusites dwelt in Jerusalem
to this day.
And the borders of the children of Joseph
were from Jordan by Jericho eastward ; and
they will go up from Jericho to the hill
country, to the wilderness, to Bæthel Luza.
[2] And they will go out to Bæthel, and will
proceed to the borders of Achatarothi. [3] And
they will go across to the sea to the borders
of Aptalim, as far as the borders of Bæth-
oron the lower, and the going forth of them
shall be to the sea. [4] And the sons of
Joseph, Ephraim and Manasse, took their
inheritance.
[5] And the borders of the children of Eph-
raim were according to their families, and
the borders of their inheritance were east-
ward to Ataroth, and Eroc as far as Bæth-
oron the upper, and Gazara. [6] And the
borders will proceed to the sea to Icasmon
north of Therma ; they will go round east-
ward to Thenasa, and Selles, and will pass
on eastward to Janoca, [7] and to Macho,
and Ataroth, and these are their villages ;
and they will come to Jericho, and will issue
at Jordan. [8] And the borders will proceed
from β Tapho to the sea to Chelcana ; this is
their termination will be at the sea ; this is
the inheritance of the tribe of Ephraim
according to their families.
[9] And the cities separated to the sons of
Ephraim were in the midst of the inherit-
ance of the sons of Manasse, all the cities
and their villages. [10] And Ephraim did not
destroy the Chananite who dwelt in Gazer ;
and the Chananite dwelt in Ephraim until
this day, until Pharao the king of Egypt
went up and took it, and burnt it with fire ;
and the Chananites, and Pherezites, and the
dwellers in Gaza they destroyed, and Pha-
rao gave them for a dowry to his daughter.
And the borders of the tribe of the chil-
dren of Manasse, (for he was the first-born
γ of Joseph,) assigned to Machir the first-
born of Manasse the father of Galaad, for
he was a warrior, were in the land of Galaad
and of Basan. [2] And there was land assigned
to the other sons of Manasse according to
their families ; to the sons of Jezi, and to
the sons of Kelez, and to the sons of Jeziel,
and to the sons of Sychem, and to the sons
of Symarim, and to the sons of Opher : these
are the males according to their families.

β Or, Taphos, or Taphon, etc.　　γ Gr. to.

³ And Salpaad the sons of Opher had no sons but daughters: and these *are* the names of the daughters of Salpaad; Maala, and Nua, and Egla, and Melcha, and Thersa. ⁴ And they stood before Eleazar the priest, and before Joshua, and before the rulers, saying, God gave a charge by the hand of Moses, to give us an inheritance in the midst of our brethren: so there was given to them by the command of the Lord an inheritance among the brethren of their father. ⁵ And their lot fell *to them* from Anassa, and *to the* plain of Labec of the land of Galaad, which is beyond Jordan. ⁶ For the daughters of the sons of Manasse inherited a portion in the midst of their brethren, and the land of Galaad was assigned to the remainder of the sons of Manasse.

⁷ And the borders of the sons of Manasse were Delanath, which is before the sons of Anath, and it proceeds to the borders *even* to Jamin and Jassib to the fountain of Thaphthoth. ⁸ It shall belong to Manasse, and Thapheth on the borders of Manasse *shall belong* to the sons of Ephraim. ⁹ And the borders shall go down to the valley of Carana southward by the valley of Jariel, (*there is* a turpentine tree *belonging* to Ephraim between *that* and the city of Manasse:) and the borders of Manasse *are* northward to the brook; and the sea shall be its termination. ¹⁰ Southward *the land belongs* to Ephraim, and northward to Manasse; and the sea shall be their coast; and northward they shall border upon β Aseb, and eastward upon Issachar. ¹¹ And Manasses shall have in *the portion of* Issachar and Aser Bæthsan and their villages, and the inhabitants of Dor, and its villages, and the inhabitants of Mageddo, and its villages, and the third part of Mapheta, and its villages. ¹² And the sons of Manasse were not able to destroy these cities; and the Chananite began to dwell in γ that land. ¹³ And it came to pass that when the children of Israel were strong, they made the Chananites subject, but they did not utterly destroy them.

¹⁴ And the sons of Joseph answered Joshua, saying, Wherefore hast thou caused us to inherit one inheritance, and one line? whereas I am a great people, and God has blessed me. ¹⁵ And Joshua said to them, If thou be a great people, go up to the forest, and clear *the land* for thyself, if mount Ephraim be too little for thee. ¹⁶ And they said, The mount of Ephraim does not please us, and the Chananite dwelling in it in Bæthsan, and in its villages, *and* in the valley of Jezrael, has choice cavalry and iron. ¹⁷ And Joshua said to the sons of Joseph, If thou art a great people, and hast great strength, thou shalt not have *only* one inheritance. ¹⁸ For thou shalt have the wood, for there is a wood, and thou shalt clear it, and *the land* shall be thine; even when thou shalt have utterly destroyed the Chananite, for he has chosen cavalry; yet thou art stronger than he.

And all the congregation of the children of Israel were assembled at Selo, and there they pitched the tabernacle of witness; and the land was subdued by them.

Καὶ τῷ Σαλπαὰδ υἱῷ Ὀφὲρ οὐκ ἦσαν αὐτῷ υἱοὶ ἀλλ' ἢ 3 θυγατέρες· καὶ ταῦτα τὰ ὀνόματα τῶν θυγατέρων Σαλπαάδ· Μααλὰ, καὶ Νουὰ, καὶ Ἐγλὰ, καὶ Μελχὰ, καὶ Θερσά. Καὶ 4 ἔστησαν ἐναντίον Ἐλεάζαρ τοῦ ἱερέως, καὶ ἐναντίον Ἰησοῦ, καὶ ἐναντίον τῶν ἀρχόντων, λέγουσαι, ὁ Θεὸς ἐνετείλατο διὰ χειρὸς Μωυσῆ δοῦναι ἡμῖν κληρονομίαν ἐν μέσῳ τῶν ἀδελφῶν ἡμῶν· καὶ ἐδόθη αὐταῖς διὰ προστάγματος Κυρίου κλῆρος ἐν τοῖς ἀδελφοῖς τοῦ πατρὸς αὐτῶν. Καὶ ἔπεσεν ὁ σχοινισμὸς αὐτῶν 5 ἀπὸ Ἀνάσσα, καὶ πεδίον Λαβὲκ ἐκ τῆς γῆς Γαλαὰδ, ἣ ἐστι πέραν τοῦ Ἰορδάνου. Ὅτι θυγατέρες υἱῶν Μανασσῆ ἐκληρονό- 6 μησαν κλῆρον ἐν μέσῳ τῶν ἀδελφῶν αὐτῶν· ἡ δὲ γῆ Γαλαὰδ ἐγενήθη τοῖς υἱοῖς Μανασσῆ τοῖς καταλελειμμένοις.

Καὶ ἐγενήθη ὅρια υἱῶν Μανασσῆ Δηλανὰθ, ἥ ἐστι κατὰ 7 πρόσωπον υἱῶν Ἀνὰθ, καὶ πορεύεται ἐπὶ τὰ ὅρια ἐπὶ Ἰαμὶν καὶ Ἰασσὶβ ἐπὶ πηγὴν Θαφθώθ. Τῷ Μανασσῆ ἔσται· καὶ Θαφὲθ 8 ἐπὶ τῶν ὁρίων Μανασσῆ, τοῖς υἱοῖς Ἐφραίμ. Καὶ καταβή- 9 σεται τὰ ὅρια ἐπὶ φάραγγα Καρανὰ ἐπὶ Λίβα κατὰ φάραγγα Ἰαριὴλ· τερέμινθος τῷ Ἐφραὶμ ἀναμέσον πόλεως Μανασσῆ· καὶ ὅρια Μανασσῆ ἐπὶ τὸν Βορρᾶν εἰς τὸν χειμάρρουν· καὶ ἔσται αὐτοῦ ἡ διέξοδος θάλασσα ἀπὸ Λιβὸς τῷ Ἐφραὶμ, καὶ 10 ἐπὶ Βορρᾶν Μανασσῆ· καὶ ἔσται ἡ θάλασσα ὅρια αὐτοῖς· καὶ ἐπὶ Ἀσὴβ συνάψουσιν ἐπὶ Βορρᾶν, καὶ τῷ Ἰσσάχαρ ἀπὸ ἀνατολῶν. Καὶ ἔσται Μανασσῆ ἐν Ἰσσάχαρ καὶ ἐν Ἀσὴρ 11 Βαιθσὰν καὶ αἱ κῶμαι αὐτῶν, καὶ τοὺς κατοικοῦντας Δὼρ, καὶ τὰς κώμας αὐτῆς. καὶ τοὺς κατοικοῦντας Μαγεδδὼ, καὶ τὰς κώμας αὐτῆς, καὶ τὸ τρίτον τῆς Μαφετὰ, καὶ τὰς κώμας αὐτῆς.

Καὶ οὐκ ἠδυνάσθησαν οἱ υἱοὶ Μανασσῆ ἐξολοθρεῦσαι τὰς 12 πόλεις ταύτας· καὶ ἤρχετο ὁ Χαναναῖος κατοικεῖν ἐν τῇ γῇ ταύτῃ. Καὶ ἐγενήθη καὶ ἐπεὶ κατίσχυσαν οἱ υἱοὶ Ἰσραὴλ, καὶ 13 ἐποίησαν τοὺς Χαναναίους ὑπηκόους, ἐξολοθρεῦσαι δὲ αὐτοὺς οὐκ ἐξωλόθρευσαν.

Ἀντεῖπαν δὲ οἱ υἱοὶ Ἰωσὴφ τῷ Ἰησοῖ, λέγοντες, διατί ἐκλη- 14 ρονόμησας ἡμᾶς κλῆρον ἕνα, καὶ σχοίνισμα ἕν; ἐγὼ δὲ λαὸς πολύς εἰμι, καὶ ὁ Θεὸς εὐλόγησέ με. Καὶ εἶπεν αὐτοῖς Ἰησοῦς, 15 εἰ λαὸς πολὺς εἶ, ἀνάβηθι εἰς τὸν δρυμὸν, καὶ ἐκκάθαρον σεαυτῷ εἰ στενοχωρεῖ σε τὸ ὄρος τὸ Ἐφραίμ. Καὶ εἶπαν, οὐκ ἀρέσκει 16 ἡμῖν τὸ ὄρος τὸ Ἐφραίμ· καὶ ἵππος ἐπίλεκτος, καὶ σίδηρος τῷ Χαναναίῳ τῷ κατοικοῦντι ἐν αὐτῷ ἐν Βαιθσὰν, καὶ ἐν ταῖς κώμαις αὐτῆς, ἐν τῇ κοιλάδι Ἰεζραέλ. Καὶ εἶπεν Ἰησοῦς τοῖς 17 υἱοῖς Ἰωσὴφ, εἰ λαὸς πολὺς εἶ καὶ ἰσχὺν μεγάλην ἔχεις, οὐκ ἔσται σοι κλῆρος εἷς. Ὁ γὰρ δρυμὸς ἔσται σοι, ὅτι δρυμός 18 ἐστι καὶ ἐκκαθαριεῖς αὐτὸν, καὶ ἔσται σοι· καὶ ὅταν ἐξολοθρεύ- σῃς τὸν Χαναναῖον, ὅτι ἵππος ἐπίλεκτος αὐτῷ ἐστι· σὺ γὰρ ὑπερισχύεις αὐτοῦ.

Καὶ ἐξεκκλησιάσθη πᾶσα συναγωγὴ υἱῶν Ἰσραὴλ εἰς Σηλὼ, 18 καὶ ἔπηξαν ἐκεῖ τὴν σκηνὴν τοῦ μαρτυρίου· καὶ ἡ γῆ ἐκρατήθη ὑπ' αὐτῶν.

β *Alex.* Aser.   γ *Gr.* this.

2 Καὶ κατελείφθησαν οἱ υἱοὶ Ἰσραὴλ, οἳ οὐκ ἐκληρονόμησαν,
3 ἑπτὰ φυλαί. Καὶ εἶπεν Ἰησοῦς τοῖς υἱοῖς Ἰσραὴλ, ἕως
τίνος ἐκλυθήσεσθε κληρονομῆσαι τὴν γῆν, ἣν ἔδωκε Κύριος
4 ὁ Θεὸς ἡμῶν; Δότε ἐξ ὑμῶν ἄνδρας τρεῖς ἐκ φυλῆς, καὶ
ἀναστάντες διελθέτωσαν τὴν γῆν, καὶ διαγραψάτωσαν αὐτὴν
5 ἐναντίον μου, καθὰ δεήσει διελεῖν αὐτήν. Καὶ διήλθοσαν
πρὸς αὐτόν· καὶ διεῖλεν αὐτοῖς ἑπτὰ μερίδας· Ἰούδας στήσεται
αὐτοῖς ὅριον ἀπὸ Λιβὸς, καὶ οἱ υἱοὶ Ἰωσὴφ στήσονται αὐτοῖς
6 ἀπὸ Βορρᾶ. Ὑμεῖς δὲ μερίσατε τὴν γῆν ἑπτὰ μερίδας, καὶ
ἐνέγκατε ὧδε πρὸς μὲ, καὶ ἐξοίσω ὑμῖν κλῆρον ἔναντι Κυρίου
7 τοῦ Θεοῦ ἡμῶν. Οὐ γάρ ἐστι μερὶς τοῖς υἱοῖς Λευὶ ἐν ὑμῖν·
ἱερατεία γὰρ Κυρίου μερὶς αὐτοῦ· καὶ Γὰδ καὶ Ῥουβὴν καὶ
τὸ ἥμισυ φυλῆς Μανασσῆ ἐλάβοσαν τὴν κληρονομίαν αὐτῶν
πέραν τοῦ Ἰορδάνου ἐπ᾽ ἀνατολῆς, ἣν ἔδωκεν αὐτοῖς Μωυσῆς
ὁ παῖς Κυρίου.

8 Καὶ ἀναστάντες οἱ ἄνδρες ἐπορεύθησαν· καὶ ἐνετείλατο
Ἰησοῦς τοῖς ἀνδράσι τοῖς πορευομένοις χωροβατῆσαι τὴν γῆν,
λέγων, πορεύεσθε καὶ χωροβατήσατε τὴν γῆν, καὶ παραγενήθητε
πρὸς μὲ, καὶ ὧδε ἐξοίσω ὑμῖν κλῆρον ἔναντι Κυρίου ἐν Σηλώ.
9 Καὶ ἐπορεύθησαν, καὶ ἐχωροβάτησαν τὴν γῆν· καὶ εἶδοσαν
αὐτὴν, καὶ ἔγραψαν αὐτὴν κατὰ πόλεις, ἑπτὰ μερίδας εἰς
10 βιβλίον, καὶ ἤνεγκαν πρὸς Ἰησοῦν. Καὶ ἐνέβαλεν αὐτοῖς Ἰη-
σοῦς κλῆρον ἐν Σηλῷ ἔναντι Κυρίου.

11 Καὶ ἐξῆλθεν ὁ κλῆρος φυλῆς Βενιαμὶν πρῶτος κατὰ δήμους
αὐτῶν· καὶ ἐξῆλθεν ὅρια τοῦ κλήρου αὐτῶν ἀναμέσον υἱῶν
Ἰούδα καὶ ἀναμέσον τῶν υἱῶν Ἰωσήφ.

12 Καὶ ἐγενήθη αὐτῶν τὰ ὅρια ἀπὸ Βορρᾶ· ἀπὸ τοῦ Ἰορδάνου
προσαναβήσεται τὰ ὅρια κατὰ νώτου Ἱεριχὼ ἀπὸ Βορρᾶ, καὶ
ἀναβήσεται ἐπὶ τὸ ὄρος ἐπὶ τὴν θάλασσαν, καὶ ἔσται αὐτοῦ
13 ἡ διέξοδος ἡ Μαβδαρίτις Βαιθών. Καὶ διελεύσεται ἐκεῖθεν τὰ
ὅρια Λουζὰ ἐπὶ νώτου Λουζὰ ἀπὸ Λιβὸς αὐτῆς· αὕτη ἐστὶ
Βαιθήλ· καὶ καταβήσεται τὰ ὅρια Μααταρὼβ Ὀρὲχ ἐπὶ τὴν
ὀρεινὴν, ἥ ἐστι πρὸς Λίβα Βαιθωρὼν ἡ κάτω.

14 Καὶ διελεύσεται τὰ ὅρια καὶ παρελεύσεται ἐπὶ τὸ μέρος τὸ
βλέπον παρὰ θάλασσαν ἀπὸ Λιβὸς ἀπὸ τοῦ ὄρους ἐπὶ πρόσω-
πον Βαιθωρὼν Λίβα· καὶ ἔσται αὐτοῦ ἡ διέξοδος εἰς Καριὰθ
Βαάλ· αὕτη ἐστὶ Καριαθιαρὶν, πόλις υἱῶν Ἰούδα· τοῦτό ἐστι
τὸ μέρος τὸ πρὸς θάλασσαν.

15 Καὶ μέρος τὸ πρὸς Λίβα ἀπὸ μέρους Καριὰθ Βαάλ· καὶ
16 διελεύσεται ὅρια εἰς Γασὶν, ἐπὶ πηγὴν ὕδατος Ναφθώ. Καὶ
καταβήσεται τὰ ὅρια ἐπὶ μέρους, τοῦτό ἐστι κατὰ πρόσωπον
νάπης Σοννὰμ, ὅ ἐστιν ἐκ μέρους Ἐμὲκ Ῥαφαὶν ἀπὸ Βορρᾶ,
καὶ καταβήσεται Γάιεννα ἐπὶ νώτων Ἰεβουσαὶ ἀπὸ Λιβός·
17 καταβήσεται ἐπὶ πηγὴν Ῥωγήλ. Καὶ διελεύσεται ἐπὶ πηγὴν
18 Βαιθσαμύς· καὶ παρελεύσεται ἐπὶ Γαλιλὼθ, ἥ ἐστιν ἀπέναντι
πρὸς ἀνάβασιν Αἰθαμίν· καὶ καταβήσεται ἐπὶ λίθον Βαιὼν
υἱῶν Ῥουβήν· καὶ διελεύσεται κατὰ νώτου Βαιθάραβα ἀπὸ
Βορρᾶ, καὶ καταβήσεται ἐπὶ τὰ ὅρια ἐπὶ νῶτον θάλασσαν ἀπὸ

[2] And the sons of Israel remained, *even* those who *had* not received their inheritance, seven tribes. [3] And Joshua said to the sons of Israel, How long will ye be slack to inherit the land, which the Lord our God has given you? [4] [β] Appoint of yourselves three men of each tribe, and let them rise up and go through the land, and let them describe it before me, as it will be proper to divide it. [5] And they [γ] came to him: and he divided to them seven portions, *saying*, Juda shall stand to them a border southward, and the sons of Joseph shall stand to them northward. [6] And do ye divide the land into seven parts, and bring the description hither to me, and I will [δ] give you a lot before the Lord our God. [7] For the sons of Levi have no part among you; for the priesthood of the Lord *is* his portion; and Gad, and Ruben, and the half tribe of Manasse, have received their inheritance beyond Jordan eastward, which Moses the servant of the Lord gave to them.

[8] And the men rose up and went; and Joshua charged the men who went to [ζ] explore the land, saying, Go and explore the land, and come to me, and I will bring you forth a lot here before the Lord in Selo. [9] And they went, and explored the land: and they viewed it, and described it according to the cities, seven parts in a book, and brought *the book* to Joshua. [10] And Joshua cast the lot for them in Selo before the Lord.

[11] And the lot of the tribe of Benjamin came forth first according to their families: and the borders of their lot came forth between the children of Juda and the children of Joseph.

[12] And their borders were northward: the borders shall go up from Jordan behind Jericho northward, and shall go up to the mountain westward, and the issue of it shall be Bæthon of Mabdara. [13] And the borders will go forth thence to Luz, behind Luz, from the south of it; this is Bæthel: and the borders shall go down to Maatarob Orech, to the hill country, which is southward of Bæthoron the lower.

[14] And the borders shall pass through and proceed to the part that looks toward the sea, on the south, from the mountain in front of Bæthoron southward, and its termination shall be at Cariath-Baal, this is Cariath-Jarin, a city of the children of Juda; this is the part toward the west.

[15] And the south side on the part of Cariath-Baal; and the borders shall go across to Gasin, to the fountain of the water of Naphtho. [16] And the borders shall extend down on one side, this is in front of the forest of Sonnam, which is on the side of Emec Raphain northward, and it shall come down to Gæenna behind Jebusai southward: it shall come down to the fountain of Rogel. [17] And *the borders* shall go across to the fountain of Bæthsamys: [18] and shall proceed to Galiloth, which is in front by the going up of Æthamin; and they shall come down to the stone of Bæon of the sons of Ruben; and shall pass over behind Bætharaba northward, and shall go down to the borders behind the sea northward.

β *Gr.* Give.   γ *Gr.* went through.   δ *Gr.* bring out.   ζ *Or*, walk through.

[19] And the termination of the borders shall be at the creek of the salt sea northward to the side of Jordan southward : these are their southern borders.

[20] And Jordan shall be their boundary on the east : this is the inheritance of the children of Benjamin, these are their borders round about according to their families.

[21] And the cities of the children of Benjamin according to their families were Jericho, and Bethegæo, and Amecasis, [22] and Bæthabara, and Sara, and Besana, [23] and Æein, and Phara, and Ephratha, [24] and Carapha, and Cephira, and Moni, and Gabaa, twelve cities and their villages: [25] Gabaon, and Rama, and Beerotha; [26] and Massema, and Miron, and Amoke; [27] and Phira, and Caphan, and Nacan, and Selecan, and Thareela, [28] and Jebus (this is Jerusalem); and Gabaoth, Jarim, thirteen cities, and their villages; this is the inheritance of the sons of Benjamin according to their families.

And the second lot came out for the children of Symeon; and their inheritance was in the midst of the lots of the children of Juda. [2] And their lot was Beersabee, and Samaa, and Caladam, [3] and Arsola, and Bola, and Jason, [4] and Erthula, and Bula, and Herma, [5] and Sikelac, and Bæthmachereb, and Sarsusin, [6] and Batharoth, and their fields, thirteen cities, and their villages. [7] Eremmon, and Thalcha, and Jether, and Asan; four cities and their villages, [8] round about their cities as far as Balec as men go to Bameth southward: this is the inheritance of the tribe of the children of Symeon according to their families. [9] The inheritance of the tribe of the children of Symeon was a part of the lot of Juda, for the portion of the children of Juda was greater than theirs ; and the children of Symeon inherited in the midst of their lot.

[10] And the third lot came out to Zabulon according to their families: the bounds of their inheritance shall be—Esedekgola shall be their border, [11] the sea and Magelda, and it shall reach to Bætharaba ᵝ in the valley, which is opposite Jekman. [12] And the border returned from Sedduc in a contrary direction eastward from Bæthsamys, to the borders of Chaselothaith, and shall pass on to Dabiroth, and shall proceed upward to Phangai. [13] And thence it shall come round in the opposite direction eastward to Gebere to the city of Catasem, and shall go on to Remmonaa Matharaoza. [14] And the borders shall come round northward to Amoth, and their going out shall be at Gæphael, [15] and Catanath, and Nabaal, and Symoön, and Jericho, and Bæthman. [16] This is the inheritance of the tribe of the sons of Zabulon according to their families, these cities and their villages.

[17] And the fourth lot came out to Issachar. [18] And their borders were Jazel, and Chasaloth, and Sunam, [19] and Agin, and Siona, and Reeroth, [20] and Anachereth, and Dabiron, and Kison, and Rebes, [21] and Remmas, and Jeon, and Tomman, and Æmarec, and Bersaphes. [22] And the boundaries shall border upon Gæthbor, and upon Salim westward, and Bæthsamys; and the extremity

Βορρᾶ. Καὶ ἔσται ἡ διέξοδος' τῶν ὁρίων ἐπὶ λοφιὰν τῆς [19] θαλάσσης τῶν ἁλῶν ἐπὶ Βορρᾶν εἰς μέρος τοῦ Ἰορδάνου ἀπὸ Λιβός· ταῦτα τὰ ὅριά ἐστιν ἀπὸ Λιβός.

Καὶ ὁ Ἰορδάνης ὁριεῖ ἀπὸ μέρους ἀνατολῶν· αὕτη ἡ κληρο- [20] νομία υἱῶν Βενιαμὶν, τὰ ὅρια αὐτῆς κύκλῳ κατὰ δήμους.

Καὶ ἐγενήθησαν αἱ πόλεις τῶν υἱῶν Βενιαμὶν κατὰ δήμους [21] αὐτῶν Ἱεριχὼ, καὶ Βεθεγαιὼ, καὶ Ἀμεκασὶς, καὶ Βαιθαβαρά, [22] καὶ Σαρά, καὶ Βησανὰ, καὶ Αἰεὶν, καὶ Φαρά, καὶ Ἐφραθὰ, [23] καὶ Καραφὰ, καὶ Κεφιρὰ, καὶ Μονὶ, καὶ Γαβαὰ, πόλεις δώδεκα· [24] καὶ αἱ κῶμαι αὐτῶν, Γαβαῶν, καὶ Ῥαμὰ, καὶ Βηρωθὰ, καὶ [25, 26] Μασσημὰ, καὶ Μιρὼν, καὶ Ἀμωκὴ, καὶ Φιρὰ, καὶ Καφὰν, καὶ [27] Νακὰν, καὶ Ζεληκὰν, καὶ Θαρεηλὰ, καὶ Ἰηβοῦς· αὕτη ἐστὶν [28] Ἱερουσαλήμ· καὶ Γαβαὼθ, Ἰαρὶμ, πόλεις δεκατρεῖς, καὶ αἱ κῶμαι αὐτῶν· αὕτη ἡ κληρονομία υἱῶν Βενιαμὶν κατὰ δήμους αὐτῶν.

Καὶ ἐξῆλθεν ὁ δεύτερος κλῆρος τῶν υἱῶν Συμεών· καὶ [19] ἐγενήθη ἡ κληρονομία αὐτῶν ἀναμέσον κλήρων υἱῶν Ἰούδα. Καὶ ἐγενήθη ὁ κλῆρος αὐτῶν Βηρσαβεὲ, καὶ Σαμαὰ, καὶ [2] Καλαδὰμ, καὶ Ἀρσωλὰ, καὶ Βωλὰ, καὶ Ἰασὸν, καὶ Ἐρ- [3, 4] θουλὰ, καὶ Βουλὰ, καὶ Ἑρμὰ, καὶ Σικελὰκ, καὶ Βαιθμαχερὲβ, [5] καὶ Σαρσουσὶν, καὶ Βαθαρὼθ, καὶ οἱ ἀγροὶ αὐτῶν· πόλεις [6] δεκατρεῖς, καὶ αἱ κῶμαι αὐτῶν. Ἐρεμμὼν, καὶ Θαλχὰ, καὶ [7] Ἰεθὲρ, καὶ Ἀσάν· πόλεις τέσσαρες καὶ αἱ κῶμαι αὐτῶν, κύκλῳ τῶν πόλεων αὐτῶν ἕως Βαλὲκ πορευομένων Βαμὲθ [8] κατὰ Λίβα· αὕτη ἡ κληρονομία φυλῆς υἱῶν Συμεὼν κατὰ δήμους αὐτῶν. Ἀπὸ τοῦ κλήρου τοῦ Ἰούδα ἡ κληρονομία [9] φυλῆς υἱῶν Συμεὼν, ὅτι ἐγενήθη ἡ μερὶς υἱῶν Ἰούδα μείζων τῆς αὐτῶν· καὶ ἐκληρονόμησαν οἱ υἱοὶ Συμεὼν ἐν μέσῳ τοῦ κλήρου αὐτῶν.

Καὶ ἐξῆλθεν ὁ κλῆρος ὁ τρίτος τῷ Ζαβουλὼν κατὰ δήμους [10] αὐτῶν· ἔσται τὰ ὅρια τῆς κληρονομίας αὐτῶν, Ἐσεδεκγωλὰ ὅρια αὐτῶν, ἡ θάλασσα καὶ Μαγελδὰ, καὶ συνάψει ἐπὶ Βαιθ- [11] άραβα εἰς τὴν φάραγγα, ἥ ἐστι κατὰ πρόσωπον Ἰεκμάν. Καὶ [12] ἀνέστρεψεν ἀπὸ Σεδδοὺκ ἐξ ἐναντίας ἀπὸ ἀνατολῶν Βαιθσαμὺς ἐπὶ τὰ ὅρια Χασελωθαὶθ, καὶ διελεύσεται ἐπὶ Δαβιρὼθ, καὶ προσαναβήσεται ἐπὶ Φαγγαί. Καὶ ἐκεῖθεν περιελεύσεται ἐξ [13] ἐναντίας ἐπ' ἀνατολὰς ἐπὶ Γεβερὲ ἐπὶ πόλιν Κατασὲμ, καὶ διελεύσεται ἐπὶ Ῥεμμωναὰ Μαθαραοζά. Καὶ περιελεύσεται [14] ὅρια ἐπὶ Βορρᾶν ἐπὶ Ἀμὼθ, καὶ ἔσται ἡ διέξοδος αὐτῶν ἐπὶ Γαιφαὴλ, καὶ Καταναθ, καὶ Ναβαὰλ, καὶ Συμοῦν, καὶ Ἱεριχὼ, [15] καὶ Βαιθμάν. Αὕτη ἡ κληρονομία τῆς φυλῆς υἱῶν Ζαβουλὼν [16] κατὰ δήμους αὐτῶν, πόλεις καὶ αἱ κῶμαι αὐτῶν.

Καὶ τῷ Ἰσσάχαρ ἐξῆλθεν ὁ κλῆρος ὁ τέταρτος. Καὶ [17, 18] ἐγενήθη τὰ ὅρια αὐτῶν Ἰαζὴλ, καὶ Χασαλὼθ, καὶ Σουνὰμ, καὶ [19] Ἀγὶν, καὶ Σιωνὰ, καὶ Ῥεηρὼθ, καὶ Ἀναχερὲθ, καὶ Δαβιρῶν, [20] καὶ Κισὼν, καὶ Ῥεβὲς, καὶ Ῥεμμὰς, καὶ Ἰεὼν, καὶ Τομμὰν, [21] καὶ Αἰμαρὲκ, καὶ Βηρσαφής. Καὶ συνάψει τὰ ὅρια ἐπὶ Γαιθ- [22] βὼρ, καὶ ἐπὶ Σαλὶμ κατὰ θάλασσαν, καὶ Βαιθσαμύς· καὶ ἔσται

ᵝ Or, at or towards.

23 αὐτοῦ ἡ διέξοδος τῶν ὁρίων ὁ Ἰορδάνης. Αὕτη ἡ κληρονομία φυλῆς υἱῶν Ἰσσάχαρ κατὰ δήμους αὐτῶν, αἱ πόλεις καὶ αἱ κῶμαι αὐτῶν.

24 Καὶ ἐξῆλθεν ὁ κλῆρος ὁ πέμπτος Ἀσὴρ κατὰ δήμους αὐτῶν.

25 Καὶ ἐγενήθη τὰ ὅρια αὐτῶν Ἐξελεκὲθ, καὶ Ἀλὲφ, καὶ Βαιθὸκ,

26 καὶ Κεὰφ, καὶ Ἐλιμελὲχ, καὶ Ἀμιὴλ, καὶ Μαασά· καὶ συνάψει τῷ Καρμήλῳ κατὰ θάλασσαν, καὶ τῷ Σιὼν, καὶ Λαβανάθ.

27 Καὶ ἐπιστρέψει ἀπὸ ἀνατολῶν ἡλίου καὶ Βαιθεγενέθ, καὶ συνάψει τῷ Ζαβουλὼν καὶ Ἐκγαῖ, καὶ Φθαιὴλ κατὰ Βορρᾶν, καὶ εἰσελεύσεται ὅρια Σαφθαιβαιθμὲ, καὶ Ἰναήλ, καὶ διελεύσεται

28 εἰς Χωβαμασομὲλ, καὶ Ἐλβὼν, καὶ Ῥαὰβ, καὶ Ἐμεμαὼν,

29 καὶ Κανθὰν ἕως Σιδῶνος τῆς μεγάλης. Καὶ ἀναστρέψει τὰ ὅρια εἰς Ῥαμὰ, καὶ ἕως πηγῆς Μασφασσὰτ, καὶ τῶν Τυρίων· καὶ ἀναστρέψει τὰ ὅρια ἐπὶ Ἰασὶφ, καὶ ἔσται ἡ διέξοδος αὐτοῦ

30 ἡ θάλασσα, καὶ Ἀπολὲβ, καὶ Ἐχοζὸβ, καὶ Ἀρχὸβ, καὶ Ἀφὲκ,

31 καὶ Ῥαάυ. Αὕτη ἡ κληρονομία φυλῆς υἱῶν Ἀσὴρ κατὰ δήμους αὐτῶν, πόλεις καὶ αἱ κῶμαι αὐτῶν.

32, 33 Καὶ τῷ Νεφθαλὶ ἐξῆλθεν ὁ κλῆρος ὁ ἕκτος. Καὶ ἐγενήθη τὰ ὅρια αὐτῶν Μοολὰμ, καὶ Μωλὰ, καὶ Βεσεμιὶν, καὶ Ἀρμὲ, καὶ Ναβὸκ, καὶ Ἰεφθαμαὶ, ἕως Δωδάμ· καὶ ἐγενήθησαν

34 αἱ διέξοδοι αὐτοῦ Ἰορδάνης. Καὶ ἐπιστρέψει τὰ ὅρια ἐπὶ θάλασσαν ἐν Ἀθθαβὼρ, καὶ διελεύσεται ἐκεῖθεν Ἰακανὰ, καὶ συνάψει τῷ Ζαβουλὼν ἀπὸ Νότου, καὶ Ἀσὴρ συνάψει κατὰ θάλασσαν, καὶ ὁ Ἰορδάνης ἀπὸ ἀνατολῶν ἡλίου.

35 Καὶ αἱ πόλεις τειχήρεις τῶν Τυρίων, Τυρὸς, καὶ Ὠμαθα-

36 δακὲθ, καὶ Κενερὲθ, καὶ Ἀρμαὶθ, καὶ Ἀραὴλ, καὶ Ἀσὼρ,

37, 38 καὶ Κάδες, καὶ Ἀσσαρὶ, καὶ πηγὴ Ἀσὸρ, καὶ Κερωὲ,

39 καὶ Μεγαλααρὶμ, καὶ Βαιθθαμὲ, καὶ Θεσσαμύς. Αὕτη ἡ κληρονομία φυλῆς υἱῶν Νεφθαλί.

40, 41 Καὶ τῷ Δὰν ἐξῆλθεν ὁ κλῆρος ὁ ἕβδομος· Καὶ ἐγενήθη

42 τὰ ὅρια αὐτῶν Σαρὰθ, καὶ Ἀσὰ, καὶ πόλεις Σαμμαὺς, καὶ

43 Σαλαμὶν, καὶ Ἀμμὼν, καὶ Σιλαθὰ, καὶ Ἐλὼν, καὶ Θαμναθὰ,

44 καὶ Ἀκκαρὼν, καὶ Ἀλκαθὰ, καὶ Βεγεθὼν, καὶ Γεβεελὰν,

45, 46 καὶ Ἀζὼρ, καὶ Βαναιβακὰτ, καὶ Γεθρεμμὼν, καὶ ἀπὸ

47 θαλάσσης Ἱεράκων ὅριον πλησίον Ἰόππης. Αὕτη ἡ κληρονομία φυλῆς υἱῶν Δὰν κατὰ δήμους αὐτῶν, αἱ πόλεις αὐτῶν καὶ αἱ κῶμαι αὐτῶν· καὶ οὐκ ἐξέθλιψαν οἱ υἱοὶ Δὰν τὸν Ἀμορ-ραῖον τὸν θλίβοντα αὐτοὺς ἐν τῷ ὄρει· καὶ οὐκ εἴων αὐτοὺς οἱ Ἀμορραῖοι καταβῆναι εἰς τὴν κοιλάδα, καὶ ἔθλιψαν ἀπ᾽ αὐτῶν τὸ ὅριον τῆς μερίδος αὐτῶν.

48 Καὶ ἐπορεύθησαν οἱ υἱοὶ Δὰν καὶ ἐπολέμησαν τὴν Λαχὶς, καὶ κατελάβοντο αὐτὴν, καὶ ἐπάταξαν αὐτὴν ἐν στόματι μαχαί-ρας· καὶ κατῴκησαν αὐτὴν καὶ ἐκάλεσαν τὸ ὄνομα αὐτῆς Λασενδάν· καὶ ὁ Ἀμορραῖος ὑπέμεινε τοῦ κατοικεῖν ἐν Ἐλὼμ καὶ ἐν Σαλαμίν· καὶ ἐβαρύνθη ἡ χεὶρ τοῦ Ἐφραὶμ ἐπ᾽ αὐτούς, καὶ ἐγένοντο αὐτοῖς εἰς φόρον.

49 Καὶ ἐπορεύθησαν ἐμβατεῦσαι τὴν γῆν κατὰ τὸ ὅριον αὐτῶν· καὶ ἔδωκαν οἱ υἱοὶ Ἰσραὴλ κλῆρον τῷ Ἰησοῖ τῷ υἱῷ Ναυὴ ἐν

50 αὐτοῖς διὰ προστάγματος τοῦ Θεοῦ, καὶ ἔδωκαν αὐτῷ τὴν πόλιν,

of his bounds shall be Jordan. [23] This is the inheritance of the tribe of the children of Issachar according to their families, the cities and their villages. [24] And the fifth lot came out to Aser according to their families. [25] And their borders were Exeleketh, and Aleph, and Bæthok, and Keaph, [26] and Elimelech, and Amiel, and Maasa, and the lot will border on Carmel westward, and on Sion, and Labanath. [27] And it will return β westward from Bæthegeneth, and will join Zabulon and Ekgai, and Plithæel northwards, and the borders will come to Saphthæbæthme, and Inael, and will go on to Chobamasomel, [28] and Elbon, and Raab, and Ememaon, and Canthan to great Sidon [29] And the borders shall turn back to Rama, and to the fountain of Masphassat, and the Tyrians; and the borders shall return to Jasiph, and their going forth shall be the sea, and Apoleb, and Echozob, [30] and Archob, and Aphec, and Raau. [31] This is the inheritance of the tribe of the sons of Aser according to their families, the cities and their villages. [32] And the sixth lot came out to Nephthali. [33] And their borders were Moolam, and Mola, and Besemiin, and Arme, and Naboc, and Jephthamai, as far as Dodam; and their goings out were Jordan. [34] And the coasts will return westward by Athabor, and will go out thence to Jacana, and will border on Zabulon southward, and Aser will join it westward, and Jordan eastward. [35] And the walled cities of the Tyrians, Tyre, and Omathadaketh, and Kenereth, [36] and Armaith, and Arael, and Asor, [37] and Cades, and Assari, and the well of Asor, [38] and Keroe, and Megalaarim, and Bætthame, and Thessamys. [39] This is the inheritance of the tribe of the children of Nephthali. [40] And the seventh lot came out to Dan. [41] And their borders were Sarath, and Asa, and the cities of Sammaus, [42] and Salamin, and Ammon, and Silatha, [43] and Elon, and Thamnatha, and Accaron; [44] and Alcatha, and Begethon, and Gebeelan, [45] and Azor, and Banæbacat, and Gethremmon, [46] And westward of Hieracon the border was near to Joppa. [47] This is the inheritance of the tribe of the children of Dan, according to their families, these are their cities and their villages: and the children of Dan did not drive out the Amorite who afflicted them in the mountain; and the Amorite would not suffer them to come down into the valley, but they forcibly took from them the border of their portion. [48] And the sons of Dan went and fought against Lachis, and took it, and smote it with the γ edge of the sword; and they dwelt in it, and called the name of it Lasendan: and the Amorite continued to dwell in Edom and in Salamin: and the hand of Ephraim prevailed against them, and they became tributaries to them. [49] And they proceeded to take possession of the land according to their borders, and the children of Israel gave an inheritance to Joshua the son of Naue among them, [50] by the command of God, and they gave him

β Gr. from the rising of the sun.   γ Gr. mouth.

the city which he asked for, Thamnasarach, which is in the mount of Ephraim ; and he built the city, and dwelt in it.

⁵¹ These *are* the divisions which Eleazar the priest divided by lot, and Joshua the *son* of Naue, and the heads of families among the tribes of Israel, according to the lots, in Selo before the Lord by the doors of the tabernacle of testimony, and they β went to take possession of the land.

And the Lord spoke to Joshua, saying, ² Speak to the children of Israel, saying, γ Assign the cities δ of refuge, *of* which I spoke to you by Moses. ³ *Even* a refuge to the slayer who has smitten a ς man unintentionally; and the cities shall be to you a refuge, and the slayer shall not be put to death by the avenger of blood, until he have stood before the congregation for judgment.

⁴ And θ Joshua separated Cades in Galilee in the mount λ Nephthali, and Sychem in the mount Ephraim, and the city of Arboc ; this is Chebron, in the mountain of Juda.

⁵ And beyond Jordan he μ appointed Bosor in the wilderness in the plain out of the tribe of Ruben, and Aremoth in Galaad out of the tribe of Gad, and Gaulon in the country of Basan out of the tribe of Manasse.

⁶ These *were* the cities selected for the sons of Israel, and for the stranger ξ abiding among them, that every one who smites a soul unintentionally should flee thither, that he should not die by the hand of the avenger of blood, until he should stand before the congregation for judgment.

And the heads of the families of the sons of Levi drew near to Eleazar the priest, and to Joshua the *son* of Naue, and to the heads of families of the tribes of Israel. ² And they spoke to them in Selo in the land of Chanaan, saying, The Lord gave commandment by π Moses to give us cities to dwell in, and the country round about for our cattle. ³ So the children of Israel gave to the Levites in their inheritance by the command of the Lord the cities and the country round.

⁴ And the lot came out for the children of Caath; and the sons of Aaron, the priests the Levites, had by lot thirteen cities ρ out of the tribe of Juda, and out of the tribe of Symeon, and out of the tribe of Benjamin.

⁵ And to the sons of Caath that were left *were given* by lot ten cities, out of the tribe of Ephraim, and out of the tribe of Dan, and out of the half tribe of Manasse.

⁶ And the sons of Gedson had thirteen cities, out of the tribe of Issachar, and out of the tribe of Aser, and out of the tribe of Nephthali, and out of the half tribe of Manasse in σ Basan.

⁷ And the sons of Merari according to their families had by lot twelve cities, out of the tribe of Ruben, and out of the tribe of Gad, and out of the tribe of Zabulon.

⁸ And the children of Israel gave to the Levites the cities and their suburbs, as the Lord commanded Moses, by lot.

⁹ And the tribe of the children of Juda,

ἣν ᾐτήσατο, Θαμνασαράχ, ἥ ἐστιν ἐν τῷ ὄρει Ἐφραίμ· καὶ ᾠκοδόμησε τὴν πόλιν, καὶ κατῴκει ἐν αὐτῇ.

Αὗται αἱ διαιρέσεις ἃς κατεκληρονόμησεν Ἐλεάζαρ ὁ ἱερεὺς, 51 καὶ Ἰησοῦς ὁ τοῦ Ναυῆ, καὶ οἱ ἄρχοντες τῶν πατριῶν ἐν ταῖς φυλαῖς Ἰσραὴλ κατὰ κλήρους ἐν Σηλὼ ἔναντι Κυρίου, παρὰ τὰς θύρας τῆς σκηνῆς τοῦ μαρτυρίου· καὶ ἐπορεύθησαν ἐμβατεῦσαι τὴν γῆν.

Καὶ ἐλάλησε Κύριος τῷ Ἰησοῖ, λέγων, λάλησον τοῖς υἱοῖς 20 Ἰσραὴλ, λέγων, δότε τὰς πόλεις τῶν φυγαδευτηρίων, ἃς εἶπα 2 πρὸς ὑμᾶς διὰ Μωυσῆ. Φυγαδευτήριον τῷ φονευτῇ τῷ πατά- 3 ξαντι ψυχὴν ἀκουσίως· καὶ ἔσονται ὑμῖν αἱ πόλεις φυγαδευτήριον, καὶ οὐκ ἀποθανεῖται ὁ φονευτὴς ὑπὸ τοῦ ἀγχιστεύοντος τὸ αἷμα, ἕως ἂν καταστῇ·ἐναντίον τῆς συναγωγῆς εἰς κρίσιν.

Καὶ διέστειλε τὴν Κάδης ἐν τῇ Γαλιλαίᾳ ἐν τῷ ὄρει τῷ 4 Νεφθαλὶ, καὶ Συχὲμ ἐν τῷ ὄρει τῷ Ἐφραὶμ, καὶ τὴν πόλιν Ἀρβὸκ, αὕτη ἐστὶ Χεβρὼν, ἐν τῷ ὄρει τῷ Ἰούδα.

Καὶ ἐν τῷ πέραν τοῦ Ἰορδάνου ἔδωκε Βοσὸρ ἐν τῇ ἐρήμῳ ἐν 5 τῷ πεδίῳ ἀπὸ τῆς φυλῆς Ῥουβὴν, καὶ Ἀρημὼθ ἐν τῇ Γαλαὰδ ἐκ τῆς φυλῆς Γὰδ, καὶ τὴν Γαυλὼν ἐν τῇ Βασανίτιδι ἐκ τῆς φυλῆς Μανασσῆ.

Αὗται αἱ πόλεις αἱ ἐπίκλητοι τοῖς υἱοῖς Ἰσραὴλ καὶ τῷ 6 προσηλύτῳ τῷ προσκειμένῳ ἐν αὐτοῖς, καταφυγεῖν ἐκεῖ παντὶ παίοντι ψυχὴν ἀκουσίως, ἵνα μὴ ἀποθάνῃ ἐν χειρὶ τοῦ ἀγχιστεύοντος τὸ αἷμα, ἕως ἂν καταστῇ ἔναντι τῆς συναγωγῆς εἰς κρίσιν.

Καὶ προσήλθοσαν οἱ ἀρχιπατριῶται τῶν υἱῶν Λευὶ πρὸς 21 Ἐλεάζαρ τὸν ἱερέα, καὶ Ἰησοῦν τὸν τοῦ Ναυῆ, καὶ πρὸς τοὺς ἀρχιφύλους πατριῶν ἐκ τῶν φυλῶν Ἰσραήλ· Καὶ εἶπον πρὸς 2 αὐτοὺς ἐν Σηλὼ ἐν γῇ Χαναὰν, λέγοντες, ἐνετείλατο Κύριος ἐν χειρὶ Μωυσῆ δοῦναι ἡμῖν πόλεις κατοικεῖν, καὶ τὰ περισπόρια τοῖς κτήνεσιν ἡμῶν. Καὶ ἔδωκαν οἱ υἱοὶ Ἰσραὴλ τοῖς Λευίταις 3 ἐν τῷ κατακληρονομεῖν διὰ προστάγματος Κυρίου τὰς πόλεις καὶ τὰ περισπόρια αὐτῶν.

Καὶ ἐξῆλθεν ὁ κλῆρος τῷ δήμῳ Καάθ· καὶ ἐγένετο τοῖς 4 υἱοῖς Ἀαρὼν τοῖς ἱερεῦσι τοῖς Λευίταις ἀπὸ φυλῆς Ἰούδα καὶ ἀπὸ φυλῆς Συμεὼν καὶ ἀπὸ φυλῆς Βενιαμὶν κληρωτὶ, πόλεις δεκατρεῖς.

Καὶ τοῖς υἱοῖς Καὰθ τοῖς καταλελειμμένοις ἐκ τῆς φυλῆς 5 Ἐφραὶμ καὶ ἐκ τῆς φυλῆς Δὰν καὶ ἀπὸ τοῦ ἡμίσους φυλῆς Μανασσῆ κληρωτὶ, πόλεις δέκα.

Καὶ τοῖς υἱοῖς Γεδσὼν ἀπὸ τῆς φυλῆς Ἰσσάχαρ καὶ ἀπὸ 6 τῆς φυλῆς Ἀσὴρ καὶ ἀπὸ τῆς φυλῆς Νεφθαλὶ καὶ ἀπὸ τοῦ ἡμίσους φυλῆς Μανασσῆ ἐν τῇ Βασὰν, πόλεις δεκατρεῖς.

Καὶ τοῖς υἱοῖς Μεραρὶ κατὰ δήμους αὐτῶν ἀπὸ φυλῆς 7 Ῥουβὴν καὶ ἀπὸ φυλῆς Γὰδ καὶ ἀπὸ φυλῆς Ζαβουλὼν κληρωτὶ, πόλεις δώδεκα.

Καὶ ἔδωκαν οἱ υἱοὶ Ἰσραὴλ τοῖς Λευίταις τὰς πόλεις καὶ 8 τὰ περισπόρια αὐτῶν, ὃν τρόπον ἐνετείλατο Κύριος τῷ Μωυσῇ, κληρωτί.

Καὶ ἔδωκεν ἡ φυλὴ υἱῶν Ἰούδα καὶ ἡ φυλὴ υἱῶν Συμεὼν 9

β *Heb.* finished dividing. The LXX. seem to have read פרק for פלק.   γ *Gr.* give.   δ *Gr.* refugees.   ζ *Gr.* life or soul.   θ *Gr.* he.
λ *Or,* of N.   μ *Gr.* gave.   ξ *Or,* attached to them.   π *Gr.* the hand of Moses.   ρ *Gr.* from.   σ *Or,* the land of Basan.

καὶ ἀπὸ τῆς φυλῆς υἱῶν Βενιαμὶν τὰς πόλεις ταύτας· καὶ
10 ἐπεκλήθησαν τοῖς υἱοῖς Ἀαρὼν ἀπὸ τοῦ δήμου τοῦ Καὰθ τῶν
11 υἱῶν Λευί, ὅτι τούτοις ἐγενήθη ὁ κλῆρος. Καὶ ἔδωκεν αὐτοῖς
τὴν Καριαθαρβὸκ μητρόπολιν τῶν Ἐνάκ· αὕτη ἐστὶ Χεβρὼν
12 ἐν τῷ ὄρει Ἰούδα· τὰ δὲ περισπόρια κύκλῳ αὐτῆς, καὶ τοὺς
ἀγροὺς τῆς πόλεως, καὶ τὰς κώμας αὐτῆς ἔδωκεν Ἰησοῦς τοῖς
υἱοῖς Χάλεβ υἱοῦ Ἰεφοννὴ ἐν κατασχέσει.
13 Καὶ τοῖς υἱοῖς Ἀαρὼν ἔδωκε τὴν πόλιν φυγαδευτήριον τῷ
φονεύσαντι, τὴν Χεβρὼν, καὶ τὰ ἀφωρισμένα τὰ σὺν αὐτῇ·
14 καὶ τὴν Λεμνὰ, καὶ τὰ ἀφωρισμένα τὰ πρὸς αὐτῇ. Καὶ τὴν
Αἰλὼμ, καὶ τὰ ἀφωρισμένα αὐτῇ· καὶ τὴν Τεμὰ, καὶ τὰ
15 ἀφωρισμένα αὐτῇ. Καὶ τὴν Γελλὰ, καὶ τὰ ἀφωρισμένα αὐτῇ.
16 καὶ τὴν Δαβὶρ, καὶ τὰ ἀφωρισμένα αὐτῇ· Καὶ Ἀσὰ, καὶ τὰ
ἀφωρισμένα αὐτῇ· καὶ Τανὺ, καὶ τὰ ἀφωρισμένα αὐτῇ· καὶ
Βαιθσαμὺς, καὶ τὰ ἀφωρισμένα αὐτῇ· πόλεις ἐννέα παρὰ τῶν
17 δύο φυλῶν τούτων. Καὶ παρὰ τῆς φυλῆς Βενιαμὶν, τὴν
Γαβαὼν, καὶ τὰ ἀφωρισμένα αὐτῇ· καὶ Γαθὲθ, καὶ τὰ ἀφωρισ-
18 μένα αὐτῇ· Καὶ Ἀναθὼθ, καὶ τὰ ἀφωρισμένα αὐτῇ· καὶ
19 Γάμαλα, καὶ τὰ ἀφωρισμένα αὐτῇ· πόλεις τέσσαρες. Πᾶσαι
αἱ πόλεις υἱῶν Ἀαρὼν τῶν ἱερέων, δεκατρεῖς.
20 Καὶ τοῖς δήμοις υἱοῖς Καὰθ τοῖς Λευίταις τοῖς καταλελειμ-
μένοις ἀπὸ τῶν υἱῶν Καὰθ, καὶ ἐγενήθη ἡ πόλις τῶν ἱερέων
21 αὐτῶν ἀπὸ φυλῆς Ἐφραίμ· καὶ ἔδωκαν αὐτοῖς τὴν πόλιν τοῦ
φυγαδευτηρίου τὴν τοῦ φονεύσαντος, τὴν Συχὲμ, καὶ τὰ
ἀφωρισμένα αὐτῇ· καὶ Γάζαρα καὶ τὰ πρὸς αὐτὴν, καὶ τὰ
22 ἀφωρισμένα αὐτῇ· Καὶ Βαιθωρὼν, καὶ τὰ ἀφωρισμένα τὰ
23 αὐτῇ· πόλεις τέσσαρες. Καὶ ἐκ τῆς φυλῆς Δὰν, τὴν
Ἐλκωθαὶμ, καὶ τὰ ἀφωρισμένα αὐτῇ· καὶ τὴν Γεθεδὰν, καὶ τὰ
24 ἀφωρισμένα αὐτῇ· Καὶ Αἰλὼν, καὶ τὰ ἀφωρισμένα αὐτῇ·
καὶ τὴν Γεθερεμμὼν, καὶ τὰ ἀφωρισμένα αὐτῇ· πόλεις
25 τέσσαρες. Καὶ ἀπὸ τοῦ ἡμίσους φυλῆς Μανασσῆ, τὴν Τανὰχ,
καὶ τὰ ἀφωρισμένα αὐτῇ· καὶ τὴν Ἰεβαθὰ, καὶ τὰ ἀφωρισμένα
26 αὐτῇ· πόλεις δύο. Πᾶσαι πόλεις δέκα, καὶ τὰ ἀφωρισμένα αὐτῇ
τὰ πρὸς αὐταῖς, τοῖς δήμοις υἱῶν Καὰθ τοῖς ὑπολελειμμένοις.
27 Καὶ τοῖς υἱοῖς Γεδσὼν τοῖς Λευίταις ἐκ τοῦ ἡμίσους φυλῆς
Μανασσῆ τὰς πόλεις τὰς ἀφωρισμένας τοῖς φονεύσασι, τὴν
Γαυλὼν ἐν τῇ Βασανίτιδι, καὶ τὰ ἀφωρισμένα αὐτῇ· καὶ τὴν
28 Βοσορὰν, καὶ τὰ ἀφωρισμένα αὐτῇ· πόλεις δύο. Καὶ ἐκ τῆς
φυλῆς Ἰσσάχαρ, τὴν Κισὼν, καὶ τὰ ἀφωρισμένα αὐτῇ· καὶ
29 τὴν Δεββὰ, καὶ τὰ ἀφωρισμένα αὐτῇ· Καὶ τὴν Ῥεμμὰθ, καὶ
τὰ ἀφωρισμένα αὐτῇ· καὶ Πηγὴν γραμμάτων, καὶ τὰ ἀφωρισ-
30 μένα αὐτῇ· πόλεις τέσσαρες. Καὶ ἐκ τῆς φυλῆς Ἀσὴρ τὴν
Βασελλὰν, καὶ τὰ ἀφωρισμένα αὐτῇ· καὶ τὴν Δαββὼν, καὶ τὰ
31 ἀφωρισμένα αὐτῇ· Καὶ Χελκὰτ, καὶ τὰ ἀφωρισμένα αὐτῇ·
καὶ τὴν Ῥαὰβ, καὶ τὰ ἀφωρισμένα αὐτῇ· πόλεις τέσσαρες.
32 Καὶ ἐκ τῆς φυλῆς Νεφθαλὶ, τὴν πόλιν τὴν ἀφωρισμένην τῷ
φονεύσαντι, τὴν Κάδης ἐν τῇ Γαλιλαίᾳ, καὶ τὰ ἀφωρισμένα
αὐτῇ· καὶ τὴν Νεμμὰθ, καὶ τὰ ἀφωρισμένα αὐτῇ· καὶ Θεμμὼν,
33 καὶ τὰ ἀφωρισμένα αὐτῇ· πόλεις τρεῖς. Πᾶσαι αἱ πόλεις τοῦ
Γεδσὼν κατὰ δήμους αὐτῶν, πόλεις δεκατρεῖς.

and the tribe of the children of Symeon, and *part* of the tribe of the children of Benjamin gave these cities, and they were assigned [10]to the sons of Aaron of the family of Caath of the sons of Levi, for the lot β fell to these. [11]And γ they gave to them Cariatharboc the δ metropolis of the sons of Enac; this is Chebron in the mountain *country* of Juda, and the suburbs round it. [12]But the lands of the city, and its villages Joshua gave to the sons of Chaleb the son of Jephonne for a possession.

[13]And to the sons of Aaron he gave the city of refuge for the slayer, Chebron, and ζ the suburbs belonging to it; and Lemna and the suburbs belonging to it; [14]and Ælom and its suburbs; and Tema and its suburbs; [15]and Gella and its suburbs; and Dabir and its suburbs; [16]and Asa and its suburbs; and Tany and its suburbs; and Bæthsamys and its suburbs: nine cities from these two tribes. [17]And from the tribe of Benjamin, Gabaon and its suburbs; and Gatheth and its suburbs; [18]and Anathoth and its suburbs; and Gamala and its suburbs; four cities. [19]All the cities of the sons of Aaron the priests, thirteen.

[20]And to the families, *even* the sons of Caath the Levites, that were left of the sons of Caath, there was *given* θ their priests' city, [21]out of the tribe of Ephraim; and they gave out them the slayer's city of refuge, Sychem, and its suburbs, and Gazara and its appendages, and its suburbs; [22]and Bæthoron and its suburbs: four cities: [23]and of the tribe of Dan, Helcothaim and its suburbs; and Gethedan and its suburbs: [24]and Ælon and its suburbs; and Getheremmon and its suburbs: four cities. [25]And out of the half tribe of Manasse, Tanach and its suburbs; and Jebatha and its suburbs; two cities. [26]In all *were given* ten cities, and the suburbs of each belonging to them, to the families of the sons of Caath that remained.

[27]And *Joshua gave* to the sons of Gedson the Levites out of the other half tribe of Manasse cities set apart for the slayers, Gaulon in the country of Basan, and its suburbs; and Bosora and its suburbs; two cities. [28]And out of the tribe of Issachar, Kison and its suburbs; and Debba and its suburbs; [29]and Remmath and its suburbs; and the well of Letters, and its suburbs; four cities. [30]And out of the tribe of Aser, Basella and its suburbs; and Dabbon and its suburbs; [31]and Chelcat and its suburbs; and Raab and its suburbs; four cities. [32]And of the tribe of Nephthali, the city set apart for the slayer, Cades in Galilee, and its suburbs; and Nemmath, and its suburbs; and Themmon and its suburbs; three cities. [33]All the cities of Gedson according to their families *were* thirteen cities.

β *Gr.* was.   γ *Gr.* he.   δ *Or*, parent city. See note, chap. 10. 2.   ζ The Greek word is different from that translated 'suburbs' above.—q. d. *glebe*.   θ *Heb.* the cities of their lot.

³⁴ And to the family of the sons of Merari the Levites that remained, *he gave* out of the tribe of Zabulon, Maan and its suburbs; and Cades and its suburbs, ³⁵ and Sella and its suburbs: three cities. ³⁶ And beyond Jordan over against Jericho, out of the tribe of Ruben, the city of refuge for the slayer, Bosor in the wilderness; Miso and its suburbs; and Jazer and its suburbs; and Decmon and its suburbs; and Mapha and its suburbs; four cities. ³⁷ And out of the tribe of Gad the city of refuge for the slayer, both Ramoth in Galaad, and its suburbs; Camin and its suburbs; and Esbon and its suburbs; and Jazer and its suburbs: the cities *were* four in all. ³⁸ All *these* cities *were given* to the sons of Merari according to the families of them that were left out of the tribe of Levi; and ᵝ their limits were the twelve cities.

³⁹ All the cities of the Levites in the midst of the possession of the children of Israel, *were* forty-eight cities, ⁴⁰ and their suburbs round about these cities: a city and the suburbs round about the city to all these cities: and Joshua ceased dividing the land by their borders: and the children of Israel gave a portion to Joshua because of the commandment of the Lord: they gave him the city which he asked: they gave him Thamnasachar in mount Ephraim; and Joshua built the city, and dwelt in it: and Joshua took the knives of stone, wherewith he circumcised the children of Israel that were born in the desert by the way, and put them in Thamnasachar.

⁴¹ So the Lord gave to Israel all the land which he sware to give to their fathers: and they inherited it, and dwelt in it. ⁴² And the Lord gave them rest round about, as he sware to their fathers: not one of all their enemies maintained his ground against them; the Lord delivered all their enemies into their hands. ⁴³ There failed not one of the good things which the Lord spoke to the children of Israel; all came to pass.

Then Joshua called together the sons of Ruben, and the sons of Gad, and the half tribe of Manasse, ² and said to them, Ye have heard all that Moses the servant of the Lord commanded you, and ye have hearkened to my voice in all that he commanded you. ³ Ye have not deserted your brethren these many days: until this day ye have kept the commandment of the Lord your God. ⁴ And now the Lord our God has given our brethren rest, as he told them: now then return and depart to your homes, and to the land of your possession, which Moses gave you on the other side Jordan. ⁵ But take great heed to the commands and the law, which Moses the servant of the Lord commanded you to do; to love the Lord our God, to walk in all his ways, to keep his commands, and to cleave to him, and serve him with all your mind,

Καὶ τῷ δήμῳ υἱῶν Μεραρὶ τοῖς Λευίταις τοῖς λοιποῖς ἐκ τῆς 34 φυλῆς Ζαβουλὼν, τὴν Μαὰν, καὶ τὰ περισπόρια αὐτῆς· καὶ τὴν Κάδης, καὶ τὰ περισπόρια αὐτῆς· Κὶ Σελλὰ, καὶ τὰ 35 περισπόρια αὐτῆς· πόλεις τρεῖς. Καὶ πέραν τοῦ Ἰορδάνου τοῦ 36 κατὰ Ἱεριχὼ ἐκ τῆς φυλῆς Ῥουβὴν, τὴν πόλιν τὸ φυγαδευτήριον τοῦ φονεύσαντος, τὴν Βοσὸρ ἐν τῇ ἐρήμῳ· τὴν Μισὼ, καὶ τὰ περισπόρια αὐτῆς· καὶ τὴν Ἰαζὴρ, καὶ τὰ περισπόρια αὐτῆς· καὶ τὴν Δεκμὼν, καὶ τὰ περισπόρια αὐτῆς· καὶ τὴν Μαφὰ, καὶ τὰ περισπόρια αὐτῆς· πόλεις τέσσαρες. Καὶ ἀπὸ τῆς φυλῆς 37 Γὰδ, τὴν πόλιν τὸ φυγαδευτήριον τοῦ φονεύσαντος, καὶ τὴν Ῥαμὼθ ἐν τῇ Γαλαὰδ, καὶ τὰ περισπόρια αὐτῆς· τὴν Καμὶν, καὶ τὰ περισπόρια αὐτῆς· καὶ τὴν Ἐσβὼν, καὶ τὰ περισπόρια αὐτῆς· καὶ τὴν Ἰαζὴρ, καὶ τὰ περισπόρια αὐτῆς· πᾶσαι αἱ πόλεις τέσσαρες. Πᾶσαι αἱ πόλεις τοῖς υἱοῖς Μεραρὶ κατὰ 38 δήμους αὐτῶν τῶν καταλελειμμένων ἀπὸ τῆς φυλῆς τῆς Λευί· καὶ ἐγενήθη τὰ ὅρια αἱ πόλεις δεκαδύο.

Πᾶσαι πόλεις τῶν Λευιτῶν ἐν μέσῳ κατασχέσεως υἱῶν 39 Ἰσραὴλ, τεσσαρακονταοκτὼ πόλεις, καὶ τὰ περισπόρια αὐτῶν 40 κύκλῳ τῶν πόλεων τούτων· πόλις καὶ τὰ περισπόρια κύκλῳ τῆς πόλεως πάσαις ταῖς πόλεσι ταύταις· καὶ συνετέλεσεν Ἰησοῦς διαμερίσας τὴν γῆν ἐν τοῖς ὁρίοις αὐτῶν· καὶ ἔδωκαν οἱ υἱοὶ Ἰσραὴλ μερίδα τῷ Ἰησοῖ διὰ πρόσταγμα Κυρίου· ἔδωκαν αὐτῷ τὴν πόλιν, ἣν ᾐτήσατο· τὴν Θαμνασαχὰρ ἔδωκαν αὐτῷ ἐν τῷ ὄρει Ἐφραίμ· καὶ ᾠκοδόμησεν Ἰησοῦς τὴν πόλιν, καὶ ᾤκησεν ἐν αὐτῇ· καὶ ἔλαβεν Ἰησοῦς τὰς μαχαίρας τὰς πετρίνας, ἐν αἷς περιέτεμε τοὺς υἱοὺς Ἰσραὴλ τοὺς γενομένους ἐν τῇ ὁδῷ ἐν τῇ ἐρήμῳ, καὶ ἔθηκεν αὐτὰς ἐν Θαμνασαχάρ.

Καὶ ἔδωκε Κύριος τῷ Ἰσραὴλ πᾶσαν τὴν γῆν, ἣν ὤμοσε 41 δοῦναι τοῖς πατράσιν αὐτῶν· καὶ κατεκληρονόμησαν αὐτὴν, καὶ κατῴκησαν ἐν αὐτῇ. Καὶ κατέπαυσεν αὐτοὺς Κύριος 42 κυκλόθεν, καθότι ὤμοσε τοῖς πατράσιν αὐτῶν· οὐκ ἀντέστη οὐθεὶς κατενώπιον αὐτῶν ἀπὸ πάντων τῶν ἐχθρῶν αὐτῶν· πάντας τοὺς ἐχθροὺς αὐτῶν παρέδωκε Κύριος εἰς τὰς χεῖρας αὐτῶν. Οὐ διέπεσεν ἀπὸ πάντων τῶν ῥημάτων τῶν καλῶν, ὧν 43 ἐλάλησε Κύριος τοῖς υἱοῖς Ἰσραὴλ· πάντα παρεγένετο.

Τότε συνεκάλεσεν Ἰησοῦς τοὺς υἱοὺς Ῥουβὴν, καὶ τοὺς 22 υἱοὺς Γὰδ, καὶ τὸ ἥμισυ φυλῆς Μανασσῆ, καὶ εἶπεν αὐτοῖς, 2 ὑμεῖς ἀκηκόατε πάντα ὅσα ἐνετείλατο ὑμῖν Μωυσῆς ὁ παῖς Κυρίου, καὶ ὑπηκούσατε τῆς φωνῆς μου κατὰ πάντα ὅσα ἐνετείλατο ὑμῖν. Οὐκ ἐγκαταλελοίπατε τοὺς ἀδελφοὺς ὑμῶν 3 ταύτας τὰς ἡμέρας πλείους· ἕως τῆς σήμερον ἡμέρας ἐφυλάξατε τὴν ἐντολὴν Κυρίου τοῦ Θεοῦ ὑμῶν. Νῦν δὲ κατέπαυσε 4 Κύριος ὁ Θεὸς ἡμῶν τοὺς ἀδελφοὺς ἡμῶν, ὃν τρόπον εἶπεν αὐτοῖς· νῦν οὖν ἀποστραφέντες, ἀπέλθατε εἰς τοὺς οἴκους ὑμῶν, καὶ εἰς τὴν γῆν τῆς κατασχέσεως ὑμῶν, ἣν ἔδωκεν ὑμῖν Μωυσῆς ἐν τῷ πέραν τοῦ Ἰορδάνου. Ἀλλὰ φυλάξασθε 5 σφόδρα ποιεῖν τὰς ἐντολὰς καὶ τὸν νόμον, ὃν ἐνετείλατο ἡμῖν ποιεῖν Μωυσῆς ὁ παῖς Κυρίου· ἀγαπᾶν Κύριον τὸν Θεὸν ἡμῶν, πορεύεσθαι πάσαις ταῖς ὁδοῖς αὐτοῦ, φυλάξασθαι τὰς ἐντολὰς αὐτοῦ, καὶ προσκεῖσθαι αὐτῷ, καὶ λατρεύειν αὐτῷ ἐξ ὅλης

ᵝ *i. e.* the portion allotted, or assigned them.

6 τῆς διανοίας ὑμῶν, καὶ ἐξ ὅλης τῆς ψυχῆς ὑμῶν. Καὶ εὐλόγησεν αὐτοὺς Ἰησοῦς, καὶ ἐξαπέστειλεν αὐτούς· καὶ ἐπορεύθησαν εἰς τοὺς οἴκους αὐτῶν.

7 Καὶ τῷ ἡμίσει φυλῆς Μανασσῆ ἔδωκε Μωυσῆς ἐν τῇ Βασανίτιδι, καὶ τῷ ἡμίσει ἔδωκεν Ἰησοῦς μετὰ τῶν ἀδελφῶν αὐτοῦ ἐν τῷ πέραν τοῦ Ἰορδάνου παρὰ θάλασσαν· καὶ ἡνίκα ἐξαπέστειλεν αὐτοὺς Ἰησοῦς εἰς τοὺς οἴκους αὐτῶν καὶ εὐλόγη8 σεν αὐτούς. Καὶ ἐν χρήμασι πολλοῖς ἀπήλθοσαν εἰς τοὺς οἴκους αὐτῶν· καὶ κτήνη πολλὰ σφόδρα, καὶ ἀργύριον, καὶ χρυσίον, καὶ σίδηρον, καὶ ἱματισμὸν πολὺν, διείλαντο τὴν προνομὴν τῶν ἐχθρῶν μετὰ τῶν ἀδελφῶν αὐτῶν.

9 Καὶ ἐπορεύθησαν οἱ υἱοὶ Ῥουβὴν, καὶ οἱ υἱοὶ Γὰδ, καὶ τὸ ἥμισυ φυλῆς Μανασσῆ ἀπὸ τῶν υἱῶν Ἰσραὴλ ἐν Σηλὼ ἐν γῇ Χαναὰν ἀπελθεῖν εἰς τὴν Γαλαὰδ εἰς γῆν κατασχέσεως αὐτῶν, ἣν ἐκληρονόμησαν αὐτὴν διὰ προστάγματος Κυρίου ἐν χειρὶ Μωυσῆ.

10 Καὶ ἦλθον εἰς Γαλαὰδ τοῦ Ἰορδάνου, ἥ ἐστιν ἐν γῇ Χαναάν· καὶ ᾠκοδόμησαν οἱ υἱοὶ Ῥουβὴν, καὶ οἱ υἱοὶ Γὰδ, καὶ τὸ ἥμισυ φυλῆς Μανασσῆ ἐκεῖ βωμὸν ἐπὶ τοῦ Ἰορδάνου, βωμὸν μέγαν τοῦ ἰδεῖν.

11 Καὶ ἤκουσαν οἱ υἱοὶ Ἰσραὴλ λεγόντων, ἰδοὺ ᾠκοδομήκασιν οἱ υἱοὶ Ῥουβὴν, καὶ οἱ υἱοὶ Γὰδ, καὶ τὸ ἥμισυ φυλῆς Μανασσῆ βωμὸν ἐφ᾽ ὁρίων γῆς Χαναὰν ἐπὶ τοῦ Γαλαὰδ τοῦ Ἰορδάνου 12 ἐν τῷ πέραν υἱῶν Ἰσραήλ. Καὶ συνηθροίσθησαν πάντες οἱ υἱοὶ Ἰσραὴλ εἰς Σηλὼ, ὥστε ἀναβάντες ἐκπολεμῆσαι αὐτούς.

13 Καὶ ἀπέστειλαν οἱ υἱοὶ Ἰσραὴλ πρὸς τοὺς υἱοὺς Ῥουβὴν καὶ πρὸς τοὺς υἱοὺς Γὰδ καὶ πρὸς τοὺς υἱοὺς ἥμισυ φυλῆς Μανασσῆ εἰς γῆν Γαλαὰδ, τόν τε Φινεὲς υἱὸν Ἐλεάζαρ υἱοῦ 14 Ἀαρὼν τοῦ ἀρχιερέως, καὶ δέκα τῶν ἀρχόντων μετ᾽ αὐτοῦ· ἄρχων εἷς ἀπὸ οἴκου πατριᾶς ἀπὸ πασῶν φυλῶν Ἰσραὴλ 15 ἄρχοντες οἴκων πατριῶν εἰσι χιλίαρχοι Ἰσραήλ. Καὶ παρεγένοντο πρὸς τοὺς υἱοὺς Ῥουβὴν, καὶ πρὸς τοὺς υἱοὺς Γὰδ, καὶ πρὸς τοὺς ἡμίσεις φυλῆς Μανασσῆ εἰς γῆν Γαλαάδ· καὶ 16 ἐλάλησαν πρὸς αὐτοὺς, λέγοντες, τάδε λέγει πᾶσα ἡ συναγωγὴ Κυρίου, τίς ἡ πλημμέλεια αὕτη, ἣν ἐπλημμελήσατε ἐναντίον τοῦ Θεοῦ Ἰσραήλ, ἀποστραφῆναι σήμερον ἀπὸ Κυρίου, οἰκοδομήσαντες ὑμῖν ἑαυτοῖς βωμὸν, ἀποστάτας ὑμᾶς γενέσθαι 17 ἀπὸ τοῦ Κυρίου; Μὴ μικρὸν ὑμῖν τὸ ἁμάρτημα Φογὼρ, ὅτι οὐκ ἐκαθαρίσθημεν ἀπ᾽ αὐτοῦ ἕως τῆς ἡμέρας ταύτης; καὶ 18 ἐγενήθη πληγὴ ἐν τῇ συναγωγῇ Κυρίου. Καὶ ὑμεῖς ἀπεστράφητε σήμερον ἀπὸ Κυρίου· καὶ ἔσται ἐὰν ἀποστῆτε σήμερον ἀπὸ Κυρίου, καὶ αὔριον ἐπὶ πάντα Ἰσραὴλ ἔσται ἡ ὀργή. 19 Καὶ νῦν εἰ μικρὰ ἡ γῆ ὑμῶν τῆς κατασχέσεως ὑμῶν, διάβητε εἰς τὴν γῆν τῆς Κυρίου κατασχέσεως, οὗ κατασκηνοῖ ἐκεῖ ἡ σκηνὴ Κυρίου, καὶ κατακληρονομήσετε ἐν ἡμῖν· καὶ μὴ ἀπὸ Θεοῦ ἀποστάται γενήθητε, καὶ ὑμεῖς μηδ᾽ ἀπόστητε ἀπὸ Κυρίου, διὰ τὸ οἰκοδομῆσαι ὑμᾶς βωμὸν ἔξω τοῦ θυσιαστηρίου 20 Κυρίου τοῦ Θεοῦ ἡμῶν. Οὐκ ἰδοὺ Ἄχαρ ὁ τοῦ Ζαρὰ πλημμελείᾳ ἐπλημμέλησεν ἀπὸ τοῦ ἀναθέματος, καὶ ἐπὶ πᾶσαν

β Gr. halves, adj. q. d. dimidios viros.

and with all your soul. [6]And Joshua blessed them, and dismissed them; and they went to their homes.

[7]And to one half the tribe of Manasse Moses gave a portion in the land of Basan, and to the other half Joshua gave a portion with his brethren on the other side of Jordan westward: and when Joshua sent them away to their homes, then he blessed them. [8]And they departed with much wealth to their houses, and they divided the spoil of their enemies with their brethren; very much cattle, and silver, and gold, and iron, and much raiment.

[9]So the sons of Ruben, and the sons of Gad, and the half tribe of Manasses, departed from the children of Israel in Selo in the land of Chanaan, to go away into Galaad, into the land of their possession, which they inherited by the command of the Lord, by the hand of Moses.

[10]And they came to Galaad of Jordan, which is in the land of Chanaan: and the children of Ruben, and the children of Gad, and the half tribe of Manasse built there an altar by Jordan, a great altar to look at.

[11]And the children of Israel heard say, Behold, the sons of Ruben, and the sons of Gad, and the half tribe of Manasse have built an altar at the borders of the land of Chanaan at Galaad of Jordan, on the opposite side to the children of Israel. [12]And all the children of Israel gathered together to Selo, so as to go up and fight against them.

[13]And the children of Israel sent to the sons of Ruben, and the sons of Gad, and to the sons of the half tribe of Manasse into the land of Galaad, both Phinees the son of Eleazar the son of Aaron the priest, [14]and ten of the chiefs with him; there was one chief of every household out of all the tribes of Israel; (the heads of families are the captains of thousands in Israel.) [15]And they came to the sons of Ruben, and to the sons of Gad, and to the β half tribe of Manasse into the land of Galaad; and they spoke to them, saying, [16]Thus says the whole congregation of the Lord, What is this transgression that ye have transgressed before the God of Israel, to turn away to-day from the Lord, in that ye have built for yourselves an altar, so that ye should be apostates from the Lord? [17]Is the sin of Phogor too little for you, whereas we have not been cleansed from it until this day, though there was a plague among the congregation of the Lord? [18]And ye have this day revolted from the Lord; and it shall come to pass if ye revolt this day from the Lord, that to-morrow there shall be wrath upon all Israel. [19]And now if the land of your possession be too little, cross over to the land of the possession of the Lord, where the tabernacle of the Lord dwells, and receive ye an inheritance among us; and do not become apostates from God, neither do ye apostatize from the Lord, because of your having built an altar apart from the altar of the Lord our God. [20]Lo! did not Achar the son of Zara commit a trespass taking of the accursed thing, and

there was wrath on the whole congregation of Israel? and he himself died alone in his own sin.

²¹ And the sons of Ruben, and the sons of Gad, and the half tribe of Manasse answered, and spoke to the captains of the thousands of Israel, saying, ²² God *even* God is the Lord, and God *even* God himself knows, and Israel he shall know; if we have transgressed before the Lord by apostasy, let him not deliver us this day. ²³ And if we have built to ourselves an altar, so as to apostatize from the Lord our God, so as to offer upon it a sacrifice of whole-burnt-offerings, so as to offer upon it a sacrifice of peace-offering,—the Lord shall require it. ²⁴ But we have done this for the sake of precaution *concerning this* thing, saying, Lest βhereafter your sons should say to our sons, What have ye to do with the Lord God of Israel? ²⁵ Whereas the Lord has set boundaries between us and you, even Jordan, and ye have no portion γin the Lord: so your sons shall alienate our sons, that they should not worship the Lord. ²⁶ And we δgave orders to do thus, to build this altar, not for burnt-offerings, nor for meat-offerings; ²⁷ but that this may be a witness between you and us, and between our posterity after us, that we may do service to the Lord before him, with our burnt-offerings and our meat-offerings and our peace-offerings: so your sons shall not say to our sons, βhereafter, Ye have no portionγ in the Lord. ²⁸ And we said, If ever it should come to pass that they should speak *so* to us, or to our posterity hereafter; then shall they say, Behold the likeness of the altar of the Lord, which our fathers made, not for the sake of burnt-offerings, nor for the sake of meat-offerings, but it is a witness between you and us, and between our sons. ²⁹ Far be it from us therefore that we should turn away from the Lord this day so as to apostatize from the Lord, so as that we should build an altar for burnt-offerings, and for ζpeace-offerings, besides the altar of the Lord which is before his tabernacle. ³⁰ And Phinees the priest and all the chiefs of the congregation of Israel who were with him θ heard the words which the children of Ruben, and the children of Gad, and the half tribe of Manasse spoke; and it pleased them. ³¹ And Phinees the priest said to the sons of Ruben, and to the sons of Gad, and to the half of the tribe of Manasse, To-day we know that the Lord *is* with us, because ye have not trespassed grievously against the Lord, and because ye have delivered the children of Israel out of the hand of the Lord. ³² So Phinees the priest and the princes departed from the children of Ruben, and from the children of Gad, and from the half tribe of Manasse out of Galaad into the land of Channan to the children of Israel; and reported the words to them. ³³ And it pleased the children of Israel; and they spoke to the children of Israel, and blessed the God of the children of Israel, and told them to go up no more to war against λthe others to destroy the land of the children of Ruben,

συναγωγὴν Ἰσραὴλ ἐγενήθη ὀργή; καὶ οὗτος εἷς αὐτὸς ἀπέθανε τῇ ἑαυτοῦ ἁμαρτίᾳ.

Καὶ ἀπεκρίθησαν οἱ υἱοὶ Ῥουβὴν, καὶ οἱ υἱοὶ Γὰδ, καὶ τὸ 21 ἥμισυ φυλῆς Μανασσῆ, καὶ ἐλάλησαν τοῖς χιλιάρχοις Ἰσραὴλ, λέγοντες, ὁ Θεὸς Θεὸς Κύριός ἐστι, καὶ ὁ Θεὸς Θεὸς αὐτὸς 22 οἶδε, καὶ Ἰσραὴλ αὐτὸς γνώσεται· εἰ ἐν ἀποστασίᾳ ἐπλημμελήσαμεν ἔναντι τοῦ Κυρίου, μὴ ῥύσαιτο ἡμᾶς ἐν τῇ ἡμέρᾳ ταύτῃ. Καὶ εἰ ᾠκοδομήσαμεν ἑαυτοῖς βωμὸν, ὥστε ἀποστῆναι 23 ἀπὸ Κυρίου τοῦ Θεοῦ ἡμῶν, ὥστε ἀναβιβάσαι ἐπ᾽ αὐτὸν θυσίαν ὁλοκαυτωμάτων, ὥστε ποιῆσαι ἐπ᾽ αὐτοῦ θυσίαν σωτηρίου, Κύριος ἐκζητήσει.

Ἀλλ᾽ ἕνεκεν εὐλαβείας ῥήματος ἐποιήσαμεν τοῦτο, λέγοντες, 24 ἵνα μὴ εἴπωσιν αὔριον τὰ τέκνα ὑμῶν τοῖς τέκνοις ἡμῶν, τί ὑμῖν καὶ Κυρίῳ τῷ Θεῷ Ἰσραήλ; Καὶ ὅρια ἔθηκε Κύριος 25 ἀναμέσον ἡμῶν καὶ ὑμῶν τὸν Ἰορδάνην, καὶ οὐκ ἔστιν ὑμῖν μερὶς Κυρίου· καὶ ἀπαλλοτριώσουσιν οἱ υἱοὶ ὑμῶν τοὺς υἱοὺς ἡμῶν, ἵνα μὴ σέβωνται Κύριον. Καὶ εἴπαμεν ποιῆσαι οὕτω, 26 τοῦ οἰκοδομῆσαι τὸν βωμὸν τοῦτον οὐχ ἕνεκεν καρπωμάτων οὐδὲ ἕνεκεν θυσιῶν, ἀλλ᾽ ἵνα ᾖ τοῦτο μαρτύριον ἀναμέσον 27 ἡμῶν καὶ ὑμῶν, καὶ ἀναμέσον τῶν γενεῶν ἡμῶν μεθ᾽ ἡμᾶς, τοῦ λατρεύειν λατρείαν Κυρίου ἐναντίον αὐτοῦ, ἐν τοῖς καρπώμασιν ἡμῶν καὶ ἐν ταῖς θυσίαις ἡμῶν καὶ ἐν ταῖς θυσίαις τῶν σωτηρίων ἡμῶν· καὶ οὐκ ἐροῦσι τὰ τέκνα ὑμῶν τοῖς τέκνοις ἡμῶν αὔριον, οὐκ ἔστιν ὑμῖν μερὶς Κυρίου. Καὶ εἴπαμεν, ἐὰν 28 γένηταί ποτε καὶ λαλήσωσι πρὸς ἡμᾶς, ἢ ταῖς γενεαῖς ἡμῶν αὔριον, καὶ ἐροῦσιν, ἴδετε ὁμοίωμα τοῦ θυσιαστηρίου Κυρίου, ὃ ἐποίησαν οἱ πατέρες ἡμῶν οὐχ ἕνεκεν καρπωμάτων οὐδὲ ἕνεκεν θυσιῶν, ἀλλὰ μαρτύριόν ἐστιν ἀναμέσον ὑμῶν καὶ ἀναμέσον ἡμῶν, καὶ ἀναμέσον τῶν υἱῶν ἡμῶν. Μὴ γένοιτο 29 οὖν ἡμᾶς ἀποστραφῆναι ἀπὸ Κυρίου ἐν τῇ σήμερον ἡμέρᾳ ἀποστῆναι ἀπὸ Κυρίου, ὥστε οἰκοδομῆσαι ἡμᾶς θυσιαστήριον τοῖς καρπώμασι, καὶ ταῖς θυσίαις Σαλαμὶν, καὶ τῇ θυσίᾳ τοῦ σωτηρίου, πλὴν τοῦ θυσιαστηρίου Κυρίου ὅ ἐστιν ἐναντίον τῆς σκηνῆς αὐτοῦ.

Καὶ ἀκούσας Φινεὲς ὁ ἱερεὺς καὶ πάντες οἱ ἄρχοντες τῆς 30 συναγωγῆς Ἰσραὴλ οἳ ἦσαν μετ᾽ αὐτοῦ, τοὺς λόγους οὓς ἐλάλησαν οἱ υἱοὶ Ῥουβὴν καὶ οἱ υἱοὶ Γὰδ καὶ τὸ ἥμιου φυλῆς Μανασσῆ, καὶ ἤρεσεν αὐτοῖς. Καὶ εἶπε Φινεὲς ὁ ἱερεὺς τοῖς 31 υἱοῖς Ῥουβὴν καὶ τοῖς υἱοῖς Γὰδ καὶ τῷ ἡμίσει φυλῆς Μανασσῆ, σήμερον ἐγνώκαμεν ὅτι μεθ᾽ ἡμῶν Κύριος, διότι οὐκ ἐπλημμελήσατε ἐναντίον Κυρίου πλημμέλειαν, καὶ ὅτι ἐρρύσασθε τοὺς υἱοὺς Ἰσραὴλ ἐκ χειρὸς Κυρίου. Καὶ ἀπέστρεψε Φινεὲς 32 ὁ ἱερεὺς καὶ οἱ ἄρχοντες ἀπὸ τῶν υἱῶν Ῥουβὴν καὶ ἀπὸ τῶν υἱῶν Γὰδ καὶ ἀπὸ τοῦ ἡμίσους φυλῆς Μανασσῆ ἐκ τῆς Γαλαὰδ εἰς γῆν Χαναὰν πρὸς τοὺς υἱοὺς Ἰσραήλ· καὶ ἀπεκρίθησαν αὐτοῖς τοὺς λόγους. Καὶ ἤρεσε τοῖς υἱοῖς Ἰσραήλ· καὶ ἐλάλη- 33 σαν πρὸς τοὺς υἱοὺς Ἰσραὴλ, καὶ εὐλόγησαν τὸν Θεὸν υἱῶν Ἰσραήλ· καὶ εἶπαν μηκέτι ἀναβῆναι πρὸς αὐτοὺς εἰς πόλεμον ἐξολοθρεῦσαι τὴν γῆν τῶν υἱῶν Ῥουβὴν καὶ τῶν υἱῶν

β *Gr.* to-morrow.   γ *Gr.* of.   δ *Gr.* spoke.   ζ A double translation in Greek.   θ *Gr.* having heard.   λ *Gr.* them.

Γὰδ καὶ τοῦ ἡμίσους φυλῆς Μανασσῆ· καὶ κατῴκησαν ἐπ᾽ αὐτῆς.

34 Καὶ ἐπωνόμασεν Ἰησοῦς τὸν βωμὸν τῶν Ῥουβὴν καὶ τῶν Γὰδ καὶ τοῦ ἡμίσους φυλῆς Μανασσῆ, καὶ εἶπεν, ὅτι μαρτύριόν ἐστιν ἀναμέσον αὐτῶν, ὅτι Κύριος ὁ Θεὸς αὐτῶν ἐστι.

23 Καὶ ἐγένετο μεθ᾽ ἡμέρας πλείους μετὰ τὸ καταπαῦσαι Κύριον τὸν Ἰσραὴλ ἀπὸ πάντων τῶν ἐχθρῶν αὐτοῦ κυκλόθεν, καὶ
2 Ἰησοῦς πρεσβύτερος προβεβηκὼς ταῖς ἡμέραις. Καὶ συνεκάλεσεν Ἰησοῦς πάντας τοὺς υἱοὺς Ἰσραὴλ καὶ τὴν γερουσίαν αὐτῶν καὶ τοὺς ἄρχοντας αὐτῶν καὶ τοὺς δικαστὰς αὐτῶν καὶ τοὺς γραμματεῖς αὐτῶν, καὶ εἶπε πρὸς αὐτούς, ἐγὼ γεγήρακα
3 καὶ προβέβηκα ταῖς ἡμέραις· Ὑμεῖς δὲ ἑωράκατε ὅσα ἐποίησε Κύριος ὁ Θεὸς ἡμῶν πᾶσι τοῖς ἔθνεσι τούτοις ἀπὸ προσώπου
4 ἡμῶν, ὅτι Κύριος ὁ Θεὸς ὑμῶν ὁ ἐκπολεμήσας ὑμῖν. Ἴδετε ὅτι ἐπέρριφα ὑμῖν τὰ ἔθνη τὰ καταλελειμμένα ὑμῖν ταῦτα ἐν τοῖς κλήροις εἰς τὰς φυλὰς ὑμῶν, ἀπὸ τοῦ Ἰορδάνου πάντα τὰ ἔθνη, καὶ ἐξωλόθρευσα, καὶ ἀπὸ τῆς θαλάσσης τῆς μεγάλης ὁριεῖ ἐπὶ δυσμὰς ἡλίου.
5 Κύριος δὲ ὁ Θεὸς ἡμῶν οὗτος ἐξολοθρεύσει αὐτοὺς ἀπὸ προσώπου ἡμῶν, ἕως ἂν ἀπόλωνται· καὶ ἀποστελεῖ αὐτοῖς τὰ θηρία τὰ ἄγρια, ἕως ἂν ἐξολοθρεύσῃ αὐτοὺς καὶ τοὺς βασιλεῖς αὐτῶν ἀπὸ προσώπου ὑμῶν, καὶ κατακληρονομήσετε τὴν γῆν
6 αὐτῶν, καθὰ ἐλάλησε Κύριος ὁ Θεὸς ἡμῶν ὑμῖν. Κατισχύσατε οὖν σφόδρα φυλάσσειν καὶ ποιεῖν πάντα τὰ γεγραμμένα ἐν τῷ βιβλίῳ τοῦ νόμου Μωυσῆ, ἵνα μὴ ἐκκλίνητε εἰς δεξιὰ ἢ
7 εὐώνυμα, ὅπως μὴ εἰσέλθητε εἰς τὰ ἔθνη τὰ καταλελειμμένα ταῦτα· καὶ τὰ ὀνόματα τῶν θεῶν αὐτῶν οὐκ ὀνομασθήσεται ἐν
8 ὑμῖν, οὐδὲ μὴ λατρεύσητε, οὐδὲ μὴ προσκυνήσητε αὐτοῖς, ἀλλὰ Κυρίῳ τῷ Θεῷ ἡμῶν προσκολληθήσεσθε, καθάπερ ἐποιήσατε
9 ἕως τῆς ἡμέρας ταύτης. Καὶ ἐξολοθρεύσει αὐτοὺς Κύριος ἀπὸ προσώπου ὑμῶν ἔθνη μεγάλα καὶ ἰσχυρά· καὶ οὐδεὶς ἀντέστη
10 κατενώπιον ἡμῶν ἕως τῆς ἡμέρας ταύτης. Εἷς ὑμῶν ἐδίωξε χιλίους, ὅτι Κύριος ὁ Θεὸς ἡμῶν οὗτος ἐξεπολέμει ὑμῖν, καθάπερ εἶπεν ἡμῖν.
11 Καὶ φυλάξασθε σφόδρα τοῦ ἀγαπᾶν Κύριον τὸν Θεὸν ἡμῶν.
12 Ἐὰν γὰρ ἀποστραφῆτε καὶ προσθῆσθε τοῖς ὑπολειφθεῖσιν ἔθνεσι· τούτοις τοῖς· μεθ᾽ ὑμῶν, καὶ ἐπιγαμίας ποιήσητε πρὸς
13 αὐτούς, καὶ συγκαταμιγῆτε αὐτοῖς καὶ αὐτοὶ ὑμῖν, γινώσκετε ὅτι οὐ μὴ προσθῇ Κύριος τοῦ ἐξολοθρεῦσαι τὰ ἔθνη ταῦτα ἀπὸ προσώπου ὑμῶν· καὶ ἔσονται ὑμῖν εἰς παγίδας, καὶ εἰς σκάνδαλα, καὶ εἰς ἥλους ἐν ταῖς πτέρναις ὑμῶν, καὶ εἰς βολίδας ἐν τοῖς ὀφθαλμοῖς ὑμῶν, ἕως ἂν ἀπόλησθε ἀπὸ τῆς γῆς τῆς ἀγαθῆς ταύτης, ἣν ἔδωκεν ὑμῖν Κύριος ὁ Θεὸς ὑμῶν.
14 Ἐγὼ δὲ ἀποτρέχω τὴν ὁδόν, καθὰ καὶ πάντες οἱ ἐπὶ τῆς γῆς· καὶ γνώσεσθε τῇ καρδίᾳ ὑμῶν καὶ τῇ ψυχῇ ὑμῶν, διότι οὐκ ἔπεσεν εἰς λόγος ἀπὸ πάντων τῶν λόγων, ὧν εἶπε Κύριος ὁ Θεὸς ἡμῶν πρὸς πάντα τὰ ἀνήκοντα ἡμῖν, οὐ διεφώνησεν
15 ἐξ αὐτῶν. Καὶ ἔσται ὃν τρόπον ἥκει πρὸς ἡμᾶς πάντα τὰ

---

and the children of Gad, and the half tribe of Manasse: so they dwelt upon it.

34 And Joshua gave a name to the altar of the children of Ruben, and the children of Gad, and of the half tribe of Manasse; and said, It is a testimony in the midst of them, that the Lord is their God.

And it came to pass after many days after the Lord had given Israel rest from all his enemies round about, that Joshua was old and advanced in β years. 2 And Joshua called together all the children of Israel, and their elders, and their chiefs, and their judges, and their officers; and said to them, I am old and advanced in years. 3 And ye have seen all that the Lord our God has done to all these nations before us; for it is the Lord our God who has fought for you. 4 See, that I have γ given to you these nations that are left to you by lots to your tribes, all the nations beginning at Jordan; and some I have destroyed; and δ the boundaries shall be at the great sea westward.

5 And the Lord our God, he shall destroy them before us, until they utterly perish; and he shall send against them the wild beasts, until he shall have utterly destroyed them and their kings from before you; and ye shall inherit their land, as the Lord our God said to you. 6 Do ye therefore strive diligently to observe and do all things written in the book of the law of Moses, that ye turn not to the right hand or to the left; 7 that ye go not in among these nations that are left; and the names of their gods shall not be named among you, neither shall ye serve them, neither shall ye bow down to them. 8 But ye shall cleave to the Lord our God, as ye have done until this day. 9 And the Lord shall destroy them before you, even great and strong nations; and no one has stood before us until this day. 10 One of you has chased a thousand, for the Lord our God, he fought for you, as he said to you.

11 And take ye great heed to love the Lord our God. 12 For if ye shall turn aside and attach yourselves to these nations that are left with you, and make marriages with them, and become mingled with them and they with you, 13 know that the Lord will no more destroy these nations from before you; and they will be to you snares and stumbling-blocks, and nails in your heels, and darts in your eyes, until ye be destroyed from off this good land, which the Lord your God has given you.

14 But I hasten to go the way of death, as all that are upon the earth also do: and know ye in your heart and in your soul, that not one word has fallen to the ground of all the words which the Lord our God has spoken respecting all that concerns us; there has not one of them failed. 15 And it shall come to pass, that as all the good

---

β Gr. days.   γ Gr. cast upon you.   δ Gr. he shall bound.

things are come upon us which the Lord spoke concerning you, so the Lord God will bring upon you all the evil things, until he shall have destroyed you from off this good land, which the Lord has given you, [16] when ye transgress the covenant of the Lord our God, which he has charged us, and go and serve other gods, and bow down to them.

And Joshua gathered all the tribes of Israel to Selo, and convoked their elders, and their officers, and their judges, and set them before God.

[2] And Joshua said to all the people, Thus says the Lord God of Israel, Your fathers at first sojourned beyond the river, *even* Thara, the father of Abraam and the father of Nachor; and they served other gods. [3] And I took your father Abram from the other side of the river, and I guided him [β] through all the land, and I multiplied his seed; [4] and I gave to him Isaac, and to Isaac Jacob and Esau: and I gave to Esau mount Seir for him to inherit: and Jacob and his sons went down to Egypt, and became there a great and populous and mighty nation: and the Egyptians afflicted them. [5] And I smote Egypt with the wonders that I wrought among them. [6] And afterwards *God* brought out our fathers from Egypt, and ye entered into the Red Sea; and the Egyptians pursued after our fathers with chariots and horses into the Red Sea. [7] And we cried aloud to the Lord; and he [γ] put a cloud and darkness between us and the Egyptians, and he brought the sea upon them, and covered them; and your eyes have seen all that the Lord did in the land of Egypt; and ye were in the wilderness many days.

[8] And he brought us into the land of the Amorites that dwelt beyond Jordan, and the Lord delivered them into our hands; and ye inherited their land, and utterly destroyed them from before you.

[9] And Balac, king of Moab, son of Sepphor, rose up, and [δ] made war against Israel, and sent and called Balaam to curse us. [10] But the Lord thy God would not destroy thee; and he greatly blessed us, and rescued us out of their hands, and delivered them *to us*. [11] And ye crossed over Jordan, and came to Jericho; and the inhabitants of Jericho fought against us, the Amorite, and the Chananite, and the Pherezite, and the Evite, and the Jebusite, and the Chettite, and the Gergesite, and the Lord delivered them into our hands. [12] And he sent forth the hornet before you; and he drove them out from before you, *even* twelve kings of the Amorites, not with thy sword, nor with thy bow.

[13] And he gave you a land on which ye did not labour, and cities which ye did not build, and ye were settled in them; and ye [ζ] eat *of* vineyards and oliveyards which ye did not plant.

ῥήματα τὰ καλὰ, ἃ ἐλάλησε Κύριος ἐφ᾽ ὑμᾶς· οὕτως ἐπάξει Κύριος ὁ Θεὸς ἐφ᾽ ὑμᾶς πάντα τὰ ῥήματα τὰ πονηρὰ ἕως ἂν ἐξολοθρεύσῃ ὑμᾶς ἀπὸ τῆς γῆς τῆς ἀγαθῆς ταύτης, ἧς ἔδωκε Κύριος ὑμῖν, ἐν τῷ παραβῆναι ὑμᾶς τὴν διαθήκην Κυρίου τοῦ 16 Θεοῦ ἡμῶν, ἣν ἐνετείλατο ἡμῖν, καὶ πορευθέντες λατρεύσητε θεοῖς ἑτέροις καὶ προσκυνήσητε αὐτοῖς.

Καὶ συνήγαγεν Ἰησοῦς πάσας φυλὰς Ἰσραὴλ εἰς Σηλὼ, 24 καὶ συνεκάλεσε τοὺς πρεσβυτέρους αὐτῶν καὶ τοὺς γραμματεῖς αὐτῶν καὶ τοὺς δικαστὰς αὐτῶν, καὶ ἔστησεν αὐτοὺς ἀπέναντι τοῦ Θεοῦ.

Καὶ εἶπεν Ἰησοῦς πρὸς πάντα τὸν λαόν, τάδε λέγει Κύριος 2 ὁ Θεὸς Ἰσραήλ, πέραν τοῦ ποταμοῦ παρῴκησαν οἱ πατέρες ὑμῶν τὸ ἀπαρχῆς, Θάρα ὁ πατὴρ Ἀβραὰμ, καὶ ὁ πατὴρ Ναχώρ, καὶ ἐλάτρευσαν θεοῖς ἑτέροις. Καὶ ἔλαβον τὸν πατέρα ὑμῶν 3 τὸν Ἀβραὰμ ἐκ τοῦ πέραν τοῦ ποταμοῦ, καὶ ὡδήγησα αὐτὸν ἐν πάσῃ τῇ γῇ· καὶ ἐπλήθυνα αὐτοῦ σπέρμα, καὶ ἔδωκα αὐτῷ 4 τὸν Ἰσαὰκ, καὶ τῷ Ἰσαὰκ τὸν Ἰακὼβ καὶ τὸν Ἡσαῦ· καὶ ἔδωκα τῷ Ἡσαῦ τὸ ὄρος τὸ Σηεὶρ κληρονομῆσαι αὐτῷ· καὶ Ἰακὼβ καὶ οἱ υἱοὶ αὐτοῦ κατέβησαν εἰς Αἴγυπτον, καὶ ἐγένοντο ἐκεῖ εἰς ἔθνος μέγα καὶ πολὺ καὶ κραταιόν· καὶ ἐκάκωσαν αὐτοὺς οἱ Αἰγύπτιοι. Καὶ ἐπάταξα τὴν Αἴγυπτον ἐν σημείοις 5 οἷς ἐποίησα ἐν αὐτοῖς. Καὶ μετὰ ταῦτα ἐξήγαγε τοὺς πατέρας 6 ἡμῶν ἐξ Αἰγύπτου, καὶ εἰσήλθατε εἰς τὴν θάλασσαν τὴν ἐρυθράν· καὶ κατεδίωξαν οἱ Αἰγύπτιοι ὀπίσω τῶν πατέρων ἡμῶν ἐν ἅρμασι καὶ ἐν ἵπποις εἰς τὴν θάλασσαν τὴν ἐρυθράν. Καὶ ἀνεβοήσαμεν πρὸς Κύριον· καὶ ἔδωκε νεφέλην καὶ γνόφον 7 ἀναμέσον ἡμῶν καὶ ἀναμέσον τῶν Αἰγυπτίων, καὶ ἐπήγαγεν ἐπ᾽ αὐτοὺς τὴν θάλασσαν, καὶ ἐκάλυψεν αὐτούς· καὶ εἴδοσαν οἱ ὀφθαλμοὶ ὑμῶν ὅσα ἐποίησε Κύριος ἐν γῇ· Αἰγύπτῳ· καὶ ἦτε ἐν τῇ ἐρήμῳ ἡμέρας πλείους.

Καὶ ἤγαγεν ἡμᾶς εἰς γῆν Ἀμορραίων τῶν κατοικούντων 8 πέραν τοῦ Ἰορδάνου, καὶ παρέδωκεν αὐτοὺς Κύριος εἰς τὰς χεῖρας ἡμῶν· καὶ κατεκληρονομήσατε τὴν γῆν αὐτῶν, καὶ ἐξωλοθρεύσατε αὐτοὺς ἀπὸ προσώπου ὑμῶν.

Καὶ ἀνέστη Βαλὰκ ὁ τοῦ Σεπφὼρ βασιλεὺς Μωὰβ, καὶ 9 παρετάξατο τῷ Ἰσραήλ, καὶ ἀποστείλας ἐκάλεσε τὸν Βαλαὰμ ἀράσασθαι ἡμῖν. Καὶ οὐκ ἠθέλησε Κύριος ὁ Θεός σου 10 ἀπολέσαι σε· καὶ εὐλογίαις εὐλόγησεν ἡμᾶς, καὶ ἐξείλατο ἡμᾶς ἐκ χειρῶν αὐτῶν, καὶ παρέδωκεν αὐτούς. Καὶ διέβητε 11 τὸν Ἰορδάνην, καὶ παρεγενήθητε εἰς Ἱεριχώ· καὶ ἐπολέμησαν πρὸς ἡμᾶς οἱ κατοικοῦντες Ἱεριχὼ ὁ Ἀμορραῖος, καὶ ὁ Χαναναῖος, καὶ ὁ Φερεζαῖος, καὶ ὁ Εὐαῖος, καὶ ὁ Ἰεβουσαῖος, καὶ ὁ Χετταῖος, καὶ ὁ Γεργεσαῖος· καὶ παρέδωκεν αὐτοὺς Κύριος εἰς τὰς χεῖρας ἡμῶν. Καὶ ἐξαπέστειλε προτέραν ὑμῶν τὴν 12 σφηκίαν· καὶ ἐξαπέστειλεν αὐτοὺς ἀπὸ προσώπου ἡμῶν δώδεκα βασιλεῖς τῶν Ἀμορραίων, οὐκ ἐν τῇ ῥομφαίᾳ σου οὐδὲ ἐν τῷ τόξῳ σου.

Καὶ ἔδωκεν ὑμῖν γῆν ἐφ᾽ ἣν οὐκ ἐκοπιάσατε ἐπ᾽ αὐτῆς, καὶ 13 πόλεις ἃς οὐκ ᾠκοδομήκατε, καὶ κατῳκίσθητε ἐν αὐταῖς, καὶ ἀμπελῶνας καὶ ἐλαιῶνας οὓς οὐκ ἐφυτεύσατε ὑμεῖς, ἔδεσθε.

β *Gr.* in.   γ *Gr.* gave.   δ *Gr.* set himself in array.   ζ *Or*, shall eat.

14 Καὶ νῦν φοβήθητε Κύριον, καὶ λατρεύσατε αὐτῷ ἐν εὐθύτητι καὶ ἐν δικαιοσύνῃ, καὶ περιέλεσθε τοὺς θεοὺς τοὺς ἀλλοτρίους, οἷς ἐλάτρευσαν οἱ πατέρες ἡμῶν ἐν τῷ πέραν τοῦ ποταμοῦ καὶ 15 ἐν Αἰγύπτῳ, καὶ λατρεύσατε Κυρίῳ. Εἰ δὲ μὴ ἀρέσκει ὑμῖν λατρεύειν Κυρίῳ, ἐκλέξασθε ὑμῖν αὐτοῖς σήμερον τίνι λατρεύσητε, εἴτε τοῖς θεοῖς τῶν πατέρων ὑμῶν, τοῖς ἐν τῷ πέραν τοῦ ποταμοῦ, εἴτε τοῖς θεοῖς τῶν Ἀμορραίων, ἐν οἷς ὑμεῖς κατοικεῖτε ἐπὶ τῆς γῆς αὐτῶν· ἐγὼ δὲ καὶ ἡ οἰκία μου λατρεύσομεν Κυρίῳ, ὅτι ἅγιός ἐστι.

16 Καὶ ἀποκριθεὶς ὁ λαὸς εἶπε, μὴ γένοιτο ἡμῖν καταλιπεῖν
17 Κύριον, ὥστε λατρεύειν θεοῖς ἑτέροις. Κύριος ὁ Θεὸς ἡμῶν, αὐτὸς Θεός ἐστιν· αὐτὸς ἀνήγαγεν ἡμᾶς καὶ τοὺς πατέρας ἡμῶν ἐξ Αἰγύπτου, καὶ διεφύλαξεν ἡμᾶς ἐν πάσῃ τῇ ὁδῷ ᾗ ἐπορεύθημεν ἐν αὐτῇ, καὶ ἐν πᾶσι τοῖς ἔθνεσιν οὓς παρήλθομεν
18 δι' αὐτῶν. Καὶ ἐξέβαλε Κύριος τὸν Ἀμορραῖον καὶ πάντα τὰ ἔθνη τὰ κατοικοῦντα τὴν γῆν ἀπὸ προσώπου ἡμῶν· ἀλλὰ καὶ ἡμεῖς λατρεύσομεν Κυρίῳ, οὗτος γὰρ Θεὸς ἡμῶν ἐστι.

19 Καὶ εἶπεν Ἰησοῦς πρὸς τὸν λαόν, οὐ μὴ δύνησθε λατρεύειν Κυρίῳ, ὅτι ὁ Θεὸς ἅγιός ἐστι· καὶ ζηλώσας οὗτος οὐκ ἀνήσει
20 τὰ ἁμαρτήματα ὑμῶν καὶ τὰ ἀνομήματα ὑμῶν, ἡνίκα ἂν ἐγκαταλίπητε Κύριον καὶ λατρεύσητε θεοῖς ἑτέροις· καὶ ἐπελθὼν κακώσει ὑμᾶς καὶ ἐξαναλώσει ὑμᾶς ἀνθ' ὧν εὖ ἐποίησεν ὑμᾶς.
21 Καὶ εἶπεν ὁ λαὸς πρὸς Ἰησοῦν, οὐχί, ἀλλὰ Κυρίῳ λατρεύσομεν.
22 Καὶ εἶπεν Ἰησοῦς πρὸς τὸν λαόν, μάρτυρες ὑμεῖς καθ' ὑμῶν,
23 ὅτι ὑμεῖς ἐξελέξασθε Κυρίῳ λατρεύειν αὐτῷ. Καὶ νῦν περιέλεσθε τοὺς θεοὺς τοὺς ἀλλοτρίους τοὺς ἐν ὑμῖν, καὶ
24 εὐθύνατε τὴν καρδίαν ὑμῶν πρὸς Κύριον Θεὸν Ἰσραήλ. Καὶ εἶπεν ὁ λαὸς πρὸς Ἰησοῦν, Κυρίῳ λατρεύσομεν καὶ τῆς φωνῆς αὐτοῦ ἀκουσόμεθα.

25 Καὶ διέθετο Ἰησοῦς διαθήκην πρὸς τὸν λαὸν ἐν τῇ ἡμέρᾳ ἐκείνῃ, καὶ ἔδωκεν αὐτῷ νόμον καὶ κρίσιν ἐν Σηλὼ ἐνώπιον τῆς
26 σκηνῆς τοῦ Θεοῦ Ἰσραήλ. Καὶ ἔγραψε τὰ ῥήματα ταῦτα εἰς βιβλίον νόμων τοῦ Θεοῦ· καὶ ἔλαβε λίθον μέγαν, καὶ ἔστησεν
27 αὐτὸν Ἰησοῦς ὑπὸ τὴν τέρμινθον ἀπέναντι Κυρίου. Καὶ εἶπεν Ἰησοῦς πρὸς τὸν λαόν, ἰδοὺ ὁ λίθος οὗτος ἔσται ἐν ὑμῖν εἰς μαρτύριον, ὅτι αὐτὸς ἀκήκοε πάντα τὰ λεχθέντα αὐτῷ ὑπὸ Κυρίου· ὅτι ἐλάλησε πρὸς ὑμᾶς σήμερον, καὶ οὗτος ἔσται ἐν ὑμῖν εἰς μαρτύριον ἐπ' ἐσχάτων τῶν ἡμερῶν, ἡνίκα ἂν ψεύσησθε
28 Κυρίῳ τῷ Θεῷ μου. Καὶ ἀπέστειλεν Ἰησοῦς τὸν λαόν, καὶ
31 ἐπορεύθησαν ἕκαστος εἰς τὸν τόπον αὐτοῦ. Καὶ ἐλάτρευσεν Ἰσραὴλ τῷ Κυρίῳ πάσας τὰς ἡμέρας Ἰησοῦ, καὶ πάσας τὰς ἡμέρας τῶν πρεσβυτέρων ὅσοι ἐφείλκυσαν τὸν χρόνον μετὰ Ἰησοῦ, καὶ ὅσοι εἴδοσαν πάντα τὰ ἔργα Κυρίου ὅσα ἐποίησε τῷ Ἰσραήλ.

29 Καὶ ἐγένετο μετ' ἐκεῖνα καὶ ἀπέθανεν Ἰησοῦς υἱὸς Ναυῆ
30 δοῦλος Κυρίου ἑκατὸν δέκα ἐτῶν. Καὶ ἔθαψαν αὐτὸν πρὸς τοῖς ὁρίοις τοῦ κλήρου αὐτοῦ ἐν Θαμνασαρὰχ ἐν τῷ ὄρει τῷ Ἐφραιμ ἀπὸ Βορρᾶ τοῦ ὄρους τοῦ Γαλαάδ· ἐκεῖ ἔθηκαν μετ' αὐτοῦ εἰς τὸ μνῆμα εἰς ὃ ἔθαψαν αὐτὸν ἐκεῖ τὰς μαχαίρας τὰς

[14] And now fear the Lord, and serve him in righteousness and justice; and remove the strange gods, which our fathers served beyond the river, and in Egypt; and serve the Lord. [15] But if it seem not good to you to serve the Lord, choose to yourselves this day whom ye will serve, whether the gods of your fathers that were on the other side of the river, or the gods of the Amorites, among whom ye dwell upon their land: but I and my house will serve the Lord, for he is holy.

[16] And the people answered and said, Far be it from us to forsake the Lord, so as to serve other gods. [17] The Lord our God, he is God; he brought up us and our fathers from Egypt, and kept us in all the way wherein we walked, and among all the nations β through whom we passed. [18] And the Lord cast out the Amorite, and all the nations that inhabited the land from before us: yea, we will serve the Lord, for he is our God.

[19] And Joshua said to the people, Indeed ye will not be able to serve the Lord, for God is holy; and he being jealous will not forgive your sins and your transgressions. [20] Whensoever ye shall forsake the Lord and serve other gods, then he shall come upon you and afflict you, and consume you, γ because he has done you good. [21] And the people said to Joshua, Nay, but we will serve the Lord.

[22] And Joshua said to the people, Ye *are* witnesses against yourselves, that ye have chosen the Lord to serve him. [23] And now take away the strange gods that are among you, and set your heart right toward the Lord God of Israel. [24] And the people said to Joshua, We will serve the Lord, and we will hearken to his voice.

[25] So Joshua made a covenant with the people on that day, and gave them a law and an ordinance in Selo before the tabernacle of the God of Israel. [26] And he wrote these words in the book of the laws of God: and Joshua took a great stone, and set it up under the δ oak before the Lord. [27] And Joshua said to the people, Behold, this stone shall be among you for a witness, for it has heard all the words that have been spoken to it by the Lord; for he has spoken to you this day; and this *stone* shall be among you for a witness in the last days, whenever ye shall deal falsely with the Lord my God. [28] And Joshua dismissed the people, and they went every man to his place. [31] And Israel served the Lord all the days of Joshua, and all the days of the elders that ζ lived as long as Joshua, and all that knew all the works of the Lord which he wrought for Israel.

[29] And it came to pass after these things that Joshua the son of Naue the servant of the Lord died, *at the age* of a hundred and ten years. [30] And they buried him by the borders of his inheritance in Thamnasarach in the mount of Ephraim, northward of the mount of Galaad: there they put with him into the tomb in which they buried him, the knives of stone with which

---

β Gr. whom we passed through them. *Hebraism*. See Mark 1. 7. Luke 3. 16. 1 Pet. 2. 24.   γ Or, whereas on the contrary.
δ Properly a pine or turpentine tree. So chap. 17. 9.   ζ Gr. drew out the time with Joshua. *Hebraism*.

he circumcised the children of Israel in Galgala, when he brought them out of Egypt, as the Lord appointed them; and there they are to this day.

³² And the children of Israel brought up the bones of Joseph out of Egypt, and buried *them* in Sicima, in the portion of the land which Jacob bought of the Amorites who dwelt in Sicima for a hundred ewe-lambs; and he gave it to Joseph for a portion.

³³ And it came to pass afterwards that Eleazar the high-priest the son of Aaron died, and was buried in Gabaar of Phinees his son, which he gave him in mount Ephraim.

In that day the children of Israel took the ark of God, and carried it about among them; and Phinees exercised the priest's office in the room of Eleazar his father till he died, and he was buried in his own place Gabaar: but the children of Israel departed every one to their place, and to their own city: and the children of Israel worshipped Astarte, and Astaroth, and the gods of the nations round about them; and the Lord delivered them into the hands of Eglom king of Moab and he ruled over them eighteen years.

πετρίνας, ἐν αἷς περιέτεμε τοὺς υἱοὺς Ἰσραὴλ ἐν Γαλγάλοις, ὅτε ἐξήγαγεν αὐτοὺς ἐξ Αἰγύπτου, καθὰ συνέταξεν αὐτοῖς Κύριος· καὶ ἐκεῖ εἰσιν ἕως τῆς σήμερον ἡμέρας.

Καὶ τὰ ὀστᾶ Ἰωσὴφ ἀνήγαγον οἱ υἱοὶ Ἰσραὴλ ἐξ Αἰγύπτου, 32 καὶ κατώρυξαν ἐν Σικίμοις, ἐν τῇ μερίδι τοῦ ἀγροῦ οὗ ἐκτήσατο Ἰακὼβ παρὰ τῶν Ἀμορραίων τῶν κατοικούντων ἐν Σικίμοις ἀμνάδων ἑκατὸν, καὶ ἔδωκεν αὐτὴν Ἰωσὴφ ἐν μερίδι.

Καὶ ἐγένετο μετὰ ταῦτα καὶ Ἐλεάζαρ υἱὸς Ἀαρὼν ὁ ἀρχιε- 33 ρεὺς ἐτελεύτησε, καὶ ἐτάφη ἐν Γαβαὰρ Φινεὲς τοῦ υἱοῦ αὐτοῦ, ἣν ἔδωκεν αὐτῷ ἐν τῷ ὄρει τῷ Ἐφραίμ.

Ἐν ἐκείνῃ τῇ ἡμέρᾳ λαβόντες οἱ υἱοὶ Ἰσραὴλ τὴν κιβωτὸν τοῦ Θεοῦ, περιεφέροσαν ἐν ἑαυτοῖς· καὶ Φινεὲς ἱεράτευσεν ἀντὶ Ἐλεάζαρ τοῦ πατρὸς αὐτοῦ ἕως ἀπέθανε, καὶ κατωρύγη ἐν Γαβαὰρ τῇ ἑαυτοῦ· οἱ δὲ υἱοὶ Ἰσραὴλ ἀπῆλθοσαν ἕκαστος εἰς τὸν τόπον αὐτῶν, καὶ εἰς τὴν ἑαυτῶν πόλιν· καὶ ἐσέβοντο οἱ υἱοὶ Ἰσραὴλ τὴν Ἀστάρτην, καὶ Ἀσταρὼθ, καὶ τοὺς θεοὺς τῶν ἐθνῶν τῶν κύκλῳ αὐτῶν· καὶ παρέδωκεν αὐτοὺς Κύριος εἰς χεῖρας Ἐγλὼμ τῷ βασιλεῖ Μωὰβ, καὶ ἐκυρίευσεν αὐτῶν ἔτη δεκαοκτώ.

ΚΡΙΤΑΙ.

AND it came to pass after the death of Joshua, that the children of Israel enquired of the Lord, saying, Who shall go up for us first against the Chananites, to fight against them? ² And the Lord said, Judas shall go up: behold, I have delivered the land into his hand. ³ And Judas said to his brother Symeon, Come up with me into my lot, and let us array ourselves against the Chananites, and I also will go with thee into thy lot: and Symeon went with him. ⁴ And Judas went up; and the Lord delivered the Chananite and the Pherezite into their hands, and they smote them in Bezek to *the number of* ten thousand men. ⁵ And they overtook Adonibezek in Bezek, and fought against him; and they smote the Chananite and the Pherezite. ⁶ And Adonibezek fled, and they pursued after him, and took him, and cut off his thumbs and his great toes. ⁷ And Adonibezek said, Seventy kings, having their thumbs and their great toes cut off, gathered *their food*

ΚΑΙ ἐγένετο μετὰ τὴν τελευτὴν Ἰησοῦ, καὶ ἐπηρώτων οἱ υἱοὶ Ἰσραὴλ διὰ τοῦ Κυρίου, λέγοντες, τίς ἀναβήσεται ἡμῖν πρὸς τοὺς Χαναναίους ἀφηγούμενος τοῦ πολεμῆσαι πρὸς αὐτούς; Καὶ εἶπε Κύριος, Ἰούδας ἀναβήσεται· ἰδοὺ δέδωκα τὴν γῆν ἐν 2 χειρὶ αὐτοῦ. Καὶ εἶπεν Ἰούδας τῷ Συμεὼν ἀδελφῷ αὐτοῦ, 3 ἀνάβηθι μετ' ἐμοῦ ἐν τῷ κλήρῳ μου, καὶ παραταξώμεθα πρὸς τοὺς Χαναναίους, καὶ πορεύσομαι κἀγὼ μετὰ σοῦ ἐν τῷ κλήρῳ σου· καὶ ἐπορεύθη μετ' αὐτοῦ Συμεών. Καὶ ἀνέβη Ἰούδας· 4 καὶ παρέδωκε Κύριος τὸν Χαναναῖον καὶ τὸν Φερεζαῖον εἰς τὰς χεῖρας αὐτῶν· καὶ ἔκοψαν αὐτοὺς ἐν Βεζὲκ εἰς δέκα χιλιάδας ἀνδρῶν. Καὶ κατέλαβον τὸν Ἀδωνιβεζὲκ ἐν τῇ Βεζέκ, καὶ 5 παρετάξαντο πρὸς αὐτόν· καὶ ἔκοψαν τὸν Χαναναῖον καὶ Φερεζαῖον. Καὶ ἔφυγεν Ἀδωνιβεζέκ· καὶ κατέδραμον ὀπίσω 6 αὐτοῦ, καὶ ἐλάβοσαν αὐτὸν, καὶ ἀπέκοψαν τὰ ἄκρα τῶν χειρῶν αὐτοῦ καὶ τὰ ἄκρα τῶν ποδῶν αὐτοῦ. Καὶ εἶπεν Ἀδωνιβεζέκ, 7 ἑβδομήκοντα βασιλεῖς, τὰ ἄκρα τῶν χειρῶν αὐτῶν καὶ τὰ ἄκρα

τῶν ποδῶν αὐτῶν ἀποκεκομμένοι, ἦσαν συλλέγοντες τὰ ὑποκάτω τῆς τραπέζης μου· καθὼς οὖν ἐποίησα, οὕτως ἀνταπέδωκέ μοι ὁ Θεός· καὶ ἄγουσιν αὐτὸν εἰς Ἰερουσαλήμ, καὶ ἀπέθανεν ἐκεῖ.

8   Καὶ ἐπολέμουν υἱοὶ Ἰούδα τὴν Ἰερουσαλήμ, καὶ κατελάβοντο αὐτήν, καὶ ἐπάταξαν αὐτὴν ἐν στόματι ῥομφαίας, καὶ
9 τὴν πόλιν ἐνέπρησαν ἐν πυρί. Καὶ μετὰ ταῦτα κατέβησαν οἱ υἱοὶ Ἰούδα πολεμῆσαι πρὸς τὸν Χαναναῖον τὸν κατοικοῦντα
10 τὴν ὀρεινὴν καὶ τὸν Νότον καὶ τὴν πεδινήν. Καὶ ἐπορεύθη Ἰούδας πρὸς τὸν Χαναναῖον τὸν κατοικοῦντα ἐν Χεβρών· καὶ ἐξῆλθε Χεβρὼν ἐξ ἐναντίας· καὶ τὸ ὄνομα ἦν Χεβρὼν τὸ πρότερον Καριαθαρβοκσεφέρ· καὶ ἐπάταξαν τὸν Σεσσὶ καὶ
11 Ἀχιμὰν καὶ Θολμὶ γεννήματα τοῦ Ἐνάκ. Καὶ ἀνέβησαν ἐκεῖθεν πρὸς τοὺς κατοικοῦντας Δαβίρ· τὸ δὲ ὄνομα τῆς Δαβὶρ ἦν ἔμπροσθεν Καριαθσεφὲρ, πόλις Γραμμάτων.
12   Καὶ εἶπε Χάλεβ, ὃς ἂν πατάξῃ τὴν πόλιν τῶν Γραμμάτων καὶ προκαταλάβηται αὐτήν, δώσω αὐτῷ τὴν Ἀσχὰ θυγατέρα
13 μου εἰς γυναῖκα. Καὶ προκατελάβετο αὐτὴν Γοθονιὴλ υἱὸς Κενὲζ ἀδελφοῦ Χάλεβ ὁ νεώτερος· καὶ ἔδωκεν αὐτῷ Χάλεβ
14 τὴν Ἀσχὰ θυγατέρα αὐτοῦ εἰς γυναῖκα. Καὶ ἐγένετο ἐν τῇ εἰσόδῳ αὐτῆς, καὶ ἐπέσεισεν αὐτὴν Γοθονιὴλ τοῦ αἰτῆσαι παρὰ τοῦ πατρὸς αὐτῆς ἀγρόν· καὶ ἐγόγγυζε καὶ ἔκραζεν ἀπὸ τοῦ ὑποζυγίου, εἰς γῆν Νότου ἐκδέδοσαί με· καὶ εἶπεν αὐτῇ Χάλεβ,
15 τί ἐστί σοι; Καὶ εἶπεν αὐτῷ Ἀσχὰ, δὸς δή μοι εὐλογίαν, ὅτι εἰς γῆν Νότου ἐκδέδοσαί με, καὶ δώσεις μοι λύτρωσιν ὕδατος· καὶ ἔδωκεν αὐτῇ Χάλεβ κατὰ τὴν καρδίαν αὐτῆς λύτρωσιν μετεώρων καὶ λύτρωσιν ταπεινῶν.
16   Καὶ οἱ υἱοὶ Ἰοθὸρ τοῦ Κιναίου τοῦ γαμβροῦ Μωυσῆ ἀνέβησαν ἐκ πόλεως τῶν φοινίκων μετὰ τῶν υἱῶν Ἰούδα εἰς τὴν ἔρημον τὴν οὖσαν ἐν τῷ Νότῳ Ἰούδα, ἥ ἐστιν ἐπὶ καταβάσεως Ἀράδ, καὶ κατῴκησαν μετὰ τοῦ λαοῦ.
17   Καὶ ἐπορεύθη Ἰούδας μετὰ Συμεὼν τοῦ ἀδελφοῦ αὐτοῦ, καὶ ἔκοψε τὸν Χαναναῖον τὸν κατοικοῦντα Σεφὲθ, καὶ ἐξωλόθρευσαν
18 αὐτούς· καὶ ἐκάλεσε τὸ ὄνομα τῆς πόλεως, Ἀνάθεμα. Καὶ οὐκ ἐκληρονόμησεν Ἰούδας τὴν Γάζαν οὐδὲ τὰ ὅρια αὐτῆς, οὐδὲ τὴν Ἀσκάλωνα οὐδὲ τὰ ὅρια αὐτῆς, καὶ τὴν Ἀκκαρὼν οὐδὲ τὰ
19 ὅρια αὐτῆς, τὴν Ἄζωτον οὐδὲ τὰ περισπόρια αὐτῆς. Καὶ ἦν Κύριος μετὰ Ἰούδα· καὶ ἐκληρονόμησε τὸ ὄρος, ὅτι οὐκ ἠδυνάσθησαν ἐξολοθρεῦσαι τοὺς κατοικοῦντας τὴν κοιλάδα, ὅτι
20 Ῥηχὰβ διεστείλατο αὐτοῖς. Καὶ ἔδωκαν τῷ Χάλεβ τὴν Χεβρών, καθὼς ἐλάλησε Μωυσῆς· καὶ ἐκληρονόμησεν ἐκεῖθεν τὰς τρεῖς πόλεις τῶν υἱῶν Ἐνάκ.
21   Καὶ τὸν Ἰεβουσαῖον τὸν κατοικοῦντα ἐν Ἰερουσαλὴμ οὐκ ἐκληρονόμησαν οἱ υἱοὶ Βενιαμίν· καὶ κατῴκησεν ὁ Ἰεβουσαῖος μετὰ τῶν υἱῶν Βενιαμὶν ἐν Ἰερουσαλὴμ ἕως τῆς ἡμέρας ταύτης.
22   Καὶ ἀνέβησαν οἱ υἱοὶ Ἰωσὴφ καί γε αὐτοὶ εἰς Βαιθήλ·
23 καὶ Κύριος ἦν μετ' αὐτῶν. Καὶ παρενέβαλον, καὶ κατεσκέψαντο Βαιθήλ· τὸ δὲ ὄνομα τῆς πόλεως ἦν ἔμπροσθεν Λουζά.
24   Καὶ εἶδον οἱ φυλάσσοντες, καὶ ἰδοὺ ἀνὴρ ἐξεπορεύετο ἐκ

under my table: as I therefore have done, so God has recompensed me: and they β brought him to Jerusalem, and he died there.

8 And the children of Judas fought against Jerusalem, and took it, and smote it with the edge of the sword, and they burnt the city with fire. 9 And afterwards the children of Judas went down to fight with the Chananite dwelling in the hill country, and the south, and the plain country. 10 And Judas went to the Chananite who dwelt in Chebron; and Chebron came out against him; [and the name of Chebron before was Cariatharbocsepher:] and they smote Sessi, and Achiman, and Tholmi, children of Enac. 11 And they went up thence to the inhabitants of Dabir; but the name of Dabir was before Cariathsepher, the city of Letters.

12 And Chaleb said, Whosoever shall smite the city of Letters, and shall first take it, I will give to him Ascha my daughter to wife. 13 And Gothoniel the younger son of Kenez the brother of Chaleb took it; and Chaleb gave him his daughter Ascha to wife. 14 And it came to pass as she went in, that Gothoniel urged her to ask a field of her father; and she murmured and cried from off her ass, Thou hast sent me forth into a south land: and Chaleb said to her, γ What is thy request? 15 And Ascha said to him, Give me, I pray thee, a blessing, for thou hast sent me forth into a south land, and thou shalt give me the ransom of water: and Chaleb gave her according to her heart the ransom of the upper *springs* and the ransom of the low *springs*.

16 And the children of Jothor the Kenite the father-in-law of Moses went up from the city of palm-trees with the children of Judas, to the wilderness that is in the south of Juda, which is at the descent of Arad, and they dwelt with the people.

17 And Judas went with Symeon his brother, and smote the Chananite that inhabited Sepheth, and they utterly destroyed them; and they called the name of the city Anathema. 18 But Judas did not inherit Gaza nor her coasts, nor Ascalon nor her coasts, nor Accaron nor her coasts, *nor Azotus nor* the lands around it. 19 And the Lord was with Judas, and he inherited the mountain; for they were not able to destroy the inhabitants of the valley, for δ Rechab prevented them. 20 And they gave Chebron to Chaleb, as Moses said; and thence he inherited the three cities of the children of Enac.

21 But the children of Benjamin did not ζ take the inheritance of the Jebusite who dwelt in Jerusalem; and the Jebusite dwelt with the children of Benjamin in Jerusalem until this day.

22 And the sons of Joseph, they also went up to Bæthel; and the Lord was with them. 23 And they encamped and surveyed Bæthel: and the name of the city before was Luza. 24 And the spies looked, and behold, a man exepore

---

β *Gr.* bring.   γ *Or*, What ails thee?   δ *Heb.* they had chariots of iron.   ζ *Gr.* inherit.

went out of the city, and they took him; and they said to him, Shew us the way into the city, and we will deal mercifully with thee. ²⁵ And he shewed them the way into the city; and they smote the city with the edge of the sword; but they let go the man and his family. ²⁶ And the man went into the land of Chettin, and built there a city, and called the name of it Luza; this *is* its name until this day.

²⁷ And Manasse did not drive out *the inhabitants of* Bæthsan, which is a city of Scythians, nor her β towns, nor her suburbs; nor Thanac, nor her towns; nor the inhabitants of Dor, nor her towns; nor the inhabitant of Balac, nor her suburbs, nor her towns; nor the inhabitants of Magedo, nor her suburbs, nor her towns; nor the inhabitants of Jeblaam, nor her suburbs, nor her towns; and the Chananite began to dwell in this land. ²⁸ And it came to pass when Israel was strong, that he made the Chananite tributary, but did not utterly drive them out. ²⁹ And Ephraim did not drive out the Chananite that dwelt in Gazer; and the Chananite dwelt in the midst of him in Gazer, and became tributary. ³⁰ And Zabulon did not drive out the inhabitants of Kedron, nor the inhabitants of Domana: and the Chananite dwelt in the midst of them, and became tributary to them.γ ³¹ And Aser did not drive out the inhabitants of Accho, and *that people* became tributary to him, nor the inhabitants of Dor, nor the inhabitants of Sidon, nor the inhabitants of Dalaph, nor Aschazi, nor Chebda, nor Nai, nor Ereo. ³² And Aser dwelt in the midst of the Chananite who inhabited the land, for he could not drive him out. ³³ And Nephthali did not drive out the inhabitants of Bæthsamys, nor the inhabitants of Bæthanach; and Nephthali dwelt in the midst of the Chananite who inhabited the land: but the inhabitants of Bethsamys and of Bætheneth became tributary to them.

³⁴ And the Amorite drove out the children of Dan into the mountain, for they did not suffer them to come down into the valley. ³⁵ And the Amorite began to dwell in the mountain of shells, in which *are* bears, and foxes, in Myrsinon, and in Thalabin; and the hand of the house of Joseph was heavy upon the Amorite, and he became tributary to them. ³⁶ And the border of the Amorite *was* from the going up of Acrabin, from the rock and upwards.

And an angel of the Lord went up from Galgal to the δ*place of* weeping, and to Bæthel, and to the house of Israel, and said to them, Thus says the Lord, I brought you up out of Egypt, and I brought you into the land which I sware to your fathers; and I said, I will never break my covenant that I have made with you. ² And ye shall make no covenant with them that dwell in this land, neither shall ye worship their gods; but ye shall destroy their graven images, ye shall pull down their altars: but ye hearkened not to my voice, for ye did these things. ³ And I said, I will not drive them

τῆς πόλεως, καὶ ἔλαβον αὐτόν· καὶ εἶπον αὐτῷ, δεῖξον ἡμῖν τῆς πόλεως τὴν εἴσοδον, καὶ ποιήσομεν μετὰ σοῦ ἔλεος. Καὶ ἔδειξεν αὐτοῖς τὴν εἴσοδον τῆς πόλεως· καὶ ἐπάταξαν 25 τὴν πόλιν ἐν στόματι ῥομφαίας· τὸν δὲ ἄνδρα καὶ τὴν συγγένειαν αὐτοῦ ἐξαπέστειλαν. Καὶ ἐπορεύθη ὁ ἀνὴρ εἰς γῆν 26 Χεττίν· καὶ ᾠκοδόμησεν ἐκεῖ πόλιν, καὶ ἐκάλεσε τὸ ὄνομα αὐτῆς Λουζά· τοῦτο ὄνομα αὐτῆς ἕως τῆς ἡμέρας ταύτης.

Καὶ οὐκ ἐξῆρε Μανασσῆ τὴν Βαιθσὰν, ἥ ἐστι Σκυθῶν πόλις, 27 οὐδὲ τὰς θυγατέρας αὐτῆς οὐδὲ τὰ περίοικα αὐτῆς, οὐδὲ τὴν Θανὰκ οὐδὲ τὰς θυγατέρας αὐτῆς, οὐδὲ τοὺς κατοικοῦντας Δὼρ οὐδὲ τὰς θυγατέρας αὐτῆς, οὐδὲ τὸν κατοικοῦντα Βαλὰκ οὐδὲ τὰ περίοικα αὐτῆς οὐδὲ τὰς θυγατέρας αὐτῆς, οὐδὲ τοὺς κατοι- κοῦντας Μαγεδὼ οὐδὲ τὰ περίοικα αὐτῆς καὶ τὰς θυγατέρας αὐτῆς, οὐδὲ τοὺς κατοικοῦντας Ἰεβλαὰμ οὐδὲ τὰ περίοικα αὐτῆς οὐδὲ τὰς θυγατέρας αὐτῆς· καὶ ἤρξατο ὁ Χαναναῖος κατοικεῖν ἐν τῇ γῇ ταύτῃ. Καὶ ἐγένετο ὅτε ἐνίσχυσεν Ἰσραὴλ, 28 καὶ ἐποίησε τὸν Χαναναῖον εἰς φόρον, καὶ ἐξαίρων οὐκ ἐξῆρεν αὐτόν. Καὶ Ἐφραὶμ οὐκ ἐξῆρε τὸν Χαναναῖον τὸν κατοικοῦντα 29 ἐν Γαζέρ· καὶ κατῴκησεν ὁ Χαναναῖος ἐν μέσῳ αὐτοῦ ἐν Γαζὲρ, καὶ ἐγένετο εἰς φόρον. Καὶ Ζαβουλὼν οὐκ ἐξῆρε τοὺς κατοι- 30 κοῦντας Κέδρων, οὐδὲ τοὺς κατοικοῦντας Δωμανά· καὶ κατῴκη- σεν ὁ Χαναναῖος ἐν μέσῳ αὐτῶν, καὶ ἐγένετο αὐτῷ εἰς φόρον. Καὶ Ἀσὴρ οὐκ ἐξῆρε τοὺς κατοικοῦντας Ἀκχὼ, καὶ ἐγένετο 31 αὐτῷ εἰς φόρον, καὶ τοὺς κατοικοῦντας Δὼρ, καὶ τοὺς κατοι- κοῦντας Σιδῶνα, καὶ τοὺς κατοικοῦντας Δαλὰφ, τὸν Ἀσχαζὶ, καὶ τὸν Χεβδὰ, καὶ τὸν Ναῒ, καὶ τὸν Ἐρεώ. Καὶ κατῴκησεν 32 ὁ Ἀσὴρ ἐν μέσῳ τοῦ Χαναναίου τοῦ κατοικοῦντος τὴν γῆν, ὅτι οὐκ ἠδυνήθη ἐξᾶραι αὐτόν. Καὶ Νεφθαλὶ οὐκ ἐξῆρε τοὺς 33 κατοικοῦντας Βαιθσαμὺς, καὶ τοὺς κατοικοῦντας Βαιθανάχ· καὶ κατῴκησε Νεφθαλὶ ἐν μέσῳ τοῦ Χαναναίου τοῦ κατοικοῦντος τὴν γῆν· οἱ δὲ κατοικοῦντες Βαιθσαμὺς καὶ τὴν Βαιθενέθ, ἐγένοντο αὐτοῖς εἰς φόρον.

Καὶ ἐξέθλιψεν ὁ Ἀμορραῖος τοὺς υἱοὺς Δὰν εἰς τὸ ὄρος, 34 ὅτι οὐκ ἀφῆκαν αὐτὸν καταβῆναι εἰς τὴν κοιλάδα. Καὶ 35 ἤρξατο ὁ Ἀμορραῖος κατοικεῖν ἐν τῷ ὄρει τῷ ὀστρακώδει, ἐν ᾧ αἱ ἄρκτοι καὶ ἐν ᾧ αἱ ἀλώπεκες, ἐν τῷ Μυρσινῶνι, καὶ ἐν Θαλαβὶν, καὶ ἐβαρύνθη ἡ χεὶρ οἴκου Ἰωσὴφ ἐπὶ τὸν Ἀμορ- ραῖον, καὶ ἐγενήθη αὐτοῖς εἰς φόρον. Καὶ τὸ ὅριον τοῦ 36 Ἀμορραίου ἀπὸ τῆς ἀναβάσεως Ἀκραβὶν ἀπὸ τῆς πέτρας καὶ ἐπάνω.

Καὶ ἀνέβη ἄγγελος Κυρίου ἀπὸ Γαλγὰλ ἐπὶ τὸν κλαυθμῶνα 2 καὶ ἐπὶ Βαιθὴλ καὶ ἐπὶ τὸν οἶκον Ἰσραὴλ, καὶ εἶπε πρὸς αὐτοὺς, τάδε λέγει Κύριος, ἀνεβίβασα ὑμᾶς ἐξ Αἰγύπτου, καὶ εἰσήγαγον ὑμᾶς εἰς τὴν γῆν ἣν ὤμοσα τοῖς πατράσιν ὑμῶν· καὶ εἶπα, οὐ διασκεδάσω τὴν διαθήκην μου τὴν μεθ᾽ ὑμῶν εἰς τὸν αἰῶνα. Καὶ ὑμεῖς οὐ διαθήσεσθε διαθήκην τοῖς ἐγκαθη- 2 μένοις εἰς τὴν γῆν ταύτην, οὐδὲ τοῖς θεοῖς αὐτῶν προσκυνήσετε, ἀλλὰ τὰ γλυπτὰ αὐτῶν συντρίψετε, τὰ θυσιαστήρια αὐτῶν καθελεῖτε· καὶ οὐκ εἰσηκούσατε τῆς φωνῆς μου, ὅτι ταῦτα ἐποιήσατε. Κἀγὼ εἶπον, οὐ μὴ ἐξάρω αὐτοὺς ἐκ προσώπου 3

β *Gr.* daughters.　　γ *Gr.* him, *sc.* Zabulon.　　δ *Heb.* בכים.

ὑμῶν, καὶ ἔσονται ὑμῖν εἰς συνοχὰς, καὶ οἱ θεοὶ αὐτῶν ἔσονται
4 ὑμῖν εἰς σκάνδαλον.　Καὶ ἐγένετο ὡς ἐλάλησεν ὁ ἄγγελος
Κυρίου τοὺς λόγους τούτους πρὸς πάντας υἱοὺς Ἰσραὴλ, καὶ
5 ἐπῆραν ὁ λαὸς τὴν φωνὴν αὐτῶν καὶ ἔκλαυσαν.　Καὶ ἐπωνόμα-
σαν τὸ ὄνομα τοῦ τόπου ἐκείνου, Κλαυθμῶνες· καὶ ἐθυσίασαν
ἐκεῖ τῷ Κυρίῳ.
6　Καὶ ἐξαπέστειλεν Ἰησοῦς τὸν λαὸν, καὶ ἦλθεν ἀνὴρ εἰς
7 τὴν κληρονομίαν αὐτοῦ κατακληρονομῆσαι τὴν γῆν.　Καὶ
ἐδούλευσεν ὁ λαὸς τῷ Κυρίῳ πάσας τὰς ἡμέρας Ἰησοῦ καὶ
πάσας τὰς ἡμέρας τῶν πρεσβυτέρων, ὅσοι ἐμακροημέρευσαν
μετὰ Ἰησοῦ, ὅσοι ἔγνωσαν πᾶν τὸ ἔργον Κυρίου τὸ μέγα ὅσα
ἐποίησεν ἐν τῷ Ἰσραήλ.
8　Καὶ ἐτελεύτησεν Ἰησοῦς υἱὸς Ναυὴ δοῦλος Κυρίου, υἱὸς
9 ἑκατὸν δέκα ἐτῶν.　Καὶ ἔθαψαν αὐτὸν ἐν ὁρίῳ τῆς κληρονομίας
αὐτοῦ ἐν Θαμναθαρὲς, ἐν ὄρει Ἐφραὶμ ἀπὸ Βορρᾶ τοῦ ὄρους
10 Γαάς.　Καὶ πᾶσα ἡ γενεὰ ἐκείνη προσετέθησαν πρὸς τοὺς
πατέρας αὐτῶν· καὶ ἀνέστη γενεὰ ἑτέρα μετ’ αὐτοὺς, οἳ οὐκ
ἔγνωσαν τὸν Κύριον, καί γε τὸ ἔργον ὃ ἐποίησεν ἐν τῷ Ἰσραήλ.
11 Καὶ ἐποίησαν οἱ υἱοὶ Ἰσραὴλ τὸ πονηρὸν ἐνώπιον Κυρίου, καὶ
12 ἐλάτρευσαν τοῖς Βααλίμ.　Καὶ ἐγκατέλιπον τὸν Κύριον τὸν
Θεὸν τῶν πατέρων αὐτῶν, τὸν ἐξαγαγόντα αὐτοὺς ἐκ γῆς
Αἰγύπτου, καὶ ἐπορεύθησαν ὀπίσω θεῶν ἑτέρων ἀπὸ τῶν θεῶν
τῶν ἐθνῶν τῶν περικύκλῳ αὐτῶν, καὶ προσεκύνησαν αὐτοῖς·
13 καὶ παρώργισαν τὸν Κύριον, καὶ ἐγκατέλιπον αὐτὸν, καὶ
ἐλάτρευσαν τῷ Βάαλ καὶ ταῖς Ἀστάρταις.
14　Καὶ ὠργίσθη θυμῷ Κύριος ἐν τῷ Ἰσραήλ· καὶ παρέδωκεν
αὐτοὺς εἰς χεῖρας προνομευόντων, καὶ κατεπρονόμευσαν αὐτούς·
καὶ ἀπέδοτο αὐτοὺς ἐν χερσὶ τῶν ἐχθρῶν αὐτῶν κυκλόθεν, καὶ
οὐκ ἠδυνήθησαν ἔτι ἀντιστῆναι κατὰ πρόσωπον τῶν ἐχθρῶν
15 αὐτῶν ἐν πᾶσιν οἷς ἐπορεύοντο· καὶ χεὶρ Κυρίου ἦν ἐπ’
αὐτοὺς εἰς κακὰ, καθὼς ἐλάλησε Κύριος καὶ καθὼς ὤμοσε
Κύριος αὐτοῖς, καὶ ἐξέθλιψεν αὐτοὺς σφόδρα.
16　Καὶ ἤγειρε Κύριος κριτὰς, καὶ ἔσωσεν αὐτοὺς Κύριος ἐκ
χειρὸς τῶν προνομευόντων αὐτούς· καί γε τῶν κριτῶν οὐχ
17 ὑπήκουσαν, ὅτι ἐξεπόρνευσαν ὀπίσω θεῶν ἑτέρων, καὶ προσεκύ-
νησαν αὐτοῖς· καὶ ἐξέκλιναν ταχὺ ἐκ τῆς ὁδοῦ, ἧς ἐπορεύθησαν
οἱ πατέρες αὐτῶν τοῦ εἰσακούειν τῶν λόγων Κυρίου· οὐκ
18 ἐποίησαν οὕτω.　Καὶ ὅτι ἤγειρε Κύριος αὐτοῖς κριτὰς, καὶ
ἦν Κύριος μετὰ τοῦ κριτοῦ, καὶ ἔσωσεν αὐτοὺς ἐκ χειρὸς
ἐχθρῶν αὐτῶν πάσας τὰς ἡμέρας τοῦ κριτοῦ, ὅτι παρεκλήθη
Κύριος ἀπὸ τοῦ στεναγμοῦ αὐτῶν ἀπὸ προσώπου τῶν πολι-
19 ορκούντων αὐτοὺς καὶ ἐκθλιβόντων αὐτούς.　Καὶ ἐγένετο ὡς
ἀπέθνησκεν ὁ κριτὴς, καὶ ἀπέστρεψαν καὶ πάλιν διέφθειραν
ὑπὲρ τοὺς πατέρας αὐτῶν πορεύεσθαι ὀπίσω θεῶν ἑτέρων,
λατρεύειν αὐτοῖς καὶ προσκυνεῖν αὐτοῖς· οὐκ ἀπέρριψαν τὰ
ἐπιτηδεύματα αὐτῶν, καὶ τὰς ὁδοὺς αὐτῶν τὰς σκληράς.
20　Καὶ ὠργίσθη θυμῷ Κύριος ἐν τῷ Ἰσραήλ· καὶ εἶπεν, ἀνθ’
ὧν ὅσα ἐγκατέλιπον τὸ ἔθνος τοῦτο τὴν διαθήκην μου ἣν ἐνε-
τειλάμην τοῖς πατράσιν αὐτῶν, καὶ οὐκ εἰσήκουσαν τῆς φωνῆς
21 μου, καὶ ἐγὼ οὐ προσθήσω τοῦ ἐξᾶραι ἄνδρα ἐκ προσώπου

out from before you, but they shall be for **a**
β distress to you, and their gods shall be to
you for an offence. [4] And it came to pass
when the angel of the Lord spoke these
words to all the children of Israel, that the
people lifted up their voice, and wept.
[5] And they named the name of that place
Weepings; and they sacrificed there to the
Lord.

[6] And Joshua dismissed the people, and
they went every man to his inheritance, to
inherit the land. [7] And the people served
the Lord all the days of Joshua, and all the
days of the elders that lived many days
with Joshua, as many as knew all the great
work of the Lord, what things he had
wrought in Israel.

[8] And Joshua the son of Naue, the servant
of the Lord, died, γa hundred and ten years
old. [9] And they buried him in the border
of his inheritance, in Thamnathares, in
mount Ephraim, on the north of the moun-
tain of Gaas. [10] And all that generation
were laid to their fathers: and another
generation rose up after them, who knew
not the Lord, nor yet the work which he
wrought in Israel. [11] And the children of
Israel wrought evil before the Lord, and
served Baalim. [12] And they forsook the
Lord God of their fathers, who brought
them out of the land of Egypt, and walked
after other gods, of the gods of the nations
round about them; and they worshipped
them. [13] And they provoked the Lord,
and forsook him, and served Baal and the
Astartes.

[14] And the Lord was very angry with
Israel; and he gave them into the hands of
the spoilers, and they spoiled them; and he
sold them into the hands of their enemies
round about, and they could not any longer
resist their enemies, [15] among whomsoever
they went; and the hand of the Lord was
against them for evil, as the Lord spoke, and
as the Lord sware to them; and he greatly
afflicted them.

[16] And the Lord raised up judges, and the
Lord saved them out of the hands of them
that spoiled them: and yet they hearkened
not to the judges, [17] for they went a whoring
after other gods, and worshipped them; and
they turned quickly out of the way in which
their fathers walked to hearken to the
words of the Lord; they did not so. [18] And
because the Lord raised them up judges, so
the Lord was with the judge, and saved
them out of the hand of their enemies all
the days of the judge; for the Lord δ was
moved at their groaning by reason of them
that besieged them and afflicted them.
[19] And it came to pass when the judge died,
that they went back, and again corrupted
themselves worse than their fathers to go
after other gods to serve them and to wor-
ship them: they abandoned not their de-
vices nor their stubborn ways.

[20] And the Lord was very angry with Is-
rael, and said, Forasmuch as this nation has
forsaken my covenant which I commanded
their fathers, and has not hearkened to my
voice, [21] therefore I will not any more cast

β *Gr.* distresses.　　γ *Gr.* son of a hundred and ten years. *Hebraism*　　δ *Gr.* repented.　This word seems generally to stand for נחם.

out a man of the nations from before their face, which Joshua the son of Naue left in the land. And *the Lord* left *them,* ²²to prove Israel with them, whether they would keep the way of the Lord, to walk in it, as their fathers kept it, or no. ²³ So the Lord ᵝwill leave these nations, so as not to cast them out suddenly; and he delivered them not into the hand of Joshua.

And these *are* the nations which the Lord left to prove Israel with them, all that had not known the wars of Chanaan. ²Only for the sake of the generations of Israel, to teach them war, only the men before them knew them not. ³The five lordships of the Phylistines, and every Chananite, and the Sidonian, and the Evite who dwelt in Libanus from the mount of Aermon to Laboemath. ⁴And *this* was done in order to prove Israel by them, to know whether they would obey the commands of the Lord, which he charged their fathers by the hand of Moses.

⁵And the children of Israel dwelt in the midst of the Chananite, and the Chettite, and the Amorite, and the Pherezite, and the Evite, and the Jebusite. ⁶And they took their daughters for wives to themselves, and they gave their daughters to their sons, and served their gods. ⁷And the children of Israel did evil in the sight of the Lord, and forgot the Lord their God, and served Baalim and the groves. ⁸And the Lord was very angry with Israel, and sold them into the hand of Chusarsathaim king of Syria of the rivers: and the children of Israel served Chusarsathaim eight years.

⁹And the children of Israel cried to the Lord; and the Lord raised up a saviour to Israel, and he saved them, Gothoniel the son of Kenez, the brother of Chaleb younger than himself. ¹⁰And the Spirit of the Lord came upon him, and he judged Israel; and he went out to war against Chusarsathaim: and the Lord delivered into his hand Chusarsathaim king of Syria of the rivers, and his hand prevailed against Chusarsathaim. ¹¹And the land was quiet forty years; and Gothoniel the son of Kenez died.

¹²And the children of Israel continued to do evil before the Lord: and the Lord strengthened Eglom king of Moab against Israel, because they had done evil before the Lord. ¹³And he gathered to himself all the children of Ammon and Amalec, and went and smote Israel, and ᵞtook possession of the city of Palm-trees. ¹⁴And the children of Israel served Eglom the king of Moab eighteen years.

¹⁵And the children of Israel cried to the Lord; and he raised up to them a saviour, Aod the son of Gera a ᵟson of Jemeni, a man ᶻwho used both hands alike: and the children of Israel sent gifts by his hand to Eglom king of Moab. ¹⁶And Aod made himself a dagger of two edges, of a span long, and he girded it under his cloak upon his right thigh. ¹⁷And he went, and brought the presents to Eglom king of Moab, and Eglom *was* a very handsome man.

αὐτῶν ἀπὸ τῶν ἐθνῶν, ὧν κατέλιπεν Ἰησοῦς υἱὸς Ναυῆ ἐν τῇ γῇ· καὶ ἀφῆκε τοῦ πειρᾶσαι ἐν αὐτοῖς τὸν Ἰσραήλ, εἰ φυλάσ- 22 σονται τὴν ὁδὸν Κυρίου πορεύεσθαι ἐν αὐτῇ, ὃν τρόπον ἐφύλαξαν οἱ πατέρες αὐτῶν, ἢ οὔ. Καὶ ἀφῆσει Κύριος τὰ 23 ἔθνη ταῦτα τοῦ μὴ ἐξᾶραι αὐτὰ τὸ τάχος, καὶ οὐ παρέδωκεν αὐτὰ ἐν χειρὶ Ἰησοῦ.

Καὶ ταῦτα τὰ ἔθνη ἃ ἀφῆκε Κύριος αὐτὰ ὥστε πειρᾶσαι ἐν 3 αὐτοῖς τὸν Ἰσραήλ, πάντας τοὺς μὴ ἐγνωκότας τοὺς πολέμους Χαναάν. · Πλὴν διὰ τὰς γενεὰς υἱῶν Ἰσραὴλ τοῦ διδάξαι 2 αὐτοὺς πόλεμον, πλὴν οἱ ἔμπροσθεν αὐτῶν οὐκ ἔγνωσαν αὐτά. Τὰς πέντε σατραπείας τῶν ἀλλοφύλων, καὶ πάντα τὸν Χανα- 3 ναῖον, καὶ τὸν Σιδώνιον, καὶ τὸν Εὐαῖον τὸν κατοικοῦντα τὸν Λίβανον ἀπὸ τοῦ ὄρους τοῦ Ἀερμὼν ἕως Λαβωεμάθ. Καὶ 4 ἐγένετο ὥστε πειρᾶσαι ἐν αὐτοῖς τὸν Ἰσραήλ, γνῶναι εἰ ἀκού- σονται τὰς ἐντολὰς Κυρίου, ἃς ἐνετείλατο τοῖς πατράσιν αὐτῶν ἐν χειρὶ Μωυσῆ.

Καὶ οἱ υἱοὶ Ἰσραὴλ κατῴκησαν ἐν μέσῳ τοῦ Χαναναίου, καὶ 5 τοῦ Χετταίου, καὶ τοῦ Ἀμορραίου, καὶ τοῦ Φερεζαίου, καὶ τοῦ Εὐαίου, καὶ τοῦ Ἰεβουσαίου. Καὶ ἔλαβον τὰς θυγατέρας αὐτῶν 6 ἑαυτοῖς εἰς γυναῖκας, καὶ τὰς θυγατέρας αὐτῶν ἔδωκαν τοῖς υἱοῖς αὐτῶν, καὶ ἐλάτρευσαν τοῖς θεοῖς αὐτῶν. Καὶ ἐποίησαν οἱ υἱοὶ 7 Ἰσραὴλ τὸ πονηρὸν ἐναντίον Κυρίου· καὶ ἐπελάθοντο Κυρίου τοῦ Θεοῦ αὐτῶν, καὶ ἐλάτρευσαν τοῖς Βααλὶμ καὶ τοῖς ἄλσεσι. Καὶ ὠργίσθη θυμῷ Κύριος ἐν τῷ Ἰσραήλ, καὶ ἀπέδοτο αὐτοὺς ἐν 8 χειρὶ Χουσαρσαθαὶμ βασιλέως Συρίας ποταμῶν· καὶ ἐδούλευ- σαν οἱ υἱοὶ Ἰσραὴλ τῷ Χουσαρσαθαὶμ ἔτη ὀκτώ.

Καὶ ἐκέκραξαν οἱ υἱοὶ Ἰσραὴλ πρὸς Κύριον· καὶ ἤγειρε 9 Κύριος σωτῆρα τῷ Ἰσραήλ, καὶ ἔσωσεν αὐτούς, τὸν Γοθονιὴλ υἱὸν Κενὲζ ἀδελφοῦ Χάλεβ τὸν νεώτερον ὑπὲρ αὐτόν. Καὶ 10 ἐγένετο ἐπ' αὐτὸν πνεῦμα Κυρίου, καὶ ἔκρινε τὸν Ἰσραήλ· καὶ ἐξῆλθεν εἰς πόλεμον πρὸς Χουσαρσαθαίμ· καὶ παρέδωκε Κύριος ἐν χειρὶ αὐτοῦ τὸν Χουσαρσαθαὶμ βασιλέα Συρίας ποταμῶν· καὶ ἐκραταιώθη χεὶρ αὐτοῦ ἐπὶ τὸν Χουσαρσαθαίμ. Καὶ ἡσύχασεν ἡ γῆ ἔτη τεσσαράκοντα· καὶ ἀπέθανε Γοθονιὴλ 11 υἱὸς Κενέζ.

Καὶ προσέθεντο οἱ υἱοὶ Ἰσραὴλ ποιῆσαι τὸ πονηρὸν ἐνώπιον 12 Κυρίου· καὶ ἐνίσχυσε Κύριος τὸν Ἐγλὼμ βασιλέα Μωὰβ ἐπὶ τὸν Ἰσραήλ, διὰ τὸ πεποιηκέναι αὐτοὺς τὸ πονηρὸν ἔναντι Κυρίου. Καὶ συνήγαγε πρὸς ἑαυτὸν πάντας τοὺς υἱοὺς Ἀμμὼν 13 καὶ Ἀμαλήκ, καὶ ἐπορεύθη καὶ ἐπάταξε τὸν Ἰσραήλ, καὶ ἐκλη- ρονόμησε τὴν πόλιν τῶν φοινίκων. Καὶ ἐδούλευσαν οἱ υἱοὶ 14 Ἰσραὴλ τῷ Ἐγλὼμ βασιλεῖ Μωὰβ ἔτη δεκαοκτώ.

Καὶ ἐκέκραξαν οἱ υἱοὶ Ἰσραὴλ πρὸς Κύριον· καὶ ἤγειρεν 15 αὐτοῖς σωτῆρα, τὸν Ἀὼδ υἱὸν Γηρὰ υἱὸν τοῦ Ἰεμενὶ ἄνδρα ἀμφοτεροδέξιον· καὶ ἐξαπέστειλαν οἱ υἱοὶ Ἰσραὴλ δῶρα ἐν χειρὶ αὐτοῦ τῷ Ἐγλὼμ βασιλεῖ Μωάβ. Καὶ ἐποίησεν ἑαυτῷ 16 Ἀὼδ μάχαιραν δίστομον, σπιθαμῆς τὸ μῆκος αὐτῆς· καὶ περιε- ζώσατο αὐτὴν ὑπὸ τὸν μανδύαν ἐπὶ τὸν μηρὸν αὐτοῦ τὸν δεξιόν. Καὶ ἐπορεύθη, καὶ προσήνεγκε τὰ δῶρα τῷ Ἐγλὼμ βασιλεῖ 17 Μωάβ· καὶ Ἐγλὼμ ἀνὴρ ἀστεῖος σφόδρα.

---

18 Καὶ ἐγένετο ἡνίκα συνετέλεσεν Ἀὼδ προσφέρων τὰ δῶρα,
19 καὶ ἐξαπέστειλε τοὺς φέροντας τὰ δῶρα, καὶ αὐτὸς ὑπέστρεψεν ἀπὸ τῶν γλυπτῶν τῶν μετὰ τῆς Γαλγάλ· καὶ εἶπεν Ἀὼδ, λόγος μοι κρύφιος πρὸς σέ, βασιλεῦ· καὶ εἶπεν Ἐγλὼμ πρὸς αὐτόν, σιώπα· καὶ ἐξαπέστειλεν ἀφ᾽ ἑαυτοῦ πάντας τοὺς ἐφεστῶτας
20 ἐπ᾽ αὐτόν, καὶ Ἀὼδ εἰσῆλθε πρὸς αὐτόν· καὶ αὐτὸς ἐκάθητο ἐν τῷ ὑπερῴῳ τῷ θερινῷ τῷ ἑαυτοῦ μονώτατος· καὶ εἶπεν Ἀὼδ, λόγος Θεοῦ μοι πρὸς σέ, βασιλεῦ· καὶ ἐξανέστη ἀπὸ τοῦ
21 θρόνου Ἐγλὼμ ἐγγὺς αὐτοῦ. Καὶ ἐγένετο ἅμα τῷ ἀναστῆναι αὐτὸν, καὶ ἐξέτεινεν Ἀὼδ τὴν χεῖρα τὴν ἀριστερὰν αὐτοῦ, καὶ ἔλαβε τὴν μάχαιραν ἐπάνωθεν τοῦ μηροῦ αὐτοῦ τοῦ δεξιοῦ, καὶ
22 ἐνέπηξεν αὐτὴν ἐν τῇ κοιλίᾳ αὐτοῦ, καὶ ἐπεισήνεγκε καί γε τὴν λαβὴν ὀπίσω τῆς φλογός, καὶ ἀπέκλεισε τὸ στέαρ κατὰ τῆς φλογός, ὅτι οὐκ ἐξέσπασε τὴν μάχαιραν ἐκ τῆς κοιλίας αὐτοῦ.
23 Καὶ ἐξῆλθεν Ἀὼδ τὴν προστάδα· καὶ ἐξῆλθε τοὺς διατεταγμένους, καὶ ἀπέκλεισε τὰς θύρας τοῦ ὑπερῴου κατ᾽ αὐτοῦ, καὶ
24 ἐσφήνωσε. Καὶ αὐτὸς ἐξῆλθε· καὶ οἱ παῖδες αὐτοῦ ἐπῆλθον καὶ εἶδον, καὶ ἰδοὺ αἱ θύραι τοῦ ὑπερῴου ἐσφηνωμέναι· καὶ εἶπαν, μήποτε ἀποκενοῖ τοὺς πόδας αὐτοῦ ἐν τῷ ταμείῳ τῷ
25 θερινῷ; Καὶ ὑπέμειναν ἕως ἠσχύνοντο· καὶ ἰδοὺ οὐκ ἔστιν ὁ ἀνοίγων τὰς θύρας τοῦ ὑπερῴου· καὶ ἔλαβον τὴν κλεῖδα, καὶ ἤνοιξαν· καὶ ἰδοὺ ὁ κύριος αὐτῶν πεπτωκὼς ἐπὶ τὴν γῆν τεθνηκώς.
26 Καὶ Ἀὼδ διεσώθη ἕως ἐθορυβοῦντο, καὶ οὐκ ἦν ὁ προσνοῶν αὐτῷ· καὶ αὐτὸς παρῆλθε τὰ γλυπτά, καὶ διεσώθη εἰς Σετειρωθά.
27 Καὶ ἐγένετο ἡνίκα ἦλθεν Ἀὼδ εἰς γῆν Ἰσραὴλ, καὶ ἐσάλπισεν ἐν κερατίνῃ ἐν τῷ ὄρει Ἐφραΐμ, καὶ κατέβησαν σὺν αὐτῷ οἱ
28 υἱοὶ Ἰσραὴλ ἀπὸ τοῦ ὄρους, καὶ αὐτὸς ἔμπροσθεν αὐτῶν. Καὶ εἶπε πρὸς αὐτούς, κατάβητε ὀπίσω μου, ὅτι παρέδωκε Κύριος ὁ Θεὸς τοὺς ἐχθροὺς ἡμῶν τὴν Μωὰβ ἐν χειρὶ ἡμῶν· καὶ κατέβησαν ὀπίσω αὐτοῦ, καὶ προκατελάβοντο τὰς διαβάσεις τοῦ
29 Ἰορδάνου τῆς Μωάβ, καὶ οὐκ ἀφῆκεν ἄνδρα διαβῆναι. Καὶ ἐπάταξαν τὴν Μωὰβ τῇ ἡμέρᾳ ἐκείνῃ ὡσεὶ δέκα χιλιάδας ἀνδρῶν, πᾶν λιπαρὸν καὶ πάντα ἄνδρα δυνάμεως, καὶ οὐ διεσώθη
30 ὁ ἀνήρ. Καὶ ἐνετράπη Μωὰβ ἐν τῇ ἡμέρᾳ ἐκείνῃ ὑπὸ χεῖρα Ἰσραήλ, καὶ ἡσύχασεν ἡ γῆ ὀγδοήκοντα ἔτη· καὶ ἔκρινεν αὐτοὺς Ἀὼδ ἕως οὗ ἀπέθανε.
31 Καὶ μετ᾽ αὐτὸν ἀνέστη Σαμεγὰρ υἱὸς Δινάχ, καὶ ἐπάταξε τοὺς ἀλλοφύλους εἰς ἑξακοσίους ἄνδρας ἐν τῷ ἀροτρόποδι τῶν βοῶν· καὶ ἔσωσε καί γε αὐτὸς τὸν Ἰσραήλ.

4 Καὶ προσέθεντο οἱ υἱοὶ Ἰσραὴλ ποιῆσαι τὸ πονηρὸν ἐνώπιον
2 Κυρίου· καὶ Ἀὼδ ἀπέθανε. Καὶ ἀπέδοτο τοὺς υἱοὺς Ἰσραὴλ Κύριος ἐν χειρὶ Ἰαβὶν βασιλέως Χαναάν, ὃς ἐβασίλευσεν ἐν Ἀσώρ· καὶ ὁ ἄρχων τῆς δυνάμεως αὐτοῦ Σισάρα, καὶ αὐτὸς
3 κατῴκει ἐν Ἀρισὼθ τῶν ἐθνῶν. Καὶ ἐκέκραξαν οἱ υἱοὶ Ἰσραὴλ πρὸς Κύριον, ὅτι ἐννακόσια ἅρματα σιδηρᾶ ἦν αὐτῷ· καὶ αὐτὸς ἔθλιψε τὸν Ἰσραὴλ κατακράτος εἴκοσι ἔτη.
4 Καὶ Δεββώρα γυνὴ προφῆτις, γυνὴ Λαφιδώθ, αὕτη ἔκρινε τὸν Ἰσραὴλ ἐν τῷ καιρῷ ἐκείνῳ.

[18] And it came to pass when Aod *had* made an end of offering his gifts, that he dismissed those that brought the gifts. [19] And he himself returned from the quarries that are by Galgal; and Aod said, I have a secret errand to thee, O king! and Eglom said to him, Be silent: and he sent away from his presence all who waited upon him. [20] And Aod went in to him; and he sat in his own upper summer chamber quite alone; and Aod said, I have a message from God to thee, O king: and Eglom rose up from his throne near him. [21] And it came to pass as he arose, that Aod stretched forth his left hand, and took the dagger off his right thigh, and plunged it into his belly; [22] and drove in also the haft after the blade, and the fat closed in upon the blade, for he drew not out the dagger from his belly.

[23] And Aod went out ‡to the porch, and passed out by the appointed *guards*, and shut the doors of the chamber upon him, and locked *them*. [24] And he went out: and βEglom's servants came, and saw, and behold, the doors of the upper chamber *were* locked; and they said, Does he not uncover his feet in the summer-chamber? [25] And they waited till they were ashamed, and, behold, there γ was no one that opened the doors of the upper chamber; and they took the key, and opened them; and, behold, their lord was fallen down dead upon the earth.

[26] And Aod escaped while they were in a tumult, and no one paid attention to him; and he passed the quarries, and escaped to Setirotha.

[27] And it came to pass when Aod came into the land of Israel, that he blew the horn in mount Ephraim, and the children of Israel came down with him from the mountain, and he *was* before them. [28] And he said to them, Come down after me, for the Lord God has delivered our enemies, even Moab, into our hand; and they went down after him, and seized on the fords of Jordan before Moab, and did not suffer a man to pass over. [29] And they smote Moab on that day about ten thousand men, every lusty *person* and every mighty man; and not a man escaped. [30] So Moab was δhumbled in that day under the hand of Israel, and the land had rest eighty years; and Aod judged them till he died.

[31] And after him rose up Samegar the son of Dinach, and smote the Philistines to the number of six hundred men with a ploughshare *such as is drawn by* oxen; and he too delivered Israel.

And the children of Israel continued to do evil against the Lord; and Aod was dead. [2] And the Lord sold the children of Israel into the hand of Jabin king of Chanaan, who ruled in Asor; and the chief of his host was Sisara, and he dwelt in Arisoth of the Gentiles. [3] And the children of Israel cried to the Lord, because he had nine hundred chariots of iron; and he mightily oppressed Israel twenty years.

[4] And Debbora, a prophetess, the wife of Lapidoth,—she judged Israel at that time.

β *Gr.* his.   γ *Gr.* is.   δ *Gr.* put to shame.

⁵And she sat under the palm-tree of Debbora between Rama and Bæthel in mount Ephraim; and the children of Israel went up to her for judgment.

⁶And Debbora sent and called Barac the son of Abineem out of Cades Nephthali, and she said to him, Has not the Lord God of Israel commanded thee? and thou shalt depart to mount Thabor, and shalt take with thyself ten thousand men of the sons of Nephthali and of the sons of Zabulon.

⁷And I will bring to thee to the torrent of Kison ᵝSisara the captain of the host of Jabin, and his chariots, and his multitude, and I will deliver them into thine hands.

⁸And Barac said to her, If thou wilt go with me, I will go; and if thou wilt not go, I will not go; for I know not the day on which the Lord prospers his messenger with me. ⁹And she said, I will surely go with thee; but know that thy honour shall not attend on the expedition on which thou goest, for the Lord shall sell Sisara into the hands of a woman: and Debbora arose, and went with Barac out of Cades. ¹⁰And Barac called Zabulon and Nephthali out of Cades, and there went up at his feet ten thousand men, and Debbora went up with him.

¹¹And Chaber the Kenite had removed from Caina, from the sons of Jobab the father-in-law of Moses, and pitched his tent by the oak of the covetous ones, which is near Kedes.

¹²And it was told Sisara that Barac the son of Abineem was gone up to mount Thabor. ¹³And Sisara ᵞsummoned all his chariots, nine hundred chariots of iron and all the people with him, from Arisoth of the Gentiles to the brook of Kison.

¹⁴And Debbora said to Barac, Rise up, for this *is* the day on which the Lord has delivered Sisara into thy hand, for the Lord shall go forth before thee: and Barac went down from mount Thabor, and ten thousand men after him. ¹⁵And the Lord discomfited Sisara, and all his chariots, and all his army, with the edge of the sword before Barac: and Sisara descended from off his chariot, and fled on his feet. ¹⁶And Barac ᵟpursued after the chariots and after the army, into Arisoth of the Gentiles; and the whole army of Sisara fell by the edge of the sword, there was not one left. ¹⁷And Sisara fled on his feet to the tent of Jael the wife of Chaber the Kenite his friend; for there was peace between Jabin king of Asor and the house of Chaber the Kenite. ¹⁸And Jael went out to meet Sisara, and said to him, Turn aside, my lord, turn aside to me, fear not: and he turned aside to her into the tent; and she covered him with a mantle.

¹⁹And Sisara said to her, Give me, I pray thee, a little water to drink, for I am thirsty: and she opened a bottle of milk, and gave him to drink, and covered him. ²⁰And Sisara said to her, Stand now by the door of the tent, and it shall come to pass if any man come to thee, and ask of thee, and say, Is there *any* man here? then thou shalt

Καὶ αὐτὴ ἐκάθητο ὑπὸ φοίνικα Δεββῶρα ἀναμέσον τῆς 5 Ῥαμὰ καὶ ἀναμέσον τῆς Βαιθὴλ ἐν τῷ ὄρει Ἐφραίμ· καὶ ἀνέβαινον πρὸς αὐτὴν οἱ υἱοὶ Ἰσραὴλ εἰς κρίσιν.

Καὶ ἀπέστειλε Δεββῶρα καὶ ἐκάλεσε τὸν Βαρὰκ υἱὸν 6 Ἀβινεὲμ ἐκ Κάδης Νεφθαλὶ, καὶ εἶπε πρὸς αὐτὸν, οὐχὶ ἐνετείλατο Κύριος ὁ Θεὸς Ἰσραήλ σοι; καὶ ἀπελεύσῃ εἰς ὄρος Θαβὼρ, καὶ λήψῃ μετὰ σεαυτοῦ δέκα χιλιάδας ἀνδρῶν ἐκ τῶν υἱῶν Νεφθαλὶ, καὶ ἐκ τῶν υἱῶν Ζαβουλών.

Καὶ ἐπάξω πρὸς σὲ εἰς τὸν χειμάρρουν Κισῶν ἐπὶ τὸν 7 Σισάρα ἄρχοντα τῆς δυνάμεως Ἰαβὶν, καὶ τὰ ἄρματα αὐτοῦ καὶ τὸ πλῆθος αὐτοῦ, καὶ παραδώσω αὐτὸν εἰς χεῖράς σου.

Καὶ εἶπε πρὸς αὐτὴν Βαρὰκ, ἐὰν πορευθῇς μετ᾽ ἐμοῦ, πορεύ- 8 σομαι, καὶ ἐὰν μὴ πορευθῇς, οὐ πορεύσομαι· ὅτι οὐκ οἶδα τὴν ἡμέραν ἐν ᾗ εὐοδοῖ Κύριος τὸν ἄγγελον μετ᾽ ἐμοῦ. Καὶ εἶπε, 9 πορευομένη πορεύσομαι μετὰ σοῦ· πλὴν γίνωσκε ὅτι οὐκ ἔσται τὸ προτέρημά σου ἐπὶ τὴν ὁδὸν ἣν σὺ πορεύῃ, ὅτι ἐν χειρὶ γυναικὸς ἀποδώσεται Κύριος τὸν Σισάρα· καὶ ἀνέστη Δεββῶρα, καὶ ἐπορεύθη μετὰ τοῦ Βαρὰκ ἐκ Κάδης. Καὶ ἐβόησε Βαρὰκ 10 τὸν Ζαβουλὼν καὶ τὸν Νεφθαλὶ ἐκ Κάδης, καὶ ἀνέβησαν κατὰ πόδας αὐτοῦ δέκα χιλιάδες ἀνδρῶν, καὶ ἀνέβη Δεββῶρα μετ᾽ αὐτοῦ.

Καὶ Χαβὲρ ὁ Κιναῖος ἐχωρίσθη ἀπὸ Καινὰ ἀπὸ τῶν υἱῶν 11 Ἰωβὰβ γαμβροῦ Μωυσῆ· καὶ ἔπηξε τὴν σκηνὴν αὐτοῦ ἕως δρυὸς πλεονεκτούντων, ἥ ἐστιν ἐχόμενα Κεδές.

Καὶ ἀνηγγέλη Σισάρα, ὅτι ἀνέβη Βαρὰκ υἱὸς Ἀβινεὲμ εἰς 12 ὄρος Θαβώρ. Καὶ ἐκάλεσε Σισάρα πάντα τὰ ἄρματα αὐτοῦ 13 ἐννακόσια ἄρματα σιδηρᾶ, καὶ πάντα τὸν λαὸν τὸν μετ᾽ αὐτοῦ ἀπὸ Ἀρισὼθ τῶν ἐθνῶν εἰς τὸν χειμάρρουν Κισών.

Καὶ εἶπε Δεββῶρα πρὸς Βαρὰκ, ἀνάστηθι, ὅτι αὕτη ἡ ἡμέρα 14 ἐν ᾗ παρέδωκε Κύριος τὸν Σισάρα ἐν τῇ χειρί σου, ὅτι Κύριος ἐξελεύσεται ἔμπροσθέν σου· καὶ κατέβη Βαρὰκ κατὰ τοῦ ὄρους Θαβὼρ, καὶ δέκα χιλιάδες ἀνδρῶν ὀπίσω αὐτοῦ. Καὶ ἐξέστησε 15 Κύριος τὸν Σισάρα καὶ πάντα τὰ ἄρματα αὐτοῦ καὶ πᾶσαν τὴν παρεμβολὴν αὐτοῦ ἐν στόματι ῥομφαίας ἐνώπιον Βαρὰκ· καὶ κατέβη Σισάρα ἐπάνωθεν τοῦ ἄρματος αὐτοῦ, καὶ ἔφυγε τοῖς ποσὶν αὐτοῦ. Καὶ Βαρὰκ διώκων ὀπίσω τῶν ἁρμάτων καὶ 16 ὀπίσω τῆς παρεμβολῆς ἕως Ἀρισὼθ τῶν ἐθνῶν· καὶ ἔπεσε πᾶσα παρεμβολὴ Σισάρα ἐν στόματι ῥομφαίας· οὐ κατελείφθη ἕως ἑνός. Καὶ Σισάρα ἔφυγε τοῖς ποσὶν αὐτοῦ εἰς σκηνὴν 17 Ἰαὴλ γυναικὸς Χαβὲρ ἑταίρου τοῦ Κιναίου· ὅτι εἰρήνη ἦν ἀναμέσον Ἰαβὶν βασιλέως Ἀσὼρ καὶ ἀναμέσον τοῦ οἴκου Χαβὲρ τοῦ Κιναίου. Καὶ ἐξῆλθεν Ἰαὴλ εἰς συνάντησιν 18 Σισάρα, καὶ εἶπεν αὐτῷ, ἔκκλινον, κύριέ μου, ἔκκλινον πρὸς μὲ, μὴ φοβοῦ· καὶ ἐξέκλινε πρὸς αὐτὴν εἰς τὴν σκηνήν· καὶ περιέβαλεν αὐτὸν ἐπιβολαίῳ.

Καὶ εἶπε Σισάρα πρὸς αὐτὴν, πότισόν με δὴ μικρὸν ὕδωρ, 19 ὅτι ἐδίψησα· καὶ ἤνοιξε τὸν ἀσκὸν τοῦ γάλακτος, καὶ ἐπότισεν αὐτὸν, καὶ περιέβαλεν αὐτόν. Καὶ εἶπε πρὸς αὐτὴν Σισάρα, 20 στῆθι δὴ ἐπὶ τὴν θύραν τῆς σκηνῆς, καὶ ἔσται ἐὰν ἀνὴρ ἔλθῃ πρὸς σὲ, καὶ ἐρωτήσῃ σε, καὶ εἴπῃ, εἰ ἔστιν ὧδε ἀνήρ; καὶ

ᵝ ἐπὶ redundant in the Greek, but accounted for by the Heb. את.   ᵞ Gr. called.   ᵟ Gr. pursuing.

21 ἐρεῖς, οὐκ ἔστι. Καὶ ἔλαβεν Ἰαὴλ γυνὴ Χαβὲρ τὸν πάσσαλον τῆς σκηνῆς, καὶ ἔθηκε τὴν σφύραν ἐν τῇ χειρὶ αὐτῆς, καὶ εἰσῆλθε πρὸς αὐτὸν ἐν κρύφῇ, καὶ ἔπηξε τὸν πάσσαλον ἐν τῷ κροτάφῳ αὐτοῦ, καὶ διεξῆλθεν ἐν τῇ γῇ· καὶ αὐτὸς ἐξεστῶς
22 ἐσκοτώθη, καὶ ἀπέθανε. Καὶ ἰδοὺ Βαρὰκ διώκων τὸν Σισάρα· καὶ ἐξῆλθεν Ἰαὴλ εἰς συνάντησιν αὐτῷ, καὶ εἶπεν αὐτῷ, δεῦρο καὶ δείξω σοι τὸν ἄνδρα ὃν σὺ ζητεῖς· καὶ εἰσῆλθε πρὸς αὐτήν· καὶ ἰδοὺ Σισάρα ἐρριμμένος νεκρός, καὶ ὁ πάσσαλος ἐν τῷ
23 κροτάφῳ αὐτοῦ. Καὶ ἐτρόπωσεν ὁ Θεὸς τὸν Ἰαβὶν βασιλέα Χαναὰν ἐν τῇ ἡμέρᾳ ἐκείνῃ ἔμπροσθεν υἱῶν Ἰσραήλ.

24 Καὶ ἐπορεύετο χεὶρ τῶν υἱῶν Ἰσραὴλ πορευομένη καὶ σκληρυνομένη ἐπὶ Ἰαβὶν βασιλέα Χαναὰν, ἕως οὗ ἐξωλόθρευσαν τὸν Ἰαβὶν βασιλέα Χαναάν.

5 Καὶ ἦσαν Δεββῶρα καὶ Βαρὰκ υἱὸς Ἀβινεὲμ ἐν τῇ ἡμέρᾳ ἐκείνῃ, λέγοντες,
2 Ἀπεκαλύφθη ἀποκάλυμμα ἐν Ἰσραὴλ ἐν τῷ ἑκουσιασθῆναι
3 λαὸν, εὐλογεῖτε Κύριον. Ἀκούσατε βασιλεῖς, καὶ ἐνωτίσασθε σατράπαι· ᾄσομαι ἐγώ εἰμι τῷ Κυρίῳ ἐγώ εἰμι, ψαλῶ τῷ Κυρίῳ
4 τῷ Θεῷ Ἰσραήλ. Κύριε, ἐν τῇ ἐξόδῳ σου ἐν Σηεὶρ, ἐν τῷ ἀπαίρειν σε ἐξ ἀγροῦ Ἐδὼμ, γῆ ἐσείσθη, καὶ ὁ οὐρανὸς ἔσταξε
5 δρόσους, καὶ αἱ νεφέλαι ἔσταξαν ὕδωρ. Ὄρη ἐσαλεύθησαν ἀπὸ προσώπου Κυρίου Ἐλωΐ, τοῦτο Σινὰ ἀπὸ προσώπου
6 Κυρίου Θεοῦ Ἰσραήλ. Ἐν ἡμέραις Σαμεγὰρ υἱοῦ Ἀνάθ, ἐν ἡμέραις Ἰαὴλ, ἐξέλιπον ὁδοὺς, καὶ ἐπορεύθησαν ἀτραπούς,
7 ἐπορεύθησαν ὁδοὺς διεστραμμένας. Ἐξέλιπον δυνατοὶ ἐν Ἰσραὴλ, ἐξέλιπον ἕως οὗ ἀνέστη Δεββῶρα, ἕως οὗ ἀνέστη
8 μήτηρ ἐν Ἰσραήλ. Ἐξελέξαντο θεοὺς καινοὺς, τότε ἐπολέμησαν πόλεις ἀρχόντων· θυρεὸς ἐὰν ὀφθῇ καὶ λόγχη ἐν τεσσαράκοντα χιλιάσιν ἐν Ἰσραήλ.

9 Ἡ καρδία μου εἰς τὰ διατεταγμένα τῷ Ἰσραήλ· οἱ ἑκούσια-
10 ζόμενοι ἐν λαῷ εὐλογεῖτε Κύριον. Ἐπιβεβηκότες ἐπὶ ὄνου θηλείας μεσημβρίας, καθήμενοι ἐπὶ κριτηρίου, καὶ πορευόμενοι
11 ἐπὶ ὁδοὺς συνέδρων ἐφ᾽ ὁδῷ, διηγεῖσθε, ἀπὸ φωνῆς ἀνακρουομένων ἀναμέσον ὑδρευομένων· ἐκεῖ δώσουσι δικαιοσύνας· Κύριε δικαιοσύνας αὔξησον ἐν Ἰσραήλ· τότε κατέβη εἰς τὰς πόλεις
12 λαὸς Κυρίου. Ἐξεγείρου, ἐξεγείρου, Δεββῶρα· ἐξεγείρου, ἐξεγείρου, λάλησον ᾠδήν· ἀνάστα Βαρὰκ, καὶ αἰχμαλώτισον
13 αἰχμαλωσίαν σου υἱὸς Ἀβινεέμ. Τότε κατέβη κατάλειμμα τοῖς ἰσχυροῖς· λαὸς Κυρίου κατέβη αὐτῷ ἐν τοῖς κραταιοῖς ἐξ ἐμοῦ.

14 Ἐφραὶμ ἐξερρίζωσεν αὐτοὺς ἐν τῷ Ἀμαλὴκ, ὀπίσω σου Βενιαμὶν ἐν τοῖς λαοῖς σου· ἐν ἐμοὶ Μαχὶρ κατέβησαν ἐξερευνῶντες· καὶ ἀπὸ Ζαβουλὼν ἕλκοντες ἐν ῥάβδῳ διηγήσεως γραμ-
15 ματέως. Καὶ ἀρχηγοὶ ἐν Ἰσσάχαρ μετὰ Δεββώρας καὶ Βαρὰκ· οὕτω Βαρὰκ ἐν κοιλάσιν ἀπέστειλεν ἐν ποσὶν αὐτοῦ,
16 εἰς τὰς μερίδας Ῥουβήν, μεγάλοι ἐξικνούμενοι καρδίαν. Εἰς τί ἐκάθισαν ἀναμέσον τῆς διγομίας τοῦ ἀκοῦσαι συρισμοῦ ἀγγέλων εἰς διαιρέσεις Ῥουβήν; μεγάλοι ἐξετασμοὶ καρδίας.
17 Γαλαὰδ ἐν τῷ πέραν τοῦ Ἰορδάνου οὗ ἐσκήνωσε· καὶ Δὰν ἐν

---

say, There is not. 21 And Jael the wife of Chaber took βa pin of the tent, and took a hammer in her hand, and went secretly to him, and fastened the pin in his temple, and it went through to the earth, and he fainted away, and γ darkness fell upon him and he died. 22 And, behold, Barac was pursuing Sisara: and Jael went out to meet him, and he said to him, Come, and I will shew thee the man whom thou seekest: and he went in to her; and, behold, Sisara was fallen dead, and the pin was in his temple. 23 So God routed Jabin king of Chanaan in that day before the children of Israel.

24 And the hand of the children of Israel prevailed more and more against Jabin king of Chanaan, until they utterly destroyed Jabin king of Chanaan.

And Debbora and Barac son of Abineem sang in that day, saying, 2 A revelation was made in Israel when the people were made willing: Praise ye the Lord. 3 Hear, ye kings, and hearken, rulers: I will sing, it is I who will sing to the Lord, it is I, I will sing a psalm to the Lord the God of Israel. 4 O Lord, in thy going forth on Seir, when thou wentest forth out of the land of Edom, the earth quaked, and the heaven dropped dews, and the clouds dropped water. 5 The mountains were shaken before the face of the Lord Eloi, this Sina before the face of the Lord God of Israel. 6 In the days of Samegar son of Anath, in the days of Jael, they deserted the ways, and went in by-ways; they went in crooked paths. 7 The mighty men in Israel failed, they failed until Debbora arose, until she arose a mother in Israel. 8 They chose new gods; then the cities of rulers fought; δ there was not a shield or spear seen among forty thousand in Israel.

9 My heart inclines to the orders given in Israel; ye that are willing among the people, bless the Lord. 10 Ye that mount a she-ass at noon-day, ye that sit on the judgment-seat, and walk by the roads of them that sit in judgment by the way; declare 11 ye that are delivered from the noise of ζ disturbers among the drawers of water; there shall they relate righteous acts: O Lord, increase righteous acts in Israel: then the people of the Lord went down to the cities. 12 Awake, awake, Debbora; awake, awake, utter a song: arise, Barac, and lead thy captivity captive, son of Abineem. 13 Then went down the remnant to the strong, the people of the Lord went down for him among the mighty ones from me.

14 Ephraim rooted them out in Amalec, behind thee was Benjamin among thy people: the inhabitants of Machir came down with me searching out the enemy, and from Zabulon came they that θ draw with the scribe's pen of record. 15 And princes in Issachar were with Debbora and Barac, thus she sent Barac on his feet in the valleys into the portions of Ruben; great pangs λ reached to the heart. 16 Why did they sit between the sheep-folds to hear the bleating of flocks for the divisions of Ruben? there were great searchings of heart. 17 Galaad is on the other side of Jordan where

---

β Gr. the pin.   γ Gr. he was darkened.   δ Gr. if there should be seen.   ζ Gr. noisy ones.
θ Rather, draw or handle the scribe's pen, etc.   λ Gr. reaching.

he pitched his tents; and why does Dan remain in ships? Aser sat down on the sea-coasts, and he will tabernacle at his *β*ports. [18]The people Zabulon *γ*exposed their soul to death, and Nephthali came to the high places of their land.

[19] Kings set themselves in array, then the kings of Chanaan fought in Thanaach at the water of Mageddo; they took no gift of money. [20] The stars from heaven set themselves in array, they set themselves *to fight* with Sisara out of their paths. [21]The brook of Kison swept them away, the ancient brook, the brook Kison: my mighty soul will trample him down. [22] When the hoofs of the horse were entangled, his mighty ones earnestly hasted [23] to curse Meroz: Curse ye *it*, said the angel of the Lord; cursed *is* every one that dwells in it, because they came not to the help of the Lord, to his help among the mighty.

[24] Blessed among women be Jael wife of Chaber the Kenite; let her be blessed above women in tents. [25] He asked for water, she gave him milk in a dish; she brought butter of princes. [26]She stretched forth her left hand to *δ* the nail, and her right hand to the workman's hammer, and she *ζ* smote Sisara with it, she nailed through his head and smote him; she nailed through his temples. [27]He rolled down between her feet; he fell and lay between her feet; he bowed and fell: where he bowed, there he fell *θ* dead.

[28]The mother of Sisara looked down through the window out of the loophole, *saying,* Why was his chariot ashamed? why did the *λ* wheels of his chariots tarry? [29]Her wise ladies answered her, and she returned answers to herself, *saying,* [30] Will they not find him dividing the spoil? he will surely *μ* be gracious to every man: *there are* spoils of dyed garments for Sisara, spoils of various dyed garments, dyed embroidered garments, they *are* the spoils for his neck. [31]Thus let all thine enemies perish, O Lord: and they that love him shall be as the going forth of the sun in his strength.

[32] And the land had rest forty years.

And the children of Israel did evil in the sight of the Lord, and the Lord gave them into the hand of Madiam seven years. [2]And the hand of Madiam prevailed against Israel: and the children of Israel made for themselves because of Madiam the caves in the mountains, and the dens, and the *ξ*holes in the rocks. [3]And it came to pass when the children of Israel sowed, that Madiam and Amalec went up, and the children of the east went up together with them. [4]And they encamped against them, and destroyed their fruits until they came to Gaza; and they left not the support of life in the land of Israel, not even ox or ass among the herds. [5]For they and their stock came up, and their tents were with them, as the locust in multitude, and there was no number to them and their camels; and they came to the land of Israel, and laid it waste. [6]And Israel was greatly impoverished *π*because of Madiam. [7]And the children of Israel cried to the Lord *π*because of Madiam.

τί παροικεῖ πλοίοις; Ἀσὴρ ἐκάθισε παραλίαν θαλασσῶν, καὶ ἐπὶ διεξόδοις αὐτοῦ σκηνώσει. Ζαβουλὼν λαὸς ὠνείδισε 18 ψυχὴν αὐτοῦ εἰς θάνατον, καὶ Νεφθαλὶ ἐπὶ ὕψη ἀγροῦ ἦλθον αὐτῶν.

Βασιλεῖς παρετάξαντο, τότε ἐπολέμησαν βασιλεῖς Χαναὰν 19 ἐν Θαναὰχ ἐπὶ ὕδατι Μαγεδδὼ, δῶρον ἀργυρίου οὐκ ἔλαβον. Ἐξ οὐρανοῦ παρετάξαντο οἱ ἀστέρες, ἐκ τρίβων αὐτῶν παρε- 20 τάξαντο μετὰ Σισάρα. Χειμάρρους Κισῶν ἐξέσυρεν αὐτούς, 21 χειμάρρους ἀρχαίων, χειμάρρους Κισῶν· καταπατήσει αὐτὸν ψυχή μου δυνατή. Ὅτε ἐνεποδίσθησαν πτέρναι ἵππου, σπουδῇ 22 ἔσπευσαν ἰσχυροὶ αὐτοῦ καταρᾶσθαι Μηρὼζ, εἶπεν ἄγγελος 23 Κυρίου, καταρᾶσθε· ἐπικατάρατος πᾶς ὁ κατοικῶν αὐτήν, ὅτι οὐκ ἦλθοσαν εἰς βοήθειαν Κυρίου, εἰς βοήθειαν ἐν δυνατοῖς.

Εὐλογηθείη ἐν γυναιξὶν Ἰαὴλ γυνὴ Χαβὲρ τοῦ Κιναίου, ἀπὸ 24 γυναικῶν ἐν σκηναῖς εὐλογηθείη. Ὕδωρ ᾔτησε, γάλα ἔδωκεν 25 ἐν λεκάνῃ· ὑπερεχόντων προσήνεγκε βούτυρον. Χεῖρα αὐτῆς 26 ἀριστερὰν εἰς πάσσαλον ἐξέτεινε, καὶ δεξιὰν αὐτῆς εἰς σφύραν κοπιώντων, καὶ ἐσφυροκόπησε Σισάρα, διήλωσε κεφαλὴν αὐτοῦ καὶ ἐπάταξε, διήλωσε κρόταφον αὐτοῦ. Ἀναμέσον τῶν ποδῶν 27 αὐτῆς κατεκυλίσθη· ἔπεσε καὶ ἐκοιμήθη ἀναμέσον τῶν ποδῶν αὐτῆς, κατακλιθεὶς ἔπεσε· καθὼς κατεκλίθη ἐκεῖ ἔπεσεν ἐξ- οδευθείς.

Διὰ τῆς θυρίδος παρέκυψε μήτηρ Σισάρα ἐκτὸς τοῦ τοξικοῦ, 28 διότι ᾐσχύνθη ἅρμα αὐτοῦ; διότι ἐχρόνισαν πόδες ἁρμάτων αὐτοῦ; Αἱ σοφαὶ ἄρχουσαι αὐτῆς ἀπεκρίθησαν πρὸς αὐτήν, 29 καὶ αὐτὴ ἀπέστρεψε λόγους αὐτῆς ἑαυτῇ, οὐχ εὑρήσουσιν αὐτὸν 30 διαμερίζοντα σκῦλα; οἰκτίρμων οἰκτειρήσει εἰς κεφαλὴν ἀν- δρός· σκῦλα βαμμάτων τῷ Σισάρᾳ, σκῦλα βαμμάτων ποικιλίας, βάμματα ποικιλτῶν αὐτὰ τῷ τραχήλῳ αὐτοῦ σκῦλα. Οὕτως 31 ἀπόλοιντο πάντες οἱ ἐχθροί σου, Κύριε· καὶ οἱ ἀγαπῶντες αὐτὸν, ὡς ἔξοδος ἡλίου ἐν δυνάμει αὐτοῦ.

Καὶ ἡσύχασεν ἡ γῆ τεσσαράκοντα ἔτη.   32

Καὶ ἐποίησαν οἱ υἱοὶ Ἰσραὴλ τὸ πονηρὸν ἐνώπιον Κυρίου, 6 καὶ ἔδωκεν αὐτοὺς Κύριος ἐν χειρὶ Μαδιὰμ ἑπτὰ ἔτη. Καὶ 2 ἴσχυσε χεὶρ Μαδιὰμ ἐπὶ Ἰσραήλ· καὶ ἐποίησαν ἑαυτοῖς οἱ υἱοὶ Ἰσραὴλ ἀπὸ προσώπου Μαδιὰμ τὰς τρυμαλιὰς τὰς ἐν τοῖς ὄρεσι, καὶ τὰ σπήλαια, καὶ τὰ κρεμαστά. Καὶ ἐγένετο 3 ἐὰν ἔσπειραν οἱ υἱοὶ Ἰσραήλ, καὶ ἀνέβαινον Μαδιὰμ καὶ Ἀμαλὴκ, καὶ οἱ υἱοὶ ἀνατολῶν συνανέβαινον αὐτοῖς, καὶ 4 παρενέβαλον εἰς αὐτούς, καὶ διέφθειρον τοὺς καρποὺς αὐτῶν ἕως ἐλθεῖν εἰς Γάζαν· καὶ οὐ κατελείποντο ὑπόστασιν ζωῆς ἐν τῇ γῇ Ἰσραήλ, οὐδὲ ἐν τοῖς ποιμνίοις ταῦρον καὶ ὄνον. Ὅτι αὐτοὶ καὶ αἱ κτήσεις αὐτῶν ἀνέβαινον, καὶ αἱ σκηναὶ 5 αὐτῶν παρεγίνοντο, καθὼς ἀκρὶς εἰς πλῆθος, καὶ αὐτοῖς καὶ ταῖς καμήλοις αὐτῶν οὐκ ἦν ἀριθμός· καὶ ἤρχοντο εἰς τὴν γῆν Ἰσραὴλ, καὶ διέφθειρον αὐτήν. Καὶ ἐπτώχευσεν Ἰσραὴλ 6 σφόδρα ἀπὸ προσώπου Μαδιάμ. Καὶ ἐβόησαν οἱ υἱοὶ Ἰσραὴλ 7 πρὸς Κύριον ἀπὸ προσώπου Μαδιάμ.

β Or, places of egress, etc.   *γ* Lit. reproached.   *δ* Or, pin of the tent.   *ζ* Lit. hammered.   *θ* q. d. having departed this life.
λ Or, feet of his horses, *lit.* feet of his chariots.   *μ* i. e. be gracious and kind in allowing the claim of each to a share.
ξ Some read κρεμαστὰ ὀχυρώμασι, q. d. loca pensilia.   *π* Gr. from before the face of

8 Καὶ ἐξαπέστειλε Κύριος ἄνδρα προφήτην πρὸς τοὺς υἱοὺς Ἰσραήλ· καὶ εἶπεν αὐτοῖς, τάδε λέγει Κύριος ὁ Θεὸς Ἰσραήλ, ἐγώ εἰμι ὃς ἀνήγαγον ὑμᾶς ἐκ γῆς Αἰγύπτου, καὶ ἐξήγαγον
9 ὑμᾶς ἐξ οἴκου δουλείας ὑμῶν· καὶ ἐρρυσάμην ὑμᾶς ἐκ χειρὸς Αἰγύπτου καὶ ἐκ χειρὸς πάντων τῶν θλιβόντων ὑμᾶς, καὶ ἐξέβαλον αὐτοὺς ἐκ προσώπου ὑμῶν· καὶ ἔδωκα ὑμῖν τὴν
10 γῆν αὐτῶν. Καὶ εἶπα ὑμῖν, ἐγὼ Κύριος ὁ Θεὸς ὑμῶν· οὐ φοβηθήσεσθε τοὺς θεοὺς τοῦ Ἀμορραίου, ἐν οἷς ὑμεῖς κάθησθε ἐν τῇ γῇ αὐτῶν· καὶ οὐκ εἰσηκούσατε τῆς φωνῆς μου.

11 Καὶ ἦλθεν ἄγγελος Κυρίου, καὶ ἐκάθισεν ὑπὸ τὴν τερέμινθον τὴν ἐν Ἐφραθὰ ἐν γῇ Ἰωὰς πατρὸς τοῦ Ἐσδρί· καὶ Γεδεὼν ὁ υἱὸς αὐτοῦ ῥαβδίζων σῖτον ἐν ληνῷ εἰς ἐκφυγεῖν
12 ἀπὸ προσώπου τοῦ Μαδιάμ. Καὶ ὤφθη αὐτῷ ὁ ἄγγελος Κυρίου, καὶ εἶπε πρὸς αὐτόν, Κύριος μετὰ σοῦ, ἰσχυρὸς τῶν
13 δυνάμεων. Καὶ εἶπε πρὸς αὐτὸν Γεδεών, ἐν ἐμοί, Κύριέ μου· καὶ εἰ ἔστι Κύριος μεθ᾽ ἡμῶν, εἰς τί εὗρεν ἡμᾶς τὰ κακὰ ταῦτα; καὶ ποῦ ἐστι πάντα τὰ θαυμάσια αὐτοῦ, ἃ διηγήσαντο ἡμῖν οἱ πατέρες ἡμῶν, λέγοντες, μὴ οὐχὶ ἐξ Αἰγύπτου ἀνήγαγεν ἡμᾶς Κύριος; καὶ νῦν ἐξέρριψεν ἡμᾶς καὶ ἔδωκεν ἡμᾶς
14 ἐν χειρὶ Μαδιάμ. Καὶ ἐπέστρεψε πρὸς αὐτὸν ὁ ἄγγελος Κυρίου, καὶ εἶπε, πορεύου ἐν τῇ ἰσχύϊ σου ταύτῃ, καὶ σώσεις τὸν Ἰσραὴλ
15 ἐκ χειρὸς Μαδιάμ· ἰδοὺ ἐξαπέστειλά σε. Καὶ εἶπε πρὸς αὐτὸν Γεδεών, ἐν ἐμοί, Κύριέ μου, ἐν τίνι σώσω τὸν Ἰσραήλ; ἰδοὺ ἡ χιλιάς μου ἠσθένησεν ἐν Μανασσῇ, καὶ ἐγώ εἰμι μικρότερος
16 ἐν οἴκῳ τοῦ πατρός μου. Καὶ εἶπε πρὸς αὐτὸν ὁ ἄγγελος Κυρίου, Κύριος ἔσται μετὰ σοῦ, καὶ πατάξεις τὴν Μαδιὰμ
17 ὡσεὶ ἄνδρα ἕνα. Καὶ εἶπε πρὸς αὐτὸν Γεδεών· εἰ δὴ εὗρον ἔλεος ἐν ὀφθαλμοῖς σου, καὶ ποιήσεις μοι σήμερον πᾶν ὅτι,
18 ἐλάλησας μετ᾽ ἐμοῦ, μὴ χωρισθῇς ἐντεῦθεν ἕως τοῦ ἐλθεῖν με πρὸς σέ, καὶ ἐξοίσω τὴν θυσίαν καὶ θύσω ἐνώπιόν σου· καὶ εἶπεν, ἐγώ εἰμι καθίσομαι ἕως τοῦ ἐπιστρέψαι σε.

19 Καὶ Γεδεὼν εἰσῆλθε, καὶ ἐποίησεν ἔριφον αἰγῶν καὶ οἰφὶ ἀλεύρου ἄζυμα, καὶ τὰ κρέα ἔθηκεν ἐν τῷ κοφίνῳ, καὶ τὸν ζωμὸν ἔβαλεν ἐν τῇ χύτρᾳ, καὶ ἐξήνεγκεν αὐτὰ πρὸς αὐτὸν
20 ὑπὸ τὴν τερέμινθον, καὶ προσήγγισε. Καὶ εἶπε πρὸς αὐτὸν ὁ ἄγγελος τοῦ Θεοῦ, λάβε τὰ κρέα καὶ τὰ ἄζυμα, καὶ θὲς πρὸς τὴν πέτραν ἐκείνην, καὶ·τὸν ζωμὸν ἐχόμενα ἔκχεε· καὶ ἐποίησεν
21 οὕτως. Καὶ ἐξέτεινεν ὁ ἄγγελος Κυρίου τὸ ἄκρον τῆς ῥάβδου τῆς ἐν τῇ χειρὶ αὐτοῦ, καὶ ἥψατο τῶν κρεῶν καὶ τῶν ἀζύμων· καὶ ἀνέβη πῦρ ἐκ τῆς πέτρας, καὶ κατέφαγε τὰ κρέα καὶ τοὺς ἀζύμους· καὶ ὁ ἄγγελος Κυρίου ἐπορεύθη ἀπ᾽ ὀφθαλμῶν αὐτοῦ.
22 Καὶ εἶδε Γεδεών, ὅτι ἄγγελος Κυρίου οὗτός ἐστι· καὶ εἶπε Γεδεών, ἆ ἆ, Κύριέ μου Κύριε, ὅτι εἶδον τὸν ἄγγελον Κυρίου
23 πρόσωπον πρὸς πρόσωπον. Καὶ εἶπεν αὐτῷ Κύριος, εἰρήνη σοι, μὴ φοβοῦ, οὐ μὴ ἀποθάνῃς.
24 Καὶ ᾠκοδόμησεν ἐκεῖ Γεδεὼν θυσιαστήριον τῷ Κυρίῳ, καὶ ἐπεκάλεσεν αὐτῷ, εἰρήνη Κυρίου, ἕως τῆς ἡμέρας ταύτης, ἔτι
25 αὐτοῦ ὄντος ἐν Ἐφραθὰ πατρὸς τοῦ Ἐσδρί. Καὶ ἐγένετο ἐν

8 And the Lord sent βa prophet to the children of Israel; and he said to them, Thus says the Lord God of Israel, I am he that brought you up out of the land of Egypt, and I brought you up out of the house of your bondage. 9 And I delivered you out of the hand of Egypt, and out of the hand of all that afflicted you, and I cast them out before you; and I gave you their land. 10 And I said to you, I am the Lord your God: ye shall not fear the gods of the Amorites, in whose land ye dwell; but ye hearkened not to my voice.

11 And an angel of the Lord came, and sat down under the fir tree, which was in Ephratha in the land of Joas father of Esdri; and Gedeon his son was threshing wheat in a wine-press in order to escape from the face of Madiam. 12 And the angel of the Lord appeared to him and said to him, The Lord is with thee, thou mighty in strength. 13 And Gedeon said to him, Be gracious γwith me, my Lord: but if the Lord is with us, why have these evils found us? and where are all his miracles, which our fathers have related to us, saying, Did not the Lord bring us up out of Egypt? and now he has cast us out, and given us into the hand of Madiam. 14 And the angel of the Lord turned to him, and said, Go in this thy strength, and thou shalt save Israel out of the hand of Madiam: behold, I have sent thee. 15 And Gedeon said to him, Be gracious with me, my Lord: whereby shall I save Israel? behold, my thousand is weakened in Manasse, and I am the least in my father's house. 16 And the angel of the Lord said to him, The Lord shall be with thee, and thou shalt smite Madiam as one man. 17 And Gedeon said to him, If now I have found mercy in thine eyes, and thou wilt do this day for me all that thou hast spoken of with me, 18 depart not hence until I come to thee, and I will bring forth an offering and offer it before thee: and he said, I will remain until thou return.

19 And Gedeon went in, and prepared a kid of the goats, and an ephah of fine flour unleavened; and he put the flesh in the basket, and poured the broth into the pot, and brought them forth to him under the turpentine tree, and drew nigh. 20 And the angel of God said to him, Take the flesh and the unleavened cakes, and put them on that rock, and pour out the broth close by: and he did so. 21 And the angel of the Lord stretched out the end of the rod that was in his hand, and touched the flesh and the unleavened bread; and fire came up out of the rock, and consumed the flesh and the unleavened bread, and the angel of the Lord vanished from his sight.

22 And Gedeon saw that he was an angel of the Lord; and Gedeon said, Ah, ah, Lord my God! for I have seen the angel of the Lord face to face. 23 And the Lord said to him, Peace be to thee, fear not, thou shalt not die.

24 And Gedeon built there an altar to the Lord, and called it The peace of the Lord, until this day, as it is still in Ephratha the father of Esdri. 25 And it came to pass

---

β Gr. a man a prophet.   γ Heb. בִּי a particle of entreaty, here rendered literally.

in that night, that the Lord said to him, Take the young bullock which thy father has, even the second bullock of seven years old, and thou shalt destroy the altar of Baal which thy father has, and the grove which is by it thou shalt destroy. ²⁶ And thou shalt build an altar to the Lord thy God on the top of this Maozi in ᵝthe ordering *it,* and thou shalt take the second bullock, and shalt offer up whole-burnt-offerings with the wood of the grove, which thou shalt destroy. ²⁷ And Gedeon took ten men of his servants, and did as the Lord spoke to him : and it came to pass, as he feared the house of his father and the men of the city ᵞ if he should do it by day, that he did it by night.

²⁸ And the men of the city rose up early in the morning ; and behold, the altar of Baal had been demolished, and the grove by it had been destroyed ; and they saw the second bullock, which Gedeon offered on the altar that had been built. ²⁹ And a man said to his neighbour, Who has done this thing? and they enquired and searched, and learnt that Gedeon the son of Joas had done this thing. ³⁰ And the men of the city said to Joas, Bring out thy son, and let him die, because he has destroyed the altar of Baal, and because he has destroyed the grove that is by it. ³¹ And Gedeon the son of Joas said to all the men who rose up against him, Do ye now plead for Baal, or will ye save him? whoever will plead for him, let him be slain this morning : if he be a god let him plead for himself, because *one* has thrown down his altar. ³² And he called it in that day Jerobaal, saying, Let Baal plead thereby, because his altar has been thrown down.

³³ And all Madiam, and Amalek, and the sons of the east gathered themselves together, and encamped in the valley of Jezrael. ³⁴ And the Spirit of the Lord came upon Gedeon, and he blew with the horn, and Abiezer came to help after him. ³⁵ And *Gedeon* sent messengers into all Manasse, and ᵟ into Aser, and ᵟ into Zabulon, and ᵟ into Nephthali ; and he went up to meet them.

³⁶ And Gedeon said to God, If thou wilt save Israel by my hand, as thou hast said, ³⁷ behold, I put the fleece of wool in the threshing-floor: if there be dew on the fleece only, and drought on all the ground, I shall know that thou wilt save Israel by my hand, as thou hast said. ³⁸ And it was so: and he rose up early in the morning, and wrung the fleece, and dew dropped from the fleece, a bowl full of water. ³⁹ And Gedeon said to God, Let not, I pray thee, thine anger be kindled with me, and I will speak yet once ; I will even yet make one trial more with the fleece : let now the drought be upon the fleece only, and let there be dew on all the ground. ⁴⁰ And God did so in that night ; and there was drought on the fleece only, and on all the ground there was dew.

And Jerobaal rose early, the same is Gedeon, and all the people with him, and encamped at the fountain of Arad ; and the

τῇ νυκτὶ ἐκείνῃ, καὶ εἶπεν αὐτῷ Κύριος, λάβε τὸν μόσχον τὸν ταῦρον ὅς ἐστι τῷ πατρί σου, καὶ μόσχον δεύτερον ἑπταετῆ, καὶ καθελεῖς τὸ θυσιαστήριον τοῦ Βάαλ ὅ ἐστι τῷ πατρί σου, καὶ τὸ ἄλσος τὸ ἐπ᾽ αὐτὸ ὀλοθρεύσεις. Καὶ οἰκοδομήσεις 26 θυσιαστήριον τῷ Κυρίῳ τῷ Θεῷ σου ἐπὶ κορυφὴν Μαωζὶ τούτου ἐν τῇ παρατάξει· καὶ λήψῃ τὸν μόσχον τὸν δεύτερον, καὶ ἀνοίσεις ὁλοκαυτώματα ἐν τοῖς ξύλοις τοῦ ἄλσους, οὗ ἐξολοθρεύσεις. Καὶ ἔλαβε Γεδεὼν δέκα ἄνδρας ἀπὸ τῶν 27 δούλων ἑαυτοῦ, καὶ ἐποίησεν ὃν τρόπον ἐλάλησε πρὸς αὐτὸν Κύριος· καὶ ἐγενήθη ὡς ἐφοβήθη τὸν οἶκον τοῦ πατρὸς αὐτοῦ καὶ τοὺς ἄνδρας τῆς πόλεως τοῦ ποιῆσαι ἡμέρας, καὶ ἐποίησε νυκτός.

Καὶ ὤρθρισαν οἱ ἄνδρες τῆς πόλεως τοπρωΐ· καὶ ἰδοὺ καθ- 28 ήρητο τὸ θυσιαστήριον τοῦ Βάαλ, καὶ τὸ ἄλσος τὸ ἐπ᾽ αὐτῷ ὠλόθρευτο· καὶ εἶδον τὸν μόσχον τὸν δεύτερον, ὃν ἀνήνεγκεν ἐπὶ τὸ θυσιαστήριον τὸ ᾠκοδομημένον. Καὶ εἶπεν ἀνὴρ πρὸς 29 τὸν πλησίον αὐτοῦ, τίς ἐποίησε τὸ ῥῆμα τοῦτο; καὶ ἐπεζήτησαν καὶ ἠρεύνησαν, καὶ ἔγνωσαν ὅτι Γεδεὼν υἱὸς Ἰωὰς ἐποίησε τὸ ῥῆμα τοῦτο. Καὶ εἶπαν οἱ ἄνδρες τῆς πόλεως πρὸς Ἰωὰς, 30 ἐξένεγκε τὸν υἱόν σου, καὶ ἀποθανέτω, ὅτι καθεῖλε τὸ θυσιαστή- ριον τοῦ Βάαλ, καὶ ὅτι ὠλόθρευσε τὸ ἄλσος τὸ ἐπ᾽ αὐτῷ. Καὶ 31 εἶπε Γεδεὼν υἱὸς Ἰωὰς τοῖς ἀνδράσι πᾶσιν, οἳ ἐπανέστησαν αὐτῷ, μὴ ὑμεῖς νῦν δικάζεσθε ὑπὲρ τοῦ Βάαλ; ἢ ὑμεῖς σώσετε αὐτόν; ὃς ἐὰν δικάσηται αὐτῷ, θανατωθήτω ἕως πρωΐ· εἰ θεός ἐστι, δικαζέσθω αὐτῷ, ὅτι καθεῖλε τὸ θυσιαστήριον αὐτοῦ. Καὶ ἐκάλεσεν αὐτὸ ἐν τῇ ἡμέρᾳ ἐκείνῃ Ἱεροβάαλ, λέγων, 32 δικαζέσθω ἐν αὐτῷ ὁ Βάαλ, ὅτι καθῃρέθη τὸ θυσιαστήριον αὐτοῦ.

Καὶ πᾶσα Μαδιὰμ, καὶ Ἀμαλὴκ, καὶ υἱοὶ ἀνατολῶν συνήχθη- 33 σαν ἐπὶ τοαυτὸ, καὶ παρενέβαλον ἐν τῇ κοιλάδι Ἰεζραέλ. Καὶ 34 πνεῦμα Κυρίου ἐνέδυσε τὸν Γεδεὼν, καὶ ἐσάλπισεν ἐν κερατίνῃ, καὶ ἐβόησεν Ἀβιέζερ ὀπίσω αὐτοῦ. Καὶ ἀγγέλους ἐξαπέστει- 35 λεν εἰς πάντα Μανασσῆ, καὶ ἐν Ἀσὴρ, καὶ ἐν Ζαβουλὼν, καὶ ἐν Νεφθαλί· καὶ ἀνέβη εἰς συνάντησιν αὐτῶν.

Καὶ εἶπε Γεδεὼν πρὸς τὸν Θεὸν, εἰ σὺ σώζεις ἐν χειρί μου 36 τὸν Ἰσραὴλ, καθὼς ἐλάλησας, ἰδοὺ ἐγὼ τίθημι τὸν πόκον 37 τοῦ ἐρίου ἐν τῇ ἅλωνι· ἐὰν δρόσος γένηται ἐπὶ τὸν πόκον μόνον, καὶ ἐπὶ πᾶσαν τὴν γῆν ξηρασία, γνώσομαι ὅτι σώσεις ἐν χειρί μου τὸν Ἰσραὴλ, καθὼς ἐλάλησας. Καὶ ἐγένετο οὕτως· 38 καὶ ὤρθρισε τῇ ἐπαύριον, καὶ ἐξεπίασε τὸν πόκον, καὶ ἔσταξε δρόσος ἀπὸ τοῦ πόκου πλήρης λεκάνη ὕδατος. Καὶ εἶπε Γεδεὼν 39 πρὸς τὸν Θεὸν, μὴ δὴ ὀργισθήτω ὁ θυμός σου ἐν ἐμοὶ, καὶ λαλήσω ἔτι ἅπαξ· πειράσω δὴ καί γε ἔτι ἅπαξ ἐν τῷ πόκῳ· καὶ γενέσθω ἡ ξηρασία ἐπὶ τὸν πόκον μόνον, καὶ ἐπὶ πᾶσαν τὴν γῆν γενηθήτω δρόσος. Καὶ ἐποίησεν ὁ Θεὸς οὕτως ἐν τῇ 40 νυκτὶ ἐκείνῃ· καὶ ἐγένετο ξηρασία ἐπὶ τὸν πόκον μόνον, καὶ ἐπὶ πᾶσαν τὴν γῆν ἐγενήθη δρόσος.

Καὶ ὤρθρισεν Ἱεροβάαλ, αὐτός ἐστι Γεδεὼν, καὶ πᾶς ὁ λαὸς 7 μετ᾽ αὐτοῦ, καὶ παρενέβαλον ἐπὶ πηγὴν Ἀράδ· καὶ παρεμ-

---

ᵝ *Or,* the ordered place.   ᵞ *Or,* because of the doing it.   ᵟ *Gr.* in.

βολὴ Μαδιὰμ ἦν αὐτῷ ἀπὸ Βορρᾶ ἀπὸ Γαβααθαμωραὶ ἐν κοιλάδι.

2 Καὶ εἶπε Κύριος πρὸς Γεδεών, πολὺς ὁ λαὸς ὁ μετὰ σοῦ, ὥστε μὴ παραδοῦναί με τὴν Μαδιὰμ ἐν χειρὶ αὐτῶν, μὴ ποτε καυχήσηται Ἰσραὴλ ἐπ᾽ ἐμὲ, λέγων, ἡ χείρ μου ἔσωσέ με.

3 Καὶ νῦν λάλησον δὴ ἐν ὠσὶ τοῦ λαοῦ, λέγων, τίς ὁ φοβούμενος καὶ δειλός; ἐπιστραφέτω καὶ ἐκχωρείτω ἀπὸ ὄρους Γαλαάδ· καὶ ἐπέστρεψεν ἀπὸ τοῦ λαοῦ εἴκοσι καὶ δύο χιλιάδες, καὶ

4 δέκα χιλιάδες ὑπελείφθησαν. Καὶ εἶπε Κύριος πρὸς Γεδεών, ἔτι ὁ λαὸς πολύς ἐστι· κατένεγκον αὐτοὺς πρὸς τὸ ὕδωρ, καὶ ἐκκαθαρῶ σοι αὐτὸν ἐκεῖ· καὶ ἔσται ὃν ἐὰν εἴπω πρὸς σὲ, οὗτος πορεύσεται σὺν σοὶ, αὐτὸς πορεύσεται σὺν σοί· καὶ πᾶς ὃν ἂν εἴπω πρὸς σὲ, οὗτος οὐ πορεύσεται μετὰ σοῦ,

5 αὐτὸς οὐ πορεύσεται μετὰ σοῦ. Καὶ κατήνεγκε τὸν λαὸν πρὸς τὸ ὕδωρ· καὶ εἶπε Κύριος πρὸς Γεδεών, πᾶς ὃς ἂν λάψῃ τῇ γλώσσῃ αὐτοῦ ἀπὸ τοῦ ὕδατος ὡς ἐὰν λάψῃ ὁ κύων, στήσεις αὐτὸν κατὰ μόνας, καὶ πᾶς ὃς ἐὰν κλίνῃ ἐπὶ τὰ γόνατα αὐτοῦ

6 πιεῖν. Καὶ ἐγένετο ὁ ἀριθμὸς τῶν λαψάντων ἐν χειρὶ αὐτῶν πρὸς τὸ στόμα αὐτῶν, τριακόσιοι ἄνδρες· καὶ πᾶν τὸ κατάλοιπον τοῦ λαοῦ ἔκλιναν ἐπὶ τὰ γόνατα αὐτῶν πιεῖν ὕδωρ.

7 Καὶ εἶπε Κύριος πρὸς Γεδεών, ἐν τοῖς τριακοσίοις ἀνδράσι τοῖς λάψασι σώσω ὑμᾶς, καὶ δώσω τὴν Μαδιὰμ ἐν χειρί σου,

8 καὶ πᾶς ὁ λαὸς πορεύσονται ἀνὴρ εἰς τὸν τόπον αὐτοῦ. Καὶ ἔλαβον τὸν ἐπισιτισμὸν τοῦ λαοῦ ἐν χειρὶ αὐτῶν, καὶ τὰς κερατίνας αὐτῶν· καὶ τὸν πάντα ἄνδρα Ἰσραὴλ ἐξαπέστειλεν ἄνδρα εἰς σκηνὴν αὐτοῦ· καὶ τοὺς τριακοσίους ἄνδρας κατίσχυσε· καὶ ἡ παρεμβολὴ Μαδιὰμ ἦσαν αὐτοῦ ὑποκάτω ἐν τῇ κοιλάδι.

9 Καὶ ἐγενήθη ἐν τῇ νυκτὶ ἐκείνῃ, καὶ εἶπε πρὸς αὐτὸν Κύριος, ἀνάστα, κατάβηθι ἐν τῇ παρεμβολῇ, ὅτι παρέδωκα

10 αὐτὴν ἐν τῇ χειρί σου. Καὶ εἰ φοβῇ σὺ καταβῆναι, κατάβηθι σὺ καὶ Φαρὰ τὸ παιδάριόν σου εἰς τὴν παρεμβολήν,

11 καὶ ἀκούσῃ τί λαλήσουσι, καὶ μετὰ τοῦτο ἰσχύσουσιν αἱ χεῖρές σου καὶ καταβήσῃ ἐν τῇ παρεμβολῇ· καὶ κατέβη αὐτὸς καὶ Φαρὰ τὸ παιδάριον αὐτοῦ πρὸς ἀρχὴν τῶν πεντήκοντα, οἳ

12 ἦσαν ἐν τῇ παρεμβολῇ. Καὶ Μαδιὰμ καὶ Ἀμαλὴκ καὶ πάντες οἱ υἱοὶ ἀνατολῶν βεβλημένοι ἐν τῇ κοιλάδι ὡς ἀκρὶς εἰς πλῆθος, καὶ ταῖς καμήλοις αὐτῶν οὐκ ἦν ἀριθμός, ἀλλ᾽ ἦσαν ὡς ἡ ἄμμος ἡ ἐπὶ χείλους τῆς θαλάσσης εἰς πλῆθος.

13 Καὶ ἦλθε Γεδεών, καὶ ἰδοὺ ἀνὴρ ἐξηγούμενος τῷ πλησίον αὐτοῦ ἐνύπνιον, καὶ εἶπεν, ἰδοὺ ἐνυπνιασάμην ἐνύπνιον, καὶ ἰδοὺ μαγὶς ἄρτου κριθίνου στρεφομένη ἐν τῇ παρεμβολῇ Μαδιὰμ, καὶ ἦλθεν ἕως τῆς σκηνῆς, καὶ ἐπάταξεν αὐτὴν, καὶ ἔπεσε, καὶ ἀνέστρεψεν αὐτὴν ἄνω, καὶ ἔπεσεν ἡ σκηνή.

14 Καὶ ἀπεκρίθη ὁ πλησίον αὐτοῦ, καὶ εἶπεν, οὐκ ἔστιν αὕτη εἰ μὴ ρομφαία Γεδεὼν υἱοῦ Ἰωὰς ἀνδρὸς Ἰσραήλ· παρέδωκεν ὁ Θεὸς ἐν χειρὶ αὐτοῦ τὴν Μαδιὰμ καὶ πᾶσαν τὴν παρεμβολήν.

15 Καὶ ἐγένετο ὡς ἤκουσε Γεδεὼν τὴν ἐξήγησιν τοῦ ἐνυπνίου καὶ τὴν σύγκρισιν αὐτοῦ, καὶ προσεκύνησε Κυρίῳ, καὶ ὑπέ-

camp of Madiam was to the north of him, *reaching* from Gabaathamorai, in the valley.

[2] And the Lord said to Gedeon, The people with thee *are* many, so that I may not deliver Madiam into their hand, lest at any time Israel boast against me, saying, My hand has saved me. [3] And now speak in the ears of the people, saying, Who *is* afraid and fearful? let him turn and depart from mount Galaad: and there returned of the people twenty-two thousand, and ten thousand were left. [4] And the Lord said to Gedeon, The people is yet numerous; bring them down to the water, and I will purge them there for thee: and it shall come to pass that of whomsoever I shall say to thee, This one shall go with thee, *even* he shall go with thee; and of whomsoever I shall say to thee, This one shall not go with thee, *even* he shall not go with thee. [5] And he brought the people down to the water; and the Lord said to Gedeon, Whosoever shall lap of the water with his tongue as if a dog should lap, thou shalt set him apart, and *also* whosoever shall bow down upon his knees to drink. [6] And the number of those that lapped with their hand to their mouth was three hundred men; and all the rest of the people bowed upon their knees to drink water. [7] And the Lord said to Gedeon, I will save you by the three hundred men that lapped, and I will give Madiam into thy hand; and all the *rest of the* people shall go every one to his place. [8] And they took the provision of the people in their hand, and their horns; and he sent away every man of Israel each to his tent, and he [β] strengthened the three hundred; and the army of Madiam were beneath him in the valley.

[9] And it came to pass in that night that the Lord said to him, Arise, go down into the camp, for I have delivered it into thy hand. [10] And if thou art afraid to go down, go down thou and thy servant Phara into the camp. [11] And thou shalt hear what they shall say, and afterwards thy hands shall be strong, and thou shalt go down into the camp: and he went down and Phara his servant to the extremity of the *companies of* fifty, which were in the camp. [12] And Madiam and Amalec and all the children of the east *were* scattered in the valley, as the locust for multitude; and there was no number to their camels, but they were as the sand on the seashore for multitude.

[13] And Gedeon came, and behold a man *was* relating to his neighbour a dream, and he said, Behold, I have dreamed a dream, and behold, a cake of barley bread rolling into the camp of Madiam, and it came as far as a tent, and smote it, and it fell, and it turned it up, and the tent fell. [14] And his neighbour answered and said, This is none other than the sword of Gedeon, son of Joas, a man of Israel: God has delivered Madiam and all the host into his hand. [15] And it came to pass when Gedeon heard the account of the dream and the interpretation of it, that he worshipped the Lord,

---

β Or, encouraged.

and returned to the camp of Israel, and said, Rise, for the Lord has delivered the camp of Madiam into our hand. [16]And he divided the three hundred men into three companies, and put horns in the β hands of all, and empty pitchers, and torches in the pitchers: [17]and he said to them, Ye shall look γ at me, and so shall ye do; and behold, I will go into the δ beginning of the host, and it shall come to pass *that* as I do, so shall ye do. [18]And I will sound with the horn, and all ye with me shall sound with the horn round about the whole camp, and ye shall say, For the Lord and Gedeon.

[19]And Gedeon and the hundred men that were with him came to the extremity of the army in the beginning of the middle watch; and they completely roused the guards, and sounded with the horns, and they ς broke the pitchers that were in their hands, [20]and the three companies sounded with the horns, and broke the pitchers, and held the torches in their left hands, and in their right hands their horns to sound with; and they cried out, A sword for the Lord and for Gedeon. [21]And *every* man stood in his place round about the host; and all the host ran, and sounded *an alarm*, and fled. [22]And they sounded with the three hundred horns; and the Lord set *every* man's sword in all the host against his neighbour. [23]And the host fled as far as Bethseed Tagaragatha Abel-meula to Tabath; and the men of Israel from Nephthali, and from Aser, and from all Manasse, came to help, and followed after Madiam.

[24]And Gedeon sent messengers θ into all mount Ephraim, saying, Come down to meet Madiam, and take to yourselves the water as far as Bæthera and Jordan: and every man of Ephraim cried out, and they took the water before hand unto Bæthera and Jordan. [25]And they took the princes of Madiam, even Oreb and Zeb; and they slew Oreb in Sur Oreb, and they slew Zeb in Jakephzeph; and they pursued Madiam, and brought the λ heads of Oreb and Zeb to Gedeon from beyond Jordan.

And the men of Ephraim said to Gedeon, What *is* this *that* thou hast done to us, in that thou didst not call us when thou wentest to fight with Madiam? and they chode with him sharply. [2]And he said to them, What have I now done in comparison of you? *is* not the gleaning of Ephraim better than the vintage of Abiezer? [3]The Lord has delivered into your hand the princes of Madiam, Oreb and Zeb; and what could I do in comparison of you? Then was their spirit calmed toward him, when he spoke this word.

[4]And Gedeon came to Jordan, and went over, himself and the three hundred with him, hungry, yet pursuing. [5]And he said to the men of Socchoth, Give, I pray you, bread to feed this people that follow me; because they are faint, and behold, I am following after Zebee and Salmana, kings of Madiam. [6]And the princes of Socchoth said, μ *Are* the hands of Zebee and Salmana

στρεψεν εἰς τὴν παρεμβολὴν Ἰσραὴλ, καὶ εἶπεν, ἀνάστητε, ὅτι παρέδωκε Κύριος ἐν χειρὶ ἡμῶν τὴν παρεμβολὴν Μαδιάμ. Καὶ διεῖλε τοὺς τριακοσίους ἄνδρας εἰς τρεῖς ἀρχὰς, καὶ ἔδωκε 16 κερατίνας ἐν χειρὶ πάντων, καὶ ὑδρίας κενὰς, καὶ λαμπάδας ἐν ταῖς ὑδρίαις, καὶ εἶπε πρὸς αὐτούς, ἀπ' ἐμοῦ ὄψεσθε, καὶ 17 οὕτω ποιήσετε· καὶ ἰδοὺ ἐγὼ εἰσπορεύομαι ἐν ἀρχῇ τῆς παρεμβολῆς, καὶ ἔσται καθὼς ἂν ποιήσω, οὕτω ποιήσετε. Καὶ 18 σαλπιῶ ἐν τῇ κερατίνῃ ἐγὼ, καὶ πάντες μετ' ἐμοῦ σαλπιεῖτε ἐν ταῖς κερατίναις κύκλῳ ὅλης τῆς παρεμβολῆς, καὶ ἐρεῖτε, τῷ Κυρίῳ καὶ τῷ Γεδεών.

Καὶ εἰσῆλθε Γεδεὼν καὶ οἱ ἑκατὸν ἄνδρες οἱ μετ' αὐτοῦ 19 ἐν ἀρχῇ τῆς παρεμβολῆς ἐν ἀρχῇ τῆς φυλακῆς μέσης· καὶ ἐγείροντες ἤγειραν τοὺς φυλάσσοντας, καὶ ἐσάλπισαν ἐν ταῖς κερατίναις, καὶ ἐξετίναξαν τὰς ὑδρίας τὰς ἐν ταῖς χερσὶν αὐτῶν. Καὶ ἐσάλπισαν αἱ τρεῖς ἀρχαὶ ἐν ταῖς κερατίναις, καὶ 20 συνέτριψαν τὰς ὑδρίας, καὶ ἐκράτησαν ἐν χερσὶν ἀριστεραῖς αὐτῶν τὰς λαμπάδας, καὶ ἐν χερσὶ δεξιαῖς αὐτῶν τὰς κερατίνας τοῦ σαλπίζειν· καὶ ἀνέκραξαν, ῥομφαία τῷ Κυρίῳ καὶ τῷ Γεδεών. Καὶ ἔστησεν ἀνὴρ ἐφ' ἑαυτῷ κύκλῳ τῆς παρεμβο- 21 λῆς· καὶ ἔδραμε πᾶσα ἡ παρεμβολὴ, καὶ ἐσήμαναν, καὶ ἔφυγον. Καὶ ἐσάλπισαν ἐν ταῖς τριακοσίαις κερατίναις· καὶ 22 ἔθηκε Κύριος τὴν ῥομφαίαν ἀνδρὸς ἐν τῷ πλησίον αὐτοῦ ἐν πάσῃ τῇ παρεμβολῇ. Καὶ ἔφυγεν ἡ παρεμβολὴ ἕως Βηθσεὲδ 23 Ταγαραγαθὰ Ἀβελμεουλὰ ἐπὶ Ταβάθ· καὶ ἐβόησαν ἀνὴρ Ἰσραὴλ ἀπὸ Νεφθαλὶ καὶ ἀπὸ Ἀσὴρ, καὶ ἀπὸ παντὸς Μανασσῆ, καὶ ἐδίωξαν ὀπίσω Μαδιάμ.

Καὶ ἀγγέλους ἀπέστειλε Γεδεὼν ἐν παντὶ ὄρει Ἐφραὶμ, 24 λέγων, κατάβητε εἰς συνάντησιν Μαδιάμ, καὶ καταλάβετε ἑαυτοῖς τὸ ὕδωρ ἕως Βαιθηρὰ καὶ τὸν Ἰορδάνην· καὶ ἐβόησε πᾶς ἀνὴρ Ἐφραὶμ, καὶ προκατελάβοντο τὸ ὕδωρ ἕως Βαιθηρὰ καὶ τὸν Ἰορδάνην. Καὶ συνελάβοντο τοὺς ἄρχοντας Μαδιάμ, 25 καὶ τὸν Ὠρὴβ καὶ τὸν Ζὴβ· καὶ ἀπέκτειναν τὸν Ὠρὴβ ἐν Σοὺρ Ὠρὴβ, καὶ τὸν Ζὴβ ἀπέκτειναν ἐν Ἰακεφζήφ· καὶ κατεδίωξαν τὴν Μαδιάμ· καὶ τὴν κεφαλὴν Ὠρὴβ καὶ Ζὴβ ἤνεγκαν πρὸς Γεδεὼν ἀπὸ πέραν τοῦ Ἰορδάνου.

Καὶ εἶπαν πρὸς Γεδεὼν ἀνὴρ Ἐφραὶμ, τί τὸ ῥῆμα τοῦτο 8 ἐποίησας ἡμῖν, τοῦ μὴ καλέσαι ἡμᾶς ὅτε ἐπορεύθης παρατάξασθαι ἐν Μαδιάμ; καὶ διελέξαντο πρὸς αὐτὸν ἰσχυρῶς. Καὶ 2 εἶπε πρὸς αὐτούς, τί ἐποίησα νῦν καθὼς ὑμεῖς; ἢ οὐχὶ κρείττων ἐπιφυλλὶς Ἐφραὶμ ἢ τρυγητὸς Ἀβιέζερ; Ἐν χειρὶ ὑμῶν 3 παρέδωκε Κύριος τοὺς ἄρχοντας Μαδιὰμ, τὸν Ὠρὴβ καὶ τὸν Ζήβ· καὶ τί ἠδυνήθην ποιῆσαι ὡς ὑμεῖς; τότε ἀνέθη τὸ πνεῦμα αὐτῶν ἀπ' αὐτοῦ ἐν τῷ λαλῆσαι αὐτὸν τὸν λόγον τοῦτον.

Καὶ ἦλθε Γεδεὼν ἐπὶ τὸν Ἰορδάνην, καὶ διέβη αὐτὸς καὶ οἱ 4 τριακόσιοι ἄνδρες οἱ μετ' αὐτοῦ πεινῶντες καὶ διώκοντες. Καὶ εἶπε τοῖς ἀνδράσι Σοκχὼθ, δότε δὴ ἄρτους εἰς τροφὴν τῷ 5 λαῷ τούτῳ τῷ ἐν ποσί μου, ὅτι ἐκλείπουσι, καὶ ἰδοὺ ἐγώ εἰμι διώκων ὀπίσω τοῦ Ζεβεὲ καὶ Σαλμανὰ βασιλέων Μαδιάμ. Καὶ εἶπον οἱ ἄρχοντες Σοκχὼθ, μὴ χεὶρ Ζεβεὲ καὶ Σαλμανὰ 6

β Gr. hand.   γ Gr. from.   q. d. at the actions proceeding from me.   δ Or, corner. See Acts 10. 11.   ζ Gr. shook off.
θ Gr. in.   λ Gr. head.   μ Gr. Is the hand.

7 νῦν ἐν χειρί σου, ὅτι δώσομεν τῇ δυνάμει σου ἄρτους; Καὶ
εἶπε Γεδεών, διὰ τοῦτο ἐν τῷ δοῦναι Κύριον τὸν Ζεβεὲ καὶ τὸν
Σαλμανὰ ἐν χειρί μου, καὶ ἐγὼ ἀλοήσω τὰς σάρκας ὑμῶν ἐν
8 ταῖς ἀκάνθαις τῆς ἐρήμου, καὶ ἐν ταῖς Βαρκηνίμ. Καὶ ἀνέβη
ἐκεῖθεν εἰς Φανουήλ, καὶ ἐλάλησε πρὸς αὐτοὺς ὡσαύτως· καὶ
ἀπεκρίθησαν αὐτῷ οἱ ἄνδρες Φανουήλ ὃν τρόπον ἀπεκρίθησαν
9 ἄνδρες Σοκχώθ. Καὶ εἶπε Γεδεὼν πρὸς ἄνδρας Φανουήλ,
ἐν ἐπιστροφῇ μου μετ᾽ εἰρήνης, κατασκάψω τὸν πύργον
τοῦτον.
10 Καὶ Ζεβεὲ καὶ Σαλμανὰ ἐν Καρκάρ, καὶ ἡ παρεμβολὴ
αὐτῶν μετ᾽ αὐτῶν ὡσεὶ δεκαπέντε χιλιάδες, πάντες οἱ κατα-
λελειμμένοι ἀπὸ πάσης παρεμβολῆς ἀλλοφύλων· καὶ οἱ
πεπτωκότες, ἑκατὸν εἴκοσι χιλιάδες ἀνδρῶν σπωμένων ῥομφαίαν.
11 Καὶ ἀνέβη Γεδεὼν ὁδὸν τῶν σκηνούντων ἐν σκηναῖς ἀπὸ
ἀνατολῶν τῆς Ναβαὶ καὶ Ἰεγεβάλ· καὶ ἐπάταξε τὴν παρεμ-
12 βολὴν, καὶ ἡ παρεμβολὴ ἦν πεποιθυῖα. Καὶ ἔφυγον Ζεβεὲ
καὶ Σαλμανὰ· καὶ ἐδίωξεν ὀπίσω αὐτῶν, καὶ ἐκράτησε τοὺς
δύο βασιλεῖς Μαδιὰμ τὸν Ζεβεὲ καὶ τὸν Σαλμανὰ, καὶ πᾶσαν
τὴν παρεμβολὴν ἐξέστησε.
13 Καὶ ἐπέστρεψε Γεδεὼν υἱὸς Ἰωὰς ἀπὸ τῆς παρατάξεως ἀπὸ
14 ἐπάνωθεν τῆς παρατάξεως Ἀρές. Καὶ συνέλαβε παιδάριον
ἀπὸ τῶν ἀνδρῶν Σοκχώθ, καὶ ἐπηρώτησεν αὐτόν· καὶ ἔγραψε
πρὸς αὐτὸν ὀνόματα τῶν ἀρχόντων Σοκχὼθ καὶ τῶν πρεσβυτέ-
15 ρων αὐτῶν, ἑβδομήκοντα καὶ ἑπτὰ ἄνδρας. Καὶ παρεγένετο
Γεδεὼν πρὸς τοὺς ἄρχοντας Σοκχώθ, καὶ εἶπεν, ἰδοὺ Ζεβεὲ καὶ
Σαλμανὰ, ἐν οἷς ὠνειδίσατέ με, λέγοντες, μὴ χεὶρ Ζεβεὲ καὶ
Σαλμανὰ νῦν ἐν χειρί σου, ὅτι δώσομεν τοῖς ἀνδράσι σου
16 τοῖς ἐκλείπουσιν ἄρτους; Καὶ ἔλαβε τοὺς πρεσβυτέρους
τῆς πόλεως ἐν ταῖς ἀκάνθαις τῆς ἐρήμου καὶ ταῖς Βαρκηνὶμ,
17 καὶ ἠλόησεν ἐν αὐτοῖς τοὺς ἄνδρας τῆς πόλεως. Καὶ τὸν
πύργον Φανουὴλ κατέστρεψε, καὶ ἀπέκτεινε τοὺς ἄνδρας τῆς
πόλεως.
18 Καὶ εἶπε πρὸς Ζεβεὲ καὶ Σαλμανὰ, ποῦ οἱ ἄνδρες, οὓς
ἀπεκτείνατε ἐν Θαβώρ; καὶ εἶπαν, ὡς σὺ, ὣς αὐτοί, εἰς
19 ὁμοίωμα υἱοῦ βασιλέως. Καὶ εἶπε Γεδεὼν, ἀδελφοί μου καὶ
υἱοὶ τῆς μητρός μου ἦσαν· ζῇ Κύριος· εἰ ἐζωογονήκειτε αὐτοὺς,
20 οὐκ ἂν ἀπέκτεινα ὑμᾶς. Καὶ εἶπεν Ἰεθὲρ τῷ πρωτοτόκῳ αὐτοῦ,
ἀναστὰς, ἀπόκτεινον αὐτούς· καὶ οὐκ ἔσπασε τὸ παιδάριον τὴν
21 ῥομφαίαν αὐτοῦ, ὅτι ἐφοβήθη, ὅτι ἔτι νεώτερος ἦν. Καὶ
εἶπε Ζεβεὲ καὶ Σαλμανὰ, ἀνάστα σὺ, καὶ συνάντησον ἡμῖν, ὅτι
ὡς ἀνδρὸς ἡ δύναμίς σου· καὶ ἀνέστη Γεδεὼν, καὶ ἀπέκτεινε
τὸν Ζεβεὲ καὶ τὸν Σαλμανά· καὶ ἔλαβε τοὺς μηνίσκους τοὺς ἐν
τοῖς τραχήλοις τῶν καμήλων αὐτῶν.
22 Καὶ εἶπον ἀνὴρ Ἰσραὴλ πρὸς Γεδεὼν, κύριε, ἄρξον ἡμῶν καὶ
σὺ, καὶ ὁ υἱός σου, καὶ ὁ υἱὸς τοῦ υἱοῦ σου, ὅτι σὺ ἔσωσας
23 ἡμᾶς ἐκ χειρὸς Μαδιάμ. Καὶ εἶπε πρὸς αὐτοὺς Γεδεὼν, οὐκ
ἄρξω ἐγὼ, καὶ οὐκ ἄρξει ὁ υἱός μου ἐν ὑμῖν· Κύριος ἄρξει
24 ὑμῶν. Καὶ εἶπε πρὸς αὐτοὺς Γεδεὼν, αἰτήσομαι παρ᾽ ὑμῶν
αἴτημα, καὶ δότε μοι ἀνὴρ ἐνώτιον ἐκ σκύλων αὐτοῦ· ὅτι ἐνώτια
25 χρυσᾶ αὐτοῖς, ὅτι ἦσαν Ἰσμαηλῖται. Καὶ εἶπαν, διδόντες

now in thy hand,* that we should give bread to thy host? 7 And Gedeon said, Therefore when the Lord gives Zebee and Salmana into my hand, then will I β tear your flesh with the thorns of the wilderness, and the Barkenim. 8 And he went up thence to Phanuel, and spoke to them likewise: and the men of Phanuel answered him as the men of Socchoth *had* answered him. 9 And Gedeon said to the men of Phanuel, When I return in peace, I will γ break down this tower.

10 And Zebee and Salmana *were* in Carcar, and their host *was* with them, about fifteen thousand, all that were left of all the host of the aliens; and they that fell *were* a hundred and twenty thousand men that drew the sword. 11 And Gedeon went up by the way of them that dwelt in tents, eastward of Nabai and Jegebal; and he smote the host, and the host was secure. 12 And Zebee and Salmana fled; and he pursued after them, and took the two kings of Madiam, Zebee and Salmana, and discomfited all the army.

13 And Gedeon the son of Joas returned from the δ battle, down from the battle of Ares. 14 And he took prisoner a young lad of the men of Socchoth, and questioned him; and he wrote to him the names of the princes of Socchoth and of their elders, seventy-seven men. 15 And Gedeon came to the princes of Socchoth, and said, Behold Zebee and Salmana, about whom ye reproached me, saying, *Are* the hands of Zebee and Salmana now in thy hand, that we should give bread to thy men that are faint? 16 And he took the elders of the city with the thorns of the wilderness and the Barkenim, and with them he tore the men of the city. 17 And he overthrew the tower of Phanuel, and slew the men of the city.

18 And he said to Zebee and Salmana, Where *are* the men whom ye slew in Thabor? and they said, As thou, so *were* they, according to the likeness of the son of a king. 19 And Gedeon said, They were my brethren and the sons of my mother: *as* the Lord lives, if ye had preserved them alive, I would not have slain you. 20 And he said to Jether his first-born, Rise and slay them; but the lad drew not his sword, for he was afraid, for he was yet very young. 21 And Zebee and Salmana said, Rise thou and fall upon us, for thy power *is* as that of a man; and Gedeon arose, and slew Zebee and Salmana; and he took the ζ round ornaments that were on the necks of their camels.

22 And the men of Israel said to Gedeon, Rule, *my* lord, over us, both thou, and thy son, and thy son's son; for thou hast saved us out of the hand of Madiam. 23 And Gedeon said to them, I will not rule, and my son shall not rule among you; the Lord shall rule over you. 24 And Gedeon said to them, I will make a request of you, and do ye give me every man an earring out of his spoils: for they had golden earrings, for they were Ismaelites. 25 And they said, θ We

---

β *Gr.* thresh. γ *Gr.* dig down. δ *Gr.* array. ζ *i. e.* round like the moon; perhaps circular, or in the form of a crescent.
θ *Gr.* giving we will give.

will certainly give them: and he opened his garment, and each man cast therein an earring of his spoils. ²⁶And the weight of the golden earrings which he asked, was a thousand and seven hundred pieces of gold, besides the crescents, and the chains, and the garments, and the purple cloths that were on the kings of Madiam, and besides the chains that were on the necks of their camels. ²⁷And Gedeon made an ephod of it, and set it in his city in Ephratha; and all Israel went thither a whoring after it, and it became a stumbling-block to Gedeon and his house.

²⁸And Madiam was straitened before the children of Israel, and they did not lift up their head any more; and the land had rest forty years in the days of Gedeon. ²⁹And Jerobaal the son of Joas went and sat in his house. ³⁰And Gedeon had seventy sons begotten of his body, for he had many wives. ³¹And his concubine was in Sychem, and she also bore him a son, and gave him the name Abimelech. ³²And Gedeon son of Joas died in his city, and was buried in the sepulchre of Joas his father in Ephratha of Abi-Esdri.

³³And it came to pass when Gedeon was dead, that the children of Israel turned, and went a whoring after Baalim, and made for themselves a covenant with Baal that he should be their god. ³⁴And the children of Israel remembered not the Lord their God who had delivered them out of the hand of all that afflicted them round about. ³⁵And they did not deal mercifully with the house of Jerobaal, (the same is Gedeon) according to all the good which he did β to Israel.

And Abimelech son of Jerobaal went to Sychem to his mother's brethren; and he spoke to them and to all the kindred of the house of his mother's father, saying, ²Speak, I pray you, in the ears of all the men of Sychem, saying, Which is better for you, that seventy men, even all the sons of Jerobaal, should reign over you, or that one man should reign over you? and remember that I am your bone and your flesh. ³And his mother's brethren spoke concerning him in the ears of all the men of Sychem all these words; and their heart turned after Abimelech, for they said, He is our brother. ⁴And they gave him seventy pieces of silver out of the house of Baalberith; and Abimelech hired for himself vain and cowardly men, and they went after him. ⁵And he went to the house of his father to Ephratha, and slew his brethren the sons of Jerobaal, seventy men upon one stone; but Joatham the youngest son of Jerobaal was left, for he hid himself.

⁶And all the men of Sicima, and all the house of Bethmaalo, were gathered together, and they went and made Abimelech king by the oak γ of Sedition, which was at Sicima.

⁷And it was reported to Joatham, and he went and stood on the top of mount Garizin, and lifted up his voice, and wept, and said to them, Hear me, ye men of Sicima, and God shall hear you.

δώσομεν· καὶ ἀνέπτυξε τὸ ἱμάτιον αὐτοῦ, καὶ ἔβαλεν ἐκεῖ ἀνὴρ ἐνώτιον σκύλων αὐτοῦ. Καὶ ἐγένετο ὁ σταθμὸς τῶν ἐνωτίων 26 τῶν χρυσῶν ὧν ᾔτησε, χίλιοι καὶ ἑπτακόσιοι χρυσοῖ, πάρεξ τῶν μηνίσκων καὶ τῶν στραγγαλίδων καὶ τῶν ἱματίων καὶ πορφυρίδων τῶν ἐπὶ βασιλεῦσι Μαδιάμ, καὶ ἐκτὸς τῶν περιθεμάτων ἃ ἦν ἐν τοῖς τραχήλοις τῶν καμήλων αὐτῶν. Καὶ ἐποίησεν αὐτὸ 27 Γεδεὼν εἰς ἐφὼδ, καὶ ἔστησεν αὐτὸ ἐν πόλει αὐτοῦ ἐν Ἐφραθά· καὶ ἐξεπόρνευσε πᾶς Ἰσραὴλ ὀπίσω αὐτοῦ ἐκεῖ· καὶ ἐγένετο τῷ Γεδεὼν καὶ τῷ οἴκῳ αὐτοῦ εἰς σκῶλον.

Καὶ συνεστάλη Μαδιὰμ ἐνώπιον υἱῶν Ἰσραήλ, καὶ οὐ 28 προσέθηκαν ἆραι κεφαλὴν αὐτῶν· καὶ ἡσύχασεν ἡ γῆ τεσσαράκοντα ἔτη ἐν ἡμέραις Γεδεών. Καὶ ἐπορεύθη Ἰεροβάαλ υἱὸς 29 Ἰωάς, καὶ ἐκάθισεν ἐν οἴκῳ αὐτοῦ. Καὶ τῷ Γεδεὼν ἦσαν υἱοὶ 30 ἑβδομήκοντα ἐκπορευόμενοι ἐκ μηρῶν αὐτοῦ, ὅτι γυναῖκες πολλαὶ ἦσαν αὐτῷ. Καὶ παλλακὴ αὐτοῦ ἦν ἐν Συχέμ, καὶ 31 ἔτεκεν αὐτῷ καί γε αὐτὴ υἱόν, καὶ ἔθηκε τὸ ὄνομα Ἀβιμέλεχ. Καὶ ἀπέθανε Γεδεὼν υἱὸς Ἰωὰς ἐν πόλει αὐτοῦ, καὶ ἐτάφη ἐν 32 τῷ τάφῳ Ἰωὰς τοῦ πατρὸς αὐτοῦ ἐν Ἐφραθὰ Ἀβὶ Ἐσδρί.

Καὶ ἐγενήθη ὡς ἀπέθανε Γεδεών, καὶ ἐπέστρεψαν οἱ υἱοὶ 33 Ἰσραήλ, καὶ ἐξεπόρνευσαν ὀπίσω τῶν Βααλίμ, καὶ ἔθηκαν ἑαυτοῖς τῷ Βάαλ διαθήκην τοῦ εἶναι αὐτοῖς αὐτὸν εἰς θεόν. Καὶ οὐκ ἐμνήσθησαν οἱ υἱοὶ Ἰσραὴλ Κυρίου τοῦ Θεοῦ τοῦ 34 ῥυσαμένου αὐτοὺς ἐκ χειρὸς πάντων τῶν θλιβόντων αὐτοὺς κυκλόθεν. Καὶ οὐκ ἐποίησαν ἔλεος μετὰ τοῦ οἴκου Ἰεροβάαλ, 35 αὐτός ἐστι Γεδεών, κατὰ πάντα τὰ ἀγαθὰ ἃ ἐποίησε μετὰ Ἰσραήλ.

Καὶ ἐπορεύθη Ἀβιμέλεχ υἱὸς Ἰεροβάαλ εἰς Συχὲμ πρὸς 9 ἀδελφοὺς μητρὸς αὐτοῦ· καὶ ἐλάλησε πρὸς αὐτοὺς καὶ πρὸς πᾶσαν συγγένειαν οἴκου πατρὸς μητρὸς αὐτοῦ, λέγων, λαλή- 2 σατε δὴ ἐν τοῖς ὠσὶ πάντων τῶν ἀνδρῶν Συχέμ, τί τὸ ἀγαθὸν ὑμῖν, κυριεῦσαι ὑμῶν ἑβδομήκοντα ἄνδρας πάντας υἱοὺς Ἰεροβάαλ, ἢ κυριεύειν ὑμῶν ἄνδρα ἕνα; καὶ μνήσθητε ὅτι ὀστοῦν ὑμῶν καὶ σάρξ ὑμῶν εἰμι. Καὶ ἐλάλησαν περὶ αὐτοῦ οἱ 3 ἀδελφοὶ τῆς μητρὸς αὐτοῦ ἐν τοῖς ὠσὶ πάντων τῶν ἀνδρῶν Συχὲμ πάντας τοὺς λόγους τούτους· καὶ ἔκλινεν ἡ καρδία αὐτῶν ὀπίσω Ἀβιμέλεχ, ὅτι εἶπαν, ἀδελφός ἡμῶν ἐστι. Καὶ 4 ἔδωκαν αὐτῷ ἑβδομήκοντα ἀργυρίου ἐξ οἴκου Βααλβερίθ· καὶ ἐμισθώσατο ἑαυτῷ Ἀβιμέλεχ ἄνδρας κενοὺς καὶ δειλούς, καὶ ἐπορεύθησαν ὀπίσω αὐτοῦ. Καὶ εἰσῆλθεν εἰς τὸν οἶκον τοῦ 5 πατρὸς αὐτοῦ εἰς Ἐφραθά, καὶ ἀπέκτεινε τοὺς ἀδελφοὺς αὐτοῦ υἱοὺς Ἰεροβάαλ, ἑβδομήκοντα ἄνδρας ἐπὶ λίθον ἕνα· καὶ κατελείφθη Ἰωάθαμ υἱὸς Ἰεροβάαλ ὁ νεώτερος, ὅτι ἐκρύβη.

Καὶ συνήχθησαν πάντες ἄνδρες Σικίμων, καὶ πᾶς οἶκος 6 Βηθμααλώ, καὶ ἐπορεύθησαν, καὶ ἐβασίλευσαν τὸν Ἀβιμέλεχ πρὸς τῇ βαλάνῳ τῇ εὑρετῇ τῆς στάσεως τῆς ἐν Σικίμοις.

Καὶ ἀνηγγέλη τῷ Ἰωάθαμ, καὶ ἐπορεύθη, καὶ ἔστη ἐπὶ 7 κορυφὴν ὄρους Γαριζίν, καὶ ἐπῆρε τὴν φωνὴν αὐτοῦ, καὶ ἔκλαυσε, καὶ εἶπεν αὐτοῖς, ἀκούσατέ μου ἄνδρες Σικίμων, καὶ ἀκούσεται ὑμῶν ὁ Θεός.

8 Πορευόμενα ἐπορεύθη τὰ ξύλα τοῦ χρίσαι ἐφ᾽ ἑαυτὰ βασι-
9 λέα, καὶ εἶπον τῇ ἐλαίᾳ, βασίλευσον ἐφ᾽ ἡμῶν. Καὶ εἶπεν
αὐτοῖς ἡ ἐλαία, μὴ ἀπολείψασα τὴν πιότητά μου, ἐν ᾗ δοξά-
σουσι τὸν Θεὸν ἄνδρες, πορεύσομαι κινεῖσθαι ἐπὶ τῶν ξύλων;
10 Καὶ εἶπον τὰ ξύλα τῇ συκῇ, δεῦρο, βασίλευσον ἐφ᾽ ἡμῶν.
11 Καὶ εἶπεν αὐτοῖς ἡ συκῆ, μὴ ἀπολείψασα ἐγὼ τὴν γλυκύτητά
μου καὶ τὰ γεννήματά μου τὰ ἀγαθά, πορεύσομαι κινεῖσθαι ἐπὶ
12 τῶν ξύλων; Καὶ εἶπαν τὰ ξύλα πρὸς τὴν ἄμπελον, δεῦρο,
13 βασίλευσον ἐφ᾽ ἡμῶν. Καὶ εἶπεν αὐτοῖς ἡ ἄμπελος, μὴ
ἀπολείψασα τὸν οἶνόν μου τὸν εὐφραίνοντα Θεὸν καὶ ἀνθρώ-
14 πους, πορεύσομαι κινεῖσθαι ἐπὶ τῶν ξύλων; Καὶ εἶπαν πάντα
15 τὰ ξύλα τῇ ῥάμνῳ, δεῦρο σὺ, βασίλευσον ἐφ᾽ ἡμῶν. Καὶ
εἶπεν ἡ ῥάμνος πρὸς τὰ ξύλα, εἰ ἐν ἀληθείᾳ χρίετέ με ὑμεῖς τοῦ
βασιλεύειν ἐφ᾽ ὑμᾶς, δεῦτε, ὑπόστητε ἐν τῇ σκιᾷ μου· καὶ
εἰ μὴ, ἐξέλθοι πῦρ ἀπ᾽ ἐμοῦ καὶ καταφάγοι τὰς κέδρους τοῦ
Λιβάνου.

16 Καὶ νῦν εἰ ἐν ἀληθείᾳ καὶ τελειότητι ἐποιήσατε, καὶ ἐβασι-
λεύσατε τὸν Ἀβιμέλεχ, καὶ εἰ ἀγαθωσύνην ἐποιήσατε μετὰ
Ἱεροβάαλ, καὶ μετὰ τοῦ οἴκου αὐτοῦ, καὶ εἰ ὡς ἀνταπόδοσις
17 χειρὸς αὐτοῦ ἐποιήσατε αὐτῷ, ὡς παρετάξατο ὁ πατήρ μου ὑπὲρ
ὑμῶν, καὶ ἐξέρριψε τὴν ψυχὴν αὐτοῦ ἐξεναντίας, καὶ ἐρρύσατο
18 ὑμᾶς ἐκ χειρὸς Μαδιὰμ, καὶ ὑμεῖς ἐπανέστητε ἐπὶ τὸν οἶκον
τοῦ πατρός μου σήμερον, καὶ ἀπεκτείνατε τοὺς υἱοὺς αὐτοῦ
ἑβδομήκοντα ἄνδρας ἐπὶ λίθον ἕνα, καὶ ἐβασιλεύσατε τὸν
Ἀβιμέλεχ υἱὸν παιδίσκης αὐτοῦ ἐπὶ τοὺς ἄνδρας Σικίμων, ὅτι
19 ἀδελφὸς ὑμῶν ἐστι· Καὶ εἰ ἐν ἀληθείᾳ καὶ τελειότητι ἐποιή-
σατε μετὰ Ἱεροβάαλ, καὶ μετὰ τοῦ οἴκου αὐτοῦ ἐν τῇ ἡμέρᾳ
ταύτῃ, εὐφρανθείητε ἐν Ἀβιμέλεχ, καὶ εὐφρανθείη καί γε
20 αὐτὸς ἐφ᾽ ὑμῖν· Εἰ δὲ οὔ, ἐξέλθοι πῦρ ἀπὸ Ἀβιμέλεχ, καὶ
καταφάγοι τοὺς ἄνδρας Σικίμων καὶ τὸν οἶκον Βηθμααλώ· καὶ
ἐξέλθοι πῦρ ἀπὸ ἀνδρῶν Σικίμων, καὶ ἐκ τοῦ οἴκου Βηθμααλὼ,
καὶ καταφάγοι τὸν Ἀβιμέλεχ.

21 Καὶ ἔφυγεν Ἰωάθαμ καὶ ἀπέδρα, καὶ ἐπορεύθη ἕως Βαιὴρ,
καὶ ᾤκησεν ἐκεῖ ἀπὸ προσώπου Ἀβιμέλεχ ἀδελφοῦ αὐτοῦ.

22, 23 Καὶ ἦρξεν Ἀβιμέλεχ ἐπὶ Ἰσραὴλ τρία ἔτη. Καὶ ἐξ-
απέστειλεν ὁ Θεὸς πνεῦμα πονηρὸν ἀναμέσον Ἀβιμέλεχ καὶ
ἀναμέσον τῶν ἀνδρῶν Σικίμων, καὶ ἠθέτισαν ἄνδρες Σικίμων
24 ἐν τῷ οἴκῳ Ἀβιμέλεχ, τοῦ ἐπαγαγεῖν τὴν ἀδικίαν τῶν ἑβδομή-
κοντα υἱῶν Ἱεροβάαλ, καὶ τὰ αἵματα αὐτῶν τοῦ θεῖναι ἐπὶ
Ἀβιμέλεχ τὸν ἀδελφὸν αὐτῶν, ὃς ἀπέκτεινεν αὐτούς, καὶ ἐπὶ
ἄνδρας Σικίμων, ὅτι ἐνίσχυσαν τὰς χεῖρας αὐτοῦ ἀποκτεῖναι
25 τοὺς ἀδελφοὺς αὐτοῦ. Καὶ ἔθηκαν αὐτῷ οἱ ἄνδρες Σικίμων
ἐνεδρεύοντας ἐπὶ τὰς κεφαλὰς τῶν ὀρέων, καὶ διήρπαζον πάντα
ὃς παρεπορεύετο ἐπ᾽ αὐτοὺς ἐν τῇ ὁδῷ· καὶ ἀπηγγέλη τῷ βασι-
λεῖ Ἀβιμέλεχ.

26 Καὶ ἦλθε Γαὰλ υἱὸς Ἰωβὴλ, καὶ οἱ ἀδελφοὶ αὐτοῦ, καὶ
παρῆλθον ἐν Σικίμοις, καὶ ἤλπισαν ἐν αὐτῷ οἱ ἄνδρες Σικίμων.
27 Καὶ ἐξῆλθον εἰς ἀγρὸν, καὶ ἐτρύγησαν τοὺς ἀμπελῶνας αὐτῶν,
καὶ ἐπάτησαν, καὶ ἐποίησαν Ἑλλουλίμ· καὶ εἰσήνεγκαν εἰς
οἶκον θεοῦ αὐτῶν, καὶ ἔφαγον καὶ ἔπιον, καὶ κατηράσαντο τὸν

8 The trees β went forth on a time to anoint
a king over them; and they said to the
olive, Reign over us. 9 But the olive said to
them, Shall I leave my fatness, with which
men shall glorify God, and go to be γ pro-
moted over the trees? 10 And the trees
said to the fig-tree, Come, reign over us.
11 But the fig-tree said to them, Shall I leave
my sweetness and my good fruits, and go to
be promoted over the trees? 12 And the
trees said to the vine, Come, reign over us.
13 And the vine said to them, Shall I leave
my wine that cheers God and men, and go
to be promoted over the trees? 14 Then all
the trees said to the bramble, Come thou
and reign over us. 15 And the bramble said
to the trees, If ye in truth anoint me to
reign over you, come, stand under my sha-
dow; and if not, let fire come out from me
and devour the cedars of Libanus.

16 And now, if ye have done it in truth
and integrity, and have made Abimelech
king, and if ye have wrought well with
Jerobaal, and with his house, and if ye have
done to him according to the reward of his
hand, 17 as my father fought for you, and
put his life in jeopardy, and delivered you
out of the hand of Madiam; 18 and ye are
risen up this day against the house of my
father, and have slain his sons, being seventy
men, upon one stone, and have made Abi-
melech the son of his bondwoman king over
the men of Sicima, because he is your bro-
ther: 19 if then ye have done truly and faith-
fully with Jerobaal, and with his house this
day, rejoice ye in Abimelech, and let him
also rejoice over you: 20 but if not, let fire
come out from Abimelech, and devour the
men of Sicima, and the house of Beth-maalo;
and let fire come out from the men of
Sicima and from the house of Beth-maalo,
and devour Abimelech.

21 And Joatham fled, and ran away, and
went as far as Bæer, and dwelt there out
of the way of his brother Abimelech.

22 And Abimelech reigned over Israel three
years. 23 And God sent an evil spirit be-
tween Abimelech and the men of Sicima;
and the men of Sicima δ dealt treacherously
ζ with the house of Abimelech: 24 to bring
the injury done to the seventy sons of Jero-
baal, and to lay their blood upon their
brother Abimelech, who slew them, and
upon the men of Sicima, because they
strengthened his hands to slay his brethren.
25 And the men of Sicima set liers in wait
against him on the top of the mountains,
and robbed every one who passed by them
on the way; and it was reported to the
king Abimelech.

26 And Gaal son of Jobel came, and his
brethren, and passed by Sicima, and the
men of Sicima trusted in him. 27 And they
went out into the field, and gathered their
θ grapes, and trod them, and λ made merry;
and they brought the grapes into the house
of their god, and ate and drank, and cursed

β Gr. went going.   γ Gr. moved.   δ Or, despised.   ζ Gr. in the house.   Hebraism.   θ Gr. vines.   λ Gr. made ellulim,
a Hebrew word.   Alex. χορούς.

Abimelech. ²⁸ And Gaal the son of Jobel said, Who is Abimelech, and who is the son of Sychem, that we should serve him? *Is he* not the son of Jerobaal, and *is* not Zebul his steward, his servant with the son of Emmor the father of Sychem? and why should we serve him? ²⁹ And would that this people were under my hand! ^β then would I remove Abimelech, and I would say to him, Multiply thy host, and come out. ³⁰ And Zebul the ruler of the city heard the words of Gaal the son of Jobel, and he was very angry. ³¹ And he sent messengers to Abimelech secretly, saying, Behold, Gaal the son of Jobel and his brethren are come to Sychem; and behold, they have besieged the city against thee. ³² And now rise up by night, thou and the people with thee, and lay wait in the field. ³³ And it shall come to pass in the morning at sunrising, thou shalt rise up early and draw toward the city; and behold, he and the people with him ^γ will come forth against thee, and thou shalt do to him ^δ according to thy power. ³⁴ And Abimelech and all the people with him rose up by night, and formed an ambuscade against Sychem in four companies. ³⁵ And Gaal the son of Jobel went forth, and stood by the door of the gate of the city: and Abimelech and the people with him rose up from the ambuscade. ³⁶ And Gaal the son of Jobel saw the people, and said to Zebul, Behold, a people comes down from the top of the mountains: and Zebul said to him, Thou seest the shadow of the mountains as men. ³⁷ And Gaal continued to speak and said, Behold, a people comes down ^ϛ westward from the part bordering on the middle of the land, and another company comes by ^θ the way of Helon Maonenim. ³⁸ And Zebul said to him, And where is thy mouth as thou spokest, Who is Abimelech that we should serve him? *Is* not this the people whom thou despisedst? go forth now, and set the battle in array against him. ³⁹ And Gaal went forth before the men of Sychem, and set the battle in array against Abimelech. ⁴⁰ And Abimelech pursued him, and he fled from before him; and many fell down slain as far as the door of the gate. ⁴¹ And Abimelech entered into Arema, and Zebul cast out Gaal and his brethren, so that they should not dwell in Sychem. ⁴² And it came to pass on the second day that the people went out into the field, and *one* brought word to Abimelech. ⁴³ And he took the people, and divided them into three companies, and formed an ambush in the field; and he looked, and, behold, the people went forth out of the city, and he rose up against them, and smote them. ⁴⁴ And Abimelech and the chiefs of companies that were with him rushed forward, and stood by the door of the gate of the city; and the two *other* companies rushed forward upon all that were in the field, and smote them. ⁴⁵ And Abimelech fought against the city all that day, and took the city, and slew the people that were in it, and destroyed the city, and sowed it with salt.

Ἀβιμέλεχ. Καὶ εἶπε Γαὰλ υἱὸς Ἰωβὴλ, τίς ἐστιν Ἀβιμέλεχ, 28 καὶ τίς ἐστιν υἱὸς Συχέμ, ὅτι δουλεύσομεν αὐτῷ; οὐχ υἱὸς Ἱεροβάαλ, καὶ Ζεβοὺλ ἐπίσκοπος αὐτοῦ, δοῦλος αὐτοῦ σὺν τοῖς ἀνδράσιν Ἐμμὼρ πατρὸς Συχέμ; καὶ τί ὅτι δουλεύσομεν αὐτῷ ἡμεῖς; Καὶ τίς δῴη τὸν λαὸν τοῦτον ἐν χειρί μου; καὶ 29 μεταστήσω τὸν Ἀβιμέλεχ, καὶ ἐρῶ πρὸς αὐτὸν, πλήθυνον τὴν δύναμίν σου καὶ ἔξελθε.

Καὶ ἤκουσε Ζεβοὺλ ἄρχων τῆς πόλεως τοὺς λόγους Γαὰλ 30 υἱοῦ Ἰωβὴλ, καὶ ὠργίσθη θυμῷ αὐτός. Καὶ ἀπέστειλεν ἀγγέ- 31 λους πρὸς Ἀβιμέλεχ ἐν κρυφῇ, λέγων, ἰδοὺ Γαὰλ υἱὸς Ἰωβὴλ καὶ οἱ ἀδελφοὶ αὐτοῦ ἔρχονται εἰς Συχέμ, καὶ ἰδοὺ αὐτοὶ περικάθηνται τὴν πόλιν ἐπὶ σέ. Καὶ νῦν ἀνάστηθι νυκτὸς, καὶ 32 ὁ λαὸς ὁ μετὰ σου, καὶ ἐνέδρευσον ἐν τῷ ἀγρῷ. Καὶ ἔσται 33 τοπρωῒ ἅμα τῷ ἀνατεῖλαι τὸν ἥλιον, ὀρθριεῖς καὶ ἐκτενεῖς ἐπὶ τὴν πόλιν· καὶ ἰδοὺ αὐτὸς καὶ ὁ λαὸς ὁ μετ᾽ αὐτοῦ ἐκπορεύονται πρὸς σὲ, καὶ ποιήσεις αὐτῷ ὅσα ἂν εὕρῃ ἡ χείρ σου.

Καὶ ἀνέστη Ἀβιμέλεχ καὶ πᾶς ὁ λαὸς μετ᾽ αὐτοῦ νυκτὸς, 34 καὶ ἐνήδρευσαν ἐπὶ Συχέμ τέτρασιν ἀρχαῖς. Καὶ ἐξῆλθε Γαὰλ 35 υἱὸς Ἰωβὴλ, καὶ ἔστη πρὸς τῇ θύρᾳ τῆς πύλης τῆς πόλεως· καὶ ἀνέστη Ἀβιμέλεχ καὶ ὁ λαὸς ὁ μετ᾽ αὐτοῦ ἀπὸ τοῦ ἐνέδρου. Καὶ 36 εἶδε Γαὰλ υἱὸς Ἰωβὴλ τὸν λαὸν, καὶ εἶπε πρὸς Ζεβοὺλ, ἰδοὺ λαὸς καταβαίνει ἀπὸ τῶν κεφαλῶν τῶν ὀρέων· καὶ εἶπε πρὸς αὐτὸν Ζεβοὺλ, τὴν σκιὰν τῶν ὀρέων σὺ βλέπεις ὡς ἄνδρας. Καὶ προσέθετο ἔτι Γαὰλ τοῦ λαλῆσαι, καὶ εἶπεν, ἰδοὺ λαὸς 37 καταβαίνων κατὰ θάλασσαν ἀπὸ τοῦ ἐχόμενα ὀμφαλοῦ τῆς γῆς, καὶ ἀρχὴ ἑτέρα ἔρχεται δι᾽ ὁδοῦ Ἤλων Μαωνενίμ. Καὶ εἶπε 38 πρὸς αὐτὸν Ζεβοὺλ, καὶ ποῦ ἐστι τὸ στόμα σου ὡς ἐλάλησας, τίς ἐστιν Ἀβιμέλεχ, ὅτι δουλεύσομεν αὐτῷ; μὴ οὐχὶ οὗτος ὁ λαὸς ὃν ἐξουδένωσας; ἔξελθε δὴ νῦν καὶ παράταξαι αὐτῷ. Καὶ ἐξῆλθε Γαὰλ ἐνώπιον ἀνδρῶν Συχέμ, καὶ παρετάξατο πρὸς 39 Ἀβιμέλεχ. Καὶ ἐδίωξεν αὐτὸν Ἀβιμέλεχ, καὶ ἔφυγεν ἀπὸ 40 προσώπου αὐτοῦ· καὶ ἔπεσον τραυματίαι πολλοὶ ἕως τῆς θύρας τῆς πύλης.

Καὶ εἰσῆλθεν Ἀβιμέλεχ ἐν Ἀρημά· καὶ ἐξέβαλε Ζεβοὺλ 41 τὸν Γαὰλ καὶ τοὺς ἀδελφοὺς αὐτοῦ, μὴ οἰκεῖν ἐν Συχέμ.

Καὶ ἐγένετο τῇ ἐπαύριον καὶ ἐξῆλθεν ὁ λαὸς εἰς τὸν ἀγρὸν, 42 καὶ ἀνήγγειλε τῷ Ἀβιμέλεχ. Καὶ ἔλαβε τὸν λαὸν, καὶ διεῖλεν 43 αὐτοὺς εἰς τρεῖς ἀρχὰς, καὶ ἐνήδρευσεν ἐν ἀγρῷ· καὶ εἶδε, καὶ ἰδοὺ λαὸς ἐξῆλθεν ἐκ τῆς πόλεως, καὶ ἀνέστη ἐπ᾽ αὐτοὺς, καὶ ἐπάταξεν αὐτούς. Καὶ Ἀβιμέλεχ καὶ οἱ ἀρχηγοὶ οἱ μετ᾽ 44 αὐτοῦ ἐξέτειναν, καὶ ἔστησαν παρὰ τὴν θύραν τῆς πύλης τῆς πόλεως· καὶ αἱ δύο ἀρχαὶ ἐξέτειναν ἐπὶ πάντας τοὺς ἐν τῷ ἀγρῷ, καὶ ἐπάταξαν αὐτούς. Καὶ Ἀβιμέλεχ παρετάσσετο ἐν 45 τῇ πόλει ὅλην τὴν ἡμέραν ἐκείνην, καὶ κατελάβετο τὴν πόλιν, καὶ τὸν λαὸν τὸν ἐν αὐτῇ ἀπέκτεινε, καὶ τὴν πόλιν καθεῖλε, καὶ ἔσπειρεν αὐτὴν ἅλας.

β *Gr.* and I will.   γ *Gr.* are coming, etc.   δ *Gr.* whatsoever thy hand shall find.   ϛ *Or,* by the sea. A double rendering, perhaps, to ‎םיע, the first κατὰ θάλασσαν—second, ἀπὸ τοῦ ἐχόμενα.   θ *Alex.* translates the words " *the way of the oak of the seers.*"

46 Καὶ ἤκουσαν πάντες οἱ ἄνδρες πύργου Συχὲμ, καὶ ἦλθον εἰς
47 συνέλευσιν Βαιθηλβερίθ. Καὶ ἀνηγγέλη τῷ Ἀβιμέλεχ, ὅτι
48 συνήχθησαν πάντες οἱ ἄνδρες πύργου Συχέμ. Καὶ ἀνέβη
Ἀβιμέλεχ εἰς ὄρος Σελμῶν, καὶ πᾶς ὁ λαὸς ὁ μετ᾽ αὐτοῦ· καὶ
ἔλαβεν Ἀβιμέλεχ τὰς ἀξίνας ἐν τῇ χειρὶ αὐτοῦ, καὶ ἔκοψε
κλάδον ξύλου, καὶ ἦρε, καὶ ἔθηκεν ἐπὶ ὤμων αὐτοῦ· καὶ εἶπε
τῷ λαῷ τῷ μετ᾽ αὐτοῦ, ὃ εἴδετέ με ποιοῦντα, ταχέως ποιήσατε
49 ὡς ἐγώ. Καὶ ἔκοψαν καί γε ἀνὴρ κλάδον πᾶς ἀνήρ, καὶ ἐπο-
ρεύθησαν ὀπίσω Ἀβιμέλεχ, καὶ ἐπέθηκαν ἐπὶ τὴν συνέλευσιν,
καὶ ἐνεπύρισαν ἐπ᾽ αὐτοὺς τὴν συνέλευσιν ἐν πυρί· καὶ ἀπέ-
θανον καί γε πάντες οἱ ἄνδρες πύργου Σικίμων, ὡσεὶ χίλιοι
ἄνδρες καὶ γυναῖκες.
50 Καὶ ἐπορεύθη Ἀβιμέλεχ ἐκ Βαιθηλβερίθ, καὶ παρενέβαλεν
51 ἐν Θήβης, καὶ κατέλαβεν αὐτήν. Καὶ πύργος ἰσχυρὸς ἦν ἐν
μέσῳ τῆς πόλεως· καὶ ἔφυγον ἐκεῖ πάντες οἱ ἄνδρες καὶ αἱ
γυναῖκες τῆς πόλεως, καὶ ἔκλεισαν ἔξωθεν αὐτῶν, καὶ ἀνέβησαν
52 ἐπὶ τὸ δῶμα τοῦ πύργου. Καὶ ἦλθεν Ἀβιμέλεχ ἕως τοῦ
πύργου, καὶ παρετάξαντο αὐτῷ· καὶ ἤγγισεν Ἀβιμέλεχ ἕως τῆς
53 θύρας τοῦ πύργου τοῦ ἐμπρῆσαι αὐτὸν ἐν πυρί. Καὶ ἔρριψε
γυνὴ μία κλάσμα ἐπιμύλιον ἐπὶ κεφαλὴν Ἀβιμέλεχ, καὶ ἔκλασε
54 τὸ κρανίον αὐτοῦ. Καὶ ἐβόησε ταχὺ πρὸς τὸ παιδάριον τὸ
αἶρον τὰ σκεύη αὐτοῦ, καὶ εἶπεν αὐτῷ, σπάσον τὴν ῥομφαίαν
μου καὶ θανάτωσόν με, μή ποτε εἴπωσι, γυνὴ ἀπέκτεινεν αὐτόν·
55 καὶ ἐξεκέντησεν αὐτὸν τὸ παιδάριον αὐτοῦ, καὶ ἀπέθανε. Καὶ
εἶδεν ἀνὴρ Ἰσραὴλ ὅτι ἀπέθανεν Ἀβιμέλεχ· καὶ ἐπορεύθησαν
ἀνὴρ εἰς τὸν τόπον αὐτοῦ.
56 Καὶ ἐπέστρεψεν ὁ Θεὸς τὴν πονηρίαν Ἀβιμέλεχ, ἣν ἐποίησε
τῷ πατρὶ αὐτοῦ, ἀποκτεῖναι τοὺς ἑβδομήκοντα ἀδελφοὺς αὐτοῦ.
57 Καὶ τὴν πᾶσαν πονηρίαν ἀνδρῶν Συχὲμ ἐπέστρεψεν ὁ Θεὸς εἰς
κεφαλὴν αὐτῶν· καὶ ἐπῆλθεν ἐπ᾽ αὐτοὺς ἡ κατάρα Ἰωάθαμ
υἱοῦ Ἱεροβάαλ.
10 Καὶ ἀνέστη μετὰ Ἀβιμέλεχ τοῦ σῶσαι τὸν Ἰσραὴλ Θωλὰ
υἱὸς Φουά, υἱὸς πατραδέλφου αὐτοῦ, ἀνὴρ Ἰσσάχαρ· καὶ αὐτὸς
2 ᾤκει ἐν Σαμὶρ ἐν ὄρει Ἐφραίμ. Καὶ ἔκρινε τὸν Ἰσραὴλ εἴκοσι
τρία ἔτη, καὶ ἀπέθανε, καὶ ἐτάφη ἐν Σαμίρ.
3 Καὶ ἀνέστη μετ᾽ αὐτὸν Ἰαὶρ ὁ Γαλαάδ, καὶ ἔκρινε τὸν
4 Ἰσραὴλ εἴκοσι δύο ἔτη. Καὶ ἦσαν αὐτῷ τριάκοντα καὶ δύο
υἱοὶ ἐπιβαίνοντες ἐπὶ τριάκοντα δύο πώλους· καὶ τριάκοντα δύο
πόλεις αὐτοῖς· καὶ ἐκάλουν αὐτὰς ἐπαύλεις Ἰαὶρ ἕως τῆς ἡμέρας
5 ταύτης ἐν γῇ Γαλαάδ. Καὶ ἀπέθανεν Ἰαὶρ, καὶ ἐτάφη ἐν
Ῥαμνών.
6 Καὶ προσέθεντο οἱ υἱοὶ Ἰσραὴλ τοῦ ποιῆσαι τὸ πονηρὸν
ἐνώπιον Κυρίου, καὶ ἐδούλευσαν τοῖς Βααλίμ, καὶ ταῖς Ἀστα-
ρώθ, καὶ τοῖς θεοῖς Ἀράμ, καὶ τοῖς θεοῖς Σιδῶνος, καὶ τοῖς θεοῖς
Μωάβ, καὶ τοῖς θεοῖς υἱῶν Ἀμμὼν, καὶ τοῖς θεοῖς Φυλιστιίμ,
7 καὶ ἐγκατέλιπον τὸν Κύριον, καὶ οὐκ ἐδούλευσαν αὐτῷ. Καὶ
ὠργίσθη θυμῷ Κύριος ἐν Ἰσραήλ, καὶ ἀπέδοτο αὐτοὺς ἐν χειρὶ
8 Φυλιστιίμ, καὶ ἐν χειρὶ υἱῶν Ἀμμών. Καὶ ἔθλιψαν καὶ ἔθλα-
σαν τοὺς υἱοὺς Ἰσραὴλ ἐν τῷ καιρῷ ἐκείνῳ ὀκτωκαίδεκα ἔτη,
τοὺς πάντας υἱοὺς Ἰσραὴλ τοὺς ἐν τῷ πέραν τοῦ Ἰορδάνου

46 And all the men of the tower of Sychem heard, and came to the β gathering of Bæthel-berith. 47 And it was reported to Abimelech, that all the men of the tower of Sychem were gathered together. 48 And Abimelech went up to the mount of Selmon, and all the people that were with him; and Abimelech took γ an axe in his hand, and cut down a branch of a tree, and took it, and laid it on his shoulders; and said to the people that were with him, What ye see me doing, do quickly as I. 49 And they cut down likewise even every man a branch, and went after Abimelech, and laid them against the place of gathering, and burnt the place of gathering over them with fire; and they died, even all the men of the tower of Sicima, about a thousand men and women.

50 And Abimelech went out of Bæthelberith, and encamped δ against Thebes, and took it. 51 And there was a strong tower in the midst of the city; and thither all the men and the women of the city fled, and shut *the door* without them, and went up on the roof of the tower. 52 And Abimelech drew near to the tower, and they besieged it; and Abimelech drew near to the door of the tower to burn it with fire. 53 And a woman cast a piece of a millstone upon the head of Abimelech, and broke his skull. 54 And he cried out quickly to the young man his armour-bearer, and said to him, Draw thy sword, and slay me, lest at any time they should say, A woman slew him: and his young man thrust him through and he died. 55 And the men of Israel saw that Abimelech was dead; and they went each to his place.

56 So God requited the wickedness of Abimelech, which he wrought against his father, in slaying his seventy brethren. 57 And all the wickedness of the men of Sychem God requited upon their head; and the curse of Joatham the son of Jerobaal came upon them.

And after Abimelech Thola the son of Phua rose up to save Israel, *being* the son of ζ his father's brother, a man of Issachar; and he dwelt in Samir in mount Ephraim. 2 And he judged Israel twenty-three years, and died, and was buried in Samir.

3 And after him arose Jair of Galaad, and he judged Israel twenty-two years. 4 And he had thirty-two sons riding on thirty-two colts, and they had thirty-two cities; and they called them Jair's towns until this day in the land of Galaad. 5 And Jair died, and was buried in Rhamnon.

6 And the children of Israel did evil again in the sight of the Lord, and served Baalim, and Astaroth, and the gods of Aram, and the gods of Sidon, and the gods of Moab, and the gods of the children of Ammon, and the gods of the Phylistines; and they forsook the Lord, and did not serve him. 7 And the Lord was very angry with Israel, and sold them into the hand of the Phylistines, and into the hand of the children of Ammon. 8 And they afflicted and bruised the children of Israel at that time eighteen years, all the children of Israel beyond

---

β Some read ὀχύρωμα.   γ *Gr.* axes.   δ *Gr.* in.   ζ *i. e.* Abimelech's.

Jordan in the land of the Amorite in Galaad. ⁹And the children of Ammon went over Jordan to fight with Juda, and Benjamin, and with Ephraim; and the children of Israel were greatly afflicted.

¹⁰And the children of Israel cried to the Lord, saying, We have sinned against thee, because we have forsaken God, and served Baalim. ¹¹And the Lord said to the children of Israel, Did I not *save you* from Egypt and from the Amorite, and from the children of Ammon, and from the Phylistines, ¹²and from the Sidonians, and Amalec, and Madiam, who afflicted you? and ye cried to me, and I saved you out of their hand? ¹³Yet ye forsook me and served other gods; therefore I will not save you any more. ¹⁴Go, and cry to the gods whom ye have chosen to yourselves, and let them save you in the time of your affliction. ¹⁵And the children of Israel said to the Lord, We have sinned: do thou to us according to all *that is* good in thine eyes; only deliver us this day. ¹⁶And they put away the strange gods from the midst of them, and served the Lord only, and his soul was pained for the trouble of Israel.

¹⁷And the children of Ammon went up, and encamped in Galaad; and the children of Israel were gathered together and encamped β on the hill. ¹⁸And the people the princes of Galaad said every man to his neighbour, Who *is* he that shall begin to fight against the children of Ammon? he shall even be head over all that dwell in Galaad.

And Jephthae the Galaadite *was* γ a mighty man; and he *was* the son of a harlot, who bore Jephthae to Galaad. ²And the wife of Galaad bore him sons; and the sons of his wife grew up, and they cast out Jephthae, and said to him, Thou shalt not inherit in the house of our father, for thou *art* the son of a concubine.

³And Jephthae fled from the face of his brethren, and dwelt in the land of Tob; and vain men gathered to Jephthae, and went out with him.

⁴And it came to pass when the children of Ammon prepared to fight with Israel, ⁵that the elders of Galaad went to fetch Jephthae from the land of Tob. ⁶And they said to Jephthae, Come, and be our head, and we will fight with the sons of Ammon. ⁷And Jephthae said to the elders of Galaad, Did ye not hate me, and cast me out of my father's house, and banish me from you? and wherefore are ye come to me now when ye want me? ⁸And the elders of Galaad said to Jephthae, Therefore have we now turned to thee, δ that thou shouldest go with us, and fight against the sons of Ammon, and be our head over all the inhabitants of Galaad. ⁹And Jephthae said to the elders of Galaad, If ye turn me back to fight with the children of Ammon, and the Lord should deliver them before me, then will I be your head. ¹⁰And the elders of Galaad said to Jephthae, The Lord be witness between us, if we shall not do according to thy word.

ἐν γῇ τοῦ Ἀμορρὶ τοῦ ἐν Γαλαάδ. Καὶ διέβησαν οἱ υἱοὶ 9 Ἀμμὼν τὸν Ἰορδάνην παρατάξασθαι πρὸς Ἰούδαν, καὶ Βενιαμὶν, καὶ πρὸς Ἐφραίμ· καὶ ἐθλίβησαν οἱ υἱοὶ Ἰσραὴλ σφόδρα.

Καὶ ἐβόησαν οἱ υἱοὶ Ἰσραὴλ πρὸς Κύριον, λέγοντες, ἡμάρ- 10 τομέν σοι, ὅτι ἐγκατελίπομεν τὸν Θεὸν, καὶ ἐδουλεύσαμεν τῷ Βααλίμ. Καὶ εἶπε Κύριος πρὸς τοὺς υἱοὺς Ἰσραὴλ, μὴ 11 οὐχὶ ἐξ Αἰγύπτου, καὶ ἀπὸ τοῦ Ἀμορραίου, καὶ ἀπὸ υἱῶν Ἀμμὼν, καὶ ἀπὸ Φυλιστιὶμ, καὶ Σιδωνίων, καὶ Ἀμαλὲκ, καὶ 12 Μαδιὰμ, οἳ ἔθλιψαν ὑμᾶς; καὶ ἐβοήσατε πρὸς μὲ, καὶ ἔσωσα ὑμᾶς ἐκ χειρὸς αὐτῶν; Καὶ ὑμεῖς ἐγκατελίπετέ με, καὶ ἐδου- 13 λεύσατε θεοῖς ἑτέροις· διὰ τοῦτο οὐ προσθήσω τοῦ σῶσαι ὑμᾶς. Πορεύεσθε, καὶ βοήσατε πρὸς τοὺς θεοὺς οὓς ἐξελέξασθε 14 ἑαυτοῖς, καὶ αὐτοὶ σωσάτωσαν ὑμᾶς ἐν καιρῷ θλίψεως ὑμῶν. Καὶ εἶπαν οἱ υἱοὶ Ἰσραὴλ πρὸς Κύριον, ἡμάρτομεν, ποίησον 15 σὺ ἡμῖν κατὰ πᾶν τὸ ἀγαθὸν ἐν ὀφθαλμοῖς σου, πλὴν ἐξελοῦ ἡμᾶς ἐν τῇ ἡμέρᾳ ταύτῃ. Καὶ ἐξέκλιναν τοὺς θεοὺς τοῦ ἀλλο- 16 τρίους ἐκ μέσου αὐτῶν, καὶ ἐδούλευσαν τῷ Κυρίῳ μόνῳ· καὶ ὠλιγώθη ἡ ψυχὴ αὐτοῦ ἐν κόπῳ Ἰσραήλ.

Καὶ ἀνέβησαν οἱ υἱοὶ Ἀμμὼν, καὶ παρενέβαλον ἐν Γαλαάδ· 17 καὶ συνήχθησαν οἱ υἱοὶ Ἰσραὴλ, καὶ παρενέβαλον ἐν τῇ σκοπίᾳ. Καὶ εἶπον ὁ λαὸς οἱ ἄρχοντες Γαλαὰδ, ἀνὴρ πρὸς τὸν 18 πλησίον αὐτοῦ, τίς ὁ ἀνὴρ ὅστις ἂν ἄρξεται παρατάξασθαι πρὸς υἱοῖς Ἀμμὼν, καὶ ἔσται εἰς ἄρχοντα πᾶσι τοῖς κατοικοῦσι Γαλαάδ;

Καὶ Ἰεφθάε ὁ Γαλααδίτης ἐπηρμένος δυνάμει, καὶ αὐτὸς 11 υἱοῖς γυναικὸς πόρνης, ἣ ἐγέννησε τῷ Γαλαὰδ τὸν Ἰεφθάε. Καὶ ἔτεκεν ἡ γυνὴ Γαλαὰδ αὐτῷ υἱούς· καὶ ἡδρύνθησαν οἱ 2 υἱοὶ τῆς γυναικὸς, καὶ ἐξέβαλον τὸν Ἰεφθάε, καὶ εἶπαν αὐτῷ, οὐ κληρονομήσεις ἐν τῷ οἴκῳ τοῦ πατρὸς ἡμῶν, ὅτι υἱὸς γυναικὸς ἑταίρας σύ.

Καὶ ἔφυγεν Ἰεφθάε ἀπὸ προσώπου τῶν ἀδελφῶν αὐτοῦ, 3 καὶ ᾤκησεν ἐν γῇ Τώβ· καὶ συνεστράφησαν πρὸς Ἰεφθάε ἄνδρες κενοὶ, καὶ ἐξῆλθον μετ' αὐτοῦ.

Καὶ ἐγένετο ἡνίκα παρετάξαντο οἱ υἱοὶ Ἀμμὼν μετὰ Ἰσραὴλ, 4 καὶ ἐπορεύθησαν οἱ πρεσβύτεροι Γαλαὰδ λαβεῖν τὸν Ἰεφθάε 5 ἀπὸ τῆς γῆς Τώβ, καὶ εἶπαν τῷ Ἰεφθάε, δεῦρο καὶ ἔσῃ ἡμῖν 6 εἰς ἀρχηγὸν, καὶ παραταξόμεθα πρὸς υἱοὺς Ἀμμὼν. Καὶ 7 εἶπεν Ἰεφθάε τοῖς πρεσβυτέροις Γαλαὰδ, οὐχὶ ὑμεῖς ἐμισήσατέ με, καὶ ἐξεβάλετέ με ἐκ τοῦ οἴκου τοῦ πατρός μου, καὶ ἐξαπεστείλατέ με ἀφ' ὑμῶν; καὶ διατί ἤλθατε πρὸς μὲ νῦν ἡνίκα χρῄζετε; Καὶ εἶπαν οἱ πρεσβύτεροι Γαλαὰδ πρὸς Ἰεφθάε, διὰ 8 τοῦτο νῦν ἐπεστρέψαμεν πρὸς σὲ, καὶ πορεύσῃ μεθ' ἡμῶν, καὶ παρατάξῃ πρὸς υἱοὺς Ἀμμὼν, καὶ ἔσῃ ἡμῖν εἰς ἄρχοντα πᾶσι τοῖς κατοικοῦσι Γαλαάδ. Καὶ εἶπεν Ἰεφθάε πρὸς τοὺς πρεσβυ- 9 τέρους Γαλαὰδ, εἰ ἐπιστρέφετέ με ὑμεῖς παρατάξασθαι ἐν υἱοῖς Ἀμμὼν, καὶ παραδῷ αὐτοὺς Κύριος ἐνώπιον ἐμοῦ, καὶ ἐγὼ ὑμῖν ἔσομαι εἰς ἄρχοντα. Καὶ εἶπαν οἱ πρεσβύτεροι 10 Γαλαὰδ πρὸς Ἰεφθάε, Κύριος ἔστω ἀκούων ἀναμέσον ἡμῶν, εἰ μὴ κατὰ τὸ ῥῆμά σου οὕτω ποιήσομεν.

β *Or*, near the watch-tower. *Heb.* מִצְפֶּה, name of a town.   γ *Gr.* exalted in strength.   δ *Gr.* and thou shalt.

11 Καὶ ἐπορεύθη Ἰεφθάε μετὰ τῶν πρεσβυτέρων Γαλαάδ. καὶ ἔθηκαν αὐτὸν ὁ λαὸς ἐπ᾽ αὐτοὺς εἰς κεφαλὴν καὶ εἰς ἀρχηγόν· καὶ ἐλάλησεν Ἰεφθάε πάντας τοὺς λόγους αὐτοῦ ἐνώπιον Κυρίου ἐν Μασσηφά.

12 Καὶ ἀπέστειλεν Ἰεφθάε ἀγγέλους πρὸς βασιλέα υἱῶν Ἀμμών, λέγων, τί ἐμοὶ καὶ σοί, ὅτι ἦλθες πρὸς μὲ τοῦ παρατάξασ-

13 θαι ἐν τῇ γῇ μου; Καὶ εἶπε βασιλεὺς υἱῶν Ἀμμὼν πρὸς τοὺς ἀγγέλους Ἰεφθάε, ὅτι ἔλαβεν Ἰσραὴλ τὴν γῆν μου ἐν τῷ ἀναβαίνειν αὐτὸν ἐξ Αἰγύπτου ἀπὸ Ἀρνὼν ἕως Ἰαβὸκ καὶ ἕως τοῦ Ἰορδάνου· καὶ νῦν ἐπίστρεψον αὐτὰς ἐν εἰρήνῃ, καὶ πορεύσομαι.

14 Καὶ προσέθηκεν ἔτι Ἰεφθάε, καὶ ἀπέστειλεν ἀγγέλους πρὸς

15 βασιλέα υἱῶν Ἀμμών. Καὶ εἶπεν αὐτῷ, οὕτω λέγει Ἰεφθάε, οὐκ ἔλαβεν Ἰσραὴλ τὴν γῆν Μωὰβ, καὶ τὴν γῆν υἱῶν Ἀμμών,

16 ὅτι ἐν τῷ ἀναβαίνειν αὐτοὺς ἐξ Αἰγύπτου ἐπορεύθη Ἰσραὴλ ἐν

17 τῇ ἐρήμῳ ἕως θαλάσσης Σὶφ, καὶ ἦλθεν εἰς Κάδης. Καὶ ἀπέστειλεν Ἰσραὴλ ἀγγέλους πρὸς βασιλέα Ἐδώμ, λέγων, παρελεύσομαι δὴ ἐν τῇ γῇ σου· καὶ οὐκ ἤκουσε βασιλεὺς Ἐδώμ· καί γε πρὸς βασιλέα Μωὰβ ἀπέστειλε, καὶ οὐκ εὐδό-

18 κησε· καὶ ἐκάθισεν Ἰσραὴλ ἐν Κάδης, καὶ ἐπορεύθη ἐν τῇ ἐρήμῳ, καὶ ἐκύκλωσε τὴν γῆν Ἐδὼμ καὶ τὴν γῆν Μωάβ· καὶ ἦλθεν ἀπὸ ἀνατολῶν ἡλίου τῇ γῇ Μωάβ, καὶ παρενέβαλεν ἐν πέραν Ἀρνὼν, καὶ οὐκ εἰσῆλθεν ἐν ὁρίοις Μωάβ, ὅτι Ἀρνὼν

19 ὅριον Μωάβ. Καὶ ἀπέστειλεν Ἰσραὴλ ἀγγέλους πρὸς Σηὼν βασιλέα τοῦ Ἀμορραίου βασιλέα Ἐσεβῶν, καὶ εἶπεν αὐτῷ Ἰσραὴλ, παρέλθωμεν δὴ ἐν τῇ γῇ σου ἕως τοῦ τόπου ἡμῶν.

20 Καὶ οὐκ ἐνεπίστευσε Σηὼν τῷ Ἰσραὴλ παρελθεῖν ἐν τῷ ὁρίῳ αὐτοῦ· καὶ συνῆξε Σηὼν πάντα τὸν λαὸν αὐτοῦ, καὶ παρενέ-

21 βαλον εἰς Ἰασὰ, καὶ παρετάξατο πρὸς Ἰσραήλ. Καὶ παρέδωκε Κύριος ὁ Θεὸς Ἰσραὴλ τὸν Σηὼν καὶ πάντα τὸν λαὸν αὐτοῦ ἐν χειρὶ Ἰσραὴλ, καὶ ἐπάταξεν αὐτόν· καὶ ἐκληρονόμησεν Ἰσραὴλ πᾶσαν τὴν γῆν τοῦ Ἀμορραίου τοῦ κατοικοῦντος τὴν

22 γῆν ἐκείνην ἀπὸ Ἀρνὼν καὶ ἕως τοῦ Ἰαβὸκ, καὶ ἀπὸ τοῦ

23 ἐρήμου ἕως τοῦ Ἰορδάνου. Καὶ νῦν Κύριος ὁ Θεὸς Ἰσραὴλ ἐξῆρε τὸν Ἀμορραῖον ἀπὸ προσώπου λαοῦ αὐτοῦ Ἰσραὴλ,

24 καὶ σὺ κληρονομήσεις αὐτόν; Οὐχὶ ἃ ἐὰν κληρονομήσει σε Χαμὼς ὁ θεὸς σοῦ, αὐτὰ κληρονομήσεις, καὶ τοὺς πάντας οὓς ἐξῆρε Κύριος ὁ Θεὸς ἡμῶν ἀπὸ προσώπου ὑμῶν, αὐτοὺς

25 κληρονομήσομεν; Καὶ νῦν μὴ ἐν ἀγαθῷ ἀγαθώτερος σὺ ὑπὲρ Βαλὰκ υἱὸν Σεπφὼρ βασιλέως Μωάβ; μὴ μαχόμενος ἐμαχέσατο μετὰ Ἰσραὴλ, ἢ πολεμῶν ἐπολέμησεν

26 αὐτὸν, ἐν τῷ οἰκῆσαι ἐν Ἐσεβῶν καὶ ἐν τοῖς ὁρίοις αὐτῆς, καὶ ἐν γῇ Ἀροὴρ καὶ ἐν τοῖς ὁρίοις αὐτῆς, καὶ ἐν πάσαις ταῖς πόλεσι ταῖς παρὰ τὸν Ἰορδάνην, τριακόσια ἔτη; καὶ

27 διατί οὐκ ἐρρύσω αὐτοὺς ἐν τῷ καιρῷ ἐκείνῳ; Καὶ νῦν ἐγώ εἰμι οὐχ ἥμαρτόν σοι, καὶ σὺ ποιεῖς μετ᾽ ἐμοῦ πονηρίαν τοῦ παρατάξασθαι ἐν ἐμοί· κρίναι Κύριος ὁ κρίνων σήμερον ἀναμέσον υἱῶν Ἰσραὴλ καὶ ἀναμέσον υἱῶν Ἀμμών.

28 Καὶ οὐκ ἤκουσε βασιλεὺς υἱῶν Ἀμμὼν τῶν λόγων Ἰεφθάε,

29 ὧν ἀπέστειλε πρὸς αὐτόν. Καὶ ἐγένετο ἐπὶ Ἰεφθάε πνεῦμα

11 And Jephthae went with the elders of Galaad, and the people made him head and ruler over them: and Jephthae spoke all his words before the Lord in Massepha.

12 And Jephthae sent messengers to the king of the children of Ammon, saying, What have I to do with thee, that thou hast come against me to fight in my land? 13 And the king of the children of Ammon said to the messengers of Jephthae, Because Israel took my land when he went up out of Egypt, from Arnon to Jaboc, and to Jordan: now then return them peaceably and I will depart.

14 And Jephthae again sent messengers to the king of the children of Ammon, 15 and said to him, Thus says Jephthae, Israel took not the land of Moab, nor the land of the children of Ammon; 16 for in their going up out of Egypt Israel went in the wilderness as far as the sea of Siph, and came to Cades. 17 And Israel sent messengers to the king of Edom, saying, I will pass, if it please thee, by thy land: and the king of Edom β complied not: and *Israel* also sent to the king of Moab, and he did not consent; and Israel sojourned in Cades. 18 And *they* journeyed in the wilderness, and compassed the land of Edom and the land of Moab: and they came by the east of the land of Moab, and encamped in the country beyond Arnon, and came not within the borders of Moab, for Arnon *is* the border of Moab. 19 And Israel sent messengers to Seon king of the Amorite, king of Esebon, and Israel said to him, Let us pass, we pray thee, by thy land to our place. 20 And Seon did not trust Israel to pass by his coast; and Seon gathered all his people, and they encamped at Jasa; and he set the battle in array against Israel. 21 And the Lord God of Israel delivered Seon and all his people into the hand of Israel, and they smote him; and Israel inherited all the land of the Amorite who dwelt in that land, 22 from Arnon and to Jaboc, and from the wilderness to Jordan. 23 And now the Lord God of Israel has removed the Amorite from before his people Israel, and shalt thou inherit γ his *land*? 24 Wilt thou not inherit those possessions which Chamos thy god shall cause thee to inherit; and shall not we inherit the *land of* all those whom the Lord our God has removed from before δ you? 25 And now art thou any better than Balac son of Sephor, king of Moab? Did he indeed fight with Israel, or indeed make war with him, 26 when *Israel* dwelt in Esebon and in its coasts, and in the land of Aroer and in its coasts, and in all the cities by Jordan, three hundred years? and wherefore didst thou not ζ recover them in that time? 27 And now θ I have not sinned against thee, but thou wrongest me in preparing war against me: may the Lord the Judge judge this day between the children of Israel and the children of Ammon.

28 But the king of the children of Ammon hearkened not to the words of Jephthae, which he sent to him. 29 And the Spirit of

---

β Gr. heard not.　　γ Gr. him.　　δ So the text; but ἡμῶν, us, is undoubtedly the true reading.　　ζ Or, redeem.
θ The verb εἰμι is merely redundant after the pronoun ἐγώ, in these instances.

the Lord came upon Jephthae, and he passed over Galaad, and Manasse, and passed by the watch-tower of Galaad to the other side of the children of Ammon.

³⁰ And Jephthae vowed a vow to the Lord, and said, If thou wilt indeed deliver the children of Ammon into my hand, ³¹ then it shall come to pass that whosoever shall first come out of the door of my house to meet me when I return in peace from the children of Ammon, he shall be the Lord's: I will offer him up for a whole-burnt-offering.

³² And Jephthae advanced to meet the sons of Ammon to fight against them; and the Lord delivered them into his hand. ³³ And he smote them from Aroer till *one* comes to Arnon, in number twenty cities, and as far as Ebelcharmim, with a very great destruction: and the children of Ammon were straitened before the children of Israel.

³⁴ And Jephthae came to Massepha to his house; and behold, his daughter came forth to meet him with timbrels and dances; and she was his only child, he had not another son or daughter. ³⁵ And it came to pass when he saw her, that he rent his garments, and said, Ah, ah, my daughter, thou hast indeed troubled me, and thou wast the cause of my trouble; and I have opened my mouth against thee to the Lord, and I shall not be able to return from it. ³⁶ And she said to him, Father, hast thou opened thy mouth to the Lord? Do to me accordingly as *the word* went out of thy mouth, in that the Lord has wrought vengeance for thee on thine enemies of the children of Ammon. ³⁷ And she said to her father, Let my father now do this thing: let me alone for two months, and I will go up and down on the mountains, and I will bewail my virginity, I and my companions. ³⁸ And he said, Go: and he sent her away for two months; and she went, and her companions, and she bewailed her virginity on the mountains.

³⁹ And it came to pass at the end of the two months that she returned to her father; and he performed upon her his vow which he vowed; and she knew no man: ⁴⁰ and it was an ordinance in Israel, *That* the daughters of Israel went from ᵝ year to year to bewail the daughter of Jephthae the Galaadite for four days in a year.

And the men of Ephraim ᵞ assembled *themselves*, and passed on to the north, and said to Jephthae, Wherefore didst thou go over to fight with the children of Ammon, and didst not call us to go with thee? we will burn thy house over thee with fire. ² And Jephthae said to them, ᵟ I and my people and the children of Ammon were very much engaged in war; and I called for you, and ye did not save me out of their hand. ³ And I saw that thou ˢ wert no ᶿ helper, and I put my life in my hand, and passed on to the sons of Ammon; and the Lord delivered them into my hand: and wherefore are ye come up against me this day to fight with me?

⁴ And Jephthae gathered all the men of Galaad, and fought with Ephraim; and the men of Galaad smote Ephraim, because

Κυρίου, καὶ παρῆλθε τὸν Γαλαάδ, καὶ τὸν Μανασσῆ, καὶ παρῆλθε τὴν σκοπιὰν Γαλαὰδ εἰς τὸ πέραν υἱῶν Ἀμμών.

Καὶ ηὔξατο Ἰεφθάε εὐχὴν τῷ Κυρίῳ, καὶ εἶπεν, ἐὰν διδοὺς 30 δῷς μοι τοὺς υἱοὺς Ἀμμὼν ἐν τῇ χειρί μου, καὶ ἔσται 31 ὁ ἐκπορευόμενος ὃς ἂν ἐξέλθῃ ἀπὸ τῆς θύρας τοῦ οἴκου μου εἰς συνάντησίν μου ἐν τῷ ἐπιστρέφειν με ἐν εἰρήνῃ ἀπὸ υἱῶν Ἀμμών, καὶ ἔσται τῷ Κυρίῳ, ἀνοίσω αὐτὸν ὁλοκαύτωμα.

Καὶ παρῆλθεν Ἰεφθάε πρὸς υἱοὺς Ἀμμὼν παρατάξασθαι 32 πρὸς αὐτούς· καὶ παρέδωκεν αὐτοὺς Κύριος ἐν χειρὶ αὐτοῦ. Καὶ ἐπάταξεν αὐτοὺς ἀπὸ Ἀροὴρ ἕως ἐλθεῖν ἄχρις Ἀρνὼν ἐν 33 ἀριθμῷ εἴκοσι πόλεις, καὶ ἕως Ἐβελχαρμίμ, πληγὴν μεγάλην σφόδρα· καὶ συνεστάλησαν οἱ υἱοὶ Ἀμμὼν ἀπὸ προσώπου υἱῶν Ἰσραήλ.

Καὶ ἦλθεν Ἰεφθάε εἰς Μασσηφὰ εἰς τὸν οἶκον αὐτοῦ· καὶ 34 ἰδοὺ ἡ θυγάτηρ αὐτοῦ ἐξεπορεύετο εἰς ὑπάντησιν ἐν τυμπάνοις καὶ χοροῖς· καὶ αὕτη ἦν μονογενὴς αὐτῷ· οὐκ ἦν αὐτῷ ἕτερος υἱὸς ἢ θυγάτηρ. Καὶ ἐγένετο ὡς εἶδεν αὐτὴν αὐτός, διέρρηξε 35 τὰ ἱμάτια αὐτοῦ, καὶ εἶπεν, ἆ ἆ, θυγάτηρ μου, ταραχῇ ἐτάραξάς με, καὶ σὺ ἦς ἐν τῷ ταράχῳ μου, καὶ ἐγὼ εἰμι ἤνοιξα κατὰ σοῦ τὸ στόμα μου πρὸς Κύριον, καὶ οὐ δυνήσομαι ἀποστρέψαι. Ἡ δὲ εἶπε πρὸς αὐτόν, πάτερ, ἤνοιξας τὸ στόμα σου πρὸς 36 Κύριον; ποίησόν μοι ὃν τρόπον ἐξῆλθεν ἐκ στόματός σου, ἐν τῷ ποιῆσαί σοι Κύριον ἐκδίκησιν τῶν ἐχθρῶν σου ἀπὸ τῶν υἱῶν Ἀμμών. Καὶ ἥδε εἶπε πρὸς τὸν πατέρα αὐτῆς, ποιησάτω δὴ 37 ὁ πατήρ μου τὸν λόγον τοῦτον· ἔασόν με δύο μῆνας, καὶ πορεύσομαι καὶ καταβήσομαι ἐπὶ τὰ ὄρη, καὶ κλαύσομαι ἐπὶ τὰ παρθένιά μου ἐγώ εἰμι καὶ αἱ συνεταιρίδες μου. Καὶ εἶπε, 38 πορεύου· καὶ ἀπέστειλεν αὐτὴν δύο μῆνας· καὶ ἐπορεύθη αὐτὴ καὶ αἱ συνεταιρίδες αὐτῆς, καὶ ἔκλαυσεν ἐπὶ τὰ παρθένια αὐτῆς ἐπὶ τὰ ὄρη.

Καὶ ἐγένετο ἐν τέλει τῶν δύο μηνῶν, καὶ ἐπέστρεψε πρὸς τὸν 39 πατέρα αὐτῆς· καὶ ἐποίησεν ἐν αὐτῇ τὴν εὐχὴν αὐτοῦ ἣν ηὔξατο· καὶ αὕτη οὐκ ἔγνω ἄνδρα· καὶ ἐγένετο εἰς πρόσταγμα ἐν Ἰσραήλ· Ἀπὸ ἡμερῶν εἰς ἡμέρας ἐπορεύοντο θυγατέρες Ἰσραὴλ θρηνεῖν 40 τὴν θυγατέρα Ἰεφθάε τοῦ Γαλααδίτου ἐπὶ τέσσαρας ἡμέρας ἐν τῷ ἐνιαυτῷ.

Καὶ ἐβόησεν ἀνὴρ Ἐφραίμ, καὶ παρῆλθαν εἰς Βορρᾶν, καὶ 12 εἶπαν πρὸς Ἰεφθάε, διατί παρῆλθες παρατάξασθαι ἐν υἱοῖς Ἀμμών, καὶ ἡμᾶς οὐ κέκληκας πορευθῆναι μετὰ σοῦ; τὸν οἶκόν σου ἐμπρήσομεν ἐπὶ σὲ ἐν πυρί. Καὶ εἶπε πρὸς αὐτοὺς 2 Ἰεφθάε, ἀνὴρ μαχητὴς ἤμην ἐγὼ καὶ ὁ λαός μου, καὶ οἱ υἱοὶ Ἀμμὼν σφόδρα· καὶ ἐβόησα ὑμᾶς, καὶ οὐκ ἐσώσατέ με ἐκ χειρὸς αὐτῶν. Καὶ εἶδον ὅτι οὐκ εἶ σωτήρ, καὶ ἔθηκα τὴν 3 ψυχήν μου ἐν χειρί μου, καὶ παρῆλθον πρὸς υἱοὺς Ἀμμών, καὶ ἔδωκεν αὐτοὺς Κύριος ἐν χειρί μου· καὶ εἰς τί ἀνέβητε ἐπ' ἐμὲ ἐν τῇ ἡμέρᾳ ταύτῃ παρατάξασθαι ἐν ἐμοί;

Καὶ συνέστρεψεν Ἰεφθάε πάντας τοὺς ἄνδρας Γαλαάδ, καὶ 4 παρετάξατο τῷ Ἐφραίμ, καὶ ἐπάταξαν ἄνδρες Γαλαὰδ τὸν

ᵝ Period of days, *i. e.* year.   ᵞ *i. e.* by calling.   ᵟ *Gr.* I was a man, a warrior.   ˢ *Gr.* art.   ᶿ *Gr.* saviour or deliverer.

Ἐφραὶμ, ὅτι εἶπαν οἱ διασωζόμενοι τοῦ Ἐφραίμ, ὑμεῖς Γαλαὰδ
5 ἐν μέσῳ τοῦ Ἐφραὶμ καὶ ἐν μέσῳ τοῦ Μανασσῆ. Καὶ προ-
κατελάβετο Γαλαὰδ τὰς διαβάσεις τοῦ Ἰορδάνου τοῦ Ἐφραίμ·
καὶ εἶπαν αὐτοῖς οἱ διασωζόμενοι Ἐφραίμ, διαβῶμεν· καὶ
εἶπαν αὐτοῖς οἱ ἄνδρες Γαλαάδ, μὴ Ἐφραθίτης εἶ; καὶ εἶπεν,
6 οὔ. Καὶ εἶπαν αὐτῷ, εἶπον δὴ στάχυς· καὶ οὐ κατεύθυνε τοῦ
λαλῆσαι οὕτως· καὶ ἐπελάβοντο αὐτοῦ, καὶ ἔθυσαν αὐτὸν πρὸς
τὰς διαβάσεις τοῦ Ἰορδάνου· καὶ ἔπεσαν ἐν τῷ καιρῷ ἐκείνῳ
ἀπὸ Ἐφραὶμ δύο καὶ τεσσαράκοντα χιλιάδες.
7 Καὶ ἔκρινεν Ἰεφθάε τὸν Ἰσραὴλ ἓξ ἔτη· καὶ ἀπέθανεν
Ἰεφθάε ὁ Γαλααδίτης, καὶ ἐτάφη ἐν πόλει αὐτοῦ Γαλαάδ.
8 Καὶ ἔκρινε μετ' αὐτὸν τὸν Ἰσραὴλ Ἀβαισσὰν ἀπὸ Βηθλεέμ.
9 Καὶ ἦσαν αὐτῷ τριάκοντα υἱοὶ, καὶ τριάκοντα θυγατέρες, ἃς
ἐξαπέστειλεν ἔξω, καὶ τριάκοντα θυγατέρας εἰσήνεγκε τοῖς υἱοῖς
10 αὐτοῦ ἔξωθεν· καὶ ἔκρινε τὸν Ἰσραὴλ ἑπτὰ ἔτη. Καὶ ἀπέθανεν
Ἀβαισσὰν, καὶ ἐτάφη ἐν Βηθλεέμ.
11 Καὶ ἔκρινε μετ' αὐτὸν τὸν Ἰσραὴλ Αἰλὼμ ὁ Ζαβουλωνίτης
12 δέκα ἔτη. Καὶ ἀπέθανεν Αἰλὼμ ὁ Ζαβουλωνίτης, καὶ ἐτάφη
ἐν Αἰλὼμ ἐν γῇ Ζαβουλών.
13 Καὶ ἔκρινε μετ' αὐτὸν τὸν Ἰσραὴλ Ἀβδὼν υἱὸς Ἑλλὴλ
14 ὁ Φαραθωνίτης. Καὶ ἦσαν αὐτῷ τεσσαράκοντα υἱοὶ, καὶ τριά-
κοντα υἱῶν υἱοὶ ἐπιβαίνοντες ἐπὶ ἑβδομήκοντα πώλους·
15 ἔκρινε τὸν Ἰσραὴλ ὀκτὼ ἔτη. Καὶ ἀπέθανεν Ἀβδὼν υἱὸς
Ἑλλὴλ ὁ Φαραθωνίτης, καὶ ἐτάφη ἐν Φαραθὼν ἐν γῇ Ἐφραὶμ
ἐν ὄρει τοῦ Ἀμαλήκ.
13 Καὶ προσέθηκαν ἔτι οἱ υἱοὶ Ἰσραὴλ ποιῆσαι τὸ πονηρὸν
ἐνώπιον Κυρίου· καὶ παρέδωκεν αὐτοὺς Κύριος ἐν χειρὶ Φυλι-
στιὲμ τεσσαράκοντα ἔτη.
2 Καὶ ἦν ἀνὴρ εἷς ἀπὸ Σαραὰ ἀπὸ δήμου συγγενείας τοῦ
Δανὶ, καὶ ὄνομα αὐτῷ Μανωὲ, καὶ γυνὴ αὐτοῦ στεῖρα καὶ οὐκ
3 ἔτεκε. Καὶ ὤφθη ἄγγελος Κυρίου πρὸς τὴν γυναῖκα, καὶ
εἶπε πρὸς αὐτὴν, ἰδοὺ σὺ στεῖρα καὶ οὐ τέτοκας, καὶ συλλήψῃ
4 υἱόν. Καὶ νῦν φύλαξαι δὴ, καὶ μὴ πίῃς οἶνον καὶ μέθυσμα,
5 καὶ μὴ φάγῃς πᾶν ἀκάθαρτον, ὅτι ἰδοὺ σὺ ἐν γαστρὶ ἔχεις
καὶ τέξῃ υἱόν· καὶ σίδηρος ἐπὶ τὴν κεφαλὴν αὐτοῦ οὐκ
ἀναβήσεται, ὅτι Ναζὶρ Θεοῦ ἔσται τὸ παιδάριον ἀπὸ τῆς
κοιλίας· καὶ αὐτὸς ἄρξεται σῶσαι τὸν Ἰσραὴλ ἐκ χειρὸς
Φυλιστιὲμ.
6 Καὶ εἰσῆλθεν ἡ γυνὴ, καὶ εἶπε τῷ ἀνδρὶ αὐτῆς, λέγουσα,
ἄνθρωπος Θεοῦ ἦλθε πρὸς μὲ, καὶ εἶδος αὐτοῦ ὡς εἶδος ἀγγέλου
Θεοῦ, φοβερὸν σφόδρα· καὶ οὐκ ἠρώτησα αὐτὸν πόθεν ἐστὶ,
7 καὶ τὸ ὄνομα αὐτοῦ οὐκ ἀπήγγειλέ μοι. Καὶ εἶπέ μοι, ἰδοὺ
σὺ ἐν γαστρὶ ἔχεις καὶ τέξῃ υἱόν· καὶ νῦν μὴ πίῃς οἶνον
καὶ μέθυσμα, καὶ μὴ φάγῃς πᾶν ἀκάθαρτον, ὅτι Θεοῦ ἅγιον
ἔσται τὸ παιδάριον ἀπὸ γαστρὸς ἕως ἡμέρας θανάτου αὐτοῦ.
8 Καὶ προσηύξατο Μανωὲ πρὸς Κύριον, καὶ εἶπεν, ἐν ἐμοὶ
Κύριε ἀδωναΐὲ τὸν ἄνθρωπον τοῦ Θεοῦ ὃν ἀπέστειλας· ἐλθέτω
δὴ ἔτι πρὸς ἡμᾶς, καὶ συμβιβασάτω ἡμᾶς τί ποιήσωμεν τῷ
παιδίῳ τῷ τικτομένῳ.
9 Καὶ εἰσήκουσεν ὁ Θεὸς τῆς φωνῆς Μανωὲ, καὶ ἦλθεν

they that were escaped of Ephraim said,
Ye *are* of Galaad in the midst of Ephraim
and in the midst of Manasse. ⁵And Galaad
took the fords of Jordan before Ephraim;
and they that escaped of Ephraim said to
them, Let us go over: and the men of
Galaad said, Art thou an Ephrathite? and
he said, No. ⁶Then they said to him, Say
now β Stachys; and he did not rightly pro-
nounce it so: and they took him, and slew
him at the fords of Jordan; and there fell
at that time of Ephraim two and forty
thousand.

⁷And Jephthae judged Israel six years;
and Jephthae the Galaadite died, and was
buried in his city Galaad.

⁸And after him Abaissan of Bethleem
judged Israel. ⁹And he had thirty sons, and
thirty daughters, whom he sent forth; and
he brought in thirty daughters for his sons
from without; and he judged Israel seven
years. ¹⁰And Abaissan died, and was buried
in Bethleem.

¹¹And after him Ælom of Zabulon judged
Israel ten years. ¹²And Ælom of Zabulon
died, and was buried in Ælom in the land
of Zabulon.

¹³And after him Abdon the son of Ellel,
the Pharathonite, judged Israel. ¹⁴And he
had forty sons, and thirty grandsons, that
rode upon seventy colts: and he judged
Israel eight years. ¹⁵And Abdon the son
of Ellel, the Pharathonite, died, and was
buried in Pharathon in the land of Ephraim
in the mount of Amalec.

And the children of Israel yet again com-
mitted iniquity before the Lord; and the
Lord delivered them into the hand of the
Phylistines forty years.

²And there was a man of Saraa, of the
family of the kindred of Dan, and his name
was Manoë, and his wife was barren, and
bore not. ³And an angel of the Lord ap-
peared to the woman, and said to her,
Behold, thou art barren and hast not born;
yet thou shalt conceive a son. ⁴And now
be very cautious, and drink no wine nor
strong drink, and eat no unclean thing; ⁵for
behold, thou art with child, and shalt bring
forth a son; and there shall come no γrazor
upon his head, for the child shall be a
δ Nazarite to God from the womb; and he
shall begin to save Israel from the hand of
the Phylistines.

⁶And the woman went in, and spoke to
her husband, saying, A man of God came to
me, and his appearance *was as* of an angel
of God, very dreadful; and I did not ask
him whence he ς was, and he did not tell
me his name. ⁷And he said to me, Behold,
thou art with child, and shalt bring forth a
son; and now drink no wine nor strong
drink, and eat no unclean thing; for the
child shall be holy to God from the womb
until the day of his death.

⁸And Manoë prayed to the Lord and said,
θ I pray thee, O Lord my Lord, *concerning*
the man of God whom thou sentest; let
him now come to us once more, and teach
us what we shall do to the child about to be
born.

⁹And the Lord heard the voice of Manoë,

β *Heb.* שִׁבֹּלֶת, "Shibboleth," ear of corn. If translated at all, the English may as well be put as the Greek. *Alex.* σύνθημα, *q. d.* watchword.
γ *Gr.* iron. δ So *Vat.* i. e. Ναζὶρ, but *Alex.* nearer to reading in Matt. 2. ult. Ναζειραῖον. ζ *Gr.* is. θ See chap. 6. 13, 15.

and the angel of God came yet again to the woman; and she sat in the field, and Manoë her husband was not with her. ¹⁰ And the woman hasted, and ran, and brought word to her husband, and said to him, Behold the man who came in *the other* day to me has appeared to me.

¹¹ And Manoë arose and followed his wife, and came to the man, and said to him, Art thou the man that spoke to the woman? and the angel said, I am. ¹² And Manoë said, Now shall *thy* word come to pass: what shall be the βordering of the child, and our dealings with him? ¹³ And the angel of the Lord said to Manoë, Of all things concerning which I spoke to the woman, she shall beware. ¹⁴ She shall eat of nothing that comes of the vine γyielding wine, and let her not drink wine or strong liquor, and let her not eat anything unclean: all things that I have charged her she shall observe.

¹⁵ And Manoë said to the angel of the Lord, Let us detain thee here, and prepare before thee a kid of the goats. ¹⁶ And the angel of the Lord said to Manoë, If thou shouldest detain me, I will not eat of thy bread; and if thou wouldest offer a whole-burnt-offering, to the Lord thou shalt offer it: for Manoë knew not that he *was* an angel of the Lord. ¹⁷ And Manoë said to the angel of the Lord, What *is* thy name, that *when* thy word shall come to pass, we may glorify thee? ¹⁸ And the angel of the Lord said to him, Why dost thou thus ask after my name; whereas it is δ wonderful? ¹⁹ And Manoë took a kid of the goats and its meat-offering, and offered it on the rock to the Lord; and *the angel* wrought ζa distinct work, and Manoë and his wife were looking on. ²⁰ And it came to pass when the flame went up above the altar toward heaven, that the angel of the Lord went up in the flame; and Manoë and his wife were looking, and they fell upon their face to the earth. ²¹ And the angel appeared no more to Manoë and to his wife: then Manoë knew that this *was* an angel of the Lord. ²² And Manoë said to his wife, We shall surely die, because we have seen God. ²³ But his wife said to him, If the Lord were pleased to slay us, he would not have received of our hand a whole-burnt-offering and a meat-offering; and he would not have shewn us all these things, neither would he have caused us to hear all these things θas at this time.

²⁴ And the woman brought forth a son, and she called his name Sampson; and the child grew, and the Lord blessed him. ²⁵ And the Spirit of the Lord began to go out with him in the camp of Dan, and between Saraa and λEsthaol.

And Sampson went down to Thamnatha, and saw a woman in Thamnatha of the daughters of the μPhilistines. ² And he went up and told his father and his mother, and said, I have seen a woman in Thamnatha of the daughters of the Phylistines; and now take her to me for a wife. ³ And his father and his mother said to him, Are there no daughters of thy brethren, and is

ὁ ἄγγελος τοῦ Θεοῦ ἔτι πρὸς τὴν γυναῖκα· καὶ αὕτη ἐκάθητο ἐν ἀγρῷ, καὶ Μανωὲ ὁ ἀνὴρ αὐτῆς οὐκ ἦν μετ᾽ αὐτῆς. Καὶ 10 ἐτάχυνεν ἡ γυνὴ καὶ ἔδραμε καὶ ἀνήγγειλε τῷ ἀνδρὶ αὐτῆς, καὶ εἶπε πρὸς αὐτὸν, ἰδοὺ ὦπται πρὸς μὲ ὁ ἀνὴρ ὃς ἦλθεν ἐν ἡμέρᾳ πρὸς μέ.

Καὶ ἀνέστη καὶ ἐπορεύθη Μανωὲ ὀπίσω τῆς γυναικὸς αὐτοῦ, 11 καὶ ἦλθε πρὸς τὸν ἄνδρα, καὶ εἶπεν αὐτῷ, εἰ σὺ εἶ ὁ ἀνὴρ, ὁ λαλήσας πρὸς τὴν γυναῖκα; καὶ εἶπεν ὁ ἄγγελος, ἐγώ. Καὶ εἶπε Μανωὲ, νῦν ἐλεύσεται ὁ λόγος· τίς ἔσται κρίσις τοῦ 12 παιδίου καὶ τὰ ποιήματα αὐτοῦ; Καὶ εἶπεν ὁ ἄγγελος Κυρίου 13 πρὸς Μανωὲ, ἀπὸ πάντων ὧν εἴρηκα πρὸς τὴν γυναῖκα, φυλά- ξεται· Ἀπὸ παντὸς ὃ ἐκπορεύεται ἐξ ἀμπέλου τοῦ οἴνου, οὐ 14 φάγεται, καὶ οἶνον καὶ μέθυσμα μὴ πιέτω, καὶ πᾶν ἀκάθαρτον μὴ φαγέτω· πάντα ὅσα ἐνετειλάμην αὐτῇ, φυλάξεται.

Καὶ εἶπε Μανωὲ πρὸς τὸν ἄγγελον Κυρίου, κατάσχωμεν 15 ὧδέ σε, καὶ ποιήσωμεν ἐνώπιόν σου ἔριφον αἰγῶν. Καὶ εἶπεν 16 ὁ ἄγγελος Κυρίου πρὸς Μανωὲ, ἐὰν κατάσχῃς, οὐ φάγομαι ἀπὸ τῶν ἄρτων σου· καὶ ἐὰν ποιήσῃς ὁλοκαύτωμα, τῷ Κυρίῳ ἀνοίσεις αὐτό· ὅτι οὐκ ἔγνω Μανωὲ, ὅτι ἄγγελος Κυρίου αὐτός. Καὶ εἶπε Μανωὲ πρὸς τὸν ἄγγελον Κυρίου, τί τὸ ὄνομά σοι, 17 ὅτι ἔλθοι τὸ ῥῆμά σου, καὶ δοξάσομέν σε; Καὶ εἶπεν αὐτῷ 18 ὁ ἄγγελος Κυρίου, εἰς τί τοῦτο ἐρωτᾷς τὸ ὄνομά μου; καὶ αὐτό ἐστι θαυμαστόν. Καὶ ἔλαβε Μανωὲ τὸν ἔριφον τῶν 19 αἰγῶν καὶ τὴν θυσίαν, καὶ ἀνήνεγκεν ἐπὶ τὴν πέτραν τῷ Κυρίῳ· καὶ διεχώρισε ποιῆσαι, καὶ Μανωὲ καὶ ἡ γυνὴ αὐτοῦ βλέποντες. Καὶ ἐγένετο ἐν τῷ ἀναβῆναι τὴν φλόγα ἐπάνω τοῦ θυσιαστη- 20 ρίου ἕως τοῦ οὐρανοῦ, καὶ ἀνέβη ὁ ἄγγελος Κυρίου ἐν τῇ φλογί. καὶ Μανωὲ καὶ ἡ γυνὴ αὐτοῦ βλέποντες, καὶ ἔπεσον ἐπὶ πρόσωπον αὐτῶν ἐπὶ τὴν γῆν. Καὶ οὐ προσέθηκεν ἔτι ὁ ἄγγε- 21 λος Κυρίου ὀφθῆναι πρὸς Μανωὲ καὶ πρὸς τὴν γυναῖκα αὐτοῦ· τότε ἔγνω Μανωὲ, ὅτι ἄγγελος Κυρίου οὗτος. Καὶ εἶπε Μανωὲ 22 πρὸς τὴν γυναῖκα αὐτοῦ, θανάτῳ ἀποθανούμεθα ὅτι Θεὸν εἴδο- μεν. Καὶ εἶπεν αὐτῷ ἡ γυνὴ αὐτοῦ, εἰ ἤθελεν ὁ Κύριος θανα- 23 τῶσαι ἡμᾶς, οὐκ ἂν ἔλαβεν ἐκ χειρὸς ἡμῶν ὁλοκαύτωμα καὶ θυσίαν, καὶ οὐκ ἂν ἔδειξεν ἡμῖν ταῦτα πάντα, καὶ καθὼς καιρὸς οὐκ ἂν ἠκούτισεν ἡμᾶς ταῦτα.

Καὶ ἔτεκεν ἡ γυνὴ υἱόν, καὶ ἐκάλεσε τὸ ὄνομα αὐτοῦ, 24 Σαμψών· καὶ ἡδρύνθη τὸ παιδάριον, καὶ εὐλόγησεν αὐτὸ Κύριος. Καὶ ἤρξατο πνεῦμα Κυρίου συνεκπορεύεσθαι αὐτῷ 25 ἐν παρεμβολῇ Δὰν, καὶ ἀναμέσον Σαραὰ καὶ ἀναμέσον Ἐσθαόλ.

Καὶ κατέβη Σαμψὼν εἰς Θαμναθὰ, καὶ εἶδε γυναῖκα ἐν Θαμ- 14 ναθὰ ἀπὸ τῶν θυγατέρων τῶν ἀλλοφύλων. Καὶ ἀνέβη καὶ 2 ἀπήγγειλε τῷ πατρὶ αὐτοῦ καὶ τῇ μητρὶ αὐτοῦ, καὶ εἶπε, γυναῖκα ἑώρακα ἐν Θαμναθὰ ἀπὸ τῶν θυγατέρων Φυλιστιὶμ, καὶ νῦν λάβετε αὐτήν μοι εἰς γυναῖκα. Καὶ εἶπεν αὐτῷ 3 ὁ πατὴρ αὐτοῦ, καὶ ἡ μήτηρ αὐτοῦ, μὴ οὐκ εἰσὶ θυγατέρες τῶν ἀδελφῶν σου, καὶ ἐκ παντὸς τοῦ λαοῦ μου γυνὴ, ὅτι σὺ

β *Heb.* מִשְׁפָּט. γ *Gr.* of wine. δ See Is. 9. 6. ζ According to the *Heb.* a wonderful work. *Alex.* reads τῷ θαυμαστὰ ποιοῦντι κυρίῳ. θ *Gr.* as the time is. λ *Gr.* between Esthaol. μ Observe, ἀλλόφυλοι here and elsewhere is rendered Philistines.

πορεύῃ λαβεῖν γυναῖκα ἀπὸ τῶν ἀλλοφύλων τῶν ἀπεριτμήτων;

Καὶ εἶπε Σαμψὼν πρὸς τὸν πατέρα αὐτοῦ, ταύτην λάβε
4 μοι, ὅτι αὐτὴ εὐθεῖα ἐν ὀφθαλμοῖς μου. Καὶ ὁ πατὴρ αὐτοῦ
καὶ ἡ μήτηρ αὐτοῦ οὐκ ἔγνωσαν ὅτι παρὰ Κυρίου ἐστὶν, ὅτι
ἐκδίκησιν αὐτὸς ζητεῖ ἐκ τῶν ἀλλοφύλων· καὶ ἐν τῷ καιρῷ
5 ἐκείνῳ οἱ ἀλλόφυλοι κυριεύοντες ἐν Ἰσραήλ. Καὶ κατέβη
Σαμψὼν καὶ ὁ πατὴρ αὐτοῦ καὶ ἡ μήτηρ αὐτοῦ εἰς Θαμναθά·
καὶ ἦλθεν ἕως τοῦ ἀμπελῶνος Θαμναθά, καὶ ἰδοὺ σκύμνος
6 λέοντος ὠρυόμενος εἰς συνάντησιν αὐτοῦ. Καὶ ἥλατο ἐπ᾿
αὐτὸν πνεῦμα Κυρίου, καὶ συνέτριψεν αὐτὸν ὡσεὶ συντρίψει
ἔριφον αἰγῶν, καὶ οὐδὲν ἦν ἐν ταῖς χερσὶν αὐτοῦ· καὶ οὐκ
7 ἀπήγγειλε τῷ πατρὶ αὐτοῦ καὶ τῇ μητρὶ αὐτοῦ ὃ ἐποίησε. Καὶ
κατέβησαν καὶ ἐλάλησαν τῇ γυναικὶ, καὶ ηὐθύνθη ἐν ὀφθαλμοῖς
Σαμψών.

8 Καὶ ὑπέστρεψε μεθ᾿ ἡμέρας λαβεῖν αὐτὴν, καὶ ἐξέκλινεν
ἰδεῖν τὸ πτῶμα τοῦ λέοντος, καὶ ἰδοὺ συναγωγὴ μελισσῶν ἐν
9 τῷ στόματι τοῦ λέοντος καὶ μέλι. Καὶ ἐξεῖλεν αὐτὸ εἰς
χεῖρας αὐτοῦ, καὶ ἐπορεύετο πορευόμενος καὶ ἐσθίων· καὶ ἐπορεύθη πρὸς τὸν πατέρα αὐτοῦ καὶ πρὸς τὴν μητέρα αὐτοῦ, καὶ
ἔδωκεν αὐτοῖς καὶ ἔφαγον, καὶ οὐκ ἀνήγγειλεν αὐτοῖς ὅτι ἀπὸ
στόματος τοῦ λέοντος ἐξεῖλε τὸ μέλι.

10 Καὶ κατέβη ὁ πατὴρ αὐτοῦ πρὸς τὴν γυναῖκα, καὶ ἐποίησεν
ἐκεῖ Σαμψὼν πότον ἡμέρας ἑπτὰ, ὅτι οὕτως ποιοῦσιν οἱ νεανί-
11 σκοι. Καὶ ἐγένετο ὅτε εἶδον αὐτὸν, καὶ ἔλαβον τριάκοντα
κλητοὺς, καὶ ἦσαν μετ᾿ αὐτοῦ.
12 Καὶ εἶπεν αὐτοῖς Σαμψὼν, πρόβλημα ὑμῖν προβάλλομαι,
ἐὰν ἀπαγγέλλοντες ἀπαγγείλητε αὐτὸ ἐν ταῖς ἑπτὰ ἡμέραις
τοῦ πότου καὶ εὕρητε, δώσω ὑμῖν τριάκοντα σινδόνας καὶ τριά-
13 κοντα στολὰς ἱματίων. Καὶ ἐὰν μὴ δύνησθε ἀπαγγεῖλαί μοι,
δώσετε ὑμεῖς ἐμοὶ τριάκοντα ὀθόνια καὶ τριάκοντα ἀλλασσο-
μένας στολὰς ἱματίων· καὶ εἶπαν αὐτῷ, προβάλου τὸ πρόβλημά
14 σου, καὶ ἀκουσόμεθα αὐτό. Καὶ εἶπεν αὐτοῖς, τὶ βρωτὸν
ἐξῆλθεν ἐκ βιβρώσκοντος, καὶ ἀπὸ ἰσχυροῦ γλυκύ· καὶ οὐκ
ἠδύναντο ἀπαγγεῖλαι τὸ πρόβλημα ἐπὶ τρεῖς ἡμέρας.

15 Καὶ ἐγένετο ἐν τῇ ἡμέρᾳ τῇ τετάρτῃ, καὶ εἶπαν τῇ γυναικὶ
Σαμψὼν, ἀπάτησον δὴ τὸν ἄνδρα σου, καὶ ἀπαγγειλάτω σοι
τὸ πρόβλημα, μή ποτε κατακαύσωμέν σε καὶ τὸν οἶκον τοῦ
16 πατρός σου ἐν πυρί· ἢ ἐκβιάσαι ἡμᾶς κεκλήκατε; Καὶ ἔκλαυ-
σεν ἡ γυνὴ Σαμψὼν πρὸς αὐτὸν, καὶ εἶπε, πλὴν μεμίσηκάς με
καὶ οὐκ ἠγάπησάς με, ὅτι τὸ πρόβλημα ὃ προεβάλου τοῖς
υἱοῖς τοῦ λαοῦ μου, οὐκ ἀπήγγειλάς μοι αὐτό· καὶ εἶπεν αὐτῇ
Σαμψὼν, εἰ τῷ πατρί μου καὶ τῇ μητρί μου οὐκ ἀπήγγελκα,
17 σοὶ ἀπαγγείλω; Καὶ ἔκλαυσε πρὸς αὐτὸν ἐπὶ τὰς ἑπτὰ ἡμέρας,
ἃς ἦν αὐτοῖς ὁ πότος· καὶ ἐγένετο ἐν τῇ ἡμέρᾳ τῇ ἑβδόμῃ,
καὶ ἀπήγγειλεν αὐτῇ, ὅτι παρηνόχλησεν αὐτῷ· καὶ αὐτὴ
18 ἀπήγγειλε τοῖς υἱοῖς τοῦ λαοῦ αὐτῆς. Καὶ εἶπαν αὐτῷ οἱ
ἄνδρες τῆς πόλεως ἐν τῇ ἡμέρᾳ τῇ ἑβδόμῃ πρὸ τοῦ ἀνατεῖλαι
τὸν ἥλιον, τί γλυκύτερον μέλιτος, καὶ τί ἰσχυρότερον λέοντος;
καὶ εἶπεν αὐτοῖς Σαμψὼν, εἰ μὴ ἠροτριάσατε ἐν τῇ δαμάλει

there not a woman of all my people, that thou goest to take a wife of the uncircumcised Philistines?

And Sampson said to his father, Take her for me, for she *is* right in my eyes. 4 And his father and his mother knew not that it βwas of the Lord, that he sought to be revenged on the Philistines: and at that time the Philistines lorded it over Israel. 5 And Sampson and his father and his mother went down to Thamnatha, and he came to the vineyard of Thamnatha; and behold, a young lion roared γin meeting him. 6 And the Spirit of the Lord δcame powerfully upon him, and he crushed him as he ςwould have crushed a kid of the goats, and there was nothing in his hands: and he told not his father and his mother what he had done. 7 And they went down and spoke to the woman, θand she was pleasing in the eyes of Sampson.

8 And after λsome time he returned to take her, and he turned aside to see the carcase of the lion; and behold, a swarm of bees, and honey *were* in the mouth of the lion. 9 And he took it into his hands, and went on eating, and he went to his father and his mother, and gave to them, and they did eat; but he told them not that he took the honey out of the mouth of the lion.

10 And his father went down to the woman, and Sampson made there a μbanquet for seven days, for so the young men are used to do. 11 And it came to pass when they saw him, that they took thirty guests, and they were with him.

12 And Sampson said to them, I propound you a riddle: if ye will indeed tell it me, and discover it within the seven days of the feast, I will give you thirty sheets and thirty changes of raiment. 13 And if ye cannot tell it me, ye shall give me thirty napkins and thirty ςchanges of apparel: and they said to him, Propound thy riddle, and we will hear it. 14 And he said to them, Meat came forth of the eater, and sweetness out of the strong: and they could not tell the riddle for three days.

15 And it came to pass on the fourth day, that they said to the wife of Sampson, Deceive now thy husband, and let him tell thee the riddle, lest we burn thee and thy father's house with fire: did ye invite us to do us violence? 16 And Sampson's wife wept before him, and said, Thou dost but hate me, and lovest me not; for the riddle which thou hast propounded to the children of my people, thou hast not told me: and Sampson said to her, If I have not told it to my father and my mother, shall I tell it to thee? 17 And she wept before him the seven days, during which their banquet lasted: and it came to pass on the seventh day, that he told her, because she troubled him; and she told it to the children of her people. 18 And the men of the city said to him on the seventh day, before sunrise, What *is* sweeter than honey? and what *is* stronger than a lion? and Sampson said to them, If ye had not ploughed with my

---

β *Gr.* is.   γ *Or,* against him.   δ *Gr.* leaped. *Heb.* הצלח.   ζ *Gr.* will crush.   θ *Or,* the thing was right.   λ *Gr.* days.
μ *i. e.* in the original sense of the word, *a drinking party.*   ς *Gr.* changeable or changing robes.

heifer, ye would not have known my riddle. 19 And the Spirit of the Lord came upon him powerfully, and he went down to Ascalon, and destroyed of β the inhabitants thirty men, and took their garments, and gave the changes of raiment to them that told the riddle; and Sampson was very angry, and went up to the house of his father. 20 And the wife of Sampson was *given* to one of his friends, with whom he was on terms of friendship.

And it came to pass after a time, in the days of wheat harvest, that Sampson visited his wife with a kid, and said, I will go in to my wife even into the chamber: but her father did not suffer him to go in. 2 And her father spoke, saying, I said that thou didst surely hate her, and I gave her to one of thy friends: *is* not her younger sister better than she? let her be to thee instead of her.

3 And Sampson said to them, Even for once am I guiltless with regard to the Philistines, in that I do mischief among them. 4 And Sampson went and caught three hundred foxes, and took torches, and turned tail to tail, and put a torch between two tails, and fastened it. 5 And he set fire to the torches, and sent *the foxes* into the corn of the Philistines; and every thing was burnt from the threshing floor to the standing corn, and even to the vineyard and γ olives. 6 And the Philistines said, Who *has done* these things? and they said, Sampson the son-in-law of the Thamnite, because he has taken his wife, and given her to one of his friends; and the Philistines went up, and burnt her and her father's house with fire.

7 And Sampson said to them, Though ye may have dealt thus with her, verily I will be avenged of you, and afterwards I will cease. 8 And he smote them leg on thigh *with* a great overthrow; and went down and dwelt in a cave of the rock Etam.

9 And the Philistines went up, and encamped in Juda, and spread themselves abroad in Lechi. 10 And the δ men of Juda said, Why are ye come up against us? and the Philistines said, We are come up to bind Sampson, and to do to him as he has done to us. 11 And the three thousand men of Juda went down to the hole of the rock Etam, and they said to Sampson, Knowest thou not that the Philistines rule over us? and what *is* this *that* thou hast done to us? and Sampson said to them, As they did to me, so have I done to them. 12 And they said to him, We are come down to bind thee to deliver thee into the hand of the Philistines: and Sampson said to them, Swear to me that ye will not fall upon me yourselves. 13 And they spoke to him, saying, Nay, but we will only bind thee fast, and deliver thee into their hand, and will by no means slay thee: and they bound him with two new ropes, and brought him from that rock.

14 And they came to ζ Lechi: and the Philistines shouted, and ran to meet him: and the Spirit of the Lord came mightily upon him, and the ropes that were upon his arms

μου, οὐκ ἂν ἔγνωτε τὸ πρόβλημά μου. Καὶ ἥλατο ἐπ' αὐτὸν 19 πνεῦμα Κυρίου, καὶ κατέβη εἰς Ἀσκάλωνα, καὶ ἐπάταξεν ἐξ αὐτῶν τριάκοντα ἄνδρας, καὶ ἔλαβε τὰ ἱμάτια αὐτῶν, καὶ ἔδωκε τὰς στολὰς τοῖς ἀπαγγείλασι τὸ πρόβλημα· Καὶ ὠργίσθη θυμῷ Σαμψὼν, καὶ ἀνέβη εἰς τὸν οἶκον τοῦ πατρὸς αὐτοῦ. Καὶ ἐγένετο ἡ γυνὴ Σαμψὼν ἑνὶ τῶν φίλων αὐτοῦ, ὧν ἐφι- 20 λίασε.

Καὶ ἐγένετο μεθ' ἡμέρας ἐν ἡμέραις θερισμοῦ πυρῶν, καὶ 15 ἐπεσκέψατο Σαμψὼν τὴν γυναῖκα αὐτοῦ ἐν ἐρίφῳ αἰγῶν, καὶ εἶπεν, εἰσελεύσομαι πρὸς τὴν γυναῖκά μου καὶ εἰς τὸ ταμεῖον· καὶ οὐκ ἔδωκεν αὐτὸν ὁ πατὴρ αὐτῆς εἰσελθεῖν. Καὶ εἶπεν 2 ὁ πατὴρ αὐτῆς, λέγων, εἶπα ὅτι μισῶν ἐμίσησας αὐτὴν, καὶ ἔδωκα αὐτὴν ἑνὶ τῶν ἐκ τῶν φίλων σου· μὴ οὐχὶ ἡ ἀδελφὴ αὐτῆς ἡ νεωτέρα ἀγαθωτέρα ὑπὲρ αὐτήν; ἔστω δή σοι ἀντὶ αὐτῆς.

Καὶ εἶπεν αὐτοῖς Σαμψὼν, ἠθώωμαι καὶ τὸ ἅπαξ ἀπὸ ἀλλο- 3 φύλων, ὅτι ποιῶ ἐγὼ μετ' αὐτῶν πονηρίαν· Καὶ ἐπορεύθη 4 Σαμψὼν, καὶ συνέλαβε τριακοσίας ἀλώπεκας, καὶ ἔλαβε λαμπάδας, καὶ ἐπέστρεψε κέρκον πρὸς κέρκον, καὶ ἔθηκε λαμπάδα μίαν ἀναμέσον τῶν δύο κέρκων καὶ ἔδησε, καὶ ἐξέκαυσε πῦρ 5 ἐν ταῖς λαμπάσι, καὶ ἐξαπέστειλεν ἐν τοῖς στάχυσι τῶν ἀλλοφύλων· καὶ ἐκάησαν ἀπὸ ἅλωνος καὶ ἕως σταχύων ὀρθῶν, καὶ ἕως ἀμπελῶνος καὶ ἐλαίας. Καὶ εἶπαν οἱ ἀλλόφυλοι, τίς 6 ἐποίησε ταῦτα; καὶ εἶπαν, Σαμψὼν ὁ νυμφίος τοῦ Θαμνὶ, ὅτι ἔλαβε τὴν γυναῖκα αὐτοῦ, καὶ ἔδωκεν αὐτὴν τῷ ἐκ τῶν φίλων αὐτοῦ· καὶ ἀνέβησαν οἱ ἀλλόφυλοι, καὶ ἐνέπρησαν αὐτὴν καὶ τὸν οἶκον τοῦ πατρὸς αὐτῆς ἐν πυρί.

Καὶ εἶπεν αὐτοῖς Σαμψὼν, ἐὰν ποιήσητε οὕτως ταύτην, ὅτι 7 ἦ μὴν ἐκδικήσω ἐν ὑμῖν, καὶ ἔσχατον κοπάσω. Καὶ ἐπάταξεν 8 αὐτοὺς κνήμην ἐπὶ μηρὸν πληγὴν μεγάλην· καὶ κατέβη καὶ ἐκάθισεν ἐν τρυμαλιᾷ τῆς πέτρας Ἠτάμ.

Καὶ ἀνέβησαν οἱ ἀλλόφυλοι, καὶ παρενέβαλον ἐν Ἰούδα, 9 καὶ ἐξερρίφησαν ἐν Λεχί. Καὶ εἶπαν ἀνὴρ Ἰούδα, εἰς τί 10 ἀνέβητε ἐφ' ἡμᾶς; καὶ εἶπον οἱ ἀλλόφυλοι, δῆσαι τὸν Σαμψὼν ἀνέβημεν, καὶ ποιῆσαι αὐτῷ ὃν τρόπον ἐποίησεν ἡμῖν. Καὶ 11 κατέβησαν τρισχίλιοι ἀπὸ Ἰούδα ἄνδρες εἰς τρυμαλιὰν πέτρας Ἠτάμ, καὶ εἶπαν πρὸς Σαμψὼν, οὐκ οἶδας ὅτι κυριεύουσιν οἱ ἀλλόφυλοι ἡμῶν; καὶ τί τοῦτο ἐποίησας ἡμῖν; καὶ εἶπεν αὐτοῖς Σαμψὼν, ὃν τρόπον ἐποίησάν μοι, οὕτως ἐποίησα αὐτοῖς· Καὶ εἶπαν αὐτῷ, δῆσαί σε κατέβημεν τοῦ δοῦναί σε 12 ἐν χειρὶ ἀλλοφύλων· καὶ εἶπεν αὐτοῖς Σαμψὼν, ὀμόσατέ μοι μή ποτε συναντήσητε ἐν ἐμοὶ ὑμεῖς. Καὶ εἶπον αὐτῷ, λέγον- 13 τες, οὐχὶ, ὅτι ἀλλ' ἢ δεσμῷ δήσομέν σε, καὶ παραδώσωμέν σε ἐν χειρὶ αὐτῶν, καὶ θανάτῳ οὐ θανατώσωμέν σε· καὶ ἔδησαν αὐτὸν ἐν δυσὶ καλωδίοις καινοῖς, καὶ ἀνήνεγκαν αὐτὸν ἀπὸ τῆς πέτρας ἐκείνης.

Καὶ ἦλθον ἕως σιαγόνος· καὶ οἱ ἀλλόφυλοι ἠλάλαξαν, καὶ 14 ἔδραμον εἰς συνάντησιν αὐτοῦ· καὶ ἥλατο ἐπ' αὐτὸν πνεῦμα Κυρίου· καὶ ἐγενήθη τὰ καλώδια τὰ ἐπὶ βραχίοσιν αὐτοῦ ὡσεὶ

β *Gr.* them.   γ *Gr.* olive.   δ *Gr.* man.   ζ *Gr.* the Jaw.

στυππίον ὃ ἐξεκαύθη ἐν πυρί· καὶ ἐτάκησαν δεσμοὶ αὐτοῦ ἀπὸ
15 χειρῶν αὐτοῦ. Καὶ εὗρε σιαγόνα ὄνου ἐξερριμμένην, καὶ
ἐξέτεινε τὴν χεῖρα αὐτοῦ καὶ ἔλαβεν αὐτήν, καὶ ἐπάταξεν ἐν
16 αὐτῇ χιλίους ἄνδρας. Καὶ εἶπε Σαμψών, ἐν σιαγόνι ὄνου
ἐξαλείφων ἐξήλειψα αὐτούς, ὅτι ἐν τῇ σιαγόνι τοῦ ὄνου ἐπά-
17 ταξα χιλίους ἄνδρας. Καὶ ἐγένετο ὡς ἐπαύσατο λαλῶν, καὶ
ἔρριψε τὴν σιαγόνα ἐκ τῆς χειρὸς αὐτοῦ· καὶ ἐκάλεσε τὸν
τόπον ἐκεῖνον, ἀναίρεσις σιαγόνος.

18 Καὶ ἐδίψησε σφόδρα, καὶ ἔκλαυσε πρὸς Κύριον, καὶ εἶπε,
σὺ εὐδόκησας ἐν χειρὶ δούλου σου τὴν σωτηρίαν τὴν μεγάλην
ταύτην, καὶ νῦν ἀποθανοῦμαι τῷ δίψει, καὶ ἐμπεσοῦμαι ἐν χειρὶ
19 τῶν ἀπεριτμήτων; Καὶ ἔρρηξεν ὁ Θεὸς τὸν λάκκον τὸν ἐν
τῇ σιαγόνι, καὶ ἐξῆλθεν ἐκ αὐτοῦ ὕδωρ, καὶ ἔπιε· καὶ ἐπέ-
στρεψε τὸ πνεῦμα αὐτοῦ καὶ ἔζησε· διὰ τοῦτο ἐκλήθη τὸ ὄνομα
αὐτῆς, Πηγὴ τοῦ ἐπικαλουμένου, ἥ ἐστιν ἐν σιαγόνι, ἕως τῆς
ἡμέρας ταύτης.

20 Καὶ ἔκρινε τὸν Ἰσραὴλ ἐν ἡμέραις ἀλλοφύλων εἴκοσι ἔτη.

16 Καὶ ἐπορεύθη Σαμψὼν εἰς Γάζαν, καὶ εἶδεν ἐκεῖ γυναῖκα
2 πόρνην, καὶ εἰσῆλθε πρὸς αὐτήν. Καὶ ἀνηγγέλη τοῖς Γαζαίοις,
λέγοντες, ἥκει Σαμψὼν ὧδε· καὶ ἐκύκλωσαν, καὶ ἐνήδρευσαν
ἐπ᾽ αὐτὸν ὅλην τὴν νύκτα ἐν τῇ πύλῃ τῆς πόλεως· καὶ
ἐκώφευσαν ὅλην τὴν νύκτα, λέγοντες, ἕως διαφαύσῃ ὁ ὄρθρος,
3 καὶ φονεύσωμεν αὐτόν. Καὶ ἐκοιμήθη Σαμψὼν ἕως μεσονυκ-
τίου, καὶ ἀνέστη ἐν ἡμίσει τῆς νυκτός, καὶ ἐπελάβετο τῶν θυρῶν
τῆς πύλης τῆς πόλεως σὺν τοῖς δυσὶ σταθμοῖς, καὶ ἀνεβάσταζεν
αὐτὰς σὺν τῷ μοχλῷ, καὶ ἔθηκεν ἐπὶ ὤμων αὐτοῦ· καὶ ἀνέβη
ἐπὶ τὴν κορυφὴν τοῦ ὄρους τοῦ ἐπὶ προσώπου τοῦ Χεβρών, καὶ
ἔθηκεν αὐτὰ ἐκεῖ.

4 Καὶ ἐγένετο μετὰ τοῦτο, καὶ ἠγάπησε γυναῖκα ἐν Ἀλσωρήχ·
5 καὶ ὄνομα αὐτῇ Δαλιδά. Καὶ ἀνέβησαν πρὸς αὐτὴν οἱ
ἄρχοντες τῶν ἀλλοφύλων, καὶ εἶπαν αὐτῇ, ἀπάτησον αὐτόν,
καὶ ἴδε ἐν τίνι ἡ ἰσχὺς αὐτοῦ ἡ μεγάλη, καὶ ἐν τίνι δυνησόμεθα
αὐτῷ, καὶ δήσομεν αὐτὸν τοῦ ταπεινῶσαι αὐτόν· καὶ ἡμεῖς
δώσομέν σοι ἀνὴρ χιλίους καὶ ἑκατὸν ἀργυρίου.

6 Καὶ εἶπε Δαλιδὰ πρὸς Σαμψών, ἀπάγγειλον δή μοι ἐν τίνι
ἡ ἰσχύς σου ἡ μεγάλη, καὶ ἐν τίνι δεθήσῃ τοῦ ταπεινωθῆναί
7 σε. Καὶ εἶπε πρὸς αὐτὴν Σαμψών, ἐὰν δήσωσί με ἐν ἑπτὰ
νευραῖς ὑγραῖς μὴ διεφθαρμέναις, καὶ ἀσθενήσω καὶ ἔσομαι
8 ὡς εἷς τῶν ἀνθρώπων. Καὶ ἀνήνεγκαν αὐτῇ οἱ ἄρχοντες τῶν
ἀλλοφύλων ἑπτὰ νευρὰς ὑγρὰς μὴ διεφθαρμένας, καὶ ἔδησεν
9 αὐτὸν ἐν αὐταῖς. Καὶ τὸ ἔνεδρον αὐτῇ ἐκάθητο ἐν τῷ ταμείῳ·
καὶ εἶπεν αὐτῷ, ἀλλόφυλοι ἐπὶ σὲ Σαμψών· καὶ διέσπασε τὰς
νευρὰς ὡς εἴ τις ἀποσπάσοι στρέμμα στυππίου ἐν τῷ ὀσφραν-
θῆναι αὐτὸ πυρός, καὶ οὐκ ἐγνώσθη ἡ ἰσχὺς αὐτοῦ.

10 Καὶ εἶπε Δαλιδὰ πρὸς Σαμψών, ἰδοὺ ἐπλάνησάς με, καὶ
ἐλάλησας πρὸς μὲ ψευδῆ· νῦν οὖν ἀνάγγειλόν μοι ἐν τίνι
11 δεθήσῃ. Καὶ εἶπε πρὸς αὐτήν, ἐὰν δεσμεύοντες δήσωσί με ἐν
καλωδίοις καινοῖς οἷς οὐκ ἐγένετο ἐν αὐτοῖς ἔργον, καὶ ἀσθενήσω

---

became as tow which is burnt with fire;
and his bonds were consumed from off his
hands. 15 And he found the jaw-bone of an
ass that had been cast away, and he put
forth his hand and took it, and smote with
it a thousand men. 16 And Sampson said,
With the jaw-bone of an ass I have utterly
destroyed them, for with the jaw-bone of
an ass I have smitten a thousand men.
17 And it came to pass when he ceased speak-
ing, that he cast the jaw-bone out of his
hand ; and he called that place the β Lifting
of the jaw-bone.
18 And he was very thirsty, and wept before
the Lord, and said, Thou hast been well
pleased to grant this great deliverance by
the hand of thy servant, and now shall I die
for thirst, and fall into the hand of the
uncircumcised ? 19 And God broke open a
hollow place in the jaw, and there came
thence water, and he drank ; and his spirit
returned and he revived : therefore the
name of γ the fountain was called ' The well
of the invoker,' which is in Lechi, until this
day.
20 And he judged Israel in the days of the
Philistines twenty years.

And Sampson went to Gaza, and saw
there a harlot, and went in to her. 2 And
it was reported to the Gazites, saying,
Sampson is come hither : and they com-
passed him and laid wait for him all night
in the gate of the city, and they were quiet
all the night, saying, Let us wait till the
dawn appear, and we will slay him. 3 And
Sampson slept till midnight, and rose up at
midnight, and took hold of the doors of the
gate of the city with the two posts, and
lifted them up with the bar, and laid them
on his shoulders, and he went up to the top
of the mountain that is before Chebron, and
laid them there.
4 And it came to pass after this that he
loved a woman in δ Alsorech, and her name
was Dalida. 5 And the princes of the Phi-
listines came up to her, and said to her,
Beguile him, and see wherein his great
strength is, and wherewith we shall prevail
against him, and bind him to humble him ;
and we will give thee ζ each eleven hundred
pieces of silver.
6 And Dalida said to Sampson, Tell me, I
pray thee, wherein is thy great strength, and
wherewith thou shalt be bound that thou
mayest be humbled. 7 And Sampson said
to her, If they bind me with seven moist
cords that have not been spoiled, then shall
I be weak and be as one of ordinary men.
8 And the princes of the Philistines brought
to her seven moist cords that had not been
spoiled, and she bound him with them.
9 And the θ liers in wait remained with her
in the chamber ; and she said to him, The
Philistines are upon thee, Sampson : and he
broke the cords as if any one should break
a thread of tow when it has λ touched the
fire, and his strength was not known.
10 And Dalida said to Sampson, Behold,
thou hast cheated me, and told me lies ;
now then tell me wherewith thou shalt be
bound. 11 And he said to her, If they should
bind me fast with new ropes with which

β This, though unusual, is possibly the meaning of ἀναίρεσις here. γ Gr. it. δ Alex. the brook of Sorech. ζ Gr. a man.
θ Gr. ambush, singular. λ Gr. smelt.

work has not been done, then shall I be weak, and shall be as another man. ¹²And Dalida took new ropes, and bound him with them, and the liers in wait came out of the chamber, and she said, The Philistines *are* upon thee, Sampson: and he broke them off his arms like a thread.

¹³And Dalida said to Sampson, Behold, thou hast deceived me, and told me lies; tell me, **I** intreat thee, wherewith thou mayest be bound: and he said to her, If thou shouldest weave the seven locks of my head with the web, and shouldest fasten them with the pin into the wall, then shall I be weak as another man. ¹⁴And it came to pass when he was asleep, that Dalida took the seven locks of his head, and wove them with the web, and fastened them with the pin into the wall, and she said, The Philistines *are* upon thee, Sampson: and he awoke out of his sleep, and carried away the pin of the web out of the wall.

¹⁵And Dalida said to Sampson, How sayest thou, I love thee, when thy heart is not with me? this third time thou hast deceived me, and hast not told me wherein *is* thy great strength. ¹⁶And it came to pass as she pressed him sore with her words continually, and straitened him, that his spirit failed almost to death. ¹⁷Then he told her all his heart, and said to her, A razor has not come upon my head, because I have been a holy *one* of God from my mother's womb; if then I should be shaven, my strength will depart from me, and I shall be weak, and I shall be as all *other* men.

¹⁸And Dalida saw that he told her all his heart, and she sent and called the princes of the Philistines, saying, Come up yet this once; for he has told me all his heart. And the chiefs of the Philistines went up to her, and brought the money in their hands. ¹⁹And Dalida made Sampson sleep upon her knees; and she called a man, and he shaved the seven locks of his head, and she began to β humble him, and his strength departed from him. ²⁰And Dalida said, The Philistines *are* upon thee, Sampson: and he awoke out of his sleep and said, I will go out as at former times, and shake myself; and he knew not that the Lord was departed from him. ²¹And the Philistines took him, and γ put out his eyes, and brought him down to Gaza, and bound him with fetters of brass; and he ground in the prison-house. ²²And the hair of his head began to grow δ as before it was shaven.

²³And the chiefs of the Philistines met to offer a great sacrifice to their god Dagon, and to make merry; and they said, God has given into our hand our enemy Sampson. ²⁴And the people saw him, and sang praises to their god; for our god, *said they*, has delivered into our hand our enemy, who wasted our land, and who multiplied our slain. ²⁵And when their heart was merry, then they said, Call Sampson out of the prison-house, and let him play before us: and they called Sampson out of the prison-house, and he played before them; and they smote him with the palms of their hands,

καὶ ἔσομαι ὡς εἷς τῶν ἀνθρώπων. Καὶ ἔλαβε Δαλιδὰ καλώδια 12 καινὰ, καὶ ἔδησεν αὐτὸν ἐν αὐτοῖς, καὶ τὰ ἔνεδρα ἐξῆλθεν ἐκ τοῦ ταμείου· καὶ εἶπεν, ἀλλόφυλοι ἐπὶ σὲ Σαμψών· καὶ διέσπασεν αὐτὰ ἀπὸ βραχιόνων αὐτοῦ ὡσεὶ σπαρτίον.

Καὶ εἶπε Δαλιδὰ πρὸς Σαμψών, ἰδοὺ ἐπλάνησάς με, καὶ 13 ἐλάλησας πρὸς μὲ ψευδῆ· ἀνάγγειλον δή μοι ἐν τίνι δεθήσῃ· καὶ εἶπε πρὸς αὐτὴν, ἐὰν ὑφάνῃς τὰς ἑπτὰ σειρὰς τῆς κεφαλῆς μου σὺν τῷ διάσματι, καὶ ἐγκρούσῃς τῷ πασσάλῳ εἰς τὸν τοῖχον, καὶ ἔσομαι ὡς εἷς τῶν ἀνθρώπων ἀσθενής. Καὶ 14 ἐγένετο ἐν τῷ κοιμᾶσθαι αὐτὸν, καὶ ἔλαβε Δαλιδὰ τὰς ἑπτὰ σειρὰς τῆς κεφαλῆς αὐτοῦ, καὶ ὕφανεν ἐν τῷ διάσματι, καὶ ἔπηξε τῷ πασσάλῳ εἰς τὸν τοῖχον, καὶ εἶπεν, ἀλλόφυλοι ἐπὶ σὲ Σαμψών· καὶ ἐξυπνίσθη ἀπὸ τοῦ ὕπνου αὐτοῦ, καὶ ἐξῆρε τὸν πάσσαλον τοῦ ὑφάσματος ἐκ τοῦ τοίχου.

Καὶ εἶπε πρὸς Σαμψὼν Δαλιδὰ, πῶς λέγεις, ἠγάπηκά σε, 15 καὶ ἡ καρδία σου οὐκ ἔστι μετ᾽ ἐμοῦ; τοῦτο τρίτον ἐπλάνησάς με καὶ οὐκ ἀπήγγειλάς μοι ἐν τίνι ἡ ἰσχύς σου ἡ μεγάλη. Καὶ ἐγένετο ὅτε ἐξέθλιψεν αὐτὸν ἐν λόγοις αὐτῆς πάσας τὰς 16 ἡμέρας, καὶ ἐστενοχώρησεν αὐτὸν, καὶ ὠλιγοψύχησεν ἕως τοῦ ἀποθανεῖν. Καὶ ἀνήγγειλεν αὐτῇ πᾶσαν τὴν καρδίαν αὐτοῦ, 17 καὶ εἶπεν αὐτῇ, σίδηρος οὐκ ἀνέβη ἐπὶ τὴν κεφαλήν μου, ὅτι ἅγιος Θεοῦ ἐγώ εἰμι ἀπὸ κοιλίας μητρός μου· ἐὰν οὖν ξυρήσωμαι, ἀποστήσεται ἀπ᾽ ἐμοῦ ἡ ἰσχύς μου· καὶ ἀσθενήσω, καὶ ἔσομαι ὡς πάντες οἱ ἄνθρωποι.

Καὶ εἶδε Δαλιδὰ, ὅτι ἀπήγγειλεν αὐτῇ πᾶσαν τὴν καρδίαν 18 αὐτοῦ· καὶ ἀπέστειλε καὶ ἐκάλεσε τοὺς ἄρχοντας τῶν ἀλλοφύλων, λέγουσα, ἀνάβητε ἔτι τὸ ἅπαξ τοῦτο, ὅτι ἀπήγγειλέ μοι πᾶσαν τὴν καρδίαν αὐτοῦ· καὶ ἀνέβησαν πρὸς αὐτὴν οἱ ἄρχοντες τῶν ἀλλοφύλων, καὶ ἀνήνεγκαν τὸ ἀργύριον ἐν χερσὶν αὐτῶν. Καὶ ἐκοίμισε Δαλιδὰ τὸν Σαμψὼν ἐπὶ τὰ γόνατα αὐτῆς· καὶ 19 ἐκάλεσεν ἄνδρα, καὶ ἐξύρησε τὰς ἑπτὰ σειρὰς τῆς κεφαλῆς αὐτοῦ, καὶ ἤρξατο ταπεινῶσαι αὐτὸν, καὶ ἀπέστη ἡ ἰσχὺς αὐτοῦ ἀπ᾽ αὐτοῦ. Καὶ εἶπε Δαλιδὰ, ἀλλόφυλοι ἐπὶ σὲ Σαμψών· καὶ 20 ἐξυπνίσθη ἐκ τοῦ ὕπνου αὐτοῦ, καὶ εἶπεν, ἐξελεύσομαι ὡς ἅπαξ καὶ ἅπαξ, καὶ ἐκτιναχθήσομαι· καὶ αὐτὸς οὐκ ἔγνω ὅτι ὁ Κύριος ἀπέστη ἀπάνωθεν αὐτοῦ. Καὶ ἐκράτησαν αὐτὸν οἱ ἀλλόφυλοι, 21 καὶ ἐξέκοψαν τοὺς ὀφθαλμοὺς αὐτοῦ, καὶ κατήνεγκαν αὐτὸν εἰς Γάζαν, καὶ ἐπέδησαν αὐτὸν ἐν πέδαις χαλκείαις· καὶ ἦν ἀλήθων ἐν οἴκῳ τοῦ δεσμωτηρίου. Καὶ ἤρξατο θρὶξ τῆς κεφαλῆς 22 αὐτοῦ βλαστάνειν καθὼς ἐξυρήσατο.

Καὶ οἱ ἄρχοντες τῶν ἀλλοφύλων συνήχθησαν θυσιάσαι 23 θυσίασμα μέγα τῷ Δαγὼν θεῷ αὐτῶν, καὶ εὐφρανθῆναι, καὶ εἶπαν, ἔδωκεν ὁ θεὸς ἐν χειρὶ ἡμῶν τὸν Σαμψὼν τὸν ἐχθρὸν ἡμῶν. Καὶ εἶδον αὐτὸν ὁ λαὸς, καὶ ὕμνησαν τὸν θεὸν αὐτῶν, 24 ὅτι παρέδωκεν ὁ θεὸς ἡμῶν τὸν ἐχθρὸν ἡμῶν ἐν χειρὶ ἡμῶν, τὸν ἐρημοῦντα τὴν γῆν ἡμῶν, καὶ ὃς ἐπλήθυνε τοὺς τραυματίας ἡμῶν. Καὶ ὅτε ἠγαθύνθη ἡ καρδία αὐτῶν, καὶ εἶπαν, καλέσατε 25 τὸν Σαμψὼν ἐξ οἴκου φυλακῆς, καὶ παιξάτω ἐνώπιον ἡμῶν· καὶ ἐκάλεσαν τὸν Σαμψὼν ἐξ οἴκου δεσμωτηρίου, καὶ ἔπαιζεν ἐνώπιον αὐτῶν· καὶ ἐρράπιζον αὐτὸν, καὶ ἔστησαν αὐτὸν ἀνα-

---

β This word in LXX. seems generally to have the signification of "*to afflict*."   γ *Gr.* cut out.   δ *Gr.* as he was shaven.

26 μέσον τῶν κιόνων. Καὶ εἶπε Σαμψὼν πρὸς τὸν νεανίαν τὸν κρατοῦντα τὴν χεῖρα αὐτοῦ, ἄφες με, καὶ ψηλαφήσω τοὺς κίονας ἐφ᾽ οἷς ὁ οἶκος ἐπ᾽ αὐτούς, καὶ ἐπιστηριχθήσομαι ἐπ᾽

27 αὐτούς. Καὶ ὁ οἶκος πλήρης τῶν ἀνδρῶν καὶ τῶν γυναικῶν, καὶ ἐκεῖ πάντες οἱ ἄρχοντες τῶν ἀλλοφύλων, καὶ ἐπὶ τὸ δῶμα ὡσεὶ τρισχίλιοι ἄνδρες καὶ γυναῖκες οἱ θεωροῦντες ἐν παιγνίαις Σαμψών.

28 Καὶ ἔκλαυσε Σαμψὼν πρὸς Κύριον, καὶ εἶπεν, ἀδωναϊὲ Κύριε μνήσθητι δή μου, καὶ ἐνίσχυσόν με ἔτι τὸ ἅπαξ τοῦτο Θεέ, καὶ ἀνταποδώσω ἀνταπόδοσιν μίαν περὶ τῶν δύο ὀφθαλμῶν μου

29 τοῖς ἀλλοφύλοις. Καὶ περιέλαβε Σαμψὼν τοὺς δύο κίονας τοῦ οἴκου ἐφ᾽ οὓς ὁ οἶκος εἱστήκει, καὶ ἐπεστηρίχθη ἐπ᾽ αὐτούς, καὶ ἐκράτησεν ἕνα τῇ δεξιᾷ αὐτοῦ, καὶ ἕνα τῇ ἀριστερᾷ αὐτοῦ.

30 Καὶ εἶπε Σαμψών, ἀποθανέτω ψυχή μου μετὰ τῶν ἀλλοφύλων· καὶ ἐβάσταξεν ἐν ἰσχύϊ· καὶ ἔπεσεν ὁ οἶκος ἐπὶ τοὺς ἄρχοντας, καὶ ἐπὶ πάντα τὸν λαὸν τὸν ἐν αὐτῷ· καὶ ἦσαν οἱ τεθνηκότες οὓς ἐθανάτωσε Σαμψὼν ἐν τῷ θανάτῳ αὐτοῦ, πλείους ἢ οὓς ἐθανάτωσεν ἐν τῇ ζωῇ αὐτοῦ.

31 Καὶ κατέβησαν οἱ ἀδελφοὶ αὐτοῦ, καὶ ὁ οἶκος τοῦ πατρὸς αὐτοῦ, καὶ ἔλαβον αὐτόν· καὶ ἀνέβησαν καὶ ἔθαψαν αὐτὸν ἀναμέσον Σαραὰ καὶ ἀναμέσον Ἐσθαὸλ ἐν τῷ τάφῳ Μανωὲ τοῦ πατρὸς αὐτοῦ· καὶ αὐτὸς ἔκρινε τὸν Ἰσραὴλ εἴκοσι ἔτη.

17 Καὶ ἐγένετο ἀνὴρ ἀπὸ ὄρους Ἐφραίμ, καὶ ὄνομα αὐτῷ

2 Μιχαίας. Καὶ εἶπε τῇ μητρὶ αὐτοῦ, οἱ χίλιοι καὶ ἑκατὸν οὓς ἔλαβες ἀργυρίου σεαυτῇ, καί με ἠράσω, καὶ προσεῖπας ἐν ὠσί μου, ἰδοὺ τὸ ἀργύριον παρ᾽ ἐμοί, ἐγὼ ἔλαβον αὐτό· καὶ εἶπεν ἡ

3 μήτηρ αὐτοῦ, εὐλογητὸς ὁ υἱός μου τῷ Κυρίῳ. Καὶ ἀπέδωκε τοὺς χιλίους καὶ ἑκατὸν τοῦ ἀργυρίου τῇ μητρὶ αὐτοῦ· καὶ εἶπεν ἡ μήτηρ αὐτοῦ, ἁγιάζουσα ἡγίασα τὸ ἀργύριον τῷ Κυρίῳ ἐκ τῆς χειρός μου τῷ υἱῷ μου τοῦ ποιῆσαι γλυπτὸν καὶ χωνευτόν,

4 καὶ νῦν ἀποδώσω αὐτό σοι. Καὶ ἀπέδωκε τὸ ἀργύριον τῇ μητρὶ αὐτοῦ· καὶ ἔλαβεν ἡ μήτηρ αὐτοῦ διακοσίους ἀργυρίου, καὶ ἔδωκεν αὐτὸ ἀργυροκόπῳ, καὶ ἐποίησεν αὐτὸ γλυπτὸν καὶ

5 χωνευτόν· καὶ ἐγενήθη ἐν οἴκῳ Μιχαία. Καὶ ὁ οἶκος Μιχαία αὐτῷ οἶκος Θεοῦ· καὶ ἐποίησεν ἐφὼδ καὶ θεραφίν· καὶ ἐπλήρωσε τὴν χεῖρα ἀπὸ ἑνὸς υἱῶν αὐτοῦ, καὶ ἐγένετο αὐτῷ εἰς ἱερέα.

6 Ἐν δὲ ταῖς ἡμέραις ἐκείναις οὐκ ἦν βασιλεὺς ἐν Ἰσραήλ· ἀνὴρ τὸ εὐθὲς ἐν ὀφθαλμοῖς αὐτοῦ ἐποίει.

7 Καὶ ἐγενήθη νεανίας ἐκ Βηθλεὲμ δήμου Ἰούδα, καὶ αὐτὸς

8 Λευίτης, καὶ οὗτος παρῴκει ἐκεῖ. Καὶ ἐπορεύθη ὁ ἀνὴρ ἀπὸ Βηθλεὲμ τῆς πόλεως Ἰούδα παροικῆσαι ἐν ᾧ ἐὰν εὕρῃ τόπῳ· καὶ ἦλθεν ἕως ὄρους Ἐφραίμ, καὶ ἕως οἴκου Μιχαία τοῦ ποιῆσαι

9 ὁδὸν αὐτοῦ. Καὶ εἶπεν αὐτῷ Μιχαίας, πόθεν ἔρχῃ; καὶ εἶπε πρὸς αὐτόν, Λευίτης εἰμὶ ἐκ Βηθλεὲμ Ἰούδα, καὶ ἐγὼ πορεύομαι

10 παροικῆσαι ἐν ᾧ ἐὰν εὕρω τόπῳ. Καὶ εἶπεν αὐτῷ Μιχαίας, κάθου μετ᾽ ἐμοῦ, καὶ γίνου μοι εἰς πατέρα καὶ εἰς ἱερέα, καὶ ἐγὼ δώσω σοι δέκα ἀργυρίου εἰς ἡμέραν, καὶ στολὴν ἱματίων,

11 καὶ τὰ πρὸς ζωήν σου. Καὶ ἐπορεύθη ὁ Λευίτης, καὶ ἤρξατο παροικεῖν παρὰ τῷ ἀνδρί· καὶ ἐγενήθη ὁ νεανίας αὐτῷ ὡς εἰς

and set him between the pillars. 26 And Sampson said to the young man that held his hand, Suffer me to feel the pillars on which the house *rests*, and I will stay myself upon them. 27 And the house *was* full of men and women, and there *were* all the chiefs of the Philistines, and on the roof *were* about three thousand men and women looking at the sports of Sampson.

28 And Sampson wept before the Lord, and said, O Lord, my Lord, remember me, I pray thee, and strengthen me, O God, yet this once, and I will requite one recompense to the Philistines for my two eyes. 29 And Sampson took hold of the two pillars of the house on which the house stood, and leaned on them, and laid hold of one with his right hand, and the other with his left. 30 And Sampson said, Let my life perish with the Philistines: and he β bowed himself mightily; and the house fell upon the princes, and upon all the people that were in it: and the dead whom Sampson slew in his death were more than those whom he slew in his life.

31 And his brethren and his father's house went down, and they took him; and they went up and buried him between Saraa and Esthaol in the sepulchre of his father Manoë; and he judged Israel twenty years.

And there was a man of mount Ephraim, and his name was Michaias. 2 And he said to his mother, The eleven hundred pieces of silver which thou tookest to thyself, and *about which* thou cursedst me, and spokest in my ears, behold, the silver *is* with me; I took it: and his mother said, Blessed *be* my son of the Lord. 3 And he restored the eleven hundred pieces of silver to his mother; and his mother said, I had wholly consecrated the money to the Lord out of my hand for my son, to make a graven and a molten *image*, and now I will restore it to thee. 4 But he returned the silver to his mother, and his mother took two hundred pieces of silver, and gave γ them to a silver-smith, and he made it a graven and a molten image; and it was in the house of Michaias. 5 And the house of Michaias *was* to him the house of God, and he made an ephod and theraphin, and he consecrated one of his sons, and he became to him a priest.

6 And in those days there was no king in Israel; every man did that which was right in his own eyes.

7 And there was a young man in Bethleem of the tribe of Juda, and he *was* a Levite, and he was sojourning there. 8 And the man departed from Bethleem the city of Juda to sojourn in whatever place he might find; and he came as far as mount Ephraim, and to the house of Michaias to accomplish his journey. 9 And Michaias said to him, Whence comest thou? and he said to him, I am a Levite of Bethleem Juda, and I go to sojourn in any place I may find. 10 And Michaias said to him, Dwell with me, and be to me a father and a priest; and I will give thee ten pieces of silver by the δ year, and a change of raiment, and thy living. 11 And the Levite went and began to dwell with the man; and the young man was to

---

β *Gr.* bore; some read ἔκλινεν.   γ *Gr.* it.   δ *Heb.* ימים (*year of*) *days.*

him as one of his sons. ¹²And Michaias consecrated the Levite, and he became to him a priest, and he was in the house of Michaias. ¹³And Michaias said, Now I know that the Lord will do me good, because a Levite has become my priest.

In those days there was no king in Israel; and in those days the tribe of Dan sought for itself an inheritance to inhabit, because no inheritance had fallen to it until that day in the midst of the tribes of the children of Israel. ²And the sons of Dan sent from their families five men of valour, from Saraa and from Esthaol, to spy out the land and to β search it; and they said to them, Go and search out the land. And they came as far as the mount of Ephraim to the house of Michaias and they lodged there, ³in the house of Michaias, and they recognised the voice of the young man the Levite, and turned in thither; and said to him, Who brought thee in hither? and what doest thou in this place? and what hast thou here? ⁴And he said to them, Thus and thus did Michaias to me, and he hired me, and I became his priest. ⁵And they said to him, Enquire now of God, and we shall know whether our way will prosper, on which we are going. ⁶And the priest said to them, Go in peace; your way in which ye go, is before the Lord.

⁷And the five men went on, and came to Laisa; and they saw the people in the midst of it dwelling securely, at ease as is the manner of the Sidonians, and there is no one γ perverting or shaming a matter in the land, no heir extorting treasures; and they are far from the Sidonians, and they have no intercourse with any one. ⁸And the five men came to their brethren to Saraa and Esthaol, and said to their brethren, Why sit ye here idle? ⁹And they said, Arise, and let us go up against them, for we have seen the land, and, behold, it is very good, yet ye are still: delay not to go, and to enter in to possess the land. ¹⁰And whensoever ye shall go, ye shall come in upon a people secure, and the land is extensive, for God has given it into your hand; a place where there is no want of δ anything that the earth affords.

¹¹And there departed thence of the families of Dan, from Saraa and from Esthaol, six hundred men, girded with weapons of war. ¹²And they went up, and encamped in Cariathiarim in Juda; therefore it was called in that place the camp of Dan, until this day: behold, it is behind Cariathiarim. ¹³And they went on thence to the mount of Ephraim, and came to the house of Michaias. ¹⁴And the five men who went to spy out the land of Laisa answered, and said to their brethren, Ye know that there is in this place an ephod, and theraphin, and a graven and a molten image; and now consider what ye shall do. ¹⁵And they turned aside there, and went into the house of the young man, the Levite, even into the house of Michaias, and asked him ζ how he was. ¹⁶And the six hundred men of the sons of Dan who were girded with their weapons of

ἀπὸ υἱῶν αὐτοῦ. Καὶ ἐπλήρωσε Μιχαίας τὴν χεῖρα τοῦ Λευί- 12 του, καὶ ἐγένετο αὐτῷ εἰς ἱερέα, καὶ ἐγένετο ἐν τῷ οἴκῳ Μιχαία. Καὶ εἶπε Μιχαίας, νῦν ἔγνων ὅτι ἀγαθυνεῖ μοι Κύριος, ὅτι 13 ἐγένετό μοι ὁ Λευίτης εἰς ἱερέα.

Ἐν ταῖς ἡμέραις ἐκείναις οὐκ ἦν βασιλεὺς ἐν Ἰσραήλ· καὶ 18 ἐν ταῖς ἡμέραις ἐκείναις ἡ φυλὴ Δὰν ἐζήτει ἑαυτῇ κληρονομίαν κατοικῆσαι, ὅτι οὐκ ἐνέπεσεν αὐτῇ ἕως τῆς ἡμέρας ἐκείνης ἐν μέσῳ φυλῶν υἱῶν Ἰσραὴλ κληρονομία. Καὶ ἀπέστειλαν οἱ 2 υἱοὶ Δὰν ἀπὸ δήμων αὐτῶν πέντε ἄνδρας υἱοὺς δυνάμεως, ἀπὸ Σαραὰ καὶ ἀπὸ Ἐσθαὸλ τοῦ κατασκέψασθαι τὴν γῆν καὶ ἐξιχνιάσαι αὐτήν· καὶ εἶπαν πρὸς αὐτούς, πορεύεσθε καὶ ἐξιχνιάσατε τὴν γῆν· καὶ ἦλθον ἕως ὄρους Ἐφραὶμ ἕως οἴκου Μιχαία· καὶ ηὐλίσθησαν αὐτοὶ ἐκεῖ ἐν οἴκῳ Μιχαία, καὶ αὐτοὶ 3 ἐπέγνωσαν τὴν φωνὴν τοῦ νεανίσκου τοῦ Λευίτου, καὶ ἐξέκλιναν ἐκεῖ· καὶ εἶπαν αὐτῷ, τίς ἤνεγκέ σε ὧδε; καὶ σὺ τί ποιεῖς ἐν τῷ τόπῳ τούτῳ; καὶ τί σοι ὧδε; Καὶ εἶπε πρὸς αὐτούς, οὕτω 4 καὶ οὕτως ἐποίησέ μοι Μιχαίας, καὶ ἐμισθώσατό με, καὶ ἐγενόμην αὐτῷ εἰς ἱερέα. Καὶ εἶπαν αὐτῷ, ἐπερώτησον δὴ ἐν τῷ 5 Θεῷ, καὶ γνωσόμεθα εἰ εὐοδωθήσεται ἡ ὁδὸς ἡμῶν, ἐν ᾗ ἡμεῖς πορευόμεθα ἐν αὐτῇ. Καὶ εἶπεν αὐτοῖς ὁ ἱερεύς, πορεύεσθε 6 ἐν εἰρήνῃ· ἐνώπιον Κυρίου ἡ ὁδὸς ὑμῶν, ἐν ᾗ πορεύεσθε ἐν αὐτῇ.

Καὶ ἐπορεύθησαν οἱ πέντε ἄνδρες, καὶ ἦλθον εἰς Λαισά· καὶ 7 εἶδον τὸν λαὸν τὸν ἐν μέσῳ αὐτῆς καθήμενον ἐπ᾽ ἐλπίδι, ὡς κρίσις Σιδωνίων ἡσυχάζουσα, καὶ οὐκ ἔστι διατρέπων ἢ καταισχύνων λόγον ἐν τῇ γῇ, κληρονόμος ἐκπιέζων θησαυρούς, καὶ μακράν εἰσι Σιδωνίων, καὶ λόγον οὐκ ἔχουσι πρὸς ἄνθρωπον. Καὶ ἦλθον οἱ πέντε ἄνδρες πρὸς τοὺς ἀδελφοὺς αὐτῶν εἰς Σαραὰ 8 καὶ Ἐσθαὸλ, καὶ εἶπον τοῖς ἀδελφοῖς αὐτῶν, τί ὑμεῖς κάθησθε; Καὶ εἶπαν, ἀνάστητε, καὶ ἀναβῶμεν ἐπ᾽ αὐτούς, ὅτι εἴδομεν 9 τὴν γῆν, καὶ ἰδοὺ ἀγαθὴ σφόδρα, καὶ ὑμεῖς ἡσυχάζετε· μὴ ὀκνήσητε τοῦ πορευθῆναι, καὶ εἰσελθεῖν τοῦ κληρονομῆσαι τὴν γῆν. Καὶ ἡνίκα ἐὰν ἔλθητε, εἰσελεύσεσθε πρὸς λαὸν ἐπ᾽ 10 ἐλπίδι, καὶ ἡ γῆ πλατεῖα, ὅτι ἔδωκεν αὐτὴν ὁ Θεὸς ἐν χειρὶ ὑμῶν· τόπος ὅπου οὐκ ἔστιν ἐκεῖ ὑστέρημα παντὸς ῥήματος τῶν ἐν τῇ γῇ.

Καὶ ἀπῆραν ἐκεῖθεν ἀπὸ δήμων τοῦ Δὰν ἀπὸ Σαραὰ καὶ ἀπὸ 11 Ἐσθαὸλ ἑξακόσιοι ἄνδρες ἐζωσμένοι σκεύη παρατάξεως. Καὶ 12 ἀνέβησαν καὶ παρενέβαλον ἐν Καριαθιαρὶμ ἐν Ἰούδα· διὰ τοῦτο ἐκλήθη ἐν ἐκείνῳ τῷ τόπῳ, παρεμβολὴ Δὰν, ἕως τῆς ἡμέρας ταύτης· ἰδοὺ ὀπίσω Καριαθιαρίμ.

Καὶ παρῆλθον ἐκεῖθεν ὄρος Ἐφραὶμ, καὶ ἦλθον ἕως οἴκου 13 Μιχαία. Καὶ ἀπεκρίθησαν οἱ πέντε ἄνδρες οἱ πορευόμενοι 14 κατασκέψασθαι τὴν γῆν Λαισὰ, καὶ εἶπαν πρὸς τοὺς ἀδελφούς, ἔγνωτε ὅτι ἐστὶν ἐν τῷ οἴκῳ τούτῳ ἐφὼδ καὶ θεραφὶν καὶ γλυπτὸν καὶ χωνευτόν· καὶ νῦν γνῶτε ὅ, τι ποιήσετε. Καὶ 15 ἐξέκλιναν ἐκεῖ, καὶ εἰσῆλθον εἰς τὸν οἶκον τοῦ νεανίσκου τοῦ Λευίτου, εἰς τὸν οἶκον Μιχαία, καὶ ἠρώτησαν αὐτὸν εἰς εἰρήνην. Καὶ οἱ ἑξακόσιοι ἄνδρες οἱ ἀνεζωσμένοι τὰ σκεύη τῆς παρατά- 16 ξεως αὐτῶν ἑστῶτες παρὰ θύρας τῆς πύλης, οἱ ἐκ τῶν υἱῶν Δάν.

β Or, survey or examine it.   γ Here probably διατρέπων and ἐκπιέζων both come under the Heb. מכלים and ἐκπιέζων and θησαυρούς
both under עצר.   δ Gr. of the things in the land or earth.   ζ Gr. as to or concerning peace.

17 Καὶ ἀνέβησαν οἱ πέντε ἄνδρες οἱ πορευθέντες κατασκέψασθαι τὴν γῆν, καὶ εἰσῆλθον ἐκεῖ εἰς οἶκον Μιχαία, καὶ ὁ ἱερεὺς ἑστώς.

18 Καὶ ἔλαβον τὸ γλυπτὸν καὶ τὸ ἐφὼδ καὶ τὸ θεραφὶν καὶ τὸ

19 χωνευτόν· καὶ εἶπε πρὸς αὐτοὺς ὁ ἱερεύς, τί ὑμεῖς ποιεῖτε; Καὶ εἶπαν αὐτῷ, κώφευσον, ἐπίθες τὴν χεῖρά σου ἐπὶ τὸ στόμα σου, καὶ δεῦρο μεθ᾽ ἡμῶν, καὶ γένου ἡμῖν εἰς πατέρα καὶ εἰς ἱερέα· μὴ ἀγαθὸν εἶναί σε ἱερέα οἴκου ἀνδρὸς ἑνός, ἢ γενέσθαι σε ἱερέα

20 φυλῆς καὶ οἴκου εἰς δῆμον Ἰσραήλ; Καὶ ἠγαθύνθη ἡ καρδία τοῦ ἱερέως, καὶ ἔλαβε τὸ ἐφὼδ καὶ τὸ θεραφὶν καὶ τὸ γλυπτὸν καὶ τὸ χωνευτόν, καὶ ἦλθεν ἐν μέσῳ τοῦ λαοῦ.

21 Καὶ ἐπέστρεψαν καὶ ἀπῆλθον, καὶ ἔθηκαν τὰ τέκνα καὶ τὴν κτῆσιν καὶ τὸ βάρος ἔμπροσθεν αὐτῶν.

22 Αὐτοὶ ἐμάκρυναν ἀπὸ οἴκου Μιχαία, καὶ ἰδοὺ Μιχαίας καὶ οἱ ἄνδρες οἱ ἐν ταῖς οἰκίαις ταῖς μετὰ οἴκου Μιχαία ἐβόησαν, καὶ

23 κατελάβοντο τοὺς υἱοὺς Δάν. Καὶ ἐπέστρεψαν οἱ υἱοὶ Δὰν τὸ πρόσωπον αὐτῶν, καὶ εἶπαν τῷ Μιχαίᾳ, τί ἐστί σοι, ὅτι ἐβόη-

24 σας; Καὶ εἶπε Μιχαίας, ὅτι τὸ γλυπτόν μου, ὃ ἐποίησα, ἐλάβετε, καὶ τὸν ἱερέα, καὶ ἐπορεύθητε· καὶ τί μοι ἔτι; καὶ τί

25 τοῦτο λέγετε πρὸς μέ, τί κράζεις; Καὶ εἶπαν πρὸς αὐτὸν οἱ υἱοὶ Δάν, μὴ ἀκουσθήτω δὴ φωνή σου μεθ᾽ ἡμῶν, μή ποτε συναντήσωσιν ὑμῖν ἄνδρες· πικροὶ ψυχῇ, καὶ προσθήσουσι

26 ψυχήν σου, καὶ τὴν ψυχὴν τοῦ οἴκου σου. Καὶ ἐπορεύθησαν οἱ υἱοὶ Δὰν εἰς ὁδὸν αὐτῶν· καὶ εἶδε Μιχαίας, ὅτι δυνατώτεροί εἰσιν ὑπὲρ αὐτόν· καὶ ἐπέστρεψεν εἰς τὸν οἶκον αὐτοῦ.

27 Καὶ οἱ υἱοὶ Δὰν ἔλαβον ὃ ἐποίησε Μιχαίας, καὶ τὸν ἱερέα ὃς ἦν αὐτῷ, καὶ ἦλθον ἐπὶ Λαισὰ, ἐπὶ λαὸν ἡσυχάζοντα καὶ πεποιθότα ἐπ᾽ ἐλπίδι· καὶ ἐπάταξαν αὐτοὺς ἐν στόματι ῥομ-

28 φαίας, καὶ τὴν πόλιν ἐνέπρησαν ἐν πυρί. Καὶ οὐκ ἦν ὁ ῥυόμενος, ὅτι μακράν ἐστιν ἀπὸ Σιδωνίων, καὶ λόγος οὐκ ἔστιν αὐτοῖς μετὰ ἀνθρώπου· καὶ αὐτὴ ἐν τῇ κοιλάδι τοῦ οἴκου Ῥαάβ· καὶ ᾠκοδόμησαν τὴν πόλιν, καὶ κατεσκήνωσαν ἐν αὐτῇ,

29 καὶ ἐκάλεσαν τὸ ὄνομα τῆς πόλεως Δάν, ἐν ὀνόματι Δὰν πατρὸς αὐτῶν, ὃς ἐτέχθη τῷ Ἰσραήλ· καὶ ἦν Οὐλαμαῖς ὄνομα τῆς πόλεως τοπρότερον.

30 Καὶ ἔστησαν ἑαυτοῖς οἱ υἱοὶ Δὰν τὸ γλυπτόν· καὶ Ἰωνάθαν υἱὸς Γηρσὼν υἱὸς Μανασσῆ αὐτὸς καὶ οἱ υἱοὶ αὐτοῦ ἦσαν ἱερεῖς

31 τῇ φυλῇ Δὰν ἕως ἡμέρας τῆς ἀποικίας τῆς γῆς. Καὶ ἔθηκαν ἑαυτοῖς τὸ γλυπτὸν ὃ ἐποίησε Μιχαίας, πάσας τὰς ἡμέρας ἃς ἦν ὁ οἶκος τοῦ Θεοῦ ἐν Σηλώμ· καὶ ἐγένετο ἐν ταῖς ἡμέραις ἐκείναις οὐκ ἦν βασιλεὺς ἐν Ἰσραήλ.

19 Καὶ ἐγένετο ἀνὴρ Λευίτης παροικῶν ἐν μηροῖς ὄρους Ἐφραίμ, καὶ ἔλαβεν αὐτῷ γυναῖκα παλλακὴν ἀπὸ Βηθλεὲμ Ἰούδα.

2 Καὶ ἐπορεύθη ἀπ᾽ αὐτοῦ ἡ παλλακὴ αὐτοῦ, καὶ ἀπῆλθε παρ᾽ αὐτοῦ εἰς οἶκον πατρὸς αὐτῆς εἰς Βηθλεὲμ Ἰούδα, καὶ ἦν ἐκεῖ ἡμέρας μηνῶν τεσσάρων.

3 Καὶ ἀνέστη ὁ ἀνὴρ αὐτῆς, καὶ ἐπορεύθη ὀπίσω αὐτῆς τοῦ λαλῆσαι ἐπὶ καρδίαν αὐτῆς, τοῦ ἐπιστρέψαι αὐτὴν αὐτῷ· καὶ

war β stood by the door of the gate. 17 And the five men who went to spy out the land went up, and entered into the house of Michaias, and the priest β stood. 18 And they took the graven image, and the ephod, and the theraphin, and the molten image; and the priest said to them, What are ye doing? 19 And they said to him, Be silent, lay thine hand upon thy mouth, and come with us, and be to us a father and a priest: *is it* better for thee to be the priest of the house of one man, or to be the priest of a tribe and house for a family of Israel? 20 And the heart of the priest was glad, and he took the ephod, and the theraphin, and the graven image, and the molten image, and went in the midst of the people.

21 So they turned and departed, and put their children and their property and their baggage before them.

22 They went some distance from the house of Michaias, and, behold, Michaias and the men in the houses near Michaias' house, cried out, and overtook the children of Dan. 23 And the children of Dan turned their face, and said to Michaias, What is the matter with thee that thou hast cried out? 24 And Michaias said, Because ye have taken my graven image which I made, and my priest, and are gone; and what have I remaining? and what *is* this *that* ye say to me, Why criest thou? 25 And the children of Dan said to him, Let not thy voice be heard with us, lest angry men run upon thee, and γ take away thy life, and the lives of thy house. 26 And the children of Dan went their way; and Michaias saw that they were stronger than himself, and he returned to his house.

27 And the children of Dan took what Michaias had made, and the priest that he had, and they came to Laisa, to a people quiet and secure; and they smote them with the edge of the sword, and burnt the city with fire. 28 And there was no deliverer, because *the city* is far from the Sidonians, and they have no intercourse with men, and it *is* in the valley of the house of Raab; and they built the city, and dwelt in it. 29 And they called the name of the city Dan, after the name of Dan their father, who was born to Israel; and the name of the city was δ Ulamais before.

30 And the children of Dan set up the graven image for themselves; and Jonathan son of Gerson son of Manasse, he and his sons were priests to the tribe of Dan till the time of the carrying away of the ϛ nation. 31 And they set up for themselves the graven image which Michaias made, all the days that the house of God was in Selom; and it was so in those days *that* there was no king in Israel.

And there was θ a Levite sojourning in the λ sides of mount Ephraim, and he took to himself a μ concubine from Bethleem Juda. 2 And his concubine departed from him, and went away from him to the house of her father to Bethleem Juda, and she was there four months.

3 And her husband rose up, and went after her ξ to speak kindly to her, to recover

---

β Lit. *standing*.   γ Lit. add. *q. d.* to the deeds already done.   δ *Heb.* Ulamlaish, or Laish of old.   ζ *Gr.* land.
θ *Gr.* a man, a Levite.   λ *Gr.* thighs.   μ *Gr.* woman a concubine.   ξ *Gr.* to speak to her heart.

her to himself; and βhe had his young man with him, and a pair of asses; and she brought him into the house of her father; and the father of the damsel saw him, and was well pleased to meet him. ⁴ And his father-in-law, the father of the damsel, constrained him, and he staid with him for three days; and they ate and drank, and lodged there. ⁵ And it came to pass on the fourth day that they rose early, and he stood up to depart; and the father of the damsel said to his son-in-law, Strengthen thy heart with a morsel of bread, and afterwards ye shall go. ⁶ So they two sat down together and ate and drank: and the father of the damsel said to her husband, Tarry now the night, and let thy heart be merry. ⁷ And the man rose up to depart; but his father-in-law constrained him, and he staid and lodged there.

⁸ And he rose early in the morning on the fifth day to depart; and the father of the damsel said, Strengthen now thine heart, and γquit thyself as a soldier till the day decline; and the two ate. ⁹ And the man rose up to depart, he and his concubine, and his young man; but his father-in-law the father of the damsel said to him, Behold now, the day has declined toward evening; lodge here, and let thy heart rejoice; and ye shall rise early to-morrow for your journey, and thou shalt go to thy habitation. ¹⁰ But the man would not lodge there, but he arose and departed, and came to the part opposite Jebus, (this is Jerusalem,) and *there was* with him a pair of asses saddled, and his concubine *was* with him.

¹¹ And they came as far as Jebus : and the day had far advanced, and the young man said to his master, Come, I pray thee, and let us turn aside to this city of the Jebusites, and let us lodge in it. ¹² And his master said to him, We will not turn aside to a strange city, where there is not one of the children of Israel, but we will pass on as far as Gabaa. ¹³ And he said to his young man, Come, and let us draw nigh to one of the places, and we will lodge in Gabaa or in Rama. ¹⁴ And they passed by and went on, and the sun went down upon them near to Gabaa, which is in Benjamin. ¹⁵ And they turned aside thence to go in to lodge in Gabaa; and they went in, and sat down in the street of the city, and there was no one who conducted them into a house to lodge.

¹⁶ And behold, an old man came out of the field from his work in the evening; and the man was of mount Ephraim, and he sojourned in Gabaa, and the men of the place *were* sons of Benjamin. ¹⁷ And he lifted up his eyes, and saw a traveller in the street of the city; and the old man said to him, Whither goest thou, and whence comest thou? ¹⁸ And he said to him, We are passing by from Bethleem Juda to the sides of mount Ephraim : I am from thence, and I went as far as Bethleem Juda, and I am going home, and there is no man to take me into his house. ¹⁹ Yet is there straw and food for our asses, and bread and wine for me and my handmaid and the young man with thy servants; there is no want of any-

νεανίας αὐτοῦ μετ' αὐτοῦ, καὶ ζεῦγος ὄνων· ἡ δὲ εἰσήνεγκεν αὐτὸν εἰς οἶκον πατρὸς αὐτῆς· καὶ εἶδεν αὐτὸν ὁ πατὴρ τῆς νεάνιδος, καὶ ηὐφράνθη εἰς συνάντησιν αὐτοῦ. Καὶ κατέσχεν 4 αὐτὸν ὁ γαμβρὸς αὐτοῦ ὁ πατὴρ τῆς νεάνιδος, καὶ ἐκάθισε μετ' αὐτοῦ ἐπὶ τρεῖς ἡμέρας, καὶ ἔφαγον καὶ ἔπιον, καὶ ηὐλίσθησαν ἐκεῖ. Καὶ ἐγένετο τῇ ἡμέρᾳ τῇ τετάρτῃ, καὶ ὤρθρισαν τοπρωὶ 5 καὶ ἀνέστη τοῦ πορευθῆναι, καὶ εἶπεν ὁ πατὴρ τῆς νεάνιδος πρὸς τὸν νυμφίον αὐτοῦ, στήρισον τὴν καρδιάν σου ψωμῷ ἄρτου, καὶ μετὰ τοῦτο πορεύσεσθε. Καὶ ἐκάθισαν καὶ ἔφαγον 6 οἱ δύο ἐπὶ τὸ αὐτὸ καὶ ἔπιον· καὶ εἶπεν ὁ πατὴρ τῆς νεάνιδος πρὸς τὸν ἄνδρα, ἄγε δὴ αὐλίσθητι, καὶ ἀγαθυνθήσεται ἡ καρδία σου. Καὶ ἀνέστη ὁ ἀνὴρ τοῦ πορεύεσθαι αὐτός· καὶ 7 ἐβιάσατο αὐτὸν ὁ γαμβρὸς αὐτοῦ, καὶ ἐκάθισε καὶ ηὐλίσθη ἐκεῖ.

Καὶ ὤρθρισε τοπρωὶ τῇ ἡμέρᾳ τῇ πέμπτῃ τοῦ πορευθῆναι· 8 καὶ εἶπεν ὁ πατὴρ τῆς νεάνιδος, στήρισον δὴ τὴν καρδίαν σου, καὶ στράτευσον ἕως κλῖναι τὴν ἡμέραν· καὶ ἔφαγον οἱ δύο. Καὶ ἀνέστη ὁ ἀνὴρ τοῦ πορευθῆναι αὐτός, καὶ ἡ παλλακὴ 9 αὐτοῦ, καὶ ὁ νεανίας αὐτοῦ· καὶ εἶπεν αὐτῷ ὁ γάμβρος αὐτοῦ ὁ πατὴρ τῆς νεάνιδος, ἰδοὺ δὴ ἠσθένησεν ἡμέρα εἰς τὴν ἑσπέραν· αὐλίσθητι ὧδε, καὶ ἀγαθυνθήσεται ἡ καρδία σου, καὶ ὀρθριεῖτε αὔριον εἰς ὁδὸν ὑμῶν, καὶ πορεύσῃ εἰς τὸ σκήνωμά σου. Καὶ οὐκ εὐδόκησεν ὁ ἀνὴρ αὐλισθῆναι, καὶ 10 ἀνέστη καὶ ἀπῆλθε, καὶ ἦλθεν ἕως ἀπέναντι Ἰεβοὺς, αὕτη ἐστὶν Ἱερουσαλὴμ, καὶ μετ' αὐτοῦ ζεῦγος ὄνων ἐπισεσαγμένων, καὶ ἡ παλλακὴ αὐτοῦ μετ' αὐτοῦ.

Καὶ ἤλθοσαν ἕως Ἰεβούς· καὶ ἡ ἡμέρα προβεβήκει σφόδρα, 11 καὶ εἶπεν ὁ νεανίας πρὸς τὸν κύριον αὐτοῦ, δεῦρο δὴ καὶ ἐκκλίνωμεν εἰς πόλιν τοῦ Ἰεβουσὶ ταύτην, καὶ αὐλισθῶμεν ἐν αὐτῇ. Καὶ εἶπε πρὸς αὐτὸν ὁ κύριος αὐτοῦ, οὐκ ἐκκλινοῦμεν 12 εἰς πόλιν ἀλλοτρίαν, ἐν ᾗ οὐκ ἔστιν ἀπὸ υἱῶν Ἰσραὴλ ὧδε, καὶ παρελευσόμεθα ἕως Γαβαά. Καὶ εἶπε τῷ νεανίᾳ αὐτοῦ, 13 δεῦρο καὶ ἐγγίσωμεν ἑνὶ τῶν τόπων, καὶ αὐλισθησόμεθα ἐν Γαβαᾷ ἢ ἐν Ῥαμᾷ. Καὶ παρῆλθον καὶ ἐπορεύθησαν, καὶ 14 ἔδυ αὐτοῖς ὁ ἥλιος ἐχόμενα τῆς Γαβαὰ, ἥ ἐστιν ἐν τῷ Βενιαμίν. Καὶ ἐξέκλιναν ἐκεῖ τοῦ εἰσελθεῖν αὐλισθῆναι ἐν Γαβαᾷ· καὶ 15 εἰσῆλθον, καὶ ἐκάθισαν ἐν τῇ πλατείᾳ τῆς πόλεως, καὶ οὐκ ἦν ἀνὴρ συνάγων αὐτοὺς εἰς οἰκίαν αὐλισθῆναι.

Καὶ ἰδοὺ ἀνὴρ πρεσβύτης ἤρχετο ἐξ ἔργων αὐτοῦ ἐξ ἀγροῦ 16 ἐν ἑσπέρᾳ, καὶ ὁ ἀνὴρ ἦν ἐξ ὄρους Ἐφραίμ, καὶ αὐτὸς παρῴκει ἐν Γαβαᾷ, καὶ οἱ ἄνδρες τοῦ τόπου υἱοὶ Βενιαμίν. Καὶ ἦρε 17 τοὺς ὀφθαλμοὺς αὐτοῦ, καὶ εἶδε τὸν ὁδοιπόρον ἄνδρα ἐν τῇ πλατείᾳ τῆς πόλεως· καὶ εἶπεν ὁ ἀνὴρ ὁ πρεσβύτης, ποῦ πορεύῃ, καὶ πόθεν ἔρχῃ; Καὶ εἶπε πρὸς αὐτὸν, παραπορευ- 18 όμεθα ἡμεῖς ἀπὸ Βηθλεὲμ Ἰούδα ἕως μηρῶν ὄρους Ἐφραίμ· ἐκεῖθεν ἐγώ εἰμι, καὶ ἐπορεύθην ἕως Βηθλεὲμ Ἰούδα, καὶ εἰς τὸν οἶκόν μου ἐγὼ πορεύομαι, καὶ οὐκ ἔστιν ἀνὴρ συνάγων με εἰς τὴν οἰκίαν. Καί γε ἄχυρα καὶ χορτάσματά ἐστι τοῖς ὄνοις 19 ἡμῶν, καὶ ἄρτος καὶ οἶνός ἐστιν ἐμοὶ καὶ τῇ παιδίσκῃ καὶ τῷ νεανίσκῳ μετὰ τῶν παίδων σου· οὐκ ἔστιν ὑστέρημα παντὸς

β *Gr.* his young man *was*, etc.   γ *Possibly,* prepare to march by the time the day declines.

20 πράγματος. Καὶ εἶπεν ὁ ἀνὴρ πρεσβύτης, εἰρήνη σοι· πλὴν πᾶν τὸ ὑστέρημά σου ἐπ᾽ ἐμέ, πλὴν ἐν τῇ πλατείᾳ οὐ μὴ

21 αὐλισθήσῃ. Καὶ εἰσήνεγκεν αὐτὸν εἰς τὸν οἶκον αὐτοῦ, καὶ τόπον ἐποίησε τοῖς ὄνοις, καὶ αὐτοὶ ἐνίψαντο τοὺς πόδας αὐτῶν, καὶ ἔφαγον καὶ ἔπιον.

22 Αὐτοὶ δὲ ἀγαθύνοντες καρδίαν αὐτῶν· καὶ ἰδοὺ ἄνδρες τῆς πόλεως υἱοὶ παρανόμων ἐκύκλωσαν τὴν οἰκίαν, κρούοντες ἐπὶ τὴν θύραν· καὶ εἶπον πρὸς τὸν ἄνδρα τὸν κύριον τοῦ οἴκου τὸν πρεσβύτην, λέγοντες, ἐξένεγκε τὸν ἄνδρα ὃς εἰσῆλθεν εἰς

23 τὴν οἰκίαν σου, ἵνα γνῶμεν αὐτόν. Καὶ ἐξῆλθε πρὸς αὐτοὺς ὁ ἀνὴρ ὁ κύριος τοῦ οἴκου, καὶ εἶπε, μὴ ἀδελφοί, μὴ κακοποιήσητε δὴ μετὰ τὸ εἰσελθεῖν τὸν ἄνδρα τοῦτον εἰς τὴν οἰκίαν

24 μου, μὴ ποιήσητε τὴν ἀφροσύνην ταύτην. Ἴδε ἡ θυγάτηρ μου ἡ παρθένος, καὶ ἡ παλλακὴ αὐτοῦ· ἐξάξω αὐτάς, καὶ ταπεινώσατε αὐτάς, καὶ ποιήσατε αὐταῖς τὸ ἀγαθὸν ἐν ὀφθαλμοῖς ὑμῶν, καὶ τῷ ἀνδρὶ τούτῳ μὴ ποιήσητε τὸ ῥῆμα τῆς

25 ἀφροσύνης ταύτης. Καὶ οὐκ εὐδόκησαν οἱ ἄνδρες τοῦ εἰσακοῦσαι αὐτοῦ· καὶ ἐπελάβετο ὁ ἀνὴρ τῆς παλλακῆς αὐτοῦ, καὶ ἐξῆγεν αὐτὴν πρὸς αὐτοὺς ἔξω· καὶ ἔγνωσαν αὐτήν, καὶ ἐνέπαιζον ἐν αὐτῇ ὅλην τὴν νύκτα ἕως τοπρωὶ, καὶ ἐξαπέστειλαν αὐτὴν ὡς ἀνέβη τοπρωί.

26 Καὶ ἦλθεν ἡ γυνὴ πρὸς τὸν ὄρθρον, καὶ ἔπεσε παρὰ τὴν θύραν τοῦ οἴκου οὗ ἦν αὐτῆς ἐκεῖ ὁ ἀνήρ, ἕως οὗ διέφαυσε.

27 Καὶ ἀνέστη ὁ ἀνὴρ αὐτῆς τοπρωί, καὶ ἤνοιξε τὰς θύρας τοῦ οἴκου, καὶ ἐξῆλθε τοῦ πορευθῆναι τὴν ὁδὸν αὐτοῦ· καὶ ἰδοὺ ἡ γυνὴ αὐτοῦ ἡ παλλακὴ πεπτωκυῖα παρὰ τὰς θύρας τοῦ

28 οἴκου, καὶ αἱ χεῖρες αὐτῆς ἐπὶ τὸ πρόθυρον. Καὶ εἶπε πρὸς αὐτήν, ἀνάστα καὶ ἀπέλθωμεν· καὶ οὐκ ἀπεκρίθη, ὅτι ἦν νεκρά· καὶ ἔλαβεν αὐτὴν ἐπὶ τὸν ὄνον, καὶ ἐπορεύθη εἰς τὸν τόπον αὐτοῦ.

29 Καὶ ἔλαβε τὴν ῥομφαίαν, καὶ ἐκράτησε τὴν παλλακὴν αὐτοῦ· καὶ ἐμέλισεν αὐτὴν εἰς δώδεκα μέλη, καὶ ἀπέστειλεν

30 αὐτὰ ἐν παντὶ ὁρίῳ Ἰσραήλ. Καὶ ἐγένετο πᾶς ὁ βλέπων ἔλεγεν, οὐκ ἐγένετο καὶ οὐχ ἑώραται ἀπὸ ἡμέρας ἀναβάσεως υἱῶν Ἰσραὴλ ἐκ γῆς Αἰγύπτου ἕως τῆς ἡμέρας ταύτης ὡς αὐτή· θέσθε ὑμῖν αὐτοῖς βουλὴν ἐπ᾽ αὐτήν, καὶ λαλήσατε.

20 Καὶ ἐξῆλθον πάντες οἱ υἱοὶ Ἰσραήλ, καὶ ἐξεκκλησιάσθη ἡ συναγωγὴ ὡς ἀνὴρ εἷς ἀπὸ Δὰν καὶ ἕως Βηρσαβεέ, καὶ γῇ

2 τοῦ Γαλαάδ, πρὸς Κύριον εἰς Μασσηφά. Καὶ ἐστάθησαν κατὰ πρόσωπον Κυρίου πᾶσαι αἱ φυλαὶ τοῦ Ἰσραὴλ ἐν ἐκκλησίᾳ τοῦ λαοῦ τοῦ Θεοῦ, τετρακόσιαι χιλιάδες ἀνδρῶν

3 πεζῶν ἕλκοντες ῥομφαίαν. Καὶ ἤκουσαν οἱ υἱοὶ Βενιαμίν, ὅτι ἀνέβησαν οἱ υἱοὶ Ἰσραὴλ εἰς Μασσηφά· Καὶ ἐλθόντες εἶπαν οἱ υἱοὶ Ἰσραήλ, λαλήσατε, ποῦ ἐγένετο ἡ πονηρία αὕτη;

4 Καὶ ἀπεκρίθη ὁ ἀνὴρ ὁ Λευίτης, ὁ ἀνὴρ τῆς γυναικὸς τῆς φονευθείσης, καὶ εἶπεν, εἰς Γαβαὰ τῆς Βενιαμὶν ἦλθον ἐγὼ

5 καὶ ἡ παλλακή μου τοῦ αὐλισθῆναι, καὶ ἀνέστησαν ἐπ᾽ ἐμὲ οἱ ἄνδρες τῆς Γαβαά, καὶ ἐκύκλωσαν ἐπ᾽ ἐμὲ ἐπὶ τὴν οἰκίαν νυκτός· ἐμὲ ἠθέλησαν φονεῦσαι, καὶ τὴν παλλακήν μου

6 ἐταπείνωσαν, καὶ ἀπέθανε. Καὶ ἐκράτησα τὴν παλλακήν μου,

---

thing. 20 And the old man said, Peace be to thee; only be every want of thine upon me, only do thou by no means lodge in the street. 21 And he brought him into his house, and made room for his asses; and they washed their feet, and ate and drank.

22 And they were comforting their heart, when, behold, the men of the city, sons of transgressors, compassed the house, knocking at the door: and they spoke to the old man the owner of the house, saying, Bring out the man who came into thy house, that we may know him. 23 And the master of the house came out to them, and said, Nay, brethren, do not ye wrong, I pray you, after this man has come into my house; do not ye this folly. 24 Behold my daughter a virgin, and βthe man's concubine: I will bring them out, and humble ye them, and do to them that which is good in your eyes; but to this man do not γthis folly. 25 But the men would not consent to hearken to him; so the man laid hold of his concubine, and brought her out to them; and they knew her, and abused her all night till the morning, and let her go when the morning dawned.

26 And the woman came toward morning, and fell down at the door of the house where her husband was, until it was light. 27 And her husband rose up in the morning, and opened the doors of the house, and went forth to go on his journey; and, behold, the woman his concubine had fallen down by the doors of the house, and her hands were on the threshold. 28 And he said to her, Rise, and let us go; and she answered not, for she was dead: and he took her upon his ass, and went to his place.

29 And he took his sword, and laid hold of his concubine, and divided her into twelve parts, and sent them to every coast of Israel. 30 And it was so, that every one who saw it said, Such a day as this has not happened nor has been seen from the day of the going up of the children of Israel out of the land of Egypt until this day: take ye counsel concerning it, and speak.

And all the children of Israel went out, and all the congregation was gathered as one man, from Dan even to Bersabee, and in the land of Galaad, to the Lord at Massepha. 2 And all the tribes of Israel stood before the Lord in the assembly of the people of God, four hundred thousand footmen that drew sword. 3 And the children of Benjamin heard that the children of Israel were gone up to Massepha: and the children of Israel came and said, Tell us, where did this wickedness take place? 4 And the Levite, the husband of the woman that was slain, answered and said, I and my concubine went to Gabaa of Benjamin to lodge. 5 And the men of Gabaa rose up against me, and compassed the house by night against me; they wished to slay me, and they have humbled my concubine, and she is dead. 6 And I laid hold of my con-

---

cubine, and divided her in pieces, and sent *the parts* into every coast of the inheritance of the children of Israel ; for they have wrought lewdness and abomination in Israel. [7] Behold, all ye *are* children of Israel ; and consider and take counsel here among yourselves. [8] And all the people rose up as one man, saying, No one of us shall return to his tent, and no one of us shall return to his house. [9] And now this *is* the thing which shall be done in Gabaa ; we will go up against it by lot. [10] Moreover we will take ten men for a hundred for all the tribes of Israel, and a hundred for a thousand, and a thousand for ten thousand, to take provision, to cause them to come to Gabaa of Benjamin, to do to it according to all the abomination, which βthey wrought in Israel. [11] And all the men of Israel were gathered to the city as one man.

[12] And the tribes of Israel sent men through the whole tribe of Benjamin, saying, What *is* this wickedness that has been wrought among you ? [13] Now then give up the men the γsons of transgressors that are in Gabaa, and we will put them to death, and purge out wickedness from Israel : but the children of Benjamin consented not to hearken to the voice of their brethren the children of Israel. [14] And the children of Benjamin were gathered from their cities to Gabaa, to go forth to fight with the children of Israel. [15] And the children of Benjamin from their cities were numbered in that day, twenty-three thousand, *every* man drawing a sword, besides the inhabitants of Gabaa, who were numbered seven hundred chosen men of all the people, δable to use both hands alike ; [16] all these could sling with stones at a hair, and not miss. [17] And the men of Israel, exclusive of Benjamin, were numbered four hundred thousand men that drew sword ; all these *were* men of war.

[18] And they arose and went up to Bæthel, and enquired of God : and the children of Israel said, Who shall go up for us first to fight with the children of Benjamin ? And the Lord said, Juda shall go up first as leader. [19] And the children of Israel rose up in the morning, and encamped against Gabaa.

[20] And they went out, all the men of Israel, to fight with Benjamin, and engaged with them at Gabaa. [21] And the sons of Benjamin went forth from Gabaa, and they destroyed in Israel on that day two and twenty thousand men down to the ground. [22] And the men of Israel ζstrengthened themselves, and again engaged in battle in the place where they had engaged on the first day. [23] And the children of Israel went up, and wept before the Lord till evening, and enquired of the Lord, saying, Shall we again draw nigh to battle with our brethren the children of Benjamin ? and the Lord said, Go up against them. [24] And the children of Israel advanced against the children of Benjamin on the second day. [25] And the children of Benjamin went forth to meet them from Gabaa on the second day, and

καὶ ἐμέλισα αὐτὴν, καὶ ἐξαπέστειλα ἐν παντὶ ὁρίῳ κληρονομίας υἱῶν Ἰσραήλ· ὅτι ἐποίησαν ζέμα καὶ ἀπόπτωμα ἐν Ἰσραήλ. Ἰδοὺ πάντες ὑμεῖς υἱοὶ Ἰσραὴλ, δότε ἑαυτοῖς λόγον καὶ βου- [7] λὴν ἐκεῖ.

Καὶ ἀνέστη πᾶς ὁ λαὸς ὡς ἀνὴρ εἷς, λέγοντες, οὐκ ἀπελευ- [8] σόμεθα ἀνὴρ εἰς σκήνωμα αὐτοῦ, καὶ οὐκ ἐπιστρέψομεν ἀνὴρ εἰς τὸν οἶκον αὐτοῦ. Καὶ νῦν τοῦτο τὸ ῥῆμα, ὃ ποιηθήσεται [9] τῇ Γαβαᾷ· ἀναβησόμεθα ἐπ᾽ αὐτὴν ἐν κλήρῳ. Πλὴν ληψό- [10] μεθα δέκα ἄνδρας τοῖς ἑκατὸν εἰς πάσας φυλὰς Ἰσραὴλ, καὶ ἑκατὸν τοῖς χιλίοις, καὶ χιλίους τοῖς μυρίοις, λαβεῖν ἐπισιτισμὸν τοῦ ποιῆσαι ἐλθεῖν αὐτοὺς εἰς Γαβαὰ Βενιαμὶν, ποιῆσαι αὐτῇ κατὰ πᾶν τὸ ἀπόπτωμα, ὃ ἐποίησεν ἐν Ἰσραήλ. Καὶ συνήχθη [11] πᾶς ἀνὴρ Ἰσραὴλ εἰς τὴν πόλιν ὡς ἀνὴρ εἷς.

Καὶ ἀπέστειλαν αἱ φυλαὶ Ἰσραὴλ ἄνδρας ἐν πάσῃ φυλῇ [12] Βενιαμὶν, λέγοντες, τίς ἡ πονηρία αὕτη ἡ γενομένη ἐν ὑμῖν ; Καὶ νῦν δότε τοὺς ἄνδρας υἱοὺς παρανόμων τοὺς ἐν Γαβαὰ, [13] καὶ θανατώσομεν αὐτοὺς, καὶ ἐκκαθαριοῦμεν πονηρίαν ἀπὸ Ἰσραήλ· καὶ οὐκ εὐδόκησαν οἱ υἱοὶ Βενιαμὶν ἀκοῦσαι τῆς φωνῆς τῶν ἀδελφῶν αὐτῶν υἱῶν Ἰσραήλ. Καὶ συνήχθησαν [14] οἱ υἱοὶ Βενιαμὶν ἀπὸ τῶν πόλεων αὐτῶν εἰς Γαβαὰ ἐξελθεῖν εἰς παράταξιν πρὸς υἱοὺς Ἰσραήλ. Καὶ ἐπεσκέπησαν οἱ υἱοὶ [15] Βενιαμὶν ἐν τῇ ἡμέρᾳ ἐκείνῃ ἀπὸ τῶν πόλεων εἰκοσιτρεῖς χιλιάδες ἀνὴρ ἕλκων ῥομφαίαν, ἐκτὸς τῶν οἰκούντων τὴν Γαβαὰ, οἳ ἐπεσκέπησαν ἑπτακόσιοι ἄνδρες ἐκλεκτοὶ ἐκ παντὸς λαοῦ [16] ἀμφοτεροδέξιοι· πάντες οὗτοι σφενδονῆται ἐν λίθοις πρὸς τρίχα, καὶ οὐκ ἐξαμαρτάνοντες. Καὶ ἀνὴρ Ἰσραὴλ ἐπεσκέ- [17] πησαν ἐκτὸς τοῦ Βενιαμὶν τετρακόσιαι χιλιάδες ἀνδρῶν ἑλκόν- των ῥομφαίαν· πάντες οὗτοι ἄνδρες παρατάξεως.

Καὶ ἀνέστησαν καὶ ἀνέβησαν εἰς Βαιθὴλ, καὶ ἠρώτησαν ἐν [18] τῷ Θεῷ· καὶ εἶπαν οἱ υἱοὶ Ἰσραὴλ, τίς ἀναβήσεται ἡμῖν ἐν ἀρχῇ εἰς παράταξιν πρὸς υἱοὺς Βενιαμίν ; καὶ εἶπε Κύριος, Ἰούδας ἐν ἀρχῇ ἀναβήσεται ἀφηγούμενος. Καὶ ἀνέστησαν οἱ [19] υἱοὶ Ἰσραὴλ τοπρωῒ, καὶ παρενέβαλον ἐπὶ Γαβαά.

Καὶ ἐξῆλθον πᾶς ἀνὴρ Ἰσραὴλ εἰς παράταξιν πρὸς Βενιαμὶν, [20] καὶ συνῆψαν αὐτοῖς ἐπὶ Γαβαά. Καὶ ἐξῆλθον οἱ υἱοὶ Βενιαμὶν [21] ἀπὸ τῆς Γαβαὰ, καὶ διέφθειραν ἐν Ἰσραὴλ ἐν τῇ ἡμέρᾳ ἐκείνῃ δύο καὶ εἴκοσι χιλιάδας ἀνδρῶν ἐπὶ τὴν γῆν.

Καὶ ἐνίσχυσαν ἀνὴρ Ἰσραὴλ, καὶ προσέθηκαν συνάψαι [22] παράταξιν ἐν τῷ τόπῳ ὅπου συνῆψαν ἐν τῇ ἡμέρᾳ τῇ πρώτῃ. Καὶ ἀνέβησαν οἱ υἱοὶ Ἰσραὴλ, καὶ ἔκλαυσαν ἐνώπιον Κυρίου [23] ἕως ἑσπέρας, καὶ ἠρώτησαν ἐν Κυρίῳ, λέγοντες, εἰ προσθῶμεν ἐγγίσαι εἰς παράταξιν πρὸς υἱοὺς Βενιαμὶν ἀδελφοὺς ἡμῶν ; καὶ εἶπε Κύριος, ἀνάβητε πρὸς αὐτούς. Καὶ προσῆλθον οἱ [24] υἱοὶ Ἰσραὴλ πρὸς υἱοὺς Βενιαμὶν ἐν τῇ ἡμέρᾳ τῇ δευτέρᾳ. Καὶ ἐξῆλθον οἱ υἱοὶ Βενιαμὶν εἰς συνάντησιν αὐτοῖς ἀπὸ τῆς [25] Γαβαὰ ἐν τῇ ἡμέρᾳ τῇ δευτέρᾳ, καὶ διέφθειραν ἀπὸ υἱῶν

β *Gr.* it, *sc.* Gabaa.   γ *Heb.* sons of Belial.   δ See chap. 3. 15.   ζ *Or*, grew strong.

Ἰσραὴλ ἔτι ὀκτωκαίδεκα χιλιάδας ἀνδρῶν ἐπὶ τὴν γῆν· πάντες οὗτοι ἕλκοντες ῥομφαίαν.

26 Καὶ ἀνέβησαν πάντες οἱ υἱοὶ Ἰσραὴλ καὶ πᾶς ὁ λαὸς, καὶ ἦλθον εἰς Βαιθήλ· καὶ ἔκλαυσαν, καὶ ἐκάθισαν ἐκεῖ ἐνώπιον Κυρίου· καὶ ἐνήστευσαν ἐν τῇ ἡμέρᾳ ἐκείνῃ ἕως ἑσπέρας, καὶ

27 ἀνήνεγκαν ὁλοκαυτώσεις καὶ τελείας ἐνώπιον Κυρίου, ὅτι ἐκεῖ κιβωτὸς διαθήκης Κυρίου τοῦ Θεοῦ ἐν ταῖς ἡμέραις ἐκείναις,

28 καὶ Φινεὲς υἱὸς Ἐλεάζαρ υἱοῦ Ἀαρὼν παρεστηκὼς ἐνώπιον αὐτῆς ἐν ταῖς ἡμέραις ἐκείναις· καὶ ἐπηρώτησαν οἱ υἱοὶ Ἰσραὴλ ἐν Κυρίῳ, λέγοντες, εἰ προσθῶμεν ἔτι ἐξελθεῖν εἰς παράταξιν πρὸς υἱοὺς Βενιαμὶν ἀδελφοὺς ἡμῶν; καὶ εἶπε Κύριος, ἀνά-

29 βητε, αὔριον δώσω αὐτοὺς εἰς χεῖρας ὑμῶν. Καὶ ἔθηκαν οἱ υἱοὶ Ἰσραὴλ ἔνεδρα τῇ Γαβαὰ κύκλῳ.

30 Καὶ ἀνέβησαν οἱ υἱοὶ Ἰσραὴλ πρὸς υἱοὺς Βενιαμὶν ἐν τῇ ἡμέρᾳ τῇ τρίτῃ, καὶ συνῆψαν πρὸς τὴν Γαβαὰ ὡς ἅπαξ καὶ

31 ἅπαξ. Καὶ ἐξῆλθον οἱ υἱοὶ Βενιαμὶν εἰς συνάντησιν τοῦ λαοῦ, καὶ ἐξεκενώθησαν ἐκ τῆς πόλεως, καὶ ἤρξαντο πατάσσειν ἀπὸ τοῦ λαοῦ τραυματίας ὡς ἅπαξ καὶ ἅπαξ ἐν ταῖς ὁδοῖς, ἥ ἐστι μία ἀναβαίνουσα εἰς Βαιθὴλ, καὶ μία εἰς Γαβαὰ ἐν ἀγρῷ,

32 ὡς τριάκοντα ἄνδρας ἐν Ἰσραήλ. Καὶ εἶπαν οἱ υἱοὶ Βενιαμὶν, πίπτουσιν ἐνώπιον ἡμῶν ὡς τὸ πρῶτον· καὶ οἱ υἱοὶ Ἰσραὴλ εἶπαν, φύγωμεν, καὶ ἐκκενώσωμεν αὐτοὺς ἀπὸ τῆς πόλεως εἰς τὰς ὁδούς· καὶ ἐποίησαν οὕτω.

33 Καὶ πᾶς ἀνὴρ ἀνέστη ἐκ τοῦ τόπου αὐτῶν, καὶ συνῆψαν ἐν Βάαλ Θαμάρ· καὶ τὸ ἔνεδρον Ἰσραὴλ ἐπήρχετο ἐκ τοῦ τόπου

34 αὐτοῦ ἀπὸ Μαραγαβέ. Καὶ ἦλθον ἐξεναντίας Γαβαὰ δέκα χιλιάδες ἀνδρῶν ἐκλεκτῶν ἐκ παντὸς Ἰσραήλ· καὶ παράταξις βαρεῖα· καὶ αὐτοὶ οὐκ ἔγνωσαν, ὅτι φθάνει ἀπ' αὐτοὺς ἡ κακία.

35 Καὶ ἐπάταξε Κύριος τὸν Βενιαμὶν ἐνώπιον υἱῶν Ἰσραήλ· καὶ διέφθειραν οἱ υἱοὶ Ἰσραὴλ ἐκ τοῦ Βενιαμὶν ἐν τῇ ἡμέρᾳ ἐκείνῃ εἴκοσι καὶ πέντε χιλιάδας καὶ ἑκατὸν ἄνδρας· πάντες οὗτοι

36 εἷλκον ῥομφαίαν. Καὶ εἶδον οἱ υἱοὶ Βενιαμὶν ὅτι ἐπλήγησαν· καὶ ἔδωκεν ἀνὴρ Ἰσραὴλ τῷ Βενιαμὶν τόπον, ὅτι ἤλπισαν πρὸς τὸ ἔνεδρον ὃ ἔθηκαν ἐπὶ τῇ Γαβαά.

37 Καὶ ἐν τῷ αὐτοὺς ὑποχωρῆσαι, καὶ τὸ ἔνεδρον ἐκινήθη· καὶ ἐξέτειναν ἐπὶ τὴν Γαβαὰ, καὶ ἐξεχύθη τὸ ἔνεδρον, καὶ ἐπάταξαν τὴν πόλιν ἐν στόματι ῥομφαίας.

38 Καὶ σημεῖον ἦν τοῖς υἱοῖς Ἰσραὴλ μετὰ τοῦ ἐνέδρου τῆς μάχης ἀνενέγκαι αὐτοὺς σύσσημον καπνοῦ ἀπὸ τῆς πόλεως.

39 Καὶ εἶδον οἱ υἱοὶ Ἰσραὴλ, ὅτι προκατελάβετο τὸ ἔνεδρον τὴν Γαβαὰ, καὶ ἔστησαν ἐν τῇ παρατάξει· καὶ Βενιαμὶν ἤρξατο πατάσσειν τραυματίας ἐν ὁνδράσιν Ἰσραὴλ ὡς τριάκοντα ἄνδρας· ὅτι εἶπαν, πάλιν πτώσει πίπτουσιν ἐνώπιον ἡμῶν ὡς ἡ παράταξις ἡ πρώτη.

40 Καὶ τὸ σύσσημον ἀνέβη ἐπὶ πλεῖον ἐπὶ τῆς πόλεως ὡς στύλος καπνοῦ· καὶ ἐπέβλεψε Βενιαμὶν ὀπίσω αὐτοῦ, καὶ ἰδοὺ ἀνέβη συντέλεια τῆς πόλεως ἕως οὐρανοῦ.

41 Καὶ ἀνὴρ Ἰσραὴλ ἐπέστρεψε· καὶ ἔσπευσαν ἄνδρες Βενιαμὶν,

destroyed of the children of Israel yet further eighteen thousand men down to the ground : all these drew sword. [26] And the children of Israel and all the people went up, and came to Bæthel; and they wept, and sat there before the Lord ; and they fasted on that day until evening, and offered whole-burnt-offerings and β perfect sacrifices, before the Lord, [27] for the ark of the Lord God *was* there in those days, [28] and Phinees the son of Eleazar the son of Aaron stood before it in those days; and the children of Israel enquired of the Lord, saying, Shall we yet again go forth to fight with our brethren the sons of Benjamin? and the Lord said, Go up, to-morrow I will give them into your hands. [29] And the children of Israel set an ambush against Gabaa round about *it.*

[30] And the children of Israel went up against the children of Benjamin on the third day, and arrayed themselves against Gabaa as before. [31] And the children of Benjamin went out to meet the people, and γ were all drawn out of the city, and began to smite and slay the people as before in the roads, δ whereof one goes up to Bæthel, and one to Gabaa in the field, about thirty men of Israel. [32] And the children of Israel said, They fall before us as at the first : but the children of Israel said, Let us flee, and draw them out from the city into the roads; and they did so.

[33] And all the men rose up out of their places, and engaged in Baal Thamar ; and the liers in wait of Israel advanced from their place from ζ Maraagabe. [34] And there came over against Gabaa ten thousand chosen men out of all Israel; and the fight *was* severe; and they knew not that evil θ was coming upon them. [35] And the Lord smote Benjamin before the children of Israel; and the children of Israel destroyed of Benjamin in that day a hundred and twenty-five thousand men: all these drew sword. [36] And the children of Benjamin saw that they were smitten; and the men of Israel gave place to Benjamin, because they trusted in the ambuscade which they had prepared against Gabaa.

[37] And when they retreated, then the liers in wait rose up, and they λ moved on toward Gabaa, and the whole ambush came forth, and they smote the city with the edge of the sword. [38] And the children of Israel had a signal of battle with the liers in wait, that they should send up a μ signal of smoke from the city. [39] And the children of Israel saw that the liers in wait had seized Gabaa, and they stood in line of battle; and Benjamin began to smite down ξ wounded ones among the men of Israel about thirty men; for they said, Surely they fall again before us, π as in the first battle. [40] And the signal went up increasingly over the city as a pillar of smoke; and Benjamin looked behind him, and behold the destruction of the city went up to heaven. [41] And the men of Israel turned back, and the men of Benjamin hasted, because they

β Or, unblemished, according to the *Heb.* peace-offering.   γ Gr. were emptied out of the city.   δ Gr. which is one going up,
ζ *Heb.* plain of the south.   θ Gr. is coming upon them.   λ Gr. extended themselves.   μ Or, a concerted signal.
ξ Or, slain ones, i. e. to smite and cause to fall.   π Gr. as the first battle was.

saw that evil had come upon them. ⁴²And they turned to the way of the wilderness from before the children of Israel, and fled : but the battle overtook them, and they from the cities destroyed them in the midst of them.

⁴³And they cut down Benjamin, and pursued him from Nua closely till they came opposite Gabaa on the east. ⁴⁴And there fell of Benjamin eighteen thousand men : all these *were* men of might.

⁴⁵And the rest turned, and fled to the wilderness to the rock of Remmon; and the children of Israel β picked off of them five thousand men; and the children of Israel went down after them as far as Gedan, and they smote of them two thousand men. ⁴⁶And all that fell of Benjamin were twenty-five thousand men that drew sword in that day : all these were men of might. ⁴⁷And the rest turned, and fled to the wilderness to the rock of Remmon, *even* six hundred men; and they sojourned four months in the rock of Remmon.

⁴⁸And the children of Israel returned to the children of Benjamin, and smote them with the edge of the sword from the city of Methla, even to the cattle, and every thing that was found in all the cities: and they burnt with fire the cities they found.

Now the children of Israel swore in Massephath, saying, No man of us shall give his daughter to Benjamin for a wife. ²And the people came to Bæthel, and sat there until evening before God : and they lifted up their voice and wept with a great weeping; ³and said, Wherefore, O Lord God of Israel, has this come to pass, that to-day one tribe should be counted *as missing* from Israel ? ⁴And it came to pass on the morrow that the people rose up early, and built there an altar, and offered up whole-burnt-offerings and γ peace-offerings.

⁵And the children of Israel said, Who of all the tribes of Israel, went not up in the congregation to the Lord ? for there was a great oath concerning those who went not up to the Lord to Massephath, saying, He shall surely be put to death.

⁶And the children of Israel δ relented toward Benjamin their brother, and said, To-day one tribe is cut off from Israel. ⁷What shall we do for wives for the rest that remain ? whereas we have sworn by the Lord, not to give them of our daughters for wives. ⁸And they said, What one *man is there* of the tribes of Israel, who went not up to the Lord to Massephath ? and, behold, no man came to the camp from Jabis Galaad to the assembly. ⁹And the people were numbered, and there was not there a man from the inhabitants of Jabis Galaad.

¹⁰And the congregation sent thither twelve thousand men of the ζ strongest, and they charged them, saying, Go ye and smite the inhabitants of Jabis Galaad with the θ edge of the sword. ¹¹And this shall ye do : every male and every woman that has known the lying with man ye shall devote *to destruction*, but the virgins ye shall save alive : and they did so.

ὅτι εἶδον ὅτι συνήντησεν ἐπ᾽ αὐτοὺς ἡ πονηρία. Καὶ ἐπ- 42 έβλεψαν ἐνώπιον υἱῶν Ἰσραὴλ εἰς τὴν ὁδὸν τῆς ἐρήμου, καὶ ἔφυγον· καὶ ἡ παράταξις ἔφθασεν ἐπ᾽ αὐτοὺς, καὶ οἱ ἀπὸ τῶν πόλεων διέφθειρον αὐτοὺς ἐν μέσῳ αὐτῶν.

Καὶ κατέκοπτον τὸν Βενιαμὶν, καὶ ἐδίωξαν αὐτὸν ἀπὸ Νουὰ 43 κατὰ πόδα αὐτοῦ ἕως ἀπέναντι Γαβαὰ πρὸς ἀνατολὰς ἡλίου. Καὶ ἔπεσον ἀπὸ Βενιαμὶν ὀκτωκαίδεκα χιλιάδες ἀνδρῶν· οἱ 44 πάντες οὗτοι ἄνδρες δυνάμεως.

Καὶ ἐπέβλεψαν οἱ λοιποὶ, καὶ ἔφυγον εἰς τὴν ἔρημον πρὸς 45 τὴν πέτραν τοῦ Ῥεμμών· καὶ ἐκαλαμήσαντο ἐξ αὐτῶν οἱ υἱοὶ Ἰσραὴλ πεντακισχιλίους ἄνδρας· καὶ κατέβησαν ὀπίσω αὐτῶν οἱ υἱοὶ Ἰσραὴλ ἕως Γεδὰν, καὶ ἐπάταξαν ἐξ αὐτῶν δισχιλίους ἄνδρας. Καὶ ἐγένοντο πάντες οἱ πεπτωκότες ἀπὸ Βενιαμὶν, 46 εἰκοσιπέντε χιλιάδες ἀνδρῶν ἑλκόντων ῥομφαίαν ἐν τῇ ἡμέρᾳ ἐκείνῃ· οἱ πάντες οὗτοι ἄνδρες δυνάμεως. Καὶ ἐπέβλεψαν οἱ 47 λοιποὶ, καὶ ἔφυγον εἰς τὴν ἔρημον πρὸς τὴν πέτραν τοῦ Ῥεμμὼν ἑξακόσιοι ἄνδρες, καὶ ἐκάθισαν ἐν πέτρᾳ Ῥεμμὼν τέσσαρας μῆνας.

Καὶ οἱ υἱοὶ Ἰσραὴλ ἐπέστρεψαν πρὸς υἱοὺς Βενιαμὶν, καὶ 48 ἐπάταξαν αὐτοὺς ἐν στόματι ῥομφαίας ἀπὸ πόλεως Μεθλὰ καὶ ἕως κτήνους, καὶ ἕως παντὸς τοῦ εὑρισκομένου εἰς πάσας τὰς πόλεις· καὶ τὰς πόλεις τὰς εὑρεθείσας ἐνέπρησαν ἐν πυρί.

Καὶ οἱ υἱοὶ Ἰσραὴλ ὤμοσαν ἐν Μασσηφὰθ, λέγοντες, ἀνὴρ 21 ἐξ ἡμῶν οὐ δώσει θυγατέρα αὐτοῦ τῷ Βενιαμὶν εἰς γυναῖκα. Καὶ ἦλθεν ὁ λαὸς εἰς Βαιθὴλ, καὶ ἐκάθισαν ἐκεῖ ἕως ἑσπέρας 2 ἐνώπιον τοῦ Θεοῦ· καὶ ἦραν φωνὴν αὐτῶν, καὶ ἔκλαυσαν κλαυθμὸν μέγαν, καὶ εἶπαν, εἰς τί Κύριε Θεὲ Ἰσραὴλ ἐγενήθη 3 αὕτη, τοῦ ἐπισκεπῆναι σήμερον ἀπὸ Ἰσραὴλ φυλὴν μίαν; Καὶ ἐγένετο τῇ ἐπαύριον, καὶ ὤρθρισεν ὁ λαὸς, καὶ ᾠκοδόμησαν 4 ἐκεῖ θυσιαστήριον, καὶ ἀνήνεγκαν ὁλοκαυτώσεις καὶ τελείας.

Καὶ εἶπαν οἱ υἱοὶ Ἰσραὴλ, τίς οὐκ ἀνέβη ἐν τῇ ἐκκλησίᾳ 5 ἀπὸ πασῶν φυλῶν Ἰσραὴλ πρὸς Κύριον; ὅτι ὁ ὅρκος μέγας ἦν τοῖς οὐκ ἀναβεβηκόσι πρὸς Κύριον εἰς Μασσηφὰθ, λέγοντες, θανάτῳ θανατωθήσεται.

Καὶ παρεκλήθησαν οἱ υἱοὶ Ἰσραὴλ πρὸς Βενιαμὶν ἀδελφὸν 6 αὐτῶν, καὶ εἶπαν, ἐξεκόπη σήμερον φυλὴ μία ἀπὸ Ἰσραήλ. Τί ποιήσωμεν αὐτοῖς τοῖς περισσοῖς τοῖς ὑπολειφθεῖσιν εἰς 7 γυναῖκας; καὶ ἡμεῖς ὠμόσαμεν ἐν Κυρίῳ τοῦ μὴ δοῦναι αὐτοῖς ἀπὸ τῶν θυγατέρων ἡμῶν εἰς γυναῖκας. Καὶ εἶπαν, τίς εἷς 8 ἀπὸ φυλῶν Ἰσραὴλ, ὃς οὐκ ἀνέβη πρὸς Κύριον εἰς Μασσηφάθ; Καὶ ἰδοὺ οὐκ ἦλθεν ἀνὴρ εἰς τὴν παρεμβολὴν ἀπὸ Ἰαβεὶς Γαλαὰδ εἰς τὴν ἐκκλησίαν. Καὶ ἐπεσκέπη ὁ λαὸς, καὶ 9 οὐκ ἦν ἐκεῖ ἀνὴρ ἀπὸ οἰκούντων Ἰαβὶς Γαλαάδ.

Καὶ ἀπέστειλεν ἐκεῖ ἡ συναγωγὴ δώδεκα χιλιάδας ἀνδρῶν 10 ἀπὸ υἱῶν τῆς δυνάμεως, καὶ ἐνετείλαντο αὐτοῖς λέγοντες, πορεύεσθε καὶ πατάξατε τοὺς οἰκοῦντας Ἰαβεὶς Γαλαὰδ ἐν στόματι ῥομφαίας. Καὶ τοῦτο ποιήσετε· πᾶν ἄρσεν καὶ 11 πᾶσαν γυναῖκα εἰδυῖαν κοίτην ἄρσενος, ἀναθεματιεῖτε· τὰς δὲ παρθένους, περιποιήσεσθε· καὶ ἐποίησαν οὕτως.

β *Or,* cut off as stragglers.   *Gr.* gleaned, *or* picked straws.   γ See chap. 20. 26.   δ *Or,* comforted themselves, *or* were comforted.
ζ *Gr.* sons of strength.   θ *Gr.* mouth.

12 Καὶ εὖρον ἀπὸ οἰκούντων Ἰαβεῖς Γαλαάδ, τετρακοσίας νεάνιδας παρθένους, αἵτινες οὐκ ἔγνωσαν ἄνδρα εἰς κοίτην ἄρσενος, καὶ ἤνεγκαν αὐτὰς εἰς τὴν παρεμβολὴν εἰς Σηλὼμ τὴν ἐν γῇ Χαναάν.

13 Καὶ ἀπέστειλαν πᾶσα ἡ συναγωγή, καὶ ἐλάλησαν πρὸς τοὺς υἱοὺς Βενιαμὶν ἐν τῇ πέτρᾳ Ῥεμμὼν, καὶ ἐκάλεσαν αὐτοὺς

14 εἰς εἰρήνην. Καὶ ἐπέστρεψε Βενιαμὶν πρὸς τοὺς υἱοὺς Ἰσραὴλ ἐν τῷ καιρῷ ἐκείνῳ, καὶ ἔδωκαν αὐτοῖς οἱ υἱοὶ Ἰσραὴλ τὰς γυναῖκας ἃς ἐζωοποίησαν ἀπὸ τῶν θυγατέρων Ἰαβὶς Γαλαάδ· καὶ ἤρεσεν αὐτοῖς οὕτω.

15 Καὶ ὁ λαὸς παρεκλήθη ἐπὶ τῷ Βενιαμὶν, ὅτι ἐποίησε Κύριος διακοπὴν ἐν ταῖς φυλαῖς Ἰσραήλ.

16 Καὶ εἶπον οἱ πρεσβύτεροι τῆς συναγωγῆς, τί ποιήσωμεν τοῖς περισσοῖς εἰς γυναῖκας; ὅτι ἠφανίσθη ἀπὸ Βενιαμὶν γυνή.

17 Καὶ εἶπαν, κληρονομία διασωζομένων τῶν Βενιαμὶν· καὶ οὐκ

18 ἐξαλειφθήσεται φυλὴ ἀπὸ Ἰσραήλ, ὅτι ἡμεῖς οὐ δυνησόμεθα δοῦναι αὐτοῖς γυναῖκας ἀπὸ τῶν θυγατέρων ἡμῶν, ὅτι ὠμόσαμεν ἐν υἱοῖς Ἰσραήλ, λέγοντες, ἐπικατάρατος ὁ διδοὺς γυναῖκα τῷ Βενιαμίν.

19 Καὶ εἶπαν, ἰδοὺ δὴ ἑορτὴ Κυρίου ἐν Σηλὼμ ἀφ' ἡμερῶν εἰς ἡμέρας, ἥ ἐστιν ἀπὸ Βορρᾶ τῆς Βαιθήλ, κατ' ἀνατολὰς ἡλίου ἐπὶ τῆς ὁδοῦ τῆς ἀναβαινούσης ἀπὸ Βαιθὴλ εἰς Συχὲμ, καὶ ἀπὸ

20 Νότου τῆς Λεβωνᾶ. Καὶ ἐνετείλαντο τοῖς υἱοῖς Βενιαμὶν,

21 λέγοντες, πορεύεσθε καὶ ἐνεδρεύσατε ἐν τοῖς ἀμπελῶσι, καὶ ὄψεσθε, καὶ ἰδοὺ, ἐὰν ἐξέλθωσιν αἱ θυγατέρες τῶν οἰκούντων Σηλὼ χορεύειν ἐν τοῖς χοροῖς, καὶ ἐξελεύσεσθε ἐκ τῶν ἀμπελώνων, καὶ ἁρπάσατε αὑτοῖς ἀνὴρ γυναῖκα ἀπὸ τῶν θυγατέρων

22 Σηλὼμ, καὶ πορεύεσθε εἰς γῆν Βενιαμίν. Καὶ ἔσται ὅταν ἔλθωσιν οἱ πατέρες αὐτῶν ἢ οἱ ἀδελφοὶ αὐτῶν κρίνεσθαι πρὸς ἡμᾶς, καὶ ἐροῦμεν αὐτοῖς, ἔλεος ποιήσατε ἡμῖν αὐτὰς, ὅτι οὐκ ἐλάβομεν ἀνὴρ γυναῖκα αὐτοῦ ἐν τῇ παρατάξει, ὅτι οὐχ ὑμεῖς ἐδώκατε αὐτοῖς, ὡς κλῆρος ἐπλημμελήσατε.

23 Καὶ ἐποίησαν οὕτως οἱ υἱοὶ Βενιαμίν· καὶ ἔλαβον γυναῖκας εἰς ἀριθμὸν αὐτῶν ἀπὸ τῶν χορευουσῶν ὧν ἥρπασαν· καὶ ἐπορεύθησαν, καὶ ὑπέστρεψαν εἰς τὴν κληρονομίαν αὐτῶν· καὶ ᾠκοδό-

24 μησαν τὰς πόλεις, καὶ ἐκάθισαν ἐν αὐταῖς. Καὶ περιεπάτησαν ἐκεῖθεν οἱ υἱοὶ Ἰσραὴλ ἐν τῷ καιρῷ ἐκείνῳ ἀνὴρ εἰς φυλὴν αὐτοῦ καὶ εἰς συγγένειαν αὐτοῦ· καὶ ἐξῆλθον ἐκεῖθεν ἀνὴρ εἰς

25 τὴν κληρονομίαν αὐτοῦ. Ἐν δὲ ταῖς ἡμέραις ἐκείναις οὐκ ἦν βασιλεὺς ἐν Ἰσραήλ· ἀνὴρ τὸ εὐθὲς ἐνώπιον αὐτοῦ ἐποίει.

12 And they found βamong the inhabitants of Jabis Galaad four hundred young virgins, who had not known man by lying with him; and they brought them to Selom in the land of Chanaan.

13 And all the congregation sent and spoke to the children of Benjamin in the rock Remmon, and invited them to *make* peace.

14 And Benjamin returned to the children of Israel at that time, and the children of Israel gave them the women whom they *had* saved alive of the daughters of Jabis Galaad; and γthey were content.

15 And the people δrelented for Benjamin, because the Lord had made a breach in the tribes of Israel.

16 And the elders of the congregation said, What shall we˙ do for wives for them that remain? for the women have been destroyed out of Benjamin. 17 And they said, *There must be* an inheritance of them that are escaped of Benjamin; and *so* a tribe shall not be destroyed out of Israel. 18 For we shall not be able to give them wives of our daughters, because we swore among the children of Israel, saying, Cursed *is* he that gives a wife to Benjamin.

19 And they said, Lo! now *there is* a feast of the Lord ζfrom year to year in Selom, which is on the north of Bæthel, eastward on the way that goes up from Bæthel to Sychem, and from the south of Lebona. 20 And they charged the children of Benjamin, saying, Go and lie in wait in the vineyards; 21and ye shall see; and lo! if there come out the daughters of the inhabitants of Selom to dance in dances, then shall ye go out of the vineyards and seize for yourselves every man a wife of the daughters of Selom, and go ye into the land of Benjamin. 22 And it shall come to pass, when their fathers or their brethren come to dispute with us, that we will say to them, Grant them freely to us, for we have not taken every man his wife in the battle: because ye did not give to them θaccording to the occasion, ye transgressed.

23 And the children of Benjamin did so; and they took wives according to their number from the dancers whom they seized: and they went and returned to their inheritance, and built the cities, and dwelt in them. 24And the children of Israel λwent thence at that time every man to his tribe and his kindred; and they went thence every man to his inheritance. 25 And in those days there was no king in Israel; every man did that which was right in his own sight.

ΡΟΥΘ.

And it came to pass when the judges ruled, that there was a famine in the land: and a man went from Bethleem Juda to sojourn in the land of Moab, he, and his wife, and his two sons. ² And the man's name was Elimelech, and his wife's name Noemin, and the β names of his two sons Maalon and Chelaion, Ephrathites of Bethleem of Juda: and they came to the land of Moab, and γ remained there.

³ And Elimelech the husband of Noemin died; and she was left, and her two sons. ⁴ And they took to themselves wives, women of Moab; the name of the one was Orpha, and the name of the second Ruth; and they dwelt there about ten years. ⁵ And both Maalon and Chelaion died also; and the woman was left of her husband and her two sons.

⁶ And she rose up and her two daughters-in-law, and they returned out of the country of Moab, for she heard in the country of Moab that the Lord had visited his people to give them bread. ⁷ And she went forth out of the place where she was, and her two daughters-in-law with her: and they went by the way to return to the land of Juda.

⁸ And Noemin said to her daughters-in-law, Go now, return each to the house of her mother: the Lord deal mercifully with you, as ye have dealt with the dead, and with me. ⁹ The Lord grant you that ye may find rest each of you in the house of her husband: and she kissed them; and they lifted up their voice, and wept. ¹⁰ And they said to her, δ We will return with thee to thy people.

¹¹ And Noemin said, Return now, my daughters; and why do ye go with me? have I yet sons in my womb to be your husbands? ¹² Turn now, my daughters, for I am too old to be married: for I said, Suppose I were married, and should bear sons; ¹³ ζ would ye wait for them till they should be grown? or would ye refrain from being married for their sakes? Not so, my daughters; for θ I am grieved for you, that the hand of the Lord has gone forth against me.

¹⁴ And they lifted up their voice, and wept again; and Orpha kissed her mother-in-law and returned to her people; but Ruth followed her.

ΚΑΙ ἐγένετο ἐν τῷ κρίνειν τοὺς κριτὰς, καὶ ἐγένετο λιμὸς ἐν τῇ γῇ· καὶ ἐπορεύθη ἀνὴρ ἀπὸ Βηθλεὲμ Ἰούδα τοῦ παροικῆσαι ἐν ἀγρῷ Μωὰβ, αὐτὸς καὶ ἡ γυνὴ αὐτοῦ, καὶ οἱ δύο υἱοὶ αὐτοῦ. Καὶ ὄνομα τῷ ἀνδρὶ Ἐλιμέλεχ, καὶ ὄνομα τῇ γυναικὶ αὐτοῦ 2 Νωεμὶν, καὶ ὄνομα τοῖς δυσὶν υἱοῖς αὐτοῦ Μααλὼν, καὶ Χελαιὼν, Ἐφραθαῖοι ἐκ Βηθλεὲμ τῆς Ἰούδα· καὶ ἤλθοσαν εἰς ἀγρὸν Μωὰβ, καὶ ἦσαν ἐκεῖ.

Καὶ ἀπέθανεν Ἐλιμέλεχ ὁ ἀνὴρ τῆς Νωεμὶν, καὶ κατε- 3 λείφθη αὕτη καὶ οἱ δύο υἱοὶ αὐτῆς. Καὶ ἐλάβοσαν ἑαυτοῖς 4 γυναῖκας Μωαβίτιδας· ὄνομα τῇ μιᾷ, Ὀρφά· καὶ ὄνομα τῇ δευτέρᾳ, Ῥούθ· καὶ κατῴκησαν ἐκεῖ ὡς δέκα ἔτη. Καὶ ἀπέ- 5 θανον καί γε ἀμφότεροι Μααλὼν καὶ Χελαιών· καὶ κατελείφθη ἡ γυνὴ ἀπὸ τοῦ ἀνδρὸς αὐτῆς, καὶ ἀπὸ τῶν δύο υἱῶν αὐτῆς.

Καὶ ἀνέστη αὕτη καὶ αἱ δύο νύμφαι αὐτῆς, καὶ ἀπέστρεψαν 6 ἐξ ἀγροῦ Μωὰβ, ὅτι ἤκουσεν ἐν ἀγρῷ Μωὰβ ὅτι ἐπέσκεπται Κύριος τὸν λαὸν αὐτοῦ, δοῦναι αὐτοῖς ἄρτους. Καὶ ἐξῆλθεν 7 ἐκ τοῦ τόπου οὗ ἦν ἐκεῖ, καὶ αἱ δύο νύμφαι αὐτῆς μετ᾽ αὐτῆς· καὶ ἐπορεύοντο ἐν τῇ ὁδῷ τοῦ ἐπιστρέψαι εἰς τὴν γῆν Ἰούδα.

Καὶ εἶπε Νωεμὶν, ταῖς δυσὶ νύμφαις αὐτῆς, πορεύεσθε δὴ, 8 ἀποστράφητε ἑκάστη εἰς οἶκον μητρὸς αὐτῆς· ποιήσαι Κύριος μεθ᾽ ὑμῶν ἔλεος, καθὼς ἐποιήσατε μετὰ τῶν τεθνηκότων καὶ μετ᾽ ἐμοῦ. Δῴη Κύριος ὑμῖν καὶ εὕρητε ἀνάπαυσιν ἑκάστη 9 ἐν οἴκῳ ἀνδρὸς αὐτῆς· καὶ κατεφίλησεν αὐτάς· καὶ ἐπῆραν τὴν φωνὴν αὐτῶν, καὶ ἔκλαυσαν. Καὶ εἶπαν αὐτῇ, μετὰ σοῦ 10 ἐπιστρέφομεν εἰς τὸν λαόν σου.

Καὶ εἶπε Νωεμὶν, ἐπιστράφητε δὴ θυγατέρες μου· καὶ ἱνατί 11 πορεύεσθε μετ᾽ ἐμοῦ; μὴ ἔτι μοι υἱοὶ ἐν τῇ κοιλίᾳ μου, καὶ ἔσονται ὑμῖν εἰς ἄνδρας; Ἐπιστράφητε δὴ θυγατέρες μου, 12 διότι γεγήρακα τοῦ μὴ εἶναι ἀνδρί· ὅτι εἶπα, ὅτι ἐστί μοι ὑπόστασις τοῦ γενηθῆναί με ἀνδρὶ, καὶ τέξομαι υἱούς· Μὴ 13 αὐτοὺς προσδέξεσθε ἕως οὗ ἁδρυνθῶσιν; ἢ αὐτοῖς κατασχε- θήσεσθε τοῦ μὴ γενέσθαι ἀνδρί; μὴ δὴ θυγατέρες μου, ὅτι ἐπικράνθη μοι ὑπὲρ ὑμᾶς, ὅτι ἐξῆλθεν ἐν ἐμοὶ χεὶρ Κυρίου.

Καὶ ἐπῆραν τὴν φωνὴν αὐτῶν, καὶ ἔκλαυσαν ἔτι· καὶ 14 κατεφίλησεν Ὀρφὰ τὴν πενθερὰν αὐτῆς, καὶ ἐπέστρεψεν εἰς τὸν λαὸν αὐτῆς· Ῥοὺθ δὲ ἠκολούθησεν αὐτῇ.

β Gr. name.　　γ Gr. were.　　δ Gr. we return.　　ζ Gr. will.　　θ Gr. it is made bitter to me.

15 Καὶ εἶπε Νωεμὶν πρὸς Ῥούθ, ἰδοὺ ἀνέστρεψε σύννυμφός σου πρὸς λαὸν αὐτῆς καὶ πρὸς τοὺς θεοὺς αὐτῆς· ἐπιστράφηθι

16 δὴ καὶ σὺ ὀπίσω τῆς συννύμφου σου. Εἶπε δὴ Ῥούθ, μὴ ἀπαντῆσαί μοι τοῦ καταλιπεῖν σε, ἢ ἀποστρέψαι ὄπισθέν σου, ὅτι σὺ ὅπου ἐὰν πορευθῇς, πορεύσομαι, καὶ οὗ ἐὰν αὐλισθῇς, αὐλισθήσομαι· ὁ λαός σου, λαός μου, καὶ ὁ Θεός σου, Θεός

17 μου· Καὶ οὗ ἐὰν ἀποθάνῃς, ἀποθανοῦμαι, κἀκεῖ ταφήσομαι· τάδε ποιήσαι μοι Κύριος, καὶ τάδε προσθείη, ὅτι θάνατος

18 διαστελεῖ ἀναμέσον ἐμοῦ καὶ σοῦ. Ἰδοῦσα δὲ Νωεμὶν ὅτι κραταιοῦται αὐτὴ τοῦ πορεύεσθαι μετ᾽ αὐτῆς, ἐκόπασε τοῦ λαλῆσαι πρὸς αὐτὴν ἔτι.

19 Ἐπορεύθησαν δὲ ἀμφότεραι, ἕως τοῦ παραγενέσθαι αὐτὰς εἰς Βηθλεέμ· καὶ ἐγένετο ἐν τῷ ἐλθεῖν αὐτὰς εἰς Βηθλεέμ, καὶ ἤχησε πᾶσα ἡ πόλις ἐπ᾽ αὐταῖς, καὶ εἶπον, εἰ αὕτη ἐστὶ

20 Νωεμίν; Καὶ εἶπε πρὸς αὐτάς, μὴ δὴ καλεῖτέ με Νωεμίν· καλέσατέ με πικράν, ὅτι ἐπικράνθη ἐν ἐμοὶ ὁ ἱκανὸς σφόδρα.

21 Ἐγὼ πλήρης ἐπορεύθην, καὶ κενὴν ἀπέστρεψέ με ὁ Κύριος· καὶ ἱνατί καλεῖτέ με Νωεμίν, καὶ Κύριος ἐταπείνωσέ με, καὶ ὁ ἱκανὸς ἐκάκωσέ με;

22 Καὶ ἐπέστρεψε Νωεμὶν καὶ Ῥούθ ἡ Μωαβῖτις ἡ νύμφη αὐτῆς ἐπιστρέφουσαι ἐξ ἀγροῦ Μωάβ· αὗται δὲ παρεγενήθησαν εἰς Βηθλεὲμ ἐν ἀρχῇ θερισμοῦ κριθῶν.

2 Καὶ τῇ Νωεμὶν ἀνὴρ γνώριμος τῷ ἀνδρὶ αὐτῆς, ὁ δὲ ἀνὴρ δυνατὸς ἰσχύϊ ἐκ τῆς συγγενείας Ἐλιμέλεχ, καὶ ὄνομα αὐτῷ

2 Βοόζ. Καὶ εἶπε Ῥούθ ἡ Μωαβῖτις πρὸς Νωεμίν, πορεύθω δὴ εἰς ἀγρὸν, καὶ συνάξω ἐν τοῖς στάχυσι κατόπισθεν οὗ ἐὰν εὕρω χάριν ἐν ὀφθαλμοῖς αὐτοῦ· εἶπε δὲ αὐτῇ, πορεύου,

3 θύγατερ. Καὶ ἐπορεύθη· καὶ ἐλθοῦσα συνέλεξεν ἐν τῷ ἀγρῷ κατόπισθε τῶν θεριζόντων· καὶ περιέπεσε περιπτώματι τῇ μερίδι τοῦ ἀγροῦ Βοὸζ, τοῦ ἐκ τῆς συγγενείας Ἐλιμέλεχ.

4 Καὶ ἰδοὺ Βοὸζ ἦλθεν ἐκ Βηθλεέμ, καὶ εἶπε τοῖς θερίζουσι, Κύριος μεθ᾽ ὑμῶν· καὶ εἶπον αὐτῷ, εὐλογήσαι σε Κύριος.

5 Καὶ εἶπε Βοὸζ τῷ παιδαρίῳ αὐτοῦ τῷ ἐφεστῶτι ἐπὶ τοὺς θερί-

6 ζοντας, τίνος ἡ νεᾶνις αὕτη; Καὶ ἀπεκρίθη τὸ παιδάριον τὸ ἐφεστὸς ἐπὶ τοὺς θερίζοντας, καὶ εἶπεν, ἡ παῖς ἡ Μωαβῖτις

7 ἐστὶν ἡ ἀποστραφεῖσα μετὰ Νωεμὶν ἐξ ἀγροῦ Μωάβ. Καὶ εἶπε, συλλέξω δὴ καὶ συνάξω ἐν τοῖς δράγμασιν ὄπισθεν τῶν θεριζόντων· καὶ ἦλθε καὶ ἔστη ἀπὸ πρωΐθεν καὶ ἕως ἑσπέρας, οὐ κατέπαυσεν ἐν τῷ ἀγρῷ μικρόν.

8 Καὶ εἶπε Βοὸζ πρὸς Ῥούθ, οὐκ ἤκουσας θύγατερ; μὴ πορευθῇς ἐν ἀγρῷ συλλέξαι ἑτέρῳ· καὶ σὺ οὐ πορεύσῃ ἐντεῦθεν,

9 ὧδε κολλήθητι μετὰ τῶν κορασίων μου. Οἱ ὀφθαλμοί σου εἰς τὸν ἀγρὸν οὗ ἐὰν θερίζωσι, καὶ πορεύσῃ κατόπισθεν αὐτῶν· ἰδοὺ ἐνετειλάμην τοῖς παιδαρίοις τοῦ μὴ ἅψασθαί σου· καὶ ὅτε διψήσεις καὶ πορευθήσῃ εἰς τὰ σκεύη, καὶ πίεσαι ὅθεν ἐὰν

10 ὑδρεύωνται τὰ παιδάρια. Καὶ ἔπεσεν ἐπὶ πρόσωπον αὐτῆς, καὶ προσεκύνησεν ἐπὶ τὴν γῆν, καὶ εἶπε πρὸς αὐτόν, τί ὅτι εὗρον χάριν ἐν ὀφθαλμοῖς σου τοῦ ἐπιγνῶναί με, καὶ ἐγώ εἰμι ξένη;

11 Καὶ ἀπεκρίθη Βοὸζ, καὶ εἶπεν αὐτῇ, ἀπαγγελία ἀπηγγέλη

15 And Noemin said to Ruth, Behold, thy β sister-in-law has returned to her people and to her gods; turn now thou also after thy sister-in-law. 16 And Ruth said, Intreat me not to leave thee, or to return from following thee; for whithersoever thou goest, I will go, and wheresoever thou lodgest, I will lodge; thy people *shall be* my people, and thy God my God. 17 And wherever thou diest, I will die, and there will I be buried: the Lord do so to me, and more also, *if I leave thee*, for death *only* shall divide between me and thee. 18 And Noemin seeing that she γ was determined to go with her, ceased to speak to her any more.

19 And they went both of them until they came to Bethleem: and it came to pass, when they arrived at Bethleem, that all the city rang with them, and they said, Is this Noemin? 20 And she said to them, Nay, do not call me Noemin; call me 'Bitter,' for the Mighty One has dealt very bitterly with me. 21 I went out full, and the Lord has brought me back empty: and why call ye me Noemin, whereas the Lord has humbled me, and the Mighty One has afflicted me? 22 So Noemin and Ruth the Moabitess, her daughter-in-law, δ returned from the country of Moab; and they came to Bethleem in the beginning of barley harvest.

And Noemin had *a friend* an acquaintance of her husband, and the man *was* a mighty man of the kindred of Elimelech, and his name *was* Booz. 2 And Ruth the Moabitess said to Noemin, Let me go now to the field, and I will glean among the ears behind the man ζ with whomsoever I shall find favour: and she said to her, Go, daughter. 3 And she went; and came and gleaned in the field behind the reapers; and she happened by chance to come on a portion of the land of Booz, of the kindred of Elimelech.

4 And, behold, Booz came from Bethleem, and said to the reapers, The Lord *be* with you: and they said to him, The Lord bless thee. 5 And Booz said to his servant who was set over the reapers, Whose *is* this damsel? 6 And his servant who was set over the reapers answered and said, It is the Moabitish damsel who returned with Noemin out of the land of Moab. 7 And she said, I pray you, let me glean and gather among the θ sheaves after the reapers: and she came and stood from morning till evening, and rested not *even* a little in the field.

8 And Booz said to Ruth, Hast thou not heard, *my daughter?* go not to glean in another field; and depart not thou hence, join thyself here with my damsels. 9 *Let* thine eyes *be* on the field where *my men* shall reap, and thou shalt go after them: behold, I have charged the young men not to touch thee: and when thou shalt thirst, then thou shalt go to the vessels, and drink of that which the young men shall have drawn. 10 And she fell upon her face, and did reverence to the ground, and said to him, How is it that I have found grace in thine eyes, that thou shouldest take notice of me, whereas I am a stranger?

11 And Booz answered and said to her, It

β *i. e.* wife of a husband's brother: no English word exactly answers to this.
ζ *Gr.* in whosesoever eyes I shall find favour.
γ *Gr.* is. δ *Gr.* returned, returning from.
θ *Gr.* handfuls.

has fully been told me how thou hast dealt with thy mother-in-law after the death of thy husband ; and how thou didst leave thy father and thy mother, and the land of thy birth, and camest to a people whom thou knewest not β before. ¹²The Lord recompense thy work : may a full reward be given thee of the Lord God of Israel, to whom thou hast come to trust under his wings. ¹³And she said, Let me find grace in thy sight, my lord, because thou hast comforted me, and because thou hast spoken γ kindly to thy handmaid, and behold, I shall be as one of thy servants.

¹⁴And Booz said to her, Now *it is* time to eat; come hither, and thou shalt eat of the bread, and thou shalt dip thy morsel in the vinegar : and Ruth sat by the side of the reapers, and Booz δ handed her meal, and she ate, and was satisfied, and left.

¹⁵And she rose up to glean; and Booz charged his young men, saying, Let her even glean among the sheaves, and ζ reproach her not. ¹⁶And do ye by all means carry it for her, and ye shall surely let fall for her some of that which is heaped up ; and let her eat, and glean, and rebuke her not. ¹⁷So she gleaned in the field till evening, and beat out that she had gleaned, and it was about an ephah of barley.

¹⁸And she took *it* up, and went into the city : and her mother-in-law saw what she had gleaned, and Ruth brought forth and gave to her the food which she had left from what she had been satisfied with. ¹⁹And her mother-in-law said to her, Where hast thou gleaned to-day, and where hast thou wrought? blessed be he that took notice of thee. And Ruth told her mother-in-law where she *had* wrought, and said, The name of the man with whom I wrought to-day *is* Booz. ²⁰And Noemin said to her daughter-in-law, Blessed is he of the Lord, because he has not failed in his mercy with the living and with the dead : and Noemin said to her, The man is near akin to us, he is one of our relations. ²¹And Ruth said to her mother-in-law, Yea, he said also to me, Keep close to my damsels, until the men shall have finished all my reaping. ²²And Noemin said to Ruth her daughter-in-law, *It is* well, daughter, that thou wentest out with thy damsels ; thus they shall not meet thee in another field. ²³And Ruth joined herself to the damsels of Booz to glean until they had finished the barley-harvest and the wheat-harvest.

And she lodged with her mother-in-law : and Noemin her mother-in-law said to her, My daughter, shall I not seek rest for thee, that it may be well with thee ? ²And now *is* not Booz our kinsman, with whose damsels thou wast? behold, θ he winnows barley this night in the floor.

³But do thou wash, and anoint thyself, and put thy raiment upon thee, and go up to the threshing-floor : do not discover thyself to the man until he has done eating and drinking. ⁴And it shall come to pass when he lies down, that thou shalt mark the place where he lies down, and shalt come and lift up the covering of his feet, and shalt lie

μοι ὅσα πεποίηκας μετὰ τῆς πενθερᾶς σου μετὰ τὸ ἀποθανεῖν τὸν ἄνδρα σου· καὶ πῶς κατέλιπες τὸν πατέρα σου καὶ τὴν μητέρα σου, καὶ τὴν γῆν γενέσεώς σου, καὶ ἐπορεύθης πρὸς λαὸν ὃν οὐκ ᾔδεις ἐχθὲς καὶ τρίτης. Ἀποτίσαι Κύριος τὴν 12 ἐργασίαν σου· γένοιτο ὁ μισθός σου πλήρης παρὰ Κυρίου Θεοῦ Ἰσραὴλ, πρὸς ὃν ἦλθες πεποιθέναι ὑπὸ τὰς πτέρυγας αὐτοῦ. Ἡ δὲ εἶπεν, εὕροιμι χάριν ἐν ὀφθαλμοῖς σου κύριε, 13 ὅτι παρεκάλεσάς με, καὶ ὅτι ἐλάλησας ἐπὶ καρδίαν τῆς δούλης σου, καὶ ἰδοὺ ἐγὼ ἔσομαι ὡς μία τῶν παιδισκῶν σου.

Καὶ εἶπεν αὐτῇ Βοόζ, ἤδη ὥρα τοῦ φαγεῖν, πρόσελθε ὧδε 14 καὶ φάγεσαι τῶν ἄρτων, καὶ βάψεις τὸν ψωμόν σου ἐν τῷ ὄξει· καὶ ἐκάθισε Ῥοὺθ ἐκ πλαγίων τῶν θεριζόντων· καὶ ἐβούνισεν αὐτῇ Βοόζ ἄλφιτον, καὶ ἔφαγε καὶ ἐνεπλήσθη καὶ κατέλιπε,

Καὶ ἀνέστη τοῦ συλλέγειν· καὶ ἐνετείλατο Βοόζ τοῖς 15 παιδαρίοις αὐτοῦ, λέγων, καί γε ἀναμέσον τῶν δραγμάτων συλλεγέτω, καὶ μὴ καταισχύνητε αὐτήν. Καὶ βαστάζοντες 16 βαστάσατε αὐτῇ, καί γε παραβάλλοντες παραβαλεῖτε αὐτῇ ἐκ τῶν βεβουνισμένων, καὶ φάγεται, καὶ συλλέξει, καὶ οὐκ ἐπιτιμήσετε αὐτῇ. Καὶ συνέλεξεν ἐν τῷ ἀγρῷ ἕως ἑσπέρας, 17 καὶ ἐρράβδισεν ἃ συνέλεξε, καὶ ἐγενήθη ὡς οἰφὶ κριθῶν.

Καὶ ἦρε καὶ εἰσῆλθεν εἰς τὴν πόλιν· καὶ εἶδεν ἡ πενθερὰ 18 αὐτῆς ἃ συνέλεξε· καὶ ἐξενέγκασα Ῥοὺθ ἔδωκεν αὐτῇ ἃ κατέλιπεν ἐξ ὧν ἐνεπλήσθη. Καὶ εἶπεν αὐτῇ ἡ πενθερὰ αὐτῆς, ποῦ 19 συνέλεξας σήμερον καὶ ποῦ ἐποίησας; εἴη ὁ ἐπιγνούς σε εὐλογημένος· καὶ ἀνήγγειλε Ῥοὺθ τῇ πενθερᾷ αὐτῆς ποῦ ἐποίησε, καὶ εἶπε, τὸ ὄνομα τοῦ ἀνδρὸς μεθ᾽ οὗ ἐποίησα σήμερον Βοόζ. Εἶπε δὲ Νωεμὶν τῇ νύμφῃ αὐτῆς, εὐλογητός 20 ἐστι τῷ Κυρίῳ, ὅτι οὐκ ἐγκατέλιπε τὸ ἔλεος αὐτοῦ μετὰ τῶν ζώντων καὶ μετὰ τῶν τεθνηκότων· καὶ εἶπεν αὐτῇ Νωεμὶν, ἐγγίζει ἡμῖν ὁ ἀνὴρ, ἐκ τῶν ἀγχιστευόντων ἡμῖν ἐστι. Καὶ 21 εἶπε Ῥοὺθ πρὸς τὴν πενθερὰν αὐτῆς, καί γε ὅτι εἶπε πρὸς μὲ, μετὰ τῶν κορασίων τῶν ἐμῶν προσκολλήθητι, ἕως ἂν τελέσωσιν ὅλον τὸν ἀμητὸν ὃς ὑπάρχει μοι.

Καὶ εἶπε Νωεμὶν πρὸς Ῥοὺθ τὴν νύμφην αὐτῆς, ἀγαθὸν 22 θύγατερ, ὅτι ἐξῆλθες μετὰ τῶν κορασίων αὐτοῦ, καὶ οὐκ ἀπαντήσονταί σοι ἐν ἀγρῷ ἑτέρῳ. Καὶ προσεκολλήθη Ῥοὺθ τοῖς 23 κορασίοις τοῦ Βοόζ τοῦ συλλέγειν, ἕως τοῦ συντελέσαι τὸν θερισμὸν τῶν κριθῶν καὶ τῶν πυρῶν.

Καὶ ἐκάθισε μετὰ τῆς πενθερᾶς αὐτῆς· εἶπε δὲ αὐτῇ Νωεμὶν 3 ἡ πενθερὰ αὐτῆς, θύγατερ, οὐ μὴ ζητήσω σοι ἀνάπαυσιν, ἵνα εὖ γένηταί σοι; Καὶ νῦν οὐχὶ Βοόζ γνώριμος ἡμῶν, οὗ ἧς 2 μετὰ τῶν κορασίων αὐτοῦ; ἰδοὺ αὐτὸς λικμᾷ τὸν ἄλωνα τῶν κριθῶν ταύτῃ τῇ νυκτί.

Σὺ δὲ λούσῃ, καὶ ἀλείψῃ, καὶ περιθήσεις τὸν ἱματισμόν σου 3 ἐπὶ σὲ, καὶ ἀναβήσῃ ἐπὶ τὸν ἅλω· μὴ γνωρισθῇς τῷ ἀνδρὶ ἕως τοῦ συντελέσαι αὐτὸν τοῦ φαγεῖν καὶ πιεῖν. Καὶ ἔσται 4 ἐν τῷ κοιμηθῆναι αὐτὸν, καὶ γνώσῃ τὸν τόπον ὅπου κοιμᾶται ἐκεῖ, καὶ ἐλεύσῃ καὶ ἀποκαλύψεις τὰ πρὸς ποδῶν αὐτοῦ, καὶ

β *Gr.* yesterday and the third day.   γ *Gr.* to the heart of. *Hebraism.*   δ *Lit.* heaped.   ζ *Gr.* shame her not.
θ *Or,* he winnows the barley-floor.

5 κοιμηθήσῃ, καὶ αὐτὸς ἀπαγγελεῖ σοι ἃ ποιήσεις. Εἶπε δὲ Ῥοὺθ πρὸς αὐτὴν, πάντα ὅσα ἂν εἴπῃς, ποιήσω.

6 Καὶ κατέβη εἰς τὸν ἅλω, καὶ ἐποίησε κατὰ πάντα, ὅσα
7 ἐνετείλατο αὐτῇ ἡ πενθερὰ αὐτῆς. Καὶ ἔφαγε Βοὸζ καὶ ἔπιε, καὶ ἠγαθύνθη ἡ καρδία αὐτοῦ, καὶ ἦλθε κοιμηθῆναι ἐν μερίδι τῆς στοιβῆς· ἡ δὲ ἦλθεν ἐν κρυφῇ, καὶ ἀπεκάλυψε τὰ πρὸς
8 ποδῶν αὐτοῦ. Ἐγένετο δὲ ἐν τῷ μεσονυκτίῳ, καὶ ἐξέστη ὁ ἀνὴρ, καὶ ἐταράχθη, καὶ ἰδοὺ γυνὴ κοιμᾶται πρὸς ποδῶν
9 αὐτοῦ. Εἶπε δὲ, τίς εἶ σύ; ἡ δὲ εἶπεν, ἐγώ εἰμι Ῥοὺθ ἡ δούλη σου, καὶ περιβαλεῖς τὸ πτερύγιόν σου ἐπὶ τὴν δούλην
10 σου, ὅτι ἀγχιστεὺς εἶ σύ. Καὶ εἶπε Βοὸζ, εὐλογημένη σὺ τῷ Κυρίῳ Θεῷ, θύγατερ, ὅτι ἠγάθυνας τὸ ἔλεός σου τὸ ἔσχατον ὑπὲρ τὸ πρῶτον, μὴ πορευθῆναί σε ὀπίσω νεανιῶν, εἴτοι
11 πτωχὸς εἴτοι πλούσιος. Καὶ νῦν θύγατερ μὴ φοβοῦ, πάντα ὅσα ἐὰν εἴπῃς ποιήσω σοι· οἶδε γὰρ πᾶσα φυλὴ λαοῦ μου
12 ὅτι γυνὴ δυνάμεως εἶ σύ. Καὶ νῦν ὁ ἀληθῶς ἀγχιστεὺς ἐγώ
13 εἰμι· καί γε ἐστὶν ἀγχιστεὺς ἐγγίων ὑπὲρ ἐμέ. Αὐλίσθητι τὴν νύκτα, καὶ ἔσται τοπρωῒ ἐὰν ἀγχιστεύσῃ σε, ἀγαθόν· ἀγχιστευέτω· ἐὰν δὲ μὴ βούληται ἀγχιστεῦσαί σε, ἀγχιστεύσω σε ἐγώ· ζῇ Κύριος· κοιμήθητι ἕως τοπρωῒ.

14 Καὶ ἐκοιμήθη πρὸς ποδῶν αὐτοῦ ἕως πρωΐ· ἡ δὲ ἀνέστη πρὸ τοῦ ἐπιγνῶναι ἄνδρα τὸν πλησίον αὐτοῦ· καὶ εἶπε Βοὸζ, μὴ γνωσθήτω, ὅτι ἦλθε γυνὴ εἰς τὸν ἅλω.

15 Καὶ εἶπεν αὐτῇ, φέρε τὸ περίζωμα τὸ ἐπάνω σου· καὶ ἐκράτησεν αὐτὸ, καὶ ἐμέτρησεν ἓξ κριθῶν, καὶ ἐπέθηκεν ἐπ᾽ αὐτὴν, καὶ εἰσῆλθεν εἰς τὴν πόλιν.

16 Καὶ Ῥοὺθ εἰσῆλθε πρὸς τὴν πενθερὰν αὐτῆς· ἡ δὲ εἶπεν αὐτῇ, θύγατερ· καὶ εἶπε αὐτῇ πάντα ὅσα ἐποίησεν αὐτῇ
17 ὁ ἀνήρ. Καὶ εἶπεν αὐτῇ, τὰ ἓξ τῶν κριθῶν ταῦτα ἔδωκέ μοι, ὅτι εἶπε πρὸς μὲ, μὴ εἰσέλθῃς κενὴ πρὸς τὴν πενθεράν σου.
18 Ἡ δὲ εἶπε, κάθου θύγατερ, ἕως τοῦ ἐπιγνῶναί σε πῶς οὐ πεσεῖται ῥῆμα· οὐ γὰρ μὴ ἡσυχάσῃ ὁ ἀνὴρ ἕως ἂν τελεσθῇ τὸ ῥῆμα σήμερον.

4 Καὶ Βοὸζ ἀνέβη ἐπὶ τὴν πύλην, καὶ ἐκάθισεν ἐκεῖ, καὶ ἰδοὺ ὁ ἀγχιστεὺς παρεπορεύετο, ὃν ἐλάλησε Βοόζ· καὶ εἶπε πρὸς αὐτὸν Βοὸζ, ἐκκλίνας κάθισον ὧδε κρύφιε· καὶ ἐξέκλινε
2 καὶ ἐκάθισε. Καὶ ἔλαβε Βοὸζ δέκα ἄνδρας ἀπὸ τῶν πρεσβυτέρων τῆς πόλεως, καὶ εἶπε, καθίσατε ὧδε· καὶ ἐκάθισαν.
3 Καὶ εἶπε Βοὸζ τῷ ἀγχιστεῖ, τὴν μερίδα τοῦ ἀγροῦ ἥ ἐστι τοῦ ἀδελφοῦ ἡμῶν τοῦ Ἐλιμέλεχ, ἣ δέδοται Νωεμὶν τῇ ἐπι-
4 στρεφούσῃ ἐξ ἀγροῦ Μωάβ, κἀγὼ εἶπα, ἀποκαλύψω τὸ οὖς σου λέγων, κτῆσαι ἐναντίον τῶν καθημένων, καὶ ἐναντίον τῶν πρεσβυτέρων τοῦ λαοῦ μου. εἰ ἀγχιστεύεις, ἀγχίστευε· εἰ δὲ μὴ ἀγχιστεύεις, ἀνάγγειλόν μοι, καὶ γνώσομαι, ὅτι οὐκ ἔστι πάρεξ σοῦ τοῦ ἀγχιστεῦσαι, κἀγώ εἰμι μετὰ σέ· ὁ δὲ εἶπεν,
5 ἐγώ εἰμι, ἀγχιστεύσω. Καὶ εἶπε Βοὸζ, ἐν ἡμέρᾳ τοῦ κτήσασθαί σε τὸν ἀγρὸν ἐκ χειρὸς Νωεμὶν καὶ παρὰ Ῥοὺθ τῆς

---

down; and he shall tell thee what thou shalt do. 5 And Ruth said to her, All that thou shalt say, I will do.

6 And she went down to the threshing-floor, and did according to all that her mother-in-law enjoined her. 7 And Booz ate and drank, and his heart was glad, and he came to lie down by the side of the heap of corn; and she came secretly, and lifted up the covering of his feet. 8 And it came to pass at midnight that the man was amazed, and troubled, and behold, a woman lay at his feet. 9 And he said, Who art thou? and she said, I am thine handmaid Ruth; spread therefore thy skirt over thine handmaid, for thou art a near relation. 10 And Booz said, Blessed be thou of the Lord God, my daughter, for thou hast made thy latter kindness greater than the former, in that thou followest not after young men, whether any be poor or rich. 11 And now fear not, my daughter, whatever thou shalt say I will do to thee; for all the tribe of my people knows that thou art βa virtuous woman. 12 And now I am truly akin to thee; nevertheless there is a kinsman nearer than I. 13 Lodge here for the night, and it shall be in the morning, if he will do the part of a kinsman to thee, well—let him do it: but if he will not do the part of a kinsman to thee, I will do the kinsman's part to thee, as the Lord lives; lie down till the morning.

14 And she lay at his feet until the morning; and she rose up before a man could know his neighbour; and Booz said, Let it not be known that a woman came into the floor.

15 And he said to her, Bring the apron that is upon thee: and she held it, and he measured six measures of barley, and put them upon her, and she went into the city.

16 And Ruth went in to her mother-in-law, and she said to her, My daughter! and Ruth told her all that the man had done to her. 17 And she said to her, He gave me these six measures of barley, for he said to me, Go not empty to thy mother-in-law. 18 And she said, Sit still, my daughter, until thou shalt know how the matter will fall out; for the man will not rest until the matter be accomplished this day.

And Booz went up to the gate, and sat there; and behold, the relative passed by, of whom Booz spoke: and Booz said to him, Turn aside, sit down here, γsuch a one: and he turned aside and sat down. 2 And Booz took ten men of the elders of the city, and said, Sit ye here; and they sat down.

3 And Booz said to the relative, The matter regards the portion of the field which δ was our brother Elimelech's which was given to Noemin, now returning out of the land of Moab; 4 and I will δ inform thee, saying, Buy it before those that sit, and before the elders of my people: if thou wilt redeem it, redeem it, but if thou wilt not redeem it, tell me, and I shall know; for there is no one beside thee to do the office of a kinsman, and I am after thee: and he said, I am here, I will redeem it. 5 And Booz said, In the day of thy buying the field of the hand of Noemin and of Ruth

---

β Lit. a woman of strength or power.　γ Lit. secret one.　δ Gr. is.　ζ Gr. open or uncover thine ear.

the Moabitess the wife of the deceased, thou must also buy her, so as to raise up the name of the dead upon his inheritance. [6] And the kinsman said, I shall not be able to redeem it for myself, lest I mar my own inheritance; do thou redeem my right for thyself, for I shall not be able to redeem *it*.

[7] And this *was* in former time the ordinance in Israel for redemption, and for a bargain, to confirm every word: A man loosed his shoe, and gave it to his neighbour that redeemed his right; and this was a testimony in Israel. [8] And the kinsman said to Booz, Buy my right for thyself: and he took off his shoe and gave it to him.

[9] And Booz said to the elders and to all the people, Ye *are* this day witnesses, that I have bought all that was Elimelech's, and all that β belonged to Chelaion and Maalon, of the hand of Noemin. [10] Moreover I have bought for myself for a wife Ruth the Moabitess, the wife of Maalon, to raise up the name of the dead upon his inheritance; so the name of the dead shall not be destroyed from among his brethren, and from the tribe of his people: ye *are* this day witnesses.

[11] And all the people who were in the gate said, *We are* witnesses: and the elders said, The Lord γ make thy wife who goes into thy house, as Rachel and as Lia, who both *together* built the house of Israel, and wrought mightily in Ephratha, and there shall be a name *to thee* in Bethleem. [12] And let thy house be as the house of Phares, whom Thamar bore to Juda, of the seed which the Lord shall give thee of this handmaid.

[13] And Booz took Ruth, and she became his wife, and he went in to her; and the Lord gave her conception, and she bore a son. [14] And the women said to Noemin, Blessed *is* the Lord, who has not suffered a redeemer to fail thee this day, even to make thy name famous in Israel. [15] And he shall be to thee a restorer of thy soul, and one to cherish thy old age; for thy daughter-in-law which has loved thee, who is better to thee than seven sons, has born him. [16] And Noemin took the child and laid it in her bosom, and became a nurse to it.

[17] And the neighbours gave it a name, saying, A son has been born to Noemin; and they called his name Obed; this *is* the father of Jessae the father of David. [18] And these *are* the generations of Phares: Phares begot Esrom: [19] Esrom begot Aram; and Aram begot Aminadab. [20] And Aminadab begot Naasson; and Naasson begot Salmon. [21] And Salmon begot Booz; and Booz begot Obed. [22] And Obed begot Jessae; and Jessae begot David.

Μωαβίτιδος γυναικὸς τοῦ τεθνηκότος, καὶ αὐτὴν κτήσασθαί σε δεῖ, ὥστε ἀναστῆσαι τὸ ὄνομα τοῦ τεθνηκότος ἐπὶ τῆς κληρονομίας αὐτοῦ. Καὶ εἶπεν ὁ ἀγχιστεὺς, οὐ δυνήσομαι 6 ἀγχιστεῦσαι ἐμαυτῷ, μή ποτε διαφθείρω τὴν κληρονομίαν μου· ἀγχίστευσον σεαυτῷ τὴν ἀγχιστείαν μου, ὅτι οὐ δυνήσομαι ἀγχιστεῦσαι.

Καὶ τοῦτο τὸ δικαίωμα ἔμπροσθεν ἐν τῷ Ἰσραὴλ ἐπὶ τὴν 7 ἀγχιστείαν, καὶ ἐπὶ τὸ ἀντάλλαγμα τοῦ στῆσαι πάντα λόγον· καὶ ὑπελύετο ἀνὴρ τὸ ὑπόδημα αὐτοῦ, καὶ ἐδίδου τῷ πλησίον αὐτοῦ τῷ ἀγχιστεύοντι τὴν ἀγχιστείαν αὐτοῦ· καὶ τοῦτο ἦν μαρτύριον ἐν Ἰσραήλ. Καὶ εἶπεν ὁ ἀγχιστεὺς τῷ Βοὸζ, 8 κτῆσαι σεαυτῷ τὴν ἀγχιστείαν μου· καὶ ὑπελύσατο τὸ ὑπόδημα αὐτοῦ, καὶ ἔδωκεν αὐτῷ.

Καὶ εἶπε Βοὸζ τοῖς πρεσβυτέροις καὶ παντὶ τῷ λαῷ, μάρτυρες 9 ὑμεῖς σήμερον, ὅτι κέκτημαι πάντα τὰ τοῦ Ἐλιμέλεχ, καὶ πάντα ὅσα ὑπάρχει τῷ Χελαιὼν καὶ τῷ Μααλὼν ἐκ χειρὸς Νωεμίν. Καί γε Ῥοὺθ τὴν Μωαβίτιν τὴν γυναῖκα Μααλὼν 10 κέκτημαι ἐμαυτῷ εἰς γυναῖκα, τοῦ ἀναστῆσαι τὸ ὄνομα τοῦ τεθνηκότος ἐπὶ τῆς κληρονομίας αὐτοῦ, καὶ οὐκ ἐξολοθρευθήσεται τὸ ὄνομα τοῦ τεθνηκότος ἐκ τῶν ἀδελφῶν αὐτοῦ, καὶ ἐκ τῆς φυλῆς λαοῦ αὐτοῦ· μάρτυρες ὑμεῖς σήμερον.

Καὶ εἴποσαν πᾶς ὁ λαὸς οἱ ἐν τῇ πύλῃ, μάρτυρες· καὶ οἱ 11 πρεσβύτεροι εἴποσαν, δῴη Κύριος τὴν γυναῖκά σου, τὴν εἰσπορευομένην εἰς τὸν οἶκόν σου, ὡς Ῥαχὴλ καὶ ὡς Λίαν, αἳ ᾠκοδόμησαν ἀμφότεραι τὸν οἶκον τοῦ Ἰσραὴλ, καὶ ἐποίησαν δύναμιν ἐν Ἐφραθᾷ, καὶ ἔσται ὄνομα ἐν Βηθλεέμ. Καὶ 12 γένοιτο οἶκός σου, ὡς οἶκος Φαρὲς, ὃν ἔτεκε Θάμαρ τῷ Ἰούδᾳ, ἐκ τοῦ σπέρματος οὗ δώσει Κύριός σοι ἐκ τῆς παιδίσκης ταύτης.

Καὶ ἔλαβε Βοὸζ τῆς Ῥοὺθ, καὶ ἐγενήθη αὐτῷ εἰς γυναῖκα, 13 καὶ εἰσῆλθε πρὸς αὐτήν· καὶ ἔδωκεν αὐτῇ Κύριος κύησιν, καὶ ἔτεκεν υἱόν. Καὶ εἶπαν αἱ γυναῖκες πρὸς Νωεμὶν, εὐλογητὸς 14 Κύριος, ὃς οὐ κατέλυσέ σοι σήμερον τὸν ἀγχιστέα, καὶ καλέσαι τὸ ὄνομά σου ἐν Ἰσραήλ. Καὶ ἔσται σοι εἰς ἐπιστρέφοντα 15 ψυχὴν, καὶ τοῦ διαθρέψαι τὴν πολιάν σου, ὅτι ἡ νύμφη ἡ ἀγαπήσασά σε, ἔτεκεν αὐτὸν, ἥ ἐστιν ἀγαθή σοι ὑπὲρ ἑπτὰ υἱούς. Καὶ ἔλαβε Νωεμὶν τὸ παιδίον, καὶ ἔθηκεν εἰς τὸν 16 κόλπον αὐτῆς, καὶ ἐγενήθη αὐτῷ εἰς τιθηνόν.

Καὶ ἐκάλεσαν αὐτοῦ αἱ γείτονες ὄνομα, λέγουσαι, ἐτέχθη 17 υἱὸς τῇ Νωεμίν· καὶ ἐκάλεσαν τὸ ὄνομα αὐτοῦ, Ὠβήδ· οὗτος πατὴρ Ἰεσσαὶ πατρὸς Δαυίδ. Καὶ αὗται αἱ γενέσεις Φαρές. 18 Φαρὲς ἐγέννησε τὸν Ἐσρώμ· Ἐσρὼμ ἐγέννησε τὸν Ἀράμ· 19 καὶ Ἀρὰμ ἐγέννησε τὸν Ἀμιναδάβ· Καὶ Ἀμιναδὰβ ἐγέννησε 20 τὸν Ναασσών· καὶ Ναασσὼν ἐγέννησε τὸν Σαλμών· Καὶ 21 Σαλμὼν ἐγέννησε τὸν Βοόζ· καὶ Βοὸζ ἐγέννησε τὸν Ὠβήδ· Καὶ 22 Ὠβὴδ ἐγέννησε τὸν Ἰεσσαί· καὶ Ἰεσσαὶ ἐγέννησε τὸν Δαυίδ.

β *Gr.* belong.   γ *Gr.* give.

ΒΑΣΙΛΕΙΩΝ Α.

[* *Gr.* REIGNS.]

ΆΝΘΡΩΠΟΣ ἦν ἐξ Ἀρμαθαὶμ Σιφὰ, ἐξ ὄρους Ἐφραῒμ, καὶ ὄνομα αὐτῷ Ἐλκανὰ υἱὸς Ἱερεμεὴλ υἱοῦ Ἡλιοῦ υἱοῦ Θοκὲ ἐν 2 Νασὶβ Ἐφραίμ. Καὶ τούτῳ δύο γυναῖκες· ὄνομα τῇ μιᾷ, Ἄννα· καὶ ὄνομα τῇ δευτέρᾳ, Φεννάνα. Καὶ ἦν τῇ Φεννάνᾳ παιδία· καὶ τῇ Ἄννᾳ οὐκ ἦν παιδίον.

3 Καὶ ἀνέβαινεν ὁ ἄνθρωπος ἐξ ἡμερῶν εἰς ἡμέρας ἐκ πόλεως αὐτοῦ ἐξ Ἀρμαθαὶμ προσκυνεῖν καὶ θύειν Κυρίῳ τῷ Θεῷ σαβαὼθ εἰς Σηλώμ· καὶ ἐκεῖ Ἡλὶ καὶ οἱ δύο υἱοὶ αὐτοῦ Ὀφνὶ καὶ Φινεὲς ἱερεῖς τοῦ Κυρίου.

4 Καὶ ἐγενήθη ἡμέρα, καὶ ἔθυσεν Ἐλκανά, καὶ ἔδωκε τῇ Φεν-
5 νάνᾳ γυναικὶ αὐτοῦ, καὶ τοῖς υἱοῖς αὐτῆς μερίδας. Καὶ τῇ Ἄννᾳ ἔδωκε μερίδα μίαν, ὅτι οὐκ ἦν αὐτῇ παιδίον, πλὴν ὅτι τὴν Ἄνναν ἠγάπα Ἐλκανὰ ὑπὲρ ταύτην· καὶ Κύριος ἀπέκλεισε τὰ 6 περὶ τὴν μήτραν αὐτῆς, ὅτι οὐκ ἔδωκεν αὐτῇ Κύριος παιδίον κατὰ τὴν θλῖψιν αὐτῆς, καὶ κατὰ τὴν ἀθυμίαν τῆς θλίψεως αὐτῆς· καὶ ἠθύμει διὰ τοῦτο, ὅτι συνέκλεισε Κύριος τὰ περὶ 7 τὴν μήτραν αὐτῆς τοῦ μὴ δοῦναι αὐτῇ παιδίον. Οὕτως ἐποίει ἐνιαυτὸν κατ᾽ ἐνιαυτὸν, ἐν τῷ ἀναβαίνειν αὐτὴν εἰς οἶκον Κυρίου· καὶ ἠθύμει, καὶ ἔκλαιε, καὶ οὐκ ἤσθιε.

8 Καὶ εἶπεν αὐτῇ Ἐλκανὰ ὁ ἀνὴρ αὐτῆς, Ἄννα· καὶ εἶπεν αὐτῷ, ἰδοὺ ἐγώ, κύριε· καὶ εἶπεν αὐτῇ, τί ἐστί σοι ὅτι κλαίεις; καὶ ἱνατί οὐκ ἐσθίεις; καὶ ἱνατί τύπτει σε ἡ καρδία σου; οὐκ ἀγαθὸς ἐγώ σοι ὑπὲρ δέκα τέκνα;

9 Καὶ ἀνέστη Ἄννα μετὰ τὸ φαγεῖν αὐτοὺς ἐν Σηλὼμ, καὶ κατέστη ἐνώπιον Κυρίου· καὶ Ἡλὶ ὁ ἱερεὺς, ἐπὶ τοῦ δίφρου ἐπὶ τῶν φλιῶν ναοῦ Κυρίου.

10 Καὶ αὐτὴ κατώδυνος ψυχῇ, καὶ προσηύξατο πρὸς Κύριον,
11 καὶ κλαίουσα ἔκλαυσε. Καὶ ηὔξατο εὐχὴν Κυρίῳ, λέγουσα, Ἀδωναὶ Κύριε ἐλωὲ σαβαὼθ, ἐὰν ἐπιβλέπων ἐπιβλέψῃς ἐπὶ τὴν ταπείνωσιν τῆς δούλης σου, καὶ μνησθῇς μου, καὶ δῷς τῇ δούλῃ σου σπέρμα ἀνδρῶν, καὶ δώσω αὐτὸν ἐνώπιόν σου δοτὸν ἕως ἡμέρας θανάτου αὐτοῦ, καὶ οἶνον καὶ μέθυσμα οὐ πίεται, καὶ σίδηρος οὐκ ἀναβήσεται ἐπὶ τὴν κεφαλὴν αὐτοῦ.

12 Καὶ ἐγενήθη ὅτε ἐπλήθυνε προσευχομένη ἐνώπιον Κυρίου,
13 καὶ Ἡλὶ ὁ ἱερεὺς ἐφύλαξε τὸ στόμα αὐτῆς. Καὶ αὐτὴ ἐλάλει

THERE was a man of Armathaim Sipha, **of** mount Ephraim, and his name *was* Helkana, a son of Jeremeel the son of Elias the son of Thoke, in Nasib Ephraim. ² And he *had* two wives; the name of the one *was* Anna, and the name of the second Phennana. And Phennana had children, but Anna had no child.

³ And the man went up β from year to year from his city, from Armathaim, to worship and sacrifice to the Lord God of Sabaoth at Selom: and *there were* Heli and his two sons Ophni and Phinees, the priests of the Lord.

⁴ And the day came, and Helkana sacrificed, and gave portions to his wife Phennana and her children. ⁵ And to Anna he gave γ a prime portion, because she had no child, only Helkana loved Anna more than the other; but the Lord *had* closed her womb. ⁶ For the Lord gave her no child in her affliction, and according to the despondency of her affliction; and she was dispirited on this account, that the Lord shut up her womb so as not to give her a child. ⁷ So she did year by year, in going up to the house of the Lord; and she was dispirited, and wept, and did not eat.

⁸ And Helkana her husband said to her, Anna: and she said to him, Here *am* I, my lord: and he said to her, What ails thee that thou weepest? and why dost thou not eat? and why does thy heart smite thee? *am* I not better to thee than ten children?

⁹ And Anna rose up after they had eaten in Selom, and stood before the Lord: and Heli the priest *was* on a seat by the δ threshold of the temple of the Lord.

¹⁰ And she *was* very much grieved in spirit, and prayed to the Lord, and wept abundantly. ¹¹ And she vowed a vow to the Lord, saying, O Lord God of Sabaoth, if thou wilt indeed look upon the humiliation of thine handmaid, and remember me, and give to thine handmaid a ζ man-child, then will I indeed dedicate him θ to thee till the day of his death; and he shall drink no wine nor strong drink, and no λ razor shall come upon his head.

¹² And it came to pass, while she was long praying before the Lord, that Heli the priest marked her mouth. ¹³ And she was speaking

---

β *Gr.* from days to days.   γ *Gr.* one portion.   δ *Gr.* lintels.   ζ *Gr.* seed of men.   θ *Gr.* before.   λ *Gr.* iron.

in her heart, and her lips moved, but her voice was not heard: and Heli accounted her a drunken woman. [14] And the servant of Heli said to her, How long wilt thou be drunken? take away thy wine from thee, and go out from the presence of the Lord. [15] And Anna answered and said, Nay, my lord, *I live* β in a hard day, and I have not drunk wine or strong drink, and I pour out my soul before the Lord. [16] γ Count not thy handmaid for a pestilent woman, for by reason of the abundance of my importunity I have continued *my prayer* until now. [17] And Heli answered and said to her, Go in peace: the God of Israel give thee all thy petition, which thou hast asked of him. [18] And she said, Thine handmaid has found favour in thine eyes: and the woman went her way, and entered into her lodging, and ate and drank with her husband, and her countenance was no more sad.

[19] And they rise early in the morning, and worship the Lord, and they go their way: and Helkana went into his house at Armathaim, and knew his wife Anna; and the Lord remembered her, and she conceived. [20] And it came to pass δ when the time was come, that she brought forth a son, and called his name Samuel, and said, Because I asked him of the Lord God of Sabaoth.

[21] And the man Helkana and all his house went up to offer in Selom the yearly sacrifice, and his vows, and all the tithes of his land. [22] But Anna did not go up with him, for she said to her husband, *I will not go up* until the child goes up, when I have weaned him, and he shall be presented before the Lord, and he shall abide there continually. [23] And Helkana her husband said to her, Do that which is good in thine eyes, abide still until thou shalt have weaned him; but may the Lord establish that which comes out of thy mouth: and the woman tarried, and suckled her son until she had weaned him.

[24] And she went up with him to Selom with a calf ζ of three years old, and loaves, and an ephah of fine flour, and a bottle of wine: and she entered into the house of the Lord in Selom, and the child with them. [25] And they brought him before the Lord; and his father slew his offering which he offered from year to year to the Lord; and he brought near the child, and slew the calf; and Anna the mother of the child brought him to Heli. [26] And she said, I pray thee, my lord, as thy soul liveth, I *am* the woman that stood in thy presence with thee while praying to the Lord. [27] For this child I prayed; and the Lord has given me my request that I asked of him. [28] And I lend him to the Lord all his days that he lives, a loan to the Lord: and she said,

My heart is established in the Lord, my horn is exalted in my God; my mouth is enlarged over my enemies, I have rejoiced in thy salvation. [2] For there is none holy as the Lord, and there is none righteous as our God: there is none holy beside thee. [3] Boast not, and utter not high things; let not high-sounding words come out of your mouth, for the Lord *is* a God of knowledge,

ἐν τῇ καρδίᾳ αὐτῆς, καὶ τὰ χείλη αὐτῆς ἐκινεῖτο, καὶ φωνὴ αὐτῆς οὐκ ἠκούετο· καὶ ἐλογίσατο αὐτὴν Ἡλὶ εἰς μεθύουσαν. Καὶ εἶπεν αὐτῇ τὸ παιδάριον Ἡλὶ, ἕως πότε μεθυσθήσῃ; 14 περιελοῦ τὸν οἶνόν σου, καὶ πορεύου ἐκ προσώπου Κυρίου. Καὶ ἀπεκρίθη Ἄννα, καὶ εἶπεν, οὐχὶ κύριε· γυνὴ ᾗ σκληρὰ 15 ἡμέρα ἐγώ εἰμι, καὶ οἶνον καὶ μέθυσμα οὐ πέπωκα, καὶ ἐκχέω τὴν ψυχήν μου ἐνώπιον Κυρίου. Μὴ δῷς τὴν δούλην σου εἰς 16 θυγατέρα λοιμὴν, ὅτι ἐκ πλήθους ἀδολεσχίας μου ἐκτέτακα ἕως νῦν. Καὶ ἀπεκρίθη Ἡλὶ, καὶ εἶπεν αὐτῇ, πορεύου εἰς εἰρήνην· 17 ὁ Θεὸς Ἰσραὴλ δῴη σοι πᾶν αἴτημά σου, ὃ ᾐτήσω παρ᾽ αὐτοῦ. Καὶ εἶπεν, εὗρεν ἡ δούλη σου χάριν ἐν ὀφθαλμοῖς σου· καὶ ἐπορεύθη ἡ γυνὴ εἰς τὴν ὁδὸν αὐτῆς· καὶ εἰσῆλθεν εἰς τὸ κατά- 18 λυμα αὐτῆς, καὶ ἔφαγε μετὰ τοῦ ἀνδρὸς αὐτῆς καὶ ἔπιε, καὶ τὸ πρόσωπον αὐτῆς οὐ συνέπεσεν ἔτι.

Καὶ ὀρθρίζουσι τοπρωὶ καὶ προσκυνοῦσι τῷ Κυρίῳ, καὶ 19 πορεύονται τὴν ὁδὸν αὐτῶν· καὶ εἰσῆλθεν Ἐλκανὰ εἰς τὸν οἶκον αὐτοῦ Ἀρμαθαὶμ, καὶ ἔγνω τὴν Ἄνναν γυναῖκα αὐτοῦ· καὶ ἐμνήσθη αὐτῆς Κύριος, καὶ συνέλαβε. Καὶ ἐγενήθη τῷ 20 καιρῷ τῶν ἡμερῶν, καὶ ἔτεκεν υἱὸν, καὶ ἐκάλεσε τὸ ὄνομα αὐτοῦ Σαμουὴλ, καὶ εἶπεν, ὅτι παρὰ Κυρίου Θεοῦ σαβαὼθ ᾐτησάμην αὐτόν.

Καὶ ἀνέβη ὁ ἄνθρωπος Ἐλκανὰ καὶ πᾶς ὁ οἶκος αὐτοῦ θῦσαι 21 ἐν Σηλὼμ τὴν θυσίαν τῶν ἡμερῶν, καὶ τὰς εὐχὰς αὐτοῦ, καὶ πάσας τὰς δεκάτας τῆς γῆς αὐτοῦ. Καὶ Ἄννα οὐκ ἀνέβη μετ᾽ 22 αὐτοῦ, ὅτι εἶπε τῷ ἀνδρὶ αὐτῆς, ἕως τοῦ ἀναβῆναι τὸ παιδάριον, ἐὰν ἀπογαλακτίσω αὐτὸ, καὶ ὀφθήσεται τῷ προσώπῳ Κυρίου, καὶ καθήσεται ἕως αἰῶνος ἐκεῖ. Καὶ εἶπεν αὐτῇ Ἐλκανὰ 23 ὁ ἀνὴρ αὐτῆς, ποίει τὸ ἀγαθὸν ἐν ὀφθαλμοῖς σου, κάθου ἕως ἂν ἀπογαλακτίσῃς αὐτό· ἀλλὰ στήσαι Κύριος τὸ ἐξελθὸν ἐκ τοῦ στόματός σου· καὶ ἐκάθισεν ἡ γυνὴ καὶ ἐθήλασε τὸν υἱὸν αὐτῆς, ἕως ἂν ἀπογαλακτίσῃ αὐτόν.

Καὶ ἀνέβη μετ᾽ αὐτοῦ εἰς Σηλὼμ ἐν μόσχῳ τριετίζοντι, καὶ 24 ἄρτοις, καὶ οἰφὶ σεμιδάλεως, καὶ νέβελ οἴνου· καὶ εἰσῆλθεν εἰς οἶκον Κυρίου ἐν Σηλὼμ, καὶ τὸ παιδάριον μετ᾽ αὐτῶν. Καὶ 25 προσήγαγον ἐνώπιον Κυρίου· καὶ ἔσφαξεν ὁ πατὴρ αὐτοῦ τὴν θυσίαν, ἣν ἐποίει ἐξ ἡμερῶν εἰς ἡμέρας τῷ Κυρίῳ· καὶ προσ- ήγαγε τὸ παιδάριον, καὶ ἔσφαξε τὸν μόσχον· καὶ προσήγαγεν Ἄννα ἡ μήτηρ τοῦ παιδαρίου πρὸς Ἡλὶ, καὶ εἶπεν, ἐν ἐμοὶ 26 κύριε ζῇ ἡ ψυχή σου, ἐγὼ ἡ γυνὴ ἡ καταστᾶσα ἐνώπιόν σου μετὰ σοῦ ἐν τῷ προσεύξασθαι πρὸς Κύριον. Ὑπὲρ τοῦ παιδαρίου 27 τούτου προσηυξάμην· καὶ ἔδωκέ μοι Κύριος τὸ αἴτημά μου ὃ ᾐτησάμην παρ᾽ αὐτοῦ. Κἀγὼ κιχρῶ αὐτὸν τῷ Κυρίῳ πάσας 28 τὰς ἡμέρας ἃς ζῇ αὐτὸς, χρῆσιν τῷ Κυρίῳ, καὶ εἶπεν,

Ἐστερεώθη ἡ καρδία μου ἐν Κυρίῳ, ὑψώθη κέρας μου ἐν 2 Θεῷ μου, ἐπλατύνθη ἐπ᾽ ἐχθρούς μου τὸ στόμα μου, εὐφράνθην ἐν σωτηρίᾳ σου. Ὅτι οὐκ ἔστιν ἅγιος ὡς Κύριος, καὶ οὐκ ἔστι 2 δίκαιος ὡς ὁ Θεὸς ἡμῶν, οὐκ ἔστιν ἅγιος πλήν σου. Μὴ 3 καυχᾶσθε, καὶ μὴ λαλεῖτε ὑψηλά· μὴ ἐξελθέτω μεγαλορρημο- σύνη ἐκ τοῦ στόματος ὑμῶν, ὅτι Θεὸς γνώσεων Κύριος, καὶ

β *Comp.* ἐν σκληρᾷ ἡμέρᾳ.   γ *Gr.* give not.   δ *Gr.* in the season of days.   ζ *Or,* in its third year.

4 Θεὸς ἐτοιμάζων ἐπιτηδεύματα αὐτοῦ. Τόξον δυνατῶν ἠσθένησε,
5 καὶ ἀσθενοῦντες περιεζώσαντο δύναμιν. Πλήρεις ἄρτων ἠλατ-
    τώθησαν, καὶ οἱ πεινῶντες παρῆκαν γῆν· ὅτι στεῖρα ἔτεκεν
6 ἑπτά, καὶ ἡ πολλὴ ἐν τέκνοις ἠσθένησε. Κύριος θανατοῖ καὶ
7 ζωογονεῖ, κατάγει εἰς ᾅδου καὶ ἀνάγει. Κύριος πτωχίζει καὶ
8 πλουτίζει, ταπεινοῖ καὶ ἀνυψοῖ. Ἀνιστᾷ ἀπὸ γῆς πένητα,
    καὶ ἀπὸ κοπρίας ἐγείρει πτωχὸν, καθίσαι μετὰ δυναστῶν λαοῦ,
9 καὶ θρόνον δόξης κατακληρονομῶν αὐτοῖς, διδοὺς εὐχὴν τῷ
    εὐχομένῳ· καὶ εὐλόγησεν ἔτη δικαίου, ὅτι οὐκ ἐν ἰσχύϊ δυνατὸς
10 ἀνήρ. Κύριος ἀσθενῆ ποιήσει ἀντίδικον αὐτοῦ, Κύριος ἅγιος·
    μὴ καυχάσθω ὁ φρόνιμος ἐν τῇ φρονήσει αὐτοῦ, καὶ μὴ καυ-
    χάσθω ὁ δυνατὸς ἐν τῇ δυνάμει αὐτοῦ, καὶ μὴ καυχάσθω
    ὁ πλούσιος ἐν τῷ πλούτῳ αὐτοῦ· ἀλλ᾽ ἐν τούτῳ καυχάσθω
    ὁ καυχώμενος, συνιεῖν καὶ γινώσκειν τὸν Κύριον, καὶ ποιεῖν
    κρίμα καὶ δικαιοσύνην ἐν μέσῳ τῆς γῆς. Κύριος ἀνέβη εἰς
    οὐρανούς, καὶ ἐβρόντησεν· αὐτὸς κρινεῖ ἄκρα γῆς, καὶ δίδωσιν
    ἰσχὺν τοῖς βασιλεῦσιν ἡμῶν, καὶ ὑψώσει κέρας χριστοῦ
    αὐτοῦ.

11 Καὶ κατέλιπεν αὐτὸν ἐκεῖ ἐνώπιον Κυρίου, καὶ ἀπῆλθεν
    εἰς Ἀρμαθαίμ· καὶ τὸ παιδάριον ἦν λειτουργῶν τῷ προσώπῳ
12 Κυρίου ἐνώπιον Ἡλὶ τοῦ ἱερέως. Καὶ οἱ υἱοὶ Ἡλὶ τοῦ ἱερέως
13 υἱοὶ λοιμοί, οὐκ εἰδότες τὸν Κύριον. Καὶ τὸ δικαίωμα τοῦ
    ἱερέως παρὰ τοῦ λαοῦ παντὸς τοῦ θύοντος· καὶ ἤρχετο τὸ
    παιδάριον τοῦ ἱερέως ὡς ἂν ἡψήθη τὸ κρέας, καὶ κρεάγρα
14 τριόδους ἐν τῇ χειρὶ αὐτοῦ, καὶ ἐπάταξεν αὐτὴν εἰς τὸν λέβητα
    τὸν μέγαν ἢ εἰς τὸ χαλκεῖον ἢ εἰς τὴν χύτραν, καὶ πᾶν ὃ ἐὰν
    ἀνέβη ἐν τῇ κρεάγρᾳ, ἐλάμβανεν ἑαυτῷ ὁ ἱερεύς· κατὰ τάδε
    ἐποίουν παντὶ Ἰσραὴλ τοῖς ἐρχομένοις θῦσαι Κυρίῳ ἐν Σηλώμ.
15 Καὶ πρὶν θυμιαθῆναι τὸ στέαρ, ἤρχετο τὸ παιδάριον τοῦ ἱερέως,
    καὶ ἔλεγε τῷ ἀνδρὶ τῷ θύοντι, δὸς κρέας ὀπτῆσαι τῷ ἱερεῖ, καὶ
16 οὐ μὴ λάβω παρὰ σοῦ κρέας ἐφθὸν ἐκ τοῦ λέβητος. Καὶ
    ἔλεγεν ὁ ἀνὴρ ὁ θύων, θυμιαθήτω πρῶτον ὡς καθήκει τὸ στέαρ,
    καὶ λάβε σεαυτῷ ἐκ πάντων ὧν ἐπιθυμεῖ ἡ ψυχή σου· καὶ εἶπεν,
17 οὐχί· ὅτι νῦν δώσεις· καὶ ἐὰν μή, λήψομαι κραταιῶς. Καὶ ἦν
    ἡ ἁμαρτία ἐνώπιον Κυρίου τῶν παιδαρίων μεγάλη σφόδρα, ὅτι
    ἠθέτουν τὴν θυσίαν Κυρίου.

18 Καὶ Σαμουὴλ ἦν λειτουργῶν ἐνώπιον Κυρίου, παιδάριον
19 περιεζωσμένον ἐφοὺδ βάδ· Καὶ διπλοΐδα μικρὰν ἐποίησεν
    αὐτῷ ἡ μήτηρ αὐτοῦ, καὶ ἀνέφερεν αὐτῷ ἐξ ἡμερῶν εἰς ἡμέρας
    ἐν τῷ ἀναβαίνειν αὐτὴν μετὰ τοῦ ἀνδρὸς αὐτῆς θῦσαι τὴν θυσίαν
20 τῶν ἡμερῶν. Καὶ εὐλόγησεν Ἡλὶ τὸν Ἐλκανὰ καὶ τὴν γυναῖκα
    αὐτοῦ, λέγων, ἀποτίσαι σοι Κύριος σπέρμα ἐκ τῆς γυναικὸς
    ταύτης, ἀντὶ τοῦ χρέους οὗ ἔχρησας τῷ Κυρίῳ· καὶ ἀπῆλθεν
    ὁ ἄνθρωπος εἰς τὸν τόπον αὐτοῦ.

21 Καὶ ἐπεσκέψατο Κύριος τὴν Ἄνναν, καὶ ἔτεκεν ἔτι τρεῖς
    υἱοὺς, καὶ δύο θυγατέρας· καὶ ἐμεγαλύνθη τὸ παιδάριον Σαμουὴλ
    ἐνώπιον Κυρίου.

22 Καὶ Ἡλὶ πρεσβύτης σφόδρα· καὶ ἤκουσεν ἃ ἐποίουν οἱ υἱοὶ

and God prepares his own designs. ⁴The
bow of the mighty has waxed feeble, and
the weak have girded themselves with
strength. ⁵They that were full of bread are
brought low; and the hungry have forsaken
the land; for the barren has born seven,
and she that abounded in children has waxed
feeble. ⁶The Lord kills and makes alive;
he brings down to the grave, and brings
up. ⁷The Lord makes poor, and makes rich;
he brings low, and lifts up. ⁸He lifts up
the poor from the earth, and raises the
needy from the dunghill; to seat him with
the princes of the people, and causing them
to inherit the throne of glory: ⁹granting
his petition to him that prays; and he
blesses the years of the righteous, for by
strength cannot man prevail. ¹⁰The Lord
will weaken his adversary; the Lord is holy.
Let not the wise man boast in his wisdom,
nor let the mighty man boast in his strength,
and let not the rich man boast in his wealth;
but let him that boasts boast in this, to un-
derstand and know the Lord, ᵝand to ex-
ecute judgment and justice in the midst of
the earth. The Lord has gone up to the
heavens, and has thundered: he will judge
the extremities of the earth, and he gives
strength to our kings, and will exalt the
horn of his Christ.

And he left him there before the Lord,
¹¹and departed to Armathaim: and the
child ministered in the presence of the Lord
before Heli the priest. ¹²And the sons of
Heli the priest were evil sons, not knowing
the Lord. ¹³And the priest's claim from
every one of the people that sacrificed was
this: the servant of the priest came when
the flesh was in seething, and a flesh-hook
of three teeth was in his hand. ¹⁴And he
struck it into the great caldron, or into the
brazen vessel, or into the pot, and whatever
came up with the flesh-hook, the priest took
for himself: so they did to all Israel that
came to sacrifice to the Lord in Selom.
¹⁵And before the fat was burnt for a sweet
savour, the servant of the priest would come,
and say to the man that sacrificed, Give
flesh to roast for the priest, and I will by
no means take of thee sodden flesh out of
the caldron. ¹⁶And if the man that sacri-
ficed said, First let the fat be burned, as it
is fit, and take for thyself of all things which
thy soul desires: then he would say, Nay,
for thou shalt give it me now; and if not, I
will take it by force. ¹⁷So the sin of the
young men was very great before the Lord,
for they set at nought the offering of the Lord.
¹⁸And Samuel ministered before the Lord,
a child girt with a linen ephod. ¹⁹And his
mother made him a little doublet, and
brought it to him from year to year, in her
going up in company with her husband to
offer the yearly sacrifice. ²⁰And Heli blessed
Helcana and his wife, saying, The Lord re-
compense to thee seed of this woman, in re-
turn for the loan which thou hast lent to the
Lord: and the man returned to his place.
²¹And the Lord visited Anna, and she
bore yet three sons, and two daughters.
And the child Samuel grew before the Lord.
²²And Heli was very old, and he heard

β *Perhaps* 'and that the Lord executes,' etc. Comp. Jer. 9. 24.   γ *Lit.* days to days.

what his sons did to the children of Israel.
23 And he said to them, Why do ye according to this thing, which I hear from the mouth of all the people of the Lord? 24 Nay my sons, for the report which I hear *is* not good; do not so, for γ the reports which I hear *are* not good, so that the people do not serve God. 25 If a man should at all sin against another, then shall they pray for him to the Lord; but if a man sin against the Lord, who shall intreat for him? But they hearkened not to the voice of their father, because the Lord would by all means destroy them. 26 And the child Samuel advanced, and γ was in favour with God and with men.

27 And a man of God came to Heli, and said, Thus says the Lord, I plainly revealed myself to the house of thy father, when they were servants in Egypt to the house of Pharao. 28 And I chose the house of thy father out of all the tribes of Israel to minister to me in the priest's office, to go up to my altar, and to burn incense, and to wear an ephod. And I gave to the house of thy father all the offerings by fire of the children of Israel for food. 29 And wherefore hast thou looked upon my incense-offering and my meat-offering with a shameless eye, and hast honoured thy sons above me, so that they should bless themselves with the first-fruits of every sacrifice of Israel before me? 30 Therefore thus says the Lord God of Israel, I said, Thy house and the house of thy father shall pass before me for ever: but now the Lord says, That be far from me; for I will only honour them that honour me, and he that sets me at nought shall be despised. 31 Behold, the days come when I will destroy thy seed and the seed of thy father's house. 32 And thou shalt not have an old man in my house for ever. 33 And if I do not destroy a man of thine from my altar, *it shall be* that his eyes may fail and his soul may perish; and every one that remains in thy house shall fall by the sword of men. 34 And this which shall come upon thy two sons Ophni and Phinees shall be a sign to thee; in one day they shall both die. 35 And I will raise up to myself a faithful priest, who shall do all that is in my heart and in my soul; and I will build him a sure house, and he shall walk before my Christ for ever. 36 And it shall come to pass that he that survives in thy house, shall come to do obeisance before him for a little piece of silver, δ saying, ζ Put me into one of thy priests' offices to eat bread.

And the child Samuel ministered to the Lord before Heli the priest: and the word of the Lord was precious in those days, there was no θ distinct vision.

2 And it came to pass at that time that Heli was sleeping in his place, and his eyes began to fail, and could not see. 3 And the lamp of God *was burning* before it was trimmed, and Samuel slept in the temple, where *was* the ark of God. 4 And the Lord called, Samuel, Samuel; and he said, Behold, *here am* I. 5 And he ran to Heli, and said, *Here am* I, for thou didst call me: and

αὐτοῦ τοῖς υἱοῖς Ἰσραήλ· Καὶ εἶπεν αὐτοῖς, ἱνατί ποιεῖτε κατὰ 23 τὸ ῥῆμα τοῦτο, ὃ ἐγὼ ἀκούω ἐκ στόματος παντὸς τοῦ λαοῦ Κυρίου; Μὴ τέκνα, ὅτι οὐκ ἀγαθὴ ἡ ἀκοὴ ἣν ἐγὼ ἀκούω· μὴ 24 ποιεῖτε οὕτως, ὅτι οὐκ ἀγαθαὶ αἱ ἀκοαὶ ἃς ἐγὼ ἀκούω τοῦ μὴ δουλεύειν λαὸν Θεῷ. Ἐὰν ἁμαρτάνων ἁμάρτῃ ἀνὴρ εἰς ἄνδρα, 25 καὶ προσεύξονται ὑπὲρ αὐτοῦ πρὸς Κύριον· καὶ ἐὰν τῷ Κυρίῳ ἁμάρτῃ, τίς προσεύξεται ὑπὲρ αὐτοῦ; Καὶ οὐκ ἤκουον τῆς φωνῆς τοῦ πατρὸς αὐτῶν, ὅτι βουλόμενος ἐβούλετο Κύριος διαφθεῖραι αὐτούς. Καὶ τὸ παιδάριον Σαμουὴλ ἐπορεύετο, καὶ 26 ἦν ἀγαθὸν μετὰ Κυρίου καὶ μετὰ ἀνθρώπων.

Καὶ ἦλθεν ὁ ἄνθρωπος Θεοῦ πρὸς Ἡλί, καὶ εἶπε, τάδε 27 λέγει Κύριος, ἀποκαλυφθεὶς ἀπεκαλύφθην πρὸς οἶκον τοῦ πατρός σου, ὄντων αὐτῶν ἐν γῇ Αἰγύπτῳ δούλων τῷ οἴκῳ Φαραώ. Καὶ ἐξελεξάμην τὸν οἶκον τοῦ πατρός σου ἐκ πάντων 28 τῶν σκήπτρων Ἰσραὴλ ἐμοὶ ἱερατεύειν, τοῦ ἀναβαίνειν ἐπὶ θυσιαστήριόν μου, καὶ θυμιᾶν θυμίαμα, καὶ αἴρειν ἐφούδ· καὶ ἔδωκα τῷ οἴκῳ τοῦ πατρός σου τὰ πάντα τοῦ πυρὸς υἱῶν Ἰσραὴλ εἰς βρῶσιν. Καὶ ἱνατί ἐπέβλεψας ἐπὶ τὸ θυμίαμά μου καὶ εἰς τὴν 29 θυσίαν μου ἀναιδεῖ ὀφθαλμῷ; καὶ ἐδόξασας τοὺς υἱούς σου ὑπὲρ ἐμὲ ἐνευλογεῖσθαι ἀπαρχῆς πάσης θυσίας τοῦ Ἰσραὴλ ἔμπροσθέν μου; Διὰ τοῦτο τάδε λέγει Κύριος ὁ Θεὸς Ἰσραήλ, 30 εἶπα, ὁ οἶκός σου καὶ ὁ οἶκος τοῦ πατρός σου διελεύσεται ἐνώπιόν μου ἕως αἰῶνος· καὶ νῦν φησι Κύριος, μηδαμῶς ἐμοί, ὅτι ἀλλ' ἢ τοὺς δοξάζοντάς με δοξάσω, καὶ ὁ ἐξουθενῶν με ἀτιμωθήσεται.

Ἰδοὺ ἔρχονται ἡμέραι, καὶ ἐξολοθρεύσω τὸ σπέρμα σου καὶ 31 τὸ σπέρμα οἴκου πατρός σου· Καὶ οὐκ ἔσται σοι πρεσβύτης 32 ἐν οἴκῳ μου πάσας τὰς ἡμέρας. Καὶ ἄνδρα οὐκ ἐξολοθρεύσω 33 σοι ἀπὸ τοῦ θυσιαστηρίου μου, ἐκλείπειν τοὺς ὀφθαλμοὺς αὐτοῦ, καὶ καταρρεῖν τὴν ψυχὴν αὐτοῦ· καὶ πᾶς περισσεύων οἴκου σου πεσοῦνται ἐν ῥομφαίᾳ ἀνδρῶν. Καὶ τοῦτό σοι τὸ 34 σημεῖον ὃ ἥξει ἐπὶ τοὺς δύο υἱούς σου, Ὀφνὶ καὶ Φινεὲς, ἐν μιᾷ ἡμέρᾳ ἀποθανοῦνται ἀμφότεροι. Καὶ ἀναστήσω ἐμαυτῷ 35 ἱερέα πιστὸν, ὃς πάντα τὰ ἐν τῇ καρδίᾳ μου καὶ τὰ ἐν τῇ ψυχῇ μου ποιήσει· καὶ οἰκοδομήσω αὐτῷ οἶκον πιστὸν, καὶ διελεύσεται ἐνώπιον χριστοῦ μου πάσας τὰς ἡμέρας. Καὶ ἔσται 36 ὁ περισσεύων ἐν οἴκῳ σου, ἥξει προσκυνεῖν αὐτῷ ὀβολοῦ ἀργυρίου, λέγων, παράρριψόν με ἐπὶ μίαν τῶν ἱερατειῶν σου φαγεῖν ἄρτον.

Καὶ τὸ παιδάριον Σαμουὴλ ἦν λειτουργῶν τῷ Κυρίῳ ἐνώπιον 3 Ἡλὶ τοῦ ἱερέως· καὶ ῥῆμα Κυρίου ἦν τίμιον ἐν ταῖς ἡμέραις ἐκείναις, οὐκ ἦν ὅρασις διαστέλλουσα.

Καὶ ἐγένετο ἐν τῇ ἡμέρᾳ ἐκείνῃ, καὶ Ἡλὶ ἐκάθευδεν ἐν τῷ 2 τόπῳ αὐτοῦ, καὶ οἱ ὀφθαλμοὶ αὐτοῦ ἤρξαντο βαρύνεσθαι, καὶ οὐκ ἠδύναντο βλέπειν. Καὶ ὁ λύχνος τοῦ Θεοῦ πρὶν ἐπισκευ- 3 ασθῆναι, καὶ Σαμουὴλ ἐκάθευδεν ἐν τῷ ναῷ, οὗ ἡ κιβωτὸς τοῦ Θεοῦ. Καὶ ἐκάλεσε Κύριος, Σαμουὴλ Σαμουήλ· καὶ εἶπεν, 4 ἰδοὺ ἐγώ. Καὶ ἔδραμε πρὸς Ἡλὶ, καὶ εἶπεν, ἰδοὺ ἐγώ, ὅτι 5

β *Or*, the reports which I hear of the people not serving, etc. Comp. 1 Ch. 13. 4.   γ *Gr.* was good.   δ *Alex.* + ' and for a piece of bread.'   ζ *Gr.* cast.   θ *Lit.* distinguishing.

κέκληκάς με· καὶ εἶπεν, οὐ κέκληκά σε, ἀνάστρεφε, κάθευδε·
6 καὶ ἀνέστρεψε καὶ ἐκάθευδε. Καὶ προσέθετο Κύριος, καὶ
ἐκάλεσε, Σαμουὴλ Σαμουήλ· καὶ ἐπορεύθη πρὸς Ἡλὶ τὸ
δεύτερον, καὶ εἶπεν, ἰδοὺ ἐγώ, ὅτι κέκληκάς με· καὶ εἶπεν,
7 οὐ κέκληκά σε, ἀνάστρεφε, κάθευδε. Καὶ Σαμουὴλ πρὶν
8 γνῶναι Θεὸν, καὶ ἀποκαλυφθῆναι αὐτῷ ῥῆμα Κυρίου. Καὶ
προσέθετο Κύριος καλέσαι Σαμουὴλ ἐν τρίτῳ· καὶ ἀνέστη καὶ
ἐπορεύθη πρὸς Ἡλὶ, καὶ εἶπεν, ἰδοὺ ἐγώ, ὅτι κέκληκάς με· καὶ
9 ἐσοφίσατο Ἡλὶ ὅτι Κύριος κέκληκε τὸ παιδάριον. Καὶ εἶπεν,
ἀνάστρεφε, κάθευδε τέκνον· καὶ ἔσται ἐὰν καλέσῃ σε, καὶ ἐρεῖς,
λάλει, ὅτι ἀκούει ὁ δοῦλός σου· καὶ ἐπορεύθη Σαμουὴλ, καὶ
10 ἐκοιμήθη ἐν τῷ τόπῳ αὐτοῦ. Καὶ ἦλθε Κύριος καὶ κατέστη,
καὶ ἐκάλεσεν αὐτὸν ὡς ἅπαξ καὶ ἅπαξ· καὶ εἶπε Σαμουὴλ,
λάλει, ὅτι ἀκούει ὁ δοῦλός σου.

11 Καὶ εἶπε Κύριος πρὸς Σαμουὴλ, ἰδοὺ ἐγὼ ποιῶ τὰ ῥήματά
μου ἐν Ἰσραὴλ, παντὸς ἀκούοντος αὐτὰ, ἠχήσει ἀμφότερα τὰ
12 ὦτα αὐτοῦ. Ἐν τῇ ἡμέρᾳ ἐκείνῃ ἐπεγερῶ ἐπὶ Ἡλὶ πάντα ὅσα
13 ἐλάλησα εἰς τὸν οἶκον αὐτοῦ, ἄρξομαι καὶ ἐπιτελέσω. Καὶ
ἀνήγγελκα αὐτῷ ὅτι ἐκδικῶ ἐγὼ τὸν οἶκον αὐτοῦ ἕως αἰῶνος ἐν
ἀδικίαις υἱῶν αὐτοῦ, ὅτι κακολογοῦντες Θεὸν οἱ υἱοὶ αὐτοῦ, καὶ
14 οὐκ ἐνουθέτει αὐτούς. Καὶ οὐδ᾽ οὕτως· ὤμοσα τῷ οἴκῳ Ἡλὶ,
εἰ ἐξιλασθήσεται ἀδικία οἴκου Ἡλὶ, ἐν θυμιάματι καὶ ἐν θυσίαις
ἕως αἰῶνος.

15 Καὶ κοιμᾶται Σαμουὴλ ἕως πρωῒ, καὶ ὤρθρισε τοπρωῒ καὶ
16 ἤνοιξε τὰς θύρας οἴκου Κυρίου· καὶ Σαμουὴλ ἐφοβήθη ἀπαγ-
17 γεῖλαι τὴν ὅρασιν. Καὶ εἶπεν Ἡλὶ πρὸς Σαμουὴλ, Σαμουὴλ
τέκνον· καὶ εἶπεν, ἰδοὺ ἐγώ. Καὶ εἶπε, τί τὸ ῥῆμα τὸ λαληθὲν
πρός σε; μὴ δὴ κρύψῃς ἀπ᾽ ἐμοῦ· τάδε ποιήσαι σοι ὁ Θεὸς
καὶ τάδε προσθείη, ἐὰν κρύψῃς ἀπ᾽ ἐμοῦ ῥῆμα ἐκ πάντων τῶν
18 λόγων τῶν λαληθέντων σοι ἐν τοῖς ὠσί σου. Καὶ ἀπήγγειλε
Σαμουὴλ πάντας τοὺς λόγους, καὶ οὐκ ἔκρυψεν ἀπ᾽ αὐτοῦ· καὶ
εἶπεν Ἡλὶ, Κύριος αὐτὸς, τὸ ἀγαθὸν ἐνώπιον αὐτοῦ ποιήσει.

19 Καὶ ἐμεγαλύνθη Σαμουὴλ, καὶ ἦν Κύριος μετ᾽ αὐτοῦ, καὶ
20 οὐκ ἔπεσεν ἀπὸ πάντων τῶν λόγων αὐτοῦ ἐπὶ τὴν γῆν. Καὶ
ἔγνωσαν πᾶς Ἰσραὴλ ἀπὸ Δὰν καὶ ἕως Βηρσαβεὲ, ὅτι πιστὸς
21 Σαμουὴλ εἰς προφήτην τῷ Κυρίῳ. Καὶ προσέθετο Κύριος
δηλωθῆναι ἐν Σηλὼμ, ὅτι ἀπεκαλύφθη Κύριος πρὸς Σαμουήλ·
καὶ ἐπιστεύθη Σαμουὴλ τοῦ προφήτης γενέσθαι τῷ Κυρίῳ εἰς
πάντα Ἰσραὴλ ἀπ᾽ ἄκρων τῆς γῆς καὶ ἕως ἄκρων· καὶ Ἡλὶ
πρεσβύτης σφόδρα, καὶ οἱ υἱοὶ αὐτοῦ πορευόμενοι ἐπορεύοντο,
καὶ πονηρὰ ἡ ὁδὸς αὐτῶν ἐνώπιον Κυρίου.

4 Καὶ ἐγενήθη ἐν ταῖς ἡμέραις ἐκείναις, καὶ συναθροίζονται
ἀλλόφυλοι ἐπὶ Ἰσραὴλ εἰς πόλεμον· καὶ ἐξῆλθεν Ἰσραὴλ εἰς
ἀπάντησιν αὐτοῖς εἰς πόλεμον, καὶ παρεμβάλλουσιν ἐπὶ Ἀβεν-
2 έζερ· καὶ οἱ ἀλλόφυλοι παρεμβάλλουσιν ἐν Ἀφέκ. Καὶ
παρατάσσονται ἀλλόφυλοι εἰς πόλεμον ἐπὶ Ἰσραήλ· καὶ ἔκλινεν
ὁ πόλεμος, καὶ ἔπταισεν ἀνὴρ Ἰσραὴλ ἐνώπιον ἀλλοφύλων,
καὶ ἐπλήγησαν ἐν τῇ παρατάξει ἐν ἀγρῷ τέσσαρες χιλιάδες
ἀνδρῶν.

he said, I did not call thee; return, go to sleep; and he returned and went to sleep. [6] And the Lord β called again, Samuel, Samuel: and he went to Heli the second time, and said, Behold, *here am* I, for thou didst call me: and he said, I called thee not; return, go to sleep. [7] And *it was* before Samuel knew the Lord, and *before* the word of the Lord was revealed to him. [8] And the Lord called Samuel again for the third time: and he arose and went to Heli, and said, Behold, I *am* here, for thou didst call me: and Heli perceived that the Lord *had* called the child. [9] And he said, Return, child, go to sleep; and it shall come to pass if he shall call thee, that thou shalt say, Speak, for thy servant hears: and Samuel went and lay down in his place. [10] And the Lord came, and stood, and called him as γ before: and Samuel said, Speak, for thy servant hears.

[11] And the Lord said to Samuel, Behold, I execute my words in Israel; whoever hears them, both his ears shall tingle. [12] In that day I will raise up against Heli all things that I have said against his house; I will begin, and I will make an end. [13] And I have told him that I will be avenged on his house perpetually for the iniquities of his sons, because his sons spoke evil against God, and he did not admonish them. [14] And *it shall* not *go on* so; I have sworn to the house of Eli, the iniquity of the house of Eli shall not be atoned for with incense or sacrifices for ever.

[15] And ·Samuel δ slept till morning, and rose early in the morning, and opened the doors of the house of the Lord; and Samuel feared to tell *Heli* the vision. [16] And Heli said to Samuel, Samuel, *my* son; and he said, Behold, *here am* I. [17] And he said, What *was* the word that was spoken to thee? I pray thee hide it not from me: may God do these things to thee, and ϛ more also, if thou hide from me any thing of all the words that *were* spoken to thee in ¦ thine ears. [18] And Samuel reported all the words, and hid them not from him. And Heli said, He *is* the Lord, he shall do that which is good in his sight.

[19] And Samuel grew, and the Lord was with him, and there did not fall one of his words to the ground. [20] And all Israel knew from Dan even to Bersabee, that Samuel *was* faithful as a prophet to the Lord. [21] And the Lord manifested himself again in Selom, for the Lord revealed himself to Samuel; and Samuel was accredited to all Israel as a prophet to the Lord from one end of the land to the other: and Heli *was* very old, and his sons kept advancing *in wickedness*, and their way *was* evil before the Lord.

And it came to pass in those days that the Philistines θ gathered themselves together against Israel to war; and Israel went out to meet them and encamped at Aben-ezer, and the Philistines encamped in Aphec. [2] And the Philistines prepare to fight with Israel, and λ the battle was turned against them; and the men of Israel fell before the Philistines, and there were smitten in the battle in the field four thousand men.

β *Gr.* added and called.   γ *Gr.* once and once.   δ *Gr.* sleeps or lies down.   ζ *Gr.* add these things.   θ *Gr.* gather.   λ *Gr.* the war.

³And the people came to the camp, and the elders of Israel said, Why has the Lord caused us to fall this day before the Philistines? let us take the ark of our God out of Selom, and let it proceed from the midst of us, and it shall save us from the hand of our enemies. ⁴And the people sent to Selom, and they take thence the ark of the Lord who dwells between the cherubs: and both the sons of Heli, Ophni and Phinees, *were* with the ark. ⁵And it came to pass when the ark of the Lord entered into the camp, that all Israel cried out with a loud voice, and the earth resounded. ⁶And the Philistines heard the cry, and the Philistines said, What *is* this great cry in the camp of the Hebrews: and they understood that the ark of the Lord was come into the camp. ⁷And the Philistines feared, and said, These are the Gods that are come to them into the camp. ⁸Woe to us, O Lord, deliver us to-day, for such a thing has not happened aforetime: woe to us, who shall deliver us out of the hand of these mighty Gods? these *are* the Gods that smote Egypt with every plague, and in the wilderness. ⁹Strengthen yourselves and behave yourselves like men, O ye Philistines, that ye may not serve the Hebrews as they have have served us, but be ye men and fight with them. ¹⁰And they fought with them; and βthe men of Israel fall, and they fled every man to his tent; and there was a very great slaughter; and there fell of Israel thirty thousand γfighting men. ¹¹And the ark of God was taken, and both the sons of Heli, Ophni and Phinees, died. ¹²And there ran a man of Benjamin out of the battle, and he came to Selom on that day: and his clothes *were* rent, and earth *was* upon his head. ¹³And he came, and behold, Heli was upon the seat by the way looking along the way, for his heart was greatly alarmed for the ark of God: and the man entered into the city to bring tidings; and the city cried out. ¹⁴And Heli heard the sound of the cry, and said, What *is* the voice of this cry? and he hasted and went in, and reported to Heli. ¹⁵Now Heli *was* δninety years old, and his eyes ζwere fixed, and he saw not. ¹⁶And Heli said to them that stood round about him, What *is* the voice of this sound? And the man hasted and advanced to Heli, and said to him, I am he that is come out of the camp, and I have fled from the battle to-day: and Heli said, What *is* the event, *my* son? ¹⁷And the young man answered and said, The men of Israel fled from the face of the Philistines, and there was a great slaughter among the people, and both thy sons are dead, and the ark of God is taken. ¹⁸And it came to pass, when he mentioned the ark of God, that he fell from the seat backward near the gate, and his back was broken, and he died, for *he was* an old man and heavy: and he judged Israel twenty years. ¹⁹And his daughter-in-law the wife of Phinees *was* with child, *about* to bring forth; and she heard the tidings, that the ark of

Καὶ ἦλθεν ὁ λαὸς εἰς τὴν παρεμβολήν, καὶ εἶπαν οἱ πρεσ- 3 βύτεροι Ἰσραήλ, κατὰ τί ἔπταισεν ἡμᾶς Κύριος σήμερον ἐνώ- πιον ἀλλοφύλων; λάβωμεν τὴν κιβωτὸν τοῦ Θεοῦ ἡμῶν ἐκ Σηλώμ, καὶ ἐξελθέτω ἐκ μέσου ἡμῶν, καὶ σώσει ἡμᾶς ἐκ χειρὸς ἐχθρῶν ἡμῶν.

Καὶ ἀπέστειλεν ὁ λαὸς εἰς Σηλώμ, καὶ αἴρουσιν ἐκεῖθεν τὴν 4 κιβωτὸν Κυρίου καθημένου χερουβίμ· καὶ ἀμφότεροι οἱ υἱοὶ Ἠλὶ μετὰ τῆς κιβωτοῦ, Ὀφνὶ καὶ Φινεές. Καὶ ἐγενήθη ὡς 5 ἦλθεν ἡ κιβωτὸς Κυρίου εἰς τὴν παρεμβολήν, καὶ ἀνέκραξε πᾶς Ἰσραὴλ φωνῇ μεγάλῃ, καὶ ἤχησεν ἡ γῆ. Καὶ ἤκουσαν οἱ 6 ἀλλόφυλοι τῆς κραυγῆς, καὶ εἶπον οἱ ἀλλόφυλοι, τίς ἡ κραυγὴ ἡ μεγάλη αὕτη ἐν τῇ παρεμβολῇ τῶν Ἑβραίων; καὶ ἔγνωσαν ὅτι κιβωτὸς Κυρίου ἥκει εἰς τὴν παρεμβολήν. Καὶ ἐφοβήθη- 7 σαν οἱ ἀλλόφυλοι, καὶ εἶπον, οὗτοι οἱ θεοὶ ἥκασι πρὸς αὐτοὺς εἰς τὴν παρεμβολήν. Οὐαὶ ἡμῖν, ἐξελοῦ ἡμᾶς Κύριε σήμερον, 8 ὅτι οὐ γέγονε τοιαύτη ἐχθὲς καὶ τρίτην· οὐαὶ ἡμῖν, τίς ἐξελεῖται ἡμᾶς ἐκ χειρὸς τῶν θεῶν τῶν στερεῶν τούτων; οὗτοι οἱ θεοὶ οἱ πατάξαντες τὴν Αἴγυπτον ἐν πάσῃ πληγῇ, καὶ ἐν τῇ ἐρήμῳ. Κραταιοῦσθε καὶ γίνεσθε εἰς ἄνδρας ἀλλόφυλοι, ὅπως μὴ 9 δουλεύσητε τοῖς Ἑβραίοις, καθὼς ἐδούλευσαν ἡμῖν, καὶ ἔσεσθε εἰς ἄνδρας, καὶ πολεμήσατε αὐτούς.

Καὶ ἐπολέμησαν αὐτούς· καὶ πταίει ἀνὴρ Ἰσραήλ, καὶ ἔφυγεν 10 ἕκαστος εἰς σκήνωμα αὐτοῦ· καὶ ἐγένετο πληγὴ μεγάλη σφόδρα· καὶ ἔπεσον ἐξ Ἰσραὴλ τριάκοντα χιλιάδες ταγμάτων. Καὶ 11 κιβωτὸς τοῦ Θεοῦ ἐλήφθη, καὶ ἀμφότεροι οἱ υἱοὶ Ἠλὶ ἀπέθανον, Ὀφνὶ καὶ Φινεές.

Καὶ ἔδραμεν ἀνὴρ Ἰεμιναῖος ἐκ τῆς παρατάξεως, καὶ ἦλθεν 12 εἰς Σηλὼμ ἐν τῇ ἡμέρᾳ ἐκείνῃ, καὶ τὰ ἱμάτια αὐτοῦ διερρωγότα, καὶ γῆ ἐπὶ τῆς κεφαλῆς αὐτοῦ. Καὶ ἦλθε, καὶ ἰδοὺ Ἠλὶ ἐπὶ 13 τοῦ δίφρου παρὰ τὴν πύλην σκοπεύων τὴν ὁδόν, ὅτι ἦν καρδία αὐτοῦ ἐξεστηκυῖα περὶ τῆς κιβωτοῦ τοῦ Θεοῦ· καὶ ὁ ἄνθρωπος εἰσῆλθεν εἰς τὴν πόλιν ἀπαγγεῖλαι· καὶ ἀνεβόησεν ἡ πόλις. Καὶ ἤκουσεν Ἠλὶ τὴν φωνὴν τῆς βοῆς, καὶ εἶπε, τίς ἡ φωνὴ 14 τῆς βοῆς ταύτης; καὶ ὁ ἄνθρωπος σπεύσας εἰσῆλθε, καὶ ἀπήγ- γειλε τῷ Ἠλί. Καὶ Ἠλὶ υἱὸς ἐνενήκοντα ἐτῶν, καὶ οἱ ὀφθαλ- 15 μοὶ αὐτοῦ ἐπανέστησαν, καὶ οὐκ ἐπέβλεπε. Καὶ εἶπεν Ἠλὶ 16 τοῖς ἀνδράσι τοῖς περιεστηκόσιν αὐτῷ, τίς ἡ φωνὴ τοῦ ἤχου τούτου; καὶ ὁ ἀνὴρ σπεύσας προσῆλθε πρὸς Ἠλί, καὶ εἶπεν αὐτῷ, ἐγώ εἰμι ὁ ἥκων ἐκ τῆς παρεμβολῆς, κἀγὼ πέφευγα ἐκ τῆς παρατάξεως σήμερον· καὶ εἶπεν Ἠλί, τί τὸ γεγονὸς ῥῆμα, τέκνον; Καὶ ἀπεκρίθη τὸ παιδάριον, καὶ εἶπε, πέφευγεν ἀνὴρ 17 Ἰσραὴλ ἐκ προσώπου ἀλλοφύλων, καὶ ἐγένετο πληγὴ μεγάλη ἐν τῷ λαῷ, καὶ ἀμφότεροι οἱ υἱοί σου τεθνήκασι, καὶ ἡ κιβωτὸς τοῦ Θεοῦ ἐλήφθη. Καὶ ἐγένετο ὡς ἐμνήσθη τῆς κιβωτοῦ τοῦ 18 Θεοῦ, καὶ ἔπεσεν ἀπὸ τοῦ δίφρου ὀπισθίως ἐχόμενος τῆς πύλης, καὶ συνετρίβη ὁ νῶτος αὐτοῦ, καὶ ἀπέθανεν, ὅτι πρεσβύτης ὁ ἄνθρωπος καὶ βαρύς· καὶ αὐτὸς ἔκρινε τὸν Ἰσραὴλ εἴκοσι ἔτη.

Καὶ νύμφη αὐτοῦ γυνὴ Φινεὲς συνειληφυῖα τοῦ τεκεῖν, καὶ 19 ἤκουσε τὴν ἀγγελίαν, ὅτι ἐλήφθη ἡ κιβωτὸς τοῦ Θεοῦ, καὶ ὅτι

β *Gr.* the man.   γ *Gr.* ranks.   δ *Gr.* a son of ninety years.   ζ *Gr.* rose up.   *Heb.* קום rose *or* stood.

τέθνηκεν ὁ πενθερὸς αὐτῆς καὶ ὁ ἀνὴρ αὐτῆς, καὶ ἔκλαυσε καὶ
20 ἔτεκεν, ὅτι ἐπεστράφησαν ἐπ' αὐτὴν ὠδῖνες αὐτῆς· Καὶ ἐν τῷ
καιρῷ αὐτῆς ἀποθνήσκει· καὶ εἶπον αὐτῇ αἱ γυναῖκες αἱ παρε-
στηκυῖαι αὐτῇ, μὴ φοβοῦ, ὅτι υἱὸν τέτοκας· καὶ οὐκ ἀπεκρίθη,
21 καὶ οὐκ ἐνόησεν ἡ καρδία αὐτῆς. Καὶ ἐκάλεσε τὸ παιδάριον
Οὐαιβαρχαβὼθ ὑπὲρ τῆς κιβωτοῦ τοῦ Θεοῦ, καὶ ὑπὲρ τοῦ πεν-
22 θεροῦ αὐτῆς, καὶ ὑπὲρ τοῦ ἀνδρὸς αὐτῆς. Καὶ εἶπαν, ἀπῴκισται
δόξα Ἰσραὴλ ἐν τῷ ληφθῆναι τὴν κιβωτὸν Κυρίου.

5   Καὶ ἀλλόφυλοι ἔλαβον τὴν κιβωτὸν τοῦ Θεοῦ, καὶ εἰσήνεγ-
2 καν αὐτὴν ἐξ Ἀβενεζὲρ εἰς Ἄζωτον. Καὶ ἔλαβον ἀλλόφυλοι
τὴν κιβωτὸν Κυρίου, καὶ εἰσήνεγκαν αὐτὴν εἰς οἶκον Δαγών,
3 καὶ παρέστησαν αὐτὴν παρὰ Δαγών. Καὶ ὤρθρισαν οἱ Ἀζώ-
τιοι, καὶ εἰσῆλθον εἰς οἶκον Δαγών· καὶ εἶδον, καὶ ἰδοὺ Δαγὼν
πεπτωκὼς ἐπὶ πρόσωπον αὐτοῦ ἐνώπιον κιβωτοῦ τοῦ Θεοῦ· καὶ
ἤγειραν τὸν Δαγών, καὶ κατέστησαν εἰς τὸν τόπον αὐτοῦ· καὶ
ἐβαρύνθη χεὶρ Κυρίου ἐπὶ τοὺς Ἀζωτίους, καὶ ἐβασάνισεν
αὐτούς· καὶ ἐπάταξεν αὐτοὺς εἰς τὰς ἕδρας αὐτῶν, τὴν Ἄζωτον
4 καὶ τὰ ὅρια αὐτῆς. Καὶ ἐγένετο ὅτε ὤρθρισαν τοπρωΐ, καὶ
ἰδοὺ Δαγών, πεπτωκὼς ἐπὶ πρόσωπον αὐτοῦ ἐνώπιον κιβωτοῦ
διαθήκης Κυρίου· καὶ κεφαλὴ Δαγὼν καὶ ἀμφότερα τὰ ἴχνη
χειρῶν αὐτοῦ ἀφηρημένα ἐπὶ τὰ ἐμπρόσθια ἀμαφὲθ ἕκαστοι,
καὶ ἀμφότεροι οἱ καρποὶ τῶν χειρῶν αὐτοῦ πεπτωκότες ἐπὶ τὸ
5 πρόθυρον, πλὴν ἡ ῥάχις Δαγὼν ὑπελείφθη. Διὰ τοῦτο οὐκ
ἐπιβαίνουσιν οἱ ἱερεῖς Δαγών, καὶ πᾶς ὁ εἰσπορευόμενος εἰς
οἶκον Δαγών, ἐπὶ βαθμὸν οἴκου Δαγὼν ἐν Ἀζώτῳ ἕως τῆς
ἡμέρας ταύτης, ὅτι ὑπερβαίνοντες ὑπερβαίνουσι.
6   Καὶ ἐβαρύνθη ἡ χεὶρ Κυρίου ἐπὶ Ἄζωτον, καὶ ἐπήγαγεν
αὐτοῖς, καὶ ἐξέζεσεν αὐτοῖς εἰς τὰς ναῦς, καὶ μέσον τῆς χώρας
αὐτῆς ἀνεφύησαν μύες· καὶ ἐγένετο σύγχυσις θανάτου μεγάλη
7 ἐν τῇ πόλει. Καὶ εἶδον οἱ ἄνδρες Ἀζώτου ὅτι οὕτως, καὶ
λέγουσιν, ὅτι οὐ καθήσεται κιβωτὸς τοῦ Θεοῦ Ἰσραὴλ μεθ'
ἡμῶν, ὅτι σκληρὰ χεὶρ αὐτοῦ ἐφ' ἡμᾶς καὶ ἐπὶ Δαγὼν θεὸν
8 ἡμῶν. Καὶ ἀποστέλλουσι καὶ συνάγουσι τοὺς σατράπας τῶν
ἀλλοφύλων πρὸς αὐτούς, καὶ λέγουσι, τί ποιήσωμεν τῇ κιβωτῷ
Θεοῦ Ἰσραήλ; καὶ λέγουσιν οἱ Γεθαῖοι, μετελθέτω κιβωτὸς
τοῦ Θεοῦ πρὸς ἡμᾶς· καὶ μετῆλθε κιβωτὸς τοῦ Θεοῦ Ἰσραὴλ
εἰς Γέθ.
9   Καὶ ἐγενήθη μετὰ τὸ μετελθεῖν αὐτήν, καὶ γίνεται χεὶρ
Κυρίου τῇ πόλει, τάραχος μέγας σφόδρα· καὶ ἐπάταξε τοὺς
ἄνδρας τῆς πόλεως ἀπὸ μικροῦ ἕως μεγάλου, καὶ ἐπάταξεν
αὐτοὺς εἰς τὰς ἕδρας αὐτῶν· καὶ ἐποίησαν οἱ Γεθαῖοι ἑαυτοῖς
ἕδρας.
10   Καὶ ἐξαποστέλλουσι τὴν κιβωτὸν τοῦ Θεοῦ εἰς Ἀσκάλωνα·
καὶ ἐγενήθη ὡς εἰσῆλθε κιβωτὸς Θεοῦ εἰς Ἀσκάλωνα, καὶ
ἐβόησαν οἱ Ἀσκαλωνῖται, λέγοντες, τί ἀπεστρέψατε τὴν κιβωτὸν
τοῦ Θεοῦ Ἰσραὴλ πρὸς ἡμᾶς θανατῶσαι ἡμᾶς καὶ τὸν λαὸν
11 ἡμῶν; καὶ ἐξαποστέλλουσι καὶ συνάγουσι τοὺς σατράπας
τῶν ἀλλοφύλων, καὶ εἶπον, ἐξαποστείλατε τὴν κιβωτὸν τοῦ
Θεοῦ Ἰσραήλ, καὶ καθισάτω εἰς τὸν τόπον αὐτῆς, καὶ οὐ μὴ
12 θανατώσῃ ἡμᾶς καὶ τὸν λαὸν ἡμῶν· Ὅτι ἐγενήθη σύγχυσις

God was taken, and that her father-in-law and was husband were dead; and she wept and was delivered, for her pains came upon her. ²⁰ And in her time she was at the point of death; and the women that stood by her, said to her, Fear not, for thou hast born a son: but she answered not, and her heart did not regard it. ²¹ And she called the child Uæbarchaboth, because of the ark of God, and because of her father-in-law, and because of her husband. ²² And they said, The glory of Israel is departed, forasmuch as the ark of the Lord is taken.

And the Philistines took the ark of God, and brought it from Abenezer to Azotus. ² And the Philistines took the ark of the Lord, and brought it into the house of Dagon, and set it by Dagon. ³ And the people of Azotus rose early, and entered into the house of Dagon; and looked, and behold, Dagon had fallen on his face before the ark of the Lord: and they lifted up Dagon, and set him in his place. And the hand of the Lord was heavy upon the Azotians, and he plagued them, and he smote them in their secret parts, Azotus and her coasts. ⁴ And it came to pass when they rose early in the morning, behold, Dagon had fallen on his face before the ark of the covenant of the Lord; and the head of Dagon and both the palms of his hands *were* cut off each before the threshold, and both the wrists of his hands had fallen on the floor of the porch; only the stump of Dagon was left. ⁵ Therefore the priests of Dagon, and every one that enters into the house of Dagon, do not tread upon the threshold of the house of Dagon in Azotus until this day, for they step over.

⁶ And the hand of the Lord was heavy upon Azotus, and he brought evil upon them, and it burst out upon them into the ships, and mice sprang up in the midst of their country, and there was a ^β great and indiscriminate mortality in the city. ⁷ And the men of Azotus saw that *it was* so, and they said, The ark of the God of Israel shall not abide with us, for his hand *is* ^γ heavy upon us and upon Dagon our god. ⁸ And they send and gather the lords of the Philistines to them, and say, What shall we do to the ark of the God of Israel? and the Gittites say, Let the ark of God come over to us; and the ark of the God of Israel came to Geth.

⁹ And it came to pass after it went about to Geth, that the hand of the Lord comes upon the city, a very great confusion; and he smote the men of the city small and great, and smote them in their secret parts: and the Gittites made to themselves images of emerods.

¹⁰ And they send away the ark of God to Ascalon; and it came to pass when the ark of God went into Ascalon, that the men of Ascalon cried out, saying, Why have ye brought back the ark of the God of Israel to us, to kill us and our people? ¹¹ And they send and gather the lords of the Philistines, and they said, Send away the ark of the God of Israel, and let it lodge in its place; and let it not slay us and our people. ¹² For

---

β *Gr.* great confusion of death.   γ *Gr.* hard.

there was a very great confusion in all the city, when the ark of the God of Israel entered there; and those who lived and [β]died not were smitten with emerods; and the cry of the city went up to heaven.

And the ark was seven months in the country of the Philistines, and their land brought forth swarms of mice. [2]And the Philistines call their priests, and their prophets, and their enchanters, saying, What shall we do to the ark of the Lord? teach us wherewith we shall send it away to its place. [3]And they said, If ye send away the ark of the covenant of the Lord God of Israel, do not on any account send it away empty, but by all means render to it an offering for the plague; and then shall ye be healed, and an atonement shall be made for you: should not his hand be *thus* stayed from off you? [4]And they say, What *is* the offering for the plague *which* we shall return to it? and they said, [5]According to the number of the lords of the Philistines, five golden emerods, for the plague was on you, and on your rulers, and on the people; and golden mice, the likeness of the mice that destroy your land: and ye shall give glory to the Lord, that he may lighten his hand from off you, and from off your gods, and from off your land. [6]And why do ye [γ] harden your hearts, as Egypt and Pharao hardened their hearts? *was it* not *so* when he mocked them, *that* they let [δ] the people go, and they departed?

[7]And now take wood and make a new waggon, and take two cows, that have calved for the first time, without their calves; and do ye yoke the cows to the waggon, and lead away the calves from behind them home. [8]And ye shall take the ark and put it on the waggon; and ye shall restore to it the golden articles for the trespass-offering in a ⅃ coffer by the side of it: and ye shall let it go, and send it away, and ye shall depart. [9]And ye shall see, if it shall go the way of its coasts along by Bæthsamys, he has brought upon us this great affliction; and if not, then shall we know that his hand has not touched us, but this *is a* chance *which* has happened to us.

[10]And the Philistines did so; and they took two cows that had calved for the first time, and yoked them to the waggon, and shut up their calves at home. [11]And they set the ark of the Lord, and the coffer, and the golden mice, on the waggon. [12]And the cows went straight on the way to the way of Bæthsamys, they went along one track; and laboured, and turned not aside to the right hand or to the left, and the lords of the Philistines went after it as far as the coasts of Bæthsamys. [13]And the men of Bæthsamys were reaping the wheat harvest in the valley; and they lifted up their eyes, and saw the ark of the Lord, and rejoiced to meet it. [14]And the waggon entered into the field of Osee, which was in Bæthsamys, and they set there by it a great stone; and they split the wood of the waggon, and offered up the cows for a whole-burnt-offering to the Lord. [15]And the Levites brought up the ark of the Lord, and the coffer with

ἐν ὅλῃ τῇ πόλει βαρεῖα σφόδρα, ὡς εἰσῆλθε κιβωτὸς Θεοῦ Ἰσραὴλ ἐκεῖ· καὶ οἱ ζῶντες καὶ οὐκ ἀποθανόντες ἐπλήγησαν εἰς τὰς ἕδρας· καὶ ἀνέβη ἡ κραυγὴ τῆς πόλεως εἰς τὸν οὐρανόν.

Καὶ ἦν ἡ κιβωτὸς ἐν ἀγρῷ τῶν ἀλλοφύλων ἑπτὰ μῆνας, καὶ 6 ἐξέζεσεν ἡ γῆ αὐτῶν μύας. Καὶ καλοῦσιν ἀλλόφυλοι τοὺς 2 ἱερεῖς καὶ τοὺς μάντεις καὶ τοὺς ἐπαοιδοὺς αὐτῶν, λέγοντες, τί ποιήσωμεν τῇ κιβωτῷ Κυρίου; γνωρίσατε ἡμῖν ἐν τίνι ἀποστελοῦμεν αὐτὴν εἰς τὸν τόπον αὐτῆς. Καὶ εἶπαν, εἰ 3 ἐξαποστέλλετε ὑμεῖς τὴν κιβωτὸν διαθήκης Κυρίου Θεοῦ Ἰσραὴλ, μὴ δὴ ἐξαποστείλητε αὐτὴν κενήν, ἀλλὰ ἀποδιδόντες ἀπόδοτε αὐτῇ τῆς βασάνου, καὶ τότε ἰαθήσεσθε, καὶ ἐξιλασθήσεται ὑμῖν· μὴ οὐκ ἀποστῇ ἡ χεὶρ αὐτοῦ ἀφ᾽ ὑμῶν; Καὶ 4 λέγουσι, τί τὸ τῆς βασάνου ἀποδώσομεν αὐτῇ; καὶ εἶπαν, κατὰ ἀριθμὸν τῶν σατραπῶν τῶν ἀλλοφύλων πέντε ἕδρας 5 χρυσᾶς, ὅτι πταῖσμα ἐν ὑμῖν καὶ τοῖς ἄρχουσιν ὑμῶν καὶ τῷ λαῷ, καὶ μῦς χρυσοῦς ὁμοίωμα τῶν μυῶν ὑμῶν τῶν διαφθειρόντων τὴν γῆν· καὶ δώσετε τῷ Κυρίῳ δόξαν, ὅπως κουφίσῃ τὴν χεῖρα αὐτοῦ ἀφ᾽ ὑμῶν, καὶ ἀπὸ τῶν θεῶν ὑμῶν, καὶ ἀπὸ τῆς γῆς ὑμῶν. Καὶ ἱνατί βαρύνετε τὰς καρδίας ὑμῶν, ὡς 6 ἐβάρυνεν Αἴγυπτος καὶ Φαραὼ τὴν καρδίαν αὐτῶν; οὐχὶ ὅτε ἐνέπαιξεν αὐτοῖς, ἐξαπέστειλαν αὐτοὺς καὶ ἀπῆλθον;

Καὶ νῦν λάβετε καὶ ποιήσατε ἄμαξαν καινὴν, καὶ δύο βόας 7 πρωτοτοκούσας ἄνευ τῶν τέκνων· καὶ ζεύξατε τὰς βόας ἐν τῇ ἀμάξῃ, καὶ ἀπαγάγετε τὰ τέκνα ἀπὸ ὄπισθεν αὐτῶν εἰς οἶκον. Καὶ λήψεσθε τὴν κιβωτὸν, καὶ θήσετε αὐτὴν ἐπὶ τὴν 8 ἄμαξαν, καὶ τὰ σκεύη τὰ χρυσᾶ ἀποδώσετε αὐτῇ τῆς βασάνου, καὶ θήσετε ἐν θέματι βερσεχθὰν ἐκ μέρους αὐτῆς· καὶ ἐξαποστελεῖτε αὐτὴν, καὶ ἀπελάσατε αὐτὴν, καὶ ἀπελεύσεσθε. Καὶ 9 ὄψεσθε, εἰ ὁδὸν ὁρίων αὐτῆς πορεύσεται μετὰ Βαιθσαμὺς, αὐτὸς πεποίηκεν ἡμῖν τὴν κακίαν τὴν μεγάλην ταύτην· καὶ ἐὰν μὴ, καὶ γνωσόμεθα ὅτι οὐ χεὶρ αὐτοῦ ἧπται ἡμῶν, ἀλλὰ σύμπτωμα τοῦτο γέγονεν ἡμῖν.

Καὶ ἐποίησαν οἱ ἀλλόφυλοι οὕτω· καὶ ἔλαβον δύο βόας 10 πρωτοτοκούσας, καὶ ἔζευξαν αὐτὰς ἐν τῇ ἀμάξῃ, καὶ τὰ τέκνα αὐτῶν ἀπεκώλυσαν εἰς οἶκον· Καὶ ἔθεντο τὴν κιβωτὸν 11 Κυρίου ἐπὶ τὴν ἄμαξαν, καὶ τὸ θέμα ἐργὰβ καὶ τοὺς μῦς τοὺς χρυσοῦς. Καὶ κατεύθυναν αἱ βόες ἐν τῇ ὁδῷ εἰς 12 ὁδὸν Βαιθσαμὺς, ἐν τρίβῳ ἑνὶ ἐπορεύοντο καὶ ἐκοπίων, καὶ οὐ μεθίσταντο δεξιὰ οὐδὲ ἀριστερά· καὶ οἱ σατράπαι τῶν ἀλλοφύλων ἐπορεύοντο ὀπίσω αὐτῆς ἕως ὁρίων Βαιθσαμύς. Καὶ οἱ 13 ἐν Βαιθσαμὺς ἐθέριζον θερισμὸν πυρῶν ἐν κοιλάδι· καὶ ἦραν ὀφθαλμοὺς αὐτῶν, καὶ εἶδον κιβωτὸν Κυρίου, καὶ ηὐφράνθησαν εἰς ἀπάντησιν αὐτῆς. Καὶ ἡ ἄμαξα εἰσῆλθεν εἰς ἀγρὸν Ὡσηὲ 14 τὸν ἐν Βαιθσαμὺς, καὶ ἔστησαν ἐκεῖ παρ᾽ αὐτῇ λίθον μέγαν· καὶ σχίζουσι τὰ ξύλα τῆς ἀμάξης, καὶ τὰς βόας ἀνήνεγκαν εἰς ὁλοκαύτωσιν τῷ Κυρίῳ. Καὶ οἱ Λευῖται ἀνήνεγκαν τὴν 15 κιβωτὸν τοῦ Κυρίου, καὶ τὸ θέμα ἐργὰβ μετ᾽ αὐτῆς, καὶ τὰ

ἐπ᾽ αὐτῆς σκεύη τὰ χρυσᾶ, καὶ ἔθεντο ἐπὶ τοῦ λίθου τοῦ μεγά-
λου· καὶ οἱ ἄνδρες Βαιθσαμὺς ἀνήνεγκαν ὁλοκαυτώσεις καὶ
16 θυσίας ἐν τῇ ἡμέρᾳ ἐκείνῃ τῷ Κυρίῳ. Καὶ οἱ πέντε σατράπαι
τῶν ἀλλοφύλων ἑώρων, καὶ ἀνέστρεψαν εἰς Ἀσκάλωνα τῇ
ἡμέρᾳ ἐκείνῃ.

17 Καὶ αὗται αἱ ἕδραι αἱ χρυσαῖ, ἃς ἀπέδωκαν οἱ ἀλλόφυλοι
τῆς βασάνου τῷ Κυρίῳ· τῆς Ἀζώτου μίαν, τῆς Γάζης μίαν,
18 τῆς Ἀσκάλωνος μίαν, τῆς Γὲθ μίαν, τῆς Ἀκκαρὼν μίαν. Καὶ
μῦς οἱ χρυσοῖ κατ᾽ ἀριθμὸν πασῶν πόλεων τῶν ἀλλοφύλων τῶν
πέντε σατραπῶν ἐκ πόλεως ἐστερεωμένης καὶ ἕως κώμης τοῦ
Φερεζαίου, καὶ ἕως λίθου τοῦ μεγάλου, οὗ ἐπέθηκαν ἐπ᾽ αὐτοῦ
τὴν κιβωτὸν διαθήκης Κυρίου, τοῦ ἐν ἀγρῷ Ὡσῆὲ τοῦ Βαιθ-
σαμυσίτου.

19 Καὶ οὐκ ἠσμένισαν οἱ υἱοὶ Ἰεχονίου ἐν τοῖς ἀνδράσι Βαιθ-
σαμὺς, ὅτι εἶδαν κιβωτὸν Κυρίου· καὶ ἐπάταξεν ἐν αὐτοῖς
ἑβδομήκοντα ἄνδρας, καὶ πεντήκοντα χιλιάδας ἀνδρῶν· καὶ
ἐπένθησεν ὁ λαὸς, ὅτι ἐπάταξε Κύριος ἐν τῷ λαῷ πληγὴν
20 μεγάλην σφόδρα. Καὶ εἶπαν οἱ ἄνδρες οἱ ἐκ Βαιθσαμὺς,
τίς δυνήσεται διελθεῖν ἐνώπιον Κυρίου τοῦ Θεοῦ τοῦ ἁγίου
τούτου; καὶ πρὸς τίνα ἀναβήσεται κιβωτὸς Κυρίου ἀφ᾽ ἡμῶν;
21 Καὶ ἀποστέλλουσιν ἀγγέλους πρὸς τοὺς κατοικοῦντας Κα-
ριαθιαρίμ, λέγοντες, ἀπεστρόφασιν ἀλλόφυλοι τὴν κιβωτὸν
Κυρίου, κατάβητε καὶ ἀναγάγετε αὐτὴν πρὸς ἑαυτούς.

7 Καὶ ἔρχονται οἱ ἄνδρες Καριαθιαρίμ, καὶ ἀνάγουσι τὴν
κιβωτὸν διαθήκης Κυρίου· καὶ εἰσάγουσιν αὐτὴν εἰς οἶκον
Ἀμιναδὰβ τὸν ἐν τῷ βουνῷ· καὶ τὸν Ἐλεάζαρ τὸν υἱὸν αὐτοῦ
ἡγίασαν φυλάσσειν τὴν κιβωτὸν διαθήκης Κυρίου.

2 Καὶ ἐγενήθη ἀφ᾽ ἧς ἡμέρας ἦν ἡ κιβωτὸς ἐν Καριαθιαρίμ,
ἐπλήθυναν αἱ ἡμέραι, καὶ ἐγένετο εἴκοσι ἔτη· καὶ ἐπέβλεψε
3 πᾶς οἶκος Ἰσραὴλ ὀπίσω Κυρίου. Καὶ εἶπε Σαμουὴλ πρὸς
πάντα οἶκον Ἰσραὴλ, λέγων, εἰ ἐν ὅλῃ καρδίᾳ ὑμῶν ὑμεῖς
ἐπιστρέφετε πρὸς Κύριον, περιέλετε θεοὺς ἀλλοτρίους ἐκ μέσου
ὑμῶν, καὶ τὰ ἄλση, καὶ ἑτοιμάσατε τὰς καρδίας ὑμῶν πρὸς
Κύριον, καὶ δουλεύσατε αὐτῷ μόνῳ, καὶ ἐξελεῖται ὑμᾶς ἐκ
4 χειρὸς ἀλλοφύλων. Καὶ περιεῖλον οἱ υἱοὶ Ἰσραὴλ τὰς Βααλὶμ
καὶ τὰ ἄλση Ἀσταρὼθ, καὶ ἐδούλευσαν Κυρίῳ μόνῳ.

5 Καὶ εἶπε Σαμουὴλ, ἀθροίσατε πάντα Ἰσραὴλ εἰς Μασ-
6 σηφάθ, καὶ προσεύξομαι περὶ ὑμῶν πρὸς Κύριον. Καὶ συν-
ήχθησαν εἰς Μασσηφὰθ, καὶ ὑδρεύονται ὕδωρ, καὶ ἐξέχεαν
ἐνώπιον Κυρίου ἐπὶ τὴν γῆν· καὶ ἐνήστευσαν ἐν τῇ ἡμέρᾳ
ἐκείνῃ, καὶ εἶπαν, ἡμαρτήκαμεν ἐνώπιον Κυρίου. Καὶ ἐδίκαζε
Σαμουὴλ τοὺς υἱοὺς Ἰσραὴλ εἰς Μασσηφάθ.

7 Καὶ ἤκουσαν οἱ ἀλλόφυλοι ὅτι συνηθροίσθησαν πάντες οἱ
υἱοὶ Ἰσραὴλ εἰς Μασσηφάθ· καὶ ἀνέβησαν σατράπαι ἀλλοφύ-
λων ἐπὶ Ἰσραήλ· καὶ ἀκούουσιν οἱ υἱοὶ Ἰσραὴλ, καὶ ἐφοβήθη-
8 σαν ἀπὸ προσώπου ἀλλοφύλων. Καὶ εἶπαν οἱ υἱοὶ Ἰσραὴλ
πρὸς Σαμουὴλ, μὴ παρασιωπήσῃς ἀφ᾽ ἡμῶν τοῦ μὴ βοᾶν πρὸς
9 Κύριον Θεόν σου, καὶ σώσει ἡμᾶς ἐκ χειρὸς ἀλλοφύλων. Καὶ
ἔλαβε Σαμουὴλ ἄρνα γαλαθηνὸν ἕνα, καὶ ἀνήνεγκεν αὐτὸν ὁλο-
καύτωσιν σὺν παντὶ τῷ λαῷ τῷ Κυρίῳ· καὶ ἐβόησε Σαμουὴλ

it, and the golden articles upon it, and placed them on the great stone, and the men of Bæthsamys offered whole-burnt-offerings and meat-offerings on that day to the Lord. [16] And the five lords of the Philistines saw, and returned to Ascalon in that day.

[17] And these *are* the golden emerods which the lords of the Philistines gave as a trespass-offering to the Lord; for Azotus one, for Gaza one, for Ascalon one, for Geth one, for Accaron one. [18] And the golden mice according to the number of all the cities of the Philistines, belonging to the five lords, from the fenced city to the village of the Pherezite, and to the great stone, on which they placed the ark of the covenant of the Lord, that was in the field of Osee the Bæthsamysite.

[19] And the sons of Jechonias were not pleased with the men of Bæthsamys, because they saw the ark of the Lord; and *the Lord* smote among them seventy men, and fifty thousand men: and the people mourned, because the Lord had inflicted on the people a very great plague. [20] And the men of Bæthsamys said, Who shall be able to pass before this holy Lord God? and to whom shall the ark of the Lord go up from us?
[21] And they send messengers to the inhabitants of Cariathiarim, saying, The Philistines have brought back the ark of the Lord, go down and take it home to yourselves.

And the men of Cariathiarim come, and bring up the ark of the covenant of the Lord: and they bring it into the house of Aminadab in the hill; and they sanctified Eleazar his son to keep the ark of the covenant of the Lord.
[2] And it came to pass from the time that the ark was in Cariathiarim, the days were multiplied, and *the time* was twenty years; and all the house of Israel looked after the Lord. [3] And Samuel spoke to all the house of Israel, saying, If ye do with all your heart return to the Lord, take away the strange gods from the midst of you, and the groves, and prepare your hearts to *serve* the Lord, and serve him only; and he shall deliver you from the hand of the Philistines.
[4] And the children of Israel took away Baalim and the groves of Astaroth, and served the Lord only.

[5] And Samuel said, Gather all Israel to Massephath, and I will pray for you to the Lord. [6] And they were gathered together to Massephath, and they drew water, and poured it out upon the earth before the Lord, and they fasted on that day, and said, We have sinned before the Lord. And Samuel judged the children of Israel in Massephath.

[7] And the Philistines heard that all the children of Israel were gathered together to Massephath: and the lords of the Philistines went up against Israel: and the children of Israel heard, and they feared before the Philistines. [8] And the children of Israel said to Samuel, Cease not to cry to the Lord thy God for us, and he shall save us out of the hand of the Philistines. [9] And Samuel took a sucking lamb, and offered it up as a whole-burnt-offering with all the people to the Lord: and Samuel cried to

the Lord for Israel, and the Lord heard him. ¹⁰ And Samuel was offering the whole-burnt-offering; and the Philistines drew near to war against Israel; and the Lord thundered with a mighty sound in that day upon the Philistines, and they were confounded and overthrown before Israel. ¹¹ And the men of Israel went forth out of Massephath, and pursued the Philistines, and smote them to the parts under Bæth-chor.

¹² And Samuel took a stone, and set it up between Massephath and the old *city;* and he called the name of it Abenezer, stone of the helper; and he said, Hitherto has the Lord helped us.

¹³ So the Lord humbled the Philistines, and they did not any more come into the border of Israel; and the hand of the Lord was against the Philistines all the days of Samuel. ¹⁴ And the cities which the Philistines took from the children of Israel were restored; and they restored them to Israel βfrom Ascalon to Azob: and they took the coast of Israel out of the hand of the Philistines; and there was peace between Israel and the Amorite.

¹⁵ And Samuel judged Israel all the days of his life. ¹⁶ And he went year by year, and went round Bæthel, and Galgala, and Massephath; and he judged Israel in all these consecrated places. ¹⁷ And his return was to Armathaim, because there was his house; and there he judged Israel, and built there an altar to the Lord.

And it came to pass when Samuel was old, that he made his sons judges over Israel. ² And these *are* the names of his sons; Joel the first-born, and the name of the second Abia, judges in Bersabee. ³ And his sons did not walk in his way; and they turned aside after gain, and took gifts, and perverted judgments.

⁴ And the men of Israel gather themselves together, and come to Armathaim to Samuel, ⁵ and they said to him, Behold, thou art grown old, and thy sons walk not in thy way; and now set over us a king to judge us, as also the other nations *have.*

⁶ And the thing *was* evil in the eyes of Samuel, when they said, Give us a king to judge us: and Samuel prayed to the Lord. ⁷ And the Lord said to Samuel, Hear the voice of the people, in whatever they shall say to thee; for they have not rejected thee, but they have rejected me from reigning over them. ⁸ According to all their doings which they have done to me, from the day that I brought them out of Egypt until this day, even *as* they have deserted me, and served other gods, so they do also to thee. ⁹ And now hearken to their voice; only thou shalt solemnly testify to them, and thou shalt γ describe to them the δmanner of the king who shall reign over them.

¹⁰ And Samuel spoke every word of the Lord to the people who asked of him a king. ¹¹ And he said, This shall be the δmanner of

πρὸς Κύριον περὶ Ἰσραήλ, καὶ ἐπήκουσεν αὐτοῦ Κύριος. Καὶ 10 ἦν Σαμουὴλ ἀναφέρων τὴν ὁλοκαύτωσιν· καὶ ἀλλόφυλοι προσήγον εἰς πόλεμον ἐπὶ Ἰσραήλ· καὶ ἐβρόντησε Κύριος ἐν φωνῇ μεγάλῃ ἐν τῇ ἡμέρᾳ ἐκείνῃ ἐπὶ τοὺς ἀλλοφύλους, καὶ συνεχύθησαν καὶ ἔπταισαν ἐνώπιον Ἰσραήλ. Καὶ ἐξῆλθον ἄνδρες 11 Ἰσραὴλ ἐκ Μασσηφάθ, καὶ κατεδίωξαν τοὺς ἀλλοφύλους, καὶ ἐπάταξαν αὐτοὺς ἕως ὑποκάτω τοῦ Βαιθχόρ.

Καὶ ἔλαβε Σαμουὴλ λίθον ἕνα,, καὶ ἔστησεν αὐτὸν ἀναμέσον 12 Μασσηφάθ καὶ ἀναμέσον τῆς παλαιᾶς· καὶ ἐκάλεσε τὸ ὄνομα αὐτοῦ Ἀβενέζερ, λίθος τοῦ βοηθοῦ· καὶ εἶπεν, ἕως ἐνταῦθα ἐβοήθησεν ἡμῖν Κύριος.

Καὶ ἐταπείνωσε Κύριος τοὺς ἀλλοφύλους, καὶ οὐ προσέθεντο 13 ἔτι προσελθεῖν εἰς ὅριον Ἰσραήλ· καὶ ἐγενήθη χεὶρ Κυρίου ἐπὶ τοὺς ἀλλοφύλους πάσας τὰς ἡμέρας τοῦ Σαμουήλ. Καὶ ἀπε- 14 δόθησαν αἱ πόλεις ἃς ἔλαβον οἱ ἀλλόφυλοι παρὰ τῶν υἱῶν Ἰσραήλ, καὶ ἀπέδωκαν αὐτὰς τῷ Ἰσραὴλ ἀπὸ Ἀσκάλωνος ἕως Ἀζόβ· καὶ τὸ ὅριον Ἰσραὴλ ἀφείλοντο ἐκ χειρὸς ἀλλοφύλων· καὶ ἦν εἰρήνη ἀναμέσον Ἰσραὴλ καὶ ἀναμέσον τοῦ Ἀμοῤῥαίου.

Καὶ ἐδίκαζε Σαμουὴλ τὸν Ἰσραὴλ πάσας τὰς ἡμέρας τῆς 15 ζωῆς αὐτοῦ. Καὶ ἐπορεύετο κατ᾽ ἐνιαυτὸν ἐνιαυτόν, καὶ ἐκύ- 16 κλου Βαιθὴλ καὶ τὴν Γαλγαλὰ καὶ τὴν Μασσηφάθ· καὶ ἐδίκαζε τὸν Ἰσραὴλ ἐν πᾶσι τοῖς ἡγιασμένοις τούτοις. Ἡ δὲ ἀπο- 17 στροφὴ αὐτοῦ εἰς Ἀρμαθαίμ, ὅτι ἐκεῖ ἦν ὁ οἶκος αὐτοῦ· καὶ ἐδίκαζεν ἐκεῖ τὸν Ἰσραήλ, καὶ ᾠκοδόμησεν ἐκεῖ θυσιαστήριον τῷ Κυρίῳ.

Καὶ ἐγένετο ὡς ἐγήρασε Σαμουήλ, καὶ κατέστησε τοὺς υἱοὺς 8 αὐτοῦ δικαστὰς τῷ Ἰσραήλ. Καὶ ταῦτα τὰ ὀνόματα τῶν 2 υἱῶν αὐτοῦ· πρωτότοκος Ἰωήλ, καὶ ὄνομα τοῦ δευτέρου Ἀβιὰ, δικασταὶ ἐν Βηρσαβεέ. Καὶ οὐκ ἐπορεύθησαν οἱ υἱοὶ αὐτοῦ 3 ἐν ὁδῷ αὐτοῦ· καὶ ἐξέκλιναν ὀπίσω τῆς συντελείας, καὶ ἐλάμβανον δῶρα, καὶ ἐξέκλινον δικαιώματα.

Καὶ συναθροίζονται ἄνδρες Ἰσραήλ, καὶ παραγίνονται εἰς 4 Ἀρμαθαὶμ πρὸς Σαμουήλ, καὶ εἶπαν αὐτῷ, ἰδοὺ, σὺ γεγή- 5 ρακας, καὶ οἱ υἱοί σου οὐ πορεύονται ἐν τῇ ὁδῷ σου· καὶ νῦν κατάστησον ἐφ᾽ ἡμᾶς βασιλέα δικάζειν ἡμᾶς, καθὰ καὶ τὰ λοιπὰ ἔθνη.

Καὶ πονηρὸν τὸ ῥῆμα ἐν ὀφθαλμοῖς Σαμουήλ, ὡς εἶπαν, δὸς 6 ἡμῖν βασιλέα δικάζειν ἡμᾶς· καὶ προσηύξατο Σαμουὴλ πρὸς Κύριον. Καὶ εἶπε Κύριος πρὸς Σαμουήλ, ἄκουε τῆς φωνῆς 7 τοῦ λαοῦ, καθὰ ἂν λαλῶσί σοι, ὅτι οὐ σὲ ἐξουθενήκασιν, ἀλλ᾽ ἢ ἐμὲ ἐξουθενήκασι τοῦ μὴ βασιλεύειν ἐπ᾽ αὐτῶν. Κατὰ 8 πάντα τὰ ποιήματα, ἃ ἐποίησάν μοι ἀφ᾽ ἧς ἡμέρας ἀνήγαγον αὐτοὺς ἐξ Αἰγύπτου ἕως τῆς ἡμέρας ταύτης, καὶ ἐγκατέλιπόν με, καὶ ἐδούλευον θεοῖς ἑτέροις, οὕτως αὐτοὶ ποιοῦσι καὶ σοί. Καὶ νῦν ἄκουε τῆς φωνῆς αὐτῶν· πλὴν ὅτι διαμαρτυρόμενος 9 διαμαρτύρῃ αὐτοῖς, καὶ ἀπαγγελεῖς αὐτοῖς τὸ δικαίωμα τοῦ βασιλέως ὃς βασιλεύσει ἐπ᾽ αὐτούς.

Καὶ εἶπε Σαμουὴλ πᾶν τὸ ῥῆμα τοῦ Κυρίου πρὸς τὸν λαὸν 10 τοὺς αἰτοῦντας παρ᾽ αὐτοῦ βασιλέα. Καὶ εἶπε, τοῦτο ἔσται τὸ 11

β *Alex.* from Accaron to Geth. So the *Heb.*   γ *Gr.* report.   δ *Gr.* judgment.

δικαίωμα τοῦ βασιλέως ὃς βασιλεύσει ἐφ᾽ ὑμᾶς· τοὺς υἱοὺς
ὑμῶν λήψεται, καὶ θήσεται αὐτοὺς ἐν ἅρμασιν αὐτοῦ, καὶ ἐν
12 ἱππεῦσιν αὐτοῦ, καὶ προτρέχοντας τῶν ἀρμάτων αὐτοῦ, καὶ
θέσθαι αὐτοὺς ἑαυτῷ ἑκατοντάρχους καὶ χιλιάρχους, καὶ θερίζειν
θερισμὸν αὐτοῦ, καὶ τρυγᾶν τρυγητὸν αὐτοῦ, καὶ ποιεῖν σκεύη
13 πολεμικὰ αὐτοῦ, καὶ σκεύη ἀρμάτων αὐτοῦ. Καὶ τὰς θυγατέ-
ρας ὑμῶν λήψεται εἰς μυρεψοὺς, καὶ εἰς μαγειρίσσας, καὶ εἰς
14 πεσσούσας. Καὶ τοὺς ἀγροὺς ὑμῶν, καὶ τοὺς ἀμπελῶνας
ὑμῶν, καὶ τοὺς ἐλαιῶνας ὑμῶν τοὺς ἀγαθοὺς λήψεται, καὶ δώσει
15 τοῖς δούλοις ἑαυτοῦ. Καὶ τὰ σπέρματα ὑμῶν καὶ τοὺς ἀμπε-
λῶνας ὑμῶν ἀποδεκατώσει, καὶ δώσει τοῖς εὐνούχοις αὐτοῦ, καὶ
16 τοῖς δούλοις αὐτοῦ. Καὶ τοὺς δούλους ὑμῶν, καὶ τὰς δούλας
ὑμῶν, καὶ τὰ βουκόλια ὑμῶν τὰ ἀγαθὰ, καὶ τοὺς ὄνους ὑμῶν
17 λήψεται, καὶ ἀποδεκατώσει εἰς τὰ ἔργα αὐτοῦ· Καὶ τὰ ποίμνια
18 ὑμῶν ἀποδεκατώσει, καὶ ὑμεῖς ἔσεσθε αὐτῷ δοῦλοι. Καὶ
βοήσεσθε ἐν τῇ ἡμέρᾳ ἐκείνῃ ἐκ προσώπου βασιλέως ὑμῶν οὗ
ἐξελέξασθε ἑαυτοῖς, καὶ οὐκ ἐπακούσεται Κύριος ὑμῶν ἐν ταῖς
ἡμέραις ἐκείναις, ὅτι ὑμεῖς ἐξελέξασθε ἑαυτοῖς βασιλέα.

19 Καὶ οὐκ ἐβούλετο ὁ λαὸς ἀκοῦσαι τοῦ Σαμουήλ, καὶ εἶπαν
20 αὐτῷ, οὐχὶ, ἀλλ᾽ ἢ βασιλεὺς ἔσται ἐφ᾽ ἡμᾶς. Καὶ ἐσόμεθα
καὶ ἡμεῖς καθὰ πάντα τὰ ἔθνη· καὶ δικάσει ἡμᾶς βασιλεὺς
ἡμῶν, καὶ ἐξελεύσεται ἔμπροσθεν ἡμῶν, καὶ πολεμήσει τὸν
21 πόλεμον ἡμῶν. Καὶ ἤκουσε Σαμουὴλ πάντας τοὺς λόγους
22 τοῦ λαοῦ, καὶ ἐλάλησεν αὐτοὺς εἰς τὰ ὦτα Κυρίου. Καὶ
εἶπε Κύριος πρὸς Σαμουήλ, ἄκουε τῆς φωνῆς αὐτῶν, καὶ
βασίλευσον αὐτοῖς βασιλέα· καὶ εἶπε Σαμουὴλ πρὸς ἄνδρας
Ἰσραήλ, ἀποτρεχέτω ἕκαστος εἰς τὴν πόλιν αὐτοῦ.

9 Καὶ ἀνὴρ ἐξ υἱῶν Βενιαμὶν, καὶ ὄνομα αὐτῷ Κὶς, υἱὸς Ἀβιὴλ,
υἱοῦ Ἰαρέδ, υἱοῦ Βαχὶρ, υἱοῦ Ἀφέκ, υἱοῦ ἀνδρὸς Ἰεμιναίου,
2 ἀνὴρ δυνατός. Καὶ τούτῳ υἱὸς, καὶ ὄνομα αὐτῷ Σαούλ, εὐμε-
γέθης, ἀνὴρ ἀγαθὸς, καὶ οὐκ ἦν ἐν υἱοῖς Ἰσραὴλ ἀγαθὸς ὑπὲρ
αὐτὸν, ὑπερωμίαν καὶ ἐπάνω ὑψηλὸς ὑπὲρ πᾶσαν τὴν γῆν.

3 Καὶ ἀπώλοντο αἱ ὄνοι Κὶς πατρὸς Σαούλ· καὶ εἶπε Κὶς πρὸς
Σαοὺλ τὸν υἱὸν αὐτοῦ, λάβε μετὰ σεαυτοῦ ἓν τῶν παιδαρίων,
καὶ ἀνάστητε καὶ πορεύθητε καὶ ζητήσατε τὰς ὄνους.

4 Καὶ διῆλθον δι᾽ ὄρους Ἐφραὶμ, καὶ διῆλθον διὰ τῆς γῆς
Σελχὰ, καὶ οὐχ εὗρον· καὶ διῆλθον διὰ τῆς γῆς Σεγαλὶμ, καὶ
5 οὐκ ἦν· καὶ διῆλθον διὰ τῆς γῆς Ἰαμὶν, καὶ οὐχ εὗρον. Αὐτῶν
δὲ ἐλθόντων εἰς τὴν Σὶφ, καὶ Σαοὺλ εἶπε τῷ παιδαρίῳ αὐτοῦ
τῷ μετ᾽ αὐτοῦ, δεῦρο καὶ ἀποστρέψωμεν, μὴ ἀνεὶς ὁ πατήρ μου
6 τὰς ὄνους, φροντίζῃ τὰ περὶ ἡμῶν. Καὶ εἶπεν αὐτῷ τὸ παι-
δάριον, ἰδοὺ δὴ ἄνθρωπος τοῦ Θεοῦ ἐν τῇ πόλει ταύτῃ, καὶ
ὁ ἄνθρωπος ἔνδοξος, πᾶν ὃ ἐὰν λαλήσῃ παραγινόμενον παρ-
έσται· καὶ νῦν πορευθῶμεν, ὅπως ἀπαγγείλῃ ἡμῖν τὴν ὁδὸν
7 ἡμῶν ἐφ᾽ ἣν ἐπορεύθημεν ἐπ᾽ αὐτήν. Καὶ εἶπε Σαοὺλ τῷ
παιδαρίῳ αὐτοῦ τῷ μετ᾽ αὐτοῦ, καὶ ἰδοὺ πορευσόμεθα· καὶ τί
οἴσομεν τῷ ἀνθρώπῳ τοῦ Θεοῦ; ὅτι οἱ ἄρτοι ἐκλελοίπασιν ἐκ
τῶν ἀγγείων ἡμῶν, καὶ πλεῖον οὐκ ἔστι μεθ᾽ ἡμῶν εἰσενεγκεῖν

the king that shall rule over you: he shall take your sons, and put them in his chariots, and among his horsemen, and running before his chariots, [12]and *his manner shall be* to make them to himself captains of hundreds and captains of thousands; and to reap his harvest, and gather his vintage, and prepare his instruments of war, and the implements of his chariots. [13]And he will take your daughters to be perfumers, and cooks, and bakers. [14]And he will take your fields, and your vineyards, and your good oliveyards, and give them to his servants. [15]And he will take the tithe of your seeds and your vineyards, and give *it* to his eunuchs, and to his servants. [16]And he will take your servants, and your handmaids, and your good herds and your asses, and will take the tenth of them for his works. [17]And he will tithe your flocks; and ye shall be his servants. [18]And ye shall cry out in that day because of your king whom ye have chosen to yourselves, and the Lord shall not hear you in those days, because ye have chosen to yourselves a king.

[19]But the people would not hearken to Samuel; and they said to him, Nay, but there shall be a king over us. [20]And we also will be like all the nations; and our king shall judge us, and shall go out before us, and fight our βbattles. [21]And Samuel heard all the words of the people, and spoke them in the ears of the Lord. [22]And the Lord said to Samuel, Hearken to their voice, and appoint them a king. And Samuel said to the men of Israel, Let each man depart to his city.

And *there was* a man of the sons of Benjamin, and his name *was* Kis, the son of Abiel, the son of Jared, the son of Bachir, the son of Aphec, the son of a Benjamite, a man of might. [2]And this man *had* a son, and his name was Saul, of great stature, a goodly man; and there was not among the sons of Israel a goodlier than he, high above all the γpeople δfrom his shoulders and upward.

[3]And the asses of Kis the father of Saul were lost; and Kis said to Saul his son, Take with thee one of the young men, and arise ye, and go and seek the asses.

[4]And they went through mount Ephraim, and they went through the land of Selcha, and found them not: and they passed through the land of Segalim, and they were not there: and they passed through the land of Jamin, and found them not. [5]And when they came to Siph, then Saul said to his young man that was with him, Come and let us return, lest my father leave the asses, and take care for us. [6]And the young man said to him, Behold now, *there is* a man of God in this city, and the man *is* of high repute; all that he shall speak will surely come to pass: now then let us go, that he may tell us our way on which we have set out. [7]And Saul said to his young man that was with him, Lo, then, we will go; but what shall we bring the man of God? for the loaves are spent out of our vessels, and we have nothing more with us that belongs to us to bring to the man of

---

β *Gr.* war.   γ *Gr.* land.   δ *Gr.* from above his shoulders.

God. ⁸And the young man answered Saul again, and said, Behold, there is found in my hand a fourth part of a shekel of silver; and thou shalt give it to the man of God, and he shall tell us our way. ⁹Now beforetime in Israel every one in going to enquire of God said, Come and let us go to the seer; for the people beforetime called the prophet, the seer. ¹⁰And Saul said to his servant, Well said, come and let us go: and they went to the city where the man of God was.

¹¹As they went up the ascent to the city, they find damsels come out to draw water, and they say to them, Is the seer here? ¹²And the virgins answered them, and they say to them, He is: behold, *he is* before you: now he is coming to the city, because of the day, for to-day *there is* a sacrifice for the people in Bama. ¹³As soon as ye shall enter into the city, so shall ye find him in the city, before he goes up to Bama to eat; for the people will not eat until he comes in, for he blesses the sacrifice, and afterwards the guests eat; now then go up, for ye shall find him because of the ᵝholiday. ¹⁴And they go up to the city; and as they were entering into the midst of the city, behold, Samuel came out to meet them, to go up to Bama.

¹⁵And the Lord uncovered the ear of Samuel ᵞone day before Saul came to him, saying, ¹⁶At this time to-morrow I will send to thee a man out of the land of Benjamin, and thou shalt anoint him to be ruler over my people Israel, and he shall save my people out of the hand of the Philistines: for I have looked upon the humiliation of my people, for their cry is come unto me. ¹⁷And Samuel looked upon Saul, and the Lord answered him, Behold the man of whom I spoke to thee, This one shall rule over my people.

¹⁸And Saul ᵟdrew near to Samuel into the midst of the city, and said, Tell me now ᶻwhich *is* the house of the seer? ¹⁹And Samuel answered Saul, and said, I am he: go up before me to Bama, and eat with me to-day, and I will send thee away in the morning, and I will tell thee all that is in thine heart. ²⁰And concerning thine asses that have been lost now these three days, care not for them, for they are found. And to whom does the excellency of Israel belong? does it not to thee and to thy father's house? ²¹And Saul answered and said, Am not I the son of a Benjamite, the least tribe of the people of Israel? and of the least family of the whole tribe of Benjamin? and why hast thou spoken to me according to this word?

²²And Samuel took Saul and his servant, and brought them to the inn, and set them there a place among the chief of those that were called, about seventy men. ²³And Samuel said to the cook, Give me the portion which I gave thee, which I told thee to set by thee. ²⁴Now the cook *had* boiled the shoulder, and he set it before Saul; and Samuel said to Saul, Behold that which is left: set it before thee, and eat; for it is set

τῷ ἀνθρώπῳ τοῦ Θεοῦ τὸ ὑπάρχον ἡμῖν. Καὶ προσέθετο τὸ 8 παιδάριον ἀποκριθῆναι τῷ Σαούλ, καὶ εἶπεν, ἰδοὺ εὕρηται ἐν τῇ χειρί μου τέταρτον σίκλου ἀργυρίου, καὶ δώσεις τῷ ἀνθρώπῳ τοῦ Θεοῦ, καὶ ἀπαγγελεῖ ἡμῖν τὴν ὁδὸν ἡμῶν. Καὶ ἔμπροσθεν 9 ἐν Ἰσραὴλ τάδε ἔλεγεν ἕκαστος ἐν τῷ πορεύεσθαι ἐπερωτᾶν τὸν Θεὸν, δεῦρο καὶ πορευθῶμεν πρὸς τὸν Βλέποντα· ὅτι τὸν προφήτην ἐκάλει ὁ λαὸς ἔμπροσθεν, ὁ βλέπων. Καὶ εἶπε Σαοὺλ 10 πρὸς τὸ παιδάριον αὐτοῦ, ἀγαθὸν τὸ ῥῆμα, δεῦρο καὶ πορευθῶμεν· καὶ ἐπορεύθησαν εἰς τὴν πόλιν οὗ ἦν ἐκεῖ ὁ ἄνθρωπος ὁ τοῦ Θεοῦ.

Αὐτῶν ἀναβαινόντων τὴν ἀνάβασιν τῆς πόλεως, καὶ αὐτοὶ 11 εὑρίσκουσι τὰ κοράσια ἐξεληλυθότα ὑδρεύεσθαι ὕδωρ, καὶ λέγουσιν αὐταῖς, εἰ ἔστιν ἐνταῦθα ὁ βλέπων; Καὶ ἀπεκρίθη τὰ 12 κοράσια αὐτοῖς, καὶ λέγουσιν αὐτοῖς, ἔστιν· ἰδοὺ κατὰ πρόσωπον ὑμῶν· νῦν διὰ τὴν ἡμέραν ἥκει εἰς τὴν πόλιν, ὅτι θυσία σήμερον τῷ λαῷ ἐν Βαμά. Ὡς ἂν εἰσέλθητε εἰς τὴν πόλιν, 13 οὕτως εὑρήσετε αὐτὸν ἐν τῇ πόλει, πρὶν ἀναβῆναι αὐτὸν εἰς Βαμᾶ τοῦ φαγεῖν· ὅτι οὐ μὴ φάγῃ ὁ λαὸς ἕως τοῦ εἰσελθεῖν αὐτὸν, ὅτι οὗτος εὐλογεῖ τὴν θυσίαν, καὶ μετὰ ταῦτα ἐσθίουσιν οἱ ξένοι· καὶ νῦν ἀνάβητε, ὅτι διὰ τὴν ἡμέραν εὑρήσετε αὐτόν. Καὶ ἀναβαίνουσι τὴν πόλιν· αὐτῶν εἰσπορευομένων εἰς μέσον 14 τῆς πόλεως, καὶ ἰδοὺ Σαμουὴλ ἐξῆλθεν εἰς τὴν ἀπάντησιν αὐτῶν, τοῦ ἀναβῆναι εἰς Βαμᾶ.

Καὶ Κύριος ἀπεκάλυψε τὸ ὠτίον Σαμουὴλ ἡμέρα μιᾷ ἔμ- 15 προσθεν τοῦ ἐλθεῖν πρὸς αὐτὸν Σαούλ, λέγων, ὡς ὁ καιρὸς, 16 αὔριον ἀποστελῶ πρὸς σὲ ἄνδρα ἐκ γῆς Βενιαμὶν, καὶ χρίσεις αὐτὸν εἰς ἄρχοντα ἐπὶ τὸν λαόν μου Ἰσραὴλ, καὶ σώσει τὸν λαόν μου ἐκ χειρὸς ἀλλοφύλων, ὅτι ἐπέβλεψα ἐπὶ τὴν ταπείνωσιν τοῦ λαοῦ μου, ὅτι ἦλθε βοὴ αὐτῶν πρός μέ. Καὶ 17 Σαμουὴλ εἶδε τὸν Σαούλ, καὶ Κύριος ἀπεκρίθη αὐτῷ, ἰδοὺ ὁ ἄνθρωπος ὃν εἶπά σοι, οὗτος ἄρξει ἐν τῷ λαῷ μου.

Καὶ προσήγαγε Σαοὺλ πρὸς Σαμουὴλ εἰς μέσον τῆς πόλεως, 18 καὶ εἶπε, ἀπάγγειλον δὴ ποῖος ὁ οἶκος τοῦ Βλέποντος. Καὶ 19 ἀπεκρίθη Σαμουὴλ τῷ Σαούλ, καὶ εἶπεν, ἐγώ εἰμι αὐτός· ἀνάβηθι ἔμπροσθέν μου εἰς Βαμᾶ, καὶ φάγε μετ' ἐμοῦ σήμερον, καὶ ἐξαποστελῶ σε πρωὶ, καὶ πάντα τὰ ἐν τῇ καρδίᾳ σου ἀπαγγελῶ σοι. Καὶ περὶ τῶν ὄνων σου τῶν ἀπολωλυιῶν 20 σήμερον τριταίων, μὴ θῇς τὴν καρδίαν σου αὐταῖς, ὅτι εὕρηνται· καὶ τίνι τὰ ὡραῖα τοῦ Ἰσραήλ; οὐ σοὶ, καὶ τῷ οἴκῳ τοῦ πατρός σου; Καὶ ἀπεκρίθη Σαοὺλ, καὶ εἶπεν, οὐχὶ ἀνδρὸς 21 υἱὸς Ἰεμιναίου ἐγώ εἰμι τοῦ μικροῦ σκήπτρου φυλῆς Ἰσραήλ; καὶ τῆς φυλῆς τῆς ἐλαχίστης ἐξ ὅλου σκήπτρου Βενιαμίν; καὶ ἱνατί ἐλάλησας πρὸς ἐμὲ κατὰ τὸ ῥῆμα τοῦτο;

Καὶ ἔλαβε Σαμουὴλ τὸν Σαοὺλ καὶ τὸ παιδάριον αὐτοῦ, καὶ 22 εἰσήγαγεν αὐτοὺς εἰς τὸ κατάλυμα, καὶ ἔθετο αὐτοῖς ἐκεῖ τόπον ἐν πρώτοις τῶν κεκλημένων ὡσεὶ ἑβδομήκοντα ἀνδρῶν. Καὶ 23 εἶπε Σαμουὴλ τῷ μαγείρῳ, δός μοι τὴν μερίδα ἣν ἔδωκά σοι, ἣν εἶπά σοι θεῖναι αὐτὴν παρὰ σοί. Καὶ ἥψησεν ὁ μάγειρος 24 τὴν κωλέαν, καὶ παρέθηκεν αὐτὴν ἐνώπιον Σαούλ· καὶ εἶπε Σαμουὴλ τῷ Σαούλ, ἰδοὺ ὑπόλειμμα, παράθες αὐτὸ ἐνώπιόν

ᵝ *Gr.* day.   ᵞ *Or,* the day before.   ᵟ *Lit.* brought near.   ᶻ *Gr.* of what kind?

σου καὶ φάγε, ὅτι εἰς μαρτύριον τέθειταί σοι παρὰ τοὺς ἄλλους, ἀπόκνιζε· καὶ ἔφαγε Σαοὺλ μετὰ Σαμουὴλ ἐν τῇ ἡμέρᾳ ἐκείνῃ.

25 Καὶ κατέβη ἐκ τῆς Βαμᾶ εἰς τὴν πόλιν· καὶ διέστρωσαν τῷ Σαοὺλ ἐπὶ τῷ δώματι, καὶ ἐκοιμήθη.

26 Καὶ ἐγένετο ὡς ἀνέβαινεν ὁ ὄρθρος, καὶ ἐκάλεσε Σαμουὴλ τὸν Σαοὺλ ἐπὶ τῷ δώματι, λέγων, ἀνάστα, καὶ ἐξαποστελῶ σε· καὶ ἀνέστη Σαοὺλ, καὶ ἐξῆλθεν αὐτὸς καὶ Σαμουὴλ ἕως

27 ἔξω. Αὐτῶν καταβαινόντων εἰς μέρος τῆς πόλεως, καὶ Σαμουὴλ εἶπε τῷ Σαούλ, εἶπον τῷ νεανίσκῳ, καὶ διελθέτω ἔμπροσθεν ἡμῶν· καὶ σὺ στῆθι ὡς σήμερον, καὶ ἄκουσον ῥῆμα Θεοῦ.

10 Καὶ ἔλαβε Σαμουὴλ τὸν φακὸν τοῦ ἐλαίου, καὶ ἐπέχεεν ἐπὶ τὴν κεφαλὴν αὐτοῦ, καὶ ἐφίλησεν αὐτὸν, καὶ εἶπεν αὐτῷ, οὐχὶ κέχρικέ σε Κύριος εἰς ἄρχοντα ἐπὶ τὸν λαὸν αὐτοῦ ἐπὶ Ἰσραήλ; καὶ σὺ ἄρξεις ἐν λαῷ Κυρίου, καὶ σὺ σώσεις αὐτὸν ἐκ χειρὸς ἐχθρῶν αὐτοῦ· καὶ τοῦτό σοι τὸ σημεῖον, ὅτι ἔχρισέ σε Κύριος

2 ἐπὶ κληρονομίαν αὐτοῦ εἰς ἄρχοντα. Ὡς ἂν ἀπέλθῃς σήμερον ἀπ᾽ ἐμοῦ, καὶ εὑρήσεις δύο ἄνδρας πρὸς τοῖς τάφοις Ῥαχὴλ ἐν τῷ ὄρει Βενιαμὶν ἁλλομένους μεγάλα· καὶ ἐροῦσί σοι, εὕρηνται αἱ ὄνοι ἃς ἐπορεύθητε ζητεῖν· καὶ ἰδοὺ ὁ πατήρ σου ἀποτετίνακται τὸ ῥῆμα τῶν ὄνων, καὶ ἐδαψιλεύσατο δι᾽ ὑμᾶς,

3 λέγων, τί ποιήσω ὑπὲρ τοῦ υἱοῦ μου; Καὶ ἀπελεύσῃ ἐκεῖθεν, καὶ ἐπέκεινα ἥξεις ἕως τῆς δρυὸς Θαβώρ, καὶ εὑρήσεις ἐκεῖ τρεῖς ἄνδρας ἀναβαίνοντας πρὸς τὸν Θεὸν εἰς Βαιθήλ, ἕνα αἴροντα τρία αἰγίδια, καὶ ἕνα αἴροντα τρία ἀγγεῖα ἄρτων, καὶ

4 ἕνα αἴροντα ἀσκὸν οἴνου. Καὶ ἐρωτήσουσί σε τὰ εἰς εἰρήνην, καὶ δώσουσί σοι δύο ἀπαρχὰς ἄρτων, καὶ λήψῃ ἐκ τῆς χειρὸς

5 αὐτῶν. Καὶ μετὰ ταῦτα εἰσελεύσῃ εἰς τὸν βουνὸν τοῦ Θεοῦ, οὗ ἐστιν ἐκεῖ τὸ ἀνάστημα τῶν ἀλλοφύλων· ἐκεῖ Νασὶβ ὁ ἀλλόφυλος· καὶ ἔσται ὡς ἂν εἰσέλθητε ἐκεῖ εἰς τὴν πόλιν, καὶ ἀπαντήσεις χορῷ προφητῶν καταβαινόντων ἐκ τῆς Βαμᾶ, καὶ ἔμπροσθεν αὐτῶν νάβλα, καὶ τύμπανον, καὶ αὐλὸς, καὶ κινύρα,

6 καὶ αὐτοὶ προφητεύοντες. Καὶ ἐφαλεῖται ἐπὶ σὲ πνεῦμα Κυρίου, καὶ προφητεύσεις μετ᾽ αὐτῶν, καὶ στραφήσῃ εἰς ἄνδρα

7 ἄλλον. Καὶ ἔσται ὅταν ἥξει τὰ σημεῖα ταῦτα ἐπὶ σὲ, ποίει

8 πάντα ὅσα ἐὰν εὕρῃ ἡ χείρ σου, ὅτι Θεὸς μετὰ σοῦ. Καὶ καταβήσῃ ἔμπροσθεν τῆς Γαλγὰλ, καὶ ἰδοὺ καταβαίνω πρὸς σὲ ἀνενεγκεῖν ὁλοκαύτωσιν καὶ θυσίας εἰρηνικάς· ἑπτὰ ἡμέρας διαλείψεις ἕως τοῦ ἐλθεῖν με πρὸς σὲ, καὶ γνωρίσω σοι ἃ ποιήσεις.

9 Καὶ ἐγενήθη ὥστε ἐπιστραφῆναι τῷ ὤμῳ αὐτοῦ ἀπελθεῖν ἀπὸ Σαμουὴλ, μετέστρεψεν αὐτῷ ὁ Θεὸς καρδίαν ἄλλην· καὶ

10 ἦλθε πάντα τὰ σημεῖα ἐν τῇ ἡμέρᾳ ἐκείνῃ. Καὶ ἔρχεται ἐκεῖθεν εἰς τὸν βουνὸν, καὶ ἰδοὺ χορὸς προφητῶν ἐξεναντίας αὐτοῦ· καὶ ἥλατο ἐπ᾽ αὐτὸν πνεῦμα Θεοῦ, καὶ προεφήτευσεν

11 ἐν μέσῳ αὐτῶν. Καὶ ἐγενήθησαν πάντες οἱ εἰδότες αὐτὸν ἐχθὲς καὶ τρίτης, καὶ εἶδον, καὶ ἰδοὺ αὐτὸς ἐν μέσῳ τῶν προ-

thee for a testimony in preference to the others; β take of it: and Saul ate with Samuel on that day.

25 And he went down from Bama into the city; and they prepared a lodging for Saul on the roof, and he lay down.

26 And it came to pass when the morning γ dawned, that Samuel called Saul on the roof, saying, Rise up, and I will dismiss thee. And Saul arose, and he and Samuel went out. 27 As they went down to a part of the city, Samuel said to Saul, Speak to the young man, and let him pass on before us; and do thou stand as to-day, and hearken to the word of God.

And Samuel took a vial of oil, and poured it on his head, and kissed him, and said to him, Has not the Lord anointed thee for a ruler over his people, over Israel? and thou shalt rule among the people of the Lord, and thou shalt save them out of the hand of their enemies; and this shall be the sign to thee that the Lord has anointed thee for a ruler over his inheritance. 2 As soon as thou shalt have departed this day from me, thou shalt find two men by the δ burial-place of Rachel on the mount of Benjamin, exulting greatly; and they shall say to thee, The asses are found which ye went to seek; and, behold, thy father has given up the matter of the asses, and he is anxious for you, saying, What shall I do for my son? 3 And thou shalt depart thence, and shalt go beyond that as far as the oak of Thabor, and thou shalt find there three men going up to God to Bæthel, one bearing three kids, and another bearing three vessels of bread, and another bearing a bottle of wine. 4 And they shall ask thee how thou doest, and shall give thee two presents of bread, and thou shalt receive them of their hand. 5 And afterward thou shalt go to the hill of God, where is the encampment of the Philistines; there is Nasib the Philistine: and it shall come to pass when ye shall have entered into the city, that thou shalt meet a band of prophets coming down from the Bama; and before them will be lutes, and a drum, and a pipe, and a harp, and they ζ shall prophesy. 6 And the Spirit of the Lord shall θ come upon thee, and thou shalt prophesy with them, and shalt be turned into another man. 7 And it shall come to pass when these signs shall come upon thee, —then do thou whatsoever thy hand shall find, because God is with thee. 8 And thou shalt go down in front of Galgal, and behold, I come down to thee to offer a whole-burnt-offering and peace-offerings: seven days shalt thou wait until I shall come to thee, and I will make known to thee what thou shalt do.

9 And it came to pass when he λ turned his back to depart from Samuel, God μ gave him another heart; and all these signs came to pass in that day. 10 And he comes thence to the hill, and behold a band of prophets opposite to him; and the Spirit of God came upon him, and he prophesied in the midst of them. 11 And all that had known him before came, and saw, and, behold, he was in the midst of the prophets: and the

---

β Gr. pinch.　γ Gr. went up.　δ Gr. burial-places.　ζ Gr. prophesying.　θ Gr. leap upon thee.　λ Gr. was turned with his shoulder.
μ Gr. turned to him.

peopie said every one to his neighbour, What *is* this that has happened to the son of Kis? *is* Saul also among the prophets? [12] And one of them answered and said, And who *is* his father? and therefore it became a proverb, *Is* Saul also among the prophets? [13] And he ceased prophesying, and comes to the hill.

[14] And his kinsman said to him and to his servant, Whither went ye? and they said, To seek the asses; and we saw that they were lost, and we went in to Samuel. [15] And his kinsman said to Saul, Tell me, I pray thee, What did Samuel say to thee? [16] And Saul said to his kinsman, He verily told me that the asses were found. But the matter of the kingdom he told him not.

[17] And Samuel summoned all the people before the Lord to Massephath. [18] And he said to the children of Israel, Thus has the Lord God of Israel spoken, saying, I brought up the children of Israel out of Egypt, and I rescued you out of the hand of Pharao king of Egypt, and out of all the kingdoms that afflicted you. [19] And ye have this day rejected God, who is himself your Deliverer out of all your evils and afflictions; and ye said, Nay, but thou shalt set a king over us: and now stand before the Lord according to your tribes, and according to your families.

[20] And Samuel brought nigh all the tribes of Israel, and the tribe of Benjamin is taken by lot. [21] And he brings near the tribe of Benjamin by families, and the family of Mattari is taken by lot: and they bring near the family of Mattari, man by man, and Saul the son of Kis is taken; and he sought him, but he was not found.

[22] And Samuel asked yet again of the Lord, β Will the man come hither? and the Lord said, Behold, he is hid among the stuff. [23] And he ran and took him thence, and he set him in the midst of the people; and he was higher than all the people by his shoulders and upwards.

[24] And Samuel said to all the people, Have ye seen whom the Lord has chosen to himself, that there is none like to him among you all? And all the people took notice, and said, Let the king live! [25] And Samuel told to the people the manner of the king, and wrote it in a book, and set it before the Lord: and Samuel sent away all the people, and each went to his place.

[26] And Saul departed to his house to Gabaa; and there went with Saul mighty men whose hearts God had touched. [27] But evil men said, Who *is* this man *that* shall save us? and they despised him, and brought him no gifts.

And it came to pass about a month after this, that Naas the Ammanite went up, and encamped against Jabis Galaad: and all the men of Jabis said to Naas the Ammanite, Make a covenant with us, and we will serve thee. [2] And Naas the Ammanite said to them, On these terms will I make a covenant with you, that I should γ put out all your right eyes, and I will lay a reproach

φητῶν· καὶ εἶπεν ὁ λαὸς ἕκαστος πρὸς τὸν πλησίον αὐτοῦ, τί τοῦτο τὸ γεγονὸς τῷ υἱῷ Κίς; ἢ καὶ Σαοὺλ ἐν προφήταις; Καὶ ἀπεκρίθη τὶς αὐτῶν, καὶ εἶπε, καὶ τίς πατὴρ αὐτοῦ; 12 καὶ διὰ τοῦτο ἐγενήθη εἰς παραβολὴν, ἢ καὶ Σαοὺλ ἐν προφήταις; Καὶ συνετέλεσε προφητεύων, καὶ ἔρχεται εἰς τὸν 13 βουνόν.

Καὶ εἶπεν ὁ οἰκεῖος αὐτοῦ πρὸς αὐτὸν καὶ πρὸς τὸ παιδά- 14 ριον αὐτοῦ, ποῦ ἐπορεύθητε; καὶ εἶπαν, ζητεῖν τὰς ὄνους, καὶ εἴδαμεν ὅτι οὐκ εἰσὶ, καὶ εἰσήλθομεν πρὸς Σαμουήλ. Καὶ 15 εἶπεν ὁ οἰκεῖος πρὸς Σαοὺλ, ἀπάγγειλον δή μοι, τί εἰπέ σοι Σαμουήλ; Καὶ εἶπε Σαοὺλ πρὸς τὸν οἰκεῖον αὐτοῦ, ἀπήγγει- 16 λεν ἀπαγγέλλων μοι, ὅτι εὕρηνται αἱ ὄνοι· τὸ δὲ ῥῆμα τῆς βασιλείας οὐκ ἀπήγγειλεν αὐτῷ.

Καὶ παρήγγειλε Σαμουὴλ παντὶ τῷ λαῷ πρὸς Κύριον εἰς 17 Μασσηφάθ. Καὶ εἶπε πρὸς υἱοὺς Ἰσραὴλ, τάδε εἶπε Κύριος 18 ὁ Θεὸς Ἰσραὴλ, λέγων, ἐγὼ ἀνήγαγον τοὺς υἱοὺς Ἰσραὴλ ἐξ Αἰγύπτου, καὶ ἐξειλάμην ὑμᾶς ἐκ χειρὸς Φαραὼ βασιλέως Αἰγύπτου, καὶ ἐκ πασῶν τῶν βασιλειῶν τῶν θλιβουσῶν ὑμᾶς. Καὶ ὑμεῖς σήμερον ἐξουδενήκατε τὸν Θεὸν, ὃς αὐτός ἐστιν ὑμῶν 19 σωτὴρ ἐκ πάντων τῶν κακῶν ὑμῶν καὶ θλίψεων ὑμῶν· καὶ εἴπατε, οὐχὶ, ἀλλ᾽ ἢ ὅτι βασιλέα καταστήσεις ἐφ᾽ ἡμῶν· καὶ νῦν κατάστητε ἐνώπιον Κυρίου κατὰ τὰ σκῆπτρα ὑμῶν καὶ κατὰ τὰς φυλὰς ὑμῶν.

Καὶ προσήγαγε Σαμουὴλ πάντα τὰ σκῆπτρα Ἰσραὴλ, καὶ 20 κατακληροῦται σκῆπτρον Βενιαμίν. Καὶ προσάγει σκῆπτρον 21 Βενιαμὶν εἰς φυλὰς, καὶ κατακληροῦται φυλὴ Ματταρί· καὶ προσάγουσι τὴν φυλὴν Ματταρὶ εἰς ἄνδρας, καὶ κατακληροῦται Σαοὺλ υἱὸς Κίς· καὶ ἐζήτει αὐτὸν, καὶ οὐχ εὑρίσκετο.

Καὶ ἐπηρώτησε Σαμουὴλ ἔτι ἐν Κυρίῳ, εἰ ἔρχεται ὁ ἀνὴρ 22 ἐνταῦθα; καὶ εἶπε Κύριος, ἰδοὺ αὐτὸς κέκρυπται ἐν τοῖς σκεύεσι. Καὶ ἔδραμε καὶ λαμβάνει αὐτὸν ἐκεῖθεν, καὶ κατέ- 23 στησεν ἐν μέσῳ τοῦ λαοῦ· καὶ ὑψώθη ὑπὲρ πάντα τὸν λαὸν ὑπερωμίαν καὶ ἐπάνω.

Καὶ εἶπε Σαμουὴλ πρὸς πάντα τὸν λαὸν, εἰ ἑωράκατε ὃν 24 ἐκλέλεκται ἑαυτῷ Κύριος, ὅτι οὐκ ἔστιν ὅμοιος αὐτῷ ἐν πᾶσιν ὑμῖν; καὶ ἔγνωσαν πᾶς ὁ λαὸς, καὶ εἶπαν, ζήτω ὁ βασιλεύς. Καὶ εἶπε Σαμουὴλ πρὸς τὸν λαὸν τὸ δικαίωμα τοῦ βασιλέως, 25 καὶ ἔγραψεν ἐν βιβλίῳ, καὶ ἔθηκεν ἐνώπιον Κυρίου· καὶ ἐξ-απέστειλε Σαμουὴλ πάντα τὸν λαὸν, καὶ ἀπῆλθεν ἕκαστος εἰς τὸν τόπον αὐτοῦ.

Καὶ Σαοὺλ ἀπῆλθεν εἰς τὸν οἶκον αὐτοῦ εἰς Γαβαά· καὶ 26 ἐπορεύθησαν υἱοὶ δυνάμεων, ὧν ἥψατο Κύριος καρδίας αὐτῶν μετὰ Σαούλ. Καὶ υἱοὶ λοιμοὶ εἶπαν, τίς σώσει ἡμᾶς οὗτος; 27 καὶ ἠτίμασαν αὐτὸν, καὶ οὐκ ἤνεγκαν αὐτῷ δῶρα.

Καὶ ἐγενήθη ὡς μετὰ μῆνα, καὶ ἀνέβη Νάας ὁ Ἀμμανίτης, 11 καὶ παρεμβάλλει ἐπὶ Ἰαβὶς Γαλαάδ· καὶ εἶπαν πάντες οἱ ἄνδρες Ἰαβὶς πρὸς Νάας τὸν Ἀμμανίτην, διάθου ἡμῖν δια-θήκην, καὶ δουλεύσομέν σοι. Καὶ εἶπε πρὸς αὐτοὺς Νάας 2 ὁ Ἀμμανίτης, ἐν ταύτῃ διαθήσομαι διαθήκην ὑμῖν, ἐν τῷ ἐξορύξαι ὑμῶν πάντα ὀφθαλμὸν δεξιὸν, καὶ θήσομαι ὄνειδος

β Gr. does?   *γ Lit.* dig out.

3 ἐπὶ Ἰσραήλ. Καὶ λέγουσιν αὐτῷ οἱ ἄνδρες Ἰαβὶς, ἄνες ἡμῖν ἑπτὰ ἡμέρας, καὶ ἀποστελοῦμεν ἀγγέλους εἰς πᾶν ὅριον Ἰσραήλ· ἐὰν μὴ ᾖ ὁ σώζων ἡμᾶς, ἐξελευσόμεθα πρὸς ὑμᾶς.

4 Καὶ ἔρχονται οἱ ἄγγελοι εἰς Γαβαὰ πρὸς Σαοὺλ, καὶ λαλοῦσι τοὺς λόγους εἰς τὰ ὦτα τοῦ λαοῦ· καὶ ἦραν πᾶς ὁ λαὸς τὴν 5 φωνὴν αὐτῶν, καὶ ἔκλαυσαν. Καὶ ἰδοὺ Σαοὺλ ἤρχετο μετὰ τοπρωῒ ἐξ ἀγροῦ· καὶ εἶπε Σαοὺλ, τί ὅτι κλαίει ὁ λαός; καὶ 6 διηγοῦνται αὐτῷ τὰ ῥήματα τῶν ἀνδρῶν Ἰαβίς. Καὶ ἐφήλατο πνεῦμα Κυρίου ἐπὶ Σαοὺλ ὡς ἤκουσε τὰ ῥήματα ταῦτα, καὶ 7 ἐθυμώθη ἐπ᾽ αὐτοὺς ὀργῇ αὐτοῦ σφόδρα. Καὶ ἔλαβε δύο βόας, καὶ ἐμέλισεν αὐτὰς, καὶ ἀπέστειλεν εἰς πᾶν ὅριον Ἰσραὴλ ἐν χειρὶ ἀγγέλων, λέγων, ὃς οὐκ ἔστιν ἐκπορευόμενος ὀπίσω Σαοὺλ καὶ ὀπίσω Σαμουὴλ, κατὰ τάδε ποιήσουσι τοῖς βουσὶν αὐτοῦ· καὶ ἐπῆλθεν ἔκστασις Κυρίου ἐπὶ τὸν λαὸν 8 Ἰσραήλ, καὶ ἐβόησαν ὡς ἀνὴρ εἷς. Καὶ ἐπισκέπτεται αὐτοὺς ἐν Βεζὲκ ἐν Βαμᾷ, πάντα ἄνδρα Ἰσραὴλ ἑξακοσίας χιλιάδας, καὶ ἄνδρας Ἰούδα ἑβδομήκοντα χιλιάδας.

9 Καὶ εἶπε τοῖς ἀγγέλοις τοῖς ἐρχομένοις, τάδε ἐρεῖτε τοῖς ἀνδράσιν Ἰαβὶς, αὔριον ὑμῖν ἡ σωτηρία διαθερμάναντος τοῦ ἡλίου· καὶ ἦλθον οἱ ἄγγελοι εἰς τὴν πόλιν, καὶ ἀπαγγέλλουσι 10 τοῖς ἀνδράσιν Ἰαβὶς, καὶ εὐφράνθησαν. Καὶ εἶπον οἱ ἄνδρες Ἰαβὶς πρὸς Νάας τὸν Ἀμμανίτην, αὔριον ἐξελευσόμεθα πρὸς ὑμᾶς, καὶ ποιήσετε ἡμῖν τὸ ἀγαθὸν ἐνώπιον ὑμῶν.

11 Καὶ ἐγενήθη μετὰ τὴν αὔριον, καὶ ἔθετο Σαοὺλ τὸν λαὸν εἰς τρεῖς ἀρχὰς, καὶ εἰσπορεύονται μέσον τῆς παρεμβολῆς ἐν φυλακῇ τῇ ἑωθινῇ, καὶ ἔτυπτον τοὺς υἱοὺς Ἀμμὼν ἕως διεθερμάνθη ἡ ἡμέρα· καὶ ἐγενήθη καὶ ὑπολελειμμένοι διεσπάρησαν, καὶ οὐχ ὑπελείφθησαν ἐν αὐτοῖς δύο κατὰ τὸ αὐτό.

12 Καὶ εἶπεν ὁ λαὸς πρὸς Σαμουήλ, τίς ὁ εἴπας ὅτι Σαοὺλ οὐ βασιλεύσει ἡμῶν; παράδος τοὺς ἄνδρας, καὶ θανατώσομεν 13 αὐτούς. Καὶ εἶπε Σαοὺλ, οὐκ ἀποθανεῖται οὐδεὶς ἐν τῇ ἡμέρᾳ ταύτῃ, ὅτι σήμερον ἐποίησε Κύριος σωτηρίαν ἐν Ἰσραήλ.

14 Καὶ εἶπε Σαμουὴλ πρὸς τὸν λαὸν, λέγων, πορευθῶμεν εἰς 15 Γάλγαλα, καὶ ἐγκαινίσωμεν ἐκεῖ τὴν βασιλείαν. Καὶ ἐπορεύθη πᾶς ὁ λαὸς εἰς Γάλγαλα, καὶ ἔχρισε Σαμουὴλ ἐκεῖ τὸν Σαοὺλ εἰς βασιλέα ἐνώπιον Κυρίου ἐν Γαλγάλοις· καὶ ἔθυσεν ἐκεῖ θυσίας καὶ εἰρηνικὰς ἐνώπιον Κυρίου· καὶ εὐφράνθη Σαμουὴλ καὶ πᾶς Ἰσραὴλ ὥστε λίαν.

12 Καὶ εἶπε Σαμουὴλ πρὸς πάντα Ἰσραὴλ, ἰδοὺ ἤκουσα φωνῆς ὑμῶν εἰς πάντα ὅσα εἴπατέ μοι, καὶ ἐβασίλευσα ἐφ᾽ ὑμᾶς 2 βασιλέα, καὶ νῦν ἰδοὺ ὁ βασιλεὺς διαπορεύεται ἐνώπιον ὑμῶν· κἀγὼ γεγήρακα καὶ καθήσομαι, καὶ οἱ υἱοί μου ἰδοὺ ἐν ὑμῖν· κἀγὼ ἰδοὺ διελήλυθα ἐνώπιον ὑμῶν ἐκ νεότητος καὶ ἕως τῆς 3 ἡμέρας ταύτης. Ἰδοὺ ἐγὼ, ἀποκρίθητε κατ᾽ ἐμοῦ ἐνώπιον Κυρίου καὶ ἐνώπιον χριστοῦ αὐτοῦ· μόσχον τίνος εἴληφα, ἢ ὄνον τίνος εἴληφα, ἢ τίνα κατεδυνάστευσα ὑμῶν, ἢ τίνα ἐξεπίεσα, ἢ ἐκ χειρὸς τίνος εἴληφα ἐξίλασμα καὶ ὑπόδημα;

---

upon Israel. [3]And the men of Jabis say to him, Allow us seven days, and we will send messengers into all the coasts of Israel: if there should be no one to deliver us, we will come out to you.

[4]And the messengers came to Gabaa to Saul, and they speak the words into the ears of the people; and all the people lifted up their voice, and wept. [5]And, behold, Saul came after the early morning out of the field: and Saul said, Why does the people weep? and they tell him the words of the men of Jabis. [6]And the Spirit of the Lord came upon Saul when he heard these words, and his anger was greatly kindled against them. [7]And he took two cows, and cut them in pieces, and sent them into all the coasts of Israel by the hand of messengers, saying, Whoso comes not forth after Saul and after Samuel, so shall they do to his oxen: and a transport from the Lord came upon the people of Israel, and they β came out to battle as one man. [8]And he reviews them at Bezec in Bama, every man of Israel six hundred thousand, and the men of Juda seventy thousand.

[9]And he said to the messengers that came, Thus shall ye say to the men of Jabis, To-morrow ye shall have deliverance when the sun is hot; and the messengers came to the city, and told the men of Jabis, and they rejoiced. [10]And the men of Jabis said to Naas the Ammanite, To-morrow we will come forth to you, and ye shall do to us what seems good in your sight.

[11]And it came to pass δ on the morrow, that Saul ζ divided the people into three companies, and they go into the midst of the camp in the morning watch, and they smote the children of Ammon until the day was hot; and it came to pass that those who were left were scattered, and there were not left among them two together.

[12]And the people said to Samuel, Who has said that Saul shall not reign over us? Give up the men, and we will put them to death. [13]And Saul said, No man shall die this day, for to-day the Lord has wrought deliverance in Israel.

[14]And Samuel spoke to the people, saying, Let us go to Galgala, and there renew the kingdom. [15]And all the people went to Galgala, and Samuel anointed Saul there to be king before the Lord in Galgala, and there he offered meat-offerings and peace-offerings before the Lord: and Samuel and all Israel rejoiced exceedingly.

And Samuel said to all Israel, Behold, I have hearkened to your voice in all things that ye have said to me, and I have set a king over you. [2]And now, behold, the king goes before you; and I am grown old and shall rest; and, behold, my sons are among you; and, behold, I have gone about before you from my youth to this day. [3]Behold, here am I, answer against me before the Lord and before his anointed: whose calf have I taken? or whose ass have I taken? or whom of you have I oppressed? or whom have I been violent with? or from whose hand have I taken a θ bribe, even to a sandal? bear witness against me, and I will

---

β Lit. cried out.   δ Gr. after the morrow.   ζ Gr. put.   θ Gr. propitiation.

make restitution to you. ⁴ And they said to Samuel, Thou hast not injured us, and thou hast not oppressed us; and thou hast not afflicted us, and thou hast not taken anything from any one's hand.

⁵ And Samuel said to the people, The Lord *is* witness among you, and his anointed *is* witness this day, that ye have not found anything in my hand: and they said, *He is* witness.

⁶ And Samuel spoke to the people, saying, The Lord who appointed Moses and Aaron *is* witness, who brought our fathers up out of Egypt. ⁷ And now stand still, and I will judge you before the Lord; and I will relate to you all the righteousness of the Lord, the things which he has wrought among you and your fathers. ⁸ When Jacob and his sons went into Egypt, and Egypt humbled them, then our fathers cried to the Lord, and the Lord sent Moses and Aaron; and they brought our fathers out of Egypt, and he made them to dwell in this place. ⁹ And they forgot the Lord their God, and he sold them into the hands of Sisara captain of the host of Jabis king of Asor, and into the hands of the Philistines, and into the hands of the king of Moab; and he fought with them. ¹⁰ And they cried to the Lord, and said, We have sinned, for we have forsaken the Lord, and have served Baalim and the groves: and now deliver us out of the hand of our enemies, and we will serve thee. ¹¹ And he sent Jerobaal, and Barac, and Jephthae, and Samuel, and rescued us out of the hand of our enemies round about, and ye dwelt in security. ¹² And ye saw that Naas king of the children of Ammon came against you, and ye said, Nay, none but a king shall reign over us; whereas the Lord our God *is* our king.

¹³ And now behold the king β whom ye have chosen; and behold, the Lord has set a king over you. ¹⁴ If ye should fear the Lord, and serve him, and hearken to his voice, and not resist the mouth of the Lord, and ye and your king that reigns over you should follow the Lord, *well*. ¹⁵ But if ye should not hearken to the voice of the Lord, and ye should resist the mouth of the Lord, then shall the hand of the Lord be upon you and upon your king.

¹⁶ And now stand still, and see this great thing, which the Lord will do before your eyes. ¹⁷ *Is it* not wheat-harvest to-day? I will call upon the Lord, and he shall send thunder and rain; and know ye and see, that your wickedness *is* great which ye have wrought before the Lord, having asked for yourselves a king.

¹⁸ And Samuel called upon the Lord, and the Lord sent thunders and rain in that day; and all the people feared greatly the Lord and Samuel. ¹⁹ And all the people said to Samuel, Pray for thy servants to the Lord thy God, and let us not die; for we have added to all our sins this iniquity, in asking for us a king.

²⁰ And Samuel said to the people, Fear not:

ἀποκρίθητε κατ' ἐμοῦ, καὶ ἀποδώσω ὑμῖν. Καὶ εἶπαν πρὸς 4 Σαμουήλ, οὐκ ἠδίκησας ἡμᾶς, καὶ οὐ κατεδυνάστευσας ἡμᾶς, καὶ οὐκ ἔθλασας ἡμᾶς, καὶ οὐκ εἴληφας ἐκ χειρὸς οὐδενὸς οὐδέν.

Καὶ εἶπε Σαμουὴλ πρὸς τὸν λαόν, μάρτυς Κύριος ἐν 5 ὑμῖν, καὶ μάρτυς χριστὸς αὐτοῦ σήμερον ἐν ταύτῃ τῇ ἡμέρᾳ, ὅτι οὐχ εὑρήκατε ἐν χειρί μου οὐδέν· καὶ εἶπαν, μάρτυς.

Καὶ εἶπε Σαμουὴλ πρὸς τὸν λαόν, λέγων, μάρτυς Κύριος 6 ὁ ποιήσας τὸν Μωυσῆν καὶ τὸν Ἀαρών, ὁ ἀναγαγὼν τοὺς πατέρας ἡμῶν ἐξ Αἰγύπτου. Καὶ νῦν κατάστητε, καὶ δικάσω 7 ὑμᾶς ἐνώπιον Κυρίου, καὶ ἀπαγγελῶ ὑμῖν τὴν πᾶσαν δικαιοσύνην Κυρίου, ἃ ἐποίησεν ἐν ὑμῖν καὶ ἐν τοῖς πατράσιν ὑμῶν· Ὡς εἰσῆλθεν Ἰακὼβ καὶ οἱ υἱοὶ αὐτοῦ εἰς Αἴγυπτον, καὶ 8 ἐταπείνωσεν αὐτοὺς Αἴγυπτος· καὶ ἐβόησαν οἱ πατέρες ἡμῶν πρὸς Κύριον, καὶ ἀπέστειλε Κύριος τὸν Μωυσῆν καὶ τὸν Ἀαρών, καὶ ἐξήγαγον τοὺς πατέρας ἡμῶν ἐξ Αἰγύπτου, καὶ κατῴκισεν αὐτοὺς ἐν τῷ τόπῳ τούτῳ. Καὶ ἐπελάθοντο Κυρίου 9 τοῦ Θεοῦ αὐτῶν, καὶ ἀπέδοτο αὐτοὺς εἰς χεῖρας Σισάρα ἀρχιστρατήγῳ Ἰαβὶς βασιλέως Ἀσώρ, καὶ εἰς χεῖρας ἀλλοφύλων, καὶ εἰς χεῖρας βασιλέως Μωάβ, καὶ ἐπολέμησεν ἐν αὐτοῖς. Καὶ ἐβόησαν πρὸς Κύριον, καὶ ἔλεγον, ἡμάρτομεν, ὅτι ἐγ- 10 κατελίπομεν τὸν Κύριον, καὶ ἐδουλεύσαμεν τοῖς Βααλὶμ καὶ τοῖς ἄλσεσι· καὶ νῦν ἐξελοῦ ἡμᾶς ἐκ χειρὸς ἐχθρῶν ἡμῶν, καὶ δουλεύσομέν σοι. Καὶ ἀπέστειλε τὸν Ἱεροβάαλ, καὶ τὸν 11 Βαράκ, καὶ τὸν Ἰεφθάε, καὶ τὸν Σαμουήλ, καὶ ἐξείλατο ἡμᾶς ἐκ χειρὸς ἐχθρῶν ἡμῶν τῶν κυκλόθεν, καὶ κατῳκεῖτε πεποιθότες. Καὶ ἴδετε ὅτι Νάας βασιλεὺς υἱῶν Ἀμμὼν ἦλθεν ἐφ' ὑμᾶς, καὶ 12 εἴπατε, οὐχί, ἀλλ' ἢ ὅτι βασιλεὺς βασιλεύσει ἐφ' ἡμῶν· καὶ Κύριος ὁ Θεὸς ἡμῶν βασιλεὺς ἡμῶν.

Καὶ νῦν ἰδοὺ ὁ βασιλεὺς ὃν ἐξελέξασθε· καὶ ἰδοὺ δέδωκε 13 Κύριος ἐφ' ὑμᾶς βασιλέα. Ἐὰν φοβηθῆτε τὸν Κύριον, καὶ 14 δουλεύσητε αὐτῷ, καὶ ἀκούσητε τῆς φωνῆς αὐτοῦ, καὶ μὴ ἐρίσητε τῷ στόματι Κυρίου, καὶ ἦτε καὶ ὑμεῖς καὶ ὁ βασιλεὺς ὁ βασιλεύων ἐφ' ὑμῶν ὀπίσω Κυρίου πορευόμενοι. Ἐὰν 15 δὲ μὴ ἀκούσητε τῆς φωνῆς Κυρίου, καὶ ἐρίσητε τῷ στόματι Κυρίου, καὶ ἔσται χεὶρ Κυρίου ἐφ' ὑμᾶς καὶ ἐπὶ τὸν βασιλέα ὑμῶν.

Καὶ νῦν κατάστητε, καὶ ἴδετε τὸ ῥῆμα τὸ μέγα τοῦτο ὃ 16 ὁ Κύριος ποιήσει ἐν ὀφθαλμοῖς ὑμῶν. Οὐχὶ θερισμὸς πυρῶν 17 σήμερον; ἐπικαλέσομαι Κύριον, καὶ δώσει φωνὰς καὶ ὑετόν· καὶ γνῶτε καὶ ἴδετε, ὅτι ἡ κακία ὑμῶν μεγάλη, ἣν ἐποιήσατε ἐνώπιον Κυρίου, αἰτήσαντες ἑαυτοῖς βασιλέα.

Καὶ ἐπεκαλέσατο Σαμουὴλ τὸν Κύριον· καὶ ἔδωκε Κύριος 18 φωνὰς καὶ ὑετὸν ἐν τῇ ἡμέρᾳ ἐκείνῃ· καὶ ἐφοβήθησαν πᾶς ὁ λαὸς τὸν Κύριον σφόδρα καὶ τὸν Σαμουήλ. Καὶ εἶπαν πᾶς 19 ὁ λαὸς πρὸς Σαμουήλ, πρόσευξαι ὑπὲρ τῶν δούλων σου πρὸς Κύριον Θεόν σου, καὶ οὐ μὴ ἀποθάνωμεν, ὅτι προστεθείκαμεν πρὸς πάσας τὰς ἁμαρτίας ἡμῶν κακίαν, αἰτήσαντες ἑαυτοῖς βασιλέα.

Καὶ εἶπε Σαμουὴλ πρὸς τὸν λαόν, μὴ φοβεῖσθε· ὑμεῖς 20

β *Alex.* +' whom ye asked for,' nearer the *Heb.*

πεποιήκατε τὴν πᾶσαν κακίαν ταύτην· πλὴν μὴ ἐκκλίνητε ἀπὸ ὄπισθεν Κυρίου, καὶ δουλεύσατε τῷ Κυρίῳ ἐν ὅλῃ καρδίᾳ
21 ὑμῶν· Καὶ μὴ παραβῆτε ὀπίσω τῶν μηθὲν ὄντων, οἳ οὐ
22 περανοῦσιν οὐθέν, καὶ οἳ οὐκ ἐξελοῦνται, ὅτι οὐθέν εἰσιν. Ὅτι οὐκ ἀπώσεται Κύριος τὸν λαὸν αὐτοῦ διὰ τὸ ὄνομα αὐτοῦ τὸ μέγα, ὅτι ἐπιεικῶς Κύριος προσελάβετο ὑμᾶς ἑαυτῷ εἰς λαόν.
23 Καὶ ἐμοὶ μηδαμῶς τοῦ ἁμαρτεῖν τῷ Κυρίῳ ἀνιέναι τοῦ προσεύχεσθαι περὶ ὑμῶν· καὶ δουλεύσω τῷ Κυρίῳ, καὶ δείξω ὑμῖν
24 τὴν ὁδὸν τὴν ἀγαθὴν καὶ τὴν εὐθεῖαν· Πλὴν φοβεῖσθε τὸν Κύριον, καὶ δουλεύσατε αὐτῷ ἐν ἀληθείᾳ καὶ ἐν ὅλῃ καρ-
25 δίᾳ ὑμῶν, ὅτι ἴδετε ἃ ἐμεγάλυνε μεθ᾽ ὑμῶν. Καὶ ἐὰν κακίᾳ κακοποιήσητε, καὶ ὑμεῖς καὶ ὁ βασιλεὺς ὑμῶν προστεθήσεσθε.

13   Καὶ ἐκλέγεται ἑαυτῷ Σαοὺλ τρεῖς χιλιάδας ἀνδρῶν ἐκ τῶν ἀνδρῶν Ἰσραήλ· καὶ ἦσαν μετὰ Σαοὺλ δισχίλιοι οἱ ἐν Μαχμὰς, καὶ ἐν τῷ ὄρει Βαιθὴλ, καὶ χίλιοι ἦσαν μετὰ Ἰωνάθαν ἐν Γαβαὰ τοῦ Βενιαμίν· καὶ τὸ κατάλοιπον τοῦ λαοῦ ἐξαπέστειλεν ἕκαστον εἰς τὸ σκήνωμα αὐτοῦ.

3   Καὶ ἐπάταξεν Ἰωνάθαν τὸν Νασὶβ τὸν ἀλλόφυλον τὸν ἐν τῷ βουνῷ· καὶ ἀκούουσιν οἱ ἀλλόφυλοι· καὶ Σαοὺλ σάλπιγγι σαλπίζει εἰς πᾶσαν τὴν γῆν, λέγων, ἠθετήκασιν οἱ δοῦλοι.
4 Καὶ πᾶς Ἰσραὴλ ἤκουσε λεγόντων, πέπαικε Σαοὺλ τὸν Νασὶβ τὸν ἀλλόφυλον, καὶ ᾐσχύνθησαν Ἰσραὴλ ἐν τοῖς ἀλλοφύλοις· καὶ ἀνέβησαν οἱ υἱοὶ Ἰσραὴλ ὀπίσω Σαοὺλ ἐν Γαλγάλοις.
5 Καὶ οἱ ἀλλόφυλοι συνάγονται εἰς πόλεμον ἐπὶ Ἰσραήλ· καὶ ἀναβαίνουσιν ἐπὶ Ἰσραὴλ τριάκοντα χιλιάδες ἁρμάτων, καὶ ἓξ χιλιάδες ἱππέων, καὶ λαὸς ὡς ἡ ἄμμος ἡ παρὰ τὴν θάλασσαν τῷ πλήθει· καὶ ἀναβαίνουσι καὶ παρεμβάλλουσιν ἐν Μαχμὰς ἐξ ἐναντίας Βαιθωρὼν κατὰ Νότου.

6   Καὶ ἀνὴρ Ἰσραὴλ εἶδεν ὅτι στενῶς αὐτῷ μὴ προσάγειν αὐτὸν, καὶ ἐκρύβη ὁ λαὸς ἐν τοῖς σπηλαίοις, καὶ ἐν ταῖς μάνδραις, καὶ ἐν ταῖς πέτραις, καὶ ἐν τοῖς βόθροις, καὶ ἐν τοῖς
7 λάκκοις. Καὶ οἱ διαβαίνοντες διέβησαν τὸν Ἰορδάνην εἰς γῆν Γὰδ καὶ Γαλαάδ· καὶ Σαοὺλ ἔτι ἦν ἐν Γαλγάλοις, καὶ πᾶς
8 ὁ λαὸς ἐξέστη ὀπίσω αὐτοῦ. Καὶ διέλιπεν ἑπτὰ ἡμέρας τῷ μαρτυρίῳ, ὡς εἶπε Σαμουὴλ, καὶ οὐ παρεγένετο Σαμουὴλ εἰς
9 Γάλγαλα, καὶ διεσπάρη ὁ λαὸς αὐτοῦ ἀπ᾽ αὐτοῦ. Καὶ εἶπε Σαοὺλ, προσαγάγετε ὅπως ποιήσω ὁλοκαύτωσιν καὶ εἰρηνικάς· καὶ ἀνήνεγκε τὴν ὁλοκαύτωσιν.

10   Καὶ ἐγένετο ὡς συνετέλεσεν ἀναφέρων τὴν ὁλοκαύτωσιν, καὶ Σαμουὴλ παραγίνεται· καὶ ἐξῆλθε Σαοὺλ εἰς ἀπάντησιν αὐτῷ
11 εὐλογῆσαι αὐτόν. Καὶ εἶπε Σαμουὴλ, τί πεποίηκας; καὶ εἶπε Σαοὺλ, ὅτι εἶδον ὡς διεσπάρη ὁ λαὸς ἀπ᾽ ἐμοῦ, καὶ σὺ οὐ παρεγένου ὡς διετάξω ἐν τῷ μαρτυρίῳ τῶν ἡμερῶν, καὶ οἱ
12 ἀλλόφυλοι συνήχθησαν εἰς Μαχμὰς, καὶ εἶπα, νῦν καταβήσονται οἱ ἀλλόφυλοι πρὸς μὲ εἰς Γάλγαλα, καὶ τοῦ προσώπου τοῦ Κυρίου οὐκ ἐδεήθην· καὶ ἐνεκρατευσάμην, καὶ ἀνήνεγκα τὴν
13 ὁλοκαύτωσιν. Καὶ εἶπε Σαμουὴλ πρὸς Σαοὺλ, μεματαίωταί σοι, ὅτι οὐκ ἐφύλαξας τὴν ἐντολήν μου, ἣν ἐνετείλατό σοι

ye have *indeed* wrought all this iniquity; only turn not from following the Lord, and serve the Lord with all your heart. [21] And turn not aside after the *gods* that are nothing, who will do nothing, and will not deliver *you*, because they are nothing. [22] For the Lord will not cast off his people for his great name's sake, because the Lord graciously took you to himself for a people. [23] And far be it from me to sin against the Lord in ceasing to pray for you: but I will serve the Lord, and shew you the good and the right way. [24] Only fear the Lord, and serve him in truth and with all your heart, for ye see what great things he has wrought with you. [25] But if ye continue to do evil, then shall ye and your king be β consumed.

And Saul chooses for himself three thousand men of the men of Israel: and there were with Saul two thousand who were in Machmas, and in mount Bæthel, and a thousand were with Jonathan in Gabaa of Benjamin: and he sent the rest of the people every man to his tent. [3] And Jonathan smote Nasib the Philistine that dwelt in the hill; and the Philistines hear of it, and Saul sounds the trumpet through all the land, saying, γThe servants have despised *us*. [4] And all Israel heard say, Saul has smitten Nasib the Philistine; now Israel had been put to shame before the Philistines; and the children of Israel went up after Saul in Galgala. [5] And the Philistines gather together to war with Israel; and then come up against Israel thirty thousand chariots, and six thousand horsemen, and people as the sand by the seashore for multitude: and they come up, and encamp in Machmas, opposite Bæthoron southward.

[6] And the men of Israel saw that they were in a strait so that they could not draw δ nigh, and the people hid themselves in caves, and sheepfolds, and rocks, and ditches, and pits. [7] And they that went over went over Jordan to the land of Gad and Galaad: and Saul was yet in Galgala, and all the people ζ followed after him in amazement. [8] And he continued seven days for the appointed θ testimony, as Samuel told him, and Samuel came not to Galgala, and his people were dispersed from him. [9] And Saul said, Bring hither *victims*, that I may offer whole-burnt-offerings and peace-offerings: and he offered the whole-burnt-offering.

[10] And it came to pass when he had finished offering the whole-burnt-offering, that Samuel arrived, and Saul went out to meet him, *and* to bless him. [11] And Samuel said, What hast thou done? and Saul said, Because I saw how the people were scattered from me, and thou wast not present as thou purposedst according to the set time of the days, and the Philistines were gathered to Machmas. [12] Then I said, Now will the Philistines come down to me to Galgala, and I have not sought the face of the Lord: so I forced myself and offered the whole-burnt-offering. [13] And Samuel said to Saul, Thou hast done foolishly; for thou hast not kept my command, which the Lord com-

---

β *Gr.* added; a reading occasioned by the different meanings of אסף and יסף. γ *Heb.* העברים as if העברים.
δ *i. e.* to battle. ζ *Gr.* was amazed. θ *Or*, set time.

manded thee, as now the Lord would have confirmed thy kingdom over Israel for ever. ¹¹ But now thy kingdom shall not stand to thee, and the Lord shall seek for himself a man after his own heart; and the Lord shall appoint him to be a ruler over his people, because thou hast not kept all that the Lord commanded thee.

¹⁵ And Samuel arose, and departed from Galgala, and the remnant of the people went after Saul to meet *him* after the men of war, when they had come out of Galgala to Gabaa of Benjamin. And Saul numbered the people that were found with him, about six hundred men. ¹⁶ And Saul and Jonathan his son, and the people that were found with them, halted in Gabaa of Benjamin: and they wept: and the Philistines had encamped in Machmas. ¹⁷ And men came forth to destroy out of the land of the Philistines in three companies; one company turning by the way of Gophera toward the land of Sogal, ¹⁸ and another company turning the way of Bæthoron, and another company turning by the way of Gabae that turns aside to Gai of Sabim.

¹⁹ And there was not found a smith in all the land of Israel, for the Philistines said, Lest the Hebrews make themselves sword or spear. ²⁰ And all Israel went down to the land of the Philistines to forge every one his reaping-hook and his tool, and every one his axe and his sickle. ²¹ And it was near the time of vintage: and their tools were *valued at* three shekels for a ᵝ plough-share, and there was the same rate for the axe and the sickle. ²² And it came to pass in the days of the war of Machmas, that there was not a sword or spear found in the hand of all the people, that were with Saul and Jonathan; but with Saul and Jonathan his son was there found.

²³ And there went out some from the camp of the Philistines to the place beyond Machmas.

And when a certain day arrived, Jonathan the son of Saul said to the young man that bore his armour, Come, and let us go over to Messab of the Philistines that is on the other side yonder; but he told not his father. ² And Saul sat on the top of the hill under the pomegranate tree that is in Magdon, and there were with him about six hundred men. ³ And Achia son of Achitob, the brother of Jochabed the son of Phinees, the son of Heli, *was* the priest of God in Selom wearing an ephod: and the people knew not that Jonathan was gone. ⁴ And in the midst of the passage whereby Jonathan sought to pass over to the encampment of the Philistines, there was both a ᵞ sharp rock on this side, and a sharp rock on the other side: the name of the one *was* Bases, and the name of the other Senna. ⁵ The one way *was* northward to one coming to Machmas, and the other way *was* southward to one coming to Gabae.

⁶ And Jonathan said to the young man that bore his armour, Come, let us go over to ᵟ Messab of these uncircumcised, if *per-adventure* the Lord may do something for us; for the Lord is not straitened to save

Κύριος, ὡς νῦν ἡτοίμασε Κύριος τὴν βασιλείαν σου ἐπὶ Ἰσραὴλ ἕως αἰῶνος. Καὶ νῦν ἡ βασιλεία σου οὐ στήσεταί σοι, 14 καὶ ζητήσει Κύριος ἑαυτῷ ἄνθρωπον κατὰ τὴν καρδίαν αὐτοῦ· καὶ ἐντελεῖται Κύριος αὐτῷ εἰς ἄρχοντα ἐπὶ τὸν λαὸν αὐτοῦ, ὅτι οὐκ ἐφύλαξας ὅσα ἐνετείλατό σοι Κύριος.

Καὶ ἀνέστη Σαμουὴλ, καὶ ἀπῆλθεν ἐκ Γαλγάλων· καὶ τὸ 15 κατάλειμμα τοῦ λαοῦ ἀνέβη ὀπίσω Σαοὺλ εἰς ἀπάντησιν ὀπίσω τοῦ λαοῦ τοῦ πολεμιστοῦ· αὐτῶν παραγενομένων ἐκ Γαλγάλων εἰς Γαβαὰ Βενιαμίν. Καὶ ἐπεσκέψατο Σαοὺλ τὸν λαὸν τὸν εὑρεθέντα μετʼ αὐτοῦ ὡς ἑξακοσίους ἄνδρας. Καὶ Σαοὺλ καὶ 16 Ἰωναθὰν υἱὸς αὐτοῦ καὶ ὁ λαὸς οἱ εὑρεθέντες μετʼ αὐτῶν ἐκάθισαν ἐν Γαβαὰ Βενιαμίν, καὶ ἔκλαιον· Καὶ οἱ ἀλλόφυλοι παρεμβεβλήκεισαν ἐν Μαχμάς. Καὶ ἐξῆλθε διαφθείρων ἐξ 17 ἀγροῦ ἀλλοφύλων τρισὶν ἀρχαῖς· ἡ ἀρχὴ ἡ μία ἐπιβλέπουσα ὁδὸν Γοφερὰ ἐπὶ γῆν Σωγάλ, καὶ ἡ ἀρχὴ ἡ μία ἐπιβλέπουσα 18 ὁδὸν Βαιθωρὼν, καὶ ἡ ἀρχὴ ἡ μία ἐπιβλέπουσα ὁδὸν Γαβαὲ τὴν εἰσκύπτουσαν ἐπὶ Γαὶ τὴν Σαβίμ.

Καὶ τέκτων σιδήρου οὐχ εὑρίσκετο ἐν πάσῃ γῇ Ἰσραὴλ, 19 ὅτι εἶπον οἱ ἀλλόφυλοι, μὴ ποιήσωσιν οἱ Ἑβραῖοι ῥομφαίαν καὶ δόρυ. Καὶ κατέβαινον πᾶς Ἰσραὴλ εἰς γῆν ἀλλοφύλων 20 χαλκεύειν ἕκαστος τὸ θέριστρον αὐτοῦ καὶ τὸ σκεῦος αὐτοῦ, καὶ ἕκαστος τὴν ἀξίνην αὐτοῦ καὶ τὸ δρέπανον αὐτοῦ. Καὶ 21 ἦν ὁ τρυγητὸς ἕτοιμος τοῦ θερίζειν· τὰ δὲ σκεύη ἦν τρεῖς σίκλοι εἰς τὸν ὀδόντα, καὶ τῇ ἀξίνῃ καὶ τῷ δρεπάνῳ ὑπόστασις ἦν ἡ αὐτή. Καὶ ἐγενήθη ἐν ταῖς ἡμέραις τοῦ πολέμου Μαχμὰς, 22 καὶ οὐχ εὑρέθη ῥομφαία καὶ δόρυ ἐν χειρὶ παντὸς τοῦ λαοῦ τοῦ μετὰ Σαοὺλ καὶ μετὰ Ἰωνάθαν· καὶ εὑρέθη τῷ Σαοὺλ καὶ τῷ Ἰωναθὰν υἱῷ αὐτοῦ.

Καὶ ἐξῆλθεν ἐξ ὑποστάσεως τῶν ἀλλοφύλων τὴν ἐν τῷ πέραν 23 Μαχμάς.

Καὶ γίνεται ἡ ἡμέρα, καὶ εἶπεν Ἰωνάθαν υἱὸς Σαοὺλ τῷ 14 παιδαρίῳ τῷ αἴροντι τὰ σκεύη αὐτοῦ, δεῦρο, καὶ διαβῶμεν εἰς Μεσσὰβ τῶν ἀλλοφύλων τὴν ἐν τῷ πέραν ἐκείνῳ· καὶ τῷ πατρὶ αὐτοῦ οὐκ ἀπήγγειλε. Καὶ Σαοὺλ ἐκάθητο ἐπʼ ἄκρου 2 τοῦ βουνοῦ ὑπὸ τὴν ῥοὰν τὴν ἐν Μαγδὼν, καὶ ἦσαν μετʼ αὐτοῦ ὡς ἑξακόσιοι ἄνδρες. Καὶ Ἀχιὰ υἱὸς Ἀχιτὼβ ἀδελφοῦ 3 Ἰωχαβὴδ υἱοῦ Φινεὲς υἱοῦ Ἠλὶ ἱερεὺς τοῦ Θεοῦ ἐν Σηλὼμ αἴρων ἐφούδ· καὶ ὁ λαὸς οὐκ ᾔδει ὅτι πεπόρευται Ἰωνάθαν. Καὶ ἀναμέσον τῆς διαβάσεως οὗ ἐζήτει Ἰωνάθαν διαβῆναι 4 εἰς τὴν ὑπόστασιν τῶν ἀλλοφύλων, καὶ ὀδοὺς πέτρας ἐκ τούτου, καὶ ὀδοὺς πέτρας ἐκ τούτου· ὄνομα τῷ ἑνὶ Βασὲς, καὶ ὄνομα τῷ ἄλλῳ Σεννά. Ἡ ὁδὸς ἡ μία ἀπὸ Βορρᾶ 5 ἐρχομένῳ Μαχμὰς, καὶ ἡ ὁδὸς ἡ ἄλλη ἀπὸ Νότου ἐρχομένῳ Γαβαέ.

Καὶ εἶπεν Ἰωνάθαν πρὸς τὸ παιδάριον τὸ αἶρον τὰ σκεύη 6 αὐτοῦ, δεῦρο, διαβῶμεν εἰς Μεσσὰβ τῶν ἀπεριτμήτων τούτων, εἴ τι ποιῆσαι Κύριος ἡμῖν, ὅτι οὐκ ἔστι τῷ Κυρίῳ συνεχό-

---

ᵝ Such is the meaning of ὁδοὺς, according to the old interpreters.   ᵞ Gr. tooth of a rock.   ᵟ Heb. נצב 'garrison.'

7 μενον σώζειν ἐν πολλοῖς ἢ ἐν ὀλίγοις. Καὶ εἶπεν αὐτῷ
ὁ αἴρων τὰ σκεύη αὐτοῦ, ποίει πᾶν ὃ ἐὰν ἡ καρδία σου ἐκκλίνῃ·
8 ἰδοὺ ἐγὼ μετὰ σοῦ, ὡς ἡ καρδία σου καρδία μου. Καὶ εἶπεν
Ἰωνάθαν, ἰδοὺ ἡμεῖς διαβαίνομεν πρὸς τοὺς ἄνδρας, καὶ κατα-
9 κυλισθησόμεθα πρὸς αὐτούς. Ἐὰν τάδε εἴπωσι πρὸς ἡμᾶς,
ἀπόστητε ἐκεῖ ἕως ἂν ἀπαγγείλωμεν ὑμῖν· καὶ στησόμεθα ἐφ᾽
10 ἑαυτοῖς, καὶ οὐ μὴ ἀναβῶμεν ἐπ᾽ αὐτούς. Ἐὰν τάδε εἴπωσι πρὸς
ἡμᾶς, ἀνάβητε πρὸς ἡμᾶς· καὶ ἀναβησόμεθα, ὅτι παραδέδωκεν
αὐτοὺς Κύριος εἰς χεῖρας ἡμῶν· τοῦτο ἡμῖν τὸ σημεῖον.

11 Καὶ εἰσῆλθον ἀμφότεροι εἰς Μεσσὰβ τῶν ἀλλοφύλων· καὶ
λέγουσιν οἱ ἀλλόφυλοι, ἰδοὺ Ἑβραῖοι ἐκπορεύονται ἐκ τῶν
12 τρωγλῶν αὐτῶν, οὗ ἐκρύβησαν ἐκεῖ. Καὶ ἀπεκρίθησαν οἱ
ἄνδρες Μεσσὰβ πρὸς Ἰωνάθαν καὶ πρὸς τὸν αἴροντα τὰ σκεύη
αὐτοῦ, καὶ λέγουσιν, ἀνάβητε πρὸς ἡμᾶς, καὶ γνωριοῦμεν ὑμῖν
ῥῆμα· καὶ εἶπεν Ἰωνάθαν πρὸς τὸν αἴροντα τὰ σκεύη αὐτοῦ,
ἀνάβηθι ὀπίσω μου, ὅτι παρέδωκεν αὐτοὺς Κύριος εἰς χεῖρας
13 Ἰσραήλ. Καὶ ἀνέβη Ἰωνάθαν ἐπὶ τὰς χεῖρας αὐτοῦ καὶ ἐπὶ
τοὺς πόδας αὐτοῦ, καὶ ὁ αἴρων τὰ σκεύη αὐτοῦ μετ᾽ αὐτοῦ· καὶ
ἐπέβλεψαν κατὰ πρόσωπον Ἰωνάθαν, καὶ ἐπάταξεν αὐτούς,
14 καὶ ὁ αἴρων τὰ σκεύη αὐτοῦ ἐπεδίδου ὀπίσω αὐτοῦ. Καὶ
ἐγενήθη ἡ πληγὴ ἡ πρώτη, ἣν ἐπάταξεν Ἰωνάθαν καὶ ὁ αἴρων
τὰ σκεύη αὐτοῦ, ὡς εἴκοσι ἄνδρες ἐν βολίσι καὶ ἐν πετροβόλοις
καὶ ἐν κόχλαξι τοῦ πεδίου.

15 Καὶ ἐγενήθη ἔκστασις ἐν τῇ παρεμβολῇ, καὶ ἐν ἀγρῷ· καὶ
πᾶς ὁ λαὸς ὁ ἐν Μεσσὰβ, καὶ οἱ διαφθείροντες ἐξέστησαν, καὶ
αὐτοὶ οὐκ ἤθελον ποιεῖν· καὶ ἐθάμβησεν ἡ γῆ, καὶ ἐγενήθη
ἔκστασις παρὰ Κυρίου.

16 Καὶ εἶδον οἱ σκοποὶ τοῦ Σαοὺλ ἐν Γαβαὰ Βενιαμὶν, καὶ
17 ἰδοὺ ἡ παρεμβολὴ τεταραγμένη ἔνθεν καὶ ἔνθεν. Καὶ εἶπε
Σαοὺλ τῷ λαῷ τῷ μετ᾽ αὐτοῦ, ἐπισκέψασθε δὴ, καὶ ἴδετε τίς
πεπόρευται ἐξ ὑμῶν· καὶ ἐπεσκέψαντο, καὶ ἰδοὺ οὐχ εὑρίσκετο
18 Ἰωνάθαν καὶ ὁ αἴρων τὰ σκεύη αὐτοῦ. Καὶ εἶπε Σαοὺλ τῷ
Ἀχιᾷ, προσάγαγε τὸ ἐφούδ· ὅτι αὐτὸς ἦρε τὸ ἐφοὺδ ἐν τῇ
19 ἡμέρᾳ ἐκείνῃ ἐνώπιον Ἰσραήλ. Καὶ ἐγενήθη ὡς λαλεῖ Σαοὺλ
πρὸς τὸν ἱερέα, καὶ ὁ ἦχος ἐν τῇ παρεμβολῇ τῶν ἀλλοφύλων
ἐπορεύετο πορευόμενος καὶ ἐπλήθυνε· καὶ εἶπε Σαοὺλ πρὸς τὸν
ἱερέα, συνάγαγε τὰς χεῖράς σου.

20 Καὶ ἀνέβη Σαοὺλ καὶ πᾶς ὁ λαὸς ὁ μετ᾽ αὐτοῦ, καὶ ἔρχονται
ἕως τοῦ πολέμου· καὶ ἰδοὺ ἐγένετο ῥομφαία ἀνδρὸς ἐπὶ τὸν
21 πλησίον αὐτοῦ, σύγχυσις μεγάλη σφόδρα. Καὶ οἱ δοῦλοι οἱ
ὄντες ἐχθὲς καὶ τρίτην ἡμέραν μετὰ τῶν ἀλλοφύλων οἱ ἀνα-
βάντες εἰς τὴν παρεμβολὴν, ἐπεστράφησαν καὶ αὐτοὶ εἶναι
22 μετὰ Ἰσραὴλ τῶν μετὰ Σαοὺλ καὶ Ἰωνάθαν. Καὶ πᾶς Ἰσ-
ραὴλ οἱ κρυπτόμενοι ἐν τῷ ὄρει Ἐφραὶμ, καὶ ἤκουσαν ὅτι
πεφεύγασιν οἱ ἀλλόφυλοι· καὶ συνάπτουσι καὶ αὐτοὶ ὀπίσω
αὐτῶν εἰς πόλεμον· καὶ ἔσωσε Κύριος ἐν τῇ ἡμέρᾳ ἐκείνῃ τὸν
Ἰσραήλ· καὶ ὁ πόλεμος διῆλθε τὴν Βαμώθ· καὶ πᾶς ὁ λαὸς ἦν
23 μετὰ Σαοὺλ ὡς δέκα χιλιάδες ἀνδρῶν. Καὶ ἦν ὁ πόλεμος
διεσπαρμένος εἰς ὅλην πόλιν ἐν τῷ ὄρει Ἐφραίμ.

by many or by few. 7 And his armour-
bearer said to him, Do all that thine heart
inclines toward: behold, I *am* with thee,
my heart *is* as thy heart. 8 And Jonathan
said, Behold, we β will go over to the men,
and γ will come down suddenly upon them.
9 If they should say thus to us, Stand aloof
there until we shall send you word: then
we will stand still by ourselves, and will not
go up against them. 10 *But* if they should
say thus to us, Come up to us; then will we
go up, for the Lord has delivered them into
our hands; this *shall be* a sign to us.

11 And they both went in to Messab of the
Philistines; and the Philistines δ said, Be-
hold, the Hebrews come forth out of their
caves, where they had hidden themselves.
12 And the men of Messab answered Jona-
than and his armour-bearer, and δ said,
Come up to us, and we will shew you a
thing: and Jonathan said to his armour-
bearer, Come up after me, for the Lord has
delivered them into the hands of Israel.
13 And Jonathan went up on his hands and
feet, and his armour-bearer with him; and
they looked on the face of Jonathan, and he
smote them, and his armour-bearer did
smite *them* after him. 14 And the first
ζ slaughter which Jonathan and his armour-
bearer effected was twenty men, with darts
and θ slings, and pebbles of the field.

15 And there was dismay in the camp, and
in the field; and all the people in Messab,
and the spoilers were amazed; and they
would not act, and the land was terror-
struck, and there was dismay from the
Lord.

16 And the watchmen of Saul beheld in
Gabaa of Benjamin, and, behold, the army
was thrown into confusion on every side.
17 And Saul said to the people with him,
Number yourselves now, and see who has
gone out from you: and they numbered
themselves, and behold, Jonathan and his
armour-bearer were not found. 18 And Saul
said to Achia, Bring the ephod; for he wore
the ephod in that day before Israel. 19 And
it came to pass while Saul λ was speaking to
the priest, that the sound in the camp of
the Philistines continued to increase greatly;
and Saul said to the priest, Withdraw thy
hands.

20 And Saul went up and all the people
that were with him, and they come to the
battle: and, behold, *every* man's sword was
against his neighbour, a very great confusion.
21 And the servants who had been μ before
with the Philistines, who had gone up to the
army, turned themselves also to be with
ξ the Israelites who were with Saul and
Jonathan. 22 And all the Israelites who
were hidden in mount Ephraim heard also
that the Philistines fled; and they also
gather themselves after them to battle: and
the Lord saved Israel in that day; and the
war passed through Bamoth; and all the
people with Saul were about ten thousand
men. 23 And π the battle extended itself to
every city in the mount Ephraim.

β *Gr.* do go over.   γ *Gr.* will be rolled down suddenly, etc.   δ *Gr.* say.   ζ *Gr.* stroke.   θ *Gr.* casters of stones.
λ *Gr.* is speaking.   u *Gr.* yesterday and the third day.   ξ *Gr.* Israel.
π *Or,* the war was dispersed.

²¹ And Saul committed a great trespass of ignorance in that day, and he lays a curse on the people, saying, Cursed *is* the man who shall eat bread before the evening; so I will avenge myself on my enemy: and none of the people tasted bread, ^βthough all the land was dining. ²⁵ And Jaal was a wood ^γabounding in swarms of bees on the face of the ground. ²⁶ And the people went into the place of the bees, and, behold, ^δthey continued speaking; and, behold, there was none but put his hand to his mouth, for the people feared the oath of the Lord. ²⁷ And Jonathan had not heard when his father adjured the people; and he reached forth the end of the staff that was in his hand, and dipped it into the honeycomb, and returned his hand to his mouth, and his eyes recovered their sight. ²⁸ And one of the people answered and said, Thy father solemnly adjured the people, saying, Cursed *is* the man who shall eat bread to-day. And the people were very faint, ²⁹ and Jonathan knew it, and said, My father has ^ζdestroyed the land: see how my eyes have received sight *now* that I have tasted a little of this honey. ³⁰ Surely if the people had this day eaten freely of the spoils of their enemies which they found, the slaughter among the Philistines would have been greater.

³¹ And on that day he smote some of the Philistines in Machmas; and the people were very weary. ³² And the people turned to the spoil; and the people took flocks, and herds, and calves, and slew them on the ground, and the people ate with the blood. ³³ And it was reported to Saul, saying, The people have sinned against the Lord, eating with the blood: and Saul said, Out of Getthaim roll a great stone to me hither. ³⁴ And Saul said, Disperse yourselves among the people, and tell them to bring hither every one his calf, and every one his sheep: and let them slay it on this *stone* and sin, not against the Lord in eating with the blood: and the people brought each one that which was in his hand, and they slew *them* there. ³⁵ And Saul built an altar there to the Lord: this was the first altar that Saul built to the Lord.

³⁶ And Saul said, Let us go down after the Philistines this night, and let us plunder among them till the day break, and let us not leave a man among them. And they said, Do all that is good in thy sight: and the priest said, Let us draw nigh hither to God. ³⁷ And Saul enquired of God, If I go down after the Philistines, wilt thou deliver them into the hands of Israel? And he answered him not in that day. ³⁸ And Saul said, Bring hither all the ^θchiefs of Israel, and know and see by whom this sin has been committed this day. ³⁹ For as the Lord lives who has saved Israel, ^λif answer should be against my son Jonathan, he shall surely die. And there was no one that answered out of all the people. ⁴⁰ And he said to all the men of Israel, Ye shall be ^μunder subjection, and I and Jonathan my

Καὶ Σαοὺλ ἠγνόησεν ἄγνοιαν μεγάλην ἐν τῇ ἡμέρᾳ ἐκείνῃ, 24 καὶ ἀρᾶται τῷ λαῷ, λέγων, ἐπικατάρατος ὁ ἄνθρωπός ὃς φάγεται ἄρτον ἕως ἑσπέρας· καὶ ἐκδικήσω τὸν ἐχθρόν μου· καὶ οὐκ ἐγεύσατο πᾶς ὁ λαὸς ἄρτου· καὶ πᾶσα ἡ γῆ ἠρίστα. Καὶ Ἰαὰλ δρυμὸς ἦν μελισσῶνος κατὰ πρόσωπον τοῦ ἀγροῦ. 25 Καὶ εἰσῆλθεν ὁ λαὸς εἰς τὸν μελισσῶνα, καὶ ἰδοὺ ἐπορεύετο 26 λαλῶν· καὶ ἰδοὺ οὐκ ἦν ἐπιστρέφων τὴν χεῖρα αὐτοῦ εἰς τὸ στόμα αὐτοῦ, ὅτι ἐφοβήθη ὁ λαὸς τὸν ὅρκον Κυρίου. Καὶ 27 Ἰωνάθαν οὐκ ἀκηκόει ἐν τῷ ὁρκίζειν τὸν πατέρα αὐτοῦ τὸν λαόν· καὶ ἐξέτεινε τὸ ἄκρον τοῦ σκήπτρου αὐτοῦ τοῦ ἐν τῇ χειρὶ αὐτοῦ, καὶ ἔβαψεν αὐτὸ εἰς τὸ κηρίον τοῦ μέλιτος, καὶ ἐπέστρεψε τὴν χεῖρα αὐτοῦ εἰς τὸ στόμα αὐτοῦ, καὶ ἀνέβλεψαν οἱ ὀφθαλμοὶ αὐτοῦ. Καὶ ἀπεκρίθη εἷς ἐκ τοῦ λαοῦ, καὶ 28 εἶπεν, ὁρκίσας ὥρκισε τὸν λαὸν ὁ πατήρ σου, λέγων, ἐπικατάρατος ὁ ἄνθρωπος ὃς φάγεται ἄρτον σήμερον· καὶ ἐξελύθη ὁ λαός. Καὶ ἔγνω Ἰωνάθαν, καὶ εἶπεν, ἀπήλλαχεν ὁ πατήρ 29 μου τὴν γῆν· ἴδε, διότι εἶδον οἱ ὀφθαλμοί μου ὅτι ἐγευσάμην βραχύ τι τοῦ μέλιτος τούτου. Ἀλλ᾽ ὅτι ἔφαγεν ἔσθων σήμε- 30 ρον ὁ λαὸς τῶν σκύλων τῶν ἐχθρῶν αὐτῶν ὧν εὖρεν, ὅτι νῦν ἂν μείζων ἦν ἡ πληγὴ ἦ ἐν τοῖς ἀλλοφύλοις.

Καὶ ἐπάταξεν ἐν τῇ ἡμέρᾳ ἐκείνῃ ἐκ τῶν ἀλλοφύλων ἐν 31 Μαχμάς· καὶ ἐκοπίασεν ὁ λαὸς σφόδρα. Καὶ ἐκλίθη ὁ λαὸς 32 εἰς τὰ σκῦλα· καὶ ἔλαβεν ὁ λαὸς ποίμνια, καὶ βουκόλια, καὶ τέκνα βοῶν, καὶ ἔσφαξεν ἐπὶ τὴν γῆν, καὶ ἤσθιεν ὁ λαὸς σὺν τῷ αἵματι. Καὶ ἀπηγγέλη Σαούλ, λέγοντες, ἡμάρτηκεν 33 ὁ λαὸς τῷ Κυρίῳ, φαγὼν σὺν τῷ αἵματι· καὶ εἶπε Σαούλ, ἐκ Γεθθαιμ κυλίσατέ μοι λίθον ἐνταῦθα μέγαν. Καὶ εἶπε Σαούλ, 34 διασπάρητε ἐν τῷ λαῷ, καὶ εἴπατε αὐτοῖς προσαγαγεῖν ἐνταῦθα ἕκαστος τὸν μόσχον αὐτοῦ, καὶ ἕκαστος τὸ πρόβατον αὐτοῦ· καὶ σφαζέτω ἐπὶ τούτου, καὶ οὐ μὴ ἁμάρτητε τῷ Κυρίῳ τοῦ ἐσθίειν σὺν τῷ αἵματι· καὶ προσῆγεν ὁ λαὸς ἕκαστος τὸ ἐν τῇ χειρὶ αὐτοῦ, καὶ ἔσφαζον ἐκεῖ. Καὶ ᾠκοδόμησεν ἐκεῖ Σαοὺλ 35 θυσιαστήριον τῷ Κυρίῳ· τοῦτο ἤρξατο Σαοὺλ οἰκοδομῆσαι θυσιαστήριον τῷ Κυρίῳ.

Καὶ εἶπε Σαούλ, καταβῶμεν ὀπίσω τῶν ἀλλοφύλων τὴν 36 νύκτα, καὶ διαρπάσωμεν ἐν αὐτοῖς ἕως διαφαύσῃ ἡμέρα, καὶ μὴ ὑπολείπωμεν ἐν αὐτοῖς ἄνδρα· καὶ εἶπαν, πᾶν τὸ ἀγαθὸν ἐνώπιόν σου ποίει· καὶ εἶπεν ὁ ἱερεύς, προσέλθωμεν ἐνταῦθα πρὸς τὸν Θεόν.

Καὶ ἐπηρώτησε Σαοὺλ τὸν Θεόν, εἰ καταβῶ ὀπίσω τῶν 37 ἀλλοφύλων, εἰ παραδώσεις αὐτοὺς εἰς χεῖρας Ἰσραήλ; καὶ οὐκ ἀπεκρίθη αὐτῷ ἐν τῇ ἡμέρᾳ ἐκείνῃ.

Καὶ εἶπε Σαούλ, προσαγάγετε ἐνταῦθα πάσας τὰς γωνίας 38 τοῦ Ἰσραήλ, καὶ γνῶτε καὶ ἴδετε ἐν τίνι γέγονεν ἡ ἁμαρτία αὕτη σήμερον. Ὅτι ζῇ Κύριος ὁ σώσας τὸν Ἰσραήλ, ὅτι ἐὰν 39 ἀποκριθῇ κατὰ Ἰωνάθαν τοῦ υἱοῦ μου, θανάτῳ ἀποθανεῖται· καὶ οὐκ ἦν ὁ ἀποκρινόμενος ἐκ παντὸς τοῦ λαοῦ. Καὶ εἶπε 40 παντὶ ἀνδρὶ Ἰσραήλ, ὑμεῖς ἔσεσθε εἰς δουλείαν, καὶ ἐγὼ καὶ

β The true reading seems to be οὐκ ἠρίστα. *Tertullian* quotes 'et tota terra *non* prandebat.'   γ Gr. of a swarm, etc.

δ *Heb.* דבש הלך 'the honey ran.'   ζ E medio sustulit. עבר probably read as עבד.

θ Gr. corners. See Zech. 10. 4.   λ Gr. if he should answer or give sentence.   μ Gr. become slaves, if proved guilty; but the LXX. might easily read לעבר as if לעבד.

Ἰωνάθαν ὁ υἱός μου ἐσόμεθα εἰς δουλείαν· καὶ εἶπεν ὁ λαὸς
41 πρὸς Σαούλ, τὸ ἀγαθὸν ἐνώπιόν σου ποίει. Καὶ εἶπε Σαούλ,
Κύριε ὁ Θεὸς Ἰσραήλ, τί ὅτι οὐκ ἀπεκρίθης τῷ δούλῳ σου
σήμερον; εἰ ἐν ἐμοὶ ἢ ἐν Ἰωνάθαν τῷ υἱῷ μου ἡ ἀδικία;
Κύριε ὁ Θεὸς Ἰσραήλ, δὸς δήλους· καὶ ἐὰν τάδε εἴπῃ, δὸς δὴ
τῷ λαῷ σου Ἰσραήλ, δὸς δὴ ὁσιότητα· καὶ κληροῦται Ἰωνάθαν
καὶ Σαούλ, καὶ ὁ λαὸς ἐξῆλθε.

42 Καὶ εἶπε Σαούλ, βάλλετε ἀναμέσον ἐμοῦ καὶ ἀναμέσον
Ἰωνάθαν τοῦ υἱοῦ μου· ὃν ἂν κατακληρώσηται Κύριος, ἀποθα-
νέτω· καὶ εἶπεν ὁ λαὸς πρὸς Σαούλ, οὐκ ἔστι τὸ ῥῆμα τοῦτο·
καὶ κατεκράτησε Σαοὺλ τοῦ λαοῦ, καὶ βάλλουσιν ἀναμέσον
αὐτοῦ καὶ ἀναμέσον Ἰωνάθαν τοῦ υἱοῦ αὐτοῦ, καὶ κατακληροῦ-
43 ται Ἰωνάθαν. Καὶ εἶπε Σαοὺλ πρὸς Ἰωνάθαν, ἀπάγγειλόν
μοι τί πεποίηκας· καὶ ἀπήγγειλεν αὐτῷ Ἰωνάθαν, καὶ εἶπε,
γευόμενος ἐγευσάμην ἐν ἄκρῳ τῷ σκήπτρῳ τῷ ἐν τῇ χειρί μου
44 βραχὺ μέλι, καὶ ἰδοὺ ἐγὼ ἀποθνήσκω. Καὶ εἶπεν αὐτῷ Σαούλ,
τάδε ποιήσαι μοι ὁ Θεὸς καὶ τάδε προσθείη, ὅτι θανάτῳ ἀπο-
45 θανῇ σήμερον. Καὶ εἶπεν ὁ λαὸς πρὸς Σαούλ, εἰ σήμερον
θανατωθήσεται ὁ ποιήσας τὴν σωτηρίαν τὴν μεγάλην ταύτην
ἐν Ἰσραήλ; ζῇ Κύριος, εἰ πεσεῖται τριχὸς τῆς κεφαλῆς αὐτοῦ
ἐπὶ τὴν γῆν, ὅτι ὁ λαὸς τοῦ Θεοῦ ἐποίησε τὴν ἡμέραν ταύτην·
καὶ προσηύξατο ὁ λαὸς περὶ Ἰωνάθαν ἐν τῇ ἡμέρᾳ ἐκείνῃ, καὶ
46 οὐκ ἀπέθανε. Καὶ ἀνέβη Σαοὺλ ἀπὸ ὄπισθε τῶν ἀλλοφύλων·
καὶ οἱ ἀλλόφυλοι ἀπῆλθον εἰς τὸν τόπον αὐτῶν.

47 Καὶ Σαοὺλ ἔλαχε τοῦ βασιλεύειν, κατακληροῦται ἔργον ἐπὶ
Ἰσραήλ· καὶ ἐπολέμει κύκλῳ πάντας τοὺς ἐχθροὺς αὐτοῦ εἰς
τὸν Μωάβ, καὶ εἰς τοὺς υἱοὺς Ἀμμών, καὶ εἰς τοὺς υἱοὺς
Ἐδώμ, καὶ εἰς τὸν Βαιθαιώρ, καὶ εἰς βασιλέα Σουβά, καὶ εἰς
48 τοὺς ἀλλοφύλους· οὗ ἂν ἐστράφη, ἐσώζετο. Καὶ ἐποίησε
δύναμιν, καὶ ἐπάταξε τὸν Ἀμαλήκ· καὶ ἐξείλετο τὸν Ἰσραὴλ ἐκ
χειρὸς τῶν καταπατούντων αὐτόν.

49 Καὶ ἦσαν οἱ υἱοὶ Σαοὺλ Ἰωνάθαν, καὶ Ἰεσσιού, καὶ Μελ-
χισά· καὶ ὀνόματα τῶν δύο θυγατέρων αὐτοῦ, ὄνομα τῇ
50 πρωτοτόκῳ Μερόβ, καὶ ὄνομα τῇ δευτέρᾳ Μελχόλ. Καὶ ὄνομα
τῇ γυναικὶ αὐτοῦ Ἀχινοόμ, θυγάτηρ Ἀχιμάας· καὶ ὄνομα τῷ
ἀρχιστρατήγῳ αὐτοῦ Ἀβεννήρ, υἱὸς Νήρ, υἱοῦ οἰκείου Σαούλ.
51 Καὶ Κὶς πατὴρ Σαούλ, καὶ Νὴρ πατὴρ Ἀβεννὴρ υἱὸς Ἰαμίν,
υἱοῦ Ἀβιήλ.
52 Καὶ ἦν ὁ πόλεμος κραταιὸς ἐπὶ τοὺς ἀλλοφύλους πάσας
τὰς ἡμέρας Σαούλ. καὶ ἰδὼν Σαοὺλ πάντα ἄνδρα δυνατόν,
καὶ πάντα ἄνδρα υἱὸν δυνάμεως, καὶ συνήγαγεν αὐτοὺς πρὸς
αὐτόν.

15 Καὶ εἶπε Σαμουὴλ πρὸς Σαούλ, ἐμὲ ἀπέστειλε Κύριος
χρῖσαί σε εἰς βασιλέα ἐπὶ Ἰσραήλ· καὶ νῦν ἄκουε τῆς φωνῆς
2 Κυρίου. Τάδε εἶπε Κύριος σαβαώθ, νῦν ἐκδικήσω ἃ ἐποίησεν
Ἀμαλὴκ τῷ Ἰσραήλ, ὡς ἀπήντησεν αὐτῷ ἐν τῇ ὁδῷ ἀναβαίνον-
3 τος αὐτοῦ ἐξ Αἰγύπτου. Καὶ νῦν πορεύου, καὶ πατάξεις τὸν
Ἀμαλὴκ καὶ Ἰεριμ καὶ πάντα τὰ αὐτοῦ, καὶ οὐ περιποιήσῃ ἐξ
αὐτοῦ, καὶ ἐξολοθρεύσεις αὐτόν· καὶ ἀναθεματιεῖς αὐτὸν καὶ

son will be under subjection : and the people
said to Saul, Do that which is good in thy
sight. 41 And Saul said, O Lord God of
Israel, why hast thou not answered thy ser-
vant this day? *is* the iniquity in me, or in
Jonathan my son? Lord God of Israel, give
β clear *manifestations;* and if *the lot* should
declare this, give, I pray thee, to thy people
Israel, give, I pray, holiness. And Jonathan
and Saul are taken, and the people escaped.
42 And Saul said, Cast *lots* between me
and my son Jonathan : whomsoever the
Lord shall cause to be taken by lot, let him
die : and the people said to Saul, This thing
is not *to be done :* and Saul prevailed against
the people, and they cast *lots* between him
and Jonathan his son, and Jonathan is taken
by lot. 43 And Saul said to Jonathan, Tell
me what thou hast done : and Jonathan
told him, and said, I did indeed taste a
little honey, with the end of my staff that
was in my hand, and, lo! I *am* to die. 44 And
Saul said to him, God do so to me, and more
also, thou shalt surely die to-day. 45 And
the people said to Saul, Shall he that has
wrought this great salvation in Israel be
put to death this day? *As* the Lord lives,
there shall not fall to the ground one of the
hairs of his head ; for the people of God
have wrought successfully this day. And
the people prayed for Jonathan in that day,
and he died not. 46 And Saul went up from
following the Philistines ; and the Philis-
tines departed to their place.
47 And Saul received the kingdom, by lot
he inherits the office *of ruling* over Israel :
and he fought against all his enemies round
about, against Moab, and against the chil-
dren of Ammon, and against the children of
Edom, and against Bæthæor, and against
the king of Suba, and against the Philis-
tines : whithersoever he turned, he was vic-
torious. 48 And he wrought valiantly, and
smote Amalec, and rescued Israel out of
the hand of them that trampled on him.
49 And the sons of Saul were Jonathan,
and Jessiu, and Melchisa : and *these were*
the names of his two daughters, the name
of the first-born Merob, and the name of
the second Melchol. 50 And the name of
his wife was Achinoom, the daughter of
Achimaas : and the name of his captain of
the host was Abenner, the son of Ner, son
of a kinsman of Saul. 51 And Kis *was* the
father of Saul, and Ner, the father of Aben-
ner, *was* son of Jamin, son of Abiel.
52 And the war was vehement against the
Philistines all the days of Saul ; and when
Saul saw any mighty man, and any valiant
man, then he took them to himself.
And Samuel said to Saul, The Lord sent
me to anoint thee king over Israel : and
now hear the voice of the Lord. 2 Thus
said. the Lord of hosts, Now will I take
vengeance for what Amalec did to Israel,
when he met him in the way as he came up
out of Egypt. 3 And now go, and thou shalt
smite Amalec and γ Hierim and all that
belongs to him, and thou shalt not save any-
thing of him alive, but thou shalt utterly
destroy him : and thou shalt devote him
and all his *to destruction,* and thou shalt

β *Heb.* המים *scil.* 'that I or Jonathan are guilty, then let the people be considered guiltless.'   γ See v. 8.

spare nothing belonging to him; and thou shalt slay both man and woman, and infant and suckling, and calf and sheep, and camel and ass.

4 And Saul summoned the people, and he βnumbered them in Galgala, four hundred thousand γregular troops, and Juda thirty thousand regular troops. 5 And Saul came to the cities of Amalec, and laid wait in the δvalley. 6 And Saul said to the Kinite, Go, and depart out of the midst of the Amalekites, lest I put thee with them; for thou dealedst mercifully with the children of Israel when they went up out of Egypt. So the Kinite departed from the midst of Amalec. 7 And Saul smote Amalec from Evilat to Sur fronting Egypt. 8 And he took Agag the king of Amalec alive, and he slew all the people and ςHierim with the edge of the sword. 9 And Saul and all the people saved Agag alive, and the θbest of the flocks, and of the herds, and of the fruits, of the vineyards, and of all the good things; and they would not destroy them: but every worthless and refuse λthing they destroyed.

10 And the word of the Lord came to Samuel, saying, 11 I have μrepented that I have made Saul to be king: for he has turned back from following me, and has not kept my word. And Samuel was grieved, and cried to the Lord all night. 12 And Samuel rose early and went to meet Israel in the morning, and it was told ξSaul, saying, πSamuel has come to Carmel, and he has ρraised up help for himself: and he turned his chariot, and came down to Galgala to Saul; and, behold, he was offering up a whole-burnt-offering to the Lord, the chief of the spoils which he brought out of Amalec.

13 And Samuel came to Saul: and Saul said to him, Blessed art thou σof the Lord: I have τperformed all that the Lord said. 14 And Samuel said, What then is the φbleating of this flock in my ears, and the sound of the oxen which I hear? 15 And Saul said, I have brought them out of Amalec, that which the people preserved, even the best of the sheep, and of the cattle, that it might be sacrificed to the Lord thy God, and the rest have I utterly destroyed. 16 And Samuel said to Saul, Stay, and I will tell thee what the Lord has said to me this night: and he said to him, Say on.

17 And Samuel said to Saul, Art thou not little in his eyes, though a leader of χone of the tribes of Israel? and yet the Lord anointed thee to be king over Israel. 18 And the Lord sent thee on a journey, and said to thee, Go, and utterly destroy: thou shalt slay the sinners against me, even the Amalekites; and thou shalt war against them until thou have consumed them. 19 And why didst not thou hearken to the voice of the Lord, but didst haste to fasten upon the spoils, and didst that which was evil in the sight of the Lord? 20 And Saul said to Samuel, Because I listened to the voice of

πάντα τὰ αὐτοῦ, καὶ οὐ φείσῃ ἀπ' αὐτοῦ· καὶ ἀποκτενεῖς ἀπὸ ἀνδρὸς καὶ ἕως γυναικὸς, καὶ ἀπὸ νηπίου ἕως θηλάζοντος, καὶ ἀπὸ μόσχου ἕως προβάτου, καὶ ἀπὸ καμήλου ἕως ὄνου.

Καὶ παρήγγειλε Σαοὺλ τῷ λαῷ, καὶ ἐπισκέπτεται αὐτοὺς ἐν 4 Γαλγάλοις τετρακοσίας χιλιάδας ταγμάτων, καὶ τὸν Ἰούδαν τριάκοντα χιλιάδας ταγμάτων. Καὶ ἦλθε Σαοὺλ ἕως τῶν 5 πόλεων Ἀμαλὴκ, καὶ ἐνήδρευσεν ἐν τῷ χειμάρρῳ. Καὶ εἶπε 6 Σαοὺλ πρὸς τὸν Κιναῖον, ἄπελθε καὶ ἔκκλινον ἐκ μέσου τοῦ Ἀμαληκίτου, μὴ προσθῶ σε μετ' αὐτοῦ, καὶ σὺ ἐποίησας ἔλεος μετὰ τῶν υἱῶν Ἰσραὴλ, ἐν τῷ ἀναβαίνειν αὐτοὺς ἐξ Αἰγύπτου· καὶ ἐξέκλινεν ὁ Κιναῖος ἐκ μέσου Ἀμαλήκ. Καὶ ἐπάταξε 7 Σαοὺλ τὸν Ἀμαλὴκ ἀπὸ Εὐιλὰτ ἕως Σοὺρ ἐπὶ προσώπου Αἰγύπτου. Καὶ συνέλαβε τὸν Ἀγὰγ βασιλέα Ἀμαλὴκ ζῶντα, καὶ 8 πάντα τὸν λαὸν καὶ Ἱερὶμ ἀπέκτεινεν ἐν στόματι ῥομφαίας. Καὶ περιεποιήσατο Σαοὺλ καὶ πᾶς ὁ λαὸς τὸν Ἀγὰγ ζῶντα, 9 καὶ τὰ ἀγαθὰ τῶν ποιμνίων, καὶ τῶν βουκολίων, καὶ τῶν ἐδεσμάτων, καὶ τῶν ἀμπελώνων, καὶ πάντων τῶν ἀγαθῶν, καὶ οὐκ ἐβούλοντο ἐξολοθρεῦσαι αὐτά· καὶ πᾶν ἔργον ἠτιμωμένον καὶ ἐξουδενωμένον ἐξωλόθρευσαν.

Καὶ ἐγενήθη ῥῆμα Κυρίου πρὸς Σαμουὴλ, λέγων, παρα- 10, 11 κέκλημαι ὅτι ἐβασίλευσα τὸν Σαοὺλ εἰς βασιλέα, ὅτι ἀπέστρεψεν ἀπὸ ὄπισθέ μου, καὶ τοὺς λόγους μου οὐκ ἐτήρησε· καὶ ἠθύμησε Σαμουὴλ, καὶ ἐβόησε πρὸς Κύριον ὅλην τὴν νύκτα. Καὶ ὤρθρισε Σαμουὴλ, καὶ ἐπορεύθη εἰς ἀπάντησιν Ἰσραὴλ 12 τοπρωΐ· καὶ ἀπηγγέλη τῷ Σαοὺλ, λέγοντες, ἥκει Σαμουὴλ εἰς Κάρμηλον, καὶ ἀνέστακεν αὐτῷ χεῖρα· καὶ ἐπέστρεψε τὸ ἅρμα, καὶ κατέβη εἰς Γάλγαλα πρὸς Σαοὺλ, καὶ ἰδοὺ αὐτὸς ἀνέφερεν ὁλοκαύτωσιν τῷ Κυρίῳ, τὰ πρῶτα τῶν σκύλων ὧν ἤνεγκεν ἐξ Ἀμαλήκ.

Καὶ παρεγένετο Σαμουὴλ πρὸς Σαούλ· καὶ εἶπεν αὐτῷ 13 Σαοὺλ, εὐλογητὸς σὺ τῷ Κυρίῳ· ἔστησα πάντα ὅσα ἐλάλησε Κύριος. Καὶ εἶπε Σαμουὴλ, καὶ τίς ἡ φωνὴ τοῦ ποιμνίου 14 τούτου ἐν τοῖς ὠσί μου, καὶ φωνὴ τῶν βοῶν ἣν ἐγὼ ἀκούω; Καὶ εἶπε Σαοὺλ, ἐξ Ἀμαλὴκ ἤνεγκα αὐτὰ, ἃ περιεποιήσατο 15 ὁ λαὸς, τὰ κράτιστα τοῦ ποιμνίου, καὶ τῶν βοῶν, ὅπως τυθῇ Κυρίῳ τῷ Θεῷ σου, καὶ τὰ λοιπὰ ἐξωλόθρευσα. Καὶ εἶπε 16 Σαμουὴλ πρὸς Σαοὺλ, ἄνες, καὶ ἀπαγγελῶ σοι ἃ ἐλάλησε Κύριος πρὸς μὲ τὴν νύκτα· καὶ εἶπεν αὐτῷ, λάλησον.

Καὶ εἶπε Σαμουὴλ πρὸς Σαοὺλ, οὐχὶ μικρὸς εἶ σὺ ἐνώπιον 17 αὐτοῦ, ἡγούμενος σκήπτρου φυλῆς Ἰσραήλ; καὶ ἔχρισέ σε Κύριος εἰς βασιλέα ἐπὶ Ἰσραήλ. Καὶ ἀπέστειλέ σε Κύριος 18 ἐν ὁδῷ, καὶ εἶπέ σοι, πορεύθητι, καὶ ἐξολόθρευσον· ἀνελεῖς τοὺς ἁμαρτάνοντας εἰς ἐμὲ, τὸν Ἀμαλὴκ, καὶ πολεμήσεις αὐτοὺς ἕως συντελέσῃς αὐτούς. Καὶ ἱνατί οὐκ ἤκουσας φωνῆς Κυρίου, 19 ἀλλ' ὥρμησας τοῦ θέσθαι ἐπὶ τὰ σκῦλα, καὶ ἐποίησας τὸ πονηρὸν ἐνώπιον Κυρίου; Καὶ εἶπε Σαοὺλ πρὸς Σαμουὴλ, διὰ 20

β Gr. numbers.   γ Gr. of ranks.   δ Gr. brook.   ζ This is strangely given as the rendering of החרים 'he destroyed.'
θ Gr. good.   λ Gr. work.   μ Gr. 'been comforted.' The word has been rendered the same way before.   ξ Heb. and Alex. Samuel.
π Heb. and Alex. Saul.   ρ Lit. set up a hand.   σ Gr. to the Lord.   τ Gr. established.   φ Gr. voice.
χ Gr. staff of a tribe. A double rendering of שבט, i. e. both staff and tribe.

τὸ ἀκοῦσαί με τῆς φωνῆς τοῦ λαοῦ, καὶ ἐπορεύθην τῇ ὁδῷ ᾗ
ἀπέστειλέ με Κύριος, καὶ ἤγαγον τὸν Ἀγὰγ βασιλέα Ἀμαλήκ,
21 καὶ τὸν Ἀμαλὴκ ἐξωλόθρευσα. Καὶ ἔλαβεν ὁ λαὸς τῶν σκύ-
λων ποίμνια καὶ βουκόλια τὰ πρῶτα τοῦ ἐξολοθρεύματος, θῦσαι
22 ἐνώπιον Κυρίου Θεοῦ ἡμῶν ἐν Γαλγάλοις. Καὶ εἶπε Σαμουήλ,
εἰ θελητὸν τῷ Κυρίῳ ὁλοκαυτώματα καὶ θυσίας, ὡς τὸ ἀκοῦσαι
φωνῆς Κυρίου; ἰδοὺ ἀκοὴ ὑπὲρ θυσίαν ἀγαθήν, καὶ ἡ ἐπακρό-
ασις ὑπὲρ στέαρ κριῶν. Ὅτι ἁμαρτία οἰώνισμά ἐστιν, ὀδύνην
23 καὶ πόνους θεραφὶν ἐπάγουσιν· ὅτι ἐξουδένωσας τὸ ῥῆμα
Κυρίου, καὶ ἐξουδενώσει σε Κύριος μὴ εἶναι βασιλέα ἐπὶ
Ἰσραήλ.
24 Καὶ εἶπε Σαοὺλ πρὸς Σαμουήλ, ἡμάρτηκα, ὅτι παρέβην τὸν
λόγον Κυρίου καὶ τὸ ῥῆμά σου, ὅτι ἐφοβήθην τὸν λαόν, καὶ
25 ἤκουσα τῆς φωνῆς αὐτῶν. Καὶ νῦν ἆρον δὴ τὸ ἁμάρτημά μου,
καὶ ἀνάστρεψον μετ᾽ ἐμοῦ, καὶ προσκυνήσω Κυρίῳ τῷ Θεῷ
26 σου. Καὶ εἶπε Σαμουὴλ πρὸς Σαούλ, οὐκ ἀναστρέφω μετὰ
σοῦ· ὅτι ἐξουδένωσας τὸ ῥῆμα Κυρίου, καὶ ἐξουδενώσει σε
Κύριος τοῦ μὴ εἶναι βασιλέα ἐπὶ τὸν Ἰσραήλ.
27 Καὶ ἐπέστρεψε Σαμουὴλ τὸ πρόσωπον αὐτοῦ τοῦ ἀπελθεῖν,
καὶ ἐκράτησε Σαοὺλ τοῦ πτερυγίου τῆς διπλοΐδος αὐτοῦ, καὶ
28 διέρρηξεν αὐτό. Καὶ εἶπε πρὸς αὐτὸν Σαμουήλ, διέρρηξε
Κύριος τὴν βασιλείαν σου ἀπὸ Ἰσραὴλ ἐκ χειρός σου
σήμερον, καὶ δώσει αὐτὴν τῷ πλησίον σου τῷ ἀγαθῷ ὑπὲρ
29 σέ. Καὶ διαιρεθήσεται Ἰσραὴλ εἰς δύο, καὶ οὐκ ἀποστρέψει
οὐδὲ μετανοήσει, ὅτι οὐχ ὡς ἄνθρωπός ἐστι τοῦ μετανοῆσαι
30 αὐτός. Καὶ εἶπε Σαούλ, ἡμάρτηκα, ἀλλὰ δόξασόν με δὴ
ἐνώπιον πρεσβυτέρων Ἰσραὴλ καὶ ἐνώπιον λαοῦ μου, καὶ
ἀνάστρεψον μετ᾽ ἐμοῦ, καὶ προσκυνήσω Κυρίῳ τῷ Θεῷ σου.
31 Καὶ ἀνέστρεψε Σαμουὴλ ὀπίσω Σαούλ, καὶ προσεκύνησε τῷ
Κυρίῳ.
32 Καὶ εἶπε Σαμουήλ, προσαγάγετέ μοι τὸν Ἀγὰγ βασιλέα
Ἀμαλήκ· καὶ προσῆλθε πρὸς αὐτὸν Ἀγὰγ τρέμων· καὶ εἶπεν
33 Ἀγάγ, εἰ οὕτω πικρὸς ὁ θάνατος. Καὶ εἶπε Σαμουὴλ πρὸς
Ἀγάγ, καθότι ἠτέκνωσε γυναῖκας ἡ ῥομφαία σου, οὕτως ἀτεκνω-
θήσεται ἐκ γυναικῶν ἡ μήτηρ σου· καὶ ἔσφαξε Σαμουὴλ τὸν
Ἀγὰγ ἐνώπιον Κυρίου ἐν Γαλγάλ.
34 Καὶ ἀπῆλθε Σαμουὴλ εἰς Ἀρμαθαίμ· καὶ Σαοὺλ ἀνέβη εἰς
35 τὸν οἶκον αὐτοῦ εἰς Γαβαά. Καὶ οὐ προσέθετο ἔτι Σαμουὴλ
ἰδεῖν τὸν Σαοὺλ ἕως ἡμέρας θανάτου αὐτοῦ, ὅτι ἐπένθει Σαμουὴλ
ἐπὶ Σαούλ, καὶ Κύριος μετεμελήθη ὅτι ἐβασίλευσε τὸν Σαοὺλ
ἐπὶ Ἰσραήλ.
16 Καὶ εἶπε Κύριος πρὸς Σαμουήλ, ἕως πότε σὺ πενθεῖς ἐπὶ
Σαούλ, κἀγὼ ἐξουδένωκα αὐτόν, μὴ βασιλεύειν ἐπὶ Ἰσραήλ;
πλῆσον τὸ κέρας σου ἐλαίου, καὶ δεῦρο ἀποστείλω σε πρὸς
Ἰεσσαὶ ἕως Βηθλεέμ, ὅτι ἑώρακα ἐν τοῖς υἱοῖς αὐτοῦ ἐμοὶ
2 βασιλέα. Καὶ εἶπε Σαμουήλ, πῶς πορευθῶ; καὶ ἀκούσεται
Σαούλ, καὶ ἀποκτενεῖ με· καὶ εἶπε Κύριος, δάμαλιν βοῶν λάβε
3 ἐν τῇ χειρί σου, καὶ ἐρεῖς, θῦσαι τῷ Κυρίῳ ἥκω. Καὶ καλέ-
σεις τὸν Ἰεσσαὶ εἰς τὴν θυσίαν, καὶ γνωριῶ σοι ἃ ποιήσεις·
καὶ χρίσεις ὃν ἂν εἴπω πρὸς σέ.

the people: yet I went the way by which
the Lord sent me, and I brought Agag the
king of Amalec, and I destroyed Amalec.
21 But the people took of the spoils the best
flocks and herds *out* of that which was de-
stroyed, to sacrifice before the Lord our
God in Galgal. 22 And Samuel said, Does
the Lord take pleasure in whole-burnt-
offerings and sacrifices, as in hearing the
words of the Lord? behold, obedience *is*
better than a good sacrifice, and hearkening
than the fat of rams. 23 For sin is *as* divi-
nation; idols bring on pain and grief. Be-
cause thou hast rejected the word of the
Lord, the Lord also shall reject thee from
being king over Israel.

24 And Saul said to Samuel, I have sinned,
in that I have transgressed the word of the
Lord and thy direction; for I feared the
people, and I hearkened to their voice.
25 And now remove, I pray thee, my sin, and
turn back with me, and I will worship the
Lord thy God. 26 And Samuel said to Saul,
I will not turn back with thee, for thou
hast rejected the word of the Lord, and the
Lord will reject thee from being king over
Israel.

27 And Samuel turned his face to depart,
and Saul caught hold of the skirt of his
βgarment, and tore it. 28 And Samuel said
to him, The Lord has rent thy kingdom
from Israel out of thy hand this day, and
will give it to thy neighbour who is better
than thou. 29 And γIsrael shall be divided
to two: and *God* will not turn nor repent,
for he is not as a man to repent. 30 And
Saul said, I have sinned; yet honour me, I
pray thee, before the elders of Israel, and
before my people; and turn back with me,
and I will worship the Lord thy God. 31 So
Samuel turned back after Saul, and he wor-
shipped the Lord.

32 And Samuel said, Bring me Agag the
king of Amalec: and Agag came to him
trembling; and Agag said, δIs death thus
bitter? 33 And Samuel said to Agag, As thy
sword has bereaved women of their children,
so shall thy mother be made childless among
women: and Samuel slew Agag before the
Lord in Galgal.

34 And Samuel departed to Armathaim,
and Saul went up to his house at Gabaa.
35 And Samuel did not see Saul again till
the day of his death, for Samuel mourned
after Saul, and the Lord repented that he
had made Saul king over Israel.

And the Lord said to Samuel, How long
dost thou mourn for Saul, whereas I have
rejected him from reigning over Israel? Fill
thy horn with oil, and come, I will send thee
to Jessæ, to Bethleem; for I have seen
among his sons a king for me. 2 And Samuel
said, How can I go? whereas Saul will hear
of it, and slay me: and the Lord said, Take
a heifer in thine hand, and thou shalt say,
I am come to sacrifice to the Lord. 3 And
thou shalt call Jessæ to the sacrifice, and I
will make known to thee what thou shalt
do; and thou shalt anoint him whom I shall
mention to thee.

β *Gr.* doublet, or mantle.   γ Wide variation from the *Heb.*   δ *Or,* 'If it be thus, bitter is death!'

⁴ And Samuel did all that the Lord told him; and he came to Bethleem: and the elders of the city were amazed at meeting him, and said, ^β Dost thou come peaceably, thou Seer? ⁵ And he said, ^γ Peaceably: I am come to sacrifice to the Lord. Sanctify yourselves, and rejoice with me this day: and he sanctified Jessæ and his sons, and he called them to the sacrifice. ⁶ And it came to pass when they came in, that he saw Eliab, and said, Surely the Lord's anointed *is* before him. ⁷ But the Lord said to Samuel, Look not on his ^δ appearance, nor on his stature, for I have rejected him; for God ^ζ sees not as a man looks; for man looks at the outward appearance, but God looks at the heart. ⁸ And Jessæ called Aminadab, and he passed before Samuel: and he said, Neither has God chosen this one. ⁹ And Jessæ caused Sama to pass by: and he said, Neither has God chosen ^θ this one. ¹⁰ And Jessæ caused his seven sons to pass before Samuel: and Samuel said, The Lord has not chosen these.

¹¹ And Samuel said to Jessæ, ^λ Hast thou no more sons? And Jessæ said, *There is* yet ^μ a little one ; behold, he tends the flock. And Samuel said to Jessæ, Send and fetch him, for we may not sit down till he comes. ¹² And he sent and fetched him: and he was ruddy, with beauty of eyes, and ^π very goodly to behold. And the Lord said to Samuel, Arise, and anoint David, for he is good. ¹³ And Samuel took the horn of oil, and anointed him in the midst of his brethren: and the Spirit of the Lord ^ρ came upon David from that day forward: and Samuel arose, and departed to Armathaim.

¹⁴ And the Spirit of the Lord departed from Saul, and an evil spirit from the Lord ^σ tormented him. ¹⁵ And Saul's servants said to him, Behold now, an evil spirit from the Lord torments thee. ¹⁶ Let now thy servants speak before thee, and let them seek for our lord a man skilled to play on the harp; and it shall come to pass when an evil spirit comes upon thee and he shall play on his harp, that thou shalt be well, and he shall refresh thee. ¹⁷ And Saul said to his servants, Look now out for me a ^τ skilful player, and bring him to me. ¹⁸ And one of his servants answered and said, Behold, I have seen a son of Jessæ the Bethleemite, and ^φ he understands playing *on the harp,* and the man *is* prudent, and a warrior, and wise in speech, and the man *is* handsome, and the Lord *is* with him. ¹⁹ And Saul sent messengers to Jessæ, saying, Send to me thy son David who is with thy flock. ²⁰ And Jessæ took a homer of bread, and a bottle of wine, and one kid of the goats, and sent them by the hand of his son David to Saul.

²¹ And David went in to Saul, and stood before him; and he loved him greatly; and he became his armour-bearer. ²² And Saul sent to Jessæ, saying, Let David, I pray thee,

Καὶ ἐποίησε Σαμουὴλ πάντα ἃ ἐλάλησεν αὐτῷ Κύριος· καὶ 4 ἦλθεν εἰς Βηθλεέμ, καὶ ἐξέστησαν οἱ πρεσβύτεροι τῆς πόλεως τῇ ἀπαντήσει αὐτοῦ, καὶ εἶπαν, ἦ εἰρήνη ἡ εἴσοδός σου ὁ Βλέπων; Καὶ εἶπεν, εἰρήνη· θῦσαι τῷ Κυρίῳ ἥκω· ἁγιάσθητε καὶ 5 εὐφράνθητε μετ᾽ ἐμοῦ σήμερον· καὶ ἡγίασε τὸν Ἰεσσαὶ καὶ τοὺς υἱοὺς αὐτοῦ, καὶ ἐκάλεσεν αὐτοὺς εἰς τὴν θυσίαν. Καὶ 6 ἐγενήθη ἐν τῷ εἰσιέναι αὐτοὺς, καὶ εἶδε τὸν Ἐλιὰβ, καὶ εἶπεν, ἀλλὰ καὶ ἐνώπιον Κυρίου χριστὸς αὐτοῦ. Καὶ εἶπε Κύριος 7 πρὸς Σαμουὴλ, μὴ ἐπιβλέψῃς ἐπὶ τὴν ὄψιν αὐτοῦ, μηδὲ εἰς τὴν ἕξιν μεγέθους αὐτοῦ, ὅτι ἐξουδένωκα αὐτόν· ὅτι οὐχ ὡς ἐμβλέψεται ἄνθρωπος, ὄψεται ὁ Θεός· ὅτι ἄνθρωπος ὄψεται εἰς πρόσωπον, ὁ δὲ Θεὸς ὄψεται εἰς καρδίαν. Καὶ ἐκάλεσεν Ἰεσσαὶ 8 τὸν Ἀμιναδὰβ, καὶ παρῆλθε κατὰ πρόσωπον Σαμουήλ. καὶ εἶπεν, οὐδὲ τοῦτον ἐξελέξατο ὁ Θεός. Καὶ παρήγαγεν Ἰεσσαὶ 9 τὸν Σαμά· καὶ εἶπε, καὶ ἐν τούτῳ οὐκ ἐξελέξατο Κύριος. Καὶ 10 παρήγαγεν Ἰεσσαὶ τοὺς ἑπτὰ υἱοὺς αὐτοῦ ἐνώπιον Σαμουήλ· καὶ εἶπε Σαμουὴλ, οὐκ ἐξελέξατο Κύριος ἐν τούτοις.

Καὶ εἶπε Σαμουὴλ πρὸς Ἰεσσαὶ, ἐκλελοίπασι τὰ παιδάρια; 11 καὶ εἶπεν, ἔτι ὁ μικρὸς ἰδοὺ ποιμαίνει ἐν τῷ ποιμνίῳ· καὶ εἶπε Σαμουὴλ πρὸς Ἰεσσαὶ, ἀπόστειλον καὶ λάβε αὐτὸν, ὅτι οὐ μὴ κατακλιθῶμεν ἕως τοῦ ἐλθεῖν αὐτόν. Καὶ ἀπέστειλε καὶ εἰσ- 12 ήγαγεν αὐτόν· καὶ αὐτὸς πυρράκης μετὰ κάλλους ὀφθαλμῶν, καὶ ἀγαθὸς ὁράσει Κυρίῳ· καὶ εἶπε Κύριος πρὸς Σαμουὴλ, ἀνάστα καὶ χρῖσον τὸν Δαυὶδ, ὅτι οὗτός ἐστιν ἀγαθός. Καὶ 13 ἔλαβε Σαμουὴλ τὸ κέρας τοῦ ἐλαίου, καὶ ἔχρισεν αὐτὸν ἐν μέσῳ τῶν ἀδελφῶν αὐτοῦ· καὶ ἐφήλατο πνεῦμα Κυρίου ἐπὶ Δαυὶδ ἀπὸ τῆς ἡμέρας ἐκείνης καὶ ἐπάνω· καὶ ἀνέστη Σαμουὴλ, καὶ ἀπῆλθεν εἰς Ἀρμαθαίμ.

Καὶ πνεῦμα Κυρίου ἀπέστη ἀπὸ Σαοὺλ, καὶ ἔπνιγεν αὐτὸν 14 πνεῦμα πονηρὸν παρὰ Κυρίου. Καὶ εἶπαν οἱ παῖδες Σαοὺλ 15 πρὸς αὐτὸν, ἰδοὺ δὴ, πνεῦμα Κυρίου πονηρὸν πνίγει σε. Εἰπάτωσαν δὴ οἱ δοῦλοί σου ἐνώπιόν σου, καὶ ζητησά- 16 τωσαν τῷ κυρίῳ ἡμῶν ἄνδρα εἰδότα ψάλλειν ἐν κινύρᾳ· καὶ ἔσται ἐν τῷ εἶναι πνεῦμα πονηρὸν ἐπὶ σοὶ, καὶ ψαλῇ ἐν τῇ κινύρᾳ αὐτοῦ, καὶ ἀγαθόν σοι ἔσται καὶ ἀναπαύσει σε. Καὶ 17 εἶπε Σαοὺλ πρὸς τοὺς παῖδας αὐτοῦ, ἴδετε δή μοι ἄνδρα ὀρθῶς ψάλλοντα, καὶ εἰσαγάγετε αὐτὸν πρὸς μέ. Καὶ ἀπεκρίθη εἷς 18 τῶν παιδαρίων αὐτοῦ, καὶ εἶπεν, ἰδοὺ ἑώρακα υἱὸν τῷ Ἰεσσαὶ Βηθλεεμίτην, καὶ αὐτὸν εἰδότα ψαλμὸν, καὶ ὁ ἀνὴρ συνετὸς, καὶ πολεμιστὴς, καὶ σοφὸς λόγῳ, καὶ ὁ ἀνὴρ ἀγαθὸς τῷ εἴδει, καὶ Κύριος μετ᾽ αὐτοῦ. Καὶ ἀπέστειλε Σαοὺλ ἀγγέλους πρὸς 19 Ἰεσσαὶ, λέγων, ἀπόστειλον πρὸς μὲ τὸν υἱόν σου Δαυὶδ τὸν ἐν τῷ ποιμνίῳ σου. Καὶ ἔλαβεν Ἰεσσαὶ γόμορ ἄρτων, καὶ ἀσκὸν 20 οἴνου, καὶ ἔριφον αἰγῶν ἕνα, καὶ ἐξαπέστειλεν ἐν χειρὶ Δαυὶδ τοῦ υἱοῦ αὐτοῦ πρὸς Σαούλ.

Καὶ εἰσῆλθε Δαυὶδ πρὸς Σαοὺλ, καὶ παρειστήκει ἐνώπιον 21 αὐτοῦ, καὶ ἠγάπησεν αὐτὸν σφόδρα· καὶ ἐγενήθη αὐτῷ αἴρων τὰ σκεύη αὐτοῦ. Καὶ ἀπέστειλε Σαοὺλ πρὸς Ἰεσσαὶ, λέγων, 22

παριστάσθω δὴ Δαυὶδ ἐνώπιον ἐμοῦ, ὅτι εὗρε χάριν ἐν ὀφθαλ-
23 μοῖς μου. Καὶ ἐγενήθη ἐν τῷ εἶναι πνεῦμα πονηρὸν ἐπὶ
Σαοὺλ, καὶ ἐλάμβανε Δαυὶδ τὴν κινύραν, καὶ ἔψαλλεν ἐν
χειρὶ αὐτοῦ, καὶ ἀνέψυχε Σαοὺλ, καὶ ἀγαθὸν αὐτῷ, καὶ
ἀφίστατο ἀπ᾽ αὐτοῦ τὸ πνεῦμα τὸ πονηρόν.

17 Καὶ συνάγουσιν ἀλλόφυλοι τὰς παρεμβολὰς αὐτῶν εἰς πόλε-
μον, καὶ συνάγονται εἰς Σοκχὼθ τῆς Ἰουδαίας, καὶ παρεμβάλ-
λουσιν ἀναμέσον Σοκχὼθ, καὶ ἀναμέσον Ἀζηκὰ Ἐφερμέν.
2 Καὶ Σαοὺλ καὶ οἱ ἄνδρες Ἰσραὴλ συνάγονται, καὶ παρεμβάλ-
λουσιν ἐν τῇ κοιλάδι αὐτοὶ, καὶ παρατάσσονται εἰς πόλεμον
3 ἐξεναντίας τῶν ἀλλοφύλων. Καὶ οἱ ἀλλόφυλοι ἵστανται ἐπὶ
τοῦ ὄρους ἐνταῦθα, καὶ Ἰσραὴλ ἵσταται ἐπὶ τοῦ ὄρους ἐνταῦθα,
καὶ ὁ αὐλὼν ἀναμέσον αὐτῶν.
4 Καὶ ἐξῆλθεν ἀνὴρ δυνατὸς ἐκ τῆς παρατάξεως τῶν ἀλλοφύ-
λων, Γολιὰθ ὄνομα αὐτῷ ἐκ Γὲθ, ὕψος αὐτοῦ τεσσάρων πήχεων
5 καὶ σπιθαμῆς. Καὶ περικεφαλαία ἐπὶ τῆς κεφαλῆς αὐτοῦ, καὶ
θώρακα ἀλυσιδωτὸν αὐτὸς ἐνδεδυκώς· καὶ ὁ σταθμὸς τοῦ θώρα-
6 κος αὐτοῦ, πέντε χιλιάδες σίκλων χαλκοῦ καὶ σιδήρου. Καὶ
κνημίδες χαλκαὶ ἐπὶ τῶν σκελῶν αὐτοῦ, καὶ ἀσπὶς χαλκῆ
7 ἀναμέσον τῶν ὤμων αὐτοῦ. Καὶ ὁ κοντὸς τοῦ δόρατος αὐτοῦ
ὡσεὶ μέσακλον ὑφαινόντων, καὶ ἡ λόγχη αὐτοῦ ἑξακοσίων
σίκλων σιδήρου· καὶ ὁ αἴρων τὰ ὅπλα αὐτοῦ προεπορεύετο
8 αὐτοῦ. Καὶ ἔστη καὶ ἀνεβόησεν εἰς τὴν παράταξιν Ἰσραὴλ,
καὶ εἶπεν αὐτοῖς, τί ἐκπορεύεσθε παρατάξασθαι πολέμῳ ἐξεναν-
τίας ἡμῶν; οὐκ ἐγώ εἰμι ἀλλόφυλος, καὶ ὑμεῖς Ἑβραῖοι τοῦ
Σαούλ; ἐκλέξασθε ἑαυτοῖς ἄνδρα, καὶ καταβήτω πρός με.
9 Καὶ ἐὰν δυνηθῇ πολεμῆσαι πρός με, καὶ ἐὰν πατάξῃ με, καὶ
ἐσόμεθα ὑμῖν εἰς δούλους· ἐὰν δὲ ἐγὼ δυνηθῶ καὶ πατάξω αὐτὸν,
10 ἔσεσθε ἡμῖν εἰς δούλους, καὶ δουλεύσετε ἡμῖν. Καὶ εἶπεν ὁ
ἀλλόφυλος, ἰδοὺ ἐγὼ ὠνείδισα τὴν παράταξιν Ἰσραὴλ σήμερον
ἐν τῇ ἡμέρᾳ ταύτῃ· δότε μοι ἄνδρα, καὶ μονομαχήσομεν ἀμ-
φότεροι.
11 Καὶ ἤκουσε Σαοὺλ καὶ πᾶς Ἰσραὴλ τὰ ῥήματα τοῦ ἀλλο-
φύλου ταῦτα, καὶ ἐξέστησαν καὶ ἐφοβήθησαν σφόδρα. ς
32 Καὶ εἶπε Δαυὶδ πρὸς Σαοὺλ, μὴ δὴ συμπεσέτω καρδία τοῦ
κυρίου μου ἐπ᾽ αὐτόν· ὁ δοῦλός σου πορεύσεται καὶ πολεμήσει
33 μετὰ τοῦ ἀλλοφύλου τούτου. Καὶ εἶπε Σαοὺλ πρὸς τὸν
Δαυὶδ, οὐ μὴ δυνήσῃ πορευθῆναι πρὸς τὸν ἀλλόφυλον τοῦ
πολεμεῖν μετ᾽ αὐτοῦ, ὅτι παιδάριον εἶ σὺ, καὶ αὐτὸς ἀνὴρ πολε-
μιστὴς ἐκ νεότητος αὐτοῦ.
34 Καὶ εἶπε Δαυὶδ πρὸς Σαοὺλ, ποιμαίνων ἦν ὁ δοῦλός σου τῷ
πατρὶ αὐτοῦ ἐν τῷ ποιμνίῳ· καὶ ὅταν ἤρχετο ὁ λέων, καὶ ἡ
35 ἄρκος, καὶ ἐλάμβανε πρόβατον ἐκ τῆς ἀγέλης, καὶ ἐξεπορευόμην
ὀπίσω αὐτοῦ καὶ ἐπάταξα αὐτὸν, καὶ ἐξέσπασα ἐκ τοῦ στόματος
αὐτοῦ· καὶ εἰ ἐπανίστατο ἐπ᾽ ἐμὲ, καὶ ἐκράτησα τοῦ φάρυγγος
36 αὐτοῦ, καὶ ἐπάταξα, καὶ ἐθανάτωσα αὐτόν. Καὶ τὸν λέοντα
καὶ τὴν ἄρκον ἔτυπτεν ὁ δοῦλός σου, καὶ ἔσται ὁ ἀλλόφυλος
ὁ ἀπερίτμητος ὡς ἓν τούτων· οὐχὶ πορεύσομαι καὶ πατάξω
αὐτὸν, καὶ ἀφελῶ σήμερον ὄνειδος ἐξ Ἰσραὴλ; διότι τίς
ὁ ἀπερίτμητος οὗτος, ὃς ὠνείδισε παράταξιν Θεοῦ ζῶντος;

stand before me, for he has found grace in my eyes. [23] And it came to pass when the evil spirit was upon Saul, that David took his harp, and played with his hand: and Saul was refreshed, and *it was* well with him, and the evil spirit departed from him.

And the Philistines gather their armies to battle, and gather themselves to Socchoth of Judæa, and encamp between Socchoth and Azeca β Ephermen. [2] And Saul and the men of Israel gather together, and they encamp in the valley, and set the battle in array against the Philistines. [3] And the Philistines stand on the mountain on one side, and Israel stands on the mountain on the other side, and the valley was between them.

[4] And there went forth a mighty man out of the army of the Philistines, Goliath by name, out of Geth, his height *was* four cubits and a span. [5] And *he had* a helmet upon his head, and he wore a breastplate of chain armour; and the weight of his breast-plate *was* five thousand shekels of brass and iron. [6] And greaves of brass *were* upon his legs, and a brazen target *was* between his shoulders. [7] And the staff of his spear *was* like a weavers' beam, and γ the spear's head *was formed* of six hundred shekels of iron; and his armour-bearer went before him. [8] And he stood and cried to the army of Israel, and said to them, Why are ye come forth to set yourselves in battle array against us? Am not I a Philistine, and ye δ Hebrews of Saul? choose for yourselves a man, and let him come down to me. [9] And if he shall be able to fight against me, and shall smite me, then will we be your servants: but if I should prevail and smite him, ye shall be our servants, and serve us. [10] And the Philistine said, Behold, I have defied the armies of Israel this very day: give me a man, and we will both of us fight in single combat.

[11] And Saul and all Israel heard these words of the Philistine, and they were dismayed, and greatly terrified. ς

[32] And David said to Saul, Let not, I pray thee, the heart of my lord be dejected θ within him: thy servant will go, and fight with this Philistine. [33] And Saul said to David, Thou wilt not in anywise be able to go against this Philistine to fight with him, for thou art a mere youth, and he a man of war from his youth.

[34] And David said to Saul, Thy servant was tending the flock for his father; and when a lion came and a she-bear, and took a sheep out of the flock, [35] then I went forth after him, and smote him, and drew *the spoil* out of his mouth: and λ as he rose up against me, then I caught hold of his throat, and smote him, and slew him. [36] Thy servant smote both the lion and the bear, and the uncircumcised Philistine shall be as one of them: shall I not go and smite him, and remove this day a reproach from Israel? for who *is* this uncircumcised one, who has defied the army of the living God?

β *Alex.* Aphesdommin.   γ *Gr.* the spear.   δ *Or*, servants, עַבְדֵי being read as if עִבְרֵי.   ζ See *Appendix.*   θ *Gr.* upon him.   λ *Gr.* if.

37 The Lord who delivered me out of the paw of the lion and out of the paw of the bear, he will deliver me out of the hand of this uncircumcised Philistine. And Saul said to David, Go, and the Lord shall be with thee.

38 And Saul clothed David with a military coat, and *put* his brazen helmet on his head. 39 And he girt David with his sword over his coat: and he βmade trial walking *with them* once and again: and David said to Saul, I shall not be able to go with these, for I have not proved *them*: so they remove them from him. 40 And he took his staff in his hand, and he chose for himself five smooth stones out of the brook, and put them in the shepherd's scrip which he had for his store, and his sling was in his hand; and he approached the Philistine.γ

42 And Goliath saw David, and despised him; for he was a lad, and ruddy, δwith a fair countenance. 43 And the Philistine said to David, Am I as a dog, that thou comest against me with a staff and stones?ζ [and David said, Nay, but worse than a dog.] And the Philistine cursed David by his gods. 44 And the Philistine said to David, Come to me, and I will give thy flesh to the birds of the air, and to the beasts of the earth.

45 And David said to the Philistine, Thou comest to me with sword, and with spear, and with shield; but I come to thee in the name of the Lord God of hosts of the army of Israel, which thou hast defied 46 this day. And the Lord shall θdeliver thee this day into my hand; and I will slay thee, and take away thy head from off thee, and will give thy limbs and the limbs of the army of the Philistines this day to the birds of the sky, and to the wild beasts of the earth; and all the earth shall know that there is a God in Israel. 47 And all this assembly shall know that the Lord delivers not by sword or spear, for the battle *is* the Lord's, and the Lord will deliver you into our hands.

48 And the Philistine arose and went to meet David. 49 And David stretched out his hand to his scrip, and took thence a stone, and slang it, and smote the Philistine on his forehead, and the stone penetrated through the helmet into his forehead, and he fell upon his face to the ground.γ 51 And David ran, and stood upon him, and took his sword, and slew him, and cut off his head: and the Philistines saw that their champion was dead, and they fled.

52 And the men of Israel and Juda λarose, and shouted and pursued them as far as the entrance to μGeth, and as far as the gate of Ascalon: and the slain men of the Philistines fell in the way of the ξgates, both to Geth, and to Accaron. 53 And the men of Israel returned πfrom pursuing after the Philistines, and they ρdestroyed their camp. 54 And David took the head of the Philistine, and brought it to Jerusalem; but he put his armour in his tent.σ

Κύριος ὃς ἐξείλατό με ἐκ χειρὸς τοῦ λέοντος καὶ ἐκ χειρὸς τῆς 37 ἄρκτου, αὐτὸς ἐξελεῖταί με ἐκ χειρὸς τοῦ ἀλλοφύλου τοῦ ἀπεριτμήτου τούτου· καὶ εἶπε Σαοὺλ πρὸς Δαυίδ, πορεύου, καὶ ἔσται Κύριος μετὰ σοῦ.

Καὶ ἐνέδυσε Σαοὺλ τὸν Δαυὶδ μανδύαν, καὶ τὴν περικεφα- 38 λαίαν χαλκῆν περὶ τὴν κεφαλὴν αὐτοῦ, καὶ ἔζωσε τὸν Δαυὶδ 39 τὴν ῥομφαίαν αὐτοῦ ἐπάνω τοῦ μανδύου αὐτοῦ· καὶ ἐκοπίασε περιπατήσας ἅπαξ καὶ δίς· καὶ εἶπε Δαυὶδ πρὸς Σαοὺλ, οὐ μὴ δύνωμαι πορευθῆναι ἐν τούτοις, ὅτι οὐ πεπείραμαι· καὶ ἀφαιροῦσιν αὐτὰ ἀπ᾿ αὐτοῦ. Καὶ ἔλαβε τὴν βακτηρίαν αὐτοῦ ἐν τῇ 40 χειρὶ αὐτοῦ· καὶ ἐξελέξατο ἑαυτῷ πέντε λίθους λείους ἐκ τοῦ χειμάρρου, καὶ ἔθετο αὐτοὺς ἐν τῷ καδίῳ τῷ ποιμενικῷ τῷ ὄντι αὐτῷ εἰς συλλογήν, καὶ σφενδόνη αὐτοῦ ἐν τῇ χειρὶ αὐτοῦ· καὶ προσῆλθε πρὸς τὸν ἄνδρα τὸν ἀλλόφυλον.

Καὶ εἶδε Γολιὰθ τὸν Δαυὶδ, καὶ ἐξητίμασεν αὐτόν· ὅτι αὐτὸς 42 ἦν παιδάριον, καὶ αὐτὸς πυρράκης μετὰ κάλλους ὀφθαλμῶν. Καὶ εἶπεν ὁ ἀλλόφυλος πρὸς Δαυίδ, ὡσεὶ κύων ἐγώ εἰμι, ὅτι 43 σὺ ἔρχῃ ἐπ᾿ ἐμὲ ἐν ῥάβδῳ καὶ λίθοις; καὶ εἶπε Δαυίδ, οὐχὶ, ἀλλ᾿ ἢ χείρων κυνός· καὶ κατηράσατο ὁ ἀλλόφυλος τὸν Δαυὶδ ἐν τοῖς θεοῖς αὐτοῦ. Καὶ εἶπεν ὁ ἀλλόφυλος πρὸς Δαυίδ, 44 δεῦρο πρὸς μὲ, καὶ δώσω τὰς σάρκας σου τοῖς πετεινοῖς τοῦ οὐρανοῦ καὶ τοῖς κτήνεσι τῆς γῆς.

Καὶ εἶπε Δαυὶδ πρὸς τὸν ἀλλόφυλον, σὺ ἔρχῃ πρὸς μὲ ἐν 45 ῥομφαίᾳ καὶ ἐν δόρατι καὶ ἐν ἀσπίδι, κἀγὼ πορεύομαι πρὸς σὲ ἐν ὀνόματι Κυρίου Θεοῦ σαβαὼθ παρατάξεως Ἰσραήλ, ἣν ὠνείδισας σήμερον, καὶ ἀποκλείσει σε Κύριος σήμερον εἰς τὴν 46 χειρά μου, καὶ ἀποκτενῶ σε, καὶ ἀφελῶ τὴν κεφαλήν σου ἀπὸ σοῦ, καὶ δώσω τὰ κῶλά σου καὶ τὰ κῶλα παρεμβολῆς ἀλλοφύλων ἐν ταύτῃ τῇ ἡμέρᾳ τοῖς πετεινοῖς τοῦ οὐρανοῦ καὶ τοῖς θηρίοις τῆς γῆς· καὶ γνώσεται πᾶσα ἡ γῆ, ὅτι ἐστὶ Θεὸς ἐν Ἰσραήλ. Καὶ γνώσεται πᾶσα ἡ ἐκκλησία αὕτη, ὅτι οὐκ ἐν 47 ῥομφαίᾳ καὶ δόρατι σώζει Κύριος, ὅτι τοῦ Κυρίου ὁ πόλεμος, καὶ παραδώσει Κύριος ὑμᾶς εἰς χεῖρας ἡμῶν.

Καὶ ἀνέστη ὁ ἀλλόφυλος καὶ ἐπορεύθη εἰς συνάντησιν Δαυίδ. 48 Καὶ ἐξέτεινε Δαυὶδ τὴν χεῖρα αὐτοῦ εἰς τὸ κάδιον, καὶ ἔλαβεν 49 ἐκεῖθεν λίθον ἕνα, καὶ ἐσφενδόνησε, καὶ ἐπάταξε τὸν ἀλλόφυλον εἰς τὸ μέτωπον αὐτοῦ, καὶ διέδυ ὁ λίθος διὰ τῆς περικεφαλαίας εἰς τὸ μέτωπον αὐτοῦ, καὶ ἔπεσεν ἐπὶ πρόσωπον αὐτοῦ ἐπὶ τὴν γῆν. Καὶ ἔδραμε Δαυὶδ, καὶ ἐπέστη ἐπ᾿ αὐτόν, καὶ 51 ἔλαβε τὴν ῥομφαίαν αὐτοῦ, καὶ ἐθανάτωσεν αὐτόν, καὶ ἀφεῖλε τὴν κεφαλὴν αὐτοῦ· καὶ εἶδον οἱ ἀλλόφυλοι, ὅτι τέθνηκεν ὁ δυνατὸς αὐτῶν, καὶ ἔφυγον.

Καὶ ἀνίστανται ἄνδρες Ἰσραὴλ καὶ Ἰούδα, καὶ ἠλάλαξαν, 52 καὶ κατεδίωξαν ὀπίσω αὐτῶν ἕως εἰσόδου Γὲθ, καὶ ἕως τῆς πύλης Ἀσκάλωνος· καὶ ἔπεσον τραυματίαι τῶν ἀλλοφύλων ἐν τῇ ὁδῷ τῶν πυλῶν καὶ ἕως Γὲθ, καὶ ἕως Ἀκκαρών. Καὶ ἀνέστρεψαν 53 ἄνδρες Ἰσραὴλ ἐκκλίνοντες ὀπίσω τῶν ἀλλοφύλων, καὶ κατεπάτουν τὰς παρεμβολὰς αὐτῶν. Καὶ ἔλαβε Δαυὶδ τὴν κεφαλὴν 54 τοῦ ἀλλοφύλου, καὶ ἤνεγκεν αὐτὴν εἰς Ἱερουσαλήμ, καὶ τὰ σκεύη αὐτοῦ ἔθηκεν ἐν τῷ σκηνώματι αὐτοῦ.

β Gr. laboured. γ See *Appendix*. δ Gr. with beauty of eyes. ζ The words in brackets not in *Alex.* or *Hebrew*. θ Gr. shut thee up. λ Gr. arise. μ *Alex.* Gai. ξ Heb. בְּשַׁעֲרַיִם *Shaaraim*. π Gr. declining from after. ρ Gr. trampled on. σ See *App.*

18 Καὶ ἐξῆλθον αἱ χορεύουσαι εἰς συνάντησιν Δαυὶδ ἐκ πασῶν
6 πόλεων Ἰσραὴλ ἐν τυμπάνοις, καὶ ἐν χαρμοσύνῃ, καὶ ἐν κυμ-
7 βάλοις. Καὶ ἐξῆρχον αἱ γυναῖκες, καὶ ἔλεγον, ἐπάταξε
Σαοὺλ ἐν χιλιάσιν αὐτοῦ, καὶ Δαυὶδ ἐν μυριάσιν αὐτοῦ.
8 Καὶ πονηρὸν ἐφάνη τὸ ῥῆμα ἐν ὀφθαλμοῖς Σαοὺλ περὶ τοῦ
λόγου τούτου, καὶ εἶπε, τῷ Δαυὶδ ἔδωκαν τὰς μυριάδας, καὶ
ἐμοὶ ἔδωκαν τὰς χιλιάδας.
12, 13 Καὶ ἐφοβήθη Σαοὺλ ἀπὸ προσώπου Δαυὶδ, καὶ ἀπέστη-
σεν αὐτὸν ἀπ᾽ αὐτοῦ, καὶ κατέστησεν αὐτὸν ἑαυτῷ χιλίαρχον·
14 καὶ ἐξεπορεύετο καὶ εἰσεπορεύετο ἔμπροσθεν τοῦ λαοῦ. Καὶ
ἦν Δαυὶδ ἐν πάσαις ταῖς ὁδοῖς αὐτοῦ συνιῶν, καὶ Κύριος ἦν
15 μετ᾽ αὐτοῦ. Καὶ εἶδε Σαοὺλ ὡς αὐτὸς συνιεῖ σφόδρα, καὶ
16 εὐλαβεῖτο ἀπὸ προσώπου αὐτοῦ. Καὶ πᾶς Ἰσραὴλ καὶ Ἰούδας
ἠγάπα τὸν Δαυὶδ, ὅτι αὐτὸς εἰσεπορεύετο καὶ ἐξεπορεύετο πρὸ
προσώπου τοῦ λαοῦ.
20 Καὶ ἠγάπησε Μελχὸλ ἡ θυγάτηρ Σαοὺλ τὸν Δαυίδ· καὶ
ἀπηγγέλη τῷ Σαοὺλ, καὶ ηὐθύνθη ἐν τοῖς ὀφθαλμοῖς αὐτοῦ.
21 Καὶ εἶπε Σαοὺλ, δώσω αὐτὴν αὐτῷ, καὶ ἔσται αὐτῷ εἰς
22 σκάνδαλον· καὶ ἦν ἐπὶ Σαοὺλ χεὶρ ἀλλοφύλων. Καὶ ἐνετεί-
λατο Σαοὺλ τοῖς παισὶν αὐτοῦ, λέγων, λαλήσατε ὑμεῖς λάθρα
τῷ Δαυὶδ, λέγοντες, ἰδοὺ θέλει ἐν σοὶ ὁ βασιλεύς, καὶ πάντες
οἱ παῖδες αὐτοῦ ἀγαπῶσί σε, καὶ σὺ ἐπιγάμβρευσον τῷ βασιλεῖ.
23 Καὶ ἐλάλησαν οἱ παῖδες Σαοὺλ εἰς τὰ ὦτα Δαυὶδ τὰ ῥήματα
ταῦτα· καὶ εἶπε Δαυὶδ, εἰ κοῦφον ἐν ὀφθαλμοῖς ὑμῶν ἐπιγαμ-
βρεῦσαι βασιλεῖ; κἀγὼ ἀνὴρ ταπεινὸς, καὶ οὐχὶ ἔνδοξος.
24 Καὶ ἀπήγγειλαν οἱ παῖδες Σαοὺλ αὐτῷ κατὰ τὰ ῥήματα ταῦτα,
25 ἃ ἐλάλησε Δαυίδ. Καὶ εἶπε Σαοὺλ, τάδε ἐρεῖτε τῷ Δαυίδ, οὐ
βούλεται ὁ βασιλεὺς ἐν δόματι, ἀλλ᾽ ἢ ἐν ἑκατὸν ἀκροβυστίαις
ἀλλοφύλων ἐκδικῆσαι ἐχθροὺς τοῦ βασιλέως· καὶ Σαοὺλ
26 ἐλογίσατο ἐμβαλεῖν αὐτὸν εἰς χεῖρας τῶν ἀλλοφύλων. Καὶ
ἀπαγγέλλουσιν οἱ παῖδες Σαοὺλ τῷ Δαυὶδ τὰ ῥήματα ταῦτα,
καὶ ηὐθύνθη ὁ λόγος ἐν ὀφθαλμοῖς Δαυὶδ ἐπιγαμβρεῦσαι τῷ
βασιλεῖ.
27 Καὶ ἀνέστη Δαυὶδ, καὶ ἐπορεύθη αὐτὸς καὶ οἱ ἄνδρες αὐτοῦ,
καὶ ἐπάταξεν ἐν τοῖς ἀλλοφύλοις ἑκατὸν ἄνδρας· καὶ ἀνήνεγκε
τὰς ἀκροβυστίας αὐτῶν, καὶ ἐπιγαμβρεύεται τῷ βασιλεῖ,
καὶ δίδωσιν αὐτῷ τὴν Μελχὸλ θυγατέρα αὐτοῦ αὐτῷ εἰς
28 γυναῖκα. Καὶ εἶδε Σαοὺλ ὅτι Κύριος μετὰ Δαυίδ, καὶ πᾶς
29 Ἰσραὴλ ἠγάπα αὐτόν. Καὶ προσέθετο εὐλαβεῖσθαι ἀπὸ
Δαυὶδ ἔτι.
19 Καὶ ἐλάλησε Σαοὺλ πρὸς Ἰωνάθαν τὸν υἱὸν αὐτοῦ, καὶ πρὸς
2 πάντας τοὺς παῖδας αὐτοῦ, θανατῶσαι τὸν Δαυίδ. Καὶ Ἰωνά-
θαν ὁ υἱὸς Σαοὺλ ᾑρεῖτο τὸν Δαυὶδ σφόδρα· καὶ ἀπήγγειλεν
Ἰωνάθαν τῷ Δαυὶδ, λέγων, Σαοὺλ ζητεῖ θανατῶσαί σε· φύλα-
3 ξαι οὖν αὔριον πρωῒ, καὶ κρύβηθι καὶ κάθισον κρυφῇ. Καὶ
ἐγὼ ἐξελεύσομαι καὶ στήσομαι ἐχόμενος τοῦ πατρός μου ἐν
ἀγρῷ οὗ ἐὰν ᾖς ἐκεῖ· καὶ ἐγὼ λαλήσω περὶ σοῦ πρὸς τὸν
πατέρα μου, καὶ ὄψομαι ὅ, τι ἐὰν ᾖ, καὶ ἀπαγγελῶ σοι.
4 Καὶ ἐλάλησεν Ἰωνάθαν περὶ Δαυὶδ ἀγαθὰ πρὸς Σαοὺλ τὸν
πατέρα αὐτοῦ, καὶ εἶπε πρὸς αὐτὸν, μὴ ἁμαρτησάτω ὁ βασι-

6 And there came out women in dances to meet David out of all the cities of Israel, with timbrels, and with rejoicing, and with cymbals. 7 And the women began *the strain*, and said, Saul has smitten β his thousands, and David his ten thousands. 8 And it seemed evil in the eyes of Saul concerning this matter, and he said, To David they have given ten thousands, and to me they have given thousands. γ

12 And Saul was alarmed on account of David. 13 And he removed him from him, and made him a captain of a thousand for himself; and he went out and came in before the people. 14 And David was prudent in all his ways, and the Lord was with him. 15 And Saul saw that he was very wise, and he was afraid of him. 16 And all Israel and Juda loved David, because he came in and went out before the people. γ

20 And Melchol the daughter of Saul loved David; and it was told Saul, and the thing was pleasing in his eyes. 21 And Saul said, I will give her to him, and she shall be a stumbling-block to him. Now the hand of the Philistines was against Saul. 22 And Saul charged his servants, saying, Speak ye privately to David, saying, Behold, the king delights in thee, and all his servants love thee, and do thou become the king's son-in-law. 23 And the servants of Saul spoke these words in the ears of David; and David said, *Is it* a light thing in your eyes to become son-in-law to the king? whereas I *am* an humble man, and not honourable? 24 And the servants of Saul reported to him according to these words, which David spoke. 25 And Saul said, Thus shall ye speak to David, The king wants no gift but a hundred foreskins of the Philistines, to avenge himself on the king's enemies. Now Saul thought to cast him into the hands of the Philistines. 26 And the servants of Saul report these words to David, and David was well pleased to become the son-in-law to the king.

27 And David arose, and went, he and his men, and smote among the Philistines a hundred men: and he brought their foreskins, and he becomes the king's son-in-law, and *Saul* gives him Melchol his daughter to wife. 28 And Saul saw that the Lord *was* with David, and *that* all Israel loved him. 29 And he was yet more afraid of David.

And Saul spoke to Jonathan his son, and to all his servants, to slay David. 2 And Jonathan, Saul's son, δ loved David much: and Jonathan told David, saying, Saul seeks to kill thee: take heed to thyself therefore to-morrow morning, and hide thyself, and dwell in secret. 3 And I will go forth, and stand near my father in the field where thou shalt be, and I will speak concerning thee to my father; and I will see what his answer may be, and I will tell thee.

4 And Jonathan spoke favourably concerning David to Saul his father, and said to

---

β *Gr.* in his.   *Hebraism.*   γ See *Appendix.*   δ *Gr.* chose, *q. d. dilexit.*

him, Let not the king sin against thy servant David, for he has not sinned against thee, and his deeds *are* very good. ⁵And he put his life in his hand, and smote the Philistine, and the Lord wrought a great deliverance; and all Israel saw, and rejoiced: why then dost thou sin against innocent blood, to slay David without a cause? ⁶And Saul hearkened to the voice of Jonathan; and Saul swore, saying, *As* the Lord lives, ᵝ he shall not die. ⁷And Jonathan called David, and told him all these words; and Jonathan brought David in to Saul, and he was before him as in former times.

⁸And ᵧ there was again war against Saul; and David did valiantly, and fought against the Philistines, and smote them with a very great slaughter, and they fled from before him.

⁹And an evil spirit ᵟ from God was upon Saul, and he was ᵋresting in his house, and a spear *was* in his hand, and David was playing on the harp with his hands. ¹⁰And Saul sought ᶿ to smite David with the spear; and David withdrew *suddenly* from the presence of Saul; and he drove the spear into the wall; and David retreated and escaped. ¹¹And it came to pass in that night, that Saul sent messengers to the house of David to watch him, in order to slay him in the morning; and Melchol ᵡ David's wife told him, saying, Unless thou save thy life this night, to-morrow thou shalt be slain. ¹²So Melchol lets David down by the window, and he departed, and fled, and escaped. ¹³And Melchol took ᵘ images, and laid them on the bed, and she put the ᶲliver of a goat by his head, and covered them with clothes.

¹⁴And Saul sent messengers to take David; and they say that he is sick. ¹⁵And he sends to David, saying, Bring him to me on the bed, that I may slay him. ¹⁶And the messengers come, and, behold, the images *were* on the bed, and the goat's liver at his head. ¹⁷And Saul said to Melchol, Why hast thou thus deceived me, and suffered my enemy to depart, and he has escaped? and Melchol said to Saul, He said, Let me go, and if not, I will slay thee.

¹⁸So David fled, and escaped, and comes to Samuel to Armathaim, and tells him all that Saul had done to him: and Samuel and David went, and dwelt in Navath in Rama.

¹⁹And it was told Saul, saying, Behold, David *is* in Navath in Rama. ²⁰And Saul sent messengers to take David, and they saw the assembly of the prophets, and Samuel stood *as* appointed over them; and the Spirit of God came upon the messengers of Saul, and they prophesy. ²¹And it was told Saul, and he sent other messengers, and they also prophesied: and Saul sent again a third set of messengers, and they also prophesied. ²²And Saul was very angry, and went himself also to Armathaim, and comes as far as the well of the threshing-floor that is in Sephi; and he asked and

λεὺς εἰς τὸν δοῦλόν σου Δαυίδ, ὅτι οὐχ ἡμάρτηκεν εἰς σέ, καὶ τὰ ποιήματα αὐτοῦ ἀγαθὰ σφόδρα. Καὶ ἔθετο τὴν 5 ψυχὴν αὐτοῦ ἐν τῇ χειρὶ αὐτοῦ, καὶ ἐπάταξε τὸν ἀλλόφυλον, καὶ ἐποίησε Κύριος σωτηρίαν μεγάλην, καὶ πᾶς Ἰσραὴλ εἶδον, καὶ ἐχάρησαν· καὶ ἱνατί ἁμαρτάνεις εἰς αἷμα ἀθῶον θανατῶσαι τὸν Δαυίδ δωρεάν; Καὶ ἤκουσε Σαοὺλ τῆς φωνῆς Ἰωνάθαν· 6 καὶ ὤμοσε Σαοὺλ, λέγων, ζῇ Κύριος, εἰ ἀποθανεῖται. Καὶ 7 ἐκάλεσεν Ἰωνάθαν τὸν Δαυίδ, καὶ ἀπήγγειλεν αὐτῷ πάντα τὰ ῥήματα ταῦτα· καὶ εἰσήγαγεν Ἰωνάθαν τὸν Δαυίδ πρὸς Σαούλ, καὶ ἦν ἐνώπιον αὐτοῦ, ὡς ἐχθὲς καὶ τρίτην ἡμέραν.

Καὶ προσέθετο ὁ πόλεμος γενέσθαι πρὸς Σαούλ, καὶ κατί- 8 σχυσε Δαυίδ, καὶ ἐπολέμησε τοὺς ἀλλοφύλους, καὶ ἐπάταξεν ἐν αὐτοῖς πληγὴν μεγάλην σφόδρα, καὶ ἔφυγον ἐκ προσώπου αὐτοῦ.

Καὶ ἐγένετο πνεῦμα Θεοῦ πονηρὸν ἐπὶ Σαούλ, καὶ αὐτὸς 9 ἐν οἴκῳ καθεύδων, καὶ δόρυ ἐν τῇ χειρὶ αὐτοῦ, καὶ Δαυίδ ἔψαλλε ταῖς χερσὶν αὐτοῦ. Καὶ ἐζήτει Σαοὺλ πατάξαι τὸ δόρυ εἰς 10 Δαυίδ· καὶ ἀπέστη Δαυίδ ἐκ προσώπου Σαούλ· καὶ ἐπάταξε τὸ δόρυ εἰς τὸν τοῖχον· καὶ Δαυίδ ἀνεχώρησε καὶ διεσώθη. Καὶ ἐγενήθη ἐν τῇ νυκτὶ ἐκείνῃ, καὶ ἀπέστειλε Σαοὺλ ἀγγέλους 11 εἰς οἶκον Δαυίδ φυλάξαι αὐτὸν, τοῦ θανατῶσαι αὐτὸν πρωί· καὶ ἀπήγγειλε τῷ Δαυίδ Μελχὸλ ἡ γυνὴ αὐτοῦ, λέγουσα, ἐὰν μὴ σὺ σώσῃς τὴν ψυχὴν σαυτοῦ τὴν νύκτα ταύτην, αὔριον θανατωθήσῃ. Καὶ κατάγει ἡ Μελχὸλ τὸν Δαυίδ διὰ τῆς 12 θυρίδος, καὶ ἀπῆλθε καὶ ἔφυγε καὶ σώζεται. Καὶ ἔλαβεν ἡ 13 Μελχὸλ τὰ κενοτάφια, καὶ ἔθετο ἐπὶ τὴν κλίνην, καὶ ἧπαρ τῶν αἰγῶν ἔθετο πρὸς κεφαλῆς αὐτοῦ, καὶ ἐκάλυψεν αὐτὰ ἱματίῳ.

Καὶ ἀπέστειλε Σαοὺλ ἀγγέλους λαβεῖν τὸν Δαυίδ, καὶ 14 λέγουσιν ἐνοχλεῖσθαι αὐτόν. Καὶ ἀποστέλλει ἐπὶ τὸν Δαυίδ, 15 λέγων, ἀγάγετε αὐτὸν ἐπὶ τῆς κλίνης πρὸς μὲ τοῦ θανατῶσαι αὐτόν. Καὶ ἔρχονται οἱ ἄγγελοι, καὶ ἰδοὺ τὰ κενοτάφια ἐπὶ 16 τῆς κλίνης, καὶ ἧπαρ τῶν αἰγῶν πρὸς κεφαλῆς αὐτοῦ. Καὶ 17 εἶπε Σαοὺλ τῇ Μελχὸλ, ἱνατί οὕτως παρελογίσω με, καὶ ἐξαπέστειλας τὸν ἐχθρόν μου, καὶ διεσώθη; καὶ εἶπε Μελχὸλ τῷ Σαοὺλ, αὐτὸς εἶπεν, ἐξαπόστειλόν με, εἰ δὲ μὴ, θανατώσω σε.

Καὶ Δαυίδ ἔφυγε καὶ διεσώθη, καὶ παραγίνεται πρὸς 18 Σαμουὴλ εἰς Ἀρμαθαίμ, καὶ ἀπαγγέλλει αὐτῷ πάντα ὅσα ἐποίησεν αὐτῷ Σαούλ· καὶ ἐπορεύθη Σαμουὴλ καὶ Δαυίδ, καὶ ἐκάθισαν ἐν Ναυὰθ ἐν Ῥαμᾷ.

Καὶ ἀπηγγέλη τῷ Σαούλ, λέγοντες, ἰδοὺ Δαυίδ ἐν Ναυὰθ 19 ἐν Ῥαμᾷ. Καὶ ἀπέστειλε Σαοὺλ ἀγγέλους λαβεῖν τὸν Δαυίδ, 20 καὶ εἶδον τὴν ἐκκλησίαν τῶν προφητῶν, καὶ Σαμουὴλ εἱστήκει καθεστηκὼς ἐπ᾽ αὐτῶν· καὶ ἐγενήθη ἐπὶ τοὺς ἀγγέλους τοῦ Σαούλ πνεῦμα Θεοῦ, καὶ προφητεύουσι. Καὶ ἀπηγγέλη τῷ 21 Σαούλ, καὶ ἀπέστειλεν ἀγγέλους ἑτέρους, καὶ ἐπροφήτευσαν καὶ αὐτοί· καὶ προσέθετο Σαοὺλ ἀποστεῖλαι ἀγγέλους τρίτους, καὶ ἐπροφήτευσαν καὶ αὐτοί. Καὶ ἐθυμώθη ὀργῇ Σαούλ, καὶ 22 ἐπορεύθη καὶ αὐτὸς εἰς Ἀρμαθαίμ, καὶ ἔρχεται ἕως τοῦ φρέατος τοῦ ἅλω τοῦ ἐν τῷ Σεφὶ, καὶ ἠρώτησε καὶ εἶπε, ποῦ Σαμουὴλ

ᵝ *Gr.* if he shall die.　　ᵧ *Lit.* war added to be.　　ᵟ *Gr.* of God.　　ᵋ *Gr.* sleeping. *Heb.* sitting, perhaps ישׁי read for אשׁ.
ᶿ *Gr.* to strike the spear into David.　　ᵡ *Gr.* his wife sent to David.　　ᵘ *Heb.* teraphim, probably such images as were put on monuments.　　ᶲ כבד liver, has evidently been read here for כביר a quilt, or perhaps a pillow.

23 καὶ Δαυίδ; καὶ εἶπαν, ἰδοὺ ἐν Ναυὰθ ἐν Ῥαμᾷ. Καὶ ἐπορεύθη ἐκεῖθεν εἰς Ναυὰθ ἐν Ῥαμᾷ· καὶ ἐγενήθη καὶ ἐπ᾽ αὐτῷ πνεῦμα Θεοῦ, καὶ ἐπορεύετο προφητεύων ἕως τοῦ ἐλθεῖν αὐτὸν

24 εἰς Ναυὰθ ἐν Ῥαμᾷ. Καὶ ἐξεδύσατο τὰ ἱμάτια αὐτοῦ, καὶ ἐπροφήτευσεν ἐνώπιον αὐτῶν· καὶ ἔπεσε γυμνὸς ὅλην τὴν ἡμέραν ἐκείνην καὶ ὅλην τὴν νύκτα· διὰ τοῦτο ἔλεγον, εἰ καὶ Σαοὺλ ἐν προφήταις;

20 Καὶ ἀπέδρα Δαυὶδ ἐκ Ναυὰθ ἐν Ῥαμᾷ, καὶ ἔρχεται ἐνώπιον Ἰωνάθαν, καὶ εἶπε, τί πεποίηκα, καὶ τί τὸ ἀδίκημά μου, καὶ τί ἡμάρτηκα ἐνώπιον τοῦ πατρός σου, ὅτι ἐπιζητεῖ τὴν ψυχήν μου;

2 Καὶ εἶπεν αὐτῷ Ἰωνάθαν, μηδαμῶς σοι, οὐ μὴ ἀποθάνῃς· ἰδοὺ οὐ μὴ ποιήσῃ ὁ πατήρ μου ῥῆμα μέγα ἢ μικρόν, καὶ οὐκ ἀποκαλύψει τὸ ὠτίον μου· καὶ τί ὅτι κρύψῃ ὁ πατήρ μου ἀπ᾽

3 ἐμοῦ τὸ ῥῆμα τοῦτο; οὐκ ἔστι τοῦτο. Καὶ ἀπεκρίθη Δαυὶδ τῷ Ἰωνάθαν, καὶ εἶπε, γινώσκων οἶδεν ὁ πατήρ σου, ὅτι, εὕρηκα χάριν ἐν ὀφθαλμοῖς σου, καὶ εἶπε, μὴ γνῶναι τοῦτο Ἰωνάθαν, μὴ οὐ βούληται· ἀλλὰ ζῇ Κύριος καὶ ζῇ ἡ ψυχή σου, ὅτι καθὼς εἶπον, ἐμπέπλησται ἀναμέσον ἐμοῦ καὶ τοῦ

4 θανάτου. Καὶ εἶπεν Ἰωνάθαν πρὸς Δαυὶδ, τί ἐπιθυμεῖ ἡ ψυχή σου, καὶ τί ποιήσω σοι;

5 Καὶ εἶπε Δαυὶδ πρὸς Ἰωνάθαν, ἰδοὺ δὴ νεομηνία αὔριον, καὶ ἐγὼ καθίσας οὐ καθήσομαι φαγεῖν, καὶ ἐξαποστελεῖς με, καὶ

6 κρυβήσομαι ἐν τῷ πεδίῳ ἕως δείλης. Καὶ ἐὰν ἐπισκεπτόμενος ἐπισκέψηταί με ὁ πατήρ σου, καὶ ἐρεῖς, παραιτούμενος παρῃτήσατο ἀπ᾽ ἐμοῦ Δαυὶδ δραμεῖν ἕως εἰς Βηθλεὲμ τὴν πόλιν

7 αὐτοῦ, ὅτι θυσία τῶν ἡμερῶν ἐκεῖ ὅλῃ τῇ φυλῇ. Ἐὰν τάδε εἴπῃ, ἀγαθῶς, εἰρήνη τῷ δούλῳ σου· καὶ ἐὰν σκληρῶς ἀποκριθῇ σοι, γνῶθι ὅτι συντετέλεσται ἡ κακία παρ᾽ αὐτοῦ.

8 Καὶ ποιήσεις ἔλεος μετὰ δούλου σου, ὅτι εἰσήγαγες εἰς διαθήκην Κυρίου τὸν δοῦλόν σου μετὰ σεαυτοῦ· καὶ εἰ ἔστιν ἀδικία ἐν τῷ δούλῳ σου, θανάτωσόν με σύ, καὶ ἕως τοῦ πατρός σου ἱνατί οὕτως εἰσάγεις με;

9 Καὶ εἶπεν Ἰωνάθαν, μηδαμῶς σοι· ὅτι ἐὰν γινώσκων γνῶ ὅτι συντετέλεσται ἡ κακία παρὰ τοῦ πατρός μου τοῦ ἐλθεῖν ἐπὶ σέ, καὶ ἐὰν μὴ ᾖ εἰς τὰς πόλεις σου, ἐγὼ ἀπαγγελῶ σοι.

10 Καὶ εἶπε Δαυὶδ πρὸς Ἰωνάθαν, τίς ἀπαγγείλῃ μοι, ἐὰν ἀπο-

11 κριθῇ ὁ πατήρ σου σκληρῶς; Καὶ εἶπεν Ἰωνάθαν πρὸς Δαυὶδ, πορεύου, καὶ μένε εἰς ἀγρόν· καὶ ἐκπορεύονται ἀμφότεροι εἰς ἀγρόν.

12 Καὶ εἶπεν Ἰωνάθαν πρὸς Δαυὶδ, Κύριος ὁ Θεὸς Ἰσραὴλ οἶδεν, ὅτι ἀνακρινῶ τὸν πατέρα μου ὡς ἂν ὁ καιρός, τρισσῶς, καὶ ἰδοὺ ἀγαθὸν ᾖ περὶ Δαυίδ, καὶ οὐ μὴ ἀποστείλω πρὸς σὲ

13 εἰς ἀγρόν, τάδε ποιήσαι ὁ Θεὸς τῷ Ἰωνάθαν καὶ τάδε προσθείη· ὅτι ἀνοίσω τὰ κακὰ ἐπὶ σέ, καὶ ἀποκαλύψω τὸ ὠτίον σου, καὶ ἐξαποστελῶ σε καὶ ἀπελεύσῃ εἰς εἰρήνην, καὶ ἔσται Κύριος

14 μετὰ σοῦ καθὼς ἦν μετὰ τοῦ πατρός μου. Καὶ ἐὰν μὲν ἔτι μου ζῶντος, καὶ ποιήσεις ἔλεος μετ᾽ ἐμοῦ· καὶ ἐὰν θανάτῳ

15 ἀποθάνω, οὐκ ἐξαρεῖς ἔλεός σου ἀπὸ τοῦ οἴκου μου ἕως τοῦ

said, Where *are* Samuel and David? and they said, Behold, in Navath in Rama. [23]And he went thence to Navath in Rama: and there came the Spirit of God upon him also, and he went on prophesying till he came to Navath in Rama. [24]And he took off his clothes, and prophesied before them; and lay down naked all that day and all that night: therefore they said, *Is* Saul also among the prophets?

And David fled from Navath in Rama, and comes into the presence of Jonathan; and he said, What have I done, and what *is* my fault, and wherein have I sinned before thy father, that he seeks my life? [2]And Jonathan said to him, Far be it from thee: thou shalt not die: behold, my father will not do any thing great or small βwithout discovering it to me; and why should my father hide this matter from me? this thing is not *so*. [3]And David answered Jonathan, and said, Thy father knows surely that I have found grace in thy sight, and he said, Let not Jonathan know this, lest he refuse his consent: but *as* the Lord lives and thy soul lives, as I said, *the space* is filled up between me and death. [4]And Jonathan said to David, What does thy soul desire, and what shall I do for thee?

[5]And David said to Jonathan, Behold, to-morrow *is* the new moon, and I shall not on any account sit down to eat, but thou shalt let me go, and I will hide in the plain till the evening. [6]And if thy father do in anywise γenquire for me, then shalt thou say, David earnestly asked leave of me to run to Bethleem his city, for *there is* there a δyearly sacrifice for all the family. [7]If he shall say thus, Well,—ζall is safe for thy servant: but if he shall answer harshly to thee, know that evil is determined by him. [8]And thou shalt deal mercifully with thy servant; for thou hast brought thy servant into a covenant of the Lord with thyself: and if there is iniquity in thy servant, slay me thyself: but why dost thou thus bring me to thy father?

[9]And Jonathan said, That be far from thee: for if I surely know that evil is determined by my father to come upon thee, although it should not be against thy cities, I will tell thee. [10]And David said to Jonathan, Who can tell me if thy father should answer roughly? [11]And Jonathan said to David, Go, and abide in the field. And they went out both into the field.

[12]And Jonathan said to David, The Lord God of Israel knows that I will sound my father as I have an opportunity, θthree several times, and, behold, *if good* should be determined concerning David, and I do not send to thee to the field, [13]God do so to Jonathan and more also: as I shall *also* report the evil to thee, and make it known to thee, and I will let thee go; and thou shalt depart in peace, and the Lord shall be with thee, as he was with my father. [14]And if indeed λI continue to live, then shalt thou deal mercifully with me; and if I indeed die, [15]thou shalt not withdraw thy

---

mercy from my house for ever: and β if thou doest not, when the Lord cuts off the enemies of David each from the face of the earth, *should it happen* that the name of Jonathan be discovered by the house of David, then let the Lord seek out the enemies of David. [17] And Jonathan swore yet again to David, because he loved the soul of him that loved him.

[18] And Jonathan said, To-morrow *is* the new moon, and thou wilt be enquired for, because thy seat will be observed as vacant. [19] And thou shalt γ stay three days, and watch an opportunity, and shalt come to thy place where thou mayest hide thyself in the day of thy business, and thou shalt wait by that δ ergab. [20] And I will shoot ζ three arrows, aiming them at θ a mark. [21] And behold, I *will* send a lad, saying, Go find me the arrow. [22] If I should expressly say to the lad, The arrow *is* here, and on this side of thee, take it; *then* come, for it is well with thee, and there is no reason *for fear*, *as* the Lord lives: but if I should say thus to the young man, The arrow *is* on that side of thee, and beyond; go, for the Lord hath sent thee away. [23] And as for the word which thou and I have spoken, behold, the Lord *is* witness between me and thee for ever.

[24] So David hides himself in the field, and the *new* λ month arrives, and the king comes to the table to eat. [25] And he sat upon his seat as μ in former times, even on his seat by the wall, and he went before Jonathan; and Abenner sat on one side of Saul, and the place of David was empty. [26] And Saul said nothing on that day, for he said, It seems to have fallen out that he is not clean, because he has not purified himself.

[27] And it came to pass on the morrow, on the second day of the month, that the place of David was empty; and Saul said to Jonathan his son, Why has not the son of Jessæ attended both yesterday and to-day at the table? [28] And Jonathan answered Saul, and said to him, David asked leave of me to go as far as Bethleem his city; [29] and he said, Let me go, I pray thee, for we have a family sacrifice in the city, and my brethren have ξ sent for me; and now, if I have found grace in thine eyes, I will even go over and see my brethren: therefore he is not present at the table of the king. .

[30] And Saul was exceedingly angry with Jonathan, and said to him, Thou son of π traitorous damsels! for do I not know that thou art an accomplice with the son of Jessæ to thy shame, and to the shame of thy mother's nakedness? [31] For so long as the son of Jessæ lives upon the earth, thy kingdom shall not be established: now then send and take the young man, for he σ shall surely die. [32] And Jonathan answered Saul, Why τ is he to die? what has he done? [33] And Saul lifted up his spear against Jonathan to slay him: so Jonathan knew that this evil was determined on by his father to slay David. [34] And Jonathan sprang up from the table in great anger, and did not eat

αἰῶνος· καὶ εἰ μή, ἐν τῷ ἐξαίρειν Κύριον τοὺς ἐχθροὺς Δαυὶδ ἕκαστον ἀπὸ τοῦ προσώπου τῆς γῆς, εὑρεθῆναι τὸ ὄνομα τοῦ Ἰωνάθαν ἀπὸ τοῦ οἴκου Δαυὶδ, καὶ ἐκζητῆσαι Κύριος ἐχθροὺς τοῦ Δαυίδ. Καὶ προσέθετο ἔτι Ἰωνάθαν ὀμόσαι τῷ Δαυίδ, 17 ὅτι ἠγάπησε ψυχὴν ἀγαπῶντος αὐτόν.

Καὶ εἶπεν Ἰωνάθαν, αὔριον νεομηνία, καὶ ἐπισκεπήσῃ, ὅτι 18 ἐπισκεπήσεται καθέδρα σου. Καὶ τρισσεύσεις καὶ ἐπισκεψῇ 19 καὶ ἥξεις εἰς τὸν τόπον σου οὗ κρυβῇς ἐν τῇ ἡμέρᾳ τῇ ἐργασίμῃ, καὶ καθήσῃ παρὰ τὸ ἐργὰβ ἐκεῖνο. Καὶ ἐγὼ 20 τρισσεύσω ταῖς σχίζαις ἀκοντίζων, ἐκπέμπων εἰς τὴν Ἀματταρί. Καὶ ἰδοὺ ἀποστέλλω τὸ παιδάριον, λέγων, δεῦρο, εὑρέ μοι τὴν 21 σχίζαν. Ἐὰν εἴπω λέγων τῷ παιδαρίῳ, ὧδε ἡ σχίζα ἀπὸ 22 σοῦ καὶ ὧδε, λάβε αὐτήν· παραγίνου, ὅτι εἰρήνη σοι, καὶ οὐκ ἔστι λόγος, ζῇ Κύριος· ἐὰν τάδε εἴπω τῷ νεανίσκῳ, ὧδε ἡ σχίζα ἀπὸ σοῦ καὶ ἐπέκεινα· πορεύου, ὅτι ἐξαπέσταλκέ σε Κύριος. Καὶ τὸ ῥῆμα ὃ ἐλαλήσαμεν ἐγὼ καὶ σύ, ἰδοὺ Κύριος μάρτυς 23 ἀναμέσον ἐμοῦ καὶ σοῦ ἕως αἰῶνος.

Καὶ κρύπτεται Δαυὶδ ἐν ἀγρῷ, καὶ παραγίνεται ὁ μήν, καὶ 24 ἔρχεται ὁ βασιλεὺς ἐπὶ τὴν τράπεζαν τοῦ φαγεῖν. Καὶ ἐκάθι- 25 σεν ἐπὶ τὴν καθέδραν αὐτοῦ ὡς ἅπαξ καὶ ἅπαξ ἐπὶ τῆς καθέδρας παρὰ τοῖχον, καὶ προέφθασε τὸν Ἰωνάθαν, καὶ ἐκάθισεν Ἀβεννὴρ ἐκ πλαγίων Σαούλ, καὶ ἐπεσκέπη ὁ τόπος Δαυίδ. Καὶ οὐκ ἐλάλησε Σαοὺλ ἐν τῇ ἡμέρᾳ ἐκείνῃ, ὅτι εἴρηκε, 26 σύμπτωμα φαίνεται, μὴ καθαρὸς εἶναι, ὅτι οὐ κεκαθάρισται.

Καὶ ἐγενήθη τῇ ἐπαύριον τοῦ μηνὸς τῇ ἡμέρᾳ τῇ δευτέρᾳ, 27 καὶ ἐπεσκέπη ὁ τόπος τοῦ Δαυίδ· καὶ εἶπε Σαοὺλ πρὸς Ἰωνάθαν τὸν υἱὸν αὐτοῦ, τί ὅτι οὐ παραγέγονεν ὁ υἱὸς Ἰεσσαὶ καὶ ἐχθὲς καὶ σήμερον ἐπὶ τὴν τράπεζαν; Καὶ ἀπεκρίθη Ἰωνάθαν τῷ 28 Σαούλ, καὶ εἶπεν αὐτῷ, παρῄτηται παρ’ ἐμοῦ Δαυὶδ ἕως εἰς Βηθλεὲμ τὴν πόλιν αὐτοῦ πορευθῆναι. Καὶ εἶπεν, ἐξαπόστει- 29 λον δή με, ὅτι θυσία τῆς φυλῆς ἡμῖν ἐν τῇ πόλει, καὶ ἐνετείλαντο πρὸς μὲ οἱ ἀδελφοί μου· καὶ νῦν εἰ εὕρηκα χάριν ἐν ὀφθαλμοῖς σου, διαβήσομαι δὴ καὶ ὄψομαι τοὺς ἀδελφούς μου· διὰ τοῦτο οὐ παραγέγονεν ἐπὶ τὴν τράπεζαν τοῦ βασιλέως.

Καὶ ἐθυμώθη ὀργῇ Σαοὺλ ἐπὶ Ἰωνάθαν σφόδρα, καὶ εἶπεν 30 αὐτῷ, υἱὲ κορασίων αὐτομολούντων; οὐ γὰρ οἶδα ὅτι μέτοχος εἶ σὺ τῷ υἱῷ Ἰεσσαὶ εἰς αἰσχύνην σου, καὶ εἰς αἰσχύνην ἀποκαλύψεως μητρός σου; ὅτι πάσας τὰς ἡμέρας ἃς ὁ υἱὸς 31 Ἰεσσαὶ ζῇ ἐπὶ τῆς γῆς, οὐχ ἑτοιμασθήσεται ἡ βασιλεία σου· νῦν οὖν ἀποστείλας λάβε τὸν νεανίαν, ὅτι υἱὸς θανάτου οὗτος. Καὶ ἀπεκρίθη Ἰωνάθαν τῷ Σαούλ, ἱνατί ἀποθνήσκει; τί 32 πεποίηκε; Καὶ ἐπῆρε Σαοὺλ τὸ δόρυ ἐπὶ Ἰωνάθαν τοῦ 33 θανατῶσαι αὐτόν· καὶ ἔγνω Ἰωνάθαν ὅτι συντετέλεσται ἡ κακία αὕτη παρὰ τοῦ πατρὸς αὐτοῦ θανατῶσαι τὸν Δαυίδ. Καὶ 34 ἀνεπήδησεν Ἰωνάθαν ἀπὸ τῆς τραπέζης ἐν ὀργῇ θυμοῦ, καὶ οὐκ

β The meaning of the *Heb.* is here greatly obscured.   γ *Gr.* act thrice.   δ A corruption of the *Heb.* ezel.
ζ *Gr.* with.   θ The *Heb.* has been turned into a proper name.   λ *Or,* moon.   μ *Gr.* once and once.   ξ *Gr.* given a charge for me.
π *Lit.* deserting in a military sense.   ρ *Gr.* all the days that.   σ *Gr.* is a son of death.
τ *Gr.* does he die?

ἔφαγεν ἐν τῇ δευτέρᾳ τοῦ μηνὸς ἄρτον, ὅτι ἐθραύσθη ἐπὶ τὸν Δαυίδ, ὅτι συνετέλεσεν ἐπ᾽ αὐτὸν ὁ πατὴρ αὐτοῦ.

35 Καὶ ἐγενήθη πρωΐ, καὶ ἐξῆλθεν Ἰωνάθαν εἰς ἀγρὸν, καθὼς ἐτάξατο εἰς τὸ μαρτύριον Δαυίδ, καὶ παιδάριον μικρὸν μετ᾽ 36 αὐτοῦ. Καὶ εἶπε τῷ παιδαρίῳ, δράμε, εὑρέ μοι τὰς σχίζας ἐν αἷς ἐγὼ ἀκοντίζω· καὶ τὸ παιδάριον ἔδραμε, καὶ αὐτὸς 37 ἠκόντισε τῇ σχίζῃ, καὶ παρήγαγεν αὐτήν. Καὶ ἦλθε τὸ παιδάριον ἕως τοῦ τόπου τῆς σχίζης οὗ ἠκόντιζεν Ἰωνάθαν· καὶ ἀνεβόησεν Ἰωνάθαν ὀπίσω τοῦ νεανίου, καὶ εἶπεν, ἐκεῖ ἡ 38 σχίζα ἀπὸ σοῦ καὶ ἐπέκεινα. Καὶ ἀνεβόησεν Ἰωνάθαν ὀπίσω τοῦ παιδαρίου αὐτοῦ, λέγων, ταχύνας σπεῦσον, καὶ μὴ στῇς· καὶ ἀνέλεξε τὸ παιδάριον Ἰωνάθαν τὰς σχίζας, καὶ ἤνεγκε τὰς 39 σχίζας πρὸς τὸν κύριον αὐτοῦ.᾽ Καὶ τὸ παιδάριον οὐκ ἔγνω 40 οὐθὲν, πάρεξ Ἰωνάθαν καὶ Δαυίδ. Καὶ Ἰωνάθαν ἔδωκε τὰ σκεύη αὐτοῦ ἐπὶ τὸ παιδάριον αὐτοῦ, καὶ εἶπε τῷ παιδαρίῳ αὐτοῦ, πορεύου, εἴσελθε εἰς τὴν πόλιν.

41 Καὶ ὡς εἰσῆλθε τὸ παιδάριον, καὶ Δαυὶδ ἀνέστη ἀπὸ τοῦ ἀργὰβ, καὶ ἔπεσεν ἐπὶ πρόσωπον αὐτοῦ, καὶ προσεκύνησεν αὐτῷ τρὶς, καὶ κατεφίλησεν ἕκαστος τὸν πλησίον αὐτοῦ, καὶ ἔκλαυσεν ἕκαστος τῷ πλησίον αὐτοῦ, ἕως συντελείας μεγάλης.

42 Καὶ εἶπεν Ἰωνάθαν τῷ Δαυίδ, πορεύου εἰς εἰρήνην, καὶ ὡς ὀμωμόκαμεν ἡμεῖς ἀμφότεροι ἐν ὀνόματι Κυρίου, λέγοντες, Κύριος ἔσται μάρτυς ἀναμέσον ἐμοῦ καὶ σοῦ, καὶ ἀναμέσον τοῦ σπέρματός μου, καὶ ἀναμέσον τοῦ σπέρματός σου ἕως αἰῶνος· καὶ ἀνέστη Δαυὶδ καὶ ἀπῆλθε, καὶ Ἰωνάθαν εἰσῆλθεν εἰς τὴν πόλιν.

21 Καὶ ἔρχεται᾽ Δαυὶδ εἰς Νομβὰ πρὸς Ἀβιμέλεχ τὸν ἱερέα· καὶ ἐξέστη Ἀβιμέλεχ τῇ ἀπαντήσει αὐτοῦ, καὶ εἶπεν αὐτῷ, τί 2 ὅτι σὺ μόνος, καὶ οὐθεὶς μετὰ σοῦ; Καὶ εἶπε Δαυὶδ τῷ ἱερεῖ, ὁ βασιλεὺς ἐντέταλταί μοι ῥῆμα σήμερον, καὶ εἶπέ μοι, μηδεὶς γνώτω τὸ ῥῆμα περὶ οὗ ἐγὼ ἀποστέλλω σε, καὶ ὑπὲρ οὗ ἐγὼ ἐντέταλμαί σοι· καὶ τοῖς παιδαρίοις διαμεμαρτύρημαι ἐν τῷ 3 τόπῳ τῷ λεγομένῳ, Θεοῦ πίστις φελλανὶ μαεμωνί. Καὶ νῦν εἰ εἰσὶν ὑπὸ τὴν χεῖρά σου πέντε ἄρτοι, δὸς εἰς χεῖρά μου τὸ 4 εὑρεθέν. Καὶ ἀπεκρίθη ὁ ἱερεὺς τῷ Δαυὶδ, καὶ εἶπεν, οὐκ εἰσὶν ἄρτοι βέβηλοι ὑπὸ τὴν χεῖρά μου, ὅτι ἀλλ᾽ ἢ ἄρτοι ἅγιοί εἰσιν· εἰ πεφυλαγμένα τὰ παιδάριά ἐστι πλὴν ἀπὸ 5 γυναικὸς, καὶ φάγεται. Καὶ ἀπεκρίθη Δαυὶδ τῷ ἱερεῖ, καὶ εἶπεν αὐτῷ, ἀλλὰ ἀπὸ γυναικὸς ἀπεσχήμεθα ἐχθὲς καὶ τρίτην ἡμέραν· ἐν τῷ ἐξελθεῖν με εἰς ὁδὸν γέγονε πάντα τὰ παιδία ἡγνισμένα, καὶ αὐτὴ ἡ ὁδὸς βέβηλος, διότι ἁγιασθήσεται σήμερον διὰ τὰ σκεύη μου.

6 Καὶ ἔδωκεν αὐτῷ Ἀβιμέλεχ ὁ ἱερεὺς τοὺς ἄρτους τῆς προθέσεως, ὅτι ἐκεῖ οὐκ ἦν ἄρτοι, ἀλλ᾽ ἢ ἄρτοι τοῦ προσώπου οἱ ἀφῃρημένοι ἐκ προσώπου Κυρίου, τοῦ παρατεθῆναι ἄρτον θερμὸν ᾗ ἡμέρᾳ ἔλαβεν αὐτούς.

7 Καὶ ἐκεῖ ἦν ἓν τῶν παιδαρίων τοῦ Σαοὺλ ἐν τῇ ἡμέρᾳ ἐκείνῃ συνεχόμενος Νεεσσαρὰν ἐνώπιον Κυρίου, καὶ ὄνομα αὐτῷ Δωὴκ 8 Σύρος, νέμων τὰς ἡμιόνους Σαούλ. Καὶ εἶπε Δαυὶδ πρὸς

bread on the second *day* of the month, for he grieved bitterly for David, because his father determined *on mischief* against him.

[35] And morning came, and Jonathan went out to the field, as he appointed *to do* for a signal to David, and a little boy *was* with him. [36] And he said to the boy, Run, find me the arrows which I shoot: and the boy ran, and *Jonathan* shot an arrow, and sent it beyond *him*. [37] And the boy came to the place where the arrow was which Jonathan shot; and Jonathan cried out after the lad, and said, The arrow *is* on that side of thee and beyond thee. [38] And Jonathan cried out after his boy, saying, Make all speed, and stay not. And Jonathan's boy gathered up the arrows, and brought the arrows to his master. [39] And the boy knew nothing, only Jonathan and David *knew*. [40] And Jonathan gave his weapons to his boy, and said to his boy, Go, enter into the city.

[41] And when the lad went in, then David arose from the [β]argab, and fell upon his face, and did obeisance to him three times, and they kissed each other, and wept for each other, for a great while. [42] And Jonathan said to David, Go in peace, and as we have both sworn in the name of the Lord, saying, The Lord shall be witness between me and thee, and between my seed and thy seed for ever—*even so let it be*. And David arose and departed, and Jonathan went into the city.

And David comes to Nomba to Abimelech the priest: and Abimelech was amazed at meeting him, and said to him, Why *art* thou alone, and nobody with thee? [2] And David said to the priest, The king gave me a command to-day, and said to me, Let no one know the matter on which I send thee, and concerning which I have charged thee: and I have charged my servants *to be* in the place that is called, [γ]The faithfulness of God, [δ]phellani maemoni. [3] And now if there are under thy hand five loaves, give into my hand what is ready. [4] And the priest answered David, and said, There are no common loaves under my hand, for I have none but holy loaves: if the young men have been kept at least from women, then they shall eat *them*. [5] And David answered the priest, and said to him, Yea, we have been kept from women for three days: when I came forth for the journey all the young men were purified; but this expedition is unclean, wherefore it shall be sanctified this day because of my weapons.

[6] So Abimelech the priest gave him the shewbread; for there were no loaves there, but only the presence loaves which had been removed from the presence of the Lord, in order that hot bread should be set on, on the day on which he took them.

[7] And there was there on that day one of Saul's servants [ζ]detained before the Lord, and his name *was* Doec the Syrian, tending the mules of Saul. [8] And David said to

---

β See v. 19.   γ This is another instance of double translation, מקום suggesting probably both the idea of place and faithfulness.
δ *Phellani maemoni*, a corruption of פלני אלמני.   ζ The word Νεεσσαρὰν is another repetition. *Heb.* נעצר.

Abimelech, See if there is here under thy hand spear or sword, for I have not [β] brought in my hand my sword or my weapons, for the word of the king was urgent. 9 And the priest said, Behold the sword of Goliath the Philistine, whom thou smotest in the valley of Ela; and it is wrapt in a [γ] cloth: if thou wilt take it, take it for thyself, for there is no other except it here. And David said, Behold, there is none like it; give it me.

10 And he gave it him; and David arose, and fled in that day from the presence of Saul: and David came to Anchus king of Geth. 11 And the servants of Anchus said to him, Is not this David the king of the land? Did not the dancing women begin the song to him, saying, Saul has smitten his thousands, and David his ten thousands? 12 And David [δ] laid up the words in his heart, and was greatly afraid of Anchus king of Geth. 13 And he changed his appearance before him, and feigned himself a false character in that day; and drummed upon the doors of the city, and used extravagant gestures with his hands, and fell against the doors of the gate, and his spittle ran down upon his beard. 14 And Anchus said to his servants, Lo! ye see the man is [ζ] mad: why have ye brought him in to me? 15 Am I in want of madmen, that ye have brought him in to me to play the madman? he shall not come into the house.

And David departed thence, and escaped; and he comes to the cave of Odollam, and his brethren hear, and the house of his father, and they go down to him there. 2 And there gathered with him every one that was in distress, and every one that was in debt, and every one that was troubled in mind; and he was a leader over them, and there were with him about four hundred men.

3 And David departed thence to Masse-phath of Moab, and said to the king of Moab, Let, I pray thee, my father and my mother be with thee, until I know what God will do to me. 4 And he persuaded [θ] the king of Moab, and they dwelt with him continually, while David was in the hold. 5 And Gad the prophet said to David, Dwell not in the hold: go, and thou shalt enter the land of Juda. So David went, and came and dwelt in the city of Saric.

6 And Saul heard that David was discovered, and his men with him: now Saul dwelt in the hill below the field that is in Rama, and his spear was in his hand, and all his servants stood near him. 7 And Saul said to his servants that stood by him, Hear now, ye sons of Benjamin, will the son of Jesse indeed give all of you fields and vineyards, and will he make you all captains of hundreds and captains of thousands? 8 that ye are all conspiring against me, and there is no one that informs me, whereas my son has made a covenant with the son of Jesse, and there is no one of you that [λ] is sorry for me, or informs me that my son has stirred up my servant against me for an enemy, as it is this day?

Ἀβιμέλεχ, ἴδε εἰ ἔστιν ἐνταῦθα ὑπὸ τὴν χεῖρά σου δόρυ ἢ ῥομφαία, ὅτι τὴν ῥομφαίαν μου καὶ τὰ σκεύη οὐκ εἴληφα ἐν τῇ χειρί μου, ὅτι ἦν τὸ ῥῆμα τοῦ βασιλέως κατὰ σπουδήν. Καὶ εἶπεν ὁ ἱερεὺς, ἰδοὺ ἡ ῥομφαία Γολιὰθ τοῦ ἀλλοφύλου, ὃν 9 ἐπάταξας ἐν τῇ κοιλάδι Ἠλᾶ· καὶ αὕτη ἐνειλημένη ἦν ἐν ἱματίῳ· εἰ ταύτην λήψῃ, σεαυτῷ λάβε, ὅτι οὐκ ἔστιν ἑτέρα πάρεξ ταύτης ἐνταῦθα· καὶ εἶπε Δαυὶδ, ἰδοὺ οὐκ ἔστιν ὥσπερ αὐτή· δός μοι αὐτήν.

Καὶ ἔδωκεν αὐτὴν αὐτῷ· καὶ ἀνέστη Δαυὶδ, καὶ ἔφυγεν ἐν 10 τῇ ἡμέρᾳ ἐκείνῃ ἐκ προσώπου Σαούλ· καὶ ἦλθε Δαυὶδ πρὸς Ἀγχοῦς βασιλέα Γέθ. Καὶ εἶπον οἱ παῖδες Ἀγχοῦς πρὸς 11 αὐτὸν, οὐχὶ οὗτος Δαυὶδ ὁ βασιλεὺς τῆς γῆς; οὐχὶ τούτῳ ἐξῆρχον αἱ χορεύουσαι, λέγουσαι, ἐπάταξε Σαοὺλ ἐν χιλιάσιν αὐτοῦ, καὶ Δαυὶδ ἐν μυριάσιν αὐτοῦ; Καὶ ἔθετο Δαυὶδ τὰ 12 ῥήματα ἐν τῇ καρδίᾳ αὐτοῦ, καὶ ἐφοβήθη σφόδρα ἀπὸ προσώπου Ἀγχοῦς βασιλέως Γέθ. Καὶ ἠλλοίωσε τὸ πρόσωπον 13 αὐτοῦ ἐνώπιον αὐτοῦ, καὶ προσεποιήσατο ἐν τῇ ἡμέρᾳ ἐκείνῃ, καὶ ἐτυμπάνιζεν ἐπὶ ταῖς θύραις τῆς πόλεως, καὶ παρεφέρετο ἐν ταῖς χερσὶν αὐτοῦ, καὶ ἔπιπτεν ἐπὶ τὰς θύρας τῆς πύλης, καὶ τὰ σίελα αὐτοῦ κατέρρει ἐπὶ τὸν πώγωνα αὐτοῦ. Καὶ εἶπεν 14 Ἀγχοῦς πρὸς τοὺς παῖδας αὐτοῦ, ἰδοὺ ἴδετε ἄνδρα ἐπίληπτον, ἱνατί εἰσηγάγετε αὐτὸν πρός μέ; Μὴ ἐλαττοῦμαι ἐπιλήπτων 15 ἐγὼ, ὅτι εἰσαγηόχατε αὐτὸν ἐπιληπτεύεσθαι πρός μέ; οὗτος οὐκ εἰσελεύσεται εἰς οἰκίαν.

Καὶ ἀπῆλθεν ἐκεῖθεν Δαυὶδ, καὶ διεσώθη, καὶ ἔρχεται εἰς τὸ 22 σπήλαιον τὸ Ὀδολλάμ· καὶ ἀκούουσιν οἱ ἀδελφοὶ αὐτοῦ, καὶ ὁ οἶκος τοῦ πατρὸς αὐτοῦ, καὶ καταβαίνουσι πρὸς αὐτὸν ἐκεῖ. Καὶ συνήγοντο πρὸς αὐτὸν πᾶς ἐν ἀνάγκῃ, καὶ πᾶς ὑπόχρεως, 2 καὶ πᾶς κατώδυνος ψυχῇ, καὶ ἦν ἐπ᾽ αὐτῶν ἡγούμενος, καὶ ἦσαν μετ᾽ αὐτοῦ ὡς τετρακόσιοι ἄνδρες.

Καὶ ἀπῆλθε Δαυὶδ ἐκεῖθεν εἰς Μασσηφὰθ τῆς Μωὰβ, καὶ 3 εἶπε πρὸς βασιλέα Μωὰβ, γινέσθωσαν δὴ ὁ πατήρ μου καὶ ἡ μήτηρ μου παρὰ σοὶ, ἕως ὅτου γνῶ τί ποιήσει μοι ὁ Θεός. Καὶ παρεκάλεσε τὸ πρόσωπον τοῦ βασιλέως Μωὰβ, καὶ κατ- 4 ῴκουν μετ᾽ αὐτοῦ πάσας τὰς ἡμέρας, ὄντος τοῦ Δαυὶδ ἐν τῇ περιοχῇ. Καὶ εἶπε Γὰδ ὁ προφήτης πρὸς Δαυὶδ, μὴ κάθου ἐν 5 τῇ περιοχῇ· πορεύου, καὶ ἥξεις εἰς γῆν Ἰούδα· καὶ ἐπορεύθη Δαυὶδ, καὶ ἦλθε καὶ ἐκάθισεν ἐν πόλει Σαρίκ.

Καὶ ἤκουσε Σαοὺλ, ὅτι ἔγνωσται Δαυὶδ, καὶ οἱ ἄνδρες οἱ 6 μετ᾽ αὐτοῦ· καὶ Σαοὺλ ἐκάθητο ἐν τῷ βουνῷ ὑπὸ τὴν ἄρουραν τὴν ἐν Ῥαμᾶ, καὶ τὸ δόρυ ἐν τῇ χειρὶ αὐτοῦ, καὶ πάντες οἱ παῖδες αὐτοῦ παρειστήκεισαν αὐτῷ. Καὶ εἶπε Σαοὺλ πρὸς 7 τοὺς παῖδας αὐτοῦ τοὺς παρεστηκότας αὐτῷ, ἀκούσατε δὴ υἱοὶ Βενιαμὶν, εἰ ἀληθῶς πᾶσιν ὑμῖν δώσει ὁ υἱὸς Ἰεσσαὶ ἀγροὺς καὶ ἀμπελῶνας, καὶ πάντας ὑμᾶς τάξει ἑκατοντάρχους καὶ χιλιάρχους, ὅτι σύγκεισθε πάντες ὑμεῖς ἐπ᾽ ἐμὲ, καὶ οὐκ ἔστιν 8 ὁ ἀποκαλύπτων τὸ ὠτίον μου, ἐν τῷ διαθέσθαι τὸν υἱόν μου διαθήκην μετὰ τοῦ υἱοῦ Ἰεσσαὶ, καὶ οὐκ ἔστι πονῶν περὶ ἐμοῦ ἐξ ὑμῶν, καὶ ἀποκαλύπτων τὸ ὠτίον μου, ὅτι ἐπήγειρεν ὁ υἱός μου τὸν δοῦλόν μου ἐπ᾽ ἐμὲ εἰς ἐχθρὸν, ὡς ἡ ἡμέρα αὕτη;

β Gr. taken.　　γ Alex. + behind the ephod (or shoulder-piece)—so the Heb.　　δ Gr. put.　　ζ Gr. or man epileptic.
θ Gr. the face of the king.　　λ Gr. labours.

9 Καὶ ἀποκρίνεται Δωὴκ ὁ Σύρος ὁ καθεστηκὼς ἐπὶ τὰς ἡμιόνους Σαοὺλ, καὶ εἶπεν, ἑώρακα τὸν υἱὸν Ἰεσσαὶ παραγινόμενον

10 εἰς Νομβᾶ πρὸς Ἀβιμέλεχ υἱὸν Ἀχιτὼβ τὸν ἱερέα. Καὶ ἠρώτα αὐτῷ διὰ τοῦ Θεοῦ, καὶ ἐπισιτισμὸν ἔδωκεν αὐτῷ, καὶ τὴν ῥομφαίαν Γολιὰθ τοῦ ἀλλοφύλου ἔδωκεν αὐτῷ.

11 Καὶ ἀπέστειλεν ὁ βασιλεὺς καλέσαι τὸν Ἀβιμέλεχ υἱὸν Ἀχιτὼβ καὶ πάντας τοὺς υἱοὺς τοῦ πατρὸς αὐτοῦ τοὺς ἱερεῖς τοὺς ἐν Νομβᾶ· καὶ παρεγένοντο πάντες πρὸς τὸν βασιλέα.

12 Καὶ εἶπε Σαούλ, ἄκουε δὴ υἱὲ Ἀχιτώβ· καὶ εἶπεν, ἰδοὺ ἐγώ,

13 λάλει κύριε. Καὶ εἶπεν αὐτῷ Σαούλ, ἱνατί συνέθου κατ᾽ ἐμοῦ σὺ καὶ ὁ υἱὸς Ἰεσσαὶ, δοῦναί σε αὐτῷ ἄρτον καὶ ῥομφαίαν, καὶ ἐρωτᾶν αὐτῷ διὰ τοῦ Θεοῦ, θέσθαι αὐτὸν ἐπ᾽ ἐμὲ εἰς ἐχθρὸν, ὡς

14 ἡ ἡμέρα αὕτη; Καὶ ἀπεκρίθη τῷ βασιλεῖ, καὶ εἶπε, καὶ τίς ἐν πᾶσι τοῖς δούλοις σου ὡς Δαυὶδ πιστὸς, καὶ γαμβρὸς τοῦ βασιλέως, καὶ ἄρχων παντὸς παραγγέλματός σου, καὶ ἔνδοξος

15 ἐν τῷ οἴκῳ σου; Ἢ σήμερον ἦργμαι ἐρωτᾶν αὐτῷ διὰ τοῦ Θεοῦ; μηδαμῶς· μὴ δότω ὁ βασιλεὺς κατὰ τοῦ δούλου αὐτοῦ λόγον, καὶ ἐφ᾽ ὅλον τὸν οἶκον τοῦ πατρός μου, ὅτι οὐκ ᾔδει ὁ δοῦλός σου ἐν πᾶσι τούτοις ῥῆμα μικρὸν, ἢ μέγα.

16 Καὶ εἶπεν ὁ βασιλεὺς Σαούλ, θανάτῳ ἀποθανῇ Ἀβιμέλεχ

17 σὺ, καὶ πᾶς ὁ οἶκος τοῦ πατρός σου. Καὶ εἶπεν ὁ βασιλεὺς τοῖς παρατρέχουσι τοῖς ἐφεστηκόσι πρὸς αὐτὸν, προσαγάγετε καὶ θανατοῦτε τοὺς ἱερεῖς τοῦ Κυρίου, ὅτι ἡ χεὶρ αὐτῶν μετὰ Δαυὶδ, καὶ ὅτι ἔγνωσαν ὅτι φεύγει αὐτὸς, καὶ οὐκ ἀπεκάλυψαν τὸ ὠτίον μου· καὶ οὐκ ἐβουλήθησαν οἱ παῖδες τοῦ βασιλέως ἐπενεγκεῖν τὰς χεῖρας αὐτῶν ἀπαντῆσαι εἰς τοὺς ἱερεῖς Κυρίου.

18 Καὶ εἶπεν ὁ βασιλεὺς τῷ Δωὴκ, ἐπιστρέφου σὺ, καὶ ἀπάντα εἰς τοὺς ἱερεῖς· καὶ ἐπεστράφη Δωὴκ ὁ Σύρος, καὶ ἐθανάτωσε τοὺς ἱερεῖς τοῦ Κυρίου ἐν τῇ ἡμέρᾳ ἐκείνῃ, τριακοσίους καὶ

19 πέντε ἄνδρας, πάντας αἴροντας ἐφούδ. Καὶ τὴν Νομβᾶ τὴν πόλιν τῶν ἱερέων ἐπάταξεν ἐν στόματι ῥομφαίας ἀπὸ ἀνδρὸς ἕως γυναικὸς, ἀπὸ νηπίου ἕως θηλάζοντος, καὶ μόσχου καὶ ὄνου, καὶ προβάτου.

20 Καὶ διασώζεται υἱὸς εἷς τῷ Ἀβιμέλεχ υἱῷ Ἀχιτὼβ, καὶ

21 ὄνομα αὐτῷ Ἀβιάθαρ, καὶ ἔφυγεν ὀπίσω Δαυίδ. Καὶ ἀπήγγειλεν Ἀβιάθαρ τῷ Δαυίδ, ὅτι ἐθανάτωσε Σαοὺλ πάντας τοὺς

22 ἱερεῖς τοῦ Κυρίου. Καὶ εἶπε Δαυὶδ τῷ Ἀβιάθαρ, ᾔδειν ὅτι ἐν τῇ ἡμέρᾳ ἐκείνῃ, ὅτι Δωὴκ ὁ Σύρος ὅτι ἀπαγγέλλων ἀπαγγελεῖ τῷ Σαούλ· ἐγώ εἰμι αἴτιος τῶν ψυχῶν οἴκου τοῦ πατρός σου.

23 Κάθου μετ᾽ ἐμοῦ· μὴ φοβοῦ, ὅτι οὗ ἐὰν ζητῶ τῇ ψυχῇ μου τόπον, ζητήσω καὶ τῇ ψυχῇ σου, ὅτι πεφύλαξαι σὺ παρ᾽ ἐμοί.

23 Καὶ ἀπηγγέλη τῷ Δαυὶδ, λέγοντες, ἰδοὺ οἱ ἀλλόφυλοι πολεμοῦσιν ἐν τῇ Κεϊλὰ, καὶ αὐτοὶ διαρπάζουσι, καταπατοῦσι τοὺς

2 ἄλω. Καὶ ἐπηρώτησε Δαυὶδ διὰ τοῦ Κυρίου, λέγων, εἰ πορευθῶ, καὶ πατάξω τοὺς ἀλλοφύλους τούτους; καὶ εἶπε Κύριος, πορεύου, καὶ πατάξεις ἐν τοῖς ἀλλοφύλοις τούτοις, καὶ σώσεις

3 τὴν Κεϊλά. Καὶ εἶπον οἱ ἄνδρες τοῦ Δαυὶδ πρὸς αὐτὸν, ἰδοὺ ἡμεῖς ἐνταῦθα ἐν τῇ Ἰουδαίᾳ φοβούμεθα, καὶ πῶς ἔσται ἐὰν πορευθῶμεν εἰς Κεϊλὰ, εἰς τὰ σκῦλα τῶν ἀλλοφύλων εἰσπορευ-

4 σόμεθα; Καὶ προσέθετο Δαυὶδ ἔτι ἐπερωτῆσαι διὰ τοῦ Κυρίου·

---

9 And Doec the Syrian who was over the mules of Saul βanswered and said, I saw the son of Jessæ as he came to Nomba to Abimelech son of Achitob the priest. 10 And the priest enquired of God for him, and gave him provisions, and gave him the sword of Goliath the Philistine.

11 And the king sent to call Abimelech son of Achitob and all his father's sons, the priests that were in Nomba; and they all came to the king. 12 And Saul said, Hear now, thou son of Achitob. And he said, Lo! I am here, speak, my lord. 13 And Saul said to him, Why have thou and the son of Jessæ conspired against me, that thou shouldest give him bread and a sword, and shouldest enquire of God for him, to raise him up against me as an enemy, as he is this day? 14 And he answered the king, and said, And who is there among all thy servants faithful as David, and he is a son-in-law of the king, and he is executor of all thy commands, and is honourable in thy house? 15 Have I begun to-day to enquire of God for him? by no means: let not the king bring a charge against his servant, and against the whole of my father's house; for thy servant knew not in all these matters anything great or small.

16 And king Saul said, Thou shalt surely die, Abimelech, thou, and all thy father's house. 17 And the king said to the footmen that attended on him, Draw nigh and slay the priests of the Lord, because their hand is with David, and because they knew that he γfled, and they did not inform me. But the servants of the king would not lift their hands to fall upon the priests of the Lord. 18 And the king said to Doec, Turn thou, and fall upon the priests: and Doec the Syrian turned, and slew the priests of the Lord in that day, three hundred and five men, all wearing δan ephod. 19 And he smote Nomba the city of the priests with the edge of the sword, both man and woman, infant and suckling, and calf, and ox, and sheep.

20 And one son of Abimelech son of Achitob escapes, and his name was Abiathar, and he fled after David. 21 And Abiathar told David that Saul had slain all the priests of the Lord. 22 And David said to Abiathar, I knew it in that day, that Doec the Syrian would surely tell Saul: I am guilty of the ζdeath of the house of thy father. 23 Dwell with me; fear not, for wherever I shall seek a place of safety for my life, I will also seek a place for thy life, for thou art safely guarded while with me.

And it was told David, saying, Behold, the Philistines war in Keila, and they rob, they trample on the threshing-floors. 2 And David enquired of the Lord, saying, Shall I go and smite these Philistines? And the Lord said, Go, and thou shalt smite these Philistines, and shalt save Keila. 3 And the men of David said to him, Behold, we are afraid here in Judea, and how shall it be if we go to Keila? shall we go after the spoils of the Philistines? 4 And David enquired

---

β Gr. answers. γ Gr. flees. δ Alex. a linen ephod. ζ Gr. souls or lives.

yet again of the Lord; and the Lord answered him, and said to him, Arise and go down to Keila, for I will deliver the Philistines into thy hands. ⁵ So David and his men with him went to Keila, and fought with the Philistines; and they fled from before him, and he carried off their cattle, and smote them with a great slaughter, and David rescued the inhabitants of Keila. ⁶ And it came to pass when Abiathar the son of Achimelech fled to David, that he went down with David to Keila, having an ephod in his hand.

⁷ And it was told Saul that David was come to Keila: and Saul said, God has sold him into my hands, for he is shut up, having entered into a city that has gates and bars. ⁸ And Saul charged all the people to go down to war to Keila, to besiege David and his men. ⁹ And David knew that Saul *β* spoke openly of mischief against him: and David said to Abiathar the priest, Bring the ephod of the Lord. ¹⁰ And David said, Lord God of Israel, thy servant has indeed heard, that Saul seeks to come against Keila to destroy the city on my account. ¹¹ Will *the place* be *γ* shut up? and now will Saul come down, as thy servant has heard? Lord God of Israel, tell thy servant. *δ* And the Lord said, It will be shut up.

¹³ And David arose, and the men with him, in number about four hundred, and they went forth from Keila, and went whithersoever they could go: and it was told Saul that David had escaped from Keila, and he forbore to come. ¹⁴ And he dwelt in Maserem in the wilderness, in the narrow *passes*; and dwelt in the wilderness in mount Ziph, in the dry country. And Saul sought him continually, but the Lord delivered him not into his hands. ¹⁵ And David perceived that Saul went forth to seek David; and David was in the dry mountain in the *ζ* New Ziph.

¹⁶ And Jonathan son of Saul rose, and went to David to Cæne, and strengthened his hands in the Lord. ¹⁷ And he said to him, Fear not, for the hand of Saul my father shall not find thee; and thou shalt be king over Israel, and I shall be second to thee; and Saul my father knows it. ¹⁸ So they both made a covenant before the Lord; and David dwelt in Cæne, and Jonathan went to his home.

¹⁹ And the Ziphites came up out of the dry country to Saul to the hill, saying, Behold, is not David hidden with us in Messara, in the narrows in Cæne in the hill of Echela, which is on the right of Jessæmon? ²⁰ And now *according to* all the king's desire to come down, let him come down to us; they have shut him up into the hands of the king. ²¹ And Saul said to them, Blessed *be* ye of the Lord, for ye have been grieved on my account. ²² Go, I pray you, and make preparations yet, and notice his place where his foot shall be, quickly, in that place which ye spoke of, lest by any means he should deal craftily. ²³ Take notice, then, and learn, and I will go with you; and it shall come to pass that if he is in the land, I will search him out among all the thousands of Juda.

καὶ ἀπεκρίθη αὐτῷ Κύριος, καὶ εἶπεν αὐτῷ, ἀνάστηθι καὶ κατάβηθι εἰς Κεϊλὰ, ὅτι ἐγὼ παραδίδωμι τοὺς ἀλλοφύλους εἰς χεῖράς σου. Καὶ ἐπορεύθη Δαυὶδ καὶ οἱ ἄνδρες οἱ μετ᾽ αὐτοῦ εἰς 5 Κεϊλὰ, καὶ ἐπολέμησε τοῖς ἀλλοφύλοις· καὶ ἔφυγον ἐκ προσώπου αὐτοῦ, καὶ ἀπήγαγε τὰ κτήνη αὐτῶν, καὶ ἐπάταξεν ἐν αὐτοῖς πληγὴν μεγάλην, καὶ ἔσωσε Δαυὶδ τοὺς κατοικοῦντας Κεϊλά. Καὶ ἐγένετο ἐν τῷ φεύγειν Ἀβιάθαρ υἱὸν Ἀχιμέλεχ 6 πρὸς Δαυὶδ, καὶ αὐτὸς μετὰ Δαυὶδ εἰς Κεϊλὰ κατέβη ἔχων ἐφοὺδ ἐν τῇ χειρὶ αὐτοῦ.

Καὶ ἀπηγγέλη τῷ Σαοὺλ, ὅτι ἥκει ὁ Δαυὶδ εἰς Κεϊλά· καὶ 7 εἶπε Σαοὺλ, πέπρακεν αὐτὸν ὁ Θεὸς εἰς τὰς χεῖράς μου, ὅτι ἀποκέκλεισται εἰσελθὼν εἰς πόλιν θυρῶν καὶ μοχλῶν. Καὶ 8 παρήγγειλε Σαοὺλ παντὶ τῷ λαῷ καταβαίνειν εἰς πόλεμον εἰς Κεϊλὰ, συνέχειν τὸν Δαυὶδ καὶ τοὺς ἄνδρας αὐτοῦ. Καὶ ἔγνω 9 Δαυὶδ, ὅτι οὐ παρασιωπᾷ Σαοὺλ περὶ αὐτοῦ τὴν κακίαν· καὶ εἶπε Δαυὶδ πρὸς Ἀβιάθαρ τὸν ἱερέα, προσάγαγε τὸ ἐφοὺδ Κυρίου. Καὶ εἶπε Δαυὶδ, Κύριε ὁ Θεὸς Ἰσραὴλ, ἀκούων 10 ἀκήκοεν ὁ δοῦλός σου, ὅτι ζητεῖ Σαοὺλ ἐλθεῖν ἐπὶ Κεϊλὰ διαφθεῖραι τὴν πόλιν δι᾽ ἐμέ. Εἰ ἀποκλεισθήσεται; καὶ νῦν 11 εἰ καταβήσεται Σαοὺλ, καθὼς ἤκουσεν ὁ δοῦλός σου; Κύριε ὁ Θεὸς Ἰσραὴλ ἀπάγγειλον τῷ δούλῳ σου· καὶ εἶπε Κύριος, ἀποκλεισθήσεται.

Καὶ ἀνέστη Δαυὶδ καὶ οἱ ἄνδρες οἱ μετ᾽ αὐτοῦ ὡς τετρακό- 13 σιοι, καὶ ἐξῆλθον ἐκ Κεϊλὰ, καὶ ἐπορεύοντο οὗ ἐὰν ἐπορεύοντο· καὶ τῷ Σαοὺλ ἀπηγγέλη, ὅτι διασέσωσται Δαυὶδ ἐκ Κεϊλὰ, καὶ ἀνῆκε τοῦ ἐλθεῖν. Καὶ ἐκάθισεν ἐν Μασερὲμ ἐν τῇ ἐρήμῳ ἐν 14 τοῖς στενοῖς, καὶ ἐκάθετο ἐν τῇ ἐρήμῳ ἐν τῷ ὄρει Ζὶφ, ἐν τῇ γῇ τῇ αὐχμώδει· καὶ ἐζήτει αὐτὸν Σαοὺλ πάσας τὰς ἡμέρας, καὶ οὐ παρέδωκεν αὐτὸν Κύριος εἰς τὰς χεῖρας αὐτοῦ. Καὶ 15 εἶδε Δαυὶδ, ὅτι ἐξέρχεται Σαοὺλ τοῦ ζητεῖν τὸν Δαυὶδ· καὶ Δαυὶδ ἦν ἐν τῷ ὄρει τῷ αὐχμώδει ἐν τῇ Καινῇ Ζίφ.

Καὶ ἀνέστη Ἰωνάθαν υἱὸς Σαοὺλ καὶ ἐπορεύθη πρὸς Δαυὶδ 16 εἰς Καινὴν, καὶ ἐκραταίωσε τὰς χεῖρας αὐτοῦ ἐν Κυρίῳ, καὶ 17 εἶπε πρὸς αὐτὸν, μὴ φοβοῦ, ὅτι οὐ μὴ εὕρῃ σε ἡ χεὶρ Σαοὺλ τοῦ πατρός μου, καὶ σὺ βασιλεύσεις ἐπὶ Ἰσραὴλ, καὶ ἐγὼ ἔσομαί σοι εἰς δεύτερον, καὶ Σαοὺλ ὁ πατήρ μου οἶδεν οὕτως. Καὶ διέθεντο ἀμφότεροι διαθήκην ἐνώπιον Κυρίου· καὶ ἐκάθητο 18 Δαυὶδ ἐν Καινῇ, καὶ Ἰωνάθαν ἀπῆλθεν εἰς οἶκον αὐτοῦ.

Καὶ ἀνέβησαν οἱ Ζιφαῖοι ἐκ τῆς αὐχμώδους πρὸς Σαοὺλ ἐπὶ 19 τὸν βουνὸν, λέγοντες, οὐκ ἰδοὺ Δαυὶδ κέκρυπται παρ᾽ ἡμῖν ἐν Μεσσαρὰ ἐν τοῖς στενοῖς ἐν τῇ Καινῇ ἐν τῷ βουνῷ τοῦ Ἐχελᾶ τοῦ ἐκ δεξιῶν τοῦ Ἰεσσαιμοῦ; Καὶ νῦν πᾶν τὸ πρὸς ψυχὴν 20 τοῦ βασιλέως εἰς κατάβασιν, καταβαινέτω πρὸς ἡμᾶς· κεκλείκασιν αὐτὸν εἰς τὰς χεῖρας τοῦ βασιλέως. Καὶ εἶπεν αὐτοῖς 21 Σαοὺλ, εὐλογημένοι ὑμεῖς τῷ Κυρίῳ, ὅτι ἐπονέσατε περὶ ἐμοῦ. Πορεύθητε δὴ καὶ ἑτοιμάσατε ἔτι, καὶ γνῶτε τὸν τόπον αὐτοῦ 22 οὗ ἔσται ὁ πούς αὐτοῦ ἐν τάχει ἐκεῖ οὗ εἴπατε, μή ποτε πανουργεύσηται. Καὶ ἴδετε καὶ γνῶτε, καὶ πορεύσομαι μεθ᾽ ὑμῶν· 23 καὶ ἔσται εἰ ἔστιν ἐπὶ τῆς γῆς, καὶ ἐξερευνήσω αὐτὸν ἐν πάσαις χιλιάσιν Ἰούδα.

β Gr. is not silent concerning.   *γ* i. e. besieged.   *δ* Verse 12 is here supplied by *Alex.*   *ζ* The Hebrew חרש has here been read as if חדש.

24 Καὶ ἀνέστησαν οἱ Ζιφαῖοι, καὶ ἐπορεύθησαν ἔμπροσθεν Σαούλ· καὶ Δαυὶδ καὶ οἱ ἄνδρες αὐτοῦ ἐν τῇ ἐρήμῳ τῇ Μαὼν καθ᾿ ἑσπέραν ἐκ δεξιῶν τοῦ Ἰεσσαιμοῦ.

25 Καὶ ἐπορεύθη Σαοὺλ καὶ οἱ ἄνδρες αὐτοῦ ζητεῖν αὐτόν· καὶ ἀπήγγειλαν τῷ Δαυίδ, καὶ κατέβη εἰς τὴν πέτραν τὴν ἐν τῇ ἐρήμῳ Μαών· καὶ ἤκουσε Σαούλ, καὶ κατεδίωξεν ὀπίσω
26 Δαυὶδ εἰς τὴν ἔρημον Μαών. Καὶ πορεύονται Σαοὺλ καὶ οἱ ἄνδρες αὐτοῦ ἐκ μέρους τοῦ ὄρους ἐκ τούτου, καὶ ἦν Δαυὶδ καὶ οἱ ἄνδρες αὐτοῦ ἐκ μέρους τοῦ ὄρους ἐκ τούτου· καὶ ἦν Δαυὶδ σκεπαζόμενος πορεύεσθαι ἀπὸ προσώπου Σαούλ· καὶ Σαοὺλ καὶ οἱ ἄνδρες αὐτοῦ παρενέβαλον ἐπὶ Δαυὶδ καὶ τοὺς ἄνδρας αὐτοῦ, συλλαβεῖν αὐτούς.

27 Καὶ πρὸς Σαοὺλ ἦλθεν ἄγγελος, λέγων, σπεῦδε καὶ δεῦρο,
28 ὅτι ἀλλόφυλοι ἐπέθεντο ἐπὶ τὴν γῆν. Καὶ ἀνέστρεψε Σαοὺλ μὴ καταδιώκειν ὀπίσω Δαυίδ, καὶ ἐπορεύθη εἰς συνάντησιν τῶν ἀλλοφύλων· διὰ τοῦτο ἐπεκλήθη ὁ τόπος ἐκεῖνος, πέτρα ἡ μερισθεῖσα.

24 Καὶ ἀνέστη Δαυὶδ ἐκεῖθεν, καὶ ἐκάθισεν ἐν τοῖς στενοῖς
2 Ἐγγαδδί. Καὶ ἐγενήθη ὡς ἀνέστρεψε Σαοὺλ ἀπὸ ὄπισθεν τῶν ἀλλοφύλων, καὶ ἀπηγγέλη αὐτῷ, λεγόντων, ὅτι Δαυὶδ ἐν τῇ
3 ἐρήμῳ Ἐγγαδδί. Καὶ ἔλαβε μεθ᾿ ἑαυτοῦ τρεῖς χιλιάδας ἀνδρῶν ἐκλεκτοὺς ἐκ παντὸς Ἰσραήλ, καὶ ἐπορεύθη ζητεῖν τὸν
4 Δαυὶδ καὶ τοὺς ἄνδρας αὐτοῦ ἐπὶ πρόσωπον Σαδδαίεμ. Καὶ ἦλθεν εἰς τὰς ἀγέλας τῶν ποιμνίων τὰς ἐπὶ τῆς ὁδοῦ, καὶ ἦν ἐκεῖ σπήλαιον· καὶ Σαοὺλ εἰσῆλθε παρασκευάσασθαι· καὶ Δαυὶδ καὶ οἱ ἄνδρες αὐτοῦ ἐσώτερον τοῦ σπηλαίου ἐκάθηντο.
5 Καὶ εἶπον οἱ ἄνδρες Δαυὶδ πρὸς αὐτόν, ἰδοὺ ἡ ἡμέρα αὕτη, ἣν εἶπε Κύριος πρὸς σὲ παραδοῦναι τὸν ἐχθρόν σου εἰς τὰς χεῖράς σου, καὶ ποιήσεις αὐτῷ ὡς ἀγαθὸν ἐν ὀφθαλμοῖς σου· καὶ ἀνέστη Δαυίδ, καὶ ἀφεῖλε τὸ πτερύγιον τῆς διπλοΐδος τοῦ Σαοὺλ λαθραίως.
6 Καὶ ἐγενήθη μετὰ ταῦτα, καὶ ἐπάταξε καρδία Δαυὶδ αὐτόν,
7 ὅτι ἀφεῖλε τὸ πτερύγιον τῆς διπλοΐδος αὐτοῦ. Καὶ εἶπε Δαυὶδ πρὸς τοὺς ἄνδρας αὐτοῦ, μηδαμῶς μοι παρὰ Κυρίου, εἰ ποιήσω τὸ ῥῆμα τοῦτο τῷ κυρίῳ μου τῷ χριστῷ Κυρίου, ἐπενέγκαι
8 χεῖρά μου ἐπ᾿ αὐτόν, ὅτι χριστὸς Κυρίου ἐστὶν οὗτος. Καὶ ἔπεισε Δαυὶδ τοὺς ἄνδρας αὐτοῦ ἐν λόγοις, καὶ οὐκ ἔδωκεν αὐτοῖς ἀναστάντας θῦσαι τὸν Σαούλ· καὶ ἀνέστη Σαοὺλ καὶ κατέβη τὴν ὁδόν.
9 Καὶ ἀνέστη Δαυὶδ ὀπίσω αὐτοῦ ἐκ τοῦ σπηλαίου· καὶ ἐβόησε Δαυὶδ ὀπίσω Σαούλ, λέγων, κύριε βασιλεῦ· καὶ ἐπέβλεψε Σαοὺλ εἰς τὰ ὀπίσω αὐτοῦ, καὶ ἔκυψε Δαυὶδ ἐπὶ πρόσωπον αὐτοῦ ἐπὶ τὴν γῆν, καὶ προσεκύνησεν αὐτῷ.
10 Καὶ εἶπε Δαυὶδ πρὸς Σαούλ, ἱνατί ἀκούεις τῶν λόγων τοῦ
11 λαοῦ, λεγόντων, ἰδοὺ Δαυὶδ ζητεῖ τὴν ψυχήν σου; Ἰδοὺ ἐν τῇ ἡμέρᾳ ταύτῃ ἑωράκασιν οἱ ὀφθαλμοί σου ὡς παρέδωκέ σε Κύριος σήμερον εἰς χεῖράς μου ἐν τῷ σπηλαίῳ, καὶ οὐκ ἠβουλήθην ἀποκτεῖναί σε, καὶ ἐφεισάμην σου, καὶ εἶπα, οὐκ ἐποίσω χεῖρά
12 μου ἐπὶ κύριόν μου, ὅτι χριστὸς Κυρίου οὗτός ἐστι. Καὶ ἰδοὺ τὸ πτερύγιον τῆς διπλοΐδος σου ἐν τῇ χειρί μου, ἐγὼ ἀφήρηκα

---

²⁴ And the Ziphites arose, and went before Saul: and David and his men *were* in the wilderness of Maon, westward, to the right of Jessæmon.

²⁵ And Saul and his men went to seek him: and they brought word to David, and he went down to the rock that was in the wilderness of Maon: and Saul heard, and followed after David to the wilderness of Maon. ²⁶ And Saul and his men go on one side of the mountain, and David and his men are on the other side of the mountain: and David was hiding himself to escape from Saul: and Saul and his men encamped against David and his men, in order to take them.

²⁷ And there came a messenger to Saul, saying, Haste thee, and come hither, for the Philistines have invaded the land. ²⁸ So Saul returned from following after David, and went to meet the Philistines: therefore that place was called The divided Rock.

And David rose up from thence, and dwelt in the narrow passes of Engaddi. ² And it came to pass when Saul returned from pursuing after the Philistines, that it was reported to him, saying, David *is* in the wilderness of Engaddi. ³ And he took with him three thousand men, chosen out of all Israel, and went to seek David and his men in front of Saddæem. ⁴ And he came to the flocks of sheep that were by the way, and there was a cave there; and Saul went in to make preparation, and David and his men were sitting in the inner part of the cave. ⁵ And the men of David said to him, Behold, this *is* the day of which the Lord spoke to thee, that he would deliver thine enemy into thy hands; and thou shalt do to him as *it is* good in thy sight. So David arose and ^βcut off the skirt of Saul's garment secretly.

⁶ And it came to pass after this that David's heart smote him, because he had cut off the skirt of his garment. ⁷ And David said to his men, The Lord forbid it me, that I should do this thing to my lord the anointed of the Lord, to lift my hand against him; for he is the anointed of the Lord. ⁸ So David persuaded his men by *his* words, and did not suffer them to arise and slay Saul: and Saul arose and went his way.

⁹ And David rose up *and went* after him out of the cave: and David cried after Saul, saying, My lord, O king! and Saul looked behind him, and David ^γbowed with his face to the ground, and did obeisance to him.

¹⁰ And David said to Saul, Why dost thou hearken to the words of the people, saying, Behold, David seeks thy life? ¹¹ Behold, thine eyes have seen this day how that the Lord has delivered thee this day into my hands in the cave; and I would not slay thee, but spared thee, and said, I will not lift up my hand against my lord, for he is the Lord's anointed. ¹² And behold, the skirt of thy mantle *is* in my hand, I cut off

---

β *Gr.* took away.   γ *Gr.* stooped.

the skirt, and did not slay thee: know then and see to-day, there is no evil in my hand, nor impiety, nor rebellion; and I have not sinned against thee, yet thou β layest snares for my soul to take it. ¹³ The Lord judge between me and thee, and the Lord requite thee on thyself: but my hand shall not be upon thee. ¹⁴ As the old proverb γ says, Transgression will proceed from the wicked ones: but my hand shall not be upon thee. ¹⁵ And now after whom dost thou come forth, O king of Israel? after whom dost thou pursue? after a dead dog, and after a flea? ¹⁶ The Lord be judge and umpire between me and thee, the Lord look upon and judge my cause, and rescue me out of thy hand.

¹⁷ And it came to pass when David had finished speaking these words to Saul, that Saul said, Is this thy voice, son David? and Saul lifted up his voice, and wept. ¹⁸ And Saul said to David, Thou art more righteous than I, for thou hast recompensed me good, but I have recompensed thee evil. ¹⁹ And thou hast told me to-day what good thou hast done me, how the Lord shut me up into thy hands to-day, and thou didst not slay me. ²⁰ And if any one should find his enemy in distress, and should send him forth in a good way, then the Lord will reward him good, as thou hast done this day. ²¹ And now, behold, I know that thou shalt surely reign, and the kingdom of Israel shall be established in thy hand. ²² Now then swear to me by the Lord, that thou wilt not destroy my seed after me, that thou wilt not blot out my name from the house of my father. ²³ So David swore to Saul: and Saul departed to his place, and David and his men went up to δ the strong-hold of Messera.

And Samuel died, and all Israel ς assembled, and bewailed him, and they bury him in his house in θ Armathaim: and David arose, and went down to the wilderness of λ Maon.

² And there was a man in Maon, and his flocks were in Carmel, and he was a very great man; and he had μ three thousand sheep, and a thousand she-goats: and he happened to be shearing his flock in Carmel. ³ And the man's name was Nabal, and his wife's name was Abigaia: and his wife was of good understanding and very beautiful in person: but the man was harsh and evil in his doings, and the man was churlish. ⁴ And David heard in the wilderness, that Nabal the Carmelite was shearing his sheep. ⁵ And David sent ten young men, and he said to the young men, Go up to Carmel, and go to Nabal, and ask him in my name ξ how he is. ⁶ And thus shall ye say, May thou and thy house seasonably prosper, and all thine be π in prosperity.

⁷ And now, behold, I have heard that thy shepherds who were with us in the wilderness are shearing ρ thy sheep, and we hindered them not, neither did we demand any thing from them all the time they were in Carmel. ⁸ Ask thy servants, and they will tell thee. Let then thy servants find grace in thine eyes, for we are come on a good

τὸ πτερύγιον, καὶ οὐκ ἀπέκταγκά σε· καὶ γνῶθι καὶ ἴδε σήμερον, ὅτι οὐκ ἔστι κακία ἐν τῇ χειρί μου οὐδὲ ἀσέβεια καὶ ἀθέτησις, καὶ οὐχ ἡμάρτηκα εἰς σὲ, καὶ σὺ δεσμεύεις τὴν ψυχήν μου λαβεῖν αὐτήν. Δικάσαι Κύριος ἀναμέσον ἐμοῦ καὶ σοῦ, 13 καὶ ἐκδικήσαι σοι Κύριος ἐκ σοῦ· καὶ ἡ χείρ μου οὐκ ἔσται ἐπὶ σὲ, καθὼς λέγεται ἡ παραβολὴ ἡ ἀρχαία, ἐξ ἀνόμων ἐξελεύ- 14 σεται πλημμέλεια· καὶ ἡ χείρ μου οὐκ ἔσται ἐπὶ σέ. Καὶ νῦν 15 ὀπίσω τίνος σὺ ἐκπορεύῃ βασιλεῦ Ἰσραήλ; ὀπίσω τίνος καταδιώκεις σύ; ὀπίσω κυνὸς τεθνηκότος, καὶ ὀπίσω ψύλλου ἑνός; Γένοιτο Κύριος εἰς κριτὴν καὶ δικαστὴν ἀναμέσον ἐμοῦ καὶ 16 ἀναμέσον σοῦ, ἴδοι Κύριος καὶ κρίναι τὴν κρίσιν μου, καὶ δικάσαι μοι ἐκ χειρός σου.

Καὶ ἐγένετο, ὡς συνετέλεσε Δαυὶδ τὰ ῥήματα ταῦτα λαλῶν 17 πρὸς Σαοὺλ, καὶ εἶπε Σαοὺλ, ἡ φωνή σου αὕτη, τέκνον Δαυίδ; καὶ ἦρε Σαοὺλ τὴν φωνὴν αὐτοῦ, καὶ ἔκλαυσε. Καὶ εἶπε 18 Σαοὺλ πρὸς Δαυὶδ, δίκαιος σὺ ὑπὲρ ἐμὲ, ὅτι σὺ ἀνταπέδωκάς μοι ἀγαθὰ, ἐγὼ δὲ ἀνταπέδωκά σοι κακά. Καὶ σὺ ἀπήγγειλάς 19 μοι σήμερον ἃ ἐποίησάς μοι ἀγαθὰ, ὡς ἀπέκλεισέ με Κύριος εἰς χεῖράς σου σήμερον, καὶ οὐκ ἀπέκτεινάς με. Καὶ ὅτι 20 εἰ εὕροι τις τὸν ἐχθρὸν αὐτοῦ ἐν θλίψει, καὶ ἐκπέμψοι αὐτὸν ἐν ὁδῷ ἀγαθῇ, καὶ Κύριος ἀποτίσει αὐτῷ ἀγαθὰ, καθὼς πεποίηκας σήμερον. Καὶ νῦν ἰδοὺ ἐγὼ γινώσκω, ὅτι βασιλεύων βασι- 21 λεύσεις, καὶ στήσεται ἐν χειρί σου ἡ βασιλεία Ἰσραήλ. Καὶ 22 νῦν ὄμοσόν μοι ἐν Κυρίῳ, ὅτι οὐκ ἐξολοθρεύσεις τὸ σπέρμα μου ὀπίσω μοῦ, οὐκ ἀφανιεῖς τὸ ὄνομά μου ἐκ τοῦ οἴκου τοῦ πατρός μου. Καὶ ὤμοσε Δαυὶδ τῷ Σαούλ· καὶ ἀπῆλθε 23 Σαοὺλ εἰς τὸν τόπον αὐτοῦ, καὶ Δαυὶδ καὶ οἱ ἄνδρες αὐτοῦ ἀνέβησαν εἰς τὴν Μεσσερὰ στενήν.

Καὶ ἀπέθανε Σαμουήλ, καὶ συναθροίζονται πᾶς Ἰσραὴλ, καὶ 25 κόπτονται αὐτὸν, καὶ θάπτουσιν αὐτὸν ἐν οἴκῳ αὐτοῦ ἐν Ἀρμαθαίμ· καὶ ἀνέστη Δαυὶδ, καὶ κατέβη εἰς τὴν ἔρημον Μαών.

Καὶ ἦν ἄνθρωπος ἐν τῇ Μαὼν, καὶ τὰ ποίμνια αὐτοῦ ἐν τῷ 2 Καρμήλῳ, καὶ ὁ ἄνθρωπος μέγας σφόδρα· καὶ τούτῳ ποίμνια τρισχίλια, καὶ αἶγες χίλιαι· καὶ ἐγενήθη ἐν τῷ κείρειν τὸ ποίμνιον αὐτοῦ ἐν τῷ Καρμήλῳ. Καὶ ὄνομα τῷ ἀνθρώπῳ Νάβαλ, 3 καὶ ὄνομα τῇ γυναικὶ αὐτοῦ Ἀβιγαία· καὶ ἡ γυνὴ αὐτοῦ ἀγαθὴ συνέσει καὶ ἀγαθὴ τῷ εἴδει σφόδρα· καὶ ὁ ἄνθρωπος σκληρὸς καὶ πονηρὸς ἐν ἐπιτηδεύμασι, καὶ ὁ ἄνθρωπος κυνικός. Καὶ 4 ἤκουσε Δαυὶδ ἐν τῇ ἐρήμῳ, ὅτι κείρει Νάβαλ ὁ Καρμήλιος τὸ ποίμνιον αὐτοῦ. Καὶ ἀπέστειλε Δαυὶδ δέκα παιδάρια, καὶ 5 εἶπε τοῖς παιδαρίοις, ἀνάβητε εἰς Κάρμηλον καὶ ἀπέλθατε πρὸς Νάβαλ, καὶ ἐρωτήσατε αὐτὸν ἐπὶ τῷ ὀνόματί μου εἰς εἰρήνην, καὶ ἐρεῖτε τάδε· εἰς ὥρας καὶ σὺ ὑγιαίνων καὶ ὁ οἶκός σου, καὶ 6 πάντα τὰ σὰ ὑγιαίνοντα.

Καὶ νῦν ἰδοὺ ἀκήκοα ὅτι κείρουσί σοι νῦν οἱ ποιμένες σου οἳ 7 ἦσαν μεθ' ἡμῶν ἐν τῇ ἐρήμῳ, καὶ οὐκ ἀπεκωλύσαμεν αὐτοὺς, καὶ οὐκ ἐνετειλάμεθα αὐτοῖς οὐθὲν πάσας τὰς ἡμέρας ὄντων αὐτῶν ἐν Καρμήλῳ. Ἐρώτησον τὰ παιδάριά σου, καὶ ἀπαγγελοῦσί σοι· 8 καὶ εὑρέτωσαν τὰ παιδάριά σου χάριν ἐν ὀφθαλμοῖς σου, ὅτι

β Gr. bindest my soul.   γ Gr. is said.   δ Gr. narrow Messera.   ζ Gr. assemble and bewail.

θ Heb. Ramah.   Alex. Rama.   λ Alex. Paran.   μ Lit. 3000 flocks; as we say in English, 3,000 troops, meaning men formed into troops.

ξ Gr. concerning peace.   π Gr. in health.   ρ Gr. for thee.

ἐφ᾽ ἡμέραν ἀγαθὴν ἤκομεν· δὸς δὴ ὃ ἐὰν εὕρῃ ἡ χείρ σου τῷ υἱῷ σου τῷ Δαυίδ.

9 Καὶ ἔρχονται τὰ παιδάρια, καὶ λαλοῦσι τοὺς λόγους τούτους πρὸς Νάβαλ κατὰ πάντα τὰ ῥήματα ταῦτα ἐν τῷ ὀνόματι

10 Δαυίδ· καὶ ἀνεπήδησε, καὶ ἀπεκρίθη Νάβαλ τοῖς παισὶ Δαυὶδ, καὶ εἶπε, τίς ὁ Δαυίδ, καὶ τίς ὁ υἱὸς Ἰεσσαί; σήμερον πεπληθυμένοι εἰσὶν οἱ δοῦλοι ἀναχωροῦντες ἕκαστος ἐκ προσ-

11 ώπου τοῦ κυρίου αὐτοῦ. Καὶ λήψομαι τοὺς ἄρτους μου καὶ τὸν οἶνόν μου καὶ τὰ θύματά μου ἃ τέθυκα τοῖς κείρουσί μου τὰ πρόβατα, καὶ δώσω αὐτὰ ἀνδράσιν, οἷς οὐκ οἶδα πόθεν

12 εἰσί; Καὶ ἀπεστράφησαν τὰ παιδάρια Δαυὶδ εἰς ὁδὸν αὐτῶν, καὶ ἀνέστρεψαν καὶ ἦλθον, καὶ ἀνήγγειλαν τῷ Δαυὶδ κατὰ τὰ

13 ῥήματα ταῦτα. Καὶ εἶπε Δαυὶδ τοῖς ἀνδράσιν αὐτοῦ, ζώσασθε ἕκαστος τὴν ῥομφαίαν αὐτοῦ· καὶ ἀνέβησαν ὀπίσω Δαυίδ, ὡς τετρακόσιοι ἄνδρες· καὶ οἱ διακόσιοι ἐκάθισαν μετὰ τῶν σκευῶν.

14 Καὶ τῇ Ἀβιγαίᾳ γυναικὶ Νάβαλ ἀπήγγειλεν ἓν τῶν παιδα- ρίων, λέγων, ἰδοὺ Δαυὶδ ἀπέστειλεν ἀγγέλους ἐκ τῆς ἐρήμου

15 εὐλογῆσαι τὸν κύριον ἡμῶν, καὶ ἐξέκλινεν ἀπ᾽ αὐτῶν. Καὶ οἱ ἄνδρες ἀγαθοὶ ἡμῖν σφόδρα, οὐκ ἀπεκώλυσαν ἡμᾶς, οὐδὲ ἐνετείλαντο ἡμῖν οὐδὲν πάσας τὰς ἡμέρας ἃς ἦμεν παρ᾽ αὐτοῖς.

16 Καὶ ἐν τῷ εἶναι ἡμᾶς ἐν ἀγρῷ, ὡς τεῖχος ἦσαν περὶ ἡμᾶς καὶ τὴν νύκτα καὶ τὴν ἡμέραν, πάσας τὰς ἡμέρας ἃς ἦμεν παρ᾽

17 αὐτοῖς ποιμαίνοντες τὸ ποίμνιον. Καὶ νῦν γνῶθι καὶ ἴδε σὺ τί ποιήσεις, ὅτι συντετέλεσται ἡ κακία εἰς τὸν κύριον ἡμῶν καὶ εἰς τὸν οἶκον αὐτοῦ· καὶ οὗτος υἱὸς λοιμὸς, καὶ οὐκ ἔστι λαλῆ- σαι πρὸς αὐτόν.

18 Καὶ ἔσπευσεν Ἀβιγαία καὶ ἔλαβε διακοσίους ἄρτους, καὶ δύο ἀγγεῖα οἴνου, καὶ πέντε πρόβατα πεποιημένα, καὶ πέντε οἰφὶ ἀλφίτου, καὶ γόμορ ἓν σταφίδος, καὶ διακοσίας παλάθας,

19 καὶ ἔθετο ἐπὶ τοὺς ὄνους. Καὶ εἶπε τοῖς παιδαρίοις αὐτῆς, προπορεύεσθε ἔμπροσθέν μου, καὶ ἰδοὺ, ἐγὼ ὀπίσω ὑμῶν

20 παραγίνομαι· καὶ τῷ ἀνδρὶ αὐτῆς οὐκ ἀπήγγειλε. Καὶ ἐγενήθη, αὐτῆς ἐπιβεβηκυίης ἐπὶ τὴν ὄνον καὶ καταβαινούσης ἐν σκέπῃ τοῦ ὄρους, καὶ ἰδοὺ Δαυὶδ καὶ οἱ ἄνδρες αὐτοῦ κατέβαινον εἰς

21 συνάντησιν αὐτῆς, καὶ ἀπήντησεν αὐτοῖς. Καὶ Δαυὶδ εἶπεν, ἴσως εἰς ἄδικον πεφύλακα πάντα τὰ αὐτοῦ ἐν τῇ ἐρήμῳ, καὶ οὐκ ἐνετειλάμεθα λαβεῖν ἐκ πάντων τῶν αὐτοῦ οὐθὲν, καὶ

22 ἀνταπέδωκέ μοι πονηρὰ ἀντὶ ἀγαθῶν. Τάδε ποιήσαι ὁ Θεὸς τῷ Δαυὶδ καὶ τάδε προσθείη, εἰ ὑπολείψομαι ἐκ πάντων τῶν τοῦ Νάβαλ ἕως πρωὶ οὐροῦντα πρὸς τοῖχον.

23 Καὶ εἶδεν Ἀβιγαία τὸν Δαυὶδ, καὶ ἔσπευσε καὶ κατεπήδησεν ἀπὸ τῆς ὄνου, καὶ ἔπεσεν ἐνώπιον Δαυὶδ ἐπὶ πρόσωπον αὐτῆς,

24 καὶ προσεκύνησεν αὐτῷ ἐπὶ τὴν γῆν ἐπὶ τοὺς πόδας αὐτοῦ, καὶ εἶπεν, ἐν ἐμοὶ κύριέ μου ἡ ἀδικία μου, λαλησάτω δὴ ἡ δούλη

25 σου εἰς τὰ ὦτά σου, καὶ ἄκουσον λόγων τῆς δούλης σου. Μὴ δὴ θέσθω ὁ κύριός μου καρδίαν αὐτοῦ ἐπὶ τὸν ἄνθρωπον τὸν λοιμὸν τοῦτον, ὅτι κατὰ τὸ ὄνομα αὐτοῦ οὗτός ἐστι· Νάβαλ ὄνομα αὐτῷ, καὶ ἀφροσύνη μετ᾽ αὐτοῦ· καὶ ἐγὼ ἡ δούλη σου οὐκ εἶδον τὰ παιδάρια τοῦ κυρίου μου ἃ ἀπέστειλας.

day; give, we pray thee, whatsoever thy hand may find, to thy son David.

[9] So the servants come and speak these words to Nabal, according to all these words in the name of David. [10] And Nabal sprang up, and answered the servants of David, and said, Who is David? and who is the son of Jesse? now-a-days there is abundance of servants who depart every one from his master. [11] And shall I take my bread, and my wine, and my [β] beasts that I have slain for [γ] my shearers, and shall I give them to men of whom I know not whence they are? [12] So the servants of David turned [δ] back, and returned, and came and reported to David according to these words. [13] And David said to his men, Gird on every man his sword.[ζ] And they went up after David, about four hundred men: and two hundred abode with the stuff.

[14] And one of the servants reported to Abigaia the wife of Nabal, saying, Behold, David sent messengers out of the wilderness to salute our lord; but he turned away from them. [15] And the men were very good to us; they did not hinder us, neither did they demand from us any thing all the days that we were with them. [16] And when we were in the field, they were as a wall round about us, both by night and by day, all the days that we were with them feeding the flock. [17] And now do thou consider, and see what thou wilt do; for mischief is de- termined against our lord and against his house; and he is a vile character, and one cannot speak to him.

[18] And Abigaia hasted, and took two hun- dred loaves, and two vessels of wine, and five sheep ready dressed, and five ephahs of fine flour, and one homer of dried grapes, and two hundred cakes of figs, and put them upon asses. [19] And she said to her servants, Go on before me, and behold I come after you: but she told not her husband. [20] And it came to pass when she had mounted her ass and was going down by the covert of the mountain, behold, David and his men came down to meet her, and she met them. [21] And David said, Perhaps I have kept all his pos- sessions in the wilderness that he should wrong me, and we did not order the taking any thing of all his goods; yet he has re- warded me evil for good. [22] So God do to David and more also, if I leave one male of all that belong to Nabal until the morning.

[23] And Abigaia saw David, and she hasted, and alighted from her ass; and she fell before David on her face, and did obeisance to him, bowing to the ground [24] [θ] even to his feet, and said, On me, my lord, be my wrong: let, I pray thee, thy servant speak in thine ears, and hear thou the words of thy ser- vant. [25] Let not my lord, I pray thee, take to heart this pestilent man, [λ] for according to his name, so is he; Nabal is his name, and folly is with him: but I thy handmaid saw not the servants of my lord whom thou didst send.

β Gr. slaying.   γ Gr. them that shear my sheep.   δ Gr. to their way.   ζ Alex. and Heb. + ʻand they girded on every man his sword, and David also girded on his sword.ʼ   θ Heb. and Alex. + ʻand she fell.ʼ   λ Heb. and Alex. + ʻeven Nabal.ʼ

26 And now, my lord, *as* the Lord lives, and thy soul lives, as the Lord has kept thee from coming against innocent blood, and β from executing vengeance for thyself, now therefore let thine enemies, and those that seek evil against my lord, become as Nabal. 27 And now accept this γ token of goodwill, which thy servant has brought to my lord, and thou shalt give it to the servants that wait on my lord. 28 Remove, I pray thee, the trespass of thy servant; for the Lord will surely make for my lord a sure house, for the Lord fights the battles of my lord, and there shall no evil be ever found in thee. 29 And *if* a man shall rise up persecuting thee and seeking thy life, yet shall the life of my lord be bound up in the bundle of life with the Lord God, and thou shalt whirl the life of thine enemies *as* in the midst of a sling. 30 And it shall be when the Lord shall have wrought for my lord all the good things he has spoken concerning thee, and shall appoint thee to be ruler over Israel; 31 then this shall not be an abomination and offence to my lord, to have shed innocent blood without cause, and for my lord to have avenged himself: and so may the Lord do good to my lord, and thou shalt remember thine handmaid to do her good.

32 And David said to Abigaia, Blessed *be* the Lord God of Israel, who sent thee this very day to meet me: 33 and blessed *be* thy conduct, and blessed *be* thou, who hast hindered me this very day from coming to shed blood, and from avenging myself. 34 But surely as the Lord God of Israel lives, who hindered me this day from doing thee harm, if thou hadst not hasted and come to meet me, then I said, There shall *surely* not be left to Nabal till the morning one male. 35 And David took of her hand all that she brought to him, and said to her, Go in peace to thy house: see, I have hearkened to thy voice, and accepted thy δ petition.

36 And Abigaia came to Nabal: and, behold, he had a banquet in his house, as the banquet of a king, and the heart of Nabal *was* merry ζ within him, and he *was* very drunken: and she told him nothing great or small till the morning light. 37 And it came to pass in the morning, when Nabal recovered from his wine, his wife told him these words; and his heart died within him, and he became as a stone. 38 And θ it came to pass after about ten days, that the Lord smote Nabal, and he died. 39 And David heard λ it and said, Blessed *be* the Lord, who has judged the cause of my reproach at the hand of Nabal, and has delivered his servant μ from the power of evil; and the Lord has returned the mischief of Nabal upon his own head.

And David sent and spoke concerning Abigaia, to take her to himself for a wife. 40 So the servants of David came to Abigaia to Carmel, and spoke to her, saying, David has sent us to thee, to take thee to himself for a wife. 41 And she arose, and did reverence with her face to the earth, and said, Behold, thy servant *is* for an handmaid to wash the feet of thy servants. 42 And Abigaia arose, and mounted her ass, and five

Καὶ νῦν κύριέ μου, ζῇ Κύριος καὶ ζῇ ἡ ψυχή σου, καθὼς 26 ἐκώλυσέ σε Κύριος τοῦ μὴ ἐλθεῖν εἰς αἷμα ἀθῷον, καὶ σώζειν τὴν χεῖρά σου σοί· καὶ νῦν γένοιντο ὡς Νάβαλ οἱ ἐχθροί σου καὶ οἱ ζητοῦντες τῷ κυρίῳ μου κακά. Καὶ νῦν λάβε τὴν 27 εὐλογίαν ταύτην, ἣν ἐνήνοχεν ἡ δούλη σου τῷ κυρίῳ μου, καὶ δώσεις τοῖς παιδαρίοις τοῖς παρεστηκόσι τῷ κυρίῳ μου. Ἆρον 28 δὴ τὸ ἀνόμημα τῆς δούλης σου, ὅτι ποιῶν ποιήσει Κύριος τῷ κυρίῳ μου οἶκον πιστόν, ὅτι πόλεμον κυρίου μου ὁ Κύριος πολεμεῖ, καὶ κακία οὐχ εὑρεθήσεται ἐν σοὶ πώποτε. Καὶ 29 ἀναστήσεται ἄνθρωπος καταδιώκων σε καὶ ζητῶν τὴν ψυχήν σου, καὶ ἔσται ψυχὴ κυρίου μου ἐνδεδεμένη ἐν δεσμῷ τῆς ζωῆς παρὰ Κυρίῳ τῷ Θεῷ, καὶ ψυχὴν ἐχθρῶν σου σφενδονήσεις ἐν μέσῳ τῆς σφενδόνης. Καὶ ἔσται ὅτε ποιήσῃ Κύριος τῷ κυρίῳ 30 μου πάντα ὅσα ἐλάλησεν ἀγαθὰ ἐπὶ σέ, καὶ ἐντελεῖταί σοι εἰς ἡγούμενον ἐπὶ Ἰσραήλ, καὶ οὐκ ἔσται σοι τοῦτο βδελυγμὸς 31 καὶ σκάνδαλον τῷ κυρίῳ μου, ἐκχέαι αἷμα ἀθῷον δωρεάν, καὶ σῶσαι χεῖρα κυρίῳ μου αὐτῷ· καὶ ἀγαθῶσαι Κύριος τῷ κυρίῳ μοῦ, καὶ μνησθήσῃ τῆς δούλης σου ἀγαθῶσαι αὐτῇ.

Καὶ εἶπε Δαυὶδ τῇ Ἀβιγαίᾳ, εὐλογητὸς Κύριος ὁ Θεὸς 32 Ἰσραήλ, ὃς ἀπέστειλέ σε σήμερον ἐν ταύτῃ εἰς ἀπάντησίν μοι, καὶ εὐλογητὸς ὁ τρόπος σου, καὶ εὐλογημένη σὺ ἡ ἀποκωλύ- 33 σασά με σήμερον ἐν ταύτῃ μὴ ἐλθεῖν εἰς αἵματα, καὶ σῶσαι χεῖρά μου ἐμοί. Πλὴν ὅτι ζῇ Κύριος ὁ Θεὸς Ἰσραήλ, ὃς 34 ἀπεκώλυσέ σε σήμερον τοῦ κακοποιῆσαί σε, ὅτι εἰ μὴ ἔσπευ- σας καὶ παρεγένου εἰς ἀπάντησίν μοι, τότε εἶπα, εἰ ὑπολειφθή- σεται τῷ Νάβαλ ἕως φωτὸς τοῦ πρωὶ οὐρῶν πρὸς τοῖχον. Καὶ ἔλαβε Δαυὶδ ἐκ χειρὸς αὐτῆς πάντα ἃ ἔφερεν αὐτῷ, καὶ 35 εἶπεν αὐτῇ, ἀνάβηθι εἰς εἰρήνην εἰς οἶκόν σου· βλέπε, ἤκουσα τῆς φωνῆς σου, καὶ ᾑρέτισα τὸ πρόσωπόν σου.

Καὶ παρεγενήθη Ἀβιγαία πρὸς Νάβαλ· καὶ ἰδοὺ αὐτῷ 36 πότος ἐν οἴκῳ αὐτοῦ, ὡς πότος βασιλέως· καὶ ἡ καρδία Νάβαλ ἀγαθὴ ἐπ᾽ αὐτόν· καὶ αὐτὸς μεθύων ἕως σφόδρα· καὶ οὐκ ἀπήγγειλεν αὐτῷ ῥῆμα μικρὸν ἢ μέγα ἕως φωτὸς τοῦ πρωί. Καὶ ἐγένετο πρωί, ὡς ἐξένηψεν ἀπὸ τοῦ οἴνου Νάβαλ, ἀπήγγει- 37 λεν ἡ γυνὴ αὐτοῦ τὰ ῥήματα ταῦτα· καὶ ἐναπέθανεν ἡ καρδία αὐτοῦ ἐν αὐτῷ, καὶ αὐτὸς γίνεται ὡς λίθος.

Καὶ ἐγένετο ὡσεὶ δέκα ἡμέραι, καὶ ἐπάταξε Κύριος τὸν 38 Νάβαλ, καὶ ἀπέθανε. Καὶ ἤκουσε Δαυίδ, καὶ εἶπεν, εὐλογητὸς 39 Κύριος, ὃς ἔκρινε τὴν κρίσιν τοῦ ὀνειδισμοῦ μου ἐκ χειρὸς Νάβαλ, καὶ τὸν δοῦλον αὐτοῦ περιεποιήσατο ἐκ χειρὸς κακῶν, καὶ τὴν κακίαν Νάβαλ ἀπέστρεψε Κύριος εἰς κεφαλὴν αὐτοῦ.

Καὶ ἀπέστειλε Δαυὶδ καὶ ἐλάλησε περὶ Ἀβιγαίας, λαβεῖν αὐτὴν ἑαυτῷ εἰς γυναῖκα. Καὶ ἦλθον οἱ παῖδες Δαυὶδ πρὸς 40 Ἀβιγαίαν εἰς Κάρμηλον, καὶ ἐλάλησαν αὐτῇ, λέγοντες, Δαυὶδ ἀπέστειλεν ἡμᾶς πρὸς σέ, λαβεῖν σε αὐτῷ εἰς γυναῖκα. Καὶ 41 ἀνέστη καὶ προσεκύνησεν ἐπὶ τὴν γῆν ἐπὶ πρόσωπον, καὶ εἶπεν, ἰδοὺ ἡ δούλη σου εἰς παιδίσκην νίψαι πόδας τῶν παίδων σου. Καὶ ἀνέστη Ἀβιγαία, καὶ ἐπέβη ἐπὶ τὴν ὄνον, καὶ πέντε 42

β *Gr.* saving thy hand for thyself.   γ *Gr.* blessing.   δ *Gr.* face.   ζ *Gr.* upon him.   θ *Gr.* there were about ten days, etc.
λ *Heb.* and *Alex.* insert ' that Nabal was dead.'   μ *Or,* from the hand of wicked men.

κοράσια ἠκολούθουν αὐτῇ, καὶ ἐπορεύθη ὀπίσω τῶν παίδων
43 Δαυὶδ, καὶ γίνεται αὐτῷ εἰς γυναῖκα. Καὶ τὴν Ἀχινάαμ ἔλαβε
44 Δαυὶδ ἐξ Ἰεζραὲλ, καὶ ἀμφότεραι ἦσαν αὐτῷ γυναῖκες. Καὶ
Σαοὺλ ἔδωκε Μελχὸλ τὴν θυγατέρα αὐτοῦ τὴν γυναῖκα Δαυὶδ
τῷ Φαλτὶ υἱῷ Ἀμὶς τῷ ἐκ Ῥομμά.

26 Καὶ ἔρχονται οἱ Ζιφαῖοι ἐκ τῆς αὐχμώδους πρὸς τὸν Σαοὺλ
εἰς τὸν βουνὸν, λέγοντες, ἰδοὺ Δαυὶδ σκεπάζεται μεθ᾽ ἡμῶν ἐν
2 τῷ βουνῷ τῷ Ἐχελὰ, κατὰ πρόσωπον τοῦ Ἰεσσεμοῦ. Καὶ
ἀνέστη Σαοὺλ, καὶ κατέβη εἰς τὴν ἔρημον Ζίφ, καὶ μετ᾽ αὐτοῦ
τρεῖς χιλιάδες ἀνδρῶν ἐκλεκτοὶ ἐξ Ἰσραὴλ, ζητεῖν τὸν Δαυὶδ
3 ἐν τῇ ἐρήμῳ Ζίφ. Καὶ παρενέβαλε Σαοὺλ ἐν τῷ βουνῷ τῷ
Ἐχελὰ τῷ ἐπὶ προσώπου τοῦ Ἰεσσεμοῦ ἐπὶ τῆς ὁδοῦ, καὶ
Δαυὶδ ἐκάθισεν ἐν τῇ ἐρήμῳ· καὶ εἶδε Δαυὶδ, ὅτι ἥκει Σαοὺλ
4 ὀπίσω αὐτοῦ εἰς τὴν ἔρημον. Καὶ ἀπέστειλε Δαυὶδ κατασκό-
πους, καὶ ἔγνω ὅτι ἥκει Σαοὺλ ἕτοιμος ἐκ Κεϊλά.

5 Καὶ ἀνέστη Δαυὶδ λάθρα, καὶ εἰσπορεύεται εἰς τὸν τόπον
οὗ ἐκάθευδεν ἐκεῖ Σαοὺλ, καὶ ἐκεῖ Ἀβεννὴρ υἱὸς Νὴρ ἀρχι-
στράτηγος αὐτοῦ· καὶ Σαοὺλ ἐκάθευδεν ἐν λαμπήνῃ, καὶ
6 ὁ λαὸς παρεμβεβληκὼς κύκλῳ αὐτοῦ. Καὶ ἀπεκρίθη Δαυὶδ,
καὶ εἶπε πρὸς Ἀβιμέλεχ τὸν Χετταῖον, καὶ πρὸς Ἀβεσσὰ υἱὸν
Σαρουίας ἀδελφὸν Ἰωὰβ, λέγων, τίς εἰσελεύσεται μετ᾽ ἐμοῦ
πρὸς Σαοὺλ εἰς τὴν παρεμβολήν; καὶ εἶπεν Ἀβεσσὰ, ἐγὼ
εἰσελεύσομαι μετὰ σοῦ.

7 Καὶ εἰσπορεύεται Δαυὶδ καὶ Ἀβεσσὰ εἰς τὸν λαὸν τὴν
νύκτα· καὶ ἰδοὺ Σαοὺλ καθεύδων ὕπνῳ ἐν λαμπήνῃ, καὶ τὸ δόρυ
αὐτοῦ ἐμπεπηγὸς εἰς τὴν γῆν πρὸς κεφαλῆς αὐτοῦ, καὶ Ἀβεννὴρ
8 καὶ ὁ λαὸς αὐτοῦ ἐκάθευδε κύκλῳ αὐτοῦ. Καὶ εἶπεν Ἀβεσσὰ
πρὸς Δαυὶδ, ἀπέκλεισε Κύριος σήμερον τὸν ἐχθρόν σου εἰς
χεῖράς σου· καὶ νῦν πατάξω αὐτὸν τῷ δόρατι εἰς τὴν γῆν ἅπαξ,
9 καὶ οὐ δευτερώσω αὐτῷ. Καὶ εἶπε Δαυὶδ πρὸς Ἀβεσσὰ, μὴ
ταπεινώσῃς αὐτὸν, ὅτι τίς ἐποίσει χεῖρα αὐτοῦ ἐπὶ χριστὸν
10 Κυρίου καὶ ἀθωωθήσεται; Καὶ εἶπε Δαυὶδ, ζῇ Κύριος, ἐὰν
μὴ Κύριος παίσῃ αὐτὸν, ἢ ἡμέρα αὐτοῦ ἔλθῃ καὶ ἀποθάνῃ.
11 ἢ εἰς πόλεμον καταβῇ καὶ προστεθῇ. Μηδαμῶς μοι παρὰ
Κυρίου ἐπενεγκεῖν χεῖρά μου ἐπὶ χριστὸν Κυρίου· καὶ νῦν
λάβε δὴ τὸ δόρυ ἀπὸ προσκεφαλῆς αὐτοῦ, καὶ τὸν φακὸν τοῦ
12 ὕδατος, καὶ ἀπέλθωμεν ἡμεῖς καθ᾽ ἑαυτούς. Καὶ ἔλαβε Δαυὶδ
τὸ δόρυ, καὶ τὸν φακὸν τοῦ ὕδατος ἀπὸ προσκεφαλῆς αὐτοῦ,
καὶ ἀπῆλθον καθ᾽ ἑαυτούς· καὶ οὐκ ἦν ὁ βλέπων, καὶ οὐκ ἦν
ὁ γινώσκων, καὶ οὐκ ἦν ὁ ἐξεγειρόμενος, πάντες ὑπνοῦντες, ὅτι
θάμβος Κυρίου ἐπέπεσεν ἐπ᾽ αὐτούς.

13 Καὶ διέβη Δαυὶδ εἰς τὸ πέραν, καὶ ἔστη ἐπὶ τὴν κορυφὴν
14 τοῦ ὄρους μακρόθεν, καὶ πολλὴ ἡ ὁδὸς ἀναμέσον αὐτῶν. Καὶ
προσεκαλέσατο Δαυὶδ τὸν λαὸν, καὶ τῷ Ἀβεννὴρ ἐλάλησε,
λέγων, οὐκ ἀποκριθήσῃ Ἀβεννήρ; καὶ ἀπεκρίθη Ἀβεννὴρ, καὶ
15 εἶπε, τίς εἶ σὺ ὁ καλῶν; Καὶ εἶπε Δαυὶδ πρὸς Ἀβεννὴρ,
οὐκ ἀνὴρ σύ; καὶ τίς, ὡς σὺ, ἐν Ἰσραήλ; καὶ διατί οὐ
φυλάσσεις τὸν κύριόν σου τὸν βασιλέα; ὅτι εἰσῆλθεν εἰς ἐκ
16 τοῦ λαοῦ διαφθεῖραι τὸν κύριόν σου τὸν βασιλέα. Καὶ οὐκ

---

damsels followed her: and she went after
the servants of David, and became his wife.
43 And David took Achinaam out of Jezrael,
and they were both his wives. 44 And Saul
gave Melchol his daughter, David's wife,
to Phalti the son of β Amis who was of
γ Romma.

And the Ziphites come out of the dry
country to Saul to the hill, saying, Behold,
David hides himself with us in the hill
Echela, opposite Jessemon. 2 And Saul
arose, and went down to the wilderness of
Ziph, and with him *went* three thousand
men chosen out of Israel, to seek David in
the wilderness of Ziph. 3 And Saul en-
camped in the hill of Echela in front of
Jessemon, by the way, and David dwelt in
the wilderness: and David saw that Saul
δ came after him into the wilderness. 4 And
David sent spies, and ascertained that Saul
was come prepared out of Keila.

5 And David arose secretly, and goes into
the place where Saul was sleeping, and
there *was* Abenner the son of Ner, the cap-
tain of his host: and Saul was sleeping in a
chariot, and the people had encamped round
about him. 6 And David answered and
spoke to Abimelech the Chettite, and to
Abessa the son of Saruia the brother of
Joab, saying, Who will go in with me to
Saul into the camp? And Abessa said, I
will go in with thee.

7 So David and Abessa go in among the
people by night: and behold, Saul was fast
asleep in the chariot, and his spear was
stuck in the ground near his head, and
Abenner and his people slept round about
him. 8 And Abessa said to David, The Lord
has this day shut up thine enemy into thine
hands, and now I will. smite him to the
earth with the spear to the ground once
for all, and I will not ζ smite him again.
9 And David said to Abessa, Do not lay him
low, for who shall lift up his hand against
the anointed of the Lord, and be guiltless?
10 And David said, *As* the Lord lives, if the
Lord smite him not, or his day come and he
die, or he go down to battle and be added
to his fathers, do not so. 11 The Lord for-
bid it me that I should lift up my hand
against the anointed of the Lord: and now
take, I pray thee, the spear from his bolster,
and the pitcher of water, and let us return
θ home. 12 So David took the spear, and the
pitcher of water from his bolster, and they
went home: and there was no one that
saw, and no one that knew, and there was
no one that awoke, all being asleep, for
a stupor from the Lord had fallen upon
them.

13 So David went over to the other side,
and stood on the top of a hill afar off, and
there was a good distance between them.
14 And David called to the people, and spoke
to Abenner, saying, Wilt thou not answer,
Abenner? And Abenner answered and said,
Who art thou that callest? λ 15 And David
said to Abenner, *Art* not thou a man? and
who is like thee in Israel? Why then dost
thou not guard thy lord the king? for one
out of the people went in to destroy thy
lord the king. 16 And this thing *is* not good

β *Heb.* and *Alex.* Laish and Lais.   γ *Heb.* and *Alex.* Gallim and Galli.   δ *Gr.* comes.   ζ *Gr.* double *the stroke* to him.
θ καθ᾽ ἑαυτούς. q. d. chez nous.   λ *Heb.* + 'to the king.'   *Alex.* 'me to the king.'

which thou hast done. As the Lord lives, ye are β worthy of death, ye who guard your lord the king, the anointed of the Lord: and now behold, I pray you, the spear of the king, and the cruse of water: where are the articles that should be at his head?

¹⁷And Saul recognised the voice of David, and said, Is this thy voice, son David? and David said, I am thy servant, my lord, O king. ¹⁸And he said, Why does my lord thus pursue after his servant? for in what have I sinned? and what unrighteousness has been found in me? ¹⁹And now let my lord the king hear the word of his servant. If God stirs thee up against me, let thine offering be acceptable: but if the sons of men, they are cursed before the Lord, for they have cast me out this day so that I should not be established in the inheritance of the Lord, saying, Go, serve other gods. ²⁰And now let not my blood fall to the ground before γ the Lord, for the king of Israel has come forth to seek thy life, as the night hawk pursues its prey in the mountains.

²¹And Saul said, I have sinned: turn, son David, for I will not hurt thee, because my life was precious in thine eyes; and to-day I have been foolish and have erred exceedingly. ²²And David answered and said, Behold, the spear of the king: let one of the servants come over and take it. ²³And the Lord shall recompense each according to his righteousness and his truth, since the Lord delivered thee this day into my hands, and I would not lift my hand against the Lord's anointed. ²⁴And, behold, as thy life has been δ precious this very day in my eyes, so let my life be δ precious before the Lord, and may he protect me, and ζ deliver me out of all affliction. ²⁵And Saul said to David, Blessed be thou, my son; and thou shalt surely do valiantly, and surely prevail. And David went on his way, and Saul returned to his place.

And David said in his heart, Now shall I be one day delivered for death into the hands of Saul; and there is no good thing for me unless I should escape into the land of the Philistines, and Saul should cease from seeking me θ through every coast of Israel: so I shall escape out of his hand. ²So David arose, and the six hundred men that were with him, and he went to Anchus, son of Ammach, king of Geth. ³And David dwelt with Anchus, he and his men, each with his family; and David and both his wives, Achinaam the Jezraelitess, and Abigaia the wife of Nabal the Carmelite. ⁴And it was told Saul that David had fled to Geth; and he no longer sought after him.

⁵And David said to Anchus, If now thy servant has found grace in thine eyes, let them give me, I pray thee, a place in one of the cities in the country, and I will dwell there: for why does thy servant dwell with thee in a λ royal city? ⁶And he gave him Sekelac in that day: therefore Sekelac came into possession of the king of Judea to this day. ⁷And the number of the days that David dwelt in the country of the Philistines was four months.

ἀγαθὸν τὸ ῥῆμα τοῦτο, ὃ πεποίηκας· ζῇ Κύριος, ὅτι υἱοὶ θανατώσεως ὑμεῖς, οἱ φυλάσσοντες τὸν βασιλέα τὸν κύριον ὑμῶν τὸν χριστὸν Κυρίου· καὶ νῦν ἴδε δὴ τὸ δόρυ τοῦ βασιλέως, καὶ ὁ φακὸς τοῦ ὕδατος, ποῦ ἐστι τὰ πρὸς κεφαλῆς αὐτοῦ;

Καὶ ἐπέγνω Σαοὺλ τὴν φωνὴν Δαυίδ, καὶ εἶπεν, ἡ φωνή σου 17 αὕτη, τέκνον Δαυίδ; καὶ εἶπε Δαυίδ, δοῦλός σου κύριε βασιλεῦ. Καὶ εἶπεν, ἱνατί τοῦτο καταδιώκει ὁ κύριος ὀπίσω τοῦ δούλου 18 αὐτοῦ; ὅτι τί ἡμάρτηκα; καὶ τί εὑρέθη ἐν ἐμοὶ ἀδίκημα; Καὶ νῦν ἀκουσάτω ὁ κύριός μου ὁ βασιλεὺς τὸ ῥῆμα τοῦ δούλου 19 αὐτοῦ· εἰ ὁ Θεὸς ἐπισείει σε ἐπ᾽ ἐμέ, ὀσφρανθείη θυσία σου· καὶ εἰ υἱοὶ ἀνθρώπων, ἐπικατάρατοι οὗτοι ἐνώπιον Κυρίου, ὅτι ἐξέβαλόν με σήμερον μὴ ἐστηρίχθαι ἐν κληρονομίᾳ Κυρίου, λέγοντες, πορεύου, δούλευε θεοῖς ἑτέροις. Καὶ νῦν μὴ πέσοι 20 τὸ αἷμά μου ἐπὶ τὴν γῆν ἐξεναντίας προσώπου Κυρίου, ὅτι ἐξελήλυθεν ὁ βασιλεὺς Ἰσραὴλ ζητεῖν ψυχήν μου, καθὼς καταδιώκει ὁ νυκτικόραξ ἐν τοῖς ὄρεσι.

Καὶ εἶπε Σαοὺλ, ἡμάρτηκα· ἐπίστρεφε, τέκνον Δαυίδ, ὅτι 21 οὐ κακοποιήσω σε, ἀνθ᾽ ὧν ἔντιμος ψυχή μου ἐν ὀφθαλμοῖς σου, καὶ ἐν τῇ σήμερον μεματαίωμαι καὶ ἠγνόηκα πολλὰ σφόδρα. Καὶ ἀπεκρίθη Δαυίδ, καὶ εἶπεν, ἰδοὺ τὸ δόρυ τοῦ 22 βασιλέως· διελθέτω εἷς τῶν παιδαρίων καὶ λαβέτω αὐτό· Καὶ Κύριος ἐπιστρέψει ἑκάστῳ κατὰ τὰς δικαιοσύνας αὐτοῦ 23 καὶ τὴν πίστιν αὐτοῦ· ὡς παρέδωκέ σε Κύριος σήμερον εἰς χεῖράς μου, καὶ οὐκ ἠθέλησα ἐπενεγκεῖν χεῖρά μου ἐπὶ χριστὸν Κυρίου. Καὶ ἰδοὺ καθὼς ἐμεγαλύνθη ἡ ψυχή σου σήμερον 24 ἐν ταύτῃ ἐν ὀφθαλμοῖς μου, οὕτως μεγαλυνθείη ἡ ψυχή μου ἐνώπιον Κυρίου, καὶ σκεπάσαι με, καὶ ἐξελεῖταί με ἐκ πάσης θλίψεως. Καὶ εἶπε Σαοὺλ πρὸς Δαυίδ, εὐλογημένος σὺ, 25 τέκνον· καὶ ποιῶν ποιήσεις, καὶ δυνάμενος δυνήσῃ· καὶ ἀπῆλθε Δαυὶδ εἰς τὴν ὁδὸν αὐτοῦ, καὶ Σαοὺλ ἀπέστρεψεν εἰς τὸν τόπον αὐτοῦ.

Καὶ εἶπε Δαυὶδ ἐν τῇ καρδίᾳ αὐτοῦ, λέγων, νῦν προστεθή- 27 σομαι ἐν ἡμέρᾳ μιᾷ εἰς χεῖρας Σαούλ· καὶ οὐκ ἔστι μοι ἀγαθὸν ἐὰν μὴ σωθῶ εἰς γῆν ἀλλοφύλων, καὶ ἀνῇ ἀπ᾽ ἐμοῦ Σαοὺλ τοῦ ζητεῖν με εἰς πᾶν ὅριον Ἰσραὴλ, καὶ σωθήσομαι ἐκ χειρὸς αὐτοῦ. Καὶ ἀνέστη Δαυὶδ καὶ οἱ ἑξακόσιοι ἄνδρες οἱ μετ᾽ 2 αὐτοῦ, καὶ ἐπορεύθη πρὸς Ἀγχοῦς υἱὸν Ἀμμὰχ βασιλέα Γέθ. Καὶ ἐκάθισε Δαυὶδ μετὰ Ἀγχοῦς, αὐτὸς καὶ οἱ ἄνδρες αὐτοῦ 3 ἕκαστος καὶ ὁ οἶκος αὐτοῦ, καὶ Δαυὶδ καὶ ἀμφότεραι αἱ γυναῖκες αὐτοῦ, Ἀχινάαμ Ἰεζραηλῖτις καὶ Ἀβιγαία ἡ γυνὴ Νάβαλ τοῦ Καρμηλίου. Καὶ ἀνηγγέλη τῷ Σαοὺλ ὅτι πέφευγε Δαυὶδ 4 εἰς Γέθ, καὶ οὐ προσέθετο ἔτι ζητεῖν αὐτόν.

Καὶ εἶπε Δαυὶδ πρὸς Ἀγχοῦς, εἰ δὴ εὕρηκεν ὁ δοῦλός σου 5 χάριν ἐν ὀφθαλμοῖς σου, δότωσαν δή μοι τόπον ἐν μιᾷ τῶν πόλεων τῶν κατ᾽ ἀγρὸν, καὶ καθήσομαι ἐκεῖ· καὶ ἱνατί κάθηται ὁ δοῦλός σου ἐν πόλει βασιλευομένῃ μετὰ σου; Καὶ ἔδωκεν 6 αὐτῷ ἐν τῇ ἡμέρᾳ ἐκείνῃ τὴν Σεκελάκ· διὰ τοῦτο ἐγενήθη Σεκελὰκ τῷ βασιλεῖ τῆς Ἰουδαίας ἕως τῆς ἡμέρας ταύτης. Καὶ ἐγενήθη ὁ ἀριθμὸς τῶν ἡμερῶν ὧν ἐκάθισε Δαυὶδ ἐν ἀγρῷ 7 τῶν ἀλλοφύλων, τέσσαρας μῆνας.

β Gr. sons of slaughter.   γ Gr. the face of the Lord.   δ Gr. magnified.   ζ Gr. shall deliver.
θ Gr. into.   λ Gr. city reigned over.

8 Καὶ ἀνέβαινε Δαυὶδ καὶ οἱ ἄνδρες αὐτοῦ, καὶ ἐπετίθεντο
ἐπὶ πάντα τὸν Γεσιρὶ καὶ ἐπὶ τὸν Ἀμαληκίτην· καὶ ἰδοὺ ἡ γῆ
κατῳκεῖτο ἀπὸ ἀνηκόντων ἢ ἀπὸ Γελαμψοὺρ τετειχισμένων
9 καὶ ἕως γῆς Αἰγύπτου. Καὶ ἔτυπτε τὴν γῆν, καὶ οὐκ ἐζωογόνει
ἄνδρα ἢ γυναῖκα· καὶ ἐλάμβανον ποίμνια καὶ βουκόλια καὶ
ὄνους καὶ καμήλους καὶ ἱματισμὸν, καὶ ἀνέστρεψαν καὶ ἤρχοντο
10 πρὸς Ἀγχοῦς. Καὶ εἶπεν Ἀγχοῦς πρὸς Δαυὶδ, ἐπὶ τίνα ἐπέ-
θεσθε σήμερον; καὶ εἶπε Δαυὶδ πρὸς Ἀγχοῦς, κατὰ Νότον
τῆς Ἰουδαίας καὶ κατὰ Νότον Ἰεσμεγὰ καὶ κατὰ Νότον τοῦ
11 Κενεζί. Καὶ ἄνδρα καὶ γυναῖκα οὐκ ἐζωογόνησα τοῦ εἰσαγα-
γεῖν εἰς Γὲθ, λέγων, μὴ ἀναγγείλωσιν εἰς Γὲθ καθʼ ἡμῶν,
λέγοντες, τάδε Δαυὶδ ποιεῖ· καὶ τόδε τὸ δικαίωμα αὐτοῦ πάσας
12 τὰς ἡμέρας ἃς ἐκάθητο Δαυὶδ ἐν ἀγρῷ τῶν ἀλλοφύλων. Καὶ
ἐπιστεύθη Δαυὶδ ἐν τῷ Ἀγχοῦς σφόδρα, λέγων, ἤσχυνται
αἰσχυνόμενος ἐν τῷ λαῷ αὐτοῦ ἐν Ἰσραὴλ, καὶ ἔσται μοι
δοῦλος εἰς τὸν αἰῶνα.

28 Καὶ ἐγενήθη ἐν ταῖς ἡμέραις ἐκείναις, καὶ συναθροίζονται
ἀλλόφυλοι ἐν ταῖς παρεμβολαῖς αὐτῶν ἐξελθεῖν πολεμεῖν μετὰ
Ἰσραήλ· καὶ εἶπεν Ἀγχοῦς πρὸς Δαυὶδ, γινώσκων γνώσῃ, ὅτι
2 μετʼ ἐμοῦ ἐξελεύσῃ εἰς πόλεμον σὺ, καὶ οἱ ἄνδρες σου. Καὶ
εἶπε Δαυὶδ πρὸς Ἀγχοῦς, οὕτω νῦν γνώσῃ ἃ ποιήσει ὁ δοῦλός
σου· καὶ εἶπεν Ἀγχοῦς πρὸς Δαυὶδ, οὕτως ἀρχισωματοφύλακα
θήσομαί σε πάσας τὰς ἡμέρας.

3 Καὶ Σαμουὴλ ἀπέθανε, καὶ ἐκόψαντο αὐτὸν πᾶς Ἰσραὴλ,
καὶ θάπτουσιν αὐτὸν ἐν Ἀρμαθαὶμ ἐν πόλει αὐτοῦ· καὶ Σαοὺλ
περιεῖλε τοὺς ἐγγαστριμύθους καὶ τοὺς γνώστας ἀπὸ τῆς γῆς.
4 Καὶ συναθροίζονται οἱ ἀλλόφυλοι, καὶ ἔρχονται καὶ παρεμ-
βάλλουσιν εἰς Σωνάμ· καὶ συναθροίζει Σαοὺλ πάντα ἄνδρα
5 Ἰσραὴλ, καὶ παρεμβάλλουσιν εἰς Γελβουέ. Καὶ εἶδε Σαοὺλ
τὴν παρεμβολὴν τῶν ἀλλοφύλων, καὶ ἐφοβήθη, καὶ ἐξέστη
6 ἡ καρδία αὐτοῦ σφόδρα. Καὶ ἐπηρώτησε Σαοὺλ διὰ Κυρίου,
καὶ οὐκ ἀπεκρίθη αὐτῷ Κύριος ἐν τοῖς ἐνυπνίοις καὶ ἐν τοῖς
δήλοις καὶ ἐν τοῖς προφήταις.

7 Καὶ εἶπε Σαοὺλ τοῖς παισὶν αὐτοῦ, ζητήσατέ μοι γυναῖκα
ἐγγαστρίμυθον, καὶ πορεύσομαι πρὸς αὐτὴν, καὶ ζητήσω ἐν
αὐτῇ· καὶ εἶπαν οἱ παῖδες αὐτοῦ πρὸς αὐτὸν, ἰδοὺ γυνὴ
ἐγγαστρίμυθος ἐν Ἀενδώρ.

8 Καὶ συνεκαλύψατο Σαοὺλ, καὶ περιεβάλετο ἱμάτια ἕτερα,
καὶ πορεύεται αὐτὸς καὶ δύο ἄνδρες μετʼ αὐτοῦ, καὶ ἔρχονται
πρὸς τὴν γυναῖκα νυκτὸς, καὶ εἶπεν αὐτῇ, μάντευσαι δή μοι ἐν
9 τῷ ἐγγαστριμύθῳ, καὶ ἀνάγαγέ μοι ὃν ἐὰν εἴπω σοι. Καὶ
εἶπεν αὐτῷ ἡ γυνὴ, ἰδοὺ δὴ σὺ οἶδας ὅσα ἐποίησε Σαοὺλ, ὡς
ἐξωλόθρευσε τοὺς ἐγγαστριμύθους καὶ τοὺς γνώστας ἀπὸ τῆς
γῆς, καὶ ἱνατί σὺ παγιδεύεις τὴν ψυχήν μοι θανατῶσαι αὐτήν;
10 Καὶ ὤμοσεν αὐτῇ Σαοὺλ, λέγων, ζῇ Κύριος, εἰ ἀπαντήσεταί
11 σοι ἀδικία ἐν τῷ λόγῳ τούτῳ. Καὶ εἶπεν ἡ γυνὴ, τίνα ἀναγάγω
σοι; καὶ εἶπε, τὸν Σαμουὴλ ἀνάγαγέ μοι.

12 Καὶ εἶδεν ἡ γυνὴ τὸν Σαμουὴλ, καὶ ἀνεβόησε φωνῇ μεγάλῃ·

8 And David and his men went up, and made an attack on all the Gesirites and on the Amalekites: and behold, the land was inhabited, (even the land [β] from Gelampsur) by those who come from the fortified *cities* even to the land of Egypt. 9 And he smote the land, and saved neither man nor woman alive; and they took flocks, and herds, and asses, and camels, and raiment; and they returned and came to Anchus. 10 And Anchus said to David, On whom have ye made an attack to-day? And David said to Anchus, On the south of Judea, and on the south of Jesmega, and on the south of the Kenezite. 11 And I have not saved man or woman alive to bring them to Geth, saying, Lest they carry a report to Geth against us, saying, These things David does. And this was his manner all the days that David dwelt in the country of the Philistines. 12 So David had the full confidence of Anchus, [γ] who said, He is thoroughly disgraced among his people in Israel, and he shall be my servant for ever.

And it came to pass in those days that the Philistines gathered themselves together with their armies to go out to fight with Israel; and Anchus said to David, [δ] Know surely, that thou shalt go forth to battle with me, *thou*, and thy men. 2 And David said to Anchus, Thus now thou shalt know what thy servant will do. And Anchus said to David, So will I make thee captain of my body-guard continually.

3 And Samuel died, and all Israel lamented for him, and they bury him in his city, in Armathaim. And Saul had removed those who had in them divining spirits, and the wizards, out of the land. 4 And the Philistines assemble themselves, and come and encamp in Sonam: and Saul gathers all the men of Israel, and they encamp in Gelbue. 5 And Saul saw the camp of the Philistines, and he was alarmed, and his heart was greatly dismayed. 6 And Saul enquired of the Lord; and the Lord answered him not by dreams, nor by manifestations, nor by prophets.

7 Then Saul said to his servants, Seek for me a woman who has in her a divining spirit, and I will go to her, and enquire of her: and his servants said to him, Behold, *there is* a woman who has in her a divining spirit at Aendor.

8 And Saul disguised himself, and put on other raiment, and he goes, and two men with him, and they come to the woman by night; and he said to her, Divine to me, I pray thee, by the divining spirit within thee, and bring up to me him whom I shall name to thee. 9 And the woman said to him, Behold now, thou knowest what Saul has done, how he has cut off [ζ] those who had in them divining spirits, and the wizards from the land, and why dost thou spread a snare for my life to destroy it? 10 And Saul swore to her, and said, *As* the Lord lives, [θ] no injury shall come upon thee on this account. 11 And the woman said, Whom shall I bring up to thee? and he said, Bring up to me Samuel.

12 And the woman saw Samuel, and cried

β The LXX. have rendered שׁוּרָה ... מֵעוֹלָם *of old to Shur*, by ἀπὸ Γελαμψούρ. γ *Gr.* saying. δ *Gr.* thou shalt know surely.
ζ *Or*, ventriloquists. θ *Gr.* if injury.

out with a loud voice: and the woman said to Saul, Why hast thou deceived me? for thou art Saul. ¹³And the king said to her, Fear not; tell me whom thou hast seen. And the woman said to him, I saw gods ascending out of the earth. ¹⁴And he said to her, What didst thou perceive? and she said to him, An upright man ascending out of the earth, and he *was* clothed with a mantle. And Saul knew that this was Samuel, and he stooped with his face to the earth, and did obeisance to him.

¹⁵And Samuel said, Why hast thou troubled me, that I should come up? And Saul said, I am greatly distressed, and the Philistines war against me, and God has departed from me, and no longer β hearkens to me either by the hand of prophets or by dreams: and now I have called thee to tell me what I shall do. ¹⁶And Samuel said, Why askest thou me, whereas the Lord has departed from thee, and taken part with thy neighbour? ¹⁷And the Lord has done to thee, as the Lord spoke by γ me; and the Lord will rend thy kingdom out of thy hand, and will give it to thy neighbour David, ¹⁸because thou didst not hearken to the voice of the Lord, and didst not execute his fierce anger upon Amalec, therefore the Lord has done this thing to thee this day. ¹⁹And the Lord shall deliver Israel with thee into the hands of the Philistines, and to-morrow thou and thy sons with thee shall fall, and the Lord shall deliver the army of Israel into the hands of the Philistines.

²⁰And Saul δ instantly fell at his full length upon the earth, and was greatly afraid because of the words of Samuel; and there was no longer any strength in him, for he ζ had eaten no bread all that day, and all that night. ²¹And the woman went in to Saul, and saw that he was greatly θ disquieted, and said to him, Behold now, thine handmaid has hearkened to thy voice, and I have put my life in my hand, and have λ heard the words which thou hast spoken to me. ²²And now hearken, I pray thee, to the voice of thine handmaid, and I will set before thee a morsel of bread, and eat, and thou shalt be strengthened, for thou wilt be going on thy way. ²³But he would not eat; so his servants and the woman constrained him, and he hearkened to their voice, and rose up from the earth, and sat upon a bench. ²⁴And the woman had a fat heifer in the house; and she hasted and slew it; and she took meal and kneaded it, and baked unleavened cakes. ²⁵And she brought *the* meat before Saul, and before his servants; and they ate, and rose up, and departed that night.

And the Philistines gather all their armies to Aphec, and Israel encamped in Aendor, which is in Jezrael. ²And the lords of the Philistines went on μ by hundreds and thousands, and David and his men went on in the rear with Anchus. ³And the lords of the Philistines said, Who *are* these ξ that pass by? And Anchus said to the captains of the Philistines, *Is* not this David the

καὶ εἶπεν ἡ γυνὴ πρὸς Σαοὺλ, ἱνατί παρελογίσω με; καὶ σὺ εἶ Σαούλ. Καὶ εἶπεν αὐτῇ ὁ βασιλεὺς, μὴ φοβοῦ, εἶπον τίνα 13 ἑώρακας· καὶ εἶπεν αὐτῷ ἡ γυνὴ, θεοὺς ἑώρακα ἀναβαίνοντας ἐκ τῆς γῆς. Καὶ εἶπεν αὐτῇ, τί ἔγνως; καὶ εἶπεν αὐτῷ, 14 ἄνδρα ὄρθιον ἀναβαίνοντα ἐκ τῆς γῆς, καὶ οὗτος διπλοΐδα ἀναβεβλημένος· καὶ ἔγνω Σαοὺλ, ὅτι οὗτος Σαμουὴλ, καὶ ἔκυψεν ἐπὶ πρόσωπον αὐτοῦ ἐπὶ τὴν γῆν, καὶ προσεκύνησεν αὐτῷ.

Καὶ εἶπε Σαμουὴλ, ἱνατί παρηνώχλησάς μοι ἀναβῆναί με; 15 καὶ εἶπε Σαοὺλ, θλίβομαι σφόδρα, καὶ οἱ ἀλλόφυλοι πολεμοῦσιν ἐν ἐμοὶ, καὶ ὁ Θεὸς ἀφέστηκεν ἀπ᾽ ἐμοῦ, καὶ οὐκ ἐπακήκοέ μοι ἔτι καὶ ἐν χειρὶ τῶν προφητῶν καὶ ἐν τοῖς ἐνυπνίοις· καὶ νῦν κέκληκά σε γνωρίσαι μοι τί ποιήσω. Καὶ εἶπε 16 Σαμουὴλ, ἱνατί ἐπερωτᾷς με, καὶ Κύριος ἀφέστηκεν ἀπὸ σοῦ, καὶ γέγονε μετὰ τοῦ πλησίον σου; Καὶ πεποίηκε Κύριος 17 σοι, καθὼς ἐλάλησε Κύριος ἐν χειρί μου, καὶ διαρρήξει Κύριος τὴν βασιλείαν σου ἐκ χειρός σου, καὶ δώσει αὐτὴν τῷ πλησίον σου τῷ Δαυὶδ, διότι οὐκ ἤκουσας φωνῆς Κυρίου, καὶ οὐκ 18 ἐποίησας θυμὸν ὀργῆς αὐτοῦ ἐν Ἀμαλὴκ, διὰ τοῦτο τὸ ῥῆμα ἐποίησε Κύριός σοι ἐν τῇ ἡμέρᾳ ταύτῃ. Καὶ παραδώσει 19 Κύριος τὸν Ἰσραὴλ μετὰ σοῦ εἰς χεῖρας ἀλλοφύλων, καὶ αὔριον σὺ καὶ οἱ υἱοί σου μετὰ σοῦ πεσοῦνται, καὶ τὴν παρεμβολὴν Ἰσραὴλ δώσει Κύριος εἰς χεῖρας ἀλλοφύλων.

Καὶ ἔσπευσε Σαοὺλ καὶ ἔπεσεν ἑστηκὼς ἐπὶ τὴν γῆν, καὶ 20 ἐφοβήθη σφόδρα ἀπὸ τῶν λόγων Σαμουὴλ, καὶ ἐν αὐτῷ οὐκ ἦν ἰσχὺς ἔτι, οὐ γὰρ ἔφαγεν ἄρτον ὅλην τὴν ἡμέραν καὶ ὅλην τὴν νύκτα ἐκείνην. Καὶ εἰσῆλθεν ἡ γυνὴ πρὸς Σαοὺλ, καὶ 21 εἶδεν ὅτι ἔσπευσε σφόδρα, καὶ εἶπε πρὸς αὐτὸν, ἰδοὺ δὴ ἤκουσεν ἡ δούλη σου τῆς φωνῆς σου, καὶ ἐθέμην τὴν ψυχήν μου ἐν τῇ χειρί μου, καὶ ἤκουσα τοὺς λόγους οὓς ἐλάλησάς μοι. Καὶ νῦν ἄκουσον δὴ φωνῆς τῆς δούλης σου, καὶ παραθήσω 22 ἐνώπιόν μου ψωμὸν ἄρτου, καὶ φάγε, καὶ ἔσται σοι ἰσχὺς, ὅτι πορεύῃ ἐν ὁδῷ. Καὶ οὐκ ἐβουλήθη φαγεῖν· καὶ παρεβιάζοντο 23 αὐτὸν οἱ παῖδες αὐτοῦ καὶ ἡ γυνὴ, καὶ ἤκουσε τῆς φωνῆς αὐτῶν, καὶ ἀνέστη ἀπὸ τῆς γῆς, καὶ ἐκάθισεν ἐπὶ τὸν δίφρον. Καὶ τῇ γυναικὶ ἦν δάμαλις νομὰς ἐν τῇ οἰκίᾳ· καὶ ἔσπευσε 24 καὶ ἔθυσεν αὐτήν· καὶ ἔλαβεν ἄλευρα καὶ ἐφύρασε, καὶ ἔπεψεν ἄζυμα, καὶ προσήγαγεν ἐνώπιον Σαοὺλ, καὶ ἐνώπιον τῶν 25 παίδων αὐτοῦ· καὶ ἔφαγον, καὶ ἀνέστησαν καὶ ἀπῆλθον τὴν νύκτα ἐκείνην.

Καὶ συναθροίζουσιν ἀλλόφυλοι πάσας τὰς παρεμβολὰς 29 αὐτῶν εἰς Ἀφὲκ, καὶ Ἰσραὴλ παρενέβαλεν ἐν Ἀενδὼρ τὴν ἐν Ἰεζραέλ. Καὶ οἱ σατράπαι τῶν ἀλλοφύλων παρεπορεύοντο 2 εἰς ἑκατοντάδας καὶ χιλιάδας, καὶ Δαυὶδ καὶ οἱ ἄνδρες αὐτοῦ παρεπορεύοντο ἐπ᾽ ἐσχάτων μετὰ Ἀγχοῦς. Καὶ εἶπον οἱ 3 σατράπαι τῶν ἀλλοφύλων, τίνες οἱ διαπορευόμενοι οὗτοι; καὶ εἶπεν Ἀγχοῦς πρὸς τοὺς στρατηγοὺς τῶν ἀλλοφύλων, οὐκ

β *Gr.* has hearkened.   γ *Gr.* my hand.

δ *Gr.* hasted and fell standing or at his full length; as the *Hebrew.*   ζ *Gr.* ate.   θ *Lit.* hasted. *q. d.* trepidavit.   λ *i. e.* obeyed.

μ *Gr.* to or at.   ξ The word עבר is here translated; as in Gen. xiv. 13.

οὗτος Δαυὶδ ὁ δοῦλος Σαοὺλ βασιλέως Ἰσραήλ; γέγονε μεθ᾽ ἡμῶν ἡμέρας τοῦτο δεύτερον ἔτος, καὶ οὐχ εὕρηκα ἐν αὐτῷ οὐθὲν ἀφ᾽ ἧς ἡμέρας ἐνέπεσε πρὸς μὲ καὶ ἕως τῆς ἡμέρας

4 ταύτης. Καὶ ἐλυπήθησαν ἐπ᾽ αὐτῷ οἱ στρατηγοὶ τῶν ἀλλοφύλων, καὶ λέγουσιν αὐτῷ, ἀπόστρεψον τὸν ἄνδρα, καὶ ἀποστραφήτω εἰς τὸν τόπον αὐτοῦ, οὗ κατέστησας αὐτὸν ἐκεῖ, καὶ μὴ ἐρχέσθω μεθ᾽ ἡμῶν εἰς τὸν πόλεμον, καὶ μὴ γινέσθω ἐπίβουλος τῆς παρεμβολῆς· καὶ ἐν τίνι διαλλαγήσεται οὗτος τῷ κυρίῳ

5 αὐτοῦ; οὐχὶ ἐν ταῖς κεφαλαῖς τῶν ἀνδρῶν ἐκείνων; Οὐχ οὗτος Δαυὶδ, ᾧ ἐξῆρχον ἐν χοροῖς, λέγοντες, ἐπάταξε Σαοὺλ ἐν χιλιάσιν αὐτοῦ, καὶ Δαυὶδ ἐν μυριάσιν αὐτοῦ;

6 Καὶ ἐκάλεσεν Ἀγχοῦς τὸν Δαυὶδ, καὶ εἶπεν αὐτῷ, ζῇ Κύριος, ὅτι εὐθὺς σὺ καὶ ἀγαθὸς ἐν ὀφθαλμοῖς μου, καὶ ἡ ἔξοδός σου καὶ ἡ εἴσοδός σου μετ᾽ ἐμοῦ ἐν τῇ παρεμβολῇ, καὶ ὅτι οὐχ εὕρηκα κατὰ σοῦ κακίαν ἀφ᾽ ἧς ἡμέρας ἥκεις πρὸς μὲ ἕως τῆς σήμερον ἡμέρας· καὶ ἐν ὀφθαλμοῖς τῶν σατραπῶν οὐκ ἀγαθὸς

7 σύ. Καὶ νῦν ἀνάστρεφε καὶ πορεύου εἰς εἰρήνην, καὶ οὐ μὴ ποιήσῃς κακίαν ἐν ὀφθαλμοῖς τῶν σατραπῶν τῶν ἀλλοφύλων.

8 Καὶ εἶπε Δαυὶδ πρὸς Ἀγχοῦς, τί πεποίηκά σοι καὶ τί εὗρες ἐν τῷ δούλῳ σου ἀφ᾽ ἧς ἡμέρας ἤμην ἐνώπιόν σου καὶ ἕως τῆς ἡμέρας ταύτης, ὅτι οὐ μὴ ἔλθω πολεμήσας τοὺς ἐχθροὺς τοῦ κυρίου μου τοῦ βασιλέως;

9 Καὶ ἀπεκρίθη Ἀγχοῦς πρὸς Δαυὶδ, οἶδα ὅτι ἀγαθὸς σὺ ἐν ὀφθαλμοῖς μου, ἀλλ᾽ οἱ σατράπαι τῶν ἀλλοφύλων λέγουσιν,

10 οὐχ ἥξει μεθ᾽ ἡμῶν εἰς πόλεμον. Καὶ νῦν ὄρθρισον τοπρωῒ σὺ καὶ οἱ παῖδες τοῦ κυρίου σου οἱ ἥκοντες μετὰ σοῦ, καὶ πορεύεσθε εἰς τὸν τόπον οὗ κατέστησα ὑμᾶς ἐκεῖ, καὶ λόγον λοιμὸν μὴ θῆς ἐν καρδίᾳ σου, ὅτι ἀγαθὸς σὺ ἐνώπιόν μου· καὶ ὀρθρίσατε ἐν τῇ ὁδῷ καὶ φωτισάτω ὑμῖν, καὶ πορεύθητε.

11 Καὶ ὤρθρισε Δαυὶδ αὐτὸς καὶ οἱ ἄνδρες αὐτοῦ ἀπελθεῖν καὶ φυλάσσειν τὴν γῆν τῶν ἀλλοφύλων, καὶ οἱ ἀλλόφυλοι ἀνέβησαν πολεμεῖν ἐπὶ Ἰεζραήλ.

30 Καὶ ἐγενήθη εἰσελθόντος Δαυὶδ καὶ τῶν ἀνδρῶν αὐτοῦ τὴν Σεκελὰκ τῇ ἡμέρᾳ τῇ τρίτῃ, καὶ Ἀμαλὴκ ἐπέθετο ἐπὶ τὸν Νότον καὶ ἐπὶ τὴν Σεκελὰκ, καὶ ἐπάταξε τὴν Σεκελὰκ καὶ

2 ἐνεπύρισαν αὐτὴν ἐν πυρί. Καὶ τὰς γυναῖκας καὶ πάντα τὰ ἐν αὐτῇ ἀπὸ μικροῦ ἕως μεγάλου οὐκ ἐθανάτωσαν ἄνδρα καὶ γυναῖκα, ἀλλ᾽ ἠχμαλώτευσαν, καὶ ἀπῆλθον εἰς τὴν ὁδὸν αὐτῶν.

3 Καὶ ἦλθε Δαυὶδ καὶ οἱ ἄνδρες αὐτοῦ εἰς τὴν πόλιν, καὶ ἰδοὺ ἐμπεπύρισται ἐν πυρί, αἱ δὲ γυναῖκες αὐτῶν καὶ οἱ υἱοὶ αὐτῶν

4 καὶ αἱ θυγατέρες αὐτῶν ᾐχμαλωτευμένοι. Καὶ ἦρε Δαυὶδ καὶ οἱ ἄνδρες αὐτοῦ τὴν φωνὴν αὐτῶν, καὶ ἔκλαυσαν ἕως ὅτου οὐκ

5 ἦν ἐν αὐτοῖς ἰσχὺς ἔτι τοῦ κλαίειν. Καὶ ἀμφότεραι αἱ γυναῖκες Δαυὶδ ἠχμαλωτεύθησαν, Ἀχιναὰμ ἡ Ἰεζραηλῖτις, καὶ Ἀβιγαία

6 ἡ γυνὴ Νάβαλ τοῦ Καρμηλίου. Καὶ ἐθλίβη Δαυὶδ σφόδρα, ὅτι εἶπεν ὁ λαὸς λιθοβολῆσαι αὐτὸν, ὅτι κατώδυνος ψυχὴ παντὸς τοῦ λαοῦ ἑκάστου ἐπὶ τοὺς υἱοὺς αὐτοῦ καὶ ἐπὶ τὰς θυγατέρας αὐτοῦ· καὶ ἐκραταιώθη Δαυὶδ ἐν Κυρίῳ Θεῷ αὐτοῦ.

servant of Saul king of Israel? he has been with us [β]some time, even this second year, and I have not found any fault in him from the day that he attached himself to me even until this day. [4] And the captains of the Philistines were displeased at him, and they say to him, Send the man away, and let him return to his place, where thou didst set him; and let him not come with us to the war, and let him not be a [γ]traitor in the camp: and wherewith will he be reconciled to his master? will it not be with the heads of those men? [5] Is not this David whom they [δ]celebrated in dances, saying, Saul has smitten his thousands, and David his ten thousands?

[6] And Anchus called David, and said to him, As the Lord lives, thou art right and approved in my eyes, and so is thy going out and thy coming in with me in the army, and I have not found any evil to charge against thee from the day that thou camest to me until this day: but thou art not approved in the eyes of the lords. [7] Now then return and go in peace, thus thou shalt not do evil in the sight of the lords of the Philistines.

[8] And David said to Anchus, What have I done to thee? and what hast thou found in thy servant from the first day that I was before thee even until this day, that I should not come [ζ]and war against the enemies of the lord my king?

[9] And Anchus answered David, I know that thou art good in my eyes, [θ]but the lords of the Philistines say, He shall not come with us to the war. [10] Now then rise up early in the morning, thou and the servants of thy lord that are come with thee, and go to the place where I appointed you, and entertain no evil thought in thy heart, for thou art good in my sight: and rise early for your journey [λ]when it is light, and depart.

[11] So David arose early, he and his men, to depart and guard the land of the Philistines: and the Philistines went up to Jezrael to battle.

And it came to pass when David and his men had entered Sekelac on the third day, that Amalec had made an incursion upon the south, and upon Sekelac, and smitten Sekelac, and burnt it with fire. [2] And as to the women and all things that were in it, great and small, they slew neither man nor woman, but carried them captives, and went on their way.

[3] And David and his men came into the city, and, behold, it was burnt with fire; and their wives, and their sons, and their daughters, were carried captive. [4] And David and his men lifted up their voice, and wept till there was no longer any power within them to weep. [5] And both the wives of David were carried captive, Achinaam the Jezraelitess, and Abigaia the wife of Nabal the Carmelite. [6] And David was greatly distressed, because the people spoke of stoning him, because the soul of all the people was grieved, each for his sons and his daughters: but David strengthened himself in the Lord his God.

β Gr. days.   γ Or, a plotter against the camp.   δ Gr. began to celebrate, or gave the precedence.   ζ Gr. warring, or having warred.   θ Heb. and Alex. +‘an angel of God.’   λ Gr. and let there be light upon you.

7 And David said to Abiathar the priest the son of Achimelech, Bring near the β ephod. 8 And David enquired of the Lord, saying, Shall I pursue after this γ troop? shall I overtake them? and he said to him, Pursue, for thou shalt surely overtake them, and thou shalt surely rescue *the captives.* 9 So David went, he and the six hundred men with him, and they come as far as the brook Bosor, and the superfluous ones stopped. 10 And he pursued them with four hundred men; and there remained behind two hundred men, who tarried on the other side of the brook Bosor.

11 And they find an Egyptian in the field, and they take him, and bring him to David; and they δ gave him bread and he ate, and they caused him to drink water. 12 And they δ gave him a piece of a cake of figs, and he ate, and his spirit was ζ restored in him; for he had not eaten bread, and had not drunk water three days and three nights. 13 And David said to him, Whose art thou? and whence art thou? and the young man the Egyptian said, I am the servant of an Amalekite; and my master left me, because I was taken ill three days ago. 14 And we made an incursion on the south of the Chelethite, and on the parts of Judea, and on the south of Chelub, and we burnt Sekelac with fire. 15 And David said to him, Wilt thou bring me down to this troop? and he said, Swear now to me by God, that thou wilt not kill me, and that thou wilt not deliver me into the hands of my master, and I will bring thee down upon this troop.

16 So he brought him down thither, and behold, they *were* scattered abroad upon the surface of the whole land, eating and drinking, and feasting by *reason of* all the great spoils which they had taken out of the land of the Philistines, and out of the land of Juda. 17 And David came upon them, and smote them from the morning till the evening, and on the next day; and not one of them escaped, except four hundred young men, who were mounted on camels, and fled. 18 And David recovered all that the Amalekites had taken, and he rescued both his wives. 19 And θ nothing was wanting to them of great or small, either of the spoils, or the sons and daughters, or anything that they had taken of theirs; and David recovered all. 20 And he took all the flocks, and the herds, and led them away before the spoils: and it was said of these spoils, These *are* the spoils of David.

21 And David comes to the two hundred men who were left behind that they should not follow after David, and he had caused them to remain λ by the brook of Bosor; and they came forth to meet David, and to meet his people with him: and David drew near to the people, and they asked him how he did.

22 Then every ill-disposed and bad man of the soldiers who had gone with David, answered and said, Because they did not pursue together with us, we will not give them of the spoils which we have recovered, only let each one lead away with him his wife and his children, and let them return. 23 And

Καὶ εἶπε Δαυὶδ πρὸς Ἀβιάθαρ τὸν ἱερέα υἱὸν Ἀχιμέλεχ, 7 προσάγαγε τὸ ἐφούδ. Καὶ ἐπηρώτησε Δαυὶδ διὰ τοῦ Κυρίου, 8 λέγων, εἰ καταδιώξω ὀπίσω τοῦ γεδδοὺρ τούτου; εἰ καταλήψομαι αὐτούς; καὶ εἶπεν αὐτῷ, καταδίωκε, ὅτι καταλαμβάνων καταλήψῃ αὐτούς, καὶ ἐξαιρούμενος ἐξελῇ. Καὶ ἐπορεύθη Δαυὶδ 9 αὐτὸς καὶ οἱ ἑξακόσιοι ἄνδρες μετ᾽ αὐτοῦ, καὶ ἔρχονται ἕως τοῦ χειμάρρου Βοσόρ, καὶ οἱ περισσοὶ ἔστησαν. Καὶ κατεδίωξεν 10 ἐν τετρακοσίοις ἀνδράσιν· ὑπέστησαν δὲ διακόσιοι ἄνδρες οἵτινες ἐκάθισαν πέραν τοῦ χειμάρρου τοῦ Βοσόρ.

Καὶ εὑρίσκουσιν ἄνδρα Αἰγύπτιον ἐν ἀγρῷ, καὶ λαμβάνουσιν 11 αὐτόν, καὶ ἄγουσιν αὐτὸν πρὸς Δαυίδ· καὶ διδόασιν αὐτῷ ἄρτον καὶ ἔφαγε, καὶ ἐπότισαν αὐτὸν ὕδωρ. καὶ διδόασιν αὐτῷ κλάσμα 12 παλάθης καὶ ἔφαγε, καὶ κατέστη τὸ πνεῦμα αὐτοῦ ἐν αὐτῷ· ὅτι οὐ βεβρώκει ἄρτον, καὶ οὐ πεπώκει ὕδωρ τρεῖς ἡμέρας καὶ τρεῖς νύκτας. Καὶ εἶπεν αὐτῷ Δαυὶδ, τίνος σὺ εἶ, καὶ πόθεν εἶ; καὶ 13 εἶπε τὸ παιδάριον τὸ Αἰγύπτιον, ἐγώ εἰμι δοῦλος ἀνδρὸς Ἀμαληκίτου, καὶ κατέλιπέ με ὁ κύριός μου, ὅτι ἠνωχλήθην ἐγὼ σήμερον τριταῖος. Καὶ ἡμεῖς ἐπεθέμεθα ἐπὶ τὸν Νότον τοῦ 14 Χελεθὶ, καὶ ἐπὶ τὰ τῆς Ἰουδαίας μέρη, καὶ ἐπὶ Νότον Χελοὺβ, καὶ τὴν Σεκελὰκ ἐνεπυρίσαμεν ἐν πυρί. Καὶ εἶπεν αὐτῷ 15 Δαυὶδ, εἰ κατάξεις με ἐπὶ τὸ γεδδοὺρ τοῦτο; καὶ εἶπεν, ὄμοσον δή μοι κατὰ τοῦ Θεοῦ μὴ θανατώσειν με, καὶ μὴ παραδοῦναί με εἰς χεῖρας τοῦ κυρίου μου, καὶ κατάξω σε ἐπὶ τὸ γεδδοὺρ τοῦτο.

Καὶ κατήγαγεν αὐτὸν ἐκεῖ, καὶ ἰδοὺ οὗτοι διακεχυμένοι ἐπὶ 16 πρόσωπον πάσης τῆς γῆς, ἐσθίοντες καὶ πίνοντες καὶ ἑορτάζοντες ἐν πᾶσι τοῖς σκύλοις τοῖς μεγάλοις, οἷς ἔλαβον ἐκ γῆς ἀλλοφύλων καὶ ἐκ γῆς Ἰούδα. Καὶ ἦλθεν ἐπ᾽ αὐτοὺς Δαυίδ, 17 καὶ ἐπάταξεν αὐτοὺς ἀπὸ ἑωσφόρου ἕως δείλης καὶ τῇ ἐπαύριον· καὶ οὐκ ἐσώθη ἐξ αὐτῶν ἀνὴρ, ὅτι ἀλλ᾽ ἢ τετρακόσια παιδάρια, ἃ ἦν ἐπιβεβηκότα ἐπὶ τὰς καμήλους, καὶ ἔφυγον. Καὶ ἀφεί- 18 λατο Δαυὶδ πάντα ἃ ἔλαβον οἱ Ἀμαληκῖται, καὶ ἀμφότερας τὰς γυναῖκας αὐτοῦ ἐξείλατο. Καὶ οὐ διεφώνησεν αὐτοῖς ἀπὸ 19 μικροῦ ἕως μεγάλου, καὶ ἀπὸ τῶν σκύλων, καὶ ἕως υἱῶν καὶ θυγατέρων, καὶ ἕως πάντων ὧν ἔλαβον αὐτῶν, καὶ πάντα ἐπέστρεψε Δαυίδ. Καὶ ἔλαβε πάντα τὰ ποίμνια, καὶ τὰ βου- 20 κόλια, καὶ ἀπήγαγεν ἔμπροσθεν τῶν σκύλων· καὶ τοῖς σκύλοις ἐκείνοις ἐλέγετο, ταῦτα τὰ σκῦλα Δαυίδ.

Καὶ παραγίνεται Δαυὶδ πρὸς τοὺς διακοσίους ἄνδρας τοὺς 21 ὑπολειφθέντας τοῦ πορεύεσθαι ὀπίσω Δαυὶδ, καὶ ἐκάθισεν αὐτοὺς ἐν τῷ χειμάρρῳ τοῦ Βοσόρ, καὶ ἐξῆλθον εἰς ἀπάντησιν Δαυὶδ καὶ εἰς ἀπάντησιν τοῦ λαοῦ τοῦ μετ᾽ αὐτοῦ· καὶ προσήγαγε Δαυὶδ ἕως τοῦ λαοῦ, καὶ ἠρώτησαν αὐτὸν τὰ εἰς εἰρήνην.

Καὶ ἀπεκρίθη πᾶς ἀνὴρ λοιμὸς καὶ πονηρὸς τῶν ἀνδρῶν τῶν 22 πολεμιστῶν τῶν πορευθέντων μετὰ Δαυὶδ, καὶ εἶπον, ὅτι οὐ κατεδίωξαν μεθ᾽ ἡμῶν, οὐ δώσομεν αὐτοῖς ἐκ τῶν σκύλων ὧν ἐξειλόμεθα, ὅτι ἀλλ᾽ ἢ ἕκαστος τὴν γυναῖκα αὐτοῦ, καὶ τὰ τέκνα αὐτοῦ ἀπαγέσθωσαν, καὶ ἀποστρεφέτωσαν. Καὶ εἶπε 23

β *Alex.* and *Heb.* + 'And Abiathar brought the ephod to David.'   γ The Greek is borrowed from the Hebrew.   δ *Gr.* give.
ζ *Gr.* staid or established in him.   θ See Num. 31. 49. Josh. 23. 14. 3 Kings 8. 56.   λ *Gr.* in.

Δαυὶδ, οὐ ποιήσετε οὕτως, μετὰ τὸ παραδοῦναι τὸν Κύριον ἡμῖν, καὶ φυλάξαι ἡμᾶς, καὶ παρέδωκε Κύριος τὸν γεδδοὺρ τὸν
24 ἐπερχόμενον ἐφ᾿ ἡμᾶς εἰς χεῖρας ἡμῶν. Καὶ τίς ἐπακούσεται ὑμῶν τῶν λόγων τούτων; ὅτιοὐχ ἧττον ἡμῶν εἰσι, διότι κατὰ τὴν μερίδα τοῦ καταβαίνοντος εἰς τὸν πόλεμον, οὕτως ἔσται ἡ μερὶς τοῦ καθημένου ἐπὶ τὰ σκεύη, κατὰ τὸ αὐτὸ μεριοῦνται.
25 Καὶ ἐγενήθη ἀπὸ τῆς ἡμέρας ἐκείνης καὶ ἐπάνω, καὶ ἐγένετο εἰς πρόσταγμα καὶ εἰς δικαίωμα τῷ Ἰσραὴλ ἕως τῆς σήμερον.

26 Καὶ ἦλθε Δαυὶδ εἰς Σεκελὰκ, καὶ ἀπέστειλε τοῖς πρεσβυτέροις τῶν σκύλων Ἰούδα καὶ τοῖς πλησίον αὐτοῦ, λέγων, ἰδοὺ
27 ἀπὸ τῶν σκύλων τῶν ἐχθρῶν Κυρίου, τοῖς ἐν Βαιθσοὺρ, καὶ
28 τοῖς Ῥαμὰ Νότου, καὶ τοῖς ἐν Γεθὸρ, καὶ τοῖς ἐν Ἀροὴρ, καὶ
29 τοῖς ἐν Ἀμμαδὶ, καὶ τοῖς ἐν Σαφὶ, καὶ τοῖς ἐν Ἐσθιὲ, καὶ τοῖς ἐν Γὲθ, καὶ τοῖς ἐν Κιμὰθ, καὶ τοῖς ἐν Σαφὲκ, καὶ τοῖς ἐν Θημὰθ, καὶ τοῖς ἐν Καρμήλῳ, καὶ τοῖς ἐν ταῖς πόλεσι τοῦ
30 Ἱερεμεὴλ, καὶ τοῖς ἐν ταῖς πόλεσι τοῦ Κενεζὶ, καὶ τοῖς ἐν
31 Ἱεριμοὺθ, καὶ τοῖς ἐν Βηρσαβεὲ, καὶ τοῖς ἐν Νομβὲ, καὶ τοῖς ἐν Χεβρὼν, καὶ πάντας τοὺς τόπους οὓς διῆλθε Δαυὶδ ἐκεῖ αὐτὸς καὶ οἱ ἄνδρες αὐτοῦ.

31 Καὶ οἱ ἀλλόφυλοι ἐπολέμουν ἐπὶ Ἰσραήλ· καὶ ἔφυγον οἱ ἄνδρες Ἰσραὴλ ἐκ προσώπου τῶν ἀλλοφύλων, καὶ πίπτουσι
2 τραυματίαι ἐν τῷ ὄρει τῷ Γελβουέ. Καὶ συνάπτουσιν οἱ ἀλλόφυλοι τῷ Σαοὺλ καὶ τοῖς υἱοῖς αὐτοῦ, καὶ τύπτουσιν ἀλλόφυλοι τὸν Ἰωνάθαν, καὶ τὸν Ἀμιναδὰβ, καὶ τὸν Μελχισὰ υἱὸν
3 Σαούλ. Καὶ βαρύνεται ὁ πόλεμος ἐπὶ Σαοὺλ, καὶ εὑρίσκουσιν αὐτὸν οἱ ἀκοντισταὶ ἄνδρες τόξοται, καὶ ἐτραυματίσθη εἰς τὰ
4 ὑποχόνδρια. Καὶ εἶπε Σαοὺλ πρὸς τὸν αἴροντα τὰ σκεύη αὐτοῦ, σπάσαι τὴν ῥομφαίαν σου καὶ ἀποκέντησόν με ἐν αὐτῇ, μὴ ἔλθωσιν οἱ ἀπερίτμητοι οὗτοι καὶ ἀποκεντήσωσί με καὶ ἐμπαίξωσιν ἐμοί· καὶ οὐκ ἐβούλετο ὁ αἴρων τὰ σκεύη αὐτοῦ, ὅτι ἐφοβήθη σφόδρα· καὶ ἔλαβε Σαοὺλ τὴν ῥομφαίαν, καὶ
5 ἐπέπεσεν ἐπ᾿ αὐτήν. Καὶ εἶδεν ὁ αἴρων τὰ σκεύη αὐτοῦ ὅτι τέθνηκε Σαοὺλ, καὶ ἐπέπεσε καὶ αὐτὸς ἐπὶ τὴν ῥομφαίαν αὐτοῦ,
6 καὶ ἀπέθανε μετ᾿ αὐτοῦ. Καὶ ἀπέθανε Σαοὺλ, καὶ οἱ τρεῖς υἱοὶ αὐτοῦ, καὶ ὁ αἴρων τὰ σκεύη αὐτοῦ, ἐν τῇ ἡμέρᾳ ἐκείνῃ κατὰ τὸ αὐτό.

7 Καὶ εἶδον οἱ ἄνδρες Ἰσραὴλ οἱ ἐν τῷ πέραν τῆς κοιλάδος καὶ οἱ ἐν τῷ πέραν τοῦ Ἰορδάνου, ὅτι ἔφυγον οἱ ἄνδρες Ἰσραὴλ, καὶ ὅτι τέθνηκε Σαοὺλ καὶ οἱ υἱοὶ αὐτοῦ, καὶ καταλείπουσι τὰς πόλεις αὐτῶν καὶ φεύγουσι· καὶ ἔρχονται οἱ ἀλλόφυλοι καὶ κατοικοῦσιν ἐν αὐταῖς.

8 Καὶ ἐγενήθη τῇ ἐπαύριον ἔρχονται οἱ ἀλλόφυλοι ἐκδιδύσκειν τοὺς νεκροὺς, καὶ εὑρίσκουσι τὸν Σαοὺλ καὶ τοὺς τρεῖς υἱοὺς αὐτοῦ πεπτωκότας ἐπὶ τὰ ὄρη Γελβουέ.

9 Καὶ ἀποστρέφουσιν αὐτὸν, καὶ ἐξέδυσαν τὰ σκεύη αὐτοῦ, καὶ ἀποστέλλουσιν αὐτὰ εἰς γῆν ἀλλοφύλων, κύκλῳ εὐαγγελίζοντες
10 τοῖς εἰδώλοις αὐτῶν καὶ τῷ λαῷ. Καὶ ἀνέθηκαν τὰ σκεύη αὐτοῦ εἰς τὸ Ἀσταρτεῖον, καὶ τὸ σῶμα αὐτοῦ κατέπηξαν ἐν τῷ τείχει Βαιθσάμ.

David said, Ye shall not do so, after the Lord has delivered *the enemy* to us, and guarded us, and the Lord has delivered into our hands the troop that came against us. [24] And who will hearken to these your words? for they are not β inferior to us; for according to the portion of him that went down to the battle, so shall be the portion of him that abides with the baggage; they shall share alike. [25] And it came to pass from that day forward, that it became an ordinance and a custom in Israel until this day.

[26] And David came to Sekelac, and sent of the spoils to the elders of Juda, and to his friends, saying, γ Behold *some of* the spoils of the enemies of the Lord; [27] to those in δ Bæthsur, and to those in Rama of the south, and to those in Gethor. [28] And to those in Aroer, and to those in Ammadi, and to those in Saphi, and to those in Esthie, [29] and to those in Geth, and to those in Cimath, and to those in Saphec, and to those in Themath, and to those in Carmel, and to those in the cities of Jeremeel, and to those in the cities of the Kenezite; [30] and to those in Jerimuth, and to those in Bersabee, and to those in Nombe, [31] and to those in Chebron, and to all the places which David and his men had passed through.

And the Philistines fought with Israel: and the men of Israel fled from before the Philistines, and they fall down wounded in the mountain of Gelbue. [2] And the Philistines press closely on Saul and his sons, and the Philistines smite Jonathan, and Aminadab, and Melchisa son of Saul. [3] And the battle prevails against Saul, and the shooters with arrows, even the archers find him, and he was wounded ς under the ribs. [4] And Saul said to his armour-bearer, Draw thy sword and pierce me through with it; lest these uncircumcised come and pierce me through, and mock me. But his armour-bearer would not, for he feared greatly: so Saul took his sword and fell upon it. [5] And his armour-bearer saw that Saul was dead, and he fell also himself upon his sword, and died with him. [6] So Saul died, and his three sons, and his armour-bearer, in that day together.

[7] And the men of Israel who were on the other side of the valley, and those beyond Jordan, saw that the men of Israel fled, and that Saul and his sons were dead: and they leave their cities and flee: and the Philistines come and dwell in them.

[8] And it came to pass on the morrow that the Philistines come to strip the dead, and they find Saul and his three sons fallen on the mountains of Gelbue.

[9] And they θ turned him, and stripped off his armour, and sent it into the land of the Philistines, sending round glad tidings to their idols and to the people. [10] And they set up his armour at the temple of Astarte, and they fastened his body on the wall of Bæthsam.

β *Gr.* an inferior thing.　　　γ *Heb.* and *Alex.* 'Lo! a blessing from you,' etc.　　　δ *Heb.* and *Alex.* 'Bethel.'
ζ *Lit.* in the hypochondria.　　　θ *Comp.* reads, ἀποκεφαλίζουσιν. So in *Heb.*

¹¹ And the inhabitants of Jabis Galaad hear what the Philistines did to Saul. ¹² And they rose up, *even* every man of might, and marched all night, and took the body of Saul and the body of Jonathan his son from the wall of Bæthsam; and they bring them to Jabis, and burn them there. ¹³ And they take their bones, and bury them in the field that is in Jabis, and fast seven days.

Καὶ ἀκούουσιν οἱ κατοικοῦντες Ἰαβὶς τῆς Γαλααδίτιδος ἃ 11 ἐποίησαν οἱ ἀλλόφυλοι τῷ Σαούλ. Καὶ ἀνέστησαν πᾶς ἀνὴρ 12 δυνάμεως, καὶ ἐπορεύθησαν ὅλην τὴν νύκτα, καὶ ἔλαβον τὸ σῶμα Σαοὺλ καὶ τὸ σῶμα Ἰωνάθαν τοῦ υἱοῦ αὐτοῦ ἀπὸ τοῦ τείχους Βαιθσὰμ, καὶ φέρουσιν αὐτοὺς εἰς Ἰαβὶς, καὶ κατακαίουσιν αὐτοὺς ἐκεῖ. Καὶ λαμβάνουσι τὰ ὀστᾶ αὐτῶν, καὶ θάπτουσιν 13 ὑπὸ τὴν ἄρουραν τὴν ἐν Ἰαβὶς, καὶ νηστεύουσιν ἑπτὰ ἡμέρας.

ΒΑΣΙΛΕΙΩΝ Β.

AND it came to pass after Saul was dead, that David returned from smiting Amalec, and David abode two days in Sekelac. ² And it came to pass on the third day, that, behold, a man came from the camp, from the people of Saul, and his garments were rent, and earth *was* upon his head: and it came to pass when he went in to David, that he fell upon the earth, and did obeisance to him.

³ And David said to him, Whence comest thou? and he said to him, I have escaped out of the camp of Israel. ⁴ And David said to him, What *is* the matter? tell me. And he said, The people fled out of the ^β battle, and many of the people have fallen and are dead, and Saul and Jonathan his son are dead.

⁵ And David said to the young man who brought him the tidings, How knowest thou that Saul and Jonathan his son are dead? ⁶ And the young man that brought the tidings, said to him, I happened accidentally to be upon mount Gelbue; and, behold, Saul was leaning upon his spear, and, behold, the chariots and captains of horse pressed hard upon him. ⁷ And he looked behind him, and saw me, and called me; and I said, Behold, *here* am I. ⁸ And he said to me, Who art thou? and I said, I am an Amalekite. ⁹ And he said to me, Stand, I pray thee, over me, and slay me, for a dreadful darkness has come upon me, for all my life *is* in me. ¹⁰ So I stood over him and slew him, because I knew he ^γ would not live after he was fallen; and I took the crown that was upon his head, and the bracelet that was upon his arm, and I have brought them hither to my lord.

¹¹ And David laid hold of his garments,

ΚΑΙ ἐγένετο μετὰ τὸ ἀποθανεῖν Σαοὺλ, καὶ Δαυὶδ ἀνέστρεψε τύπτων τὸν Ἀμαλὴκ, καὶ ἐκάθισε Δαυὶδ ἐν Σεκελὰκ ἡμέρας δύο. Καὶ ἐγενήθη τῇ ἡμέρᾳ τῇ τρίτῃ, καὶ ἰδοὺ ἀνὴρ ἦλθεν ἐκ 2 τῆς παρεμβολῆς ἐκ τοῦ λαοῦ Σαούλ, καὶ τὰ ἱμάτια αὐτοῦ διερρωγότα, καὶ γῆ ἐπὶ τῆς κεφαλῆς αὐτοῦ· καὶ ἐγένετο ἐν τῷ εἰσελθεῖν αὐτὸν πρὸς Δαυὶδ, καὶ ἔπεσεν ἐπὶ τὴν γῆν καὶ προσεκύνησεν αὐτῷ.

Καὶ εἶπεν αὐτῷ Δαυὶδ, πόθεν σὺ παραγίνῃ; καὶ εἶπε πρὸς 3 αὐτὸν, ἐκ τῆς παρεμβολῆς Ἰσραὴλ ἐγὼ διασέσωσμαι. Καὶ 4 εἶπεν αὐτῷ Δαυὶδ, τίς ὁ λόγος οὗτος; ἀπάγγειλόν μοι· καὶ εἶπεν, ὅτι ἔφυγεν ὁ λαὸς ἐκ τοῦ πολέμου, καὶ πεπτώκασι πολλοὶ ἐκ τοῦ λαοῦ καὶ ἀπέθανον, καὶ Σαοὺλ καὶ Ἰωνάθαν ὁ υἱὸς αὐτοῦ ἀπέθανε.

Καὶ εἶπε Δαυὶδ τῷ παιδαρίῳ τῷ ἀπαγγέλλοντι αὐτῷ, πῶς 5 οἶδας ὅτι τέθνηκε Σαοὺλ καὶ Ἰωνάθαν ὁ υἱὸς αὐτοῦ; Καὶ εἶπε 6 τὸ παιδάριον τὸ ἀπαγγέλλον αὐτῷ, περιπτώματι περιέπεσον ἐν τῷ ὄρει τῷ Γελβουέ, καὶ ἰδοὺ Σαοὺλ ἐπεστήρικτο ἐπὶ τὸ δόρυ αὐτοῦ, καὶ ἰδοὺ τὰ ἅρματα καὶ οἱ ἱππάρχαι συνῆψαν αὐτῷ. Καὶ ἐπέβλεψεν ἐπὶ τὰ ὀπίσω αὐτοῦ, καὶ εἶδέ με, καὶ ἐκάλεσέ 7 με· καὶ εἶπα, ἰδοὺ ἐγώ. Καὶ εἶπέ μοι, τίς εἶ σύ; καὶ εἶπα, 8 Ἀμαληκίτης ἐγώ εἰμι. Καὶ εἶπε πρὸς μὲ, στῆθι δὴ ἐπάνω 9 μου καὶ θανάτωσόν με, ὅτι κατέσχε με σκότος δεινὸν, ὅτι πᾶσα ἡ ψυχή μου ἐν ἐμοί. Καὶ ἐπέστην ἐπ᾽ αὐτὸν καὶ ἐθανάτωσα 10 αὐτὸν, ὅτι ᾔδειν ὅτι οὐ ζήσεται μετὰ τὸ πεσεῖν αὐτόν· καὶ ἔλαβον τὸ βασίλειον τὸ ἐπὶ τὴν κεφαλὴν αὐτοῦ, καὶ τὸν χλιδόνα τὸν ἐπὶ τοῦ βραχίονος αὐτοῦ, καὶ ἐνήνοχα αὐτὰ τῷ κυρίῳ μου ὧδε.

Καὶ ἐκράτησε Δαυὶδ τῶν ἱματίων αὐτοῦ, καὶ διέρρηξεν αὐτά· 11

καὶ πάντες οἱ ἄνδρες οἱ μετ᾿ αὐτοῦ διέρρηξαν τὰ ἱμάτια αὐτῶν.

12 Καὶ ἐκόψαντο καὶ ἔκλαυσαν καὶ ἐνήστευσαν ἕως δείλης ἐπὶ Σαοὺλ καὶ ἐπὶ Ἰωνάθαν τὸν υἱὸν αὐτοῦ καὶ ἐπὶ τὸν λαὸν Ἰούδα καὶ ἐπὶ τὸν οἶκον Ἰσραὴλ, ὅτι ἐπλήγησαν ἐν ῥομφαίᾳ.

13 Καὶ εἶπε Δαυὶδ τῷ παιδαρίῳ τῷ ἀπαγγέλλοντι αὐτῷ, πόθεν εἶ σύ; καὶ εἶπεν, υἱὸς ἀνδρὸς παροίκου Ἀμαληκίτου ἐγώ εἰμι.

14 Καὶ εἶπεν αὐτῷ Δαυὶδ, πῶς οὐκ ἐφοβήθης ἐπενεγκεῖν χεῖρά
15 σου διαφθεῖραι τὸν χριστὸν Κυρίου; Καὶ ἐκάλεσε Δαυὶδ ἓν τῶν παιδαρίων αὐτοῦ, καὶ εἶπε, προσελθὼν ἀπάντησον αὐτῷ·
16 καὶ ἐπάταξεν αὐτὸν, καὶ ἀπέθανε. Καὶ εἶπε πρὸς αὐτὸν Δαυὶδ, τὸ αἷμά σου ἐπὶ τὴν κεφαλήν σου, ὅτι τὸ στόμα σου ἀπεκρίθη κατὰ σοῦ, λέγον, ὅτι ἐγὼ ἐθανάτωσα τὸν χριστὸν Κυρίου.

17 Καὶ ἐθρήνησε Δαυὶδ τὸν θρῆνον τοῦτον ἐπὶ Σαοὺλ καὶ ἐπὶ
18 Ἰωνάθαν τὸν υἱὸν αὐτοῦ. Καὶ εἶπε τοῦ διδάξαι τοὺς υἱοὺς Ἰούδα· ἰδοὺ γέγραπται ἐπὶ βιβλίου τοῦ εὐθοῦς.

19 Στήλωσον Ἰσραὴλ ὑπὲρ τῶν τεθνηκότων ἐπὶ τὰ ὕψη σου
20 τραυματιῶν· πῶς ἔπεσαν δυνατοί; Μὴ ἀναγγείλητε ἐν Γὲθ, καὶ μὴ εὐαγγελίσησθε ἐν ταῖς ἐξόδοις Ἀσκάλωνος, μή ποτε εὐφρανθῶσι θυγατέρες ἀλλοφύλων, μή ποτε ἀγαλλιάσωνται
21 θυγατέρες τῶν ἀπεριτμήτων. Ὄρη τὰ ἐν Γελβουὲ μὴ κατα- βάτω δρόσος καὶ μὴ ὑετὸς ἐφ᾿ ὑμᾶς, καὶ ἀγροὶ ἀπαρχῶν, ὅτι ἐκεῖ προσωχθίσθη θυρεὸς δυνατῶν· θυρεὸς Σαοὺλ οὐκ ἐχρίσθη
22 ἐν ἐλαίῳ. Ἀφ᾿ αἵματος τραυματιῶν καὶ ἀπὸ στέατος δυνατῶν τόξον Ἰωνάθαν οὐκ ἀπεστράφη κενὸν εἰς τὰ ὀπίσω, καὶ ῥομφαία
23 Σαοὺλ οὐκ ἀνέκαμψε κενή. Σαοὺλ καὶ Ἰωνάθαν οἱ ἠγαπη- μένοι καὶ ὡραῖοι οὐ διακεχωρισμένοι, εὐπρεπεῖς ἐν τῇ ζωῇ αὐτῶν, καὶ ἐν τῷ θανάτῳ αὐτῶν οὐ διεχωρίσθησαν· ὑπὲρ ἀετοὺς
24 κοῦφοι, καὶ ὑπὲρ λέοντας ἐκραταιώθησαν. Θυγατέρες Ἰσραὴλ ἐπὶ Σαοὺλ κλαύσατε, τὸν ἐνδιδύσκοντα ὑμᾶς κόκκινα μετὰ κόσμου ὑμῶν, τὸν ἀναφέροντα κόσμον χρυσοῦν ἐπὶ τὰ ἐνδύματα
25 ὑμῶν. Πῶς ἔπεσαν δυνατοὶ ἐν μέσῳ τοῦ πολέμου, Ἰωνάθαν
26 ἐπὶ τὰ ὕψη σου τραυματίαι; Ἀλγῶ ἐπὶ σοὶ, ἀδελφέ μου Ἰωνάθαν, ὡραιώθης μοι σφόδρα, ἐθαυμαστώθη ἡ ἀγάπησίς σου
27 ἐμοὶ ὑπὲρ ἀγάπησιν γυναικῶν. Πῶς ἔπεσαν δυνατοὶ, καὶ ἀπώ- λοντο σκεύη πολεμικά;

2 Καὶ ἐγένετο μετὰ ταῦτα καὶ ἐπηρώτησε Δαυὶδ ἐν Κυρίῳ, λέγων, εἰ ἀναβῶ εἰς μίαν τῶν πόλεων Ἰούδα; καὶ εἶπε Κύριος πρὸς αὐτὸν, ἀνάβηθι· καὶ εἶπε Δαυὶδ, ποῦ ἀναβῶ; καὶ εἶπεν,
2 εἰς Χεβρών. Καὶ ἀνέβη ἐκεῖ Δαυὶδ εἰς Χεβρών, καὶ ἀμφό- τεραι αἱ γυναῖκες αὐτοῦ, Ἀχινάαμ ἡ Ἰεζραηλίτις, καὶ Ἀβιγαία
3 ἡ γυνὴ Νάβαλ τοῦ Καρμηλίου, καὶ οἱ ἄνδρες οἱ μετ᾿ αὐτοῦ ἕκαστος, καὶ ὁ οἶκος αὐτοῦ, καὶ κατῴκουν ἐν ταῖς πόλεσι Χεβρών.

4 Καὶ ἔρχονται ἄνδρες τῆς Ἰουδαίας, καὶ χρίουσι τὸν Δαυὶδ ἐκεῖ τοῦ βασιλεύειν ἐπὶ τὸν οἶκον Ἰούδα· Καὶ ἀπήγγειλαν

and rent them; and all the men who were with him rent their garments. ¹²And they lamented, and wept, and fasted till evening, for Saul and for Jonathan his son, and for the people of Juda, and for the house of Israel, because they were smitten with the sword. ¹³And David said to the young man who brought the tidings to him, Whence art thou? and he said, I am the son of an Amalekite sojourner. ¹⁴And David said to him, How was it thou wast not afraid to lift thy hand to destroy the anointed of the Lord? ¹⁵And David called one of his young men, and said, Go and fall upon him: and he smote him, and he died. ¹⁶And David said to him, Thy blood *be* upon thine own head; for thy mouth has ᵝtestified against thee, saying, I have slain the anointed of the Lord.

¹⁷And David lamented with this lamen- tation over Saul and over Jonathan his son. ¹⁸And he ᵞgave orders to teach it the sons of Juda: behold, it is written in the book of ᵟRight.

¹⁹Set up a pillar, O Israel, for ᶿthe slain that died upon thy high places: how are the mighty fallen! ²⁰Tell it not in Geth, and tell it not as glad tidings in the streets of Ascalon, lest the daughters of the Philis- tines rejoice, lest the daughters of the un- circumcised triumph. ²¹Ye mountains of Gelbue, let not dew nor rain descend upon you, nor fields of first-fruits *be upon you*, for there the shield of the mighty ones has been grievously assailed; the shield of Saul was not anointed with oil. ²²From the blood of the slain, and from the fat of the mighty, the bow of Jonathan returned not empty; and the sword of Saul turned not back empty. ²³Saul and Jonathan, the be- loved and the beautiful, were not divided: comely *were they* in their life, and in their death they were not divided: *they were* swifter than eagles, and they were stronger than lions. ²⁴Daughters of Israel, weep for Saul, who clothed you with scarlet together with your adorning, who added golden orna- ments to your apparel. ²⁵How are the mighty fallen in the midst of the battle! O Jonathan, even the slain ones upon thy high places! ²⁶I am grieved for thee, my brother Jonathan; thou wast very lovely to me; thy love to me was wonderful beyond the love of women. ²⁷How are the mighty fallen, and the weapons of war perished!

And it came to pass after this that David enquired of the Lord, saying, Shall I go up into one of the cities of Juda? and the Lord said to him, Go up. And David said, Whither shall I go up? and he said, To Chebron. ²And David went up thither to Chebron, *he* and both his wives, Achinaam the Jezraelitess, and Abigaia the wife of Nabal the Carmelite, ³and the men that were with him, every one and his family; and they dwelt in the cities of Chebron. ⁴And the men of Judea come, and anoint David there to reign over the house of Juda; and they reported to David, saying, The

---

β *Gr.* answered.   γ *Gr.* told.   δ *Gr.* straight, *or* right, sometimes upright, as of a man.   *Heb.* Jasher.   ζ The LXX. take הצבי
as from נצב, the *A. V.* from צבי.   θ Two words here are used, as is often the case in the LXX. to express one,
viz. τεθνηκότων and τραυματιῶν to express חלל.

men of Jabis of the country of Galaad have buried Saul. ⁵ And David sent messengers to the rulers of Jabis of the country of Galaad, and David said to them, Blessed be ye of the Lord, because ye have wrought this mercy toward your lord, even toward Saul the anointed of the Lord, and ye have buried him and Jonathan his son. ⁶ And now may the Lord deal in mercy and truth towards you: and I also will requite towards you this good deed, because ye have done this. ⁷ And now let your hands be made strong, and be ᵝ valiant; for your master Saul is dead, and moreover the house of Juda have anointed me to be king over them.

⁸ But Abenner, the son of Ner, the commander-in-chief of Saul's army, took Jebosthe son of Saul, and brought him up from the camp to Manaem ⁹ and ᵞ made him king over the land of Galaad, and over Thasiri, and over Jezrael, and over Ephraim, and over Benjamin, and over all Israel. ¹⁰ Jebosthe, Saul's son *was* forty years old, when he reigned over Israel; and he reigned two years, but not over the house of Juda, who followed David.

¹¹ And the days which David reigned in Chebron over the house of Juda were seven years and six months.

¹² And Abenner the son of Ner went forth, and the servants of Jebosthe the son of Saul, from Manaem to Gabaon. ¹³ And Joab the son of Saruia, and the servants of David, went forth from Chebron, and met them at the fountain of Gabaon, at the same place: and these sat down by the fountain on this side, and those by the fountain on that side. ¹⁴ And Abenner said to Joab, Let now the young men arise, and play before us. And Joab said, Let them arise. ¹⁵ And there arose and passed over by number twelve of the children of Benjamin, belonging to Jebosthe the son of Saul, and twelve of the servants of David. ¹⁶ And they seized every one the head of his neighbour with his hand, and his sword *was thrust* into the side of his neighbour, and they fall down together: and the name of that place was called The portion of the treacherous ones, which is in Gabaon. ¹⁷ And the battle was very severe on that day; and Abenner and the men of Israel were worsted before the servants of David. ¹⁸ And there were there the three sons of Saruia, Joab, and Abessa, and Asael: and Asael was swift in his feet as a roe in the field.

¹⁹ And Asael followed after Abenner, and turned not to go to the right hand or to the left from following Abenner. ²⁰ And Abenner looked behind him, and said, Art thou Asael himself? and he said, I am. ²¹ And Abenner said to him, Turn thou to the right hand or to the left, and lay hold for thyself on one of the young men, and take to thyself his armour: but Asael would not turn back from following him. ²² And Abenner said yet again to Asael, Stand aloof from me, lest I smite thee to the ground? and how should I lift up my face to Joab? ²³ And what does this mean? return to Joab thy brother. But he would not stand

τῷ Δαυὶδ, λέγοντες, ὅτι οἱ ἄνδρες Ἰαβὶς τῆς Γαλααδίτιδος ἔθαψαν τὸν Σαούλ. Καὶ ἀπέστειλε Δαυὶδ ἀγγέλους πρὸς τοὺς 5 ἡγουμένους Ἰαβὶς τῆς Γαλααδίτιδος, καὶ εἶπε πρὸς αὐτοὺς Δαυὶδ, εὐλογημένοι ὑμεῖς τῷ Κυρίῳ, ὅτι ἐποιήσατε τὸ ἔλεος τοῦτο ἐπὶ τὸν κύριον ὑμῶν, ἐπὶ Σαοὺλ τὸν χριστὸν Κυρίου, καὶ ἐθάψατε αὐτὸν καὶ Ἰωνάθαν τὸν υἱὸν αὐτοῦ. Καὶ νῦν ποιήσαι Κύριος 6 μεθ᾽ ὑμῶν ἔλεος καὶ ἀλήθειαν· καί γε ἐγὼ ποιήσω μεθ᾽ ὑμῶν τὸ ἀγαθὸν τοῦτο, ὅτι ἐποιήσατε τὸ ῥῆμα τοῦτο. Καὶ νῦν κρα- 7 ταιούσθωσαν αἱ χεῖρες ὑμῶν, καὶ γίνεσθε εἰς υἱοὺς δυνατούς, ὅτι τέθνηκεν ὁ κύριος ὑμῶν Σαούλ, καί γε ἐμὲ κέχρικεν ὁ οἶκος Ἰούδα ἐφ᾽ ἑαυτὸν εἰς βασιλέα.

Καὶ Ἀβεννὴρ υἱὸς Νὴρ ἀρχιστράτηγος τοῦ Σαοὺλ ἔλαβε 8 τὸν Ἰεβοσθὲ υἱὸν Σαούλ, καὶ ἀνεβίβασεν αὐτὸν ἐκ τῆς παρεμ- βολῆς εἰς Μαναὲμ, καὶ ἐβασίλευσεν αὐτὸν ἐπὶ τὴν Γαλααδίτιν, 9 καὶ ἐπὶ τὸν Θασιρὶ, καὶ ἐπὶ τὸν Ἰεζραὴλ, καὶ ἐπὶ τὸν Ἐφραὶμ, καὶ ἐπὶ τὸν Βενιαμὶν, καὶ ἐπὶ πάντα Ἰσραήλ. Τεσσαράκοντα 10 ἐτῶν Ἰεβοσθὲ υἱὸς Σαούλ, ὅτε ἐβασίλευσεν ἐπὶ τὸν Ἰσραὴλ· καὶ δύο ἔτη ἐβασίλευσε, πλὴν τοῦ οἴκου Ἰούδα, οἳ ἦσαν ὀπίσω Δαυίδ.

Καὶ ἐγένοντο αἱ ἡμέραι ἃς Δαυὶδ ἐβασίλευσεν ἐν Χεβρὼν 11 ἐπὶ τὸν οἶκον Ἰούδα, ἑπτὰ ἔτη καὶ μῆνας ἕξ.

Καὶ ἐξῆλθεν Ἀβεννὴρ υἱὸς Νὴρ, καὶ οἱ παῖδες Ἰεβοσθὲ υἱοῦ 12 Σαοὺλ ἐκ Μαναὲμ εἰς Γαβαών· Καὶ Ἰωὰβ υἱὸς Σαρουία, καὶ 13 οἱ παῖδες Δαυὶδ ἐξῆλθον ἐκ Χεβρὼν, καὶ συναντῶσιν αὐτοῖς ἐπὶ τὴν κρήνην τὴν Γαβαὼν ἐπὶ τὸ αὐτό, καὶ ἐκάθισαν οὗτοι ἐπὶ τὴν κρήνην ἐντεῦθεν, καὶ οὗτοι ἐπὶ τὴν κρήνην ἐντεῦθεν. Καὶ 14 εἶπεν Ἀβεννὴρ πρὸς Ἰωὰβ, ἀναστήτωσαν δὴ τὰ παιδάρια, καὶ παιξάτωσαν ἐνώπιον ὑμῶν· καὶ εἶπεν Ἰωὰβ, ἀναστήτωσαν. Καὶ ἀνέστησαν καὶ παρῆλθον ἐν ἀριθμῷ τῶν παίδων Βενιαμὶν 15 δώδεκα τῶν Ἰεβοσθὲ υἱοῦ Σαούλ, καὶ δώδεκα ἐκ τῶν παίδων Δαυίδ. Καὶ ἐκράτησαν ἕκαστος τῇ χειρὶ τὴν κεφαλὴν τοῦ 16 πλησίον αὐτοῦ, καὶ μάχαιρα αὐτοῦ εἰς πλευρὰν τοῦ πλησίον αὐτοῦ, καὶ πίπτουσι κατὰ τὸ αὐτό· καὶ ἐκλήθη τὸ ὄνομα τοῦ τόπου ἐκείνου, μερὶς τῶν ἐπιβούλων, ἥ ἐστιν ἐν Γαβαών. Καὶ 17 ἐγένετο ὁ πόλεμος σκληρὸς ὥστε λίαν ἐν τῇ ἡμέρᾳ ἐκείνῃ· καὶ ἔπταισεν Ἀβεννὴρ καὶ ἄνδρες Ἰσραὴλ ἐνώπιον παίδων Δαυίδ. Καὶ ἐγένοντο ἐκεῖ τρεῖς υἱοὶ Σαρουία, Ἰωὰβ, καὶ Ἀβεσσὰ, καὶ 18 Ἀσαήλ· καὶ Ἀσαὴλ κοῦφος τοῖς ποσὶν αὐτοῦ· ὡσεὶ μία δορκὰς ἐν ἀγρῷ.

Καὶ κατεδίωξεν Ἀσαὴλ ὀπίσω Ἀβεννὴρ, καὶ οὐκ ἐξέκλινε 19 τοῦ πορεύεσθαι εἰς δεξιὰ οὐδὲ εἰς ἀριστερὰ κατόπισθεν Ἀβεννήρ. Καὶ ἐπέβλεψεν Ἀβεννὴρ εἰς τὰ ὀπίσω αὐτοῦ, καὶ εἶπεν, εἰ σὺ 20 εἶ αὐτὸς Ἀσαήλ; καὶ εἶπεν, ἐγώ εἰμι. Καὶ εἶπεν αὐτῷ Ἀβεν- 21 νὴρ, ἔκκλινον σὺ εἰς τὰ δεξιὰ ἢ εἰς τὰ ἀριστερὰ, καὶ κατάσχε σεαυτῷ ἓν τῶν παιδαρίων, καὶ λάβε σεαυτῷ τὴν πανοπλίαν αὐτοῦ· καὶ οὐκ ἠθέλησεν Ἀσαὴλ ἐκκλῖναι ἐκ τῶν ὄπισθεν αὐτοῦ. Καὶ προσέθετο ἔτι Ἀβεννὴρ λέγων τῷ Ἀσαὴλ, ἀπό- 22 στηθι ἀπ᾽ ἐμοῦ, ἵνα μὴ πατάξω σε εἰς τὴν γῆν· καὶ πῶς ἀρῶ τὸ πρόσωπόν μου πρὸς Ἰωάβ; Καὶ ποῦ ἐστι ταῦτα; ἐπίστρεφε 23 πρὸς Ἰωὰβ τὸν ἀδελφόν σου. Καὶ οὐκ ἐβούλετο τοῦ ἀποστῆναι·

ᵝ *Gr.* mighty sons.   ᵞ Observe the active use of ἐβασίλευσεν, common in LXX.

καὶ τύπτει αὐτὸν Ἀβεννὴρ ἐν τῷ ὀπίσω τοῦ δόρατος ἐπὶ τὴν ψόαν, καὶ διεξῆλθε τὸ δόρυ ἐκ τῶν ὀπίσω αὐτοῦ, καὶ πίπτει ἐκεῖ καὶ ἀποθνήσκει ὑποκάτω αὐτοῦ· καὶ ἐγένετο πᾶς ὁ ἐρχόμενος ἕως τοῦ τόπου οὗ ἔπεσεν ἐκεῖ Ἀσαὴλ καὶ ἀπέθανε,
24 καὶ ὑφίστατο. Καὶ κατεδίωξεν Ἰωὰβ καὶ Ἀβεσσὰ ὀπίσω Ἀβεννήρ, καὶ ὁ ἥλιος ἔδυνε· καὶ αὐτοὶ εἰσῆλθον ἕως τοῦ βουνοῦ Ἀμμάν, ὅ ἐστιν ἐπὶ προσώπου Γαῒ, ὁδὸν ἔρημον Γαβαών.

25 Καὶ συναθροίζονται οἱ υἱοὶ Βενιαμὶν οἱ ὀπίσω Ἀβεννήρ, καὶ ἐγενήθησαν εἰς συνάντησιν μίαν, καὶ ἔστησαν ἐπὶ κεφαλὴν
26 βουνοῦ ἑνός. Καὶ ἐκάλεσεν Ἀβεννὴρ Ἰωάβ, καὶ εἶπε, μὴ εἰς νῖκος καταφάγεται ἡ ῥομφαία; ἢ οὐκ οἶδας ὅτι πικρὰ ἔσται εἰς τὰ ἔσχατα; καὶ ἕως πότε οὐ μὴ εἴπῃς τῷ λαῷ ἀποστρέφειν
27 ἀπὸ ὄπισθε τῶν ἀδελφῶν ἡμῶν; Καὶ εἶπεν Ἰωάβ, ζῇ Κύριος, ὅτι εἰ μὴ ἐλάλησας, διότι τότε ἐκ πρωΐόθεν ἀνέβη ἂν ὁ λαὸς
28 ἕκαστος κατόπισθε τοῦ ἀδελφοῦ αὐτοῦ. Καὶ ἐσάλπισεν Ἰωὰβ τῇ σάλπιγγι, καὶ ἀπέστησαν πᾶς ὁ λαός, καὶ οὐ κατεδίωξαν ὀπίσω τοῦ Ἰσραήλ, καὶ οὐ προσέθεντο ἔτι τοῦ πολεμεῖν.

29 Καὶ Ἀβεννὴρ καὶ οἱ ἄνδρες αὐτοῦ ἀπῆλθον εἰς δυσμὰς ὅλην τὴν νύκτα ἐκείνην, καὶ διέβαινον τὸν Ἰορδάνην, καὶ ἐπορεύθησαν ὅλην τὴν παρατείνουσαν, καὶ ἔρχονται εἰς τὴν παρεμβολήν.
30 Καὶ Ἰωὰβ ἀνέστρεψεν ὄπισθεν ἀπὸ τοῦ Ἀβεννήρ, καὶ συνήθροισε πάντα τὸν λαόν, καὶ ἐπεσκέπησαν τῶν παίδων Δαυὶδ
31 ἐννεακαίδεκα ἄνδρες, καὶ Ἀσαήλ. Καὶ οἱ παῖδες Δαυὶδ ἐπάταξαν τῶν υἱῶν Βενιαμὶν τῶν ἀνδρῶν Ἀβεννὴρ τριακοσίους ἑξήκοντα ἄνδρας παρ' αὐτοῦ.

32 Καὶ αἴρουσι τὸν Ἀσαήλ, καὶ θάπτουσιν αὐτὸν ἐν τῷ τάφῳ τοῦ πατρὸς αὐτοῦ ἐν Βηθλεέμ· καὶ ἐπορεύθη Ἰωὰβ καὶ οἱ ἄνδρες οἱ μετ' αὐτοῦ ὅλην τὴν νύκτα, καὶ διέφαυσεν αὐτοῖς ἐν Χεβρών.

3 Καὶ ἐγένετο ὁ πόλεμος ἐπὶ πολὺ ἀναμέσον τοῦ οἴκου Σαοὺλ καὶ ἀναμέσον τοῦ οἴκου Δαυίδ· καὶ ὁ οἶκος Δαυὶδ ἐπορεύετο καὶ ἐκραταιοῦτο, καὶ ὁ οἶκος Σαοὺλ ἐπορεύετο καὶ ἠσθένει.
2 Καὶ ἐτέχθησαν τῷ Δαυὶδ υἱοὶ ἐν Χεβρών· καὶ ἦν ὁ πρωτότοκος
3 αὐτοῦ Ἀμνὼν τῆς Ἀχινόομ τῆς Ἰεζραηλίτιδος. Καὶ ὁ δεύτερος αὐτοῦ Δαλουία τῆς Ἀβιγαίας τῆς Καρμηλίας, καὶ ὁ τρίος, Ἀβεσσαλὼμ υἱὸς Μααχὰ θυγατρὸς Θολμὶ βασιλέως Γεσσὶρ
4 καὶ ὁ τέταρτος Ὀρνία υἱὸς Ἀγγίθ, καὶ ὁ πέμπτος Σαφατία τῆς
5 Ἀβιτάλ, καὶ ὁ ἕκτος Ἰεθεραὰμ τῆς Αἰγὰλ γυναικὸς Δαυίδ· οὗτοι ἐτέχθησαν τῷ Δαυὶδ ἐν Χεβρών.

6 Καὶ ἐγένετο ἐν τῷ εἶναι τὸν πόλεμον ἀναμέσον τοῦ οἴκου Σαοὺλ καὶ ἀναμέσον τοῦ οἴκου Δαυίδ, καὶ Ἀβεννὴρ ἦν κρατῶν
7 τοῦ οἴκου Σαούλ. Καὶ τῷ Σαοὺλ παλλακὴ Ῥεσφὰ θυγάτηρ Ἰώλ· καὶ εἶπεν Ἰεβοσθὲ υἱὸς Σαοὺλ πρὸς Ἀβεννήρ, τί ὅτι
8 εἰσῆλθες πρὸς τὴν παλλακὴν τοῦ πατρός μου; Καὶ ἐθυμώθη σφόδρα Ἀβεννὴρ περὶ τοῦ λόγου τούτου τῷ Ἰεβοσθέ· καὶ εἶπεν Ἀβεννὴρ πρὸς αὐτόν, μὴ κεφαλὴ κυνὸς ἐγώ εἰμι; ἐποίησα σήμερον ἔλεος μετὰ τοῦ οἴκου Σαοὺλ τοῦ πατρός σου, καὶ περὶ ἀδελφῶν καὶ περὶ γνωρίμων, καὶ οὐκ ηὐτομόλησα εἰς τὸν οἶκον

aloof; and Abenner smites him with the hinder end of the spear on the loins, and the spear went out behind him, and he falls there and dies β on the spot: and it came to pass that every one that came to the place where Asael fell and died, stood still. ²⁴And Joab and Abessa pursued after Abenner, and the sun went down: and they went as far as the hill of Amman, which is in the front of Gai, by the γ desert way of Gabaon.

²⁵And the children of Benjamin who followed Abenner gather themselves together, and they formed themselves into one body, and stood on the top of a hill. ²⁶And Abenner called Joab, and said, Shall the sword devour perpetually? knowest thou not that it will be bitter at last? How long then wilt thou refuse to tell the people to turn from following our brethren? ²⁷And Joab said, As the Lord lives, if thou hadst not spoken, even from the morning the people had gone up every one from following his brother. ²⁸And Joab sounded the trumpet, and all the people departed, and did not pursue after Israel, and did not fight any longer.

²⁹And Abenner and his men departed at evening, *and went* all that night, and crossed over Jordan, and went along the whole adjacent *country*, and they come to the camp. ³⁰And Joab returned from following Abenner, and he assembled all the people, and there were missing of the people of David, nineteen men, and Asael. ³¹And the servants of David smote of the children of Benjamin, of the men of Abenner, three hundred and sixty men belonging to him. ³²And they take up Asael, and bury him in the tomb of his father in Bethleem. And Joab and the men with him went all the night, and the morning rose upon them in Chebron.

And there was war for a long time between the house of Saul and the house of David; and the house of David grew continually stronger; but the house of Saul grew continually weaker. ²And sons were born to David in Chebron: and his firstborn was Amnon the son of Achinoom the Jezraelitess. ³And his second son *was* Daluia, the son of Abigaia the Carmelitess; and the third, Abessalom the son of Maacha the daughter of Tholmi the king of Gessir. ⁴And the fourth *was* Ornia, the son of Aggith, and the fifth *was* Saphatia, the son of Abital. ⁵And the sixth *was* Jetheraam, the son of Ægal the wife of David. These were born to David in Chebron.

⁶And it came to pass while there was war between the house of Saul and the house of David, that Abenner was governing the house of Saul. ⁷And Saul had a concubine, Respha, the daughter of Jol; and Jebosthe the son of Saul said to Abenner, Why hast thou gone into my father's concubine? ⁸And Abenner was very angry with Jebosthe for this saying; and Abenner said to him, Am I a dog's head? I have this day wrought kindness with the house of Saul thy father, and with his brethren and friends, and have not gone over to the house of David, and

---

β A literal version of the Hebrew תַּחַת. *q. d.* sur le champ.   γ See Acts 8. 26.

dost thou this day seek a charge against me concerning injury to a woman? [9] God do thus and more also to Abenner, if as the Lord swore to David, so do I not to him this day; [10] to take away the kingdom from the house of Saul, and to raise up the throne of David over Israel and over Juda from Dan to Bersabee. [11] And Jebosthe could not any longer answer Abenner a word, because he feared him.

[12] And Abenner sent messengers to David to Thælam where he was, immediately, saying, Make thy covenant with me, and, behold, my hand is with thee to bring back to thee all the house of Israel. [13] And David said, With a good will I will make with thee a covenant: only I demand one condition of thee, saying, Thou shalt not see my face, unless thou bring Melchol the daughter of Saul, when thou comest to see my face. [14] And David sent messengers to Jebosthe the son of Saul, saying, Restore me my wife Melchol, whom I took for a hundred foreskins of the Philistines. [15] And Jebosthe sent, and took her from her husband, even from Phaltiel the son of Selle. [16] And her husband went with her weeping behind her as far as Barakim. And Abenner said to him, Go, return; and he returned.

[17] And Abenner spoke to the elders of Israel, saying, In former days ye sought David to reign over you; [18] and now perform it: for the Lord has spoken concerning David, saying, By the hand of my servant David I will save Israel out of the hand of all their enemies. [19] And Abenner spoke in the ears of Benjamin: and Abenner went to speak in the ears of David at Chebron, all that seemed good in the eyes of Israel and in the eyes of the house of Benjamin. [20] And Abenner came to David to Chebron, and with him twenty men: and David made for Abenner and his men with him a banquet of wine. [21] And Abenner said to David, I will arise now, and go, and gather to my lord the king all Israel; and I will make with him a covenant, and thou shalt reign over all whom thy soul desires. And David sent away Abenner, and he departed in peace.

[22] And, behold, the servants of David and Joab arrived from their expedition, and they brought much spoil with them: and Abenner was not with David in Chebron, because he had sent him away, and he had departed in peace. [23] And Joab and all his army came, and it was reported to Joab, saying, Abenner the son of Ner is come to David, and David has let him go, and he has departed in peace. [24] And Joab went in to the king, and said, What is this that thou hast done? behold, Abenner came to thee; and why hast thou let him go, and he has departed in peace? [25] Knowest thou not the mischief of Abenner the son of Ner, that he came to deceive thee, and to know thy going out and thy coming in, and to know all things that thou doest?

[26] And Joab returned from David, and sent messengers to Abenner after him; and they bring him back from the well of Seiram: but David knew it not. [27] And he

Δαυὶδ, καὶ ἐπιζητεῖς ἐπ᾽ ἐμὲ σὺ ὑπὲρ ἀδικίας γυναικὸς σήμερον; Τάδε ποιήσαι ὁ Θεὸς τῷ Ἀβεννὴρ καὶ τάδε προσθείη αὐτῷ, ὅτι 9 καθὼς ὤμοσε Κύριος τῷ Δαυὶδ, ὅτι οὕτως ποιήσω αὐτῷ ἐν τῇ ἡμέρᾳ ταύτῃ, περιελεῖν τὴν βασιλείαν ἀπὸ τοῦ οἴκου Σαοὺλ, καὶ 10 τοῦ ἀναστῆσαι τὸν θρόνον Δαυὶδ ἐπὶ Ἰσραὴλ καὶ ἐπὶ τὸν Ἰούδαν ἀπὸ Δὰν ἕως Βηρσαβεέ. Καὶ οὐκ ἠδυνάσθη ἔτι Ἰεβοσθὲ 11 ἀποκριθῆναι τῷ Ἀβεννὴρ ῥῆμα, ἀπὸ τοῦ φοβεῖσθαι αὐτόν.

Καὶ ἀπέστειλεν Ἀβεννὴρ ἀγγέλους πρὸς Δαυὶδ εἰς Θαιλὰμ 12 οὗ ἦν, παραχρῆμα, λέγων, διάθου διαθήκην σου μετ᾽ ἐμοῦ, καὶ ἰδοὺ ἡ χείρ μου μετὰ σοῦ ἐπιστρέψαι πρὸς σὲ πάντα τὸν οἶκον Ἰσραήλ. Καὶ εἶπε Δαυὶδ, καλῶς ἐγὼ διαθήσομαι πρὸς σὲ 13 διαθήκην· πλὴν λόγον ἕνα ἐγὼ αἰτοῦμαι παρὰ σοῦ, λέγων, οὐκ ὄψει τὸ πρόσωπόν μου, ἐὰν μὴ ἀγάγῃς τὴν Μελχὸλ θυγατέρα Σαοὺλ παραγινομένου σου ἰδεῖν τὸ πρόσωπόν μου. Καὶ ἐξαπ- 14 έστειλε Δαυὶδ πρὸς Ἰεβοσθὲ υἱὸν Σαοὺλ ἀγγέλους, λέγων, ἀπόδος μοι τὴν γυναῖκά μου τὴν Μελχὸλ, ἣν ἔλαβον ἐν ἑκατὸν ἀκροβυστίαις ἀλλοφύλων. Καὶ ἀπέστειλεν Ἰεβοσθὲ, καὶ ἔλα- 15 βεν αὐτὴν παρὰ τοῦ ἀνδρὸς αὐτῆς παρὰ Φαλτιὴλ υἱοῦ Σελλῆς. Καὶ ἐπορεύετο ὁ ἀνὴρ αὐτῆς μετ᾽ αὐτῆς κλαίων ὀπίσω αὐτῆς 16 ἕως Βαρακίμ· καὶ εἶπε πρὸς αὐτὸν Ἀβεννὴρ, πορεύου, ἀνάστρεφε· καὶ ἀνέστρεψε.

Καὶ εἶπεν Ἀβεννὴρ πρὸς τοὺς πρεσβυτέρους Ἰσραὴλ, λέγων, 17 χθὲς καὶ τρίτην ἐζητεῖτε τὸν Δαυὶδ βασιλεύειν ἐφ᾽ ὑμᾶς. Καὶ νῦν ποιήσατε, ὅτι Κύριος ἐλάλησε περὶ Δαυὶδ, λέγων, 18 ἐν χειρὶ τοῦ δούλου μου Δαυὶδ σώσω τὸν Ἰσραὴλ ἐκ χειρὸς ἀλλοφύλων, καὶ ἐκ χειρὸς πάντων τῶν ἐχθρῶν αὐτῶν. Καὶ 19 ἐλάλησεν Ἀβεννὴρ ἐν τοῖς ὠσὶ Βενιαμίν· καὶ ἐπορεύθη Ἀβεννὴρ τοῦ λαλῆσαι εἰς τὰ ὦτα τοῦ Δαυὶδ εἰς Χεβρὼν πάντα ὅσα ἤρεσεν ἐν ὀφθαλμοῖς Ἰσραὴλ καὶ ἐν ὀφθαλμοῖς οἴκου Βενιαμίν. Καὶ ἦλθεν Ἀβεννὴρ πρὸς Δαυὶδ εἰς Χεβρὼν, καὶ μετ᾽ αὐτοῦ 20 εἴκοσι ἄνδρες· καὶ ἐποίησε Δαυὶδ τῷ Ἀβεννὴρ καὶ τοῖς ἀνδράσι τοῖς μετ᾽ αὐτοῦ πότον. Καὶ εἶπεν Ἀβεννὴρ πρὸς Δαυὶδ, 21 ἀναστήσομαι δὴ καὶ πορεύσομαι καὶ συναθροίσω πρὸς κύριόν μου τὸν βασιλέα πάντα Ἰσραήλ· καὶ διαθήσομαι μετ᾽ αὐτοῦ διαθήκην, καὶ βασιλεύσεις ἐπὶ πᾶσιν οἷς ἐπιθυμεῖ ἡ ψυχή σου. Καὶ ἀπέστειλε Δαυὶδ τὸν Ἀβεννὴρ, καὶ ἐπορεύθη ἐν εἰρήνῃ.

Καὶ ἰδοὺ οἱ παῖδες Δαυὶδ καὶ Ἰωὰβ παρεγένοντο ἐκ τῆς 22 ἐξοδίας, καὶ σκῦλα πολλὰ ἔφερον μεθ᾽ ἑαυτῶν· καὶ Ἀβεννὴρ οὐκ ἦν μετὰ Δαυὶδ εἰς Χεβρὼν, ὅτι ἀπεστάλκει αὐτὸν, καὶ ἀπεληλύθει ἐν εἰρήνῃ. Καὶ Ἰωὰβ καὶ πᾶσα ἡ στρατιὰ αὐτοῦ 23 ἤλθοσαν, καὶ ἀπηγγέλη τῷ Ἰωὰβ, λέγοντες, ἥκει Ἀβεννὴρ υἱὸς Νὴρ πρὸς Δαυὶδ, καὶ ἀπέσταλκεν αὐτὸν, καὶ ἀπῆλθεν ἐν εἰρήνῃ. Καὶ εἰσῆλθεν Ἰωὰβ πρὸς τὸν βασιλέα, καὶ εἶπε, τί 24 τοῦτο ἐποίησας; ἰδοὺ ἦλθεν Ἀβεννὴρ πρὸς σὲ, καὶ ἱνατί ἐξαπέσταλκας αὐτὸν, καὶ ἀπελήλυθεν ἐν εἰρήνῃ; Ἦ οὐκ 25 οἶδας τὴν κακίαν Ἀβεννὴρ υἱοῦ Νὴρ, ὅτι ἀπατῆσαί σε παρεγένετο, καὶ γνῶναι τὴν ἔξοδόν σου καὶ τὴν εἴσοδόν σου, καὶ γνῶναι ἅπαντα ὅσα σὺ ποιεῖς;

Καὶ ἀνέστρεψεν Ἰωὰβ ἀπὸ τοῦ Δαυὶδ, καὶ ἀπέστειλεν 26 ἀγγέλους πρὸς Ἀβεννὴρ ὀπίσω, καὶ ἐπιστρέφουσιν αὐτὸν ἀπὸ τοῦ φρέατος τοῦ Σεειράμ· καὶ Δαυὶδ οὐκ ᾔδει. Καὶ ἐπέστρεψε 27

τὸν Ἀβεννὴρ εἰς Χεβρὼν, καὶ ἐξέκλινεν αὐτὸν Ἰωὰβ ἐκ πλαγίων τῆς πύλης λαλῆσαι πρὸς αὐτὸν, ἐνεδρεύων· καὶ ἐπάταξεν αὐτὸν ἐκεῖ εἰς τὴν ψόαν, καὶ ἀπέθανεν ἐν τῷ αἵματι Ἀσαὴλ τοῦ ἀδελφοῦ Ἰωάβ.

28 Καὶ ἤκουσε Δαυὶδ μετὰ ταῦτα, καὶ εἶπεν, ἀθῶός εἰμι ἐγὼ καὶ ἡ βασιλεία μου ἀπὸ Κυρίου καὶ ἕως αἰῶνος ἀπὸ τῶν αἱμά-
29 των Ἀβεννὴρ υἱοῦ Νήρ. Καταντησάτωσαν ἐπὶ κεφαλὴν Ἰωὰβ καὶ ἐπὶ πάντα τὸν οἶκον τοῦ πατρὸς αὐτοῦ, καὶ μὴ ἐκλείποι ἐκ τοῦ οἴκου Ἰωὰβ γονορρυὴς, καὶ λεπρὸς, καὶ κρατῶν σκυτάλης, καὶ πίπτων ἐν ῥομφαίᾳ, καὶ ἐλασσούμενος
30 ἄρτοις. Ἰωὰβ δὲ καὶ Ἀβεσσὰ ὁ ἀδελφὸς αὐτοῦ διαπαρετηροῦντο τὸν Ἀβεννὴρ, ἀνθ᾽ ὧν ἐθανάτωσε τὸν Ἀσαὴλ τὸν ἀδελφὸν αὐτῶν ἐν Γαβαὼν, ἐν τῷ πολέμῳ.

31 Καὶ εἶπε Δαυὶδ πρὸς Ἰωὰβ καὶ πρὸς πάντα τὸν λαὸν τὸν μετ᾽ αὐτοῦ, διαρρήξατε τὰ ἱμάτια ὑμῶν, καὶ περιζώσασθε σάκκους, καὶ κόπτεσθε ἐνώπιον Ἀβεννήρ· καὶ ὁ βασιλεὺς Δαυὶδ
32 ἐπορεύετο ὀπίσω τῆς κλίνης. Καὶ θάπτουσι τὸν Ἀβεννὴρ ἐν Χεβρὼν· καὶ ἦρεν ὁ βασιλεὺς τὴν φωνὴν αὐτοῦ καὶ ἔκλαυσεν ἐπὶ τοῦ τάφου αὐτοῦ, καὶ ἔκλαυσε πᾶς ὁ λαὸς ἐπὶ Ἀβεννήρ.

33 Καὶ ἐθρήνησεν ὁ βασιλεὺς ἐπὶ Ἀβεννὴρ, καὶ εἶπεν, εἰ
34 κατὰ τὸν θάνατον Νάβαλ ἀποθανεῖται Ἀβεννήρ; Αἱ χεῖρές σου οὐκ ἐδέθησαν, οἱ πόδες σου οὐκ ἐν πέδαις· οὐ προσήγαγεν ὡς Νάβαλ, ἐνώπιον υἱῶν ἀδικίας ἔπεσας· καὶ συνήχθη πᾶς
35 ὁ λαὸς τοῦ κλαῦσαι αὐτόν. Καὶ ἦλθε πᾶς ὁ λαὸς περιδειπνῆσαι τὸν Δαυὶδ ἄρτοις ἔτι οὔσης ἡμέρας· καὶ ὤμοσε Δαυὶδ, λέγων, τάδε ποιήσαι μοι ὁ Θεὸς καὶ τάδε προσθείη, ὅτι ἐὰν μὴ δύῃ ὁ ἥλιος, οὐ μὴ γεύσομαι ἄρτου ἢ ἀπὸ παντὸς τινός·
36 Καὶ ἔγνω πᾶς ὁ λαός, καὶ ἤρεσεν ἐνώπιον αὐτῶν πάντα ὅσα
37 ἐποίησεν ὁ βασιλεὺς ἐνώπιον τοῦ λαοῦ. Καὶ ἔγνω πᾶς ὁ λαὸς καὶ πᾶς Ἰσραὴλ ἐν τῇ ἡμέρᾳ ἐκείνῃ, ὅτι οὐκ ἐγένετο παρὰ τοῦ βασιλέως θανατῶσαι τὸν Ἀβεννὴρ υἱὸν Νήρ.

38 Καὶ εἶπεν ὁ βασιλεὺς πρὸς τοὺς παῖδας αὐτοῦ, οὐκ οἴδατε, ὅτι ἡγούμενος μέγας πέπτωκεν ἐν τῇ ἡμέρᾳ ταύτῃ ἐν τῷ Ἰσ-
39 ραήλ; Καὶ ὅτι ἐγώ εἰμι συγγενὴς σήμερον, καὶ καθεσταμένος ὑπὸ βασιλέως; οἱ δὲ ἄνδρες οὗτοι υἱοὶ Σαρουίας σκληρότεροί μου εἰσίν· ἀποδῷ Κύριος τῷ ποιοῦντι τὰ πονηρὰ κατὰ τὴν κακίαν αὐτοῦ.

4 Καὶ ἤκουσεν Ἰεβοσθὲ υἱὸς Σαοὺλ, ὅτι τέθνηκεν Ἀβεννὴρ υἱὸς Νὴρ ἐν Χεβρὼν, καὶ ἐξελύθησαν αἱ χεῖρες αὐτοῦ, καὶ
2 πάντες οἱ ἄνδρες Ἰσραὴλ παρείθησαν. Καὶ δύο ἄνδρες ἡγούμενοι συστρεμμάτων τῷ Ἰεβοσθὲ υἱῷ Σαούλ· ὄνομα τῷ ἑνὶ Βαανὰ, καὶ ὄνομα τῷ δευτέρῳ Ῥηχὰβ, υἱοὶ Ῥεμμὼν τοῦ Βηρωθαίου ἐκ τῶν υἱῶν Βενιαμίν· ὅτι Βηρὼθ ἐλογίζετο τοῖς
3 υἱοῖς Βενιαμίν· Καὶ ἀπέδρασαν οἱ Βηρωθαῖοι εἰς Γεθαίμ, καὶ ἦσαν ἐκεῖ παροικοῦντες ἕως τῆς ἡμέρας ταύτης.

4 Καὶ τῷ Ἰωνάθαν υἱῷ Σαοὺλ υἱὸς πεπληγὼς τοὺς πόδας· υἱὸς ἐτῶν πέντε, καὶ οὗτος ἐν τῷ ἐλθεῖν τὴν ἀγγελίαν Σαοὺλ καὶ Ἰωνάθαν τοῦ υἱοῦ αὐτοῦ ἐξ Ἰεζραὴλ, καὶ ἦρεν αὐτὸν ἡ τιθηνὸς αὐτοῦ, καὶ ἔφυγε· καὶ ἐγένετο ἐν τῷ σπεύδειν αὐτὸν

brought back Abenner to Chebron, and Joab caused him to turn aside from the gate to speak to him, laying wait for him: and he smote him there in the loins, and he died for the blood of Asael the brother of Joab.

[28] And David heard *of it* afterwards, and said, I and my kingdom are guiltless before the Lord even for ever of the blood of Abenner the son of Ner. [29] β Let it fall upon the head of Joab, and upon all the house of his father; and let there not be wanting of the house of Joab one that has an issue, or a leper, or that leans on a staff, or that falls by the sword, or that wants bread. [30] For Joab and Abessa his brother laid wait continually for Abenner, because he slew Asael their brother at Gabaon in the battle.

[31] And David said to Joab and to all the people with him, Rend your garments, and gird yourselves with sackcloth, and lament before Abenner. And king David followed the bier. [32] And they bury Abenner in Chebron: and the king lifted up his voice, and wept at his tomb, and all the people wept for Abenner.

[33] And the king mourned over Abenner, and said, Shall Abenner die according to the death of Nabal? [34] Thy hands were not bound, and thy feet *were* not *put* in fetters: one brought *thee* not near as Nabal; thou didst fall before children of iniquity. [35] And all the people assembled to weep for him. And all the people came to cause David to eat bread while it was yet day; and David swore, saying, God do so to me, and more also, if I eat bread or any thing else before the sun goes down. [36] And all the people took notice, and all things that the king did before the people were pleasing in their sight. [37] So all the people and all Israel perceived in that day, that it was not of the king to slay Abenner the son of Ner.

[38] And the king said to his servants, Know ye not that a great prince is this day fallen in Israel? [39] And that I am this day a *mere* kinsman *of his*, and *as it were* γ a subject; but these men the sons of Saruia are too hard for me: the Lord reward the evil-doer according to his wickedness.

And Jebosthe the son of Saul heard that Abenner the son of Ner had died in Chebron; and his hands were paralysed, and all the men of Israel grew faint. [2] And Jebosthe the son of Saul had two men that were captains of bands: the name of the one *was* Baana, and the name of the other Rechab, sons of Remmon the Berothite of the children of Benjamin; for Beroth was reckoned to the children of Benjamin; [3] And the Berothites ran away to Gethaim, and were sojourners there until this day.

[4] And Jonathan Saul's son *had* a son lame of his feet, five years old, and he was *in the way* when the news of Saul and Jonathan his son came from Jezrael, and his nurse took him up, and fled; and it came to pass as he hasted and retreated, that he fell, and

---

β *Gr. lit.* them (*sc.* bloods) meet.　　　γ *Gr.* appointed by a king.

was lamed. And his name was Memphibosthe.

⁵ And Rechab and Baana the sons of Remmon the Berothite went, and they came in the heat of the day into the house of Jebosthe ; and he was sleeping on a bed at noon. ⁶ And, behold, the porter of the house winnowed wheat, and he slumbered and slept : and the brothers Rechab and Baana went privily into the house : ⁷ and Jebosthe was sleeping on his bed in his chamber : and they smite him, and slay him, and take off his head : and they took his head, and went all the night by the western road.

⁸ And they brought the head of Jebosthe to David to Chebron, and they said to the king, Behold the head of Jebosthe the son of Saul thy enemy, who sought thy life ; and the Lord has β executed for my lord the king vengeance on his enemies, as it is this day : even on Saul thy enemy, and on his seed.

⁹ And David answered Rechab and Baana his brother, the sons of Remmon the Berothite, and said to them, As the Lord lives, who has redeemed my soul out of all affliction ; ¹⁰ he that reported to me that Saul was dead, even he was as one bringing glad tidings before me : but I seized him and slew him in Sekelac, to whom I ought, as he thought, to have given a reward for his tidings. ¹¹ And now evil men have slain a righteous man in his house on his bed : now then I will require his blood of your hand, and I will destroy you from off the earth. ¹² And David commanded his young men, and they slay them, and cut off their hands and their feet ; and they hung them up at the fountain in Chebron : and they buried the head of Jebosthe in the tomb of Abenner the son of Ner.

And all the tribes of Israel come to David to Chebron, and they said to him, Behold, we are thy bone and thy flesh. ² And γ heretofore Saul being king over us, thou wast he that didst lead out and bring in Israel : and the Lord said to thee, Thou shalt feed my people Israel, and thou shalt be for a leader to my people Israel. ³ And all the elders of Israel come to the king to Chebron ; and king David made a covenant with them in Chebron before the Lord ; and they anoint David king over all Israel. ⁴ David was δ thirty years old when he began to reign, and he reigned forty years. ⁵ Seven years and six months he reigned in Chebron over Juda, and thirty-three years he reigned over all Israel and Juda in Jerusalem.

⁶ And David and his men departed to Jerusalem, to the Jebusite that inhabited the land : and it was said to David, Thou shalt not come in hither : for the blind and the lame withstood him, saying, David shall not come in hither. ⁷ And David took first the hold of Sion : this is the city of David. ⁸ And David said on that day, Every one that smites the Jebusite, let him attack with the dagger both the lame and the blind, and those that hate the soul of David. There-

καὶ ἀναχωρεῖν, καὶ ἔπεσε καὶ ἐχωλάνθη, καὶ ὄνομα αὐτῷ Μεμφιβοσθέ.

Καὶ ἐπορεύθησαν υἱοὶ Ῥεμμὼν τοῦ Βηρωθαίου Ῥηχὰβ καὶ 5 Βαανὰ, καὶ εἰσῆλθον ἐν τῷ καύματι τῆς ἡμέρας εἰς οἶκον Ἰεβοσθὲ, καὶ αὐτὸς ἐκάθευδεν ἐν τῇ κοίτῃ τῆς μεσημβρίας. Καὶ ἰδοὺ ἡ θυρωρὸς τοῦ οἴκου ἐκάθαιρε πυροὺς, καὶ ἐνύσταξε 6 καὶ ἐκάθευδε· καὶ Ῥηχὰβ καὶ Βαανὰ οἱ ἀδελφοὶ διέλαθον, καὶ εἰσῆλθον εἰς τὸν οἶκον· καὶ Ἰεβοσθὲ ἐκάθευδεν ἐπὶ τῆς 7 κλίνης αὐτοῦ ἐν τῷ κοιτῶνι αὐτοῦ· καὶ τύπτουσιν αὐτὸν, καὶ θανατοῦσιν αὐτὸν, καὶ ἀφαιροῦσι τὴν κεφαλὴν αὐτοῦ· καὶ ἔλαβον τὴν κεφαλὴν αὐτοῦ, καὶ ἀπῆλθον ὁδὸν τὴν κατὰ δυσμὰς ὅλην τὴν νύκτα.

Καὶ ἤνεγκαν τὴν κεφαλὴν Ἰεβοσθὲ τῷ Δαυὶδ εἰς Χεβρὼν, 8 καὶ εἶπον πρὸς τὸν βασιλέα, ἰδοὺ ἡ κεφαλὴ Ἰεβοσθὲ υἱοῦ Σαοὺλ τοῦ ἐχθροῦ σου, ὃς ἐζήτει τὴν ψυχήν σου, καὶ ἔδωκε Κύριος τῷ κυρίῳ βασιλεῖ ἐκδίκησιν τῶν ἐχθρῶν αὐτοῦ, ὡς ἡ ἡμέρα αὕτη, ἐκ Σαοὺλ τοῦ ἐχθροῦ σου καὶ ἐκ τοῦ σπέρματος αὐτοῦ.

Καὶ ἀπεκρίθη Δαυὶδ τῷ Ῥηχὰβ καὶ τῷ Βαανὰ ἀδελφῷ 9 αὐτοῦ υἱοῖς Ῥεμμὼν τοῦ Βηρωθαίου, καὶ εἶπεν αὐτοῖς, ζῇ Κύριος, ὃς ἐλυτρώσατο τὴν ψυχήν μου ἐκ πάσης θλίψεως, ὅτι ὁ ἀπαγγείλας μοι ὅτι τέθνηκε Σαοὺλ, καὶ αὐτὸς ἦν ὡς 10 εὐαγγελιζόμενος ἐνώπιόν μου, καὶ κατέσχον αὐτὸν καὶ ἀπέκτεινα αὐτὸν ἐν Σεκελὰκ, ᾧ ἔδει με δοῦναι εὐαγγέλια. Καὶ νῦν 11 ἄνδρες πονηροὶ ἀπεκτάγκασιν ἄνδρα δίκαιον ἐν τῷ οἴκῳ αὐτοῦ ἐπὶ τῆς κοίτης αὐτοῦ· καὶ νῦν ἐκζητήσω τὸ αἷμα αὐτοῦ ἐκ χειρὸς ὑμῶν, καὶ ἐξολοθρεύσω ὑμᾶς ἐκ τῆς γῆς. Καὶ ἐνετεί- 12 λατο Δαυὶδ τοῖς παιδαρίοις αὐτοῦ, καὶ ἀποκτείνουσιν αὐτοὺς, καὶ κολοβοῦσι τὰς χεῖρας αὐτῶν καὶ τοὺς πόδας αὐτῶν, καὶ ἐκρέμασαν αὐτοὺς ἐπὶ τῆς κρήνης ἐν Χεβρὼν, καὶ τὴν κεφαλὴν Ἰεβοσθὲ ἔθαψαν ἐν τῷ τάφῳ Ἀβεννὴρ υἱοῦ Νήρ.

Καὶ παραγίνονται πᾶσαι αἱ φυλαὶ Ἰσραὴλ πρὸς Δαυὶδ εἰς 5 Χεβρὼν, καὶ εἶπαν αὐτῷ, ἰδοὺ ὀστᾶ σου, καὶ σάρκες σου ἡμεῖς. Καὶ ἐχθὲς καὶ τρίτην ὄντος Σαοὺλ βασιλέως ἐφ᾽ ἡμῖν, 2 σὺ ἦσθα ὁ ἐξάγων καὶ εἰσάγων τὸν Ἰσραήλ· καὶ εἶπε Κύριος πρὸς σὲ, σὺ ποιμανεῖς τὸν λαόν μου τὸν Ἰσραήλ, καὶ σὺ ἔσῃ εἰς ἡγούμενον ἐπὶ τὸν λαόν μου Ἰσραήλ. Καὶ ἔρχονται πάντες 3 οἱ πρεσβύτεροι Ἰσραὴλ πρὸς τὸν βασιλέα εἰς Χεβρὼν, καὶ διέθετο αὐτοῖς ὁ βασιλεὺς Δαυὶδ διαθήκην ἐν Χεβρὼν ἐνώπιον Κυρίου· καὶ χρίουσι τὸν Δαυὶδ εἰς βασιλέα ἐπὶ πάντα Ἰσραήλ. Υἱὸς τριάκοντα ἐτῶν Δαυὶδ ἐν τῷ βασιλεῦσαι αὐτὸν, καὶ 4 τεσσαράκοντα ἔτη ἐβασίλευσεν. Ἑπτὰ ἔτη καὶ μῆνας ἓξ 5 ἐβασίλευσεν ἐν Χεβρὼν ἐπὶ τὸν Ἰούδαν, καὶ τριάκοντα τρία ἔτη ἐβασίλευσεν ἐπὶ πάντα Ἰσραὴλ καὶ Ἰούδαν ἐν Ἱερουσαλήμ.

Καὶ ἀπῆλθε Δαυὶδ καὶ οἱ ἄνδρες αὐτοῦ εἰς Ἱερουσαλὴμ πρὸς 6 τὸν Ἰεβουσαῖον τὸν κατοικοῦντα τὴν γῆν· καὶ ἐρρέθη τῷ Δαυὶδ, οὐκ εἰσελεύσῃ ὧδε, ὅτι ἀντέστησαν οἱ τυφλοὶ καὶ οἱ χωλοὶ, λέγοντες, ὅτι οὐκ εἰσελεύσεται Δαυὶδ ὧδε. Καὶ προκατελάβετο 7 Δαυὶδ τὴν περιοχὴν Σιών· αὕτη ἡ πόλις τοῦ Δαυίδ. Καὶ 8 εἶπε Δαυὶδ τῇ ἡμέρᾳ ἐκείνῃ, πᾶς τύπτων Ἰεβουσαῖον, ἁπτέσθω ἐν παραξιφίδι καὶ τοὺς χωλοὺς καὶ τοὺς τυφλοὺς καὶ τοὺς

β Gr. given.　　γ Gr. yesterday and the third day.　　δ Gr. a son of thirty years.

μισουντας τὴν ψυχὴν Δαυίδ. Διὰ τοῦτο ἐροῦσι, τυφλοὶ καὶ
9 χωλοὶ οὐκ εἰσελεύσονταί εἰς οἶκον Κυρίου. Καὶ ἐκάθισε
Δαυὶδ ἐν τῇ περιοχῇ, καὶ ἐκλήθη αὕτη ἡ πόλις Δαυίδ· καὶ
ᾠκοδόμησεν αὐτὴν πόλιν κύκλῳ ἀπὸ τῆς ἄκρας, καὶ τὸν οἶκον
10 αὐτοῦ. Καὶ διεπορεύετο Δαυὶδ πορευόμενος καὶ μεγαλυνόμε-
νος, καὶ Κύριος παντοκράτωρ μετ᾽ αὐτοῦ.
11 Καὶ ἀπέστειλε Χειρὰμ βασιλεὺς Τύρου ἀγγέλους πρὸς
Δαυὶδ, καὶ ξύλα κέδρινα, καὶ τέκτονας ξύλων, καὶ τέκτονας
12 λίθων, καὶ ᾠκοδόμησαν οἶκον τῷ Δαυίδ. Καὶ ἔγνω Δαυίδ, ὅτι
ἡτοίμασεν αὐτὸν Κύριος εἰς βασιλέα ἐπὶ Ἰσραὴλ, καὶ ὅτι
ἐπήρθη ἡ βασιλεία αὐτοῦ διὰ τὸν λαὸν αὐτοῦ Ἰσραήλ.
13 Καὶ ἔλαβε Δαυὶδ ἔτι γυναῖκας καὶ παλλακὰς ἐξ Ἱερουσα-
λήμ, μετὰ τὸ ἐλθεῖν αὐτὸν ἐκ Χεβρών· καὶ ἐγένοντο τῷ Δαυὶδ
14 ἔτι υἱοὶ καὶ θυγατέρες. Καὶ ταῦτα τὰ ὀνόματα τῶν γεννηθέν-
των αὐτῷ ἐν Ἱερουσαλήμ· Σαμμούς, καὶ Σωβάβ, καὶ Νάθαν,
15 καὶ Σαλωμών, καὶ Ἐβεάρ, καὶ Ἐλισονέ, καὶ Ναφέκ, καὶ Ἰεφιές,
16 καὶ Ἐλισαμά, καὶ Ἐλιδαέ, καὶ Ἐλιφαλάθ, Σαμαέ, Ἰεσσιβάθ,
Νάθαν, Γαλαμαάν, Ἰεβαάρ, Θεησούς, Ἐλιφαλάτ, Ναγέδ, Να-
φέκ, Ἰανάθαν, Λεασαμύς, Βααλιμάθ, Ἐλιφαάθ.
17 Καὶ ἤκουσαν οἱ ἀλλόφυλοι ὅτι κέχρισται Δαυὶδ βασιλεὺς
ἐπὶ Ἰσραήλ, καὶ ἀνέβησαν πάντες οἱ ἀλλόφυλοι ζητεῖν τὸν
18 Δαυίδ· καὶ ἤκουσε Δαυίδ, καὶ κατέβη εἰς τὴν περιοχήν. Καὶ
οἱ ἀλλόφυλοι παραγίνονται, καὶ συνέπεσαν εἰς τὴν κοιλάδα
τῶν Τιτάνων.
19 Καὶ ἠρώτησε Δαυὶδ διὰ Κυρίου, λέγων, εἰ ἀναβῶ πρὸς
τοὺς ἀλλοφύλους, καὶ παραδώσεις αὐτοὺς εἰς τὰς χεῖράς μου;
καὶ εἶπε Κύριος πρὸς Δαυίδ, ἀνάβαινε, ὅτι παραδιδοὺς παρα-
20 δώσω τοὺς ἀλλοφύλους εἰς τὰς χεῖράς σου. Καὶ ἦλθε Δαυὶδ
ἐκ τῶν ἐπάνω διακοπῶν, καὶ ἔκοψε τοὺς ἀλλοφύλους ἐκεῖ· καὶ
εἶπε Δαυίδ, διέκοψε Κύριος τοὺς ἐχθροὺς ἀλλοφύλους ἐνώπιον
ἐμοῦ, ὡς διακόπτεται ὕδατα· διὰ τοῦτο ἐκλήθη τὸ ὄνομα τοῦ
21 τόπου ἐκείνου, Ἐπάνω διακοπῶν. Καὶ καταλιμπάνουσιν ἐκεῖ
τοὺς θεοὺς αὐτῶν, καὶ ἐλάβοσαν αὐτοὺς Δαυὶδ καὶ οἱ ἄνδρες
οἱ μετ᾽ αὐτοῦ.
22 Καὶ προσέθετο ἔτι ἀλλόφυλοι τοῦ ἀναβῆναι, καὶ συνέπεσαν
23 ἐν τῇ κοιλάδι τῶν Τιτάνων. Καὶ ἐπηρώτησε Δαυὶδ διὰ Κυρίου·
καὶ εἶπε Κύριος, οὐκ ἀναβήσῃ εἰς συνάντησιν αὐτῶν, ἀποστρέ-
φου ἀπ᾽ αὐτῶν, καὶ παρέσῃ αὐτοῖς πλησίον τοῦ κλαυθμῶνος.
24 Καὶ ἔσται ἐν τῷ ἀκοῦσαί σε τὴν φωνὴν τοῦ συγκλεισμοῦ ἀπὸ
τοῦ ἄλσους τοῦ κλαυθμῶνος, τότε καταβήσῃ πρὸς αὐτούς, ὅτι
τότε ἐξελεύσεται Κύριος ἔμπροσθέν σου κόπτειν ἐν τῷ πολέμῳ
25 τῶν ἀλλοφύλων. Καὶ ἐποίησε Δαυὶδ καθὼς ἐνετείλατο αὐτῷ
Κύριος, καὶ ἐπάταξε τοὺς ἀλλοφύλους ἀπὸ Γαβαὼν ἕως τῆς
γῆς Γαζηρά.
6 Καὶ συνήγαγεν ἔτι Δαυὶδ πάντα νεανίαν ἐξ Ἰσραήλ, ὡς
2 ἑβδομήκοντα χιλιάδας. Καὶ ἀνέστη καὶ ἐπορεύθη Δαυὶδ καὶ
πᾶς ὁ λαὸς ὁ μετ᾽ αὐτοῦ καὶ ἀπὸ τῶν ἀρχόντων Ἰούδα ἐν ἀνα-
βάσει τοῦ ἀναγαγεῖν ἐκεῖθεν τὴν κιβωτὸν τοῦ Θεοῦ, ἐφ᾽ ἣν
ἐπεκλήθη τὸ ὄνομα τοῦ Κυρίου τῶν δυνάμεων καθημένου ἐπὶ
τῶν χερουβὶν ἐπ᾽ αὐτῆς.

fore they say, The lame and the blind shall not enter into the house of the Lord. 9 And David dwelt in the hold, and it was called the city of David, and he built the city itself round about from the citadel, and *he built* his own house. 10 And David advanced and became great, and the Lord Almighty *was* with him.

11 And Chiram king of Tyre sent messengers to David, and cedar wood, and carpenters, and stone-masons: and they built a house for David. 12 And David knew that the Lord had prepared him to be king over Israel, and that his kingdom was exalted for the sake of his people Israel.

13 And David took again wives and concubines out of Jerusalem, after he came from Chebron: and David had still more sons and daughters born to him. 14 And these *are* the names of those that were born to him in Jerusalem; Sammus, and Sobab, and Nathan, and Solomon. 15 And Ebear, and Elisue, and Naphec, and Jephies. 16 And Elisama, and Elidae, and Eliphalath,[β] Samae, Jessibath, Nathan, Galamaan, Jebaar, Theësus, Eliphalat, Naged, Naphec, Janathan, Leasamys, Baalimath, Eliphaath.

17 And the Philistines heard that David was anointed king over Israel; and all the Philistines went up to seek David; and David heard of it, and went down to the strong hold. 18 And the Philistines came, and assembled in the valley of the[γ] giants.

19 And David enquired of the Lord, saying, Shall I go up against the Philistines? and wilt thou deliver them into my hands? and the Lord said to David, Go up, for I will surely deliver the Philistines into thine hands. 20 And David came from [δ] Upper Breaches, and smote the Philistines there: and David said, The Lord has destroyed the hostile Philistines before me, as water is dispersed; therefore the name of that place was called [ζ] Over Breaches. 21 And they leave there their gods, and David and his men with him took them.

22 And the Philistines came up yet again, and assembled in the valley of Giants. 23 And David enquired of the Lord: and the Lord said, Thou shalt not go up to meet them: turn from them, and thou shalt meet them near the place of [θ] weeping. 24 And it shall come to pass when thou hearest the sound of a clashing together from the grove of weeping, then thou shalt go down to them, for then the Lord shall go forth before thee to make havoc in the battle with the Philistines. 25 And David did as the Lord commanded him, and smote the Philistines from Gabaon as far as the land of Gazera.

And David again gathered all the young men of Israel, about seventy thousand. 2 And David arose, and went, he and all the people that were with him, and some of the rulers of Juda, on an expedition *to a distant place,* to bring back thence the ark of God, on which the name of the Lord of Hosts who dwells between the cherubs upon it is called.

β *Heb.* and *Alex.* omit the remaining names in this verse.   γ *Lit.* Titans. *Heb.* Rephaim. See *Appendix.*   δ *Heb.* Baal-perazim.
ζ Thus in English or other languages, *Underskiddaw, Unterseen,* etc.   θ *Heb.* בכא *lit.* mulberries.

³ And they put the ark of the Lord on a new waggon, and took it out of the house of Aminadab who lived on the hill: and Oza and his brethren the sons of Aminadab drove the waggon^β with the ark. ⁴ And his brethren went before the ark. ⁵ And David and the children of Israel *were* playing before the Lord on well-tuned instruments mightily, and with songs, and with harps, and with lutes, and with drums, and with cymbals, and with pipes.

⁶ And they come as far as the threshing floor of Nachor: and Oza reached forth his hand to the ark of God to keep it steady, and took hold of it; for ^γthe ox shook it out of its place. ⁷ And the Lord was very angry with Oza; and God smote him there:^δ and he died there by the ark of the Lord before God. ⁸ And David was dispirited because the Lord made a breach upon Oza; and that place was called the breach of Oza until this day. ⁹ And David feared the Lord in that day, saying, How shall the ark of the Lord come in to me? ¹⁰ And David would not bring in the ark of the covenant of the Lord to himself into the city of David: and David turned it aside into the house of Abeddara the Gethite. ¹¹ And the ark of the Lord lodged in the house of Abeddara the Gethite three months, and the Lord blessed all the house of Abeddara, and all his possessions.

¹² And it was reported to king David, saying, The Lord has blessed the house of Abeddara, and all that he has, because of the ark of the Lord. And David went, and brought up the ark of the Lord from the house of Abeddara to the city of David with gladness. ¹³ And there were with him bearing the ark seven bands, and for a sacrifice a calf and lambs. ¹⁴ And David sounded with well-tuned instruments before the Lord, and David *was* clothed with a fine long robe. ¹⁵ And David and all the house of Israel brought up the ark of the Lord with shouting, and with the sound of a trumpet.

¹⁶ And it came to pass as the ark arrived at the city of David, that Melchol the daughter of Saul looked through the window, and saw king David dancing and playing before the Lord; and she despised him in her heart.

¹⁷ And they bring the ark of the Lord, and set it in its place in the midst of the tabernacle which David pitched for it: and David offered whole-burnt-offerings before the Lord, *and* peace-offerings. ¹⁸ And David made an end of offering the whole-burnt-offerings and peace-offerings, and blessed the people in the name of the Lord of Hosts. ¹⁹ And he distributed to all the people, even to all the host of Israel from Dan to Bersabee, both men and women, to every one a cake of bread, and a joint of meat, and a cake from the frying-pan: and all the people departed every one to his home.

²⁰ And David returned to bless his house. And Melchol the daughter of Saul came

Καὶ ἐπεβίβασαν τὴν κιβωτὸν Κυρίου ἐφ' ἅμαξαν καινὴν, 3 καὶ ἦραν αὐτὴν ἐξ οἴκου Ἀμιναδὰβ τοῦ ἐν τῷ βουνῷ· καὶ Ὀζὰ καὶ οἱ ἀδελφοὶ αὐτοῦ υἱοὶ Ἀμιναδὰβ ἦγαν τὴν ἅμαξαν σὺν τῇ κιβωτῷ. Καὶ οἱ ἀδελφοὶ αὐτοῦ ἐπορεύοντο ἔμπροσθεν 4 τῆς κιβωτοῦ. Καὶ Δαυὶδ καὶ υἱοὶ Ἰσραὴλ παίζοντες ἐνώπιον 5 Κυρίου ἐν ὀργάνοις ἡρμοσμένοις ἐν ἰσχύϊ, καὶ ἐν ᾠδαῖς, καὶ ἐν κινύραις, καὶ ἐν νάβλαις, καὶ ἐν τυμπάνοις, καὶ ἐν κυμβάλοις, καὶ ἐν αὐλοῖς.

Καὶ παραγίνονται ἕως ἅλω Ναχώρ· καὶ ἐξέτεινεν Ὀζὰ τὴν 6 χεῖρα αὐτοῦ ἐπὶ τὴν κιβωτὸν τοῦ Θεοῦ κατασχεῖν αὐτὴν, καὶ ἐκράτησεν αὐτὴν, ὅτι περιέσπασεν αὐτὴν ὁ μόσχος. Καὶ 7 ἐθυμώθη ὀργῇ Κύριος τῷ Ὀζᾷ, καὶ ἔπαισεν αὐτὸν ἐκεῖ ὁ Θεὸς, καὶ ἀπέθανεν ἐκεῖ παρὰ τὴν κιβωτὸν τοῦ Κυρίου ἐνώπιον τοῦ Θεοῦ. Καὶ ἠθύμησε Δαυὶδ ὑπὲρ οὗ διέκοψε Κύριος διακοπὴν 8 ἐν τῷ Ὀζᾷ, καὶ ἐκλήθη ὁ τόπος ἐκεῖνος, διακοπὴ Ὀζᾷ, ἕως τῆς ἡμέρας ταύτης. Καὶ ἐφοβήθη Δαυὶδ τὸν Κύριον ἐν τῇ 9 ἡμέρᾳ ἐκείνῃ, λέγων, πῶς εἰσελεύσεται πρὸς μὲ ἡ κιβωτὸς Κυρίου; Καὶ οὐκ ἐβούλετο Δαυὶδ τοῦ ἐκκλῖναι πρὸς αὐτὸν 10 τὴν κιβωτὸν διαθήκης Κυρίου εἰς τὴν πόλιν Δαυὶδ· καὶ ἀπέκλινεν αὐτὴν Δαυὶδ εἰς οἶκον Ἀβεδδαρὰ τοῦ Γεθαίου. Καὶ 11 ἐκάθισεν ἡ κιβωτὸς τοῦ Κυρίου εἰς οἶκον Ἀβεδδαρὰ τοῦ Γεθαίου μῆνας τρεῖς· καὶ εὐλόγησε Κύριος ὅλον τὸν οἶκον Ἀβεδδαρὰ, καὶ πάντα τὰ αὐτοῦ.

Καὶ ἀπηγγέλη τῷ βασιλεῖ Δαυὶδ, λέγοντες, εὐλόγησε Κύριος 12 τὸν οἶκον Ἀβεδδαρὰ, καὶ πάντα τὰ αὐτοῦ, ἕνεκα τῆς κιβωτοῦ τοῦ Θεοῦ· καὶ ἐπορεύθη Δαυὶδ, καὶ ἀνήγαγε τὴν κιβωτὸν τοῦ Κυρίου ἐκ τοῦ οἴκου Ἀβεδδαρὰ εἰς τὴν πόλιν Δαυὶδ ἐν εὐφροσύνῃ. Καὶ ἦσαν μετ' αὐτοῦ αἴροντες τὴν κιβωτὸν ἑπτὰ 13 χοροὶ, καὶ θύμα μόσχος καὶ ἄρνες. Καὶ Δαυὶδ ἀνεκρούετο ἐν 14 ὀργάνοις ἡρμοσμένοις ἐνώπιον Κυρίου, καὶ ὁ Δαυὶδ ἐνδεδυκὼς στολὴν ἔξαλλον. Καὶ Δαυὶδ καὶ πᾶς ὁ οἶκος Ἰσραὴλ ἀνή- 15 γαγον τὴν κιβωτὸν Κυρίου μετὰ κραυγῆς καὶ μετὰ φωνῆς σάλπιγγος.

Καὶ ἐγένετο τῆς κιβωτοῦ παραγινομένης ἕως πόλεως 16 Δαυὶδ, καὶ Μελχὸλ ἡ θυγάτηρ Σαοὺλ διέκυπτε διὰ τῆς θυρίδος, καὶ εἶδε τὸν βασιλέα Δαυὶδ ὀρχούμενον, καὶ ἀνακρουόμενον ἐνώπιον Κυρίου, καὶ ἐξουδένωσεν αὐτὸν ἐν τῇ καρδίᾳ αὐτῆς.

Καὶ φέρουσι τὴν κιβωτὸν τοῦ Κυρίου, καὶ ἀνέθηκαν αὐτὴν 17 εἰς τὸν τόπον αὐτῆς εἰς μέσον τῆς σκηνῆς, ἧς ἔπηξεν αὐτῇ Δαυὶδ· καὶ ἀνήνεγκε Δαυὶδ ὁλοκαυτώματα ἐνώπιον Κυρίου, εἰρηνικάς. Καὶ συνετέλεσε Δαυὶδ συναναφέρων τὰς ὁλοκαυ- 18 τώσεις καὶ τὰς εἰρηνικὰς, καὶ εὐλόγησε τὸν λαὸν ἐν ὀνόματι Κυρίου τῶν δυνάμεων. Καὶ διεμέρισε παντὶ τῷ λαῷ εἰς πᾶσαν 19 τὴν δύναμιν τοῦ Ἰσραὴλ ἀπὸ Δὰν ἕως Βηρσαβεὲ, καὶ ἀπὸ ἀνδρὸς ἕως γυναικὸς, ἑκάστῳ κολλυρίδα ἄρτου, καὶ ἐσχαρίτην, καὶ λάγανον ἀπὸ τηγάνου· καὶ ἀπῆλθε πᾶς ὁ λαὸς ἕκαστος εἰς τὸν οἶκον αὐτοῦ.

Καὶ ἐπέστρεψε Δαυὶδ εὐλογῆσαι τὸν οἶκον αὐτοῦ· καὶ 20 ἐξῆλθε Μελχὸλ ἡ θυγάτηρ Σαοὺλ εἰς ἀπάντησιν Δαυὶδ, καὶ

β *Alex.* more according to the *Heb.* inserts 'and brought it out of the house of Abinadab in the hill.'   γ *Gr.* the calf.
δ *Heb.* and *Alex.* + ' for his rashness.'

εὐλόγησεν αὐτὸν, καὶ εἶπε, τί δεδόξασται σήμερον ὁ βασιλεὺς Ἰσραὴλ, ὃς ἀπεκαλύφθη σήμερον ἐν ὀφθαλμοῖς παιδισκῶν τῶν δούλων ἑαυτοῦ, καθὼς ἀποκαλύπτεται ἀποκαλυφθεὶς εἰς
21 τῶν ὀρχουμένων; Καὶ εἶπε Δαυὶδ πρὸς Μελχὸλ, ἐνώπιον Κυρίου ὀρχήσομαι· εὐλογητὸς Κύριος ὃς ἐξελέξατό με ὑπὲρ τὸν πατέρα σου καὶ ὑπὲρ πάντα τὸν οἶκον αὐτοῦ, τοῦ καταστῆ-σαί με εἰς ἡγούμενον ἐπὶ τὸν λαὸν αὐτοῦ ἐπὶ τὸν Ἰσραήλ·
22 καὶ παίξομαι καὶ ὀρχήσομαι ἐνώπιον Κυρίου, καὶ ἀποκαλυ-φθήσομαι ἔτι οὕτως, καὶ ἔσομαι ἀχρεῖος ἐν ὀφθαλμοῖς σου, καὶ
23 μετὰ τῶν παιδισκῶν, ὧν εἶπάς με μὴ δοξασθῆναι. Καὶ τῇ Μελχὸλ θυγατρὶ Σαοὺλ οὐκ ἐγένετο παιδίον ἕως τῆς ἡμέρας τοῦ ἀποθανεῖν αὐτήν.

7 Καὶ ἐγένετο ὅτε ἐκάθισεν ὁ βασιλεὺς ἐν τῷ οἴκῳ αὐτοῦ, καὶ Κύριος κατεκληρονόμησεν αὐτὸν κύκλῳ ἀπὸ πάντων τῶν ἐχ-
2 θρῶν αὐτοῦ τῶν κύκλῳ, καὶ εἶπεν ὁ βασιλεὺς πρὸς Νάθαν τὸν προφήτην, ἰδοὺ δὴ ἐγὼ κατοικῶ ἐν οἴκῳ κεδρίνῳ, καὶ ἡ κιβωτὸς
3 τοῦ Θεοῦ κάθηται ἐν μέσῳ τῆς σκηνῆς. Καὶ εἶπε Νάθαν πρὸς τὸν βασιλέα, πάντα ὅσα ἂν ἐν τῇ καρδίᾳ σου, βάδιζε καὶ ποίει, ὅτι Κύριος μετὰ σοῦ.
4 Καὶ ἐγένετο τῇ νυκτὶ ἐκείνῃ, καὶ ἐγένετο ῥῆμα Κυρίου πρὸς
5 Νάθαν, λέγων, πορεύου, καὶ εἶπον πρὸς τὸν δοῦλόν μου Δαυὶδ, τάδε λέγει Κύριος, οὐ σὺ οἰκοδομήσεις μοι οἶκον τοῦ κατοικῆ-
6 σαί με. Ὅτι οὐ κατῴκηκα ἐν οἴκῳ ἀφ᾽ ἧς ἡμέρας ἀνήγαγον τοὺς υἱοὺς Ἰσραὴλ ἐξ Αἰγύπτου ἕως τῆς ἡμέρας ταύτης, καὶ
7 ἤμην ἐμπεριπατῶν ἐν καταλύματι καὶ ἐν σκηνῇ, ἐν πᾶσιν οἷς διῆλθον ἐν παντὶ Ἰσραήλ· εἰ λαλῶν ἐλάλησα πρὸς μίαν φυλὴν τοῦ Ἰσραήλ, ᾧ ἐνετειλάμην ποιμαίνειν τὸν λαόν μου Ἰσραὴλ, λέγων, ἱνατί οὐκ ᾠκοδομήκατέ μοι οἶκον κέδρινον;
8 Καὶ νῦν τάδε ἐρεῖς τῷ δούλῳ μου Δαυὶδ, τάδε λέγει Κύριος παντοκράτωρ, ἔλαβόν σε ἐκ τῆς μάνδρας τῶν προβάτων, τοῦ εἶναί σε εἰς ἡγούμενον ἐπὶ τὸν λαόν μου ἐπὶ τὸν Ἰσραὴλ,
9 καὶ ἤμην μετὰ σοῦ ἐν πᾶσιν οἷς ἐπορεύου, καὶ ἐξωλόθρευσα πάντας τοὺς ἐχθρούς σου ἀπὸ προσώπου σου, καὶ ἐποίησά σε ὀνομαστὸν κατὰ τὸ ὄνομα τῶν μεγάλων τῶν ἐπὶ τῆς γῆς.
10 Καὶ θήσομαι τόπον τῷ λαῷ μου τῷ Ἰσραὴλ, καὶ καταφυτεύσω αὐτὸν, καὶ κατασκηνώσει καθ᾽ ἑαυτὸν, καὶ οὐ μεριμνήσει οὐκέτι· καὶ οὐ προσθήσει υἱὸς ἀδικίας τοῦ ταπεινῶσαι αὐτὸν, καθὼς ἀπ᾽
11 ἀρχῆς, ἀπὸ τῶν ἡμερῶν ὧν ἔταξα κριτὰς ἐπὶ τὸν λαόν μου Ἰσραήλ· καὶ ἀναπαύσω σε ἀπὸ πάντων τῶν ἐχθρῶν σου· καὶ
12 ἀπαγγελεῖ σοι Κύριος, ὅτι οἶκον οἰκοδομήσεις αὐτῷ. Καὶ ἔσται ἐὰν πληρωθῶσιν αἱ ἡμέραι σου, καὶ κοιμηθήσῃ μετὰ τῶν πατέρων σου, καὶ ἀναστήσω τὸ σπέρμα σου μετὰ σὲ, ὃς ἔσται
13 ἐκ τῆς κοιλίας σου, καὶ ἑτοιμάσω τὴν βασιλείαν αὐτοῦ. Αὐτὸς οἰκοδομήσει μοι οἶκον τῷ ὀνόματί μου, καὶ ἀνορθώσω τὸν
14 θρόνον αὐτοῦ ἕως εἰς τὸν αἰῶνα. Ἐγὼ ἔσομαι αὐτῷ εἰς πατέρα, καὶ αὐτὸς ἔσται μοι εἰς υἱόν· καὶ ἐὰν ἔλθῃ ἡ ἀδικία αὐτοῦ, καὶ ἐλέγξω αὐτὸν ἐν ῥάβδῳ ἀνδρῶν, καὶ ἐν ἁφαῖς υἱῶν ἀνθρώπων·
15 Τὸ δὲ ἔλεός μου οὐκ ἀποστήσω ἀπ᾽ αὐτοῦ, καθὼς ἀπέστησα
16 ἀφ᾽ ὧν ἀπέστησα ἐκ προσώπου μου. Καὶ πιστωθήσεται ὁ οἶκος αὐτοῦ, καὶ ἡ βασιλεία αὐτοῦ ἕως αἰῶνος ἐνώπιόν

out to meet David and saluted him, and said, How was the king of Israel glorified to-day, who was to-day uncovered in the eyes of the handmaids of his servants, as one of the dancers wantonly uncovers himself! 21 And David said to Melchol, I will dance before the Lord. Blessed *be* the Lord who chose me before thy father, and before all his house, to make me head over his people, even over Israel: therefore I will play, and dance before the Lord. 22 And I will again uncover myself thus, and I will be vile in thine eyes, and with the maid-servants by whom thou saidst that I was βnot had in honour. 23 And Melchol the daughter of Saul had no child till the day of her death.

And it came to pass when the king sat in his house, and the Lord had given him an inheritance on every side *free* from all his enemies round about him; 2 that the king said to Nathan the prophet, Behold now, I live in a house of cedar, and the ark of the Lord dwells in the midst of a tent. 3 And Nathan said to the king, Go and do all that *is* in thine heart, for the Lord *is* with thee.

4 And it came to pass in that night, that the word of the Lord came to Nathan, saying, 5 Go, and say to my servant David, Thus says the Lord, Thou shalt not build me a house for me to dwell in. 6 For I have not dwelt in a house from the day that I brought up the children of Israel out of Egypt to this day, but I have been walking in a lodge and in a tent, 7 wheresoever I went with all Israel. Have I ever spoken to any of the tribes of Israel, which I commanded to tend my people Israel, saying, Why have ye not built me a house of cedar?

8 And now thus shalt thou say to my servant David, Thus says the Lord Almighty, I took thee from the sheep-cote, that thou shouldest be a prince over my people, over Israel. 9 And I was with thee wheresoever thou wentest, and I destroyed all thine enemies before thee, and I made thee renowned according to the renown of the great ones on the earth. 10 And I will appoint a place for my people Israel, and will plant γthem, and they shall dwell by themselves, and shall be no more distressed; and the son of iniquity shall no more afflict them, as he *has done* from the beginning, 11 from the days when I appointed judges over my people Israel: and I will give thee rest from all thine enemies, and the Lord will tell thee that thou shalt build a house to him. 12 And it shall come to pass when thy days shall have been fulfilled, and thou shalt sleep with thy fathers, that I will raise up thy seed after thee, even thine own issue, and I will establish his kingdom. 13 He shall build for me a house to my name, and I will set up his throne even for ever. 14 I will be to him a father, and he shall be to me a son. And when he happens to transgress, then will I chasten him with the rod of men, and with the stripes of the sons of men. 15 But my mercy I will not take from him, as I took it from those whom I removed from my presence. 16 And his house shall be made ꜱᴜʀᴇ, and his kingdom for ever

---

before me, and his throne shall be set up for ever.

¹⁷ According to all these words, and according to all this vision, so Nathan spoke to David.

¹⁸ And king David came in, and sat before the Lord, and said, Who am I, O Lord, my Lord, and what *is* my house, that thou hast loved me ^βhitherto? ¹⁹ Whereas I was very little before thee, O Lord, my Lord, yet thou spokest concerning the house of thy servant for a long time *to come*. And *is* this the law of man, O Lord, my Lord? ²⁰ And what shall David yet say to thee? and now thou knowest thy servant, O Lord, my Lord. ²¹ And thou hast wrought for thy servant's sake, and according to thy heart thou hast wrought all this greatness, to make it known to thy servant, ²² that he may magnify thee, O my Lord; for there is no one ^γlike thee, and there is no God but thou among all of whom we have heard with our ears. ²³ And what other nation in the earth *is* as thy people Israel? whereas God was his guide, to redeem for himself a people to make thee a name, to do mightily and nobly, so that thou shouldest cast out nations and *their* tabernacles from the presence of thy people, whom thou didst redeem for thyself out of Egypt? ²⁴ And thou hast prepared for thyself thy people Israel to be a people for ever, and thou, Lord, art become their God. ²⁵ And now, O my Lord, the Almighty Lord God of Israel, confirm the word for ever which thou hast spoken concerning thy servant and his house: and now as thou hast said, ²⁶ Let thy name be magnified for ever.^δ ²⁷ Almighty Lord God of Israel, thou hast uncovered the ear of thy servant, saying, I will build thee a house: therefore thy servant has found *in* his heart to pray this prayer to thee. ²⁸ And now, O Lord my Lord, thou art God; and thy words will be true, and thou hast spoken these good things concerning thy servant. ²⁹ And now begin and bless the house of thy servant, that it may continue for ever before thee; for thou, O Lord, my Lord, hast spoken, and the house of thy servant shall be blessed with thy blessing so as to continue for ever.

And it came to pass after this, that David smote the Philistines, and put them to flight, and David took the ^ζtribute from out of the hand of the Philistines.

² And David smote Moab, and measured them out with lines, having ^θlaid them down on the ground: and there were two lines for slaying, and two lines he kept alive: and Moab became servants to David, yielding tribute.

³ And David smote Adraazar the son of Raab king of Suba, as he went to extend his power to the river Euphrates. ⁴ And David took ^λa thousand of his chariots, and seven thousand horsemen, and twenty thousand footmen: and David houghed all his ^μchariot *horses*, and he reserved to himself a hundred chariots. ⁵ And Syria of Damascus comes to help Adraazar king of Suba, and David smote twenty-two thousand men belonging to the Syrian. ⁶ And David placed

μου· καὶ ὁ θρόνος αὐτοῦ ἔσται ἀνωρθωμένος εἰς τον αἰῶνα.

Κατὰ πάντας τοὺς λόγους τούτους, καὶ κατὰ πᾶσαν τὴν 17 ὅρασιν ταύτην, οὕτως ἐλάλησε Νάθαν πρὸς Δαυίδ.

Καὶ εἰσῆλθεν ὁ βασιλεὺς Δαυὶδ, καὶ ἐκάθισεν ἐνώπιον 18 Κυρίου, καὶ εἶπε, τίς εἰμι ἐγώ, Κύριέ μου Κύριε, καὶ τίς ὁ οἶκός μου, ὅτι ἠγάπησάς με ἕως τούτων; Καὶ κατεσμικρύνθην μικρὸν 19 ἐνώπιόν σου, Κύριέ μου Κύριε, καὶ ἐλάλησας ὑπὲρ τοῦ οἴκου τοῦ δούλου σου εἰς μακράν· οὗτος δὲ ὁ νόμος τοῦ ἀνθρώπου, Κύριέ μου Κύριε; Καὶ τί προσθήσει Δαυὶδ ἔτι τοῦ λαλῆσαι 20 πρὸς σέ; καὶ νῦν σὺ οἶδας τὸν δοῦλόν σου, Κύριέ μου Κύριε, καὶ διὰ τὸν δοῦλόν σου πεποίηκας, καὶ κατὰ τὴν καρδίαν σου 21 ἐποίησας πᾶσαν τὴν μεγαλωσύνην ταύτην, γνωρίσαι τῷ δούλῳ σου, ἕνεκεν τοῦ μεγαλῦναί σε, Κύριέ μου· ὅτι οὐκ ἔστιν ὡς σὺ, 22 καὶ οὐκ ἔστι Θεὸς πλὴν σοῦ ἐν πᾶσιν οἷς ἠκούσαμεν ἐν τοῖς ὠσὶν ἡμῶν. Καὶ τίς ὡς ὁ λαός σου Ἰσραὴλ ἔθνος ἄλλο ἐν τῇ 23 γῇ; ὡς ὡδήγησεν αὐτὸν ὁ Θεὸς τοῦ λυτρώσασθαι αὐτῷ λαόν, τοῦ θέσθαι σε ὄνομα, τοῦ ποιῆσαι μεγαλωσύνην καὶ ἐπιφάνειαν, τοῦ ἐκβαλεῖν σε ἐκ προσώπου τοῦ λαοῦ σου, οὓς ἐλυτρώσω σεαυτῷ ἐξ Αἰγύπτου, ἔθνη καὶ σκηνώματα; Καὶ ἡτοίμασας σεαυτῷ τὸν λαόν σου Ἰσραὴλ εἰς λαὸν ἕως 24 αἰῶνος, καὶ σὺ Κύριε ἐγένου αὐτοῖς εἰς Θεόν. Καὶ νῦν, Κύριέ 25 μου, ῥῆμα ὃ ἐλάλησας περὶ τοῦ δούλου σου καὶ τοῦ οἴκου αὐτοῦ, πίστωσον ἕως τοῦ αἰῶνος, Κύριε παντοκράτωρ Θεὲ τοῦ Ἰσραήλ· καὶ νῦν καθὼς ἐλάλησας, Μεγαλυνθείη τὸ ὄνομά σου 26 ἕως αἰῶνος. Κύριε παντοκράτωρ Θεὸς Ἰσραήλ, ἀπεκάλυψας 27 τὸ ὠτίον τοῦ δούλου σου, λέγων, οἶκον οἰκοδομήσω σοι· διὰ τοῦτο εὗρεν ὁ δοῦλός σου τὴν καρδίαν ἑαυτοῦ τοῦ προσεύξασθαι πρὸς σὲ τὴν προσευχὴν ταύτην. Καὶ νῦν, Κύριέ μου Κύριε, 28 σὺ εἶ Θεός, καὶ οἱ λόγοι σου ἔσονται ἀληθινοί, καὶ ἐλάλησας ὑπὲρ τοῦ δούλου σου τὰ ἀγαθὰ ταῦτα. Καὶ νῦν ἄρξαι καὶ 29 εὐλόγησον τὸν οἶκον τοῦ δούλου σου, τοῦ εἶναι εἰς τὸν αἰῶνα ἐνώπιόν σου· ὅτι σὺ Κύριέ μου Κύριε ἐλάλησας, καὶ ἀπὸ τῆς εὐλογίας σου εὐλογηθήσεται ὁ οἶκος τοῦ δούλου σου τοῦ εἶναι εἰς τὸν αἰῶνα.

Καὶ ἐγένετο μετὰ ταῦτα, καὶ ἐπάταξε Δαυὶδ τοὺς ἀλλοφύ- 8 λους, καὶ ἐτροπώσατο αὐτούς· καὶ ἔλαβε Δαυὶδ τὴν ἀφωρισμέ- νην ἐκ χειρὸς τῶν ἀλλοφύλων.

Καὶ ἐπάταξε Δαυὶδ τὴν Μωάβ, καὶ διεμέτρησεν αὐτοὺς ἐν 2 σχοινίοις, κοιμίσας αὐτοὺς ἐπὶ τὴν γῆν· καὶ ἐγένετο τὰ δύο σχοινίσματα τοῦ θανατῶσαι, καὶ τὰ δύο σχοινίσματα ἐζώ- γρησε· καὶ ἐγένετο Μωὰβ τῷ Δαυὶδ εἰς δούλους φέροντας ξένια.

Καὶ ἐπάταξε Δαυὶδ τὸν Ἀδρααζὰρ υἱὸν Ῥαὰβ, βασιλέα 3 Σουβά, πορευομένου αὐτοῦ ἐπιστῆσαι τὴν χεῖρα αὐτοῦ ἐπὶ τὸν ποταμὸν Εὐφράτην. Καὶ προκατελάβετο Δαυὶδ τῶν αὐτοῦ 4 χίλια ἅρματα, καὶ ἑπτὰ χιλιάδας ἱππέων, καὶ εἴκοσι χιλιάδας ἀνδρῶν πεζῶν· καὶ παρέλυσε Δαυὶδ πάντα τὰ ἅρματα, καὶ ὑπελείπετο ἑαυτῷ ἑκατὸν ἅρματα. Καὶ παραγίνεται Συρία 5 Δαμασκοῦ. βοηθῆσαι τῷ Ἀδρααζὰρ βασιλεῖ Σουβά, καὶ ἐπά- ταξε Δαυὶδ ἐν τῷ Σύρῳ εἴκοσι δύο χιλιάδας ἀνδρῶν. Καὶ 6

β *Or,* so much as this.   γ *Gr.* as thou.   δ *Heb.* and *Alex.* add, 'and let the house of thy servant David be established before thee.'
ζ *Heb.* Metheg-ammah. *Lit.* bridle of Ammah. θ *Gr.* caused them to sleep. λ *Alex.* seven. μ *Gr.* chariots.

ἔθετο Δαυὶδ φρουρὰν ἐν Συρίᾳ τῇ κατὰ Δαμασκὸν, καὶ ἐγένετο ὁ Σύρος τῷ Δαυὶδ εἰς δούλους φέροντας ξένια· καὶ ἔσωσε 7 Κύριος τὸν Δαυὶδ ἐν πᾶσιν οἷς ἐπορεύετο. Καὶ ἔλαβε Δαυὶδ τοὺς χλιδῶνας τοὺς χρυσοῦς, οἳ ἦσαν ἐπὶ τῶν παίδων τῶν Ἀδρααζὰρ βασιλέως Σουβὰ, καὶ ἤνεγκεν αὐτὰ εἰς Ἱερουσαλήμ· καὶ ἔλαβεν αὐτὰ Σουσακὶμ βασιλεὺς Αἰγύπτου, ἐν τῷ ἀναβῆναι αὐτὸν εἰς Ἱερουσαλὴμ ἐν ἡμέραις Ῥοβοὰμ υἱοῦ Σαλωμῶντος. 8 Καὶ ἐκ τῆς Μετεβὰκ καὶ ἐκ τῶν ἐκλεκτῶν πόλεων τοῦ Ἀδρααζὰρ ἔλαβεν ὁ βασιλεὺς Δαυὶδ χαλκὸν πολὺν σφόδρα· ἐν αὐτῷ ἐποίησε Σαλωμὼν τὴν θάλασσαν τὴν χαλκῆν, καὶ τοὺς στύλους, καὶ τοὺς λουτῆρας, καὶ πάντα τὰ σκεύη.

9 Καὶ ἤκουσε Θοοῦ ὁ βασιλεὺς Ἡμὰθ, ὅτι ἐπάταξε Δαυὶδ πᾶσαν τὴν δύναμιν Ἀδρααζὰρ, καὶ ἀπέστειλε Θοοῦ Ἰεδδουρὰμ 10 τὸν υἱὸν αὐτοῦ πρὸς βασιλέα Δαυὶδ ἐρωτῆσαι αὐτὸν τὰ εἰς εἰρήνην, καὶ εὐλογῆσαι αὐτὸν ὑπὲρ οὗ ἐπολέμησε τὸν Ἀδρααζὰρ, καὶ ἐπάταξεν αὐτὸν, ὅτι ἀντικείμενος ἦν τῷ Ἀδρααζάρ· καὶ ἐν ταῖς χερσὶν αὐτοῦ ἦσαν σκεύη ἀργυρᾶ, καὶ σκεύη χρυσᾶ, καὶ 11 σκεύη χαλκᾶ. Καὶ ταῦτα ἡγίασεν ὁ βασιλεὺς Δαυὶδ τῷ Κυρίῳ, μετὰ τοῦ ἀργυρίου καὶ μετὰ τοῦ χρυσίου οὗ ἡγίασεν ἐκ 12 πασῶν τῶν πόλεων ὧν κατεδυνάστευσεν, ἐκ τῆς Ἰδουμαίας, καὶ ἐκ τῆς Μωὰβ, καὶ ἐκ τῶν υἱῶν Ἀμμὼν, καὶ ἐκ τῶν ἀλλοφύλων, καὶ ἐξ Ἀμαλὴκ, καὶ ἐκ τῶν σκύλων Ἀδρααζὰρ υἱοῦ Ῥαὰβ βασιλέως Σουβά.

13 Καὶ ἐποίησε Δαυὶδ ὄνομα· καὶ ἐν τῷ ἀνακάμπτειν αὐτὸν ἐπάταξε τὴν Ἰδουμαίαν ἐν Γεβελὲμ εἰς ὀκτωκαίδεκα χιλιάδας. 14 Καὶ ἔθετο ἐν τῇ Ἰδουμαίᾳ φρουρὰν, ἐν πάσῃ τῇ Ἰδουμαίᾳ· καὶ ἐγένοντο πάντες οἱ Ἰδουμαῖοι δοῦλοι τῷ βασιλεῖ· καὶ ἔσωσε Κύριος τὸν Δαυὶδ ἐν πᾶσιν οἷς ἐπορεύετο.

15 Καὶ ἐβασίλευσε Δαυὶδ ἐπὶ πάντα Ἰσραήλ· καὶ ἦν Δαυὶδ 16 ποιῶν κρίμα καὶ δικαιοσύνην ἐπὶ πάντα τὸν λαὸν αὐτοῦ. Καὶ Ἰωὰβ υἱὸς Σαρουίας ἐπὶ τῆς στρατιᾶς· καὶ Ἰωσαφὰτ υἱὸς 17 Ἀχιλοὺδ ἐπὶ τῶν ὑπομνημάτων· καὶ Σαδὼκ υἱὸς Ἀχιτὼβ καὶ 18 Ἀχιμέλεχ υἱὸς Ἀβιάθαρ ἱερεῖς· καὶ Σασὰ ὁ γραμματεύς· καὶ Βαναίας υἱὸς Ἰωδαὲ σύμβουλος· καὶ ὁ Χελεθὶ, καὶ ὁ Φελετὶ, καὶ οἱ υἱοὶ Δαυὶδ αὐλάρχαι ἦσαν.

9 Καὶ εἶπε Δαυὶδ, εἰ ἔστιν ἔτι ὑπολελειμμένος ἐν τῷ οἴκῳ 2 Σαοὺλ, καὶ ποιήσω μετ᾽ αὐτοῦ ἔλεος ἕνεκεν Ἰωνάθαν; Καὶ ἐκ τοῦ οἴκου Σαοὺλ ἦν παῖς, καὶ ὄνομα αὐτῷ Σιβά· καὶ καλοῦσιν αὐτὸν πρὸς Δαυίδ· καὶ εἶπε πρὸς αὐτὸν ὁ βασιλεὺς, σὺ εἶ Σιβά; 3 καὶ εἶπεν, ἐγὼ δοῦλος σός. Καὶ εἶπεν ὁ βασιλεὺς, εἰ ὑπολέλειπται ἐκ τοῦ οἴκου Σαοὺλ ἔτι ἀνὴρ, καὶ ποιήσω μετ᾽ αὐτοῦ ἔλεος Θεοῦ; καὶ εἶπε Σιβὰ πρὸς τὸν βασιλέα, ἔτι ἐστὶν υἱὸς 4 τῷ Ἰωνάθαν πεπληγὼς τοὺς πόδας. Καὶ εἶπεν ὁ βασιλεὺς, ποῦ οὗτος; καὶ εἶπε Σιβὰ πρὸς τὸν βασιλέα, ἰδοὺ ἐν οἴκῳ 5 Μαχὶρ υἱοῦ Ἀμιὴλ ἐκ τῆς Λοδάβαρ. Καὶ ἀπέστειλεν ὁ βασιλεὺς Δαυὶδ, καὶ ἔλαβεν αὐτὸν ἐκ τοῦ οἴκου Μαχὶρ υἱοῦ Ἀμιὴλ ἐκ τῆς Λοδάβαρ. 6 Καὶ παραγίνεται Μεμφιβοσθὲ υἱὸς Ἰωνάθαν υἱοῦ Σαοὺλ πρὸς τὸν βασιλέα Δαυὶδ, καὶ ἔπεσεν ἐπὶ πρόσωπον αὐτοῦ, καὶ προσεκύνησεν αὐτῷ· καὶ εἶπεν αὐτῷ Δαυὶδ, Μεμφιβοσθέ; καὶ εἶπεν, 7 ἰδοὺ ὁ δοῦλός σου. Καὶ εἶπεν αὐτῷ Δαυὶδ, μὴ φοβοῦ, ὅτι ποιῶν ποιήσω μετὰ σοῦ ἔλεος διὰ Ἰωνάθαν τὸν πατέρα σου, καὶ ἀπο-

a garrison in Syria near Damascus, and the Syrians became servants and tributaries to David: and the Lord preserved David whithersoever he went. 7 And David took the golden bracelets which were on the servants of Adraazar king of Suba, and brought them to Jerusalem. And Susakim king of Egypt took them, when he went up to Jerusalem in the days of Roboam son of Solomon. 8 And king David took from Metebac, and from the choice cities of Adraazar, very much brass: with that Solomon made the brazen sea, and the pillars, and the lavers, and all the furniture.

9 And Thoü the king of Hemath heard that David had smitten all the host of Adraazar. 10 And Thoü sent Jedduram his son to king David, to ask him of his welfare, and to congratulate him on his fighting against Adraazar and smiting him, for he was an enemy to Adraazar: and in his hands were vessels of silver, and vessels of gold, and vessels of brass. 11 And these did king David consecrate to the Lord, with the silver and with the gold which he consecrated out of all the cities which he conquered, 12 out of Idumea, and out of Moab, and from the children of Ammon, and from the Philistines, and from Amalec, and from the spoils of Adraazar son of Raab king of Suba.

13 And David made *himself* a name: and when he returned he smote Idumea in Gebelem to *the number of* eighteen thousand. 14 And he set garrisons in Idumea, even in all Idumea: and all the Idumeans were servants to the king. And the Lord preserved David wherever he went.

15 And David reigned over all Israel: and David wrought judgment and justice over all his people. 16 And Joab the son of Saruia *was* over the host; and Josaphat the son of Achilud *was* keeper of the records. 17 And Sadoc the son of Achitob, and Achimelech son of Abiathar, *were* priests; and Sasa *was* the scribe, 18 and Banæas son of Jodaë *was* councillor, and the Chelethite and the Phelethite, and the sons of David, were princes of the court.

And David said, Is there yet any one left in the house of Saul, that I may deal kindly with him for Jonathan's sake? 2 And there was a servant of the house of Saul, and his name was Siba: and they call him to David; and the king said to him, Art thou Siba? and he said, I *am* thy servant. 3 And the king said, Is there yet a man left of the house of Saul, that I may act towards him with the mercy of God? and Siba said to the king, There is yet a son of Jonathan, lame *of* his feet. 4 And the king said, Where *is* he? and Siba said to the king, Behold, *he is* in the house of Machir the son of Amiel of Lodabar. 5 And king David sent, and took him out of the house of Machir the son of Amiel of Lodabar. 6 And Memphibosthe the son of Jonathan the son of Saul comes to king David, and he fell upon his face and did obeisance to him: and David said to him, Memphibosthe: and he said, Behold thy servant. 7 And David said to him, Fear not, for I will surely deal mercifully with thee for the sake of Jonathan thy father, and I will restore to thee

all the land of Saul the father of thy father; and thou shalt eat bread at my table continually. ⁸ And Memphibosthe did obeisance, and said, Who am I thy servant, that thou hast looked upon a dead dog like me?

⁹ And the king called Siba the servant of Saul, and said to him, All that ^β belonged to Saul and to all his house have I given to the son of thy lord. ¹⁰ And thou, and thy sons, and thy servants, shall till the land for him; and thou shalt bring in bread to the son of thy lord, and he shall eat bread: and Memphibosthe the son of thy lord shall eat bread continually at my table. Now Siba had fifteen sons and twenty servants. ¹¹ And Siba said to the king, According to all that my lord the king has commanded his servant, so will thy servant do. And Memphibosthe did eat at the table of David, as one of the sons of the king. ¹² And Memphibosthe had a little son, and his name *was* Micha: and all the household of Siba *were* servants to Memphibosthe. ¹³ And Memphibosthe dwelt in Jerusalem, for he continually ate at the table of the king; and he was lame in both his feet.

And it came to pass after this that the king of the children of Ammon died, and Annon his son reigned in his stead. ² And David said, I will shew mercy to Annon the son of Naas, as his father dealt mercifully with me. And David sent to comfort him concerning his father by the hand of his servants; and the servants of David came into the land of the children of Ammon. ³ And the princes of the children of Ammon said to Annon their lord, *Is it* to honour thy father before thee that David hath sent comforters to thee? Has not David rather sent his servants to thee that they should search the city, and spy it out and examine it? ⁴ And Annon took the servants of David, and shaved their beards, and cut off their garments in the midst as far as their haunches, and sent them away.

⁵ And they brought David word concerning the men; and he sent to meet them, for the men were greatly dishonoured: and the king said, Remain in Jericho till your beards have grown, and *then* ye shall return.

⁶ And the children of Ammon saw that the people of David were ashamed; and the children of Ammon sent, and hired the Syrians of Bæthraam, and the Syrians of Suba, and Roob, twenty thousand footmen, and the king of Amalec with a thousand men, and Istob with twelve thousand men.

⁷ And David heard, and sent Joab and all his host, *even* the mighty men. ⁸ And the children of Ammon went forth, and set the battle in array by the door of the gate: *those* of Syria, Suba, and Roob, and Istob, and Amalec, being by themselves in the field. ⁹ And Joab saw that the front of the battle was against him from that which was opposed in front and from behind, and he chose out *some* of all the young men of Israel, and they set themselves in array

καταστήσω σοι πάντα ἀγρὸν Σαοὺλ πατρὸς τοῦ πατρός σου, καὶ σὺ φαγῇ ἄρτον ἐπὶ τῆς τραπέζης μου διαπαντός. Καὶ 8 προσεκύνησε Μεμφιβοσθὲ, καὶ εἶπε, τίς εἰμι ὁ δοῦλός σου, ὅτι ἐπέβλεψας ἐπὶ τὸν κύνα τὸν τεθνηκότα τὸν ὅμοιον ἐμοί;

Καὶ ἐκάλεσεν ὁ βασιλεὺς Σιβὰ τὸ παιδάριον Σαοὺλ, καὶ 9 εἶπε πρὸς αὐτὸν, πάντα ὅσα ἐστὶ τῷ Σαοὺλ καὶ ὅλῳ τῷ οἴκῳ αὐτοῦ δέδωκα τῷ υἱῷ τοῦ κυρίου σου. Καὶ ἐργᾷ αὐτῷ τὴν γῆν 10 σὺ, καὶ οἱ υἱοί σου, καὶ οἱ δοῦλοί σου, καὶ εἰσοίσεις τῷ υἱῷ τοῦ κυρίου σου ἄρτους, καὶ ἔδεται ἄρτους· καὶ Μεμφιβοσθὲ υἱὸς τοῦ κυρίου σου φάγεται διαπαντὸς ἄρτον ἐπὶ τῆς τραπέζης μου· καὶ τῷ Σιβᾷ ἦσαν πεντεκαίδεκα υἱοὶ, καὶ εἴκοσι δοῦλοι. Καὶ 11 εἶπε Σιβὰ πρὸς τὸν βασιλέα, κατὰ πάντα ὅσα ἐντέταλται ὁ κύριός μου ὁ βασιλεὺς τῷ δούλῳ αὐτοῦ, οὕτως ποιήσει ὁ δοῦλός σου· καὶ Μεμφιβοσθὲ ἤσθιεν ἐπὶ τῆς τραπέζης Δαυὶδ καθὼς εἷς τῶν υἱῶν αὐτοῦ τοῦ βασιλέως. Καὶ τῷ Μεμφιβοσθὲ 12 υἱὸς μικρὸς ἦν, καὶ ὄνομα αὐτῷ Μιχά· καὶ πᾶσα ἡ κατοίκησις τοῦ οἴκου Σιβὰ δοῦλοι τοῦ Μεμφιβοσθέ. Καὶ Μεμφιβοσθὲ 13 κατῴκει ἐν Ἱερουσαλὴμ, ὅτι ἐπὶ τῆς τραπέζης τοῦ βασιλέως αὐτὸς διαπαντὸς ἤσθιε, καὶ αὐτὸς ἦν χωλὸς ἀμφοτέροις τοῖς ποσὶν αὐτοῦ.

Καὶ ἐγένετο μετὰ ταῦτα καὶ ἀπέθανε βασιλεὺς υἱῶν Ἀμμὼν, 10 καὶ ἐβασίλευσεν Ἀννὼν υἱὸς αὐτοῦ ἀντ᾽ αὐτοῦ. Καὶ εἶπε 2 Δαυὶδ, ποιήσω ἔλεος μετὰ Ἀννὼν υἱοῦ Ναὰς, ὃν τρόπον ἐποίησεν ὁ πατὴρ αὐτοῦ μετ᾽ ἐμοῦ ἔλεος. Καὶ ἀπέστειλε Δαυὶδ παρακαλέσαι αὐτὸν ἐν χειρὶ τῶν δούλων αὐτοῦ περὶ τοῦ πατρὸς αὐτοῦ· καὶ παρεγένοντο οἱ παῖδες Δαυὶδ εἰς τὴν γῆν υἱῶν Ἀμμών. Καὶ εἶπον οἱ ἄρχοντες υἱῶν Ἀμμὼν πρὸς Ἀννὼν 3 τὸν κύριον αὐτῶν, μὴ παρὰ τὸ δοξάζειν Δαυὶδ τὸν πατέρα σου ἐνώπιόν σου, ὅτι ἀπέστειλέ σοι παρακαλοῦντας; ἀλλ᾽ ὅπως οὐχὶ ἐρευνήσωσι τὴν πόλιν καὶ κατασκοπήσωσιν αὐτὴν καὶ τοῦ κατασκέψασθαι αὐτὴν ἀπέστειλε Δαυὶδ τοὺς παῖδας αὐτοῦ πρὸς σέ; Καὶ ἔλαβεν Ἀννὼν τοὺς παῖδας Δαυὶδ, καὶ ἐξύρησε τοὺς 4 πώγωνας αὐτῶν, καὶ ἀπέκοψε τοὺς μανδύας αὐτῶν ἐν τῷ ἡμίσει ἕως τῶν ἰσχίων αὐτῶν, καὶ ἐξαπέστειλεν αὐτούς.

Καὶ ἀπήγγειλαν τῷ Δαυὶδ ὑπὲρ τῶν ἀνδρῶν, καὶ ἀπέστειλεν 5 εἰς ἀπαντὴν αὐτῶν, ὅτι ἦσαν οἱ ἄνδρες ἠτιμασμένοι σφόδρα· καὶ εἶπεν ὁ βασιλεὺς, καθίσατε ἐν Ἱεριχὼ ἕως τοῦ ἀνατεῖλαι τοὺς πώγωνας ὑμῶν, καὶ ἐπιστραφήσεσθε.

Καὶ εἶδον οἱ υἱοὶ Ἀμμὼν ὅτι κατησχύνθησαν ὁ λαὸς Δαυὶδ· 6 καὶ ἀπέστειλαν οἱ υἱοὶ Ἀμμὼν, καὶ ἐμισθώσαντο τὴν Συρίαν Βαιθραὰμ, καὶ τὴν Συρίαν Σουβὰ, καὶ Ῥοὼβ, εἴκοσι χιλιάδας πεζῶν, καὶ τὸν βασιλέα Ἀμαλὴκ χιλίους ἄνδρας, καὶ Ἰστὼβ δώδεκα χιλιάδας ἀνδρῶν.

Καὶ ἤκουσε Δαυὶδ, καὶ ἀπέστειλε τὸν Ἰωὰβ καὶ πᾶσαν τὴν 7 δύναμιν τοὺς δυνατούς. Καὶ ἐξῆλθον οἱ υἱοὶ Ἀμμὼν καὶ 8 παρετάξαντο πόλεμον παρὰ τῇ θύρᾳ τῆς πύλης, Συρίας Σουβὰ καὶ Ῥοὼβ καὶ Ἰστὼβ καὶ Ἀμαλὴκ μόνοι ἐν ἀγρῷ. Καὶ εἶδεν 9 Ἰωὰβ ὅτι ἐγενήθη πρὸς αὐτὸν ἀντιπρόσωπον τοῦ πολέμου ἐκ τοῦ κατὰ πρόσωπον ἐξεναντίας καὶ ἐκ τοῦ ὄπισθεν, καὶ ἐπελέξατο ἐκ πάντων τῶν νεανιῶν Ἰσραὴλ, καὶ παρετάξαντο ἐξ ἐναν-

---

β *Gr.* belongs.

10 τίας Συρίας. Καὶ τὸ κατάλοιπον τοῦ λαοῦ ἔδωκεν ἐν χειρὶ
Ἀβεσσὰ τοῦ ἀδελφοῦ αὐτοῦ, καὶ παρετάξαντο ἐξεναντίας υἱῶν
11 Ἀμμών. Καὶ εἶπεν, ἐὰν κραταιωθῇ Συρία ὑπὲρ ἐμὲ, καὶ
ἔσεσθέ μοι εἰς σωτηρίαν· καὶ ἐὰν κραταιωθῶσιν υἱοὶ Ἀμμὼν
12 ὑπὲρ σὲ, καὶ ἐσόμεθα τοῦ σῶσαί σε. Ἀνδρίζου καὶ κραταιω-
θῶμεν ὑπὲρ τοῦ λαοῦ ἡμῶν καὶ περὶ τῶν πόλεων τοῦ Θεοῦ
ἡμῶν, καὶ Κύριος ποιήσει τὸ ἀγαθὸν ἐν ὀφθαλμοῖς αὐτοῦ.
13 Καὶ προσῆλθεν Ἰωὰβ καὶ ὁ λαὸς αὐτοῦ μετ᾽ αὐτοῦ εἰς πόλε-
14 μον πρὸς Συρίαν, καὶ ἔφυγαν ἀπὸ προσώπου αὐτοῦ. Καὶ οἱ
υἱοὶ Ἀμμὼν εἶδαν ὅτι ἔφυγε Συρία, καὶ ἔφυγαν ἀπὸ προσώπου
Ἀβεσσὰ, καὶ εἰσῆλθον εἰς τὴν πόλιν· καὶ ἀνέστρεψεν Ἰωὰβ
ἀπὸ τῶν υἱῶν Ἀμμὼν, καὶ παρεγένετο εἰς Ἱερουσαλήμ.
15 Καὶ εἶδε Συρία ὅτι ἔπταισεν ἔμπροσθεν Ἰσραὴλ, καὶ συνήχ-
16 θησαν ἐπὶ τὸ αὐτό. Καὶ ἀπέστειλεν Ἀδρααζὰρ, καὶ συνήγαγε
τὴν Συρίαν τὴν ἐκ τοῦ πέραν τοῦ ποταμοῦ Χαλαμὰκ, καὶ παρ-
εγένοντο εἰς Αἰλάμ· καὶ Σωβὰκ ἄρχων τῆς δυνάμεως Ἀδρααζὰρ
ἔμπροσθεν αὐτῶν.
17 Καὶ ἀπηγγέλη τῷ Δαυὶδ, καὶ συνήγαγε τὸν πάντα Ἰσραὴλ,
καὶ διέβη τὸν Ἰορδάνην, καὶ παρεγένετο εἰς Αἰλάμ· καὶ παρετά-
18 ξατο Συρία ἀπέναντι Δαυὶδ, καὶ ἐπολέμησαν μετ᾽ αὐτοῦ. Καὶ
ἔφυγε Συρία ἀπὸ πρόσωπου Ἰσραήλ· καὶ ἀνεῖλε Δαυὶδ ἐκ τῆς
Συρίας ἑπτακόσια ἅρματα, καὶ τεσσαράκοντα χιλιάδας ἱππέων,
καὶ τὸν Σωβὰκ τὸν ἄρχοντα τῆς δυνάμεως αὐτοῦ ἐπάταξε, καὶ
19 ἀπέθανεν ἐκεῖ. Καὶ εἶδαν πάντες οἱ βασιλεῖς οἱ δοῦλοι Ἀδραα-
ζὰρ ὅτι ἔπταισαν ἔμπροσθεν Ἰσραήλ, καὶ ηὐτομόλησαν μετὰ
Ἰσραὴλ, καὶ ἐδούλευσαν αὐτοῖς· καὶ ἐφοβήθη Συρία τοῦ σῶσαι
ἔτι τοὺς υἱοὺς Ἀμμών.
11 Καὶ ἐγένετο, ἐπιστρέψαντος τοῦ ἐνιαυτοῦ εἰς τὸν καιρὸν τῆς
ἐξοδίας τῶν βασιλέων, καὶ ἀπέστειλε Δαυὶδ τὸν Ἰωὰβ, καὶ
τοὺς παῖδας αὐτοῦ μετ᾽ αὐτοῦ, καὶ τὸν πάντα Ἰσραὴλ, καὶ διέ-
φθειραν τοὺς υἱοὺς Ἀμμών· καὶ διεκάθισαν ἐπὶ Ῥαββάθ· καὶ
Δαυὶδ ἐκάθισεν ἐν Ἱερουσαλήμ.
2 Καὶ ἐγένετο πρὸς ἑσπέραν, καὶ ἀνέστη Δαυὶδ ἀπὸ τῆς κοίτης
αὐτοῦ, καὶ περιεπάτει ἐπὶ τοῦ δώματος τοῦ οἴκου τοῦ βασιλέως,
καὶ εἶδε γυναῖκα λουομένην ἀπὸ τοῦ δώματος, καὶ ἡ γυνὴ καλὴ
3 τῷ εἴδει σφόδρα. Καὶ ἀπέστειλε Δαυὶδ, καὶ ἐζήτησε τὴν
γυναῖκα, καὶ εἶπεν, οὐχὶ αὕτη Βηρσαβεὲ θυγάτηρ Ἐλιὰβ γυνὴ
Οὐρίου τοῦ Χετταίου;
4 Καὶ ἀπέστειλε Δαυὶδ ἀγγέλους, καὶ ἔλαβεν αὐτὴν, καὶ
εἰσῆλθε πρὸς αὐτὴν, καὶ ἐκοιμήθη μετ᾽ αὐτῆς· καὶ αὕτη ἁγια-
ζομένη ἀπὸ ἀκαθαρσίας αὐτῆς, καὶ ἀπέστρεψεν εἰς τὸν οἶκον
5 αὐτῆς. Καὶ ἐν γαστρὶ ἔλαβεν ἡ γυνή· καὶ ἀποστείλασα
6 ἀπήγγειλε τῷ Δαυὶδ, καὶ εἶπεν, ἐγώ εἰμι ἐν γαστρὶ ἔχω. Καὶ
ἀπέστειλε Δαυὶδ πρὸς Ἰωὰβ, λέγων, ἀπόστειλον πρὸς μὲ τὸν
Οὐρίαν τὸν Χετταῖον· καὶ ἀπέστειλεν Ἰωὰβ τὸν Οὐρίαν πρὸς
Δαυίδ.
7 Καὶ παραγίνεται Οὐρίας καὶ εἰσῆλθε πρὸς αὐτὸν, καὶ ἐπηρώ-
τησε Δαυὶδ εἰς εἰρήνην Ἰωὰβ, καὶ εἰς εἰρήνην τοῦ λαοῦ, καὶ εἰς
8 εἰρήνην τοῦ πολέμου. Καὶ εἶπε Δαυὶδ τῷ Οὐρίᾳ, κατάβηθι
εἰς τὸν οἶκόν σου, καὶ νίψαι τοὺς πόδας σου· καὶ ἐξῆλθεν

against Syria. [10] And the rest of the people
he gave into the hand of Abessa his brother,
and they set the battle in array opposite to
the children of Ammon. [11] And he said, If
Syria be too strong for me, then shall ye
help me : and if the children of Ammon be
too strong for thee, then will we be ready to
help thee. [12] Be thou courageous, and let
us be strong for our people, and for the sake
of the cities of our God, and the Lord shall
do that which is good in his eyes.

[13] And Joab and his people with him ad-
vanced to battle against Syria, and they fled
from before him. [14] And the children of
Ammon saw that the Syrians were fled, and
they fled from before Abessa, and entered
into the city : and Joab returned from the
children of Ammon, and came to Jerusalem.

[15] And the Syrians saw that they were
worsted before Israel, and they gathered
themselves together. [16] And Adraazar sent
and gathered the Syrians from the other
side of the river β Chalamak, and they came
to Ælam ; and Sobac the captain of the
host of Adraazar *was* γ at their head.

[17] And it was reported to David, and he
gathered all Israel, and went over Jordan,
and came to Ælam : and the Syrians set the
battle in array against David, and fought
with him. [18] And Syria fled from before
Israel, and David destroyed of Syria seven
hundred chariots, and forty thousand horse-
men, and he smote Sobac the captain of his
host, and he died there. [19] And all the
kings the servants of Adraazar saw that
they were put to the worse before Israel,
and they went over to Israel, and served
them : and Syria was afraid to δ help the
children of Ammon any more.

And it came to pass when the time of the
year for kings going out *to battle* had come
round, that David sent Joab, and his ser-
vants with him, and all Israel ; and they
destroyed the children of Ammon, and
besieged Rabbath : but David remained at
Jerusalem.

[2] And it came to pass toward evening,
that David arose off his couch, and walked
on the roof of the king's house, and saw
from the roof a woman bathing ; and the
woman was very beautiful to look upon.
[3] And David sent and enquired about the
woman : and *one* said, *Is* not this Bersabee
the daughter of Eliab, the wife of Urias the
Chettite ?

[4] And David sent messengers, and took
her, and went in to her, and he lay with
her : and she was ζ purified from her un-
cleanness, and returned to her house. [5] And
the woman conceived ; and she sent and
told David, and said, I am with child.
[6] And David sent to Joab, saying, Send me
Urias the Chettite ; and Joab sent Urias to
David.

[7] And Urias arrived and went in to him, and
David asked him how Joab was, and
how the people were, and how the war
went on. [8] And David said to Urias, Go to
thy house, and wash thy feet : and Urias

---

departed from the house of the king, and a portion *of meat* from the king followed him. ⁹And Urias slept at the door of the king with the servants of his lord, and went not down to his house. ¹⁰And they brought David word, saying, Urias has not gone down to his house. And David said to Urias, Art thou not come from a journey? why hast thou not gone down to thy house? ¹¹And Urias said to David, The ark, and Israel, and Juda dwell in tents; and my lord Joab, and the servants of my lord, ᵝare encamped in the open fields; and shall I go into my house to eat and drink, and lie with my wife? how *should I do this*? as thy soul lives, ᵞI will not do this thing. ¹²And David said to Urias, Remain here to-day also, and to-morrow I will let thee go. So Urias remained in Jerusalem that day and the day following.

¹³And David called him, and he ate before him and drank, and he made him drunk: and he went out in the evening to lie upon his bed with the servants of his lord, and went not down to his house.

¹⁴And the morning came, and David wrote a letter to Joab, and sent it by the hand of Urias. ¹⁵And he wrote in the letter, saying, Station Urias in front of the severe *part* of the fight, and retreat from behind him, so shall he be wounded and die.

¹⁶And it came to pass while Joab was watching against the city, that he set Urias in a place where he knew that valiant men were. ¹⁷And the men of the city went out, and fought with Joab: and some of the people of the servants of David fell, and Urias the Chettite died also.

¹⁸And Joab sent, and reported to David all the events of the war, ᵟso as to tell them to the king. ¹⁹And he charged the messenger, saying, When thou hast finished reporting all the events of the war to the king, ²⁰then it shall come to pass if the anger of the king shall arise, and he shall say to thee, Why did ye draw nigh to the city to fight? knew ye not that they would shoot from off the wall? ²¹Who smote Abimelech the son of Jerobaal son of Ner? did not a woman cast a piece of a millstone upon him from above the wall, and he died in Thamasi? why did ye draw near to the wall? then thou shalt say, Thy servant Urias the Chettite is also dead.

²²And the messenger of Joab went to the king to Jerusalem, and he came and reported to David all that Joab told him, all the affairs of the war. And David was very angry with Joab, and said to the messenger, Why did ye draw nigh to the wall to fight? knew ye not that ye would be wounded from off the wall? Who smote Abimelech the son of Jerobaal? did not a woman cast upon him a piece of millstone from the wall, and he died in Thamasi? why did ye draw near to the wall? ²³And the messenger said to David, The men prevailed against us, and they came out against us into the field, and we came upon them even to the

Οὐρίας ἐξ οἴκου τοῦ βασιλέως, καὶ ἐξῆλθεν ὀπίσω αὐτοῦ ἄρσις τοῦ βασιλέως. Καὶ ἐκοιμήθη Οὐρίας παρὰ τῇ θύρᾳ τοῦ βασι- 9 λέως μετὰ τῶν δούλων τοῦ κυρίου αὐτοῦ, καὶ οὐ κατέβη εἰς τὸν οἶκον αὐτοῦ. Καὶ ἀνήγγειλαν τῷ Δαυὶδ, λέγοντες, ὅτι οὐ 10 κατέβη Οὐρίας εἰς τὸν οἶκον αὐτοῦ· καὶ εἶπε Δαυὶδ πρὸς Οὐ- ρίαν, οὐχὶ ἐξ ὁδοῦ σὺ ἔρχῃ; τί ὅτι οὐ κατέβης εἰς τὸν οἶκόν σου; Καὶ εἶπεν Οὐρίας πρὸς Δαυὶδ, ἡ κιβωτὸς, καὶ Ἰσραὴλ, 11 καὶ Ἰούδας κατοικοῦσιν ἐν σκηναῖς, καὶ ὁ κύριός μου Ἰωὰβ, καὶ οἱ δοῦλοι τοῦ κυρίου μου ἐπὶ πρόσωπον τοῦ ἀγροῦ παρεμβάλ- λουσι, καὶ ἐγὼ εἰσελεύσομαι εἰς τὸν οἶκόν μου τοῦ φαγεῖν, καὶ πιεῖν, καὶ κοιμηθῆναι μετὰ τῆς γυναικός μου; πῶς; ζῇ ἡ ψυχή σου, εἰ ποιήσω τὸ ῥῆμα τοῦτο. Καὶ εἶπε Δαυὶδ πρὸς 12 Οὐρίαν, κάθισον ἐνταῦθα καί γε σήμερον, καὶ αὔριον ἐξαπο- στελῶ σε· καὶ ἐκάθισεν Οὐρίας ἐν Ἱερουσαλὴμ ἐν τῇ ἡμέρᾳ ἐκείνῃ καὶ τῇ ἐπαύριον.

Καὶ ἐκάλεσεν αὐτὸν Δαυὶδ, καὶ ἔφαγεν ἐνώπιον αὐτοῦ, καὶ 13 ἔπιε, καὶ ἐμέθυσεν αὐτὸν, καὶ ἐξῆλθεν ἑσπέρας τοῦ κοιμηθῆναι ἐπὶ τῆς κοίτης αὐτοῦ μετὰ τῶν δούλων τοῦ κυρίου αὐτοῦ, καὶ εἰς τὸν οἶκον αὐτοῦ οὐ κατέβη.

Καὶ ἐγένετο πρωΐ, καὶ ἔγραψε Δαυὶδ βιβλίον πρὸς Ἰωὰβ, 14 καὶ ἀπέστειλεν ἐν χειρὶ Οὐρίου. Καὶ ἔγραψεν ἐν βιβλίῳ, 15 λέγων, εἰσάγαγε τὸν Οὐρίαν ἐξεναντίας τοῦ πολέμου τοῦ κρα- ταιοῦ, καὶ ἀποστραφήσεσθε ἀπὸ ὄπισθεν αὐτοῦ, καὶ πληγήσεται καὶ ἀποθανεῖται.

Καὶ ἐγενήθη ἐν τῷ φυλάσσειν Ἰωὰβ ἐπὶ τὴν πόλιν, καὶ 16 ἔθηκε τὸν Οὐρίαν εἰς τὸν τόπον οὗ ᾔδει ὅτι ἄνδρες δυνάμεως ἐκεῖ. Καὶ ἐξῆλθον οἱ ἄνδρες τῆς πόλεως, καὶ ἐπολέμουν μετὰ 17 Ἰωὰβ· καὶ ἔπεσαν ἐκ τοῦ λαοῦ ἐκ τῶν δούλων Δαυὶδ, καὶ ἀπέ- θανε καί γε Οὐρίας ὁ Χετταῖος.

Καὶ ἀπέστειλεν Ἰωὰβ, καὶ ἀπήγγειλε τῷ Δαυὶδ πάντας τοὺς 18 λόγους τοῦ πολέμου λαλῆσαι πρὸς τὸν βασιλέα· καὶ ἐνετείλατο 19 τῷ ἀγγέλῳ, λέγων, ἐν τῷ συντελέσαι πάντας τοὺς λόγους τοῦ πολέμου λαλῆσαι πρὸς τὸν βασιλέα, καὶ ἔσται ἐὰν ἀναβῇ 20 ὁ θυμὸς τοῦ βασιλέως, καὶ εἴπῃ σοι, τί ὅτι ἠγγίσατε πρὸς τὴν πόλιν πολεμῆσαι; οὐκ ᾔδειτε ὅτι τοξεύσουσιν ἀπάνωθεν τοῦ τείχους; Τίς ἐπάταξε τὸν Ἀβιμέλεχ υἱὸν Ἱεροβάαλ υἱοῦ Νήρ; 21 οὐχὶ γυνὴ ἔρριψε κλάσμα μύλου ἐπ᾽ αὐτὸν ἀπὸ ἄνωθεν τοῦ τείχους, καὶ ἀπέθανεν ἐν Θαμασί; ἱνατί προσηγάγετε πρὸς τὸ τεῖχος; καὶ ἐρεῖς, καί γε ὁ δοῦλός σου Οὐρίας ὁ Χετταῖος ἀπέθανε.

Καὶ ἐπορεύθη ὁ ἄγγελος Ἰωὰβ πρὸς τὸν βασιλέα εἰς Ἱερου- 22 σαλὴμ, καὶ παρεγένετο καὶ ἀπήγγειλε τῷ Δαυὶδ πάντα ὅσα ἀπήγγειλεν αὐτῷ Ἰωὰβ, πάντα τὰ ῥήματα τοῦ πολέμου· καὶ ἐθυμώθη Δαυὶδ πρὸς Ἰωὰβ, καὶ εἶπε πρὸς τὸν ἄγγελον, ἱνατί προσηγάγετε πρὸς τὴν πόλιν τοῦ πολεμῆσαι; οὐκ ᾔδειτε ὅτι πληγήσεσθε ἀπὸ τοῦ τείχους; τίς ἐπάταξε τὸν Ἀβιμέλεχ υἱὸν Ἱεροβάαλ; οὐχὶ γυνὴ ἔρριψεν ἐπ᾽ αὐτὸν κλάσμα μύλου ἀπὸ τοῦ τείχους, καὶ ἀπέθανεν ἐν Θαμασί; ἱνατί προσηγάγετε πρὸς τὸ τεῖχος; Καὶ εἶπεν ὁ ἄγγελος πρὸς Δαυὶδ, ὅτι ἐκραταίωσαν 23 ἐφ᾽ ἡμᾶς οἱ ἄνδρες, καὶ ἐξῆλθον ἐφ᾽ ἡμᾶς εἰς τὸν ἀγρὸν, καὶ

ᵝ *Lit.* encamp.   ᵞ *Gr.* if I do this thing.   ᵟ *Alex.* and *Heb.* make the verse end here.

24 ἐγενήθημεν ἐπ᾽ αὐτοὺς ἕως τῆς θύρας τῆς πύλης. Καὶ ἐτόξευσαν οἱ τοξεύοντες πρὸς τοὺς παῖδάς σου ἀπάνωθεν τοῦ τείχους, καὶ ἀπέθανον τῶν παίδων τοῦ βασιλέως, καί γε ὁ δοῦλός σου

25 Οὐρίας ὁ Χετταῖος ἀπέθανε. Καὶ εἶπε Δαυὶδ πρὸς τὸν ἄγγελον, τάδε ἐρεῖς πρὸς Ἰωάβ, μὴ πονηρὸν ἔστω ἐν ὀφθαλμοῖς σου τὸ ῥῆμα τοῦτο, ὅτι ποτὲ μὲν οὕτως καὶ ποτὲ οὕτως φάγεται ἡ μάχαιρα· κραταίωσον τὸν πόλεμόν σου εἰς τὴν πόλιν, καὶ κατάσπασον αὐτὴν, καὶ κραταίωσον αὐτήν.

26 Καὶ ἤκουσεν ἡ γυνὴ Οὐρίου ὅτι ἀπέθανεν Οὐρίας ὁ ἀνὴρ

27 αὐτῆς, καὶ ἐκόψατο τὸν ἄνδρα αὐτῆς. Καὶ διῆλθε τὸ πένθος, καὶ ἀπέστειλε Δαυὶδ, καὶ συνήγαγεν αὐτὴν εἰς τὸν οἶκον αὐτοῦ, καὶ ἐγενήθη αὐτῷ εἰς γυναῖκα, καὶ ἔτεκεν αὐτῷ υἱόν· καὶ πονηρὸν ἐφάνη τὸ ῥῆμα ὃ ἐποίησε Δαυὶδ ἐν ὀφθαλμοῖς Κυρίου.

12 Καὶ ἀπέστειλε Κύριος τὸν Νάθαν τὸν προφήτην πρὸς Δαυὶδ· καὶ εἰσῆλθε πρὸς αὐτὸν, καὶ εἶπεν αὐτῷ, δύο ἦσαν ἄνδρες ἐν

2 πόλει μιᾷ, εἷς πλούσιος, καὶ εἷς πένης. Καὶ τῷ πλουσίῳ ἦν

3 ποίμνια καὶ βουκόλια πολλὰ σφόδρα. Καὶ τῷ πένητι οὐδὲν ἀλλ᾽ ἢ ἀμνὰς μία μικρὰ, ἣν ἐκτήσατο καὶ περιεποιήσατο, καὶ ἐξέθρεψεν αὐτὴν, καὶ ἡδρύνθη μετ᾽ αὐτοῦ καὶ μετὰ τῶν υἱῶν αὐτοῦ ἐπὶ τὸ αὐτὸ, ἐκ τοῦ ἄρτου αὐτοῦ ἤσθιε, καὶ ἐκ τοῦ ποτηρίου αὐτοῦ ἔπινε, καὶ ἐν τῷ κόλπῳ αὐτοῦ ἐκάθευδε, καὶ ἦν αὐτῷ

4 ὡς θυγάτηρ. Καὶ ἦλθε πάροδος τῷ ἀνδρὶ τῷ πλουσίῳ, καὶ ἐφείσατο λαβεῖν ἐκ τῶν ποιμνίων αὐτοῦ, καὶ ἐκ τῶν βουκολίων αὐτοῦ, τοῦ ποιῆσαι τῷ ξένῳ ὁδοιπόρῳ τῷ ἐλθόντι πρὸς αὐτὸν, καὶ ἔλαβε τὴν ἀμνάδα τοῦ πένητος, καὶ ἐποίησεν αὐτὴν τῷ

5 ἀνδρὶ τῷ ἐλθόντι πρὸς αὐτόν. Καὶ ἐθυμώθη ὀργῇ Δαυὶδ σφόδρα τῷ ἀνδρὶ, καὶ εἶπε Δαυὶδ πρὸς Νάθαν, ζῇ Κύριος, ὅτι

6 υἱὸς θανάτου ὁ ἀνὴρ ὁ ποιήσας τοῦτο· Καὶ τὴν ἀμνάδα ἀποτίσει ἑπταπλασίονα, ἀνθ᾽ ὧν ὅτι ἐποίησε τὸ ῥῆμα τοῦτο, καὶ περὶ οὗ οὐκ ἐφείσατο.

7 Καὶ εἶπε Νάθαν πρὸς Δαυὶδ, σὺ εἶ ὁ ἀνὴρ ὁ ποιήσας τοῦτο· τάδε λέγει Κύριος ὁ Θεὸς Ἰσραὴλ, ἐγώ εἰμι ὁ χρίσας σε εἰς βασιλέα ἐπὶ Ἰσραὴλ, καὶ ἐγώ εἰμι ἐῤῥυσάμην σε ἐκ χειρὸς

8 Σαοὺλ, καὶ ἔδωκά σοι τὸν οἶκον τοῦ κυρίου σου, καὶ τὰς γυναῖκας τοῦ κυρίου σου ἐν τῷ κόλπῳ σου, καὶ ἔδωκά σοι τὸν οἶκον Ἰσραὴλ καὶ Ἰούδα· καὶ εἰ μικρόν ἐστι, προσθήσω

9 σοι κατὰ ταῦτα. Τί ὅτι ἐφαύλισας τὸν λόγον Κυρίου, τοῦ ποιῆσαι τὸ πονηρὸν ἐν ὀφθαλμοῖς αὐτοῦ; τὸν Οὐρίαν τὸν Χετταῖον ἐπάταξας ἐν ῥομφαίᾳ, καὶ τὴν γυναῖκα αὐτοῦ ἔλαβες σεαυτῷ εἰς γυναῖκα, καὶ αὐτὸν ἀπέκτεινας ἐν ῥομφαίᾳ υἱῶν

10 Ἀμμών. Καὶ νῦν οὐκ ἀποστήσεται ῥομφαία ἐκ τοῦ οἴκου σου ἕως αἰῶνος, ἀνθ᾽ ὧν ὅτι ἐξουδένωσάς με, καὶ ἔλαβες τὴν γυναῖκα τοῦ Οὐρίου τοῦ Χετταίου, τοῦ εἶναί σοι εἰς γυναῖκα.

11 Τάδε λέγει Κύριος, ἰδοὺ ἐγὼ ἐξεγείρω ἐπὶ σὲ κακὰ ἐκ τοῦ οἴκου σου, καὶ λήψομαι τὰς γυναῖκάς σου κατ᾽ ὀφθαλμούς σου, καὶ δώσω τῷ πλησίον σου, καὶ κοιμηθήσεται μετὰ τῶν γυναικῶν

12 σου ἐναντίον τοῦ ἡλίου τούτου. Ὅτι σὺ ἐποίησας κρυβῇ, κᾀγὼ ποιήσω τὸ ῥῆμα τοῦτο ἐναντίον παντὸς Ἰσραὴλ, καὶ ἀπέναντι τοῦ ἡλίου τούτου.

13 Καὶ εἶπε Δαυὶδ τῷ Νάθαν, ἡμάρτηκα τῷ Κυρίῳ· καὶ εἶπε

---

door of the gate. [24] And the archers shot at thy servants from off the wall, and some of the king's servants died, and thy servant Urias the Chettite is dead also. [25] And David said to the messenger, Thus shalt thou say to Joab, Let not the matter be grievous in thine eyes, for the sword devours one way at one time and another way at another: strengthen thine array against the city, and destroy it, and strengthen [β] him.

[26] And the wife of Urias heard that Urias her husband was dead, and she mourned for her husband. [27] And the time of mourning expired, and David sent and took her into his house, and she became his wife, and bore him a son: but the thing which David did was evil in the eyes of the Lord.

And the Lord sent Nathan the prophet to David; and he went in to him, and said to him, There were two men in one city, one rich and the other poor. [2] And the rich *man* had very many flocks and herds. [3] But the poor *man had* only one little ewe lamb, which he had purchased, and preserved, and reared; and it grew up with himself and his children in common; it ate of his bread and drank of his cup, and slept in his bosom, and was to him as a daughter. [4] And a traveller came to the rich man, and he spared to take of his flocks and of his herds, to dress for the traveller that came to him; and he took the poor man's lamb, and dressed it for the man that came to him. [5] And David was greatly moved with anger against the man; and David said to Nathan, *As* the Lord lives, the man that did this thing [γ] shall surely die. [6] And he shall restore the lamb seven-fold, because he has not spared.

[7] And Nathan said to David, Thou art the man that has done this. Thus says the Lord God of Israel, I anointed thee to be king over Israel, and I rescued thee out of the hand of Saul; [8] and I gave thee the house of thy lord, and the wives of thy lord into thy bosom, and I gave to thee the house of Israel and Juda; and if that [δ] had been little, I would have given thee yet more. [9] Why hast thou set at nought the word of the Lord, to do that which is evil in his eyes? thou hast slain Urias the Chettite with the sword, and thou hast taken his wife to be thy wife, and thou hast slain him with the sword of the children of Ammon. [10] Now therefore the sword shall not depart from thy house for ever, because thou hast set me at nought, and thou hast taken the wife of Urias the Chettite, to be thy wife. [11] Thus says the Lord, Behold, I will raise up against thee evil out of thy house, and I will take thy wives before thine eyes, and will give them to thy neighbour, and he shall lie with thy wives in the sight of this sun. [12] For thou didst it secretly, but I will do this thing in the sight of all Israel, and before this sun.

[13] And David said to Nathan, I have sinned

β There can be little doubt that αὐτὸν, the *Alex.* reading, is correct, instead of αὐτήν.   γ *Gr.* is a son of death.
δ *Gr.* is little, I will give, etc.

against the Lord. And Nathan said to David, And the Lord has put away thy sin; thou shalt not die. ¹⁴ Only because thou hast given great occasion of provocation to the enemies of the Lord by this thing, thy son also *β that is born to thee shall surely die.

¹⁵ And Nathan departed to his house. And the Lord smote the child, which the wife of Urias the Chettite bore to David, and it was ill. ¹⁶ And David enquired of God concerning the child, and David fasted, and went in and lay all night upon the ground. ¹⁷ And the elders of his house arose *and went* to him to raise him up from the ground, but he would not *rise*, nor did he eat bread with them.

¹⁸ And it came to pass on the seventh day that the child died: and the servants of David were afraid to tell him that the child was dead; for they said, Behold, while the child was yet alive we spoke to him, and he hearkened not to our voice; and how should we tell him that the child is dead?—so *γ would he do *himself* harm. ¹⁹ And David understood that his servants were whispering, and David perceived that the child was dead: and David said to his servants, Is the child dead? and they said, He is dead. ²⁰ Then David rose up from the earth, and washed, and anointed himself, and changed his raiment, and went into the house of God, and worshipped him; and went into his own house, and called for bread to eat, and they set bread before him and he ate. ²¹ And his servants said to him, What *is* this thing that thou hast done concerning the child? while it was yet living thou didst fast, and weep, and watch: and when the child was dead thou didst rise up, and didst eat bread, and drink. ²² And David said, While the child yet lived, I fasted and wept; for I said, Who knows if the Lord will pity me, and the child live? ²³ But now it is dead, why should I fast thus? shall I be able to bring him back again? I shall go to him, but he shall not return to me.

²⁴ And David comforted Bersabee his wife, and he went in to her, and lay with her; and she conceived and bore a son, and he called his name Solomon, and the Lord loved him. ²⁵ And he sent by the hand of Nathan the prophet, and called his name Jeddedi, for the Lord's sake.

²⁶ And Joab fought against Rabbath of the children of Ammon, and took the royal city. ²⁷ And Joab sent messengers to David, and said, I have fought against Rabbath, and taken the city of waters. ²⁸ And now gather the rest of the people, and encamp against the city, and take it beforehand; lest I take the city first, and my name be called upon it.

²⁹ And David gathered all the people, and went to Rabbath, and fought against it, and took it. ³⁰ And he took the crown of *δ Molchom their king from off his head, and the weight of it was a talent of gold, with precious stones, and it was upon the head of David; and he carried forth very much spoil

Νάθαν πρὸς Δαυὶδ, καὶ Κύριος παρεβίβασε τὸ ἁμάρτημά σου· οὐ μὴ ἀποθάνῃς.   Πλὴν ὅτι παροργίζων παρώργισας τοὺς 14 ἐχθροὺς Κυρίου ἐν τῷ ῥήματι τούτῳ, καί γε ὁ υἱός σου ὁ τεχθείς σοι θανάτῳ ἀποθανεῖται.

Καὶ ἀπῆλθε Νάθαν εἰς τὸν οἶκον αὐτοῦ· καὶ ἔθραυσε Κύριος 15 τὸ παιδίον ὃ ἔτεκεν ἡ γυνὴ Οὐρίου τοῦ Χετταίου τῷ Δαυὶδ, καὶ ἠῤῥώστησε.   Καὶ ἐζήτησε Δαυὶδ τὸν Θεὸν περὶ τοῦ παιδαρίου, 16 καὶ ἐνήστευσε Δαυὶδ νηστείαν, καὶ εἰσῆλθε καὶ ηὐλίσθη ἐπὶ τῆς γῆς.   Καὶ ἀνέστησαν ἐπ᾽ αὐτὸν οἱ πρεσβύτεροι τοῦ οἴκου 17 αὐτοῦ ἐγεῖραι αὐτὸν ἀπὸ τῆς γῆς, καὶ οὐκ ἠθέλησε, καὶ οὐ συνέφαγεν αὐτοῖς ἄρτον.

Καὶ ἐγένετο ἐν τῇ ἡμέρᾳ τῇ ἑβδόμῃ, καὶ ἀπέθανε τὸ παιδά- 18 ριον· καὶ ἐφοβήθησαν οἱ δοῦλοι Δαυὶδ ἀναγγεῖλαι αὐτῷ, ὅτι τέθνηκε τὸ παιδάριον, ὅτι εἶπον, ἰδοὺ ἐν τῷ τὸ παιδάριον ἔτι ζῆν ἐλαλήσαμεν πρὸς αὐτὸν, καὶ οὐκ εἰσήκουσε τῆς φωνῆς ἡμῶν· καὶ πῶς εἴπωμεν πρὸς αὐτὸν ὅτι τέθνηκε τὸ παιδάριον, καὶ ποιήσει κακά;   Καὶ συνῆκε Δαυὶδ, ὅτι οἱ παῖδες αὐτοῦ 19 ψιθυρίζουσι, καὶ ἐνόησε Δαυὶδ ὅτι τέθνηκε τὸ παιδάριον· καὶ εἶπε Δαυὶδ πρὸς τοὺς παῖδας αὐτοῦ, εἰ ·τέθνηκε τὸ παιδάριον; καὶ εἶπαν, τέθνηκε.   Καὶ ἀνέστη Δαυὶδ ἐκ τῆς γῆς, καὶ ἐλού- 20 σατο, καὶ ἠλείψατο, καὶ ἤλλαξε τὰ ἱμάτια αὐτοῦ, καὶ εἰσῆλθεν εἰς τὸν οἶκον τοῦ Θεοῦ, καὶ προσεκύνησεν αὐτῷ, καὶ εἰσῆλθεν εἰς τὸν οἶκον αὐτοῦ, καὶ ᾔτησεν ἄρτον φαγεῖν, καὶ παρέθηκαν αὐτῷ ἄρτον, καὶ ἔφαγε.   Καὶ εἶπαν οἱ παῖδες αὐτοῦ πρὸς 21 αὐτὸν, τί τὸ ῥῆμα τοῦτο ὃ ἐποίησας ἕνεκα τοῦ παιδαρίου; ἔτι ζῶντος ἐνήστευες καὶ ἔκλαιες καὶ ἠγρύπνεις, καὶ ἡνίκα ἀπέθανε τὸ παιδάριον, ἀνέστης, καὶ ἔφαγες ἄρτον, καὶ πέπωκας; Καὶ εἶπε Δαυὶδ, ἐν τῷ τὸ παιδάριον ἔτι ζῆν ἐνήστευσα καὶ 22 ἔκλαυσα, ὅτι εἶπα, τίς οἶδεν εἰ ἐλεήσει με Κύριος, καὶ ζήσεται τὸ παιδάριον;   Καὶ νῦν τέθνηκεν, ἱνατί τοῦτο ἐγὼ νηστεύω; μὴ 23 δυνήσομαι ἐπιστρέψαι αὐτὸν ἔτι; ἐγὼ πορεύσομαι πρὸς αὐτὸν, καὶ αὐτὸς οὐκ ἀναστρέψει πρός με.

Καὶ παρεκάλεσε Δαυὶδ Βηρσαβεὲ τὴν γυναῖκα αὐτοῦ, καὶ 24 εἰσῆλθε πρὸς αὐτὴν, καὶ ἐκοιμήθη μετ᾽ αὐτῆς, καὶ συνέλαβε καὶ ἔτεκεν υἱὸν, καὶ ἐκάλεσε τὸ ὄνομα αὐτοῦ Σαλωμὼν, καὶ Κύριος ἠγάπησεν αὐτόν.   Καὶ ἀπέστειλεν ἐν χειρὶ Νάθαν 25 τοῦ προφήτου, καὶ ἐκάλεσε τὸ ὄνομα αὐτοῦ Ἰεδδεδὶ, ἕνεκεν Κυρίου.

Καὶ ἐπολέμησεν Ἰωὰβ ἐν Ῥαββὰθ υἱῶν Ἀμμὼν, καὶ κατ- 26 έλαβε τὴν πόλιν τῆς βασιλείας.   Καὶ ἀπέστειλεν Ἰωὰβ ἀγγέ- 27 λους πρὸς Δαυὶδ, καὶ εἶπεν, ἐπολέμησα ἐν Ῥαββὰθ, καὶ κατ- ελαβόμην τὴν πόλιν τῶν ὑδάτων.   Καὶ νῦν συνάγαγε τὸ κατά- 28 λοιπον τοῦ λαοῦ, καὶ παρέμβαλε ἐπὶ τὴν πόλιν, καὶ προκατα- λαβοῦ αὐτὴν, ἵνα μὴ προκαταλάβωμαι ἐγὼ τὴν πόλιν, καὶ κληθῇ τὸ ὄνομά μου ἐπ᾽ αὐτήν.

Καὶ συνήγαγε Δαυὶδ πάντα τὸν λαὸν, καὶ ἐπορεύθη εἰς 29 Ῥαββὰθ, καὶ ἐπολέμησεν ἐν αὐτῇ, καὶ κατελάβετο αὐτήν. Καὶ ἔλαβε τὸν στέφανον Μολχὸμ τοῦ βασιλέως αὐτῶν ἀπὸ 30 τῆς κεφαλῆς αὐτοῦ, καὶ ὁ σταθμὸς αὐτοῦ τάλαντον χρυσίου, καὶ λίθου τιμίου, καὶ ἦν ἐπὶ τῆς κεφαλῆς Δαυὶδ, καὶ σκῦλα

β Gr. born.   *γ Gr.* will.   *δ Alex.* rightly omits Molchom.   'Their king' in *Heb.*

31 τῆς πόλεως ἐξήνεγκε πολλὰ σφόδρα. Καὶ τὸν λαὸν τὸν ὄντα ἐν αὐτῇ ἐξήγαγε, καὶ ἔθηκεν ἐν τῷ πρίονι, καὶ ἐν τοῖς τριβόλοις τοῖς σιδηροῖς, καὶ ὑποτομεῦσι σιδηροῖς, καὶ διήγαγεν αὐτοὺς διὰ τοῦ πλινθίου· καὶ οὕτως ἐποίησε πάσαις ταῖς πόλεσιν υἱῶν Ἀμμών· καὶ ἐπέστρεψε Δαυὶδ καὶ πᾶς ὁ λαὸς εἰς Ἱερουσαλήμ.

13 Καὶ ἐγενήθη μετὰ ταῦτα καὶ τῷ Ἀβεσσαλὼμ υἱῷ Δαυὶδ ἀδελφὴ καλὴ τῷ εἴδει σφόδρα, καὶ ὄνομα αὐτῇ Θημάρ, καὶ
2 ἠγάπησεν αὐτὴν Ἀμνὼν υἱὸς Δαυίδ. Καὶ ἐθλίβετο Ἀμνὼν ὥστε ἀρρωστεῖν διὰ Θημὰρ τὴν ἀδελφὴν αὐτοῦ, ὅτι παρθένος ἦν αὕτη, καὶ ὑπέρογκον ἐν ὀφθαλμοῖς Ἀμνὼν τοῦ ποιῆσαί τι
3 αὐτῇ. Καὶ ἦν τῷ Ἀμνὼν ἑταῖρος, καὶ ὄνομα αὐτῷ Ἰωναδὰβ, υἱὸς Σαμαὰ τοῦ ἀδελφοῦ Δαυίδ· καὶ Ἰωναδὰβ ἀνὴρ σοφὸς
4 σφόδρα, καὶ εἶπεν αὐτῷ, τί σοι ὅτι σὺ οὕτως ἀσθενής, υἱὲ τοῦ βασιλέως, τὸ πρωῒ πρωΐ; οὐκ ἀπαγγέλλεις μοι; καὶ εἶπεν αὐτῷ Ἀμνὼν, Θημὰρ τὴν ἀδελφὴν Ἀβεσσαλὼμ τοῦ
5 ἀδελφοῦ μου ἐγὼ ἀγαπῶ. Καὶ εἶπεν αὐτῷ Ἰωναδὰβ, κοιμήθητι ἐπὶ τῆς κοίτης σου καὶ μαλακίσθητι, καὶ εἰσελεύσεται ὁ πατήρ σου τοῦ ἰδεῖν σε, καὶ ἐρεῖς πρὸς αὐτόν, ἐλθέτω δὴ Θημὰρ ἡ ἀδελφή μου, καὶ ψωμισάτω με, καὶ ποιησάτω κατ᾽ ὀφθαλμούς μου βρῶμα, ὅπως ἴδω καὶ φάγω ἐκ τῶν χειρῶν
6 αὐτῆς. Καὶ ἐκοιμήθη Ἀμνὼν καὶ ἠρρώστησε· καὶ εἰσῆλθεν ὁ βασιλεὺς ἰδεῖν αὐτόν· καὶ εἶπεν Ἀμνὼν πρὸς τὸν βασιλέα, ἐλθέτω δὴ Θημὰρ ἡ ἀδελφή μου πρὸς μὲ, καὶ κολλυρισάτω ἐν ὀφθαλμοῖς μου δύο κολλυρίδας, καὶ φάγομαι ἐκ τῆς χειρὸς αὐτῆς.
7 Καὶ ἀπέστειλε Δαυὶδ πρὸς Θημὰρ εἰς τὸν οἶκον, λέγων, πορεύθητι δὴ εἰς τὸν οἶκον τοῦ ἀδελφοῦ σου, καὶ ποίησον αὐτῷ
8 βρῶμα. Καὶ ἐπορεύθη Θημὰρ εἰς τὸν οἶκον Ἀμνὼν ἀδελφοῦ αὐτῆς, καὶ αὐτὸς κοιμώμενος· καὶ ἔλαβε τὸ σταῖς καὶ ἐφύρασε, καὶ ἐκολλύρισε κατ᾽ ὀφθαλμοὺς αὐτοῦ, καὶ ἤψησε τὰς κολλυρί-
9 δας. Καὶ ἔλαβε τὸ τήγανον καὶ κατεκένωσεν ἐνώπιον αὐτοῦ, καὶ οὐκ ἠθέλησε φαγεῖν· καὶ εἶπεν Ἀμνὼν, ἐξαγάγετε πάντα ἄνδρα ἀπὸ ἐπάνωθέν μου· καὶ ἐξήγαγον πάντα ἄνδρα ἐπάνωθεν
10 αὐτοῦ. Καὶ εἶπεν Ἀμνὼν πρὸς Θημὰρ, εἰσένεγκε τὸ βρῶμα εἰς τὸ ταμιεῖον, καὶ φάγομαι ἐκ τῆς χειρός σου· καὶ ἔλαβε Θημὰρ τὰς κολλυρίδας ἃς ἐποίησε, καὶ εἰσήνεγκε τῷ Ἀμνὼν
11 ἀδελφῷ αὐτῆς εἰς τὸν κοιτῶνα. Καὶ προσήγαγεν αὐτῷ τοῦ φαγεῖν, καὶ ἐπελάβετο αὐτῆς, καὶ εἶπεν αὐτῇ, δεῦρο, κοιμήθητι
12 μετ᾽ ἐμοῦ, ἀδελφή μου. Καὶ εἶπεν αὐτῷ, μὴ ἀδελφέ μου, μὴ ταπεινώσῃς με, διότι οὐ ποιηθήσεται οὕτως ἐν Ἰσραήλ, μὴ
13 ποιήσῃς τὴν ἀφροσύνην ταύτην. Καὶ ἐγὼ ποῦ ἀποίσω τὸ ὄνειδός μου; καὶ σὺ ἔσῃ ὡς εἷς τῶν ἀφρόνων ἐν Ἰσραήλ· καὶ νῦν λάλησον δὴ πρὸς τὸν βασιλέα, ὅτι οὐ μὴ κωλύσῃ με ἀπὸ
14 σοῦ. Καὶ οὐκ ἠθέλησεν Ἀμνὼν τοῦ ἀκοῦσαι τῆς φωνῆς αὐτῆς· καὶ ἐκραταίωσεν ὑπὲρ αὐτὴν, καὶ ἐταπείνωσεν αὐτὴν, καὶ ἐκοιμήθη μετ᾽ αὐτῆς.
15 Καὶ ἐμίσησεν αὐτὴν Ἀμνὼν μῖσος μέγα σφόδρα, ὅτι μέγα τὸ μῖσος ὃ ἐμίσησεν αὐτὴν ὑπὲρ τὴν ἀγάπην ἣν ἠγάπησεν αὐτὴν, ὅτι μείζων ἡ κακία ἡ ἐσχάτη ἢ ἡ πρώτη· καὶ εἶπεν αὐτῇ

of the city. [31] And he brought forth the people that were in it, and put them [β] under the saw, and under iron harrows, and axes of iron, and made them pass through the brick-kiln: and thus he did to all the cities of the children of Ammon. And David and all the people returned to Jerusalem.

And it happened after this that Abessalom the son of David had a very beautiful sister, and her name *was* Themar; and Amnon the son of David loved her. [2] And Amnon was distressed even to sickness, because of Themar his sister; for she was a virgin, and it seemed very difficult for Amnon to do anything to her. [3] And Amnon had a friend, and his name *was* Jonadab, the son of Samaa the brother of David; and Jonadab *was* a very cunning man. [4] And he said to him, What ails thee that thou art thus weak, O son of the king, morning by morning? [γ] wilt thou not tell me? and Amnon said, I love Themar the sister of my brother Abessalom. [5] And Jonadab said to him, Lie upon thy bed, and make thyself sick, and thy father shall come in to see thee; and thou shalt say to him, Let, I pray thee, Themar my sister come, and feed me with morsels, and let her prepare food before my eyes, that I may see and eat at her hands. [6] So Amnon lay down, and made himself sick; and the king came in to see him: and Amnon said to the king, Let, I pray thee, my sister Themar come to me, and make a couple of cakes in my sight, and I will eat them at her hand.

[7] And David sent to Themar to the house, saying, Go now to thy brother's house, and dress him food. [8] And Themar went to the house of her brother Amnon, and he *was* lying down: and she took the dough and kneaded it, and made cakes in his sight, and baked the cakes. [9] And she took the frying-pan and poured them out before him, but he would not eat. And Amnon said, Send out every man from [δ] about me. And they removed every man from about him. [10] And Amnon said to Themar, Bring in the food into the closet, and I will eat of thy hand. And Themar took the cakes which she had made, and brought them to her brother Amnon into the chamber. [11] And she brought *them* to him to eat, and he caught hold of her, and said to her, Come, lie with me, my sister. [12] And she said to him, Nay, my brother, do not humble me, for it [ζ] ought not to be so done in Israel; do not this folly. [13] And I, whither shall I remove my reproach? and thou shalt be as one of the fools in Israel. And now, speak, I pray thee, to the king, for surely he will not keep me from thee. [14] But Amnon would not hearken to her voice; and he prevailed against her, and humbled her, and lay with her.

[15] Then Amnon hated her with very great hatred; for the hatred with which he hated her was greater than the love with which he had loved her, for the last wickedness was greater than the first: and Amnon said

---

β *Gr.* in. γ *Gr.* dost. δ *Gr.* above. ζ *Gr.* will not. q. d. non est faciendum.

to her, Rise, and begone. ¹⁶And Themar spoke to him concerning this great mischief, greater, *said she*, than the other that thou didst me, to send me away: but Amnon would not hearken to her voice. ¹⁷And he called his servant who had charge of the house, and said to him, Put now this *woman* out from me, and shut the door after her. ¹⁸And she had on her a variegated robe, for so were the king's daughters that were virgins attired in their apparel: and his servant led her forth, and shut the door after her.

¹⁹And Themar took ashes, and put them on her head; and she rent the variegated garment that was upon her: and she laid her hands on her head, and went crying continually. ²⁰And Abessalom her brother said to her, Has thy brother Amnon been with thee? now then, my sister, be silent, for he is thy brother: be not careful to mention this matter. So Themar dwelt a widow in the house of her brother Abessalom.

²¹And king David heard of all these things, and was very angry; but he did not grieve the spirit of his son Amnon, because he loved him, for he was his first-born. ²²And Abessalom spoke not to Amnon, good or bad, because Abessalom hated Amnon, on account of his humbling his sister Themar. ²³And it came to pass at the end of βtwo whole years, that they were shearing *sheep* for Abessalom in Belasor near Ephraim: and Abessalom invited all the king's sons. ²⁴And Abessalom came to the king, and said, Behold, γ thy servant has a sheep-shearing; let now the king and his servants go with thy servant. ²⁵And the king said to Abessalom, Nay, my son, let us not all go, and let us not be burdensome to thee. And he pressed him; but he would not go, but blessed him. ²⁶And Abessalom said to him, And if not, let, I pray thee, my brother Amnon go with us. And the king said to him, Why should he go with thee? ²⁷And Abessalom pressed him, and he sent with him Amnon and all the king's sons; and Abessalom made a banquet like the banquet of the king.

²⁸And Abessalom charged his servants, saying, Mark when the heart of Amnon shall be merry with wine, and I shall say to you, Smite Amnon, and slay him: fear not; for is it not I that command you? Be courageous, δand be valiant. ²⁹And the servants of Abessalom did to Amnon as Abessalom commanded them: and all the sons of the king rose up, and they mounted every man his mule, and fled.

³⁰And it came to pass, when they were in the way, that a report came to David, saying, Abessalom has slain all the king's sons, and there is not one of them left. ³¹ Then

Ἀμνὼν, ἀνάστηθι, καὶ πορεύου. Καὶ εἶπεν αὐτῷ Θημὰρ περὶ 15 τῆς κακίας τῆς μεγάλης ταύτης ὑπὲρ ἑτέραν ἣν ἐποίησας μετ' ἐμοῦ, τοῦ ἐξαποστεῖλαί με· καὶ οὐκ ἐθέλησεν Ἀμνὼν ἀκοῦσαι τῆς φωνῆς αὐτῆς. Καὶ ἐκάλεσε τὸ παιδάριον αὐτοῦ τὸν 17 προεστηκότα τοῦ οἴκου, καὶ εἶπεν αὐτῷ, ἐξαποστείλατε δὴ ταύτην ἀπ' ἐμοῦ ἔξω, καὶ ἀπόκλεισον τὴν θύραν ὀπίσω αὐτῆς. Καὶ ἐπ' αὐτῆς ἦν χιτὼν καρπωτός, ὅτι οὕτως ἐνεδιδύσκοντο αἱ 18 θυγατέρες τοῦ βασιλέως αἱ παρθένοι τοὺς ἐπενδύτας αὐτῶν· καὶ ἐξήγαγεν αὐτὴν ὁ λειτουργὸς αὐτοῦ ἔξω, καὶ ἀπέκλεισε τὴν θύραν ὀπίσω αὐτῆς.

Καὶ ἔλαβε Θημὰρ σποδὸν, καὶ ἐπέθηκεν ἐπὶ τὴν κεφαλὴν 19 αὐτῆς· καὶ τὸν χιτῶνα τὸν καρπωτὸν τὸν ἐπ' αὐτῆς διέρρηξε· καὶ ἐπέθηκε τὰς χεῖρας αὐτῆς ἐπὶ τὴν κεφαλὴν αὐτῆς, καὶ ἐπορεύθη πορευομένη καὶ κράζουσα. καὶ εἶπε πρὸς αὐτὴν 20 Ἀβεσσαλὼμ ὁ ἀδελφὸς αὐτῆς, μὴ Ἀμνὼν ὁ ἀδελφός σου ἐγένετο μετὰ σοῦ; καὶ νῦν ἀδελφή μου κώφευσον, ὅτι ἀδελφός σου ἐστί· μὴ θῇς τὴν καρδίαν σου τοῦ λαλῆσαι τὸ ῥῆμα τοῦτο· καὶ ἐκάθισε Θημὰρ χηρεύουσα ἐν τῷ οἴκῳ Ἀβεσσαλὼμ τοῦ ἀδελφοῦ αὐτῆς.

Καὶ ἤκουσεν ὁ βασιλεὺς Δαυὶδ πάντας τοὺς λόγους τούτους, 21 καὶ ἐθυμώθη σφόδρα, καὶ οὐκ ἐλύπησε τὸ πνεῦμα Ἀμνὼν τοῦ υἱοῦ αὐτοῦ, ὅτι ἠγάπα αὐτὸν, ὅτι πρωτότοκος αὐτοῦ ἦν. Καὶ 22 οὐκ ἐλάλησεν Ἀβεσσαλὼμ μετὰ Ἀμνὼν ἀπὸ πονηροῦ ἕως ἀγαθοῦ, ὅτι ἐμίσει Ἀβεσσαλὼμ τὸν Ἀμνὼν ἐπὶ λόγου οὗ ἐταπείνωσε Θημὰρ τὴν ἀδελφὴν αὐτοῦ. Καὶ ἐγένετο εἰς διετη- 23 ρίδα ἡμερῶν, καὶ ἦσαν κείροντες τῷ Ἀβεσσαλὼμ ἐν Βελασὼρ τῇ ἐχόμενα Ἐφραίμ, καὶ ἐκάλεσεν Ἀβεσσαλὼμ πάντας τοὺς υἱοὺς τοῦ βασιλέως. Καὶ ἦλθεν Ἀβεσσαλὼμ πρὸς τὸν βασι- 24 λέα, καὶ εἶπεν, ἰδοὺ δὴ κείρουσι τῷ δούλῳ σου, πορευθήτω δὴ ὁ βασιλεὺς καὶ οἱ παῖδες αὐτοῦ μετὰ τοῦ δούλου σου. Καὶ 25 εἶπεν ὁ βασιλεὺς πρὸς Ἀβεσσαλὼμ, μὴ δὴ υἱέ μου, μὴ πορευ- θῶμεν πάντες ἡμεῖς, καὶ οὐ μὴ καταβαρυνθῶμεν ἐπὶ σέ· καὶ ἐβιάσατο αὐτὸν, καὶ οὐκ ἠθέλησε τοῦ πορευθῆναι, καὶ εὐλόγη- σεν αὐτόν. Καὶ εἶπεν Ἀβεσσαλὼμ πρὸς αὐτὸν, καὶ εἰ μὴ, 26 πορευθήτω δὴ μεθ' ἡμῶν Ἀμνὼν ὁ ἀδελφός μου· καὶ εἶπεν αὐτῷ ὁ βασιλεὺς, ἱνατί πορευθῇ μετὰ σοῦ; Καὶ ἐβιάσατο 27 αὐτὸν Ἀβεσσαλὼμ, καὶ ἀπέστειλε μετ' αὐτοῦ τὸν Ἀμνὼν καὶ πάντας τοὺς υἱοὺς τοῦ βασιλέως· καὶ ἐποίησεν Ἀβεσσαλὼμ πότον κατὰ τὸν πότον τοῦ βασιλέως.

Καὶ ἐνετείλατο Ἀβεσσαλὼμ τοῖς παιδαρίοις αὐτοῦ, λέγων, 28 ἴδετε ὡς ἂν ἀγαθυνθῇ ἡ καρδία Ἀμνὼν ἐν τῷ οἴνῳ, καὶ εἴπω πρὸς ὑμᾶς, πατάξατε τὸν Ἀμνὼν, καὶ θανατώσατε αὐτόν· μὴ φοβηθῆτε, ὅτι οὐχὶ ἐγώ εἰμι ὁ ἐντελλόμενος ὑμῖν; ἀνδρίζεσθε καὶ γίνεσθε εἰς υἱοὺς δυνάμεως. Καὶ ἐποίησαν τὰ παιδάρια 29 Ἀβεσσαλὼμ τῷ Ἀμνὼν, καθὰ ἐνετείλατο αὐτοῖς Ἀβεσσαλώμ· καὶ ἀνέστησαν πάντες οἱ υἱοὶ τοῦ βασιλέως, καὶ ἐπεκάθισαν ἀνὴρ ἐπὶ τὴν ἡμίονον αὐτοῦ, καὶ ἔφυγον.

Καὶ ἐγένετο, αὐτῶν ὄντων ἐν τῇ ὁδῷ, καὶ ἡ ἀκοὴ ἦλθε πρὸς 30 Δαυὶδ, λέγων, ἐπάταξεν Ἀβεσσαλὼμ πάντας τοὺς υἱοὺς τοῦ βασιλέως, καὶ οὐ κατελείφθη ἐξ αὐτῶν οὐδὲ εἷς. Καὶ ἀνέστη 31

β *q. d.* a two-year of days.   γ *Gr.* they are shearing for thy servant.   δ *Gr.* and become sons of strength.

ὁ βασιλεὺς καὶ διέῤῥηξε τὰ ἱμάτια αὐτοῦ καὶ ἐκοιμήθη ἐπὶ τὴν γῆν, καὶ πάντες οἱ παῖδες αὐτοῦ οἱ περιεστῶτες αὐτῷ διέῤῥηξαν
32 τὰ ἱμάτια αὐτῶν. Καὶ ἀπεκρίθη Ἰωναδὰβ υἱὸς Σαμαὰ ἀδελφοῦ Δαυὶδ, καὶ εἶπε, μὴ εἰπάτω ὁ κύριός μου ὁ βασιλεὺς ὅτι πάντα τὰ παιδάρια τοὺς υἱοὺς τοῦ βασιλέως ἐθανάτωσεν, ὅτι Ἀμνὼν μονώτατος ἀπέθανεν, ὅτι ἐπὶ στόματος Ἀβεσσαλὼμ ἦν κείμενος ἀπὸ τῆς ἡμέρας ἧς ἐταπείνωσε Θημὰρ τὴν ἀδελφὴν
33 αὐτοῦ. Καὶ νῦν μὴ θέσθω ὁ κύριός μοι ὁ βασιλεὺς ἐπὶ τὴν καρδίαν αὐτοῦ ῥῆμα, λέγων, πάντες οἱ υἱοὶ τοῦ βασιλέως ἀπέ-
34 θανον· ὅτι ἀλλ' ἢ Ἀμνὼν μονώτατος ἀπέθανε. Καὶ ἀπέδρα Ἀβεσσαλώμ.

Καὶ ᾖρε τὸ παιδάριον ὁ σκοπὸς τοὺς ὀφθαλμοὺς αὐτοῦ, καὶ εἶδε· καὶ ἰδοὺ λαὸς πολὺς πορευόμενος ἐν τῇ ὁδῷ ὄπισθεν αὐτοῦ ἐκ πλευρᾶς τοῦ ὄρους ἐν τῇ καταβάσει· καὶ παρεγένετο ὁ σκοπὸς καὶ ἀπήγγειλε τῷ βασιλεῖ, καὶ εἶπεν, ἄνδρας ἑώρακα
35 ἐκ τῆς ὁδοῦ τῆς Ὡρωνὴν ἐκ μέρους τοῦ ὄρους. Καὶ εἶπεν Ἰωναδὰβ πρὸς τὸν βασιλέα, ἰδοὺ οἱ υἱοὶ τοῦ βασιλέως πάρεισι·
36 κατὰ τὸν λόγον τοῦ δούλου σου, οὕτως ἐγένετο. Καὶ ἐγένετο ἡνίκα συνετέλεσε λαλῶν, καὶ ἰδοὺ οἱ υἱοὶ τοῦ βασιλέως ἦλθον, καὶ ἐπῆραν τὴν φωνὴν αὐτῶν καὶ ἔκλαυσαν· καί γε ὁ βασιλεὺς καὶ πάντες οἱ παῖδες αὐτοῦ ἔκλαυσαν κλαυθμὸν μέγαν σφόδρα.
37 Καὶ Ἀβεσσαλὼμ ἔφυγε, καὶ ἐπορεύθη πρὸς Θολμὶ υἱὸν Ἐμιοὺδ βασιλέα Γεδσοὺρ εἰς γῆν Χαμααχάδ· καὶ ἐπένθησεν
38 ὁ βασιλεὺς Δαυὶδ ἐπὶ τὸν υἱὸν αὐτοῦ πάσας τὰς ἡμέρας. Καὶ Ἀβεσσαλὼμ ἀπέδρα, καὶ ἐπορεύθη εἰς Γεδσοὺρ, καὶ ἦν ἐκεῖ
39 ἔτη τρία. Καὶ ἐκόπασεν ὁ βασιλεὺς Δαυὶδ τοῦ ἐξελθεῖν πρὸς Ἀβεσσαλὼμ, ὅτι παρεκλήθη ἐπὶ Ἀμνὼν, ὅτι ἀπέθανε.
14 Καὶ ἔγνω Ἰωὰβ υἱὸς Σαρουίας ὅτι ἡ καρδία τοῦ βασιλέως ἐπὶ Ἀβεσσαλώμ. Καὶ ἀπέστειλεν Ἰωὰβ εἰς Θεκωὲ, καὶ
2 ἔλαβεν ἐκεῖθεν γυναῖκα σοφὴν, καὶ εἶπε πρὸς αὐτὴν, πένθησον δὴ, καὶ ἔνδυσαι ἱμάτια πενθικὰ, καὶ μὴ ἀλείψῃ ἔλαιον, καὶ ἔσῃ
3 ὡς γυνὴ πενθοῦσα ἐπὶ τεθνηκότι τοῦτο ἡμέρας πολλὰς, καὶ ἐλεύσῃ πρὸς τὸν βασιλέα, καὶ λαλήσεις πρὸς αὐτὸν κατὰ τὸ ῥῆμα τοῦτο· καὶ ἔθηκεν Ἰωὰβ τοὺς λόγους ἐν τῷ στόματι αὐτῆς.
4 Καὶ εἰσῆλθεν ἡ γυνὴ ἡ Θεκωῖτις πρὸς τὸν βασιλέα, καὶ ἔπεσεν ἐπὶ πρόσωπον αὐτῆς εἰς τὴν γῆν, καὶ προσεκύνησεν
5 αὐτῷ, καὶ εἶπε, σῶσον βασιλεῦ, σῶσον. Καὶ εἶπε πρὸς αὐτὴν ὁ βασιλεὺς, τί ἐστί σοι;
6 Ἡ δὲ εἶπε, καὶ μάλα γυνὴ χήρα ἐγώ εἰμι, καὶ ἀπέθανεν ὁ ἀνήρ μου. Καί γε τῇ δούλῃ σου δύο υἱοὶ, καὶ ἐμαχέσαντο ἀμφότεροι ἐν τῷ ἀγρῷ, καὶ οὐκ ἦν ὁ ἐξαιρούμενος ἀναμέσον αὐτῶν· καὶ ἔπαισεν ὁ εἷς τὸν ἕνα ἀδελφὸν αὐτοῦ, καὶ ἐθανά-
7 τωσεν αὐτόν. Καὶ ἰδοὺ ἐπανέστη ὅλη ἡ πατριὰ πρὸς τὴν δούλην σου, καὶ εἶπαν, δὸς τὸν παίσαντα τὸν ἀδελφὸν αὐτοῦ, καὶ θανατώσομεν αὐτὸν ἀντὶ τῆς ψυχῆς τοῦ ἀδελφοῦ αὐτοῦ οὗ ἀπέκτεινε, καὶ ἐξαροῦμεν καί γε τὸν κληρονόμον ὑμῶν· καὶ σβέσουσι τὸν ἄνθρακά μου τὸν καταλειφθέντα ὥστε μὴ θέσθαι τῷ ἀνδρί μου κατάλειμμα καὶ ὄνομα ἐπὶ προσώπου τῆς γῆς.

the king arose, and rent his garments, and lay upon the ground: and all his servants that were standing round him rent their garments. [32] And Jonadab the son of Samaa brother of David, answered and said, Let not my lord the king say that he has slain all the young men the sons of the king, for Amnon only of them all is dead; for he was appointed *to death* by the mouth of Abessalom from the day that he humbled his sister Themar. [33] And now let not my lord the king take the matter to heart, saying, All the king's sons are dead: for Amnon only of them all is dead.

[34] And Abessalom escaped: and the young man the watchman lifted up his eyes, and looked; and, behold, much people went in the way behind him from the side of the mountain in the descent: and the watchman came and told the king, and said, I have seen men by the way of Oronen, by the side of the mountain. [35] And Jonadab said to the king, Behold, the king's sons are present: according to the word of thy servant, so has it happened. [36] And it came to pass when he had finished speaking, that, behold, the king's sons came, and lifted up their voices and wept: and the king also and all his servants wept with a very great weeping.

[37] But Abessalom fled, and went to Tholmi son of Emiud king of Gedsur to the land of Chamaachad: and king David mourned for his son continually. [38] So Abessalom fled, and departed to Gedsur, and was there three years. [39] And king David ceased to go out after Abessalom, for he was comforted concerning Amnon, touching his death.

And Joab the son of Saruia knew that the heart of the king was toward Abessalom. [2] And Joab sent to Thecoe, and took thence a cunning woman, and said to her, Mourn, I pray thee, and put on mourning apparel, and anoint thee not with oil, and thou shalt be as a woman mourning for one that is dead thus for many days. [3] And thou shalt go to the king, and speak to him according to this word. And Joab put the words in her mouth.

[4] So the woman of Thecoe went in to the king and fell upon her face to the earth, and did him obeisance, and said, β Help, O king, help. [5] And the king said to her, What is the matter with thee?

And she said, I am indeed a widow woman, and my husband is dead. [6] And moreover thy handmaid had two sons, and they fought γ together in the field, and there was no one to part them; and the one smote the other his brother, and slew him. [7] And behold the whole family rose up against thine handmaid, and they said, Give up the one that smote his brother, and we will put him to death for the life of his brother, whom he slew, and we will take away even your heir: so they will quench my coal that is left, so as not to δ leave my husband remnant or name on the face of the earth.

β *Or*, save.   γ *Gr.* both.   δ *Gr.* place.

⁸And the king said to the woman, Go ᵝin peace to thy house, and I will give commandment concerning thee. ⁹And the woman of Thecoe said to the king, On me, my lord, O king, and on my father's house *be* the iniquity, and the king and his throne *be* guiltless. ¹⁰And the king said, Who was it that spoke to thee? thou shalt even bring him to me, and *one* shall not touch ᵞhim any more. ¹¹And she said, Let now the king remember concerning his Lord God in that the avenger of blood is multiplied to destroy, and let them not take away my son. And he said, *As* the Lord lives, not a hair of thy son shall fall to the ground.

¹²And the woman said, Let now thy servant speak a word to my lord the king. And he said, Say on. ¹³And the woman said, Why hast thou devised this thing against the people of God? or *is* this word out of the king's mouth as a transgression, so that the king should not bring back his banished? ¹⁴For we shall surely die, and be as water poured upon the earth, which shall not be gathered up, and God shall take the life, even as he devises to thrust forth from him his outcast. ¹⁵And now whereas I came to speak this word to my lord the king, *the reason is* that the people will see me, and thy handmaid will say, Let one now speak to my lord the king, if peradventure the king will perform the request of his handmaid; ¹⁶for the king will hear. Let him rescue his handmaid out of the hand of the man that seeks to cast out me and my son from the inheritance of God. ¹⁷And the woman said, If now the word of my lord the king be gracious,—*well:* for as an angel of God, so *is* my lord the king, to hear good and evil: and the Lord thy God shall be with thee.

¹⁸And the king answered, and said to the woman, Hide not from me, I pray thee, the matter which I ask thee. And the woman said, Let my lord the king by all means speak. ¹⁹And the king said, *Is* not the hand of Joab in all this matter with thee? and the woman said to the king, *As* thy soul lives, my lord, O king, ᵟthere is no turning to the right hand or to the left from all that my lord the king has spoken; for thy servant Joab himself charged me, and he put all these words in the mouth of thine handmaid. ²⁰In order that this form of speech might come about *it was* that thy servant Joab has framed this matter: and my lord is wise as *is* the wisdom of an angel of God, to know all things that are in the earth.

²¹And the king said to Joab, Behold now, I have done to thee according to this thy word: go, bring back the young man Abessalom. ²²And Joab fell on his face to the ground, and did obeisance, and blessed the king: and Joab said, To-day thy servant knows that I have found grace in thy sight, my lord, O king, for my lord the king has performed the request of his servant. ²³And Joab arose, and went to Gedsur, and brought Abessalom to Jerusalem. ²⁴And the king said, Let him return to his house, and not

Καὶ εἶπεν ὁ βασιλεὺς πρὸς τὴν γυναῖκα, ὑγιαίνουσα βάδιζε 8 εἰς τὸν οἶκόν σου, κᾀγὼ ἐντελοῦμαι περὶ σοῦ. Καὶ εἶπεν 9 ἡ γυνὴ ἡ Θεκωῖτις πρὸς τὸν βασιλέα, ἐπʼ ἐμὲ, κύριέ μου βασιλεῦ, ἡ ἀνομία καὶ ἐπὶ τὸν οἶκον τοῦ πατρός μου, καὶ ὁ βασιλεὺς καὶ ὁ θρόνος αὐτοῦ ἀθῶος. Καὶ εἶπεν ὁ βασιλεὺς, τίς ὁ λαλῶν 10 πρὸς σὲ, καὶ ἄξεις αὐτὸν πρὸς ἐμὲ, καὶ οὐ προσθήσει ἔτι ἅψασθαι αὐτοῦ; Καὶ εἶπε, μνημονευσάτω δὴ ὁ βασιλεὺς τὸν 11 Κύριον Θεὸν αὐτοῦ πληθυνθῆναι ἀγχιστέα τοῦ αἵματος τοῦ διαφθεῖραι, καὶ οὐ μὴ ἐξάρωσι τὸν υἱόν μου· καὶ εἶπε, ζῇ Κύριος, εἰ πεσεῖται ἀπὸ τῆς τριχὸς τοῦ υἱοῦ σου ἐπὶ τὴν γῆν.

Καὶ εἶπεν ἡ γυνὴ, λαλησάτω δὴ ἡ δούλη σου πρὸς τὸν 12 κύριόν μου βασιλέα ῥῆμα· καὶ εἶπε, λάλησον. Καὶ εἶπεν 13 ἡ γυνὴ, ἵνατί ἐλογίσω τοιοῦτο ἐπὶ λαὸν Θεοῦ; ἢ ἐκ στόματος τοῦ βασιλέως ὁ λόγος οὗτος ὡς πλημμέλεια, τοῦ μὴ ἐπιστρέψαι τὸν βασιλέα τὸν ἐξωσμένον αὐτοῦ; Ὅτι θανάτῳ ἀποθανού- 14 μεθα, καὶ ὥσπερ τὸ ὕδωρ τὸ καταφερόμενον ἐπὶ τῆς γῆς ὃ οὐ συναχθήσεται, καὶ λήψεται ὁ Θεὸς ψυχὴν, καὶ λογιζόμενος τοῦ ἐξῶσαι ἀπʼ αὐτοῦ ἐξωσμένον. Καὶ νῦν ὃ ἦλθον λαλῆσαι πρὸς 15 τὸν βασιλέα τὸν κύριόν μου τὸ ῥῆμα τοῦτο, ὅτι ὄψεταί με ὁ λαὸς, καὶ ἐρεῖ ἡ δούλη σου, λαλησάτω δὴ πρὸς τὸν κύριόν μου τὸν βασιλέα, εἴπως ποιήσει ὁ βασιλεὺς τὸ ῥῆμα τῆς δούλης αὐτοῦ, ὅτι ἀκούσει ὁ βασιλεύς· ῥυσάσθω τὴν δούλην 16 αὐτοῦ ἐκ χειρὸς τοῦ ἀνδρὸς τοῦ ζητοῦντος ἐξάραί με καὶ τὸν υἱόν μου ἀπὸ κληρονομίας Θεοῦ. Καὶ εἶπεν ἡ γυνὴ, εἰ ἤδη 17 ὁ λόγος τοῦ κυρίου μου τοῦ βασιλέως εἰς θυσίας· ὅτι καθὼς ἄγγελος Θεοῦ, οὕτως ὁ κύριός μου ὁ βασιλεὺς, τοῦ ἀκούειν τὸ ἀγαθὸν καὶ τὸ πονηρόν· καὶ Κύριος ὁ Θεός σου ἔσται μετὰ σοῦ.

Καὶ ἀπεκρίθη ὁ βασιλεὺς, καὶ εἶπε πρὸς τὴν γυναῖκα, μὴ δὴ 18 κρύψῃς ἀπʼ ἐμοῦ ῥῆμα, ὃ ἐγὼ ἐπερωτῶ σε· καὶ εἶπεν ἡ γυνὴ, λαλησάτω δὴ ὁ κύριός μου ὁ βασιλεύς. Καὶ εἶπεν ὁ βασι- 19 λεὺς, μὴ ἡ χεὶρ Ἰωὰβ ἐν παντὶ τούτῳ μετὰ σοῦ; καὶ εἶπεν ἡ γυνὴ τῷ βασιλεῖ, ζῇ ἡ ψυχή σου, κύριέ μου βασιλεῦ, εἰ ἔστιν εἰς τὰ δεξιὰ ἢ εἰς τὰ ἀριστερὰ ἐκ πάντων ὧν ἐλάλησεν ὁ κύριός μου ὁ βασιλεὺς, ὅτι ὁ δοῦλός σου Ἰωὰβ αὐτὸς ἐνετείλατό μοι, καὶ αὐτὸς ἔθετο ἐν τῷ στόματι τῆς δούλης σου πάντας τοὺς λόγους τούτους. Ἕνεκεν τοῦ περιελθεῖν τὸ πρόσωπον τοῦ 20 ῥήματος τούτου, ὃ ἐποίησεν ὁ δοῦλός σου Ἰωὰβ τὸν λόγον τοῦτον· καὶ ὁ κύριός μου σοφὸς καθὼς σοφία ἀγγέλου τοῦ Θεοῦ, τοῦ γνῶναι πάντα τὰ ἐν τῇ γῇ.

Καὶ εἶπεν ὁ βασιλεὺς πρὸς Ἰωὰβ, ἰδοὺ δὴ ἐποίησά σοι κατὰ 21 τὸν λόγον σου τοῦτον· πορεύου, ἐπίστρεψον τὸ παιδάριον τὸν Ἀβεσσαλώμ. Καὶ ἔπεσεν Ἰωὰβ ἐπὶ πρόσωπον αὐτοῦ ἐπὶ 22 τὴν γῆν, καὶ προσεκύνησε, καὶ εὐλόγησε τὸν βασιλέα· καὶ εἶπεν Ἰωὰβ, σήμερον ἔγνω ὁ δοῦλός σου ὅτι εὗρον χάριν ἐν ὀφθαλμοῖς σου, κύριέ μου βασιλεῦ, ὅτι ἐποίησεν ὁ κύριός μου ὁ βασιλεὺς τὸν λόγον τοῦ δούλου αὐτοῦ. Καὶ ἀνέστη 23 Ἰωὰβ, καὶ ἐπορεύθη εἰς Γεδσοὺρ, καὶ ἤγαγε τὸν Ἀβεσσαλὼμ εἰς Ἱερουσαλήμ. Καὶ εἶπεν ὁ βασιλεὺς, ἀποστραφήτω εἰς 24 τὸν οἶκον αὐτοῦ, καὶ τὸ πρόσωπόν μου μὴ βλεπέτω· καὶ

ᵝ *Gr.* in health.   ᵞ *q. d.* thy son.   ᵟ *Gr.* If there is, etc.

ἀπέστρεψεν Ἀβεσσαλὼμ εἰς τὸν οἶκον αὐτοῦ, καὶ τὸ πρόσωπον τοῦ βασιλέως οὐκ εἶδε.

25 Καὶ ὡς Ἀβεσσαλὼμ οὐκ ἦν ἀνὴρ ἐν παντὶ Ἰσραὴλ αἰνετὸς σφόδρα, ἀπὸ ἴχνους ποδὸς αὐτοῦ καὶ ἕως κορυφῆς αὐτοῦ οὐκ

26 ἦν ἐν αὐτῷ μῶμος. Καὶ ἐν τῷ κείρεσθαι αὐτὸν τὴν κεφαλὴν αὐτοῦ, καὶ ἐγένετο ἀπ᾽ ἀρχῆς ἡμερῶν εἰς ἡμέρας ὡς ἂν ἐκείρετο, ὅτι κατεβαρύνετο ἐπ᾽ αὐτόν, καὶ κειρόμενος αὐτὴν ἔστησε τὴν τρίχα τῆς κεφαλῆς αὐτοῦ διακοσίους σίκλους ἐν τῷ σίκλῳ τῷ

27 βασιλικῷ. Καὶ ἐτέχθησαν τῷ Ἀβεσσαλὼμ τρεῖς υἱοί, καὶ θυγάτηρ μία, καὶ ὄνομα αὐτῇ Θημάρ· αὕτη ἦν γυνὴ καλὴ σφόδρα· καὶ γίνεται γυνὴ Ῥοβοὰμ υἱῷ Σαλωμών, καὶ τίκτει αὐτῷ τὸν Ἀβιά.

28 Καὶ ἐκάθισεν Ἀβεσσαλὼμ ἐν Ἱερουσαλὴμ δύο ἔτη ἡμερῶν,

29 καὶ τὸ πρόσωπον τοῦ βασιλέως οὐκ εἶδε. Καὶ ἀπέστειλεν Ἀβεσσαλὼμ πρὸς Ἰωὰβ ἀποστεῖλαι αὐτὸν πρὸς τὸν βασιλέα, καὶ οὐκ ἠθέλησεν ἐλθεῖν πρὸς αὐτόν· καὶ ἀπέστειλεν ἐκ δευτέ-

30 ρου πρὸς αὐτόν, καὶ οὐκ ἠθέλησε παραγενέσθαι. Καὶ εἶπεν Ἀβεσσαλὼμ πρὸς τοὺς παῖδας αὐτοῦ, ἴδετε, ἡ μερὶς ἐν ἀγρῷ τοῦ Ἰωὰβ ἐχόμενά μου, καὶ αὐτῷ ἐκεῖ κριθαί, πορεύεσθε καὶ ἐμπρήσατε αὐτὴν ἐν πυρί· καὶ ἐνέπρησαν οἱ παῖδες Ἀβεσσαλὼμ τὴν μερίδα· καὶ παραγίνονται οἱ δοῦλοι Ἰωὰβ πρὸς αὐτὸν διερρηχότες τὰ ἱμάτια αὐτῶν, καὶ εἶπον, ἐνεπύρισαν

31 οἱ δοῦλοι Ἀβεσσαλὼμ τὴν μερίδα ἐν πυρί. Καὶ ἀνέστη Ἰωὰβ, καὶ ἦλθε πρὸς Ἀβεσσαλὼμ εἰς τὸν οἶκον, καὶ εἶπε πρὸς αὐτόν, ἱνατί ἐνεπύρισαν οἱ παῖδές σου τὴν μερίδα τὴν

32 ἐμὴν ἐν πυρί; Καὶ εἶπεν Ἀβεσσαλὼμ πρὸς Ἰωὰβ, ἰδοὺ ἀπέστειλα πρὸς σέ, λέγων, ἧκε ὧδε, καὶ ἀποστελῶ σε πρὸς τὸν βασιλέα, λέγων, ἱνατί ἦλθον ἐκ Γεδσούρ; ἀγαθόν μοι ἦν εἶναι ἐκεῖ· καὶ νῦν ἰδοὺ τὸ πρόσωπον τοῦ βασιλέως οὐκ εἶδον· εἰ δέ ἐστιν ἐν ἐμοὶ ἀδικία, καὶ θανάτωσόν με.

33 Καὶ εἰσῆλθεν Ἰωὰβ πρὸς τὸν βασιλέα, καὶ ἀπήγγειλεν αὐτῷ· καὶ ἐκάλεσε τὸν Ἀβεσσαλώμ· καὶ εἰσῆλθε πρὸς τὸν βασιλέα, καὶ προσεκύνησεν αὐτῷ, καὶ ἔπεσεν ἐπὶ πρόσωπον αὐτοῦ ἐπὶ τὴν γῆν, καὶ κατὰ πρόσωπον τοῦ βασιλέως· καὶ κατεφίλησεν ὁ βασιλεὺς τὸν Ἀβεσσαλώμ.

15 Καὶ ἐγένετο μετὰ ταῦτα καὶ ἐποίησεν ἑαυτῷ Ἀβεσσαλὼμ ἄρματα, καὶ ἵππους, καὶ πεντήκοντα ἄνδρας παρατρέχειν ἔμ-

2 προσθεν αὐτοῦ. Καὶ ὤρθρισεν Ἀβεσσαλώμ, καὶ ἔστη ἀνὰ χεῖρα τῆς ὁδοῦ τῆς πύλης· καὶ ἐγένετο πᾶς ἀνὴρ ᾧ ἐγένετο κρίσις, ἦλθε πρὸς τὸν βασιλέα εἰς κρίσιν, καὶ ἐβόησε πρὸς αὐτὸν Ἀβεσσαλώμ, καὶ ἔλεγεν αὐτῷ, ἐκ ποίας πόλεως σὺ εἶ;

3 καὶ εἶπεν, ἐκ μιᾶς φυλῶν Ἰσραὴλ ὁ δοῦλός σου. Καὶ εἶπε πρὸς αὐτὸν ὁ Ἀβεσσαλώμ, ἰδοὺ οἱ λόγοι σου ἀγαθοὶ καὶ

4 εὔκολοι, καὶ ὁ ἀκούων οὐκ ἔστι σοι παρὰ τοῦ βασιλέως. Καὶ εἶπεν Ἀβεσσαλώμ, τίς με καταστήσει κριτὴν ἐν τῇ γῇ, καὶ ἐπ᾽ ἐμὲ ἐλεύσεται πᾶς ἀνὴρ ᾧ ἐὰν ᾖ ἀντιλογία καὶ κρίσις, καὶ

5 δικαιώσω αὐτόν; Καὶ ἐγένετο ἐν τῷ ἐγγίζειν ἄνδρα τοῦ προσκυνῆσαι αὐτῷ, καὶ ἐξέτεινε τὴν χεῖρα αὐτοῦ, καὶ ἐπελαμβάνετο

6 αὐτοῦ, καὶ κατεφίλησεν αὐτόν. Καὶ ἐποίησεν Ἀβεσσαλὼμ κατὰ τὸ ῥῆμα τοῦτο παντὶ Ἰσραὴλ τοῖς παραγινομένοις εἰς

see my face. And Abessalom returned to his house, and saw not the king's face.

[25] And there was not a man in Israel so β very comely as Abessalom: from the sole of his foot even to the crown of his head there was no blemish in him. [26] And when he polled his head, (and it was γ at the beginning of every year that he polled it, because it grew heavy upon him,) even when he polled it, he weighed the hair of his head, two hundred shekels according to the royal shekel. [27] And there were born to Abessalom three sons and one daughter, and her name was Themar: she was a very beautiful woman, and she becomes the wife of Roboam son of Solomon, and she bears to him Abia.

[28] And Abessalom remained in Jerusalem two δ full years, and he saw not the king's face. [29] And Abessalom sent to Joab to bring him in to the king, and he would not come to him: and he sent to him the second time, and he would not come. [30] And Abessalom said to his servants, Behold, Joab's portion in the field is next to mine, and he has in it barley; go and set it on fire. And the servants of Abessalom set the field on fire: and the servants of Joab come to him with their clothes rent, and they said to him, The servants of Abessalom have set the field on fire. [31] And Joab arose, and came to Abessalom into the house, and said to him, Why have thy servants set my field on fire? [32] And Abessalom said to Joab, Behold, I sent to thee, saying, Come hither, and I will send thee to the king, saying, Why did I come out of Gedsur? it would have been better for me to have remained there: and now, behold, I have not seen the face of the king; but if there is iniquity in me, then put me to death.

[33] And Joab went in to the king, and brought him word: and he called Abessalom, and he went in to the king, and did him obeisance, and fell upon his face to the ground, even in the presence of the king; and the king kissed Abessalom.

And it came to pass after this that Abessalom ζ prepared for himself chariots and horses, and fifty men to run before him. [2] And Abessalom rose early, and stood by the side of the way of the gate: and it came to pass that every man who had a cause, came to the king for judgment, and Abessalom cried to him, and said to him, Of what city art thou? And he said, Thy servant is of one of the tribes of Israel. [3] And Abessalom said to him, See, thy affairs are right and θ clear, yet thou hast no one appointed of the king to hear thee. [4] And Abessalom said, O that one would make me a judge in the land; then every man who had a dispute or a cause would come to me, and I would judge him! [5] And it came to pass when a man came near to do him obeisance, that he stretched out his hand, and took hold of him, and kissed him. [6] And Abessalom did after this manner to all Israel that came to the king for judgment;

β Gr. praised.   γ Gr. from the beginning of days to days. *Hebraism.*   δ Gr. years of days.   ζ Gr. made.
θ Gr. easy to be understood.

and Abessalom gained the hearts of the men of Israel.

⁷ And it came to pass ᵝafter forty years, that Abessalom said to his father, I will go now, and pay my vows, which I vowed to the Lord in Chebron. ⁸ For thy servant vowed a vow when I dwelt at Gedsur in Syria, saying, If the Lord should indeed restore me to Jerusalem, then will I serve the Lord. ⁹ And the king said to him, Go in peace. And he arose and went to Chebron.

¹⁰ And Abessalom sent spies throughout all the tribes of Israel, saying, When ye hear the sound of the trumpet, then shall ye say, Abessalom is become king in Chebron. ¹¹ And there went with Abessalom two hundred chosen men from Jerusalem; and they went in their simplicity, and knew not anything. ¹² And Abessalom sent to Achitophel the Theconite, the counsellor of David, from his city, from Gola, where he was sacrificing: and there was a strong ᵞ conspiracy; and the people with Abessalom were increasingly numerous.

¹³ And there came a messenger to David, saying, The heart of the men of Israel is gone after Abessalom. ¹⁴ And David said to all his servants who were with him in Jerusalem, Rise, and let us flee, for we have no refuge from Abessalom: make haste and go, lest he overtake us speedily, and bring evil upon us, and smite the city with the edge of the sword. ¹⁵ And the king's servants said to the king, In all things which our lord the king chooses, behold, we are thy servants.

¹⁶ And the king and all his house went out on foot: and the king left ten women of his concubines to keep the house. ¹⁷ And the king and all his servants went out on foot; and abode in a distant house. ¹⁸ And all his servants passed on by his ᵟ side, and every Chelethite, and every Phelethite, and they stood by the olive tree in the wilderness: and all the people marched near him, and all his court, and all the men of might, and all the men of war, six hundred: and they were present at his side: and every Chelethite, and every Phelethite, and all the six hundred Gittites that came on foot out of Geth, and ᶻ they went on before the king.

¹⁹ And the king said to Ethi the Gittite, Why dost thou also go with us? return, and dwell with the king, for thou art a stranger, and thou hast come forth as a sojourner out of thy place. ²⁰ ᶿ Whereas thou camest yesterday, shall I to-day cause thee to travel with us, and shalt thou thus change thy place? thou didst come forth yesterday, and to-day shall I set thee in motion to go along with us? I indeed will go whithersoever I may go: return then, and cause thy brethren to return with thee, and may the Lord deal mercifully and truly with thee. ²¹ And Ethi answered the king and said, As the Lord lives and as my lord the king lives, in the place wheresoever my lord

κρίσιν πρὸς τὸν βασιλέα, καὶ ἰδιοποιεῖτο Ἀβεσσαλὼμ τὴν καρδίαν ἀνδρῶν Ἰσραήλ.

Καὶ ἐγένετο ἀπὸ τέλους τεσσαράκοντα ἐτῶν, καὶ εἶπεν 7 Ἀβεσσαλὼμ πρὸς τὸν πατέρα αὐτοῦ, πορεύσομαι δὴ, καὶ ἀποτίσω τὰς εὐχάς μου, ἃς ηὐξάμην τῷ Κυρίῳ ἐν Χεβρών· Ὅτι εὐχὴν ηὔξατο ὁ δοῦλός σου ἐν τῷ οἰκεῖν με ἐν Γεδσοὺρ 8 ἐν Συρίᾳ, λέγων, ἐὰν ἐπιστρέφων ἐπιστρέψῃ με Κύριος εἰς Ἱερουσαλὴμ, καὶ λατρεύσω τῷ Κυρίῳ. Καὶ εἶπεν αὐτῷ 9 ὁ βασιλεὺς, βάδιζε εἰς εἰρήνην· καὶ ἀναστὰς ἐπορεύθη εἰς Χεβρών.

Καὶ ἀπέστειλεν Ἀβεσσαλὼμ κατασκόπους ἐν πάσαις φυλαῖς 10 Ἰσραὴλ, λέγων, ἐν τῷ ἀκοῦσαι ὑμᾶς τὴν φωνὴν τῆς κερατίνης, καὶ ἐρεῖτε, βεβασίλευκε βασιλεὺς Ἀβεσσαλὼμ ἐν Χεβρών. Καὶ μετὰ Ἀβεσσαλὼμ ἐπορεύθησαν διακόσιοι ἄνδρες ἐξ Ἱερου- 11 σαλὴμ κλητοί· καὶ πορευόμενοι τῇ ἁπλότητι αὐτῶν, καὶ οὐκ ἔγνωσαν πᾶν ῥῆμα. Καὶ ἀπέστειλεν Ἀβεσσαλὼμ τῷ Ἀχιτόφελ 12 τῷ Θεκωνὶ, σύμβουλον Δαυὶδ, ἐκ τῆς πόλεως αὐτοῦ ἐκ Γωλὰ, ἐν τῷ θυσιάζειν αὐτόν· καὶ ἐγένετο σύντριμμα ἰσχυρόν· καὶ ὁ λαὸς ὁ πορευόμενος καὶ πολὺς μετὰ Ἀβεσσαλώμ.

Καὶ παρεγένετο ἀπαγγέλων πρὸς Δαυὶδ, λέγων, ἐγενήθη 13 ἡ καρδία ἀνδρῶν Ἰσραὴλ ὀπίσω Ἀβεσσαλών. Καὶ εἶπε Δαυὶδ 14 πᾶσι τοῖς παισὶν αὐτοῦ τοῖς μετ᾽ αὐτοῦ τοῖς ἐν Ἱερουσαλὴμ, ἀνάστητε καὶ φύγωμεν, ὅτι οὐκ ἔστιν ἡμῖν σωτηρία ἀπὸ προσώπου Ἀβεσσαλώμ· ταχύνατε τοῦ πορευθῆναι, ἵνα μὴ ταχύνῃ καὶ καταλάβῃ ἡμᾶς, καὶ ἐξώσῃ ἐφ᾽ ἡμᾶς τὴν κακίαν, καὶ πατάξῃ τὴν πόλιν ἐν στόματι μαχαίρας. Καὶ εἶπον οἱ παῖδες 15 τοῦ βασιλέως πρὸς τὸν βασιλέα, κατὰ πάντα ὅσα αἱρεῖται ὁ κύριος ἡμῶν ὁ βασιλεὺς, ἰδοὺ οἱ παῖδές σου.

Καὶ ἐξῆλθεν ὁ βασιλεὺς καὶ πᾶς ὁ οἶκος αὐτοῦ τοῖς ποσὶν 16 αὐτῶν· καὶ ἀφῆκεν ὁ βασιλεὺς δέκα γυναῖκας τῶν παλλακῶν αὐτοῦ φυλάσσειν τὸν οἶκον. Καὶ ἐξῆλθεν ὁ βασιλεὺς καὶ 17 πάντες οἱ παῖδες αὐτοῦ πεζῇ, καὶ ἔστησαν ἐν οἴκῳ τῷ μακράν. Καὶ πάντες οἱ παῖδες αὐτοῦ ἀνὰ χεῖρα αὐτοῦ παρῆγον, καὶ πᾶς 18 Χελεθὶ καὶ πᾶς ὁ Φελεθὶ, καὶ ἔστησαν ἐπὶ τῆς ἐλαίας ἐν τῇ ἐρήμῳ· καὶ πᾶς ὁ λαὸς παρεπορεύετο ἐχόμενος αὐτοῦ, καὶ πάντες οἱ περὶ αὐτὸν, καὶ πάντες οἱ ἁδροὶ, καὶ πάντες οἱ μαχηταὶ ἑξακόσιοι ἄνδρες· καὶ παρῆσαν ἐπὶ χεῖρα αὐτοῦ· καὶ πᾶς ὁ Χελεθι, καὶ πᾶς ὁ Φελεθὶ, καὶ πάντες οἱ Γεθαῖοι οἱ ἑξακόσιοι ἄνδρες οἱ ἐλθόντες τοῖς ποσὶν αὐτῶν ἐκ Γὲθ, καὶ πορευόμενοι ἐπὶ πρόσωπον τοῦ βασιλέως.

Καὶ εἶπεν ὁ βασιλεὺς πρὸς Ἐθὶ τὸν Γεθαῖον, ἱνατί πορεύῃ 19 καὶ σὺ μεθ᾽ ἡμῶν; ἐπίστρεφε, καὶ οἴκει μετὰ τοῦ βασιλέως, ὅτι ξένος εἶ σὺ, καὶ ὅτι μετῴκηκας σὺ ἐκ τοῦ τόπου σου. Εἰ ἐχθὲς παραγέγονας, καὶ σήμερον κινήσω σε μεθ᾽ ἡμῶν; 20 καί γε μεταναστήσεις τὸν τόπον σου· χθὲς ἡ ἐξέλευσίς σου, καὶ σήμερον μετακινήσω σε μεθ᾽ ἡμῶν τοῦ πορευθῆναι; καὶ ἐγὼ πορεύσομαι οὗ ἐὰν ἐγὼ πορευθῶ· ἐπιστρέφου καὶ ἐπίστρεψον τοὺς ἀδελφούς σου μετὰ σοῦ, καὶ Κύριος ποιήσει μετὰ σοῦ ἔλεος καὶ ἀλήθειαν. Καὶ ἀπεκρίθη Ἐθὶ τῷ βασιλεῖ, καὶ 21 εἶπε, ζῇ Κύριος καὶ ζῇ ὁ κύριός μου ὁ βασιλεὺς, ὅτι εἰς τὸν

ᵝ Gr. from the end of, etc.   ᵞ So the Alex. which reads σύστρεμμα. See Acts 23. 12.   ᵟ Gr. hand.   ᶻ Or, they that.   ᶿ Gr. if.

τόπον οὗ ἐὰν ᾖ ὁ κύριός μου, καὶ ἐὰν εἰς θάνατον καὶ ἐὰν εἰς
22 ζωήν, ὅτι ἐκεῖ ἔσται ὁ δοῦλός σου. Καὶ εἶπεν ὁ βασιλεὺς
πρὸς Ἐθί, δεῦρο, καὶ διάβαινε μετ᾽ ἐμοῦ· καὶ παρῆλθεν Ἐθὶ
ὁ Γεθαῖος καὶ ὁ βασιλεὺς, καὶ πάντες οἱ παῖδες αὐτοῦ καὶ πᾶς
ὁ ὄχλος ὁ μετ᾽ αὐτοῦ.

23   Καὶ πᾶσα ἡ γῆ ἔκλαιε φωνῇ μεγάλῃ· καὶ πᾶς ὁ λαὸς
παρεπορεύοντο ἐν τῷ χειμάρρῳ τῶν Κέδρων· καὶ ὁ βασιλεὺς
διέβη τὸν χειμάρρουν Κέδρων· καὶ πᾶς ὁ λαὸς καὶ ὁ βασιλεὺς
παρεπορεύοντο ἐπὶ πρόσωπον ὁδοῦ τὴν ἔρημον.

24   Καὶ ἰδοὺ καὶ γε Σαδὼκ καὶ πάντες οἱ Λευῖται μετ᾽ αὐτοῦ,
αἴροντες τὴν κιβωτὸν διαθήκης Κυρίου ἀπὸ Βαιθάρ· καὶ ἔστη-
σαν τὴν κιβωτὸν τοῦ Θεοῦ· καὶ ἀνέβη Ἀβιάθαρ ἕως ἐπαύσατο
25 πᾶς ὁ λαὸς παρελθεῖν ἐκ τῆς πόλεως. Καὶ εἶπεν ὁ βασιλεὺς
πρὸς τὸν Σαδὼκ, ἀπόστρεψον τὴν κιβωτὸν τοῦ Θεοῦ εἰς τὴν
πόλιν· ἐὰν εὕρω χάριν ἐν ὀφθαλμοῖς Κυρίου, καὶ ἐπιστρέψει με,
26 καὶ δείξει μοι αὐτὴν καὶ τὴν εὐπρέπειαν αὐτῆς. Καὶ ἐὰν εἴπῃ
οὕτως, οὐκ ἠθέληκα ἐν σοί· ἰδοὺ ἐγώ εἰμι, ποιείτω μοι κατὰ τὸ
ἀγαθὸν ἐν ὀφθαλμοῖς αὐτοῦ.

27   Καὶ εἶπεν ὁ βασιλεὺς τῷ Σαδὼκ τῷ ἱερεῖ, ἴδετε, σὺ ἐπι-
στρέφεις εἰς τὴν πόλιν ἐν εἰρήνῃ, καὶ Ἀχιμάας ὁ υἱός σου, καὶ
28 Ἰωνάθαν ὁ υἱὸς Ἀβιάθαρ οἱ δύο υἱοὶ ὑμῶν μεθ᾽ ὑμῶν. Ἴδετε,
ἐγώ εἰμι στρατεύομαι ἐν Ἀραβὼθ τῆς ἐρήμου, ἕως τοῦ ἐλθεῖν
29 ῥῆμα παρ᾽ ὑμῶν τοῦ ἀπαγγειλαί μοι. Καὶ ἀπέστρεψε Σαδὼκ
καὶ Ἀβιάθαρ τὴν κιβωτὸν τοῦ Θεοῦ εἰς Ἱερουσαλήμ, καὶ ἐκά-
θισεν ἐκεῖ.

30   Καὶ Δαυὶδ ἀνέβαινεν ἐν τῇ ἀναβάσει τῶν ἐλαιῶν ἀναβαίνων
καὶ κλαίων, καὶ τὴν κεφαλὴν ἐπικεκαλυμμένος, καὶ αὐτὸς ἐπο-
ρεύετο ἀνυπόδετος· καὶ πᾶς ὁ λαὸς ὁ μετ᾽ αὐτοῦ ἐπεκάλυψεν
ἀνὴρ τὴν κεφαλὴν αὐτοῦ· καὶ ἀνέβαινον ἀναβαίνοντες καὶ κλαί-
31 οντες. Καὶ ἀνηγγέλη Δαυὶδ, λέγοντες, καὶ Ἀχιτόφελ ἐν τοῖς
συστρεφομένοις μετὰ Ἀβεσσαλώμ· καὶ εἶπε Δαυὶδ, διασκέδασον
δὴ τὴν βουλὴν Ἀχιτόφελ, Κύριε ὁ Θεός μου.

32   Καὶ ἦν Δαυὶδ ἐρχόμενος ἕως τοῦ Ῥὼς, οὗ προσεκύνησεν
ἐκεῖ τῷ Θεῷ· καὶ ἰδοὺ εἰς ἀπαντὴν αὐτῷ Χουσὶ ὁ ἀρχιεταῖρος
Δαυὶδ διερρηχὼς τὸν χιτῶνα αὐτοῦ, καὶ γῆ ἐπὶ τῆς κεφαλῆς
33 αὐτοῦ. Καὶ εἶπεν αὐτῷ Δαυὶδ, ἐὰν μὲν διαβῇς μετ᾽ ἐμοῦ,
34 καὶ ἔσῃ ἐπ᾽ ἐμὲ εἰς βάσταγμα· καὶ ἐὰν ἐπιστρέψῃς ἐπὶ τὴν
πόλιν, καὶ ἐρεῖς τῷ Ἀβεσσαλώμ, διεληλύθασιν οἱ ἀδελφοί
σου, καὶ ὁ βασιλεὺς κατόπισθέ μου διελήλυθεν ὁ πατήρ σου·
καὶ νῦν παῖς σου εἰμὶ, βασιλεῦ, ἔασόν με ζῆσαι· παῖς τοῦ
πατρὸς σου ἤμην τότε καὶ ἀρτίως, καὶ νῦν ἐγὼ δοῦλος σός· καὶ
35 διασκεδάσεις μοι τὴν βουλὴν Ἀχιτόφελ. Καὶ ἰδοὺ ἐκεῖ μετὰ
σοῦ Σαδὼκ καὶ Ἀβιάθαρ οἱ ἱερεῖς· καὶ ἔσται πᾶν ῥῆμα ὃ ἐὰν
ἀκούσῃς ἐξ οἴκου τοῦ βασιλέως, καὶ ἀπαγγελεῖς τῷ Σαδὼκ καὶ
36 τῷ Ἀβιάθαρ τοῖς ἱερεῦσιν. Ἰδοὺ μετ᾽ αὐτῶν δύο υἱοὶ
αὐτῶν, Ἀχιμάας υἱὸς τῷ Σαδὼκ, καὶ Ἰωνάθαν υἱὸς τῷ Ἀβιάθαρ·
καὶ ἀποστελεῖτε ἐν χειρὶ αὐτῶν πρὸς μὲ πᾶν ῥῆμα ὃ ἐὰν ἀκού-
37 σητε. Καὶ εἰσῆλθε Χουσὶ ὁ ἑταῖρος Δαυὶδ εἰς τὴν πόλιν, καὶ
Ἀβεσσαλὼμ ἄρτι εἰσεπορεύετο εἰς Ἱερουσαλήμ.

shall be, whether it be for death or life, there shall thy servant be. [22] And the king said to Ethi, Come and pass over with me. So Ethi the Gittite and the king passed over, and all his servants, and all the multitude with him. [23] And all the β country wept with a loud voice. And all the people passed by γ over the brook of Kedron; and the king crossed the brook Kedron: and all the people and the king passed on toward the way of the wilderness. [24] And behold also Sadoc, and all the Levites were with him, bearing the ark of the covenant of the Lord from Bæthar: and they set down the ark of God; and Abiathar went up, until all the people had passed out of the city. [25] And the king said to Sadoc, Carry back the ark of God into the city: if I should find favour in the eyes of the Lord, then will he bring me back, and he will shew me it and its beauty. [26] But if he should say thus, I have no pleasure in thee; behold, *here* I am, let him do to me according to that which is good in his eyes. [27] And the king said to Sadoc the priest, Behold, thou δ shalt return to the city in peace, and Achimaas thy son, and Jonathan the son of Abiathar, your two sons with you. [28] Behold, I continue in arms in Araboth of the desert, until there come tidings from you to report to me. [29] So Sadoc and Abiathar brought back the ark of the Lord to Jerusalem, and it continued there. [30] And David went up by the ascent of *the mount of* Olives, ascending and weeping, and had his head covered, and went barefooted: and all the people that were with him covered *every* man his head; and they went up, ascending and weeping. [31] And it was reported to David, saying, Achitophel also *is* among the conspirators with Abessalom. And David said, O Lord my God, disconcert, I pray thee, the counsel of Achitophel. [32] And David came as far as Ros, where he worshipped God: and behold, Chusi the chief friend of David came out to meet him, having rent his garment, and earth *was* upon his head. [33] And David said to him, If thou shouldest go over with me, then wilt thou be a burden to me; [34] but if thou shall return to the city, and shalt say to Abessalom, Thy brethren are passed over, and the king thy father is passed over after me: and now I am thy servant, O king, suffer me to live: at one time even of late I was the servant of thy father, and now I *am* thy humble servant—so shalt thou disconcert for me the counsel of Achitophel. [35] And, behold, *there are* there with thee Sadoc and Abiathar the priests; and it shall be that every word that thou shalt hear of the house of the king, thou shalt report it to Sadoc and Abiathar the priests. [36] Behold, *there are* there with them their two sons, Achimaas the son of Sadoc, and Jonathan the son of Abiathar; and by them ye shall report to me every word which ye shall hear. [37] So Chusi the friend of David went into the city, and Abessalom was lately gone into Jerusalem.

β *Gr.* land.   γ *Gr.* in.   δ *Gr.* dost.

And David passed on a little way from Ros; and, behold, Siba the servant of Memphibosthe came to meet him; and he had a couple of asses laden, and upon them two hundred loaves, and a hundred *bunches of* raisins, and a hundred *cakes of* dates, and a bottle of wine. ² And the king said to Siba, What meanest thou by these? and Siba said, The asses *are* for the household of the king to sit upon, and the loaves and the dates *are* for the young men to eat, and the wine *is* for them that are faint in the wilderness to drink. ³ And the king said, And where *is* the son of thy master? and Siba said to the king, Behold, he remains in Jerusalem; for he said, To-day shall the house of Israel restore to me the kingdom of my father. ⁴And the king said to Siba, Behold, all Memphibosthe's property *is* thine. And Siba did obeisance and said, My lord, O king, let me find grace in thine eyes.

⁵ And king David came to Baurim; and, behold, there came out from thence a man of the family of the house of Saul, and his name *was* Semei the son of Gera. He came forth and cursed as he went, ⁶and cast stones at David, and at all the servants of king David: and all the people and all the mighty men were on the right and left hand of the king. ⁷ And thus Semei said when he cursed him, Go out, go out, thou bloody man, and man of sin. ⁸ The Lord has returned upon thee all the blood of the house of Saul, because thou hast reigned in his stead; and the Lord has given the kingdom into the hand of Abessalom thy son: and, behold, thou *art taken* in thy mischief, because thou *art* a bloody man.

⁹ And Abessa the son of Saruia said to the king, Why does this dead dog curse my lord the king? let me go over now and take off his head. ¹⁰ And the king said, What have I to do with you, ye sons of Saruia? even let him alone, and so let him curse, for the Lord has told him to curse David: and who shall say, Why hast thou done thus? ¹¹ And David said to Abessa and to all his servants, Behold, my son who came forth out of my bowels seeks my life; still more now may the son of Benjamin: let him curse, because the Lord has told him. ¹² If by any means the Lord may look on my affliction, thus shall he return me good for his cursing this day.

¹³ And David and all the men with him went on the way: and Semei went by the side of the hill next to him, cursing as he went, and casting stones β at him, and sprinkling him with dirt. ¹⁴ And the king, and all the people with him, came away and refreshed themselves there.

¹⁵ And Abessalom and all the men of Israel went into Jerusalem, and Achitophel with him. ¹⁶ And it came to pass when Chusi the chief friend of David came to Abessalom, that Chusi said to Abessalom, Let the king live. ¹⁷ And Abessalom said to Chusi, *Is* this thy kindness to thy friend? why wentest thou not forth with thy friend? ¹⁸ And Chusi said to Abessalom, Nay, but following whom the Lord, and this people, and all Israel have chosen,—his will I be,

Καὶ Δαυὶδ παρῆλθε βραχύ τι ἀπὸ τῆς Ῥὼς, καὶ ἰδοὺ Σιβὰ 16 τὸ παιδάριον Μεμφιβοσθὲ εἰς ἀπαντὴν αὐτοῦ· καὶ ζεῦγος ὄνων ἐπισεσαγμένων, καὶ ἐπ᾽ αὐτοῖς διακόσιοι ἄρτοι, καὶ ἑκατὸν σταφίδες, καὶ ἑκατὸν φοίνικες, καὶ νέβελ οἴνου. Καὶ εἶπεν 2 ὁ βασιλεὺς πρὸς Σιβὰ, τί ταῦτά σοι; καὶ εἶπε Σιβὰ, τὰ ὑποζύγια τῇ οἰκίᾳ τοῦ βασιλέως τοῦ ἐπικαθῆσθαι, καὶ οἱ ἄρτοι καὶ οἱ φοίνικες εἰς βρῶσιν τοῖς παιδαρίοις, καὶ ὁ οἶνος πιεῖν τοῖς ἐκλελυμένοις ἐν τῇ ἐρήμῳ. Καὶ εἶπεν ὁ βασιλεὺς, καὶ 3 ποῦ ὁ υἱὸς τοῦ κυρίου σου; καὶ εἶπε Σιβὰ πρὸς τὸν βασιλέα, ἰδοὺ κάθηται ἐν Ἱερουσαλὴμ, ὅτι εἶπε, σήμερον ἐπιστρέψουσί μοι οἶκος Ἰσραὴλ τὴν βασιλείαν τοῦ πατρός μου. Καὶ εἶπεν 4 ὁ βασιλεὺς τῷ Σιβᾷ, ἰδού σοι πάντα ὅσα ἐστὶ Μεμφιβοσθέ· καὶ εἶπε Σιβὰ προσκυνήσας, εὕροιμι χάριν ἐν ὀφθαλμοῖς σου κύριέ μου βασιλεῦ.

Καὶ ἦλθεν ὁ βασιλεὺς Δαυὶδ ἕως Βαουρίμ· καὶ ἰδοὺ ἐκεῖθεν 5 ἀνὴρ ἐξεπορεύετο ἐκ συγγενείας οἴκου Σαοὺλ, καὶ ὄνομα αὐτῷ Σεμεῒ υἱὸς Γηρά· ἐξῆλθε ἐκπορευόμενος καὶ καταρώμενος, καὶ λιθάζων ἐν λίθοις τὸν Δαυὶδ, καὶ πάντας τοὺς παῖδας τοῦ 6 βασιλέως Δαυίδ· καὶ πᾶς ὁ λαὸς ἦν, καὶ πάντες οἱ δυνατοὶ, ἐκ δεξιῶν καὶ ἐξ εὐωνύμων τοῦ βασιλέως. Καὶ οὕτως ἔλεγε 7 Σεμεῒ ἐν τῷ καταρᾶσθαι αὐτὸν, ἔξελθε ἔξελθε ἀνὴρ αἱμάτων καὶ ἀνὴρ ὁ παράνομος. Ἐπέστρεψεν ἐπὶ σὲ Κύριος πάντα τὰ 8 αἵματα τοῦ οἴκου Σαοὺλ, ὅτι ἐβασίλευσας ἀντ᾽ αὐτοῦ· καὶ ἔδωκε Κύριος τὴν βασιλείαν ἐν χειρὶ Ἀβεσσαλὼμ τοῦ υἱοῦ σου· καὶ ἰδοὺ σὺ ἐν τῇ κακίᾳ σου, ὅτι ἀνὴρ αἱμάτων σύ.

Καὶ εἶπεν Ἀβεσσὰ υἱὸς Σαρουίας πρὸς τὸν βασιλέα, ἱνατί 9 καταρᾶται ὁ κύων ὁ τεθνηκὼς οὗτος τὸν κύριόν μου τὸν βασιλέα; διαβήσομαι δὴ καὶ ἀφελῶ τὴν κεφαλὴν αὐτοῦ. Καὶ 10 εἶπεν ὁ βασιλεὺς, τί ἐμοὶ καὶ ὑμῖν, υἱοὶ Σαρουίας; καὶ ἄφετε αὐτὸν, καὶ οὕτως καταράσθω, ὅτι Κύριος εἶπεν αὐτῷ καταρᾶσθαι τὸν Δαυίδ· καὶ τίς ἐρεῖ, ὡς τί ἐποίησας οὕτως; Καὶ 11 εἶπε Δαυὶδ πρὸς Ἀβεσσὰ καὶ πρὸς πάντας τοὺς παῖδας αὐτοῦ, ἰδοὺ ὁ υἱός μου ὁ ἐξελθὼν ἐκ τῆς κοιλίας μου ζητεῖ τὴν ψυχήν μου, καὶ προσέτι νῦν ὁ υἱὸς τοῦ Ἰεμινί· ἄφετε αὐτὸν καταρᾶσθαι, ὅτι εἶπεν αὐτῷ Κύριος. Εἴπως ἴδοι Κύριος ἐν τῇ ταπει- 12 νώσει μου, καὶ ἐπιστρέψει μοι ἀγαθὰ ἀντὶ τῆς κατάρας αὐτοῦ τῇ ἡμέρᾳ ταύτῃ.

Καὶ ἐπορεύθη Δαυὶδ καὶ πάντες οἱ ἄνδρες αὐτοῦ ἐν τῇ ὁδῷ· 13 καὶ Σεμεῒ ἐπορεύετο ἐκ πλευρᾶς τοῦ ὄρους ἐχόμενα αὐτοῦ πορευόμενος καὶ καταρώμενος καὶ λιθάζων ἐν λίθοις ἐκ πλαγίων αὐτοῦ καὶ τῷ χοῒ πάσσων. Καὶ ἦλθεν ὁ βασιλεὺς καὶ πᾶς ὁ λαὸς 14 μετ᾽ αὐτοῦ ἐκλελυμένοι, καὶ ἀνέψυξαν ἐκεῖ.

Καὶ Ἀβεσσαλὼμ καὶ πᾶς ἀνὴρ Ἰσραὴλ εἰσῆλθον εἰς 15 Ἱερουσαλὴμ, καὶ Ἀχιτόφελ μετ᾽ αὐτοῦ. Καὶ ἐγενήθη ἡνίκα 16 ἦλθε Χουσὶ ὁ ἀρχιεταῖρος Δαυὶδ πρὸς Ἀβεσσαλὼμ, καὶ εἶπε Χουσὶ πρὸς Ἀβεσσαλὼμ, ζήτω ὁ βασιλεύς. Καὶ εἶπεν 17 Ἀβεσσαλὼμ πρὸς Χουσὶ, τοῦτο τὸ ἔλεός σου μετὰ τοῦ ἑταίρου σου; ἱνατί οὐκ ἀπῆλθες μετὰ τοῦ ἑταίρου σου; Καὶ εἶπε 18 Χουσὶ πρὸς Ἀβεσσαλὼμ, οὐχὶ, ἀλλὰ κατόπισθεν οὗ ἐξελέξατο Κύριος καὶ ὁ λαὸς οὗτος καὶ πᾶς ἀνὴρ Ἰσραὴλ, αὐτῷ ἔσομαι,

---

β Gr. obliquely, etc.

19 καὶ μετὰ αὐτοῦ καθήσομαι. Καὶ τὸ δεύτερον, τίνι ἐγὼ δουλεύσω; οὐχὶ ἐνώπιον τοῦ υἱοῦ αὐτοῦ; καθάπερ ἐδούλευσα ἐνώπιον τοῦ πατρός σου, οὕτως ἔσομαι ἐνώπιόν σου.

20 Καὶ εἶπεν Ἀβεσσαλὼμ πρὸς Ἀχιτόφελ, φέρετε ἑαυτοῖς
21 βουλὴν τί ποιήσωμεν. Καὶ εἶπεν Ἀχιτόφελ πρὸς Ἀβεσσαλώμ, εἴσελθε πρὸς τὰς παλλακὰς τοῦ πατρός σου, ἃς κατέλιπε φυλάσσειν τὸν οἶκον αὐτοῦ, καὶ ἀκούσεται πᾶς Ἰσραήλ, ὅτι κατήσχυνας τὸν πατέρα σου, καὶ ἐνισχύσουσιν αἱ χεῖρες πάν-
22 των τῶν μετὰ σοῦ. Καὶ ἔπηξαν τὴν σκηνὴν τῷ Ἀβεσσαλὼμ ἐπὶ τὸ δῶμα, καὶ εἰσῆλθεν Ἀβεσσαλὼμ πρὸς τὰς παλλακὰς
23 τοῦ πατρὸς αὐτοῦ κατ᾽ ὀφθαλμοὺς παντὸς Ἰσραήλ. Καὶ ἡ βουλὴ Ἀχιτόφελ, ἣν ἐβουλεύσατο ἐν ταῖς ἡμέραις ταῖς πρώταις, ὃν τρόπον ἐπερωτήσῃ τις ἐν λόγῳ τοῦ Θεοῦ· οὕτως πᾶσα ἡ βουλὴ τοῦ Ἀχιτόφελ καί γε τῷ Δαυὶδ καί γε τῷ Ἀβεσσαλώμ.

17 Καὶ εἶπεν Ἀχιτόφελ πρὸς Ἀβεσσαλώμ, ἐπιλέξω δὴ ἐμαυτῷ δώδεκα χιλιάδας ἀνδρῶν, καὶ ἀναστήσομαι καὶ καταδιώξω ὀπίσω
2 Δαυὶδ τὴν νύκτα. Καὶ ἐπελεύσομαι ἐπ᾽ αὐτόν, καὶ αὐτὸς κοπιῶν καὶ ἐκλελυμένος χερσί, καὶ ἐκστήσω αὐτόν, καὶ φεύξεται πᾶς ὁ λαὸς ὁ μετ᾽ αὐτοῦ, καὶ πατάξω τὸν βασιλέα
3 μονώτατον· Καὶ ἐπιστρέψω πάντα τὸν λαὸν πρὸς σέ, ὃν τρόπον ἐπιστρέφει ἡ νύμφη πρὸς τὸν ἄνδρα αὐτῆς· πλὴν ψυχὴν ἀνδρὸς ἑνὸς σὺ ζητεῖς, καὶ παντὶ τῷ λαῷ ἔσται εἰρήνη.
4 Καὶ εὐθὺς ὁ λόγος ἐν ὀφθαλμοῖς Ἀβεσσαλώμ, καὶ ἐν ὀφθαλμοῖς πάντων τῶν πρεσβυτέρων Ἰσραήλ.
5 Καὶ εἶπεν Ἀβεσσαλώμ, καλέσατε δὴ καί γε τὸν Χουσὶ τὸν Ἀραχί, καὶ ἀκούσωμεν τί ἐν τῷ στόματι αὐτοῦ, καί γε αὐτοῦ.
6 Καὶ εἰσῆλθε Χουσὶ πρὸς Ἀβεσσαλώμ, καὶ εἶπεν Ἀβεσσαλὼμ πρὸς αὐτόν, λέγων, κατὰ τὸ ῥῆμα τοῦτο ἐλάλησεν Ἀχιτόφελ· ποιήσομεν κατὰ τὸν λόγον αὐτοῦ; εἰ δὲ μή, σὺ λάλησον.
7 Καὶ εἶπε Χουσὶ πρὸς Ἀβεσσαλώμ, οὐκ ἀγαθὴ αὕτη ἡ βουλὴ
8 ἣν ἐβουλεύσατο Ἀχιτόφελ τὸ ἅπαξ τοῦτο. Καὶ εἶπε Χουσί, σὺ οἶδας τὸν πατέρα σου καὶ τοὺς ἄνδρας αὐτοῦ, ὅτι δυνατοί εἰσι σφόδρα καὶ κατάπικροι τῇ ψυχῇ αὐτῶν, ὡς ἄρκος ἠτεκνωμένη ἐν ἀγρῷ, καὶ ὡς ὗς τραχεῖα ἐν τῇ πεδίῳ· καὶ ὁ πατήρ
9 σου ἀνὴρ πολεμιστής, καὶ οὐ μὴ καταλύσῃ τὸν λαόν. Ἰδοὺ γὰρ αὐτὸς νῦν κέκρυπται ἐν ἑνὶ τῶν βουνῶν ἢ ἐν ἑνὶ τῶν τόπων· καὶ ἔσται ἐν τῷ ἐπιπεσεῖν αὐτοῖς ἐν ἀρχῇ, καὶ ἀκούσῃ ἀκούων, καὶ εἴπῃ, ἐγενήθη θραῦσις ἐν τῷ λαῷ τῷ ὀπίσω Ἀβεσ-
10 σαλώμ. Καί γε αὐτὸς υἱὸς δυνάμεως, οὗ ἡ καρδία καθὼς ἡ καρδία τοῦ λέοντος, τηκομένη τακήσεται· ὅτι οἶδε πᾶς Ἰσραήλ, ὅτι δυνατὸς ὁ πατήρ σου, καὶ υἱοὶ δυνάμεως οἱ μετ᾽ αὐτοῦ.
11 Ὅτι οὕτως συμβουλεύων ἐγὼ συνεβούλευσα, καὶ συναγόμενος συναχθήσεται ἐπὶ σὲ πᾶς Ἰσραὴλ ἀπὸ Δὰν καὶ ἕως Βηρσαβεέ, ὡς ἡ ἄμμος ἡ ἐπὶ τῆς θαλάσσης εἰς πλῆθος· καὶ τὸ πρόσωπόν
12 σου πορευόμενον ἐν μέσῳ αὐτῶν. Καὶ ἥξομεν πρὸς αὐτὸν εἰς ἕνα τῶν τόπων οὗ ἐὰν εὕρωμεν αὐτὸν ἐκεῖ, καὶ παρεμβαλοῦμεν ἐπ᾽ αὐτόν, ὡς πίπτει δρόσος ἐπὶ τὴν γῆν, καὶ οὐχ ὑπολειψόμεθα ἐν αὐτῷ καὶ τοῖς ἀνδράσιν αὐτοῦ τοῖς μετ᾽ αὐτοῦ, καί γε
13 ἕνα. Καὶ ἐὰν εἰς τὴν πόλιν συναχθῇ, καὶ λήψεται πᾶς

and with him will I dwell. 19 And again, whom shall I serve? should I not in the presence of his son? As I served in the sight of thy father, so will I be in thy presence.

20 And Abessalom said to Achitophel, Deliberate among yourselves concerning what we should do. 21 And Achitophel said to Abessalom, Go in to thy father's concubines, whom he left to keep his house; and all Israel shall hear that thou hast dishonoured thy father; and the hands of all that are with thee shall be strengthened. 22 And they pitched a tent for Abessalom on the roof, and Abessalom went in to his father's concubines in the sight of all Israel. 23 And the counsel of Achitophel, which he counselled in former days, *was* as if one should enquire of the word of God: so *was* all the counsel of Achitophel both to David and also to Abessalom.

And Achitophel said to Abessalom, Let me now choose out for myself twelve thousand men, and I will arise and follow after David this night: 2 and I will come upon him when he *is* weary and weak-handed, and I will strike him with terror; and all the people with him shall flee, and I will smite the king only of all. 3 And I will bring back all the people to thee, as a bride returns to her husband: only thou seekest the life of one man, and all the people shall have peace. 4 And the saying *was* right in the eyes of Abessalom, and in the eyes of all the elders of Israel.

5 And Abessalom said, Call now also Chusi the Arachite, and let us hear what *is* in his mouth, even in his also. 6 And Chusi went in to Abessalom, and Abessalom spoke to him, saying, After this manner spoke Achitophel: shall we do according to his word? but if not, do thou speak.

7 And Chusi said to Abessalom, This counsel which Achitophel has counselled this one time *is* not good. 8 And Chusi said, Thou knowest thy father and his men, that they are very mighty, and bitter in their spirit, as a bereaved bear in the field, [β and as a wild boar in the plain]: and thy father *is* a man of war, and will not give the people rest. 9 For, behold, he is now hidden in one of the hills or in some *other* place: and it shall come to pass when he falls upon them at the beginning, that *some one* will certainly hear, and say, There has been a slaughter among the people that follow after Abessalom. 10 Then even the *that is* γ strong, whose heart is as the heart of a lion,—it shall utterly melt: for all Israel knows that thy father *is* mighty, and they that are with him *are* mighty men. 11 For thus I have surely given counsel, that all Israel be generally gathered to thee from Dan even to Bersabee, as the sand that is upon the sea-shore for multitude: and that thy presence δ go in the midst of them. 12 And we will come upon him in one of the places where we shall find him, and we will encamp against him, as the dew falls upon the earth; and we will not leave of him and of his men so much as one. 13 And if he shall have taken refuge with his army in a city,

---

β *Heb.* and *Alex.* omit the words in brackets.   γ *Gr.* a son of strength.   δ *Gr.* going.

then shall all Israel take ropes to that city, and we will draw it even into the river, that there may not be left there even a stone.

[14] And Abessalom, and all the men of Israel said, The counsel of Chusi the Arachite *is* better than the counsel of Achitophel. For the Lord ordained to disconcert the good counsel of Achitophel, that the Lord might bring all evil upon Abessalom.

[15] And Chusi the Arachite said to Sadoc and Abiathar the priests, Thus and thus Achitophel counselled Abessalom and the elders of Israel; and thus and thus have I counselled. [16] And now send quickly and report to David, saying, Lodge not this night in Araboth of the wilderness: even go and make haste, lest *one* βswallow up the king, and all the people with him.

[17] And Jonathan and Achimaas stood by the well of Rogel, and a maid-servant went and reported to them, and they go and tell king David; for they might not be seen to enter into the city. [18] But a young man saw them and told Abessalom: and the two went quickly, and entered into the house of a man in Baurim; and he had a well in his court, and they went down into it. [19] And a woman took a covering, and spread it over the mouth of the well, and γspread out ground corn upon it to dry, and the thing was not known. [20] And the servants of Abessalom came to the woman into the house, and said, Where *are* Achimaas and Jonathan? and the woman said to them, They are δ gone a little way beyond ζthe water. And they sought and found them not, and returned to Jerusalem. [21] And it came to pass after they were gone, that they came up out of the pit, and went on their way; and reported to king David, and said to David, Arise ye and go quickly over the water, for thus has Achitophel counselled concerning you.

[22] And David rose up and all the people with him, and they passed over Jordan till the morning light; there was not one missing who did not pass over Jordan.

[23] And Achitophel saw that his counsel was not followed, and he saddled his ass, and rose and departed to his house into his city; and he gave orders to his household, and θhanged himself, and died, and was buried in the sepulchre of his father.

[24] And David passed over to Manaim: and Abessalom crossed over Jordan, he and all the men of Israel with him. [25] And Abessalom appointed Amessai in the room of Joab over the host. And Amessai was the son of a man λwhose name was Jether of Jezrael: he went in to Abigaia the daughter of Naas, the sister of Saruia the mother of Joab. [26] And all Israel and Abessalom encamped in the land of Galaad.

[27] And it came to pass when David came to Manaim, that Uesbi the son of Naas of Rabbath of the sons of Ammon, and Machir son of Amiel of Lodabar, and Berzelli the Galaadite of Rogellim, [28] brought ten em-

Ἰσραὴλ πρὸς τὴν πόλιν ἐκείνην σχοινία, καὶ συροῦμεν αὐτὴν ἕως εἰς τὸν χειμάρρουν, ὅπως μὴ καταλειφθῇ ἐκεῖ μηδὲ λίθος.

Καὶ εἶπεν Ἀβεσσαλὼμ, καὶ πᾶς ἀνὴρ Ἰσραὴλ, ἀγαθὴ 14 ἡ βουλὴ Χουσὶ τοῦ Ἀραχὶ ὑπὲρ τὴν βουλὴν Ἀχιτόφελ· καὶ Κύριος ἐνετείλατο διασκεδάσαι τὴν βουλὴν τοῦ Ἀχιτόφελ τὴν ἀγαθήν, ὅπως ἂν ἐπαγάγῃ Κύριος ἐπὶ Ἀβεσσαλὼμ τὰ κακὰ πάντα.

Καὶ εἶπε Χουσὶ ὁ τοῦ Ἀραχὶ πρὸς Σαδὼκ καὶ Ἀβιάθαρ 15 τοὺς ἱερεῖς, οὕτως καὶ οὕτως συνεβούλευσεν Ἀχιτόφελ τῷ Ἀβεσσαλὼμ καὶ τοῖς πρεσβυτέροις Ἰσραήλ· καὶ οὕτως καὶ οὕτως συνεβούλευσα ἐγώ. Καὶ νῦν ἀποστείλατε ταχὺ καὶ 16 ἀναγγείλατε τῷ Δαυὶδ, λέγοντες, μὴ αὐλισθῇς τὴν νύκτα ἐν Ἀραβὼθ τῆς ἐρήμου, καί γε διαβαίνων σπεῦσον, μήποτε καταπείσῃ τὸν βασιλέα, καὶ πάντα τὸν λαὸν τὸν μετʼ αὐτοῦ.

Καὶ Ἰωνάθαν καὶ Ἀχιμάας εἱστήκεισαν ἐν τῇ πηγῇ Ῥωγὴλ, 17 καὶ ἐπορεύθη ἡ παιδίσκη, καὶ ἀνήγγειλεν αὐτοῖς, καὶ αὐτοὶ πορεύονται καὶ ἀναγγέλλουσι τῷ βασιλεῖ Δαυίδ· ὅτι οὐκ ἠδύναντο ὀφθῆναι τοῦ εἰσελθεῖν τὶς τὴν πόλιν. Καὶ εἶδεν 18 αὐτοὺς παιδάριον, καὶ ἀνήγγειλε τῷ Ἀβεσσαλώμ· καὶ ἐπορεύθησαν οἱ δύο ταχέως, καὶ εἰσῆλθαν εἰς οἰκίαν ἀνδρὸς ἐν Βαουρίμ· καὶ αὐτῷ λάκκος ἐν τῇ αὐλῇ, καὶ κατέβησαν ἐκεῖ. Καὶ ἔλαβεν ἡ γυνὴ, καὶ διεπέτασε τὸ ἐπικάλυμμα ἐπὶ πρόσ- 19 ωπον τοῦ λάκκου, καὶ ἔψυξεν ἐπ' αὐτῷ ἀραφὼθ, καὶ οὐκ ἐγνώσθη ῥῆμα. Καὶ ἦλθον οἱ παῖδες Ἀβεσσαλὼμ πρὸς τὴν 20 γυναῖκα εἰς τὴν οἰκίαν, καὶ εἶπαν, ποῦ Ἀχιμάας καὶ Ἰωνάθαν; καὶ εἶπεν αὐτοῖς ἡ γυνὴ, παρῆλθαν μικρὸν τοῦ ὕδατος· καὶ ἐζήτησαν, καὶ οὐχ εὗραν, καὶ ἀνέστρεψαν εἰς Ἰερουσαλήμ. Ἐγένετο δὲ μετὰ τὸ ἀπελθεῖν αὐτοὺς, καὶ ἀνέβησαν ἐκ τοῦ 21 λάκκου, καὶ ἐπορεύθησαν· καὶ ἀπήγγειλαν τῷ βασιλεῖ Δαυὶδ, καὶ εἶπαν πρὸς Δαυὶδ, ἀνάστητε καὶ διάβητε ταχέως τὸ ὕδωρ, ὅτι οὕτως ἐβουλεύσατο περὶ ὑμῶν Ἀχιτόφελ.

Καὶ ἀνέστη Δαυὶδ καὶ πᾶς ὁ λαὸς ὁ μετʼ αὐτοῦ, καὶ διέβη- 22 σαν τὸν Ἰορδάνην ἕως τοῦ φωτὸς τοῦ πρωΐ, ἕως ἑνὸς οὐκ ἔλαθεν ὃς οὐ διῆλθε τὸν Ἰορδάνην.

Καὶ Ἀχιτόφελ εἶδεν ὅτι οὐκ ἐγενήθη ἡ βουλὴ αὐτοῦ, καὶ 23 ἐπέσαξε τὴν ὄνον αὐτοῦ, καὶ ἀνέστη καὶ ἀπῆλθεν εἰς τὸν οἶκον αὐτοῦ εἰς τὴν πόλιν αὐτοῦ· καὶ ἐνετείλατο τῷ οἴκῳ αὐτοῦ, καὶ ἀπήγξατο καὶ ἀπέθανε, καὶ ἐτάφη ἐν τῷ τάφῳ τοῦ πατρὸς αὐτοῦ.

Καὶ Δαυὶδ διῆλθεν εἰς Μαναΐμ· καὶ Ἀβεσσαλὼμ διέβη τὸν 24 Ἰορδάνην αὐτὸς καὶ πᾶς ἀνὴρ Ἰσραὴλ μετʼ αὐτοῦ. Καὶ τὸν 25 Ἀμεσσαῒ κατέστησεν Ἀβεσσαλὼμ ἀντὶ Ἰωὰβ ἐπὶ τῆς δυνάμεως. Καὶ Ἀμεσσαῒ υἱὸς ἀνδρὸς, καὶ ὄνομα αὐτῷ Ἰεθὲρ ὁ Ἰεζραηλίτης· οὗτος εἰσῆλθε πρὸς Ἀβιγαίαν θυγατέρα Νάας ἀδελφὴν Σαρουίας μητρὸς Ἰωάβ. Καὶ παρενέβαλε πᾶς Ἰσ- 26 ραὴλ καὶ Ἀβεσσαλὼμ εἰς τὴν γῆν Γαλαάδ.

Καὶ ἐγένετο ἡνίκα ἦλθε Δαυὶδ εἰς Μαναΐμ, καὶ Οὐεσβὶ υἱὸς 27 Νάας ἐκ Ῥαββὰθ υἱῶν Ἀμμὼν, καὶ Μαχὶρ υἱὸς Ἀμιὴλ ἐκ Λωδαβὰρ, καὶ Βερζελλὶ ὁ Γαλααδίτης ἐκ Ῥωγελλὶμ, ἤνεγκαν 28

β *Alex.* καταπίῃ: γ See Num. 11. 32. Jerem. 8. 2. δ *Or,* lately gone over. ζ *Or,* the small streams. θ Comp. the Greek with Matt. 27. 5. λ *Gr.* and his name, etc.

δέκα κοίτας ἀμφιτάπους, καὶ λέβητας δέκα, καὶ σκεύη κεράμου, καὶ πυροὺς, καὶ κριθὰς, καὶ ἄλευρον, καὶ ἄλφιτον, καὶ κύαμον,
29 καὶ φακὸν, καὶ μέλι, καὶ βούτυρον, καὶ πρόβατα, καὶ σαφὼθ βοῶν· καὶ προσήνεγκαν τῷ Δαυὶδ, καὶ τῷ λαῷ τῷ μετ᾽ αὐτοῦ φαγεῖν· ὅτι εἶπεν, ὁ λαὸς πεινῶν καὶ ἐκλελυμένος καὶ διψῶν ἐν τῇ ἐρήμῳ.

18 Καὶ ἐπεσκέψατο Δαυὶδ τὸν λαὸν τὸν μετ᾽ αὐτοῦ, καὶ κατ-
2 έστησεν ἐπ᾽ αὐτῶν χιλιάρχους καὶ ἑκατοντάρχους. Καὶ ἀπέστειλε Δαυὶδ τὸν λαὸν τὸ τρίτον ἐν χειρὶ Ἰωὰβ, καὶ τὸ τρίτον ἐν χειρὶ Ἀβεσσὰ υἱοῦ Σαρουίας ἀδελφοῦ Ἰωὰβ, καὶ τὸ τρίτον ἐν χειρὶ Ἐθὶ τοῦ Γεθαίου· καὶ εἶπε Δαυὶδ πρὸς τὸν
3 λαόν, ἐξελθὼν ἐξελεύσομαι καί γε ἐγὼ μεθ᾽ ὑμῶν. Καὶ εἶπον, οὐκ ἐξελεύσῃ, ὅτι ἐὰν φυγῇ φύγωμεν, οὐ θήσουσιν ἐφ᾽ ἡμᾶς καρδίαν· καὶ ἐὰν ἀποθάνωμεν τὸ ἥμισυ ἡμῶν, οὐ θήσουσιν ἐφ᾽ ἡμᾶς καρδίαν, ὅτι σὺ ὡς ἡμεῖς δέκα χιλιάδες· καὶ νῦν ἀγαθὸν,
4 ὅτι ἔσῃ ἡμῖν ἐν τῇ πόλει βοήθεια τοῦ βοηθεῖν. Καὶ εἶπε πρὸς αὐτοὺς ὁ βασιλεὺς, ὃ ἐὰν ἀρέσῃ ἐν ὀφθαλμοῖς ὑμῶν, ποιήσω· καὶ ἔστη ὁ βασιλεὺς ἀνὰ χεῖρα τῆς πύλης· καὶ πᾶς ὁ λαὸς ἐξεπορεύετο εἰς ἑκατοντάδας καὶ εἰς χιλιάδας.

5 Καὶ ἐνετείλατο ὁ βασιλεὺς τῷ Ἰωὰβ καὶ τῷ Ἀβεσσὰ καὶ τῷ Ἐθὶ, λέγων, φείσασθέ μοι τοῦ παιδαρίου τοῦ Ἀβεσσαλώμ· καὶ πᾶς ὁ λαὸς ἤκουσεν ἐντελλομένου τοῦ βασιλέως πᾶσι τοῖς ἄρχουσιν ὑπὲρ Ἀβεσσαλώμ.

6 Καὶ ἐξῆλθε πᾶς ὁ λαὸς εἰς τὸν δρυμὸν ἐξεναντίας Ἰσραήλ·
7 καὶ ἐγένετο ὁ πόλεμος ἐν τῷ δρυμῷ Ἐφραίμ. Καὶ ἔπταισεν ἐκεῖ ὁ λαὸς Ἰσραὴλ ἐνώπιον τῶν παίδων Δαυὶδ, καὶ ἐγένετο ἡ θραῦσις μεγάλη ἐν τῇ ἡμέρᾳ ἐκείνῃ, εἴκοσι χιλιάδες ἀνδρῶν.
8 Καὶ ἐγένετο ἐκεῖ ὁ πόλεμος διεσπαρμένος ἐπὶ πρόσωπον πάσης τῆς γῆς· καὶ ἐπλεόνασεν ὁ δρυμὸς τοῦ καταφαγεῖν ἐκ τοῦ λαοῦ, ὑπὲρ οὓς κατέφαγεν ἐν τῷ λαῷ ἡ μάχαιρα τῇ ἡμέρᾳ
9 ἐκείνῃ. Καὶ συνήντησεν Ἀβεσσαλὼμ ἐνώπιον τῶν παίδων Δαυίδ· καὶ Ἀβεσσαλὼμ ἦν ἐπιβεβηκὼς ἐπὶ τοῦ ἡμιόνου αὐτοῦ, καὶ εἰσῆλθεν ὁ ἡμίονος ὑπὸ τὸ δάσος τῆς δρυὸς τῆς μεγάλης, καὶ περιεπλάκη ἡ κεφαλὴ αὐτοῦ ἐν τῇ δρυΐ, καὶ ἐκρεμάσθη ἀναμέσον τοῦ οὐρανοῦ καὶ ἀναμέσον τῆς γῆς, καὶ ὁ ἡμίονος ὑποκάτω αὐτοῦ παρῆλθε.

10 Καὶ εἶδεν ἀνὴρ εἷς, καὶ ἀνήγγειλε τῷ Ἰωὰβ, καὶ εἶπεν, ἰδοὺ
11 ἑώρακα τὸν Ἀβεσσαλὼμ κρεμάμενον ἐν τῇ δρυΐ. Καὶ εἶπεν Ἰωὰβ τῷ ἀνδρὶ τῷ ἀναγγέλλοντι αὐτῷ, καὶ ἰδοὺ ἑώρακας· τί ὅτι οὐκ ἐπάταξας αὐτὸν ἐκεῖ εἰς τὴν γῆν; καὶ ἐγὼ ἂν δεδώκειν
12 σοι δέκα ἀργυρίου καὶ παραζώνην μίαν. Εἶπε δὲ ὁ ἀνὴρ πρὸς Ἰωὰβ, καὶ ἐγώ εἰμι ἵστημι ἐπὶ τὰς χεῖράς μου χιλίους σίκλους ἀργυρίου, οὐ μὴ ἐπιβάλω τὴν χεῖρά μου ἐπὶ τὸν υἱὸν τοῦ βασιλέως· ὅτι ἐν τοῖς ὠσὶν ἡμῶν ἐνετείλατο ὁ βασιλεύς σοι καὶ τῷ Ἀβεσσὰ καὶ τῷ Ἐθὶ, λέγων, φυλάξατέ μοι τὸ παιδάριον
13 τὸν Ἀβεσσαλὼμ, μὴ ποιῆσαι ἐν τῇ ψυχῇ αὐτοῦ ἄδικον· καὶ πᾶς ὁ λόγος οὐ λήσεται ἀπὸ τοῦ βασιλέως, καὶ σὺ στήσῃ
14 ἐξεναντίας. Καὶ εἶπεν Ἰωὰβ, τοῦτο ἐγὼ ἄρξομαι, οὐχ οὕτως μενῶ ἐνώπιόν σου· καὶ ἔλαβεν Ἰωὰβ τρία βέλη ἐν τῇ χειρὶ αὐτοῦ, καὶ ἐνέπηξεν αὐτὰ ἐν τῇ καρδίᾳ Ἀβεσσαλὼμ, ἔτι αὐτοῦ

broidered beds, (with double coverings,) and ten caldrons, and earthenware, and wheat, and barley, and flour, and meal, and beans, and pulse, ²⁹ and honey, and butter, and sheep, and cheeses of kine : and they brought them to David and to his people with him to eat ; for *one* said, The people *is* faint and hungry and thirsty in the wilderness.

And David numbered the people with him, and set over them captains of thousands and captains of hundreds. ² And David sent away the people, the third part βunder the hand of Joab, and the third part under the hand of Abessa the son of Saruia, the brother of Joab, and the third part under the hand of Ethi the Gittite. And David said to the people, I also will surely go out with you. ³ And they said, Thou shalt not go out : for if we should indeed flee, they will not care for us ; and if half of us should die, they will not mind us ; for thou *art* γas ten thousand of us : and now *it is* well that thou shalt be to us an aid to help us in the city. ⁴ And the king said to them, Whatsoever shall seem good in your eyes I will do. And the king stood by the δside of the gate, and all the people went out by hundreds and by thousands.

⁵ And the king commanded Joab and Abessa and Ethi, saying, Spare for my sake the young man Abessalom. And all the people heard the king charging all the commanders concerning Abessalom.

⁶ And all the people went out into the wood against Israel ; and the battle was in the wood of Ephraim. ⁷ And the people of Israel fell down there before the servants of David, and there was a great slaughter in that day, *even* twenty thousand men. ⁸ And the battle there was scattered over the face of all the land : and the wood consumed more of the people than the sword consumed among the people in that day. ⁹ And Abessalom went to meet the servants of David : and Abessalom was mounted on his mule, and the mule came under the thick boughs of a great oak ; and his head was entangled in the oak, and he was suspended between heaven and earth ; and the mule passed on from under him.

¹⁰ And a man saw it, and reported to Joab, and said, Behold, I saw Abessalom hanging in an oak. ¹¹ And Joab said to the man who reported it to him, And, behold, thou didst see him : why didst thou not smite him there to the ground ? and I would have given thee ten *pieces* of silver, and a girdle. ¹² And the man said to Joab, Were I even to ςreceive a thousand shekels of silver, I would not lift my hand against the king's son ; for in our ears the king charged thee and Abessa and Ethi, saying, Take care of the young man Abessalom for me, ¹³ so as to do no harm to his life : and nothing of the matter will be concealed from the king, and thou wilt set thyself against me. ¹⁴ And Joab said, I will begin this ; I will not remain with thee. And Joab took three darts in his hand, and thrust them into the heart of Abessalom, while he was yet alive

---

β *Gr.* in, by.   γ *Gr.* as we, ten thousand.   δ *Gr.* hand.   ζ *Gr.* weigh upon my nanda.

in the heart of the oak. ¹⁵ And ten young men that bore Joab's armour compassed Abessalom, and smote him and slew him.

¹⁶ And Joab blew the trumpet, and the people returned from pursuing Israel, for Joab spared the people. ¹⁷ And he took Abessalom, and cast him into a great cavern in the wood, into a deep pit, and set up over him a very great heap of stones: and all Israel fled every man to his tent. ¹⁸ Now Abessalom while yet alive had taken and set up for himself the pillar ^β near which he was taken, and set it up so as to have the pillar in the king's dale; for he said he had no son to keep his name in remembrance: ^γ and he called the pillar, Abessalom's ^δ hand, until this day.

¹⁹ And Achimaas the son of Sadoc said, Let me run now and carry glad tidings to the king, for the Lord has delivered him from the hand of his enemies. ²⁰ And Joab said to him, Thou *shalt* not *be* a messenger of glad tidings this day; thou shalt bear them another day; but on this day thou shalt bear no tidings, because the king's son is dead. ²¹ And Joab said to Chusi, Go, report to the king all that thou hast seen. And Chusi did obeisance to Joab, and went out. ²² And Achimaas the son of Sadoc said again to Joab, Nay, let me also run after Chusi. And Joab said, Why ^ζ wouldest thou thus run, my son? attend, thou hast no tidings for profit if thou go. ²³ And he said, ^θ Why should I not run? and Joab said to him, Run. And Achimaas ran along the way of Kechar, and outran Chusi.

²⁴ And David was sitting between the two gates: and the watchman went up on the top of the gate of the wall, and lifted up his eyes, and looked, and behold a man running alone before him. ²⁵ And the watchman cried out, and reported to the king. And the king said, If he be alone, *there are* good tidings in his mouth. And the man came and drew near. ²⁶ And the watchman saw another man running: and the watchman cried at the gate, and said, And look, another man running alone. And the king said, He also brings glad tidings. ²⁷ And the watchman said, I see the running of the first as the running of Achimaas the son of Sadoc. And the king said, He *is* a good man, and will come to *report* glad tidings.

²⁸ And Achimaas cried out and said to the king, Peace. And he did obeisance to the king with his face to the ground, and said, Blessed *be* the Lord thy God, who has delivered up the men that lifted up their hands against my lord the king. ²⁹ And the king said, *Is* the young man Abessalom safe? and Achimaas said, I saw a great multitude *at the time* of Joab's sending the king's servant and thy servant, and I knew not what was there. ³⁰ And the king said, Turn aside, stand still here. And he turned aside, and stood.

³¹ And, behold, Chusi came up, and said to the king, Let my lord the king hear glad tidings, for the Lord has avenged thee this

ζῶντος ἐν τῇ καρδίᾳ τῆς δρυός. Καὶ ἐκύκλωσαν δέκα παιδάρια 15 αἴροντα τὰ σκεύη Ἰωὰβ, καὶ ἐπάταξαν τὸν Ἀβεσσαλὼμ, καὶ ἐθανάτωσαν αὐτόν.

Καὶ ἐσάλπισεν Ἰωὰβ ἐν κερατίνῃ, καὶ ἀπέστρεψεν ὁ λαὸς 16 τοῦ μὴ διώκειν ὀπίσω Ἰσραὴλ, ὅτι ἐφείδετο Ἰωὰβ τοῦ λαοῦ. Καὶ ἔλαβε τὸν Ἀβεσσαλὼμ, καὶ ἔρριψεν αὐτὸν εἰς χάσμα 17 μέγα ἐν τῷ δρυμῷ εἰς τὸν βόθυνον τὸν μέγαν, καὶ ἐστήλωσεν ἐπ᾽ αὐτὸν σωρὸν λίθων μέγαν σφόδρα· καὶ πᾶς Ἰσραὴλ ἔφυγεν ἀνὴρ εἰς τὸ σκήνωμα αὐτοῦ. Καὶ Ἀβεσσαλὼμ ἔτι 18 ζῶν ἔλαβε καὶ ἔστησεν ἑαυτῷ τὴν στήλην ἐν ᾗ ἐλήφθη, καὶ ἐστήλωσεν αὐτὴν λαβεῖν τὴν στήλην τὴν ἐν τῇ κοιλάδι τοῦ βασιλέως, ὅτι εἶπεν, ὅτι οὐκ ἔστιν αὐτῷ υἱὸς ἕνεκα τοῦ ἀνα- μνῆσαι τὸ ὄνομα αὐτοῦ· καὶ ἐκάλεσε τὴν στήλην, Χεὶρ Ἀβεσ- σαλὼμ, ἕως τῆς ἡμέρας ταύτης.

Καὶ Ἀχιμάας υἱὸς Σαδὼκ εἶπε, δράμω δὴ καὶ εὐαγγελιῶ 19 τῷ βασιλεῖ, ὅτι ἔκρινε Κύριος ἐκ χειρὸς τῶν ἐχθρῶν αὐτοῦ. Καὶ εἶπεν αὐτῷ Ἰωὰβ, οὐκ ἀνὴρ εὐαγγελίας σὺ ἐν τῇ ἡμέρᾳ 20 ταύτῃ, καὶ εὐαγγελιῇ ἐν ἡμέρᾳ ἄλλῃ· ἐν δὲ τῇ ἡμέρᾳ ταύτῃ οὐκ εὐαγγελιῇ, οὗ εἵνεκεν ὁ υἱὸς τοῦ βασιλέως ἀπέθανε. Καὶ 21 εἶπεν Ἰωὰβ τῷ Χουσὶ, βαδίσας ἀνάγγειλον τῷ βασιλεῖ ὅσα εἶδες· καὶ προσεκύνησε Χουσὶ τῷ Ἰωὰβ, καὶ ἐξῆλθε. Καὶ 22 προσέθετο ἔτι Ἀχιμάας υἱὸς Σαδὼκ, καὶ εἶπε πρὸς Ἰωὰβ, καὶ ἔστω, ὅτι δράμω καί γε ἐγὼ ὀπίσω τοῦ Χουσί· καὶ εἶπεν Ἰωὰβ, ἱνατί σὺ τοῦτο τρέχεις, υἱέ μου; δεῦρο, οὐκ ἔστι σοι εὐαγγέλια εἰς ὠφέλειαν πορευομένῳ. Καὶ εἶπε, τί γὰρ ἐὰν 23 δράμω; καὶ εἶπεν αὐτῷ Ἰωὰβ, δράμε· καὶ ἔδραμεν Ἀχιμάας τὴν ὁδὸν τὴν τοῦ Κεχὰρ, καὶ ὑπερέβη τὸν Χουσί.

Καὶ Δαυὶδ ἐκάθητο ἀναμέσον τῶν δύο πυλῶν· καὶ ἐπορεύθη 24 ὁ σκοπὸς εἰς τὸ δῶμα τῆς πύλης πρὸς τὸ τεῖχος, καὶ ἐπῆρε τοὺς ὀφθαλμοὺς αὐτοῦ, καὶ εἶδε· καὶ ἰδοὺ ἀνὴρ τρέχων μόνος ἐνώ- πιον αὐτοῦ. Καὶ ἀνεβόησεν ὁ σκοπὸς καὶ ἀπήγγειλε τῷ 25 βασιλεῖ· καὶ εἶπεν ὁ βασιλεὺς, εἰ μόνος ἐστὶν, εὐαγγέλια ἐν τῷ στόματι αὐτοῦ· καὶ ἐπορεύετο πορευόμενος καὶ ἐγγίζων. Καὶ εἶδεν ὁ σκοπὸς ἄνδρα ἕτερον τρέχοντα· καὶ ἐβόησεν 26 ὁ σκοπὸς πρὸς τῇ πύλῃ, καὶ εἶπε, καὶ ἰδοὺ ἀνὴρ ἕτερος τρέ- χων μόνος· καὶ εἶπεν ὁ βασιλεὺς, καί γε οὗτος εὐαγγελιζόμενος. Καὶ εἶπεν ὁ σκοπὸς, ἐγὼ ὁρῶ τὸν δρόμον τοῦ πρώτου ὡς δρό- 27 μον Ἀχιμάας υἱοῦ Σαδώκ· καὶ εἶπεν ὁ βασιλεὺς, ἀνὴρ ἀγαθὸς οὗτος, καί γε εἰς εὐαγγελίαν ἀγαθὴν ἐλεύσεται.

Καὶ ἐβόησεν Ἀχιμάας, καὶ εἶπε πρὸς τὸν βασιλέα, εἰρήνη· 28 καὶ προσεκύνησε τῷ βασιλεῖ ἐπὶ πρόσωπον αὐτοῦ ἐπὶ τὴν γῆν, καὶ εἶπεν, εὐλογητὸς Κύριος ὁ Θεός σου, ὃς ἀπέκλεισε τοὺς ἄνδρας τοὺς ἐπαραμένους τὴν χεῖρα αὐτῶν ἐν τῷ κυρίῳ μου τῷ βασιλεῖ. Καὶ εἶπεν ὁ βασιλεὺς, εἰρήνη τῷ παιδαρίῳ τῷ 29 Ἀβεσσαλώμ; καὶ εἶπεν Ἀχιμάας, εἶδον τὸ πλῆθος τὸ μέγα τοῦ ἀποστεῖλαι τὸν δοῦλον τοῦ βασιλέως Ἰωὰβ καὶ τὸν δοῦλόν σου, καὶ οὐκ ἔγνων τί ἐκεῖ. Καὶ εἶπεν ὁ βασιλεὺς, ἐπίστρεψον, 30 στηλώθητι ὧδε· καὶ ἐπεστράφη, καὶ ἔστη.

Καὶ ἰδοὺ ὁ Χουσὶ παρεγένετο, καὶ εἶπε τῷ βασιλεῖ, εὐαγγε- 31 λισθήτω ὁ κύριός μου ὁ βασιλεὺς, ὅτι ἔκρινέ σοι Κύριος

---

^β *Gr.* in, or by.   ^γ *Heb.* and *Alex.* insert, 'and he called the pillar after his own name.'   ^δ *Heb.* idiom for 'place.'   ^ζ *Gr.* dost.
^θ *Gr.* for what if I should run.

32 σήμερον ἐκ χειρὸς πάντων τῶν ἐπεγειρομένων ἐπὶ σέ. Καὶ εἶπεν ὁ βασιλεὺς πρὸς τὸν Χουσὶ, εἰ εἰρήνη τῷ παιδαρίῳ τῷ Ἀβεσσαλώμ; καὶ εἶπεν ὁ Χουσὶ, γένοιντο ὡς τὸ παιδάριον οἱ ἐχθροὶ τοῦ κυρίου μου τοῦ βασιλέως, καὶ πάντες ὅσοι ἐπανέστη-
33 σαν ἐπ᾿ αὐτὸν εἰς κακά. Καὶ ἐταράχθη ὁ βασιλεὺς, καὶ ἀνέβη εἰς τὸ ὑπερῷον τῆς πύλης, καὶ ἔκλαυσε· καὶ οὕτως εἶπεν ἐν τῷ πορεύεσθαι αὐτὸν, υἱέ μου Ἀβεσσαλώμ, υἱέ μου, υἱέ μου᾿ Ἀβεσ- σαλώμ· τίς δῴη τὸν θάνατόν μου ἀντὶ σοῦ; ἐγὼ ἀντὶ σοῦ Ἀβεσσαλώμ, υἱέ μου, υἱέ μου.

19 Καὶ ἀνηγγέλη τῷ Ἰωὰβ, λέγοντες, ἰδοὺ ὁ βασιλεὺς κλαίει
2 καὶ πενθεῖ ἐπὶ Ἀβεσσαλώμ. Καὶ ἐγένετο ἡ σωτηρία ἐν τῇ ἡμέρᾳ ἐκείνῃ εἰς πένθος παντὶ τῷ λαῷ, ὅτι ἤκουσεν ὁ λαὸς ἐν τῇ ἡμέρᾳ ἐκείνῃ, λέγων, ὅτι λυπεῖται ὁ βασιλεὺς ἐπὶ τῷ υἱῷ
3 αὐτοῦ. Καὶ διεκλέπτετο ὁ λαὸς ἐν τῇ ἡμέρᾳ ἐκείνῃ τοῦ εἰσελ- θεῖν εἰς τὴν πόλιν, καθὼς διακλέπτεται ὁ λαὸς οἱ αἰσχυνόμενοι
4 ἐν τῷ αὐτοὺς φεύγειν ἐν τῷ πολέμῳ. Καὶ ὁ βασιλεὺς ἔκρυψε τὸ πρόσωπον αὐτοῦ· καὶ ἔκραξεν ὁ βασιλεὺς φωνῇ μεγάλῃ, λέγων, υἱέ μου Ἀβεσσαλὼμ, Ἀβεσσαλὼμ υἱέ μου.
5 Καὶ εἰσῆλθεν Ἰωὰβ πρὸς τὸν βασιλέα εἰς τὸν οἶκον, καὶ εἶπε, κατῄσχυνας σήμερον τὰ πρόσωπα πάντων τῶν δούλων σου τῶν ἐξαιρουμένων σε σήμερον, καὶ τὴν ψυχὴν τῶν υἱῶν σου, καὶ τῶν θυγατέρων σου, καὶ τὴν ψυχὴν τῶν γυναικῶν σου, καὶ
6 τῶν παλλακῶν σου, τοῦ ἀγαπᾶν τοὺς μισοῦντάς σε, καὶ μισεῖν τοὺς ἀγαπῶντάς σε· καὶ ἀνήγγειλας σήμερον, ὅτι οὐκ εἰσὶν οἱ ἄρχοντές σου, οὐδὲ παῖδες· ὅτι ἔγνωκα σήμερον, ὅτι εἰ Ἀβεσ- σαλὼμ ἔζη, πάντες ἡμεῖς σήμερον νεκροί, ὅτι τότε τὸ εὐθὲς ἦν
7 ἐν ὀφθαλμοῖς σου. Καὶ νῦν ἀναστὰς ἔξελθε καὶ λάλησον εἰς τὴν καρδίαν τῶν δούλων σου, ὅτι ἐν Κυρίῳ ὤμοσα, ὅτι εἰ μὴ ἐκπορεύσῃ σήμερον, εἰ αὐλισθήσεται ἀνὴρ μετὰ σοῦ τὴν νύκτα ταύτην· καὶ ἐπίγνωθι σεαυτῷ, καὶ κακόν σοι τοῦτο ὑπὲρ πᾶν τὸ
8 κακὸν τὸ ἐπελθόν σοι ἐκ νεότητός σου ἕως τοῦ νῦν. Καὶ ἀνέστη ὁ βασιλεὺς καὶ ἐκάθισεν ἐν τῇ πύλῃ· καὶ πᾶς ὁ λαὸς ἀνήγγειλαν, λέγοντες, ἰδοὺ ὁ βασιλεὺς κάθηται ἐν τῇ πύλῃ· καὶ εἰσῆλθε πᾶς ὁ λαὸς κατὰ πρόσωπον τοῦ βασιλέως ἐπὶ τὴν πύλην· καὶ Ἰσραὴλ ἔφυγεν ἀνὴρ εἰς τὰ σκηνώματα αὐτοῦ.
9 Καὶ ἦν πᾶς ὁ λαὸς κρινόμενος ἐν πάσαις φυλαῖς Ἰσραήλ, λέγοντες, ὁ βασιλεὺς Δαυὶδ ἐρρύσατο ἡμᾶς ἀπὸ πάντων τῶν ἐχθρῶν ἡμῶν, καὶ αὐτὸς ἐξείλετο ἡμᾶς ἐκ χειρὸς ἀλλοφύλων· καὶ νῦν πέφευγεν ἀπὸ τῆς γῆς, καὶ ἀπὸ τῆς βασιλείας αὐτοῦ,
10 καὶ ἀπὸ Ἀβεσσαλώμ. Καὶ Ἀβεσσαλὼμ, ὃν ἐχρίσαμεν ἐφ᾿ ἡμῶν, ἀπέθανεν ἐν τῷ πολέμῳ· καὶ νῦν ἱνατί ὑμεῖς κωφεύετε τοῦ ἐπιστρέψαι τὸν βασιλέα; καὶ τὸ ῥῆμα παντὸς Ἰσραὴλ ἦλθε πρὸς τὸν βασιλέα.
11 Καὶ ὁ βασιλεὺς Δαυὶδ ἀπέστειλε πρὸς Σαδὼκ καὶ πρὸς Ἀβιάθαρ τοὺς ἱερεῖς, λέγων, λαλήσατε πρὸς τοὺς πρεσβυτέρους Ἰούδα, λέγοντες, ἱνατί γίνεσθε ἔσχατοι τοῦ ἐπιστρέψαι τὸν βασιλέα εἰς τὸν οἶκον αὐτοῦ; καὶ λόγος παντὸς Ἰσραὴλ ἦλθε
12 πρὸς τὸν βασιλέα εἰς τὸν οἶκον αὐτοῦ. Ἀδελφοί μου ὑμεῖς, ὀστᾶ μου καὶ σάρκες μου ὑμεῖς· ἱνατί γίνεσθε ἔσχατοι τοῦ
13 ἐπιστρέψαι τὸν βασιλέα εἰς τὸν οἶκον αὐτοῦ; Καὶ τῷ Ἀμεσ-

---

day upon all them that rose up against thee. [32]And the king said to Chusi, Is it well with the young man Abessalom? and Chusi said, Let the enemies of my lord the king, and all whosoever have risen up against him for evil, be as that young man. [33]And the king was troubled, and went to the chamber over the gate, and wept: and thus he said as he went, My son Abessalom, my son, my son Abessalom; β would God I had died for thee, *even I had died* for thee, Abessalom, my son, my son!

And they brought Joab word, saying, Behold, the king weeps and mourns for Abessalom. [2]And the victory was turned that day into mourning to all the people, for the people heard say that day, The king grieves after his son. [3]And the people stole away that day to go into the city, as people steal away when they are ashamed as they flee in the battle. [4]And the king hid his face: and the king cried with a loud voice, My son Abessalom! Abessalom my son!

[5]And Joab went in to the king, into the house, and said, Thou hast this day shamed the faces of all thy servants that have delivered thee this day, and *have saved* the lives of thy sons and of thy daughters, and the lives of thy wives, and of thy concubines, [6]forasmuch as thou lovest them that hate thee, and hatest them that love thee; and thou hast this day declared, that thy princes and thy servants are nothing in *thy sight*: for I know this day, that if Abessalom were alive, *and* all of us dead to-day, then it would have been right in thy sight. [7]And now arise, and go forth, and speak comfortably to thy servants; for I have sworn by the Lord, that unless thou wilt go forth to-day, there shall not a man remain with thee this night: and know for thyself, this thing *will* indeed be evil to thee beyond all the evil that has come upon thee from thy youth until now. [8]Then the king arose, and sat in the gate: and all the people reported, saying, Behold, the king sits in the gate. And all the people went in before the king to the gate; for Israel had fled every man to his γ tent.

[9]And all the people disputed among all the tribes of Israel, saying, King David delivered us from all our enemies, and he rescued us from the hand of the Philistines: and now he has fled from the land, and from his kingdom, and from Abessalom. [10]And Abessalom, whom we anointed over us, is dead in battle: and now why are ye silent about bringing back the king? And the word of all Israel came to the king.

[11]And king David sent to Sadoc and Abiathar the priests, saying, Speak to the elders of Israel, saying, Why are ye the last to bring back the king to his house? whereas the word of all Israel is come to the king to his house. [12]Ye *are* my brethren, ye *are* my bones and my flesh: why are ye the last to bring back the king to his house? [13]And

---

β *Gr.* Who will give my death for thee?   γ *Gr.* tents.

ye shall say to Amessai, *Art thou not my bone and my flesh?* and now God do so to me, and more also, if thou shalt not be commander of the host before me continually in the room of Joab. ¹⁴ And he bowed the heart of all the men of Juda as that of one man; and they sent to the king, saying, Return thou, and all thy servants. ¹⁵ And the king returned, and came as far as Jordan. And the men of Juda came to Galgala on their way to meet the king, to cause the king to pass over Jordan.

¹⁶ And Semei the son of Gera, the Benjamite, of Baurim, hasted and went down with *β* the men of Juda to meet king David. ¹⁷ And a thousand men of Benjamin *were* with him, and Siba the servant of the house of Saul, and his fifteen sons with him, and his twenty servants with him: and they went directly down to Jordan before the king, ¹⁸ and they performed the service of bringing the king over; and there went over a ferry-boat to remove the household of the king, and to do that which was right in his eyes. And Semei the son of Gera fell on his face before the king, as he went over Jordan; ¹⁹ and said to the king, Let not my lord now impute iniquity, and remember not all the iniquity of thy servant in the day in which my lord went out from Jerusalem, so that the king should mind it. ²⁰ For thy servant knows that I have sinned: and, behold, I am come to-day before all Israel and the house of Joseph, to go down and meet my lord the king.

²¹ And Abessai the son of Saruia answered and said, Shall not Semei therefore be put to death, because he cursed the Lord's anointed? ²² And David said, What have I to do with you, ye sons of Saruia, that ye as it were lie in wait against me this day? to-day no man in Israel shall be put to death, for I know not if I this day reign over Israel. ²³ And the king said to Semei, Thou shalt not die: and the king swore to him.

²⁴ And Memphibosthe the son of Saul's son went down to meet the king, and had not dressed his feet, nor pared his nails, nor shaved himself, neither had he washed his garments, from the day that the king departed, until the day when he arrived in peace.

²⁵ And it came to pass when he went into Jerusalem to meet the king, that the king said to him, Why didst thou not go with me, Memphibosthe? ²⁶ And Memphibosthe said to him, My lord, O king, my servant deceived me; for thy servant said to him, Saddle me the ass, and I will ride upon it, and go with the king; for thy servant *is* lame. ²⁷ And he has dealt deceitfully with thy servant to my lord the king: but my lord the king *is* as an angel of God, and do thou that which is good in thine eyes. ²⁸ For all the house of my father were but as dead men before my lord the king; yet thou hast set thy servant among them that eat at thy table: and what right have I any longer even to cry to the king?

σαὶ ἐρεῖτε, οὐχὶ ὀστοῦν μου καὶ σάρξ μου σύ; καὶ νῦν τάδε ποιήσαι μοι ὁ Θεὸς, καὶ τάδε προσθείη, εἰ μὴ ἄρχων δυνάμεως ἔσῃ ἐνώπιον ἐμοῦ πάσας τὰς ἡμέρας ἀντὶ Ἰωάβ. Καὶ ἔκλινε 14 τὴν καρδίαν παντὸς ἀνδρὸς Ἰούδα ὡς ἀνδρὸς ἑνός· καὶ ἀπέστειλαν πρὸς τὸν βασιλέα, λέγοντες, ἐπιστράφηθι σὺ καὶ πάντες οἱ δοῦλοί σου. Καὶ ἐπέστρεψεν ὁ βασιλεὺς, καὶ ἦλθεν ἕως τοῦ 15 Ἰορδάνου· καὶ ἄνδρες Ἰούδα ἦλθαν εἰς Γάλγαλα τοῦ πορεύεσθαι εἰς ἀπαντὴν τοῦ βασιλέως, διαβιβάσαι τὸν βασιλέα τὸν Ἰορδάνην.

Καὶ ἐτάχυνε Σεμεῒ υἱὸς Γηρὰ υἱοῦ τοῦ Ἰεμινὶ ἐκ Βαουρὶμ, 16 καὶ κατέβη μετὰ ἀνδρὸς Ἰούδα εἰς ἀπαντὴν τοῦ βασιλέως Δαυὶδ, καὶ χίλιοι ἄνδρες μετ᾽ αὐτοῦ ἐκ τοῦ Βενιαμὶν, καὶ Σιβὰ τὸ 17 παιδάριον τοῦ οἴκου Σαοὺλ, καὶ πεντεκαίδεκα υἱοὶ αὐτοῦ μετ᾽ αὐτοῦ, καὶ εἴκοσι δοῦλοι αὐτοῦ μετ᾽ αὐτοῦ· καὶ κατεύθυναν τὸν Ἰορδάνην ἔμπροσθεν τοῦ βασιλέως, καὶ ἐλειτούργησαν τὴν 18 λειτουργίαν τοῦ διαβιβάσαι τὸν βασιλέα· καὶ διέβη ἡ διάβασις τοῦ ἐξεγεῖραι τὸν οἶκον τοῦ βασιλέως, καὶ τοῦ ποιῆσαι τὸ εὐθὲς ἐν ὀφθαλμοῖς αὐτοῦ. Καὶ Σεμεῒ υἱὸς Γηρὰ ἔπεσεν ἐπὶ πρόσωπον αὐτοῦ ἐνώπιον τοῦ βασιλέα, διαβαίνοντος αὐτοῦ τὸν Ἰορδάνην, καὶ εἶπε πρὸς τὸν βασιλέα, μὴ δὴ λογισάσθω ὁ κύριός μου 19 ἀνομίαν, καὶ μὴ μνησθῇς ὅσα ἠδίκησεν ὁ παῖς σου ἐν τῇ ἡμέρᾳ ᾗ ὁ κύριός μου ἐξεπορεύετο ἐξ Ἱερουσαλὴμ, τοῦ θέσθαι τὸν βασιλέα εἰς τὴν καρδίαν αὐτοῦ. Ὅτι ἔγνω ὁ δοῦλός σου ὅτι 20 ἐγὼ ἥμαρτον, καὶ ἰδοὺ ἐγὼ ἦλθον σήμερον πρότερος παντὸς Ἰσραὴλ καὶ οἴκου Ἰωσὴφ, τοῦ καταβῆναί με εἰς ἀπαντὴν τοῦ κυρίου μου τοῦ βασιλέως.

Καὶ ἀπεκρίθη Ἀβεσσαὲ υἱὸς Σαρουίας, καὶ εἶπε, μὴ ἀντὶ 21 τούτου οὐ θανατωθήσεται Σεμεῒ, ὅτι κατηράσατο τὸν χριστὸν Κυρίου; Καὶ εἶπε Δαυὶδ, τί ἐμοὶ καὶ ὑμῖν, υἱοὶ Σαρουίας, ὅτι 22 γίνεσθέ μοι σήμερον εἰς ἐπίβουλον; σήμερον οὐ θανατωθήσεταί τις ἀνὴρ ἐξ Ἰσραήλ· ὅτι οὐκ οἶδα εἰ σήμερον βασιλεύω ἐγὼ ἐπὶ τὸν Ἰσραήλ. Καὶ εἶπεν ὁ βασιλεὺς πρὸς Σεμεῒ, οὐ 23 μὴ ἀποθάνῃς· καὶ ὤμοσεν αὐτῷ ὁ βασιλεύς.

Καὶ Μεμφιβοσθὲ υἱὸς υἱοῦ Σαοὺλ κατέβη εἰς ἀπαντὴν τοῦ 24 βασιλέως, καὶ οὐκ ἐθεράπευσε τοὺς πόδας αὐτοῦ, οὐδὲ ὠνυχίσατο, οὐδὲ ἐποίησε τὸν μύστακα αὐτοῦ, καὶ τὰ ἱμάτια αὐτοῦ οὐκ ἀπέπλυνεν, ἀπὸ τῆς ἡμέρας ἧς ἀπῆλθεν ὁ βασιλεὺς, ἕως τῆς ἡμέρας ἧς αὐτὸς παρεγένετο ἐν εἰρήνῃ.

Καὶ ἐγένετο ὅτε εἰσῆλθεν εἰς Ἱερουσαλὴμ εἰς ἀπάντησιν τοῦ 25 βασιλέως, καὶ εἶπεν αὐτῷ ὁ βασιλεὺς, τί ὅτι οὐκ ἐπορεύθης μετ᾽ ἐμοῦ, Μεμφιβοσθέ; Καὶ εἶπε πρὸς αὐτὸν Μεμφιβοσθὲ, 26 κύριέ μου βασιλεῦ, ὁ δοῦλός μου παρελογίσατό με, ὅτι εἶπεν ὁ παῖς σου αὐτῷ, ἐπίσαξόν μοι τὴν ὄνον, καὶ ἐπιβῶ ἐπ᾽ αὐτήν, καὶ πορεύσομαι μετὰ τοῦ βασιλέως, ὅτι χωλὸς ὁ δοῦλός σου. Καὶ μεθώδευσεν ἐν τῷ δούλῳ σου πρὸς τὸν κύριόν μου τὸν 27 βασιλέα· καὶ ὁ κύριός μου ὁ βασιλεὺς ὡς ἄγγελος τοῦ Θεοῦ, καὶ ποίησον τὸ ἀγαθὸν ἐν ὀφθαλμοῖς σου. Ὅτι οὐκ ἦν πᾶς 28 ὁ οἶκος τοῦ πατρός μου, ἀλλ᾽ ἢ ὅτι ἄνδρες θανάτου τῷ κυρίῳ μου τῷ βασιλεῖ, καὶ ἔθηκας τὸν δοῦλόν σου ἐν τοῖς ἐσθίουσι τὴν τράπεζάν σου· καὶ τί ἐστι μοὶ ἔτι δικαίωμα, καὶ τοῦ κεκραγέναι με ἔτι πρὸς τὸν βασιλέα;

β Gr. the man.

29 Καὶ εἶπεν αὐτῷ ὁ βασιλεύς, ἱνατί λαλεῖς ἔτι τοὺς λόγους
30 σου; εἶπον, σὺ καὶ Σιβὰ διελεῖσθε τὸν ἀγρόν. Καὶ εἶπε
Μεμφιβοσθὲ πρὸς τὸν βασιλέα, καί γε τὰ πάντα λαβέτω, μετὰ
τὸ παραγενέσθαι τὸν κύριόν μου τὸν βασιλέα ἐν εἰρήνῃ εἰς τὸν
οἶκον αὐτοῦ.
31 Καὶ Βερζελλὶ ὁ Γαλααδίτης κατέβη ἐκ Ῥωγελλὶμ, καὶ διέβη
μετὰ τοῦ βασιλέως τὸν Ἰορδάνην ἐκπέμψαι αὐτὸν τὸν Ἰορδά-
32 νην. Καὶ Βερζελλὶ ἀνὴρ πρεσβύτερος σφόδρα, υἱὸς ὀγδοή-
κοντα ἐτῶν, καὶ αὐτὸς διέθρεψε τὸν βασιλέα ἐν τῷ οἰκεῖν αὐτὸν
33 ἐν Μαναΐμ, ὅτι ἀνὴρ μέγας ἦν σφόδρα. Καὶ εἶπεν ὁ βασιλεὺς
πρὸς Βερζελλὶ, σὺ διαβήσῃ μετ' ἐμοῦ, καὶ διαθρέψω τὸ γῆράς
34 σου μετ' ἐμοῦ ἐν Ἱερουσαλήμ. Καὶ εἶπε Βερζελλὶ πρὸς τὸν
βασιλέα, πόσαι ἡμέραι ἐτῶν ζωῆς μου, ὅτι ἀναβήσομαι μετὰ
35 τοῦ βασιλέως εἰς Ἱερουσαλήμ; Υἱὸς ὀγδοήκοντα ἐτῶν ἐγώ
εἰμι σήμερον· εἰ μὴν γνώσομαι ἀναμέσον ἀγαθοῦ καὶ κακοῦ·
εἰ γεύσεται ὁ δοῦλός σου ἔτι ὃ φάγομαι ἢ πίομαι; ἢ ἀκού-
σομαι ἔτι φωνὴν ᾀδόντων καὶ ᾀδουσῶν; καὶ ἱνατί ἔσται ἔτι
ὁ δοῦλός σου εἰς φορτίον ἐπὶ τὸν κύριόν μου τὸν βασιλέα;
36 Ὡς βραχὺ διαβήσεται ὁ δοῦλός σου τὸν Ἰορδάνην μετὰ τοῦ
βασιλέως· καὶ ἱνατί ἀνταποδίδωσί μοι ὁ βασιλεὺς τὴν ἀνταπό-
37 δοσιν ταύτην; Καθισάτω δὴ ὁ δοῦλός σου, καὶ ἀποθανοῦμαι
ἐν τῇ πόλει μου παρὰ τῷ τάφῳ τοῦ πατρός μου καὶ τῆς μητρός
μου· καὶ ἰδοὺ ὁ δοῦλός σου Χαμαὰμ διαβήσεται μετὰ τοῦ
κυρίου μου τοῦ βασιλέως· καὶ ποίησον αὐτῷ τὸ ἀγαθὸν ἐν
38 ὀφθαλμοῖς σου. Καὶ εἶπεν ὁ βασιλεύς, μετ' ἐμοῦ διαβήτω
Χαμαάμ, κἀγὼ ποιήσω αὐτῷ τὸ ἀγαθὸν ἐν ὀφθαλμοῖς μου,
καὶ πάντα ὅσα ἂν ἐκλέξῃ ἐπ' ἐμοὶ, ποιήσω σοι.
39 Καὶ διέβη πᾶς ὁ λαὸς τὸν Ἰορδάνην, καὶ ὁ βασιλεὺς διέβη,
καὶ κατεφίλησεν ὁ βασιλεὺς τὸν Βερζελλὶ, καὶ εὐλόγησεν
40 αὐτὸν, καὶ ἐπέστρεψεν εἰς τὸν τόπον αὐτοῦ. Καὶ διέβη
ὁ βασιλεὺς εἰς Γάλγαλα, καὶ Χαμαὰμ διέβη μετ' αὐτοῦ· καὶ
πᾶς ὁ λαὸς Ἰούδα διαβαίνοντες μετὰ τοῦ βασιλέως, καί γε τὸ
ἥμισυ τοῦ λαοῦ Ἰσραήλ.
41 Καὶ ἰδοὺ πᾶς ἀνὴρ Ἰσραὴλ παρεγένοντο πρὸς τὸν βασιλέα,
καὶ εἶπε πρὸς τὸν βασιλέα, τί ὅτι ἔκλεψάν σε οἱ ἀδελφοὶ ἡμῶν
ἀνὴρ Ἰούδα, καὶ διεβίβασαν τὸν βασιλέα καὶ τὸν οἶκον αὐτοῦ
42 τὸν Ἰορδάνην, καὶ πάντες ἄνδρες Δαυὶδ μετ' αὐτοῦ; Καὶ
ἀπεκρίθη πᾶς ἀνὴρ Ἰούδα πρὸς ἄνδρα Ἰσραὴλ, καὶ εἶπαν, διότι
ἐγγίζει πρὸς μὲ ὁ βασιλεύς· καὶ ἱνατί οὕτως ἐθυμώθης περὶ τοῦ
λόγου τούτου; μὴ βρώσει ἐφάγαμεν ἐκ τοῦ βασιλέως, ἢ δόμα
43 ἔδωκεν, ἢ ἄρσιν ἦρεν ἡμῖν; Καὶ ἀπεκρίθη ἀνὴρ Ἰσραὴλ τῷ
ἀνδρὶ Ἰούδα, καὶ εἶπε, δέκα χεῖρές μοι ἐν τῷ βασιλεῖ, καὶ
πρωτότοκος ἐγὼ ἢ σὺ, καί γε ἐν τῷ Δαυὶδ εἰμι ὑπὲρ σέ· καὶ
ἱνατί τοῦτο ὕβρισάς με, καὶ οὐκ ἐλογίσθη ὁ λόγος μου πρῶτός
μοι τοῦ Ἰούδα ἐπιστρέψαι τὸν βασιλέα ἐμοί; καὶ ἐσκληρύνθη
ὁ λόγος ἀνδρὸς Ἰούδα ὑπὲρ τὸν λόγον ἀνδρὸς Ἰσραήλ.
20 Καὶ ἐκεῖ ἐπικαλούμενος υἱὸς παράνομος, καὶ ὄνομα αὐτῷ
Σαβεὲ, υἱὸς Βοχορὶ ἀνὴρ ὁ Ἰεμινὶ, καὶ ἐσάλπισε τῇ κερατίνῃ,
καὶ εἶπεν, οὐκ ἔστιν ἡμῖν μερὶς ἐν Δαυὶδ, οὐδὲ κληρονομία
ἡμῖν ἐν τῷ υἱῷ Ἰεσσαί· ἀνὴρ εἰς τὰ σκηνώματά σου, Ἰσραήλ.

[29]And the king said to him, Why β speakest thou any longer of thy matters? I have said, Thou and Siba shall divide the land. [30]And Memphibosthe said to the king, Yea, let him take all, since my lord the king has come in peace to his house. [31]And Berzelli the Galaadite came down from Rogellim, and crossed over Jordan with the king, that he might conduct the king over Jordan. [32]And Berzelli was a very old man, γ eighty years old; and he had maintained the king when he dwelt in Manaim; for he was a very great man. [33]And the king said to Berzelli, Thou shalt go over with me, and I will nourish thine old age with me in Jerusalem. [34]And Berzelli said to the king, How many are the days of the years of my life, that I should go up with the king to Jerusalem? [35]I am this day eighty years old: can I then distinguish between good and evil? Can thy servant taste any longer what I eat or drink? can I any longer hear the voice of singing men or singing women? and wherefore shall thy servant any longer be a burden to my lord the king? [36]Thy servant will go δ a little way over Jordan with the king: and why does the king return me this recompence? [37]Let, I pray thee, thy servant remain, and I will die in my city, by the tomb of my father and of my mother. And, behold, thy servant Chamaam shall go over with my lord the king; and do thou to him as it seems good in thine eyes. [38]And the king said, Let Chamaam go over with me, and I will do to him what is good in my sight; and whatsoever thou shalt choose at my hand, I will do for thee. [39]And all the people went over Jordan, and the king went over; and the king kissed Berzelli, and blessed him; and he returned to his place. [40]And the king went over to Galgala, and Chamaam went over with him: and all the men of Juda went over with the king, and also half the people of Israel. [41]And behold, ζ all the men of Israel came to the king, and said to the king, Why have our brethren the men of Juda stolen thee away, and caused the king and all his house to pass over Jordan, and all the men of David with him? [42]And ζ all the men of Juda answered the men of Israel, and said, Because the king is near of kin to us: and why were you thus angry concerning this matter? have we indeed eaten of the king's food? or has he given us a gift, or has he sent us a portion? [43]And the men of Israel answered the men of Juda, and said, We have ten θ parts in the king, and we are older than you, we have also an interest in David above you: and why have ye thus insulted us, and why was not our advice taken before that of Juda, to bring back our king? And the speech of the men of Juda was sharper than the speech of the men of Israel.

And there was a transgressor so called there, and his name was Sabee, a Benjamite, the son of Bochori: and he blew the trumpet, and said, We have no portion in David, neither have we any inheritance in the son of Jesse: to thy tents, O Israel, every one.

β Gr. speakest thou thy words any longer.   γ Gr. a son of eighty years.   δ Gr. as it were a little.   ζ Gr. every man.
θ Gr. and Heb. hands.

² And all the men of Israel went up from following David after Sabee the son of Bochori: but the men of Juda adhered to their king, from Jordan even to Jerusalem.

³ And David went into his house at Jerusalem: and the king took the ten women his concubines, whom he had left to keep the house, and he put them in a place of custody, and maintained them, and went not in to them; and they were kept living as widows, till the day of their death.

⁴ And the king said to Amessai, Call to me the men of Juda for three days, and do thou be present here. ⁵ And Amessai went to call Juda, and delayed beyond the time which David appointed him. ⁶ And David said to Amessai, Now shall Sabee the son of Bochori do us more harm than Abessalom: now then take thou with thee the servants of thy lord, and follow after him, lest he find for himself strong cities, so will he ᵝ blind our eyes. ⁷ And there went out after him Amessai and the men of Joab, and the Cherethites, and the Phelethites, and all the mighty men: and they went out from Jerusalem to pursue after Sabee the son of Bochori.

⁸ And they *were* by the great stone that is in Gabaon: and Amessai went in before them: and Joab ˠ had upon him a military cloak over his apparel, and over it he was girded with a dagger fastened upon his loins in its scabbard: and the dagger came out, it even came out and fell.

⁹ And Joab said to Amessai, Art thou in health, *my* brother? and the right hand of Joab took hold of the beard of Amessai to kiss him. ¹⁰ And Amessai observed not the dagger that was in the hand of Joab: and Joab smote him with it on the loins, and his ᵟ bowels were shed out upon the ground, and he did not repeat the blow, and he died: and Joab and Abessai his brother pursued after Sabee the son of Bochori. ¹¹ And there stood over him one of the servants of Joab, and said, Who is he that is for Joab, and who *is* on the side of David following Joab? ¹² And Amessai *was* weltering in blood in the midst of the way. And a man saw that all the people stood still; and he removed Amessai out of the path into a field, and he cast a garment upon him, because he saw every one that came to him standing still. ¹³ And when he was quickly removed from the road, every man of Israel passed after Joab to pursue after Sabee the son of Bochori.

¹⁴ And he went through all the tribes of Israel to Abel, and to Bethmacha; and all in Charri too were assembled, and followed after him. ¹⁵ And they came and besieged him in Abel and Phermacha: and they raised a mound against the city and it stood close to the wall; and all the people with Joab proposed to throw down the wall. ¹⁶ And a wise woman cried from the wall, and said, Hear, hear; say, I pray ye, to Joab, Draw near hither, and I will speak to him.

¹⁷ And he drew nigh to her, and the woman said to him, Art thou Joab? and he

Καὶ ἀνέβη πᾶς ἀνὴρ Ἰσραὴλ ἀπὸ ὄπισθεν Δαυὶδ ὀπίσω Σαβεὲ **2** υἱοῦ Βοχορί· καὶ ἀνὴρ Ἰούδα ἐκολλήθη τῷ βασιλεῖ αὐτῶν, ἀπὸ τοῦ Ἰορδάνου καὶ ἕως Ἰερουσαλήμ.

Καὶ εἰσῆλθε Δαυὶδ εἰς τὸν οἶκον αὐτοῦ εἰς Ἰερουσαλήμ· καὶ **3** ἔλαβεν ὁ βασιλεὺς τὰς δέκα γυναῖκας τὰς παλλακὶς αὐτοῦ, ἃς ἀφῆκε φυλάσσειν τὸν οἶκον, καὶ ἔδωκεν αὐτὰς ἐν οἴκῳ φυλακῆς, καὶ διέθρεψεν αὐτὰς, καὶ πρὸς αὐτὰς οὐκ εἰσῆλθε· καὶ ἦσαν συνεχόμεναι ἕως ἡμέρας θανάτου αὐτῶν χῆραι ζῶσαι.

Καὶ εἶπεν ὁ βασιλεὺς πρὸς Ἀμεσσαὶ, βόησόν μοι τὸν **4** ἄνδρα Ἰούδα τρεῖς ἡμέρας, σὺ δὲ αὐτοῦ στῆθι. Καὶ ἐπο- **5** ρεύθη Ἀμεσσαὶ τοῦ βοῆσαι τὸν Ἰούδαν, καὶ ἐχρόνισεν ἀπὸ τοῦ καιροῦ οὗ ἐτάξατο αὐτῷ Δαυίδ. Καὶ εἶπε Δαυὶδ πρὸς **6** Ἀμεσσαὶ, νῦν κακοποιήσει ἡμᾶς Σαβεὲ υἱὸς Βοχορὶ ὑπὲρ Ἀβεσσαλώμ· καὶ νῦν σὺ λάβε μετὰ σεαυτοῦ τοὺς παῖδας τοῦ κυρίου σου, καὶ καταδίωξον ὀπίσω αὐτοῦ, μή ποτε ἑαυτῷ εὔρῃ πόλεις ὀχυρὰς, καὶ σκιάσει τοὺς ὀφθαλμοὺς ἡμῶν. Καὶ **7** ἐξῆλθον ὀπίσω αὐτοῦ Ἀβεσσαὶ καὶ οἱ ἄνδρες Ἰωὰβ, καὶ ὁ Χερεθὶ, καὶ ὁ Φελεθὶ, καὶ πάντες οἱ δυνατοὶ, καὶ ἐξῆλθον ἐξ Ἰερουσαλὴμ διῶξαι ὀπίσω Σαβεὲ υἱοῦ Βοχορί.

Καὶ αὐτοὶ παρὰ τῷ λίθῳ τῷ μεγάλῳ τῷ ἐν Γαβαών· καὶ **8** Ἀμεσσαὶ εἰσῆλθεν ἔμπροσθεν αὐτῶν· καὶ Ἰωὰβ περιεζωσμένος μανδύαν τὸ ἔνδυμα αὐτοῦ, καὶ ἐπ᾽ αὐτῷ ἐζωσμένος μάχαιραν ἐζευγμένην ἐπὶ τῆς ὀσφύος αὐτοῦ ἐν κολεῷ αὐτῆς· καὶ ἡ μάχαιρα ἐξῆλθε· καὶ αὐτὴ ἐξῆλθε καὶ ἔπεσε.

Καὶ εἶπεν Ἰωὰβ τῷ Ἀμεσσαὶ, εἰ ὑγιαίνεις σὺ, ἀδελφέ; **9** καὶ ἐκράτησεν ἡ χεὶρ ἡ δεξιὰ Ἰωὰβ τοῦ πώγωνος Ἀμεσσαὶ τοῦ καταφιλῆσαι αὐτόν. Καὶ Ἀμεσσαὶ οὐκ ἐφυλάξατο τὴν **10** μάχαιραν τὴν ἐν τῇ χειρὶ Ἰωὰβ· καὶ ἔπαισεν αὐτὸν ἐν αὐτῇ Ἰωὰβ εἰς τὴν ψόαν, καὶ ἐξεχύθη ἡ κοιλία αὐτοῦ εἰς τὴν γῆν, καὶ οὐκ ἐδευτέρωσεν αὐτῷ, καὶ ἀπέθανε· καὶ Ἰωὰβ καὶ Ἀβεσσαὶ ὁ ἀδελφὸς αὐτοῦ ἐδίωξε ὀπίσω Σαβεὲ υἱοῦ Βοχορί. Καὶ **11** ἀνὴρ ἔστη ἐπ᾽ αὐτὸν τῶν παιδαρίων Ἰωὰβ, καὶ εἶπε, τίς ὁ βουλόμενος Ἰωὰβ, καὶ τίς τοῦ Δαυὶδ, ὀπίσω Ἰωάβ; Καὶ **12** Ἀμεσσαὶ πεφυρμένος ἐν τῷ αἵματι ἐν μέσῳ τῆς τρίβου· καὶ εἶδεν ἀνὴρ, ὅτι εἱστήκει πᾶς ὁ λαὸς, καὶ ἀπέστρεψε τὸν Ἀμεσσαὶ ἐκ τῆς τρίβου εἰς ἀγρόν· καὶ ἐπέῤῥιψεν ἐπ᾽ αὐτὸν ἱμάτιον, καθ᾽ ὅτι εἶδε πάντα τὸν ἐρχόμενον ἐπ᾽ αὐτὸν ἑστηκότα. Ἡνίκα δὲ ἔφθασεν ἐκ τῆς τρίβου, παρῆλθε πᾶς **13** ἀνὴρ Ἰσραὴλ ὀπίσω Ἰωὰβ τοῦ διῶξαι ὀπίσω Σαβεὲ υἱοῦ Βοχορί.

Καὶ διῆλθεν ἐν πάσαις φυλαῖς Ἰσραὴλ εἰς Ἀβὲλ καὶ εἰς **14** Βεθμαχὰ· καὶ πάντες ἐν Χαῤῥὶ καὶ ἐξεκκλησιάσθησαν, καὶ ἦλθον κατόπισθεν αὐτοῦ. Καὶ παρεγενήθησαν καὶ ἐπολιόρκουν **15** ἐπ᾽ αὐτὸν ἐν Ἀβὲλ καὶ Φερμαχά· καὶ ἐξέχεαν πρόσχωμα πρὸς τὴν πόλιν, καὶ ἔστη ἐν τῷ προτειχίσματι· καὶ πᾶς ὁ λαὸς ὁ μετὰ Ἰωὰβ ἐνοοῦσαν καταβαλεῖν τὸ τεῖχος. Καὶ ἐβόησε **16** γυνὴ σοφὴ ἐκ τοῦ τείχους, καὶ εἶπεν, ἀκούσατε ἀκούσατε, εἴπατε δὴ πρὸς Ἰωὰβ, ἔγγισον ἕως ὧδε, καὶ λαλήσω πρὸς αὐτόν.

Καὶ προσήγγισε πρὸς αὐτήν· καὶ εἶπεν ἡ γυνὴ, εἰ σὺ εἶ **17**

ᵝ *i. e.* escape us.   ˠ *Gr.* was girded about with.   ᵟ *Gr.* belly.

'Ιωάβ; ὁ δὲ εἶπεν, ἐγώ· εἶπε δὲ αὐτῷ, ἄκουσον τοὺς λόγους
18 τῆς δούλης σου· καὶ εἶπεν Ἰωάβ, ἀκούω ἐγώ εἰμι. Καὶ εἶπε
λέγουσα, λόγον ἐλάλησαν ἐν πρώτοις, λέγοντες, ἠρωτημένος
ἠρωτήθη ἐν τῇ Ἀβὲλ καὶ ἐν Δὰν εἰ ἐξέλιπον ἃ ἔθεντο οἱ
πιστοὶ τοῦ Ἰσραήλ· ἐρωτῶντες ἐπερωτήσουσιν ἐν Ἀβὲλ, καὶ
19 οὕτως εἰ ἐξέλιπον. Ἐγώ εἰμι εἰρηνικὰ τῶν στηριγμάτων
Ἰσραήλ· σὺ δὲ ζητεῖς θανατῶσαι πόλιν καὶ μητρόπολιν ἐν
20 Ἰσραήλ· ἱνατί καταποντίζεις κληρονομίαν Κυρίου; Καὶ
ἀπεκρίθη Ἰωάβ, καὶ εἶπεν, ἵλεώς μοι ἵλεώς μοι, εἰ καταποντιῶ
21 καὶ εἰ φθερῶ. Οὐχ οὕτως ὁ λόγος, ὅτι ἀνὴρ ἐξ ὄρους Ἐφραίμ,
Σαβεὲ υἱὸς Βοχορὶ ὄνομα αὐτοῦ, καὶ ἐπῆρε τὴν χεῖρα αὐτοῦ
ἐπὶ τὸν βασιλέα Δαυίδ· δότε αὐτόν μοι μόνον, καὶ ἀπελεύσομαι
ἀπάνωθεν τῆς πόλεως. Καὶ εἶπεν ἡ γυνὴ πρὸς Ἰωάβ, ἰδοὺ ἡ
κεφαλὴ αὐτοῦ ῥιφήσεται πρὸς σὲ διὰ τοῦ τείχους.

22 Καὶ εἰσῆλθεν ἡ γυνὴ πρὸς πάντα τὸν λαόν, καὶ ἐλάλησε
πρὸς πᾶσαν τὴν πόλιν ἐν τῇ σοφίᾳ αὐτῆς· καὶ ἀφεῖλε τὴν
κεφαλὴν Σαβεὲ υἱοῦ Βοχορί· καὶ ἀφεῖλε καὶ ἔβαλε πρὸς Ἰωάβ·
καὶ ἐσάλπισεν ἐν κερατίνῃ, καὶ διεσπάρησαν ἀπὸ τῆς πόλεως
ἀπ᾿ αὐτοῦ ἀνὴρ εἰς τὰ σκηνώματα αὐτοῦ· καὶ Ἰωάβ ἀπέστρεψεν
εἰς Ἱερουσαλὴμ πρὸς τὸν βασιλέα.

23 Καὶ ὁ Ἰωάβ πρὸς πάσῃ τῇ δυνάμει Ἰσραήλ· καὶ Βαναίας
24 υἱὸς Ἰωδαὲ ἐπὶ τοῦ Χερεθὶ, καὶ ἐπὶ τοῦ Φελεθί· Καὶ Ἀδωνιρὰμ
ἐπὶ τοῦ φόρου· καὶ Ἰωσαφὰθ υἱὸς Ἀχιλοὺθ ἀναμιμνήσκων.
25 Καὶ Σουσὰ γραμματεύς· καὶ Σαδὼκ καὶ Ἀβιάθαρ ἱερεῖς·
26 Καί γε Ἰρὰς ὁ Ἰαρὶν ἦν ἱερεὺς τῷ Δαυίδ.

21 Καὶ ἐγένετο λιμὸς ἐν ταῖς ἡμέραις Δαυὶδ τρία ἔτη, ἐνιαυτὸς
ὁ ἐχόμενος ἐνιαυτοῦ· καὶ ἐζήτησε Δαυὶδ τὸ πρόσωπον Κυρίου·
καὶ εἶπε Κύριος, ἐπὶ Σαοὺλ καὶ ἐπὶ τὸν οἶκον αὐτοῦ ἀδικία
ἐν θανάτῳ αἱμάτων αὐτοῦ, περὶ οὗ ἐθανάτωσε τοὺς Γαβαωνί-
2 τας. Καὶ ἐκάλεσεν ὁ βασιλεὺς Δαυὶδ τοὺς Γαβαωνίτας, καὶ
εἶπε πρὸς αὐτούς· καὶ οἱ Γαβαωνῖται οὐχ υἱοὶ Ἰσραήλ εἰσιν,
ὅτι ἀλλ᾿ ἢ ἐκ τοῦ ἐλλείμματος τοῦ Ἀμορραίου, καὶ οἱ υἱοὶ Ἰσ-
ραὴλ ὤμοσαν αὐτοῖς· καὶ ἐζήτησε Σαοὺλ πατάξαι αὐτοὺς ἐν τῷ
ζηλῶσαι αὐτὸν τοὺς υἱοὺς Ἰσραὴλ καὶ Ἰούδα.

3 Καὶ εἶπε Δαυὶδ πρὸς τοὺς Γαβαωνίτας, τί ποιήσω ὑμῖν,
καὶ ἐν τίνι ἐξιλάσωμαι, καὶ εὐλογήσετε τὴν κληρονομίαν
4 Κυρίου; Καὶ εἶπαν αὐτῷ οἱ Γαβαωνῖται, οὐκ ἔστιν ἡμῖν
ἀργύριον ἢ χρυσίον μετὰ Σαοὺλ καὶ μετὰ τοῦ οἴκου αὐτοῦ, καὶ
5 οὐκ ἔστιν ἡμῖν ἀνὴρ θανατῶσαι ἐν Ἰσραήλ. Καὶ εἶπε, τί ὑμεῖς
λέγετε, καὶ ποιήσω ὑμῖν; καὶ εἶπαν πρὸς τὸν βασιλέα, ὁ ἀνὴρ
ὃς συνετέλεσεν ἐφ᾿ ἡμᾶς καὶ ἐδίωξεν ἡμᾶς, ὃς παρελογίσατο
ἐξολοθρεῦσαι ἡμᾶς, ἀφανίσωμεν αὐτόν, τοῦ μὴ ἑστάναι
6 αὐτὸν ἐν παντὶ ὁρίῳ Ἰσραήλ. Δότω ἡμῖν ἑπτὰ ἄνδρας ἐκ
τῶν υἱῶν αὐτοῦ, καὶ ἐξηλιάσωμεν αὐτοὺς τῷ Κυρίῳ ἐν τῷ
Γαβαὼν Σαοὺλ ἐκλεκτοὺς Κυρίου· καὶ εἶπεν ὁ βασιλεύς, ἐγὼ
δώσω.

7 Καὶ ἐφείσατο ὁ βασιλεὺς ἐπὶ Μεμφιβοσθὲ υἱὸν Ἰωνάθαν

---

said, I am. And she said to him, Hear the
words of thy handmaid; and Joab said, I do
hear. [18] And she spoke, saying, β Of old time
they said thus, Surely one was asked in
Abel, and Dan, whether the faithful in
Israel failed in what they purposed; they
will surely ask in Abel, even in like manner,
whether they have failed. [19] I am a peace-
able one of the strong ones in Israel; but
thou seekest to destroy a city and a mother-
city in Israel: why dost thou seek to ruin
the inheritance of the Lord? [20] And Joab
answered and said, Far be it, far be it from
me, that I should ruin or destroy. [21] Is not
the case thus, that a man of mount Ephraim,
Sabee son of Bochori by name, has even
lifted up his hand against king David? Give
him only to me, and I will depart from the
city. And the woman said to Joab, Behold,
his head shall be thrown to thee over the
wall.

[22] And the woman went in to all the peo-
ple, and she spoke to all the city in her wis-
dom; and γ they took off the head of Sabee
the son of Bochori; and took it away and
threw it to Joab: and he blew the trum-
pet, and the people separated from the city
away from him, every man to his tent:
and Joab returned to Jerusalem to the
king.

[23] And Joab was δ over all the forces of
Israel: and Banaias the son of Jodae was
over the Cherethites and over the Phele-
thites. [24] And Adoniram was over the tri-
bute: and Josaphath the son of Achiluth
was recorder. [25] And Susa was scribe: and
Sadoc and Abiathar were priests. [26] More-
over Iras the son of Iarin was priest to
David.

And there was a famine in the days of
David three years, year after year; and
David sought the face of the Lord. And the
Lord said, There is ζ guilt upon Saul and his
house because of his θ bloody murder, where-
by he slew the Gabaonites. [2] And king Da-
vid called the Gabaonites, and said to them;
—(now the Gabaonites are not the children
of Israel, but are of the remnant of the
Amorite, and the children of Israel had
sworn to them: but Saul sought to smite
them in his zeal for the children of Israel
and Juda.)

[3] And David said to the Gabaonites,
What shall I do to you? and wherewithal
shall I make atonement, that ye may bless
the inheritance of the Lord? [4] And the
Gabaonites said to him, We have no question
about silver or gold with Saul and with his
house; and there is no man for us to put to
death in Israel. [5] And he said, What say
ye? speak, and I will do it for you. And
they said to the king, The man who would
have made an end of us, and persecuted us,
who plotted against us to destroy us, let us
utterly destroy him, so that he shall have
no standing in all the coasts of Israel. [6] Let
one give us seven men of his sons, and let
us hang them up in the sun to the Lord in
Gabaon of Saul, as chosen out for the Lord.
And the king said, I will give them.

[7] But the king spared Memphibosthe son of
Jonathan the son of Saul, because of the oath

β Gr. they spoke a word among the first, saying.   γ Gr. it or she. i. e. ἡ πόλις.   δ Gr. to.   ζ Gr. iniquity.
θ Lit. the death of his bloods.

of the Lord that was between them, even between David and Jonathan the son of Saul. ⁸And the king took the two sons of Respha the daughter of Aia, whom she bore to Saul, Hermonoi and Memphibosthe, and the five sons of Michol daughter of Saul, whom she bore to Esdriel son of Berzelli the Moülathite. ⁹And he gave them into the hand of the Gabaonites, and they hanged them up to the sun in the mountain before the Lord: and they fell, even the seven together: moreover they were put to death in the days of harvest at the commencement, in the beginning of barley-harvest. ¹⁰And Respha the daughter of Aia took sackcloth, and fixed it for herself on the rock in the beginning of barley harvest, until water dropped upon them out of heaven: and she did not suffer the birds of the air to rest upon them by day, nor the beasts of the field by night. ¹¹And it was told David what Respha the daughter of Aia the concubine of Saul had done, [βand they were faint, and Dan the son of Joa of the offspring of the giants overtook them.] ¹²And David went and took the bones of Saul, and the bones of Jonathan his son, from the men of the sons of Jabis Galaad, who stole them from the street of Bæthsan; for the Philistines set them there in the day in which the Philistines smote Saul in Gelbue. ¹³And he carried up thence the bones of Saul and the bones of Jonathan his son, and gathered the bones of them that had been hanged. ¹⁴And they buried the bones of Saul and the bones of Jonathan his son, and the bones of them that had been hanged, in the land of Benjamin in the hill, in the sepulchre of Cis his father; and they did all things that the king commanded: and after this God hearkened to *the prayers of* the land.

¹⁵And there was yet war between the Philistines and Israel: and David went down and his servants with him, and they fought with the Philistines, and David went. ¹⁶And Jesbi, who was of the progeny of Rapha, and the head of whose spear *was* three hundred shekels of brass in weight, who also was girt with a club, even he thought to smite David. ¹⁷And Abessa the son of Saruia helped him and smote the Philistine, and slew him. Then the men of David swore, saying, Thou shalt not any longer go out with us to battle, and thou shalt not quench the lamp of Israel. ¹⁸And after this there was a battle again with the Philistines in Geth: then Sebocha the Astatothite slew Seph of the progeny of Rapha. ¹⁹And there was a battle in Rom with the Philistines; and Eleanan son of Ariorgim the Bethleemite slew Goliath the Gittite; and the staff of his spear *was* as a weaver's beam. ²⁰And there was yet a battle in Geth: and there was γa man of stature, and the fingers of his hands and the toes of his feet *were* six on each, four and twenty in number: and he also was born to Rapha. ²¹And he δdefied Israel, and Jonathan son of Semei brother of David, smote him. ²²These four were born descendants of the

υἱοῦ Σαοὺλ διὰ τὸν ὅρκον Κυρίου τὸν ἀναμέσον αὐτῶν, καὶ ἀναμέσον Δαυὶδ, καὶ ἀναμέσον Ἰωνάθαν υἱοῦ Σαοὺλ.

Καὶ ἔλαβεν ὁ βασιλεὺς τοὺς δύο υἱοὺς Ῥεσφὰ θυγατρὸς 8 Ἀϊᾶ, οὓς ἔτεκε τῷ Σαοὺλ, τὸν Ἑρμωνοῒ καὶ τὸν Μεμφιβοσθὲ, καὶ τοὺς πέντε υἱοὺς τῆς Μιχὸλ θυγατρὸς Σαοὺλ, οὓς ἔτεκε τῷ Ἐσδριὴλ υἱῷ Βερζελλὶ τῷ Μωουλαθί· Καὶ ἔδωκεν αὐτοὺς ἐν 9 χειρὶ τῶν Γαβαωνιτῶν, καὶ ἐξηλίασαν αὐτοὺς ἐν τῷ ὄρει ἔναντι Κυρίου· καὶ ἔπεσαν οἱ ἑπτὰ αὐτοὶ ἐπὶ τὸ αὐτό· καὶ αὐτοὶ δὲ ἐθανατώθησαν ἐν ἡμέραις θερισμοῦ ἐν πρώτοις, ἐν ἀρχῇ θερισμοῦ κριθῶν. Καὶ ἔλαβε Ῥεσφὰ θυγάτηρ Ἀϊᾶ τὸν σάκκον, 10 καὶ ἔπηξεν αὐτῇ πρὸς τὴν πέτραν ἐν ἀρχῇ θερισμοῦ κριθῶν, ἕως ἔσταξεν ἐπ᾽ αὐτοὺς ὕδωρ ἐκ τοῦ οὐρανοῦ· καὶ οὐκ ἔδωκε τὰ πετεινὰ τοῦ οὐρανοῦ καταπαῦσαι ἐπ᾽ αὐτοὺς ἡμέρας, καὶ τὰ θηρία τοῦ ἀγροῦ νυκτός.

Καὶ ἀπηγγέλη τῷ Δαυὶδ ὅσα ἐποίησε Ῥεσφὰ θυγάτηρ Ἀϊᾶ 11 παλλακὴ Σαούλ· καὶ ἐξελύθησαν, καὶ κατέλαβεν αὐτοὺς Δὰν υἱὸς Ἰωὰ ἐκ τῶν ἀπογόνων τῶν γιγάντων. Καὶ ἐπορεύθη 12 Δαυὶδ καὶ ἔλαβε τὰ ὀστᾶ Σαοὺλ, καὶ τὰ ὀστᾶ Ἰωνάθαν τοῦ υἱοῦ αὐτοῦ, παρὰ τῶν ἀνδρῶν υἱῶν Ἰαβὶς Γαλαάδ, οἳ ἔκλεψαν αὐτοὺς ἐκ τῆς πλατείας Βαιθσὰν, ὅτι ἔστησαν αὐτοὺς ἐκεῖ οἱ ἀλλόφυλοι ἐν τῇ ἡμέρᾳ ᾗ ἐπάταξαν οἱ ἀλλόφυλοι τὸν Σαοὺλ ἐν Γελβονέ. Καὶ ἀνένεγκεν ἐκεῖθεν τὰ ὀστᾶ Σαοὺλ καὶ τὰ 13 ὀστᾶ Ἰωνάθαν τοῦ υἱοῦ αὐτοῦ, καὶ συνήγαγε τὰ ὀστᾶ τῶν ἐξηλιασμένων. Καὶ ἔθαψαν τὰ ὀστᾶ Σαοὺλ καὶ τὰ ὀστᾶ 14 Ἰωνάθαν τοῦ υἱοῦ αὐτοῦ καὶ τὰ ὀστᾶ τῶν ἡλιασθέντων ἐν γῇ Βενιαμὶν ἐν τῇ πλευρᾷ ἐν τῷ τάφῳ Κὶς τοῦ πατρὸς αὐτοῦ· καὶ ἐποίησαν πάντα ὅσα ἐνετείλατο ὁ βασιλεύς· καὶ ἐπήκουσεν ὁ Θεὸς τῇ γῇ μετὰ ταῦτα.

Καὶ ἐγενήθη ἔτι πόλεμος τοῖς ἀλλοφύλοις μετὰ Ἰσραήλ· 15 καὶ κατέβη Δαυὶδ καὶ οἱ παῖδες αὐτοῦ μετ᾽ αὐτοῦ, καὶ ἐπολέμησαν μετὰ τῶν ἀλλοφύλων· καὶ ἐπορεύθη Δαυίδ. Καὶ Ἰεσβὶ, 16 ὃς ἦν ἐν τοῖς ἐκγόνοις τοῦ Ῥαφὰ, καὶ ὁ σταθμὸς τοῦ δόρατος αὐτοῦ, τριακοσίων σίκλων ὁλκῇ χαλκοῦ, καὶ αὐτὸς περιεζωσμένος κορύνην, καὶ διενοεῖτο τοῦ πατάξαι τὸν Δαυίδ. Καὶ 17 ἐβοήθησεν αὐτῷ Ἀβεσσὰ υἱὸς Σαρουίας, καὶ ἐπάταξε τὸν ἀλλόφυλον καὶ ἐθανάτωσεν αὐτόν· τότε ὤμοσαν οἱ ἄνδρες Δαυὶδ, λέγοντες, οὐκ ἐξελεύσῃ ἔτι μεθ᾽ ἡμῶν εἰς πόλεμον, καὶ οὐ μὴ σβέσῃς τὸν λύχνον Ἰσραήλ.

Καὶ ἐγενήθη μετὰ ταῦτα ἔτι πόλεμος ἐν Γὲθ μετὰ τῶν ἀλλο- 18 φύλων· τότε ἐπάταξε Σεβοχὰ ὁ Ἀστατωθὶ τὸν Σὲφ ἐν τοῖς ἐγγόνοις τοῦ Ῥαφά.

Καὶ ἐγένετο ὁ πόλεμος ἐν Ῥὸμ μετὰ τῶν ἀλλοφύλων· καὶ 19 ἐπάταξεν Ἐλεανὰν υἱὸς Ἀριωργὶμ ὁ Βαιθλεεμίτης τὸν Γολιὰθ τὸν Γεθαῖον· καὶ τὸ ξύλον τοῦ δόρατος αὐτοῦ ὡς ἀντίον ὑφαινόντων. Καὶ ἐγένετο ἔτι πόλεμος ἐν Γέθ· καὶ ἦν ἀνὴρ μαδὼν, 20 καὶ οἱ δάκτυλοι τῶν χειρῶν αὐτοῦ, καὶ οἱ δάκτυλοι τῶν ποδῶν αὐτοῦ ἓξ καὶ ἕξ, εἰκοσιτέσσαρες ἀριθμῷ· καί γε αὐτὸς ἐτέχθη τῷ Ῥαφᾷ. Καὶ ὠνείδισε τὸν Ἰσραὴλ, καὶ ἐπάταξεν αὐτὸν 21 Ἰωνάθαν υἱὸς Σεμεῒ ἀδελφοῦ Δαυίδ.

Οἱ τέσσαρες οὗτοι ἐτέχθησαν ἀπόγονοι τῶν γιγάντων ἐν Γὲθ 22

β *Heb.* omits the words in brackets.   γ The original is Hebrew in Greek letters.   δ *Or,* reproached.

τῷ Ῥαφὰ οἶκος, καὶ ἔπεσαν ἐν χειρὶ Δαυὶδ, καὶ ἐν χειρὶ τῶν δούλων αὐτοῦ.

22 Καὶ ἐλάλησε Δαυὶδ τῷ Κυρίῳ τοὺς λόγους τῆς ᾠδῆς ταύτης, ἐν ᾗ ἡμέρα ἐξείλετο αὐτὸν Κύριος ἐκ χειρὸς πάντων τῶν ἐχθρῶν 2 αὐτοῦ, καὶ ἐκ χειρὸς Σαούλ. Καὶ εἶπεν ᾠδή·

Κύριε πέτρα μου, καὶ ὀχύρωμά μου, καὶ ἐξαιρούμενός με 3 ἐμοὶ, ὁ Θεός μου, φύλαξ μου ἔσται μοι, πεποιθὼς ἔσομαι ἐπ᾽ αὐτῷ· ὑπερασπιστής μου, καὶ κέρας σωτηρίας μου, ἀντι- λήπτωρ μου, καὶ καταφυγή μου σωτηρίας μου, ἐξ ἀδίκου σώσεις με.

4 Αἰνετὸν ἐπικαλέσομαι Κύριον, καὶ ἐκ τῶν ἐχθρῶν μου 5 σωθήσομαι. Ὅτι περιέσχον με συντριμμοὶ θανάτου, χεί- 6 μαρροι ἀνομίας ἐθάμβησάν με. Ὠδῖνες θανάτου ἐκύκλωσάν 7 με, προέφθασάν με σκληρότητες θανάτου. Ἐν τῷ θλίβεσθαί με ἐπικαλέσομαι τὸν Κύριον, καὶ πρὸς τὸν Θεόν μου βοήσομαι, καὶ ἐπακούσεται ἐκ ναοῦ αὐτοῦ φωνῆς μου, καὶ ἡ κραυγή μου ἐν τοῖς ὠσὶν αὐτοῦ.

8 Καὶ ἐταράχθη καὶ ἐσείσθη ἡ γῆ, καὶ τὰ θεμέλια τοῦ οὐρανοῦ συνεταράχθησαν καὶ ἐσπαράχθησαν, ὅτι ἐθυμώθη Κύριος αὐτοῖς. 9 Ἀνέβη καπνὸς ἐν τῇ ὀργῇ αὐτοῦ, καὶ πῦρ ἐκ στόματος αὐτοῦ 10 κατέδεται· ἄνθρακες ἐξεκαύθησαν ἀπ᾽ αὐτοῦ. Καὶ ἔκλινεν οὐρανοὺς καὶ κατέβη, καὶ γνόφος ὑποκάτω τῶν ποδῶν αὐτοῦ. 11 Καὶ ἐπεκάθισεν ἐπὶ τῷ χερουβὶμ, καὶ ἐπετάσθη, καὶ ὤφθη ἐπὶ 12 πτερύγων ἀνέμου. Καὶ ἔθετο σκότος ἀποκρυφὴν αὐτοῦ· κύκλῳ αὐτοῦ ἡ σκηνὴ αὐτοῦ σκότος ὑδάτων, ἐπάχυνεν ἐν νεφέλαις 13 ἀέρος. Ἀπὸ τοῦ φέγγους ἐναντίον αὐτοῦ ἐξεκαύθησαν ἄν- 14 θρακες πυρός. Ἐβρόντησεν ἐξ οὐρανοῦ Κύριος, καὶ ὁ ὕψιστος 15 ἔδωκε φωνὴν αὐτοῦ. Καὶ ἀπέστειλε βέλη, καὶ ἐσκόρπισεν 16 αὐτούς· καὶ ἤστραψεν ἀστραπὴν, καὶ ἐξέστησεν αὐτούς. Καὶ ὤφθησαν ἀφέσεις θαλάσσης, καὶ ἀπεκαλύφθη θεμέλια τῆς οἰκουμένης ἐν τῇ ἐπιτιμήσει Κυρίου, ἀπὸ πνοῆς πνεύματος 17 θυμοῦ αὐτοῦ. Ἀπέστειλεν ἐξ ὕψους καὶ ἔλαβέ με, εἵλκυσέ 18 με ἐξ ὑδάτων πολλῶν. Ἐρρύσατό με ἐξ ἐχθρῶν μου ἰσχύος, ἐκ τῶν μισούντων με, ὅτι ἐκραταιώθησαν ὑπὲρ ἐμέ.

19 Προέφθασάν με ἡμέραι θλίψεώς μου· καὶ ἐγένετο Κύριος 20 ἐπιστήριγμά μου, καὶ ἐξήγαγέ με εἰς πλατυσμὸν, καὶ ἐξείλετό 21 με, ὅτι ηὐδόκησεν ἐν ἐμοί. Καὶ ἀνταπέδωκέ μοι Κύριος κατὰ τὴν δικαιοσύνην μου, καὶ κατὰ τὴν καθαριότητα τῶν χειρῶν 22 μου ἀνταπέδωκέ μοι. Ὅτι ἐφύλαξα ὁδοὺς Κυρίου, καὶ οὐκ 23 ἠσέβησα ἀπὸ τοῦ Θεοῦ μου. Ὅτι πάντα τὰ κρίματα αὐτοῦ κατεναντίον μου καὶ τὰ δικαιώματα αὐτοῦ, οὐκ ἀπέστην ἀπ᾽ 24 αὐτῶν. Καὶ ἔσομαι ἄμωμος αὐτῷ, καὶ προφυλάξομαι ἀπὸ 25 τῆς ἀνομίας μου. Καὶ ἀποδώσει μοι Κύριος κατὰ τὴν δικαιο- σύνην μου, καὶ κατὰ τὴν καθαριότητα τῶν χειρῶν μου ἐνώπιον τῶν ὀφθαλμῶν αὐτοῦ.

26 Μετὰ ὁσίου ὁσιωθήσῃ, καὶ μετὰ ἀνδρὸς τελείου τελειωθήσῃ· 27 Καὶ μετὰ ἐκλεκτοῦ ἐκλεκτὸς ἔσῃ, καὶ μετὰ στρεβλοῦ στρεβλω- 28 θήσῃ. Καὶ τὸν λαὸν τὸν πτωχὸν σώσεις, καὶ ὀφθαλμοὺς

giants in Geth, the family of Rapha ; and they fell by the hand of David, and by the hand of his servants.

And David spoke to the Lord the words of this song, in the day in which the Lord rescued him out of the hand of all his ene- mies, and out of the hand of Saul. [2] And the song was thus:

O Lord, my rock, and my fortress, and my deliverer, [3] my God; he shall be to me my guard, I will trust in him: *he is* my pro- tector, and the horn of my salvation, my helper, and my sure refuge; thou shalt save me from the unjust man.

[4] I will call upon the Lord who is worthy to be praised, and I shall be saved from my enemies. [5] For the troubles of death com- passed me, the floods of iniquity amazed me: [6] the pangs of death surrounded me, the agonies of death prevented me. [7] When I am afflicted I will call upon the Lord, and will cry to my God, and he shall hear my voice out of his temple, and my cry shall come into his ears.

[8] And the earth was troubled and quaked, and the foundations of heaven were con- founded and torn asunder, because the Lord was wroth with them. [9] There went up a smoke in his wrath, and fire out of his mouth devours: coals were kindled at it. [10] And he bowed the heavens, and came down, and *there was* darkness under his feet. [11] And he rode upon the cherubs and did fly, and was seen upon the wings of the wind. [12] And he made darkness his hiding-place; his tabernacle round about him was the dark- ness of waters, he condensed it with the clouds of the air. [13] At the brightness before him coals of fire were kindled. [14] The Lord thundered out of heaven, and the Most High uttered his voice. [15] And he sent forth arrows, and scattered them, and he flashed lightning, and dismayed them. [16] And the channels of the sea were seen, and the foun- dations of the world were discovered, at the rebuke of the Lord, at the blast of the breath of his anger. [17] He sent from above and took me; he drew me out of many waters. [18] He delivered me from my strong enemies, from them that hated me, for they were stronger than I.

[19] The days of my affliction prevented me; but the Lord was my stay. [20] And he brought me into a wide place, and rescued me, because he delighted in me. [21] And the Lord recompensed me according to my righteousness; even according to the purity of my hands did he recompense me. [22] Be- cause I kept the ways of the Lord, and did not wickedly depart from my God. [23] For all his judgments and his ordinances *were* before me: I departed not from them. [24] And I shall be blameless β before him, and will keep myself from my iniquity. [25] And the Lord will recompense me according to my righteousness, and according to the purity of my hands in his eye-sight.

[26] With the holy thou wilt be holy, and with the perfect man thou wilt be perfect, [27] and with the γ excellent thou wilt be ex- cellent, and with the froward thou wilt be froward. [28] And thou wilt save the poor

---

β *Gr.* to him.   γ *Gr.* choice or elect.

people, and wilt bring down the eyes βof the haughty. ²⁹For thou, Lord, *art* my lamp, and the Lord shall shine forth to me in my darkness. ³⁰For by thee shall I run γ*as* a girded man, and by my God shall I leap over a wall.

³¹As for the Mighty One, his way *is* blameless: the word of the Lord *is* strong *and* tried in the fire: he is a protector to all that put their trust in him. ³²Who *is* strong, but the Lord? and who will be a Creator except our God? ³³*It is* the Mighty One who strengthens me with might, and has prepared my way without fault. ³⁴δ He makes my feet like harts' feet, and sets me upon the high places. ³⁵He teaches my hands to war, and has broken a brazen bow by my arm. ³⁶And thou hast given me the shield of my salvation, and thy propitious dealing has increased me, ³⁷so as to make room under me for my going, and my legs did not totter.

³⁸I will pursue my enemies, and will utterly destroy them; and I will not turn again till I have consumed them. ³⁹And ζ I will crush them, and they shall not rise; and they shall fall under my feet. ⁴⁰And thou shalt strengthen me with power for the war; thou shalt cause them that rise up against me to bow down under me. ⁴¹And thou hast caused θ mine enemies to flee before me, even them that hated me, and thou hast slain them. ⁴²They shall cry, and there λshall be no helper; to the Lord, but he hearkens not to them. ⁴³And I ground them as the dust of the earth, I beat them small as the mire of the streets. ⁴⁴And thou shalt deliver me from the striving of the μpeoples, thou shalt keep me *to be* the head of the Gentiles: a people which I knew not served me. ⁴⁵The strange children feigned *obedience* to me; they hearkened to me ξas soon as they heard. ⁴⁶The strange children shall be cast away, and shall· be overthrown out of their hidingplaces.

⁴⁷The Lord lives, and blessed *be* my guardian, and my God, πmy strong keeper, shall be exalted. ⁴⁸The Lord who avenges me *is* strong, chastening the nations under me, ⁴⁹and bringing me out from my enemies: and thou shalt set me on high from among those that rise up against me: thou shalt deliver me from ρthe violent man. ⁵⁰Therefore will I confess to thee, O Lord, among the Gentiles, and sing to thy name. ⁵¹He magnifies the σsalvation of his king, and works mercy for his anointed, even for David and for his seed for ever.

And these *are* the last words of David.

Faithful *is* David the son of Jessæ, and faithful the man whom the Lord raised up to be the anointed of the God of Jacob, and beautiful *are* the psalms of Israel.

²The Spirit of the Lord spoke by me, and his word *was* upon my tongue. ³The God of Israel says, A watchman out of Israel spoke to me a parable: I said among men, How will ye strengthen the fear of the anointed? ⁴And in the morning light of God, let the

ἐπὶ μετεώρων ταπεινώσεις. Ὅτι σὺ ὁ λύχνος μου Κύριε, 29 καὶ Κύριος ἐκλάμψει μοι τὸ σκότος μου. Ὅτι ἐν σοὶ 30 δραμοῦμαι μονόζωνος, καὶ ἐν τῷ Θεῷ μου ὑπερβήσομαι τεῖχος.

Ὁ ἰσχυρὸς ἄμωμος ἡ ὁδὸς αὐτοῦ· τὸ ῥῆμα Κυρίου κραταιὸν 31 πεπυρωμένον· ὑπερασπιστής ἐστι πᾶσι τοῖς πεποιθόσιν ἐπ' αὐτόν. Τίς ἰσχυρὸς πλὴν Κυρίου; καὶ τίς κτίστης ἔσται πλὴν 32 τοῦ Θεοῦ ἡμῶν; Ὁ ἰσχυρὸς ὁ κραταιῶν με δυνάμει, καὶ 33 ἐξετίναξεν ἄμωμον τὴν ὁδόν μου. Τιθεὶς τοὺς πόδας μου ὡς 34 ἐλάφων, καὶ ἐπὶ τὰ ὕψη ἱστῶν με. Διδάσκων χεῖράς μου εἰς 35 πόλεμον, καὶ κατάξας τόξον χαλκοῦν ἐν βραχίονί μου. Καὶ 36 ἔδωκάς μοι ὑπερασπισμὸν σωτηρίας μου, καὶ ἡ ὑπακοή σου ἐπλήθυνέ με εἰς πλατυσμὸν εἰς τὰ διαβήματά μου ὑποκάτω 37 μου, καὶ οὐκ ἐσαλεύθησαν τὰ σκέλη μου.

Διώξω ἐχθρούς μου, καὶ ἀφανιῶ αὐτούς, καὶ οὐκ ἀναστρέψω 38 ἕως ἂν συντελέσω αὐτούς. Καὶ θλάσω αὐτοὺς καὶ οὐκ ἀναστή- 39 σονται, καὶ πεσοῦνται ὑπὸ τοὺς πόδας μου. Καὶ ἐνισχύσεις 40 με δυνάμει εἰς πόλεμον, κάμψεις τοὺς ἐπιστανομένους μοι ὑποκάτω μου. Καὶ τοὺς ἐχθρούς μου ἔδωκάς μοι νῶτον, τοὺς 41 μισοῦντάς με, καὶ ἐθανάτωσας αὐτούς. Βοήσονται, καὶ οὐκ 42 ἔστι βοηθός, πρὸς Κύριον, καὶ οὐκ ἐπήκουσεν αὐτῶν. Καὶ 43 ἐλέανα αὐτοὺς ὡς χοῦν γῆς, ὡς πηλὸν ἐξόδων ἐλέπτυνα αὐτούς. Καὶ ῥύσῃ με ἐκ μάχης λαῶν, φυλάξεις με εἰς κεφαλὴν 44 ἐθνῶν· λαὸς ὃν οὐκ ἔγνω ἐδούλευσάν μοι. Υἱοὶ ἀλλότριοι 45 ἐψεύσαντό μοι, εἰς ἀκοὴν ὠτίου ἤκουσάν μου. Υἱοὶ ἀλλό- 46 τριοι ἀπορριφήσονται, καὶ σφαλοῦσιν ἐκ τῶν συγκλεισμῶν αὐτῶν.

Ζῇ Κύριος, καὶ εὐλογητὸς ὁ φύλαξ μου, καὶ ὑψωθήσεται 47 ὁ Θεός μου ὁ φύλαξ τῆς σωτηρίας μου. Ἰσχυρὸς Κύριος 48 ὁ διδοὺς ἐκδικήσεις ἐμοί, παιδεύων λαοὺς ὑποκάτω μου, καὶ 49 ἐξάγων με ἐξ ἐχθρῶν μου· καὶ ἐκ τῶν ἐπεγειρομένων μοι ὑψώσεις με, ἐξ ἀνδρὸς ἀδικημάτων ῥύσῃ με. Διὰ τοῦτο 50 ἐξομολογήσομαί σοι Κύριε ἐν τοῖς ἔθνεσι, καὶ ἐν τῷ ὀνόματί σου ψαλῶ. Μεγαλύνων τὰς σωτηρίας βασιλέως αὐτοῦ, καὶ 51 ποιῶν ἔλεος τῷ χριστῷ αὐτοῦ τῷ Δαυιδ, καὶ τῷ σπέρματι αὐτοῦ ἕως αἰῶνος.

Καὶ οὗτοι οἱ λόγοι Δαυιδ οἱ ἔσχατοι·

Πιστὸς Δαυιδ υἱὸς Ἰεσσαί, καὶ πιστὸς ἀνὴρ ὃν ἀνέστησε 23 Κύριος ἐπὶ χριστὸν Θεοῦ Ἰακώβ, καὶ εὐπρεπεῖς ψαλμοὶ Ἰσραήλ.

Πνεῦμα Κυρίου ἐλάλησεν ἐν ἐμοί, καὶ ὁ λόγος αὐτοῦ 2 ἐπὶ γλώσσης μου. Λέγει ὁ Θεὸς Ἰσραήλ, ἐμοὶ ἐλάλησε 3 φύλαξ ἐξ Ἰσραὴλ παραβολήν· εἶπον ἐν ἀνθρώπῳ, πῶς κραται- ώσητε φόβον χριστοῦ; Καὶ ἐν φωτὶ Θεοῦ πρωίας, ἀνατεῖλαι 4

β *Or,* upon the haughty.   γ *i. e.* a strong man *or* warrior.   δ *Gr.* making.   ζ *Alex.* and *Heb.* 'consume.'
θ *Gr.* as for my enemies, thou hast given me the back.   λ *Gr.* is.   μ *A. V.* 'my people.'   ξ *Gr.* at the hearing of the ear.
π *Gr.* the keeper of my salvation.   ρ *Gr.* a man of wrongs.   σ *Gr.* salvations.

ἥλιος τοπρωΐ, οὗ Κύριος παρῆλθεν ἐκ φέγγους, καὶ ὡς ἐξ ὑετοῦ
5 χλόης ἀπὸ γῆς. Οὐ γὰρ οὕτως ὁ οἶκός μου μετὰ ἰσχυροῦ,
διαθήκην γὰρ αἰώνιον ἔθετό μοι ἑτοίμην ἐν παντὶ καιρῷ,
πεφυλαγμένην· ὅτι πᾶσα σωτηρία μου καὶ πᾶν θέλημα, ὅτι οὐ
6 μὴ βλαστήσῃ ὁ παράνομος. Ὥσπερ ἄκανθα ἐξωσμένη πάντες
7 οὗτοι, ὅτι οὐ χειρὶ ληφθήσονται, καὶ ἀνὴρ οὐ κοπιάσει ἐν
αὐτοῖς· καὶ πλῆρες σιδήρου, καὶ ξύλον δόρατος, καὶ ἐν πυρὶ
καύσει, καὶ καυθήσονται αἰσχύνην αὐτῶν.

8 Ταῦτα τὰ ὀνόματα τῶν δυνατῶν Δαυίδ· Ἰεβοσθὲ ὁ Χανα-
ναῖος ἄρχων τοῦ τρίτου ἐστίν· Ἀδινὼν ὁ Ἀσωναῖος, οὗτος
ἐσπάσατο τὴν ῥομφαίαν αὐτοῦ ἐπὶ ὀκτακοσίους στρατιώτας
9 εἰσάπαξ. Καὶ μετ᾽ αὐτὸν Ἐλεανὰν υἱὸς πατραδέλφου αὐτοῦ
υἱὸς Δουδὶ τοῦ ἐν τοῖς τρισὶ δυνατοῖς μετὰ Δαυίδ· καὶ ἐν τῷ
ὀνειδίσαι αὐτὸν ἐν τοῖς ἀλλοφύλοις, συνήχθησαν ἐκεῖ εἰς πόλε-
10 μον, καὶ ἀνέβησεν ἀνὴρ Ἰσραήλ. Αὐτὸς ἀνέστη καὶ ἐπάταξεν
ἐν τοῖς ἀλλοφύλοις, ἕως οὗ ἐκοπίασεν ἡ χεὶρ αὐτοῦ, καὶ προσ-
εκολλήθη ἡ χεὶρ αὐτοῦ πρὸς τὴν μάχαιραν· καὶ ἐποίησε Κύριος
σωτηρίαν μεγάλην ἐν τῇ ἡμέρᾳ ἐκείνῃ· καὶ ὁ λαὸς ἐκάθητο
ὀπίσω αὐτοῦ πλὴν ἐκδιδύσκειν.

11 Καὶ μετ᾽ αὐτὸν Σαμαία υἱὸς Ἀσα ὁ Ἀρουχαῖος· καὶ συνήχ-
θησαν οἱ ἀλλόφυλοι εἰς Θηρία· καὶ ἦν ἐκεῖ μερὶς τοῦ ἀγροῦ
πλήρης φακοῦ· καὶ ὁ λαὸς ἔφυγεν ἐκ προσώπου ἀλλοφύλων.
12 Καὶ ἐστηλώθη ἐν μέσῳ τῆς μερίδος, καὶ ἐξείλατο αὐτήν, καὶ
ἐπάταξε τοὺς ἀλλοφύλους· καὶ ἐποίησε Κύριος σωτηρίαν
μεγάλην.

13 Καὶ κατέβησαν τρεῖς ἀπὸ τῶν τριάκοντα, καὶ κατέβησαν εἰς
Κασὼν πρὸς Δαυίδ, εἰς τὸ σπήλαιον Ὀδολλάμ· καὶ τάγμα
14 τῶν ἀλλοφύλων, καὶ παρενέβαλον ἐν τῇ κοιλάδι Ῥαφαΐν. Καὶ
Δαυὶδ τότε ἐν τῇ περιοχῇ, καὶ τὸ ὑπόστεμα τῶν ἀλλοφύλων
15 τότε ἐν Βηθλεέμ. Καὶ ἐπεθύμησε Δαυίδ, καὶ εἶπε, τίς ποτιεῖ
με ὕδωρ ἐκ τοῦ λάκκου τοῦ ἐν Βηθλεὲμ τοῦ ἐν τῇ πύλῃ; τὸ δὲ
16 σύστεμα τῶν ἀλλοφύλων τότε ἐν Βηθλεέμ. Καὶ διέρρηξαν
οἱ τρεῖς δυνατοὶ ἐν τῇ παρεμβολῇ τῶν ἀλλοφύλων, καὶ ὑδρεύ-
σαντο ὕδωρ ἐκ τοῦ λάκκου τοῦ ἐν Βηθλεὲμ τοῦ ἐν τῇ πύλῃ· καὶ
ἔλαβαν, καὶ παρεγένοντο πρὸς Δαυίδ, καὶ οὐκ ἠθέλησε πιεῖν
17 αὐτό· καὶ ἔσπεισεν αὐτὸ τῷ Κυρίῳ. Καὶ εἶπεν, ἵλεώς μοι
Κύριε τοῦ ποιῆσαι τοῦτο, εἰ αἷμα τῶν ἀνδρῶν τῶν πορευθέντων
ἐν ταῖς ψυχαῖς αὐτῶν πίομαι· καὶ οὐκ ἠθέλησε πιεῖν αὐτό.
Ταῦτα ἐποίησαν οἱ τρεῖς δυνατοί.

18 Καὶ Ἀβεσσὰ ὁ ἀδελφὸς Ἰωὰβ υἱὸς Σαρουίας αὐτὸς ἄρχων
ἐν τοῖς τρισί, καὶ αὐτὸς ἐξήγειρε τὸ δόρυ αὐτοῦ ἐπὶ τριακοσίους
19 τραυματίας· καὶ αὐτῷ ὄνομα ἐν τοῖς τρισίν. Ἐκ τῶν τριῶν
ἐκείνων ἔνδοξος, καὶ ἐγένετο αὐτοῖς εἰς ἄρχοντα, καὶ ἕως τῶν
τριῶν οὐκ ἦλθε.

20 Καὶ Βαναίας υἱὸς Ἰωδαὲ ἀνὴρ αὐτὸς πολλοστὸς ἔργοις, ἀπὸ
Καβεσεήλ, καὶ αὐτὸς ἐπάταξε τοὺς δύο υἱοὺς Ἀριὴλ τοῦ Μωάβ·
καὶ αὐτός κατέβη καὶ ἐπάταξε τὸν λέοντα ἐν μέσῳ τοῦ λάκκου
21 ἐν τῇ ἡμέρᾳ τῆς χιόνος. Αὐτὸς ἐπάταξε τὸν ἄνδρα τὸν Αἰγύπ-

sun arise in the morning, from the light of
which the Lord passed on, and as it were
from the rain of the tender grass upon the
earth. **⁵** For my house *is* not so with the
Mighty One: for he has made an everlast-
ing covenant with me, ready, guarded at
every time; for all my salvation and all my
desire *is*, that the wicked should not flourish.
⁶ All these *are* as a thorn thrust forth, for
they shall not be taken with the hand, **⁷** and
a man shall not labour among them; and
one shall have that which is fully armed
with iron, and the staff of a spear, and he
shall burn them with fire, and they shall be
burnt in their shame.

⁸ These *are* the names of the mighty men
of David: Jebosthe the Chananite is a cap-
tain of the third *part*: Adinon the Asonite,
he drew his sword against eight hundred
soldiers at once. **⁹** And after him Eleanan
the son of his uncle, son of Dudi who was
among the three mighty men with David;
and when **β** he defied the Philistines they
were gathered there to war, and the men of
Israel went up. **¹⁰** He arose and smote the
Philistines, until his hand was weary, and
his hand clave to the sword: and the Lord
wrought a great salvation in that day, and
the people **γ** rested behind him only to strip
the slain.

¹¹ And after him Samaia the son of Asa
the Arachite: and the Philistines were
gathered to Theria; and there was there a
portion of ground full of lentiles; and the
people fled before the Philistines. **¹²** And
he stood firm in the midst of the portion,
and rescued it, and smote the Philistines;
and the Lord wrought a great deliverance.

¹³ And three out of the thirty went down,
and came to Cason to David, to the cave of
Odollam; and *there was* an army of the
Philistines, and they encamped in the valley
of Raphain. **¹⁴** And David *was* then in the
strong hold, and the garrison of the Philis-
tines *was* then in Bethleem. **¹⁵** And David
longed, and said, Who will give me water to
drink out of the well that is in Bethleem by
the gate? now the band of the Philistines
was then in Bethleem. **¹⁶** And the three
mighty men broke through the host of the
Philistines, and drew water out of the well
that was in Bethleem in the gate: and they
took it, and brought it to David, and he
would not drink it, but poured it out before
the Lord. **¹⁷** And he said, O Lord, forbid
that I should do this, **δ** that I should drink
the blood of the men who went at *the risk
of* their lives: and he would not drink it.
These things did these three mighty men.

¹⁸ And Abessa the brother of Joab the son
of Saruia, he *was* chief among the three, and
he lifted up his spear against three hundred
whom he slew; and he had a name among
three. **¹⁹** Of those three *he was* most honour-
able, and he became a chief over them, but
he reached not to the *first* three.

²⁰ And Banæas the son of Jodae, he was
abundant in *mighty* deeds, from Cabeseel,
and he smote the two sons of Ariel of Moab:
and he went down and smote a lion in the
midst of a pit on a snowy day. **²¹** He smote

β *Or*, they defied him among the Philistines.   γ *Heb.* returned.   δ *Gr.* if.

an Egyptian, βa wonderful man, and in the hand of the Egyptian *was* a spear as the side of a ladder; and he went down to him with a staff, and snatched the spear from the Egyptian's hand, and slew him with his own spear. ²²These things did Banæas the son of Jodaе, and he had a name among the three mighty men. ²³He was honourable among the *second* three, but he reached not to the *first* three: and David γmade him his reporter.

And these *are* the names of king David's mighty men. ²⁴Asael Joab's brother; he *was* among the thirty. Eleanan son of Dudi his uncle in Bethleem. ²⁵Sæma the Rudæan. ²⁶Selles δ the Kelothite: Iras the son of Isca the Thecoite. ²⁷Abiezer the Anothite, of the sons of the Anothite. ²⁸Ellon the Aoite; Noëre the Netophatite. ²⁹Esthai the son of Riba of Gabaeth, son of Benjamin the Ephrathite; Asmoth the Bardiamite; Emasu the Salabonite: ³²the sons of Asan, Jonathan; ³³Samnan the Arodite; Amnan the son of Arai the Sáraurite. ³⁴Aliphaleth the son of Asbites, the son of the Machachachite; Eliab the son of Achitophel the Gelonite. ³⁵Asarai the Carmelite the son of Uræoerchi. ³⁶Gual the son of Nathana. The son of much valour, *the son* of Galaaddi. Elie the Ammanite. ³⁰Adroi of the brooks. ³¹Gadabiel son of the Arabothæite. ³⁷Gelore the Bethorite, armour-bearer to Joab, son of Saruia. ³⁸Iras the Ethirite. Gerab the Ethenite. ²⁹Urias the Chettite: thirty-seven in all.

And the Lord caused his anger to burn forth again in Israel, and *Satan* stirred up David against them, saying, Go, number Israel and Juda. ²And the king said to Joab commander of the host, who was with him, Go now through all the tribes of Israel and Juda, from Dan even to Bersabee, and number the people, and I will know the number of the people. ³And Joab said to the king, Now may the Lord add to the people a hundred-fold as many as they are, and *may* the eyes of my lord the king ζ see it: but why does my lord the king desire this thing? ⁴Nevertheless the word of the king prevailed against Joab and the captains of the host:

And Joab and the captains of the host went out before the king to number the people of Israel. ⁵And they went over Jordan, and encamped in Aroer, on the right of the city which is in the midst of the valley of Gad and Eliezer. ⁶And they came to Galaad, and into the land of Thabason, which is Adasai, and they came to Danidan and Udan, and compassed Sidon. ⁷And they came to Mapsar of Tyre, and to all the cities of the Evite and the Chananite: and they came by the south of Juda to Bersabee. ⁸And they compassed the whole land; and they arrived at Jerusalem at the end of nine months and twenty days. ⁹And Joab gave in the number of the census of the people to the king: and Israel consisted of eight hundred thousand men of might that drew sword; and the men of Juda, five hundred thousand fighting men.

τιον, ἄνδρα ὁρατὸν, ἐν δὲ τῇ χειρὶ τοῦ Αἰγυπτίου δόρυ ὡς ξύλον διαβάθρας· καὶ κατέβη πρὸς αὐτὸν ἐν ῥάβδῳ, καὶ ἥρπασε τὸ δόρυ ἐκ τῆς χειρὸς τοῦ Αἰγυπτίου, καὶ ἀπέκτεινεν αὐτὸν ἐν τῷ δόρατι αὐτοῦ. Ταῦτα ἐποίησε Βαναίας υἱὸς Ἰωδαὲ, 22 καὶ αὐτῷ ὄνομα ἐν τοῖς τρισὶ τοῖς δυνατοῖς, ἐκ τῶν τριῶν 23 ἔνδοξος, καὶ πρὸς τοὺς τρεῖς οὐκ ἦλθε· καὶ ἔταξεν αὐτὸν Δαυὶδ πρὸς τὰς ἀκοὰς αὐτοῦ.

Καὶ ταῦτα τὰ ὀνόματα τῶν δυνατῶν Δαυὶδ τοῦ βασιλέως. Ἀσαὴλ ἀδελφὸς Ἰωάβ· οὗτος ἐν τοῖς τριάκοντα· Ἐλεανὰν 24 υἱὸς Δουδὶ πατραδέλφου αὐτοῦ ἐν Βηθλεέμ· Σαιμὰ ὁ Ῥου- 25 δαῖος· Σελλῆς ὁ Κελωθί· Ἴρας υἱὸς Ἴσκα ὁ Θεκωίτης· 26 Ἀβιέζερ ὁ Ἀνωθίτης, ἐκ τῶν υἱῶν τοῦ Ἀνωθίτου· Ἑλλὼν 27, 28 ὁ Ἀωίτης· Νοερὲ ὁ Νετωφατίτης· Ἐσθαὶ υἱὸς Ῥιβὰ ἐκ 29 Γαβαὲθ υἱὸς Βενιαμὶν τοῦ Ἐφραθαίου· Ἀσμὼθ ὁ Βαρδιαμίτης· Ἐμασοῦ ὁ Σαλαβωνίτης· υἱοὶ Ἀσὰν, Ἰωνάθαν· Σαμνὰν 32, 33 ὁ Ἀρωδίτης· Ἀμνὰν υἱὸς Ἀραὶ Σαραουρίτης· Ἀλιφαλὲθ υἱὸς 34 τοῦ Ἀσβίτου, υἱὸς τοῦ Μαχαχαχί· Ἐλιὰβ υἱὸς Ἀχιτόφελ τοῦ Γελωνίτου· Ἀσαραὶ ὁ Καρμήλιος τοῦ Οὐραιοερχί· Γάαλ 35, 36 υἱὸς Ναθανά· πολυδυνάμεως υἱὸς Γαλααδδί· Ἑλιὲ ὁ Ἀμμανίτης· Ἀδροὶ ἀπὸ χειμάρρων· Γαδαβιὴλ υἱὸς τοῦ Ἀραβω- 30, 31 θαίου· Γελωρὲ ὁ Βηθωραῖος αἴρων τὰ σκεύη· Ἰωὰβ υἱὸς Σα- 37 ρουίας· Ἴρας ὁ Ἐθιραῖος· Γηρὰβ ὁ Ἐθεναῖος· Οὐρίας ὁ 38, 39 Χετταῖος· οἱ πάντες τριάκοντα καὶ ἑπτά.

Καὶ προσέθετο ὀργὴν Κύριος ἐκκαῆναι ἐν Ἰσραὴλ, καὶ 24 ἐπέσεισε τὸν Δαυὶδ ἐν αὐτοῖς, λέγων, βάδιζε, ἀρίθμησον τὸν Ἰσραὴλ καὶ τὸν Ἰούδαν. Καὶ εἶπεν ὁ βασιλεὺς πρὸς Ἰωὰβ 2 ἄρχοντα τῆς ἰσχύος τὸν μετ' αὐτοῦ, διέλθε δὴ πάσας φυλὰς Ἰσραὴλ καὶ Ἰούδα, ἀπὸ Δὰν καὶ ἕως Βηρσαβεὲ, καὶ ἐπίσκεψαι τὸν λαὸν, καὶ γνώσομαι τὸν ἀριθμὸν τοῦ λαοῦ. Καὶ εἶπεν 3 Ἰωὰβ πρὸς τὸν βασιλέα, καὶ προσθείη Κύριος ὁ Θεὸς πρὸς τὸν λαὸν ὥσπερ αὐτοὺς καὶ ὥσπερ αὐτοὺς ἑκατονταπλασίονα, καὶ ὀφθαλμοὶ τοῦ κυρίου μου τοῦ βασιλέως ὁρῶντες· καὶ ὁ κύριός μου ὁ βασιλεὺς ἱνατί βούλεται ἐν τῷ λόγῳ τούτῳ; Καὶ ὑπερ- 4 ίσχυσεν ὁ λόγος τοῦ βασιλέως πρὸς Ἰωὰβ καὶ εἰς τοὺς ἄρχοντας τῆς δυνάμεως·

Καὶ ἐξῆλθεν Ἰωὰβ καὶ οἱ ἄρχοντες τῆς ἰσχύος ἐνώπιον τοῦ βασιλέως ἐπισκέψασθαι τὸν λαὸν τὸν Ἰσραήλ. Καὶ διέβησαν 5 τὸν Ἰορδάνην, καὶ παρενέβαλον ἐν Ἀροὴρ ἐκ δεξιῶν τῆς πόλεως τῆς ἐν μέσῳ τῆς φάραγγος Γὰδ καὶ Ἐλιέζερ. Καὶ ἦλθον εἰς 6 Γαλαὰδ καὶ εἰς γῆν Θαβασὼν, ἥ ἐστιν Ἀδασαὶ, καὶ παρεγένοντο εἰς Δανιδὰν καὶ Οὐδὰν, καὶ ἐκύκλωσαν Σιδῶνα. Καὶ ἦλθον 7 εἰς Μάψαρ Τύρου, καὶ εἰς πάσας τὰς πόλεις τοῦ Εὐαίου καὶ τοῦ Χαναναίου· καὶ ἦλθαν κατὰ Νότον Ἰούδα εἰς Βηρσαβεὲ, καὶ 8 περιώδευσαν ἐν πάσῃ τῇ γῇ· καὶ παρεγένοντο ἀπὸ τέλους ἐννέα μηνῶν καὶ εἴκοσι ἡμερῶν εἰς Ἰερουσαλήμ. Καὶ ἔδωκεν 9 Ἰωὰβ τὸν ἀριθμὸν τῆς ἐπισκέψεως τοῦ λαοῦ πρὸς τὸν βασιλέα· καὶ ἐγένετο Ἰσραὴλ, ὀκτακόσιαι χιλιάδες ἀνδρῶν δυνάμεως σπωμένων ῥομφαίαν· καὶ ἀνὴρ Ἰούδα, πεντακόσιαι χιλιάδες ἀνδρῶν μαχητῶν.

β *Gr.* a man seen *or* to be seen.   γ *Gr.* appointed him to his hearings.   δ *Or,* the *son* of Kelothi.   ζ *Gr.* seeing.

10 Καὶ ἐπάταξε καρδία Δαυὶδ αὐτὸν μετὰ τὸ ἀριθμῆσαι τὸν λαόν· καὶ εἶπε Δαυὶδ πρὸς Κύριον, ἥμαρτον σφόδρα ὃ ἐποίησα νῦν Κύριε· παραβίβασον δὴ τὴν ἀνομίαν τοῦ δούλου σου, ὅτι ἐμωράνθην σφόδρα.

11 Καὶ ἀνέστη Δαυὶδ τοπρωΐ· καὶ λόγος Κυρίου ἐγένετο πρὸς Γὰδ τὸν προφήτην τὸν ὁρῶντα, λέγων, πορεύθητι, καὶ
12 λάλησον πρὸς Δαυὶδ, λέγων, τάδε λέγει Κύριος, τρία ἐγώ εἰμι αἴρω ἐπὶ σέ, καὶ ἔκλεξαι σεαυτῷ ἓν ἐξ αὐτῶν, καὶ
13 ποιήσω σοι. Καὶ εἰσῆλθε Γὰδ πρὸς Δαυὶδ, καὶ ἀνήγγειλε, καὶ εἶπεν αὐτῷ, ἔκλεξαι σεαυτῷ γενέσθαι, εἰ ἔλθῃ σοι τρία ἔτη λιμὸς ἐν τῇ γῇ σου, ἢ τρεῖς μῆνας φεύγειν σε ἔμπροσθεν τῶν ἐχθρῶν σου, καὶ ἔσονται διώκοντές σε, ἢ γενέσθαι τρεῖς ἡμέρας θάνατον ἐν τῇ γῇ σου· νῦν οὖν γνῶθι καὶ ἴδε τί ἀποκριθῶ τῷ
14 ἀποστείλαντί με ῥῆμα. Καὶ εἶπε Δαυὶδ πρὸς Γὰδ, στενά μοι πάντοθεν σφόδρα ἐστίν· ἐμπεσοῦμαι δὴ εἰς χεῖρας Κυρίου, ὅτι πολλοὶ οἱ οἰκτιρμοὶ αὐτοῦ σφόδρα· εἰς δὲ χεῖρας ἀνθρώπου οὐ μὴ ἐμπέσω.

15 Καὶ ἐξελέξατο ἑαυτῷ Δαυὶδ τὸν θάνατον· καὶ ἡμέραι θερισμοῦ πυρῶν· καὶ ἔδωκε Κύριος θάνατον ἐν Ἰσραὴλ ἀπὸ πρωΐθεν ἕως ὥρας ἀρίστου, καὶ ἤρξατο ἡ θραῦσις ἐν τῷ λαῷ· καὶ ἀπέθανεν ἐκ τοῦ λαοῦ ἀπὸ Δὰν καὶ ἕως Βηρσαβεὲ, ἑβδομήκοντα
16 χιλιάδες ἀνδρῶν. Καὶ ἐξέτεινεν ὁ ἄγγελος τοῦ Θεοῦ τὴν χεῖρα αὐτοῦ εἰς Ἱερουσαλὴμ τοῦ διαφθεῖραι αὐτήν, καὶ παρεκλήθη Κύριος ἐπὶ τῇ κακίᾳ, καὶ εἶπε τῷ ἀγγέλῳ τῷ διαφθείροντι ἐν τῷ λαῷ, πολὺ νῦν, ἄνες τὴν χεῖρά σου· καὶ ὁ ἄγγελος Κυρίου
17 ἦν παρὰ τῇ ἅλῳ Ὀρνὰ τοῦ Ἰεβουσαίου. Καὶ εἶπε Δαυὶδ πρὸς Κύριον, ἐν τῷ ἰδεῖν αὐτὸν τὸν ἄγγελον τὸν τύπτοντα ἐν τῷ λαῷ, καὶ εἶπεν, ἰδοὺ, ἐγώ εἰμι ἠδίκησα· καὶ οὗτοι τὰ πρόβατα τί ἐποίησαν; γενέσθω δὴ ἡ χείρ σου ἐν ἐμοὶ, καὶ ἐν τῷ οἴκῳ τοῦ πατρός μου.

18 Καὶ ἦλθε Γὰδ πρὸς Δαυὶδ ἐν τῇ ἡμέρᾳ ἐκείνῃ, καὶ εἶπεν αὐτῷ, ἀνάβηθι, καὶ στῆσον τῷ Κυρίῳ θυσιαστήριον ἐν τῷ ἅλωνι
19 Ὀρνὰ τοῦ Ἰεβουσαίου. Καὶ ἀνέβη Δαυὶδ κατὰ τὸν λόγον
20 Γὰδ, καθ᾽ ὃν τρόπον ἐνετείλατο αὐτῷ Κύριος. Καὶ διέκυψεν Ὀρνὰ, καὶ εἶδε τὸν βασιλέα καὶ τοὺς παῖδας αὐτοῦ παραπορευομένους ἐπάνω αὐτοῦ· καὶ ἐξῆλθεν Ὀρνὰ, καὶ προσεκύνησε τῷ
21 βασιλεῖ ἐπὶ πρόσωπον αὐτοῦ ἐπὶ τὴν γῆν. Καὶ εἶπεν Ὀρνὰ, τί ὅτι ἦλθεν ὁ κύριός μου ὁ βασιλεὺς πρὸς τὸν δοῦλον αὐτοῦ; καὶ εἶπε Δαυὶδ, κτήσασθαι παρὰ σοῦ τὸν ἅλωνα τοῦ οἰκοδομῆσαι θυσιαστήριον τῷ Κυρίῳ, καὶ συσχεθῇ ἡ θραῦσις ἐπάνω τοῦ
22 λαοῦ. Καὶ εἶπεν Ὀρνὰ πρὸς Δαυὶδ, λαβέτω καὶ ἀνενεγκάτω ὁ κύριός μου ὁ βασιλεὺς τῷ Κυρίῳ τὸ ἀγαθὸν ἐν ὀφθαλμοῖς αὐτοῦ· ἰδοὺ οἱ βόες εἰς ὁλοκαύτωμα, καὶ οἱ τροχοὶ καὶ τὰ σκεύη
23 τῶν βοῶν εἰς ξύλα. Τὰ πάντα ἔδωκεν Ὀρνὰ τῷ βασιλεῖ· καὶ εἶπεν Ὀρνὰ πρὸς τὸν βασιλέα, Κύριος ὁ Θεός σου εὐλογήσαι
24 σε. Καὶ εἶπεν ὁ βασιλεὺς πρὸς Ὀρνὰ, οὐχὶ, ὅτι ἀλλὰ κτώμενος κτήσομαι παρὰ σοῦ ἐν ἀναλλάγματι, καὶ οὐκ ἀνοίσω τῷ Κυρίῳ μου Θεῷ ὁλοκαύτωμα δωρεάν. Καὶ ἐκτήσατο Δαυὶδ

10 And the heart of David smote him after he had numbered the people; and David said to the Lord, I have sinned grievously, O Lord, *in* what I have now done: remove, I pray thee, the iniquity of thy servant, for I have been exceedingly foolish.
11 And David rose early in the morning, and the word of the Lord came to the prophet Gad, the seer, saying, Go, and speak to David, saying, 12 Thus saith the Lord, [β] I bring *one of* three things upon thee: now choose thee one of them, and I will do *it* to thee. 13 And Gad went in to David, and told him, and said to him, Choose *one of these things* to befal thee, whether there shall come upon thee *for* three years famine in thy land; or that thou shouldest flee three months before thine enemies, and they should pursue thee; or that there should be *for* three days mortality in thy land. Now then decide, and see what answer I shall return to him that sent me. 14 And David said to Gad, On every side [γ] I am much straitened: let me fall now into the hands of the Lord, for his compassions *are* very many; and let me not fall into the hands of man.
15 So David chose for himself the mortality: and *they were* the days of wheat-harvest; and the Lord sent a pestilence upon Israel from morning till [δ] noon, and the plague began among the people; and there died of the people from Dan even to Bersabee seventy thousand men. 16 And the angel of the Lord stretched out his hand against Jerusalem to destroy it, and the Lord repented of the evil, and said to the angel that destroyed the people, *It is* [ϛ] enough now, withhold thine hand. And the angel of the Lord was by the threshing-floor of Orna the Jebusite. 17 And David spoke to the Lord when he saw the angel smiting the people, and he said, Behold, it is I that have done wrong, [θ] but these sheep what have they done? Let thy hand, I pray thee, be upon me, and upon my father's house.
18 And Gad came to David in that day, and said to him, Go up, and set up to the Lord an altar in the threshing-floor of Orna the Jebusite. 19 And David went up according to the word of Gad, as the Lord commanded him. 20 And Orna [λ] looked out, and saw the king and his servants coming on before him: and Orna went forth, and did obeisance to the king with his face to the earth. 21 And Orna said, Why has my lord the king come to his servant? and David said, To buy of thee the threshing-floor, in order to build an altar to the Lord, that the plague may be restrained from off the people. 22 And Orna said to David, Let my lord the king take and offer to the Lord that which is good in his eyes: behold, *here are* oxen for a whole-burnt-offering, and the wheels and furniture of the oxen for wood. 23 Orna gave all to the king: and Orna said to the king, The Lord thy God bless thee. 24 And the king said to Orna, Nay, but I will surely buy it of thee at a fair price, and I will not offer to the Lord my God a whole-burnt-offering for nothing. So David purchased the threshing-floor and

---

β The word εἰμι is simply redundant.   γ Gr. things are very narrow to me.   δ Lit. dinner time.   ζ Gr. much.
θ Alex. adds, 'and I the shepherd have done wickedly.'   λ Gr. stooped.   See 1 Pet. 1. 12; also John 20. 5.

the oxen for β fifty shekels of silver. ²⁵ And David built there an altar to the Lord, and offered up whole-burnt-offerings and peace-offerings: and Solomon made an addition to the altar afterwards, for it was little at first. And the Lord hearkened to the land, and the plague was stayed from Israel.

τὸν ἅλωνα καὶ τοὺς βόας ἐν ἀργυρίῳ σίκλων πεντήκοντα. Καὶ ᾠκοδόμησεν ἐκεῖ Δαυὶδ θυσιαστήριον Κυρίῳ, καὶ ἀνή- 25 νεγκεν ὁλοκαυτώσεις καὶ εἰρηνικάς· καὶ προσέθηκε Σαλωμὼν ἐπὶ τὸ θυσιαστήριον ἐπ᾽ ἐσχάτῳ, ὅτι μικρὸν ἦν ἐν πρώτοις· καὶ ἐπή- κουσε Κύριος τῇ γῇ, καὶ συνεσχέθη ἡ θραῦσις ἐπάνωθεν Ἰσραήλ.

ΒΑΣΙΛΕΙΩΝ Γ.

AND king David *was* old and advanced in days, and they covered him with clothes, and he was not warmed. ²And his servants said, Let them seek for the king a young virgin, and she shall wait on the king, and cherish him, and lie with him, and my lord the king shall be warmed. ³So they sought for a fair damsel out of all the coasts of Israel; and they found Abisag the Somanite, and they brought her to the king. ⁴And the damsel was extremely beautiful, and she cherished the king, and ministered to him, but the king knew her not.

⁵And Adonias the son of Aggith exalted himself, saying, I will be king; and he δ pre-pared for himself chariots and horses, and fifty men to run before him. ⁶And his father never at any time checked him, saying, Why hast thou done *thus?* and he was also very handsome in appearance, and his mother bore him after Abessalom. ⁷And he con-ferred with Joab the son of Saruia, and with Abiathar the priest, and they ϛ followed after Adonias. ⁸But Sadoc the priest, and Banæas the son of Jodae, and Nathan the prophet, and Semei, and Resi, and the θ mighty men of David, did not follow Adonias. ⁹And Adonias sacrificed sheep and calves and lambs by the λ stone of Zoe-lethi, which was near μ Rogel: and he called all his brethren, and all the adult *men of* Juda, servants of the king. ¹⁰But Nathan the prophet, and Banæas, and the mighty *men*, and Solomon his brother, he did not call.

¹¹And Nathan spoke to Bersabee the mother of Solomon, saying, Hast thou not heard that Adonias the son of Aggith ϛreigns, and our lord David π knows it not? ¹²And now come, let me, I pray, give thee counsel, and thou shalt rescue thy life, and the life of thy son Solomon. ¹³Haste, and go in to

ΚΑΙ ὁ βασιλεὺς Δαυὶδ πρεσβύτερος προβεβηκὼς ἡμέραις, καὶ περιέβαλλον αὐτὸν ἱματίοις, καὶ οὐκ ἐθερμαίνετο. Καὶ εἶπον 2 οἱ παῖδες αὐτοῦ, ζητησάτωσαν τῷ βασιλεῖ παρθένον νεάνιδα, καὶ παραστήσεται τῷ βασιλεῖ, καὶ ἔσται αὐτὸν θάλπουσα, καὶ κοιμηθήσεται μετ᾽ αὐτοῦ, καὶ θερμανθήσεται ὁ κύριός μου ὁ βασιλεύς. Καὶ ἐζήτησαν νεάνιδα καλὴν ἐκ παντὸς ὁρίου 3 Ἰσραήλ· καὶ εὗρον τὴν Ἀβισὰγ τὴν Σωμανίτιν, καὶ ἤνεγκαν αὐτὴν πρὸς τὸν βασιλέα. Καὶ ἡ νεᾶνις καλὴ ἕως σφόδρα· καὶ 4 ἦν θάλπουσα τὸν βασιλέα, καὶ ἐλειτούργει αὐτῷ· καὶ ὁ βασι-λεὺς οὐκ ἔγνω αὐτήν.

Καὶ Ἀδωνίας υἱὸς Ἀγγὶθ ἐπήρετο, λέγων, ἐγὼ βασιλεύσω· 5 καὶ ἐποίησεν ἑαυτῷ ἅρματα καὶ ἱππεῖς, καὶ πεντήκοντα ἄνδρας παρατρέχειν ἔμπροσθεν αὐτοῦ. Καὶ οὐκ ἀπεκώλυσεν αὐτὸν 6 ὁ πατὴρ αὐτοῦ οὐδέποτε, λέγων, διατί σὺ ἐποίησας; καί γε αὐτὸς ὡραῖος τῇ ὄψει σφόδρα, καὶ αὐτὸν ἔτεκεν ὀπίσω Ἀβεσ-σαλώμ. Καὶ ἐγένοντο οἱ λόγοι αὐτοῦ μετὰ Ἰωὰβ τοῦ υἱοῦ 7 Σαρουίας, καὶ μετὰ Ἀβιάθαρ τοῦ ἱερέως, καὶ ἐβοήθουν ὀπίσω Ἀδωνίου. Καὶ Σαδὼκ ὁ ἱερεὺς, καὶ Βαναίας υἱὸς Ἰωδαὲ, καὶ 8 Νάθαν ὁ προφήτης, καὶ Σεμεὶ, καὶ Ῥησὶ, καὶ υἱοὶ δυνατοὶ τοῦ Δαυὶδ, οὐκ ἦσαν ὀπίσω Ἀδωνίου. Καὶ ἐθυσίασεν Ἀδωνίας 9 πρόβατα καὶ μόσχους καὶ ἄρνας μετὰ αἰθῇ τοῦ Ζωελεθὶ, ὃς ἦν ἐχόμενα τῆς Ῥωγήλ· καὶ ἐκάλεσε πάντας τοὺς ἀδελφοὺς αὐτοῦ, καὶ πάντας τοὺς ἁδροὺς Ἰούδα παῖδας τοῦ βασιλέως. Καὶ 10 Νάθαν τὸν προφήτην, καὶ Βαναίαν, καὶ τοὺς δυνατοὺς, καὶ τὸν Σαλωμὼν ἀδελφὸν αὐτοῦ, οὐκ ἐκάλεσε.

Καὶ εἶπε Νάθαν πρὸς Βηρσαβεὲ μητέρα Σαλωμὼν, λέγων, 11 οὐκ ἤκουσας ὅτι ἐβασίλευσεν Ἀδωνίας υἱὸς Ἀγγὶθ, καὶ ὁ κύριος ἡμῶν Δαυὶδ οὐκ ἔγνω; Καὶ νῦν δεῦρο, συμβουλεύσω σοι δὴ 12 συμβουλίαν, καὶ ἐξελοῦ τὴν ψυχήν σου, καὶ τὴν ψυχὴν τοῦ υἱοῦ σου Σαλωμών. Δεῦρο εἴσελθε πρὸς τὸν βασιλέα Δαυὶδ, 13

β Gr. silver of fifty shekels.   δ Gr. made.   ζ Gr. came to his assistance.   θ Lit. mighty sons. *Hebraism.*
λ So the *Alex.* The *Vat.* renders אבן as if it were אתו or אהה.   μ *Heb.* and *Alex.* the fountain of Rogel.
ξ Gr. reigned.   π Gr. knew.

καὶ ἐρεῖς πρὸς αὐτὸν, λέγουσα, οὐχὶ σὺ κύριέ μου βασιλεῦ ὤμοσας τῇ δούλῃ σου, λέγων, ὅτι ὁ υἱός σου Σαλωμὼν βασιλεύσει μετ᾽ ἐμέ, καὶ αὐτὸς καθιεῖται ἐπὶ τοῦ θρόνου μου; καὶ

14 τί ὅτι ἐβασίλευσεν Ἀδωνίας; Καὶ ἰδοὺ ἔτι λαλούσης σου ἐκεῖ μετὰ τοῦ βασιλέως, καὶ ἐγὼ εἰσελεύσομαι ὀπίσω σου, καὶ πληρώσω τοὺς λόγους σου.

15 Καὶ εἰσῆλθε Βηρσαβεὲ πρὸς τὸν βασιλέα εἰς τὸ ταμεῖον· καὶ ὁ βασιλεὺς πρεσβύτης σφόδρα· καὶ Ἀβισὰγ ἡ Σωμανῖτις

16 ἦν λειτουργοῦσα τῷ βασιλεῖ. Καὶ ἔκυψε Βηρσαβεὲ, καὶ προσ-

17 εκύνησε τῷ βασιλεῖ· καὶ εἶπεν ὁ βασιλεύς, τί ἔστι σοί; Ἡ δὲ εἶπε, κύριε, σὺ ὤμοσας ἐν Κυρίῳ τῷ Θεῷ σου τῇ δούλῃ σου, λέγων, ὅτι ὁ υἱός σου Σαλωμὼν βασιλεύσει μετ᾽ ἐμέ,

18 καὶ καθήσεται ἐπὶ τοῦ θρόνου μου. Καὶ νῦν ἰδοὺ Ἀδωνίας ἐβασίλευσε, καὶ σὺ κύριέ μου βασιλεῦ οὐκ ἔγνως. Καὶ

19 ἐθυσίασε μόσχους καὶ ἄρνας καὶ πρόβατα εἰς πλῆθος, καὶ ἐκάλεσε πάντας τοὺς υἱοὺς τοῦ βασιλέως, καὶ Ἀβιάθαρ τὸν ἱερέα, καὶ Ἰωὰβ τὸν ἄρχοντα τῆς δυνάμεως· καὶ τὸν Σαλωμὼν

20 τὸν δοῦλόν σου οὐκ ἐκάλεσε. Καὶ σὺ κύριέ μου βασιλεῦ, οἱ ὀφθαλμοὶ παντὸς Ἰσραὴλ πρὸς σέ, ἀπάγγειλαι αὐτοῖς τίς καθήσεται ἐπὶ τοῦ θρόνου τοῦ κυρίου μου τοῦ βασιλέως μετ᾽

21 αὐτόν. Καὶ ἔσται ὡς ἂν κοιμηθῇ ὁ κύριός μου ὁ βασιλεὺς μετὰ τῶν πατέρων αὐτοῦ, καὶ ἔσομαι ἐγὼ καὶ Σαλωμὼν ὁ υἱός μου ἁμαρτωλοί.

22 Καὶ ἰδοὺ ἔτι αὐτῆς λαλούσης μετὰ τοῦ βασιλέως, καὶ Νάθαν

23 ὁ προφήτης ἦλθε. Καὶ ἀνηγγέλη τῷ βασιλεῖ, ἰδοὺ Νάθαν ὁ προφήτης· καὶ εἰσῆλθε κατὰ πρόσωπον τοῦ βασιλέως, καὶ προσεκύνησε τῷ βασιλεῖ κατὰ πρόσωπον αὐτοῦ ἐπὶ τὴν γῆν.

24 Καὶ εἶπε Νάθαν, κύριέ μου βασιλεῦ, σὺ εἶπας, Ἀδωνίας βασιλεύσει ὀπίσω μου, καὶ αὐτὸς καθήσεται ἐπὶ τοῦ θρόνου μου;

25 Ὅτι κατέβη σήμερον, καὶ ἐθυσίασε μόσχους καὶ ἄρνας καὶ πρόβατα εἰς πλῆθος, καὶ ἐκάλεσε πάντας τοὺς υἱοὺς τοῦ βασιλέως, καὶ τοὺς ἄρχοντας τῆς δυνάμεως, καὶ Ἀβιάθαρ τὸν ἱερέα· καὶ ἰδού εἰσιν ἐσθίοντες καὶ πίνοντες ἐνώπιον αὐτοῦ, καὶ εἶπαν,

26 ζήτω ὁ βασιλεὺς Ἀδωνίας. Καὶ ἐμὲ αὐτὸν τὸν δοῦλόν σου, καὶ Σαδὼκ τὸν ἱερέα, καὶ Βαναίαν υἱὸν Ἰωδαὲ, καὶ Σαλωμὼν τὸν

27 δοῦλόν σου, οὐκ ἐκάλεσεν. Εἰ διὰ τοῦ κυρίου μου τοῦ βασιλέως γέγονε τὸ ῥῆμα τοῦτο, καὶ οὐκ ἐγνώρισας τῷ δούλῳ σου τίς καθήσεται ἐπὶ τὸν θρόνον τοῦ κυρίου μου τοῦ βασιλέως μετ᾽ αὐτόν;

28 Καὶ ἀπεκρίθη ὁ βασιλεὺς Δαυὶδ, καὶ εἶπε, καλέσατέ μοι τὴν Βηρσαβεέ· καὶ εἰσῆλθεν ἐνώπιον τοῦ βασιλέως, καὶ ἔστη

29 ἐνώπιον αὐτοῦ. Καὶ ὤμοσεν ὁ βασιλεύς, καὶ εἶπε, ζῇ Κύριος ὃς ἐλυτρώσατο τὴν ψυχήν μου ἐκ πάσης θλίψεως, ὅτι καθὼς

30 ὤμοσά σοι ἐν Κυρίῳ Θεῷ Ἰσραὴλ, λέγων, ὅτι Σαλωμὼν ὁ υἱός σου βασιλεύσει μετ᾽ ἐμέ, καὶ αὐτὸς καθήσεται ἐπὶ τοῦ θρόνου

31 μου ἀντ᾽ ἐμοῦ, ὅτι οὕτω ποιήσω τῇ ἡμέρᾳ ταύτῃ. Καὶ ἔκυψε Βηρσαβεὲ ἐπὶ πρόσωπον ἐπὶ τὴν γῆν, καὶ προσεκύνησε τῷ βασιλεῖ, καὶ εἶπε, ζήτω ὁ κύριός μου ὁ βασιλεὺς Δαυὶδ εἰς τὸν αἰῶνα.

32 Καὶ εἶπεν ὁ βασιλεὺς Δαυὶδ, καλέσατέ μοι Σαδὼκ τὸν ἱερέα,

king David, and thou shalt speak to him, saying, Hast not thou, my lord, O king, sworn to thine handmaid, saying, Thy son Solomon shall reign after me, and he shall sit upon my throne? why then does Adonias reign? [14] And behold, while thou art still speaking there with the king, I also will come in after thee, and will β confirm thy words.

[15] So Bersabee went in to the king into the chamber: and the king was very old, and Abisag the Somanite was ministering to the king. [16] And Bersabee bowed, and did obeisance to the king; and the king said, What is thy request? [17] And she said, My lord, thou didst swear by the Lord thy God to thine handmaid, saying, Thy son Solomon shall reign after me, and shall sit upon my throne. [18] And now, behold, Adonias reigns, and thou, my lord, O king, knowest it not. [19] And he has sacrificed calves and lambs and sheep in abundance, and has called all the king's sons, and Abiathar the priest and Joab the commander-in-chief of the host; but Solomon thy servant he has not called. [20] And thou, my lord, O king,—the eyes of all Israel are upon thee, to tell them who shall sit upon the throne of my lord the king after him. [21] And it shall come to pass, when my lord the king shall sleep with his fathers, that I and Solomon my son shall be offenders.

[22] And behold, while she was yet talking with the king, Nathan the prophet came. And it was reported to the king, [23] Behold, Nathan the prophet is here: and he came in to the king's presence, and did obeisance to the king with his face to the ground. [24] And Nathan said, My lord, O king, didst thou say, Adonias shall reign after me, and he shall sit upon my throne? [25] For he has gone down to-day, and has sacrificed calves and lambs and sheep in abundance, and has called all the king's sons, and the chiefs of the army, and Abiathar the priest; and, behold, they are eating and drinking before him, and they said, Long live king Adonias. [26] But he has not invited me thy servant, and Sadoc the priest, and Banæas the son of Jodae, and Solomon thy servant. [27] γ Has this matter happened by the authority of my lord the king, and hast thou not made known to thy servant who shall sit upon the throne of my lord the king after him?

[28] And king David answered and said, Call me Bersabee: and she came in before the king, and stood before him. [29] And the king swore, and said, As the Lord lives who redeemed my soul out of all affliction, [30] as I swore to thee by the Lord God of Israel, saying, Solomon thy son shall reign after me, and he shall sit upon my throne in my stead, so will I do this day. [31] And Bersabee bowed with her face to the ground, and did obeisance to the king, and said, Let my lord king David live for ever.

[32] And king David said, Call me Sadoc the

priest, and Nathan the prophet, and Banæas the son of Jodae: and they came in before the king. [33] And the king said to them, Take the servants of your lord with you, and mount my son Solomon upon my own mule, and bring him down to Gion. [34] And there let Sadoc the priest and Nathan the prophet anoint him to be king over Israel, and do ye sound the trumpet, and ye shall say, Let king Solomon live. [35] And he shall sit upon my throne, and reign in my stead: and I have given charge that he should be for a prince over Israel and Juda. [36] And Banæas the son of Jodae answered the king and said, So let it be: may the Lord God of my lord the king confirm *it*. [37] As the Lord was with my lord the king, so let him be with Solomon, and let him [β]exalt his throne beyond the throne of my lord king David.

[38] And Sadoc the priest went down, and Nathan the prophet, and Banæas son of Jodae, and the Cherethite, and the Phelethite, and they mounted Solomon upon the mule of king David, and led him away to Gion. [39] And Sadoc the priest took the horn of oil out of the tabernacle, and anointed Solomon, and blew the trumpet; and all the people said, Let king Solomon live. [40] And all the people went up after him, and they danced in choirs, and rejoiced with great joy, and the earth [γ]quaked with their voice.

[41] And Adonias and all his guests heard, and they had *just* left off eating: and Joab heard the sound of the trumpet, and said, What *means* the voice of the city in tumult? [42] While he was yet speaking, behold, Jonathan the son of Abiathar the priest came in: and Adonias said, Come in, for thou art a mighty man, and *thou comest* to bring glad tidings. [43] And Jonathan answered and said, Verily our lord king David has made Solomon king: [44] and the king has sent with him Sadoc the priest, and Nathan the prophet, and Banæas the son of Jodae, and the Cherethite, and the Phelethite, and they have mounted him on the king's mule; [45] and Sadoc the priest and Nathan the prophet have anointed him in Gion, and have gone up thence rejoicing, and the city resounded: this *is* the sound which ye have heard. [46] And Solomon is seated upon the throne of the kingdom. [47] And the servants of the king have gone in to bless our lord king David, saying, God [δ]make the name of Solomon better than thy name, and make his throne greater than thy throne; and the king worshipped upon his bed. [48] Moreover thus said the king, Blessed *be* the Lord God of Israel, who has this day [ζ]appointed one of my seed sitting on my throne, and my eyes see it.

[49] And all the guests of Adonias were dismayed, and every man went his way. [50] And Adonias feared because of Solomon, and arose, and departed, and laid hold on the horns of the altar. [51] And it was reported to Solomon, saying, Behold, Adonias fears king Solomon, and holds the horns of the altar, saying, Let Solomon swear to me this day,

καὶ Νάθαν τὸν προφήτην, καὶ Βαναίαν υἱὸν Ἰωδαέ· καὶ εἰσῆλθον ἐνώπιον τοῦ βασιλέως. Καὶ εἶπεν ὁ βασιλεὺς αὐτοῖς, 33 λάβετε τοὺς δούλους τοῦ κυρίου ὑμῶν μεθ᾽ ὑμῶν, καὶ ἐπιβιβάσατε τὸν υἱόν μου Σαλωμὼν ἐπὶ τὴν ἡμίονον τὴν ἐμὴν, καὶ καταγάγετε αὐτὸν εἰς τὴν Γιὼν, καὶ χρισάτω αὐτὸν ἐκεῖ Σαδὼκ 34 ὁ ἱερεὺς καὶ Νάθαν ὁ προφήτης εἰς βασιλέα ἐπὶ Ἰσραὴλ, καὶ σαλπίσατε κερατίνῃ, καὶ ἐρεῖτε, ζήτω ὁ βασιλεὺς Σαλωμών. Καὶ καθήσεται ἐπὶ τοῦ θρόνου μου, καὶ βασιλεύσει ἀντ᾽ ἐμοῦ· 35 καὶ ἐγὼ ἐνετειλάμην τοῦ εἶναι εἰς ἡγούμενον ἐπὶ Ἰσραὴλ καὶ Ἰούδαν. Καὶ ἀπεκρίθη Βαναίας υἱὸς Ἰωδαὲ τῷ βασιλεῖ, καὶ 36 εἶπε, γένοιτο οὕτως· πιστώσαι Κύριος ὁ Θεὸς τοῦ κυρίου μου τοῦ βασιλέως· καθὼς ἦν Κύριος μετὰ τοῦ κυρίου μου τοῦ 37 βασιλέως, οὕτως εἴη μετὰ Σαλωμὼν, καὶ μεγαλύναι τὸν θρόνον αὐτοῦ ὑπὲρ τὸν θρόνον τοῦ κυρίου μου τοῦ βασιλέως Δαυίδ.

Καὶ κατέβη Σαδὼκ ὁ ἱερεὺς, καὶ Νάθαν ὁ προφήτης, καὶ 38 Βαναίας υἱὸς Ἰωδαὲ, καὶ ὁ Χερεθὶ, καὶ ὁ Φελεθὶ, καὶ ἐπεκάθισαν τὸν Σαλωμὼν ἐπὶ τὴν ἡμίονον τοῦ βασιλέως Δαυίδ, καὶ ἀπήγαγον αὐτὸν εἰς τὴν Γιών. Καὶ ἔλαβε Σαδὼκ ὁ ἱερεὺς τὸ 39 κέρας τοῦ ἐλαίου ἐκ τῆς σκηνῆς, καὶ ἔχρισε τὸν Σαλωμὼν, καὶ ἐσάλπισε τῇ κερατίνῃ· καὶ εἶπε πᾶς ὁ λαὸς, ζήτω ὁ βασιλεὺς Σαλωμών. Καὶ ἀνέβη πᾶς ὁ λαὸς ὀπίσω αὐτοῦ, καὶ ἐχόρευον 40 ἐν χοροῖς καὶ εὐφραινόμενοι εὐφροσύνην μεγάλην, καὶ ἐρράγη ἡ γῆ ἐν τῇ φωνῇ αὐτῶν.

Καὶ ἤκουσεν Ἀδωνίας καὶ πάντες οἱ κλητοὶ αὐτοῦ, καὶ αὐτοὶ 41 συνετέλεσαν φαγεῖν· καὶ ἤκουσεν Ἰωὰβ τὴν φωνὴν τῆς κερατίνης, καὶ εἶπε, τίς ἡ φωνὴ τῆς πόλεως ἠχούσης; Ἔτι αὐτοῦ 42 λαλοῦντος, καὶ ἰδοὺ Ἰωνάθαν υἱὸς Ἀβιάθαρ τοῦ ἱερέως εἰσῆλθε· καὶ εἶπεν Ἀδωνίας, εἴσελθε, ὅτι ἀνὴρ δυνάμεως εἶ σὺ, καὶ ἀγαθὰ εὐαγγέλισαι. Καὶ ἀπεκρίθη Ἰωνάθαν, καὶ εἶπε, καὶ 43 μάλα ὁ κύριος ἡμῶν ὁ βασιλεὺς Δαυὶδ ἐβασίλευσε τὸν Σαλωμὼν, καὶ ἀπέστειλε μετ᾽ αὐτοῦ ὁ βασιλεὺς τὸν Σαδὼκ τὸν 44 ἱερέα, καὶ Νάθαν τὸν προφήτην, καὶ Βαναίαν τὸν υἱὸν Ἰωδαὲ, καὶ τὸν Χερεθὶ, καὶ τὸν Φελεθὶ, καὶ ἐπεκάθισαν αὐτὸν ἐπὶ τὴν ἡμίονον τοῦ βασιλέως· Καὶ ἔχρισαν αὐτὸν Σαδὼκ ὁ ἱερεὺς καὶ 45 Νάθαν ὁ προφήτης ἐν τῇ Γιὼν, καὶ ἀνέβησαν ἐκεῖθεν εὐφραινόμενοι, καὶ ἤχησεν ἡ πόλις· αὕτη ἡ φωνὴ ἣν ἠκούσατε. Καὶ 46 ἐκάθισε Σαλωμὼν ἐπὶ θρόνον βασιλείας. Καὶ εἰσῆλθον οἱ 47 δοῦλοι τοῦ βασιλέως εὐλογῆσαι τὸν κύριον ἡμῶν τὸν βασιλέα Δαυίδ, λέγοντες, ἀγαθύναι ὁ Θεὸς τὸ ὄνομα Σαλωμὼν ὑπὲρ τὸ ὄνομά σου, καὶ μεγαλύναι τὸν θρόνον αὐτοῦ ὑπὲρ τὸν θρόνον σου· καὶ προσεκύνησεν ὁ βασιλεὺς ἐπὶ τὴν κοίτην. Καί γε 48 οὕτως εἶπεν ὁ βασιλεὺς, εὐλογητὸς Κύριος ὁ Θεὸς Ἰσραὴλ, ὃς ἔδωκε σήμερον ἐκ τοῦ σπέρματός μου καθήμενον ἐπὶ τοῦ θρόνου μου, καὶ οἱ ὀφθαλμοί μου βλέπουσι.

Καὶ ἐξέστησαν πάντες οἱ κλητοὶ τοῦ Ἀδωνίου, καὶ ἦλθον 49 ἀνὴρ εἰς τὴν ὁδὸν αὐτοῦ. Καὶ Ἀδωνίας ἐφοβήθη ἀπὸ προσ- 50 ώπου Σαλωμὼν, καὶ ἀνέστη καὶ ἀπῆλθε καὶ ἐπελάβετο τῶν κεράτων τοῦ θυσιαστηρίου. Καὶ ἀνηγγέλη τῷ Σαλωμὼν, 51 λέγοντες, ἰδοὺ Ἀδωνίας ἐφοβήθη τὸν βασιλέα Σαλωμὼν, καὶ κατέχει τῶν κεράτων τοῦ θυσιαστηρίου, λέγων, ὁμοσάτω μοι

β *Gr.* magnify.　γ *Gr.* burst. ＿ δ *Gr.* do good to, or make good.　ζ *Gr.* given.

σήμερον Σαλωμὼν, εἰ οὐ θανατώσει τὸν δοῦλον αὐτοῦ ἐν
52 ῥομφαίᾳ. Καὶ εἶπε Σαλωμὼν, ἐὰν γένηται εἰς υἱὸν δυνάμεως,
εἰ πεσεῖται τῶν τριχῶν αὐτοῦ ἐπὶ τὴν γῆν· καὶ ἐὰν κακία
53 εὑρεθῇ ἐν αὐτῷ, θανατωθήσεται. Καὶ ἀπέστειλεν ὁ βασιλεὺς
Σαλωμὼν, καὶ κατήνεγκαν αὐτὸν ἀπάνωθεν τοῦ θυσιαστηρίου·
καὶ εἰσῆλθε, καὶ προσεκύνησε τῷ βασιλεῖ Σαλωμών· καὶ εἶπεν
αὐτῷ Σαλωμών, δεῦρο εἰς τὸν οἶκόν σου.

2   Καὶ ἤγγισαν αἱ ἡμέραι Δαυὶδ ἀποθανεῖν αὐτὸν, καὶ ἀπεκρί-
2 νατο Σαλωμὼν υἱῷ αὐτοῦ, λέγων, ἐγώ εἰμι πορεύομαι ἐν ὁδῷ
3 πάσης τῆς γῆς· καὶ ἰσχύσεις, καὶ ἔσῃ εἰς ἄνδρα, καὶ φυλάξεις
φυλακὴν Κυρίου Θεοῦ σου τοῦ πορεύεσθαι ἐν ταῖς ὁδοῖς αὐτοῦ,
φυλάσσειν τὰς ἐντολὰς αὐτοῦ καὶ τὰ δικαιώματα καὶ τὰ κρίματα
τὰ γεγραμμένα ἐν τῷ νόμῳ Μωυσέως· ἵνα συνήσῃς ἃ ποιήσεις
4 κατὰ πάντα ὅσα ἂν ἐντείλωμαί σοι· Ἵνα στήσῃ Κύριος τὸν
λόγον αὐτοῦ ὃν ἐλάλησε, λέγων, ἐὰν φυλάξωσιν οἱ υἱοί σου
τὴν ὁδὸν αὐτῶν πορεύεσθαι ἐνώπιόν μου ἐν ἀληθείᾳ, ἐν ὅλῃ
καρδίᾳ αὐτῶν, λέγων, οὐκ ἐξολοθρευθήσεταί σοι ἀνὴρ ἐπάνωθεν
5 θρόνου Ἰσραήλ. Καί γε σὺ ἔγνως ὅσα ἐποίησέ μοι Ἰωὰβ
υἱὸς Σαρουίας, ὅσα ἐποίησε τοῖς δυσὶν ἄρχουσι τῶν δυνάμεων
Ἰσραήλ, τῷ Ἀβεννὴρ υἱῷ Νὴρ, καὶ τῷ Ἀμεσσαῒ υἱῷ Ἰεθὲρ,
καὶ ἀπέκτεινεν αὐτοὺς, καὶ ἔταξε τὰ αἵματα πολέμου ἐν εἰρήνῃ,
καὶ ἔδωκεν αἷμα ἀθῶον ἐν τῇ ζώνῃ αὐτοῦ τῇ ἐν τῇ ὀσφύϊ αὐτοῦ,
6 καὶ ἐν τῷ ὑποδήματι αὐτοῦ τῷ ἐν τῷ ποδὶ αὐτοῦ. Καὶ ποιή-
σεις κατὰ τὴν σοφίαν σου, καὶ οὐ κατάξεις τὴν πολιὰν αὐτοῦ
7 ἐν εἰρήνῃ εἰς ᾅδου. Καὶ τοῖς υἱοῖς Βερζελλὶ τοῦ Γαλααδίτου
ποιήσεις ἔλεος, καὶ ἔσονται ἐν τοῖς ἐσθίουσι τὴν τράπεζάν σου·
ὅτι οὕτως ἤγγισάν μοι ἐν τῷ με ἀποδιδράσκειν ἀπὸ προσώπου
8 Ἀβεσσαλὼμ τοῦ ἀδελφοῦ σου. Καὶ ἰδοὺ μετὰ σοῦ Σεμεῒ
υἱὸς Γηρὰ υἱὸς τοῦ Ἰεμινὶ ἐκ Βαουρὶμ, καὶ αὐτὸς κατηράσατό
με κατάραν ὀδυνηρὰν τῇ ἡμέρᾳ, ᾗ ἐπορευόμην εἰς παρεμβολάς·
καὶ αὐτὸς κατέβη εἰς ἀπαντήν μου εἰς τὸν Ἰορδάνην, καὶ
ὤμοσα αὐτῷ ἐν Κυρίῳ, λέγων, εἰ θανατώσω σε ἐν ῥομφαίᾳ.
9 Καὶ οὐ μὴ ἀθωώσῃς αὐτὸν, ὅτι ἀνὴρ σοφὸς εἶ σὺ, καὶ γνώσῃ
ἃ ποιήσεις αὐτῷ, καὶ κατάξεις τὴν πολιὰν αὐτοῦ ἐν αἵματι
εἰς ᾅδου.

10   Καὶ ἐκοιμήθη Δαυὶδ μετὰ τῶν πατέρων αὐτοῦ, καὶ ἐτάφη
11 ἐν πόλει Δαυίδ. Καὶ αἱ ἡμέραι ἃς ἐβασίλευσε Δαυὶδ ἐπὶ τὸν
Ἰσραὴλ, τεσσαράκοντα ἔτη· ἐν Χεβρὼν ἐβασίλευσεν ἑπτὰ ἔτη,
καὶ ἐν Ἱερουσαλὴμ τριάκοντα τρία ἔτη.

12   Καὶ Σαλωμὼν ἐκάθισεν ἐπὶ θρόνου Δαυὶδ τοῦ πατρὸς αὐτοῦ,
13 καὶ ἡτοιμάσθη ἡ βασιλεία αὐτοῦ σφόδρα. Καὶ εἰσῆλθεν
Ἀδωνίας υἱὸς Ἀγγὶθ πρὸς Βηρσαβεὲ μητέρα Σαλωμὼν, καὶ
προσεκύνησεν αὐτῇ· ἡ δὲ εἶπεν, εἰρήνη ἡ εἴσοδός σου; καὶ
14 εἶπεν, εἰρήνη· λόγος μοι πρὸς σέ. Καὶ εἶπεν αὐτῷ, λάλησον.
15 Καὶ εἶπεν αὐτῇ, σὺ οἶδας, ὅτι ἐμοὶ ἦν βασιλεία, καὶ ἐπ᾽
ἐμὲ ἔθετο πᾶς Ἰσραὴλ τὸ πρόσωπον αὐτοῦ εἰς βασιλέα· καὶ
ἐστράφη ἡ βασιλεία, καὶ ἐγένετο τῷ ἀδελφῷ μου, ὅτι παρὰ
16 Κυρίου ἐγενήθη αὐτῷ. Καὶ νῦν αἴτησιν μίαν ἐγὼ αἰτοῦμαι
παρὰ σοῦ, μὴ ἀποστρέψῃς τὸ πρόσωπόν σου· καὶ εἶπεν αὐτῷ

that he will not slay his servant with the
sword. [52] And Solomon said, If he should
be a valiant man, there shall not a hair of
his fall to the ground; but if evil be found
in him, he shall die. [53] And king Solomon
sent, and they brought him away from the
altar; and he went in and did obeisance to
king Solomon: and Solomon said to him,
Go to thy house.

And the days of David drew near that he
should die: and he β addressed his son Solo-
mon, saying, I go the way of all the earth:
[2] but be thou strong, and shew thyself a
man; [3] and keep the charge of the Lord thy
God, to walk in his ways, to keep the com-
mandments and the ordinances and the
judgments which are written in the law of
Moses; that thou mayest understand what
thou shalt do in all things that I command
thee: [4] that the Lord may confirm his word
which he spoke, saying, If thy children shall
take heed to their way to walk before me in
truth with all their heart, *I promise thee,*
saying, there shall not γ fail thee a man on
the throne of Israel. [5] Moreover thou
knowest all that Joab the son of Saruia did
to me, what he did to the two captains of
the forces of Israel, to Abenner the son of
Ner, and to Amessai the son of Jether, that
he slew them, and δ shed the blood of war
in peace, and put innocent blood on his
girdle that was about his loins, and on his
sandal that was on his foot. [6] Therefore
thou shalt deal *with him* according to thy
wisdom, and thou shalt not bring down his
grey hairs in peace to ζ the grave. [7] But
thou shalt deal kindly with the sons of Ber-
zelli the Galaadite, and they shall be among
those that eat at thy table; for thus they
drew nigh to me when I fled from the face
of thy brother Abessalom. [8] And, behold,
there is with thee Semei the son of Gera, a
Benjamite of Baurim: and he cursed me
with a grievous curse in the day when I
went into the θ camp; and he came down to
Jordan to meet me, and I swore to him by
the Lord, saying, I will not put thee to death
with the sword. [9] But thou shalt by no
means hold him guiltless, for thou art a
wise man, and wilt know what thou shalt
do to him, and shalt bring down his grey
hairs with blood to the grave.

[10] And David slept with his fathers, and
was buried in the city of David. [11] And the
days which David reigned over Israel *were*
forty years; he reigned seven years in Che-
bron, and thirty-three years in Jerusalem.

[12] And Solomon sat on the throne of his
father David, and his kingdom was λ esta-
blished greatly. [13] And Adonias the son of
Aggith came in to Bersabee the mother of
Solomon, and did obeisance to her: and she
said, μ Dost thou enter peaceably? and he
said, Peaceably: [14] I have business with
thee. And she said to him, Say on. [15] And
he said to her, Thou knowest that the king-
dom was mine, and all Israel turned their
face toward me for a king; but the kingdom
was turned *from me* and became my bro-
ther's: for it was *appointed* to him from the
Lord. [16] And now I make one request of
thee, do not turn away thy face. And Ber-

β *Gr.* answered.   γ *Gr.* be destroyed to thee.   δ *Gr.* ordered.   ζ *Gr.* Hades.   θ *Gr.* camps.   λ *Gr.* prepared.
μ *Gr.* Is thine entrance peace?

sabee said to him, Speak on. ¹⁷ And he said to her, Speak, I pray thee, to king Solomon, for he will not turn away his face from thee, and let him give me Abisag the Somanite for a wife. ¹⁸ And Bersabee said, Well; I will speak for thee to the king.

¹⁹ And Bersabee went in to king Solomon to speak to him concerning Adonias; and the king rose up to meet her, and kissed her, and sat on the throne, and a throne was set for the mother of the king, and she sat on his right hand. ²⁰ And she said to him, I ask of thee one little request; turn not away my face from thee. And the king said to her, Ask, my mother, and I will not reject thee. ²¹ And she said, Let, I pray thee, Abisag the Somanite be given to Adonias thy brother to wife. ²² And king Solomon answered and said to his mother, And why hast thou asked Abisag for Adonias? ask for him the kingdom also; for he is my elder brother, and he has for his companion Abiathar the priest, and Joab the son of Saruia the commander-in-chief. ²³ And king Solomon swore by the Lord, saying, God do so to me, and β more also, if it be not that Adonias has spoken this word against his own life. ²⁴ And now as the Lord lives who has established me, and set me on the throne of my father David, and he has made me a house, as the Lord spoke, this day shall Adonias be put to death. ²⁵ So king Solomon sent by the hand of Banæas the son of Jodae, and he slew him, and Adonias died in that day.

²⁶ And the king said to Abiathar the priest, Depart thou quickly to Anathoth to thy farm, for thou art γ worthy of death this day; but I will not slay thee, because thou hast borne the ark of the covenant of the Lord before my father, and because thou wast afflicted in all things wherein my father was afflicted. ²⁷ And Solomon removed Abiathar from being a priest of the Lord, that the word of the Lord might be fulfilled, which he spoke δ concerning the house of Heli in Selom.

²⁸ And the report came to Joab son of Saruia; for Joab had turned after Adonias, and he went not after Solomon: and Joab fled to the tabernacle of the Lord, and caught hold of the horns of the altar. ²⁹ And it was told Solomon, saying, Joab has fled to the tabernacle of the Lord, and lo! he has hold of the horns of the altar. And king Solomon sent to Joab, saying, ʒ What ails thee, that thou hast fled to the altar? and Joab said, Because I was afraid of thee, and fled for refuge to the Lord. And Solomon sent Banæas son of Jodae, saying, Go and slay him, and bury him.

³⁰ And Banæas son of Jodae came to Joab to the tabernacle of the Lord, and said to him, Thus says the king, Come forth. And Joab said, I θ will not come forth, for I will die here. And Banæas son of Jodae returned and spoke to the king, saying, Thus has Joab spoken, and thus has he answered me. ³¹ And the king said to him, Go, and

Βηρσαβεὲ, λάλει. Καὶ εἶπεν αὐτῇ, εἶπον δὴ πρὸς Σαλω- 17 μῶν τὸν βασιλέα, ὅτι οὐκ ἀποστρέψει τὸ πρόσωπον αὐτοῦ ἀπὸ σοῦ, καὶ δώσει μοι τὴν Ἀβισὰγ τὴν Σωμανίτιν εἰς γυναῖκα. Καὶ εἶπε Βηρσαβεὲ, καλῶς· ἐγὼ λαλήσω περὶ σοῦ 18 τῷ βασιλεῖ.

Καὶ εἰσῆλθε Βηρσαβεὲ πρὸς τὸν βασιλέα Σαλωμὼν ἀλῆσαι 19 αὐτῷ περὶ Ἀδωνίου· καὶ ἐξανέστη ὁ βασιλεὺς εἰς ἀπαντὴν αὐτῇ, καὶ κατεφίλησεν αὐτὴν, καὶ ἐκάθισεν ἐπὶ τοῦ θρόνου· καὶ ἐτέθη θρόνος τῇ μητρὶ τοῦ βασιλέως, καὶ ἐκάθισεν ἐκ δεξιῶν αὐτοῦ. Καὶ εἶπεν αὐτῷ, αἴτησιν μίαν μικρὰν ἐγὼ αἰτοῦ- 20 μαι παρὰ σοῦ, μὴ ἀποστρέψῃς τὸ πρόσωπόν μου· καὶ εἶπεν αὐτῇ ὁ βασιλεὺς, αἴτησαι, μῆτερ ἐμὴ, καὶ οὐκ ἀποστρέψω σε. Καὶ εἶπε, δοθήτω δὴ Ἀβισὰγ ἡ Σωμανίτις τῷ Ἀδωνίᾳ τῷ 21 ἀδελφῷ σου εἰς γυναῖκα. Καὶ ἀπεκρίθη ὁ βασιλεὺς Σαλωμὼν, 22 καὶ εἶπε τῇ μητρὶ αὐτοῦ, καὶ ἱνατί σὺ ἤτησαι τὴν Ἀβισὰγ τῷ Ἀδωνίᾳ; καὶ αἴτησαι αὐτῷ τὴν βασιλείαν, ὅτι οὗτος ἀδελφός μου ὁ μέγας ὑπὲρ ἐμὲ, καὶ αὐτῷ Ἀβιάθαρ ὁ ἱερεὺς, καὶ αὐτῷ Ἰωὰβ υἱὸς Σαρουίας ἀρχιστράτηγος ἑταῖρος. Καὶ ὤμοσεν 23 ὁ βασιλεὺς Σαλωμὼν κατὰ τοῦ Κυρίου, λέγων, τάδε ποιήσαι μοι ὁ Θεὸς καὶ τάδε προσθείη, ὅτι κατὰ τῆς ψυχῆς αὐτοῦ ἐλά- λησεν Ἀδωνίας τὸν λόγον τοῦτον. Καὶ νῦν ζῇ Κύριος ὃς 24 ἡτοίμασε με καὶ ἔθετό με ἐπὶ τὸν θρόνον Δαυὶδ τοῦ πατρός μου, καὶ αὐτὸς ἐποίησέ μοι οἶκον καθὼς ἐλάλησε Κύριος, ὅτι σήμερον θανατωθήσεται Ἀδωνίας. Καὶ ἐξαπέστειλεν ὁ βασι- 25 λεὺς Σαλωμὼν ἐν χειρὶ Βαναίου υἱοῦ Ἰωδαὲ, καὶ ἀνεῖλεν αὐτὸν, καὶ ἀπέθανεν Ἀδωνίας ἐν τῇ ἡμέρᾳ ἐκείνῃ.

Καὶ τῷ Ἀβιάθαρ τῷ ἱερεῖ εἶπεν ὁ βασιλεὺς, ἀπότρεχε σὺ 26 εἰς Ἀναθὼθ εἰς ἀγρόν σου, ὅτι ἀνὴρ θανάτου εἶ σὺ ἐν τῇ ἡμέρᾳ ταύτῃ· καὶ οὐ θανατώσω σε, ὅτι ἦρας τὴν κιβωτὸν τῆς διαθήκης Κυρίου ἐνώπιον τοῦ πατρός μου, καὶ ὅτι ἐκακου- χήθης ἐν πᾶσιν οἷς ἐκακουχήθη ὁ πατήρ μου. Καὶ ἐξέβαλε 27 Σαλωμὼν τὸν Ἀβιάθαρ τοῦ μὴ εἶναι ἱερέα τοῦ Κυρίου, πλη- ρωθῆναι τὸ ῥῆμα Κυρίου, ὃ ἐλάλησεν ἐπὶ τὸν οἶκον Ἡλὶ ἐν Σηλώμ.

Καὶ ἡ ἀκοὴ ἦλθεν ἕως Ἰωὰβ υἱοῦ Σαρουίας, ὅτι Ἰωὰβ ἦν 28 κεκλικὼς ὀπίσω Ἀδωνίου, καὶ ὀπίσω Σαλωμὼν οὐκ ἔκλινε· καὶ ἔφυγεν Ἰωὰβ εἰς τὸ σκήνωμα τοῦ Κυρίου, καὶ κατέσχε τῶν κεράτων τοῦ θυσιαστηρίου. Καὶ ἀπηγγέλη τῷ Σαλωμὼν, 29 λέγοντες, ὅτι πέφευγεν Ἰωὰβ εἰς τὴν σκηνὴν τοῦ Κυρίου, καὶ ἰδοὺ κατέχει τῶν κεράτων τοῦ θυσιαστηρίου· καὶ ἀπέστειλε Σαλωμὼν ὁ βασιλεὺς πρὸς Ἰωὰβ, λέγων, τί γέγονέ σοι, ὅτι πέφευγας εἰς τὸ θυσιαστήριον; καὶ εἶπεν Ἰωὰβ, ὅτι ἐφοβήθην ἀπὸ προσώπου σου, καὶ ἔφυγον πρὸς Κύριον· καὶ ἀπέστειλε Σαλωμὼν τὸν Βαναίου υἱὸν Ἰωδαὲ, λέγων, πορεύου καὶ ἄνελε αὐτὸν, καὶ θάψον αὐτόν.

Καὶ ἦλθε Βαναίας υἱὸς Ἰωδαὲ πρὸς Ἰωὰβ εἰς τὴν σκηνὴν 30 τοῦ Κυρίου, καὶ εἶπεν αὐτῷ, τάδε λέγει ὁ βασιλεὺς, ἔξελθε· καὶ εἶπεν Ἰωὰβ, οὐκ ἐκπορεύωμαι, ὅτι ὧδε ἀποθανοῦμαι· καὶ ἐπέστρεψε Βαναίας υἱὸς Ἰωδαὲ, καὶ εἶπε τῷ βασιλεῖ, λέγων, τάδε λελάληκεν Ἰωὰβ, καὶ τάδε ἀποκέκριταί μοι. Καὶ εἶπεν 31

β Gr. add these things.   γ Gr. a man of death.   δ Or. against.   ʒ Gr. What has happened to thee?   θ Gr. do not.

αὐτῷ ὁ βασιλεὺς, πορεύου, καὶ ποίησον αὐτῷ καθὼς εἴρηκε, καὶ ἄνελε αὐτόν· καὶ θάψεις αὐτὸν, καὶ ἐξαρεῖς σήμερον τὸ αἷμα ὃ δωρεὰν ἐξέχεεν, ἀπ᾽ ἐμοῦ καὶ ἀπὸ τοῦ οἴκου τοῦ πατρός

32 μου. Καὶ ἐπέστρεψε Κύριος τὸ αἷμα τῆς ἀδικίας αὐτοῦ εἰς κεφαλὴν αὐτοῦ, ὡς ἀπήντησε τοῖς δυσὶν ἀνθρώποις τοῖς δικαίοις καὶ ἀγαθοῖς ὑπὲρ αὐτὸν, καὶ ἀπέκτεινεν αὐτοὺς ἐν ῥομφαίᾳ, καὶ ὁ πατήρ μου Δαυὶδ οὐκ ἔγνω τὸ αἷμα αὐτῶν, τὸν Ἀβεννὴρ υἱὸν Νὴρ ἀρχιστράτηγον Ἰσραὴλ, καὶ τὸν Ἀμεσσὰ υἱὸν Ἰεθὲρ

33 ἀρχιστράτηγον Ἰούδα. Καὶ ἐπεστράφη τὰ αἵματα αὐτῶν εἰς κεφαλὴν αὐτοῦ, καὶ εἰς κεφαλὴν τοῦ σπέρματος αὐτοῦ εἰς τὸν αἰῶνα· καὶ τῷ Δαυὶδ καὶ τῷ σπέρματι αὐτοῦ καὶ τῷ οἴκῳ αὐτοῦ καὶ τῷ θρόνῳ αὐτοῦ γένοιτο εἰρήνη ἕως αἰῶνος παρὰ Κυρίου.

34 Καὶ ἀνέβη Βαναίας υἱὸς Ἰωδαὲ, καὶ ἀπήντησεν αὐτῷ, καὶ ἐθανάτωσεν αὐτὸν, καὶ ἔθαψεν αὐτὸν ἐν τῷ οἴκῳ αὐτοῦ ἐν τῇ ἐρήμῳ.

35 Καὶ ἔδωκεν ὁ βασιλεὺς τὸν Βαναίου υἱὸν Ἰωδαὲ ἀντ᾽ αὐτοῦ ἐπὶ τὴν στρατηγίαν· καὶ ἡ βασιλεία κατωρθοῦτο ἐν Ἱερουσαλήμ· καὶ Σαδὼκ τὸν ἱερέα ἔδωκεν αὐτὸν ὁ βασιλεὺς εἰς ἱερέα πρῶτον ἀντὶ Ἀβιάθαρ. Καὶ Σαλωμὼν υἱὸς Δαυὶδ ἐβασίλευσεν ἐπὶ Ἰσραὴλ καὶ Ἰούδα ἐν Ἱερουσαλήμ· καὶ ἔδωκε Κύριος φρόνησιν τῷ Σαλωμὼν, καὶ σοφίαν πολλὴν σφόδρα, καὶ πλάτος καρδίας, ὡς ἡ ἄμμος ἡ παρὰ τὴν θάλασσαν.

3 Καὶ ἐπληθύνθη ἡ φρόνησις Σαλωμὼν σφόδρα ὑπὲρ τὴν φρόνησιν πάντων υἱῶν ἀρχαίων, καὶ ὑπὲρ πάντας φρονίμους Αἰγύπτου· Καὶ ἔλαβε τὴν θυγατέρα Φαραὼ, καὶ εἰσήγαγεν αὐτὴν εἰς πόλιν Δαυὶδ ἕως συντελέσαι αὐτὸν οἰκοδομῆσαι τὸν οἶκον αὐτοῦ, καὶ τὸν οἶκον Κυρίου ἐν πρώτοις, καὶ τὸ τεῖχος Ἱερουσαλὴμ κυκλόθεν· ἐν ἑπτὰ ἔτεσιν ἐποίησε καὶ συνετέλεσε.

Καὶ ἦν τῷ Σαλωμὼν ἑβδομήκοντα χιλιάδες αἴροντες ἄρσιν, καὶ ὀγδοήκοντα χιλιάδες λατόμων ἐν τῷ ὄρει· καὶ ἐποίησε Σαλωμὼν τὴν θάλασσαν, καὶ τὰ ὑποστηρίγματα, καὶ τοὺς λουτῆρας τοὺς μεγάλους, καὶ τοὺς στύλους, καὶ τὴν κρήνην τῆς αὐλῆς, καὶ τὴν θάλασσαν τὴν χαλκῆν· καὶ ᾠκοδόμησε τὴν ἄκραν ἔπαλξιν ἐπ᾽ αὐτῆς, διεκόψε τὴν πόλιν Δαυὶδ· οὕτως θυγάτηρ Φαραὼ ἀνέβαινεν ἐκ τῆς πόλεως Δαυὶδ εἰς τὸν οἶκον αὐτῆς, ὃν ᾠκοδόμησεν αὐτῇ· τότε ᾠκοδόμησε τὴν ἄκραν· καὶ Σαλωμὼν ἀνέφερε τρεῖς ἐν τῷ ἐνιαυτῷ ὁλοκαυτώσεις καὶ εἰρηνικὰς ἐπὶ τὸ θυσιαστήριον ὃ ᾠκοδόμησε τῷ Κυρίῳ, καὶ ἐθυμία ἐνώπιον Κυρίου, καὶ συνετέλεσε τὸν οἶκον. Καὶ οὗτοι οἱ ἄρχοντες οἱ καθεσταμένοι ἐπὶ τὰ ἔργα τοῦ Σαλωμὼν, τρεῖς χιλιάδες καὶ ἑξακόσιοι ἐπιστάται τοῦ λαοῦ τῶν ποιούντων τὰ ἔργα· καὶ ᾠκοδόμησε τὴν Ἀσσοὺρ, καὶ τὴν Μαγδὼ, καὶ τὴν Γαζὲρ, καὶ τὴν Βαιθωρὼν ἐπάνω, καὶ τὰ Βαλλάθ· πλὴν μετὰ τὸ οἰκοδομῆσαι αὐτὸν τὸν οἶκον τοῦ Κυρίου, καὶ τὸ τεῖχος Ἱερουσαλὴμ κύκλῳ, μετὰ ταῦτα ᾠκοδόμησε τὰς πόλεις ταύτας.

Καὶ ἐν τῷ ἔτι Δαυὶδ ζῆν, ἐνετείλατο τῷ Σαλωμὼν, λέγων, ἰδοὺ μετὰ σοῦ Σεμεῒ υἱὸς Γηρὰ υἱὸς τοῦ σπέρματος τοῦ Ἰεμινὶ ἐκ Χεβρών· οὗτος κατηράσατό με κατάραν ὀδυνηρὰν ἐν ᾗ ἡμέρᾳ

do to him as he has spoken, and kill him: and thou shalt bury him, and thou shalt remove this day the blood which he shed without cause, from me and from the house of my father. ³²And the Lord has returned upon his own head the blood of his unrighteousness, inasmuch as he attacked two men more righteous and better than himself, and slew them with the sword, and my father David knew not of their blood, *even* Abenner the son of Ner the commander-in-chief of Israel, and Amessa the son of Jether the commander-in-chief of Juda. ³³And their blood is returned upon his head, and upon the head of his seed for ever: but to David, and his seed, and his house, and his throne, may there be peace for ever from the Lord. ³⁴So Banæas son of Jodae went up, and attacked him, and slew him, and buried him in his house in the wilderness.

³⁵And the king βappointed Banæas son of Jodae in his place over the host; and the kingdom was established in Jerusalem; and *as for* Sadoc the priest, the king appointed him to be high priest in the room of Abiathar. And Solomon son of David reigned over Israel and Juda in Jerusalem: and the Lord gave understanding to Solomon, and very much wisdom, and largeness of heart, as the sand by the sea-shore γ.

γ And the wisdom of Solomon abounded exceedingly beyond the wisdom of all the δ ancients, and beyond all the wise men of Egypt; and he took the daughter of Pharao, and brought her into the city of David, until he had finished building his own house, and the house of the Lord first, and the wall of Jerusalem round about. In seven years he made and finished *them*.

And Solomon had seventy thousand bearers of burdens, and eighty thousand hewers of stone in the mountain: and Solomon made the sea, and the bases, and the great lavers, and the pillars, and the fountain of the court, and the brazen sea—ʒand he built the citadel as a defence above it, he made a breach in the wall of the city of David; thus the daughter of Pharao went up out of the city of David to her house which he built for her. Then he built the citadel; and Solomon offered up three whole-burnt-offerings in the year, and peace-offerings on the altar which he built to the Lord, and he burnt incense before the Lord, and finished the house. And these *are* the chief persons who presided over the works of Solomon; three thousand and six hundred masters of the people that wrought the works. And he built Assur, and Magdo, and Gazer, and upper Bæthoron, and Ballath: only after he had built the house of the Lord, and the wall of Jerusalem round about, afterwards he built these cities.

And when David was yet living, he charged Solomon, saying, Behold, *there is* with thee Semei the son of Gera, of the seed of θ Benjamin out of Chebron: he cursed me with a

---

β *Gr.* gave.   γ See *Appendix.*   δ *Gr.* ancient sons.   ζ Probably some hiatus in the text.   θ *Gr.* Jemini.

grievous curse in the day when I went into the camp; and he came down to meet me at Jordan, and I swore to him by the Lord, saying, ^βHe shall not be slain with the sword. But now do not thou hold him guiltless, for thou *art* a man of understanding, and thou wilt know what thou shalt do to him, and thou shalt bring down his ^γgrey hairs with blood to ^δ the grave.

³⁶ And the king called Semei, and said to him, Build thee a house in Jerusalem, and dwell there, and thou shalt not go out thence any whither. ³⁷ And it shall come to pass in the day ^ζthat thou shalt go forth and cross over the brook Kedron, ^θknow assuredly that thou shalt certainly die: thy blood shall be upon thine head. And the king caused him to swear in that day. ³⁸And Semei said to the king, Good *is* the word that thou hast spoken, my lord O king: thus will thy servant do. And Semei dwelt in Jerusalem three years.

³⁹ And it came to pass after the three years, that two servants of Semei ran away to Anchus son of Maacha king of Geth: and it was told Semei, saying, Behold, thy servants *are* in Geth. ⁴⁰ And Semei rose up, and saddled his ass, and went to Geth to Anchus to seek out his servants : and Semei went, and brought his servants out of Geth. ⁴¹ And it was told Solomon, saying, Semei is gone out of Jerusalem to Geth, and has brought back his servants. ⁴² And the king sent and called Semei, and said to him, Did I not adjure thee by the Lord, and testify to thee, saying, In whatsoever day thou shalt go out of Jerusalem, and go to the right or left, know certainly that thou shalt assuredly die? ⁴³ And why hast thou not kept the oath of the Lord, and the commandment which I commanded ^λ thee?

⁴⁴ And the king said to Semei, Thou knowest all thy mischief which thy heart knows, which thou didst to David my father : and the Lord has recompensed thy mischief on thine *own* head. ⁴⁵ And king Solomon *is* blessed, and the throne of David shall be established before the Lord for ever. ⁴⁶And Solomon commanded Banæas the son of Jodae, and he went forth and slew him.

And king Solomon was very prudent and wise : and Juda and Israel *were* very many, as the sand which is by the sea for multitude, eating, and drinking, and rejoicing: and Solomon was chief in all the kingdoms, and they brought gifts, and served Solomon all the days of his life. And Solomon began to open the domains of Libanus, and he built Thermæ in the wilderness. And this was the ^μ daily provision of Solomon, thirty measures of fine flour, and sixty measures of ground meal, ten choice calves, and twenty oxen from the pastures, and a hundred sheep, besides stags, and does, and choice fed birds. For he ruled in all the country ^ξ on this side the river, from Raphi unto Gaza, over all the kings on this side the river : and he was at peace on all sides round about; and Juda and Israel dwelt ^π safely, every one under his vine and under

ἐπορευόμην εἰς παρεμβολάς· καὶ αὐτὸς κατέβαινεν εἰς ἀπαντήν μοι ἐπὶ τὸν Ἰορδάνην, καὶ ὤμοσα αὐτῷ κατὰ τοῦ Κυρίου, λέγων, εἰ θανατωθήσεται ἐν ῥομφαίᾳ· καὶ νῦν μὴ ἀθωώσῃς αὐτὸν, ὅτι ἀνὴρ φρόνιμος σύ· καὶ γνώσῃ ἃ ποιήσεις αὐτῷ, καὶ κατάξεις τὴν πολιὰν αὐτοῦ ἐν αἵματι εἰς ᾅδου.

Καὶ ἐκάλεσεν ὁ βασιλεὺς τὸν Σεμεΐ, καὶ εἶπεν αὐτῷ, ᾠκοδό- 36 μησον σεαυτῷ οἶκον ἐν Ἰερουσαλὴμ καὶ κάθου ἐκεῖ, καὶ οὐκ ἐξελεύσῃ ἐκεῖθεν οὐδαμοῦ. Καὶ ἔσται ἐν τῇ ἡμέρᾳ τῆς ἐξόδου 37 σου καὶ διαβήσῃ τὸν χείμαρρον Κέδρων, γινώσκων γνώσῃ ὅτι θανάτῳ ἀποθανῇ· τὸ αἷμά σου ἔσται ἐπὶ τὴν κεφαλήν σου· καὶ ὥρκισεν αὐτὸν ὁ βασιλεὺς ἐν τῇ ἡμέρᾳ ἐκείνῃ. Καὶ εἶπε Σεμεῒ 38 πρὸς τὸν βασιλέα, ἀγαθὸν τὸ ῥῆμα ὃ ἐλάλησας, κύριέ μου βασιλεῦ· οὕτω ποιήσει ὁ δοῦλός σου· καὶ ἐκάθισε Σεμεῒ ἐν Ἰερουσαλὴμ τρία ἔτη.

Καὶ ἐγενήθη μετὰ τὰ τρία ἔτη, καὶ ἀπέδρασαν δύο δοῦλοι 39 τοῦ Σεμεῒ πρὸς Ἀγχοὺς υἱὸν Μααχὰ βασιλέα Γέθ· καὶ ἀπηγ γέλη τῷ Σεμεῒ, λέγοντες, ἰδοὺ οἱ δοῦλοί σου ἐν Γέθ. Καὶ 40 ἀνέστη Σεμεῒ καὶ ἐπέσαξε τὴν ὄνον αὐτοῦ, καὶ ἐπορεύθη εἰς Γὲθ πρὸς Ἀγχοὺς τοῦ ἐκζητῆσαι τοὺς δούλους αὐτοῦ· καὶ ἐπορεύθη Σεμεῒ, καὶ ἤγαγε τοὺς δούλους αὐτοῦ ἐκ Γέθ. Καὶ 41 ἀπηγγέλη τῷ Σαλωμὼν, λέγοντες, ὅτι ἐπορεύθη Σεμεῒ ἐξ Ἰερουσαλὴμ εἰς Γὲθ, καὶ ἀνέστρεψε τοὺς δούλους αὐτοῦ. Καὶ 42 ἀπέστειλεν ὁ βασιλεὺς καὶ ἐκάλεσε τὸν Σεμεΐ, καὶ εἶπε πρὸς αὐτὸν, οὐχὶ ὥρκισά σε κατὰ τοῦ Κυρίου, καὶ ἐπεμαρτυράμην σοι, λέγων, ἐν ᾗ ἂν ἡμέρᾳ ἐξέλθῃς ἐξ Ἰερουσαλὴμ, καὶ πορευθῇς εἰς δεξιὰ ἢ εἰς ἀριστερὰ, γινώσκων γνώσῃ ὅτι θανάτῳ ἀποθανῇ; Καὶ τί ὅτι οὐκ ἐφύλαξας τὸν ὅρκον Κυρίου, καὶ τὴν ἐντολὴν 43 ἣν ἐνετειλάμην κατὰ σοῦ;

Καὶ εἶπεν ὁ βασιλεὺς πρὸς Σεμεΐ, σὺ οἶδας πᾶσαν τὴν 44 κακίαν σου ἣν οἶδεν ἡ καρδία σου, ἃ ἐποίησας Δαυὶδ τῷ πατρί μου, καὶ ἀνταπέδωκε Κύριος τὴν κακίαν σου εἰς κεφαλήν σου. Καὶ ὁ βασιλεὺς Σαλωμὼν εὐλογημένος, καὶ ὁ θρόνος Δαυὶδ 45 ἔσται ἕτοιμος ἐνώπιον Κυρίου εἰς τὸν αἰῶνα. Καὶ ἐνετείλατο 46 ὁ βασιλεὺς Σαλωμὼν τῷ Βαναίᾳ υἱῷ Ἰωδαὲ, καὶ ἐξῆλθε καὶ ἀνεῖλεν αὐτόν.

Καὶ ἦν ὁ βασιλεὺς Σαλωμὼν φρόνιμος σφόδρα καὶ σοφός· καὶ Ἰούδα καὶ Ἰσραὴλ πολλοὶ σφόδρα, ὡς ἡ ἄμμος ἡ ἐπὶ τῆς θαλάσσης εἰς πλῆθος, ἐσθίοντες καὶ πίνοντες καὶ χαίροντες· καὶ Σαλωμὼν ἦν ἄρχων ἐν πάσαις ταῖς βασιλείαις· καὶ ἦσαν προσφέροντες δῶρα, καὶ ἐδούλευον τῷ Σαλωμὼν πάσας τὰς ἡμέρας τῆς ζωῆς αὐτοῦ· καὶ Σαλωμὼν ἤρξατο ἀνοίγειν τὰ δυναστεύματα τοῦ Λιβάνου· καὶ αὐτὸς ᾠκοδόμησε τὴν Θερμαὶ ἐν τῇ ἐρήμῳ· καὶ τοῦτο τὸ ἄριστον τῷ Σαλωμών· τριάκοντα κόροι σεμιδάλεως, καὶ ἑξήκοντα κόροι ἀλεύρου κεκοπανισμένου, δέκα μόσχοι ἐκλεκτοὶ, καὶ εἴκοσι βόες νομάδες, καὶ ἑκατὸν πρόβατα, ἐκτὸς ἐλάφων καὶ δορκάδων καὶ ὀρνίθων ἐκλεκτῶν νομάδων· ὅτι ἦν ἄρχων ἐν παντὶ πέραν τοῦ ποταμοῦ ἀπὸ Ῥαφὶ ἕως Γάζης ἐν πᾶσι τοῖς βασιλεῦσι πέραν τοῦ ποταμοῦ· καὶ ἦν αὐτῷ εἰρήνη ἐκ πάντων τῶν μερῶν αὐτοῦ κυκλόθεν· καὶ κατ ῴκει Ἰούδα καὶ Ἰσραὴλ πεποιθότες, ἕκαστος ὑπὸ τὴν ἄμπελον

β *Gr.* if he shall be slain.　　γ *Gr.* hoary head.　　δ *Gr.* Hades.　　ζ *Gr.* of thy going forth.　　θ *Gr.* knowing thou shalt know.
λ *Gr.* against thee.　　μ *Gr.* dinner.　　ξ *Gr.* beyond.　　π *Gr.* trusting in confidence. See *Heb.*

αὐτοῦ, καὶ ὑπὸ τὴν συκῆν αὐτοῦ, ἐσθίοντες καὶ πίνοντες καὶ ἑορτάζοντες ἀπὸ Δὰν καὶ ἕως Βηρσαβεὲ πάσας τὰς ἡμέρας Σαλωμών.

Καὶ οὗτοι οἱ ἄρχοντες τοῦ Σαλωμών. ᾽Αζαρίου υἱὸς Σαδὼκ τοῦ ἱερέως, καὶ ᾽Ορνίου υἱὸς Νάθαν ἄρχων τῶν ἐφεστηκότων· καὶ ἔδραμεν ἐπὶ τὸν οἶκον αὐτοῦ· καὶ Σουβὰ γραμματεὺς, καὶ Βασὰ υἱὸς ᾽Αχιθαλὰμ ἀναμιμνήσκων, καὶ ᾽Αβὶ υἱὸς ᾽Ιωὰβ ἀρχιστράτηγος, καὶ ᾽Αχιρὲ υἱὸς ᾽Εδραὶ ἐπὶ τὰς ἄρσεις, καὶ Βαναίας υἱὸς ᾽Ιωδαὲ ἐπὶ τῆς αὐλαρχίας καὶ ἐπὶ τοῦ πλινθίου, καὶ Καχοὺρ υἱὸς Νάθαν ὁ σύμβουλος.

Καὶ ἦσαν τῷ Σαλωμὼν τεσσαράκοντα χιλιάδες τοκάδες ἵπποι εἰς ἄρματα, καὶ δώδεκα χιλιάδες ἵππων· καὶ ἦν ἄρχων ἐν πᾶσι τοῖς βασιλεῦσιν ἀπὸ τοῦ ποταμοῦ καὶ ἕως γῆς ἀλλοφύλων καὶ ἕως ὁρίων Αἰγύπτου· καὶ Σαλωμὼν υἱὸς Δαυὶδ ἐβασίλευσεν
2 ἐπὶ ᾽Ισραὴλ καὶ ᾽Ιούδα ἐν ᾽Ιερουσαλήμ. Πλὴν ὁ λαὸς ἦσαν θυμιῶντες ἐπὶ τοῖς ὑψηλοῖς, ὅτι οὐκ ᾠκοδομήθη οἶκος τῷ Κυρίῳ
3 ἕως τοῦ νῦν. Καὶ ἠγάπησε Σαλωμὼν τὸν Κύριον πορεύεσθαι ἐν τοῖς προστάγμασι Δαυὶδ τοῦ πατρὸς αὐτοῦ, πλὴν ἐν τοῖς ὑψηλοῖς ἔθυε καὶ ἐθυμία. Καὶ ἀνέστη καὶ ἐπορεύθη εἰς Γαβαὼν
4 θῦσαι ἐκεῖ, ὅτι αὐτὴ ὑψηλοτάτη, καὶ μεγάλη· χιλίαν ὁλοκαύτωσιν ἀνήνεγκε Σαλωμὼν ἐπὶ τὸ θυσιαστήριον ἐν Γαβαών.

5 Καὶ ὤφθη Κύριος τῷ Σαλωμὼν ἐν ὕπνῳ τὴν νύκτα, καὶ εἶπε Κύριος πρὸς Σαλωμών, αἴτησαί τι αἴτημα σεαυτῷ. Καὶ εἶπε
6 Σαλωμών, σὺ ἐποίησας μετὰ τοῦ δούλου σου Δαυὶδ τοῦ πατρός μου ἔλεος μέγα, καθὼς διῆλθεν ἐνώπιόν σου ἐν ἀληθείᾳ καὶ ἐν δικαιοσύνῃ, καὶ ἐν εὐθύτητι καρδίας μετὰ σοῦ, καὶ ἐφύλαξας αὐτῷ τὸ ἔλεος τὸ μέγα τοῦτο, δοῦναι τὸν υἱὸν αὐτοῦ ἐπὶ τοῦ θρόνου
7 αὐτοῦ, ὡς ἡ ἡμέρα αὕτη. Καὶ νῦν, Κύριε ὁ Θεός μου, σὺ ἔδωκας τὸν δοῦλόν σου ἀντὶ Δαυὶδ τοῦ πατρός μου· καὶ ἐγώ εἰμι παιδάριον μικρὸν, καὶ οὐκ οἶδα τὴν ἔξοδόν μου καὶ τὴν
8 εἴσοδόν μου. Ὁ δὲ δοῦλός σου ἐν μέσῳ τοῦ λαοῦ σου, ὃν
9 ἐξελέξω, λαὸν πολὺν, ὃς οὐκ ἀριθμηθήσεται. Καὶ δώσεις τῷ δούλῳ σου καρδίαν ἀκούειν καὶ διακρίνειν τὸν λαόν σου ἐν δικαιοσύνῃ, καὶ τοῦ συνιεῖν ἀναμέσον ἀγαθοῦ καὶ κακοῦ· ὅτι τίς δυνηθήσεται κρίνειν τὸν λαόν σου τὸν βαρὺν τοῦτον;

10 Καὶ ἤρεσεν ἐνώπιον Κυρίου, ὅτι ᾐτήσατο Σαλωμὼν τὸ ῥῆμα
11 τοῦτο. Καὶ εἶπε Κύριος πρὸς αὐτὸν, ἀνθ᾽ ὧν ᾐτήσω παρ᾽ ἐμοῦ τὸ ῥῆμα τοῦτο, καὶ οὐκ ᾐτήσω σεαυτῷ ἡμέρας πολλὰς, καὶ οὐκ ᾐτήσω πλοῦτον, οὐδὲ ᾐτήσω ψυχὰς ἐχθρῶν σου, ἀλλ᾽
12 ᾐτήσω σεαυτῷ τοῦ συνιεῖν τοῦ εἰσακούειν κρίμα, ἰδοὺ πεποίηκα κατὰ τὸ ῥῆμά σου· ἰδοὺ δέδωκά σοι καρδίαν φρονίμην καὶ σοφήν· ὡς σὺ οὐ γέγονεν ἔμπροσθέν σου, καὶ μετὰ σὲ οὐκ
13 ἀναστήσεται ὅμοιός σοι. Καὶ ἃ οὐκ ᾐτήσω δέδωκά σοι, καὶ πλοῦτον καὶ δόξαν, ὡς οὐ γέγονεν ἀνὴρ ὅμοιός σοι ἐν βασιλεῦσι.
14 Καὶ ἐὰν πορευθῇς ἐν τῇ ὁδῷ μου φυλάσσειν τὰς ἐντολάς μου καὶ τὰ προστάγματά μου, ὡς ἐπορεύθη Δαυὶδ ὁ πατήρ σου, καὶ
15 πληθυνῶ τὰς ἡμέρας σου. Καὶ ἐξυπνίσθη Σαλωμὼν, καὶ ἰδοὺ ἐνύπνιον· καὶ ἀνέστη καὶ παραγίνεται εἰς ᾽Ιερουσαλήμ, καὶ

his fig tree, eating and drinking, and feasting, from Dan even to Bersabee, all the days of Solomon.

And these *were* the princes of Solomon; Azariu son of Sadoc the priest, and Orniu son of Nathan chief of the officers, and he [β] went to his house; and Suba the scribe, and Basa son of Achithalam recorder, and Abi son of Joab commander-in-chief, and Achire son of Edrai *was* over the [γ] levies, and Banæas son of Jodae over the household and over the brickwork, and Cachur the son of Nathan *was* counsellor.

And Solomon had forty thousand brood mares for his chariots, and twelve thousand horses. And he reigned over all the kings from the river and to the land of the Philistines, and to the borders of Egypt: so Solomon the son of David reigned over Israel and Juda in Jerusalem. [2] Nevertheless the people burnt incense on the high places, because a house had not yet been built to the Lord. [3] And Solomon loved the Lord, *so as* to walk in the ordinances of David his father; only he sacrificed and burnt incense on the high places. [4] And he arose and went to Gabaon to sacrifice there, for that *was* the highest place, and great: Solomon offered a whole-burnt-offering of a thousand *victims* on the altar in Gabaon.

[5] And the Lord appeared to Solomon in a dream by night, and the Lord said to Solomon, Ask some petition for thyself. [6] And Solomon said, Thou hast dealt very mercifully with thy servant David my father according as he walked before thee in truth, and in righteousness, and in uprightness of heart with thee, and thou hast kept for him this great mercy, to [δ] set his son upon his throne, [ζ] as *it is* this day. [7] And now, O Lord my God, thou hast [θ] appointed thy servant in the room of David my father; and I am a little child, and know not my going out and my coming in. [8] But thy servant *is* in the midst of thy people, whom thou hast chosen, a great people, which [λ] cannot be numbered. [9] Thou shalt give therefore to thy servant a heart to hear and to judge thy people justly, and to discern between good and evil: for who will be able to judge this thy [μ] great people?

[10] And it was pleasing before the Lord, that Solomon asked this thing. [11] And the Lord said to him, Because thou hast asked this thing of me, and hast not asked for thyself [ξ] long life, and hast not asked wealth, nor hast asked the lives of thine enemies, but hast asked for thyself understanding to hear judgment; [12] behold, I have done according to thy word: behold, I have given thee an understanding and wise heart: there has not been *any one* like thee before thee, and after thee there shall not arise one like thee. [13] And I have given thee what thou hast not asked, wealth and glory, so that there has not been any one like thee among kings. [14] And if thou wilt walk in my way, to keep my commandments and my ordinances, as David thy father walked, then will I multiply thy days. [15] And Solomon awoke, and, behold, *it was* a dream: and he arose and [π] came to Jerusalem, and stood

---

β *Gr.* ran.　γ *Or,* tributes.　δ *Gr.* give.　ζ *Gr.* as this day *is.*　θ *Gr.* given.　λ *Gr.* shall *or* will not.
μ *Gr.* heavy.　ξ *Gr.* many days.　π *Gr.* comes.

before the altar that was in front of the ark of the covenant of the Lord in Sion : and he offered whole-burnt-offerings, and sacrificed peace-offerings, and made a great banquet for himself and all his servants.

16 Then there appeared two harlots before the king, and they stood before him. 17And the one woman said, Hear me, *my* lord ; I and this woman dwelt in one house, and we were delivered in the house. 18 And it came to pass on the third day after I was delivered, this woman also was delivered : and we *were* together ; and there βwas no one with us besides our two selves in the house. 19 And this woman's child died in the night; because she γoverlaid it. 20And she arose in the middle of the night, δand took my son from my arms, and laid him in her bosom, and ςlaid her dead son in my bosom. 21And I arose in the morning to suckle my son, and he was dead : and, behold, I considered him in the morning, and, behold, it was not my son whom I bore. 22And the other woman said, No, but the living *is* my son, and the dead *is* thy son. So they spoke before the king.

23 And the king said to them, Thou sayest, This *is* my son, *even* the living *one*, and this woman's son *is* the dead one : and thou sayest, No, but the living *is* my son, and the dead *is* thy son. 24 And the king said, Fetch a sword. And they brought a sword before the king. 25 And the king said, Divide the live child, the suckling, in two ; and give half of it to one, and half of it to the other. 26And the woman whose the living child was, answered and said to the king, (for θher bowels yearned over her son) and she said, I pray thee, *my* lord, give her the child, and in nowise slay it. But the other said, Let it be neither mine nor hers : divide *it.* 27 Then the king answered and said, Give the child to her that said, 'Give it to her, and by no means slay it :' she *is* its mother. 28 And all Israel heard this judgment which the king judged, and they feared before the king ; because they saw that the wisdom of God *was* in him, to execute judgment.

And king Solomon reigned over Israel. 2 And these *are* the princes which he had ; Azarias son of Sadoc. 3 Eliaph, and Achia son of Seba, scribes ; and Josaphat son of Achilud, recorder. 4 And Banæas son of Jodae over the host ; and Sadoc and Abiathar *were* priests. 5 And Ornia the son of Nathan *was* over the λofficers ; and Zabuth son of Nathan *was* μthe king's ςfriend. 6 And Achisar was steward, and Eliac the *chief* steward ; and Eliab the son of Saph *was* over the family : and Adoniram the son of Audon over the tribute.

7And Solomon had twelve officers over all Israel, to provide for the king and his household ; each one's turn came to supply for a month in the year. 8 And these *were* their names : Been the son of Or in the mount of Ephraim, one. 9 The son of Dacar, in Makes, and in Salabin, and Bœthsamys, and Elon as far as Bethanan, one. 10 The son of Esdi in Araboth ; his *was* Socho, and all the land of Opher. 11 All Nephthador

ἔστη κατὰ πρόσωπον τοῦ θυσιαστηρίου τοῦ κατὰ πρόσωπον κιβωτοῦ διαθήκης Κυρίου ἐν Σιὼν, καὶ ἀνήγαγεν ὁλοκαυτώσεις, καὶ ἐποίησεν εἰρηνικὰς, καὶ ἐποίησε πότον μέγαν ἑαυτῷ καὶ πᾶσι τοῖς παισὶν αὐτοῦ.

Τότε ὤφθησαν δύο γυναῖκες πόρναι τῷ βασιλεῖ, καὶ ἔστησαν 16 ἐνώπιον αὐτοῦ. Καὶ εἶπεν ἡ γυνὴ μία, ἐν ἐμοὶ κύριε, ἐγὼ καὶ 17 ἡ γυνὴ αὕτη ᾠκοῦμεν ἐν οἴκῳ ἑνὶ, καὶ ἐτέκομεν ἐν τῷ οἴκῳ. Καὶ ἐγενήθη ἐν τῇ ἡμέρᾳ τῇ τρίτῃ τεκούσης μου, ἔτεκε καὶ 18 ἡ γυνὴ αὕτη· καὶ ἡμεῖς κατὰ τὸ αὐτό· καὶ οὐκ ἔστιν οὐθεὶς μεθ' ἡμῶν πάρεξ ἀμφοτέρων ἡμῶν ἐν τῷ οἴκῳ. Καὶ ἀπέθανεν 19 ὁ υἱὸς τῆς γυναικὸς ταύτης τὴν νύκτα, ὡς ἐπεκοιμήθη ἐπ' αὐτόν. Καὶ ἀνέστη μέσης τῆς νυκτὸς, καὶ ἔλαβε τὸν υἱόν μου ἐκ τῶν 20 ἀγκαλῶν μου, καὶ ἐκοίμισεν αὐτὸν ἐν τῷ κόλπῳ αὐτῆς, καὶ τὸν υἱὸν αὐτῆς τὸν τεθνηκότα ἐκοίμισεν ἐν τῷ κόλπῳ μου. Καὶ 21 ἀνέστην τοπρωὶ θηλάσαι τὸν υἱόν μου, καὶ ἐκεῖνος ἦν τεθνηκώς· καὶ ἰδοὺ κατενόησα αὐτὸν πρωὶ, καὶ ἰδοὺ οὐκ ἦν ὁ υἱός μου ὃν ἔτεκον. Καὶ εἶπεν ἡ γυνὴ ἡ ἑτέρα, οὐχὶ, ἀλλὰ ὁ υἱός μου 22 ὁ ζῶν, ὁ δὲ υἱός σου ὁ τεθνηκώς· καὶ ἐλάλησαν ἐνώπιον τοῦ βασιλέως.

Καὶ εἶπεν ὁ βασιλεὺς αὐταῖς, σὺ λέγεις, οὗτος ὁ υἱός μου 23 ὁ ζῶν, καὶ ὁ υἱὸς ταύτης ὁ τεθνηκώς· καὶ σὺ λέγεις, οὐχὶ, ἀλλὰ ὁ υἱός μου ὁ ζῶν, καὶ ὁ υἱός σου ὁ τεθνηκώς. Καὶ εἶπεν 24 ὁ βασιλεὺς, λάβετε μάχαιραν· καὶ προσήνεγκαν τὴν μάχαιραν ἐνώπιον τοῦ βασιλέως. Καὶ εἶπεν ὁ βασιλεὺς, διέλετε 25 τὸ παιδίον τὸ ζῶν τὸ θηλάζον εἰς δύο, καὶ δότε τὸ ἥμισυ αὐτοῦ ταύτῃ, καὶ τὸ ἥμισυ αὐτοῦ ταύτῃ. Καὶ ἀπεκρίθη ἡ γυνὴ 26 ἧς ἦν ὁ υἱὸς ὁ ζῶν, καὶ εἶπε πρὸς τὸν βασιλέα, ὅτι ἐταράχθη ἡ μήτρα αὐτῆς ἐπὶ τῷ υἱῷ αὐτῆς, καὶ εἶπεν, ἐν ἐμοὶ κύριε, δότε αὐτῇ τὸ παιδίον, καὶ θανάτῳ μὴ θανατώσητε αὐτό· καὶ αὕτη εἶπε, μήτε ἐμοὶ, μήτε αὐτῇ ἔστω, διέλετε. Καὶ ἀπεκρίθη 27 ὁ βασιλεὺς, καὶ εἶπε, δότε τὸ παιδίον τῇ εἰπούσῃ, δότε αὐτῇ αὐτὸ, καὶ θανάτῳ μὴ θανατώσητε αὐτὸ, αὕτη ἡ μήτηρ αὐτοῦ. Καὶ ἤκουσαν πᾶς Ἰσραὴλ τὸ κρίμα τοῦτο ὃ ἔκρινεν ὁ βασιλεὺς, 28 καὶ ἐφοβήθησαν ἀπὸ προσώπου τοῦ βασιλέως, ὅτι εἶδον ὅτι φρόνησις Θεοῦ ἐν αὐτῷ τοῦ ποιεῖν δικαίωμα.

Καὶ ἦν ὁ βασιλεὺς Σαλωμὼν βασιλεύων ἐπὶ Ἰσραήλ. 4 Καὶ οὗτοι ἄρχοντες οἳ ἦσαν αὐτῷ· Ἀζαρίας υἱὸς Σαδώκ· 2 Ἐλιὰφ καὶ Ἀχιὰ υἱὸς Σηβὰ γραμματεῖς· καὶ Ἰωσαφὰτ υἱὸς 3 Ἀχιλοὺδ ἀναμιμνῆσκων· Καὶ Βαναίας υἱὸς Ἰωδαὲ ἐπὶ τῆς 4 δυνάμεως· καὶ Σαδὼκ καὶ Ἀβιάθαρ ἱερεῖς· Καὶ Ὀρνία υἱὸς 5 Νάθαν ἐπὶ τῶν καθεσταμένων· καὶ Ζαβοὺθ υἱὸς Νάθαν ἑταῖρος τοῦ βασιλέως· Καὶ Ἀχισὰρ ἦν οἰκονόμος· καὶ Ἐλιὰκ ὁ οἰκο- 6 νόμος· καὶ Ἐλιὰβ υἱὸς Σὰφ ἐπὶ τῆς πατριᾶς· καὶ Ἀδωνιρὰμ υἱὸς Αὐδῶν ἐπὶ τῶν φόρων.

Καὶ τῷ Σαλωμὼν δώδεκα καθεστάμενοι ἐπὶ πάντα Ἰσραὴλ, 7 χορηγεῖν τῷ βασιλεῖ καὶ τῷ οἴκῳ αὐτοῦ· μῆνα ἐν τῷ ἐνιαυτῷ ἐγίνετο ἐπὶ τὸν ἕνα χορηγεῖν. Καὶ ταῦτα τὰ ὀνόματα αὐτῶν. 8 Βεὲν υἱὸς Ὢρ ἐν ὄρει Ἐφράιμ εἷς. Υἱὸς Δακὰρ ἐν Μακὲς, καὶ 9 ἐν Σαλαβὶν, καὶ Βαιθσαμὺς, καὶ Ἐλὼν ἕως Βηθανὰν εἷς. Υἱὸς 10 Ἐσδὶ ἐν Ἀραβὼθ, αὐτοῦ Σωχὼ καὶ πᾶσα ἡ γῆ Ὀφέρ. Υἱοῦ 11

β *Gr.* is.   γ *Gr.* slept upon it.   δ *Heb.* and *Alex.* + ' while thine handmaid slept.'   ζ *Gr.* caused to sleep.   θ *Gr.* her womb was troubled.
λ *Gr.* appointed ones.   μ *Heb.* and *Alex.* insert ' priest.'   ξ *Or,* companion.

'Αμιναδὰβ πᾶσα Νεφθαδὼρ, Τεφὰθ θυγάτηρ Σαλωμὼν ἦν αὐτῷ
12 εἰς γυναῖκα, εἷς. Βανὰ υἱὸς 'Αχιλοὺθ τὴν 'Ιθαανὰχ, καὶ Μα-
γεδδὼ, καὶ πᾶς ὁ οἶκος Σὰν ὁ παρὰ Σεσαθὰν ὑποκάτω τοῦ
'Εσραὲ, καὶ ἐκ Βηθσὰν ἕως Σαβελμαουλᾶ, ἕως Μαεβὲρ Λουκὰμ,
13 εἷς. Υἱὸς Ναβὲρ ἐν 'Ραβὼθ Γαλαάδ, τούτῳ σχοίνισμα 'Εργὰβ
ἐν τῇ Βασὰν, ἑξήκοντα πόλεις μεγάλαι τειχήρεις καὶ μοχλοὶ
14, 15 χαλκοῖ, εἷς. 'Αχιναδὰβ υἱὸς Σαδδὼ Μααναΐμ. 'Αχιμαᾶς
ἐν Νεφθαλίμ, καὶ οὗτος ἔλαβε τὴν Βασεμμὰθ θυγατέρα Σαλω-
16 μὼν εἰς γυναῖκα, εἷς. Βαανὰ υἱὸς Χουσὶ ἐν 'Ασὴρ καὶ ἐν
18, 19 Βααλώθ, εἷς. Σεμεῒ υἱὸς 'Ηλὰ ἐν τῷ Βενιαμίν. Γαβὲρ
υἱὸς 'Αδαῒ ἐν τῇ γῇ Γὰδ Σηὼν βασιλέως τοῦ 'Εσεβὼν καὶ 'Ωγ
17 βασιλέως τοῦ Βασὰν, καὶ νασὲφ εἷς ἐν γῇ 'Ιούδα. 'Ιωσαφὰτ
27 υἱὸς Φουασοὺδ ἐν 'Ισσάχαρ. Καὶ ἐχορήγουν οἱ καθεστάμενοι
οὕτως τῷ βασιλεῖ Σαλωμών· καὶ πάντα τὰ διαγγέλματα ἐπὶ
τὴν τράπεζαν τοῦ βασιλέως ἕκαστος μῆνα αὐτοῦ, οὐ παραλλάσ-
28 σουσι λόγον. Καὶ τὰς κριθὰς καὶ τὸ ἄχυρον τοῖς ἵπποις καὶ
τοῖς ἅρμασιν ἦρον εἰς τὸν τόπον οὗ ἂν ᾖ ὁ βασιλεὺς, ἕκαστος
κατὰ τὴν σύνταξιν αὐτοῦ.
22 Καὶ ταῦτα τὰ δέοντα τῷ Σαλωμών· ἐν ἡμέρᾳ μιᾷ τριάκοντα
κόροι σεμιδάλεως, καὶ ἑξήκοντα κόροι ἀλεύρου κεκοπανισμένου,
23 καὶ δέκα μόσχοι ἐκλεκτοὶ, καὶ εἴκοσι βόες νομάδες, καὶ ἑκατὸν
24 πρόβατα, ἐκτὸς ἐλάφων, καὶ δορκάδων ἐκλεκτῶν σιτευτά. "Οτι
ἦν ἄρχων πέραν τοῦ ποταμοῦ, καὶ ἦν αὐτῷ εἰρήνη ἐκ πάντων
τῶν μερῶν κυκλόθεν.
29 Καὶ ἔδωκε Κύριος φρόνησιν τῷ Σαλωμών καὶ σοφίαν πολλὴν
σφόδρα καὶ χύμα καρδίας, ὡς ἡ ἄμμος ἡ παρὰ τὴν θάλασσαν.
30 Καὶ ἐπληθύνθη Σαλωμὼν σφόδρα ὑπὲρ τὴν φρόνησιν πάντων
31 ἀρχαίων ἀνθρώπων, καὶ ὑπὲρ πάντας φρονίμους Αἰγύπτου. Καὶ
ἐσοφίσατο ὑπὲρ πάντας τοὺς ἀνθρώπους· καὶ ἐσοφίσατο ὑπὲρ
Γαιθὰν τὸν Ζαρίτην, καὶ τὸν Αἰνὰν, καὶ τὸν Χαλκὰδ καὶ
32 Δαράλα υἱοὺς Μάλ. Καὶ ἐλάλησε Σαλωμὼν τρισχιλίας
33 παραβολὰς, καὶ ἦσαν ᾠδαὶ αὐτοῦ πεντακισχίλιαι. Καὶ ἐλά-
λησεν ὑπὲρ τῶν ξύλων ἀπὸ τῆς κέδρου τῆς ἐν τῷ Λιβάνῳ, καὶ
ἕως τῆς ὑσσώπου τῆς ἐκπορευομένης διὰ τοῦ τοίχου· καὶ
ἐλάλησε περὶ τῶν κτηνῶν καὶ περὶ τῶν πετεινῶν καὶ περὶ τῶν
34 ἑρπετῶν καὶ περὶ τῶν ἰχθύων. Καὶ παρεγίνοντο πάντες οἱ
λαοὶ ἀκοῦσαι τῆς σοφίας Σαλωμών· καὶ παρὰ πάντων τῶν
βασιλέων τῆς γῆς, ὅσοι ἤκουον τῆς σοφίας αὐτοῦ·
Καὶ ἔλαβε Σαλωμὼν τὴν θυγατέρα Φαραὼ αὐτῷ εἰς γυναῖκα,
καὶ εἰσήγαγεν αὐτὴν εἰς τὴν πόλιν Δαυὶδ ἕως συντελέσαι αὐτὸν
τὸν οἶκον Κυρίου, καὶ τὸν οἶκον ἑαυτοῦ, καὶ τὸ τεῖχος 'Ιερου-
σαλήμ· τότε ἀνέβη Φαραὼ βασιλεὺς Αἰγύπτου, καὶ προκατε-
λάβετο τὴν Γαζὲρ, καὶ ἐνεπύρισεν αὐτὴν, καὶ τὸν Χανανίτην
τὸν κατοικοῦντα ἐν Μεργάβ· καὶ ἔδωκεν αὐτὰς Φαραὼ ἀποστο-
λὰς θυγατρὶ αὐτοῦ γυναικὶ Σαλωμών· καὶ Σαλωμὼν ᾠκοδόμησε
τὴν Γαζέρ.
5 Καὶ ἀπέστειλε Χιρὰμ βασιλεὺς Τύρου τοὺς παῖδας αὐτοῦ
χρῖσαι τὸν Σαλωμὼν ἀντὶ Δαυὶδ τοῦ πατρὸς αὐτοῦ, ὅτι ἀγαπῶν
2 ἦν Χιρὰμ τὸν Δαυὶδ πάσας τὰς ἡμέρας. Καὶ ἀπέστειλε
3 Σαλωμὼν πρὸς Χιρὰμ, λέγων, Σὺ οἶδας τὸν πατέρα μου Δαυὶδ,

---

belonged *to* the son of Aminadab, Tephath daughter of Solomon was his wife, one. [12] Bana son of Achiluth *had* Ithaanach, and Mageddo, and *his was* the whole house of San which was by Sesathan below Esrae, and from Bethsan as far as Sabelmaula, as far as Maëber Lucam, one. [13] The son of Naber in Raboth Galaad, to him *fell* the lot of Ergab in Basan, sixty great cities with walls, and brazen bars, one. [14] Achinadab son of Saddo, *had* Maanaim. [15] Achimaas *was* in Nephthalim, and he took Basemmath daughter of Solomon to wife, one. [16] Baana son of Chusi, in Aser and in Baaloth, one, [18] Semei son of Ela, in Benjamin. [19] Gaber son of Adai in the land of Gad, *the land* of Seon king of Esebon, and of Og king of Basan, and one officer in the land of Juda. [17] Josaphat son of Phuasud *was* in Issachar. [27] And thus the officers provided king Solomon: and *they execute* every one in his month all the orders for the table of the king, they β omit nothing. [28] And they carried the barley and the straw for the horses and the chariots to the place where the king might be, each according to his charge.

[22] And these *were* the requisite supplies for Solomon: in one day thirty measures of fine flour, and sixty measures of fine pounded meal, [23] and ten choice calves, and twenty pastured oxen, and a hundred sheep, besides stags, and choice fatted does. [24] For he had dominion on this side the river, and he was at peace on all sides round about.

[29] And the Lord gave understanding to Solomon, and very much wisdom, and enlargement of heart, as the sand on the seashore. [30] And Solomon abounded greatly beyond the wisdom of all the ancients, and beyond all the wise men of Egypt. [31] And he was wiser than all *other* men: and he was wiser than Gæthan the Zarite, and *than* Ænan, and *than* Chalcad and Darala the sons of Mal. [32] And Solomon spoke three thousand proverbs, and his songs were five thousand. [33] And he spoke of trees, from the cedar in Libanus even to the hyssop which comes out through the wall: he spoke also of cattle, and of birds, and of reptiles, and of fishes. [34] And all the nations came to hear the wisdom of Solomon, and *ambassadors* from all the kings of the earth, as many as heard of his wisdom.

γ And Solomon took to himself the daughter of Pharao to wife, and brought her into the city of David until he had finished the house of the Lord, and his own house, and the wall of Jerusalem. Then went up Pharao the king of Egypt, and took Gazer, and burnt it and the Chananite dwelling in Mergab; and Pharao gave them as a dowry to his daughter the wife of Solomon: and Solomon rebuilt Gazer.

And Chiram king of Tyre sent his servants to anoint Solomon in the room of David his father, because Chiram always loved David. [2] And Solomon sent to Chiram, saying, [3] Thou knewest δ my father

---

β *Gr.* change.   γ Here the chapter ends, according to *Heb.* and *Alex.*   δ Or, that my father David, etc.

David, that he could not build a house to the name of the Lord my God ^βbecause of the wars that compassed him about, until the Lord put them under the γ soles of his feet. ⁴And now the Lord my God has given me rest round about; there is no one plotting against *me*, and there is no ^δevil trespass *against me*. ⁵And, behold, I intend to build a house to the name of the Lord my God, as the Lord God spoke to my father David, saying, Thy son whom I will set on thy throne in thy place, he shall build a house to my name. ⁶And now command, and let *men* cut wood for me out of Libanus: and, behold, my servants *shall be* with thy servants, and I will give thee the wages of thy service, according to all that thou shalt say, because thou knowest that we have no one skilled in cutting timber like the Sidonians.

⁷And it came to pass, as soon as Chiram heard the words of Solomon, that he rejoiced greatly, and said, Blessed *be* God to-day, who has given to David a wise son over this numerous people. ⁸And he sent to Solomon, saying, I have listened concerning all that thou hast sent to me for : I will do all thy will : *as for* timber of cedar and fir, ⁹my servants shall bring them down from Libanus to the sea : I will form them *into* rafts, *and bring them* to the place which thou shalt send to me *about;* and I will ^ζland them there, and thou shalt take *them* up : and thou shalt do my will, in giving bread to my household.

¹⁰So Chiram gave to Solomon cedars, and fir trees, and all his desire. ¹¹And Solomon gave to Chiram twenty thousand measures of wheat ^θas food for his house, and twenty thousand baths of beaten oil : thus Solomon gave to Chiram yearly. ¹²And the Lord gave wisdom to Solomon as he ^λpromised him ; and there was peace between Chiram and Solomon, and they made a covenant between them.

¹³And the king raised ^μa levy out of all Israel, and the levy was thirty thousand men. ¹⁴And he sent them to Libanus, ten thousand taking turn every month : they were a month in Libanus and two months at home : and Adoniram *was* over the levy. ¹⁵And Solomon had seventy thousand bearers of burdens, and eighty thousand hewers of stone in the mountain ; ¹⁶besides the rulers that were appointed over the works of Solomon, *there were* three thousand ^ξsix hundred ^πmasters who wrought in the works.^ρ ¹⁸And they prepared the stones and the timber *during* three years.

And it came to pass in the four hundred and fortieth year after the departure of the children of Israel out of Egypt, in the fourth year and second month ^σof the reign of king Solomon over Israel, ¹⁷that the king commanded that they should take great *and* costly stones for the foundation of the house, and hewn stones. ¹⁸And the men of Solomon, and the men of Chiram hewed *the stones*, and laid them *for a foundation.*

ὅτι οὐκ ἠδύνατο οἰκοδομῆσαι οἶκον τῷ ὀνόματι Κυρίου Θεοῦ μου ἀπὸ προσώπου τῶν πολέμων τῶν κυκλωσάντων αὐτὸν, ἕως τοῦ δοῦναι Κύριον αὐτοὺς ὑπὸ τὰ ἴχνη τῶν ποδῶν αὐτοῦ. Καὶ 4 νῦν ἀνέπαυσε Κύριος ὁ Θεός μου ἐμοὶ κυκλόθεν, οὐκ ἔστιν ἐπίβουλος καὶ οὐκ ἔστιν ἁμάρτημα πονηρόν. Καὶ ἰδοὺ ἐγὼ λέγω 5 οἰκοδομῆσαι οἶκον τῷ ὀνόματι Κυρίου Θεοῦ μου, καθὼς ἐλάλησε Κύριος ὁ Θεὸς πρὸς Δαυὶδ τὸν πατέρα μου, λέγων, ὁ υἱός σου ὃν δώσω ἀντὶ σοῦ ἐπὶ τὸν θρόνον σου, οὗτος οἰκοδομήσει τὸν οἶκον τῷ ὀνόματί μου. Καὶ νῦν ἔντειλαι, καὶ κοψάτωσάν 6 μοι ξύλα ἐκ τοῦ Λιβάνου· καὶ ἰδοὺ οἱ δοῦλοί μου μετὰ τῶν δούλων σου, καὶ τὸν μισθὸν δουλείας σου δώσω σοι κατὰ πάντα ὅσα ἂν εἴπῃς, ὅτι σὺ οἶδας, ὅτι οὐκ ἔστιν ἡμῖν εἰδὼς ξύλα κόπτειν καθὼς οἱ Σιδώνιοι.

Καὶ ἐγενήθη καθὼς ἤκουσε Χιρὰμ τῶν λόγων Σαλωμῶν, 7 ἐχάρη σφόδρα, καὶ εἶπεν, εὐλογητὸς ὁ Θεὸς σήμερον, ὃς ἔδωκε τῷ Δαυὶδ υἱὸν φρόνιμον ἐπὶ τὸν λαὸν τὸν πολὺν τοῦτον. Καὶ 8 ἀπέστειλε πρὸς Σαλωμῶν, λέγων, ἀκήκοα περὶ πάντων ὧν ἀπέσταλκας πρὸς μέ· ἐγὼ ποιήσω πᾶν θέλημά σου· ξύλα κέδρινα καὶ πεύκινα οἱ δοῦλοί μου κατάξουσιν αὐτὰ ἐκ τοῦ Λιβάνου εἰς 9 τὴν θάλασσαν, ἐγὼ θήσομαι αὐτὰ σχεδίας, ἕως τοῦ τόπου οὗ ἐὰν ἀποστείλῃς πρὸς μὲ, καὶ ἐκτινάξω αὐτὰ ἐκεῖ, καὶ σὺ ἀρεῖς· καὶ ποιήσεις τὸ θέλημά μου, τοῦ δοῦναι ἄρτους τῷ οἴκῳ μου.

Καὶ ἦν Χιρὰμ διδοὺς τῷ Σαλωμῶν κέδρους καὶ πεύκας καὶ 10 πᾶν θέλημα αὐτοῦ. Καὶ Σαλωμὼν ἔδωκε τῷ Χιρὰμ εἴκοσι 11 χιλιάδας κόρους πυροῦ καὶ μαχεὶρ τῷ οἴκῳ αὐτοῦ, καὶ εἴκοσ χιλιάδας βαὶθ ἐλαίου κεκομμένου· κατὰ τοῦτο ἐδίδου Σαλωμὼν τῷ Χιρὰμ κατ᾽ ἐνιαυτόν. Καὶ Κύριος ἔδωκε σοφίαν τῷ Σαλω- 12 μῶν καθὼς ἐλάλησεν αὐτῷ· καὶ ἦν εἰρήνη ἀναμέσον Χιρὰμ καὶ ἀναμέσον Σαλωμῶν, καὶ διέθεντο διαθήκην ἀναμέσον αὐτῶν.

Καὶ ἀνήνεγκεν ὁ βασιλεὺς φόρον ἐκ παντὸς Ἰσραὴλ, καὶ ἦν 13 ὁ φόρος τριάκοντα χιλιάδες ἀνδρῶν. Καὶ ἀπέστειλεν αὐτοὺς 14 εἰς τὸν Λίβανον, δέκα χιλιάδες ἐν τῷ μηνὶ ἀλλασσόμενοι· μῆνα ἦσαν ἐν τῷ Λιβάνῳ, καὶ δύο μῆνας ἐν οἴκῳ αὐτῶν· καὶ Ἀδω- νιρὰμ ἐπὶ τοῦ φόρου. Καὶ ἦν τῷ Σαλωμῶν ἑβδομήκοντα 15 χιλιάδες αἴροντες ἄρσιν, καὶ ὀγδοήκοντα χιλιάδες λατόμων ἐν τῷ ὄρει, χωρὶς τῶν ἀρχόντων τῶν καθεσταμένων ἐπὶ τῶν 16 ἔργων τῷ Σαλωμῶν, τρεῖς χιλιάδες καὶ ἑξακόσιοι ἐπιστάται οἱ ποιοῦντες τὰ ἔργα. Καὶ ἡτοίμασαν τοὺς λίθους καὶ τὰ ξύλα 18 τρία ἔτη.

Καὶ ἐγενήθη ἐν τῷ τεσσαρακοστῷ καὶ τετρακοσιοστῷ ἔτει 6 τῆς ἐξόδου υἱῶν Ἰσραὴλ ἐξ Αἰγύπτου, τῷ ἔτει τῷ τετάρτῳ ἐν μηνὶ τῷ δευτέρῳ βασιλεύοντος τοῦ βασιλέως Σαλωμῶν ἐπὶ τὸν Ἰσραὴλ, καὶ ἐνετείλατο ὁ βασιλεὺς ἵνα αἴρωσι λίθους 17 μεγάλους τιμίους εἰς τὸν θεμέλιον τοῦ οἴκου, καὶ λίθους ἀπελε- κήτους. Καὶ ἐπελέκησαν οἱ υἱοὶ Σαλωμῶν, καὶ οἱ υἱοὶ Χιρὰμ, 18 καὶ ἔβαλαν αὐτούς.

β *Gr.* from the face of. *Hebraism.*　γ *Or,* steps.　δ *Alex.* ἀπάντημα. See συναντήματα, Ex. 9. 14.　ζ *Lit.* shake them off.

θ Some read μαχὰλ, or μαχὰθ, as if from מכרה *cibus.*　λ *Gr.* spoke to him.　μ *Gr.* tribute, etc.　ξ *Heb.* 300. *Alex.* 500.

π *Heb.* and *Alex.* overseers of the people.　ρ See *Appendix.*　σ *Gr.* of Solomon reigning.

1 Ἐν τῷ ἔτει τῷ τετάρτῳ ἐθεμελίωσε τὸν οἶκον Κυρίου ἐν μηνὶ
38 Ζιοῦ, καὶ τῷ δευτέρῳ μηνί. Ἐν ἑνδεκάτῳ ἐνιαυτῷ, ἐν μηνὶ
Βαάλ, οὗτος ὁ μὴν ὁ ὄγδοος, συνετελέσθη ὁ οἶκος εἰς πάντα
2 λόγον αὐτοῦ, καὶ εἰς πᾶσαν διάταξιν αὐτοῦ. Καὶ ὁ οἶκος ὃν
ᾠκοδόμησεν ὁ βασιλεὺς τῷ Κυρίῳ, τεσσαράκοντα ἐν πήχει
μῆκος αὐτοῦ, καὶ εἴκοσι ἐν πήχει πλάτος αὐτοῦ, καὶ πέντε
3 καὶ εἴκοσι ἐν πήχει τὸ ὕψος αὐτοῦ· Καὶ τὸ αἰλὰμ κατὰ
πρόσωπον τοῦ ναοῦ, εἴκοσι ἐν πήχει μῆκος αὐτοῦ εἰς τὸ
πλάτος τοῦ οἴκου, κατὰ πρόσωπον τοῦ οἴκου, καὶ ᾠκοδόμησε
4 τὸν οἶκον, καὶ συνετέλεσεν αὐτόν. Καὶ ἐποίησε τῷ οἴκῳ θυρί-
δας παρακυπτομένας κρυπτάς.
5 Καὶ ἔδωκεν ἐπὶ τὸν τοῖχον τοῦ οἴκου μέλαθρα κυκλόθεν τῷ
6 ναῷ καὶ τῷ δαβίρ. Ἡ πλευρὰ ἡ ὑποκάτω πέντε πήχεων ἐν
πήχει τὸ πλάτος αὐτῆς, καὶ τὸ μέσον ἕξ, καὶ ἡ τρίτη ἑπτὰ ἐν
πήχει τὸ πλάτος αὐτῆς· ὅτι διάστημα ἔδωκε τῷ οἴκῳ κυκλόθεν
ἔξωθεν τοῦ οἴκου, ὅπως μὴ ἐπιλαμβάνωνται τῶν τοίχων τοῦ
7 οἴκου. Καὶ ὁ οἶκος ἐν τῷ οἰκοδομεῖσθαι αὐτὸν λίθοις ἀκροτο-
μοις ἀργοῖς ᾠκοδομήθη· καὶ σφύρα καὶ πέλεκυς καὶ πᾶν σκεῦος
σιδηροῦν οὐκ ἠκούσθη ἐν τῷ οἴκῳ ἐν τῷ οἰκοδομεῖσθαι αὐτόν.
8 Καὶ ὁ πυλὼν τῆς πλευρᾶς τῆς ὑποκάτωθεν ὑπὸ τὴν ὠμίαν τοῦ
οἴκου τὴν δεξιάν, καὶ ἑλικτὴ ἀνάβασις εἰς τὸ μέσον, καὶ ἐκ τῆς
9 μέσης ἐπὶ τὸ τριόροφα. Καὶ ᾠκοδόμησε τὸν οἶκον καὶ συν-
10 ετέλεσεν αὐτόν· καὶ ἐκοιλοστάθμησε τὸν οἶκον κέδροις. Καὶ
ᾠκοδόμησε τοὺς ἐνδέσμους, δι᾽ ὅλου τοῦ οἴκου πέντε ἐν πήχει
τὸ ὕψος αὐτοῦ, καὶ συνέσχε τὸν σύνδεσμον ἐν ξύλοις κε-
δρίνοις.
15 Καὶ ᾠκοδόμησε τοὺς τοίχους τοῦ οἴκου ἔσωθεν διὰ ξύλων
κεδρίνων ἀπὸ τοῦ ἐδάφους τοῦ οἴκου καὶ ἕως τῶν τοίχων καὶ ἕως
τῶν δοκῶν· ἐκοιλοστάθμησε συνεχόμενα ξύλοις ἔσωθεν· καὶ
16 περιέσχε τὸ ἔσω τοῦ οἴκου ἐν πλευραῖς πευκίναις. Καὶ ᾠκοδό-
μησε τοὺς εἴκοσι πήχεις ἀπ᾽ ἄκρου τοῦ τοίχου τὸ πλευρὸν τὸ ἓν
ἀπὸ τοῦ ἐδάφους ἕως τῶν δοκῶν· καὶ ἐποίησεν ἐκ τοῦ δαβὶρ εἰς
17 τὸ ἅγιον τῶν ἁγίων. Καὶ τεσσαράκοντα πήχεων ἦν ὁ ναὸς
19 κατὰ πρόσωπον τοῦ δαβὶρ ἐν μέσῳ τοῦ οἴκου ἔσωθεν, δοῦναι
20 ἐκεῖ τὴν κιβωτὸν διαθήκης Κυρίου. Εἴκοσι πήχεις μῆκος, καὶ
εἴκοσι πήχεις πλάτος, καὶ εἴκοσι πήχεις τὸ ὕψος αὐτοῦ· Καὶ
περιέσχεν αὐτὸ χρυσίῳ συγκεκλεισμένῳ· καὶ ἐποίησε θυσιαστή-
ριον κατὰ πρόσωπον τοῦ δαβὶρ, καὶ περιέσχεν αὐτὸ χρυσίῳ.
21 Καὶ ὅλον τὸν οἶκον περιέσχε χρυσίῳ, ἕως συντελείας παντὸς
τοῦ οἴκου.
23 Καὶ ἐποίησεν ἐν τῷ δαβὶρ δύο χερουβὶμ δέκα πήχεων
24 μέγεθος ἐσταθμωμένον· Καὶ πέντε πήχεων πτερύγιον τοῦ
χερουβὶμ τοῦ ἑνός, καὶ πέντε πήχεων πτερύγιον αὐτοῦ τὸ
δεύτερον, ἐν πήχει δέκα ἀπὸ μέρους πτερυγίου αὐτοῦ εἰς μέρος
25 πτερυγίου αὐτοῦ. Οὕτως τῷ χερουβὶμ τῷ δευτέρῳ, ἐν μέτρῳ
26 ἑνὶ συντελεία μία ἀμφοτέροις. Καὶ τὸ ὕψος τοῦ χερουβὶμ τοῦ
27 ἑνὸς δέκα ἐν πήχει· καὶ οὕτω τῷ χερουβὶμ τῷ δευτέρῳ. Καὶ
ἀμφότερα χερουβὶμ ἐν μέσῳ τοῦ οἴκου τοῦ ἐσωτάτου· καὶ

[1] In the fourth year he laid the foundation of the house of the Lord, in the month Ziu, even in the second month. [38] In the eleventh year, in the month Baal, this *is* the eighth month, the house was completed according to all its plan, and according to all its arrangement. [2] And the house which the king built to the Lord β*was* γforty cubits in length, and twenty cubits in breadth, and its height δfive and twenty cubits. [3] And the porch in front of the temple—twenty cubits *was* its length according to the breadth of the house in front of the house: and he built the house, and finished it. [4] And he made to the house secret windows inclining inward.

[5] And ζagainst the wall of the house he set chambers round about θthe temple and the ark. [6] The under side *was* five cubits broad, and the middle *part* six, and the third *was* seven cubits broad; for he formed an interval to the house round about without the house, that they might not touch the walls of the house. [7] And the house was built in the construction of it with rough hewn stones: and there was not heard in the house in the building of it hammer λor axe, λor any iron tool. [8] And the porch of the under side *was* below the right wing of the house, and *there was* a winding ascent into the middle *chamber*, and from the middle to the third story. [9] So he built the house and finished it; and he made the ceiling of the house with cedars. [10] And he made the partitions through all the house, each five cubits high, and enclosed each partition with cedar boards.

[15] And he framed the walls of the house within with cedar boards, from the floor of the house and on to the inner walls and to the beams: he lined the parts enclosed with boards within, and compassed the inward parts of the house with planks of fir. [16] And he built the twenty cubits from the top of the wall, one side from the floor to the beams, and he made it from the μoracle to the most holy place. [17] And the temple was forty cubits *in extent*, [19] in front of the oracle in the midst of the house within, *in order* to ξput there the ark of the covenant of the Lord. [20] The length *was* twenty cubits, and the breadth *was* twenty cubits, and the height of it was twenty cubits. And he covered it with πperfect gold, and he made an altar in front of the oracle, and covered it with gold. [21] And he covered the whole house with gold, ρtill he had finished *gilding* the whole house.

[23] And he made in the oracle two cherubs of ten cubits measured size. [24] And the wing of one cherub was five cubits, and his other wing was five cubits; ten cubits σfrom the tip of one wing to the tip of the other wing. [25] Thus it was with the other cherub, both were alike finished with one measure. [26] And the height of the one cherub *was* ten cubits, and so *was it* with the second cherub. [27] And both the cherubs *were* in the midst of the innermost part of

the house; and they spread out their wings, and one wing touched the wall, and the wing of the other cherub touched the other wall; and their wings in the midst of the house touched each other. [28]And he covered the cherubs with gold.

[29] He graved all the walls of the house round about with the graving of cherubs, and *he sculptured* palm trees within and without *the house.* [30] And he covered the floor of the house within and without with gold.

[31]And for the door-way of the oracle he made doors of juniper wood, *there were* porches in a four-fold way. [34]In both the doors *were* planks of fir; the one door had two leaves and their hinges, and the other door had two leaves and turned *on hinges,* [35] being carved with cherubs, and *there were* palm-trees and open flower-leaves, and it *was* overlaid with gold gilt upon the engraving. [36] And he built the inner court, three rows of β hewn stones, and a row of wrought cedar round about, and he made the curtain of the court of the porch of the house that was in front of the temple.

[13]And γ king Solomon sent, and took Chiram out of Tyre, [14] the son of a widow woman; and he *was* of the tribe of Nephthalim, and his father *was* a Tyrian; a worker in brass, and accomplished in art and skill and knowledge to work every work in brass: and he was brought in to king Solomon, and he wrought all the works.

[15] And he cast the two pillars for the porch of the house: eighteen cubits *was* the height of *each* pillar, and a circumference of fourteen cubits encompassed it, even the thickness of the pillar: the δ flutings *were* four fingers *wide,* and thus *was* the other pillar *formed.* [16] And he made two molten chapiters to ζ put on the heads of the pillars: five cubits *was* the height of one chapiter, and five cubits *was* the height of the other chapiter. [17] And he made two θ ornaments of net-work to cover the λ chapiters of the pillars; even a net for one chapiter, and a net for the other chapiter. [18] And hanging work, two rows of brazen pomegranates, μ formed with net-work, hanging work, row upon row: and thus he framed *the ornaments* for the second chapiter. [21] And he set up the pillars of the porch of the temple: and he set up the one pillar, and called its name Jachum: and he set up the second pillar, and called its name Boloz. [19] And on the heads of the pillars he made lily-work against the porch, of four cubits, and a chamber over both the pillars, and above the sides an addition *equal to* the chamber in width.

[23]And he made the sea, ten cubits from one rim to the other, the same was ξ completely circular round about: its height *was* five cubits, and its circumference thirty-three cubits. [24] And stays underneath its rim round about compassed it ten cubits round; and its rim *was* as the work of the rim of a cup, a lily-flower, and the thickness of it *was* a span. [25] And *there were* twelve oxen under the sea; three looking to the

διεπέτασε τὰς πτέρυγας αὐτῶν, καὶ ἥπτετο πτέρυξ μία τοῦ τοίχου, καὶ πτέρυξ χερουβὶμ τοῦ δευτέρου ἥπτετο τοῦ τοίχου τοῦ δευτέρου· καὶ αἱ πτέρυγες αὐτῶν ἐν μέσῳ τοῦ οἴκου ἥπτοντο πτέρυξ πτέρυγος. Καὶ περιέσχε τὰ χερουβὶμ 28 χρυσίῳ.

Πάντας τοὺς τοίχους τοῦ οἴκου κύκλῳ ἐγκολαπτὰ ἔγραψε 29 γραφίδι χερουβὶμ, καὶ φοίνικας τῷ ἐσωτέρῳ καὶ τῷ ἐξωτέρῳ. Καὶ τὸ ἔδαφος τοῦ οἴκου περιέσχε χρυσίῳ τοῦ ἐσωτάτου καὶ 30 τοῦ ἐξωτάτου.

Καὶ τῷ θυρώματι τοῦ δαβὶρ ἐποίησε θύρας ξύλων ἀρκευθίνων, 31 στοαὶ τετραπλῶς, ἐν ἀμφοτέραις ταῖς θύραις ξύλα πεύκινα· 34 δύο πτυχαὶ ἡ θύρα ἡ μία καὶ στροφεῖς αὐτῶν, καὶ δύο πτυχαὶ ἡ θύρα ἡ δευτέρα στρεφόμενα ἐγκεκολαμμένα χερουβὶμ, καὶ 35 φοίνικες, καὶ διαπεπετασμένα πέταλα, καὶ περιεχόμενα χρυσίῳ καταγομένῳ ἐπὶ τὴν ἐκτύπωσιν. Καὶ ᾠκοδόμησε τὴν αὐλὴν 36 τὴν ἐσωτάτην· τρεῖς στίχους ἀπελεκήτων, καὶ στίχος κατειργασμένης κέδρου κυκλόθεν· καὶ ᾠκοδόμησε τὸ καταπέτασμα τῆς αὐλῆς τοῦ αἰλὰμ τοῦ οἴκου τοῦ κατὰ πρόσωπον τοῦ ναοῦ.

Καὶ ἀπέστειλεν ὁ βασιλεὺς Σαλωμὼν, καὶ ἔλαβε τὸν Χιρὰμ 7 ἐκ Τύρου, υἱὸν γυναικὸς χήρας, καὶ οὗτος ἀπὸ τῆς φυλῆς 13, 14 τῆς Νεφθαλίμ, καὶ ὁ πατὴρ αὐτοῦ ἀνὴρ Τύριος· τέκτων χαλκοῦ, καὶ πεπληρωμένος τῆς τέχνης καὶ συνέσεως καὶ ἐπιγνώσεως τοῦ ποιεῖν πᾶν ἔργον ἐν χαλκῷ· καὶ εἰσηνέχθη πρὸς τὸν βασιλέα Σαλωμών· καὶ ἐποίησε πάντα τὰ ἔργα.

Καὶ ἐχώνευσε τοὺς δύο στύλους τῷ αἰλὰμ τοῦ οἴκου· ὀκτω- 15 καίδεκα πήχεις ὕψος τοῦ στύλου· καὶ περίμετρον τεσσαρεσκαίδεκα πήχεις ἐκύκλου αὐτὸν τὸ πάχος τοῦ στύλου· τεσσάρων δακτύλων τὰ κοιλώματα· καὶ οὕτως ὁ στύλος ὁ δεύτερος· Καὶ δύο ἐπιθέματα ἐποίησε δοῦναι ἐπὶ τὰς κεφαλὰς τῶν 16 στύλων χωνευτά· πέντε πήχεις τὸ ὕψος τοῦ ἐπιθέματος τοῦ ἑνὸς, καὶ πέντε πήχεις τὸ ὕψος τοῦ ἐπιθέματος τοῦ δευτέρου. Καὶ ἐποίησε δύο δίκτυα περικαλύψαι τὸ ἐπίθεμα τῶν στύλων· 17 καὶ δίκτυον τῷ ἐπιθέματι τῷ ἑνὶ, καὶ δίκτυον τῷ ἐπιθέματι τῷ δευτέρῳ. Καὶ ἔργον κρεμαστὸν, δύο στίχοι ῥοῶν χαλκῶν, 18 δεδικτυωμένοι, ἔργον κρεμαστὸν, στίχος ἐπὶ στίχον· καὶ οὕτως ἐποίησε τῷ ἐπιθέματι τῷ δευτέρῳ. Καὶ ἔστησε τοὺς στύλους 21 τοῦ αἰλὰμ τοῦ ναοῦ· καὶ ἔστησε τὸν στύλον τὸν ἕνα, καὶ ἐπεκάλεσε τὸ ὄνομα αὐτοῦ Ἰαχούμ· καὶ ἔστησε τὸν στύλον τὸν δεύτερον, καὶ ἐπεκάλεσε τὸ ὄνομα αὐτοῦ Βολώζ. Καὶ 19 ἐπὶ τῶν κεφαλῶν τῶν στύλων ἔργον κρίνου κατὰ τὸ αἰλὰμ τεσσάρων πηχῶν· καὶ μέλαθρον ἐπ᾽ ἀμφοτέρων τῶν στύλων· καὶ ἐπάνωθεν τῶν πλευρῶν ἐπίθεμα τὸ μέλαθρον τῷ πάχει.

Καὶ ἐποίησε τὴν θάλασσαν δέκα ἐν πήχει ἀπὸ τοῦ χείλους 23 αὐτῆς ἕως τοῦ χείλους αὐτῆς, στρογγυλόν κύκλῳ τὸ αὐτό· πέντε ἐν πήχει τὸ ὕψος αὐτῆς· καὶ συνηγμένη τρεῖς καὶ τριάκοντα ἐν πήχει. Καὶ ὑποστηρίγματα ὑποκάτωθεν τοῦ χείλους 24 αὐτῆς κυκλόθεν ἐκύκλουν αὐτὴν δέκα ἐν πήχει κυκλόθεν· καὶ τὸ χεῖλος αὐτῆς ὡς ἔργον χείλους ποτηρίου βλαστὸς κρίνου· καὶ τὸ πάχος αὐτοῦ παλαιστής. Καὶ δώδεκα βόες ὑποκάτω 25 τῆς θαλάσσης, οἱ τρεῖς ἐπιβλέποντες Βοῤῥᾶν, καὶ οἱ τρεῖς

β See ch. 10. 12.   γ See *Appendix.*   δ Or, embossed *or* hollow work.   ζ *Gr.* give.   θ *Gr.* nets.   λ *Gr.* chapiter.
μ *q. d.* netted.   ξ *Gr.* round in a circle.

ἐπιβλέποντες θάλασσαν, καὶ οἱ τρεῖς ἐπιβλέποντες Νότον, καὶ οἱ τρεῖς ἐπιβλέποντες ἀνατολήν· καὶ πάντα τὰ ὀπίσθια εἰς τὸν οἶκον, καὶ ἡ θάλασσα ἐπ᾽ αὐτῶν ἐπάνωθεν.

27 Καὶ ἐποίησε δέκα μεχωνὼθ χαλκᾶς· πέντε πήχεις μῆκος τῆς μεχωνὼθ τῆς μιᾶς, καὶ τέσσαρες πήχεις τὸ πλάτος αὐτῆς,

28 καὶ ἐξ ἐν πήχει ὕψος αὐτῆς. Καὶ τοῦτο τὸ ἔργον τῶν μεχωνὼθ συγκλειστὸν αὐτοῖς, καὶ συγκλειστὸν ἀναμέσον τῶν ἐξεχομέ-

29 νων. Καὶ ἐπὶ τὰ συγκλείσματα αὐτῶν ἀναμέσον ἐξεχομένων λέοντες καὶ βόες καὶ χερουβὶμ, καὶ ἐπὶ τῶν ἐξεχομένων, οὕτως καὶ ἐπάνωθεν, καὶ ὑποκάτωθεν τῶν λεόντων καὶ τῶν βοῶν χῶραι,

30 ἔργον καταβάσεως. Καὶ τέσσαρες τροχοὶ χαλκοῖ τῇ μεχωνὼθ τῇ μιᾷ, καὶ τὰ προσέχοντα χαλκᾶ καὶ τέσσαρα μέρη αὐτῶν,

31 ὠμίαι ὑποκάτω τῶν λουτήρων. Καὶ χεῖρες ἐν τοῖς τροχοῖς ἐν

32 τῇ μεχωνὼθ. Καὶ τὸ ὕψος τοῦ τροχοῦ τοῦ ἑνὸς πήχεος καὶ

33 ἡμίσους. Καὶ τὸ ἔργον τῶν τροχῶν ἔργον τροχῶν ἅρματος·

34 αἱ χεῖρες αὐτῶν καὶ οἱ νῶτοι αὐτῶν καὶ ἡ πραγματεία αὐτῶν πάντα χωνευτά. Αἱ τέσσαρες ὠμίαι ἐπὶ τῶν τεσσάρων γωνιῶν

35 τῆς μεχωνὼθ τῆς μιᾶς, ἐκ τῆς μεχωνὼθ οἱ ὦμοι αὐτῆς. Καὶ ἐπὶ τῆς κεφαλῆς τῆς μεχωνὼθ ἥμισυ τοῦ πήχεος μέγεθος αὐτῆς στρογγύλον κύκλῳ ἐπὶ τῆς κεφαλῆς τῆς μεχωνὼθ· καὶ ἀρχὴ χειρῶν αὐτῆς καὶ τὰ συγκλείσματα αὐτῆς· καὶ ἠνοίγετο

36 ἐπὶ τὰς ἀρχὰς τῶν χειρῶν αὐτῆς. Καὶ τὰ συγκλείσματα αὐτῆς χερουβὶμ καὶ λέοντες καὶ φοίνικες ἑστῶτα, ἐχόμενον

37 ἕκαστον κατὰ πρόσωπον ἔσω καὶ τὰ κυκλόθεν. Κατ᾽ αὐτὴν ἐποίησε πάσας τὰς δέκα μεχωνὼθ, τάξιν μίαν καὶ μέτρον ἐν

38 πάσαις. Καὶ ἐποίησε δέκα χυτροκαύλους χαλκοῦς, τεσσαράκοντα χοεῖς χωροῦντα τὸν ἕνα χυτρόκαυλον μετρήσει τεσσάρων πήχων· χυτρόκαυλος ὁ εἷς ἐπὶ τῇ μεχωνὼθ τῇ μιᾷ ταῖς δέκα μεχωνὼθ.

39 Καὶ ἔθετο τὰς πέντε μεχωνὼθ ἀπὸ τῆς ὠμίας τοῦ οἴκου ἐκ δεξιῶν, καὶ πέντε ἀπὸ τῆς ὠμίας τοῦ οἴκου ἐξ ἀριστερῶν· καὶ ἡ θάλασσα ἀπὸ τῆς ὠμίας τοῦ οἴκου ἐκ δεξιῶν κατ᾽ ἀνατολὰς ἀπὸ τοῦ κλίτους τοῦ Νότου.

40 Καὶ ἐποίησε Χιρὰμ τοὺς λέβητας καὶ τὰς θερμαστρεῖς καὶ τὰς φιάλας· καὶ συνετέλεσε Χιρὰμ ποιῶν πάντα τὰ ἔργα ἃ

41 ἐποίησε τῷ βασιλεῖ Σαλωμὼν ἐν οἴκῳ Κυρίου· Στύλους δύο, καὶ τὰ στρεπτὰ τῶν στύλων ἐπὶ τῶν κεφαλῶν τῶν στύλων δύο· καὶ τὰ δίκτυα δύο τοῦ καλύπτειν ἀμφότερα τὰ στρεπτὰ τῶν

42 γλυφῶν τὰ ὄντα ἐπὶ τῶν στύλων. Τὰς ῥοὰς τετρακοσίας ἀμφοτέροις τοῖς δικτύοις, δύο στίχοι ῥοῶν τῷ δικτύῳ τῷ ἑνί, περικαλύπτειν ἀμφότερα τὰ ὄντα τὰ στρεπτὰ τῆς μεχωνὼθ ἐπ᾽

43 ἀμφοτέροις τοῖς στύλοις· Καὶ τὰ μεχωνὼθ δέκα, καὶ τοὺς

44 χυτροκαύλους δέκα ἐπὶ τῶν μεχωνὼθ· Καὶ τὴν θάλασσαν

45 μίαν, καὶ τοὺς βόας δώδεκα ὑποκάτω τῆς θαλάσσης· Καὶ τοὺς λέβητας καὶ τὰς θερμαστρεῖς καὶ τὰς φιάλας καὶ πάντα τὰ σκεύη, ἃ ἐποίησε Χιρὰμ τῷ βασιλεῖ Σαλωμὼν τῷ οἴκῳ Κυρίου· καὶ οἱ στύλοι τεσσαράκοντα καὶ ὀκτὼ τοῦ οἴκου τοῦ βασιλέως καὶ τοῦ οἴκου Κυρίου· πάντα τὰ ἔργα τοῦ βασιλέως

47 ἃ ἐποίησε Χιρὰμ χαλκᾶ ἄρδην. Οὐκ ἦν σταθμὸς τοῦ χαλκοῦ

---

north, and three looking to the west, and three looking to the south, and three looking to the east: and all their hinder parts were [β]inward, and the sea was above upon them.

[27] And he made ten brazen bases: five cubits was the length of one base, and four cubits the breadth of it, and its height was six cubits. [28] And this work of the bases was [γ]formed with a border to them, and there was a border between the ledges. [29] And upon their borders between the projections were lions, and oxen, and cherubs: and on the projections, even so above, and also below were the places of lions and oxen, hanging work. [30] And there were four brazen wheels to one base; and there were brazen bases, and their four sides answering to them, side [δ]pieces under the bases. [31] And there were [ζ]axles in the wheels [θ]under the base. [32] And the height of one wheel was a cubit and a half. [33] And the work of the wheels was as the work of chariot wheels: their [λ]axles, and their felloes, and the rest of their work, were all molten. [34] The four side-pieces were at the four corners of each base; its shoulders were formed of the base. [35] And on the top of the base half a cubit was the size of it, there was a circle on the top of the base, and there was the top of its spaces and its borders: and it [μ]was open at the top of its spaces. [36] And its borders were cherubs, and lions, and palm-trees, upright, each was joined in front and within and round about. [37] According to the same form he made all the ten bases, even one order and one measure to all. [38] And he made ten brazen lavers, each laver containing forty [ξ]baths, and measuring four cubits, each laver placed on a several base throughout the ten bases. [39] And he put five bases [π]on the right side of the house, and five on the left side of the house: and the sea was placed on the right side of the house eastward in the direction of the south.

[40] And Chiram made the caldrons, and the pans, and the bowls; and Chiram finished making all the works that he wrought for king Solomon in the house of the Lord: [41] two pillars and the wreathen works of the pillars on the heads of the two pillars; and the two [ρ]net-works to cover both the wreathen works of the flutings that were upon the pillars. [42] The four hundred pomegranates for both the net-works, two rows of pomegranates for one net-work, to cover both the wreathen works of the bases belonging to both pillars. [43] And the ten bases, and the ten lavers upon the bases. [44] And one sea, and the twelve oxen under the sea. [45] And the caldrons, and pans, and bowls, and all the furniture, which Chiram made for king Solomon for the house of the Lord: and there were eight and forty pillars of the house of the king and of the house of the Lord: all the works of the king which Chiram made were entirely of brass. [47] There

---

β Lit. to or into the house.   γ Gr. shut up.   δ Or, bearings, or shoulders; A. V. undersetters.   ζ Gr. hands.   θ Gr. in.
λ Gr. their hands and their backs.   μ Gr. was opened.   ξ Gr. gallons. The Gr. word seems to have this meaning, but the Heb. word means more.   π Gr. on the shoulder-piece of the house on the right.   ρ Gr. nets.

was no βreckoning of the brass of which he made all these works, from the very great abundance, there was no end of the γ weight of the brass. 46 In the country round about Jordan did he cast them, in the δ clay land between Socchoth and Sira.

48 And king Solomon took the furniture which *Chiram* made for the house of the Lord, the golden altar, and the golden table of shewbread. 49 And *he* put the five candlesticks on the left, and five on the right in front of the oracle, *being* of ζ pure gold, and the lamp-stands, and the lamps, and the θ snuffers of gold. 50 And *there were made* the λ porches, and the nails, and the bowls, and the spoons, and the golden censers, μ of pure gold: and the panels of the doors of the innermost part of the house, *even* the holy of holies, and the golden doors of the temple.

51 So the work of the house of the Lord which Solomon wrought was finished ; and Solomon brought in the holy things of David his father, and all the holy things of Solomon ; he ξ put the silver, and the gold, and the furniture, into the treasures of the house of the Lord.

1 And Solomon built a house for himself in thirteen years. 2 And he built the house with the π wood of Libanus ; its length *was* a hundred cubits, and its breadth *was* fifty cubits, and its height *was* of thirty cubits, and it was made ρ with three rows of cedar pillars, and the pillars had σ side-pieces of cedar. 3 And he τ formed the house with chambers above on the sides of the pillars, and the number of the pillars *was each* row forty and five, 4 and *there were* three chambers, and space against space in three rows. 5 And all the doors and spaces formed like chambers *were* square, and from door to door *was a correspondence* in three rows. 6 And *he* made the φ porch of the pillars, *they were* fifty *cubits* long and fifty broad, the porch joining them in front ; and the *other* pillars and the thick beam *were* in front of the house by the porches. 7 And *there was* the Porch of seats where he χ would judge, the porch of judgment.

8 And their house where he χ would dwell, *had* one court communicating with these according to this work ; and *he built* the house for the daughter of Pharao whom Solomon had taken, according to this porch.

9 All these *were* of costly stones, sculptured at intervals within even from the foundation even to the ψ top, and outward to the great court, 10 founded with large costly stones, stones of ten cubits and eight cubits *long*. 11 And above with costly stones, according to the measure of hewn stones, and with cedars. 12 *There were* three rows of hewn *stones* round about the great hall, and a row of sculptured cedar : and Solomon finished all his house.

And it came to pass when Solomon had finished building the house of the Lord and his own house after twenty years, then king Solomon assembled all the elders of Israel

---

οὗ ἐποίησε πάντα τὰ ἔργα ταῦτα ἐκ πλήθους σφόδρα· οὐκ ἦν τέρμα τῶν σταθμῶν τοῦ χαλκοῦ. Ἐν τῷ περιοίκῳ τοῦ Ἰορδά- 46 νου ἐχώνευσεν αὐτὰ ἐν τῷ πάχει τῆς γῆς ἀναμέσον Σοκχὼθ καὶ ἀναμέσον Σειρά.

Καὶ ἔλαβεν ὁ βασιλεὺς Σαλωμὼν τὰ σκεύη ἃ ἐποίησεν ἐν 48 οἴκῳ Κυρίου, τὸ θυσιαστήριον τὸ χρυσοῦν, καὶ τὴν τράπεζαν ἐφ᾽ ἧς οἱ ἄρτοι τῆς προσφορᾶς, χρυσῆν, καὶ τὰς λυχνίας 49 πέντε ἐξ ἀριστερῶν, καὶ πέντε ἐκ δεξιῶν κατὰ πρόσωπον τοῦ δαβὶρ χρυσᾶς συγκλειομένας, καὶ τὰ λαμπάδια, καὶ τοὺς λύχνους, καὶ τὰς ἐπαρύστρις χρυσᾶς. Καὶ τὰ πρόθυρα, καὶ οἱ 50 ἧλοι, καὶ αἱ φιάλαι, καὶ τὰ τρυβλία, καὶ αἱ θυΐσκαι χρυσαῖ, συγκλειστά· καὶ τὰ θυρώματα τῶν θυρῶν τοῦ οἴκου τοῦ ἐσωτάτου ἁγίου τῶν ἁγίων, καὶ τὰς θύρας τοῦ ναοῦ χρυσᾶς.

Καὶ ἀνεπληρώθη τὸ ἔργον ὃ ἐποίησε Σαλωμὼν οἴκου Κυρίου· 51 καὶ εἰσήνεγκε Σαλωμὼν τὰ ἅγια Δαυὶδ τοῦ πατρὸς αὐτοῦ, καὶ πάντα τὰ ἅγια Σαλωμῶν, τὸ ἀργύριον καὶ τὸ χρυσίον καὶ τὰ σκεύη ἔδωκεν εἰς τοὺς θησαυροὺς οἴκου Κυρίου.

Καὶ τὸν οἶκον ἑαυτῷ ᾠκοδόμησε Σαλωμὼν τρισκαίδεκα 1 ἔτεσι· Καὶ ᾠκοδόμησε τὸν οἶκον δρυμῷ τοῦ Λιβάνου· ἑκατὸν 2 πήχεις μῆκος αὐτοῦ, καὶ πεντήκοντα πήχεις πλάτος αὐτοῦ, καὶ τριάκοντα πηχῶν ὕψος αὐτοῦ· καὶ τριῶν στίχων στύλων κεδρίνων, καὶ ὠμίαι κέδριναι τοῖς στύλοις. Καὶ ἐφάτνωσε τὸν 3 οἶκον ἄνωθεν ἐπὶ τῶν πλευρῶν τῶν στύλων· καὶ ἀριθμὸς τῶν στύλων τεσσαράκοντα καὶ πέντε ὁ στίχος, καὶ μέλαθρα τρία, 4 καὶ χώρα ἐπὶ χώραν τρισσῶς. Καὶ πάντα τὰ θυρώματα, καὶ 5 αἱ χῶραι τετράγωνοι μεμελαθρωμέναι· καὶ ἀπὸ τοῦ θυρώματος ἐπὶ θύραν τρισσῶς. Καὶ τὸ αἰλὰμ τῶν στύλων, πεντήκοντα 6 μῆκος, καὶ πεντήκοντα ἐν πλάτει ἐζυγωμένα αἰλὰμ ἐπὶ πρόσωπον αὐτῶν· καὶ στύλοι καὶ πάχος ἐπὶ πρόσωπον αὐτῆς τοῖς αἰλαμίν. Καὶ τὸ αἰλὰμ τῶν θρόνων οὗ κρινεῖ ἐκεῖ, αἰλὰμ τοῦ 7 κριτηρίου.

Καὶ ὁ οἶκος αὐτῶν ἐν ᾧ καθήσεται ἐκεῖ, αὐλὴ μία ἐξελισσο- 8 μένη τούτοις κατὰ τὸ ἔργον τοῦτο· Καὶ οἶκον τῇ θυγατρὶ Φαραὼ ἣν ἔλαβε Σαλωμών, κατὰ τὸ αἰλὰμ τοῦτο.

Πάντα ταῦτα ἐκ λίθων τιμίων κεκολαμμένα ἐκ διαστήματος 9 ἔσωθεν καὶ ἐκ τοῦ θεμελίου ἕως τῶν γεισῶν· καὶ ἔξωθεν εἰς τὴν αὐλὴν τὴν μεγάλην, τὴν τεθεμελιωμένην ἐν τιμίοις λίθοις 10 μεγάλοις, λίθοις δεκαπήχεσι καὶ τοῖς ὀκταπήχεσι· Καὶ ἐπάνω- 11 θεν τιμίοις κατὰ τὸ μέτρον ἀπελεκήτων, καὶ κέδροις. Τῆς 12 αὐλῆς τῆς μεγάλης κύκλῳ τρεῖς στίχοι ἀπελεκήτων, καὶ στίχος κεκολαμμένης κέδρου· καὶ συνετέλεσε Σαλωμὼν ὅλον τὸν οἶκον αὐτοῦ.

Καὶ ἐγένετο ὡς συνετέλεσε Σαλωμὼν τοῦ οἰκοδομῆσαι τὸν 8 οἶκον Κυρίου καὶ τὸν οἶκον αὐτοῦ μετὰ εἴκοσι ἔτη, τότε ἐξεκκλη- σίασεν ὁ βασιλεὺς Σαλωμὼν πάντας τοὺς πρεσβυτέρους Ἰσραὴλ

β *Gr.* weight.   γ *Gr.* weights.   δ *Gr.* thick *part* of the land.   ζ *Lit.* golden, shut up.   θ Perhaps small vessels with lips for pouring oil.   λ *Or*, rather work about the door.   μ *Gr.* shut up.   ξ *Gr.* gave.   π *Lit.* thicket.   ρ *Gr.* of.   σ *Or*, shoulders, *or* shoulder-pieces.   τ *Or*, ceiled *or* wainscoted the house.   φ *Or*, portico.   χ *Gr.* will.   ψ *Gr.* chapiters, mouldings, etc.

ἐν Σιών, τοῦ ἐνεγκεῖν τὴν κιβωτὸν διαθήκης Κυρίου ἐκ πόλεως
2 Δαυὶδ, αὕτη ἐστὶ Σιών, ἐν μηνὶ Ἀθανίν.

3, 4 Καὶ ἦραν οἱ ἱερεῖς τὴν κιβωτὸν καὶ τὸ σκήνωμα τοῦ μαρτυ-
ρίου καὶ τὰ σκεύη τὰ ἅγια τὰ ἐν τῷ σκηνώματι τοῦ μαρτυρίου.
5 Καὶ ὁ βασιλεὺς καὶ πᾶς Ἰσραὴλ ἔμπροσθεν τῆς κιβωτοῦ
6 θύοντες πρόβατα, βόας, ἀναρίθμητα· Καὶ εἰσφέρουσιν οἱ
ἱερεῖς τὴν κιβωτὸν εἰς τὸν τόπον αὐτῆς, εἰς τὸ δαβὶρ τοῦ οἴκου,
7 εἰς τὰ ἅγια τῶν ἁγίων, ὑπὸ τὰς πτέρυγας τῶν χερουβίμ. Ὅτι
τὰ χερουβὶμ διαπεπετασμένα ταῖς πτέρυξιν ἐπὶ τὸν τόπον
τῆς κιβωτοῦ· καὶ περιεκάλυπτον τὰ χερουβὶμ ἐπὶ τὴν κιβωτὸν
8 καὶ ἐπὶ τὰ ἅγια αὐτῆς ἐπάνωθεν. Καὶ ὑπερεῖχον τὰ ἡγιασ-
μένα· καὶ ἐνεβλέποντο αἱ κεφαλαὶ τῶν ἡγιασμένων ἐκ τῶν
9 ἁγίων εἰς πρόσωπον τοῦ δαβὶρ, καὶ οὐκ ὠπτάνοντο ἔξω. Οὐκ
ἦν ἐν τῇ κιβωτῷ πλὴν δύο πλάκες λίθιναι, πλάκες τῆς διαθήκης
ἃς ἔθηκε Μωυσῆς ἐν Χωρὴβ, ἃς διέθετο Κύριος μετὰ τῶν υἱῶν
Ἰσραὴλ ἐν τῷ ἐκπορεύεσθαι αὐτοὺς ἐκ γῆς Αἰγύπτου.

10 Καὶ ἐγένετο ὡς ἐξῆλθον οἱ ἱερεῖς ἐκ τοῦ ἁγίου, καὶ ἡ
11 νεφέλη ἔπλησε τὸν οἶκον. Καὶ οὐκ ἠδύναντο οἱ ἱερεῖς στήκειν
λειτουργεῖν ἀπὸ προσώπου τῆς νεφέλης, ὅτι ἔπλησε δόξα Κυ-
ρίου τὸν οἶκον.

14 Καὶ ἀπέστρεψεν ὁ βασιλεὺς τὸ πρόσωπον αὐτοῦ, καὶ
εὐλόγησεν ὁ βασιλεὺς πάντα Ἰσραήλ· καὶ πᾶσα ἐκκλησία
15 Ἰσραὴλ εἱστήκει· Καὶ εἶπεν, εὐλογητὸς Κύριος ὁ Θεὸς
Ἰσρὴλ σήμερον, ὃς ἐλάλησεν ἐν τῷ στόματι αὐτοῦ περὶ
Δαυὶδ τοῦ πατρός μου καὶ ἐν ταῖς χερσὶν αὐτοῦ ἐπλήρωσε,
16 λέγων, ἀφ' ἧς ἡμέρας ἐξήγαγον τὸν λαόν μου τὸν Ἰσραὴλ ἐξ
Αἰγύπτου, οὐκ ἐξελεξάμην ἐν πόλει ἐν ἑνὶ σκήπτρῳ Ἰσραὴλ
τοῦ οἰκοδομῆσαι οἶκον τοῦ εἶναι τὸ ὄνομά μου ἐκεῖ· καὶ ἐξελε-
ξάμην ἐν Ἰερουσαλὴμ εἶναι τὸ ὄνομά μου ἐκεῖ· καὶ ἐξελεξάμην
17 τὸν Δαυὶδ τοῦ εἶναι ἐπὶ τὸν λαόν μου τὸν Ἰσραήλ. Καὶ
ἐγένετο ἐπὶ τῆς καρδίας τοῦ πατρός μου οἰκοδομῆσαι οἶκον τῷ
18 ὀνόματι Κυρίου Θεοῦ Ἰσραήλ. Καὶ εἶπε Κύριος πρὸς Δαυὶδ
τὸν πατέρα μου, ἀνθ' ὧν ἦλθεν ἐπὶ τὴν καρδίαν σου τοῦ
οἰκοδομῆσαι οἶκον τῷ ὀνόματί μου, καλῶς ἐποίησας ὅτι
19 ἐγενήθη ἐπὶ τὴν καρδίαν σου. Πλὴν σὺ οὐκ οἰκοδομήσεις
τὸν οἶκον, ἀλλ' ἢ ὁ υἱός σου ὁ ἐξελθὼν ἐκ τῶν πλευρῶν σου,
20 οὗτος οἰκοδομήσει τὸν οἶκον τῷ ὀνόματί μου. Καὶ ἀνέστησε
Κύριος τὸ ῥῆμα αὐτοῦ ὃ ἐλάλησε· καὶ ἀνέστην ἀντὶ Δαυὶδ τοῦ
πατρός μου, καὶ ἐκάθισα ἐπὶ τοῦ θρόνου Ἰσραήλ, καθὼς
ἐλάλησε Κύριος, καὶ ᾠκοδόμησα τὸν οἶκον τῷ ὀνόματι Κυρίου
21 Θεοῦ Ἰσραήλ. Καὶ ἐθέμην ἐκεῖ τόπον τῇ κιβωτῷ, ἐν ᾗ ἐστιν
ἐκεῖ διαθήκη Κυρίου ἣν διέθετο Κύριος μετὰ τῶν πατέρων ἡμῶν
ἐν τῷ ἐξαγαγεῖν αὐτὸν αὐτοὺς ἐκ γῆς Αἰγύπτου.

22 Καὶ ἀνέστη Σαλωμὼν κατὰ πρόσωπον τοῦ θυσιαστηρίου
Κυρίου ἐνώπιον πάσης ἐκκλησίας Ἰσραήλ· καὶ διεπέτασε τὰς
23 χεῖρας αὐτοῦ εἰς τὸν οὐρανὸν, καὶ εἶπε, Κύριε ὁ Θεὸς Ἰσραὴλ,
οὐκ ἔστιν ὡς σὺ Θεὸς ἐν τῷ οὐρανῷ ἄνω καὶ ἐπὶ τῆς γῆς κάτω,
φυλάσσων διαθήκην καὶ ἔλεος τῷ δούλῳ σου τῷ πορευομένῳ
24 ἐνώπιόν σου ἐν ὅλῃ τῇ καρδίᾳ αὐτοῦ, ἃ ἐφύλαξας τῷ δούλῳ
σου Δαυὶδ τῷ πατρί μου· καὶ γὰρ ἐλάλησας ἐν τῷ στόματί

in Sion, to bring the ark of the covenant of the Lord out of the city of David, this is Sion, [2] in the month of Athanin.

[3] And the priests took up the ark, [4] and the tabernacle of testimony, and the holy furniture that was in the tabernacle of testimony. [5] And the king and all Israel *were occupied* before the ark, sacrificing sheep *and* oxen, without number. [6] And the priests bring in the ark into its place, into the oracle of the house, even into the holy of holies, under the wings of the cherubs. [7] For the cherubs βspread out their wings over the place of the ark, and the cherubs covered the ark and its holy things above. [8] And the γholy staves projected, and the ends of the holy staves appeared out of the holy places in front of the oracle, and were not seen without. [9] There was nothing in the ark except the two tables of stone, the tables of the covenant which Moses put *there* in Choreb, which *tables* the Lord made *as a covenant* with the children of Israel in their going forth from the land of Egypt.

[10] And it came to pass when the priests departed out of the holy place, that the cloud filled the house. [11] And the priests could not stand to minister δbecause of the cloud, because the glory of the Lord filled the house.

[14] And the king ζturned his face, and the king blessed all Israel, (and the whole assembly of Israel stood:) [15] and he said, Blessed *be* the Lord God θof Israel to-day, who spoke by his mouth concerning David my father, and has fulfilled it with his hands, saying, [16] From the day that I brought out my people Israel out of Egypt, I have not chosen a city in *any* one λtribe of Israel to build a house, so that my name should be there: but I chose Jerusalem that my name should be there, and I chose David to be over my people Israel. [17] And it was μin the heart of my father to build a house to the name of the Lord God of Israel. [18] And the Lord said to David my father, Forasmuch as it came into thine heart to build a house to my name, thou didst well that it came upon thine heart. [19] Nevertheless thou shalt not build the house, but thy son that has proceeded out of thy ξbowels, he shall build the house to my name. [20] And the Lord has confirmed the word that he spoke, and I am risen up in the place of my father David, and I have sat down on the throne of Israel, as the Lord spoke, and I have built the house to the name of the Lord God of Israel. [21] And I have set there a place for the ark, in which is the covenant of the Lord, which the Lord made with our fathers, when he brought them out of the land of Egypt.

[22] And Solomon stood up in front of the altar before all the congregation of Israel; and he spread out his hands toward heaven; [23] and he said, Lord God of Israel, there is no God like thee in heaven above and on the earth beneath, keeping covenant and mercy with thy servant who walks before thee with all his heart; [24] which thou hast kept toward thy servant David my father:

β *pass. part.* spread out with their wings.   γ *Heb.* staves.   δ Or, before the cloud.   ζ *Gr.* ' turned away,' but probably not from the people.   θ *Gr.* in Israel. *Hebraism.*   λ *Gr.* staff.   μ *Gr.* upon.   ξ *Gr.* sides.

for thou hast spoken by thy mouth and thou hast fulfilled it with thine hands, as *at* this day. ²⁵ And now, O Lord God of Israel, keep for thy servant David my father, *the promises* which thou hast spoken to him, saying, There shall not be taken from thee a man sitting before me on the throne of Israel, provided only thy children shall take heed to their ways, to walk before me as thou hast walked before me. ²⁶ And now, O Lord God of Israel, let, I pray thee, thy word to David my father be confirmed.

²⁷*β* But will God indeed dwell with men upon the earth? if the heaven and heaven of *δ* heavens will not suffice thee, how much less even this house which I have built to thy name? ²⁸ Yet, O Lord God of Israel, thou shalt look upon my petition, to hear the prayer which thy servant prays to thee in thy presence this day, ²⁹ that thine eyes may be open toward this house day and night, even toward the place of which thou saidst, My name shall be there, to hear the prayer which thy servant prays *ζ* at this place day and night. ³⁰ And thou shalt hearken to the prayer of thy servant, and of thy people Israel, which they shall pray toward this place; and thou shalt hear in thy dwelling-place in heaven, and thou shalt do and be gracious.

³¹ Whatsoever trespasses *θ* any *one* shall commit against his neighbour,—and if he shall take upon him an oath so that he should swear, and he shall come and make confession before thine altar in this house, ³² then shalt thou hear from heaven, and do, and thou shalt judge thy people Israel, that the wicked should be *λ* condemned, to recompense his way upon his head; and to justify the righteous, to give to him according to his righteousness.

³³ When thy people Israel falls before enemies, because they shall sin against thee, and they shall return and confess to thy name, and they shall pray and supplicate in this house, ³⁴ then shalt thou hear from heaven, and be gracious to the sins of thy people Israel, and thou shalt restore them to the land which thou gavest to their fathers.

³⁵ When the heaven is restrained, and there is no rain, because they shall sin against thee, and they shall pray toward this place, and shall make confession to thy name, and shall turn from their sins when thou shalt have humbled them, ³⁶ then thou shalt hear from heaven, and be merciful to the sins of thy servant and of thy people Israel; for thou shalt shew them the good way to walk in it, and thou shalt give rain upon the earth which thou hast given to thy people for an inheritance.

³⁷ If there should be famine, if there should be death, because there should be blasting, locust, or if there be mildew, and if *μ* their enemy oppress them in *any* one of their cities, *with regard to* every *ξ* calamity, every trouble, ³⁸ every prayer, every supplication whatever shall be made by any man, as they shall know each the plague of his heart, and shall spread abroad his hands to this house, ³⁹ then shalt thou hearken from

σου, καὶ ἐν χερσί σου ἐπλήρωσας, ὡς ἡ ἡμέρα αὕτη. Καὶ νῦν 25 Κύριε ὁ Θεὸς Ἰσραὴλ, φύλαξον τῷ δούλῳ σου Δαυὶδ τῷ πατρί μου ἃ ἐλάλησας αὐτῷ, λέγων, οὐκ ἐξαρθήσεταί σου ἀνὴρ ἐκ προσώπου μου καθήμενος ἐπὶ θρόνου Ἰσραὴλ, πλὴν ἐὰν φυλά-ξωνται τὰ τέκνα σου τὰς ὁδοὺς αὐτῶν τοῦ πορεύεσθαι ἐνώπιον μου καθὼς ἐπορεύθης ἐνώπιον ἐμοῦ. Καὶ νῦν, Κύριε ὁ Θεὸς 26 Ἰσραὴλ, πιστωθήτω δὴ τὸ ῥῆμά σου τῷ Δαυὶδ τῷ πατρί μου.

⁷Ὅτι εἰ ἀληθῶς κατοικήσει ὁ Θεὸς μετὰ ἀνθρώπων ἐπὶ τῆς 27 γῆς; εἰ ὁ οὐρανὸς καὶ ὁ οὐρανὸς τοῦ οὐρανοῦ οὐκ ἀρκέσουσί σοι, πλὴν καὶ ὁ οἶκος οὗτος ὃν ᾠκοδόμησα τῷ ὀνόματί σου; Καὶ ἐπιβλέψῃ ἐπὶ τὴν δέησίν μου Κύριε ὁ Θεὸς Ἰσραὴλ, 28 ἀκούειν τῆς προσευχῆς ἧς ὁ δοῦλός σου προσεύχεται ἐνώπιόν σου πρὸς σὲ σήμερον, τοῦ εἶναι τοὺς ὀφθαλμούς σου ἠνεῳγμέ- 29 νους εἰς τὸν οἶκον τοῦτον ἡμέρας καὶ νυκτὸς, εἰς τὸν τόπον ὃν εἶπας, ἔσται τὸ ὄνομά μου ἐκεῖ, τοῦ εἰσακούειν τῆς προσευχῆς ἧς προσεύχεται ὁ δοῦλός σου εἰς τὸν τόπον τοῦτον ἡμέρας καὶ νυκτός. Καὶ εἰσακούσῃ τῆς δεήσεως τοῦ δούλου σου καὶ τοῦ 30 λαοῦ σου Ἰσραὴλ ἃ ἂν προσεύξωνται εἰς τὸν τόπον τοῦτον· καὶ σὺ εἰσακούσῃ ἐν τῷ τόπῳ τῆς κατοικήσεώς σου ἐν οὐρανῷ· καὶ ποιήσεις καὶ ἵλεως ἔσῃ.

Ὅσα ἂν ἁμάρτῃ ἕκαστος τῷ πλησίον αὐτοῦ, καὶ ἐὰν λάβῃ 31 ἐπ’ αὐτὸν ἀρὰν τοῦ ἀράσασθαι αὐτὸν, καὶ ἔλθῃ καὶ ἐξαγορεύσῃ κατὰ πρόσωπον τοῦ θυσιαστηρίου σου ἐν τῷ οἴκῳ τούτῳ, καὶ 32 σὺ εἰσακούσῃ ἐκ τοῦ οὐρανοῦ καὶ ποιήσεις· καὶ κρινεῖς τὸν λαόν σου Ἰσραὴλ, ἀνομηθῆναι ἄνομον, δοῦναι τὴν ὁδὸν αὐτοῦ εἰς κεφαλὴν αὐτοῦ, καὶ τοῦ δικαιῶσαι δίκαιον, δοῦναι αὐτῷ κατὰ τὴν δικαιοσύνην αὐτοῦ.

Ἐν τῷ πταῖσαι τὸν λαόν σου Ἰσραὴλ ἐνώπιον ἐχθρῶν, ὅτι 33 ἁμαρτήσονταί σοι, καὶ ἐπιστρέψουσι καὶ ἐξομολογήσονται τῷ ὀνόματί σου, καὶ προσεύξονται καὶ δεηθήσονται ἐν τῷ οἴκῳ τούτῳ, καὶ σὺ εἰσακούσῃ ἐκ τοῦ οὐρανοῦ, καὶ ἵλεως ἔσῃ ταῖς 34 ἁμαρτίαις τοῦ λαοῦ σου Ἰσραὴλ, καὶ ἐπιστρέψεις αὐτοὺς εἰς τὴν γῆν ἣν ἔδωκας τοῖς πατράσιν αὐτῶν.

Ἐν τῷ συσχεθῆναι τὸν οὐρανὸν καὶ μὴ γενέσθαι ὑετὸν, ὅτι 35 ἁμαρτήσονταί σοι, καὶ προσεύξονται εἰς τὸν τόπον τοῦτον, καὶ ἐξομολογήσονται τῷ ὀνόματί σου, καὶ ἀπὸ τῶν ἁμαρτιῶν αὐτῶν ἀποστρέψουσιν ὅταν ταπεινώσῃς αὐτοὺς, καὶ εἰσακούσῃ ἐκ τοῦ 36 οὐρανοῦ, καὶ ἵλεως ἔσῃ ταῖς ἁμαρτίαις τοῦ δούλου σου καὶ τοῦ λαοῦ σου Ἰσραὴλ· ὅτι δηλώσεις αὐτοῖς τὴν ὁδὸν τὴν ἀγαθὴν πορεύεσθαι ἐν αὐτῇ, καὶ δώσεις ὑετὸν ἐπὶ τὴν γῆν ἣν ἔδωκας τῷ λαῷ σου ἐν κληρονομίᾳ.

Λιμὸς ἐὰν γένηται, θάνατος ἐὰν γένηται, ὅτι ἔσται ἐμπυρι- 37 σμὸς, βροῦχος, ἐρυσίβη ἐὰν γένηται, καὶ ἐὰν θλίψῃ αὐτὸν ὁ ἐχθρὸς αὐτοῦ ἐν μιᾷ τῶν πόλεων αὐτοῦ, πᾶν συνάντημα, πᾶν πόνον, πᾶσαν προσευχὴν, πᾶσαν δέησιν ἐὰν γένηται παντὶ 38 ἀνθρώπῳ, ὡς ἂν γνῶσιν ἕκαστος ἁφὴν καρδίας αὐτοῦ, καὶ διαπετάσῃ τὰς χεῖρας αὐτοῦ εἰς τὸν οἶκον τοῦτον, καὶ σὺ εἰσ- 39

β Gr. 'that,' elliptical expression.　　*δ Gr.* heaven.　　*ζ Or,* toward.　　*θ Gr.* each.　　*λ Or,* considered wicked *or* lawless.
μ Gr. his.　　*ξ Gr.* incident *or* occurrence.

ἀκούσῃ ἐκ τοῦ οὐρανοῦ ἐξ ἑτοίμου κατοικητηρίου σου, καὶ ἵλεως ἔσῃ, καὶ ποιήσεις καὶ δώσεις ἀνδρὶ κατὰ τὰς ὁδοὺς αὐτοῦ, καθὼς ἂν γνῷς τὴν καρδίαν αὐτοῦ, ὅτι σὺ μονώτατος οἶδας τὴν καρδίαν

40 πάντων υἱῶν ἀνθρώπων, ὅπως φοβῶνταί σε πάσας τὰς ἡμέρας ὅσας αὐτοὶ ζῶσιν ἐπὶ τῆς γῆς, ἧς ἔδωκας τοῖς πατράσιν ἡμῶν.

41, 42 Καὶ τῷ ἀλλοτρίῳ ὃς οὐκ ἔστιν ἀπὸ λαοῦ σου οὗτος, καὶ
43 ἥξουσι καὶ προσεύξονται εἰς τὸν τόπον τοῦτον, καὶ σὺ εἰσ-ακούσῃ ἐκ τοῦ οὐρανοῦ ἐξ ἑτοίμου κατοικητηρίου σου, καὶ ποι-ήσεις κατὰ πάντα ὅσα ἂν ἐπικαλέσηταί σε ὁ ἀλλότριος, ὅπως γνῶσι πάντες οἱ λαοὶ τὸ ὄνομά σου, καὶ φοβῶνταί σε, καθὼς ὁ λαός σου Ἰσραὴλ, καὶ γνῶσιν ὅτι τὸ ὄνομά σου ἐπικέκληται ἐπὶ τὸν οἶκον τοῦτον ὃν ᾠκοδόμησα.

44 Ὅτι ἐξελεύσεται ὁ λαός σου εἰς πόλεμον ἐπὶ τοὺς ἐχθροὺς αὐτοῦ ἐν ὁδῷ ᾗ ἐπιστρέψεις αὐτοὺς, καὶ προσεύξονται ἐν ὀνό-ματι Κυρίου ὁδὸν τῆς πόλεως ἧς ἐξελέξω ἐν αὐτῇ, καὶ τοῦ οἴκου
45 οὗ ᾠκοδόμησα τῷ ὀνόματί σου, καὶ σὺ εἰσακούσῃ ἐκ τοῦ οὐρα-νοῦ τῆς δεήσεως αὐτῶν, καὶ τῆς προσευχῆς αὐτῶν, καὶ ποιήσεις τὸ δικαίωμα αὐτοῖς.

46 Ὅτι ἁμαρτήσονταί σοι, ὅτι οὐκ ἔστιν ἄνθρωπος ὃς οὐχ ἁμαρ-τήσεται, καὶ ἐπάξεις αὐτοὺς καὶ παραδώσεις αὐτοὺς ἐνώπιον ἐχθρῶν, καὶ αἰχμαλωτιοῦσιν οἱ αἰχμαλωτίζοντες εἰς γῆν μακρὰν
47 ἢ ἐγγὺς, καὶ ἐπιστρέψουσι καρδίας αὐτῶν ἐν τῇ γῇ οὗ μετήχ-θησαν ἐκεῖ, καὶ ἐπιστρέψωσιν ἐν γῇ μετοικίας αὐτῶν, καὶ δεηθῶσί σου, λέγοντες, ἡμάρτομεν, ἠδικήσαμεν, ἠνομήσαμεν,
48 καὶ ἐπιστρέψωσι πρὸς σὲ ἐν ὅλῃ καρδίᾳ αὐτῶν καὶ ἐν ὅλῃ ψυχῇ αὐτῶν ἐν τῇ γῇ ἐχθρῶν αὐτῶν οὗ μετήγαγες αὐτούς, καὶ προσ-εύξονται πρὸς σὲ ὁδὸν γῆς αὐτῶν ἧς ἔδωκας τοῖς πατράσιν αὐτῶν, καὶ τῆς πόλεως ἧς ἐξελέξω, καὶ τοῦ οἴκου οὗ ᾠκοδόμηκα
49 τῷ ὀνόματί σου, καὶ εἰσακούσῃ ἐκ τοῦ οὐρανοῦ ἐξ ἑτοίμου
50 κατοικητηρίου σου, καὶ ἵλεως ἔσῃ ταῖς ἀδικίας αὐτῶν αἷς ἥμαρ-τόν σοι, καὶ κατὰ πάντα τὰ ἀθετήματα αὐτῶν ἃ ἠθέτησάν σοι, καὶ δώσεις αὐτοὺς εἰς οἰκτιρμοὺς ἐνώπιον αἰχμαλωτευόντων
51 αὐτούς, καὶ οἰκτειρήσουσιν εἰς αὐτούς, ὅτι λαός σου καὶ κληρο-νομία σου, οὓς ἐξήγαγες ἐκ γῆς Αἰγύπτου ἐκ μέσου χωνευτηρίου
52 σιδήρου. Καὶ ἔστωσαν οἱ ὀφθαλμοί σου καὶ τὰ ὦτά σου ἠνεῳγμένα εἰς τὴν δέησιν τοῦ δούλου σου, καὶ εἰς τὴν δέησιν τοῦ λαοῦ σου Ἰσραὴλ, εἰσακούειν αὐτῶν ἐν πᾶσιν οἷς ἂν ἐπι-
53 καλέσωνταί σε. Ὅτι σὺ διέστειλας αὐτοὺς σεαυτῷ εἰς κληρο-νομίαν ἐκ πάντων τῶν λαῶν τῆς γῆς, καθὼς ἐλάλησας ἐν χειρὶ δούλου σου Μωυσῆ, ἐν τῷ ἐξαγαγεῖν σε τοὺς πατέρας ἡμῶν ἐκ γῆς Αἰγύπτου, Κύριε Κύριε.

Τότε ἐλάλησε Σαλωμὼν ὑπὲρ τοῦ οἴκου, ὡς συνετέλεσε τοῦ οἰκοδομῆσαι αὐτόν, Ἥλιον ἐγνώρισεν ἐν οὐρανῷ· Κύριος εἶπε τοῦ κατοικεῖν ἐν γνόφῳ· οἰκοδόμησον οἶκόν μου, οἶκον εὐπρεπῆ σεαυτῷ τοῦ κατοικεῖν ἐπὶ καινότητος· οὐκ ἰδοὺ αὕτη γέγραπται ἐν βιβλίῳ τῆς ᾠδῆς;

heaven, out of thine established dwelling-place, and shalt be merciful, and shalt do, and recompense to *every* man according to his ways, as thou shalt know his heart, for thou alone knowest the heart of all the children of men : [40] that they may fear thee all the days that they live upon the land, which thou hast given to our fathers.

[41] And for the stranger who is not of thy people, [42] when they shall come and pray toward this place, [43] then shalt thou hear *them* from heaven, out of thine established dwelling-place, and thou shalt do according to all that the stranger shall call upon thee for, that all the nations may know thy name, and fear thee, as *do* thy people Israel, and may know that thy name has been called on this house which I have builded.

[44] *If it be* that thy people shall go forth to war against their enemies in the way by which thou shalt turn them, and pray in the name of the Lord β toward the city which thou hast chosen, and the house which I have built to thy name, [45] then shalt thou hear from heaven their supplication and their prayer, and shalt execute judgment for them. [46] *If it be* that they shall sin against thee, (for there is not a man who will not sin,) and thou shalt bring them and deliver them up before their enemies, and they that take *them* captive shall carry *them* to a land far or near, [47] and they shall turn their hearts in the land whither they have been carried captives, and turn in the land of their sojourning, and supplicate thee, saying, We have sinned, we have done unjustly, we have transgressed, [48] and they shall turn to thee with all their heart, and with all their soul, in the land of their enemies whither thou hast carried them captives, and shall pray to thee toward their land which thou hast given to their fathers, and the city which thou hast chosen, and the house which I have built to thy name: [49] then shalt thou hear from heaven thine established dwell-ing-place, [50] and thou shalt be merciful to their unrighteousness wherein they have trespassed against thee, and according to all their transgressions wherewith they have transgressed against thee, and thou shalt γ cause them to be pitied before them that carried them captives, and they shall have compassion on them : [51] for *they are* thy people and thine inheritance, whom thou broughtest out of the land of Egypt, out of the midst of the furnace of iron. [52] And let thine eyes and thine ears be opened to the supplication of thy servant, and to the sup-plication of thy people Israel, to hearken to them in all things for which they shall call upon thee. [53] Because thou hast set them apart for an inheritance to thyself out of all the nations of the earth, as thou spokest by the hand of thy servant Moses, when thou broughtest our fathers out of the land of Egypt, δ O Lord God.—Then spoke Solomon concerning the house, when he had finished building it—He manifested the sun in the heaven : the Lord said he would dwell in darkness: build thou my house, a beautiful house for thyself to dwell in anew. Behold, is not this written in the book of the song?

β Gr. by way of.　γ Gr. give them to compassions.　δ Gr. Lord, Lord, *i. e.* according to the *Heb.* Lord Jehovah.

[54] And it came to pass when Solomon had finished praying to the Lord all this prayer and supplication, that he rose up from before the altar of the Lord, *after* having knelt upon his knees, and his hands *were* spread out towards heaven.

[55] And he stood, and blessed all the congregation of Israel with a loud voice, saying, [56] Blessed *be* the Lord this day, who has given rest to his people Israel, according to all that he said: there has not failed one word among all his good words which he spoke by the hand of his servant Moses. [57] May the Lord our God be with us, as he was with our fathers; let him not desert us nor turn from us, [58] that he may turn our hearts toward him to walk in all his ways, and to keep all his commandments, and his ordinances which he commanded our fathers. [59] And let these words, βwhich I have prayed before the Lord our God, *be* γnear to the Lord our God day and night, to maintain the cause of thy servant, and the cause of thy people Israel δfor ever. [60] That all the nations of the earth may know that the Lord God, he *is* God, and there is none beside. [61] And let our hearts be perfect toward the Lord our God, to walk also holily in his ordinances, and to keep his commandments, ζas at this day.

[62] And the king and all the children of Israel offered sacrifice before the Lord. [63] And king Solomon offered for the sacrifices of peace-offering which he sacrificed to the Lord, two and twenty thousand oxen, an hundred and twenty thousand sheep: and the king and all the children of Israel dedicated the house of the Lord. [64] In that day the king consecrated the middle of the court in the front of the house of the Lord; for there he offered the whole-burnt-offering, and the sacrifices, and the θfat of the peace-offerings, because the brazen altar which was before the Lord *was too* little to bear the whole-burnt-offering and the sacrifices of peace-offerings.

[65] And Solomon kept the feast in that day, and all Israel with him, even a great assembly from the entering in of Hemath to the river of Egypt, before the Lord our God in the house which he built, eating and drinking, and rejoicing before the Lord our God seven days. [66] And on the eighth day he sent away the people: and they blessed the king, and each departed to his λtabernacle rejoicing, and *their* heart *was* glad because of the good things which the Lord had done to his servant David, and to Israel his people.

And it came to pass when Solomon had finished building the house of the Lord, and the king's house, and all the work of Solomon, whatever he wished to perform, [2] that the Lord appeared to Solomon a second time, as he appeared in Gabaon.

[3] And the Lord said to him, I have heard the voice of thy prayer, and thy supplication which thou madest before me: I have done for thee according to all thy prayer: I have hallowed this house which thou hast built

Καὶ ἐγένετο ὡς συνετέλεσε Σαλωμὼν προσευχόμενος πρὸς 54 Κύριον ὅλην τὴν προσευχὴν καὶ τὴν δέησιν ταύτην, καὶ ἀνέστη ἀπὸ προσώπου τοῦ θυσιαστηρίου Κυρίου ὀκλακὼς ἐπὶ τὰ γόνατα αὐτοῦ, καὶ αἱ χεῖρες αὐτοῦ διαπεπετασμέναι εἰς τὸν οὐρανόν.

Καὶ ἔστη, καὶ εὐλόγησε πᾶσαν ἐκκλησίαν Ἰσραὴλ φωνῇ 55 μεγάλῃ, λέγων, εὐλογητὸς Κύριος σήμερον ὃς ἔδωκε κατάπαυ- 56 σιν τῷ λαῷ αὐτοῦ Ἰσραήλ, κατὰ πάντα ὅσα ἐλάλησεν· οὐ διεφώνησε λόγος εἷς ἐν πᾶσι τοῖς λόγοις αὐτοῦ τοῖς ἀγαθοῖς οἷς ἐλάλησεν ἐν χειρὶ δούλου αὐτοῦ Μωυσῆ. Γένοιτο Κύριος 57 ὁ Θεὸς ἡμῶν μεθ᾽ ἡμῶν, καθὼς ἦν μετὰ τῶν πατέρων ἡμῶν· μὴ ἐγκαταλοίποιτο ἡμᾶς μηδὲ ἀποστρέψοιτο ἡμᾶς, ἐπικλῖναι καρ- 58 δίας ἡμῶν ἐπ᾽ αὐτὸν τοῦ πορεύεσθαι ἐν πάσαις ὁδοῖς αὐτοῦ, καὶ φυλάσσειν πάσας ἐντολὰς αὐτοῦ, καὶ τὰ προστάγματα αὐτοῦ, ἃ ἐνετείλατο τοῖς πατράσιν ἡμῶν. Καὶ ἔστωσαν οἱ λόγοι 59 οὗτοι ὡς δεδέμαι ἐνώπιον Κυρίου Θεοῦ ἡμῶν, ἐγγίζοντες πρὸς Κύριον Θεὸν ἡμῶν ἡμέρας καὶ νυκτός, τοῦ ποιεῖν τὸ δικαίωμα τοῦ δούλου σου, καὶ τὸ δικαίωμα λαοῦ Ἰσραὴλ ῥῆμα ἡμέρας ἐν ἡμέρᾳ ἐνιαυτοῦ· ὅπως γνῶσι πάντες οἱ λαοὶ τῆς γῆς, ὅτι 60 Κύριος ὁ Θεός, αὐτὸς Θεός, καὶ οὐκ ἔστιν ἔτι. Καὶ ἔστωσαν 61 αἱ καρδίαι ἡμῶν τέλειαι πρὸς Κύριον Θεὸν ἡμῶν, καὶ ὁσίως πορεύεσθαι ἐν τοῖς προστάγμασιν αὐτοῦ, καὶ φυλάσσειν ἐντολὰς αὐτοῦ, ὡς ἡ ἡμέρα αὕτη.

Καὶ ὁ βασιλεὺς καὶ πάντες οἱ υἱοὶ Ἰσραὴλ ἔθυσαν θυσίαν 62 ἐνώπιον Κυρίου. Καὶ ἔθυσεν ὁ βασιλεὺς Σαλωμὼν τὰς θυσίας 63 τῶν εἰρηνικῶν ἃς ἔθυσε τῷ Κυρίῳ, βοῶν δύο καὶ εἴκοσι χιλιά- δας, προβάτων ἑκατὸν καὶ εἴκοσι χιλιάδας· καὶ ἐνεκαίνισε τὸν οἶκον Κυρίου ὁ βασιλεὺς καὶ πάντες οἱ υἱοὶ Ἰσραήλ. Τῇ 64 ἡμέρᾳ ἐκείνῃ ἡγίασεν ὁ βασιλεὺς τὸ μέσον τῆς αὐλῆς τὸ κατὰ πρόσωπον τοῦ οἴκου Κυρίου· ὅτι ἐποίησεν ἐκεῖ τὴν ὁλοκαύτω- σιν καὶ τὰς θυσίας καὶ τὰ στέατα τῶν εἰρηνικῶν, ὅτι τὸ θυσια- στήριον τὸ χαλκοῦν τὸ ἐνώπιον Κυρίου μικρὸν τοῦ μὴ δύνασθαι τὴν ὁλοκαύτωσιν καὶ τὰς θυσίας τῶν εἰρηνικῶν ὑπενεγκεῖν.

Καὶ ἐποίησε Σαλωμὼν τὴν ἑορτὴν ἐν τῇ ἡμέρᾳ ἐκείνῃ, καὶ 65 πᾶς Ἰσραὴλ μετ᾽ αὐτοῦ, ἐκκλησία μεγάλη ἀπὸ τῆς εἰσόδου Ἡμὰθ ἕως ποταμοῦ Αἰγύπτου, ἐνώπιον Κυρίου Θεοῦ ἡμῶν ἐν τῷ οἴκῳ ᾧ ᾠκοδόμησεν, ἐσθίων καὶ πίνων καὶ εὐφραινόμενος ἐνώπιον Κυρίου Θεοῦ ἡμῶν ἑπτὰ ἡμέρας. Καὶ ἐν τῇ ἡμέρᾳ τῇ 66 ὀγδόῃ ἐξαπέστειλε τὸν λαόν· καὶ εὐλόγησαν τὸν βασιλέα, καὶ ἀπῆλθεν ἕκαστος εἰς τὰ σκηνώματα αὐτοῦ χαίροντες· καὶ ἀγαθὴ ἡ καρδία ἐπὶ τοῖς ἀγαθοῖς οἷς ἐποίησε Κύριος τῷ Δαυὶδ δούλῳ αὐτοῦ, καὶ τῷ Ἰσραὴλ λαῷ αὐτοῦ.

Καὶ ἐγενήθη ὡς συνετέλεσε Σαλωμὼν οἰκοδομεῖν τὸν οἶκον 9 Κυρίου, καὶ τὸν οἶκον τοῦ βασιλέως, καὶ πᾶσαν τὴν πραγμα- τείαν Σαλωμών, ὅσα ἠθέλησε ποιῆσαι, καὶ ὤφθη Κύριος τῷ 2 Σαλωμὼν δεύτερον, καθὼς ὤφθη ἐν Γαβαών.

Καὶ εἶπε πρὸς αὐτὸν Κύριος, ἤκουσα τῆς φωνῆς τῆς προσ- 3 ευχῆς σου, καὶ τῆς δεήσεώς σου ἧς ἐδεήθης ἐνώπιόν μου· πεποίηκά σοι κατὰ πᾶσαν τὴν προσευχήν σου· ἡγίακα τὸν οἶκον τοῦτον ὃν ᾠκοδόμησας τοῦ θέσθαι τὸ ὄνομά μου ἐκεῖ

β Gr. as.   γ Gr. approaching.   δ Gr. a thing, *or* word of a day in a day of a year. But *Alex.* reads ἡμέρᾳ αὐτοῦ, which agrees with the *Heb.*   ζ Gr. as this day *is.*   θ Gr. fats.   λ Gr. tabernacles.

εἰς τὸν αἰῶνα, καὶ ἔσονται οἱ ὀφθαλμοί μου ἐκεῖ καὶ ἡ καρδία
4 μου πάσας τὰς ἡμέρας. Καὶ σὺ ἐὰν πορευθῇς ἐνώπιον ἐμοῦ,
καθὼς ἐπορεύθη Δαυὶδ ὁ πατήρ σου, ἐν ὁσιότητι καρδίας καὶ
ἐν εὐθύτητι, καὶ τοῦ ποιεῖν κατὰ πάντα ἃ ἐνετειλάμην αὐτῷ,
5 καὶ τὰ προστάγματά μου καὶ τὰς ἐντολάς μου φυλάξῃς, καὶ
ἀναστήσω τὸν θρόνον τῆς βασιλείας σου ἐν Ἰσραὴλ εἰς τὸν
αἰῶνα, καθὼς ἐλάλησα Δαυὶδ πατρί σου, λέγων, οὐκ ἐξαρθή-
6 σεταί σοι ἀνὴρ ἡγούμενος ἐν Ἰσραήλ. Ἐὰν δὲ ἀποστρα-
φέντες ἀποστραφῆτε ὑμεῖς καὶ τὰ τέκνα ὑμῶν ἀπ᾽ ἐμοῦ, καὶ
μὴ φυλάξητε τὰς ἐντολάς μου καὶ τὰ προστάγματά μου ἃ
ἔδωκε Μωυσῆς ἐνώπιον ὑμῶν, καὶ πορευθῆτε καὶ δουλεύσητε
7 θεοῖς ἑτέροις καὶ προσκυνήσητε αὐτοῖς, καὶ ἐξαρῶ τὸν Ἰσραὴλ
ἀπὸ τῆς γῆς ἧς ἔδωκα αὐτοῖς, καὶ τὸν οἶκον τοῦτον ὃν ἡγίασα
τῷ ὀνόματί μου ἀπορρίψω ἐκ προσώπου μου· καὶ ἔσται Ἰσραὴλ
8 εἰς ἀφανισμὸν καὶ εἰς λάλημα εἰς πάντας τοὺς λαούς. Καὶ
ὁ οἶκος οὗτος ἔσται ὁ ὑψηλός, πᾶς ὁ διαπορευόμενος δι᾽ αὐτοῦ
ἐκστήσεται καὶ συριεῖ, καὶ ἐροῦσιν, ἕνεκεν τίνος ἐποίησε Κύριος
9 οὕτως τῇ γῇ ταύτῃ καὶ τῷ οἴκῳ τούτῳ; Καὶ ἐροῦσιν, ἀνθ᾽ ὧν
ἐγκατέλιπον Κύριον Θεὸν αὐτῶν, ὃς ἐξήγαγε τοὺς πατέρας
αὐτῶν ἐξ Αἰγύπτου, ἐξ οἴκου δουλείας, καὶ ἀντελάβοντο θεῶν
ἀλλοτρίων καὶ προσεκύνησαν αὐτοῖς καὶ ἐδούλευσαν αὐτοῖς, διὰ
τοῦτο ἐπήγαγε Κύριος ἐπ᾽ αὐτοὺς τὴν κακίαν ταύτην.

Τότε ἀνήγαγε Σαλωμὼν τὴν θυγατέρα Φαραὼ ἐκ πόλεως
Δαυὶδ εἰς οἶκον αὐτοῦ, ὃν ᾠκοδόμησεν ἑαυτῷ ἐν ταῖς ἡμέραις
ἐκείναις.

10 Εἴκοσι ἔτη ἐν οἷς ᾠκοδόμησε Σαλωμὼν τοὺς δύο οἴκους, τὸν
11 οἶκον Κυρίου καὶ τὸν οἶκον τοῦ βασιλέως, Χιρὰμ βασιλεὺς
Τύρου ἀντελάβετο τοῦ Σαλωμὼν ἐν ξύλοις κεδρίνοις, καὶ ἐν
ξύλοις πευκίνοις, καὶ ἐν χρυσίῳ, καὶ ἐν παντὶ θελήματι αὐτοῦ·
τότε ἔδωκεν ὁ βασιλεὺς τῷ Χιρὰμ εἴκοσι πόλεις ἐν τῇ γῇ τῇ
12 Γαλιλαίᾳ. Καὶ ἐξῆλθε Χιρὰμ ἐκ Τύρου, καὶ ἐπορεύθη εἰς τὴν
Γαλιλαίαν τοῦ ἰδεῖν τὰς πόλεις ἃς ἔδωκεν αὐτῷ Σαλωμών· καὶ
13 οὐκ ἤρεσαν αὐτῷ. Καὶ εἶπε, τί αἱ πόλεις αὗται ἃς ἔδωκάς μοι
ἀδελφέ; καὶ ἐκάλεσεν αὐτὰς Ὅριον ἕως τῆς ἡμέρας ταύτης.
14 Καὶ ἤνεγκε Χιρὰμ τῷ Σαλωμὼν ἑκατὸν καὶ εἴκοσι τάλαντα
26 χρυσίου. Καὶ ναῦν ὑπὲρ οὗ ἐποίησεν ὁ βασιλεὺς Σαλωμὼν
ἐν Γασίων Γαβὲρ τὴν οὖσαν ἐχομένην Αἰλὰθ ἐπὶ τοῦ χείλους
27 τῆς ἐσχάτης θαλάσσης ἐν γῇ Ἐδώμ. Καὶ ἀπέστειλε Χιρὰμ
ἐν τῇ νηὶ τῶν παίδων αὐτοῦ ἄνδρας ναυτικοὺς ἐλαύνειν εἰδότας
28 θάλασσαν μετὰ τῶν παίδων Σαλωμών. Καὶ ἦλθον εἰς Σωφιρά,
καὶ ἔλαβον ἐκεῖθεν χρυσίου ἑκατὸν καὶ εἴκοσι τάλαντα, καὶ
ἤνεγκαν τῷ βασιλεῖ Σαλωμών.

10 Καὶ βασίλισσα Σαβὰ ἤκουσε τὸ ὄνομα Σαλωμὼν καὶ τὸ
2 ὄνομα Κυρίου, καὶ ἦλθε πειράσαι αὐτὸν ἐν αἰνίγμασι. Καὶ
ἦλθεν εἰς Ἰερουσαλὴμ ἐν δυνάμει βαρείᾳ σφόδρα· καὶ κάμηλοι
αἴρουσαι ἡδύσματα καὶ χρυσὸν πολὺν σφόδρα καὶ λίθον τίμιον·
καὶ εἰσῆλθε πρὸς Σαλωμών, καὶ ἐλάλησεν αὐτῷ πάντα ὅσα ἦν
3 ἐν τῇ καρδίᾳ αὐτῆς. Καὶ ἀπήγγειλεν αὐτῇ Σαλωμὼν πάντας
τοὺς λόγους αὐτῆς· οὐκ ἦν λόγος παρεωραμένος παρὰ τοῦ
4 βασιλέως, ὃν οὐκ ἀπήγγειλεν αὐτῇ. Καὶ εἶδε βασίλισσα

to put my name there for ever, and mine eyes and my heart shall be there always. 4 And if thou wilt walk before me as David thy father walked, in holiness of heart and uprightness, and so as to do according to all that I commanded him, and shalt keep my ordinances and my commandments: 5 then will I β establish the throne of thy kingdom in Israel for ever, as I spoke to David thy father, saying, There shall not fail thee a man to rule in Israel. 6 But if ye or your children do in any wise revolt from me, and do not keep my commandments and my ordinances, which Moses γ set before you, and ye go and serve other gods, and worship them: 7 then will I cut off Israel from the land which I have given them, and this house which I have consecrated to my name I will cast out of my sight; and Israel shall be a desolation and a by-word to all nations. 8 And this house, which is high, shall be so that every one that passes δ by it shall be amazed, and shall hiss; and they shall say, Wherefore has the Lord done thus to this land, and to this house? 9 And men shall say, Because they forsook the Lord their God, who brought out their fathers from Egypt, out of the house of bondage, and they attached themselves to strange gods, and worshipped them, and served them: therefore the Lord has brought this evil upon them.

Then Solomon brought up the daughter of Pharao out of the city of David into his house which he built for himself in those days.

10 During twenty years in which Solomon was building the two houses, the house of the Lord, and the house of the king, 11 Chiram king of Tyre helped Solomon with cedar ζ wood, and fir ζ wood, and with gold, and all that he wished for: then the king gave Chiram twenty cities in the land of Galilee. 12 So Chiram departed from Tyre, and went into Galilee to see the cities which Solomon gave to him; and they pleased him not. And he said, 13 What are these cities which thou hast given me, brother? And he called them Boundary until this day. 14 And Chiram brought to Solomon a hundred and twenty talents of gold, 26 even that for which king Solomon built a ship in Gasion Gaber near Ælath on the θ shore of the λ extremity of the sea in the land of Edom. 27 And Chiram sent in the ship together with the servants of Solomon servants of his own, mariners to row, men acquainted with the sea. 28 And they came to Sophira, and took thence a hundred and twenty talents of gold, and brought them to king Solomon.

And the queen of Saba heard of the name of Solomon, and the name of the Lord, and she came to try him with riddles. 2 And she came to Jerusalem with a very great μ train; and there came camels bearing spices, and very much gold, and precious stones: and she came in to Solomon, and told him all that was in her heart. 3 And Solomon ξ answered all her questions: and there was not a question overlooked by the king which he did not answer her. 4 And the queen of Saba saw all the wisdom

β Gr. raise up.   γ Gr. gave.   δ Gr. through it.   ζ Gr. woods.   θ Gr. lip.   λ Gr. last sea, or last part of the sea, q. d. head of the gulf.   μ Gr. force.   ξ Gr. related to her all her words.

of Solomon, and the house which he built, [5] and the provision of Solomon and the sitting of his attendants, and the standing of his servants, and his raiment, and his cup-bearers, and his whole-burnt-offering which he offered in the house of the Lord, and she was [β]utterly amazed. [6] And she said to king Solomon, *It was* a true report which I heard in my land of thy [γ]words and thy wisdom. [7] But I believed not them that told me, until I came and my eyes saw: and, behold, the words as they reported to me are not the half: thou hast [δ]exceeded in goodness all the report which I heard in my land. [8] Blessed *are* thy wives, blessed *are* these thy servants who stand before thee continually, who hear all thy wisdom. [9] Blessed be the Lord thy God, who has taken pleasure in thee, to set thee upon the throne of Israel, because the Lord loved Israel to establish *him* for ever; and he has made thee king over them, to execute judgment with justice, and in their causes.

[10] And she gave to Solomon a hundred and twenty talents of gold, and very many spices, and [ζ]precious stones: there had not come any other spices so abundant as those which the queen of Saba gave to king Solomon.

[11] And the ship of Chiram which brought the gold from Suphir, brought very much hewn timber and precious stones. [12] And the king made the hewn timber *into* buttresses of the house of the Lord and the king's house, and lyres and harps for singers: such hewn timber had not come upon the earth, nor have been seen anywhere until this day. [13] And king Solomon gave to the queen of Saba all that she desired, whatsoever she asked, besides all that he had given her [θ]by the hand of king Solomon: and she returned, and came into her own land, she and her servants.

[14] And the weight of gold that came to Solomon in one year was six hundred and sixty-six talents of gold. [15] Besides the tributes of them that were subjects, both merchants and all the kings of the *country* beyond *the river*, and of the princes of the land.

[16] And Solomon made three hundred spears of beaten gold: three hundred shekels of gold were upon one spear. [17] And three hundred [λ]shields of beaten gold: and three pounds of gold were in one shield: and the king put them in the house of the forest of Lebanon.

[18] And the king made a great ivory throne, and gilded it with pure gold. [19] The throne *had* six steps, and calves in bold relief to the throne behind it, and side-pieces on either hand of the place of the seat, and two lions standing by the side-pieces, [20] and twelve lions standing there on the six steps on either side: it was not so done in any *other* kingdom. [21] And all the vessels made by Solomon *were* of gold, and the lavers *were* golden, and all the vessels of the house of the forest of Lebanon were of [μ]pure gold; there was no silver, for it was not accounted of in

Σαβὰ πᾶσαν τὴν φρόνησιν Σαλωμὼν, καὶ τὸν οἶκον ὃν ᾠκοδό- μησε, καὶ τὰ βρώματα Σαλωμὼν, καὶ τὴν καθέδραν παίδων 5 αὐτοῦ, καὶ τὴν στάσιν λειτουργῶν αὐτοῦ, καὶ τὸν ἱματισμὸν αὐτοῦ, καὶ τοὺς οἰνοχόους αὐτοῦ, καὶ τὴν ὁλοκαύτωσιν αὐτοῦ ἣν ἀνέφερεν ἐν οἴκῳ Κυρίου, καὶ ἐξ ἑαυτῆς ἐγένετο· Καὶ εἶπε 6 πρὸς τὸν βασιλέα Σαλωμὼν, ἀληθινὸς ὁ λόγος ὃν ἤκουσα ἐν τῇ γῇ μου περὶ τοῦ λόγου σου καὶ περὶ τῆς φρονήσεώς σου. Καὶ οὐκ ἐπίστευσα τοῖς λαλοῦσί μοι, ἕως ὅτου παρεγενόμην 7 καὶ ἑωράκασιν οἱ ὀφθαλμοί μου· καὶ ἰδοὺ οὐκ εἰσὶ τὸ ἥμισυ καθὼς ἀπήγγειλάν μοι· προστέθεικας ἀγαθὰ πρὸς αὐτὰ ἐπὶ πᾶσαν τὴν ἀκοὴν ἣν ἤκουσα ἐν τῇ γῇ μου. Μακάριαι αἱ 8 γυναῖκές σου, μακάριοι οἱ παῖδές σου οὗτοι οἱ παρεστηκότες ἐνώπιόν σου διόλου, οἱ ἀκούοντες πᾶσαν τὴν φρόνησίν σου. Γένοιτο Κύριος ὁ Θεός σου εὐλογημένος, ὃς ἠθέλησεν ἐν σοὶ 9 δοῦναί σε ἐπὶ θρόνου Ἰσραὴλ, διὰ τὸ ἀγαπᾷν Κύριον τὸν Ἰσραὴλ στῆσαι εἰς τὸν αἰῶνα· καὶ ἔθετό σε βασιλέα ἐπ' αὐτούς, τοῦ ποιεῖν κρίμα ἐν δικαιοσύνῃ καὶ ἐν κρίμασιν αὐτῶν.

Καὶ ἔδωκε τῷ Σαλωμὼν ἑκατὸν εἴκοσι τάλαντα χρυσίου, καὶ 10 ἡδύσματα πολλὰ σφόδρα, καὶ λίθον τίμιον· οὐκ ἐληλύθει κατὰ τὰ ἡδύσματα ἐκεῖνα ἔτι εἰς πλῆθος, ἃ ἔδωκε βασίλισσα Σαβὰ τῷ βασιλεῖ Σαλωμών.

Καὶ ἡ ναῦς Χιρὰμ ἡ αἴρουσα τὸ χρυσίον ἐκ Σουφὶρ, ἤνεγκε 11 ξύλα πελεκητὰ πολλὰ σφόδρα καὶ λίθον τίμιον. Καὶ ἐποίησεν 12 ὁ βασιλεὺς τὰ ξύλα τὰ πελεκητὰ ὑποστηρίγματα τοῦ ῥίκου Κυρίου καὶ τοῦ οἴκου τοῦ βασιλέως, καὶ νάβλας καὶ κινύρας τοῖς ᾠδοῖς· οὐκ ἐληλύθει τοιαῦτα ξύλα ἀπελέκητα ἐπὶ τῆς γῆς, οὐδὲ ὤφθησάν που ἕως τῆς ἡμέρας ταύτης. Καὶ ὁ βασιλεὺς 13 Σαλωμὼν ἔδωκε τῇ βασιλίσσῃ Σαβὰ πάντα ὅσα ἠθέλησεν, ὅσα ᾐτήσατο, ἐκτὸς πάντων ὧν ἐδεδώκει αὐτῇ διὰ χειρὸς τοῦ βασιλέως Σαλωμών· καὶ ἀπεστράφη, καὶ ἦλθεν εἰς τὴν γῆν αὐτῆς αὐτὴ, καὶ πάντες οἱ παῖδες αὐτῆς.

Καὶ ἦν ὁ σταθμὸς τοῦ χρυσίου τοῦ ἐληλυθότος τῷ Σαλωμὼν 14 ἐν ἐνιαυτῷ ἑνὶ, ἑξακόσια καὶ ἑξηκονταὲξ τάλαντα χρυσίου, χωρὶς 15 τῶν φόρων τῶν ὑποτεταγμένων καὶ τῶν ἐμπόρων καὶ πάντων τῶν βασιλέων τοῦ πέραν καὶ τῶν σατραπῶν τῆς γῆς.

Καὶ ἐποίησε Σαλωμὼν τριακόσια δόρατα χρυσᾶ ἐλατά· τρια- 16 κόσιοι χρυσοῖ ἐπῆσαν ἐπὶ τὸ δόρυ τὸ ἕν. Καὶ τριακόσια 17 ὅπλα χρυσᾶ ἐλατά· καὶ τρεῖς μναῖ ἐνῆσαν χρυσοῦ εἰς τὸ ὅπλον τὸ ἕν· καὶ ἔδωκεν αὐτὰ ὁ βασιλεὺς εἰς οἶκον δρυμοῦ τοῦ Λιβάνου.

Καὶ ἐποίησεν ὁ βασιλεὺς θρόνον ἐλεφάντινον μέγαν, καὶ 18 περιεχρύσωσεν αὐτὸν χρυσίῳ δοκίμῳ. Ἐξ ἀναβαθμοὶ τῷ 19 θρόνῳ, καὶ προτομαὶ μόσχων τῷ θρόνῳ ἐκ τῶν ὀπίσω αὐτοῦ, καὶ χεῖρες ἔνθεν καὶ ἔνθεν ἐπὶ τοῦ τόπου τῆς καθέδρας, καὶ δύο λέοντες ἑστηκότες παρὰ τὰς χεῖρας, καὶ δώδεκα λέοντες ἑστῶτες 20 ἐκεῖ ἐπὶ τῶν ἓξ ἀναβαθμῶν ἔνθεν καὶ ἔνθεν· οὐ γέγονεν οὕτως πάσῃ βασιλείᾳ. Καὶ πάντα τὰ σκεύη τὰ ὑπὸ τοῦ Σαλωμὼν 21 γεγονότα χρυσᾶ, καὶ λουτῆρες χρυσοῖ, καὶ πάντα τὰ σκεύη οἴκου δρυμοῦ τοῦ Λιβάνου χρυσίῳ συγκεκλεισμένα. οὐκ ἦν ἀργύριον, ὅτι οὐκ ἦν λογιζόμενον ἐν ταῖς ἡμέραις Σαλωμών·

[β] *Or,* in ecstasy.   [γ] *Gr.* word.   [δ] *Gr.* added good things to them.   [ζ] *Gr.* precious stone.   [θ] Of his royal bounty, *A. V.*
[λ] *Gr.* arms.   [μ] *Lit.* 'shut up with gold,' a frequent phrase in *Heb.* and *Gr.* for 'pure gold.' See chap. 6. 20.

22 Ὅτι ναῦς Θαρσὶς τῷ βασιλεῖ Σαλωμὼν ἐν τῇ θαλάσσῃ μετὰ τῶν νηῶν Χιράμ· μία διὰ τριῶν ἐτῶν ἤρχετο τῷ βασιλεῖ ναῦς ἐκ Θαρσὶς χρυσίου καὶ ἀργυρίου καὶ λίθων τορευτῶν καὶ πελεκητῶν.

Αὕτη ἦν ἡ πραγματεία τῆς προνομῆς ἧς ἀνήνεγκαν ὁ βασιλεὺς Σαλωμὼν οἰκοδομῆσαι τὸν οἶκον Κυρίου, καὶ τὸν οἶκον τοῦ βασιλέως, καὶ τὸ τεῖχος Ἱερουσαλὴμ, καὶ τὴν ἄκραν, τοῦ περιφράξαι τὸν φραγμὸν τῆς πόλεως Δαυὶδ, καὶ τὴν Ἀσσοὺρ, καὶ τὴν Μαγδὰλ, καὶ τὴν Γαζὲρ, καὶ τὴν Βαιθωρὼν τὴν ἀνωτέρω, καὶ τὴν Ἰεθερμὰθ, καὶ πάσας τὰς πόλεις τῶν ἁρμάτων, καὶ πάσας τὰς πόλεις τῶν ἱππέων, καὶ τὴν πραγματείαν Σαλωμὼν, ἣν ἐπραγματεύσατο οἰκοδομῆσαι ἐν Ἱερουσαλὴμ καὶ ἐν πάσῃ τῇ γῇ, τοῦ μὴ κατάρξαι αὐτοῦ πάντα τὸν λαὸν τὸν ὑπολελειμμένον ὑπὸ τοῦ Χετταίου καὶ τοῦ Ἀμορραίου καὶ τοῦ Φερεζαίου καὶ τοῦ Χαναναίου καὶ τοῦ Εὐαίου καὶ τοῦ Ἰεβουσαίου καὶ τοῦ Γεργεσαίου, τῶν μὴ ἐκ τῶν υἱῶν Ἰσραὴλ ὄντων, τὰ τέκνα αὐτῶν τὰ ὑπολελειμμένα μετ᾽ αὐτοῦ ἐν τῇ γῇ, οὓς οὐκ ἐδύναντο οἱ υἱοὶ Ἰσραὴλ ἐξολοθρεῦσαι αὐτούς, καὶ ἀνήγαγεν αὐτοὺς Σαλωμὼν εἰς φόρον ἕως τῆς ἡμέρας ταύτης· καὶ ἐκ τῶν υἱῶν Ἰσραὴλ οὐκ ἔδωκε Σαλωμὼν πρᾶγμα, ὅτι αὐτοὶ ἦσαν ἄνδρες οἱ πολεμισταί, καὶ παῖδες αὐτοῦ καὶ ἄρχοντες καὶ τρισσοὶ αὐτοῦ, καὶ ἄρχοντες τῶν ἁρμάτων αὐτοῦ, καὶ ἱππεῖς αὐτοῦ.

23 Καὶ ἐμεγαλύνθη Σαλωμὼν ὑπὲρ πάντας τοὺς βασιλεῖς
24 τῆς γῆς πλούτῳ καὶ φρονήσει. Καὶ πάντες βασιλεῖς τῆς γῆς ἐζήτουν τὸ πρόσωπον Σαλωμὼν, τοῦ ἀκοῦσαι τῆς φρονήσεως
25 αὐτοῦ ἧς ἔδωκε Κύριος τῇ καρδίᾳ αὐτοῦ. Καὶ αὐτοὶ ἔφερον ἕκαστος τὰ δῶρα, σκεύη χρυσᾶ, καὶ ἱματισμὸν, στακτὴν, καὶ ἡδύσματα, καὶ ἵππους, καὶ ἡμιόνους τὸ κατ᾽ ἐνιαυτὸν ἐνιαυτῷ.
26 Καὶ ἦσαν τῷ Σαλωμὼν τέσσαρες χιλιάδες θήλειαι ἵπποι εἰς ἄρματα, καὶ δώδεκα χιλιάδες ἱππέων· καὶ ἔθετο αὐτὰς ἐν ταῖς πόλεσι τῶν ἁρμάτων καὶ μετὰ τοῦ βασιλέως ἐν Ἱερουσαλήμ· καὶ ἦν ἡγούμενος πάντων τῶν βασιλέων ἀπὸ τοῦ ποταμοῦ καὶ ἕως γῆς ἀλλοφύλων καὶ ἕως ὁρίων Αἰγύπτου.
27 Καὶ ἔδωκεν ὁ βασιλεὺς τὸ χρυσίον καὶ τὸ ἀργύριον ἐν Ἱερουσαλὴμ ὡς λίθους, καὶ τὰς κέδρους ἔδωκεν ὡς συκαμίνους τὰς ἐν
28 τῇ πεδινῇ εἰς πλῆθος. Καὶ ἡ ἔξοδος Σαλωμὼν τῶν ἱππέων καὶ ἐξ Αἰγύπτου, καὶ ἐκ Θεκουὲ ἔμποροι τοῦ βασιλέως· καὶ ἐλάμ-
29 βανον ἐκ Θεκουὲ ἐν ἀλλάγματι. Καὶ ἀνέβαινεν ἡ ἔξοδος ἐξ Αἰγύπτου ἅρμα ἀντὶ ἑκατὸν ἀργυρίου, καὶ ἵππος ἀντὶ πεντήκοντα ἀργυρίου· καὶ οὕτως πᾶσι τοῖς βασιλεῦσι Χεττιΐν, καὶ βασιλεῦσι Συρίας κατὰ θάλασσαν ἐξεπορεύοντο.

11 Καὶ ὁ βασιλεὺς Σαλωμὼν ἦν φιλογύνης. Καὶ ἦσαν αὐτῷ
3 γυναῖκες ἄρχουσαι ἑπτακόσιαι, καὶ παλλακαὶ τριακόσιαι.
1 Καὶ ἔλαβε γυναῖκας ἀλλοτρίας, καὶ τὴν θυγατέρα Φαραὼ, Μωαβίτιδας, Ἀμμανίτιδας, Σύρας, καὶ Ἰδουμαίας, Χετταίας,
2 καὶ Ἀμορραίας, ἐκ τῶν ἐθνῶν ὧν ἀπεῖπε Κύριος τοῖς υἱοῖς Ἰσραὴλ, οὐκ εἰσελεύσεσθε εἰς αὐτούς, καὶ αὐτοὶ οὐκ εἰσελεύσονται εἰς ὑμᾶς, μὴ ἐκκλίνωσι τὰς καρδίας ὑμῶν ὀπίσω εἰδώλων
4 αὐτῶν· εἰς αὐτοὺς ἐκολλήθη Σαλωμὼν τοῦ ἀγαπῆσαι. Καὶ ἐγενήθη ἐν καιρῷ γήρους Σαλωμὼν, καὶ οὐκ ἦν ἡ καρδία αὐτοῦ

the days of Solomon. 22 For Solomon had a ship of Tharsis in the sea with the ships of Chiram: one ship came to the king every three years out of Tharsis, *laden with* gold and silver, and βwrought stones, and hewn stones.

This was the arrangement of the γprovision which king Solomon fetched to build the house of the Lord, and the house of the king, and the wall of Jerusalem, and the citadel; to fortify the city of David, and Assur, and Magdal, and Gazer, and Bæthoron the upper, and Jethermath, and all the cities of the chariots, and all the cities of the horsemen, and the δfortification of Solomon which he purposed to build in Jerusalem and in all the land, so that none of the people should rule over him that was left of the Chettite and the Amorite, and the Pherezite, and the Chananite, and the Evite, and the Jebusite, and the Gergesite, who were not of the children of Israel, their descendants who had been left with him in the land, ςwhom the children of Israel could not utterly destroy; and Solomon ςmade them tributaries until this day. But of the children of Israel Solomon made nothing; for they were the warriors, and his servants and rulers, and captains of the third order, and the captains of his chariots, and his horsemen.

23 And Solomon increased beyond all the kings of the earth in wealth and wisdom. 24 And all the kings of the earth sought the θpresence of Solomon, to hear his wisdom which the Lord *had* put into his heart. 25 And they brought every one their gifts, vessels of gold, and raiment, and stacte, and spices, and horses, and mules, a rate year by year. 26 And Solomon had four thousand mares for his chariots, and twelve thousand horsemen: and he put them in the cities of his chariots, and with the king in Jerusalem: and he ruled over all the kings from the river to the land of the Philistines, and to the borders of Egypt. 27 And the king λmade gold and silver in Jerusalem as stones, and he made cedars as the sycamores in the plain for multitude. 28 And the goings forth of Solomon's horsemen *was* also out of Egypt, and the king's merchants *were* of Thecue; and they received them out of Thecue at a price. 29 And that which proceeded out of Egypt went up *thus, even* a chariot for a hundred *shekels* of silver, and a horse for fifty *shekels* of silver: and thus for all the kings of the Chettians, and the kings of Syria, they came out by sea.

And king Solomon was a lover of women. 3 And he had seven hundred wives, princesses, and three hundred concubines. 1 And he took strange women, as well as the daughter of Pharao, Moabitish, Ammanitish women, Syrians and Idumeans, Chettites, and Amorites; 2 of the nations concerning whom the Lord forbade the children of Israel, *saying*, Ye shall not go in to them, and they shall not come in to you, lest they turn away your hearts after their idols: Solomon clave to these in love. 4 And it came to pass in the time of the old age of

---

Solomon, that his heart was not perfect with the Lord his God, as *was* the heart of David his father. ³And the strange women turned away his heart after their gods. ⁷Then Solomon built a high place to Chamos the idol of Moab, and to their king the βidol of the children of Ammon, ⁵and to Astarte the abomination of the Sidonians. ⁸And thus he acted towards all his strange wives, who burnt incense and sacrificed to their idols. ⁶And Solomon did that which was evil in the sight of the Lord: he went not after the Lord, as David his father.

⁹And the Lord was angry with Solomon, because he turned away his heart from the Lord God of Israel, who had appeared twice to him, ¹⁰and charged him concerning this matter, by no means to go after other gods, but to take heed to do what the Lord God commanded him ; neither was his heart perfect with the Lord, according to the heart of David his father. ¹¹And the Lord said to Solomon, Because it has been thus with thee, and thou hast not kept my commandments and my ordinances which I commanded thee, I will surely rend thy kingdom out of thy hand, and give it to thy servant. ¹²Only in thy days I will not do γit for David thy father's sake : *but* I will take it out of the hand of thy son. ¹³Only I will not take away the whole kingdom : I will give one tribe to thy son for David my servant's sake, and for the sake of Jerusalem, the city which I have chosen.

¹⁴And the Lord raised up an enemy to Solomon, Ader the Idumæan, and Esrom son of Eliadaë who *dwelt* in Raama, *and* Adadezer king of Suba his master ; (and men gathered to him, and he was head of the conspiracy, and he seized on Damasec,) and they were adversaries to Israel all the days of Solomon : and Ader the Idumæan *was* of the seed royal in Idumæa. ¹⁵And it happened, that while David was utterly destroying Edom, while Joab captain of the host was going to bury the dead, when they slew every male in Idumæa ; (¹⁶for Joab and all Israel abode there six months in Idumæa, until he utterly destroyed every male in Idumæa ;) ¹⁷that Ader ran away, he and all the Idumæans of the servants of his father with him ; and they went into Egypt ; and Ader *was then* a little child. ¹⁸And there rise up men out of the city of Madiam, and they come to Pharan, and take men with them, and come to Pharao king of Egypt : and Ader went in to Pharao, and he gave him a house, and appointed him provision. ¹⁹And Ader found great favour in the sight of Pharao, and he gave him his wife's sister in marriage, the elder sister of Thekemina. ²⁰And the sister of Thekemina bore to him, *even* to Ader, Ganebath her son ; and Thekemina brought him up in the midst of the sons of Pharao, and Ganebath was in the midst of the sons of Pharao.

²¹And Ader heard in Egypt that David slept with his fathers, and that Joab the captain of the host was dead ; and Ader said to Pharao, Let me go, and I will return to my country. ²²And Pharao said to

τελεία μετὰ Κυρίου Θεοῦ αὐτοῦ, καθὼς ἡ καρδία Δαυὶδ τοῦ πατρὸς αὐτοῦ. Καὶ ἐξέκλιναν γυναῖκες αἱ ἀλλότριαι τὴν 3 καρδίαν αὐτοῦ ὀπίσω θεῶν αὐτῶν. Τότε ᾠκοδόμησε Σαλωμὼν 7 ὑψηλὸν τῷ Χαμὼς εἰδώλῳ Μωὰβ, καὶ τῷ βασιλεῖ αὐτῶν εἰδώλῳ υἱῶν Ἀμμὼν, καὶ τῇ Ἀστάρτῃ βδελύγματι Σιδωνίων. Καὶ 5, 8 οὕτως ἐποίησε πάσαις ταῖς γυναιξὶν αὐτοῦ ταῖς ἀλλοτρίαις, αἳ ἐθυμίων καὶ ἔθυον τοῖς εἰδώλοις αὐτῶν, καὶ ἐποίησε Σαλωμὼν 6 τὸ πονηρὸν ἐνώπιον Κυρίου· οὐκ ἐπορεύθη ὀπίσω Κυρίου, ὡς Δαυὶδ ὁ πατὴρ αὐτοῦ.

Καὶ ὠργίσθη Κύριος ἐπὶ Σαλωμὼν, ὅτι ἐξέκλινε καρδίαν 9 αὐτοῦ ἀπὸ Κυρίου Θεοῦ Ἰσραὴλ, τοῦ ὀφθέντος αὐτῷ δὶς, καὶ 10 ἐντειλαμένου αὐτῷ ὑπὲρ τοῦ λόγου τούτου, τὸ παράπαν μὴ πορευθῆναι ὀπίσω θεῶν ἑτέρων, καὶ φυλάξασθαι ποιῆσαι ἃ ἐνετείλατο αὐτῷ Κύριος ὁ Θεός· οὐδ᾿ ἦν ἡ καρδία αὐτοῦ τελεία μετὰ Κυρίου, κατὰ τὴν καρδίαν Δαυὶδ τοῦ πατρὸς αὐτοῦ. Καὶ 11 εἶπε Κύριος πρὸς Σαλωμὼν, ἀνθ᾿ ὧν ἐγένετο ταῦτα μετὰ σοῦ, καὶ οὐκ ἐφύλαξας τὰς ἐντολάς μου καὶ τὰ προστάγματά μου ἃ ἐνετειλάμην σοι, διαρρήσσων διαρρήξω τὴν βασιλείαν σου ἐκ χειρός σου, καὶ δώσω αὐτὴν τῷ δούλῳ σου. Πλὴν ἐν ταῖς 12 ἡμέραις σου οὐ ποιήσω αὐτὰ διὰ Δαυὶδ τὸν πατέρα σου· ἐκ χειρὸς υἱοῦ σου λήψομαι αὐτήν. Πλὴν ὅλην τὴν βασιλείαν 13 οὐ μὴ λάβω· σκῆπτρον ἓν δώσω τῷ υἱῷ σου διὰ Δαυὶδ τὸν δοῦλόν μου, καὶ διὰ Ἱερουσαλὴμ τὴν πόλιν ἣν ἐξελεξάμην.

Καὶ ἤγειρε Κύριος σατὰν τῷ Σαλωμὼν τὸν Ἄδερ τὸν Ἰδου- 14 μαῖον, καὶ τὸν Ἐσρὼμ υἱὸν Ἐλιαδαὲ τὸν ἐν Ῥααμά, Ἀδαδέζερ βασιλέα Σουβὰ κύριον αὐτοῦ· καὶ συνηθροίσθησαν ἐπ᾿ αὐτὸν ἄνδρες, καὶ ἦν ἄρχων συστρέμματος, καὶ προκατελάβετο τὴν Δαμασέκ· καὶ ἦσαν σατὰν τῷ Ἰσραὴλ πάσας τὰς ἡμέρας Σαλωμών· καὶ Ἄδερ ὁ Ἰδουμαῖος ἐκ τοῦ σπέρματος τῆς βασιλείας ἐν Ἰδουμαίᾳ. Καὶ ἐγένετο ἐν τῷ ἐξολοθρεῦσαι 15 Δαυὶδ τὸν Ἐδὼμ ἐν τῷ πορευθῆναι Ἰωὰβ ἄρχοντα τῆς στρατιᾶς θάπτειν τοὺς τραυματίας, καὶ ἔκοψαν πᾶν ἀρσενικὸν ἐν τῇ Ἰδουμαίᾳ· ὅτι ἓξ μῆνας ἐνεκάθητο ἐκεῖ Ἰωὰβ καὶ πᾶς Ἰσραὴλ 16 ἐν τῇ Ἰδουμαίᾳ, ἕως ὅτου ἐξωλόθρευσε πᾶν ἀρσενικὸν ἐν τῇ Ἰδουμαίᾳ. Καὶ ἀπέδρα Ἄδερ αὐτὸς καὶ πάντες ἄνδρες Ἰδου- 17 μαῖοι τῶν παίδων τοῦ πατρὸς αὐτοῦ μετ᾿ αὐτοῦ, καὶ εἰσῆλθον εἰς Αἴγυπτον· καὶ Ἄδερ παιδάριον μικρόν. Καὶ ἀνίστανται 18 ἄνδρες ἐκ τῆς πόλεως Μαδιὰμ, καὶ ἔρχονται εἰς Φαρὰν, καὶ λαμβάνουσιν ἄνδρας μεθ᾿ αὐτῶν, καὶ ἔρχονται πρὸς Φαραὼ βασιλέα Αἰγύπτου· καὶ εἰσῆλθεν Ἄδερ πρὸς Φαραὼ, καὶ ἔδωκεν αὐτῷ οἶκον, καὶ ἄρτους διέταξεν αὐτῷ. Καὶ εὗρεν Ἄδερ 19 χάριν ἐναντίον Φαραὼ σφόδρα, καὶ ἔδωκεν αὐτῷ γυναῖκα ἀδελφὴν τῆς γυναικὸς αὐτοῦ, ἀδελφὴν Θεκεμίνας μείζω. Καὶ 20 ἔτεκεν αὐτῷ ἡ ἀδελφὴ Θεκεμίνας τῷ Ἄδερ τὸν Γανηβὰθ υἱὸν αὐτῆς· καὶ ἐξέθρεψεν αὐτὸν Θεκεμίνα ἐν μέσῳ υἱῶν Φαραώ· καὶ ἦν Γανηβὰθ ἐν μέσῳ υἱῶν Φαραώ.

Καὶ Ἄδερ ἤκουσεν ἐν Αἰγύπτῳ ὅτι κεκοίμηται Δαυὶδ μετὰ 21 τῶν πατέρων αὐτοῦ, καὶ ὅτι τέθνηκεν Ἰωὰβ ὁ ἄρχων τῆς στρατιᾶς, καὶ εἶπεν Ἄδερ πρὸς Φαραὼ, ἐξαπόστειλόν με, καὶ ἀποστρέψω εἰς τὴν γῆν μου. Καὶ εἶπε Φαραὼ τῷ Ἄδερ, τίνι σὺ 22

β See Heb.　　γ Gr. them.

ἐλαττονῇ μετ' ἐμοῦ; καὶ ἰδοὺ σὺ ζητεῖς ἀπελθεῖν εἰς τὴν γῆν σου; καὶ εἶπεν αὐτῷ Ἄδερ, ὅτι ἐξαποστέλλων ἐξαποστελεῖς με· καὶ ἀνέστρεψεν Ἄδερ εἰς τὴν γῆν αὐτοῦ· αὐτὴ ἡ κακία ἣν ἐποίησεν Ἄδερ· καὶ ἐβαρυθύμησεν Ἰσραὴλ, καὶ ἐβασίλευσεν ἐν γῇ Ἐδόμ.

26 Καὶ Ἱεροβοὰμ υἱὸς Ναβὰτ ὁ Ἐφραθὶ ἐκ τῆς Σαριρὰ, υἱὸς
27 γυναικὸς χήρας, δοῦλος Σαλωμών. Καὶ τοῦτο τὸ πρᾶγμα ὡς ἐπήρατο χεῖρας ἐπὶ βασιλέα Σαλωμών· καὶ ὁ βασιλεὺς Σαλωμὼν ᾠκοδόμησε τὴν ἄκραν, συνέκλεισε τὸν φραγμὸν τῆς πόλεως
28 Δαυὶδ τοῦ πατρὸς αὐτοῦ. Καὶ ὁ ἄνθρωπος Ἱεροβοὰμ ἰσχυρὸς δυνάμει· καὶ εἶδε Σαλωμὼν τὸ παιδάριον ὅτι ἀνὴρ ἔργων ἐστὶ, καὶ κατέστησεν αὐτὸν ἐπὶ τὰς ἄρσεις οἴκου Ἰωσήφ.

29 Καὶ ἐγενήθη ἐν τῷ καιρῷ ἐκείνῳ, καὶ Ἱεροβοὰμ ἐξῆλθεν ἐξ Ἱερουσαλὴμ, καὶ εὗρεν αὐτὸν Ἀχιὰ ὁ Σηλωνίτης ὁ προφήτης ἐν τῇ ὁδῷ, καὶ ἀπέστησεν αὐτὸν ἐκ τῆς ὁδοῦ· καὶ Ἀχιὰ περιβεβλημένος ἱματίῳ καινῷ, καὶ ἀμφότεροι μόνοι ἐν τῷ πεδίῳ.
30 Καὶ ἐπελάβετο Ἀχιὰ τοῦ ἱματίου αὐτοῦ τοῦ καινοῦ τοῦ ἐπ' αὐτῷ, καὶ διέρρηξεν αὐτὸ δώδεκα ῥήγματα, καὶ εἶπε τῷ Ἱερο-
31 βοὰμ, λάβε σεαυτῷ δέκα ῥήγματα, ὅτι τάδε λέγει Κύριος ὁ Θεὸς Ἰσραὴλ, ἰδοὺ ἐγὼ ῥήσσω τὴν βασιλείαν ἐκ χειρὸς Σαλωμὼν,
32 καὶ δώσω σοι δέκα σκῆπτρα. Καὶ δύο σκῆπτρα ἔσονται αὐτῷ διὰ τὸν δοῦλόν μου Δαυὶδ, καὶ διὰ Ἱερουσαλὴμ τὴν πόλιν ἣν
33 ἐξελεξάμην ἐν αὐτῇ ἐκ πασῶν φυλῶν Ἰσραήλ. Ἀνθ' ὧν ἐγκατέλιπέ με, καὶ ἐποίησε τῇ Ἀστάρτῃ βδελύγματι Σιδωνίων, καὶ τῷ Χαμὼς, καὶ τοῖς εἰδώλοις Μωὰβ, καὶ τῷ βασιλεῖ αὐτῶν προσοχθίσματι υἱῶν Ἀμμὼν, καὶ οὐκ ἐπορεύθη ἐν ταῖς ὁδοῖς μου τοῦ ποιῆσαι τὸ εὐθὲς ἐνώπιον ἐμοῦ, ὡς Δαυὶδ ὁ πατὴρ
34 αὐτοῦ. Καὶ οὐ μὴ λάβω τὴν βασιλείαν ὅλην ἐκ χειρὸς αὐτοῦ, διότι ἀντιτασσόμενος ἀντιτάξομαι αὐτῷ πάσας τὰς ἡμέρας τῆς ζωῆς αὐτοῦ, διὰ τὸν Δαυὶδ τὸν δοῦλόν μου ὃν ἐξελεξάμην αὐτόν.
35 Καὶ λήψομαι τὴν βασιλείαν ἐκ χειρὸς τοῦ υἱοῦ αὐτοῦ, καὶ
36 δώσω σοι τὰ δέκα σκῆπτρα. Τῷ δὲ υἱῷ αὐτοῦ δώσω τὰ δύο σκῆπτρα, ὅπως ᾖ θέσις τῷ δούλῳ μου Δαυὶδ πάσας τὰς ἡμέρας ἐνώπιον ἐμοῦ ἐν Ἱερουσαλὴμ τῇ πόλει, ἣν ἐξελεξάμην ἐμαυτῷ
37 τοῦ θέσθαι τὸ ὄνομά μου ἐκεῖ. Καὶ σὲ λήψομαι, καὶ βασιλεύσεις ἐν οἷς ἐπιθυμεῖ ἡ ψυχή σου, καὶ σὺ ἔσῃ βασιλεὺς ἐπὶ τὸν
38 Ἰσραήλ. Καὶ ἔσται ἐὰν φυλάξῃς πάντα ὅσα ἂν ἐντείλωμαί σοι, καὶ πορευθῇς ἐν ταῖς ὁδοῖς μου, καὶ ποιήσῃς τὸ εὐθὲς ἐνώπιον ἐμοῦ, τοῦ φυλάξασθαι τὰ προστάγματά μου καὶ τὰς ἐντολάς μου, καθὼς ἐποίησε Δαυὶδ ὁ δοῦλός μου, καὶ ἔσομαι μετὰ σοῦ καὶ οἰκοδομήσω σοι οἶκον πιστὸν, καθὼς ᾠκοδόμησα τῷ Δαυίδ.

40 Καὶ ἐζήτησε Σαλωμὼν θανατῶσαι τὸν Ἱεροβοάμ· καὶ ἀνέστη καὶ ἀπέδρα εἰς Αἴγυπτον πρὸς Σουσακὶμ βασιλέα Αἰγύπτου, καὶ ἦν ἐν Αἰγύπτῳ ἕως οὗ ἀπέθανε Σαλωμών.

41 Καὶ τὰ λοιπὰ τῶν λόγων Σαλωμὼν, καὶ πάντα ὅσα ἐποίησε, καὶ πᾶσαν τὴν φρόνησιν αὐτοῦ, οὐκ ἰδοὺ ταῦτα γέγραπται ἐν
42 βιβλίῳ ῥημάτων Σαλωμών; Καὶ αἱ ἡμέραι ἃς ἐβασίλευε Σαλωμὼν ἐν Ἱερουσαλὴμ ἐπὶ πάντα Ἰσραὴλ τεσσαράκοντα

Ader, β What lackest thou with me? that lo! thou seekest to depart to thy country? and Ader said to him, By all means let me go. So Ader returned to his country; this *is* the mischief which Ader did, and he was a bitter enemy of Israel, and he reigned in the land of Edom.

26 And Jeroboam the son of Nabat, the Ephrathite of Sarira, the son of a widow, *was* servant of Solomon. 27 And this *was* the occasion γof his lifting up *his* hands against king Solomon: now king Solomon built the citadel, he completed the fortification of the city of David his father. 28 And the man Jeroboam was very strong; and Solomon saw the young man that he was δ active, and he set him over the levies of the house of Joseph.

29 And it came to pass at that time, that Jeroboam went forth from Jerusalem, and Achia the Selonite the prophet found him in the way, and caused him to turn aside out of the way: and Achia was clad with a new garment, and they ζ two *were* alone in the field. 30 And Achia laid hold of his new garment that was upon him, and tore it *into* twelve pieces: 31 and he said to Jeroboam, Take to thyself ten pieces, for thus saith the Lord God of Israel, Behold, I rend the kingdom out of the hand of Solomon, and will give thee ten θ tribes. 32 Yet he shall have two tribes, for my servant David's sake, and for the sake of Jerusalem, the city which I have chosen out of all the tribes of Israel. 33 Because he forsook me, and sacrificed to Astarte the abomination of the Sidonians, and to Chamos, and to the idols of Moab, and to λ their king the μ abomination of the children of Ammon, and he walked not in my ways, to do that which was right before me, as David his father *did*. 34 Howbeit I will not take the whole kingdom out of his hand, (for I will certainly resist him all the days of his life,) for David my servant's sake, whom I have chosen. 35 But I will take the kingdom out of the hand of his son, and give thee ten tribes. 36 But to his son I will give the two *remaining* tribes, that my servant David may have an establishment continually before me in Jerusalem, the city which I have chosen for myself to put my name there. 37 And I will take thee, and thou shalt reign ξ as thy soul desires, and thou shalt be king over Israel. 38 And it shall come to pass, if thou wilt keep all the commandments that I shall give thee, and wilt walk in my ways, and do that which is right before me, to keep my ordinances and my commandments, as David my servant did, that I will be with thee, and will build thee a sure house, as I built to David.

40 And Solomon sought to slay Jeroboam: but he arose and fled into Egypt, to Susakim king of Egypt, and he was in Egypt until Solomon died.

41 And the rest of the π history of Solomon, and all that he did, and all his wisdom, behold are not these things written in the book of the ρ life of Solomon? 42 And the days *during* which Solomon reigned in Jerusalem over all Israel *were* forty years.

β *Gr.* Wherein art thou wanting?   γ *Gr.* as he lifted up hands.   δ *Gr.* a man of works.   ζ *Gr.* both.   θ *Gr.* sceptres. See *Heb.*
λ *Or,* Moloch, *or* Milcom.   μ *Or,* provocation.   ξ *Gr.* in all, *or* among all which, etc.   π *Gr.* words.   ρ *Gr.* words *or* things.

⁴³ And Solomon slept with his fathers, and they buried him in the city of David his father. And it came to pass when Jeroboam son of Nabat heard *of it*, even while he was yet in Egypt as he fled from the face of Solomon and dwelt in Egypt, he straightway comes into his own city, into the land of Sarira in the mount of Ephraim. ⁴⁴ And king Solomon slept with his fathers, and Roboam his son reigned in his stead.

And king Roboam goes to Sikima; for all Israel were coming to Sikima to make him king. ³ And the people spoke to king Roboam, saying, Thy father made our yoke heavy; ⁴ but do thou now lighten somewhat of the hard service of thy father, and of his heavy yoke which he ^β put upon us, and we will serve thee. ⁵ And he said to them, Depart for three days, and return to me. And they departed.

⁶ And the king referred *the matter* to the elders, who stood before Solomon his father while he was yet living, saying, How do ye advise ^γ that I should answer this people? ⁷ And they spoke to him, saying, If thou wilt this day be a servant to this people, and wilt serve them, and wilt speak to them good words, then will they be thy servants continually.

⁸ But he forsook the counsel of the old men which they gave him, and consulted with the young men who were brought up with him, who stood in his presence. ⁹ And he said to them, What counsel do ye give? And what shall I answer to this people who speak to me, saying, Lighten somewhat of the yoke which thy father has put upon us?

¹⁰ And the young men who had been brought up with him, who stood before his face, spoke to him, saying, Thus shalt thou say to this people who have spoken to thee, saying, Thy father made our yoke heavy, and do thou now lighten it from off us: thus shalt thou say to them, My ^δ little *finger shall be* thicker than my father's loins. ¹¹ And ^ζ whereas my father did lade you with a heavy yoke, I also will add to your yoke: my father chastised you with whips, but I will chastise you with scorpions.

¹² And all Israel came to king Roboam on the third day, as the king spoke to them, saying, Return to me on the third day. ¹³ And the king answered the people harshly; and Roboam forsook the counsel of the old men which they counselled him. ¹⁴ And he spoke to them according to the counsel of the young men, saying, My father made your yoke heavy, and I will add to your yoke: my father chastised you with whips, but I will chastise you with scorpions.

¹⁵ And the king hearkened not to the people, because the change was from the Lord, that he might establish his word which he spoke ^θ by Achia the Selonite concerning Jeroboam the son of Nabat. ¹⁶ And all Israel

ἔτη. Καὶ ἐκοιμήθη Σαλωμὼν μετὰ τῶν πατέρων. αὐτοῦ, καὶ 43 ἔθαψαν αὐτὸν ἐν πόλει Δαυὶδ τοῦ πατρὸς αὐτοῦ· καὶ ἐγενήθη ὡς ἤκουσεν Ἱεροβοὰμ υἱὸς Ναβὰτ, καὶ αὐτοῦ ἔτι ὄντος ἐν Αἰγύπτῳ ὡς ἔφυγεν ἐκ προσώπου Σαλωμὼν καὶ ἐκάθητο ἐν Αἰγύπτῳ, κατευθύνει καὶ ἔρχεται εἰς τὴν πόλιν αὐτοῦ εἰς τὴν γῆν Σαριρὰ τὴν ἐν ὄρει Ἐφραίμ. Καὶ ὁ βασιλεὺς Σαλωμὼν 44 ἐκοιμήθη μετὰ τῶν πατέρων αὐτοῦ, καὶ ἐβασίλευσε Ῥοβοὰμ ὁ υἱὸς αὐτοῦ ἀντ᾽ αὐτοῦ.

Καὶ πορεύεται βασιλεὺς Ῥοβοὰμ εἰς Σίκιμα, ὅτι εἰς Σίκιμα 12 ἤρχοντο πᾶς Ἰσραὴλ βασιλεῦσαι αὐτόν. Καὶ ἐλάλησεν ὁ λαὸς 3 πρὸς τὸν βασιλέα Ῥοβοὰμ, λέγοντες, Ὁ πατήρ σου ἐβάρυνε 4 τὸν κλοιὸν ἡμῶν, καὶ σὺ νῦν κούφισον ἀπὸ τῆς δουλείας τοῦ πατρός σου τῆς σκληρᾶς, καὶ ἀπὸ τοῦ κλοιοῦ αὐτοῦ τοῦ βαρέως, οὗ ἔδωκεν ἐφ᾽ ἡμᾶς, καὶ δουλεύσομέν σοι. Καὶ εἶπε πρὸς 5 αὐτούς, ἀπέλθετε ἕως ἡμερῶν τριῶν, καὶ ἀναστρέψατε πρὸς μέ· καὶ ἀπῆλθον.

Καὶ ἀπήγγειλεν ὁ βασιλεὺς τοῖς πρεσβυτέροις, οἳ ἦσαν 6 παρεστῶτες ἐνώπιον Σαλωμὼν τοῦ πατρὸς αὐτοῦ ἔτι ζῶντος αὐτοῦ, λέγων, πῶς ὑμεῖς βουλεύεσθε καὶ ἀποκριθῶ τῷ λαῷ τούτῳ λόγον; Καὶ ἐλάλησαν πρὸς αὐτὸν, λέγοντες, εἰ ἐν τῇ 7 ἡμέρᾳ ταύτῃ ἔσῃ δοῦλος τῷ λαῷ τούτῳ, καὶ δουλεύσεις αὐτοῖς, καὶ λαλήσεις πρὸς αὐτοὺς λόγους ἀγαθούς, καὶ ἔσονταί σοι δοῦλοι πάσας τὰς ἡμέρας.

Καὶ ἐγκατέλιπε τὴν βουλὴν τῶν πρεσβυτέρων ἃ συνεβου- 8 λεύσαντο αὐτῷ, καὶ συνεβουλεύσατο μετὰ τῶν παιδαρίων τῶν ἐκτραφέντων μετ᾽ αὐτοῦ τῶν παρεστηκότων πρὸ προσώπου αὐτοῦ. Καὶ εἶπεν αὐτοῖς, τί ὑμεῖς συμβουλεύετε; καὶ τί 9 ἀποκριθῶ τῷ λαῷ τούτῳ τοῖς λέγουσι πρὸς μέ, λεγόντων, κούφισον ἀπὸ τοῦ κλοιοῦ οὗ ἔδωκεν ὁ πατήρ σου ἐφ᾽ ἡμᾶς;

Καὶ ἐλάλησαν πρὸς αὐτὸν τὰ παιδάρια τὰ ἐκτραφέντα μετ᾽ 10 αὐτοῦ οἱ παρεστηκότες πρὸ προσώπου αὐτοῦ, λέγοντες, τάδε λαλήσεις τῷ λαῷ τούτῳ τοῖς λαλήσασι πρὸς σέ, λέγοντες, ὁ πατήρ σου ἐβάρυνε τὸν κλοιὸν ἡμῶν, καὶ σὺ νῦν κούφισον ἀφ᾽ ἡμῶν· τάδε λαλήσεις πρὸς αὐτούς, ἡ μικρότης μου παχυτέρα τῆς ὀσφύος τοῦ πατρός μου. Καὶ νῦν ὁ πατήρ μου ἐπεσάσ- 11 σετο ὑμᾶς κλοιῷ βαρεῖ, κἀγὼ προσθήσω ἐπὶ τὸν κλοιὸν ὑμῶν· ὁ πατήρ μου ἐπαίδευσεν ὑμᾶς ἐν μάστιξιν, ἐγὼ δὲ παιδεύσω ὑμᾶς ἐν σκορπίοις.

Καὶ παρεγένοντο πᾶς Ἰσραὴλ πρὸς τὸν βασιλέα Ῥοβοὰμ 12 ἐν τῇ ἡμέρᾳ τῇ τρίτῃ, καθότι ἐλάλησεν αὐτοῖς ὁ βασιλεύς, λέγων, ἀναστράφητε πρὸς μὲ τῇ ἡμέρᾳ τῇ τρίτῃ. Καὶ ἀπε- 13 κρίθη ὁ βασιλεὺς πρὸς τὸν λαὸν σκληρά· καὶ ἐγκατέλιπε Ῥοβοὰμ τὴν βουλὴν τῶν πρεσβυτέρων ἃ συνεβουλεύσαντο αὐτῷ, καὶ ἐλάλησε πρὸς αὐτοὺς κατὰ τὴν βουλὴν τῶν παιδα- 14 ρίων, λέγων, ὁ πατήρ μου ἐβάρυνε τὸν κλοιὸν ὑμῶν, κἀγὼ προσθήσω ἐπὶ τὸν κλοιὸν ὑμῶν· ὁ πατήρ μου ἐπαίδευσεν ὑμᾶς ἐν μάστιξι, κἀγὼ παιδεύσω ὑμᾶς ἐν σκορπίοις.

Καὶ οὐκ ἤκουσεν ὁ βασιλεὺς τοῦ λαοῦ, ὅτι ἦν μεταστροφὴ 15 παρὰ Κυρίου, ὅπως στήσῃ τὸ ῥῆμα αὐτοῦ ὃ ἐλάλησεν ἐν χειρὶ Ἀχιὰ τοῦ Σηλωνίτου περὶ Ἱεροβοὰμ υἱοῦ Ναβάτ. Καὶ εἶδον 16

β *Gr.* gave.   γ *Gr.* and I should answer a word, etc.   δ *Gr.* littleness.   ζ *Gr.* now.   θ *Gr.* by the hand of.

πᾶς Ἰσραὴλ, ὅτι οὐκ ἤκουσεν ὁ βασιλεὺς αὐτῶν· καὶ ἀπε-
κρίθη ὁ λαὸς τῷ βασιλεῖ, λέγων, τίς ἡμῖν μερὶς ἐν Δαυίδ;
καὶ οὐκ ἔστιν ἡμῖν κληρονομία ἐν υἱῷ Ἰεσσαί· ἀπότρεχε Ἰσ-
ραήλ, εἰς τὰ σκηνώματά σου· νῦν βόσκε τὸν οἶκόν σου Δαυίδ·
καὶ ἀπῆλθεν Ἰσραὴλ εἰς τὰ σκηνώματα αὐτοῦ.

18 Καὶ ἀπέστειλεν ὁ βασιλεὺς τὸν Ἀδωνιρὰμ τὸν ἐπὶ τοῦ
φόρου, καὶ ἐλιθοβόλησαν αὐτὸν ἐν λίθοις καὶ ἀπέθανε· καὶ
ὁ βασιλεὺς Ῥοβοὰμ ἔφθασεν ἀναβῆναι τοῦ φυγεῖν εἰς Ἱερου-
σαλήμ.

19 Καὶ ἠθέτησεν Ἰσραὴλ εἰς τὸν οἶκον Δαυὶδ ἕως τῆς ἡμέρας
20 ταύτης. Καὶ ἐγένετο ὡς ἤκουσε πᾶς Ἰσραὴλ ὅτι ἀνέκαμψεν
Ἱεροβοὰμ ἐξ Αἰγύπτου, καὶ ἀπέστειλαν καὶ ἐκάλεσαν αὐτὸν εἰς
τὴν συναγωγήν, καὶ ἐβασίλευσαν αὐτὸν ἐπὶ Ἰσραήλ· καὶ οὐκ
ἦν ὀπίσω οἴκου Δαυὶδ πάρεξ σκήπτρου Ἰούδα καὶ Βενιαμὶν
μόνοι.

21 Καὶ Ῥοβοὰμ εἰσῆλθεν εἰς Ἱερουσαλήμ, καὶ ἐξεκκλησίασε
τὴν συναγωγὴν Ἰούδα καὶ σκῆπτρον Βενιαμὶν ἑκατὸν καὶ
εἴκοσι χιλιάδας νεανιῶν ποιούντων πόλεμον, τοῦ πολεμεῖν πρὸς
οἶκον Ἰσραήλ, ἐπιστρέψαι τὴν βασιλείαν Ῥοβοὰμ υἱῷ Σαλω-
22 μῶν. Καὶ ἐγένετο λόγος Κυρίου πρὸς Σαμαίαν ἄνθρωπον τοῦ
23 Θεοῦ, λέγων, εἴπον τῷ Ῥοβοὰμ υἱῷ Σαλωμὼν βασιλεῖ Ἰούδα,
καὶ πρὸς πάντα οἶκον Ἰούδα καὶ Βενιαμίν, καὶ τῷ καταλοίπῳ
24 τοῦ λαοῦ, λέγων, τάδε λέγει Κύριος, οὐκ ἀναβήσεσθε οὐδὲ
πολεμήσετε μετὰ τῶν ἀδελφῶν ὑμῶν υἱῶν Ἰσραήλ· ἀποστρεφέτω
ἕκαστος εἰς τὸν οἶκον ἑαυτοῦ, ὅτι παρ᾽ ἐμοῦ γέγονε τὸ ῥῆμα
τοῦτο· καὶ ἤκουσαν τοῦ λόγου Κυρίου, καὶ κατέπαυσαν τοῦ
πορευθῆναι κατὰ τὸ ῥῆμα Κυρίου.

Καὶ ὁ βασιλεὺς Σαλωμὼν κοιμᾶται μετὰ τῶν πατέρων αὐτοῦ,
καὶ θάπτεται μετὰ τῶν πατέρων αὐτοῦ, ἐν πόλει Δαυίδ· καὶ
ἐβασίλευσε Ῥοβοὰμ υἱὸς αὐτοῦ ἀντ᾽ αὐτοῦ ἐν Ἱερουσαλήμ, υἱὸς
ὢν ἑκκαίδεκα ἐτῶν ἐν τῷ βασιλεύειν αὐτόν, καὶ δώδεκα ἔτη
ἐβασίλευσεν ἐν Ἱερουσαλήμ· καὶ ὄνομα τῆς μητρὸς αὐτοῦ
Ναανάν, θυγάτηρ Ἄνα υἱοῦ Ναὰς βασιλέως υἱῶν Ἀμμών· καὶ
ἐποίησε τὸ πονηρὸν ἐνώπιον Κυρίου, καὶ οὐκ ἐπορεύθη ἐν ὁδῷ
Δαυὶδ τοῦ πατρὸς αὐτοῦ.

Καὶ ἦν ἄνθρωπος ἐξ ὄρους Ἐφραὶμ δοῦλος τῷ Σαλωμών,
καὶ ὄνομα αὐτῷ Ἱεροβοάμ, καὶ ὄνομα τῆς μητρὸς αὐτοῦ
Σαριρά, γυνὴ πόρνη· καὶ ἔδωκεν αὐτὸν Σαλωμὼν εἰς ἄρχοντα
σκυτάλης ἐπὶ ἄρσεις οἴκου Ἰωσήφ· καὶ ᾠκοδόμησε τῷ Σαλωμὼν
τὴν Σαριρὰ τὴν ἐν ὄρει Ἐφραίμ· καὶ ἦσαν αὐτῷ τριακόσια
ἅρματα ἵππων· οὗτος ᾠκοδόμησε τὴν ἄκραν ἐν ταῖς ἄρσεσιν
οἴκου Ἐφραίμ, οὗτος συνέκλεισε τὴν πόλιν Δαυίδ, καὶ ἦν
ἐπαιρόμενος ἐπὶ τὴν βασιλείαν· καὶ ἐζήτει Σαλωμὼν θανατῶ-
σαι αὐτόν· καὶ ἐφοβήθη, καὶ ἀπέδρα αὐτὸς πρὸς Σουσα-
κὶμ βασιλέα Αἰγύπτου, καὶ ἦν μετ᾽ αὐτοῦ ἕως ἀπέθανε
Σαλωμών·

Καὶ ἤκουσεν Ἱεροβοὰμ ἐν Αἰγύπτῳ ὅτι τέθνηκε Σαλωμών,
καὶ ἐλάλησεν εἰς τὰ ὦτα Σουσακὶμ βασιλέως Αἰγύπτου, λέγων,
ἐξαπόστειλόν με, καὶ ἀπελεύσομαι ἐγὼ εἰς τὴν γῆν μου· καὶ
εἶπεν αὐτῷ Σουσακίμ, αἴτησαί τι αἴτημα, καὶ δώσω σοι· καὶ

saw that the king did not hearken to
them: and the people answered the king,
saying, What portion have we in David?
neither have we any inheritance in the son
of Jessæ. Depart, O Israel, to thy tents:
now feed thine own house, David. So Is-
rael departed to his tents.

[18] And the king sent Adoniram who was
over the tribute; and they stoned him with
stones, and he died: and king Roboam
β made haste to rise to flee to Jerusalem.

[19] So Israel γ rebelled against the house of
David until this day. [20] And it came to
pass when all Israel heard that Jeroboam
had returned out of Egypt, that they sent
and called him to the assembly, and they
made him king over Israel: and none fol-
lowed the house of David except the tribe
of Juda and Benjamin only.

[21] And Roboam went into Jerusalem, and
he assembled the congregation of Juda, and
the tribe of Benjamin, a hundred and
twenty thousand young men, warriors, to
fight against the house of Israel, to recover
the kingdom to Roboam the son of Solomon.
[22] And the word of the Lord came to Samaia
the man of God, saying, [23] Speak to Roboam
the son of Solomon, king of Juda, and to all
the house of Juda and Benjamin, and to
the remnant of the people, saying, [24] Thus
saith the Lord, Ye shall not go up, neither
shall ye fight with your brethren the sons
of Israel: return each man to his own home;
for this thing is from me; and they heark-
ened to the word of the Lord, and they
ceased from going up, according to the word
of the Lord.

So king Solomon sleeps with his fathers,
and is buried with his fathers in the city
of David; and Roboam his son reigned in
his stead in Jerusalem, being sixteen years
old δ when he began to reign, and he reigned
twelve years in Jerusalem: and his mother's
name was Naanan, daughter of Ana son of
Naas king of the children of Ammon. And
he did that which was evil in the sight of
the Lord, and walked not in the way of
David his father.

And there was a man of mount Ephraim,
a servant to Solomon, and his name was
Jeroboam; and the name of his mother was
Sarira, a harlot; and Solomon made him
head of the levies of the house of Joseph:
and he built for Solomon Sarira in mount
Ephraim; and he had three hundred cha-
riots of horses: he built the citadel with
the levies of the house of Ephraim; he for-
tified the city of David, and aspired to the
kingdom. And Solomon sought to kill him;
and he was afraid, and escaped to Susakim
king of Egypt, and was with him until
Solomon died.

And Jeroboam heard in Egypt that Solo-
mon was dead; and he spoke in the ears of
Susakim king of Egypt, saying, Let me go,
and I will depart into my land; and Susa-
kim said to him, Ask any request, and I will
grant it thee. And Susakim gave to Jero-

β Gr. prevented. γ Gr. disowned *allegiance*. δ Gr. in his reigning.

boam Ano the eldest sister of Thekemina his wife, to be his wife: she was great among the daughters of the king, and she bore to Jeroboam Abia his son: and Jeroboam said to Susakim, Let me indeed go, and I will depart.

And Jeroboam departed out of Egypt, and came into the land of Sarira that was in mount Ephraim, and thither the whole tribe of Ephraim assembles, and Jeroboam built a fortress there.

And his young child was sick with a very severe sickness; and Jeroboam went to enquire concerning the child: and he said to Ano his wife, Arise, go, enquire of God concerning the child, whether he shall β recover from his sickness. Now there was a man in Selom, and his name was Achia: and he was γ sixty years old, and the word of the Lord was with him. And Jeroboam said to his wife, Arise, and take in thine hand loaves for the man of God, and cakes for his children, and grapes, and a pot of honey. And the woman arose, and took in her hand bread, and two cakes, and grapes, and a pot of honey, for Achia: and the man was old, and his δ eyes were dim, so that he could not see. And she arose up from Sarira and went; and it came to pass when she had come into the city to Achia the Selonite, that Achia said to his servant, Go out now to meet Ano the wife of Jeroboam, and thou shalt say to her, Come in, and stand not still: for thus saith the Lord, I send grievous tidings to thee. And Ano went in to the man of God; and Achia said to her, Why hast thou brought me bread and grapes, and cakes, and a pot of honey? Thus saith the Lord, Behold, thou shalt depart from me, and it shall come to pass when thou hast entered into the city, even into Sarira, that thy maidens shall come out to meet thee, and shall say to thee, The child is dead: for thus saith the Lord, Behold, I will destroy every male of Jeroboam, and there shall be the dead of Jeroboam in the city, them the dogs shall eat, and him that has died in the field shall the birds of the air eat, and he shall lament for the child, saying, Woe is me, Lord! for there has been found in him some good thing touching the Lord.

And the woman departed, when she heard this: and it came to pass as she entered into Sarira, that the child died; and there came forth a wailing to meet her. And Jeroboam went to Sikima in mount Ephraim, and assembled there the tribes of Israel; and Roboam the son of Solomon went up thither. And the word of the Lord came to Samaias son of Enlami, saying, Take to thyself a new garment which has not gone into the water, and rend it into twelve pieces; and thou shalt give some to Jeroboam, and shalt say to him, Thus saith the Lord, Take to thyself ten pieces to cover thee: and Jeroboam took them: and Samaias said, Thus saith the Lord concerning the ten tribes of Israel.

And the people said to Roboam the son of Solomon, Thy father made his yoke heavy upon us, and made the meat of his table heavy; and now thou shalt lighten them

Σουσακὶμ ἔδωκε τῷ Ἱεροβοὰμ τὴν Ἀνὼ ἀδελφὴν Θεκεμίνας τὴν πρεσβυτέραν τῆς γυναικὸς αὐτοῦ ‘αὐτῷ εἰς γυναῖκα· αὕτη ἦν μεγάλη ἐν μέσῳ τῶν θυγατέρων τοῦ βασιλέως, καὶ ἔτεκε τῷ Ἱεροβοὰμ τὸν Ἀβιὰ υἱὸν αὐτοῦ· καὶ εἶπεν Ἱεροβοὰμ πρὸς Σουσακὶμ, ὄντως ἐξαπόστειλόν με, καὶ ἀπελεύσομαι·

Καὶ ἐξῆλθεν Ἱεροβοὰμ ἐξ Αἰγύπτου, καὶ ἦλθεν εἰς γῆν Σαριρὰ τὴν ἐν ὄρει Ἐφραίμ· καὶ συνάγεται ἐκεῖ πᾶν σκῆπτρον Ἐφραίμ· καὶ ᾠκοδόμησεν ἐκεῖ Ἱεροβοὰμ χάρακα·

Καὶ ἠρρώστησε τὸ παιδάριον αὐτοῦ ἀρρωστίᾳ κραταιᾷ σφόδρα· καὶ ἐπορεύθη Ἱεροβοὰμ ἐρωτῆσαι περὶ τοῦ παιδαρίου· καὶ εἶπε πρὸς Ἀνὼ τὴν γυναῖκα αὐτοῦ, ἀνάστηθι, πορεύου, ἐπερώτησον τὸν Θεὸν περὶ τοῦ παιδαρίου, εἰ ζήσεται ἐκ τῆς ἀρρωστίας αὐτοῦ· καὶ ἄνθρωπος ἦν ἐν Σηλώμ, καὶ ὄνομα αὐτῷ Ἀχιά, καὶ οὗτος ἦν υἱὸς ἑξήκοντα ἐτῶν, καὶ ῥῆμα Κυρίου μετ᾽ αὐτοῦ· καὶ εἶπεν Ἱεροβοὰμ πρὸς τὴν γυναῖκα αὐτοῦ, ἀνάστηθι, καὶ λάβε εἰς τὴν χεῖρά σου τῷ ἀνθρώπῳ τοῦ Θεοῦ ἄρτους, καὶ κολλύρια τοῖς τέκνοις αὐτοῦ, καὶ σταφυλὴν, καὶ στάμνον μέλιτος· καὶ ἀνέστη ἡ γυνὴ, καὶ ἔλαβεν εἰς τὴν χεῖρα αὐτῆς ἄρτους, καὶ δύο κολλύρια, καὶ σταφυλὴν, καὶ στάμνον μέλιτος τῷ Ἀχιά· καὶ ὁ ἄνθρωπος πρεσβύτερος, καὶ οἱ ὀφθαλμοὶ αὐτοῦ ἠμβλυώπουν τοῦ ἰδεῖν· καὶ ἀνέστη ἐκ Σαριρὰ καὶ πορεύεται· καὶ ἐγένετο ἐλθούσης αὐτῆς εἰς τὴν πόλιν πρὸς Ἀχιὰ τὸν Σηλωνίτην, καὶ εἶπεν Ἀχιὰ τῷ παιδαρίῳ αὐτοῦ, ἔξελθε δὴ εἰς ἀπαντὴν Ἀνὼ τῇ γυναικὶ Ἱεροβοὰμ, καὶ ἐρεῖς αὐτῇ, εἴσελθε, καὶ μὴ στῇς, ὅτι τάδε λέγει Κύριος, σκληρὰ ἐγὼ ἐπαποστέλλω ἐπὶ σέ· καὶ εἰσῆλθεν Ἀνὼ πρὸς τὸν ἄνθρωπον τοῦ Θεοῦ, καὶ εἶπεν αὐτῇ Ἀχιὰ, ἱνατί ἐνήνοχάς μοι ἄρτους, καὶ σταφυλὴν, καὶ κολλύρια, καὶ στάμνον μέλιτος; τάδε λέγει Κύριος, ἰδοὺ σὺ ἀπελεύσῃ ἀπ᾽ ἐμοῦ, καὶ ἔσται εἰσελθούσης σου τὴν πόλιν εἰς Σαριρὰ, καὶ τὰ κοράσιά σου ἐξελεύσονταί σοι εἰς συνάντησιν, καὶ ἐροῦσί σοι, τὸ παιδάριον τέθνηκεν· ὅτι τάδε λέγει Κύριος, ἰδοὺ ἐγὼ ἐξολοθρεύσω τοῦ Ἱεροβοὰμ οὐροῦντα πρὸς τοῖχον, καὶ ἔσονται οἱ τεθνηκότες τοῦ Ἱεροβοὰμ ἐν τῇ πόλει, καταφάγονται οἱ κύνες, καὶ τὸν τεθνηκότα ἐν τῷ ἀγρῷ καταφάγεται τὰ πετεινὰ τοῦ οὐρανοῦ, καὶ τὸ παιδάριον κόψεται, οὐαὶ Κύριε, ὅτι εὑρέθη ἐν αὐτῷ ῥῆμα καλὸν περὶ τοῦ Κυρίου·

Καὶ ἀπῆλθεν ἡ γυνὴ, ὡς ἤκουσε· καὶ ἐγένετο ὡς εἰσῆλθεν εἰς τὴν Σαριρὰ, καὶ τὸ παιδάριον ἀπέθανε· καὶ ἐξῆλθεν ἡ κραυγὴ εἰς ἀπαντήν· καὶ ἐπορεύθη Ἱεροβοὰμ εἰς Σίκιμα τὴν ἐν ὄρει Ἐφραὶμ, καὶ συνήθροισεν ἐκεῖ τὰς φυλὰς τοῦ Ἰσραὴλ, καὶ ἀνέβη ἐκεῖ Ῥοβοὰμ υἱὸς Σαλωμών· καὶ λόγος Κυρίου ἐγένετο πρὸς Σαμαίαν τὸν Ἐνλαμὶ, λέγων, λάβε σεαυτῷ ἱμάτιον καινὸν τὸ οὐκ εἰσεληλυθὸς εἰς ὕδωρ, καὶ ῥῆξον αὐτὸ δώδεκα ῥήγματα, καὶ δώσεις τῷ Ἱεροβοὰμ, καὶ ἐρεῖς αὐτῷ, τάδε λέγει Κύριος, λάβε σεαυτῷ δέκα ῥήγματα τοῦ περιβαλέσθαι σε· καὶ ἔλαβεν Ἱεροβοάμ· καὶ εἶπε Σαμαίας, τάδε λέγει Κύριος ἐπὶ τὰς δέκα φυλὰς τοῦ Ἰσραήλ.

Καὶ εἶπεν ὁ λαὸς πρὸς Ῥοβοὰμ υἱὸν Σαλωμὼν, ὁ πατήρ σου ἐβάρυνε τὸν κλοιὸν αὐτοῦ ἐφ᾽ ἡμᾶς, καὶ ἐβάρυνε τὰ βρώματα τῆς τραπέζης αὐτοῦ· καὶ νῦν κουφιεῖς ἐφ᾽ ἡμᾶς, καὶ

β Gr. live.   γ Gr. a son of sixty years.   δ Gr. were blunted from seeing.

δουλεύσομέν σοι· καὶ εἶπε Ῥοβοὰμ πρὸς τὸν λαὸν, ἔτι τριῶν ἡμερῶν, καὶ ἀποκριθήσομαι ὑμῖν ῥῆμα· καὶ εἶπε Ῥοβοὰμ, εἰσαγάγετέ μοι τοὺς πρεσβυτέρους, καὶ συμβουλεύσομαι μετ' αὐτῶν τί ἀποκριθῶ τῷ λαῷ ῥῆμα ἐν τῇ ἡμέρα τῇ τρίτῃ· Καὶ ἐλάλησε Ῥοβοὰμ εἰς τὰ ὦτα αὐτῶν, καθὼς ἀπέστειλεν ὁ λαὸς πρὸς αὐτόν· καὶ εἶπον οἱ πρεσβύτεροι τοῦ λαοῦ, οὕτως ἐλάλησε πρὸς σὲ ὁ λαός·

Καὶ διεσκέδασε Ῥοβοὰμ τὴν βουλὴν αὐτῶν, καὶ οὐκ ἤρεσεν ἐνώπιον αὐτοῦ· καὶ ἀπέστειλε, καὶ εἰσήγαγε τοὺς συντρόφους αὐτοῦ, καὶ ἐλάλησεν αὐτοῖς, ταῦτα καὶ ταῦτα ἀπέσταλκεν ὁ λαὸς πρὸς μὲ, λέγων· καὶ εἶπαν οἱ σύντροφοι αὐτοῦ, οὕτως λαλήσεις πρὸς τὸν λαὸν, λέγων, ἡ μικρότης μου παχυτέρα ὑπὲρ τὴν ὀσφὺν τοῦ πατρός μου· ὁ πατήρ μου ἐμαστίγου ὑμᾶς μάστιξιν, ἐγὼ δὲ κατάρξω ὑμᾶς ἐν σκορπίοις.

Καὶ ἤρεσε τὸ ῥῆμα ἐνώπιον Ῥοβοάμ· καὶ ἀπεκρίθη τῷ λαῷ, καθὼς συνεβούλευσαν αὐτῷ οἱ σύντροφοι αὐτοῦ τὰ παιδάρια· καὶ εἶπε πᾶς ὁ λαὸς ὡς ἀνὴρ εἰς ἕκαστος τῷ πλησίον αὐτοῦ, καὶ ἀνέκραξαν ἅπαντες, λέγοντες, οὐ μερὶς ἡμῖν ἐν Δαυὶδ, οὐδὲ κληρονομία ἐν υἱῷ Ἰεσσαί· ἕκαστος εἰς τὰ σκηνώματά σου Ἰσραὴλ, ὅτι ὁ ἄνθρωπος οὗτος οὐκ εἰς ἄρχοντα οὐδὲ εἰς ἡγούμενον· καὶ διεσπάρη πᾶς ὁ λαὸς ἐκ Σικίμων, καὶ ἀπῆλθον ἕκαστος εἰς τὸ σκήνωμα αὐτοῦ· Καὶ κατεκράτησε Ῥοβοὰμ, καὶ ἀπῆλθε, καὶ ἀνέβη ἐπὶ τὸ ἅρμα αὐτοῦ, καὶ εἰσῆλθεν εἰς Ἰερουσαλήμ· καὶ πορεύονται ὀπίσω αὐτοῦ πᾶν σκῆπτρον Ἰούδα, καὶ πᾶν σκῆπτρον Βενιαμίν. Καὶ ἐγένετο ἐνισταμένου τοῦ ἐνιαυτοῦ, καὶ συνήθροισε Ῥοβοὰμ πάντα ἄνδρα Ἰούδα καὶ Βενιαμὶν, καὶ ἀνέβη τοῦ πολεμεῖν πρὸς Ἰεροβοὰμ εἰς Σίκιμα· καὶ ἐγένετο ῥῆμα Κυρίου πρὸς Σαμαίαν ἄνθρωπον τοῦ Θεοῦ, λέγων, εἶπον τῷ Ῥοβοὰμ βασιλεῖ Ἰούδα, καὶ πρὸς πάντα οἶκον Ἰούδα καὶ Βενιαμὶν, καὶ πρὸς τὸ κατάλειμμα τοῦ λαοῦ, λέγων, τάδε λέγει Κύριος, οὐκ ἀναβήσεσθε οὐδὲ πολεμήσετε πρὸς τοὺς ἀδελφοὺς ὑμῶν υἱοὺς Ἰσραὴλ, ἀναστρέφετε ἕκαστος εἰς τὸν οἶκον αὐτοῦ, ὅτι παρ' ἐμοῦ γέγονε τὸ ῥῆμα τοῦτο· καὶ ἤκουσαν τοῦ λόγου Κυρίου, καὶ ἀνέσχον μὴ πορευθῆναι κατὰ τὸ ῥῆμα Κυρίου.

25 Καὶ ᾠκοδόμησεν Ἰεροβοὰμ τὴν Σίκιμα τὴν ἐν ὄρει Ἐφραὶμ, καὶ κατῴκει ἐν αὐτῇ, καὶ ἐξῆλθεν ἐκεῖθεν καὶ ᾠκοδόμησε τὴν

26 Φανουήλ. Καὶ εἶπεν Ἰεροβοὰμ ἐν τῇ καρδίᾳ αὐτοῦ, ἰδοὺ νῦν

27 ἐπιστρέψει ἡ βασιλεία εἰς οἶκον Δαυίδ· Ἐὰν ἀναβῇ ὁ λαὸς οὗτος ἀναφέρειν θυσίαν ἐν οἴκῳ Κυρίου εἰς Ἰερουσαλήμ, καὶ ἐπιστραφήσεται καρδία τοῦ λαοῦ πρὸς Κύριον καὶ κύριον αὐτῶν,

28 πρὸς Ῥοβοὰμ βασιλέα Ἰούδα, καὶ ἀποκτενοῦσί με. Καὶ ἐβουλεύσατο ὁ βασιλεὺς, καὶ ἐπορεύθη, καὶ ἐποίησε δύο δαμάλεις χρυσᾶς, καὶ εἶπε πρὸς τὸν λαὸν, ἱκανούσθω ὑμῖν ἀναβαίνειν εἰς Ἰερουσαλήμ· ἰδοὺ θεοί σου Ἰσραὴλ οἱ ἀναγαγόντες σε ἐκ γῆς

29 Αἰγύπτου. Καὶ ἔθετο τὴν μίαν ἐν Βαιθὴλ, καὶ τὴν μίαν ἔδωκεν

30 ἐν Δάν. Καὶ ἐγένετο ὁ λόγος οὗτος εἰς ἁμαρτίαν· καὶ ἐπορεύετο ὁ λαὸς πρὸ προσώπου τῆς μιᾶς ἕως Δὰν, καὶ εἴασαν τὸν

31 οἶκον Κυρίου. Καὶ ἐποίησεν οἴκους ἐφ' ὑψηλῶν, καὶ ἐποίησεν ἱερεῖς μέρος τι ἐκ τοῦ λαοῦ, οἳ οὐκ ἦσαν ἐκ τῶν υἱῶν Λευί.

---

upon us, and we will serve thee. And Roboam said to the people, Wait three days, and I will return you an answer: and Roboam said, Bring in to me the elders, and I will take counsel with them what I shall answer to the people on the third day. So Roboam spoke in their ears, as the people sent to him *to say*: and the elders of the people said, Thus the people have spoken to thee.

And Roboam [β]rejected their counsel, and it pleased him not: and he sent and brought in those who had been brought up with him; and he said to them, Thus and thus has the people sent to me to say: and they that had been brought up with him said, Thus shalt thou speak to the people, saying, My [γ]little *finger* shall be thicker than my father's loins; my father scourged you with whips, but I will rule you with scorpions.

And the saying pleased Roboam, and he answered the people as the young men, they that were brought up with him, counselled him: and all the people spoke as one man, every one to his neighbour, and they cried out all together, saying, We have no part in David, nor inheritance in the son of Jesse: to thy tents, O Israel, every one; for this man *is* not for a prince or a ruler over us. And all the people was dispersed from Sikima, and they departed every one to his tent: and Roboam strengthened himself and departed, and mounted his chariot, and entered into Jerusalem: and there follow him the whole tribe of Juda, and the whole tribe of Benjamin. And it came to pass at the beginning of the year, that Roboam gathered all the men of Juda and Benjamin, and went up to fight with Jeroboam at Sikima. And the word of the Lord came to Samæas the man of God, saying, Speak to Roboam king of Juda, and to all the house of Juda and Benjamin, and to the remnant of the people, saying, Thus saith the Lord, Ye shall not go up, neither shall ye fight with your brethren the sons of Israel: return every man to his house, for this thing is from me. And they hearkened to the word of the Lord, and forbore to go up, according to the word of the Lord.

25 And Jeroboam built Sikima in mount Ephraim and dwelt in it, and went forth thence and built Phanuel. 26 And Jeroboam said in his heart, Behold, now the kingdom will return to the house of David. 27 If this people shall go up to offer sacrifice in the house of the Lord at Jerusalem, then the heart of the people will return to the Lord, and to their master, to Roboam king of Juda, and they will slay me. 28 And the king took counsel, and went, and made two golden heifers, and said to the people, Let it suffice you [δ]to have gone *hitherto* to Jerusalem: behold thy gods, O Israel, who brought thee up out of the land of Egypt. 29 And he put one in Bethel, and he [ζ]put the other in Dan. 30 And this thing became a sin; and the people went before one as far as Dan, and left the house of the Lord. 31 And he made houses on the high places, and made priests of any part of the people, who were not of the sons of Levi.

β *Gr.* dispersed.   γ *Gr.* littleness.   δ *Gr.* to go.   ζ *Gr.* gave.

³² And Jeroboam appointed a feast in the eighth month, on the fifteenth day of the month, according to the feast in the land of Juda; ³³ and went up to the altar which he made in Bæthel to sacrifice to the heifers which he made, and he placed in Bæthel the priests of the high places which he had made. And he went up to the altar which he had made, on the fifteenth day in the eighth month, at the feast which he devised out of his own heart; and he made a feast to the children of Israel, and went up to the altar to sacrifice.

And, behold, there came a man of God out of Juda by the word of the Lord to Bæthel, and Jeroboam stood at the altar to sacrifice. ² And he cried against the altar by the word of the Lord, and said, O altar, altar, thus saith the Lord, Behold, a son is *to be* born to the house of David, β Josias by name; and he shall offer upon thee the priests of the high places, *even* of them that sacrifice upon thee, and *he* shall burn men's bones upon thee. ³ And in that day one shall give a sign, saying, This *is* the word which the Lord has spoken, saying, Behold, the altar is rent, and the fatness upon it shall be poured out.

⁴ And it came to pass when king Jeroboam heard the words of the man of God who called on the altar that was in Bæthel, that the king stretched forth his hand from the altar, saying, Take hold of him. And, behold, his hand, which he stretched forth against him, withered, and he could not draw it back to himself. ⁵ And the altar was rent, and the fatness was poured out from the altar, according to the sign which the man of God gave by the word of the Lord. ⁶ And king Jeroboam said to the man of God, Intreat the Lord thy God, and let my hand γ be restored to me. And the man of God intreated the Lord, and he restored the king's hand to him, and it became as before.

⁷ And the king said to the man of God, Enter with me into the house, and dine, and I will give thee a gift. ⁸ And the man of God said to the king, If thou shouldest give me the half of thine house, I δ would not go in with thee, neither will I eat bread, neither will I drink water in this place; for thus the Lord charged me by *his* word, saying, ⁹ Eat no bread, and drink no water, and return not by the way by which thou camest. ¹⁰ So he departed by another way, and returned not by the way by which he came to Bæthel.

¹¹ And there dwelt an old prophet in Bæthel; and his sons came and told him all the works that the man of God did on that day in Bæthel, and the words which he spoke to the king: and ζ they turned the face of their father. ¹² And their father spoke to them, saying, Which way went he? and his sons shew him the way by which the man of God who came out of Juda went up. ¹³ And he said to his sons, Saddle me the ass: and they saddled him the ass, and he mounted it, ¹⁴ and went after the man of God, and found him sitting under an oak:

Καὶ ἐποίησεν Ἱεροβοὰμ ἑορτὴν ἐν τῷ μηνὶ τῷ ὀγδόῳ ἐν τῇ 32 πεντεκαιδεκάτῃ ἡμέρᾳ τοῦ μηνὸς κατὰ τὴν ἑορτὴν τὴν ἐν γῇ Ἰούδα, καὶ ἀνέβη ἐπὶ τὸ θυσιαστήριον ὃ ἐποίησεν ἐν Βαιθὴλ τοῦ θύειν ταῖς δαμάλεσιν αἷς ἐποίησε, καὶ παρέστησεν ἐν Βαιθὴλ τοὺς ἱερεῖς τῶν ὑψηλῶν ὧν ἐποίησε. Καὶ ἀνέβη ἐπὶ 33 τὸ θυσιαστήριον ὃ ἐποίησε, τῇ πεντεκαιδεκάτῃ ἡμέρᾳ ἐν τῷ μηνὶ τῷ ὀγδόῳ ἐν τῇ ἑορτῇ ᾗ ἐπλάσατο ἀπὸ καρδίας αὐτοῦ· καὶ ἐποίησεν ἑορτὴν τοῖς υἱοῖς Ἰσραὴλ, καὶ ἀνέβη ἐπὶ τὸ θυσιαστήριον τοῦ ἐπιθῦσαι.

Καὶ ἰδοὺ ἄνθρωπος τοῦ Θεοῦ ἐξ Ἰούδα παρεγένετο ἐν λόγῳ 13 Κυρίου εἰς Βαιθὴλ, καὶ Ἱεροβοὰμ εἱστήκει ἐπὶ τὸ θυσιαστήριον ἐπιθῦσαι. Καὶ ἐπεκάλεσε πρὸς τὸ θυσιαστήριον ἐν λόγῳ 2 Κυρίου, καὶ εἶπε, θυσιαστήριον, θυσιαστήριον, τάδε λέγει Κύριος, ἰδοὺ υἱὸς τίκτεται τῷ οἴκῳ Δαυὶδ, Ἰωσίας ὄνομα αὐτῷ, καὶ θύσει ἐπὶ σὲ τοὺς ἱερεῖς τῶν ὑψηλῶν τῶν ἐπιθυόντων ἐπὶ σὲ, καὶ ὀστᾶ ἀνθρώπων καύσει ἐπὶ σέ. Καὶ δώσει ἐν τῇ ἡμέρᾳ 3 ἐκείνῃ τέρας, λέγων, τοῦτο τὸ ῥῆμα ὃ ἐλάλησε Κύριος, λέγων, ἰδοὺ τὸ θυσιαστήριον ῥήγνυται, καὶ ἐκχυθήσεται ἡ πιότης ἡ ἐπ' αὐτῷ.

Καὶ ἐγένετο ὡς ἤκουσεν ὁ βασιλεὺς Ἱεροβοὰμ τῶν λόγων 4 τοῦ ἀνθρώπου τοῦ Θεοῦ τοῦ ἐπικαλεσαμένου ἐπὶ τὸ θυσιαστήριον τὸ ἐν Βαιθὴλ, καὶ ἐξέτεινεν ὁ βασιλεὺς τὴν χεῖρα αὐτοῦ ἀπὸ τοῦ θυσιαστηρίου, λέγων, συλλάβετε αὐτόν· καὶ ἰδοὺ ἐξηράνθη ἡ χεὶρ αὐτοῦ, ἣν ἐξέτεινεν ἐπ' αὐτὸν, καὶ οὐκ ἐδυνήθη ἐπιστρέψαι αὐτὴν πρὸς αὐτόν. Καὶ τὸ θυσιαστήριον ἐῤῥάγη, 5 καὶ ἐξεχύθη ἡ πιότης ἀπὸ τοῦ θυσιαστηρίου, κατὰ τὸ τέρας ὃ ἔδωκεν ὁ ἄνθρωπος τοῦ Θεοῦ ἐν λόγῳ Κυρίου. Καὶ εἶπεν 6 ὁ βασιλεὺς Ἱεροβοὰμ τῷ ἀνθρώπῳ τοῦ Θεοῦ, δεήθητι τοῦ προσώπου Κυρίου τοῦ Θεοῦ σου, καὶ ἐπιστρεψάτω ἡ χεῖρ μου πρὸς ἐμέ· καὶ ἐδεήθη ὁ ἄνθρωπος τοῦ Θεοῦ τοῦ προσώπου Κυρίου, καὶ ἐπέστρεψε τὴν χεῖρα τοῦ βασιλέως πρὸς αὐτὸν, καὶ ἐγένετο καθὼς τὸ πρότερον.

Καὶ ἐλάλησεν ὁ βασιλεὺς πρὸς τὸν ἄνθρωπον τοῦ Θεοῦ, 7 εἴσελθε μετ' ἐμοῦ εἰς οἶκον, καὶ ἀρίστησον, καὶ δώσω σοι δόμα. Καὶ εἶπεν ὁ ἄνθρωπος τοῦ Θεοῦ πρὸς τὸν βασιλέα, ἐὰν δῷς μοι 8 τὸ ἥμισυ τοῦ οἴκου σου, οὐκ εἰσελεύσομαι μετὰ σοῦ, οὐδὲ μὴ φάγω ἄρτον, οὐδὲ μὴ πίω ὕδωρ ἐν τῷ τόπῳ τούτῳ· ὅτι οὕτως 9 ἐνετείλατό μοι Κύριος ἐν λόγῳ, λέγων, μὴ φάγῃς ἄρτον καὶ μὴ πίῃς ὕδωρ καὶ μὴ ἐπιστρέψῃς ἐν τῇ ὁδῷ ᾗ ἐπορεύθης ἐν αὐτῇ. Καὶ ἀπῆλθεν ἐν ὁδῷ ἄλλῃ, καὶ οὐκ ἀνέστρεψεν ἐν τῇ ὁδῷ ᾗ 10 ἦλθεν ἐν αὐτῇ εἰς Βαιθήλ.

Καὶ προφήτης εἷς πρεσβύτης κατῴκη ἐν Βαιθὴλ, καὶ ἔρχον- 11 ται οἱ υἱοὶ αὐτοῦ καὶ διηγήσαντο αὐτῷ πάντα τὰ ἔργα ἃ ἐποίησεν ὁ ἄνθρωπος τοῦ Θεοῦ ἐν τῇ ἡμέρᾳ ἐκείνῃ ἐν Βαιθὴλ, καὶ τοὺς λόγους οὓς ἐλάλησε τῷ βασιλεῖ, καὶ ἐπέστρεψαν τὸ πρόσωπον τοῦ πατρὸς αὐτῶν. Καὶ ἐλάλησε πρὸς αὐτοὺς 12 ὁ πατὴρ αὐτῶν, λέγων, ποίᾳ ὁδῷ πεπόρευται; καὶ δεικνύουσιν αὐτῷ οἱ υἱοὶ αὐτοῦ τὴν ὁδὸν ἐν ᾗ ἀνῆλθεν ὁ ἄνθρωπος τοῦ Θεοῦ ὁ ἐλθὼν ἐξ Ἰούδα. Καὶ εἶπε τοῖς υἱοῖς αὐτοῦ, ἐπισάξατέ μοι 13 τὸν ὄνον· καὶ ἐπέσαξαν αὐτῷ τὸν ὄνον, καὶ ἐπέβη ἐπ' αὐτὸν, καὶ ἐπορεύθη κατόπισθεν τοῦ ἀνθρώπου τοῦ Θεοῦ, καὶ εὗρεν 14

β *Gr.* Josias the name to him.   γ *Gr.* return to me.   δ *Gr.* will not.   ζ Wide variation from the Hebrew.

αὐτὸν καθήμενον ὑπὸ δρῦν, καὶ εἶπεν αὐτῷ, εἰ σὺ εἶ ὁ ἄνθρωπος
15 τοῦ Θεοῦ ὁ ἐληλυθὼς ἐξ Ἰούδα; καὶ εἶπεν αὐτῷ, ἐγώ. Καὶ
16 εἶπεν αὐτῷ, δεῦρο μετ᾽ ἐμοῦ, καὶ φάγε ἄρτον. Καὶ εἶπεν, οὐ
μὴ δύνωμαι τοῦ ἐπιστρέψαι μετὰ σοῦ, οὐδὲ μὴ φάγομαι ἄρτον,
17 οὐδὲ πίομαι ὕδωρ ἐν τῷ τόπῳ τούτῳ. Ὅτι οὕτως ἐντέταλταί
μοι ἐν λόγῳ Κύριος, λέγων, μὴ φάγῃς ἄρτον ἐκεῖ καὶ μὴ πίῃς
ὕδωρ καὶ μὴ ἐπιστρέψῃς ἐκεῖ ἐν τῇ ὁδῷ ᾗ ἐπορεύθης ἐν αὐτῇ.

18 Καὶ εἶπε πρὸς αὐτόν, κἀγὼ προφήτης εἰμὶ καθὼς σύ, καὶ
ἄγγελος λελάληκε πρὸς μὲ ἐν ῥήματι Κυρίου, λέγων, ἐπί-
στρεψον αὐτὸν πρὸς σεαυτὸν εἰς τὸν οἶκόν σου, καὶ φαγέτω
19 ἄρτον, καὶ πιέτω ὕδωρ· καὶ ἐψεύσατο αὐτῷ. Καὶ ἐπέστρεψεν
αὐτόν, καὶ ἔφαγεν ἄρτον καὶ ἔπιεν ὕδωρ ἐν τῷ οἴκῳ αὐτοῦ.

20 Καὶ ἐγένετο αὐτῶν καθημένων ἐπὶ τῆς τραπέζης, καὶ ἐγένετο
λόγος Κυρίου πρὸς τὸν προφήτην τὸν ἐπιστρέψαντα αὐτόν·
21 καὶ εἶπε πρὸς τὸν ἄνθρωπον τοῦ Θεοῦ τὸν ἥκοντα ἐξ Ἰούδα,
λέγων, τάδε λέγει Κύριος, ἀνθ᾽ ὧν παρεπίκρανας τὸ ῥῆμα
Κυρίου, καὶ οὐκ ἐφύλαξας τὴν ἐντολὴν ἣν ἐνετείλατό σοι
22 Κύριος ὁ Θεός σου, καὶ ἐπέστρεψας, καὶ ἔφαγες ἄρτον καὶ
ἔπιες ὕδωρ ἐν τῷ τόπῳ τούτῳ ᾧ ἐλάλησε πρὸς σέ, λέγων, οὐ μὴ
φάγῃς ἄρτον καὶ μὴ πίῃς ὕδωρ, οὐ μὴ εἰσέλθῃ τὸ σῶμά σου εἰς
τὸν τάφον τῶν πατέρων σου.

23 Καὶ ἐγένετο μετὰ τὸ φαγεῖν αὐτὸν ἄρτον καὶ πιεῖν ὕδωρ, καὶ
24 ἐπέσαξεν αὐτῷ τὸν ὄνον, καὶ ἐπέστρεψε, καὶ ἀπῆλθε. Καὶ
εὗρεν αὐτὸν λέων ἐν τῇ ὁδῷ, καὶ ἐθανάτωσεν αὐτόν· καὶ ἦν τὸ
σῶμα αὐτοῦ ἐρριμμένον ἐν τῇ ὁδῷ, καὶ ὁ ὄνος εἱστήκει παρ᾽
25 αὐτό, καὶ ὁ λέων εἱστήκει παρὰ τὸ σῶμα. Καὶ ἰδοὺ ἄνδρες
παραπορευόμενοι καὶ εἶδον τὸ θνησιμαῖον ἐρριμμένον ἐν τῇ
ὁδῷ, καὶ ὁ λέων εἱστήκει ἐχόμενα τοῦ θνησιμαίου· καὶ
εἰσῆλθον, καὶ ἐλάλησαν ἐν τῇ πόλει οὗ ὁ προφήτης ὁ πρεσ-
26 βύτης κατῴκει ἐν αὐτῇ. Καὶ ἤκουσεν ὁ ἐπιστρέψας αὐτὸν
ἐκ τῆς ὁδοῦ, καὶ εἶπεν, ὁ ἄνθρωπος τοῦ Θεοῦ οὗτός ἐστιν
28 ὃς παρεπίκρανε τὸ ῥῆμα Κυρίου· Καὶ ἐπορεύθη καὶ εὗρε τὸ
σῶμα αὐτοῦ ἐρριμμένον ἐν τῇ ὁδῷ, καὶ ὁ ὄνος, καὶ ὁ λέων εἱστή-
κεισαν παρὰ τὸ σῶμα· καὶ οὐκ ἔφαγεν ὁ λέων τὸ σῶμα τοῦ
ἀνθρώπου τοῦ Θεοῦ, καὶ οὐ συνέτριψε τὸν ὄνον.

29 Καὶ ἦρεν ὁ προφήτης τὸ σῶμα τοῦ ἀνθρώπου τοῦ Θεοῦ, καὶ
ἐπέθηκεν αὐτὸ ἐπὶ τὸν ὄνον, καὶ ἐπέστρεψεν αὐτὸν εἰς τὴν πόλιν
30 ὁ προφήτης, τοῦ θάψαι αὐτὸν ἐν τῷ τάφῳ ἑαυτοῦ, καὶ ἐκόψαντο
31 αὐτόν, οὐαὶ ἀδελφέ. Καὶ ἐγένετο μετὰ τὸ κόψασθαι αὐτόν,
καὶ εἶπε τοῖς υἱοῖς αὐτοῦ, λέγων, ἐὰν ἀποθάνω, θάψατέ με ἐν
τῷ τάφῳ τούτῳ οὗ ὁ ἄνθρωπος τοῦ Θεοῦ τέθαπται ἐν αὐτῷ,
παρὰ τὰ ὀστᾶ αὐτοῦ θέτε με, ἵνα σωθῶσι τὰ ὀστᾶ μου μετὰ
32 τῶν ὀστῶν αὐτοῦ. Ὅτι γινόμενον ἔσται τὸ ῥῆμα ὃ ἐλάλησεν
ἐν λόγῳ Κυρίου ἐπὶ τὸ θυσιαστήριον ἐν Βαιθὴλ καὶ ἐπὶ τοὺς
οἴκους τοὺς ὑψηλοὺς τοὺς ἐν Σαμαρείᾳ.

33 Καὶ μετὰ τὸ ῥῆμα τοῦτο οὐκ ἐπέστρεψεν Ἱεροβοὰμ ἀπὸ τῆς
κακίας αὐτοῦ, καὶ ἐπέστρεψε καὶ ἐποίησεν ἐκ μέρους τοῦ λαοῦ
ἱερεῖς ὑψηλῶν· ὁ βουλόμενος ἐπλήρου τὴν χεῖρα αὐτοῦ, καὶ
34 ἐγένετο ἱερεὺς εἰς τὰ ὑψηλά. Καὶ ἐγένετο τὸ ῥῆμά τοῦτο εἰς

and he said to him, Art thou the man of God that came out of Juda? And he said to him, I *am*. ¹⁵ And he said to him, Come with me, and eat bread. ¹⁶ And he said, I shall not by any means be able to return with thee, neither will I eat bread, neither will I drink water in this place. ¹⁷ For thus the Lord commanded me by word, saying, Eat not bread there, and drink not water, and return not thither by the way by which thou camest.

¹⁸ And he said to him, I also am a prophet as thou *art*; and an angel spoke to me by the word of the Lord, saying, Bring him back to thee into thy house, and let him eat bread and drink water: but he lied to him. ¹⁹ And he brought him back, and he ate bread and drank water in his house.

²⁰ And it came to pass while they were sitting at the table, that the word of the Lord came to the prophet that brought him back; ²¹ and he spoke to the man of God that came out of Juda, saying, Thus saith the Lord, Because thou hast ᵝ resisted the word of the Lord, and hast not kept the commandment which the Lord thy God commanded thee, ²² but hast returned, and eaten bread and drunk water in the place of which he spoke to thee, saying, Thou shalt not eat bread, and shalt not drink water; *therefore* thy body shall in nowise enter into the sepulchre of thy fathers.

²³ And it came to pass after he had eaten bread and drunk water, that he saddled the ass for him, and he turned and departed. ²⁴ And a lion found him in the way, and slew him; and his body was cast out in the way, and the ass was standing by it, and the lion *also* was standing by the body. ²⁵ And, behold, men *were* passing by, and saw the carcase cast in the way, and the lion *was* standing near the carcase: and they went in and spoke *of it* in the city where the old prophet dwelt. ²⁶ And *the prophet* that turned him back out of the way heard, and said, This is the man of God who rebelled against the word of the Lord.ᵞ ²⁸ And he went and found the body cast in the way, and the ass and the lion were standing by the body : and the lion had not devoured the body of the man of God, and had not torn the ass.

²⁹ And the prophet took up the body of the man of God, and laid it on his ass; and the prophet brought him back to his city, to bury him in his own tomb, ³⁰ and they bewailed him, *saying*, Alas, brother. ³¹ And it came to pass after he had lamented him, that he spoke to his sons, saying, ᵟ Whenever I die, bury me in this tomb wherein the man of God is buried; lay me by his bones, that my bones may be preserved with his bones. ³² For the word will surely come to pass which he spoke by the word of the Lord against the altar in Bæthel, and against the high houses in Samaria.

³³ And after ᶻthis Jeroboam turned not from his sin, but he turned and made of part of the people priests of the *high places*: whoever would, he consecrated him, and he became a priest for the high places. ³⁴ And

---

β *Lit.* embittered.　　γ See *Appendix.*　　δ *Gr.* if I die.　　ζ *Gr.* this word.

this β thing became sin to the house of Jeroboam, even to its destruction and its removal from the face of the earth.

²¹ γ And Roboam son of Solomon ruled over Juda. Roboam δ was forty and one years old when he began to reign, and he reigned seventeen years in the city Jerusalem, which the Lord chose to put his name there out of all the tribes of Israel: and his mother's name *was* Naama the Ammonitess. ²² And Roboam did evil in the sight of the Lord; and he provoked him in all the things which their fathers did in their sins which they sinned. ²³ And they built for themselves high places, and pillars, and *planted* groves on every high hill, and under every shady tree. ²⁴ And there was a conspiracy in the land, and they did ζ according to all the abominations of the nations which the Lord removed θ from before the children of Israel.

²⁵ And it came to pass in the fifth year λ of the reign of Roboam, Susakim king of Egypt came up against Jerusalem; ²⁶ and took all the treasures of the house of the Lord, and the treasures of the king's house, and the golden spears which David took out of the hand of the sons of Adrazaar king of Suba, and brought them into Jerusalem, even all that he took, *and* the golden μ shields which Solomon had made, [ξ and carried them away into Egypt.] ²⁷ And king Roboam made brazen shields instead of them; and the chiefs of the π body guard, who kept the gate of the house of the king, were placed in charge over them. ²⁸ And it came to pass when the king went into the house of the Lord, that the body guard took them up, and fixed them in the ρ chamber of the body guard.

²⁹ And the rest of the σ history of Roboam, and all that he did, behold, are they not written in the book of the chronicles τ of the kings of Juda? ³⁰ And there was war between Roboam and Jeroboam continually. ³¹ And Roboam slept with his fathers, and was buried with his fathers in the city of David: and Abiu his son reigned in his stead.

And in the eighteenth year of the reign of Jeroboam son of Nabat, Abiu son of Roboam reigns over Juda. ² And he reigned φ three years over Jerusalem: and his mother's name *was* Maacha, daughter of Abessalom. ³ And he walked in the sins of his father which he wrought in his presence, and his heart was not perfect with the Lord his God, as *was* the heart of his father *David.* ⁴ Howbeit for David's sake the Lord gave him a remnant, that he might establish his children after him, and might establish Jerusalem. ⁵ Forasmuch as David did that which was right in the sight of the Lord: he turned not from any thing that he commanded him all the days of his life.

⁷ And the rest of the χ history of Abiu, and all that he did, behold, are not these written in the book of ψ the chronicles of

ἁμαρτίαν τῷ οἴκῳ Ἱεροβοὰμ, καὶ εἰς ὄλεθρον, καὶ εἰς ἀφανισμὸν ἀπὸ προσώπου τῆς γῆς.

Καὶ Ῥοβοὰμ υἱὸς Σαλωμὼν ἐβασίλευσεν ἐπὶ Ἰούδαν· υἱὸς 14 τεσσαράκοντα καὶ ἑνὸς ἐνιαυτῶν Ῥοβοὰμ ἐν τῷ βασιλεύειν 21 αὐτόν· καὶ ἑπτακαίδεκα ἔτη ἐβασίλευσεν ἐν Ἱερουσαλὴμ τῇ πόλει, ἣν ἐξελέξατο Κύριος θέσθαι τὸ ὄνομα αὐτοῦ ἐκεῖ ἐκ πασῶν φυλῶν τοῦ Ἰσραήλ· καὶ τὸ ὄνομα τῆς μητρὸς αὐτοῦ Νααμὰ ἡ Ἀμμωνίτις. Καὶ ἐποίησε Ῥοβοὰμ τὸ πονηρὸν ἐνώ- 22 πιον Κυρίου· καὶ παρεζήλωσεν αὐτὸν ἐν πᾶσιν οἷς ἐποίησαν οἱ πατέρες αὐτῶν ἐν ταῖς ἁμαρτίαις αὐτῶν αἷς ἥμαρτον. Καὶ 23 ᾠκοδόμησαν ἑαυτοῖς ὑψηλὰ καὶ στήλας καὶ ἄλση ἐπὶ πάντα βουνὸν ὑψηλόν, καὶ ὑποκάτω παντὸς ξύλου συσκίου. Καὶ 24 σύνδεσμος ἐγενήθη ἐν τῇ γῇ, καὶ ἐποίησαν ἀπὸ πάντων τῶν βδελυγμάτων τῶν ἐθνῶν ὧν ἐξῆρε Κύριος ἀπὸ προσώπου υἱῶν Ἰσραήλ.

Καὶ ἐγένετο ἐν τῷ ἐνιαυτῷ τῷ πέμπτῳ βασιλεύοντος Ῥο- 25 βοάμ, ἀνέβη Σουσακὶμ βασιλεὺς Αἰγύπτου ἐπὶ Ἱερουσαλήμ, καὶ ἔλαβε πάντας τοὺς θησαυροὺς οἴκου Κυρίου καὶ τοὺς 26 θησαυροὺς οἴκου τοῦ βασιλέως, καὶ τὰ δόρατα τὰ χρυσᾶ ἃ ἔλαβε Δαυὶδ ἐκ χειρὸς τῶν παίδων Ἀδραζαὰρ βασιλέως Σουβὰ, καὶ εἰσήνεγκεν αὐτὰ εἰς Ἱερουσαλὴμ τὰ πάντα ἃ ἔλαβεν, ὅπλα τὰ χρυσᾶ ὅσα ἐποίησε Σαλωμὼν, καὶ ἀπήνεγκεν αὐτὰ εἰς Αἴγυπτον. Καὶ ἐποίησε Ῥοβοὰμ ὁ βασιλεὺς ὅπλα χαλκᾶ 27 ἀντ' αὐτῶν· καὶ ἐπέθεντο ἐπ' αὐτὸν οἱ ἡγούμενοι τῶν παρατρε- χόντων οἱ φυλάσσοντες τὸν πυλῶνα οἴκου βασιλέως. Καὶ 28 ἐγένετο ὅτε εἰσεπορεύετο ὁ βασιλεὺς εἰς οἶκον Κυρίου, καὶ ἦρον αὐτὰ οἱ παρατρέχοντες καὶ ἀπηρείδοντο αὐτὰ εἰς τὸ θεὲ τῶν παρατρεχόντων.

Καὶ τὰ λοιπὰ τῶν λόγων Ῥοβοὰμ καὶ πάντα ἃ ἐποίησεν, 29 οὐκ ἰδοὺ ταῦτα γεγραμμένα ἐν βιβλίῳ λόγων τῶν ἡμερῶν τοῖς βασιλεῦσιν Ἰούδα; Καὶ πόλεμος ἦν ἀναμέσον Ῥοβοὰμ 30 καὶ ἀναμέσον Ἱεροβοὰμ πάσας τὰς ἡμέρας. Καὶ ἐκοιμήθη 31 Ῥοβοὰμ μετὰ τῶν πατέρων αὐτοῦ, καὶ θάπτεται μετὰ τῶν πατέρων αὐτοῦ ἐν πόλει Δαυίδ· καὶ ἐβασίλευσεν Ἀβιοὺ ὁ υἱὸς αὐτοῦ ἀντ' αὐτοῦ.

Καὶ ἐν τῷ ὀκτωκαιδεκάτῳ ἔτει βασιλεύοντος Ἱεροβοὰμ υἱοῦ 15 Ναβὰτ, βασιλεύει Ἀβιοὺ υἱὸς Ῥοβοὰμ ἐπὶ Ἰούδαν· Καὶ τρία 2 ἔτη ἐβασίλευσεν ἐπὶ Ἱερουσαλήμ· καὶ ὄνομα τῆς μητρὸς αὐτοῦ Μααχὰ, θυγάτηρ Ἀβεσσαλώμ. Καὶ ἐπορεύθη ἐν ταῖς ἁμαρ- 3 τίαις τοῦ πατρὸς αὐτοῦ αἷς ἐποίησεν ἐνώπιον αὐτοῦ, καὶ οὐκ ἦν ἡ καρδία αὐτοῦ τελεία μετὰ Κυρίου Θεοῦ αὐτοῦ, ὡς ἡ καρδία τοῦ πατρὸς αὐτοῦ. Ὅτι διὰ Δαυὶδ ἔδωκεν αὐτῷ Κύριος 4 κατάλειμμα, ἵνα στήσῃ τὰ τέκνα αὐτοῦ μετ' αὐτὸν, καὶ στήσῃ τὴν Ἱερουσαλήμ· ὡς ἐποίησε Δαυὶδ τὸ εὐθὲς ἐνώπιον Κυρίου, 5 οὐκ ἐξέκλινεν ἀπὸ πάντων ὧν ἐνετείλατο αὐτῷ πάσας τὰς ἡμέ- ρας τῆς ζωῆς αὐτοῦ.

Καὶ τὰ λοιπὰ τῶν λόγων Ἀβιοὺ καὶ πάντα ἃ ἐποίησεν, 7 οὐκ ἰδοὺ ταῦτα γεγραμμένα ἐπὶ βιβλίῳ λόγων τῶν ἡμερῶν τοῖς

β *Gr.* word.   γ The first 20 verses of this chapter are supplied by the *Alex.* See *App.*   δ *Gr.* a son of 41 years in his reigning.
ζ *Gr.* of.   θ *Gr.* from the face of.   λ *Gr.* of Roboam reigning.   μ *Gr.* arms.   ξ Words in brackets not in *Heb.* or *Alex.*
π *Gr.* runners by the side of.   ρ The *Heb.* אֵת is retained in the *Gr.*   σ *Gr.* words.   τ *Gr.* to or for.   φ *Alex.* 16 years.
χ *Gr.* words.   ψ *Lit.* the words of the days.

βασιλεῦσιν Ἰούδα; καὶ πόλεμος ἦν ἀναμέσον Ἀβιοὺ καὶ ἀνα-
8 μέσον Ἱεροβοάμ. Καὶ ἐκοιμήθη Ἀβιοὺ μετὰ τῶν πατέρων
αὐτοῦ ἐν τῷ εἰκοστῷ καὶ τετάρτῳ ἔτει τοῦ Ἱεροβοάμ, καὶ θάπτε-
ται μετὰ τῶν πατέρων αὐτοῦ ἐν πόλει Δαυίδ· καὶ βασιλεύει
Ἀσὰ υἱὸς αὐτοῦ ἀντ᾽ αὐτοῦ.

9 Ἐν τῷ ἐνιαυτῷ τετάρτῳ καὶ εἰκοστῷ τοῦ Ἱεροβοὰμ βασι-
10 λέως Ἰσραήλ, βασιλεύει Ἀσὰ ἐπὶ Ἰούδαν· Καὶ τεσσαράκοντα
καὶ ἐν ἔτος ἐβασίλευσεν ἐν Ἱερουσαλήμ· καὶ ὄνομα τῆς μητρὸς
11 αὐτοῦ Ἀνά, θυγάτηρ Ἀβεσσαλώμ. Καὶ ἐποίησεν Ἀσὰ τὸ
12 εὐθὲς ἐνώπιον Κυρίου, ὡς Δαυίδ ὁ πατὴρ αὐτοῦ. Καὶ ἀφεῖλε
τὰς τελετὰς ἀπὸ τῆς γῆς, καὶ ἐξαπέστειλε πάντα τὰ ἐπιτηδεύ-
13 ματα ἃ ἐποίησαν οἱ πατέρες αὐτοῦ. Καὶ τὴν Ἀνὰ τὴν μητέρα
ἑαυτοῦ μετέστησε τοῦ μὴ εἶναι ἡγουμένην, καθὼς ἐποίησε
σύνοδον ἐν τῷ ἄλσει αὐτῆς· καὶ ἐξέκοψεν Ἀσὰ τὰς καταδύσεις
14 αὐτῆς, καὶ ἐνέπρησε πυρὶ ἐν τῷ χειμάρρῳ τῶν Κέδρων. Τὰ δὲ
ὑψηλὰ οὐκ ἐξῆρε· πλὴν ἡ καρδία Ἀσὰ ἦν τελεία μετὰ Κυρίου
15 πάσας τὰς ἡμέρας αὐτοῦ. Καὶ εἰσήνεγκε τοὺς κίονας τοῦ
πατρὸς αὐτοῦ, καὶ τοὺς κίονας αὐτοῦ εἰσήνεγκεν εἰς τὸν οἶκον
Κυρίου ἀργυροῦς καὶ χρυσοῦς, καὶ σκεύη.

16 Καὶ πόλεμος ἦν ἀναμέσον Ἀσὰ καὶ ἀναμέσον Βαασὰ βασι-
17 λέως Ἰσραὴλ πάσας τὰς ἡμέρας αὐτῶν. Καὶ ἀνέβη Βαασὰ
βασιλεὺς Ἰσραὴλ ἐπὶ Ἰούδαν, καὶ ᾠκοδόμησε τὴν Ῥαμά, τοῦ
μὴ εἶναι ἐκπορευόμενον καὶ εἰσπορευόμενον τῷ Ἀσὰ βασιλεῖ
Ἰούδα.

18 Καὶ ἔλαβεν Ἀσὰ σύμπαν τὸ ἀργύριον καὶ τὸ χρυσίον τὸ
εὑρεθὲν ἐν τοῖς θησαυροῖς οἴκου Κυρίου καὶ ἐν τοῖς θησαυροῖς
τοῦ οἴκου τοῦ βασιλέως, καὶ ἔδωκεν αὐτὰ εἰς χεῖρας παίδων
αὐτοῦ· καὶ ἐξαπέστειλεν αὐτοὺς ὁ βασιλεὺς Ἀσὰ πρὸς υἱὸν
Ἄδερ υἱὸν Ταβερεμὰ υἱοῦ Ἀζὶν βασιλέως Συρίας τοῦ κατοι-
19 κοῦντος ἐν Δαμασκῷ, λέγων, διάθου διαθήκην ἀναμέσον ἐμοῦ
καὶ ἀναμέσον σοῦ, καὶ ἀναμέσον τοῦ πατρός μου καὶ τοῦ
πατρός σου· ἰδοὺ ἐξαπέσταλκά σοι δῶρα ἀργύριον καὶ χρυσίον·
δεῦρο, διασκέδασον τὴν διαθήκην σου τὴν πρὸς Βαασὰ βασιλέα
20 Ἰσραήλ, καὶ ἀναβήσεται ἀπ᾽ ἐμοῦ. Καὶ ἤκουσεν υἱὸς Ἄδερ
τοῦ βασιλέως Ἀσὰ, καὶ ἀπέστειλε τοὺς ἄρχοντας τῶν δυνάμεων
αὐτοῦ ταῖς πόλεσι τοῦ Ἰσραήλ, καὶ ἐπάταξαν τὴν Ἀϊν, τὴν
Δὰν, καὶ τὴν Ἀβὲλ οἴκου Μααχὰ, καὶ πᾶσαν τὴν Χεννερὲθ
21 ἕως πάσης τῆς γῆς Νεφθαλί. Καὶ ἐγένετο ὡς ἤκουσε Βαασὰ,
καὶ διέλιπε τοῦ οἰκοδομεῖν τὴν Ῥαμὰ, καὶ ἀνέστρεψεν εἰς
Θερσά.

22 Καὶ ὁ βασιλεὺς Ἀσὰ παρήγγειλε παντὶ Ἰούδα εἰς ἐνακὶμ,
καὶ αἴρουσι τοὺς λίθους τῆς Ῥαμά, καὶ τὰ ξύλα αὐτῆς ἃ ᾠκοδό-
μησε Βαασά· καὶ ᾠκοδόμησεν ἐν αὐτοῖς ὁ βασιλεὺς Ἀσὰ πᾶν
βουνὸν Βενιαμὶν καὶ τὴν σκοπιάν.

23 Καὶ τὰ λοιπὰ τῶν λόγων Ἀσὰ, καὶ πᾶσα ἡ δυναστεία αὐτοῦ
ἣν ἐποίησε, καὶ τὰς πόλεις ἃς ᾠκοδόμησεν, οὐκ ἰδοὺ ταῦτα
γεγραμμένα ἐστὶν ἐπὶ βιβλίῳ λόγων τῶν ἡμερῶν τοῖς βασιλεῦ-
σιν Ἰούδα; πλὴν ἐν τῷ καιρῷ τοῦ γήρως αὐτοῦ ἐπόνεσε τοὺς
24 πόδας αὐτοῦ. Καὶ ἐκοιμήθη Ἀσὰ μετὰ τῶν πατέρων αὐτοῦ,

the kings of Juda? And there was war
between Abiu and Jeroboam. 8 And Abiu
slept with his fathers in the twenty-fourth
year of Jeroboam; and he is buried with
his fathers in the city of David: and Asa
his son reigns in his stead.

9 βIn the four and twentieth year of Je-
roboam king of Israel, Asa begins to reign
over Juda. 10And he reigned forty-one
γyears in Jerusalem: and his mother's name
was Ana, daughter of Abessalom. 11And
Asa did that which was right in the sight of
the Lord, as David his father. 12And he
removed the δsodomites out of the land,
and abolished all the practices which his
fathers ʒhad kept up. 13And he removed
Ana his mother from being queen, foras-
much as she θgathered a meeting in her
grove: and Asa cut down her retreats, and
burnt them with fire in the brook of Ke-
dron. 14But he removed not the high
places; nevertheless the heart of Asa was
perfect with the Lord all his days. 15And
he brought in the pillars of his father, he
even brought in his gold and silver pillars
into the house of the Lord, and his vessels.

16 And there was war between Asa and
Baasa king of Israel all their days. 17And
Baasa king of Israel went up against Juda,
and built Rama, so that no one should go
out or come in for Asa king of Juda.

18And Asa took all the silver and the gold
that was found in the treasures of the house
of the Lord, and in the treasures of the
king's house, and gave them into the hands
of his servants; and king Asa sent them out
to the son of Ader, the son of Taberema son
of Azin king of Syria, who dwelt in Damas-
cus, saying, 19Make a covenant between me
and thee, and between my father and thy
father: lo! I have sent forth to thee gold
and silver for gifts: come, break thy league
with Baasa king of Israel, λthat he may go
up from me. 20And the son of Ader heark-
ened to king Asa, and sent the chiefs of his
forces to the cities of Israel; and they smote
Ain, Dan, and Abel of the house of Maacha,
and all Chennereth, as far as the whole land
of Nephthali. 21And it came to pass when
Baasa heard it, that he left off building
Rama, and returned to Thersa.

22And king Asa charged all Juda without
exception: and they take up the stones of
Rama and its timbers with which Baasa was
building; and king Asa built with them
upon the μwhole hill of Benjamin, and the
watch-tower.

23And the rest of the history of Asa, and
all his ʒmighty deeds which he wrought,
and the cities which he built, behold, are
not these written in the book of the chro-
nicles πof the kings of Juda? Nevertheless
in the time of his old age he was diseased in
his feet. 24And Asa slept with his fathers,

β Heb. and Alex. In the twentieth year.   γ Gr. year. Hebraism.   δ Lit. sacrifices.   ζ Gr. did, or wrought.
θ Gr. made.   λ Gr. and he shall.   μ Heb. Geba and Mizpeh.   ξ Gr. might.   π Gr. for.

and βwas buried with his fathers in the city of David his father: and Josaphat his son reigns in his stead.

²⁵And Nabat son of Jeroboam reigns over Israel in the second year of Asa king of Juda, and he reigned two years in Israel. ²⁶And he did that which was evil in the sight of the Lord, and walked in the way of his father, and in his sins wherein he caused Israel to sin.

²⁷And Baasa son of Achia, *who was* over the house of Belaan son of Achia, conspired against him, and smote him in Gabathon of the Philistines; for Nabat and all Israel were besieging Gabathon. ²⁸And Baasa slew him in the third year of Asa son of Asa king of Juda; and reigned in his stead. ²⁹And it came to pass when he reigned, that he smote the whole house of Jeroboam, and left γnone that breathed of Jeroboam, until he had destroyed him utterly, according to the word of the Lord which he spoke by his servant Achia the Selonite, ³⁰for the sins of Jeroboam, who led Israel into sin, even by his provocation wherewith he provoked the Lord God of Israel. ³¹And the rest of the history of Nabat, and all that he did, behold, are not these written in the book of the chronicles ςof the kings of Israel?θ

³³And in the third year of Asa king of Juda, Baasa the son of Achia begins to reign over Israel in Thersa, twenty and four years. ³⁴And he did that which was evil in the sight of the Lord, and walked in the way of Jeroboam the son of Nabat, and in his sins, as he caused Israel to sin.

And the word of the Lord came by the hand of Ju son of Anani to Baasa, *saying*, ²Forasmuch as I lifted thee up from the earth, and made thee ruler over my people Israel; and thou hast walked in the way of Jeroboam, and hast caused my people Israel to sin, to provoke me with their vanities; ³Behold, I raise up *enemies* after Baasa, and after his house; and I will λmake thy house as the house of Jeroboam son of Nabat. ⁴Him that μdies of Baasa in the city the dogs shall devour, and him that dies of his in the field the birds of the sky shall devour.

⁵Now the rest of the history of Baasa, and all that he did, and his mighty acts, behold, are not these written in the book of the chronicles of the kings of Israel? ⁶And Baasa slept with his fathers, and ξthey bury him in Thersa; and Ela his son reigns in his stead.

⁷And the Lord spoke by πJu the son of Anani against Baasa, and against his house, *even* all the evil which he wrought before the Lord to provoke him to anger by the works of his hands, in being like the house of Jeroboam; and because he smote him.

⁸ρAnd Ela son of Baasa reigned over Israel two years in Thersa. ⁹And Zambri, captain of half his cavalry, conspired against him, while he was in Thersa, drinking himself drunk in the house of Osa the steward at Thersa. ¹⁰And Zambri went in and

καὶ θάπτεται μετὰ τῶν πατέρων αὐτοῦ ἐν πόλει Δαυὶδ πατρὸς αὐτοῦ· καὶ βασιλεύει Ἰωσαφὰτ υἱὸς αὐτοῦ ἀντ' αὐτοῦ.

Καὶ Ναβὰτ υἱὸς Ἰεροβοὰμ βασιλεύει ἐπὶ Ἰσραὴλ ἐν ἔτει 25 δευτέρῳ τοῦ Ἀσὰ βασιλέως Ἰούδα, καὶ ἐβασίλευσεν ἐν Ἰσραὴλ ἔτη δύο. Καὶ ἐποίησε τὸ πονηρὸν ἐνώπιον Κυρίου, καὶ ἐπο- 26 ρεύθη ἐν ὁδῷ τοῦ πατρὸς αὐτοῦ, καὶ ἐν ταῖς ἁμαρτίαις αὐτοῦ αἷς ἐξήμαρτε τὸν Ἰσραήλ.

Καὶ περιεκάθισεν αὐτὸν Βαασὰ υἱὸς Ἀχιὰ ἐπὶ τὸν οἶκον 27 Βελαὰν υἱοῦ Ἀχιὰ, καὶ ἐχάραξεν αὐτὸν ἐν Γαβαθὼν τῇ τῶν ἀλλοφύλων· καὶ Ναβὰτ καὶ πᾶς Ἰσραὴλ περιεκάθητο ἐπὶ Γαβαθών. Καὶ ἐθανάτωσεν αὐτὸν Βαασὰ ἐν ἔτει τρίτῳ τοῦ 28 Ἀσὰ υἱοῦ Ἀσὰ βασιλέως Ἰούδα, καὶ ἐβασίλευσεν ἀντ' αὐτοῦ. Καὶ ἐγένετο ὡς ἐβασίλευσε, καὶ ἐπάταξεν ὅλον τὸν οἶκον Ἰερο- 29 βοὰμ, καὶ οὐχ ὑπελείπετο πᾶσαν πνοὴν τοῦ Ἰεροβοὰμ ἕως τοῦ ἐξολοθρεῦσαι αὐτὸν, κατὰ τὸ ῥῆμα Κυρίου ὃ ἐλάλησεν ἐν χειρὶ δούλου αὐτοῦ Ἀχιὰ τοῦ Σηλωνίτου· περὶ τῶν ἁμαρτιῶν Ἰερο- 30 βοὰμ, ὃς ἐξήμαρτε τὸν Ἰσραὴλ, καὶ ἐν τῷ παροργισμῷ αὐτοῦ ᾧ παρώργισε τὸν Κύριον Θεὸν τοῦ Ἰσραήλ. Καὶ τὰ λοιπὰ τῶν 31 λόγων Ναβὰτ καὶ πάντα ἃ ἐποίησεν, οὐκ ἰδοὺ ταῦτα γεγραμ- μένα ἐστὶν ἐν βιβλίῳ λόγων τῶν ἡμερῶν τοῖς βασιλεῦσιν Ἰσραήλ;

Καὶ ἐν τῷ ἔτει τῷ τρίτῳ τοῦ Ἀσὰ βασιλέως Ἰούδα βασιλεύει 33 Βαασὰ υἱὸς Ἀχιὰ ἐπὶ Ἰσραὴλ ἐν Θερσὰ εἴκοσι καὶ τέσσαρα ἔτη. Καὶ ἐποίησε τὸ πονηρὸν ἐνώπιον Κυρίου, καὶ ἐπορεύθη 34 ἐν ὁδῷ Ἰεροβοὰμ υἱοῦ Ναβὰτ, καὶ ἐν ταῖς ἁμαρτίαις αὐτοῦ ὡς ἐξήμαρτε τὸν Ἰσραήλ.

Καὶ ἐγένετο λόγος Κυρίου ἐν χειρὶ Ἰοὺ υἱοῦ Ἀνανὶ πρὸς 16 Βαασά. Ἀνθ' ὧν ὕψωσά σε ἀπὸ τῆς γῆς, καὶ ἔδωκά σε ἡγού- 2 μενον ἐπὶ τὸν λαόν μου Ἰσραὴλ, καὶ ἐπορεύθης ἐν τῇ ὁδῷ Ἰεροβοὰμ, καὶ ἐξήμαρτες τὸν λαόν μου τὸν Ἰσραὴλ, τοῦ παρ- οργίσαι με ἐν τοῖς ματαίοις αὐτῶν, ἰδοὺ ἐγὼ ἐξεγείρω ὀπίσω 3 Βαασὰ, καὶ ὄπισθεν τοῦ οἴκου αὐτοῦ, καὶ δώσω τὸν οἶκόν σου ὡς τὸν οἶκον Ἰεροβοὰμ υἱοῦ Ναβάτ. Τὸν τεθνηκότα τοῦ 4 Βαασὰ ἐν τῇ πόλει καταφάγονται αὐτὸν οἱ κύνες, καὶ τὸν τεθνη- κότα αὐτοῦ ἐν τῷ πεδίῳ καταφάγονται αὐτὸν τὰ πετεινὰ τοῦ οὐρανοῦ.

Καὶ τὰ λοιπὰ τῶν λόγων Βαασὰ καὶ πάντα ἃ ἐποίησε, καὶ 5 αἱ δυναστεῖαι αὐτοῦ, οὐκ ἰδοὺ ταῦτα γεγραμμένα ἐν βιβλίῳ λόγων τῶν ἡμερῶν τῶν βασιλέων Ἰσραήλ; Καὶ ἐκοιμήθη 6 Βαασὰ μετὰ τῶν πατέρων αὐτοῦ, καὶ θάπτεται ἐν Θερσὰ, καὶ βασιλεύει Ἠλὰ υἱὸς αὐτοῦ ἀντ' αὐτοῦ.

Καὶ ἐν χειρὶ Ἰοὺ υἱοῦ Ἀνανὶ ἐλάλησε Κύριος ἐπὶ Βαασὰ 7 καὶ ἐπὶ τὸν οἶκον αὐτοῦ, πᾶσαν τὴν κακίαν ἣν ἐποίησεν ἐνώπιον Κυρίου τοῦ παροργίσαι αὐτὸν ἐν τοῖς ἔργοις τῶν χειρῶν αὐτου, τοῦ εἶναι κατὰ τὸν οἶκον Ἰεροβοὰμ, καὶ ὑπὲρ τοῦ πατάξαι αὐτόν.

Καὶ Ἠλὰ υἱὸς Βαασὰ ἐβασίλευσεν ἐπὶ Ἰσραὴλ δύο ἔτη ἐν 8 Θερσὰ. Καὶ συνέστρεψεν ἐπ' αὐτὸν Ζαμβρὶ ὁ ἄρχων τῆς 9 ἡμίσους τῆς ἵππου, καὶ αὐτὸς ἦν ἐν Θερσὰ πίνων μεθύων ἐν τῷ οἴκῳ Ὠσὰ τοῦ οἰκονόμου ἐν Θερσά. Καὶ εἰσῆλθε Ζαμβρὶ καὶ 10

β Gr. is.   γ Gr. no breath.   δ For a similar use of περὶ, see Jer. 7. 22.   ζ Gr. for.   θ For v. 32, see *Appendix*.   λ Gr. give.
μ Gr. has died.   ξ Gr. he is buried.   π Gr. the hand of Ju.   ρ *Heb.* and *Alex.* 'in the 26th year of Asa king of Juda, Ela,' etc.

ἐπάταξεν αὐτὸν καὶ ἐθανάτωσεν αὐτόν, καὶ ἐβασίλευσεν ἀντ'
11 αὐτοῦ. Καὶ ἐγενήθη ἐν τῷ βασιλεῦσαι αὐτὸν ἐν τῷ καθίσαι
12 αὐτὸν ἐπὶ τοῦ θρόνου αὐτοῦ, καὶ ἐπάταξεν ὅλον τὸν οἶκον
Βαασὰ, κατὰ τὸ ῥῆμα ὃ ἐλάλησε Κύριος ἐπὶ τὸν οἶκον Βαασὰ,
13 καὶ πρὸς Ἰοὺ τὸν προφήτην περὶ πασῶν τῶν ἁμαρτιῶν Βαασὰ
καὶ Ἠλὰ τοῦ υἱοῦ αὐτοῦ, ὡς ἐξήμαρτε τὸν Ἰσραὴλ, τοῦ παρορ-
14 γίσαι Κύριον τὸν Θεὸν Ἰσραὴλ ἐν τοῖς ματαίοις αὐτῶν. Καὶ
τὰ λοιπὰ τῶν λόγων Ἠλὰ ἃ ἐποίησεν, οὐκ ἰδοὺ ταῦτα γεγραμ-
μένα ἐν βιβλίῳ λόγων τῶν ἡμερῶν τῶν βασιλέων Ἰσραὴλ;
15 Καὶ Ζαμβρὶ ἐβασίλευσεν ἐν Θερσᾷ ἡμέρας ἑπτά· καὶ ἡ
16 παρεμβολὴ Ἰσραὴλ ἐπὶ Γαβαθὼν τὴν τῶν ἀλλοφύλων. Καὶ
ἤκουσεν ὁ λαὸς ἐν τῇ παρεμβολῇ, λεγόντων, συνεστράφη
Ζαμβρὶ καὶ ἔπαισε τὸν βασιλέα· καὶ ἐβασίλευσαν ἐν Ἰσραὴλ
τὸν Ἀμβρὶ τὸν ἡγούμενον τῆς στρατιᾶς ἐπὶ Ἰσραὴλ ἐν τῇ
17 ἡμέρᾳ ἐκείνῃ ἐν τῇ παρεμβολῇ. Καὶ ἀνέβη Ἀμβρὶ καὶ πᾶς
Ἰσραὴλ μετ' αὐτοῦ ἐκ Γαβαθῶν, καὶ περιεκάθισαν ἐπὶ Θερσᾷ.
18 Καὶ ἐγενήθη ὡς εἶδε Ζαμβρὶ ὅτι προκατείληπται αὐτοῦ ἡ πόλις,
καὶ πορεύεται εἰς ἄντρον τοῦ οἴκου τοῦ βασιλέως, καὶ ἐνεπύρισεν
19 ἐπ' αὐτὸν τὸν οἶκον τοῦ βασιλέως, καὶ ἀπέθανεν ὑπὲρ τῶν
ἁμαρτιῶν αὐτοῦ ὧν ἐποίησε, τοῦ ποιῆσαι τὸ πονηρὸν ἐνώπιον
Κυρίου πορευθῆναι ἐν ὁδῷ Ἱεροβοὰμ υἱοῦ Ναβὰτ, καὶ ἐν
20 ταῖς ἁμαρτίαις αὐτοῦ ὡς ἐξήμαρτε τὸν Ἰσραήλ. Καὶ τὰ λοιπὰ
τῶν λόγων Ζαμβρὶ καὶ τὰς συνάψεις αὐτοῦ ἃς συνῆψεν, οὐκ
ἰδοὺ ταῦτα γεγραμμένα ἐν βιβλίῳ λόγων τῶν ἡμερῶν τῶν βασι-
λέων Ἰσραήλ;
21 Τότε μερίζεται ὁ λαὸς Ἰσραήλ· ἥμισυ τοῦ λαοῦ γίνεται
ὀπίσω Θαμνὶ υἱοῦ Γωνὰθ τοῦ βασιλεῦσαι αὐτὸν, καὶ τὸ ἥμισυ
22 τοῦ λαοῦ γίνεται ὀπίσω Ἀμβρί. Ὁ λαὸς ὁ ὢν ὀπίσω Ἀμβρὶ
ὑπερεκράτησε τὸν λαὸν τὸν ὀπίσω Θαμνὶ υἱοῦ Γωνάθ· καὶ
ἀπέθανε Θαμνὶ καὶ Ἰωρὰμ ὁ ἀδελφὸς αὐτοῦ ἐν τῷ καιρῷ ἐκείνῳ,
καὶ ἐβασίλευσεν Ἀμβρὶ μετὰ Θαμνί.
23 Ἐν τῷ ἔτει τῷ τριακοστῷ καὶ πρώτῳ τοῦ βασιλέως Ἀσὰ
βασιλεύει Ἀμβρὶ ἐπὶ Ἰσραὴλ δώδεκα ἔτη· ἐν Θερσᾷ βασιλεύει
24 ἐξ ἔτη. Καὶ ἐκτήσατο Ἀμβρὶ τὸ ὄρος τὸ Σεμερὼν παρὰ Σεμὴρ
τοῦ κυρίου τοῦ ὄρους ἐν δύο ταλάντων ἀργυρίου· καὶ ᾠκοδόμησε
25 τὸ ὄρος, καὶ ἐπεκάλεσαν τὸ ὄνομα τοῦ ὄρους οὗ ᾠκοδόμησεν
ἐπὶ τῷ ὀνόματι Σεμὴρ τοῦ κυρίου τοῦ ὄρους, Σεμηρών. Καὶ
ἐποίησεν Ἀμβρὶ τὸ πονηρὸν ἐνώπιον Κυρίου, καὶ ἐπονηρεύσατο
26 ὑπὲρ πάντας τοὺς γενομένους ἔμπροσθεν αὐτοῦ. Καὶ ἐπορεύθη
ἐν πάσῃ ὁδῷ Ἱεροβοὰμ υἱοῦ Ναβὰτ, καὶ ἐν ταῖς ἁμαρτίαις
αὐτοῦ αἷς ἐξήμαρτε τὸν Ἰσραὴλ, τοῦ παροργίσαι τὸν Κύριον
27 Θεὸν Ἰσραὴλ ἐν τοῖς ματαίοις αὐτῶν. Καὶ τὰ λοιπὰ τῶν
λόγων Ἀμβρὶ καὶ πάντα ἃ ἐποίησε, καὶ πᾶσα ἡ δυναστεία
αὐτοῦ, οὐκ ἰδοὺ ταῦτα γεγραμμένα ἐν βιβλίῳ λόγων τῶν ἡμερῶν
τῶν βασιλέων Ἰσραήλ;
28 Καὶ ἐκοιμήθη Ἀμβρὶ μετὰ τῶν πατέρων αὐτοῦ, καὶ θάπ-
τεται ἐν Σαμαρείᾳ, καὶ βασιλεύει Ἀχαὰβ ὁ υἱὸς αὐτοῦ ἀντ'
αὐτοῦ.

Καὶ ἐν τῷ ἐνιαυτῷ τῷ ἐνδεκάτῳ ἔτει τοῦ Ἀμβρὶ βασιλεύει
Ἰωσαφὰτ υἱὸς Ἀσὰ ἐτῶν τριάκοντα καὶ πέντε ἐν τῇ βασιλείᾳ

---

smote him and slew him, [β] and reigned in his stead. [11] And it came to pass when he reigned, when he sat upon his throne, [12] that he smote all the house of Baasa, according to the word which the Lord spoke against the house of Baasa, and to Ju the prophet, [13] for all the sins of Baasa and Ela his son, as he led Israel astray to sin, to provoke the Lord God of Israel with their vanities. [14] And the rest of the [γ] deeds of Ela which he did, behold, are not these written in the book of the chronicles of the kings of Israel?

[15] And Zambri reigned in Thersa seven days: and the army of Israel was encamped against Gabathon of the Philistines. [16] And the people heard in the [δ] army, saying, Zambri has conspired and smitten the king: and the people [ς] of Israel made Ambri the captain of the host king in that day in the camp over Israel. [17] And Ambri went up, and all Israel with him, out of Gabathon; and they besieged Thersa. [18] And it came to pass when Zambri saw that his city was [θ] taken, that he goes into the [λ] inner chamber of the house of the king, and burnt the king's house over him, and died. [19] Because of his sins which he committed, doing that which was evil in the sight of the Lord, so as to walk in the way of Jeroboam the son of Nabat, and in his sins wherein he caused Israel to sin. [20] And the rest of the history of Zambri, and his conspiracies wherein he conspired, behold, are not these written in the book of the chronicles of the kings of Israel?

[21] Then the people of Israel divides; half the people goes after Thamni the son of Gonath to make him king; and half the people goes after Ambri. [22] The people that [μ] followed Ambri overpowered the people that followed Thamni son of Gonath: and Thamni died and Joram his brother at that time, and Ambri reigned after Thamni.

[23] In the thirty-first year of king Asa, Ambri [ξ] begins to reign over Israel twelve years: he reigns six years in Thersa. [24] And Ambri bought the mount Semeron of Semer the lord of the mountain for two talents of silver; and he built upon the mountain, and they called the name of the mountain on which he built, after the name of Semer the lord of the mount, Semeron. [25] And Ambri did that which was evil in the sight of the Lord, and wrought wickedly beyond all that were before him. [26] And he walked in all the way of Jeroboam the son of Nabat, and in his sins wherewith he caused Israel to sin, to provoke the Lord God of Israel by their vanities. [27] And the rest of the acts of Ambri, and all that he did, and all his might, behold, are not these things written in the book of the chronicles of the kings of Israel?

[28] And Ambri slept with his fathers, and is buried in Samaria; and Achaab his son reigns in his stead.

And in the eleventh [π] year of Ambri Josaphat the son of Asa reigns, being thirty-five years old [ρ] in the beginning of his reign, and

---

β Heb. and Alex. insert 'in the 27th year of Asa king of Juda.'   γ Gr. words.   δ Or, camp.   ζ Gr. in Israel.   θ Or, surprised.
λ Gr. the cave of the house.   μ Gr. was after.   ξ Gr. reigns.   π The word ἔτει is redundant.   ρ Gr. in his kingdom.

he reigned twenty-five years in Jerusalem: and his mother's name *was* Gazuba, daughter of Seli. And he walked in the way of Asa his father, and turned not from it, *even* from doing right in the eyes of the Lord: only they removed not *any* of the high places; they sacrificed and burnt incense on the high places. Now the engagements which Josaphat made with the king of Israel, and all his β mighty deeds which he performed, and the enemies whom he fought against, behold, *are* not these written in the book of the chronicles of the kings of Juda? and the remains of the prostitution γ which they practised in the days of Asa his father, he removed out of the land: and there was no king in Syria, *but* δ a deputy.

And king Josaphat made a ship ζ at Tharsis to go to Sophir for gold; but it went not, for the ship was broken at Gasion Gaber. Then the king of Israel said to Josaphat, θ I will send forth thy servants and my servants in the ship: but Josaphat would not. And Josaphat slept with his fathers, and is buried with his fathers in the city of David: and Joram his son reigned in his stead.

29 In the second year of Josaphat king of Juda, Achaab son of Ambri reigned over Israel in Samaria twenty-two years. 30And Achaab did that which was evil in the sight of the Lord, and did more wickedly than all that were before him. 31And it was not enough for him to walk in the sins of Jeroboam the son of Nabat, but he took to wife Jezabel the daughter of Jethebaal king of the Sidonians; and he went and served Baal, and worshipped him. 32And he set up an altar to Baal in the house of his λ abominations, which he built in Samaria. 33And Achaab made a grove; and Achaab did yet more abominably, to provoke the Lord God of Israel, and *to sin against* his own life so that he should be destroyed: he did evil above all the kings of Israel that were before him.

34And in his days Achiel the Bæthelite built Jericho: he laid the foundation of it in Abiron his first-born, and he set up the doors of it in Segub his younger son, according to the word of the Lord which he spoke by Joshua the son of Naue.

And Eliu the prophet, the Thesbite of Thesbæ of Galaad, said to Achaab, As the Lord God of hosts, the God of Israel, lives, before whom I stand, μ there shall not be these years dew nor rain, except by the ξ word of my mouth.

2 And the word of the Lord came to Eliu, *saying,* 3 Depart hence eastward, and hide thee π by the brook of Chorrath, that is before Jordan. 4And it shall be *that* thou shalt drink water of the brook, and I will charge the ravens to feed thee there. 5And Eliu did according to the word of the Lord, and he sat by the brook of Chorrath before Jordan. 6 And the ravens brought him loaves in the morning, and flesh in the evening, and he drank water of the brook. 7And it came to pass after ρ some time, that the brook was dried up, because there had been no rain upon the earth.

αὐτοῦ, καὶ εἰκοσιπέντε ἔτη ἐβασίλευσεν ἐν Ἱερουσαλήμ· καὶ ὄνομα τῆς μητρὸς αὐτοῦ Γαζουβὰ, θυγάτηρ Σελί· καὶ ἐπορεύθη ἐν τῇ ὁδῷ Ἀσὰ τοῦ πατρὸς αὐτοῦ, καὶ οὐκ ἐξέκλινεν ἀπ᾿ αὐτῆς τοῦ ποιεῖν τὸ εὐθὲς ἐνώπιον Κυρίου· πλὴν τῶν ὑψηλῶν οὐκ ἐξῆραν· ἔθυον ἐν τοῖς ὑψηλοῖς, καὶ ἐθυμίων· καὶ ἃ συνέθετο Ἰωσαφὰτ μετὰ βασιλέως Ἰσραὴλ, καὶ πᾶσα ἡ δυναστεία ἣν ἐποίησε, καὶ οὓς ἐπολέμησεν, οὐκ ἰδοὺ ταῦτα γεγραμμένα ἐν βιβλίῳ λόγων τῶν ἡμερῶν τῶν βασιλέων Ἰούδα; καὶ τὰ λοιπὰ τῶν συμπλοκῶν ἃς ἐπέθεντο ἐν ταῖς ἡμέραις Ἀσὰ τοῦ πατρὸς αὐτοῦ ἐξῆρεν ἀπὸ τῆς γῆς· καὶ βασιλεὺς οὐκ ἦν ἐν Συρίᾳ· Νασίβ.

Καὶ ὁ βασιλεὺς Ἰωσαφὰτ ἐποίησε ναῦν εἰς Θαρσὶς πορεύεσθαι εἰς Σωφὶρ ἐπὶ τὸ χρυσίον· καὶ οὐκ ἐπορεύθη, ὅτι συνετρίβη ἡ ναῦς ἐν Γασιὼν Γαβέρ· τότε εἶπεν ὁ βασιλεὺς Ἰσραὴλ πρὸς Ἰωσαφὰτ, ἐξαποστελῶ τοὺς παῖδάς σου καὶ τὰ παιδάριά μου ἐν τῇ νηΐ· καὶ οὐκ ἐβούλετο Ἰωσαφάτ· καὶ ἐκοιμήθη Ἰωσαφὰτ μετὰ τῶν πατέρων αὐτοῦ, καὶ θάπτεται μετὰ τῶν πατέρων αὐτοῦ ἐν πόλει Δαυίδ· καὶ ἐβασίλευσεν Ἰωρὰμ υἱὸς αὐτοῦ ἀντ᾿ αὐτοῦ.

Ἐν ἔτει δευτέρῳ τοῦ Ἰωσαφὰτ βασιλέως Ἰούδα, Ἀχαὰβ υἱὸς 29 Ἀμβρὶ ἐβασίλευσεν ἐπὶ Ἰσραὴλ ἐν Σαμαρείᾳ εἴκοσι καὶ δύο ἔτη. Καὶ ἐποίησεν Ἀχαὰβ τὸ πονηρὸν ἐνώπιον Κυρίου, καὶ 30 ἐπονηρεύσατο ὑπὲρ πάντας τοὺς ἔμπροσθεν αὐτοῦ. Καὶ οὐκ 31 ἦν αὐτῷ ἱκανὸν τοῦ πορεύεσθαι ἐν ταῖς ἁμαρτίαις Ἱεροβοὰμ υἱοῦ Ναβὰτ, καὶ ἔλαβε γυναῖκα τὴν Ἰεζάβελ θυγατέρα Ἰεθεβαὰλ βασιλέως Σιδωνίων· καὶ ἐπορεύθη καὶ ἐδούλευσε τῷ Βάαλ, καὶ προσεκύνησεν αὐτῷ. Καὶ ἔστησε θυσιαστήριον 32 τῷ Βάαλ ἐν οἴκῳ τῶν προσοχθισμάτων αὐτοῦ, ὃν ᾠκοδόμησεν ἐν Σαμαρείᾳ. Καὶ ἐποίησεν Ἀχαὰβ ἄλσος· καὶ προσέθηκεν 33 Ἀχαὰβ τοῦ ποιῆσαι παροργίσματα, τοῦ παροργίσαι τὸν Κύριον Θεὸν τοῦ Ἰσραὴλ, καὶ τὴν ψυχὴν αὐτοῦ ἐξολοθρευθῆναι, ἐκακοποίησεν ὑπὲρ πάντας τοὺς βασιλεῖς Ἰσραὴλ τοὺς γενομένους ἔμπροσθεν αὐτοῦ.

Καὶ ἐν ταῖς ἡμέραις αὐτοῦ ᾠκοδόμησεν Ἀχιὴλ ὁ Βαιθηλίτης 34 τὴν Ἱεριχώ· ἐν τῷ Ἀβιρὼν πρωτοτόκῳ αὐτοῦ ἐθεμελίωσεν αὐτὴν, καὶ τῷ Σεγοὺβ τῷ νεωτέρῳ αὐτοῦ ἐπέστησε θύρας αὐτῆς, κατὰ τὸ ῥῆμα Κυρίου, ὃ ἐλάλησεν ἐν χειρὶ Ἰησοῦ υἱοῦ Ναυῆ.

Καὶ εἶπεν Ἡλιοὺ ὁ προφήτης Θεσβίτης ὁ ἐκ Θεσβῶν τῆς 17 Γαλαὰδ πρὸς Ἀχαὰβ, ζῇ Κύριος ὁ Θεὸς τῶν δυνάμεων ὁ Θεὸς Ἰσραὴλ, ᾧ παρέστην ἐνώπιον αὐτοῦ, εἰ ἔσται τὰ ἔτη ταῦτα δρόσος καὶ ὑετὸς, ὅτι εἰ μὴ διὰ στόματος λόγου μου.

Καὶ ἐγένετο ῥῆμα Κυρίου πρὸς Ἡλιοὺ, πορεύου ἐντεῦθεν 2, 3 κατὰ ἀνατολὰς, καὶ κρύβηθι ἐν τῷ χειμάρρῳ Χορρὰθ τοῦ ἐπὶ προσώπου τοῦ Ἰορδάνου. Καὶ ἔσται ἐκ τοῦ χειμάρρου πίεσαι 4 ὕδωρ, καὶ τοῖς κόραξιν ἐντελοῦμαι διατρέφειν σε ἐκεῖ. Καὶ 5 ἐποίησεν Ἡλιοὺ κατὰ τὸ ῥῆμα Κυρίου, καὶ ἐκάθισεν ἐν τῷ χειμάρρῳ Χορρὰθ ἐπὶ προσώπου τοῦ Ἰορδάνου. Καὶ οἱ 6 κόρακες ἔφερον αὐτῷ ἄρτους τοπρωὶ, καὶ κρέα τοδείλης, καὶ ἐκ τοῦ χειμάρρου ἔπινεν ὕδωρ. Καὶ ἐγένετο μεθ᾿ ἡμέρας, 7 καὶ ἐξηράνθη ὁ χειμάρρους, ὅτι οὐκ ἐγένετο ὑετὸς ἐπὶ τῆς γῆς.

β *Gr.* might. γ See 1 Kings 22. 46..50. *A.V.* δ *Heb.* נצב præfectus. ζ *Or,* for. θ *Or,* let me.

λ *Or,* provocations, etc. μ *Gr.* if there shall be, etc. ξ *Gr.* mouth of my word. π *Gr.* in. ρ *Gr.* days.

8, 9   Καὶ ἐγένετο ῥῆμα Κυρίου πρὸς Ἠλιού, ἀνάστηθι, καὶ πορεύου εἰς Σαρεπτὰ τῆς Σιδωνίας· ἰδοὺ ἐντέταλμαι ἐκεῖ
10 γυναικὶ χήρᾳ τοῦ διατρέφειν σε. Καὶ ἀνέστη καὶ ἐπορεύθη εἰς Σαρεπτὰ, καὶ ἦλθεν εἰς τὸν πυλῶνα τῆς πόλεως· καὶ ἰδοὺ ἐκεῖ γυνὴ χήρα συνέλεγε ξύλα· καὶ ἐβόησεν ὀπίσω αὐτῆς Ἠλιού, καὶ εἶπεν αὐτῇ, λάβε δή μοι ὀλίγον ὕδωρ εἰς ἄγγος,
11 καὶ πίομαι. Καὶ ἐπορεύθη λαβεῖν, καὶ ἐβόησεν ὀπίσω αὐτῆς Ἠλιού, καὶ εἶπε, λήψῃ δή μοι ψωμὸν ἄρτου τοῦ ἐν τῇ χειρί
12 σου. Καὶ εἶπεν ἡ γυνὴ, ζῇ Κύριος ὁ Θεός σου, εἰ ἔστι μοι ἐγκρυφίας, ἀλλ᾿ ἢ ὅσον δρὰξ ἀλεύρου ἐν τῇ ὑδρίᾳ, καὶ ὀλίγον ἔλαιον ἐν τῷ καψάκῃ· καὶ ἰδοὺ ἐγὼ συλλέξω δύο ξυλάρια, καὶ εἰσελεύσομαι καὶ ποιήσω αὐτὸ ἐμαυτῇ καὶ τοῖς τέκνοις μου, καὶ φαγόμεθα, καὶ ἀποθανούμεθα.
13   Καὶ εἶπε πρὸς αὐτὴν Ἠλιού, θάρσει, εἴσελθε καὶ ποίησον κατὰ τὸ ῥῆμά σου· ἀλλὰ ποίησόν μοι ἐκεῖθεν ἐγκρυφίαν μικρὸν, καὶ ἐξοίσεις μοι ἐν πρώτοις, σαυτῇ δὲ καὶ τοῖς τέκνοις
14 σου ποιήσεις ἐπ᾿ ἐσχάτῳ· Ὅτι τάδε λέγει Κύριος, ἡ ὑδρία τοῦ ἀλεύρου οὐκ ἐκλείψει, καὶ ὁ καψάκης τοῦ ἐλαίου οὐκ ἐλαττονήσει, ἕως ἡμέρας τοῦ δοῦναι Κύριον τὸν ὑετὸν ἐπὶ τῆς
15 γῆς. Καὶ ἐπορεύθη ἡ γυνὴ, καὶ ἐποίησε, καὶ ἤσθιεν αὐτὴ
16 καὶ αὐτὸς καὶ τὰ τέκνα αὐτῆς. Καὶ ἡ ὑδρία τοῦ ἀλεύρου οὐκ ἐξέλιπε, καὶ ὁ καψάκης τοῦ ἐλαίου οὐκ ἠλαττονήθη, κατὰ τὸ ῥῆμα Κυρίου ὃ ἐλάλησεν ἐν χειρὶ Ἠλιού.
17   Καὶ ἐγένετο μετὰ ταῦτα, καὶ ἠρρώστησεν ὁ υἱὸς τῆς γυναικὸς τῆς κυρίας τοῦ οἴκου· καὶ ἦν ἡ ἀρρωστία αὐτοῦ κραταιὰ
18 σφόδρα ἕως οὐχ ὑπελείφθη ἐν αὐτῷ πνεῦμα. Καὶ εἶπε πρὸς Ἠλιού, τί ἐμοὶ καὶ σοὶ ἄνθρωπε τοῦ Θεοῦ; εἰσῆλθες πρὸς μὲ τοῦ ἀναμνῆσαι ἀδικίας μου, καὶ θανατῶσαι τὸν υἱόν μου;
19   Καὶ εἶπεν Ἠλιού πρὸς τὴν γυναῖκα, δός μοι τὸν υἱόν σου· καὶ ἔλαβεν αὐτὸν ἐκ τοῦ κόλπου αὐτῆς, καὶ ἀνήνεγκεν αὐτὸν εἰς τὸ ὑπερῷον ἐν ᾧ αὐτὸς ἐκάθητο ἐκεῖ, καὶ ἐκοίμισεν αὐτὸν
20 ἐπὶ τῆς κλίνης. Καὶ ἀνεβόησεν Ἠλιού, καὶ εἶπεν, οἴ μοι Κύριε, ὁ μάρτυς τῆς χήρας μεθ᾿ ἧς ἐγὼ κατοικῶ μετ᾿ αὐτῆς,
21 σὺ κεκάκωκας τοῦ θανατῶσαι τὸν υἱὸν αὐτῆς. Καὶ ἐνεφύσησε τῷ παιδαρίῳ τρὶς, καὶ ἐπεκαλέσατο τὸν Κύριον, καὶ εἶπε, Κύριε ὁ Θεός μου, ἐπιστραφήτω δὴ ἡ ψυχὴ τοῦ παιδαρίου τούτου εἰς
22 αὐτόν. Καὶ ἐγένετο οὕτως· καὶ ἀνεβόησε τὸ παιδάριον.
23 Καὶ κατήγαγεν αὐτὸ ἀπὸ τοῦ ὑπερῴου εἰς τὸν οἶκον, καὶ ἔδωκεν αὐτὸ τῇ μητρὶ αὐτοῦ· καὶ εἶπεν Ἠλιού, βλέπε, ζῇ ὁ υἱός
24 σου. Καὶ εἶπεν ἡ γυνὴ πρὸς Ἠλιού, ἰδοὺ ἔγνωκα ὅτι σὺ ἄνθρωπος Θεοῦ, καὶ ῥῆμα Κυρίου ἐν τῷ στόματί σου ἀληθινόν.
18   Καὶ ἐγένετο μεθ᾿ ἡμέρας πολλὰς, καὶ ῥῆμα Κυρίου ἐγένετο πρὸς Ἠλιού ἐν τῷ ἐνιαυτῷ τῷ τρίτῳ, λέγων, πορεύθητι, καὶ ὄφθητι τῷ Ἀχαὰβ, καὶ δώσω ὑετὸν ἐπὶ πρόσωπον τῆς γῆς.
2 Καὶ ἐπορεύθη Ἠλιού τοῦ ὀφθῆναι τῷ Ἀχαὰβ, καὶ ἡ λιμὸς κραταιὰ ἐν Σαμαρείᾳ.
3   Καὶ ἐκάλεσεν Ἀχαὰβ τὸν Ἀβδιοὺ τὸν οἰκονόμον· καὶ
4 Ἀβδιοὺ ἦν φοβούμενος τὸν Κύριον σφόδρα. Καὶ ἐγένετο ἐν τῷ τύπτειν τὴν Ἰεζάβελ τοὺς προφήτας Κυρίου, καὶ ἔλαβεν Ἀβδιοὺ ἑκατὸν ἄνδρας προφήτας καὶ κατέκρυψεν αὐτοὺς κατὰ

---

[8] And the word of the Lord came to Eliu, saying, [9] Arise, and go to Sarepta of the Sidonian *land*: behold, I have there commanded a widow-woman to maintain thee. [10] And he arose and went to Sarepta, and came to the gate of the city: and, behold, a widow-woman was there gathering sticks; and Eliu cried after her, and said to her, β Fetch me, I pray thee, a little water in a vessel, γ that I may drink. [11] And she went to fetch it; and Eliu cried after her, and said, Bring me, I pray thee, a morsel of the bread that is in thy hand. [12] And the woman said, *As* the Lord thy God lives, I have not a cake, but only a handful of meal in the pitcher, and a little oil in a cruse, and, behold, I am going to gather two sticks, and I shall go in and dress it for myself and my children, and we shall eat it and die. [13] And Eliu said to her, Be of good courage, go in and do according to thy word: but make me thereof a little cake, and thou shalt bring *it* out to me first, and thou shalt make *some* for thyself and thy children last. [14] For thus saith the Lord, The pitcher of meal shall not fail, and the cruse of oil shall not δ diminish, until the day that the Lord gives rain upon the earth. [15] And the woman went and did *so*, and did eat, she, and he, and her children. [16] And the pitcher of meal failed not, and the cruse of oil was not diminished, according to the word of the Lord which he spoke by the hand of Eliu.

[17] And it came to pass afterward, that the son of the woman the mistress of the house was sick; and his sickness was very severe, until there was no breath left in him. [18] And she said to Eliu, What have I to do with thee, O man of God? hast thou come in to me to bring my sins to remembrance, and to slay my son? [19] And Eliu said to the woman, Give me thy son. And he took him out of her bosom, and took him up to the chamber in which he himself lodged, and ς laid him on the bed. [20] And Eliu cried aloud, and said, Alas, O Lord, the witness of the widow with whom I sojourn, thou hast wrought evil *for her* in slaying her son. [21] And he breathed on the child thrice, and called on the Lord, and said, O Lord my God, let, I pray thee, the soul of this child return to him. [22] And it was so, and the child cried out, [23] and he brought him down from the upper chamber into the house, and gave him to his mother; and Eliu said, See, thy son lives. [24] And the woman said to Eliu, Behold, I know that thou *art* a man of God, and the word of the Lord in thy mouth *is* true.

And it came to pass after many days, that the word of the Lord came to Eliu in the third year, saying, Go, and appear before Achaab, and I will bring rain upon the face of the earth. [2] And Eliu went to appear before Achaab: and the famine *was* severe in Samaria.

[3] And Achaab called Abdiu the steward. Now Abdiu feared the Lord greatly. [4] And it came to pass when Jezabel smote the prophets of the Lord, that Abdiu took a hun-

---

β Gr. Take, etc. into.   γ Gr. and I will, etc.   δ Or, be diminished, or fail of, etc.   ζ Gr. caused him to sleep.

dred prophets, and hid them by fifty in a cave, and fed them with bread and water. ⁵And Achaab said to Abdiu, Come, alone and let us go through the land, and to the fountains of water, and to the brooks, if by any means we may find grass, and may save the horses and mules, and so they will not perish from the tents. ⁶And they made a division of the way between them to pass through it: Achaab went one way, and Abdiu went by another way alone. ⁷And Abdiu was alone in the way; and Eliu came alone to meet him: and Abdiu hasted, and fell upon his face, and said, My lord Eliu, ᵝart thou indeed he? ⁸And Eliu said to him, I am: go, say to thy master, Behold, Eliu is here. ⁹And Abdiu said, What sin have I committed, that thou givest thy servant into the hand of Achaab to slay me? ¹⁰As the Lord thy God lives, there is not a nation or kingdom, whither my lord has not sent to seek thee; and if they said, He is not here, then has he set fire to the kingdom and its territories, because he has not found thee. ¹¹And now thou sayest, Go, tell thy lord, Behold, Eliu is here. ¹²And it shall come to pass when I shall have departed from thee, that the Spirit of the Lord shall carry thee to a land which I know not, and I shall go in to tell the matter to Achaab, and he will not find thee and will slay me: yet thy servant fears the Lord from his youth. ¹³Has it not been told to thee my lord, what I did when Jezabel slew the prophets of the Lord, that I hid a hundred men of the prophets of the Lord, by fifty in a cave, and fed them with bread and water? ¹⁴And now thou sayest to me, Go, say to thy master, Behold, Eliu is here: and he shall slay me. ¹⁵And Eliu said, As the Lord of Hosts before whom I stand lives, to-day I will appear before him.

¹⁶And Abdiu went to meet Achaab, and told him: and Achaab ᵞhasted forth, and went to meet Eliu. ¹⁷And it came to pass when Achaab saw Eliu, that Achaab said to Eliu, Art thou he that perverts Israel? ¹⁸And Eliu said, I do not pervert Israel; but it is thou and thy father's house, in that ye forsake the Lord your God, and thou hast gone after Baalim. ¹⁹And now send, gather to me all Israel to mount Carmel, and the prophets of ᵟshame four hundred and fifty, and the prophets of the groves four hundred, that eat at Jezebel's table.

²⁰And Achaab sent to all Israel, and gathered all the prophets to mount Carmel.

²¹And Eliu drew near to them all: and Eliu said to them, How long wilt ye halt on both ᶘfeet? if the Lord be God, follow him; but if Baal, follow him. And the people answered not a word. ²²And Eliu said to the people, I am left, the ᶿonly one prophet of the Lord; and the prophets of Baal are four hundred and fifty men, and the prophets of the groves four hundred. ²³Let them give us two oxen, and let them choose one for themselves, and cut it in pieces, and

πεντήκοντα ἐν σπηλαίῳ, καὶ διέτρεφεν αὐτοὺς ἐν ἄρτῳ καὶ ὕδατι. Καὶ εἶπεν Ἀχαὰβ πρὸς Ἀβδιού, δεῦρο, καὶ διέλθωμεν 5 ἐπὶ τὴν γῆν καὶ ἐπὶ πηγὰς τῶν ὑδάτων καὶ ἐπὶ χειμάρρους, ἐὰν πῶς εὕρωμεν βοτάνην, καὶ περιποιησώμεθα ἵππους καὶ ἡμιόνους, καὶ οὐκ ἐξολοθρευθήσονται ἀπὸ τῶν σκηνῶν. Καὶ ἐμέρισαν ἑαυτοῖς τὴν ὁδὸν τοῦ διελθεῖν αὐτήν· Ἀχαὰβ 6 ἐπορεύθη ἐν ὁδῷ μιᾷ, καὶ Ἀβδιοὺ ἐπορεύθη ἐν ὁδῷ ἄλλῃ μόνος. Καὶ ἦν Ἀβδιοὺ ἐν τῇ ὁδῷ μόνος· καὶ ἦλθεν Ἠλιοὺ εἰς 7 συνάντησιν αὐτοῦ μόνος· καὶ Ἀβδιοὺ ἔσπευσε καὶ ἔπεσεν ἐπὶ πρόσωπον αὐτοῦ, καὶ εἶπεν, εἰ σὺ εἶ αὐτὸς, κύριέ μου Ἠλιού; Καὶ εἶπεν Ἠλιοὺ αὐτῷ, ἐγώ· πορεύου, λέγε τῷ κυρίῳ σου, 8 ἰδοὺ Ἠλιού. • Καὶ εἶπεν Ἀβδιού, τί ἡμάρτηκα, ὅτι δίδως τὸν 9 δοῦλόν σου εἰς χεῖρα Ἀχαὰβ τοῦ θανατῶσαί με; Ζῇ Κύριος 10 ὁ Θεός σου, εἰ ἔστιν ἔθνος ἢ βασιλεία, οὗ οὐκ ἀπέστειλεν ὁ κύριός μου ζητεῖν σε· καὶ εἰ εἶπον, οὐκ ἔστι, καὶ ἐνέπρησε τὴν βασιλείαν καὶ τὰς χώρας αὐτῆς, ὅτι οὐχ εὕρηκέ σε. Καὶ 11 νῦν σὺ λέγεις, πορεύου, ἀνάγγελε τῷ κυρίῳ σου, ἰδοὺ Ἠλιού. Καὶ ἔσται ἐὰν ἐγὼ ἀπέλθω ἀπὸ σοῦ, καὶ πνεῦμα Κυρίου ἀρεῖ 12 σε εἰς τὴν γῆν ἣν οὐκ οἶδα, καὶ εἰσελεύσομαι ἀπαγγεῖλαι τῷ Ἀχαάβ, καὶ οὐχ εὑρήσει σε, καὶ ἀποκτενεῖ με· καὶ ὁ δοῦλός σου ἐστὶ φοβούμενος τὸν Κύριον ἐκ νεότητος αὐτοῦ. Ἦ οὐκ 13 ἀπηγγέλη σοι τῷ κυρίῳ μου, οἷα πεποίηκα ἐν τῷ ἀποκτείνειν τὴν Ἰεζάβελ τοὺς προφήτας Κυρίου, καὶ ἔκρυψα ἀπὸ τῶν προφητῶν Κυρίου ἑκατὸν ἄνδρας, ἀνὰ πεντήκοντα ἐν σπηλαίῳ, καὶ ἔθρεψα ἐν ἄρτοις καὶ ὕδατι; Καὶ νῦν σὺ λέγεις μοι, 14 πορεύου, λέγε τῷ κυρίῳ σου, ἰδοὺ Ἠλιού· καὶ ἀποκτενεῖ με. Καὶ εἶπεν Ἠλιού, ζῇ Κύριος τῶν δυνάμεων ᾧ παρέστην ἐνώπιον 15 αὐτοῦ, ὅτι σήμερον ὀφθήσομαι αὐτῷ.

Καὶ ἐπορεύθη Ἀβδιοὺ εἰς συναντὴν τῷ Ἀχαάβ, καὶ ἀπήγ- 16 γειλεν αὐτῷ· καὶ ἐξέδραμεν Ἀχαὰβ, καὶ ἐπορεύθη εἰς συνάντη- σιν Ἠλιού. Καὶ ἐγένετο ὡς εἶδεν Ἀχαὰβ τὸν Ἠλιού, καὶ 17 εἶπεν Ἀχαὰβ πρὸς Ἠλιού, εἰ σὺ εἶ αὐτὸς ὁ διαστρέφων τὸν Ἰσραήλ; Καὶ εἶπεν Ἠλιού, οὐ διαστρέφω τὸν Ἰσραήλ, ὅτι 18 ἀλλ᾿ ἢ σὺ καὶ οἶκος τοῦ πατρός σου, ἐν τῷ καταλιμπάνειν ὑμᾶς τὸν Κύριον Θεὸν ὑμῶν, καὶ ἐπορεύθης ὀπίσω τῶν Βααλίμ. Καὶ νῦν ἀπόστειλον, συνάθροισον πρὸς μὲ πάντα Ἰσραὴλ 19 εἰς ὄρος τὸ Καρμήλιον, καὶ τοὺς προφήτας τῆς αἰσχύνης τετρα- κοσίους καὶ πεντήκοντα, καὶ τοὺς προφήτας τῶν ἀλσῶν τετρα- κοσίους ἐσθίοντας τράπεζαν Ἰεζάβελ.

Καὶ ἀπέστειλεν Ἀχαὰβ εἰς πάντα Ἰσραήλ, καὶ ἐπισυνήγαγε 20 πάντας τοὺς προφήτας εἰς ὄρος τὸ Καρμήλιον.

Καὶ προσήγαγεν Ἠλιοὺ πρὸς πάντας· καὶ εἶπεν αὐτοῖς 21 Ἠλιού, ἕως πότε ὑμεῖς χωλανεῖτε ἐπ᾿ ἀμφοτέραις ταῖς ἰγνύαις· εἰ ἔστι Κύριος ὁ Θεός, πορεύεσθε ὀπίσω αὐτοῦ· εἰ δὲ Βάαλ, πορεύεσθε ὀπίσω αὐτοῦ· καὶ οὐκ ἀπεκρίθη ὁ λαὸς λόγον. Καὶ 22 εἶπεν Ἠλιοὺ πρὸς τὸν λαόν, ἐγὼ ὑπολέλειμμαι προφήτης τοῦ Κυρίου μονώτατος· καὶ οἱ προφῆται τοῦ Βάαλ τετρακόσιοι καὶ πεντήκοντα ἄνδρες, καὶ οἱ προφῆται τοῦ ἄλσους τετρακόσιοι· Δότωσαν ἡμῖν δύο βόας, καὶ ἐκλεξάσθωσαν ἑαυτοῖς τὸν ἕνα, 23

β Gr. if thou art, etc.   γ Gr. ran forth.   δ Heb. Baal. See Jer. 11. 13. Hos. 9. 10.   ζ Gr. the hams, from γόνυ, the knee.
θ Or, quite alone.

καὶ μελισάτωσαν, καὶ ἐπιθέτωσαν ἐπὶ τῶν ξύλων, καὶ πῦρ μὴ ἐπιθέτωσαν· καὶ ἐγὼ ποιήσω τὸν βοῦν τὸν ἄλλον, καὶ πῦρ οὐ 24 μὴ ἐπιθῶ. Καὶ βοᾶτε ἐν ὀνόματι θεῶν ὑμῶν, καὶ ἐγὼ ἐπικαλέσομαι ἐν τῷ ὀνόματι Κυρίου τοῦ Θεοῦ μου· καὶ ἔσται ὁ θεὸς ὃς ἂν ἐπακούσῃ ἐν πυρί, οὗτος Θεός· καὶ ἀπεκρίθησαν πᾶς ὁ λαὸς, καὶ εἶπον, καλὸν τὸ ῥῆμα ὃ ἐλάλησας.

25 Καὶ εἶπεν Ἠλιοὺ τοῖς προφήταις τῆς αἰσχύνης, ἐκλέξασθε ἑαυτοῖς τὸν μόσχον τὸν ἕνα, καὶ ποιήσατε πρῶτοι, ὅτι πολλοὶ ὑμεῖς· καὶ ἐπικαλέσασθε ἐν ὀνόματι θεοῦ ὑμῶν, καὶ πῦρ μὴ 26 ἐπιθῆτε. Καὶ ἔλαβον τὸν μόσχον καὶ ἐποίησαν, καὶ ἐπεκαλοῦντο ἐν ὀνόματι τοῦ Βάαλ ἐκ πρωΐθεν ἕως μεσημβρίας, καὶ εἶπον, ἐπάκουσον ἡμῶν ὁ Βάαλ, ἐπάκουσον ἡμῶν· καὶ οὐκ ἦν φωνὴ, καὶ οὐκ ἦν ἀκρόασις· καὶ διέτρεχον ἐπὶ τοῦ θυσιαστηρίου 27 οὗ ἐποίησαν. Καὶ ἐγένετο μεσημβρία, καὶ ἐμυκτήρισεν αὐτοὺς Ἠλιοὺ ὁ Θεσβίτης, καὶ εἶπεν, ἐπικαλεῖσθε ἐν φωνῇ μεγάλῃ, ὅτι θεός ἐστιν· ὅτι ἀδολεσχία αὐτῷ ἐστι, καὶ ἅμα μή ποτε χρηματίζει αὐτὸς, ἢ μή ποτε καθεύδει αὐτὸς, καὶ ἐξαναστήσεται. 28 Καὶ ἐπεκαλοῦντο ἐν φωνῇ μεγάλῃ, καὶ κατετέμνοντο κατὰ τὸν ἐθισμὸν αὐτῶν ἐν μαχαίραις καὶ σειρομάσταις ἕως ἐκχύσεως 29 αἵματος ἐπ' αὐτοὺς, καὶ προεφήτευον ἕως οὗ παρῆλθε τὸ δειλινόν· καὶ ἐγένετο ὡς ὁ καιρὸς τοῦ ἀναβῆναι τὴν θυσίαν, καὶ ἐλάλησεν Ἠλιοὺ ὁ Θεσβίτης πρὸς τοὺς προφήτας τῶν προσοχθισμάτων, λέγων, μετάστητε ἀπὸ τοῦ νῦν, καὶ ἐγὼ ποιήσω τὸ ὁλοκαύτωμά μου· καὶ μετέστησαν, καὶ ἀπῆλθον.

30 Καὶ εἶπεν Ἠλιοὺ πρὸς τὸν λαὸν, προσαγάγετε πρὸς μέ· 31 καὶ προσήγαγε πᾶς ὁ λαὸς πρὸς αὐτόν. Καὶ ἔλαβεν Ἠλιοὺ δώδεκα λίθους κατὰ ἀριθμὸν φυλῶν τοῦ Ἰσραὴλ, ὡς ἐλάλησε 32 Κύριος πρὸς αὐτὸν, λέγων, Ἰσραὴλ ἔσται τὸ ὄνομά σου. Καὶ ᾠκοδόμησε τοὺς λίθους ἐν ὀνόματι Κυρίου, καὶ ἰάσατο τὸ θυσιαστήριον τὸ κατεσκαμμένον· καὶ ἐποίησε θάλασσαν χωροῦ- 33 σαν δύο μετρητὰς σπέρματος κυκλόθεν τοῦ θυσιαστηρίου· Καὶ ἐστοίβασε τὰς σχίδακας ἐπὶ τὸ θυσιαστήριον ὃ ἐποίησε, καὶ ἐμέλισε τὸ ὁλοκαύτωμα καὶ ἐπέθηκεν ἐπὶ τὰς σχίδακας, καὶ ἐστοίβασεν ἐπὶ τὸ θυσιαστήριον, καὶ εἶπε, λάβετέ μοι τέσσαρας ὑδρίας ὕδατος, καὶ ἐπιχέετε ἐπὶ τὸ ὁλοκαύτωμα καὶ ἐπὶ τὰς 34 σχίδακας· καὶ ἐποίησαν οὕτως. Καὶ εἶπε, δευτερώσατε· καὶ 35 ἐδευτέρωσαν· καὶ εἶπε, τρισσώσατε· καὶ ἐτρίσσευσαν. Καὶ διεπορεύετο τὸ ὕδωρ κύκλῳ τοῦ θυσιαστηρίου, καὶ τὴν θάλασσαν ἔπλησαν ὕδατος.

36 Καὶ ἀνεβόησεν Ἠλιοὺ εἰς τὸν οὐρανὸν, καὶ εἶπε, Κύριε ὁ Θεὸς Ἀβραὰμ καὶ Ἰσαὰκ καὶ Ἰσραὴλ, ἐπάκουσόν μου Κύριε, ἐπάκουσόν μου σήμερον ἐν πυρί, καὶ γνώτωσαν πᾶς ὁ λαὸς οὗτος, ὅτι σὺ εἶ Κύριος ὁ Θεὸς Ἰσραὴλ, καὶ ἐγὼ δοῦλός σου, 37 καὶ διὰ σὲ πεποίηκα τὰ ἔργα ταῦτα. Ἐπάκουσόν μου Κύριε, ἐπάκουσόν μου, καὶ γνώτω ὁ λαὸς οὗτος, ὅτι σὺ εἶ Κύριος ὁ Θεὸς, καὶ σὺ ἔστρεψας τὴν καρδίαν τοῦ λαοῦ τούτου ὀπίσω. 38 Καὶ ἔπεσε πῦρ παρὰ Κυρίου ἐκ τοῦ οὐρανοῦ, καὶ κατέφαγε τὰ ὁλοκαυτώματα καὶ τὰς σχίδακας καὶ τὸ ὕδωρ τὸ ἐν τῇ θαλάσσῃ, καὶ τοὺς λίθους καὶ τὸν χοῦν ἐξέλειξε τὸ πῦρ.

lay it on the wood, and put no fire on the wood: and I will dress the other bullock, and put on no fire. [24] And do ye call loudly on the name of your gods, and I will call on the name of the Lord my God, and it shall come to pass that the God who shall answer by fire, he is God. And all the people answered and said, The word which thou hast spoken is good.

[25] And Eliu said to the prophets of shame, Choose to yourselves one calf, and dress it first, for ye are many; and call ye on the name of your god; but apply no fire. [26] And they took the calf and drest it, and called on the name of Baal from morning till noon, and said, Hear us, O Baal, hear us. And there was no voice, neither was there hearing, and they ran up and down on the altar which they had made. [27] And it was noon, and Eliu the Thesbite mocked them, and said, Call with a loud voice, for he is a god; for he is meditating, or else perhaps he is β engaged in business, or perhaps he is asleep, and γ is to be awaked. [28] And they cried with a loud voice, and cut themselves according to their custom with knives and lancets until the δ blood gushed out upon them. [29] And they prophesied until the evening came; and it came to pass as it was the time of the ζ offering of the sacrifice, that Eliu the Thesbite spoke to the prophets of the abominations, saying, Stand by for the present, and I will offer my sacrifice. And they stood aside and departed.

[30] And Eliu said to the people, Come near to me. And all the people came near to him. [31] And Eliu took twelve stones, according to the number of the tribes of Israel, as the Lord spoke to him, saying, Israel shall be thy name. [32] And he built up the stones in the name of the Lord, and θ repaired the altar that had been broken down; and he made a λ trench that would hold two measures of seed round about the altar. [33] And he piled the cleft wood on the altar which he had made, and divided the whole-burnt-offering, and laid it on the wood, and laid it in order on the altar, and said, Fetch me four pitchers of water, and pour it on the whole-burnt-offering, and on the wood. And they did so. [34] And he said, Do it the second time. And they did it the second time. And he said, Do it the third time. And they did it the third time. [35] And the water ran round about the altar, and they filled the trench with water.

[36] And Eliu cried aloud to heaven, and said, Lord God of Abraam, and Isaac, and Israel, μ answer me, O Lord, answer me this day by fire, and let all this people know that thou art the Lord, the God of Israel, and I am thy servant, and for thy sake I have wrought these works. [37] Hear me, O Lord, hear me, and let this people know that thou art the Lord God, and thou hast turned back the heart of this people. [38] Then fire fell from the Lord out of heaven, and devoured the whole-burnt-offerings, and the wood and the water that was in the λ trench, and the fire licked up the stones and the earth.

β Or, preparing an answer.　　γ Gr. will awake or arise.　　δ Gr. shedding of blood upon them.　　ζ Gr. the sacrifice going up.
θ Gr. healed.　　λ Gr. sea.　　μ Or, hearken unto me.

³⁹ And all the people fell upon their faces, and said, Truly the Lord *is* God ; he *is* God. ⁴⁰ And Eliu said to the people, Take the prophets of Baal ; let not one of them escape. And they took them ; and Eliu brings them down to the brook Kisson, and he slew them there.

⁴¹ And Eliu said to Achaab, Go up, and eat and drink, for *there is* a sound of the ^β coming of rain. ⁴² And Achaab went up to eat and to drink ; and Eliu went up to Carmel, and stooped to the ground, and put his face between his knees, ⁴³ and said to his servant, Go up, and look toward the sea. And the servant looked, and said, There is nothing : and Eliu said, Do thou then go again seven times. ⁴⁴ And the servant went again seven times : and it came to pass at the seventh time, that, behold, a little cloud like the sole of a man's foot ^γ brought water ; and he said, Go up, and say to Achaab, Make ready thy chariot, and go down, lest the rain overtake thee. ⁴⁵ And it came to pass in the meanwhile, that the heaven grew black with clouds and wind, and there was a great rain. And Achaab wept, and went to Jezrael. ⁴⁶ And the hand of the Lord *was* upon Eliu, and he girt up his loins, and ran before Achaab to Jezrael.

And Achaab told Jezabel his wife all that Eliu *had* done, and how he *had* slain the prophets with the sword. ² And Jezabel sent to Eliu, and said, If thou art Eliu and I am Jezabel, God ^δ do so to me, and more also, if I do not make thy life by this time to-morrow as the life of one of them. ³ And Eliu feared, and rose, and departed for his life : and he comes to Bersabee *to* the land of Juda, and he left his servant there.

⁴ And he himself went a day's journey in the wilderness, and came and sat under a juniper tree ; and asked concerning his life that he might die, and said, Let it be enough now, O Lord, take, I pray thee, my life from me ; for I am no better than my fathers. ⁵ And he lay down and slept there under a tree ; and behold, some one touched him, and said to him, Arise and eat. ⁶ And Eliu looked, and, behold, at his head there was a cake of meal and a cruse of water ; and he arose, and ate and drank, and returned and lay down. ⁷ And the angel of the Lord returned again, and touched him, and said to him, Arise, and eat, for the journey *is* far from thee. ⁸ And he arose, and ate and drank, and went in the strength of that meat forty days and forty nights to mount Choreb.

⁹ And he entered there into a cave, and rested there ; and, behold, the word of the Lord *came* to him, and he said, What *doest* thou here, Eliu ? ¹⁰ And Eliu said, ^ζ I have been very jealous for the Lord Almighty, because the children of Israel have forsaken thee : they have digged down thine altars, and have slain thy prophets with the sword ; and I only am left alone, and they seek my life to take it. ¹¹ And he said, Thou shalt go forth to-morrow, and shalt stand before the Lord in the mount ; behold, the Lord will pass by. And, behold, a great *and* strong wind rending the moun-

Καὶ ἔπεσε πᾶς ὁ λαὸς ἐπὶ πρόσωπον αὐτῶν, καὶ εἶπον, 39 ἀληθῶς Κύριος ὁ Θεὸς αὐτὸς ὁ Θεός. Καὶ εἶπεν Ἠλιοὺ πρὸς 40 τὸν λαὸν, συλλάβετε τοὺς προφήτας τοῦ Βάαλ, μηδεὶς σωθήτω ἐξ αὐτῶν· καὶ συνέλαβον αὐτοὺς, καὶ κατάγει αὐτοὺς Ἠλιοὺ εἰς τὸν χειμάρρουν Κισσῶν, καὶ ἔσφαξεν αὐτοὺς ἐκεῖ.

Καὶ εἶπεν Ἠλιοὺ τῷ Ἀχαὰβ, ἀνάβηθι, καὶ φάγε καὶ πίε, ὅτι 41 φωνὴ τῶν ποδῶν τοῦ ὑετοῦ. Καὶ ἀνέβη Ἀχαὰβ τοῦ φαγεῖν 42 καὶ πιεῖν· καὶ Ἠλιοὺ ἀνέβη ἐπὶ τὴν Κάρμηλον καὶ ἔκυψεν ἐπὶ τὴν γῆν, καὶ ἔθηκε τὸ πρόσωπον αὐτοῦ ἀναμέσον τῶν γονάτων αὐτοῦ, καὶ εἶπε τῷ παιδαρίῳ αὐτοῦ, ἀνάβηθι, καὶ ἐπίβλεψον 43 ὁδὸν τῆς θαλάσσης· καὶ ἐπέβλεψε τὸ παιδάριον, καὶ εἶπεν, οὐκ ἔστιν οὐθέν· καὶ εἶπεν Ἠλιοὺ, καὶ σὺ ἐπίστρεψον ἑπτάκις. Καὶ ἐπέστρεψε τὸ παιδάριον ἑπτάκις· καὶ ἐγένετο ἐν τῷ ἑβδόμῳ, 44 καὶ ἰδοὺ νεφέλη μικρὰ ὡς ἴχνος ἀνδρὸς ἀνάγουσα ὕδωρ· καὶ εἶπεν, ἀνάβηθι, καὶ εἶπον Ἀχαὰβ, ζεῦξον τὸ ἅρμα σου καὶ κατάβηθι, μὴ καταλάβῃ σε ὁ ὑετός. Καὶ ἐγένετο ἕως ὧδε καὶ 45 ὧδε, καὶ ὁ οὐρανὸς συνεσκότασε νεφέλαις καὶ πνεύματι, καὶ ἐγένετο ὑετὸς μέγας· καὶ ἔκλαιε καὶ ἐπορεύετο Ἀχαὰβ ἕως Ἰεζράελ. Καὶ χεὶρ Κυρίου ἐπὶ τὸν Ἠλιοὺ, καὶ συνέσφιγξε 46 τὴν ὀσφὺν αὐτοῦ, καὶ ἔτρεχεν ἔμπροσθεν Ἀχαὰβ εἰς Ἰεζράελ.

Καὶ ἀνήγγειλεν Ἀχαὰβ τῇ Ἰεζάβελ γυναικὶ αὐτοῦ πάντα ἃ 19 ἐποίησεν Ἠλιοὺ, καὶ ὡς ἀπέκτεινε τοὺς προφήτας ἐν ῥομφαίᾳ. Καὶ ἀπέστειλεν Ἰεζάβελ πρὸς Ἠλιοὺ, καὶ εἶπεν, εἰ σὺ εἶ Ἠλιοὺ 2 καὶ ἐγὼ Ἰεζάβελ, τάδε ποιήσαι μοι ὁ Θεὸς καὶ τάδε προσθείη, ὅτι ταύτην τὴν ὥραν αὔριον θήσομαι τὴν ψυχήν σου καθὼς ψυχὴν ἑνὸς ἐξ αὐτῶν. Καὶ ἐφοβήθη Ἠλιοὺ, καὶ ἀνέστη καὶ 3 ἀπῆλθε κατὰ τὴν ψυχὴν αὐτοῦ, καὶ ἔρχεται εἰς Βηρσαβεὲ γῆν Ἰούδα, καὶ ἀφῆκε τὸ παιδάριον αὐτοῦ ἐκεῖ.

Καὶ αὐτὸς ἐπορεύθη ἐν τῇ ἐρήμῳ ὁδὸν ἡμέρας, καὶ ἦλθε καὶ 4 ἐκάθισεν ὑποκάτω ῥαθμὲν, καὶ ᾐτήσατο τὴν ψυχὴν αὐτοῦ ἀποθανεῖν· καὶ εἶπεν, ἱκανούσθω νῦν, λάβε δὴ τὴν ψυχήν μου ἀπ᾽ ἐμοῦ Κύριε, ὅτι οὐ κρείσσων ἐγώ εἰμι ὑπὲρ τοὺς πατέρας μου. Καὶ ἐκοιμήθη καὶ ὕπνωσεν ἐκεῖ ὑπὸ φυτόν· καὶ ἰδού τις ἥψατο 5 αὐτοῦ, καὶ εἶπεν αὐτῷ, ἀνάστηθι καὶ φάγε. Καὶ ἐπέβλεψεν 6 Ἠλιού· καὶ ἰδοὺ πρὸς κεφαλῆς αὐτοῦ ἐγκρυφίας ὀλυρίτης καὶ καψάκης ὕδατος· καὶ ἀνέστη καὶ ἔφαγε καὶ ἔπιε, καὶ ἐπιστρέψας ἐκοιμήθη. Καὶ ἐπέστρεψεν ὁ ἄγγελος Κυρίου ἐκ δευτέρου, 7 καὶ ἥψατο αὐτοῦ, καὶ εἶπεν αὐτῷ, ἀνάστα, φάγε, ὅτι πολλὴ ἀπὸ σοῦ ἡ ὁδός. Καὶ ἀνέστη, καὶ ἔφαγε, καὶ ἔπιε· καὶ ἐπο- 8 ρεύθη ἐν ἰσχῦι τῆς βρώσεως ἐκείνης τεσσαράκοντα ἡμέρας καὶ τεσσαράκοντα νύκτας ἕως ὄρους Χωρήβ.

Καὶ εἰσῆλθεν ἐκεῖ εἰς τὸ σπήλαιον, καὶ κατέλυσεν ἐκεῖ· 9 καὶ ἰδοὺ ῥῆμα Κυρίου πρὸς αὐτὸν, καὶ εἶπε, τί σὺ ἐνταῦθα Ἠλιού; Καὶ εἶπεν Ἠλιοὺ, ζηλῶν ἐζήλωκα τῷ Κυρίῳ παντο- 10 κράτορι, ὅτι ἐγκατέλιπόν σε οἱ υἱοὶ Ἰσραήλ· τὰ θυσιαστήριά σου κατέσκαψαν, καὶ τοὺς προφήτας σου ἀπέκτειναν ἐν ῥομφαίᾳ, καὶ ὑπολέλειμμαι ἐγὼ μονώτατος, καὶ ζητοῦσι τὴν ψυχήν μου λαβεῖν αὐτήν. Καὶ εἶπεν, ἐξελεύση αὔριον, καὶ στήσῃ 11 ἐνώπιον Κυρίου ἐν τῷ ὄρει· ἰδοὺ παρελεύσεται Κύριος. Καὶ ἰδοὺ πνεῦμα μέγα κραταιὸν διαλύον ὄρη καὶ συντρίβον πέτρας

---

^β *Gr.* feet of rain.   ^γ *Gr.* bringing.   ^δ *Lit.* do these things to me, and add these things.   ^ζ Rom. 11. 3.

ἐνώπιον Κυρίου, οὐκ ἐν τῷ πνεύματι Κύριος· καὶ μετὰ τό
12 πνεῦμα συσσεισμὸς, οὐκ ἐν τῷ συσσεισμῷ Κύριος· Καὶ μετὰ
τὸν συσσεισμὸν πῦρ, οὐκ ἐν τῷ πυρὶ Κύριος· καὶ μετὰ τὸ πῦρ
φωνὴ αὔρας λεπτῆς.

13 Καὶ ἐγένετο ὡς ἤκουσεν Ἠλιοὺ, καὶ ἐπεκάλυψε τὸ πρόσωπον
αὐτοῦ ἐν τῇ μηλωτῇ αὐτοῦ, καὶ ἐξῆλθε καὶ ἔστη ὑπὸ σπήλαιον·
καὶ ἰδοὺ πρὸς αὐτὸν φωνὴ, καὶ εἶπε, τί σὺ ἐνταῦθα Ἠλιού;
14 Καὶ εἶπεν Ἠλιοὺ, ζηλῶν ἐζήλωκα τῷ Κυρίῳ παντοκράτορι, ὅτι
ἐγκατέλιπον τὴν διαθήκην σου οἱ υἱοὶ Ἰσραήλ· καὶ τὰ θυσια-
στήριά σου καθεῖλαν, καὶ τοὺς προφήτας σου ἀπέκτειναν ἐν
ῥομφαίᾳ, καὶ ὑπολέλειμμαι ἐγὼ μονώτατος, καὶ ζητοῦσι τὴν
15 ψυχήν μου λαβεῖν αὐτήν. Καὶ εἶπε Κύριος πρὸς αὐτὸν,
πορεύου, ἀνάστρεφε εἰς τὴν ὁδόν σου, καὶ ἥξεις εἰς τὴν ὁδὸν
ἐρήμου Δαμασκοῦ· καὶ ἥξεις καὶ χρίσεις τὸν Ἀζαὴλ εἰς βασιλέα
16 τῆς Συρίας· Καὶ τὸν Ἰοὺ υἱὸν Ναμεσσὶ χρίσεις εἰς βασιλέα
ἐπὶ Ἰσραήλ· καὶ τὸν Ἐλισαιὲ υἱὸν Σαφὰτ χρίσεις εἰς προφήτην
17 ἀντὶ σοῦ. Καὶ ἔσται τὸν σωζόμενον ἐκ ῥομφαίας Ἀζαὴλ,
θανατώσει Ἰού· καὶ τὸν σωζόμενον ἐκ ῥομφαίας Ἰού, θανα-
18 τώσει Ἐλισαιέ. Καὶ καταλείψεις ἐν Ἰσραὴλ ἑπτὰ χιλιάδας
ἀνδρῶν, πάντα γόνατα ἃ οὐκ ὤκλασαν γόνυ τῷ Βάαλ, καὶ πᾶν
στόμα ὃ οὐ προσεκύνησεν αὐτῷ.

19 Καὶ ἀπῆλθεν ἐκεῖθεν καὶ εὑρίσκει τὸν Ἐλισαιὲ υἱὸν Σαφὰτ,
καὶ αὐτὸς ἠρότρια ἐν βουσί· δώδεκα ζεύγη ἐνώπιον αὐτοῦ, καὶ
αὐτὸς ἐν τοῖς δώδεκα· καὶ ἀπῆλθεν ἐπ᾽ αὐτὸν, καὶ ἐπέρριψε τὴν
20 μηλωτὴν αὐτοῦ ἐπ᾽ αὐτόν. Καὶ κατέλιπεν Ἐλισαιὲ τὰς βόας,
καὶ κατέδραμεν ὀπίσω Ἠλιοὺ, καὶ εἶπε, καταφιλήσω τὸν
πατέρα μου, καὶ ἀκολουθήσω ὀπίσω σου· καὶ εἶπεν Ἠλιοὺ,
21 ἀνάστρεφε, ὅτι πεποίηκά σοι. Καὶ ἀνέστρεψεν ἐξ ὄπισθεν
αὐτοῦ· καὶ ἔλαβε τὰ ζεύγη τῶν βοῶν, καὶ ἔθυσε καὶ ἥψησεν
αὐτὰ ἐν τοῖς σκεύεσι τῶν βοῶν, καὶ ἔδωκε τῷ λαῷ, καὶ ἔφα-
γον· καὶ ἀνέστη καὶ ἐπορεύθη ὀπίσω Ἠλιοὺ, καὶ ἐλειτούργει
αὐτῷ.

20 Καὶ ἀμπελὼν εἷς ἦν τῷ Ναβουθαὶ τῷ Ἰεζραηλίτῃ παρὰ τῇ
2 ἅλῳ Ἀχαὰβ βασιλέως Σαμαρείας. Καὶ ἐλάλησεν Ἀχαὰβ
πρὸς Ναβουθαὶ, λέγων, δός μοι τὸν ἀμπελῶνά σου, καὶ ἔσται
μοι εἰς κῆπον λαχάνων, ὅτι ἐγγίζων οὗτος τῷ οἴκῳ μου, καὶ
δώσω σοι ἀμπελῶνα ἄλλον ἀγαθὸν ὑπὲρ αὐτόν· εἰ δὲ ἀρέσκει
ἐνώπιόν σου, δώσω σοι ἀργύριον ἄλλαγμα ἀμπελῶνός σου
3 τούτου, καὶ ἔσται μοι εἰς κῆπον λαχάνων. Καὶ εἶπε Ναβουθαὶ
πρὸς Ἀχαὰβ, μὴ γένοιτό μοι παρὰ Θεοῦ μου δοῦναι κληρονο-
μίαν πατέρων μου σοί.

4 Καὶ ἐγένετο τὸ πνεῦμα Ἀχαὰβ τεταραγμένον, καὶ ἐκοιμήθη
ἐπὶ τῆς κλίνης αὐτοῦ, καὶ συνεκάλυψε τὸ πρόσωπον αὐτοῦ, καὶ
5 οὐκ ἔφαγεν ἄρτον. Καὶ εἰσῆλθεν Ἰεζάβελ ἡ γυνὴ αὐτοῦ πρὸς
αὐτὸν, καὶ ἐλάλησε πρὸς αὐτὸν, τί τὸ πνεῦμά σου τεταραγ-
6 μένον, καὶ οὐκ εἶ σὺ ἐσθίων ἄρτον; Καὶ εἶπε πρὸς αὐτὴν,
ὅτι ἐλάλησα πρὸς Ναβουθαὶ τὸν Ἰεζραηλίτην, λέγων, δός
μοι τὸν ἀμπελῶνά σου ἀργυρίου· εἰ δὲ βούλη, δώσω σοι ἀμπε-
λῶνα ἄλλον ἀντ᾽ αὐτοῦ· καὶ εἶπεν, οὐ δώσω σοι κληρονομίαν

tains, and crushing the rocks before the
Lord; *but* the Lord *was* not in the wind;
and after the wind an earthquake; *but* the
Lord *was* not in the earthquake: [12]and
after the earthquake a fire; *but* the Lord
was not in the fire: and after the fire the
voice of a gentle breeze.

[13]And it came to pass when Eliu heard,
that he wrapt his face in his β mantle, and
went forth and stood γ in the cave: and,
behold, a voice came to him and said, What
doest thou here, Eliu? [14]And Eliu said, I
have been very jealous for the Lord Al-
mighty; for the children of Israel have
forsaken thy covenant, and they have over-
thrown thine altars, and have slain thy
prophets with the sword! and I am left
entirely alone, and they seek my life to take
it. [15]And the Lord said to him, Go, δ re-
turn, and thou shalt come into the way of
the wilderness of Damascus: and thou
shalt go and anoint Azael to be king over
Syria. [16]And Ju the son of Namessi shalt
thou anoint to be king over Israel; and
Elisaie the son of Saphat shalt thou anoint
to be prophet in thy room. [17]And it shall
come to pass, that him that escapes from
the sword of Azael, Ju shall slay; and him
that escapes from the sword of Ju, Elisaie
shall slay. [18]ζAnd thou shalt leave .in
Israel seven thousand men, all the knees
which had not bowed θ themselves to Baal,
and every mouth which had not worshipped
him.

[19]And he departed thence, and finds
Elisaie the son of Saphat, and he was
ploughing with oxen; *there were* twelve
yoke before him, and he λ with the twelve,
and he μ passed by to him, and cast his
mantle upon him. [20]And Elisaie left the
cattle, and ran after Eliu and said, I will
kiss my father, and follow after thee. And
Eliu said, Return, for 1 have done a *work*
for thee. [21]And he returned ξ from follow-
ing him, and took π a yoke of oxen, and
slew them, and boiled them with the in-
struments of the oxen, and gave to the peo-
ple, and they ate: and he arose, and went
after Eliu, and ministered to him.

And Nabuthai the Jezraelite had a vine-
yard, near the threshingfloor of Achaab
king of Samaria. [2]And Achaab spoke to
Nabuthai, saying, Give me thy vineyard,
and I will have it for a garden of herbs, for
it *is* near my house: and I will give thee
another vineyard better than it; or if ρ it
please thee, I will give thee money, the price
of this thy vineyard, and I will have it for
a garden of herbs. [3]And Nabuthai said to
Achaab, My God forbid me that I should
give thee the inheritance of my fathers.

[4]And the spirit of Achaab was troubled,
and he lay down upon his bed, and covered
his face, and ate no bread. [5]And Jezabel
his wife went in to him, and spoke to him,
saying, Why *is* thy spirit troubled, and *why*
dost thou eat no bread? [6]And he said to
her, Because I spoke to Nabuthai the
Jezraelite, saying, Give me thy vineyard for
money; or if thou wilt, I will give thee
another vineyard for it: and he said, I will
not give thee the inheritance of my fathers.

β *Lit* sheepskin.   γ *Gr.* under.   δ *Gr.* return to thy journey.   ζ Rom. 11. 4.   θ *Gr.* the knee.   λ *Gr.* in.   μ *Gr.* departed.
ξ *Gr.* from behind him.   π *Gr.* the yokes.   ρ *Gr.* it is pleasing before thee.

⁷ And Jezabel his wife said to him, Dost thou now thus act the king over Israel? arise, and eat bread, and be ^β thine own *master*, and I will give thee the vineyard of Nabuthai the Jezraelite.

⁸ And she wrote a ^γ letter in the name of Achaab, and sealed it with his seal, and sent the letter to the elders, and to the ^δ freemen who dwelt with Nabuthai. ⁹ And ^ζ it was written in the letters, saying, Keep a fast, and set Naboth in a chief place among the people. ¹⁰ And set two men, sons of transgressors, before him, and let them testify against him, saying, He ^θ blessed God and the king: and let them lead him forth, and stone him, and let him die.

¹¹ And the men of his city, the elders, and the nobles who dwelt in his city, did as Jezabel sent to them, and as it had been written in the letters which she sent to them. ¹² And they ^λ proclaimed a fast, and set Nabuthai in a chief place among the people. ¹³ And two men, sons of transgressors, came in, and sat opposite him, and bore witness against him, saying, Thou hast blessed God and the king. And they led him forth out of the city, and stoned him with stones, and he died. ¹⁴ And they sent to Jezabel, saying, Nabuthai is stoned, and is dead.

¹⁵ And it came to pass, when Jezabel heard *it*, that she said to Achaab, Arise, ^μ take possession of the vineyard of Nabuthai the Jezraelite, who ^ξ would not sell it to thee: for Nabuthai is not alive, for he is dead. ¹⁶ And it came to pass, when Achaab heard that Nabuthai the Jezraelite was dead, that he rent his garments, and put on sackcloth. And it came to pass afterward, that Achaab arose and went down to the vineyard of Nabuthai the Jezraelite, ^π to take possession of it.

¹⁷ And the Lord spoke to Eliu the Thesbite, saying, ¹⁸ Arise, and go down to meet Achaab king of Israel, who is in Samaria, for he *is* in the vineyard of Nabuthai, for he has gone down thither to take possession of it. ¹⁹ And thou shalt speak to him, saying, ^ρ Thus saith the Lord, Forasmuch as thou hast slain and taken possession, therefore thus saith the Lord, In every place where the swine and the dogs have licked the blood of Nabuthai, there shall the dogs lick thy blood; and the harlots shall wash themselves in thy blood. ²⁰ And Achaab said to Eliu, Hast thou found me, mine enemy? and he said, I have found *thee*: because thou hast ^σ wickedly sold thyself to work evil in the sight of the Lord, to provoke him to anger; ²¹ behold, I bring ^τ evil upon thee: and I will kindle a fire after thee, and I will utterly destroy every male of Achaab, and him that is shut up and him that is left in Israel. ²² And I will ^φ make thy house as the house of Jeroboam the son of Nabat, and as the house of Baasa son of Achia, because of the provocations wherewith thou hast provoked *me*, and caused Israel to sin. ²³ And the Lord spoke ^χ of Jezabel, saying, The dogs shall devour her ^ψ within the fortification of Jezrael. ²⁴ Him

πατέρων μου. Καὶ εἶπε πρὸς αὐτὸν Ἰεζάβελ ἡ γυνὴ αὐτοῦ, σὺ 7 νῦν οὕτω ποιεῖς βασιλέα ἐπὶ Ἰσραήλ; ἀνάστηθι καὶ φάγε ἄρτον καὶ σαυτοῦ γενοῦ, ἐγὼ δὲ δώσω σοι τὸν ἀμπελῶνα Ναβουθαὶ τοῦ Ἰεζραηλίτου.

Καὶ ἔγραψε βιβλίον ἐπὶ τῷ ὀνόματι Ἀχαάβ, καὶ ἐσφραγί- 8 σατο τῇ σφραγῖδι αὐτοῦ· καὶ ἀπέστειλε τὸ βιβλίον πρὸς τοὺς πρεσβυτέρους καὶ τοὺς ἐλευθέρους τοὺς κατοικοῦντας μετὰ Ναβουθαί. Καὶ ἐγέγραπτο ἐν τοῖς βιβλίοις, λέγων, νηστεύ- 9 σατε νηστείαν, καὶ καθίσατε τὸν Ναβουθαὶ ἐν ἀρχῇ τοῦ λαοῦ· Καὶ ἐγκαθίσατε δύο ἄνδρας υἱοὺς παρανόμων ἐξεναντίας αὐτοῦ, 10 καὶ καταμαρτυρησάτωσαν αὐτοῦ, λέγοντες, εὐλόγησε Θεὸν καὶ βασιλέα· καὶ ἐξαγαγέτωσαν αὐτὸν, καὶ λιθοβολησάτωσαν αὐτὸν, καὶ ἀποθανέτω.

Καὶ ἐποίησαν οἱ ἄνδρες τῆς πόλεως αὐτοῦ οἱ πρεσβύτεροι 11 καὶ οἱ ἐλεύθεροι οἱ κατοικοῦντες ἐν τῇ πόλει αὐτοῦ, καθὼς ἀπέ- στειλε πρὸς αὐτοὺς Ἰεζάβελ, καὶ καθὰ ἐγέγραπτο ἐν τοῖς βιβλίοις οἷς ἀπέστειλε πρὸς αὐτούς. Καὶ ἐκάλεσαν νηστείαν, 12 καὶ ἐκάθισαν τὸν Ναβουθαὶ ἐν ἀρχῇ τοῦ λαοῦ. Καὶ εἰσῆλθον 13 δύο ἄνδρες υἱοὶ παρανόμων, καὶ ἐκάθισαν ἐξεναντίας αὐτοῦ, καὶ κατεμαρτύρησαν αὐτοῦ, λέγοντες, εὐλόγηκας Θεὸν καὶ βασιλέα· καὶ ἐξήγαγον αὐτὸν ἔξω τῆς πόλεως, καὶ ἐλιθοβόλησαν αὐτὸν ἐν λίθοις, καὶ ἀπέθανε. Καὶ ἀπέστειλαν πρὸς Ἰεζάβελ, λέγον- 14 τες, λελιθοβόληται Ναβουθαὶ, καὶ τέθνηκε.

Καὶ ἐγένετο ὡς ἤκουσεν Ἰεζάβελ, καὶ εἶπε πρὸς Ἀχαὰβ, 15 ἀνάστα, κληρονόμει τὸν ἀμπελῶνα Ναβουθαὶ τοῦ Ἰεζραηλίτου, ὃς οὐκ ἔδωκέ σοι ἀργυρίου, ὅτι οὐκ ἔστι Ναβουθαὶ ζῶν, ὅτι τέθνηκε. Καὶ ἐγένετο ὡς ἤκουσεν Ἀχαὰβ ὅτι τέθνηκε Ναβου- 16 θαὶ ὁ Ἰεζραηλίτης, καὶ διέῤῥηξε τὰ ἱμάτια αὐτοῦ, καὶ περιεβά- λετο σάκκον· καὶ ἐγένετο μετὰ ταῦτα, καὶ ἀνέστη καὶ κατέβη Ἀχαὰβ εἰς τὸν ἀμπελῶνα Ναβουθαὶ τοῦ Ἰεζραηλίτου κληρονο- μῆσαι αὐτόν.

Καὶ εἶπε Κύριος πρὸς Ἡλιοὺ τὸν Θεσβίτην, λέγων, ἀνά- 17, 18 στηθι καὶ κατάβηθι εἰς ἀπαντὴν Ἀχαὰβ βασιλέως Ἰσραὴλ τοῦ ἐν Σαμαρείᾳ, ὅτι οὗτος ἐν ἀμπελῶνι Ναβουθαὶ, ὅτι καταβέβη- κεν ἐκεῖ κληρονομῆσαι αὐτόν. Καὶ λαλήσεις πρὸς αὐτὸν, 19 λέγων, τάδε λέγει Κύριος, ὡς σὺ ἐφόνευσας καὶ ἐκληρονόμησας, διὰ τοῦτο τάδε λέγει Κύριος, ἐν παντὶ τόπῳ ᾧ ἔλειξαν αἱ ὕες καὶ οἱ κύνες τὸ αἷμα Ναβουθαὶ, ἐκεῖ λείξουσιν οἱ κύνες τὸ αἷμά σου, καὶ αἱ πόρναι λούσονται ἐν τῷ αἵματί σου. Καὶ εἶπεν 20 Ἀχαὰβ πρὸς Ἡλιοὺ, εἰ εὕρηκάς με ὁ ἐχθρός μου; καὶ εἶπεν, εὕρηκα· διότι μάτην πέπρασαι ποιῆσαι τὸ πονηρὸν ἐνώπιον Κυρίου, παροργίσαι αὐτόν. Ἰδοὺ ἐγὼ ἐπάγω ἐπὶ σὲ κακά· καὶ 21 ἐκκαύσω ὀπίσω σου, καὶ ἐξολοθρεύσω τοῦ Ἀχαὰβ οὐροῦντα πρὸς τοῖχον, καὶ συνεχόμενον καὶ ἐγκαταλελειμμένον ἐν Ἰσραήλ. Καὶ δώσω τὸν οἶκόν σου ὡς τὸν οἶκον Ἱεροβοὰμ 22 υἱοῦ Ναβὰτ, καὶ ὡς τὸν οἶκον Βαασὰ υἱοῦ Ἀχιὰ, περὶ τῶν παροργισμάτων ὧν παρώργισας καὶ ἐξήμαρτες τὸν Ἰσραήλ. Καὶ τῇ Ἰεζάβελ ἐλάλησε Κύριος, λέγων, οἱ κύνες καταφά- 23 γονται αὐτὴν ἐν τῷ προτειχίσματι τοῦ Ἰεζράελ. Τὸν τεθνη- 24

---

^β *Or,* like thyself.   ^γ *Gr.* book.   ^δ Possibly nobles is here meant.   ^ζ *Gr.* had been written.
^θ See *Prof. Lee* on the word צ in Job 2. 9. *Heb. Gram.* p. 92.   ^λ *Gr.* called.   ^μ *Gr.* inherit.   ^ξ *Gr.* sold it not.
^π *Gr.* to inherit it.   ^ρ *Gr.* these things.   ^σ *Gr.* foolishly, or in vain.   ^τ *Gr.* evils.   ^φ *Gr.* give.   ^χ *Or,* to Jezabel.   ^ψ *Or,* **by.**

κότα τοῦ Ἀχαὰβ ἐν τῇ πόλει φάγονται οἱ κύνες, καὶ τὸν τεθνηκότα αὐτοῦ ἐν τῷ πεδίῳ φάγονται τὰ πετεινὰ τοῦ οὐρανοῦ.

25 Πλὴν ματαίως Ἀχαὰβ, ὃς ἐπράθη ποιῆσαι τὸ πονηρὸν ἐνώπιον Κυρίου, ὡς μετέθηκεν αὐτὸν Ἰεζάβελ ἡ γυνὴ αὐτοῦ.

26 Καὶ ἐβδελύχθη σφόδρα πορεύεσθαι ὀπίσω τῶν βδελυγμάτων, κατὰ πάντα ἃ ἐποίησεν ὁ Ἀμορραῖος, ὃν ἐξωλόθρευσε Κύριος ἀπὸ προσώπου υἱῶν Ἰσραήλ.

27 Καὶ ὑπὲρ τοῦ λόγου ὡς κατενύγη Ἀχαὰβ ἀπὸ προσώπου τοῦ Κυρίου, καὶ ἐπορεύετο κλαίων, καὶ διέρρηξε τὸν χιτῶνα αὐτοῦ, καὶ ἐζώσατο σάκκον ἐπὶ τὸ σῶμα αὐτοῦ, καὶ ἐνήστευσε· καὶ περιεβάλετο σάκκον ἐν τῇ ἡμέρᾳ ᾗ ἐπάταξε Ναβουθαὶ τὸν

28 Ἰεζραηλίτην, καὶ ἐπορεύθη. Καὶ ἐγένετο ῥῆμα Κυρίου ἐν χειρὶ δούλου αὐτοῦ Ἡλιοῦ περὶ Ἀχαὰβ, καὶ εἶπε Κύριος,

29 ἑώρακας ὡς κατενύγη Ἀχαὰβ ἀπὸ προσώπου μου; οὐκ ἐπάξω τὴν κακίαν ἐν ταῖς ἡμέραις αὐτοῦ, ἀλλ᾽ ἐν ταῖς ἡμέραις τοῦ υἱοῦ αὐτοῦ ἐπάξω τὴν κακίαν.

21 Καὶ συνήθροισεν υἱὸς Ἄδερ πᾶσαν τὴν δύναμιν αὐτοῦ, καὶ ἀνέβη καὶ περιεκάθισεν ἐπὶ Σαμάρειαν, καὶ τριακονταδύο βασιλεῖς μετ᾽ αὐτοῦ, καὶ πᾶς ἵππος καὶ ἅρμα· καὶ ἀνέβησαν καὶ

2 περιεκάθισαν ἐπὶ Σαμάρειαν, καὶ ἐπολέμησαν ἐπ᾽ αὐτήν. Καὶ ἀπέστειλε πρὸς Ἀχαὰβ βασιλέα Ἰσραὴλ εἰς τὴν πόλιν, καὶ

3 εἶπε πρὸς αὐτόν, τάδε λέγει υἱὸς Ἄδερ, τὸ ἀργύριόν σου καὶ τὸ χρυσίον σου ἐμόν ἐστι, καὶ αἱ γυναῖκές σου καὶ τὰ τέκνα

4 σου ἐμά ἐστι. Καὶ ἀπεκρίθη βασιλεὺς Ἰσραήλ, καὶ εἶπε, καθὼς ἐλάλησας κύριέ μου βασιλεῦ, σὸς ἐγώ εἰμι καὶ πάντα τὰ ἐμά.

5 Καὶ ἀνέστρεψαν οἱ ἄγγελοι, καὶ εἶπαν, τάδε λέγει ὁ υἱὸς Ἄδερ, ἐγὼ ἀπέστειλα πρὸς σέ, λέγων, τὸ ἀργύριόν σου καὶ τὸ χρυσίον σου καὶ τὰς γυναῖκας καὶ τὰ τέκνα σου δώσεις ἐμοί,

6 ὅτι ταύτην τὴν ὥραν αὔριον ἀποστελῶ τοὺς παῖδάς μου πρὸς σέ, καὶ ἐρευνήσουσι τὸν οἶκόν σου καὶ τοὺς οἴκους τῶν παίδων σου, καὶ ἔσται πάντα τὰ ἐπιθυμήματα τῶν ὀφθαλμῶν αὐτῶν

7 ἐφ᾽ ἃ ἂν ἐπιβάλωσι τὰς χεῖρας αὐτῶν, καὶ λήψονται. Καὶ ἐκάλεσεν ὁ βασιλεὺς Ἰσραὴλ πάντας τοὺς πρεσβυτέρους τῆς γῆς, καὶ εἶπε, γνῶτε δὴ καὶ ἴδετε ὅτι κακίαν οὗτος ζητεῖ, ὅτι ἀπέσταλκε πρὸς μὲ περὶ τῶν γυναικῶν μου, καὶ περὶ τῶν υἱῶν μου, καὶ περὶ τῶν θυγατέρων μου· τὸ ἀργύριόν μου καὶ τὸ

8 χρυσίον μου οὐκ ἀπεκώλυσα ἀπ᾽ αὐτοῦ. Καὶ εἶπαν αὐτῷ οἱ πρεσβύτεροι καὶ πᾶς ὁ λαός, μὴ ἀκούσῃς, καὶ μὴ θελήσῃς.

9 Καὶ εἶπε τοῖς ἀγγέλοις υἱοῦ Ἄδερ, λέγετε τῷ κυρίῳ ὑμῶν, πάντα ὅσα ἀπέσταλκας πρὸς τὸν δοῦλόν σου ἐν πρώτοις ποιήσω, τὸ δὲ ῥῆμα τοῦτο οὐ δυνήσομαι ποιῆσαι· καὶ ἀπῆραν οἱ ἄνδρες, καὶ ἐπέστρεψαν αὐτῷ λόγον.

10 Καὶ ἀπέστειλε πρὸς αὐτὸν υἱὸς Ἄδερ, λέγων, τάδε ποιήσαι μοι ὁ Θεὸς καὶ τάδε προσθείη, εἰ ἐκποιήσει ὁ χοῦς Σαμαρείας

11 ταῖς ἀλώπεξι παντὶ τῷ λαῷ τοῖς πεζοῖς μου. Καὶ ἀπεκρίθη ὁ βασιλεὺς Ἰσραήλ, καὶ εἶπεν, ἱκανούσθω· μὴ καυχάσθω

12 ὁ κυρτὸς, ὡς ὁ ὀρθός. Καὶ ἐγένετο ὅτε ἀπεκρίθη αὐτῷ τὸν λόγον τοῦτον, πίνων ἦν αὐτὸς καὶ πάντες οἱ βασιλεῖς οἱ μετ᾽

that is dead of Achaab in the city shall the dogs eat, and him that is dead of him in the field shall the birds of the sky eat.

25 But Achaab *did* wickedly, [β]in that he sold himself to do that which was evil in the sight of the Lord, as his wife Jezabel led him astray. [26] And he did very abominably in following after the abominations, according to all that the Amorite did, whom the Lord utterly destroyed from before the children of Israel.

[27] And because of the word, Achaab was pierced with sorrow before [γ]the Lord, and he both went weeping, and rent his garment, and girt sackcloth upon his body, and fasted; he put on sackcloth also in the day that he smote Nabuthai the Jezraelite, and went his way. [28] And the word of the Lord came by the hand of his servant Eliu concerning Achaab, and the Lord said, [29]Hast thou seen how Achaab has been pricked *to the heart* before me? I will not bring on the evil in his days, but in his son's days will I bring on the evil.

And the son of Ader gathered all his forces, and went up and besieged Samaria, *he* and thirty-two kings with him, and all *his* horse and [δ]chariots: and they went up and besieged Samaria, and fought against it. [2] And he sent into the city to Achaab king of Israel, and said to him, Thus says the son of Ader, [3] Thy silver and thy gold are |mine, and thy wives and thy children are mine. [4] And the king of Israel answered and said, As thou hast said, my lord, O king, I am thine, and all mine *also*.

[5] And the messengers came again, and said, Thus says the son of Ader, I sent to thee, saying, Thou shalt give me thy silver and thy gold, and thy wives and thy children. [6] For at this time to-morrow I will send my servants to thee, and they shall search thy house, and the houses of thy servants, and it shall be that all the desirable objects of their eyes on which they shall lay their hands, they shall even take *them*. [7]And the king of Israel called all the elders of the land, and said, Take notice now and consider, that this man seeks mischief: for he has sent to me concerning my wives, and concerning my sons, and concerning my daughters: I have not kept back from him my silver and my gold. [8] And the elders and all the people said to him, Hearken not, and consent not. [9] And he said to the messengers of the son of Ader, Say to your master, All things that thou hast sent to thy servant about at first I will do; but this thing I shall not be able to do. And the men departed, and carried back the answer to him.

[10] And the son of Ader sent to him, saying, So do God to me, and more also, if the dust of Samaria shall suffice for ſ foxes to all the people, even my infantry. [11] And the king of Israel answered and said, Let it be sufficient; let not the humpbacked boast as he that is upright. [12] And it came to pass when he returned him this answer, he and all

---

the kings with him were drinking in tents: and he said to his servants, βForm a trench. And they made a trench against the city.

¹³And, behold, a prophet came to Achaab king of Israel, and said, Thus saith the Lord, Hast thou seen this great multitude? behold, I give it this day into thine hands; and thou shalt know that I *am* the Lord. ¹⁴And Achaab said, Whereby? And he said, Thus saith the Lord, By the young men of the heads of the districts. And Achaab said, Who shall γbegin the battle? and he said, Thou.

¹⁵And Achaab δnumbered the young men the heads of the districts, and they were two hundred and thirty: and afterwards he numbered the people, *even* every ϛman fit for war, seven thousand. ¹⁶And he went forth at noon, and the son of Ader was drinking *and* getting drunk in Socchoth, he and the kings, *even* thirty and two kings, his allies. ¹⁷And the young men the heads of the districts went forth θfirst; and they send and report to the king of Syria, saying, There are men come forth out of Samaria. ¹⁸And he said to them, If they come forth peaceably, λtake them alive; and if they come forth to war, take them alive: ¹⁹and let not the young men the heads of the districts go forth of the city. And the force that was behind them ²⁰smote each one the man next to him; and each one a second time smote the man next to him: and Syria fled, and Israel pursued them; and the son of Ader, *even* the king of Syria, escapes on the horse of a horseman. ²¹And the king of Israel went forth, and took all the horses and the chariots, and smote *the enemy* with a great slaughter in Syria. ²²And the prophet came to the king of Israel, and said, Strengthen thyself, and observe, and see what thou shalt do; for at the return of the year the son of Ader king of Syria comes up against thee.

²³And the servants of the king of Syria, even they said, The God of Israel *is* a God of mountains, and not a God of valleys; therefore has he prevailed against us: but if we should fight against them in the plain, verily we shall prevail against them. ²⁴And do thou this thing: Send away the kings, each one to his place, and set princes in their stead. ²⁵And we will μgive thee *another* army according to the army that was destroyed, and cavalry according to the cavalry, and chariots according to the chariots, and we will fight against them in the plain, and we shall prevail against them. And he hearkened to ξtheir voice, and did so.

²⁶And it came to pass at the return of the year, that the son of Ader reviewed Syria, and went up to Apheca to war against Israel. ²⁷And the children of Israel were numbered, and came to meet them: and Israel encamped before them as two little flocks of goats, but Syria filled the land.

²⁸And there came the man of God, and said to the king of Israel, Thus saith the Lord, Because Syria has said, The Lord God of Israel *is* a God of the hills, and he *is* not a God of the valleys, therefore will I give this great army into thy hand, and thou

αὐτοῦ ἐν σκηναῖς· καὶ εἶπε τοῖς παισὶν αὐτοῦ, οἰκοδομήσατε χάρακα· καὶ ἔθεντο χάρακα ἐπὶ τὴν πόλιν.

Καὶ ἰδοὺ προφήτης εἷς προσῆλθε τῷ Ἀχαὰβ βασιλεῖ 13 Ἰσραὴλ, καὶ εἶπε, τάδε λέγει Κύριος, εἰ ἑώρακας τὸν ὄχλον τὸν μέγαν τοῦτον; ἰδοὺ ἐγὼ δίδωμι αὐτὸν σήμερον εἰς χεῖρας σὰς, καὶ γνώσῃ ὅτι ἐγὼ Κύριος. Καὶ εἶπεν Ἀχαὰβ, ἐν τίνι; καὶ 14 εἶπε, τάδε λέγει Κύριος, ἐν τοῖς παιδαρίοις τῶν ἀρχόντων τῶν χωρῶν· καὶ εἶπεν Ἀχαὰβ, τίς συνάψει τὸν πόλεμον; καὶ εἶπε, σύ.

Καὶ ἐπεσκέψατο Ἀχαὰβ τοὺς ἄρχοντας τὰ παιδάρια τῶν 15 χωρῶν, καὶ ἐγένοντο διακόσια τριάκοντα· καὶ μετὰ ταῦτα ἐπεσκέψατο τὸν λαὸν πάντα υἱὸν δυνάμεως, ἑπτὰ χιλιάδας. Καὶ 16 ἐξῆλθε μεσημβρίας, καὶ υἱὸς Ἄδερ πίνων μεθύων ἐν Σοκχὼθ αὐτὸς καὶ οἱ βασιλεῖς, τριάκοντα καὶ δύο βασιλεῖς συμβοηθοὶ αὐτοῦ. Καὶ ἐξῆλθον ἄρχοντες παιδάρια τῶν χωρῶν ἐν πρώ- 17 τοις· καὶ ἀποστέλλουσι καὶ ἀπαγγέλλουσι τῷ βασιλεῖ Συρίας, λέγοντες, ἄνδρες ἐξεληλύθασιν ἐκ Σαμαρείας. Καὶ εἶπεν 18 αὐτοῖς, εἰ εἰς εἰρήνην ἐκπορεύονται, συλλαβεῖν αὐτοὺς ζῶντας· καὶ εἰ εἰς πόλεμον, ζῶντας συλλαβεῖν αὐτούς· καὶ μὴ ἐξελ- 19 θάτωσαν ἐκ τῆς πόλεως ἄρχοντα τὰ παιδάρια τῶν χωρῶν. Καὶ 20 ἡ δύναμις ὀπίσω αὐτῶν ἐπάταξεν ἕκαστος τὸν παρ' αὐτοῦ· καὶ ἐδευτέρωσιν ἕκαστος τὸν παρ' αὐτοῦ· καὶ ἔφυγε Συρία· καὶ κατεδίωξεν αὐτοὺς Ἰσραήλ· καὶ σώζεται υἱὸς Ἄδερ βασιλεὺς Συρίας ἐφ' ἵππου ἱππέως. Καὶ ἐξῆλθεν ὁ βασιλεὺς Ἰσραήλ, 21 καὶ ἔλαβε πάντας τοὺς ἵππους καὶ τὰ ἅρματα, καὶ ἐπάταξε πληγὴν μεγάλην ἐν Συρίᾳ. Καὶ προσῆλθεν ὁ προφήτης πρὸς 22 βασιλέα Ἰσραὴλ, καὶ εἶπε, κραταιοῦ καὶ γνῶθι καὶ ἴδε τί ποιή- σεις, ὅτι ἐπιστρέφοντος τοῦ ἐνιαυτοῦ υἱὸς Ἄδερ βασιλεὺς Συρίας ἀναβαίνει ἐπὶ σέ.

Καὶ οἱ παῖδες βασιλέως Συρίας· καὶ εἶπον, θεὸς ὀρέων Θεὸς 23 Ἰσραὴλ καὶ οὐ θεὸς κοιλάδων, διὰ τοῦτο ἐκραταίωσεν ὑπὲρ ἡμᾶς· ἐὰν δὲ πολεμήσωμεν αὐτοὺς κατ' εὐθὺ, εἰ μὴν κραταιώ- σωμεν ὑπὲρ αὐτούς. Καὶ τὸ ῥῆμα τοῦτο ποίησον· ἀπόστησον 24 τοὺς βασιλεῖς ἕκαστον εἰς τὸν τόπον αὐτῶν, καὶ θοῦ ἀντ' αὐτῶν σατράπας, καὶ ἀλλάξομέν σοι δύναμιν κατὰ τὴν δύναμιν τὴν 25 πεσοῦσαν, καὶ ἵππον κατὰ τὴν ἵππον, καὶ ἅρματα κατὰ τὰ ἅρματα, καὶ πολεμήσομεν πρὸς αὐτοὺς κατ' εὐθὺ, καὶ κραταιώ- σομεν ὑπὲρ αὐτούς· καὶ ἤκουσε τῆς φωνῆς αὐτοῦ, καὶ ἐποίησεν οὕτως.

Καὶ ἐγένετο ἐπιστρέψαντος τοῦ ἐνιαυτοῦ, καὶ ἐπεσκέψατο 26 υἱὸς Ἄδερ τὴν Συρίαν, καὶ ἀνέβη εἰς Ἀφεκὰ εἰς πόλεμον ἐπὶ Ἰσραήλ. Καὶ οἱ υἱοὶ Ἰσραὴλ ἐπεσκέπησαν, καὶ παρεγένοντο 27 εἰς ἀπαντὴν αὐτῶν· καὶ παρενέβαλεν Ἰσραὴλ ἐξεναντίας αὐτῶν ὡσεὶ δύο ποίμνια αἰγῶν· καὶ Συρία ἔπλησε τὴν γῆν.

Καὶ προσῆλθεν ὁ ἄνθρωπος τοῦ Θεοῦ, καὶ εἶπε τῷ βασιλεῖ 28 Ἰσραὴλ, τάδε λέγει Κύριος, ἀνθ' ὧν εἶπε Συρία, θεὸς ὀρέων Κύριος ὁ Θεὸς Ἰσραὴλ καὶ οὐ θεὸς κοιλάδων αὐτὸς, καὶ δώσω τὴν δύναμιν τὴν μεγάλην ταύτην εἰς χεῖρα σὴν, καὶ γνώσῃ ὅτι

β *Or*, build a mound or fortification.　　γ *Gr.* engage in the war.　　δ *Or*, reviewed.　　ζ *Gr.* son of strength. θ *Gr.* among the first.　　λ *Gr.* infin. for imper.　　μ *Gr.* change.　　ξ *Gr.* his.

29 ἐγὼ Κύριος. Καὶ παρεμβάλλουσιν οὗτοι ἀπέναντι τούτων ἑπτὰ ἡμέρας· καὶ ἐγένετο ἐν τῇ ἡμέρᾳ τῇ ἑβδόμῃ, καὶ προσήγαγεν ὁ πόλεμος, καὶ ἐπάταξεν Ἰσραὴλ τὴν Συρίαν ἑκατὸν
30 χιλιάδας πεζῶν μιᾷ ἡμέρᾳ. Καὶ ἔφυγον οἱ κατάλοιποι εἰς Ἀφεκὰ εἰς τὴν πόλιν, καὶ ἔπεσε τὸ τεῖχος ἐπὶ εἴκοσι καὶ ἑπτὰ χιλιάδας ἀνδρῶν τῶν καταλοίπων· καὶ υἱὸς Ἄδερ ἔφυγε καὶ εἰσῆλθεν εἰς τὸν οἶκον τοῦ κοιτῶνος, εἰς τὸ ταμιεῖον.

31 Καὶ εἶπε τοῖς παισὶν αὐτοῦ, οἶδα ὅτι βασιλεῖς Ἰσραὴλ βασιλεῖς ἐλέους εἰσίν· ἐπιθώμεθα δὴ σάκκους ἐπὶ τὰς ὀσφύας ἡμῶν, καὶ σχοινία ἐπὶ τὰς κεφαλὰς ἡμῶν, καὶ ἐξέλθωμεν πρὸς βασι
32 λέα Ἰσραήλ, εἴπως ζωογονήσει τὰς ψυχὰς ἡμῶν. Καὶ περιεζώσαντο σάκκους ἐπὶ τὰς ὀσφύας αὐτῶν, καὶ ἔθεσαν σχοινία ἐπὶ τὰς κεφαλὰς αὐτῶν, καὶ εἶπον τῷ βασιλεῖ Ἰσραήλ, δοῦλός σου υἱὸς Ἄδερ λέγει, ζησάτω δὴ ἡ ψυχὴ ἡμῶν· καὶ εἶπεν, εἰ ἔτι ζῇ,
33 ἀδελφός μου ἐστί. Καὶ οἱ ἄνδρες οἰωνίσαντο, καὶ ἐσπείσαντο· καὶ ἀνελέξαντο τὸν λόγον ἐκ τοῦ στόματος αὐτοῦ, καὶ εἶπον, ἀδελφός σου υἱὸς Ἄδερ· καὶ εἶπεν, εἰσέλθατε καὶ λάβετε αὐτόν· καὶ ἐξῆλθε πρὸς αὐτὸν υἱὸς Ἄδερ, καὶ ἀναβιβάζουσιν αὐτὸν
34 πρὸς αὐτὸν ἐπὶ τὸ ἅρμα. Καὶ εἶπε πρὸς αὐτόν, τὰς πόλεις ἃς ἔλαβεν ὁ πατήρ μου παρὰ τοῦ πατρός σου ἀποδώσω σοι· καὶ ἐξόδους θήσεις σεαυτῷ ἐν Δαμασκῷ, καθὼς ἔθετο ὁ πατήρ μου ἐν Σαμαρείᾳ· καὶ ἐγὼ ἐν διαθήκῃ ἐξαποστελῶ σε. Καὶ διέθετο αὐτῷ διαθήκην, καὶ ἐξαπέστειλεν αὐτόν.

35 Καὶ ἄνθρωπος εἷς ἐκ τῶν υἱῶν τῶν προφητῶν εἶπε πρὸς τὸν πλησίον αὐτοῦ ἐν λόγῳ Κυρίου, πάταξον δή με· καὶ οὐκ ἠθέλη
36 σεν ὁ ἄνθρωπος πατάξαι αὐτόν. Καὶ εἶπε πρὸς αὐτόν, ἀνθ᾽ ὧν οὐκ ἤκουσας τῆς φωνῆς Κυρίου, καὶ ἰδοὺ σὺ ἀποτρέχεις ἀπ᾽ ἐμοῦ, καὶ πατάξει σε λέων· καὶ ἀπῆλθεν ἀπ᾽ αὐτοῦ, καὶ εὑρίσκει
37 αὐτὸν λέων, καὶ ἐπάταξεν αὐτόν. Καὶ εὑρίσκει ἄνθρωπον ἄλλον, καὶ εἶπε, πάταξόν με δή· καὶ ἐπάταξεν αὐτὸν ὁ ἄνθρωπος, πατάξας καὶ συνέτριψε.

38 Καὶ ἐπορεύθη ὁ προφήτης καὶ ἔστη τῷ βασιλεῖ Ἰσραὴλ ἐπὶ τῆς ὁδοῦ, καὶ κατεδήσατο ἐν τελαμῶνι τοὺς ὀφθαλμοὺς αὐτοῦ.
39 Καὶ ἐγένετο ὡς παρεπορεύετο ὁ βασιλεύς, καὶ οὗτος ἐβόα πρὸς τὸν βασιλέα, καὶ εἶπεν, ὁ δοῦλός σου ἐξῆλθεν ἐπὶ τὴν στρατιὰν τοῦ πολέμου, καὶ ἰδοὺ ἀνὴρ εἰσήγαγε πρὸς μὲ ἄνδρα, καὶ εἶπε πρὸς μὲ, φύλαξον τοῦτον τὸν ἄνδρα· ἐὰν δὲ ἐκπηδῶν ἐκπηδήσῃ, καὶ ἔσται ἡ ψυχή σου ἀντὶ τῆς ψυχῆς αὐτοῦ, ἢ τάλαντον ἀργυ
40 ρίου στήσεις. Καὶ ἐγενήθη, περιεβλέψατο ὁ δοῦλός σου ὧδε καὶ ὧδε, καὶ οὗτος οὐκ ἦν· καὶ εἶπε πρὸς αὐτὸν ὁ βασιλεὺς
41 Ἰσραήλ, ἰδοὺ καὶ τὰ ἔνεδρα παρ᾽ ἐμοὶ ἐφόνευσας· Καὶ ἔσπευσε καὶ ἀφεῖλε τὸν τελαμῶνα ἀπὸ τῶν ὀφθαλμῶν αὐτοῦ· καὶ ἐπέγνω
42 αὐτὸν ὁ βασιλεὺς Ἰσραήλ, ὅτι ἐκ τῶν προφητῶν οὗτος. Καὶ εἶπε πρὸς αὐτόν, τάδε λέγει Κύριος, διότι ἐξήνεγκας σὺ ἄνδρα ὀλέθριον ἐκ τῆς χειρός σου, καὶ ἔσται ἡ ψυχή σου ἀντὶ τῆς
43 ψυχῆς αὐτοῦ, καὶ λαός σου ἀντὶ τοῦ λαοῦ αὐτοῦ. Καὶ ἀπῆλθεν ὁ βασιλεὺς Ἰσραὴλ συγκεχυμένος καὶ ἐκλελυμένος, καὶ ἔρχεται εἰς Σαμάρειαν.

shalt know that I am the Lord. 29 And they encamp one over against the other before β them seven days. And it came to pass on the seventh day that the battle drew on, and Israel smote Syria, even a hundred thousand footmen in one day. 30 And the rest fled to Apheca, into the city; and the wall fell upon twenty-seven thousand men that were left: and the son of Ader fled, and entered into γ an inner chamber, into a closet.

31 And he said to his servants, I know that the kings of Israel are δ merciful kings: let us now put sackcloth upon our loins, and ropes upon our heads, and let us go forth to the king of Israel, if by any means he will save our souls alive. 32 So they girt sackcloth upon their loins, and put ropes upon their heads, and said to the king of Israel, Thy servant the son of Ader says, Let our ζ souls live, I pray thee. And he said, Does he yet live? He is my brother. 33 And the men divined, and θ offered drink-offerings; and they caught the word out of his mouth, and said, Thy brother the son of Ader. And he said, Go ye in and fetch him. And the son of Ader went out to him, and they cause him to go up to him λ into the chariot. 34 And he said to him, The cities which my father took from thy father I will restore to thee; and thou shalt make streets for thyself in Damascus, as my father made streets in Samaria; and I will let thee go with a covenant. And he made a covenant with him, and let him go.

35 And μ a certain man of the sons of the prophets said to his neighbour by the word of the Lord, Smite me, I pray. And the man would not smite him. 36 And he said to him, Because thou hast not hearkened to the voice of the Lord, therefore, behold, as thou departest from me, a lion shall smite thee: and he departed from him, and a lion found him, and smote him. 37 And he finds another man, and says, Smite me, I pray thee. And the man smote him, and ξ in smiting wounded him.

38 And the prophet went and stood before the king of Israel by the way, and bound his eyes with a bandage. 39 And it came to pass as the king passed by, that he cried aloud to the king, and said, Thy servant went out to π war, and, behold, a man brought another man to me, and said to me, Keep this man; and if he should by any means escape, then thy ρ life shall go for his life, or thou shalt pay a talent of silver. 40 And it came to pass, that thy servant looked round this way and that way, and σ the man was gone. And the king of Israel said to him, Behold, thou hast also τ destroyed snares set for me. 41 And he hasted, and took away the bandage from his eyes; and the king of Israel recognised him, that he was one of the prophets. 42 And he said to him, Thus saith the Lord, Because thou hast suffered to escape out of thine hand a man appointed to destruction, therefore thy life shall go for his life, and thy people for his people. 43 And the king of Israel departed confounded and discouraged, and came to Samaria.

β Gr. these.   γ Gr. the house of the chamber, which answers exactly to the Heb.   δ Gr. kings of mercy.   λ Gr. upon or to.   ζ Gr. soul.   μ Gr. one man.   θ Or, poured libations, but some read ἔσπευσαν,   ξ Gr. having smitten.
π Gr. the army of war.   ρ Gr. soul.   σ Gr. he was not.   τ Gr. slain.

And he rested three years, and there was no war between Syria and Israel. ² And it came to pass in the third year, that Josaphat king of Juda went down to the king of Israel. ³ And the king of Israel said to his servants, Know ye that Remmath Galaad *is* ours, and we are β slow to take it out of the hand of the king of Syria? ⁴ And the king of Israel said to Josaphat, Wilt thou go up with us to Remmath Galaad to battle? ⁵ And Josaphat said, As I *am*, so *art* thou also; as my people, *so is* thy people; as my horses, *so are* thy horses.

And Josaphat king of Juda said to the king of Israel, Enquire, I pray thee, of the Lord to-day. ⁶ And the king of Israel gathered all the prophets together, about four hundred men; and the king said to them, Shall I go up to Remmath Galaad to battle, or shall I forbear? and they said, Go up, and the Lord will surely give *it* into the hands of the king.

⁷ And Josaphat said to the king of Israel, Is there not here a prophet of the Lord, γ that we may enquire of the Lord by him? ⁸ And the king of Israel said to Josaphat, There is one man here *for us* to enquire of the Lord δ by; but I hate him, for he does not speak good of me, but only evil; Michaias son of Jemblaa. And Josaphat king of Juda said, Let not the king say so.

⁹ And the king of Israel called a eunuch and said, *Bring hither* quickly Michaias son of Jemblaa. ¹⁰ And the king of Israel and Josaphat king of Juda ς sat, each on his throne, armed in the gates of Samaria; and all the prophets prophesied before them. ¹¹ And Sedekias son of Chanaan made for himself iron horns, and said, Thus saith the Lord, With these thou shalt θ push Syria, until it be consumed. ¹² And all the prophets prophesied in like manner, saying, Go up to Remmath-Galaad, and *the thing* shall prosper, and the Lord shall deliver it and the king of Syria into thine hands.

¹³ And the messenger that went to call Michaias spoke to him, saying, Behold now, all the prophets speak with one mouth good concerning the king, let now thy words be like the words of one of them, and speak good things. ¹⁴ And Michaias said, *As* the Lord lives, whatsoever the Lord shall say to me, λ that will I speak.

¹⁵ And he came to the king: and the king said to him, Michaias, shall I go up to Remmath Galaad to battle, or shall I forbear? and he said, Go up, and the Lord shall μ deliver it into the hand of the king. ¹⁶ And the king said to him, How often shall I adjure thee, that thou speak to me truth in the name of the Lord? ¹⁷ And he said, Not so. I saw all Israel scattered on the mountains as a flock ξ without a shepherd: and the Lord said, *Is* not God lord of these? let each one return to his home in peace.

¹⁸ And the king of Israel said to Josaphat king of Juda, Did I not say to thee that this

Καὶ ἐκάθισε τὰ τρία ἔτη, καὶ οὐκ ἦν πόλεμος ἀναμέσον **22** Συρίας καὶ ἀναμέσον Ἰσραήλ. Καὶ ἐγενήθη ἐν τῷ ἐνιαυτῷ τῷ **2** τρίτῳ, καὶ κατέβη Ἰωσαφὰτ βασιλεὺς Ἰούδα πρὸς βασιλέα Ἰσραήλ. Καὶ εἶπε βασιλεὺς Ἰσραὴλ πρὸς τοὺς παῖδας αὐτοῦ, **3** εἰ οἴδατε ὅτι ἡμῖν Ῥεμμὰθ Γαλαάδ, καὶ ἡμεῖς σιωπῶμεν λαβεῖν αὐτὴν ἐκ χειρὸς βασιλέως Συρίας; Καὶ εἶπε βασιλεὺς Ἰσραὴλ **4** πρὸς Ἰωσαφὰτ, ἀναβήσῃ μεθ' ἡμῶν εἰς Ῥεμμὰθ Γαλαὰδ εἰς πόλεμον; Καὶ εἶπεν Ἰωσαφάτ, καθὼς ἐγώ, καὶ σὺ οὕτως· **5** καθὼς ὁ λαός μου, ὁ λαός σου· καθὼς οἱ ἵπποι μου, οἱ ἵπποι σου.

Καὶ εἶπεν Ἰωσαφὰτ βασιλεὺς Ἰούδα πρὸς βασιλέα Ἰσραήλ, ἐπερωτήσατε δὴ σήμερον τὸν Κύριον. Καὶ συνήθροισεν ὁ βα- **6** σιλεὺς Ἰσραὴλ πάντας τοὺς προφήτας ὡς τετρακοσίους ἄνδρας, καὶ εἶπεν αὐτοῖς ὁ βασιλεύς, εἰ πορευθῶ εἰς Ῥεμμὰθ Γαλαὰδ εἰς πόλεμον ἢ ἐπισχῶ; καὶ εἶπον, ἀνάβαινε, καὶ διδοὺς δώσει Κύριος εἰς χεῖρας τοῦ βασιλέως.

Καὶ εἶπεν Ἰωσαφὰτ πρὸς βασιλέα Ἰσραήλ, οὐκ ἔστιν ὧδε **7** προφήτης τοῦ Κυρίου, καὶ ἐπερωτήσομεν τὸν Κύριον δι' αὐτοῦ; Καὶ εἶπεν ὁ βασιλεὺς Ἰσραὴλ πρὸς Ἰωσαφάτ, εἷς ἐστιν **8** ἀνὴρ εἷς τὸ ἐπερωτῆσαι δι' αὐτοῦ τὸν Κύριον, καὶ ἐγὼ μεμίσηκα αὐτόν, ὅτι οὐ λαλεῖ περὶ ἐμοῦ καλά, ἀλλ' ἢ κακά, Μιχαίας υἱὸς Ἰεμβλαά· καὶ εἶπεν Ἰωσαφὰτ βασιλεὺς Ἰούδα, μὴ λεγέτω ὁ βασιλεὺς οὕτως.

Καὶ ἐκάλεσεν ὁ βασιλεὺς Ἰσραὴλ εὐνοῦχον ἕνα, καὶ εἶπε, **9** τοτάχος Μιχαίαν υἱὸν Ἰεμβλαά. Καὶ ὁ βασιλεὺς Ἰσραὴλ καὶ **10** Ἰωσαφὰτ βασιλεὺς Ἰούδα ἐκάθηντο ἀνὴρ ἐπὶ τοῦ θρόνου αὐτοῦ ἔνοπλοι ἐν ταῖς πύλαις Σαμαρείας· καὶ πάντες οἱ προφῆται ἐπροφήτευον ἐνώπιον αὐτῶν. Καὶ ἐποίησεν ἑαυτῷ Σεδεκίας **11** υἱὸς Χαναὰν κέρατα σιδηρᾶ, καὶ εἶπε, τάδε λέγει Κύριος, ἐν τούτοις κερατιεῖς τὴν Συρίαν ἕως συντελεσθῇ. Καὶ πάντες οἱ **12** προφῆται ἐπροφήτευον οὕτως, λέγοντες, ἀνάβαινε εἰς Ῥεμμὰθ Γαλαάδ, καὶ εὐοδώσει, καὶ δώσει Κύριος εἰς χεῖράς σου καὶ τὸν βασιλέα Συρίας.

Καὶ ὁ ἄγγελος ὁ πορευθεὶς καλέσαι τὸν Μιχαίαν, ἐλάλησεν **13** αὐτῷ, λέγων, ἰδοὺ δὴ λαλοῦσι πάντες οἱ προφῆται ἐν στόματι ἑνὶ καλὰ περὶ τοῦ βασιλέως, γίνου δὴ καὶ σὺ εἰς τοὺς λόγους σου κατὰ τοὺς λόγους ἑνὸς τούτων, καὶ λάλησον καλά. Καὶ **14** εἶπε Μιχαίας, ζῇ Κύριος, ὅτι ἃ ἐὰν εἴπῃ Κύριος πρὸς μὲ, ταῦτα λαλήσω.

Καὶ ἦλθε πρὸς τὸν βασιλέα· καὶ εἶπεν αὐτῷ ὁ βασιλεύς, **15** Μιχαία, εἰ ἀναβῶ εἰς Ῥεμμὰθ Γαλαὰδ εἰς πόλεμον, ἢ ἐπισχῶ; καὶ εἶπεν, ἀνάβαινε, καὶ εὐοδώσει Κύριος εἰς χεῖρα τοῦ βασιλέως. Καὶ εἶπεν αὐτῷ ὁ βασιλεύς, ποσάκις ἐγὼ ὁρκίζω σε, **16** ὅπως λαλήσῃς πρὸς μὲ ἀλήθειαν ἐν ὀνόματι Κυρίου; Καὶ **17** εἶπεν, οὐχ οὕτως· ἑώρακα πάντα τὸν Ἰσραὴλ διεσπαρμένον ἐν τοῖς ὄρεσιν ὡς ποίμνιον ᾧ οὐκ ἔστι ποιμήν· καὶ εἶπε Κύριος, οὐ κύριος τούτοις Θεός; ἕκαστος εἰς τὸν οἶκον αὐτοῦ ἐν εἰρήνῃ ἀναστρεφέτω.

Καὶ εἶπε βασιλεὺς Ἰσραὴλ πρὸς Ἰωσαφὰτ βασιλέα Ἰούδα, **18** οὐκ εἶπα πρὸς σε, ὅτι οὐ προφητεύει οὗτός μοι καλά, διότι

β *Gr.* silent.   γ *Gr.* and we will enquire.   δ *Gr.* by him.   ζ See *Heb.*   θ *Gr.* gore.   λ *Gr.* these things.
μ *Gr.* prosper the work, etc.   ξ *Gr.* which has no shepherd.

19 ἀλλ' ἢ κακά; Καὶ εἶπε Μιχαίας, οὐχ οὕτως· οὐκ ἐγώ· ἄκουε ῥῆμα Κυρίου· οὐχ οὕτως. Εἶδον Θεὸν Ἰσραὴλ καθήμενον ἐπὶ θρόνου αὐτοῦ, καὶ πᾶσα ἡ στρατιὰ τοῦ οὐρανοῦ εἰστήκει περὶ

20 αὐτὸν ἐκ δεξιῶν αὐτοῦ καὶ ἐξ εὐωνύμων αὐτοῦ. Καὶ εἶπε Κύριος, τίς ἀπατήσει τὸν Ἀχαὰβ βασιλέα Ἰσραήλ, καὶ ἀναβήσεται, καὶ πεσεῖται ἐν Ῥεμμὰθ Γαλαάδ; καὶ εἶπεν οὗτος

21 οὕτως, καὶ οὗτος οὕτως. Καὶ ἐξῆλθε πνεῦμα καὶ ἔστη ἐνώπιον

22 Κυρίου, καὶ εἶπεν, ἐγὼ ἀπατήσω αὐτόν. Καὶ εἶπε πρὸς αὐτὸν Κύριος, ἐν τίνι; καὶ εἶπεν, ἐξελεύσομαι, καὶ ἔσομαι πνεῦμα ψευδὲς εἰς τὸ στόμα πάντων τῶν προφητῶν αὐτοῦ· καὶ εἶπεν,

23 ἀπατήσεις, καί γε δυνήσῃ· ἔξελθε καὶ ποίησον οὕτως. Καὶ νῦν ἰδοὺ ἔδωκε Κύριος πνεῦμα ψευδὲς ἐν στόματι πάντων τῶν προφητῶν σου τούτων, καὶ Κύριος ἐλάλησεν ἐπὶ σὲ κακά.

24 Καὶ προσῆλθε Σεδεκίας υἱὸς Χαναὰν, καὶ ἐπάταξε τὸν Μιχαίαν ἐπὶ τὴν σιαγόνα, καὶ εἶπε, ποῖον πνεῦμα Κυρίου

25 τὸ λαλῆσαν ἐν σοί; Καὶ εἶπε Μιχαίας, ἰδοὺ σὺ ὄψῃ τῇ ἡμέρᾳ ἐκείνῃ, ὅταν εἰσέλθῃς ταμεῖον τοῦ ταμείου τοῦ κρυβῆναι ἐκεῖ.

26 Καὶ εἶπεν ὁ βασιλεὺς Ἰσραήλ, λάβετε τὸν Μιχαίαν, καὶ ἀποστρέψατε αὐτὸν πρὸς Σεμὴρ τὸν βασιλέα τῆς πόλεως· καὶ

27 τῷ Ἰωὰς υἱῷ τοῦ βασιλέως εἶπον θέσθαι τοῦτον ἐν φυλακῇ, καὶ ἐσθίειν αὐτὸν ἄρτον θλίψεως καὶ ὕδωρ θλίψεως ἕως τοῦ

28 ἐπιστρέψαι με ἐν εἰρήνῃ. Καὶ εἶπε Μιχαίας, ἐὰν ἐπιστρέφων ἐπιστρέψῃς ἐν εἰρήνῃ, οὐ λελάληκε Κύριος ἐν ἐμοί.

29 Καὶ ἀνέβη βασιλεὺς Ἰσραὴλ καὶ Ἰωσαφὰτ βασιλεὺς Ἰούδα

30 μετ' αὐτοῦ εἰς Ῥεμμὰθ Γαλαάδ. Καὶ εἶπε βασιλεὺς Ἰσραὴλ πρὸς Ἰωσαφὰτ βασιλέα Ἰούδα, συγκαλύψομαι καὶ εἰσελεύσομαι εἰς τὸν πόλεμον, καὶ σὺ ἔνδυσαι τὸν ἱματισμόν μου· καὶ συνεκαλύψατο βασιλεὺς Ἰσραήλ, καὶ εἰσῆλθεν εἰς τὸν

31 πόλεμον. Καὶ βασιλεὺς Συρίας ἐνετείλατο τοῖς ἄρχουσι τῶν ἁρμάτων αὐτοῦ τριάκοντα καὶ δυσὶ, λέγων, μὴ πολεμεῖτε μικρὸν καὶ μέγαν, ἀλλ' ἢ τὸν βασιλέα Ἰσραὴλ μονώτατον.

32 Καὶ ἐγένετο ὡς εἶδον οἱ ἄρχοντες τῶν ἁρμάτων τὸν Ἰωσαφὰτ βασιλέα Ἰούδα, καὶ αὐτοὶ εἶπαν, φαίνεται βασιλεὺς Ἰσραὴλ οὗτος, καὶ ἐκύκλωσαν αὐτὸν πολεμῆσαι· καὶ ἀνέκραξεν

33 Ἰωσαφάτ. Καὶ ἐγένετο ὡς εἶδον οἱ ἄρχοντες τῶν ἁρμάτων ὅτι οὐκ ἔστι βασιλεὺς Ἰσραὴλ οὗτος, καὶ ἀνέστρεψαν ἀπ' αὐτοῦ.

34 Καὶ ἐπέτεινεν εἰς τὸ τόξον εὐστόχως, καὶ ἐπάταξε τὸν βασιλέα Ἰσραὴλ ἀναμέσον τοῦ πνεύμονος καὶ ἀναμέσον τοῦ θώρακος· καὶ εἶπε τῷ ἡνιόχῳ αὐτοῦ, ἐπίστρεψον τὰς χεῖράς σου καὶ

35 ἐξάγαγέ με ἐκ τοῦ πολέμου, ὅτι τέτρωμαι. Καὶ ἐτροπώθη ὁ πόλεμος ἐν τῇ ἡμέρᾳ ἐκείνῃ, καὶ ὁ βασιλεὺς ἦν ἑστηκὼς ἐπὶ τοῦ ἅρματος ἐξεναντίας Συρίας ἀπὸ πρωὶ ἕως ἑσπέρας, καὶ ἀπέχυνε τὸ αἷμα ἀπὸ τῆς πληγῆς εἰς τὸν κόλπον τοῦ ἅρματος, καὶ ἀπέθανεν ἑσπέρας, καὶ ἐξεπορεύετο τὸ αἷμα τῆς τροπῆς ἕως

36 τοῦ κόλπου τοῦ ἅρματος. Καὶ ἔστη ὁ στρατοκήρυξ δύνοντος τοῦ ἡλίου, λέγων, ἕκαστος εἰς τὴν ἑαυτοῦ πόλιν καὶ εἰς τὴν ἑαυτοῦ

37 γῆν, ὅτι τέθνηκεν ὁ βασιλεύς· καὶ ἦλθον εἰς Σαμάρειαν, καὶ

38 ἔθαψαν τὸν βασιλέα ἐν Σαμαρείᾳ. Καὶ ἀπένιψαν τὸ ἅρμα

man does not prophesy good to me, for *he speaks* nothing but evil? [19] And Michaias said, Not so, *it is* not I: hear the word of the Lord; *it is* not so. I saw the God of Israel sitting on his throne, and all the host of heaven stood about him on his right hand and on his left. [20] And the Lord said, Who will deceive Achaab king of Israel, β that he may go up and fall in Remmath Galaad? and one spoke one way, and another another way. [21] And there came forth a spirit and stood before the Lord, and said, I will deceive him. [22] And the Lord said to him, Whereby? And he said, I will go forth, and will be a false spirit in the mouth of all his prophets. And he said, Thou shalt deceive him, yea, and shalt prevail: go forth, and do so. [23] And now, behold, the Lord has put a false spirit in the mouth of all these thy prophets, and the Lord has spoken evil against thee.

[24] And Sedekias the son of Chanaan came near and smote Michaias on the cheek, and said, What sort of a spirit of the Lord *has* spoken in thee? [25] And Michaias said, Behold, thou shalt see in that day, when thou shalt go into an innermost chamber to hide thyself there. [26] And the king of Israel said, Take Michaias, and convey him away to Semer the γ keeper of the city; [27] and tell Joas the king's son to put this *fellow* in prison, and to feed him with bread of affliction and water of affliction until I return in peace. [28] And Michaias said, If thou return at all in peace, the Lord has not spoken by me.

[29] So the king of Israel went up, and Josaphat king of Juda with him to Remmath Galaad. [30] And the king of Israel said to Josaphat king of Juda, I will disguise myself, and enter into the battle, and do thou put on my raiment. So the king of Israel disguised himself, and went into the battle. [31] And the king of Syria had charged the thirty-two captains of his chariots, saying, Fight not *against* small δ or great, but against the king of Israel only. [32] And it came to pass, when the captains of the chariots saw Josaphat king of Juda, that they said, This seems *to be* the king of Israel. And they compassed him about to fight *against* him; and Josaphat cried out. [33] And it came to pass, when the captains of the chariots saw that this was not the king of Israel, that they returned from him.

[34] And one drew a bow with a good aim, and smote the king of Israel between the lungs and the breast-plate: and he said to his charioteer, Turn thine hands, and carry me away out of the battle, for I am wounded. [35] And the war was turned in that day, and the king was ζ standing on the chariot against Syria from morning till evening; and he shed the blood out of his wound, into the θ bottom of the chariot, and died at even, and the blood ran out of the wound into the bottom of the chariot. [36] And the herald of the army stood at sunset, saying, Let every man go to his own city and his own land, [37] for the king is dead. And they came to Samaria, and buried the king in Samaria. [38] And they washed the chariot at

---

β *Gr.* and he shall, etc.   γ *Gr.* king.   δ *Gr.* and.   ζ *Lit.* remaining.   θ *Gr.* bosom.

the fountain of Samaria; and the swine and the dogs licked up the blood, and the harlots washed themselves in the blood, according to the word of the Lord which he spoke.

³⁹ And the rest of the acts of Achaab, and all that he did, and the ivory house which he built, and all the cities which he ^β built, behold, *are* not these things written in the book of the chronicles of the kings of Israel? ⁴⁰ And Achaab slept with his fathers, and Ochozias his son reigned in his stead.

⁴¹ And Josaphat the son of Asa reigned over Juda: in the fourth year of Achaab king of Israel ^γ began Josaphat to reign. ^{42 δ} Thirty and five years old *was he* when he began to reign, and he reigned twenty and five years in Jerusalem; and his mother's name *was* Azuba daughter of Salai. ⁴³ And he walked in all the way of Asa his father: he turned not from it, even from doing that which was right in the eyes of the Lord. ⁴⁴ Only he took not away *any* of the high places: the people still sacrificed and burnt incense on the high places. ⁴⁵ And Josaphat was at peace with the king of Israel.

⁴⁶ And the rest of the ^ζacts of Josaphat, and his mighty deeds, whatever he did, behold, *are* not these things written in the book of the chronicles of the kings of Juda? ⁵¹ And Josaphat slept with his fathers, and was buried by his fathers in the city of David his father, and Joram his son reigned in his stead.

⁵² And Ochozias son of Achaab reigned over Israel in Samaria: in the seventeenth year of Josaphat king of Juda, Ochozias son of Achaab reigned over Israel in Samaria two years. ⁵³ And he did that which was evil in the sight of the Lord, and walked in the way of Achaab his father, and in the way of Jezabel his mother, and in the sins of the house of Jeroboam the son of Nabat, who caused Israel to sin. ⁵⁴ And he served Baalim, and worshipped them, and provoked the Lord God of Israel, according to all that had been done before him.

ἐπὶ τὴν κρήνην Σαμαρείας· καὶ ἐξέλιξαν αἱ ὗες καὶ οἱ κύνες τὸ αἷμα, καὶ αἱ πόρναι ἐλούσαντο ἐν τῷ αἵματι, κατὰ τὸ ῥῆμα Κυρίου ὃ ἐλάλησε.

Καὶ τὰ λοιπὰ τῶν λόγων Ἀχαὰβ καὶ πάντα ἃ ἐποίησε, 39 καὶ οἶκον ἐλεφάντινον ὃν ᾠκοδόμησε, καὶ πάσας τὰς πόλεις ἃς ἐποίησεν, οὐκ ἰδοὺ ταῦτα γέγραπται ἐν βιβλίῳ λόγων τῶν ἡμερῶν τῶν βασιλέων Ἰσραήλ; Καὶ ἐκοιμήθη Ἀχαὰβ μετὰ 40 τῶν πατέρων αὐτοῦ, καὶ ἐβασίλευσεν Ὀχοζίας υἱὸς αὐτοῦ ἀντ᾽ αὐτοῦ.

Καὶ Ἰωσαφὰτ υἱὸς Ἀσὰ ἐβασίλευσεν ἐπὶ Ἰούδαν· ἐν ἔτει 41 τετάρτῳ τοῦ Ἀχαὰβ βασιλέως Ἰσραὴλ ἐβασίλευσεν Ἰωσαφάτ, Υἱὸς τριάκοντα καὶ πέντε ἐτῶν ἐν τῷ βασιλεύειν αὐτόν, καὶ 42 εἴκοσι καὶ πέντε ἔτη ἐβασίλευσεν ἐν Ἱερουσαλήμ· καὶ ὄνομα τῇ μητρὶ αὐτοῦ Ἀζουβὰ θυγάτηρ Σαλαΐ. Καὶ ἐπορεύθη 43 ἐν πάσῃ ὁδῷ Ἀσὰ τοῦ πατρὸς αὐτοῦ, οὐκ ἐξέκλινεν ἀπ᾽ αὐτῆς τοῦ ποιῆσαι τὸ εὐθὲς ἐν ὀφθαλμοῖς Κυρίου. Πλὴν 44 τῶν ὑψηλῶν οὐκ ἐξῆρεν· ἔτι ὁ λαὸς ἐθυσίαζε καὶ ἐθυμίων ἐν τοῖς ὑψηλοῖς. Καὶ εἰρήνευσεν Ἰωσαφὰτ μετὰ βασιλέως 45 Ἰσραήλ.

Καὶ τὰ λοιπὰ τῶν λόγων Ἰωσαφάτ, καὶ αἱ δυναστεῖαι αὐτοῦ 46 ὅσα ἐποίησεν, οὐκ ἰδοὺ ταῦτα γεγραμμένα ἐν βιβλίῳ λόγων τῶν ἡμερῶν βασιλέων Ἰούδα; Καὶ ἐκοιμήθη Ἰωσαφὰτ μετὰ τῶν 51 πατέρων αὐτοῦ, καὶ ἐτάφη παρὰ τοῖς πατράσιν αὐτοῦ ἐν πόλει Δαυὶδ τοῦ πατρὸς αὐτοῦ, καὶ ἐβασίλευσεν Ἰωρὰμ υἱὸς αὐτοῦ ἀντ᾽ αὐτοῦ.

Καὶ Ὀχοζίας υἱὸς Ἀχαὰβ ἐβασίλευσεν ἐπὶ Ἰσραὴλ ἐν 52 Σαμαρείᾳ· ἐν ἔτει ἑπτακαιδεκάτῳ Ἰωσαφὰτ βασιλέως Ἰούδα, Ὀχοζίας υἱὸς Ἀχαὰβ ἐβασίλευσεν ἐν Ἰσραὴλ ἐν Σαμαρείᾳ δύο ἔτη. Καὶ ἐποίησε τὸ πονηρὸν ἐναντίον Κυρίου, καὶ ἐπορεύθη 53 ἐν ὁδῷ Ἀχαὰβ τοῦ πατρὸς αὐτοῦ καὶ ἐν ὁδῷ Ἰεζάβελ τῆς μητρὸς αὐτοῦ, καὶ ἐν ταῖς ἁμαρτίαις οἴκου Ἱεροβοὰμ υἱοῦ Ναβὰτ ὃς ἐξήμαρτε τὸν Ἰσραήλ· Καὶ ἐδούλευσε τοῖς Βααλὶμ 54 καὶ προσεκύνησεν αὐτοῖς, καὶ παρώργισε τὸν Κύριον Θεὸν Ἰσραήλ, κατὰ πάντα τὰ γενόμενα ἔμπροσθεν αὐτοῦ.

β Gr. made.   *γ Gr*. reigned.   *δ Gr*. a son of thirty and five years in his reigning.   *ζ Gr*. words.

ΒΑΣΙΛΕΙΩΝ Δ.

ΚΑΙ ἠθέτησε Μωὰβ ἐν Ἰσραὴλ μετὰ τὸ ἀποθανεῖν Ἀχαάβ.
2 Καὶ ἔπεσεν Ὀχοζίας διὰ τοῦ δικτυωτοῦ τοῦ ἐν τῷ ὑπερῴῳ αὐτοῦ τῷ ἐν Σαμαρείᾳ, καὶ ἠῤῥώστησε· καὶ ἀπέστειλεν ἀγγέλους, καὶ εἶπε πρὸς αὐτούς, δεῦτε καὶ ἐπιζητήσατε ἐν τῷ Βάαλ μυῖαν θεὸν Ἀκκαρών, εἰ ζήσομαι ἐκ τῆς ἀῤῥωστίας μου ταύτης·
3 καὶ ἐπορεύθησαν ἐπερωτῆσαι δι᾽ αὐτοῦ. Καὶ ἄγγελος Κυρίου ἐκάλεσεν Ἠλιοὺ τὸν Θεσβίτην, λέγων, ἀναστὰς δεῦρο εἰς συνάντησιν τῶν ἀγγέλων Ὀχοζίου βασιλέως Σαμαρείας, καὶ λαλήσεις πρὸς αὐτούς, εἰ παρὰ τὸ μὴ εἶναι Θεὸν ἐν Ἰσραὴλ, ὑμεῖς πορεύεσθε ἐπιζητῆσαι ἐν τῷ Βάαλ μυῖαν θεὸν Ἀκκαρών; καὶ
4 οὐχ οὕτως· Ὅτι τάδε λέγει Κύριος, ἡ κλίνη ἐφ᾽ ἧς ἀνέβης ἐκεῖ, οὐ καταβήσῃ ἀπ᾽ αὐτῆς, ὅτι θανάτῳ ἀποθανῇ· καὶ ἐπορεύθη Ἠλιοὺ, καὶ εἶπε πρὸς αὐτούς.
5 Καὶ ἐπεστράφησαν οἱ ἄγγελοι πρὸς αὐτόν· καὶ εἶπε πρὸς
6 αὐτούς, τί ὅτι ἐπεστρέψατε; Καὶ εἶπαν πρὸς αὐτόν, ἀνὴρ ἀνέβη εἰς συνάντησιν ἡμῶν, καὶ εἶπε πρὸς ἡμᾶς, δεῦτε, ἐπιστράφητε πρὸς τὸν βασιλέα τὸν ἀποστείλαντα ὑμᾶς, καὶ λαλήσατε πρὸς αὐτόν, τάδε λέγει Κύριος, εἰ παρὰ τὸ μὴ εἶναι Θεὸν ἐν Ἰσραὴλ, σὺ πορεύῃ ἐπιζητῆσαι ἐν τῷ Βάαλ μυῖαν θεὸν Ἀκκαρών; οὐχ οὕτως· ἡ κλίνη ἐφ᾽ ἧς ἀνέβης ἐκεῖ, οὐ κατα-
7 βήσῃ ἀπ᾽ αὐτῆς, ὅτι θανάτῳ ἀποθανῇ. Καὶ ἐπιστρέψαντες ἀπήγγειλαν τῷ βασιλεῖ καθὰ ἐλάλησεν Ἠλιού· καὶ ἐλάλησε πρὸς αὐτούς, τίς ἡ κρίσις τοῦ ἀνδρὸς τοῦ ἀναβάντος εἰς συνάντησιν ὑμῖν καὶ λαλήσαντος πρὸς ὑμᾶς τοὺς λόγους τούτους;
8 Καὶ εἶπον πρὸς αὐτόν, ἀνὴρ δασύς, καὶ ζώνην δερματίνην περιεζωσμένος τὴν ὀσφὺν αὐτοῦ· καὶ εἶπεν, Ἠλιοὺ ὁ Θεσβίτης οὗτός ἐστι.
9 Καὶ ἀπέστειλε πρὸς αὐτὸν πεντηκόνταρχον καὶ τοὺς πεντήκοντα αὐτοῦ, καὶ ἀνέβη πρὸς αὐτόν· καὶ ἰδοὺ Ἠλιοὺ ἐκάθητο ἐπὶ τῆς κορυφῆς τοῦ ὄρους· καὶ ἐλάλησεν ὁ πεντηκόνταρχος πρὸς αὐτόν, καὶ εἶπεν, ἄνθρωπε τοῦ Θεοῦ, ὁ βασιλεὺς ἐκάλεσέ
10 σε, κατάβηθι. Καὶ ἀπεκρίθη Ἠλιοὺ, καὶ εἶπε πρὸς τὸν πεντηκόνταρχον, καὶ εἰ ἄνθρωπος Θεοῦ ἐγώ, καταβήσεται πῦρ ἐκ τοῦ οὐρανοῦ, καὶ καταφάγεταί σε καὶ τοὺς πεντήκοντά σου· καὶ κατέβη πῦρ ἐκ τοῦ οὐρανοῦ, καὶ κατέφαγεν αὐτὸν καὶ τοὺς
11 πεντήκοντα αὐτοῦ. Καὶ προσέθετο ὁ βασιλεύς, καὶ ἀπέστειλε πρὸς αὐτὸν ἄλλον πεντηκόνταρχον καὶ τοὺς πεντήκοντα αὐτοῦ· καὶ ἐλάλησεν ὁ πεντηκόνταρχος πρὸς αὐτόν, καὶ εἶπεν, ἄνθρωπε
12 τοῦ Θεοῦ, τάδε λέγει ὁ βασιλεύς, ταχέως κατάβηθι. Καὶ

AND Moab βrebelled against Israel after the death of Achaab.

[2] And Ochozias fell through the lattice that was in his upper chamber in Samaria, and was sick; and he sent messengers, and said to them, Go and enquire of Baal fly, the god of Accaron, whether I shall recover of this my sickness. And they went to enquire of him. [3] And an angel of the Lord called Eliu the Thesbite, saying, Arise, and go to meet the messengers of Ochozias king of Samaria, and thou shalt say to them, Is it because there is no God in Israel, that ye go to enquire of Baal fly, the god of Accaron? but it shall not be so. [4] For thus saith the Lord, The bed on which thou art gone up, thou shalt not come down from it, for thou shalt surely die. And Eliu went, and said so to them.

[5] And the messengers returned to him, and he said to them, Why have ye returned? [6] And they said to him, A man came up to meet us, and said to us, Go, return to the king that sent you, and say to him, Thus saith the Lord, Is it because there is no God in Israel, that thou goest to enquire of Baal fly, the god of Accaron? it shall not be so: the bed on which thou art gone up, thou shalt not come down from it, for thou shalt surely die. [7] So they returned and reported to the king as Eliu said: and he said to them, What was the manner of the man who went up to meet you, and spoke to you these words? [8] And they said to him, He was a hairy man, and girt with a leathern girdle about his loins. And he said, This is Eliu the Thesbite.

[9] And he sent to him a captain of fifty and his fifty; and he went up to him: and, behold, Eliu sat on the top of a mountain. And the captain of fifty spoke to him, and said, O man of God, the king has called thee, come down. [10] And Eliu answered and said to the captain of fifty, And if I am a man of God, fire shall come down out of heaven, and devour thee and thy fifty. And fire came down out of heaven, and devoured him and his fifty. [11] And the king γsent a second time to him another captain of fifty, and his fifty. And the captain of fifty spoke to him, and said, O man of God, thus says the king, Come down quickly. [12] And Eliu

---

β Gr. despised.   γ Gr. added and sent.

answered and spoke to him, and said, If I *am* a man of God, fire shall come down out of heaven, and devour thee and thy fifty. And fire came down out of heaven, and devoured him and his fifty. [β]And the king sent yet again a captain and his fifty. And the third captain of fifty came, and knelt on his knees before Eliu, and entreated him, and spoke to him and said, O man of God, let my life, and the life of these fifty thy servants, be precious in thine eyes. [14]Behold, fire came down from heaven, and devoured the two first captains of fifty: and now, I pray, let my life be precious in thine eyes. [15]And the angel of the Lord spoke to Eliu, and said, Go down with him, be not afraid of them. And Eliu rose up, and went down with him to the king. [16]And Eliu spoke to him, and said, Thus saith the Lord, Why hast thou sent messengers to enquire of Baal fly, the god of Accaron? *it shall not be* so: the bed on which thou art gone up, thou shalt not come down from it, for thou shalt surely die.

[17]So he died according to the word of the Lord which Eliu had spoken. [18]And the rest of the [γ]acts of Ochozias which he did, behold, *are* they not written in the book of the chronicles of the kings of Israel? And Joram son of Achaab reigns over Israel in Samaria twelve years *beginning* in the eighteenth year of Josaphat king of Juda: and he did that which was evil in the sight of the Lord, only not as his brethren, nor as his mother: and he removed the pillars of Baal which his father made, and broke them in pieces: only he was joined to the sins of the house of Jeroboam, who led Israel to sin; he departed not from them. And the Lord was very angry with the house of Achaab.

And it came to pass, when the Lord was going to take Eliu with a whirlwind as it were into heaven, that Eliu and Elisaie went out of Galgala. [2]And Eliu said to Elisaie, Stay here, I pray thee; for God has sent me to Bæthel. And Elisaie said, [δ]*As the Lord lives and thy soul lives,* I will not leave thee; so they came to Bæthel. [3]And the sons of the prophets who were in Bæthel came to Elisaie, and said to him, [ζ]Dost thou know, that the Lord this day [θ]is going to take thy lord away from thy head? And he said, Yea, I know *it;* be silent. [4]And Eliu said to Elisaie, Stay here, I pray thee; for the Lord has sent me to Jericho. And he said, [δ]*As the Lord lives and thy soul lives,* I will not leave thee. And they came to Jericho.

[5]And the sons of the prophets who were in Jericho drew near to Elisaie, and said to him, [δ]Dost thou know that the Lord is about to take away thy master to-day from thy head? And he said, Yea, I know *it;* hold your peace. [6]And Eliu said to him, Stay here, I pray thee, for the Lord has sent me to Jordan. And Elisaie said, *As* the Lord lives and thy soul lives, I will not leave thee: and they both went on. [7]And fifty men of the sons of the prophets *went also,* and they stood opposite afar off:

ἀπεκρίθη Ἡλιοὺ καὶ ἐλάλησε πρὸς αὐτὸν, καὶ εἶπεν, εἰ ἄνθρωπος Θεοῦ ἐγὼ, καταβήσεται πῦρ ἐκ τοῦ οὐρανοῦ, καὶ καταφάγεταί σε καὶ τοὺς πεντήκοντά σου· καὶ κατέβη πῦρ ἐκ τοῦ οὐρανοῦ, καὶ κατέφαγεν αὐτὸν καὶ τοὺς πεντήκοντα αὐτοῦ. Καὶ προσέθετο ὁ βασιλεὺς ἔτι ἀποστεῖλαι ἡγούμενον καὶ τοὺς 13 πεντήκοντα αὐτοῦ· καὶ ἦλθεν ὁ πεντηκόνταρχος ὁ τρίτος, καὶ ἔκαμψεν ἐπὶ τὰ γόνατα αὐτοῦ κατέναντι Ἡλιοὺ, καὶ ἐδεήθη αὐτοῦ, καὶ ἐλάλησε πρὸς αὐτὸν, καὶ εἶπεν, ἄνθρωπε τοῦ Θεοῦ, ἐντιμωθήτω ἡ ψυχή μου, καὶ ἡ ψυχὴ τῶν δούλων σου τούτων τῶν πεντήκοντα ἐν ὀφθαλμοῖς σου. Ἰδοὺ κατέβη πῦρ ἐκ τοῦ 14 οὐρανοῦ, καὶ κατέφαγε τοὺς δύο πεντηκοντάρχους τοὺς πρώτους· καὶ νῦν ἐντιμωθήτω δὴ ἡ ψυχή μου ἐν ὀφθαλμοῖς σου. Καὶ 15 ἐλάλησεν ἄγγελος Κυρίου πρὸς Ἡλιοὺ, καὶ εἶπε, κατάβηθι μετ᾽ αὐτοῦ, μὴ φοβηθῇς ἀπὸ προσώπου αὐτῶν· καὶ ἀνέστη Ἡλιοὺ καὶ κατέβη μετ᾽ αὐτοῦ πρὸς τὸν βασιλέα. Καὶ ἐλάλησε 16 πρὸς αὐτὸν, καὶ εἶπεν Ἡλιοὺ, τάδε λέγει Κύριος, τί ὅτι ἀπέστειλας ἀγγέλους ἐκζητῆσαι ἐν τῷ Βάαλ μυῖαν θεὸν Ἀκκαρών; οὐχ οὕτως· ἡ κλίνη ἐφ᾽ ἧς ἀνέβης ἐκεῖ, οὐ καταβήσῃ ἀπ᾽ αὐτῆς, ὅτι θανάτῳ ἀποθανῇ.

Καὶ ἀπέθανε κατὰ τὸ ῥῆμα Κυρίου ὃ ἐλάλησεν Ἡλιού. 17 Καὶ τὰ λοιπὰ τῶν λόγων Ὀχοζίου ἃ ἐποίησεν, οὐκ ἰδοὺ ταῦτα 18 γεγραμμένα ἐν βιβλίῳ λόγων τῶν ἡμερῶν τοῖς βασιλεῦσιν Ἰσραήλ; καὶ Ἰωρὰμ υἱὸς Ἀχαὰβ βασιλεύει ἐπὶ Ἰσραὴλ ἐν Σαμαρείᾳ ἔτη δεκαδύο, ἐν ἔτει ὀκτωκαιδεκάτῳ Ἰωσαφὰτ βασιλέως Ἰούδα· καὶ ἐποίησε τὸ πονηρὸν ἐνώπιον Κυρίου· πλὴν οὐχ ὡς οἱ ἀδελφοὶ αὐτοῦ, οὐδὲ ὡς ἡ μήτηρ αὐτοῦ· καὶ ἀπέστησε τὰς στήλας τοῦ Βάαλ ἃς ἐποίησεν ὁ πατὴρ αὐτοῦ, καὶ συνέτριψεν αὐτάς· πλὴν ἐν ταῖς ἁμαρτίαις οἴκου Ἱεροβοὰμ, ὃς ἐξήμαρτε τὸν Ἰσραὴλ, ἐκολλήθη, οὐκ ἀπέστη ἀπ᾽ αὐτῶν· καὶ ἐθυμώθη ὀργῇ Κύριος εἰς τὸν οἶκον Ἀχαάβ.

Καὶ ἐγένετο ἐν τῷ ἀνάγειν Κύριον ἐν συσσεισμῷ τὸν Ἡλιοὺ 2 ὡς εἰς τὸν οὐρανὸν, καὶ ἐπορεύθη Ἡλιοὺ καὶ Ἐλισαιὲ ἐκ Γαλγάλων. Καὶ εἶπεν Ἡλιοὺ πρὸς Ἐλισαιὲ, κάθου δὴ ἐνταῦθα, 2 ὅτι ὁ Θεὸς ἀπέσταλκέ με ἕως Βαιθήλ· καὶ εἶπεν Ἐλισαιὲ, ζῇ Κύριος καὶ ζῇ ἡ ψυχή σου, εἰ ἐγκαταλείψω σε· καὶ ἦλθον εἰς Βαιθήλ. Καὶ ἦλθον οἱ υἱοὶ τῶν προφητῶν οἱ ἐν Βαιθὴλ πρὸς 3 Ἐλισαιὲ, καὶ εἶπον πρὸς αὐτὸν, εἰ ἔγνως, ὅτι Κύριος σήμερον λαμβάνει τὸν κύριόν σου ἐπάνωθεν τῆς κεφαλῆς σου; καὶ εἶπε, κἀγὼ ἔγνωκα, σιωπᾶτε. Καὶ εἶπεν Ἡλιοὺ πρὸς Ἐλισαιὲ, 4 κάθου δὴ ἐνταῦθα, ὅτι Κύριος ἀπέσταλκέ με εἰς Ἱεριχώ· καὶ εἶπε, ζῇ Κύριος καὶ ζῇ ἡ ψυχή σου, εἰ ἐγκαταλείψω σε· καὶ ἦλθον εἰς Ἱεριχώ.

Καὶ ἤγγισαν οἱ υἱοὶ τῶν προφητῶν οἱ ἐν Ἱεριχὼ πρὸς Ἐλι- 5 σαιὲ, καὶ εἶπον πρὸς αὐτὸν, εἰ ἔγνως, ὅτι σήμερον λαμβάνει Κύριος τὸν κύριόν σου ἐπάνωθεν τῆς κεφαλῆς σου; καὶ εἶπε, καὶ γε ἐγὼ ἔγνων, σιωπᾶτε. Καὶ εἶπεν αὐτῷ Ἡλιοὺ, κάθου δὴ 6 ὧδε, ὅτι Κύριος ἀπέσταλκέ με ἕως εἰς τὸν Ἰορδάνην· καὶ εἶπεν Ἐλισαιὲ, ζῇ Κύριος καὶ ζῇ ἡ ψυχή σου, εἰ ἐγκαταλείψω σε· καὶ ἐπορεύθησαν ἀμφότεροι, καὶ πεντήκοντα ἄνδρες υἱοὶ τῶν προφητῶν, καὶ ἔστησαν ἐξεναντίας μακρόθεν· καὶ ἀμφότεροι 7

---

8 ἔστησαν ἐπὶ τοῦ Ἰορδάνου. Καὶ ἔλαβεν Ἠλιοὺ τὴν μηλωτὴν αὐτοῦ καὶ εἴλησε καὶ ἐπάταξε τὸ ὕδωρ, καὶ διῃρέθη τὸ ὕδωρ ἔνθα καὶ ἔνθα· καὶ διέβησαν ἀμφότεροι ἐν ἐρήμῳ.

9 Καὶ ἐγένετο ἐν τῷ διαβῆναι αὐτοὺς, καὶ Ἠλιοὺ εἶπε πρὸς Ἐλισαιὲ, αἴτησαι τί ποιήσω σοι πρὶν ἢ ἀναληφθῆναί με ἀπὸ σοῦ· καὶ εἶπεν Ἐλισαιὲ, γενηθήτω δὴ διπλᾶ ἐν πνεύματί σου

10 ἐπ᾿ ἐμέ. Καὶ εἶπεν Ἠλιοὺ, ἐσκλήρυνας τοῦ αἰτήσασθαι· ἐὰν ἴδῃς με ἀναλαμβανόμενον ἀπὸ σοῦ, καὶ ἔσται σοι οὕτως· καὶ ἐὰν μὴ, οὐ μὴ γένηται.

11 Καὶ ἐγένετο αὐτῶν πορευομένων, ἐπορεύοντο καὶ ἐλάλουν· καὶ ἰδοὺ ἅρμα πυρὸς καὶ ἵπποι πυρὸς, καὶ διέστειλεν ἀναμέσον ἀμφοτέρων· καὶ ἀνελήφθη Ἠλιοὺ ἐν συσσεισμῷ ὡς εἰς τὸν

12 οὐρανόν. Καὶ Ἐλισαιὲ ἑώρα, καὶ ἐβόα, πάτερ, πάτερ, ἅρμα Ἰσραὴλ καὶ ἱππεὺς αὐτοῦ· καὶ οὐκ εἶδεν αὐτὸν ἔτι· καὶ ἐπελάβετο τῶν ἱματίων αὐτοῦ, καὶ διέρρηξεν αὐτὰ εἰς δύο ῥήγματα.

13 Καὶ ὕψωσε τὴν μηλωτὴν Ἠλιοὺ, ἣ ἔπεσεν ἐπάνωθεν Ἐλισαιέ· καὶ ἐπέστρεψεν Ἐλισαιὲ, καὶ ἔστη ἐπὶ τοῦ χείλους τοῦ Ἰορδά-

14 νου, καὶ ἔλαβε τὴν μηλωτὴν Ἠλιοὺ, ἣ ἔπεσεν ἐπάνωθεν αὐτοῦ, καὶ ἐπάταξε τὸ ὕδωρ, καὶ εἶπε, ποῦ ὁ Θεὸς Ἠλιοὺ ἀφφώ; καὶ ἐπάταξε τὰ ὕδατα, καὶ διερράγησαν ἔνθα καὶ ἔνθα· καὶ διέβη Ἐλισαιέ.

15 Καὶ εἶδον αὐτὸν οἱ υἱοὶ τῶν προφητῶν οἱ ἐν Ἱεριχὼ ἐξεναντίας, καὶ εἶπον, ἐπαναπέπαυται τὸ πνεῦμα Ἠλιοὺ ἐπὶ Ἐλισαιέ· καὶ ἦλθον εἰς συναντὴν αὐτοῦ, καὶ προσεκύνησαν αὐτῷ ἐπὶ

16 τὴν γῆν, καὶ εἶπον πρὸς αὐτὸν, ἰδοὺ δὴ μετὰ τῶν παίδων σου πεντήκοντα ἄνδρες υἱοὶ δυνάμεως· πορευθέντες δὴ ζητησάτωσαν τὸν κύριόν σου, μή ποτε ἦρεν αὐτὸν πνεῦμα Κυρίου, καὶ ἔρριψεν αὐτὸν ἐν τῷ Ἰορδάνῃ ἢ ἐφ᾿ ἓν τῶν ὀρέων ἢ ἐφ᾿ ἕνα τῶν βου-

17 νῶν· καὶ εἶπεν Ἐλισαιὲ, οὐκ ἀποστελεῖτε. Καὶ παρεβιάσαντο αὐτὸν, ἕως οὗ ᾐσχύνετο· καὶ εἶπεν, ἀποστείλατε· καὶ ἀπέστειλαν πεντήκοντα ἄνδρας, καὶ ἐζήτησαν τρεῖς ἡμέρας, καὶ

18 οὐχ εὗρον αὐτόν. Καὶ ἀνέστρεψαν πρὸς αὐτὸν, καὶ αὐτὸς ἐκάθητο ἐν Ἱεριχώ· καὶ εἶπεν Ἐλισαιὲ, οὐκ εἶπον πρὸς ὑμᾶς, μὴ πορευθῆτε;

19 Καὶ εἶπον οἱ ἄνδρες τῆς πόλεως πρὸς Ἐλισαιὲ, ἰδοὺ ἡ κατοίκησις τῆς πόλεως ἀγαθὴ, καθὼς ὁ κύριος βλέπει, καὶ τὰ

20 ὕδατα πονηρὰ, καὶ ἡ γῆ ἀτεκνουμένη. Καὶ εἶπεν Ἐλισαιὲ, λάβετέ μοι ὑδρίσκην καινὴν, καὶ θέτε ἐκεῖ ἅλα· καὶ ἔλαβον,

21 καὶ ἤνεγκαν πρὸς αὐτόν. Καὶ ἐξῆλθεν Ἐλισαιὲ εἰς τὴν διέξοδον τῶν ὑδάτων, καὶ ἔρριψεν ἐκεῖ ἅλα, καὶ εἶπε, τάδε λέγει Κύριος, ἴαμαι τὰ ὕδατα ταῦτα, οὐκ ἔσται ἔτι ἐκεῖθεν θάνατος καὶ

22 ἀτεκνουμένη. Καὶ ἰάθησαν τὰ ὕδατα ἕως τῆς ἡμέρας ταύτης, κατὰ τὸ ῥῆμα Ἐλισαιὲ ὃ ἐλάλησε.

23 Καὶ ἀνέβη ἐκεῖθεν εἰς Βαιθήλ· καὶ ἀναβαίνοντος αὐτοῦ ἐν τῇ ὁδῷ καὶ παιδάρια μικρὰ ἐξῆλθον ἐκ τῆς πόλεως καὶ κατέπαιζον αὐτοῦ, καὶ εἶπον αὐτῷ, ἀνάβαινε φαλακρὲ, ἀνάβαινε.

24 Καὶ ἐξένευσεν ὀπίσω αὐτῶν, καὶ εἶδεν αὐτὰ, καὶ κατηράσατο αὐτοῖς ἐν ὀνόματι Κυρίου· καὶ ἰδοὺ ἐξῆλθον δύο ἄρκοι ἐκ τοῦ

and both stood on *the bank* of Jordan. 8 And Eliu took his mantle, and wrapped it together, and smote the water : and the water was divided on this side and on that side, and they both went over β on dry ground.

9 And it came to pass while they were crossing over, that Eliu said to Elisaie, Ask what I shall do for thee before I am taken up from thee. And Elisaie said, Let there be, I pray thee, γ a double *portion* of thy spirit upon me. 10 And Eliu said, Thou hast δ asked a hard thing : if thou shalt see me when I am taken up from thee, then shall it be so to thee; and if not, it shall not be *so.*

11 And it came to pass as they were going, they ζ went on talking; and, behold, a chariot of fire, and horses of fire, and it separated between them both; and Eliu was taken up in a whirlwind as it were into heaven. 12 And Elisaie saw, and cried, Father, father, the chariot of Israel, and the horseman thereof ! And he saw him no more : and he took hold of his garments, and rent them into two pieces. 13 And Elisaie took up the mantle of Eliu, which fell from off him upon Elisaie; and Elisaie returned, and stood upon the brink of Jordan; 14 and he took the mantle of Eliu, which fell from off him, and smote the water, and said, Where is the Lord God of Eliu? θ and he smote the waters, and they were divided hither and thither; and Elisaie went over.

15 And the sons of the prophets who were in Jericho on the opposite side saw him, and said, The spirit of Eliu has rested upon Elisaie. And they came to meet him, and did obeisance to him to the ground. 16 And they said to him, Behold now, *there are* with thy servants fifty men λ of strength : let them go now, and seek thy lord : μ peradventure the Spirit of the Lord has taken him up, and cast him into Jordan, or on one of the mountains, or on one of the hills. And Elisaie said, Ye shall not send. 17 And they pressed him until he was ashamed; and he said, Send. And they sent fifty men, and sought three days, and found him not. 18 And they returned to him, for he dwelt in Jericho : and Elisaie said, Did I not say to you, Go not?

19 And the men of the city said to Elisaie, Behold, the situation of the city *is* good, as *our* lord sees; but the waters *are* bad, and the ground barren. 20 And Elisais said, Bring me a new pitcher, and put salt in. And they took *one,* and brought *it* to him. 21 And Elisaie went out to the spring of the waters, and cast salt therein, and says, Thus saith the Lord, I have healed these waters; there shall not be any longer death thence or barren *land.* 22 And the waters were healed until this day, according to the word of Elisaie which he spoke.

23 And he went up thence to Bæthel : and as he was going up by the way there came up also little children from the city, and mocked him, and said to him, Go up, bald-head, go up. 24 And he turned after them, and saw them, and cursed them in the name of the Lord. And, behold, there came out

---

β Lit. 'into the wilderness.'   γ Gr. double *portions* in thy spirit.   δ Gr. hardened in asking.   ζ Gr. went and talked.
θ The Gr. here copies the Heb. אַף־הוּא 'he also.'   λ Gr. sons of strength. *Hebraism.*   μ Gr. lest at any time.

two bears out of the wood, and they tore forty and two children of them. 25 And he went thence to mount Carmel, and returned thence to Samaria.

And Joram the son of Achaab [β]began to reign in Israel in the eighteenth year of Josaphat king of Juda, and he reigned twelve years. 2 And he did that which was evil in the sight of the Lord, only not as his father, nor as his mother: and he removed the pillars of Baal which his father had made. 3 Only he adhered to the sin of Jeroboam the son of Nabat, who made Israel to sin; he departed not from it.

4 And Mosa king of Moab was a sheep-master, and he rendered to the king of Israel [γ]in the beginning *of the year*, a hundred thousand lambs, and a hundred thousand rams, with the wool. 5 And it came to pass, after the death of Achaab, that the king of Moab [δ]rebelled against the king of Israel.

6 And king Joram went forth in that day out of Samaria, and numbered Israel. 7 And he went and sent to Josaphat king of Juda, saying, The king of Moab has rebelled against me: wilt thou go with me against Moab to war? And he said, I will go up: thou art as I, I am as thou; as my people, so *is* thy people, as my horses, so *are* thy horses. 8 And he said, What way shall I go up? and he said, The way of the wilderness of Edom. 9 And the king of Israel went, and the king of Juda, and the king of Edom: and [ζ]they fetched a compass of seven days' journey; and there was no water for the army, and for the cattle [θ]that went with them.

10 And the king of Israel said, Alas! that the Lord should have called the three kings on their way, to give them into the hand of Moab. 11 And Josaphat said, Is there not here a prophet of the Lord, [λ]that we may enquire of the Lord by him? And one of the servants of the king of Israel answered and said, *There is* here Elisaie son of Saphat, who poured water on the hands of Eliu. 12 And Josaphat said, He has the word of the Lord. And the king of Israel, and Josaphat king of Juda, and the king of Edom, went down to him.

13 And Elisaie said to the king of Israel, What have I to do with thee? go to the prophets of thy father, and the prophets of thy mother. And the king of Israel said to him, [μ]Has the Lord called the three kings to deliver them into the hands of Moab? 14 And Elisaie said, *As* the Lord of hosts before whom I [ξ]stand lives, unless I [π]regarded the presence of Josaphat the king of Juda, I would not have looked on thee, nor seen thee. 15 And now fetch me a harper. And it came to pass, as the harper harped, that the hand of the Lord came upon him. 16 And he said, Thus saith the Lord, Make this [ρ]valley full of trenches. 17 For thus saith the Lord, Ye shall not see wind, neither shall ye see rain, yet this valley shall be filled with water, and ye, and your [σ]flocks, and your cattle shall drink. 18 And this *is* a light *thing* in the eyes of the Lord: I will also deliver Moab [τ]into your hand. 19 And ye shall smite every strong city, and ye shall

δρυμοῦ, καὶ ἀνέῤῥηξαν ἀπʼ αὐτῶν τεσσαράκοντα καὶ δύο παῖδας.
Καὶ ἐπορεύθη ἐκεῖθεν εἰς τὸ ὄρος τὸ Καρμήλιον, κἀκεῖθεν ἐπ- 25
έστρεψεν εἰς Σαμάρειαν.

Καὶ Ἰωρὰμ υἱὸς Ἀχαὰμ ἐβασίλευσεν ἐν Ἰσραὴλ ἐν ἔτει 3
ὀκτωκαιδεκάτῳ Ἰωσαφὰτ βασιλέως Ἰούδα, καὶ ἐβασίλευσε
δώδεκα ἔτη. Καὶ ἐποίησε τὸ πονηρὸν ἐν ὀφθαλμοῖς Κυρίου· 2
πλὴν οὐχ ὡς ὁ πατὴρ αὐτοῦ, καὶ οὐχ ὡς ἡ μήτηρ αὐτοῦ· καὶ
μετέστησε τὰς στήλας τοῦ Βάαλ, ἃς ἐποίησεν ὁ πατὴρ αὐτοῦ.
Πλὴν ἐν τῇ ἁμαρτίᾳ Ἱεροβοὰμ υἱοῦ Ναβὰτ ὃς ἐξήμαρτε τὸν 3
Ἰσραὴλ, ἐκολλήθη, οὐκ ἀπέστη ἀπʼ αὐτῆς.

Καὶ Μωσὰ βασιλεὺς Μωὰβ ἦν νωκὴδ, καὶ ἐπέστρεφε τῷ 4
βασιλεῖ Ἰσραὴλ ἐν τῇ ἐπαναστάσει ἑκατὸν χιλιάδας ἀρνῶν,
καὶ ἑκατὸν χιλιάδας κριῶν ἐπὶ πόκων. Καὶ ἐγένετο μετὰ τὸ 5
ἀποθανεῖν Ἀχαὰβ, καὶ ἠθέτησε βασιλεὺς Μωὰβ ἐν βασιλεῖ
Ἰσραήλ.

Καὶ ἐξῆλθεν ὁ βασιλεὺς Ἰωρὰμ ἐν τῇ ἡμέρᾳ ἐκείνῃ ἐκ 6
Σαμαρείας, καὶ ἐπεσκέψατο τὸν Ἰσραήλ. Καὶ ἐπορεύθη καὶ 7
ἐξαπέστειλε πρὸς Ἰωσαφὰτ βασιλέα Ἰούδα, λέγων, βασιλεὺς
Μωὰβ ἠθέτησεν ἐν ἐμοί· εἰ πορεύσῃ μετʼ ἐμοῦ εἰς Μωὰβ εἰς
πόλεμον; καὶ εἶπεν, ἀναβήσομαι· ὅμοιός μοι, ὅμοιός σοι· ὡς
ὁ λαός μου, ὁ λαός σου· ὡς οἱ ἵπποι μου, οἱ ἵπποι σου.
Καὶ εἶπε, ποίᾳ ὁδῷ ἀναβῶ; καὶ εἶπεν, ὁδὸν ἔρημον Ἐδώμ. 8
Καὶ ἐπορεύθη ὁ βασιλεὺς Ἰσραὴλ καὶ ὁ βασιλεὺς Ἰούδα καὶ 9
ὁ βασιλεὺς Ἐδὼμ, καὶ ἐκύκλωσαν ὁδὸν ἑπτὰ ἡμερῶν· καὶ
οὐκ ἦν ὕδωρ τῇ παρεμβολῇ καὶ τοῖς κτήνεσι τοῖς ἐν τοῖς ποσὶν
αὐτῶν.

Καὶ εἶπεν ὁ βασιλεὺς Ἰσραὴλ, ὦ, ὅτι κέκληκε Κύριος τοὺς 10
τρεῖς βασιλεῖς παρερχομένους δοῦναι αὐτοὺς ἐν χειρὶ Μωάβ.
Καὶ εἶπεν Ἰωσαφὰτ, οὐκ ἔστιν ὧδε προφήτης τοῦ Κυρίου, καὶ 11
ἐπιζητήσωμεν τὸν Κύριον παρʼ αὐτοῦ; καὶ ἀπεκρίθη εἷς τῶν
παίδων τοῦ βασιλέως Ἰσραὴλ, καὶ εἶπεν, ὧδε Ἑλισαιὲ υἱὸς
Σαφὰτ, ὃς ἐπέχεεν ὕδωρ ἐπὶ χεῖρας Ἠλιού. Καὶ εἶπεν Ἰωσα- 12
φὰτ, ἔστιν αὐτῷ ῥῆμα Κυρίου· καὶ κατέβη πρὸς αὐτὸν
βασιλεὺς Ἰσραὴλ, καὶ Ἰωσαφὰτ βασιλεὺς Ἰούδα, καὶ βασι-
λεὺς Ἐδώμ.

Καὶ εἶπεν Ἑλισαιὲ πρὸς βασιλέα Ἰσραὴλ, τί ἐμοὶ καὶ σοί; 13
δεῦρο πρὸς τοὺς προφήτας τοῦ πατρός σου καὶ τοὺς προφήτας
τῆς μητρός σου· καὶ εἶπεν αὐτῷ ὁ βασιλεὺς Ἰσραὴλ, μὴ ὅτι
κέκληκε Κύριος τοὺς τρεῖς βασιλεῖς τοῦ παραδοῦναι αὐτοὺς
εἰς χεῖρας Μωάβ; Καὶ εἶπεν Ἑλισαιὲ, ζῇ Κύριος τῶν δυνά- 14
μεων ᾧ παρέστην ἐνώπιον αὐτοῦ, ὅτι εἰ μὴ πρόσωπον Ἰωσαφὰτ
βασιλέως Ἰούδα ἐγὼ λαμβάνω, εἰ ἐπέβλεψα πρὸς σὲ, καὶ εἶδόν
σε. Καὶ νῦν λάβε μοι ψάλλοντα· καὶ ἐγένετο ὡς ἔψαλλεν 15
ὁ ψάλλων, καὶ ἐγένετο ἐπʼ αὐτὸν χεὶρ Κυρίου, καὶ εἶπε, τάδε 16
λέγει Κύριος, ποιήσατε τὸν χειμάῤῥουν τοῦτον βοθύνους βοθύ-
νους, ὅτι τάδε λέγει Κύριος, οὐκ ὄψεσθε πνεῦμα, καὶ οὐκ 17
ὄψεσθε ὑετὸν, καὶ ὁ χειμάῤῥους οὗτος πλησθήσεται ὕδατος, καὶ
πίεσθε ὑμεῖς καὶ αἱ κτήσεις ὑμῶν καὶ τὰ κτήνη ὑμῶν. Καὶ 18
κούφη αὕτη ἐν ὀφθαλμοῖς Κυρίου· καὶ παραδώσω τὴν Μωὰβ
ἐν χειρὶ ὑμῶν. Καὶ πατάξετε πᾶσαν πόλιν ὀχυρὰν, καὶ πᾶν 19

β *Gr.* reigned. γ *Lit.* in the rising up. δ *Gr.* despised. ζ *Gr.* compassed a journey of seven days. θ *Gr.* at their feet. λ *Gr.* and we will. μ *Gr.* Is it that. ξ *Gr.* stood. π *Gr.* regard. ρ *Lit.* brook. σ *Lit.* possessions. τ *Gr.* in.

ξύλον ἀγαθὸν καταβαλεῖτε, καὶ πάσας πηγὰς ὕδατος ἐμφράξεσθε, καὶ πᾶσαν μερίδα ἀγαθὴν ἀχρειώσετε ἐν λίθοις.

20 Καὶ ἐγένετο πρωῒ ἀναβαινούσης τῆς θυσίας, καὶ ἰδοὺ ὕδατα ἤρχοντο ἐξ ὁδοῦ Ἐδὼμ, καὶ ἐπλήσθη ἡ γῆ ὕδατος.

21 Καὶ πᾶσα Μωὰβ ἤκουσαν ὅτι ἀνέβησαν οἱ τρεῖς βασιλεῖς πολεμεῖν αὐτούς· καὶ ἀνεβόησαν ἐκ παντὸς περιεζωσμένοι

22 ζώνην· καὶ εἶπον, ὤ· καὶ ἔστησαν ἐπὶ τοῦ ὁρίου. Καὶ ὤρθρισαν τοπρωΐ, καὶ ὁ ἥλιος ἀνέτειλεν ἐπὶ τὰ ὕδατα· καὶ εἶδε Μωὰβ

23 ἐξεναντίας τὰ ὕδατα πυῤῥὰ ὡς αἷμα, καὶ εἶπον, αἷμα τοῦτο τῆς ῥομφαίας· καὶ ἐμαχέσαντο οἱ βασιλεῖς, καὶ ἐπάταξεν ἀνὴρ

24 τὸν πλησίον αὐτοῦ· καὶ νῦν ἐπὶ τὰ σκῦλα Μωάβ. Καὶ εἰσῆλθον εἰς τὴν παρεμβολὴν Ἰσραήλ· καὶ Ἰσραὴλ ἀνέστησαν καὶ ἐπάταξαν τὴν Μωάβ, καὶ ἔφυγον ἀπὸ προσώπου αὐτῶν· καὶ

25 εἰσῆλθον εἰσπορευόμενοι καὶ τύπτοντες τὴν Μωάβ, καὶ τὰς πόλεις καθεῖλον, καὶ πᾶσαν μερίδα ἀγαθὴν ἔῤῥιψαν ἀνὴρ τὸν λίθον καὶ ἐνέπλησαν αὐτήν, καὶ πᾶσαν πηγὴν ἐνέφραξαν, καὶ πᾶν ξύλον ἀγαθὸν κατέβαλον ἕως τοῦ καταλιπεῖν τοὺς λίθους τοῦ τοίχου καθῃρημένους· καὶ ἐκύκλωσαν οἱ σφενδονῆται, καὶ

26 ἐπάταξαν αὐτήν. Καὶ εἶδεν ὁ βασιλεὺς Μωὰβ ὅτι ἐκραταίωσεν ὑπὲρ αὐτὸν ὁ πόλεμος· καὶ ἔλαβε μεθ᾽ ἑαυτοῦ ἑπτακοσίους ἄνδρας ἐσπασμένους ῥομφαίαν διακόψαι πρὸς βασιλέα Ἐδὼμ,

27 καὶ οὐκ ἠδυνήθησαν. Καὶ ἔλαβε τὸν υἱὸν αὐτοῦ τὸν πρωτότοκον ὃν ἐβασίλευσεν ἀντ᾽ αὐτοῦ, καὶ ἀνήνεγκεν αὐτὸν ὁλοκαύτωμα ἐπὶ τοῦ τείχους, καὶ ἐγένετο μετάμελος μέγας ἐπὶ Ἰσραήλ· καὶ ἀπῆραν ἀπ᾽ αὐτοῦ, καὶ ἐπέστρεψαν εἰς τὴν γῆν.

4 Καὶ γυνὴ μία ἀπὸ τῶν υἱῶν τῶν προφητῶν ἐβόα πρὸς τὸν Ἐλισαιὲ, λέγουσα, ὁ δοῦλός σου ἀνήρ μου ἀπέθανε, καὶ σὺ ἔγνως, ὅτι δοῦλός σου ἦν φοβούμενος τὸν Κύριον· καὶ ὁ δανει-

2 στὴς ἦλθε λαβεῖν τοὺς δύο υἱούς μου ἑαυτῷ εἰς δούλους. Καὶ εἶπεν Ἐλισαιὲ, τί ποιήσω σοι; ἀνάγγειλόν μοι τί ἐστί σοι ἐν τῷ οἴκῳ; ἡ δὲ εἶπεν, οὐκ ἔστι τῇ δούλῃ σου οὐδὲν ἐν τῷ οἴκῳ,

3 ὅτι ἀλλ᾽ ἢ ὃ ἀλείψομαι ἔλαιον. Καὶ εἶπε πρὸς αὐτὴν, δεῦρο, αἴτησαι σεαυτῇ σκεύη ἔξωθεν παρὰ πάντων τῶν γειτόνων σκεύη

4 κενὰ, μὴ ὀλιγώσῃς. Καὶ εἰσελεύσῃ καὶ ἀποκλείσεις τὴν θύραν κατὰ σοῦ καὶ κατὰ τῶν υἱῶν σου, καὶ ἀποχεεῖς εἰς τὰ σκεύη

5 ταῦτα, καὶ τὸ πληρωθὲν ἀρεῖς. Καὶ ἀπῆλθε παρ᾽ αὐτοῦ, καὶ ἀπέκλεισε τὴν θύραν καθ᾽ ἑαυτῆς καὶ κατὰ τῶν υἱῶν αὐτῆς· αὐτοὶ προσήγγιζον πρὸς αὐτὴν, καὶ αὐτὴ ἐπέχεεν ἕως ἐπλήσθη-

6 σαν τὰ σκεύη. Καὶ εἶπε πρὸς τοὺς υἱοὺς αὐτῆς, ἐγγίσατε ἔτι πρὸς μὲ τὸ σκεῦος· καὶ εἶπον αὐτῇ, οὐκ ἔστιν ἔτι σκεῦος· καὶ

7 ἔστη τὸ ἔλαιον. Καὶ ἦλθε, καὶ ἀπήγγειλε τῷ ἀνθρώπῳ τοῦ Θεοῦ· καὶ εἶπεν Ἐλισαιὲ, δεῦρο καὶ ἀπόδου τὸ ἔλαιον, καὶ ἀποτίσεις τοὺς τόκους σου, καὶ σὺ καὶ οἱ υἱοί σου ζήσεσθε ἐν τῷ ἐπιλοίπῳ ἐλαίῳ.

8 Καὶ ἐγένετο ἡμέρα, καὶ διέβη Ἐλισαιὲ εἰς Σωμὰν, καὶ ἐκεῖ γυνὴ μεγάλη, καὶ ἐκράτησεν αὐτὸν φαγεῖν ἄρτον· καὶ ἐγένετο ἀφ᾽ ἱκανοῦ τοῦ εἰσπορεύεσθαι αὐτὸν, ἐξέκλινε τοῦ ἐκεῖ

9 φαγεῖν. Καὶ εἶπεν ἡ γυνὴ πρὸς τὸν ἄνδρα αὐτῆς, ἰδοὺ δὴ

β cut down every good tree, and ye shall stop all wells of water, and spoil every good piece *of land* with stones.

20 And it came to pass in the morning, when the sacrifice was γ offered, that, behold! waters came from the way of Edom, and the land was filled with water.

21 And all Moab heard that the three kings were come up to fight against them; and they cried out δ on every *side*, *even* all that were girt with a girdle, ζ and they said, Ho! and stood upon the border. 22 And they rose early in the morning, and the sun rose upon the waters, and Moab saw the waters on the opposite side red as blood. 23 And they said, This *is* the blood of the sword; and the kings have fought, and each man has smitten his neighbour; now then to the spoils, Moab. 24 And they entered into the camp of Israel; and Israel arose and smote Moab, and they fled from before them; and they θ went on and smote Moab as they went. 25 And they razed the cities, and cast every man his stone on every good piece *of land* and filled it; and they stopped every well, and λ cut down every good tree, until they left *only* the stones of the wall cast down; and the slingers compassed *the land*, and smote it. 26 And the king of Moab saw that the battle prevailed against him; and he took with him seven hundred men that drew sword, to cut through to the king of Edom: and they could not. 27 And he took his eldest son whom he had designed to reign in his stead, and offered him up for a whole-burnt-offering on the walls. And there was a great μ indignation against Israel; and they departed from him, and returned to their land.

And one of the wives of the sons of the prophets cried to Elisaie, saying, Thy servant my husband is dead; and thou knowest that thy servant feared the Lord: and the creditor is come to take my two sons to be his servants. 2 And Elisaie said, What shall I do for thee? tell me what thou hast in the house. And she said, Thy servant has nothing in the house, except oil wherewith I ξ anoint myself. 3 And he said to her, Go, borrow for thyself vessels without of all thy neighbours, *even* empty vessels; borrow not a few. 4 And thou shalt go in and shut the door upon thee and upon thy sons, and thou shalt pour forth into these vessels, and remove that which is filled. 5 And she departed from him, and shut the door upon herself and upon her sons: they brought the vessels near to her, and she poured in until the vessels were filled. 6 And she said to her sons, Bring me yet a vessel. And they said to her, There is not a vessel more. And the oil stayed. 7 And she came and told the man of God: and Elisaie said, Go, and sell the oil, and thou shalt pay thy π debts, and thou and thy sons shall live of the remaining oil.

8 And a day came, when Elisaie passed over to Soman, and *there was* a great lady there, and she constrained him to eat bread: and it came to pass as often as he went into *the city, that* he turned aside to eat there. 9 And the woman said to her husband, See

---

β Gr. throw down. γ Gr. going up. δ Gr. from. ζ Alex. καὶ ἐπάνα, 'and above.' θ Gr. went in, going in and smiting.
λ Gr. threw down. μ Gr. repentance. ξ Gr. shall anoint. π Gr. interest, pl.

now, I know that this *is* a holy man of God who comes over continually to us. [10] Let us now make for him an upper chamber, a small place; and let us put there for him a bed, and a table, and a stool, and a candlestick: and it shall come to pass that when he comes in to us, he shall β turn in thither.

[11] And a day came, and he went in thither, and turned aside into the upper chamber, and lay there. [12] And he said to Giezi his servant, Call me this Somanite. And he called her, and she stood before him. [13] Behold he said to him, Say now to her, Behold, thou hast γ taken all this trouble for us; what should I do for thee? Hast thou any δ request *to make* to the king, or to the captain of the host? And she said, I dwell in the midst of my people. [14] And he said to Giezi, What must we do for her? and Giezi his servant said, Indeed she has no son, and her husband *is* old.

[15] And he called her, and she stood by the door. [16] And Elisaie said to her, At this time *next year*, as the season *is*, thou *shalt be* alive, and embrace a son. And she said, Nay, my lord, do not lie to thy servant. [17] And the woman conceived, and bore a son at the very time, as the season was, being alive, as Elisaie said to her.

[18] And the child grew: and it came to pass when he went out to his father to the reapers, [19] that he said to his father, My head, my head. And *his father* said to a servant, Carry him to his mother. [20] And he carried him to his mother, and he lay upon her knees till noon, and died. [21] And she carried him up and laid him on the bed of the man of God; and she shut the door upon him, and went out. [22] And she called her husband, and said, Send now for me one of the young men, and one of the asses, and I will ζ ride quickly to the man of God, and return. [23] And he said, Why art thou going to him to-day? It is neither new moon, nor the sabbath. And she said, θ *It is* well.

[24] And she saddled the ass, and said to her servant, Be quick, proceed: spare not on my account to ride, unless I shall tell thee. Go, and thou shalt proceed, and come to the man of God to mount Carmel. [25] And she λ rode and came to the man of God to the mountain: and it came to pass when Elisaie saw her coming, that he said to Giezi his servant, See now, that Somanite comes. [26] Now run to meet her, and thou shalt say, θ *Is it* well with thee? *is it* well with thy husband? *is it* well with the child? and she said, *It is* well. [27] And she came to Elisaie to the mountain, and laid hold of his feet; and Giezi drew near to thrust her away. And Elisaie said, Let her alone, for her soul *is* much grieved in her, and the Lord has hidden *it* from me, and has not told *it* me. [28] And she said, Did I ask a son of my lord? For did I not say, μ Do not deal deceitfully with me?

[29] And Elisaie said to Giezi, Gird up thy

ἔγνων ὅτι ἄνθρωπος τοῦ Θεοῦ ἅγιος οὗτος διαπορεύεται ἐφ ἡμᾶς διαπαντός. Ποιήσωμεν δὴ αὐτῷ ὑπερῷον τόπον μικρόν, [10] καὶ θῶμεν αὐτῷ ἐκεῖ κλίνην, καὶ τράπεζαν, καὶ δίφρον, καὶ λυχνίαν· καὶ ἔσται ἐν τῷ εἰσπορεύεσθαι πρὸς ἡμᾶς, καὶ ἐκκλινεῖ ἐκεῖ.

Καὶ ἐγένετο ἡμέρα, καὶ εἰσῆλθεν ἐκεῖ, καὶ ἐξέκλινεν εἰς τὸ [11] ὑπερῷον, καὶ ἐκοιμήθη ἐκεῖ. Καὶ εἶπε πρὸς Γιεζὶ τὸ παιδάριον [12] αὐτοῦ, κάλεσόν μοι τὴν Σωμανῖτιν ταύτην· καὶ ἐκάλεσεν αὐτὴν, καὶ ἔστη ἐνώπιον αὐτοῦ. Καὶ εἶπεν αὐτῷ, εἶπον δὴ πρὸς αὐτήν, [13] ἰδού, ἐξέστησας ἡμῖν πᾶσαν τὴν ἔκστασιν ταύτην, τί δεῖ ποιῆσαί σοι; εἰ ἔστι λόγος σοι πρὸς τὸν βασιλέα, ἢ πρὸς τὸν ἄρχοντα τῆς δυνάμεως; ἡ δὲ εἶπεν, ἐν μέσῳ τοῦ λαοῦ ἐγώ εἰμι οἰκῶ. Καὶ εἶπε πρὸς Γιεζὶ, τί δεῖ ποιῆσαι αὐτῇ; καὶ εἶπε [14] Γιεζὶ τὸ παιδάριον αὐτοῦ, καὶ μάλα υἱὸς οὐκ ἔστιν αὐτῇ· καὶ ὁ ἀνὴρ αὐτῆς πρεσβύτης.

Καὶ ἐκάλεσεν αὐτὴν, καὶ ἔστη παρὰ τὴν θύραν. Καὶ [15, 16] εἶπεν Ἐλισαιὲ πρὸς αὐτὴν, εἰς τὸν καιρὸν τοῦτον, ὡς ἡ ὥρα, ζῶσα σὺ, περιειληφυῖα υἱόν· ἡ δὲ εἶπε, μὴ κύριε, μὴ διαψεύσῃ τὴν δούλην σου. Καὶ ἐν γαστρὶ ἔλαβεν ἡ γυνὴ, καὶ ἔτεκεν [17] υἱὸν εἰς τὸν καιρὸν τοῦτον, ὡς ἡ ὥρα, ζῶσα, ὡς ἐλάλησε πρὸς αὐτὴν Ἐλισαιέ.

Καὶ ἡδρύνθη τὸ παιδάριον· καὶ ἐγένετο ἡνίκα ἐξῆλθε πρὸς [18] τὸν πατέρα αὐτοῦ πρὸς τοὺς θερίζοντας, καὶ εἶπε πρὸς τὸν [19] πατέρα αὐτοῦ, τὴν κεφαλήν μου, τὴν κεφαλήν μου· καὶ εἶπε τῷ παιδαρίῳ, ἆρον αὐτὸν πρὸς τὴν μητέρα αὐτοῦ. Καὶ ἦρεν [20] αὐτὸν πρὸς τὴν μητέρα αὐτοῦ, καὶ ἐκοιμήθη ἐπὶ τῶν γονάτων αὐτῆς ἕως μεσημβρίας, καὶ ἀπέθανε. Καὶ ἀνήνεγκεν αὐτὸν, [21] καὶ ἐκοίμισεν αὐτὸν ἐπὶ τὴν κλίνην τοῦ ἀνθρώπου τοῦ Θεοῦ· καὶ ἀπέκλεισε κατ᾽ αὐτοῦ, καὶ ἐξῆλθε, καὶ ἐκάλεσε τὸν ἄνδρα [22] αὐτῆς, καὶ εἶπεν, ἀπόστειλον δή μοι ἓν τῶν παιδαρίων καὶ μίαν τῶν ὄνων, καὶ δραμοῦμαι ἕως τοῦ ἀνθρώπου τοῦ Θεοῦ, καὶ ἐπιστρέψω. Καὶ εἶπε, τι ὅτι σὺ πορεύῃ πρὸς αὐτὸν [23] σήμερον; οὐ νεομηνία, οὐδὲ σάββατον· ἡ δὲ εἶπεν, εἰρήνη.

Καὶ ἐπέσαξε τὴν ὄνον, καὶ εἶπε πρὸς τὸ παιδάριον αὐτῆς, [24] ἄγε, πορεύου, μὴ ἐπίσχῃς μοι τοῦ ἐπιβῆναι ὅτι ἐὰν εἴπω σοι· δεῦρο, καὶ πορεύσῃ καὶ ἐλεύσῃ πρὸς τὸν ἄνθρωπον τοῦ Θεοῦ εἰς ὄρος τὸ Καρμήλιον. Καὶ ἐπορεύθη καὶ ἦλθεν ἕως τοῦ [25] ἀνθρώπου τοῦ Θεοῦ εἰς τὸ ὄρος· καὶ ἐγένετο ὡς εἶδεν Ἐλισαιὲ ἐρχομένην αὐτὴν, καὶ εἶπε πρὸς Γιεζὶ τὸ παιδάριον αὐτοῦ, ἰδοὺ δὴ ἡ Σωμανῖτις ἐκείνη. Νῦν δράμε εἰς ἀπαντὴν αὐτῆς, [26] καὶ ἐρεῖς, ἡ εἰρήνη σοι; ἡ εἰρήνη τῷ ἀνδρί σου; ἡ εἰρήνη τῷ παιδαρίῳ; ἡ δὲ εἶπεν, εἰρήνη. Καὶ ἦλθε πρὸς Ἐλισαιὲ εἰς [27] τὸ ὄρος, καὶ ἐπελάβετο τῶν ποδῶν αὐτοῦ· καὶ ἤγγιζε Γιεζὶ ἀπώσασθαι αὐτήν· καὶ εἶπεν Ἐλισαιὲ, ἄφες αὐτὴν, ὅτι ἡ ψυχὴ αὐτῆς κατώδυνος αὐτῇ, καὶ Κύριος ἀπέκρυψεν ἀπ᾽ ἐμοῦ καὶ οὐκ ἀνήγγειλέ μοι. Ἡ δὲ εἶπε, μὴ ᾐτησάμην [28] υἱὸν παρὰ τοῦ κυρίου μου; ὅτι οὐκ εἶπα, οὐ πλανήσεις μετ᾽ ἐμοῦ;

Καὶ εἶπεν Ἐλισαιὲ τῷ Γιεζὶ, ζῶσαι τὴν ὀσφύν σου, καὶ [29]

β *Or,* turn aside.   γ *Gr.* been astonished with all this astonishment.   δ *Gr.* word *or* business.   ζ *Gr.* run.
θ *Gr.* peace.   λ *Gr.* went.   μ *Gr.* Thou shalt not.

λάβε τὴν βακτηρίαν μου ἐν τῇ χειρί σου, καὶ δεῦρο, ὅτι ἐὰν
εὕρῃς ἄνδρα οὐκ εὐλογήσεις αὐτόν, καὶ ἐὰν εὐλογήσῃ σε ἀνὴρ
οὐκ ἀποκριθήσῃ αὐτῷ· καὶ ἐπιθήσεις τὴν βακτηρίαν μου ἐπὶ
30 πρόσωπον τοῦ παιδαρίου.   Καὶ εἶπεν ἡ μήτηρ τοῦ παιδαρίου,
ζῇ Κύριος καὶ ζῇ ἡ ψυχή σου, εἰ ἐγκαταλείψω σε· καὶ ἀνέστη
31 Ἐλισαιὲ, καὶ ἐπορεύθη ὀπίσω αὐτῆς.   Καὶ Γιεζὶ διῆλθεν
ἔμπροσθεν αὐτῆς, καὶ ἀπέθηκε τὴν βακτηρίαν ἐπὶ πρόσωπον
τοῦ παιδαρίου· καὶ οὐκ ἦν φωνὴ καὶ οὐκ ἦν ἀκρόασις· καὶ
ἐπέστρεψεν εἰς ἀπαντὴν αὐτοῦ, καὶ ἀπήγγειλεν αὐτῷ, λέγων,
οὐκ ἠγέρθη τὸ παιδάριον.

32   Καὶ εἰσῆλθεν Ἐλισαιὲ εἰς τὸν οἶκον, καὶ ἰδοὺ τὸ παιδάριον
33 τεθνηκὸς κεκοιμισμένον ἐπὶ τὴν κλίνην αὐτοῦ·   Καὶ εἰσῆλθεν
Ἐλισαιὲ εἰς τὸν οἶκον, καὶ ἀπέκλεισε τὴν θύραν κατὰ τῶν δύο
34 ἑαυτῶν, καὶ προσηύξατο πρὸς Κύριον.   Καὶ ἀνέβη καὶ ἐκοι-
μήθη ἐπὶ τὸ παιδάριον· καὶ ἔθηκε τὸ στόμα αὐτοῦ ἐπὶ τὸ στόμα
αὐτοῦ, καὶ τοὺς ὀφθαλμοὺς αὐτοῦ ἐπὶ τοὺς ὀφθαλμοὺς αὐτοῦ,
καὶ τὰς χεῖρας αὐτοῦ ἐπὶ τὰς χεῖρας αὐτοῦ· καὶ διέκαμψεν ἐπ᾽
35 αὐτὸν, καὶ διεθερμάνθη ἡ σὰρξ τοῦ παιδαρίου.   Καὶ ἐπέστρεψε,
καὶ ἐπορεύθη ἐν τῇ οἰκίᾳ ἔνθεν καὶ ἔνθεν· καὶ ἀνέβη καὶ συν-
έκαμψεν ἐπὶ τὸ παιδάριον ἕως ἑπτάκις· καὶ ἤνοιξε τὸ παιδάριον
36 τοὺς ὀφθαλμοὺς αὐτοῦ.   Καὶ ἐξεβόησεν Ἐλισαιὲ πρὸς Γιεζὶ,
καὶ εἶπε, κάλεσον τὴν Σωμανίτην ταύτην· καὶ ἐκάλεσε, καὶ
εἰσῆλθε πρὸς αὐτόν· καὶ εἶπεν Ἐλισαιὲ, λάβε τὸν υἱόν σου.
37 Καὶ εἰσῆλθεν ἡ γυνὴ, καὶ ἔπεσεν ἐπὶ τοὺς πόδας αὐτοῦ,
καὶ προσεκύνησεν ἐπὶ τὴν γῆν· καὶ ἔλαβε τὸν υἱὸν αὐτῆς, καὶ
ἐξῆλθε.

38   Καὶ Ἐλισαιὲ ἐπέστρεψεν εἰς Γάλγαλα· καὶ ὁ λιμὸς ἐν τῇ
γῇ, καὶ υἱοὶ τῶν προφητῶν ἐκάθηντο ἐνώπιον αὐτοῦ· καὶ εἶπεν
Ἐλισαιὲ τῷ παιδαρίῳ αὐτοῦ, ἐπίστησον τὸν λέβητα τὸν μέγαν,
39 καὶ ἕψε ἕψεμα τοῖς υἱοῖς τῶν προφητῶν.   Καὶ ἐξῆλθεν εἰς τὸν
ἀγρὸν συλλέξαι ἀριώθ· καὶ εὗρεν ἄμπελον ἐν τῷ ἀγρῷ, καὶ
συνέλεξεν ἀπ᾽ αὐτῆς τολύπην ἀγρίαν πλῆρες τὸ ἱμάτιον αὐτοῦ,
καὶ ἐνέβαλεν εἰς τὸν λέβητα τοῦ ἑψέματος, ὅτι οὐκ ἔγνωσαν,
40 καὶ ἐνέχει τοῖς ἀνδράσι φαγεῖν· καὶ ἐγένετο ἐν τῷ ἐσθίειν
αὐτοὺς ἐκ τοῦ ἑψέματος, καὶ ἰδοὺ ἀνεβόησαν, καὶ εἶπαν, θάνατος
ἐν τῷ λέβητι, ἄνθρωπε τοῦ Θεοῦ· καὶ οὐκ ἠδύναντο φαγεῖν.
41 Καὶ εἶπε, λάβετε ἄλευρον, καὶ ἐμβάλετε εἰς τὸν λέβητα·
καὶ εἶπεν Ἐλισαιὲ πρὸς Γιεζὶ τὸ παιδάριον, ἔγχει τῷ λαῷ
καὶ ἐσθιέτωσαν· καὶ οὐκ ἐγενήθη ἐκεῖ ἔτι ῥῆμα πονηρὸν ἐν τῷ
λέβητι.

42   Καὶ ἀνὴρ διῆλθεν ἐκ Βαιθαρισὰ, καὶ ἤνεγκε πρὸς τὸν ἄνθρω-
πον τοῦ Θεοῦ πρωτογεννημάτων εἴκοσι ἄρτους κριθίνους καὶ
43 παλάθας· καὶ εἶπε, δότε τῷ λαῷ καὶ ἐσθιέτωσαν.   Καὶ εἶπεν
ὁ λειτουργὸς αὐτοῦ, τί δῶ τοῦτο ἐνώπιον ἑκατὸν ἀνδρῶν;
καὶ εἶπε, δὸς τῷ λαῷ καὶ ἐσθιέτωσαν, ὅτι τάδε λέγει Κύριος,
44 φάγονται καὶ καταλείψουσι.   Καὶ ἔφαγον καὶ κατέλιπον, κατὰ
τὸ ῥῆμα Κυρίου.

5   Καὶ Ναιμὰν ὁ ἄρχων τῆς δυνάμεως Συρίας ἦν ἀνὴρ μέγας
ἐνώπιον τοῦ κυρίου αὐτοῦ, καὶ τεθαυμασμένος προσώπῳ, ὅτι ἐν
ᾧ ἔδωκε Κύριος σωτηρίαν Συρίᾳ· καὶ ὁ ἀνὴρ ἦν δυνατὸς

loins, and take my staff in thy hand, and go: if thou meet any man, thou shalt not [β]salute him, and if a man salute thee thou shalt not answer him: and thou shalt lay my staff on the child's face. [30] And the mother of the child said, *As the Lord lives and as thy soul lives, I will not leave thee.* And Elisaie arose, and went after her. [31] And Giezi went on before her, and laid his staff on the child's face: but there was neither voice nor any hearing. So he returned to meet him, and told him, saying, The child is not awaked.

[32] And Elisaie went into the house, and, behold, the dead child was laid upon his bed. [33] And Elisaie went into the house, and shut the door upon themselves, the two, and prayed to the Lord. [34] And he went up, and lay upon the child, and put his mouth upon his mouth, and his eyes upon his eyes, and his hands upon his hands; and bowed himself upon him, and the flesh of the child grew warm. [35] And he returned, and walked up and down in the house: and he went up, and bowed himself on the child seven times; and the child opened his eyes. [36] And Elisaie cried out to Giezi, and said, Call this Somanite. So he called her, and she came in to him: and Elisaie said, Take thy son. [37] And the woman went in, and fell at his feet, and did obeisance *bowing* to the ground; and she took her son, and went out.

[38] And Elisaie returned to Galgala: and a famine *was* in the land; and the sons of the prophets sat before him: and Elisaie said to his servant, Set on the great pot, and boil pottage for the sons of the prophets. [39] And he went out into the field to gather herbs, and found a vine in the field, and gathered of it wild [γ]gourds, his garment full; and he cast it into the caldron of pottage, for they knew *them* not. [40] And he poured it out for the men to eat: and it came to pass, when they were eating of the pottage, that lo! they cried out, and said, *There is* death in the pot, O man of God. And they could not eat. [41] And he said, Take meal, and cast it into the pot. And Elisaie said to his servant Giezi, Pour out for the people, and let them eat. And there was no longer there any hurtful thing in the pot.

[42] And there came a man over from Bætharisa, and brought to the man of God twenty barley loaves and cakes of figs, of the first-fruits. And he said, Give to the people, and let them eat. [43] And his servant said, Why should I set this before a hundred men? and he said, Give to the people, and let them eat; for thus saith the Lord, They shall eat and leave. [44] And they ate and left, according to the word of the Lord.

Now Naiman, the captain of the host of Syria, was a great man before his master, and [δ]highly respected, because by him the Lord had given deliverance to Syria, and the man was mighty in strength, *but* a leper.

β *Gr.* bless.   γ *Gr. sing.* colocynth.   δ *Gr.* wondered at in countenance.

² And the Syrians went forth βin small bands, and took captive out of the land of Israel a little maid: and she γ waited on Naiman's wife. ³ And she said to her mistress, O that my lord were before the prophet of God in Samaria; then he δ would recover him from his leprosy. ⁴ And she went in and told her lord, and said, Thus and thus spoke the maid from the land of Israel

⁵ And the king of Syria said to Naiman, Go to, go, and I will send a letter to the king of Israel. And he went, and took in his hand ten talents of silver, and six thousand pieces of gold, and ten ʃ changes of raiment. ⁶ And he brought the letter to the king of Israel, saying, Now then, as soon as this letter shall reach thee, behold, I have sent to thee my servant Naiman, and thou shalt recover him from his leprosy. ⁷ And it came to pass, when the king of Israel read the letter, *that* he rent his garments, and said, Am I God, to kill and to make alive, that this *man* sends to me to recover a man of his leprosy? consider, however, I pray you, and see that this *man* seeks an occasion against me.

⁸ And it came to pass, when Elisaie heard that the king of Israel had rent his garments, that he sent to the king of Israel, saying, Wherefore hast thou rent thy garments? Let Naiman, I pray thee, come to me, and let him know that there is a prophet in Israel.

⁹ So Naiman came with horse and chariot, and stood at the door of the house of Elisaie. ¹⁰ And Elisaie sent a messenger to him, saying, Go and wash seven times in Jordan, and thy flesh shall return to thee, and thou shalt be cleansed. ¹¹ And Naiman was angry, and departed, and said, Behold, I said, He will by all means come out to me, and stand, and call on the name of his God, and lay his hand upon the place, and recover the leper. ¹² *Are* not Abana and Pharphar, rivers of Damascus, better than all the waters of Israel? θ may I not go and wash in them, and be cleansed? and he turned and went away in a rage. ¹³ And his servants came near and said to him, *Suppose* the prophet had spoken a great thing to thee, λwouldest thou not perform it? yet he has but said to thee, Wash, and be cleansed. ¹⁴ So Naiman went down, and dipped himself seven times in Jordan, according to the word of Elisaie; and his flesh returned to him as the flesh of a little child, and he was cleansed.

¹⁵ And he and all his μcompany returned to Elisaie, and he came and stood before him, and said, Behold, I know that there is no God in all the earth, save only in Israel: and now receive a blessing of thy servant. ¹⁶ And Elisaie said, *As* the Lord lives, before whom I stand, I will not take one. And he pressed him to take *one*: but he would not. ¹⁷ And Naiman said, Well then, if not, let there be given to thy servant, I pray thee, the load *of a* yoke of mules; and thou shalt give me of the red earth: for henceforth thy servant will not offer whole-burnt-offering or sacrifice to other gods, but only to the Lord ʃ by *reason of* this thing. ¹⁸ And πlet the Lord be propitious to thy servant

ἰσχύϊ, λελεπρωμένος. Καὶ Συρία ἐξῆλθον μονόζωνοι, καὶ ² ἠχμαλώτευσαν ἐκ γῆς Ἰσραὴλ νεάνιδα μικρὰν, καὶ ἦν ἐνώπιον τῆς γυναικὸς Ναιμάν. Ἡ δὲ εἶπε τῇ κυρίᾳ αὐτῆς, ὄφελον 3 ὁ κύριός μου ἐνώπιον τοῦ προφήτου τοῦ Θεοῦ τοῦ ἐν Σαμαρείᾳ, τότε ἀποσυνάξει αὐτὸν ἀπὸ τῆς λέπρας αὐτοῦ. Καὶ εἰσῆλθε 4 καὶ ἀπήγγειλε τῷ κυρίῳ ἑαυτῆς, καὶ εἶπεν, οὕτως καὶ οὕτως ἐλάλησεν ἡ νεᾶνις ἡ ἐκ γῆς Ἰσραήλ.

Καὶ εἶπε βασιλεὺς Συρίας πρὸς Ναιμὰν, δεῦρο, εἴσελθε καὶ 5 ἐξαποστελῶ βιβλίον πρὸς βασιλέα Ἰσραήλ· καὶ ἐπορεύθη, καὶ ἔλαβεν ἐν τῇ χειρὶ αὐτοῦ δέκα τάλαντα ἀργυρίου, καὶ ἑξακισχιλίους χρυσοῦς, καὶ δέκα ἀλλασσομένας στολάς. Καὶ 6 ἤνεγκε τὸ βιβλίον πρὸς τὸν βασιλέα Ἰσραὴλ, λέγων, καὶ νῦν ὡς ἂν ἔλθῃ τὸ βιβλίον τοῦτο πρὸς σὲ, ἰδοὺ ἀπέστειλα πρὸς σὲ Ναιμὰν τὸν δοῦλόν μου, καὶ ἀποσυνάξεις αὐτὸν ἀπὸ τῆς λέπρας αὐτοῦ. Καὶ ἐγένετο ὡς ἀνέγνω βασιλεὺς Ἰσραὴλ τὸ βιβλίον, 7 διέρρηξε τὰ ἱμάτια αὐτοῦ, καὶ εἶπεν, ὁ Θεὸς ἐγὼ τοῦ θανατῶσαι καὶ ζωοποιῆσαι, ὅτι οὗτος ἀποστέλλει πρὸς μὲ ἀποσυνάξαι ἄνδρα ἀπὸ τῆς λέπρας αὐτοῦ; ὅτι πλὴν γνῶτε δὴ καὶ ἴδετε, ὅτι προφασίζεται οὗτός μοι.

Καὶ ἐγένετο ὡς ἤκουσεν Ἐλισαιὲ, ὅτι διέρρηξεν ὁ βασι- 8 λεὺς Ἰσραὴλ τὰ ἱμάτια αὐτοῦ, καὶ ἀπέστειλε πρὸς τὸν βασι- λέα Ἰσραὴλ, λέγων, ἱνατί διέρρηξας τὰ ἱμάτιά σου; ἐλθέτω δὴ πρὸς μὲ Ναιμὰν, καὶ γνώτω ὅτι ἐστὶ προφήτης ἐν Ἰσραήλ.

Καὶ ἦλθε Ναιμὰν ἐν ἵππῳ καὶ ἅρματι, καὶ ἔστη ἐπὶ θύρας 9 οἴκου Ἐλισαιέ. Καὶ ἀπέστειλεν Ἐλισαιὲ ἄγγελον πρὸς αὐτὸν, 10 λέγων, πορευθεὶς λοῦσαι ἑπτάκις ἐν τῷ Ἰορδάνῃ, καὶ ἐπιστρέ- ψει ἡ σάρξ σου σοὶ καὶ καθαρισθήσῃ. Καὶ ἐθυμώθη Ναιμὰν 11 καὶ ἀπῆλθε, καὶ εἶπεν, ἰδοὺ εἶπον, πρὸς μὲ πάντως ἐξελεύσεται καὶ στήσεται, καὶ ἐπικαλέσεται ἐν ὀνόματι Θεοῦ αὐτοῦ, καὶ ἐπιθήσει τὴν χεῖρα αὐτοῦ ἐπὶ τὸν τόπον, καὶ ἀποσυνάξει τὸ λεπρόν. Οὐχὶ ἀγαθὸς Ἀβανὰ καὶ Φαρφὰρ ποταμοὶ Δαμασκοῦ ¹2 ὑπὲρ πάντα τὰ ὕδατα Ἰσραήλ; οὐχὶ πορευθεὶς λούσομαι ἐν αὐτοῖς, καὶ καθαρισθήσομαι; καὶ ἐξέκλινε καὶ ἀπῆλθεν ἐν θυμῷ. Καὶ ἤγγισαν οἱ παῖδες αὐτοῦ, καὶ ἐλάλησαν πρὸς 13 αὐτὸν, μέγαν λόγον ἐλάλησεν ὁ προφήτης πρὸς σέ· οὐχὶ ποιή- σεις; καὶ ὅτι εἶπε πρὸς σὲ, λοῦσαι καὶ καθαρίσθητι. Καὶ 14 κατέβη Ναιμὰν καὶ ἐβαπτίσατο ἐν τῷ Ἰορδάνῃ ἑπτάκις κατὰ τὸ ῥῆμα Ἐλισαιέ· καὶ ἐπέστρεψεν ἡ σάρξ αὐτοῦ ὡς σὰρξ παιδαρίου μικροῦ, καὶ ἐκαθαρίσθη.

Καὶ ἐπέστρεψε πρὸς Ἐλισαιὲ αὐτὸς καὶ πᾶσα ἡ παρεμβολὴ 15 αὐτοῦ, καὶ ἦλθε καὶ ἔστη ἐνώπιον αὐτοῦ, καὶ εἶπεν, ἰδοὺ ἔγνωκα ὅτι οὐκ ἔστι Θεὸς ἐν πάσῃ τῇ γῇ, ὅτι ἀλλ' ἢ ἐν τῷ Ἰσραήλ· καὶ νῦν λάβε τὴν εὐλογίαν παρὰ τοῦ δούλου σου. Καὶ εἶπεν Ἐλισαιὲ, ζῇ Κύριος ᾧ παρέστην ἐνώπιον αὐτοῦ, εἰ 16 λήψομαι· καὶ παρεβιάσατο αὐτὸν λαβεῖν, καὶ ἠπείθησε· Καὶ 17 εἶπε Ναιμὰν, καὶ εἰ μὴ, δοθήτω δὴ τῷ δούλῳ σου γόμος ζεῦγος ἡμιόνων, καὶ σύ μοι δώσεις ἐκ τῆς γῆς τῆς πυρ- ρᾶς, ὅτι οὐ ποιήσει ἔτι ὁ δοῦλός σου ὁλοκαύτωμα καὶ θυσίασμα θεοῖς ἑτέροις ἀλλ' ἢ τῷ Κυρίῳ τῷ ῥήματι τούτῳ. Καὶ ἱλάσεται Κύριος τῷ δούλῳ σου ἐν τῷ εἰσπορεύεσθαι τὸν 18

β Gr. light armed, etc.   γ Gr. was before.   δ Gr. will detach him.   ζ Gr. changing robes.   θ Gr. shall I not, etc.
λ Gr. wilt thou.   μ Gr. army or camp.   ξ Probably this last clause belongs to ver. 18.   π Or, The Lord shall be, etc.

κύριόν μου εἰς οἶκον ῾Ρεμμὰν προσκυνῆσαι ἐκεῖ· καὶ αὐτὸς
ἐπαναπαύσεται ἐπὶ τῆς χειρός μου, καὶ προσκυνήσω ἐν οἴκῳ
῾Ρεμμὰν ἐν τῷ προσκυνεῖν αὐτὸν ἐν οἴκῳ ῾Ρεμμάν· καὶ ἱλάσεται
19 δὴ Κύριος τῷ δούλῳ σου ἐν τῷ λόγῳ τούτῳ. Καὶ εἶπεν
᾽Ελισαιὲ πρὸς Ναιμὰν, δεῦρο εἰς εἰρήνην· καὶ ἀπῆλθεν ἀπ'
αὐτοῦ εἰς δεβραθὰ τῆς γῆς.

20 Καὶ εἶπε Γιεζὶ τὸ παιδάριον ᾽Ελισαιὲ, ἰδοὺ ἐφείσατο ὁ κύριός
μου τοῦ Ναιμὰν τοῦ Σύρου τούτου, τοῦ μὴ λαβεῖν ἐκ χειρὸς
αὐτοῦ ἃ ἐνήνοχε· ζῇ Κύριος, ὅτι εἰ μὴ δραμοῦμαι ὀπίσω αὐτοῦ,
21 καὶ λήψομαι ἀπ' αὐτοῦ τι. Καὶ ἐδίωξε Γιεζὶ ὀπίσω τοῦ
Ναιμάν· καὶ εἶδεν αὐτὸν Ναιμὰν τρέχοντα ὀπίσω αὐτοῦ, καὶ
22 ἐπέστρεψεν ἀπὸ τοῦ ἅρματος εἰς ἀπαντὴν αὐτῷ. Καὶ εἶπεν,
εἰρήνη· ὁ κύριός μου ἀπέστειλέ με, λέγων, ἰδοὺ νῦν ἦλθον
πρὸς μὲ δύο παιδάρια ἐξ ὄρους ᾽Εφραὶμ ἀπὸ τῶν υἱῶν τῶν
προφητῶν· δὸς δὴ αὐτοῖς τάλαντον ἀργυρίου, καὶ δύο ἀλλασσο-
23 μένας στολάς. Καὶ εἶπε, λάβε διτάλαντον ἀργυρίου· καὶ
ἔλαβε δύο τάλαντα ἀργυρίου ἐν δυσὶ θυλάκοις, καὶ δύο ἀλλασ-
σομένας στολὰς, καὶ ἔδωκεν ἐπὶ δύο παιδάρια αὐτοῦ, καὶ ἦραν
24 ἔμπροσθεν αὐτοῦ. Καὶ ἦλθεν εἰς τὸ σκοτεινὸν, καὶ ἔλαβεν ἐκ
τῶν χειρῶν αὐτῶν, καὶ παρέθετο ἐν οἴκῳ, καὶ ἐξαπέστειλε τοὺς
ἄνδρας.

25 Καὶ αὐτὸς εἰσῆλθε, καὶ παρειστήκει πρὸς τὸν κύριον αὐτοῦ·
καὶ εἶπε πρὸς αὐτὸν ᾽Ελισαιὲ, πόθεν Γιεζί; καὶ εἶπε Γιεζὶ, οὐ
26 πεπόρευται ὁ δοῦλός σου ἔνθα καὶ ἔνθα. Καὶ εἶπε πρὸς αὐτὸν
᾽Ελισαιὲ, οὐχὶ ἡ καρδία μου ἐπορεύθη μετὰ σοῦ ὅτε ἐπέστρεψεν
ὁ ἀνὴρ ἀπὸ τοῦ ἅρματος εἰς συναντήν σοι; καὶ νῦν ἔλαβες τὸ
ἀργύριον, καὶ νῦν ἔλαβες τὰ ἱμάτια, καὶ ἐλαιῶνας καὶ ἀμπελῶ-
27 νας καὶ πρόβατα καὶ βόας καὶ παῖδας καὶ παιδίσκας. Καὶ ἡ
λέπρα Ναιμὰν κολληθήσεται ἐν σοὶ καὶ ἐν τῷ σπέρματί σου
εἰς τὸν αἰῶνα· καὶ ἐξῆλθεν ἐκ προσώπου αὐτοῦ λελεπρωμένος
ὡσεὶ χιών.

6 Καὶ εἶπον υἱοὶ τῶν προφητῶν πρὸς ᾽Ελισαιὲ, ἰδοὺ δὴ ὁ τόπος
2 ἐν ᾧ ἡμεῖς οἰκοῦμεν ἐνώπιόν σου στενὸς ἀφ' ἡμῶν. Πορευθῶ-
μεν δὴ ἕως τοῦ ᾽Ιορδάνου, καὶ λάβωμεν ἐκεῖθεν ἀνὴρ εἰς δοκὸν
μίαν, καὶ ποιήσωμεν ἑαυτοῖς ἐκεῖ τοῦ οἰκεῖν ἐκεῖ· καὶ εἶπε,
3 δεῦτε. Καὶ εἶπεν ὁ εἷς ἐπιεικῶς, δεῦρο μετὰ τῶν δούλων σου·
4 καὶ εἶπεν, ἐγὼ πορεύσομαι. Καὶ ἐπορεύθη μετ' αὐτῶν, καὶ
5 ἦλθον εἰς τὸν ᾽Ιορδάνην, καὶ ἔτεμνον τὰ ξύλα. Καὶ ἰδοὺ ὁ εἷς
καταβάλλων τὴν δοκὸν, καὶ τὸ σιδήριον ἐξέπεσεν εἰς τὸ ὕδωρ·
6 καὶ ἐβόησεν, ὦ κύριε, καὶ αὐτὸ κεκρυμμένον. Καὶ εἶπεν
ὁ ἄνθρωπος τοῦ Θεοῦ, ποῦ ἔπεσε; καὶ ἔδειξεν αὐτῷ τὸν τόπον·
καὶ ἀπέκνισε ξύλον καὶ ἔῤῥιψεν ἐκεῖ, καὶ ἐπεπόλασε τὸ σιδήριον.
7 Καὶ εἴρηκεν, ὕψωσον σεαυτῷ· καὶ ἐξέτεινε τὴν χεῖρα, καὶ
ἔλαβεν αὐτό.

8 Καὶ ὁ βασιλεὺς Συρίας ἦν πολεμῶν ἐν ᾽Ισραήλ· καὶ ἐβου-
λεύσατο πρὸς τοὺς παῖδας αὐτοῦ, λέγων, εἰς τὸν τόπον τόνδε
9 τινὰ ἐλμωνὶ παρεμβαλῶ. Καὶ ἀπέστειλεν ᾽Ελισαιὲ πρὸς τὸν
βασιλέα ᾽Ισραὴλ, λέγων, φύλαξαι μὴ παρελθεῖν ἐν τῷ τόπῳ
10 τούτῳ, ὅτι ἐκεῖ Συρία κέκρυπται. Καὶ ἀπέστειλεν ὁ βασιλεὺς

---

when my master goes into the house of
Remman to worship there, and he shall lean
on my hand, and I shall bow down in the
house of Remman when he bows down in
the house of Remman; even let the Lord, I
pray, be merciful to thy servant in this
matter. [19]And Elisaie said to Naiman, Go
in peace. And he departed from him a
little way.

[20]And Giezi the servant of Elisaie said,
Behold, my Lord has spared this Syrian
Naiman, so as not to take of his hand what
he has brought: as the Lord lives, I will
surely run after him, and take somewhat of
him. [21]So Giezi followed after Naiman:
and Naiman saw him running after him,
and turned back from his chariot to meet
him.β [22]And *Giezi* said, All is well: my
master has sent me, saying, Behold, now
are there come to me two young men of the
sons of the prophets from mount Ephraim;
give them, I pray thee, a talent of silver, and
two γ changes of raiment. [23]And *Naiman*
said, Take two talents of silver. And he
took two talents of silver in two bags, and
two changes of raiment, and δ put them
upon two of his servants, and they bore
them before him. [24]And he came to ζa
secret place, and took them from their
hands, and laid them up in the house, and
dismissed the men.

[25]And he went in himself and stood be-
fore his master; and Elisaie said to him,
[26]Whence *comest thou*, Giezi? and Giezi
said, Thy servant has not been hither or
thither. And Elisaie said to him, Went not
my heart with thee, when the man returned
from his chariot to meet thee? and now
thou hast received silver, and now thou hast
received raiment, and oliveyards, and vine-
yards, and sheep, and oxen, and menser-
vants, and maidservants. [27]The leprosy
also of Naiman shall cleave to thee, and to
thy seed for ever. And he went out from
his presence leprous, like snow.

And the sons of the prophets said to Eli-
saie, Behold now, the place wherein we
dwell before thee is too narrow for us. [2]Let
us go, we pray thee, unto Jordan, and take
thence every man a beam, and make for
ourselves θ a habitation there. [3]And he
said, Go. And one of them said gently,
Come with thy servants. And he said, I
will go. [4]And he went with them, and they
came to Jordan, and began to cut down
λwood. [5]And behold, one was cutting down
a beam, and the μaxe head fell into the
water: and he cried out, Alas! master: and
it was hidden. [6]And the man of God said,
Where did it fall? and he shewed him the
place: and he ξ broke off a stick, and threw
it in there, and the iron came to the surface.
[7]And he said, Take it up to thyself. And
he stretched out his hand, and took it.

[8]And the king of Syria was at war with
Israel: and he consulted with his servants,
saying, I will encamp in such a place. [9]And
Elisaie sent to the king of Israel, saying,
Take heed that thou pass not by πthat
place, for the Syrians are hidden there.
[10]And the king of Israel sent to the place

β *Alex.* + 'Is all well?'   γ *Gr.* changing robes.   δ *Gr.* gave.   ζ *Gr.* a dark place, or the dark.   θ *Gr.* a place of inhabiting.
λ *Or,* trees.   μ *Gr.* iron.   ξ *Lit.* pinched off with the nail, etc.   π *Gr.* this.

which Elisaie mentioned to him, and saved himself thence not once or twice.

11 And the mind of the king of Syria was very much disturbed concerning this thing; and he called his servants, and said to them, Will ye not tell me who betrays me to the king of Israel? 12 And one of his servants said, Nay, my Lord, O king, for Elisaie the prophet that is in Israel reports to the king of Israel all the words whatsoever thou mayest say in β thy bedchamber. 13 And he said, Go, see where this man is, and I will send and take him. And they sent word to him, saying, Behold, he is in Dothaim.

14 And he sent thither horses, and chariots, and a mighty host: and they came by night, and compassed about the city. 15 And the servant of Elisaie γrose up early and went out; and, behold, a host compassed the city, and horses and chariots: and the servant said to him, O master, δ what shall we do? 16 And Elisaie said, Fear not, for they who are with us are more than they that are with them. 17 And Elisaie prayed, and said, Lord, open, I pray thee, the eyes of the servant, and let him see. And the Lord opened his eyes, and he saw: and, behold, the mountain was full of horses, and there were chariots of fire round about Elisaie. 18 And they came down to him; and he prayed to the Lord, and said, Smite, I pray thee, this ζpeople with blindness. And he smote them with blindness, according to the word of Elisaie. 19 And Elisaie said to them, This is not the city, and this is not the way: follow me, and I will bring you to the man whom ye seek. And he led them away to Samaria. 20 And it came to pass when they entered into Samaria, that Elisaie said, Open, I pray thee, O Lord, their eyes, and let them see. And the Lord opened their eyes, and they saw; and, behold, they were in the midst of Samaria.

21 And the king of Israel said to Elisaie, when he saw them, Shall I not verily smite them, my father? 22 And he said, Thou shalt not smite them, unless thou θwouldest smite those whom thou hast taken captive with thy sword and with thy bow: set bread and water before them, and let them eat and drink, and depart to their master. 23 And he set before them a great feast, and they ate and drank: and he dismissed them, and they departed to their master. And the bands of Syria came no longer into the land of Israel.

24 And it came to pass after this, that the son of Ader king of Syria gathered all his army, and went up, and besieged Samaria. 25 And there was a great famine in Samaria: and, behold, they besieged it, until an ass's head was valued at fifty pieces of silver, and the fourth part of a cab of dove's dung at five pieces of silver.

26 And the king of Israel was passing by on the wall, and a woman cried to him, saying, Help, my lord, O king. 27 And he said to her, Unless the Lord help thee, whence shall I help thee? from the corn-floor, or from the wine-press? 28 And the king said to her, What is the matter with thee? And the woman said to him, This woman said to

Ἰσραὴλ εἰς τὸν τόπον ὃν εἶπεν αὐτῷ Ἐλισαιὲ, καὶ ἐφυλάξατο ἐκεῖθεν οὐ μίαν οὐδὲ δύο.

Καὶ ἐξεκινήθη ἡ ψυχὴ βασιλέως Συρίας περὶ τοῦ λόγου 11 τούτου· καὶ ἐκάλεσε τοὺς παῖδας αὐτοῦ, καὶ εἶπε πρὸς αὐτοὺς, οὐκ ἀναγγελεῖτέ μοι τίς προδίδωσί με βασιλεῖ Ἰσραήλ; Καὶ 12 εἶπεν εἷς τῶν παίδων αὐτοῦ, οὐχὶ κύριέ μου βασιλεῦ, ὅτι Ἐλισαιὲ ὁ προφήτης ὁ ἐν Ἰσραὴλ ἀναγγέλλει τῷ βασιλεῖ Ἰσραὴλ πάντας τοὺς λόγους, οὓς ἐὰν λαλήσῃς ἐν τῷ ταμείῳ τοῦ κοιτῶνός σου. Καὶ εἶπε, δεῦτε ἴδετε ποῦ οὗτος, καὶ 13 ἀποστείλας λήψομαι αὐτόν· καὶ ἀπήγγειλαν αὐτῷ, λέγοντες, ἰδοὺ ἐν Δωθαΐμ.

Καὶ ἀπέστειλεν ἐκεῖ ἵππον καὶ ἅρμα καὶ δύναμιν βαρεῖαν, 14 καὶ ἦλθον νυκτὸς καὶ περιεκύκλωσαν τὴν πόλιν. Καὶ ὤρθρισεν 15 ὁ λειτουργὸς Ἐλισαιὲ ἀναστῆναι, καὶ ἐξῆλθε· καὶ ἰδοὺ δύναμις κυκλοῦσα τὴν πόλιν, καὶ ἵππος καὶ ἅρμα· καὶ εἶπε τὸ παιδάριον πρὸς αὐτὸν, ὦ κύριε, πῶς ποιήσομεν; Καὶ εἶπεν Ἐλισαιὲ, 16 μὴ φοβοῦ, ὅτι πλείους οἱ μεθ᾽ ἡμῶν ὑπὲρ τοὺς μετ᾽ αὐτῶν. Καὶ προσηύξατο Ἐλισαιὲ, καὶ εἶπε, Κύριε, διάνοιξον δὴ τοὺς 17 ὀφθαλμοὺς τοῦ παιδαρίου καὶ ἰδέτω· καὶ διήνοιξε Κύριος τοὺς ὀφθαλμοὺς αὐτοῦ καὶ εἶδε· καὶ ἰδοὺ τὸ ὄρος πλῆρες ἵππων, καὶ ἅρμα πυρὸς περικύκλῳ Ἐλισαιέ. Καὶ κατέβησαν πρὸς αὐτόν· 18 καὶ προσηύξατο πρὸς Κύριον, καὶ εἶπε, πάταξον δὴ τὸ ἔθνος τοῦτο ἀορασίᾳ· καὶ ἐπάταξεν αὐτοὺς ἀορασίᾳ, κατὰ τὸ ῥῆμα Ἐλισαιέ. Καὶ εἶπε πρὸς αὐτοὺς Ἐλισαιὲ, οὐχὶ αὕτη ἡ πόλις 19 καὶ αὕτη ἡ ὁδός· δεῦτε ὀπίσω μου, καὶ ἄξω ὑμᾶς πρὸς τὸν ἄνδρα ὃν ζητεῖτε· καὶ ἀπήγαγεν αὐτοὺς πρὸς Σαμάρειαν. Καὶ 20 ἐγένετο ὡς εἰσῆλθον εἰς Σαμάρειαν, καὶ εἶπεν Ἐλισαιὲ, ἄνοιξον δὴ Κύριε τοὺς ὀφθαλμοὺς αὐτῶν καὶ ἰδέτωσαν· καὶ διήνοιξε Κύριος τοὺς ὀφθαλμοὺς αὐτῶν, καὶ εἶδον· καὶ ἰδοὺ ἦσαν ἐν μέσῳ Σαμαρείας.

Καὶ εἶπεν ὁ βασιλεὺς Ἰσραὴλ πρὸς Ἐλισαιὲ, ὡς εἶδεν 21 αὐτοὺς, εἰ πατάξας πατάξω, πάτερ; Καὶ εἶπεν, οὐ πατάξεις, 22 εἰ μὴ οὓς ᾐχμαλώτευσας ἐν ῥομφαίᾳ σου καὶ τόξῳ σου σὺ τύπτεις· παράθες ἄρτους καὶ ὕδωρ ἐνώπιον αὐτῶν, καὶ φαγέτωσαν καὶ πιέτωσαν, καὶ ἀπελθέτωσαν πρὸς τὸν κύριον αὐτῶν. Καὶ παρέθηκεν αὐτοῖς παράθεσιν μεγάλην, καὶ ἔφαγον καὶ 23 ἔπιον· καὶ ἀπέστειλεν αὐτοὺς, καὶ ἀπῆλθον πρὸς τὸν κύριον αὐτῶν· καὶ οὐ προσέθεντο ἔτι μονόζωνοι Συρίας τοῦ ἐλθεῖν εἰς γῆν Ἰσραήλ.

Καὶ ἐγένετο μετὰ ταῦτα, καὶ ἤθροισεν υἱὸς Ἄδερ βασιλεὺς 24 Συρίας πᾶσαν τὴν παρεμβολὴν αὐτοῦ, καὶ ἀνέβη, καὶ περιεκάθισεν ἐπὶ Σαμάρειαν. Καὶ ἐγένετο λιμὸς μέγας ἐν Σαμαρείᾳ· 25 καὶ ἰδοὺ περιεκάθηντο ἐπ᾽ αὐτὴν ἕως οὗ ἐγενήθη κεφαλὴ ὄνου πεντήκοντα ἀργυρίου, καὶ τέταρτον τοῦ κάβου κόπρου περιστερῶν πέντε ἀργυρίου.

Καὶ ἦν ὁ βασιλεὺς Ἰσραὴλ διαπορευόμενος ἐπὶ τοῦ τείχους· 26 καὶ γυνὴ ἐβόησε πρὸς αὐτὸν, λέγουσα, σῶσον κύριε βασιλεῦ. Καὶ εἶπεν αὐτῇ, μὴ σὲ σώσαι Κύριος, πόθεν σώσω σε; μὴ ἀπὸ 27 ἅλωνος ἢ ἀπὸ ληνοῦ; Καὶ εἶπεν αὐτῇ ὁ βασιλεὺς, τί ἐστί σοι; 28 καὶ εἶπεν ἡ γυνὴ, αὕτη εἶπε πρὸς μὲ, δὸς τὸν υἱόν σου καὶ

β Gr. closet of thy bedchamber   γ Gr. was early to rise.   δ Gr. how shall we do?   ζ Gr. nation.   θ Gr. smitest.

φαγόμεθα αὐτὸν σήμερον, καὶ τὸν υἱόν μου φαγόμεθα αὐτὸν
29 αὔριον. Καὶ ἡψήσαμεν τὸν υἱόν μου καὶ ἐφάγομεν αὐτόν,
καὶ εἶπον πρὸς αὐτὴν τῇ ἡμέρᾳ τῇ δευτέρᾳ, δὸς τὸν υἱόν σου
30 καὶ φάγωμεν αὐτόν· καὶ ἔκρυψε τὸν υἱὸν αὐτῆς. Καὶ ἐγένετο
ὡς ἤκουσεν ὁ βασιλεὺς Ἰσραὴλ τοὺς λόγους τῆς γυναικός,
διέρρηξε τὰ ἱμάτια αὐτοῦ, καὶ αὐτὸς διεπορεύετο ἐπὶ τοῦ τείχους,
καὶ εἶδεν ὁ λαὸς τὸν σάκκον ἐπὶ τῆς σαρκὸς αὐτοῦ ἔσωθεν.
31 Καὶ εἶπε, τάδε ποιήσαι μοι ὁ Θεὸς καὶ τάδε προσθείη, εἰ στή-
σεται ἡ κεφαλὴ Ἐλισαιὲ ἐπ᾽ αὐτῷ σήμερον.
32 Καὶ Ἐλισαιὲ ἐκάθητο ἐν τῷ οἴκῳ αὐτοῦ, καὶ οἱ πρεσβύτεροι
ἐκάθηντο μετ᾽ αὐτοῦ· καὶ ἀπέστειλεν ἄνδρα πρὸ προσώπου
αὐτοῦ· πρὶν ἐλθεῖν τὸν ἄγγελον πρὸς αὐτόν, καὶ αὐτὸς εἶπε
πρὸς τοὺς πρεσβυτέρους, εἰ εἴδετε ὅτι ἀπέστειλεν ὁ υἱὸς τοῦ
φονευτοῦ οὗτος ἀφελεῖν τὴν κεφαλήν μου; ἴδετε ὡς ἂν ἔλθῃ
ὁ ἄγγελος, ἀποκλείσατε τὴν θύραν, καὶ παραθλίψατε αὐτὸν ἐν
τῇ θύρᾳ· οὐχὶ φωνὴ τῶν ποδῶν τοῦ κυρίου αὐτοῦ κατόπισθεν
33 αὐτοῦ; Ἔτι αὐτοῦ λαλοῦντος μετ᾽ αὐτῶν, καὶ ἰδοὺ ἄγγελος
κατέβη πρὸς αὐτόν, καὶ εἶπεν, ἰδοὺ αὕτη ἡ κακία παρὰ Κυρίου·
τί ὑπομείνω τῷ Κυρίῳ ἔτι;
7 Καὶ εἶπεν Ἐλισαιὲ, ἄκουσον λόγον Κυρίου· τάδε λέγει
Κύριος, ὡς ἡ ὥρα αὕτη, αὔριον μέτρον σεμιδάλεως σίκλου, καὶ
2 δίμετρον κριθῶν σίκλου, ἐν ταῖς πύλαις Σαμαρείας. Καὶ
ἀπεκρίθη ὁ τριστάτης ἐφ᾽ ὃν ὁ βασιλεὺς ἐπανεπαύετο ἐπὶ τὴν
χεῖρα αὐτοῦ τῷ Ἐλισαιὲ, καὶ εἶπεν, ἰδοὺ ποιήσει Κύριος
καταράκτας ἐν οὐρανῷ, μὴ ἔσται τὸ ῥῆμα τοῦτο; καὶ
Ἐλισαιὲ εἶπεν, ἰδοὺ σὺ ὄψει τοῖς ὀφθαλμοῖς σου, καὶ ἐκεῖ-
θεν οὐ φάγῃ.
3 Καὶ τέσσαρες ἄνδρες ἦσαν λεπροὶ παρὰ τὴν θύραν τῆς
πόλεως, καὶ εἶπεν ἀνὴρ πρὸς τὸν πλησίον αὐτοῦ, τί ἡμεῖς
4 καθήμεθα ὧδε ἕως ἀποθάνωμεν; Ἐὰν εἴπωμεν, εἰσέλθωμεν
εἰς τὴν πόλιν, καὶ ὁ λιμὸς ἐν τῇ πόλει, καὶ ἀποθανούμεθα ἐκεῖ·
καὶ ἐὰν καθίσωμεν ὧδε, καὶ ἀποθανούμεθα· καὶ νῦν δεῦτε, καὶ
ἐμπέσωμεν εἰς τὴν παρεμβολὴν Συρίας· ἐὰν ζωογονήσωσιν
ἡμᾶς, καὶ ζησόμεθα· καὶ ἐὰν θανατώσωσιν ἡμᾶς, καὶ ἀποθανού-
5 μεθα. Καὶ ἀνέστησαν ἐν τῷ σκότει εἰσελθεῖν εἰς τὴν παρεμ-
βολὴν Συρίας· καὶ ἦλθον εἰς μέρος παρεμβολῆς Συρίας, καὶ
6 ἰδοὺ οὐκ ἔστιν ἀνὴρ ἐκεῖ. Καὶ Κύριος ἀκουστὴν ἐποίησε
παρεμβολὴν τὴν Συρίας φωνὴν ἅρματος καὶ φωνὴν ἵππου,
φωνὴν δυνάμεως μεγάλης· καὶ εἶπεν ἀνὴρ πρὸς τὸν ἀδελφὸν
αὐτοῦ, νῦν ἐμισθώσατο ἐφ᾽ ἡμᾶς ὁ βασιλεὺς Ἰσραὴλ τοὺς
βασιλέας τῶν Χετταίων καὶ τοὺς βασιλέας Αἰγύπτου τοῦ ἐλθεῖν
7 ἐφ᾽ ἡμᾶς. Καὶ ἀνέστησαν καὶ ἀπέδρασαν ἐν τῷ σκότει καὶ
ἐγκατέλιπον τὰς σκηνὰς αὐτῶν, καὶ τοὺς ἵππους αὐτῶν, καὶ
τοὺς ὄνους αὐτῶν ἐν τῇ παρεμβολῇ ὡς ἐστι, καὶ ἔφυγον πρὸς
τὴν ψυχὴν ἑαυτῶν.
8 Καὶ εἰσῆλθον οἱ λεπροὶ οὗτοι ἕως μέρους τῆς παρεμβολῆς,
καὶ εἰσῆλθον εἰς σκηνὴν μίαν, καὶ ἔφαγον, καὶ ἔπιον, καὶ ᾖραν
ἐκεῖθεν ἀργύριον, καὶ χρυσίον, καὶ ἱματισμόν· καὶ ἐπορεύθησαν,
καὶ ἐπέστρεψαν ἐκεῖθεν, καὶ εἰσῆλθον εἰς σκηνὴν ἄλλην, καὶ
9 ἔλαβον ἐκεῖθεν καὶ ἐπορεύθησαν, καὶ κατέκρυψαν. Καὶ εἶπεν

me, Give thy son, and we will eat him to-day, and we will eat my son to-morrow. [29] So we boiled my son, and ate him; and I said to her on the second day, Give thy son, and let us eat him: and she has hidden her son. [30] And it came to pass, when the king of Israel heard the words of the woman, *that* he rent his garments; and he passed by on the wall, and the people saw sackcloth within upon his flesh. [31] And he said, God β do so to me and more also, if the head of Elisaie shall stand upon him this day.

[32] And Elisaie was sitting in his house, and the elders were sitting with him; and *the king* sent a man before him: before the messenger came to him, he also said to the elders, Do ye see that this son of a murderer. has sent to take away my head? See, as soon as the messenger shall have come, shut the door, and forcibly detain him at the door: *is* not the sound of his master's feet behind him? [33] While he was yet speaking with them, behold, a messenger came to him: and he said, Behold, this evil *is* of the Lord; why should I wait for the Lord any longer?

And Elisaie said, Hear thou the word of the Lord; Thus saith the Lord, γ As at this time, to-morrow a measure of fine flour *shall be sold* for a shekel, and two measures of barley for a shekel, in the gates of Samaria. [2] And the officer on whose hand the king rested, answered Elisaie, and Behold, *if* the Lord shall make flood-gates in heaven, δ might this thing be? and Elisaie said, Behold, thou shalt see with thine eyes, but shalt not eat thereof.

[3] And there were four leprous men by the gate of the city: and one said to his neighbour, Why sit we here until we die? [4] If we should say, Let us go into the city, then *there* is famine in the city, and we shall die there: and if we sit here, then we shall die. Now then come, and let us fall upon the camp of the Syrians: if they should take us alive, then we shall live; and if they should put us to death, then we shall *only* die. [5] And they rose up ζ while it was yet night, to go into the camp of Syria; and they came into a part of the camp of Syria, and behold, there θ *was* no man there. [6] λ For the Lord had made the army of Syria to hear a sound of chariots, and a sound of horses, *even* the sound of a great host: and *each* man said to his fellow, Now has the king of Israel hired against us the kings of the Chettites, and the kings of Egypt, to come against us. [7] And they arose and fled while it was yet dark, and left their tents, and their horses, and their asses in the camp, μ as they were, and fled ξ for their lives.

[8] And these lepers entered a little way into the camp, and went into one tent, and ate and drank, and took thence silver, and gold, and raiment; and they went and returned thence, and entered into another tent, and took thence, and went and hid *the* spoil. [9] And *one* man said to his neighbour,

---

β *Gr.* do these things to me and add these things.   γ *Gr.* As is this, etc.   δ *Gr.* shall.   ζ *Gr.* in the dark.   θ *Gr.* is.   λ *Gr.* and.
μ *Gr.* as it is.   ξ *Gr.* to their life.

We are not doing *well* thus : this day is a day of glad tidings, and we hold our peace, and are waiting till the morning light, and shall find mischief : now then come, and let us go into *the city*, and report to the house of the king.

¹⁰ So they β went and cried toward the gate of the city, and reported to them, saying, We went into the camp of Syria, and, behold, there is not there a man, nor voice of man, only γ horses tied and δ asses, and their tents as they were. ¹¹ And the porters cried aloud, and reported to the house of the king within.

¹² And the king rose up by night, and said to his servants, I will now tell you what ζ the Syrians have done to us. They knew that we are hungry; and they have gone forth from the camp and hidden themselves in the field, saying, They will come out of the city, and we shall catch them alive, and go into the city. ¹³ And one of his servants answered and said, Let them now take five of the horses that were left, which were left here ; behold, they are the number left to all the multitude of Israel ; and we will send thither and see. ¹⁴ So they took two horsemen; and the king of Israel sent after the king of Syria, saying, Go, and see. ¹⁵ And they went after them even to Jordan : and, behold, all the way was full of garments and vessels, which the Syrians had cast away in their panic. And the messengers returned, and brought word to the king.

¹⁶ And the people went out, and plundered the camp of Syria : and a measure of fine flour was sold for a shekel, according to the word of the Lord, and two measures of barley for a shekel. ¹⁷ And the king appointed the officer on whose hand the king leaned *to have charge* over the gate : and the people trampled on him in the gate, and he died, as the man of God *had* said, who spoke when the messenger came down to him. ¹⁸ So it came to pass as Elisaie had spoken to the king, saying, Two measures of barley *shall be sold* for a shekel, and a measure of fine flour for a shekel ; and it shall be θ as at this time to-morrow in the gate of Samaria. ¹⁹ And the officer answered Elisaie, and said, Behold, *if* the Lord makes flood-gates in heaven, shall this thing be ? and Elisaie said, Behold, thou shalt see *it* with thine eyes, but thou shalt not eat thereof. ²⁰ And it was so : for the people trampled on him in the gate, and he died.

And Elisaie spoke to the woman, whose son he *had* λ restored to life, saying, Arise, and go thou and thy house, and sojourn wherever thou mayest sojourn : for the Lord has called for a famine upon the land ; indeed it is come upon the land *for* seven years. ² And the woman arose, and did according to the word of Elisaie, both she and her house ; and they sojourned in the land of the Philistines seven years.

³ And it came to pass after the expiration of the seven years, that the woman returned out of the land of the Philistines to the city; and came to cry to the king for her house and for her lands. ⁴ And the king spoke to

ἀνὴρ πρὸς τὸν πλησίον αὐτοῦ, οὐχ οὕτως ἡμεῖς ποιοῦμεν· ἡ ἡμέρα αὕτη, ἡμέρα εὐαγγελίας ἐστὶ, καὶ ἡμεῖς σιωπῶμεν, καὶ μένομεν ἕως φωτὸς τοῦ πρωΐ, καὶ εὑρήσομεν ἀνομίαν· καὶ νῦν δεῦρο, καὶ εἰσέλθωμεν καὶ ἀναγγείλωμεν εἰς τὸν οἶκον τοῦ βασιλέως.

Καὶ εἰσῆλθον καὶ ἐβόησαν πρὸς τὴν πύλην τῆς πόλεως, καὶ 10 ἀνήγγειλαν αὐτοῖς, λέγοντες, εἰσήλθομεν εἰς τὴν παρεμβολὴν Συρίας, καὶ ἰδοὺ οὐκ ἔστιν ἐκεῖ ἀνὴρ καὶ φωνὴ ἀνθρώπου, ὅτι εἰ μὴ ἵππος δεδεμένος καὶ ὄνος, καὶ αἱ σκηναὶ αὐτῶν ὡς εἰσί. Καὶ ἐβόησαν οἱ θυρωροὶ, καὶ ἀνήγγειλαν εἰς τὸν οἶκον τοῦ 11 βασιλέως ἔσω.

Καὶ ἀνέστη ὁ βασιλεὺς νυκτὸς, καὶ εἶπε πρὸς τοὺς παῖδας 12 αὐτοῦ, ἀναγγελῶ δὴ ὑμῖν ἃ ἐποίησεν ἡμῖν Συρία· ἔγνωσαν ὅτι πεινῶμεν ἡμεῖς, καὶ ἐξῆλθαν ἐκ τῆς παρεμβολῆς καὶ ἐκρύβησαν ἐν τῷ ἀγρῷ, λέγοντες, ὅτι ἐξελεύσονται ἐκ τῆς πόλεως, καὶ συλληψόμεθα αὐτοὺς ζῶντας, καὶ εἰς τὴν πόλιν εἰσελευσόμεθα. Καὶ ἀπεκρίθη εἷς τῶν παίδων αὐτοῦ καὶ εἶπε, λαβέτωσαν δὴ 13 πέντε τῶν ἵππων τῶν ὑπολελειμμένων οἳ κατελείφθησαν ὧδε, ἰδού εἰσι πρὸς πᾶν τὸ πλῆθος Ἰσραὴλ τὸ ἐκλεῖπον, καὶ ἀποστελοῦμεν ἐκεῖ καὶ ὀψόμεθα. Καὶ ἔλαβον δύο ἐπιβάτας 14 ἵππων· καὶ ἀπέστειλεν ὁ βασιλεὺς Ἰσραὴλ ὀπίσω τοῦ βασιλέως Συρίας, λέγων, δεῦτε, καὶ ἴδετε. Καὶ ἐπορεύθησαν ὀπίσω 15 αὐτῶν ἕως τοῦ Ἰορδάνου. καὶ ἰδοὺ πᾶσα ἡ ὁδὸς πλήρης ἱματίων καὶ σκευῶν ὧν ἔῤῥιψε Συρία ἐν τῷ θαμβεῖσθαι αὐτούς· καὶ ἐπέστρεψαν οἱ ἄγγελοι καὶ ἀνήγγειλαν τῷ βασιλεῖ.

Καὶ ἐξῆλθεν ὁ λαὸς καὶ διήρπασαν τὴν παρεμβολὴν Συρίας· 16 καὶ ἐγένετο μέτρον σεμιδάλεως σίκλου, κατὰ τὸ ῥῆμα Κυρίου, καὶ δίμετρον κριθῶν σίκλου. Καὶ ὁ βασιλεὺς κατέστησε τὸν 17 τριστάτην ἐφ᾽ ὃ ὁ βασιλεὺς ἐπανεπαύετο τῇ χειρὶ αὐτοῦ ἐπὶ τῆς πύλης· καὶ συνεπάτησεν αὐτὸν ὁ λαὸς ἐν τῇ πύλῃ, καὶ ἀπέθανε καθὰ ἐλάλησεν ὁ ἄνθρωπος τοῦ Θεοῦ, ὃς ἐλάλησεν ἐν τῷ καταβῆναι τὸν ἄγγελον πρὸς αὐτόν. Καὶ ἐγένετο καθὰ 18 ἐλάλησεν Ἐλισαιὲ πρὸς τὸν βασιλέα, λέγων, δίμετρον κριθῆς σίκλου καὶ μέτρον σεμιδάλεως σίκλου· καὶ ἔσται ὡς ἡ ὥρα αὔριον ἐν τῇ πύλῃ Σαμαρείας. Καὶ ἀπεκρίθη ὁ τριστάτης τῷ 19 Ἐλισαιὲ, καὶ εἶπεν, ἰδοὺ Κύριος ποιεῖ καταράκτας ἐν τῷ οὐρανῷ, μὴ ἔσται τὸ ῥῆμα τοῦτο; καὶ εἶπεν Ἐλισαιὲ, ἰδοὺ ὄψει τοῖς ὀφθαλμοῖς σου, καὶ ἐκεῖθεν οὐ μὴ φάγῃ. Καὶ 20 ἐγένετο οὕτως, καὶ συνεπάτησαν αὐτὸν ὁ λαὸς ἐν τῇ πύλῃ, καὶ ἀπέθανε.

Καὶ Ἐλισαιὲ ἐλάλησε πρὸς τὴν γυναῖκα, ἧς ἐζωπύρησε τὸν 8 υἱόν, λέγων, ἀνάστηθι καὶ δεῦρο σὺ καὶ ὁ οἶκός σου, καὶ παροίκει οὗ ἐὰν παροικήσῃς, ὅτι κέκληκε Κύριος λιμὸν ἐπὶ τὴν γῆν, καί γε ἦλθεν ἐπὶ τὴν γῆν ἑπτὰ ἔτη. Καὶ ἀνέστη ἡ 2 γυνὴ, καὶ ἐποίησε κατὰ τὸ ῥῆμα Ἐλισαιὲ καὶ αὐτὴ καὶ ὁ οἶκος αὐτῆς, καὶ παρῴκει ἐν γῇ ἀλλοφύλων ἑπτὰ ἔτη.

Καὶ ἐγένετο μετὰ τὸ τέλος τῶν ἑπτὰ ἐτῶν, καὶ ἐπέστρεψεν 3 ἡ γυνὴ ἐκ γῆς ἀλλοφύλων εἰς τὴν πόλιν, καὶ ἦλθε βοῆσαι πρὸς τὸν βασιλέα περὶ τοῦ οἴκου ἑαυτῆς καὶ περὶ τῶν ἀγρῶν αὐτῆς. Καὶ ὁ βασιλεὺς ἐλάλει πρὸς Γιεζὶ τὸ παιδάριον 4

β *Gr.* went in.   γ *Gr.* horse.   δ *Gr.* ass.   ζ *Gr.* Syria.   θ *Gr.* as this time is.   λ The *Gr.* signifies, to rekindle a fire.

Ἐλισαιὲ τοῦ ἀνθρώπου τοῦ Θεοῦ, λέγων, διήγησαι δὴ ἐμοὶ
5 πάντα τὰ μεγάλα ἃ ἐποίησεν Ἐλισαιέ. Καὶ ἐγένετο αὐτοῦ
ἐξηγουμένου τῷ βασιλεῖ, ὡς ἐζωπύρησεν υἱὸν τεθνηκότα, καὶ
ἰδοὺ ἡ γυνὴ ἧς ἐζωπύρησε τὸν υἱὸν αὐτῆς Ἐλισαιέ, βοῶσα
πρὸς τὸν βασιλέα περὶ τοῦ οἴκου ἑαυτῆς καὶ περὶ τῶν ἀγρῶν
ἑαυτῆς· καὶ εἶπε Γιεζί, κύριε βασιλεῦ, αὕτη ἡ γυνὴ, καὶ οὗτος
6 ὁ υἱὸς αὐτῆς, ὃν ἐζωπύρησεν Ἐλισαιέ. Καὶ ἐπηρώτησεν
ὁ βασιλεὺς τὴν γυναῖκα· καὶ διηγήσατο αὐτῷ· καὶ ἔδωκεν αὐτῇ
ὁ βασιλεὺς εὐνοῦχον ἕνα, λέγων, ἐπίστρεψον πάντα τὰ αὐτῆς,
καὶ πάντα τὰ γεννήματα τοῦ ἀγροῦ ἀπὸ τῆς ἡμέρας ἧς κατέλιπε
τὴν γῆν ἕως τοῦ νῦν.

7 Καὶ ἦλθεν Ἐλισαιὲ εἰς Δαμασκόν· καὶ υἱὸς Ἄδερ βασι-
λεὺς Συρίας ἠῤῥώστησε, καὶ ἀνήγγειλαν αὐτῷ, λέγοντες, ἥκει
8 ὁ ἄνθρωπος τοῦ Θεοῦ ἕως ὧδε. Καὶ εἶπεν ὁ βασιλεὺς πρὸς
Ἀζαήλ, λάβε ἐν τῇ χειρί σου μαναὰ, καὶ δεῦρο εἰς ἀπαντὴν
τοῦ ἀνθρώπου τοῦ Θεοῦ, καὶ ἐπιζήτησον τὸν Κύριον παρ᾽ αὐτοῦ,
9 λέγων, εἰ ζήσομαι ἐκ τῆς ἀῤῥωστίας μου ταύτης; Καὶ ἐπο-
ρεύθη Ἀζαὴλ εἰς ἀπαντὴν αὐτοῦ, καὶ ἔλαβε μαναὰ ἐν τῇ χειρὶ
αὐτοῦ, καὶ πάντα τὰ ἀγαθὰ Δαμασκοῦ, ἄρσιν τεσσαράκοντα
καμήλων, καὶ ἦλθε καὶ ἔστη ἐνώπιον αὐτοῦ, καὶ εἶπε πρὸς
Ἐλισαιὲ, υἱός σου υἱὸς Ἄδερ βασιλεὺς Συρίας ἀπέστειλέ με
πρὸς σὲ ἐπερωτῆσαι, λέγων, εἰ ζήσομαι ἐκ τῆς ἀῤῥωστίας μου
10 ταύτης; Καὶ εἶπεν Ἐλισαιὲ, δεῦρο, εἶπον, ζωῇ ζήσῃ, καὶ
11 ἔδειξέ μοι Κύριος ὅτι θανάτῳ ἀποθανῇ. Καὶ παρέστη τῷ
προσώπῳ αὐτοῦ, καὶ ἔθηκεν ἕως αἰσχύνης· καὶ ἔκλαυσεν
12 ὁ ἄνθρωπος τοῦ Θεοῦ. Καὶ εἶπεν Ἀζαὴλ, τί ὅτι ὁ κύριός μου
κλαίει; καὶ εἶπεν, ὅτι οἶδα ὅσα ποιήσεις τοῖς υἱοῖς Ἰσραὴλ
κακά· τὰ ὀχυρώματα αὐτῶν ἐξαποστελεῖς ἐν πυρὶ, καὶ τοὺς
ἐκλεκτοὺς αὐτῶν ἐν ῥομφαίᾳ ἀποκτενεῖς, καὶ τὰ νήπια αὐτῶν
ἐνσείσεις, καὶ τὰς ἐν γαστρὶ ἐχούσας αὐτῶν ἀναῤῥήξεις.
13 Καὶ εἶπεν Ἀζαὴλ, τίς ἐστιν ὁ δοῦλός σου, ὁ κύων ὁ τεθνηκὼς,
ὅτι ποιήσει τὸ ῥῆμα τοῦτο; καὶ εἶπεν Ἐλισαιὲ, ἔδειξέ μοι
14 Κύριός σε βασιλεύοντα ἐπὶ Συρίαν. Καὶ ἀπῆλθεν ἀπὸ Ἐλι-
σαιὲ, καὶ εἰσῆλθε πρὸς τὸν κύριον αὐτοῦ, καὶ εἶπεν αὐτῷ, τί
15 εἶπέ σοι Ἐλισαιέ; καὶ εἶπεν, εἶπέ μοι, ζωῇ ζήσῃ. Καὶ ἐγένετο
τῇ ἐπαύριον, καὶ ἔλαβε τὸ μαχβὰρ καὶ ἔβαψεν ἐν τῷ ὕδατι,
καὶ περιέβαλεν ἐπὶ τὸ πρόσωπον αὐτοῦ, καὶ ἀπέθανε· καὶ
ἐβασίλευσεν Ἀζαὴλ ἀντ᾽ αὐτοῦ.

16 Ἐν ἔτει πέμπτῳ τῷ Ἰωρὰμ υἱῷ Ἀχαὰβ βασιλεῖ Ἰσραὴλ,
καὶ Ἰωσαφὰτ βασιλεῖ Ἰούδα, ἐβασίλευσεν Ἰωρὰμ υἱὸς Ἰωσα-
17 φὰτ βασιλεὺς Ἰούδα. Υἱὸς τριάκοντα καὶ δύο ἐτῶν ἦν ἐν τῷ
βασιλεύειν αὐτὸν, καὶ ὀκτὼ ἔτη ἐβασίλευσεν ἐν Ἱερουσαλήμ.
18 Καὶ ἐπορεύθη ἐν ὁδῷ βασιλέων Ἰσραὴλ καθὼς ἐποίησεν οἶκος
Ἀχαὰβ, ὅτι θυγάτηρ Ἀχαὰβ ἦν αὐτῷ εἰς γυναῖκα, καὶ ἐποίησε
19 τὸ πονηρὸν ἐνώπιον Κυρίου. Καὶ οὐκ ἠθέλησε Κύριος διαφθεῖ-
ραι τὸν Ἰούδαν διὰ Δαυὶδ τὸν δοῦλον αὐτοῦ, καθὼς εἶπε δοῦναι
αὐτῷ λύχνον καὶ τοῖς υἱοῖς αὐτοῦ πάσας τὰς ἡμέρας.
20 Ἐν ταῖς ἡμέραις αὐτοῦ ἠθέτησεν Ἐδὼμ ὑποκάτωθεν χειρὸς
21 Ἰούδα, καὶ ἐβασίλευσαν ἐφ᾽ ἑαυτὸν βασιλέα. Καὶ ἀνέβη
Ἰωρὰμ εἰς Σιὼρ, καὶ πάντα τὰ ἅρματα τὰ μετ᾽ αὐτοῦ· καὶ

Giezi the servant of Elisaie the man of God, saying, Tell me, I pray thee, all the great things which Elisaie has done. [5]And it came to pass, as he was telling the king how he had restored to life the dead son, behold, the woman whose son Elisaie restored to life *came* crying to the king for her house and for her lands. And Giezi said, My lord, O king, this *is* the woman, and this *is* her son, whom Elisaie restored to life. [6]And the king asked the woman, and she told him: and the king appointed her a eunuch, saying, Restore all that was hers, and all the fruits of the field from the day that she left the land until now.

[7]And Elisaie came to Damascus; and the king of Syria the son of Ader was ill, and they brought him word, saying, The man of God is come hither. [8]And the king said to Azael, Take in thine hand β a present, and go to meet the man of God, and enquire of the Lord by him, saying, Shall I γ recover of this my disease? [9]And Azael went to meet him, and he took a present in his hand, and all the good things of Damascus, forty camels' load, and came and stood before him, and said to Elisaie, Thy son the son of Ader, the king of Syria, has sent me to thee to enquire, saying, Shall I recover of this my disease? [10]And Elisaie said, Go, say, Thou shalt certainly live; yet the Lord has shewed me that δ thou shalt surely die. [11]And he stood before him, and fixed *his countenance* till he was ashamed: and the man of God wept. [12]And Azael said, Why does my lord weep? And he said, Because I know all the evil that thou wilt do to the children of Israel: thou wilt ε utterly destroy their strong holds with fire, and thou wilt slay their choice men with the sword, and thou wilt dash their infants *against the ground*, and their women with child thou wilt rip up. [13]And Azael said, Who is thy servant? a dead dog, that he λ should do this thing? And Elisaie said, The Lord has shewn me thee ruling over Syria. [14]And he departed from Elisaie, and went in to his lord; and he said to him, What said Elisaie to thee? and he said, He said to me, Thou shalt surely live. [15]And it came to pass on the next day that he took a μ thick cloth, and dipped it in water, and put it on his face, and he died: and Azael reigned in his stead.

[16]In the fifth year ζ of Joram son of Achaab king of Israel, and while Josaphat was king of Juda, Joram the son of Josaphat king of Juda π began to reign. [17]ρ Thirty and two years old was he when he began to reign, and he reigned eight years in Jerusalem. [18]And he walked in the way of the kings of Israel, as did the house of Achaab; for the daughter of Achaab was his wife: and he did that which was evil in the sight of the Lord. [19]But the Lord would not destroy Juda for David his servant's sake, as he said he would give a light to him and to his sons continually.

[20]In his days Edom revolted from under the hand of Juda, and they made a king over σ themselves. [21]And Joram went up to Sior, and all the chariots that were with him: and

---

β The *Gr.* retains the *Heb.* word.   γ *Gr.* live?   δ *Complut.* and *Ald.* ἀποθανεῖται.   ζ *Gr.* send away.   λ *Gr.* shall.
μ The *Gr.* is from the *Heb.* rug or quilt, etc.   ξ *Gr.* to.   π *Gr.* reigned.   ρ *Gr.* a son of 32 years in his reigning.   σ *Gr.* himself.

it came to pass after he had arisen, that he smote Edom who compassed him about, and the captains of the chariots; and the people fled to their tents. ²² Yet Edom revolted from under the hand of Juda till this day. Then Lobna revolted at that time. ²³ And the rest of the acts of Joram, and all that he did, behold, are not these written in the book of the chronicles of the kings of Juda? ²⁴ So Joram slept with his fathers, and was buried with his fathers in the city of his father David: and Ochozias his son reigned in his stead.

²⁵ In the twelfth year ᵝof Joram son of Achaab king of Israel, Ochozias son of Joram ᵞ began to reign. ²⁶ ᵟTwenty and two years old *was* Ochozias when he began to reign, and he reigned one year in Jerusalem: and the name of his mother *was* Gotholia, daughter of Ambri king of Israel. ²⁷ And he walked in the way of the house of Achaab, and did that which was evil in the sight of the Lord, as did the house of Achaab. ²⁸ And he went with Joram the son of Achaab to war ᶳagainst Azael king of ᶿ the Syrians in Remmoth Galaad; and the Syrians wounded Joram. ²⁹ And king Joram returned to be healed in Jezrael of the wounds with which they wounded him in Remmoth, when he fought with Azael king of Syria. And Ochozias son of Joram went down to see Joram the son of Achaab in Jezrael, because he was sick.

And Elisaie the prophet called one of the sons of the prophets, and said to him, Gird up thy loins, and take this cruse of oil in thy hand, and go to Remmoth Galaad. ² And thou shalt enter there, and shalt see there Ju the son of Josaphat son of Namessi, and shalt go in and make him rise up from among his brethren, and shalt bring him into a secret chamber. ³ And thou shalt take the cruse of oil, and pour *it* on his head, and say thou, Thus saith the Lord, I have anointed thee king over Israel: and thou shalt open the door, and flee, and not tarry. ⁴ And the young man the prophet went to Remmoth Galaad.

⁵ And he went in, and, behold, the captains of the host were sitting; and he said, I have a message to thee, O captain. And Ju said, To which of all us? And he said, To thee, O captain. ⁶ And he arose, and went into the house: and he poured the oil upon his head, and said to him, Thus saith the Lord God of Israel, I have anointed thee to be king over the people of the Lord, even over Israel. ⁷ And thou shalt utterly destroy the house of Achaab thy master from before me, and shalt avenge the ᵘblood of my servants the prophets, and the blood of all the servants of the Lord, at the hand of Jezabel, ⁸ and at the hand of the whole house of Achaab: and thou shalt utterly cut off from the house of Achaab every male, and him that is shut up and left in Israel. ⁹ And I will ᵘmake the house of Achaab like the house of Jeroboam the son of Nabat, and as the house of Baasa the son of Achia. ¹⁰ And the dogs shall eat Jezabel in the portion of Jezreel, and ᶠthere shall be none to bury her. And he opened the door, and fled.

ἐγένετο αὐτοῦ ἀναστάντος, καὶ ἐπάταξε τὸν Ἐδὼμ τὸν κυκλώσαντα ἐπ' αὐτόν, καὶ τοὺς ἄρχοντας τῶν ἁρμάτων, καὶ ἔφυγεν ὁ λαὸς εἰς τὰ σκηνώματα αὐτῶν. Καὶ ἠθέτησεν Ἐδὼμ ὑποκάτω 22 τῆς χειρὸς Ἰούδα ἕως τῆς ἡμέρας ταύτης· τότε ἠθέτησε Λοβνὰ ἐν τῷ καιρῷ ἐκείνῳ.

Καὶ τὰ λοιπὰ τῶν λόγων Ἰωρὰμ καὶ πάντα ὅσα ἐποίησεν, 23 οὐκ ἰδοὺ ταῦτα γέγραπται ἐπὶ βιβλίῳ λόγων τῶν ἡμερῶν τοῖς βασιλεῦσιν Ἰούδα; Καὶ ἐκοιμήθη Ἰωρὰμ μετὰ τῶν πατέρων 24 αὐτοῦ, καὶ ἐτάφη μετὰ τῶν πατέρων αὐτοῦ ἐν πόλει Δαυίδ τοῦ πατρὸς αὐτοῦ· καὶ ἐβασίλευσεν Ὀχοζίας υἱὸς αὐτοῦ ἀντ' αὐτοῦ.

Ἐν ἔτει δωδεκάτῳ τῷ Ἰωρὰμ υἱῷ Ἀχαὰβ βασιλεῖ Ἰσραὴλ 25 ἐβασίλευσεν Ὀχοζίας υἱὸς Ἰωράμ. Υἱὸς εἴκοσι καὶ δύο ἐτῶν 26 Ὀχοζίας ἐν τῷ βασιλεύειν αὐτόν, καὶ ἐνιαυτὸν ἕνα ἐβασίλευσεν ἐν Ἱερουσαλήμ, καὶ ὄνομα τῆς μητρὸς αὐτοῦ Γοθολία θυγάτηρ Ἀμβρὶ βασιλέως Ἰσραήλ. Καὶ ἐπορεύθη ἐν ὁδῷ οἴκου 27 Ἀχαάβ, καὶ ἐποίησε τὸ πονηρὸν ἐνώπιον Κυρίου καθὼς ὁ οἶκος Ἀχαάβ. Καὶ ἐπορεύθη μετὰ Ἰωρὰμ υἱοῦ Ἀχαὰβ εἰς πόλεμον 28 μετὰ Ἀζαὴλ βασιλέως ἀλλοφύλων ἐν Ῥεμμὼθ Γαλαάδ, καὶ ἐπάταξαν οἱ Σύροι τὸν Ἰωράμ. Καὶ ἐπέστρεψεν ὁ βασιλεὺς 29 Ἰωρὰμ τοῦ ἰατρευθῆναι ἐν Ἰεζράελ ἀπὸ τῶν πληγῶν ὧν ἐπάταξαν αὐτὸν ἐν Ῥεμμώθ, ἐν τῷ πολεμεῖν αὐτὸν μετὰ Ἀζαὴλ βασιλέως Συρίας· καὶ Ὀχοζίας υἱὸς Ἰωρὰμ κατέβη τοῦ ἰδεῖν τὸν Ἰωρὰμ υἱὸν Ἀχαὰβ ἐν Ἰεζράελ, ὅτι ἠρρώστει αὐτός.

Καὶ Ἐλισαιὲ ὁ προφήτης ἐκάλεσεν ἕνα τῶν υἱῶν τῶν προφη- 9 τῶν, καὶ εἶπεν αὐτῷ, ζῶσαι τὴν ὀσφύν σου, καὶ λάβε τὸν φακὸν τοῦ ἐλαίου τούτου ἐν τῇ χειρί σου, καὶ δεῦρο εἰς Ῥεμμὼθ Γαλαάδ. Καὶ εἰσελεύσῃ ἐκεῖ, καὶ ὄψει ἐκεῖ Ἰοὺ υἱὸν Ἰωσαφὰτ 2 υἱοῦ Ναμεσσὶ, καὶ εἰσελεύσῃ καὶ ἀναστήσεις αὐτὸν ἐκ μέσου τῶν ἀδελφῶν αὐτοῦ, καὶ εἰσάξεις αὐτὸν εἰς τὸ ταμεῖον ἐν ταμείῳ. Καὶ λήψῃ τὸν φακὸν τοῦ ἐλαίου, καὶ ἐπιχεεῖς ἐπὶ 3 τὴν κεφαλὴν αὐτοῦ, καὶ εἶπον, τάδε λέγει Κύριος, κέχρικά σε εἰς βασιλέα ἐπὶ Ἰσραήλ· καὶ ἀνοίξεις τὴν θύραν, καὶ φεύξῃ καὶ οὐ μενεῖς. Καὶ ἐπορεύθη τὸ παιδάριον ὁ προφήτης εἰς 4 Ῥεμμὼθ Γαλαάδ.

Καὶ εἰσῆλθε· καὶ ἰδοὺ οἱ ἄρχοντες τῆς δυνάμεως ἐκάθηντο, 5 καὶ εἶπε, λόγος μοι πρὸς σὲ ὁ ἄρχων· καὶ εἶπεν Ἰού, πρὸς τίνα ἐκ πάντων ἡμῶν; καὶ εἶπε, πρὸς σὲ ὁ ἄρχων. Καὶ 6 ἀνέστη καὶ εἰσῆλθεν εἰς τὸν οἶκον, καὶ ἐπέχεε τὸ ἔλαιον ἐπὶ τὴν κεφαλὴν αὐτοῦ, καὶ εἶπεν αὐτῷ, τάδε λέγει Κύριος ὁ Θεὸς Ἰσραήλ, κέχρικά σε εἰς βασιλέα ἐπὶ λαὸν Κυρίου ἐπὶ τὸν Ἰσραήλ. Καὶ ἐξολοθρεύσεις τὸν οἶκον Ἀχαὰβ τοῦ κυρίου 7 σου ἐκ προσώπου μου, καὶ ἐκδικήσεις τὰ αἵματα τῶν δούλων μου τῶν προφητῶν, καὶ τὰ αἵματα πάντων τῶν δούλων Κυρίου ἐκ χειρὸς Ἰεζάβελ, καὶ ἐκ χειρὸς ὅλου τοῦ οἴκου Ἀχαάβ, καὶ 8 ἐξολοθρεύσεις τῷ οἴκῳ Ἀχαὰβ οὐροῦντα πρὸς τοῖχον, καὶ συνεχόμενον καὶ ἐγκαταλελειμμένον ἐν Ἰσραήλ. Καὶ δώσω 9 τὸν οἶκον Ἀχαὰβ ὡς τὸν οἶκον Ἱεροβοὰμ υἱοῦ Ναβάτ, καὶ ὡς τὸν οἶκον Βαασὰ υἱοῦ Ἀχιά. Καὶ τὴν Ἰεζάβελ καταφάγον- 10 ται οἱ κύνες ἐν τῇ μερίδι Ἰεζράελ, καὶ οὐκ ἔστιν ὁ θάπτων· καὶ ἤνοιξε τὴν θύραν καὶ ἔφυγε.

ᵝ *Gr.* to.   ᵞ *Gr.* reigned.   ᵟ *Gr.* a son of 22 years, in his reigning.   ᶳ *Gr.* with.   ᶿ The *Gr.* word ἀλλόφυλοι is almost always applied elsewhere to the Philistines.   ᵘ *Gr.* bloods.   ᵘ *Gr.* give.   ᶠ *Gr.* there is not a buryer.

11 Καὶ Ἰοὺ ἐξῆλθε πρὸς τοὺς παῖδας τοῦ κυρίου αὐτοῦ, καὶ εἶπαν αὐτῷ, εἰρήνη; τί ὅτι εἰσῆλθεν ὁ ἐπίληπτος οὗτος πρὸς σέ; καὶ εἶπεν αὐτοῖς, ὑμεῖς οἴδατε τὸν ἄνδρα καὶ τὴν ἀδολεσχίαν

12 αὐτοῦ. Καὶ εἶπον, ἄδικον, ἀπάγγειλον δὴ ἡμῖν. Καὶ εἶπεν Ἰοὺ πρὸς αὐτοὺς, οὕτω καὶ οὕτω ἐλάλησε πρὸς μὲ, λέγων, καὶ εἶπε, τάδε λέγει Κύριος, κέχρικά σε εἰς βασιλέα ἐπὶ Ἰσραήλ.

13 Καὶ ἀκούσαντες ἔσπευσαν, καὶ ἔλαβεν ἕκαστος τὸ ἱμάτιον αὐτοῦ, καὶ ἔθηκαν ὑποκάτω αὐτοῦ ἐπὶ τὸ γαρὲμ τῶν ἀναβάθμων· καὶ ἐσάλπισαν ἐν κερατίνῃ, καὶ εἶπαν, ἐβασίλευσεν Ἰού.

14 Καὶ συνεστράφη Ἰοὺ υἱὸς Ἰωσαφὰτ υἱοῦ Ναμεσσὶ πρὸς Ἰωράμ· καὶ Ἰωρὰμ αὐτὸς ἐφύλασσεν ἐν Ῥεμμὼθ Γαλαὰδ, καὶ πᾶς Ἰσραὴλ ἀπὸ προσώπου Ἀζαὴλ βασιλέως Συρίας.

15 Καὶ ἀπέστρεψεν Ἰωρὰμ ὁ βασιλεὺς ἰατρευθῆναι ἐν Ἰεζράελ ἀπὸ τῶν πληγῶν ὧν ἔπαισαν αὐτὸν οἱ Σύροι ἐν τῷ πολεμεῖν αὐτὸν μετὰ Ἀζαὴλ βασιλέως Συρίας.

Καὶ εἶπεν Ἰού, εἰ ἔστι ψυχὴ ὑμῶν μετ᾽ ἐμοῦ, μὴ ἐξελθέτω ἐκ τῆς πόλεως διαπεφευγὼς τοῦ πορευθῆναι καὶ ἀπαγγεῖλαι ἐν

16 Ἰεζράελ. Καὶ ἵππευσε καὶ ἐπορεύθη Ἰού, καὶ κατέβη εἰς Ἰεζράελ, ὅτι Ἰωρὰμ βασιλεὺς Ἰσραὴλ ἐθεραπεύετο ἐν τῷ Ἰεζράελ ἀπὸ τῶν τοξευμάτων, ὧν κατετόξευσαν αὐτὸν οἱ Ἀραμὶν ἐν τῇ Ῥαμμὼθ ἐν τῷ πολέμῳ μετὰ Ἀζαὴλ βασιλέως Συρίας, ὅτι αὐτὸς δυνατὸς καὶ ἀνὴρ δυνάμεως· καὶ Ὀχοζίας

17 βασιλεὺς Ἰούδα κατέβη ἰδεῖν τὸν Ἰωράμ. Καὶ ὁ σκοπὸς ἀνέβη ἐπὶ τὸν πύργον Ἰεζράελ, καὶ εἶδε τὸν κονιορτὸν Ἰοὺ ἐν τῷ παραγίνεσθαι αὐτὸν, καὶ εἶπε, κονιορτὸν ἐγὼ βλέπω· καὶ εἶπεν Ἰωράμ, λάβε ἐπιβάτην, καὶ ἀπόστειλον ἔμπροσθεν αὐτῶν, καὶ

18 εἰπάτω, ἡ εἰρήνη. Καὶ ἐπορεύθη ἐπιβάτης ἵππου εἰς ἀπαντὴν αὐτῶν, καὶ εἶπε, τάδε λέγει ὁ βασιλεύς, ἡ εἰρήνη· καὶ εἶπεν Ἰού, τί σοι καὶ εἰρήνη; ἐπίστρεφε εἰς τὰ ὀπίσω μου· καὶ ἀπήγγειλεν ὁ σκοπός, λέγων, ἦλθεν ὁ ἄγγελος ἕως αὐτῶν, καὶ

19 οὐκ ἀνέστρεψε. Καὶ ἀπέστειλεν ἐπιβάτην ἵππου δεύτερον, καὶ ἦλθε πρὸς αὐτὸν καὶ εἶπε, τάδε λέγει ὁ βασιλεύς, ἡ εἰρήνη· καὶ εἶπεν Ἰού, τί σοι καὶ εἰρήνη; ἐπιστρέφου εἰς τὰ ὀπίσω

20 μου. Καὶ ἀπήγγειλεν ὁ σκοπός, λέγων, ἦλθεν ἕως αὐτῶν καὶ οὐκ ἀνέστρεψε, καὶ ὁ ἄγων ἦγε τὸν Ἰοὺ υἱὸν Ναμεσσὶ,

21 ὅτι ἐν παραλλαγῇ ἐγένετο. Καὶ εἶπεν Ἰωράμ, ζεῦξον· καὶ ἔζευξεν ἅρμα· καὶ ἐξῆλθεν Ἰωρὰμ βασιλεὺς Ἰσραὴλ, καὶ Ὀχοζίας βασιλεὺς Ἰούδα, ἀνὴρ ἐν τῷ ἅρματι αὐτοῦ, καὶ ἐξῆλθον εἰς ἀπαντὴν Ἰού, καὶ εὗρον αὐτὸν ἐν τῇ μερίδι Ναβουθαὶ τοῦ Ἰεζραηλίτου.

22 Καὶ ἐγένετο ὡς εἶδεν Ἰωρὰμ τὸν Ἰού, καὶ εἶπεν, ἡ εἰρήνη Ἰού; καὶ εἶπεν Ἰού, τί εἰρήνη; ἔτι αἱ πορνεῖαι Ἰεζάβελ τῆς

23 μητρός σου καὶ τὰ φάρμακα αὐτῆς τὰ πολλά. Καὶ ἐπέστρεψεν Ἰωρὰμ τὰς χεῖρας αὐτοῦ, καὶ ἔφυγε· καὶ εἶπε πρὸς Ὀχοζίαν,

24 δόλος Ὀχοζία. Καὶ ἔπλησεν Ἰοὺ τὴν χεῖρα αὐτοῦ ἐν τῷ τόξῳ, καὶ ἐπάταξε τὸν Ἰωρὰμ ἀναμέσον τῶν βραχιόνων αὐτοῦ, καὶ ἐξῆλθε τὸ βέλος αὐτοῦ διὰ τῆς καρδίας αὐτοῦ, καὶ ἔκαμψεν ἐπὶ

25 τὰ γόνατα αὐτοῦ. Καὶ εἶπε πρὸς Βαδεκὰρ τὸν τριστάτην αὐτοῦ, ῥίψον αὐτὸν ἐν τῇ μερίδι ἀγροῦ Ναβουθαὶ τοῦ Ἰεζραηλίτου, ὅτι μνημονεύω ἐγὼ καὶ σὺ ἐπιβεβηκότες ἐπὶ ζεύγη

[11] And Ju went forth to the servants of his lord, and they said to him, *Is* [β] all well? Why came this mad fellow in to thee? And he said to them, Ye know the man, and his communication. [12] And they said, *It is* wrong: tell us now. And Ju said to them, Thus and thus spoke he to me, saying,—and he said, Thus saith the Lord, I have anointed thee to be king over Israel. [13] And when they heard it, they hasted, and took every man his garment, and put it under him on the [γ] top of the stairs, and blew with the trumpet, and said, Ju [δ] is king.

[14] So Ju the son of Josaphat the son of Namessi conspired against Joram, and Joram was defending Remmoth Galaad, he and all Israel, [ς] because of Azael king of Syria. [15] And king Joram had returned to be healed in Jezrael of the wounds which the Syrians had given him, in his war with Azael king of Syria.

And Ju said, If your heart is with me, let there not go forth out of the city [θ] one fugitive to go and report to Jezrael. [16] And Ju rode and advanced, and came down to Jezrael; for Joram king of Israel was getting healed in Jezrael of the arrow-wounds wherewith the Syrians *had* wounded him in Rammath in the war with Azael king of Syria; for he *was* strong and a mighty man: and Ochozias king of Juda was come down to see Joram. [17] And there went up a watchman upon the tower of Jezrael, and saw the dust *made* by Ju as he approached; and he said, I see dust. And Joram said, Take a horseman, and send [λ] to meet them, and let him say, Peace. [18] And there went a horseman to meet them, and said, Thus says the king, Peace. And Ju said, What hast thou to do with peace? turn behind me. And the watchman reported, saying, The messenger came up to them, and has not returned. [19] And he sent another horseman, and he came to him, and said, Thus says the king, Peace. And Ju said, What hast thou to do with peace? turn behind me. [20] And the watchman reported, saying, He came up to them, and has not returned: and the driver [μ] drives Ju the son of Namessi, for it is with furious haste. [21] And Joram said, Make ready. And one made ready the chariot: and Joram the king of Israel went forth, and Ochozias king of Juda, each in his chariot, and they went to meet Ju, and found him in the portion of Nabuthai the Jezraelite.

[22] And it came to pass when Joram saw Ju, that he said, *Is it* peace, Ju? And Ju said, How *can it be* peace? as yet *there are* the whoredoms of thy mother Jezabel, and her abundant witchcrafts. [23] And Joram turned his hands, and fled, and said to Ochozias, Treachery, Ochozias. [24] And Ju [ξ] bent his bow with his full strength, and smote Joram between his arms, and his arrow went out at his heart, and he bowed upon his knees. [25] And *Ju* said to Badecar his chief officer, Cast him into the portion of ground of Nabuthai the Jezraelite, for I and thou remember, riding *as we were* [π] on chariots

---

β *Gr.* peace.   γ *Heb.* word in *Gr.*   δ *Lit.* has reigned.   ζ *Gr.* from the face of.   θ *Gr.* one having escaped.
λ *Gr.* before them.   μ *Gr.* has driven.   ξ *Lit.* filled his hand with the bow.   π *Gr.* on yokes, *or* chariots with pairs of horses.

after Achaab his father, βthat the Lord took up this burden against him, *saying,* [26]γSurely, I have seen yesterday the blood of Nabuthai, and the blood of his sons, saith the Lord; and I will recompense him in this portion, saith the Lord. Now then, I pray thee, take him up and cast him into the portion, according to the word of the Lord.

[27] And Ochozias king of Juda saw *it,* and fled by the way of δBæthgan. And Ju pursued after him, and said, *Slay* him also. And one smote him in the chariot at the going up of Gai, which is Jeblaam: and he fled to Mageddo, and died there. [28] And his servants put him on a chariot, and brought him to Jerusalem, and they buried him in his sepulchre in the city of David.

[29] And in the eleventh year of Joram king of Israel, Ochozias began to reign over Juda.

[30] And Ju came to Jezrael; and Jezabel heard *of it,* and coloured her eyes, and adorned her head, and looked through the window. [31] And Ju entered into the city; and she said, Had Zambri, the murderer of his master, peace? [32] And he lifted up his face toward the window, and saw her, and said, Who art thou? Come down with me. And two eunuchs looked down towards him. [33] And he said, Throw her *down.* And they threw her *down;* and some of her blood was sprinkled on the wall, and on the horses: and they trampled on her. [34] And Ju went in and ate and drank, and said, Look now, after this cursed woman, and bury her, for she is a king's daughter. [35] And they went to bury her; but they found nothing of her but the skull, and the feet, and the palms of her hands. [36] And they returned and told him. And he said, *It is* the word of the Lord, which he spoke by the hand of Eliu the Thesbite, saying, In the portion of Jezrael shall the dogs eat the flesh of Jezabel. [37] And the carcase of Jezabel shall be as dung on the face of the field in the portion of Jezrael, so that they shall not say, *This is* Jezabel.

And Achaab *had* seventy sons in Samaria. And Ju wrote a letter, and sent it into Samaria to the rulers of Samaria, and to the elders, and to the guardians of *the children of* Achaab, saying, [2] Now then, as soon as this letter shall have reached you, whereas *there are* with you the sons of your master, and with you ζchariots and horses, and strong cities, and arms, [3] do ye accordingly look out the best and θfittest among your master's sons, and set him on the throne of his father, and fight for the house of your master. [4] And they feared greatly, and said, Behold, two kings stood not before him: and how shall we stand? [5] So they that were over the house, and they that were over the city, and the elders and the guardians, sent to Ju, saying, We also *are* thy servants, and whatsoever thou shalt say to us we will do: we will not make *any* man king: we will do that which is right in thine eyes.

[6] And Ju wrote them a second letter, say-

ὀπίσω Ἀχαὰβ τοῦ πατρὸς αὐτοῦ, καὶ Κύριος ἔλαβεν ἐπ᾽ αὐτὸν τὸ λῆμμα τοῦτο· Εἰ μὴ τὰ αἵματα Ναβουθαὶ καὶ τὰ αἵματα τῶν υἱῶν αὐτοῦ εἶδον ἐχθὲς, φησὶ Κύριος, καὶ ἀνταποδώσω αὐτῷ [26] ἐν τῇ μερίδι ταύτῃ, φησὶ Κύριος· καὶ νῦν ἄρας δὴ ῥίψον αὐτὸν ἐν τῇ μερίδι κατὰ τὸ ῥῆμα Κυρίου.

Καὶ Ὀχοζίας βασιλεὺς Ἰούδα εἶδε καὶ ἔφυγεν ὁδὸν Βαιθγάν· [27] καὶ ἐδίωξεν ὀπίσω αὐτοῦ Ἰοὺ, καὶ εἶπε, καί γε αὐτόν· καὶ ἐπάταξεν αὐτὸν πρὸς τῷ ἅρματι ἐν τῷ ἀναβαίνειν Γαὶ, ἥ ἐστιν Ἰεβλαάμ· καὶ ἔφυγεν εἰς Μαγεδδὼ, καὶ ἀπέθανεν ἐκεῖ. Καὶ [28] ἐπεβίβασαν αὐτὸν οἱ παῖδες αὐτοῦ ἐπὶ τὸ ἅρμα, καὶ ἤγαγον αὐτὸν εἰς Ἱερουσαλὴμ, καὶ ἔθαψαν αὐτὸν ἐν τῷ τάφῳ αὐτοῦ ἐν πόλει Δαυίδ.

Καὶ ἐν ἔτει ἑνδεκάτῳ Ἰωρὰμ βασιλέως Ἰσραὴλ ἐβασίλευσεν [29] Ὀχοζίας ἐπὶ Ἰούδαν.

Καὶ ἦλθεν Ἰοὺ ἐπὶ Ἰεζράελ· καὶ Ἰεζάβελ ἤκουσε, καὶ [30] ἐστιμμίσατο τοὺς ὀφθαλμοὺς αὐτῆς, καὶ ἠγάθυνε τὴν κεφαλὴν αὐτῆς, καὶ διέκυψε διὰ τῆς θυρίδος. Καὶ Ἰοὺ εἰσεπορεύετο ἐν [31] τῇ πόλει, καὶ εἶπεν, ἡ εἰρήνη Ζαμβρὶ ὁ φονευτὴς τοῦ κυρίου αὐτοῦ; Καὶ ἐπῆρε τὸ πρόσωπον αὐτοῦ εἰς τὴν θυρίδα, καὶ [32] εἶδεν αὐτὴν, καὶ εἶπε, τίς εἶ σύ; κατάβηθι μετ᾽ ἐμοῦ· καὶ κατέκυψαν πρὸς αὐτὸν δύο εὐνοῦχοι. Καὶ εἶπε, κυλίσατε [33] αὐτήν· καὶ ἐκύλισαν αὐτὴν, καὶ ἐρραντίσθη τοῦ αἵματος αὐτῆς πρὸς τὸν τοῖχον καὶ πρὸς τοὺς ἵππους, καὶ συνεπάτησαν αὐτήν. Καὶ εἰσῆλθε καὶ ἔφαγε καὶ ἔπιε, καὶ εἶπεν, ἐπισκέψασθε δὴ [34] τὴν κατηραμένην ταύτην, καὶ θάψατε αὐτὴν, ὅτι θυγάτηρ βασιλέως ἐστί. Καὶ ἐπορεύθησαν θάψαι αὐτὴν, καὶ οὐχ εὗρον [35] ἐν αὐτῇ ἄλλο τι ἢ τὸ κρανίον καὶ οἱ πόδες καὶ τὰ ἴχνη τῶν χειρῶν. Καὶ ἐπέστρεψαν καὶ ἀνήγγειλαν αὐτῷ· καὶ εἶπε, [36] λόγος Κυρίου ὃν ἐλάλησεν ἐν χειρὶ Ἡλιοὺ τοῦ Θεσβίτου, λέγων, ἐν τῇ μερίδι Ἰεζράελ καταφάγονται οἱ κύνες τὰς σάρκας Ἰεζάβελ. Καὶ ἔσται τὸ θνησιμαῖον Ἰεζάβελ ὡς κοπρία ἐπὶ [37] προσώπου τοῦ ἀγροῦ ἐν τῇ μερίδι Ἰεζράελ, ὥστε μὴ εἰπεῖν αὐτοὺς, Ἰεζάβελ.

Καὶ τῷ Ἀχαὰβ ἑβδομήκοντα υἱοὶ ἐν Σαμαρείᾳ· καὶ ἔγραψεν [10] Ἰοὺ βιβλίον, καὶ ἀπέστειλεν ἐν Σαμαρείᾳ πρὸς τοὺς ἄρχοντας Σαμαρείας, καὶ πρὸς τοὺς πρεσβυτέρους, καὶ πρὸς τοὺς τιθηνοὺς Ἀχαὰβ, λέγων, καὶ νῦν ὡς ἂν ἔλθῃ τὸ βιβλίον τοῦτο πρὸς [2] ὑμᾶς, καὶ μεθ᾽ ὑμῶν οἱ υἱοὶ τοῦ κυρίου ὑμῶν, καὶ μεθ᾽ ὑμῶν τὸ ἅρμα καὶ οἱ ἵπποι καὶ πόλεις ὀχυραὶ καὶ τὰ ὅπλα, καὶ [3] ὄψεσθε τὸν ἀγαθὸν καὶ τὸν εὐθῆ ἐν τοῖς υἱοῖς τοῦ κυρίου ὑμῶν, καὶ καταστήσετε αὐτὸν ἐπὶ τὸν θρόνον τοῦ πατρὸς αὐτοῦ, καὶ πολεμεῖτε ὑπὲρ τοῦ οἴκου τοῦ κυρίου ὑμῶν. Καὶ ἐφοβήθησαν [4] σφόδρα, καὶ εἶπον, ἰδοὺ οἱ δύο βασιλεῖς οὐκ ἔστησαν κατὰ πρόσωπον αὐτοῦ, καὶ πῶς στησόμεθα ἡμεῖς; Καὶ ἀπέστειλαν [5] οἱ ἐπὶ τοῦ οἴκου καὶ οἱ ἐπὶ τῆς πόλεως καὶ οἱ πρεσβύτεροι καὶ οἱ τιθηνοὶ πρὸς Ἰοὺ, λέγοντες, παῖδές σου καὶ ἡμεῖς, καὶ ὅσα ἐὰν εἴπῃς πρὸς ἡμᾶς ποιήσομεν· οὐ βασιλεύσομεν ἄνδρα, τὸ ἀγαθὸν ἐν ὀφθαλμοῖς σου ποιήσομεν.

Καὶ ἔγραψε πρὸς αὐτοὺς Ἰοὺ βιβλίον δεύτερον, λέγων, εἰ [6]

β *Gr.* and the Lord.　　γ *Gr.* If I have not seen.　　δ *Heb.* the garden house.　　ζ *Gr.* the chariot and the horses.
θ *Gr.* upright, *q. d.* unblemished.

ἐμοὶ ὑμεῖς, καὶ τῆς φωνῆς μου ὑμεῖς εἰσακούετε, λάβετε τὴν
κεφαλὴν ἀνδρῶν τῶν υἱῶν τοῦ κυρίου ὑμῶν, καὶ ἐνέγκατε πρὸς
μὲ, ὡς ἡ ὥρα αὔριον ἐν Ἰεζράελ· καὶ οἱ υἱοὶ τοῦ βασιλέως
ἦσαν ἑβδομήκοντα ἄνδρες, οὗτοι ἁδροὶ τῆς πόλεως ἐξέτρεφον

7 αὐτούς. Καὶ ἐγένετο ὡς ἦλθε τὸ βιβλίον πρὸς αὐτοὺς, καὶ
ἔλαβον τοὺς υἱοὺς τοῦ βασιλέως, καὶ ἔσφαξαν αὐτοὺς ἑβδομή-
κοντα ἄνδρας· καὶ ἔθηκαν τὰς κεφαλὰς αὐτῶν ἐν καρτάλλοις,

8 καὶ ἀπέστειλαν αὐτὰς πρὸς αὐτὸν εἰς Ἰεζράελ. Καὶ ἦλθεν
ὁ ἄγγελος καὶ ἀπήγγειλε, λέγων, ἤνεγκαν τὰς κεφαλὰς τῶν
υἱῶν τοῦ βασιλέως· καὶ εἶπε, θέτε αὐτὰς βουνοὺς δύο παρὰ

9 τὴν θύραν τῆς πύλης εἰς πρωΐ. Καὶ ἐγένετο πρωΐ· καὶ ἐξῆλθε
καὶ ἔστη, καὶ εἶπε πρὸς πάντα τὸν λαὸν, δίκαιοι ὑμεῖς· ἰδοὺ
ἐγώ εἰμι συνεστράφην ἐπὶ τὸν κύριόν μου, καὶ ἀπέκτεινα αὐτόν·

10 καὶ τίς ἐπάταξε πάντας τούτους; Ἴδετε ἀφφὼ, ὅτι οὐ πεσεῖται
ἀπὸ τοῦ ῥήματος Κυρίου εἰς τὴν γῆν οὗ ἐλάλησε Κύριος ἐπὶ
τὸν οἶκον Ἀχαάβ· καὶ Κύριος ἐποίησεν ὅσα ἐλάλησεν ἐν χειρὶ

11 δούλου αὐτοῦ Ἠλιού. Καὶ ἐπάταξεν Ἰοὺ πάντας τοὺς κατα-
λειφθέντας ἐν τῷ οἴκῳ Ἀχαὰβ ἐν Ἰεζράελ, καὶ πάντας τοὺς
ἁδροὺς αὐτοῦ, καὶ τοὺς γνωστοὺς αὐτοῦ, καὶ τοὺς ἱερεῖς αὐτοῦ,
ὥστε μὴ καταλιπεῖν αὐτοῦ κατάλειμμα.

12 Καὶ ἀνέστη καὶ ἐπορεύθη εἰς Σαμάρειαν, αὐτὸς ἐν βαιθακὰθ
13 τῶν ποιμένων ἐν τῇ ὁδῷ. Καὶ Ἰοὺ εὗρε τοὺς ἀδελφοὺς
Ὀχοζίου βασιλέως Ἰούδα, καὶ εἶπε, τίνες ὑμεῖς; καὶ εἶπον,
ἀδελφοὶ Ὀχοζίου ἡμεῖς, καὶ κατέβημεν εἰς εἰρήνην τῶν υἱῶν

14 τοῦ βασιλέως, καὶ τῶν υἱῶν τῆς δυναστευούσης. Καὶ εἶπε,
συλλάβετε αὐτοὺς ζῶντας· καὶ ἔσφαξαν αὐτοὺς εἰς βαιθ-
ακὰθ τεσσαράκοντα καὶ δύο ἄνδρας· οὐ κατέλιπεν ἄνδρα ἐξ
αὐτῶν.

15 Καὶ ἐπορεύθη ἐκεῖθεν καὶ εὗρε τὸν Ἰωναδὰβ υἱὸν Ῥηχὰβ
εἰς ἀπαντὴν αὐτοῦ, καὶ εὐλόγησεν αὐτόν· καὶ εἶπε πρὸς αὐτὸν
Ἰοὺ, εἰ ἔστι καρδία σου μετὰ καρδίας μου εὐθεῖα καθὼς ἡ
καρδία μου μετὰ τῆς καρδίας σου; καὶ εἶπεν Ἰωναδὰβ, ἔστι·
καὶ εἶπεν Ἰοὺ, καὶ εἰ ἔστι, δὸς τὴν χεῖρά σου· καὶ ἔδωκε
τὴν χεῖρα αὐτοῦ· καὶ ἀνεβίβασεν αὐτὸν πρὸς αὐτὸν ἐπὶ

16 τὸ ἅρμα, καὶ εἶπε πρὸς αὐτὸν, δεῦρο μετ' ἐμοῦ, καὶ ἴδε ἐν
τῷ ζηλῶσαί με τῷ Κυρίῳ· καὶ ἐπεκάθισεν αὐτὸν ἐν τῷ ἅρματι
αὐτοῦ.

17 Καὶ εἰσῆλθεν εἰς Σαμάρειαν· καὶ ἐπάταξε πάντας τοὺς
καταλειφθέντας τοῦ Ἀχαὰβ ἐν Σαμαρείᾳ ἕως τοῦ ἀφανίσαι

18 αὐτὸν κατὰ τὸ ῥῆμα Κυρίου, ὃ ἐλάλησε πρὸς Ἠλιού. Καὶ
συνήθροισεν Ἰοὺ πάντα τὸν λαὸν, καὶ εἶπε πρὸς αὐτοὺς,
Ἀχαὰβ ἐδούλευσε τῷ Βάαλ ὀλίγα, Ἰοὺ δουλεύσει αὐτῷ πολλά.

19 Καὶ νῦν πάντες οἱ προφῆται τοῦ Βάαλ πάντας τοὺς δούλους
αὐτοῦ καὶ τοὺς ἱερεῖς αὐτοῦ καλέσατε πρὸς μὲ, ἀνὴρ μὴ
ἐπισκεπήτω, ὅτι θυσία μεγάλη μοι τῷ Βάαλ· πᾶς ὃς ἐὰν
ἐπισκεπῇ, οὐ ζήσεται· καὶ Ἰοὺ ἐποίησεν ἐν πτερνισμῷ, ἵν' ἀπο-
λέσῃ τοὺς δούλους τοῦ Βάαλ.

20 Καὶ εἶπεν Ἰοὺ, ἁγιάσατε ἱερείαν τῷ Βάαλ· καὶ ἐκήρυξαν.
21 Καὶ ἀπέστειλεν Ἰοὺ ἐν παντὶ Ἰσραὴλ, λέγων, καὶ νῦν πάντες
οἱ δοῦλοι, καὶ πάντες οἱ ἱερεῖς αὐτοῦ, καὶ πάντες οἱ προφῆται

ing, If ye *are* for me, and hearken to my
voice, take the heads of the men your mas-
ter's sons, and bring *them* to me at this time
to-morrow in Jezrael. Now the sons of the
king were seventy men; these great men of
the city brought them up. [7] And it came to
pass, when the letter came to them, that
they took the king's sons, and slew them,
even seventy men, and put their heads in
baskets, and sent them to him at Jezrael.
[8] And a messenger came and told *him*, say-
ing, They have brought the heads of the
king's sons. And he said, Lay them *in* two
heaps, by the door of the gate until the
morning. [9] And the morning came, and he
went forth, and stood, and said to all the
people, Ye are righteous: behold, I con-
spired against my master, and slew him:
but who slew all these? [10] See now that
there shall not fall to the ground anything
of the word of the Lord which the Lord
spoke against the house of Achaab: for the
Lord has performed all that he spoke of by
the hand of his servant Eliu. [11] And Ju
smote all that were left of the house of
Achaab in Jezrael, and all his great men,
and his acquaintance, and his priests, so as
not to leave him *any* remnant.

[12] And he arose and went to Samaria, *and*
he *was* in the house of sheep-shearing in
the way. [13] And Ju found the brethren of
Ochozias king of Juda, and said, Who *are*
ye? And they said, We *are* the brethren
of Ochozias, and we have come down to
salute the sons of the king, and the sons of
the queen. [14] And he said, Take them alive.
And they slew them at the shearing-house,
forty and two men: he left not a man of
them.

[15] And he went thence and found Jonadab
the son of Rechab *coming* to meet him; and
he [β]saluted him, and Ju said to him, Is thy
heart right with my heart, as my heart *is*
with thy heart? And Jonadab said, It is.
And Ju said, If it is then, give me thy hand.
And he gave him his hand, and he took him
up to him [γ]into the chariot. [16] And he said
to him, Come with me, and see me zealous
for the Lord. And he caused him to sit in
his chariot.

[17] And he entered into Samaria, and smote
all that were left of Achaab in Samaria,
until he had utterly destroyed him, accord-
ing to the word of the Lord, which he spoke
to Eliu. [18] And Ju gathered all the people,
and said to them, Achaab served Baal a
little; Ju shall serve him much. [19] Now
then do all *ye* the prophets of Baal call all
his servants and his priests to me; let not a
man be wanting: for I have a great sacri-
fice *to offer* to Baal; every one who shall be
missing shall die. But Ju did it in subtilty,
that he might destroy the servants of Baal.

[20] And Ju said, Sanctify a solemn festival
to Baal, and they made a proclamation.
[21] And Ju sent throughout all Israel, saying,
Now then let all *Baal's* servants, and all his
priests, and all his prophets *come*, let none

β *Gr.* blessed him.   γ *Gr.* upon.

be lacking: for I am βgoing to offer a great sacrifice; whosoever shall be missing, shall not live. So all the servants of Baal came, and all his priests, and all his prophets: there was not one left who came not. And they entered into the house of Baal; and the house of Baal was filled γfrom one end to the other. 22And he said to the man who was over the house of δwardrobe, Bring forth a robe for all the servants of Baal. And the keeper of the robes brought forth to them. 23And Ju and Jonadab the son of Rechab entered into the house of Baal, and said to the servants of Baal, Search, and see whether there is among you any of the servants of the Lord, or only the servants of Baal, by themselves. 24And he went in to offer sacrifices and whole-burnt-offerings; and Ju set for himself eighty men without, and said, Every man who shall escape of the men whom I bring into your hand, the life of him *that spares him* shall go for his life. 25And it came to pass, when he had finished offering the whole-burnt-offering, that Ju said to the footmen and the officers, Go ye in and slay them; let not a man of them escape. So they smote them with the edge of the sword, and the footmen and the officers cast *the bodies* forth, and went to the city of the house of Baal. 26And they brought out the pillar of Baal, and burnt it. 27And they tore down the pillars of Baal, and made ζ his house a draught-house until this day. 28So Ju abolished Baal out of Israel.

29Nevertheless Ju departed not from following the sins of Jeroboam the son of Nabat, who led Israel to sin: *these were* the golden heifers in Bæthel and in Dan.

30And the Lord said to Ju, Because of all thy deeds wherein thou hast acted well in doing that which was right in my eyes, according to all things which thou hast done to the house of Achaab *as they were* in my heart, thy sons to the fourth generation shall sit upon the throne of Israel. 31But Ju took no heed to walk in the law of the Lord God of Israel with all his heart: he departed not from following the sins of Jeroboam, who made Israel to sin. 32In those days the Lord began to cut θ Israel short; and Azael smote them in every coast of Israel; 33from Jordan eastward all the land of Galaad belonging to the Gadites, of Gaddi and that of Ruben, and of Manasses, from Aroer, which is on the brink of the brook of Arnon, and Galaad and Basan.

34And the rest of the acts of Ju, and all that he did, and all his might, and the wars wherein he engaged, *are* not these things written in the book of the chronicles of the kings of Israel? 35And Ju slept with his fathers; and they buried him in Samaria: and Joachaz his son reigned in his stead. 36And the days which Ju reigned over Israel *were* twenty-eight years in Samaria.

And Gotholia the mother of Ochozias saw that her son was dead, and she destroyed all the λseed royal. 2And Josabee daughter of king Joram, sister of Ochozias, took Joas the son of her brother, and stole him from

αὐτοῦ, μηδεὶς ἀπολιπέσθω, ὅτι θυσίαν μεγάλην ποιῶ· ὃς ἂν ἀπολειφθῇ, οὐ ζήσεται· καὶ ἦλθον πάντες οἱ δοῦλοι τοῦ Βάαλ, καὶ πάντες οἱ ἱερεῖς αὐτοῦ, καὶ πάντες οἱ προφῆται αὐτοῦ· οὐ κατελείφθη ἀνὴρ ὃς οὐ παρεγένετο· καὶ εἰσῆλθον εἰς τὸν οἶκον τοῦ Βάαλ· καὶ ἐπλήσθη ὁ οἶκος τοῦ Βάαλ στόμα εἰς στόμα. Καὶ εἶπε τῷ ἐπὶ τοῦ οἴκου μεσθάαλ, ἐξάγαγε ἔνδυμα πᾶσι τοῖς 22 δούλοις τοῦ Βάαλ· καὶ ἐξήνεγκεν αὐτοῖς ὁ στολιστής. Καὶ 23 εἰσῆλθεν Ἰοὺ καὶ Ἰωναδὰβ υἱὸς Ῥηχὰβ εἰς οἶκον τοῦ Βάαλ, καὶ εἶπε τοῖς δούλοις τοῦ Βάαλ, ἐρευνήσατε καὶ ἴδετε, εἰ ἔστι μεθ᾽ ὑμῶν τῶν δούλων Κυρίου, ὅτι ἀλλ᾽ ἢ οἱ δοῦλοι τοῦ Βάαλ μονώτατοι. Καὶ εἰσῆλθε τοῦ ποιῆσαι τὰ θύματα καὶ τὰ 24 ὁλοκαυτώματα· καὶ Ἰοὺ ἔταξε ἑαυτῷ ἔξω ὀγδοήκοντα ἄνδρας, καὶ εἶπεν, ἀνὴρ ὃς ἐὰν διασωθῇ ἀπὸ τῶν ἀνδρῶν ὧν ἐγὼ ἀνάγω ἐπὶ χεῖρα ὑμῶν, ἡ ψυχὴ αὐτοῦ ἀντὶ τῆς ψυχῆς αὐτοῦ.

Καὶ ἐγένετο ὡς συνετέλεσε ποιῶν τὴν ὁλοκαύτωσιν, καὶ 25 εἶπεν Ἰοὺ τοῖς παρατρέχουσι καὶ τοῖς τριστάταις, εἰσελθόντες πατάξατε αὐτούς, μὴ ἐξελθάτω ἐξ αὐτῶν ἀνήρ· καὶ ἐπάταξαν αὐτοὺς ἐν στόματι ῥομφαίας, καὶ ἔῤῥιψαν οἱ παρατρέχοντες καὶ οἱ τριστάται, καὶ ἐπορεύθησαν ἕως πόλεως οἴκου τοῦ Βάαλ. Καὶ ἐξήνεγκαν τὴν στήλην τοῦ Βάαλ, καὶ ἐνέπρησαν αὐτήν. 26 Καὶ κατέσπασαν τὰς στήλας τοῦ Βάαλ, καὶ ἔταξαν αὐτὸν εἰς 27 λυτρῶνα ἕως τῆς ἡμέρας ταύτης. Καὶ ἠφάνισεν Ἰοὺ τὸν Βάαλ 28 ἐξ Ἰσραήλ.

Πλὴν ἁμαρτιῶν Ἱεροβοὰμ υἱοῦ Ναβὰτ ὃς ἐξήμαρτε τὸν 29 Ἰσραήλ, οὐκ ἀπέστη Ἰοὺ ἀπὸ ὄπισθεν αὐτῶν· αἱ δαμάλεις αἱ χρυσαῖ ἐν Βαιθὴλ, καὶ ἐν Δάν.

Καὶ εἶπε Κύριος πρὸς Ἰοὺ, ἀνθ᾽ ὧν ὅσα ἠγάθυνας ποιῆσαι 30 τὸ εὐθὲς ἐν ὀφθαλμοῖς μου κατὰ πάντα ὅσα ἐν τῇ καρδίᾳ μου ἐποίησας τῷ οἴκῳ Ἀχαὰβ, υἱοὶ τέταρτοι καθήσονταί σοι ἐπὶ θρόνου Ἰσραήλ. Καὶ Ἰοὺ οὐκ ἐφύλαξε πορεύεσθαι ἐν νόμῳ 31 Κυρίου Θεοῦ Ἰσραὴλ ἐν ὅλῃ καρδίᾳ αὐτοῦ· οὐκ ἀπέστη ἀπάνωθεν ἁμαρτιῶν Ἱεροβοὰμ ὃς ἐξήμαρτε τὸν Ἰσραήλ. Ἐν 32 ταῖς ἡμέραις ἐκείναις ἤρξατο Κύριος συγκόπτειν ἐν τῷ Ἰσραήλ· καὶ ἐπάταξεν αὐτοὺς Ἀζαὴλ ἐν παντὶ ὁρίῳ Ἰσραὴλ, ἀπὸ τοῦ 33 Ἰορδάνου κατ᾽ ἀνατολὰς ἡλίου πᾶσαν τὴν γῆν Γαλαὰδ τοῦ Γαδδὶ, καὶ τοῦ Ῥουβὴν, καὶ τοῦ Μανασσῆ, ἀπὸ Ἀροὴρ, ἥ ἐστιν ἐπὶ τοῦ χείλους χειμάῤῥου Ἀρνὼν, καὶ τὴν Γαλαὰδ καὶ τὴν Βασάν.

Καὶ τὰ λοιπὰ τῶν λόγων Ἰοὺ καὶ πάντα ὅσα ἐποίησε, καὶ 34 πᾶσα ἡ δυναστεία αὐτοῦ, καὶ τὰς συνάψεις ἃς συνῆψεν, οὐχὶ ταῦτα γεγραμμένα ἐπὶ βιβλίου λόγων τῶν ἡμερῶν τοῖς βασιλεῦσιν Ἰσραήλ; Καὶ ἐκοιμήθη Ἰοὺ μετὰ τῶν πατέρων αὐτοῦ, 35 καὶ ἔθαψαν αὐτὸν ἐν Σαμαρείᾳ· καὶ ἐβασίλευσεν Ἰωάχαζ υἱὸς αὐτοῦ ἀντ᾽ αὐτοῦ. Καὶ αἱ ἡμέραι ἃς ἐβασίλευσεν Ἰοὺ ἐπὶ 36 Ἰσραὴλ, εἰκοσιοκτὼ ἔτη ἐν Σαμαρείᾳ.

Καὶ Γοθολία ἡ μήτηρ Ὀχοζίου εἶδεν ὅτι ἀπέθανεν ὁ υἱὸς 11 αὐτῆς, καὶ ἀπώλεσε πᾶν τὸ σπέρμα τῆς βασιλείας. Καὶ 2 ἔλαβεν Ἰωσαβεὲ θυγάτηρ τοῦ βασιλέως Ἰωρὰμ ἀδελφὴ Ὀχοζίου τὸν Ἰωὰς υἱὸν ἀδελφοῦ αὐτῆς, καὶ ἔκλεψεν αὐτὸν ἐκ

β *Gr.* offering.   γ *Gr.* mouth to mouth.   δ The *Gr.* is from the *Hebrew* word.   ζ *Gr.* him.   θ *Gr.* in Israel. *Hebraism.*
λ *Gr.* seed of the kingdom.

μέσου τῶν υἱῶν τοῦ βασιλέως τῶν θανατουμένων, αὐτὸν καὶ
τὴν τροφὸν αὐτοῦ ἐν τῷ ταμείῳ τῶν κλινῶν, καὶ ἔκρυψεν αὐτὸν
3 ἀπὸ προσώπου Γοθολίας, καὶ οὐκ ἐθανατώθη. Καὶ ἦν μετ᾿
αὐτῆς κρυβόμενος ἐν οἴκῳ Κυρίου ἓξ ἔτη· καὶ Γοθολία βασι-
λεύουσα ἐπὶ τῆς γῆς.

4 Καὶ ἐν τῷ ἔτει τῷ ἑβδόμῳ ἀπέστειλεν Ἰωδαὲ, καὶ ἔλαβε
τοὺς ἑκατοντάρχους τῶν Χορρὶ καὶ τῶν Ῥασὶμ, καὶ ἀπήγαγεν
αὐτοὺς πρὸς αὐτὸν εἰς οἶκον Κυρίου, καὶ διέθετο αὐτοῖς διαθήκην
Κυρίου, καὶ ὥρκωσε· καὶ ἔδειξεν αὐτοῖς Ἰωδαὲ τὸν υἱὸν τοῦ
5 βασιλέως, καὶ ἐνετείλατο αὐτοῖς, λέγων, οὗτος ὁ λόγος ὃν
6 ποιήσετε· Τὸ τρίτον ἐξ ὑμῶν εἰσελθέτω τὸ σάββατον, καὶ
φυλάξατε φυλακὴν οἴκου τοῦ βασιλέως ἐν τῷ πυλῶνι, καὶ τὸ
τρίτον ἐν τῇ πύλῃ τῶν ὁδῶν, καὶ τὸ τρίτον τῆς πύλης ὀπίσω
τῶν παρατρεχόντων, καὶ φυλάξατε τὴν φυλακὴν τοῦ οἴκου.
7 Καὶ δύο χεῖρες ἐν ὑμῖν, πᾶς ὁ ἐκπορευόμενος τὸ σάββατον,
καὶ φυλάξουσι τὴν φυλακὴν οἴκου Κυρίου πρὸς τὸν βασιλέα.
8 Καὶ κυκλώσατε ἐπὶ τὸν βασιλέα κύκλῳ, ἀνὴρ καὶ τὸ σκεῦος
αὐτοῦ ἐν χειρὶ αὐτοῦ, καὶ ὁ εἰσπορευόμενος εἰς τὰς σαδηρὼθ,
ἀποθανεῖται· καὶ ἔσονται μετὰ τοῦ βασιλέως ἐν τῷ ἐκπορεύ-
εσθαι αὐτὸν καὶ ἐν τῷ εἰσπορεύεσθαι αὐτόν.
9 Καὶ ἐποίησαν οἱ ἑκατόνταρχοι πάντα ὅσα ἐνετείλατο Ἰωδαὲ
ὁ συνετός· καὶ ἔλαβεν ἀνὴρ τοὺς ἄνδρας αὐτοῦ καὶ τοὺς εἰσ-
πορευομένους τὸ σάββατον μετὰ τῶν ἐκπορευομένων τὸ σάββα-
10 τον, καὶ εἰσῆλθον πρὸς Ἰωδαὲ τὸν ἱερέα. Καὶ ἔδωκεν ὁ ἱερεὺς
τοῖς ἑκατοντάρχοις τοὺς σειρομάστας καὶ τοὺς τρισσοὺς τοῦ
11 βασιλέως Δαυὶδ τοὺς ἐν οἴκῳ Κυρίου. Καὶ ἔστησαν οἱ παρα-
τρέχοντες ἀνὴρ καὶ τὸ σκεῦος αὐτοῦ, ἐν τῇ χειρὶ αὐτοῦ ἀπὸ τῆς
ὠμίας τοῦ οἴκου τῆς δεξιᾶς ἕως τῆς ὠμίας τοῦ οἴκου τῆς
εὐωνύμου τοῦ θυσιαστηρίου καὶ τοῦ οἴκου, ἐπὶ τὸν βασιλέα
12 κύκλῳ. Καὶ ἐξαπέστειλε τὸν υἱὸν τοῦ βασιλέως, καὶ ἔδω-
κεν ἐπ᾿ αὐτὸν νεζὲρ καὶ τὸ μαρτύριον, καὶ ἐβασίλευσεν αὐτὸν
καὶ ἔχρισεν αὐτόν· καὶ ἐκρότησαν τῇ χειρὶ, καὶ εἶπαν, ζήτω
ὁ βασιλεύς.
13 Καὶ ἤκουσε Γοθολία τὴν φωνὴν τῶν τρεχόντων τοῦ λαοῦ,
14 καὶ εἰσῆλθε πρὸς τὸν λαὸν εἰς οἶκον Κυρίου, καὶ εἶδε, καὶ ἰδοὺ
ὁ βασιλεὺς εἱστήκει ἐπὶ τοῦ στύλου κατὰ τὸ κρίμα· καὶ οἱ
ᾠδοὶ καὶ αἱ σάλπιγγες πρὸς τὸν βασιλέα, καὶ πᾶς ὁ λαὸς τῆς
γῆς χαίρων καὶ σαλπίζων ἐν σάλπιγξι· καὶ διέῤῥηξε Γοθολία
15 τὰ ἱμάτια ἑαυτῆς, καὶ ἐβόησε, σύνδεσμος, σύνδεσμος. Καὶ
ἐνετείλατο Ἰωδαὲ ὁ ἱερεὺς τοῖς ἑκατοντάρχοις τοῖς ἐπισκόποις
τῆς δυνάμεως, καὶ εἶπε πρὸς αὐτοὺς, ἐξαγάγετε αὐτὴν ἔσωθεν
τῶν σαδηρὼθ, ὁ εἰσπορευόμενος ὀπίσω αὐτῆς θανάτῳ θανατω-
θήσεται ἐν ῥομφαίᾳ· ὅτι εἶπεν ὁ ἱερεὺς, καὶ μὴ ἀποθάνῃ
16 ἐν οἴκῳ Κυρίου. Καὶ ἐπέθηκαν αὐτῇ χεῖρας, καὶ εἰσῆλθον
ὁδὸν εἰσόδου τῶν ἵππων οἴκου τοῦ βασιλέως, καὶ ἀπέθανεν
ἐκεῖ.
17 Καὶ διέθετο Ἰωδαὲ διαθήκην ἀναμέσον Κυρίου καὶ ἀναμέσον
τοῦ βασιλέως καὶ ἀναμέσον τοῦ λαοῦ, τοῦ εἶναι εἰς λαὸν τῷ
Κυρίῳ· καὶ ἀναμέσον τοῦ βασιλέως καὶ ἀναμέσον τοῦ λαοῦ.
18 Καὶ εἰσῆλθε πᾶς ὁ λαὸς τῆς γῆς εἰς οἶκον τοῦ Βάαλ, καὶ

among the king's sons that were put to
death, *secreting* him and his nurse in the
bedchamber, and hid him from the face of
Gotholia, and he was not slain. [3] And he
remained with her hid in the house of the
Lord six years: and Gotholia reigned over
the land.

[4] And in the seventh year Jodae sent and
took the captains of hundreds of the [β] Chorri
and of the [γ] Rhasim, and brought them to
him into the house of the Lord, and made a
covenant of the Lord with them, and ad-
jured them, and Jodae shewed them the
king's son. [5] And charged them, saying, This
is the [δ] thing which ye shall do. [6] Let a
third part of you go in *on* the sabbath-day,
and keep ye the watch of the king's house
in the porch; and another third in the gate
of the high way, and a third at the gate be-
hind the footmen; and keep ye the guard of
the house. [7] And there *shall be* two [ς] parties
among you, even every one that goes out on
the sabbath, and they shall keep the guard
of the Lord's house before the king. [8] And
do ye compass the king about every man
with his weapon in his hand, and he that
goes into the ranges shall die: and they
shall be with the king in his going out and
in his coming in.

[9] And the captains of hundreds did all
things that the wise Jodae commanded; and
they took each his men, both those that
went in on the sabbath-day, [θ] and those that
went out on the sabbath-day, and went in
to Jodae the priest. [10] And the priest gave
to the captains of hundreds the swords and
spears of king David that were in the house
of the Lord. [11] And the footmen stood each
[λ] with his weapon in his hand from the
right corner of the house to the left corner
of the house, *by* the altar and the house
round about the king. [12] And he [μ] brought
forth the king's son, and [ξ] put upon him the
crown and *gave him* the testimony; and he
made him king, and anointed him: and they
clapped *their* hands, and said, Long live the
king.

[13] And Gotholia heard the sound of the
people running, and she went in to the peo-
ple to the house of the Lord. [14] And she
looked, and, behold, the king stood near a
pillar according to the manner; and the
singers and the [π] trumpeters were before the
king and all the people of the land *even* re-
joicing and sounding with trumpets: and
Gotholia rent her garments, and cried, A
conspiracy, a conspiracy. [15] And Jodae the
priest commanded the captains of hundreds
who were over the host, and said to them,
Bring her forth without the ranges, *and* he
that goes in after her shall certainly die by
the sword. For the priest said, Let her not
however be slain in the house of the Lord.
[16] And they laid hands upon her, and went
in by the way of the horses' entrance into
the house of the Lord, and she was slain
there.

[17] And Jodae made a covenant between
the Lord and the king and the people, that
they should be the Lord's people; also be-
tween the king and the people. [18] And all
the people of the land went into the house

β *Heb.* guards.   γ *Heb.* runners.   δ *Gr.* word.   ζ *Gr.* hands.   θ *Gr.* with those.   λ *Gr.* and his weapon.
μ *Gr.* sent forth.   ξ *Gr.* gave.   π *Gr.* trumpets.

of Baal, and tore it down, and completely broke in pieces his altars and his images, and they slew Mathan the priest of Baal before the altars. And the priest βappointed overseers γover the house of the Lord. ¹⁹And he took the captains of the hundreds, and the Chorri, and the Rhasim, and all the people of the land, and brought down the king out of the house of the Lord; and they went in by the way of the gate of the δ footmen of the king's house, and seated him there on the throne of the kings. ²⁰And all the people of the land rejoiced, and the city was at rest: and they slew Gotholia with the sword in the house of the king.

²¹Joas *was* ζseven years old when he began to reign.

Joas θbegan to reign in the seventh year of Ju, and he reigned forty years in Jerusalem: and his mother's name *was* Sabia of Bersabee. ²And Joas did that which was right in the sight of the Lord all the days that Jodae the priest instructed him. ³Only there were not *any* of the high places removed, and the people still sacrificed there, and burned incense on the high places.

⁴And Joas said to the priests, *As for* all the money of the holy things that is brought into the house of the Lord, the money of valuation, *as* each man brings the money of valuation, all the money which λany man may feel disposed to bring into the house of the Lord, ⁵let the priests take it to themselves, every man from *the proceeds of* his sale: and they shall repair the breaches of the house in all *places* wheresoever a breach shall be found.

⁶And it came to pass in the twenty-third year of king Joas the priests *had* not repaired the breaches of the house. ⁷And king Joas called Jodae the priest, and the *other* priests, and said to them, Why have ye not repaired the μbreaches of the house? now then receive no *more* money from your sales, for ye shall give it to *repair* the breaches of the house. ⁸And the priests consented to receive no more money of the people, and not to repair the breaches of the house. ⁹And Jodae the priest took a chest, and bored a hole in the lid of it, and set it by the ξaltar in the house of a man *belonging to* the house of the Lord, and the priests that kept the door put *therein* all the money that was found in the house of the Lord.

¹⁰And it came to pass, when they saw that *there was* much money in the chest, that the king's scribe and the high priest went up, and they tied up and counted the money that was found in the house of the Lord. ¹¹And they gave the money that had been πcollected into the hands of them that wrought the works, the overseers of the house of the Lord; and they gave it out to the carpenters and to the builders that wrought in the house of the Lord. ¹²And to the ρmasons, and to the hewers of stone, to purchase timber and hewn stone to repair the σbreaches of the house of the Lord, for all that was spent on the house of the Lord to repair *it*. ¹³Only there τwere not to be

κατέσπασαν αὐτὸν, καὶ τὰ θυσιαστήρια αὐτοῦ καὶ τὰς εἰκόνας αὐτοῦ συνέτριψαν ἀγαθῶς· καὶ τὸν Μαθὰν τὸν ἱερέα τοῦ Βάαλ ἀπέκτειναν κατὰ πρόσωπον τῶν θυσιαστηρίων· καὶ ἔθηκεν ὁ ἱερεὺς ἐπισκόπους εἰς τὸν οἶκον Κυρίου. Καὶ ἔλαβε τοὺς ¹⁹ ἑκατοντάρχους, καὶ τὸν Χορρὶ, καὶ τὸν Ῥασὶμ, καὶ πάντα τὸν λαὸν τῆς γῆς, καὶ κατήγαγον τὸν βασιλέα ἐξ οἴκου Κυρίου· καὶ εἰσῆλθον ὁδὸν πύλης τῶν παρατρεχόντων οἴκου τοῦ βασιλέως, καὶ ἐκάθισαν αὐτὸν ἐπὶ θρόνου τῶν βασιλέων. Καὶ ²⁰ ἐχάρη πᾶς ὁ λαὸς τῆς γῆς, καὶ ἡ πόλις ἡσύχασε· καὶ τὴν Γοθολίαν ἐθανάτωσαν ἐν ῥομφαίᾳ ἐν οἴκῳ τοῦ βασιλέως.

Υἱὸς ἑπτὰ ἐτῶν Ἰωὰς ἐν τῷ βασιλεύειν αὐτόν. ²¹

Ἐν ἔτει ἑβδόμῳ τῷ Ἰοὺ ἐβασίλευσεν Ἰωὰς, καὶ τεσσαρά- ¹² κοντα ἔτη ἐβασίλευσεν ἐν Ἱερουσαλὴμ, καὶ ὄνομα τῆς μητρὸς αὐτοῦ Σαβιὰ ἐκ τῆς Βηρσαβεέ. Καὶ ἐποίησεν Ἰωὰς τὸ εὐθὲς ² ἐνώπιον Κυρίου πάσας τὰς ἡμέρας ἃς ἐφώτισεν αὐτὸν Ἰωδαὲ ὁ ἱερεύς. Πλὴν τῶν ὑψηλῶν οὐ μετεστάθησαν, καὶ ἐκεῖ ἔτι ³ ὁ λαὸς ἐθυσίαζε, καὶ ἐθυμίων ἐν τοῖς ὑψηλοῖς.

Καὶ εἶπεν Ἰωὰς πρὸς τοὺς ἱερεῖς, πᾶν τὸ ἀργύριον τῶν ⁴ ἁγίων τὸ εἰσοδιαζόμενον ἐν τῷ οἴκῳ Κυρίου, ἀργύριον συντιμήσεως, ἀνὴρ ἀργύριον λαβὼν συντιμήσεως, πᾶν ἀργύριον ὃ ἐὰν ἀναβῇ ἐπὶ καρδίαν ἀνδρὸς ἐνεγκεῖν ἐν οἴκῳ Κυρίου, λαβέτωσαν ⁵ ἑαυτοῖς οἱ ἱερεῖς, ἀνὴρ ἀπὸ τῆς πράσεως αὐτοῦ, καὶ αὐτοὶ κρατήσουσι τὸ βεδὲκ τοῦ οἴκου εἰς πάντα οὗ ἐὰν εὑρεθῇ ἐκεῖ βεδέκ.

Καὶ ἐγενήθη ἐν τῷ εἰκοστῷ καὶ τρίτῳ ἔτει τῷ βασιλεῖ Ἰωὰς ⁶ οὐκ ἐκραταίωσαν οἱ ἱερεῖς τὸ βεδὲκ τοῦ οἴκου. Καὶ ἐκάλεσεν ⁷ Ἰωὰς ὁ βασιλεὺς Ἰωδαὲ τὸν ἱερέα καὶ τοὺς ἱερεῖς, καὶ εἶπε πρὸς αὐτοὺς, τί ὅτι οὐκ ἐκραταιοῦτε τὸ βεδὲκ τοῦ οἴκου; καὶ νῦν μὴ λάβητε ἀργύριον ἀπὸ τῶν πράσεων ὑμῶν, ὅτι εἰς τὸ βεδὲκ τοῦ οἴκου δώσετε αὐτό. Καὶ συνεφώνησαν οἱ ἱερεῖς τοῦ ⁸ μὴ λαβεῖν ἀργύριον παρὰ τοῦ λαοῦ, καὶ τοῦ μὴ ἐνισχῦσαι τὸ βεδὲκ τοῦ οἴκου. Καὶ ἔλαβεν Ἰωδαὲ ὁ ἱερεὺς κιβωτὸν μίαν, ⁹ καὶ ἔτρησε τρώγλην ἐπὶ τῆς σανίδος αὐτῆς, καὶ ἔδωκεν αὐτὴν παρὰ ἀμμαζειβὶ ἐν τῷ οἴκῳ ἀνδρὸς οἴκου Κυρίου· καὶ ἔδωκαν οἱ ἱερεῖς οἱ φυλάσσοντες τὸν σταθμὸν πᾶν τὸ ἀργύριον τὸ εὑρεθὲν ἐν οἴκῳ Κυρίου.

Καὶ ἐγένετο ὡς εἶδον ὅτι πολὺ τὸ ἀργύριον ἐν τῇ κιβωτῷ, ¹⁰ καὶ ἀνέβη ὁ γραμματεὺς τοῦ βασιλέως καὶ ὁ ἱερεὺς ὁ μέγας, καὶ ἔσφιγξαν καὶ ἠρίθμησαν τὸ ἀργύριον τὸ εὑρεθὲν ἐν οἴκῳ Κυρίου. Καὶ ἔδωκαν τὸ ἀργύριον τὸ ἑτοιμασθὲν ἐπὶ χεῖρας ¹¹ ποιούντων τὰ ἔργα τῶν ἐπισκοπῶν οἴκου Κυρίου, καὶ ἐξέδοσαν τοῖς τέκτοσι τῶν ξύλων, καὶ τοῖς οἰκοδόμοις τοῖς ποιοῦσιν ἐν οἴκῳ Κυρίου, καὶ τοῖς τειχισταῖς, καὶ τοῖς λατόμοις τῶν λίθων ¹² τοῦ κτήσασθαι ξύλα καὶ λίθους λατομητοὺς τοῦ κατασχεῖν τὸ βεδὲκ οἴκου Κυρίου, εἰς πάντα ὅσα ἐξωδιάσθη ἐπὶ τὸν οἶκον τοῦ κραταιῶσαι. Πλὴν οὐ ποιηθήσονται οἴκῳ Κυρίου θύραι ¹³

β *Gr.* placed. See John 15. 16.   γ *Gr.* in or into.   δ *Or,* guard, *A. V.*   ζ *Gr.* a son of seven years in his reigning.
θ *Gr.* reigned.   λ *Gr.* it may come into the heart, etc.   μ *Gr.* breach.   ξ The *Gr.* is a Hebrew word in Greek letters.   π *Gr.* prepared.
ρ *Gr.* wall-builders.   σ *Gr.* breach.   τ *Gr.* shall not be made. Thus change of future and past is frequent.

ἀργυραῖ, ἧλοι, φιάλαι, καὶ σάλπιγγες, πᾶν σκεῦος χρυσοῦν, καὶ σκεῦος ἀργυροῦν, ἐκ τοῦ ἀργυρίου τοῦ εἰσενεχθέντος ἐν
14 οἴκῳ Κυρίου, ὅτι τοῖς ποιοῦσι τὰ ἔργα δώσουσιν αὐτό· καὶ
15 ἐκραταίωσαν ἐν αὐτῷ τὸν οἶκον Κυρίου. Καὶ οὐκ ἐξελογίζοντο τοὺς ἄνδρας οἷς ἐδίδουν τὸ ἀργύριον ἐπὶ χεῖρας αὐτῶν δοῦναι
16 τοῖς ποιοῦσι τὰ ἔργα, ὅτι ἐν πίστει αὐτῶν ποιοῦσιν. Ἀργύριον περὶ ἁμαρτίας, καὶ ἀργύριον περὶ πλημμελείας, ὅ, τι εἰσηνέχθη ἐν οἴκῳ Κυρίου, τοῖς ἱερεῦσιν ἐγένετο.
17 Τότε ἀνέβη Ἀζαὴλ βασιλεὺς Συρίας, καὶ ἐπολέμησεν ἐπὶ Γὲθ, καὶ προκατελάβετο αὐτήν· καὶ ἔταξεν Ἀζαὴλ τὸ πρόσωπον
18 αὐτοῦ ἀναβῆναι ἐπὶ Ἱερουσαλήμ. Καὶ ἔλαβεν Ἰωὰς βασιλεὺς Ἰούδα πάντα τὰ ἅγια ὅσα ἡγίασεν Ἰωσαφὰτ καὶ Ἰωρὰμ καὶ Ὀχοζίας οἱ πατέρες αὐτοῦ καὶ βασιλεῖς Ἰούδα, καὶ τὰ ἅγια αὐτοῦ, καὶ πᾶν τὸ χρυσίον τὸ εὑρεθὲν ἐν θησαυροῖς οἴκου Κυρίου καὶ οἴκου τοῦ βασιλέως, καὶ ἀπέστειλε τῷ Ἀζαὴλ βασιλεῖ Συρίας, καὶ ἀνέβη ἀπὸ Ἱερουσαλήμ.
19 Καὶ τὰ λοιπὰ τῶν λόγων Ἰωὰς καὶ πάντα ὅσα ἐποίησεν, οὐκ ἰδοὺ ταῦτα γεγραμμένα ἐπὶ βιβλίῳ λόγων τῶν ἡμερῶν τοῖς
20 βασιλεῦσιν Ἰούδα; Καὶ ἀνέστησαν οἱ δοῦλοι αὐτοῦ καὶ ἔδησαν πάντα σύνδεσμον, καὶ ἐπάταξαν τὸν Ἰωὰς ἐν οἴκῳ
21 Μαλλὼ τῷ ἐν Σελά. Καὶ Ἰεζιρχὰρ υἱὸς Ἰεμουὰθ, καὶ Ἰεζεβοὺθ ὁ υἱὸς αὐτοῦ Σωμήρ, οἱ δοῦλοι αὐτοῦ, ἐπάταξαν αὐτὸν καὶ ἀπέθανε, καὶ ἔθαψαν αὐτὸν μετὰ τῶν πατέρων αὐτοῦ ἐν πόλει Δαυίδ· καὶ ἐβασίλευσεν Ἀμεσσίας υἱὸς αὐτοῦ ἀντ᾽ αὐτοῦ.

13 Ἐν ἔτει εἰκοστῷ καὶ τρίτῳ ἔτει τῷ Ἰωὰς υἱῷ Ὀχοζίου βασιλεῖ Ἰούδα ἐβασίλευσεν Ἰωάχαζ υἱὸς Ἰοῦ ἐν Σαμαρείᾳ
2 ἑπτακαίδεκα ἔτη. Καὶ ἐποίησε τὸ πονηρὸν ἐν ὀφθαλμοῖς Κυρίου, καὶ ἐπορεύθη ὀπίσω ἁμαρτιῶν Ἱεροβοὰμ υἱοῦ Ναβὰτ, ὃς ἐξήμαρτε τὸν Ἰσραήλ, οὐκ ἀπέστη ἀπ᾽ αὐτῆς.
3 Καὶ ὠργίσθη θυμῷ Κύριος ἐν τῷ Ἰσραήλ, καὶ ἔδωκεν αὐτοὺς ἐν χειρὶ Ἀζαὴλ βασιλέως Συρίας, καὶ ἐν χειρὶ υἱοῦ Ἄδερ
4 υἱοῦ Ἀζαὴλ πάσας τὰς ἡμέρας. Καὶ ἐδεήθη Ἰωάχαζ τοῦ προσώπου Κυρίου, καὶ ἐπήκουσεν αὐτοῦ Κύριος, ὅτι εἶδε τὴν
5 θλίψιν Ἰσραήλ, ὅτι ἔθλιψεν αὐτοὺς βασιλεὺς Συρίας. Καὶ ἔδωκε Κύριος σωτηρίαν τῷ Ἰσραήλ, καὶ ἐξῆλθεν ὑποκάτωθεν χειρὸς Συρίας· καὶ ἐκάθισαν οἱ υἱοὶ Ἰσραὴλ ἐν τοῖς σκηνώμασιν
6 αὐτῶν καθὼς ἐχθὲς καὶ τρίτης. Πλὴν οὐκ ἀπέστησαν ἀπὸ ἁμαρτιῶν οἴκου Ἱεροβοὰμ ὃς ἐξήμαρτε τὸν Ἰσραήλ, ἐν αὐτῇ
7 ἐπορεύθη· καί γε τὸ ἄλσος ἐστάθη ἐν Σαμαρείᾳ. Ὅτι οὐχ ὑπελείφθη τῷ Ἰωάχαζ λαός, ἀλλ᾽ ἢ πεντήκοντα ἱππεῖς καὶ δέκα ἅρματα καὶ δέκα χιλιάδες πεζῶν, ὅτι ἀπώλεσεν αὐτοὺς βασιλεὺς Συρίας, καὶ ἔθεντο αὐτοὺς ὡς χοῦν εἰς καταπάτησιν.
8 Καὶ τὰ λοιπὰ τῶν λόγων Ἰωάχαζ καὶ πάντα ὅσα ἐποίησε καὶ αἱ δυναστεῖαι αὐτοῦ, οὐχὶ ταῦτα γεγραμμένα ἐπὶ βιβλίῳ
9 λόγων τῶν ἡμερῶν τοῖς βασιλεῦσιν Ἰσραήλ; Καὶ ἐκοιμήθη Ἰωάχαζ μετὰ τῶν πατέρων αὐτοῦ, καὶ ἔθαψαν αὐτὸν ἐν Σαμαρείᾳ· καὶ ἐβασίλευσεν Ἰωὰς υἱὸς αὐτοῦ ἀντ᾽ αὐτοῦ.
10 Ἐν ἔτει τριακοστῷ καὶ ἑβδόμῳ ἔτει τῷ Ἰωὰς βασιλεῖ

made for the house of the Lord silver β plates, studs, bowls, or trumpets, any vessel of gold or vessel of silver, of the money that was brought γ into the house of the Lord : [14]for they δ were to give it to the workmen, and they repaired therewith the house of the Lord. [15] Also they took no account of the men into whose hands they gave the money to give to the workmen, for they ζ acted faithfully. [16] Money for a sin-offering, and money for a trespass-offering, whatever happened to be brought into the house of the Lord, went to the priests.

[17]Then went up Azael king of Syria, and fought against Geth, and took it : and Azael set his face to go against Jerusalem. [18] And Joas king of Juda took all the holy things which Josaphat, and Joram, Ochozias, his fathers, and kings of Juda *had* consecrated, and θ what he had himself dedicated, and all the gold that was found in the treasures of the Lord's house and the king's house, and he sent *them* to Azael king of Syria ; and he went up from Jerusalem.

[19]And the rest of the acts of Joas, and all that he did, behold, *are* not these things written in the book of the chronicles of the kings of Juda ? [20] And his servants rose up and made a λ conspiracy, and smote Joas in the house of Mallo that is in Sela. [21] And Jezirchar the son of Jemuath, and Jezabuth Somer's son, his servants, smote him, and he died ; and they buried him with his fathers in the city of David : and Amessias his son reigned in his stead.

In the twenty-third year of Joas son of Ochozias king of Juda μ began Joachaz the son of Ju to reign in Samaria, *and he reigned* seventeen years. [2] And he did that which was evil in the sight of the Lord, and walked after the sins of Jeroboam the son of Nabat, who led Israel to sin ; he departed not from ξ them. [3] And the Lord was very angry with Israel, and delivered them into the hand of Azael king of Syria, and into the hand of the son of Ader son of Azael, all their days. [4] And Joachaz besought the Lord, and the Lord hearkened to him, for he saw the affliction of Israel, because the king of Syria afflicted them. [5] And the Lord gave deliverance to Israel, and they escaped from under the hand of Syria : and the children of Israel dwelt in their tents as π heretofore. [6] Only they departed not from the sins of the house of Jeroboam, who led Israel to sin : they walked in ρ them—moreover the grove also remained in Samaria. [7] Whereas there was not left any σ army to Joachaz, except fifty horsemen, and ten chariots, and ten thousand infantry : for the king of Syria had destroyed them, and they made them as dust for trampling.

[8] And the rest of the acts of Joachaz, and all that he did, and his mighty acts *are* not these things written in the book of the chronicles of the kings of Israel ? [9] And Joachaz slept with his fathers, and they buried him in Samaria : and Joas his son reigned in his stead.

[10] In the thirty-seventh year of Joas king

β *Gr.* doors.　　γ *Gr.* in.　　δ *Gr.* will give, *vide* v. 13.　　ζ *Heb.* באמנה *Gr.* ϸϫ.　　θ *Gr.* his own holy things.　　λ *Complut.*—πάντα.
μ *Gr.* reigned.　　ξ *Gr.* it.　　π *Gr.* yesterday and to-day.　　ρ *Gr.* it, *sc.* ἁμαρτία.　　σ *Gr.* people.

of Juda, Joas the son of Joachaz [β]began to reign over Israel in Samaria sixteen years. [11]And he did that which was evil in the sight of the Lord; he departed not from all the sin of Jeroboam the son of Nabat, who led Israel to sin: he walked in it. [12]And the rest of the acts of Joas, and all that he did, and his mighty acts which he performed together with Amessias king of Juda, are not these written in the book of the chronicles of the kings of Israel? [13]And Joas slept with his fathers, and Jeroboam sat upon his throne, and he was buried in Samaria with the kings of Israel.

[14]Now Elisaie was sick of his sickness, whereof he died: and Joas king of Israel went down to him, and wept over his face, and said, My father, my father, the chariot of Israel, and the horseman thereof! [15]And Elisaie said to him, Take bow and [γ]arrows. And he took to himself a bow and arrows. [16]And he said to the king, Put thy hand on the bow. And Joas put his hand upon it: and Elisaie put his hands upon the king's hands. [17]And he said, Open the window eastward. And he opened it. And Elisaie said, Shoot. And he shot. And Elisaie said, The arrow of the Lord's deliverance, and the arrow of deliverance [δ]from Syria; and thou shalt smite the Syrians in Aphec until thou have consumed them. [18]And Elisaie said to him, Take bow and arrows. And he took them. And he said to the king of Israel, Smite upon the ground. And the king smote three times, and stayed. [19]And the man of God was grieved at him, and said, If thou hadst smitten five or six times, then thou shouldest have smitten Syria till thou hadst consumed them; but now thou shalt smite Syria only thrice.

[20]And Elisaie died, and they buried him. And the bands of the Moabites came into the land, [ζ]at the beginning of the year. [21]And it came to pass as they were burying a man, that behold, they saw a band of men, and they cast the man into the grave of Elisaie: and as soon as he touched the bones of Elisaie, he revived and stood up on his feet. [22]And Azael greatly afflicted Israel all the days of Joachaz. [23]And the Lord had mercy and compassion upon them, and had respect to them because of his covenant with Abraam, and Isaac, and Jacob; and the Lord would not destroy them, and did not cast them out from his presence. [24]And Azael king of Syria died, and the son of Ader his son reigned in his stead. [25]And Joas the son of Joachaz returned, and took the cities out of the hand of the son of Ader the son of Azael, which he had taken out of the hand of Joachaz his father in the war: thrice did Joas smite him, and he recovered the cities of Israel.

In the second year of Joas the son of Joachaz king of Israel, did Amessias also the son of Joas the king of Juda [β]begin to reign. [2][θ]Twenty and five years old was he when he began to reign, and he reigned twenty and nine years in Jerusalem: and his mother's name was Joadim of Jerusalem. [3]And he did that which was right in the sight of the Lord, but not as David his father: he

Ἰούδα ἐβασίλευσεν Ἰωὰς υἱὸς Ἰωάχαζ ἐπὶ Ἰσραὴλ ἐν Σαμαρείᾳ ἑκκαίδεκα ἔτη. Καὶ ἐποίησε τὸ πονηρὸν ἐν ὀφθαλμοῖς Κυρίου· 11 οὐκ ἀπέστη ἀπὸ πάσης Ἱεροβοὰμ υἱοῦ Ναβὰτ ἁμαρτίας, ὃς ἐξήμαρτε τὸν Ἰσραὴλ· ἐν αὐτῇ ἐπορεύθη. Καὶ τὰ λοιπὰ 12 τῶν λόγων Ἰωὰς καὶ πάντα ὅσα ἐποίησε, καὶ αἱ δυναστεῖαι αὐτοῦ ἃς ἐποίησε μετὰ Ἀμεσσίου βασιλέως Ἰούδα, οὐχὶ ταῦτα γεγραμμένα ἐπὶ βιβλίῳ λόγων τῶν ἡμερῶν τοῖς βασιλεῦσιν Ἰσραήλ; Καὶ ἐκοιμήθη Ἰωὰς μετὰ τῶν πατέρων αὐτοῦ, καὶ 13 Ἱεροβοὰμ ἐκάθισεν ἐπὶ τοῦ θρόνου αὐτοῦ, καὶ ἐτάφη ἐν Σαμαρείᾳ μετὰ τῶν βασιλέων Ἰσραήλ.

Καὶ Ἑλισαιὲ ἠῤῥώστησε τὴν ἀῤῥωστίαν αὐτοῦ, δι᾽ ἣν ἀπέ- 14 θανε· καὶ κατέβη πρὸς αὐτὸν Ἰωὰς βασιλεὺς Ἰσραὴλ, καὶ ἔκλαυσεν ἐπὶ πρόσωπον αὐτοῦ, καὶ εἶπε, πάτερ πάτερ, ἅρμα Ἰσραὴλ καὶ ἱππεὺς αὐτοῦ. Καὶ εἶπεν αὐτῷ Ἑλισαιὲ, λάβε 15 τόξον καὶ βέλη· καὶ ἔλαβε πρὸς ἑαυτὸν τόξον καὶ βέλη. Καὶ εἶπε τῷ βασιλεῖ, ἐπιβίβασον τὴν χεῖρά σου ἐπὶ τὸ τόξον· 16 καὶ ἐπεβίβασεν Ἰωὰς τὴν χεῖρα αὐτοῦ· καὶ ἐπέθηκεν Ἑλισαιὲ τὰς χεῖρας αὐτοῦ ἐπὶ τὰς χεῖρας τοῦ βασιλέως, καὶ εἶπεν, 17 ἄνοιξον τὴν θυρίδα κατ᾽ ἀνατολάς· καὶ ἤνοιξε· καὶ εἶπεν Ἑλισαιὲ, τόξευσον· καὶ ἐτόξευσε· καὶ εἶπε, βέλος σωτηρίας τῷ Κυρίῳ, καὶ βέλος σωτηρίας ἐν Συρίᾳ, καὶ πατάξεις τὴν Συρίαν ἐν Ἀφὲκ ἕως συντελείας. Καὶ εἶπεν αὐτῷ Ἑλισαιὲ, 18 λάβε τόξα· καὶ ἔλαβε· καὶ εἶπε τῷ βασιλεῖ Ἰσραὴλ, πάταξον εἰς τὴν γῆν· καὶ ἐπάταξεν ὁ βασιλεὺς τρὶς, καὶ ἔστη. Καὶ 19 ἐλυπήθη ἐπ᾽ αὐτῷ ὁ ἄνθρωπος τοῦ Θεοῦ, καὶ εἶπεν, εἰ ἐπάταξας πεντάκις ἢ ἑξάκις, τότε ἂν ἐπάταξας τὴν Συρίαν ἕως συντελείας, καὶ νῦν τρὶς πατάξεις τὴν Συρίαν.

Καὶ ἀπέθανεν Ἑλισαιὲ, καὶ ἔθαψαν αὐτόν· καὶ μονόζωνοι 20 Μωὰβ ἦλθον ἐν τῇ γῇ ἐλθόντος τοῦ ἐνιαυτοῦ. Καὶ ἐγένετο 21 αὐτῶν θαπτόντων τὸν ἄνδρα, καὶ ἰδοὺ εἶδον τὸν μονόζωνον, καὶ ἔῤῥιψαν τὸν ἄνδρα ἐν τῷ τάφῳ Ἑλισαιέ· καὶ ἐπορεύθη καὶ ἥψατο τῶν ὀστέων Ἑλισαιὲ, καὶ ἔζησε καὶ ἀνέστη ἐπὶ τοὺς πόδας αὐτοῦ.

Καὶ Ἀζαὴλ ἐξέθλιψε τὸν Ἰσραὴλ πάσας τὰς ἡμέρας Ἰωάχαζ. 22 Καὶ ἠλέησε Κύριος αὐτοὺς καὶ ᾠκτείρησεν αὐτοὺς, καὶ ἐπέβλε- 23 ψεν ἐπ᾽ αὐτοὺς διὰ τὴν διαθήκην αὐτοῦ τὴν μετὰ Ἀβραὰμ καὶ Ἰσαὰκ καὶ Ἰακὼβ, καὶ οὐκ ἠθέλησε Κύριος διαφθεῖραι αὐτοὺς, καὶ οὐκ ἀπέῤῥιψεν αὐτοὺς ἀπὸ τοῦ προσώπου αὐτοῦ. Καὶ 24 ἀπέθανεν Ἀζαὴλ βασιλεὺς Συρίας, καὶ ἐβασίλευσεν υἱὸς Ἄδερ υἱὸς αὐτοῦ ἀντ᾽ αὐτοῦ. Καὶ ἐπέστρεψεν Ἰωὰς υἱὸς Ἰωάχαζ 25 καὶ ἔλαβε τὰς πόλεις ἐκ χειρὸς υἱοῦ Ἄδερ υἱοῦ Ἀζαὴλ, ἃς ἔλαβεν ἐκ χειρὸς Ἰωάχαζ τοῦ πατρὸς αὐτοῦ ἐν τῷ πολέμῳ· τρὶς ἐπάταξεν αὐτὸν Ἰωὰς, καὶ ἐπέστρεψε τὰς πόλεις Ἰσραήλ.

Ἐν ἔτει δευτέρῳ τῷ Ἰωὰς υἱῷ Ἰωάχαζ βασιλεῖ Ἰσραὴλ, 14 καὶ ἐβασίλευσεν Ἀμεσσίας υἱὸς Ἰωὰς βασιλεὺς Ἰούδα. Υἱὸς εἴκοσι καὶ πέντε ἐτῶν ἦν ἐν τῷ βασιλεύειν αὐτὸν, καὶ 2 εἴκοσι καὶ ἐννέα ἔτη ἐβασίλευσεν ἐν Ἱερουσαλήμ, καὶ ὄνομα τῆς μητρὸς αὐτοῦ Ἰωαδὶμ ἐξ Ἱερουσαλήμ. Καὶ ἐποίησε τὸ 3 εὐθὲς ἐν ὀφθαλμοῖς Κυρίου, πλὴν οὐχ ὡς Δαυὶδ ὁ πατὴρ

αὐτοῦ· κατὰ πάντα ὅσα ἐποίησεν Ἰωὰς ὁ πατὴρ αὐτοῦ ἐποίησε.
4 Πλὴν τὰ ὑψηλὰ οὐκ ἐξῆρεν· ἔτι ὁ λαὸς ἐθυσίαζε καὶ ἐθυμίων
5 ἐν τοῖς ὑψηλοῖς. Καὶ ἐγένετο ὅτε κατίσχυσεν ἡ βασιλεία ἐν
χειρὶ αὐτοῦ, καὶ ἐπάταξε τοὺς δούλους αὐτοῦ τοὺς πατάξαντας
6 τὸν πατέρα αὐτοῦ. Καὶ τοὺς υἱοὺς τῶν παταξάντων οὐκ ἐθανά-
τωσε, καθὼς γέγραπται ἐν βιβλίῳ νόμων Μωυσῆ, ὡς ἐνετείλατο
Κύριος, λέγων, οὐκ ἀποθανοῦνται πατέρες ὑπὲρ υἱῶν, καὶ υἱοὶ
οὐκ ἀποθανοῦνται ὑπὲρ πατέρων, ὅτι ἀλλ᾽ ἢ ἕκαστος ἐν ταῖς
7 ἁμαρτίαις αὐτοῦ ἀποθανεῖται. Αὐτὸς ἐπάταξε τὴν Ἐδὼμ
ἐν γεμελὲδ δέκα χιλιάδας, καὶ συνέλαβε τὴν πέτραν ἐν τῷ
πολέμῳ, καὶ ἐκάλεσε τὸ ὄνομα αὐτῆς Ἰεθοὴλ ἕως τῆς ἡμέρας
ταύτης.
8 Τότε ἀπέστειλεν Ἀμεσσίας ἀγγέλους πρὸς Ἰωὰς υἱὸν
Ἰωάχαζ υἱοῦ Ἰοὺ βασιλέως Ἰσραὴλ, λέγων, δεῦρο ὀφθῶμεν
9 προσώποις. Καὶ ἀπέστειλε Ἰωὰς βασιλεὺς Ἰσραὴλ πρὸς
Ἀμεσσίαν βασιλέα Ἰούδα, λέγων, ὁ ἄκαν ὁ ἐν τῷ Λιβάνῳ
ἀπέστειλε πρὸς τὴν κέδρον τὴν ἐν τῷ Λιβάνῳ, λέγων, δὸς τὴν
θυγατέρα σου τῷ υἱῷ μου εἰς γυναῖκα· καὶ διῆλθον τὰ θηρία
τοῦ ἀγροῦ τὰ ἐν τῷ Λιβάνῳ, καὶ συνεπάτησαν τὴν ἄκανα.
10 Τύπτων ἐπάταξας τὴν Ἰδουμαίαν, καὶ ἐπῆρέ σε καρδία σου·
ἐνδοξάσθητι καθήμενος ἐν τῷ οἴκῳ σου, καὶ ἱνατί ἐρίζεις ἐν
κακίᾳ σου; καὶ πεσῇ σὺ καὶ Ἰούδας μετὰ σοῦ.
11 Καὶ οὐκ ἤκουσεν Ἀμεσσίας· καὶ ἀνέβη Ἰωὰς βασιλεὺς
Ἰσραὴλ, καὶ ὤφθησαν προσώποις αὐτὸς καὶ Ἀμεσσίας βασι-
12 λεὺς Ἰούδα ἐν Βαιθσαμὺς τῇ τοῦ Ἰούδα. Καὶ ἔπταισεν Ἰούδας
ἀπὸ προσώπου Ἰσραὴλ, καὶ ἔφυγεν ἀνὴρ εἰς τὸ σκήνωμα αὐτοῦ.
13 Καὶ τὸν Ἀμεσσίαν υἱὸν Ἰωὰς υἱοῦ Ὀχοζίου συνέλαβεν Ἰωὰς
βασιλεὺς Ἰσραὴλ ἐν Βαιθσαμύς· καὶ ἦλθεν εἰς Ἱερουσαλήμ,
καὶ καθεῖλεν ἐν τῷ τείχει Ἱερουσαλὴμ ἐν τῇ πύλῃ Ἐφραὶμ
14 ἕως πύλης τῆς γωνίας τετρακοσίους πήχεις. Καὶ ἔλαβε τὸ
χρυσίον, καὶ τὸ ἀργύριον, καὶ πάντα τὰ σκεύη τὰ εὑρεθέντα ἐν
οἴκῳ Κυρίου, καὶ ἐν θησαυροῖς οἴκου τοῦ βασιλέως, καὶ τοὺς
υἱοὺς τῶν συμμίξεων, καὶ ἀπέστρεψεν εἰς Σαμάρειαν.
15 Καὶ τὰ λοιπὰ τῶν λόγων Ἰωὰς ὅσα ἐποίησεν ἐν δυναστείᾳ
αὐτοῦ, ἃ ἐπολέμησε μετὰ Ἀμεσσίου βασιλέως Ἰούδα, οὐχὶ
ταῦτα γεγραμμένα ἐπὶ βιβλίῳ λόγων τῶν ἡμερῶν τοῖς βασι-
16 λεῦσιν Ἰσραήλ; Καὶ ἐκοιμήθη Ἰωὰς μετὰ τῶν πατέρων αὐτοῦ,
καὶ ἐτάφη ἐν Σαμαρείᾳ μετὰ τῶν βασιλέων Ἰσραήλ· καὶ
ἐβασίλευσεν Ἱεροβοὰμ υἱὸς αὐτοῦ ἀντ᾽ αὐτοῦ.
17 Καὶ ἔζησεν Ἀμεσσίας υἱὸς Ἰωὰς βασιλεὺς Ἰούδα μετὰ τὸ
ἀποθανεῖν Ἰωὰς υἱὸν Ἰωάχαζ βασιλέα Ἰσραὴλ, πεντεκαίδεκα
18 ἔτη. Καὶ τὰ λοιπὰ τῶν λόγων Ἀμεσσίου καὶ πάντα ὅσα
ἐποίησεν, οὐχὶ ταῦτα γεγραμμένα ἐπὶ βιβλίῳ λόγων τῶν ἡμε-
19 ρῶν τοῖς βασιλεῦσιν Ἰούδα; Καὶ συνεστράφησαν ἐπ᾽ αὐτὸν
σύστρεμμα ἐν Ἱερουσαλήμ, καὶ ἔφυγεν εἰς Λαχίς· καὶ ἀπέστει-
20 λαν ὀπίσω αὐτοῦ εἰς Λαχὶς, καὶ ἐθανάτωσαν αὐτὸν ἐκεῖ. Καὶ
ἦραν αὐτὸν ἐφ᾽ ἵππων, καὶ ἐτάφη ἐν Ἱερουσαλὴμ μετὰ τῶν
πατέρων αὐτοῦ ἐν πόλει Δαυίδ.
21 Καὶ ἔλαβε πᾶς ὁ λαὸς Ἰούδα τὸν Ἀζαρίαν, καὶ αὐτὸς υἱὸς

did according to all things that his father
Joas did. [4] Only he removed not the high
places : as yet the people sacrificed and
burnt incense on the high places. [5] And it
came to pass when the kingdom was esta-
blished in his hand, that he [β] slew his ser-
vants that had [γ] slain the king his father.
[6] But he slew not the sons of those that had
slain him ; according as it is written in the
book of the laws of Moses, as the Lord gave
commandment, saying, The fathers shall not
be put to death for the children, and the
children shall not be put to death for the
fathers ; but every one [δ] shall die for his
own sins. [7] He smote of Edom ten thou-
sand in [ς] the valley of salt, and took [θ] the
Rock in the war, and called its name Jethoel
until this day.

[8] Then Amessias sent messengers to Joas
son of Joachaz son of Ju king of Israel, say-
ing, Come, let us [λ] look one another in the
face. [9] And Joas the king of Israel sent to
Amessias king of Juda, saying, The thistle
that was in Libanus sent to the cedar that
was in Libanus, saying, Give my daughter
to thy son to wife: and the wild beasts of
the field that were in Libanus passed by
and trod down the thistle. [10] Thou hast
smitten and wounded Edom, and thy heart
has lifted thee up: [μ] stay at home and glorify
thyself; for wherefore art thou quarrelsome
to thy hurt? So both thou wilt fall and
Juda with thee.

[11] Nevertheless Amessias hearkened not:
so Joas king of Israel went up, and he and
Amessias king of Juda looked one another
in the face in Bæthsamys of Juda. [12] And
Juda [ξ] was overthrown before Israel, and
every man fled to his tent. [13] And Joas king
of Israel took Amessias the son of Joas the
son of Ochozias, in Bæthsamys; and he
came to Jerusalem, and broke down the wall
of Jerusalem, beginning at the gate of Eph-
raim as far as the gate of the corner, four
hundred cubits. [14] And he took the gold,
and the silver, and all the vessels that were
found in the house of the Lord, and in the
treasures of the king's house, and the [π] host-
ages, and returned to Samaria.

[15] And the rest of the acts of Joas, even all
that he did in his might, how he warred
with Amessias king of Juda, are not these
things written in the book of the chronicles
of the kings of Israel? [16] And Joas slept
with his fathers, and was buried in Samaria
with the kings of Israel; and Jeroboam his
son reigned in his stead.

[17] And Amessias the son of Joas king of
Juda lived after the death of Joas son of
Joachaz king of Israel fifteen years. [18] And
the rest of the acts of Amessias, and all that
he did, are not these written in the book of
the chronicles of the kings of Juda? [19] And
they [ρ] formed a conspiracy against him in
Jerusalem, and he fled to Lachis : and they
sent after him to Lachis, and slew him there.
[20] And they [σ] brought him upon horses; and
he was buried in Jerusalem with his fathers
in the city of David.

[21] And all the people of Juda took Azarias,

β Gr. smote.   γ Gr. smitten.   δ Or, be put to death, etc.   ζ The Gr. is from בְּנֵי־מֶלַח Keri.   θ Heb. Selah.
λ Gr. appear to faces.   μ Gr. glorify thyself sitting in thy house.   ξ Gr. fell.   π Gr. and Heb. lit. sons of exchanges.
ρ Gr. conspired with a conspiracy.   σ Gr. lifted him.

and he was β sixteen years old, and made him king in the room of his father Amessias. ²²He built Æloth, and restored it to Juda, after the king slept with his fathers.

²³In the fifteenth year of Amessias son of Joas king of Juda γ began Jeroboam son of Joas to reign over Israel in Samaria forty and one years. ²⁴And he did that which was evil in the sight of the Lord: he departed not from all the sins of Jeroboam the son of Nabat, who led Israel to sin. ²⁵He recovered the coast of Israel from the entering in of Æmath to the sea of δ Araba, according to the word of the Lord God of Israel, which he spoke by ζ his servant Jonas the son of Amathi, the prophet of Gethchopher. ²⁶For the Lord saw *that* the affliction of Israel *was* very bitter, and that they were few in number, straitened and in want, and θ destitute, and Israel had no helper. ²⁷And the Lord λ said that he would not blot out the seed of Israel from under heaven; so he delivered them by the hand of Jeroboam the son of Joas.

²⁸And the rest of the acts of Jeroboam, and all that he did, and his mighty deeds, which he achieved in war, and how he recovered Damascus and Æmath to Juda in Israel, *are* not these things written in the book of the chronicles of the kings of Israel? ²⁹And Jeroboam slept with his fathers, even with the kings of Israel; and Zacharias his son reigned in his stead.

In the twenty-seventh year of Jeroboam king of Israel Azarias the son of Amessias king of Juda γ began to reign. ^{μ 2}Sixteen years old was he when he began to reign, and he reigned fifty-two years in Jerusalem: and his mother's name was Jechelia of Jerusalem. ³And he did that which was right in the eyes of the Lord, according to all things that Amessias his father did. ⁴Only he took not away *any* of the high places: as yet the people sacrificed and burnt incense on the high places.

⁵And the Lord ξ plagued the king, and he was π leprous till the day of his death; and he reigned in ρ a separate house. And Joatham the king's son *was* over the household, judging the people of the land.

⁶And the rest of the acts of Azarias, and all that he did, *are* not these written in the book of the chronicles of the kings of Juda? ⁷And Azarias slept with his fathers, and they buried him with his fathers in the city of David: and Joatham his son reigned in his stead.

⁸In the thirty and eighth year of Azarias king of Juda Zacharias the son of Jeroboam γ began to reign over Israel in Samaria six months. ⁹And he did that which was evil in the eyes of the Lord, as his fathers had done: he departed not from all the sins of Jeroboam the son of Nabat, who made Israel to sin. ¹⁰And Sellum the son of Jabis *and others* conspired against him, and they smote him σ in Keblaam, and slew him, and he

ἑκκαίδεκα ἐτῶν, καὶ ἐβασίλευσαν αὐτὸν ἀντὶ τοῦ πατρὸς αὐτοῦ Ἀμεσσίου. Αὐτὸς ᾠκοδόμησε τὴν Αἰλὼθ, καὶ ἐπέστρεψεν 22 αὐτὴν τῷ Ἰούδα μετὰ τὸ κοιμηθῆναι τὸν βασιλέα μετὰ τῶν πατέρων αὐτοῦ.

Ἐν ἔτει πεντεκαιδεκάτῳ τοῦ Ἀμεσσίου υἱῷ Ἰωὰς βασιλεῖ 23 Ἰούδα ἐβασίλευσεν Ἱεροβοὰμ υἱὸς Ἰωὰς ἐπὶ Ἰσραὴλ ἐν Σαμαρείᾳ τεσσαράκοντα καὶ ἓν ἔτος. Καὶ ἐποίησε τὸ πονηρὸν 24 ἐνώπιον Κυρίου· οὐκ ἀπέστη ἀπὸ πασῶν ἁμαρτιῶν Ἱεροβοὰμ υἱοῦ Ναβὰτ, ὃς ἐξήμαρτε τὸν Ἰσραήλ. Αὐτὸς ἀπέστησε τὸ 25 ὅριον Ἰσραὴλ ἀπὸ εἰσόδου Αἰμὰθ ἕως τῆς θαλάσσης τῆς Ἄραβα, κατὰ τὸ ῥῆμα Κυρίου Θεοῦ Ἰσραὴλ ὃ ἐλάλησεν ἐν χειρὶ δούλου αὐτοῦ Ἰωνᾶ υἱοῦ Ἀμαθὶ τοῦ προφήτου τοῦ ἐκ Γεθχοφέρ. Ὅτι εἶδε Κύριος τὴν ταπείνωσιν Ἰσραὴλ πικρὰν 26 σφόδρα, καὶ ὀλιγοστοὺς συνεχομένους, καὶ ἐσπανισμένους, καὶ ἐγκαταλελειμμένους, καὶ οὐκ ἦν ὁ βοηθῶν τῷ Ἰσραήλ. Καὶ 27 οὐκ ἐλάλησε Κύριος ἐξαλεῖψαι τὸ σπέρμα Ἰσραὴλ ὑποκάτωθεν τοῦ οὐρανοῦ· καὶ ἔσωσεν αὐτοὺς διὰ χειρὸς Ἱεροβοὰμ υἱοῦ Ἰωάς.

Καὶ τὰ λοιπὰ τῶν λόγων Ἱεροβοὰμ καὶ πάντα ὅσα ἐποίησε, 28 καὶ αἱ δυναστεῖαι αὐτοῦ, ὅσα ἐπολέμησε, καὶ ὅσα ἐπέστρεψε τὴν Δαμασκὸν, καὶ τὴν Αἰμὰθ τῷ Ἰούδα ἐν Ἰσραὴλ, οὐχὶ ταῦτα γεγραμμένα ἐπὶ βιβλίῳ λόγων τῶν ἡμερῶν τοῖς βασιλεῦσιν Ἰσραήλ; Καὶ ἐκοιμήθη Ἱεροβοὰμ μετὰ τῶν πατέρων 29 αὐτοῦ μετὰ βασιλέων Ἰσραὴλ, καὶ ἐβασίλευσε Ζαχαρίας υἱὸς αὐτοῦ ἀντ᾽ αὐτοῦ.

Ἐν ἔτει εἰκοστῷ καὶ ἑβδόμῳ τῷ Ἱεροβοὰμ βασιλεῖ Ἰσραὴλ 15 ἐβασίλευσεν Ἀζαρίας υἱὸς Ἀμεσσίου βασιλέως Ἰούδα. Υἱὸς 2 ἑκκαίδεκα ἐτῶν ἦν ἐν τῷ βασιλεύειν αὐτὸν, καὶ πεντηκονταδύο ἔτη ἐβασίλευσεν ἐν Ἱερουσαλὴμ, καὶ ὄνομα τῇ μητρὶ αὐτοῦ Ἱεχελία ἐξ Ἱερουσαλήμ. Καὶ ἐποίησε τὸ εὐθὲς ἐν ὀφθαλμοῖς 3 Κυρίου, κατὰ πάντα ὅσα ἐποίησεν Ἀμεσσίας ὁ πατὴρ αὐτοῦ. Πλὴν τῶν ὑψηλῶν οὐκ ἐξῆρεν, ἔτι ὁ λαὸς ἐθυσίαζε καὶ ἐθυμίων 4 ἐν τοῖς ὑψηλοῖς.

Καὶ ἥψατο Κύριος τὸν βασιλέα, καὶ ἦν λελεπρωμένος ἕως 5 ἡμέρας θανάτου αὐτοῦ· καὶ ἐβασίλευσεν ἐν οἴκῳ ἀφφουσώθ· καὶ Ἰωάθαμ υἱὸς τοῦ βασιλέως ἐπὶ τῷ οἴκῳ κρίνων τὸν λαὸν τῆς γῆς.

Καὶ τὰ λοιπὰ τῶν λόγων Ἀζαρίου καὶ πάντα ὅσα ἐποίησεν, 6 οὐχὶ ταῦτα γεγραμμένα ἐπὶ βιβλίῳ λόγων τῶν ἡμερῶν τοῖς βασιλεῦσιν Ἰούδα; Καὶ ἐκοιμήθη Ἀζαρίας μετὰ τῶν πατέ- 7 ρων αὐτοῦ, καὶ ἔθαψαν αὐτὸν μετὰ τῶν πατέρων αὐτοῦ ἐν πόλει Δαυὶδ, καὶ ἐβασίλευσεν Ἰωάθαμ υἱὸς αὐτοῦ ἀντ᾽ αὐτοῦ.

Ἐν ἔτει τριακοστῷ καὶ ὀγδόῳ τῷ Ἀζαρίου βασιλεῖ Ἰούδα 8 ἐβασίλευσε Ζαχαρίας υἱὸς Ἱεροβοὰμ ἐπὶ Ἰσραὴλ ἐν Σαμαρείᾳ ἑξάμηνον. Καὶ ἐποίησε τὸ πονηρὸν ἐν ὀφθαλμοῖς Κυρίου 9 καθὰ ἐποίησαν οἱ πατέρες αὐτοῦ· οὐκ ἀπέστη ἀπὸ πασῶν τῶν ἁμαρτιῶν Ἱεροβοὰμ υἱοῦ Ναβὰτ, ὃς ἐξήμαρτε τὸν Ἰσραήλ. Καὶ συνεστράφησαν ἐπ᾽ αὐτὸν Σελλοὺμ υἱὸς Ἰαβὶς· καὶ ἐπά- 10 ταξαν αὐτὸν Κεβλαὰμ καὶ ἐθανάτωσαν αὐτὸν, καὶ ἐβασίλευσεν

β *Gr.* a son of 16 years.   γ *Gr.* reigned.   δ *i. e.* the plain.   ζ *Gr.* the hand of his servant.   θ *Or*, left alone.
λ *Or*, said not that he would.   μ *Gr.* a son of 16 years was he in his reigning.   ξ *Gr.* touched.   π *Gr.* made leprous.
ρ The *Gr.* is from הבדשׁית.   σ *Heb.* קבל־עם before the people.

11 ἀντ᾽ αὐτοῦ. Καὶ τὰ λοιπὰ τῶν λόγων Ζαχαρίου, ἰδού εἰσι γεγραμμένα ἐπὶ βιβλίῳ λόγων τῶν ἡμερῶν τοῖς βασιλεῦσιν

12 Ἰσραήλ. Ὁ λόγος Κυρίου ὃν ἐλάλησε πρὸς Ἰού, λέγων, υἱοὶ τέταρτοι καθήσονταί σοι ἐπὶ θρόνου Ἰσραήλ· καὶ ἐγένετο οὕτως.

13 Καὶ Σελλοὺμ υἱὸς Ἰαβὶς ἐβασίλευσε· καὶ ἐν ἔτει τριακοστῷ καὶ ἐννάτῳ Ἀζαρίᾳ βασιλεῖ Ἰούδα ἐβασίλευσε Σελλοὺμ μῆνα

14 ἡμερῶν ἐν Σαμαρείᾳ. Καὶ ἀνέβη Μαναὴμ υἱὸς Γαδδὶ ἐκ Θαρσιλὰ, καὶ ἦλθεν εἰς Σαμάρειαν, καὶ ἐπάταξε τὸν Σελλοὺμ

15 υἱὸν Ἰαβὶς ἐν Σαμαρείᾳ, καὶ ἐθανάτωσεν αὐτόν. Καὶ τὰ λοιπὰ τῶν λόγων Σελλοὺμ, καὶ ἡ συστροφὴ αὐτοῦ ᾗ συνεστράφη, ἰδού εἰσι γεγραμμένα ἐπὶ βιβλίῳ λόγων τῶν ἡμερῶν τοῖς βασιλεῦσιν Ἰσραήλ.

16 Τότε ἐπάταξε Μαναὴμ καὶ τὴν Θερσὰ καὶ πάντα τὰ ἐν αὐτῇ, καὶ τὰ ὅρια αὐτῆς ἀπὸ Θερσά, ὅτι οὐκ ἤνοιξαν αὐτῷ, καὶ ἐπάταξεν αὐτήν, καὶ τὰς ἐν γαστρὶ ἐχούσας ἀνέρρηξεν.

17 Ἐν ἔτει τριακοστῷ καὶ ἐννάτῳ τῷ Ἀζαρίᾳ βασιλεῖ Ἰούδα ἐβασίλευσε Μαναὴμ υἱὸς Γαδδὶ ἐπὶ Ἰσραὴλ ἐν Σαμαρείᾳ δέκα

18 ἔτη. Καὶ ἐποίησε τὸ πονηρὸν ἐν ὀφθαλμοῖς Κυρίου, οὐκ ἀπέστη ἀπὸ πασῶν ἁμαρτιῶν Ἱεροβοὰμ υἱοῦ Ναβὰτ ὃς ἐξή-

19 μαρτε τὸν Ἰσραήλ. Ἐν ταῖς ἡμέραις αὐτοῦ ἀνέβη Φουὰ βασιλεὺς Ἀσσυρίων ἐπὶ τὴν γῆν, καὶ Μαναὴμ ἔδωκε τῷ Φουὰ χίλια τάλαντα ἀργυρίου εἶναι τὴν χεῖρα αὐτοῦ μετ᾽ αὐτοῦ.

20 Καὶ ἐξήνεγκε Μαναὴμ τὸ ἀργύριον ἐπὶ τὸν Ἰσραὴλ ἐπὶ πᾶν δυνατὸν ἰσχύι, δοῦναι τῷ βασιλεῖ τῶν Ἀσσυρίων, πεντήκοντα σίκλους τῷ ἀνδρὶ τῷ ἑνί· καὶ ἀπέστρεψε βασιλεὺς Ἀσσυρίων,

21 καὶ οὐκ ἔστη ἐκεῖ ἐν τῇ γῇ. Καὶ τὰ λοιπὰ τῶν λόγων Μαναὴμ καὶ πάντα ὅσα ἐποίησεν, οὐκ ἰδοὺ ταῦτα γεγραμμένα

22 ἐπὶ βιβλίῳ λόγων τῶν ἡμερῶν τοῖς βασιλεῦσιν Ἰσραήλ; Καὶ ἐκοιμήθη Μαναὴμ μετὰ τῶν πατέρων αὐτοῦ, καὶ ἐβασίλευσε Φακεσίας υἱὸς αὐτοῦ ἀντ᾽ αὐτοῦ.

23 Ἐν ἔτει πεντηκοστῷ τοῦ Ἀζαρίου βασιλεῖ Ἰούδα ἐβασίλευσε Φακεσίας υἱὸς Μαναὴμ ἐπὶ Ἰσραὴλ ἐν Σαμαρείᾳ δύο ἔτη.

24 Καὶ ἐποίησε τὸ πονηρὸν ἐν ὀφθαλμοῖς Κυρίου, οὐκ ἀπέστη ἀπὸ ἁμαρτιῶν Ἱεροβοὰμ υἱοῦ Ναβὰτ ὃς ἐξήμαρτε τὸν Ἰσραήλ.

25 Καὶ συνεστράφη ἐπ᾽ αὐτὸν Φακεὲ υἱὸς Ῥομελίου ὁ τριστάτης αὐτοῦ, καὶ ἐπάταξεν αὐτὸν ἐν Σαμαρείᾳ ἐναντίον οἴκου τοῦ βασιλέως μετὰ τοῦ Ἀργὸβ καὶ μετὰ τοῦ Ἀρία, καὶ μετ᾽ αὐτοῦ πεντήκοντα ἄνδρες ἀπὸ τῶν τετρακοσίων· καὶ ἐθανάτωσεν

26 αὐτόν, καὶ ἐβασίλευσεν ἀντ᾽ αὐτοῦ. Καὶ τὰ λοιπὰ τῶν λόγων Φακεσίου καὶ πάντα ὅσα ἐποίησεν, ἰδού εἰσι γεγραμμένα ἐπὶ βιβλίῳ λόγων τῶν ἡμερῶν τοῖς βασιλεῦσιν Ἰσραήλ.

27 Ἐν ἔτει πεντηκοστῷ καὶ δευτέρῳ τοῦ Ἀζαρίου βασιλεῖ Ἰούδα ἐβασίλευσε Φακεὲ υἱὸς Ῥομελίου ἐπὶ Ἰσραὴλ ἐν Σα-

28 μαρείᾳ εἴκοσι ἔτη. Καὶ ἐποίησε τὸ πονηρὸν ἐν ὀφθαλμοῖς Κυρίου, οὐκ ἀπέστη ἀπὸ πασῶν ἁμαρτιῶν Ἱεροβοὰμ υἱοῦ

29 Ναβὰτ ὃς ἐξήμαρτε τὸν Ἰσραήλ. Ἐν ταῖς ἡμέραις Φακεὲ βασιλέως Ἰσραὴλ ἦλθε Θαλγαθφελλασὰρ βασιλεὺς Ἀσσυρίων, καὶ ἔλαβε τὴν Αἲν καὶ τὴν Ἀβὲλ καὶ τὴν Θαμααχὰ καὶ τὴν Ἀνιὼχ καὶ τὴν Κενὲζ καὶ τὴν Ἀσὼρ καὶ τὴν Γαλαὰν καὶ τὴν

reigned in his stead. ¹¹And the rest of the acts of Zacharias, behold, they are written in the book of the chronicles of the kings of Israel. ¹² *This was* the word of the Lord which he spoke to Ju, saying, Thy sons of the fourth generation shall sit upon the throne of Israel: and it was so.

¹³And Sellum the son of Jabis reigned: and in the thirty and ninth year of Azaria king of Juda β began Sellum to reign a full month in Samaria. ¹⁴And Manaem the son of Gaddi went up out of Tharsila, and came to Samaria, and smote Sellum the son of Jabis in Samaria, and slew him. ¹⁵And the rest of the acts of Sellum, and his conspiracy wherein he was engaged, behold, they are written in the book of the chronicles of the kings of Israel.

¹⁶Then Manaem smote both Thersa and all that was in it, and its borders extending beyond Thersa, because they opened not to him: and he smote it, and ripped up the women with child.

¹⁷In the thirty and ninth year of Azarias king of Juda β began Manaem the son of Gaddi to reign over Israel in Samaria ten years. ¹⁸And he did that which was evil in the sight of the Lord: he departed not from all the sins of Jeroboam the son of Nabat, who led Israel to sin. ¹⁹In his days went up Phua king of the Assyrians against the land: and Manaem gave to Phua a thousand talents of silver to aid him with his power. ²⁰And Manaem raised the silver *by a tax* upon Israel, even on every mighty man in wealth, to give to the king of the Assyrians, fifty shekels *levied* on each man; and the king of the Assyrians departed, and remained not there in the land. ²¹And the rest of the acts of Manaem, and all that he did, behold, are not these written in the book of the chronicles of the kings of Israel? ²²And Manaem slept with his fathers; and Phakesias his son reigned in his stead.

²³In the fiftieth year of Azarias king of Juda, β began Phakesias the son of Manaem to reign over Israel in Samaria two years. ²⁴And he did that which was evil in the sight of the Lord: he departed not from the sins of Jeroboam the son of Nabat, who made Israel to sin. ²⁵And Phakee the son of Romelias, his officer, conspired against him, and smote him in Samaria in the front of the king's house, with Argob and Aria, and with him *there were* fifty men of the four hundred: and he slew him, and reigned in his stead. ²⁶And the rest of the acts of Phakesias, and all that he did, behold, they are written in the book of the chronicles of the kings of Israel.

²⁷In the fifty-second year of Azarias king of Juda β began Phakee the son of Romelias to reign over Israel in Samaria twenty years. ²⁸And he did that which was evil in the eyes of the Lord: he departed not from all the sins of Jeroboam the son of Nabat, who led Israel to sin. ²⁹In the days of Phakee king of Israel came Thalgath-phellasar king of the Assyrians, and took Ain, and Abel, and Thamaacha, and Anioch, and Kenez, and Asor, and γ Galaa, and Galilee, *even all*

β *Gr.* reigned.   γ *Or,* Galaan.

the land of Nephthali, and carried them away to the Assyrians. ³⁰And Osee son of Ela ᵝformed a conspiracy against Phakee the son of Romelias, and smote him, and slew him, and reigned in his stead, in the twentieth year of Joatham the son of Azarias. ³¹And the rest of the acts of Phakee, and all that he did, behold, these *are* written in the book of the chronicles of the kings of Israel.

³²In the second year of Phakee son of Romelias king of Israel ᵞbegan Joatham the son of Azarias king of Juda to reign. ³³ᵟTwenty and five years old was he when he began to reign, and he·reigned sixteen years in Jerusalem: and his mother's name *was* Jerusa daughter of Sadoc. ³⁴And he did that which was right in the sight of the Lord, according to all things that his father Azarias did. ³⁵Nevertheless he took not away the high places: as yet the people sacrificed and burnt incense on the high places. He built the upper gate of the Lord's house. ³⁶And the rest of the acts of Joatham, and all that he did, *are* not these written in the book of the chronicles of the kings of Juda? ³⁷In those days the Lord began to ζsend forth against Juda Raasson king of Syria, and Phakee son of Romelias. ³⁸And Joatham slept with his fathers, and was buried with his fathers in the city of David his father: and Achaz his son reigned in his stead.

In the seventeenth year of Phakee son of Romelias ᵞbegan Achaz the son of Joatham king of Juda to reign. ²Twenty years old was Achaz when he began to reign, and he reigned sixteen years in Jerusalem; and he did not that which was right in the eyes of the Lord his God faithfully, as David his father *had done.* ³And he walked in the way of the kings of Israel, yea, he made his son to pass through the fire, according to the abominations of the heathen whom the Lord cast out from before the children of Israel. ⁴And he sacrificed and burnt incense on the high places, and upon the hills, and under every ᵉshady tree.

⁵Then went up Raasson king of Syria and Phakee son of Romelias king of Israel against Jerusalem to war, and besieged Achaz, but could not λprevail *against him.* ⁶At that time Raasson king of Syria recovered Ælath to Syria, and drove out the Jews from Ælath, and the Idumeans came to Ælath, and dwelt there until this day. ⁷And Achaz sent messengers to Thalgath-phellasar king of the Assyrians, saying, I am thy servant and thy son: come up, deliver me out of the hand of the king of Syria, and out of the hand of the king of Israel, who are rising up against me. ⁸And Achaz took the silver and the gold that was found in the treasures of the house of the Lord, and of the king's house, and sent gifts to the king. ⁹And the king of the Assyrians hearkened to him: and the king of the Assyrians went up to Damascus and took it, and removed μthe inhabitants, and slew king Raasson.

¹⁰And king Achaz went to Damascus to meet Thalgath-phellasar king of the Assy-

---

Γαλιλαίαν, πᾶσαν γῆν Νεφθαλὶ, καὶ ἀπῴκισεν αὐτοὺς εἰς Ἀσσυρίους. Καὶ συνέστρεψε σύστρεμμα Ὡσὴ υἱὸς Ἠλὰ 30 ἐπὶ Φακεὲ υἱὸν Ῥομελίου, καὶ ἐπάταξεν αὐτὸν, καὶ ἐθανάτωσε, καὶ ἐβασίλευσεν ἀντ' αὐτοῦ, ἐν ἔτει εἰκοστῷ Ἰωάθαμ υἱοῦ Ἀζαρίου. Καὶ τὰ λοιπὰ τῶν λόγων Φακεὲ καὶ πάντα ὅσα 31 ἐποίησεν, ἰδοὺ ταῦτα γεγραμμέν α ἐπὶ βιβλίῳ λόγων τῶν ἡμερῶν τοῖς βασιλεῦσιν Ἰσραήλ.

Ἐν ἔτει δευτέρῳ Φακεὲ υἱοῦ Ῥομελίου βασιλεῖ Ἰσραὴλ 32 ἐβασίλευσεν Ἰωάθαμ υἱὸς Ἀζαρίου βασιλέως Ἰούδα. Υἱὸς 33 εἴκοσι καὶ πέντε ἐτῶν ἦν ἐν τῷ βασιλεύειν αὐτὸν, καὶ ἑκκαίδεκα ἔτη ἐβασίλευσεν ἐν Ἰερουσαλὴμ, καὶ ὄνομα τῆς μητρὸς αὐτοῦ Ἱερουσὰ θυγάτηρ Σαδώκ. Καὶ ἐποίησε τὸ εὐθὲς ἐν ὀφθαλμοῖς 34 Κυρίου, κατὰ πάντα ὅσα ἐποίησεν Ἀζαρίας ὁ πατὴρ αὐτοῦ. Πλὴν τὰ ὑψηλὰ οὐκ ἐξῆρεν, ἔτι ὁ λαὸς ἐθυσίαζε καὶ ἐθυμία 35 ἐν τοῖς ὑψηλοῖς· αὐτὸς ᾠκοδόμησε τὴν πύλην οἴκου Κυρίου τὴν ἐπάνω. Καὶ τὰ λοιπὰ τῶν λόγων Ἰωάθαμ καὶ πάντα ὅσα 36 ἐποίησεν, οὐχὶ ταῦτα γεγραμμένα ἐπὶ βιβλίῳ λόγων τῶν ἡμερῶν τοῖς βασιλεῦσιν Ἰούδα:

Ἐν ταῖς ἡμέραις ἐκείναις ἤρξατο Κύριος ἐξαποστέλλειν ἐν 37 Ἰούδα τὸν Ῥαασσὼν βασιλέα Συρίας, καὶ τὸν Φακεὲ υἱὸν Ῥομελίου. Καὶ ἐκοιμήθη Ἰωάθαμ μετὰ τῶν πατέρων αὐτοῦ, 38 καὶ ἐτάφη μετὰ τῶν πατέρων αὐτοῦ ἐν πόλει Δαυὶδ τοῦ πατρὸς αὐτοῦ· καὶ ἐβασίλευσεν Ἄχαζ υἱὸς αὐτοῦ ἀντ' αὐτοῦ.

Ἐν ἔτει ἑπτακαιδεκάτῳ Φακεὲ υἱοῦ Ῥομελίου ἐβασίλευσεν 16 Ἄχαζ υἱὸς Ἰωάθαμ βασιλέως Ἰούδα. Υἱὸς εἴκοσι ἐτῶν ἦν 2 Ἄχαζ ἐν τῷ βασιλεύειν αὐτὸν, καὶ ἑκκαίδεκα ἔτη ἐβασίλευσεν ἐν Ἰερουσαλήμ· καὶ οὐκ ἐποίησε τὸ εὐθὲς ἐν ὀφθαλμοῖς Κυρίου Θεοῦ αὐτοῦ πιστῶς, ὡς Δαυὶδ ὁ πατὴρ αὐτοῦ. Καὶ ἐπορεύθη 3 ἐν ὁδῷ βασιλέων Ἰσραὴλ, καί γε τὸν υἱὸν αὐτοῦ διῆγεν ἐν πυρὶ, κατὰ τὰ βδελύγματα τῶν ἐθνῶν ὧν ἐξῆρε Κύριος ἀπὸ προσώπου τῶν υἱῶν Ἰσραήλ. Καὶ ἐθυσίαζε καὶ ἐθυμία ἐν 4 τοῖς ὑψηλοῖς, καὶ ἐπὶ τῶν βουνῶν, καὶ ὑποκάτω παντὸς ξύλου ἀλσώδους.

Τότε ἀνέβη Ῥαασσὼν βασιλεὺς Συρίας καὶ Φακεὲ υἱὸς 5 Ῥομελίου βασιλεὺς Ἰσραὴλ εἰς Ἱερουσαλὴμ εἰς πόλεμον, καὶ ἐπολιόρκουν ἐπὶ Ἄχαζ, καὶ οὐκ ἠδύναντο πολεμεῖν. Ἐν τῷ 6 καιρῷ ἐκείνῳ ἐπέστρεψε Ῥαασσὼν βασιλεὺς Συρίας τὴν Αἰλὰθ τῇ Συρίᾳ, καὶ ἐξέβαλε τοὺς Ἰουδαίους ἐξ Αἰλὰθ, καὶ Ἰδουμαῖοι ἦλθον εἰς Αἰλὰθ, καὶ κατῴκησαν ἐκεῖ ἕως τῆς ἡμέρας ταύτης. Καὶ ἀπέστειλεν Ἄχαζ ἀγγέλους πρὸς Θαλγαθφελλασὰρ βασι- 7 λέα Ἀσσυρίων, λέγων, δοῦλός σου καὶ υἱός σου ἐγὼ, ἀνάβηθι, σῶσόν με ἐκ χειρὸς βασιλέως Συρίας, καὶ ἐκ χειρὸς βασιλέως Ἰσραὴλ, τῶν ἐπανισταμένων ἐπ' ἐμέ. Καὶ ἔλαβεν Ἄχαζ 8 ἀργύριον καὶ χρυσίον τὸ εὑρεθὲν ἐν θησαυροῖς οἴκου Κυρίου καὶ οἴκου τοῦ βασιλέως, καὶ ἀπέστειλε τῷ βασιλεῖ δῶρα. Καὶ 9 ἤκουσεν αὐτοῦ βασιλεὺς Ἀσσυρίων· καὶ ἀνέβη βασιλεὺς Ἀσσυρίων εἰς Δαμασκὸν, καὶ συνέλαβεν αὐτὴν, καὶ ἀπῴκισεν αὐτὴν, καὶ τὸν Ῥαασσὼν βασιλέα ἐθανάτωσε.

Καὶ ἐπορεύθη βασιλεὺς Ἄχαζ εἰς Δαμασκὸν εἰς ἀπαντὴν 10 Θαλγαθφελλασὰρ βασιλεῖ Ἀσσυρίων εἰς Δαμασκόν· καὶ εἶδε

Gr. conspired, etc.   γ Gr. reigned.   δ Gr. a son of 25 years in his reigning.   ζ Or, let loose.   θ Gr. tree of the grove or wood.
λ Gr. fight.   μ Gr. it.

τὸ θυσιαστήριον ἐν Δαμασκῷ· καὶ ἀπέστειλεν ὁ βασιλεὺς Ἄχαζ πρὸς Οὐρίαν τὸν ἱερέα τὸ ὁμοίωμα τοῦ θυσιαστηρίου καὶ
11 τὸν ῥυθμὸν αὐτοῦ καὶ πᾶσαν ποίησιν αὐτοῦ. Καὶ ᾠκοδόμησεν Οὐρίας ὁ ἱερεὺς τὸ θυσιαστήριον, κατὰ πάντα ὅσα ἀπέστειλεν ὁ βασιλεὺς Ἄχαζ ἐκ Δαμασκοῦ.
12 Καὶ εἶδεν ὁ βασιλεὺς τὸ θυσιαστήριον, καὶ ἀνέβη ἐπ᾽ αὐτό,
13 καὶ ἐθυμίασε τὴν ὁλοκαύτωσιν αὐτοῦ, καὶ τὴν θυσίαν αὐτοῦ, καὶ τὴν σπονδὴν αὐτοῦ, καὶ προσέχεε τὸ αἷμα τῶν εἰρηνικῶν
14 τῶν αὐτοῦ ἐπὶ τὸ θυσιαστήριον τὸ χαλκοῦν τὸ ἀπέναντι Κυρίου· καὶ προσήγαγε τὸ πρόσωπον τοῦ οἴκου Κυρίου ἀπὸ τοῦ ἀναμέσον τοῦ θυσιαστηρίου καὶ ἀπὸ τοῦ ἀναμέσον τοῦ οἴκου Κυρίου· καὶ ἔδειξεν αὐτὸ ἐπὶ μηρὸν τοῦ θυσιαστηρίου κατὰ Βορρᾶν.
15 Καὶ ἐνετείλατο ὁ βασιλεὺς Ἄχαζ τῷ Οὐρίᾳ τῷ ἱερεῖ, λέγων, ἐπὶ τὸ θυσιαστήριον τὸ μέγα πρόσφερε τὴν ὁλοκαύτωσιν τὴν πρωϊνὴν καὶ τὴν θυσίαν τὴν ἑσπερινήν, καὶ τὴν ὁλοκαύτωσιν τοῦ βασιλέως καὶ τὴν θυσίαν αὐτοῦ, καὶ τὴν ὁλοκαύτωσιν παντὸς τοῦ λαοῦ, καὶ τὴν θυσίαν αὐτῶν καὶ τὴν σπονδὴν αὐτῶν, καὶ πᾶν αἷμα ὁλοκαυτώσεως, καὶ πᾶν αἷμα θυσίας ἐπ᾽ αὐτῷ ἐκχεεῖς· καὶ τὸ θυσιαστήριον τὸ χαλκοῦν ἔσται μοι εἰς τοπρωΐ.
16 Καὶ ἐποίησεν Οὐρίας ὁ ἱερεὺς κατὰ πάντα ὅσα ἐνετείλατο αὐτῷ
17 ὁ βασιλεὺς Ἄχαζ. Καὶ συνέκοψεν ὁ βασιλεὺς Ἄχαζ τὰ συγκλείσματα τῶν μεχωνὼθ, καὶ μετῆρεν ἀπ᾽ αὐτῶν τὸν λουτῆρα, καὶ τὴν θάλασσαν καθεῖλεν ἀπὸ τῶν βοῶν τῶν χαλκῶν τῶν
18 ὑποκάτω αὐτῆς, καὶ ἔδωκεν αὐτὴν ἐπὶ βάσιν λιθίνην. Καὶ τὸν θεμέλιον τῆς καθέδρας ᾠκοδόμησεν ἐν οἴκῳ Κυρίου, καὶ τὴν εἴσοδον τοῦ βασιλέως τὴν ἔξω ἐπέστρεψεν ἐν οἴκῳ Κυρίου ἀπὸ προσώπου βασιλέως Ἀσσυρίων.
19 Καὶ τὰ λοιπὰ τῶν λόγων Ἄχαζ ὅσα ἐποίησεν, οὐχὶ ταῦτα γεγραμμένα ἐπὶ βιβλίῳ λόγων τῶν ἡμερῶν τοῖς βασιλεῦσιν
20 Ἰούδα; Καὶ ἐκοιμήθη Ἄχαζ μετὰ τῶν πατέρων αὐτοῦ, καὶ ἐτάφη ἐν πόλει Δαυίδ, καὶ ἐβασίλευσεν Ἐζεκίας υἱὸς αὐτοῦ ἀντ᾽ αὐτοῦ.
17 Ἐν ἔτει δωδεκάτῳ τοῦ Ἄχαζ βασιλέως Ἰούδα ἐβασίλευσεν
2 Ὡσηὲ υἱὸς Ἠλὰ ἐν Σαμαρείᾳ ἐπὶ Ἰσραὴλ ἐννέα ἔτη. Καὶ ἐποίησε τὸ πονηρὸν ἐν ὀφθαλμοῖς Κυρίου, πλὴν οὐχ ὡς οἱ βασιλεῖς Ἰσραὴλ οἳ ἦσαν ἔμπροσθεν αὐτοῦ.
3 Ἐπ᾽ αὐτὸν ἀνέβη Σαλαμανασσὰρ βασιλεὺς Ἀσσυρίων· καὶ ἐγενήθη αὐτῷ Ὡσηὲ δοῦλος, καὶ ἐπέστρεψεν αὐτῷ μαναά.
4 Καὶ εὗρε βασιλεὺς Ἀσσυρίων ἐν τῷ Ὡσηὲ ἀδικίαν, ὅτι ἀπέστειλεν ἀγγέλους πρὸς Σηγὼρ βασιλέα Αἰγύπτου, καὶ οὐκ ἤνεγκε μαναὰ τῷ βασιλεῖ Ἀσσυρίων ἐν τῷ ἐνιαυτῷ ἐκείνῳ· καὶ ἐπολιόρκησεν αὐτὸν ὁ βασιλεὺς Ἀσσυρίων, καὶ ἔδησεν αὐτὸν
5 ἐν οἴκῳ φυλακῆς. Καὶ ἀνέβη ὁ βασιλεὺς Ἀσσυρίων ἐν πάσῃ τῇ γῇ, καὶ ἀνέβη εἰς Σαμάρειαν, καὶ ἐπολιόρκησεν ἐπ᾽ αὐτὴν τρία ἔτη.
6 Ἐν ἔτει ἐννάτῳ Ὡσηὲ συνέλαβε βασιλεὺς Ἀσσυρίων τὴν Σαμάρειαν, καὶ ἀπῴκισεν Ἰσραὴλ εἰς Ἀσσυρίους, καὶ κατῴκισεν αὐτοὺς ἐν Ἀλαὲ καὶ ἐν Ἀβὼρ ποταμοῖς Γωζάν, καὶ ὄρη
7 Μήδων. Καὶ ἐγένετο ὅτι ἥμαρτον οἱ υἱοὶ Ἰσραὴλ τῷ Κυρίῳ Θεῷ αὐτῶν τῷ ἀναγαγόντι αὐτοὺς ἐκ γῆς Αἰγύπτου ὑποκάτωθεν

rians at Damascus; and he saw [β]an altar at Damascus. And king Achaz sent to Urias the priest the pattern of the altar, and its proportions, and all its workmanship. 11And Urias the priest built the altar, according to all *the directions* which king Achaz sent from Damascus.

12And the king saw the altar, and went up to it, 13and [γ]offered his whole-burnt-offering, and his meat-offering, and his drink-offering, and poured out the blood of his peace-offerings on the brazen altar that was before the Lord. 14And he brought forward *the one* before the house of the Lord from between the altar and the house of the Lord, and he [δ] set it openly by the [ζ] side of the altar northwards. 15And king Achaz charged Urias the priest, saying, Offer upon the great altar the whole-burnt-offering in the morning and the meat-offering in the evening, and the whole-burnt-offering of the king, and his meat-offering, and the whole-burnt-offering of all the people, and their meat-offering, and their drink-offering; and thou shalt pour [θ]all the blood of the whole-burnt-offering, and all the blood of *any other* sacrifice upon it: and the brazen altar shall be for me in the morning. 16And Urias the priest did according to all that king Achaz commanded him. 17And king Achaz cut off the borders of the bases, and removed the laver from off them, and took down the sea from the brazen oxen that were under it, and set it upon a base of stone. 18And he made a base for the throne in the house of the Lord, and he turned the king's entrance without in the house of the Lord because of the king of the Assyrians.

19And the rest of the acts of Achaz, even all that he did, *are* not these written in the book of the chronicles of the kings of Juda? 20And Achaz slept with his fathers, and was buried in the city of David: and Ezekias his son reigned in his stead.

In the twelfth year of Achaz king of Juda [λ]began Osee the son of Ela to reign in Samaria over Israel nine years. 2And he did evil in the eyes of the Lord, only not as the kings of Israel that were before him.

3Against him came up Salamanassar king of the Assyrians; and Osee became his servant, and rendered him tribute. 4And the king of the Assyrians found iniquity in Osee, in that he sent messengers to Segor king of Egypt, and brought not a tribute to the king of the Assyrians in that year: and the king of the Assyrians besieged him, and bound him in the prison-house. 5And the king of the Assyrians went up [μ]against all the land, and went up to Samaria, and besieged it *for* three years.

6 In the ninth year of Osee the king of the Assyrians took Samaria, and carried Israel away to the Assyrians, and settled them in Alae, and in Abor, *near* the rivers of Gozan, and *in* the mountains of the Medes. 7For it came to pass that the children of Israel *had* transgressed against the Lord their God, who had brought them up out of the land of Egypt, from under the hand of

---

β Or, the altar.   γ Gr. and *Heb.* offered *in way of incense.* See 2 Ch. 13. 10.   δ Or, displayed it.   ζ Gr. thigh.
θ Or, the blood of every, etc.   λ Gr. reigned.   μ Or, through.

Pharao king of Egypt, and they feared other gods, ⁸and walked in the ᵝstatutes of the nations which the Lord cast out before the face of the children of Israel, and of the kings of Israel as many as did *such things,* ⁹and *in those* of the children of Israel as many as ᵞsecretly practised customs, not as *they should have done,* against the Lord their God : ¹⁰and they built for themselves high places in all their cities, from the tower of the watchmen to the ᵟ fortified city. And they made for themselves pillars and groves on every high hill, and under every shady tree. ¹¹And burned incense there on all high places, as the nations *did* whom the Lord removed from before them, and dealt with familiar spirits, and they carved *images* to provoke the Lord to anger. ¹²And they served the idols, of which the Lord said to them, Ye shall not do this thing *against* the Lord.

¹³And the Lord testified against Israel and against Juda, even by the hand of all his prophets, *and* of every seer, saying, Turn ye from your evil ways, and keep my commandments and my ordinances, and all the law which I commanded your fathers, *and* all that I sent to them by the hand of my servants the prophets. ¹⁴But they hearkened not, and made their ᶘneck harder than the neck of their fathers. ¹⁵And they kept not any of his testimonies which he charged them ; and they walked after vanities, and became vain, and after the nations round about them, concerning which the Lord had charged them not to do accordingly. ¹⁶They forsook the commandments of the Lord their God, and made themselves ᶿgraven images, *even* two heifers, and they made groves, and worshipped all the host of heaven, and served Baal. ¹⁷And they caused their sons and their daughters to pass through the fire, and used divinations and auspices, and ᵞsold themselves to work wickedness in the sight of the Lord, to provoke him.

¹⁸And the Lord was very angry with Israel, and removed them out of his sight ; and there was only left the tribe of Juda quite alone. ¹⁹Nay even Juda kept not the commandments of the Lord their God, but they walked according to the customs of Israel which they practised, and rejected the Lord.

²⁰And the Lord was angry with the whole seed of Israel, and ᵘtroubled them, and gave them into the hand of them that spoiled them, until he cast them out of his presence. ²¹ᶓForasmuch as Israel revolted from the house of David, and they made Jeroboam the son of Nabat king : and Jeroboam drew off Israel from following the Lord, and led them to sin a great sin. ²²And the children of Israel walked in all the sin of Jeroboam which he committed ; they departed not from it, ²³until the Lord removed Israel from his presence, as the Lord spoke ᵖby all his servants the prophets ; and Israel was removed from off their land to the Assyrians until this day.

χειρὸς Φαραὼ βασιλέως Αἰγύπτου, καὶ ἐφοβήθησαν θεοὺς ἑτέρους, καὶ ἐπορεύθησαν τοῖς δικαιώμασι τῶν ἐθνῶν ὧν ἐξῆρε 8 Κύριος ἐκ προσώπου υἱῶν Ἰσραὴλ, καὶ οἱ βασιλεῖς Ἰσραὴλ ὅσοι ἐποίησαν, καὶ ὅσοι ἠμφιέσαντο οἱ υἱοὶ Ἰσραὴλ λόγους, 9 οὐχ οὕτως κατὰ Κυρίου Θεου αὐτῶν· καὶ ᾠκοδόμησαν ἑαυτοῖς ὑψηλὰ ἐν πάσαις ταῖς πόλεσιν αὐτῶν ἀπὸ πύργου φυλασσόντων ἕως πόλεως ὀχυρᾶς, καὶ ἐστήλωσαν ἑαυτοῖς στήλας καὶ 10 ἄλση ἐπὶ παντὶ βουνῷ ὑψηλῷ καὶ ὑποκάτω παντὸς ξύλου ἀλσώδους, καὶ ἐθυμίασαν ἐκεῖ ἐν πᾶσιν ὑψηλοῖς, καθὼς τὰ 11 ἔθνη ἃ ἀπῴκησε Κύριος ἐκ προσώπου αὐτῶν, καὶ ἐποίησαν κοινωνοὺς, καὶ ἐχάραξαν τοῦ παροργίσαι τὸν Κύριον, καὶ 12 ἐλάτρευσαν τοῖς εἰδώλοις οἷς εἶπε Κύριος αὐτοῖς, οὐ ποιήσετε τὸ ῥῆμα τοῦτο τῷ Κυρίῳ.

Καὶ διεμαρτύρατο Κύριος ἐν τῷ Ἰσραὴλ καὶ ἐν τῷ Ἰούδα 13 καὶ ἐν χειρὶ πάντων τῶν προφητῶν αὐτοῦ παντὸς ὁρῶντος, λέγων, ἀποστράφητε ἀπὸ τῶν ὁδῶν ὑμῶν τῶν πονηρῶν, καὶ φυλάξατε τὰς ἐντολάς μου, καὶ τὰ δικαιώματά μου, καὶ πάντα τὸν νόμον ὃν ἐνετειλάμην τοῖς πατράσιν ὑμῶν, ὅσα ἀπέστειλα αὐτοῖς ἐν χειρὶ τῶν δούλων μου τῶν προφητῶν. Καὶ οὐκ 14 ἤκουσαν, καὶ ἐσκλήρυναν τὸν νῶτον αὐτῶν ὑπὲρ τὸν νῶτον τῶν πατέρων αὐτῶν. Καὶ τὰ μαρτύρια αὐτοῦ ὅσα διεμαρτύρατο 15 αὐτοῖς οὐκ ἐφύλαξαν, καὶ ἐπορεύθησαν ὀπίσω τῶν ματαίων, καὶ ἐματαιώθησαν, καὶ ὀπίσω τῶν ἐθνῶν τῶν περικύκλῳ αὐτῶν, ὧν ἐνετείλατο Κύριος αὐτοῖς μὴ ποιῆσαι κατὰ ταῦτα. Ἐγκατέλι- 16 πον τὰς ἐντολὰς Κυρίου Θεοῦ αὐτῶν, καὶ ἐποίησαν ἑαυτοῖς χώνευμα δύο δαμάλεις, καὶ ἐποίησαν ἄλση, καὶ προσεκύνησαν πάσῃ τῇ δυνάμει τοῦ οὐρανοῦ, καὶ ἐλάτρευσαν τῷ Βάαλ. Καὶ διῆγον τοὺς υἱοὺς αὐτῶν καὶ τὰς θυγατέρας αὐτῶν ἐν 17 πυρὶ, καὶ ἐμαντεύοντο μαντείας, καὶ οἰωνίζοντο· καὶ ἐπράθησαν τοῦ ποιῆσαι τὸ πονηρὸν ἐν ὀφθαλμοῖς Κυρίου παροργίσαι αὐτόν.

Καὶ ἐθυμώθη Κύριος σφόδρα ἐν τῷ Ἰσραὴλ, καὶ ἀπέστησεν 18 αὐτοὺς ἀπὸ τοῦ προσώπου αὐτοῦ, καὶ οὐχ ὑπελείφθη πλὴν φυλὴ Ἰούδα μονωτάτη. Καί γε Ἰούδας οὐκ ἐφύλαξε 19 τὰς ἐντολὰς Κυρίου τοῦ Θεοῦ αὐτῶν· καὶ ἐπορεύθησαν ἐν τοῖς δικαιώμασιν Ἰσραὴλ οἷς ἐποίησαν, καὶ ἀπεώσαντο τὸν Κύριον.

Καὶ ἐθυμώθη Κύριος παντὶ σπέρματι Ἰσραὴλ, καὶ ἐσάλευσεν 20 αὐτοὺς, καὶ ἔδωκεν αὐτοὺς ἐν χειρὶ διαρπαζόντων αὐτοὺς, ἕως οὗ ἀπέῤῥιψεν αὐτοὺς ἀπὸ προσώπου αὐτοῦ. Ὅτι πλὴν Ἰσ- 21 ραὴλ ἐπάνωθεν οἴκου Δαυὶδ, καὶ ἐβασίλευσαν τὸν Ἱεροβοὰμ υἱὸν Ναβάτ· καὶ ἐξέωσεν Ἱεροβοὰμ τὸν Ἰσραὴλ ἐξόπισθε Κυρίου, καὶ ἐξήμαρτεν αὐτοὺς ἁμαρτίαν μεγάλην. Καὶ ἐπο- 22 ρεύθησαν οἱ υἱοὶ Ἰσραὴλ ἐν πάσῃ ἁμαρτίᾳ Ἱεροβοὰμ ἧς ἐποίησεν, οὐκ ἀπέστησαν ἀπ᾽ αὐτῆς ἕως οὗ μετέστησε Κύριος 23 τὸν Ἰσραὴλ ἀπὸ προσώπου αὐτοῦ, καθὼς ἐλάλησε Κύριος ἐν χειρὶ πάντων τῶν δούλων αὐτοῦ τῶν προφητῶν· καὶ ἀπῳκίσθη Ἰσραὴλ ἐπάνωθεν τῆς γῆς αὐτοῦ εἰς Ἀσσυρίους ἕως τῆς ἡμέρας ταύτης.

ᵝ *Or,* customs.　　ᵞ *Gr.* cloaked matters.　　ᵟ *Gr.* strong.　　ᶘ *Gr.* back.　　*Heb.* back part of the neck.　　ᶿ *Gr.* a graven image.
ᵞ *Gr.* were sold.　　ᵘ *Or,* unsettled them.　　ᶓ The *Complut.* is better, πλὴν ὅτι ἐῤῥάγη ὁ Ἰσραὴλ ἀπ᾽ οἴκου κ.τ.λ.　　ᵖ *Gr.* by the hand of.

24 Καὶ ἤγαγε βασιλεὺς Ἀσσυρίων ἐκ Βαβυλῶνος τὸν ἐκ Χουθὰ, ἀπὸ Ἀϊὰ, καὶ ἀπὸ Αἰμὰθ, καὶ Σεπφαρουαὶμ, καὶ κατῳκίσθησαν ἐν πόλεσι Σαμαρείας ἀντὶ τῶν υἱῶν Ἰσραὴλ, καὶ ἐκληρονόμησαν τὴν Σαμάρειαν, καὶ κατῳκίσθησαν ἐν ταῖς πόλεσιν αὐτῆς.

25 Καὶ ἐγένετο ἐν ἀρχῇ τῆς καθέδρας αὐτῶν οὐκ ἐφοβήθησαν τὸν Κύριον, καὶ ἀπέστειλε Κύριος ἐν αὐτοῖς τοὺς λέοντας, καὶ

26 ἦσαν ἀποκτείνοντες ἐν αὐτοῖς. Καὶ εἶπαν τῷ βασιλεῖ Ἀσσυρίων λέγοντες, τὰ ἔθνη ἃ ἀπῴκισας καὶ ἀντεκάθισας ἐν πόλεσι Σαμαρείας οὐκ ἔγνωσαν τὸ κρίμα τοῦ Θεοῦ τῆς γῆς, καὶ ἀπέστειλεν εἰς αὐτοὺς τοὺς λέοντας, καὶ ἰδού εἰσι θανατοῦντες

27 αὐτοὺς, καθότι οὐκ οἴδασι τὸ κρίμα τοῦ Θεοῦ τῆς γῆς. Καὶ ἐνετείλατο ὁ βασιλεὺς Ἀσσυρίων, λέγων, ἀπαγάγετε ἐκεῖθεν, καὶ πορευέσθωσαν, καὶ κατοικήτωσαν ἐκεῖ, καὶ φωτιοῦσιν αὐτοὺς

28 τὸ κρίμα τοῦ Θεοῦ τῆς γῆς. Καὶ ἤγαγον ἕνα τῶν ἱερέων ὧν ἀπῴκισαν ἀπὸ Σαμαρείας, καὶ ἐκάθισεν ἐν Βαιθὴλ, καὶ ἦν φωτίζων αὐτοὺς πῶς φοβηθῶσι τὸν Κύριον.

29 Καὶ ἦσαν ποιοῦντες ἔθνη ἔθνη θεοὺς αὐτῶν· καὶ ἔθηκαν ἐν οἴκῳ τῶν ὑψηλῶν ὧν ἐποίησαν οἱ Σαμαρεῖται, ἔθνη ἔθνη ἐν

30 ταῖς πόλεσιν αὐτῶν ἐν αἷς κατῴκουν. Καὶ οἱ ἄνδρες Βαβυλῶνος ἐποίησαν τὴν Σωκχὼθ Βενὶθ, καὶ οἱ ἄνδρες Χοὺθ ἐποίησαν τὴν

31 Ἐργέλ, καὶ οἱ ἄνδρες Αἰμὰθ ἐποίησαν τὴν Ἀσιμὰθ, καὶ οἱ Εὐαῖοι ἐποίησαν τὴν Ἐβλαζὲρ καὶ τὴν Θαρθὰκ, καὶ ὁ Σεπφαρουαὶμ ἡνίκα κατέκαιον τοὺς υἱοὺς αὐτῶν ἐν πυρὶ τῷ Ἀδραμέλεχ

32 καὶ Ἀνημελὲχ θεοῖς Σεπφαρουαΐμ. Καὶ ἦσαν φοβούμενοι τὸν Κύριον· καὶ κατῴκισαν τὰ βδελύγματα αὐτῶν ἐν τοῖς οἴκοις τῶν ὑψηλῶν ἃ ἐποίησαν ἐν Σαμαρείᾳ, ἔθνος ἔθνος ἐν πόλει ἐν ᾗ κατῴκουν ἐν αὐτῇ· καὶ ἦσαν φοβούμενοι τὸν Κύριον· καὶ ἐποίησαν ἑαυτοῖς ἱερεῖς τῶν ὑψηλῶν, καὶ ἐποίησαν

33 ἑαυτοῖς ἐν οἴκῳ τῶν ὑψηλῶν. Καὶ τὸν Κύριον ἐφοβοῦντο, καὶ τοῖς θεοῖς αὐτῶν ἐλάτρευον κατὰ τὸ κρίμα τῶν ἐθνῶν, ὅθεν ἀπῴκισαν αὐτοὺς ἐκεῖθεν.

34 Ἕως τῆς ἡμέρας ταύτης αὐτοὶ ἐποίουν κατὰ τὸ κρίμα αὐτῶν· αὐτοὶ φοβοῦνται, καὶ αὐτοὶ ποιοῦσι κατὰ τὰ δικαιώματα αὐτῶν, καὶ κατὰ τὴν κρίσιν αὐτῶν, καὶ κατὰ τὸν νόμον, καὶ κατὰ τὴν ἐντολὴν ἣν ἐνετείλατο Κύριος τοῖς υἱοῖς Ἰακὼβ, οὗ ἔθηκε τὸ

35 ὄνομα αὐτοῦ Ἰσραήλ. Καὶ διέθετο Κύριος μετ' αὐτῶν διαθήκην, καὶ ἐνετείλατο αὐτοῖς, λέγων, οὐ φοβηθήσεσθε θεοὺς ἑτέρους, καὶ οὐ προσκυνήσετε αὐτοῖς, καὶ οὐ λατρεύσετε αὐτοῖς, καὶ οὐ

36 θυσιάσετε αὐτοῖς· Ὅτι ἀλλ' ἢ τῷ Κυρίῳ ὃς ἀνήγαγεν ὑμᾶς ἐκ γῆς Αἰγύπτου ἐν ἰσχύϊ μεγάλῃ καὶ ἐν βραχίονι ὑψηλῷ, αὐτὸν

37 φοβηθήσεσθε, καὶ αὐτῷ προσκυνήσετε, αὐτῷ θύσετε. Τὰ δικαιώματα καὶ τὰ κρίματα καὶ τὸν νόμον καὶ τὰς ἐντολὰς, ἃς ἔγραψεν ὑμῖν ποιεῖν, φυλάσσεσθε πάσας τὰς ἡμέρας, καὶ

38 οὐ φοβηθήσεσθε θεοὺς ἑτέρους. Καὶ τὴν διαθήκην ἣν διέθετο μεθ' ὑμῶν οὐκ ἐπιλήσεσθε· καὶ οὐ φοβηθήσεσθε θεοὺς ἑτέρους·

39 Ἀλλ' ἢ τὸν Κύριον Θεὸν ὑμῶν φοβηθήσεσθε, καὶ αὐτὸς ἐξελεῖται ὑμᾶς ἐκ πάντων τῶν ἐχθρῶν ὑμῶν.

[24] And the king of Assyria brought from Babylon the men of Chutha, *and men* from Aia, and from Æmath, and Seppharvaim, and they were settled in the cities of Samaria in the place of the children of Israel: and they inherited Samaria, and were settled in its cities. [25] And it was so at the beginning of their establishment there *that* they feared not the Lord, and the Lord sent lions among them, and they slew some of them. [26] And they spoke to the king of the Assyrians, saying, The nations whom thou hast removed and substituted in the cities of Samaria *for the Israelites*, know not [β]the manner of the God of the land: and he has sent the lions against them, and, behold, they are slaying them, because they know not the manner of the God of the land. [27] And the king of the Assyrians commanded, saying, Bring some *Israelites* thence, and let them go and dwell there, and they shall teach them the manner of the God of the land. [28] And they brought one of the priests whom they had removed from Samaria, and he settled in Bæthel, and taught them how they should fear the Lord.

[29] But the nations made each their own gods, and put them in the house of the high places which the Samaritans *had* made, each nation in the cities in which they dwelt. [30] And the men of Babylon made Socchoth Benith, and the men of Chuth made Ergel, and the men of Hæmath made Asimath. [31] And the Evites made Eblazer and Tharthac, and the *inhabitant* of Seppharvaim *did evil* when they burnt their sons in the fire to Adramelech and Anemelech, the gods of Seppharvaim. [32] And they feared the Lord, yet they established their abominations in the houses of the high places which they made in Samaria, each nation in the city in which they dwelt: and they feared the Lord, and they made for themselves priests of the high places, and sacrificed for themselves in the house of the high places. [33] And they feared the Lord, and served their gods according to the [β]manner of the nations, whence *their lords* brought them.

[34] Until this day they did according to their manner: they fear *the Lord*, and they do according to their customs, and according to their manner, and according to the law, and according to the commandment which the Lord commanded the sons of Jacob, whose name he made Israel. [35] And the Lord made a covenant with them, and charged them, saying, Ye shall not fear other gods, neither shall ye worship them, nor serve them, nor sacrifice to them: [36] but only to the Lord, who brought you up out of the land of Egypt with great strength and with a high arm: him shall ye fear, and him shall ye worship; to him shall ye sacrifice. [37] Ye shall observe continually the ordinances, and the judgments, and the law, and the commandments which he wrote for you to do; and ye shall not fear other gods. [38] Neither shall ye forget the covenant which he made with you: and ye shall not fear other gods. [39] But ye shall fear the Lord your God, and he shall deliver you from all your enemies.

β *Gr.* judgment. *Hebraism.*

⁴⁰Neither shall ye comply with their practice, which they follow. ⁴¹So these nations feared the Lord, and served their graven images: yea, their sons and their sons' sons do until this day even as their fathers did.

And it came to pass in the third year of Osee son of Ela king of Israel *that* Ezekias son of Achaz king of Juda β began to reign. ²γFive and twenty years old was he when he began to reign, and he reigned twenty and nine years in Jerusalem: and his mother's name *was* Abu, daughter of Zacharias. ³And he did that which was right in the sight of the Lord, according to all that his father David did. ⁴He δ removed the high places, and broke in pieces the pillars, and utterly destroyed the groves, and the brazen serpent which Moses made: because until those days the children of Israel burnt incense to it: and he called it Neesthan. ⁵He ζtrusted in the Lord God of Israel; and after him there was not any like him among the kings of Juda, θnor among those that were before him. ⁶And he clave to the Lord, he departed not λfrom following him; and he kept his commandments, as many as he commanded Moses.

⁷And the Lord was with him; and he was wise in all that he undertook: and he revolted from the king of the Assyrians, and served him not. ⁸He smote the Philistines *even* to Gaza, and to the border of it, from the tower of the watchmen even to the strong city.

⁹And it came to pass in the fourth year of king Ezekias (this is the seventh year of Osee son of Ela king of Israel,) *that* Salamanassar king of the Assyrians came up against Samaria, and besieged it. ¹⁰And he took it μat the end of three years, in the sixth year of Ezekias, (this *is* the ninth year of Osee king of Israel, when Samaria was taken.) ¹¹And the king of the Assyrians carried away the ξSamaritans to Assyria, and put them in Alaë and in Abor, *by* the river Gozan, and *in* the mountains of the Medes; ¹²because they hearkened not to the voice of the Lord their God, and transgressed his covenant, *even* in all things that Moses the servant of the Lord commanded, and hearkened not to *them*, nor did *them*.

¹³And in the fourteenth year of king Ezekias came up Sennacherim king of the Assyrians against the strong cities of Juda, and took them. ¹⁴And Ezekias king of Juda sent messengers to the king of the Assyrians to Lachis, saying, I have offended; depart from me: whatsoever thou shalt lay upon me, I will bear. And the king of Assyria laid upon Ezekias king of Juda *a tribute of* three hundred talents of silver, and thirty talents of gold. ¹⁵And Ezekias gave all the silver that was found in the house of the Lord, and in the treasures of the king's house. ¹⁶At that time Ezekias cut off *the gold from* the doors of the temple, and *from* the pillars which Ezekias king of Juda *had* overlaid with gold, and gave πit to the king of the Assyrians.

¹⁷And the king of the Assyrians sent Tharthan and Raphis and Rapsakes from Lachis to king Ezekias with a ρstrong force

Καὶ οὐκ ἀκούσεσθε ἐπὶ τῷ κρίματι αὐτῶν, ὃ αὐτοὶ ποιοῦσι. 40 Καὶ ἦσαν τὰ ἔθνη ταῦτα φοβούμενοι τὸν Κύριον, καὶ τοῖς 41 γλυπτοῖς αὐτῶν ἦσαν δουλεύοντες· καί γε οἱ υἱοὶ καὶ υἱοὶ τῶν υἱῶν αὐτῶν, καθὰ ἐποίησαν οἱ πατέρες αὐτῶν, ποιοῦσιν ἕως τῆς ἡμέρας ταύτης.

Καὶ ἐγένετο ἐν ἔτει τρίτῳ τῷ Ὡσηὲ υἱῷ Ἠλὰ βασιλεῖ 18 Ἰσραὴλ ἐβασίλευσεν Ἐζεκίας υἱὸς Ἄχαζ βασιλέως Ἰούδα. Υἱὸς εἴκοσι καὶ πέντε ἐτῶν ἐν τῷ βασιλεύειν αὐτὸν, καὶ εἴκοσι 2 καὶ ἐννέα ἔτη ἐβασίλευσεν ἐν Ἱερουσαλήμ, καὶ ὄνομα τῇ μητρὶ αὐτοῦ Ἄβου, θυγάτηρ Ζαχαρίου. Καὶ ἐποίησε τὸ εὐθὲς ἐν 3 ὀφθαλμοῖς Κυρίου κατὰ πάντα ὅσα ἐποίησε Δαυὶδ ὁ πατὴρ αὐτοῦ. Αὐτὸς ἐξῆρε τὰ ὑψηλὰ, καὶ συνέτριψε τὰς στήλας, καὶ 4 ἐξωλόθρευσε τὰ ἄλση, καὶ τὸν ὄφιν τὸν χαλκοῦν ὃν ἐποίησε Μωυσῆς, ὅτι ἕως τῶν ἡμερῶν ἐκείνων ἦσαν οἱ υἱοὶ Ἰσραὴλ θυμιῶντες αὐτῷ· καὶ ἐκάλεσεν αὐτὸν Νεεσθάν. Ἐν Κυρίῳ 5 Θεῷ Ἰσραὴλ ἤλπισε, καὶ μετ' αὐτὸν οὐκ ἐγενήθη ὅμοιος αὐτῷ ἐν βασιλεῦσιν Ἰούδα, καὶ ἐν τοῖς γενομένοις ἔμπροσθεν αὐτοῦ. Καὶ ἐκολλήθη τῷ Κυρίῳ, οὐκ ἀπέστη ὄπισθεν αὐτοῦ, καὶ 6 ἐφύλαξε τὰς ἐντολὰς αὐτοῦ ὅσας ἐνετείλατο Μωυσῇ.

Καὶ ἦν Κύριος μετ' αὐτοῦ, καὶ ἐν πᾶσιν οἷς ἐποίει, συνῆκε· 7 καὶ ἠθέτησεν ἐν τῷ βασιλεῖ Ἀσσυρίων, καὶ οὐκ ἐδούλευσεν αὐτῷ. Αὐτὸς ἐπάταξε τοὺς ἀλλοφύλους ἕως Γάζης, καὶ ἕως 8 ὁρίου αὐτῆς ἀπὸ πύργου φυλασσόντων καὶ ἕως πόλεως ὀχυρᾶς.

Καὶ ἐγένετο ἐν τῷ ἔτει τῷ τετάρτῳ βασιλεῖ Ἐζεκίᾳ, αὐτὸς 9 ἐνιαυτὸς ὁ ἕβδομος τῷ Ὡσηὲ υἱῷ Ἠλὰ βασιλεῖ Ἰσραὴλ, ἀνέβη Σαλαμανασσὰρ βασιλεὺς Ἀσσυρίων ἐπὶ Σαμάρειαν, καὶ ἐπολιόρκει ἐπ' αὐτὴν, καὶ κατελάβετο αὐτὴν ἀπὸ τέλους τριῶν 10 ἐτῶν ἐν ἔτει ἕκτῳ τῷ Ἐζεκίᾳ, αὐτὸς ἐνιαυτὸς ἔννατος τῷ Ὡσηὲ βασιλεῖ Ἰσραὴλ, καὶ συνελήφθη Σαμάρεια. Καὶ ἀπῴκισε 11 βασιλεὺς Ἀσσυρίων τὴν Σαμάρειαν εἰς Ἀσσυρίους, καὶ ἔθηκεν αὐτοὺς ἐν Ἀλαὲ καὶ ἐν Ἀβὼρ ποταμῷ Γωζὰν καὶ ὄρη Μήδων· ἀνθ' ὧν ὅτι οὐκ ἤκουσαν τῆς φωνῆς Κυρίου Θεοῦ αὐτῶν, καὶ 12 παρέβησαν τὴν διαθήκην αὐτοῦ πάντα ὅσα ἐνετείλατο Μωυσῆς ὁ δοῦλος Κυρίου, καὶ οὐκ ἤκουσαν καὶ οὐκ ἐποίησαν.

Καὶ τῷ τεσσαρεσκαιδεκάτῳ ἔτει τοῦ βασιλέως Ἐζεκίου 13 ἀνέβη Σενναχηρὶμ βασιλεὺς Ἀσσυρίων ἐπὶ τὰς πόλεις Ἰούδα τὰς ὀχυρὰς, καὶ συνέλαβεν αὐτάς. Καὶ ἀπέστειλεν Ἐζεκίας 14 βασιλεὺς Ἰούδα ἀγγέλους πρὸς βασιλέα Ἀσσυρίων εἰς Λαχὶς, λέγων, ἡμάρτηκα, ἀποστράφηθι ἀπ' ἐμοῦ· ὃ ἐὰν ἐπιθῇς ἐπ' ἐμὲ, βαστάσω· καὶ ἐπέθηκεν ὁ βασιλεὺς Ἀσσυρίων ἐπὶ Ἐζεκίαν βασιλέα Ἰούδα τριακόσια τάλαντα ἀργυρίου, καὶ τριάκοντα τάλαντα χρυσίου. Καὶ ἔδωκεν Ἐζεκίας πᾶν τὸ ἀργύριον τὸ 15 εὑρεθὲν ἐν οἴκῳ Κυρίου, καὶ ἐν θησαυροῖς οἴκου τοῦ βασιλέως. Ἐν τῷ καιρῷ ἐκείνῳ συνέκοψεν Ἐζεκίας τὰς θύρας ναοῦ, καὶ τὰ 16 ἐστηριγμένα ἃ ἐχρύσωσεν Ἐζεκίας ὁ βασιλεὺς Ἰούδα, καὶ ἔδωκεν αὐτὰ βασιλεῖ Ἀσσυρίων.

Καὶ ἀπέστειλε βασιλεὺς Ἀσσυρίων τὸν Θαρθὰν καὶ τὸν 17 Ῥαφὶς καὶ τὸν Ῥαψάκην ἐκ Λαχὶς πρὸς τὸν βασιλέα Ἐζεκίαν ἐν δυνάμει βαρείᾳ ἐπὶ Ἱερουσαλήμ· καὶ ἀνέβησαν καὶ ἦλθον

β *Gr.* reigned.   γ *Gr.* a son of 25 years in his reigning.   δ *Or*, destroyed.   ζ *Gr.* hoped.   θ *Gr.* and.   λ *Gr.* from behind him.
μ *Gr.* from.   ξ *Gr.* Samaria to the Assyrians.   π *Gr.* them.   ρ *Gr.* heavy.

εἰς Ἱερουσαλήμ, καὶ ἔστησαν ἐν τῷ ὑδραγωγῷ τῆς κολυμβήθρας
18 τῆς ἄνω, ἥ ἐστιν ἐν τῇ ὁδῷ τοῦ ἀγροῦ τοῦ γναφέως. Καὶ
ἐβόησαν πρὸς Ἐζεκίαν· καὶ ἦλθον πρὸς αὐτὸν Ἐλιακὶμ υἱὸς
Χελκίου ὁ οἰκονόμος, καὶ Σωμνὰς ὁ γραμματεύς, καὶ Ἰωὰς ὁ υἱὸς
Σαφὰτ ὁ ἀναμιμνήσκων.

19 Καὶ εἶπε πρὸς αὐτοὺς Ῥαψάκης, εἴπατε δὴ πρὸς Ἐζεκίαν,
τάδε λέγει ὁ βασιλεύς, ὁ μέγας βασιλεὺς Ἀσσυρίων, τί ἡ
20 πεποίθησις αὕτη ἣν πέποιθας; Εἶπας, πλὴν λόγοι χειλέων,
βουλὴ καὶ δύναμις εἰς πόλεμον· νῦν οὖν τίνι πεποιθὼς ἠθέτησας
21 ἐν ἐμοί; Νῦν ἰδοὺ πέποιθας σαυτῷ ἐπὶ τὴν ῥάβδον τὴν
καλαμίνην τὴς τεθλασμένην ταύτην, ἐπ᾽ Αἴγυπτον; ὃς ἂν
στηριχθῇ ἀνὴρ ἐπ᾽ αὐτήν, καὶ εἰσελεύσεται εἰς τὴν χεῖρα αὐτοῦ,
καὶ τρήσει αὐτήν· οὕτως Φαραὼ βασιλεὺς Αἰγύπτου πᾶσι τοῖς
22 πεποιθόσιν ἐπ᾽ αὐτόν. Καὶ ὅτι εἶπας πρὸς μέ, ἐπὶ Κύριον
Θεὸν πεποίθαμεν· οὐχὶ αὐτὸς οὗτος ἀπέστησεν Ἐζεκίας τὰ
ὑψηλὰ αὐτοῦ καὶ τὰ θυσιαστήρια αὐτοῦ, καὶ εἶπε τῷ Ἰούδᾳ
καὶ τῇ Ἱερουσαλήμ, ἐνώπιον τοῦ θυσιαστηρίου τούτου προσ-
23 κυνήσετε ἐν Ἱερουσαλήμ; Καὶ νῦν μίχθητε δὴ τῷ κυρίῳ μου
βασιλεῖ Ἀσσυρίων, καὶ δώσω σοι δισχιλίους ἵππους, εἰ δυνήσῃ
24 δοῦναι σεαυτῷ ἐπιβάτας ἐπ᾽ αὐτούς. Καὶ πῶς ἀποστρέψεις
τὸ πρόσωπον τοπάρχου ἑνὸς τῶν δούλων τοῦ κυρίου μου τῶν
ἐλαχίστων; καὶ ἤλπισας σαυτῷ ἐπ᾽ Αἴγυπτον εἰς ἅρματα καὶ
25 ἱππεῖς. Καὶ νῦν μὴ ἄνευ Κυρίου ἀνέβημεν ἐπὶ τὸν τόπον
τοῦτον τοῦ διαφθεῖραι αὐτόν; Κύριος εἶπε πρὸς μέ, ἀνάβηθι
ἐπὶ τὴν γῆν ταύτην καὶ διάφθειρον αὐτήν.

26 Καὶ εἶπεν Ἐλιακὶμ υἱὸς Χελκίου καὶ Σωμνὰς καὶ Ἰωὰς
πρὸς Ῥαψάκην, λάλησον δὴ πρὸς τοὺς παῖδάς σου Συριστί,
ὅτι ἀκούομεν ἡμεῖς· καὶ οὐ λαλήσεις μεθ᾽ ἡμῶν Ἰουδαϊστί·
καὶ ἱνατί λαλεῖς ἐν τοῖς ὠσὶ τοῦ λαοῦ τοῦ ἐπὶ τοῦ τείχους;
27 Καὶ εἶπε πρὸς αὐτοὺς Ῥαψάκης, μὴ ἐπὶ τὸν κύριόν σου καὶ
πρὸς σὲ ἀπέστειλέ με ὁ κύριός μου λαλῆσαι τοὺς λόγους
τούτους; οὐχὶ ἐπὶ τοὺς ἄνδρας τοὺς καθημένους ἐπὶ τοῦ τείχους,
τοῦ φαγεῖν τὴν κόπρον αὐτῶν, καὶ πιεῖν τὸ οὖρον αὐτῶν μεθ᾽
ὑμῶν ἅμα;

28 Καὶ ἔστη Ῥαψάκης καὶ ἐβόησε φωνῇ μεγάλῃ Ἰουδαϊστί,
καὶ ἐλάλησε καὶ εἶπεν, ἀκούσατε τοὺς λόγους τοῦ μεγάλου
29 βασιλέως Ἀσσυρίων. Τάδε λέγει ὁ βασιλεύς, μὴ ἐπαιρέτω
ὑμᾶς Ἐζεκίας λόγοις, ὅτι οὐ μὴ δύνηται ὑμᾶς ἐξελέσθαι ἐκ
30 χειρὸς αὐτοῦ. Καὶ μὴ ἐπελπιζέτω ὑμᾶς Ἐζεκίας πρὸς Κύριον,
λέγων, ἐξαιρούμενος ἐξελεῖται Κύριος, οὐ μὴ παραδοθῇ ἡ πόλις
31 αὕτη ἐν χειρὶ βασιλέως Ἀσσυρίων. Μὴ ἀκούετε Ἐζεκίου·
ὅτι τάδε λέγει ὁ βασιλεὺς Ἀσσυρίων, ποιήσατε μετ᾽ ἐμοῦ
εὐλογίαν, καὶ ἐξέλθατε πρὸς μέ, καὶ πίεται ἀνὴρ τὴν ἄμπελον
αὐτοῦ, καὶ ἀνὴρ τὴν συκῆν αὐτοῦ φάγεται, καὶ πίεται ὕδωρ τοῦ
32 λάκκου αὐτοῦ, ἕως ἔλθω καὶ λάβω ὑμᾶς εἰς γῆν ὡς γῆ ὑμῶν,
γῆ σίτου καὶ οἴνου καὶ ἄρτου καὶ ἀμπελώνων, γῆ ἐλαίας ἐλαίου
καὶ μέλιτος, καὶ ζήσετε καὶ οὐ μὴ ἀποθάνητε· καὶ μὴ ἀκού-
ετε Ἐζεκίου, ὅτι ἀπατᾷ ὑμᾶς, λέγων, Κύριος ῥύσεται ὑμᾶς.

against Jerusalem. And they went up and came to Jerusalem, and stood by the aqueduct of the upper pool, which is by the way of the fuller's field. [18] And they cried to Ezekias: and there came to him Heliakim the son of Chelcias the steward, and Somnas the scribe, and Joas the son of Saphat the recorder. [19] And Rapsakes said to them, Say now to Ezekias, Thus says the king, the great king of the Assyrians, What is this confidence wherein thou trustest? [20] Thou hast said, (but they are β mere words,) I have counsel and strength for war. Now then γ in whom dost thou trust, that thou hast revolted from me? [21] See now, art thou trusting for thyself on this broken staff of reed, even upon Egypt? whosoever shall stay himself upon it, it shall even go into his hand, and pierce it: so is Pharao king of Egypt to all that trust on him. [22] And whereas thou hast said to me, We trust on the Lord God: is not this he, δ whose high places and altars Ezekias has removed, and has said to Juda and Jerusalem, Ye shall worship before this altar in Jerusalem? [23] And now, I pray you, make an agreement with my lord the king of the Assyrians, and I will give thee two thousand horses, if thou shalt be able on thy part to ζ set riders upon them. [24] How then wilt thou turn away the face of one θ petty governor from among the least of my lord's servants? whereas thou trustest for thyself on Egypt for chariots and horsemen. [25] And now have we come up without the Lord against this place to destroy it? The Lord said to me, Go up against this land, and destroy it.

[26] And Heliakim the son of Chelkias, and Somnas, and Joas, said to Rapsakes, Speak now to thy servants in the Syrian language, for we understand it; and speak not with us in the Jewish language: and why dost thou speak in the ears of the people that are on the wall? [27] And Rapsakes said to them, Has my master sent me to thy master, and to thee, to speak these words? has he not sent me to the men who sit on the wall, that they may eat their own dung, and drink their own water together with you?

[28] And Rapsakes stood, and cried with a loud voice in the Jewish language, and spoke, and said, Hear the words of the great king of the Assyrians: [29] thus says the king, Let not Ezekias encourage you with words: for he shall not be able to deliver you out of his hand. [30] And let not Ezekias cause you to trust on the Lord, saying, The Lord will certainly deliver us; this city shall not be delivered λ into the hand of the king of the Assyrians: hearken not to Ezekias: [31] for thus says the king of the Assyrians, μ Gain my favour, and come forth to me, and every man shall drink of the wine of his own vine, and every man shall eat of his own fig-tree, and shall drink water out of his own cistern; [32] until I come and remove you to a land like your own land, a land of corn and wine, and bread and vineyards, a land of olive oil, and honey, and ye shall live and not die: and do not ye hearken to Ezekias, for he deceives you, saying, The Lord shall

---

β Gr. words of lips.   γ Gr. in whom trusting, etc.   δ Gr. his.   ζ Gr. give.   θ Gr. local ruler.
λ Gr. in.   μ Lit. make a blessing with me.

deliver you. ³³ Have the gods of the nations at all delivered each their own land out of the hand of the king of the Assyrians? ³⁴ Where is the god of Hæmath, and of Arphad? where is the god of Seppharvaim, Ana, and Aba? for have they delivered Samaria out of my hand? ³⁵ Who *is there* among all the gods of the countries, who have delivered their countries out of my hand, that the Lord βshould deliver Jerusalem out of my hand?

³⁶ But *the men* were silent, and answered him not a word: for *there was* a commandment of the king, saying, Ye shall not answer him. ³⁷ And Heliakim the son of Chelcias, the steward, and Somnas the scribe, and Joas the son of Saphat the recorder came in to Ezekias, having rent their garments; and they reported to him the words of Rapsakes.

And it came to pass when king Ezekias heard it, that he rent his clothes, and put on sackcloth, and went into the house of the Lord. ² And he sent Heliakim the steward, and Somnas the scribe, and the elders of the priests, clothed with γ sackcloth, to Esaias the prophet the son of Amos. ³ And they said to him, Thus says Ezekias, This day *is* a day of tribulation, and rebuke, and provocation: for the children are come to the travail-*pangs*, but the mother has no strength. ⁴ δ Peradventure the Lord thy God will hear all the words of Rapsakes, whom the king of Assyria his master has sent to reproach the living God and to revile him with the words which the Lord thy God has heard: and thou shalt ζ offer *thy* prayer for the remnant that is found.

⁵ So the servants of king Ezekias came to Esaias. ⁶ And Esaias said to them, Thus shall ye say to your master, Thus saith the Lord, Be not afraid of the words which thou hast heard, wherewith the servants of the king of the Assyrians have blasphemed. ⁷ Behold, I θ send a blast upon him, and he shall hear a report, and shall return to his own land; and I will overthrow him with the sword in his own land.

⁸ So Rapsakes returned, and found the king of Assyria warring against Lobna: for he heard that he *had* departed from Lachis. ⁹ And he heard concerning Tharaca king of the Ethiopians, saying, Behold, he is come forth to fight with thee: and he returned, and sent messengers to Ezekias, saying, ¹⁰ Let not thy God on whom thou trustest encourage thee, saying, Jerusalem shall not be delivered into the hands of the king of the Assyrians. ¹¹ Behold, thou hast heard all that the kings of the Assyrians have done in all the lands, to λwaste them utterly: and shalt thou be delivered? ¹² Have the gods of the nations at all delivered them, whom my fathers destroyed; both Gozan, and Charran, and Raphis, and the sons of Edem who were in Thaesthen? ¹³ Where is the king of Hæmath, and the king of Arphad? and where is the king of the city of Seppharvaim, of Ana, and Aba?

¹⁴ And Ezekias took μ the letter from the hand of the messengers, and read ξ it: and he went up to the house of the Lord, and Ezekias spread it before the Lord, ¹⁵ and

Μὴ ῥυόμενοι ἐρρύσαντο οἱ θεοὶ τῶν ἐθνῶν ἕκαστος τὴν ἑαυτοῦ 33 χώραν ἐκ χειρὸς βασιλέως Ἀσσυρίων; Ποῦ ἐστιν ὁ θεὸς 34 Αἰμὰθ, καὶ Ἀρφάδ; ποῦ ἐστιν ὁ θεὸς Σεπφαρουαΐμ, Ἀνὰ, καὶ Ἀβὰ, ὅτι ἐξείλαντο Σαμάρειαν ἐκ χειρός μου; Τίς 35 ἐν πᾶσι τοῖς θεοῖς τῶν γαιῶν, οἳ ἐξείλαντο τὰς γᾶς αὐτῶν ἐκ χειρός μου, ὅτι ἐξελεῖται Κύριος τὴν Ἱερουσαλὴμ ἐκ χειρός μου;

Καὶ ἐκώφευσαν καὶ οὐκ ἀπεκρίθησαν αὐτῷ λόγον, ὅτι ἐντολὴ 36 τοῦ βασιλέως, λέγων, οὐκ ἀποκριθήσεσθε αὐτῷ. Καὶ εἰσῆλ- 37 θεν Ἐλιακὶμ υἱὸς Χελκίου ὁ οἰκονόμος, καὶ Σωμνὰς ὁ γραμματεὺς, καὶ Ἰωὰς υἱὸς Σαφὰτ ὁ ἀναμιμνήσκων πρὸς Ἐζεκίαν, διερρηχότες τὰ ἱμάτια, καὶ ἀνήγγειλαν αὐτῷ τοὺς λόγους Ῥαψάκου.

Καὶ ἐγένετο ὡς ἤκουσεν ὁ βασιλεὺς Ἐζεκίας, καὶ διέρρηξε 19 τὰ ἱμάτια αὐτοῦ, καὶ περιεβάλετο σάκκον, καὶ εἰσῆλθεν εἰς οἶκον Κυρίου. Καὶ ἀπέστειλεν Ἐλιακὶμ τὸν οἰκονόμον, καὶ 2 Σωμνὰν τὸν γραμματέα, καὶ τοὺς πρεσβυτέρους τῶν ἱερέων περιβεβλημένους σάκκους, πρὸς Ἡσαΐαν τὸν προφήτην υἱὸν Ἀμώς. Καὶ εἶπον πρὸς αὐτὸν, τάδε λέγει Ἐζεκίας, ἡμέρα 3 θλίψεως καὶ ἐλεγμοῦ καὶ παροργισμοῦ ἡ ἡμέρα αὕτη· ὅτι ἦλθον υἱοὶ ἕως ὠδίνων, καὶ ἰσχὺς οὐκ ἔστι τῇ τικτούσῃ. Εἴ 4 πως εἰσακούσεται Κύριος ὁ Θεός σου πάντας τοὺς λόγους Ῥαψάκου, ὃν ἀπέστειλεν αὐτὸν βασιλεὺς Ἀσσυρίων ὁ κύριος αὐτοῦ ὀνειδίζειν Θεὸν ζῶντα, καὶ βλασφημεῖν ἐν λόγοις οἷς ἤκουσε Κύριος ὁ Θεός σου, καὶ λήψῃ προσευχὴν περὶ τοῦ λείμματος τοῦ εὑρισκομένου.

Καὶ ἦλθον οἱ παῖδες τοῦ βασιλέως Ἐζεκίου πρὸς Ἡσαΐαν. 5 Καὶ εἶπεν αὐτοῖς Ἡσαΐας, τάδε ἐρεῖτε πρὸς τὸν κύριον ὑμῶν, 6 τάδε λέγει Κύριος, μὴ φοβηθῇς ἀπὸ τῶν λόγων ὧν ἤκουσας, ὧν ἐβλασφήμησαν τὰ παιδάρια βασιλέως Ἀσσυρίων. Ἰδοὺ 7 ἐγὼ δίδωμι ἐν αὐτῷ πνεῦμα, καὶ ἀκούσεται ἀγγελίαν, καὶ ἀποστραφήσεται εἰς τὴν γῆν αὐτοῦ· καὶ καταβαλῶ αὐτὸν ἐν ῥομφαίᾳ ἐν τῇ γῇ αὐτοῦ.

Καὶ ἐπέστρεψε Ῥαψάκης, καὶ εὗρε τὸν βασιλέα Ἀσσυρίων 8 πολεμοῦντα ἐπὶ Λοβνὰ, ὅτι ἤκουσεν ὅτι ἀπῆρεν ἐκ Λαχίς. Καὶ ἤκουσε περὶ Θαρακὰ βασιλέως Αἰθιόπων, λέγων, ἰδοὺ 9 ἐξῆλθε πολεμεῖν μετὰ σοῦ· καὶ ἐπέστρεψε, καὶ ἀπέστειλεν ἀγγέλους πρὸς Ἐζεκίαν, λέγων, μὴ ἐπαιρέτω σε ὁ Θεός σου ἐφ' 10 ᾧ σὺ πέποιθας ἐν αὐτῷ, λέγων, οὐ μὴ παραδοθῇ Ἱερουσαλὴμ εἰς χεῖρας βασιλέως Ἀσσυρίων. Ἰδοὺ σὺ ἤκουσας πάντα ὅσα 11 ἐποίησαν βασιλεῖς Ἀσσυρίων πάσαις ταῖς γαίαις τοῦ ἀναθεματίσαι αὐτάς· καὶ σὺ ῥυσθήσῃ; Μὴ ἐξαιρούμενοι ἐξείλαντο 12 αὐτοὺς οἱ θεοὶ τῶν ἐθνῶν, οὓς διέφθειραν οἱ πατέρες μου, τήν τε Γωζὰν, καὶ τὴν Χαρρὰν, καὶ τὴν Ῥαφὶς, καὶ υἱοὺς Ἐδὲμ τοὺς ἐν Θαεσθέν; Ποῦ ἐστιν ὁ βασιλεὺς Αἰμὰθ, καὶ ὁ βασι- 13 λεὺς Ἀρφάδ; καὶ ποῦ ἐστιν ὁ βασιλεὺς τῆς πόλεως Σεπφαρουαὶν, Ἀνὰ, καὶ Ἀβά;

Καὶ ἔλαβεν Ἐζεκίας τὰ βιβλία ἐκ χειρὸς τῶν ἀγγέλων, καὶ 14 ἀνέγνω αὐτά· καὶ ἀνέβη εἰς οἶκον Κυρίου, καὶ ἀνέπτυξεν αὐτὰ Ἐζεκίας ἐναντίον Κυρίου, καὶ εἶπε, Κύριε ὁ Θεὸς Ἰσραὴλ 15

β *Gr.* shall deliver.   γ *Gr.* sackclothes.   δ *Gr.* if by any means.   ζ *Gr.* take.   θ *Gr.* give.   λ *Gr.* curse them,
q. d. devote to destruction.   μ *Gr.* the books.   ξ *Gr.* them.

ὁ καθήμενος ἐπὶ τῶν χερουβὶμ, σὺ εἶ ὁ Θεὸς μόνος ἐν πάσαις ταῖς βασιλείαις τῆς γῆς, σὺ ἐποίησας τὸν οὐρανὸν καὶ τὴν γῆν.
16 Κλῖνον Κύριε τὸ οὖς σου καὶ ἄκουσον, ἄνοιξον Κύριε τοὺς ὀφθαλμούς σου καὶ ἴδε, καὶ ἄκουσον τοὺς λόγους Σενναχηρὶμ
17 οὓς ἀπέστειλεν ὀνειδίζειν Θεὸν ζῶντα. Ὅτι ἀληθείᾳ Κύριε
18 ἠρήμωσαν βασιλεῖς Ἀσσυρίων τὰ ἔθνη, καὶ ἔδωκαν τοὺς θεοὺς αὐτῶν εἰς τὸ πῦρ, ὅτι οὐ θεοί εἰσιν, ἀλλ᾽ ἢ ἔργα χειρῶν
19 ἀνθρώπων ξύλα καὶ λίθος· καὶ ἀπώλεσαν αὐτούς. Καὶ νῦν, Κύριε ὁ Θεὸς ἡμῶν, σῶσον ἡμᾶς ἐκ χειρὸς αὐτοῦ, καὶ γνώσονται πᾶσαι αἱ βασιλεῖαι τῆς γῆς, ὅτι σὺ Κύριος ὁ Θεὸς μόνος.

20 Καὶ ἀπέστειλεν Ἡσαΐας υἱὸς Ἀμὼς πρὸς Ἐζεκίαν, λέγων, τάδε λέγει Κύριος ὁ Θεὸς τῶν δυνάμεων Θεὸς Ἰσραὴλ, ἃ προσηύξω πρὸς μὲ περὶ Σενναχηρὶμ βασιλέως Ἀσσυρίων,
21 ἤκουσα. Οὗτος ὁ λόγος ὃν ἐλάλησε Κύριος ἐπ᾽ αὐτόν, ἐξουδένωσέ σε καὶ ἐμυκτήρισέ σε παρθένος θυγάτηρ Σιών, ἐπὶ σοὶ
22 κεφαλὴν αὐτῆς ἐκίνησε θυγάτηρ Ἱερουσαλήμ. Τίνα ὠνείδισας, καὶ τίνα ἐβλασφήμησας; καὶ ἐπὶ τίνα ὕψωσας φωνήν, καὶ ἦρας εἰς ὕψος τοὺς ὀφθαλμούς σου; εἰς τὸν ἅγιον τοῦ Ἰσραήλ;

23 Ἐν χειρὶ ἀγγέλων σου ὠνείδισας Κύριον, καὶ εἶπας, ἐν τῷ πλήθει τῶν ἁρμάτων μου ἐγὼ ἀναβήσομαι εἰς ὕψος ὀρέων μηροὺς τοῦ Λιβάνου, καὶ ἔκοψα τὸ μέγεθος τῆς κέδρου αὐτοῦ, τὰ ἐκλεκτὰ κυπαρίσσων αὐτοῦ, καὶ ἦλθον εἰς μέσον δρυμοῦ καὶ
24 Καρμήλου. Ἐγὼ ἔψυξα καὶ ἔπιον ὕδατα ἀλλότρια, καὶ ἐξερήμωσα τῷ ἴχνει τοῦ ποδός μου πάντας ποταμοὺς περιοχῆς.
25 Ἔπλασα αὐτήν, συνήγαγον αὐτήν· καὶ ἐγενήθη εἰς ἐπάρσεις
26 ἀποικεσιῶν μαχίμων πόλεις ὀχυράς. Καὶ οἱ ἐνοικοῦντες ἐν αὐταῖς ἠσθένησαν τῇ χειρί, ἔπτηξαν καὶ κατῃσχύνθησαν· ἐγένοντο χόρτος ἀγροῦ, ἢ χλωρὰ βοτάνη, χλόη δωμάτων, καὶ
27 πάτημα ἀπέναντι ἑστηκότος. Καὶ τὴν καθέδραν σου καὶ τὴν
28 ἔξοδόν σου ἔγνων, καὶ τὸν θυμόν σου ἐπ᾽ ἐμέ, διὰ τὸ ὀργισθῆναί σε ἐπ᾽ ἐμέ, καὶ τὸ στρῆνός σου ἀνέβη ἐν τοῖς ὠσί μου· καὶ θήσω τὰ ἄγκιστρά μου ἐν τοῖς μυκτῆρσί σου, καὶ χαλινὸν ἐν τοῖς χείλεσί σου, καὶ ἀποστρέψω σε ἐν τῇ ὁδῷ ᾗ ἦλθες ἐν αὐτῇ.

29 Καὶ τοῦτό σοι τὸ σημεῖον· φάγε τοῦτον τὸν ἐνιαυτὸν αὐτόματα, καὶ τῷ ἔτει τῷ δευτέρῳ τὰ ἀνατέλλοντα, καὶ ἔτι τρίτῳ σπορὰ καὶ ἀμητὸς καὶ φυτεία ἀμπελώνων, καὶ φάγεσθε
30 τὸν καρπὸν αὐτῶν. Καὶ προσθήσει τὸν διασεσωσμένον οἴκου Ἰούδα τὸ ὑπολειφθὲν ῥίζαν κάτω, καὶ ποιήσει καρπὸν ἄνω.
31 Ὅτι ἐξ Ἱερουσαλὴμ ἐξελεύσεται κατάλειμμα, καὶ ἀνασωζόμενος ἐξ ὄρους Σιών· ὁ ζῆλος Κυρίου τῶν δυνάμεων ποιήσει τοῦτο.
32 Οὐχ οὕτως;

Τάδε λέγει Κύριος πρὸς βασιλέα Ἀσσυρίων, οὐκ εἰσελεύσεται εἰς τὴν πόλιν ταύτην, καὶ οὐ τοξεύσει ἐκεῖ βέλος,

said, O Lord God of Israel, that dwellest over the cherubs, thou art the only God in all the kingdoms of the earth ; thou hast made heaven and earth. ¹⁶ Incline thine ear, O Lord, and hear : open, Lord, thine eyes, and see : and hear the words of Sennacherim, which he has sent to reproach the living God. ¹⁷ For truly, Lord, the kings of β Assyria have wasted the nations, ¹⁸ and γ have cast their gods into the fire : because they are no gods, but the works of men's hands, wood and stone ; and they have destroyed them. ¹⁹ And now, O Lord our God, deliver us out of his hand, and all the kingdoms of the earth shall know that thou alone *art* the Lord God.

²⁰ And Esaias the son of Amos sent to Ezekias, saying, Thus saith the Lord God of hosts, the God of Israel, I have heard δ thy prayer to me concerning Sennacherim king of the Assyrians. ²¹ This *is* the word which the Lord has spoken against him ; The virgin daughter of Sion has made light of thee, and mocked thee ; the daughter of Jerusalem has shaken her head at thee. ²² Whom hast thou reproached, and whom hast thou reviled ? and against whom hast thou lifted up thy voice, and raised thine eyes on high ? *Is it* against the Holy One of Israel ?

²³ By ζ thy messengers thou hast reproached the Lord, and hast said, I will go up with the multitude of my chariots, to the height of the mountains, to the sides of Libanus, and I have cut down the θ height of his cedar, *and* his choice cypresses ; and I have come into the midst of the forest and of Carmel. ²⁴ I have λ refreshed *myself*, and have drunk strange waters, and I have dried up with the sole of my foot all the rivers of fortified places. ²⁵ I have brought about *the matter*, I have brought it to a conclusion ; and it is come to the μ destruction of the bands of warlike prisoners, *even of* strong cities. ²⁶ And they that dwelt in them were weak in hand, they quaked and were confounded, they became *as* grass of the field, or *as* the green herb, the grass *growing* on houses, and that which is trodden down ξ by him that stands *upon it.* ²⁷ But I know thy π down-sitting, and thy going forth, and thy rage against me. ²⁸ Because thou wast angry against me, and thy fierceness is come up into my ears, therefore will I put my hooks into thy nostrils, and my bridle in thy lips, and I will turn thee back by the way by which thou camest. ²⁹ And this shall be a sign to thee ; eat this year the things that grow of themselves, and in the second year the things which spring up : and in the third year *let there be* sowing, and reaping, and planting of vineyards, and eat ye the fruit of them. ³⁰ And he shall ρ increase σ him that has escaped of the house of Juda : and the remnant *shall strike* root beneath, and it shall produce fruit above. ³¹ For from Jerusalem shall go forth a remnant, and he that escapes from the mountain of Sion : the zeal of the Lord of hosts shall do this. ³² *Is it* not so ? Thus saith the Lord τ concerning the king of the Assyrians, He shall not enter into this city, and he shall not shoot φ an arrow

---

β *Gr.* the Assyrians.   γ *Gr.* gave.   δ *Lit.* what things thou hast prayed.   ζ *Gr.* by the hand of.   θ *Gr.* bulk or size.
λ *Alex.* reads, ἐφύλαξα.   μ *Gr.* captivities.   ξ *Or,* before it stands up.   π *Gr.* seat.   ρ *Gr.* add.   σ *Alex.* τὸ διασεσ. οἴκον.
τ *Or,* of. Heb.   φ *Gr.* a weapon.

there, neither shall a shield βcome against it, neither shall he heap a mound against it. [33]By the way by which he comes, by it shall he return, and he shall not enter into this city, saith the Lord. [34]And I will defend this city as with a shield, for my own sake, and for my servant David's sake.

[35]And it came to pass at night that the angel of the Lord went forth, and smote in the camp of the Assyrians a hundred and eighty-five thousand: and they rose early in the morning, and, behold, *these were* all dead corpses. [36]And Sennacherim king of the Assyrians departed, and went and returned, and dwelt in Nineve. [37]And it came to pass, while he was worshipping in the house of Meserach his god, that Adramelech and Sarasar his sons smote him with the sword: and they escaped into the land of Ararath; and Asordan his son reigned in his stead.

In those days was Ezekias sick *even* to death. And the prophet Esaias the son of Amos came in to him, and said to him, Thus saith the Lord, Give charge to thy household; *for* thou γshalt die, and not live. [2]And Ezekias turned to the wall, and prayed to the Lord, saying [3]Lord, remember, I pray thee, how I have walked before thee in truth and with a δ perfect heart, and have done that which is good in thine eyes. And Ezekias wept with a great weeping.

[4]And Esaias was in the middle court, and the word of the Lord came to him, saying, [5]Turn back, and thou shalt say to Ezekias the ruler of my people, Thus saith the Lord God of thy father David, I have heard thy prayer, I have seen thy tears: behold, I will heal thee: on the third day thou shalt go up to the house of the Lord. [6]And I will add to thy days fifteen years; and I will deliver thee and this city out of the hand of the king of the Assyrians, and I will defend this city for my own sake, and for my servant David's sake. [7]And he said, Let them take a cake of figs, and lay it upon the ulcer, and he shall be well. [8]And Ezekias said to Esaias, What *is* the sign that the Lord will heal me, and I shall go up to the house of the Lord on the third day? [9]And Esaias said, This *is* the sign from the Lord, that the Lord will perform the word which he has spoken, the shadow *of the dial* shall advance ten degrees: *or* if it should go back ten degrees *this would also be the sign.* [10]And Ezekias said, It is a light thing for the shadow to go down ten degrees: nay, but let the shadow return ten degrees backward ςon the dial. [11]And Esaias the prophet cried to the Lord: and the shadow returned back ten degrees ςon the dial.

[12]At that time Marodach Baladan, son of Baladan king of Babylon, sent letters and a present to Ezekias, because he had heard that Ezekias was sick. [13]And Ezekias rejoiced at them, and shewed all the house of his spices, the silver and the gold, the spices, and the fine oil, and the armoury, and all that was found in his treasures: there was nothing which Ezekias did not shew them in his house, and in all his dominion.

καὶ οὐ προφθάσει ἐπ᾿ αὐτὴν θυρεὸς, καὶ οὐ μὴ ἐκχέῃ πρὸς αὐτὴν πρόσχωμα. Τῇ ὁδῷ ῇ ἦλθεν, ἐν αὐτῇ ἀποστραφήσεται, 33 καὶ εἰς τὴν πόλιν ταύτην οὐκ εἰσελεύσεται, λέγει Κύριος. Καὶ 34 ὑπερασπιῶ ὑπὲρ τῆς πόλεως ταύτης δι᾿ ἐμὲ καὶ διὰ Δαυὶδ τὸν δοῦλόν μου.

Καὶ ἐγένετο νυκτὸς, καὶ ἐξῆλθεν ἄγγελος Κυρίου καὶ ἐπά- 35 ταξεν ἐν τῇ παρεμβολῇ τῶν Ἀσσυρίων ἑκατὸν ὀγδοηκονταπέντε χιλιάδας· καὶ ὤρθρισαν τοπρωὶ, καὶ ἰδοὺ πάντες σώματα νεκρά. Καὶ ἀπῆρε καὶ ἐπορεύθη καὶ ἀπέστρεψε Σενναχηρὶμ βασιλεὺς 36 Ἀσσυρίων, καὶ ᾤκησεν ἐν Νινευῇ. Καὶ ἐγένετο αὐτοῦ προσ- 37 κυνοῦντος ἐν οἴκῳ Μεσερὰχ τοῦ θεοῦ αὐτοῦ, καὶ Ἀδραμέλεχ καὶ Σαρασὰρ οἱ υἱοὶ αὐτοῦ ἐπάταξαν αὐτὸν ἐν μαχαίρᾳ· καὶ αὐτοὶ ἐσώθησαν εἰς γῆν Ἀραράθ· καὶ ἐβασίλευσεν Ἀσορδὰν ὁ υἱὸς αὐτοῦ ἀντ᾿ αὐτοῦ.

Ἐν ταῖς ἡμέραις ἐκείναις ἠῤῥώστησεν Ἐζεκίας εἰς θάνατον· 20 καὶ εἰσῆλθε πρὸς αὐτὸν Ἡσαΐας υἱὸς Ἀμὼς ὁ προφήτης, καὶ εἶπε πρὸς αὐτὸν, τάδε λέγει Κύριος, ἔντειλαι τῷ οἴκῳ σου, ἀποθνήσκεις σὺ καὶ οὐ ζήσῃ. Καὶ ἀπέστρεψεν Ἐζεκίας πρὸς 2 τὸν τοῖχον, καὶ ηὔξατο πρὸς Κύριον, λέγων, Κύριε, μνήσθητι 3 δὴ ὅσα περιεπάτησα ἐνώπιόν σου ἐν ἀληθείᾳ καὶ καρδίᾳ πλήρει, καὶ τὸ ἀγαθὸν ἐν ὀφθαλμοῖς σου ἐποίησα· καὶ ἔκλαυσεν Ἐζεκίας κλαυθμῷ μεγάλῳ.

Καὶ ἦν Ἡσαΐας ἐν τῇ αὐλῇ τῇ μέσῃ, καὶ ῥῆμα Κυρίου 4 ἐγένετο πρὸς αὐτὸν, λέγων, ἐπίστρεψον, καὶ ἐρεῖς πρὸς Ἐζεκίαν 5 τὸν ἡγούμενον τοῦ λαοῦ μου, τάδε λέγει Κύριος ὁ Θεὸς Δαυὶδ τοῦ πατρός σου, ἤκουσα τῆς προσευχῆς σου, εἶδον τὰ δάκρυά σου· ἰδοὺ ἐγὼ ἰάσομαί σε· τῇ ἡμέρᾳ τῇ τρίτῃ ἀναβήσῃ εἰς οἶκον Κυρίου. Καὶ προσθήσω ἐπὶ τὰς ἡμέρας σου πεντεκαί- 6 δεκα ἔτη· καὶ ἐκ χειρὸς βασιλέως Ἀσσυρίων σώσω σε καὶ τὴν πόλιν ταύτην, καὶ ὑπερασπιῶ ὑπὲρ τῆς πόλεως ταύτης δι᾿ ἐμὲ καὶ διὰ Δαυὶδ τὸν δοῦλόν μου. Καὶ εἶπε, λαβέτωσαν 7 παλάθην σύκων, καὶ ἐπιθέτωσαν ἐπὶ τὸ ἕλκος, καὶ ὑγιάσει. Καὶ εἶπεν Ἐζεκίας πρὸς Ἡσαΐαν, τί τὸ σημεῖον ὅτι ἰάσεταί 8 με Κύριος, καὶ ἀναβήσομαι εἰς οἶκον Κυρίου τῇ ἡμέρᾳ τῇ τρίτῃ; Καὶ εἶπεν Ἡσαΐας, τοῦτο τὸ σημεῖον παρὰ Κυρίου, 9 ὅτι ποιήσει Κύριος τὸν λόγον ὃν ἐλάλησε· πορεύσεται ἡ σκιὰ δέκα βαθμοὺς, ἐὰν ἐπιστρέψῃ δέκα βαθμούς. Καὶ εἶπεν 10 Ἐζεκίας, κοῦφον τὴν σκιὰν κλῖναι δέκα βαθμούς· οὐχὶ, ἀλλ᾿ ἐπιστραφήτω ἡ σκιὰ ἐν τοῖς ἀναβαθμοῖς δέκα βαθμοὺς εἰς τὰ ὀπίσω. Καὶ ἐβόησεν Ἡσαΐας ὁ προφήτης πρὸς Κύριον, καὶ 11 ἐπέστρεψεν ἡ σκιὰ ἐν τοῖς ἀναβαθμοῖς εἰς τὰ ὀπίσω δέκα βαθμούς.

Ἐν τῷ καιρῷ ἐκείνῳ ἀπέστειλε Μαρωδὰχ Βαλαδὰν υἱὸς 12 Βαλαδὰν βασιλεὺς Βαβυλῶνος βιβλία καὶ μαναὰ πρὸς Ἐζεκίαν, ὅτι ἤκουσεν ὅτι ἠῤῥώστησεν Ἐζεκίας. Καὶ ἐχάρη ἐπ᾿ αὐτοῖς 13 Ἐζεκίας, καὶ ἔδειξεν αὐτοῖς ὅλον τὸν οἶκον τοῦ νεχωθὰ, τὸ ἀργύριον καὶ τὸ χρυσίον, τὰ ἀρώματα καὶ τὸ ἔλαιον τὸ ἀγαθὸν, καὶ τὸν οἶκον τῶν σκευῶν, καὶ ὅσα εὑρέθη ἐν τοῖς θησαυροῖς αὐτοῦ· οὐκ ἦν λόγος ὃν οὐκ ἔδειξεν αὐτοῖς Ἐζεκίας ἐν τῷ οἴκῳ αὐτοῦ καὶ ἐν πάσῃ τῇ ἐξουσίᾳ αὐτοῦ.

β *Gr.* come against it beforehand, etc.   γ *Gr.* diest.   δ *Gr.* full.   ζ *Gr.* in the degrees.

14 Καὶ εἰσῆλθεν Ἡσαίας ὁ προφήτης πρὸς τὸν βασιλέα Ἐζε-
κίαν, καὶ εἶπε πρὸς αὐτόν, τί ἐλάλησαν οἱ ἄνδρες οὗτοι, καὶ
πόθεν ἥκασι πρὸς σέ; καὶ εἶπεν Ἐζεκίας, ἐκ γῆς πόρρωθεν
15 ἥκασι πρὸς μέ, ἐκ Βαβυλῶνος. Καὶ εἶπε, τί εἶδον ἐν τῷ οἴκῳ
σου; καὶ εἶπε, πάντα ὅσα ἐν τῷ οἴκῳ μου εἶδον· οὐκ ἦν ἐν τῷ
οἴκῳ μου ὃ οὐκ ἔδειξα αὐτοῖς, ἀλλὰ καὶ τὰ ἐν τοῖς θησαυροῖς
16 μου. Καὶ εἶπεν Ἡσαίας πρὸς Ἐζεκίαν, ἄκουσον λόγον Κυρίου,
17 ἰδοὺ ἡμέραι ἔρχονται, καὶ ληφθήσεται πάντα τὰ ἐν τῷ οἴκῳ
σου, καὶ ὅσα ἐθησαύρισαν οἱ πατέρες σου ἕως τῆς ἡμέρας
ταύτης, εἰς Βαβυλῶνα· καὶ οὐχ ὑπολειφθήσεται ῥῆμα ὃ εἶπε
18 Κύριος. Καὶ οἱ υἱοί σου οὓς ἐξελεύσονται ἐκ σοῦ οὓς γεννήσεις,
λήψεται, καὶ ἔσονται εὐνοῦχοι ἐν τῷ οἴκῳ τοῦ βασιλέως
19 Βαβυλῶνος. Καὶ εἶπεν Ἐζεκίας πρὸς Ἡσαίαν, ἀγαθὸς
ὁ λόγος Κυρίου ὃν ἐλάλησεν· ἔστω εἰρήνη ἐν ταῖς ἡμέραις
μου.

20 Καὶ τὰ λοιπὰ τῶν λόγων Ἐζεκίου καὶ πᾶσα ἡ δυναστεία
αὐτοῦ, καὶ ὅσα ἐποίησε, τὴν κρήνην καὶ τὸν ὑδραγωγόν, καὶ
εἰσήγαγε τὸ ὕδωρ εἰς τὴν πόλιν, οὐχὶ ταῦτα γεγραμμένα ἐπὶ
21 βιβλίῳ λόγων τῶν ἡμερῶν τοῖς βασιλεῦσιν Ἰούδα; Καὶ ἐκοι-
μήθη Ἐζεκίας μετὰ τῶν πατέρων αὐτοῦ, καὶ ἐβασίλευσε
Μανασσῆς υἱὸς αὐτοῦ ἀντ᾽ αὐτοῦ.

21 Υἱὸς δώδεκα ἐτῶν Μανασσῆς ἐν τῷ βασιλεύειν αὐτόν, καὶ
πεντήκοντα καὶ πέντε ἔτη ἐβασίλευσεν ἐν Ἱερουσαλήμ, καὶ
2 ὄνομα τῇ μητρὶ αὐτοῦ Ἀψιβά. Καὶ ἐποίησε τὸ πονηρὸν ἐν
ὀφθαλμοῖς Κυρίου, κατὰ τὰ βδελύγματα τῶν ἐθνῶν ὧν ἐξῆρε
3 Κύριος ἀπὸ προσώπου τῶν υἱῶν Ἰσραήλ. Καὶ ἐπέστρεψε καὶ
ᾠκοδόμησε τὰ ὑψηλὰ ἃ κατέσπασεν Ἐζεκίας ὁ πατὴρ αὐτοῦ,
καὶ ἀνέστησε θυσιαστήριον τῇ Βάαλ, καὶ ἐποίησε τὰ ἄλση
καθὼς ἐποίησεν Ἀχαὰβ βασιλεὺς Ἰσραήλ, καὶ προσεκύνησε
4 πάσῃ τῇ δυνάμει τοῦ οὐρανοῦ, καὶ ἐδούλευσεν αὐτοῖς. Καὶ
ᾠκοδόμησε θυσιαστήριον ἐν οἴκῳ Κυρίου, ὡς εἶπεν, ἐν Ἱερουσα-
5 λὴμ θήσω τὸ ὄνομά μου. Καὶ ᾠκοδόμησε θυσιαστήριον πάσῃ
τῇ δυνάμει τοῦ οὐρανοῦ ἐν ταῖς δυσὶν αὐλαῖς οἴκου Κυρίου.
6 Καὶ διῆγε τοὺς υἱοὺς αὐτοῦ ἐν πυρί, καὶ ἐκληδονίζετο καὶ
οἰωνίζετο, καὶ ἐποίησε τεμένη, καὶ γνώστας ἐπλήθυνε τοῦ
ποιεῖν τὸ πονηρὸν ἐν ὀφθαλμοῖς Κυρίου παροργίσαι αὐτόν.
7 Καὶ ἔθηκε τὸ γλυπτὸν τοῦ ἄλσους ἐν τῷ οἴκῳ, ᾧ εἶπε Κύριος
πρὸς Δαυὶδ καὶ πρὸς Σαλωμὼν τὸν υἱὸν αὐτοῦ, ἐν τῷ οἴκῳ
τούτῳ καὶ ἐν Ἱερουσαλὴμ ᾗ ἐξελεξάμην ἐκ πασῶν φυλῶν τοῦ
8 Ἰσραήλ, καὶ θήσω τὸ ὄνομά μου εἰς τὸν αἰῶνα, καὶ οὐ προσθήσω
τοῦ σαλεῦσαι τὸν πόδα Ἰσραὴλ ἀπὸ τῆς γῆς ἧς ἔδωκα τοῖς
πατράσιν αὐτῶν, οἵ τινες φυλάξουσι πάντα ὅσα ἐνετειλάμην,
κατὰ πᾶσαν τὴν ἐντολὴν ἣν ἐνετείλατο αὐτοῖς ὁ δοῦλός μου
9 Μωυσῆς. Καὶ οὐκ ἤκουσαν, καὶ ἐπλάνησεν αὐτοὺς Μανασσῆς
τοῦ ποιῆσαι τὸ πονηρὸν ἐν ὀφθαλμοῖς Κυρίου ὑπὲρ τὰ ἔθνη, ἃ
ἠφάνισε Κύριος ἐκ προσώπου υἱῶν Ἰσραήλ.

10 Καὶ ἐλάλησε Κύριος ἐν χειρὶ δούλων αὐτοῦ τῶν προφητῶν
11 λέγων, ἀνθ᾽ ὧν ὅσα ἐποίησε Μανασσῆς ὁ βασιλεὺς Ἰούδα τὰ
βδελύγματα ταῦτα τὰ πονηρὰ ἀπὸ πάντων ὧν ἐποίησεν ὁ Ἀμορ-

14 And Esaias the prophet went in to king
Ezekias, and said to him, What said these
men? and whence came they to thee? And
Ezekias said, They came to me from a dis-
tant land, *even* from Babylon. 15 And he
said, What saw they in thy house? And
he said, They saw all things that *are* in my
house: there was nothing in my house
which I shewed not to them; yea, all that
was in my treasures also. 16 And Esaias
said to Ezekias, Hear the word of the Lord:
17 Behold, the days come, that all things
that are in thy house shall be taken, and all
that thy fathers have treasured up until
this day, to Babylon; and there shall not
β fail a word which the Lord has spoken.
18 And as for thy sons which shall come forth
of thee, which thou shalt beget, *the enemy*
shall take them, and they shall be eunuchs
in the house of the king of Babylon. 19 And
Ezekias said to Esaias, Good *is* the word of
the Lord which he has spoken: *only* let
there be peace in my days.
20 And the rest of the acts of Ezekias, and
all his might, and all that he made, the
fountain and the aqueduct, and *how* he
brought water into the city, *are* not these
things written in the book of the chronicles
of the kings of Juda? 21 And Ezekias slept
with his fathers: and Manasses his son
reigned in his stead.

γ Manasses *was* twelve years old when he
began to reign, and he reigned fifty-five
years in Jerusalem: and his mother's name
was Apsiba. 2 And he did that which was
evil in the eyes of the Lord, according to
the abominations of the nations which the
Lord cast out from before the children of
Israel. 3 And he δ built again the high
places, which Ezekias his father *had* demo-
lished; and ζ set up an altar to Baal, and
made groves as Achaab king of Israel *made
them;* and worshipped all the host of hea-
ven, and served them. 4 And he built an
altar in the house of the Lord, whereas he
had said, In Jerusalem I will place my name.
5 And he built an altar to all the host of
heaven in the two courts of the house of the
Lord. 6 And he caused his sons to pass
through the fire, and used divination and
auspices, and made θ groves, and multiplied
λ wizards, so as to do that which was evil in
the sight of the Lord, to provoke him to
anger. 7 And he set up the graven image of
the grove in the house of which the Lord
said to David, and to Solomon his son, In
this house, and in Jerusalem which I have
chosen out of all the tribes of Israel, will I
even place my name for ever. 8 And I will
not again remove the foot of Israel from the
land which I gave to their fathers, *even of
those* who shall keep all that I commanded,
according to all the commandments which
my servant Moses commanded them. 9 But
they hearkened not; and Manasses led
them astray to do evil in the sight of the
Lord, beyond the nations whom the Lord
utterly destroyed from before the children
of Israel.
10 And the Lord spoke by his servants the
prophets, saying, 11 Forasmuch as Manasses
the king of Juda has wrought all these evil

β *Gr.* be left behind.   γ *Gr.* a son of 12 years in his reigning.   δ *Gr.* returned and built.   ζ *Gr.* or built.
θ *Lit.* peculiar places cut off.   λ *Alex.* θελητήν.

abominations, beyond all that the Amorite did, who lived before *him*, and has led Juda also into sin by their idols, ¹²*it shall* not *be* so. Thus saith the Lord God of Israel, Behold, I bring calamities upon Jerusalem and Juda, so that both the ears of every one that hears shall ᵝtingle. ¹³And I will stretch out over Jerusalem the measure of Samaria, and the plummet of the house of Achaab: and I will wipe Jerusalem as a jar is wiped, and turned upside down in the wiping. ¹⁴And I will reject the remnant of my inheritance, and will deliver them into the hands of their enemies; and they shall be for a plunder and for a spoil to all their enemies: ¹⁵forasmuch as they have done wickedly in my sight, and have provoked me from the day that I brought out their fathers out of Egypt, even until this day. ¹⁶Moreover Manasses shed very much innocent blood, until he filled Jerusalem *with it* ᵞfrom one end to the other, beside his sins with which he caused Juda to sin, in doing evil in the eyes of the Lord.

¹⁷And the rest of the acts of Manasses, and all that he did, and his sin which he sinned, *are* not these things written in the book of the chronicles of the kings of Juda? ¹⁸And Manasses slept with his fathers, and was buried in the garden of his house, *even* in the garden of Oza: and Amos his son reigned in his stead.

¹⁹Twenty and two years old *was* Amos when he began to reign, and he reigned two years in Jerusalem: and his mother's name *was* Mesollam, daughter of Arus of Jeteba. ²⁰And he did that which was evil in the sight of the Lord, as Manasses his father did. ²¹And he walked in all the way in which his father walked, and served the idols which his father served, and worshipped them. ²²And he forsook the Lord God of his fathers, and walked not in the way of the Lord. ²³And the servants of Amos conspired against him, and slew the king in his house. ²⁴And the people of the land ᵟslew all that had conspired against king Amos; and the people of the land made Josias his son king in his room.

²⁵And the rest of the acts of Amos, *even* all that he did, behold, *are* not these written in the book of the chronicles of the kings of Juda? ²⁶And they buried him in his tomb in the garden of Oza: and Josias his son reigned in his stead.

Josias *was* eight years old when he began to ᶻreign, and he reigned thirty and one years in Jerusalem: and his mother's name *was* Jedia, daughter of Edeia of Basuroth. ²And he did that which was right in the sight of the Lord, and walked in all the way of David his father; he turned not aside to the right hand or to the left.

³And it came to pass in the eighteenth year of king Josias, in the eighth month, the king sent Sapphan the son of Ezelias the son of Mesollam, the scribe of the house of the Lord, saying, ⁴Go up to Chelcias the high priest, and ᶿtake account of the money

ραῖος ὁ ἔμπροσθεν, καὶ ἐξήμαρτε καί γε τὸν Ἰούδαν ἐν τοῖς εἰδώλοις αὐτῶν, οὐχ οὕτως· τάδε λέγει Κύριος ὁ Θεὸς Ἰσραήλ, 12 ἰδοὺ ἐγὼ φέρω κακὰ ἐπὶ Ἱερουσαλὴμ καὶ Ἰούδαν, ὥστε παντὸς ἀκούοντος ἠχήσει ἀμφότερα τὰ ὦτα αὐτοῦ. Καὶ ἐκτενῶ ἐπὶ 13 Ἱερουσαλὴμ τὸ μέτρον Σαμαρείας καὶ τὸ στάθμιον οἴκου Ἀχαάβ· καὶ ἀπαλείψω τὴν Ἱερουσαλὴμ, καθὼς ἀπαλείφεται ὁ ἀλάβαστρος ἀπαλειφόμενος καὶ καταστρέφεται ἐπὶ πρόσωπον αὐτοῦ. Καὶ ἀπεώσομαι τὸ ὑπόλειμμα τῆς κληρονομίας μου, 14 καὶ παραδώσω αὐτοὺς εἰς χεῖρας ἐχθρῶν αὐτῶν, καὶ ἔσονται εἰς διαρπαγὴν καὶ εἰς προνομὴν πᾶσι τοῖς ἐχθροῖς αὐτῶν, ἀνθ᾽ 15 ὧν ὅσα ἐποίησαν τὸ πονηρὸν ἐν ὀφθαλμοῖς μου, καὶ ἦσαν παροργίζοντές με ἀπὸ τῆς ἡμέρας ἧς ἐξήγαγον τοὺς πατέρας αὐτῶν ἐξ Αἰγύπτου καὶ ἕως τῆς ἡμέρας ταύτης. Καί γε αἷμα 16 ἀθῶον ἐξέχεε Μανασσῆς πολὺ σφόδρα ἕως οὗ ἔπλησε τὴν Ἱερουσαλὴμ στόμα εἰς στόμα, πλὴν ἀπὸ τῶν ἁμαρτιῶν αὐτοῦ ὧν ἐξήμαρτε τὸν Ἰούδαν τοῦ ποιῆσαι τὸ πονηρὸν ἐν ὀφθαλμοῖς Κυρίου.

Καὶ τὰ λοιπὰ τῶν λόγων Μανασσῆ καὶ πάντα ὅσα ἐποίησε, 17 καὶ ἡ ἁμαρτία αὐτοῦ ἣν ἥμαρτεν, οὐχὶ ταῦτα γεγραμμένα ἐπὶ βιβλίῳ λόγων τῶν ἡμερῶν τοῖς βασιλεῦσιν Ἰούδα; Καὶ ἐκοι- 18 μήθη Μανασσῆς μετὰ τῶν πατέρων αὐτοῦ, καὶ ἐτάφη ἐν τῷ κήπῳ τοῦ οἴκου αὐτοῦ ἐν κήπῳ Ὀζά· καὶ ἐβασίλευσεν Ἀμὼς υἱὸς αὐτοῦ ἀντ᾽ αὐτοῦ.

Υἱὸς εἴκοσι καὶ δύο ἐτῶν Ἀμὼς ἐν τῷ βασιλεύειν αὐτὸν, καὶ 19 δύο ἔτη ἐβασίλευσεν ἐν Ἱερουσαλήμ, καὶ ὄνομα τῇ μητρὶ αὐτοῦ Μεσολλάμ, θυγάτηρ Ἀρούς ἐξ Ἰετέβα. Καὶ ἐποίησε 20 τὸ πονηρὸν ἐν ὀφθαλμοῖς Κυρίου, καθὼς ἐποίησε Μανασσῆς, ὁ πατὴρ αὐτοῦ. Καὶ ἐπορεύθη ἐν πάσῃ ὁδῷ ᾗ ἐπορεύθη 21 ὁ πατὴρ αὐτοῦ, καὶ ἐλάτρευσε τοῖς εἰδώλοις οἷς ἐλάτρευσεν ὁ πατὴρ αὐτοῦ, καὶ προσεκύνησεν αὐτοῖς. Καὶ ἐγκατέλιπε 22 τὸν Κύριον Θεὸν τῶν πατέρων αὐτοῦ, καὶ οὐκ ἐπορεύθη ἐν ὁδῷ Κυρίου. Καὶ συνεστράφησαν οἱ παῖδες Ἀμὼς πρὸς 23 αὐτὸν, καὶ ἐθανάτωσαν τὸν βασιλέα ἐν τῷ οἴκῳ αὐτοῦ. Καὶ 24 ἐπάταξεν ὁ λαὸς τῆς γῆς πάντας τοὺς συστραφέντας ἐπὶ τὸν βασιλέα Ἀμὼς, καὶ ἐβασίλευσεν ὁ λαὸς τῆς γῆς τὸν Ἰωσίαν υἱὸν αὐτοῦ ἀντ᾽ αὐτοῦ.

Καὶ τὰ λοιπὰ τῶν λόγων Ἀμὼς ὅσα ἐποίησεν, οὐκ ἰδοὺ 25 ταῦτα γεγραμμένα ἐπὶ βιβλίῳ λόγων τῶν ἡμερῶν τοῖς βασι- λεῦσιν Ἰούδα; Καὶ ἔθαψαν αὐτὸν ἐν τῷ τάφῳ αὐτοῦ ἐν τῷ 26 κήπῳ Ὀζά, καὶ ἐβασίλευσεν Ἰωσίας υἱὸς αὐτοῦ ἀντ᾽ αὐτοῦ.

Υἱὸς ὀκτὼ ἐτῶν Ἰωσίας ἐν τῷ βασιλεύειν αὐτὸν, καὶ 22 τριάκοντα καὶ ἓν ἔτος ἐβασίλευσεν ἐν Ἱερουσαλήμ, καὶ ὄνομα τῇ μητρὶ αὐτοῦ Ἰεδία, θυγάτηρ Ἐδεϊὰ ἐκ Βασουρώθ. Καὶ ἐποίησε τὸ εὐθὲς ἐν ὀφθαλμοῖς Κυρίου, καὶ ἐπορεύθη 2 ἐν πάσῃ ὁδῷ Δαυὶδ τοῦ πατρὸς αὐτοῦ, οὐκ ἀπέστη δεξιὰ καὶ ἀριστερά.

Καὶ ἐγενήθη ἐν τῷ ὀκτωκαιδεκάτῳ ἔτει τῷ βασιλεῖ Ἰωσίᾳ, 3 ἐν τῷ μηνὶ τῷ ὀγδόῳ ἀπέστειλεν ὁ βασιλεὺς τὸν Σαπφὰν υἱὸν Ἐζελίου υἱοῦ Μεσολλὰμ τὸν γραμματέα οἴκου Κυρίου, λέγων, ἀνάβηθι πρὸς Χελκίαν τὸν ἱερέα τὸν μέγαν, καὶ σφράγισον τὸ 4

ᵝ *Gr.* sound.   ᵞ *Gr.* mouth to mouth.   ᵟ *Gr.* smote.   ᶻ *Gr.* a son of eight years in his reigning.   ᶿ *Gr.* seal.

ἀργύριον τὸ εἰσενεχθὲν ἐν οἴκῳ Κυρίου, ὃ συνήγαγον οἱ φυλάσ-
5 σοντες τὸν σταθμὸν παρὰ τοῦ λαοῦ. Καὶ δότωσαν αὐτὸ ἐπὶ
χεῖρα ποιούντων τὰ ἔργα τῶν καθεσταμένων ἐν οἴκῳ Κυρίου·
καὶ ἔδωκεν αὐτὸ τοῖς ποιοῦσι τὰ ἔργα τοῖς ἐν οἴκῳ Κυρίου τοῦ
6 κατισχῦσαι τὸ βεδὲκ τοῦ οἴκου, τοῖς τέκτοσι καὶ τοῖς οἰκοδόμοις
καὶ τοῖς τειχισταῖς, καὶ τοῦ κτήσασθαι ξύλα καὶ λίθους λατο-
7 μητοὺς, τοῦ κραταιῶσαι τὸ βεδὲκ τοῦ οἴκου. Πλὴν οὐκ
ἐξελογίζοντο αὐτοὺς τὸ ἀργύριον τὸ διδόμενον αὐτοῖς, ὅτι ἐν
πίστει αὐτοὶ ποιοῦσι.

8 Καὶ εἶπε Χελκίας ὁ ἱερεὺς ὁ μέγας πρὸς Σαπφὰν τὸν γραμ-
ματέα, βιβλίον τοῦ νόμου εὗρον ἐν οἴκῳ Κυρίου· καὶ ἔδωκε
9 Χελκίας τὸ βιβλίον πρὸς Σαπφὰν, καὶ ἀνέγνω αὐτό. Καὶ
εἰσῆλθεν ἐν οἴκῳ Κυρίου πρὸς τὸν βασιλέα, καὶ ἀπέστρεψε
τῷ βασιλεῖ ῥῆμα, καὶ εἶπεν, ἐχώνευσαν οἱ δοῦλοί σου τὸ
ἀργύριον τὸ εὑρεθὲν ἐν οἴκῳ Κυρίου, καὶ ἔδωκαν αὐτὸ ἐπὶ χεῖρα
10 ποιούντων τὰ ἔργα καθεσταμένων ἐν οἴκῳ Κυρίου. Καὶ εἶπε
Σαπφὰν ὁ γραμματεὺς πρὸς τὸν βασιλέα, λέγων, βιβλίον
ἔδωκέ μοι Χελκίας ὁ ἱερεύς· καὶ ἀνέγνω αὐτὸ Σαπφὰν ἐνώπιον
11 τοῦ βασιλέως. Καὶ ἐγένετο ὡς ἤκουσεν ὁ βασιλεὺς τοὺς
λόγους βιβλίου τοῦ νόμου, καὶ διέρρηξε τὰ ἱμάτια ἑαυτοῦ.
12 Καὶ ἐνετείλατο ὁ βασιλεὺς τῷ Χελκίᾳ τῷ ἱερεῖ, καὶ τῷ Ἀχικὰμ
υἱῷ Σαπφὰν, καὶ τῷ Ἀχοβὼρ υἱῷ Μιχαίου, καὶ τῷ Σαπφὰν
τῷ γραμματεῖ, καὶ τῷ Ἀσαΐᾳ δούλῳ τοῦ βασιλέως, λέγων,
13 δεῦτε, ἐκζητήσατε τὸν Κύριον περὶ ἐμοῦ, καὶ περὶ παντὸς τοῦ
λαοῦ, καὶ περὶ παντὸς τοῦ Ἰούδα, καὶ περὶ τῶν λόγων τοῦ
βιβλίου τοῦ εὑρεθέντος τούτου, ὅτι μεγάλη ἡ ὀργὴ Κυρίου
ἐκκεκαυμένη ἐν ἡμῖν, ὑπὲρ οὗ οὐκ ἤκουσαν οἱ πατέρες ἡμῶν τῶν
λόγων τοῦ βιβλίου τούτου τοῦ ποιεῖν κατὰ πάντα τὰ γεγραμ-
μένα καθ᾿ ἡμῶν.
14 Καὶ ἐπορεύθη Χελκίας ὁ ἱερεὺς, καὶ Ἀχικὰμ, καὶ Ἀχοβὼρ,
καὶ Σαπφὰν, καὶ Ἀσαΐας πρὸς Ὀλδὰν τὴν προφῆτιν μητέρα
Σελλὴμ υἱοῦ Θεκουὰν υἱοῦ Ἀρὰς τοῦ ἱματιοφύλακος· καὶ αὐτὴ
κατῴκει ἐν Ἱερουσαλὴμ ἐν τῇ Μασενᾷ· καὶ ἐλάλησαν πρὸς
αὐτήν.
15 Καὶ εἶπεν αὐτοῖς, τάδε λέγει Κύριος ὁ Θεὸς Ἰσραὴλ, εἴπατε
16 τῷ ἀνδρὶ τῷ ἀποστείλαντι ὑμᾶς πρὸς μὲ, τάδε λέγει Κύριος,
ἰδοὺ ἐγὼ ἐπάγω κακὰ ἐπὶ τὸν τόπον τοῦτον, καὶ ἐπὶ τοὺς
ἐνοικοῦντας αὐτὸν πάντας τοὺς λόγους τοῦ βιβλίου οὓς ἀνέγνω
17 βασιλεὺς Ἰούδα, ἀνθ᾿ ὧν ἐγκατέλιπόν με, καὶ ἐθυμίων θεοῖς
ἑτέροις, ὅπως παροργίσωσί με ἐν τοῖς ἔργοις τῶν χειρῶν αὐτῶν,
καὶ ἐκκαυθήσεται θυμός μου ἐν τῷ τόπῳ τούτῳ, καὶ οὐ σβεσθή-
18 σεται. Καὶ πρὸς βασιλέα Ἰούδα τὸν ἀποστείλαντα ὑμᾶς
ἐπιζητῆσαι τὸν Κύριον, τάδε ἐρεῖτε πρὸς αὐτὸν, τάδε λέγει
19 Κύριος ὁ Θεὸς Ἰσραὴλ, οἱ λόγοι οὓς ἤκουσας, ἀνθ᾿ ὧν ὅτι
ἡπαλύνθη ἡ καρδία σου, καὶ ἐνετράπης ἀπὸ προσώπου, ὡς
ἤκουσας ὅσα ἐλάλησα ἐπὶ τὸν τόπον τοῦτον καὶ ἐπὶ τοὺς
ἐνοικοῦντας αὐτὸν, τοῦ εἶναι εἰς ἀφανισμὸν καὶ εἰς κατάραν,
καὶ διέρρηξας τὰ ἱμάτιά σου καὶ ἔκλαυσας ἐνώπιόν μου, καί γε
20 ἐγὼ ἤκουσα, λέγει Κύριος. Οὐχ οὕτως· ἰδοὺ προστίθημί
σε πρὸς τοὺς πατέρας σου, καὶ συναχθήσῃ εἰς τὸν τάφον σου ἐν

---

that is brought into the house of the Lord, which they that keep the door have collected of the people. ⁵ And let them give it into the hand of the workmen that are appointed in the house of the Lord. And he gave it to the workmen in the house of the Lord, to βrepair the γ breaches of the house, ⁶ even to the carpenters, and builders, and masons, and also to purchase timber and hewn stones, to repair the γbreaches of the house. ⁷ Only they did not call them to account for the money that was given to them, because they dealt faithfully.

⁸ And Chelcias the high priest said to Sapphan the scribe, I have found the book of the law in the house of the Lord. And Chelcias gave the book to Sapphan, and he read it. ⁹ And he went into the house of the Lord to the king, and reported the matter to the king, and said, Thy servants have δ collected the money that was found in the house of the Lord, and have given it into the hand of the workmen that are appointed in the house of the Lord. ¹⁰ And Sapphan the scribe spoke to the king, saying, Chelcias the priest has given me a book. And Sapphan read it before the king. ¹¹ And it came to pass, when the king heard the words of the book of the law, that he rent his garments. ¹² And the king commanded Chelcias the priest, and Achikam the son of Sapphan, and Achobor the son of Michaias, and Sapphan the scribe, and Asaias the king's servant, saying, ¹³ Go, enquire of the Lord for me, and for all the people, and for all Juda, and concerning the words of this book that has been found : for the wrath of the Lord that has been kindled against us is great, because our fathers hearkened not to the words of this book, to do according to all the things written concerning us.

¹⁴ So Chelcias the priest went, and Achicam, and Achobor, and Sapphan, and Asaias, to Olda the prophetess, the mother of Sellem the son of Thecuan the son of Aras, keeper of the robes ; and she dwelt in Jerusalem in ζMasena ; and they spoke to her.

¹⁵ And she said to them, Thus saith the Lord God of Israel, Say to the man that sent you to me, ¹⁶ Thus saith the Lord, Behold, I bring evil upon this place, and upon them that dwell in it, even all the words of the book which the king of Juda has read : ¹⁷ because they have forsaken me, and burnt incense to other gods, that they might provoke me with the works of their hands : therefore my wrath shall burn forth against this place, and shall not be quenched. ¹⁸ And to the king of Juda that sent you to enquire of the Lord,—thus shall ye say to him, Thus saith the Lord God of Israel, As for the words which thou hast heard ; ¹⁹ because thy heart was softened, and thou wast humbled before me, when thou heardest all that I spoke against this place, and against the inhabitants of it, that it should be θ utterly destroyed and accursed, and thou didst rend thy garments, and weep before me ; I also have heard, saith the Lord. ²⁰ It shall not be so therefore : behold, I will add thee to thy fathers, and thou shalt be gathered to

---

β Gr. strengthen.   γ Gr. breach, as in ch. xii.   δ Gr. melted down.   ζ A. V. 'the college.' Margin, 'the second part.'
θ Gr. for an abolition and a curse.

thy tomb in peace, and thine β eyes shall not see *any* among all the evils which I bring upon this place.

So they reported the word to the king: and the king sent and gathered all the elders of Juda and Jerusalem γ to himself. ² And the king went up to the house of the Lord, and every man of Juda and all who dwelt in Jerusalem with him, and the priests, and the prophets, and all the people small and great; and he read in their ears all the words of the book of the covenant that was found in the house of the Lord. ³ And the king stood by a pillar, and made a covenant before the Lord, to walk after the Lord, to keep his commandments and his testimonies and his ordinances with all the heart and with all the soul, to confirm the words of this covenant; *even* the things written δ in this book. And all the people stood ϛ to the covenant.

⁴ And the king commanded Chelcias the high priest, and the priests of the second order, and them that kept the door, to bring out of the temple of the Lord all the vessels that were made for Baal, and for the grove, and all the host of heaven, and he burned them without Jerusalem in the θ fields of Kedron, and λ took the ashes of them to Bæthel. ⁵ And he burned the μ idolatrous priests, whom the kings of Juda *had* ξ appointed, (and they burned incense in the high places and in the cities of Juda, and the places round about Jerusalem); and them that burned incense to Baal, and to the sun, and to the moon, and to π Mazuroth, and to all the host of heaven.

⁶ And he carried out the grove from the house of the Lord to the brook Kedron, and burned it at the brook Kedron, and reduced it to ρ powder, and cast its powder on the sepulchres of the sons of the people. ⁷ And he pulled down the house of the σ sodomites that were by the house of the Lord, where the women wove tents for the grove. ⁸ And he brought up all the priests from the cities of Juda, and defiled the high places where the priests burned incense, from Gæbal even to Bersabee; and he pulled down the house of the gates that was by the door of the gate of Joshua the ruler of the city, on a man's left hand at the gate of the city. ⁹ Only the priests of the high places went not up to the altar of the Lord in Jerusalem, for they only ate leavened bread in the midst of their brethren. ¹⁰ And he defiled Tapheth which is in the valley of the son of Ennom, *constructed* for a man to cause his son or his daughter to pass τ through fire to Moloch.

¹¹ And he burned the horses which the kings of Juda had given to the sun in the entrance of the house of the Lord, φ by the treasury of Nathan the χ king's eunuch, in the ψ suburbs; and he burned the chariot of the sun with fire. ¹² And the altars that were on the roof of the upper chamber of Achaz, which the kings of Juda had made, and the altars which Manasses had made in the two courts of the house of the Lord, did the king pull down and forcibly remove from thence, and cast their dust into the

εἰρήνῃ, καὶ οὐκ ὀφθήσεται ἐν τοῖς ὀφθαλμοῖς σου ἐν πᾶσι τοῖς κακοῖς οἷς ἐγώ εἰμι ἐπάγω ἐπὶ τὸν τόπον τοῦτον.

Καὶ ἐπέστρεψαν τῷ βασιλεῖ τὸ ῥῆμα· καὶ ἀπέστειλεν ὁ βασι- 23 λεὺς, καὶ συνήγαγε πρὸς ἑαυτὸν πάντας τοὺς πρεσβυτέρους Ἰούδα καὶ Ἰερουσαλήμ. Καὶ ἀνέβη ὁ βασιλεὺς εἰς οἶκον 2 Κυρίου, καὶ πᾶς ἀνὴρ Ἰούδα καὶ πάντες οἱ κατοικοῦντες ἐν Ἰερουσαλὴμ μετ' αὐτοῦ, καὶ οἱ ἱερεῖς, καὶ οἱ προφῆται, καὶ πᾶς ὁ λαὸς ἀπὸ μικροῦ καὶ ἕως μεγάλου, καὶ ἀνέγνω ἐν ὠσὶν αὐτῶν πάντας τοὺς λόγους τοῦ βιβλίου τῆς διαθήκης τοῦ εὑρεθέντος ἐν οἴκῳ Κυρίου. Καὶ ἔστη ὁ βασιλεὺς πρὸς τὸν 3 στύλον, καὶ διέθετο διαθήκην ἐνώπιον Κυρίου, τοῦ πορεύεσθαι ὀπίσω Κυρίου, τοῦ φυλάσσειν τὰς ἐντολὰς αὐτοῦ, καὶ τὰ μαρτύρια αὐτοῦ, καὶ τὰ δικαιώματα αὐτοῦ ἐν πάσῃ καρδίᾳ καὶ ἐν πάσῃ ψυχῇ, τοῦ ἀναστῆσαι τοὺς λόγους τῆς διαθήκης ταύτης, τὰ γεγραμμένα ἐπὶ τὸ βιβλίον τοῦτο· καὶ ἔστη πᾶς ὁ λαὸς ἐν τῇ διαθήκῃ.

Καὶ ἐνετείλατο ὁ βασιλεὺς τῷ Χελκίᾳ τῷ ἱερεῖ τῷ μεγάλῳ 4 καὶ τοῖς ἱερεῦσι τῆς δευτερώσεως καὶ τοῖς φυλάσσουσι τὸν σταθμὸν, τοῦ ἐξαγαγεῖν ἐκ τοῦ ναοῦ Κυρίου πάντα τὰ σκεύη τὰ πεποιημένα τῷ Βάαλ καὶ τῷ ἄλσει καὶ πάσῃ τῇ δυνάμει τοῦ οὐρανοῦ· καὶ κατέκαυσεν αὐτὰ ἔξω Ἰερουσαλὴμ ἐν σαδημὼθ Κέδρων, καὶ ἔβαλε τὸν χοῦν αὐτῶν εἰς Βαιθήλ. Καὶ κατέκαυσε 5 τοὺς χωμαρὶμ οὓς ἔδωκαν βασιλεῖς Ἰούδα, καὶ ἐθυμίων ἐν τοῖς ὑψηλοῖς καὶ ἐν ταῖς πόλεσιν Ἰούδα καὶ τοῖς περικύκλῳ Ἰερουσαλήμ, καὶ τοὺς θυμιῶντας τῷ Βάαλ, καὶ τῷ ἡλίῳ, καὶ τῇ σελήνῃ, καὶ τοῖς μαζουρὼθ, καὶ πάσῃ τῇ δυνάμει τοῦ οὐρανοῦ.

Καὶ ἐξήνεγκε τὸ ἄλσος ἐξ οἴκου Κυρίου ἔξωθεν Ἰερουσαλὴμ 6 εἰς τὸν χειμάρρουν Κέδρων, καὶ κατέκαυσεν αὐτὸν ἐν τῷ χειμάρρῳ Κέδρων, καὶ ἐλέπτυνεν εἰς χοῦν· καὶ ἔρριψε τὸν χοῦν αὐτοῦ εἰς τὸν τάφον τῶν υἱῶν τοῦ λαοῦ. Καὶ καθεῖλε τὸν 7 οἶκον τῶν καδησὶμ τῶν ἐν τῷ οἴκῳ Κυρίου, οὗ αἱ γυναῖκες ὕφαινον ἐκεῖ χεττιὶμ τῷ ἄλσει. Καὶ ἀνήγαγε πάντας τοὺς 8 ἱερεῖς ἐκ πόλεων Ἰούδα, καὶ ἐμίανε τὰ ὑψηλὰ οὗ ἐθυμίασαν ἐκεῖ οἱ ἱερεῖς ἀπὸ Γαιβὰλ καὶ ἕως Βηρσαβεέ· καὶ καθεῖλε τὸν οἶκον τῶν πυλῶν τὸν παρὰ τὴν θύραν τῆς πύλης Ἰησοῦ ἄρχοντος τῆς πόλεως, τῶν ἐξ ἀριστερῶν ἀνδρὸς ἐν τῇ πύλῃ τῆς πόλεως. Πλὴν οὐκ ἀνέβησαν οἱ ἱερεῖς τῶν ὑψηλῶν πρὸς τὸ 9 θυσιαστήριον Κυρίου ἐν Ἰερουσαλήμ, ὅτι εἰ μὴ ἔφαγον ἄζυμα ἐν μέσῳ τῶν ἀδελφῶν αὐτῶν. Καὶ ἐμίανε τὸν Ταφὲθ τὸν ἐν 10 φάραγγι υἱοῦ Ἐννὸμ, τοῦ διαγαγεῖν ἄνδρα τὸν υἱὸν αὐτοῦ καὶ ἄνδρα τὴν θυγατέρα αὐτοῦ τῷ Μολὸχ ἐν πυρί.

Καὶ κατέκαυσε τοὺς ἵππους οὓς ἔδωκαν βασιλεῖς Ἰούδα τῷ 11 ἡλίῳ ἐν τῇ εἰσόδῳ οἴκου Κυρίου εἰς τὸ γαζοφυλάκιον Νάθαν βασιλέως τοῦ εὐνούχου ἐν φαρουρίμ· καὶ τὸ ἅρμα τοῦ ἡλίου κατέκαυσε πυρί, καὶ τὰ θυσιαστήρια τὰ ἐπὶ τοῦ δώματος τοῦ 12 ὑπερῴου Ἄχαζ, ἃ ἐποίησαν βασιλεῖς Ἰούδα· καὶ τὰ θυσιαστήρια ἃ ἐποίησε Μανασσῆς ἐν ταῖς δυσὶν αὐλαῖς οἴκου Κυρίου καθεῖλεν ὁ βασιλεὺς καὶ κατέσπασεν ἐκεῖθεν, καὶ ἔρριψε τὸν χοῦν

13 αὐτῶν εἰς τὸν χειμάρρουν Κέδρων. Καὶ τὸν οἶκον τὸν ἐπὶ πρόσωπον Ἱερουσαλὴμ τὸν ἐκ δεξιῶν τοῦ ὄρους τοῦ Μοσθάθ, ὃν ᾠκοδόμησε Σαλωμὼν βασιλεὺς Ἰσραὴλ τῇ Ἀστάρτῃ προσοχθίσματι Σιδωνίων, καὶ τῷ Χαμὼς προσοχθίσματι Μωὰβ, καὶ τῷ

14 Μολὸχ βδελύγματι υἱῶν Ἀμμὼν, ἐμίανεν ὁ βασιλεύς. Καὶ συνέτριψε τὰς στήλας, καὶ ἐξωλόθρευσε τὰ ἄλση, καὶ ἔπλησε τοὺς τόπους αὐτῶν ὀστέων ἀνθρώπων.

15 Καί γε τὸ θυσιαστήριον τὸ ἐν Βαιθὴλ τὸ ὑψηλὸν ὃ ἐποίησεν Ἱεροβοὰμ υἱὸς Ναβὰτ, ὃς ἐξήμαρτε τὸν Ἰσραὴλ, καί γε τὸ θυσιαστήριον ἐκεῖνο τὸ ὑψηλὸν κατέσπασε, καὶ συνέτριψε τοὺς λίθους αὐτοῦ καὶ ἐλέπτυνεν εἰς χοῦν, καὶ κατέκαυσε τὸ ἄλσος.

16 Καὶ ἐξένευσεν Ἰωσίας καὶ εἶδε τοὺς τάφους τοὺς ἐκεῖ ἐν τῇ πόλει, καὶ ἀπέστειλε, καὶ ἔλαβε τὰ ὀστᾶ ἐκ τῶν τάφων, καὶ κατέκαυσεν ἐπὶ τὸ θυσιαστήριον, καὶ ἐμίανεν αὐτὸ, κατὰ τὸ ῥῆμα Κυρίου ὃ ἐλάλησεν ὁ ἄνθρωπος τοῦ Θεοῦ ἐν τῷ ἑστάναι Ἱεροβοὰμ ἐν τῇ ἑορτῇ ἐπὶ τὸ θυσιαστήριον· καὶ ἐπιστρέψας ᾖρε τοὺς ὀφθαλμοὺς αὐτοῦ ἐπὶ τὸν τάφον τοῦ ἀνθρώπου τοῦ

17 Θεοῦ τοῦ λαλήσαντος τοὺς λόγους τούτους. Καὶ εἶπε, τί τὸ σκόπελον ἐκεῖνο ὃ ἐγὼ ὁρῶ; καὶ εἶπον αὐτῷ οἱ ἄνδρες τῆς πόλεως, ὁ ἄνθρωπος τοῦ Θεοῦ ὁ ἐξεληλυθὼς ἐξ Ἰούδα, καὶ ἐπικαλεσάμενος τοὺς λόγους τούτους οὓς ἐπεκαλέσατο ἐπὶ τὸ

18 θυσιαστήριον Βαιθήλ. Καὶ εἶπεν, ἄφετε αὐτὸν, ἀνὴρ μὴ κινησάτωσαν τὰ ὀστᾶ αὐτοῦ· καὶ ἐρρύσθησαν τὰ ὀστᾶ αὐτοῦ μετὰ τῶν ὀστῶν τοῦ προφήτου τοῦ ἥκοντος ἐκ Σαμαρείας.

19 Καί γε πάντας τοὺς οἴκους τῶν ὑψηλῶν τοὺς ἐν ταῖς πόλεσι Σαμαρείας, οὓς ἐποίησαν βασιλεῖς Ἰσραὴλ παροργίζειν Κύριον, ἀπέστησεν Ἰωσίας, καὶ ἐποίησεν ἐν αὐτοῖς πάντα τὰ ἔργα ἃ

20 ἐποίησεν ἐν Βαιθήλ. Καὶ ἐθυσίασε πάντας τοὺς ἱερεῖς τῶν ὑψηλῶν τοὺς ὄντας ἐκεῖ ἐπὶ τῶν θυσιαστηρίων, καὶ κατέκαυσε τὰ ὀστᾶ τῶν ἀνθρώπων ἐπ' αὐτὰ, καὶ ἐπεστράφη εἰς Ἱερουσαλήμ.

21 Καὶ ἐνετείλατο ὁ βασιλεὺς παντὶ τῷ λαῷ, λέγων, ποιήσατε πάσχα τῷ Κυρίῳ Θεῷ ἡμῶν, καθὼς γέγραπται ἐπὶ βιβλίου

22 τῆς διαθήκης ταύτης. Ὅτι οὐκ ἐγενήθη τὸ πάσχα τοῦτο ἀφ' ἡμερῶν τῶν κριτῶν οἳ ἔκρινον τὸν Ἰσραὴλ, καὶ πάσας τὰς ἡμέρας

23 βασιλέων Ἰσραὴλ καὶ βασιλέων Ἰούδα. ὅτι ἀλλ' ἢ τῷ ὀκτωκαιδεκάτῳ ἔτει τοῦ βασιλέως Ἰωσίου ἐγενήθη τὸ πάσχα τῷ Κυρίῳ ἐν Ἱερουσαλήμ.

24 Καί γε τοὺς θελητὰς, καὶ τοὺς γνωριστὰς καὶ τὰ θεραφὶν, καὶ τὰ εἴδωλα, καὶ πάντα τὰ προσοχθίσματα τὰ γεγονότα ἐν τῇ γῇ Ἰούδα καὶ ἐν Ἱερουσαλὴμ ἐξῆρεν Ἰωσίας, ἵνα στήσῃ τοὺς λόγους τοῦ νόμου τοὺς γεγραμμένους ἐπὶ τοῦ βιβλίου,

25 εὗρε Χελκίας ὁ ἱερεὺς ἐν οἴκῳ Κυρίου. Ὅμοιος αὐτῷ οὐκ ἐγενήθη ἔμπροσθεν αὐτοῦ βασιλεὺς, ὃς ἐπέστρεψε πρὸς Κύριον ἐν ὅλῃ καρδίᾳ αὐτοῦ, καὶ ἐν ὅλῃ ψυχῇ αὐτοῦ, καὶ ἐν ὅλῃ ἰσχύϊ αὐτοῦ κατὰ πάντα τὸν νόμον Μωυσῆ, καὶ μετ' αὐτὸν οὐκ ἀνέστη

26 ὅμοιος αὐτῷ. Πλὴν οὐκ ἀπεστράφη Κύριος ἀπὸ θυμοῦ τῆς ὀργῆς αὐτοῦ τῆς μεγάλης οὗ ἐθυμώθη ὀργῇ αὐτοῦ ἐν τῷ Ἰούδα ἐπὶ τοὺς παροργισμοὺς, οὓς παρώργισεν αὐτὸν Μανασσῆς.

27 Καὶ εἶπε Κύριος, καί γε τὸν Ἰούδα ἀποστήσω ἀπὸ τοῦ προσ-

---

brook of Kedron. [13] And the king defiled the house that was before Jerusalem, on the right hand of the mount of Mosthath, which Solomon king of Israel built to Astarte the abomination of the Sidonians, and to Chamos the abomination of Moab, and to Moloch the abomination of the children of Ammon. [14] And he broke in pieces the pillars, and utterly destroyed the groves, and filled their places with the bones of men.

[15] Also the high altar in Bæthel, which Jeroboam the son of Nabat, who made Israel to sin, had made, even that high altar he tore down, and broke in pieces the stones of it, and reduced it to powder, and burnt the grove. [16] And Josias turned aside, and saw the tombs that were there in the city, and sent, and took the bones out of the tombs, and burnt them on the altar, and defiled it, according to the word of the Lord which the man of God spoke, when Jeroboam stood by the altar at the feast: and he turned and raised his eyes to the tomb of the man of God that spoke these words. [17] And he said, What is that mound which I see? And the men of the city said to him, It is the grave of the man of God that came out of Juda, and uttered these imprecations which he imprecated upon the altar of Bæthel. [18] And he said, Let him alone; let no one disturb his bones. So his bones were β spared, together with the bones of the prophet that came out of Samaria.

[19] Moreover Josias removed all the houses of the high places that were in the cities of Samaria, which the kings of Israel made to provoke the Lord, and did to them all that he did in Bæthel. [20] And he sacrificed all the priests of the high places that were there on the altars, and burnt the bones of men upon them, and returned to Jerusalem.

[21] And the king commanded all the people, saying, Keep the passover to the Lord your God, as it is written in the book of this covenant. [22] For a passover such as this had not been kept from the days of the judges who judged Israel, even all the days of the kings of Israel, and of the kings of Juda. [23] But in the eighteenth year of king Josias, was the passover kept to the Lord in Jerusalem.

[24] Moreover Josias removed the sorcerers, and the wizards, and the theraphin, and the idols, and all the abominations that had been set up in the land of Juda and in Jerusalem, that he might γ keep the words of the law that were written in the book, which Chelcias the priest found in the house of the Lord. [25] There was no king like him before him, who turned to the Lord with all his heart, and with all his soul, and with all his strength, according to all the law of Moses; and after him there rose not one like him. [26] Nevertheless the Lord turned not from the fierceness of his great anger, wherewith he was wroth in his anger against Juda, δ because of the provocations, wherewith Manasses provoked him. [27] And the

---

β Gr. delivered.   γ Gr. establish or confirm.   δ Gr. upon or against.

Lord said, I will also remove Juda from my presence, as I removed Israel, and will reject this city which I have chosen, *even* Jerusalem, and the house *of* which I said, My name shall be there. ²⁸ And the rest of the acts of Josias, and all that he did, *are* not these things written in the book of the chronicles of the kings of Juda? ²⁹ And in his days went up Pharao Nechao king of Egypt against the king of the Assyrians to the river Euphrates: and Josias went out to meet him: and Nechao slew him in Mageddo when he saw him. ³⁰ And his servants carried him dead from Mageddo, and brought him to Jerusalem, and buried him in his sepulchre: and the people of the land took Joachaz, the son of Josias, and anointed him, and made him king in the room of his father.

³¹ β Twenty and three years old was Joachaz when he began to reign, and he reigned three months in Jerusalem: and his mother's name *was* Amital, daughter of Jeremias of Lobna. ³² And he did that which was evil in the sight of the Lord, according to all that his fathers did. ³³ And Pharao Nechao removed him to Rablaam in the land of Emath, so that he should not reign in Jerusalem; and imposed a tribute on the land, a hundred talents of silver, and a hundred talents of gold. ³⁴ And Pharao Nechao made Eliakim son of Josias king of Juda king over them in the place of his father Josias, and he changed his name *to* Joakim, and he took Joachaz and brought him to Egypt, and he died there. ³⁵ And Joakim gave the silver and the gold to Pharao; but he assessed the land to give the money at the command of Pharao: they gave the silver and the gold *each* man according to his assessment together with the people of the land to give to Pharao Nechao.

³⁶ γ Twenty-five years old *was* Joakim when he began to reign, and he reigned eleven years in Jerusalem: and his mother's name *was* Jeldaph, daughter of Phadaïl of Ruma. ³⁷ And he did that which was evil in the eyes of the Lord, according to all that his fathers had done.

In his days went up Nabuchodonosor king of Babylon, and Joakim became his servant three years; and *then* he turned and revolted from him. ² And the Lord sent against him the bands of the Chaldeans, and the bands of Syria, and the bands of Moab, and the bands of the children of Ammon, and sent them into the land of Juda to prevail *against* it, according to the word of the Lord, which he spoke by his servants the prophets. ³ Moreover it was δ the purpose of the Lord concerning Juda, to remove ζ them from his presence, because of the sins of Manasses, according to all that he did. ⁴ Moreover he shed innocent blood, and filled Jerusalem with innocent blood, and the Lord would not θ pardon *it*. ⁵ And the rest of the acts of Joakim, and all that he did, behold, *are* not these written in the book of the chronicles of the kings of Juda? ⁶ And Joakim slept with his fathers: and Joachim his son reigned in his stead. ⁷ And

ὅπου μου, καθὼς ἀπέστησα τὸν Ἰσραὴλ, καὶ ἀπεώσομαι τὴν πόλιν ταύτην ἣν ἐξελεξάμην, τὴν Ἱερουσαλὴμ, καὶ τὸν οἶκον οὗ εἶπον, ἔσται τὸ ὄνομά μου ἐκεῖ. Καὶ τὰ λοιπὰ τῶν λόγων 28 Ἰωσίου καὶ πάντα ὅσα ἐποίησεν, οὐχὶ ταῦτα γεγραμμένα ἐπὶ βιβλίῳ λόγων ἡμερῶν τοῖς βασιλεῦσιν Ἰούδα;

Ἐν δὲ ταῖς ἡμέραις αὐτοῦ ἀνέβη Φαραὼ Νεχαὼ βασιλεὺς 29 Αἰγύπτου ἐπὶ βασιλέα Ἀσσυρίων ἐπὶ ποταμὸν Εὐφράτην· καὶ ἐπορεύθη Ἰωσίας εἰς ἀπαντὴν αὐτοῦ, καὶ ἐθανάτωσεν αὐτὸν Νεχαὼ ἐν Μαγεδδὼ ἐν τῷ ἰδεῖν αὐτόν. Καὶ ἐπεβίβασαν αὐτὸν 30 οἱ παῖδες αὐτοῦ νεκρὸν ἐκ Μαγεδδὼ, καὶ ἤγαγον αὐτὸν εἰς Ἱερουσαλὴμ, καὶ ἔθαψαν αὐτὸν ἐν τῷ τάφῳ αὐτοῦ· καὶ ἔλαβεν ὁ λαὸς τῆς γῆς τὸν Ἰωάχαζ υἱὸν Ἰωσίου, καὶ ἔχρισαν αὐτὸν, καὶ ἐβασίλευσαν αὐτὸν ἀντὶ τοῦ πατρὸς αὐτοῦ.

Υἱὸς εἴκοσι καὶ τριῶν ἐτῶν ἦν Ἰωάχαζ ἐν τῷ βασιλεύειν 31 αὐτὸν, καὶ τρίμηνον ἐβασίλευσεν ἐν Ἱερουσαλὴμ, καὶ ὄνομα τῇ μητρὶ αὐτοῦ Ἀμιτὰλ, θυγάτηρ Ἰερεμίου ἐκ Λοβνά. Καὶ 32 ἐποίησε τὸ πονηρὸν ἐν ὀφθαλμοῖς Κυρίου, κατὰ πάντα ὅσα ἐποίησαν οἱ πατέρες αὐτοῦ. Καὶ μετέστησεν αὐτὸν Φαραὼ 33 Νεχαὼ ἐν Ῥαβλαὰμ ἐν γῇ Ἐμὰθ τοῦ μὴ βασιλεύειν ἐν Ἱερουσαλὴμ, καὶ ἔδωκε ζημίαν ἐπὶ τὴν γῆν ἑκατὸν τάλαντα ἀργυρίου καὶ ἑκατὸν τάλαντα χρυσίου. Καὶ ἐβασίλευσε Φαραὼ Νεχαὼ 34 ἐπ᾽ αὐτοὺς τὸν Ἑλιακὶμ υἱὸν Ἰωσίου βασιλέως Ἰούδα ἀντὶ Ἰωσίου τοῦ πατρὸς αὐτοῦ· καὶ ἐπέστρεψε τὸ ὄνομα αὐτοῦ Ἰωακίμ· καὶ τὸν Ἰωάχαζ ἔλαβε καὶ εἰσήνεγκεν εἰς Αἴγυπτον, καὶ ἀπέθανεν ἐκεῖ. Καὶ τὸ ἀργύριον καὶ τὸ χρυσίον ἔδωκεν 35 Ἰωακὶμ τῷ Φαραὼ, πλὴν ἐτιμογράφησε τὴν γῆν τοῦ δοῦναι τὸ ἀργύριον ἐπὶ στόματος Φαραώ· ἀνὴρ κατὰ τὴν συντίμησιν αὐτοῦ ἔδωκαν τὸ ἀργύριον καὶ τὸ χρυσίον μετὰ τοῦ λαοῦ τῆς γῆς τοῦ δοῦναι τῷ Φαραὼ Νεχαώ.

Υἱὸς εἴκοσι καὶ πέντε ἐτῶν Ἰωακὶμ ἐν τῷ βασιλεύειν αὐτὸν, 36 καὶ ἕνδεκα ἔτη ἐβασίλευσεν ἐν Ἱερουσαλὴμ, καὶ ὄνομα τῇ μητρὶ αὐτοῦ Ἰελδὰφ θυγάτηρ Φαδαὶλ ἐκ Ῥουμά. Καὶ ἐποίησε 37 τὸ πονηρὸν ἐν ὀφθαλμοῖς Κυρίου, κατὰ πάντα ὅσα ἐποίησαν οἱ πατέρες αὐτοῦ.

Ἐν ταῖς ἡμέραις αὐτοῦ ἀνέβη Ναβουχοδονόσορ βασιλεὺς 24 Βαβυλῶνος, καὶ ἐγενήθη αὐτῷ Ἰωακὶμ δοῦλος τρία ἔτη· καὶ ἐπέστρεψε καὶ ἠθέτησεν ἐν αὐτῷ. Καὶ ἀπέστειλε Κύριος αὐτῷ 2 τοὺς μονοζώνους τῶν Χαλδαίων, καὶ τοὺς μονοζώνους Συρίας, καὶ τοὺς μονοζώνους Μωὰβ, καὶ τοὺς μονοζώνους υἱῶν Ἀμμὼν, καὶ ἐξαπέστειλεν αὐτοὺς ἐν τῇ γῇ Ἰούδα τοῦ κατισχῦσαι κατὰ τὸν λόγον Κυρίου, ὃν ἐλάλησεν ἐν χειρὶ τῶν δούλων αὐτοῦ τῶν προφητῶν. Πλὴν ἐπὶ τὸν θυμὸν Κυρίου ἦν ἐν τῷ Ἰούδα, 3 ἀποστῆσαι αὐτὸν ἀπὸ τοῦ προσώπου αὐτοῦ ἐν ἁμαρτίαις Μανασσῆ κατὰ πάντα ὅσα ἐποίησε. Καί γε τὸ αἷμα ἀθῶον 4 ἐξέχεε, καὶ ἔπλησε τὴν Ἱερουσαλὴμ αἵματος ἀθῶου, καὶ οὐκ ἠθέλησε Κύριος ἱλασθῆναι. Καὶ τὰ λοιπὰ τῶν λόγων Ἰωακὶμ 5 καὶ πάντα ὅσα ἐποίησεν, οὐκ ἰδοὺ ταῦτα γεγραμμένα ἐπὶ βιβλίῳ λόγων τῶν ἡμερῶν τοῖς βασιλεῦσιν Ἰούδα;

Καὶ ἐκοιμήθη Ἰωακὶμ μετὰ τῶν πατέρων αὐτοῦ, καὶ ἐβασί- 6 λευσεν Ἰωαχὶμ υἱὸς αὐτοῦ ἀντ᾽ αὐτοῦ. Καὶ οὐ προσέθετο ἔτι 7

β *Gr.* a son of 23 years was Joachaz in his reigning.   γ *Gr.* a son of 25 years was Joakim in his reigning.   δ *Gr.* on tne mind.
ζ *Gr.* him.   θ *Gr.* be propitiated.

βασιλεὺς Αἰγύπτου ἐξελθεῖν ἐκ τῆς γῆς αὐτοῦ, ὅτι ἔλαβε βασιλεὺς Βαβυλῶνος ἀπὸ τοῦ χειμάρρου Αἰγύπτου ἕως τοῦ ποταμοῦ Εὐφράτου πάντα ὅσα ἦν τοῦ βασιλέως Αἰγύπτου.

8 Υἱὸς ὀκτωκαίδεκα ἐτῶν Ἰωαχὶμ ἐν τῷ βασιλεύειν αὐτὸν, καὶ τρίμηνον ἐβασίλευσεν ἐν Ἰερουσαλήμ, καὶ ὄνομα τῇ μητρὶ 9 αὐτοῦ Νέσθα, θυγάτηρ Ἑλλανασθὰμ, ἐξ Ἰερουσαλήμ. Καὶ ἐποίησε τὸ πονηρὸν ἐν ὀφθαλμοῖς Κυρίου, κατὰ πάντα ὅσα ἐποίησεν ὁ πατὴρ αὐτοῦ.

10 Ἐν τῷ καιρῷ ἐκείνῳ ἀνέβη Ναβουχοδονόσορ βασιλεὺς Βαβυλῶνος εἰς Ἰερουσαλὴμ, καὶ ἦλθεν ἡ πόλις ἐν περιοχῇ.

11 Καὶ εἰσῆλθε Ναβουχοδονόσορ βασιλεὺς Βαβυλῶνος εἰς πόλιν, 12 καὶ οἱ παῖδες αὐτοῦ ἐπολιόρκουν ἐπ᾽ αὐτήν. Καὶ ἐξῆλθεν Ἰωαχὶμ βασιλεὺς Ἰούδα ἐπὶ βασιλέα Βαβυλῶνος, αὐτὸς καὶ οἱ παῖδες αὐτοῦ, καὶ ἡ μήτηρ αὐτοῦ, καὶ οἱ ἄρχοντες αὐτοῦ, καὶ οἱ εὐνοῦχοι αὐτοῦ· καὶ ἔλαβεν αὐτὸν βασιλεὺς Βαβυλῶνος ἐν τῷ 13 ὀγδόῳ ἔτει τῆς βασιλείας αὐτοῦ. Καὶ ἐξήνεγκεν ἐκεῖθεν πάντας τοὺς θησαυροὺς οἴκου Κυρίου, καὶ τοὺς θησαυροὺς οἴκου τοῦ βασιλέως, καὶ συνέκοψε πάντα τὰ σκεύη τὰ χρυσᾶ ἃ ἐποίησε Σαλωμὼν ὁ βασιλεὺς Ἰσραὴλ ἐν τῷ ναῷ Κυρίου κατὰ τὸ ῥῆμα 14 Κυρίου. Καὶ ἀπῴκισε τὴν Ἰερουσαλὴμ καὶ πάντας τοὺς ἄρχοντας καὶ τοὺς δυνατοὺς ἰσχύϊ αἰχμαλωσίας δέκα χιλιάδας αἰχμαλωτίσας, καὶ πᾶν τέκτονα καὶ τὸν συγκλείοντα, καὶ οὐχ 15 ὑπελείφθη πλὴν οἱ πτωχοὶ τῆς γῆς. Καὶ ἀπῴκισε τὸν Ἰωαχὶμ εἰς Βαβυλῶνα, καὶ τὴν μητέρα τοῦ βασιλέως, καὶ τὰς γυναῖκας τοῦ βασιλέως, καὶ τοὺς εὐνούχους αὐτοῦ· καὶ τοὺς ἰσχυροὺς τῆς γῆς ἀπήγαγεν εἰς ἀποικεσίαν ἐξ Ἰερουσαλὴμ εἰς Βαβυλῶνα· 16 Καὶ πάντας τοὺς ἄνδρας τῆς δυνάμεως ἑπτακισχιλίους, καὶ τὸν τέκτονα καὶ τὸν συγκλείοντα χιλίους· πάντες δυνατοὶ ποιοῦντες πόλεμον· καὶ ἤγαγεν αὐτοὺς βασιλεὺς Βαβυλῶνος μετοικεσίαν 17 εἰς Βαβυλῶνα. Καὶ ἐβασίλευσε βασιλεὺς Βαβυλῶνος τὸν Βαθθανίαν υἱὸν αὐτοῦ ἀντ᾽ αὐτοῦ, καὶ ἐπέθηκε τὸ ὄνομα αὐτοῦ, Σεδεκία.

18 Υἱὸς εἴκοσι καὶ ἑνὸς ἐνιαυτῶν Σεδεκίας ἐν τῷ βασιλεύειν αὐτὸν, καὶ ἕνδεκα ἔτη ἐβασίλευσεν ἐν Ἰερουσαλήμ, καὶ ὄνομα 19 τῇ μητρὶ αὐτοῦ Ἀμιτὰλ, θυγάτηρ Ἰερεμίου. Καὶ ἐποίησε τὸ πονηρὸν ἐνώπιον Κυρίου, κατὰ πάντα ὅσα ἐποίησεν Ἰωακίμ. 20 Ὅτι ἐπὶ τὸν θυμὸν Κυρίου ἦν ἐπὶ Ἰερουσαλὴμ καὶ ἐν τῷ Ἰούδα, ἕως ἀπέρριψεν αὐτοὺς ἀπὸ προσώπου αὐτοῦ· καὶ ἠθέτησε Σεδεκίας ἐν τῷ βασιλεῖ Βαβυλῶνος.

25 Καὶ ἐγενήθη ἐν τῷ ἔτει τῷ ἐννάτῳ τῆς βασιλείας αὐτοῦ ἐν τῷ μηνὶ τῷ δεκάτῳ, ἦλθε Ναβουχοδονόσορ ὁ βασιλεὺς Βαβυλῶνος, καὶ πᾶσα ἡ δύναμις αὐτοῦ ἐπὶ Ἰερουσαλήμ· καὶ παρενέβαλεν ἐπ᾽ αὐτήν, καὶ ᾠκοδόμησεν ἐπ᾽ αὐτὴν περίτειχος κύκλῳ. 2 Καὶ ἦλθεν ἡ πόλις ἐν περιοχῇ ἕως τοῦ ἑνδεκάτου ἔτους τοῦ 3 βασιλέως Σεδεκίου ἐννάτη τοῦ μηνός. Καὶ ἐνίσχυσεν ὁ λιμὸς 4 ἐν τῇ πόλει, καὶ οὐκ ἦσαν ἄρτοι τῷ λαῷ τῆς γῆς. Καὶ ἐρράγη ἡ πόλις, καὶ πάντες οἱ ἄνδρες τοῦ πολέμου ἐξῆλθον νυκτὸς ὁδὸν πύλης τῆς ἀναμέσον τῶν τειχῶν, αὕτη ἐστὶ τοῦ κήπου τοῦ βασιλέως, καὶ οἱ Χαλδαῖοι ἐπὶ τὴν πόλιν κύκλῳ·

the king of Egypt came no more out of his land: for the king of Babylon took away all that belonged to the king of Egypt from the river of Egypt as far as the river Euphrates. [8β] Eighteen years old _was_ Joachim when he began to reign, and he reigned three months in Jerusalem: and his mother's name _was_ Nestha, daughter of Ellanastham, of Jerusalem. [9] And he did that which was evil in the sight of the Lord, according to all that his father did.

[10] At that time went up Nabuchodonosor king of Babylon to Jerusalem, and the city [γ] was besieged. [11] And Nabuchodonosor king of Babylon came against the city, and his servants besieged it. [12] And Joachim king of Juda came forth to the king of Babylon, he and his servants, and his mother, and his princes, and his eunuchs; and the king of Babylon took him in the eighth year of his reign. [13] And he brought forth thence all the treasures of the house of the Lord, and the treasures of the king's house, and he cut up all the golden vessels which Solomon the king of Israel _had_ made in the temple of the Lord, according to the word of the Lord. [14] And he carried away _the inhabitants of_ Jerusalem, and all the captains, and the mighty men, taking captive ten thousand [δ] prisoners, and every artificer and [ζ] smith: and only the poor of the land were left. [15] And he carried Joachim away to Babylon, and the king's mother, and the king's wives, and his eunuchs: and he carried away the mighty men of the land into [θ] captivity from Jerusalem to Babylon. [16] And all the men of might, even seven thousand, and one thousand artificers and smiths: all _were_ mighty _men_ fit for war; and the king of Babylon carried them captive to Babylon. [17] And the king of Babylon made [λ] Batthanias his son king in his stead, and called his name Sedekias.

[18μ] Twenty and one years old _was_ Sedekias when he began to reign, and he reigned eleven years in Jerusalem: and his mother's name _was_ Amital, daughter of Jeremias. [19] And he did that which was evil in the sight of the Lord, according to all that Joachim did. [20] For it was [ξ] according to the Lord's anger against Jerusalem and on Juda, until he cast them out of his presence, that Sedekias revolted against the king of Babylon.

And it came to pass in the ninth year of his reign, in the tenth month, _that_ Nabuchodonosor king of Babylon came, and all his host, against Jerusalem; and he encamped against it, and built a [π] mound against it. [2] And the city was besieged until the eleventh year of king Sedekias on the ninth day of the month. [3] And the famine prevailed in the city, and there was no bread for the people of the land. [4] And the city was broken up, and all the men of war went forth by night, by the way of the gate between the walls, this is _the gate_ of the king's garden: and the Chaldeans _were set_ against the city round about: and _the king_

_β Gr._ Joachim a son of 18 years in his reigning.   _γ Gr._ came into siege.   _δ Lit._ captivities.   _ζ Lit._ shutter-up.
_θ Gr._ emigration.   _λ A. V._ Mattaniah.   _μ Gr._ a son of 21 years, Sedekias.   _ξ Lit._ it was in the Lord's mind to bring **evil upon.**
_π Or_, circumvallation.

went by the way of β the plain. ⁵ And the force of the Chaldeans pursued the king, and overtook him in the plains of Jericho: and all his army was dispersed from about him. ⁶ And they took the king, and brought him to the king of Babylon to Reblatha; and he gave judgment upon him. ⁷ And he slew the sons of Sedekias before his eyes, and put out the eyes of Sedekias, and bound him in fetters, and brought him to Babylon.

⁸ And in the fifth month, on the seventh day of the month (this *is* the nineteenth year of Nabuchodonosor king of Babylon), came Nabuzardan, γ a captain of the guard, who stood before the king of Babylon, to Jerusalem. ⁹ And he burnt the house of the Lord, and the king's house, and all the houses of Jerusalem, even every house did the captain of the guard burn. ¹⁰ And the force of the Chaldeans pulled down the wall of Jerusalem round about. ¹¹ And Nabuzardan the captain of the guard removed the rest of the people that were left in the city, and the δ men who had deserted to the king of Babylon, and the rest of the multitude. ¹² But the captain of the guard left of the poor of the land to be vine-dressers and husbandmen.

¹³ And the Chaldeans broke to pieces the brazen pillars that were in the house of the Lord, and the bases, and the brazen sea that was in the house of the Lord, and carried their brass to Babylon. ¹⁴ And the caldrons, and the shovels, and the bowls, and the censers, and all the brazen vessels with which they minister, he took. ¹⁵ And the captain of the guard took the fire-pans, and the gold and silver bowls. ¹⁶ Two pillars, and one sea, and the bases which Solomon made for the house of the Lord : there was no weight of the brass of all the vessels. ¹⁷ The height of one pillar *was* eighteen cubits, and the chapiter upon it was of brass: and the height of the chapiter was three cubits: the border, and the pomegranates on the chapiter round about were all of brass : and so it was with the second pillar with its border.

¹⁸ And the captain of the guard took Saraias the ζ high-priest, and Sophonias θ the second in order, and the three doorkeepers. ¹⁹ And they took out of the city one eunuch who was commander of the men of war, and five men that saw the face of the king, that were found in the city, and the secretary of the commander-in-chief, who took account of the people of the land, and sixty men of the people of the land that were found in the city. ²⁰ And Nabuzardan the captain of the guard took them, and brought them to the king of Babylon to Reblatha. ²¹ And the king of Babylon smote them and slew them at Reblatha in the land of Æmath. So Juda was carried away from his land.

²² And *as for* the people that were left in the land of Juda, whom Nabuchodonosor king of Babylon left, even over them he set Godolias son of Achicam son of Saphan. ²³ And all the captains of the host, they and

καὶ ἐπορεύθη ὁδὸν ᾳτὴν Ἄραβα· Καὶ ἐδίωξεν ἡ δύναμις τῶν 5 Χαλδαίων ὀπίσω τοῦ βασιλέως, καὶ κατέλαβον αὐτὸν ἐν Ἀραβὼθ Ἱεριχὼ, καὶ πᾶσα ἡ δύναμις αὐτοῦ διεσπάρη ἐπάνωθεν αὐτοῦ. Καὶ συνέλαβον τὸν βασιλέα, καὶ ἤγαγον αὐτὸν πρὸς 6 βασιλέα Βαβυλῶνος εἰς Ῥεβλαθά· καὶ ἐλάλησε μετ᾽ αὐτοῦ κρίσιν. Καὶ τοὺς υἱοὺς Σεδεκίου ἔσφαξε κατ᾽ ὀφθαλμοὺς 7 αὐτοῦ, καὶ τοὺς ὀφθαλμοὺς Σεδεκίου ἐξετύφλωσε, καὶ ἔδησεν αὐτὸν ἐν πέδαις, καὶ ἤγαγεν εἰς Βαβυλῶνα.

Καὶ ἐν τῷ μηνὶ τῷ πέμπτῳ ἑβδόμῃ τοῦ μηνὸς, αὐτὸς 8 ἐνιαυτὸς ἐννεακαιδέκατος τῷ Ναβουχοδονόσορ βασιλεῖ Βαβυλῶνος, ἦλθε Ναβουζαρδὰν ὁ ἀρχιμάγειρος ἑστὼς ἐνώπιον βασιλέως Βαβυλῶνος εἰς Ἱερουσαλήμ· Καὶ ἐνέπρησε τὸν οἶκον 9 Κυρίου, καὶ τὸν οἶκον τοῦ βασιλέως, καὶ πάντας τοὺς οἴκους Ἱερουσαλήμ, καὶ πᾶν οἶκον ἐνέπρησεν ὁ ἀρχιμάγειρος. Καὶ 10 τὸ τεῖχος Ἱερουσαλὴμ κυκλόθεν κατέσπασεν ἡ δύναμις τῶν Χαλδαίων. Καὶ τὸ περισσὸν τοῦ λαοῦ τὸ καταλειφθὲν ἐν τῇ 11 πόλει, καὶ τοὺς ἐμπεπτωκότας οἳ ἐνέπεσον πρὸς τὸν βασιλέα Βαβυλῶνος, καὶ τὸ λοιπὸν τοῦ στηρίγματος μετῆρε Ναβουζαρδὰν ὁ ἀρχιμάγειρος. Καὶ ἀπὸ τῶν πτωχῶν τῆς γῆς ὑπέλιπεν 12 ὁ ἀρχιμάγειρος εἰς ἀμπελουργοὺς καὶ εἰς γαβίν.

Καὶ τοὺς στύλους τοὺς χαλκοῦς τοὺς ἐν οἴκῳ Κυρίου, καὶ 13 τὰς μεχωνώθ, καὶ τὴν θάλασσαν τὴν χαλκῆν τὴν ἐν οἴκῳ Κυρίου συνέτριψαν οἱ Χαλδαῖοι, καὶ ᾖραν τὸν χαλκὸν αὐτῶν εἰς Βαβυλῶνα. Καὶ τοὺς λέβητας, καὶ τὰ ἰαμὶν, καὶ τὰς 14 φιάλας, καὶ τὰς θυΐσκας, καὶ πάντα τὰ σκεύη τὰ χαλκᾶ ἐν οἷς λειτουργοῦσιν ἐν αὐτοῖς, ἔλαβε. Καὶ τὰ πυρεῖα, καὶ τὰς 15 φιάλας τὰς χρυσᾶς καὶ τὰς ἀργυρᾶς ἔλαβεν ὁ ἀρχιμάγειρος, στύλους δύο, καὶ τὴν θάλασσαν μίαν, καὶ τὰς μεχωνώθ ἃς 16 ἐποίησε Σαλωμὼν τῷ οἴκῳ Κυρίου· οὐκ ἦν σταθμὸς τοῦ χαλκοῦ πάντων τῶν σκευῶν. Ὀκτωκαίδεκα πήχεων ὕψος τοῦ 17 στύλου τοῦ ἑνὸς, καὶ τὸ χωθὰρ ἐπ᾽ αὐτοῦ τὸ χαλκοῦν· καὶ τὸ ὕψος τοῦ χωθὰρ τριῶν πήχεων· σαβαχὰ, καὶ ῥοαὶ ἐπὶ τῷ χωθὰρ κύκλῳ τὰ πάντα χαλκᾶ, καὶ κατὰ ταῦτα τῷ στύλῳ τῷ δευτέρῳ ἐπὶ τῷ σαβαχά.

Καὶ ἔλαβεν ὁ ἀρχιμάγειρος τὸν Σαραίαν ἱερέα τὸν πρῶτον, 18 καὶ τὸν Σοφονίαν υἱὸν τῆς δευτερώσεως, καὶ τοὺς τρεῖς τοὺς φυλάσσοντας τὸν σταθμόν. Καὶ ἐκ τῆς πόλεως ἔλαβον 19 εὐνοῦχον ἕνα, ὃς ἦν ἐπιστάτης τῶν ἀνδρῶν τῶν πολεμιστῶν, καὶ πέντε ἄνδρας τῶν ὁρώντων τὸ πρόσωπον τοῦ βασιλέως τοὺς εὑρεθέντας ἐν τῇ πόλει, καὶ τὸν γραμματέα τοῦ ἄρχοντος τῆς δυνάμεως τὸν ἐκτάσσοντα τὸν λαὸν τῆς γῆς, καὶ ἑξήκοντα ἄνδρας τοῦ λαοῦ τῆς γῆς τοὺς εὑρεθέντας ἐν τῇ πόλει. Καὶ 20 ἔλαβεν αὐτοὺς Ναβουζαρδὰν ὁ ἀρχιμάγειρος, καὶ ἤγαγεν αὐτοὺς πρὸς τὸν βασιλέα Βαβυλῶνος εἰς Ῥεβλαθά. Καὶ ἔπαισεν 21 αὐτοὺς ὁ βασιλεὺς Βαβυλῶνος, καὶ ἐθανάτωσεν αὐτοὺς εἰς Ῥεβλαθὰ ἐν γῇ Αἱμάθ· καὶ ἀπῳκίσθη Ἰούδας ἐπάνωθεν τῆς γῆς αὐτοῦ.

Καὶ ὁ λαὸς ὁ καταλειφθεὶς ἐν τῇ γῇ Ἰούδα οὓς κατέλιπε 22 Ναβουχοδονόσορ βασιλεὺς Βαβυλῶνος, καὶ κατέστησεν ἐπ᾽ αὐτῶν τὸν Γοδολίαν υἱὸν Ἀχικὰμ υἱὸν Σαφάν. Καὶ ἤκουσαν 23

πάντες οἱ ἄρχοντες τῆς δυνάμεως αιτοὶ καὶ οἱ ἄνδρες αὐτῶν, ὅτι κατέστησε βασιλεὺς Βαβυλῶνος τὸν Γοδολίαν, καὶ ἦλθον πρὸς Γοδολίαν εἰς Μασσηφὰθ, καὶ Ἰσμαὴλ υἱὸς Ναθανίου, καὶ Ἰωνὰ υἱὸς Καρῆθ, καὶ Σαραίας υἱὸς Θαναμὰθ ὁ Νετωφαθίτης, καὶ Ἰεζονίας υἱὸς τοῦ Μαχαθὶ, αὐτοὶ καὶ οἱ ἄνδρες αὐτῶν·

24 Καὶ ὤμοσε Γοδολίας αὐτοῖς, καὶ τοῖς ἀνδράσιν αὐτῶν, καὶ εἶπεν αὐτοῖς, μὴ φοβεῖσθε πάροδον τῶν Χαλδαίων, καθίσατε ἐν τῇ γῇ, καὶ δουλεύσατε τῷ βασιλεῖ Βαβυλῶνος, καὶ καλῶς ἔσται ὑμῖν.

25 Καὶ ἐγενήθη ἐν τῷ ἑβδόμῳ μηνὶ ἦλθεν Ἰσμαὴλ υἱὸς Ναθανίου υἱοῦ Ἐλισαμὰ ἐκ τοῦ σπέρματος τῶν βασιλέων, καὶ δέκα ἄνδρες μετ᾽ αὐτοῦ, καὶ ἐπάταξε τὸν Γοδολίαν καὶ ἀπέθανε, καὶ τοὺς Ἰουδαίους καὶ τοὺς Χαλδαίους, οἳ ἦσαν μετ᾽ αὐτοῦ ἐν

26 Μασσηφά. Καὶ ἀνέστη πᾶς ὁ λαὸς ἀπὸ μικροῦ ἕως μεγάλου καὶ οἱ ἄρχοντες τῶν δυνάμεων, καὶ εἰσῆλθον εἰς Αἴγυπτον, ὅτι ἐφοβήθησαν ἀπὸ προσώπου τῶν Χαλδαίων.

27 Καὶ ἐγενήθη ἐν τῷ τριακοστῷ καὶ ἑβδόμῳ ἔτει τῆς ἀποικίας τοῦ Ἰωαχὶμ βασιλέως Ἰούδα, ἐν τῷ δωδεκάτῳ μηνὶ, ἑβδόμῃ καὶ εἰκάδι τοῦ μηνὸς, ὕψωσεν Εὐιαλμαρωδὲκ βασιλεὺς Βαβυλῶνος ἐν τῷ ἐνιαυτῷ τῆς βασιλείας αὐτοῦ τὴν κεφαλὴν Ἰωαχὶμ τοῦ βασιλέως Ἰούδα, καὶ ἐξήγαγεν αὐτὸν ἐξ οἴκου φυλακῆς

28 αὐτοῦ. Καὶ ἐλάλησε μετ᾽ αὐτοῦ ἀγαθὰ, καὶ ἔδωκε τὸν θρόνον αὐτοῦ ἐπάνωθεν τῶν θρόνων τῶν βασιλέων τῶν μετ᾽ αὐτοῦ ἐν

29 Βαβυλῶνι. Καὶ ἠλλοίωσε τὰ ἱμάτια τῆς φυλακῆς αὐτοῦ, καὶ ἤσθιεν ἄρτον διαπαντὸς ἐνώπιον αὐτοῦ πάσας τὰς ἡμέρας τῆς

30 ζωῆς αὐτοῦ. Καὶ ἡ ἑστιατορία αὐτοῦ ἑστιατορία διαπαντὸς ἐδόθη αὐτῷ ἐξ οἴκου τοῦ βασιλέως, λόγον ἡμέρας ἐν τῇ ἡμέρᾳ αὐτοῦ, πάσας τὰς ἡμέρας τῆς ζωῆς αὐτοῦ.

their men, heard that the king of Babylon had *thus* appointed Godolias, and they came to Godolias to Massephath, both Ismael the son of Nathanias, and Jona son of Careth, and Saraias, son of Thanamath the Netophathite, and Jezonias son of a Machathite, they and their men. 24 And Godolias swore to them and their men, and said to them, Fear not the βincursion of the Chaldeans; dwell in the land, and serve the king of Babylon, and it shall be well with you. 25 And it came to pass in the seventh month *that* Ismael son of Nathanias son of Helisama, of the γseed royal, came, and ten men with him, and he smote Godolias, that he died, *him* and the Jews and the Chaldeans that were with him in Massepha. 26 And all the people, great and small rose up, *they* and the captains of the forces, and went into Egypt; because they were afraid of the Chaldeans.

27 And it came to pass in the thirty-seventh year of the carrying away of Joachim king of Juda, in the twelfth month, on the twenty-seventh day of the month, *that* Evialmarodec king of Babylon in the *first* year of his reign lifted up the head of Joachim king of Juda, and brought him out of his prison-house. 28 And he spoke δkindly to him, and set his throne above the thrones of the kings that were with him in Babylon; 29 and changed his prison garments : and he ate bread continually before him all the days of his life. 30 And his portion, a continual portion, was given him out of the house of the king, ζa daily rate for every day all the days of his life.

---

*ΠΑΡΑΛΕΙΠΟΜΕΝΩΝ Α.

[* *Gr.* MATTERS OMITTED.]

---

2 ἌΔΑΜ, Σὴθ, Ἐνὼς, καὶ Καϊνὰν, Μαλελεὴλ, Ἰάρεδ,
3, 4 Ἐνὼχ, Μαθουσάλα, Λάμεχ, Νῶε· υἱοὶ Νῶε, Σὴμ, Χὰμ, Ἰάφεθ.
5 Υἱοὶ Ἰάφεθ, Γαμὲρ, Μαγὼγ, Μαδαὶμ, Ἰωϋὰν, Ἐλισὰ,
6 Θοβὲλ, Μοσὸχ, καὶ Θίρας. Καὶ οἱ υἱοὶ Γαμὲρ, Ἀσχανὰζ, καὶ
7 Ῥιφὰθ, καὶ Θοργαμά. Καὶ οἱ υἱοὶ Ἰωϋὰν, Ἐλισὰ, καὶ Θαρσὶς, Κίτιοι, καὶ Ῥόδιοι.
8 Καὶ υἱοὶ Χὰμ, Χοὺς, καὶ Μεσραὶμ, Φοὺδ, καὶ Χαναάν.
9 Καὶ υἱοὶ Χοὺς, Σαβὰ, καὶ Εὐιλὰ, καὶ Σαβαθὰ, καὶ Ῥεγμὰ,

ADAM, Seth, Enos, 2and Cainan, Maleleel, Jared, 3 Enoch, Mathusala, Lamech, 4 Noe : the sons of Noe, Sem, Cham, Japheth.

5 The sons of Japheth, Gamer, Magog, Madaim, Jovan, Helisa, Thobel, Mosoch, and Thiras. 6 And the sons of Gamer, Aschanaz, and Riphath, and Thorgama. 7 And the sons of Jovan, Helisa, and Tharsis, the Citians, and Rhodians.

8 And the sons of Cham, Chus, and Mesraim, Phud and Chanaan. 9 And the sons of Chus, Saba, and Evila, and Sabatha, and

---

β *Gr.* passage.   γ *Gr.* seed of the kings.   δ *Gr.* good things with him.   ζ *Gr.* a rate of a day in his day.

Regma, and Sebethaca : and the sons of Regma, Saba, and Dadan. ¹⁰ And Chus begot Nebrod : he began to be a βmighty hunter on the earth.

γ¹⁷ The sons of Sem, Ælam, and Assur, ²⁴ and Arphaxad, Sala, ²⁵ Eber, Pheleg, Ragan, ²⁶ Seruch, Nachor, Tharrha, ²⁷ Abraam.

²⁸ And the sons of Abraam, Isaac, and Ismael. ²⁹ And these are their generations : the first-born of Ismael, Nabæoth, and Kedar, Nabdeel, Massam, ³⁰ Masma, Iduma, Masse, Chondan, Thæman, ³¹ Jettur, Naphes, Kedma : ³¹ these are the sons of Ismael.

³² And the sons of Chettura Abraam's concubine :—and she bore him Zembram, Jexan, Madiam, Madam, Sobac, Soe : and the sons of Jexan ; Dædan, and Sabai ; ³³ and the sons of Madiam ; Gephar, and Opher, and Enoch, and Abida, and Eldada ; all these were the sons of Chettura.

³⁴ And Abraam begot Isaac : and the sons of Isaac were Jacob, and Esau. ³⁵ The sons of Esau, Eliphaz, and Raguel, and Jeul, and Jeglom, and Core. ³⁶ The sons of Eliphaz : Thæman, and Omar, Sophar, and Goötham, and Kenez, and Thamna, and Amalec. ³⁷ And the sons of Raguel, Naches, Zare, Some, and Moze. ³⁸ The sons of Seir, Lotan, Sobal, Sebegon, Ana, Deson, Osar, and Disan. ³⁹ And the sons of Lotan, Chorri, and Æman ; and the sister of Lotan was Thamna. ⁴⁰ The sons of Sobal ; Alon, Machanath, Tæbel, Sophi, and Onan : and the sons of Sebegon ; Æth, and Sonan. ⁴¹ The sons of Sonan, Dæson : and the sons of Dæson ; Emeron, and Asebon, and Jethram, and Charran. ⁴² And the sons of Hosar, Balaam, and Zucam, and Acan : the sons of Disan, Os, and Aran.

⁴³ And these are their kings, Balac the son of Beor ; and the name of his city was Dennaba. ⁴⁴ And Balac died, and Jobab the son of Zara of Bosorrha reigned in his stead. ⁴⁵ And Jobab died, and Asom of the land of the Thæmanites reigned in his stead. ⁴⁶ And Asom died, and Adad the son of Barad reigned in his stead, who smote Madiam in the plain of Moab : and the name of his city was Gethaim. ⁴⁷ And Adad died, and Sebla of Masecca reigned in his stead. ⁴⁸ And Sebla died, and Saul of Rhoboth by the river reigned in his stead. ⁴⁹ And Saul died, and Balaennor son of Achobor reigned in his stead. ⁵⁰ And Balaennor died, and Adad son of Barad reigned in his stead ; and the name of his city was Phogor.

⁵¹ The princes of Edom : prince Thamna, prince Golada, prince Jether, ⁵² prince Elibamas, prince Elas, prince Phinon, ⁵³ prince Kenez, prince Thæman, prince Babsar, prince Magediel, ⁵⁴ prince Zaphoïn. These are the princes of Edom.

These are the names of the sons of Israel ; ² Ruben, Symeon, Levi, Juda, Issachar, Zabulon, Dan, Joseph, Benjamin, Nephthali, Gad, Aser.

³ The sons of Juda ; Er, Aunan, Selom. These three were born to him of the daughter of Sava the Chananitish woman : and Er, the first-born of Juda, was wicked before

καὶ Σεβεθαχά· καὶ υἱοὶ Ῥεγμά, Σαβά, καὶ Δαδάν. Καὶ Χοὺς 10 ἐγέννησε τὸν Νεβρώδ· οὗτος ἤρξατο εἶναι γίγας κυνηγὸς ἐπὶ τῆς γῆς.

Υἱοὶ Σήμ, Αἰλάμ, καὶ Ἀσσοὺρ, καὶ Ἀρφαξὰδ, Σάλα, 17, 24 Ἔβερ, Φαλέγ, Ῥαγὰν, Σεροὺχ, Ναχώρ, Θάρρα, Ἀβραάμ· 25, 26, 27

Υἱοὶ δὲ Ἀβραάμ, Ἰσαάκ, καὶ Ἰσμαήλ. Αὗται δὲ αἱ 28, 29 γενέσεις αὐτῶν· πρωτότοκος Ἰσμαήλ, Ναβαιώθ, καὶ Κηδὰρ, Ναβδεὴλ, Μασσάμ, Μασμὰ, Ἰδουμὰ, Μασσὴ, Χονδὰν, Θαιμὰν, 30 Ἰεττοὺρ, Ναφὲς, Κεδμά· οὗτοι υἱοὶ Ἰσμαήλ. 31

Καὶ υἱοὶ Χεττούρας παλλακῆς Ἀβραάμ· καὶ ἔτεκεν αὐτῷ 32 τὸν Ζεμβρὰμ, Ἰεξὰν, Μαδιὰμ, Μαδὰμ, Σοβὰκ, Σωέ· καὶ υἱοὶ Ἰεξὰν, Δαιδὰν, καὶ Σαβαί. Καὶ υἱοὶ Μαδιὰμ, Γεφὰρ, καὶ 33 Ὀφὲρ, καὶ Ἐνὼχ, καὶ Ἀβιδὰ, καὶ Ἐλδαδά· πάντες οὗτοι υἱοὶ Χεττούρας.

Καὶ ἐγέννησεν Ἀβραὰμ τὸν Ἰσαάκ· καὶ υἱοὶ Ἰσαάκ, Ἰακὼβ, 34 καὶ Ἡσαῦ. Υἱοὶ Ἡσαῦ, Ἐλιφὰζ, καὶ Ῥαγουὴλ, καὶ Ἰεοὺλ, 35 καὶ Ἰεγλὸμ, καὶ Κορέ. Υἱοὶ Ἐλιφὰζ, Θαιμὰν, καὶ Ὠμὰρ, 36 Σωφὰρ, καὶ Γωωθὰμ, καὶ Κενέζ, καὶ Θαμνὰ, καὶ Ἀμαλήκ. Καὶ 37 υἱοὶ Ῥαγουὴλ, Ναχὲς, Ζαρὲ, Σομὲ, καὶ Μοζέ. Υἱοὶ Σηὶρ, 38 Λωτὰν, Σωβὰλ, Σεβεγὼν, Ἀνὰ, Δησὼν, Ὠσὰρ, καὶ Δισάν. Καὶ υἱοὶ Λωτὰν, Χορρὶ, καὶ Αἱμάν· ἀδελφὴ δὲ Λωτὰν Θαμνά. 39 Υἱοὶ Σωβὰλ, Ἀλὼν, Μαχανὰθ, Ταιβὴλ, Σωφὶ, καὶ Ὠνὰν· υἱοὶ 40 δὲ Σεβεγὼν, Ἀὶθ, καὶ Σωνάν. Υἱοὶ Σωνὰν, Δαισών· υἱοὶ δὲ 41 Δαισὼν, Ἐμερὼν, καὶ Ἀσεβὼν, καὶ Ἰεθρὰμ, καὶ Χαρράν. Καὶ 42 υἱοὶ Ὠσὰρ, Βαλαὰμ, καὶ Ζουκὰμ, καὶ Ἀκάν· υἱοὶ Δισὰν, Ὣς, καὶ Ἀράν.

Καὶ οὗτοι οἱ βασιλεῖς αὐτῶν· Βαλὰκ υἱὸς Βεώρ, καὶ ὄνομα 43 τῇ πόλει αὐτοῦ Δενναβά. Καὶ ἀπέθανε Βαλὰκ, καὶ ἐβασί- 44 λευσεν ἀντ' αὐτοῦ Ἰωβὰβ υἱὸς Ζαρὰ ἐκ Βοσόρρας. Καὶ 45 ἀπέθανεν Ἰωβὰβ, καὶ ἐβασίλευσεν ἀντ' αὐτοῦ Ἀσὸμ ἐκ γῆς Θαιμανῶν. Καὶ ἀπέθανεν Ἀσὸμ, καὶ ἐβασίλευσεν ἀντ' αὐτοῦ 46 Ἀδὰδ υἱὸς Βαρὰδ, ὁ πατάξας Μαδιὰμ ἐν τῷ πεδίῳ Μωάβ· καὶ ὄνομα τῇ πόλει αὐτοῦ Γεθαίμ. Καὶ ἀπέθανεν Ἀδὰδ, καὶ 47 ἐβασίλευσεν ἀντ' αὐτοῦ Σεβλὰ ἐκ Μασεκκάς. Καὶ ἀπέθανε 48 Σεβλὰ, καὶ ἐβασίλευσεν ἀντ' αὐτοῦ Σαοὺλ ἐκ Ῥωβὼθ τῆς παρὰ ποταμόν. Καὶ ἀπέθανε Σαοὺλ, καὶ ἐβασίλευσεν ἀντ' 49 αὐτοῦ Βαλαεννὼρ υἱὸς Ἀχωβώρ. Καὶ ἀπέθανε Βαλαεννώρ, καὶ 50 ἐβασίλευσεν ἀντ' αὐτοῦ Ἀδὰδ υἱὸς Βαρὰδ, καὶ ὄνομα τῇ πόλει αὐτοῦ, Φογώρ.

Ἡγεμόνες Ἐδώμ· ἡγεμὼν Θαμνὰ, ἡγεμὼν Γωλαδὰ, ἡγεμὼν 51 Ἰεθὲρ, ἡγεμὼν Ἐλιβαμὰς, ἡγεμὼν Ἡλὰς, ἡγεμὼν Φινὼν, 52 ἡγεμὼν Κενέζ, ἡγεμὼν Θαιμὰν, ἡγεμὼν Βαβσὰρ, ἡγεμὼν 53, 54 Μαγεδιὴλ, ἡγεμὼν Ζαφωίν· οὗτοι ἡγεμόνες Ἐδώμ.

Ταῦτα τὰ ὀνόματα τῶν υἱῶν Ἰσραήλ· Ῥουβὴν, Συμεὼν, 2 Λευΐ, Ἰούδα, Ἰσσάχαρ, Ζαβουλὼν, Δὰν, Ἰωσὴφ, Βενιαμὶν, 2 Νεφθαλὶ, Γὰδ, Ἀσήρ.

Υἱοὶ Ἰούδα, Ἤρ, Αὐνὰν, Σηλώμ· τρεῖς ἐγεννήθησαν αὐτῷ 3 ἐκ τῆς θυγατρὸς Σαυᾶς τῆς Χανανίτιδος· καὶ ἦν Ἤρ ὁ πρωτότοκος Ἰούδα πονηρὸς ἐναντίον Κυρίου, καὶ ἀπέκτεινεν αὐτόν·

β Gr. a giant, a hunter.   γ See Appendix.

4 Καὶ Θάμαρ ἡ νύμφη αὐτοῦ ἔτεκεν αὐτῷ τὸν Φαρὲς, καὶ τὸν Ζαρα· πάντες υἱοὶ Ἰούδα πέντε.

5, 6 Υἱοὶ Φαρὲς, Ἐσρὼμ, καὶ Ἰεμουήλ. Καὶ υἱοὶ Ζαρὰ, Ζαμβρὶ, καὶ Αἰθὰμ, καὶ Αἰμουὰν, καὶ Καλχὰλ, καὶ Δαρὰδ, πάντες πέντε.

7 Καὶ υἱοὶ Χαρμὶ, Ἀχὰρ ὁ ἐμποδοστάτης Ἰσραὴλ, ὃς ἠθέτη-
8, 9 σεν εἰς τὸ ἀνάθεμα. Καὶ υἱοὶ Αἰθὰμ, Ἀζαρίας. Καὶ υἱοὶ Ἐσρὼμ, οἳ ἐτέχθησαν αὐτῷ, ὁ Ἱεραμεὴλ, καὶ ὁ Ἀρὰμ, καὶ ὁ Χαλέβ.

10 Καὶ Ἀρὰμ ἐγέννησε τὸν Ἀμιναδὰβ, καὶ Ἀμιναδὰβ ἐγέννησε
11 τὸν Ναασσὼν ἄρχοντα οἴκου Ἰούδα, καὶ Ναασσὼν ἐγέννησε
12 τὸν Σαλμὼν, καὶ Σαλμὼν ἐγέννησε τὸν Βοὸζ, καὶ Βοὸζ ἐγέν-
13 νησε τὸν Ὠβὴδ, καὶ Ὠβὴδ ἐγέννησε τὸν Ἰεσσαὶ, καὶ Ἰεσσαὶ ἐγέννησε τὸν πρωτότοκον αὐτοῦ τὸν Ἐλιὰβ, Ἀμιναδὰβ ὁ δεύτε-
14 ρος, Σαμαὰ ὁ τρίτος, Ναθαναὴλ ὁ τέταρτος, Ζαβδαὶ ὁ πέμπτος,
15, 16 Ἀσὰμ ὁ ἕκτος, Δαυὶδ ὁ ἕβδομος. Καὶ ἡ ἀδελφὴ αὐτῶν Σαρουία, καὶ Ἀβιγαία· καὶ υἱοὶ Σαρουία, Ἀβισὰ, καὶ Ἰωὰβ, καὶ
17 Ἀσαὴλ, τρεῖς. Καὶ Ἀβιγαία ἐγέννησε τὸν Ἀμεσσάβ· καὶ πατὴρ Ἀμεσσὰβ Ἰοθὸρ ὁ Ἰσμαηλίτης.

18 Καὶ Χαλὲβ υἱὸς Ἐσρὼμ ἔλαβε τὴν Γαζουβὰ γυναῖκα, καὶ τὴν Ἱεριώθ· καὶ οὗτοι υἱοὶ αὐτῆς, Ἰασὰρ, καὶ Σουβὰβ, καὶ
19 Ἀρδών. Καὶ ἀπέθανε Γαζουβὰ, καὶ ἔλαβεν ἑαυτῷ Χαλὲβ
20 τὴν Ἐφρὰθ, καὶ ἔτεκεν αὐτῷ τὸν Ὢρ. Καὶ Ὢρ ἐγέννησε τὸν
21 Οὐρί· καὶ Οὐρὶ ἐγέννησε τὸν Βεσελεήλ. Καὶ μετὰ ταῦτα εἰσῆλθεν Ἐσρὼν πρὸς τὴν θυγατέρα Μαχὶρ πατρὸς Γαλαὰδ, καὶ αὐτὸς ἔλαβεν αὐτὴν, καὶ αὐτὸς ἐξηκονταπέντε ἐτῶν ἦν· καὶ
22 ἔτεκεν αὐτῷ τὸν Σερούχ. Καὶ Σερούχ ἐγέννησε τὸν Ἰαΐρ·
23 καὶ ἦσαν αὐτῷ εἴκοσι καὶ τρεῖς πόλεις ἐν τῇ Γαλαάδ. Καὶ ἔλαβε Γεδσοὺρ καὶ Ἀρὰμ τὰς κώμας Ἰαΐρ ἐξ αὐτῶν, τὴν Κανὰθ καὶ τὰς κώμας αὐτῆς, ἑξήκοντα πόλεις· πᾶσαι αὗται
24 υἱῶν Μαχὶρ πατρὸς Γαλαάδ. Καὶ μετὰ τὸ ἀποθανεῖν Ἐσρὼν, ἦλθε Χαλὲβ εἰς Ἐφραθά· καὶ ἡ γυνὴ Ἐσρὼν Ἀβιά· καὶ ἔτεκεν αὐτῷ τὸν Ἀσχὼ πατέρα Θεκωέ.

25 Καὶ ἦσαν οἱ υἱοὶ Ἱεραμεὴλ πρωτοτόκου Ἐσρὼν, ὁ πρωτό-
τοκος Ῥὰμ, καὶ Βαναὰ, καὶ Ἀρὰμ, καὶ Ἀσὰν ἀδελφὸς αὐτοῦ.
26 Καὶ ἦν γυνὴ ἑτέρα τῷ Ἱεραμεὴλ, καὶ ὄνομα αὐτῇ Ἀτάρα·
27 αὕτη ἐστὶ μήτηρ Ὀζόμ. Καὶ ἦσαν υἱοὶ Ῥὰμ πρωτοτόκου
28 Ἱεραμεὴλ, Μαὰς, καὶ Ἰαμὶν, καὶ Ἀκόρ. Καὶ ἦσαν υἱοὶ Ὀζόμ, Σαμαὶ, καὶ Ἰαδαέ· καὶ υἱοὶ Σαμαὶ, Ναδὰβ καὶ Ἀβισούρ.
29 Καὶ ὄνομα τῆς γυναικὸς Ἀβισούρ, Ἀβιχαία· καὶ ἔτεκεν αὐτῷ
30 τὸν Ἀχαβὰρ, καὶ τὸν Μωήλ. Καὶ υἱοὶ Ναδὰβ, Σαλὰδ, καὶ
31 Ἀπφαΐν· καὶ ἀπέθανε Σαλὰδ οὐκ ἔχων τέκνα. Καὶ υἱοὶ Ἀπφαΐν, Ἰσεμιήλ· καὶ υἱοὶ Ἰσεμιὴλ, Σωσάν· καὶ υἱοὶ Σωσὰν,
32 Δαδαί. Καὶ υἱοὶ Δαδαί, Ἀχισαμὰς, Ἰεθὲρ, Ἰωνάθαν· καὶ ἀπέ-
33 θανεν Ἰεθὲρ οὐκ ἔχων τέκνα. Καὶ υἱοὶ Ἰωνάθαν, Φαλὲθ, καὶ Ὀζάμ· οὗτοι ἦσαν υἱοὶ Ἱεραμεήλ.

34 Καὶ οὐκ ἦσαν τῷ Σωσὰν υἱοὶ, ἀλλ' ἢ θυγατέρες· καὶ τῷ
35 Σωσὰν παῖς Αἰγύπτιος, καὶ ὄνομα αὐτῷ Ἰωχήλ. Καὶ ἔδωκε Σωσὰν τὴν θυγατέρα αὐτοῦ τῷ Ἰωχὴλ παιδὶ αὐτοῦ εἰς γυναῖκα,
36 καὶ ἔτεκεν αὐτῷ τὸν Ἐθὶ, καὶ Ἐθὶ ἐγέννησε τὸν Ναθὰν, καὶ

the Lord, and he slew him. ⁴And Thamar his daughter-in-law bore to him Phares, and Zara : all the sons of Juda *were* five.

⁵The sons of Phares, Esrom, and Jemuel. ⁶And the sons of Zara, Zambri, and Ætham, and Æmuan, and Calchal, and Darad, *in* all five.

⁷And the sons of Charmi ; Achar the troubler of Israel, who was disobedient in the accursed thing. ⁸And the sons of Ætham ; Azarias, ⁹and the sons of Esrom who were born to him ; Jerameel, and Aram, and Chaleb.

¹⁰And Aram begot Aminadab, and Aminadab begot Naasson, chief of the house of Juda. ¹¹And Naasson begot Salmon, and Salmon begot Booz, ¹²and Booz begot Obed, and Obed begot Jessæ. ¹³And Jessæ begot his first-born Eliab, Aminadab *was* the second, Samaa the third, ¹⁴Nathanael the fourth, Zabdai the fifth, ¹⁵Asam the sixth, David the seventh. ¹⁶And their sister *was* Saruia, and *another* Abigaia : and the sons of Saruia *were* Abisa, and Joab, and Asael, three. ¹⁷And Abigaia bore Amessab : and the father of Amessab *was* Jothor the Ismaelite.

¹⁸And Chaleb the son of Esrom took Gazuba to wife, and Jerioth : and these *were* her sons ; Jasar, and Subab, and Ardon. ¹⁹And Gazuba died ; and Chaleb took to himself Ephrath, and she bore to him Or. ²⁰And Or begot Uri, and Uri begot Beseleel. ²¹And after this Esron went in to the daughter of Machir the father of Galaad, and he took her when he was sixty-five years old ; and she bore him Seruch. ²²And Seruch begot Jair, and he had twenty-three cities in Galaad. ²³And he took Gedsur and Aram, the towns of Jair from them ; *with* Canath and its towns, sixty cities. All these *belonged to* the sons of Machir the father of Galaad. ²⁴And after the death of Esron, Chaleb came to Ephratha ; and the wife of Esron *was* Abia ; and she bore him Ascho the father of Thecoe.

²⁵And the sons of Jerameel the first-born of Esron *were*, the first-born Ram, and Banaa, and Aram, and Asan his brother. ²⁶And Jerameel had another wife, and her name *was* Atara : she is the mother of Ozom. ²⁷And the sons of Ram the first-born of Jerameel were Maas, and Jamin, and Acor. ²⁸And the sons of Ozom were, Samai, and Jadae : and the sons of Samai ; Nadab, and Abisur. ²⁹And the name of the wife of Abisur *was* Abichaia, and she bore him Achabar, and Moel. ³⁰And the sons of Nadab ; Salad and Apphain ; and Salad died βwithout children. ³¹And the sons of Apphain, Isemiel ; and the sons of Isemiel, Sosan ; and the sons of Sosan, Dadai. ³²And the sons of Dadai, Achisamas, Jether, Jonathan : and Jether died childless. ³³And the sons of Jonathan ; Phaleth, and Hozam. These were the sons of Jerameel.

³⁴And Sosan had no sons, but daughters. And Sosan had an Egyptian servant, and his name *was* Jochel. ³⁵And Sosan gave his daughter to Jochel his servant to wife ; **and** she bore him Ethi. ³⁶And Ethi begot Na-

---

β *Gr.* not having children.

than, and Nathan begot Zabed, ³⁷and Zabed begot Aphamel, and Aphamel begot Obed. ³⁸And Obed begot Jeu, and Jeu begot Azarias, ³⁹and Azarias begot Chelles, and Chelles begot Eleasa, ⁴⁰and Eleasa begot Sosomai, and Sosomai begot Salum, ⁴¹and Salum begot Jechemias, and Jechemias begot Elisama, and Elisama begot Ismael.

⁴²And the sons of Chaleb the brother of Jerameel *were*, Marisa his first-born, he *is* the father of Ziph:—and the sons of Marisa the father of Chebron. ⁴³And the sons of Chebron; Core, and Thapphus, and Recom, and Samaa. ⁴⁴And Samaa begot Raem the father of Jeclan: and Jeclan begot Samai. ⁴⁵And his son *was* Maon: and Maon *is* the father of Bæthsur. ⁴⁶And Gæpha the concubine of Chaleb bore Aram, and Mosa, and Gezue. ⁴⁷And the sons of Addai *were* Ragem, and Joatham, and Sogar, and Phalec, and Gæpha, and Sagae. ⁴⁸And Chaleb's concubine Mocha bore Saber, and Tharam. ⁴⁹She bore also Sagae the father of Madmena, and Sau the father of Machabena, and the father of Gæbal: and the daughter of Chaleb *was* Ascha.

⁵⁰These were the sons of Chaleb: the sons of Or the first-born of Ephratha; Sobal the father of Cariathiarim, ⁵¹Salomon the father of Bætha, Lammon the father of Bæthalaem, and Arim the father of Bethgedor. ⁵²And the sons of Sobal the father of Cariathiarim were Araa, and Æsi, and Ammanith, ⁵³and Umasphaë, cities of Jair; Æthalim, and Miphithim, and Hesamathim, and Hemasaraim; from these went forth the Sarathæans, and the sons of Esthaam. ⁵⁴The sons of Salomon; Bæthalaem, the Netophathite, Ataroth of the house of Joab, and half of the family of Malathi, Esari. ⁵⁵The families of the scribes dwelling in Jabis; Thargathiim, and Samathiim, and Sochathim, these *are* the Kinæans that came of Hemath, the father of the house of Rechab.

Now these were the sons of David that were born to him in Chebron; the first-born Amnon, *born* of Achinaam the Jezraelitess; the second Damniel, of Abigaia the Carmelitess. ²The third, Abessalom, the son of Mocha the daughter of Tholmai king of Gedsur; the fourth, Adonia the son of Aggith. ³The fifth, Saphatia, *the son* of Abital; the sixth, Jethraam, *born* of Agla his wife. ⁴Six were born to him in Chebron; and he reigned there seven years and six months: and he reigned thirty-three years in Jerusalem. ⁵And these were born to him in Jerusalem; Samaa, Sobab, Nathan, and Solomon; four *of* Bersabee the daughter of Amiel; ⁶and Ebaar, and Elisa, and Eliphaleth, ⁷and Nagai, and Naphec, and Japhie, ⁸and Helisama, and Eliada, and Eliphala, nine. ⁹All *these were* the sons of David, besides the sons of the concubines, and *there was also* Themar their sister.

¹⁰The sons of Solomon; Roboam, Abia his son, Asa his son, Josaphat his son, ¹¹Joram his son, Ochozias his son, Joas his son, ¹²Amasias his son, Azarias his son, Joathan his son, ¹³Achaz his son, Ezekias his son, Manasses his son, ¹⁴Amon his son, Josia his son. ¹⁵And the sons of Josia; the first-born Joanan, the second Joakim, the third Sedekias, the fourth Salum. ¹⁶And the sons of Joakim; Jechonias his son, Sedekias his

Ναθὰν ἐγέννησε τὸν Ζαβὲδ, καὶ Ζαβὲδ ἐγέννησε τὸν Ἀφαμὴλ, 37 καὶ Ἀφαμὴλ ἐγέννησε τὸν Ὠβὴδ, καὶ Ὠβὴδ ἐγέννησε τὸν 38 Ἰηοῦ, καὶ Ἰηοῦ ἐγέννησε τὸν Ἀζαρίαν, καὶ Ἀζαρίας ἐγέννησε 39 τὸν Χελλῆς, καὶ Χελλῆς ἐγέννησε τὸν Ἐλεασὰ, καὶ Ἐλεασὰ 40 ἐγέννησε τὸν Σοσομαὶ, καὶ Σοσομαὶ ἐγέννησε τὸν Σαλοὺμ, καὶ Σαλοὺμ ἐγέννησε τὸν Ἰεχεμίαν, καὶ Ἰεχεμίας ἐγέννησε τὸν 41 Ἐλισαμὰ, καὶ Ἐλισαμὰ ἐγέννησε τὸν Ἰσμαήλ.

Καὶ υἱοὶ Χαλὲβ ἀδελφοῦ Ἱεραμεὴλ, Μαρισὰ ὁ πρωτότοκος 42 αὐτοῦ· οὗτος πατὴρ Ζίφ· καὶ υἱοὶ Μαρισὰ πατρὸς Χεβρών. Καὶ υἱοὶ Χεβρὼν, Κορὲ, καὶ Θαπφοὺς, καὶ Ῥεκὸμ, καὶ Σαμαά. 43 Καὶ Σαμαὰ ἐγέννησε τὸν Ῥαὲμ πατέρα Ἰεκλὰν, καὶ Ἰεκλὰν 44 ἐγέννησε τὸν Σαμαί. Καὶ υἱὸς αὐτοῦ Μαών· καὶ Μαὼν ὁ 45 πατὴρ Βαιθσούρ. Καὶ Γαιφὰ ἡ παλλακὴ Χαλὲβ ἐγέννησε 46 τὸν Ἀρὰμ, καὶ τὸν Μοσὰ, καὶ τὸν Γεζουέ. Καὶ υἱοὶ Ἀδδαὶ, 47 Ῥαγὲμ, καὶ Ἰωάθαμ, καὶ Σωγὰρ, καὶ Φαλὲκ, καὶ Γαιφὰ, καὶ Σαγαέ. Καὶ ἡ παλλακὴ Χαλὲβ Μωχὰ ἐγέννησε τὸν Σαβὲρ, 48 καὶ τὸν Θαράμ. Καὶ ἐγέννησε Σαγαὲ πατέρα Μαδμηνὰ, καὶ 49 τὸν Σαοῦ πατέρα Μαχαβηνὰ, καὶ πατέρα Γαιβάλ· καὶ θυγάτηρ Χαλὲβ, Ἀσχά.

Οὗτοι ἦσαν υἱοὶ Χαλὲβ· υἱοὶ Ὤρ πρωτοτόκου Ἐφραθά· 50 Σωβὰλ πατὴρ Καριαθιαρὶμ, Σαλωμὼν πατὴρ Βαιθὰ, Λαμμὼν 51 πατὴρ Βαιθαλαὲμ, καὶ Ἀρὶμ πατὴρ Βεθγεδώρ. Καὶ ἦσαν υἱοὶ 52 τῷ Σωβὰλ πατρὶ Καριαθιαρὶμ Ἀραὰ, καὶ Αἰσὶ, καὶ Ἀμμανὶθ, καὶ Οὐμασφαὲ, πόλεις Ἰαὶρ, Αἰθαλὶμ, καὶ Μιφιθὶμ, καὶ 53 Ἠσαμαθὶμ, καὶ Ἠμασαραΐμ· ἐκ τούτων ἐξῆλθοσαν οἱ Σαραθαῖοι, καὶ υἱοὶ Ἐσθαάμ. Υἱοὶ Σαλωμὼν Βαιθαλαὲμ, ὁ Νετω- 54 φατὶ, Ἀταρὼθ οἴκου Ἰωὰβ, καὶ ἥμισυ τῆς Μαλαθὶ, Ἠσαρὶ. Πατριαὶ γραμματέων κατοικοῦντες ἐν Ἰάβις Θαργαθιὶμ, καὶ 55 Σαμαθιὶμ, καὶ Σωχαθίμ· οὗτοι οἱ Κιναῖοι οἱ ἐλθόντες ἐξ Αἱμὰθ πατρὸς οἴκου Ῥηχάβ.

Καὶ οὗτοι ἦσαν υἱοὶ Δαυὶδ οἱ τεχθέντες αὐτῷ ἐν Χεβρών· 3 ὁ πρωτότοκος Ἀμνὼν τῇ Ἀχιναὰμ τῇ Ἰεζραηλίτιδι· ὁ δεύτερος Δαμνιὴλ τῇ Ἀβιγαίᾳ τῇ Καρμηλίᾳ. Ὁ τρίτος Ἀβεσσαλὼμ, 2 υἱὸς Μωχὰ θυγατρὸς Θολμαῖ βασιλέως Γεδσούρ· ὁ τέταρτος Ἀδωνία υἱὸς Ἀγγίθ. Ὁ πέμπτος Σαφατία τῆς Ἀβιτάλ· 3 ὁ ἕκτος Ἰεθραὰμ τῇ Ἀγλᾷ γυναικὶ αὐτοῦ. Ἓξ ἐγεννήθησαν 4 αὐτῷ ἐν Χεβρών· καὶ ἐβασίλευσεν ἐκεῖ ἑπτὰ ἔτη, καὶ ἑξάμηνον· καὶ τριάκοντα καὶ τρία ἔτη ἐβασίλευσεν ἐν Ἱερουσαλήμ. Καὶ 5 οὗτοι ἐτέχθησαν αὐτῷ ἐν Ἱερουσαλήμ· Σαμαὰ, Σωβὰβ, Νάθαν, καὶ Σαλωμών· τέσσαρες τῇ Βηρσαβεὲ θυγατρὶ Ἀμιήλ· Καὶ 6 Ἐβαὰρ, καὶ Ἐλισὰ, καὶ Ἐλιφαλὴθ, καὶ Ναγαὶ, καὶ Ναφὲκ, 7 καὶ Ἰαφιὲ, καὶ Ἐλισαμὰ, καὶ Ἐλιαδὰ, καὶ Ἐλιφαλὰ, ἐννέα. 8 Πάντες υἱοὶ Δαυὶδ, πλὴν τῶν υἱῶν τῶν παλλακῶν, καὶ Θήμαρ 9 ἀδελφὴ αὐτῶν.

Υἱοὶ Σαλωμὼν, Ῥοβοὰμ, Ἀβιὰ υἱὸς αὐτοῦ, Ἀσὰ υἱὸς αὐτοῦ, 10 Ἰωσαφὰτ υἱὸς αὐτοῦ, Ἰωρὰμ υἱὸς αὐτοῦ, Ὀχοζίας υἱὸς αὐτοῦ, 11 Ἰωὰς υἱὸς αὐτοῦ, Ἀμασίας υἱὸς αὐτοῦ, Ἀζαρίας υἱὸς αὐτοῦ, 12 Ἰωάθαν υἱὸς αὐτοῦ, Ἄχαζ υἱὸς αὐτοῦ, Ἐζεκίας υἱὸς αὐτοῦ, 13 Μανασσῆς υἱὸς αὐτοῦ, Ἀμὼν υἱὸς αὐτοῦ, Ἰωσία υἱὸς αὐτοῦ. 14 Καὶ υἱοὶ Ἰωσία, πρωτότοκος Ἰωανὰν, ὁ δεύτερος Ἰωακὶμ, 15 ὁ τρίτος Σεδεκίας, ὁ τέταρτος Σαλούμ. Καὶ υἱοὶ Ἰωακὶμ, Ἰεχονίας 16

17 υἱὸς αὐτοῦ, Σεδεκίας υἱὸς αὐτοῦ. Καὶ υἱοὶ Ἰεχονία, Ἀσὶρ,
18 Σαλαθιὴλ υἱὸς αὐτοῦ, Μελχιρὰμ, καὶ Φαδαΐας, καὶ Σανεσὰρ, καὶ Ἰεκιμία, καὶ Ὡσαμὰθ, καὶ Ναβαδίας.

19 Καὶ υἱοὶ Φαδαΐας, Ζοροβάβελ, καὶ Σεμεΐ· καὶ υἱοὶ Ζοροβάβελ, Μοσολλὰμ, καὶ Ἀνανία, καὶ Σαλωμεθὶ ἀδελφὴ αὐτῶν,
20 καὶ Ἀσουβὲ, καὶ Ὀόλ, καὶ Βαραχία, καὶ Ἀσαδία, καὶ Ἀσοβὲδ, πέντε.

21 Καὶ υἱοὶ Ἀνανία, Φαλεττία, καὶ Ἰεσίας υἱὸς αὐτοῦ, Ῥαφὰλ υἱὸς αὐτοῦ, Ὀρνὰ υἱὸς αὐτοῦ, Ἀβδία υἱὸς αὐτοῦ, Σεχενίας
22 υἱὸς αὐτοῦ. Καὶ υἱὸς Σεχενία, Σαμαΐα· καὶ υἱοὶ Σαμαΐα, Χαττοὺς, καὶ Ἰωὴλ, καὶ Βερρὶ, καὶ Νωαδία, καὶ Σαφὰθ, ἕξ.
23 Καὶ υἱοὶ Νωαδία, Ἐλιθενὰν, καὶ Ἐζεκία, καὶ Ἐζρικὰμ, τρεῖς.
24 Καὶ υἱοὶ Ἐλιθενὰν, Ὀδολία, καὶ Ἐλιασεβὼν, καὶ Φαδαΐα, καὶ Ἀκοὺβ, καὶ Ἰωανὰν, καὶ Δαλααΐα, καὶ Ἀνὰν, ἑπτά.

4 Καὶ υἱοὶ Ἰούδα, Φαρὲς, Ἐσρὼμ, καὶ Χαρμὶ, καὶ Ὢρ,
2 Σουβὰλ, καὶ Ῥάδα υἱὸς αὐτοῦ· καὶ Σουβὰλ ἐγέννησε τὸν Ἰέθ· καὶ Ἰὲθ ἐγέννησε τὸν Ἀχιμαΐ, καὶ τὸν Λαάδ· αὗται αἱ γενέσεις
3 τοῦ Ἀραθί. Καὶ οὗτοι υἱοὶ Αἰτὰμ, Ἰεζραὴλ, καὶ Ἰεσμὰν, καὶ
4 Ἰεβδάς· καὶ ὄνομα ἀδελφῆς αὐτῶν Ἐσηλεββών. Καὶ Φανουὴλ πατὴρ Γεδὼρ, καὶ Ἰαζὴρ πατὴρ Ὡσάν· οὗτοι υἱοὶ Ὢρ τοῦ πρωτοτόκου Ἐφραθὰ πατρὸς Βαιθαλαέν.
5 Καὶ τῷ Ἀσοὺρ πατρὶ Θεκωὲ ἦσαν δύο γυναῖκες, Ἀωδὰ, καὶ
6 Θοαδά. Καὶ ἔτεκεν αὐτῷ Ἀωδὰ τὸν Ὠχαία, καὶ τὸν Ἠφὰλ, καὶ τὸν Θαιμὰν, καὶ τὸν Ἀασθήρ· πάντες οὗτοι υἱοὶ Ἀωδᾶς.
7, 8 Καὶ υἱοὶ Θοαδᾶς, Σερὲθ, καὶ Σαὰρ, καὶ Ἐσθανάμ. Καὶ Κωὲ ἐγέννησε τὸν Ἐνὼβ, καὶ τὸν Σαβαθά· καὶ γεννήσεις
9 ἀδελφοῦ Ῥηχὰβ, υἱοῦ Ἰαρίν. Καὶ ἦν Ἰγαβὴς ἔνδοξος ὑπὲρ τοὺς ἀδελφοὺς αὐτοῦ· καὶ ἡ μήτηρ ἐκάλεσε τὸ ὄνομα αὐτοῦ
10 Ἰγαβὴς, λέγουσα, ἔτεκον ὡς γαβής. Καὶ ἐπεκαλέσατο Ἰγαβὴς τὸν Θεὸν Ἰσραὴλ, λέγων, ἐὰν εὐλογῶν εὐλογήσῃς με, καὶ πληθύνῃς τὰ ὅριά μου, καὶ ᾖ ἡ χείρ σου μετ' ἐμοῦ, καὶ ποιήσῃς γνῶσιν τοῦ μὴ ταπεινῶσαί με· καὶ ἐπήγαγεν ὁ Θεὸς πάντα ὅσα ᾐτήσατο.
11 Καὶ Χαλὲβ πατὴρ Ἀσχὰ ἐγέννησε τὸν Μαχίρ· οὗτος πατὴρ
12 Ἀσσαθών. Ἐγέννησε τὸν Βαθραίαν, καὶ τὸν Βεσσηὲ, καὶ τὸν Θαιμὰν πατέρα πόλεως Ναὰς ἀδελφοῦ Ἐσελὼμ τοῦ
13 Κενεζί· οὗτοι ἄνδρες Ῥηχάβ. Καὶ υἱοὶ Κενὲζ, Γοθονιὴλ,
14 καὶ Σαραΐα· καὶ υἱοὶ Γοθονιὴλ, Ἀθάθ. Καὶ Μαναθὶ ἐγέννησε τὸν Γοφερά· καὶ Σαραΐα ἐγέννησε τὸν Ἰωβὰβ, πατέρα Ἀγεαδ-
15 δαὶρ, ὅτι τέκτονες ἦσαν. Καὶ υἱοὶ Χαλὲβ υἱοῦ Ἰεφοννὴ, Ἢρ,
16 Ἀδὰ, καὶ Νοόμ· καὶ υἱοὶ Ἀδὰ, Κενέζ. Καὶ υἱοὶ Ἀλεὴλ, Ζὶβ,
17 καὶ Ζεφὰ, καὶ Θιριὰ, καὶ Ἐσερήλ. Καὶ υἱοὶ Ἐσρὶ, Ἰεθὲρ, Μωρὰδ, καὶ Ἄφερ, καὶ Ἰαμών· καὶ ἐγέννησεν Ἰεθὲρ τὸν Μαρὼν, καὶ τὸν Σεμεῒ, καὶ τὸν Ἰεσβὰ πατέρα Ἐσθαίμων.
18 Καὶ ἡ γυνὴ αὐτοῦ αὕτη Ἀδία ἔτεκε τὸν Ἰάρεδ πατέρα Γεδὼρ, καὶ τὸν Ἀβὲρ πατέρα Σωχὼν, καὶ τὸν Χετιὴλ πατέρα Ζαμών· καὶ οὗτοι υἱοὶ Βεθθία θυγατρὸς Φαραώ, ἣν ἔλαβε Μωρήδ.
19 Καὶ υἱοὶ γυναικὸς τῆς Ἰδουΐας ἀδελφῆς Ναχαὶμ πατρὸς

---

son. [17]And the sons of Jechonias; Asir, Salathiel his son, [18]Melchiram, and Phadaias, and Sanesar, and Jekimia, and Hosamath, and Nabadias.

[19]And the sons of Phadaias; Zorobabel, and Semei: and the sons of Zorobabel; Mosollam, and Anania, and Salomethi *was* their sister. [20]And Asube, and Ool, and Barachia, and Asadia, and Asobed, five. [21]And the sons of Anania, Phalettia, and Jesias his son, Raphal his son, Orna his son, Abdia his son, Sechenias his son. [22]And the son of Sechenias; Samaia: and the sons of Samaia; Chattus, and Joel, and Berri and Noadia, and Saphath, six. [23]And the sons of Noadia: Elithenan, and Ezekia, and Ezricam, three. [24]And the sons of Elithenan; Odolia, and Heliasebon, and Phadaia, and Akub, and Joanan, and Dalaaia, and Anan, seven.

And the sons of Juda; Phares, Esrom, and Charmi, and Or, Subal, [2]and Rada his son; and Subal begot Jeth; and Jeth begot Achimai, and Laad: these *are* the generations of the Arathites.[β] [3]And these *are* the sons of Ætam; Jezrael and Jesman, and Jebdas: and their sister's name *was* Eselebbon. [4]And Phanuel the father of Gedor, and Jazer the father of Osan: these *are* the sons of Or, the first-born of Ephratha, the father of Bæthalaen.

[5]And Asur the father of Thecoe had two wives, Aoda and Thoada. [6]And Aoda bore to him Ochaia, and Ephal, and Thæman, and Aasther: all these *were* the sons of Aoda. [7]And the sons of Thoada; Sereth, and Saar, and Esthanam. [8]And Coe begot Enob, and Sabatha, and the progeny of the brother of Rechab, the son of Jarin. [9]And Igabes was more famous than his brethren; and his mother called his name Igabes, saying, I have born as a sorrowful one. [10]And Igabes called on the God of Israel, saying, [γ]O that thou wouldest indeed bless me, and enlarge my coasts, and that thy hand might be with me, and that thou wouldest make me know that thou wilt not grieve me! And God [δ]granted him all that he asked.

[11]And Chaleb the father of Ascha begot Machir; he *was* the father of Assathon. [12]He begot Bathraias, and Bessee, and Thæman the [ς]founder of the city of Naas the brother of Eselom the Kenezite: these *were* the men of Rechab. [13]And the sons of Kenez; Gothoniel, and Saraia: and the sons of Gothoniel; Athath. [14]And Manathi begot Gophera: and Saraia begot Jobab, the father of Ageaddair, for they were artificers. [15]And the sons of Chaleb the son of Jephonne; Er, Ada, and Noom: and the sons of Ada, Kenez. [16]And the sons of Aleel; Zib, and Zepha, and Thiria, and Eserel. [17]And the sons of Esri; Jether, Morad, and Apher, and Jamon: and Jether begot Maron, and Semei, and Jesba the father of Esthæmon. [18]And his wife, [θ]that *is* Adia, bore Jared the father of Gedor, and Aber the father of Sochon, and Chetiel the father of Zamon: and these *are* the sons of Betthia the daughter of Pharao, whom Mored took. [19]And the sons of the wife of Iduia the sister of Nachaim the father of Keila; Gar-

---

β *Gr.* the Arathite.   γ *Gr.* if blessing thou wouldest bless.   δ *Gr.* brought upon him.   ς *Gr.* father.   θ *Gr.* this.

mi, and Esthæmon the Nochathite. ²⁰And the sons of Semon; Amnon, and Ana the son of Phana, and Inon: and the sons of Sei, Zoan, and the sons of Zoab.

²¹The sons of Selom the son of Juda; Er the father of Lechab, and Laada the father of Marisa, and the β offspring of the family of Ephrathabac *belonging to* the house of Esoba. ²²And Joakim, and the men of Chozeba, and Joas, and Saraph, who dwelt in Moab, and he changed γ their names to Abederin and Athukiim. ²³These *are* the potters who dwelt in Ataim and Gadira with the king: they grew strong in his kingdom, and dwelt there.

²⁴The sons of Semeon; Namuel, and Jamin, Jarib, Zares, Saul: ²⁵Salem his son, Mabasam his son, Masma his son: ²⁶Amuel his son, Sabud his son, Zacchur his son, Semei his son. ²⁷Semei *had* sixteen sons, and six daughters; and his brethren had not many sons, neither did all their families multiply as the sons of Juda. ²⁸And they dwelt in Bersabee, and Molada, and in Esersual, ²⁹and in Balaa, and in Æsem, and in Tholad, ³⁰and in Bathuel, and in Herma, and in Sikelag, ³¹and in Bœthmarimoth, and Hemisuseosin, and the house of Baruseorim: these *were* their cities until *the time of* king David. ³²And their villages *were* Ætan, and En, Remnon, and Thocca, and Æsar, five cities. ³³And all their villages *were* round about these cities, as far as Baal: this *was* their possession, and their distribution. ³⁴And Mosobab, and Jemoloch, and Josia the son of Amasia; ³⁵and Joel, and Jeu the son of Asabia, the son of Sarau, the son of Asiel; ³⁶and Elionai, and Jocaba, and Jasuia, and Asaia, and Jediel, and Ismael, and Banaias; ³⁷and Zuza the son of Saphai, the son of Alon, the son of Jedia, the son of Semri, the son of Samaias. ³⁸These went by the names of princes in their families, and they increased abundantly in their fathers' households.

³⁹And they went till they came to Gerara, to the east of Gai, to seek pasture for their cattle. ⁴⁰And they found abundant and good pastures, and the land before them *was* wide, and *there was* peace and quietness; for *there were* some of the children of Cham who dwelt there before. ⁴¹And these who are written by name came in the days of Ezekias king of Juda, and they smote δ the people's houses, and the Minæans whom they found there, and ζ utterly destroyed them until this day: and they dwelt in their place, because *there was* pasture there for their cattle. ⁴²And some of them, *even* of the sons of Symeon, went to mount Seir, *even* five hundred men; and Phalaettia, and Noadia, and Raphaia, and Oziel, sons of Jesi, *were* their rulers. ⁴³And they smote the remnant that were left of Amalec, until this day.

And the sons of Ruben the first-born of Israel (for he *was* the first-born; but because of his going up to his father's couch, *his father* gave his blessing to his son Joseph, *even* the son of Israel; and he was not reckoned as first-born; ²for Judas *was* very mighty even among his brethren, and one

Κεϊλὰ, Γαρμὶ, καὶ Ἐσθαιμὼν Νωχαθί. Καὶ υἱοὶ Σεμὼν, 20 Ἀμνὼν, καὶ Ἀνὰ υἱὸς Φανὰ, καὶ Ἰνών· καὶ υἱοὶ Σεὶ, Ζωὰν, καὶ υἱοὶ Ζωάβ.

Υἱοὶ Σηλὼμ υἱοῦ Ἰούδα, Ἢρ πατὴρ Ληχὰβ, καὶ Λααδὰ 21 πατὴρ Μαρισά· καὶ γενέσεις οἰκείων Ἐφραθαβὰκ τῷ οἴκῳ Ἐσοβὰ, καὶ Ἰωακὶμ, καὶ ἄνδρες Χωζηβὰ, καὶ Ἰωὰς, καὶ 22 Σαρὰφ, οἳ κατῴκησαν ἐν Μωάβ· καὶ ἀπέστρεψεν αὐτοὺς ἀβεδηρὶν, ἀθουκίμ· Οὗτοι κεραμεῖς οἱ κατοικοῦντες ἐν Ἀταὶμ 23 καὶ Γαδιρὰ μετὰ τοῦ βασιλέως, ἐν τῇ βασιλείᾳ αὐτοῦ ἐνίσχυσαν, καὶ κατῴκησαν ἐκεῖ.

Υἱοὶ Σεμεὼν, Ναμουήλ, καὶ Ἰαμὶν, Ἰαρὶβ, Ζαρὲς, Σαοὺλ, 24 Σαλὲμ υἱὸς αὐτοῦ, Μαβασὰμ υἱὸς αὐτοῦ, Μασμὰ υἱὸς αὐτοῦ, 25 Ἀμουὴλ υἱὸς αὐτοῦ, Σαβοὺδ υἱὸς αὐτοῦ, Ζακχοὺρ υἱὸς αὐτοῦ, 26 Σεμεὶ υἱὸς αὐτοῦ· Τῷ Σεμεὶ υἱοὶ ἑκκαίδεκα, καὶ θυγατέρες ἕξ· 27 καὶ τοῖς ἀδελφοῖς αὐτῶν οὐκ ἦσαν υἱοὶ πολλοί· καὶ πᾶσαι αἱ πατριαὶ αὐτῶν οὐκ ἐπλεόνασαν ὡς υἱοὶ Ἰούδα. Καὶ κατῴκησαν 28 ἐν Βηρσαβεὲ, καὶ Μωλαδὰ, καὶ ἐν Ἐσερσουὰλ, καὶ ἐν Βαλαὰ, 29 καὶ ἐν Αἰσὲμ, καὶ ἐν Θωλὰδ, καὶ ἐν Βαθουὴλ, καὶ ἐν Ἐρμὰ, 30 καὶ ἐν Σικελὰγ, καὶ ἐν Βαιθμαριμὼθ, καὶ Ἡμισουσεωσὶν, καὶ 31 οἴκου Βαρουσεωρίμ· αὗται αἱ πόλεις αὐτῶν ἕως βασιλέως Δαυίδ. Καὶ ἐπαύλεις αὐτῶν Αἰτὰν, καὶ Ἢν, Ῥεμνὼν, καὶ 32 Θοκκὰ, καὶ Αἰσὰρ, πόλεις πέντε. Καὶ πᾶσαι ἐπαύλεις αὐτῶν 33 κύκλῳ τῶν πόλεων τούτων ἕως Βάαλ· αὕτη κατάσχεσις αὐτῶν, καὶ ὁ καταλοχισμὸς αὐτῶν. Καὶ Μοσωβὰβ, καὶ Ἰεμολὸχ, 34 καὶ Ἰωσία υἱὸς Ἀμασία, καὶ Ἰωὴλ, καὶ Ἰηοὺ υἱὸς Ἀσαβία, 35 υἱὸς Σαραῦ, υἱὸς Ἀσιὴλ, καὶ Ἐλιωναὶ, καὶ Ἰωκαβὰ, καὶ 36 Ἰασονία, καὶ Ἀσαία, καὶ Ἰεδιὴλ, καὶ Ἰσμαὴλ, καὶ Βαναίας, καὶ Ζουζὰ υἱὸς Σαφαὶ, υἱοῦ Ἀλὼν, υἱοῦ Ἰεδιὰ, υἱοῦ Σεμρὶ, υἱοῦ 37 Σαμαίου. Οὗτοι οἱ διελθόντες ἐν ὀνόμασιν ἀρχόντων ἐν ταῖς 38 γενέσεσιν αὐτῶν, καὶ ἐν οἴκοις πατριῶν αὐτῶν ἐπληθύνθησαν εἰς πλῆθος.

Καὶ ἐπορεύθησαν ἕως τοῦ ἐλθεῖν Γέραρα ἕως τῶν ἀνατολῶν 39 τῆς Γαὶ, τοῦ ζητῆσαι νομὰς τοῖς κτήνεσιν αὐτῶν. Καὶ εὗρον 40 νομὰς πλείονας καὶ ἀγαθάς· καὶ ἡ γῆ πλατεῖα ἐναντίον αὐτῶν, καὶ εἰρήνη καὶ ἡσυχία, ὅτι ἐκ τῶν υἱῶν Χὰμ τῶν κατοικούντων ἐκεῖ ἔμπροσθεν. Καὶ ἤλθοσαν οὗτοι οἱ γεγραμμένοι ἐπ᾽ 41 ὀνόματος ἐν ἡμέραις Ἐζεκίου βασιλέως Ἰούδα, καὶ ἐπάταξαν τοὺς οἴκους αὐτῶν καὶ τοὺς Μιναίους οὓς εὕροσαν ἐκεῖ, καὶ ἀνεθεμάτισαν αὐτοὺς ἕως τῆς ἡμέρας ταύτης· καὶ ᾤκησαν ἀντ᾽ αὐτῶν, ὅτι νομαὶ τοῖς κτήνεσιν αὐτῶν ἐκεῖ. Καὶ ἐξ αὐτῶν ἀπὸ 42 τῶν υἱῶν Συμεὼν ἐπορεύθησαν εἰς ὄρος Σηὶρ ἄνδρες πεντακόσιοι, καὶ Φαλαεττία, καὶ Νωαδία, καὶ Ῥαφαΐα, καὶ Ὀζιὴλ υἱοὶ Ἰεσὶ ἄρχοντες αὐτῶν. Καὶ ἐπάταξαν τοὺς καταλοίπους τοὺς καταλειφθέντας τοῦ Ἀμαλὴκ ἕως τῆς ἡμέρας ταύτης. 43

Καὶ υἱοὶ Ῥουβὴν πρωτοτόκου Ἰσραήλ· ὅτι οὗτος ὁ πρωτό- 5 τοκος, καὶ ἐν τῷ ἀναβῆναι ἐπὶ τὴν κοίτην τοῦ πατρὸς αὐτοῦ, ἔδωκε τὴν εὐλογίαν αὐτοῦ τῷ υἱῷ αὐτοῦ Ἰωσὴφ υἱῷ Ἰσραήλ, καὶ οὐκ ἐγενεαλογήθη εἰς πρωτοτόκια, ὅτι Ἰούδας δυνατὸς 2 ἰσχύϊ καὶ ἐν τοῖς ἀδελφοῖς αὐτοῦ, καὶ εἰς ἡγούμενον ἐξ αὐτοῦ,

---

β *Gr.* births of the people of the household.   γ *Gr.* them. See *Heb.*   δ *Gr.* their houses.   ζ *Lit.* devoted them to destruction.

3 καὶ ἡ εὐλογία τοῦ Ἰωσήφ· Υἱοὶ Ῥουβὴν πρωτοτόκου Ἰσραὴλ,
4 Ἐνὼχ, καὶ Φαλλοὺς, Ἀσρὼμ, καὶ Χαρμί. Υἱοὶ Ἰωὴλ, Σεμεΐ,
5 καὶ Βαναία υἱὸς αὐτοῦ· καὶ υἱοὶ Γοὺγ υἱοῦ Σεμεΐ, υἱὸς αὐτοῦ
6 Μιχὰ, υἱὸς αὐτοῦ Ῥηχὰ, υἱὸς αὐτοῦ Ἰωὴλ, υἱὸς αὐτοῦ Βεὴλ,
ὃν μετῴκισε Θαγλαφαλλασὰρ βασιλεὺς Ἀσσούρ· οὗτος ἄρχων
τῶν Ῥουβήν.

7 Καὶ ἀδελφοὶ αὐτοῦ τῇ πατρίδι αὐτοῦ ἐν τοῖς καταλοχισμοῖς
8 αὐτῶν κατὰ γενέσεις αὐτῶν, ὁ ἄρχων Ἰωὴλ, καὶ Ζαχαρία, καὶ
Βαλὲκ υἱὸς Ἀζούζ, υἱὸς Σαμὰ, υἱὸς Ἰωήλ· οὗτος κατῴκησεν ἐν
9 Ἀροὴρ, καὶ ἐπὶ Ναβαῦ, καὶ Βεελμασσών. Καὶ πρὸς ἀνατολὰς
κατῴκησεν ἕως ἐρχομένων τῆς ἐρήμου, ἀπὸ τοῦ ποταμοῦ Εὐφρά-
10 του, ὅτι κτήνη αὐτῶν πολλὰ ἐν γῇ Γαλαάδ. Καὶ ἐν ἡμέραις
Σαοὺλ ἐποίησαν πόλεμον πρὸς τοὺς παροίκους, καὶ ἔπεσον ἐν
χερσὶν αὐτῶν κατοικοῦντες ἐν σκηναῖς αὐτῶν πάντες κατ᾽ ἀνα-
τολὰς τῆς Γαλαάδ.

11 Υἱοὶ Γὰδ κατέναντι αὐτῶν κατῴκησαν ἐν γῇ Βασὰν ἕως
12 Σελά· Ἰωὴλ πρωτότοκος, καὶ Σαφὰμ ὁ δεύτερος, καὶ Ἰανὶν
13 ὁ γραμματεὺς ἐν Βασάν. Καὶ οἱ ἀδελφοὶ αὐτῶν κατ᾽ οἴκους
πατριῶν αὐτῶν, Μιχαὴλ, Μοσολλὰμ, καὶ Σεβεὲ, καὶ Ἰωρεὲ, καὶ
14 Ἰωαχὰν, καὶ Ζουὲ, καὶ Ὠβὴδ, ἑπτά. Οὗτοι υἱοὶ Ἀβιχαία υἱοῦ
Οὐρὶ, υἱοῦ Ἰδαΐ, υἱοῦ Γαλαάδ, υἱοῦ Μιχαὴλ, υἱοῦ Ἰεσαΐ, υἱοῦ
15 Ἰεδδαΐ, υἱοῦ Βουζ ἀδελφοῦ υἱοῦ Ἀβδιὴλ, υἱοῦ Γουνὶ, ἄρχων
16 οἴκου πατριῶν. Κατῴκουν ἐν Γαλαάδ, ἐν Βασὰν, καὶ ἐν ταῖς
17 κώμαις αὐτῶν, καὶ πάντα τὰ περίχωρα Σαρὼν ἕως ἐξόδου. Πάν-
των ὁ καταλοχισμὸς ἐν ἡμέραις Ἰωάθαμ βασιλέως Ἰούδα, καὶ
ἐν ἡμέραις Ἱεροβοὰμ βασιλέως Ἰσραήλ.

18 Υἱοὶ Ῥουβὴν καὶ Γὰδ καὶ ἥμισυ φυλῆς Μανασσῆ ἐξ υἱῶν
δυνάμεως, ἄνδρες αἴροντες ἀσπίδας καὶ μάχαιραν, καὶ τείνοντες
τόξον, καὶ δεδιδαγμένοι πόλεμον, τεσσαράκοντα καὶ τέσσαρες
χιλιάδες καὶ ἑπτακόσιοι καὶ ἑξήκοντα ἐκπορευόμενοι εἰς παρά-
19 ταξιν. Καὶ ἐποίουν πόλεμον μετὰ τῶν Ἀγαρηνῶν, καὶ Ἰτου-
20 ραίων, καὶ Ναφισαίων, καὶ Ναδαβαίων, καὶ κατίσχυσαν ἐπ᾽
αὐτῶν· καὶ ἐδόθησαν εἰς χεῖρας αὐτῶν Ἀγαραῖοι, καὶ πάντα τὰ
σκηνώματα αὐτῶν, ὅτι πρὸς τὸν Θεὸν ἐβόησαν ἐν τῷ πολέμῳ,
21 καὶ ἐπήκουσεν αὐτοῖς, ὅτι ἤλπισαν ἐπ᾽ αὐτόν. Καὶ ἠχμαλώ-
τευσαν τὴν ἀποσκευὴν αὐτῶν, καμήλους πεντακισχιλίας, καὶ
προβάτων διακοσίας πεντήκοντα χιλιάδας, ὄνους δισχιλίους,
22 καὶ ψυχὰς ἀνδρῶν ἑκατὸν χιλιάδας. Ὅτι τραυματίαι πολλοὶ
ἔπεσον, ὅτι παρὰ τοῦ Θεοῦ ὁ πόλεμος· καὶ κατῴκησαν ἀντ᾽
αὐτῶν ἕως μετοικεσίας.

23 Καὶ οἱ ἡμίσεις φυλῆς Μανασσῆ κατῴκησαν ἀπὸ Βασὰν
ἕως Βαάλ, Ἑρμών, καὶ Σανὶρ, καὶ ὄρος Ἀερμών· καὶ ἐν τῷ
24 Λιβάνῳ αὐτοὶ ἐπλεονάσθησαν. Καὶ οὗτοι ἀρχηγοὶ οἴκου πατ-
ριῶν αὐτῶν· Ὀφὲρ, καὶ Σεΐ, καὶ Ἐλιὴλ, καὶ Ἱερεμία, καὶ
Ὠδουΐα, καὶ Ἰεδιήλ· ἄνδρες ἰσχυροὶ δυνάμει, ἄνδρες ὀνομαστοὶ,
ἄρχοντες τῶν οἴκων πατριῶν αὐτῶν.

25 Καὶ ἠθέτησαν ἐν Θεῷ πατέρων αὐτῶν, καὶ ἐπόρνευσαν ὀπίσω
θεῶν τῶν λαῶν τῆς γῆς, οὓς ἐξῆρεν ὁ Θεὸς ἀπὸ προσώπου

was to be a ruler out of him: but the bless-
ing was Joseph's). ³ The sons of Ruben the
first-born of Israel; Enoch, and Phallus,
Asrom, and Charmi. ⁴ The sons of Joel;
Semei, and Banaia his son: and the sons of
Gug the son of Semei. ⁵ His son was Micha,
his son Recha, his son Joel, ⁶ his son Beël,
whom Thagla-phallasar king of Assyria car-
ried away captive: he is the chief of the
Rubenites.

⁷ And his brethren in his family, in their
distribution according to their generations;
the chief, Joel, and Zacharia. ⁸ And Balec
the son of Azuz, the son of Sama, the son
of Joel: he dwelt in Aroer, and even to
Naban, and Beelmasson. ⁹ And he dwelt
eastward ᵝ to the borders of the wilderness,
from the river Euphrates: for they had
much cattle in the land of Galaad. ¹⁰ And
in the days of Saul they made war upon the
sojourners in the land; and they fell into
their hands, all of them dwelling in their
tents eastward of Galaad.

¹¹ The sons of Gad dwelt over against
them in the land of Basan even to Sela.
¹² Joel the first-born, and Sapham the
second, and Janin the scribe in Basan.
¹³ And their brethren according to the houses
of their ᵞ fathers; Michael, Mosollam, and
Sebee, and Joree, and Joachan, and Zue, and
Obed, seven. ¹⁴ These are the sons of Abi-
chaia the son of Uri, the son of Idai, the son
of Galaad, the son of Michael, the son of
Jesai, the son of Jeddai, the son of Buz,
¹⁵ who was the brother ᵟ of the son of Abdiel,
the son of Guni, he was chief of the house of
their families. ¹⁶ They dwelt in Galaad, in
Basan, and in their villages, and in all the
country round about Saron to the ζ border.
¹⁷ The enumeration of them all took place in
the days of Joatham king of Juda, and in
the days of Jeroboam king of Israel.

¹⁸ The sons of Ruben and Gad, and the
half-tribe of Manasse, of mighty men, bear-
ing shields and sword, and bending the bow,
and skilled in war, were forty and four thou-
sand and seven hundred and sixty, going
forth to battle. ¹⁹ And they made war with
the Agarenes, and Itureans, and Naphiseans,
and Nadabeans, ²⁰ and they prevailed against
them: and the Agaraeans were given into
their hands, they and all their tents: for
they cried to God in the battle, and he
hearkened to them, because they trusted on
him. ²¹ And they took captive their store;
five thousand camels, and two hundred and
fifty thousand sheep, two thousand asses,
and a hundred thousand men. ²² For many
fell slain, because the war was of God. And
they dwelt in their place until the captivity.

²³ And the ᶿ half-tribe of Manasse dwelt
from Basan to Baal, Ermon, and Sanir, and
to the mount Aërmon: and they ᐁ increased
in Libanus. ²⁴ And these were the heads of
the houses of their families; Opher, and
Sei, and Eliel, and Jeremia, and Oduia, and
Jediel, mighty men of valour, men of re-
nown, heads of the houses of their families.

²⁵ But they rebelled against the God of
their fathers, and went a-whoring after the
gods of the nations of the ᵘ land, whom God

β Gr. till people coming to the wilderness.   γ Gr. fathers' families, etc.   δ The LXX. take אָח to mean 'brother.'   ζ Gr. outlet.
θ Gr. halves, or half-men.   λ Or, were spread abroad.   μ Or, earth.

cast out from before them. ²⁶ And the God of Israel stirred up the spirit of Phaloch king of Assyria, and the spirit of Thaglaphallasar king of Assyria, and carried away Ruben and Gaddi, and the half-tribe of Manasse, and brought them to Chaach, and Chabor, and to the river Gozan, until this day.

The sons of Levi: Gedson, Caath, and Merari. ² And the sons of Caath; Ambram, and Issaar, Chebron, and Oziel. ³ And the sons of Ambram; Aaron, and Moses, and Mariam: and the sons of Aaron; Nadab, and Abiud, Eleazar, and Ithamar. ⁴ Eleazar begot Phinees, Phinees begot Abisu; ⁵ Abisu begot Bokki, and Bokki begot Ozi; ⁶ Ozi begot Zaraia, Zaraia begot Mariel; ⁷ and Mariel begot Amaria, and Amaria begot Achitob; ⁸ and Achitob begot Sadoc, and Sadoc begot Achimaas; ⁹ and Achimaas begot Azarias, and Azarias begot Joanan; ¹⁰ and Joanan begot Azarias: he ministered as priest in the house which Solomon built in Jerusalem. ¹¹ And Azarias begot Amaria, and Amaria begot Achitob; ¹² and Achitob begot Sadoc, and Sadoc begot Salom; ¹³ and Salom begot Chelcias, and Chelcias begot Azarias; ¹⁴ and Azarias begot Saraia, and Saraias begot Josadac. ¹⁵ And Josadac went into captivity with Juda and Jerusalem ᵝ under Nabuchodonosor.

¹⁶ The sons of Levi: Gedson, Caath, and Merari. ¹⁷ And these are the names of the sons of Gedson; Lobeni, and Semei. ¹⁸ The sons of Caath; Ambram, and Issaar, Chebron, and Oziel. ¹⁹ The sons of Merari; Mooli and Musi: and these are the families of Levi, according to their families. ²⁰ To Gedson—to Lobeni his son—were born Jeth his son, Zammath his son, ²¹ Joab his son, Addi his son, Zara his son, Jethri his son. ²² The sons of Caath; Aminadab his son, Core his son, Aser his son; ²³ Helcana his son, Abisaph his son, Aser his son: ²⁴ Thaath his son, Uriel his son, Ozia his son, Saul his son. ²⁵ And the sons of Helcana; Amessi, and Achimoth. ²⁶ Helcana his son, Suphi his son, Cainaath his son; ²⁷ Eliab his son, Jeroboam his son, Helcana his son. ²⁸ The sons of Samuel; the first-born Sani, and Abia. ²⁹ The sons of Merari; Mooli, Lobeni his son, Semei his son, Oza his son; ³⁰ Samaa his son, Angia his son, Asaias his son.

³¹ And these were the men whom David set over the ᵞ service of the singers in the house of the Lord when the ark was at rest. ³² And they ministered in front of the tabernacle of witness playing on instruments, until Solomon built the house of the Lord in Jerusalem; and they stood according to their order for their services.

³³ And these were the men that stood, and their sons, of the sons of Caath: Æman the psalm singer, son of Joel, the son of Samuel, ³⁴ the son of Helcana, the son of Jeroboam, the son of Eliel, the son of Thoas, ³⁵ the son of Suph, the son of Helcana, the son of Maath, the son of Amathi, ³⁶ the son of Helcana, the son of Joel, the son of Azarias, the son of Japhanias, ³⁷ the son of Thaath, the

αὐτῶν. Καὶ ἐπήγειρεν ὁ Θεὸς Ἰσραὴλ τὸ πνεῦμα Φαλὼχ 26 βασιλέως Ἀσσοὺρ, καὶ τὸ πνεῦμα Θαγλαφαλλασὰρ βασιλέως Ἀσσοὺρ, καὶ μετῴκισε τὸν Ῥουβὴν, καὶ τὸν Γαδδὶ, καὶ τὸ ἥμισυ φυλῆς Μανασσῆ, καὶ ἤγαγεν αὐτοὺς εἰς Χαὰχ, καὶ Χαβὼρ, καὶ ἐπὶ ποταμὸν Γωζὰν ἕως τῆς ἡμέρας ταύτης.

Υἱοὶ Λευὶ, Γεδσὼν, Καὰθ, καὶ Μεραρί. Καὶ υἱοὶ Καὰθ, 6 Ἀμβρὰμ, καὶ Ἰσσαὰρ, Χεβρὼν, καὶ Ὀζιήλ. Καὶ υἱοὶ 2, 3 Ἀμβρὰμ, Ἀαρὼν, καὶ Μωυσῆς, καὶ Μαριάμ· καὶ υἱοὶ Ἀαρὼν, Ναδὰβ, καὶ Ἀβιοὺδ, Ἐλεάζαρ, καὶ Ἰθάμαρ. Ἐλεάζαρ ἐγέν- 4 νησε τὸν Φινεὲς, Φινεὲς ἐγέννησε τὸν Ἀβισοὺ, Ἀβισοὺ ἐγέν- 5 νησε τὸν Βοκκὶ, καὶ Βοκκὶ ἐγέννησε τὸν Ὀζὶ, Ὀζὶ ἐγέννησε 6 τὸν Ζαραΐα, Ζαραΐα ἐγέννησε τὸν Μαριὴλ, καὶ Μαριὴλ ἐγέννησε 7 τὸν Ἀμαρία, καὶ Ἀμαρία ἐγέννησε τὸν Ἀχιτὼβ, καὶ Ἀχιτὼβ 8 ἐγέννησε τὸν Σαδὼκ, καὶ Σαδὼκ ἐγέννησε τὸν Ἀχιμάας, καὶ 9 Ἀχιμάας ἐγέννησε τὸν Ἀζαρίαν, καὶ Ἀζαρίας ἐγέννησε τὸν Ἰωανὰν, καὶ Ἰωανὰν ἐγέννησε τὸν Ἀζαρίαν, οὗτος ἱεράτευσεν 10 ἐν τῷ οἴκῳ ᾧ ᾠκοδόμησε Σαλωμὼν ἐν Ἱερουσαλήμ· Καὶ 11 ἐγέννησεν Ἀζαρίας τὸν Ἀμαρία, καὶ Ἀμαρία ἐγέννησε τὸν Ἀχιτὼβ, καὶ Ἀχιτὼβ ἐγέννησε τὸν Σαδὼκ, καὶ Σαδὼκ ἐγέν- 12 νησε τὸν Σαλὼμ, καὶ Σαλὼμ ἐγέννησε τὸν Χελκίαν, καὶ 13 Χελκίας ἐγέννησε τὸν Ἀζαρίαν, καὶ Ἀζαρίας ἐγέννησε τὸν 14 Σαραΐα, καὶ Σαραΐας ἐγέννησε τὸν Ἰωσαδάκ. Καὶ Ἰωσαδὰκ 15 ἐπορεύθη ἐν τῇ μετοικίᾳ μετὰ Ἰούδα καὶ Ἱερουσαλὴμ ἐν χειρὶ Ναβουχοδονόσορ.

Υἱοὶ Λευὶ, Γεδσὼν, Καὰθ, καὶ Μεραρί. Καὶ ταῦτα τὰ 16, 17 ὀνόματα τῶν υἱῶν Γεδσὼν, Λοβενὶ, καὶ Σεμεί. Υἱοὶ Καὰθ, 18 Ἀμβρὰμ, καὶ Ἰσσαὰρ, Χεβρὼν, καὶ Ὀζιήλ. Υἱοὶ Μεραρὶ, 19 Μοολὶ, καὶ ὁ Μουσί· καὶ αὗται αἱ πατριαὶ τοῦ Λευὶ κατὰ πατριὰς αὐτῶν. Τῷ Γεδσὼν, τῷ Λοβενὶ υἱῷ αὐτοῦ, Ἰὲθ υἱὸς 20 αὐτοῦ, Ζαμμὰθ υἱὸς αὐτοῦ, Ἰωὰβ υἱὸς αὐτοῦ, Ἀδδὶ υἱὸς αὐτοῦ, 21 Ζαρὰ υἱὸς αὐτοῦ, Ἰεθρὶ υἱὸς αὐτοῦ. Υἱοὶ Καὰθ, Ἀμιναδὰβ 22 υἱὸς αὐτοῦ, Κορὲ υἱὸς αὐτοῦ, Ἀσὴρ υἱὸς αὐτοῦ, Ἑλκανὰ υἱὸς 23 αὐτοῦ, Ἀβισὰφ υἱὸς αὐτοῦ, Ἀσὴρ υἱὸς αὐτοῦ, Θαὰθ υἱὸς 24 αὐτοῦ, Οὐριὴλ υἱὸς αὐτοῦ, Ὀζία υἱὸς αὐτοῦ, Σαοὺλ υἱὸς αὐτοῦ. Καὶ 25 υἱοὶ Ἑλκανὰ, Ἀμεσσὶ, καὶ Ἀχιμὼθ, Ἑλκανὰ υἱὸς αὐτοῦ, 26 Σουφὶ υἱὸς αὐτοῦ, Καιναὰθ υἱὸς αὐτοῦ, Ἐλιὰβ υἱὸς αὐτοῦ, 27 Ἱεροβοὰμ υἱὸς αὐτοῦ, Ἑλκανὰ υἱὸς αὐτοῦ. Υἱοὶ Σαμουὴλ, 28 ὁ πρωτότοκος Σανὶ, καὶ Ἀβιά. Υἱοὶ Μεραρὶ, Μοολὶ, Λοβενὶ 29 υἱὸς αὐτοῦ, Σεμεὶ υἱὸς αὐτοῦ, Ὀζὰ υἱὸς αὐτοῦ, Σαμαὰ υἱὸς 30 αὐτοῦ, Ἀγγία υἱὸς αὐτοῦ, Ἀσαίας υἱὸς αὐτοῦ.

Καὶ οὗτοι οὓς κατέστησε Δαυὶδ ἐπὶ χεῖρας ᾀδόντων ἐν οἴκῳ 31 Κυρίου ἐν τῇ καταπαύσει τῆς κιβωτοῦ. Καὶ ἦσαν λειτουρ- 32 γοῦντες ἐναντίον τῆς σκηνῆς τοῦ μαρτυρίου ἐν ὀργάνοις, ἕως οὗ ᾠκοδόμησε Σαλωμὼν τὸν οἶκον Κυρίου ἐν Ἱερουσαλήμ· καὶ ἔστησαν κατὰ τὴν κρίσιν αὐτῶν ἐπὶ τὰς λειτουργίας αὐτῶν.

Καὶ οὗτοι οἱ ἑστηκότες, καὶ υἱοὶ αὐτῶν ἐκ τῶν υἱῶν τοῦ 33 Καὰθ, Λίμαν ὁ ψαλτῳδὸς υἱὸς Ἰωὴλ, υἱοῦ Σαμουὴλ, 34 Ἑλκανὰ, υἱοῦ Ἱεροβοὰμ, υἱοῦ Ἐλιὴλ, υἱοῦ Θοοὺ, υἱοῦ Σοὺφ, 35 υἱοῦ Ἑλκανὰ, υἱοῦ Μαὰθ, υἱοῦ Ἀμαθὶ, υἱοῦ Ἑλκανὰ, υἱοῦ 36 Ἰωὴλ, υἱοῦ Ἀζαρία, υἱοῦ Σαφανία, υἱοῦ Θαὰθ, υἱοῦ Ἀσὴρ, 37

ᵝ Gr. by the hand of.　　ᵞ Gr. hands.

38 υἱοῦ Ἀβιασάφ, υἱοῦ Κορὲ, υἱοῦ Ἰσαὰρ, υἱοῦ Καὰθ, υἱοῦ Λευὶ,
39 υἱοῦ Ἰσραήλ. Καὶ ὁ ἀδελφὸς αὐτοῦ Ἀσὰρ ὁ ἑστηκὼς ἐν
40 δεξιᾷ αὐτοῦ· Ἀσὰρ υἱὸς Βαραχία, υἱοῦ Σαμαὰ, υἱοῦ Μιχαὴλ,
41 υἱοῦ Βαασία, υἱοῦ Μελχία, υἱοῦ Ἀθανὶ, υἱοῦ Ζααρὰ, υἱοῦ
42, 43 Ἀδαὶ, υἱοῦ Αἰθὰμ, υἱοῦ Ζαμμὰμ, υἱοῦ Σεμεῒ, υἱοῦ Ἰεὲθ,
44 υἱοῦ Γεδσὼν, υἱοῦ Λευί. Καὶ υἱοὶ Μεραρὶ οἱ ἀδελφοὶ αὐτῶν
45 ἐξ ἀριστερῶν· Αἰθὰμ υἱὸς Κισὰ, υἱοῦ Ἀβαὶ, υἱοῦ Μαλὼχ, υἱοῦ
46, 47 Ἀσεβὶ, υἱοῦ Ἀμεσσία, υἱοῦ Βανὶ, υἱοῦ Σεμὴρ, υἱοῦ Μοολὶ,
48 υἱοῦ Μουσὶ, υἱοῦ Μεραρὶ, υἱοῦ Λευί. Καὶ οἱ ἀδελφοὶ αὐτῶν
κατ᾽ οἴκους πατριῶν αὐτῶν, οἱ Λευῖται οἱ δεδομένοι εἰς πᾶσαν
ἐργασίαν λειτουργίας σκηνῆς οἴκου τοῦ Θεοῦ.

49 Καὶ Ἀαρὼν καὶ υἱοὶ αὐτοῦ θυμιῶντες ἐπὶ τὸ θυσιαστήριον
τῶν ὁλοκαυτωμάτων, καὶ ἐπὶ τὸ θυσιαστήριον τῶν θυμιαμάτων
εἰς πᾶσαν ἐργασίαν ἅγια τῶν ἁγίων, καὶ ἐξιλάσκεσθαι περὶ
Ἰσραήλ, κατὰ πάντα ὅσα ἐνετείλατο Μωυσῆς παῖς τοῦ
50 Θεοῦ. Καὶ οὗτοι υἱοὶ Ἀαρών· Ἐλεάζαρ υἱὸς αὐτοῦ, Φινεὲς
51 υἱὸς αὐτοῦ, Ἀβισοῦ υἱὸς αὐτοῦ, Βοκκὶ υἱὸς αὐτοῦ, Ὀζὶ υἱὸς
52 αὐτοῦ, Σαραΐα υἱὸς αὐτοῦ, Μαριὴλ υἱὸς αὐτοῦ, Ἀμαρία
53 υἱὸς αὐτοῦ, Ἀχιτὼβ υἱὸς αὐτοῦ, Σαδὼκ υἱὸς αὐτοῦ, Ἀχιμάας υἱὸς
αὐτοῦ.

54 Καὶ αὗται αἱ κατοικίαι αὐτῶν ἐν ταῖς κώμαις αὐτῶν, ἐν τοῖς
55 ὁρίοις αὐτῶν, τοῖς υἱοῖς Ἀαρὼν τῇ πατριᾷ αὐτῶν τοῖς Κααθὶ,
ὅτι αὐτοῖς ἐγένετο ὁ κλῆρος. Καὶ ἔδωκαν αὐτοῖς τὴν Χεβρὼν
56 ἐν γῇ Ἰούδα, καὶ τὰ περισπόρια αὐτῆς κύκλῳ αὐτῆς. Καὶ τὰ
πεδία τῆς πόλεως, καὶ τὰς κώμας αὐτῆς ἔδωκαν τῷ Χαλὲβ υἱῷ
57 Ἰεφοννῆ. Καὶ τοῖς υἱοῖς Ἀαρὼν ἔδωκαν τὰς πόλεις τῶν
φυγαδευτηρίων, τὴν Χεβρὼν, καὶ τὴν Λοβνὰ καὶ τὰ περισπό-
ρια αὐτῆς, καὶ τὴν Σελνὰ καὶ τὰ περισπόρια αὐτῆς, καὶ τὴν
58 Ἐσθαμὼ καὶ τὰ περισπόρια αὐτῆς, καὶ τὴν Ἰεθὰρ καὶ τὰ
περισπόρια αὐτῆς, καὶ τὴν Δαβὶρ καὶ τὰ περισπόρια αὐτῆς,
59 καὶ τὴν Ἀσὰν καὶ τὰ περισπόρια αὐτῆς, καὶ τὴν Βαιθσαμὺς
60 καὶ τὰ περισπόρια αὐτῆς· Καὶ ἐκ φυλῆς Βενιαμὶν τὴν Γαβαὶ
καὶ τὰ περισπόρια αὐτῆς, καὶ τὴν Γαλεμὰθ καὶ τὰ περισπόρια
αὐτῆς, καὶ τὴν Ἀναθὼθ καὶ τὰ περισπόρια αὐτῆς· πᾶσαι αἱ
πόλεις αὐτῶν τρισκαίδεκα πόλεις κατὰ πατριὰς αὐτῶν.

61 Καὶ τοῖς υἱοῖς Καὰθ τοῖς καταλοίποις ἐκ τῶν πατριῶν ἐκ
τῆς φυλῆς ἐκ τοῦ ἡμίσους φυλῆς Μανασσῆ, κλήρῳ πόλεις δέκα.
62 Καὶ τοῖς υἱοῖς Γεδσὼν κατὰ πατριὰς αὐτῶν ἐκ φυλῆς Ἰσσάχαρ,
ἐκ φυλῆς Ἀσὴρ, ἀπὸ φυλῆς Νεφθαλὶ, ἐκ φυλῆς Μανασσῆ
63 ἐν τῇ Βασὰν, πόλεις τρισκαίδεκα. Καὶ τοῖς υἱοῖς Μεραρὶ
κατὰ πατριὰς αὐτῶν ἐκ φυλῆς Ῥουβὴν, ἐκ φυλῆς Γὰδ, ἐκ
64 φυλῆς Ζαβουλὼν, κλήρῳ πόλεις δεκαδύο. Καὶ ἔδωκαν οἱ
υἱοὶ Ἰσραὴλ τοῖς Λευίταις τὰς πόλεις καὶ τὰ περισπόρια αὐτῶν.
65 Καὶ ἔδωκαν ἐν κλήρῳ ἐκ φυλῆς υἱῶν Ἰούδα, καὶ ἐκ φυλῆς υἱῶν
Συμεὼν, καὶ ἐκ φυλῆς υἱῶν Βενιαμὶν τὰς πόλεις ταύτας ἃς
ἐκάλεσαν αὐτὰς ἐπ᾽ ὀνόματος.

66 Καὶ ἀπὸ τῶν πατριῶν υἱῶν Καὰθ, καὶ ἐγένοντο πόλεις τῶν

---

son of Aser, the son of Abiasaph, the son of Core, [38] the son of Isaar, the son of Caath, the son of Levi, the son of Israel. [39] And his brother Asaph, who stood at his right hand; Asaph the son of Barachias, the son of Samaa, [40] the son of Michael, the son of Baasia, the son of Melchia, [41] the son of Athani, the son of Zaarai, [42] the son of Adai, the son of Ætham, the son of Zammam, the son of Semei, [43] the son of Jeeth, the son of Gedson, the son of Levi. [44] And the sons of Merari their brethren on the left hand: Ætham the son of Kisa, the son of Abai, the son of Maloch, [45] the son of Asebi, [46] the son of Amessias, the son of Bani, the son of Semer, [47] the son of Mooli, the son of Musi, the son of Merari, the son of Levi. [48] And their brethren according to the houses of their [β]fathers, *were* the Levites who were [γ]appointed to all the work of ministration of the tabernacle of the house of God.

[49] And Aaron and his sons *were* [δ] to burn incense on the altar of whole-burnt-offerings, and on the altar of incense, for all the ministry *in* the holy of holies, and to make atonement for Israel, according to all things that Moses the servant of the Lord commanded. [50] And these *are* the sons of Aaron; Eleazar his son, Phinees his son, Abisu his son, [51] Bokki his son, Ozi his son, Saraia his son, [52] Mariel his son, Amaria his son, Achitob his son, [53] Sadoc his son, Achimaas his son.

[54] And these *are* their residences in their villages, in their coasts, to the sons of Aaron, to their family the Caathites : for they had the lot. [55] And they gave them Chebron in the land of Juda, and its suburbs round about it. [56] But the [ζ]fields of the city, and its villages, they gave to Chaleb the son of Jephonne. [57] And to the sons of Aaron they gave the cities of refuge, *even* Chebron, and Lobna and her suburbs round about, and Selna and her suburbs, and Esthamo and her suburbs, [58] and Jethar and her suburbs, and Dabir and her suburbs, [59] and Asan and her suburbs, and Bæthsamys and her suburbs : [60] and of the tribe of Benjamin Gabai and her suburbs, and Galemath and her suburbs, and Anathoth and her suburbs : all their cities *were* thirteen cities according to their families.

[61] And to the sons of Caath that were left of their families, *there were given* out of the tribe, *namely*, out of the half-tribe of Manasse, by lot, ten cities. [62] And to the sons of Gedson according to their families *there were given* thirteen cities of the tribe of Issachar, of the tribe of Aser, of the tribe of Nephthali, of the tribe of Manasse in Basan. [63] And to the sons of Merari according to their families *there were given*, by lot, twelve cities of the tribe of Ruben, *and* of the tribe of Gad, *and* of the tribe of Zabulon. [64] So the children of Israel gave to the Levites the cities and their suburbs. [65] And they gave by lot out of the tribe of the children of Juda, and out of the tribe of the children of Symeon, and out of the tribe of the children of Benjamin, these cities which they call by name.

[66] And *to the members* of the families of the sons of Caath there were also given the

---

β *Gr.* fathers' families.   γ *Gr.* given.   δ *Gr.* burning.   ζ *Gr.* plains

cities of their borders out of the tribe of Ephraim. ⁶⁷ And they gave them the cities of refuge, Sychem and her suburbs in mount Ephraim, and Gazer and her suburbs, ⁶⁸ and Jecmaan and her suburbs, and Bæthoron and her suburbs, ⁶⁹ and Ælon and her suburbs, and Gethremmon and her suburbs: ⁷⁰ and of the half-tribe of Manasse Anar and her suburbs, and Jemblaan and her suburbs, to the sons of Caath that were left, according to *each several* family.

⁷¹ To the sons of Gedson from the families of the half-tribe of Manasse *they gave* Golan of Basan and her suburbs, and Aseroth and her suburbs. ⁷² And out of the tribe of Issachar, Kedes and her suburbs, and Deberi and her suburbs, and Dabor and her suburbs, ⁷³ and Ramoth, and Ænan and her suburbs. ⁷⁴ And of the tribe of Aser; Maasal and her suburbs, and Abdon and her suburbs, ⁷⁵ and Acac and her suburbs, and Roob and her suburbs. ⁷⁶ And of the tribe of Nephthali; Kedes in Galilee and her suburbs, and Chamoth and her suburbs, and Kariathaim and her suburbs.

⁷⁷ To the sons of Merari that were left, *they gave* out of the tribe of Zabulon Remmon and her suburbs, and Thabor and her suburbs: ⁷⁸ out of *the country* beyond Jordan; Jericho westward of Jordan: out of the tribe of Ruben; Bosor in the wilderness and her suburbs, and Jasa and her suburbs, ⁷⁹ and Kadmoth and her suburbs, and Maephla and her suburbs. ⁸⁰ Out of the tribe of Gad; Rammoth Galaad and her suburbs, and Maanaim and her suburbs, ⁸¹ and Esebon and her suburbs, and Jazer and her suburbs.

And *as to* the sons of Issachar, *they were* Thola, and Phua, and Jasub, and Semeron, four. ² And the sons of Thola; Ozi, Raphaia, and Jeriel, and Jamai, and Jemasan, and Samuel, chiefs of ^β their fathers' houses *belonging to* Thola, ^γ men of might according to their generations; their number in the days of David *was* twenty and two thousand and six hundred. ³ And the sons of Ozi; Jezraia: and the sons of Jezraia; Michael, Abdiu, and Joel, and Jesia, five, all rulers.

⁴ And with them, according to their generations, according to the houses of their families, *were* men mighty to set *armies* in array for war, thirty and six thousand, for they had multiplied *their* wives and children. ⁵ And their brethren ^δ among all the families of Issachar, also mighty men, *were* eighty-seven thousand—*this was* the number of them all.

⁶ The sons of Benjamin; Bale, and Bachir, and Jediel, three. ⁷ And the sons of Bale; Esebon, and Ozi, and Oziel, and Jerimuth, and Uri, five; heads of houses of families, mighty men; and their number *was* twenty and two thousand and thirty-four. ⁸ And the sons of Bachir; Zemira, and Joas, and Eliezer, and Elithenan, and Amaria, and Jerimuth, and Abiud, and Anathoth, and Elecemeth: all these *were* the sons of Bachir. ⁹ And their number according to their gene-

ὁρίων αὐτῶν ἐκ φυλῆς Ἐφραίμ. Καὶ ἔδωκαν αὐτοῖς τὰς 67 πόλεις τῶν φυγαδευτηρίων, τὴν Συχὲμ καὶ τὰ περισπόρια αὐτῆς ἐν ὄρει Ἐφραίμ, καὶ τὴν Γαζὲρ καὶ τὰ περισπόρια αὐτῆς, καὶ τὴν Ἰεκμαὰν καὶ τὰ περισπόρια αὐτῆς, καὶ τὴν Βαιθωρὼν 68 καὶ τὰ περισπόρια αὐτῆς, καὶ τὴν Αἰλὼν καὶ τὰ περισπόρια 69 αὐτῆς, καὶ τὴν Γεθρεμμὼν καὶ τὰ περισπόρια αὐτῆς· Καὶ 70 ἀπὸ τοῦ ἡμίσους φυλῆς Μανασσῆ τὴν Ἀνὰρ καὶ τὰ περισπόρια αὐτῆς, καὶ τὴν Ἰεμβλάαν καὶ τὰ περισπόρια αὐτῆς, κατὰ πατριὰν τοῖς υἱοῖς Καὰθ τοῖς καταλοίποις.

Τοῖς υἱοῖς Γεδσὼν ἀπὸ πατριῶν ἡμίσους φυλῆς Μανασσῆ 71 τὴν Γωλὰν ἐκ τῆς Βασὰν καὶ τὰ περιπόλια αὐτῆς, καὶ τὴν Ἀσηρὼθ καὶ τὰ περιπόλια αὐτῆς· Καὶ ἐκ φυλῆς Ἰσσάχαρ 72 τὴν Κέδες καὶ τὰ περισπόρια αὐτῆς, καὶ τὴν Δεβερὶ καὶ τὰ περισπόρια αὐτῆς, καὶ τὴν Δαβὼρ καὶ τὰ περισπόρια αὐτῆς, καὶ τὴν Ῥαμώθ, καὶ τὴν Αἰνὰν καὶ τὰ περισπόρια αὐτῆς· 73 Καὶ ἐκ φυλῆς Ἀσὴρ τὴν Μαασὰλ καὶ τὰ περισπόρια αὐτῆς, 74 καὶ τὴν Ἀβδὼν καὶ τὰ περισπόρια αὐτῆς, καὶ τὴν Ἀκὰκ καὶ 75 τὰ περισπόρια αὐτῆς, καὶ τὴν Ῥοὼβ καὶ τὰ περισπόρια αὐτῆς· Καὶ ἀπὸ φυλῆς Νεφθαλὶ τὴν Κέδες ἐν τῇ Γαλιλαίᾳ καὶ τὰ 76 περισπόρια αὐτῆς, καὶ τὴν Χαμὼθ καὶ τὰ περισπόρια αὐτῆς, καὶ τὴν Καριαθαὶμ καὶ τὰ περισπόρια αὐτῆς.

Τοῖς υἱοῖς Μεραρὶ τοῖς καταλοίποις ἐκ φυλῆς Ζαβουλὼν 77 τὴν Ῥεμμὼν καὶ τὰ περισπόρια αὐτῆς, καὶ τὴν Θαβὼρ καὶ τὰ περισπόρια αὐτῆς, ἐκ τοῦ πέραν τοῦ Ἰορδάνου τὴν Ἰεριχὼ κατὰ 78 δυσμὰς τοῦ Ἰορδάνου· ἐκ φυλῆς Ῥουβὴν τὴν Βοσὸρ ἐν τῇ ἐρήμῳ καὶ τὰ περισπόρια αὐτῆς, καὶ τὴν Ἰασὰ καὶ τὰ περισπόρια αὐτῆς, καὶ τὴν Καδμὼθ καὶ τὰ περισπόρια αὐτῆς, καὶ τὴν 79 Μαεφλὰ καὶ τὰ περισπόρια αὐτῆς· Ἐκ φυλῆς Γὰδ τὴν Ῥαμ- 80 μὼθ Γαλαὰδ καὶ τὰ περισπόρια αὐτῆς, καὶ τὴν Μααναὶμ καὶ τὰ περισπόρια αὐτῆς, καὶ τὴν Ἐσεβὼν καὶ τὰ περισπόρια 81 αὐτῆς, καὶ τὴν Ἰαζὴρ καὶ τὰ περισπόρια αὐτῆς.

Καὶ τοῖς υἱοῖς Ἰσσάχαρ, Θωλά, καὶ Φουά, καὶ Ἰασοὺβ, καὶ 7 Σεμερὼν, τέσσαρες. Καὶ υἱοὶ Θωλά, Ὀζὶ, Ῥαφαΐα, καὶ 2 Ἰεριὴλ, καὶ Ἰαμαΐ, καὶ Ἰεμασὰν, καὶ Σαμουὴλ, ἄρχοντες οἴκων πατριῶν αὐτῶν τῷ Θωλὰ, ἰσχυροὶ δυνάμει κατὰ γενέσεις αὐτῶν, ὁ ἀριθμὸς αὐτῶν ἐν ἡμέραις Δαυίδ, εἴκοσι καὶ δύο χιλιάδες καὶ ἑξακόσιοι. Καὶ υἱοὶ Ὀζὶ, Ἰεζραΐα· καὶ υἱοὶ Ἰεζραΐα, Μιχαὴλ, 3 Ἀβδιοὺ, καὶ Ἰωὴλ, καὶ Ἰεσία, πέντε, ἄρχοντες πάντες.

Καὶ ἐπʼ αὐτῶν κατὰ γενέσεις αὐτῶν, κατʼ οἴκους πατριῶν 4 αὐτῶν, ἰσχυροὶ παρατάξασθαι εἰς πόλεμον, τριάκοντα καὶ ἓξ χιλιάδες, ὅτι ἐπλήθυναν γυναῖκας καὶ υἱούς. Καὶ ἀδελφοὶ 5 αὐτῶν εἰς πάσας πατριὰς Ἰσσάχαρ, καὶ ἰσχυροὶ δυνάμει, ὀγδοή- κοντα καὶ ἑπτὰ χιλιάδες, ὁ ἀριθμὸς αὐτῶν τῶν πάντων.

Υἱοὶ Βενιαμίν, καὶ Βαλὲ, καὶ Βαχὶρ, καὶ Ἰεδιὴλ, τρεῖς. 6 Καὶ υἱοὶ Βαλὲ, Ἐσεβὼν, καὶ Ὀζὶ, καὶ Ὀζιὴλ, καὶ Ἰεριμούθ, 7 καὶ Οὐρὶ, πέντε, ἄρχοντες οἴκων πατριῶν ἰσχυροὶ δυνάμει· καὶ ὁ ἀριθμὸς αὐτῶν, εἴκοσι καὶ δύο χιλιάδες καὶ τριακοντατέσ- σαρες. Καὶ υἱοὶ Βαχὶρ, Ζεμιρὰ, καὶ Ἰωὰς, καὶ Ἐλιέζερ, καὶ 8 Ἐλιθενὰν, καὶ Ἀμαρία, καὶ Ἰεριμοὺθ, καὶ Ἀβιοὺδ, καὶ Ἀναθὼθ, καὶ Ἐλημέθ· πάντες οὗτοι υἱοὶ Βαχίρ. Καὶ ὁ ἀριθμὸς αὐτῶν 9

β *Or*, these were as heads, etc.   γ *Gr.* mighty men in power.   δ *Gr.* to.

κατὰ γενέσεις αὐτῶν, ἄρχοντες οἴκων πατριῶν αὐτῶν ἰσχυροὶ
10 δυνάμει, εἴκοσι χιλιάδες καὶ διακόσιοι. Καὶ υἱοὶ Ἰεδιήλ,
Βαλαάν· καὶ υἱοὶ Βαλαάν, Ἰαοὺς, καὶ Βενιαμὶν, καὶ Ἀωθ, καὶ
11 Χανανὰ, καὶ Ζαιθὰν, καὶ Θαρσὶ, καὶ Ἀχισαάρ. Πάντες οὗτοι
υἱοὶ Ἰεδιήλ, ἄρχοντες τῶν πατριῶν ἰσχυροὶ δυνάμει, ἑπτα-
καίδεκα χιλιάδες καὶ διακόσιοι, ἐκπορευόμενοι δυνάμει πο-
12 λεμεῖν. Καὶ Σαφὶν, καὶ Ἀπφὶν, καὶ υἱοὶ Ὤρ, Ἀσὼμ, υἱὸς
αὐτοῦ Ἀόρ.
13 Υἱοὶ Νεφθαλὶ, Ἰασιὴλ, Γωνὶ, καὶ Ἀσὴρ, καὶ Σελλοὺμ, υἱοὶ
αὐτοῦ, Βαλὰμ υἱὸς αὐτοῦ.
14 Υἱοὶ Μανασσῆ, Ἐσριὴλ, ὃν ἔτεκεν ἡ παλλακὴ αὐτοῦ ἡ Σύρα,
15 ἔτεκε δὲ αὐτῷ καὶ Μαχὶρ πατέρα Γαλαάδ. Καὶ Μαχὶρ ἔλαβε
γυναῖκα τῷ Ἀπφὶν καὶ Σαφὶν· καὶ ὄνομα ἀδελφῆς αὐτοῦ
Μοωχὰ, καὶ ὄνομα τῷ δευτέρῳ Σαφαάδ· ἐγεννήθησαν δὲ τῷ
16 Σαφαὰδ θυγατέρες. Καὶ ἔτεκε Μοωχὰ γυνὴ Μαχὶρ υἱὸν,
καὶ ἐκάλεσε τὸ ὄνομα αὐτοῦ Φαρές· καὶ ὄνομα ἀδελφοῦ αὐτοῦ
17 Σοῦρος· υἱοὶ αὐτοῦ Οὐλὰμ, καὶ Ῥοκόμ. Καὶ υἱοὶ Οὐλὰμ,
18 Βαδάμ· οὗτοι υἱοὶ Γαλαάδ, υἱοῦ Μαχὶρ, υἱοῦ Μανασσῆ. Καὶ
ἡ ἀδελφὴ αὐτοῦ ἡ Μαλεχὲθ ἔτεκε τὸν Ἰσοὺδ, καὶ τὸν Ἀβιέζερ,
19 καὶ τὸν Μαελά. Καὶ ἦσαν υἱοὶ Σεμιρὰ, Ἀὶμ, καὶ Συχὲμ, καὶ
Λακὶμ, καὶ Ἀνιάν.
20 Καὶ υἱοὶ Ἐφραὶμ, Σωθαλάθ, καὶ Βαρὰδ υἱὸς αὐτοῦ, καὶ
21 Θαὰθ υἱὸς αὐτοῦ, Ἐλαδὰ υἱὸς αὐτοῦ, Σαὰθ υἱὸς αὐτοῦ, καὶ
Ζαβὰδ υἱὸς αὐτοῦ, Σωθελὲ υἱὸς αὐτοῦ, καὶ Ἀζὲρ, καὶ Ἐλεάδ·
καὶ ἀπέκτειναν αὐτοὺς οἱ ἄνδρες Γὲθ οἱ τεχθέντες ἐν τῇ γῇ,
22 ὅτι κατέβησαν τοῦ λαβεῖν τὰ κτήνη αὐτῶν. Καὶ ἐπένθησεν
Ἐφραὶμ ὁ πατὴρ αὐτῶν ἡμέρας πολλάς· καὶ ἦλθον ἀδελφοὶ
23 αὐτοῦ τοῦ παρακαλέσαι αὐτόν. Καὶ εἰσῆλθε πρὸς τὴν γυναῖκα
αὐτοῦ· καὶ ἔλαβεν ἐν γαστρὶ, καὶ ἔτεκεν υἱόν· καὶ ἐκάλεσε τὸ
24 ὄνομα αὐτοῦ Βεριὰ, ὅτι ἐν κακοῖς ἐγένετο ἐν οἴκῳ μου. Καὶ
ἡ θυγάτηρ αὐτοῦ Σαραά· καὶ ἐν ἐκείνοις τοῖς καταλοίποις· καὶ
ᾠκοδόμησε τὴν Βαιθωρὼν τὴν κάτω καὶ τὴν ἄνω· καὶ υἱοὶ
25 Ὀζὰν Σεηρὰ, καὶ Ῥαφὴ υἱὸς αὐτοῦ, Σαρὰφ καὶ Θαλεὲς υἱοὶ
26 αὐτοῦ, Θαὲν υἱὸς αὐτοῦ. Τῷ Λααδὰν υἱῷ αὐτοῦ υἱὸς Ἀμιούδ,
27 υἱὸς Ἐλισαμαὶ, υἱὸς Νοὺν, υἱὸς Ἰησουὲ, υἱοὶ αὐτοῦ.
28 Καὶ κατάσχεσις αὐτῶν καὶ κατοικία αὐτῶν Βαιθὴλ καὶ αἱ
κῶμαι αὐτῆς, κατ᾽ ἀνατολὰς Νοαρὰν, πρὸς δυσμαῖς Γάζερ καὶ
αἱ κῶμαι αὐτῆς, καὶ Συχὲμ καὶ αἱ κῶμαι αὐτῆς ἕως Γάζης,
29 καὶ αἱ κῶμαι αὐτῆς, καὶ ἕως ὁρίων υἱῶν Μανασσῆ, Βαιθσαὰν
καὶ αἱ κῶμαι αὐτῆς, Θανὰχ καὶ αἱ κῶμαι αὐτῆς, Μαγεδδὼ καὶ αἱ
κῶμαι αὐτῆς, Δὼρ καὶ αἱ κῶμαι αὐτῆς· ἐν ταύτῃ κατῴκησαν
υἱοὶ Ἰωσὴφ υἱοῦ Ἰσραήλ.
30 Υἱοὶ Ἀσὴρ, Ἰεμνὰ, καὶ Σουΐα, καὶ Ἰσουΐ, καὶ Βεριὰ, καὶ Σορὲ
31 ἀδελφὴ αὐτῶν. Καὶ υἱοὶ Βεριὰ, Χάβερ, καὶ Μελχιήλ· οὗτος
32 πατὴρ Βερθαίθ. Καὶ Χάβερ ἐγέννησε τὸν Ἰαφλὴτ, καὶ τὸν
33 Σαμὴρ, καὶ τὸν Χωθὰν, καὶ τὴν Σωλὰ ἀδελφὴν αὐτῶν. Καὶ
υἱοὶ Ἰαφλὴτ, Φασὲκ, καὶ Βαμαὴλ, καὶ Ἀσίθ· οὗτοι υἱοὶ
34 Ἰαφλήτ. Καὶ υἱοὶ Σεμμὴρ, Ἀχὶρ, καὶ Ῥοογὰ, καὶ Ἰαβὰ, καὶ
35 Ἀρὰμ, καὶ Βανὴ Ἐλὰμ ἀδελφοῦ αὐτοῦ Σωφὰ, καὶ Ἰμανὰ, καὶ
36 Σελλὴς, καὶ Ἀμάλ. Υἱοὶ Σωφᾶς, Σουὲ, καὶ Ἀρναφὰρ, καὶ

rations, (*they were* chiefs of their fathers' houses, men of might), *was* twenty thousand and two hundred. [10] And the sons of Jediel; Balaan: and the sons of Balaan; Jaüs, and Benjamin, and Aoth, and Chanana, and Zæthan, and Tharsi, and Achisaar. [11] All these *were* the sons of Jediel, chiefs of their families, men of might, seventeen thousand and two hundred, going forth to war with might. [12] And Sapphin, and Apphin, and the sons of Or, Asom, ᵝwhose son *was* Aor. [13] The sons of Nephthali; Jasiel, Goni, and Aser, and Sellum, his sons, Balam his son. [14] The sons of Manasse; Esriel, whom his Syrian concubine bore; and she bore to him also Machir the father of Galaad. [15] And Machir took a wife for Apphin and Sapphin, and his sister's name was Moöcha; and the name of the second *son* was Sapphaad; and to Sapphaad were born daughters. [16] And Moöcha the wife of Machir bore a son, and called his name Phares; and his brother's name *was* Surus; his sons *were* Ulam, and Rocom. [17] And the sons of Ulam; Badam. These *were* the sons of Galaad, the son of Machir, the son of Manasse. [18] And his sister Malecheth bore Isud, and Abiezer, and Maela. [19] And the sons of Semira *were* Aim, and Sychem, and Lakim, and Anian.

[20] And the sons of Ephraim; Sothalath, and Barad his son, and Thaath his son, Elada his son, Saath his son, [21] and Zabad his son, Sothele his son, and Azer, and Elead: and the men of Geth who were born in the land slew them, because they went down to take their cattle. [22] And their father Ephraim mourned many days, and his brethren came to comfort him. [23] And he went in to his wife, and she conceived, and bore a son, and he called his name Beria, because, *said he*, he was ᵞafflicted in my house. [24] And his daughter *was* Saraa, and he was among them that were left, and he built Bæthoron the upper and the lower. And the ᵟ descendants of Ozan *were* Seera, [25] and Raphe his son, Saraph and Thalees his sons, Thaen his son. [26] To Laadan his son *was born his* son Amiud, his son Helisamai, *his* son [27] Nun, *his* son Jesue, *these were* his sons.

[28] And their possession and their dwelling *were* Bæthel and her towns, to the east Noaran, westward Gazer and her towns, and Sychem and her towns, as far as Gaza and her towns. [29] And as far as the borders of the sons of Manasse, Bæthsaan and her towns, Thanach and her towns, Mageddo and her towns, Dor and her towns. In this the children of Joseph the son of Israel dwelt.

[30] The sons of Aser; Jemna, and Suia, and Isui, and Beria, and Sore their sister. [31] And the sons of Beria; Chaber, and Melchiel; he *was* the father of Berthaith. [32] And Chaber begot Japhlet, and Samer, and Chothan, and Sola their sister. [33] And the sons of Japhlet; Phasec, and Bamael, and Asith: these *are* the sons of Japhlet. [34] And the sons of Semmer; Achir, and Rooga, and Jaba, and Aram. [35] And ᶻthe sons of Elam his brother; Sopha, and Imana, and Selles, and Amal. [36] The sons of Sopha; Sue, and

---

ᵝ *Gr.* his.　　　ᵞ *Gr.* in evils.　　　ᵟ *Gr.* sons.　　　ᶻ The *Gr.* retains the *Heb.* word.

Arnaphar, and Suda, and Barin, and Imran, ³⁷and Basan, and Oa, and Sama, and Salisa, and Jethra, and Beëra. ³⁸And the sons of Jether, Jephina, and Phaspha, and Ara. ³⁹And the sons of Ola; Orech, Aniel, and Rasia.

⁴⁰All these were the sons of Aser, all heads of families, choice, mighty men, chief leaders: their number for battle array—their number was twenty-six thousand men.

Now Benjamin begot Bale his first-born, and Asbel his second son, Aara the third, Noa the fourth, ²and Rapha the fifth. ³And the sons of Bale were, Adir, and Gera, and Abiud, ⁴and Abessue, and Noama, and Achia, ⁵and Gera, and Sephupham, and Uram. ⁶These were the sons of Aod: these are the heads of families to them that dwell in Gabee, and they removed them to Machanathi: ⁷and Nooma, and Achia and Gera, ᵝhe removed them, and he begot Aza, and Jachicho.

⁸And Saarin begot children in the plain of Moab, after that he had sent away Osin and Baada his ᵞwives.

⁹And he begot of his wife Ada, Jolab, and Sebia, and Misa, and Melchas, ¹⁰and Jebus, and Zabia, and Marma: these were heads of families. ¹¹And of Osin he begot Abitol, and Alphaal. ¹²And the sons of Alphaal; Obed, Misaal, Semmer: he built Ona, and Lod, and its towns: ¹³and Beria, and Sama, these were heads of families ᵟamong the dwellers in Elam, and they drove out the inhabitants of Geth. ¹⁴And his brethren were Sosec, and Arimoth, ¹⁵and Zabadia, and Ored, and Eder, ¹⁶and Michael, and Jespha, and Joda, the sons of Beria: ¹⁷and Zabadia, and Mosollam, and Azaki, and Abar, ¹⁸and Isamari, and Jexlias, and Jobab, the sons of Elphaal: ¹⁹and Jakim, and Zachri, and Zabdi, ²⁰and Elionai, and Salathi, ²¹and Elieli, and Adaia, and Baraia, and Samarath, sons of Samaith: ²²and Jesphan, and Obed, and Eliel, ²³and Abdon, and Zechri, and Anan, ²⁴and Anania, and Ambri, and Ælam, and Anathoth, ²⁵and Jathin, and Jephadias, and Phanuel, the sons of Sosec: ²⁶and Samsari, and Saarias, and Gotholia, ²⁷and Jurasia, and Eria, and Zechri, son of Iroam. ²⁸These were heads of families, chiefs according to their generations: these dwelt in Jerusalem.

²⁹And the father of Gabaon dwelt in Gabaon; and his wife's name was Moacha. ³⁰And her first-born son was Abdon, and Sur, and Kis, and Baal, and Nadab, and Ner, ³¹and Gedur and his brother, and Zacchur, and Makeloth. ³²And Makeloth begot Samaa: for these dwelt in Jerusalem in the presence of their brethren with their brethren. ³³And Ner begot Kis, and Kis begot Saul, and Saul begot Jonathan, and Melchisue, and Aminadab, and Asabal. ³⁴And the son of Jonathan was Meribaal; and Meribaal begot Micha. ³⁵And the sons of Micha; Phithon, and Melach, and Tharach, and Achaz. ³⁶And Achaz begot Jada, and

Σουδὰ, καὶ Βαρὶν, καὶ Ἰμρὰν, καὶ Βασὰν, καὶ Ὠὰ, καὶ Σαμὰ, 37 καὶ Σαλισὰ, καὶ Ἰεθρὰ, καὶ Βεηρά. Καὶ υἱοὶ Ἰεθὴρ, Ἰεφινὰ, 38 καὶ Φασφὰ, καὶ Ἀρά. Καὶ υἱοὶ Ὀλὰ, Ὀρὲχ, Ἀνιὴλ, καὶ 39 Ῥασιά.

Πάντες οὗτοι υἱοὶ Ἀσὴρ, πάντες ἄρχοντες πατριῶν, ἐκ- 40 λεκτοὶ ἰσχυροὶ δυνάμει, ἄρχοντες ἡγούμενοι· ὁ ἀριθμὸς αὐτῶν εἰς παράταξιν τοῦ πολεμεῖν, ἀριθμὸς αὐτῶν ἄνδρες εἰκοσιὲξ χιλιάδες.

Καὶ Βενιαμὶν ἐγέννησε Βαλὲ πρωτότοκον αὐτοῦ, καὶ Ἀσβὴλ 8 τὸν δεύτερον, Ἀαρὰ τὸν τρίτον, Νωὰ τὸν τέταρτον, καὶ Ῥαφὰ 2 τὸν πέμπτον. Καὶ ἦσαν υἱοὶ τῷ Βαλὲ, Ἀδὶρ, καὶ Γηρὰ, καὶ 3 Ἀβιοὺδ, καὶ Ἀβεσσουὲ, καὶ Νοαμὰ, καὶ Ἀχιὰ, καὶ Γερὰ, 4, 5 καὶ Σεφουφὰμ, καὶ Οὐράμ. Οὗτοι υἱοὶ Ἀὼδ, οὗτοί εἰσιν 6 ἄρχοντες πατριῶν τοῖς κατοικοῦσι Γαβεέ· καὶ μετῴκισαν αὐτοὺς εἰς Μαχαναθὶ, καὶ Νοομὰ, καὶ Ἀχιὰ, καὶ Γηρά· οὗτος ἰεγλαὰμ, 7 καὶ ἐγέννησε τὸν Ἀζὰ, καὶ τὸν Ἰαχιχώ.

Καὶ Σααρὶν ἐγέννησεν ἐν τῷ πεδίῳ Μωὰβ μετὰ τὸ ἀπο- 8 στεῖλαι αὐτὸν Ὠσὶν καὶ τὴν Βααδὰ γυναῖκα αὐτοῦ.

Καὶ ἐγέννησεν ἐκ τῆς Ἀδὰ γυναικὸς αὐτοῦ τὸν Ἰωλὰβ, καὶ 9 τὸν Σεβιὰ, καὶ τὸν Μισὰ, καὶ τὸν Μελχὰς, καὶ τὸν Ἰεβοῦς, 10 καὶ τὸν Ζαβιὰ καὶ τὸν Μαρμά· οὗτοι ἄρχοντες πατριῶν. Καὶ 11 ἐκ τῆς Ὠσὶν ἐγέννησε τὸν Ἀβιτὼλ, καὶ τὸν Ἀλφαάλ. Καὶ 12 υἱοὶ Ἀλφαάλ, Ὠβὴδ, Μισαὰλ, Σεμμήρ· οὗτος ᾠκοδόμησε τὴν Ὠνὰν, καὶ τὴν Λὼδ καὶ τὰς κώμας αὐτῆς· Καὶ Βεριὰ, καὶ 13 Σαμά· οὗτοι ἄρχοντες τῶν πατριῶν τοῖς κατοικοῦσιν Αἰλὰμ, καὶ οὗτοι ἐξεδίωξαν τοὺς κατοικοῦντας Γέθ. Καὶ ἀδελφὸς 14 αὐτοῦ Σωσὴκ, καὶ Ἀριμὼθ, καὶ Ζαβαδία, καὶ Ὠρὴδ, καὶ 15 Ἔδερ, καὶ Μιχαὴλ, καὶ Ἰεσφὰ, καὶ Ἰωδὰ, υἱοὶ Βεριά. 16 Καὶ Ζαβαδία, καὶ Μοσολλὰμ, καὶ Ἀζακὶ, καὶ Ἀβὰρ, καὶ 17, 18 Ἰσαμαρὶ, καὶ Ἰεχλίας, καὶ Ἰωβὰβ, υἱοὶ Ἐλφαάλ. Καὶ 19 Ἰακὶμ, καὶ Ζαχρὶ, καὶ Ζαβδὶ, καὶ Ἐλιωναῖ, καὶ Σαλαθὶ, καὶ 20 Ἐλιηλὶ, καὶ Ἀδαῖα, καὶ Βαραῖα, καὶ Σαμαράθ, υἱοὶ Σαμαΐθ. 21 Καὶ Ἰεσφὰν, καὶ Ὠβὴδ, καὶ Ἐλεὴλ, καὶ Ἀβδὼν, καὶ 22, 23 Ζεχρὶ, καὶ Ἀνὰν, καὶ Ἀνανία, καὶ Ἀμβρὶ, καὶ Αἰλὰμ, καὶ 24 Ἀναθὼθ, καὶ Ἰαθὶν, καὶ Ἰεφαδίας, καὶ Φανουήλ, υἱοὶ Σωσήκ. 25 Καὶ Σαμσαρὶ, καὶ Σααρίας, καὶ Γοθολία, καὶ Ἰαρασία, 26, 27 καὶ Ἐριὰ, καὶ Ζεχρὶ υἱὸς Ἰροάμ. Οὗτοι ἄρχοντες πατριῶν 28 κατὰ γενέσεις αὐτῶν ἄρχοντες· οὗτοι κατῴκησαν ἐν Ἱερουσαλήμ.

Καὶ ἐν Γαβαὼν κατῴκησε πατὴρ Γαβαὼν· καὶ ὄνομα γυναικὶ 29 αὐτοῦ Μοαχά. Καὶ ὁ υἱὸς αὐτῆς ὁ πρωτότοκος Ἀβδὼν, καὶ 30 Σοὺρ, καὶ Κὶς, καὶ Βαὺλ, καὶ Ναδὰβ, καὶ Νὴρ, καὶ Γεδοὺρ 31 καὶ ἀδελφὸς αὐτοῦ, καὶ Ζακχοὺρ, καὶ Μακελώθ. Καὶ Μακε- 32 λὼθ ἐγέννησε τὸν Σαμαά· καὶ γὰρ οὗτοι κατέναντι τῶν ἀδελφῶν αὐτῶν κατῴκησαν ἐν Ἱερουσαλὴμ μετὰ τῶν ἀδελφῶν αὐτῶν. Καὶ Νὴρ ἐγέννησε τὸν Κὶς, καὶ Κὶς ἐγέννησε τὸν 33 Σαοὺλ, καὶ Σαοὺλ ἐγέννησε τὸν Ἰωνάθαν, καὶ τὸν Μελχισουὲ, καὶ τὸν Ἀμιναδὰβ, καὶ τὸν Ἀσαβάλ. Καὶ υἱὸς Ἰωνάθαν 34 Μεριβαάλ· καὶ Μεριβαὰλ ἐγέννησε τὸν Μιχά. Καὶ υἱοὶ 35 Μιχὰ, Φιθὼν, καὶ Μελὰχ, καὶ Θαρὰχ, καὶ Ἀχάζ. Καὶ Ἀχὰζ 36

ᵝ Heb. הגלם 'led them captive.'   ᵞ Gr. wife.   ᵟ Gr. to.

ἐγέννησε τὸν Ἰαδά· καὶ Ἰαδὰ ἐγέννησε τὸν Σαλαιμάθ, καὶ τὸν Ἀσμώθ, καὶ τὸν Ζαμβρί· καὶ Ζαμβρὶ ἐγέννησε τὸν Μαισά.

37 Καὶ Μαισὰ ἐγέννησε τὸν Βαανά· Ῥαφαία υἱὸς αὐτοῦ, Ἐλασὰ υἱὸς αὐτοῦ, Ἐσὴλ υἱὸς αὐτοῦ.

38 Καὶ τῷ Ἐσὴλ ἓξ υἱοί· καὶ ταῦτα τὰ ὀνόματα αὐτῶν· Ἐζρικὰμ πρωτότοκος αὐτοῦ, καὶ Ἰσμαὴλ, καὶ Σαραία, καὶ

39 Ἀβδία, καὶ Ἀνὰν, καὶ Ἀσά· πάντες οὗτοι υἱοὶ Ἐσήλ. Καὶ υἱοὶ Ἀσὴλ ἀδελφοῦ αὐτοῦ, Αἰλὰμ πρωτότοκος αὐτοῦ, καὶ Ἰὰς

40 ὁ δεύτερος, καὶ Ἐλιφαλὲτ ὁ τρίτος. Καὶ ἦσαν υἱοὶ Αἰλὰμ ἰσχυροὶ ἄνδρες δυνάμει, τείνοντες τόξον, καὶ πληθύνοντες υἱοὺς καὶ υἱοὺς τῶν υἱῶν, ἑκατὸν πεντήκοντα· πάντες οὗτοι ἐξ υἱῶν Βενιαμίν.

9 Καὶ πᾶς Ἰσραὴλ ὁ συλλοχισμὸς αὐτῶν· καὶ οὗτοι καταγεγραμμένοι ἐν βιβλίῳ τῶν βασιλέων Ἰσραὴλ καὶ Ἰούδα, μετὰ

2 τῶν ἀποικισθέντων εἰς Βαβυλῶνα ἐν ταῖς ἀνομίαις αὐτῶν, καὶ οἱ κατοικοῦντες πρότερον ἐν ταῖς κατασχέσεσιν αὐτῶν ἐν ταῖς πόλεσιν Ἰσραήλ, οἱ ἱερεῖς, οἱ Λευῖται, καὶ οἱ δεδομένοι.

3 Καὶ ἐν Ἱερουσαλὴμ κατῴκησαν ἀπὸ τῶν υἱῶν Ἰούδα, καὶ ἀπὸ τῶν υἱῶν Βενιαμὶν, καὶ ἀπὸ τῶν υἱῶν Ἐφραὶμ, καὶ Μα-

4 νασσῆ. Καὶ Γνωθὶ, καὶ υἱὸς Σαμιούδ, υἱοῦ Ἀμρὶ, υἱοῦ

5 Ἀμβραὶμ, υἱοῦ Βουνὶ, υἱοῦ υἱῶν Φαρὲς, υἱοῦ Ἰούδα. Καὶ ἐκ

6 τῶν Σηλωνὶ, Ἀσαΐα πρωτότοκος αὐτοῦ, καὶ οἱ υἱοὶ αὐτοῦ. Ἐκ τῶν υἱῶν Ζαρὰ, Ἰεὴλ, καὶ ἀδελφοὶ αὐτῶν ἑξακόσιοι καὶ ἐννενήκοντα.

7 Καὶ ἐκ τῶν υἱῶν Βενιαμὶν Σαλὼμ υἱὸς Μοσολλάμ, υἱοῦ

8 Ὠδονία, υἱοῦ Ἀσινοῦ, καὶ Ἰεμναὰ υἱὸς Ἱεροβοὰμ, καὶ Ἠλώ· οὗτοι υἱοὶ Ὀζὶ υἱοῦ Μαχίρ· καὶ Μοσολλὰμ υἱὸς Σαφατία, υἱοῦ

9 Ῥαγουὴλ, υἱοῦ Ἰεμναὶ, καὶ ἀδελφοὶ αὐτῶν κατὰ γενέσεις αὐτῶν ἐννακόσιοι πεντηκονταὲξ, πάντες οἱ ἄνδρες ἄρχοντες πατριῶν κατ᾽ οἴκους πατριῶν αὐτῶν.

10 Καὶ ἀπὸ τῶν ἱερέων, Ἰωδαὲ, καὶ Ἰωαρὶμ, καὶ Ἰαχὶν,

11 καὶ Ἀζαρία υἱὸς Χελκία υἱοῦ Μοσολλὰμ, υἱοῦ Σαδὼκ, υἱοῦ

12 Μαραϊὼθ, υἱοῦ Ἀχιτὼβ ἡγουμένου οἴκου τοῦ Θεοῦ, καὶ Ἀδαία υἱὸς Ἰραὰμ, υἱοῦ Φασχὼρ, υἱοῦ Μελχία, καὶ Μαασαία υἱὸς Ἀδιὴλ, υἱοῦ Ἐζιρὰ, υἱοῦ Μοσολλὰμ, υἱοῦ Μασελμὼθ, υἱοῦ

13 Ἐμμὴρ, καὶ ἀδελφοὶ αὐτῶν ἄρχοντες οἴκων πατριῶν αὐτῶν, χίλιοι καὶ ἑπτακόσιοι καὶ ἑξήκοντα, ἰσχυροὶ δυνάμει εἰς ἐργασίαν λειτουργίας οἴκου τοῦ Θεοῦ.

14 Καὶ ἐκ τῶν Λευιτῶν, Σαμαία υἱὸς Ἀσὼβ, υἱοῦ Ἐζρικὰμ,

15 υἱοῦ Ἀσαβία, ἐκ τῶν υἱῶν Μεραρί. Καὶ Βακβακὰρ, καὶ Ἀρῆς, καὶ Γαλαὰλ, καὶ Ματθανίας υἱὸς Μιχὰ, υἱοῦ Ζεχρὶ, υἱοῦ Ἀσάφ.

16 Καὶ Ἀβδία υἱὸς Σαμία, υἱοῦ Γαλαὰλ, υἱοῦ Ἰδιθοὺν, καὶ Βαραχία υἱὸς Ὀσσὰ, υἱοῦ Ἑλκανὰ, ὁ κατοικῶν ἐν ταῖς κώμαις

17 Νωτεφατί. Οἱ πυλωροὶ, Σαλὼμ, Ἀκοὺμ, Τελμὼν, καὶ Διμὰν,

18 καὶ ἀδελφοὶ αὐτῶν· Σαλὼμ ὁ ἄρχων, καὶ ἕως ταύτης ἐν τῇ πύλῃ τοῦ βασιλέως κατ᾽ ἀνατολάς· αὗται αἱ πύλαι τῶν παρεμ-

19 βολῶν υἱῶν Λευί. Καὶ Σελλοὺμ υἱὸς Κορὲ, υἱοῦ Ἀβιασάφ, υἱοῦ Κορέ· καὶ οἱ ἀδελφοὶ αὐτοῦ εἰς οἶκον πατρὸς αὐτοῦ, οἱ Κορῖται ἐπὶ τῶν ἔργων τῆς λειτουργίας φυλάσσοντες τὰς

Jada begot Salæmath, and Asmoth, and Zambri; and Zambri begot Mæsa; [37] and Mæsa begot Baana: Rhaphæa was his son, Elasa his son, Esel his son.

[38] And Esel had six sons, and these were their names; Ezricam his first-born, and Ismael, and Saraia, and Abdia, and Anan, and Asa: all these were the sons of Esel. [39] And the sons of Asel his brother; Ælam his first-born, and Jas the second, and Eliphalet the third. [40] And the sons of Ælam were mighty men, bending the bow, and multiplying sons and grandsons, a hundred and fifty. All these were of the sons of Benjamin.

And this is all Israel, even their enrolment: and these are written down in the book of the kings of Israel and Juda, with the names of them that were carried away to Babylon β for their transgressions. [2] And they that dwelt before in their possessions in the cities of Israel, the priests, the Levites, and the γ appointed ones. [3] And there dwelt in Jerusalem some of the children of Juda, and of the children of Benjamin, and of the children of Ephraim, and Manasse. [4] And Gnothi, and the son of Samiud, the son of Amri, the son of Ambraim, the son of Buni, son of the sons of Phares, the son of Juda. [5] And of the Selonites; Asaia his first-born, and his sons. [6] Of the sons of Zara; Jeel, and their brethren, six hundred and ninety.

[7] And of the sons of Benjamin; Salom, son of Mosollam, son of Odouia, son of Asinu. [8] And Jemnaa son of Jeroboam, and Elo: these are the sons of Ozi the son of Machir: and Mosollam, son of Saphatia, son of Raguel, son of Jemnai; [9] and their brethren according to their generations, nine hundred and fifty-six, all the men were heads of families according to the houses δ of their fathers.

[10] And of the priests; Jodaë, and Joarim, and Jachin, [11] and Azaria the son of Chelcias, the son of Mosollam, the son of Sadoc, the son of Maraïoth, the son of Achitob, the ruler of the house of God; [12] and Adaia son of Iraam, son of Phascor, son of Melchia, and Maasaia son of Adiel, son of Ezira, son of Mosollam, son of Maselmoth, son of Emmer; [13] and their brethren, chiefs of their families, a thousand seven hundred and sixty, mighty men for the work of the ministration of the house of God.

[14] And of the Levites; Samaia son of Asob, son of Ezricam, son of Asabia, of the sons of Merari. [15] And Bacbacar, and Ares, and Galaal, and Matthanias son of Micha, son of Zechri, son of Asaph; [16] and Abdia, son of Samia, son of Galaal, son of Idithun, and Barachia son of Ossa, son of Helcana—who dwelt in the villages of the Notephatites. [17] The door-keepers; Salom, Acum, Telmon, and Diman, and their brethren; Salom was the chief; [18] and he waited hitherto in the king's gate eastward: these are the gates of the companies of the sons of Levi. [19] And Sellum the son of Core, the son of Abiasaph, the son of Core, and his brethren belonging to the house of his father, the Corites were over the works of the service, keeping the

---

β Gr. in.　　　γ Heb. הַנְּתִינִים Nethinim.　　　δ Gr. of their families.

watches of the tabernacle, and their fathers over the camp of the Lord, keeping the entrance. ²⁰ And Phinees son of Eleazar was head over them before the Lord, and these *were* with him. ²¹ Zacharias the son of Mosollami *was* keeper of the door of the tabernacle of witness. ²² All the chosen βporters in the gates *were* two hundred and twelve, these *were* in their courts, *this was* their γdistribution : these David and Samuel the seer established in their δcharge. ²³ And these and their sons *were* over the gates in the house of the Lord, and in the house of the tabernacle, to keep watch. ²⁴ The gates *were* toward the four winds, eastward, ζwestward, northward, southward. ²⁵ And their brethren *were* in their courts, to enter in θweekly from time to time with these. ²⁶ For four strong *men* have the charge of the gates; and the Levites were over the chambers, and they λkeep watch over the treasures of the house of God. ²⁷ For the charge *was* upon them, and these *were* μcharged with the keys to open the doors of the temple every morning. ²⁸ And *some* of them *were appointed* over the vessels of service, that they ξshould carry them in πby number, and carry them out by number. ²⁹ And *some* of them *were* appointed over the furniture, and over all the holy vessels, and over the fine flour, the wine, the oil, the frankincense, and the spices. ³⁰ And some of the priests *were* ρmakers of the ointment, and *appointed to prepare* the spices. ³¹ And Matthathias of the Levites, (he *was* the first-born of Salom the Corite,) *was* set in charge over the σsacrifices of meat-offering of the pan belonging to the high priest. ³² And Banaias the Caathite, from among their brethren, *was* set over the shewbread, to prepare it every sabbath. ³³ And these *were* the singers, heads of families of the Levites, *to whom were* established daily courses, for τthey were employed in the services day and night. ³⁴ These *were* the heads of the families of the Levites according to their generations; these chiefs dwelt in Jerusalem. ³⁵ And Jeël the father of Gabaon dwelt in Gabaon; and his wife's name *was* Moöcha. ³⁶ And his first-born son *was* Abdon, and *he had* Sur, and Kis, and Baal, and Ner, and Nadab, ³⁷ and Gedur and *his* brother, and Zacchur, and Makeloth. ³⁸ And Makeloth begot Samaa: and these dwelt in the midst of their brethren in Jerusalem, *even* in the midst of their brethren. ³⁹ And Ner begot Kis, and Kis begot Saul, and Saul begot Jonathan, and Melchisue, and Aminadab, and Asabal. ⁴⁰ And the son of Jonathan *was* Meribaal: and Meribaal begot Micha. ⁴¹ And the sons of Micha *were* Phithon and Malach, and Tharach. ⁴² And Achaz begot Jada: and Jada begot Galemeth, and Gazmoth, and Zambri; and Zambri begot Massa. ⁴³ And Massa begot Baana, and Rhaphaia *was* his son, Elasa his son, Esel his son. ⁴⁴ And Esel had six sons, and these *were* their names; Esricam his

φυλακὰς τῆς σκηνῆς· καὶ πατέρες αὐτῶν ἐπὶ τῆς παρεμβολῆς Κυρίου φυλάσσοντες τὴν εἴσοδον.

Καὶ Φινεὲς υἱὸς Ἐλεάζαρ ἡγούμενος ἦν ἐπ᾽ αὐτῶν ἔμπροσθεν 20 Κυρίου, καὶ οὗτοι μετ᾽ αὐτοῦ. Ζαχαρίας υἱὸς Μοσολλαμὶ 21 πυλωρὸς τῆς θύρας τῆς σκηνῆς τοῦ μαρτυρίου. Πάντες οἱ 22 ἐκλεκτοὶ ἐπὶ τῆς πύλης ἐν ταῖς πύλαις διακόσιοι καὶ δεκαδύο· οὗτοι ἐν ταῖς αὐλαῖς αὐτῶν, ὁ καταλοχισμὸς αὐτῶν· τούτους ἔστησε Δαυὶδ καὶ Σαμουὴλ ὁ βλέπων τῇ πίστει αὐτῶν. Καὶ 23 οὗτοι καὶ οἱ υἱοὶ αὐτῶν ἐπὶ τῶν πυλῶν ἐν οἴκῳ Κυρίου, καὶ ἐν οἴκῳ τῆς σκηνῆς τοῦ φυλάσσειν. Κατὰ τοὺς τέσσαρας ἀνέμους 24 ἦσαν αἱ πύλαι, κατὰ ἀνατολὰς, θάλασσαν, Βοῤῥᾶν, Νότον. Καὶ ἀδελφοὶ αὐτῶν ἐν ταῖς αὐλαῖς αὐτῶν τοῦ εἰσπορεύεσθαι 25 κατὰ ἑπτὰ ἡμέρας ἀπὸ καιροῦ εἰς καιρὸν μετὰ τούτων· Ὅτι 26 ἐν πίστει εἰσὶ τέσσαρες δυνατοὶ τῶν πυλῶν· καὶ οἱ Λευῖται ἦσαν ἐπὶ τῶν παστοφορίων, καὶ ἐπὶ τῶν θησαυρῶν οἴκου τοῦ Θεοῦ παρεμβάλλουσιν, ὅτι ἐπ᾽ αὐτοὺς ἡ φυλακή· καὶ οὗτοι 27 ἐπὶ τῶν κλειδῶν τοπρωὶ πρωὶ ἀνοίγειν τὰς θύρας τοῦ ἱεροῦ.

Καὶ ἐξ αὐτῶν ἐπὶ τὰ σκεύη τῆς λειτουργίας, ὅτι ἐν ἀριθμῷ 28 εἰσοίσουσι, καὶ ἐν ἀριθμῷ ἐξοίσουσι. Καὶ ἐξ αὐτῶν καθε- 29 σταμένοι ἐπὶ τὰ σκεύη, καὶ ἐπὶ πάντα σκεύη τὰ ἅγια, καὶ ἐπὶ τῆς σεμιδάλεως, τοῦ οἴνου, τοῦ ἐλαίου, τοῦ λιβανωτοῦ, καὶ τῶν ἀρωμάτων. Καὶ ἀπὸ τῶν υἱῶν τῶν ἱερέων ἦσαν μυρεψοὶ τοῦ 30 μύρου, καὶ εἰς τὰ ἀρώματα. Καὶ Ματθαθίας ἐκ τῶν Λευιτῶν, 31 οὗτος ὁ πρωτότοκος τῷ Σαλὼμ τῷ Κορίτῃ, ἐν τῇ πίστει ἐπὶ τὰ ἔργα τῆς θυσίας τοῦ τηγάνου τοῦ μεγάλου ἱερέως. Καὶ Βα- 32 ναΐας ὁ Κααθίτης ἐκ τῶν ἀδελφῶν αὐτῶν ἐπὶ τῶν ἄρτων τῆς προθέσεως, τοῦ ἑτοιμάσαι σάββατον κατὰ σάββατον. Καὶ 33 οὗτοι ψαλτῳδοὶ ἄρχοντες τῶν πατριῶν τῶν Λευιτῶν διατεταγμέ- ναι ἐφημερίαι, ὅτι ἡμέρα καὶ νὺξ ἐπ᾽ αὐτοῖς ἐν τοῖς ἔργοις. Οὗτοι ἄρχοντες τῶν πατριῶν τῶν Λευιτῶν κατὰ γενέσεις αὐτῶν, 34 ἄρχοντες οὗτοι κατῴκησαν ἐν Ἱερουσαλήμ.

Καὶ ἐν Γαβαὼν κατῴκησε πατὴρ Γαβαὼν Ἰεὴλ· καὶ ὄνομα 35 γυναικὸς αὐτοῦ Μωυχά. Καὶ υἱὸς αὐτοῦ ὁ πρωτότοκος Ἀβδὼν, 36 καὶ Σοὺρ, καὶ Κὶς, καὶ Βαὰλ, καὶ Νὴρ, καὶ Ναδὰβ, καὶ Γεδοὺρ 37 καὶ ἀδελφὸς, καὶ Ζακχοὺρ, καὶ Μακελώθ. Καὶ Μακελὼθ ἐγέν- 38 νησε τὸν Σαμαά· καὶ οὗτοι ἐν μέσῳ τῶν ἀδελφῶν αὐτῶν κατ- ῴκησαν ἐν Ἱερουσαλήμ, ἐν μέσῳ τῶν ἀδελφῶν αὐτῶν.

Καὶ Νὴρ ἐγέννησε τὸν Κὶς, καὶ Κὶς ἐγέννησε τὸν Σαοὺλ, 39 καὶ Σαοὺλ ἐγέννησε τὸν Ἰωνάθαν, καὶ τὸν Μελχισουὲ, καὶ τὸν Ἀμιναδὰβ, καὶ τὸν Ἀσαβάλ. Καὶ υἱὸς Ἰωνάθαν Μεριβαάλ· 40 καὶ Μεριβαὰλ ἐγέννησε τὸν Μιχά. Καὶ υἱοὶ Μιχὰ Φιθὼν, καὶ 41 Μαλὰχ, καὶ Θαράχ. Καὶ Ἀχὰζ ἐγέννησε τὸν Ἰαδά· καὶ Ἰαδὰ 42 ἐγέννησε τὸν Γαλεμὲθ, καὶ τὸν Γαζμὼθ, καὶ τὸν Ζαμβρί· καὶ Ζαμβρὶ ἐγέννησε τὸν Μασσά. Καὶ Μασσὰ ἐγέννησε τὸν 43 Βαανὰ, καὶ Ῥαφαΐα υἱὸς αὐτοῦ, Ἐλασὰ υἱὸς αὐτοῦ, Ἐσὴλ 44 υἱὸς αὐτοῦ. Καὶ τῷ Ἐσὴλ ἐξ υἱοί· καὶ ταῦτα τὰ ὀνόματα 44

β *Gr.* men over the gate.   γ *Or*, reckoning.   δ *Gr.* faith or trust.   ζ *Gr.* seaward.   θ *Gr.* every seven days.   λ *Gr.* encamp.
μ *Gr.* over the keys.   ξ *Gr.* shall carry.   π *Gr.* in number.   ρ *Gr.* apothecaries of perfume, etc.
σ *Gr.* works of the sacrifices, etc.   τ *Lit.* day and night were appointed to them in their works.

αὐτῶν· Ἑζρικὰμ πρωτότοκος αὐτοῦ, καὶ Ἰσμαὴλ, καὶ Σαραΐα, καὶ Ἀβδία, καὶ Ἀνὰν, καὶ Ἀσά· οὗτοι υἱοὶ Ἐσήλ.

10 Καὶ ἀλλόφυλοι ἐπολέμησαν πρὸς τὸν Ἰσραὴλ, καὶ ἔφυγον ἀπὸ προσώπου ἀλλοφύλων, καὶ ἔπεσον τραυματίαι ἐν ὄρει

2 Γελβουέ. Καὶ κατεδίωξαν οἱ ἀλλόφυλοι ὀπίσω Σαοὺλ καὶ ὀπίσω τῶν υἱῶν αὐτοῦ· καὶ ἐπάταξαν ἀλλόφυλοι τὸν Ἰωνάθαν,

3 καὶ τὸν Ἀμιναδὰβ, καὶ τὸν Μελχισονὲ, υἱοὺς Σαούλ. Καὶ ἐβαρύνθη ὁ πόλεμος ἐπὶ Σαούλ· καὶ εὗρον αὐτὸν οἱ τοξόται ἐν

4 τόξοις καὶ πόνοις, καὶ ἐπόνεσαν ἀπὸ τῶν τόξων. Καὶ εἶπε Σαοὺλ τῷ αἴροντι τὰ σκεύη αὐτοῦ, σπάσαι τὴν ῥομφαίαν σου, καὶ ἐκκέντησόν με ἐν αὐτῇ, μὴ ἔλθωσιν οἱ ἀπερίτμητοι οὗτοι καὶ ἐμπαίξωσί μοι· καὶ οὐκ ἐβούλετο ὁ αἴρων τὰ σκεύη αὐτοῦ, ὅτι ἐφοβεῖτο σφόδρα· καὶ ἔλαβε Σαοὺλ τὴν ῥομφαίαν, καὶ

5 ἐπέπεσεν ἐπ᾽ αὐτήν. Καὶ εἶδεν ὁ αἴρων τὰ σκεύη αὐτοῦ, ὅτι ἀπέθανε Σαοὺλ, καὶ ἔπεσε καὶ αὐτὸς ἐπὶ τὴν ῥομφαίαν αὐτοῦ.

6 Καὶ ἀπέθανε Σαοὺλ, καὶ τρεῖς υἱοὶ αὐτοῦ ἐν τῇ ἡμέρᾳ ἐκείνῃ·

7 καὶ πᾶς ὁ οἶκος αὐτοῦ ἐπὶ τὸ αὐτὸ ἀπέθανε. Καὶ εἶδε πᾶς ἀνὴρ Ἰσραὴλ ὁ ἐν τῷ αὐλῶνι ὅτι ἔφυγεν Ἰσραὴλ, καὶ ὅτι ἀπέθανε Σαοὺλ καὶ οἱ υἱοὶ αὐτοῦ, καὶ κατέλιπον τὰς πόλεις αὐτῶν καὶ ἔφυγον· καὶ ἦλθον οἱ ἀλλόφυλοι, καὶ κατῴκησαν ἐν αὐταῖς.

8 Καὶ ἐγένετο τῇ ἐχομένῃ, καὶ ἦλθον ἀλλόφυλοι τοῦ σκυλεύειν τοὺς τραυματίας, καὶ εὗρον τὸν Σαοὺλ καὶ τοὺς υἱοὺς αὐτοῦ

9 πεπτωκότας ἐν τῷ ὄρει Γελβουέ. Καὶ ἐξέδυσαν αὐτὸν, καὶ ἔλαβον τὴν κεφαλὴν αὐτοῦ καὶ τὰ σκεύη αὐτοῦ, καὶ ἀπέστειλαν εἰς γῆν ἀλλοφύλων κύκλῳ τοῦ εὐαγγελίσασθαι τοῖς

10 εἰδώλοις αὐτῶν, καὶ τῷ λαῷ. Καὶ ἔθηκαν τὰ σκεύη αὐτῶν ἐν οἴκῳ θεοῦ αὐτῶν· καὶ τὴν κεφαλὴν αὐτοῦ ἔθηκαν ἐν οἴκῳ Δαγών.

11 Καὶ ἤκουσαν πάντες οἱ κατοικοῦντες Γαλαὰδ ἅπαντα ἃ

12 ἐποίησαν οἱ ἀλλόφυλοι τῷ Σαοὺλ καὶ τῷ Ἰσραήλ. Καὶ ἠγέρθησαν ἐκ Γαλαὰδ πᾶς ἀνὴρ δυνατὸς, καὶ ἔλαβον τὸ σῶμα Σαοὺλ καὶ τὸ σῶμα τῶν υἱῶν αὐτοῦ, καὶ ἤνεγκαν αὐτὰ εἰς Ἰαβὶς, καὶ ἔθαψαν τὰ ὀστᾶ αὐτῶν ὑπὸ τὴν δρῦν ἐν Ἰαβίς· καὶ

13 ἐνήστευσαν ἑπτὰ ἡμέρας. Καὶ ἀπέθανε Σαοὺλ ἐν ταῖς ἀνομίαις αὐτοῦ, αἷς ἠνόμησε τῷ Θεῷ κατὰ τὸν λόγον Κυρίου, διότι οὐκ ἐφύλαξεν, ὅτι ἐπηρώτησε Σαοὺλ ἐν τῷ ἐγγαστριμύθῳ τοῦ ζητῆ-

14 σαι, καὶ ἀπεκρίνατο αὐτῷ Σαμουὴλ ὁ προφήτης, καὶ οὐκ ἐζήτησε Κύριον· καὶ ἀπέκτεινεν αὐτὸν, καὶ ἐπέστρεψε τὴν βασιλείαν τῷ Δαυὶδ υἱῷ Ἰεσσαί.

11 Καὶ ἦλθε πᾶς Ἰσραὴλ πρὸς Δαυὶδ ἐν Χεβρὼν, λέγοντες,

2 ἰδοὺ ὀστᾶ σου καὶ σάρκες σου ἡμεῖς, καὶ ἐχθὲς καὶ τρίτην ὄντος Σαοὺλ βασιλέως, σὺ ἦσθα ὁ ἐξάγων καὶ εἰσάγων τὸν Ἰσραήλ· καὶ εἶπεν Ἰσραὴλ Κύριός σοι, σὺ ποιμανεῖς τὸν λαόν μου τὸν

3 Ἰσραὴλ, καὶ σὺ ἔσῃ εἰς ἡγούμενον ἐπὶ Ἰσραήλ. Καὶ ἦλθον πάντες πρεσβύτεροι Ἰσραὴλ πρὸς τὸν βασιλέα εἰς Χεβρών· καὶ διέθετο αὐτοῖς ὁ βασιλεὺς Δαυὶδ διαθήκην ἐν Χεβρὼν ἔναντι Κυρίου· καὶ ἔχρισαν τὸν Δαυὶδ εἰς βασιλέα ἐπὶ Ἰσραὴλ κατὰ τὸν λόγον Κυρίου διὰ χειρὸς Σαμουήλ.

4 Καὶ ἐπορεύθη ὁ βασιλεὺς καὶ ἄνδρες αὐτοῦ εἰς Ἱερουσαλήμ,

first-born, and Ismael, and Saraia, and Abdia, and Anan, and Asa : these *were* the sons of Esel.

Now the Philistines warred against Israel; and they fled from before the Philistines, and fell down slain in mount Gelbue. [2]And the Philistines pursued after Saul, and after his sons ; and the Philistines smote Jonathan, and Aminadab, and Melchisue, sons of Saul. [3]And the battle prevailed against Saul, and the archers βhit him with bows and γarrows, and they were wounded of the bows. [4]And Saul said to his armour-bearer, Draw thy sword, and pierce me through with it, lest these uncircumcised come and mock me. But his armour-bearer would not, for he was greatly afraid : so Saul took a sword, and fell upon it. [5]And his armour-bearer saw that Saul was dead, and he also fell upon his sword. [6]So Saul died, and his three sons on that day, and all his family died at the same time. [7]And all the men of Israel that were in the valley saw that Israel fled, and that Saul and his sons were dead, and they left their cities, and fled : and the Philistines came and dwelt in them.

[8]And it came to pass on the next *day* that the Philistines came to strip the slain, and they found Saul and his sons fallen on mount Gelbue. [9]And they stripped him, and took his head, and his armour, and sent them into the land of the Philistines round about, to proclaim the glad tidings to their idols, and to the people. [10]And they put their armour in the house of their god, and they put his head in the house of Dagon.

[11]And all the dwellers in Galaad heard of all that the Philistines δhad done to Saul and to Israel. [12]And all the mighty men rose up from Galaad, and they took the body of Saul, and the bodies of his sons, and brought them to Jabis, and buried their bones under the oak in Jabis, and fasted seven days. [13]So Saul died for his transgressions, wherein he transgressed against God, against the word of the Lord, forasmuch as he kept *it* not, because Saul enquired of a wizard to seek *counsel*, and Samuel the prophet answered him : [14]and he sought not the Lord : so he slew him, and turned the kingdom to David the son of Jesse.

And all Israel came to David in Chebron, saying, Behold, we *are* thy bones and thy flesh. [2]And ζheretofore when Saul was king, thou wast he that led Israel in and out, and the Lord of Israel said to thee, Thou shalt feed my people Israel, and thou shalt be for a ruler over Israel. [3]And all the elders of Israel came to the king to Chebron; and king David made a covenant with them in Chebron before the Lord : and they anointed David to be king over Israel, according to the word of the Lord by θSamuel.

[4]And the king and his men went to Jeru-

β *Gr.* found.　　γ *Gr.* wounds.　　δ *Gr.* did.　　ζ *Gr.* yesterday and the third day. *Hebraism.*　　θ *Gr.* the hand of Samuel.

salem, this *is* Jebus; and there the Jebusites the inhabitants of the land said to David, [5] Thou shalt not enter in hither. But he took the strong hold of Sion: this *is* the city of David. [6] And David said, *β* Whoever first smites the Jebusite, even he shall be chief and captain. And Joab the son of Saruia, went up first, and became chief. [7] And David *γ* dwelt in the strong hold; therefore he called it the city of David. [8] And he *δ* fortified the city round about. [9] And David continued to increase, and the Lord Almighty *was* with him. [10] And these *are* the chiefs of the mighty men, whom David had, who strengthened *themselves* with him in his kingdom, with all Israel, to make him king, according to the word of the Lord concerning Israel.

[11] And this *is* the *ζ* list of the mighty *men* of David; Jesebada, son of Achaman, first of the thirty: he drew his sword once against three hundred *θ* whom he slew at one time. [12] And after him Eleazar son of Dodai, the Achochite: he was among the three mighty men. [13] He was with David in Phasodamin, and the Philistines were gathered there to battle, and *there was* a portion of the field full of barley; and the people fled before the Philistines. [14] And he stood in the midst of the portion, and rescued it, and smote the Philistines; and the Lord wrought a great deliverance.

[15] And three of the thirty chiefs went down to the rock to David, to the cave of Odollam, and the camp of the Philistines *was* in the giants' valley. [16] And David *was* then in the hold, and the garrison of the Philistines *was* then in Bethleem. [17] And David longed, and said, Who will give me water to drink of the well of Bethleem, that is in the gate? [18] And the three broke through the camp of the Philistines, and they drew water out of the well that was in Bethleem, which was in the gate, and they took it, and came to David: but David would not drink it, and poured it out to the Lord, and said, [19] *λ* God forbid that I should do this thing: shall I drink the blood of these men with their lives? for with *the peril of* their lives they brought it. So he would not drink it. These things did the three mighty *men*.

[20] And Abisa the brother of Joab, he was chief of three: he drew his sword against three hundred slain at one time, and he had a name among the *second* three. [21] He was more famous than the two *others* of the three, and he was chief *over* them; yet he reached not to the *first* three.

[22] And Banaia the son of Jodae was the son of a mighty man: many *were* his acts for Cabasael: he smote two *ξ* lion-like men of Moab, and he went down and smote a lion in a pit on a snowy day. [23] And he smote an Egyptian, a wonderful man five cubits *high*; and in the hand of the Egyptian *there was* a spear like a weavers' beam; and Banaia went down to him with a *π* staff, and took the spear out of the Egyptian's hand, and slew him with his own spear. [24] These things did Banaia son of Jodae, and his

αὕτη Ἰεβοὺς, καὶ ἐκεῖ οἱ Ἰεβουσαῖοι οἱ κατοικοῦντες τὴν γῆν εἶπον τῷ Δαυὶδ, οὐκ εἰσελεύσῃ ὧδε· καὶ προκατελάβετο τὴν 5 περιοχὴν Σιών· αὕτη ἡ πόλις Δαυίδ. Καὶ εἶπε Δαυὶδ, πᾶς 6 τύπτων Ἰεβουσαῖον ἐν πρώτοις, καὶ ἔσται εἰς ἄρχοντα καὶ εἰς στρατηγόν· καὶ ἀνέβη ἐπ᾽ αὐτὴν ἐν πρώτοις Ἰωὰβ υἱὸς Σαρουία, καὶ ἐγένετο εἰς ἄρχοντα. Καὶ ἐκάθισε Δαυὶδ ἐν τῇ περιοχῇ· 7 διὰ τοῦτο ἐκάλεσεν αὐτὴν πόλιν Δαυίδ. Καὶ ᾠκοδόμησε τὴν 8 πόλιν κύκλῳ. Καὶ ἐπορεύετο Δαυὶδ πορευόμενος καὶ μεγα- 9 λυνόμενος, καὶ Κύριος παντοκράτωρ μετ᾽ αὐτοῦ. Καὶ οὗτοι οἱ 10 ἄρχοντες τῶν δυνατῶν, οἳ ἦσαν τῷ Δαυὶδ, οἱ κατισχύοντες μετ᾽ αὐτοῦ ἐν τῇ βασιλείᾳ αὐτοῦ μετὰ παντὸς Ἰσραὴλ, τοῦ βασι- λεῦσαι αὐτὸν κατὰ τὸν λόγον Κυρίου ἐπὶ Ἰσραήλ.

Καὶ οὗτος ὁ ἀριθμὸς τῶν δυνατῶν τοῦ Δαυίδ· Ἰεσεβαδὰ 11 υἱὸς Ἀχαμὰν πρῶτος τῶν τριάκοντα· οὗτος ἐσπάσατο τὴν ῥομφαίαν αὐτοῦ ἅπαξ ἐπὶ τριακοσίους τραυματίας ἐν καιρῷ ἑνί. Καὶ μετ᾽ αὐτὸν Ἐλεάζαρ υἱὸς Δωδαῒ ὁ Ἀχωχί· οὗτος ἦν ἐν 12 τοῖς τρισὶ δυνατοῖς. Οὗτος ἦν μετὰ Δαυὶδ ἐν Φασοδαμὶν, καὶ 13 οἱ ἀλλόφυλοι συνήχθησαν ἐκεῖ εἰς πόλεμον, καὶ ἦν μερὶς τοῦ ἀγροῦ πλήρης κριθῶν, καὶ ὁ λαὸς ἔφυγεν ἀπὸ προσώπου ἀλλο- φύλων. Καὶ ἔστη ἐν μέσῳ τῆς μερίδος, καὶ ἔσωσεν αὐτὴν, καὶ 14 ἐπάταξε τοὺς ἀλλοφύλους, καὶ ἐποίησε Κύριος σωτηρίαν μεγάλην.

Καὶ κατέβησαν τρεῖς ἐκ τῶν τριάκοντα ἀρχόντων εἰς τὴν 15 πέτραν πρὸς Δαυὶδ εἰς τὸ σπήλαιον Ὀδολλὰμ, καὶ παρεμβολὴ τῶν ἀλλοφύλων ἐν τῇ κοιλάδι τῶν γιγάντων. Καὶ Δαυὶδ τότε 16 ἐν τῇ περιοχῇ, καὶ τὸ σύστημα τῶν ἀλλοφύλων τότε ἐν Βηθλεέμ. Καὶ ἐπεθύμησε Δαυὶδ, καὶ εἶπε, τίς ποτιεῖ με ὕδωρ ἐκ τοῦ 17 λάκκου Βηθλεὲμ τοῦ ἐν τῇ πύλῃ; Καὶ διέρρηξαν οἱ τρεῖς τὴν 18 παρεμβολὴν τῶν ἀλλοφύλων· καὶ ὑδρεύσαντο ὕδωρ ἐκ τοῦ λάκκου τοῦ ἐν Βηθλεὲμ, ὃς ἦν ἐν τῇ πύλῃ, καὶ ἔλαβον καὶ ἦλθον πρὸς Δαυίδ· καὶ οὐκ ἠθέλησε Δαυὶδ τοῦ πιεῖν αὐτὸ, καὶ ἔσπεισεν αὐτὸ τῷ Κυρίῳ, καὶ εἶπεν, ἵλεώς μοι ὁ Θεὸς τοῦ 19 ποιῆσαι τὸ ῥῆμα τοῦτο· εἰ αἷμα ἀνδρῶν τούτων πίομαι ἐν ψυχαῖς αὐτῶν; ὅτι ἐν ψυχαῖς αὐτῶν ἤνεγκαν· καὶ οὐκ ἐβούλετο πιεῖν αὐτό· ταῦτα ἐποίησαν οἱ τρεῖς δυνατοί.

Καὶ Ἀβισὰ ἀδελφὸς Ἰωὰβ, οὗτος ἦν ἄρχων τῶν τριῶν· οὗτος 20 ἐσπάσατο τὴν ῥομφαίαν αὐτοῦ ἐπὶ τριακοσίους τραυματίας ἐν καιρῷ ἑνὶ, καὶ οὗτος ἦν ὀνομαστὸς ἐν τοῖς τρισίν. Ἀπὸ τῶν 21 τριῶν ὑπὲρ τοὺς δύο ἔνδοξος, καὶ ἦν αὐτοῖς εἰς ἄρχοντα, καὶ ἕως τῶν τριῶν οὐκ ἤρχετο.

Καὶ Βαναία υἱὸς Ἰωδαὲ υἱὸς ἀνδρὸς δυνατοῦ, πολλὰ ἔργα 22 αὐτοῦ ὑπὲρ Καβασαήλ· οὗτος ἐπάταξε τοὺς δύο ἀριὴλ Μωὰβ, καὶ οὗτος κατέβη καὶ ἐπάταξε τὸν λέοντα ἐν τῷ λάκκῳ ἐν ἡμέρᾳ χιόνος. Καὶ οὗτος ἐπάταξε τὸν ἄνδρα τὸν Αἰγύπτιον, ἄνδρα 23 ὁρατὸν πεντάπηχυν, καὶ ἐν χειρὶ τοῦ Αἰγυπτίου δόρυ ὡς ἀντίον ὑφαινόντων· καὶ κατέβη ἐπ᾽ αὐτὸν Βαναία ἐν ῥάβδῳ, καὶ ἀφεί- λατο ἐκ τῆς χειρὸς τοῦ Αἰγυπτίου τὸ δόρυ, καὶ ἀπέκτεινεν αὐτὸν ἐν τῷ δόρατι αὐτοῦ. Ταῦτα ἐποίησε Βαναία υἱὸς Ἰωδαὲ, 24

β Gr. every one smiting, etc.   *γ Gr.* sat.   *δ Gr.* built.   *ζ Gr.* number.   *θ Gr.* slain.   *λ Lit.* God act mercifully to me, because of doing this thing. See Mat. 16. 22.   *ξ* See the *Hebrew*.   *π Or,* rod.

25 καὶ τούτῳ ὄνομα ἐν τοῖς τρισὶ τοῖς δυνατοῖς. Ὑπὲρ τοὺς τριά-
κοντα ἦν ἔνδοξος οὗτος, καὶ πρὸς τοὺς τρεῖς οὐκ ἤρχετο· καὶ
κατέστησεν αὐτὸν Δαυὶδ ἐπὶ τὴν πατριὰν αὐτοῦ.

26 Καὶ δυνατοὶ τῶν δυνάμεων, Ἀσαὴλ ἀδελφὸς Ἰωάβ, Ἐλεανὰν
27 υἱὸς Δωδωὲ ἐκ Βηθλεέμ, Σαμαὼθ ὁ Ἀρωρί, Χελλὴς ὁ Φελωνί,
28, 29 Ὠρὰ υἱὸς Ἐκκὶς ὁ Θεκωί, Ἀβιέζερ ὁ Ἀναθωθί, Σοβοχαὶ
30 ὁ Οὐσαθί, Ἠλὶ ὁ Ἀχωνί, Μαραὶ ὁ Νετωφαθί, Χθαὸδ υἱὸς Νοοζὰ
31 ὁ Νετωφαθί, Αἰρὶ υἱὸς Ῥεβιὲ ἐκ βουνοῦ Βενιαμίν, Βαναίας
32 ὁ Φαραθωνί, Οὐρὶ ἐκ Ναχαλὶ Γάας, Ἀβιὴλ ὁ Γαραβαιθί,
33, 34 Ἀζβὼν ὁ Βαρωμί, Ἐλιαβὰ ὁ Σαλαβωνί, υἱὸς Ἀσὰμ τοῦ
35 Γιζωνίτου, Ἰωνάθαν υἱὸς Σωλὰ ὁ Ἀραρί, Ἀχὶμ υἱὸς Ἀχὰρ
36 ὁ Ἀραρί, Ἐλφὰτ υἱὸς Θυροφὰρ ὁ Μεχωραθρί, Ἀχία ὁ Φελ-
39, 38 λωνί, Ἠσερὲ ὁ Χαρμαδαΐ, Νααραὶ υἱὸς Ἀζοβαΐ, Ἰωὴλ υἱὸς
37 Νάθαν, Μεβαὰλ υἱὸς Ἀγαρί, Σελὴ ὁ Ἀμμωνί, Ναχὼρ
40 ὁ Βηρωθί, αἴρων σκεύη υἱῷ Σαρουία, Ἰρὰ ὁ Ἰεθρί, Γαβὴρ
41, 42 ὁ Ἰεθρί, Οὐρία ὁ Χεττί, Ζαβὲτ υἱὸς Ἀχαϊά, Ἀδινὰ
υἱὸς Σαιζὰ τοῦ Ῥουβὴν ἄρχων, καὶ ἐπ᾽ αὐτῷ τριάκοντα,
43, 44 Ἀνὰν υἱὸς Μωχὰ, καὶ Ἰωσαφὰτ ὁ Ματθανί, Ὀζία ὁ Ἀσ-
45 ταρωθί, Σαμαθὰ καὶ Ἰεϊὴλ υἱοὶ Χωθὰμ τοῦ Ἀραρί, Ἰεδιὴλ
46 υἱὸς Σαμερί, καὶ Ἰωζαὲ ὁ ἀδελφὸς αὐτοῦ ὁ Θωσαΐ, Ἐλιὴλ
ὁ Μαωί, καὶ Ἰαριβί, καὶ Ἰωσία υἱὸς αὐτοῦ, Ἐλλαάμ, καὶ
47 Ἰεθαμὰ ὁ Μωαβίτης, Δαλιὴλ, καὶ Ὠβὴθ, καὶ Ἰεσσιὴλ
ὁ Μεσωβία.

12 Καὶ οὗτοι οἱ ἐλθόντες πρὸς Δαυὶδ εἰς Σικελάγ, ἔτι συνεχο-
μένου ἀπὸ προσώπου Σαοὺλ υἱοῦ Κίς· καὶ οὗτοι ἐν τοῖς δυνα-
2 τοῖς βοηθοῦντες ἐν πολέμῳ, καὶ τόξῳ ἐκ δεξιῶν καὶ ἐκ ἀριστερῶν,
καὶ σφενδονῆται ἐν λίθοις καὶ τόξοις· ἐκ τῶν ἀδελφῶν Σαοὺλ
3 ἐκ Βενιαμὶν ὁ ἄρχων Ἀχιέζερ, καὶ Ἰωὰς υἱὸς Ἀσμὰ τοῦ
Γαβαθίτου, καὶ Ἰωὴλ, καὶ Ἰωφαλὴτ υἱοὶ Ἀσμώθ, καὶ Βερχία,
4 καὶ Ἰηοὺλ ὁ Ἀναθωθί, καὶ Σαμαΐας ὁ Γαβαωνίτης δυνατὸς
ἐν τοῖς τριάκοντα, καὶ ἐπὶ τῶν τριάκοντα Ἰερεμία, καὶ Ἰεζιὴλ,
5 καὶ Ἰωανὰν, καὶ Ἰωζαβὰθ ὁ Γαδαραθιὶμ, Ἀζαΐ, καὶ Ἀριμούθ,
6 καὶ Βααλιὰ, καὶ Σαμαραΐα, καὶ Σαφατίας ὁ Χαραιφιὴλ, Ἑλκανὰ,
καὶ Ἰησουνὶ, καὶ Ὀζριὴλ, καὶ Ἰωζαρὰ, καὶ Σοβοκὰμ, καὶ
7 οἱ Κορῖται, καὶ Ἰελία καὶ Ζαβαδία υἱοὶ Ἰροὰμ, καὶ οἱ τοῦ
Γεδώρ.

8 Καὶ ἀπὸ τοῦ Γαδδὶ ἐχωρίσθησαν πρὸς Δαυὶδ ἀπὸ τῆς ἐρήμου
ἰσχυροὶ δυνατοὶ ἄνδρες παρατάξεως πολέμου, αἴροντες θυρεοὺς
καὶ δόρατα, καὶ πρόσωπον λέοντος τὰ πρόσωπα αὐτῶν, καὶ
9 κοῦφοι ὡς δορκάδες ἐπὶ τῶν ὀρέων τῷ τάχει· Ἀζὰ ὁ ἄρχων,
10 Ἀβδία ὁ δεύτερος, Ἐλιὰβ ὁ τρίτος, Μασμανὰ ὁ τέταρτος,
11, 12 Ἱερεμίας ὁ πέμπτος, Ἰεθὶ ὁ ἕκτος, Ἐλιὰβ ὁ ἕβδομος, Ἰωα-
13 νὰν ὁ ὄγδοος, Ἐλιαζὲρ ὁ ἔννατος, Ἱερεμία ὁ δέκατος, Μελχα-
14 βαναὶ ὁ ἑνδέκατος. Οὗτοι ἐκ τῶν υἱῶν Γὰδ ἄρχοντες τῆς
15 στρατιᾶς, εἷς τοῖς ἑκατὸν μικρὸς, καὶ μέγας τοῖς χιλίοις. Οὗτοι
οἱ διαβάντες τὸν Ἰορδάνην ἐν τῷ μηνὶ τῷ πρώτῳ· καὶ οὗτος

---

name *was* among the three mighties. 25 He
was distinguished beyond the thirty, yet he
reached not to the *first* three: and David
set him over his family.

26 And the mighty *men* of the forces *were*,
Asael the brother of Joab, Eleanan the son
of Dodoe of Bethleem, 27 Samaoth the Aror-
ite, Chelles the Phelonite, 28 Ora the son of
Ekkis the Thecoite, Abiezer the Anathothite,
29 Sobochai the Usathite, Eli the Achon-
ite, 30 Marai the Netophathite, Chthaod the
son of Nooza the Netophathite, 31 Airi the
son of Rebie of the hill of Benjamin, Ba-
naias the Pharathonite, 32 Uri of *β*Nachali
Gaas, Abiel the Garabæthite, 33 Azbon the
Baromite, Eliaba the Salabonite, 34 the son
of Asam the Gizonite, Jonathan the son of
Sola the Ararite, 35 Achim the son of Achar
the Ararite, Elphat the son of Thyrophar
36 the Mechorathrite, Achia the Phellonite,
37 Esere the Charmadaite, Naarai the son of
Azobai, 38 Joel the son of Nathan, Mebaal
son of Agari, 39 Sele the son of Ammoni,
Nachor the Berothite, armour-bearer to the
son of Saruia, 40 Ira the Jethrite, Gaber the
Jethrite, 41 Uria the Chettite, Zabet son of
Achaia, 42 Adina son of Sæza, a chief of Ru-
ben, and thirty with him, 43 Anan the son
of Moocha, and Josaphat the Matthanite,
44 Ozia the Astarothite, Samatha and Jeiel
sons of Chotham the Ararite, 45 Jediel the
son of Sameri, and Jozae his brother the
Thosaite, 46 Eliel the Maoite, and Jaribi,
and Josia his son, Ellaam, and Jethama the
Moabite, 47 Daliel, and Obeth, and Jessiel of
Mesobia.

And these *are* they that came to Sikelag,
when he yet kept himself close because of
Saul the son of Kis; and these *were* among
the mighty, aiding *him* in war, 2 and *using*
the bow with the right hand and with the
left, and slingers with stones, and *shooters*
with bows. Of the brethren of Saul of Ben-
jamin, 3 the chief *was* Achiezer, and Joas
son of Asma the Gabathite, and Joel and
Jophalet, sons of Asmoth, and Berchia, and
Jeul of Anathoth, 4 and Samaias the Gabao-
nite a mighty man among the thirty, and
over the thirty; *and* Jeremia, and Jeziel,
and Joanan, and Jozabath of Gadarathiim,
5 Azai and Arimuth, and Baalia, and Sama-
raia, and Saphatias of Charæphiel, 6 Helcana,
and Jesuni, and Ozriel, and Jozara, and
Sobocam, and the Corites, 7 and Jelia and
Zabadia, sons of Iroam, and the *men* of
Gedor.

8 And from *γ* Gad these separated them-
selves to David from the wilderness, strong
mighty men *δ*of war, bearing shields and
spears, and their faces *were as* the face of a
lion, and they were nimble as roes upon the
mountains in speed. 9 Aza the chief, Abdia
the second, Eliab the third, 10 Masmana the
fourth, Jeremias the fifth, 11 Jethi the sixth,
Eliab the seventh, 12 Joanan the eighth,
Eleazer the ninth, 13 Jeremia the tenth,
Melchabanai the eleventh. 14 These *were*
chiefs of the army of the sons of Gad, the
*ζ*least one commander of a hundred, and the
*θ*greatest one of a thousand. 15 These *are*
the *men* that crossed over Jordan in the
first month, and it had overflowed all its

β *Heb.* brooks or valleys of Gaas.   γ *Gr.* Gaddi.   δ *Gr.* of array of war.   ζ *Gr.* little.   θ *Gr.* great.

β banks; and they drove out all the inhabitants of the valleys, from the east to the west.

¹⁶ And there came *some* of the sons of Benjamin and Juda to the assistance of David. ¹⁷ And David went out to meet them, and said to them, If ye are come peaceably to me, let my heart be γ at peace with you: but if *ye are come* to betray me to my enemies δ unfaithfully, the God of your fathers look upon it, and reprove it. ¹⁸ And the Spirit ζ came upon Amasai, a captain of the thirty, and he said, Go, David, son of Jesse, thou and thy people, peace, peace to thee, and peace to thy helpers, for thy God has helped thee. And David received them, and made them captains of the forces.

¹⁹ And *some* came to David from Manasse, when the Philistines came against Saul to war: and he helped them not, because θ the captains of the Philistines took counsel, saying, With the heads of those men will he return to his master Saul. ²⁰ When David was going to Sikelag, there came to him of Manasse, Edna and Jozabath, and Rodiel, and Michael, and Josabaith, and Elimuth, and Semathi: these are the captains of thousands of Manasse. ²¹ And they fought on the side of David against a λ troop, for they *were* all men of might; and they were commanders in the army, μ *because* of *their* might. ²² For daily men came to David, *till* they amounted to a great force, as the force of God.

²³ And these *are* the names of the commanders of the army, who came to David to Chebron, to turn the kingdom of Saul to him according to the word of the Lord. ²⁴ The sons of Juda, bearing shields and spears, six thousand and eight hundred mighty in war. ²⁵ Of the sons of Symeon mighty for battle, seven thousand and a hundred. ²⁶ Of the sons of Levi, four thousand and six hundred. ²⁷ And Joadas the chief *of the family* ξ of Aaron, and with him three thousand and seven hundred. ²⁸ And Sadoc, a young *man* mighty in strength, and *there were* twenty-two leaders of his father's house. ²⁹ And of the sons of Benjamin, the brethren of Saul, three thousand: and still the greater part of them kept the guard of the house of Saul. ³⁰ And of the sons of Ephraim, twenty thousand and eight hundred mighty men, famous in the houses of π their fathers. ³¹ And of the half-tribe of Manasse, eighteen thousand, even *those* who were named by name, to make David king. ³² And of the sons of Issachar ρ having wisdom with regard to the times, knowing what Israel should do, two hundred; and all their brethren with them.

³³ And of Zabulon they that went out to σ battle, with all weapons of war, *were* fifty thousand to help David, not weak-handed. ³⁴ And of Nephthali a thousand captains, and with them *men* with shields and spears, thirty-seven thousand. ³⁵ And of the Danites *men* τ ready for war twenty-eight thousand and eight hundred. ³⁶ And of Aser, they that went out to give aid in war, forty

πεπληρωκὼς ἐπὶ πᾶσαν κρηπῖδα αὐτοῦ· καὶ ἐξεδίωξαν πάντας τοὺς κατοικοῦντας αὐλῶνας ἀπὸ ἀνατολῶν ἕως δυσμῶν.

Καὶ ἦλθον ἀπὸ τῶν υἱῶν Βενιαμὶν καὶ Ἰούδα εἰς βοήθειαν ¹⁶ τοῦ Δαυίδ. Καὶ Δαυὶδ ἐξῆλθεν εἰς ἀπάντησιν αὐτῶν, καὶ ¹⁷ εἶπεν αὐτοῖς, εἰ εἰς εἰρήνην ἥκατε πρὸς μὲ, εἴη μοι καρδία καθ' ἑαυτὴν ἐφ' ὑμᾶς· καὶ εἰ τοῦ παραδοῦναί με τοῖς ἐχθροῖς μου οὐκ ἐν ἀληθείᾳ χειρὸς, ἴδοι ὁ Θεὸς τῶν πατέρων ὑμῶν καὶ ἐλέγξαιτο. Καὶ πνεῦμα ἐνέδυσε τὸν Ἀμασαὶ ἄρχοντα τῶν τριά- ¹⁸ κοντα, καὶ εἶπε, πορεύου καὶ ὁ λαός σου Δαυὶδ υἱὸς Ἰεσσαὶ, εἰρήνη εἰρήνη σοι, καὶ εἰρήνη τοῖς βοηθοῖς σου, ὅτι ἐβοήθησέ σοι ὁ Θεός σου· καὶ προσεδέξατο αὐτοὺς Δαυὶδ, καὶ κατέστησεν αὐτοὺς ἄρχοντας τῶν δυνάμεων.

Καὶ ἀπὸ Μανασσῆ προσεχώρησαν πρὸς Δαυὶδ ἐν τῷ ἐλθεῖν ¹⁹ τοὺς ἀλλοφύλους ἐπὶ Σαοὺλ εἰς πόλεμον· καὶ οὐκ ἐβοήθησεν αὐτοῖς, ὅτι ἐν βουλῇ ἐγένετο παρὰ τῶν στρατηγῶν τῶν ἀλλοφύλων λεγόντων, ἐν ταῖς κεφαλαῖς τῶν ἀνδρῶν ἐκείνων ἐπιστρέψει πρὸς τὸν κύριον αὐτοῦ Σαούλ. Ἐν τῷ πορευθῆναι τὸν ²⁰ Δαυὶδ εἰς Σικελὰγ προσεχώρησαν αὐτῷ ἀπὸ Μανασσῆ, Ἐδνὰ, καὶ Ἰωζαβὰθ, καὶ Ῥωδιὴλ, καὶ Μιχαὴλ, καὶ Ἰωσαβαὶθ, καὶ Ἐλιμοὺθ, καὶ Σεμαθὶ· ἀρχηγοὶ χιλιάδων εἰσὶ τοῦ Μανασσῆ. Καὶ αὐτοὶ συνεμάχησαν τῷ Δαυὶδ ἐπὶ τὸν γεδδοὺρ, ὅτι δυνατοὶ ²¹ ἰσχύος πάντες· καὶ ἦσαν ἡγούμενοι ἐν τῇ στρατιᾷ ἐν τῇ δυνά- μει, ὅτι ἡμέραν ἐξ ἡμέρας ἤρχοντο πρὸς Δαυὶδ εἰς δύναμιν ²² μεγάλην ὡς δύναμις τοῦ Θεοῦ.

Καὶ ταῦτα τὰ ὀνόματα τῶν ἀρχόντων τῆς στρατιᾶς, οἱ ²³ ἐλθόντες πρὸς Δαυὶδ εἰς Χεβρὼν τοῦ ἀποστρέψαι τὴν βασι- λείαν Σαοὺλ πρὸς αὐτὸν κατὰ τὸν λόγον Κυρίου. Υἱοὶ Ἰούδα ²⁴ θυρεοφόροι καὶ δορατοφόροι, ἓξ χιλιάδες καὶ ὀκτακόσιοι δυνατοὶ παρατάξεως. Τῶν υἱῶν Συμεών, δυνατοὶ ἰσχύος εἰς παράταξιν, ²⁵ ἑπτὰ χιλιάδες καὶ ἑκατόν. Τῶν υἱῶν Λευὶ, τετρακισχίλιοι καὶ ²⁶ ἑξακόσιοι. Καὶ Ἰωαδὰς ὁ ἡγούμενος τῷ Ἀαρὼν, καὶ μετ' ²⁷ αὐτοῦ τρεῖς χιλιάδες καὶ ἑπτακόσιοι. Καὶ Σαδὼκ νέος δυνατὸς ²⁸ ἰσχύϊ, καὶ τῆς πατρικῆς οἰκίας αὐτοῦ ἄρχοντες εἰκοσιδύο. Καὶ ²⁹ τῶν υἱῶν Βενιαμὶν τῶν ἀδελφῶν Σαούλ, τρεῖς χιλιάδες· καὶ ἔτι τὸ πλεῖστον αὐτῶν ἀπεσκόπει τὴν φυλακὴν οἴκου Σαούλ. Καὶ ³⁰ ἀπὸ υἱῶν Ἐφραὶμ, εἴκοσι χιλιάδες καὶ ὀκτακόσιοι, δυνατοὶ ἰσχύϊ ἄνδρες ὀνομαστοὶ κατ' οἴκους πατριῶν αὐτῶν. Καὶ ἀπὸ ³¹ τοῦ ἡμίσους φυλῆς Μανασσῆ, δεκαοκτὼ χιλιάδες, καὶ οἳ ὠνομάσθησαν ἐν ὀνόματι τοῦ βασιλεῦσαι τὸν Δαυίδ. Καὶ ³² ἀπὸ τῶν υἱῶν Ἰσσάχαρ γινώσκοντες σύνεσιν εἰς τοὺς καιροὺς, γινώσκοντες τί ποιῆσαι Ἰσραὴλ, διακόσιοι, καὶ πάντες ἀδελφοὶ αὐτῶν μετ' αὐτῶν.

Καὶ ἀπὸ Ζαβουλὼν ἐκπορευόμενοι εἰς παράταξιν πολέμου ³³ ἐν πᾶσι σκεύεσι πολεμικοῖς πεντήκοντα χιλιάδες βοηθῆσαι τῷ Δαυὶδ οὐ χεροκένως. Καὶ ἀπὸ Νεφθαλὶ ἄρχοντες χίλιοι, καὶ ³⁴ μετ' αὐτῶν ἐν θυρεοῖς καὶ δόρασι, τριακονταεπτὰ χιλιάδες.. Καὶ ἀπὸ τῶν Δανιτῶν παρατασσόμενοι εἰς πόλεμον, εἰκοσιοκτὼ ³⁵ χιλιάδες καὶ ὀκτακόσιοι. Καὶ ἀπὸ τοῦ Ἀσὴρ ἐκπορευόμενοι ³⁶

β *Gr.* bank.　　γ *Gr.* by, or according to itself.　　δ *Gr.* not in truth of hand.　　ζ *Gr.* clothed.　　θ *Heb.* here differs considerably.
λ The *Gr.* retains the *Heb.* word.　　μ *Or*, with might.　　ξ *Gr.* to Aaron.　　π *Gr.* their fathers' families.
ρ *Gr.* knowing prudence or understanding.　　σ *Gr.* array of war.　　τ *Gr.* setting themselves in array.

37 βοηθῆσαι εἰς πόλεμον, τεσσαράκοντα χιλιάδες. Καὶ ἐκ πέραν τοῦ Ἰορδάνου ἀπὸ Ῥουβὴν, καὶ Γαδδὶ, καὶ ἀπὸ τοῦ ἡμίσους φυλῆς Μανασσῆ ἐν πᾶσι σκεύεσι πολεμικοῖς, ἑκατὸν εἴκοσι χιλιάδες.

38 Πάντες οὗτοι ἄνδρες πολεμισταὶ παρατασσόμενοι παράταξιν ἐν ψυχῇ εἰρηνικῇ· καὶ ἦλθον εἰς Χεβρὼν τοῦ βασιλεῦσαι τὸν Δαυὶδ ἐπὶ πάντα Ἰσραήλ· καὶ ὁ κατάλοιπος Ἰσραὴλ ψυχὴ μία
39 τοῦ βασιλεῦσαι τὸν Δαυίδ. Καὶ ἦσαν ἐκεῖ ἡμέρας τρεῖς
40 ἐσθίοντες καὶ πίνοντες, ὅτι ἡτοίμασαν οἱ ἀδελφοὶ αὐτῶν. Καὶ οἱ ὁμοροῦντες αὐτοῖς ἕως Ἰσσάχαρ καὶ Ζαβουλὼν καὶ Νεφθαλὶ, ἔφερον αὐτοῖς ἐπὶ τῶν καμήλων καὶ τῶν ὄνων καὶ τῶν ἡμιόνων καὶ ἐπὶ τῶν μόσχων βρώματα, ἄλευρα, παλάθας, σταφίδας, οἶνον, καὶ ἔλαιον, μόσχους καὶ πρόβατα εἰς πλῆθος, ὅτι εὐφροσύνη ἐν Ἰσραήλ.

13 Καὶ ἐβουλεύσατο Δαυὶδ μετὰ τῶν χιλιάρχων καὶ τῶν ἑκατον-
2 τάρχων, παντὶ ἡγουμένῳ. Καὶ εἶπε Δαυὶδ πάσῃ ἐκκλησίᾳ Ἰσραήλ, εἰ ἐφ᾽ ὑμῖν ἀγαθὸν, καὶ παρὰ Κυρίου τοῦ Θεοῦ ἡμῶν εὐοδωθῇ, ἀποστείλωμεν πρὸς τοὺς ἀδελφοὺς ἡμῶν τοὺς ὑπολελειμμένους ἐν πάσῃ γῇ Ἰσραήλ, καὶ μετ᾽ αὐτῶν οἱ ἱερεῖς οἱ Λευῖται ἐν πόλεσι κατασχέσεως αὐτῶν, καὶ συναχθήσονται
3 πρὸς ἡμᾶς, καὶ μετενέγκωμεν τὴν κιβωτὸν τοῦ Θεοῦ ἡμῶν
4 πρὸς ἡμᾶς, ὅτι οὐκ ἐζήτησαν αὐτὴν ἀφ᾽ ἡμερῶν Σαούλ. Καὶ εἶπε πᾶσα ἡ ἐκκλησία τοῦ ποιῆσαι οὕτως, ὅτι εὐθὺς ὁ λόγος ἐν ὀφθαλμοῖς παντὸς τοῦ λαοῦ.
5 Καὶ ἐξεκκλησίασε Δαυὶδ τὸν πάντα Ἰσραὴλ ἀπὸ ὁρίων Αἰγύπτου καὶ ἕως εἰσόδου Ἡμὰθ τοῦ εἰσενέγκαι τὴν κιβωτὸν
6 τοῦ Θεοῦ ἐκ πόλεως Ἰαρίμ. Καὶ ἀνήγαγεν αὐτὴν Δαυίδ· καὶ πᾶς Ἰσραὴλ ἀνέβη εἰς πόλιν Δαυὶδ, ἣ ἦν τοῦ Ἰούδα, τοῦ ἀναγαγεῖν ἐκεῖθεν τὴν κιβωτὸν τοῦ Θεοῦ Κυρίου καθημένου
7 ἐπὶ χερουβὶμ, οὗ ἐπεκλήθη ὄνομα αὐτοῦ. Καὶ ἐπέθηκαν τὴν κιβωτὸν τοῦ Θεοῦ ἐφ᾽ ἅμαξαν καινὴν ἐξ οἴκου Ἀμιναδάβ· καὶ Ὀζὰ καὶ οἱ ἀδελφοὶ αὐτοῦ ἦγον τὴν ἅμαξαν.
8 Καὶ Δαυὶδ καὶ πᾶς Ἰσραὴλ παίζοντες ἐναντίον τοῦ Θεοῦ ἐν πάσῃ δυνάμει, καὶ ἐν ψαλτῳδοῖς, καὶ ἐν κινύραις, καὶ ἐν νάβλαις, ἐν τυμπάνοις, καὶ ἐν κυμβάλοις, καὶ ἐν σάλπιγξι.
9 Καὶ ἤλθοσαν ἕως τῆς ἅλωνος· καὶ ἐξέτεινεν Ὀζὰ τὴν χεῖρα αὐτοῦ τοῦ κατασχεῖν τὴν κιβωτὸν, ὅτι ἐξέκλινεν αὐτὴν ὁ μόσχος.
10 Καὶ ἐθυμώθη Κύριος ὀργῇ ἐπὶ Ὀζὰ, καὶ ἐπάταξεν αὐτὸν ἐκεῖ διὰ τὸ ἐκτεῖναι τὴν χεῖρα αὐτοῦ ἐπὶ τὴν κιβωτὸν, καὶ ἀπέθανεν
11 ἐκεῖ ἀπέναντι τοῦ Θεοῦ· Καὶ ἠθύμησε Δαυὶδ, ὅτι διέκοψε Κύριος διακοπὴν ἐν Ὀζὰ, καὶ ἐκάλεσε τὸν τόπον ἐκεῖνον, Δια-
12 κοπὴ Ὀζὰ, ἕως τῆς ἡμέρας ταύτης. Καὶ ἐφοβήθη Δαυὶδ τὸν Θεὸν ἐν τῇ ἡμέρᾳ ἐκείνῃ, λέγων, πῶς εἰσοίσω τὴν κιβωτὸν τοῦ
13 Θεοῦ πρὸς ἐμαυτόν; Καὶ οὐκ ἀπέστρεψε Δαυὶδ τὴν κιβωτὸν πρὸς ἑαυτὸν εἰς πόλιν Δαυὶδ, καὶ ἐξέκλινεν αὐτὴν εἰς οἶκον Ἀβεδδαρὰ τοῦ Γεθαίου.
14 Καὶ ἐκάθισεν ἡ κιβωτὸς τοῦ Θεοῦ ἐν οἴκῳ Ἀβεδδαρὰ τρεῖς μῆνας· καὶ εὐλόγησεν ὁ Θεὸς Ἀβεδδαρὰ, καὶ πάντα τὰ αὐτοῦ.

14 Καὶ ἀπέστειλε Χειρὰμ βασιλεὺς Τύρου ἀγγέλους πρὸς

thousand. ³⁷ And from the country beyond Jordan, from Ruben, and the Gadites, and from the half-tribe of Manasse, a hundred and twenty thousand, with all weapons of war.

³⁸ All these were men of war, setting the army in battle array, with a peaceful βmind towards him, and they came to Chebron to make David king over all Israel: and the rest of Israel were of one mind to make David king. ³⁹ And they were there three days eating and drinking, for their brethren had made preparations. ⁴⁰ And their neighbours, as far as Issachar and Zabulon and Nephthali, brought to them upon camels, and asses⸍ and mules, and upon calves, victuals, meal, cakes of figs, raisins, wine, and oil, calves and sheep abundantly: for there was joy in Israel.

And David took counsel with the captains of thousands and captains of hundreds, even with every commander. ² And David said to the whole congregation of Israel, If it seem good to you, and it should be prospered by the Lord our God, let us send to our brethren that are left in all the land of Israel, and let the priests the Levites who are with them in the cities of their possession come, and let them be gathered to us. ³ And let us bring over to us the ark of our God; for men have not enquired at it since the days of Saul. ⁴ And all the congregation said γ that they would do thus; for the saying was right in the eyes of all the people.

⁵ So David assembled all Israel, from the borders of Egypt even to the entering in of Hemath, to bring in the ark of God from the city of Jarim. ⁶ And David brought it up: and all Israel went up to the city of David, which belonged to Juda, to bring up thence the ark of the Lord God who sits between the cherubim, whose name is called on it. ⁷ And they set the ark of God on a new waggon brought out of the house of Aminadab: and Oza and his brethren drove the waggon.

⁸ And David and all Israel were playing before the Lord with all their might, and, that together with singers, and with harps, and with lutes, with timbrels, and with cymbals, and with trumpets. ⁹ And they came as far as the threshing-floor: and Oza put forth his hand to hold the ark, because the bullock moved it from its place: ¹⁰ And the Lord was very angry with Oza, and smote him there, because of his stretching forth his hand upon the ark: and he died there before God. ¹¹ And David was dispirited, because the Lord had made a breach on Oza: and he called that place the Breach of Oza until this day. ¹² And David feared God that day, saying, How shall I bring the ark of God in to myself? ¹³ So David brought not the ark home to himself into the city of David, but he turned it aside into the house of Abeddara the Gethite.

¹⁴ And the ark of God abode in the house of Abeddara three months: and God blessed Abeddara and all that he had.

And Chiram king of Tyre sent messengers

---

to David, and cedar timbers, and masons, and carpenters, to build a house for him. [2] And David knew that the Lord had β designed him to be king over Israel; because his kingdom was γ highly exalted, on account of his people Israel.

[3] And David took δ more wives in Jerusalem: and there were born to David more sons and daughters. [4] And these are the names of those that were born, who were born to him in Jerusalem; Samaa, Sobab, Nathan, and Solomon, [5] and Baar, and Elisa, and Eliphaleth, [6] and Nageth, and Naphath, and Japhie, [7] and Elisamae, and Eliade, and Eliphala.

[8] And the Philistines heard that David was anointed king over all Israel: and all the Philistines went up to seek David; and David heard it, and went out to meet them. [9] And the Philistines came and assembled together in the giants' valley. [10] And David enquired of God, saying, Shall I go up against the Philistines? and wilt thou deliver them into my hand? And the Lord said to him, Go up, and I will deliver them into thy hands. [11] And he went up to Baal Pharasin, and David smote them there; and David said, God has broken through enemies by my hand like a breach of water: therefore he called the name of that place, the ς Breach of Pharasin. [12] And the Philistines left their gods there; and David θ gave orders to burn them with fire.

[13] And the Philistines λ once more assembled themselves in the giants' valley. [14] And David enquired of God again; and God said to him, Thou shalt not go after them; turn away from them, and thou shalt come upon them near the pear trees. [15] And it shall be, when thou shalt hear the sound of their tumult in the tops of the pear trees, then thou shalt go into the battle: for God has gone out before thee to smite the army of the Philistines. [16] And he did as God commanded him: and he smote the army of the Philistines from Gabaon to Gazera. [17] And the name of David was famous in all the land; and the Lord μ put the terror of him on all the nations.

And David made for himself houses in the city of David, and he prepared a place for the ark of God, and made a tent for it. [2] Then said David, It is not lawful for any to bear the ark of God, but the Levites; for the Lord has chosen them to bear the ark of the Lord, and to minister to him for ever. [3] And David assembled all Israel at Jerusalem, to bring up the ark of the Lord to the place which he had prepared for it. [4] And David gathered together the sons of Aaron the Levites. [5] Of the sons of Caath; there was Uriel the chief, and his brethren, a hundred and twenty. [6] Of the sons of Merari; Asaia the chief, and his brethren, two hundred and twenty. [7] Of the sons of Gedson; Joel the chief, and his brethren, a hundred and thirty. [8] Of the sons of Elisaphat; Semei the chief, and his brethren, two hundred. [9] Of the sons of Chebron; Eliel the chief, and his brethren eighty. [10] Of the sons of Oziel; Aminadab the chief, and his brethren a hundred and twelve.

Δαυὶδ, καὶ ξύλα κέδρινα, καὶ οἰκοδόμους, καὶ τέκτονας ξύλων, τοῦ οἰκοδομῆσαι αὐτῷ οἶκον. Καὶ ἔγνω Δαυὶδ ὅτι ἡτοίμασεν 2 αὐτὸν Κύριος εἰς βασιλέα ἐπὶ Ἰσραὴλ, ὅτι ηὐξήθη εἰς ὕψος ἡ βασιλεία αὐτοῦ διὰ τὸν λαὸν αὐτοῦ Ἰσραήλ.

Καὶ ἔλαβε Δαυὶδ ἔτι γυναῖκας ἐν Ἱερουσαλήμ· καὶ ἐτέχθη- 3 σαν Δαυὶδ ἔτι υἱοὶ καὶ θυγατέρες. Καὶ ταῦτα τὰ ὀνόματα 4 αὐτῶν τῶν τεχθέντων, οἳ ἦσαν αὐτῷ ἐν Ἱερουσαλήμ· Σαμαὰ, Σωβὰβ, Νάθαν, καὶ Σαλωμὼν, καὶ Βαὰρ, καὶ Ἐλισὰ, καὶ 5 Ἐλιφαλὴθ, καὶ Ναγὲθ, καὶ Ναφὰθ, καὶ Ἰαφιὲ, καὶ Ἐλισα- 6, 7 μαὲ, καὶ Ἐλιαδὲ, καὶ Ἐλιφαλά.

Καὶ ἤκουσαν ἀλλόφυλοι ὅτι ἐχρίσθη Δαυὶδ βασιλεὺς ἐπὶ 8 πάντα Ἰσραήλ· καὶ ἀνέβησαν πάντες οἱ ἀλλόφυλοι ζητῆσαι τὸν Δαυίδ· καὶ ἤκουσε Δαυὶδ, καὶ ἐξῆλθεν εἰς ἀπάντησιν αὐτοῖς· Καὶ ἀλλόφυλοι ἦλθον, καὶ συνέπεσον ἐν τῇ κοιλάδι τῶν 9 γιγάντων. Καὶ ἐπηρώτησε Δαυὶδ διὰ τοῦ Θεοῦ, λέγων, εἰ 10 ἀναβῶ ἐπὶ τοὺς ἀλλοφύλους, καὶ δώσεις αὐτοὺς εἰς τὰς χεῖράς μου; καὶ εἶπεν αὐτῷ Κύριος, ἀνάβηθι, καὶ δώσω αὐτοὺς εἰς τὰς χεῖράς σου. Καὶ ἀνέβη εἰς Βαὰλ Φαρασὶν, καὶ ἐπάταξεν 11 αὐτοὺς ἐκεῖ Δαυίδ· καὶ εἶπε Δαυὶδ, διέκοψεν ὁ Θεὸς τοὺς ἐχθρούς μου ἐν χειρί μου, ὡς διακοπὴν ὕδατος· διὰ τοῦτο ἐκά- λεσε τὸ ὄνομα τοῦ τόπου ἐκείνου, Διακοπὴ Φαρασίν. Καὶ 12 ἐγκατέλιπον ἐκεῖ τοὺς θεοὺς αὐτῶν οἱ ἀλλόφυλοι· καὶ εἶπε Δαυὶδ κατακαῦσαι ἐν πυρί.

Καὶ προσέθεντο ἔτι ἀλλόφυλοι, καὶ συνέπεσαν ἔτι ἐν τῇ 13 κοιλάδι τῶν γιγάντων. Καὶ ἠρώτησε Δαυὶδ ἔτι ἐν Θεῷ· καὶ 14 εἶπεν αὐτῷ ὁ Θεὸς, οὐ πορεύσῃ ὀπίσω αὐτῶν· ἀποστρέφου ἀπ᾽ αὐτῶν, καὶ παρέσῃ αὐτοῖς πλησίον τῶν ἀπίων. Καὶ ἔσται ἐν 15 τῷ ἀκοῦσαί σε τὴν φωνὴν τοῦ συσσεισμοῦ αὐτῶν ἄκρων τῶν ἀπίων, τότε εἰσελεύσῃ εἰς τὸν πόλεμον, ὅτι ἐξῆλθεν ὁ Θεὸς ἔμπροσθέν σου τοῦ πατάξαι τὴν παρεμβολὴν τῶν ἀλλοφύλων. Καὶ ἐποίησε καθὼς ἐνετείλατο αὐτῷ ὁ Θεός· καὶ ἐπάταξε τὴν 16 παρεμβολὴν τῶν ἀλλοφύλων ἀπὸ Γαβαὼν ἕως Γαζηρά. Καὶ 17 ἐγένετο ὄνομα Δαυὶδ ἐν πάσῃ τῇ γῇ, καὶ Κύριος ἔδωκε τὸν φόβον αὐτοῦ ἐπὶ πάντα τὰ ἔθνη.

Καὶ ἐποίησεν αὐτῷ οἰκίας ἐν πόλει Δαυὶδ, καὶ ἡτοίμασε 15 τὸν τόπον τῇ κιβωτῷ τοῦ Θεοῦ, καὶ ἐποίησεν αὐτῇ σκηνήν. Τότε εἶπε Δαυὶδ, οὐκ ἔστιν ἆραι τὴν κιβωτὸν τοῦ Θεοῦ, ἀλλ᾽ 2 ἢ τοὺς Λευίτας, ὅτι αὐτοὺς ἐξελέξατο Κύριος αἴρειν τὴν κιβω- τὸν Κυρίου, καὶ λειτουργεῖν αὐτῷ ἕως αἰῶνος.

Καὶ ἐξεκκλησίασε Δαυὶδ τὸν πάντα Ἰσραὴλ ἐν Ἱερουσαλὴμ, 3 τοῦ ἀνενέγκαι τὴν κιβωτὸν Κυρίου εἰς τὸν τόπον ὃν ἡτοίμασεν αὐτῇ. Καὶ συνήγαγε Δαυὶδ τοὺς υἱοὺς Ἀαρὼν τοὺς Λευίτας. 4 Τῶν υἱῶν Καὰθ, Οὐριὴλ ὁ ἄρχων καὶ οἱ ἀδελφοὶ αὐτοῦ, ἑκατὸν 5 εἴκοσι. Τῶν υἱῶν Μεραρὶ, Ἀσαΐα ὁ ἄρχων καὶ οἱ ἀδελφοὶ 6 αὐτοῦ, διακόσιοι εἴκοσι. Τῶν υἱῶν Γεδσὼν, Ἰωὴλ ὁ ἄρχων 7 καὶ οἱ ἀδελφοὶ αὐτοῦ, ἑκατὸν τριάκοντα. Τῶν υἱῶν Ἐλισα- 8 φὰτ, Σεμεὶ ὁ ἄρχων καὶ οἱ ἀδελφοὶ αὐτοῦ, διακόσιοι. Τῶν 9 υἱῶν Χεβρὼμ, Ἐλιὴλ ὁ ἄρχων καὶ οἱ ἀδελφοὶ αὐτοῦ, ὀγδοή- κοντα. Τῶν υἱῶν Ὀζιὴλ, Ἀμιναδὰβ ὁ ἄρχων καὶ οἱ ἀδελφοὶ 10 αὐτοῦ, ἑκατὸν δεκαδύο.

β Gr. prepared.　　γ Gr. increased to height.　　δ Gr. yet wives.　　ζ A singular transposition.　　θ Gr. told or spoke.
λ Gr. added yet and—　　μ Gr. gave.

11 Καὶ ἐκάλεσε Δαυὶδ τὸν Σαδὼκ καὶ Ἀβιάθαρ τοὺς ἱερεῖς,
καὶ τοὺς Λευίτας, τὸν Οὐριὴλ, Ἀσαΐαν, καὶ Ἰωὴλ, καὶ Σεμαίαν,
12 καὶ Ἐλιὴλ, καὶ Ἀμιναδὰβ, καὶ εἶπεν αὐτοῖς, ὑμεῖς ἄρχοντες
πατριῶν τῶν Λευιτῶν, ἁγνίσθητε ὑμεῖς καὶ οἱ ἀδελφοὶ ὑμῶν,
καὶ ἀνοίσετε τὴν κιβωτὸν τοῦ Θεοῦ Ἰσραὴλ, οὗ ἡτοίμασα
13 αὐτῇ· Ὅτι οὐκ ἐν τῷ πρότερον ὑμᾶς εἶναι, διέκοψεν ὁ Θεὸς
14 ἡμῶν ἐν ἡμῖν, ὅτι οὐκ ἐξεζητήσαμεν ἐν κρίματι. Καὶ ἡγνίσ-
θησαν οἱ ἱερεῖς καὶ οἱ Λευῖται, τοῦ ἀνενέγκαι τὴν κιβωτὸν Θεοῦ
15 Ἰσραήλ. Καὶ ἔλαβον οἱ υἱοὶ τῶν Λευιτῶν τὴν κιβωτὸν τοῦ
Θεοῦ, ὡς ἐνετείλατο Μωυσῆς ἐν λόγῳ Θεοῦ κατὰ τὴν γραφὴν,
ἐν ἀναφορεῦσιν ἐπ' αὐτούς.

16 Καὶ εἶπε Δαυὶδ τοῖς ἄρχουσι τῶν Λευιτῶν, στήσατε τοὺς
ἀδελφοὺς αὐτῶν τοὺς ψαλτῳδοὺς ἐν ὀργάνοις, νάβλαις, κινύραις,
καὶ κυμβάλοις τοῦ φωνῆσαι εἰς ὕψος ἐν φωνῇ εὐφροσύνης.
17 Καὶ ἔστησαν οἱ Λευῖται τὸν Αἱμὰν υἱὸν Ἰωήλ· ἐκ τῶν ἀδελ-
φῶν αὐτοῦ Ἀσὰφ υἱὸς Βαραχία· καὶ ἐκ τῶν υἱῶν Μεραρὶ
18 ἀδελφῶν αὐτοῦ Αἰθὰν υἱὸς Κισαίου· Καὶ μετ' αὐτῶν οἱ ἀδελ-
φοὶ αὐτῶν οἱ δεύτεροι, Ζαχαρίας, καὶ Ὀζιὴλ, καὶ Σεμιραμὼθ,
καὶ Ἰεϊὴλ, καὶ Ἐλιωὴλ, καὶ Ἐλιὰβ, καὶ Βαναία, καὶ Μαασαΐα,
καὶ Ματθαθία, καὶ Ἐλιφενὰ, καὶ Μακελλία, καὶ Ἀβδεδὸμ, καὶ
19 Ἰεϊὴλ, καὶ Ὀζίας, οἱ πυλωροί. Καὶ οἱ ψαλτῳδοὶ, Αἱμὰν,
Ἀσὰφ, καὶ Αἰθὰν ἐν κυμβάλοις χαλκοῖς τοῦ ἀκουσθῆναι ποιῆ-
20 σαι. Ζαχαρίας, καὶ Ὀζιὴλ, Σεμιραμὼθ, Ἰεϊὴλ, Ὦνι, Ἐλιὰβ,
21 Μαασαίας, Βαναίας ἐν νάβλαις ἐπὶ ἀλαιμώθ. Καὶ Ματταθίας,
καὶ Ἐλιφαλοὺ, καὶ Μακενία, καὶ Ἀβδεδὸμ, καὶ Ἰεϊὴλ, καὶ
Ὀζίας ἐν κινύραις ἀμασενὶθ τοῦ ἐνισχῦσαι.

22 Καὶ Χωνενία ἄρχων τῶν Λευιτῶν ἄρχων τῶν ᾠδῶν, ὅτι συν-
23 ετὸς ἦν. Καὶ Βαραχία καὶ Ἐλκανὰ πυλωροὶ τῆς κιβωτοῦ.
24 Καὶ Σομνία, καὶ Ἰωσαφὰτ, καὶ Ναθαναὴλ, καὶ Ἀμασαΐ, καὶ
Ζαχαρία, καὶ Βαναΐα, καὶ Ἐλιέζερ οἱ ἱερεῖς σαλπίζοντες ταῖς
σάλπιγξιν ἔμπροσθεν τῆς κιβωτοῦ τοῦ Θεοῦ· καὶ Ἀβδεδὸμ
καὶ Ἰεΐα πυλωροὶ τῆς κιβωτοῦ τοῦ Θεοῦ.

25 Καὶ ἦν Δαυὶδ καὶ οἱ πρεσβύτεροι Ἰσραὴλ καὶ οἱ χιλίαρχοι
οἱ πορευόμενοι τοῦ ἀναγαγεῖν τὴν κιβωτὸν τῆς διαθήκης ἐξ
26 οἴκου Ἀβδεδὸμ ἐν εὐφροσύνῃ. Καὶ ἐγένετο ἐν τῷ κατισχῦσαι
τὸν Θεὸν τοὺς Λευίτας αἴροντας τὴν κιβωτὸν τῆς διαθήκης
Κυρίου, καὶ ἔθυσαν ἀν' ἑπτὰ μόσχους, καὶ ἀν' ἑπτὰ κριούς.
27 Καὶ Δαυὶδ περιεζωσμένος ἐν στολῇ βυσσίνῃ, καὶ πάντες οἱ
Λευῖται αἴροντες τὴν κιβωτὸν διαθήκης Κυρίου, καὶ οἱ ψαλτ-
ῳδοὶ, καὶ Χωνενίας ὁ ἄρχων τῶν ᾠδῶν τῶν ᾀδόντων, καὶ ἐπὶ
28 Δαυὶδ στολὴ βυσσίνη. Καὶ πᾶς Ἰσραὴλ ἀνάγοντες τὴν
κιβωτὸν διαθήκης Κυρίου ἐν σημασίᾳ, καὶ ἐν φωνῇ σωφὲρ,
καὶ ἐν σάλπιγξι, καὶ ἐν κυμβάλοις, ἀναφωνοῦντες ἐν νάβλαις
29 καὶ ἐν κινύραις. Καὶ ἐγένετο ἡ κιβωτὸς διαθήκης Κυρίου, καὶ
ἦλθεν ἕως πόλεως Δαυίδ· καὶ Μελχὸλ ἡ θυγάτηρ Σαοὺλ
παρέκυψε διὰ τῆς θυρίδος, καὶ εἶδε τὸν βασιλέα Δαυὶδ ὀρ-
χούμενον καὶ παίζοντα, καὶ ἐξουδένωσεν αὐτὸν ἐν τῇ ψυχῇ
αὐτῆς.

16 Καὶ εἰσήνεγκαν τὴν κιβωτὸν τοῦ Θεοῦ, καὶ ἀπηρείσαντο

[11] And David called Sadoc and Abiathar the priests, and the Levites, Uriel, Asaia, and Joel, and Semaia, and Eliel, and Aminadab, [12] and said to them, Ye *are* the heads of the families of the Levites: sanctify yourselves, you and your brethren, and ye shall carry up the ark of the God of Israel, *to the place* which I have prepared for it. [13] For because ye were not *ready* at the first, our God made a breach upon us, because we sought him not [β] according to the ordinance. [14] So the priests and the Levites sanctified themselves, to bring up the ark of the God of Israel. [15] And the sons of the Levites took the ark of God, (as Moses commanded by the word of God according to the scripture) [γ] upon their shoulders with staves.

[16] And David said to the chiefs of the Levites, Set [δ] your brethren the singers with musical instruments, lutes, harps, and cymbals, to sound aloud with a voice of joy. [17] So the Levites appointed Æman the son of Joel; Asaph the son of Barachias *was one* of his brethren; and Æthan the son of Kisæus was of the sons of Merari their brethren; [18] and with them their brethren of the second rank, Zacharias, and Oziel, and Semiramoth, and Jeiel, and Elioel, and Eliab, and Banaia, and Maasaia, and Matthathia, and Eliphena, and Makellia, and Abdedom, and Jeiel, and Ozias, the porters. [19] And the singers, Æman, Asaph, and Æthan, with brazen cymbals to make *a sound* to be heard. [20] Zacharias, and Oziel, Semiramoth, Jeiel, Oni, Eliab, Maasæas, Banæas, with lutes, on [ζ] alæmoth. [21] And Mattathias, and Eliphalu, and Makenia, and Abdedom, and Jeiel, and Ozias, with harps of [θ] Amasenith, to make a loud noise.

[22] And Chonenia chief of the Levites *was* master of the [λ] bands, because he was skilful. [23] And Barachia and Elcana *were* door-keepers of the ark. [24] And Somnia, and Josaphat, and Nathanael, and Amasai, and Zacharia, and Banæa, and Eliezer, the priests, were [μ] sounding with trumpets before the ark of God: and Abdedom and Jeia *were* door-keepers of the ark of God.

[25] So David, and the elders of Israel, and the captains of thousands, went to bring up the ark of the covenant from the house of Abdedom with gladness. [26] And it came to pass when God strengthened the Levites bearing the ark of the covenant of the Lord, that they sacrificed [ξ] seven calves and seven rams. [27] And David *was* girt with a fine linen robe, and all the Levites *who were* bearing the ark of the covenant of the Lord, and the singers, and Chonenias the master of the [π] band of singers; also upon David *there was* a robe of fine linen. [28] And all Israel [ρ] brought up the ark of the covenant of the Lord with shouting, and with the sound of a horn, and with trumpets, and with cymbals, playing loudly on lutes and harps. [29] And the ark of the covenant of the Lord arrived, and came to the city of David; and Melchol the daughter of Saul looked down through the window, and saw king David dancing and playing: and she despised him in her [σ] heart.

So they brought in the ark of God, and

β *Or*, judiciously. γ *Or*, upon themselves, ἐφ' ἑαυτούς. δ *Gr*. their. ζ עַל־עֲלָמוֹת *voce virgineâ, i. e. acutâ. Gesen.* θ *Heb*. the eighth. λ *Gr* songs. μ *Gr*. trumpeting. ξ *Gr*. at the rate of. π *Gr*. songs of singers. ρ *Gr*. bringing. σ *Gr*. soul.

set it in the midst of the tabernacle which David pitched for it; and they βoffered whole-burnt-offerings and peace-offerings before God. ²And David finished offering up whole-burnt-offerings and peace-offerings, and blessed the people in the name of the Lord. ³And he divided to every man of Israel (both men and women), to *every* man one baker's loaf, and a cake. ⁴And he appointed before the ark of the covenant of the Lord, Levites to minister *and* lift up the voice, and to give thanks and praise the Lord God of Israel: ⁵Asaph *was* the chief, and next to him Zacharias, Jeiel, Semiramoth, and Jeiel, Mattathias, Eliab, and Banæas, and Abdedom: and Jeiel sounding with musical instruments, lutes *and* harps, and Asaph with cymbals: ⁶and Banæas and Oziel the priests *sounding* continually with trumpets before the ark of the covenant of God in that day.

⁷Then David first gave orders to praise the Lord by the hand of Asaph and his brethren.

⁸Song. Give thanks to the Lord, call upon him by his name, make known his designs among the people. ⁹Sing *songs* to him, and sing hymns to him, relate to all *people* his wonderful deeds, which the Lord has wrought. ¹⁰Praise his holy name, γthe heart that seeks his pleasure shall rejoice. ¹¹Seek the Lord and be strong, seek his face continually. ¹²Remember his wonderful works which he has wrought, his wonders, and the judgments of his mouth; ¹³*ye* seed of Israel his servants, *ye* seed of Jacob his chosen ones. ¹⁴He *is* the Lord our God; his judgments *are* in all the earth. ¹⁵Let us remember his covenant for ever, his word which he commanded to a thousand generations, ¹⁶which he covenanted with Abraham, and his oath *sworn* to Isaac. ¹⁷He confirmed it to Jacob for an ordinance, to Israel *as* an everlasting covenant, ¹⁸saying, To thee will I give the land of Chanaan, the line of your inheritance: ¹⁹when they were few in number, when they were but little, and dwelt as strangers in it; ²⁰and went from nation to nation, and from one kingdom to another people. ²¹He suffered not a man to oppress them, and he reproved kings for their sakes, ²²saying, Touch not my anointed ones, and deal not wrongfully with my prophets.

²³Sing ye to the Lord, all the earth; proclaim his salvation from day to day. ²⁴Declare among the nations his glory, his wondrous deeds among all peoples. ²⁵For the Lord *is* great, and greatly to be praised: he *is* to be feared above all gods. ²⁶For all the gods of the nations *are* idols; but our God made the heavens. ²⁷Glory and praise *are* in his presence; strength and rejoicing *are* in his place. ²⁸Give to the Lord, ye families of the nations, give to the Lord glory and strength. ²⁹Give to the Lord the glory *belonging* to his name: take gifts and offer *them* before him; and worship the Lord in his holy courts. ³⁰Let the whole earth fear before him; let the earth be established, and not be moved. ³¹Let the heavens rejoice, and let the earth exult; and let them

αὐτὴν ἐν μέσῳ τῆς σκηνῆς ἧς ἔπηξεν αὐτῇ Δαυὶδ, καὶ προσήνεγκαν ὁλοκαυτώματα καὶ σωτηρίου ἐναντίον τοῦ Θεοῦ. Καὶ 2 συνετέλεσε Δαυὶδ ἀναφέρων ὁλοκαυτώματα καὶ σωτηρίου, καὶ εὐλόγησε τὸν λαὸν ἐν ὀνόματι Κυρίου. Καὶ διεμέρισε παντὶ 3 ἀνδρὶ Ἰσραὴλ ἀπὸ ἀνδρὸς καὶ ἕως γυναικὸς, τῷ ἀνδρὶ ἄρτον ἕνα ἀρτοκοπικὸν, καὶ ἀμορίτην. Καὶ ἔταξε κατὰ πρόσωπον τῆς 4 κιβωτοῦ διαθήκης Κυρίου ἐκ τῶν Λευιτῶν λειτουργοῦντας ἀναφωνοῦντας, καὶ ἐξομολογεῖσθαι καὶ αἰνεῖν Κύριον τὸν Θεὸν Ἰσραήλ· Ἀσὰφ ὁ ἡγούμενος, καὶ δευτερεύων αὐτῷ Ζαχαρίας, 5 Ἰεϊὴλ, Σεμιραμὼθ, καὶ Ἰεϊὴλ, Ματταθίας, Ἐλιὰβ, καὶ Βαναίας, καὶ Ἀβδεδόμ· καὶ Ἰεϊὴλ ἐν ὀργάνοις, νάβλαις, κινύραις, καὶ Ἀσὰφ ἐν κυμβάλοις ἀναφωνῶν· Καὶ Βαναίας καὶ Ὀζιὴλ οἱ 6 ἱερεῖς ἐν ταῖς σάλπιγξι διαπαντὸς ἐναντίον τῆς κιβωτοῦ τῆς διαθήκης τοῦ Θεοῦ.

Ἐν τῇ ἡμέρᾳ ἐκείνῃ. Τότε ἔταξε Δαυὶδ ἐν ἀρχῇ τοῦ αἰνεῖν 7 τὸν Κύριον ἐν χειρὶ Ἀσὰφ καὶ τῶν ἀδελφῶν αὐτοῦ.

Ὠδή. Ἐξομολογεῖσθε τῷ Κυρίῳ, ἐπικαλεῖσθε αὐτὸν ἐν 8 ὀνόματι αὐτοῦ, γνωρίσατε ἐν λαοῖς τὰ ἐπιτηδεύματα αὐτοῦ. Ἄσατε αὐτῷ καὶ ὑμνήσατε αὐτῷ, διηγήσασθε πᾶσι τὰ θαυμάσια 9 αὐτοῦ, ἃ ἐποίησε Κύριος. Αἰνεῖτε ἐν ὀνόματι ἁγίῳ αὐτοῦ, 10 εὐφρανθήσεται καρδία ζητοῦσα τὴν εὐδοκίαν αὐτοῦ. Ζητήσατε 11 τὸν Κύριον καὶ ἰσχύσατε, ζητήσατε τὸ πρόσωπον αὐτοῦ διαπαντός. Μνημονεύετε τὰ θαυμάσια αὐτοῦ ἃ ἐποίησε, τέρατα καὶ 12 κρίματα τοῦ στόματος αὐτοῦ. σπέρμα Ἰσραὴλ παῖδες αὐτοῦ, 13 υἱοὶ Ἰακὼβ ἐκλεκτοὶ αὐτοῦ. Αὐτὸς Κύριος ὁ Θεὸς ἡμῶν, ἐν 14 πάσῃ τῇ γῇ τὰ κρίματα αὐτοῦ. Μνημονεύωμεν εἰς αἰῶνα 15 διαθήκης αὐτοῦ, λόγον αὐτοῦ ὃν ἐνετείλατο εἰς χιλίας γενεὰς, ὃν διέθετο τῷ Ἀβραὰμ, καὶ τὸν ὅρκον αὐτοῦ τῷ Ἰσαάκ. 16 Ἔστησεν αὐτὸν τῷ Ἰακὼβ εἰς πρόσταγμα, τῷ Ἰσραὴλ διαθή- 17 κην αἰώνιον, λέγων, σοὶ δώσω τὴν γῆν Χαναὰν σχοίνισμα 18 κληρονομίας ὑμῶν. Ἐν τῷ γενέσθαι αὐτοὺς ὀλιγοστοὺς ἀριθ- 19 μῷ, ὡς ἐσμικρύνθησαν, καὶ παρῴκησαν ἐν αὐτῇ, καὶ ἐπορεύθη- 20 σαν ἀπὸ ἔθνους εἰς ἔθνος, καὶ ἀπὸ βασιλείας εἰς λαὸν ἕτερον, οὐκ ἀφῆκεν ἄνδρα τοῦ δυναστεῦσαι αὐτοὺς, καὶ ἤλεγξε περὶ 21 αὐτῶν βασιλεῖς. Μὴ ἅψησθε τῶν χριστῶν μου, καὶ ἐν τοῖς 22 προφήταις μου μὴ πονηρεύεσθε.

Ἄσατε τῷ Κυρίῳ πᾶσα ἡ γῆ, ἀναγγείλατε ἐξ ἡμέρας εἰς 23 ἡμέραν σωτηρίαν αὐτοῦ. Ἐξηγεῖσθε ἐν τοῖς ἔθνεσι τὴν δόξαν 24 αὐτοῦ, ἐν πᾶσι τοῖς λαοῖς τὰ θαυμάσια αὐτοῦ. Ὅτι μέγας 25 Κύριος καὶ αἰνετὸς σφόδρα, φοβερός ἐστιν ἐπὶ πάντας τοὺς θεούς. Ὅτι πάντες οἱ θεοὶ τῶν ἐθνῶν εἴδωλα, καὶ ὁ Θεὸς 26 ἡμῶν οὐρανοὺς ἐποίησε. Δόξα καὶ ἔπαινος κατὰ πρόσωπον 27 αὐτοῦ, ἰσχὺς καὶ καύχημα ἐν τόπῳ αὐτοῦ. Δότε τῷ Κυρίῳ αἱ 28 πατριαὶ τῶν ἐθνῶν, δότε τῷ Κυρίῳ δόξαν καὶ ἰσχύν, δότε τῷ 29 Κυρίῳ δόξαν ὀνόματι αὐτοῦ· λάβετε δῶρα καὶ ἐνέγκατε κατὰ πρόσωπον αὐτοῦ, καὶ προσκυνήσατε Κυρίῳ ἐν αὐλαῖς ἁγίαις αὐτοῦ. Φοβηθήτω ἀπὸ προσώπου αὐτοῦ πᾶσα ἡ γῆ, κατορθω- 30 θήτω ἡ γῆ, καὶ μὴ σαλευθήτω. Εὐφρανθήτω ὁ οὐρανὸς, καὶ 31 ἀγαλλιάσθω ἡ γῆ, καὶ εἰπάτωσαν ἐν τοῖς ἔθνεσι, Κύριος βασι-

---

β *Gr.* brought nigh.   γ *Or*, let the heart, etc.

32 λεύων. Βομβήσει ἡ θάλασσα σὺν τῷ πληρώματι, καὶ ξύλον
33 ἀγροῦ καὶ πάντα τὰ ἐν αὐτῷ. Τότε εὐφρανθήσεται τὰ ξύλα
τοῦ δρυμοῦ ἀπὸ προσώπου Κυρίου, ὅτι ἦλθε κρίναι τὴν γῆν.
34 Ἐξομολογεῖσθε τῷ Κυρίῳ, ὅτι ἀγαθόν, ὅτι εἰς τὸν αἰῶνα τὸ
35 ἔλεος αὐτοῦ. Καὶ εἴπατε, σῶσον ἡμᾶς, ὁ Θεὸς τῆς σωτηρίας
ἡμῶν, καὶ ἄθροισον ἡμᾶς, καὶ ἐξελοῦ ἡμᾶς ἐκ τῶν ἐθνῶν, τοῦ
αἴνειν τὸ ὄνομα τὸ ἅγιόν σου, καὶ καυχᾶσθαι ἐν ταῖς αἰνέσεσί
36 σου. Εὐλογημένος Κύριος ὁ Θεὸς Ἰσραὴλ ἀπὸ τοῦ αἰῶνος
καὶ ἕως τοῦ αἰῶνος·

Καὶ ἐρεῖ πᾶς ὁ λαός, ἀμήν· καὶ ᾔνεσαν τῷ Κυρίῳ.

37 Καὶ κατέλιπον ἐκεῖ ἔναντι τῆς κιβωτοῦ διαθήκης Κυρίου
τὸν Ἀσὰφ καὶ τοὺς ἀδελφοὺς αὐτοῦ, τοῦ λειτουργεῖν ἐναντίον
38 τῆς κιβωτοῦ διαπαντὸς τὸ τῆς ἡμέρας εἰς ἡμέραν. Καὶ Ἀβδε-
δὸμ καὶ οἱ ἀδελφοὶ αὐτοῦ, ἑξήκοντα καὶ ὀκτώ· καὶ Ἀβδεδὸμ
39 υἱὸς Ἰδιθοὺν, καὶ Ὀσὰ, εἰς τοὺς πυλωρούς. Καὶ τὸν Σαδὼκ
τὸν ἱερέα καὶ τοὺς ἀδελφοὺς αὐτοῦ τοὺς ἱερεῖς ἐναντίον τῆς
40 σκηνῆς Κυρίου ἐν βαμὰ τῇ ἐν Γαβαὼν, τοῦ ἀναφέρειν ὁλοκαυ-
τώματα τῷ Κυρίῳ ἐπὶ τοῦ θυσιαστηρίου τῶν ὁλοκαυτωμάτων
διαπαντὸς τοπρωὶ καὶ τοεσπέρας, καὶ κατὰ πάντα τὰ γεγραμμένα
ἐν νόμῳ Κυρίου ὅσα ἐνετείλατο ἐφ᾽ υἱοῖς Ἰσραὴλ ἐν χειρὶ
41 Μωυσῆ τοῦ θεράποντος τοῦ Θεοῦ. Καὶ μετ᾽ αὐτοῦ Αἰμὰν καὶ
Ἰδιθοὺν, καὶ οἱ λοιποὶ ἐκλεγέντες ἐπ᾽ ὀνόματος τοῦ αἰνεῖν τὸν
42 Κύριον, ὅτι εἰς τὸν αἰῶνα τὸ ἔλεος αὐτοῦ. Καὶ μετ᾽ αὐτῶν
σάλπιγγες καὶ κύμβαλα τοῦ ἀναφωνεῖν καὶ ὄργανα τῶν ᾠδῶν
τοῦ Θεοῦ, οἱ δὲ υἱοὶ Ἰδιθοὺν εἰς τὴν πύλην.

43 Καὶ ἐπορεύθη πᾶς ὁ λαὸς ἕκαστος εἰς τὸν οἶκον αὐτοῦ, καὶ
ἐπέστρεψε Δαυὶδ τοῦ εὐλογῆσαι τὸν οἶκον αὐτοῦ.

17 Καὶ ἐγένετο ὡς κατῴκησε Δαυὶδ ἐν οἴκῳ αὐτοῦ, καὶ εἶπε
Δαυὶδ πρὸς Νάθαν τὸν προφήτην, ἰδοὺ ἐγὼ κατοικῶ ἐν οἴκῳ
κεδρίνῳ, καὶ ἡ κιβωτὸς διαθήκης Κυρίου ὑποκάτω δέρρεων.

2 Καὶ εἶπε Νάθαν πρὸς Δαυὶδ, πᾶν τὸ ἐν τῇ ψυχῇ σου ποίει,
ὅτι Θεὸς μετὰ σοῦ.

3 Καὶ ἐγένετο ἐν τῇ νυκτὶ ἐκείνῃ, καὶ ἐγένετο λόγος Κυρίου
4 πρὸς Νάθαν· Πορεύου καὶ εἰπὸν πρὸς Δαυὶδ τὸν δοῦλόν μου,
οὕτως εἶπε Κύριος, οὐ σὺ οἰκοδομήσεις μοι οἶκον τοῦ κατοικῆ-
5 σαί με ἐν αὐτῷ. Ὅτι οὐ κατῴκησα ἐν οἴκῳ ἀπὸ τῆς ἡμέρας
ἧς ἀνήγαγον τὸν Ἰσραὴλ ἕως τῆς ἡμέρας ταύτης, καὶ ἤμην ἐν
6 σκηνῇ καὶ ἐν καλύμματι ἐν πᾶσιν οἷς διῆλθον ἐν παντὶ Ἰσ-
ραήλ· εἰ λαλῶν ἐλάλησα πρὸς μίαν φυλὴν τοῦ Ἰσραὴλ οἷς
ἐνετειλάμην τοῦ ποιμαίνειν τὸν λαόν μου, λέγων, ὅτι οὐκ
7 ᾠκοδομήσατέ μοι οἶκον κέδρινον; Καὶ νῦν οὕτως ἐρεῖς τῷ
δούλῳ μου Δαυίδ, τάδε λέγει Κύριος παντοκράτωρ, ἐγὼ ἔλαβόν
σε ἐκ τῆς μάνδρας ἐξόπισθεν τῶν ποιμνίων τοῦ εἶναι εἰς ἡγού-
8 μενον ἐπὶ τὸν λαόν μου Ἰσραήλ· Καὶ ἤμην μετὰ σοῦ ἐν
πᾶσιν οἷς ἐπορεύθης, καὶ ἐξωλόθρευσα πάντας τοὺς ἐχθρούς
σου ἀπὸ προσώπου σου, καὶ ἐποίησά σοι ὄνομα κατὰ τὸ ὄνομα
9 τῶν μεγάλων τῶν ἐπὶ τῆς γῆς. Καὶ θήσομαι τόπον τῷ λαῷ

---

32 The sea with its fulness shall resound, and
the tree of the field, and all things in it.
33 Then shall the trees of the wood rejoice
before the Lord, for he is come to judge the
earth. 34 γ Give thanks to the Lord, for *it
is* good, for his mercy *is* for ever. 35 And
say ye, Save us, O God of our salvation, and
gather us, and rescue us from among the
heathen, that we may praise thy holy name,
and glory in thy praises. 36 Blessed *be the*
Lord God of Israel δ from everlasting and
to everlasting:

And all the people shall say, Amen. So
they praised the Lord.

37 And they left there Asaph and his bre-
thren before the ark of the covenant of the
Lord, to minister before the ark continually,
according to the service of each day: from
day to day. 38 And Abdedom and his bre-
thren *were* sixty and eight; and Abdedom
the son of Idithun, and Osa, *were* to be
ζ door-keepers. 39 And *they appointed* Sa-
doc the priest, and his brethren the priests,
before the tabernacle of the Lord in the
high place in Gabaon, 40 to offer up whole-
burnt-offerings to the Lord on the altar or
whole-burnt-offerings continually morning
and evening, and according to all things
written in the law of the Lord, which he
commanded the children of Israel θ by
Moses the servant of God. 41 And with
him *were* Æman and Idithun, and the rest
chosen out by name to praise the Lord, for
his mercy *endures* for ever. 42 And with
them *there were* trumpets and cymbals to
sound aloud, and musical instruments λ for
the songs of God : and the sons of Idithun
were at the gate.

43 And all the people went every one
to his home: and David returned to bless
his house.

And it came to pass as David dwelt in his
house, that David said to Nathan the pro-
phet, Behold, I dwell in a house of cedar,
but the ark of the covenant of the Lord *is*
under *curtains* of skins.

2 And Nathan said to David, Do all that
is in thy heart; for God *is* with thee.

3 And it came to pass in that night, that
the word of the Lord came to Nathan, *say-
ing,* 4 Go and say to David my servant, Thus
said the Lord, Thou shalt not build me a
house for me to dwell in it. 5 For I have
not dwelt in a house from the day that I
brought up Israel until this day, but I have
been in a tabernacle and a μ tent, 6 in all
places through which I have gone with all
Israel: did I ever speak to *any* one tribe of
Israel whom I commanded to feed my peo-
ple, saying, *Why is it* that ye have not built
me a house of cedar? 7 And now thus shalt
thou say to my servant David, Thus saith
the Lord Almighty, I took thee from the
sheepfold, ξ from following the flocks, to be
a ruler over my people Israel: 8 and I was
with thee in all places whither thou wentest,
and I destroyed all thine enemies from be-
fore thee, and I made for thee a name
according to the name of the great ones
that are upon the earth. 9 And I will
appoint a place for my people Israel, and I

---

will 'plant him, and he shall dwell by himself, and shall 'no longer be anxious; and the son of iniquity β shall no longer afflict him, as at the beginning, 10 and from the days when I appointed judges over my people Israel. Also I have humbled all thine enemies, and I will increase thee, and the Lord will build thee a house. 11 And it shall come to pass when thy days shall be fulfilled, and thou shalt sleep with thy fathers, that I will raise up thy seed after thee, which shall be of thy γ bowels, and I will δ establish his kingdom. 12 He shall build me a house, and I will set up his throne for ever. 13 I will be to him a father, and he shall be to me a son : and my mercy will I not withdraw from him, as I withdrew it from them that were before thee. 14 And I will establish him in my house and in his kingdom for ever; and his throne shall be set up for ever.

15 According to all these words, and according to all this vision, so spoke Nathan to David.

16 And king David came and sat before the Lord, and said, Who am I, O Lord God? and what is my house, that thou hast loved me for ever? 17 And these things ϛ were little in thy sight, O God: thou hast also spoken concerning the house of thy servant θ for a long time to come, and thou hast looked upon me λ as a man looks upon his fellow, and hast exalted me, O Lord God. 18 What shall David do more toward thee to glorify thee? and thou knowest thy servant. 19 And thou hast wrought all this greatness according to thine heart. 20 O Lord, there is none like thee, and there is no God beside thee, according to all things which we have heard with our ears. 21 Neither is there μ another nation upon the earth such as thy people Israel, whereas God led him in the way, to redeem a people for himself, to make for himself a great and glorious name, to cast out nations from before thy people, whom thou redeemedst out of Egypt. 22 And thou hast ξ appointed thy people Israel as a people to thyself for ever; and thou, Lord, didst become a God to them. 23 And now, Lord, let the word which thou spokest to thy servant, and concerning his house, be confirmed for ever, and do thou as thou hast spoken. 24 And let thy name be established and magnified for ever, men saying, Lord, Lord, Almighty God of Israel: and let the house of thy servant David be established before thee. 25 For thou, O Lord my God, hast revealed to the ear of thy servant that thou wilt build him a house; therefore thy servant has found a willingness to pray before thee. 26 And now, Lord, thou thyself art God, and thou hast spoken these good things concerning thy servant. 27 And now thou hast begun to bless the house of thy servant, so that it should π continue for ever before thee: for thou, Lord, hast blessed it, and do thou bless it for ever.

And it came to pass afterwards, that David smote the Philistines, and routed them, and took Geth and its villages out of the hand of the Philistines.

μου Ἰσραὴλ, καὶ καταφυτεύσω αὐτὸν, καὶ κατασκηνώσει καθ' ἑαυτὸν, καὶ οὐ μεριμνήσει ἔτι, καὶ οὐ προσθήσει υἱὸς ἀδικίας τοῦ ταπεινῶσαι αὐτὸν καθὼς ἀρχῆς, καὶ ἀφ' ἡμερῶν ὧν ἔταξα 10 κριτὰς ἐπὶ τὸν λαόν μου Ἰσραήλ· καὶ ἐταπείνωσα πάντας τοὺς ἐχθρούς σου, καὶ αὐξήσω σε, καὶ οἶκον οἰκοδομήσει σοι Κύριος. Καὶ ἔσται ὅταν πληρωθῶσιν ἡμέραι σου καὶ κοιμηθήσῃ μετὰ 11 τῶν πατέρων σου, καὶ ἀναστήσω τὸ σπέρμα σου μετὰ σὲ ὃς ἔσται ἐκ τῆς κοιλίας σου, καὶ ἑτοιμάσω τὴν βασιλείαν αὐτοῦ. Αὐτὸς οἰκοδομήσει μοι οἶκον, καὶ ἀνορθώσω τὸν θρόνον αὐτοῦ 12 ἕως αἰῶνος. Ἐγὼ ἔσομαι αὐτῷ εἰς πατέρα, καὶ αὐτὸς ἔσται 13 μοι εἰς υἱόν· καὶ τὸ ἔλεός μου οὐκ ἀποστήσω ἀπ' αὐτοῦ, ὡς ἀπέστησα ἀπὸ τῶν ὄντων ἔμπροσθέν σου. Καὶ πιστώσω 14 αὐτὸν ἐν οἴκῳ μου καὶ ἐν βασιλείᾳ αὐτοῦ ἕως αἰῶνος, καὶ ὁ θρόνος αὐτοῦ ἔσται ἀνωρθωμένος ἕως αἰῶνος.

Κατὰ πάντας τοὺς λόγους τούτους, καὶ κατὰ πᾶσαν τὴν 15 ὅρασιν ταύτην, οὕτως ἐλάλησε Νάθαν πρὸς Δαυίδ.

Καὶ ἦλθεν ὁ βασιλεὺς Δαυὶδ καὶ ἐκάθισεν ἀπέναντι Κυρίου, 16 καὶ εἶπε, τίς εἰμι ἐγὼ Κύριε ὁ Θεός; καὶ τίς ὁ οἶκός μου, ὅτι ἠγάπησάς με ἕως αἰῶνος; Καὶ ἐσμικρύνθη ταῦτα ἐνώπιόν 17 σου ὁ Θεὸς, καὶ ἐλάλησας ἐπὶ τὸν οἶκον τοῦ παιδός σου ἐκ μακρῶν, καὶ ἐπεῖδές με ὡς ὅρασις ἀνθρώπου, καὶ ὕψωσάς με Κύριε ὁ Θεός. Τί προσθήσει ἔτι Δαυὶδ πρὸς σὲ τοῦ δοξάσαι; 18 καὶ σὺ τὸν δοῦλόν σου οἶδας, καὶ κατὰ τὴν καρδίαν σου 19 ἐποίησας τὴν πᾶσαν μεγαλωσύνην. Κύριε, οὐκ ἔστιν ὅμοιός 20 σοι, καὶ οὐκ ἔστι Θεὸς πλὴν σοῦ, κατὰ πάντα ὅσα ἠκούσαμεν ἐν ὠσὶν ἡμῶν. Καὶ οὐκ ἔστιν ὡς ὁ λαός σου Ἰσραὴλ ἔθνος 21 ἔτι ἐπὶ τῆς γῆς, ὡς ὡδήγησεν αὐτὸν ὁ Θεὸς τοῦ λυτρώσασθαι λαὸν ἑαυτῷ, τοῦ θέσθαι ἑαυτῷ ὄνομα μέγα καὶ ἐπιφανὲς, τοῦ ἐκβαλεῖν ἀπὸ προσώπου λαοῦ σου οὓς ἐλυτρώσω ἐξ Αἰγύπτου ἔθνη. Καὶ ἔδωκας τὸν λαόν σου Ἰσραὴλ, σεαυτῷ λαὸν ἕως 22 αἰῶνος, καὶ σὺ Κύριος ἐγενήθης αὐτοῖς εἰς Θεόν. Καὶ νῦν, 23 Κύριε, ὁ λόγος σου ὃν ἐλάλησας πρὸς τὸν παῖδά σου καὶ ἐπὶ τὸν οἶκον αὐτοῦ, πιστωθήτω ἕως αἰῶνος· καὶ ποίησον καθὼς ἐλάλησας, καὶ πιστωθήτω καὶ μεγαλυνθήτω τὸ ὄνομά σου ἕως 24 αἰῶνος, λεγόντων, Κύριε Κύριε παντοκράτωρ Θεὸς Ἰσραὴλ, καὶ ὁ οἶκος Δαυὶδ παιδός σου ἀνωρθωμένος ἐναντίον σου. Ὅτι 25 σὺ Κύριος ὁ Θεός μου ἤνοιξας τὸ οὖς τοῦ παιδός σου τοῦ οἰκοδομῆσαι αὐτῷ οἶκον, διὰ τοῦτο εὗρεν ὁ παῖς σου τοῦ προσεύξασθαι κατὰ πρόσωπόν σου. Καὶ νῦν, Κύριε, σὺ εἶ 26 αὐτὸς Θεὸς, καὶ ἐλάλησας ἐπὶ τὸν δοῦλόν σου τὰ ἀγαθὰ ταῦτα. Καὶ νῦν ἦρξαι τοῦ εὐλογῆσαι τὸν οἶκον τοῦ παιδός σου, τοῦ 27 εἶναι εἰς τὸν αἰῶνα ἐναντίον σου· ὅτι σὺ Κύριε εὐλόγησας, καὶ εὐλόγησον εἰς τὸν αἰῶνα.

Καὶ ἐγένετο μετὰ ταῦτα, καὶ ἐπάταξε Δαυὶδ τοὺς ἀλλοφύ- 18 λους καὶ ἐτροπώσατο αὐτοὺς, καὶ ἔλαβε τὴν Γὲθ καὶ τὰς κώμας αὐτῆς ἐκ χειρὸς ἀλλοφύλων.

β Gr. shall not add to humble him.   γ Gr. belly.   δ Gr. prepare.   ζ Gr. were diminished.   θ Gr. from distant places.
λ Gr. as is the vision of a man.   μ Gr. still a nation.   ξ Gr. given.   π Gr. be.

2 Καὶ ἐπάταξε τὴν Μωὰβ, καὶ ἦσαν Μωὰβ παῖδες τῷ Δαυὶδ φέροντες δῶρα·

3 Καὶ ἐπάταξε Δαυὶδ τὸν Ἀδρααζὰρ βασιλέα Σουβὰ Ἡμὰθ, πορευομένου αὐτοῦ ἐπιστῆσαι χεῖρα αὐτοῦ ἐπὶ ποταμὸν Εὐφρά-

4 την. Καὶ προκατελάβετο Δαυὶδ αὐτῶν χίλια ἄρματα καὶ ἑπτὰ χιλιάδας ἵππων καὶ εἴκοσι χιλιάδας ἀνδρῶν πεζῶν· καὶ παρέλυσε Δαυὶδ πάντα τὰ ἄρματα, καὶ ὑπελείπετο ἐξ αὐτῶν ἑκατὸν ἄρματα.

5 Καὶ ἦλθε Σύρος ἐκ Δαμασκοῦ βοηθῆσαι Ἀδρααζὰρ βασιλεῖ Σουβὰ, καὶ ἐπάταξε Δαυὶδ ἐν τῷ Σύρῳ εἴκοσι καὶ δύο χιλιάδας

6 ἀνδρῶν. Καὶ ἔθετο Δαυὶδ φρουρὰν ἐν Συρίᾳ τῇ κατὰ Δαμασκὸν, καὶ ἦσαν τῷ Δαυὶδ εἰς παῖδας φέροντας δῶρα· καὶ

7 ἔσωσε Κύριος Δαυὶδ ἐν πᾶσιν οἷς ἐπορεύετο. Καὶ ἔλαβε Δαυὶδ τοὺς κλοιοὺς τοὺς χρυσοῦς οἳ ἦσαν ἐπὶ τοὺς παῖδας

8 Ἀδρααζὰρ, καὶ ἤνεγκεν αὐτοὺς εἰς Ἱερουσαλήμ. Καὶ ἐκ τῆς Ματαβὲθ καὶ ἐκ τῶν ἐκλεκτῶν πόλεων τῶν Ἀδρααζὰρ ἔλαβε Δαυὶδ χαλκὸν πολὺν σφόδρα· ἐξ αὐτοῦ ἐποίησε Σαλωμὼν τὴν θάλασσαν τὴν χαλκῆν, καὶ τοὺς στύλους καὶ τὰ σκεύη τὰ χαλκᾶ.

9 Καὶ ἤκουσε Θωὰ βασιλεὺς Ἡμὰθ, ὅτι ἐπάταξε Δαυὶδ τὴν
10 πᾶσαν δύναμιν Ἀδρααζὰρ βασιλέως Σουβά· Καὶ ἀπέστειλε τὸν Ἀδουρὰμ υἱὸν αὐτοῦ πρὸς τὸν βασιλέα Δαυὶδ τοῦ ἐρωτῆσαι αὐτὸν τὰ εἰς εἰρήνην, καὶ τοῦ εὐλογῆσαι αὐτὸν ὑπὲρ οὗ ἐπολέμησε τὸν Ἀδρααζὰρ, καὶ ἐπάταξεν αὐτὸν, ὅτι ἀνὴρ πολέ-
11 μιος Θωὰ ἦν τῷ Ἀδρααζὰρ. Καὶ πάντα τὰ σκεύη τὰ χρυσᾶ, καὶ τὰ ἀργυρᾶ, καὶ τὰ χαλκᾶ, καὶ ταῦτα ἡγίασεν ὁ βασιλεὺς Δαυὶδ τῷ Κυρίῳ, μετὰ τοῦ ἀργυρίου καὶ τοῦ χρυσίου οὗ ἔλαβεν ἐκ πάντων τῶν ἐθνῶν, ἐξ Ἰδουμαίας, καὶ Μωὰβ, καὶ ἐξ υἱῶν Ἀμμὼν, καὶ ἐκ τῶν ἀλλοφύλων, καὶ ἐξ Ἀμαλήκ.

12 Καὶ Ἀβεσὰ υἱὸς Σαρουίας ἐπάταξε τὴν Ἰδουμαίαν ἐν κοι-
13 λάδι τῶν ἁλῶν, ὀκτωκαίδεκα χιλιάδας. Καὶ ἔθετο ἐν τῇ κοιλάδι φρουρὰς, καὶ ἦσαν πάντες οἱ Ἰδουμαῖοι παῖδες Δαυίδ· καὶ ἔσωζε Κύριος τὸν Δαυὶδ ἐν πᾶσιν οἷς ἐπορεύετο.

14 Καὶ ἐβασίλευσε Δαυὶδ ἐπὶ πάντα Ἰσραὴλ, καὶ ἦν ποιῶν
15 κρίμα καὶ δικαιοσύνην τῷ παντὶ λαῷ αὐτοῦ. Καὶ Ἰωὰβ υἱὸς Σαρουίας ἐπὶ τῆς στρατιᾶς, καὶ Ἰωσαφὰτ υἱὸς Ἀχιλοὺδ
16 ὁ ὑπομνηματογράφος, καὶ Σαδὼκ υἱὸς Ἀχιτὼβ καὶ Ἀχιμέλεχ
17 υἱὸς Ἀβιάθαρ οἱ ἱερεῖς, καὶ Σουσὰ γραμματεὺς, καὶ Βαναίας υἱὸς Ἰωδαὲ ἐπὶ τοῦ Χερεθὶ καὶ ἐπὶ τοῦ Φελεθί· καὶ υἱοὶ Δαυὶδ οἱ πρῶτοι διάδοχοι τοῦ βασιλέως.

19 Καὶ ἐγένετο μετὰ ταῦτα ἀπέθανε Ναὰς βασιλεὺς υἱῶν
2 Ἀμμὼν, καὶ ἐβασίλευσεν Ἀνὰν υἱὸς αὐτοῦ ἀντ᾽ αὐτοῦ. Καὶ εἶπε Δαυὶδ, ποιήσω ἔλεος μετὰ Ἀνὰν υἱοῦ Ναὰς, ὡς ἐποίησεν ὁ πατὴρ αὐτοῦ μετ᾽ ἐμοῦ ἔλεος· καὶ ἀπέστειλεν ἀγγέλους Δαυὶδ τοῦ παρακαλέσαι αὐτὸν περὶ τοῦ πατρὸς αὐτοῦ· καὶ ἦλθον παῖδες Δαυὶδ εἰς γῆν υἱῶν Ἀμμὼν πρὸς Ἀνὰν τοῦ
3 παρακαλέσαι αὐτόν. Καὶ εἶπον ἄρχοντες υἱῶν Ἀμμὼν πρὸς Ἀνὰν, μὴ δοξάζων Δαυὶδ τὸν πατέρα σου ἐναντίον σου, ἀπέστειλέ σοι παρακαλοῦντας; οὐχὶ ὅπως ἐξερευνήσωσι τὴν πόλιν,

2 And he smote Moab; and the [β] Moabites became servants to David, *and* tributaries.

3 And David smote Adraazar king of Suba of Emath, as he was going to establish power toward the river Euphrates. 4 And David took of them a thousand chariots, and seven thousand horsemen, and twenty thousand infantry: and David houghed all the [γ] chariot *horses*, but there were reserved of them a hundred chariots. 5 And the Syrian came from Damascus to help Adraazar king of Suba; and David smote [δ] of the Syrian *army* twenty and two thousand men. 6 And David put a garrison in Syria near Damascus; and they became tributary servants to David: and the Lord delivered David wherever he went. 7 And David took the golden collars that were on the servants of Adraazar, and brought them to Jerusalem. 8 And David took out of Matabeth, and out of the chief cities of Adraazar very much brass: of this Solomon made the brazen sea, and the pillars, and the brazen vessels.

9 And Thoa king of Emath heard that David [ζ] had smitten the whole force of Adraazar king of Suba. 10 And he sent Aduram his son to king David [θ] to ask how he was, and to congratulate him because he had fought against Adraazar, and smitten him; for Thoa was the enemy of Adraazar. 11 And all the golden and silver and brazen vessels, even these king David consecrated to the Lord, with the silver and the gold which he took from all the nations; from Idumæa, and Moab, and from the children of Ammon, and from the Philistines, and from Amalec.

12 And Abesa son of Saruia smote [λ] the Idumeans in the valley of Salt, eighteen thousand. 13 And he put garrisons in the valley; and all the Idumæans became David's servants: and the Lord delivered David wherever he went.

14 So David reigned over all Israel; and he executed judgment and justice to all his people. 15 And Joab the son of Saruia *was* over the army, and Josaphat the son of Achilud *was* recorder. 16 And Sadoc son of Achitob, and Achimelech son of Abiathar, *were* the priests; and Susa *was* the scribe; 17 and Banæas the son of Jodae *was* over the Cherethite and the Phelethite, and the sons of David were the chief [μ] deputies of the king.

And it came to pass after this, *that* Naas the king of the children of Ammon died, and Anan his son reigned in his stead. 2 And David said, I will [ξ] act kindly toward Anan the son of Naas, as his father acted kindly towards me. And David sent messengers to [π] condole with him on the death of his father. So the servants of David came into the land of the children of Ammon to Anan, to comfort him. 3 And the chiefs of the children of Ammon said to Anan, Is it to honour thy father before thee, that David has sent [ρ] comforters to thee? Have not his servants come to thee

---

β Gr. Moab.　γ *Lit.* chariots.　δ Gr. in the Syrian.　ζ Gr. smote.　θ Gr. possibly to ask conditions of peace. See Luke 14. 32 ; also
Ju. 18. 15. *Hebraism.*　λ Gr. Idumæa.　μ See Acts 24. 27, ' successor.'　ξ Gr. execute mercy with.
π Gr. comfort him concerning.　ρ Gr. comforting ones.

that they might search the city, and to spy out the land? ⁴And Anan took the servants of David, and shaved them, and cut off the half of their garments as far as ᵝ their tunic, and sent them away. ⁵And there came men to report to David concerning the men: and he sent to meet them, for they were greatly disgraced: and the king said, Dwell in Jericho until your beards have grown, and return.

⁶And the children of Ammon saw that the people of David were ashamed, and Anan and the children of Ammon sent a thousand talents of silver to hire for themselves chariots and horsemen out of Syria of Mesopotamia, and out of Syria Maacha, and from Sobal. ⁷And they hired for themselves two and thirty thousand chariots, and the king of Maacha and his people; and they came and encamped before Medaba: and the children of Ammon assembled out of their cities, and came to fight.

⁸And David heard, and sent Joab and all the host of mighty men. ⁹And the children of Ammon came forth, and set themselves in array for battle by the gate of the city: and the kings that were come forth encamped by themselves in the plain. ¹⁰And Joab saw that they were fronting *him* to fight against him before and behind, and he chose *some* out of all the ᵞ young men of Israel, and they set themselves in array against the Syrian. ¹¹And the rest of the people he gave into the hand of his brother Abesai, and they set themselves in array against the children of Ammon. ¹²And he said, If the Syrian should prevail against me, then shalt thou ᵟ deliver me: and if the children of Ammon should prevail against thee, then will I deliver thee. ¹³Be of good courage, and let us be strong, for our people, and for the cities of our God: and the Lord shall do what *is* good in his eyes.

¹⁴So Joab and the people that were with him set themselves in battle array against the Syrians, and they fled from them. ¹⁵And the children of Ammon saw that the Syrians fled, and they also fled from before Abesai, and from before Joab his brother, and they came to the city: and Joab came to Jerusalem.

¹⁶And the Syrian saw that Israel had defeated him, and he sent messengers, and they brought out the Syrians from beyond the river; and Sophath the commander-in-chief of the forces of Adraazar *was* before them. ¹⁷And it was told David; and he gathered all Israel, and crossed over Jordan, and came upon them, and set the battle in array against them. So David set *his army* in array to fight against the Syrians, and they fought against him. ¹⁸And the Syrians fled from before Israel; and David slew of the Syrians seven thousand *riders in* chariots, and forty thousand infantry, and he slew Sophath the commander-in-chief of the forces. ¹⁹And the servants of Adraazar saw that they were defeated before Israel, and they made ᶿ peace with David and served him: and the Syrians would not any more help the children of Ammon.

καὶ τοῦ κατασκοπῆσαι τὴν γῆν, ἦλθον παῖδες αὐτοῦ πρὸς σέ; Καὶ ἔλαβεν Ἀνὰν τοὺς παῖδας Δαυίδ, καὶ ἐξύρησεν αὐτούς, καὶ 4 ἀφεῖλε τῶν μανδυῶν αὐτῶν τὸ ἥμισυ ἕως τῆς ἀναβολῆς, καὶ ἀπέστειλεν αὐτούς. Καὶ ἦλθον ἀπαγγεῖλαι τῷ Δαυὶδ περὶ τῶν 5 ἀνδρῶν· καὶ ἀπέστειλεν εἰς ἀπάντησιν αὐτοῖς, ὅτι ἦσαν ἠτιμωμένοι σφόδρα· καὶ εἶπεν ὁ βασιλεὺς, καθίσατε ἐν Ἱεριχὼ ἕως τοῦ ἀνατεῖλαι τοὺς πώγωνας ὑμῶν, καὶ ἀνακάμψατε.

Καὶ εἶδον οἱ υἱοὶ Ἀμμὼν ὅτι ᾐσχύνθη λαὸς Δαυίδ, καὶ 6 ἀπέστειλεν Ἀνὰν καὶ οἱ υἱοὶ Ἀμμὼν χίλια τάλαντα ἀργυρίου τοῦ μισθώσασθαι ἑαυτοῖς ἐκ Συρίας Μεσοποταμίας καὶ ἐκ Συρίας Μααχὰ καὶ παρὰ Σωβὰλ ἅρματα καὶ ἱππεῖς. Καὶ 7 ἐμισθώσαντο ἑαυτοῖς δύο καὶ τριάκοντα χιλιάδας ἁρμάτων, καὶ τὸν βασιλέα Μααχὰ καὶ τὸν λαὸν αὐτοῦ· καὶ ἦλθον καὶ παρενέβαλον κατέναντι Μηδαβά· καὶ οἱ υἱοὶ Ἀμμὼν συνήχθησαν ἐκ τῶν πόλεων αὐτῶν, καὶ ἦλθον εἰς τὸ πολεμῆσαι.

Καὶ ἤκουσε Δαυίδ, καὶ ἀπέστειλε τὸν Ἰωὰβ καὶ πᾶσαν τὴν 8 στρατιὰν τῶν δυνατῶν. Καὶ ἐξῆλθον οἱ υἱοὶ Ἀμμὼν, καὶ 9 παρατάσσονται εἰς πόλεμον παρὰ τὸν πυλῶνα τῆς πόλεως· καὶ οἱ βασιλεῖς οἱ ἐλθόντες παρενέβαλον καθ᾽ ἑαυτοὺς ἐν τῷ πεδίῳ. Καὶ εἶδεν Ἰωὰβ ὅτι γεγόνασιν ἀντιπρόσωποι τοῦ πολεμεῖν 10 πρὸς αὐτὸν κατὰ πρόσωπον καὶ ἐξόπισθε, καὶ ἐξελέξατο ἐκ παντὸς νεανίου ἐξ Ἰσραὴλ, καὶ παρετάξαντο ἐναντίον τοῦ Σύρου. Καὶ τὸ κατάλοιπον τοῦ λαοῦ ἔδωκεν ἐν χειρὶ Ἀβεσαῒ 11 ἀδελφοῦ αὐτοῦ, καὶ παρετάξαντο ἐξεναντίας υἱῶν Ἀμμών. Καὶ εἶπεν, ἐὰν κρατήσῃ ὑπὲρ ἐμὲ ὁ Σύρος, καὶ ἔσῃ μοι εἰς 12 σωτηρίαν· καὶ ἐὰν οἱ υἱοὶ Ἀμμὼν κρατήσωσιν ὑπὲρ σὲ, καὶ σώσω σε. Ἀνδρίζου, καὶ ἐνισχύσωμεν περὶ τοῦ λαοῦ ἡμῶν 13 καὶ περὶ τῶν πόλεων τοῦ Θεοῦ ἡμῶν, καὶ Κύριος τὸ ἀγαθὸν ἐν ὀφθαλμοῖς αὐτοῦ ποιήσει.

Καὶ παρετάξατο Ἰωὰβ καὶ ὁ λαὸς ὁ μετ᾽ αὐτοῦ κατέναντι 14 Σύρων εἰς πόλεμον, καὶ ἔφυγον ἀπ᾽ αὐτῶν. Καὶ οἱ υἱοὶ Ἀμμὼν 15 εἶδον ὅτι ἔφυγον οἱ Σύροι, καὶ ἔφυγον καὶ αὐτοὶ ἀπὸ προσώπου Ἀβεσαῒ, καὶ ἀπὸ προσώπου Ἰωὰβ τοῦ ἀδελφοῦ αὐτοῦ, καὶ ἦλθον εἰς τὴν πόλιν· καὶ ἦλθεν Ἰωὰβ εἰς Ἱερουσαλήμ.

Καὶ εἶδεν ὁ Σύρος ὅτι ἐτροπώσατο αὐτὸν Ἰσραὴλ, καὶ ἀπέ- 16 στειλεν ἀγγέλους· καὶ ἐξήγαγον τὸν Σύρον ἐκ τοῦ πέραν τοῦ ποταμοῦ, καὶ Σωφὰθ ἀρχιστράτηγος δυνάμεως Ἀδρααζὰρ ἔμπροσθεν αὐτῶν. Καὶ ἀπηγγέλη τῷ Δαυίδ, καὶ συνήγαγε τὸν 17 πάντα Ἰσραὴλ, καὶ διέβη τὸν Ἰορδάνην, καὶ ἦλθεν ἐπ᾽ αὐτούς, καὶ παρετάξατο ἐπ᾽ αὐτούς· καὶ παρατάσσεται Δαυὶδ ἐξεναντίας τοῦ Σύρου εἰς πόλεμον· καὶ ἐπολέμησαν αὐτόν. Καὶ ἔφυγε 18 Σύρος ἀπὸ προσώπου Ἰσραήλ· καὶ ἀπέκτεινε Δαυὶδ ἀπὸ τοῦ Σύρου ἑπτὰ χιλιάδας ἁρμάτων, καὶ τεσσαράκοντα χιλιάδας πεζῶν, καὶ τὸν Σωφὰθ ἀρχιστράτηγον δυνάμεως ἀπέκτεινε. Καὶ εἶδον παῖδες Ἀδρααζὰρ ὅτι ἐπταίκασιν ἀπὸ προσώπου Ἰσ- 19 ραήλ, καὶ διέθεντο μετὰ Δαυίδ, καὶ ἐδούλευσαν αὐτῷ· καὶ οὐκ ἠθέλησε Σύρος τοῦ βοηθῆσαι τοῖς υἱοῖς Ἀμμὼν ἔτι.

β *Gr.* the tunic.   γ *Gr.* young man.   δ *Gr.* be for a deliverance to me.   ζ *Gr.* the Syrian.   θ *Gr.* a covenant.

20 Καὶ ἐγένετο ἐν τῷ ἐπιόντι ἔτει ἐν τῇ ἐξόδῳ τῶν βασιλέων, καὶ ἤγαγεν Ἰωὰβ πᾶσαν τὴν δύναμιν τῆς στρατιᾶς, καὶ ἔφθειραν τὴν χώραν υἱῶν Ἀμμών· καὶ ἦλθε καὶ περιεκάθισε τὴν Ῥαββά· καὶ Δαυὶδ ἐκάθισεν ἐν Ἰερουσαλήμ· καὶ ἐπάταξεν
2 Ἰωὰβ τὴν Ῥαββά, καὶ κατέσκαψεν αὐτήν. Καὶ ἔλαβε Δαυὶδ τὸν στέφανον Μολχὸμ τοῦ βασιλέως αὐτῶν ἀπὸ τῆς κεφαλῆς αὐτοῦ, καὶ εὑρέθη ὁ σταθμὸς αὐτοῦ τάλαντον χρυσίου, καὶ ἐν αὐτῷ λίθος τίμιος, καὶ ἦν ἐπὶ τὴν κεφαλὴν Δαυίδ· καὶ σκῦλα
3 τῆς πόλεως ἐξήνεγκε πολλὰ σφόδρα, καὶ τὸν λαὸν τὸν ἐν αὐτῇ ἐξήγαγε, καὶ διέπρισε πρίοσι, καὶ ἐν σκεπάρνοις σιδηροῖς, καὶ ἐν διασχίζουσι· καὶ οὕτως ἐποίησε Δαυὶδ τοῖς πᾶσιν υἱοῖς Ἀμμών· καὶ ἀνέστρεψε Δαυὶδ καὶ πᾶς ὁ λαὸς αὐτοῦ εἰς Ἰερουσαλήμ.

4 Καὶ ἐγένετο μετὰ ταῦτα, καὶ ἐγένετο ἔτι πόλεμος ἐν Γαζὲρ μετὰ τῶν ἀλλοφύλων· τότε ἐπάταξε Σοβοχαὶ Σωσαθὶ τὸν Σαφοὺτ ἀπὸ τῶν υἱῶν τῶν γιγάντων, καὶ ἐταπείνωσεν αὐτόν.

5 Καὶ ἐγένετο ἔτι πόλεμος μετὰ τῶν ἀλλοφύλων. καὶ ἐπάταξεν Ἐλεανὰν υἱὸς Ἰαὶρ τὸν Λαχμὶ ἀδελφὸν Γολιὰθ τοῦ Γετθαίου, καὶ ξύλον δόρατος αὐτοῦ ὡς ἀντίον ὑφαινόντων.

6 Καὶ ἐγένετο ἔτι πόλεμος ἐν Γὲθ, καὶ ἦν ἀνὴρ ὑπερμεγέθης, καὶ δάκτυλοι αὐτοῦ ἓξ καὶ ἕξ, εἰκοσιτέσσαρες, καὶ οὗτος ἦν
7 ἀπόγονος γιγάντων· Καὶ ὠνείδισε τὸν Ἰσραὴλ, καὶ ἐπάταξεν
8 αὐτὸν Ἰωνάθαν υἱὸς Σαμαὰ ἀδελφοῦ Δαυίδ. Οὗτοι ἐγένοντο τῷ Ῥαφὰ ἐν Γὲθ, πάντες ἦσαν τέσσαρες γίγαντες, καὶ ἔπεσον ἐν χειρὶ Δαυίδ, καὶ ἐν χειρὶ παίδων αὐτοῦ.

21 Καὶ ἔστη διάβολος ἐν τῷ Ἰσραὴλ, καὶ ἐπέσεισε τὸν Δαυὶδ
2 τοῦ ἀριθμῆσαι τὸν Ἰσραήλ. Καὶ εἶπεν ὁ βασιλεὺς Δαυὶδ πρὸς Ἰωὰβ καὶ πρὸς τοὺς ἄρχοντας τῆς δυνάμεως, πορεύθητε, ἀριθμήσατε τὸν Ἰσραὴλ ἀπὸ Βηρσαβεὲ καὶ ἕως Δάν, καὶ
3 ἐνέγκατε πρὸς μὲ, καὶ γνώσομαι τὸν ἀριθμὸν αὐτῶν. Καὶ εἶπεν Ἰωὰβ, προσθείη Κύριος ἐπὶ τὸν λαὸν αὐτοῦ, ὡς αὐτοὶ ἑκατονταπλασίως, καὶ οἱ ὀφθαλμοὶ τοῦ κυρίου μου τοῦ βασιλέως βλέποντες· πάντες τῷ κυρίῳ μου παῖδες· ἱνατί ζητεῖ κύριός μου τοῦτο; ἵνα μὴ γένηται εἰς ἁμαρτίαν τῷ Ἰσραήλ.
4 Τὸ δὲ ῥῆμα τοῦ βασιλέως ἴσχυσεν ἐπὶ Ἰωὰβ, καὶ ἐξῆλθεν Ἰωὰβ, καὶ διῆλθεν ἐν παντὶ Ἰσραὴλ, καὶ ἦλθεν εἰς Ἰερουσαλήμ.
5 Καὶ ἔδωκεν Ἰωὰβ τὸν ἀριθμὸν τῆς ἐπισκέψεως τοῦ λαοῦ τῷ Δαυίδ· καὶ ἦν πᾶς Ἰσραὴλ χίλιαι χιλιάδες καὶ ἑκατὸν χιλιάδες ἀνδρῶν ἐσπασμένων μάχαιραν· καὶ υἱοὶ Ἰούδα τετρακόσιαι καὶ
6 ἑβδομήκοντα χιλιάδες ἀνδρῶν ἐσπασμένων μάχαιραν· Καὶ τὸν Λευὶ καὶ τὸν Βενιαμὶν οὐχ ἠρίθμησεν ἐν μέσῳ αὐτῶν, ὅτι κατίσχυσε λόγος τοῦ βασιλέως τὸν Ἰωάβ.

7 Καὶ πονηρὸν ἐναντίον τοῦ Θεοῦ περὶ τοῦ πράγματος τούτου,
8 καὶ ἐπάταξε τὸν Ἰσραήλ. Καὶ εἶπε Δαυὶδ πρὸς τὸν Θεόν, ἡμάρτηκα σφόδρα, ὅτι ἐποίησα τὸ πρᾶγμα τοῦτο, καὶ νῦν περίελε δὴ τὴν κακίαν παιδός σου, ὅτι ἐματαιώθην σφόδρα.

9 Καὶ ἐλάλησε Κύριος πρὸς Γὰδ τὸν ὁρῶντα, λέγων,
10 πορεύου καὶ λάλησον πρὸς Δαυίδ, λέγων, οὕτω λέγει Κύριος,

And it came to pass at the β return of the year, at the *time of the* going forth of kings *to* war, that Joab gathered the whole force of the army, and they ravaged the land of the children of Ammon: and he came and besieged Rabba. But David abode in Jerusalem. And Joab smote Rabba and γ destroyed it. 2 And David took the crown of Molchom δ their king off his head, and the weight of it was found *to be* a talent of gold, and on it were ζ precious stones; and it was *placed* on the head of David: and he brought out the spoils of the city *which were* very great. 3 And he brought out the people that were in it, and sawed them asunder with saws, and *cut them* with iron axes, and with harrows: and thus David did to all the children of Ammon. And David and all his people returned to Jerusalem.

4 And it came to pass afterward that there was again war with the Philistines in Gazer: then Sobochai the Sosathite smote Saphut of the sons of the giants, and laid him low.

5 And there *was* war again with the Philistines; and Eleanan the son of Jair smote Lachmi the brother of Goliath the Gittite, and the wood of his spear *was* as a weavers' beam.

6 And there was again war in Geth, and there was a man of extraordinary size, and his fingers *and* toes *were* six on each hand and foot, four and twenty; and he was descended from the giants. 7 And he θ defied Israel, and Jonathan the son of Samaa the brother of David slew him. 8 These were born to Rapha in Geth; all four were giants, and they fell by the hand of David, and by the hand of his servants.

And the devil stood up against Israel, and moved David to number Israel. 2 And king David said to Joab and to the captains of the forces, Go, number Israel from Bersabee even to Dan, and bring me *the account*, and I shall know their number. 3 And Joab said, May the Lord add to his people, a hundred-fold as many as they *are*, and λ *let* the eyes of my lord the king see *it*: all *are* the servants of my lord. Why does my lord seek this thing? *do it not*, lest it become a sin to Israel. 4 Nevertheless the king's word prevailed against Joab; and Joab went out and passed through all Israel, and came to Jerusalem. 5 And Joab gave the number of the mustering of the people to David: and all Israel was a million and a hundred thousand men that drew sword: and the sons of Juda *were* four hundred and seventy thousand men that drew sword. 6 But he numbered not Levi and Benjamin among them; for the word of the king μ was painful to Joab.

7 And *there was* evil in the sight of the Lord ξ respecting this thing; and he smote Israel. 8 And David said to God, I have sinned exceedingly, in that I have done this thing: and now, I pray thee, remove the sin of thy servant; for I have been exceedingly foolish.

9 And the Lord spoke to Gad the seer, saying, 10 Go and speak to David, saying, Thus saith the Lord, I bring three things

---

β *Gr.* in the year advancing.   γ *Gr.* digged it down.   δ A repetition.   ζ *Gr. singular.*   θ *Gr.* reproached.
λ *Or,* the eyes, etc. do see.   μ *Or,* straitened, *or* prevailed against, *or* pressed Joab.   ξ *Gr.* about.

upon thee: choose one of them for thyself, and I will do it to thee. [11] And Gad came to David, and said to him, Thus saith the Lord, Choose for thyself, [12] either three years of famine, or that thou shouldest flee three months from the face of thine enemies, and the sword of thine enemies *shall be employed* to destroy thee, or that the sword of the Lord and pestilence *should be* three days in the land, and the angel of the Lord *shall be* destroying in all the inheritance of Israel. And now consider what I shall answer to him that sent the message.

[13] And David said to Gad, They are very β hard for me, even *all* the three: let me fall now into the hands of the Lord, for his mercies *are* very abundant, and let me not fall by any means into the hands of man.

[14] So the Lord γ brought pestilence upon Israel: and there fell of Israel seventy thousand men. [15] And God sent an angel to Jerusalem to destroy it: and as he was destroying, the Lord saw, and repented for the evil, and said to the angel that was destroying, Let it suffice thee; withhold thine hand. And the angel of the Lord stood δ by the threshing-floor of Orna the Jebusite. [16] And David lifted up his eyes, and saw the angel of the Lord, standing between the earth and the heaven, and his sword drawn in his hand, stretched out over Jerusalem: and David and the elders clothed in ς sackcloth, fell upon their faces. [17] And David said to God, *Was it not I that* gave orders to number θ the people? and I am the guilty one; I have greatly sinned: but these sheep, what have they done? O Lord God, let thy hand be upon me, and upon my father's house, and not on thy people for destruction, O Lord!

[18] And the angel of the Lord told Gad to tell David, that he should go up to erect an altar to the Lord, in the threshing-floor of Orna the Jebusite. [19] And David went up according to the word of Gad, which he spoke in the name of the Lord. [20] Now Orna turned and saw the king; λ and he hid himself and his four sons with him. Now Orna was threshing wheat. [21] And David came to Orna; and Orna came forth from the threshing-floor, and did obeisance to David with his face to the ground. [22] And David said to Orna, Give me thy place of the threshing-floor, and I will build upon it an altar to the Lord: give it me for its worth in money, and the plague shall cease from *among* the people. [23] And Orna said to David, Take it to thyself, and let my lord the king do what is right μ in his eyes: see, I have given the calves for a whole-burnt-offering, and the plough for wood, and the corn for a meat-offering; I have given all. [24] And king David said to Orna, Nay; for I will surely buy it for its worth in money: for I will not take thy property for the Lord, to offer a whole-burnt-offering to the Lord without cost *to myself*. [25] And David gave to Orna for his place six hundred shekels of gold *by* weight. [26] And David built there an altar to the Lord, and offered up whole-burnt-offerings and ξ peace-offerings: and he cried to the Lord, and he

τρία αἴρω ἐγὼ ἐπὶ σὲ, ἔκλεξαι σεαυτῷ ἓν ἐξ αὐτῶν, καὶ ποιήσω σοι. Καὶ ἦλθε Γὰδ πρὸς Δαυὶδ, καὶ εἶπεν αὐτῷ, οὕτως λέγει [11] Κύριος, ἔκλεξαι σεαυτῷ ἢ τρία ἔτη λιμοῦ, ἢ τρεῖς μῆνας [12] φεύγειν σε ἐκ προσώπου ἐχθρῶν σου, καὶ μάχαιρα ἐχθρῶν σου τοῦ ἐξολοθρεῦσαι, ἢ τρεῖς ἡμέρας ῥομφαίαν Κυρίου καὶ θάνατον ἐν τῇ γῇ, καὶ ἄγγελος Κυρίου ἐξολοθρεύων ἐν πάσῃ κληρονομίᾳ Ἰσραήλ· καὶ νῦν ἴδε τί ἀποκριθῶ τῷ ἀποστείλαντι λόγον.

Καὶ εἶπε Δαυὶδ πρὸς Γὰδ, στενά μοι καὶ τὰ τρία σφόδρα· [13] ἐμπεσοῦμαι δὴ εἰς χεῖρας Κυρίου, ὅτι πολλοὶ οἱ οἰκτιρμοὶ αὐτοῦ σφόδρα, καὶ εἰς χεῖρας ἀνθρώπων οὐ μὴ ἐμπέσω.

Καὶ ἔδωκε Κύριος θάνατον ἐν Ἰσραὴλ, καὶ ἔπεσον ἐξ Ἰσραὴλ [14] ἑβδομήκοντα χιλιάδες ἀνδρῶν. Καὶ ἀπέστειλεν ὁ Θεὸς ἄγγε- [15] λον εἰς Ἱερουσαλὴμ τοῦ ἐξολοθρεῦσαι αὐτήν· καὶ ὡς ἐξωλό-θρευεν, εἶδε Κύριος, καὶ μετεμελήθη ἐπὶ τῇ κακίᾳ· καὶ εἶπε τῷ ἀγγέλῳ τῷ ἐξολοθρεύοντι, ἱκανούσθω σοι, ἄνες τὴν χεῖρά σου· καὶ ὁ ἄγγελος Κυρίου ἑστὼς ἐν τῷ ἅλῳ Ὀρνὰ τοῦ Ἰεβουσαίου. Καὶ ἐπῆρε Δαυὶδ τοὺς ὀφθαλμοὺς αὐτοῦ, καὶ εἶδε τὸν ἄγγελον [16] Κυρίου ἑστῶτα ἀναμέσον τῆς γῆς καὶ τοῦ οὐρανοῦ, καὶ ἡ ῥομ-φαία αὐτοῦ ἐσπασμένη ἐν τῇ χειρὶ αὐτοῦ ἐκτεταμένη ἐπὶ Ἱερου-σαλὴμ, καὶ ἔπεσε Δαυὶδ καὶ οἱ πρεσβύτεροι περιβεβλημένοι ἐν σάκκοις ἐπὶ πρόσωπον αὐτῶν. Καὶ εἶπε Δαυὶδ πρὸς τὸν [17] Θεὸν, οὐκ ἐγὼ εἶπα τοῦ ἀριθμῆσαι ἐν τῷ λαῷ; καὶ ἐγώ εἰμι ὁ ἁμαρτὼν, κακοποιῶν ἐκακοποίησα, καὶ ταῦτα τὰ πρόβατα τί ἐποίησαν; Κύριε ὁ Θεὸς, γενηθήτω ἡ χείρ σου ἐν ἐμοὶ, καὶ ἐν τῷ οἴκῳ τοῦ πατρός μου, καὶ μὴ ἐν τῷ λαῷ σου εἰς ἀπώλειαν, Κύριε.

Καὶ ἄγγελος Κυρίου εἶπε τῷ Γὰδ τοῦ εἰπεῖν πρὸς Δαυὶδ, [18] ἵνα ἀναβῇ τοῦ στῆσαι θυσιαστήριον Κυρίῳ ἐν ἅλῳ Ὀρνὰ τοῦ Ἰεβουσαίου. Καὶ ἀνέβη Δαυὶδ κατὰ τὸν λόγον Γὰδ, ὃν ἐλάλη- [19] σεν ἐν ὀνόματι Κυρίου. Καὶ ἐπέστρεψεν Ὀρνὰ, καὶ εἶδε τὸν [20] βασιλέα, καὶ τέσσαρας υἱοὺς αὐτοῦ μετʼ αὐτοῦ μεθʼ ἀχαβίν· καὶ Ὀρνὰ ἦν ἀλοῶν πυρούς. Καὶ ἦλθε Δαυὶδ πρὸς Ὀρνὰ, καὶ [21] Ὀρνὰ ἐξῆλθεν ἐκ τῆς ἅλω καὶ προσεκύνησε τῷ Δαυὶδ τῷ προσώπῳ ἐπὶ τὴν γῆν. Καὶ εἶπε Δαυὶδ πρὸς Ὀρνὰ, δός μοι [22] τὸν τόπον σου τῆς ἅλω, καὶ οἰκοδομήσω ἐπʼ αὐτῷ θυσιαστήριον τῷ Κυρίῳ· ἐν ἀργυρίῳ ἀξίῳ δός μοι αὐτὸν, καὶ παύσεται ἡ πληγὴ ἐκ τοῦ λαοῦ. Καὶ εἶπεν Ὀρνὰ πρὸς Δαυὶδ, λάβε [23] σεαυτῷ, καὶ ποιησάτω ὁ κύριός μου ὁ βασιλεὺς τὸ ἀγαθὸν ἐναντίον ἑαυτοῦ· ἴδε δέδωκα τοὺς μόσχους εἰς ὁλοκαύτωσιν, καὶ τὸ ἄροτρον εἰς ξύλα, καὶ τὸν σῖτον εἰς θυσίαν, τὰ πάντα δέδωκα. Καὶ εἶπεν ὁ βασιλεὺς Δαυὶδ τῷ Ὀρνὰ, οὐχὶ, ὅτι [24] ἀγοράζων ἀγοράσω ἐν ἀργυρίῳ ἀξίῳ, ὅτι οὐ μὴ λάβω ἅ ἐστί σοι Κυρίῳ, τοῦ ἀνενέγκαι ὁλοκαύτωσιν δωρεὰν Κυρίῳ. Καὶ [25] ἔδωκε Δαυὶδ τῷ Ὀρνὰ ἐν τῷ τόπῳ αὐτοῦ σίκλους χρυσίου ὁλκῆς ἑξακοσίους. Καὶ ᾠκοδόμησεν ἐκεῖ Δαυὶδ θυσιαστήριον [26] Κυρίῳ, καὶ ἀνήνεγκεν ὁλοκαυτώματα καὶ σωτηρίου· καὶ ἐβόησε πρὸς Κύριον, καὶ ἐπήκουσεν αὐτῷ ἐν πυρὶ ἐκ τοῦ οὐρανοῦ ἐπὶ

β *Gr.* strait or narrow.　　γ *Gr.* gave.　　δ *Or,* in or at.　　ζ *Gr.* sacklothes.　　θ *Gr.* in the people. *Hebraism.*
λ *Heb.* מהנבאים 'hiding themselves.' *Alex.* κρυβόμενοι.　　μ *Gr.* before him.　　ξ θύματα or some such word understood.

τὸ θυσιαστήριον τῆς ὁλοκαυτώσεως, καὶ κατηνάλωσε τὴν ὁλο-
27 καύτωσιν. Καὶ εἶπε Κύριος πρὸς τὸν ἄγγελον· καὶ κατέθηκε
τὴν ῥομφαίαν εἰς τὸν κολεὸν αὐτῆς.

28 Ἐν τῷ καιρῷ ἐκείνῳ ἐν τῷ ἰδεῖν τὸν Δαυὶδ ὅτι ἐπήκουσεν
αὐτῷ Κύριος ἐν ἅλῳ Ὀρνὰ τοῦ Ἰεβουσαίου, καὶ ἐθυσίασεν
29 ἐκεῖ. Καὶ σκηνὴ Κυρίου ἣν ἐποίησε Μωυσῆς ἐν τῇ ἐρήμῳ,
καὶ θυσιαστήριον τῶν ὁλοκαυτωμάτων ἐν τῷ καιρῷ ἐκείνῳ ἐν
30 βαμὰ ἐν Γαβαών. Καὶ οὐκ ἐδύνατο Δαυὶδ τοῦ πορευθῆναι
ἔμπροσθεν αὐτοῦ τοῦ ζητῆσαι τὸν Θεόν, ὅτι οὐ κατέσπευσεν ἀπὸ
προσώπου τῆς ῥομφαίας ἀγγέλου Κυρίου.

22 Καὶ εἶπε Δαυὶδ, οὗτός ἐστιν ὁ οἶκος Κυρίου τοῦ Θεοῦ, καὶ
τοῦτο τὸ θυσιαστήριον εἰς ὁλοκαύτωσιν τῷ Ἰσραήλ.

2 Καὶ εἶπε Δαυὶδ συναγαγεῖν πάντας τοὺς προσηλύτους τοὺς
ἐν γῇ Ἰσραήλ, καὶ κατέστησε λατόμους λατομῆσαι λίθους ξυ-
3 στοὺς τοῦ οἰκοδομῆσαι οἶκον τῷ Θεῷ. Καὶ σίδηρον πολὺν εἰς
τοὺς ἥλους τῶν θυρωμάτων καὶ τῶν πυλῶν, καὶ τοὺς στροφεῖς
4 ἡτοίμασε Δαυὶδ καὶ χαλκὸν εἰς πλῆθος, οὐκ ἦν σταθμός. Καὶ
ξύλα κέδρινα, οὐκ ἦν ἀριθμός· ὅτι ἐφέροσαν οἱ Σιδώνιοι καὶ οἱ
5 Τύριοι ξύλα κέδρινα εἰς πλῆθος τῷ Δαυίδ. Καὶ εἶπε Δαυὶδ,
Σαλωμὼν ὁ υἱός μου παιδάριον ἁπαλόν, καὶ ὁ οἶκος τοῦ οἰκοδο-
μῆσαι τῷ Κυρίῳ εἰς μεγαλωσύνην ἄνω, εἰς ὄνομα καὶ εἰς δόξαν
εἰς πᾶσαν τὴν γῆν· ἑτοίμασω αὐτῷ· καὶ ἡτοίμασε Δαυὶδ εἰς
πλῆθος ἔμπροσθεν τῆς τελευτῆς αὐτοῦ.

6 Καὶ ἐκάλεσε Σαλωμὼν τὸν υἱὸν αὐτοῦ, καὶ ἐνετείλατο αὐτῷ
7 τοῦ οἰκοδομῆσαι τὸν οἶκον τῷ Κυρίῳ Θεῷ Ἰσραήλ. Καὶ εἶπε
Δαυὶδ Σαλωμών, τέκνον, ἐμοὶ ἐγένετο ἐπὶ ψυχῇ τοῦ οἰκοδομῆ-
8 σαι οἶκον τῷ ὀνόματι Κυρίου Θεοῦ. Καὶ ἐγένετό μοι λόγος
Κυρίου, λέγων, αἷμα εἰς πλῆθος ἐξέχεας, καὶ πολέμους μεγά-
λους ἐποίησας· οὐκ οἰκοδομήσεις οἶκον τῷ ὀνόματί μου, ὅτι
9 αἵματα πολλὰ ἐξέχεας ἐπὶ τὴν γῆν ἐναντίον ἐμοῦ. Ἰδοὺ υἱὸς
τίκτεταί σοι, οὗτος ἔσται ἀνὴρ ἀναπαύσεως, καὶ ἀναπαύσω
αὐτὸν ἀπὸ πάντων τῶν ἐχθρῶν αὐτοῦ κυκλόθεν, ὅτι Σαλωμὼν
ὄνομα αὐτῷ, καὶ εἰρήνην καὶ ἡσυχίαν δώσω ἐπὶ Ἰσραὴλ ἐν ταῖς
10 ἡμέραις αὐτοῦ. Οὗτος οἰκοδομήσει οἶκον τῷ ὀνόματί μου, καὶ
οὗτος ἔσται μοι εἰς υἱόν, κἀγὼ αὐτῷ εἰς πατέρα, καὶ ἀνορθώσω
11 θρόνον βασιλείας αὐτοῦ ἐν Ἰσραὴλ ἕως αἰῶνος. Καὶ νῦν, υἱέ
μου, ἔσται μετὰ σοῦ Κύριος, καὶ εὐοδώσει, καὶ οἰκοδομήσεις
12 οἶκον τῷ Κυρίῳ Θεῷ σου, ὡς ἐλάλησε περὶ σοῦ. Ἀλλ᾽ ἢ δῴη
σοι σοφίαν καὶ σύνεσιν Κύριος καὶ κατισχύσαι σε ἐπὶ Ἰσραήλ,
καὶ τοῦ φυλάσσεσθαι καὶ τοῦ ποιεῖν τὸν νόμον Κυρίου τοῦ Θεοῦ
13 σου. Τότε εὐοδώσει ἐὰν φυλάξῃς τοῦ ποιεῖν τὰ προστάγματα
καὶ τὰ κρίματα ἃ ἐνετείλατο Κύριος τῷ Μωυσῇ ἐπὶ Ἰσραήλ·
ἀνδρίζου καὶ ἴσχυε, μὴ φοβοῦ μηδὲ πτοηθῇς.

14 Καὶ ἰδοὺ ἐγὼ κατὰ τὴν πτωχείαν μου ἡτοίμασα εἰς οἶκον
Κυρίου χρυσίου ταλάντων ἑκατὸν χιλιάδας, καὶ ἀργυρίου ταλάν-
των χιλίας χιλιάδας, καὶ χαλκὸν καὶ σίδηρον οὗ οὐκ ἔστι σταθ-

---

answered him by fire out of heaven on the altar of whole-burnt-offerings, and *it* consumed the whole-burnt-offering. [27]And the Lord spoke to the angel; and he put up the sword into its sheath. [25]At that time when David saw that the Lord answered him in the threshing-floor of Orna the Jebusite, he also sacrificed there. [29]And the tabernacle of the Lord which Moses made in the wilderness, and the altar of whole-burnt-offerings, *were* at that time in the high place at Gabaon. [30]And David could not go before it to enquire of God; for he hasted not β because of the sword of the angel of the Lord.

And David said, This is the house of the Lord God, and this *is* the altar for whole-burnt-offering for Israel.

[2]And David gave orders to gather all the strangers that were in the land of Israel; and he appointed stone-hewers to hew polished stones to build the house to God. [3]And David prepared much iron for the nails of the doors and the gates; the hinges also and brass in abundance, there was no weighing *of it*. [4]And cedar trees without number: for the Sidonians and the Tyrians brought cedar trees in abundance to David. [5]And David said, My son Solomon *is* a tender child, and the house *for me* to build to the Lord *is* for superior magnificence for a name and for a glory through all the earth: I will make preparation for it. And David prepared abundantly before his death.

[6]And he called Solomon his son, and commanded him to build the house for the Lord God of Israel. [7]And David said to Solomon, My child, it was in my heart to build a house to the name of the Lord God. [8]But the word of the Lord came to me, saying, Thou hast shed blood abundantly, and hast carried on great wars: thou shalt not build a house to my name, because thou hast shed much blood upon the earth before me. [9]Behold, a son γ shall be born to thee, he shall be a man of rest; and I will give him rest from all his enemies round about: for his name *shall be* Solomon, and I will give peace and quietness to Israel in his days. [10]He shall build a house to my name; and he shall be a son to me, and I will be a father to him; and I will establish the throne of his kingdom in Israel for ever. [11]And now, my son, the Lord shall be with thee, and prosper *thee*; and thou shalt build a house to the Lord thy God, as he spoke concerning thee. [12]Only may the Lord give thee wisdom and prudence, and strengthen thee over Israel, both to keep and to do the law of the Lord thy God. [13]Then will he prosper *thee*, if thou take heed to do the commandments and judgments which the Lord commanded Moses for Israel: be courageous and strong; fear not, nor be terrified.

[14]And, behold, I according to my poverty have prepared for the house of the Lord a hundred thousand talents of gold, and a million talents of silver, and brass and iron without measure; for it is abundant; and

---

β *Gr.* from the face of.   γ *Gr.* is.

I have prepared timber and stones; and do thou add to these. ¹⁵ And *of them that are* with thee do thou add to the multitude of workmen; *let there be* artificers and masons, and carpenters, and every skilful *workman* in every work; ¹⁶ in gold and silver, brass and iron, *of which* there is no number. Arise and do, and the Lord *be* with thee.

¹⁷ And David charged all the chief men of Israel to help Solomon his son, *saying,* ¹⁸ *Is* not the Lord with you? and he has given you rest round about, for he has given into your hands the inhabitants of the land; and the land is subdued before the Lord, and before his people. ¹⁹ Now β set your hearts and souls to seek after the Lord your God: and rise, and build a sanctuary to your God to carry in the ark of the covenant of the Lord, and the holy vessels of God, into the house that is γ to be built to the name of the Lord.

And David was old and full of days; and he made Solomon his son king over Israel in his stead. ² And he assembled all the chief men of Israel, and the priests, and the Levites. ³ And the Levites numbered *themselves* from thirty years old and upward; and their number by their δ polls amounted to thirty and eight thousand men. ⁴ Of the overseers over the works of the house of the Lord *there were* twenty-four thousand, and *there were* six thousand scribes and judges; ⁵ and four thousand door-keepers, and four thousand to praise the Lord with instruments which he made to praise the Lord.

⁶ And David divided them *into* daily courses, for the sons of Levi, for Gedson, Caath, and Merari. ⁷ And for *the family of* Gedson, Edan, and Semei. ⁸ The sons of Edan *were* Jeiel, the chief, and Zethan, and Joel, three. ⁹ The sons of Semei; Salomith, Jeiel, and Dan, three: these *were* the chiefs of the families of Edan. ¹⁰ And to the sons of Semei, Jeth, and Ziza, and Joas, and Beria: these *were* the four sons of Semei. ¹¹ And Jeth was the chief, and Ziza the second: and Joas and Beria did not multiply sons, and they became *only* one reckoning according to the house of their ζ father.

¹² The sons of Caath; Ambram, Isaar, Chebron, Oziel, four. ¹³ The sons of Ambram; Aaron and Moses: and Aaron was appointed for the consecration of the most holy things, he and his sons for ever, to burn incense before the Lord, to minister and bless in his name for ever. ¹⁴ And *as for* Moses the man of God, his sons were reckoned to the tribe of Levi. ¹⁵ The sons of Moses; Gersam, and Eliezer. ¹⁶ The sons of Gersam; Subael the chief. ¹⁷ And the sons of Eliezer were, Rabia the chief: and Eliezer had no other sons; but the sons of Rabia were very greatly multiplied. ¹⁸ The sons of Isar; Salomoth the chief. ¹⁹ The sons of Chebron; Jeria the chief, Amaria the second, Jeziel the third, Jekemias the fourth. ²⁰ The sons of Oziel; Micha the chief, and Isia the second. ²¹ The sons of Merari; Mooli, and Musi: the sons of Mooli; Eleazar, and Kis.

μὸς, ὅτι εἰς πλῆθός ἐστι· καὶ ξύλα καὶ λίθους ἡτοίμασα, καὶ πρὸς ταῦτα πρόσθες. Καὶ μετὰ σοῦ πρόσθες εἰς πλῆθος 15 ποιούντων ἔργα, τεχνῖται καὶ οἰκοδόμοι λίθων, καὶ τέκτονες ξύλων, καὶ πᾶς σοφὸς ἐν παντὶ ἔργῳ, ἐν χρυσίῳ καὶ ἀργυρίῳ, 16 χαλκῷ καὶ ἐν σιδήρῳ, οὐκ ἔστιν ἀριθμός· ἀνάστηθι καὶ ποίει, καὶ Κύριος μετὰ σοῦ.

Καὶ ἐνετείλατο Δαυὶδ τοῖς πᾶσιν ἄρχουσιν Ἰσραὴλ ἀντιλα- 17 βέσθαι τῷ Σαλωμὼν υἱῷ αὐτοῦ. Οὐχὶ Κύριος μεθ' ὑμῶν; καὶ 18 ἀνέπαυσεν ὑμᾶς κυκλόθεν, ὅτι ἔδωκεν ἐν χερσὶν ὑμῶν τοὺς κατοικοῦντας τὴν γῆν, καὶ ὑπετάγη ἡ γῆ ἐναντίον Κυρίου καὶ ἐναντίον λαοῦ αὐτοῦ. Νῦν δότε καρδίας ὑμῶν καὶ ψυχὰς ὑμῶν 19 τοῦ ζητῆσαι τῷ Κυρίῳ Θεῷ ὑμῶν, καὶ ἐγέρθητε καὶ οἰκοδομή- σατε ἁγίασμα τῷ Θεῷ ὑμῶν, τοῦ εἰσενέγκαι τὴν κιβωτὸν δια- θήκης Κυρίου, καὶ σκεύη τὰ ἅγια τοῦ Θεοῦ εἰς οἶκον τὸν οἰκοδομούμενον τῷ ὀνόματι Κυρίου.

Καὶ Δαυὶδ πρεσβύτης καὶ πλήρης ἡμερῶν, καὶ ἐβασίλευσε 23 Σαλωμὼν τὸν υἱὸν αὐτοῦ ἀνθ' αὐτοῦ ἐπὶ Ἰσραήλ. Καὶ συν- 2 ήγαγε τοὺς πάντας ἄρχοντας Ἰσραὴλ καὶ τοὺς ἱερεῖς καὶ τοὺς Λευίτας. Καὶ ἠριθμήθησαν οἱ Λευῖται ἀπὸ τριακονταετοῦς καὶ 3 ἐπάνω, καὶ ἐγένετο ὁ ἀριθμὸς αὐτῶν κατὰ κεφαλὴν αὐτῶν εἰς ἄνδρας τριάκοντα καὶ ὀκτὼ χιλιάδας. Ἀπὸ τῶν ἐργοδιωκτῶν 4 ἐπὶ τὰ ἔργα οἴκου Κυρίου εἰκοσιτέσσαρες χιλιάδες, καὶ γραμμα- τεῖς καὶ κριταὶ ἑξακισχίλιοι, καὶ τέσσαρες χιλιάδες πυλωροί, 5 καὶ τέσσαρες χιλιάδες αἰνοῦντες τῷ Κυρίῳ ἐν ὀργάνοις οἷς ἐποί- ησε τοῦ αἰνεῖν τῷ Κυρίῳ.

Καὶ διεῖλεν αὐτοὺς Δαυὶδ ἐφημερίας τοῖς υἱοῖς Λευὶ, τῷ 6 Γεδσὼν, Καὰθ, καὶ Μεραρί· Καὶ τῷ Γεδσὼν, Ἐδὰν, καὶ Σεμεΐ. 7 Υἱοὶ τῷ Ἐδὰν, ἄρχων Ἰειὴλ, καὶ Ζηθὰν, καὶ Ἰωὴλ, τρεῖς. 8 Υἱοὶ Σεμεΐ, Σαλωμὶθ, Ἰειὴλ, καὶ Δὰν, τρεῖς· οὗτοι ἄρχοντες 9 πατριῶν τῶν Ἐδάν· Καὶ τοῖς υἱοῖς Σεμεΐ, Ἰὲθ, καὶ Ζιζὰ, καὶ 10 Ἰωᾶς, καὶ Βεριά· οὗτοι υἱοὶ Σεμεΐ τέσσαρες. Καὶ ἦν Ἰὲθ 11 ὁ ἄρχων· καὶ Ζιζὰ ὁ δεύτερος· καὶ Ἰωᾶς καὶ Βεριὰ οὐκ ἐπλή- θυναν υἱοὺς, καὶ ἐγένοντο εἰς οἶκον πατριᾶς εἰς ἐπίσκεψιν μίαν.

Υἱοὶ Καὰθ, Ἀμβρὰμ, Ἰσαὰρ, Χεβρὼν, Ὀζιὴλ, τέσσαρες. 12 Υἱοὶ Ἀμβρὰμ, Ἀαρὼν καὶ Μωυσῆς· καὶ διεστάλη Ἀαρὼν τοῦ 13 ἁγιασθῆναι ἅγια ἁγίων, αὐτὸς καὶ οἱ υἱοὶ αὐτοῦ ἕως αἰῶνος, τοῦ θυμιᾶν ἐναντίον τοῦ Κυρίου, λειτουργεῖν καὶ ἐπεύχεσθαι ἐπὶ τῷ ὀνόματι αὐτοῦ ἕως αἰῶνος. Καὶ Μωυσῆς ἄνθρωπος τοῦ 14 Θεοῦ, υἱοὶ αὐτοῦ ἐκλήθησαν εἰς φυλὴν τοῦ Λευί. Υἱοὶ Μωυ- 15 σῆ, Γηρσὰμ, καὶ Ἐλιέζερ. Υἱοὶ Γηρσὰμ, Σουβαὴλ ὁ ἄρχων. 16 Καὶ ἦσαν υἱοὶ τῷ Ἐλιέζερ, Ῥαβία ὁ ἄρχων· καὶ οὐκ ἦσαν τῷ 17 Ἐλιέζερ υἱοὶ ἕτεροι· καὶ υἱοὶ Ῥαβιὰ ηὐξήθησαν εἰς ὕψος. Υἱοὶ 18 Ἰσαὰρ, Σαλωμὼθ ὁ ἄρχων. Υἱοὶ Χεβρὼν, Ἱεριὰ ὁ ἄρχων, 19 Ἀμαριὰ ὁ δεύτερος, Ἰεζιὴλ ὁ τρίτος, Ἰεκεμίας ὁ τέταρτος. Υἱοὶ Ὀζιὴλ, Μιχὰ ὁ ἄρχων, καὶ Ἰσιὰ ὁ δεύτερος. 20

Υἱοὶ Μεραρὶ, Μοολὶ, καὶ ὁ Μουσί· υἱοὶ Μοολὶ, Ἐλεάζαρ, 21

β *Gr.* give.   γ *Gr.* building, so in Acts 2. 47.   δ *Gr.* poll.   ζ *Gr.* father's family.

22 καὶ Κίς. Καὶ ἀπέθανεν Ἐλεάζαρ· καὶ οὐκ ἦσαν αὐτῷ υἱοί, ἀλλ᾽ ἢ θυγατέρες· καὶ ἔλαβον αὐτὰς υἱοὶ Κὶς ἀδελφοὶ αὐτῶν.
23 Υἱοὶ Μουσὶ, Μοολὶ, καὶ Ἐδὲρ, καὶ Ἰαριμώθ, τρεῖς.

24   Οὗτοι υἱοὶ Λευὶ κατ᾽ οἴκους πατριῶν αὐτῶν, ἄρχοντες τῶν πατριῶν αὐτῶν κατὰ τὴν ἐπίσκεψιν αὐτῶν, κατὰ τὸν ἀριθμὸν ὀνομάτων αὐτῶν, κατὰ κεφαλὴν αὐτῶν, ποιοῦντες τὰ ἔργα
25 λειτουργείας οἴκου Κυρίου ἀπὸ εἰκοσαετοῦς καὶ ἐπάνω. Ὅτι εἶπε Δαυὶδ, κατέπαυσε Κύριος ὁ Θεὸς Ἰσραὴλ τῷ λαῷ αὐτοῦ,
26 καὶ κατεσκήνωσεν ἐν Ἱερουσαλὴμ ἕως αἰῶνος. Καὶ οἱ Λευῖται οὐκ ἦσαν αἴροντες τὴν σκηνὴν καὶ τὰ πάντα σκεύη αὐτῆς εἰς
27 τὴν λειτουργείαν αὐτῆς· Ὅτι ἐν τοῖς λόγοις Δαυὶδ τοῖς ἐσχάτοις ἐστὶν ὁ ἀριθμὸς υἱῶν Λευὶ ἀπὸ εἰκοσαετοῦς καὶ ἐπάνω·
28 Ὅτι ἔστησεν αὐτοὺς ἐπὶ χειρὶ Ἀαρὼν, τοῦ λειτουργεῖν ἐν οἴκῳ Κυρίου ἐπὶ τὰς αὐλὰς, καὶ ἐπὶ τὰ παστοφόρια, καὶ ἐπὶ τὸν καθαρισμὸν τῶν πάντων ἁγίων, καὶ ἐπὶ τὰ ἔργα λειτουργείας
29 οἴκου τοῦ Θεοῦ, καὶ εἰς τοὺς ἄρτους τῆς προθέσεως, καὶ εἰς τὴν σεμίδαλιν τῆς θυσίας, καὶ εἰς τὰ λάγανα τὰ ἄζυμα, καὶ εἰς
30 τήγανον, καὶ εἰς τὴν πεφυραμένην, καὶ εἰς πᾶν μέτρον, καὶ τοῦ στῆναι πρωὶ τοῦ αἰνεῖν καὶ ἐξομολογεῖσθαι τῷ Κυρίῳ, καὶ
31 οὕτω τοεσπέρας· Καὶ ἐπὶ πάντων τῶν ἀναφερομένων ὁλοκαυτωμάτων τῷ Κυρίῳ ἐν τοῖς σαββάτοις καὶ ἐν ταῖς νεομηνίαις καὶ ἐν ταῖς ἑορταῖς, κατὰ ἀριθμὸν, κατὰ τὴν κρίσιν ἐπ᾽ αὐτοῖς
32 διαπαντὸς τῷ Κυρίῳ. Καὶ φυλάξουσι τὰς φυλακὰς σκηνῆς τοῦ μαρτυρίου, καὶ τὴν φυλακὴν τοῦ ἁγίου, καὶ τὰς φυλακὰς υἱῶν Ἀαρὼν ἀδελφῶν αὐτῶν, τοῦ λειτουργεῖν ἐν οἴκῳ Κυρίου.

24   Καὶ τοὺς υἱοὺς Ἀαρὼν διαιρέσει Ναδὰβ, καὶ Ἀβιοὺδ, καὶ
2 Ἐλεάζαρ, καὶ Ἰθάμαρ. Καὶ ἀπέθανε Ναδὰβ καὶ Ἀβιοὺδ ἐναντίον τοῦ πατρὸς αὐτῶν, καὶ υἱοὶ οὐκ ἦσαν αὐτοῖς· καὶ
3 ἱεράτευσεν Ἐλεάζαρ καὶ Ἰθάμαρ υἱοὶ Ἀαρών. Καὶ διεῖλεν αὐτοὺς Δαυὶδ, καὶ Σαδὼκ ἐκ τῶν υἱῶν Ἐλεάζαρ, καὶ Ἀχιμέλεχ ἐκ τῶν υἱῶν Ἰθάμαρ, κατὰ τὴν ἐπίσκεψιν αὐτῶν, κατὰ τὴν λειτουργείαν αὐτῶν, κατ᾽ οἴκους πατριῶν αὐτῶν.

4   Καὶ εὑρέθησαν οἱ υἱοὶ Ἐλεάζαρ πλείους εἰς ἄρχοντας τῶν δυνατῶν παρὰ τοὺς υἱοὺς Ἰθάμαρ· καὶ διεῖλεν αὐτοὺς, τοῖς υἱοῖς Ἐλεάζαρ ἄρχοντας εἰς οἴκους πατριῶν ἑκκαίδεκα, τοῖς υἱοῖς
5 Ἰθάμαρ κατ᾽ οἴκους πατριῶν ὀκτώ. Καὶ διεῖλεν αὐτοὺς κατὰ κλήρους τούτους πρὸς τούτους, ὅτι ἦσαν ἄρχοντες τῶν ἁγίων, καὶ ἄρχοντες Κυρίου ἐν τοῖς υἱοῖς Ἐλεάζαρ καὶ ἐν τοῖς υἱοῖς Ἰθάμαρ.

6   Καὶ ἔγραψεν αὐτοὺς Σαμαίας υἱὸς Ναθαναὴλ ὁ γραμματεὺς ἐκ τοῦ Λευὶ κατέναντι τοῦ βασιλέως καὶ τῶν ἀρχόντων, καὶ Σαδὼκ ὁ ἱερεὺς, καὶ Ἀχιμέλεχ υἱὸς Ἀβιάθαρ, καὶ ἄρχοντες τῶν πατριῶν τῶν ἱερέων καὶ τῶν Λευιτῶν οἴκου πατριᾶς, εἷς εἷς τῷ Ἐλεάζαρ, καὶ εἷς εἷς τῷ Ἰθάμαρ.

7   Καὶ ἐξῆλθεν ὁ κλῆρος ὁ πρῶτος τῷ Ἰωαρὶμ, τῷ Ἰεδία

24 These *are* the sons of Levi according to the houses of their β fathers; chiefs of their families according to their numbering, according to the number of their names, according to their polls, doing the works of service of the house of the Lord, from twenty years old and upward. 25 For David said, The Lord God of Israel has given rest to his people, and has taken up his abode in Jerusalem for ever. 26 And the Levites bore not the tabernacle, and all the vessels of it for its service. 27 For by the last words of David γ was the number of the Levites *taken* from twenty years old and upward. 28 For he appointed them δ to wait on Aaron, to minister in the house of the Lord, over the courts, and over the chambers, and over the purification of all the holy things, and over the works of the service of the house of God; 29 and for the shew-bread, and for the fine flour of the meat-offering, and for the unleavened cakes, and for the ζ fried cake, and for the dough, and for every measure; 30 and to stand in the morning to praise and give thanks to the Lord, and so in the evening; 31 and *to be* over all the whole-burnt-offerings that were offered up to the Lord on the sabbaths, and at the new moons, and at the feasts, by number, according to the order *given* to them, continually θ before the Lord. 32 And they are to keep the charge of the tabernacle of witness, and the charge of the holy place, and the charges of the sons of Aaron their brethren, to minister in the house of the Lord.

And *they number* the sons of Aaron in *their* division, Nadab, and Abiud, and Eleazar, and Ithamar. 2 And Nadab and Abiud died before their father, and they had no sons: so Eleazar and Ithamar the sons of Aaron ministered as priests. 3 And David distributed them, even Sadoc of the sons of Eleazar, and Achimelech of the sons of Ithamar, according to their numbering, according to their service, according to the houses of their fathers.

4 And there were found *among* the sons of Eleazar more chiefs of the mighty ones, than of the sons of Ithamar: and he divided them, sixteen heads of families to the sons of Eleazar, eight according to *their* families to the sons of Ithamar. 5 And he divided them according to their lots, one with the other; for there were those who had charge of the holy things, and those who λ had charge of the *house* of the Lord among the sons of Eleazar, and among the sons of Ithamar.

6 And Samaias the son of Nathanael, the scribe, *of the family* of Levi, wrote them down before the king, and the princes, and Sadoc the priest, and Achimelech the son of Abiathar *were present*; and the heads of the families of the priests and the Levites, each of a household *were assigned* one to Eleazar, and one to Ithamar.

7 And the first lot came out to Joarim,.

---

the second to Jedia, ⁸ the third to Charib, the fourth to Seorim, ⁹ the fifth to Melchias, the sixth to Meiamin, ¹⁰ the seventh to Cos, the eighth to Abia, ¹¹ the ninth to Jesus, the tenth to Sechenias, ¹² the eleventh to Eliabi, the twelfth to Jacim, ¹³ the thirteenth to Oppha, the fourteenth to Jesbaal, ¹⁴ the fifteenth to Belga, the sixteenth to Emmer, ¹⁵ the seventeenth to Chezin, the eighteenth to Aphese, ¹⁶ the nineteenth to Phetæa, the twentieth to Ezekel, ¹⁷ the twenty-first to Achim, the twenty-second to Gamul, ¹⁸ the twenty-third to Adallai, the twenty-fourth to Maasai.

¹⁹ This *is* their numbering according to their service to go into the house of the Lord, according to their appointment by the hand of Aaron their father, as the Lord God of Israel commanded.

²⁰ And for the sons of Levi that were left, *even* for the sons of Ambram, Sobael: for the sons of Sobael, Jedia. ²¹ For Raabia, the chief *was* β Isaari, ²² and for Isaari, Salomoth: for the sons of Salomoth, Jath. ²³ The sons of Ecdiu; Amadia the second, Jaziel the third, Jecmoam the fourth. ²⁴ For the sons of Oziel, Micha: the sons of Micha; Samer. ²⁵ The brother of Micha; Isia, the son of Isia; Zacharia. ²⁶ The sons of Merari, Mooli, and Musi: the sons of Ozia, ²⁷ *That is, the sons* of Merari by Ozia, —his sons *were* Isoam, and Sacchur, and Abai. ²⁸ To Mooli *were born* Eleazar, and Ithamar; and Eleazar died, and had no sons. ²⁹ For Kis; the sons of Kis; Jerameel. ³⁰ And the sons of Musi; Mooli, and Eder, and Jerimoth. These *were* the sons of the Levites according to the houses of their families. ³¹ And they also received lots as their brethren the sons of Aaron before the king; Sadoc also, and Achimelech, and the chiefs of the families of the priests and of the Levites, principal heads of families, even as their younger brethren.

And king David and the captains of the host appointed to their services the sons of Asaph, and of Æman, and of Idithun, γ prophesiers with harps, and lutes, and cymbals: and their number was according to their polls serving in their ministrations. ² The sons of Asaph; Sacchur, Joseph, and Nathanias, and Erael: the sons of Asaph *were* next the king. ³ To Idithun *were reckoned* the sons of Idithun, Godolias, and Suri, and Iseas, and Asabias, and Matthathias, six after their father Idithun, sounding loudly on the harp thanksgiving and praise to the Lord. ⁴ To Æman *were reckoned* the sons of Æman, Bukias, and Matthanias, and Oziel, and Subael, and Jerimoth, and Ananias, and Anan, and Heliatha, and Godollathi, and Romethiezer, and Jesbasaca, and Mallithi, and Otheri, and Meazoth. ⁵ All these *were* the sons of Æman the king's chief player in the δ praises of God, to lift up the horn. And God gave to Æman fourteen sons, and three daughters. ⁶ All these sang hymns with their father in the house of God, with cymbals, and lutes, and harps,

ὁ δεύτερος, τῷ Χαρὶβ ὁ τρίτος, τῷ Σεωρὶμ ὁ τέταρτος, 8 τῷ Μελχίᾳ ὁ πέμπτος, τῷ Μεϊαμὶν ὁ ἕκτος, τῷ Κὼς ὁ ἕβδο- 9, 10 μος, τῷ Ἀβίᾳ ὁ ὄγδοος, τῷ Ἰησοῦ ὁ ἔννατος, τῷ Σεχενίᾳ 11 ὁ δέκατος, τῷ Ἐλιαβὶ ὁ ἑνδέκατος, τῷ Ἰακὶμ ὁ δωδέκατος, 12 τῷ Ὀπφᾶ ὁ τρισκαιδέκατος, τῷ Ἰεσβαὰλ ὁ τεσσαρεσκαιδέκα- 13 τος, τῷ Βελγὰ ὁ πεντεκαιδέκατος, τῷ Ἐμμὴρ ὁ ἑκκαιδέκατος, 14 τῷ Χηζὶν ὁ ἑπτακαιδέκατος, τῷ Ἀφεσὴ ὁ ὀκτωκαιδέκατος, 15 τῷ Φεταίᾳ ὁ ἐννεακαιδέκατος, τῷ Ἐζεκὴλ ὁ εἰκοστὸς, τῷ 16, 17 Ἀχὶμ ὁ εἷς καὶ εἰκοστὸς, τῷ Γαμοὺλ ὁ δεύτερος καὶ εἰκοστὸς, τῷ Ἀδαλλαὶ ὁ τρίτος καὶ εἰκοστὸς, τῷ Μαασαὶ ὁ τέταρτος καὶ 18 εἰκοστός.

Αὕτη ἡ ἐπίσκεψις αὐτῶν κατὰ τὴν λειτουργίαν αὐτῶν 19 τοῦ εἰσπορεύεσθαι εἰς οἶκον Κυρίου κατὰ τὴν κρίσιν αὐτῶν διὰ χειρὸς Ἀαρὼν πατρὸς αὐτῶν, ὡς ἐνετείλατο Κύριος ὁ Θεὸς Ἰσραήλ.

Καὶ τοῖς υἱοῖς Λευὶ τοῖς καταλοίποις, τοῖς υἱοῖς Ἀμβρὰμ, 20 Σωβαήλ· τοῖς υἱοῖς Σωβαὴλ, Ἰεδία. Τῷ Ῥααβίᾳ ὁ ἄρχων. 21 Καὶ τῷ Ἰσααρὶ, Σαλωμώθ· τοῖς υἱοῖς Σαλωμώθ, Ἰάθ. 22 υἱοὶ Ἐκδιοῦ, Ἀμαδία ὁ δεύτερος, Ἰαζιὴλ ὁ τρίτος, Ἰεκμοὰμ 23 ὁ τέταρτος. Τοῖς υἱοῖς Ὀζιὴλ, Μιχά· υἱοὶ Μιχὰ, Σαμήρ. 24 Ἀδελφὸς Μιχὰ, Ἰσία· υἱὸς Ἰσία, Ζαχαρία. Υἱοὶ Μεραρὶ, 25, 26 Μοολὶ καὶ ὁ Μουσί· υἱοὶ Ὀζία τοῦ Μεραρὶ τῷ Ὀζίᾳ· υἱοὶ 27 αὐτοῦ Ἰσοὰμ, καὶ Σακχοὺρ, καὶ Ἀβαΐ. Τῷ Μοολὶ Ἐλεάζαρ, 28 καὶ Ἰθάμαρ· καὶ ἀπέθανεν Ἐλεάζαρ καὶ οὐκ ἦσαν αὐτῷ υἱοί. Τῷ Κὶς, υἱοὶ τοῦ Κὶς Ἱεραμεήλ. Καὶ υἱοὶ τοῦ Μουσὶ, 29, 30 Μοολὶ, καὶ Ἐδὲρ, καὶ Ἱεριμώθ· οὗτοι υἱοὶ τῶν Λευιτῶν κατ' οἴκους πατριῶν αὐτῶν. Καὶ ἔλαβον καὶ αὐτοὶ κλήρους καθὼς 31 οἱ ἀδελφοὶ αὐτῶν υἱοὶ Ἀαρὼν ἐναντίον τοῦ βασιλέως, καὶ Σαδὼκ, καὶ Ἀχιμέλεχ, καὶ οἱ ἄρχοντες τῶν πατριῶν τῶν ἱερέων καὶ τῶν Λευιτῶν πατριάρχαι Ἀραάβ, καθὼς οἱ ἀδελφοὶ αὐτοῦ οἱ νεώτεροι.

Καὶ ἔστησε Δαυὶδ ὁ βασιλεὺς καὶ οἱ ἄρχοντες τῆς δυνάμεως 25 εἰς τὰ ἔργα τοὺς υἱοὺς Ἀσάφ, καὶ Αἱμὰν, καὶ Ἰδιθοὺν, τοὺς ἀποφθεγγομένους ἐν κινύραις, καὶ ἐν νάβλαις, καὶ ἐν κυμβά- λοις· καὶ ἐγένετο ὁ ἀριθμὸς αὐτῶν κατὰ κεφαλὴν αὐτῶν ἐργα- ζομένων ἐν τοῖς ἔργοις αὐτῶν·

Υἱοὶ Ἀσάφ, Σακχοὺρ, Ἰωσὴφ, καὶ Ναθανίας, καὶ Ἐραήλ· 2 υἱοὶ Ἀσὰφ ἐχόμενοι τοῦ βασιλέως.

Τῷ Ἰδιθοὺν, υἱοὶ Ἰδιθοὺν, Γοδολίας, καὶ Σουρὶ, καὶ Ἰσέας, 3 καὶ Ἀσαβίας, καὶ Ματθαθίας, ἓξ μετὰ τὸν πατέρα αὐτῶν Ἰδιθοὺν, ἐν κινύρᾳ ἀνακρουόμενοι ἐξομολόγησιν καὶ αἴνεσιν τῷ Κυρίῳ.

Τῷ Αἱμὰν, υἱοὶ Αἱμὰν, Βουκίας, καὶ Ματθανίας, καὶ Ὀζιὴλ, 4 καὶ Σουβαὴλ, καὶ Ἱεριμὼθ, καὶ Ἀνανίας, καὶ Ἀνὰν, καὶ Ἐλιαθὰ, καὶ Γοδολλαθὶ, καὶ Ῥωμετθιέζερ, καὶ Ἰεσβασακὰ, καὶ Μαλλιθὶ, καὶ Ὠθηρὶ, καὶ Μεαζώθ. Πάντες οὗτοι υἱοὶ τῷ Αἱμὰν τῷ 5 ἀνακρουομένῳ τῷ βασιλεῖ ἐν λόγοις Θεοῦ, ὑψῶσαι κέρας· καὶ ἔδωκεν ὁ Θεὸς τῷ Αἱμὰν υἱοὺς τεσσαρεσκαίδεκα, καὶ θυγατέρας τρεῖς. Πάντες οὗτοι μετὰ τοῦ πατρὸς αὐτῶν ὑμνῳδοῦντες ἐν 6 οἴκῳ Θεοῦ, ἐν κυμβάλοις, καὶ ἐν νάβλαις, καὶ ἐν κινύραις εἰς

β The text here seems deficient.   γ Gr. sounding or uttering with the voice.   δ Gr. word.

τὴν δουλείαν οἴκου τοῦ Θεοῦ, ἐχόμενα τοῦ βασιλέως, καὶ Ἀσάφ, καὶ Ἰδιθοὺν, καὶ Αἰμάν.

7 Καὶ ἐγένετο ὁ ἀριθμὸς αὐτῶν μετὰ τοὺς ἀδελφοὺς αὐτῶν δεδιδαγμένοι ᾄδειν Κυρίῳ πᾶς συνιὼν, διακόσιοι ὀγδοήκοντα καὶ ὀκτώ.

8 Καὶ ἔβαλον καὶ αὐτοὶ κλήρους ἐφημεριῶν κατὰ τὸν μικρὸν
9 καὶ κατὰ τὸν μέγαν τελείων καὶ μανθανόντων. Καὶ ἐξῆλθεν ὁ κλῆρος ὁ πρῶτος υἱῶν αὐτοῦ καὶ ἀδελφῶν αὐτοῦ τῷ Ἀσάφ τοῦ Ἰωσήφ, Γοδολίας· ὁ δεύτερος Ἡνεία, υἱοὶ αὐτοῦ
10 καὶ ἀδελφοὶ αὐτοῦ δεκαδύο· Ὁ τρίτος Ζακχοὺρ, υἱοὶ αὐτοῦ καὶ
11 ἀδελφοὶ αὐτοῦ δεκαδύο· Ὁ τέταρτος Ἰεσρὶ, υἱοὶ αὐτοῦ
12 καὶ ἀδελφοὶ αὐτοῦ δεκαδύο· Ὁ πέμπτος Νάθαν, υἱοὶ αὐτοῦ καὶ
13 ἀδελφοὶ αὐτοῦ δεκαδύο· Ὁ ἕκτος Βουκίας, υἱοὶ αὐτοῦ καὶ
14 ἀδελφοὶ αὐτοῦ δεκαδύο· Ὁ ἕβδομος Ἰσεριὴλ, υἱοὶ αὐτοῦ καὶ ἀδελ-
15 φοὶ αὐτοῦ δεκαδύο· Ὁ ὄγδοος Ἰωσία, υἱοὶ αὐτοῦ καὶ ἀδελφοὶ
16 αὐτοῦ δεκαδύο· Ὁ ἔννατος Ματθανίας, υἱοὶ αὐτοῦ καὶ ἀδελφοὶ
17 αὐτοῦ δεκαδύο· Ὁ δέκατος Σεμεία, υἱοὶ αὐτοῦ καὶ ἀδελφοὶ αὐτοῦ
18 δεκαδύο· Ὁ ἑνδέκατος Ἀσριὴλ, υἱοὶ αὐτοῦ καὶ ἀδελφοὶ αὐ-
19 τοῦ δεκαδύο· Ὁ δωδέκατος Ἀσαβία, υἱοὶ αὐτοῦ καὶ ἀδελφοὶ
20 αὐτοῦ δεκαδύο· Ὁ τρισκαιδέκατος Σουβαὴλ, υἱοὶ αὐτοῦ καὶ
21 ἀδελφοὶ αὐτοῦ δεκαδύο· Ὁ τεσσαρεσκαιδέκατος Ματθαθίας,
22 υἱοὶ αὐτοῦ καὶ ἀδελφοὶ αὐτοῦ δεκαδύο· Ὁ πεντεκαιδέκατος
23 Ἰεριμὼθ, υἱοὶ αὐτοῦ καὶ ἀδελφοὶ αὐτοῦ δεκαδύο· Ὁ ἑκκαι-
24 δέκατος Ἀνανία, υἱοὶ αὐτοῦ καὶ ἀδελφοὶ αὐτοῦ δεκαδύο· Ὁ ἑπτακαιδέκατος Ἰεσβασακὰ, υἱοὶ αὐτοῦ καὶ ἀδελφοὶ αὐτοῦ
25 δεκαδύο· Ὁ ὀκτωκαιδέκατος Ἀνανίας, υἱοὶ αὐτοῦ καὶ ἀδελφοὶ
26 αὐτοῦ δεκαδύο· Ὁ ἐννεακαιδέκατος Μαλλιθὶ, υἱοὶ αὐτοῦ καὶ
27 ἀδελφοὶ αὐτοῦ δεκαδύο· Ὁ εἰκοστὸς Ἐλιαθὰ, υἱοὶ αὐτοῦ καὶ
28 ἀδελφοὶ αὐτοῦ δεκαδύο· Ὁ εἰκοστὸς πρῶτος Ὠθηρὶ, υἱοὶ αὐτοῦ
29 καὶ ἀδελφοὶ αὐτοῦ δεκαδύο· Ὁ εἰκοστὸς δεύτερος Γοδολλαθὶ,
30 υἱοὶ αὐτοῦ καὶ ἀδελφοὶ αὐτοῦ δεκαδύο· Ὁ εἰκοστὸς τρίτος
31 Μεαζὼθ, υἱοὶ αὐτοῦ καὶ ἀδελφοὶ αὐτοῦ δεκαδύο· Ὁ εἰκοστὸς τέταρτος Ῥωμετθιέζερ, υἱοὶ αὐτοῦ καὶ ἀδελφοὶ αὐτοῦ δεκαδύο.

26 Καὶ εἰς διαιρέσεις τῶν πυλῶν, υἱοὶ Κορεὶμ Μοσελλεμία ἐκ
2 τῶν υἱῶν Ἀσάφ. Καὶ τῷ Μοσελλαμία υἱὸς Ζαχαρίας ὁ πρω-
τότοκος, Ἰαδιὴλ ὁ δεύτερος, Ζαβαδία ὁ τρίτος, Ἰενουὴλ ὁ τέ-
3 ταρτος, Ἰωλὰμ ὁ πέμπτος, Ἰωνάθαν ὁ ἕκτος, Ἐλιωναὶ ὁ ἕβδο-
4 μος, Ἀβδεδὸμ ὁ ὄγδοος. Καὶ τῷ Ἀβδεδόμ υἱοὶ, Σαμαίας ὁ πρωτότοκος, Ἰωζαβὰθ ὁ δεύτερος, Ἰωὰθ ὁ τρίτος, Σαχὰρ
5 ὁ τέταρτος, Ναθαναὴλ ὁ πέμπτος, Ἀμιὴλ ὁ ἕκτος, Ἰσσάχαρ ὁ ἕβδομος, Φελαθὶ ὁ ὄγδοος, ὅτι εὐλόγησεν αὐτὸν ὁ Θεός.
6 Καὶ τῷ Σαμαία υἱῷ αὐτοῦ ἐτέχθησαν υἱοὶ τοῦ πρωτοτόκου Ῥωσαὶ εἰς τὸν οἶκον τὸν πατρικὸν αὐτοῦ, ὅτι δυνατοὶ ἦσαν.
7 Υἱοὶ Σαμαΐ, Ὀθνὶ, καὶ Ῥαφαὴλ, καὶ Ὠβὴδ, καὶ Ἐλζαβὰθ, καὶ Ἀχιοὺδ, υἱοὶ δυνατοὶ, Ἐλιοῦ, καὶ Σαβαχία, καὶ Ἰσβακώμ.
8 Πάντες ἀπὸ τῶν υἱῶν Ἀβδεδὸμ, αὐτοὶ καὶ οἱ υἱοὶ αὐτῶν καὶ οἱ ἀδελφοὶ αὐτῶν ποιοῦντες δυνατῶς ἐν τῇ ἐργασίᾳ, οἱ πάντες ἑξηκονταδύο τῷ Ἀβδεδόμ.
9 Καὶ τῷ Μοσελλεμία υἱοὶ καὶ ἀδελφοὶ δεκακαιοκτὼ δυνατοί.
10 Καὶ τῷ Ὀσᾷ τῶν υἱῶν Μεραρὶ υἱοὶ φυλάσσοντες τὴν ἀρχὴν,

for the service of the house of God, near the king, and Asaph, and Idithun, and Æman.

[7] And the number of them after their brethren, those instructed to sing to God, every one that understood *singing* was two hundred and eighty-eight.

[8] And they also cast lots β for the daily courses, for the great and the small *of them,* of the perfect ones and the learners. [9] And the first lot of his sons and of his brethren came forth to Asaph the son of Joseph, *namely,* Godolias: the second Heneia, his sons and his brethren *being* twelve. [10] The third Zacchur, his sons and his brethren *were* twelve: [11] the fourth Jesri, his sons and his brethren *were* twelve: [12] the fifth Nathan, his sons and his brethren, twelve: [13] the sixth Bukias, his sons and his brethren, twelve: [14] the seventh Iseriel, his sons and his brethren, twelve: [15] the eighth Josia, his sons and his brethren, twelve: [16] the ninth Matthanias, his sons and his brethren, twelve: [17] the tenth Semeia, his sons and his brethren, twelve: [18] the eleventh Asriel, his sons and his brethren, twelve: [19] the twelfth Asabia, his sons and his brethren, twelve: [20] the thirteenth Subael, his sons and his brethren, twelve: [21] the fourteenth Matthathias, his sons and his brethren, twelve: [22] the fifteenth Jerimoth, his sons and his brethren, twelve: [23] the sixteenth Anania, his sons and his brethren, twelve: [24] the seventeenth Jesbasaca, his sons and his brethren, twelve: [25] the eighteenth Ananias, his sons and his brethren, twelve: [26] the nineteenth Mallithi, his sons and his brethren, twelve: [27] the twentieth Heliatha, his sons and his brethren, twelve: [28] the twenty-first Otheri, his sons and his brethren, twelve: [29] the twenty-second Godollathi, his sons and his brethren, twelve: [30] the twenty-third Meazoth, his sons and his brethren, twelve: [31] the twenty-fourth Rometthiezer, his sons and his brethren, twelve.

And for the divisions of the gates: the sons of the Corites *were* Mosellemia, of the sons of Asaph. [2] And Mosellemia's first-born son *was* Zacharias, the second Jadiel, the third Zabadia, the fourth Jenuel, [3] the fifth Jolam, the sixth Jonathan, the seventh Elionai, the eighth Abdedom. [4] And to Abdedom *there were born* sons, Samaias the first-born, Jozabath the second, Joath the third, Sachar the fourth, Nathanael the fifth, [5] Amiel the sixth, Issachar the seventh, Phelathi the eighth: for God blessed him. [6] And to Samaias his son were born the sons of his first-born, γ chiefs over the house of their father, for they were mighty. [7] The sons of Samai; Othni, and Raphael, and Obed, and Elzabath, and Achiud, mighty δ men, Heliu, and Sabachia, and Isbacom. [8] All *these were* of the sons of Abdedom, they and their sons and *their* brethren, doing mightily in service: in all sixty-two *born* to Abdedom.

[9] And Mosellemia *had* eighteen sons and brethren, mighty men. [10] And to Osa of the sons of Merari *there were born* sons, keeping the dominion; though he was not

---

the first-born, yet his father made him chief of the second division. ¹¹ Chelcias the second, Tablai the third, Zacharias the fourth: all these *were* the sons and brethren of Osa, thirteen.

¹² To these *were assigned* the divisions of the gates, to the chiefs of the mighty men the daily courses, even their brethren, to minister in the house of the Lord. ¹³ And they cast lots for the small as well as for the great, for the several gates, according to ^β their families. ¹⁴ And the lot of the east gates fell to Selemias, and Zacharias: the sons of Soaz cast lots for Melchias, and the lot came out northward. ¹⁵ To Abdedom *they gave by lot* the south, opposite the house of Esephim. ¹⁶ *They gave the lot* for the second to Osa westward, after the gate of the chamber by the ascent, watch against watch. ¹⁷ Eastward *were* six *watchmen* in the day; northward four by the day; southward four by the day; and two at the Esephim, ¹⁸ to relieve guard, also for Osa westward after the chamber-gate, three. *There was* a ward over against the ward of the ascent eastward, six *men* in a day, and four for the north, and four for the south, and at the Esephim two to relieve guard, and four by the west, and two to relieve guard at the pathway. ¹⁹ These *are* the divisions of the porters for the sons of Core, and to the sons of Merari.

²⁰ And the Levites their brethren *were* over the treasures of the house of the Lord, and over the treasures of the hallowed things. ²¹ These *were* the sons of Ladan, the sons of the Gersonite: to Ladan *belonged* the heads of the families: *the son of* Ladan the Gersonite *was* Jeiel. ²² The sons of Jeiel *were* Zethom, and Joel; brethren *who were* over the treasures of the house of the Lord. ²³ To Ambram and Issaar belonged Chebron, and Oziel. ²⁴ And Subael the *son* of Gersam, the *son* of Moses, *was* over the treasures. ²⁵ And Rabias *was* son to his brother Eliezer, and *so was* Josias, and Joram, and Zechri, and Salomoth. ²⁶ This Salomoth and his brethren *were* over all the sacred treasures, which David the king and the heads of families consecrated, *and* the captains of thousands and captains of hundreds, and princes of the host, ²⁷ things which he took out of cities and from the spoils, and consecrated some of them, so that the building of the house of God should not want *supplies;* ²⁸ and over all the holy things of God dedicated by Samuel the prophet, and Saul the son of Kis, and Abenner the son of Ner, and Joab the son of Saruia, whatsoever they sanctified *was* by the hand of Salomoth and his brethren.

²⁹ For the ^γ Issaarites, Chonenia, and *his* sons *were over* the outward ministration over Israel, to record and to judge. ³⁰ For the ^δ Chebronites, Asabias and his brethren, a thousand and seven hundred mighty men, *were* over the charge of Israel beyond Jordan westward, for all the service of the Lord and work of the king. ³¹ Of the *family* of Chebron Urias *was* chief, even of the Chebronites according to their generations, according to their families. In the

ὅτι οὐκ ἦν πρωτότοκος· καὶ ἐποίησεν αὐτὸν ὁ πατὴρ αὐτοῦ ἄρχοντα τῆς διαιρέσεως τῆς δευτέρας. Χελκίας ὁ δεύτερος, 11 Ταβλαὶ ὁ τρίτος, Ζαχαρίας ὁ τέταρτος· πάντες οὗτοι υἱοὶ καὶ ἀδελφοὶ τῷ Ὀσᾷ τρισκαίδεκα.

Τούτοις αἱ διαιρέσεις τῶν πυλῶν τοῖς ἄρχουσι τῶν δυνατῶν 12 ἐφημερίαι, καθὼς οἱ ἀδελφοὶ αὐτῶν λειτουργεῖν ἐν οἴκῳ Κυρίου. Καὶ ἔβαλον κλήρους κατὰ τὸν μικρὸν καὶ κατὰ τὸν μέγαν κατ' 13 οἴκους πατριῶν αὐτῶν εἰς πυλῶνα καὶ πυλῶνα. Καὶ ἔπεσεν 14 ὁ κλῆρος τῶν πρὸς ἀνατολὰς τῷ Σελεμίᾳ, καὶ Ζαχαρίᾳ· υἱοὶ Σωὰζ τῷ Μελχίᾳ ἔβαλον κλήρους, καὶ ἐξῆλθεν ὁ κλῆρος Βορρᾶ. Τῷ Ἀβδεδὸμ Νότον κατέναντι οἴκου Ἐσεφίμ. 15 Εἰς δεύτερον τῷ Ὀσᾷ πρὸς δυσμαῖς μετὰ τὴν πύλην παστο- 16 φορίου τῆς ἀναβάσεως· φυλακὴ κατέναντι φυλακῆς. Πρὸς 17 ἀνατολὰς ἐξ τὴν ἡμέραν· Βορρᾶ τῆς ἡμέρας τέσσαρες· Νότον τῆς ἡμέρας τέσσαρες· καὶ εἰς τὸν Ἐσεφὶμ δύο εἰς διαδεχομέ- 18 νους· καὶ τῷ Ὀσᾷ πρὸς δυσμαῖς μετὰ τὴν πύλην τοῦ παστο- φορίου τρεῖς· φυλακὴ κατέναντι φυλακῆς τῆς ἀναβάσεως πρὸς ἀνατολὰς τῆς ἡμέρας ἕξ, καὶ τῷ Βορρᾷ τέσσαρες, καὶ τῷ Νότῳ τέσσαρες, καὶ Ἐσεφὶμ δύο εἰς διαδεχομένους, καὶ πρὸς δυσμαῖς τέσσαρες, καὶ εἰς τὸν τρίβον δύο διαδεχομένους. Αὗται αἱ διαιρέσεις τῶν πυλωρῶν τοῖς υἱοῖς τοῦ Κορὲ, καὶ 19 τοῖς υἱοῖς Μεραρί.

Καὶ οἱ Λευῖται ἀδελφοὶ αὐτῶν ἐπὶ τῶν θησαυρῶν οἴκου 20 Κυρίου, καὶ ἐπὶ τῶν θησαυρῶν τῶν καθηγιασμένων. Υἱοὶ 21 Λαδὰν οὗτοι, υἱοὶ τῷ Γηρσωνί· τῷ Λαδὰν ἄρχοντες πατριῶν·τῷ Λαδάν, τῷ Γηρσωνὶ Ἰεϊήλ. Υἱοὶ Ἰεϊὴλ Ζεθὸμ καὶ Ἰωήλ, οἱ 22 ἀδελφοὶ ἐπὶ τῶν θησαυρῶν οἴκου Κυρίου. Τῷ Ἀμβρὰμ καὶ 23 Ἰσσαάρ, Χεβρὼν, καὶ Ὀζιήλ. Καὶ Σουβαὴλ ὁ τοῦ Γηρσὰμ 24 τοῦ Μωυσῆ ἐπὶ τῶν θησαυρῶν. Καὶ τῷ ἀδελφῷ αὐτοῦ Ἐλιέζερ 25 Ῥαβίας υἱὸς, καὶ Ἰωσίας, καὶ Ἰωρὰμ, καὶ Ζεχρὶ, καὶ Σαλωμώθ. Αὐτὸς Σαλωμὼθ καὶ οἱ ἀδελφοὶ αὐτοῦ ἐπὶ πάντων τῶν θησαυ- 26 ρῶν τῶν ἁγίων, οὓς ἡγίασε Δαυὶδ ὁ βασιλεὺς καὶ οἱ ἄρχοντες τῶν πατριῶν, χιλίαρχοι καὶ ἑκατόνταρχοι καὶ ἀρχηγοὶ τῆς δυνάμεως, ἃ ἔλαβεν ἐκ πόλεων καὶ ἐκ τῶν λαφύρων, καὶ ἡγίασεν 27 ἀπ' αὐτῶν τοῦ μὴ καθυστερῆσαι τὴν οἰκοδομὴν τοῦ οἴκου τοῦ Θεοῦ· καὶ ἐπὶ πάντων τῶν ἁγίων τοῦ Θεοῦ Σαμουὴλ τοῦ 28 προφήτου, καὶ Σαοὺλ τοῦ Κὶς, καὶ Ἀβεννὴρ τοῦ Νὴρ, καὶ Ἰωὰβ τοῦ Σαρουία, πᾶν ὃ ἡγίασαν διὰ χειρὸς Σαλωμὼθ καὶ τῶν ἀδελφῶν αὐτοῦ.

Τῷ Ἰσσααρὶ Χωνενία, καὶ υἱοὶ τῆς ἐργασίας τῆς ἔξω ἐπὶ 29 τὸν Ἰσραὴλ τοῦ γραμματεύειν καὶ διακρίνειν. Τῷ Χεβρωνὶ 30 Ἀσαβίας καὶ οἱ ἀδελφοὶ αὐτοῦ υἱοὶ δυνατοὶ χίλιοι καὶ ἑπτακό- σιοι ἐπὶ τῆς ἐπισκέψεως τοῦ Ἰσραὴλ πέραν τοῦ Ἰορδάνου πρὸς δυσμαῖς, εἰς πᾶσαν λειτουργίαν Κυρίου καὶ ἐργασίαν τοῦ βασι- λέως. Τοῦ Χεβρωνὶ Οὐρίας ὁ ἄρχων τῶν Χεβρωνὶ κατὰ 31 γενέσεις αὐτῶν, κατὰ πατριὰς, ἐν τῷ τεσσαρακοστῷ ἔτει τῆς

βασιλείας αὐτοῦ ἐπεσκέπησαν, καὶ εὑρέθη ἀνὴρ δυνατὸς ἐν
32 αὐτοῖς ἐν Ἰαζὴρ τῆς Γαλααδίτιδος· Καὶ οἱ ἀδελφοὶ αὐτοῦ
υἱοὶ δυνατοὶ δισχίλιοι ἑπτακόσιοι οἱ ἄρχοντες τῶν πατριῶν, καὶ
κατέστησεν αὐτοὺς Δαυὶδ ὁ βασιλεὺς ἐπὶ τοῦ Ῥουβηνὶ, καὶ
Γαδδὶ, καὶ ἡμίσους φυλῆς Μανασσῆ εἰς πᾶν πρόσταγμα Κυρίου
καὶ λόγον βασιλέως.

27 Καὶ υἱοὶ Ἰσραὴλ κατὰ ἀριθμὸν αὐτῶν ἄρχοντες τῶν πατριῶν,
χιλίαρχοι καὶ ἑκατόνταρχοι, καὶ γραμματεῖς οἱ λειτουργοῦντες
τῷ βασιλεῖ καὶ εἰς πᾶν λόγον τοῦ βασιλέως κατὰ διαιρέσεις,
πᾶν λόγον τοῦ εἰσπορευομένου καὶ ἐκπορευομένου μῆνα ἐκ
μηνὸς, εἰς πάντας τοὺς μῆνας τοῦ ἐνιαυτοῦ, διαίρεσις μία εἴκοσι
καὶ τέσσαρες χιλιάδες.

2 Καὶ ἐπὶ τῆς διαιρέσεως τῆς πρώτης τοῦ μηνὸς τοῦ πρώτου,
Ἰσβοὰζ ὁ τοῦ Ζαβδιὴλ, ἐπὶ τῆς διαιρέσεως αὐτοῦ εἴκοσι καὶ
3 τέσσαρες χιλιάδες· Ἀπὸ τῶν υἱῶν Φαρὲς, ἄρχων πάντων τῶν
4 ἀρχόντων τῆς δυνάμεως τοῦ μηνὸς τοῦ πρώτου. Καὶ ἐπὶ τῆς
διαιρέσεως τοῦ μηνὸς τοῦ δευτέρου Δωδία ὁ Ἐκχὼκ, καὶ ἐπὶ τῆς
διαιρέσεως αὐτοῦ, καὶ Μακελλὼθ ὁ ἡγούμενος, καὶ ἐπὶ τῆς
διαιρέσεως αὐτοῦ εἴκοσι καὶ τέσσαρες χιλιάδες ἄρχοντες δυνά-
5 μεως. Ὁ τρίτος τὸν μῆνα τὸν τρίτον Βαναίας ὁ τοῦ Ἰωδαὲ
ὁ ἱερεὺς ὁ ἄρχων, καὶ ἐπὶ τῆς διαιρέσεως αὐτοῦ εἴκοσι καὶ τέσ-
6 σαρες χιλιάδες. Αὐτὸς Βαναίας ὁ δυνατώτερος τῶν τριάκοντα
καὶ ἐπὶ τῶν τριάκοντα· καὶ ἐπὶ τῆς διαιρέσεως αὐτοῦ Ζαβὰδ
7 ὁ υἱὸς αὐτοῦ. Ὁ τέταρτος εἰς τὸν μῆνα τὸν τέταρτον Ἀσαὴλ
ὁ ἀδελφὸς Ἰωὰβ, καὶ Ζαβαδίας υἱὸς αὐτοῦ, καὶ οἱ ἀδελφοὶ, καὶ
8 ἐπὶ τῆς διαιρέσεως αὐτοῦ εἴκοσι καὶ τέσσαρες χιλιάδες. Ὁ
πέμπτος τῷ μηνὶ τῷ πέμπτῳ ὁ ἡγούμενος Σαμαὼθ ὁ Ἰεσραὲ,
καὶ ἐπὶ τῆς διαιρέσεως αὐτοῦ εἴκοσι καὶ τέσσαρες χιλιάδες.
9 Ὁ ἕκτος τῷ μηνὶ τῷ ἕκτῳ Ὀδονίας ὁ τοῦ Ἐκκῆς ὁ Θεκωΐτης,
καὶ ἐπὶ τῆς διαιρέσεως αὐτοῦ εἴκοσι καὶ τέσσαρες χιλιάδες.
10 Ὁ ἕβδομος τῷ μηνὶ τῷ ἑβδόμῳ Χελλὴς ὁ ἐκ Φαλλοὺς ἀπὸ τῶν
υἱῶν Ἐφραὶμ, καὶ ἐπὶ τῆς διαιρέσεως αὐτοῦ εἴκοσι καὶ τέσσαρες
11 χιλιάδες. Ὁ ὄγδοος τῷ μηνὶ τῷ ὀγδόῳ Σοβοχαὶ ὁ Οὐσαθὶ τῷ
Ζαραὶ, καὶ ἐπὶ τῆς διαιρέσεως αὐτοῦ εἴκοσι καὶ τέσσαρες χιλιά-
12 δες. Ὁ ἔννατος τῷ μηνὶ τῷ ἐννάτῳ Ἀβιέζερ ὁ ἐξ Ἀναθὼθ
ὁ ἐκ γῆς Βενιαμὶν, καὶ ἐπὶ τῆς διαιρέσεως αὐτοῦ τέσσαρες καὶ
13 εἴκοσι χιλιάδες. Ὁ δέκατος τῷ μηνὶ τῷ δεκάτῳ Μεηρὰ ὁ ἐκ
Νετωφαθὶ τῷ Ζαραὶ, καὶ ἐπὶ τῆς διαιρέσεως αὐτοῦ εἴκοσι καὶ
14 τέσσαρες χιλιάδες. Ὁ ἑνδέκατος τῷ μηνὶ τῷ ἑνδεκάτῳ Βαναίας
ὁ ἐκ Φαραθὼν ἐκ τῶν υἱῶν Ἐφραὶμ, καὶ ἐπὶ τῆς διαιρέσεως
15 αὐτοῦ εἴκοσι καὶ τέσσαρες χιλιάδες. Ὁ δωδέκατος εἰς τὸν
μῆνα τὸν δωδέκατον Χολδία ὁ ἐκ Νετωφαθὶ τῷ Γοθονιὴλ, καὶ
ἐπὶ τῆς διαιρέσεως αὐτοῦ εἴκοσι καὶ τέσσαρες χιλιάδες.

16 Καὶ ἐπὶ τῶν φυλῶν Ἰσραὴλ, τῷ Ῥουβὴν ἡγούμενος Ἐλιέζερ
17 ὁ τοῦ Ζεχρί· τῷ Συμεὼν, Σαφατίας ὁ τοῦ Μααχά. Τῷ Λευὶ,
18 Ἀσαβίας ὁ τοῦ Καμουήλ· τῷ Ἀαρὼν, Σαδώκ. Τῷ Ἰούδα,
Ἐλιὰβ τῶν ἀδελφῶν Δαυίδ· τῷ Ἰσσάχαρ, Ἀμβρὶ ὁ τοῦ
19 Μιχαήλ. Τῷ Ζαβουλὼν, Σαμαΐας ὁ τοῦ Ἀβδίου· τῷ Νεφθαλὶ,
20 Ἱεριμὼθ ὁ τοῦ Ὀζιήλ. Τῷ Ἐφραὶμ, Ὡσὴ ὁ τοῦ Ὀζίου· τῷ

fortieth year of his reign they were num-
bered, and there were found [β]mighty men
among them in Jazer of Galaad. [δ]And his
brethren *were* two thousand seven hundred
mighty men, chiefs of their families, and
king David set them over the Rubenites,
and the Gaddites, and the half-tribe of
Manasse, for every ordinance of the Lord,
and business of the king.

Now the sons of Israel according to their
number, heads of families, captains of thou-
sands and captains of hundreds, and scribes
ministering to the king, and for every affair
of the king according to *their* divisions, *for*
[γ]every ordinance of coming in and going
out monthly, for all the months of the year,
one division of them *was* twenty-four thou-
sand.

[2]And over the first division of the first
month *was* Isboaz the son of Zabdiel: in
[δ]his division *were* twenty-four thousand.
[3]Of the sons of Tharez *one* was chief of all
the captains of the host for the first month.
[4]And over the division of the second month
was Dodia the son of Ecchoc, and over his
division *was* Makelloth also chief: and [δ]in
his division *were* twenty and four thousand,
[ζ]chief men of the host. [5]The third for the
third month *was* Banaias the son of Jodae
the chief priest: and [δ]in his division *were*
twenty and four thousand. [6]This Banæas
was more mighty than the thirty, and over
the thirty: and Zabad his son *was* over his
division. [7]The fourth for the fourth month
was Asael the brother of Joab, and Zaba-
dias his son, and his brethren: and in his
division *were* twenty and four thousand.
[8]The fifth chief for the fifth month *was*
Samaoth the Jezraite: and in his division
were twenty and four thousand. [9]The
sixth for the sixth month *was* Hoduias the
son of Ekkes the Thecoite: and in his
division *were* twenty and four thousand.
[10]The seventh for the seventh month *was*
Chelles of Phallus of the children of Eph-
raim: and in his division *were* twenty and
four thousand. [11]The eighth for the eighth
month *was* Sobochai the Usathite, *belonging*
to Zarai: and in his division *were* twenty
and four thousand. [12]The ninth for the
ninth month *was* Abiezer of Anathoth, of
the land of Benjamin: and in his division
were twenty and four thousand. [13]The
tenth for the tenth month *was* Meera the
Netophathite, *belonging* to Zarai: and in
his division *were* twenty and four thousand.
[14]The eleventh for the eleventh month *was*
Banaias of Pharathon, of the sons of Eph-
raim: and in his division *were* twenty and
four thousand. [15]The twelfth for the
twelfth month *was* Choldia the Netopha-
thite, *belonging* to Gothoniel: and in his
division *were* twenty and four thousand.
[16]And over the tribes of Israel, the chief
for Ruben *was* Eliezer the son of Zechri:
for Symeon, Saphatias the son of Maacha:
[17]for Levi, Asabias the son of Camuel: for
Aaron, Sadoc: [18]for Juda, Eliab of the bre-
thren of David: for Issachar, Ambri the
son of Michael: [19]for Zabulon, Samæas the
son of Abdiu: for Nephthali, Jerimoth the
son of Oziel: [20]for Ephraim, Ose the son of

β *Gr.* a mighty man.   γ *Alex.* πάντα.   δ *Gr.* over.   ζ *i. e.* אֶלֶף taken for both leader and thousand, see *Heb.*

Ozia: for the half-tribe of Manasse, Joel the son of Phadæa: 21for the half-tribe of Manasse in the land of Galaad, Jadai the son of Zadæas, for the sons of Benjamin, Jasiel the son of Abenner: 22for Dan, Azariel the son of Iroab: these *are* the chiefs of the tribes of Israel.

23But David took not their number from twenty years old and under: because the Lord said that he would multiply Israel as the stars of the heaven. 24And Joab the son of Saruia began to number the people, and did not finish the work, for there was hereupon wrath on Israel; and the number was not recorded in the book of the chronicles of king David.

25And over the king's treasures *was* Asmoth the son of Odiel; and over the treasures in the country, and in the towns, and in the villages, and in the towers, *was* Jonathan the son of Ozia. 26And over the husbandmen who tilled the ground *was* Esdri the son of Chelub. 27And over the fields *was* Semei of Rael; and over the treasures of wine in the fields *was* Zabdi the son of Sephni. 28And over the oliveyards, and over the sycamores in the plain country *was* Ballanan the Gedorite; and over the stores of oil *was* Joas. 29And over the oxen pasturing in Saron *was* Satrai the Saronite; and over the oxen in the valleys *was* Sophat the son of Adli. 30And over the camels *was* Abias the Ismaelite; and over the asses *was* Jadias of Merathon. 31And over the sheep *was* Jaziz the Agarite. All these *were* superintendents of the substance of king David.

32And Jonathan, David's uncle by the father's side, *was* a counsellor, a wise man: and Jeel the son of Achami *was* with the king's sons. 33Achitophel *was* the king's counsellor: and Chusi the chief friend of the king. 34And after this Achitophel Jodae the son of Banæas came next, and Abiathar: and Joab *was* the king's commander-in-chief.

And David assembled all the chief *men* of Israel, the chief of the judges, and all the chief *men* of the courses *of attendance* on the person of the king, and the captains of thousands and hundreds, and the treasurers, and the lords of his substance, and of all the king's property, and of his sons, together with the eunuchs, and the mighty men, and the warriors of the army, at Jerusalem.

²And David stood in the midst of the assembly, and said, Hear me, my brethren, and my people: it was in my heart to build a house of rest β for the ark of the covenant of the Lord, and a γ place for the feet of our Lord, and I prepared *materials* suitable for the building: ³but God said, Thou shalt not build me a house to call my name upon it, for thou art a man of war, and hast shed blood. ⁴Yet the Lord God of Israel chose δ me ζ out of the whole house of my father to be king over Israel for ever; and he chose Juda as the kingly *house*, and out of the house of Juda *he chose* the house of my father; and among the sons of my father he preferred δ me, that I should be king

ἡμίσει φυλῆς Μανασσῆ, Ἰωὴλ υἱὸς Φαδαΐα. Τῷ ἡμίσει φυλῆς 21 Μανασσῆ τῷ ἐν γῇ Γαλαὰδ, Ἰαδαὶ ὁ τοῦ Ζαδαίου· τοῖς υἱοῖς Βενιαμὶν, Ἰασιὴλ ὁ τοῦ Ἀβεννήρ. Τῷ Δὰν, Ἀζαριὴλ ὁ τοῦ 22 Ἰρωάβ· οὗτοι πατριάρχαι τῶν φυλῶν Ἰσραήλ.

Καὶ οὐκ ἔλαβε Δαυὶδ τὸν ἀριθμὸν αὐτῶν ἀπὸ εἰκοσαετοῦς 23 καὶ κάτω, ὅτι εἶπε Κύριος πληθῦναι τὸν Ἰσραὴλ ὡς τοὺς ἀστέρας τοῦ οὐρανοῦ. Καὶ Ἰωὰβ ὁ τοῦ Σαρουία ἤρξατο 24 ἀριθμεῖν ἐν τῷ λαῷ, καὶ οὐ συνετέλεσε· καὶ ἐγένετο ἐν τούτοις ὀργὴ ἐπὶ Ἰσραήλ· καὶ οὐ κατεχωρίσθη ὁ ἀριθμὸς ἐν βιβλίῳ λόγων τῶν ἡμερῶν τοῦ βασιλέως Δαυίδ.

Καὶ ἐπὶ τῶν θησαυρῶν τοῦ βασιλέως, Ἀσμὼθ ὁ τοῦ Ὀδιὴλ, 25 καὶ ἐπὶ τῶν θησαυρῶν τῶν ἐν ἀγρῷ καὶ ἐν ταῖς κώμαις καὶ ἐν τοῖς ἐποικίοις καὶ ἐν τοῖς πύργοις, Ἰωνάθαν ὁ τοῦ Ὀζίου. Καὶ 26 ἐπὶ τῶν γεωργούντων τὴν γῆν τῶν ἐργαζομένων, Ἐσδρὶ ὁ τοῦ Χελούβ. Καὶ ἐπὶ τῶν χωρίων, Σεμεῒ ὁ ἐκ Ῥαὴλ, καὶ ἐπὶ τῶν 27 θησαυρῶν τῶν ἐν τοῖς χωρίοις τοῦ οἴνου, Ζαβδὶ ὁ τοῦ Σεφνί. Καὶ ἐπὶ τῶν ἐλαιώνων, καὶ ἐπὶ τῶν συκαμίνων τῶν ἐν τῇ πεδινῇ, 28 Βαλλανὰν ὁ Γεδωρίτης· ἐπὶ δὲ τῶν θησαυρῶν τοῦ ἐλαίου, Ἰωάς. Καὶ ἐπὶ τῶν βοῶν τῶν νομάδων τῶν ἐν τῷ Σαρὼν, Σατραὶ 29 ὁ Σαρωνίτης· καὶ ἐπὶ τῶν βοῶν τῶν ἐν τοῖς αὐλῶσι, Σωφὰτ, ὁ τοῦ Ἀδλί· Ἐπὶ δὲ τῶν καμήλων, Ἀβίας ὁ Ἰσμαηλίτης· ἐπὶ 30 δὲ τῶν ὄνων, Ἰαδίας ὁ ἐκ Μεραθών. Καὶ ἐπὶ τῶν προβάτων, 31 Ἰαζὶζ ὁ Ἀγαρίτης· πάντες οὗτοι προστάται ὑπαρχόντων Δαυὶδ τοῦ βασιλέως.

Καὶ Ἰωνάθαν ὁ πατράδελφος Δαυὶδ σύμβουλος, ἄνθρωπος 32 συνετός· καὶ Ἰεὴλ ὁ τοῦ Ἀχαμὶ μετὰ τῶν υἱῶν τοῦ βασιλέως. Ἀχιτόφελ σύμβουλος τοῦ βασιλέως, καὶ Χουσὶ ὁ πρῶτος φίλος 33 τοῦ βασιλέως· Καὶ μετὰ τοῦτον Ἀχιτόφελ ἐχόμενος Ἰωδαὲ 34 ὁ τοῦ Βαναίου, καὶ Ἀβιάθαρ· καὶ Ἰωὰβ ἀρχιστράτηγος τοῦ βασιλέως.

Καὶ ἐξεκκλησίασε Δαυὶδ πάντας τοὺς ἄρχοντας Ἰσραὴλ, 28 ἄρχοντας τῶν κριτῶν, καὶ πάντας τοὺς ἄρχοντας τῶν ἐφημεριῶν τῶν περὶ τὸ σῶμα τοῦ βασιλέως, καὶ ἄρχοντας τῶν χιλιάδων καὶ τῶν ἑκατοντάδων, καὶ τοὺς γαζοφύλακας, καὶ τοὺς ἐπὶ τῶν ὑπαρχόντων αὐτοῦ, καὶ πάσης τῆς κτήσεως τοῦ βασιλέως, καὶ τῶν υἱῶν αὐτοῦ, σὺν τοῖς εὐνούχοις, καὶ τοὺς δυνάστας, καὶ τοὺς μαχητὰς τῆς στρατιᾶς ἐν Ἱερουσαλήμ.

Καὶ ἔστη Δαυὶδ ἐν μέσῳ τῆς ἐκκλησίας, καὶ εἶπεν, ἀκούσατέ 2 μου ἀδελφοί μου, καὶ λαός μου· ἐμοὶ ἐγένετο ἐπὶ καρδίαν οἰκοδομῆσαι οἶκον ἀναπαύσεως τῆς κιβωτοῦ διαθήκης Κυρίου, καὶ στάσιν ποδῶν Κυρίου ἡμῶν, καὶ ἡτοίμασα τὰ εἰς τὴν κατασκήνωσιν ἐπιτήδεια. Καὶ ὁ Θεὸς εἶπεν, οὐκ οἰκοδομήσεις ἐμοὶ 3 οἶκον τοῦ ἐπονομάσαι τὸ ὄνομά μου ἐπ' αὐτῷ, ὅτι ἄνθρωπος πολεμιστὴς εἶ σὺ, καὶ αἷμα ἐξέχεας. Καὶ ἐξελέξατο Κύριος 4 ὁ Θεὸς Ἰσραὴλ ἐν ἐμοὶ ἀπὸ παντὸς οἴκου πατρός μου εἶναι βασιλέα ἐπὶ Ἰσραὴλ εἰς τὸν αἰῶνα, καὶ ἐν Ἰούδα ἡρέτικε τὸ βασίλειον, καὶ ἐξ οἴκου Ἰούδα τὸν οἶκον τοῦ πατρός μου· καὶ ἐν τοῖς υἱοῖς τοῦ πατρός μου, ἐν ἐμοὶ ἠθέλησε τοῦ γενέσθαι με

β *Gr.* of.　γ *Gr.* standing.　δ *Gr.* in me. *Hebraism.*　ζ *Gr.* from.

5 εἰς βασιλέα ἐπὶ παντὶ Ἰσραήλ. Καὶ ἀπὸ πάντων τῶν υἱῶν μου, ὅτι πολλοὺς υἱοὺς ἔδωκέ μοι Κύριος, ἐξελέξατο ἐν Σαλωμὼν τῷ υἱῷ μου καθίσαι αὐτὸν ἐπὶ θρόνου βασιλείας Κυρίου

6 ἐπὶ τὸν Ἰσραήλ. Καὶ εἶπέ μοι ὁ Θεὸς, Σαλωμὼν ὁ υἱός σου οἰκοδομήσει τὸν οἶκόν μου καὶ τὴν αὐλήν μου, ὅτι ᾑρέτικα ἐν

7 αὐτῷ εἶναί μου υἱὸν, κἀγὼ ἔσομαι αὐτῷ εἰς πατέρα. Καὶ κατορθώσω τὴν βασιλείαν αὐτοῦ ἕως αἰῶνος, ἐὰν ἰσχύσῃ τοῦ φυλάξασθαι τὰς ἐντολάς μου, καὶ τὰ κρίματά μου, ὡς ἡ ἡμέρα

8 αὐτη. Καὶ νῦν κατὰ πρόσωπον πάσης ἐκκλησίας Κυρίου, καὶ ἐν ὠσὶ Θεοῦ ἡμῶν, φυλάξασθε καὶ ζητήσατε πάσας τὰς ἐντολὰς Κυρίου τοῦ Θεοῦ ἡμῶν, ἵνα κληρονομήσητε τὴν γῆν τὴν ἀγαθὴν, καὶ κατακληρονομήσητε τοῖς υἱοῖς ὑμῶν μεθ᾽ ὑμᾶς ἕως αἰῶνος.

9 Καὶ νῦν Σαλωμὼν υἱὲ, γνῶθι τὸν Θεὸν τῶν πατέρων σου, καὶ δούλευε αὐτῷ ἐν καρδίᾳ τελείᾳ· καὶ ψυχῇ θελούσῃ, ὅτι πάσας καρδίας ἐτάζει Κύριος, καὶ πᾶν ἐνθύμημα γινώσκει· ἐὰν ζητήσῃς αὐτὸν, εὑρεθήσεταί σοι, καὶ ἐὰν καταλείψῃς αὐτὸν,

10 καταλείψει σε εἰς τέλος. Ἴδε νῦν, ὅτι Κύριος ᾑρέτικέ σε οἰκοδομῆσαι αὐτῷ οἶκον εἰς ἁγίασμα, ἴσχυε καὶ ποίει.

11 Καὶ ἔδωκε Δαυὶδ Σαλωμὼν τῷ υἱῷ αὐτοῦ τὸ παράδειγμα τοῦ ναοῦ καὶ τῶν οἴκων αὐτοῦ, καὶ τῶν ζακχῶν αὐτοῦ, καὶ τῶν ὑπερῴων, καὶ τῶν ἀποθηκῶν τῶν ἐσωτέρων, καὶ τοῦ οἴκου τοῦ

12 ἐξιλασμοῦ, καὶ τὸ παράδειγμα ὃ εἶχεν ἐν πνεύματι αὐτῷ, τῶν αὐλῶν οἴκου Κυρίου, καὶ πάντων τῶν παστοφορίων τῶν κύκλῳ τῶν εἰς τὰς ἀποθήκας οἴκου Κυρίου, καὶ τῶν ἀποθηκῶν τῶν

13 ἁγίων, καὶ τῶν καταλυμάτων, καὶ τῶν ἐφημεριῶν τῶν ἱερέων καὶ τῶν Λευιτῶν εἰς πᾶσαν ἐργασίαν λειτουργίας οἴκου Κυρίου, καὶ τῶν ἀποθηκῶν τῶν λειτουργησίμων σκευῶν τῆς λατρείας

14 οἴκου Κυρίου. Καὶ τὸν σταθμὸν τῆς ὁλκῆς αὐτῶν τῶν τε

15 χρυσῶν καὶ ἀργυρῶν λυχνιῶν τὴν ὁλκὴν ἔδωκεν αὐτῷ, καὶ τῶν

16 λύχνων. Ἔδωκεν αὐτῷ ὁμοίως τὸν σταθμὸν τῶν τραπεζῶν τῆς προθέσεως, ἑκάστης τραπέζης χρυσῆς, καὶ ὡσαύτως τῶν

17 ἀργυρῶν, καὶ τῶν κρεαγρῶν καὶ σπονδείων καὶ τῶν φιαλῶν τῶν χρυσῶν· καὶ τὸν σταθμὸν τῶν χρυσῶν καὶ τῶν ἀργυρῶν, καὶ

18 θυίσκων κεφουρὲ, ἑκάστου σταθμοῦ. Καὶ τῶν τοῦ θυσιαστηρίου τῶν θυμιαμάτων ἐκ χρυσίου δοκίμου σταθμὸν ὑπέδειξεν αὐτῷ, καὶ τὸ παράδειγμα τοῦ ἅρματος τῶν χερουβὶμ τῶν διαπεπετασμένων ταῖς πτέρυξι, καὶ σκιαζόντων ἐπὶ τῆς κιβωτοῦ

19 διαθήκης Κυρίου· πάντα ἐν γραφῇ χειρὸς Κυρίου ἔδωκε Δαυὶδ Σαλωμὼν, κατὰ τὴν περιγενηθεῖσαν αὐτῷ σύνεσιν τῆς κατεργασίας τοῦ παραδείγματος.

20 Καὶ εἶπε Δαυὶδ Σαλωμὼν τῷ υἱῷ αὐτοῦ, ἴσχυε καὶ ἀνδρίζου καὶ ποίει, μὴ φοβοῦ μηδὲ πτοηθῇς, ὅτι Κύριος ὁ Θεός μου μετὰ σοῦ, οὐκ ἀνήσει σε, καὶ οὐ μή σε ἐγκαταλίπῃ ἕως τοῦ συντελέσαι σε πᾶσαν ἐργασίαν λειτουργίας οἴκου Κυρίου· καὶ ἰδοὺ τὸ παράδειγμα τοῦ ναοῦ καὶ τοῦ οἴκου αὐτοῦ, καὶ ζακχῶ αὐτοῦ, καὶ τὰ ὑπερῷα καὶ τὰς ἀποθήκας τὰς ἐσωτέρας, καὶ τὸν

---

over all Israel. [5]And of all my sons, (for the Lord has given me many sons,) he has chosen Solomon my son, [β]to set him on the throne of the kingdom of the Lord over Israel. [6]And God said to me, Solomon thy son shall build my house and my court: for I have chosen him to be my son, and I will be to him a father. [7]And I will establish his kingdom for ever, if he continue to keep my commandments, and my judgments, [γ]as at this day. [8]And now I charge you before the whole assembly of the Lord, and in the audience of our God, keep and seek all the commandments of the Lord our God, that ye may inherit the good land, and leave it for your sons to inherit after you for ever.

[9]And now, my son Solomon, know the God of thy fathers, and serve him with a perfect heart and willing soul: for the Lord searches all hearts, and knows every thought: if thou seek him, he will be found of thee; but if thou shouldest forsake him, he will forsake thee for ever. [10]See now, for the Lord has chosen thee to build him a house for a sanctuary, be strong and do it.

[11]And David gave Solomon his son the plan of the temple, and its buildings, and its treasuries, and its upper chambers, and the inner store-rooms, and the [δ]place of the atonement, [12]and the plan which he had in his [ζ]mind of the courts of the house of the Lord, and of all the chambers round about, designed for the treasuries of the house of God, and of the treasuries of the holy things, and of the chambers for resting: [13]and the plan of the courses of the priests and Levites, for all the work of the service of the house of the Lord, and of the stores of vessels for ministration of the service of the house of the Lord. [14]And he gave him the account of their weight, both of gold and silver vessels. [15]He gave him the weight of the candlesticks, and of the lamps. [16]He gave him likewise the weight of the tables of [θ]shewbread, of each table of gold, and likewise of the tables of silver: [17]also of the flesh-hooks, and vessels for drink-offering, and golden bowls: and the weight of the gold and silver articles, and censers, and [λ]bowls, according to the weight of each. [18]And he shewed him the weight of the utensils of the altar of incense, which was of [μ]pure gold, and the plan of the chariot of the cherubs that spread out [ξ]their wings, and overshadowed the ark of the covenant of the Lord. [19]David gave all to Solomon in the Lord's handwriting, according to the knowledge given him of the work of the pattern.

[20]And David said to Solomon his son, Be strong, and play the man, and do: fear not, neither be terrified; for the Lord my God is with thee; he will not forsake thee, and will not fail thee, until thou hast finished all the work of the service of the house of the Lord. And behold the pattern of the temple, even his house, and its [π]treasury, and the upper chambers, and the inner store-rooms, and the [ρ]place of propitiation,

---

β Or, to place him.   γ Gr. as this day is.   δ Gr. house.   ζ Gr. spirit.   θ Gr. tables of the setting forth.
λ The Hebrew word is in Greek letters.   μ Gr. tried or approved.   ξ Gr. with their wings.   π The last words
of this verse seem to be an interpolation.   ρ Gr. house.

and the plan of the house of the Lord.
²¹And see, *here are* the courses of the priests and Levites for all the service of the house of the Lord, and *there shall be* with thee *men* for every β workmanship, and every one of ready skill in every art: also the chief men and all the people, *ready* for all thy commands.

And David the king said to all the congregation, Solomon my son, γ whom the Lord has chosen, *is* young and tender, and the work *is* great; for *it is* not for man, but for the Lord God. ²I have prepared according to all *my* might for the house of my God gold, silver, brass, iron, wood, onyx stones, and costly and variegated stones for setting, and every precious stone, and much Parian *marble*. ³And still farther, because I took pleasure in the house of my God, I have gold and silver which I have procured for myself, and, behold, I have given them to the house of my God δ over and above, beyond what I have prepared for the ζ holy house. ⁴Three thousand talents of gold of Suphir, and seven thousand talents of fine silver, for the overlaying of the walls of the sanctuary: ⁵*for thee to use* the gold for *things of* gold, and the silver for things of silver, and for every work by the hand of the artificers. And who is willing to θ dedicate himself in work this day for the Lord?

⁶Then the heads of families, and the princes of the children of Israel, and the captains of thousands and captains of hundreds, and the overseers of the works, and the king's builders, offered willingly. ⁷And they gave for the works of the house of the Lord five thousand talents of gold, and ten thousand gold *pieces*, and ten thousand talents of silver, and eighteen thousand talents of brass, and a hundred thousand talents of iron. ⁸And they who had *precious* stone, gave it into the treasuries of the house of the Lord by the hand of Jeiel the Gedsonite. ⁹And the people rejoiced because of the willingness, for they offered willingly to the Lord with a full heart: and king David rejoiced greatly.

¹⁰And king David blessed the Lord before the congregation, saying,

Blessed art thou, O Lord God of Israel, our Father, from everlasting and to everlasting. ¹¹Thine, O Lord, *is* the greatness, and the power, and the λ glory, and the victory, and the might: for thou art Lord of all things that are in heaven and upon the earth: before thy face every king and nation is troubled. ¹²From thee *come* wealth and glory: thou, O Lord, rulest over all, the Lord of all dominion, and in thy hand *is* strength and rule; and *thou art* almighty with thy hand to increase and establish all things. ¹³And now, Lord, we give thanks to thee, and praise μ thy glorious name. ¹⁴But who am I, and what *is* my people, that we have been able to be thus forward *in offering* to thee? for all things *are* thine, and of thine own have we given thee, ¹⁵for we are strangers before thee, and sojourners, as all our fathers *were*: our days upon the earth *are* as a shadow, and there is no remaining. ¹⁶O Lord our God, as for all

οἶκον τοῦ ἱλασμοῦ, καὶ τὸ παράδειγμα οἴκου Κυρίου. Καὶ 21 ἰδοὺ αἱ ἐφημερίαι τῶν ἱερέων καὶ τῶν Λευιτῶν εἰς πᾶσαν λειτουργίαν οἴκου Κυρίου, καὶ μετὰ σοῦ ἐν πάσῃ πραγματείᾳ, καὶ πᾶς πρόθυμος ἐν σοφίᾳ κατὰ πᾶσαν τέχνην, καὶ οἱ ἄρχοντες καὶ πᾶς ὁ λαὸς εἰς πάντας τοὺς λόγους σου.

Καὶ εἶπε Δαυὶδ ὁ βασιλεὺς πάσῃ τῇ ἐκκλησίᾳ, Σαλωμὼν 29 ὁ υἱός μου, εἰς ὃν ᾑρέτικεν ἐν αὐτῷ Κύριος, νέος καὶ ἁπαλός, καὶ τὸ ἔργον μέγα, ὅτι οὐκ ἀνθρώπῳ, ἀλλ' ἢ Κυρίῳ Θεῷ. Κατὰ πᾶσαν τὴν δύναμιν ἡτοίμακα εἰς οἶκον Θεοῦ μου χρυσίον, 2 ἀργύριον, χαλκὸν, σίδηρον, ξύλα, λίθους σοὰμ, καὶ πληρώσεως λίθους πολυτελεῖς καὶ ποικίλους, καὶ πάντα λίθον τίμιον, καὶ Πάριον πολύν. Καὶ ἔτι ἐν τῷ εὐδοκῆσαί με ἐν οἴκῳ Θεοῦ μου, 3 ἔστι μοι ὃ περιπεποίημαι χρυσίον καὶ ἀργύριον, καὶ ἰδοὺ δέδωκα εἰς οἶκον Θεοῦ μου εἰς ὕψος, ἐκτὸς ὧν ἡτοίμακα εἰς τὸν οἶκον τῶν ἁγίων, τρισχίλια τάλαντα χρυσίου τοῦ ἐκ Σουφὶρ, καὶ 4 ἑπτακισχίλια τάλαντα ἀργυρίου δοκίμου, ἐξαλειφῆναι ἐν αὐτοῖς τοὺς τοίχους τοῦ ἱεροῦ, εἰς τὸ χρυσίον τῷ χρυσίῳ, καὶ εἰς τὸ 5 ἀργύριον τῷ ἀργυρίῳ, καὶ εἰς πᾶν ἔργον διὰ χειρὸς τῶν τεχνιτῶν· καὶ τίς ὁ προθυμούμενος πληρῶσαι τὰς χεῖρας αὐτοῦ σήμερον Κυρίῳ;

Καὶ προεθυμήθησαν ἄρχοντες πατριῶν, καὶ οἱ ἄρχοντες τῶν 6 υἱῶν Ἰσραὴλ, καὶ αἱ χιλίαρχοι καὶ οἱ ἑκατόνταρχοι, καὶ οἱ προστάται τῶν ἔργων, καὶ οἱ οἰκοδόμοι τοῦ βασιλέως. Καὶ 7 ἔδωκαν εἰς τὰ ἔργα τοῦ οἴκου Κυρίου χρυσίου τάλαντα πεντακισχίλια, καὶ χρυσοῦς μυρίους, καὶ ἀργυρίου ταλάντων δέκα χιλιάδας, καὶ χαλκοῦ τάλαντα μύρια ὀκτακισχίλια, καὶ σιδήρου ταλάντων χιλιάδας ἑκατόν. Καὶ οἷς εὑρέθη παρ' αὐτοῖς λίθος, 8 ἔδωκαν εἰς τὰς ἀποθήκας οἴκου Κυρίου διὰ χειρὸς Ἰεϊὴλ τοῦ Γεδσωνί. Καὶ εὐφράνθη ὁ λαὸς ὑπὲρ τοῦ προθυμηθῆναι, ὅτι 9 ἐν καρδίᾳ πλήρει προεθυμήθησαν τῷ Κυρίῳ· καὶ Δαυὶδ ὁ βασιλεὺς εὐφράνθη μεγάλως.

Καὶ εὐλόγησεν ὁ βασιλεὺς Δαυὶδ τὸν Κύριον ἐνώπιον τῆς 10 ἐκκλησίας, λέγων,

Εὐλογητὸς εἶ Κύριε ὁ Θεὸς Ἰσραὴλ, ὁ πατὴρ ἡμῶν, ἀπὸ τοῦ αἰῶνος καὶ ἕως τοῦ αἰῶνος. Σοὶ Κύριε ἡ μεγαλω- 11 σύνη, καὶ ἡ δύναμις, καὶ τὸ καύχημα, καὶ ἡ νίκη, καὶ ἡ ἰσχὺς, ὅτι σὺ πάντων τῶν ἐν τῷ οὐρανῷ καὶ ἐπὶ τῆς γῆς δεσπόζεις· ἀπὸ προσώπου σου ταράσσεται πᾶς βασιλεὺς, καὶ ἔθνος. Παρὰ σοῦ ὁ πλοῦτος καὶ ἡ δόξα, σὺ πάντων ἄρχεις 12 Κύριε, ὁ ἄρχων πάσης ἀρχῆς, καὶ ἐν χειρί σου ἰσχὺς καὶ δυναστεία, καὶ ἐν χειρί σου παντοκράτωρ μεγαλῦναι καὶ κατισχύσαι τὰ πάντα. Καὶ νῦν Κύριε ἐξομολογούμεθά σοι, καὶ 13 αἰνοῦμεν τὸ ὄνομα τῆς καυχήσεώς σου. Καὶ τίς εἰμι ἐγὼ, καὶ 14 τίς ὁ λαός μου ὅτι ἰσχύσαμεν προθυμηθῆναί σοι κατὰ ταῦτα; ὅτι σὰ τὰ πάντα, καὶ ἐκ τῶν σῶν δεδώκαμέν σοι. Ὅτι πάροικοί 15 ἐσμεν ἐναντίον σου, καὶ παροικοῦντες ὡς πάντες οἱ πατέρες ἡμῶν· ὡς σκιὰ αἱ ἡμέραι ἡμῶν ἐπὶ γῆς, καὶ οὐκ ἔστιν ὑπομονή. Κύριε ὁ Θεὸς ἡμῶν, πρὸς πᾶν τὸ πλῆθος τοῦτο ὃ ἡτοίμακα 16

β *Or*, service.   γ *Gr.* whom in him.   δ *Gr.* for *or* to height.   ζ *Gr.* house of holy things.   θ *Gr.* fill his hands.   λ *Gr.* boasting.
μ *Gr.* the name of thy boasting.

οἰκοδομηθῆναι οἶκον τῷ ὀνόματι τῷ ἁγίῳ σου, ἐκ χειρός σου
17 ἐστὶ, καὶ σοὶ τὰ πάντα. Καὶ ἔγνων, Κύριε, ὅτι σὺ εἶ ὁ ἐτάζων
καρδίας, καὶ δικαιοσύνην ἀγαπᾷς· ἐν ἁπλότητι καρδίας προεθυ-
μήθην ταῦτα πάντα, καὶ νῦν τὸν λαόν σου τὸν εὑρεθέντα ὧδε
18 εἶδον ἐν εὐφροσύνῃ προθυμηθέντα σοι. Κύριε ὁ Θεὸς Ἀβραὰμ,
καὶ Ἰσαὰκ, καὶ Ἰσραὴλ, τῶν πατέρων ἡμῶν, φύλαξον ταῦτα
ἐν διανοίᾳ καρδίας λαοῦ σου εἰς τὸν αἰῶνα, καὶ κατεύθυνον τὰς
19 καρδίας αὐτῶν πρὸς σέ. Καὶ Σαλωμὼν τῷ υἱῷ μου δὸς καρ-
δίαν ἀγαθὴν ποιεῖν τὰς ἐντολάς σου, καὶ τὰ μαρτύριά σου, καὶ
τὰ προστάγματά σου, καὶ τοῦ ἐπὶ τέλος ἀγαγεῖν τὴν κατασκευὴν
τοῦ οἴκου σου.
20 Καὶ εἶπε Δαυὶδ πάσῃ τῇ ἐκκλησίᾳ, εὐλογήσατε Κύριον τὸν
Θεὸν ἡμῶν· καὶ εὐλόγησε πᾶσα ἡ ἐκκλησία Κύριον τὸν Θεὸν
τῶν πατέρων αὐτῶν· καὶ κάμψαντες τὰ γόνατα προσεκύνησαν
21 Κυρίῳ, καὶ τῷ βασιλεῖ. Καὶ ἔθυσε Δαυὶδ τῷ Κυρίῳ θυσίας,
καὶ ἀνήνεγκεν ὁλοκαυτώματα τῷ Θεῷ τῇ ἐπαύριον τῆς πρώτης
ἡμέρας μόσχους χιλίους, κριοὺς χιλίους, ἄρνας χιλίους, καὶ τὰς
σπονδὰς αὐτῶν, καὶ θυσίας εἰς πλῆθος παντὶ τῷ Ἰσραήλ.
22 Καὶ ἔφαγον καὶ ἔπιον ἐναντίον τοῦ Κυρίου ἐν ἐκείνῃ τῇ ἡμέρα
μετὰ χαρᾶς· καὶ ἐβασίλευσαν ἐκ δευτέρου τὸν Σαλωμὼν υἱὸν
Δαυὶδ, καὶ ἔχρισαν αὐτὸν τῷ Κυρίῳ εἰς βασιλέα, καὶ Σαδὼκ εἰς
ἱερωσύνην.
23 Καὶ ἐκάθισε Σαλωμὼν ἐπὶ θρόνου Δαυὶδ τοῦ πατρὸς αὐτοῦ,
24 καὶ εὐδοκήθη, καὶ ὑπήκουσαν αὐτοῦ πᾶς Ἰσραήλ. Οἱ ἄρχοντες,
καὶ οἱ δυνάσται, καὶ πάντες υἱοὶ Δαυὶδ τοῦ βασιλέως τοῦ
25 πατρὸς αὐτοῦ, ὑπετάγησαν αὐτῷ. Καὶ ἐμεγάλυνε Κύριος
τὸν Σαλωμὼν ἐπάνωθεν παντὸς Ἰσραήλ, καὶ ἔδωκεν αὐτῷ δόξαν
βασιλέως, ὃ οὐκ ἐγένετο ἐπὶ παντὸς βασιλέως ἔμπροσθεν
αὐτοῦ.
26, 27 Καὶ Δαυὶδ υἱὸς Ἰεσσαὶ ἐβασίλευσεν ἐπὶ Ἰσραὴλ ἔτη
τεσσαράκοντα, ἐν Χεβρὼν ἔτη ἑπτὰ, καὶ ἐν Ἱερουσαλὴμ ἔτη
28 τριακοντατρία. Καὶ ἐτελεύτησεν ἐν γήρᾳ καλῷ, πλήρης ἡμε-
ρῶν, πλούτῳ καὶ δόξῃ, καὶ ἐβασίλευσε Σαλωμὼν υἱὸς αὐτοῦ
29 ἀντ' αὐτοῦ. Οἱ δὲ λοιποὶ λόγοι τοῦ βασιλέως Δαυὶδ οἱ
πρότεροι καὶ οἱ ὕστεροι γεγραμμένοι εἰσὶν ἐν λόγοις Σαμουὴλ
τοῦ βλέποντος, καὶ ἐπὶ λόγων Νάθαν τοῦ προφήτου, καὶ ἐπὶ
30 λόγων Γὰδ τοῦ βλέποντος, περὶ πάσης τῆς βασιλείας αὐτοῦ,
καὶ τῆς δυναστείας αὐτοῦ, καὶ οἱ καιροὶ οἳ ἐγένοντο ἐπ' αὐτῷ,
καὶ ἐπὶ τὸν Ἰσραὴλ, καὶ ἐπὶ πάσας βασιλείας τῆς γῆς.

this abundance which I have prepared that a house should be built to thy holy name, it is of thy hand, and all *is* thine. [17] And I know, Lord, that thou art he that searches the hearts, and thou lovest righteousness. I have willingly offered all these things in simplicity of heart; and now I have seen with joy thy people here β present, willingly offering to thee. [18] O Lord God of Abraham, and Isaac, and Israel, our fathers, preserve these things in the thought of the heart of thy people for ever, and direct their hearts to thee. [19] And to Solomon my son give a good heart, to perform thy commandments, and *to observe* thy testimonies, and thine ordinances, and to accomplish the γ building of thy house.

[20] And David said to the whole congregation, Bless ye the Lord our God. And all the congregation blessed the Lord God of their fathers, and they bowed the knee and worshipped the Lord, and *did obeisance* to the king. [21] And David sacrificed to the Lord, and offered up whole-burnt-offerings to the Lord on the morrow after the first day, a thousand calves, a thousand rams, a thousand lambs, and their drink-offerings, and sacrifices in abundance for all Israel. [22] And they ate and drank joyfully that day before the Lord: and they made Solomon the son of David king a second time, and anointed him king before the Lord, and Sadoc to the priesthood.

[23] And Solomon sat upon the throne of his father David, and was highly honoured; and all Israel obeyed him. [24] The princes, and the mighty men, and all the sons of king David his father, were subject to him. [25] And the Lord magnified Solomon over all Israel, and gave him royal glory, δ such as was not upon any king before him.

[26] And David the son of Jessæ reigned over Israel forty years; [27] seven years in Chebron, and thirty-three years in Jerusalem. [28] And he died in a good old age, full of days, in wealth, and glory: and Solomon his son reigned in his stead. [29] And the rest of the acts of David, the former and the latter, are written in the history of Samuel the seer, and in the history of Nathan the prophet, and in the history of Gad the seer, [30] concerning all his reign, and his power, and the times which went over him, and over Israel, and over all the kingdoms of the earth.

β *Gr.* found. See *Heb.*; also Ps. 46. 1.   γ *Gr.* preparation.   δ *Gr.* which was not.

*ΠΑΡΑΛΕΙΠΟΜΕΝΩΝ Β.

[* *Alex.* Second Book of the Supplements of the Reigns of the house of Juda.]

AND Solomon the son of David was established over his kingdom, and the Lord his God was with him, and increased him exceedingly. ² And Solomon spoke to all Israel, to the captains of thousands, and to the captains of hundreds, and to the judges, and to all the rulers β over Israel, even the heads of the families; ³ and Solomon and all the congregation went to the high place that was in Gabaon, where was God's tabernacle of witness, which Moses the servant of the Lord made in the wilderness. ⁴ But David had brought up the ark of God out of the city of Cariathiarim; for David had prepared a place for it, for he had pitched a tabernacle for it in Jerusalem. ⁵ And the brazen altar which Beseleel the son of Urias, the son of Or, had made, was there before the tabernacle of the Lord: and Solomon and the congregation enquired at it. ⁶ And Solomon brought *victims* thither to the brazen altar that was before the Lord in the tabernacle, and offered upon it a thousand whole-burnt-offerings.

⁷ In that night God appeared to Solomon, and said to him, Ask what I shall give thee. ⁸ And Solomon said to God, Thou hast dealt very mercifully with my father David, and hast made me king in his stead. ⁹ And now, O Lord God, let, I pray thee, γ thy name be established upon David my father; for thou hast made me king over a people numerous as the dust of the earth. ¹⁰ Now give me wisdom and understanding, δ that I may go out and come in before this people: for who shall judge this thy great people?

¹¹ And God said to Solomon, Because this was in thy heart, and thou hast not asked great wealth, nor glory, nor the life of thine enemies, and thou hast not asked long life; but hast asked for thyself wisdom and understanding, that thou mightest judge my people, over whom I have made thee king: ¹² I give thee this wisdom and understanding; and I will give thee wealth, and riches, and glory, ζ so that there shall not have been *any* like thee among the kings before thee, neither shall there be θ such after thee.

¹³ And Solomon came from the high place that was in Gabaon to Jerusalem, *from* before the tabernacle of witness, and reigned over Israel.

ΚΑΙ ἐνίσχυσε Σαλωμὼν υἱὸς Δαυὶδ ἐπὶ τὴν βασιλείαν αὐτοῦ, καὶ Κύριος ὁ Θεὸς αὐτοῦ μετ' αὐτοῦ, καὶ ἐμεγάλυνεν αὐτὸν εἰς ὕψος. Καὶ εἶπε Σαλωμὼν πρὸς πάντα Ἰσραὴλ, τοῖς χιλιάρχοις, 2 καὶ τοῖς ἑκατοντάρχοις, καὶ τοῖς κριταῖς, καὶ πᾶσι τοῖς ἄρχουσιν ἐναντίον Ἰσραὴλ τοῖς ἄρχουσι τῶν πατριῶν. καὶ ἐπορεύθη 3 Σαλωμὼν καὶ πᾶσα ἡ ἐκκλησία εἰς τὴν ὑψηλὴν τὴν ἐν Γαβαὼν, οὗ ἐκεῖ ἦν ἡ σκηνὴ τοῦ μαρτυρίου τοῦ Θεοῦ, ἣν ἐποίησε Μωσῆς παῖς Κυρίου ἐν τῇ ἐρήμῳ. Ἀλλὰ κιβωτὸν τοῦ Θεοῦ 4 ἀνήνεγκε Δαυὶδ ἐκ πόλεως Καριαθιαρὶμ, ὅτι ἡτοίμασεν αὐτῇ Δαυὶδ, ὅτι ἔπηξεν αὐτῇ σκηνὴν ἐν Ἰερουσαλήμ. Καὶ τὸ 5 θυσιαστήριον τὸ χαλκοῦν ὃ ἐποίησε Βεσελεὴλ υἱὸς Οὐρίου υἱοῦ Ὢρ, ἐκεῖ ἦν ἔναντι τῆς σκηνῆς Κυρίου· καὶ ἐξεζήτησεν αὐτὸ Σαλωμὼν καὶ ἡ ἐκκλησία, καὶ ἤνεγκε Σαλωμὼν ἐκεῖ ἐπὶ 6 τὸ θυσιαστήριον τὸ χαλκοῦν ἐνώπιον Κυρίου τὸ ἐν τῇ σκηνῇ, καὶ ἤνεγκεν ἐπ' αὐτῷ ὁλοκαύτωσιν χιλίαν.

Ἐν τῇ νυκτὶ ἐκείνῃ ὤφθη Θεὸς τῷ Σαλωμὼν, καὶ εἶπεν αὐτῷ, 7 αἴτησαι τί σοι δῶ. Καὶ εἶπε Σαλωμὼν πρὸς τὸν Θεὸν, σὺ 8 ἐποίησας μετὰ Δαυὶδ τοῦ πατρός μου ἔλεος μέγα, καὶ ἐβασίλευσάς με ἀντ' αὐτοῦ. Καὶ νῦν Κύριε ὁ Θεὸς, πιστωθήτω δὴ 9 τὸ ὄνομά σου ἐπὶ Δαυὶδ τὸν πατέρα μου, ὅτι σὺ ἐβασίλευσάς με ἐπὶ λαὸν πολὺν, ὡς ὁ χοῦς τῆς γῆς. Νῦν σοφίαν 10 καὶ σύνεσιν δός μοι, καὶ ἐξελεύσομαι ἐνώπιον τοῦ λαοῦ τούτου καὶ εἰσελεύσομαι, ὅτι τίς κρινεῖ τὸν λαόν σου τὸν μέγαν τοῦτον;

Καὶ εἶπεν ὁ Θεὸς πρὸς Σαλωμὼν, ἀνθ' ὧν ἐγένετο τοῦτο ἐν 11 τῇ καρδίᾳ σου, καὶ οὐκ ᾐτήσω πλοῦτον χρημάτων, οὐδὲ δόξαν, οὐδὲ τὴν ψυχὴν τῶν ὑπεναντίων, καὶ ἡμέρας πολλὰς οὐκ ᾐτήσω, καὶ ᾔτησας σεαυτῷ σοφίαν καὶ σύνεσιν, ὅπως κρίνῃς τὸν λαόν μου, ἐφ' ὃν ἐβασίλευσά σε ἐπ' αὐτὸν, τὴν σοφίαν καὶ τὴν 12 σύνεσιν δίδωμί σοι, καὶ πλοῦτον καὶ χρήματα καὶ δόξαν δώσω σοι, ὡς οὐκ ἐγενήθη ὅμοιός σοι ἐν τοῖς βασιλεῦσι τοῖς ἔμπροσθέν σου, καὶ μετὰ σὲ οὐκ ἔσται οὕτως.

Καὶ ἦλθε Σαλωμὼν ἐκ βαμὰ τῆς ἐν Γαβαὼν εἰς Ἰερουσαλὴμ 13 πρὸ προσώπου τῆς σκηνῆς τοῦ μαρτυρίου, καὶ ἐβασίλευσεν ἐπὶ Ἰσραήλ.

β *Gr.* before.   γ *Heb.* thy word.   δ *Gr.* and I shall.   ζ *Gr.* has not been, etc.   θ *Gr.* thus.

14 Καὶ συνήγαγε Σαλωμὼν ἅρματα καὶ ἱππεῖς, καὶ ἐγένοντο αὐτῷ χιλία καὶ τετρακόσια ἅρματα, καὶ δώδεκα χιλιάδες ἱππέων· καὶ κατέλιπεν αὐτὰ ἐν πόλεσι τῶν ἁρμάτων, καὶ ὁ λαὸς

15 μετὰ τοῦ βασιλέως ἐν Ἱερουσαλήμ. Καὶ ἔθηκεν ὁ βασιλεὺς τὸ ἀργύριον καὶ τὸ χρυσίον ἐν Ἱερουσαλὴμ ὡς λίθους, καὶ τὰς κέδρους ἐν τῇ Ἰουδαίᾳ ὡς συκαμίνους τὰς ἐν τῇ πεδινῇ εἰς

16 πλῆθος. Καὶ ἡ ἔξοδος τῶν ἵππων Σαλωμὼν ἐξ Αἰγύπτου, καὶ ἡ τιμὴ τῶν ἐμπόρων τοῦ βασιλέως πορεύεσθαι, καὶ ἠγόρα-

17 ζον, καὶ ἐνέβαινον καὶ ἐξῆγον ἐξ Αἰγύπτου ἅρμα ἐν ἑξακοσίων ἀργυρίου, καὶ ἵππον πεντήκοντα καὶ ἑκατὸν ἀργυρίου· καὶ οὕτω πᾶσι τοῖς βασιλεῦσι τῶν Χετταίων καὶ τοῖς βασιλεῦσι Συρίας ἐν χερσὶν αὐτῶν ἔφερον.

2 Καὶ εἶπε Σαλωμὼν τοῦ οἰκοδομῆσαι οἶκον τῷ ὀνόματι Κυ-

2 ρίου, καὶ οἶκον τῷ βασιλείᾳ αὐτοῦ. Καὶ συνήγαγε Σαλωμὼν ἑβδομήκοντα χιλιάδας ἀνδρῶν νωτοφόρων, καὶ ὀγδοήκοντα χιλιάδας λατόμων ἐν τῷ ὄρει, καὶ οἱ ἐπιστάται ἐπ᾽ αὐτῶν τρισχίλιοι ἑξακόσιοι.

3 Καὶ ἀπέστειλε Σαλωμὼν πρὸς Χιρὰμ βασιλέα Τύρου, λέγων, ὡς ἐποίησας μετὰ Δαυὶδ τοῦ πατρός μου, καὶ ἀπέστειλας αὐτῷ

4 κέδρους τοῦ οἰκοδομῆσαι ἑαυτῷ οἶκον κατοικῆσαι ἐν αὐτῷ, καὶ ἰδοὺ ἐγὼ ὁ υἱὸς αὐτοῦ οἰκοδομῶ οἶκον τῷ ὀνόματι Κυρίου Θεοῦ μου, ἁγιάσαι αὐτὸν αὐτῷ τοῦ θυμιᾶν ἀπέναντι αὐτοῦ θυμίαμα καὶ πρόθεσιν διαπαντός, καὶ τοῦ ἀναφέρειν ὁλοκαυτώματα διαπαντὸς τοπρωὶ καὶ τοδείλης, καὶ ἐν τοῖς σαββάτοις, καὶ ἐν ταῖς νουμηνίαις, καὶ ἐν ταῖς ἑορταῖς τοῦ Κυρίου Θεοῦ ἡμῶν· εἰς τὸν

5 αἰῶνα τοῦτο ἐπὶ τὸν Ἰσραήλ. Καὶ ὁ οἶκος ὃν ἐγὼ οἰκοδομῶ, μέγας, ὅτι μέγας Κύριος ὁ Θεὸς ἡμῶν παρὰ πάντας τοὺς θεούς.

6 Καὶ τίς ἰσχύσει οἰκοδομῆσαι αὐτῷ οἶκον; ὅτι ὁ οὐρανὸς, καὶ ὁ οὐρανὸς τοῦ οὐρανοῦ οὐ φέρουσι τὴς δόξαν αὐτοῦ· καὶ τίς ἐγὼ οἰκοδομῶν αὐτῷ οἶκον; ὅτι ἀλλ᾽ ἢ τοῦ θυμιᾶν κατέναντι

7 αὐτοῦ. Καὶ νῦν ἀπόστειλόν μοι ἄνδρα σοφὸν καὶ εἰδότα τοῦ ποιῆσαι ἐν τῷ χρυσίῳ, καὶ ἐν τῷ ἀργυρίῳ, καὶ ἐν τῷ χαλκῷ, καὶ ἐν τῷ σιδήρῳ, καὶ ἐν τῇ πορφύρᾳ, καὶ ἐν τῷ κοκκίνῳ, καὶ ἐν τῇ ὑακίνθῳ, καὶ ἐπιστάμενον γλύψαι γλυφὴν μετὰ τῶν σοφῶν τῶν μετ᾽ ἐμοῦ ἐν Ἰούδᾳ καὶ ἐν Ἱερουσαλήμ, ἃ ἡτοίμασε Δαυὶδ

8 ὁ πατήρ μου. Καὶ ἀπόστειλόν μοι ξύλα κέδρινα καὶ ἀρκεύθινα καὶ πεύκινα ἐκ τοῦ Λιβάνου, ὅτι ἐγὼ οἶδα ὡς οἱ δοῦλοί σου οἴδασι κόπτειν ξύλα ἐκ τοῦ Λιβάνου· καὶ ἰδοὺ οἱ παῖδές σου

9 μετὰ τῶν παίδων μου πορεύσονται ἑτοιμάσαι μοι ξύλα εἰς

10 πλῆθος, ὅτι ὁ οἶκος ὃν ἐγὼ οἰκοδομῶ μέγας καὶ ἔνδοξος. Καὶ ἰδοὺ τοῖς ἐργαζομένοις τοῖς κόπτουσι ξύλα, εἰς βρώματα δέδωκα σῖτον εἰς δόματα τοῖς παισί σου κόρων πυροῦ εἴκοσι χιλιάδας, καὶ κριθῶν κόρων εἴκοσι χιλιάδας, καὶ οἴνου μέτρων εἴκοσι χιλιάδας, καὶ ἐλαίου μέτρων εἴκοσι χιλιάδας.

11 Καὶ εἶπε Χιρὰμ βασιλεὺς Τύρου ἐν γραφῇ, καὶ ἀνέστειλε πρὸς Σαλωμὼν, λέγων, ἐν τῷ ἀγαπῆσαι Κύριον τὸν λαὸν αὐτοῦ,

12 ἔδωκέ σε ἐπ᾽ αὐτοὺς βασιλέα. Καὶ εἶπε Χιρὰμ, εὐλογητὸς Κύριος ὁ Θεὸς Ἰσραήλ, ὃς ἐποίησε τὸν οὐρανὸν καὶ τὴν γῆν, ὃς ἔδωκε τῷ Δαυὶδ τῷ βασιλεῖ υἱὸν σοφόν, καὶ ἐπιστάμενον ἐπι-

---

[14] And Solomon collected chariots and horsemen: and he had fourteen hundred chariots, and twelve thousand horsemen: and he β set them in the cities of chariots, and the people *were* with the king in Jerusalem. [15] And the king made silver and gold in Jerusalem *to be* as stones, and cedars in Judea as sycamores in the plain for multitude. [16] And Solomon imported horses from Egypt, and the charge of the king's merchants for going *was as follows*, and they γ traded, [17] and went and brought out of Egypt a chariot for six hundred *pieces* of silver, and a horse for a hundred and fifty *pieces* of silver: and so they brought for all the kings of the Chettites, and for the kings of Syria by their δ means.

And Solomon said that he would build a house to the name of the Lord, and a house for his kingdom. [2] And Solomon gathered seventy thousand men ς that bore burdens, and eighty thousand hewers of stone in the mountain, and *there were* three thousand six hundred superintendents over them.

[3] And Solomon sent to Chiram king of Tyre, saying, Whereas thou didst deal *favourably* with David my father, and didst send him cedars to build for himself a house to dwell in, [4] behold, I also his son am building a house to the name of the Lord my God, to consecrate it to him, to burn incense before him, and *to offer* shewbread continually, and to offer up whole-burnt-offerings continually morning and evening, and on the sabbaths, and at the new moons, and at the feasts of the Lord our God: this *is* a perpetual *statute* for Israel. [5] And the house which I am building *is to be* great: for the Lord our God *is* great beyond all gods. [6] And who will be able to build him a house? for the heaven and heaven of θ heavens do not λ bear his glory: and who am I, that I should build him a house, save only to burn incense before him? [7] And now send me a man wise and skilled to work in gold, and in silver, and in brass, and in iron, and in purple, and in scarlet, and in blue, and one that knows how to grave together with the craftsmen who are with me in Juda and in Jerusalem, which materials my father David prepared. [8] And send me from Libanus cedar wood, and wood of juniper, and pine; for I know that thy servants are skilled in cutting timber in Libanus: and, behold, thy servants shall go with my servants, [9] to prepare timber for me in abundance: for the house which I am building *must* be great and glorious. [10] And, behold, I have given freely to thy servants that work and cut the wood, corn for food, *even* twenty thousand μ measures of wheat, and twenty thousand measures of barley, and twenty thousand measures of wine, and twenty thousand measures of oil.

[11] And Chiram king of Tyre ξ answered in writing, and sent to Solomon, saying, Because the Lord loved his people, he π made thee king over them. [12] And Chiram said, Blessed *be* the Lord God of Israel, who made heaven and earth, who has given to king David a wise son, and one endowed

---

β Gr. left.　　γ Gr. bought.　　δ So *A. V.*, *Gr.* and *Heb.* hands.　　ζ Gr. bearers on their backs.　　θ Gr. heaven.
λ Comp. *Heb.* and *Gr.* with Zech. 6. 13.　　μ Gr. cors.　　ξ Gr. spoke.　　π Gr. gave.

with knowledge and understanding, who shall build a house for the Lord, and a house for his kingdom. ¹³And now I have sent thee a wise and understanding man β *who belonged* to Chiram my father (¹⁴his mother *was* of the daughters of Dan, and his father *was* a Tyrian), skilled to work in gold, and in silver, and in brass, and in iron, and in stones and wood ; and to weave with purple, and blue, and fine linen, and scarlet ; and to engrave, and to understand every device, whatsoever thou shalt give him *to do* with thy craftsmen, and the craftsmen of my lord David thy father. ¹⁵And now, the wheat, and the barley, and the oil, and the wine which my lord mentioned, let him send to his servants. ¹⁶And we will cut timber out of Libanus according to all thy need, and we will bring it on rafts to the sea of Joppa, and thou shalt bring it to Jerusalem.

¹⁷And Solomon gathered all the foreigners that were in the land of Israel, after the numbering with which David his father numbered them ; and there were found a hundred and fifty-three thousand six hundred. ¹⁸And he made of them seventy thousand burden-bearers, and eighty thousand hewers of stone, and three thousand six hundred taskmasters over the people.

And Solomon began to build the house of the Lord in Jerusalem in the mount of Amoria, where the Lord appeared to his father David, in the place which David had prepared in the threshing-floor of Orna the Jebusite. ²And he began to build in the second month, in the fourth year of his reign.

³And thus Solomon began to build the house of God : the length in cubits—even the first measurement from end to end, was sixty cubits, and the breadth twenty cubits. ⁴And the portico in front of the house, its length in front of the breadth of the house *was* twenty cubits, and its height γ a hundred and twenty cubits : and he gilded it within with pure gold. ⁵And he lined the great house with cedar wood, and gilded it with pure gold, and carved upon it palm-trees and chains. ⁶And he garnished the house with precious stones for δ beauty ; and he gilded it with gold of the gold from Pharuim. ⁷And he gilded the house, and its *inner* walls, and the door-posts, and the roofs, and the doors with gold ; and he carved cherubs on the walls.

⁸And he ζ built the holy of holies, its length was according to the front *of the other house*, the breadth of the house *was* twenty cubits, and the length twenty cubits : and he gilded *it* with pure gold for cherubs, to *the amount of* six hundred talents. ⁹And the weight of the nails, *even* the weight of each was fifty shekels of gold : and he gilded the upper chamber with gold.

¹⁰And he made two cherubs in the most holy house, wood-work, and he gilded them with gold. ¹¹And the wings of the cherubs were twenty cubits in length : and one wing of five cubits touched the wall of the

στήμην καὶ σύνεσιν, ὃς οἰκοδομήσει οἶκον τῷ Κυρίῳ, καὶ οἶκον τῇ βασιλείᾳ αὐτοῦ. Καὶ νῦν ἀπέστειλά σοι ἄνδρα σοφὸν καὶ 13 εἰδότα σύνεσιν Χιρὰμ τὸν πατέρα μου, ἡ μήτηρ αὐτοῦ ἀπὸ 14 θυγατέρων Δὰν, καὶ ὁ πατὴρ αὐτοῦ ἀνὴρ Τύριος, εἰδότα ποιῆσαι ἐν χρυσίῳ, καὶ ἐν ἀργυρίῳ, καὶ ἐν χαλκῷ, καὶ ἐν σιδήρῳ, καὶ ἐν λίθοις καὶ ξύλοις, καὶ ὑφαίνειν ἐν τῇ πορφύρᾳ, καὶ ἐν τῇ ὑακίνθῳ, καὶ ἐν τῇ βύσσῳ, καὶ ἐν τῷ κοκκίνῳ, καὶ γλύψαι γλυφὰς, καὶ διανοεῖσθαι πᾶσαν διανόησιν, ὅσα ἂν δῷς αὐτῷ μετὰ τῶν σοφῶν σου, καὶ σοφῶν Δαυὶδ κυρίου μου πατρός σου. Καὶ νῦν τὸν σῖτον καὶ τὴν κριθὴν, καὶ τὸ ἔλαιον, καὶ τὸν 15 οἶνον ἃ εἶπεν ὁ κύριός μου, ἀποστειλάτω τοῖς παισὶν αὐτοῦ. Καὶ ἡμεῖς κόψομεν ξύλα ἐκ τοῦ Λιβάνου κατὰ πᾶσαν τὴν 16 χρείαν σου, καὶ ἄξομεν αὐτὰ σχεδίαις ἐπὶ θάλασσαν Ἰόππης, καὶ σὺ ἄξεις αὐτὰ εἰς Ἱερουσαλήμ.

Καὶ συνήγαγε Σαλωμὼν πάντας τοὺς ἄνδρας τοὺς προσηλύ- 17 τους τοὺς ἐν γῇ Ἰσραὴλ μετὰ τὸν ἀριθμὸν ὃν ἠρίθμησεν αὐτοὺς Δαυὶδ ὁ πατὴρ αὐτοῦ, καὶ εὑρέθησαν ἑκατὸν πεντήκοντα χιλιάδες καὶ τρισχίλιοι ἑξακόσιοι. Καὶ ἐποίησεν ἐξ αὐτῶν 18 ἑβδομήκοντα χιλιάδας νωτοφόρων, καὶ ὀγδοήκοντα χιλιάδας λατόμων, καὶ τρισχιλίους ἑξακοσίους ἐργοδιώκτας ἐπὶ τὸν λαόν.

Καὶ ἤρξατο Σαλωμὼν τοῦ οἰκοδομεῖν τὸν οἶκον Κυρίου ἐν 3 Ἱερουσαλὴμ ἐν ὄρει τοῦ Ἀμωρία, οὗ ὤφθη Κύριος τῷ Δαυὶδ πατρὶ αὐτοῦ, ἐν τῷ τόπῳ ᾧ ἡτοίμασε Δαυὶδ ἐν ἅλῳ Ὀρνὰ τοῦ Ἰεβουσαίου. Καὶ ἤρξατο οἰκοδομῆσαι ἐν τῷ μηνὶ τῷ δευτέρῳ 2 ἐν τῷ ἔτει τῷ τετάρτῳ τῆς βασιλείας αὐτοῦ.

Καὶ ταῦτα ἤρξατο Σαλωμὼν τοῦ οἰκοδομῆσαι τὸν οἶκον τοῦ 3 Θεοῦ· μῆκος πήχεων ἡ διαμέτρησις ἡ πρώτη πήχεων ἑξήκοντα, καὶ εὖρος πήχεων εἴκοσι. Καὶ αἰλὰμ κατὰ πρόσωπον τοῦ 4 οἴκου, μῆκος ἐπὶ πρόσωπον πλάτους τοῦ οἴκου πήχεων εἴκοσι, καὶ ὕψος πήχεων ἑκατὸν εἴκοσι, καὶ κατεχρύσωσεν αὐτὸν ἔσωθεν χρυσίῳ καθαρῷ. Καὶ τὸν οἶκον τὸν μέγαν ἐξύλωσε ξύλοις 5 κεδρίνοις, καὶ κατεχρύσωσε χρυσίῳ καθαρῷ, καὶ ἔγλυψεν ἐπ' αὐτοῦ φοίνικας καὶ χαλαστά. Καὶ ἐκόσμησε τὸν οἶκον λίθοις 6 τιμίοις εἰς δόξαν, καὶ ἐχρύσωσε χρυσίῳ χρυσίου τοῦ ἐκ Φαρουίμ. Καὶ ἐχρύσωσε τὸν οἶκον, καὶ τοὺς τοίχους αὐτοῦ, καὶ τοὺς 7 πυλῶνας, καὶ τὰ ὀροφώματα, καὶ τὰ θυρώματα χρυσίῳ, καὶ ἔγλυψε χερουβὶμ ἐπὶ τῶν τοίχων.

Καὶ ἐποίησε τὸν οἶκον τοῦ ἁγίου τῶν ἁγίων, μῆκος αὐτοῦ ἐπὶ 8 πρόσωπον, πλάτος τοῦ οἴκου πήχεων εἴκοσι, καὶ τὸ μῆκος πήχεων εἴκοσι, καὶ ἐχρύσωσεν αὐτὸν χρυσίῳ καθαρῷ εἰς χερου-βὶμ εἰς τάλαντα ἑξακόσια. Καὶ ὁλκὴ τῶν ἥλων, ὁλκὴ τοῦ 9 ἑνὸς πεντήκοντα σίκλοι χρυσίου, καὶ τὸ ὑπερῷον ἐχρύσωσε χρυσίῳ.

Καὶ ἐποίησεν ἐν τῷ οἴκῳ τῷ ἁγίῳ τῶν ἁγίων χερουβὶμ δύο, 10 ἔργον ἐκ ξύλων· καὶ ἐχρύσωσεν αὐτὰ χρυσίῳ. Καὶ αἱ πτέ- 11 ρυγες τῶν χερουβὶμ τὸ μῆκος πήχεων εἴκοσι, καὶ ἡ πτέρυξ ἡ μία πήχεων πέντε ἁπτομένη τοῦ τοίχου τοῦ οἴκου, καὶ ἡ

β *Alex.* Chiram my son *or* servant.　　γ *Alex.* 20 cubits.　　δ *Lit.* glory.　　ζ *Gr.* made the house of.

πτέρυξ ἡ ἑτέρα πήχεων πέντε ἁπτομένη τῆς πτέρυγος τοῦ χε-
13 ρουβὶμ τοῦ ἑτέρου. Καὶ αἱ πτέρυγες τῶν χερουβὶμ τούτων
διαπεπετασμέναι πήχεων εἴκοσι, καὶ αὐτὰ ἑστηκότα ἐπὶ τοὺς
14 πόδας αὐτῶν, καὶ τὰ πρόσωπα αὐτῶν εἰς τὸν οἶκον. Καὶ
ἐποίησε τὸ καταπέτασμα ὑακίνθου, καὶ πορφύρας, καὶ κοκκίνου,
καὶ βύσσου, καὶ ὕφανεν ἐν αὐτῷ χερουβίμ.
15 Καὶ ἐποίησεν ἔμπροσθεν τοῦ οἴκου στύλους δύο, πήχεων
τριακονταπέντε τὸ ὕψος, καὶ τὰς κεφαλὰς αὐτῶν πήχεων πέντε.
16 Καὶ ἐποίησε σερσερὼθ ἐν τῷ δαβὶρ, καὶ ἔδωκεν ἐπὶ τῶν κεφα-
λῶν τῶν στύλων· καὶ ἐποίησε ῥοΐσκους ἑκατόν, καὶ ἔθηκεν ἐπὶ
17 τῶν χαλαστῶν. Καὶ ἔστησε τοὺς στύλους κατὰ πρόσωπον τοῦ
ναοῦ, ἕνα ἐκ δεξιῶν, καὶ τὸν ἕνα ἐξ εὐωνύμων· καὶ ἐκάλεσε τὸ
ὄνομα τοῦ ἐκ δεξιῶν, Κατόρθωσις, καὶ τὸ ὄνομα τοῦ ἐξ ἀριστε-
ρῶν, Ἰσχύς.

4 Καὶ ἐποίησε θυσιαστήριον χαλκοῦν, εἴκοσι πήχεων τὸ μῆκος,
2 καὶ εἴκοσι πήχεων τὸ εὖρος, καὶ δέκα πήχεων τὸ ὕψος. Καὶ
ἐποίησε τὴν θάλασσαν χυτὴν, δέκα πήχεων τὴν διαμέτρησιν,
στρογγύλην κυκλόθεν, καὶ πέντε πήχεων τὸ ὕψος, καὶ τὸ
3 κύκλωμα τριάκοντα πήχεων. Καὶ ὁμοίωμα μόσχων ὑποκάτω
αὐτῆς, κύκλῳ κυκλοῦσιν αὐτήν· δέκα πήχεις περιέχουσι τὸν
λουτῆρα κυκλόθεν· δύο γένη ἐχώνευσαν τοὺς μόσχους ἐν τῇ
4 χωνεύσει αὐτῶν ᾗ ἐποίησαν αὐτοὺς δώδεκα μόσχους, οἱ τρεῖς
βλέποντες Βορρᾶν, καὶ οἱ τρεῖς δυσμὰς, καὶ οἱ τρεῖς Νότον,
καὶ οἱ τρεῖς κατ᾽ ἀνατολὰς, καὶ ἡ θάλασσα ἐπ᾽ αὐτῶν ἄνω,
5 ἦσαν τὰ ὀπίσθια αὐτῶν ἔσω. Καὶ τὸ πάχος αὐτῆς παλαι-
στῆς, καὶ τὸ χεῖλος αὐτῆς ὡς χεῖλος ποτηρίου, διαγεγλυμ-
μένα βλαστοὺς κρίνου, χωροῦσαν μετρητὰς τρισχιλίους· καὶ
ἐξετέλεσε.
6 Καὶ ἐποίησε λουτῆρας δέκα, καὶ ἔθηκε τοὺς πέντε ἐκ δεξιῶν
καὶ τοὺς πέντε ἐξ ἀριστερῶν, τοῦ πλύνειν ἐν αὐτοῖς τὰ ἔργα τῶν
ὁλοκαυτωμάτων, καὶ ἀποκλύζειν ἐν αὐτοῖς, καὶ ἡ θάλασσα εἰς
τὸ νίπτεσθαι τοὺς ἱερεῖς ἐν αὐτῇ.
7 Καὶ ἐποίησε τὰς λυχνίας τὰς χρυσᾶς δέκα κατὰ τὸ κρίμα
αὐτῶν, καὶ ἔθηκεν ἐν τῷ ναῷ, πέντε ἐκ δεξιῶν καὶ πέντε ἐξ
ἀριστερῶν.
8 Καὶ ἐποίησε τραπέζας δέκα, καὶ ἔθηκεν ἐν τῷ ναῷ, πέντε ἐκ
δεξιῶν καὶ πέντε ἐξ εὐωνύμων, καὶ ἐποίησε φιάλας χρυσᾶς
9 ἑκατόν, καὶ ἐποίησε τὴν αὐλὴν τῶν ἱερέων, καὶ τὴν αὐλὴν τὴν
μεγάλην, καὶ θύρας τῇ αὐλῇ, καὶ θυρώματα αὐτῶν κατακεχαλ-
10 κωμένα χαλκῷ. Καὶ τὴν θάλασσαν ἔθηκεν ἀπὸ γωνίας τοῦ
οἴκου ἐκ δεξιῶν ὡς πρὸς ἀνατολὰς κατέναντι.
11 Καὶ ἐποίησε Χιρὰμ τὰς κρεάγρας, καὶ τὰ πυρεῖα, καὶ τὴν
ἐσχάραν τοῦ θυσιαστηρίου, καὶ πάντα τὰ σκεύη αὐτοῦ· καὶ
συνετέλεσε Χιρὰμ ποιῆσαι πᾶσαν τὴν ἐργασίαν ἣν ἐποίησε
12 Σαλωμὼν τῷ βασιλεῖ ἐν οἴκῳ τοῦ Θεοῦ, στύλους δύο, καὶ ἐπ᾽
αὐτῶν γωλὰθ τῇ χωθαρὲθ ἐπὶ τῶν κεφαλῶν τῶν στύλων δύο,
καὶ δίκτυα δύο συγκαλύψαι τὰς κεφαλὰς τῶν χωθαρὲθ ἅ ἐστιν
13 ἐπὶ τῶν κεφαλῶν τῶν στύλων, καὶ κώδωνας χρυσοῦς τετρακο-
σίους εἰς τὰ δύο δίκτυα, καὶ δύο γένη ῥοΐσκων ἐν τῷ δικτύῳ τῷ
ἑνὶ τοῦ συγκαλύψαι τὰς δύο γωλὰθ τῶν χωθαρὲθ ἅ ἐστιν ἐπάνω

---

house: and the other wing of five cubits
touched the wing of the other cherub.[β]
[13] And the wings of these cherubs expanded
were of the length of twenty cubits: and
they stood upon their feet, and their faces
were toward the house. [14] And he made the
vail of blue, and purple, and scarlet, and fine
linen, and wove cherubs in it.

[15] Also he made in front of the house two
pillars, in height thirty-five cubits, and their
chapiters of five cubits. [16] And he made
chains, as in the oracle, and put them on the
heads of the pillars; and he made a hundred
pomegranates, and put them on the chains.
[17] And he set up the pillars in front of the
temple, one on the right hand and the other
on the left: and he called the name of the
one on the right hand [γ] 'Stability,' and the
name of the one on the left 'Strength.'

And he made a brazen altar, the length
of it twenty cubits, and the breadth twenty
cubits, and the height ten cubits. [2] And he
made the molten sea, in diameter ten cubits,
entirely round, and the height of it five
cubits, and the circumference thirty cubits.
[3] And beneath it the likeness of calves, they
compass it round about: ten cubits compass
the laver round about, they cast the calves
[δ] two rows in their casting, [4] wherein they
made them twelve calves,—three looking
northwards, and three westwards, and three
southwards, and three eastwards: and the
sea was upon them above, and their hinder
parts were inward. [5] And its thickness was
a hand-breadth, and its brim as the brim
of a cup, graven with flowers of lilies,
holding three thousand measures: and he
finished it.

[6] And he made ten lavers, and set five on
the right hand, and five on the left, to wash
in them the instruments of the whole-
burnt-offerings, and to rinse the vessels in
them; and the sea was for the priests to
wash in.

[7] And he made the ten golden candle-
sticks according to their [ζ] pattern, and he
put them in the temple, five on the right
hand, and five on the left.

[8] And he made ten tables, and put them
in the temple, five on the right hand, and
five on the left: and he made a hundred
golden bowls. [9] Also he made the priests'
court, and the great court, and doors to the
court, and their panels were overlaid with
brass. [10] And he set the sea at the corner
of the house on the right, as it were fronting
the east.

[11] And Chiram made the fleshhooks, and
the fire-pans, and the grate of the altar, and
all its instruments: and Chiram finished
doing all the work which he wrought for
king Solomon in the house of God: [12] two
pillars, and upon them an embossed work
for the chapiters on the heads of the two
pillars, and two nets to cover the heads of
the chapiters which are on the heads of the
pillars; [13] and four hundred golden bells for
the two nets, and two rows of pomegranates
in each net, to cover the two embossed rims
of the chapiters which are upon the pillars.

β See *Appendix.*   γ *Lit.* Establishment or Correction.   δ *Gr.* two kinds.   ζ *Gr.* judgment. *Hebraism.*

¹⁴ And he made the ten bases, and he made the lavers upon the bases; ¹⁵ and the one sea, and the twelve calves under it; ¹⁶ and the foot-baths, and the ^β buckets, and the caldrons, and the flesh-hooks, and all their furniture (which Chiram made, and brought to king Solomon in the house of the Lord) of pure brass. ¹⁷ In the country round about Jordan the king cast them, in the clay ground in the house of Socchoth, and between *that and* Saredatha.

¹⁸ So Solomon made all these vessels in great abundance, for the quantity of brass failed not. ¹⁹ And Solomon made all the vessels of the house of the Lord, and the golden altar, and the tables, and upon them *were to be* the loaves of shewbread; ²⁰ also the candlesticks, and the lamps to give light according to the ^γ pattern, and in front of the oracle, of pure gold. ²¹ And their ^δ snuffers, and their lamps *were made*, and *he made* the bowls, and the censers, and the fire-pans, of pure gold. ²² And *there was* the inner door of the house *opening* into the holy of holies, and *he made* the inner doors of the temple of gold. So all the work which Solomon wrought for the house of the Lord was finished.

And Solomon brought in the holy things of his father David, the silver, and the gold, and the *other* vessels, and put them in the treasury of the house of the Lord.

² Then Solomon assembled all the elders of Israel, and all the heads of the tribes, *even* the leaders of the families of the children of Israel, to Jerusalem, to bring up the ark of the covenant of the Lord out of the city of David,—this *is* Sion. ³ And all Israel were assembled *unto* the king in the feast, this *is* the seventh month. ⁴ And all the elders of Israel came; and all the Levites took up the ark, ⁵ and the tabernacle of witness, and all the holy vessels that were in the tabernacle; and the priests and the Levites brought it up. ⁶ And king Solomon, and all the elders of Israel, and the religious of them, and they of them that were gathered before the ark, *were* sacrificing calves and sheep, which ^ζ could not be numbered or reckoned for multitude. ⁷ And the priests brought in the ark of the covenant of the Lord into its place, into the oracle of the house, *even* into the holy of holies, under the wings of the cherubs. ⁸ And the cherubs stretched out their wings over the place of the ark, and the cherubs covered the ark, and its staves above. ⁹ And the staves projected, and the heads of the staves were seen from the holy place in front of the oracle, they were not seen without: and there they were to this day. ¹⁰ There was nothing in the ark except the two tables which Moses placed *there* in Choreb, which God ^θ gave in covenant with the children of Israel, when they went out of the land of Egypt.

¹¹ And it came to pass, when the priests went out of the holy place, (for all the priests that were found were sanctified, they were not *then* arranged according to their daily course,) ¹² that all the ^λ singing Levites *assigned* to the sons of Asaph, to

τῶν στύλων· Καὶ τοὺς μεχωνὼθ ἐποίησε δέκα, καὶ τοὺς ¹⁴ λουτῆρας ἐποίησεν ἐπὶ τοὺς μεχωνὼθ, καὶ τὴν θάλασσαν μίαν, ¹⁵ καὶ τοὺς μόσχους τοὺς δώδεκα ὑποκάτω αὐτῆς, καὶ τοὺς ποδι- ¹⁶ στῆρας, καὶ τοὺς ἀναλημπτῆρας, καὶ τοὺς λέβητας, καὶ τὰς κρεάγρας, καὶ πάντα τὰ σκεύη αὐτῶν ἃ ἐποίησε Χιρὰμ, καὶ ἀνήνεγκε τῷ βασιλεῖ Σαλωμὼν ἐν οἴκῳ Κυρίου, χαλκοῦ καθα- ροῦ. Ἐν τῷ περιχώρῳ τοῦ Ἰορδάνου ἐχώνευσεν αὐτὰ ὁ βασι- ¹⁷ λεὺς ἐν τῷ πάχει τῆς γῆς ἐν οἴκῳ Σοκχὼθ καὶ ἀναμέσον Σαρηδαθά.

Καὶ ἐποίησε Σαλωμὼν πάντα τὰ σκεύη ταῦτα εἰς πλῆθος ¹⁸ σφόδρα, ὅτι οὐκ ἐξέλιπεν ὁλκὴ τοῦ χαλκοῦ. Καὶ ἐποίησε ¹⁹ Σαλωμὼν πάντα τὰ σκεύη οἴκου Κυρίου, καὶ τὸ θυσιαστήριον τὸ χρυσοῦν, καὶ τὰς τραπέζας, καὶ ἐπ᾽ αὐτῶν ἄρτοι προθέσεως, καὶ τὰς λυχνίας, καὶ τοὺς λύχνους τοῦ φωτὸς κατὰ τὸ κρίμα καὶ ²⁰ κατὰ πρόσωπον τοῦ δαβὶρ χρυσίου καθαροῦ, καὶ λαβίδες αὐτῶν, ²¹ καὶ οἱ λύχνοι αὐτῶν, καὶ τὰς φιάλας, καὶ τὰς θυΐσκας, καὶ τὰ πυρεῖα χρυσίου καθαροῦ, καὶ ἡ θύρα τοῦ οἴκου ἡ ἐσωτέρα εἰς ²² τὰ ἅγια τῶν ἁγίων, καὶ τὰς θύρας τοῦ οἴκου τοῦ ναοῦ χρυσᾶς· καὶ συνετελέσθη πᾶσα ἡ ἐργασία ἣν ἐποίησε Σαλωμὼν ἐν οἴκῳ Κυρίου.

Καὶ εἰσήνεγκε Σαλωμὼν τὰ ἅγια Δαυὶδ τοῦ πατρὸς αὐτοῦ, ⁵ τὸ ἀργύριον, καὶ τὸ χρυσίον, καὶ τὰ σκεύη, καὶ ἔδωκεν εἰς θη- σαυρὸν οἴκου Κυρίου.

Τότε ἐξεκκλησίασε Σαλωμὼν πάντας τοὺς πρεσβυτέρους ² Ἰσραὴλ, καὶ πάντας τοὺς ἄρχοντας τῶν φυλῶν τοὺς ἡγουμένους πατριῶν υἱῶν Ἰσραὴλ εἰς Ἱερουσαλὴμ, τοῦ ἀνενέγκαι κιβωτὸν διαθήκης Κυρίου ἐκ πόλεως Δαυὶδ, αὕτη Σιών. Καὶ ἐξεκκλη- ³ σιάσθησαν πρὸς τὸν βασιλέα πᾶς Ἰσραὴλ ἐν τῇ ἑορτῇ, οὗτος ὁ μὴν ἕβδομος. Καὶ ἦλθον πάντες οἱ πρεσβύτεροι Ἰσραὴλ, ⁴ καὶ ἔλαβον πάντες οἱ Λευῖται τὴν κιβωτὸν, καὶ τὴν σκηνὴν τοῦ ⁵ μαρτυρίου, καὶ πάντα τὰ σκεύη τὰ ἅγια τὰ ἐν τῇ σκηνῇ, καὶ ἀνήνεγκαν αὐτὴν οἱ ἱερεῖς καὶ οἱ Λευῖται. Καὶ ὁ βασιλεὺς ⁶ Σαλωμὼν, καὶ πᾶσα συναγωγὴ Ἰσραὴλ, καὶ οἱ φοβούμενοι, καὶ οἱ ἐπισυνηγμένοι αὐτῶν ἔμπροσθεν τῆς κιβωτοῦ θύοντες μόσχους καὶ πρόβατα, οἳ οὐκ ἀριθμηθήσονται καὶ οἳ οὐ λογισ- θήσονται ἀπὸ τοῦ πλήθους. Καὶ εἰσήνεγκαν οἱ ἱερεῖς τὴν ⁷ κιβωτὸν διαθήκης Κυρίου εἰς τὸν τόπον αὐτῆς, εἰς τὸ δαβὶρ τοῦ οἴκου εἰς τὰ ἅγια τῶν ἁγίων, ὑποκάτω τῶν πτερύγων τῶν χερου- βίμ. Καὶ ἦν τὰ χερουβὶμ διαπεπετακότα τὰς πτέρυγας αὐτῶν ⁸ ἐπὶ τὸν τόπον τῆς κιβωτοῦ, καὶ συνεκάλυπτε τὰ χερουβὶμ ἐπὶ τὴν κιβωτὸν, καὶ ἐπὶ τοὺς ἀναφορεῖς αὐτῆς ἐπάνωθεν, καὶ ⁹ ὑπερεῖχον οἱ ἀναφορεῖς, καὶ ἐβλέποντο αἱ κεφαλαὶ τῶν ἀναφο- ρέων ἐκ τῶν ἁγίων εἰς πρόσωπον τοῦ δαβὶρ, οὐκ ἐβλέποντο ἔξω, καὶ ἦσαν ἐκεῖ ἕως τῆς ἡμέρας ταύτης. Οὐκ ἦν ἐν τῇ κιβωτῷ ¹⁰ πλὴν δύο πλάκες ἃς ἔθηκε Μωυσῆς ἐν Χωρὴβ, ἃ διέθετο Κύ- ριος μετὰ τῶν υἱῶν Ἰσραὴλ, ἐν τῷ ἐξελθεῖν αὐτοὺς ἐκ γῆς Αἰγύπτου.

Καὶ ἐγένετο ἐν τῷ ἐξελθεῖν τοὺς ἱερεῖς ἐκ τῶν ἁγίων, ὅτι ¹¹ πάντες οἱ ἱερεῖς οἱ εὑρεθέντες ἡγιάσθησαν, οὐκ ἦσαν διατεταγ- μένοι κατ᾽ ἐφημερίαν. Καὶ οἱ Λευῖται οἱ ψαλτῳδοὶ πάντες ¹²

τοῖς υἱοῖς Ἀσὰφ τῷ Αἰμὰν τῷ Ἰδιθοὺν καὶ τοῖς υἱοῖς αὐτοῦ, καὶ τοῖς ἀδελφοῖς αὐτοῦ τῶν ἐνδεδυμένων στολὰς βασσίνας ἐν κυμβάλοις καὶ ἐν νάβλαις καὶ ἐν κινύραις, ἑστηκότες κατέναντι τοῦ θυσιαστηρίου, καὶ μετ᾽ αὐτῶν ἱερεῖς ἑκατὸν εἴκοσι σαλπί-

13 ζοντες ταῖς σάλπιγξι. Καὶ ἐγένετο μία φωνὴ ἐν τῷ σαλπίζειν καὶ ἐν τῷ ψαλτῳδεῖν καὶ ἐν τῷ ἀναφωνεῖν φωνῇ μιᾷ τοῦ ἐξομο-λογεῖσθαι καὶ αἰνεῖν τῷ Κυρίῳ· καὶ ὡς ὕψωσαν φωνὴν ἐν σάλπιγξι, καὶ ἐν κυμβάλοις, καὶ ἐν ὀργάνοις τῶν ᾠδῶν, καὶ ἔλεγον, ἐξομολογεῖσθε τῷ Κυρίῳ, ὅτι ἀγαθόν, ὅτι εἰς τὸν αἰῶνα τὸ

14 ἔλεος αὐτοῦ· καὶ ὁ οἶκος ἐνεπλήσθη νεφέλης δόξης Κυρίου. Καὶ οὐκ ἠδύναντο οἱ ἱερεῖς τοῦ στῆναι λειτουργεῖν ἀπὸ προσώπου τῆς νεφέλης, ὅτι ἐνέπλησε δόξα Κυρίου τὸν οἶκον τοῦ Θεοῦ.

6 Τότε εἶπε Σαλωμὼν, Κύριος εἶπε τοῦ κατασκηνῶσαι ἐν
2 γνόφῳ, καὶ ἐγὼ ᾠκοδόμηκα οἶκον τῷ ὀνόματί σου ἅγιόν σοι καὶ ἕτοιμον τοῦ κατασκηνῶσαι εἰς τοὺς αἰῶνας.

3 Καὶ ἐπέστρεψεν ὁ βασιλεὺς τὸ πρόσωπον αὐτοῦ, καὶ εὐλόγησε τὴν πᾶσαν ἐκκλησίαν Ἰσραὴλ, καὶ πᾶσα ἡ ἐκκλησία Ἰσραὴλ

4 παρειστήκει, καὶ εἶπεν, εὐλογητὸς Κύριος ὁ Θεὸς Ἰσραὴλ, ὡς ἐλάλησεν ἐν στόματι αὐτοῦ πρὸς Δαυὶδ τὸν πατέρα μου, καὶ ἐν

5 χερσὶν αὐτοῦ ἐπλήρωσε, λέγων, ἀπὸ τῆς ἡμέρας ἧς ἀνήγαγον τὸν λαόν μου ἐκ γῆς Αἰγύπτου, οὐκ ἐξελεξάμην ἐν πόλει ἀπὸ πασῶν φυλῶν Ἰσραὴλ, τοῦ οἰκοδομῆσαι οἶκον τοῦ εἶναι τὸ ὄνομά μου ἐκεῖ, καὶ οὐκ ἐξελεξάμην ἐν ἀνδρὶ τοῦ εἶναι εἰς ἡγού-

6 μενον ἐπὶ τὸν λαόν μου Ἰσραήλ· Καὶ ἐξελεξάμην τὴν Ἱερουσαλὴμ γενέσθαι τὸ ὄνομά μου ἐκεῖ, καὶ ἐξελεξάμην ἐν

7 Δαυὶδ τοῦ εἶναι ἐπὶ τὸν λαόν μου Ἰσραήλ. Καὶ ἐγένετο ἐπὶ καρδίαν Δαυὶδ τοῦ πατρός μου, τοῦ οἰκοδομῆσαι οἶκον τῷ ὀνό-

8 ματι Κυρίου Θεοῦ Ἰσραήλ. Καὶ εἶπε Κύριος πρὸς Δαυὶδ πατέρα μου, διότι ἐγένετο ἐπὶ καρδίαν σου τοῦ οἰκοδομῆσαι οἶκον τῷ ὀνόματί μου, καλῶς ἐποίησας, ὅτι ἐγένετο ἐπὶ τὴν

9 καρδίαν σου. Πλὴν σὺ οὐκ οἰκοδομήσεις τὸν οἶκον, ὅτι ὁ υἱός σου ὃς ἐξελεύσεται ἐκ τῆς ὀσφύος σου, οὗτος οἰκοδομή-

10 σει τὸν οἶκον τῷ ὀνόματί μου. Καὶ ἀνέστησε Κύριος τὸν λόγον τοῦτον, ὃν ἐλάλησε, καὶ ἐγενήθην ἀντὶ Δαυὶδ πατρός μου, καὶ ἐκάθισα ἐπὶ τὸν θρόνον Ἰσραὴλ, καθὼς ἐλάλησε Κύριος· καὶ

11 ᾠκοδόμησα τὸν οἶκον τῷ ὀνόματι Κυρίου Θεοῦ Ἰσραὴλ, καὶ ἔθηκα ἐκεῖ τὴν κιβωτὸν ἐν ᾗ ἐκεῖ διαθήκη Κυρίου, ἣν διέθετο τῷ Ἰσραήλ.

12 Καὶ ἔστη κατέναντι τοῦ θυσιαστηρίου Κυρίου ἔναντι πάσης
13 ἐκκλησίας Ἰσραὴλ, καὶ διεπέτασε τὰς χεῖρας αὐτοῦ· Ὅτι ἐποίησε Σαλωμὼν βάσιν χαλκῆν, καὶ ἔθηκεν αὐτὴν ἐν μέσῳ τῆς αὐλῆς τοῦ ἱεροῦ, πέντε πήχεων τὸ μῆκος αὐτῆς, καὶ πέντε πήχεων τὸ εὖρος αὐτῆς, καὶ τριῶν πήχεων τὸ ὕψος αὐτῆς· καὶ ἔστη ἐπ᾽ αὐτῆς, καὶ ἔπεσεν ἐπὶ τὰ γόνατα ἔναντι πάσης ἐκκλη-σίας Ἰσραὴλ, καὶ διεπέτασε τὰς χεῖρας αὐτοῦ εἰς τὸν οὐρανόν,

14 καὶ εἶπε,
Κύριε ὁ Θεὸς Ἰσραὴλ, οὐκ ἔστιν ὅμοιός σοι Θεὸς ἐν οὐρανῷ καὶ ἐπὶ τῆς γῆς, φυλάσσων τὴν διαθήκην καὶ τὸ ἔλεος τοῖς

15 παισί σου τοῖς πορευομένοις ἐναντίον σου ἐν ὅλῃ καρδίᾳ· ᾷ Ἀ ἐφύλαξας τῷ παιδί σου Δαυὶδ τῷ πατρί μου, ἃ ἐλάλησας αὐτῷ,

Æman, to Idithun, and to his sons, and to his brethren, of them that were clothed in linen garments, with cymbals and lutes and harps, *were* standing before the altar, and with them a hundred and twenty priests, blowing trumpets. [13] And there was one voice in the trumpeting and in the psalm-singing, and in the loud utterance with one voice to give thanks and praise the Lord; and when they raised their voice together with trumpets and cymbals, and instru-ments of music, and said, Give thanks to the Lord, for *it is* good, for his mercy *endures* for ever:—then the house was filled with the cloud of the glory of the Lord. [14] And the priests could not stand to minister because of the cloud: for the glory of the Lord filled the house of God.

Then said Solomon, The Lord said that he would dwell in thick darkness. [2] But I have built a house to thy name, holy to thee, and β prepared *for thee* to dwell in for ever.

[3] And the king turned his face, and bless-ed all the congregation of Israel: and all the congregation of Israel stood by. [4] And he said, Blessed *be* the Lord God of Israel: he has even fulfilled with his hands as he spoke with his mouth to my father David, saying, [5] From the day when I brought up my people out of the land of Egypt, I chose no city of all the tribes of Israel, to build a house that my name should be there; nei-ther did I choose a man to be a leader over my people Israel. [6] But I chose Jerusalem that my name should be there; and I chose David to be over my people Israel. [7] And it came into the heart of David my father, to build a house for the name of the Lord God of Israel. [8] But the Lord said to my father David, Whereas it came into thine heart to build a house for my name, thou didst well that it came into thine heart. [9] Nevertheless thou shalt not build the house: for thy son who shall come forth out of thy loins, he shall build the house for my name. [10] And the Lord has γ confirmed this word, which he spoke; and I am δ raised up in the room of my father David, and I sit upon the throne of Israel as the Lord said, and I have built the house for the name of the Lord God of Israel: [11] and I have set there the ark in which *is* the covenant of the Lord, which he made with Israel.

[12] And he stood before the altar of the Lord in the presence of all the congregation of Israel, and spread out his hands. [13] For Solomon *had* made a brazen scaffold, and set it in the midst of the court of the sanctuary; the length of it *was* five cubits, and the breadth of it five cubits, and the height of it three cubits: and he stood upon it, and fell upon his knees before the whole congregation of Israel, and spread abroad his hands to heaven, [14] and said,

Lord God of Israel, there is no God like thee in heaven, or on the earth; keeping covenant and mercy with thy servants that walk before thee with *their* whole heart. [15] Even as thou hast kept *them* with thy servant David my father, as thou hast spoken to him in words:—thou hast both

---

β *Gr.* ready   γ *Gr.* raised up.   δ *Or*, made or brought.

spoken with thy mouth, and hast fulfilled *it* with thy hands, as it is this day. ¹⁶ And now, Lord God of Israel, keep with thy servant David my father the things which thou spokest to him, saying, There shall not fail thee a man before me sitting on the throne of Israel, if only thy sons will take heed to their way to walk in my law, as thou didst walk before me. ¹⁷ And now, Lord God of Israel, let, I pray thee, thy word be confirmed, which thou hast spoken to thy servant David.

¹⁸ For will God indeed dwell with men upon the earth? if the heaven and the heaven of ᵝ heavens will not suffice thee, what then is this house which I have built? ¹⁹ Yet thou shalt have respect to the prayer of thy servant, and to my petition, O Lord God, so as to hearken to the petition and the prayer which thy servant prays before thee this day: ²⁰ so that thine eyes should be open over this house by day and by night, towards this place, whereon thou saidst thy name should be called, so as to hear the prayer which thy servant prays towards this house. ²¹ And thou shalt hear the supplication of thy servant, and of thy people Israel, whatsoever prayers they shall make towards this place: and thou shalt hearken in thy dwelling-place out of heaven, yea thou shalt hear, and be merciful.

²² If a man sin against his neighbour, and he bring an oath upon him so as to make him swear, and he come and swear before the altar in this house; ²³ then shalt thou hearken out of heaven, and do, and judge thy servants, to recompense the transgressor, and to return his ways upon his head: and to justify the righteous, to recompense him according to his righteousness.

²⁴ And if thy people Israel should be put to the worse before the enemy, if they should sin against thee, and *then* turn and confess to thy name, and pray and make supplication before thee in this house; ²⁵ then shalt thou hearken out of heaven and shalt be merciful to the sins of thy people Israel, and thou shalt restore them to the land which thou gavest to them and to their fathers.

²⁶ When heaven is restrained, and ᵞ there is no rain, because they ᵟ shall have sinned against thee, and *when* they shall pray ᵹ towards this place, and praise thy name, and shall turn from their sins, because thou shalt afflict them; ²⁷ then shalt thou hearken from heaven, and thou shalt be merciful to the sins of thy servants, and of thy people Israel; for thou shalt shew them the good way in which they shall walk; and thou shalt send rain upon thy land, which thou gavest to thy people for an inheritance.

²⁸ If there should be famine upon the land, if there should be death, a pestilent wind and blight; if there should be locust and ᶿ caterpiller, and if the enemy should harass them before their cities: in whatever plague and whatever distress *they may be*; ²⁹ then whatever prayer and whatever supplication shall be made by any man and all thy people Israel, if a man should know

λέγων· καὶ ἐλάλησας ἐν στόματί σου, καὶ ἐν χερσί σου ἐπλήρωσας, ὡς ἡ ἡμέρα αὕτη. Καὶ νῦν, Κύριε ὁ Θεὸς Ἰσραὴλ, 16 φύλαξον τῷ παιδί σου τῷ Δαυὶδ τῷ πατρί μου ἃ ἐλάλησας αὐτῷ, λέγων, οὐκ ἐκλείψει σοι ἀνὴρ ἀπὸ προσώπου μου καθήμενος ἐπὶ θρόνου Ἰσραὴλ, πλὴν ἐὰν φυλάξωσιν οἱ υἱοί σου τὴν ὁδὸν αὐτῶν τοῦ πορεύεσθαι ἐν τῷ νόμῳ μου, ὡς ἐπορεύθης ἐναντίον μου. Καὶ νῦν, Κύριε ὁ Θεὸς Ἰσραὴλ, πιστωθήτω δὴ τὸ 17 ῥῆμά σου ὃ ἐλάλησας τῷ παιδί σου τῷ Δαυίδ.

Ὅτι εἰ ἀληθῶς κατοικήσει Θεὸς μετὰ ἀνθρώπων ἐπὶ τῆς γῆς; 18 εἰ ὁ οὐρανὸς καὶ ὁ οὐρανὸς τοῦ οὐρανοῦ οὐκ ἀρκέσουσί σοι, καὶ τίς ὁ οἶκος οὗτος ὃν ᾠκοδόμησα; Καὶ ἐπιβλέψῃ ἐπὶ τὴν 19 προσευχὴν παιδός σου καὶ ἐπὶ τὴν δέησίν μου, Κύριε ὁ Θεὸς, τοῦ ἐπακοῦσαι τῆς δεήσεως καὶ τῆς προσευχῆς ἧς ὁ παῖς σου προσεύχεται ἐναντίον σου σήμερον, τοῦ εἶναι ὀφθαλμούς σου 20 ἀνεῳγμένους ἐπὶ τὸν οἶκον τοῦτον ἡμέρας καὶ νυκτὸς εἰς τὸν τόπον τοῦτον, ὃν εἶπας ἐπικληθῆναι τὸ ὄνομά σου ἐκεῖ, τοῦ ἀκοῦσαι τῆς προσευχῆς ἧς προσεύχεται ὁ παῖς σου εἰς τὸν τόπον τοῦτον· Καὶ ἀκούσῃ τῆς δεήσεως τοῦ παιδός σου, καὶ 21 λαοῦ σου Ἰσραὴλ, ἃ ἂν προσεύξωνται εἰς τὸν τόπον τοῦτον· καὶ σὺ εἰσακούσῃ ἐν τῷ τόπῳ τῆς κατοικήσεώς σου ἐκ τοῦ οὐρανοῦ, καὶ ἀκούσῃ καὶ ἵλεως ἔσῃ.

Ἐὰν ἁμάρτῃ ἀνὴρ τῷ πλησίον αὐτοῦ καὶ λάβῃ ἐπ᾽ αὐτὸν 22 ἀρὰν τοῦ ἀρᾶσθαι αὐτὸν, καὶ ἔλθῃ καὶ ἀράσηται κατέναντι τοῦ θυσιαστηρίου ἐν τῷ οἴκῳ τούτῳ, καὶ σὺ εἰσακούσῃ ἐκ τοῦ 23 οὐρανοῦ, καὶ ποιήσεις, καὶ κρινεῖς τοὺς δούλους σου, τοῦ ἀποδοῦναι τῷ ἀνόμῳ, καὶ ἀποδοῦναι ὁδοὺς αὐτοῦ εἰς κεφαλὴν αὐτοῦ, καὶ τοῦ δικαιῶσαι δίκαιον, τοῦ ἀποδοῦναι αὐτῷ κατὰ τὴν δικαιοσύνην αὐτοῦ.

Καὶ ἐὰν θραυσθῇ ὁ λαός σου Ἰσραὴλ κατέναντι τοῦ ἐχθροῦ, 24 ἐὰν ἁμάρτωσί σοι, καὶ ἐπιστρέψωσι καὶ ἐξομολογήσωνται τῷ ὀνόματί σου, καὶ προσεύξωνται καὶ δεηθῶσιν ἐναντίον σου ἐν τῷ οἴκῳ τούτῳ, καὶ σὺ εἰσακούσῃ ἐκ τοῦ οὐρανοῦ, καὶ ἵλεως ἔσῃ 25 ταῖς ἁμαρτίαις λαοῦ σου Ἰσραὴλ, καὶ ἀποστρέψεις αὐτοὺς εἰς τὴν γῆν ἣν ἔδωκας αὐτοῖς καὶ τοῖς πατράσιν αὐτῶν.

Ἐν τῷ συσχεθῆναι τὸν οὐρανὸν καὶ μὴ γενέσθαι ὑετὸν, ὅτι 26 ἁμαρτήσονταί σοι, καὶ προσεύξονται εἰς τὸν τόπον τοῦτον, καὶ αἰνέσουσι τὸ ὄνομά σου, καὶ ἀπὸ τῶν ἁμαρτιῶν αὐτῶν ἐπιστρέψουσιν, ὅτι ταπεινώσεις αὐτοὺς, καὶ σὺ εἰσακούσῃ ἐκ τοῦ 27 οὐρανοῦ, καὶ ἵλεως ἔσῃ ταῖς ἁμαρτίαις τῶν παίδων καὶ τοῦ λαοῦ σου Ἰσραὴλ, ὅτι δηλώσεις αὐτοῖς τὴν ὁδὸν τὴν ἀγαθὴν, ἐν ᾗ πορεύσονται ἐν αὐτῇ, καὶ δώσεις ὑετὸν ἐπὶ τὴν γῆν σου, ἣν ἔδωκας τῷ λαῷ σου εἰς κληρονομίαν.

Λιμὸς ἐὰν γένηται ἐπὶ τῆς γῆς, θάνατος ἐὰν γένηται, ἀνεμο- 28 φθορία καὶ ἴκτερος, ἀκρὶς καὶ βροῦχος ἐὰν γένηται, καὶ ἐὰν θλίψῃ αὐτὸν ὁ ἐχθρὸς κατέναντι τῶν πόλεων αὐτῶν, κατὰ πᾶσαν πληγὴν καὶ πάντα πόνον, καὶ πᾶσα προσευχὴ, καὶ πᾶσα δέησις 29 ἣ ἐὰν γένηται παντὶ ἀνθρώπῳ καὶ παντὶ λαῷ σου Ἰσραὴλ, ἐὰν γνῷ ἄνθρωπος τὴν ἀφὴν αὐτοῦ καὶ τὴν μαλακίαν αὐτοῦ, καὶ

ᵝ *Gr.* heaven.　　ᵞ *Gr.* there has not been.　　ᵟ *Gr.* sin.　　ᵹ *Gr.* to.　　ᶿ *Gr.* blight, or itch.

30 διαπετάσῃ τὰς χεῖρας αὐτοῦ εἰς τὸν οἶκον τοῦτον, καὶ σὺ εἰσακούσῃ ἐκ τοῦ οὐρανοῦ ἐξ ἑτοίμου κατοικητηρίου σου, καὶ ἱλάσῃ, καὶ δώσεις ἀνδρὶ κατὰ τὰς ὁδοὺς αὐτοῦ, ὡς ἂν γνῷς τὴν καρδίαν αὐτοῦ, ὅτι μόνος γινώσκεις τὴν καρδίαν υἱῶν ἀνθρώπων,

31 ὅπως φοβῶνται πάσας ὁδούς σου πάσας τὰς ἡμέρας ἃς αὐτοὶ ζῶσιν ἐπὶ πρόσωπον τῆς γῆς, ἧς ἔδωκας τοῖς πατράσιν ἡμῶν.

32 Καὶ πᾶς ἀλλότριος ὃς οὐκ ἐκ τοῦ λαοῦ σου Ἰσραήλ ἐστιν αὐτὸς, καὶ ἔλθῃ ἐκ γῆς μακρόθεν διὰ τὸ ὄνομά σου τὸ μέγα, καὶ τὴν χεῖρά σου τὴν κραταιὰν, καὶ τὸν βραχίονά σου τὸν ὑψηλὸν, καὶ ἔλθωσι καὶ προσεύξωνται εἰς τὸν τόπον τοῦτον,

33 καὶ σὺ εἰσακούσῃ ἐκ τοῦ οὐρανοῦ ἐξ ἑτοίμου κατοικητηρίου σου, καὶ ποιήσεις κατὰ πάντα ὅσα ἂν ἐπικαλέσηταί σε ὁ ἀλλότριος, ὅπως γνῶσι πάντες οἱ λαοὶ τῆς γῆς τὸ ὄνομά σου, καὶ τοῦ φοβεῖσθαί σε, ὡς ὁ λαός σου Ἰσραὴλ, καὶ τοῦ γνῶναι ὅτι τὸ ὄνομά σου ἐπικέκληται ἐπὶ τὸν οἶκον τοῦτον, ὃν ᾠκοδόμησα.

34 Ἐὰν δὲ ἐξέλθῃ ὁ λαός σου εἰς πόλεμον ἐπὶ τοὺς ἐχθροὺς αὐτοῦ ἐν ὁδῷ ᾗ ἀποστελεῖς αὐτοὺς, καὶ προσεύξωνται πρὸς σὲ κατὰ τὴν ὁδὸν τῆς πόλεως ταύτης ἣν ἐξελέξω ἐν αὐτῇ, καὶ

35 οἴκου οὗ ᾠκοδόμηκα τῷ ὀνόματί σου, καὶ ἀκούσῃ ἐκ τοῦ οὐρανοῦ τῆς προσευχῆς αὐτῶν καὶ τῆς δεήσεως αὐτῶν, καὶ ποιήσεις τὸ δικαίωμα αὐτῶν.

36 Ὅτι ἁμαρτήσονταί σοι, ὅτι οὐκ ἔσται ἄνθρωπος ὃς οὐχ ἁμαρτήσεται, καὶ πατάξεις αὐτοὺς καὶ παραδώσεις αὐτοὺς κατὰ πρόσωπον ἐχθρῶν καὶ αἰχμαλωτεύσουσιν αὐτοὺς οἱ αἰχμαλω-

37 τεύοντες αὐτοὺς εἰς γῆν ἐχθρῶν εἰς γῆν μακρὰν ἢ ἐγγὺς, καὶ ἐπιστρέψωσι καρδίαν αὐτῶν ἐν τῇ γῇ αὐτῶν οὗ μετήχθησαν ἐκεῖ, καὶ γε ἐπιστρέψωσι καὶ δεηθῶσί σου ἐν τῇ αἰχμαλωσίᾳ

38 αὐτῶν, λέγοντες, ἡμάρτομεν, ἠνομήσαμεν, ἠδικήσαμεν, καὶ ἐπιστρέψωσι πρὸς σὲ ἐν ὅλῃ καρδίᾳ καὶ ἐν ὅλῃ ψυχῇ αὐτῶν ἐν γῇ αἰχμαλωτευσάντων αὐτοὺς, ὅπου ᾐχμαλώτευσαν αὐτοὺς, καὶ προσεύξωνται ὁδὸν γῆς αὐτῶν ἧς ἔδωκας τοῖς πατράσιν αὐτῶν, καὶ τῆς πόλεως ἧς ἐξελέξω, καὶ τοῦ οἴκου οὗ ᾠκοδόμησα τῷ

39 ὀνόματί σου, καὶ ἀκούσῃ ἐκ τοῦ οὐρανοῦ ἐξ ἑτοίμου κατοικητηρίου σου τῆς προσευχῆς αὐτῶν καὶ τῆς δεήσεως αὐτῶν, καὶ ποιήσεις κρίματά· καὶ ἵλεως ἔσῃ τῷ λαῷ τῷ ἁμαρτῶντί σοι.

40 Καὶ νῦν Κύριε ἔστωσαν δὴ οἱ ὀφθαλμοί σου ἀνεῳγμένοι, καὶ

41 τὰ ὦτά σου ἐπήκοα εἰς τὴν δέησιν τοῦ τόπου τούτου. Καὶ νῦν ἀνάστηθι Κύριε ὁ Θεὸς εἰς τὴν κατάπαυσίν σου, σὺ καὶ ἡ κιβωτὸς τῆς ἰσχύος σου· ἱερεῖς σου Κύριε ὁ Θεὸς ἐνδύσαιντο

42 σωτηρίαν, καὶ οἱ υἱοί σου εὐφρανθήτωσαν ἐν ἀγαθοῖς. Κύριε ὁ Θεὸς, μὴ ἀποστρέψῃς τὸ πρόσωπον τοῦ χριστοῦ σου, μνήσθητι τὰ ἐλέη Δαυὶδ τοῦ δούλου σου.

7 Καὶ ὡς συνετέλεσε Σαλωμὼν προσευχόμενος, καὶ τὸ πῦρ κατέβη ἐκ τοῦ οὐρανοῦ, καὶ κατέφαγε τὰ ὁλοκαυτώματα καὶ τὰς

2 θυσίας, καὶ δόξα Κυρίου ἔπλησε τὸν οἶκον. Καὶ οὐκ ἠδύναντο

his own plague and his own sickness, and should spread forth his hands toward this house; 30 then shalt thou hear from heaven, out of thy prepared dwelling-place, and shalt be merciful, and shalt recompense to the man according to his ways, as thou shalt know his heart to be; for thou alone knowest the heart of the children of men: 31 that they may reverence all thy ways all the days which they live upon the face of the land, which thou gavest to our fathers.

32 And every stranger who is not himself of thy people Israel, and who shall have come from a distant land because of thy great name, and thy mighty hand, and thy high arm; when they shall come and worship β toward this place; — 33 then shalt thou hearken out of heaven, out of thy prepared dwelling-place, and shalt do according to all that the stranger shall call upon thee for; that all the nations of the earth may know thy name, and γ that they may fear thee, as thy people Israel do, and that they may know that thy name is called upon this house which I have built.

34 And if thy people shall go forth to war against their enemies by the way by which thou shalt send them, and shall pray to thee toward this city which thou hast chosen, and toward the house which I have built to thy name; 35 then shalt thou hear out of heaven their prayer and their supplication, and maintain their cause.

36 Whereas if they shall sin against thee, (for there is no man who will not sin,) and thou shalt smite them, and deliver them up before their enemies, and they that take them captive shall carry them away into a land of enemies, to a land far off or near; 37 and if they shall δ repent in their land whither they were carried captive, and shall also turn and make supplication to thee in their captivity, saying, We have sinned, we have transgressed, we have wrought unrighteously; 38 and if they shall turn to thee with all their heart and all their soul in the land of them that carried them captives, whither they carried them captives, and shall pray toward their land which thou gavest to their fathers, and the city which thou didst choose, and the house which I built to thy name:— 39 then shalt thou hear out of heaven, out of thy prepared dwelling-place, their prayer and their supplication, and thou shalt execute ζ justice, and shalt be merciful to thy people that sin against thee.

40 And now, Lord, let, I pray thee, thine eyes be opened, and thine ears be attentive to the petition θ made in this place. 41 And now, O Lord God, arise into thy resting-place, thou, and the ark of thy strength: let thy priests, O Lord God, clothe themselves with salvation, and thy sons rejoice in prosperity. 42 O Lord God, turn not away the face of thine anointed: remember the mercies of thy servant David.

And when Solomon had finished praying, then the fire came down from heaven, and devoured the whole-burnt-offerings and the sacrifices; and the glory of the Lord filled the house. 2 And the priests could not

---

β Or, at.   γ Gr. for the sake of fearing thee.   δ Gr. turn their heart.   ζ Gr. judgments.   θ Gr. of.

enter into the house of the Lord at that time, for the glory of the Lord filled the house. ³And all the children of Israel saw the fire descending, and the glory of the Lord was upon the house: and they fell upon their face to the ground on the pavement, and worshipped, and praised the Lord; for β *it is* good *to do so*, because his mercy *endures* for ever.

⁴And the king and all the people *were* offering sacrifices before the Lord. ⁵And king Solomon offered a sacrifice of calves twenty and two thousand, of sheep a hundred and twenty thousand: so the king and all the people dedicated the house of God. ⁶And the priests were standing at their watches, and the Levites with instruments of music of the Lord, belonging to king David, to give thanks before the Lord, for his mercy *endures* for ever, with the hymns of David, by their ministry: and the priests were blowing the trumpets before them, and all Israel standing. ⁷And Solomon consecrated the middle of the court that was in the house of the Lord: for he offered there the whole-burnt-offerings and the γ fat of the peace-offerings, for the brazen altar which Solomon had made was not sufficient to receive the whole-burnt-offerings, and the δ meat-offerings, and the fat.

⁸And Solomon kept the feast at that time seven days, and all Israel with him, a very great assembly, from the entering in of Æmath, and as far as the river of Egypt. ⁹And on the eighth day he kept a solemn assembly: for he kept a feast of seven days as the dedication of the altar. ¹⁰And on the twenty-third day of the seventh month he dismissed the people to their tents, rejoicing, and with a glad heart because of the good deeds which the Lord had done to David, and to Solomon, and to Israel his people.

¹¹So Solomon finished the house of the Lord, and the king's house: and in whatever Solomon wished in his ζ heart to do in the house of the Lord and in his own house, he prospered.

¹²And the Lord appeared to Solomon by night, and said to him, I have heard thy prayer, and I have chosen this place to myself for a house of sacrifice. ¹³If I should restrain the heaven and there should be no rain, and if I should command the locust to devour the trees, and if I should send pestilence upon my people; ¹⁴then if my people, on whom my name is called, should θ repent, and pray, and seek my face, and turn from their evil ways, I also will hear from heaven, and I will be merciful to their sins, and I will heal their land. ¹⁵And now my eyes shall be open, and my ears attentive to the prayer of this place. ¹⁶And now I have chosen and sanctified this house, that my name should be there for ever: and my eyes and my heart shall be there always.

¹⁷And if thou wilt walk before me as David thy father *did*, and wilt do according to all that I have commanded thee, and wilt keep my ordinances and my judgments;

οἱ ἱερεῖς εἰσελθεῖν εἰς τὸν οἶκον Κυρίου ἐν τῷ καιρῷ ἐκείνῳ ὅτι ἔπλησε δόξα Κυρίου τὸν οἶκον. Καὶ πάντες οἱ υἱοὶ Ἰσ- 3 ραὴλ ἑώρων καταβαῖνον τὸ πῦρ, καὶ ἡ δόξα Κυρίου ἐπὶ τὸν οἶκον· καὶ ἔπεσον ἐπὶ πρόσωπον ἐπὶ τὴν γῆν ἐπὶ τὸ λιθόστρωτον, καὶ προσεκύνησαν καὶ ᾔνουν τῷ Κυρίῳ, ὅτι ἀγαθὸν, ὅτι εἰς τὸν αἰῶνα τὸ ἔλεος αὐτοῦ.

Καὶ ὁ βασιλεὺς καὶ πᾶς ὁ λαὸς θύοντες θύματα ἔναντι 4 Κυρίου. Καὶ ἐθυσίασεν ὁ βασιλεὺς Σαλωμὼν τὴν θυσίαν 5 μόσχων εἴκοσι καὶ δύο χιλιάδας, βοσκημάτων ἑκατὸν καὶ εἴκοσι χιλιάδας, καὶ ἐνεκαίνισε τὸν οἶκον τοῦ Θεοῦ ὁ βασιλεὺς καὶ πᾶς ὁ λαός. Καὶ οἱ ἱερεῖς ἐπὶ τὰς φυλακὰς αὐτῶν ἑστηκότες, 6 καὶ οἱ Λευῖται ἐν ὀργάνοις ᾠδῶν Κυρίου τοῦ Δαυὶδ τοῦ βασιλέως, τοῦ ἐξομολογεῖσθαι ἔναντι Κυρίου, ὅτι εἰς τὸν αἰῶνα τὸ ἔλεος αὐτοῦ, ἐν ὕμνοις Δαυὶδ διὰ χειρὸς αὐτῶν· καὶ οἱ ἱερεῖς σαλπίζοντες ταῖς σάλπιγξιν ἐναντίον αὐτῶν, καὶ πᾶς Ἰσραὴλ ἑστηκώς. Καὶ ἡγίασε Σαλωμὼν τὸ μέσον τῆς αὐλῆς τῆς ἐν 7 οἴκῳ Κυρίου, ὅτι ἐποίησεν ἐκεῖ τὰ ὁλοκαυτώματα καὶ τὰ στέατα τῶν σωτηρίων, ὅτι τὸ θυσιαστήριον τὸ χαλκοῦν ὃ ἐποίησε Σαλωμὼν, οὐκ ἐξεποίει δέξασθαι τὰ ὁλοκαυτώματα καὶ τὰ μαναὰ καὶ τὰ στέατα.

Καὶ ἐποίησε Σαλωμὼν τὴν ἑορτὴν ἐν τῷ καιρῷ ἐκείνῳ ἑπτὰ 8 ἡμέρας, καὶ πᾶς Ἰσραὴλ μετ᾽ αὐτοῦ, ἐκκλησία μεγάλη σφόδρα ἀπὸ εἰσόδου Αἱμὰθ καὶ ἕως χειμάρρου Αἰγύπτου. Καὶ ἐποί- 9 ησεν ἐν τῇ ἡμέρᾳ τῇ ὀγδόῃ ἐξόδιον, ὅτι ἐγκαινισμὸν τοῦ θυσιαστηρίου ἐποίησεν ἑπτὰ ἡμέρας ἑορτήν. Καὶ ἐν τῇ τρίτῃ 10 καὶ εἰκοστῇ τοῦ μηνὸς τοῦ ἑβδόμου ἀπέστειλε τὸν λαὸν εἰς τὰ σκηνώματα αὐτῶν εὐφραινομένους, καὶ ἀγαθῇ καρδίᾳ ἐπὶ τοῖς ἀγαθοῖς οἷς ἐποίησε Κύριος τῷ Δαυὶδ, καὶ τῷ Σαλωμῶντι, καὶ τῷ Ἰσραὴλ λαῷ αὐτοῦ.

Καὶ συνετέλεσε Σαλωμὼν τὸν οἶκον Κυρίου, καὶ τὸν οἶκον 11 τοῦ βασιλέως· καὶ πάντα ὅσα ἠθέλησεν ἐν τῇ ψυχῇ Σαλωμὼν τοῦ ποιῆσαι ἐν οἴκῳ Κυρίου καὶ ἐν οἴκῳ αὐτοῦ, εὐωδώθη.

Καὶ ὤφθη Κύριος τῷ Σαλωμὼν τὴν νύκτα, καὶ εἶπεν αὐτῷ, 12 ἤκουσα τὴν προσευχῆς σου, καὶ ἐξελεξάμην ἐν τῷ τόπῳ τούτῳ ἐμαυτῷ εἰς οἶκον θυσίας. Ἐὰν συσχῶ τὸν οὐρανὸν καὶ μὴ 13 γένηται ὑετὸς, καὶ ἐὰν ἐντείλωμαι τῇ ἀκρίδι καταφαγεῖν τὸ ξύλον, καὶ ἐὰν ἀποστείλω θάνατον ἐν τῷ λαῷ μου, καὶ ἐὰν 14 ἐντραπῇ ὁ λαός μου ἐφ᾽ οὓς ἐπικέκληται τὸ ὄνομά μου ἐπ᾽ αὐτοὺς, καὶ προσεύξωνται καὶ ζητήσωσι τὸ πρόσωπόν μου, καὶ ἀποστρέψωσιν ἀπὸ τῶν ὁδῶν αὐτῶν τῶν πονηρῶν, καὶ ἐγὼ εἰσακούσομαι ἐκ τοῦ οὐρανοῦ, καὶ ἵλεως ἔσομαι ταῖς ἁμαρτίαις αὐτῶν, καὶ ἰάσομαι τὴν γῆν αὐτῶν. Καὶ νῦν οἱ ὀφθαλμοί μου 15 ἔσονται ἀνεῳγμένοι, καὶ τὰ ὦτά μου ἐπήκοα τῇ προσευχῇ τοῦ τόπου τούτου. Καὶ νῦν ἐξελεξάμην καὶ ἡγίακα τὸν οἶκον τοῦ- 16 τον, τοῦ εἶναι ὄνομά μου ἐκεῖ ἕως αἰῶνος, καὶ ἔσονται οἱ ὀφθαλμοί μου καὶ ἡ καρδία μου ἐκεῖ πάσας τὰς ἡμέρας.

Καὶ σὺ ἐὰν πορευθῇς ἐναντίον μου ὡς Δαυὶδ ὁ πατήρ σου, 17 καὶ ποιήσῃς κατὰ πάντα ἃ ἐνετειλάμην σοι, καὶ τὰ προστάγ-

---

β *Heb.* he is good. γ *Gr.* fats. δ See *Heb.* ζ *Gr.* soul. θ *Gr.* be ashamed.

18 ματά μου καὶ τὰ κρίματά μου φυλάξῃ, καὶ ἀναστήσω τὸν θρόνον τῆς βασιλείας σου ὡς διεθέμην Δαυὶδ τῷ πατρί σου, λέγων, οὐκ ἐξαρθήσεταί σοι ἡγούμενος ἀνὴρ ἐν Ἰσραήλ.

19 Καὶ ἐὰν ἀποστρέψητε ὑμεῖς, καὶ ἐγκαταλείπητε τὰ προστάγματά μου καὶ τὰς ἐντολάς μου ἃς ἔδωκα ἐναντίον ὑμῶν, καὶ πορευθῆτε καὶ λατρεύσητε θεοῖς ἑτέροις καὶ προσκυνήσητε αὐτοῖς,

20 καὶ ἐξαρῶ ὑμᾶς ἀπὸ τῆς γῆς ἧς ἔδωκα αὐτοῖς· καὶ τὸν οἶκον τοῦτον ὃν ἡγίασα τῷ ὀνόματί μου ἀποστρέψω ἐκ προσώπου μου, καὶ δώσω αὐτὸν εἰς παραβολὴν καὶ εἰς διήγημα ἐν πᾶσι τοῖς ἔθνεσι.

21 Καὶ ὁ οἶκος οὗτος ὁ ὑψηλὸς πᾶς ὁ διαπορευόμενος αὐτὸν ἐκστήσεται, καὶ ἐρεῖ, Χάριν τίνος ἐποίησε Κύριος τῇ γῇ ταύτῃ

22 καὶ τῷ οἴκῳ τούτῳ; Καὶ ἐροῦσι, διότι ἐγκατέλιπον Κύριον τὸν Θεὸν τῶν πατέρων αὐτῶν, τὸν ἐξαγαγόντα αὐτοὺς ἐκ γῆς Αἰγύπτου, καὶ ἀντελάβοντο θεῶν ἑτέρων, καὶ προσεκύνησαν αὐτοῖς, καὶ ἐδούλευσαν αὐτοῖς, καὶ διὰ τοῦτο ἐπήγαγεν ἐπ᾽ αὐτοὺς πᾶσαν τὴν κακίαν ταύτην.

8 Καὶ ἐγένετο μετὰ εἴκοσι ἔτη ἐν οἷς ᾠκοδόμησε Σαλωμὼν τὸν

2 οἶκον Κυρίου, καὶ τὸν οἶκον αὐτοῦ, καὶ τὰς πόλεις ἃς ἔδωκε Χιρὰμ τῷ Σαλωμὼν, ᾠκοδόμησεν αὐτὰς Σαλωμὼν, καὶ κατῴκισεν ἐκεῖ τοὺς υἱοὺς Ἰσραήλ.

3 Καὶ ἦλθε Σαλωμὼν εἰς Βαισωβὰ, καὶ κατίσχυσεν αὐτήν.

4 Καὶ ᾠκοδόμησε τὴν Θεδμὸρ ἐν τῇ ἐρήμῳ, καὶ πάσας τὰς

5 πόλεις τὰς ὀχυρὰς ἃς ᾠκοδόμησεν ἐν Ἡμάθ. Καὶ ᾠκοδόμησε τὴν Βαιθωρὼν τὴν ἄνω καὶ τὴν Βαιθωρὼν τὴν κάτω, πόλεις

6 ὀχυράς· τείχη, πύλαι, καὶ μοχλοί· Καὶ τὴν Βαλαάθ, καὶ πάσας τὰς πόλεις τὰς ὀχυρὰς αἳ ἦσαν τῷ Σαλωμὼν, καὶ πάσας τὰς πόλεις τῶν ἁρμάτων, καὶ τὰς πόλεις τῶν ἱππέων· καὶ ὅσα ἐπεθύμησε Σαλωμὼν κατὰ τὴν ἐπιθυμίαν τοῦ οἰκοδομῆσαι ἐν Ἱερουσαλὴμ, καὶ ἐν τῷ Λιβάνῳ, καὶ ἐν πάσῃ τῇ βασιλείᾳ αὐτοῦ.

7 Πᾶς ὁ λαὸς ὁ καταλειφθεὶς ἀπὸ τοῦ Χετταίου, καὶ τοῦ Ἀμορραίου, καὶ τοῦ Φερεζαίου, καὶ τοῦ Εὐαίου, καὶ τοῦ Ἰεβου-

8 σαίου, οἳ οὐκ εἰσὶν ἐκ τοῦ Ἰσραὴλ, ἀλλ᾽ ἦσαν ἐκ τῶν υἱῶν αὐτῶν τῶν καταλειφθέντων μετ᾽ αὐτοὺς ἐν τῇ γῇ, οὓς οὐκ ἐξωλόθρευσαν οἱ υἱοὶ Ἰσραὴλ, καὶ ἀνήγαγεν αὐτοὺς Σαλωμὼν εἰς

9 φόρον ἕως τῆς ἡμέρας ταύτης. Καὶ ἐκ τῶν υἱῶν Ἰσραὴλ οὐκ ἔδωκε Σαλωμὼν εἰς παῖδας τῇ βασιλείᾳ αὐτοῦ· ὅτι ἰδοὺ ἄνδρες πολεμισταὶ καὶ ἄρχοντες, καὶ οἱ δυνατοὶ καὶ ἄρχοντες ἁρμάτων

10 καὶ ἱππέων. Καὶ οὗτοι ἄρχοντες τῶν προστατῶν βασιλέως Σαλωμὼν, πεντήκοντα καὶ διακόσιοι ἐργοδιωκτοῦντες ἐν τῷ λαῷ.

11 Καὶ τὴν θυγατέρα Φαραὼ ἀνήγαγε Σαλωμὼν ἐκ πόλεως Δαυὶδ εἰς τὸν οἶκον ὃν ᾠκοδόμησεν αὐτῇ, ὅτι εἶπεν, οὐ κατοικήσει ἡ γυνή μου ἐν πόλει Δαυὶδ τοῦ βασιλέως Ἰσραὴλ, ὅτι ἅγιός ἐστιν οὗ εἰσῆλθεν ἐκεῖ κιβωτὸς Κυρίου.

12 Τότε ἀνήνεγκε Σαλωμὼν ὁλοκαυτώματα τῷ Κυρίῳ ἐπὶ τὸ

13 θυσιαστήριον, ὃ ᾠκοδόμησε Κυρίῳ ἀπέναντι τοῦ ναοῦ κατὰ τὸν λόγον ἡμέρας ἐν ἡμέρᾳ, τοῦ ἀναφέρειν κατὰ τὰς ἐντολὰς Μωυσῆ ἐν τοῖς σαββάτοις, καὶ ἐν τοῖς μησὶ, καὶ ἐν ταῖς ἑορταῖς, τρεῖς καιροὺς τοῦ ἐνιαυτοῦ, ἐν τῇ ἑορτῇ τῶν ἀζύμων, καὶ ἐν τῇ

18 then will I β establish the throne of thy kingdom, as I covenanted with David thy father, saying, There shall not fail thee a man ruling in Israel.

19 But if ye should turn away, and forsake my ordinances and my commandments, which I have set before you, and go and serve other gods, and worship them; 20 then will I remove you from the land which I gave them; and this house which I have consecrated to my name I will remove out of my sight, and I will make it a proverb and a by-word among all nations. 21 And as for this lofty house, every one that passes by it shall be amazed, and shall say, Wherefore has the Lord done thus to this land, and to this house? 22 And men shall say, Because they forsook the Lord God of their fathers, who brought them out of the land of Egypt, and they attached themselves to other gods, and worshipped them, and served them: and therefore he has brought upon them all this evil.

And it came to pass after twenty years, in which Solomon built the house of the Lord, and his own house, 2 that Solomon rebuilt the cities which Chiram had given to Solomon, and caused the children of Israel to dwell in them.

3 And Solomon came to Bæsoba, and γ fortified it. 4 And he built Thoedmor in the wilderness, and all the strong cities which he built in Emath. 5 And he built Bæthoron the upper, and Bæthoron the lower, strong cities,—they had walls, gates, and bars; 6 and Balaath, and all the strong cities which Solomon had, and all his chariot cities, and cities of horsemen, and all things that Solomon desired according to his desire of building, in Jerusalem, and in Libanus, and in all his kingdom.

7 As for all the people that was left of the δ Chettites, and the Amorites, and the Pherezites, and the Evites, and the Jebusites, who are not of Israel, 8 but were of the children of them whom the children of Israel destroyed not, that were left after them in the land, even them did Solomon make tributaries to this day. 9 But Solomon did not make any of the children of Israel servants in his kingdom; for, behold, they were warriors and rulers, and mighty men, and captains of chariots and horsemen. 10 And these are the chiefs of the officers of king Solomon, two hundred and fifty overseeing the work among the people.

11 And Solomon brought up the daughter of Pharao from the city of David to the house which he had built for her: for he said, My wife shall not dwell in the city of David, the king of Israel, for the place is holy into which the ark of the Lord has entered.

12 Then Solomon offered up to the Lord whole-burnt-offerings on the altar which he had built to the Lord before the temple, 13 according to the daily rate, to offer up sacrifices according to the commandments of Moses, on the sabbaths, and ζ at the new moons, and at the feasts, three times in the year, at the feast of unleavened bread, and

---

β Gr. raise up.   γ Gr. strengthened it.   δ Gr. Chettæans, etc.   ζ Gr. at the months.

at the feast of weeks, and at the feast of tabernacles. 14 And he established, according to the order of his father David, the courses of the priests, and *that* according to their public ministrations: and the Levites *were appointed* over their charges, to praise and minister before the priests according to the daily order: and the porters were appointed according to their courses to the different gates: for thus *were* the commandments of David the man of God. 15 They transgressed not the commandments of the king concerning the priests and the Levites with regard to everything else, and with regard to the treasures. 16 Now all the work had been prepared from the day when the foundation was laid, until Solomon finished the house of the Lord.

17 Then Solomon went to Gasion Gaber, and to Ælath near the sea in the land of Idumea. 18 And Chiram sent by the hand of his servants ships, and servants β skilled in naval affairs; and they went with the servants of Solomon to Sophira, and brought thence four hundred and fifty talents of gold, and they came to king Solomon.

And the queen of Saba heard *of* the name of Solomon, and she came to Jerusalem with a very large force, to prove Solomon with hard questions, and *she had* camels bearing spices in abundance, and gold, and precious γ stones: and she came to Solomon, and told him all that was in her δ mind. 2 And Solomon told her all her words; and there passed not a word from Solomon which he told her not.

3 And the queen of Saba saw the wisdom of Solomon, and the house which he had built, 4 and the ζ meat of the tables, and the sitting of his servants, and the standing of his ministers, and their raiment; and his cupbearers, and their apparel; and the whole-burnt-offerings which he offered up in the house of the Lord; then she was in ecstasy. 5 And she said to the king, It *was* a true report which I heard in my land concerning thy words, and concerning thy wisdom. 6 Yet I believed not the reports until I came, and my eyes saw: and, behold, the half of the abundance of thy wisdom was not told me: thou hast exceeded the report which I heard. 7 Blessed *are* thy men, blessed *are* these thy servants, who stand before thee continually, and hear thy wisdom. 8 Blessed be the Lord thy God, who took pleasure in thee, to set thee upon his throne for a king to the Lord thy God: forasmuch as the Lord thy God loved Israel to establish them for ever, therefore he has set thee over them for a king to execute judgment and justice. 9 And she gave the king a hundred and twenty talents of gold, and spices in very great abundance, and precious stones: and there were not *any where else* such spices as those which the queen of Saba gave king Solomon.

10 And the servants of Solomon and the servants of Chiram brought gold to Solomon out of Suphir, and pine timber, and precious stones. 11 And the king made of the pine

ἑορτῇ τῶν ἑβδομάδων, καὶ ἐν τῇ ἑορτῇ τῶν σκηνῶν. Καὶ 14 ἔστησε κατὰ τὴν κρίσιν Δαυὶδ τοῦ πατρὸς αὐτοῦ τὰς διαιρέσεις τῶν ἱερέων, καὶ κατὰ τὰς λειτουργίας αὐτῶν· καὶ οἱ Λευῖται ἐπὶ τὰς φυλακὰς αὐτῶν, τοῦ αἰνεῖν καὶ λειτουργεῖν κατέναντι τῶν ἱερέων κατὰ τὸν λόγον ἡμέρας ἐν τῇ ἡμέρᾳ· καὶ οἱ πυλωροὶ κατὰ τὰς διαιρέσεις αὐτῶν εἰς πύλην καὶ πύλην, ὅτι οὕτως ἐντολαὶ Δαυὶδ ἀνθρώπου τοῦ Θεοῦ· Οὐ παρῆλθον τὰς ἐντολὰς 15 τοῦ βασιλέως περὶ τῶν ἱερέων καὶ τῶν Λευιτῶν εἰς πάντα λόγον, καὶ εἰς τοὺς θησαυρούς. Καὶ ἡτοιμάσθη πᾶσα ἡ ἐργα- 16 σία ἀφ᾽ ἧς ἡμέρας ἐθεμελιώθη ἕως οὗ ἐτελείωσε Σαλωμὼν τὸν οἶκον Κυρίου.

Τότε ᾤχετο Σαλωμὼν εἰς Γασιὼν Γαβὲρ, καὶ εἰς τὴν Αἰλὰθ 17 τὴν παραθαλασσίαν ἐν γῇ Ἰδουμαίᾳ. Καὶ ἀπέστειλε Χιρὰμ 18 ἐν χειρὶ παίδων αὐτοῦ πλοῖα καὶ παῖδας εἰδότας θάλασσαν, καὶ ᾤχοντο μετὰ τῶν παίδων Σαλωμὼν εἰς Σωφιρὰ, καὶ ἔλαβον ἐκεῖθεν τὰ τετρακόσια καὶ πεντήκοντα τάλαντα χρυσίου, καὶ ἦλθον πρὸς τὸν βασιλέα Σαλωμών.

Καὶ βασίλισσα Σαβὰ ἤκουσε τὸ ὄνομα Σαλωμὼν, καὶ ἦλθε 9 τοῦ πειρᾶσαι Σαλωμὼν ἐν αἰνίγμασιν εἰς Ἱερουσαλὴμ ἐν δυνά- μει βαρείᾳ σφόδρα, καὶ κάμηλοι αἴρουσαι ἀρώματα εἰς πλῆθος, καὶ χρυσίον, καὶ λίθον τίμιον· καὶ ἦλθε πρὸς Σαλωμὼν, καὶ ἐλάλησε πρὸς αὐτὸν πάντα ὅσα ἦν ἐν τῇ ψυχῇ αὐτῆς. Καὶ 2 ἀνήγγειλεν αὐτῇ Σαλωμὼν πάντας τοὺς λόγους αὐτῆς, καὶ οὐ παρῆλθε λόγος ἀπὸ Σαλωμὼν ὃν οὐκ ἀπήγγειλεν αὐτῇ.

Καὶ εἶδε βασίλισσα Σαβὰ τὴν σοφίαν Σαλωμὼν καὶ τὸν 3 οἶκον ὃν ᾠκοδόμησε, καὶ τὰ βρώματα τῶν τραπεζῶν, καὶ 4 καθέδραν παίδων αὐτοῦ, καὶ στάσιν λειτουργῶν αὐτοῦ, καὶ ἱματισμὸν αὐτῶν, καὶ οἰνοχόους αὐτοῦ, καὶ στολισμὸν αὐτῶν, καὶ τὰ ὁλοκαυτώματα ἃ ἀνέφερεν ἐν οἴκῳ Κυρίου, καὶ ἐξ ἑαυτῆς ἐγένετο. Καὶ εἶπε πρὸς τὸν βασιλέα, ἀληθινὸς ὁ λόγος ὃν 5 ἤκουσα ἐν τῇ γῇ μου περὶ τῶν λόγων σου, καὶ περὶ τῆς σοφίας σου. Καὶ οὐκ ἐπίστευσα τοῖς λόγοις ἕως οὗ ἦλθον καὶ εἶδον 6 οἱ ὀφθαλμοί μου, καὶ ἰδοὺ οὐκ ἀπηγγέλη μοι ἥμισυ τοῦ πλή- θους τῆς σοφίας σου· προσέθηκας ἐπὶ τὴν ἀκοὴν ἣν ἤκουσα. Μακάριοι οἱ ἄνδρες σου, μακάριοι οἱ παῖδες οὗτοι οἱ παρεστη- 7 κότες σοι διαπαντὸς καὶ ἀκούοντες τὴν σοφίαν σου. Ἔστω 8 Κύριος ὁ Θεός σου εὐλογημένος, ὃς ἠθέλησεν ἐν σοὶ τοῦ δοῦναί σε ἐπὶ θρόνον αὐτοῦ εἰς βασιλέα Κυρίῳ Θεῷ σου· ἐν τῷ ἀγα- πῆσαι Κύριον τὸν Θεόν σου τὸν Ἰσραὴλ τοῦ στῆσαι αὐτὸν εἰς αἰῶνα, καὶ ἔδωκέ σε ἐπ᾽ αὐτοὺς εἰς βασιλέα τοῦ ποιῆσαι κρίμα καὶ δικαιοσύνην. Καὶ ἔδωκε τῷ βασιλεῖ ἑκατὸν εἴκοσι τάλαντα 9 χρυσίου, καὶ ἀρώματα εἰς πλῆθος πολὺ, καὶ λίθον τίμιον· καὶ οὐκ ἦν κατὰ τὰ ἀρώματα ἐκεῖνα ἃ ἔδωκε βασίλισσα Σαβὰ τῷ βασιλεῖ Σαλωμών.

Καὶ οἱ παῖδες Σαλωμὼν καὶ οἱ παῖδες Χιρὰμ ἔφερον χρυσίον 10 τῷ Σαλωμὼν ἐκ Σουφὶρ, καὶ ξύλα πεύκινα, καὶ λίθον τίμιον. Καὶ ἐποίησεν ὁ βασιλεὺς τὰ ξύλα τὰ πεύκινα ἀναβάσεις τῷ 11

β *Lit.* knowing the sea.   γ *Gr.* stone.   δ *Gr.* soul.   ζ *Gr.* meats.

οἴκω Κυρίου, καὶ τῷ οἴκω τοῦ βασιλέως, καὶ κιθάρας καὶ νάβλας τοῖς ᾠδοῖς· καὶ οὐκ ὤφθησαν τοιαῦτα ἔμπροσθεν
12 ἐν γῇ Ἰούδα. Καὶ ὁ βασιλεὺς Σαλωμὼν ἔδωκε τῇ βασιλίσσῃ Σαβὰ πάντα τὰ θελήματα αὐτῆς ἃ ᾔτησεν, ἐκτὸς πάντων ὧν ἤνεγκε τῷ βασιλεῖ Σαλωμών· καὶ ἀπέστρεψεν εἰς τὴν γῆν αὐτῆς.
13 Καὶ ἦν ὁ σταθμὸς τοῦ χρυσίου τοῦ ἐνεχθέντος τῷ Σαλωμὼν
14 ἐν ἐνιαυτῷ ἑνί, ἑξακόσια ἑξηκονταὲξ τάλαντα χρυσίου, πλὴν τῶν ἀνδρῶν τῶν ὑποτεταγμένων καὶ τῶν ἐμπορευομένων ὧν ἔφερον· καὶ πάντων τῶν βασιλέων τῆς Ἀραβίας καὶ σατραπῶν τῆς γῆς, πάντες ἔφερον χρυσίον καὶ ἀργύριον τῷ βασιλεῖ Σαλω-
15 μών. Καὶ ἐποίησεν ὁ βασιλεὺς Σαλωμὼν διακοσίους θυρεοὺς χρυσοῦς ἐλατούς, ἑξακόσιοι χρυσοῖ καθαροὶ ἐπῆσαν ἐπὶ τὸν ἕνα
16 θυρεόν. Καὶ τριακοσίας ἀσπίδας ἐλατὰς χρυσᾶς, τριακοσίων χρυσῶν ἀνεφέρετο ἐπὶ τὴν ἀσπίδα ἑκάστην, καὶ ἔδωκεν αὐτὰς ὁ βασιλεὺς ἐν οἴκω δρυμοῦ τοῦ Λιβάνου.
17 Καὶ ἐποίησεν ὁ βασιλεὺς θρόνον ἐλεφαντίνων ὀδόντων μέγαν,
18 καὶ κατεχρύσωσεν αὐτὸν χρυσίῳ δοκίμῳ. Καὶ ἐξ ἀναβαθμοὶ τῷ θρόνῳ ἐνδεδεμένοι χρυσίῳ, καὶ ἀγκῶνες ἔνθεν καὶ ἔνθεν ἐπὶ τοῦ θρόνου τῆς καθέδρας, καὶ δύο λέοντες ἑστηκότες παρὰ τοὺς
19 ἀγκῶνας, καὶ δώδεκα λέοντες ἑστηκότες ἐκεῖ ἐπὶ τῶν ἐξ ἀναβαθμῶν ἔνθεν καὶ ἔνθεν· οὐκ ἐγενήθη οὕτως ἐν πάσῃ τῇ βασιλείᾳ.
20 Καὶ πάντα τὰ σκεύη τοῦ βασιλέως Σαλωμὼν χρυσίου, καὶ πάντα τὰ σκεύη οἴκου δρυμοῦ τοῦ Λιβάνου χρυσίῳ κατειλημμένα· οὐκ ἦν ἀργύριον λογιζόμενον ἐν ἡμέραις Σαλωμὼν
21 εἰς οὐθέν· Ὅτι ναῦς τῷ βασιλεῖ ἐπορεύετο εἰς Θαρσεὶς μετὰ τῶν παίδων Χιρὰμ, ἅπαξ διὰ τριῶν ἐτῶν ἤρχετο πλοῖα ἐκ Θαρσεὶς τῷ βασιλεῖ γέμοντα χρυσίου καὶ ἀργυρίου, καὶ ὀδόντων ἐλεφαντίνων, καὶ πιθήκων.
22 Καὶ ἐμεγαλύνθη Σαλωμὼν ὑπὲρ πάντας τοὺς βασιλεῖς καὶ
23 πλούτῳ καὶ σοφίᾳ. Καὶ πάντες οἱ βασιλεῖς τῆς γῆς ἐζήτουν τὸ πρόσωπον Σαλωμὼν ἀκοῦσαι τῆς σοφίας αὐτοῦ, ἧς ἔδωκεν
24 ὁ Θεὸς ἐν καρδίᾳ αὐτοῦ. Καὶ αὐτοὶ ἔφερον ἕκαστος τὰ δῶρα αὐτοῦ, σκεύη ἀργυρᾶ καὶ σκεύη χρυσᾶ, καὶ ἱματισμὸν, στακτὴν καὶ ἡδύσματα, ἵππους καὶ ἡμιόνους τὸ κατ᾽ ἐνιαυτὸν ἐνιαυτόν.
25 Καὶ ἦσαν τῷ Σαλωμὼν τέσσαρες χιλιάδες θήλειαι ἵπποι εἰς ἅρματα, καὶ δώδεκα χιλιάδες ἱππέων, καὶ ἔθετο αὐτοὺς ἐν πόλεσι
26 τῶν ἁρμάτων, καὶ μετὰ τοῦ βασιλέως ἐν Ἱερουσαλήμ. Καὶ ἦν ἡγούμενος πάντων τῶν βασιλέων ἀπὸ τοῦ ποταμοῦ καὶ ἕως
27 γῆς ἀλλοφύλων, καὶ ἕως ὁρίων Αἰγύπτου. Καὶ ἔδωκεν ὁ βασιλεὺς τὸ χρυσίον καὶ τὸ ἀργύριον ἐν Ἱερουσαλὴμ ὡς λίθους, καὶ τὰς κέδρους ὡς συκαμίνους τὰς ἐν τῇ πεδινῇ εἰς πλῆθος.
28 Καὶ ἡ ἔξοδος τῶν ἵππων ἐξ Αἰγύπτου τῷ Σαλωμὼν καὶ ἐκ πάσης τῆς γῆς.
29 Καὶ οἱ κατάλοιποι λόγοι Σαλωμὼν οἱ πρῶτοι καὶ οἱ ἔσχατοι, ἰδοὺ οὗτοι γεγραμμένοι ἐπὶ τῶν λόγων Νάθαν τοῦ προφήτου, καὶ ἐπὶ τῶν λόγων Ἀχία τοῦ Σηλωνίτου, καὶ ἐν ταῖς ὁρά-
30 σεσιν Ἰωὴλ τοῦ ὁρῶντος περὶ Ἱεροβοὰμ υἱοῦ Ναβάτ. Καὶ ἐβασίλευσε Σαλωμὼν ἐπὶ πάντα Ἰσραὴλ τεσσαράκοντα ἔτη.

timber steps to the house of the Lord, and to the king's house, and harps and lutes for the singers: and such were not seen before in the land of Juda. [12] And king Solomon gave to the queen of Saba all that she requested, besides all that she brought to king Solomon: and she returned to her *own* land.

[13] And the weight of the gold that was brought to Solomon in one year was six hundred and sixty-six talents of gold, [14] besides what the men who were regularly appointed and the merchants brought, and all the kings of Arabia and princes of the land: all brought gold and silver to king Solomon. [15] And king Solomon made two hundred shields of beaten gold: there were six hundred *shekels* of pure gold to one shield. [16] And three hundred bucklers of beaten gold: *the weight* of three hundred gold shekels went to one buckler: and the king placed them in the house of the forest of Lebanon.

[17] And the king made a great throne of ivory, and he gilded it with pure gold. [18] And *there were* six steps to the throne, riveted with gold, and elbows on either side of the seat of the throne, and two lions standing by the elbows: [19] and twelve lions standing there on the six steps on each side. There was not the like in any *other* kingdom.

[20] And all king Solomon's vessels were of gold, and all the vessels of the house of the forest of Lebanon were covered with gold: silver was not thought anything of in the days of Solomon. [21] For β a ship went for the king to Tharsis with the servants of Chiram: once every three years came vessels from Tharsis to the king, laden with gold, and silver, and γ ivory, and apes.

[22] And Solomon exceeded all *other* kings both in riches and wisdom. [23] And all the kings of the earth sought the presence of Solomon, to hear his wisdom, which God had put in his heart. [24] And they brought every one his gifts, silver vessels and golden vessels, and raiment, δ myrrh and spices, horses and mules, a rate every year.

[25] And Solomon had four thousand mares for chariots, and twelve thousand horsemen; and he put them in the chariot cities, and with the king in Jerusalem. [26] And he ruled over all the kings from the river even to the land of the Philistines, and to the borders of Egypt. [27] And the king made gold and silver in Jerusalem as stones, and cedars as the sycamore trees in the plain for abundance. [28] And Solomon imported horses from Egypt, and from every *other* country.

[29] And the rest of the acts of Solomon, the first and the last, behold, these are written in the words of Nathan the prophet, and in the words of Achia the Selonite, and in the visions of Joel the seer concerning Jeroboam the son of Nabat. [30] And Solomon reigned over all Israel forty

---

β *Or*, collectively, a fleet.   γ *Or*, elephants' teeth.   δ *Or*, stacte.

years. ³¹And Solomon fell asleep, and they buried him in the city of David his father: and Roboam his son reigned in his stead.

And Roboam came to Sychem: for all Israel came to Sychem to make him king.

²And it came to pass when Jeroboam the son of Nabat heard *it*, (now he was in Egypt, forasmuch as he had fled thither from the face of king Solomon, and Jeroboam dwelt in Egypt,) that Jeroboam returned out of Egypt. ³And they sent and called him: and Jeroboam and all the congregation came to Roboam, saying, ⁴Thy father made our yoke grievous: now then abate *somewhat* of thy father's grievous β rule, and of his heavy yoke which he put upon us, and we will serve thee. ⁵And he said to them, Go away γ for three days, and *then* come to me. So the people departed.

⁶And king Roboam assembled the elders that stood before his father Solomon in his life-time, saying, How do ye counsel *me* to return an answer to this people? ⁷And they spoke to him, saying, If thou wouldest this day befriend this people, and δ be kind to them, and speak to them good words, then will they be thy servants for ever. ⁸But he forsook the advice of the old men, who took counsel with him, and he took counsel with the young men who had been brought up with him, who stood before him. ⁹And he said to them, What do ye advise that I should answer this people, who spoke to me, saying, Ease *somewhat* of the yoke which thy father laid upon us? ¹⁰And the young men that had been brought up with him spoke to him, saying, Thus shalt thou speak to the people that spoke to thee, saying, Thy father made our yoke heavy, and do thou lighten *somewhat of it* from us; thus shalt thou say, My little finger *shall be* thicker than my father's loins. ¹¹And ζ whereas my father chastised you with a heavy yoke, I will also add to your yoke: my father chastised you with whips, and I will chastise you with scorpions.

¹²And Jeroboam and all the people came to Roboam on the third day, as the king had spoken, saying, Return to me on the third day. ¹³And the king answered harshly; and king Roboam forsook the counsel of the old men, ¹⁴and spoke to them according to the counsel of the young men, saying, My father made your yoke heavy, but I will add to it: my father chastised you with whips, but I will chastise you with scorpions.

¹⁵And the king hearkened not to the people, for there was a change *of their minds* from God, saying, The Lord has confirmed his word, which he spoke by the hand of Achia the Selonite concerning Jeroboam the son of Nabat, and *concerning* all Israel; ¹⁶for the king did not hearken to them. And the people answered the king, saying, What portion have we in David, or inheritance in the son of Jesse? to thy tents, O Israel: now see to thine own house, David.

Καὶ ἐκοιμήθη Σαλωμών, καὶ ἔθαψαν αὐτὸν ἐν πόλει Δαυὶδ 31 τοῦ πατρὸς αὐτοῦ, καὶ ἐβασίλευσε Ῥοβοὰμ υἱὸς αὐτοῦ ἀντ᾽ αὐτοῦ.

Καὶ ἦλθε Ῥοβοὰμ εἰς Συχέμ, ὅτι εἰς Συχὲμ ἤρχετο πᾶς 10 Ἰσραὴλ βασιλεῦσαι αὐτόν.

Καὶ ἐγένετο ὡς ἤκουσεν Ἱεροβοὰμ υἱὸς Ναβὰτ, καὶ αὐτὸς 2 ἐν Αἰγύπτῳ, ὡς ἔφυγεν ἀπὸ προσώπου Σαλωμὼν τοῦ βασιλέως, καὶ κατῴκησεν Ἱεροβοὰμ ἐν Αἰγύπτῳ, καὶ ἀπέστρεψεν Ἱεροβοὰμ ἐξ Αἰγύπτου. Καὶ ἀπέστειλαν καὶ ἐκάλεσαν αὐτόν· 3 καὶ ἦλθεν Ἱεροβοὰμ καὶ πᾶσα ἡ ἐκκλησία πρὸς Ῥοβοὰμ, λέγοντες, ὁ πατήρ σου ἐσκλήρυνε τὸν ζυγὸν ἡμῶν, καὶ νῦν 4 ἄφες ἀπὸ τῆς δουλείας τοῦ πατρός σου τῆς σκληρᾶς, καὶ ἀπὸ τοῦ ζυγοῦ αὐτοῦ τοῦ βαρέος, οὗ ἔδωκεν ἐφ᾽ ἡμᾶς, καὶ δουλεύσομέν σοι. Καὶ εἶπεν αὐτοῖς, πορεύεσθε ἕως τριῶν ἡμερῶν, 5 καὶ ἔρχεσθε πρὸς μέ· καὶ ἀπῆλθεν ὁ λαός.

Καὶ συνήγαγεν ὁ βασιλεὺς Ῥοβοὰμ τοὺς πρεσβυτέρους 6 τοὺς ἑστηκότας ἐναντίον τοῦ Σαλωμὼν τοῦ πατρὸς αὐτοῦ ἐν τῷ ζῆν αὐτὸν, λέγων, πῶς ὑμεῖς βουλεύεσθε τοῦ ἀποκριθῆναι τῷ λαῷ τούτῳ λόγον; Καὶ ἐλάλησαν αὐτῷ, λέγοντες, ἐὰν ἐν τῇ 7 σήμερον γένῃ εἰς ἀγαθὸν τῷ λαῷ τούτῳ, καὶ εὐδοκήσῃς, καὶ λαλήσῃς αὐτοῖς λόγους ἀγαθοὺς, καὶ ἔσονταί σοι παῖδες πάσας τὰς ἡμέρας. Καὶ κατέλιπε τὴν βουλὴν τῶν πρεσβυτέρων, οἳ 8 συνεβουλεύσαντο αὐτῷ· καὶ συνεβουλεύσατο μετὰ τῶν παιδαρίων τῶν συνεκτραφέντων μετ᾽ αὐτοῦ τῶν ἑστηκότων ἐναντίον αὐτοῦ. Καὶ εἶπεν αὐτοῖς, τί ὑμεῖς βουλεύεσθε, καὶ ἀποκριθή- 9 σομαι λόγον τῷ λαῷ τούτῳ, οἳ ἐλάλησαν πρὸς μὲ, λέγοντες, ἄνες ἀπὸ τοῦ ζυγοῦ οὗ ἔδωκεν ὁ πατήρ σου ἐφ᾽ ἡμᾶς; Καὶ 10 ἐλάλησαν αὐτῷ τὰ παιδάρια τὰ ἐκτραφέντα μετ᾽ αὐτοῦ, λέγοντες, οὕτως λαλήσεις τῷ λαῷ τῷ λαλήσαντι πρὸς σὲ, λέγων, ὁ πατήρ σου ἐβάρυνε τὸν ζυγὸν ἡμῶν, καὶ σὺ ἄφες ἀφ᾽ ἡμῶν· οὕτως ἐρεῖς, ὁ μικρὸς δάκτυλός μου παχύτερος τῆς ὀσφύος τοῦ πατρός μου. Καὶ νῦν ὁ πατήρ μου ἐπαίδευσεν ὑμᾶς 11 ζυγῷ βαρεῖ, κἀγὼ προσθήσω ἐπὶ τὸν ζυγὸν ὑμῶν· ὁ πατήρ μου ἐπαίδευσεν ὑμᾶς ἐν μάστιξι, κἀγὼ παιδεύσω ὑμᾶς ἐν σκορπίοις.

Καὶ ἦλθεν Ἱεροβοὰμ καὶ πᾶς ὁ λαὸς πρὸς Ῥοβοὰμ τῇ 12 ἡμέρᾳ τῇ τρίτῃ, ὡς ἐλάλησεν ὁ βασιλεὺς, λέγων, ἐπιστρέψατε πρὸς μὲ ἐν τῇ ἡμέρᾳ τῇ τρίτῃ. Καὶ ἀπεκρίθη ὁ βασιλεὺς 13 σκληρὰ, καὶ ἐγκατέλιπεν ὁ βασιλεὺς Ῥοβοὰμ τὴν βουλὴν τῶν πρεσβυτέρων, καὶ ἐλάλησε πρὸς αὐτοὺς κατὰ τὴν βουλὴν τῶν 14 νεωτέρων, λέγων, ὁ πατήρ μου ἐβάρυνε τὸν ζυγὸν ὑμῶν, καὶ ἐγὼ προσθήσω ἐπ᾽ αὐτόν· ὁ πατήρ μου ἐπαίδευσεν ὑμᾶς ἐν μάστιξι, καὶ ἐγὼ παιδεύσω ὑμᾶς ἐν σκορπίοις.

Καὶ οὐκ ἤκουσεν ὁ βασιλεὺς τοῦ λαοῦ, ὅτι ἦν μεταστροφὴ 15 παρὰ τοῦ Θεοῦ, λέγων, ἀνέστησε Κύριος τὸν λόγον αὐτοῦ, ὃν ἐλάλησεν ἐν χειρὶ Ἀχία τοῦ Σηλωνίτου περὶ Ἱεροβοὰμ υἱοῦ Ναβὰτ καὶ παντὸς Ἰσραὴλ, ὅτι οὐκ ἤκουσεν ὁ βασιλεὺς αὐ- 16 τῶν· καὶ ἀπεκρίθη ὁ λαὸς πρὸς τὸν βασιλέα, λέγων, τίς ἡμῶν ἡ μερὶς ἐν Δαυὶδ καὶ κληρονομία ἐν υἱῷ Ἰεσσαί; εἰς τὰ σκηνώματά σου, Ἰσραήλ· νῦν βλέπε τὸν οἶκόν σου, Δαυίδ.

β *Gr.* servitude.   γ *Gr.* until.   δ *Or*, take pleasure in them.   ζ *Lit.* now.

17 καὶ ἐπορεύθη πᾶς Ἰσραὴλ εἰς τὰ σκηνώματα αὐτοῦ. Καὶ ἄνδρες Ἰσραὴλ καὶ οἱ κατοικοῦντες ἐν πόλεσιν Ἰούδα, καὶ ἐβασίλευσαν ἐπ᾽ αὐτῶν Ῥοβοάμ.

18 Καὶ ἀπέστειλεν ἐπ᾽ αὐτοὺς Ῥοβοὰμ ὁ βασιλεὺς τὸν Ἀδωνιρὰμ τὸν ἐπὶ τοῦ φόρου, καὶ ἐλιθοβόλησαν αὐτὸν οἱ υἱοὶ Ἰσραὴλ λίθοις, καὶ ἀπέθανε· καὶ ὁ βασιλεὺς Ῥοβοὰμ ἔσπευσε τοῦ ἀναβῆναι εἰς τὸ ἅρμα, τοῦ φυγεῖν εἰς Ἰερουσαλήμ.

19 Καὶ ἠθέτησεν Ἰσραὴλ ἐν τῷ οἴκῳ Δαυὶδ ἕως τῆς ἡμέρας ταύτης.

11 Καὶ ἦλθε Ῥοβοὰμ εἰς Ἰερουσαλήμ, καὶ ἐξεκκλησίασε τὸν Ἰούδαν καὶ Βενιαμὶν ἑκατὸν ὀγδοήκοντα χιλιάδας νεανίσκων ποιούντων πόλεμον, καὶ ἐπολέμει πρὸς Ἰσραὴλ τοῦ ἐπιστρέψαι 2 τὴν βασιλείαν τῷ Ῥοβοάμ. Καὶ ἐγένετο λόγος Κυρίου πρὸς 3 Σαμαίαν ἄνθρωπον τοῦ Θεοῦ, λέγων, εἶπον πρὸς Ῥοβοὰμ τὸν 4 τοῦ Σαλωμὼν καὶ πάντα Ἰούδαν καὶ Βενιαμὶν, λέγων, τάδε λέγει Κύριος, οὐκ ἀναβήσεσθε, καὶ οὐ πολεμήσεσθε πρὸς τοὺς ἀδελφοὺς ὑμῶν· ἀποστρέφετε ἕκαστος εἰς τὸν οἶκον αὐτοῦ, ὅτι παρ᾽ ἐμοῦ ἐγένετο τὸ ῥῆμα τοῦτο· καὶ ἐπήκουσαν τοῦ λόγου Κυρίου, καὶ ἀπεστράφησαν τοῦ μὴ πορευθῆναι ἐπὶ Ἰεροβοάμ.

5 Καὶ κατῴκησε Ῥοβοὰμ εἰς Ἰερουσαλήμ, καὶ ᾠκοδόμησε 6 πόλεις τειχήρεις ἐν τῇ Ἰουδαίᾳ. Καὶ ᾠκοδόμησε τὴν Βηθλεὲμ, 7 καὶ Αἰτὰν, καὶ Θεκωὲ, καὶ Βαιθσουρὰ, καὶ τὴν Σοχὼθ, καὶ 8 τὴν Ὀδολλὰμ, καὶ τὴν Γὲθ, καὶ τὴν Μαρισὰν, καὶ τὴν 9, 10 Ζὶφ, καὶ τὴν Ἀδωραὶ, καὶ Λαχὶς, καὶ τὴν Ἀζηκά, καὶ τὴν Σαραὰ, καὶ τὴν Αἰλὼμ, καὶ τὴν Χεβρὼν, ἥ ἐστι τοῦ Ἰούδα καὶ 11 Βενιαμὶν, πόλεις τειχήρεις. Καὶ ὠχύρωσεν αὐτὰς τειχήρεις, καὶ ἔδωκεν ἐν αὐταῖς ἡγουμένους, καὶ παραθέσεις βρωμάτων, 12 ἔλαιον καὶ οἶνον, κατὰ πόλιν καὶ κατὰ πόλιν θυρεοὺς καὶ δόρατα, καὶ κατίσχυσεν αὐτὰς εἰς πλῆθος σφόδρα· καὶ ἦσαν αὐτῷ Ἰούδα καὶ Βενιαμίν.

13 Καὶ οἱ ἱερεῖς καὶ οἱ Λευῖται οἳ ἦσαν ἐν παντὶ Ἰσραὴλ 14 συνήχθησαν πρὸς αὐτὸν ἐκ πάντων τῶν ὁρίων. Ὅτι ἐγκατέλιπον οἱ Λευῖται τὰ σκηνώματα τῆς κατασχέσεως αὐτῶν, καὶ ἐπορεύθησαν πρὸς Ἰούδα εἰς Ἰερουσαλήμ, ὅτι ἐξέβαλεν αὐτοὺς 15 Ἰεροβοὰμ καὶ οἱ υἱοὶ αὐτοῦ μὴ λειτουργεῖν Κυρίῳ, καὶ κατέστησεν ἑαυτῷ ἱερεῖς τῶν ὑψηλῶν καὶ τοῖς εἰδώλοις καὶ τοῖς 16 ματαίοις καὶ τοῖς μόσχοις, ἃ ἐποίησεν Ἰεροβοάμ. Καὶ ἐξέβαλεν αὐτοὺς ἀπὸ φυλῶν Ἰσραὴλ, οἳ ἔδωκαν καρδίαν αὐτῶν τοῦ ζητῆσαι Κύριον Θεὸν Ἰσραὴλ· καὶ ἦλθον εἰς Ἰερουσαλὴμ 17 θῦσαι Κυρίῳ Θεῷ τῶν πατέρων αὐτῶν. Καὶ κατίσχυσαν τὴν βασιλείαν Ἰούδα· καὶ κατίσχυσε Ῥοβοὰμ τὸν τοῦ Σαλωμὼν εἰς ἔτη τρία, ὅτι ἐπορεύθη ἐν ταῖς ὁδοῖς Δαυὶδ καὶ Σαλωμὼν ἔτη τρία.

18 Καὶ ἔλαβεν ἑαυτῷ Ῥοβοὰμ γυναῖκα τὴν Μοολὰθ θυγατέρα Ἰεριμοὺθ υἱοῦ Δαυὶδ, καὶ Ἀβιγαίαν θυγατέρα Ἐλιὰβ τοῦ 19 Ἰεσσαί. Καὶ ἔτεκεν αὐτῷ υἱοὺς, τὸν Ἰεοὺς, καὶ τὸν Σαμορία, 20 καὶ τὸν Ζαάμ. Καὶ μετὰ ταῦτα ἔλαβεν ἑαυτῷ τὴν Μααχὰ θυγατέρα Ἀβεσσαλὼμ, καὶ ἔτεκεν αὐτῷ τὸν Ἀβιὰ, καὶ τὸν 21 Ἰετθὶ, καὶ τὸν Ζηζὰ, καὶ τὸν Σαλημώθ. Καὶ ἠγάπησε Ῥο-

So all Israel went to their tents. 17 But the men of Israel, even those who dwelt in the cities of Juda, *remained* and made Roboam king over them.

18 And king Roboam sent to them Adoniram that was over the tribute; and the children of Israel stoned him with stones, and he died. And king Roboam hasted to mount *his* chariot, to flee to Jerusalem. 19 So Israel rebelled β against the house of David until this day.

And Roboam came to Jerusalem; and he assembled Juda and Benjamin, a hundred and eighty thousand young men γ fit for war, and he waged war with Israel to recover the kingdom to Roboam. 2 And the word of the Lord came to Samaias the man of God, saying, 3 Speak to Roboam the *son* of Solomon, and to all Juda and Benjamin, saying, 4 Thus saith the Lord, Ye shall not go up, and ye shall not war against your brethren : return every one to his home; for this thing is of me. And they hearkened to the word of the Lord, and returned δ from going against Jeroboam.

5 And Roboam dwelt in Jerusalem, and he built walled cities in Judæa. 6 And he built Bethleem, and Ætan and Thecoe, 7 and Bæthsura, and Sochoth, and Odollam, 8 and Geth, and Marisa, and Ziph, 9 and Adorai, and Lachis, and Azeca, 10 and Saraa, and Ælom, and Chebron, which belongs to Juda and Benjamin, walled cities. 11 And he fortified them ζ with walls, and placed in them captains, and stores of provisions, oil and wine, 12 shields and spears in every several city, and he fortified them θ very strongly, and he had on his side Juda and Benjamin.

13 And the priests and the Levites who were in all Israel were gathered to him out of all the coasts. 14 For the Levites left the tents of their possession, and went to Juda to Jerusalem, because Jeroboam and his sons had ejected them so that they should not minister to the Lord. 15 And he made for himself priests of the high places, and for the idols, and for the vanities, and for the calves which Jeroboam made. 16 And he cast out from the tribes of Israel λ those who set their heart to seek the Lord God of Israel: and they came to Jerusalem, to sacrifice to the Lord God of their fathers. 17 And they strengthened the kingdom of Juda; and *Juda* strengthened Roboam the *son* of Solomon for three years, for he walked three years in the ways of David and Solomon.

18 And Roboam took to himself for a wife Moolath daughter of Jerimuth the son of David, and Abigaia daughter of Heliab the son of Jessæ. 19 And she bore him sons; Jeus, and Samoria, and Zaam. 20 And afterwards he took to himself Maacha the daughter of Abessalom; and she bore him Abia, and Jetthi, and Zeza, and Salemoth. 21 And Roboam loved Maacha the daughter

---

β Gr. in.   γ Gr. making war.   δ Gr. so as not to go.   ζ Gr. walled.   θ Or, in great numbers.   λ Gr. them.

of Abessalom more than all his wives and all his concubines: for he had eighteen wives and sixty concubines; and he begot twenty-eight sons, and sixty daughters. ²²And he made Abia the son of Maacha chief, *even* a leader among his brethren, for he intended to make him king. ²³And he was β exalted beyond all his *other* sons in all the coasts of Juda and Benjamin, and in the strong cities; and he gave them provisions in great abundance: and he desired many wives.

And it came to pass when the kingdom of Roboam was established, and when he had grown strong, *that* he forsook the commandments of the Lord, and all Israel with him. ²And it came to pass in the fifth year of the reign of Roboam, Susakim king of Egypt came up against Jerusalem, because they had sinned against the Lord, ³with twelve hundred chariots, and sixty thousand horse: and there was no number of the multitude that came with him from Egypt; Libyans, Trogodytes, and Ethiopians. ⁴And they obtained possession of the strong cities, which were in Juda, and came to Jerusalem.

⁵And Samaias the prophet came to Roboam, and to the princes of Juda that were gathered to Jerusalem for fear of Susakim, and said to them, Thus said the Lord, Ye have left me, and I will leave you in the hand of Susakim. ⁶And the elders of Israel and the king were ashamed, and said, The Lord *is* righteous. ⁷And when the Lord saw that they γrepented, then came the word of the Lord to Samaias, saying, They have repented; I will not destroy them, but I will δset them in safety ζfor a little while, and my wrath shall not be θpoured out on Jerusalem. ⁸Nevertheless they shall be servants, and know my service, and the service of the kings of the earth.

⁹So Susakim king of Egypt went up against Jerusalem, and took the treasures that were in the house of the Lord, and the treasures that were in the king's house: he took all; and he took the golden shields which Solomon had made. ¹⁰And king Roboam made brazen shields instead of them. And Susakim set over him captains of footmen, as keepers of the gate of the king. ¹¹And it came to pass, when the king went into the house of the Lord, the guards and the footmen went in, and they that returned to meet the footmen. ¹²And when he repented, the anger of the Lord turned from him, and did not destroy him utterly; for there were good λthings in Juda.

¹³So king Roboam strengthened *himself* in Jerusalem, and reigned: and Roboam was forty and one years old μ when he began to reign, and he reigned seventeen years in Jerusalem, in the city which the Lord chose out of all the tribes of the children of Israel to call his name there: and his mother's name was Noomma the Ammanitess. ¹⁴And he did evil, for he directed not his heart to seek the Lord.

βοὰμ τὴν Μααχὰ θυγατέρα Ἀβεσσαλὼμ ὑπὲρ πάσας τὰς γυναῖκας αὐτοῦ καὶ τὰς παλλακὰς αὐτοῦ, ὅτι γυναῖκας δεκαοκτὼ εἶχε καὶ παλλακὰς ἑξήκοντα· καὶ ἐγέννησεν υἱοὺς εἴκοσι καὶ ὀκτὼ, καὶ θυγατέρας ἑξήκοντα. Καὶ κατέστησεν εἰς ἄρχοντα 22 Ἀβιὰ τὸν τῆς Μααχὰ εἰς ἡγούμενον ἐν τοῖς ἀδελφοῖς αὐτοῦ, ὅτι βασιλεῦσαι διενοεῖτο αὐτόν. Καὶ ηὐξήθη παρὰ πάντας τοὺς 23 υἱοὺς αὐτοῦ ἐν πᾶσι τοῖς ὁρίοις Ἰούδα καὶ Βενιαμὶν, καὶ ἐν ταῖς πόλεσι ταῖς ὀχυραῖς, καὶ ἔδωκεν αὐταῖς τροφὰς πλῆθος πολὺ, καὶ ᾐτήσατο πλῆθος γυναικῶν.

Καὶ ἐγένετο ὡς ἡτοιμάσθη ἡ βασιλεία Ῥοβοὰμ, καὶ ὡς 12 κατεκρατήθη, ἐγκατέλιπε τὰς ἐντολὰς Κυρίου, καὶ πᾶς Ἰσραὴλ μετ᾽ αὐτοῦ.

Καὶ ἐγένετο ἐν τῷ ἔτει τῷ πέμπτῳ τῆς βασιλείας Ῥοβοὰμ, 2 ἀνέβη Σουσακὶμ βασιλεὺς Αἰγύπτου ἐπὶ Ἰερουσαλὴμ, ὅτι ἥμαρτον ἐναντίον Κυρίου, ἐν χιλίοις καὶ διακοσίοις ἅρμασι καὶ 3 ἑξήκοντα χιλιάσιν ἵππων, καὶ οὐκ ἦν ἀριθμὸς τοῦ πλήθους τοῦ ἐλθόντος μετ᾽ αὐτοῦ ἐξ Αἰγύπτου, Λίβυες, Τρωγοδύται, καὶ Αἰθίοπες. Καὶ κατεκράτησαν τῶν πόλεων τῶν ὀχυρῶν, αἳ ἦσαν 4 ἐν Ἰούδα, καὶ ἦλθον εἰς Ἰερουσαλήμ.

Καὶ Σαμαίας ὁ προφήτης ἦλθε πρὸς Ῥοβοὰμ, καὶ πρὸς 5 τοὺς ἄρχοντας Ἰούδα τοὺς συναχθέντας εἰς Ἰερουσαλὴμ ἀπὸ προσώπου Σουσακὶμ, καὶ εἶπεν αὐτοῖς, οὕτως εἶπε Κύριος, ὑμεῖς ἐγκατελίπετέ με, καὶ ἐγὼ ἐγκαταλείψω ὑμᾶς ἐν χειρὶ Σουσακίμ. Καὶ ᾐσχύνθησαν οἱ ἄρχοντες Ἰσραὴλ καὶ ὁ βασι- 6 λεὺς, καὶ εἶπαν, δίκαιος ὁ Κύριος. Καὶ ἐν τῷ ἰδεῖν Κύριον 7 ὅτι ἐνετράπησαν, καὶ ἐγένετο λόγος Κυρίου πρὸς Σαμαίαν, λέγων, ἐνετράπησαν, οὐ καταφθερῶ αὐτοὺς, καὶ δώσω αὐτοὺς ὡς μικρὸν εἰς σωτηρίαν, καὶ οὐ μὴ στάξῃ ὁ θυμός μου ἐν Ἰε- ρουσαλήμ· ὅτι ἔσονται εἰς παῖδας, καὶ γνώσονται τὴν δουλείαν 8 μου, καὶ τὴν δουλείαν τῆς βασιλείας τῆς γῆς.

Καὶ ἀνέβη Σουσακὶμ βασιλεὺς Αἰγύπτου ἐπὶ Ἰερουσαλὴμ, 9 καὶ ἔλαβε τοὺς θησαυροὺς τοὺς ἐν οἴκῳ Κυρίου, καὶ τοὺς θησαυ- ροὺς τοὺς ἐν οἴκῳ τοῦ βασιλέως, τὰ πάντα ἔλαβε· καὶ ἔλαβε τοὺς θυρεοὺς τοὺς χρυσοὺς οὓς ἐποίησε Σαλωμών. Καὶ ἐποί- 10 ησεν ὁ βασιλεὺς Ῥοβοὰμ θυρεοὺς χαλκοῦς ἀντ᾽ αὐτῶν· καὶ κατέστησεν ἐπ᾽ αὐτὸν Σουσακὶμ ἄρχοντας παρατρεχόντων, τοὺς φυλάσσοντας τὸν πυλῶνα τοῦ βασιλέως. Καὶ ἐγένετο ἐν τῷ 11 εἰσελθεῖν τὸν βασιλέα εἰς οἶκον Κυρίου, εἰσεπορεύοντο οἱ φυλάσσοντες, καὶ οἱ παρατρέχοντες, καὶ οἱ ἐπιστρέφοντες εἰς ἀπάντησιν τῶν παρατρεχόντων. Καὶ ἐν τῷ ἐντραπῆναι αὐτὸν, 12 ἀπεστράφη ἀπ᾽ αὐτοῦ ὀργὴ Κυρίου, καὶ οὐκ εἰς καταφθορὰν εἰς τέλος· καὶ γὰρ ἐν Ἰούδα ἦσαν λόγοι ἀγαθοί.

Καὶ κατίσχυσεν ὁ βασιλεὺς Ῥοβοὰμ ἐν Ἰερουσαλὴμ, καὶ 13 ἐβασίλευσε· καὶ τεσσαράκοντα καὶ ἑνὸς ἐτῶν Ῥοβοὰμ ἐν τῷ βασιλεῦσαι αὐτὸν, καὶ ἑπτακαίδεκα ἔτη ἐβασίλευσεν ἐν Ἰερουσαλὴμ, ἐν τῇ πόλει ᾗ ἐξελέξατο Κύριος ἐπονομάσαι τὸ ὄνομα αὐτοῦ ἐκεῖ ἐκ πασῶν φυλῶν υἱῶν Ἰσραὴλ, καὶ τὸ ὄνομα τῆς μητρὸς αὐτοῦ Νοομμὰ ἡ Ἀμμανίτις. Καὶ ἐποίησε τὸ 14 πονηρὸν, ὅτι οὐ κατεύθυνε τὴν καρδίαν αὐτοῦ ἐκζητῆσαι τὸν Κύριον.

β *Gr.* increased.   γ *Gr.* were ashamed, or reverential.   δ *Gr.* give.   ζ *Gr.* as a little.   θ *Gr.* dropped.   λ *Gr.* words.
μ *Gr.* in his reigning.

15 Καὶ λόγοι Ῥοβοὰμ οἱ πρῶτοι καὶ ἔσχατοι οὐκ ἰδοὺ γεγραμμένοι ἐν τοῖς λόγοις Σαμαία τοῦ προφήτου, καὶ Ἀδδὼ τοῦ ὁρῶντος, καὶ πράξεις αὐτοῦ; καὶ ἐπολέμησε Ῥοβοὰμ τὸν Ἱερο-
16 βοὰμ πάσας τὰς ἡμέρας. Καὶ ἀπέθανε Ῥοβοὰμ μετὰ τῶν πατέρων αὐτοῦ, καὶ ἐτάφη ἐν πόλει Δαυὶδ, καὶ ἐβασίλευσεν Ἀβιὰ υἱὸς αὐτοῦ ἀντ᾿ αὐτοῦ.

13 Ἐν τῷ ὀκτωκαιδεκάτῳ ἔτει τῆς βασιλείας Ἱεροβοὰμ ἐβασί-
2 λευσεν Ἀβιὰ ἐπὶ Ἰούδαν. Τρία ἔτη ἐβασίλευσεν ἐν Ἱερουσαλήμ, καὶ ὄνομα τῇ μητρὶ αὐτοῦ Μααχὰ, θυγάτηρ Οὐριὴλ ἀπὸ Γαβαών.

Καὶ πόλεμος ἦν ἀναμέσον Ἀβιὰ καὶ ἀναμέσον Ἱεροβοάμ.
3 Καὶ παρετάξατο Ἀβιὰ ἐν δυνάμει πολεμισταῖς δυνάμεως τετρακοσίαις χιλιάσιν ἀνδρῶν δυνατῶν· καὶ Ἱεροβοὰμ παρετάξατο πρὸς αὐτὸν πόλεμον ἐν ὀκτακοσίαις χιλιάσι, δυνατοὶ πολεμισταὶ δυνάμεως.
4 Καὶ ἀνέστη Ἀβιὰ ἀπὸ τοῦ ὄρους Σομόρων, ὅ ἐστιν ἐν τῷ ὄρει Ἐφραὶμ, καὶ εἶπεν, ἀκούσατε Ἱεροβοὰμ καὶ πᾶς Ἰσραήλ·
5 Οὐχ ὑμῖν γνῶναι ὅτι Κύριος ὁ Θεὸς Ἰσραὴλ ἔδωκε βασιλέα ἐπὶ τὸν Ἰσραὴλ εἰς τὸν αἰῶνα τῷ Δαυὶδ καὶ τοῖς υἱοῖς αὐτοῦ
6 διαθήκη ἁλός; Καὶ ἀνέστη Ἱεροβοὰμ ὁ τοῦ Ναβὰτ ὁ παῖς
7 Σαλωμὼν τοῦ Δαυὶδ, καὶ ἀπέστη ἀπὸ τοῦ κυρίου αὐτοῦ· Καὶ συνήχθησαν πρὸς αὐτὸν ἄνδρες λοιμοὶ υἱοὶ παράνομοι, καὶ ἀνέστη πρὸς Ῥοβοὰμ τὸν τοῦ Σαλωμών, καὶ Ῥοβοὰμ ἦν νεώτερος καὶ δειλὸς τῇ καρδίᾳ, καὶ οὐκ ἀντέστη κατὰ πρόσωπον
8 αὐτοῦ. Καὶ νῦν ὑμεῖς λέγετε ἀντιστῆναι κατὰ πρόσωπον βασιλείας Κυρίου διὰ χειρὸς υἱῶν Δαυίδ· καὶ ὑμεῖς πλῆθος πολὺ, καὶ μεθ᾿ ὑμῶν μόσχοι χρυσοῖ οὓς ἐποίησεν ὑμῖν Ἱερο-
9 βοὰμ εἰς θεούς. Ἦ οὐκ ἐξεβάλετε τοὺς ἱερεῖς Κυρίου τοὺς υἱοὺς Ἀαρὼν καὶ τοὺς Λευίτας, καὶ ἐποιήσατε ἑαυτοῖς ἱερεῖς ἐκ τοῦ λαοῦ τῆς γῆς πάσης; ὁ προσπορευόμενος πληρῶσαι τὰς χεῖρας ἐν μόσχῳ ἐκ βοῶν καὶ κριοῖς ἑπτά, καὶ ἐγίνετο εἰς ἱερέα
10 τῷ μὴ ὄντι θεῷ. Καὶ ἡμεῖς Κύριον τὸν Θεὸν ἡμῶν οὐκ ἐγκατελίπομεν, καὶ οἱ ἱερεῖς αὐτοῦ λειτουργοῦσι τῷ Κυρίῳ οἱ υἱοὶ
11 Ἀαρὼν καὶ οἱ Λευῖται, καὶ ἐν ταῖς ἐφημερίαις αὐτῶν θυμιῶσι τῷ Κυρίῳ ὁλοκαύτωμα πρωῒ καὶ δείλης, καὶ θυμίαμα συνθέσεως, καὶ προθέσεις ἄρτων ἐπὶ τῆς τραπέζης τῆς καθαρᾶς, καὶ ἡ λυχνία ἡ χρυσῆ καὶ οἱ λυχνοὶ τῆς καύσεως ἀνάψαι δείλης· ὅτι φυλάσσομεν ἡμεῖς τὰς φυλακὰς Κυρίου τοῦ Θεοῦ τῶν
12 πατέρων ἡμῶν, καὶ ὑμεῖς ἐγκατελίπετε αὐτόν. Καὶ ἰδοὺ μεθ᾿ ἡμῶν ἐν ἀρχῇ Κύριος καὶ οἱ ἱερεῖς αὐτοῦ, καὶ αἱ σάλπιγγες τῆς σημασίας τοῦ σημαίνειν ἐφ᾿ ἡμᾶς. Οἱ υἱοὶ τοῦ Ἰσραήλ, μὴ πολεμήσητε πρὸς Κύριον Θεὸν τῶν πατέρων ἡμῶν, ὅτι οὐκ εὐοδώσεται ὑμῖν.
13 Καὶ Ἱεροβοὰμ ἀπέστρεψε τὸ ἔνεδρον ἐλθεῖν αὐτῷ ἐκ τῶν ὄπισθεν, καὶ ἐγένετο ἔμπροσθεν Ἰούδα, καὶ τὸ ἔνεδρον ἐκ τῶν
14 ὄπισθεν. Καὶ ἀπέστρεψεν Ἰούδας, καὶ ἰδοὺ αὐτοῖς ὁ πόλεμος ἐκ τῶν ἔμπροσθεν καὶ ἐκ τῶν ὄπισθεν· καὶ ἐβόησαν πρὸς
15 Κύριον, καὶ οἱ ἱερεῖς ἐσάλπισαν ταῖς σάλπιγξι. Καὶ ἐβόησαν ἄνδρες Ἰούδα· καὶ ἐγένετο ἐν τῷ βοᾷν ἄνδρας Ἰούδα, καὶ Κύριος ἐπάταξε τὸν Ἱεροβοὰμ καὶ τὸν Ἰσραὴλ ἐναντίον Ἀβιὰ

15 And the β acts of Roboam, the first and the last, behold, are they not written in the β book of Samaia the prophet, and Addo the seer, with his achievements. 16 And Roboam made war with Jeroboam γall *his* days. And Roboam died with his fathers, and was buried in the city of David: and Abia his son reigned in his stead.

In the eighteenth year of the reign of Jeroboam Abia δ began to reign over Juda. 2 He reigned three years in Jerusalem. And his mother's name *was* Maacha, daughter of Uriel of Gabaon.

And there was war between Abia and Jeroboam. 3 And Abia set the battle in array with an army, with mighty men of war, *even* four hundred thousand mighty men: and Jeroboam set the battle in array against him with eight hundred thousand, *they were* mighty warriors of the host.

4 And Abia rose up from the mount Somoron, which is in mount Ephraim, and said, Hear ye, Jeroboam, and all Israel: 5 *Is it* not for you to know that the Lord God of Israel has given a king over Israel for ever to David, and to his sons, by a covenant of salt? 6 But Jeroboam the *son* of Nabat, the servant of Solomon *the son* of David, is risen up, and has revolted from his master: 7 and there are gathered to him pestilent men, transgressors, and he has risen up against Roboam the *son* of Solomon, while Roboam was ζ young and fearful in heart, and he θ withstood him not. 8 And now ye profess to resist the kingdom of the Lord λ in the hand of the sons of David; and ye *are* a great multitude, and with you are golden calves, which Jeroboam made you for gods. 9 Did ye not cast out the priests of the Lord, the sons of Aaron, and the Levites, and make to yourselves priests of the people of any *other* land? whoever came to μ consecrate himself with a calf of the herd and seven rams, he forthwith became a priest to that which is no god. 10 But we have not forsaken the Lord our God, and his priests, the sons of Aaron, and the Levites, minister to the Lord; and in their daily courses 11 they sacrifice to the Lord whole-burnt-offering, morning and evening, and compound incense, and *set* the shewbread on the pure table; and *there is* the golden candlestick, and the lamps for burning, to light in the evening: for we keep the ξ charge of the Lord God of our fathers; but ye have forsaken him. 12 And, behold, the Lord and his priests are with us at our head, and the signal trumpets to sound an alarm over us. Children of Israel, fight not against the Lord God of our fathers; for ye shall not prosper.

13 Now Jeroboam had caused an ambush to come round upon him from behind: and he *himself* was before Juda, and the ambush behind. 14 And Juda looked back, and, behold, the battle *was* against them before and behind: and they cried to the Lord, and the priests sounded with the trumpets. 15 And the men of Juda shouted: and it came to pass, when the men of Juda shouted, that the Lord smote Jeroboam and

---

β *Gr.* words. *Hebraism.*   γ *Gr.* always.   δ *Gr.* reigned.   ζ *Gr.* younger.   θ *Gr.* resisted not to his face.
λ *Gr.* by.   μ *Gr.* fill his hands.   ξ *Gr.* charges, *or* watches.

Israel before Abia and Juda. 16 And the
children of Israel fled from before Juda;
and the Lord delivered them into their
hands. 17 And Abia and his people smote
them with a great [β]slaughter: and there
fell slain of Israel five hundred thousand
mighty men. 18 So the children of Israel
were brought low in that day, and the chil-
dren of Juda prevailed, because they trusted
on the Lord God of their fathers. 19 And
Abia pursued after Jeroboam, and he took
from him the cities, Bæthel and her towns,
and Jesyna and her towns, and Ephron and
her towns. 20 And Jeroboam did not recover
strength again all the days of Abia: and the
Lord smote him, and he died.

21 But Abia strengthened himself, and
took to himself fourteen wives, and he
begot twenty-two sons, and sixteen daugh-
ters.

22 And the rest of the acts of Abia, and
his deeds, and his sayings, are written in
the book of the prophet Addo.

And Abia died with his fathers, and they
buried him in the city of David; and Asa
his son reigned in his stead. In the days
of Asa the land of Juda had rest ten years.

2 And he did that which was good and
right in the sight of the Lord his God.
3 And he removed the altars of the strange
gods, and the high places, and broke the
[γ]pillars in pieces, and cut down the groves:
4 and he told Juda to seek earnestly the
Lord God of their fathers, and to perform
the law and the commandments. 5 And he
removed from all the cities of Juda the
altars and the idols, and established in
quietness 6 fortified cities in the land of Juda;
for the land was quiet, and he had no war
in these years; for the Lord gave him rest.
7 And he said to Juda, Let us fortify these
cities, and make walls, and towers, and
gates, and bars: we shall prevail [δ]over the
land, for as we have sought out the Lord
our God, he has sought out us, and has
given us rest round about, and prospered
us. 8 And Asa had a force of armed men
bearing shields and spears in the land of
Juda, *even* three hundred thousand, and in
the land of Benjamin [ζ]two hundred and
eighty thousand targeteers and archers:
all these were mighty warriors.

9 And Zare the Ethiopian went out against
them, with a force of a million, and three
hundred chariots; and came to Maresa.
10 And Asa went out to meet him, and set
the battle in array in the valley north of
Maresa. 11 And Asa cried to the Lord his
God, and said, O Lord, it is not impossible
with thee to save by many or by few:
strengthen us, O Lord our God; for we
trust in thee, and in thy name have we
come against this great multitude. O Lord
our God, let not man prevail against thee.
12 And the Lord smote the Ethiopians be-
fore Juda; and the Ethiopians fled. 13 And
Asa and his people pursued them to Gedor;
and the Ethiopians fell, so that they could
not [θ]recover themselves; for they were
crushed before the Lord, and before his

καὶ Ἰούδα. Καὶ ἔφυγον οἱ υἱοὶ Ἰσραὴλ ἀπὸ προσώπου Ἰούδα, 16
καὶ παρέδωκεν αὐτοὺς Κύριος εἰς τὰς χεῖρας αὐτῶν. Καὶ ἐπά- 17
ταξεν ἐν αὐτοῖς Ἀβιὰ καὶ ὁ λαὸς αὐτοῦ πληγὴν μεγάλην·
καὶ ἔπεσον τραυματίαι ἀπὸ Ἰσραὴλ πεντακόσιαι χιλιάδες
ἄνδρες δυνατοί. Καὶ ἐταπεινώθησαν οἱ υἱοὶ Ἰσραὴλ ἐν τῇ 18
ἡμέρᾳ ἐκείνῃ, καὶ κατίσχυσαν οἱ υἱοὶ Ἰούδα, ὅτι ἤλπισαν ἐπὶ
Κύριον Θεὸν τῶν πατέρων αὐτῶν. Καὶ κατεδίωξεν Ἀβιὰ ὀπίσω 19
Ἱεροβοὰμ, καὶ προκατελάβετο παρʼ αὐτοῦ τὰς πόλεις, τὴν
Βαιθὴλ καὶ τὰς κώμας αὐτῆς, καὶ τὴν Ἰεσυνὰ καὶ τὰς κώμας
αὐτῆς, καὶ τὴν Ἐφρὼν καὶ τὰς κώμας αὐτῆς. Καὶ οὐκ ἔσχεν 20
ἰσχὺν Ἱεροβοὰμ ἔτι πάσας τὰς ἡμέρας Ἀβιὰ, καὶ ἐπάταξεν
αὐτὸν Κύριος, καὶ ἐτελεύτησε.

Καὶ κατίσχυσεν Ἀβιὰ, καὶ ἔλαβεν ἑαυτῷ γυναῖκας δεκα- 21
τέσσαρας, καὶ ἐγέννησεν υἱοὺς εἰκοσιδύο καὶ ἑκκαίδεκα θυγα-
τέρας.

Καὶ οἱ λοιποὶ λόγοι Ἀβιὰ καὶ αἱ πράξεις αὐτοῦ καὶ οἱ λόγοι 22
αὐτοῦ γεγραμμένοι ἐπὶ βιβλίῳ τοῦ προφήτου Ἀδδώ.

Καὶ ἀπέθανεν Ἀβιὰ μετὰ τῶν πατέρων αὐτοῦ, καὶ ἔθαψαν 14
αὐτὸν ἐν πόλει Δαυὶδ, καὶ ἐβασίλευσεν Ἀσὰ υἱὸς αὐτοῦ ἀντʼ
αὐτοῦ· ἐν ταῖς ἡμέραις Ἀσὰ ἡσύχασεν ἡ γῆ Ἰούδα δέκα ἔτη.

Καὶ ἐποίησε τὸ καλὸν καὶ τὸ εὐθὲς ἐνώπιον Κυρίου τοῦ Θεοῦ 2
αὐτοῦ. Καὶ ἀπέστησε τὰ θυσιαστήρια τῶν ἀλλοτρίων καὶ τὰ 3
ὑψηλὰ, καὶ συνέτριψε τὰς στήλας, καὶ ἐξέκοψε τὰ ἄλση, καὶ 4
εἶπε τῷ Ἰούδα ἐκζητῆσαι τὸν Κύριον Θεὸν τῶν πατέρων αὐτῶν,
καὶ ποιῆσαι τὸν νόμον καὶ τὰς ἐντολάς. Καὶ ἀπέστησεν ἀπὸ 5
πασῶν πόλεων Ἰούδα τὰ θυσιαστήρια καὶ τὰ εἴδωλα, καὶ
εἰρήνευσε πόλεις τειχήρεις ἐν γῇ Ἰούδα, ὅτι εἰρήνευσεν ἡ γῆ, 6
καὶ οὐκ ἦν αὐτῷ πόλεμος ἐν τοῖς ἔτεσι τούτοις, ὅτι κατέπαυσε
Κύριος αὐτῷ. Καὶ εἶπε τῷ Ἰούδα, οἰκοδομήσωμεν τὰς πόλεις 7
ταύτας, καὶ ποιήσωμεν τείχη καὶ πύργους καὶ πύλας καὶ μοχ-
λοὺς, ἐνώπιον τῆς γῆς κυριεύσομεν· ὅτι καθὼς ἐξεζητήσαμεν
Κύριον τὸν Θεὸν ἡμῶν, ἐξεζήτησεν ἡμᾶς, καὶ κατέπαυσεν ἡμᾶς
κυκλόθεν, καὶ εὐώδωσεν ἡμῖν. Καὶ ἐγένετο δύναμις τῷ Ἀσὰ 8
ὁπλοφόρων αἰρόντων θυρεοὺς καὶ δόρατα ἐν γῇ Ἰούδα τριακό-
σιαι χιλιάδες, καὶ ἐν γῇ Βενιαμὶν πελτασταὶ καὶ τοξόται
διακόσιαι καὶ ὀγδοήκοντα χιλιάδες, πάντες οὗτοι πολεμισταὶ
δυνάμεως.

Καὶ ἐξῆλθεν ἐπʼ αὐτοὺς Ζαρὲ ὁ Αἰθίοψ ἐν δυνάμει ἐν χιλίαις 9
χιλιάσι καὶ ἅρμασι τριακοσίοις, καὶ ἦλθεν ἕως Μαρησά. Καὶ 10
ἐξῆλθεν Ἀσὰ εἰς συνάντησιν αὐτῷ, καὶ παρετάξατο πόλεμον
ἐν τῇ φάραγγι κατὰ Βοῤῥᾶν Μαρησά. Καὶ ἐβόησεν Ἀσὰ 11
πρὸς Κύριον Θεὸν αὐτοῦ, καὶ εἶπε, Κύριε, οὐκ ἀδυνατεῖ παρὰ
σοὶ σώζειν ἐν πολλοῖς καὶ ἐν ὀλίγοις· κατίσχυσον ἡμᾶς Κύριε
ὁ Θεὸς ἡμῶν, ὅτι ἐπὶ σοὶ πεποιθαμεν, καὶ ἐπὶ τῷ ὀνόματί σου
ἤλθομεν ἐπὶ τὸ πλῆθος τὸ πολὺ τοῦτο· Κύριε ὁ Θεὸς ἡμῶν,
μὴ κατισχυσάτω πρὸς σὲ ἄνθρωπος. Καὶ ἐπάταξε Κύριος 12
τοὺς Αἰθίοπας ἐναντίον Ἰούδα, καὶ ἔφυγον Αἰθίοπες, καὶ 13
κατεδίωξεν αὐτοὺς Ἀσὰ καὶ ὁ λαὸς αὐτοῦ ἕως Γεδώρ· καὶ ἔπε-
σον Αἰθίοπες ὥστε μὴ εἶναι ἐν αὐτοῖς περιποίησιν, ὅτι συνετρί-
βησαν ἐνώπιον Κυρίου καὶ ἐναντίον τῆς δυνάμεως αὐτοῦ, καὶ

β *Gr.* stroke. γ *Or*, statues. δ The LXX. seem to have read עודנו as אדני *Alex.* ἐν ᾧ for ἐνώπιον. ζ *Alex.* 250,000. θ *Or*, save.

14 ἐσκύλευσαν σκῦλα πολλά. Καὶ ἐξέκοψαν τὰς κώμας αὐτῶν κύκλῳ Γεδὼρ, ὅτι ἐγενήθη ἔκστασις Κυρίου ἐπ' αὐτούς, καὶ ἐσκύλευσαν πάσας τὰς πόλεις αὐτῶν, ὅτι πολλὰ σκῦλα ἐγενήθη
15 αὐτοῖς. Καί γε σκηνὰς κτήσεων, καὶ τοὺς Ἀλιμαζονεῖς ἐξέκοψαν, καὶ ἔλαβον πρόβατα πολλὰ καὶ καμήλους, καὶ ἐπέστρεψαν εἰς Ἱερουσαλήμ.

15 Καὶ Ἀζαρίας υἱὸς Ὠδὴδ, ἐγένετο ἐπ' αὐτὸν πνεῦμα Κυρίου.
2 Καὶ ἐξῆλθεν εἰς ἀπάντησιν Ἀσὰ καὶ παντὶ Ἰούδα καὶ Βενιαμίν, καὶ εἶπεν, ἀκούσατέ μου Ἀσά, καὶ πᾶς Ἰούδα καὶ Βενιαμίν· Κύριος μεθ' ὑμῶν ἐν τῷ εἶναι ὑμᾶς μετ' αὐτοῦ, καὶ ἐὰν ἐκζητήσητε αὐτὸν εὑρεθήσεται ὑμῖν, καὶ ἐὰν ἐγκαταλείπητε
3 αὐτόν, ἐγκαταλείψει ὑμᾶς. Καὶ ἡμέραι πολλαὶ τῷ Ἰσραὴλ ἐν οὐ Θεῷ ἀληθινῷ, καὶ οὐχ ἱερέως ὑποδεικνῦντος, καὶ ἐν οὐ νόμῳ.
4 Καὶ ἐπιστρέψει αὐτοὺς ἐπὶ Κύριον Θεὸν Ἰσραήλ, καὶ εὑρεθή-
5 σεται αὐτοῖς. Καὶ ἐν ἐκείνῳ τῷ καιρῷ οὐκ ἔστιν εἰρήνη τῷ ἐκπορευομένῳ καὶ τῷ εἰσπορευομένῳ, ὅτι ἔκστασις Κυρίου ἐπὶ
6 πάντας τοὺς κατοικοῦντας τὰς χώρας. Καὶ πολεμήσει ἔθνος πρὸς ἔθνος καὶ πόλις πρὸς πόλιν, ὅτι ὁ Θεὸς ἐξέστησεν αὐτοὺς
7 ἐν πάσῃ θλίψει. Καὶ ὑμεῖς ἰσχύσατε, καὶ μὴ ἐκλυέσθωσαν αἱ χεῖρες ὑμῶν, ὅτι ἔστι μισθὸς τῇ ἐργασίᾳ ὑμῶν.
8 Καὶ ἐν τῷ ἀκοῦσαι τοὺς λόγους τούτους καὶ τὴν προφητείαν Ἀδὰδ τοῦ προφήτου, καὶ κατίσχυσε καὶ ἐξέβαλε τὰ βδελύγματα ἀπὸ πάσης τῆς γῆς Ἰούδα καὶ Βενιαμὶν καὶ ἀπὸ τῶν πόλεων ὧν κατέσχεν Ἱεροβοὰμ ἐν ὄρει Ἐφραίμ, καὶ ἐνεκαίνισε τὸ θυσιαστήριον Κυρίου, ὃ ἦν ἔμπροσθεν τοῦ ναοῦ Κυρίου.
9 Καὶ ἐξεκκλησίασε τὸν Ἰούδαν καὶ Βενιαμὶν καὶ τοὺς προσηλύτους τοὺς παροικοῦντας μετ' αὐτοῦ ἀπὸ Ἐφραὶμ καὶ ἀπὸ Μανασσῆ καὶ ἀπὸ Συμεών, ὅτι προσετέθησαν πρὸς αὐτὸν πολλοὶ τοῦ Ἰσραὴλ ἐν τῷ ἰδεῖν αὐτούς, ὅτι Κύριος ὁ Θεὸς
10 αὐτοῦ μετ' αὐτοῦ. Καὶ συνήχθησαν εἰς Ἱερουσαλὴμ ἐν τῷ μηνὶ τῷ τρίτῳ ἐν τῷ ἔτει τῷ πεντεκαιδεκάτῳ τῆς βασιλείας
11 Ἀσά. Καὶ ἔθυσε τῷ Κυρίῳ ἐν τῇ ἡμέρᾳ ἐκείνῃ ἀπὸ τῶν σκύλων ὧν ἤνεγκαν, μόσχους ἑπτακοσίους καὶ πρόβατα ἑπτακισχίλια.
12 Καὶ διῆλθεν ἐν διαθήκῃ ζητῆσαι Κύριον Θεὸν τῶν πατέρων αὐτῶν ἐξ ὅλης τῆς καρδίας καὶ ἐξ ὅλης τῆς ψυχῆς
13 αὐτῶν. Καὶ πᾶς ὃς ἐὰν μὴ ἐκζητήσῃ τὸν Κύριον Θεὸν τοῦ Ἰσραήλ, ἀποθανεῖται ἀπὸ νεωτέρου ἕως πρεσβυτέρου, ἀπὸ
14 ἀνδρὸς ἕως γυναικός. Καὶ ὤμοσαν ἐν Κυρίῳ ἐν φωνῇ μεγάλῃ
15 καὶ ἐν σάλπιγξι καὶ ἐν κερατίναις. Καὶ εὐφράνθησαν πᾶς Ἰούδα περὶ τοῦ ὅρκου, ὅτι ἐξ ὅλης τῆς ψυχῆς ὤμοσαν, καὶ ἐν πάσῃ θελήσει ἐζήτησαν αὐτόν· καὶ εὑρέθη αὐτοῖς, καὶ κατέπαυσε Κύριος αὐτοῖς κυκλόθεν.
16 Καὶ τὴν Μααχὰ τὴν μητέρα αὐτοῦ μετέστησε τοῦ μὴ εἶναι τῇ Ἀστάρτῃ λειτουργοῦσαν, καὶ κατέκοψε τὸ εἴδωλον, καὶ
17 κατέκαυσεν ἐν χειμάρρῳ Κέδρων. Πλὴν τὰ ὑψηλὰ οὐκ ἀπέστησαν, ἔτι ὑπῆρχεν ἐν τῷ Ἰσραήλ· ἀλλ' ἡ καρδία Ἀσὰ
18 ἐγένετο πλήρης πάσας τὰς ἡμέρας αὐτοῦ. Καὶ εἰσήνεγκε τὰ ἅγια Δαυὶδ τοῦ πατρὸς αὐτοῦ, καὶ τὰ ἅγια οἴκου τοῦ Θεοῦ,
19 ἀργύριον καὶ χρυσίον καὶ σκεύη. Καὶ πόλεμος οὐκ ἦν μετ'

host; and they took many spoils. [14] And they destroyed their towns round about Gedor; for a terror of the Lord was upon them: and they spoiled all their cities, for they had much spoil. [15] Also they destroyed the tents of cattle, and the β Alimazons, and took many sheep and camels, and returned to Jerusalem.

And Azarias the son of Oded—upon him came the Spirit of the Lord, [2] and he went out to meet Asa, and all Juda and Benjamin, and said, Hear me, Asa, and all Juda and Benjamin. The Lord is with you, while ye are with him; and if ye seek him out, he will be found of you; but if ye forsake him, he will forsake you. [3] And Israel has been a long time without the true God, and without a priest to expound the truth, and without the law. [4] But he shall turn them to the Lord God of Israel, and he will be found of them. [5] And in that time there is no peace to one going out, or to one coming in, for the terror of the Lord is upon all that inhabit the lands. [6] And nation shall fight against nation, and city against city; for God has confounded them with every kind of affliction. [7] But be ye strong, and let not your hands be weakened: for there is a reward for your work.

[8] And when Asa heard these words, and the prophecy of γ Adad the prophet, then he strengthened himself, and cast out the abominations from all the land of Juda and Benjamin, and from the cities which Jeroboam possessed, in mount Ephraim, and he δ renewed the altar of the Lord, which was before the temple of the Lord. [9] And he assembled Juda and Benjamin, and the strangers that dwelt with him, of Ephraim, and of Manasse, and of Symeon: for many of Israel were joined to him, when they saw that the Lord his God was with him. [10] And they assembled at Jerusalem in the third month, in the fifteenth year of the reign of Asa. [11] And he sacrificed to the Lord in that day of the spoils which they brought, ζ seven hundred calves and seven thousand sheep.

[12] And he θ entered into a covenant that they should seek the Lord God of their fathers with all their heart and with all their soul. [13] And that whoever should not seek the Lord God of Israel, should die, whether young or old, whether man or woman. [14] And they swore to the Lord with a loud voice, and with trumpets, and with cornets. [15] And all Juda rejoiced concerning the oath: for they swore with all their heart, and they sought him with all their desires; and he was found of them: and the Lord gave them rest round about.

[16] And he removed Maacha his mother from being priestess to Astarte; and he cut down the idol, and burnt it in the brook of Kedron. [17] Nevertheless they removed not the high places: they still existed in Israel: nevertheless the heart of Asa was λ perfect all his days. [18] And he brought in the holy things of David his father, and the holy things of the house of God, silver, and gold, and vessels. [19] And there was no war waged

---

β A. Ἀμαζονεῖς.　γ Alex. Azaria.　δ Or, consecrated.　ζ Alex. ἑπτὰ κριούς, 'seven rams.'　θ Gr. passed through.　λ Gr. full.

with him until the thirty-fifth year of the reign of Asa.

And in the thirty-eighth year of the reign of Asa, the king of Israel went up against Juda, and built Rama, so as not to allow egress or ingress to Asa king of Juda.

² And Asa took silver and gold out of the treasures of the house of the Lord, and of the king's house, and sent *them* to the son of Ader king of Syria, which dwelt in Damascus, saying, ³ Make a covenant between me and thee, and between my father and thy father: behold, I have sent thee gold and silver: come, and turn away from me Baasa king of Israel, and let him depart from me.

⁴ And the son of Ader hearkened to king Asa, and sent the captains of his host against the cities of Israel; and smote Æon, and Dan, and Abelmain, and all the country round Nephthali.

⁵ And it came to pass when Baasa heard *it*, he left off building Rama, and put a stop to his work: ⁶ then king Asa took all Juda, and took the stones of Rama, and its timber, *with* which Baasa *had* built; and he built with them Gabae and Maspha.

⁷ And at that time came Anani the prophet to Asa king of Juda, and said to him, Because thou didst trust on the king of Syria, and didst not trust on the Lord thy God, therefore the army of Syria is escaped out of thy hand. ⁸ Were not the Ethiopians and Libyans a great force, in courage, in horsemen, in great numbers? and did not He deliver them into thy hands, because thou trustedst in the Lord? ⁹ For the eyes of the Lord look upon all the earth, to strengthen every heart that is perfect toward him. In this thou hast done foolishly; henceforth there shall be war with thee. ¹⁰ And Asa was angry with the prophet, and put him in prison, for he was angry at this: and Asa vexed some of the people at that time.

¹¹ And, behold, the acts of Asa, the first and the last, *are* written in the book of the kings of Juda and Israel.

¹² And Asa was diseased *in* his feet in the thirty-ninth year of his reign, until he was very ill: but in his disease he sought not to the Lord, but to the physicians. ¹³ And Asa slept with his fathers, and died in the fortieth year of his reign. ¹⁴ And they buried him in the sepulchre which he had dug for himself in the city of David, and they laid him on a bed, and filled *it* with spices and *all* kinds of perfumes of the apothecaries; and they made for him a very great funeral.

And Josaphat his son reigned in his stead, and Josaphat strengthened himself against Israel. ² And he put garrisons in all the strong cities of Juda, and appointed captains in all the cities of Juda, and in the cities of Ephraim, which Asa his father had taken. ³ And the Lord was with Josaphat, for he walked in the first ways of his father, and did not seek to idols; ⁴ but he sought to

αὐτοῦ ἕως τοῦ πέμπτου καὶ τριακοστοῦ ἔτους τῆς βασιλείας Ἀσά.

Καὶ ἐν τῷ ὀγδόῳ καὶ τριακοστῷ ἔτει τῆς βασιλείας Ἀσά, 16 ἀνέβη βασιλεὺς Ἰσραὴλ ἐπὶ Ἰούδαν, καὶ ᾠκοδόμησε τὴν Ῥαμὰ τοῦ μὴ δοῦναι ἔξοδον καὶ εἴσοδον τῷ Ἀσὰ βασιλεῖ Ἰούδα.

Καὶ ἔλαβεν Ἀσὰ ἀργύριον καὶ χρυσίον ἐκ θησαυρῶν οἴκου 2 Κυρίου καὶ οἴκου τοῦ βασιλέως, καὶ ἀπέστειλε πρὸς τὸν υἱὸν τοῦ Ἄδερ βασιλέως Συρίας τὸν κατοικοῦντα ἐν Δαμασκῷ, λέγων, διάθου διαθήκην ἀναμέσον ἐμοῦ καὶ σοῦ, καὶ ἀναμέσον 3 τοῦ πατρός μου καὶ ἀναμέσον τοῦ πατρός σου· ἰδοὺ ἀπέσταλκά σοι χρυσίον καὶ ἀργύριον· δεῦρο καὶ διασκέδασον ἀπ' ἐμοῦ τὸν Βαασὰ βασιλέα Ἰσραὴλ, καὶ ἀπελθέτω ἀπ' ἐμοῦ.

Καὶ ἤκουσεν υἱὸς Ἄδερ τοῦ βασιλέως Ἀσά, καὶ ἀπέστειλε 4 τοὺς ἄρχοντας τῆς δυνάμεως αὐτοῦ ἐπὶ τὰς πόλεις Ἰσραὴλ, καὶ ἐπάταξε τὴν Ἀϊὼν, καὶ τὴν Δὰν, καὶ τὴν Ἀβελμαὶν, καὶ πάσας τὰς περιχώρους Νεφθαλί.

Καὶ ἐγένετο ἐν τῷ ἀκοῦσαι Βαασὰ, ἀπέλιπε τοῦ μηκέτι 5 οἰκοδομεῖν τὴν Ῥαμὰ, καὶ κατέπαυσε τὸ ἔργον αὐτοῦ. Καὶ 6 Ἀσὰ βασιλεὺς ἔλαβε πάντα τὸν Ἰούδαν, καὶ ἔλαβε τοὺς λίθους τῆς Ῥαμὰ καὶ τὰ ξύλα αὐτῆς, ἃ ᾠκοδόμησε Βαασὰ, καὶ ᾠκοδόμησεν ἐν αὐτοῖς τὴν Γαβαὲ καὶ τὴν Μασφά.

Καὶ ἐν τῷ καιρῷ ἐκείνῳ ἦλθεν Ἀνανὶ ὁ προφήτης πρὸς Ἀσὰ 7 βασιλέα Ἰούδα, καὶ εἶπεν αὐτῷ, ἐν τῷ πεποιθέναι σε ἐπὶ βασιλέα Συρίας, καὶ μὴ πεποιθέναι σε ἐπὶ Κύριον Θεόν σου, διὰ τοῦτο ἐσώθη ἡ δύναμις Συρίας ἀπὸ τῆς χειρός σου. Οὐχ οἱ 8 Αἰθίοπες καὶ Λίβυες ἦσαν εἰς δύναμιν πολλὴν, εἰς θάρσος, εἰς ἱππεῖς, εἰς πλῆθος σφόδρα; καὶ ἐν τῷ πεποιθέναι σε ἐπὶ Κύριον παρέδωκεν εἰς τὰς χεῖράς σου; Ὅτι οἱ ὀφθαλμοὶ 9 Κυρίου ἐπιβλέπουσιν ἐν πάσῃ τῇ γῇ, κατισχύσαι ἐν πάσῃ καρδίᾳ πλήρει πρὸς αὐτόν· ἠγνόηκας ἐπὶ τούτῳ, ἀπὸ τοῦ νῦν ἔσται μετὰ σοῦ πόλεμος. Καὶ ἐθυμώθη Ἀσὰ τῷ προφήτῃ, καὶ 10 παρέθετο αὐτὸν εἰς φυλακὴν, ὅτι ὠργίσθη ἐπὶ τούτῳ, καὶ ἐλυμήνατο Ἀσὰ ἐν τῷ λαῷ ἐν τῷ καιρῷ ἐκείνῳ.

Καὶ ἰδοὺ οἱ λόγοι Ἀσὰ, οἱ πρῶτοι καὶ οἱ ἔσχατοι, γεγραμ- 11 μένοι ἐν βιβλίῳ βασιλέων Ἰούδα καὶ Ἰσραήλ.

Καὶ ἐμαλακίσθη Ἀσὰ ἐν τῷ ἔτει τῷ ἐννάτῳ καὶ τριακοστῷ 12 τῆς βασιλείας αὐτοῦ τοὺς πόδας, ἕως σφόδρα ἐμαλακίσθη· καὶ ἐν τῇ μαλακίᾳ αὐτοῦ οὐκ ἐζήτησε τὸν Κύριον, ἀλλὰ τοὺς ἰατρούς. Καὶ ἐκοιμήθη Ἀσὰ μετὰ τῶν πατέρων αὐτοῦ, καὶ 13 ἐτελεύτησεν ἐν τῷ τεσσαρακοστῷ ἔτει τῆς βασιλείας αὐτοῦ. Καὶ ἔθαψαν αὐτὸν ἐν τῷ μνήματι, ᾧ ὤρυξεν ἑαυτῷ ἐν πόλει 14 Δαυὶδ, καὶ ἐκοίμισαν αὐτὸν ἐπὶ τῆς κλίνης, καὶ ἔπλησαν ἀρωμάτων καὶ γένη μύρων μυρεψῶν, καὶ ἐποίησαν αὐτῷ ἐκφορὰν μεγάλην ἕως σφόδρα.

Καὶ ἐβασίλευσεν Ἰωσαφὰτ υἱὸς αὐτοῦ ἀντ' αὐτοῦ, καὶ 17 κατίσχυσεν Ἰωσαφὰτ ἐπὶ τὸν Ἰσραήλ. Καὶ ἔδωκε δύναμιν 2 ἐν πάσαις ταῖς πόλεσιν Ἰούδα ταῖς ὀχυραῖς, καὶ κατέστησεν ἡγουμένους ἐν πάσαις ταῖς πόλεσιν Ἰούδα, καὶ ἐν πόλεσιν Ἐφραὶμ, ἃς προκατελάβετο Ἀσὰ ὁ πατὴρ αὐτοῦ. Καὶ ἐγένετο 3 Κύριος μετὰ Ἰωσαφὰτ, ὅτι ἐπορεύθη ἐν ὁδοῖς τοῦ πατρὸς αὐτοῦ ταῖς πρώταις, καὶ οὐκ ἐξεζήτησε τὰ εἴδωλα, ἀλλὰ Κύριον τὸν 4

Θεὸν τοῦ πατρὸς αὐτοῦ ἐξεζήτησε, καὶ ἐν ταῖς ἐντολαῖς τοῦ πατρὸς αὐτοῦ ἐπορεύθη, καὶ οὐχ ὡς τὰ ἔργα τοῦ Ἰσραήλ.

5 Καὶ κατεύθυνε Κύριος τὴν βασιλείαν ἐν χειρὶ αὐτοῦ, καὶ ἔδωκε πᾶς Ἰούδα δῶρα τῷ Ἰωσαφάτ, καὶ ἐγένετο αὐτῷ πλοῦτος
6 καὶ δόξα πολλή. Καὶ ὑψώθη ἡ καρδία αὐτοῦ ἐν ὁδῷ Κυρίου, καὶ ἐξῆρε τὰ ὑψηλὰ καὶ τὰ ἄλση ἀπὸ τῆς γῆς Ἰούδα.

7 Καὶ ἐν τῷ ἔτει τῷ τρίτῳ ἔτει τῆς βασιλείας αὐτοῦ ἀπέστειλε τοὺς ἡγουμένους αὐτοῦ καὶ τοὺς υἱοὺς τῶν δυνατῶν, τὸν Ἀβδιὰν, καὶ Ζαχαρίαν, καὶ Ναθαναὴλ, καὶ Μιχαίαν, τοῦ
8 διδάσκειν ἐν πόλεσιν Ἰούδα. Καὶ μετ' αὐτῶν οἱ Λευῖται, Σαμαίας, καὶ Ναθανίας, καὶ Ζαβδίας, καὶ Ἀσιὴλ, καὶ Σεμιραμὼθ, καὶ Ἰωνάθαν, καὶ Ἀδωνίας, καὶ Τωβίας, καὶ Τωβαδωνίας, Λευῖται, καὶ οἱ μετ' αὐτῶν Ἐλισαμὰ, καὶ Ἰωράμ, οἱ ἱερεῖς.
9 Καὶ ἐδίδασκον ἐν Ἰούδα, καὶ μετ' αὐτῶν βίβλος νόμου Κυρίου, καὶ διῆλθον ἐν ταῖς πόλεσιν Ἰούδα, καὶ ἐδίδασκον τὸν λαόν.

10 Καὶ ἐγένετο ἔκστασις Κυρίου ἐπὶ πάσαις ταῖς βασιλείαις τῆς γῆς κύκλῳ Ἰούδα, καὶ οὐκ ἐπολέμουν πρὸς Ἰωσαφάτ.
11 Καὶ ἀπὸ τῶν ἀλλοφύλων ἔφερον τῷ Ἰωσαφὰτ δῶρα καὶ ἀργύριον καὶ δόματα· καὶ οἱ Ἀραβες ἔφερον αὐτῷ κριοὺς
12 προβάτων ἑπτακισχιλίους ἑπτακοσίους. Καὶ ἦν Ἰωσαφὰτ πορευόμενος μείζων ἕως εἰς ὕψος, καὶ ᾠκοδόμησεν ἐν τῇ Ἰου-
13 δαία οἰκήσεις καὶ πόλεις ὀχυράς. Καὶ ἔργα πολλὰ ἐγένετο αὐτῷ ἐν τῇ Ἰουδαίᾳ· καὶ ἄνδρες πολεμισταὶ δυνατοὶ ἰσχύοντες ἐν Ἱερουσαλήμ.

14 Καὶ οὗτος ὁ ἀριθμὸς αὐτῶν κατ' οἴκους πατριῶν αὐτῶν· καὶ τῷ Ἰούδα χιλίαρχοι, Ἔδνας ὁ ἄρχων, καὶ μετ' αὐτοῦ υἱοὶ
15 δυνατοὶ δυνάμεως τριακόσιαι χιλιάδες· Καὶ μετ' αὐτὸν, Ἰωανὰν ὁ ἡγούμενος, καὶ μετ' αὐτοῦ διακόσιαι ὀγδοήκοντα χιλιάδες·
16 Καὶ μετ' αὐτὸν Ἀμασίας ὁ τοῦ Ζαρὶ, ὁ προθυμούμενος τῷ Κυρίῳ, καὶ μετ' αὐτοῦ διακόσιαι χιλιάδες δυνατοὶ δυνάμεως.
17 Καὶ ἐκ τοῦ Βενιαμὶν δυνατὸς δυνάμεως καὶ Ἐλιαδὰ, καὶ μετ'
18 αὐτοῦ τοξόται καὶ πελτασταὶ διακόσιαι χιλιάδες· Καὶ μετ' αὐτὸν Ἰωζαβὰδ, καὶ μετ' αὐτοῦ ἑκατὸν ὀγδοήκοντα χιλιάδες
19 δυνατοὶ πολέμου. Οὗτοι οἱ λειτουργοῦντες τῷ βασιλεῖ, ἐκτὸς ὧν ἔδωκεν ὁ βασιλεὺς ἐν ταῖς πόλεσι ταῖς ὀχυραῖς ἐν πάσῃ τῇ Ἰουδαίᾳ.

18 Καὶ ἐγενήθη τῷ Ἰωσαφὰτ ἔτι πλοῦτος καὶ δόξα πολλὴ, καὶ
2 ἐπεγαμβρεύσατο ἐν οἴκῳ Ἀχαάβ. Καὶ κατέβη διὰ τέλους ἐτῶν πρὸς Ἀχαὰβ εἰς Σαμάρειαν· καὶ ἔθυσεν αὐτῷ Ἀχαὰβ πρόβατα καὶ μόσχους πολλοὺς, καὶ τῷ λαῷ τῷ μετ' αὐτοῦ, καὶ ἠγάπα αὐτὸν τοῦ συναναβῆναι μετ' αὐτοῦ εἰς Ῥαμὼθ τῆς
3 Γαλααδίτιδος. Καὶ εἶπεν Ἀχαὰβ βασιλεὺς Ἰσραὴλ πρὸς Ἰωσαφὰτ βασιλέα Ἰούδα, εἰ πορεύσῃ μετ' ἐμοῦ εἰς Ῥαμὼθ τῆς Γαλααδίτιδος ; καὶ εἶπεν αὐτῷ, ὡς ἐγὼ, οὕτω καὶ σύ· ὡς ὁ λαός σου, καὶ ὁ λαός μου μετὰ σοῦ εἰς πόλεμον.

4 Καὶ εἶπεν Ἰωσαφὰτ πρὸς βασιλέα Ἰσραὴλ, ζήτησον δὴ
5 σήμερον τὸν Κύριον. Καὶ συνήγαγεν ὁ βασιλεὺς Ἰσραὴλ τοὺς προφήτας τετρακοσίους ἄνδρας, καὶ εἶπεν αὐτοῖς, εἰ πορευθῶ εἰς Ῥαμὼθ Γαλαὰδ εἰς πόλεμον, ἢ ἐπίσχω ; καὶ εἶπαν,

the Lord God of his father, and walked in the commandments of his father, and not according to the works of Israel. [5] And the Lord prospered the kingdom in his hand; and all Juda gave gifts to Josaphat; and he had great wealth and glory. [6] And his heart was exalted in the way of the Lord; and he removed the high places and the groves from the land of Juda.

[7] And in the third year of his reign, he sent his chief men, and his mighty men, Abdias and Zacharias, and Nathanael, and Michaias, to teach in the cities of Juda. [8] And with them were the Levites, Samaias, and Nathanias, and Zabdias, and Asiel, and Semiramoth, and Jonathan, and Adonias, and Tobias, and Tobadonias, Levites, and with them Elisama and Joram, the priests. [9] And they taught in Juda, and there was with them the book of the law of the Lord, and they passed through the cities of Juda, and taught the people.

[10] And a terror of the Lord was upon all the kingdoms of the land round about Juda, and they made no war against Josaphat. [11] And some of the Philistines brought to Josaphat gifts, and silver, and presents; and the Arabians brought him seven thousand seven hundred rams. [12] And Josaphat increased in greatness exceedingly, and built in Judea places of abode, and strong cities. [13] And he had many works in Judea: and the mighty men of war, the men of strength, were in Jerusalem.

[14] And this is their number according to the houses of their fathers; even the captains of thousands in Juda were, Ednas the chief, and with him mighty men of strength three hundred thousand. [15] And after him, Joanan the captain, and with him two hundred and eighty thousand. [16] And after him Amasias the son of Zari, who was zealous for the Lord; and with him two hundred thousand mighty men of strength. [17] And out of Benjamin there was a mighty man of strength, even Eliada, and with him two hundred thousand archers and targeters. [18] And after him Jozabad, and with him a hundred and eighty thousand mighty men of war. [19] These were the king's servants, besides those whom the king put in the strong cities in all Judea.

And Josaphat had yet great wealth and glory, and he connected himself by marriage with the house of Achaab. [2] And he went down [β] after a term of years to Achaab to Samaria: and Achaab slew for him sheep and calves, in abundance, and for the people with him, and he much desired him to go up with him to Ramoth of the country of Galaad. [3] And Achaab king of Israel said to Josaphat king of Juda, Wilt thou go with me to Ramoth of the country of Galaad? And he said to him, As I am, so also art thou, as thy people, so also is my people with thee for the war.

[4] And Josaphat said to the king of Israel, Seek, I pray thee, the Lord to-day. [5] And the king of Israel gathered the prophets, four hundred men, and said to them, Shall I go to Ramoth Galaad to battle, or shall I forbear? And they said, Go up, and God

---

β Gr. by an end of years.

shall deliver *it* into the hands of the king.
⁶And Josaphat said, Is there not here a prophet of the Lord besides, that we may enquire of him? ⁷And the king of Israel said to Josaphat, There is yet one man by whom to enquire of the Lord; but I hate him, for he does not prophesy concerning me for good, for all his days *are* for evil: this *is* Michaias the son of Jembla. And Josaphat said, Let not the king say so.

⁸And the king called an eunuch, and said, *Fetch* quickly Michaias the son of Jembla. ⁹And the king of Israel and Josaphat king of Juda were sitting each on his throne, and clothed in their robes, sitting in the open space at the entrance of the gate of Samaria: and all the prophets were prophesying before them. ¹⁰And Sedekias son of Chanaan made for himself iron horns, and said, Thus saith the Lord, With these thou shalt thrust Syria until it be consumed. ¹¹And all the prophets prophesied so, saying, Go up to Ramoth Galaad, and thou shalt prosper; and the Lord shall deliver it into the hands of the king.

¹²And the messenger that went to call Michaias spoke to him, saying, Behold, the prophets have spoken favourably concerning the king with one mouth; let now, I pray thee, thy words be as *the words* of one of them, and ᵝdo thou speak good things. ¹³And Michaias said, ᵞ*As* the Lord lives, whatever God shall say to me, that will I speak.

¹⁴And he came to the king, and the king said to him, Michaias, shall I go up to Ramoth Galaad to battle, or shall I forbear? And he said, Go up, and thou shalt prosper, and they shall be given into your hands. ¹⁵And the king said to him, How often ᵟshall I solemnly charge thee that thou speak to me nothing but truth in the name of the Lord? ¹⁶And he said, I saw Israel scattered on the mountains, as sheep without a shepherd: and the Lord said, These have no commander; let each return to his home in peace.

¹⁷And the king of Israel said to Josaphat, Said I not to thee, that he would not prophesy concerning me good, but evil? ¹⁸But he said, Not so. Hear ye the word of the Lord: I saw the Lord sitting on his throne, and all the host of heaven stood ·by on his right hand and on his left. ¹⁹And the Lord said, Who will deceive Achaab king of Israel, that he may go up, and fall in Ramoth Galaad? And one spoke this way, and another spoke that way. ²⁰And there came forth a spirit, and stood before the Lord, and said, I will deceive him. And the Lord said, Whereby? ²¹And he said, I will go forth, and will be a lying spirit in the mouth of all his prophets. And *the Lord* said, Thou shalt deceive *him*, and shalt prevail: go forth, and do so. ²²And now, behold, the Lord has put a false spirit in the mouth of these thy prophets, and the Lord has spoken evil against thee.

²³Then Sedekias the son of Chanaan drew near, and smote Michaias on the cheek, and said to him, By what way passed the Spirit

ἀνάβαινε, καὶ δώσει ὁ Θεὸς εἰς τὰς χεῖρας τοῦ βασιλέως. Καὶ εἶπεν Ἰωσαφάτ, οὐκ ἔστιν ὧδε προφήτης τοῦ Κυρίου ἔτι, 6 καὶ ἐπιζητήσομεν παρ' αὐτοῦ; Καὶ εἶπε βασιλεὺς Ἰσραὴλ 7 πρὸς Ἰωσαφάτ, ἔτι ἀνὴρ εἷς τοῦ ζητῆσαι τὸν Κύριον δι' αὐτοῦ, καὶ ἐγὼ ἐμίσησα αὐτὸν, ὅτι οὐκ ἔστι προφητεύων περὶ ἐμοῦ εἰς ἀγαθὰ, ὅτι πᾶσαι αἱ ἡμέραι αὐτοῦ εἰς κακὰ, οὗτος Μιχαίας υἱὸς Ἰεμβλά· καὶ εἶπεν Ἰωσαφάτ, μὴ λαλείτω ὁ βασιλεὺς οὕτως.

Καὶ ἐκάλεσεν ὁ βασιλεὺς εὐνοῦχον ἕνα, καὶ εἶπε, τάχος 8 Μιχαίαν υἱὸν Ἰεμβλά. Καὶ βασιλεὺς Ἰσραὴλ καὶ Ἰωσαφὰτ 9 βασιλεὺς Ἰούδα καθήμενοι ἕκαστος ἐπὶ θρόνου αὐτοῦ, καὶ ἐνδεδυμένοι στολὰς, καθήμενοι ἐν τῷ εὐρυχώρῳ θύρας πύλης Σαμαρείας, καὶ πάντες οἱ προφῆται προεφήτευον ἐναντίον αὐτῶν. Καὶ ἐποίησεν ἑαυτῷ Σεδεκίας υἱὸς Χαναὰν κέρατα 10 σιδηρᾶ, καὶ εἶπε, τάδε λέγει Κύριος, ἐν τούτοις κερατιεῖς τὴν Συρίαν ἕως ἂν συντελεσθῇ. Καὶ πάντες οἱ προφῆται προεφή- 11 τευον οὕτω, λέγοντες, ἀνάβαινε εἰς Ῥαμὼθ Γαλαὰδ, καὶ εὐοδω- θήσῃ, καὶ δώσει Κύριος εἰς χεῖρας τοῦ βασιλέως.

Καὶ ὁ ἄγγελος ὁ πορευθεὶς τοῦ καλέσαι τὸν Μιχαίαν, ἐλά- 12 λησεν αὐτῷ, λέγων, ἰδοὺ ἐλάλησαν οἱ προφῆται ἐν στόματι ἑνὶ ἀγαθὰ περὶ τοῦ βασιλέως, καὶ ἔστωσαν δὴ οἱ λόγοι σου ὡς ἑνὸς αὐτῶν, καὶ λαλήσεις ἀγαθά. Καὶ εἶπε Μιχαίας, ζῇ Κύριος, ὅτι 13 ὃ ἐὰν εἴπῃ ὁ Θεὸς πρός μὲ, αὐτὸ λαλήσω.

Καὶ ἦλθε πρὸς τὸν βασιλέα, καὶ εἶπεν αὐτῷ ὁ βασιλεὺς, 14 Μιχαία, εἰ πορευθῶ εἰς Ῥαμὼθ Γαλαὰδ εἰς πόλεμον, ἢ ἐπίσχω· καὶ εἶπεν, ἀνάβαινε, καὶ εὐοδώσεις, καὶ δοθήσονται εἰς χεῖρας ὑμῶν. Καὶ εἶπεν αὐτῷ ὁ βασιλεὺς, ποσάκις ὁρκίζω σε ἵνα μὴ 15 λαλήσῃς πρός μὲ πλὴν τὴν ἀλήθειαν ἐν ὀνόματι Κυρίου; Καὶ εἶπεν, εἶδον τὸν Ἰσραὴλ διεσπαρμένους ἐν τοῖς ὄρεσιν, ὡς 16 πρόβατα οἷς οὐκ ἔστι ποιμήν· καὶ εἶπε Κύριος, οὐκ ἔχουσιν ἡγούμενον οὗτοι, ἀναστρεφέτωσαν ἕκαστος εἰς τὸν οἶκον αὐτοῦ ἐν εἰρήνῃ.

Καὶ εἶπεν ὁ βασιλεὺς Ἰσραὴλ πρὸς Ἰωσαφάτ, οὐκ εἶπόν 17 σοι, ὅτι οὐ προφητεύει περὶ ἐμοῦ ἀγαθὰ ἀλλ' ἢ κακά; Καὶ 18 εἶπεν, οὐχ οὕτως· ἀκούσατε λόγον Κυρίου· εἶδον τὸν Κύριον καθήμενον ἐπὶ θρόνου αὐτοῦ, καὶ πᾶσα δύναμις τοῦ οὐρανοῦ παρειστήκει ἐκ δεξιῶν αὐτοῦ καὶ ἐξ ἀριστερῶν αὐτοῦ. Καὶ 19 εἶπε Κύριος, τίς ἀπατήσει τὸν Ἀχαὰβ βασιλέα Ἰσραὴλ, καὶ ἀναβήσεται, καὶ πεσεῖται ἐν Ῥαμὼθ Γαλαάδ; καὶ οὗτος εἶπεν οὕτως, καὶ οὗτος εἶπεν οὕτως. Καὶ ἐξῆλθε τὸ πνεῦμα καὶ 20 ἔστη ἐνώπιον Κυρίου, καὶ εἶπεν, ἐγὼ ἀπατήσω αὐτόν· καὶ εἶπε Κύριος, ἐν τίνι; Καὶ εἶπεν, ἐξελεύσομαι καὶ ἔσομαι πνεῦμα 21 ψευδὲς ἐν στόματι πάντων τῶν προφητῶν αὐτοῦ· καὶ εἶπεν, ἀπατήσεις καὶ δυνήσῃ, ἔξελθέ καὶ ποίησον οὕτω. Καὶ νῦν ἰδοὺ 22 ἔδωκε Κύριος πνεῦμα ψευδὲς ἐν στόματι τῶν προφητῶν σου τούτων, καὶ Κύριος ἐλάλησεν ἐπὶ σὲ κακά.

Καὶ ἤγγισε Σεδεκίας υἱὸς Χαναὰν, καὶ ἐπάταξε τὸν Μιχαίαν 23 ἐπὶ τὴν σιαγόνα, καὶ εἶπεν αὐτῷ, ποίᾳ τῇ ὁδῷ παρῆλθε πνεῦμα

ᵝ *Gr.* thou shalt speak.   ᵞ *Gr.* the Lord liveth, that.   ᵟ *Gr.* do I.

24 Κυρίου παρ' ἐμοῦ τοῦ λαλῆσαι πρὸς σέ; Καὶ εἶπε Μιχαίας,
ἰδοὺ ὄψῃ ἐν τῇ ἡμέρᾳ ἐκείνῃ, ἐν ᾗ εἰσελεύσῃ ταμεῖον ἐκ ταμείου
τοῦ κατακρυβῆναι.

25   Καὶ εἶπε βασιλεὺς Ἰσραὴλ, λάβετε τὸν Μιχαίαν καὶ ἀπο-
στρέψατε πρὸς Ἐμὴρ ἄρχοντα τῆς πόλεως, καὶ πρὸς Ἰωὰς

26 ἄρχοντα υἱὸν τοῦ βασιλέως, καὶ ἐρεῖτε, οὕτως εἶπεν ὁ βασι-
λεὺς, ἀπόθεσθε τοῦτον εἰς οἶκον φυλακῆς, καὶ ἐσθιέτω ἄρτον
θλίψεως καὶ ὕδωρ θλίψεως, ἕως τοῦ ἐπιστρέψαι με ἐν εἰρήνῃ.

27 Καὶ εἶπε Μιχαίας, ἐὰν ἐπιστρέφων ἐπιστρέψῃς ἐν εἰρήνῃ, οὐκ
ἐλάλησε Κύριος ἐν ἐμοί· καὶ εἶπεν, ἀκούσατε λαοὶ πάντες.

28   Καὶ ἀνέβη βασιλεὺς Ἰσραὴλ, καὶ Ἰωσαφὰτ βασιλεὺς
29 Ἰούδα, εἰς Ῥαμὼθ Γαλαάδ.   Καὶ εἶπε βασιλεὺς Ἰσραὴλ πρὸς
Ἰωσαφὰτ, κατακάλυψόν με, καὶ εἰσελεύσομαι εἰς τὸν πόλεμον,
καὶ σὺ ἔνδυσαι τὸν ἱματισμόν μου· καὶ συνεκαλύψατο βασι-
30 λεὺς Ἰσραὴλ, καὶ εἰσῆλθεν εἰς τὸν πόλεμον.   Καὶ βασιλεὺς
Συρίας ἐνετείλατο τοῖς ἄρχουσι τῶν ἁρμάτων τοῖς μετ' αὐτοῦ,
λέγων, μὴ πολεμεῖτε τὸν μικρὸν καὶ τὸν μέγαν, ἀλλ' ἢ τὸν
31 βασιλέα Ἰσραὴλ μόνον.   Καὶ ἐγένετο ὡς εἶδον οἱ ἄρχοντες
τῶν ἁρμάτων τὸν Ἰωσαφὰτ, καὶ αὐτοὶ εἶπαν, βασιλεὺς Ἰσραὴλ
ἐστι, καὶ ἐκύκλωσαν αὐτὸν τοῦ πολεμεῖν· καὶ ἐβόησεν Ἰωσα-
φὰτ, καὶ Κύριος ἔσωσεν αὐτὸν, καὶ ἀπέστρεψεν αὐτοὺς ὁ Θεὸς
32 ἀπ' αὐτοῦ.   Καὶ ἐγένετο ὡς εἶδον οἱ ἄρχοντες τῶν ἁρμάτων
ὅτι οὐκ ἦν βασιλεὺς Ἰσραὴλ, καὶ ἀπέστρεψαν ἀπ' αὐτοῦ.
33 Καὶ ἀνὴρ ἔτεινε τόξον εὐστόχως, καὶ ἐπάταξε τὸν βασιλέα
Ἰσραὴλ ἀναμέσον τοῦ πνεύμονος καὶ ἀναμέσον τοῦ θώρακος·
καὶ εἶπε τῷ ἡνιόχῳ, ἐπίστρεφε τὴν χεῖρά σου, ἐξάγαγέ με ἐκ
34 τοῦ πολέμου, ὅτι ἐπόνεσα.   Καὶ ἐτροπώθη ὁ πόλεμος ἐν τῇ
ἡμέρᾳ ἐκείνῃ, καὶ ὁ βασιλεὺς Ἰσραὴλ ἦν ἑστηκὼς ἐπὶ τοῦ
ἅρματος ἐξεναντίας Συρίας ἕως ἑσπέρας, καὶ ἀπέθανε δύνοντος
τοῦ ἡλίου.

19   Καὶ ἐπέστρεψεν Ἰωσαφὰτ βασιλεὺς Ἰούδα εἰς τὸν οἶκον
2 αὐτοῦ εἰς Ἱερουσαλήμ.   Καὶ ἐξῆλθεν εἰς ἀπάντησιν αὐτοῦ
Ἰηοὺ ὁ τοῦ Ἀνανὶ ὁ προφήτης, καὶ εἶπεν αὐτῷ, βασιλεὺς
Ἰωσαφὰτ, εἰ ἁμαρτωλῷ σὺ βοηθεῖς, ἢ μισουμένῳ ὑπὸ Κυρίου
3 φιλιάζεις; διὰ τοῦτο ἐγένετο ἐπὶ σὲ ὀργὴ παρὰ Κυρίου. Ὅτι
ἀλλ' ἢ λόγοι ἀγαθοὶ ηὑρέθησαν ἐν σοὶ, ὅτι ἐξῆρας τὰ ἄλση
ἀπὸ τῆς γῆς Ἰούδα, καὶ κατηύθυνας τὴν καρδίαν σου ἐκζητῆσαι
τὸν Κύριον.

4.   Καὶ κατῴκησεν Ἰωσαφὰτ εἰς Ἱερουσαλήμ· καὶ πάλιν ἐξῆλθεν
εἰς τὸν λαὸν ἀπὸ Βηρσαβεὲ ἕως ὄρους Ἐφραίμ, καὶ ἐπέστρεψεν
5 αὐτοὺς ἐπὶ Κύριον Θεὸν τῶν πατέρων αὐτῶν.   Καὶ κατέστησε
τοὺς κριτὰς ἐν πάσαις ταῖς πόλεσιν Ἰούδα ταῖς ὀχυραῖς, ἐν
6 πόλει καὶ πόλει.   Καὶ εἶπε τοῖς κριταῖς, ἴδετε τί ὑμεῖς ποιεῖτε,
ὅτι οὐκ ἀνθρώπῳ ὑμεῖς κρίνετε, ἀλλ' ἢ τῷ Κυρίῳ, καὶ μεθ'
7 ὑμῶν λόγοι τῆς κρίσεως.   Καὶ νῦν γενέσθω φόβος Κυρίου ἐφ'
ὑμᾶς, καὶ φυλάσσετε καὶ ποιήσατε, ὅτι οὐκ ἔστι μετὰ Κυ-
ρίου Θεοῦ ἡμῶν ἀδικία, οὐδὲ θαυμάσαι πρόσωπον, οὐδὲ λαβεῖν
δῶρα.

8   Καί γε ἐν Ἱερουσαλὴμ κατέστησεν Ἰωσαφὰτ τῶν ἱερέων
καὶ τῶν Λευιτῶν καὶ τῶν πατριαρχῶν Ἰσραὴλ εἰς κρίσιν Κυ-

of the Lord from me to speak to thee?
24 And Michaias said, Behold, thou shalt see
in that day, when thou shalt go from cham-
ber to chamber to hide thyself.
25 And the king of Israel said, Take Michai-
as, and carry him back to Emer the governor
of the city, and to Joas the captain, the
king's son; 26 and ye shall say, Thus said
the king, Put this fellow into the prison-
house, and let him eat the bread of affliction,
and *drink* the water of affliction, until I
return in peace. 27 And Michaias said, If
thou do at all return in peace, the Lord has
not spoken by me. And he said, Hear, all
ye β people. 28 So the king of Israel, and Josaphat king
of Juda, went up to Ramoth Galaad.   29 And
the king of Israel said to Josaphat, Disguise
me, and I will enter into the battle : and do
thou put on my raiment. So the king of
Israel disguised himself, and entered into
the battle. 30 Now the king of Syria had
commanded the captains of the chariots
that were with him, saying, Fight neither
against small nor great, but only against
the king of Israel. 31 And it came to pass,
when the captains of the chariots saw Josa-
phat, that they said, It is the king of Israel :
and they compassed him about to fight
against him : and Josaphat cried out, and
the Lord delivered him ; and God turned
them away from him. 32 And it came to
pass, when the captains of the chariots saw
that it was not the king of Israel, that they
turned away from him. 33 And a man drew
a bow with a good aim, and smote the king
of Israel between the lungs and the breast-
plate : and he said to the charioteer, Turn
thine hand, drive me out of the battle, for
γ I am wounded. 34 And the battle turned
in that day ; and the king of Israel remained
on the chariot against Syria until evening,
and died at sunset.

And Josaphat king of Juda returned to
his house at Jerusalem. 2 And there went
out to meet him Jeu, the prophet the son of
Anani, and said to him, King Josaphat, dost
thou help a sinner, or act friendly towards
one hated of the Lord? Therefore has
wrath come upon thee from the Lord.
3 Nevertheless *some* good things have been
found in thee, forasmuch as thou didst
remove the groves from the land of Juda,
and didst direct thine heart to seek after
the Lord.

4 And Josaphat dwelt in Jerusalem : and
he again went out among the people from
Bersabee to the mount of Ephraim, and
turned them back to the Lord God of their
fathers. 5 And he appointed judges in all
the strong cities of Juda, city by city. 6 And
he said to the judges, Take good heed what
ye do : for ye judge not for man, but for the
Lord, and with you are matters of judg-
ment. 7 And now let the fear of the Lord
be upon you, and be wary, and do *your
duty :* for there is no unrighteousness with
the Lord our God, neither *is it for him* to
respect persons, nor to take bribes.
8 Moreover Josaphat appointed in Jerusa-
lem some of the priests, and Levites, and
heads of houses of Israel, for the judgment of

β *Gr.* peoples.   γ *Gr.* I have laboured.

the Lord, and to judge the dwellers in Jerusalem. ⁹And he charged them, saying, Thus shall ye do in the fear of the Lord, in truth and with a β perfect heart. ¹⁰Whatsoever man of your brethren that dwell in their cities *shall bring* the cause that γ comes before you, between blood *and* blood, and between precept and commandment, and ordinances and judgments, ye shall even decide for them; so they shall not sin against the Lord, and there shall not be wrath upon you, and upon your brethren: thus ye shall do, and ye shall not sin. ¹¹And, behold, Amarias the priest is head over you in every matter of the Lord; and Zabdias the son of Ismael is head over the house of Juda in every matter of the king; and the scribes and Levites are before you: be strong and active, and the Lord shall be with the good.

And after this came the children of Moab, and the children of Ammon, and with them *some* of the Minæans, against Josaphat to battle. ²And they came and told Josaphat, saying, There is come against thee a great multitude from Syria, from beyond the sea; and, behold, they are in Asasan Thamar, this is Engadi. ³And Josaphat was alarmed, and set his face to seek the Lord earnestly, and he proclaimed a fast in all Juda. ⁴And Juda gathered themselves together to seek after the Lord: even from all the cities of Juda they came to seek the Lord.

⁵And Josaphat stood up in the assembly of Juda in Jerusalem, in the house of the Lord, in front of the new court. ⁶And he said, O Lord God of my fathers, art not thou God in heaven above, and art not thou Lord of all the kingdoms of the nations? and *is there* not in thy hand the might of dominion, and there is no one who can resist thee? ⁷Art not thou the Lord that didst destroy the inhabitants of this land before the face of thy people Israel, and didst give it to thy beloved seed of Abraham for ever? ⁸And they dwelt in it, and built in it a sanctuary to thy name, saying, ⁹If there should come upon us evils, sword, judgment, pestilence, famine, we will stand before this house, and before thee, (for thy name *is* upon this house,) and we will cry to thee because of the affliction, and thou shalt hear, and deliver. ¹⁰And now, behold, the children of Ammon, and Moab, and mount Seir, with regard to whom thou didst not permit Israel to pass through δ their border, when they had come out of the land of Egypt, (for they turned away from them, and did not destroy them;)—¹¹yet now, behold, they make attempts against us, to come forth to cast us out from our inheritance which thou gavest us. ¹²O Lord our God, wilt thou not judge them? for we have no strength to resist this great multitude that is come against us; and we know not what we shall do to them: but our eyes are toward thee.

¹³And all Juda was standing before the Lord, and their children, and their wives. ¹⁴And Oziel the *son* of Zacharias, of the children of Banaias, of the sons of Eleïel

ρίου, καὶ κρίνειν τοὺς κατοικοῦντας ἐν Ἱερουσαλήμ. Καὶ 9 ἐνετείλατο πρὸς αὐτούς, λέγων, οὕτω ποιήσετε ἐν φόβῳ Κυρίου, ἐν ἀληθείᾳ, καὶ ἐν πλήρει καρδίᾳ· Πᾶς ἀνὴρ κρίσιν τὴν 10 ἐλθοῦσαν ἐφ᾿ ὑμᾶς τῶν ἀδελφῶν ὑμῶν τῶν κατοικούντων ἐν ταῖς πόλεσιν αὐτῶν ἀναμέσον αἷμα αἵματος, καὶ ἀναμέσον τοῦ προστάγματος καὶ ἐντολῆς, καὶ δικαιώματα καὶ κρίματα, καὶ διαστελεῖσθε αὐτοῖς, καὶ οὐχ ἁμαρτήσονται τῷ Κυρίῳ, καὶ οὐκ ἔσται ὀργὴ ἐφ᾿ ὑμᾶς, καὶ ἐπὶ τοὺς ἀδελφοὺς ὑμῶν· οὕτω ποιή- σετε, καὶ οὐχ ἁμαρτήσεσθε. Καὶ ἰδοὺ Ἀμαρίας ὁ ἱερεὺς 11 ἡγούμενος ἐφ᾿ ὑμᾶς εἰς πάντα λόγον Κυρίου, καὶ Ζαβδίας υἱὸς Ἰσμαὴλ ὁ ἡγούμενος εἰς οἶκον Ἰούδα πρὸς πάντα λόγον βασιλέως, καὶ οἱ γραμματεῖς καὶ οἱ Λευῖται πρὸ προσώπου ὑμῶν· ἰσχύσατε καὶ ποιήσατε, καὶ ἔσται Κύριος μετὰ τοῦ ἀγαθοῦ.

Καὶ μετὰ ταῦτα ἦλθον οἱ υἱοὶ Μωάβ, καὶ υἱοὶ Ἀμμών, καὶ 20 μετ᾿ αὐτῶν ἐκ τῶν Μιναίων πρὸς Ἰωσαφὰτ εἰς πόλεμον. Καὶ 2 ἦλθον καὶ ὑπέδειξαν τῷ Ἰωσαφάτ, λέγοντες, ἥκει ἐπὶ σὲ πλῆθος πολὺ ἐκ πέραν τῆς θαλάσσης ἀπὸ Συρίας, καὶ ἰδού εἰσιν ἐν Ἀσασὰν Θαμάρ, αὕτη ἐστὶν Ἐγγαδί. Καὶ ἐφοβήθη, καὶ 3 ἔδωκε Ἰωσαφὰτ πρόσωπον αὐτοῦ ἐκζητῆσαι τὸν Κύριον, καὶ ἐκήρυξε νηστείαν ἐν παντὶ Ἰούδα. Καὶ συνήχθη Ἰούδα ἐκζη- 4 τῆσαι τὸν Κύριον, καὶ ἀπὸ πασῶν τῶν πόλεων Ἰούδα ἦλθον ζητῆσαι τὸν Κύριον.

Καὶ ἀνέστη Ἰωσαφὰτ ἐν ἐκκλησίᾳ Ἰούδα ἐν Ἱερουσαλὴμ 5 ἐν οἴκῳ Κυρίου κατὰ πρόσωπον τῆς αὐλῆς τῆς καινῆς. Καὶ 6 εἶπε, Κύριε ὁ Θεὸς τῶν πατέρων μου, οὐχὶ σὺ εἶ Θεὸς ἐν οὐρανῷ ἄνω, καὶ σὺ κυριεύεις πασῶν τῶν βασιλειῶν τῶν ἐθνῶν; καὶ ἐν τῇ χειρί σου ἰσχὺς δυναστείας, καὶ οὐκ ἔστι πρὸς σὲ ἀντιστῆναι; Οὐχὶ σὺ ὁ Κύριος ὁ ἐξολοθρεύσας τοὺς κατοι- 7 κοῦντας τὴν γῆν ταύτην ἀπὸ προσώπου τοῦ λαοῦ σου Ἰσραήλ, καὶ ἔδωκας αὐτὴν σπέρματι Ἀβραὰμ τῷ ἠγαπημένῳ σου εἰς τὸν αἰῶνα; Καὶ κατῴκησαν ἐν αὐτῇ, καὶ ᾠκοδόμησαν ἐν 8 αὐτῇ ἁγίασμα τῷ ὀνόματί σου, λέγοντες, ἐὰν ἐπέλθῃ ἐφ᾿ ἡμᾶς 9 κακά, ῥομφαία, κρίσις, θάνατος, λιμός, στησόμεθα ἐναντίον τοῦ οἴκου τούτου καὶ ἐναντίον σου, ὅτι τὸ ὄνομά σου ἐπὶ τῷ οἴκῳ τούτῳ, καὶ βοησόμεθα πρὸς σὲ ἀπὸ τῆς θλίψεως, καὶ ἀκούσῃ καὶ σώσεις. Καὶ νῦν ἰδοὺ οἱ υἱοὶ Ἀμμών, καὶ Μωάβ, καὶ 10 ὄρος Σηείρ· εἰς οὓς οὐκ ἔδωκας τῷ Ἰσραὴλ διελθεῖν δι᾿ αὐτῶν, ἐξελθόντων αὐτῶν ἐκ γῆς Αἰγύπτου, ὅτι ἐξέκλιναν ἀπ᾿ αὐτῶν, καὶ οὐκ ἐξωλόθρευσαν αὐτούς· Καὶ νῦν ἰδοὺ αὐτοὶ ἐπιχειροῦ- 11 σιν ἐφ᾿ ἡμᾶς ἐξελθεῖν ἐκβαλεῖν ἡμᾶς ἀπὸ τῆς κληρονομίας ἡμῶν, ἧς ἔδωκας ἡμῖν. Κύριε ὁ Θεὸς ἡμῶν, οὐ κρινεῖς ἐν αὐ- 12 τοῖς; ὅτι οὐκ ἔστιν ἡμῖν ἰσχὺς τοῦ ἀντιστῆναι πρὸς τὸ πλῆθος τὸ πολὺ τοῦτο τὸ ἐλθὸν ἐφ᾿ ἡμᾶς, καὶ οὐκ οἴδαμεν τί ποιήσωμεν αὐτοῖς, ἀλλ᾿ ἢ ἐπὶ σοὶ οἱ ὀφθαλμοὶ ἡμῶν.

Καὶ πᾶς Ἰούδα ἑστηκὼς ἔναντι Κυρίου, καὶ τὰ παιδία αὐ- 13 τῶν, καὶ αἱ γυναῖκες αὐτῶν. Καὶ τῷ Ὀζιὴλ τῷ τοῦ Ζαχαρίου, 14 τῶν υἱῶν Βαναίου, τῶν υἱῶν Ἐλεϊὴλ τοῦ Ματθανίου τοῦ Λευΐ-

---

β *Gr.* full.   γ *Gr.* comes upon.   δ *Gr.* them.

τοῦ ἀπὸ τῶν υἱῶν Ἀσάφ, ἐγένετο ἐπ' αὐτὸν πνεῦμα Κυρίου ἐν
15 τῇ ἐκκλησίᾳ. Καὶ εἶπεν, ἀκούσατε πᾶς Ἰουδα καὶ οἱ κατοι-
κοῦντες ἐν Ἱερουσαλὴμ καὶ ὁ βασιλεὺς Ἰωσαφάτ· τάδε λέγει
Κύριος ὑμῖν αὐτοῖς, μὴ φοβεῖσθε, μηδὲ πτοηθῆτε ἀπὸ προσ-
ώπου τοῦ ὄχλου τοῦ πολλοῦ τούτου, ὅτι οὐχ ὑμῖν ἐστιν ἡ
16 παράταξις, ἀλλ' ἢ τῷ Θεῷ. Αὔριον κατάβητε ἐπ' αὐτούς·
ἰδοὺ ἀναβαίνουσι κατὰ τὴν ἀνάβασιν Ἀσσεῖς, καὶ εὑρήσετε
17 αὐτοὺς ἐπ' ἄκρου ποταμοῦ τῆς ἐρήμου Ἰεριήλ. Οὐχ ὑμῖν ἐστι
πολεμῆσαι· ταῦτα σύνετε, καὶ ἴδετε τὴν σωτηρίαν Κυρίου μεθ'
ὑμῶν Ἰουδα καὶ Ἱερουσαλήμ· μὴ φοβηθῆτε, μηδὲ πτοηθῆτε
αὔριον ἐξελθεῖν εἰς ἀπάντησιν αὐτοῖς, καὶ Κύριος μεθ' ὑμῶν.
18 Καὶ κύψας Ἰωσαφὰτ ἐπὶ πρόσωπον αὐτοῦ καὶ πᾶς Ἰουδα καὶ
οἱ κατοικοῦντες Ἱερουσαλήμ, ἔπεσον ἔναντι Κυρίου προσκυνῆ-
19 σαι Κυρίῳ. Καὶ ἀνέστησαν οἱ Λευῖται ἀπὸ τῶν υἱῶν Καὰθ,
καὶ ἀπὸ τῶν υἱῶν Κορὲ, αἰνεῖν Κυρίῳ Θεῷ Ἰσραὴλ ἐν φωνῇ
μεγάλῃ εἰς ὕψος.

20 Καὶ ὤρθρισαν πρωὶ, καὶ ἐξῆλθον εἰς τὴν ἔρημον Θεκωέ· καὶ
ἐν τῷ ἐξελθεῖν αὐτοὺς, ἔστη Ἰωσαφὰτ καὶ ἐβόησε, καὶ εἶπεν,
ἀκούσατέ μου Ἰουδα καὶ οἱ κατοικοῦντες ἐν Ἱερουσαλήμ· ἐμ-
πιστεύσατε ἐν Κυρίῳ Θεῷ ἡμῶν, καὶ ἐμπιστευθήσεσθε· ἐμπι-
21 στεύσατε ἐν προφήτῃ αὐτοῦ, καὶ εὐοδωθήσεσθε. Καὶ ἐβουλεύ-
σατο μετὰ τοῦ λαοῦ, καὶ ἔστησε ψαλτῳδοὺς καὶ αἰνοῦντας,
ἐξομολογεῖσθαι καὶ αἰνεῖν τὰ ἅγια ἐν τῷ ἐξελθεῖν ἔμπροσθεν
τῆς δυνάμεως, καὶ ἔλεγον, ἐξομολογεῖσθε τῷ Κυρίῳ, ὅτι εἰς τὸν
αἰῶνα τὸ ἔλεος αὐτοῦ.

22 Καὶ ἐν τῷ ἄρξασθαι αὐτοὺς τῆς αἰνέσεως καὶ τῆς ἐξομολογή-
σεως, ἔδωκε Κύριος πολεμεῖν τοὺς υἱοὺς Ἀμμὼν ἐπὶ Μωὰβ
καὶ ὄρος Σηεὶρ τοὺς ἐξελθόντας ἐπὶ Ἰουδαν, καὶ ἐτροπώθησαν.
23 Καὶ ἀνέστησαν οἱ υἱοὶ Ἀμμὼν καὶ Μωὰβ ἐπὶ τοὺς κατοικοῦν-
τας ὄρος Σηεὶρ, ἐξολοθρεῦσαι καὶ ἐκτρίψαι αὐτούς· καὶ ὡς συν-
ετέλεσαν τοὺς κατοικοῦντας Σηεὶρ, ἀνέστησαν εἰς ἀλλήλους τοῦ
ἐξολοθρευθῆναι.

24 Καὶ Ἰουδας ἦλθεν ἐπὶ τὴν σκοπιὰν τῆς ἐρήμου, καὶ ἐπέ-
βλεψε, καὶ εἶδε τὸ πλῆθος· καὶ ἰδοὺ πάντες νεκροὶ πεπτωκότες
25 ἐπὶ τῆς γῆς, οὐκ ἦν σωζόμενος. Καὶ ἐξῆλθεν Ἰωσαφὰτ καὶ
ὁ λαὸς αὐτοῦ σκυλεῦσαι τὰ σκῦλα αὐτῶν, καὶ εὗρον κτήνη
πολλὰ, καὶ ἀποσκευὴν, καὶ σκῦλα, καὶ σκεύη ἐπιθυμητὰ, καὶ
ἐσκύλευσαν ἐν αὐτοῖς· καὶ ἐγένοντο ἡμέραι τρεῖς σκυλευόντων
26 αὐτῶν τὰ σκῦλα, ὅτι πολλὰ ἦν. Καὶ ἐγένετο τῇ ἡμέρᾳ τῇ
τετάρτῃ ἐπισυνήχθησαν εἰς τὸν αὐλῶνα τῆς εὐλογίας, ἐκεῖ γὰρ
ηὐλόγησαν τὸν Κύριον· διὰ τοῦτο ἐκάλεσαν τὸ ὄνομα τοῦ τόπου
ἐκείνου Κοιλὰς Εὐλογίας, ἕως τῆς ἡμέρας ταύτης.

27 Καὶ ἐπέστρεψε πᾶς ἀνὴρ Ἰουδα εἰς Ἱερουσαλὴμ, καὶ Ἰωσα-
φὰτ ἡγούμενος αὐτῶν ἐν εὐφροσύνῃ μεγάλῃ, ὅτι εὔφρανεν
28 αὐτοὺς Κύριος ἀπὸ τῶν ἐχθρῶν αὐτῶν. Καὶ εἰσῆλθον εἰς
Ἱερουσαλὴμ ἐν νάβλαις καὶ κινύραις καὶ ἐν σάλπιγξιν εἰς
29 οἶκον Κυρίου. Καὶ ἐγένετο ἔκστασις Κυρίου ἐπὶ πάσας τὰς
βασιλείας τῆς γῆς, ἐν τῷ ἀκοῦσαι αὐτοὺς ὅτι Κύριος ἐπολέ-

the sons of Matthanias the Levite, of the sons of Asaph,—upon him came the Spirit of the Lord in the assembly : [15] and he said, Hear ye, all Juda, and the dwellers in Jerusalem, and king Josaphat : Thus saith the Lord to β you, even you, Fear not, neither be alarmed, before all this great multitude ; for the battle is not yours, but God's. [16] To-morrow go ye down against them : behold, they come up by the ascent of Assis, and ye shall find them at the extremity of the river of the wilderness of Jeriel. [17] It is not for you to fight : understand these things, and see the deliverance of the Lord with you, Juda and Jerusalem : fear not, neither be afraid to go forth to-morrow to meet them ; and the Lord shall be with you. [18] And Josaphat bowed with his face *to the ground* with all Juda and the dwellers in Jerusalem, *and* they fell before the Lord to worship the Lord. [19] And the Levites of the children of Caath, and *they* of the sons of Core, rose up to praise the Lord God of Israel with a loud voice on high.

[20] And they rose early in the morning and went out to the wilderness of Thecoe : and as they went out, Josaphat stood and cried, and said, Hear me, Juda, and the dwellers in Jerusalem ; put your trust in the Lord God, and γ your trust shall be honoured ; trust in his prophet, and ye shall prosper. [21] And he took counsel with the people, and set appointed men to sing psalms and praises, to give thanks, and δ sing the holy songs of praise in going forth before the host : and they said, Give thanks to the Lord, for his mercy *endures* for ever.

[22] And when they began the praise and thanksgiving, the Lord caused the children of Ammon to fight against Moab, and *the inhabitants of* mount Seir that came out against Juda ; and they were routed. [23] Then the children of Ammon and Moab rose up against the dwellers in mount Seir, to destroy and consume them ; and when they had made an end of *destroying* the inhabitants of Seir, they rose up against one another so that they were utterly destroyed.

[24] And Juda came to the watch-tower of the wilderness, and looked, and saw the multitude, and, behold, *they were* all fallen dead upon the earth, not one escaped. [25] And Josaphat and his people went out to spoil them, and they found much cattle, and furniture, and spoils, and precious things : and they spoiled them, and they were three days gathering the spoil, for it was abundant. [26] And it came to pass on the fourth day they were gathered to the Valley of ζ Blessing ; for there they blessed the Lord : therefore they called the name of that place the Valley of Blessing, until this day.

[27] And θ all the men of Juda returned to Jerusalem, and Josaphat led them with great joy ; for the Lord gave them joy λ over their enemies. [28] And they entered into Jerusalem with lutes and harps and trumpets, *going* into the house of the Lord. [29] And there was a terror of the Lord upon all the kingdoms of the land, when they heard that the Lord fought against the

---

β *Gr.* you yourselves.   γ *Gr.* ye shall be trusted.   δ *Gr.* praise the holy things.   ζ *Or*, Berachah.   θ *Gr.* every man.
λ *Gr.* from.

enemies of Israel. ³⁰And the kingdom of Josaphat was at peace; and his God gave him rest round about.

³¹And Josaphat reigned over Juda, being thirty-five years *old* when he began to reign, and he reigned twenty-five years in Jerusalem: and his mother's name was Azuba, daughter of Sali. ³²And he walked in the ways of his father Asa, and turned not aside from doing that which was right in the sight of the Lord. ³³Nevertheless the high places yet remained; and as yet the people did not direct their heart to the Lord God of their fathers.

³⁴And the rest of the acts of Josaphat, the first and the last, behold, they are written in the history of Jeu *the son* of Anani, who wrote the book of the kings of Israel.

³⁵And afterwards Josaphat king of Juda entered into an alliance with Ochozias king of Israel, (now this was an unrighteous man,) ³⁶by acting *with* and going to him, to build ships to go to Tharsis: and he built ships in Gasion Gaber. ³⁷And Eliezer the *son* of Dodia of Marisa prophesied against Josaphat, saying, Forasmuch as thou hast allied thyself with Ochozias, the Lord has broken thy work, and thy vessels have been wrecked. And they could not go to Tharsis.

And Josaphat slept with his fathers, and was buried in the city of David: and ^βJoran his son reigned in his stead. ²And he had brothers, the six sons of Josaphat, Azarias, and Jeiel, and Zacharias, and Azarias, and Michael, and Zaphatias: all these *were* the sons of Josaphat king of Juda. ³And their father gave them many gifts, silver, and gold, and arms, together with fortified cities in Juda: but he gave the kingdom to Joram, for he *was* the first-born. ⁴And Joram ^γentered upon his kingdom, and ^δstrengthened himself, and slew all his brothers with the sword, and *some* of the princes of Israel.

⁵When he was thirty and two years old, Joram succeeded to his kingdom, and he reigned eight years in Jerusalem. ⁶And he walked in the way of the kings of Israel, as did the house of Achaab; for a daughter of Achaab was his wife: and he did that which was evil in the sight of the Lord: ⁷nevertheless the Lord would not utterly destroy the house of David, because of the covenant which he made with David, and as he said to him that he would give a light to him and his sons for ever.

⁸In those days Edom revolted from Juda, and they made a king over themselves. ⁹And Joram went with the princes, and all the cavalry with him: and it came to pass that he arose by night, and smote Edom that compassed him about, and the captains of the chariots, and the people fled to their tents. ¹⁰And Edom revolted from Juda until this day. Then Lomna at that time revolted from *under* his hand, because he forsook the Lord God of his fathers. ¹¹For he built high places in the cities of Juda, and

μησε πρὸς τοὺς ὑπεναντίους Ἰσραήλ· Καὶ εἰρήνευσεν ἡ 30 βασιλεία Ἰωσαφὰτ, καὶ κατέπαυσεν αὐτῷ ὁ Θεὸς αὐτοῦ κυκλόθεν.

Καὶ ἐβασίλευσεν Ἰωσαφὰτ ἐπὶ τὸν Ἰούδαν, ὢν ἐτῶν τρια- 31 κονταπέντε ἐν τῷ βασιλεῦσαι αὐτόν, καὶ εἴκοσι καὶ πέντε ἔτη ἐβασίλευσεν ἐν Ἱερουσαλήμ, καὶ ὄνομα τῇ μητρὶ αὐτοῦ Ἀζουβὰ, θυγάτηρ Σαλί. Καὶ ἐπορεύθη ἐν ταῖς ὁδοῖς τοῦ 32 πατρὸς αὐτοῦ Ἀσὰ, καὶ οὐκ ἐξέκλινε τοῦ ποιῆσαι τὸ εὐθὲς ἐνώπιον Κυρίου. Ἀλλὰ καὶ τὰ ὑψηλὰ ἔτι ὑπῆρχε, καὶ ἔτι 33 ὁ λαὸς οὐ κατεύθυνε τὴν καρδίαν αὐτῶν πρὸς Κύριον τὸν Θεὸν τῶν πατέρων αὐτῶν.

Καὶ οἱ λοιποὶ λόγοι Ἰωσαφὰτ οἱ πρῶτοι καὶ οἱ ἔσχατοι, 34 ἰδοὺ γεγραμμένοι ἐν λόγοις Ἰηοὺ τοῦ Ἀνανὶ, ὃς κατέγραψε βιβλίον βασιλέων Ἰσραήλ.

Καὶ μετὰ ταῦτα ἐκοινώνησεν Ἰωσαφὰτ βασιλεὺς Ἰούδα 35 πρὸς Ὀχοζίαν βασιλέα Ἰσραήλ, καὶ οὗτος ἠνόμησεν· ἐν τῷ 36 ποιῆσαι καὶ πορευθῆναι πρὸς αὐτὸν, τοῦ ποιῆσαι πλοῖα τοῦ πορευθῆναι εἰς Θαρσεῖς· καὶ ἐποίησε πλοῖα ἐν Γασίων Γαβέρ. Καὶ προεφήτευσεν Ἐλιέζερ ὁ τοῦ Δωδία ἀπὸ Μαρισῆς ἐπὶ 37 Ἰωσαφὰτ, λέγων, ὡς ἐφιλίασας τῷ Ὀχοζίᾳ, ἔθραυσε Κύριος τὸ ἔργον σου, καὶ συνετρίβη τὰ πλοῖά σου· καὶ οὐκ ἐδυνάσθη πορευθῆναι εἰς Θαρσεῖς.

Καὶ ἐκοιμήθη Ἰωσαφὰτ μετὰ τῶν πατέρων αὐτοῦ, καὶ ἐτάφη 21 ἐν πόλει Δαυίδ. Καὶ ἐβασίλευσεν Ἰωρὰν υἱὸς αὐτοῦ ἀντ᾽ αὐτοῦ. Καὶ αὐτῷ ἀδελφοὶ υἱοὶ Ἰωσαφὰτ ἓξ, Ἀζαρίας, καὶ 2 Ἰεϊήλ, καὶ Ζαχαρίας, καὶ Ἀζαρίας, καὶ Μιχαὴλ, καὶ Ζαφατίας· πάντες οὗτοι υἱοὶ Ἰωσαφὰτ βασιλέως Ἰούδα. Καὶ ἔδωκεν 3 αὐτοῖς ὁ πατὴρ αὐτῶν δόματα πολλὰ, ἀργύριον καὶ χρυσίον, καὶ ὅπλα μετὰ τῶν πόλεων τετειχισμένων ἐν Ἰούδᾳ, καὶ τὴν βασιλείαν ἔδωκε τῷ Ἰωράμ, ὅτι οὗτος ὁ πρωτότοκος. Καὶ 4 ἀνέστη Ἰωρὰμ ἐπὶ τὴν βασιλείαν αὐτοῦ, καὶ ἐκραταιώθη, καὶ ἀπέκτεινε πάντας τοὺς ἀδελφοὺς αὐτοῦ ἐν ῥομφαίᾳ, καὶ ἀπὸ τῶν ἀρχόντων Ἰσραήλ.

Ὄντος αὐτοῦ τριάκοντα καὶ δύο ἐτῶν, κατέστη Ἰωρὰμ ἐπὶ 5 τὴν βασιλείαν αὐτοῦ, καὶ ὀκτὼ ἔτη ἐβασίλευσεν ἐν Ἱερουσα-λήμ. Καὶ ἐπορεύθη ἐν ὁδῷ βασιλέων Ἰσραήλ, ὡς ἐποίησε 6 οἶκος Ἀχαὰβ, ὅτι θυγάτηρ Ἀχαὰβ ἦν αὐτοῦ γυνὴ, καὶ ἐποίησε τὸ πονηρὸν ἐναντίον Κυρίου. Καὶ οὐκ ἐβούλετο Κύριος ἐξ- 7 ολοθρεῦσαι τὸν οἶκον Δαυίδ, διὰ τὴν διαθήκην ἣν διέθετο τῷ Δαυὶδ, καὶ ὡς εἶπεν αὐτῷ δοῦναι αὐτῷ λύχνον καὶ τοῖς υἱοῖς αὐτοῦ πάσας τὰς ἡμέρας.

Ἐν ταῖς ἡμέραις ἐκείναις ἀπέστη Ἐδὼμ ἀπὸ τοῦ Ἰούδα, 8 καὶ ἐβασίλευσαν ἐφ᾽ ἑαυτοὺς βασιλέα. Καὶ ᾤχετο Ἰωρὰμ 9 μετὰ τῶν ἀρχόντων, καὶ πᾶσα ἡ ἵππος μετ᾽ αὐτοῦ· καὶ ἐγένετο καὶ ἠγέρθη νυκτὸς, καὶ ἐπάταξεν Ἐδὼμ τὸν κυκλοῦντα αὐτὸν, καὶ τοὺς ἄρχοντας τῶν ἁρμάτων, καὶ ἔφυγεν ὁ λαὸς εἰς τὰ σκηνώματα αὐτῶν. Καὶ ἀπέστη ἀπὸ Ἰούδα Ἐδὼμ ἕως τῆς 10 ἡμέρας ταύτης· τότε ἀπέστη Λομνὰ ἐν τῷ καιρῷ ἐκείνῳ ἀπὸ χειρὸς αὐτοῦ, ὅτι ἐγκατέλιπε Κύριον τὸν Θεὸν τῶν πατέρων αὐ-τοῦ. Καὶ γὰρ αὐτὸς ἐποίησεν ὑψηλὰ ἐν ταῖς πόλεσιν Ἰούδα, 11

β *Alex.* Joram.   γ *Gr.* rose up into.   δ *Gr.* was strengthened.

καὶ ἐξεπόρνευσε τοὺς κατοικοῦντας ἐν Ἱερουσαλὴμ, καὶ ἀπεπλάνησε τὸν Ἰούδαν.

12 Καὶ ἦλθεν αὐτῷ ἐν γραφῇ παρὰ Ἡλιοὺ τοῦ προφήτου, λέγων, τάδε λέγει Κύριος Θεὸς Δαυὶδ τοῦ πατρός σου, ἀνθ' ὧν οὐκ ἐπορεύθης ἐν ὁδῷ Ἰωσαφὰτ τοῦ πατρός σου, καὶ ἐν 13 ὁδοῖς Ἀσὰ βασιλέως Ἰούδα, καὶ ἐπορεύθης ἐν ὁδοῖς βασιλέων Ἰσραὴλ, καὶ ἐξεπόρνευσας τὸν Ἰούδαν καὶ τοὺς κατοικοῦντας ἐν Ἱερουσαλὴμ, ὡς ἐξεπόρνευσεν οἶκος Ἀχαὰβ, καὶ τοὺς ἀδελφούς σου υἱοὺς τοῦ πατρός σου τοὺς ἀγαθοὺς ὑπὲρ σὲ ἀπέ- 14 κτεινας, ἰδοὺ Κύριος πατάξει σε πληγὴν μεγάλην ἐν τῷ λαῷ σου, καὶ ἐν τοῖς υἱοῖς σου, καὶ ἐν γυναιξί σου, καὶ ἐν πάσῃ 15 τῇ ἀποσκευῇ σου. Καὶ σὺ ἐν μαλακίᾳ πονηρᾷ, ἐν νόσῳ κοιλίας, ἕως οὗ ἐξέλθῃ ἡ κοιλία σου μετὰ τῆς μαλακίας ἐξ ἡμερῶν εἰς ἡμέρας.

16 Καὶ ἐπήγειρε Κύριος ἐπὶ Ἰωρὰμ τοὺς ἀλλοφύλους, καὶ τοὺς 17 Ἄραβας, καὶ τοὺς ὁμόρους τῶν Αἰθιόπων. Καὶ ἀνέβησαν ἐπὶ Ἰούδαν, καὶ κατεδυνάστευον, καὶ ἀπέστρεψαν πᾶσαν τὴν ἀποσκευὴν ἣν εὗρον ἐν οἴκῳ τοῦ βασιλέως, καὶ τοὺς υἱοὺς αὐτοῦ, καὶ τὰς θυγατέρας αὐτοῦ, καὶ οὐ κατελείφθη αὐτῷ υἱὸς, ἀλλ' 18 ἢ Ὀχοζίας ὁ μικρότατος τῶν υἱῶν αὐτοῦ. Καὶ μετὰ ταῦτα πάντα ἐπάταξεν αὐτὸν Κύριος εἰς τὴν κοιλίαν μαλακίαν ᾗ οὐκ 19 ἔστιν ἰατρεία. Καὶ ἐγένετο ἐξ ἡμερῶν εἰς ἡμέρας· καὶ ὡς ἦλθε καιρὸς τῶν ἡμερῶν ἡμέρας δύο, ἐξῆλθεν ἡ κοιλία αὐτοῦ μετὰ τῆς νόσου, καὶ ἀπέθανεν ἐν μαλακίᾳ πονηρᾷ· καὶ οὐκ ἐποίησεν ὁ λαὸς αὐτοῦ ἐκφορὰν, καθὼς ἐκφορὰν πατέρων 20 αὐτοῦ. Ἦν τριάκοντα καὶ δύο ἐτῶν ὅτε ἐβασίλευσε, καὶ ὀκτὼ ἔτη ἐβασίλευσεν ἐν Ἱερουσαλήμ· καὶ ἐπορεύθη οὐκ ἐν ἐπαίνῳ, καὶ ἐτάφη ἐν πόλει Δαυὶδ, καὶ οὐκ ἐν τάφοις τῶν βασιλέων.

22 Καὶ ἐβασίλευσαν οἱ κατοικοῦντες ἐν Ἱερουσαλὴμ τὸν Ὀχοζίαν υἱὸν αὐτοῦ τὸν μικρὸν ἀντ' αὐτοῦ, ὅτι πάντας τοὺς πρεσβυτέρους ἀπέκτεινε τὸ ἐπελθὸν ἐπ' αὐτοὺς λῃστήριον, οἱ Ἄραβες καὶ οἱ Ἀλιμαζονεῖς· καὶ ἐβασίλευσεν Ὀχοζίας υἱὸς Ἰωρὰμ βασιλέως Ἰούδα.

2 Ὢν ἐτῶν εἴκοσι Ὀχοζίας ἐβασίλευσε, καὶ ἐνιαυτὸν ἕνα ἐβασίλευσεν ἐν Ἱερουσαλὴμ, καὶ ὄνομα τῇ μητρὶ αὐτοῦ Γοθο- 3 λία, θυγάτηρ Ἀμβρί. Καὶ οὗτος ἐπορεύθη ἐν ὁδῷ οἴκου Ἀχαὰβ, ὅτι μήτηρ αὐτοῦ ἦν σύμβουλος τοῦ ἁμαρτάνειν. 4 Καὶ ἐποίησε τὸ πονηρὸν ἐναντίον Κυρίου ὡς οἶκος Ἀχαὰβ, ὅτι αὐτοὶ ἦσαν αὐτῷ σύμβουλοι μετὰ τὸ ἀποθανεῖν τὸν πατέρα 5 αὐτοῦ, τοῦ ἐξολοθρεῦσαι αὐτόν, καὶ ἐν ταῖς βουλαῖς αὐτῶν ἐπορεύθη· καὶ ἐπορεύθη μετὰ Ἰωρὰμ υἱοῦ Ἀχαὰβ βασιλέως Ἰσραὴλ εἰς πόλεμον ἐπὶ Ἀζαὴλ βασιλέα Συρίας εἰς Ῥαμὼθ 6 Γαλαάδ· καὶ ἐπάταξαν οἱ τοξόται τὸν Ἰωράμ. Καὶ ἐπέστρεψεν Ἰωρὰμ τοῦ ἰατρευθῆναι εἰς Ἰεζράελ ἀπὸ τῶν πληγῶν ὧν ἐπάταξαν αὐτὸν οἱ Σύροι ἐν Ῥαμὼθ ἐν τῷ πολεμεῖν αὐτὸν πρὸς Ἀζαὴλ βασιλέα Συρίας.

Καὶ Ὀχοζίας υἱὸς Ἰωρὰμ βασιλεὺς Ἰούδα κατέβη θεάσασ- 7 θαι τὸν Ἰωρὰμ υἱὸν Ἀχαὰβ εἰς Ἰεζράελ, ὅτι ἠῤῥώστει. Καὶ παρὰ τοῦ Θεοῦ ἐγένετο καταστροφὴ Ὀχοζίᾳ ἐλθεῖν πρὸς

caused the dwellers in Jerusalem to go a-whoring, and led Juda astray.

[12] And there came to him *a message* in writing from Eliu the prophet, saying, Thus saith the Lord God of thy father David, Because thou hast not walked in the way of thy father Josaphat, nor in the ways of Asa king of Juda, [13] but hast walked in the ways of the kings of Israel, and hast caused Juda and the dwellers in Jerusalem to go a-whoring, as the house of Achaab caused *Israel* to go a-whoring, and thou hast slain thy brethren, the sons of thy father, who were better than thyself; [14] behold, the Lord shall smite thee with a great plague among thy people, and thy sons, and thy wives, and all thy store: [15] and thou *shalt be afflicted* with a grievous disease, with a disease of the bowels, until thy bowels shall β fall out day by day with the sickness.

[16] So the Lord stirred up the Philistines against Joram, and the Arabians, and those who bordered on the Æthiopians: [17] and they went up against Juda, and prevailed against them, and took away all the store which they found in the house of the king, and his sons, and his daughters; and there was no son left to him but Ochozias the γ youngest of his sons. [18] And after all these things the Lord smote him in the bowels with an incurable disease. [19] And it δ continued from day to day: and when the time of the days came *to* two ζ years, his bowels fell out with the disease, and he died by a grievous distemper: and his people performed no funeral, like the funeral of his fathers. [20] He was thirty and two years old when he began to reign, and he reigned eight years in Jerusalem. And he departed θ without honour, and was buried in the city of David, but not in the tombs of the kings.

And the inhabitants of Jerusalem made Ochozias his λ youngest son king in his stead: for the band of robbers that came against them, even the Arabians and the μ Alimazonians, had slain all the elder ones. So Ochozias son of Joram king of Juda reigned.

[2] Ochozias began to reign when he was twenty years old, and he reigned one year in Jerusalem: and his mother's name was Gotholia, the daughter of Ambri. [3] And he walked in the way of the house of Achaab; for his mother was his counsellor to do evil. [4] And he did that which was evil in the sight of the Lord as the house of Achaab *had done*: for they were his counsellors after the death of his father to his destruction. [5] And he walked in their counsels, and he went with Joram son of Achaab king of Israel to war against Azael king of Syria to Ramoth Galaad: and the archers smote Joram. [6] And Joram returned to Jezrael to be healed of the wounds wherewith the Syrians smote him in Ramoth, when he fought against Azael king of Syria.

And Ochozias son of Joram, king of Juda, went down to see Joram the son of Achaab at Jezrael because he was sick. [7] And destruction from God came upon Ochozias

---

in *his* coming to Joram; for when he had come, Joram went out with him against Jeu the son of Namessei, the anointed of the Lord against the house of Achaab.

8 And it came to pass, when Jeu was taking vengeance on the house of Achaab, that he found the princes of Juda and the brethren of Ochozias ministering to Ochozias, and he slew them. 9 And he gave orders to seek Ochozias: and they took him while he was healing his wounds in Samaria, and they brought him to Jeu, and he slew him; and they buried him, for they said, He is the son of Josaphat, who sought the Lord with all his heart.

So there was none in the house of Ochozias to secure their power in the kingdom. 10 And Gotholia the mother of Ochozias saw that her son was dead, and she arose and destroyed all the seed royal in the house of Juda. 11 But Josabeeth, the daughter of the king, took Joas the son of Ochozias and β rescued him secretly out of the midst of the sons of the king that were put to death, and she placed him and his nurse in a bed-chamber. So Josabeeth daughter of king Joram, sister of Ochozias, wife of Jodae the priest, hid him, and she *even* hid him from Gotholia, and she did not slay him. 12 And he was γ with him hid in the house of God six years; and Gotholia reigned over the land.

And in the eighth year Jodae strengthened *himself*, and took the captains of hundreds, Azarias the son of Joram, and Ismael the son of Joanan, and Azarias the son of Obed, and Maasæas the son of Adia, and Elisaphan the son of Zacharias, with him into the house of the Lord. 2 And they went round about Juda, and gathered the Levites out of all the cities of Juda, and heads of the families of Israel, and they came to Jerusalem. 3 And all the congregation of Juda made a covenant with the king in the house of God. And he shewed them the king's son, and said to them, Lo, let the king's son reign, as the Lord said concerning the house of David. 4 Now this *is* the δ thing which ye shall do. Let a third part of you, *even* of the priests and of the Levites, enter in on the sabbath, even into the gates of the entrances; 5 and let a third part be in the house of the king; and ζ another third at the middle gate: and all the people in the courts of the Lord's house. 6 And let not *any* one enter into the house of the Lord, except the priests and the Levites, and the servants of the Levites; they shall enter in, because they are holy: and let all the people keep the watch of the Lord. 7 And the Levites shall compass the king round about, every man's weapon in his hand; and whoever *else* goes into the house shall die: but they shall be with the king when he goes out, and when he comes in.

8 And the Levites and all Juda did according to all that the priest Jodae commanded them, and they took each his men from the beginning of the sabbath to the end of the sabbath, for Jodae the priest did not dismiss the courses. 9 And Jodae gave to the men the swords, and the shields, and

Ἰωράμ· καὶ ἐν τῷ ἐλθεῖν αὐτόν, ἐξῆλθε μετ᾽ αὐτοῦ Ἰωρὰμ πρὸς Ἰηοὺ υἱὸν Ναμεσσεὶ χριστὸν Κυρίου εἰς τὸν οἶκον Ἀχαάβ.

Καὶ ἐγένετο ὡς ἐξεδίκησεν Ἰηοὺ τὸν οἶκον Ἀχαάβ, καὶ εὗρε 8 τοὺς ἄρχοντας Ἰούδα καὶ τοὺς ἀδελφοὺς Ὀχοζίου λειτουργοῦν-τας τῷ Ὀχοζίᾳ, καὶ ἀπέκτεινεν αὐτούς. Καὶ εἶπε τοῦ ζητῆσαι 9 τὸν Ὀχοζίαν· καὶ κατέλαβον αὐτὸν ἰατρευόμενον ἐν Σαμαρείᾳ, καὶ ἤγαγον αὐτὸν πρὸς Ἰηοὺ, καὶ ἀπέκτεινεν αὐτόν· καὶ ἔθαψαν αὐτόν, ὅτι εἶπαν, υἱὸς Ἰωσαφάτ ἐστιν, ὃς ἐζήτησε τὸν Κύριον ἐν ὅλῃ τῇ καρδίᾳ αὐτοῦ.

Καὶ οὐκ ἦν ἐν οἴκῳ Ὀχοζία κατισχῦσαι δύναμιν περὶ τῆς βασιλείας. Καὶ Γοθολία ἡ μήτηρ Ὀχοζίου εἶδεν ὅτι τέθνη- 10 κεν ὁ υἱὸς αὐτῆς, καὶ ἠγέρθη καὶ ἀπώλεσε πᾶν τὸ σπέρμα τῆς βασιλείας ἐν οἴκῳ Ἰούδα. Καὶ ἔλαβεν Ἰωσαβεὲθ θυγάτηρ 11 τοῦ βασιλέως τὸν Ἰωὰς υἱὸν Ὀχοζίου καὶ ἔκλεψεν αὐτὸν ἐκ μέσου υἱῶν τοῦ βασιλέως τῶν θανατουμένων, καὶ ἔδωκεν αὐτὸν καὶ τὴν τροφὸν αὐτοῦ εἰς ταμεῖον τῶν κλινῶν, καὶ ἔκρυψεν αὐτὸν Ἰωσαβεὲθ θυγάτηρ τοῦ βασιλέως Ἰωρὰμ ἀδελφὴ Ὀχο-ζίου γυνὴ Ἰωδαὲ τοῦ ἱερέως, καὶ ἔκρυψεν αὐτὸν ἀπὸ προσώπου τῆς Γοθολίας, καὶ οὐκ ἀπέκτεινεν αὐτόν. Καὶ ἦν μετ᾽ αὐτοῦ ἐν 12 οἴκῳ τοῦ Θεοῦ κατακεκρυμμένος ἐξ ἔτη, καὶ Γοθολία ἐβασίλευ-σεν ἐπὶ τῆς γῆς.

Καὶ ἐν τῷ ἔτει τῷ ὀγδόῳ ἐκραταίωσεν Ἰωδαὲ, καὶ ἔλαβε 23 τοὺς ἑκατοντάρχους, τὸν Ἀζαρίαν υἱὸν Ἰωρὰμ, καὶ τὸν Ἰσμαὴλ υἱὸν Ἰωανὰν, καὶ τὸν Ἀζαρίαν υἱὸν Ὠβὴδ, καὶ τὸν Μαασαίαν υἱὸν Ἀδία, καὶ τὸν Ἐλισαφὰν υἱὸν Ζαχαρίου, μεθ᾽ ἑαυτοῦ εἰς οἶκον Κυρίου. Καὶ ἐκύκλωσαν τὸν Ἰούδαν, καὶ συνήγαγον 2 τοὺς Λευίτας ἐκ πασῶν τῶν πόλεων Ἰούδα, καὶ ἄρχοντας πα-τριῶν τοῦ Ἰσραὴλ, καὶ ἦλθον εἰς Ἱερουσαλήμ. Καὶ διέθεντο 3 πᾶσα ἡ ἐκκλησία Ἰούδα διαθήκην ἐν οἴκῳ τοῦ Θεοῦ μετὰ τοῦ βασιλέως· καὶ ἔδειξεν αὐτοῖς τὸν υἱὸν τοῦ βασιλέως, καὶ εἶπεν αὐτοῖς, ἰδοὺ ὁ υἱὸς τοῦ βασιλέως βασιλευσάτω, καθὼς ἐλάλησε Κύριος ἐπὶ τὸν οἶκον Δαυίδ. Νῦν ὁ λόγος οὗτος, ὃν ποιήσετε 4 τὸ τρίτον ἐξ ὑμῶν εἰσπορευέσθωσαν τὸ σάββατον τῶν ἱερέων καὶ τῶν Λευιτῶν καὶ εἰς τὰς πύλας τῶν εἰσόδων, καὶ τὸ τρίτον 5 ἐν οἴκῳ τοῦ βασιλέως, καὶ τὸ τρίτον ἐν τῇ πύλῃ τῇ μέσῃ, καὶ πᾶς ὁ λαὸς ἐν αὐλαῖς οἴκου Κυρίου. Καὶ μὴ εἰσελθέτω εἰς 6 οἶκον Κυρίου, ἐὰν μὴ οἱ ἱερεῖς καὶ οἱ Λευῖται καὶ οἱ λειτουρ-γοῦντες τῶν Λευιτῶν· αὐτοὶ εἰσελεύσονται ὅτι ἅγιοί εἰσι, καὶ πᾶς ὁ λαὸς φυλασσέτω φυλακὰς Κυρίου. Καὶ κυκλώσουσιν 7 οἱ Λευῖται τὸν βασιλέα κύκλῳ ἀνδρὸς σκεῦος σκεῦος ἐν χειρὶ αὐτοῦ, καὶ ὁ εἰσπορευόμενος εἰς τὸν οἶκον ἀποθανεῖται, καὶ ἔσονται μετὰ τοῦ βασιλέως ἐκπορευομένου καὶ εἰσπορευομένου αὐτοῦ.

Καὶ ἐποίησαν οἱ Λευῖται καὶ πᾶς Ἰούδα κατὰ πάντα ὅσα 8 ἐνετείλατο αὐτοῖς Ἰωδαὲ ὁ ἱερεύς· καὶ ἔλαβον ἕκαστος τοὺς ἄνδρας αὐτοῦ ἀπ᾽ ἀρχῆς τοῦ σαββάτου ἕως ἐξόδου τοῦ σαβ-βάτου, ὅτι οὐ κατέλυσεν Ἰωδαὲ ὁ ἱερεὺς τὰς ἐφημερίας. Καὶ 9 ἔδωκεν Ἰωδαὲ τὰς μαχαίρας καὶ τοὺς θυρεοὺς καὶ τὰ ὅπλα ἃ

β Gr. stole him.   γ i.e. with Jodae, but another reading is μετ᾽ αὐτῆς.   δ Gr. word.   ζ Gr. the third.

10 ἦν τοῦ βασιλέως Δαυὶδ ἐν οἴκῳ τοῦ Θεοῦ. Καὶ ἔστησε τὸν
λαὸν πάντα ἕκαστον ἐν τοῖς ὅπλοις αὐτοῦ, ἀπὸ τῆς ὠμίας τοῦ
οἴκου τῆς δεξιᾶς ἕως τῆς ὠμίας τῆς ἀριστερᾶς τοῦ θυσιαστηρίου

11 καὶ τοῦ οἴκου, ἐπὶ τὸν βασιλέα κύκλῳ. Καὶ ἐξήγαγε τὸν
υἱὸν τοῦ βασιλέως, καὶ ἔδωκεν ἐπ᾽ αὐτὸν τὸ βασίλειον καὶ τὰ
μαρτύρια, καὶ ἐβασίλευσαν καὶ ἔχρισαν αὐτὸν Ἰωδαὲ ὁ ἱερεὺς
καὶ οἱ υἱοὶ αὐτοῦ, καὶ εἶπαν, ζήτω ὁ βασιλεύς.

12   Καὶ ἤκουσε Γοθολία τὴν φωνὴν τοῦ λαοῦ τρεχόντων, καὶ
ἐξομολογουμένων, καὶ αἰνούντων τὸν βασιλέα· καὶ εἰσῆλθε

13 πρὸς τὸν βασιλέα εἰς οἶκον Κυρίου. Καὶ εἶδε, καὶ ἰδοὺ ὁ βασι-
λεὺς ἐπὶ τῆς στάσεως αὐτοῦ, καὶ ἐπὶ τῆς εἰσόδου οἱ ἄρχοντες
καὶ οἱ σάλπιγγες· καὶ οἱ ἄρχοντες περὶ τὸν βασιλέα, καὶ πᾶς
ὁ λαὸς τῆς γῆς ηὐφράνθη, καὶ ἐσάλπισαν ταῖς σάλπιγξι, καὶ
οἱ ᾄδοντες ἐν τοῖς ὀργάνοις ᾠδοὶ, καὶ ὑμνοῦντες αἶνον· καὶ
διέρρηξε Γοθολία τὴν στολὴν αὐτῆς, καὶ ἐβόησεν, ἐπιτιθέμενοι

14 ἐπιτίθεσθε. Καὶ ἐξῆλθεν Ἰωδαὲ ὁ ἱερεὺς, καὶ ἐνετείλατο Ἰωδαὲ
ὁ ἱερεὺς τοῖς ἑκατοντάρχοις, καὶ τοῖς ἀρχηγοῖς τῆς δυνάμεως,
καὶ εἶπεν αὐτοῖς, ἐκβάλετε αὐτὴν ἐκτὸς τοῦ οἴκου, καὶ εἰσέλθατε
ὀπίσω αὐτῆς, καὶ ἀποθανέτω μαχαίρᾳ, ὅτι εἶπεν ὁ ἱερεὺς, μὴ

15 ἀποθανέτω ἐν οἴκῳ Κυρίου. Καὶ ἔδωκαν αὐτῇ ἄνεσιν, καὶ
διῆλθε διὰ τῆς πύλης τῶν ἱππέων τοῦ οἴκου τοῦ βασιλέως,, καὶ
ἐθανάτωσαν αὐτὴν ἐκεῖ.

16   Καὶ διέθετο Ἰωδαὲ διαθήκην ἀναμέσον αὐτοῦ καὶ τοῦ λαοῦ

17 καὶ τοῦ βασιλέως, εἶναι λαὸν τῷ Κυρίῳ. Καὶ εἰσῆλθε πᾶς
ὁ λαὸς τῆς γῆς εἰς οἶκον Βάαλ, καὶ κατέσπασαν αὐτὸν καὶ τὰ
θυσιαστήρια αὐτοῦ, καὶ τὰ εἴδωλα αὐτοῦ ἐλέπτυναν, καὶ τὸν
Ματθὰν ἱερέα Βάαλ ἐθανάτωσαν ἐναντίον τῶν θυσιαστηρίων

18 αὐτοῦ. Καὶ ἐνεχείρισεν Ἰωδαὲ ὁ ἱερεὺς τὰ ἔργα οἴκου Κυρίου
διὰ χειρὸς ἱερέων καὶ Λευιτῶν, καὶ ἀνέστησε τὰς ἐφημερίας τῶν
ἱερέων καὶ τῶν Λευιτῶν, ἃς διέστειλε Δαυὶδ ἐπὶ τὸν οἶκον
Κυρίου, καὶ ἀνενέγκαι ὁλοκαυτώματα Κυρίῳ, καθὼς γέγραπται
ἐν νόμῳ Μωυσῆ, ἐν εὐφροσύνῃ καὶ ἐν ᾠδαῖς διὰ χειρὸς Δαυὶδ.

19 Καὶ ἔστησαν οἱ πυλωροὶ ἐπὶ τὰς πύλας οἴκου Κυρίου, καὶ οὐκ

20 εἰσελεύσεται ἀκάθαρτος εἰς πᾶν πρᾶγμα. Καὶ ἔλαβε τοὺς
πατριάρχας, καὶ τοὺς δυνατοὺς, καὶ τοὺς ἄρχοντας τοῦ λαοῦ,
καὶ πάντα τὸν λαὸν τῆς γῆς, καὶ ἐπεβίβασαν τὸν βασιλέα εἰς
οἶκον Κυρίου, καὶ εἰσῆλθε διὰ τῆς πύλης τῆς ἐσωτέρας εἰς
τὸν οἶκον τοῦ βασιλέως, καὶ ἐκάθισαν τὸν βασιλέα ἐπὶ τοῦ

21 θρόνου τῆς βασιλείας. Καὶ ηὐφράνθη πᾶς ὁ λαὸς τῆς γῆς, καὶ
ἡ πόλις ἡσύχασε, καὶ τὴν Γοθολίαν ἐθανάτωσαν.

24   Ὢν ἐτῶν ἑπτὰ Ἰωὰς ἐν τῷ βασιλεύειν αὐτὸν, καὶ τεσσαρά-
κοντα ἔτη ἐβασίλευσεν ἐν Ἱερουσαλήμ, καὶ ὄνομα τῇ μητρὶ

2 αὐτοῦ Σαβιὰ ἐκ Βηρσαβεέ. Καὶ ἐποίησεν Ἰωὰς τὸ εὐθὲς ἐνώ-

3 πιον Κυρίου πάσας τὰς ἡμέρας Ἰωδαὲ τοῦ ἱερέως. Καὶ ἔλαβεν
Ἰωδαὲ δύο γυναῖκας ἑαυτῷ, καὶ ἐγέννησαν υἱοὺς καὶ θυγατέ-
ρας.

4   Καὶ ἐγένετο μετὰ ταῦτα, καὶ ἐγένετο ἐπὶ καρδίαν Ἰωὰς

the arms, which *had* belonged to king David, in the house of God. [10] And he set the whole people, every man with his arms, from the right side of the house to the left side of the altar and the house, over against the king round about. [11] And he brought out the king's son, and put on him the crown and the testimony, and Jodae the priest and his sons proclaimed him king, and anointed him, and said, Long live the king!

[12] And Gotholia heard the sound of the people running, and acknowledging and praising the king: and she went in to the king into the house of the Lord. [13] And she looked, and, behold, the king *stood* [β] in his place, and the princes and trumpets were at the entrance, and the princes were round the king: and all the people of the land rejoiced, and sounded the trumpets, and there were the singers singing with instruments, and [γ] singing hymns of praise. And Gotholia rent her robe, and cried, Ye surely are plotting against *me*. [14] And Jodae the priest went forth, and Jodae the priest charged the captains of hundreds, even the captains of the host, and said to them, Thrust her forth outside the house, and follow her, and let her be slain with the sword. For the priest said, Let her not be slain in the house of the Lord. [15] So they let her go *out;* and she went through the horsemen's gate of the house of the king, and they slew her there.

[16] And Jodae made a covenant between himself, and the people, and the king, that the people should be the Lord's. [17] And all the people of the land went into the house of Baal, and tore down it and its altars, and they ground his images to powder, and they slew Matthan the priest of Baal before his altars. [18] And Jodae the priest committed the works of the house of the Lord into the hand of the priests and Levites, and he re-established the courses of the priests and Levites which David appointed over the house of the Lord, and *he appointed them* to offer whole-burnt-offerings to the Lord, as it is written in the law of Moses, with gladness, and with songs by the hand of David. [19] And the porters stood at the gates of the house of the Lord, that no one unclean in any respect [δ] should enter in. [20] And he took the heads of families, and the mighty men, and the chiefs of the people, and all the people of the land, and they conducted the king into the house of the Lord; and he went through the inner gate into the king's house, and they seated the king on the throne of the kingdom. [21] And all the people of the land rejoiced; and the city was quiet: and they slew Gotholia. §

Joas was seven years old when he began to reign, and he reigned forty years in Jerusalem: and his mother's name was Sabia of Bersabee. [2] And Joas did that which was right in the sight of the Lord all the days of Jodae the priest. [3] And Jodae took to himself two wives, and they bore sons and daughters.

[4] And it came to pass afterward that it came into the heart of Joas to repair the

---

β *Gr.* upon his standing.   ~ *Gr.* hymning praise.   δ *Gr.* shall.   ζ *Heb.* and *Alex.* + with the sword.

house of the Lord. ⁵ And he gathered the priests and the Levites, and said to them, Go out into the cities of Juda, and collect money of all Israel to repair the house of the Lord from year to year, and make haste to speak *of it*. But the Levites hasted not.

⁶ And king Joas called Jodae the chief, and said to him, Why hast thou not looked after the Levites, so that they should bring from Juda and Jerusalem that which was β prescribed by Moses the man of God, when he assembled Israel at the tabernacle of witness? ⁷ For Gotholia was a transgressor, and her sons tore down the house of God; for they offered the holy things of the house of the Lord to Baalim.

⁸ And the king said, Let a γ box be made, and let it be put at the gate of the house of the Lord without. ⁹ And let *men* proclaim in Juda and in Jerusalem, that *the people* should bring to the Lord, as Moses the servant of God spoke concerning Israel in the wilderness. ¹⁰ And all the princes and all the people ʳgave, and brought in, and cast into the box until it was filled. ¹¹ And it came to pass, when they brought in the box to the officers of the king by the hand of the Levites, and when they saw that the money was more than sufficient, then came the king's scribe, and the officer of the high priest, and emptied the box, and restored it to its place. Thus they did day by day, and collected much δ money. ¹² And the king and Jodae the priest gave it to the workmen employed in the service of the house of the Lord, and they hired masons and carpenters to repair the house of the Lord, also smiths and braziers to repair the house of the Lord. ¹³ And the workmen wrought, and the works prospered in their hands, and they established the house of the Lord on its foundation, and strengthened *it*. ¹⁴ And when they had finished *it*, they brought to the king and to Jodae the remainder of the money, and they made vessels for the house of the Lord, vessels of service for whole-burnt-offerings, and gold and silver *censers*: and they offered up whole-burnt-offerings in the house of the Lord continually all the days of Jodae.

¹⁵ And Jodae grew old, being full of days, and he died, being a hundred and thirty years old at his death. ¹⁶ And they buried him with the kings in the city of David, because he had dealt well with Israel, and with God and his house.

¹⁷ And it came to pass after the death of Jodae, *that* the princes of Juda went in, and did obeisance to the king. Then the king hearkened to them. ¹⁸ And they forsook the house of the Lord God of their fathers, and served the Astartes and idols: and there was wrath upon Juda and Jerusalem in that day. ¹⁹ Yet he sent prophets to them, to turn them to the Lord; but they hearkened not: and he testified to them, but they obeyed not. ²⁰ And the Spirit of God ζcame upon Azarias the son of Jodae the priest, and he stood up above the people, and said, Thus saith the Lord, Why do ye transgress the commandments of the Lord? so shall

ἐπισκευάσαι τὸν οἶκον Κυρίου. Καὶ συνήγαγε τοὺς ἱερεῖς καὶ 5 τοὺς Λευίτας, καὶ εἶπεν αὐτοῖς, ἐξέλθατε εἰς τὰς πόλεις Ἰούδα, καὶ συναγάγετε ἀπὸ παντὸς Ἰσραὴλ ἀργύριον κατισχῦσαι τὸν οἶκον Κυρίου ἐνιαυτὸν κατ᾽ ἐνιαυτὸν, καὶ σπεύσατε λαλῆσαι· καὶ οὐκ ἔσπευσαν οἱ Λευῖται.

Καὶ ἐκάλεσεν ὁ βασιλεὺς Ἰωὰς τὸν Ἰωδαὲ τὸν ἄρχοντα, καὶ 6 εἶπεν αὐτῷ, διατί οὐκ ἐπεσκέψω περὶ τῶν Λευιτῶν τοῦ εἰσενέγκαι ἀπὸ Ἰούδα καὶ Ἱερουσαλὴμ τὸ κεκριμένον ὑπὸ Μωυσῆ ἀνθρώπου τοῦ Θεοῦ, ὅτι ἐξεκκλησίασε τὸν Ἰσραὴλ εἰς τὴν σκηνὴν τοῦ μαρτυρίου; Ὅτι Γοθολία ἦν ἡ ἄνομος, καὶ οἱ υἱοὶ 7 αὐτῆς κατέσπασαν τὸν οἶκον τοῦ Θεοῦ· καὶ γὰρ τὰ ἅγια οἴκου Κυρίου ἐποίησαν ταῖς Βααλίμ.

Καὶ εἶπεν ὁ βασιλεὺς, γενηθήτω γλωσσόκομον, καὶ τεθήτω 8 ἐν πύλῃ οἴκου Κυρίου ἔξω. Καὶ κηρυξάτωσαν ἐν Ἰούδα καὶ 9 ἐν Ἱερουσαλὴμ, εἰσενέγκαι Κυρίῳ καθὼς εἶπε Μωυσῆς παῖς τοῦ Θεοῦ ἐπὶ τὸν Ἰσραὴλ ἐν τῇ ἐρήμῳ. Καὶ ἔδωκαν πάντες 10 ἄρχοντες καὶ πᾶς ὁ λαὸς, καὶ εἰσέφερον καὶ ἐνέβαλον εἰς τὸ γλωσσόκομον ἕως οὗ ἐπληρώθη. Καὶ ἐγένετο ὡς εἰσέφερον 11 τὸ γλωσσόκομον πρὸς τοὺς προστάτας τοῦ βασιλέως διὰ χειρὸς τῶν Λευιτῶν, καὶ ὡς εἶδον ὅτι ἐπλεόνασε τὸ ἀργύριον, καὶ ἦλθεν ὁ γραμματεὺς τοῦ βασιλέως καὶ ὁ προστάτης τοῦ ἱερέως τοῦ μεγάλου, καὶ ἐξεκένωσαν τὸ γλωσσόκομον, καὶ κατέστησαν εἰς τὸν τόπον αὐτοῦ· οὕτως ἐποίουν ἡμέραν ἐξ ἡμέρας, καὶ συνήγαγον ἀργύριον πολύ. Καὶ ἔδωκεν αὐτὸ ὁ βασιλεὺς καὶ 12 Ἰωδαὲ ὁ ἱερεὺς τοῖς ποιοῦσι τὰ ἔργα εἰς ἐργασίαν οἴκου Κυρίου· καὶ ἐμισθοῦντο λατόμους καὶ τέκτονας ἐπισκευάσαι τὸν οἶκον Κυρίου, καὶ χαλκεῖς σιδήρου καὶ χαλκοῦ ἐπισκευάσαι τὸν οἶκον Κυρίου. Καὶ ἐποίουν οἱ ποιοῦντες τὰ ἔργα, καὶ ἀνέβη μῆκος 13 τῶν ἔργων ἐν χερσὶν αὐτῶν, καὶ ἀνέστησαν τὸν οἶκον Κυρίου ἐπὶ τὴν στάσιν αὐτοῦ, καὶ ἐνίσχυσαν. Καὶ ὡς συνετέλεσαν, 14 ἤνεγκαν πρὸς τὸν βασιλέα καὶ πρὸς Ἰωδαὲ τὸ κατάλοιπον τοῦ ἀργυρίου, καὶ ἐποίησαν σκεύη εἰς οἶκον Κυρίου, σκεύη λειτουργικὰ ὁλοκαυτωμάτων, καὶ θυΐσκας χρυσᾶς καὶ ἀργυρᾶς, καὶ ἀνήνεγκαν ὁλοκαυτώσεις ἐν οἴκῳ Κυρίου διαπαντὸς πάσας τὰς ἡμέρας Ἰωδαέ.

Καὶ ἐγήρασεν Ἰωδαὲ πλήρης ἡμερῶν, καὶ ἐτελεύτησεν ὢν 15 ἑκατὸν καὶ τριάκοντα ἐτῶν ἐν τῷ τελευτᾶν αὐτόν. Καὶ ἔθαψαν 16 αὐτὸν ἐν πόλει Δαυὶδ μετὰ τῶν βασιλέων, ὅτι ἐποίησεν ἀγαθωσύνην μετὰ Ἰσραὴλ καὶ μετὰ τοῦ Θεοῦ καὶ τοῦ οἴκου αὐτοῦ.

Καὶ ἐγένετο μετὰ τὴν τελευτὴν Ἰωδαὲ εἰσῆλθον οἱ ἄρχοντες 17 Ἰούδα, καὶ προσεκύνησαν τὸν βασιλέα· τότε ἐπήκουσεν αὐτοῖς ὁ βασιλεύς. Καὶ ἐγκατέλιπον τὸν οἶκον Κυρίου Θεοῦ τῶν 18 πατέρων αὐτῶν, καὶ ἐδούλευον ταῖς Ἀστάρταις καὶ τοῖς εἰδώλοις, καὶ ἐγένετο ὀργὴ ἐπὶ Ἰούδαν καὶ ἐπὶ Ἱερουσαλὴμ ἐν τῇ ἡμέρᾳ ταύτῃ. Καὶ ἀπέστειλε πρὸς αὐτοὺς προφήτας ἐπιστρέψαι 19 πρὸς Κύριον, καὶ οὐκ ἤκουσαν· καὶ διεμαρτύρατο αὐτοῖς, καὶ οὐχ ὑπήκουσαν· Καὶ πνεῦμα Θεοῦ ἐνέδυσε τὸν Ἀζαρίαν τὸν 20 τοῦ Ἰωδαὲ τὸν ἱερέα, καὶ ἀνέστη ἐπάνω τοῦ λαοῦ, καὶ εἶπε, τάδε λέγει Κύριος, τί παραπορεύεσθε τὰς ἐντολὰς Κυρίου; καὶ

β *Gr.* judged.　　γ See John 12. 6.　　δ *Gr.* silver.　　ζ *Gr.* clothed.

οὐκ εὐοδωθήσεσθε· ὅτι ἐγκατελίπετε τὸν Κύριον, καὶ ἐγκατα-
21 λείψει ὑμᾶς. Καὶ ἐπέθεντο αὐτῷ, καὶ ἐλιθοβόλησαν αὐτὸν δι᾽
22 ἐντολῆς Ἰωὰς τοῦ βασιλέως ἐν αὐλῇ οἴκου Κυρίου. Καὶ οὐκ
ἐμνήσθη Ἰωὰς τοῦ ἐλέους οὗ ἐποίησεν Ἰωδαὲ ὁ πατὴρ αὐτοῦ
μετ᾽ αὐτοῦ, καὶ ἐθανάτωσε τὸν υἱὸν αὐτοῦ· καὶ ὡς ἀπέθνησκεν,
εἶπεν, ἴδοι Κύριος καὶ κρινάτω.

23 Καὶ ἐγένετο μετὰ τὴν συντέλειαν τοῦ ἐνιαυτοῦ ἀνέβη ἐπ᾽
αὐτὸν δύναμις Συρίας, καὶ ἦλθεν ἐπὶ Ἰούδαν καὶ ἐπὶ Ἱερουσα-
λὴμ, καὶ κατέφθειραν πάντας τοὺς ἄρχοντας τοῦ λαοῦ ἐν τῷ
λαῷ, καὶ πάντα τὰ σκῦλα αὐτῶν ἀπέστειλαν τῷ βασιλεῖ
24 Δαμασκοῦ. Ὅτι ἐν ὀλίγοις ἀνδράσι παρεγένετο δύναμις Συρίας,
καὶ ὁ Θεὸς παρέδωκεν εἰς τὰς χεῖρας αὐτῶν δύναμιν πολλὴν
σφόδρα, ὅτι ἐγκατέλιπον Κύριον τὸν Θεὸν τῶν πατέρων αὐτῶν·
καὶ μετὰ Ἰωὰς ἐποίησε κρίματα.

25 Καὶ μετὰ τὸ ἀπελθεῖν αὐτοὺς ἀπ᾽ αὐτοῦ, ἐν τῷ ἐγκαταλιπεῖν
αὐτὸν ἐν μαλακίαις μεγάλαις, καὶ ἐπέθεντο αὐτῷ οἱ παῖδες
αὐτοῦ ἐν αἵμασιν υἱοῦ Ἰωδαὲ τοῦ ἱερέως, καὶ ἐθανάτωσαν αὐτὸν
ἐπὶ τῆς κλίνης αὐτοῦ, καὶ ἀπέθανε· καὶ ἔθαψαν αὐτὸν ἐν πόλει
Δαυὶδ, καὶ οὐκ ἔθαψαν αὐτὸν ἐν τῷ τάφῳ τῶν βασιλέων.
26 Καὶ οἱ ἐπιθέμενοι ἐπ᾽ αὐτὸν Ζαβὲδ ὁ τοῦ Σαμαὰθ ὁ Ἀμμανί-
27 της, καὶ Ἰωζαβὲδ ὁ τοῦ Σαμαρὴθ ὁ Μωαβίτης, καὶ οἱ υἱοὶ
αὐτοῦ πάντες, καὶ προσῆλθον αὐτῷ οἱ πέντε· καὶ τὰ λοιπὰ ἰδοὺ
γεγραμμένα ἐπὶ τὴν γραφὴν τῶν βασιλέων· καὶ ἐβασίλευσεν
Ἀμασίας υἱὸς αὐτοῦ ἀντ᾽ αὐτοῦ.

25 Ὢν εἴκοσι καὶ πέντε ἐτῶν ἐβασίλευσεν Ἀμασίας, καὶ εἰ-
κοσιεννέα ἔτη ἐβασίλευσεν ἐν Ἱερουσαλήμ, καὶ ὄνομα τῇ
2 μητρὶ αὐτοῦ Ἰωαδὲν ἀπὸ Ἱερουσαλήμ. Καὶ ἐποίησε τὸ εὐθὲς
3 ἐνώπιον Κυρίου, ἀλλ᾽ οὐκ ἐν καρδίᾳ πλήρει. Καὶ ἐγένετο ὡς
κατέστη ἡ βασιλεία ἐν χειρὶ αὐτοῦ, καὶ ἐθανάτωσε τοὺς παῖδας
4 αὐτοῦ τοὺς φονεύσαντας τὸν βασιλέα πατέρα αὐτοῦ· Καὶ τοὺς
υἱοὺς αὐτῶν οὐκ ἀπέκτεινε, κατὰ τὴν διαθήκην τοῦ νόμου Κυ-
ρίου, καθὼς γέγραπται, ὡς ἐνετείλατο Κύριος, λέγων, οὐκ
ἀποθανοῦνται πατέρες ὑπὲρ τέκνων, καὶ υἱοὶ οὐκ ἀποθανοῦν-
ται ὑπὲρ πατέρων, ἀλλ᾽ ἢ ἕκαστος τῇ ἑαυτοῦ ἁμαρτίᾳ ἀπο-
θανοῦνται.

5 Καὶ συνήγαγεν Ἀμασίας τὸν οἶκον Ἰούδα, καὶ ἀνέστησεν
αὐτοὺς κατ᾽ οἴκους πατριῶν αὐτῶν εἰς χιλιάρχους καὶ ἑκατον-
τάρχους ἐν παντὶ Ἰούδᾳ καὶ Ἱερουσαλήμ· καὶ ἠρίθμησεν
αὐτοὺς ἀπὸ εἰκοσαετοῦς καὶ ἐπάνω, καὶ εὗρεν αὐτοὺς τριακοσίας
χιλιάδας ἐξελθεῖν εἰς πόλεμον δυνατούς, κρατοῦντας δόρυ καὶ
6 θυρεόν. Καὶ ἐμισθώσατο ἀπὸ Ἰσραὴλ ἑκατὸν χιλιάδας δυνα-
τοὺς ἰσχύι ἑκατὸν ταλάντων ἀργυρίου.

7 Καὶ ἄνθρωπος τοῦ Θεοῦ ἦλθε πρὸς αὐτόν, λέγων, βασιλεῦ,
οὐ πορεύσεται μετὰ σοῦ δύναμις Ἰσραήλ, ὅτι οὐκ ἔστι Κύριος
8 μετὰ Ἰσραὴλ πάντων τῶν υἱῶν Ἐφραίμ. Ὅτι ἐὰν ὑπολάβῃς
κατισχῦσαι ἐν τούτοις, καὶ τροπώσεταί σε Κύριος ἐναντίον τῶν
ἐχθρῶν, ὅτι ἐστὶ παρὰ Κυρίου καὶ ἰσχῦσαι καὶ τροπώσασθαι.
9 Καὶ εἶπεν Ἀμασίας τῷ ἀνθρώπῳ τοῦ Θεοῦ, καὶ τί ποιήσω
τὰ ἑκατὸν τάλαντα ἃ ἔδωκα τῇ δυνάμει Ἰσραήλ; καὶ εἶπεν

ye not prosper; for ye have forsaken the
Lord, and he will forsake you. [21] And they
conspired against him, and stoned him by
command of king Joas in the court of the
Lord's house. [22] So Joas remembered not
the βkindness which his father Jodae had
exercised towards him, but slew his son.
And as he died, he said, The Lord look upon
it, and judge.
[23] And it came to pass after the end of the
year, *that* the host of Syria went up against
him, and came against Juda and Jeru-
salem: and they slew all the chiefs of the
people among the people, and all their spoils
they sent to the king of Damascus. [24] For
the army of Syria came with few men, yet
God gave into their hands a very large
army, because they had forsaken the God
of their fathers; and he γbrought judgments
on Joas.
[25] And after they had departed from him,
when they had left him in sore diseases,
then his servants conspired against him
δbecause of the blood of the son of Jodae
the priest, and slew him on his bed, and he
died, and they buried him in the city of
David, but they buried him not in the
sepulchre of the kings. [26] And they that
conspired against him were Zabed the son
of Samaath the Ammanite, and Jozabed the
son of Samareth the Moabite. [27] And all
his sons, and the five came to him: and the
other *matters*, behold, they are written in
the book of the kings. And Amasias his son
reigned in his stead.
Amasias began to reign when he was
twenty and five years old, and he reigned
twenty-nine years in Jerusalem; and his
mother's name *was* Joadaen of Jerusalem.
[2] And he did that which was right in the
sight of the Lord, but not with a ζperfect
heart. [3] And it came to pass, when the
kingdom was established in his hand, that
he slew his servants who had slain the king
his father. [4] But he slew not their sons,
according to the covenant of the law of the
Lord, as it is written, *and* as the Lord com-
manded, saying, The fathers shall not die
for the children, and the sons shall not die
for the fathers, but they shall die each for
his own sin.
[5] And Amasias assembled the house of
Juda, and appointed them according to the
houses of their families for captains of thou-
sands and captains of hundreds in all Juda
and Jerusalem: and he numbered them
from twenty years old and upwards, and
found them three hundred thousand able
to go out to war, holding spear and shield.
[6] Also he hired of Israel a hundred thousand
mighty *men for* a hundred talents of silver.
[7] And there came a man of God to him,
saying, O king, let not the host of Israel go
with thee; for the Lord is not with Israel,
even all the sons of Ephraim. [8] For if thou
shalt undertake to strengthen *thyself* with
these, then the Lord shall put thee to flight
before the enemies: for it is of the Lord
both to strengthen and to put to flight.
[9] And Amasias said to the man of God, But
what shall I do *for* the hundred talents
which I have given to the army of Israel?

β *Gr.* mercy.   γ *Gr.* wrought.   δ *Gr.* in.   ζ *Gr.* full.

And the man of God said, The Lord can give thee much more than these.

¹⁰And Amasias separated from the army that came to him from Ephraim, that they might go away to their place; and they were very angry with Juda, and they returned to their place with great wrath. ¹¹And Amasias strengthened *himself*, and took his people, and went to the valley of salt, and smote there the children of Seir ten thousand. ¹²And the children of Juda ᵝtook ten thousand prisoners, and they carried them to the top of the precipice, and cast them headlong from the top of the precipice, and they were all dashed to pieces. ¹³And the ᵞmen of the host whom Amasias sent back so that they should not go with him to battle, *went* and attacked the cities of Juda, from Samaria to Bæthoron; and they smote three thousand among them, and took much spoil.

¹⁴And it came to pass, after Amasias had returned from smiting Idumea, that he brought home the gods of the children of Seir, and set them up for himself as gods, and bowed down before them, and he sacrificed to them. ¹⁵And the anger of the Lord came upon Amasias, and he sent him a prophet, and he said to him, Why hast thou sought the gods of the people, which have not rescued their own people out of thine hand? ¹⁶And it came to pass when ᵟthe prophet was speaking to him, that he said to him, Have I made thee king's counsellor? take heed lest thou be scourged: and the prophet ᶻforebore, and said, I know that God is disposed against thee to destroy thee, because thou hast done this thing, and hast not hearkened to my counsel.

¹⁷And Amasias king of Juda took counsel, and sent to Joas, son of Joachaz, son of Jeu, king of Israel, saying, Come, and let us look one another in the face. ¹⁸And Joas king of Israel sent to Amasias king of Juda, saying, The ᶿthistle that was in Libanus sent to the cedar that was in Libanus, saying, Give thy daughter to my son to wife; but, behold, the wild beasts of the field that are in Libanus shall come: and the wild beasts did come, and trod down the thistle. ¹⁹Thou hast said, Behold, I have smitten Idumea, and thy ᴧstout heart exalts thee: now stay at home; for why dost thou implicate thyself in mischief, that thou shouldest fall, and Juda with thee.

²⁰Nevertheless Amasias hearkened not, for it was of the Lord to deliver him into *the enemy's* hands, because he sought after the gods of the Idumeans. ²¹So Joas king of Israel went up; and they saw one another, he and Amasias king of Juda, in Bæthsamys, which is of Juda. ²²And Juda was put to flight before Israel, and they fled every man to his tent. ²³And Joas king of Israel took prisoner Amasias king of Juda, *son* of Joas, son of Joachaz, in Bæthsamys, and brought him to Jerusalem; and he pulled down *part* of the wall of Jerusalem from the gate of Ephraim to the corner gate, four hundred cubits. ²⁴And *he took* all the gold and the silver, and all the vessels that were found in the house of the

ὁ ἄνθρωπος τοῦ Θεοῦ, ἔστι τῷ Κυρίῳ δοῦναί σοι πλεῖστα τούτων.

Καὶ διεχώρισεν Ἀμασίας τῇ δυνάμει τῇ ἐλθούσῃ πρὸς αὐτὸν 10 ἀπὸ Ἐφραὶμ, ἀπελθεῖν εἰς τὸν τόπον αὐτῶν· καὶ ἐθυμώθησαν σφόδρα ἐπὶ Ἰούδαν, καὶ ἐπέστρεψαν εἰς τὸν τόπον αὐτῶν ἐν ὀργῇ θυμοῦ. Καὶ Ἀμασίας κατίσχυσε καὶ παρέλαβε τὸν λαὸν 11 αὐτοῦ, καὶ ἐπορεύθη εἰς τὴν κοιλάδα τῶν ἁλῶν, καὶ ἐπάταξεν ἐκεῖ τοὺς υἱοὺς Σηεὶρ, δέκα χιλιάδας. Καὶ δέκα χιλιάδας 12 ἐζώγρησαν οἱ υἱοὶ Ἰούδα, καὶ ἔφερον αὐτοὺς ἐπὶ τὸ ἄκρον τοῦ κρημνοῦ, καὶ κατεκρήμνιζον αὐτοὺς ἀπὸ τοῦ ἄκρου τοῦ κρημνοῦ, καὶ πάντες διερρήγνυντο. Καὶ υἱοὶ τῆς δυνάμεως οὓς ἀπέστρε- 13 ψεν Ἀμασίας τοῦ μὴ πορευθῆναι μετ᾽ αὐτοῦ εἰς πόλεμον, καὶ ἐπέθεντο ἐπὶ τὰς πόλεις Ἰούδα ἀπὸ Σαμαρείας ἕως Βαιθωρών· καὶ ἐπάταξαν ἐν αὐτοῖς τρεῖς χιλιάδας, καὶ ἐσκύλευσαν σκῦλα πολλά.

Καὶ ἐγένετο μετὰ τὸ ἐλθεῖν Ἀμασίαν πατάξαντος τὴν Ἰδου- 14 μαίαν, καὶ ἤνεγκε πρὸς αὐτὸν τοὺς θεοὺς υἱῶν Σηεὶρ, καὶ ἔστησεν αὐτοὺς αὐτῷ εἰς θεοὺς, καὶ ἐναντίον αὐτῶν προσεκύνει, καὶ αὐτὸς αὐτοῖς ἔθυε. Καὶ ἐγένετο ὀργὴ Κυρίου ἐπὶ Ἀμασίαν, 15 καὶ ἀπέστειλεν αὐτῷ προφήτην, καὶ εἶπεν αὐτῷ, τί ἐζήτησας τοὺς θεοὺς τοῦ λαοῦ, οἳ οὐκ ἐξείλοντο τὸν λαὸν ἑαυτῶν ἐκ χειρός σου; Καὶ ἐγένετο ἐν τῷ λαλῆσαι αὐτῷ πρὸς αὐτὸν, καὶ εἶπεν 16 αὐτῷ, μὴ σύμβουλον τοῦ βασιλέως δέδωκά σε; πρόσεχε ἵνα μὴ μαστιγωθῇς· καὶ ἐσιώπησεν ὁ προφήτης, καὶ εἶπεν, ὅτι γινώσκω, ὅτι ἐβούλετο ἐπὶ σοὶ τοῦ καταφθεῖραί σε, ὅτι ἐποίησας τοῦτο, καὶ οὐκ ἐπήκουσας τῆς συμβουλίας μου.

Καὶ ἐβουλεύσατο Ἀμασίας ὁ βασιλεὺς Ἰούδα, καὶ ἀπέστειλε 17 πρὸς Ἰωὰς υἱὸν Ἰωάχαζ υἱοῦ Ἰηοῦ βασιλέα Ἰσραὴλ, λέγων, δεῦρο, καὶ ὀφθῶμεν προσώποις. Καὶ ἀπέστειλεν Ἰωὰς βασι- 18 λεὺς Ἰσραὴλ πρὸς Ἀμασίαν βασιλέα Ἰούδα, λέγων, ὁ ἀκοὺχ ὁ ἐν τῷ Λιβάνῳ ἀπέστειλε πρὸς τὴν κέδρον τὴν ἐν τῷ Λιβάνῳ, λέγων, δὸς τὴν θυγατέρα σου τῷ υἱῷ μου εἰς γυναῖκα, καὶ ἰδοὺ ἐλεύσεται τὰ θηρία τοῦ ἀγροῦ τὰ ἐν τῷ Λιβάνῳ· καὶ ἦλθον τὰ θηρία, καὶ κατεπάτησαν τὸν ἀκούχ. Εἶπας, ἰδοὺ ἐπάταξα τὴν 19 Ἰδουμαίαν, καὶ ἐπαίρει σε ἡ καρδία σου ἡ βαρεῖα· νῦν κάθισον ἐν οἴκῳ σου, καὶ ἱνατί συμβάλλεις ἐν κακίᾳ, καὶ πεσῇ σὺ καὶ Ἰούδας μετὰ σοῦ;

Καὶ οὐκ ἤκουσεν Ἀμασίας, ὅτι παρὰ Κυρίου ἐγένετο τοῦ 20 παραδοῦναι αὐτὸν εἰς χεῖρας, ὅτι ἐξεζήτησε τοὺς θεοὺς τῶν Ἰδουμαίων. Καὶ ἀνέβη Ἰωὰς βασιλεὺς Ἰσραὴλ, καὶ ὤφθησαν 21 ἀλλήλοις αὐτός καὶ Ἀμασίας βασιλεὺς Ἰούδα ἐν Βαιθσαμὺς, ᾗ ἐστι τοῦ Ἰούδα. Καὶ ἐτροπώθη Ἰούδας κατὰ πρόσωπον 22 Ἰσραὴλ, καὶ ἔφυγεν ἕκαστος εἰς τὸ σκήνωμα αὐτοῦ. Καὶ τὸν 23 Ἀμασίαν βασιλέα Ἰούδα τὸν τοῦ Ἰωὰς υἱοῦ Ἰωάχαζ κατέλαβεν Ἰωὰς βασιλεὺς Ἰσραὴλ ἐν Βαιθσαμὺς, καὶ εἰσήγαγεν αὐτὸν εἰς Ἰερουσαλήμ· καὶ κατέσπασεν ἀπὸ τοῦ τείχους Ἰερουσαλὴμ ἀπὸ πύλης Ἐφραὶμ ἕως πύλης γωνίας τετρακοσίους πήχεις. Καὶ πᾶν τὸ χρυσίον καὶ τὸ ἀργύριον, καὶ πάντα τὰ σκεύη τὰ 24

ᵝ *Gr.* took 10,000, etc. alive.   ᵞ *Gr.* sons.   ᵟ *Or*, he, but *Alex.* omits πρὸς αὐτὸν, which is more intelligible.   ᶻ *Gr.* was silent.
ᶿ The *Gr.* retains the *Heb.* word.   ᴧ *Gr.* heavy.

εὑρεθέντα ἐν οἴκῳ Κυρίου καὶ παρὰ τῷ Ἀβδεδόμ, καὶ τοὺς θησαυροὺς οἴκου τοῦ βασιλέως, καὶ τοὺς υἱοὺς τῶν συμμίξεων, καὶ ἐπέστρεψεν εἰς Σαμάρειαν.

25 Καὶ ἔζησεν Ἀμασίας ὁ τοῦ Ἰωὰς βασιλεὺς Ἰούδα μετὰ τὸ ἀποθανεῖν Ἰωὰς τὸν τοῦ Ἰωάχαζ βασιλέα Ἰσραὴλ ἔτη δεκα-

26 πέντε. Καὶ οἱ λοιποὶ λόγοι Ἀμασίου οἱ πρῶτοι καὶ οἱ ἔσχατοι οὐκ ἰδοὺ γεγραμμένοι ἐπὶ βιβλίου βασιλέων Ἰούδα καὶ Ἰσ-

27 ραήλ; Καὶ ἐν τῷ καιρῷ ᾧ ἀπέστη Ἀμασίας ἀπὸ Κυρίου, καὶ ἐπέθεντο αὐτῷ ἐπίθεσιν, καὶ ἔφυγεν ἀπὸ Ἰερουσαλὴμ εἰς Λαχίς· καὶ ἀπέστειλαν κατόπισθεν αὐτοῦ εἰς Λαχίς, καὶ

28 ἐθανάτωσαν αὐτὸν ἐκεῖ. Καὶ ἀνέλαβον αὐτὸν ἐπὶ τῶν ἵππων, καὶ ἔθαψαν αὐτὸν μετὰ τῶν πατέρων αὐτοῦ ἐν πόλει Δαυίδ.

26 Καὶ ἔλαβε πᾶς ὁ λαὸς τῆς γῆς τὸν Ὀζίαν, καὶ αὐτὸς υἱὸς ἐκκαίδεκα ἐτῶν, καὶ ἐβασίλευσαν αὐτὸν ἀντὶ τοῦ πατρὸς αὐτοῦ

2 Ἀμασίου. Αὐτὸς ᾠκοδόμησε τὴν Αἰλάθ, αὐτὸς ἐπέστρεψεν αὐτὴν τῷ Ἰούδα, μετὰ τὸ κοιμηθῆναι τὸν βασιλέα μετὰ τῶν πατέρων αὐτοῦ.

3 Υἱὸς ἐκκαίδεκα ἐτῶν ἐβασίλευσεν Ὀζίας, καὶ πεντήκοντα καὶ δύο ἔτη ἐβασίλευσεν ἐν Ἰερουσαλήμ, καὶ ὄνομα τῇ μητρὶ

4 αὐτοῦ Ἰεχελία ἀπὸ Ἰερουσαλήμ. Καὶ ἐποίησε τὸ εὐθὲς ἐνώπιον Κυρίου κατὰ πάντα ὅσα ἐποίησεν Ἀμασίας ὁ πατὴρ αὐτοῦ.

5 Καὶ ἦν ἐκζητῶν τὸν Κύριον ἐν ταῖς ἡμέραις Ζαχαρίου τοῦ συνιόντος ἐν φόβῳ Κυρίου, καὶ ἐν ταῖς ἡμέραις αὐτοῦ ἐζήτησε τὸν Κύριον, καὶ εὐώδωσεν αὐτῷ Κύριος.

6 Καὶ ἐξῆλθε καὶ ἐπολέμησε πρὸς τοὺς ἀλλοφύλους, καὶ κατέσπασε τὰ τείχη Γὲθ, καὶ τὰ τείχη Ἰαβνήρ, καὶ τὰ τείχη Ἀζώτου, καὶ ᾠκοδόμησε πόλεις Ἀζώτου, καὶ ἐν τοῖς ἀλλοφύ-

7 λοις. Καὶ κατίσχυσεν αὐτὸν Κύριος ἐπὶ τοὺς ἀλλοφύλους, καὶ ἐπὶ τοὺς Ἄραβας τοὺς κατοικοῦντας ἐπὶ τῆς πέτρας, καὶ

8 ἐπὶ τοὺς Μιναίους. Καὶ ἔδωκαν οἱ Μιναῖοι δῶρα τῷ Ὀζίᾳ, καὶ ἦν τὸ ὄνομα αὐτοῦ ἕως εἰσόδου Αἰγύπτου, ὅτι κατίσχυσεν ἕως ἄνω.

9 Καὶ ᾠκοδόμησεν Ὀζίας πύργους ἐν Ἰερουσαλήμ, καὶ ἐπὶ τὴν πύλην τῆς γωνίας καὶ ἐπὶ τὴν πύλην τῆς φάραγγος, καὶ

10 ἐπὶ τῶν γωνιῶν, καὶ κατίσχυσε. Καὶ ᾠκοδόμησε πύργους ἐν τῇ ἐρήμῳ, καὶ ἐλατόμησε λάκκους πολλούς, ὅτι κτήνη πολλὰ ὑπῆρχεν αὐτῷ ἐν σεφηλᾷ· καὶ ἐν τῇ πεδινῇ, καὶ ἀμπελουργοὶ

11 ἐν τῇ ὀρεινῇ καὶ ἐν τῷ Καρμήλῳ, ὅτι γεωργὸς ἦν. Καὶ ἐγένετο τῷ Ὀζίᾳ δύναμις ποιοῦσα πόλεμον, καὶ ἐκπορευομένη εἰς παράταξιν εἰς πόλεμον καὶ εἰσπορευομένη εἰς παράταξιν εἰς ἀριθμόν· καὶ ἦν ὁ ἀριθμὸς αὐτῶν διὰ χειρὸς Ἰεϊὴλ τοῦ γραμματέως, καὶ Μαασίου τοῦ κριτοῦ, διὰ χειρὸς Ἀνανίου τοῦ διαδόχου

12 τοῦ βασιλέως. Πᾶς ὁ ἀριθμὸς τῶν πατριαρχῶν τῶν δυνατῶν

13 εἰς πόλεμον δισχίλιοι ἑξακόσιοι, καὶ μετ᾽ αὐτῶν δύναμις πολεμικὴ, τριακόσιαι χιλιάδες καὶ ἑπτακισχίλιοι καὶ πεντακόσιοι· οὗτοι οἱ ποιοῦντες πόλεμον ἐν δυνάμει ἰσχύος βοηθῆσαι τῷ

14 βασιλεῖ ἐπὶ τοὺς ὑπεναντίους. Καὶ ἡτοίμασεν αὐτοῖς Ὀζίας πάσῃ τῇ δυνάμει θυρεοὺς καὶ δόρατα καὶ περικεφαλαίας καὶ

15 θώρακας καὶ τόξα καὶ εἰς λίθους σφενδόνας. Καὶ ἐποίησεν ἐν Ἰερουσαλὴμ μηχανὰς μεμηχανευμένας λογιστοῦ, τοῦ εἶναι

25 And Amasias the *son* of Joas king of Juda lived after the death of Joas the *son* of Joachaz king of Israel fifteen years. 26 And the rest of the acts of Amasias, the first and the last, lo! are they not written in the book of the kings of Juda and Israel? 27 And at the time when Amasias departed from the Lord, then they formed a conspiracy against him; and he fled from Jerusalem to Lachis: and they sent after him to Lachis, and slew him there. 28 And they took him up on horses, and buried him with his fathers in the city of David.

Then all the people of the land took Ozias, and he was sixteen years old, and they made him king in the room of his father Amasias. 2 He built Ælath, he recovered it to Juda, after the king slept with his fathers.

3 Ozias began to reign at the age of sixteen years, and he reigned fifty-two years in Jerusalem: and his mother's name was Jechelia of Jerusalem. 4 And he did that which was right in the sight of the Lord, according to all that Amasias his father did. 5 And he sought the Lord in the days of Zacharias, who understood the fear of the Lord; and in his days he sought the Lord, and the Lord prospered him.

6 And he went out and fought against the Philistines, and pulled down the walls of Geth, and the walls of Jabner, and the walls of Azotus, and he built cities γ *near* Azotus, and among the Philistines. 7 And the Lord strengthened him against the Philistines, and against the Arabians that dwelt on the rock, and against the Minæans. 8 And the Minæans gave gifts to Ozias; and his fame spread as far as the entering in of Egypt, for he strengthened *himself* exceedingly.

9 And Ozias built towers in Jerusalem, both at the gate of the corner and at the valley gate, and at the corners, and he fortified them. 10 And he built towers in the wilderness, and δ dug many wells, for he had many cattle in the low country and in the plain; and vinedressers in the mountain country and in Carmel: for he was a husbandman. 11 And Ozias had ζ a host of warriors, and that went out orderly to war, and returned orderly θ in number; and their number was *made* by the hand of Jeiel the scribe, and Maasias the judge, by the hand of Ananias the king's λ deputy. 12 The whole number of the chiefs of families of the mighty men of war *was* two thousand six hundred; 13 and with them was a warrior force, three hundred thousand and seven thousand and five hundred: these waged war mightily to help the king against *his* enemies. 14 And Ozias prepared for them, *even* for all the host, shields, and spears, and helmets, and breastplates, and bows, and slings for stones. 15 And he made in Jerusalem machines invented by a wise contriver, to be upon the towers and upon the

---

β *Gr.* sons of alliances or unions.   γ *Gr.* of.   δ *Or*, hewed out of the rock.   ζ *Gr.* a force making war.
θ *Or*, to be numbered or reviewed.   λ In Acts 24. 27, 'successor.'

corners, to cast darts and great stones: and *the fame* of their preparation was heard at a distance; for he was wonderfully helped, till he was strong.

[16] And when he was strong, his heart was lifted up β to his destruction; and he transgressed against the Lord his God, and went into the temple of the Lord to burn incense on the altar of γ incense. [17] And there went in after him Azarias the priest, and with him eighty priests of the Lord, mighty men. [18] And they withstood Ozias the king, and said to him, *It is* not for thee, Ozias, to burn incense to the Lord, but only for the priests the sons of Aaron, who are consecrated to sacrifice: go forth of the sanctuary, for thou hast departed from the Lord; and this shall not be for glory to thee from the Lord God.

[19] And Ozias was angry, and in his hand *was* the censer to burn incense in the temple: and when he was angry with the priests, then the leprosy rose up in his forehead before the priests in the house of the Lord, over the altar of incense. [20] And Azarias the chief priest, and the *other* priests, turned *to look* at him, and, behold, he *was* leprous in his forehead; and they got him hastily out thence, for he also hasted to go out, because the Lord had rebuked him. [21] And Ozias the king was a leper to the day of his death, and he dwelt *as* a leper in a δ separate house; for he was cut off from the house of the Lord: and Joathan his son *was set* over his kingdom, judging the people of the land.

[22] And the rest of the acts of Ozias, the first and the last, *are* written by Jessias the prophet. [23] And Ozias slept with his fathers, and they buried him with his fathers in the field of the burial *place* of the kings, for they said, He is a leper; and Joatham his son reigned in his stead.

ς Joatham *was* twenty and five years old when he began to reign, and he reigned sixteen years in Jerusalem: and his mother's name *was* Jerusa, daughter of Sadoc. [2] And he did that which was right in the sight of the Lord, according to all that his father Ozias did: but he went not into the temple of the Lord. And still the people corrupted themselves. [3] He built the high gate of the house of the Lord, and he built much in the wall of Opel. [4] θ In the mountain of Juda, and in the woods, *he built* both dwelling-places and towers. [5] He fought against the king of the children of Ammon, and prevailed against him: and the children of Ammon gave him even annually a hundred talents of silver, and ten thousand λ measures of wheat, and ten thousand of barley. These king of the children of Ammon brought to him annually in the first and second and third years. [6] Joatham grew strong, because he prepared his ways before the Lord his God.

[7] And the rest of the acts of Joatham, and his war, and his deeds, behold, *they are* written in the book of the kings of Juda and Israel. μ [9] And Joatham slept with his fathers, and was buried in the city of David: and Achaz his son reigned in his stead.

ἐπὶ τῶν πύργων καὶ ἐπὶ τῶν γωνιῶν, βάλλειν βέλεσι καὶ λίθοις μεγάλοις· καὶ ἠκούσθη ἡ κατασκευὴ αὐτῶν ἕως πόρρω· ὅτι ἐθαυμαστώθη τοῦ βοηθῆναι ἕως οὗ κατίσχυσε.

Καὶ ὡς κατίσχυσεν, ὑψώθη ἡ καρδία αὐτοῦ τοῦ καταφθεῖραι· [16] καὶ ἠδίκησεν ἐν Κυρίῳ Θεῷ αὐτοῦ, καὶ εἰσῆλθεν εἰς τὸν ναὸν Κυρίου θυμιάσαι ἐπὶ τὸ θυσιαστήριον τῶν θυμιαμάτων. Καὶ [17] εἰσῆλθεν ὀπίσω αὐτοῦ Ἀζαρίας ὁ ἱερεὺς, καὶ μετ' αὐτοῦ ἱερεῖς τοῦ Κυρίου ὀγδοήκοντα υἱοὶ δυνατοί. Καὶ ἔστησαν ἐπὶ [18] Ὀζίαν τὸν βασιλέα, καὶ εἶπαν αὐτῷ, οὐ σοὶ, Ὀζία, θυμιάσαι τῷ Κυρίῳ, ἀλλ' ἢ τοῖς ἱερεῦσιν υἱοῖς Ἀαρὼν τοῖς ἡγιασμένοις θῦσαι· ἔξελθε ἐκ τοῦ ἁγιάσματος, ὅτι ἀπέστης ἀπὸ Κυρίου· καὶ οὐκ ἔσται σοι τοῦτο εἰς δόξαν παρὰ Κυρίου Θεοῦ.

Καὶ ἐθυμώθη Ὀζίας, καὶ ἐν τῇ χειρὶ αὐτοῦ τὸ θυμιατήριον [19] τοῦ θυμιάσαι ἐν τῷ ναῷ· καὶ ἐν τῷ θυμωθῆναι αὐτὸν πρὸς τοὺς ἱερεῖς, καὶ ἡ λέπρα ἀνέτειλεν ἐν τῷ μετώπῳ αὐτοῦ ἐναντίον τῶν ἱερέων ἐν οἴκῳ Κυρίου ἐπάνω τοῦ θυσιαστηρίου τῶν θυμιαμά-των. Καὶ ἐπέστρεψε πρὸς αὐτὸν Ἀζαρίας ὁ ἱερεὺς ὁ πρῶτος, [20] καὶ οἱ ἱερεῖς, καὶ ἰδοὺ αὐτὸς λεπρὸς ἐν τῷ μετώπῳ, καὶ κατέ-σπευσαν αὐτὸν ἐκεῖθεν, καὶ γὰρ αὐτὸς ἔσπευσεν ἐξελθεῖν, ὅτι ἤλεγξεν αὐτὸν Κύριος. Καὶ Ὀζίας ὁ βασιλεὺς ἦν λεπρὸς ἕως [21] ἡμέρας τῆς τελευτῆς αὐτοῦ, καὶ ἐν οἴκῳ ἀπφουσὼθ ἐκάθητο λεπρὸς, ὅτι ἀπεσχίσθη ἀπὸ οἴκου Κυρίου· καὶ Ἰωάθαν ὁ υἱὸς αὐτοῦ ἐπὶ τῆς βασιλείας αὐτοῦ κρίνων τὸν λαὸν τῆς γῆς.

Καὶ οἱ λοιποὶ λόγοι Ὀζίου οἱ πρῶτοι καὶ οἱ ἔσχατοι, [22] γεγραμμένοι ὑπὸ Ἰεσσίου τοῦ προφήτου. Καὶ ἐκοιμήθη Ὀζίας [23] μετὰ τῶν πατέρων αὐτοῦ, καὶ ἔθαψαν αὐτὸν μετὰ τῶν πατέ-ρων αὐτοῦ ἐν τῷ πεδίῳ τῆς ταφῆς τῶν βασιλέων, ὅτι εἶπαν ὅτι λεπρός ἐστι· καὶ ἐβασίλευσεν Ἰωάθαμ υἱὸς αὐτοῦ ἀντ' αὐτοῦ.

Υἱὸς εἴκοσι καὶ πέντε ἐτῶν Ἰωάθαμ ἐν τῷ βασιλεῦσαι αὐτὸν, [27] καὶ ἑκκαίδεκα ἔτη ἐβασίλευσεν ἐν Ἰερουσαλήμ, καὶ ὄνομα τῆς μητρὸς αὐτοῦ Ἱερουσὰ θυγάτηρ Σαδώκ. Καὶ ἐποίησε τὸ εὐθὲς [2] ἐνώπιον Κυρίου, κατὰ πάντα ἃ ἐποίησεν Ὀζίας ὁ πατὴρ αὐτοῦ, ἀλλ' οὐκ εἰσῆλθεν εἰς τὸν ναὸν Κυρίου. Καὶ ἔτι ὁ λαὸς κατεφθείρετο. Αὐτὸς ᾠκοδόμησε τὴν πύλην οἴκου Κυρίου τὴν [3] ὑψηλὴν, καὶ ἐν τείχει Ὀπὲλ ᾠκοδόμησε πολλὰ, ἐν ὄρει Ἰουδα, [4] καὶ ἐν τοῖς δρυμοῖς καὶ οἰκήσεις καὶ πύργους. Αὐτὸς ἐμα- [5] χέσατο πρὸς βασιλέα υἱῶν Ἀμμὼν, καὶ κατίσχυσεν ἐπ' αὐτόν· καὶ ἐδίδουν αὐτῷ οἱ υἱοὶ Ἀμμὼν καὶ κατ' ἐνιαυτὸν ἑκατὸν τάλαντα ἀργυρίου, καὶ δέκα χιλιάδας κόρων πυροῦ, καὶ κριθῶν δέκα χιλιάδας· ταῦτα ἔφερεν αὐτῷ βασιλεὺς υἱῶν Ἀμμὼν κατ' ἐνιαυτὸν ἐν τῷ πρώτῳ ἔτει καὶ ἐν τῷ δευτέρῳ καὶ τῷ τρίτῳ. Κατίσχυσεν Ἰωάθαμ, ὅτι ἡτοίμασε τὰς ὁδοὺς αὐτοῦ ἐναντίον [6] Κυρίου Θεοῦ αὐτοῦ.

Καὶ οἱ λοιποὶ λόγοι Ἰωάθαμ καὶ ὁ πόλεμος καὶ αἱ πράξεις [7] αὐτοῦ, ἰδοὺ γεγραμμέναι ἐπὶ βιβλίῳ βασιλέων Ἰούδα καὶ Ἰσ-ραήλ. Καὶ ἐκοιμήθη Ἰωάθαμ μετὰ τῶν πατέρων αὐτοῦ, καὶ [9] ἐτάφη ἐν πόλει Δαυὶδ, καὶ ἐβασίλευσεν Ἄχαζ υἱὸς αὐτοῦ ἀντ' αὐτοῦ.

β *Gr.* to destroy. γ *Gr.* incenses. δ The *Gr.* is a *Heb.* word. *q. d.* of freedom. ζ Joathan, 26. 21. θ *Alex.* + 'and he built cities.' λ *Gr.* cors, the *Heb.* word. μ See *Appendix.*

28 Υἱὸς εἴκοσι καὶ πέντε ἐτῶν ἦν Ἀχαζ ἐν τῷ βασιλεύειν αὐτὸν,
καὶ ἑκκαίδεκα ἔτη ἐβασίλευσεν ἐν Ἱερουσαλήμ· καὶ οὐκ ἐποί-
2 ησε τὸ εὐθὲς ἐνώπιον Κυρίου, ὡς Δαυὶδ ὁ πατὴρ αὐτοῦ. Καὶ
ἐπορεύθη κατὰ τὰς ὁδοὺς βασιλέων Ἰσραήλ· καὶ γὰρ γλυπτὰ
3 ἐποίησε, καὶ τοῖς εἰδώλοις αὐτῶν ἐν γὲ Βεννόμ· καὶ διῆγε
τὰ τέκνα αὐτοῦ διὰ πυρὸς κατὰ τὰ βδελύγματα τῶν ἐθνῶν, ὧν
4 ἐξωλόθρευσε Κύριος ἀπὸ προσώπου υἱῶν Ἰσραήλ. Καὶ ἐθυμία
ἐπὶ τῶν ὑψηλῶν, καὶ ἐπὶ τῶν δωμάτων, καὶ ὑποκάτω παντὸς
ξύλου ἀλσώδους.

5 Καὶ παρέδωκεν αὐτὸν Κύριος ὁ Θεὸς αὐτοῦ διὰ χειρὸς βασι-
λέως Συρίας, καὶ ἐπάταξεν ἐν αὐτῷ, καὶ ἠχμαλώτευσεν ἐξ αὐ-
τῶν αἰχμαλωσίαν πολλὴν, καὶ ἤγαγεν εἰς Δαμασκόν· καὶ εἰς
χεῖρας βασιλέως Ἰσραήλ παρέδωκεν αὐτὸν, καὶ ἐπάταξεν ἐν
6 αὐτῷ πληγὴν μεγάλην. Καὶ ἀπέκτεινε Φακεὲ ὁ τοῦ Ῥομελία
βασιλεὺς Ἰσραήλ ἐν Ἰούδᾳ ἐν μιᾷ ἡμέρᾳ ἑκατὸν εἴκοσι χιλιά-
δας ἀνδρῶν δυνατῶν ἰσχύι, ἐν τῷ καταλιπεῖν αὐτοὺς Κύριον τὸν
7 Θεὸν τῶν πατέρων αὐτῶν. Καὶ ἀπέκτεινε Ζεχρὶ ὁ δυνατὸς τοῦ
Ἐφραὶμ τὸν Μαασίαν τὸν υἱὸν τοῦ βασιλέως, καὶ τὸν Ἐζρικὰν
ἡγούμενον τοῦ οἴκου αὐτοῦ, καὶ τὸν Ἐλκανὰ τὸν διάδοχον τοῦ
8 βασιλέως. Καὶ ἠχμαλώτισαν οἱ υἱοὶ Ἰσραήλ ἀπὸ τῶν ἀδελ-
φῶν αὐτῶν τριακοσίας χιλιάδας, γυναῖκας καὶ υἱοὺς καὶ θυγατέ-
ρας· καὶ σκῦλα πολλὰ ἐσκύλευσαν ἐξ αὐτῶν, καὶ ἤνεγκαν τὰ
σκῦλα εἰς Σαμάρειαν.

9 Καὶ ἐκεῖ ἦν ὁ προφήτης τοῦ Κυρίου, Ὠδὴδ ὄνομα αὐτῷ·
καὶ ἐξῆλθεν εἰς ἀπάντησιν τῆς δυνάμεως τῶν ἐρχομένων εἰς
Σαμάρειαν, καὶ εἶπεν αὐτοῖς, ἰδοὺ ὀργὴ Κυρίου Θεοῦ τῶν πατέ-
ρων ὑμῶν ἐπὶ Ἰούδαν, καὶ παρέδωκεν αὐτοὺς εἰς τὰς χεῖρας
ὑμῶν, καὶ ἀπεκτείνατε ἐν αὐτοῖς ἐν ὀργῇ, καὶ ἕως τῶν οὐρανῶν
10 ἔφθακε. Καὶ νῦν υἱοὺς Ἰούδα καὶ Ἱερουσαλὴμ ὑμεῖς λέγετε
κατακτήσασθαι εἰς δούλους καὶ δούλας· οὐκ ἰδοὺ εἰμι μεθ᾽ ὑμῶν
11 μαρτυρῆσαι Κυρίῳ Θεῷ ὑμῶν; Καὶ νῦν ἀκούσατέ μου, καὶ
ἀποστρέψατε τὴν αἰχμαλωσίαν ἣν ἠχμαλωτεύσατε τῶν ἀδελφῶν
ὑμῶν, ὅτι ὀργὴ θυμοῦ Κυρίου ἐφ᾽ ὑμῖν.

12 Καὶ ἀνέστησαν ἄρχοντες ἀπὸ τῶν υἱῶν Ἐφραὶμ, Οὐδείας
ὁ τοῦ Ἰωανοῦ, καὶ Βαραχίας ὁ τοῦ Μοσολαμὼθ, καὶ Ἐζεκίας
ὁ τοῦ Σελλὴμ, καὶ Ἀμασίας ὁ τοῦ Ἐλδαὶ ἐπὶ τοὺς ἐρχομένους
13 ἀπὸ τοῦ πολέμου, οὐ μὴ εἰσαγάγητε τὴν
αἰχμαλωσίαν ὧδε πρὸς ἡμᾶς, ὅτι εἰς τὸ ἁμαρτάνειν τῷ Κυρίῳ
ἐφ᾽ ἡμᾶς, ὑμεῖς λέγετε προσθεῖναι ἐπὶ ταῖς ἁμαρτίαις ἡμῶν, καὶ
ἐπὶ τὴν ἄγνοιαν ἡμῶν, ὅτι πολλὴ ἡ ἁμαρτία ἡμῶν, καὶ ὀργὴ
14 θυμοῦ Κυρίου ἐπὶ τὸν Ἰσραήλ. Καὶ ἀφῆκαν οἱ πολεμισταὶ
τὴν αἰχμαλωσίαν καὶ τὰ σκῦλα ἐναντίον τῶν ἀρχόντων καὶ
15 πάσης τῆς ἐκκλησίας. Καὶ ἀνέστησαν ἄνδρες οἳ ἐπεκλήθησαν
ἐν ὀνόματι, καὶ ἀντελάβοντο τῆς αἰχμαλωσίας, καὶ πάντας τοὺς
γυμνοὺς περιέβαλον ἀπὸ τῶν σκύλων, καὶ ἐνέδυσαν αὐτοὺς καὶ
ὑπέδησαν αὐτοὺς, καὶ ἔδωκαν φαγεῖν καὶ ἀλείψασθαι, καὶ ἀντε-
λάβοντο καὶ ἐν ὑποζυγίοις παντὸς ἀσθενοῦντος, καὶ κατέστησαν
αὐτοὺς εἰς Ἱεριχὼ πόλιν φοινίκων πρὸς τοὺς ἀδελφοὺς αὐτῶν,
καὶ ἐπέστρεψαν εἰς Σαμάρειαν.

16 Ἐν τῷ καιρῷ ἐκείνῳ ἀπέστειλεν ὁ βασιλεὺς Ἀχαζ πρὸς

Achaz was [β]five and twenty years old
when he began to reign, and he reigned
sixteen years in Jerusalem: and he did not
that which was right in the sight of the
Lord, as David his father. [2] But he walked
in the ways of the kings of Israel, for he
made graven images. [3] And [γ]he sacrificed
to their [δ]idols in the valley of Benennom,
and passed his children through the fire,
according to the abominations of the hea-
then, whom the Lord cast out from before
the children of Israel. [4] And he burnt
incense upon the high places, and upon the
roofs, and under every shady tree.

[5] And the Lord his God delivered him
into the hand of the king of Syria; and he
smote him, and took captive of them a great
band of prisoners, and carried him to Da-
mascus. Also God delivered him into the
hands of the king of Israel, who smote him
with a great slaughter. [6] And Phakee the
son of Romelias king of Israel, slew in Juda
in one day a hundred and twenty thousand
mighty men; because they had forsaken the
Lord God of their fathers. [7] And Zechri,
[ζ]a mighty man of Ephraim, slew Maasias
the king's son, and Ezrican the chief of his
house, and Elcana the king's deputy. [8] And
the children of Israel took captive of their
brethren three hundred thousand, women,
and sons, and daughters, and they spoiled
them of much property, and brought the
spoils to Samaria.

[9] And there was there a prophet of the
Lord, his name was Oded: and he went out
to meet the host that were coming to Sa-
maria, and said to them, Behold, the wrath
of the Lord God of your fathers is upon
Juda, and he has delivered them into your
hands, and ye have slain them in wrath, and
it has reached even to heaven. [10] And now
ye talk of keeping the children of Juda and
Jerusalem for servants and handmaidens.
Lo, am I not with you to testify for the
Lord your God? [11] And now hearken to
me, and restore the [θ]prisoners of your bre-
thren whom ye have taken: for the [λ]fierce
anger of the Lord is upon you.

[12] And the chiefs of the sons of Ephraim
rose up, [μ]Udias the son of Joanas, and
Barachias the son of Mosolamoth, and Eze-
kias the son of Sellem, and Amasias the son
of Eldai, against those that came from the
war, [13] and said to them, Ye shall not bring
in hither the prisoners to us, for whereas
sin against the Lord is upon us, ye mean to
add to our sins, and to our trespass: for
our sin is great, and the [λ]fierce anger of the
Lord is upon Israel. [14] So the warriors left
the prisoners and the spoils before the
princes and all the congregation. [15] And
the men who were called by name rose up,
and took hold of the prisoners, and clothed
all the naked from the spoils, and gave them
garments and shoes, and gave them food to
eat, and oil to anoint themselves with, and
they helped also every one that was weak
with asses, and placed them in Jericho, the
city of palm-trees, with their brethren; and
they returned to Samaria.

[16] At that time king Achaz sent to the

---

king of Assyria to help him, and on this occasion, [17]because the Idumæans had attacked *him*, and smitten Juda, and taken [β]a number of prisoners. [18]Also the Philistines had made an attack on the cities of the plain country, and the cities of the south of Juda, and taken Bæthsamys, and [γ][the things in the house of the Lord, and the things in the house of the king, and of the princes: and they gave to the king] Ælon, and Galero, and Socho and her villages, and Thamna and her villages, and Gamzo and her villages: and they dwelt there. [19]For the Lord humbled Juda because of Achaz king of Juda, because he grievously departed from the Lord. [20]And there came against him Thalgaphellasar king of Assyria, and he afflicted him. [21]And Achaz took the things *that were* in the house of the Lord, and the things in the house of the king, and of the princes, and gave them to the king of Assyria: but he was no help to him, [22]but only *troubled him* in his affliction: and he departed yet more from the Lord, and king Achaz said, [23]I will seek after the gods of Damascus that smite me. And he said, Forasmuch as the gods of the king of Syria themselves strengthen them, therefore will I sacrifice to them, and they will help me. But they became a stumbling-block to him, and to all Israel. [24]And Achaz removed the vessels of the house of the Lord, and cut them in pieces, and shut the doors of the house of the Lord, and made to himself altars in every corner in Jerusalem: [25]and in each several city in Juda he made high places to burn incense to strange gods: and they provoked the Lord God of their fathers. [26]And the rest of his acts, and his deeds, the first and the last, behold, *they are* written in the book of the kings of Juda and Israel. [27]And Achaz slept with his fathers, and was buried in the city of David; for they did not bring him into the sepulchres of the kings of Israel: and Ezekias his son reigned in his stead.

And Ezekias [δ] began to reign at the age of twenty-five years, and he reigned twenty-nine years in Jerusalem: and his mother's name was Abia, daughter of Zacharias. [2]And he did that which was right in the sight of the Lord, according to all that his father David had done.

[3]And it came to pass, when he [ζ]was established over his kingdom, in the first month, he opened the doors of the house of the Lord, and repaired them. [4]And he brought in the priests and the Levites, and put them on the east side, [5]and said to them, Hear, ye Levites: now sanctify yourselves, and sanctify the house of the Lord God of your fathers, and cast out the impurity from the holy places. [6]For our fathers have revolted, and done that which was evil before the Lord our God, and have forsaken him, and have turned away their face from the tabernacle of the Lord, and have turned *their* back. [7]And they have shut up the doors of the temple, and put out the lamps, and have not burnt incense, and have not offered whole-burnt-offerings

βασιλέα Ἀσσοὺρ βοηθῆσαι αὐτῷ καὶ ἐν τούτῳ, ὅτι οἱ Ἰδου- 17 μαῖοι ἐπέθεντο, καὶ ἐπάταξαν ἐν Ἰούδα, καὶ ἠχμαλώτισαν αἰχμαλωσίαν. Καὶ οἱ ἀλλόφυλοι ἐπέθεντο ἐπὶ τὰς πόλεις τῆς 18 πεδινῆς, καὶ ἀπὸ Λιβὸς τοῦ Ἰούδα, καὶ ἔλαβον τὴν Βαιθσαμὺς, καὶ τὰ ἐν οἴκῳ Κυρίου, καὶ τὰ ἐν οἴκῳ τοῦ βασιλέως καὶ τῶν ἀρχόντων, καὶ ἔδωκαν τῷ βασιλεῖ τὴν Ἀϊλὼν, καὶ τὴν Γαληρὼ, καὶ τὴν Σωχὼ καὶ τὰς κώμας αὐτῆς, καὶ τὴν Θαμνὰ καὶ τὰς κώμας αὐτῆς, καὶ τὴν Γαμζὼ καὶ τὰς κώμας αὐτῆς· καὶ κατ- ῴκησαν ἐκεῖ. Ὅτι ἐταπείνωσε Κύριος τὸν Ἰούδαν διὰ Ἄχαζ 19 βασιλέα Ἰούδα, ὅτι ἀπέστη ἀποστάσει ἀπὸ Κυρίου. Καὶ 20 ἦλθεν ἐπ᾽ αὐτὸν Θαλγαφελλασὰρ βασιλεὺς Ἀσσοὺρ, καὶ ἔθλι- ψεν αὐτόν. Καὶ ἔλαβεν Ἄχαζ τὰ ἐν οἴκῳ Κυρίου, καὶ τὰ ἐν 21 οἴκῳ τοῦ βασιλέως καὶ τῶν ἀρχόντων, καὶ ἔδωκε τῷ βασιλεῖ Ἀσσοὺρ· καὶ οὐκ εἰς βοήθειαν αὐτῷ ἦν, ἀλλ᾽ ἢ τῷ θλιβῆναι 22 αὐτόν· καὶ προσέθηκε τοῦ ἀποστῆναι ἀπὸ Κυρίου, καὶ εἶπεν ὁ βασιλεὺς Ἄχαζ, ἐκζητήσω τοὺς θεοὺς Δαμασκοῦ τοὺς 23 τύπτοντάς με· καὶ εἶπεν, ὅτι θεοὶ βασιλέως Συρίας αὐτοὶ κατισχύσουσιν αὐτοὺς, αὐτοῖς τοίνυν θύσω, καὶ ἀντιλήψονταί μου· καὶ αὐτοὶ ἐγένοντο αὐτῷ εἰς σκῶλον καὶ παντὶ Ἰσραήλ.

Καὶ ἀπέστησεν Ἄχαζ τὰ σκεύη οἴκου Κυρίου, καὶ κατέκοψεν 24 αὐτὰ, καὶ ἔκλεισε τὰς θύρας οἴκου Κυρίου, καὶ ἐποίησεν ἑαυτῷ θυσιαστήρια ἐν πάσῃ γωνίᾳ ἐν Ἱερουσαλὴμ, καὶ ἐν πάσῃ 25 πόλει καὶ πόλει ἐν Ἰούδα ἐποίησεν ὑψηλὰ θυμιᾷν θεοῖς ἀλλο- τρίοις, καὶ παρώργισαν Κύριον τὸν Θεὸν τῶν πατέρων αὐτῶν. Καὶ οἱ λοιποὶ λόγοι αὐτοῦ καὶ αἱ πράξεις αὐτοῦ αἱ πρῶται 26 καὶ ἔσχαται, ἰδοὺ γεγραμμέναι ἐπὶ βιβλίῳ βασιλέων Ἰούδα καὶ Ἰσραήλ. Καὶ ἐκοιμήθη Ἄχαζ μετὰ τῶν πατέρων αὐτοῦ, καὶ 27 ἐτάφη ἐν πόλει Δαυὶδ, ὅτι οὐκ εἰσήνεγκαν αὐτὸν εἰς τοὺς τάφους τῶν βασιλέων Ἰσραὴλ, καὶ ἐβασίλευσεν Ἐζεκίας υἱὸς αὐτοῦ ἀντ᾽ αὐτοῦ.

Καὶ Ἐζεκίας ἐβασίλευσεν ὢν εἴκοσι καὶ πέντε ἐτῶν, καὶ 29 εἴκοσι ἐννέα ἔτη ἐβασίλευσεν ἐν Ἱερουσαλὴμ, καὶ ὄνομα τῇ μητρὶ αὐτοῦ Ἀβιὰ, θυγάτηρ Ζαχαρίου. Καὶ ἐποίησε τὸ 2 εὐθὲς ἐνώπιον Κυρίου κατὰ πάντα ὅσα ἐποίησε Δαυὶδ ὁ πατὴρ αὐτοῦ.

Καὶ ἐγένετο ὡς ἔστη ἐπὶ τῆς βασιλείας αὐτοῦ, ἐν τῷ μηνὶ 3 τῷ πρώτῳ ἀνέῳξε τὰς θύρας οἴκου Κυρίου καὶ ἐπεσκεύασεν αὐτάς. Καὶ εἰσήγαγε τοὺς ἱερεῖς καὶ τοὺς Λευίτας, καὶ 4 κατέστησεν αὐτοὺς εἰς τὸ κλίτος τὸ πρὸς ἀνατολὰς, καὶ εἶπεν 5 αὐτοῖς, ἀκούσατε οἱ Λευῖται· νῦν ἁγνίσθητε, καὶ ἁγνίσατε τὸν οἶκον Κυρίου Θεοῦ τῶν πατέρων ὑμῶν, καὶ ἐκβάλετε τὴν ἀκαθαρσίαν ἐκ τῶν ἁγίων· Ὅτι ἀπέστησαν οἱ πατέρες ἡμῶν, 6 καὶ ἐποίησαν τὸ πονηρὸν ἐναντίον Κυρίου Θεοῦ ἡμῶν, καὶ ἐγκατέλιπαν αὐτὸν, καὶ ἀπέστρεψαν τὸ πρόσωπον αὐτῶν ἀπὸ τῆς σκηνῆς Κυρίου, καὶ ἔδωκαν αὐχένα, καὶ ἀπέκλεισαν τὰς 7 θύρας τοῦ ναοῦ, καὶ ἔσβεσαν τοὺς λύχνους, καὶ θυμίαμα οὐκ ἐθυμίασαν, καὶ ὁλοκαυτώματα οὐ προσήνεγκαν ἐν τῷ ἁγίῳ Θεῷ

β See Ps. 68. 18, and Eph. 4. 8.   γ *Alex.* omits the words between brackets.   δ *Gr.* reigned.   ζ *Gr.* stood.

8 Ἰσραήλ. Καὶ ὠργίσθη ὀργῇ Κύριος ἐπὶ τὸν Ἰούδαν καὶ τὴν Ἱερουσαλὴμ, καὶ ἔδωκεν αὐτοὺς εἰς ἔκστασιν καὶ εἰς ἀφανισμὸν

9 καὶ εἰς συρισμὸν ὡς ὑμεῖς ὁρᾶτε τοῖς ὀφθαλμοῖς ὑμῶν. Καὶ ἰδοὺ πεπλήγασιν οἱ πατέρες ὑμῶν ἐν μαχαίρᾳ, καὶ οἱ υἱοὶ ὑμῶν καὶ αἱ θυγατέρες ὑμῶν καὶ αἱ γυναῖκες ὑμῶν ἐν αἰχμαλωσίᾳ ἐν

10 γῇ οὐκ αὐτῶν, ὃ καὶ νῦν ἐστιν. Ἐπὶ τούτοις νῦν ἐστιν ἐπὶ καρδίας διαθέσθαι διαθήκην μου, διαθήκην Κυρίου Θεοῦ Ἰσραήλ, καὶ ἀποστρέψει τὴν ὀργὴν τοῦ θυμοῦ αὐτοῦ ἀφ' ἡμῶν.

11 Καὶ νῦν μὴ διαλίπητε, ὅτι ἐν ὑμῖν ᾑρέτικε Κύριος στῆναι ἐναντίον αὐτοῦ λειτουργεῖν, καὶ εἶναι αὐτῷ λειτουργοῦντας καὶ θυμιῶντας.

12 Καὶ ἀνέστησαν οἱ Λευῖται, Μαὰθ ὁ τοῦ Ἀμασὶ, καὶ Ἰωὴλ ὁ τοῦ Ἀζαρίου ἐκ τῶν υἱῶν Καάθ· καὶ ἐκ τῶν υἱῶν Μεραρὶ, Κὶς ὁ τοῦ Ἀβδὶ, καὶ Ἀζαρίας ὁ τοῦ Ἰλαελήλ· καὶ ἀπὸ τῶν υἱῶν Γεδσωνὶ, Ἰωδαὰδ ὁ τοῦ Ζεμμὰθ, καὶ Ἰωαδάμ· οὗτοι υἱοὶ

13 Ἰωαχά. Καὶ τῶν υἱῶν Ἐλισαφὰν, Ζαμβρὶ, καὶ Ἰεϊήλ· καὶ

14 τῶν υἱῶν Ἀσάφ, Ζαχαρίας καὶ Ματθανίας· Καὶ τῶν υἱῶν Αἱμὰν, Ἰεϊὴλ καὶ Σεμεΐ· καὶ τῶν υἱῶν Ἰδιθοὺν, Σαμαίας, καὶ

15 Ὀζιήλ. Καὶ συνήγαγον τοὺς ἀδελφοὺς αὐτῶν, καὶ ἡγνίσθησαν κατὰ τὴν ἐντολὴν τοῦ βασιλέως διὰ προστάγματος Κυρίου

16 καθαρίσαι τὸν οἶκον Κυρίου. Καὶ εἰσῆλθον οἱ ἱερεῖς ἔσω εἰς τὸν οἶκον Κυρίου ἁγνίσαι, καὶ ἐξέβαλον πᾶσαν τὴν ἀκαθαρσίαν τὴν εὑρεθεῖσαν ἐν τῷ οἴκῳ Κυρίου, καὶ εἰς τὴν αὐλὴν οἴκου Κυρίου· καὶ ἐδέξαντο οἱ Λευῖται ἐκβαλεῖν εἰς τὸν χειμάρρουν Κέδρων ἔξω.

17 Καὶ ἤρξατο τῇ ἡμέρᾳ τῇ πρώτῃ νουμηνίᾳ τοῦ πρώτου μηνὸς ἁγνίσαι, καὶ τῇ ἡμέρᾳ τῇ ὀγδόῃ τοῦ μηνὸς εἰσῆλθαν εἰς τὸν ναὸν Κυρίου, καὶ ἥγνισαν τὸν οἶκον Κυρίου ἐν ἡμέραις ὀκτὼ, καὶ τῇ ἡμέρᾳ τῇ τρισκαιδεκάτῃ τοῦ μηνὸς τοῦ πρώτου συνετέλεσαν.

18 Καὶ εἰσῆλθαν ἔσω πρὸς Ἐξεκίαν τὸν βασιλέα, καὶ εἶπαν, ἡγνίσαμεν πάντα τὰ ἐν οἴκῳ Κυρίου, τὸ θυσιαστήριον τῆς ὁλοκαυτώσεως καὶ τὰ σκεύη αὐτοῦ, καὶ τὴν τράπεζαν τῆς

19 προθέσεως καὶ τὰ σκεύη αὐτῆς, καὶ πάντα τὰ σκεύη ἃ ἐμίανεν ὁ βασιλεὺς Ἄχαζ ἐν τῇ βασιλείᾳ αὐτοῦ ἐν τῇ ἀποστασίᾳ αὐτοῦ, ἡτοιμάκαμεν καὶ ἡγνίσαμεν· ἰδού ἐστιν ἐναντίον τοῦ θυσιαστηρίου Κυρίου.

20 Καὶ ὤρθρισεν Ἐξεκίας ὁ βασιλεὺς, καὶ συνήγαγε τοὺς ἄρχον-

21 τας τῆς πόλεως, καὶ ἀνέβη εἰς οἶκον Κυρίου. Καὶ ἀνήνεγκε μόσχους ἑπτὰ, κριοὺς ἑπτὰ, ἀμνοὺς ἑπτὰ, χιμάρους αἰγῶν ἑπτὰ περὶ ἁμαρτίας, περὶ τῆς βασιλείας, καὶ περὶ τῶν ἁγίων, καὶ περὶ Ἰσραήλ· καὶ εἶπε τοῖς υἱοῖς Ἀαρὼν τοῖς ἱερεῦσιν ἀνα-

22 βαίνειν ἐπὶ τὸ θυσιαστήριον Κυρίου. Καὶ ἔθυσαν τοὺς μόσ- χους, καὶ ἐδέξαντο οἱ ἱερεῖς τὸ αἷμα, καὶ προσέχεαν ἐπὶ τὸ θυσιαστήριον· καὶ ἔθυσαν τοὺς κριοὺς, καὶ προσέχεαν τὸ αἷμα ἐπὶ τὸ θυσιαστήριον· καὶ ἔθυσαν τοὺς ἀμνοὺς, καὶ περιέχεον τὸ

23 αἷμα τῷ θυσιαστηρίῳ. Καὶ προσήγαγον τοὺς χιμάρους τοὺς περὶ ἁμαρτίας ἐναντίον τοῦ βασιλέως καὶ τῆς ἐκκλησίας, καὶ

24 ἐπέθηκαν τὰς χεῖρας αὐτῶν ἐπ' αὐτούς. Καὶ ἔθυσαν αὐτοὺς οἱ ἱερεῖς, καὶ ἐξιλάσαντο τὸ αἷμα αὐτῶν πρὸς τὸ θυσια-

in the holy *place* to the God of Israel. [8] And the Lord was very angry with Juda and Jerusalem, and made them an astonishment, and a desolation, and a hissing, as ye see with your eyes. [9] And, behold, your fathers have been smitten with the sword, and your sons and your daughters and your wives are in captivity in a land not their own, as it is even now. [10] Therefore it is now in my heart to make a β covenant, a covenant with the Lord God of Israel, γ that he may turn away his fierce wrath from us. [11] And now be not wanting *to your duty*, for the Lord has chosen you to stand before him to minister, and to be ministers and burners of incense to him. [12] Then the Levites rose up, Maath the son of Amasi, and Joel the son of Azarias, of the sons of Caath: and of the sons of Merari, Kis the son of Abdi, and Azarias the son of Ilaelel: and of the sons of Gedsoni, Jodaad the son of Zemmath, and Joadam: these *were* the sons of Joacha. [13] And of the sons of Elisaphan; Zambri, and Jeiel: and of the sons of Asaph; Zacharias, and Matthanias: [14] and of the sons of Æman; Jeiel, and Semei: and of the sons of Idithun; Samaias, and Oziel. [15] And they gathered their brethren, and they purified themselves according to the king's command by the order of the Lord, to purify the house of the Lord. [16] And the priests entered into the house of the Lord, to purify *it*, and they cast out all the uncleanness that was found in the house of the Lord: and the Levites received *it* to cast into the brook of Kedron without. [17] And *Ezekias* began on the first day, *even* on the new moon of the first month, to purify, and on the eighth day of the month they entered into the temple of the Lord: and they purified the house of the Lord in eight days; and on the δ thirteenth day of the first month they finished *the work*. [18] And they went in to king Ezekias, and said, We have purified all the things in the house of the Lord, the altar of whole-burnt-offering, and its vessels, and the table of shew-bread, and its vessels; [19] and all the vessels which king Achaz polluted in his reign, in his apostasy, we have prepared and purified: behold, they are before the altar of the Lord. [20] And king Ezekias rose early in the morning, and gathered the chief men of the city, and went up to the house of the Lord. [21] And he brought seven calves, seven rams, seven lambs, seven kids of goats for a sin-offering, for the kingdom, and for the holy things, and for Israel: and he told the priests the sons of Aaron to go up to the altar of the Lord. [22] And they slew the calves, and the priests received the blood, and poured it on the altar: and they slew the rams, and poured the blood upon the altar: also they slew the lambs, and poured the blood round the altar. [23] And they brought the goats for a sin-offering before the king and the congregation; and laid their hands upon them. [24] And the priests slew them, and offered their blood as a propitiation on the altar; and they made

---

β *Or*, my covenant.   γ *Gr*. and he shall.   δ *Alex*. 16th.

atonement for all Israel: for the king said, The whole-burnt-offering, and the sin-offerings *are* for all Israel.

25 And he stationed the Levites in the house of the Lord with cymbals, and lutes, and harps, according to the commandment of king David, and of Gad the king's seer, and Nathan the prophet: for by the commandment of the Lord the order *was* in the hand of the prophets. 26 And the Levites stood with the instruments of David, and the priests with the trumpets. 27 And Ezekias told *them* to offer up the whole-burnt-offering on the altar: and when they began to offer the whole-burnt-offering, they began to sing to the Lord, and the trumpets *accompanied* the instruments of David king of Israel. 28 And all the congregation worshipped, and the psalm-singers *were* singing, and the trumpets sounding, until the whole-burnt-sacrifice had been β completely offered. 29 And when they had done offering *it*, the king and all that were γ present bowed, and worshipped.

30 And king Ezekias and the princes told the Levites to sing hymns to the Lord in the words of David, and of Asaph the prophet: and they sang hymns with gladness, and fell down and worshipped. 31 Then Ezekias answered and said, Now ye have δ consecrated yourselves to the Lord, bring near and offer sacrifices of praise in the house of the Lord. And the congregation brought sacrifices and thank-offerings into the house of the Lord; and every one who was ready in his heart *brought* whole-burnt-offerings. 32 And the number of the ς whole-burnt-offerings which the congregation brought, was seventy calves, a hundred rams, two hundred lambs: all these *were* for a whole-burnt-offering to the Lord. 33 And the consecrated calves were six hundred, *and* the sheep three thousand. 34 But the priests were few, and could not flay the whole-burnt-offering, so their brethren the Levites helped them, until the work was finished, and until the priests had purified themselves: for the Levites *more* zealously purified *themselves* than the priests. 35 And the whole-burnt-offering *was* abundant, with the θ fat of the λ complete peace-offering, and the drink-offerings of the whole-burnt-sacrifice. So the service was μ established in the house of the Lord.

36 And Ezekias and all the people rejoiced, because God had prepared the people: for the thing was done suddenly.

And Ezekias sent to all Israel and Juda, and wrote letters to Ephraim and Manasse, that they should come into the house of the Lord to Jerusalem, to keep the ξ passover to the Lord God of Israel. 2 For the king, and the princes, and all the congregation in Jerusalem, designed to keep the passover in the second month. 3 For they could not keep it at that time, because a sufficient number of priests had not purified themselves, and the people was not gathered to Jerusalem. 4 And the proposal pleased the king and the congregation. 5 And they established a decree that a proclamation should go through all Israel, from Bersabee

στήριον, καὶ ἐξιλάσαντο περὶ παντὸς Ἰσραὴλ, ὅτι εἶπεν ὁ βασιλεὺς, περὶ παντὸς Ἰσραὴλ ἡ ὁλοκαύτωσις, καὶ τὰ περὶ ἁμαρτίας.

25 Καὶ ἔστησε τοὺς Λευίτας ἐν οἴκῳ Κυρίου ἐν κυμβάλοις, καὶ ἐν νάβλαις, καὶ ἐν κινύραις κατὰ τὴν ἐντολὴν Δαυὶδ τοῦ βασιλέως, καὶ Γὰδ τοῦ ὁρῶντος τῷ βασιλεῖ, καὶ Νάθαν τοῦ προφήτου, ὅτι διὰ ἐντολῆς Κυρίου τὸ πρόσταγμα ἐν χειρὶ τῶν προφητῶν. 26 Καὶ ἔστησαν οἱ Λευῖται ἐν ὀργάνοις Δαυὶδ, καὶ οἱ ἱερεῖς ταῖς σάλπιγξι. 27 Καὶ εἶπεν Ἐζεκίας ἀνένεγκαι τὴν ὁλοκαύτωσιν ἐπὶ τὸ θυσιαστήριον· καὶ ἐν τῷ ἄρξασθαι ἀναφέρειν τὴν ὁλοκαύτωσιν, ἤρξαντο ᾄδειν Κυρίῳ, καὶ σάλπιγγες πρὸς τὰ ὄργανα Δαυὶδ βασιλέως Ἰσραήλ. 28 Καὶ πᾶσα ἡ ἐκκλησία προσεκύνει, καὶ οἱ ψαλτῳδοὶ ᾄδοντες, καὶ σάλπιγγες σαλπίζουσαι ἕως οὗ συνετελέσθη ἡ ὁλοκαύτωσις. 29 Καὶ ὡς συνετέλεσαν ἀναφέροντες, ἔκαμψεν ὁ βασιλεὺς καὶ πάντες οἱ εὑρεθέντες, καὶ προσεκύνησαν.

30 Καὶ εἶπεν Ἐζεκίας ὁ βασιλεὺς καὶ οἱ ἄρχοντες τοῖς Λευίταις, ὑμνεῖν τὸν Κύριον ἐν λόγοις Δαυὶδ καὶ Ἀσὰφ τοῦ προφήτου· καὶ ὕμνουν ἐν εὐφροσύνῃ, καὶ ἔπεσον καὶ προσεκύνησαν.

31 Καὶ ἀπεκρίθη Ἐζεκίας, καὶ εἶπε, νῦν ἐπληρώσατε τὰς χεῖρας ὑμῶν Κυρίῳ, προσαγάγετε καὶ φέρετε θυσίας αἰνέσεως εἰς οἶκον Κυρίου· καὶ ἀνήνεγκεν ἡ ἐκκλησία θυσίας καὶ αἰνέσεις εἰς οἶκον Κυρίου, καὶ πᾶς πρόθυμος τῇ καρδίᾳ ὁλοκαυτώσεις. 32 Καὶ ἐγένετο ὁ ἀριθμὸς τῆς ὁλοκαυτώσεως ἧς ἀνήνεγκεν ἡ ἐκκλησία, μόσχοι ἑβδομήκοντα, κριοὶ ἑκατὸν, ἀμνοὶ διακόσιοι· εἰς ὁλοκαύτωσιν Κυρίῳ πάντα ταῦτα. 33 Καὶ οἱ ἡγιασμένοι μόσχοι ἑξακόσιοι, πρόβατα τρισχίλια. 34 Ἀλλ᾽ ἢ οἱ ἱερεῖς ἦσαν ὀλίγοι, καὶ οὐκ ἠδύναντο ἐκδεῖραι τὴν ὁλοκαύτωσιν, καὶ ἀντελάβοντο αὐτῶν οἱ ἀδελφοὶ αὐτῶν οἱ Λευῖται ἕως οὗ συνετελέσθη τὸ ἔργον, καὶ ἕως οὗ ἡγνίσθησαν οἱ ἱερεῖς· ὅτι οἱ Λευῖται προθύμως ἥγνισαν παρὰ τοὺς ἱερεῖς. 35 Καὶ ἡ ὁλοκαύτωσις πολλὴ ἐν τοῖς στέασι τῆς τελειώσεως τοῦ σωτηρίου καὶ τῶν σπονδῶν τῆς ὁλοκαυτώσεως· καὶ κατωρθώθη τὸ ἔργον ἐν οἴκῳ Κυρίου.

36 Καὶ ηὐφράνθη Ἐζεκίας καὶ πᾶς ὁ λαὸς, διὰ τὸ ἡτοιμακέναι τὸν Θεὸν τῷ λαῷ, ὅτι ἐξάπινα ἐγένετο ὁ λόγος.

30 Καὶ ἀπέστειλεν Ἐζεκίας ἐπὶ πάντα Ἰσραὴλ καὶ Ἰούδα, καὶ ἐπιστολὰς ἔγραψεν ἐπὶ τὸν Ἐφραὶμ καὶ Μανασσῆ, ἐλθεῖν εἰς οἶκον Κυρίου, εἰς Ἰερουσαλὴμ, ποιῆσαι τὸ φασὲκ τῷ Κυρίῳ Θεῷ Ἰσραήλ. 2 Καὶ ἐβουλεύσατο ὁ βασιλεὺς καὶ οἱ ἄρχοντες καὶ πᾶσα ἡ ἐκκλησία ἐν Ἰερουσαλὴμ ποιῆσαι τὸ φασὲκ τῷ μηνὶ τῷ δευτέρῳ. 3 Οὐ γὰρ ἠδυνάσθησαν ποιῆσαι αὐτὸ ἐν τῷ καιρῷ ἐκείνῳ, ὅτι οἱ ἱερεῖς οὐχ ἡγνίσθησαν ἱκανοὶ, καὶ ὁ λαὸς οὐ συνήχθη εἰς Ἰερουσαλήμ. 4 Καὶ ἤρεσεν ὁ λόγος ἐναντίον τοῦ βασιλέως καὶ ἐναντίον τῆς ἐκκλησίας. 5 Καὶ ἔστησαν λόγον διελθεῖν κήρυγμα ἐν παντὶ Ἰσραὴλ ἀπὸ Βηρσαβεὲ

β *Gr.* completed.   γ *Gr.* found. *Hebraism.*   δ *Gr.* filled your hands.   ζ *Gr.* singular.   θ *Gr.* fats.

λ The *Heb.* is here doubly translated.   μ *Or,* was rightly ordered.   ξ See the *Heb.*

ἕως Δὰν, ἐλθόντας ποιῆσαι τὸ φασὲκ Κυρίῳ Θεῷ Ἰσραὴλ εἰς Ἰερουσαλὴμ, ὅτι πλῆθος οὐκ ἐποίησε κατὰ τὴν γραφήν.

6 Καὶ ἐπορεύθησαν οἱ τρέχοντες σὺν ταῖς ἐπιστολαῖς παρὰ τοῦ βασιλέως καὶ τῶν ἀρχόντων εἰς πάντα Ἰσραὴλ καὶ Ἰούδαν κατὰ τὸ πρόσταγμα τοῦ βασιλέως, λέγοντες, οἱ υἱοὶ Ἰσραὴλ ἐπιστρέψατε πρὸς Κύριον Θεὸν Ἀβραὰμ καὶ Ἰσαὰκ καὶ Ἰσ- ραὴλ, καὶ ἐπιστρέψατε τοὺς ἀνασεσωσμένους τοὺς καταλειφ-
7 θέντας ἀπὸ χειρὸς βασιλέως Ἀσσούρ. Καὶ μὴ γίνεσθε καθὼς οἱ πατέρες ὑμῶν καὶ οἱ ἀδελφοὶ ὑμῶν, οἳ ἀπέστησαν ἀπὸ Κυρίου Θεοῦ πατέρων αὐτῶν, καὶ παρέδωκεν αὐτοὺς εἰς
8 ἐρήμωσιν καθὼς ὑμεῖς ὁρᾶτε. Καὶ νῦν μὴ σκληρύνητε τὰς καρδίας ὑμῶν ὡς οἱ πατέρες ὑμῶν, δότε δόξαν Κυρίῳ τῷ Θεῷ, καὶ εἰσέλθετε εἰς τὸ ἁγίασμα αὐτοῦ ὃ ἡγίασεν εἰς τὸν αἰῶνα, καὶ δουλεύσατε τῷ Κυρίῳ Θεῷ ὑμῶν, καὶ ἀποστρέψει ἀφ᾽ ὑμῶν
9 θυμὸν ὀργῆς. Ὅτι ἐν τῷ ἐπιστρέφειν ὑμᾶς πρὸς Κύριον, οἱ ἀδελφοὶ ὑμῶν καὶ τὰ τέκνα ὑμῶν ἔσονται ἐν οἰκτιρμοῖς ἔναντι πάντων τῶν αἰχμαλωτισάντων αὐτούς, καὶ ἀποστρέψει εἰς τὴν γῆν ταύτην· ὅτι ἐλεήμων καὶ οἰκτίρμων Κύριος ὁ Θεὸς ἡμῶν, καὶ οὐκ ἀποστρέψει τὸ πρόσωπον αὐτοῦ ἀφ᾽ ὑμῶν, ἐὰν ἐπιστρέ- ψωμεν πρὸς αὐτόν.

10 Καὶ ἦσαν οἱ τρέχοντες διαπορευόμενοι πόλιν ἐκ πόλεως ἐν τῷ ὄρει Ἐφραίμ, καὶ Μανασσῆ, καὶ ἕως Ζαβουλών· καὶ ἐγέ-
11 νοντο ὡς καταγελῶντες αὐτῶν, καὶ καταμωκώμενοι. Ἀλλὰ ἄνθρωποι Ἀσὴρ καὶ ἀπὸ Μανασσῆ καὶ ἀπὸ Ζαβουλὼν ἐνετρά-
12 πησαν, καὶ ἦλθον εἰς Ἰερουσαλὴμ καὶ εἰς Ἰούδα. Καὶ ἐγένετο χεὶρ Κυρίου δοῦναι αὐτοῖς καρδίαν μίαν ἐλθεῖν, τοῦ ποιῆσαι κατὰ τὰ προστάγματα τοῦ βασιλέως καὶ τῶν ἀρχόντων ἐν λόγῳ Κυρίου.

13 Καὶ συνήχθησαν εἰς Ἰερουσαλὴμ λαὸς πολὺς τοῦ ποιῆσαι τὴν ἑορτὴν τῶν ἀζύμων ἐν τῷ μηνὶ τῷ δευτέρῳ, ἐκκλησία
14 πολλὴ σφόδρα. Καὶ ἀνέστησαν, καὶ καθεῖλαν τὰ θυσιαστή- ρια τὰ ἐν Ἰερουσαλὴμ, καὶ πάντα ἐν οἷς ἐθυμίων τοῖς ψευδέσι,
15 κατέσπασαν καὶ ἔρριψαν εἰς τὸν χειμάρρουν Κέδρων. Καὶ ἔθυσαν τὸ φασὲκ τῇ τεσσαρεσκαιδεκάτῃ τοῦ μηνὸς τοῦ δευτέ- ρου· καὶ οἱ ἱερεῖς καὶ Λευῖται ἐνετράπησαν καὶ ἥγνισαν, καὶ εἰσήνεγκαν ὁλοκαυτώματα ἐν οἴκῳ Κυρίου.

16 Καὶ ἔστησαν ἐπὶ τὴν στάσιν αὐτῶν, κατὰ τὸ κρίμα αὐτῶν, κατὰ τὴν ἐντολὴν Μωυσῆ ἀνθρώπου τοῦ Θεοῦ· καὶ οἱ ἱερεῖς ἐδέχοντο τὰ αἵματα ἐκ χειρὸς τῶν Λευιτῶν.
17 Ὅτι πλῆθος τῆς ἐκκλησίας οὐχ ἡγνίσθη, καὶ οἱ Λευῖται ἦσαν τοῦ θύειν τὸ φασὲκ παντὶ τῷ μὴ δυναμένῳ ἁγνισθῆναι
18 τῷ Κυρίῳ. Ὅτι πλεῖστον τοῦ λαοῦ ἀπὸ Ἐφραίμ, καὶ Μα- νασσῆ, καὶ Ἰσσάχαρ, καὶ Ζαβουλών, οὐκ ἥγνισαν, ἀλλ᾽ ἔφαγον τὸ φασὲκ παρὰ τὴν γραφήν· τοῦτο καὶ προσηύξατο Ἐζεκίας
19 περὶ αὐτῶν, λέγων, Κύριος ἀγαθὸς ἐξιλάσθω ὑπὲρ πάσης καρ- δίας κατευθυνούσης ἐκζητῆσαι Κύριον τὸν Θεὸν τῶν πατέρων
20 αὐτῶν, καὶ οὐ κατὰ τὴν ἁγνείαν τῶν ἁγίων. Καὶ ἐπήκουσε Κύριος τῷ Ἐζεκίᾳ, καὶ ἰάσατο τὸν λαόν.

21 Καὶ ἐποίησαν οἱ υἱοὶ Ἰσραὴλ οἱ εὑρεθέντες ἐν Ἰερουσαλὴμ,

to Dan, that they should come and keep the passover to the Lord God of Israel at Jerusalem: for the multitude had not done it lately according to the scripture.

6 And the βposts went with the letters from the king and the princes to all Israel and Juda, according to the command of the king, saying, Children of Israel, return to the Lord God of Abraam, and Isaac, and Israel, and bring back them that have escaped *even* those that were left of the hand of the king of Assyria. 7 And be not as your fathers, and your brethren, who revolted from the Lord God of their fathers, and he gave them up to desolation, as ye see. 8 And now harden not your hearts, as your fathers *did*: give glory to the Lord God, and enter into his sanctuary, which he has sanctified for ever: and serve the Lord your God, and he shall turn away *his* fierce anger from you. 9 For when ye turn to the Lord, your brethren and your children shall be pitied before all that have carried them captives, and he will restore *you* to this land: for the Lord our God is merciful and pitiful, and will not turn away his face from you, if we return to him.

10 So the posts went through from city to city in mount Ephraim, and Manasse, and as far as Zabulon: and they γas it were laughed them to scorn, and mocked them. 11 But the men of Aser, and *some* of Manasses and of Zabulon, were ashamed, and came to Jerusalem and Juda. 12 And the hand of the Lord was *present* to give them one heart to come, to do according to the commands of the king and of the princes, by the word of the Lord.

13 And a great multitude were gathered to Jerusalem to keep the feast of unleavened bread in the second month, a very great congregation. 14 And they arose, and took away the altars that were in Jerusalem, and all on which they burnt incense to false *gods* they tore down and cast into the brook Kedron. 15 Then they killed the passover on the fourteenth day of the second month: and the priests and the Levites repented, and purified *themselves*, and brought whole-burnt-offerings into the house of the Lord.

16 And they stood at their post, according to their ordinance, according to the commandment of Moses the man of God: and the priests received the blood from the hand of the Levites. 17 For a great part of the congregation was not sanctified; and the Levites were *ready* to kill the passover for every one who could not sanctify himself to the Lord. 18 For the greatest part of the people of Ephraim, and Manasse, and Issachar, and Zabulon, had not purified *themselves*, but ate the passover contrary to the scripture. On this account also Ezekias prayed concerning them, saying, 19 The good Lord be merciful with regard to every heart that sincerely seeks the Lord God of their fathers, and *is* not *purified* according to the purification of the δsanctuary. 20 And the Lord hearkened to Ezekias, and healed the people. 21 And the children of Israel who were

---

β *Gr.* running *men. q. d.* couriers.   γ *Gr.* were as those that. See Gen. 19. 14.   δ *Gr.* holy things.

present in Jerusalem kept the feast of unleavened bread seven days with great joy; and they continued to sing hymns to the Lord daily, and the priests and the Levites *played* on instruments to the Lord. 22 And Ezekias β encouraged all the Levites, and those that had good understanding of the Lord : and they completely kept the feast of unleavened bread seven days, offering γ peace-offerings, and confessing to the Lord God of their fathers.

23 And the congregation purposed together to keep other seven days : and they kept seven days with gladness. 24 For Ezekias set apart for Juda, *even* for the congregation, a thousand calves and seven thousand sheep ; and the princes set apart for the people a thousand calves and ten thousand sheep : and the holy things of the priests abundantly. 25 And all the congregation, the priests and the Levites, rejoiced, and all the congregation of Juda, and they that were present of Jerusalem, and the strangers that came from the land of Israel, and the dwellers in Juda. 26 And there was great joy in Jerusalem : from the days of Solomon the son of David king of Israel there was not such a feast in Jerusalem. 27 Then the priests the Levites rose up and blessed the people : and their voice was heard, and their prayer came into his holy dwelling-place, *even* into heaven.

And when all these things were finished, all Israel that were found in the cities of Juda went out, and broke in pieces the δ pillars, and cut down the groves, and tore down the high places and the altars out of all Judea and Benjamin, also of Ephraim and Manasse, till they made an end : and all Israel returned, every one to his inheritance, and to their cities.

2 And Ezekias appointed the ζ courses of the priests and the Levites, and the courses of each one according to his ministry, to the priests and to the Levites, for the whole-burnt-offering, and for the peace-offering, and to praise, and to give thanks, and to minister in the gates *and* in the courts of the house of the Lord. 3 And the king's proportion out of his substance *was appointed* for the whole-burnt-offerings, the morning and the evening one, and the whole-burnt-offerings for the sabbaths, and for the new moons, and for the feasts that were ordered in the law of the Lord.

4 And they told the people who dwelt in Jerusalem, to give the portion of the priests and the Levites, that they might be strong in the ministry of the house of the Lord. 5 And as he gave the command, Israel brought abundantly first-fruits of corn, and wine, and oil, and honey, and every fruit of the field : and the children of Israel and Juda brought tithes of everything abundantly. 6 And they that dwelt in the cities of Juda themselves also brought tithes of calves and sheep, and tithes of goats, and consecrated them to the Lord their God, and they brought them and laid them θ in heaps. 7 In the third month the heaps began to be piled, and in the seventh month they were finished. 8 And Ezekias and the

τὴν ἑορτὴν τῶν ἀζύμων ἑπτὰ ἡμέρας ἐν εὐφροσύνη μεγάλη, καὶ καθυμνοῦντες τῷ Κυρίῳ ἡμέραν καθ' ἡμέραν, καὶ οἱ ἱερεῖς καὶ οἱ Λευῖται ἐν ὀργάνοις τῷ Κυρίῳ. Καὶ ἐλάλησεν Ἐζεκίας 22 ἐπὶ πᾶσαν καρδίαν τῶν Λευιτῶν καὶ τῶν συνιόντων σύνεσιν ἀγαθὴν τῷ Κυρίῳ· καὶ συνετέλεσαν τὴν ἑορτὴν τῶν ἀζύμων ἑπτὰ ἡμέρας, θύοντες θυσίαν σωτηρίου, καὶ ἐξομολογούμενοι τῷ Κυρίῳ Θεῷ τῶν πατέρων αὐτῶν.

Καὶ ἐβουλεύσατο ἡ ἐκκλησία ἅμα ποιῆσαι ἑπτὰ ἡμέρας 23 ἄλλας· καὶ ἐποίησαν ἑπτὰ ἡμέρας ἐν εὐφροσύνῃ· Ὅτι Ἐζε- 24 κίας ἀπήρξατο τῷ Ἰούδα τῇ ἐκκλησίᾳ χιλίους μόσχους καὶ ἑπτακισχίλια πρόβατα, καὶ οἱ ἄρχοντες ἀπήρξαντο τῷ λαῷ μόσχους χιλίους καὶ πρόβατα δέκα χιλιάδας, καὶ τὰ ἅγια τῶν ἱερέων εἰς πλῆθος. Καὶ ηὐφράνθη πᾶσα ἡ ἐκκλησία οἱ ἱερεῖς 25 καὶ οἱ Λευῖται, καὶ πᾶσα ἡ ἐκκλησία Ἰούδα, καὶ οἱ εὑρεθέντες ἐξ Ἱερουσαλὴμ, καὶ οἱ προσήλυτοι οἱ ἐλθόντες ἀπὸ γῆς Ἰσραὴλ, καὶ οἱ κατοικοῦντες Ἰούδα. Καὶ ἐγένετο εὐφροσύνη 26 μεγάλη ἐν Ἱερουσαλήμ· ἀπὸ ἡμερῶν Σαλωμὼν υἱοῦ Δαυὶδ βασιλέως Ἰσραὴλ οὐκ ἐγένετο τοιαύτη ἑορτὴ ἐν Ἱερουσαλήμ. Καὶ ἀνέστησαν οἱ ἱερεῖς οἱ Λευῖται καὶ εὐλόγησαν 27 τὸν λαόν· καὶ ἐπηκούσθη ἡ φωνὴ αὐτῶν, καὶ ἦλθεν ἡ προσευχὴ αὐτῶν εἰς τὸ κατοικητήριον τὸ ἅγιον αὐτοῦ εἰς τὸν οὐρανόν.

Καὶ ὡς συνετελέσθη πάντα ταῦτα, ἐξῆλθε πᾶς Ἰσραὴλ οἱ 31 εὑρεθέντες ἐν πόλεσιν Ἰούδα, καὶ συνέτριψαν τὰς στήλας, καὶ ἔκοψαν τὰ ἄλση, καὶ κατέσπασαν τὰ ὑψηλὰ καὶ τοὺς βωμοὺς ἀπὸ πάσης τῆς Ἰουδαίας καὶ Βενιαμὶν, καὶ ἐξ Ἐφραὶμ, καὶ ἀπὸ Μανασσῆ ἕως εἰς τέλος· καὶ ἐπέστρεψαν πᾶς Ἰσραὴλ ἕκαστος εἰς τὴν κληρονομίαν αὐτοῦ, καὶ εἰς τὰς πόλεις αὐτῶν.

Καὶ ἔταξεν Ἐζεκίας τὰς ἐφημερίας τῶν ἱερέων καὶ τῶν 2 Λευιτῶν, καὶ τὰς ἐφημερίας ἑκάστου κατὰ τὴν ἑαυτοῦ λειτουργίαν, τοῖς ἱερεῦσι καὶ τοῖς Λευίταις, εἰς τὴν ὁλοκαύτωσιν, καὶ εἰς τὴν θυσίαν τοῦ σωτηρίου, καὶ αἰνεῖν, καὶ ἐξομολογεῖσθαι, καὶ λειτουργεῖν ἐν ταῖς πύλαις ἐν ταῖς αὐλαῖς οἴκου Κυρίου. Καὶ μερὶς τοῦ βασιλέως ἐκ τῶν ὑπαρχόντων αὐτοῦ εἰς τὰς ὁλο- 3 καυτώσεις τὴν πρωϊνὴν καὶ τὴν δειλινὴν, καὶ ὁλοκαυτώσεις εἰς τὰ σάββατα, καὶ εἰς τὰς νουμηνίας, καὶ εἰς τὰς ἑορτὰς τὰς γεγραμμένας ἐν τῷ νόμῳ Κυρίου.

Καὶ εἶπαν τῷ λαῷ τοῖς κατοικοῦσιν ἐν Ἱερουσαλὴμ, δοῦναι 4 τὴν μερίδα τῶν ἱερέων καὶ τῶν Λευιτῶν, ὅπως κατισχύσωσιν ἐν τῇ λειτουργίᾳ οἴκου Κυρίου. Καὶ ὡς προσέταξε τὸν λόγον, 5 ἐπλεόνασεν Ἰσραὴλ ἀπαρχὴν σίτου, καὶ οἴνου, καὶ ἐλαίου, καὶ μέλιτος, καὶ πᾶν γέννημα ἀγροῦ, καὶ ἐπιδέκατα πάντα εἰς πλῆθος ἤνεγκαν οἱ υἱοὶ Ἰσραὴλ καὶ Ἰούδα. Καὶ οἱ κατοι- 6 κοῦντες ἐν ταῖς πόλεσιν Ἰούδα καὶ αὐτοὶ ἤνεγκαν ἐπιδέκατα μόσχων καὶ προβάτων, καὶ ἐπιδέκατα αἰγῶν, καὶ ἡγίασαν τῷ Κυρίῳ Θεῷ αὐτῶν, καὶ εἰσήνεγκαν καὶ ἔθηκαν σωροὺς σωρούς. Ἐν τῷ μηνὶ τῷ τρίτῳ ἤρξαντο οἱ σωροὶ θεμελιοῦσθαι, καὶ ἐν 7 τῷ μηνὶ τῷ ἑβδόμῳ συνετελέσθησαν. Καὶ ἦλθεν Ἐζεκίας καὶ 8

β *Gr.* spoke to every heart of the Levites.   γ *Gr.* singular.   δ *Or,* statues, *i. e. standing* images.   ζ *Or,* daily courses.
θ *Gr.* heaps, heaps.   See *Heb.* also *Jud.* 15. 16, and Mark 6. 40.

οἱ ἄρχοντες, καὶ εἶδον τοὺς σωροὺς, καὶ ηὐλόγησαν τὸν Κύριον
9 καὶ τὸν λαὸν αὐτοῦ Ἰσραήλ. Καὶ ἐπυνθάνετο Ἐζεκίας τῶν
10 ἱερέων καὶ τῶν Λευιτῶν ὑπὲρ τῶν σωρῶν. Καὶ εἶπε πρὸς
αὐτὸν Ἀζαρίας ὁ ἱερεὺς ὁ ἄρχων εἰς οἶκον Σαδὼκ, καὶ εἶπεν,
ἐξ οὗ ἦρκται ἡ ἀπαρχὴ φέρεσθαι εἰς οἶκον Κυρίου, ἐφάγο-
μεν καὶ ἐπίομεν καὶ κατελίπομεν ἕως εἰς πλῆθος, ὅτι Κύριος
ηὐλόγησε τὸν λαὸν αὐτοῦ, καὶ κατελίπομεν ἐπὶ τὸ πλῆθος
τοῦτο.
11 Καὶ εἶπεν Ἐζεκίας ἔτι ἑτοιμάσαι παστοφόρια εἰς οἶκον
12 Κυρίου· καὶ ἡτοίμασαν, καὶ ἤνεγκαν ἐκεῖ τὰς ἀπαρχὰς καὶ
τὰ ἐπιδέκατα ἐν πίστει· καὶ ἐπ᾽ αὐτῶν ἐπιστάτης Χωνενίας
13 ὁ Λευίτης, καὶ Σεμεὶ ὁ ἀδελφὸς αὐτοῦ διαδεχόμενος· Καὶ
Ἰειὴλ, καὶ Ὀζίας, καὶ Ναὲθ, καὶ Ἀσαὴλ, καὶ Ἱεριμὼθ, καὶ
Ἰωζαβὰδ, καὶ Ἐλιὴλ, καὶ ὁ Σαμαχία, καὶ Μαὰθ, καὶ Βαναίας,
καὶ οἱ υἱοὶ αὐτοῦ καθεσταμένοι διὰ Χωνενίου καὶ Σεμεὶ τοῦ
ἀδελφοῦ αὐτοῦ, καθὼς προσέταξεν Ἐζεκίας ὁ βασιλεὺς καὶ.
Ἀζαρίας ὁ ἡγούμενος οἴκου Κυρίου.
14 Καὶ Κορὴ ὁ τοῦ Ἰεμνὰ ὁ Λευίτης ὁ πυλωρὸς κατὰ ἀνατολὰς
ἐπὶ τῶν δομάτων, δοῦναι τὰς ἀπαρχὰς Κυρίου, καὶ τὰ ἅγια τῶν
15 ἁγίων, διὰ χειρὸς Ὀδόμ, καὶ Βενιαμὶν, καὶ Ἰησοῦς, καὶ Σεμεὶ,
καὶ Ἀμαρίας, καὶ Σεχονίας, διὰ χειρὸς τῶν ἱερέων ἐν πίστει,
δοῦναι τοῖς ἀδελφοῖς αὐτῶν κατὰ τὰς ἐφημερίας, κατὰ τὸν
16 μέγαν καὶ τὸν μικρὸν, ἐκτὸς τῆς ἐπιγονῆς τῶν ἀρσενικῶν ἀπὸ
τριετοῦς καὶ ἐπάνω, παντὶ τῷ εἰσπορευομένῳ εἰς οἶκον Κυρίου,
εἰς λόγον ἡμερῶν εἰς ἡμέραν, εἰς λειτουργείαν ἐφημερίαις
17 διατάξεως αὐτῶν· Οὗτος ὁ καταλοχισμὸς τῶν ἱερέων κατ᾽
οἴκους πατριῶν· καὶ οἱ Λευῖται ἐν ταῖς ἐφημερίαις αὐτῶν ἀπὸ
18 εἰκοσαετοῦς καὶ ἐπάνω ἐν διατάξει, ἐγκαταλοχίσαι ἐν πάσῃ
ἐπιγονῇ υἱῶν αὐτῶν καὶ θυγατέρων αὐτῶν εἰς πᾶν πλῆθος, ὅτι
19 ἐν πίστει ἥγνισαν τὸ ἅγιον. Τοῖς υἱοῖς Ἀαρὼν τοῖς ἱερατεύ-
ουσι, καὶ οἱ ἀπὸ τῶν πόλεων αὐτῶν ἐν πάσῃ πόλει καὶ πόλει
ἄνδρες οἳ ὠνομάσθησαν ἐν ὀνόματι, δοῦναι μερίδα παντὶ
ἀρσενικῷ ἐν τοῖς ἱερεῦσι, καὶ παντὶ καταριθμουμένῳ ἐν τοῖς
Λευίταις.
20 Καὶ ἐποίησεν οὕτως Ἐζεκίας ἐν παντὶ Ἰουδα, καὶ ἐποίησε τὸ
21 καλὸν καὶ τὸ εὐθὲς ἐναντίον τοῦ Κυρίου Θεοῦ αὐτοῦ. Καὶ ἐν
παντὶ ἔργῳ ᾧ ἤρξατο ἐν ἐργασίᾳ ἐν οἴκῳ Κυρίου, καὶ ἐν τῷ
νόμῳ καὶ ἐν τοῖς προστάγμασιν, ἐξεζήτησε τὸν Θεὸν αὐτοῦ ἐξ
ὅλης ψυχῆς αὐτοῦ, καὶ ἐποίησε καὶ εὐοδώθη.
32 Καὶ μετὰ τοὺς λόγους τούτους καὶ τὴν ἀλήθειαν ταύτην ἦλθε
Σενναχηρὶμ βασιλεὺς Ἀσσυρίων, καὶ ἦλθεν ἐπὶ Ἰούδαν, καὶ
παρενέβαλεν ἐπὶ τὰς πόλεις τὰς τειχήρεις, καὶ εἶπε προκατα-
λαβέσθαι αὐτάς.
2 Καὶ εἶδεν Ἐζεκίας ὅτι ἥκει Σενναχηρὶμ, καὶ τὸ πρόσωπον
3 αὐτοῦ τοῦ πολεμῆσαι ἐπὶ Ἱερουσαλήμ. Καὶ ἐβουλεύσατο
μετὰ τῶν πρεσβυτέρων αὐτοῦ καὶ τῶν δυνατῶν, ἐμφράξαι τὰ
ὕδατα τῶν πηγῶν ἃ ἦν ἔξω τῆς πόλεως, καὶ συνεπίσχυσαν
4 αὐτῷ. Καὶ συνήγαγε λαὸν πολὺν, καὶ ἐνέφραξε τὰ ὕδατα
τῶν πηγῶν, καὶ τὸν ποταμὸν τὸν διορίζοντα διὰ τῆς πόλεως,

princes came and saw the heaps, and blessed the Lord, and his people Israel. [9] Then Ezekias enquired of the priests and the Levites concerning the heaps. [10] And Azarias the priest, the chief over the house of Sadoc, spoke to him, and said, From the time that the first-fruits began to be brought into the house of the Lord, we have eaten and drunk, and left even abundantly; for the Lord has blessed his people, and we have left to this amount.

[11] And Ezekias told them yet farther to prepare chambers for the house of the Lord; and they prepared *them*, [12] and they brought thither the first-fruits and the tithes faithfully: and Chonenias the Levite was superintendent over them, and Semei his brother was next. [13] And Jeiel, and Ozias, and Naeth, and Asael, and Jerimoth, and Jozabad, and Eliel, and Samachia, and Maath, and Banaias, and his sons, were appointed by Chonenias and Semei his brother, as Ezekias the king, and Azarias who was over the house of the Lord commanded.

[14] And Core, the *son* of Jemna the Levite, *was* over the gifts, to distribute the first-fruits of the Lord, and the most holy things, [15] by the hand of Odom, and Benjamin, and Jesus, and Semei, and Amarias, and Sechonias, by the hand of the priests faithfully, to give to their brethren according to the courses, as well to great as small; [16] besides the increase of males from three years old and upward, to every one entering into the house of the Lord, *a portion* according to a daily rate, for service in the daily courses of their order. [17] This *is* the distribution of the priests according to the houses of their families; and the Levites in their daily courses from twenty years old and upward *were in their* order, [18] to assign stations for all the increase of their sons and their daughters, for the whole number: for they faithfully sanctified the holy place. [19] As for the sons of Aaron that executed the priests' office,— even those from their cities, the men in each several city who were named expressly, —were appointed to give a portion to every male among the priests, and to every one reckoned among the Levites.

[20] And Ezekias did so through all Juda, and did that which was good and right before the Lord his God. [21] And in every work which he began in service in the house of the Lord, and in the law, and in the ordinances, he sought his God with all his soul, and β wrought, and prospered.

And after these things and this γ faithful dealing, came Sennacherim king of the Assyrians, and he came to Juda, and encamped against the fortified cities, and δ intended to take them for himself.

[2] And Ezekias saw that Sennacherim was come, and *that* his face *was* set to fight against Jerusalem. [3] And he took counsel with his elders and his mighty *men* to stop the wells of water which were without the city: and they helped him. [4] And he collected many people, and stopped the wells of water, and the river that ζ flowed through

---

β See Daniel 8. 12.   γ Gr. truth.   δ Gr. said.   ζ Gr. made a division.

the city, saying, Lest the king of Assyria come, and find much water, and strengthen *himself.*

5 And Ezekias strengthened *himself,* and built all the wall that had been pulled down, and the towers, and another wall in front without, and fortified the strong place of the city of David, and prepared arms in abundance. 6 And he appointed captains of war over the people, and they were gathered to *meet* him to the open place of the gate of the valley, and he β encouraged them, saying, 7 Be strong and courageous, and fear not, neither be dismayed before the king of Assyria, and before all the nation that *is* with him: for *there are* more with us than with him. 8 With him *are* arms of flesh; but with us *is* the Lord our God to save *us,* and to fight our battle. And the people were encouraged at the words of Ezekias king of Juda.

9 And afterward Sennacherim king of the Assyrians sent his servants to Jerusalem; and *he went* himself against Lachis, and all his army with him, and sent to Ezekias king of Juda, and to all Juda that *was* in Jerusalem, saying, 10 Thus says Sennacherim king of the Assyrians, On what do ye trust, that ye will remain in the siege in Jerusalem? 11 Does not Ezekias deceive you, to deliver you to death and famine and thirst, saying, The Lord our God will deliver us out of the hand of the king of Assyria? 12 Is not this Ezekias who has taken down his altars and his high places, and has spoken to Juda and the dwellers in Jerusalem, saying, Ye shall worship before this altar, and burn incense upon it? 13 Know ye not what I and my fathers have done to all the nations of the countries? Could the gods of the nations of all the earth at all rescue their people out of my hand? 14 Who is there among all the gods of those nations whom my fathers utterly destroyed, *worthy of trust?* Could they deliver their people out of my hand, that your God should deliver you out of my hand? 15 Now then, let not Ezekias deceive you, and let him not make you thus confident, and believe him not: for no god of any kingdom or nation is at all able to deliver his people out of my hand, or the hand of my fathers: therefore your God shall not deliver you out of my hand. 16 And his servants continued to speak against the Lord God, and against his servant Ezekias.

17 And he wrote a γ letter to reproach the Lord God of Israel, and spoke concerning him, saying, As the gods of the nations of the earth have not delivered their people out of my hand, so the God of Ezekias shall by no means deliver his people out of my hand. 18 And he cried with a loud voice in the Jews' language to the people of Jerusalem on the wall, *calling them* to assist them, and pull down *the walls,* that they might take the city. 19 And he spoke against the God of Jerusalem, even as against the gods of the nations of the earth, the works of the hands of men.

20 And king Ezekias and Esaias the prophet the son of Amos prayed concerning these

λέγων, μὴ ἔλθῃ βασιλεὺς ᾿Ασσοὺρ, καὶ εὕρῃ ὕδωρ πολὺ, καὶ κατισχύσῃ.

Καὶ κατίσχυσεν ᾿Εζεκίας, καὶ ᾠκοδόμησε πᾶν τὸ τεῖχος τὸ 5 κατεσκαμμένον, καὶ πύργους, καὶ ἔξω προτείχισμα ἄλλο, καὶ κατίσχυσε τὸ ἀνάλημμα τῆς πόλεως Δαυὶδ, καὶ κατεσκεύασεν ὅπλα πολλά. Καὶ ἔθετο ἄρχοντας τοῦ πολέμου ἐπὶ τὸν λαὸν, 6 καὶ συνήχθησαν πρὸς αὐτὸν ἐπὶ τὴν πλατεῖαν τῆς πύλης τῆς φάραγγος, καὶ ἐλάλησεν ἐπὶ καρδίαν αὐτῶν, λέγων, ἰσχύσατε 7 καὶ ἀνδρίζεσθε, καὶ μὴ φοβηθῆτε, μηδὲ πτοηθῆτε ἀπὸ προσώπου βασιλέως ᾿Ασσοὺρ, καὶ ἀπὸ προσώπου παντὸς τοῦ ἔθνους τοῦ μετ᾿ αὐτοῦ, ὅτι μεθ᾿ ἡμῶν πλείονες ἢ μετ᾿ αὐτοῦ. Μετὰ 8 αὐτοῦ βραχίονες σάρκινοι, μεθ᾿ ἡμῶν δὲ Κύριος ὁ Θεὸς ἡμῶν τοῦ σώζειν καὶ τοῦ πολεμεῖν τὸν πόλεμον ἡμῶν· καὶ κατεθάρσησεν ὁ λαὸς ἐπὶ τοῖς λόγοις ᾿Εζεκίου βασιλέως ᾿Ιούδα.

Καὶ μετὰ ταῦτα ἀπέστειλε Σενναχηρὶμ βασιλεὺς ᾿Ασσυρίων 9 τοὺς παῖδας ἑαυτοῦ ἐπὶ ᾿Ιερουσαλὴμ, καὶ αὐτὸς ἐπὶ Λαχὶς, καὶ πᾶσα ἡ στρατιὰ μετ᾿ αὐτοῦ, καὶ ἀπέστειλε πρὸς ᾿Εζεκίαν βασιλέα ᾿Ιούδα, καὶ πρὸς πάντα ᾿Ιούδα τὸν ἐν ᾿Ιερουσαλὴμ, λέγων, οὕτως λέγει Σενναχηρὶμ βασιλεὺς ᾿Ασσυρίων, ἐπὶ τί 10 ὑμεῖς πεποίθατε, καὶ καθήσεσθε ἐν τῇ περιοχῇ ἐν ᾿Ιερουσαλήμ; Οὐχὶ ᾿Εζεκίας ἀπατᾷ ὑμᾶς τοῦ παραδοῦναι ὑμᾶς εἰς θάνατον 11 καὶ εἰς λιμὸν καὶ εἰς δίψαν, λέγων, Κύριος ὁ Θεὸς ἡμῶν σώσει ἡμᾶς ἐκ χειρὸς βασιλέως ᾿Ασσούρ; Οὐχ οὗτός ἐστιν ᾿Εζεκίας 12 ὃς περιεῖλε τὰ θυσιαστήρια αὐτοῦ, καὶ τὰ ὑψηλὰ αὐτοῦ, καὶ εἶπε τῷ ᾿Ιούδα καὶ τοῖς κατοικοῦσιν ἐν ᾿Ιερουσαλὴμ, λέγων, κατέναντι τοῦ θυσιαστηρίου τούτου προσκυνήσετε, καὶ ἐπ᾿ αὐτῷ θυμιάσατε; Οὐ γνώσεσθε ὅ, τι ἐποίησα ἐγὼ καὶ οἱ 13 πατέρες μου πᾶσι τοῖς λαοῖς τῶν χωρῶν; μὴ δυνάμενοι ἠδύναντο θεοὶ τῶν ἐθνῶν πάσης τῆς γῆς σῶσαι τὸν λαὸν αὐτῶν ἐκ χειρός μου; Τίς ἐν πᾶσι τοῖς θεοῖς τῶν ἐθνῶν τούτων οὓς 14 ἐξωλόθρευσαν οἱ πατέρες μου; μὴ ἐδύναντο σῶσαι τὸν λαὸν αὐτῶν ἐκ χειρός μου, ὅτι δυνήσεται ὁ Θεὸς ὑμῶν σῶσαι ὑμᾶς ἐκ χειρός μου; Νῦν οὖν μὴ ἀπατάτω ὑμᾶς ᾿Εζεκίας, καὶ μὴ 15 πεποιθέναι ὑμᾶς ποιείτω κατὰ ταῦτα, καὶ μὴ πιστεύετε αὐτῷ, ὅτι οὐ μὴ δύνηται ὁ θεὸς παντὸς ἔθνους καὶ βασιλείας τοῦ σῶσαι τὸν λαὸν αὐτοῦ ἐκ χειρός μου καὶ ἐκ χειρὸς πατέρων μου, ὅτι ὁ Θεὸς ὑμῶν οὐ μὴ σώσει ὑμᾶς ἐκ χειρός μου. Καὶ 16 ἔτι ἐλάλησαν οἱ παῖδες αὐτοῦ ἐπὶ τὸν Κύριον Θεὸν, καὶ ἐπὶ ᾿Εζεκίαν παῖδα αὐτοῦ.

Καὶ βιβλίον ἔγραψεν ὀνειδίζειν τὸν Κύριον Θεὸν ᾿Ισραὴλ, 17 καὶ εἶπε περὶ αὐτοῦ, λέγων, ὡς οἱ θεοὶ τῶν ἐθνῶν τῆς γῆς οὐκ ἐξείλαντο λαοὺς αὐτῶν ἐκ χειρός μου, οὕτως οὐ μὴ ἐξέληται ὁ Θεὸς ᾿Εζεκίου λαὸν αὐτοῦ ἐκ χειρός μου. Καὶ ἐβόησε 18 φωνῇ μεγάλῃ ᾿Ιουδαϊστὶ ἐπὶ τὸν λαὸν ᾿Ιερουσαλὴμ τὸν ἐπὶ τοῦ τείχους, τοῦ βοηθῆσαι αὐτοῖς, καὶ κατασπάσαι, ὅπως προκαταλάβωνται τὴν πόλιν. Καὶ ἐλάλησεν ἐπὶ Θεὸν ᾿Ιε- 19 ρουσαλὴμ, ὡς καὶ ἐπὶ θεοὺς λαῶν τῆς γῆς, ἔργα χειρῶν ἀνθρώπων.

Καὶ προσηύξατο ᾿Εζεκίας ὁ βασιλεὺς, καὶ ᾿Ησαΐας υἱὸς 20 ᾿Αμὼς ὁ προφήτης περὶ τούτων, καὶ ἐβόησαν εἰς τὸν οὐρανόν.

β *Gr.* spoke to their heart.   γ *Or,* book.

21 Καὶ ἀπέστειλε Κύριος ἄγγελον, καὶ ἐξέτριψε πάντα δυνατὸν καὶ πολεμιστὴν καὶ ἄρχοντα καὶ στρατηγὸν ἐν τῇ παρεμβολῇ βασιλέως Ἀσσούρ· καὶ ἀπέστρεψε μετὰ αἰσχύνης προσώπου εἰς τὴν γῆν ἑαυτοῦ, καὶ ἦλθεν εἰς οἶκον θεοῦ αὐτοῦ· καὶ τῶν ἐξελθόντων ἐκ κοιλίας αὐτοῦ κατέβαλον αὐτὸν ἐν ῥομφαίᾳ.

22 Καὶ ἔσωσε Κύριος τὸν Ἐζεκίαν καὶ τοὺς κατοικοῦντας ἐν Ἱερουσαλὴμ ἐκ χειρὸς Σενναχηρὶμ βασιλέως Ἀσσούρ, καὶ ἐκ

23 χειρὸς πάντων, καὶ κατέπαυσεν αὐτοὺς κυκλόθεν. Καὶ πολλοὶ ἔφερον δῶρα τῷ Κυρίῳ εἰς Ἱερουσαλήμ, καὶ δόματα τῷ Ἐζεκίᾳ βασιλεῖ Ἰούδα, καὶ ὑπερήρθη κατ᾽ ὀφθαλμοὺς πάντων τῶν ἐθνῶν μετὰ ταῦτα.

24 Ἐν ταῖς ἡμέραις ἐκείναις ἠρρώστησεν Ἐζεκίας ἕως θανάτου, καὶ προσηύξατο πρὸς Κύριον· καὶ ἐπήκουσεν αὐτῷ, καὶ σημεῖον

25 ἔδωκεν αὐτῷ. Καὶ οὐ κατὰ τὸ ἀνταπόδομα ὃ ἔδωκεν αὐτῷ ἀνταπέδωκεν Ἐζεκίας, ἀλλὰ ὑψώθη ἡ καρδία αὐτοῦ, καὶ ἐγένετο

26 ἐπ᾽ αὐτὸν ὀργὴ καὶ ἐπὶ Ἰούδαν καὶ Ἱερουσαλήμ. Καὶ ἐταπεινώθη Ἐζεκίας ἀπὸ τοῦ ὕψους τῆς καρδίας αὐτοῦ, αὐτὸς καὶ οἱ κατοικοῦντες Ἱερουσαλήμ, καὶ οὐκ ἐπῆλθεν ἐπ᾽ αὐτοὺς ὀργὴ

27 Κυρίου ἐν ταῖς ἡμέραις Ἐζεκίου. Καὶ ἐγένετο τῷ Ἐζεκίᾳ πλοῦτος καὶ δόξα πολλὴ σφόδρα· καὶ θησαυροὺς ἐποίησεν αὐτῷ ἀργυρίου καὶ χρυσίου καὶ τοῦ λίθου τοῦ τιμίου, καὶ εἰς τὰ

28 ἀρώματα, καὶ ὁπλοθήκας, καὶ εἰς σκεύη ἐπιθυμητά, καὶ πόλεις εἰς τὰ γεννήματα τοῦ σίτου καὶ οἴνου καὶ ἐλαίου, καὶ κώμας καὶ φάτνας παντὸς κτήνους, καὶ μάνδρας εἰς τὰ ποίμνια,

29 καὶ πόλεις ἃς ᾠκοδόμησεν αὐτῷ, καὶ ἀποσκευὴν προβάτων καὶ βοῶν εἰς πλῆθος, ὅτι ἔδωκεν αὐτῷ Κύριος ἀποσκευὴν πολλὴν σφόδρα.

30 Αὐτὸς Ἐζεκίας ἐνέφραξε τὴν ἔξοδον τοῦ ὕδατος Γειὼν τὸ ἄνω, καὶ κατηύθυνεν αὐτὰ κάτω πρὸς Λίβα τῆς πόλεως Δαυίδ·

31 καὶ εὐοδώθη Ἐζεκίας ἐν πᾶσι τοῖς ἔργοις αὐτοῦ. Καὶ οὕτως τοῖς πρεσβευταῖς τῶν ἀρχόντων ἀπὸ Βαβυλῶνος, τοῖς ἀποσταλεῖσι πρὸς αὐτὸν πυθέσθαι παρ᾽ αὐτοῦ τὸ τέρας ὃ ἐγένετο ἐπὶ τῆς γῆς, ἐγκατέλιπεν αὐτὸν Κύριος τοῦ πειράσαι αὐτόν, εἰδέναι τὰ ἐν τῇ καρδίᾳ αὐτοῦ.

32 Καὶ τὰ λοιπὰ τῶν λόγων Ἐζεκίου, καὶ τὸ ἔλεος αὐτοῦ, ἰδοὺ γέγραπται ἐν τῇ προφητείᾳ Ἡσαΐου υἱοῦ Ἀμὼς τοῦ προφή-

33 του, καὶ ἐπὶ βιβλίου βασιλέων Ἰούδα καὶ Ἰσραήλ. Καὶ ἐκοιμήθη Ἐζεκίας μετὰ τῶν πατέρων αὐτοῦ, καὶ ἔθαψαν αὐτὸν ἐν ἀναβάσει τάφων υἱῶν Δαυίδ· καὶ δόξαν καὶ τιμὴν ἔδωκαν αὐτῷ ἐν τῷ θανάτῳ αὐτοῦ πᾶς Ἰούδα, καὶ οἱ κατοικοῦντες ἐν Ἱερουσαλήμ· καὶ ἐβασίλευσε Μανασσῆς υἱὸς αὐτοῦ ἀντ᾽ αὐτοῦ.

33 Ὢν δεκαδύο ἐτῶν Μανασσῆς ἐν τῷ βασιλεῦσαι αὐτόν, καὶ

2 πεντηκονταπέντε ἔτη ἐβασίλευσεν ἐν Ἱερουσαλήμ. Καὶ ἐποίησε τὸ πονηρὸν ἐναντίον Κυρίου ἀπὸ πάντων τῶν βδελυγμάτων τῶν ἐθνῶν, οὓς ἐξωλόθρευσε Κύριος ἀπὸ προσώπου τῶν υἱῶν

3 Ἰσραήλ. Καὶ ἐπέστρεψε καὶ ᾠκοδόμησε τὰ ὑψηλά, ἃ κατέσπασεν Ἐζεκίας ὁ πατὴρ αὐτοῦ, καὶ ἔστησε στήλας τοῖς Βααλίμ, καὶ ἐποίησεν ἄλση, καὶ προσεκύνησε πάσῃ τῇ στρατιᾷ τοῦ

4 οὐρανοῦ, καὶ ἐδούλευσεν αὐτοῖς. Καὶ ᾠκοδόμησε θυσιαστήρια

things, and they cried to heaven. 21 And the Lord sent an angel, and he destroyed every mighty man and warrior, and leader and captain in the camp of the king of Assyria: and he returned with shame of face to his own land and came into the house of his god: and *some* of them that came out of his bowels slew him with the sword. 22 So the Lord delivered Ezekias and the dwellers in Jerusalem out of the hand of Sennacherim king of Assyria, and out of the hand of all *his enemies*, and gave them rest round about. 23 And many brought gifts to the Lord to Jerusalem, and presents to Ezekias king of Juda; and he was exalted in the eyes of all the nations after these things.

24 In those days Ezekias was sick even to death, and prayed to the Lord: and he hearkened to him, and gave him a sign. 25 But Ezekias did not recompense the Lord according to the β return which he made him, but his heart was lifted up: and wrath came upon him, and upon Juda and Jerusalem. 26 And Ezekias γ humbled himself after the exaltation of his heart, he and the dwellers in Jerusalem; and the wrath of the Lord did not come upon them in the days of Ezekias. 27 And Ezekias had wealth and very great glory: and he made for himself treasuries of gold, and silver, and precious δ stones, also for spices, and stores for arms, and for precious vessels; 28 and cities for the produce of corn, and wine, and oil; and ς stalls and mangers for every *kind of* cattle, and folds for flocks; 29 and cities which he built for himself, and store of sheep and oxen in abundance, for the Lord gave him a very great store.

30 The same Ezekias stopped up the course of the water of Gion above, and brought the water down straight south of the city of David. And Ezekias prospered in all his works. 31 Notwithstanding, in regard to the ambassadors of the princes of Babylon, who were sent to him to enquire of him *concerning* the prodigy which came upon the land, the Lord left him, to try him, to know what was in his heart.

32 And the rest of the acts of Ezekias, and his θ kindness, behold, they are written in the prophecy of Esaias the son of Amos the prophet, and in the book of the kings of Juda and Israel. 33 And Ezekias slept with his fathers, and they buried him in a high place among the sepulchres of the sons of David: and all Juda and the dwellers in Jerusalem gave him glory and honour at his death. And Manasses his son reigned in his stead.

Manasses λ was twelve years old μ when he began to reign, and he reigned ς fifty-five years in Jerusalem. 2 And he did that which was evil in the sight of the Lord, according to all the abominations of the heathen, whom the Lord destroyed from before the face of the children of Israel. 3 And he returned and built the high places, which his father Ezekias had pulled down, and set up images to Baalim, and made groves, and worshipped all the host of heaven, and served them. 4 And he built

---

β q. d. to prayer.   γ Gr. was brought low.   δ Gr. stone.   ζ Gr. villages.   θ Gr. mercy.   λ Gr. being.
μ Gr. in his reigning.   ξ Alex. fifty years.

altars in the house of the Lord, concerning which the Lord said, In Jerusalem shall be my name for ever. ⁵ And he built altars to all the host of heaven in the two courts of the house of the Lord. ⁶ He also passed his children through the fire in the β valley of Benennom; and he divined, and used auspices, and sorceries, and appointed γ those who had divining spirits, and enchanters, and wrought abundant wickedness before the Lord, to provoke him. ⁷ And he set the graven *image*, the molten *statue*, the idol which he made, in the house of God, of which God had said to David and to Solomon his son, In this house, and Jerusalem, which I have chosen out of all the tribes of Israel, I will put my name for ever; ⁸ and I will not again remove the foot of Israel from the land which I gave to their fathers, if only they will take heed to do all things which I have commanded them, according to all the law and the ordinances and the judgments *given* by the hand of Moses. ⁹ So Manasses led astray Juda and the inhabitants of Jerusalem, to do evil beyond all the nations which the Lord cast out from before the children of Israel.

¹⁰ And the Lord spoke δ to Manasses, and to his people: but they hearkened not. ¹¹ And the Lord brought upon them the captains of the host of the king of Assyria, and they took Manasses in bonds, and bound him in fetters, and brought him to Babylon. ¹² And when he was afflicted, he sought the face of the Lord his God, and was greatly humbled before the face of the God of his fathers; ¹³ and he prayed to him: and he hearkened to him, and listened to his cry, and brought him back to Jerusalem to his kingdom: and Manasses knew that the Lord he is God.

¹⁴ And afterward he built a wall without the city of David, from the southwest southward in the ζ valleys and at the entrance through the fish-gate, as men go out by the gate round about, even as far as Opel; and he raised it much, and set captains of the host in all the fortified cities in Juda. ¹⁵ And he removed the strange gods and the graven *image* out of the house of the Lord, and all the altars which he had built in the mount of the house of the Lord, and in Jerusalem, and without the city. ¹⁶ And he repaired the altar of the Lord, and offered upon it a sacrifice of peace-offering and θ thank-offering, and he told Juda to serve the Lord God of Israel. ¹⁷ Nevertheless the people still sacrificed on the high places, only to the Lord their God.

¹⁸ And the rest of the acts of Manasses, and his prayer to God, and the words of the seers that spoke to him in the name of the God of Israel, ¹⁹ behold, *they are in the* λ account of his prayer; and *God* hearkened to him. And all his sins, and his backslidings, and the spots on which he built the high places, and set there groves and graven images, before he repented, behold, they are written in the books of the seers. ²⁰ And Manasses slept with his fathers, and they buried him in the garden of his house: and Amon his son reigned in his stead.

ἐν οἴκῳ Κυρίου, οὗ εἶπε Κύριος, ἐν Ἱερουσαλὴμ ἔσται τὸ ὄνομά μου εἰς τὸν αἰῶνα. Καὶ ᾠκοδόμησε θυσιαστήρια πάσῃ 5 τῇ στρατιᾷ τοῦ οὐρανοῦ ἐν ταῖς δυσὶν αὐλαῖς οἴκου Κυρίου. Καὶ αὐτὸς διήγαγε τὰ τέκνα αὐτοῦ ἐν πυρὶ ἐν γῇ Βενεννόμ· καὶ 6 ἐκληδονίζετο, καὶ οἰωνίζετο, καὶ ἐφαρμακεύετο, καὶ ἐποίησεν ἐγγαστριμύθους καὶ ἐπαοιδοὺς, καὶ ἐπλήθυνε τοῦ ποιῆσαι τὸ πονηρὸν ἐναντίον Κυρίου τοῦ παροργίσαι αὐτόν. Καὶ ἔθηκε 7 τὸ γλυπτὸν, τὸ χωνευτὸν, εἰκόνα ἣν ἐποίησεν ἐν οἴκῳ Θεοῦ, οὗ εἶπε Θεὸς πρὸς Δαυὶδ καὶ πρὸς Σαλωμὼν υἱὸν αὐτοῦ, ἐν τῷ οἴκῳ τούτῳ καὶ Ἱερουσαλὴμ ἣν ἐξελεξάμην ἐκ πασῶν φυλῶν Ἰσραὴλ, θήσω τὸ ὄνομά μου εἰς τὸν αἰῶνα. Καὶ οὐ προσθήσω 8 σαλεῦσαι τὸν πόδα Ἰσραὴλ ἀπὸ τῆς γῆς ἧς ἔδωκα τοῖς πατράσιν αὐτῶν, πλὴν ἐὰν φυλάσσωνται τοῦ ποιῆσαι πάντα ἃ ἐνετειλάμην αὐτοῖς κατὰ πάντα τὸν νόμον καὶ τὰ προστάγματα καὶ τὰ κρίματα ἐν χειρὶ Μωυσῆ. Καὶ ἐπλάνησε Μα- 9 νασσῆς τὸν Ἰούδαν καὶ τοὺς κατοικοῦντας ἐν Ἱερουσαλὴμ, τοῦ ποιῆσαι τὸ πονηρὸν ὑπὲρ πάντα τὰ ἔθνη ἃ ἐξῆρε Κύριος ἀπὸ προσώπου υἱῶι Ἰσραήλ.

Καὶ ἐλάλησε Κύριος ἐπὶ Μανασσῇ καὶ ἐπὶ τὸν λαὸν αὐτοῦ, 10 καὶ οὐκ ἐπήκουσαν. Καὶ ἤγαγε Κύριος ἐπ᾽ αὐτοὺς τοὺς 11 ἄρχοντας τῆς δυνάμεως τοῦ βασιλέως Ἀσσοὺρ, καὶ κατέλαβον τὸν Μανασσῆ ἐν δεσμοῖς, καὶ ἔδησαν αὐτὸν ἐν πέδαις, καὶ ἤγαγον εἰς Βαβυλῶνα. Καὶ ὡς ἐθλίβη, ἐζήτησε τὸ πρόσωπον 12 Θεοῦ τοῦ Κυρίου αὐτοῦ, καὶ ἐταπεινώθη σφόδρα ἀπὸ προσώπου Θεοῦ πατέρων αὐτοῦ, καὶ προσηύξατο πρὸς αὐτόν· καὶ 13 ἐπήκουσεν αὐτοῦ καὶ ἐπήκουσε τῆς βοῆς αὐτοῦ, καὶ ἐπέστρεψεν αὐτὸν εἰς Ἱερουσαλὴμ ἐπὶ τὴν βασιλείαν αὐτοῦ, καὶ ἔγνω Μανασσῆς ὅτι Κύριος αὐτός ἐστι Θεός.

Καὶ μετὰ ταῦτα ᾠκοδόμησε τεῖχος ἔξω τῆς πόλεως Δαυὶδ 14 ἀπὸ Λιβὸς κατὰ Νότον ἐν τῷ χειμάρρῳ, καὶ κατὰ τὴν εἴσοδον τὴν διὰ τῆς πύλης τῆς ἰχθυϊκῆς ἐκπορευομένων τὴν πύλην τὴν κυκλόθεν, καὶ εἰς Ὀπελ, καὶ ὕψωσε σφόδρα, καὶ κατέστησεν ἄρχοντας τῆς δυνάμεως ἐν πάσαις ταῖς πόλεσι ταῖς τειχήρεσιν ἐν Ἰούδα. Καὶ περιεῖλε τοὺς θεοὺς τοὺς ἀλλοτρίους καὶ τὸ 15 γλυπτὸν ἐξ οἴκου Κυρίου, καὶ πάντα τὰ θυσιαστήρια, ἃ ᾠκοδόμησεν ἐν ὄρει οἴκου Κυρίου καὶ ἐν Ἱερουσαλὴμ, καὶ ἔξωθεν τῆς πόλεως· Καὶ κατώρθωσε τὸ θυσιαστήριον Κυρίου, καὶ ἐθυ- 16 σίασεν ἐπ᾽ αὐτὸ θυσίαν σωτηρίου καὶ αἰνέσεως· καὶ εἶπε τῷ Ἰούδα, τοῦ δουλεύειν Κυρίῳ Θεῷ Ἰσραήλ. Πλὴν ἔτι ὁ λαὸς 17 ἐπὶ τῶν ὑψηλῶν ἐθυσίαζε, πλὴν Κυρίῳ Θεῷ αὐτῶν.

Καὶ τὰ λοιπὰ τῶν λόγων Μανασσῆ, καὶ ἡ προσευχὴ αὐτοῦ 18 ἡ πρὸς τὸν Θεὸν, καὶ λόγοι τῶν ὁρώντων τῶν λαλούντων πρὸς αὐτὸν ἐπ᾽ ὀνόματι Θεοῦ Ἰσραήλ, ἰδοὺ ἐπὶ λόγων προσευχῆς 19 αὐτοῦ, καὶ ἐπήκουσεν αὐτοῦ· καὶ πᾶσαι αἱ ἁμαρτίαι αὐτοῦ καὶ ἀποστάσεις αὐτοῦ, καὶ οἱ τόποι ἐφ᾽ οἷς ᾠκοδόμησεν ἐν αὐτοῖς τὰ ὑψηλὰ, καὶ ἔστησεν ἐκεῖ ἄλση καὶ γλυπτὰ, πρὸ τοῦ ἐπιστρέψαι, ἰδοὺ γέγραπται ἐπὶ τῶν λόγων τῶν ὁρώντων. Καὶ ἐκοι- 20 μήθη Μανασσῆς μετὰ τῶν πατέρων αὐτοῦ, καὶ ἔθαψαν αὐτὸν ἐν παραδείσῳ οἴκου αὐτοῦ· καὶ ἐβασίλευσεν ἀντ᾽ αὐτοῦ Ἀμὼν υἱὸς αὐτοῦ.

β See *note*, chap. 28. 3. γ *Lit.* ventriloquists. δ *Or*, against, *or*, concerning. ζ *Gr.* torrent. θ *Gr.* praise. λ *Gr.* words.

21 *Ὢν ἐτῶν εἴκοσι καὶ δύο Ἀμὼν ἐν τῷ βασιλεύειν αὐτὸν,
22 καὶ δύο ἔτη ἐβασίλευσεν ἐν Ἰερουσαλήμ. Καὶ ἐποίησε τὸ
πονηρὸν ἐνώπιον Κυρίου, ὡς ἐποίησε Μανασσῆς ὁ πατὴρ
αὐτοῦ· καὶ πᾶσι τοῖς εἰδώλοις οἷς ἐποίησε Μανασσῆς ὁ πατὴρ
23 αὐτοῦ, ἔθυεν Ἀμὼν καὶ ἐδούλευσεν αὐτοῖς. Καὶ οὐκ ἐταπεινώθη
ἐναντίον Κυρίου ὡς ἐταπεινώθη Μανασσῆς ὁ πατὴρ αὐτοῦ, ὅτι
24 υἱὸς αὐτοῦ Ἀμὼν ἐπλήθυνε πλημμέλειαν. Καὶ ἐπέθεντο αὐτῷ
25 οἱ παῖδες αὐτοῦ, καὶ ἐπάταξαν αὐτὸν ἐν οἴκῳ αὐτοῦ. Καὶ ἐπά-
ταξεν ὁ λαὸς τῆς γῆς τοὺς ἐπιθεμένους ἐπὶ τὸν βασιλέα Ἀμὼν,
καὶ ἐβασίλευσεν ὁ λαὸς τῆς γῆς τὸν Ἰωσίαν υἱὸν αὐτοῦ ἀντ'
αὐτοῦ.

34 *Ὢν ὀκτὼ ἐτῶν Ἰωσίας ἐν τῷ βασιλεῦσαι αὐτὸν, καὶ τριά-
2 κοντα καὶ ἓν ἔτος ἐβασίλευσεν ἐν Ἰερουσαλήμ. Καὶ ἐποίησε
τὸ εὐθὲς ἐναντίον Κυρίου, καὶ ἐπορεύθη ἐν ὁδοῖς Δαυὶδ τοῦ
3 πατρὸς αὐτοῦ, καὶ οὐκ ἐξέκλινε δεξιὰ καὶ ἀριστερά. Καὶ ἐν
τῷ ὀγδόῳ ἔτει τῆς βασιλείας αὐτοῦ, καὶ αὐτὸς ἔτι παιδάριον
ἤρξατο τοῦ ζητῆσαι Κύριον τὸν Θεὸν Δαυὶδ τοῦ πατρὸς αὐτοῦ·
καὶ ἐν τῷ δωδεκάτῳ ἔτει τῆς βασιλείας αὐτοῦ ἤρξατο τοῦ
καθαρίσαι τὸν Ἰούδαν καὶ τὴν Ἰερουσαλὴμ ἀπὸ τῶν ὑψηλῶν,
καὶ τῶν ἀλσέων, καὶ ἀπὸ τῶν περιβωμίων, καὶ ἀπὸ τῶν χωνευ-
4 τῶν. Καὶ κατέσπασε τὰ κατὰ πρόσωπον αὐτοῦ θυσιαστήρια
τῶν Βααλίμ, καὶ τὰ ὑψηλὰ τὰ ἐπ' αὐτῶν· καὶ ἔκοψε τὰ ἄλση
καὶ τὰ γλυπτὰ, καὶ τὰ χωνευτὰ συνέτριψε, καὶ ἐλέπτυνε καὶ
ἔρριψεν ἐπὶ πρόσωπον τῶν μνημάτων τῶν θυσιαζόντων αὐτοῖς.
5 Καὶ ὀστᾶ ἱερέων κατέκαυσεν ἐπὶ τὰ θυσιαστήρια, καὶ ἐκαθάρισε
6 τὸν Ἰούδαν καὶ τὴν Ἰερουσαλήμ, καὶ ἐν πόλεσι Μανασσῆ,
καὶ Ἐφραίμ, καὶ Συμεὼν, καὶ Νεφθαλὶ, καὶ τοῖς τόποις
7 αὐτῶν κύκλῳ. Καὶ κατέσπασε τὰ θυσιαστήρια, καὶ τὰ
ἄλση, καὶ εἴδωλα κατέκοψε λεπτὰ, καὶ πάντα τὰ ὑψηλὰ
ἔκοψεν ἀπὸ πάσης τῆς γῆς Ἰσραὴλ, καὶ ἀπέστρεψεν εἰς
Ἰερουσαλήμ.

8 Καὶ ἐν τῷ ἔτει τῷ ὀκτωκαιδεκάτῳ τῆς βασιλείας αὐτοῦ τοῦ
καθαρίσαι τὴν γῆν καὶ τὸν οἶκον, ἀπέστειλε τὸν Σαφὰν υἱὸν
Ἐσελία, καὶ τὸν Μαασὰ ἄρχοντα τῆς πόλεως, καὶ τὸν Ἰουὰχ
υἱὸν Ἰωάχαζ τὸν ὑπομνηματογράφον αὐτοῦ, κραταιῶσαι τὸν
9 οἶκον Κυρίου τοῦ Θεοῦ αὐτοῦ. Καὶ ἦλθον πρὸς Χελκίαν τὸν
ἱερέα τὸν μέγαν, καὶ ἔδωκαν τὸ ἀργύριον τὸ εἰσενεχθὲν εἰς
οἶκον Θεοῦ, ὃ συνήγαγον οἱ Λευῖται φυλάσσοντες τὴν πύλην
ἐκ χειρὸς Μανασσῆ καὶ Ἐφραίμ, καὶ τῶν ἀρχόντων, καὶ ἀπὸ
παντὸς καταλοίπου ἐν Ἰσραὴλ, καὶ υἱῶν Ἰούδα καὶ Βενιαμίν,
10 καὶ οἰκούντων ἐν Ἰερουσαλήμ. Καὶ ἔδωκαν αὐτὸ ἐπὶ χεῖρα
ποιούντων τὰ ἔργα, οἱ καθεσταμένοι ἐν οἴκῳ Κυρίου, καὶ
ἔδωκαν αὐτὸ ποιοῦσι τὰ ἔργα οἳ ἐποίουν ἐν οἴκῳ Κυρίου,
11 ἐπισκευάσαι καὶ κατισχῦσαι τὸν οἶκον. Καὶ ἔδωκαν τοῖς
τέκτοσι καὶ τοῖς οἰκοδόμοις, ἀγοράσαι λίθους τετραπέδους καὶ
ξύλα εἰς δοκοὺς στεγάσαι τοὺς οἴκους, οὓς ἐξωλόθρευσαν βασι-
12 λεῖς Ἰούδα. Καὶ οἱ ἄνδρες ἐν πίστει ἐπὶ τῶν ἔργων· καὶ ἐπ'
αὐτῶν ἐπίσκοποι, Ἰὲθ καὶ Ἀβδίας οἱ Λευῖται ἐξ υἱῶν Μεραρὶ,
καὶ Ζαχαρίας καὶ Μοσολλὰμ ἐκ τῶν υἱῶν Καὰθ ἐπισκοπεῖν, καὶ

21 Amon was twenty and two years old when he began to reign, and he reigned two years in Jerusalem. 22 And he did that which was evil in the sight of the Lord, as his father Manasses did: and Amon sacrificed to all the idols which his father Manasses had made, and served them. 23 And he was not humbled before the Lord as his father Manasses was humbled; for his son Amon abounded in transgression. 24 And his servants conspired against him, and slew him in his house. 25 And the people of the land slew the men who had conspired against king Amon; and the people of the land made Josias his son king in his stead.

Josias was eight years old when he began to reign, and he reigned thirty-one years in Jerusalem. 2 And he did that which was right in the sight of the Lord, and walked in the ways of his father David, and turned not aside to the right hand β or to the left. 3 And in the eighth year of his reign, and he *being* yet a youth, he began to seek the Lord God of his father David: and in the twelfth year of his reign he began to purge Juda and Jerusalem from the high places, and the groves, and the ornaments for the altars, and the molten images. 4 And he pulled down the altars of Baalim that were before his face, and the high places that were above them; and he cut down the groves, and the graven images, and broke in pieces the molten images, and reduced them to powder, and cast *it* upon the surface of the tombs of those who *had* sacrificed to them. 5 And he burnt the bones of the priests upon the altars, and purged Juda and Jerusalem. 6 And *he did so* in the cities of Manasse, and Ephraim, and Symeon, and Nephthali, and the places round about them. 7 And he pulled down the altars and the groves, and he cut the idols in small pieces, and cut off all the high places from all the land of Israel, and returned to Jerusalem.

8 And in the eighteenth year of his reign, γafter having cleansed the land, and the house, he sent Saphan the son of Ezelias, and Maasa prefect of the city, and Juach son of Joachaz his recorder, to repair the house of the Lord his God. 9 And they came to Chelcias the high priest, and gave the money that was brought into the house of God, which the Levites who kept the gate collected of the hand of Manasse and Ephraim, and of the princes, and of every one that was left in Israel, and of the children of Juda and Benjamin, and of the dwellers in Jerusalem. 10 And they gave it into the hand of the workmen, who were appointed in the house of the Lord, and they gave it to the workmen who wrought in the house of the Lord, to δ repair and strengthen the house. 11 They gave *it* also to the carpenters and builders, to buy ς squared stones, and timber for beams to cover the houses which the kings of Juda had destroyed. 12 And the men *were* faithfully *engaged* in the works: and over them were superintendents, Jeth and Abdias, Levites of the sons of Merari, and Zacharias and Mosollam, of the sons of Caath,

---

β *Gr* and.   γ *Alex.* inserts ὅτε συνετέλεσε 'when he had finished.'   δ *Gr.* prepare.   ζ *Or,* hewn.

appointed to oversee; and every Levite, and every one that understood *how* to play on musical instruments. ¹³And *overseers were* over the burden-bearers, and over all the workmen in the respective works; and of the Levites *were appointed* scribes, and judges, and porters.

¹⁴And when they brought forth the money that had been brought into the house of the Lord, Chelcias the priest found a book of the law of the Lord *given* by the hand of Moses. ¹⁵And Chelcias answered and said to Saphan the scribe, I have found a book of the law in the house of the Lord. And Chelcias gave the book to Saphan. ¹⁶And Saphan brought in the book to the king, and moreover gave an account to the king, *saying, This is* all the money given into the hand of thy servants that work. ¹⁷And they have ᵝ collected the money that was found in the house of the Lord, and given it into the hand of the overseers, and into the hand of them that do the work.

¹⁸And Saphan the scribe brought word to the king, saying, Chelcias the priest has given me a book. And Saphan read it before the king. ¹⁹And it came to pass, when the king heard the words of the law, that he rent his garments. ²⁰And the king commanded Chelcias, and Achicam the son of Saphan, and Abdom the son of Michaias, and Saphan the scribe, and Asaia the servant of the king, saying, ²¹Go, enquire of the Lord for me, and for every one that is left in Israel and Juda, concerning the words of the book that is found: for great is the wrath of the Lord *which* has ᵞ been kindled amongst us, because our fathers have not hearkened to the words of the Lord, to do according to all the things written in this book.

²²And Chelcias went, and *the others* whom the king told, to Olda the prophetess, the wife of Sellem son of Thecoe, son of Aras, who kept the commandments; and she dwelt in Jerusalem in the second *quarter:* and they spoke to her accordingly.

²³And she said to them, Thus has the Lord God of Israel said, Tell the man who sent you to me, ²⁴Thus saith the Lord, Behold, I bring ᵟ evil upon this place, *even all* the words that are written in the book that was read before the king of Juda; ²⁵ because they have forsaken me, and burnt incense to strange gods, that they might provoke me by all the works of their hands; and my wrath ᶠ is kindled against this place, and it shall not be quenched. ²⁶And concerning the king of Juda, who sent you to seek the Lord,—thus shall ye say to him, Thus saith the Lord God of Israel, *As for* the words which thou hast heard, ²⁷forasmuch as thy heart was ashamed, and thou wast humbled before me when thou heardest my words against this place, and against the inhabitants of it, and thou wast humbled before me, and didst rend thy garments, and didst weep before me; I also have heard, saith the Lord. ²⁸Behold, I *will* gather thee to thy fathers, and thou shalt be gathered to thy grave in peace, and thine eyes shall not

πᾶς Λευίτης, καὶ πᾶς συνιὼν ἐν ὀργάνοις ᾠδῶν. Καὶ ἐπὶ τῶν 13 νωτοφόρων, καὶ ἐπὶ πάντων τῶν ποιούντων τὰ ἔργα, ἐργασίᾳ καὶ ἐργασίᾳ· καὶ ἀπὸ τῶν Λευιτῶν γραμματεῖς καὶ κριταὶ καὶ πυλωροί.

Καὶ ἐν τῷ ἐκφέρειν αὐτοὺς τὸ ἀργύριον τὸ εἰσοδιασθὲν εἰς 14 οἶκον Κυρίου, εὗρε Χελκίας ὁ ἱερεὺς βιβλίον νόμου Κυρίου διὰ χειρὸς Μωυσῆ. Καὶ ἀπεκρίθη Χελκίας, καὶ εἶπε πρὸς Σαφὰν 15 τὸν γραμματέα, βιβλίον νόμου εὗρον ἐν οἴκῳ Κυρίου· καὶ ἔδωκε Χελκίας τὸ βιβλίον τῷ Σαφάν. Καὶ εἰσήνεγκε Σαφὰν 16 τὸ βιβλίον πρὸς τὸν βασιλέα, καὶ ἀπέδωκεν ἔτι τῷ βασιλεῖ λόγον, πᾶν τὸ δοθὲν ἀργύριον ἐν χειρὶ τῶν παίδων σου τῶν ποιούντων. Καὶ ἐχώνευσαν τὸ ἀργύριον τὸ εὑρεθὲν ἐν οἴκῳ 17 Κυρίου, καὶ ἔδωκαν ἐπὶ χεῖρα τῶν ἐπισκόπων, καὶ ἐπὶ χεῖρα τῶν ποιούντων τὴν ἐργασίαν.

Καὶ ἀπήγγειλε Σαφὰν ὁ γραμματεὺς τῷ βασιλεῖ λόγον, 18 λέγων, βιβλίον δέδωκέ μοι Χελκίας ὁ ἱερεύς· καὶ ἀνέγνω αὐτὸ Σαφὰν ἐναντίον τοῦ βασιλέως. Καὶ ἐγένετο ὡς ἤκουσεν 19 ὁ βασιλεὺς τοὺς λόγους τοῦ νόμου, καὶ διέῤῥηξε τὰ ἱμάτια αὐτοῦ. Καὶ ἐνετείλατο ὁ βασιλεὺς τῷ Χελκίᾳ καὶ τῷ Ἀχικὰμ 20 υἱῷ Σαφὰν καὶ τῷ Ἀβδὸμ υἱῷ Μιχαία καὶ τῷ Σαφὰν τῷ γραμματεῖ καὶ τῷ Ἀσαίᾳ παιδὶ τοῦ βασιλέως, λέγων, πορεύ- 21 θητε, ζητήσατε τὸν Κύριον περὶ ἐμοῦ καὶ περὶ παντὸς τοῦ καταλειφθέντος ἐν Ἰσραὴλ καὶ Ἰούδα περὶ τῶν λόγων τοῦ βιβλίου τοῦ εὑρεθέντος, ὅτι μέγας ὁ θυμὸς Κυρίου ἐκκέκαυται ἐν ἡμῖν, διότι οὐκ εἰσήκουσαν οἱ πατέρες ἡμῶν τῶν λόγων Κυρίου, τοῦ ποιῆσαι κατὰ πάντα τὰ γεγραμμένα ἐν τῷ βιβλίῳ τούτῳ.

Καὶ ἐπορεύθη Χελκίας, καὶ οἷς εἶπεν ὁ βασιλεὺς, πρὸς 22 Ὀλδὰν τὴν προφῆτιν, γυναῖκα Σελλὴμ υἱοῦ Θεκωὲ υἱοῦ Ἀρὰς, φυλάσσουσαν τὰς ἐντολὰς, καὶ αὕτη κατῴκει ἐν Ἱερουσαλὴμ ἐν μασαναὶ, καὶ ἐλάλησαν αὐτῇ κατὰ ταῦτα.

Καὶ εἶπεν αὐτοῖς, οὕτως εἶπε Κύριος ὁ Θεὸς Ἰσραὴλ, εἴπατε 23 τῷ ἀνδρὶ τῷ ἀποστείλαντι ὑμᾶς πρὸς μὲ, οὕτω λέγει Κύριος, 24 ἰδοὺ ἐγὼ ἐπάγω ἐπὶ τὸν τόπον τοῦτον κακὰ, τοὺς πάντας λόγους τοὺς γεγραμμένους ἐν τῷ βιβλίῳ τῷ ἀνεγνωσμένῳ ἐναντίον τοῦ βασιλέως Ἰούδα, ἀνθ᾽ ὧν ἐγκατέλιπόν με καὶ ἐθυμίασαν 25 θεοῖς ἀλλοτρίοις, ἵνα παροργίσωσί με ἐν πᾶσι τοῖς ἔργοις τῶν χειρῶν αὐτῶν· καὶ ἐξεκαύθη ὁ θυμός μου ἐν τῷ τόπῳ τούτῳ, καὶ οὐ σβεσθήσεται. Καὶ ἐπὶ βασιλέα Ἰούδα τὸν ἀποστεί- 26 λαντα ὑμᾶς τοῦ ζητῆσαι τὸν Κύριον, οὕτως ἐρεῖτε αὐτῷ, οὕτω λέγει Κύριος ὁ Θεὸς Ἰσραὴλ, τοὺς λόγους οὓς ἤκουσας, καὶ 27 ἐνετράπη ἡ καρδία σου, καὶ ἐταπεινώθης ἀπὸ προσώπου μου ἐν τῷ ἀκοῦσαί σε τοὺς λόγους μου ἐπὶ τὸν τόπον τοῦτον καὶ ἐπὶ τοὺς κατοικοῦντας αὐτὸν, καὶ ἐταπεινώθης ἐναντίον μου, καὶ διέῤῥηξας τὰ ἱμάτιά σου, καὶ ἔκλαυσας κατεναντίον μου, καὶ ἐγὼ ἤκουσα, φησὶ Κύριος. Ἰδοὺ προστίθημί σε πρὸς τοὺς 28 πατέρας σου, καὶ προστεθήσῃ πρὸς τὰ μνήματά σου ἐν εἰρήνῃ,

---

β *Gr.* melted.   γ *Gr.* flamed forth.   δ *Gr.* evils.   ζ *Gr.* has flamed forth.

καὶ οὐκ ὄψονται οἱ ὀφθαλμοί σου ἐν πᾶσι τοῖς κακοῖς οἷς ἐγὼ ἐπάγω ἐπὶ τὸν τόπον τοῦτον, καὶ ἐπὶ τοὺς κατοικοῦντας αὐτόν. Καὶ ἀπέδωκαν τῷ βασιλεῖ λόγον.

29 Καὶ ἀπέστειλεν ὁ βασιλεύς, καὶ συνήγαγε τοὺς πρεσβυτέρους
30 Ἰούδα καὶ Ἱερουσαλήμ. Καὶ ἀνέβη ὁ βασιλεὺς εἰς οἶκον Κυρίου, καὶ πᾶς Ἰούδα, καὶ οἱ κατοικοῦντες Ἱερουσαλήμ, καὶ οἱ ἱερεῖς, καὶ οἱ Λευῖται, καὶ πᾶς ὁ λαὸς ἀπὸ μικροῦ ἕως μεγάλου, καὶ ἀνέγνω ἐν ὠσὶν αὐτῶν πάντας λόγους βιβλίου τῆς διαθήκης
31 τοὺς εὑρεθέντας ἐν οἴκῳ Κυρίου. Καὶ ἔστη ὁ βασιλεὺς ἐπὶ τὸν στύλον, καὶ διέθετο διαθήκην ἐναντίον Κυρίου, τοῦ πορευθῆναι ἐνώπιον Κυρίου, τοῦ φυλάσσειν τὰς ἐντολὰς αὐτοῦ, καὶ μαρτύρια, καὶ προστάγματα αὐτοῦ ἐν ὅλῃ καρδίᾳ, καὶ ἐν ὅλῃ ψυχῇ, ὥστε ποιεῖν τοὺς λόγους τῆς διαθήκης τοὺς γεγραμμένους ἐπὶ
32 τῷ βιβλίῳ τούτῳ. Καὶ ἔστησε πάντας τοὺς εὑρεθέντας ἐν Ἱερουσαλὴμ καὶ Βενιαμίν· καὶ ἐποίησαν οἱ κατοικοῦντες Ἱερουσαλὴμ διαθήκην ἐν οἴκῳ Κυρίου Θεοῦ πατέρων αὐτῶν.

33 Καὶ περιεῖλεν Ἰωσίας τὰ πάντα βδελύγματα ἐκ πάσης τῆς γῆς, ἣ ἦν υἱῶν Ἰσραήλ, καὶ ἐποίησε πάντας τοὺς εὑρεθέντας ἐν Ἱερουσαλὴμ καὶ ἐν Ἰσραήλ, τοῦ δουλεύειν Κυρίῳ Θεῷ αὐτῶν πάσας τὰς ἡμέρας αὐτοῦ· οὐκ ἐξέκλινεν ἀπὸ ὄπισθε Κυρίου Θεοῦ πατέρων αὐτοῦ.

35 Καὶ ἐποίησεν Ἰωσίας τὸ φασὲκ τῷ Κυρίῳ Θεῷ αὐτοῦ, καὶ ἔθυσε τὸ φασὲκ τῇ τεσσαρεσκαιδεκάτῃ ἡμέρᾳ τοῦ μηνὸς τοῦ
2 πρώτου. Καὶ ἔστησε τοὺς ἱερεῖς ἐπὶ τὰς φυλακὰς αὐτῶν, καὶ
3 κατίσχυσεν αὐτοὺς εἰς τὰ ἔργα οἴκου Κυρίου. Καὶ εἶπε τοῖς Λευίταις τοῖς δυνατοῖς ἐν παντὶ Ἰσραήλ, τοῦ ἁγιασθῆναι αὐτοὺς τῷ Κυρίῳ· καὶ ἔθηκαν τὴν κιβωτὸν τὴν ἁγίαν εἰς τὸν οἶκον ὃν ᾠκοδόμησε Σαλωμὼν υἱὸς Δαυὶδ τοῦ βασιλέως Ἰσραήλ· καὶ εἶπεν ὁ βασιλεύς, οὐκ ἔστιν ὑμῖν ἐπ᾽ ὤμων ἆραι οὐδέν· νῦν οὖν λειτουργήσατε τῷ Κυρίῳ Θεῷ ὑμῶν, καὶ τῷ λαῷ αὐτοῦ Ἰσραήλ.
4 Καὶ ἑτοιμάσθητε κατ᾽ οἴκους πατριῶν ὑμῶν, καὶ κατὰ τὰς ἐφημερίας ὑμῶν, κατὰ τὴν γραφὴν Δαυὶδ βασιλέως Ἰσραήλ, καὶ
5 διὰ χειρὸς Σαλωμὼν υἱοῦ αὐτοῦ. Καὶ στῆτε ἐν τῷ οἴκῳ κατὰ τὰς διαιρέσεις οἴκων πατριῶν ὑμῶν τοῖς ἀδελφοῖς ὑμῶν υἱοῖς τοῦ
6 λαοῦ, καὶ μερὶς οἴκου πατριᾶς τοῖς Λευίταις. Καὶ θύσατε τὸ φασέκ, καὶ ἑτοιμάσατε τοῖς ἀδελφοῖς ὑμῶν, τοῦ ποιῆσαι κατὰ τὸν λόγον Κυρίου διὰ χειρὸς Μωυσῆ.

7 Καὶ ἀπήρξατο Ἰωσίας τοῖς υἱοῖς τοῦ λαοῦ πρόβατα, καὶ ἀμνοὺς, καὶ ἐρίφους ἀπὸ τῶν τέκνων τῶν αἰγῶν, πάντα εἰς τὸ φασέκ, καὶ πάντας τοὺς εὑρεθέντας εἰς ἀριθμὸν τριάκοντα χιλιάδας, καὶ μόσχων τρεῖς χιλιάδας, ταῦτα ἀπὸ τῆς ὑπάρξεως
8 τοῦ βασιλέως. Καὶ οἱ ἄρχοντες αὐτοῦ ἀπήρξαντο τῷ λαῷ καὶ τοῖς ἱερεῦσι καὶ τοῖς Λευίταις· ἔδωκε δὲ Χελκίας καὶ Ζαχαρίας καὶ Ἰειὴλ οἱ ἄρχοντες τοῖς ἱερεῦσιν οἴκου Θεοῦ, καὶ ἔδωκαν εἰς τὸ φασὲκ πρόβατα καὶ ἀμνοὺς καὶ ἐρίφους δισχίλια ἑξακόσια,
9 καὶ μόσχους τριακοσίους. Καὶ Χωνενίας, καὶ Βαναίας, καὶ Σαμαίας, καὶ Ναθαναὴλ ἀδελφὸς αὐτοῦ, καὶ Ἀσαβίας, καὶ

---

look upon all the evils which I am bringing upon this place, and upon the inhabitants of it. And they brought back word to the king.

[29] And the king sent and gathered the elders of Juda and Jerusalem. [30] And the king went up to the house of the Lord, he and all Juda, and the inhabitants of Jerusalem, and the priests, and the Levites, and all the people great and small: and he read in their ears all the words of the book of the covenant that were found in the house of the Lord. [31] And the king stood at a pillar, and made a covenant before the Lord, to walk before the Lord, to keep his commandments and testimonies, and his ordinances, with all *his* heart and with all *his* soul, so as to perform the words of the covenant that were written in this book. [32] And he caused all that were found in Jerusalem and Benjamin to stand; and the inhabitants of Jerusalem made a covenant in the house of the Lord God of their fathers.

[33] And Josias removed all the abominations out of the whole land which belonged to the children of Israel, and caused all that were found in Jerusalem and in Israel, to serve the Lord their God all his days: he departed not β from following the Lord God of his fathers.

And Josias kept a passover to the Lord his God; and sacrificed the passover on the fourteenth day of the first month. [2] And he appointed the priests at their charges, and encouraged them for the services of the house of the Lord. [3] And he told the Levites that were able *to act* in all Israel, that they should consecrate themselves to the Lord: and they put the holy ark in the house which Solomon the son of David king of Israel built: and the king said, Ye must not carry anything on your shoulders: now then minister to the Lord your God, and to his people Israel. [4] And prepare yourselves according to the houses of your families, and according to your daily courses, according to the writing of David king of Israel, and *the order* by the hand of his son Solomon. [5] And stand ye in the house according to the divisions of the houses of your families for your brethren the sons of the people; *so* also let there be for the Levites a division of the house of their family. [6] And kill ye the passover, and prepare *it* for your brethren, to do according to the word of the Lord, by the hand of Moses.

[7] And Josias γ gave as an offering to the children of the people, sheep, and lambs, and kids of the young of the goats, all for the passover, *even for* all that were found, in number *amounting to* thirty thousand, and three thousand calves, these *were* of the substance of the king. [8] And his princes gave an offering to the people, and to the priests, and to the Levites: and Chelcias and Zacharias and Jeiel the chief men gave to the priests of the house of God, they even gave for the passover sheep, and lambs, and kids, two thousand six hundred, and three hundred calves. [9] And Chonenias, and Banæas, and Samæas, and Nathanael his brother, and Asabias, and Jeiel, and

---

β Gr. from behind.   γ Or, began *by giving*.

Jozabad, heads of the Levites, gave an offering to the Levites for the passover, of five thousand sheep and five hundred calves. [10] And the service was duly ordered, and the priests stood in their place, and the Levites in their divisions, according to the command of the king. [11] And they slew the passover, and the priests sprinkled the blood from their hand, and the Levites flayed *the victims*. [12] And they prepared the whole-burnt-offering to give to them, according to the division by the houses of families, *even* to the sons of the people, to offer to the Lord, as it is written in the book of Moses. [13] And thus *they did* till the morning. And they roasted the passover with fire according to the [β] ordinance; and boiled the holy *pieces* in copper vessels and caldrons, and *the feast* went on well, and they [γ] quickly served all the children of the people. [14] And after they had prepared for themselves and for the priests, for the priests *were engaged* in offering the whole-burnt-offerings and the fat until night, then the Levites prepared for themselves, and for their brethren the sons of Aaron. [15] And the sons of Asaph the psalm-singers *were* at their post according to the commands of David, and Asaph, and Æman, and Idithom, the prophets of the king: also the chiefs and the porters of the several gates;—it was not for them to stir from the service of the holy things, for their brethren the Levites prepared for them. [16] So all the service of the Lord was duly ordered and prepared in that day, [δ] for keeping the passover, and offering the whole-burnt-sacrifices on the altar of the Lord, according to the command of king Josias. [17] And the children of Israel that were [ς] present kept the passover at that time, and the feast of unleavened bread seven days. [18] And there was no passover like it in Israel from the days of Samuel the prophet, [θ] or any king of Israel: they kept not such a passover as Josias, and the priests, and the Levites, and all Juda and Israel that were present, and the dwellers in Jerusalem, kept to the Lord. [19] In the eighteenth year of the reign of Josias this passover was kept, after all these things that Josias did in the house. And king Josias burnt [λ] those who had in them a divining spirit, and the wizards, and the images, and the idols, and the sodomites which were in the land of Juda and in Jerusalem, that he might confirm the words of the law that were written in the book which Chelcias the priest found in the house of the Lord. There was no *king* like him before him, who turned to the Lord with all his heart, and all his soul, and all his strength, according to all the law of Moses, and after him there rose up none like him. Nevertheless the Lord turned not from the anger of his fierce wrath, wherewith the Lord was greatly angry against Juda, for all the provocations wherewith Manasses provoked him: and the Lord said, I will even remove Juda also from my presence, as I have removed Israel,

Ἰεϊὴλ, καὶ Ἰωζαβὰδ, ἄρχοντες τῶν Λευιτῶν, ἀπήρξαντο τοῖς Λευίταις εἰς τὸ φασὲκ πρόβατα πεντακισχίλια, καὶ μόσχους πεντακοσίους.

Καὶ κατωρθώθη ἡ λειτουργεία, καὶ ἔστησαν οἱ ἱερεῖς ἐπὶ τὴν 10 στάσιν αὐτῶν, καὶ οἱ Λευῖται ἐπὶ τὰς διαιρέσεις αὐτῶν κατὰ τὴν ἐντολὴν τοῦ βασιλέως. Καὶ ἔθυσαν τὸ φασὲκ, καὶ προσέχεαν 11 οἱ ἱερεῖς τὸ αἷμα ἐκ χειρὸς αὐτῶν, καὶ οἱ Λευῖται ἐξέδειραν. Καὶ ἡτοίμασαν τὴν ὁλοκαύτωσιν παραδοῦναι αὐτοῖς κατὰ 12 τὴν διαίρεσιν κατ᾽ οἴκους πατριῶν τοῖς υἱοῖς τοῦ λαοῦ, τοῦ προσάγειν τῷ Κυρίῳ, ὡς γέγραπται ἐν βίβλῳ Μωυσῆ· καὶ οὕτως εἰς τὸ πρωΐ. Καὶ ὤπτησαν τὸ φασὲκ ἐν πυρὶ κατὰ 13 τὴν κρίσιν, καὶ τὰ ἅγια ἥψησαν ἐν τοῖς χαλκείοις καὶ ἐν τοῖς λέβησι, καὶ εὐωδώθη, καὶ ἔδραμον πρὸς πάντας τοὺς υἱοὺς τοῦ λαοῦ.

Καὶ μετὰ τὸ ἑτοιμάσαι αὐτοῖς καὶ τοῖς ἱερεῦσιν ὅτι οἱ ἱερεῖς 14 ἐν τῷ ἀναφέρειν τὰ ὁλοκαυτώματα καὶ τὰ στέατα ἕως νυκτὸς, καὶ οἱ Λευῖται ἡτοίμασαν αὐτοῖς, καὶ τοῖς ἀδελφοῖς αὐτῶν υἱοῖς Ἀαρών. Καὶ οἱ ψαλτωδοὶ υἱοὶ Ἀσὰφ ἐπὶ τῆς στάσεως αὐτῶν 15 κατὰ τὰς ἐντολὰς Δαυὶδ, καὶ Ἀσὰφ, καὶ Αἱμὰν, καὶ Ἰδιθὼμ οἱ προφῆται τοῦ βασιλέως· καὶ οἱ ἄρχοντες καὶ οἱ πυλωροὶ πύλης καὶ πύλης, οὐκ ἦν αὐτοῖς κινεῖσθαι ἀπὸ τῆς λειτουργίας τῶν ἁγίων, ὅτι οἱ ἀδελφοὶ αὐτῶν οἱ Λευῖται ἡτοίμασαν αὐτοῖς. Καὶ 16 κατωρθώθη καὶ ἡτοιμάσθη πᾶσα ἡ λειτουργία Κυρίου ἐν τῇ ἡμέρᾳ ἐκείνῃ τοῦ ποιῆσαι τὸ φασὲκ, καὶ ἐνεγκεῖν τὰ ὁλοκαυτώματα ἐπὶ τὸ θυσιαστήριον Κυρίου κατὰ τὴν ἐντολὴν τοῦ βασιλέως Ἰωσίου. Καὶ ἐποίησαν οἱ υἱοὶ Ἰσραὴλ οἱ 17 εὑρεθέντες τὸ φασὲκ ἐν τῷ καιρῷ ἐκείνῳ, καὶ τὴν ἑορτὴν τῶν ἀζύμων ἑπτὰ ἡμέρας.

Καὶ οὐκ ἐγένετο φασὲκ ὅμοιον αὐτῷ ἐν Ἰσραὴλ, ἀπὸ ἡμερῶν 18 Σαμουὴλ τοῦ προφήτου καὶ παντὸς βασιλέως Ἰσραήλ· οὐκ ἐποίησαν τὸ φασὲκ ὃ ἐποίησεν Ἰωσίας, καὶ οἱ ἱερεῖς, καὶ οἱ Λευῖται, καὶ πᾶς Ἰούδα καὶ Ἰσραὴλ ὁ εὑρεθεὶς, καὶ οἱ κατοικοῦντες ἐν Ἱερουσαλὴμ, τῷ Κυρίῳ. Τῷ ὀκτωκαιδεκάτῳ ἔτει 19 τῆς βασιλείας Ἰωσίου ἐποιήθη τὸ φασὲκ τοῦτο· μετὰ ταῦτα πάντα ἃ ἔδρασεν Ἰωσίας ἐν τῷ οἴκῳ, καὶ τοὺς ἐγγαστριμύθους καὶ τοὺς γνώστας καὶ τὰ θεραφὶν καὶ τὰ εἴδωλα καὶ τὰ καρησὶμ ἃ ἦν ἐν γῇ Ἰούδα καὶ ἐν Ἱερουσαλὴμ, ἐνεπύρισεν ὁ βασιλεὺς Ἰωσίας, ἵνα στήσῃ τοὺς λόγους τοῦ νόμου τοὺς γεγραμμένους ἐπὶ τοῦ βιβλίου οὗ εὗρε Χελκίας ὁ ἱερεὺς ἐν τῷ οἴκῳ Κυρίου· ὅμοιος αὐτῷ οὐκ ἐγενήθη ἔμπροσθεν αὐτοῦ, ὃς ἐπέστρεψε πρὸς Κύριον ἐν ὅλῃ καρδίᾳ αὐτοῦ καὶ ἐν ὅλῃ ψυχῇ αὐτοῦ καὶ ἐν ὅλῃ τῇ ἰσχύϊ αὐτοῦ κατὰ πάντα τὸν νόμον Μωυσῆ, καὶ μετ᾽ αὐτὸν οὐκ ἀνέστη ὅμοιος· πλὴν οὐκ ἀπεστράφη Κύριος ἀπὸ ὀργῆς θυμοῦ αὐτοῦ τοῦ μεγάλου, οὗ ὠργίσθη θυμῷ Κύριος ἐν τῷ Ἰούδᾳ, ἐπὶ πάντα τὰ παροργίσματα αὐτοῦ ἃ παρώργισε Μανασσῆς· καὶ εἶπε Κύριος, καί γε τὸν Ἰούδαν ἀποστήσω ἀπὸ προσώπου μου, καθὼς ἀπέστησα τὸν Ἰσραὴλ, καὶ ἀπωσάμην τὴν

πόλιν ἣν ἐξελεξάμην τὴν Ἱερουσαλήμ, καὶ τὸν οἶκον ὃν εἶπα, ἔσται τὸ ὄνομά μου ἐκεῖ.

20 Καὶ ἀνέβη Φαραὼ Νεχαὼ βασιλεὺς Αἰγύπτου ἐπὶ τὸν βασιλέα Ἀσσυρίων ἐπὶ τὸν ποταμὸν Εὐφράτην, καὶ ἐπορεύθη
21 βασιλεὺς Ἰωσίας εἰς συνάντησιν αὐτῷ. Καὶ ἀπέστειλε πρὸς αὐτὸν ἀγγέλους, λέγων, τί ἐμοὶ καὶ σοὶ βασιλεῦ Ἰούδα; οὐκ ἐπὶ σὲ ἥκω σήμερον πόλεμον πολεμῆσαι· καὶ ὁ Θεὸς εἶπε τοῦ κατασπεῦσαί με· πρόσεχε ἀπὸ τοῦ Θεοῦ τοῦ μετ᾽ ἐμοῦ, μὴ
22 καταφθείρῃ σε. Καὶ οὐκ ἀπέστρεψεν Ἰωσίας τὸ πρόσωπον αὐτοῦ ἀπ᾽ αὐτοῦ, ἀλλ᾽ ἢ πολεμεῖν αὐτὸν ἐκραταιώθη, καὶ οὐκ ἤκουσε τῶν λόγων Νεχαὼ διὰ στόματος Θεοῦ, καὶ ἦλθε τοῦ
23 πολεμῆσαι ἐν τῷ πεδίῳ Μαγεδδώ. Καὶ ἐτόξευσαν οἱ τοξόται ἐπὶ βασιλέα Ἰωσίαν· καὶ εἶπεν ὁ βασιλεὺς τοῖς παισὶν αὐτοῦ,
24 ἐξαγάγετέ με, ὅτι ἐπόνεσα σφόδρα. Καὶ ἐξήγαγον αὐτὸν οἱ παῖδες αὐτοῦ ἀπὸ τοῦ ἅρματος, καὶ ἀνεβίβασαν αὐτὸν ἐπὶ τὸ ἅρμα τὸ δευτερεῦον ὃ ἦν αὐτῷ, καὶ ἤγαγον αὐτὸν εἰς Ἱερουσαλήμ, καὶ ἀπέθανε, καὶ ἐτάφη μετὰ τῶν πατέρων αὐτοῦ· καὶ
25 πᾶς Ἰούδα καὶ Ἱερουσαλὴμ ἐπένθησαν ἐπὶ Ἰωσίαν. Καὶ ἐθρήνησεν Ἱερεμίας ἐπὶ Ἰωσίαν, καὶ εἶπαν πάντες οἱ ἄρχοντες καὶ αἱ ἄρχουσαι θρῆνον ἐπὶ Ἰωσίαν ἕως τῆς σήμερον· καὶ ἔδωκαν αὐτὸν εἰς πρόσταγμα ἐπὶ Ἰσραήλ, καὶ ἰδοὺ γέγραπται ἐπὶ τῶν θρήνων.
26 Καὶ ἦσαν οἱ λοιποὶ λόγοι Ἰωσίου καὶ ἡ ἐλπὶς αὐτοῦ γεγραμ-
27 μένα ἐν νόμῳ Κυρίου· καὶ οἱ λόγοι αὐτοῦ οἱ πρῶτοι καὶ οἱ ἔσχατοι, ἰδοὺ γεγραμμένοι ἐπὶ βιβλίῳ βασιλέων Ἰσραὴλ καὶ Ἰούδα.

36 Καὶ ἔλαβεν ὁ λαὸς τῆς γῆς τὸν Ἰωάχαζ υἱὸν Ἰωσίου, καὶ ἔχρισαν αὐτὸν, καὶ κατέστησαν αὐτὸν ἀντὶ τοῦ πατρὸς αὐτοῦ εἰς
2 βασιλέα ἐπὶ Ἱερουσαλήμ. Υἱὸς εἴκοσι καὶ τριῶν ἐτῶν Ἰωάχαζ ἐν τῷ βασιλεύειν αὐτὸν, καὶ τρίμηνον ἐβασίλευσεν ἐν Ἱερουσαλήμ, καὶ ὄνομα τῆς μητρὸς αὐτοῦ Ἀμιτάλ, θυγάτηρ Ἱερεμίου ἐκ Λοβνά· καὶ ἐποίησε τὸ πονηρὸν ἐνώπιον Κυρίου κατὰ πάντα ἃ ἐποίησαν οἱ πατέρες αὐτοῦ· καὶ ἔδησεν αὐτὸν Φαραὼ Νεχαὼ ἐν Δεβλαθὰ ἐν γῇ Αἰμάθ, τοῦ μὴ βασιλεύειν αὐτὸν ἐν Ἱερου-
3 σαλήμ. Καὶ μετήγαγεν αὐτὸν ὁ βασιλεὺς εἰς Αἴγυπτον, καὶ ἐπέβαλε φόρον ἐπὶ τὴν γῆν, ἑκατὸν τάλαντα ἀργυρίου καὶ
4 τάλαντον χρυσίου. Καὶ κατέστησε Φαραὼ Νεχαὼ τὸν Ἐλιακὶμ υἱὸν Ἰωσίου βασιλέα ἐπὶ Ἰούδα ἀντὶ Ἰωσίου τοῦ πατρὸς αὐτοῦ, καὶ μετέστρεψε τὸ ὄνομα αὐτοῦ Ἰωακίμ· καὶ τὸν Ἰωαχὰζ ἀδελφὸν αὐτοῦ ἔλαβε Φαραὼ Νεχαὼ, καὶ εἰσήγαγεν αὐτὸν εἰς Αἴγυπτον, καὶ ἀπέθανεν ἐκεῖ· καὶ τὸ ἀργύριον καὶ τὸ χρυσίον ἔδωκε τῷ Φαραώ· τότε ἤρξατο ἡ γῆ φορολογεῖσθαι τοῦ δοῦναι τὸ ἀργύριον ἐπὶ στόμα Φαραώ· καὶ ἕκαστος κατὰ δύναμιν ἀπῄτει τὸ ἀργύριον καὶ τὸ χρυσίον παρὰ τοῦ λαοῦ τῆς γῆς, δοῦναι Φαραὼ Νεχαώ.
5 Ὢν εἴκοσι καὶ πέντε ἐτῶν Ἰωακὶμ ἐν τῷ βασιλεύειν αὐτὸν, καὶ ἔνδεκα ἔτη ἐβασίλευσεν ἐν Ἱερουσαλήμ, καὶ ὄνομα τῆς μητρὸς αὐτοῦ Ζεχωρά, θυγάτηρ Νηρίου ἐκ Ῥαμά· καὶ ἐποίησε τὸ πονηρὸν ἐναντίον Κυρίου κατὰ πάντα ὅσα ἐποίησαν οἱ πατέρες αὐτοῦ. Ἐν ταῖς ἡμέραις αὐτοῦ ἦλθε Ναβουχοδονόσορ ὁ

and I have rejected the city which I chose, *even* Jerusalem, and the house of which I said, My name shall be there.

20 And Pharao Nechao king of Egypt went up against the king of the Assyrians to the river Euphrates, and king Josias went to meet him. 21 And he sent messengers to him, saying, What have I to do with thee, O king of Juda? I am not come to-day to war against thee; and God has told me to hasten: beware of the God that is with me, lest he destroy thee. 22 However Josias turned not his face from him, but strengthened himself to fight against him, and hearkened not to the words of Nechao by the mouth of God, and he came to fight in the plain of Mageddo. 23 And the archers shot at king Josias; and the king said to his servants, Take me away, for I am severely wounded. 24 And his servants lifted him out of the chariot, and put him in the second chariot which he had, and brought him to Jerusalem; and he died, and was buried with his fathers: and all Juda and Jerusalem lamented over Josias. 25 And Jeremias β mourned over Josias, and all the chief men and chief women uttered a lamentation over Josias until this day: and they made it an ordinance for Israel, and, behold, it is written in the lamentations.

26 And the rest of the acts of Josias, and his hope, γ are written in the law of the Lord. 27 And his acts, the first and the last, behold, *they are* written in the book of the kings of Israel and Juda.

And the people of the land took Joachaz the son of Josias, and anointed him, and made him king over Jerusalem in the room of his father. 2 Joachaz δ *was* twenty-three years old when he began to reign, and he reigned three months in Jerusalem: and his mother's name was Amital, daughter of Jeremias of Lobna. And he did that which was evil in the sight of the Lord, according to all that his fathers ζ had done. And Pharao Nechao bound him in Deblatha in the land of Æmath, that he might not reign in Jerusalem. 3 And the king brought him over to Egypt; and imposed a tribute on the land, a hundred talents of silver and a talent of gold. 4 And Pharao Nechao made Eliakim the son of Josias king over Juda in the room of his father Josias, and changed his name *to* Joakim. And Pharao Nechao took his brother Joachaz and brought him into Egypt, and he died there: but *he* had given the silver and the gold to Pharao. At that time the land began to be taxed to give the money at the command of Pharao; and every one as he could θ borrowed the silver and the gold of the people of the land, to give to Pharao Nechao.

5 Joachim was λ twenty-five years old when he began to reign, and he reigned eleven years in Jerusalem: and his mother's name *was* Zechora, daughter of Nerias of Rama. And he did that which was evil in the sight of the Lord, according to all that his fathers did. In his days came Nabuchodonosor king of Babylon into the land,

---

β *Gr.* framed a lamentation.   γ *Gr.* were.   δ *Gr.* a son of 23 years in his reigning.   ζ *Gr.* did.   θ *Or*, asked, *or*, begged.
λ *Gr.* a son of twenty and five years in his reigning.

and he served him three years, and *then* revolted from him. And the Lord sent against them the Chaldeans, and plundering parties of Syrians, and plundering parties of the Moabites, and of the children of Ammon, and of Samaria; but after this they departed, according to the word of the Lord by the hand of his servants the prophets. Nevertheless the wrath of the Lord was upon Juda, so that β they should be removed from his presence, because of the sins of Manasses in all that he did, and for the innocent blood which Joakim shed, for he had filled Jerusalem with innocent blood; yet the Lord would not utterly destroy them. 6 And Nabuchodonosor king of Babylon came up against him, and bound him with brazen fetters, and carried him away to Babylon. 7 And he carried away a part of the vessels of the house of the Lord to Babylon, and put them in his temple in Babylon.

8 And the rest of the acts of Joakim, and all that he did, behold, *are* not these things written in the book of the chronicles γ of the kings of Juda? And Joakim slept with his fathers, and was buried with his fathers in Ganozae: and Jechonias his son reigned in his stead.

9 Jechonias *was* δ eight years old when he began to reign, and he reigned three months and ten days in Jerusalem, and did that which was evil in the sight of the Lord. 10 And at the turn of the year, king Nabuchodonosor sent, and brought him to Babylon, with the precious vessels of the house of the Lord, and made Sedekias his father's brother king over Juda and Jerusalem.

11 Sedekias *was* twenty-one years old when he began to reign, and he reigned eleven years in Jerusalem. 12 And he did that which was evil in the sight of the Lord his God: he was not ashamed before the prophet Jeremias, nor because of the word of the Lord; 13 in that he rebelled against king Nabuchodonosor, which he adjured him by God *not to do*: but he stiffened his neck, and hardened his heart, so as not to return to the Lord God of Israel. 14 And all the ζ great men of Juda, and the priests, and the people of the land transgressed abundantly in the abominations of the heathen, and polluted the house of the Lord which *was* in Jerusalem. 15 And the Lord God of their fathers sent by the hand of his prophets; rising early and sending his messengers, for he spared his people, and his sanctuary. 16 Nevertheless they sneered at his messengers, and set at nought his words, and mocked his prophets, until the wrath of the Lord rose up against his people, till there was no remedy.

17 And he brought against them the king of the Chaldeans, and slew their young men with the sword in the house of his sanctuary, and did not spare Sedekias, and had no mercy upon their virgins, and they led away their old men: he delivered all things into their hands. 18 And all the vessels of the house of God, the great and the small, and the treasures of the house of the Lord,

βασιλεὺς Βαβυλῶνος εἰς τὴν γῆν, καὶ ἦν αὐτῷ δουλεύων τρία ἔτη, καὶ ἀπέστη ἀπ᾽ αὐτοῦ· καὶ ἀπέστειλε Κύριος ἐπ᾽ αὐτοὺς τοὺς Χαλδαίους, καὶ ληστήρια Σύρων, καὶ ληστήρια Μωαβιτῶν, καὶ υἱῶν Ἀμμών, καὶ τῆς Σαμαρείας, καὶ ἀπέστησαν μετὰ τὸν λόγον τοῦτον κατὰ τὸν λόγον Κυρίου ἐν χειρὶ τῶν παίδων αὐτοῦ τῶν προφητῶν· πλὴν θυμὸς Κυρίου ἦν ἐπὶ Ἰούδαν, τοῦ ἀποστῆναι αὐτὸν ἀπὸ προσώπου αὐτοῦ διὰ τὰς ἁμαρτίας Μανασσῆ ἐν πᾶσιν οἷς ἐποίησε, καὶ ἐν αἵματι ἀθώῳ ᾧ ἐξέχεεν Ἰωακὶμ, καὶ ἔπλησε τὴν Ἰερουσαλὴμ αἵματος ἀθώου, καὶ οὐκ ἠθέλησε Κύριος ἐξολοθρεῦσαι αὐτούς. Καὶ ἀνέβη ἐπ᾽ αὐτὸν Ναβουχο- 6 δονόσορ βασιλεὺς Βαβυλῶνος, καὶ ἔδησεν αὐτὸν ἐν χαλκαῖς πέδαις, καὶ ἀπήγαγεν αὐτὸν εἰς Βαβυλῶνα. Καὶ μῆρος τῶν 7 σκευῶν οἴκου Κυρίου ἀπήνεγκεν εἰς Βαβυλῶνα, καὶ ἔθηκεν αὐτὰ ἐν τῷ ναῷ αὐτοῦ ἐν Βαβυλῶνι.

Καὶ τὰ λοιπὰ τῶν λόγων Ἰωακὶμ καὶ πάντα ἃ ἐποίησεν, οὐκ 8 ἰδοὺ ταῦτα γεγραμμένα ἐν βιβλίῳ λόγων τῶν ἡμερῶν τοῖς βασιλεῦσιν Ἰούδα; καὶ ἐκοιμήθη Ἰωακὶμ μετὰ τῶν πατέρων αὐτοῦ, καὶ ἐτάφη ἐν γανοζαῇ μετὰ τὸν πατέρων αὐτοῦ, καὶ ἐβασίλευσεν Ἰεχονίας υἱὸς αὐτοῦ ἀντ᾽ αὐτοῦ.

Ὀκτὼ ἐτῶν Ἰεχονίας ἐν τῷ βασιλεύειν αὐτὸν, καὶ τρίμηνον 9 καὶ δέκα ἡμέρας ἐβασίλευσεν ἐν Ἰερουσαλήμ, καὶ ἐποίησε τὸ πονηρὸν ἐνώπιον Κυρίου. Καὶ ἐπιστρέφοντος τοῦ ἐνιαυτοῦ, 10 ἀπέστειλεν ὁ βασιλεὺς Ναβουχοδονόσορ, καὶ εἰσήνεγκεν αὐτὸν εἰς Βαβυλῶνα μετὰ τῶν σκευῶν τῶν ἐπιθυμητῶν οἴκου Κυρίου· καὶ ἐβασίλευσε Σεδεκίαν ἀδελφὸν τοῦ πατρὸς αὐτοῦ ἐπὶ Ἰούδαν καὶ Ἰερουσαλήμ.

Ἐτῶν εἴκοσι υἱὸς καὶ ἑνὸς ἔτους Σεδεκίας ἐν τῷ βασιλεύειν 11 αὐτὸν, καὶ ἕνδεκα ἔτη ἐβασίλευσεν ἐν Ἰερουσαλήμ. Καὶ 12 ἐποίησε τὸ πονηρὸν ἐνώπιον Κυρίου Θεοῦ αὐτοῦ, οὐκ ἐνετράπη ἀπὸ προσώπου Ἰερεμίου τοῦ προφήτου καὶ ἐκ στόματος Κυρίου, ἐν τῷ τὰ πρὸς τὸν βασιλέα Ναβουχοδονόσορ ἀθετῆσαι, ἃ ὥρκι- 13 σεν αὐτὸν κατὰ τοῦ Θεοῦ, καὶ ἐσκλήρυνε τὸν τράχηλον αὐτοῦ καὶ τὴν καρδίαν αὐτοῦ κατίσχυσε, τοῦ μὴ ἐπιστρέψαι πρὸς Κύριον Θεὸν Ἰσραήλ. Καὶ πάντες οἱ ἔνδοξοι Ἰούδα, καὶ οἱ 14 ἱερεῖς, καὶ ὁ λαὸς τῆς γῆς ἐπλήθυναν τοῦ ἀθετῆσαι ἀθετήματα βδελυγμάτων ἐθνῶν, καὶ ἐμίαναν τὸν οἶκον Κυρίου τὸν ἐν Ἰερουσαλήμ. Καὶ ἐξαπέστειλε Κύριος ὁ Θεὸς τῶν πατέρων αὐτῶν 15 ἐν χειρὶ τῶν προφητῶν αὐτοῦ, ὀρθρίζων καὶ ἀποστέλλων τοὺς ἀγγέλους αὐτοῦ, ὅτι ἦν φειδόμενος τοῦ λαοῦ αὐτοῦ, καὶ τοῦ ἁγιάσματος αὐτοῦ. Καὶ ἦσαν μυκτηρίζοντες τοὺς ἀγγέλους 16 αὐτοῦ, καὶ ἐξουθενοῦντες τοὺς λόγους αὐτοῦ, καὶ ἐμπαίζοντες ἐν τοῖς προφήταις αὐτοῦ, ἕως ἀνέβη ὁ θυμὸς Κυρίου ἐν τῷ λαῷ αὐτοῦ, ἕως οὐκ ἦν ἴαμα.

Καὶ ἤγαγεν ἐπ᾽ αὐτοὺς βασιλέα Χαλδαίων, καὶ ἀπέκτεινε 17 τοὺς νεανίσκους αὐτῶν ἐν ῥομφαίᾳ ἐν οἴκῳ ἁγιάσματος αὐτοῦ· καὶ οὐκ ἐφείσατο τοῦ Σεδεκίου, καὶ τὰς παρθένους αὐτῶν οὐκ ἠλέησε, καὶ τοὺς πρεσβυτέρους αὐτῶν ἀπήγαγον· τὰ πάντα παρέδωκεν ἐν χερσὶν αὐτῶν. Καὶ πάντα τὰ σκεύη οἴκου τοῦ 18 Θεοῦ τὰ μεγάλα καὶ τὰ μικρά, καὶ τοὺς θησαυροὺς οἴκου

β *Gr.* he, *sc.* Juda.   γ *Gr.* for.   δ *Alex.* eighteen years.   ζ *Gr.* glorious.

Κυρίου, καὶ πάντας τοὺς θησαυροὺς τοῦ βασιλέως καὶ τῶν μεγιστάνων, πάντα εἰσήνεγκεν εἰς Βαβυλῶνα.

19 Καὶ ἐνέπρησε τὸν οἶκον Κυρίου, καὶ κατέσκαψε τὸ τεῖχος Ἱερουσαλὴμ, καὶ τὰς βάρεις αὐτῆς ἐνέπρησεν ἐν πυρὶ, καὶ πᾶν
20 σκεῦος ὡραῖον εἰς ἀφανισμόν. Καὶ ἀπῴκισε τοὺς καταλοίπους εἰς Βαβυλῶνα, καὶ ἦσαν αὐτῷ καὶ τοῖς υἱοῖς αὐτοῦ εἰς δούλους
21 ἕως βασιλείας Μήδων, τοῦ πληρωθῆναι λόγον Κυρίου διὰ στόματος Ἱερεμίου, ἕως τοῦ προσδέξασθαι τὴν γῆν τὰ σάββατα αὐτῆς σαββατίσαι, πάσας τὰς ἡμέρας ἐρημώσεως αὐτῆς σαββατίσαι εἰς συμπλήρωσιν ἐτῶν ἑβδομήκοντα.

22 Ἔτους πρώτου Κύρου βασιλέως Περσῶν, μετὰ τὸ πληρωθῆναι ῥῆμα Κυρίου διὰ στόματος Ἱερεμίου, ἐξήγειρε Κύριος τὸ πνεῦμα Κύρου βασιλέως Περσῶν, καὶ παρήγγειλε κηρύξαι ἐν πάσῃ τῇ βασιλείᾳ αὐτοῦ ἐν γραπτῷ, λέγων,

23 Τάδε λέγει Κύρος βασιλεὺς Περσῶν πάσαις ταῖς βασιλείαις τῆς γῆς, ἔδωκέ μοι Κύριος ὁ Θεὸς τοῦ οὐρανοῦ, καὶ αὐτὸς ἐνετείλατό μοι οἰκοδομῆσαι οἶκον αὐτῷ ἐν Ἱερουσαλὴμ ἐν τῇ Ἰουδαίᾳ· τίς ἐξ ὑμῶν ἐκ παντὸς τοῦ λαοῦ αὐτοῦ; ἔσται Θεὸς αὐτοῦ μετʼ αὐτοῦ, καὶ ἀναβήτω.

and all the treasures of the king and the great men; he brought all to Babylon.
19 And he burnt the house of the Lord, and β broke down the wall of Jerusalem, and burnt its palaces with fire, and *utterly destroyed* every beautiful vessel. 20 And he carried away the remnant to Babylon; and they were servants to him and to his sons until *the establishment of* the kingdom of the Medes. 21 That the word of the Lord by the mouth of Jeremias might be fulfilled, until the land should enjoy its sabbaths in resting *and* sabbath keeping all the days of its desolation, till the accomplishment of seventy years.
22 In the first year of Cyrus king of the Persians, after the fulfilment of the word of the Lord by the mouth of Jeremias, the Lord stirred up the spirit of Cyrus king of the Persians, and told him to make proclamation in writing throughout all his kingdom, saying,
23 Thus says Cyrus king of the Persians to all the kingdoms of the earth, The Lord God of heaven has given me *power*, and he has commanded me to build a house to him in Jerusalem, in Judea. Who *is there* of you of all his people? his God shall be with him, and let him go up.

---

*ΕΣΔΡΑΣ.

*Commonly called the Book of Ezra.

ΚΑΙ ἐν τῷ πρώτῳ ἔτει Κύρου τοῦ βασιλέως Περσῶν, τοῦ τελεσθῆναι λόγον Κυρίου ἀπὸ στόματος Ἱερεμίου, ἐξήγειρε Κύριος τὸ πνεῦμα Κύρου βασιλέως Περσῶν, καὶ παρήγγειλε φωνὴν ἐν πάσῃ βασιλείᾳ αὐτοῦ, καί γε ἐν γραπτῷ, λέγων,

2 Οὕτως εἶπε Κύρος βασιλεὺς Περσῶν, πάσας τὰς βασιλείας τῆς γῆς ἔδωκέ μοι Κύριος ὁ Θεὸς τοῦ οὐρανοῦ, καὶ αὐτὸς ἐπεσκέψατο ἐπʼ ἐμὲ τοῦ οἰκοδομῆσαι οἶκον αὐτῷ ἐν Ἱερουσαλὴμ τῇ ἐν
3 τῇ Ἰουδαίᾳ. Τίς ἐν ὑμῖν ἀπὸ παντὸς τοῦ λαοῦ αὐτοῦ; καὶ ἔσται ὁ Θεὸς αὐτοῦ μετʼ αὐτοῦ, καὶ ἀναβήσεται εἰς Ἱερουσαλὴμ τὴν ἐν τῇ Ἰουδαίᾳ, καὶ οἰκοδομησάτω τὸν οἶκον Θεοῦ Ἰσραὴλ·
4 αὐτὸς ὁ Θεὸς ὁ ἐν Ἱερουσαλήμ. Καὶ πᾶς ὁ καταλιπόμενος ἀπὸ πάντων τῶν τόπων οὗ αὐτὸς παροικεῖ ἐκεῖ, καὶ λήψονται αὐτὸν ἄνδρες τοῦ τόπου αὐτοῦ ἐν ἀργυρίῳ, καὶ χρυσίῳ, καὶ ἀποσκευῇ, καὶ κτήνεσι μετὰ τοῦ ἑκουσίου εἰς οἶκον τοῦ Θεοῦ τὸν ἐν Ἱερουσαλήμ.
5 Καὶ ἀνέστησαν ἄρχοντες τῶν πατριῶν τῶν Ἰουδα καὶ Βενια-

Now in the first year of Cyrus king of the Persians, that the word of the Lord by the mouth of Jeremias might be fulfilled, the Lord stirred up the spirit of Cyrus king of the Persians, and he issued a proclamation through all his kingdom, and that in writing, saying,
2 Thus said Cyrus king of the Persians, The Lord God of heaven has given me all the kingdoms of the earth, and he has given me a charge to build him a house in Jerusalem that is in Judea. 3 Who *is* there among you of all his people? for his God shall be with him, and he shall go up to Jerusalem that is in Judea, and let him build the house of the God of Israel: he *is* the God that is in Jerusalem. 4 And *let* every *Jew* that is left *go* from every place where he sojourns, and the men of his place shall γ help him with silver, and gold, and goods, and cattle, together with the voluntary offering for the house of God that is in Jerusalem.
5 Then the chiefs of the families of Juda

β *Gr.* dug down.　　γ *Gr.* take him.

and Benjamin arose, and the priests, and the Levites, all whose spirit the Lord stirred up to go up to build the house of the Lord that *is* in Jerusalem. ⁶ And all that were round about strengthened their hands with vessels of silver, with gold, with goods, and with cattle, and with presents, besides the voluntary offerings.

⁷ And king Cyrus brought out the vessels of the house of the Lord, which Nabuchodonosor had brought from Jerusalem, and put in the house of his god. ⁸ And Cyrus king of the Persians brought them out by the hand of Mithradates the treasurer, and he numbered them to Sasabasar, the chief man of Juda. ⁹ And this *is* their number: thirty gold basons, and a thousand silver basons, nine and twenty β changes, thirty golden goblets, ¹⁰ and four hundred *and* ten double silver *vessels*, and a thousand other vessels. ¹¹ All the gold and silver vessels were five thousand four hundred, *even* all that went up with Sasabasar from the *place of* transportation, from Babylon to Jerusalem.

And these *are* the people of the land that went up, of the number of prisoners who were removed, whom Nabuchodonosor king of Babylon carried away to Babylon, and they returned to Juda and Jerusalem, every man to his city; ² who came with Zorobabel: Jesus, Neemias, Saraias, Reelias, Mardochæus, Balasan, Masphar, Baguai, Reum, Baana. The number of the people of Israel:

³ The children of Phares, two thousand one hundred and seventy-two.

⁴ The children of Saphatia, three hundred and seventy-two.

⁵ The children of Ares, seven hundred and seventy-five.

⁶ The children of Phaath Moab, belonging to the sons of Jesue *and* Joab, two thousand eight hundred and twelve.

⁷ The children of Ælam, a thousand two hundred and fifty-four.

⁸ The children of Zatthua, nine hundred and forty-five.

⁹ The children of Zacchu, seven hundred and sixty.

¹⁰ The children of Banui, six hundred and forty-two.

¹¹ The children of Babai, six hundred and twenty-three.

¹² The children of Asgad, a thousand two hundred and twenty-two.

¹³ The children of Adonicam, six hundred and sixty-six.

¹⁴ The children of Bague, two thousand and fifty-six.

¹⁵ The children of Addin, four hundred and fifty-four.

¹⁶ The children of Ater *the son* of Ezekias, ninety eight.

¹⁷ The children of Bassu, three hundred and twenty-three.

¹⁸ The children of Jora, a hundred and twelve.

¹⁹ The children of Asum, two hundred and twenty-three.

²⁰ The children of Gaber, ninety-five.

μὶν, καὶ οἱ ἱερεῖς καὶ οἱ Λευῖται, πάντων ὧν ἐξήγειρεν ὁ Θεὸς τὸ πνεῦμα αὐτῶν τοῦ ἀναβῆναι οἰκοδομῆσαι τὸν οἶκον Κυρίου τὸν ἐν Ἱερουσαλήμ. Καὶ πάντες οἱ κυκλόθεν ἐνίσχυσαν ἐν χερσὶν 6 αὐτῶν ἐν σκεύεσιν ἀργυρίου, ἐν χρυσῷ, ἐν ἀποσκευῇ, καὶ ἐν κτήνεσι, καὶ ἐν ξενίοις, πάρεξ τῶν ἑκουσίων.

Καὶ ὁ βασιλεὺς Κῦρος ἐξήνεγκε τὰ σκεύη οἴκου Κυρίου, ἃ 7 ἔλαβε Ναβουχοδονόσορ ἀπὸ Ἱερουσαλὴμ καὶ ἔδωκεν αὐτὰ ἐν οἴκῳ θεοῦ αὐτοῦ· Καὶ ἐξήνεγκεν αὐτὰ Κῦρος ὁ βασιλεὺς Περ- 8 σῶν ἐπὶ χεῖρα Μιθραδάτου γασβαρηνοῦ, καὶ ἠρίθμησεν αὐτὰ τῷ Σασαβασὰρ τῷ ἄρχοντι τοῦ Ἰούδα. Καὶ οὗτος ὁ ἀριθμὸς 9 αὐτῶν· ψυκτῆρες χρυσοῖ τριάκοντα, καὶ ψυκτῆρες ἀργυροῖ χίλιοι, παρηλλαγμένα ἐννέα καὶ εἴκοσι, κεφουρῆς χρυσοῖ τριάκοντα, καὶ ἀργυροῖ διπλοῖ τετρακόσια δέκα, καὶ σκεύη ἕτερα χίλια. 10 Πάντα τὰ σκεύη τῷ χρυσῷ καὶ τῷ ἀργυρῷ πεντακισχίλια τετρα- 11 κόσια, τὰ πάντα ἀναβαίνοντα μετὰ Σασαβασὰρ ἀπὸ τῆς ἀποικίας ἐκ Βαβυλῶνος εἰς Ἱερουσαλήμ.

Καὶ οὗτοι οἱ υἱοὶ τῆς χώρας οἱ ἀναβαίνοντες ἀπὸ τῆς αἰχμα- 2 λωσίας τῆς ἀποικίας, ἧς ἀπῴκισε Ναβουχοδονόσορ βασιλεὺς Βαβυλῶνος εἰς Βαβυλῶνα, καὶ ἐπέστρεψαν εἰς Ἱερουσαλὴμ καὶ Ἰούδα ἀνὴρ εἰς πόλιν αὐτοῦ· Οἳ ἦλθον μετὰ Ζοροβάβελ, 2 Ἰησοῦς, Νεεμίας, Σαραίας, Ῥεελίας, Μαρδοχαῖος, Βαλασὰν, Μασφὰρ, Βαγουαὶ, Ῥεούμ, Βαανά· ἀνδρῶν ἀριθμὸς λαοῦ Ἰσραήλ.

Υἱοὶ Φαρὲς, δισχίλιοι ἑκατὸν ἑβδομηκονταδύο.   3

Υἱοὶ Σαφατία, τριακόσιοι ἑβδομηκονταδύο.   4

Υἱοὶ Ἄρες, ἑπτακόσιοι ἑβδομηκονταπέντε.   5

Υἱοὶ Φαὰθ Μωὰβ τοῖς υἱοῖς Ἰησουὲ Ἰωὰβ, δισχίλιοι ὀκτα- 6 κόσιοι δεκαδύο.

Υἱοὶ Αἰλὰμ, χίλιοι διακόσιοι πεντηκοντατέσσαρες.   7

Υἱοὶ Ζατθουὰ, ἐννακόσιοι τεσσαρακονταπέντε.   8

Υἱοὶ Ζακχοῦ, ἑπτακόσιοι ἑξήκοντα.   9

Υἱοὶ Βανουὶ, ἑξακόσιοι τεσσαρακονταδύο.   10

Υἱοὶ Βαβαῖ, ἑξακόσιοι εἰκοσιτρεῖς.   11

Υἱοὶ Ἀσγὰδ, χίλιοι διακόσιοι εἰκοσιδύο.   12

Υἱοὶ Ἀδωνικὰμ, ἑξακόσιοι ἑξηκονταέξ.   13

Υἱοὶ Βαγουὲ, δισχίλιοι πεντηκονταέξ.   14

Υἱοὶ Ἀδδὶν, τετρακόσιοι πεντηκοντατέσσαρες.   15

Υἱοὶ Ἀτὴρ τῷ Ἐζεκίᾳ, ἐννενηκονταοκτώ.   16

Υἱοὶ Βασσοῦ, τριακόσιοι εἰκοσιτρεῖς.   17

Υἱοὶ Ἰωρὰ, ἑκατὸν δεκαδύο.   18

Υἱοὶ Ἀσοὺμ, διακόσιοι εἰκοσιτρεῖς.   19

Υἱοὶ Γαβὲρ, ἐννενηκονταπέντε.   20

β *Heb.* knives.

21 Υἱοὶ Βεθλαὲμ, ἑκατὸν εἰκοσιτρεῖς.
22 Υἱοὶ Νετωφὰ, πεντηκονταέξ.
23 Υἱοὶ Ἀναθὼθ, ἑκατὸν εἰκοσιοκτώ.
24 Υἱοὶ Ἀζμὼθ, τεσσαρακοντατρεῖς.
25 Υἱοὶ Καριαθιαρὶμ, Χαφιρὰ, καὶ Βηρὼθ, ἑπτακόσιοι τεσσαρακοντατρεῖς.
26 Υἱοὶ τῆς Ῥαμὰ καὶ Γαβαὰ, ἑξακόσιοι εἰκοσιεῖς.
27 Ἄνδρες Μαχμὰς, ἑκατὸν εἰκοσιδύο.
28 Ἄνδρες Βαιθὴλ καὶ Ἀϊὰ, τετρακόσιοι εἰκοσιτρεῖς.
29 Υἱοὶ Ναβοῦ, πεντηκονταδύο.
30 Υἱοὶ Μαγεβὶς, ἑκατὸν πεντηκονταέξ.
31 Υἱοὶ Ἠλαμὰρ, χίλιοι διακόσιοι πεντηκοντατέσσαρες.
32 Υἱοὶ Ἠλὰμ, τριακόσιοι εἴκοσι.
33 Υἱοὶ Λοδαδὶ καὶ Ὠνὼ, ἑπτακόσιοι εἰκοσιπέντε.
34 Υἱοὶ Ἱεριχὼ, τριακόσιοι τεσσαρακονταπέντε.
35 Υἱοὶ Σεναὰ, τρισχίλιοι ἑξακόσιοι τριάκοντα.

36 Καὶ οἱ ἱερεῖς υἱοὶ Ἰεδουὰ τῷ οἴκῳ Ἰησοῖ, ἐννακόσιοι
37 ἑβδομηκοντατρεῖς. Υἱοὶ Ἐμμὴρ, χίλιοι πεντηκονταδύο.
38 Υἱοὶ Φασσοὺρ, χίλιοι διακόσιοι τεσσαρακονταεπτά.
39 Υἱοὶ Ἠρὲμ, χίλιοι ἑπτά.

40 Καὶ οἱ Λευῖται υἱοὶ Ἰησοῦ καὶ Καδμιὴλ τοῖς υἱοῖς Ὠδουΐα, ἑβδομηκοντατέσσαρες.
41 Οἱ ᾄδοντες υἱοὶ Ἀσὰφ, ἑκατὸν εἰκοσιοκτώ.
42 Υἱοὶ τῶν πυλωρῶν, υἱοὶ Σελλοὺμ, υἱοὶ Ἀτὴρ, υἱοὶ Τελμὼν, υἱοὶ Ἀκοὺβ, υἱοὶ Ἀτιτὰ, υἱοὶ Σωβαῒ, οἱ πάντες ἑκατὸν τριακονταεννέα.

43 Οἱ Ναθινὶμ, υἱοὶ Σουθία, υἱοὶ Ἀσουφὰ, υἱοὶ Ταβαὼθ,
44, 45 υἱοὶ Κάδης, υἱοὶ Σιαὰ, υἱοὶ Φαδὼν, υἱοὶ Λαβανὼ,
46 υἱοὶ Ἀγαβὰ, υἱοὶ Ἀκοὺβ, υἱοὶ Ἀγὰβ, υἱοὶ Σελαμὶ, υἱοὶ
47, 48 Ἀνὰν, υἱοὶ Γεδδὴλ, υἱοὶ Γαὰρ, υἱοὶ Ῥαϊὰ, υἱοὶ
49 Ῥασὼν, υἱοὶ Νεκωδὰ, υἱοὶ Γαζὲμ, υἱοὶ Ἀζὼ, υἱοὶ
50 Φασὴ, υἱοὶ Βασὶ, υἱοὶ Ἀσενὰ, υἱοὶ Μοουνὶμ, υἱοὶ
51 Νεφουσὶμ, υἱοὶ Βακβοὺκ, υἱοὶ Ἀκουφὰ, υἱοὶ Ἀροὺρ,
52, 53 υἱοὶ Βασαλὼθ, υἱοὶ Μαουδὰ, υἱοὶ Ἀρσὰ, υἱοὶ Βαρκὸς,
54 υἱοὶ Σισάρα, υἱοὶ Θεμὰ, υἱοὶ Νασθιὲ, υἱοὶ Ἀτουφά·
55 Υἱοὶ δούλων Σαλωμὼν, υἱοὶ Σωταῒ, υἱοὶ Σεφηρὰ, υἱοὶ
56 Φαδουρὰ, υἱοὶ Ἰεηλὰ, υἱοὶ Δαρκὼν, υἱοὶ Γεδὴλ,
57 υἱοὶ Σαφατία, υἱοὶ Ἀτὶλ, υἱοὶ Φαχερὰθ, υἱοὶ Ἀσεβωεὶμ,
58 υἱοὶ Ἡμεΐ. Πάντες οἱ Ναθανὶμ, καὶ υἱοὶ Ἀβδησελμὰ,
τριακόσιοι ἐννενηκονταδύο.

59 Καὶ οὗτοι οἱ ἀναβάντες ἀπὸ Θελμελὲχ, Θελαρησὰ,
Χεροὺβ, Ἡδὰν, Ἐμμήρ· καὶ οὐκ ἐδυνάσθησαν τοῦ
ἀναγγεῖλαι οἶκον πατριᾶς αὐτῶν καὶ σπέρμα αὐτῶν, εἰ
60 ἐξ Ἰσραήλ εἰσιν· Υἱοὶ Δαλαΐα, υἱοὶ Βουὰ, υἱοὶ Τωβίου,
61 υἱοὶ Νεκωδὰ, ἑξακόσιοι πεντηκονταδύο. Καὶ ἀπὸ τῶν

21 The children of Bethlaem, a hundred and twenty-three.
22 The children of Netopha, fifty-six.
23 The children of Anathoth, a hundred and twenty-eight.
24 The children of Azmoth, forty-three.
25 The children of Cariathiarim, Chaphira, and Beroth, seven hundred and forty-three.
26 The children of Rama and Gabaa, six hundred and twenty-one.
27 The men of Machmas, a hundred and twenty-two.
28 The men of Bæthel and Aia, four hundred and twenty-three.
29 The children of Nabu, fifty-two.
30 The children of Magebis, a hundred and fifty-six.
31 The children of Elamar, a thousand two hundred and fifty-four.
32 The children of Elam, three hundred and twenty.
33 The children of Lodadi and Ono, seven hundred and twenty-five.
34 The children of Jericho, three hundred and forty-five.
35 The children of Senaa, three thousand six hundred and thirty.
36 And the priests, the sons of Jedua, *belonging to* the house of Jesus, *were* nine hundred and
seventy-three. 37 The children of Emmer, a thou-
sand *and* fifty-two. 38 The children of Phassur, a
thousand two hundred *and* forty-seven. 39 The
children of Erem, a thousand *and* seven.
40 And the Levites, the sons of Jesus and Cadmiel, belonging to the sons of Oduia, seventy-four.
41 The sons of Asaph, singers, a hundred *and* twenty-eight.
42 The children of the porters, the children of Sellum, the children of Ater, the children of Telmon, the children of Acub, the children of Atita, the children of Sobai, *in* all a hundred *and* thirty-nine.
43 The Nathinim: the children of Suthia, the
children of Asupha, the children of Tabaoth, 44 the
sons of Cades, the children of Siaa, the children of
Phadon, 45 the children of Labano, the children of
Agaba, the sons of Acub, 46 the children of Agab,
the children of Selami, the children of Anan,
47 the children of Geddel, the children of Gaar,
the children of Raia, 48 the children of Rason, the
children of Necoda, the children of Gazem, 49 the
children of Azo, the children of Phase, the chil-
dren of Basi, 50 the children of Asena, the chil-
dren of Moünim, the children of Nephusim, 51 the
children of Bacbuc, the children of Acupha, the
children of Arur, 52 the children of Basaloth, the
children of Mauda, the children of Arsa, 53 the chil-
dren of Barcos, the children of Sisara, the children
of Thema, 54 the children of Nasthie, the children
of Atupha. 55 The children of the servants of So-
lomon: the children of Sotai, the children of
Sephera, the children of Phadura, 56 the children
of Jeela, the children of Darcon, the children of
Gedel, 57 the children of Saphatia, the children of
Atil, the children of Phacherath, the children of
Aseboim, the children of Emei. 58 All the
Nathanim, and the sons of βAbdeselma *were* three
hundred and ninety-two.
59 And these *are* they that went up from Thelme-
lech, Thelaresa, Cherub, Hedan, Emmer: and they
were not able to tell the house of their γfathers,
and their seed, whether they were of Israel: 60 the
children of Dalæa, the children of Bua, the chil-
dren of Tobias, the children of Necoda, six hun-
dred *and* fifty-two. 61 And of the children

β *Heb.* word, 'servants of Solomon.' γ *Gr.* family.

of the priests, the children of Labeia, the children of Akkus, the children of Berzellai, who took a wife of the daughter of Berzellai the Galaadite, and was called by their name. ⁶²These sought their genealogy *as though* they had been reckoned, but they were not found; and they were removed, *as polluted*, from the priesthood. ⁶³And the Athersastha told them that they should not eat of the ᵝmost holy things, until a priest should arise with ᵞLights and Perfections.

⁶⁴And all the congregation together *were* about forty-two thousand three hundred and sixty; ⁶⁵besides their men-servants and maid-servants, *and* these were seven thousand three hundred *and* thirty-seven: and *among* these were two hundred singing men and singing women. ⁶⁶Their horses *were* seven hundred *and* thirty-six, their mules, two hundred *and* forty-five. ⁶⁷Their camels, four hundred *and* thirty-five; their asses, six thousand seven hundred *and* twenty.

⁶⁸And *some* of the chiefs of families, when they went into the house of the Lord that was in Jerusalem, offered willingly for the house of God, to establish it on its prepared place. ⁶⁹According to their power they gave into the treasury of the work pure gold sixty-one thousand ᵟpieces, and five thousand pounds of silver, and one hundred priests' garments. ⁷⁰So the priests, and the Levites, and some of the people, and the singers, and the porters, and the Nathinim, dwelt in their cities, and all Israel in their cities.

And the seventh month came on, and the children of Israel *were* in their cities, and the people assembled as one man at Jerusalem. ²Then stood up Jesus the *son of* Josedec, and his brethren the priests, and Zorobabel the *son of* Salathiel, and his brethren, and they built the altar of the God of Israel, to offer upon it whole-burnt-offerings, according to the things that were written in the law of Moses the man of God.

³And they set up the altar on its place, for there was a terror upon them because of the people of the lands: and the whole-burnt-offering was offered up upon it to the Lord morning and evening. ⁴And they kept the feast of tabernacles, according to that which was written, and *offered* whole-burnt-offerings daily in number according to the ordinance, the exact daily rate. ⁵And after this the perpetual whole-burnt-offering, and *offering* for the season of new moon, and for all the hallowed feasts to the Lord, and for every one that offered a free-will-offering to the Lord. ⁶On the first day of the seventh month they began to offer whole-burnt-offerings to the Lord: but the foundation of the house of the Lord was not laid. ⁷And they gave money to the stone-hewers and carpenters, and ᶜmeat and drink, and oil, to the Sidonians, and Tyrians, to bring cedar trees from Libanus to the sea of Joppa, according to the grant of Cyrus king of the Persians to them.

⁸And in the second year of their coming to the house of God in Jerusalem, in the

νἱῶν τῶν ἱερέων υἱοὶ Λαβεία, υἱοὶ Ἀκκοὺς, υἱοὶ Βερζελλαὶ, ὃς ἔλαβεν ἀπὸ τῶν θυγατέρων Βερζελλαὶ τοῦ Γαλααδίτου γυναῖκα, καὶ ἐκλήθη ἐπὶ τῷ ὀνόματι αὐτῶν. Οὗτοι ἐζήτησαν γραφὴν 62 αὐτῶν οἱ μεθωεσὶμ, καὶ οὐχ εὑρέθησαν, καὶ ἠγχιστεύθησαν ἀπὸ τῆς ἱερατείας. Καὶ εἶπεν ἀθερσασθὰ αὐτοῖς τοῦ μὴ φαγεῖν 63 ἀπὸ τοῦ ἁγίου τῶν ἁγίων, ἕως ἀναστῇ ἱερεὺς τοῖς φωτίζουσι καὶ τοῖς τελείοις.

Πᾶσα δὲ ἡ ἐκκλησία ὁμοῦ ὡσεὶ τέσσαρες μυριάδες δισχίλιοι 64 τριακόσιοι ἑξήκοντα, χωρὶς δούλων αὐτῶν καὶ παιδισκῶν αὐτῶν, 65 οὗτοι ἑπτακισχίλιοι τριακόσιοι τριακονταεπτά· καὶ οὗτοι ᾄδοντες καὶ ᾄδουσαι διακόσιοι. Ἵπποι αὐτῶν, ἑπτακόσιοι τριακον- 66 ταέξ· ἡμίονοι αὐτῶν, διακόσιοι τεσσαρακονταπέντε· Κάμηλοι 67 αὐτῶν, τετρακόσιοι τριακονταπέντε· ὄνοι αὐτῶν, ἑξακισχίλιοι ἑπτακόσιοι εἴκοσι.

Καὶ ἀπὸ ἀρχόντων πατριῶν ἐν τῷ εἰσελθεῖν αὐτοὺς εἰς οἶκον 68 Κυρίου τὸν ἐν Ἱερουσαλὴμ, ἠκουσιάσαντο εἰς οἶκον τοῦ Θεοῦ, τοῦ στῆσαι αὐτὸν ἐπὶ τὴν ἑτοιμασίαν αὐτοῦ· ὡς ἡ δύναμις 69 αὐτῶν, ἔδωκαν εἰς θησαυρὸν τοῦ ἔργου χρυσίον καθαρὸν μναῖ ἓξ μυριάδες καὶ χίλιαι, καὶ ἀργυρίου μνᾶς πεντακισχιλίας, καὶ κόθωνοι τῶν ἱερέων ἑκατόν.

Καὶ ἐκάθισαν οἱ ἱερεῖς, καὶ οἱ Λευῖται, καὶ οἱ ἀπὸ τοῦ λαοῦ, 70 καὶ οἱ ᾄδοντες, καὶ οἱ πυλωροὶ, καὶ οἱ Ναθινὶμ ἐν πόλεσιν αὐτῶν, καὶ πᾶς Ἰσραὴλ ἐν πόλεσιν αὐτῶν.

Καὶ ἔφθασεν ὁ μὴν ὁ ἕβδομος, καὶ οἱ υἱοὶ Ἰσραὴλ ἐν πόλε- 3 σιν αὐτῶν, καὶ συνήχθη ὁ λαὸς ὡς ἀνὴρ εἷς εἰς Ἱερουσαλήμ. Καὶ ἀνέστη Ἰησοῦς ὁ τοῦ Ἰωσεδὲκ καὶ οἱ ἀδελφοὶ αὐτοῦ ἱερεῖς, 2 καὶ Ζοροβάβελ ὁ τοῦ Σαλαθιὴλ καὶ οἱ ἀδελφοὶ αὐτοῦ, καὶ ᾠκοδόμησαν τὸ θυσιαστήριον Θεοῦ Ἰσραὴλ, τοῦ ἀνενέγκαι ἐπ᾽ αὐτὸ ὁλοκαυτώσεις, κατὰ τὰ γεγραμμένα ἐν νόμῳ Μωυσῆ ἀνθρώπου τοῦ Θεοῦ.

Καὶ ἡτοίμασαν τὸ θυσιαστήριον ἐπὶ τὴν ἑτοιμασίαν αὐτοῦ, 3 ὅτι ἐν καταπλήξει ἐπ᾽ αὐτοὺς ἀπὸ τῶν λαῶν τῶν γαιῶν· καὶ ἀνέβη ἐπ᾽ αὐτὸ ὁλοκαύτωσις τῷ Κυρίῳ τοπρωὶ καὶ εἰς ἑσπέραν. Καὶ ἐποίησαν τὴν ἑορτὴν τῶν σκηνῶν κατὰ τὸ γεγραμμένον, 4 καὶ ὁλοκαυτώσεις ἡμέραν ἐν ἡμέρᾳ ἐν ἀριθμῷ ὡς ἡ κρίσις, λόγον ἡμέρας ἐν ἡμέρᾳ αὐτοῦ· Καὶ μετὰ τοῦτο ὁλοκαυτώσεις ἐνδελε- 5 χισμοῦ, καὶ εἰς τὰς νουμηνίας καὶ εἰς πάσας ἑορτὰς τῷ Κυρίῳ τὰς ἡγιασμένας, καὶ παντὶ ἑκουσιαζομένῳ ἑκούσιον τῷ Κυρίῳ. Ἐν ἡμέρᾳ μιᾷ τοῦ μηνὸς τοῦ ἑβδόμου ἤρξαντο ἀναφέρειν ὁλο- 6 καυτώσεις τῷ Κυρίῳ, καὶ ὁ οἶκος τοῦ Κυρίου οὐκ ἐθεμελιώθη. Καὶ ἔδωκαν ἀργύριον τοῖς λατόμοις καὶ τοῖς τέκτοσι, καὶ βρώ- 7 ματα καὶ ποτὰ, καὶ ἔλαιον τοῖς Σιδωνίοις καὶ τοῖς Τυρίοις, ἐνέγκαι ξύλα κέδρινα ἀπὸ τοῦ Λιβάνου πρὸς θάλασσαν Ἰόππης, κατ᾽ ἐπιχώρησιν Κύρου βασιλέως Περσῶν ἐπ᾽ αὐτούς.

Καὶ ἐν τῷ ἔτει τῷ δευτέρῳ τοῦ ἐλθεῖν αὐτοὺς εἰς οἶκον τοῦ 8 Θεοῦ ἐν Ἱερουσαλὴμ, ἐν μηνὶ τῷ δευτέρῳ ἤρξατο Ζοροβάβελ ὁ

ᵝ *Lit.* holy of holics.   ᵞ *Heb.* Urim and Thummim.   ᵟ *Gr.* pounds, *Heb.* drachms.   ᶜ *Gr.* meats and drinks.

τοῦ Σαλαθιὴλ καὶ Ἰησοῦς ὁ τοῦ Ἰωσεδέκ, καὶ οἱ κατάλοιποι τῶν ἀδελφῶν αὐτῶν οἱ ἱερεῖς καὶ οἱ Λευῖται, καὶ πάντες οἱ ἐρχόμενοι ἀπὸ τῆς αἰχμαλωσίας εἰς Ἱερουσαλὴμ, καὶ ἔστησαν τοὺς Λευίτας ἀπὸ εἰκοσαετοῦς καὶ ἐπάνω ἐπὶ τοὺς ποιοῦντας τὰ ἔργα
9 ἐν οἴκῳ Κυρίου. Καὶ ἔστη Ἰησοῦς καὶ οἱ υἱοὶ αὐτοῦ καὶ οἱ ἀδελφοὶ αὐτοῦ, Καδμιὴλ καὶ οἱ υἱοὶ αὐτοῦ υἱοὶ Ἰούδα ἐπὶ τοὺς ποιοῦντας τὰ ἔργα ἐν οἴκῳ τοῦ Θεοῦ· υἱοὶ Ἠναδὰδ, υἱοὶ αὐτῶν καὶ οἱ ἀδελφοὶ αὐτῶν οἱ Λευῖται.

10 Καὶ ἐθεμελίωσαν τοῦ οἰκοδομῆσαι τὸν οἶκον Κυρίου· καὶ ἔστησαν οἱ ἱερεῖς ἐστολισμένοι ἐν σάλπιγξι, καὶ οἱ Λευῖται υἱοὶ Ἀσὰφ ἐν κυμβάλοις τοῦ αἰνεῖν τὸν Κύριον ἐπὶ χεῖρας Δαυὶδ
11 βασιλέως Ἰσραήλ. Καὶ ἀπεκρίθησαν ἐν αἴνῳ καὶ ἀνθομολογήσει τῷ Κυρίῳ, ὅτι ἀγαθόν, ὅτι εἰς τὸν αἰῶνα τὸ ἔλεος αὐτοῦ ἐπὶ Ἰσραήλ· καὶ πᾶς ὁ λαὸς ἐσήμαινε φωνῇ μεγάλῃ αἰνεῖν τῷ
12 Κυρίῳ ἐπὶ τῇ θεμελιώσει τοῦ οἴκου Κυρίου. Καὶ πολλοὶ ἀπὸ τῶν ἱερέων καὶ τῶν Λευιτῶν καὶ ἄρχοντες τῶν πατριῶν οἱ πρεσβύτεροι οἳ εἴδοσαν τὸν οἶκον τὸν πρῶτον ἐν θεμελιώσει αὐτοῦ, καὶ τοῦτον τὸν οἶκον ἐν ὀφθαλμοῖς αὐτῶν, ἔκλαιον φωνῇ μεγάλῃ· καὶ ὁ ὄχλος ἐν σημασίᾳ μετ᾽ εὐφροσύνης τοῦ ὑψῶσαι ᾠδήν.
13 Καὶ οὐκ ἦν ὁ λαὸς ἐπιγινώσκων φωνὴν σημασίας τῆς εὐφροσύνης ἀπὸ τῆς φωνῆς τοῦ κλαυθμοῦ τοῦ λαοῦ, ὅτι ὁ λαὸς ἐκραύγασε φωνῇ μεγάλῃ, καὶ ἡ φωνὴ ἠκούετο ἕως ἀπὸ μακρόθεν.

4 Καὶ ἤκουσαν οἱ θλίβοντες Ἰούδα καὶ Βενιαμὶν, ὅτι υἱοὶ τῆς
2 ἀποικίας οἰκοδομοῦσιν οἶκον τῷ Κυρίῳ Θεῷ Ἰσραὴλ, καὶ ἤγγισαν πρὸς Ζοροβάβελ καὶ πρὸς τοὺς ἄρχοντας τῶν πατριῶν, καὶ εἶπον αὐτοῖς, οἰκοδομήσομεν μεθ᾽ ὑμῶν, ὅτι ὡς ὑμεῖς ἐκζητοῦμεν τῷ Θεῷ ἡμῶν, καὶ αὐτῷ ἡμεῖς θυσιάζομεν ἀπὸ ἡμερῶν Ἀσαραδὰν βασιλέως Ἀσσοὺρ τοῦ ἐνέγκαντος ἡμᾶς ὧδε.

3 Καὶ εἶπε πρὸς αὐτοὺς Ζοροβάβελ καὶ Ἰησοῦς καὶ οἱ κατάλοιποι τῶν ἀρχόντων τῶν πατριῶν τοῦ Ἰσραήλ, οὐχ ἡμῖν καὶ ὑμῖν τοῦ οἰκοδομῆσαι οἶκον τῷ Θεῷ ἡμῶν, ὅτι ἡμεῖς αὐτοὶ ἐπὶ τοαυτὸ οἰκοδομήσομεν τῷ Κυρίῳ Θεῷ ἡμῶν, ὡς ἐνετείλατο ἡμῖν Κῦρος
4 ὁ βασιλεὺς Περσῶν. Καὶ ἦν ὁ λαὸς τῆς γῆς ἐκλύων τὰς χεῖρας τοῦ λαοῦ Ἰούδα, καὶ ἐνεπόδιζον αὐτοὺς οἰκοδομεῖν,
5 καὶ μισθούμενοι ἐπ᾽ αὐτοὺς βουλευόμενοι τοῦ διασκεδάσαι βουλὴν αὐτῶν πάσας τὰς ἡμέρας Κύρου βασιλέως Περσῶν, καὶ ἕως βασιλείας Δαρείου βασιλείας Περσῶν.

6 Καὶ ἐν βασιλείᾳ Ἀσσουήρου, καὶ ἐν ἀρχῇ βασιλείας αὐτοῦ
7 ἔγραψαν ἐπιστολὴν ἐπὶ οἰκοῦντας Ἰούδα καὶ Ἱερουσαλήμ. Καὶ ἐν ἡμέραις Ἀρθασασθὰ ἔγραψεν ἐν εἰρήνῃ Μιθραδάτῃ Ταβεὴλ καὶ τοῖς λοιποῖς συνδούλοις· πρὸς Ἀρθασασθὰ βασιλέα Περσῶν ἔγραψεν ὁ φορολόγος γραφὴν Συριστὶ καὶ ἡρμηνευμένην.
8 Ῥεοὺμ βαλτὰμ καὶ Σαμψὰ ὁ γραμματεὺς ἔγραψαν ἐπιστολὴν
9 μίαν κατὰ Ἱερουσαλὴμ τῷ Ἀρθασασθὰ βασιλεῖ. Τάδε ἔκρινε Ῥεοὺμ βαλτὰμ καὶ Σαμψὰ ὁ γραμματεὺς καὶ οἱ κατάλοιποι σύνδουλοι ἡμῶν, Δειναῖοι, Ἀφαρσαθαχαῖοι, Ταρφαλαῖοι, Ἀφαρ-

second month, began Zorobabel the *son* of Salathiel, and Jesus the *son* of Josedec, and the rest of their brethren the priests and the Levites, and all who came from the captivity to Jerusalem, and they appointed the Levites, from twenty years old and upward, over the workmen in the house of the Lord. 9 And Jesus and his sons and his brethren stood, Cadmiel and his sons the sons of Juda, over them that wrought the works in the house of God : the sons of Enadad, their sons and their brethren the Levites.
10 And they laid a foundation for building the house of the Lord : and the priests in their robes stood with trumpets and the Levites the sons of Asaph with cymbals, to praise the Lord, according to the order of David king of Israel. 11 And they answered *each other* with praise and thanksgiving to the Lord, *saying*, For *it is* good, for his mercy to Israel *endures* for ever. And all the people shouted with a loud voice to praise the Lord at the laying the foundation of the house of the Lord. 12 But many of the priests and the Levites, and the elder men, heads of families, who had seen the former house βon its foundation, and *who* saw this house with their eyes, wept with a loud voice : but the multitude shouted with joy to raise a song. 13 And the people did not distinguish the voice of the glad shout γ from the voice of the weeping of the people : for the people shouted with a loud voice, and the voice was heard even from afar off.

And they that afflicted Juda and Benjamin heard, that the children of the captivity were building a house to the Lord God of Israel. 2 And they drew near to Zorobabel, and to the heads of families, and said to them, δ We will build with you; for as ye do, we seek to serve our God, and we do sacrifice to him from the days of Asaradan king of Assur, who brought us hither.
3 Then Zorobabel, and Jesus and the rest of the heads of the families of Israel said to them, *It is* not for us and you to build a house to our God, for we ourselves will build together to the Lord our God, as Cyrus the king of the Persians commanded us. 4 And the people of the land weakened the hands of the people of Juda, and hindered them in building, 5 and *continued* hiring *persons* against them, plotting to frustrate their counsel, all the days of Cyrus king of the Persians, and until the reign of Darius king of the Persians.
6 And in the reign of Assuerus, even in the beginning of his reign, they wrote a letter against the inhabitants of Juda and Jerusalem. 7 And in the days of Arthasastha, Tabeel wrote peaceably to Mithradates and to the rest of his fellow-servants: the tribute-gatherer wrote to Arthasastha king of the Persians a writing in the Syrian tongue, and *the same* interpreted. 8 Reum the chancellor, and Sampsa the scribe wrote an epistle against Jerusalem to king Arthasastha, *saying*, 9 Thus has judged Reum the chancellor, and Sampsa the scribe, and the rest of our fellow-servants, the Dinæans, the Apharsathachæans, the Tarphalæans,

---

β These words probably belong to the latter clause.   γ Or because of.   δ Or, let us.

the Apharsæans, the Archyæans, the Babylonians, the Susanachæans, Davæans, ¹⁰ and the rest of the nations whom the great and noble Assenaphar removed, and settled them in the cities of Somoron, and the rest *of them* beyond the river. ¹¹ This *is* the purport of the letter, which they sent to him: Thy servants the men beyond the river to king Arthasastha.

¹² Be it known to the king, that the Jews who came up from thee to us have come to Jerusalem the rebellious and wicked city, which they are building, and its walls are set in order, and they have βestablished the foundations of it. ¹³ Now then be it known to the king, that if that city be built up, and its walls completed, thou shalt have no tribute, neither will they pay *anything*, and this injures kings. ¹⁴ And it is not lawful for us to see the dishonour of the king: therefore have we sent and made known *the matter* to the king; ¹⁵ that examination may be made in thy fathers' book of record; and thou shalt find, and thou shalt know that that city *is* rebellious, and does harm to kings and countries, and γthere are in the midst of it from very old time refuges for *runaway* slaves: therefore this city has been made desolate. ¹⁶ We therefore declare to the king, that, if that city be built, and its walls be set up, δthou shalt not have peace.

¹⁷ Then the king sent to Reum the chancellor, and Sampsa the scribe, and the rest of their fellow-servants who dwelt in Samaria, and the rest beyond the river, *saying*, Peace; and he says, ¹⁸ The tribute-gatherer whom ye sent to us, has been called before me. ¹⁹ And a decree has been made by me, and we have examined, and found that that city of old time exalts itself against kings, and that rebellions and desertions take place within it. ²⁰ And there were powerful kings in Jerusalem, and they ruled over all the *country* beyond the river, and abundant revenues and ςtribute were given to them. ²¹ Now therefore make a decree to stop the work of those men, and that city shall no more be built. ²² *See* that ye be careful of the decree, *not* to be remiss concerning this matter, lest at any time destruction should abound to the harm of kings.

²³ Then the tribute-gatherer of king Arthasastha read *the letter* before Reum the chancellor, and Sampsa the scribe, and his fellow-servants: and they went in haste to Jerusalem and through Juda, and caused them to cease with horses and an *armed* force. ²⁴ Then ceased the work of the house of God in Jerusalem, and it was at a stand until the second year of the reign of Darius king of the Persians.

And Aggæus the prophet, and Zacharias the *son* of Addo, prophesied a prophecy to the Jews in Juda and Jerusalem in the name of the God of Israel, *even* θto them. ² Then rose up Zorobabel the *son* of Salathiel, and Jesus the son of Josedec, and began to build the house of God that was in Jerusalem: and with them *were* the prophets of God assisting them.

σαῖοι, Ἀρχυαῖοι, Βαβυλώνιοι, Σουσαναχαῖοι, Δαναῖοι, καὶ οἱ 10 κατάλοιποι ἐθνῶν ὧν ἀπῴκισεν Ἀσσεναφὰρ ὁ μέγας καὶ ὁ τίμιος, καὶ κατῴκισεν αὐτοὺς ἐν πόλεσι τῆς Σομόρων καὶ τὸ κατάλοιπον πέραν τοῦ ποταμοῦ. Αὕτη ἡ διαταγὴ τῆς ἐπιστολῆς, ἧς ἀπέ- 11 στειλαν πρὸς αὐτόν· πρὸς Ἀρθασασθὰ βασιλέα παῖδές σου ἄνδρες πέραν τοῦ ποταμοῦ.

Γνωστὸν ἔστω τῷ βασιλεῖ, ὅτι οἱ Ἰουδαῖοι οἱ ἀναβάντες ἀπὸ 12 σοῦ πρὸς ἡμᾶς ἤλθοσαν εἰς Ἰερουσαλὴμ τὴν πόλιν τὴν ἀποστά-τιν καὶ πονηρὰν, ἣν οἰκοδομοῦσι· καὶ τὰ τείχη αὐτῆς κατηρτισ-μένα εἰσὶ, καὶ θεμελίους αὐτῆς ἀνύψωσαν. Νῦν οὖν γνωστὸν 13 ἔστω τῷ βασιλεῖ, ὅτι ἐὰν ἡ πόλις ἐκείνη ἀνοικοδομηθῇ, καὶ τὰ τείχη αὐτῆς καταρτισθῶσι, φόροι οὐκ ἔσονταί σοι, οὐδὲ δώσουσι· καὶ τοῦτο βασιλεῖς κακοποιεῖ, καὶ ἀσχημοσύνην βασιλέως οὐκ 14 ἔξεστιν ἡμῖν ἰδεῖν· διὰ τοῦτο ἐπέμψαμεν καὶ ἐγνωρίσαμεν τῷ βασιλεῖ, ἵνα ἐπισκέψηται ἐν βίβλῳ ὑπομνηματισμοῦ τῶν πατέ- 15 ρων σου, καὶ εὑρήσεις, καὶ γνώσῃ, ὅτι ἡ πόλις ἐκείνη πόλις ἀποστάτις, καὶ κακοποιοῦσα βασιλεῖς καὶ χώρας, καὶ φυγαδεῖαι δούλων γίνονται ἐν μέσῳ αὐτῆς ἀπὸ ἡμερῶν αἰῶνος, διὰ ταῦτα ἡ πόλις αὕτη ἠρημώθη. Γνωρίζομεν οὖν ἡμεῖς τῷ βασιλεῖ, ὅτι 16 ἂν ἡ πόλις ἐκείνη οἰκοδομηθῇ, καὶ τὰ τείχη αὐτῆς καταρτισθῇ, οὐκ ἔστι σοι εἰρήνη.

Καὶ ἀπέστειλεν ὁ βασιλεὺς πρὸς Ῥεοὺμ βαλτὰμ καὶ Σαμψὰ 17 γραμματέα καὶ τοὺς καταλοίπους συνδούλους αὐτῶν τοὺς οἰ-κοῦντας ἐν Σαμαρείᾳ καὶ τοὺς καταλοίπους πέραν τοῦ ποταμοῦ, εἰρήνην· καὶ φησὶν, ὁ φορολόγος ὃν ἀπεστείλατε πρὸς ἡμᾶς, 18 ἐκλήθη ἔμπροσθεν ἐμοῦ· Καὶ παρ᾽ ἐμοῦ ἐτέθη γνώμη, καὶ 19 ἐπεσκεψάμεθα καὶ εὕραμεν, ὅτι ἡ πόλις ἐκείνη ἀφ᾽ ἡμερῶν αἰῶ-νος ἐπὶ βασιλεῖς ἐπαίρεται, καὶ ἀποστάσεις καὶ φυγαδεῖαι γίνονται ἐν αὐτῇ. Καὶ βασιλεῖς ἰσχυροὶ ἐγένοντο ἐν Ἰερου- 20 σαλὴμ, καὶ ἐπικρατοῦντες ὅλης τῆς πέραν τοῦ ποταμοῦ, καὶ φόροι πλήρεις καὶ μέρος δίδονται αὐτοῖς. Καὶ νῦν θέτε γνώ- 21 μην, καταργῆσαι τοὺς ἄνδρας ἐκείνους, καὶ ἡ πόλις ἐκείνη οὐκ οἰκοδομηθήσεται ἔτι· Ὅπως ἀπὸ τῆς γνώμης πεφυλαγμένοι 22 ἦτε ἄνεσιν ποιῆσαι περὶ τούτου, μή ποτε πληθυνθῇ ἀφανισμὸς εἰς κακοποίησιν βασιλεῦσι.

Τότε ὁ φορολόγος τοῦ Ἀρθασασθὰ βασιλέως ἀνέγνω ἐνώπιον 23 Ῥεοὺμ βαλτὰμ καὶ Σαμψὰ γραμματέως καὶ συνδούλων αὐτοῦ· καὶ ἐπορεύθησαν σπουδῇ εἰς Ἰερουσαλὴμ καὶ ἐν Ἰούδα, καὶ κατήργησαν αὐτοὺς ἐν ἵπποις καὶ δυνάμει. Τότε ἤργησε τὸ 24 ἔργον οἴκου τοῦ Θεοῦ τὸ ἐν Ἰερουσαλήμ· καὶ ἦν ἀργοῦν ἕως δευτέρου ἔτους τῆς βασιλείας Δαρείου βασιλέως Περσῶν.

Καὶ προεφήτευσεν Ἀγγαῖος ὁ προφήτης καὶ Ζαχαρίας ὁ τοῦ 5 Ἀδδὼ προφητείαν ἐπὶ τοὺς Ἰουδαίους τοὺς ἐν Ἰούδα καὶ Ἱερου-σαλὴμ ἐν ὀνόματι Θεοῦ Ἰσραὴλ ἐπ᾽ αὐτούς. Τότε ἀνέστησαν 2 Ζοροβάβελ ὁ τοῦ Σαλαθιὴλ καὶ Ἰησοῦς υἱὸς Ἰωσεδὲκ, καὶ ἤρξαντο οἰκοδομῆσαι τὸν οἶκον τοῦ Θεοῦ τὸν ἐν Ἰερουσαλήμ· καὶ μετ᾽ αὐτῶν οἱ προφῆται τοῦ Θεοῦ βοηθοῦντες αὐτοῖς.

β *Gr.* exalted.   γ *Or,* desertions of slaves take place in it, etc.   δ *Lit.* there is no peace to thee.   ζ *Lit.* part.
θ *Or,* concerning them.

3 Ἐν αὐτῷ τῷ καιρῷ ἦλθεν ἐπ᾽ αὐτοὺς Θανθαναὶ ἔπαρχος πέραν τοῦ ποταμοῦ, καὶ Σαθαρβουζαναὶ, καὶ οἱ σύνδουλοι αὐτῶν, καὶ τοιάδε εἶπαν αὐτοῖς, τίς ἔθηκεν ὑμῖν γνώμην τοῦ οἰκοδομῆσαι τὸν οἶκον τοῦτον, καὶ τὴν χορηγίαν ταύτην καταρ-
4 τίσασθαι; Τότε ταῦτα εἴποσαν αὐτοῖς, τίνα ἐστὶ τὰ ὀνόματα
5 τῶν ἀνδρῶν τῶν οἰκοδομούντων τὴν πόλιν ταύτην; Καὶ οἱ ὀφθαλμοὶ τοῦ Θεοῦ ἐπὶ τὴν αἰχμαλωσίαν Ἰούδα, καὶ οὐ κατήρ-γησαν αὐτοὺς ἕως γνώμη τῷ Δαρείῳ ἀπηνέχθη· καὶ τότε ἀπε-
6 στάλη τῷ φορολόγῳ ὑπὲρ τούτου διασάφησις ἐπιστολῆς, ἧς ἀπέστειλε Θανθαναὶ, ὁ ἔπαρχος τοῦ πέραν τοῦ ποταμοῦ, καὶ Σαθαρβουζαναὶ καὶ οἱ σύνδουλοι αὐτῶν Ἀφαρσαχαῖοι οἱ ἐν τῷ
7 πέραν τοῦ ποταμοῦ, Δαρείῳ τῷ βασιλεῖ· Ῥήμασιν ἀπέστειλαν πρὸς αὐτόν· καὶ τάδε γέγραπται ἐν αὐτῷ·
8 Δαρείῳ τῷ βασιλεῖ εἰρήνη πᾶσα. Γνωστὸν ἔστω τῷ βασιλεῖ, ὅτι ἐπορεύθημεν εἰς τὴν Ἰουδαίαν χώραν εἰς οἶκον τοῦ Θεοῦ τοῦ μεγάλου, καὶ αὐτὸς οἰκοδομεῖται λίθοις ἐκλεκ-τοῖς, καὶ ξύλα ἐντίθεται ἐν τοῖς τοίχοις, καὶ τὸ ἔργον ἐκεῖνο
9 ἐπιδέξιον γίνεται, καὶ εὐοδοῦται ἐν ταῖς χερσὶν αὐτῶν. Τότε ἠρωτήσαμεν τοὺς πρεσβυτέρους ἐκείνους, καὶ οὕτως εἴπαμεν αὐτοῖς, τίς ἔθηκεν ὑμῖν γνώμην τὸν οἶκον τοῦτον οἰκοδομῆσαι,
10 καὶ τὴν χορηγίαν ταύτην καταρτίσασθαι; Καὶ τὰ ὀνόματα αὐτῶν ἠρωτήσαμεν αὐτοὺς γνωρίσαι σοι, ὥστε γράψαι σοι τὰ
11 ὀνόματα τῶν ἀνδρῶν τῶν ἀρχόντων αὐτῶν. Καὶ τοιοῦτο τὸ ῥῆμα ἀπεκρίθησαν ἡμῖν, λέγοντες, ἡμεῖς ἐσμὲν δοῦλοι τοῦ Θεοῦ τοῦ οὐρανοῦ καὶ τῆς γῆς, καὶ οἰκοδομοῦμεν τὸν οἶκον ὃς ἦν ᾠκοδομημένος πρὸ τούτου ἔτη πολλὰ, καὶ βασιλεὺς τοῦ Ἰσραὴλ μέγας ᾠκοδόμησεν αὐτὸν, καὶ κατηρτίσατο αὐτὸν αὐτοῖς.
12 Ἀφότε δὲ παρώργισαν οἱ πατέρες ἡμῶν τὸν Θεὸν τοῦ οὐρανοῦ, ἔδωκεν αὐτοὺς εἰς χεῖρας Ναβουχοδονόσορ βασιλέως Βαβυλῶ-νος τοῦ Χαλδαίου, καὶ τὸν οἶκον τοῦτον κατέλυσε, καὶ τὸν λαὸν
13 ἀπῴκισεν εἰς Βαβυλῶνα. Ἀλλ᾽ ἐν ἔτει πρώτῳ Κύρου τοῦ βασιλέως, Κύρος ὁ βασιλεὺς ἔθετο γνώμην τὸν οἶκον τοῦ Θεοῦ
14 τοῦτον οἰκοδομηθῆναι· Καὶ τὰ σκεύη τοῦ οἴκου τοῦ Θεοῦ τὰ χρυσᾶ καὶ τὰ ἀργυρᾶ, ἃ Ναβουχοδονόσορ ἐξήνεγκεν ἀπὸ τοῦ οἴκου τοῦ ἐν Ἱερουσαλὴμ, καὶ ἀπήνεγκεν αὐτὰ εἰς τὸν ναὸν τοῦ βασιλέως, ἐξήνεγκεν αὐτὰ Κύρος ὁ βασιλεὺς ἀπὸ τοῦ ναοῦ τοῦ βασιλέως, καὶ ἔδωκε τῷ Σαβανασὰρ τῷ θησαυροφύλακι, τῷ ἐπὶ
15 τοῦ θησαυροῦ, καὶ εἶπεν αὐτῷ, πάντα τὰ σκεύη λάβε καὶ πορεύου, θὲς αὐτὰ ἐν τῷ οἴκῳ τῷ ἐν Ἱερουσαλὴμ εἰς τὸν τόπον
16 αὐτῶν. Τότε Σαβανασὰρ ἐκεῖνος ἦλθε καὶ ἔδωκε θεμελίους τοῦ οἴκου τοῦ Θεοῦ ἐν Ἱερουσαλὴμ, καὶ ἀπὸ τότε ἕως τοῦ νῦν ᾠκοδο-
17 μήθη, καὶ οὐκ ἐτελέσθη. Καὶ νῦν εἰ ἐπὶ τὸν βασιλέα ἀγαθὸν ἐπισκεπήτω ἐν τῷ οἴκῳ τῆς γάζης τοῦ βασιλέως Βαβυλῶνος, ὅπως γνῷς ὅτι ἀπὸ βασιλέως Κύρου ἐτέθη γνώμη οἰκοδομῆσαι τὸν οἶκον τοῦ Θεοῦ ἐκεῖνον τὸν ἐν Ἱερουσαλήμ· καὶ γνοὺς ὁ βασιλεὺς περὶ τούτου, πεμψάτω πρὸς ἡμᾶς.
6 Τότε Δαρεῖος ὁ βασιλεὺς ἔθηκε γνώμην, καὶ ἐπεσκέψατο ἐν
2 ταῖς βιβλιοθήκαις ὅπου ἡ γάζα κεῖται ἐν Βαβυλῶνι. Καὶ εὑρέθη ἐν πόλει ἐν τῇ βάρει κεφαλὶς μία, καὶ τοῦτο γεγραμμέ-νον ἐν αὐτῇ ὑπόμνημα.

[3] At the same time came there upon them Thanthanai, the governor on this side the river, and Satharbuzanai, and their fellow-servants, and spoke thus to them, Who has ordained a decree for you to build this house, and to *provide* this preparation? [4] Then they spoke thus to them, What are the names of the men that build this city? [5] But the eyes of God were upon the capti-vity of Juda, and they did not cause them to cease till the decree was brought to Darius; and then was sent by the tribute-gatherer concerning this [6] the copy of a letter, which Thanthanai, the governor of the part on this side the river, and Sathar-buzanai, and their fellow-servants the Apharsachæans who were on this side of the river, sent to king Darius. [7] They sent βan account to him, and thus it was written in it:

All peace to king Darius. [8] Be it known to the king, that we went into the land of Judea, to the house of the great God; and it is building with choice stones, and they are laying timbers in the walls, and that work is prospering, and goes on favourably in their hands. [9] Then we asked those elders, and thus we said to them, Who gave you the order to build this house, and to *provide* this preparation? [10] And we asked them their names, *in order* to declare *them* to thee, so as to write to thee the names of their leading men. [11] And they answered us thus, saying, We *are* the servants of the God of heaven and earth, and we *are* building the house which had been built many years before this, and a great king of Israel built it, and established it for them. [12] But after that our fathers provoked the God of heaven, he gave them into the hands of Nabuchodonosor the Chaldean, king of Babylon, and he de-stroyed this house, and carried the people captive to Babylon. [13] And in the first year of king Cyrus, Cyrus the king made a decree that this house of God should be built. [14] And the gold and silver vessels of the house of God, which Nabuchodonosor brought out from the house that was in Jerusalem, and carried them into the tem-ple of the king, them did king Cyrus bring out from the temple of the king, and gave them to Sabanasar the treasurer, who was over the treasure; [15] and said to him, Take all the vessels, and go, put them in the house that is in Jerusalem in their place. [16] Then that Sabanazar came, and laid the founda-tions of the house of God in Jerusalem: and from that time even until now it has been building, and has not been finished. [17] And now, if it *seem* good to the king, let search be made in the treasure-house of the king at Babylon, that thou mayest know *if it be* that a decree was made by king Cyrus to build that house of God that was in Jerusalem, and let the king send to us when he has learnt concerning this *matter*.

Then Darius the king made a decree, and caused a search to be made in the record-offices, where the treasure is stored in Babylon. [2] And there was found in the city, in the palace, a volume, and this was the record written in it.

---

³In the first year of king Cyrus, Cyrus the king made a decree concerning the holy house of God that was in Jerusalem, *saying*, Let the house be built, and the place where they sacrifice the sacrifices. (Also he appointed its elevation, in height sixty cubits; its breadth *was* of sixty cubits.) ⁴And *let there be* three strong layers of stone, and one layer of timber; and the expense shall be paid out of the house of the king. ⁵And the silver and the gold vessels of the house of God, which Nabuchodonosor carried off from the house that was in Jerusalem, and carried to Babylon, let them even be given, and be carried to the temple that is in Jerusalem, and put in the place where they were set in the house of God.

⁶ Now, ye rulers beyond the river, Satharbuzanai, and their fellow-servants the Apharsachæans, who *are* on the other side of the river, give *these things*, keeping far from that place. ⁷ Now let alone the work of the house of God: let the rulers of the Jews and the elders of the Jews build that house of God on its place. ⁸ Also a decree has been made by me, if haply ye may do somewhat in concert with the elders of the Jews for the building of that house of God: to wit, out of the king's property, *even* the tributes beyond the river, let there be money to defray the expenses carefully granted to those men, so that they be not ᵝ hindered. ⁹ And whatever need *there may be*, ye shall give both the young of bulls and rams, and lambs for whole-burnt-offerings to the God of heaven, ᵞ wheat, salt, wine, oil :—let it be given them according to the word of the priests that are in Jerusalem, day by day whatsoever they shall ask; ¹⁰ that they may offer sweet savours to the God of heaven, and that they may pray for the life of the king and his sons. ¹¹ And a decree has been made by me, that every man who shall alter this word, timber shall be pulled down from his house, and let him be lifted up and slain upon it, and his house ᵟ shall be confiscated. ¹²And may the God whose name dwells there, overthrow every king and people who shall stretch out his hand to alter or destroy the house of God which is in Jerusalem. I Darius have made a decree; let it be diligently *attended to.*

¹³Then Thanthanai the governor on this side beyond the river, Satharbuzanai, and his fellow-servants, according to that which king Darius sent, so they did diligently. ¹⁴And the elders of the Jews and the Levites built, at the prophecy of Aggæus the prophet, and Zacharias the son of Addo: and they built up, and finished ᶻ *it*, by the decree of the God of Israel, and by the decree of Cyrus, and Darius, and Arthasastha, kings of the Persians. ¹⁵And they finished this house ᶿ by the third day of the month Adar, which is the sixth year of the reign of Darius the king. ¹⁶And the children of Israel, the priests, and the Levites, and the rest of the children of the captivity, kept the dedication of the house of God with gladness. ¹⁷And they offered for the dedication of the house

Ἐν ἔτει πρώτῳ Κύρου βασιλέως, Κύρος ὁ βασιλεὺς ἔθηκε 3 γνώμην περὶ οἴκου ἱεροῦ Θεοῦ τοῦ ἐν Ἱερουσαλήμ· οἶκος οἰκοδομηθήτω, καὶ τόπος οὗ θυσιάζουσι τὰ θυσιάσματα· καὶ ἔθηκεν ἔπαρμα ὕψος πήχεις ἑξήκοντα, πλάτος αὐτοῦ πήχεων ἑξήκοντα· Καὶ δόμοι λίθινοι κραταιοὶ τρεῖς, καὶ δόμος ξύλινος εἷς, καὶ ἡ 4 δαπάνη ἐξ οἴκου τοῦ βασιλέως δοθήσεται. Καὶ τὰ σκεύη οἴκου 5 τοῦ Θεοῦ τὰ ἀργυρᾶ καὶ τὰ χρυσᾶ, ἃ Ναβουχοδονόσορ ἐξήνεγκεν ἀπὸ τοῦ οἴκου τοῦ ἐν Ἱερουσαλήμ, καὶ ἐκόμισεν εἰς Βαβυλῶνα, καὶ δοθήτω καὶ ἀπελθέτω εἰς τὸν ναὸν τὸν ἐν Ἱερουσαλήμ ἐπὶ τόπου οὗ ἐτέθη ἐν οἴκῳ τοῦ Θεοῦ.

Νῦν δώσετε ἔπαρχοι πέραν τοῦ ποταμοῦ Σαθαρβουζαναί, 6 καὶ οἱ σύνδουλοι αὐτῶν Ἀφαρσαχαῖοι οἱ ἐν τῷ πέραν τοῦ ποταμοῦ μακρὰν ὄντες ἐκεῖθεν, νῦν ἄφετε τὸ ἔργον οἴκου τοῦ Θεοῦ· 7 οἱ ἀφηγούμενοι τῶν Ἰουδαίων καὶ οἱ πρεσβύτεροι τῶν Ἰουδαίων οἶκον τοῦ Θεοῦ ἐκεῖνον οἰκοδομείτωσαν ἐπὶ τοῦ τόπου αὐτοῦ. Καὶ ἀπ᾽ ἐμοῦ γνώμη ἐτέθη, μή ποτε τι ποιήσητε μετὰ τῶν 8 πρεσβυτέρων τῶν Ἰουδαίων τοῦ οἰκοδομηθῆναι οἶκον τοῦ Θεοῦ ἐκεῖνον· καὶ ἀπὸ ὑπαρχόντων βασιλέως τῶν φόρων πέραν τοῦ ποταμοῦ ἐπιμελῶς δαπάνη ἔστω διδομένη τοῖς ἀνδράσιν ἐκείνοις τὸ μὴ καταργηθῆναι. Καὶ ὃ ἂν ὑστέρημα, καὶ υἱοὺς βοῶν καὶ 9 κριῶν, καὶ ἀμνοὺς εἰς ὁλοκαυτώσεις τῷ Θεῷ τοῦ οὐρανοῦ, πυροὺς, ἅλας, οἶνον, ἔλαιον, κατὰ τὸ ῥῆμα ἱερέων τῶν ἐν Ἱερουσαλὴμ ἔστω διδόμενον αὐτοῖς, ἡμέραν ἐν ἡμέρᾳ, ὃ ἐὰν αἰτήσωσιν, ἵνα ὦσιν εὐωδίας προσφέροντες τῷ Θεῷ τοῦ οὐρανοῦ, καὶ 10 προσεύχωνται εἰς ζωὴν τοῦ βασιλέως καὶ υἱῶν αὐτοῦ. Καὶ ἀπ᾽ 11 ἐμοῦ ἐτέθη γνώμη, ὅτι πᾶς ἄνθρωπος ὃς ἀλλάξει τὸ ῥῆμα τοῦτο, καθαιρεθήσεται ξύλον ἐκ τῆς οἰκίας αὐτοῦ, καὶ ὠρθωμένος πληγήσεται ἐπ᾽ αὐτοῦ, καὶ ὁ οἶκος αὐτοῦ τὸ κατ᾽ ἐμὲ ποιηθήσεται. Καὶ ὁ Θεὸς οὗ κατασκηνοῖ τὸ ὄνομα ἐκεῖ, καταστρέψαι 12 πάντα βασιλέα καὶ λαὸν ὃς ἐκτενεῖ τὴν χεῖρα αὐτοῦ ἀλλάξαι ἢ ἀφανίσαι τὸν οἶκον τοῦ Θεοῦ τὸν ἐν Ἱερουσαλήμ· ἐγὼ Δαρεῖος ἔθηκα γνώμην, ἐπιμελῶς ἔσται.

Τότε Θανθαναὶ ὁ ἔπαρχος πέραν τοῦ ποταμοῦ, Σαθαρ- 13 βουζαναὶ, καὶ οἱ σύνδουλοι αὐτοῦ, πρὸς ὃ ἀπέστειλε Δαρεῖος βασιλεὺς, οὕτως ἐποίησαν ἐπιμελῶς. Καὶ οἱ πρεσβύτεροι τῶν 14 Ἰουδαίων ᾠκοδομοῦσαν καὶ οἱ Λευῖται ἐν προφητείᾳ Ἀγγαίου τοῦ προφήτου, καὶ Ζαχαρίου υἱοῦ Ἀδδώ· καὶ ἀνῳκοδόμησαν καὶ κατηρτίσαντο ἀπὸ γνώμης Θεοῦ Ἰσραὴλ, καὶ ἀπὸ γνώμης Κύρου, καὶ Δαρείου, καὶ Ἀρθασασθὰ βασιλέων Περσῶν.

Καὶ ἐτέλεσαν τὸν οἶκον τοῦτον ἕως ἡμέρας τρίτης 15 μηνὸς Ἀδὰρ, ὅ ἐστιν ἔτος ἕκτον τῆς βασιλείας Δαρείου τοῦ βασιλέως.

Καὶ ἐποίησαν οἱ υἱοὶ Ἰσραὴλ, οἱ ἱερεῖς καὶ οἱ Λευῖται, καὶ 16 οἱ κατάλοιποι υἱῶν ἀποικεσίας ἐγκαίνια τοῦ οἴκου τοῦ Θεοῦ ἐν εὐφροσύνῃ. Καὶ προσήνεγκαν εἰς τὰ ἐγκαίνια τοῦ οἴκου τοῦ 17

ᵝ Or, made to cease. ᵞ Gr. wheats. ᵟ Gr. shall be done according to me. ᶻ i. e. the house. ᶿ Gr. until.

Θεοῦ μόσχους ἑκατὸν, κριοὺς διακοσίους, ἀμνοὺς τετρακοσίους, χιμάῤῥους αἰγῶν ὑπὲρ ἁμαρτίας ὑπὲρ παντὸς Ἰσραὴλ δώδεκα
18 εἰς ἀριθμὸν φυλῶν Ἰσραήλ. Καὶ ἔστησαν τοὺς ἱερεῖς ἐν διαιρέσεσιν αὐτῶν, καὶ τοὺς Λευίτας ἐν μερισμοῖς αὐτῶν, ἐπὶ δουλείας Θεοῦ ἐν Ἱερουσαλὴμ, κατὰ τὴν γραφὴν βίβλου Μωυσῆ.

19 Καὶ ἐποίησαν οἱ υἱοὶ τῆς ἀποικεσίας τὸ πάσχα τῇ τεσσα-
20 ρεσκαιδεκάτῃ τοῦ μηνὸς τοῦ πρώτου. Ὅτι ἐκαθαρίσθησαν οἱ ἱερεῖς καὶ Λευίται, ἕως εἰς πάντες καθαροί· καὶ ἔσφαξαν τὸ πάσχα τοῖς πᾶσιν υἱοῖς τῆς ἀποικεσίας καὶ τοῖς ἀδελφοῖς
21 αὐτῶν τοῖς ἱερεῦσι καὶ ἑαυτοῖς. Καὶ ἔφαγον υἱοὶ Ἰσραὴλ τὸ πάσχα, οἱ ἀπὸ τῆς ἀποικεσίας, καὶ πᾶς ὁ χωριζόμενος τῆς ἀκαθαρσίας ἐθνῶν τῆς γῆς πρὸς αὐτοὺς, τοῦ ἐκζητῆσαι Κύριον
22 Θεὸν Ἰσραήλ. Καὶ ἐποίησαν τὴν ἑορτὴν τῶν ἀζύμων ἑπτὰ ἡμέρας ἐν εὐφροσύνῃ, ὅτι εὔφρανεν αὐτοὺς Κύριος, καὶ ἐπέστρεψε καρδίαν βασιλέως Ἀσσοὺρ ἐπ᾽ αὐτοὺς κραταιῶσαι τὰς χεῖρας αὐτῶν ἐν ἔργοις οἴκου τοῦ Θεοῦ Ἰσραήλ.

7 Καὶ μετὰ τὰ ῥήματα ταῦτα ἐν βασιλείᾳ Ἀρθασασθὰ βασιλέως Περσῶν, ἀνέβη Ἔσδρας υἱὸς Σαραίου, υἱοῦ Ἀζαρίου, υἱοῦ
2, 3 Χελκία, υἱοῦ Σελοὺμ, υἱοῦ Σαδδοὺκ, υἱοῦ Ἀχιτὼβ, υἱοῦ
4 Σαμαρία, υἱοῦ Ἐσριὰ, υἱοῦ Μαρεώθ, υἱοῦ Ζαραία, υἱοῦ Ὀζίου,
5 υἱοῦ Βοκκὶ, υἱοῦ Ἀβισουὲ, υἱοῦ Φινεὲς, υἱοῦ Ἐλεάζαρ, υἱοῦ
6 Ἀαρὼν τοῦ ἱερέως τοῦ πρώτου· Αὐτὸς Ἔσδρας ἀνέβη ἐκ Βαβυλῶνος, καὶ αὐτὸς γραμματεὺς ταχὺς ἐν νόμῳ Μωυσῆ, ὃν ἔδωκε Κύριος ὁ Θεὸς Ἰσραήλ· καὶ ἔδωκεν αὐτῷ ὁ βασιλεὺς, ὅτι χεὶρ Κυρίου Θεοῦ αὐτοῦ ἐπ᾽ αὐτὸν ἐν πᾶσιν οἷς ἐζήτει αὐτός.
7 Καὶ ἀνέβησαν ἀπὸ τῶν υἱῶν Ἰσραὴλ, καὶ ἀπὸ τῶν ἱερέων, καὶ ἀπὸ τῶν Λευιτῶν, καὶ οἱ ᾄδοντες, καὶ οἱ πυλωροὶ, καὶ οἱ Ναθινὶμ, εἰς Ἱερουσαλὴμ ἐν ἔτει ἑβδόμῳ τῷ Ἀρθασασθὰ τῷ
8 βασιλεῖ. Καὶ ἤλθοσαν εἰς Ἱερουσαλὴμ τῷ μηνὶ τῷ πέμπτῳ,
9 τοῦτο τὸ ἔτος ἕβδομον τῷ βασιλεῖ· Ὅτι ἐν μιᾷ τοῦ μηνὸς τοῦ πρώτου αὐτὸς ἐθεμελίωσε τὴν ἀνάβασιν τὴν ἀπὸ Βαβυλῶνος· ἐν δὲ τῇ πρώτῃ τοῦ μηνὸς τοῦ πέμπτου ἤλθοσαν εἰς Ἱερου-
10 σαλὴμ, ὅτι χεὶρ Θεοῦ αὐτοῦ ἦν ἀγαθὴ ἐπ᾽ αὐτόν. ὅτι Ἔσδρας ἔδωκεν ἐν καρδίᾳ αὐτοῦ ζητῆσαι τὸν νόμον, καὶ ποιεῖν καὶ διδάσκειν ἐν Ἰσραὴλ προστάγματα καὶ κρίματα.

11 Καὶ αὕτη ἡ διασάφησις τοῦ διατάγματος, οὗ ἔδωκεν Ἀρθασασθὰ τῷ Ἔσδρᾳ τῷ ἱερεῖ τῷ γραμματεῖ βιβλίου λόγων ἐντολῶν Κυρίου καὶ προσταγμάτων αὐτοῦ ἐπὶ τὸν Ἰσραήλ.

12 Ἀρθασασθὰ βασιλεὺς βασιλέων Ἔσδρᾳ γραμματεῖ νόμου Κυρίου τοῦ Θεοῦ τοῦ οὐρανοῦ· τετελέσθω λόγος καὶ ἡ ἀπό-
13 κρισις. Ἀπ᾽ ἐμοῦ ἐτέθη γνώμη, ὅτι πᾶς ὁ ἑκουσιαζόμενος ἐν βασιλείᾳ μου ἀπὸ λαοῦ Ἰσραὴλ καὶ ἱερέων καὶ Λευιτῶν
14 πορευθῆναι εἰς Ἱερουσαλὴμ, μετὰ σοῦ πορευθῆναι. Ἀπὸ προσώπου τοῦ βασιλέως καὶ τῶν ἑπτὰ συμβούλων ἀπεστάλη ἐπισκέψασθαι ἐπὶ τὴν Ἰουδαίαν καὶ εἰς Ἱερουσαλὴμ νόμῳ Θεοῦ

of God a hundred calves, two hundred rams, four hundred lambs, twelve kids of the goats for a sin-offering for all Israel, according to the number of the tribes of Israel. [18] And they set the priests in their divisions, and the Levites in their separate orders, for the services of God in Jerusalem, according to the writing of the book of Moses.

[19] And the children of the captivity kept the passover on the fourteenth day of the first month. [20] For the priests and Levites were purified, all were clean to a man, and they slew the passover for all the children of the captivity, and for their brethren the priests, and for themselves. [21] And the children of Israel ate the passover, *even* they that were of the captivity, and every one who separated himself to them from the uncleanness of the nations of the land, to seek the Lord God of Israel. [22] And they kept the feast of unleavened bread seven days with gladness, because the Lord made them glad, and he turned the heart of the king of Assyria to them, to strengthen their hands in the works of the house of the God of Israel.

Now after these things, in the reign of Arthasastha king of the Persians, came up Esdras the son of Saraias, the son of Azarias, the son of Chelcias, [2] the son of Selum, the son of Sadduc, the son of Achitob, [3] the son of Samarias, the son of Esria, the son of Mareoth, [4] the son of Zaraia, the son of Ozias, the son of Bokki, [5] the son of Abisue, the son of Phinees, the son of Eleazar, the son of Aaron the first priest. [6] This Esdras went up out of Babylon; and he was a ready scribe in the law of Moses, which the Lord God of Israel gave: and the king gave him *leave*, for the hand of the Lord his God was upon him in all things which he sought. [7] And *some* of the children of Israel went up, and *some* of the priests, and of the Levites, and the singers, and the door-keepers, and the Nathinim, to Jerusalem, in the seventh year of Arthasastha the king. [8] And they came to Jerusalem in the fifth month, this *was* the seventh year of the king. [9] For in the first *day* of the first month he began the going up from Babylon, and in the first day of the fifth month they came to Jerusalem, [β] for the good hand of his God was upon him. [10] For Esdras had determined in his heart to seek the law, and to do and teach the ordinances and judgments in Israel.

[11] And this *is* the copy of the order which Arthasastha gave to Esdras the priest, the scribe of the book of the words of the commandments of the Lord, and of his ordinances to Israel.

[12] Arthasastha, king of kings, to Esdras, the scribe of the law of the Lord God of heaven, Let the order and the answer be accomplished. [13] A decree is made by me, that every one who is willing in my kingdom of the people of Israel, and of the priests and Levites, to go to Jerusalem, *be permitted* to go with thee. [14] One has been sent from the king and the seven councillors, to visit Judea and Jerusalem, ac-

---

β *Lit.* for the hand of his God was good upon him.

cording to the law of their God that is in thine hand. ¹⁵ And for the house of the Lord *there have been sent* silver and gold, which the king and the councillors have freely given to the God of Israel, who dwells in Jerusalem. ¹⁶ And all the silver and gold, whatsoever thou shalt find in all the land of Babylon, with the freewill-offering of the people, and the priests that offer freely for the house of God which is in Jerusalem. ¹⁷ And as for every one that arrives *there*, speedily order him by this letter *to bring* calves, rams, lambs, and their meat-offerings, and their drink-offerings; and thou shalt offer them on the altar of the house of your God which is in Jerusalem. ¹⁸ And whatever it shall seem good to thee and to thy brethren to do with the rest of the silver and the gold, do as it is pleasing to your God. ¹⁹ And deliver the vessels that are given thee for the service of the house of God, before God in Jerusalem. ²⁰ And as to the rest of the need of the house of thy God, thou shalt give from the king's treasure-houses, ²¹ and from me, whatever it shall seem *good* to thee to give.

I king Arthasastha have made a decree for all the treasuries that are in the *country* beyond the river, that whatever Esdras the priest and scribe of the God of heaven may ask you, it shall be done βspeedily, ²² to *the amount of* a hundred talents of silver, and a hundred measures of wheat, and a hundred baths of wine, and a hundred baths of oil, and salt without reckoning. ²³ Let whatever is in the decree of the God of heaven, be done: take heed lest any one make an attack on the house of the God of heaven, lest at any time there should be wrath against the realm of the king and his sons. ²⁴ Also this has been declared to you, with respect to all the priests, and Levites, the singers, porters, Nathinim and ministers of the house of God, let no tribute be *paid* to thee; thou shalt not have power to oppress them. ²⁵ And thou, Esdras, as the wisdom of God *is* in thy hand, appoint scribes and judges, that they may judge for all the people beyond the river, all that know the law of the Lord thy God; and ye shall make it known to him that knows not.

²⁶ And whosoever shall not do the law of God, and the law of the king readily, judgment shall be taken upon him, whether for death or for chastisement, or for a fine of his property, or casting into prison.

²⁷ Blessed *be* the Lord God of our fathers, who has put it thus into the heart of the king, to glorify the house of the Lord which is in Jerusalem; ²⁸ and has given me favour in the eyes of the king, and of his councillors, and all the rulers of the king, the exalted ones. And I was strengthened according to the good hand of God upon me, and I gathered chief men of Israel to go up with me.

And these *are* the heads of their families, the leaders that went up with me in the reign of Arthasastha the king of Babylon. ²Of the sons of Phinees; Gerson: of the sons of Ithamar; Daniel: of the sons of David; Attus. ³Of the sons of Sachania,

αὐτῶν τῷ ἐν χειρί σου· Καὶ εἰς οἶκον Κυρίου, ἀργύριον καὶ 15 χρυσίον, ὃ ὁ βασιλεὺς καὶ οἱ σύμβουλοι ἑκουσιάσθησαν τῷ Θεῷ τοῦ Ἰσραὴλ τῷ ἐν Ἱερουσαλὴμ κατασκηνοῦντι. Καὶ 16 πᾶν ἀργύριον καὶ χρυσίον, ὅ, τι ἐὰν εὕρῃς ἐν πάσῃ χώρᾳ Βαβυλῶνος μετὰ ἑκουσιασμοῦ τοῦ λαοῦ, καὶ ἱερέων τῶν ἑκουσιαζομένων εἰς οἶκον Θεοῦ τὸν ἐν Ἱερουσαλήμ. Καὶ πάντα 17 προσπορευόμενον τοῦτον ἑτοίμως ἔνταξον ἐν βιβλίῳ τούτῳ, μόσχους, κριοὺς, ἀμνοὺς, καὶ θυσίας αὐτῶν, καὶ σπονδὰς αὐτῶν· καὶ προσοίσεις αὐτὰ ἐπὶ τοῦ θυσιαστηρίου τοῦ οἴκου τοῦ Θεοῦ ὑμῶν τοῦ ἐν Ἱερουσαλήμ. Καὶ εἴ τι ἐπὶ σὲ καὶ τοὺς ἀδελφούς 18 σου ἀγαθυνθῇ ἐν καταλοίπῳ τοῦ ἀργυρίου καὶ τοῦ χρυσίου ποιῆσαι, ὡς ἀρεστὸν τῷ Θεῷ ὑμῶν ποιήσατε. Καὶ τὰ σκεύη 19 τὰ διδόμενά σοι εἰς λειτουργίαν οἴκου Θεοῦ, παράδος ἐνώπιον τοῦ Θεοῦ ἐν Ἱερουσαλήμ. Καὶ κατάλοιπον χρείας οἴκου Θεοῦ 20 σου, ὃ ἂν φανῇ σοι δοῦναι, δώσεις ἀπὸ οἴκων γάζης βασιλέως καὶ ἀπʼ ἐμοῦ.   21

Ἐγὼ Ἀρθασασθὰ βασιλεὺς ἔθηκα γνώμην πάσαις ταῖς γάζαις ταῖς ἐν πέρα τοῦ ποταμοῦ, ὅτι πᾶν ὃ ἂν αἰτήσῃ ὑμᾶς Ἔσδρας ὁ ἱερεὺς καὶ γραμματεὺς τοῦ Θεοῦ τοῦ οὐρανοῦ, ἑτοίμως γινέσθω· ἕως ἀργυρίου ταλάντων ἑκατὸν, καὶ ἕως 22 πυροῦ κόρων ἑκατὸν, καὶ ἕως οἴνου βατῶν ἑκατὸν, καὶ ἕως ἐλαίου βατῶν ἑκατὸν, καὶ ἅλας οὗ οὐκ ἔστι γραφή. Πᾶν 23 ὅ ἐστιν ἐν γνώμῃ Θεοῦ τοῦ οὐρανοῦ, γινέσθω· προσέχετε μήτις ἐπιχειρήσῃ εἰς τὸν οἶκον Θεοῦ τοῦ οὐρανοῦ, μή ποτε γένηται ὀργὴ ἐπὶ τὴν βασιλείαν τοῦ βασιλέως καὶ τῶν υἱῶν αὐτοῦ. Καὶ ὑμῖν ἐγνώρισται ἐν πᾶσι τοῖς ἱερεῦσι, καὶ τοῖς Λευίταις, 24 ᾄδουσι, πυλωροῖς, Ναθινὶμ, καὶ λειτουργοῖς οἴκου Θεοῦ τούτο, φόρος μὴ ἔστω σοι, οὐκ ἐξουσιάσεις καταδουλοῦσθαι αὐτούς. Καὶ σὺ Ἔσδρα, ὡς ἡ σοφία τοῦ Θεοῦ ἐν χειρί σου, κατάστησον 25 γραμματεῖς καὶ κριτὰς, ἵνα ὦσι κρίνοντες παντὶ τῷ λαῷ τῷ ἐν πέρα τοῦ ποταμοῦ πᾶσι τοῖς εἰδόσι νόμον τοῦ Θεοῦ σου, καὶ τῷ μὴ εἰδότι γνωριεῖτε.

Καὶ πᾶς ὃς ἂν μὴ ᾖ ποιῶν νόμον τοῦ Θεοῦ καὶ νόμον τοῦ 26 βασιλέως ἑτοίμως, τὸ κρίμα ἔσται γινόμενον ἐξ αὐτοῦ, ἐάν τε εἰς θάνατον, ἐάν τε εἰς παιδείαι, ἐάν τε εἰς ζημίαν τοῦ βίου, ἐάν τε εἰς παράδοσιν.

Εὐλογητὸς Κύριος ὁ Θεὸς τῶν πατέρων ἡμῶν, ὃς ἔδωκεν ἐν 27 καρδίᾳ τοῦ βασιλέως οὕτως, τοῦ δοξάσαι τὸν οἶκον Κυρίου τὸν ἐν Ἱερουσαλὴμ, καὶ ἐπʼ ἐμὲ ἔκλινεν ἔλεος ἐν ὀφθαλμοῖς τοῦ 28 βασιλέως καὶ τῶν συμβούλων αὐτοῦ, καὶ πάντων τῶν ἀρχόντων τοῦ βασιλέως, τῶν ἐπηρμένων· καὶ ἐγὼ ἐκραταιώθην ὡς χεὶρ Θεοῦ ἡ ἀγαθὴ ἐπʼ ἐμέ, καὶ συνῆξα ἀπὸ Ἰσραὴλ ἄρχοντας ἀναβῆναι μετʼ ἐμοῦ.

Καὶ οὗτοι οἱ ἄρχοντες πατριῶν αὐτῶν οἱ ὁδηγοὶ ἀναβαίνοντες 8 μετʼ ἐμοῦ ἐν βασιλείᾳ Ἀρθασασθὰ τοῦ βασιλέως Βαβυλῶνος. Ἀπὸ υἱῶν Φινεὲς, Γηρσών· ἀπὸ υἱῶν Ἰθάμαρ, Δανιήλ· ἀπὸ 2 υἱῶν Δαυὶδ, Ἀττούς. Ἀπὸ υἱῶν Σαχανία, καὶ ἀπὸ υἱῶν Φόρος, 3

β *Gr.* readily.

Ζαχαρίας, καὶ μετ᾽ αὐτοῦ τὸ συστρεμμα ἑκατὸν καὶ πεντήκοντα.
4 Ἀπὸ υἱῶν Φαὰθ Μωὰβ, Ἐλιανὰ υἱὸς Σαραία, καὶ μετ᾽ αὐτοῦ
5 διακόσιοι τὰ ἀρσενικά. Καὶ ἀπὸ υἱῶν Ζαθόης, Σεχενίας υἱὸς
6 Ἀζιὴλ, καὶ μετ᾽ αὐτοῦ τριακόσια τὰ ἀρσενικά. Καὶ ἀπὸ τῶν
υἱῶν Ἀδὶν, Ὠβὴθ υἱὸς Ἰωνάθαν, καὶ μετ᾽ αὐτοῦ πεντήκοντα
7 τὰ ἀρσενικά. Καὶ ἀπὸ υἱῶν Ἠλὰμ, Ἰσαΐας υἱὸς Ἀθελία, καὶ
8 μετ᾽ αὐτοῦ ἑβδομήκοντα τὰ ἀρσενικά. Καὶ ἀπὸ υἱῶν Σαφατία,
Ζαβαδίας υἱὸς Μιχαὴλ, καὶ μετ᾽ αὐτοῦ ὀγδοήκοντα τὰ ἀρσενικά.
9 Καὶ ἀπὸ υἱῶν Ἰωὰβ, Ἀβαδία υἱὸς Ἰειὴλ, καὶ μετ᾽ αὐτοῦ
10 διακόσιοι δεκαοκτὼ τὰ ἀρσενικά. Καὶ ἀπὸ τῶν υἱῶν Βαανὶ,
Σελιμοὺθ υἱὸς Ἰωσεφία, καὶ μετ᾽ αὐτοῦ ἑκατὸν ἑξήκοντα τὰ
11 ἀρσενικά. Καὶ ἀπὸ υἱῶν Βαβὶ, Ζαχαρίας υἱὸς Βαβὶ, καὶ μετ᾽
12 αὐτοῦ εἰκοσιοκτὼ τὰ ἀρσενικά. Καὶ ἀπὸ υἱῶν Ἀσγὰδ, Ἰωανὰν
13 υἱὸς Ἀκκατὰν, καὶ μετ᾽ αὐτοῦ ἑκατὸν δέκα τὰ ἀρσενικά. Καὶ
ἀπὸ υἱῶν Ἀδωνικὰμ ἔσχατοι, καὶ ταῦτα τὰ ὀνόματα αὐτῶν,
Ἐλιφαλὰτ, Ἰεὴλ, καὶ Σαμαία, καὶ μετ᾽ αὐτῶν ἑξήκοντα τὰ ἀρ-
14 σενικά. Καὶ ἀπὸ υἱῶν Βαγουαὶ, Οὐθαὶ καὶ Ζαβοὺδ, καὶ μετ᾽
αὐτοῦ ἑβδομήκοντα τὰ ἀρσενικά.
15 Καὶ συνῆξα αὐτοὺς πρὸς τὸν ποταμὸν τὸν ἐρχόμενον πρὸς
τὸν Εὐὶ, καὶ παρενεβάλομεν ἐκεῖ ἡμέρας τρεῖς· καὶ συνῆκα ἐν
τῷ λαῷ καὶ ἐν τοῖς ἱερεῦσι, καὶ ἀπὸ υἱῶν Λευὶ οὐχ εὗρον ἐκεῖ.
16 Καὶ ἀπέστειλα τῷ Ἐλεάζαρ, τῷ Ἀριὴλ, τῷ Σεμεΐα, καὶ τῷ
Ἀλωνὰμ, καὶ τῷ Ἰαρὶβ, καὶ τῷ Ἐλνάθαν, καὶ τῷ Νάθαν, καὶ
τῷ Ζαχαρία, καὶ τῷ Μεσολλὰμ, καὶ τῷ Ἰωαρὶμ, καὶ τῷ Ἐλνά-
17 θαν, συνιέντας. Καὶ ἐξήνεγκα αὐτοὺς ἐπὶ ἄρχοντας ἐν ἀργυρίῳ
τοῦ τόπου, καὶ ἔθηκα ἐν στόματι αὐτῶν λόγους λαλῆσαι πρὸς
τοὺς ἀδελφοὺς αὐτῶν τῶν Ἀθινεὶμ ἐν ἀργυρίῳ τοῦ τόπου, τοῦ
18 ἐνέγκαι ἡμῖν ἄδοντας εἰς οἶκον Θεοῦ ἡμῶν. Καὶ ἤλθοσαν ἡμῖν
ὡς χεὶρ Θεοῦ ἡμῶν ἀγαθὴ ἐφ᾽ ἡμᾶς, ἀνὴρ σαχὼν ἀπὸ υἱῶν
Μοολὶ, υἱοῦ Λευὶ, υἱοῦ Ἰσραήλ· καὶ ἀρχὴν ἦλθον οἱ υἱοὶ αὐτοῦ
19 καὶ ἀδελφοὶ αὐτοῦ δεκαοκτώ· Καὶ τὸν Ἀσεβία, καὶ τὸν Ἰσαΐα
ἀπὸ τῶν υἱῶν Μεραρὶ, ἀδελφοὶ αὐτοῦ καὶ υἱοὶ αὐτοῦ εἴκοσι.
20 Καὶ ἀπὸ τῶν Ναθινὶμ, ὧν ἔδωκε Δαυὶδ καὶ οἱ ἄρχοντες εἰς δου-
λείαν τῶν Λευιτῶν, Ναθινὶμ διακόσιοι εἴκοσι, πάντες συνήχθη-
σαν ἐν ὀνόμασι.
21 Καὶ ἐκάλεσα ἐκεῖ νηστείαν ἐπὶ τὸν ποταμὸν Ἀουὲ, τοῦ
ταπεινωθῆναι ἐνώπιον τοῦ Θεοῦ ἡμῶν, ζητῆσαι παρ᾽ αὐτοῦ
ὁδὸν εὐθείαν ἡμῖν καὶ τοῖς τέκνοις ἡμῶν καὶ πάσῃ τῇ κτήσει
22 ἡμῶν· Ὅτι ᾐσχύνθην αἰτήσασθαι παρὰ τοῦ βασιλέως δύναμιν
καὶ ἱππεῖς σῶσαι ἡμᾶς ἀπὸ ἐχθροῦ ἐν τῇ ὁδῷ, ὅτι εἴπαμεν τῷ
βασιλεῖ, λέγοντες, χεὶρ τοῦ Θεου ἡμῶν ἐπὶ πάντας τοὺς ζη-
τοῦντας αὐτὸν εἰς ἀγαθόν· καὶ κράτος αὐτοῦ, καὶ θυμὸς αὐτοῦ
23 ἐπὶ πάντας τοὺς ἐγκαταλείποντας αὐτόν. Καὶ ἐνηστεύσαμεν,
καὶ ἐζητήσαμεν παρὰ τοῦ Θεοῦ ἡμῶν περὶ τούτου, καὶ ἐπήκουσεν
ἡμῖν.
24 Καὶ διέστειλα ἀπὸ ἀρχόντων τῶν ἱερέων δώδεκα, τῷ Σαραία,
25 τῷ Ἀσαβία, καὶ μετ᾽ αὐτῶν ἀπὸ ἀδελφῶν αὐτῶν δέκα. Καὶ
ἔστησα αὐτοῖς τὸ ἀργύριον καὶ τὸ χρυσίον καὶ τὰ σκεύη ἀπαρχῆς
οἴκου Θεοῦ ἡμῶν, ἃ ὕψωσεν ὁ βασιλεὺς καὶ οἱ σύμβουλοι

and of the sons of Phoros; Zacharias: and with him a company of a hundred and fifty. [4] Of the sons of Phaath-Moab; Eliana the son of Saraia, and with him two hundred that were males. [5] And of the sons of Zathoes; Sechenias the son of Aziel, and with him three hundred males. [6] And of the sons of Adin; Obeth the son of Jonathan, and with him fifty males. [7] And of the sons of Elam; Isæas the son of Athelia, and with him seventy males. [8] And of the sons of Saphatia; Zabadias the son of Michael, and with him eighty males. [9] And of the sons of Joab; Abadia the son of Jeiel, and with him two hundred and eighteen males. [10] And of the sons of Baani; Selimuth the son of Josephia, and with him a hundred and sixty males. [11] And of the sons of Babi; Zacharias the son of Babi, and with him twenty-eight males. [12] And of the sons of Asgad; Joanan the son of Accatan, and with him a hundred and ten males. [13] And of the sons of Adonicam were the last, and these were their names, Eliphalat, Jeel, and Samæa, and with them sixty males. [14] And of the sons of Baguæ, Uthai, and Zabud, and with him seventy males.

[15] And I gathered them to the river that comes to Evi, and we encamped there three days: and I β reviewed the people and the priests, and found none of the sons of Levi there. [16] And I sent men of understanding to Eleazar, to Ariel, to Semeias, and to Alonam, and to Jarib, and to Elnatham, and to Nathan, and to Zacharias, and to Mesollam, and to Joarim, and to Elnathan. [17] And I forwarded them to the rulers γ with the money of the place, and I put words in their mouth to speak to their brethren the Athinim with the money of the place, that they should bring us singers for the house of our God. [18] And they came to us, as the δ good hand of our God was upon us, even a man of ζ understanding of the sons of Mooli, the son of Levi, the son of Israel, and at the commencement came his sons and his brethren, eighteen. [19] And Asebia, and Isaia of the sons of Merari, his brethren and his sons, twenty. [20] And of the Nathinim, whom David and the princes had appointed for the service of the Levites there were two hundred and twenty Nathinim; all were gathered by their names.

[21] And I proclaimed there a fast, at the river Aūe, that we should humble ourselves before our God, to seek of him a straight way for us, and for our children, and for all our property. [22] For I was ashamed to ask of the king a guard and horsemen to save us from the enemy in the way: for we had spoken to the king, saying, The hand of our God is upon all that seek him, for good; but his power and his wrath are upon all that forsake him. [23] So we fasted, and asked of our God concerning this; and he hearkened to us.

[24] And I gave charge to twelve of the chiefs of the priests, to Saraia, to Asabia, and ten of their brethren with them. [25] And I weighed to them the silver, and the gold, and the vessels of the first-fruits of the house of our God, which the king, and

---

β Gr. had understanding in.   γ Probably for Casiphia.   Heb. proper name translated as a common name.
δ Lit. hand of our God was good, etc.   ζ See Heb., compare Gr.

his councillors, and his princes, and all Israel that were found, β had dedicated. ²⁶ I even weighed into their hands six hundred and fifty talents of silver, and a hundred silver vessels, and a hundred talents of gold; ²⁷ and twenty golden bowls, *weighing* about a thousand drachms, and superior vessels of fine shining brass, *precious* as gold. ²⁸ And I said to them, Ye *are* holy to the Lord; and the vessels *are* holy; and the silver and the gold are freewill-offerings to the Lord God of our fathers. ²⁹ Be watchful and keep them, until ye weigh *them* before the chief priests and the Levites, and the chiefs of families in Jerusalem, at the chambers of the house of the Lord. ³⁰ So the priests and the Levites took the weight of the silver, and the gold, and the vessels, to bring to Jerusalem into the house of our God.

³¹ And we departed from the river of Aüe on the twelfth day of the first month, to come to Jerusalem: and the hand of our God was upon us, and delivered us from the hand of the enemy and adversary in the way. ³² And we came to Jerusalem, and abode there three days. ³³ And it came to pass on the fourth day that we weighed the silver, and the gold, and the vessels, in the house of our God, into the hand of Merimoth the son of Uria the priest; and with him *was* Eleazar the son of Phinees, and with them Jozabad the son of Jesus, and Noadia the son of Banaia, the Levites. ³⁴ All things *were reckoned* by number and weight, and the whole weight was written *down*.

³⁵ At that time the children of the banishment that came from the captivity offered whole-burnt-offerings to the God of Israel, twelve calves for all Israel, ninety-six rams, seventy-seven lambs, twelve goats for a sin-offering: all whole-burnt-offerings to the Lord. ³⁶ And they gave the king's mandate to the king's lieutenants, and the governors beyond the river: and they honoured the people and the house of God.

And when these things were finished, the princes drew near to me, saying, The people of Israel, and the priests, and the Levites, have not separated themselves from the people of the lands in their abominations, *even* the Chananite, the Ethite, the Pherezite, the Jebusite, the Ammonite, the Moabite, and the Moserite and the Amorite. ² For they have taken of their daughters for themselves and their sons; and the holy seed has passed among the nations of the lands, and the hand of the rulers *has been* first in this transgression. ³ And when I heard this thing, I rent my garments, and trembled, and plucked *some* of the hairs of my head and of my beard, and sat down mourning. ⁴ Then there assembled to me all that followed the word of the God of Israel, on account of the transgression of the captivity; and I remained mourning until the evening sacrifice.

⁵ And at the evening sacrifice I rose up from my humiliation; and when I had rent my garments, γ then I trembled, and I bow myself on my knees, and spread out my hands to the Lord God, ⁶ and I said, O

αὐτοῦ καὶ οἱ ἄρχοντες αὐτοῦ, καὶ πᾶς Ἰσραὴλ οἱ εὑρισκόμενοι. Καὶ ἔστησα ἐπὶ χεῖρας αὐτῶν ἀργυρίου τάλαντα ἑξακόσια 26 πεντήκοντα, καὶ σκεύη ἀργυρᾶ ἑκατὸν, καὶ τάλαντα χρυσίου ἑκατὸν, καὶ χαφουρῆ χρυσοῖ εἴκοσι εἰς τὴν ὁδὸν χίλιοι, καὶ 27 σκεύη χαλκοῦ στίλβοντος ἀγαθοῦ διάφορα ἐπιθυμητὰ ἐν χρυσίῳ. Καὶ εἶπα πρὸς αὐτοὺς, ὑμεῖς ἅγιοι τῷ Κυρίῳ, καὶ τὰ σκεύη 28 ἅγια, καὶ τὸ ἀργύριον καὶ τὸ χρυσίον ἑκούσια τῷ Κυρίῳ Θεῷ πατέρων ἡμῶν. Ἀγρυπνεῖτε καὶ τηρεῖτε ἕως στῆτε ἐνώπιον 29 ἀρχόντων τῶν ἱερέων καὶ τῶν Λευιτῶν καὶ τῶν ἀρχόντων τῶν πατριῶν ἐν Ἱερουσαλὴμ εἰς σκηνὰς οἴκου Κυρίου. Καὶ ἐδέ- 30 ξαντο οἱ ἱερεῖς καὶ οἱ Λευῖται σταθμὸν τοῦ ἀργυρίου καὶ τοῦ χρυσίου καὶ τῶν σκευῶν, ἐνεγκεῖν εἰς Ἱερουσαλὴμ εἰς οἶκον Θεοῦ ἡμῶν.

Καὶ ἐξήραμεν ἀπὸ τοῦ ποταμοῦ τοῦ Ἀουὲ ἐν τῇ δωδεκάτῃ 31 τοῦ μηνὸς τοῦ πρώτου τοῦ ἐλθεῖν εἰς Ἱερουσαλήμ· καὶ χεὶρ Θεοῦ ἡμῶν ἦν ἐφ' ἡμῖν, καὶ ἐρρύσατο ἡμᾶς ἀπὸ χειρὸς ἐχθροῦ καὶ πολεμίου ἐν τῇ ὁδῷ. Καὶ ἤλθομεν εἰς Ἱερουσαλὴμ, καὶ 32 ἐκαθίσαμεν ἐκεῖ ἡμέρας τρεῖς. Καὶ ἐγενήθη τῇ ἡμέρᾳ τῇ 33 τετάρτῃ ἐστήσαμεν τὸ ἀργύριον καὶ τὸ χρυσίον καὶ τὰ σκεύη ἐν οἴκῳ Θεοῦ ἡμῶν ἐπὶ χεῖρα Μεριμὼθ υἱοῦ Οὐρία τοῦ ἱερέως, καὶ μετ' αὐτοῦ Ἐλεάζαρ υἱὸς Φινεὲς, καὶ μετ' αὐτῶν Ἰωζαβὰδ υἱὸς Ἰησοῦ, καὶ Νωαδία υἱὸς Βαναία οἱ Λευῖται. Ἐν ἀριθμῷ 34 καὶ ἐν σταθμῷ τὰ πάντα, καὶ ἐγράφη πᾶς ὁ σταθμός.

Ἐν τῷ καιρῷ ἐκείνῳ οἱ ἐλθόντες ἐκ τῆς αἰχμαλωσίας υἱοὶ 35 τῆς παροικίας, προσήνεγκαν ὁλοκαυτώσεις τῷ Θεῷ Ἰσραὴλ, μόσχους δώδεκα περὶ παντὸς Ἰσραὴλ, κριοὺς ἐννενηκονταὲξ, ἀμνοὺς ἑβδομηκονταεπτὰ, χιμάρους περὶ ἁμαρτίας δώδεκα, τὰ πάντα ὁλοκαυτώματα τῷ Κυρίῳ· Καὶ ἔδωκαν τὸ νόμισμα 36 τοῦ βασιλέως τοῖς διοικηταῖς τοῦ βασιλέως καὶ ἐπάρχοις πέραν τοῦ ποταμοῦ· καὶ ἐδόξασαν τὸν λαὸν καὶ τὸν οἶκον τοῦ Θεοῦ.

Καὶ ὡς ἐτελέσθη ταῦτα, ἤγγισαν πρὸς μὲ οἱ ἄρχοντες, 9 λέγοντες, οὐκ ἐχωρίσθη ὁ λαὸς Ἰσραὴλ καὶ οἱ ἱερεῖς καὶ οἱ Λευῖται ἀπὸ λαῶν τῶν γαιῶν ἐν μακρύμμασιν αὐτῶν, τῷ Χανανὶ ὁ Ἐθὶ, ὁ Φερεζὶ, ὁ Ἰεβουσὶ, ὁ Ἀμμωνὶ, ὁ Μωαβὶ, καὶ ὁ Μοσερὶ, καὶ ὁ Ἀμόρρὶ, ὅτι ἐλάβοσαν ἀπὸ θυγατέρων αὐτῶν ἑαυτοῖς καὶ 2 τοῖς υἱοῖς αὐτῶν· καὶ παρήχθη σπέρμα τὸ ἅγιον ἐν λαοῖς τῶν γαιῶν, καὶ χεὶρ τῶν ἀρχόντων ἐν τῇ ἀσυνθεσίᾳ ταύτῃ ἐν ἀρχῇ. Καὶ ὡς ἤκουσα τὸν λόγον τοῦτον, διέρρηξα τὰ ἱμάτιά μου, καὶ 3 ἐπαλλόμην, καὶ ἔτιλλον ἀπὸ τῶν τριχῶν τῆς κεφαλῆς μου καὶ ἀπὸ τοῦ πώγωνός μου, καὶ ἐκαθήμην ἠρεμάζων. Καὶ συνήχθη- 4 σαν πρὸς μὲ πᾶς ὁ διώκων λόγον Θεοῦ Ἰσραὴλ ἐπὶ ἀσυνθεσίᾳ τῆς ἀποικίας· κἀγὼ καθήμενος ἠρεμάζων ἕως τῆς θυσίας τῆς ἑσπερινῆς.

Καὶ ἐν θυσίᾳ τῇ ἑσπερινῇ ἀνέστην ἀπὸ ταπεινώσεώς μου· 5 καὶ ἐν τῷ διαρρῆξαί με τὰ ἱμάτιά μου, καὶ ἐπαλλόμην, καὶ κλίνω ἐπὶ τὰ γόνατά μου, καὶ ἐκπετάζω τὰς χεῖράς μου πρὸς Κύριον τὸν Θεὸν, καὶ εἶπα, Κύριε, ἠσχύνθην καὶ ἐνετράπην 6

β *Gr.* lifted up. See *Heb.*   γ *Or,* and.

τοῦ ὑψῶσαι, Θεέ μου, τὸ πρόσωπόν μου πρὸς σὲ, ὅτι αἱ ἀνομίαι ἡμῶν ἐπληθύνθησαν ὑπὲρ κεφαλῆς ἡμῶν, καὶ αἱ πλημμέλειαι
7 ἡμῶν ἐμεγαλύνθησαν ἕως εἰς τὸν οὐρανόν. Ἀπὸ ἡμερῶν πατέρων ἡμῶν ἐσμὲν ἐν πλημμελείᾳ μεγάλῃ ἕως τῆς ἡμέρας ταύτης· καὶ ἐν ταῖς ἀνομίαις ἡμῶν παρεδόθημεν ἡμεῖς καὶ οἱ βασιλεῖς ἡμῶν καὶ οἱ υἱοὶ ἡμῶν ἐν χειρὶ βασιλέων τῶν ἐθνῶν ἐν ῥομφαίᾳ, καὶ ἐν αἰχμαλωσίᾳ, καὶ ἐν διαρπαγῇ, καὶ ἐν αἰσχύνῃ προσώπου
8 ἡμῶν, ὡς ἡ ἡμέρα αὕτη. Καὶ νῦν ἐπιεικεύσατο ἡμῖν ὁ Θεὸς ἡμῶν τοῦ καταλιπεῖν ἡμᾶς εἰς σωτηρίαν, καὶ δοῦναι ἡμῖν στήριγμα ἐν τόπῳ ἁγιάσματος αὐτοῦ, τοῦ φωτίσαι ὀφθαλμοὺς
9 ἡμῶν, καὶ δοῦναι ζωοποίησιν μικρὰν ἐν τῇ δουλείᾳ ἡμῶν. Ὅτι δοῦλοί ἐσμεν, καὶ ἐν τῇ δουλείᾳ ἡμῶν οὐκ ἐγκατέλιπεν ἡμᾶς Κύριος ὁ Θεὸς ἡμῶν· καὶ ἔκλινεν ἐφ' ἡμᾶς ἔλεος ἐνώπιον βασιλέων Περσῶν, δοῦναι ἡμῖν ζωοποίησιν τοῦ ὑψῶσαι αὐτοὺς τὸν οἶκον τοῦ Θεοῦ ἡμῶν, καὶ ἀναστῆσαι τὰ ἔρημα αὐτῆς, καὶ
10 τοῦ δοῦναι ἡμῖν φραγμὸν ἐν Ἰούδα καὶ Ἱερουσαλήμ. Τί εἴπωμεν ὁ Θεὸς ἡμῶν μετὰ τοῦτο; ὅτι ἐγκατελίπομεν ἐντολὰς
11 σου, ἃς ἔδωκας ἡμῖν ἐν χειρὶ δούλων σου τῶν προφητῶν, λέγων, ἡ γῆ εἰς ἣν εἰσπορεύεσθε κληρονομῆσαι αὐτὴν, γῆ μετακινουμένη ἐστὶν ἐν μετακινήσει λαῶν τῶν ἐθνῶν ἐν μακρύμμασιν αὐτῶν, ὧν ἔπλησαν αὐτὴν ἀπὸ στόματος ἐπὶ στόμα ἐν ἀκαθαρσίαις αὐτῶν.

12 Καὶ νῦν τὰς θυγατέρας ὑμῶν μὴ δότε τοῖς υἱοῖς αὐτῶν, καὶ ἀπὸ τῶν θυγατέρων αὐτῶν μὴ λάβητε τοῖς υἱοῖς ὑμῶν, καὶ οὐκ ἐκζητήσετε εἰρήνην αὐτῶν καὶ ἀγαθὸν αὐτῶν ἕως αἰῶνος, ὅπως ἐνισχύσητε, καὶ φάγητε τὰ ἀγαθὰ τῆς γῆς, καὶ κληροδο-
13 τήσητε τοῖς υἱοῖς ὑμῶν ἕως αἰῶνος. Καὶ μετὰ πᾶν τὸ ἐρχόμενον ἐφ' ἡμᾶς ἐν ποιήμασιν ἡμῶν τοῖς πονηροῖς καὶ ἐν πλημμελείᾳ ἡμῶν τῇ μεγάλῃ, ὅτι οὐκ ἔστιν ὡς ὁ Θεὸς ἡμῶν, ὅτι ἐκούφισας
14 ἡμῶν τὰς ἀνομίας, καὶ ἔδωκας ἡμῖν σωτηρίαν· Ὅτι ἐπεστρέψαμεν διασκεδάσαι ἐντολάς σου, καὶ ἐπιγαμβρεῦσαι τοῖς λαοῖς τῶν γαιῶν· μὴ παροξυνθῇς ἐν ἡμῖν ἕως συντελείας, τοῦ μὴ
15 εἶναι ἐγκατάλειμμα καὶ διασωζόμενον. Κύριε ὁ Θεὸς Ἰσραήλ, δίκαιος σὺ, ὅτι κατελείφθημεν διασωζόμενοι, ὡς ἡ ἡμέρα αὕτη· ἰδοὺ ἡμεῖς ἐναντίον σου ἐν πλημμελείαις ἡμῶν, ὅτι οὐκ ἔστι στῆναι ἐνώπιόν σου ἐπὶ τούτῳ.

10 Καὶ ὡς προσηύξατο Ἔσδρας, καὶ ὡς ἐξηγόρευσε κλαίων καὶ προσευχόμενος ἐνώπιον οἴκου τοῦ Θεοῦ, συνήχθησαν πρὸς αὐτὸν ἀπὸ Ἰσραὴλ ἐκκλησία πολλὴ σφόδρα, ἄνδρες καὶ γυναῖκες καὶ νεανίσκοι, ὅτι ἔκλαυσαν ὁ λαὸς, καὶ ὕψωσε κλαίων.
2 Καὶ ἀπεκρίθη Σεχενίας υἱὸς Ἰεὴλ ἀπὸ υἱῶν Ἠλὰμ, καὶ εἶπε τῷ Ἔσδρᾳ, ἡμεῖς ἠσυνθετήσαμεν τῷ Θεῷ ἡμῶν, καὶ ἐκαθίσαμεν γυναῖκας ἀλλοτρίας ἀπὸ τῶν λαῶν τῆς γῆς· καὶ νῦν ἔστιν
3 ὑπομονὴ τῷ Ἰσραὴλ ἐπὶ τούτῳ. Καὶ νῦν διαθώμεθα διαθήκην τῷ Θεῷ ἡμῶν ἐκβαλεῖν πάσας τὰς γυναῖκας, καὶ τὰ γενόμενα ἐξ αὐτῶν, ὡς ἂν βούλῃ· ἀνάστηθι, καὶ φοβέρισον αὐτοὺς
4 ἐν ἐντολαῖς Θεοῦ ἡμῶν, καὶ ὡς ὁ νόμος, γενηθήτω. Ἀνάστα, ὅτι ἐπὶ σὲ τὸ ῥῆμα, καὶ ἡμεῖς μετὰ σοῦ· κραταιοῦ καὶ ποίησον.

Lord, I am ashamed and confounded, O my God, to lift up my face to thee: for our transgressions have abounded over our head, and our trespasses have increased even to heaven. [7] From the days of our fathers we have been in a great trespass until this day: and β because of our iniquities we, and our kings, and our children, have been delivered into the hand of the kings of the Gentiles by the sword, and by captivity, and by spoil, and with shame of our face, as at this day. [8] And now our God has dealt mercifully with us, so as to leave us to escape, and to give us an establishment in the place of his sanctuary, to enlighten our eyes, and to give a little quickening in our servitude. [9] For we are slaves, yet in our servitude the Lord our God has not deserted us; and he has extended favour to us in the sight of the kings of the Persians, to give us a quickening, that they should raise up the house of our God, and restore the desolate places of it, and to give us a fence in Juda and Jerusalem. [10] What shall we say, our God, after this? for we have forsaken thy commandments, [11] which thou hast given us by the hand of thy servants the prophets, saying, The land, into which ye go to inherit it, is a land subject to disturbance by the removal of the people of the nations for their abominations, wherewith they have filled it γ from one end to the other by their uncleanness. [12] And now give not your daughters to their sons, and take not of their daughters for your sons, neither shall ye seek their peace or their good for ever: that ye may be strong, and eat the good of the land, and transmit it as an inheritance to your children for ever. [13] And after all that is δ come upon us because of our evil deeds, and our great trespass, *it is clear* that there is none such as our God, for thou hast lightly visited our iniquities, and given us deliverance; [14] whereas we have repeatedly broken thy commandments, and intermarried with the people of the lands: be not very angry with us to *our* utter destruction, so that there should be no remnant or escaping one. [15] O Lord God of Israel, thou *art* righteous; for we remain *yet* escaped, as at this day: behold, we *are* before thee in our trespasses: for we cannot stand before thee on this account.

So when Esdras *had* prayed, and when he *had* confessed, weeping and praying before the house of God, a very great assembly of Israel came together to him, men and women and youths; for the people wept, and wept aloud. [2] And Sechenias the son of Jeel, of the sons of Elam, answered and said to Esdras, We have broken covenant with our God, and have ζ taken strange wives of the nations of the land: yet now there is patience *of hope* to Israel concerning this thing. [3] Now then let us make a covenant with our God to put away all the wives, and their offspring, as thou shalt advise: [4] arise, and alarm them with the commands of our God; and let *it* be done θ according to the law. Rise up, for the matter *is* upon thee; and we *are* with thee: be strong and do.

β *Gr.* in.   γ *Gr.* from mouth to mouth, *Hebraism.*   δ *Gr.* coming.   ζ *Gr.* settled. *or,* caused to dwell.   θ *Gr.* as the law *is.*

⁵ Then Esdras arose, and caused the rulers, the priests, and Levites, and all Israel, to swear that they would do according to this word: and they swore. ⁶ And Esdras rose up from before the house of God, and went to the treasury of Joanan the son of Elisub; he even went thither: he ate no bread, and drank no water; for he mourned over the βunfaithfulness *of them* of the captivity. ⁷ And they made proclamation throughout Juda and Jerusalem to all the children of the captivity, that they should assemble at Jerusalem, *saying*, ⁸ Every one who shall not arrive within three days, as *is* the counsel of the rulers and the elders, all his substance shall be γ forfeited, and he shall be separated from the congregation of the captivity.

⁹ So all the men of Juda and Benjamin assembled at Jerusalem within the three days. This *was* the ninth month: on the twentieth day of the month all the people sat down in the street of the house of the Lord, because of their alarm concerning the word, and because of the storm. ¹⁰ And Esdras the priest arose, and said to them, Ye have broken covenant, and have δ taken strange wives, to add to the trespass of Israel. ¹¹ Now therefore give praise to the Lord God of our fathers, and do that which is pleasing in his sight: and separate yourselves from the peoples of the land, and from the strange wives. ¹² Then all the congregation answered and said, This thy word *is* powerful upon us to do it. ¹³ But the people *is* numerous, and the season *is* stormy, and there is no power to stand without, and the work is more than enough for one day or for two; for we have greatly sinned in this matter. ¹⁴ Let now our rulers stand, and for all those in our cities who have taken strange wives, let them come at appointed times, and with them elders from every several city, and judges, to turn away the fierce wrath of our God from us concerning this matter. ¹⁵ Only Jonathan the son of Asael, and Jazias the son of Thecoe *were* with me concerning this; and Mesollam, and Sabbathai the Levite helped them.

¹⁶ And the children of the captivity did thus: and Esdras the priest, and heads of families according to *their* house were separated, and all by their names, for they returned in the first day of the tenth month to search out the matter. ¹⁷ And they made an end with all the men who had taken strange wives by the first day of the first month. ¹⁸ And there were found *some* of the sons of the priests who had taken strange wives: of the sons of Jesus the son of Josedec, and his brethren; Maasia, and Eliezer, and Jarib, and Gadalia. ¹⁹ And they ς pledged themselves to θ put away their wives, and *offered* a ram of the λ flock for a trespass-offering because of their trespass. ²⁰ And of the sons of Emmer; Anani, and Zabdia. ²¹ And of the sons of Eram; Masael, and Elia, and Samaia, and Jeel, and Ozia. ²² And of the sons of Phasur; Elionai, Maasia, and Ismael, and Nathanael, and Jozabad, and

Καὶ ἀνέστη Ἔσδρας, καὶ ὥρκισε τοὺς ἄρχοντας, τοὺς ἱερεῖς, 5 καὶ Λευίτας, καὶ πάντα Ἰσραήλ, τοῦ ποιῆσαι κατὰ τὸ ῥῆμα τοῦτο· καὶ ὤμοσαν. Καὶ ἀνέστη Ἔσδρας ἀπὸ προσώπου οἴκου 6 τοῦ Θεοῦ, καὶ ἐπορεύθη εἰς γαζοφυλάκιον Ἰωανὰν υἱοῦ Ἐλισοὺβ, καὶ ἐπορεύθη ἐκεῖ· ἄρτον οὐκ ἔφαγε, καὶ ὕδωρ οὐκ ἔπιεν, ὅτι ἐπένθει ἐπὶ τῇ ἀσυνθεσίᾳ τῆς ἀποικίας. Καὶ παρήνεγκαν 7 φωνὴν ἐν Ἰούδᾳ καὶ ἐν Ἰερουσαλὴμ πᾶσι τοῖς υἱοῖς τῆς ἀποικίας, τοῦ συναθροισθῆναι εἰς Ἰερουσαλήμ. Πᾶς ὃς ἂν μὴ ἔλθῃ εἰς 8 τρεῖς ἡμέρας, ὡς ἡ βουλὴ τῶν ἀρχόντων καὶ τῶν πρεσβυτέρων, ἀναθεματισθήσεται πᾶσα ἡ ὕπαρξις αὐτοῦ, καὶ αὐτὸς διασταλήσεται ἀπὸ ἐκκλησίας τῆς ἀποικίας.

Καὶ συνήχθησαν πάντες ἄνδρες Ἰούδα καὶ Βενιαμὶν εἰς Ἱε- 9 ρουσαλὴμ εἰς τὰς τρεῖς ἡμέρας· οὗτος ὁ μὴν ὁ ἔννατος· ἐν εἰκάδι τοῦ μηνὸς ἐκάθισε πᾶς ὁ λαὸς ἐν πλατείᾳ οἴκου τοῦ Θεοῦ ἀπὸ θορύβου αὐτῶν περὶ τοῦ ῥήματος, καὶ ἀπὸ τοῦ χειμῶνος. Καὶ ἀνέστη Ἔσδρας ὁ ἱερεὺς, καὶ εἶπε πρὸς αὐτοὺς, 10 ὑμεῖς ἠσυνθετήκατε, καὶ ἐκαθίσατε γυναῖκας ἀλλοτρίας τοῦ προσθεῖναι ἐπὶ πλημμέλειαν Ἰσραήλ. Καὶ νῦν δότε αἴνεσιν 11 Κυρίῳ Θεῷ τῶν πατέρων ἡμῶν, καὶ ποιήσατε τὸ ἀρεστὸν ἐνώπιον αὐτοῦ, καὶ διαστάλητε ἀπὸ λαῶν τῆς γῆς καὶ ἀπὸ τῶν γυναικῶν τῶν ἀλλοτρίων.

Καὶ ἀπεκρίθησαν πᾶσα ἡ ἐκκλησία, καὶ εἶπαν, μέγα τοῦτο 12 τὸ ῥῆμά σου ἐφ᾽ ἡμᾶς ποιῆσαι. Ἀλλὰ ὁ λαὸς πολὺς, καὶ 13 ὁ καιρὸς χειμερινὸς, καὶ οὐκ ἔστι δύναμις στῆναι ἔξω· καὶ τὸ ἔργον οὐκ εἰς ἡμέραν μίαν καὶ οὐκ εἰς δύο, ὅτι ἐπληθύναμεν τοῦ ἀδικῆσαι ἐν τῷ ῥήματι τούτῳ· Στήτωσαν δὴ ἄρχοντες 14 ἡμῶν, καὶ πᾶσι τοῖς ἐν πόλεσιν ἡμῶν ὃς ἐκάθισε γυναῖκας ἀλλοτρίας, ἐλθέτωσαν εἰς καιροὺς ἀπὸ συνταγῶν, καὶ μετ᾽ αὐτῶν πρεσβύτεροι πόλεως καὶ πόλεως, καὶ κριταὶ, τοῦ ἀποστρέψαι ὀργὴν θυμοῦ Θεοῦ ἡμῶν ἐξ ἡμῶν, περὶ τοῦ ῥήματος τούτου. Πλὴν Ἰωνάθαν υἱὸς Ἀσαὴλ, καὶ Ἰαζίας υἱὸς Θεκωὲ 15 μετ᾽ ἐμοῦ περὶ τούτου· καὶ Μεσολλὰμ, καὶ Σαββαθαὶ ὁ Λευίτης βοηθῶν αὐτοῖς.

Καὶ ἐποίησαν οὕτως υἱοὶ τῆς ἀποικίας· Καὶ διεστάλησαν 16 Ἔσδρας ὁ ἱερεὺς, καὶ ἄνδρες ἄρχοντες πατριῶν τῷ οἴκῳ, καὶ πάντες ἐν ὀνόμασιν, ὅτι ἐπέστρεψαν ἐν ἡμέρᾳ μιᾷ τοῦ μηνὸς τοῦ δεκάτου ἐκζητῆσαι τὸ ῥῆμα. Καὶ ἐτέλεσαν ἐν πᾶσιν 17 ἀνδράσιν οἳ ἐκάθισαν γυναῖκας ἀλλοτρίας, ἕως ἡμέρας μιᾶς τοῦ μηνὸς τοῦ πρώτου.

Καὶ εὑρέθησαν ἀπὸ υἱῶν τῶν ἱερέων οἳ ἐκάθισαν γυναῖκας 18 ἀλλοτρίας, ἀπὸ υἱῶν Ἰησοῦ υἱοῦ Ἰωσεδὲκ, καὶ ἀδελφοὶ αὐτοῦ Μαασία, καὶ Ἐλιέζερ, καὶ Ἰαρὶβ, καὶ Γαδαλία. Καὶ ἔδωκαν 19 χεῖρα αὐτῶν τοῦ ἐξενέγκαι γυναῖκας ἑαυτῶν, καὶ πλημμελείας κριὸν ἐκ προβάτων περὶ πλημμελήσεως αὐτῶν. Καὶ ἀπὸ υἱῶν 20 Ἐμμὴρ, Ἀνανὶ, καὶ Ζαβδία. Καὶ ἀπὸ υἱῶν Ἡρὰμ, Μασαὴλ, 21 καὶ Ἐλία, καὶ Σαμαία, καὶ Ἰεὴλ, καὶ Ὀζία. Καὶ ἀπὸ υἱῶν 22 Φασοὺρ, Ἐλιωναΐ, Μαασία, καὶ Ἰσμαὴλ, καὶ Ναθαναὴλ, καὶ

β *Gr.* covenant-breaking.   γ *Gr.* accursed.   δ *Gr.* settled.   ζ *Gr.* gave their hand.   θ *Gr.* bring forth.   λ *Gr.* sheep.

23 Ἰωζαβὰδ, καὶ Ἡλασά. Καὶ ἀπὸ τῶν Λευιτῶν, Ἰωζαβὰδ, καὶ Σαμοὺ, καὶ Κωλία, αὐτὸς Κωλίτας, καὶ Φεθεία, καὶ Ἰούδας,
24 καὶ Ἐλιέζερ. Καὶ ἀπὸ τῶν ᾀδόντων, Ἐλισάβ· καὶ ἀπὸ τῶν
25 πυλωρῶν, Σολμὴν, καὶ Τελμὴν, καὶ Ὠδούθ. Καὶ ἀπὸ Ἰσραὴλ, ἀπὸ υἱῶν Φόρος, Ῥαμία, καὶ Ἀζία, καὶ Μελχία, καὶ Μεαμὶν,
26 καὶ Ἐλεάζαρ, καὶ Ἀσαβία, καὶ Βαναία. Καὶ ἀπὸ υἱῶν Ἡλὰμ, Ματθανία, καὶ Ζαχαρία, καὶ Ἰαϊὴλ, καὶ Ἀβδία, καὶ Ἰαριμὼθ,
27 καὶ Ἡλία. Καὶ ἀπὸ υἱῶν Ζαθούα, Ἐλιωναῒ, Ἐλισοὺβ, Ματ-
28 θαναῒ, καὶ Ἀρμὼθ, καὶ Ζαβὰδ, καὶ Ὀζιζά. Καὶ ἀπὸ υἱῶν
29 Βαβεῒ, Ἰωανὰν, Ἀνανία, καὶ Ζαβοὺ, καὶ Θαλί. Καὶ ἀπὸ υἱῶν Βανουΐ, Μοσολλὰμ, Μαλοὺχ, Ἀδαΐας, Ἰασοὺβ, καὶ Σαλουΐα,
30 καὶ Ῥημώθ. Καὶ ἀπὸ υἱῶν Φαὰθ Μωὰβ, Ἐδνὲ, καὶ Χαλὴλ, καὶ Βαναία, Μαασία, Ματθανία, Βεσελεὴλ, καὶ Βανουΐ, καὶ
31 Μανασσῆ. Καὶ ἀπὸ υἱῶν Ἡρὰμ, Ἐλιέζερ, Ἰεσία, Μελχία,
32, 33 Σαμαΐας, Σεμεὼν, Βενιαμὶν, Βαλοὺχ, Σαμαρία. Καὶ ἀπὸ υἱῶν Ἀσὴμ, Μετθανία, Ματθαθὰ, Ζαδὰβ, Ἐλιφαλὲτ, Ἰεραμὶ,
34 Μανασσῆ, Σεμεΐ. Καὶ ἀπὸ υἱῶν Βανὶ, Μοοδία, Ἀμρὰμ,
35, 36 Οὐὴλ, Βαναία, Βαδαία, Χελκία, Οὐουανία, Μαριμὼθ,
37, 38 Ἐλιασὶφ, Ματθανία, Ματθαναΐ· καὶ ἐποίησαν οἱ υἱοὶ
39 Βανουΐ, καὶ οἱ υἱοὶ Σεμεῒ, καὶ Σελεμία, καὶ Νάθαν, καὶ Ἀδαΐα,
40, 41 Μαχαδναβοὺ, Σεσεῒ, Σαριοὺ, Ἐζριὴλ, καὶ Σελεμία, καὶ
42, 43 Σαμαρία, καὶ Σελλοὺμ, Ἀμαρεία, Ἰωσήφ. Ἀπὸ υἱῶν Ναβοὺ, Ἰαὴλ, Ματθανίας, Ζαβὰδ, Ζεβεννὰς, Ἰαδαὶ, καὶ Ἰωὴλ, καὶ Βαναία.
44 Πάντες οὗτοι ἐλάβοσαν γυναῖκας ἀλλοτρίας, καὶ ἐγέννησαν ἐξ αὐτῶν υἱούς.

Elasa. 23 And of the Levites; Jozabad, and Samu, and Colia (he *is* Colitas,) and Phetheia, and Judas, and Eliezer. 24 And of the singers; Elisab: and of the porters; Solmen, and Telmen, and Oduth. 25 Also of Israel: of the sons of Phoros; Ramia, and Azia, and Melchia, and Meamin, and Eleazar, and Asabia, and Banaia. 26 And of the sons of Helam; Matthania, and Zacharia, and Jaïel, and Abdia, and Jarimoth, and Elia. 27 And of the sons of Zathua; Elionai, Elisub, Matthanai, and Armoth, and Zabad, and Oziza. 28 And of the sons of Babei; Joanan, Anania, and Zabu, and Thali. 29 And of the sons of Banui; Mosollam, Maluch, Adaias, Jasub, and Saluia, and Remoth. 30 And of the sons of Phaath Moab; Edne, and Chalel, and Banaia, Maasia, Matthania, Beseleel, and Banui, and Manasse. 31 And of the sons of Eram; Eliezer, Jesia, Melchia, Samaias, Semeon, 32 Benjamin, Baluch, Samaria. 33 And of the sons of Asem; Metthania, Matthatha, Zadab, Eliphalet, Jerami, Manasse, Semei. 34 And of the sons of Bani; Moodia, Amram, Uel, 35 Banaia, Badaia, Chelkia, 36 Uvania, Marimoth, Eliasiph, 37 Matthania, Matthanai: 38 and *so* did the children of Banui, and the children of Semei, 39 and Selemia, and Nathan, and Adaia, 40 Machadnabu, Sesei, Sariu, 41 Ezriel, and Selemia, and Samaria, 42 and Sellum, Amaria, Joseph. 43 Of the sons of Nabu; Jael, Matthanias, Zabad, Zebennas, Jadai, and Joel, and Banaia.
44 All these had taken strange wives, and had begotten sons of them.

Ν Ε Ε Μ Ι Α Σ.

ΛΟΓΟΙ Νεεμία υἱοῦ Χελκία. Καὶ ἐγένετο ἐν μηνὶ Χασελεῦ
2 ἔτους εἰκοστοῦ, καὶ ἐγὼ ἤμην ἐν Σουσὰν ἀβιρᾷ· Καὶ ἦλθεν Ἀνανὶ εἷς ἀπὸ ἀδελφῶν μου, αὐτὸς καὶ ἄνδρες Ἰούδα· καὶ ἠρώτησα αὐτοὺς περὶ τῶν σωθέντων, οἳ κατελείφθησαν ἀπὸ
3 τῆς αἰχμαλωσίας, καὶ περὶ Ἰερουσαλήμ. Καὶ εἴποσαν πρὸς μὲ, οἱ καταλειπόμενοι οἱ καταλειφθέντες ἀπὸ τῆς αἰχμαλωσίας ἐκεῖ ἐν τῇ χώρᾳ, ἐν πονηρίᾳ μεγάλῃ καὶ ἐν ὀνειδισμῷ, καὶ τείχη Ἱερουσαλὴμ καθηρημένα, καὶ αἱ πύλαι αὐτῆς ἐνεπρήσθησαν ἐν πυρί.

THE words of Neemias the son of Chelcia. And it came to pass in the month Chaseleu, of the twentieth year, that I was in Susan the β palace. 2 And Anani, one of my brethren, came, he and *some* men of Juda; and I asked them concerning those that had escaped, who had been left of the captivity, and concerning Jerusalem. 3 And they said to me, The remnant, *even* those that are left of the captivity, *are* there in the land, in great distress and reproach: and the walls of Jerusalem *are* thrown down, and its gates are burnt with fire.

β Or, court, *i. e.* city of royal residence.

⁴ And it came to pass, when I heard these words, *that* I sat down and wept, and mourned for *several* days, and continued fasting and praying before the God of heaven. ⁵ And I said, Nay, I pray thee, O Lord God of heaven, the mighty, the great and terrible, keeping thy covenant and mercy to them that love him, and to those that keep his commandments: ⁶ let now thine ear be attentive, and thine eyes open, that thou mayest hear the prayer of thy servant, which I pray before thee at this time, this day *both* day and night, for the children of Israel thy servants, and make confession for the sins of the children of Israel, which we have sinned against thee: both I and the house of my father have sinned. ⁷ We have altogether broken *covenant* with thee, and we have not kept the commandments, and the ordinances, and the judgments, which thou didst command thy servant Moses. ⁸ Remember, I pray thee, the word wherewith thou didst charge thy servant Moses, saying, If ye break covenant *with me*, I will disperse you among the nations. ⁹ But if ye turn again to me, and keep my commandments, and do them; if ye should be scattered under the utmost *bound* of heaven, thence will I gather them, and I will bring them into the place which I have chosen to cause my name to dwell there. ¹⁰ Now they *are* thy servants and thy people, whom thou hast redeemed with thy great power, and with thy strong hand.

¹¹ *Turn* not *away*, I pray thee, O Lord, but let thine ear be attentive to the prayer of thy servant, and to the prayer of thy servants, who desire to fear thy name: and prosper, I pray thee, thy servant this day, and ^β cause him to find mercy in the sight of this man. Now I was the king's cup-bearer.

And it came to pass in the month Nisan of the twentieth year of king Arthasastha, that the wine was before me: and I took the wine, and gave *it* to the king: and there was not another before him.

² And the king said to me, Why is thy countenance ^γ sad, and dost thou not control thyself? and now this is nothing but ^δ sorrow of heart. Then I was very much alarmed, ³ and I said to the king, Let the king live for ever: why should not my countenance be sad, forasmuch as the city, even the home of the sepulchres of my fathers, has been laid waste, and her gates have been devoured with fire? ⁴ And the king said to me, ^ζ For what dost thou ask thus? So I prayed to the God of heaven. ⁵ And I said to the king, If *it seem* good to the king, and if thy servant shall have found favour in thy sight, *I ask* that *thou* wouldest send him into Juda, to the city of the sepulchres of my fathers; then will I rebuild it.

⁶ And the king, and his concubine that sat next to him, said to me, For how long will thy journey be, and when wilt thou return? and *the proposal* was pleasing before the king, and he sent me away, and I appointed him a time. ⁷ And I said to the king, If *it seem* good to the king, let him give me letters to the governors beyond the river, so as to forward me till I come to Juda;

Καὶ ἐγένετο ἐν τῷ ἀκοῦσαί με τοὺς λόγους τούτους, ἐκάθισα 4 καὶ ἔκλαυσα καὶ ἐπένθησα ἡμέρας, καὶ ἤμην νηστεύων καὶ προσευχόμενος ἐνώπιον τοῦ Θεοῦ τοῦ οὐρανοῦ. Καὶ εἶπα, μὴ 5 δὴ Κύριε ὁ Θεὸς τοῦ οὐρανοῦ, ὁ ἰσχυρὸς, ὁ μέγας καὶ φοβερὸς, φυλάσσων τὴν διαθήκην καὶ τὸ ἔλεός σου τοῖς ἀγαπῶσιν αὐτὸν καὶ τοῖς φυλάσσουσι τὰς ἐντολὰς αὐτοῦ· Ἔστω δὴ τὸ οὖς σου 6 προσέχον, καὶ οἱ ὀφθαλμοί σου ἀνεῳγμένοι, τοῦ ἀκοῦσαι προσευχὴν τοῦ δούλου σου, ἣν ἐγὼ προσεύχομαι ἐνώπιόν σου σήμερον ἡμέραν καὶ νύκτα περὶ υἱῶν Ἰσραὴλ δούλων σου· καὶ ἐξαγορεύω ἐπὶ ἁμαρτίαις υἱῶν Ἰσραὴλ αἷς ἡμάρτομέν σοι· καὶ ἐγὼ καὶ ὁ οἶκος πατρός μου ἡμάρτομεν. Διαλύσει διελύσαμεν 7 πρὸς σὲ, καὶ οὐκ ἐφυλάξαμεν τὰς ἐντολὰς καὶ τὰ προστάγματα καὶ τὰ κρίματα, ἃ ἐνετείλω τῷ Μωυσῇ παιδί σου. Μνήσθητι 8 δὴ τὸν λόγον ὃν ἐνετείλω τῷ Μωυσῇ παιδί σου, λέγων, ὑμεῖς ἐὰν ἀσυνθετήσητε, ἐγὼ διασκορπιῶ ὑμᾶς ἐν τοῖς λαοῖς· καὶ 9 ἐὰν ἐπιστρέψητε πρὸς μὲ, καὶ φυλάξητε τὰς ἐντολάς μου, καὶ ποιήσητε αὐτὰς, ἐὰν ᾖ ἡ διασπορὰ ὑμῶν ἀπ᾽ ἄκρου τοῦ οὐρανοῦ, ἐκεῖθεν συνάξω αὐτοὺς, καὶ εἰσάξω αὐτοὺς εἰς τὸν τόπον, ὃν ἐξελεξάμην κατασκηνῶσαι τὸ ὄνομά μου ἐκεῖ. Καὶ αὐτοὶ 10 παῖδές σου καὶ λαός σου, οὓς ἐλυτρώσω ἐν τῇ δυνάμει σου τῇ μεγάλῃ, καὶ ἐν τῇ χειρί σου τῇ κραταιᾷ.

Μὴ δὴ Κύριε, ἀλλὰ ἔστω τὸ οὖς σου προσέχον εἰς τὴν προσ- 11 ευχὴν τοῦ δούλου σου, καὶ εἰς τὴν προσευχὴν παίδων σου τῶν θελόντων φοβεῖσθαι τὸ ὄνομά σου· καὶ εὐόδωσον δὴ τῷ παιδί σου σήμερον, καὶ δὸς αὐτὸν εἰς οἰκτιρμοὺς ἐνώπιον τοῦ ἀνδρὸς τούτου· καὶ ἐγὼ ἤμην οἰνοχόος τῷ βασιλεῖ.

Καὶ ἐγένετο ἐν μηνὶ Νισὰν ἔτους εἰκοστοῦ Ἀρθασασθὰ βασι- 2 λεῖ, καὶ ἦν ὁ οἶνος ἐνώπιον ἐμοῦ· καὶ ἔλαβον τὸν οἶνον, καὶ ἔδωκα τῷ βασιλεῖ· καὶ οὐκ ἦν ἕτερος ἐνώπιον αὐτοῦ.

Καὶ εἶπέ μοι ὁ βασιλεὺς, διὰ τί τὸ πρόσωπόν σου πονηρόν, καὶ 2 οὐκ εἶ μετριάζων; καὶ οὐκ ἔστι τοῦτο, εἰ μὴ πονηρία καρδίας· καὶ ἐφοβήθην πολὺ σφόδρα, καὶ εἶπα τῷ βασιλεῖ, ὁ βασιλεὺς εἰς 3 τὸν αἰῶνα ζήτω· διὰ τί οὐ μὴ γένηται πονηρὸν τὸ πρόσωπόν μου, διότι ἡ πόλις οἶκος μνημείων πατέρων μου ἠρημώθη, καὶ αἱ πύλαι αὐτῆς κατεβρώθησαν ἐν πυρί; Καὶ εἶπέ μοι ὁ βασιλεὺς, 4 περὶ τίνος τοῦτο σὺ ζητεῖς; καὶ προσηυξάμην πρὸς τὸν Θεὸν τοῦ οὐρανοῦ, καὶ εἶπα τῷ βασιλεῖ, εἰ ἐπὶ τὸν βασιλέα ἀγαθὸν, καὶ 5 εἰ ἀγαθυνθήσεται ὁ παῖς σου ἐνώπιόν σου, ὥστε πέμψαι αὐτὸν ἐν Ἰούδα εἰς πόλιν μνημείων πατέρων μου, καὶ ἀνοικοδομήσω αὐτήν.

Καὶ εἶπέ μοι ὁ βασιλεὺς, καὶ ἡ παλλακὴ ἡ καθημένη 6 ἐχόμενα αὐτοῦ, ἕως πότε ἔσται ἡ πορεία σου, καὶ πότε ἐπιστρέψεις; καὶ ἠγαθύνθη ἐνώπιον τοῦ βασιλέως, καὶ ἀπέστειλέ με, καὶ ἔδωκα αὐτῷ ὅρον. Καὶ εἶπα τῷ βασιλεῖ, εἰ 7 ἐπὶ τὸν βασιλέα ἀγαθὸν, δότω μοι ἐπιστολὰς πρὸς τοὺς ἐπάρχους πέραν τοῦ ποταμοῦ, ὥστε παραγαγεῖν με ἕως ἔλθω ἐπὶ

β *Gr.* give him to pities.   γ *Gr.* evil.   δ *Gr.* mischief, *or*, wickedness.   ζ *Or*, for whom?

8 Ἰούδαν, καὶ ἐπιστολὴν ἐπὶ Ἀσὰφ φύλακα τοῦ παραδείσου ὅς ἐστι τῷ βασιλεῖ, ὥστε δοῦναί μοι ξύλα στεγάσαι τὰς πύλας, καὶ εἰς τὸ τεῖχος τῆς πόλεως, καὶ εἰς οἶκον ὃν εἰσελεύσομαι εἰς αὐτόν· καὶ ἔδωκέ μοι ὁ βασιλεὺς ὡς χεὶρ Θεοῦ ἡ ἀγαθή.

9 Καὶ ἦλθον πρὸς τοὺς ἐπάρχους πέραν τοῦ ποταμοῦ, καὶ ἔδωκα αὐτοῖς τὰς ἐπιστολὰς τοῦ βασιλέως· καὶ ἀπέστειλε μετ᾽

10 ἐμοῦ ὁ βασιλεὺς ἀρχηγοὺς δυνάμεως καὶ ἱππεῖς. Καὶ ἤκουσε Σαναβαλλὰτ ὁ Ἀρωνὶ, καὶ Τωβία ὁ δοῦλος Ἀμμωνὶ, καὶ πονηρὸν αὐτοῖς ἐγένετο, ὅτι ἥκει ὁ ἄνθρωπος ζητῆσαι ἀγαθὸν τοῖς υἱοῖς Ἰσραήλ.

11 Καὶ ἦλθον εἰς Ἰερουσαλήμ, καὶ ἤμην ἐκεῖ ἡμέρας τρεῖς.

12 Καὶ ἀνέστην νυκτὸς ἐγὼ καὶ ἄνδρες ὀλίγοι μετ᾽ ἐμοῦ, καὶ οὐκ ἀπήγγειλα ἀνθρώπῳ τί ὁ Θεὸς δίδωσιν εἰς καρδίαν μου τοῦ ποιῆσαι μετὰ τοῦ Ἰσραήλ, καὶ κτῆνος οὐκ ἔστι μετ᾽ ἐμοῦ, εἰ

13 μὴ τὸ κτῆνος ᾧ ἐγὼ ἐπιβαίνω ἐπ᾽ αὐτῷ. Καὶ ἐξῆλθον ἐν πύλῃ τοῦ γωληλὰ, καὶ πρὸς στόμα πηγῆς τῶν συκῶν, καὶ εἰς πύλην τῆς κοπρίας· καὶ ἤμην συντρίβων ἐν τῷ τείχει Ἰερουσαλὴμ ὃ αὐτοὶ καθαιροῦσι, καὶ πύλαι αὐτῆς κατεβρώθησαν πυρί.

14 Καὶ παρῆλθον ἐπὶ πύλην τοῦ αἲν, καὶ εἰς κολυμβήθραν τοῦ βασιλέως, καὶ οὐκ ἦν τόπος τῷ κτήνει παρελθεῖν ὑποκάτω μου.

15 Καὶ ἤμην ἀναβαίνων ἐν τῷ τείχει χειμάρρου νυκτὸς, καὶ ἤμην συντρίβων ἐν τῷ τείχει, καὶ ἤμην ἐν πύλῃ τῆς φάραγγος, καὶ ἐπέστρεψα.

16 Καὶ οἱ φυλάσσοντες οὐκ ἔγνωσαν τί ἐπορεύθην, καὶ τί ἐγὼ ποιῶ· καὶ τοῖς Ἰουδαίοις, καὶ τοῖς ἱερεῦσι, καὶ τοῖς ἐντίμοις, καὶ τοῖς στρατηγοῖς, καὶ τοῖς καταλοίποις τοῖς ποιοῦσι τὰ ἔργα,

17 ἕως τότε οὐκ ἀπήγγειλα. Καὶ εἶπα πρὸς αὐτοὺς, ὑμεῖς βλέπετε τὴν πονηρίαν ταύτην, ἐν ᾗ ἐσμὲν ἐν αὐτῇ, πῶς Ἰερουσαλὴμ ἔρημος, καὶ αἱ πύλαι αὐτῆς ἐδόθησαν πυρί· δεῦτε, καὶ διοικοδομήσωμεν τὸ τεῖχος Ἰερουσαλὴμ, καὶ οὐκ ἐσόμεθα ἔτι ὄνειδος.

18 Καὶ ἀπήγγειλα αὐτοῖς τὴν χεῖρα τοῦ Θεοῦ ἥ ἐστιν ἀγαθὴ ἐπ᾽ ἐμὲ, καὶ πρὸς τοὺς λόγους τοῦ βασιλέως οὓς εἶπέ μοι· καὶ εἶπα, ἀναστῶμεν, καὶ οἰκοδομήσωμεν· καὶ ἐκραταιώθησαν αἱ χεῖρες αὐτῶν εἰς τὸ ἀγαθόν.

19 Καὶ ἤκουσε Σαναβαλλὰτ ὁ Ἀρωνὶ, καὶ Τωβία ὁ δοῦλος ὁ Ἀμμωνὶ, καὶ Γησὰμ ὁ Ἀραβὶ, καὶ ἐξεγέλασαν ἡμᾶς, καὶ ἦλθον ἐφ᾽ ἡμᾶς, καὶ εἶπον, τί τὸ ῥῆμα τοῦτο ὃ ὑμεῖς ποιεῖτε;

20 ἢ ἐπὶ τὸν βασιλέα ὑμεῖς ἀποστατεῖτε; Καὶ ἐπέστρεψα αὐτοῖς λόγον, καὶ εἶπα αὐτοῖς, ὁ Θεὸς τοῦ οὐρανοῦ αὐτὸς εὐοδώσει ἡμῖν, καὶ ἡμεῖς δοῦλοι αὐτοῦ καθαροὶ, καὶ οἰκοδομήσομεν· καὶ ὑμῖν οὐκ ἔστι μερὶς καὶ δικαιοσύνη καὶ μνημόσυνον ἐν Ἰερουσαλήμ.

3 Καὶ ἀνέστη Ἐλιασοὺβ ὁ ἱερεὺς ὁ μέγας, καὶ οἱ ἀδελφοὶ αὐτοῦ οἱ ἱερεῖς, καὶ ᾠκοδόμησαν τὴν πύλην τὴν προβατικήν· αὐτοὶ ἡγίασαν αὐτὴν, καὶ ἔστησαν θύρας αὐτῆς, καὶ ἕως

2 πύργου τῶν ἑκατὸν ἡγίασαν ἕως πύργου Ἀναμεήλ. Καὶ ἐπὶ χεῖρας ἀνδρῶν υἱῶν Ἰεριχὼ, καὶ ἐπὶ χεῖρας υἱῶν Ζακχοὺρ, υἱοῦ Ἀμαρί.

3 Καὶ τὴν πύλην τὴν ἰχθυηρὰν ᾠκοδόμησαν υἱοὶ Ἀσανά· αὐτοὶ ἐστέγασαν αὐτὴν, καὶ ἔστεγασαν θύρας αὐτῆς καὶ κλεῖθρα

8 and a letter to Asaph the keeper of the β garden which belongs to the king, that he may give me timber to cover the gates, and for the wall of the city, and for the house into which I shall enter. And the king gave to me, according as the good hand of God *was upon me.*

9 And I came to the governors beyond the river, and I gave them the king's letters. (Now the king had sent with me captains of the army and horsemen.) 10 And Sanaballat the Aronite heard *it,* and Tobia the servant, the Ammonite, and it was grievous to them that a man was come to seek good for the children of Israel.

11 So I came to Jerusalem, and was there three days. 12 And I rose up by night, I and a few men with me; and I told no man what God put into my heart to do with Israel; and there was no beast with me, except the beast which I rode upon. 13 And I went forth by the gate γ of the valley by night, and to the mouth of the well of δ fig trees, and to the dung-gate: and I mourned over the wall of Jerusalem which they were destroying, and her gates were devoured with fire. 14 And I passed on to the fountain gate, and to the king's pool; and there was no room for the beast to pass under me. 15 And I went up by the wall of the brook by night, and mourned over the wall, and passed through the gate of the valley, and returned.

16 And the sentinels knew not why I went, nor what I was doing; and until that time I told *it* not to the Jews, or to the priests, or to the nobles, or to the captains, or to the rest *of the men* who wrought the works. 17 Then I said to them, Ye see this evil, in which we are, how Jerusalem is desolate, and her gates have been set on fire: come, and let us build throughout the wall of Jerusalem, and we shall be no longer a reproach. 18 And I told them of the hand of God which ζ was good upon me, also about the words of the king which he spoke to me: and I said, Let us arise and build. And their hands were strengthened for the good *work.*

19 And Sanaballat the Aronite, and Tobia the servant, the Ammonite, and Gesam the Arabian, heard *it,* and they laughed us to scorn, and came to us, and said, What *is* this thing that ye are doing? are ye revolting against the king? 20 And I answered them, and said to them, The God of heaven, he shall prosper us, and we his servants are pure, and we will build: but ye have no part, nor right, nor memorial, in Jerusalem.

Then Eliasub the high priest, and his brethren the priests, rose up, and built the sheep-gate; they sanctified it, and set up the doors of it; even to the tower of the hundred they sanctified *it,* to the tower of Anameel. 2 And *they* builded by the side of the men of Jericho, and by the side of the sons of Zacchur, the son of Amari.

3 And the sons of Asana built the fishgate; they roofed it, and covered in its

---

β *Or,* park.　γ The *Gr.* is a compound of two *Heb.* words.　δ The LXX. appear to have read תאנים 'figs,' for תנים 'dragons.'　ζ *Gr.* is.

doors, and bolts, and bars. [4] And next to them *the order* reached to Ramoth the son of Uria, the son of Accos, and next to them Mosollam son of Barachias the son of Mazebel β took *his* place: and next to them Sadoc the son of Baana took *his* place. [5] And next to them the Thecoim took *their* place; but the γ Adorim applied not their neck to their service.

[6] And Joida the son of Phasec, and Mesulam son of Basodia, repaired the old gate; they covered it in, and set up its doors, and its bolts, and its bars. [7] And next to them repaired Maltias the Gabaonite, and Evaron the Meronotlite, the men of Gabaon and Maspha, to the throne of the governor on this side the river. [8] And next to him Oziel the son of Arachias the smiths, carried on the repairs: and next to them Ananias the son of one of the apothecaries repaired, and they finished Jerusalem to the broad wall. [9] And next to them repaired Raphæa the son of Sur, the ruler of half the district round about Jerusalem. [10] And next to them repaired Jedaia the son of Eromaph, and *that* in front of his house: and next to him repaired Attuth son of Asabania. [11] And next *to him* repaired Melchias son of Heram, and Asub son of Phaat Moab, even to the tower of the furnaces. [12] And next to him repaired Sallum the son of Alloes, the ruler of half the district round about Jerusalem, he and his daughters.

[13] Anun and the inhabitants of Zano repaired the gate of the valley: they built it, and set up its doors, and its bolts, and its bars, and a thousand cubits of the wall as far as the dung-gate.

[14] And Melchia the son of Rechab, the ruler of the district round about Bethaccharim, repaired the dung-gate, he and his sons; and they covered it, and set up its doors, and its bolts, and its bars.

[15] But Solomon the son of Choleze repaired the gate of the fountain, the ruler of part of Maspha; he built it, and covered it, and set up its doors and its bars, and the wall of the pool of the skins by the meadow of the king, and as far as the steps that lead down from the city of David. [16] After him repaired Neemias son of Azabuch, ruler of half the district round about Bethsur, as far as the garden of David's sepulchre, and as far as the artificial pool, and as far as δ the house of the mighty men. [17] After him repaired the Levites, *even* Raum the son of Bani: next to him repaired Asabia, ruler of half the district round about Keila, in his district. [18] And after him repaired his brethren, Benei son of Enadad, ruler of half the district round about Keila. [19] And next to him repaired Azur the son of Joshua, ruler of Masphai, another portion of the tower of ascent, where it meets the corner. [20] After him repaired Baruch the son of Zabu, a second portion, from the corner as far as the door of the house of Eliasub the high priest. [21] After him repaired Meramoth the son of Uria the son of Accos, a second part from the door of the house of Eliasub to the end of the house of Eliasub. [22] And after him repaired the priests, the men of Ecchechar.

αὐτῆς καὶ μοχλοὺς αὐτῆς. Καὶ ἐπὶ χεῖρα αὐτῶν κατέσχεν ἐπὶ 4 Ῥαμὼθ υἱοῦ Οὐρία, υἱοῦ Ἀκκώς· καὶ ἐπὶ χεῖρα αὐτῶν κατέσχε Μοσολλὰμ υἱὸς Βαραχίου, υἱοῦ Μαζεβήλ· καὶ ἐπὶ χεῖρα αὐτῶν κατέσχε Σαδὼκ υἱὸς Βαανά. Καὶ ἐπὶ χεῖρα αὐτῶν κατέσχοσαν 5 οἱ Θεκωὶμ, καὶ ἀδωρὶμ οὐκ εἰσήνεγκαν τράχηλον αὐτῶν εἰς δουλείαν αὐτῶν.

Καὶ τὴν πύλην ἰασαναὶ ἐκράτησαν Ἰωϊδὰ υἱὸς Φασὲκ, καὶ 6 Μεσουλὰμ υἱὸς Βασωδία· αὐτοὶ ἐστέγασαν αὐτὴν, καὶ ἔστησαν θύρας αὐτῆς καὶ κλεῖθρα αὐτῆς καὶ μοχλοὺς αὐτῆς. Καὶ ἐπὶ 7 χεῖρα αὐτῶν ἐκράτησαν Μαλτίας ὁ Γαβαωνίτης, καὶ Εὐάρων ὁ Μηρωνωθίτης, ἄνδρες τῆς Γαβαὼν καὶ τῆς Μασφὰ ἕως θρόνου τοῦ ἄρχοντος τοῦ πέραν τοῦ ποταμοῦ. Καὶ παρ᾽ αὐτὸν παρη- 8 σφαλίσατο Ὀζιὴλ υἱὸς Ἀραχίου πυρωτῶν· καὶ ἐπὶ χεῖρα αὐτῶν ἐκράτησεν Ἀνανίας υἱὸς τοῦ ῥωκεὶμ, καὶ κατέλιπον Ἱερουσαλὴμ ἕως τοῦ τείχους τοῦ πλατέος. Καὶ ἐπὶ χεῖρα αὐτῶν ἐκράτησε 9 Ῥαφαΐα υἱὸς Σούρ, ἄρχων ἡμίσους περιχώρου Ἱερουσαλήμ. Καὶ ἐπὶ χεῖρα αὐτῶν ἐκράτησεν Ἰεδαΐα υἱὸς Ἐρωμάφ, καὶ 10 κατέναντι οἰκίας αὐτοῦ· καὶ ἐπὶ χεῖρα αὐτοῦ ἐκράτησεν Ἀττοὺθ υἱὸς Ἀσαβανία. Καὶ δεύτερος ἐκράτησε Μελχίας υἱὸς Ἡράμ, 11 καὶ Ἀσοὺβ υἱὸς Φαὰτ Μωάβ, καὶ ἕως πύργου τῶν θανουρίμ. Καὶ ἐπὶ χεῖρα αὐτοῦ ἐκράτησε Σαλλοὺμ υἱὸς Ἀλλωῆς, ἄρχων 12 ἡμίσους περιχώρου Ἱερουσαλήμ, αὐτὸς καὶ αἱ θυγατέρες αὐτοῦ.

Τὴν πύλην τῆς φάραγγος ἐκράτησαν Ἀνοὺν καὶ οἱ κατοι- 13 κοῦντες Ζανώ· αὐτοὶ ᾠκοδόμησαν αὐτὴν, καὶ ἔστησαν θύρας αὐτῆς καὶ κλεῖθρα αὐτῆς καὶ μοχλοὺς αὐτῆς, καὶ χιλίους πήχεις ἐν τῷ τείχει ἕως τῆς πύλης τῆς κοπρίας.

Καὶ τὴν πύλην τῆς κοπρίας ἐκράτησε Μελχία υἱὸς Ῥηχὰβ, 14 ἄρχων περιχώρου Βηθακχαρὶμ, αὐτὸς καὶ υἱοὶ αὐτοῦ· καὶ ἐσκέπασαν αὐτὴν, καὶ ἔστησαν θύρας αὐτῆς καὶ κλεῖθρα αὐτῆς καὶ μοχλοὺς αὐτῆς.

Τὴν δὲ πύλην τῆς πηγῆς ἠσφαλίσατο Σαλωμὼν υἱὸς Χολεζέ, 15 ἄρχων μέρους τῆς Μασφά· αὐτὸς ἐξῳκοδόμησεν αὐτὴν καὶ ἐστέγασεν αὐτὴν, καὶ ἔστησε τὰς θύρας αὐτῆς καὶ μοχλοὺς αὐτῆς· καὶ τὸ τεῖχος κολυμβήθρας τῶν κωδίων τῇ κουρᾷ τοῦ βασιλέως, καὶ ἕως τῶν κλιμάκων τῶν καταβαινουσῶν ἀπὸ πόλεως Δαυίδ. Ὀπίσω αὐτοῦ ἐκράτησε Νεεμίας υἱὸς Ἀζα- 16 βοὺχ, ἄρχων ἡμίσους περιχώρου Βηθσοὺρ, ἕως κήπου τάφου Δαυίδ, καὶ ἕως τῆς κολυμβήθρας τῆς γεγονυίας, καὶ ἕως βηθαγγαρίμ. Ὀπίσω αὐτοῦ ἐκράτησαν οἱ Λευῖται, Ῥαοὺμ υἱὸς 17 Βανί· ἐπὶ χεῖρα αὐτοῦ ἐκράτησεν Ἀσαβία ἄρχων ἡμίσους περιχώρου Κεϊλὰ τῷ περιχώρῳ αὐτοῦ. Καὶ μετ᾽ αὐτὸν ἐκράτη- 18 σαν ἀδελφοὶ αὐτῶν Βενεὶ υἱὸς Ἡναδὰδ, ἄρχων ἡμίσους περιχώρου Κεϊλά. Καὶ ἐκράτησεν ἐπὶ χεῖρα αὐτοῦ Ἀζοὺρ υἱὸς Ἰησοῦ, 19 ἄρχων τοῦ Μασφαὶ, μέτρον δεύτερον πύργου ἀναβάσεως τῆς συναπτούσης τῆς γωνίας. Μετ᾽ αὐτὸν ἐκράτησε Βαροὺχ υἱὸς 20 Ζαβοῦ, μέτρον δεύτερον ἀπὸ τῆς γωνίας ἕως θύρας Βηθελιασοὺβ τοῦ ἱερέως τοῦ μεγάλου. Μετ᾽ αὐτὸν ἐκράτησε Μεραμωθ υἱὸς 21 Οὐρία, υἱοῦ Ἀκκώς, μέτρον δεύτερον ἀπὸ θύρας Βηθελιασοὺβ ἕως ἐκλείψεως Βηθελιασούβ. Καὶ μετ᾽ αὐτὸν ἐκράτησαν οἱ 22

β The LXX. have rendered חורים in this chapter by four different words.   γ *Heb.* nobles.   δ The *Gr.* is a Hebrew word in Greek letters.

23 ἱερεῖς ἄνδρες Ἐκχεχάρ. Καὶ μετ᾽ αὐτὸν ἐκράτησε Βενιαμὶν καὶ Ἀσοὺβ κατέναντι οἴκου αὐτῶν· καὶ μετ᾽ αὐτὸν ἐκράτησεν Ἀζαρίας υἱὸς Μαασίου, υἱοῦ Ἀνανία ἐχόμενα οἴκου αὐτοῦ.

24 Μετ᾽ αὐτὸν ἐκράτησε Βανὶ υἱὸς Ἀδάδ, μέτρον δεύτερον ἀπὸ

25 Βηθαζαρία ἕως τῆς γωνίας, καὶ ἕως τῆς καμπῆς Φαλὰχ υἱοῦ Εὐζαὶ ἐξεναντίας τῆς γωνίας, καὶ ὁ πύργος ὁ ἐξέχων ἐκ τοῦ οἴκου τοῦ βασιλέως ὁ ἀνώτερος ὁ τῆς αὐλῆς τῆς φυλακῆς· καὶ

26 μετ᾽ αὐτὸν Φαδαία υἱὸς Φόρος. Καὶ οἱ Ναθινὶμ ἦσαν οἰκοῦντες ἐν τῷ Ὠφὰλ, ἕως κήπου πύλης τοῦ ὕδατος εἰς ἀνατολὰς, καὶ ὁ πύργος ὁ ἐξέχων.

27 Καὶ μετ᾽ αὐτὸν ἐκράτησαν οἱ Θεκωΐμ, μέτρον δεύτερον ἐξεναντίας τοῦ πύργου τοῦ μεγάλου τοῦ ἐξέχοντος, καὶ ἕως τοῦ τείχους τοῦ Ὀφλά.

28 Ἀνώτερον πύλης τῶν ἵππων ἐκράτησαν οἱ ἱερεῖς, ἀνὴρ

29 ἐξεναντίας οἴκου ἑαυτοῦ. Καὶ μετ᾽ αὐτὸν ἐκράτησε Σαδδοὺκ υἱὸς Ἐμμὴρ ἐξεναντίας οἴκου ἑαυτοῦ· καὶ μετ᾽ αὐτὸν ἐκράτησε

30 Σαμαΐα υἱὸς Σεχενία φύλαξ τῆς πύλης τῆς ἀνατολῆς. Μετ᾽ αὐτὸν ἐκράτησεν Ἀνανία υἱὸς Σελεμία, καὶ Ἀνὼμ υἱὸς Σελὲφ ὁ ἕκτος, μέτρον δεύτερον· μετ᾽ αὐτὸν ἐκράτησε Μεσουλὰμ υἱὸς

31 Βαραχία ἐξεναντίας γαζοφυλακίου αὐτοῦ. Μετ᾽ αὐτὸν ἐκράτησε Μελχία υἱὸς τοῦ Σαρεφὶ ἕως βηθὰν Ναθινὶμ, καὶ οἱ ῥωποπῶλαι ἀπέναντι πύλης τοῦ Μαφεκὰδ καὶ ἕως ἀναβάσεως τῆς καμπῆς.

32 Καὶ ἀναμέσον τῆς πύλης τῆς προβατικῆς· ἐκράτησαν οἱ χαλκεῖς καὶ οἱ ῥωποπῶλαι.

4 Καὶ ἐγένετο ἡνίκα ἤκουσε Σαναβαλλὰτ, ὅτι ἡμεῖς οἰκοδομοῦμεν τὸ τεῖχος, καὶ πονηρὸν αὐτῷ ἐφάνη, καὶ ὠργίσθη ἐπὶ

2 πολὺ, καὶ ἐξεγέλα ἐπὶ τοῖς Ἰουδαίοις. Καὶ εἶπεν ἐνώπιον τῶν ἀδελφῶν αὐτοῦ, αὕτη ἡ δύναμις Σομόρων, ὅτι οἱ Ἰουδαῖοι οὗτοι οἰκοδομοῦσι τὴν ἑαυτῶν πόλιν; ἆρα θυσιάζουσιν; ἆρα δυνήσονται; καὶ σήμερον ἰάσονται τοὺς λίθους, μετὰ τὸ χῶμα

3 γενέσθαι γῆς καυθέντας; Καὶ Τωβίας ὁ Ἀμμανίτης ἐχόμενα αὐτοῦ ἦλθε, καὶ εἶπε πρὸς αὐτοὺς, μὴ θυσιάζουσιν ἢ φάγονται ἐπὶ τοῦ τόπου αὐτῶν; οὐχὶ ἀναβήσεται ἀλώπηξ καὶ καθελεῖ τὸ τεῖχος λίθων αὐτῶν;

4 Ἄκουσον ὁ Θεὸς ἡμῶν, ὅτι ἐγενήθημεν εἰς μυκτηρισμὸν, καὶ ἐπίστρεψον ὀνειδισμὸν αὐτῶν εἰς κεφαλὴν αὐτῶν, καὶ δὸς

5 αὐτοὺς εἰς μυκτηρισμὸν ἐν γῇ αἰχμαλωσίας, καὶ μὴ καλύψῃς ἐπὶ ἀνομίαν.

7 Καὶ ἐγένετο ὡς ἤκουσε Σαναβαλλὰτ καὶ Τωβία καὶ οἱ Ἄραβες καὶ οἱ Ἀμμανίται, ὅτι ἀνέβη ἡ φυὴ τοῖς τείχεσιν Ἱερουσαλὴμ, ὅτι ἤρξαντο αἱ διασφαγαὶ ἀναφράσσεσθαι, καὶ πονηρὸν

8 αὐτοῖς ἐφάνη σφόδρα. Καὶ συνήχθησαν πάντες ἐπιτοαυτὸ, ἐλθεῖν παρατάξασθαι ἐν Ἱερουσαλὴμ καὶ ποιῆσαι αὐτὴν ἀφανῆ.

9 Καὶ προσηυξάμεθα πρὸς τὸν Θεὸν ἡμῶν, καὶ ἐστήσαμεν προφύλακας ἐπ᾽ αὐτοὺς ἡμέρας καὶ νυκτὸς ἀπὸ προσώπου αὐτῶν.

10 Καὶ εἶπεν Ἰούδας, συνετρίβη ἡ ἰσχὺς τῶν ἐχθρῶν, καὶ ὁ χοῦς

11 πολὺς, καὶ ἡμεῖς οὐ δυνησόμεθα οἰκοδομεῖν ἐν τῷ τείχει. Καὶ εἶπαν οἱ θλίβοντες ἡμᾶς, οὐ γνώσονται καὶ οὐκ ὄψονται, ἕως ὅτου ἔλθωμεν εἰς μέσον αὐτῶν, καὶ φονεύσωμεν αὐτοὺς καὶ καταπαύσωμεν τὸ ἔργον.

[23] And after him repaired Benjamin and Asub over against their house: and after him repaired Azarias son of Maasias the son of Ananias, *the parts* near to his house. [24] After him repaired Bani the son of Adad, another portion from the house of Azaria as far as the corner and to the turning, [25] of Phalach the son of Uzai, opposite the corner, and *where is* also the tower that projects from the king's house, even the upper one of the prison-house: and after him *repaired* Phadæa the son of Phoros. [26] And the Nathinim dwelt in Ophal, as far as the garden of the water-gate eastward, and *there is* the projecting tower. [27] And after β them the Thecoim repaired, another portion opposite the great projecting tower, even as far as the wall of Ophla. [28] The priests repaired above the horse-gate, *every* man over against his own house. [29] And after him Sadduc the son of Emmer repaired opposite his own house: and after him repaired Samæa son of Sechenia, guard of the east-gate. [30] After him repaired Anania of Selemia, and Anom, the sixth son of Seleph, another portion: after him Mesulam the son of Barachia repaired over against his treasury. [31] After him repaired Melchia the son of Sarephi as far as the γ house of the Nathinim, and the chapmen over against the gate of Maphecad, and as far as the steps of the corner. [32] And between *that and* the sheep-gate the smiths and chapmen repaired.

Now it came to pass, when Sanaballat heard that we were building the wall, that it δ was grievous to him, and he was very angry, and railed against the Jews. [2] And he said before his brethren (that is the army of the Samaritans) *Is it true* that these Jews are building their city? do they indeed offer sacrifices? will they prevail? and will they this day ζ restore the stones, after they have been burnt and made a heap of θ rubbish? [3] And Tobias the Ammanite came near to him, and said λ to them, Do they sacrifice or eat in their place? shall not a fox go up and pull down their wall of stones?

[4] Hear, O our God, for we have become a scorn; and return thou their reproach upon their head, and make them a scorn in a land of captivity, [5] and do not cover *their* iniquity.

[7] But it came to pass, when Sanaballat and Tobia, and the Arabians, and the Ammanites, heard that the building of the walls of Jerusalem was advancing, *and* that the breaches began to be stopped, that it appeared very grievous to them. [8] And all of them assembled together, to come to fight against Jerusalem, and to destroy it utterly. [9] So we prayed to our God and set watchmen against them day and night, because of them. [10] And Juda said, The strength of the enemies is broken, yet *there is* much rubbish, and we shall not be able to build μ the wall. [11] And they that afflicted us said, They shall not know, and they shall not see, until we come into the midst of them, and slay them, and cause the work to cease.

β *Gr.* him.   γ The *Gr.* is Hebrew words in Greek letters.   δ *Gr.* seemed evil.   ζ *Gr.* heal.   θ *Gr.* earth.
λ *Or*, with regard to them.   μ *Gr.* on the wall.

¹² And it came to pass, when the Jews who lived near them came, that they said to us, They are coming up against us from every quarter. ¹³ So I set *men* in the lowest part of the place behind the wall in the lurking-places, I even set the people according to their families, with their swords, their spears, and their bows. ¹⁴ And I looked, and arose, and said to the nobles, and to the captains, and to the rest of the people, Be not afraid of them: remember our great and terrible God, and fight for your brethren, your sons, your daughters, your wives, and your houses.

¹⁵ And it came to pass, when our enemies heard that it was made known to us, and God had frustrated their counsel, that we all returned to the wall, *every* man to his work. ¹⁶ And it came to pass from that day *that* half of them that had been driven forth, wrought the work, and half of them ^β kept guard; and *there were* spears, and shields, and bows, and breast-plates, and rulers behind the whole house of Juda, ¹⁷ even of them that were building the wall:—and those who carried the burdens *were* under arms: *each* with one hand wrought his work, and with the other held his dart. ¹⁸ And the builders *wrought* each man having his sword girt upon his loins, and so they built: and the trumpeter with his trumpet next to him. ¹⁹ And I said to the nobles, and to the rulers, and to the rest of the people, The work *is* great and abundant, and we are dispersed upon the wall, each at a great distance from his brother. ²⁰ In whatsoever place ye shall hear the sound of the cornet, thither gather yourselves together to us; and our God shall fight for us.

²¹ So we *continued* labouring at the work: and half of them held the spears from the rising of the morning until the stars appeared. ²² And at that time I said to the people, Lodge ye every man with his servant in the midst of Jerusalem, and let the night be a watch-time to you, and the day a work-time. ²³ And I was *there*, and the watchmen behind me, and there was not a man of us that put off his garments.

And the cry of the people and their wives *was* great against their brethren the Jews. ² And some said, We *are* numerous with our sons and our daughters; so we will take corn, and eat, and live. ³ And some said, *As to* our fields and vineyards and houses, let us pledge *them*, and we will take corn, and eat. ⁴ And some said, We have borrowed money for the king's tributes:—our fields, and our vineyards, and houses *are pledged*. ⁵ And now our flesh *is* as the flesh of our brethren, our children *are* as their children: yet, behold, we are ^γ reducing our sons and our daughters to ^δ slavery, and some of our daughters are enslaved: and there is no power of our hands, for our fields and our vineyards *belong* to the nobles.

⁶ And I was much grieved as I heard their cry and these words. ⁷ And my heart

Καὶ ἐγένετο ὡς ἦλθοσαν οἱ Ἰουδαῖοι οἱ οἰκοῦντες ἐχόμενα 12 αὐτῶν, καὶ εἴποσαν ἡμῖν, ἀναβαίνουσιν ἐκ πάντων τῶν τόπων ἐφ᾽ ἡμᾶς. Καὶ ἔστησα εἰς τὰ κατώτατα τοῦ τόπου κατόπισθεν 13 τοῦ τείχους ἐν τοῖς σκεπεινοῖς, καὶ ἔστησα τὸν λαὸν κατὰ δήμους μετὰ ῥομφαιῶν αὐτῶν, λόγχας αὐτῶν, καὶ τόξα αὐτῶν. Καὶ εἶδον καὶ ἀνέστην, καὶ εἶπα πρὸς τοὺς ἐντίμους καὶ πρὸς 14 τοὺς στρατηγοὺς καὶ πρὸς τοὺς καταλοίπους τοῦ λαοῦ, μὴ φοβηθῆτε ἀπὸ προσώπου αὐτῶν, μνήσθητε τοῦ Θεοῦ ἡμῶν τοῦ μεγάλου καὶ φοβεροῦ, καὶ παρατάξασθε περὶ τῶν ἀδελφῶν ὑμῶν, υἱῶν ὑμῶν, θυγατέρων ὑμῶν, γυναικῶν ὑμῶν, καὶ οἴκων ὑμῶν.

Καὶ ἐγένετο ἡνίκα ἤκουσαν οἱ ἐχθροὶ ἡμῶν ὅτι ἐγνώσθη 15 ἡμῖν, καὶ διεσκέδασεν ὁ Θεὸς τὴν βουλὴν αὐτῶν· καὶ ἐπεστρέψαμεν πάντες ἡμεῖς εἰς τὸ τεῖχος, ἀνὴρ εἰς τὸ ἔργον αὐτοῦ. Καὶ ἐγένετο ἀπὸ τῆς ἡμέρας ἐκείνης ἥμισυ τῶν ἐκτετιναγμένων 16 ἐποίουν τὸ ἔργον, καὶ ἥμισυ αὐτῶν ἀντείχοντο, καὶ λόγχαι καὶ θυρεοὶ καὶ τόξα καὶ θώρακες καὶ οἱ ἄρχοντες ὀπίσω παντὸς οἴκου Ἰούδα τῶν οἰκοδομούντων ἐν τῷ τείχει, καὶ οἱ αἴροντες 17 ἐν τοῖς ἀρτῆρσιν ἐν ὅπλοις· ἐν μιᾷ χειρὶ ἐποίει αὐτοῦ τὸ ἔργον, καὶ ἐν μιᾷ ἐκράτει τὴν βολίδα. Καὶ οἱ οἰκοδόμοι ἀνὴρ ῥομφα- 18 ίαν αὐτοῦ ἐζωσμένος ἐπὶ τὴν ὀσφὺν αὐτοῦ, καὶ ᾠκοδομοῦσαν· καὶ ὁ σαλπίζων ἐν τῇ κερατίνῃ ἐχόμενα αὐτοῦ. Καὶ εἶπα πρὸς 19 τοὺς ἐντίμους καὶ πρὸς τοὺς ἄρχοντας καὶ πρὸς τοὺς καταλοίπους τοῦ λαοῦ, τὸ ἔργον πλατὺ καὶ πολύ, καὶ ἡμεῖς σκορπιζόμεθα ἐπὶ τοῦ τείχους μακρὰν ἀνὴρ ἀπὸ τοῦ ἀδελφοῦ αὐτοῦ. Ἐν 20 τόπῳ οὗ ἐὰν ἀκούσητε τὴν φωνὴν τῆς κερατίνης, ἐκεῖ συναχθήσεσθε πρὸς ἡμᾶς, καὶ ὁ Θεὸς ἡμῶν πολεμήσει περὶ ἡμῶν.

Καὶ ἡμεῖς ποιοῦντες τὸ ἔργον, καὶ ἥμισυ αὐτῶν κρατοῦντες 21 τὰς λόγχας ἀπὸ ἀναβάσεως τοῦ ὄρθρου ἕως ἐξόδου τῶν ἄστρων. Καὶ ἐν τῷ καιρῷ ἐκείνῳ εἶπα τῷ λαῷ, ἕκαστος μετὰ τοῦ νεανίσ- 22 κου αὐτοῦ αὐλίσθητε ἐν μέσῳ Ἱερουσαλήμ· καὶ ἔστω ὑμῖν ἡ νὺξ προφυλακὴ, καὶ ἡ ἡμέρα ἔργον. Καὶ ἤμην ἐγὼ καὶ οἱ 23 ἄνδρες τῆς προφυλακῆς ὀπίσω μου, καὶ οὐκ ἦν ἐξ ἡμῶν ἐκδιδυσκόμενος ἀνὴρ τὰ ἱμάτια αὐτοῦ.

Καὶ ἡ κραυγὴ τοῦ λαοῦ καὶ γυναικῶν αὐτῶν μεγάλη πρὸς 5 τοὺς ἀδελφοὺς αὐτῶν τοὺς Ἰουδαίους. Καὶ ἦσάν τινες λέγον- 2 τες, ἐν υἱοῖς ἡμῶν καὶ ἐν θυγατράσιν ἡμῶν ἡμεῖς πολλοὶ, καὶ ληψόμεθα σῖτον καὶ φαγόμεθα καὶ ζησόμεθα. Καὶ εἰσί τινες 3 λέγοντες, ἀγροὶ ἡμῶν καὶ ἀμπελῶνες ἡμῶν καὶ οἰκίαι ἡμῶν, ἡμεῖς διεγγυῶμεν καὶ ληψόμεθα σῖτον καὶ φαγόμεθα. Καὶ 4 εἰσί τινες λέγοντες, ἐδανεισάμεθα ἀργύριον εἰς φόρους τοῦ βασιλέως, ἀγροὶ ἡμῶν καὶ ἀμπελῶνες ἡμῶν καὶ οἰκίαι ἡμῶν. Καὶ 5 νῦν ὡς σὰρξ ἀδελφῶν ἡμῶν, σὰρξ ἡμῶν· ὡς υἱοὶ αὐτῶν, υἱοὶ ἡμῶν· καὶ ἰδοὺ ἡμεῖς καταδυναστεύομεν τοὺς υἱοὺς ἡμῶν καὶ τὰς θυγατέρας ἡμῶν εἰς δούλους, καὶ εἰσὶν ἀπὸ θυγατέρων ἡμῶν καταδυναστευόμεναι, καὶ οὐκ ἔστι δύναμις χειρῶν ἡμῶν, καὶ ἀγροὶ ἡμῶν καὶ ἀμπελῶνες ἡμῶν τοῖς ἐντίμοις.

Καὶ ἐλυπήθην σφόδρα καθὼς ἤκουσα τὴν κραυγὴν αὐτῶν καὶ 6 τοὺς λόγους τούτους. Καὶ ἐβουλεύσατο καρδία μου ἐπ᾽ ἐμέ· 7

β Or, resisted.   γ Gr. controlling tyrannically.   δ Gr. slaves.

καὶ ἐμαχεσάμην πρὸς τοὺς ἐντίμους καὶ τοὺς ἄρχοντας, καὶ εἶπα αὐτοῖς, ἀπαιτήσει ἀνὴρ τὸν ἀδελφὸν αὐτοῦ ἃ ὑμεῖς ἀπαιτεῖτε;

8 καὶ ἔδωκα ἐπ᾽ αὐτοὺς ἐκκλησίαν μεγάλην, καὶ εἶπα αὐτοῖς, ἡμεῖς κεκτήμεθα τοὺς ἀδελφοὺς ἡμῶν τοὺς Ἰουδαίους τοὺς πωλουμένους τοῖς ἔθνεσιν ἐν ἑκουσίῳ ἡμῶν· καὶ ὑμεῖς πωλεῖτε τοὺς ἀδελφοὺς ὑμῶν, καὶ παραδοθήσονται ἡμῖν; καὶ ἡσύχασαν,

9 καὶ οὐχ εὕροσαν λόγον. Καὶ εἶπα, οὐκ ἀγαθὸς ὁ λόγος ὃν ὑμεῖς ποιεῖτε· οὐχ οὕτως ἐν φόβῳ Θεοῦ ἡμῶν ἀπελεύσεσθε ἀπὸ

10 ὀνειδισμοῦ τῶν ἐθνῶν τῶν ἐχθρῶν ἡμῶν. Καὶ οἱ ἀδελφοί μου καὶ οἱ γνωστοί μου καὶ ἐγὼ ἐθήκαμεν αὐτοῖς ἀργύριον καὶ σῖτον·

11 ἐγκαταλίπωμεν δὴ τὴν ἀπαίτησιν ταύτην. Ἐπιστρέψατε δὴ αὐτοῖς ὡς σήμερον ἀγροὺς αὐτῶν καὶ ἀμπελῶνας αὐτῶν καὶ ἐλαιῶνας αὐτῶν καὶ οἰκίας αὐτῶν, καὶ ἀπὸ τοῦ ἀργυρίου τὸν

12 σῖτον καὶ τὸν οἶνον καὶ τὸ ἔλαιον ἐξενέγκατε ἑαυτοῖς. Καὶ εἶπαν, ἀποδώσομεν, καὶ παρ᾽ αὐτῶν οὐ ζητήσομεν, οὕτως ποιήσομεν καθὼς σὺ λέγεις· καὶ ἐκάλεσα τοὺς ἱερεῖς καὶ ὥρκισα αὐτοὺς ποιῆσαι ὡς τὸ ῥῆμα τοῦτο.

13 Καὶ τὴν ἀναβολήν μου ἐξετίναξα, καὶ εἶπα, οὕτως ἐκτινάξαι ὁ Θεὸς πάντα ἄνδρα, ὃς οὐ στήσει τὸν λόγον τοῦτον, ἐκ τοῦ οἴκου αὐτοῦ καὶ ἐκ κόπου αὐτοῦ, καὶ ἔσται οὕτως ἐκτετιναγμένος καὶ κενός· καὶ εἶπε πᾶσα ἡ ἐκκλησία, ἀμήν· καὶ ᾔνεσαν τὸν Κύριον· καὶ ἐποίησεν ὁ λαὸς τὸ ῥῆμα τοῦτο.

14 Ἀπὸ ἡμέρας ἧς ἐνετείλατό μοι εἶναι εἰς ἄρχοντα αὐτῶν ἐν γῇ Ἰούδα, ἀπὸ ἔτους εἰκοστοῦ καὶ ἕως ἔτους τριακοστοῦ καὶ δευτέρου τῷ Ἀρθασασθὰ ἔτη δώδεκα, ἐγὼ καὶ οἱ ἀδελφοί μου

15 βίαν αὐτῶν οὐκ ἔφαγον. Καὶ τὰς βίας τὰς πρώτας ἃς πρὸ ἐμοῦ ἐβάρυναν ἐπ᾽ αὐτούς, καὶ ἐλάβοσαν παρ᾽ αὐτῶν ἐν ἄρτοις καὶ ἐν οἴνῳ ἔσχατον ἀργύριον δίδραχμα τεσσαράκοντα· καὶ οἱ ἐκτετιναγμένοι αὐτῶν ἐξουσιάζονται ἐπὶ τὸν λαόν· κἀγὼ οὐκ

16 ἐποίησα οὕτως ἀπὸ προσώπου φόβου Θεοῦ. Καὶ ἐν ἔργῳ τοῦ τείχους τούτων οὐκ ἐκράτησα, ἀγρὸν οὐκ ἐκτησάμην, καὶ πάντες

17 οἱ συνηγμένοι ἐκεῖ ἐπὶ τὸ ἔργον. Καὶ οἱ Ἰουδαῖοι ἑκατὸν καὶ πεντήκοντα ἄνδρες, καὶ ἐρχόμενοι πρὸς ἡμᾶς ἀπὸ τῶν ἐθνῶν τῶν

18 κύκλῳ ἡμῶν ἐπὶ τράπεζάν μου. Καὶ ἦν γινόμενον εἰς ἡμέραν μίαν μόσχος εἷς, καὶ πρόβατα ἓξ ἐκλεκτὰ καὶ χίμαρος ἐγίνοντό μοι· καὶ ἀναμέσον δέκα ἡμερῶν ἐν πᾶσιν οἶνος τῷ πλήθει· καὶ σὺν τούτοις ἄρτους τῆς βίας οὐκ ἐζήτησα, ὅτι βαρεῖα ἡ δουλεία ἐπὶ τὸν λαὸν τοῦτον.

19 Μνήσθητί μου ὁ Θεὸς εἰς ἀγαθὸν πάντα ὅσα ἐποίησα τῷ λαῷ τούτῳ.

6 Καὶ ἐγένετο καθὼς ἠκούσθη τῷ Σαναβαλλὰτ, καὶ Τωβία, καὶ τῷ Γησὰμ τῷ Ἀραβί, καὶ τοῖς καταλοίποις ἐχθρῶν ἡμῶν, ὅτι ᾠκοδόμησα τὸ τεῖχος, καὶ οὐ κατελείφθη ἐν αὐτοῖς πνοή· ἕως τοῦ καιροῦ ἐκείνου θύρας οὐκ ἐπέστησα ἐν ταῖς πύλαις.

2 Καὶ ἀπέστειλε Σαναβαλλὰτ καὶ Γησὰμ πρὸς μέ, λέγων, δεῦρο καὶ συναχθῶμεν ἐπιτοαυτὸ ἐν ταῖς κώμαις ἐν πεδίῳ Ὠνώ· καὶ

3 αὐτοὶ λογιζόμενοι ποιῆσαί μοι πονηρίαν. Καὶ ἀπέστειλα ἐπ᾽ αὐτοὺς ἀγγέλους, λέγων, ἔργον μέγα ἐγὼ ποιῶ, καὶ οὐ δυνήσο-

---

took counsel β within me, and I contended against the nobles, and the princes, and I said to them, γ Should every man demand of his brother what ye demand? And I appointed against them a great assembly,
8 and I said to them, We of our free-will have redeemed our brethren the Jews that were sold to the Gentiles; and do ye sell your brethren? and shall they be delivered to us? And they were silent, and found no answer. 9 And I said, The thing which ye do is not good; ye will not so walk in the fear of our God δ because of the reproach of the Gentiles our enemies. 10 Both my brethren, and my acquaintances, and I, have ζ lent them money and corn: let us now leave off this exaction. 11 Restore to them, I pray, as at this day, their fields, and their vineyards, and their olive-yards, and their houses, and bring forth to them corn and wine and oil of the money. 12 And they said, We will restore, and we will not exact of them; we will do thus as thou sayest. Then I called the priests, and bound them by oath to do according to this word.
13 And I shook out my garment, and said, So may God shake out every man who shall not keep to this word, from his house, and from his θ labours, he shall be even thus shaken out, as an outcast and empty. And all the congregation said, Amen, and they praised the Lord: and the people did this thing.
14 From the day that λ he charged me to be their ruler in the land of Juda, from the twentieth year even to the thirty-second year of Arthasastha, twelve years, I and my brethren ate not *provision* extorted from them. 15 But as for the former acts of extortion wherein *those who were* before me oppressed them, they even took of them their last money, forty didrachms for bread and wine; and the *very* outcasts of them μ exercised authority over the people: but I did not so, because of the fear of God.
16 Also in the work of the wall I treated them not with rigour, I bought not land: and all that were gathered together *came* ξ thither to the work. 17 And the Jews, to *the number of* a hundred and fifty men, besides those coming to us from the nations round about, *were* at my table. 18 And there came *to me* for one day one calf, and I had six choice sheep and a goat; and every ten days wine in abundance of all sorts: yet with these I required not the bread of extortion, because the bondage was heavy upon this people.
19 Remember me, O God, for good, *in* all that I have done to this people.

Now it came to pass, when Sanaballat, and Tobias, and Gesam the Arabian, and the rest of our enemies, heard that I had built the wall, π and *that* there was no opening left therein; (*but* hitherto I had not set up the doors on the gates;) 2 that Sanaballat and Gesam sent to me, saying, Come and let us meet together in the villages in the plain of Ono. But they *were* plotting to do me mischief. 3 So I sent messengers to them, saying, I am doing a great work,

---

β Gr. upon me.   γ Gr. shall.   δ Gr. from.   ζ Gr. set, or placed to them. See *Heb.*   θ *q. d.* fruits of labour.

λ *i. e.* Artaxerxes the king.   μ Gr. exercise.   ξ Gr. there.   π *Or,* there was no spirit left in them. See 1 Kings 10. 5.

and I shall not be able to come down, lest the work should cease: as soon as I shall have finished it, I will come down to you. [4] And they sent to me *again* to this effect; and I sent them *word* βaccordingly.

[5] Then Sanaballat sent his servant to me with an open letter in his hand. [6] And in it was written, It has been γ reported among the Gentiles that thou and the Jews are planning to revolt: therefore thou art building the wall, and thou wilt be a king to them. [7] And moreover thou hast appointed prophets to thyself, that thou mightest dwell in Jerusalem as a king over Juda: and now these words will be reported to the king. Now then, come, let us take counsel together. [8] And I sent to him, saying, It has not happened according to these words, *even* as thou sayest, for thou framest them falsely out of thy heart. [9] For all were trying to alarm us, saying, Their hands shall be weakened from this work, and it shall not be done. Now therefore I have strengthened my hands.

[10] And I came into the house of Semei the son of Dalaia the son of Metabeel, and he was shut up; and he said, Let us assemble together in the house of God, in the midst of it, and let us shut the doors of it; for they are coming by night to slay thee. [11] And I said, δ Who is the man that shall enter into the house, that he may live? [12] And I observed, and, behold, God had not sent him, for the prophecy was a fable *devised* against me: [13] and Tobias and Sanaballat had hired against me a multitude, that I might be frightened, and do this, and sin, and become to them an ill name, that they might reproach me.

[14] Remember, O God, Tobias and Sanaballat, according to these their deeds, and the ζ prophetess Noadia, and the rest of the prophets who tried to alarm me.

[15] So the wall was finished on the twenty-fifth day of the *month* Elul, in fifty-two days. [16] And it came to pass, when all our enemies heard *of it*, that all the nations round about us feared, and great alarm θ fell upon them, and they knew that it was of our God that this work should be finished.

[17] And in those days letters came to Tobias from many nobles of Juda, and those of Tobias came to them. [18] For many in Juda were bound to him by oath, because he was son-in-law of Sechenias the son of Herae; and Jonan his son had taken the daughter of Mesulam the son of Barachia to wife. [19] And they reported his words to me, and carried out my words to him: and Tobias sent letters to terrify me.

And it came to pass, when the wall was built, and I had set up the doors, and the porters and the singers and the Levites were λ appointed, [2] that I gave charge to Ananias my brother, and Ananias the ruler of the palace, over Jerusalem: for he was μ a true man, and one that feared God beyond many. [3] And I said to them, The gates of Jerusalem shall not be opened ξ till sunrise; and while they are still watching, let the doors be shut, and bolted; and set watches

μαι καταβῆναι, μή ποτε καταπαύσῃ τὸ ἔργον· ὡς ἂν τελειώσω αὐτὸ, καταβήσομαι πρὸς ὑμᾶς. Καὶ ἀπέστειλαν πρὸς μὲ ὡς τὸ 4 ῥῆμα τοῦτο· καὶ ἀπέστειλα αὐτοῖς κατὰ ταῦτα.

Καὶ ἀπέστειλε πρὸς μὲ Σαναβαλλὰτ τὸν παῖδα αὐτοῦ, καὶ 5 ἐπιστολὴν ἀνεῳγμένην ἐν χειρὶ αὐτοῦ. Καὶ ἦν γεγραμμένον ἐν 6 αὐτῇ, ἐν ἔθνεσιν ἠκούσθη ὅτι σὺ καὶ οἱ Ἰουδαῖοι λογίζεσθε ἀποστατῆσαι, διὰ τοῦτο σὺ οἰκοδομεῖς τὸ τεῖχος, καὶ σὺ ἔσῃ αὐτοῖς εἰς βασιλέα. Καὶ πρὸς τούτοις προφήτας ἔστησας 7 σεαυτῷ, ἵνα καθίσῃς ἐν Ἰερουσαλὴμ εἰς βασιλέα ἐπὶ Ἰούδα· καὶ νῦν ἀπαγγελήσονται τῷ βασιλεῖ οἱ λόγοι οὗτοι· καὶ νῦν δεῦρο βουλευσώμεθα ἐπιτοαυτό. Καὶ ἀπέστειλα πρὸς αὐτὸν, 8 λέγων, οὐκ ἐγενήθη ὡς οἱ λόγοι οὗτοι ὡς σὺ λέγεις, ὅτι ἀπὸ καρδίας σου σὺ ψεύδῃ αὐτούς. Ὅτι πάντες φοβερίζουσιν ἡμᾶς, 9 λέγοντες, ἐκλυθήσονται χεῖρες αὐτῶν ἀπὸ τοῦ ἔργου τούτου, καὶ οὐ ποιηθήσεται· καὶ νῦν ἐκραταίωσα τὰς χεῖράς μου.

Κἀγὼ εἰσῆλθον εἰς οἶκον Σεμεῒ υἱοῦ Δαλαΐα υἱοῦ Μεταβεὴλ, 10 καὶ αὐτὸς συνεχόμενος· καὶ εἶπε, συναχθῶμεν εἰς οἶκον τοῦ Θεοῦ ἐν μέσῳ αὐτοῦ, καὶ κλείσωμεν τὰς θύρας αὐτοῦ, ὅτι ἔρχονται νυκτὸς φονεῦσαί σε. Καὶ εἶπα, τίς ἐστιν ὁ ἀνὴρ ὃς 11 εἰσελεύσεται εἰς τὸν οἶκον, καὶ ζήσεται; Καὶ ἐπέγνων, καὶ 12 ἰδοὺ ὁ Θεὸς οὐκ ἀπέστειλεν αὐτὸν, ὅτι ἡ προφητεία λόγος κατ᾽ ἐμοῦ· καὶ Τωβίας καὶ Σαναβαλλὰτ ἐμισθώσαντο ἐπ᾽ ἐμὲ ὄχλον 13 ὅπως φοβηθῶ, καὶ ποιήσω οὕτως, καὶ ἁμάρτω, καὶ γένωμαι αὐτοῖς εἰς ὄνομα πονηρὸν, ὅπως ὀνειδίσωσί με.

Μνήσθητι ὁ Θεὸς Τωβία καὶ Σαναβαλλὰτ, ὡς τὰ ποιήματα 14 αὐτοῦ ταῦτα, καὶ τῷ Νωαδίᾳ τῷ προφήτῃ, καὶ καταλοίποις τῶν προφητῶν οἳ ἦσαν φοβερίζοντές με.

Καὶ ἐτελέσθη τὸ τεῖχος πέμπτῃ καὶ εἰκάδι τοῦ Ἐλοὺλ μηνὸς 15 εἰς πεντήκοντα καὶ δύο ἡμέρας. Καὶ ἐγένετο ἡνίκα ἤκουσαν 16 πάντες οἱ ἐχθροὶ ἡμῶν, καὶ ἐφοβήθησαν πάντα τὰ ἔθνη τὰ κύκλῳ ἡμῶν, καὶ ἐπέπεσε φόβος σφόδρα ἐν ὀφθαλμοῖς αὐτῶν, καὶ ἔγνωσαν ὅτι παρὰ τοῦ Θεοῦ ἡμῶν ἐγενήθη τελειωθῆναι τὸ ἔργον τοῦτο.

Καὶ ἐν ταῖς ἡμέραις ἐκείναις ἀπὸ πολλῶν ἐντίμων Ἰούδα 17 ἐπιστολαὶ ἐπορεύοντο πρὸς Τωβίαν, καὶ αἱ Τωβία ἤρχοντο πρὸς αὐτούς· Ὅτι πολλοὶ ἐν Ἰούδα ἔνορκοι ἦσαν αὐτῷ, ὅτι γαμβρὸς 18 ἦν τοῦ Σεχενία υἱοῦ Ἡραέ· καὶ Ἰωνὰν υἱὸς αὐτοῦ ἔλαβε τὴν θυγατέρα Μεσουλὰμ υἱοῦ Βαραχία εἰς γυναῖκα. Καὶ τοὺς 19 λόγους αὐτοῦ ἦσαν λέγοντες πρὸς μὲ, καὶ λόγους μου ἦσαν ἐκφέροντες αὐτῷ· καὶ ἐπιστολὰς ἀπέστειλε Τωβίας φοβερίσαι με.

Καὶ ἐγένετο ἡνίκα ᾠκοδομήθη τὸ τεῖχος, καὶ ἔστησα τὰς 7 θύρας, καὶ ἐπεσκέπησαν οἱ πυλωροὶ, καὶ οἱ ᾅδοντες, καὶ οἱ Λευῖται, καὶ ἐνετειλάμην τῷ Ἀνανίᾳ ἀδελφῷ μου, καὶ τῷ 2 Ἀνανίᾳ ἄρχοντι τῆς βιρὰ ἐν Ἰερουσαλὴμ, ὅτι αὐτὸς ὡς ἀνὴρ ἀληθὴς καὶ φοβούμενος τὸν Θεὸν παρὰ πολλούς. Καὶ εἶπα 3 αὐτοῖς, οὐκ ἀνοιγήσονται πύλαι Ἰερουσαλὴμ ἕως ἅμα τῷ ἡλίῳ· καὶ ἔτι αὐτῶν γρηγορούντων, κλεισθῶσαν αἱ θύραι, καὶ σφηνούσθωσαν· καὶ στῆσον προφύλακας οἰκούντων ἐν

β *sc.* as I have said. γ *Gr.* heard. See 1 Cor. 5. 1. δ *Alex.* + Who is the man such as I *that* will flee. ζ *Gr.* prophet.
θ *Gr.* fell upon their eyes. λ *Or,* reviewed. μ *Gr.* as a true man. ξ *Gr.* till with the sun.

Ἰερουσαλήμ, ἀνὴρ ἐν προφυλακῇ αὐτοῦ, καὶ ἀνὴρ ἀπέναντι οἰκίας αὐτοῦ.

4 Καὶ ἡ πόλις πλατεῖα καὶ μεγάλη, καὶ ὁ λαὸς ὀλίγος ἐν αὐτῇ,
5 καὶ οὐκ ἦσαν οἰκίαι ᾠκοδομημέναι. Καὶ ἔδωκεν ὁ Θεὸς εἰς τὴν καρδίαν μου, καὶ συνῆξα τοὺς ἐντίμους καὶ τοὺς ἄρχοντας καὶ τὸν λαὸν εἰς συνοδίας· καὶ εὗρον βιβλίον τῆς συνοδίας οἳ ἀνέβησαν ἐν πρώτοις· καὶ εὗρον γεγραμμένον ἐν αὐτῷ,

6 Καὶ οὗτοι υἱοὶ τῆς χώρας οἱ ἀναβάντες ἀπὸ αἰχμαλωσίας τῆς ἀποικίας ἧς ἀπῴκισε Ναβουχοδονόσορ ὁ βασιλεὺς Βαβυλῶνος, καὶ ἐπέστρεψεν εἰς Ἰερουσαλὴμ καὶ εἰς Ἰούδα ἀνὴρ
7 εἰς τὴν πόλιν αὐτοῦ μετὰ Ζοροβάβελ, καὶ Ἰησοῦ, καὶ Νεεμία, Ἀζαρία, καὶ Ῥεελμὰ, Ναεμανὶ, Μαρδοχαῖος, Βαλσὰν, Μασφαράθ, Ἔσδρα, Βογουΐα, Ἰναούμ, Βαανὰ, Μασφὰρ, ἄνδρες λαοῦ Ἰσραήλ.

8 Υἱοὶ Φόρος, δισχίλιοι ἑκατὸν ἑβδομηκονταδύο.

9 Υἱοὶ Σαφατία, τριακόσιοι ἑβδομηκονταδύο.

10 Υἱοὶ Ἡρὰ, ἑξακόσιοι πεντηκονταδύο.

11 Υἱοὶ Φαὰθ Μωὰβ τοῖς υἱοῖς Ἰησοῦ καὶ Ἰωὰβ, δισχίλιοι ἑξακόσιοι δεκαοκτώ.

12 Υἱοὶ Αἰλὰμ, χίλιοι διακόσιοι πεντηκοντατέσσαρες.

13 Υἱοὶ Ζαθουΐα, ὀκτακόσιοι τεσσαρακονταπέντε.

14 Υἱοὶ Ζακχοῦ, ἑπτακόσιοι ἑξήκοντα.

15 Υἱοὶ Βανουΐ, ἑξακόσιοι τεσσαρακονταοκτώ.

16 Υἱοὶ Βηβὶ, ἑξακόσιοι εἰκοσιοκτώ.

17 Υἱοὶ Ἀσγὰδ, δισχίλιοι τριακόσιοι εἰκοσιδύο.

18 Υἱοὶ Ἀδωνικὰμ, ἑξακόσιοι ἑξηκονταεπτά.

19 Υἱοὶ Βαγοΐ, δισχίλιοι ἑξηκονταεπτά.

20 Υἱοὶ Ἠδὶν, ἑξακόσιοι πεντηκονταπέντε.

21 Υἱοὶ Ἀτὴρ τῷ Ἐζεκίᾳ, ἐννενηκονταοκτώ.

22 Υἱοὶ Ἠσὰμ, τριακόσιοι εἰκοσιοκτώ.

23 Υἱοὶ Βεσεὶ, τριακόσιοι εἰκοσιτέσσαρες.

24 Υἱοὶ Ἀρὶφ, ἑκατὸν δώδεκα· υἱοὶ Ἀσὲν, διακόσιοι εἰκοσιτρεῖς.

25 Υἱοὶ Γαβαὼν, ἐννενηκονταπέντε.

26 Υἱοὶ Βαιθαλὲμ, ἑκατὸν εἰκοσιτρεῖς· υἱοὶ Ἀτωφὰ, πεντηκονταέξ.

27 Υἱοὶ Ἀναθὼθ, ἑκατὸν εἰκοσιοκτώ.

28 Ἄνδρες Βηθασμὼθ, τεσσαρακονταδύο.

29 Ἄνδρες Καριαθαρὶμ, Καφιρὰ, καὶ Βηρὼθ, ἑπτακόσιοι τεσσαρακοντατρεῖς.

30 Ἄνδρες Ἀραμὰ, καὶ Γαβαὰ, ἑξακόσιοι εἴκοσι.

31 Ἄνδρες Μαχεμὰς, ἑκατὸν εἰκοσιδύο.

32 Ἄνδρες Βαιθὴλ καὶ Ἀΐ, ἑκατὸν εἰκοσιτρεῖς.

of them that dwell in Jerusalem, *every* man at his post, and *every* man over against his house. [4] Now the city *was* wide and large; and the people *were* few in it, and the houses were not built. [5] And God put *it* into my heart, and I gathered the nobles, and the rulers, and the people, into companies: and I found a βregister of the company that came up first, and I found written in it as follows:

[6] Now these *are* the children of the country, that came up from captivity, of the number which Nabuchodonosor king of Babylon carried away, and they returned to Jerusalem and to Juda, *every* man to his city; [7] with Zorobabel, and Jesus, and Neemia, Azaria, and Reelma, Naemani, Mardochæus, Balsan, Maspharath, Esdra, Boguia, Inaum, Baana, Masphar, men of the people of Israel.

[8] The children of Phoros, two thousand one hundred and seventy-two.

[9] The children of Saphatia, three hundred and seventy-two.

[10] The children of Era, six hundred and fifty-two.

[11] The children of Phaath Moab, with the children of Jesus and Joab, two thousand six hundred and eighteen.

[12] The children of Ælam, a thousand two hundred and fifty-four.

[13] The children of Zathuia, eight hundred and forty-five.

[14] The children of Zacchu, seven hundred and sixty.

[15] The children of Banui, six hundred and forty-eight.

[16] The children of Bebi, six hundred and twenty-eight.

[17] The children of Asgad, two thousand three hundred and twenty-two.

[18] The children of Adonicam, six hundred and sixty-seven.

[19] The children of Bagoi, two thousand and sixty-seven.

[20] The children of Edin, six hundred and fifty-five.

[21] The children of Ater, γ*the son* of Ezekias, ninety-eight.

[22] The children of Esam, three hundred and twenty-eight.

[23] The children of Besei, three hundred and twenty-four.

[24] The children of Ariph, a hundred and twelve: the children of Asen, two hundred and twenty-three.

[25] The children of Gabaon, ninety-five.

[26] The children of Bæthalem, a hundred and twenty-three: the children of Atopha, fifty-six.

[27] The children of Anathoth, a hundred and twenty-eight.

[28] The men of Bethasmoth, forty-two.

[29] The men of Cariatharim, Caphira, and Beroth, seven hundred and forty-three.

[30] The men of Arama and Gabaa, six hundred and twenty.

[31] The men of Machemas, a hundred and twenty-two.

[32] The men of Bæthel and Ai, a hundred and twenty-three.

β *Gr.* book.   γ *q. d.* belonging to.

³³ The men of Nabia, a hundred and fifty-two.
³⁴ The men of Elamaar, one thousand two hundred and fifty-two.
³⁵ The children of Eram, three hundred and twenty.
³⁶ The children of Jericho, three hundred and forty-five.
³⁷ The children of Lodadid and Ono, seven hundred and twenty-one.
³⁸ The children of Sanana, three thousand nine hundred and thirty.
³⁹ The priests; the sons of Jodae, *pertaining to* the house of Jesus, nine hundred and seventy-three.
⁴⁰ The children of Emmer, one thousand and fifty-two.
⁴¹ The children of Phaseur, one thousand two hundred and forty-seven.
⁴² The children of Eram, a thousand and seventeen.
⁴³ The Levites; the children of Jesus the son of Cadmiel, with the children of Uduia, seventy-four.
⁴⁴ The singers; the children of Asaph, a hundred and forty-eight.
⁴⁵ The porters; the children of Salum, the children of Ater, the children of Telmon, the children of Acub, the children of Atita, the children of Sabi, a hundred and thirty-eight.
⁴⁶ The Nathinim; the children of Sea, the children of Aspha, the children of Tabaoth, ⁴⁷ the children of Kiras, the children of Asuia, the children of Phadon, ⁴⁸ the children of Labana, the children of Agaba, the children of Selmei, ⁴⁹ the children of Anan, the children of Gadel, the children of Gaar, ⁵⁰ the children of Raaia, the children of Rasson, the children of Necoda, ⁵¹ the children of Gezam, the children of Ozi, the children of Phese, ⁵² the children of Besi, the children of Meinon, the children of Nephosasi, ⁵³ the children of Bacbuc, the children of Achipha, the children of Arur, ⁵⁴ the children of Basaloth, the children of Mida, the children of Adasan, ⁵⁵ the children of Barcue, the children of Sisarath, the children of Thema, ⁵⁶ the children of Nisia, the children of Atipha.
⁵⁷ The children of the servants of Solomon; the children of Sutei, the children of Sapharat, the children of Pherida, ⁵⁸ the children of Jelel, the children of Dorcon, the children of Gadael, ⁵⁹ the children of Saphatia, the children of Ettel, the children of Phacarath, the children of Sabaim, the children of Emim. ⁶⁰ All the Nathinim, and children of the servants of Solomon, *were* three hundred and ninety-two.
⁶¹ And these went up from Thelmeleth, Thelaresa, Charub, Eron, Jemer: but they could not declare the houses of their families, or their seed, whether they were of Israel. ⁶² The children of Dalaia, the children of Tobia, the children of Necoda, six hundred and forty-two.
⁶³ And of the priests; the children of Ebia, the children of Acos, the children of Berzelli, for they took wives of the daughters of Berzelli the Galaadite, and they were called by their name. ⁶⁴ These sought the ^βpedigree of their company, and it was not found, and they were removed *as polluted* from the priesthood. ⁶⁵ And the ^γAthersastha said, that they should not eat of the most holy things, until a priest should stand up ^δ to give light.
⁶⁶ And all the congregation was about forty-two thousand three hundred and sixty, ⁶⁷ besides their men-servants and their maid-servants: these were seven thousand three hundred and thirty seven: and the singing-men and singing-women, two hundred and forty-five. ⁶⁹ Two thousand seven hundred asses.

Ἄνδρες Ναβία, ἑκατὸν πεντηκονταδύο.   33

Ἄνδρες Ἠλαμαὰρ, χίλιοι διακόσιοι πεντηκονταδύο.   34

Υἱοὶ Ἠρὰμ, τριακόσιοι εἴκοσι.   35

Υἱοὶ Ἱεριχὼ, τριακόσιοι τεσσαρακονταπέντε.   36

Υἱοὶ Λοδαδὶδ καὶ Ὠνὼ, ἑπτακόσιοι εἰκοσιεῖς.   37

Υἱοὶ Σανανὰ, τρισχίλιοι ἐννακόσιοι τριάκοντα.   38

Οἱ ἱερεῖς υἱοὶ Ἰωδαὲ εἰς οἶκον Ἰησοῦ, ἐννακόσιοι 39 ἑβδομηκοντατρεῖς.

Υἱοὶ Ἐμμὴρ, χίλιοι πεντηκονταδύο.   40

Υἱοὶ Φασεοὺρ, χίλιοι διακόσιοι τεσσαρακονταεπτά.   41

Υἱοὶ Ἠρὰμ, χίλιοι δεκαεπτά.   42

Οἱ Λευῖται, υἱοὶ Ἰησοῦ τοῦ Καδμιὴλ τοῖς υἱοῖς τοῦ 43 Οὐδουΐα, ἑβδομηκοντατέσσαρες.

Οἱ ᾄδοντες, υἱοὶ Ἀσάφ, ἑκατὸν τεσσαρακονταοκτώ.   44

Οἱ πυλωροὶ, υἱοὶ Σαλοὺμ, υἱοὶ Ἀτὴρ, υἱοὶ Τελμὼν, 45 υἱοὶ Ἀκοὺβ, υἱοὶ Ἀτιτὰ, υἱοὶ Σαβὶ, ἑκατὸν τριακονταοκτώ.

Οἱ Ναθινὶμ, υἱοὶ Σηὰ, υἱοὶ Ἀσφὰ, υἱοὶ Ταβαὼθ, 46 υἱοὶ Κιρὰς, υἱοὶ Ἀσουΐα, υἱοὶ Φαδὼν, υἱοὶ Λαβανὰ, 47, 48 υἱοὶ Ἀγαβὰ, υἱοὶ Σελμεῖ, υἱοὶ Ἀνὰν, υἱοὶ Γαδὴλ, υἱοὶ 49 Γαὰρ, υἱοὶ Ῥααΐα, υἱοὶ Ῥασσὼν, υἱοὶ Νεκωδὰ, 50 υἱοὶ Γηζὰμ, υἱοὶ Ὀζὶ, υἱοὶ Φεσὴ, υἱοὶ Βησὶ, υἱοὶ 51, 52 Μεῖνὼν, υἱοὶ Νεφωσασὶ, υἱοὶ Βακβοὺκ, υἱοὶ Ἀχιφὰ, υἱοὶ 53 Ἀροὺρ, υἱοὶ Βασαλὼθ, υἱοὶ Μιδὰ, υἱοὶ Ἀδασὰν, υἱοὶ 54, 55 Βαρκουὲ, υἱοὶ Σισαρὰθ, υἱοὶ Θημὰ, υἱοὶ Νισιὰ, υἱοὶ 56 Ἀτιφὰ. Υἱοὶ δούλων Σαλωμὼν, υἱοὶ Σουτεῖ, υἱοὶ 57 Σαφαρὰτ, υἱοὶ Φεριδὰ, υἱοὶ Ἰελὴλ, υἱοὶ Δορκὼν, υἱοὶ 58 Γαδαὴλ, υἱοὶ Σαφατία, υἱοὶ Ἐττὴλ, υἱοὶ Φακαρὰθ, υἱοὶ 59 Σαβαὶμ, υἱοὶ Ἠμίμ. Πάντες οἱ Ναθινὶμ, καὶ υἱοὶ 60 δούλων Σαλωμὼν, τριακόσιοι ἐννενηκονταδύο.

Καὶ οὗτοι ἀνέβησαν ἀπὸ Θελμελὲθ, Θελαρησὰ, 61 Χαροὺβ, Ἡρὼν, Ἰεμὴρ, καὶ οὐκ ἐδυνάσθησαν ἀπαγγεῖλαι οἴκους πατριῶν αὐτῶν καὶ σπέρμα αὐτῶν, εἰ ἀπὸ Ἰσραὴλ εἰσίν· Υἱοὶ Δαλαία, υἱοὶ Τωβία, υἱοὶ Νεκωδὰ, 62 ἑξακόσιοι τεσσαρακονταδύο.

Καὶ ἀπὸ τῶν ἱερέων, υἱοὶ Ἐβία, υἱοὶ Ἀκὼς, υἱοὶ 63 Βερζελλὶ, ὅτι ἔλαβον ἀπὸ θυγατέρων Βερζελλὶ τοῦ Γαλααδίτου γυναῖκας, καὶ ἐκλήθησαν ἐπ' ὀνόματι αὐτῶν. Οὗτοι ἐζήτησαν γραφὴν αὐτῶν τῆς συνοδίας, καὶ οὐχ 64 εὑρέθη· καὶ ἠγχιστεύθησαν ἀπὸ τῆς ἱερατείας. Καὶ 65 εἶπεν ἀθερσασθὰ, ἵνα μὴ φάγωσιν ἀπὸ τοῦ ἁγίου τῶν ἁγίων, ἕως ἀναστῇ ἱερεὺς φωτίσων.

Καὶ ἐγένετο πᾶσα ἡ ἐκκλησία ὡσεὶ τέσσαρες μυριάδες 66 δισχίλιοι τριακόσιοι ἑξήκοντα, πάρεκ δούλων αὐτῶν καὶ 67 παιδισκῶν αὐτῶν· οὗτοι ἑπτακισχίλιοι τριακόσιοι τριακονταεπτά· καὶ ᾄδοντες καὶ ᾄδουσαι, διακόσιοι τεσσαρακονταπέντε. Ὄνοι δισχίλιοι ἑπτακόσιοι.   69

---

70 Καὶ ἀπὸ μέρους ἀρχηγῶν τῶν πατριῶν ἔδωκαν εἰς τὸ ἔργον τῷ Νεεμίᾳ εἰς θησαυρὸν χρυσοὺς χιλίους, φιάλας πεντήκοντα,
71 καὶ χωθωνὼθ τῶν ἱερέων τριάκοντα. Καὶ ἀπὸ ἀρχηγῶν τῶν πατριῶν ἔδωκαν εἰς θησαυροὺς τοῦ ἔργου χρυσοῦ νομίσματος
72 δύο μυριάδας, καὶ ἀργυρίου μνᾶς δισχιλίας τριακοσίας. Καὶ ἔδωκαν οἱ κατάλοιποι τοῦ λαοῦ χρυσίου δύο μυριάδας, καὶ ἀργυρίου μνᾶς δισχιλίας διακοσίας, καὶ χωθωνὼθ τῶν ἱερέων ἑξηκονταεπτά.

73 Καὶ ἐκάθισαν οἱ ἱερεῖς, καὶ Λευῖται, καὶ οἱ πυλωροὶ, καὶ οἱ ᾄδοντες, καὶ οἱ ἀπὸ τοῦ λαοῦ, καὶ οἱ Ναθινὶμ, καὶ πᾶς Ἰσραὴλ ἐν πόλεσιν αὐτῶν.

8 Καὶ ἔφθασεν ὁ μὴν ὁ ἔβδομος, καὶ οἱ υἱοὶ Ἰσραὴλ ἐν πόλεσιν αὐτῶν· καὶ συνήχθησαν πᾶς ὁ λαὸς ὡς ἀνὴρ εἷς εἰς τὸ πλάτος τὸ ἔμπροσθεν πύλης τοῦ ὕδατος· καὶ εἶπαν τῷ Ἔσδρᾳ τῷ γραμματεῖ, ἐνέγκαι τὸ βιβλίον νόμου Μωυσῆ, ὃν ἐνετείλατο
2 Κύριος τῷ Ἰσραήλ. Καὶ ἤνεγκεν Ἔσδρας ὁ ἱερεὺς τὸν νόμον ἐνώπιον τῆς ἐκκλησίας ἀπὸ ἀνδρὸς ἕως γυναικὸς, καὶ πᾶς
3 ὁ συνιῶν, ἀκούειν ἐν ἡμέρᾳ μιᾷ τοῦ μηνὸς τοῦ ἑβδόμου. Καὶ ἀνέγνω ἐν αὐτῷ ἀπὸ τῆς ὥρας τοῦ διαφωτίσαι τὸν ἥλιον ἕως ἡμίσους τῆς ἡμέρας, ἀπέναντι τῶν ἀνδρῶν καὶ τῶν γυναικῶν, καὶ αὐτοὶ συνιέντες· καὶ ὦτα παντὸς τοῦ λαοῦ εἰς τὸ βιβλίον
4 τοῦ νόμου. Καὶ ἔστη Ἔσδρας ὁ γραμματεὺς ἐπὶ βήματος ξυλίνου, καὶ ἔστησαν ἐχόμενα αὐτοῦ Ματθαθίας, καὶ Σαμαΐας, καὶ Ἀνανίας, καὶ Οὐρίας, καὶ Χελκία, καὶ Μαασία ἐκ δεξιῶν αὐτοῦ, καὶ ἐξ ἀριστερῶν Φαδαΐας, καὶ Μισαὴλ, καὶ Μελχίας, καὶ Ἀσὼμ, καὶ Ἀσαβαδμὰ, καὶ Ζαχαρίας, καὶ Μεσολλάμ.
5 Καὶ ἤνοιξεν Ἔσδρας τὸ βιβλίον ἐνώπιον παντὸς τοῦ λαοῦ, ὅτι αὐτὸς ἦν ἐπάνω τοῦ λαοῦ· καὶ ἐγένετο ἡνίκα ἤνοιξεν αὐτὸ,
6 ἔστη πᾶς ὁ λαός. Καὶ ηὐλόγησεν Ἔσδρας Κύριον τὸν Θεὸν τὸν μέγαν· καὶ ἀπεκρίθη πᾶς ὁ λαὸς, καὶ εἶπαν, ἀμὴν, ἐπάραντες τὰς χεῖρας αὐτῶν· καὶ ἔκυψαν καὶ προσεκύνησαν τῷ Κυρίῳ
7 ἐπὶ πρόσωπον ἐπὶ τὴν γῆν. Καὶ Ἰησοῦς, καὶ Βαναΐας, καὶ Σαραβίας ἦσαν συνετίζοντες τὸν λαὸν εἰς τὸν νόμον· καὶ ὁ λαὸς
8 ἐν τῇ στάσει αὐτοῦ. Καὶ ἀνέγνωσαν ἐν βιβλίῳ νόμου τοῦ Θεοῦ, καὶ ἐδίδασκεν Ἔσδρας, καὶ διέστελλεν ἐν ἐπιστήμῃ Κυρίου, καὶ συνῆκεν ὁ λαὸς ἐν τῇ ἀναγνώσει.

9 Καὶ εἶπε Νεεμίας καὶ Ἔσδρας ὁ ἱερεὺς καὶ γραμματεὺς, καὶ οἱ Λευῖται, καὶ οἱ συνετίζοντες τὸν λαὸν, καὶ εἶπαν παντὶ τῷ λαῷ, ἡμέρα ἁγία ἐστὶ τῷ Κυρίῳ Θεῷ ἡμῶν, μὴ πενθεῖτε μηδὲ κλαίετε· ὅτι ἔκλαιε πᾶς ὁ λαὸς ὡς ἤκουσαν τοὺς λόγους τοῦ
10 νόμου. Καὶ εἶπεν αὐτοῖς, πορεύεσθε, φάγετε λιπάσματα, καὶ πίετε γλυκάσματα, καὶ ἀποστείλατε μερίδας τοῖς μὴ ἔχουσιν, ὅτι ἁγία ἐστὶν ἡ ἡμέρα τῷ Κυρίῳ ἡμῶν· καὶ μὴ διαπέσητε,
11 ὅτι ἐστὶ Κύριος ἰσχὺς ἡμῶν. Καὶ οἱ Λευῖται κατεσιώπων πάντα τὸν λαὸν, λέγοντες, σιωπᾶτε, ὅτι ἡμέρα ἁγία, καὶ μὴ
12 καταπίπτετε. Καὶ ἀπῆλθε πᾶς ὁ λαὸς φαγεῖν καὶ πιεῖν, καὶ ἀποστέλλειν μερίδας, καὶ ποιῆσαι εὐφροσύνην μεγάλην, ὅτι συνῆκαν ἐν τοῖς λόγοις οἷς ἐγνώρισεν αὐτοῖς.

70 And βpart of the heads of families gave into the treasury to Neemias for the work a thousand γpieces of gold, fifty bowls, and thirty priests' *garments*. 71 And *some* of the heads of families gave into the treasuries of the work, twenty thousand pieces of gold, and two thousand three hundred pounds of silver. 72 And the rest of the people gave twenty thousand pieces of gold, and two thousand two hundred pounds of silver, and sixty-seven priests' *garments*.

73 And the priests, and Levites, and porters, and singers, and *some* of the people, and the Nathinim, and all Israel, δdwelt in their cities. ζ

And the seventh month arrived, and the children of Israel *were settled* in their cities; and all the people were gathered as one man to the broad place before the water-gate, and they told Esdras the scribe to bring the book of the law of Moses, which the Lord commanded Israel. 2 So Esdras the priest brought the law before the congregation both of men and women, and every one who had understanding *was present* to hearken, on the first day of the seventh month. 3 And he read in it from the time of sun-rise to the middle of the day, before the men and the women; and they θ understood *it*, and the ears of all the people *were attentive* to the book of the law. 4 And Esdras the scribe stood on a wooden stage, and there stood next to him Matathias, and Samæas, and Ananias, and Urias, and Chelcia, and Maasia, on his right hand; and on his left Phadæas, and Misael, and Melchias, and Asom, and Asabadma, and Zacharias, and Mesollam. 5 And Esdras opened the book before all the people, for he was above the people; and it came to pass when he had opened it, *that* all the people stood. 6 And Esdras blessed the Lord, the great God: and all the people answered, and said, Amen, lifting up their hands: and they bowed down and worshipped the Lord λwith their face to the ground. 7 And Jesus and Banaias and Sarabias instructed the people in the law, and the people *stood* in their place. 8 And they read in the book of the law of God, and Esdras taught, and instructed them distinctly in the knowledge of the Lord, and the people understood *the law* in the reading.

9 And Neemias, and Esdras the priest and scribe, and the Levites, and they that instructed the people, spoke and said to all the people, It is a holy day to the Lord our God; do not mourn, nor weep. For all the people wept when they heard the words of the law. 10 And *the governor* said to them, Go, eat the fat, and drink the sweet, and send portions to them that have nothing; for the day is holy to our Lord: and faint not, for the Lord is our strength. 11 And the Levites caused all the people to be silent, saying, Be silent, for *it is* a holy day, and despond not. 12 So all the people departed to eat, and to drink, and to send portions, and to make great mirth, for they understood the words which he made known to them.

β *Gr.* of part. γ *Or*, golden vessels. δ *Gr.* sat, or settled. ζ *Note.*—In chap. vii. there are frequent slight variations in *Alex.*
θ *Gr.* participle. λ *Gr.* on.

¹³And on the second day the heads of families assembled with all the people, *also* the priests and Levites, to Esdras the scribe, to attend to all the words of the law. ¹⁴And they found written in the law which the Lord commanded Moses, that the children of Israel should dwell in booths, in the feast in the seventh month: ¹⁵and that they should β sound with trumpets in all their cities, and in Jerusalem. And Esdras said, Go forth to the mountain, and bring γ branches of olive, and branches of cypress trees, and branches of myrtle, and branches of palm trees, and branches of *every* thick tree, to make booths, according to that which was written. ¹⁶And the people went forth, and brought *them*, and made booths for themselves, each one upon his roof, and in their courts, and in the courts of the house of God, and in the streets of the city, and as far as the gate of Ephraim. ¹⁷And all the congregation who had returned from the captivity, made booths, and dwelt in booths: for the children of Israel *had* not done so from the days of Jesus the son of Naue until that day: and there was great joy.

¹⁸And *Esdras* read in the book of the law of God daily, from the first day even to the last day: and they kept the feast seven days; and on the eighth day a solemn assembly, according to the ordinance.

Now on the twenty-fourth day of this month the children of Israel assembled with fasting, and in sackcloths, and with ashes on their head. ²And the children of Israel separated themselves from δ every stranger, and stood and confessed their sins, and the iniquities of their fathers. ³And they stood in their place, and read in the book of the law of the Lord their God: and they confessed *their sins* to the Lord, and worshipped the Lord their God. ⁴And there stood upon the stairs, of the Levites, Jesus, and the sons of Cadmiel, Sechenia the son of Sarabia, sons of Choneni; and they cried with a loud voice to the Lord their God. ⁵And the Levites, Jesus and Cadmiel, said, Rise up, bless the Lord our God for ever and ever: and let them bless thy glorious name, and exalt it with all blessing and praise.

⁶And Esdras said, Thou art ζ the only true Lord; thou madest the heaven, and the heaven of heavens, and all their θ array, the earth, and all things that are in it, the seas, and all things in them; and thou quickenest all things, and the hosts of heaven worship thee.

⁷Thou art the Lord God, thou didst choose Abram, and broughtest him out of the land of the Chaldeans, and gavest him the name of Abraam: ⁸and thou foundest his heart faithful before thee, and didst make a covenant with him to give to him and to his seed the land of the Chananites, and the Chettites, and Amorites, and Pherezites, and Jebusites, and Gergesites; and thou hast confirmed thy words, for thou *art* righteous.

⁹And thou sawest the affliction of our fathers in Egypt, and thou heardest their

Καὶ ἐν τῇ ἡμέρᾳ τῇ δευτέρᾳ συνήχθησαν οἱ ἄρχοντες τῶν 13 πατριῶν σὺν τῷ παντὶ λαῷ, οἱ ἱερεῖς καὶ οἱ Λευῖται πρὸς Ἔσδραν τὸν γραμματέα, ἐπιστῆσαι πρὸς πάντας τοὺς λόγους τοῦ νόμου. Καὶ εὕροσαν γεγραμμένον ἐν τῷ νόμῳ, ᾧ ἐνετεί- 14 λατο Κύριος τῷ Μωυσῇ, ὅπως κατοικήσωσιν οἱ υἱοὶ Ἰσραὴλ ἐν σκήναις ἐν ἑορτῇ ἐν μηνὶ τῷ ἑβδόμῳ, καὶ ὅπως σημάνωσι 15 σάλπιγξιν ἐν πάσαις ταῖς πόλεσιν αὐτῶν καὶ ἐν Ἱερουσαλήμ· καὶ εἶπεν Ἔσδρας, ἐξέλθετε εἰς τὸ ὄρος, καὶ ἐνέγκατε φύλλα ἐλαίας, καὶ φύλλα ξύλων κυπαρισσίνων, καὶ φύλλα μυρσίνης, καὶ φύλλα φοινίκων, καὶ φύλλα ξύλου δασέος, ποιῆσαι σκηνὰς κατὰ τὸ γεγραμμένον. Καὶ ἐξῆλθεν ὁ λαὸς, καὶ ἤνεγκαν, καὶ 16 ἐποίησαν ἑαυτοῖς σκηνὰς ἀνὴρ ἐπὶ τοῦ δώματος αὐτοῦ, καὶ ἐν ταῖς αὐλαῖς αὐτῶν, καὶ ἐν ταῖς αὐλαῖς οἴκου τοῦ Θεοῦ, καὶ ἐν πλατείαις τῆς πόλεως, καὶ ἕως πύλης Ἐφραίμ. Καὶ ἐποίησαν 17 πᾶσα ἡ ἐκκλησία, οἱ ἐπιστρέψαντες ἀπὸ τῆς αἰχμαλωσίας, σκηνὰς, καὶ ἐκάθισαν ἐν σκηναῖς· ὅτι οὐκ ἐποίησαν ἀπὸ ἡμερῶν Ἰησοῦ υἱοῦ Ναυῆ οὕτως οἱ υἱοὶ Ἰσραὴλ ἕως τῆς ἡμέρας ἐκείνης· καὶ ἐγένετο εὐφροσύνη μεγάλη.

Καὶ ἀνέγνω ἐν βιβλίῳ νόμου τοῦ Θεοῦ ἡμέραν ἐν ἡμέρᾳ 18 ἀπὸ τῆς ἡμέρας τῆς πρώτης ἕως τῆς ἡμέρας τῆς ἐσχάτης· καὶ ἐποίησαν ἑορτὴν ἑπτὰ ἡμέρας, καὶ τῇ ἡμέρᾳ τῇ ὀγδόῃ ἐξόδιον κατὰ τὸ κρίμα.

Καὶ ἐν ἡμέρᾳ εἰκοστῇ καὶ τετάρτῃ τοῦ μηνὸς τούτου συν- 9 ήχθησαν οἱ υἱοὶ Ἰσραὴλ ἐν νηστείᾳ καὶ ἐν σάκκοις καὶ σποδῷ ἐπὶ κεφαλῆς αὐτῶν. Καὶ ἐχωρίσθησαν οἱ υἱοὶ Ἰσραὴλ ἀπὸ 2 παντὸς υἱοῦ ἀλλοτρίου, καὶ ἔστησαν καὶ ἐξηγόρευσαν τὰς ἁμαρτίας αὐτῶν, καὶ τὰς ἀνομίας τῶν πατέρων αὐτῶν. Καὶ 3 ἔστησαν ἐπὶ τῇ στάσει αὐτῶν, καὶ ἀνέγνωσαν ἐν βιβλίῳ νόμου Κυρίου Θεοῦ αὐτῶν· καὶ ἦσαν ἐξαγορεύοντες τῷ Κυρίῳ καὶ προσκυνοῦντες τῷ Κυρίῳ Θεῷ αὐτῶν. Καὶ ἔστη ἐπὶ ἀναβάσει 4 τῶν Λευιτῶν Ἰησοῦς, καὶ οἱ υἱοὶ Καδμιὴλ, Σεχενία υἱὸς Σαρα- βία, υἱοὶ Χωνενί· καὶ ἐβόησαν φωνῇ μεγάλῃ πρὸς Κύριον τὸν Θεὸν αὐτῶν. Καὶ εἴποσαν οἱ Λευῖται Ἰησοῦς καὶ Καδμιὴλ, 5 ἀνάστητε, εὐλογεῖτε Κύριον τὸν Θεὸν ἡμῶν ἀπὸ τοῦ αἰῶνος καὶ ἕως τοῦ αἰῶνος· καὶ εὐλογήσουσιν ὄνομα δόξης σου, καὶ ὑψώσουσιν ἐπὶ πάσῃ εὐλογίᾳ καὶ αἰνέσει.

Καὶ εἶπεν Ἔσδρας, σὺ εἶ αὐτὸς Κύριος μόνος, σὺ ἐποίησας 6 τὸν οὐρανὸν καὶ τὸν οὐρανὸν τοῦ οὐρανοῦ, καὶ πᾶσαν τὴν στάσιν αὐτῶν, τὴν γῆν καὶ πάντα ὅσα ἐστὶν ἐν αὐτῇ, τὰς θαλάσσας καὶ πάντα τὰ ἐν αὐταῖς· καὶ σὺ ζωοποιεῖς τὰ πάντα, καὶ σοὶ προσκυνοῦσιν αἱ στρατιαὶ τῶν οὐρανῶν·

Σὺ εἶ Κύριος ὁ Θεὸς, σὺ ἐξελέξω ἐν Ἄβραμ καὶ ἐξήγαγες 7 αὐτὸν ἐκ τῆς χώρας τῶν Χαλδαίων, καὶ ἐπέθηκας αὐτῷ ὄνομα Ἀβραάμ. Καὶ εὗρες τὴν καρδίαν αὐτοῦ πιστὴν ἐνώπιόν σου, 8 καὶ διέθου πρὸς αὐτὸν διαθήκην δοῦναι αὐτῷ τὴν γῆν τῶν Χανα- ναίων, καὶ Χετταίων, καὶ Ἀμορραίων, καὶ Φερεζαίων, καὶ Ἰεβουσαίων, καὶ Γεργεσαίων, καὶ τῷ σπέρματι αὐτοῦ· καὶ ἔστησας τοὺς λόγους σου, ὅτι δίκαιος σύ.

Καὶ εἶδες τὴν ταπείνωσιν τῶν πατέρων ἡμῶν ἐν Αἰγύπτῳ, 9

β *Gr.* give a signal.　　　~ *Gr.* leaves.　　　δ *Gr.* every strange son.　　　ζ *Gr.* the only Lord himself.　　　θ *Or,* order.

10 καὶ τὴν κραυγὴν αὐτῶν ἤκουσας ἐπὶ θάλασσαν ἐρυθράν. Καὶ ἔδωκας σημεῖα καὶ τέρατα ἐν Αἰγύπτῳ ἐν Φαραῷ, καὶ ἐν πᾶσι τοῖς παισὶν αὐτοῦ, καὶ ἐν παντὶ τῷ λαῷ τῆς γῆς αὐτοῦ, ὅτι ἔγνως ὅτι ὑπερηφάνησαν ἐπ᾽ αὐτοὺς καὶ ἐποίησας σεαυτῷ ὄνομα

11 ὡς ἡ ἡμέρα αὕτη. Καὶ τὴν θάλασσαν ἔρρηξας ἐνώπιον αὐτῶν, καὶ παρήλθοσαν ἐν μέσῳ τῆς θαλάσσης ἐν ξηρασίᾳ, καὶ τοὺς καταδιώξοντας αὐτοὺς ἔρριψας εἰς βυθὸν, ὡσεὶ λίθον ἐν ὕδατι σφοδρῷ.

12 Καὶ ἐν στύλῳ νεφέλης ὡδήγησας αὐτοὺς ἡμέρας, καὶ ἐν στύλῳ πυρὸς τὴν νύκτα, τοῦ φωτίσαι αὐτοῖς τὴν ὁδὸν ἐν ᾗ

13 πορεύσονται ἐν αὐτῇ. Καὶ ἐπὶ ὄρος Σινὰ κατέβης, καὶ ἐλάλησας πρὸς αὐτοὺς ἐξ οὐρανοῦ, καὶ ἔδωκας αὐτοῖς κρίματα εὐθέα,

14 καὶ νόμους ἀληθείας, προστάγματα, καὶ ἐντολὰς ἀγαθάς. Καὶ τὸ σάββατόν σου τὸ ἅγιον ἐγνώρισας αὐτοῖς, ἐντολὰς καὶ προστάγματα καὶ νόμον ἐνετείλω αὐτοῖς ἐν χειρὶ Μωυσῆ δούλου

15 σου. Καὶ ἄρτον ἐξ οὐρανοῦ ἔδωκας αὐτοῖς εἰς σιτοδοτίαν αὐτῶν, καὶ ὕδωρ ἐκ πέτρας ἐξήνεγκας αὐτοῖς εἰς δίψαν αὐτῶν· καὶ εἶπας αὐτοῖς εἰσελθεῖν κληρονομῆσαι τὴν γῆν ἐφ᾽ ἣν ἐξέτεινας τὴν χεῖρά σου δοῦναι αὐτοῖς.

16 Καὶ αὐτοὶ καὶ οἱ πατέρες ἡμῶν ὑπερηφανεύσαντο, καὶ ἐσκλήρυναν τὸν τράχηλον αὐτῶν, καὶ οὐκ ἤκουσαν τῶν ἐντολῶν

17 σου, καὶ ἀνένευσαν τοῦ εἰσακοῦσαι, καὶ οὐκ ἐμνήσθησαν τῶν θαυμασίων σου ὧν ἐποίησας μετ᾽ αὐτῶν· καὶ ἐσκλήρυναν τὸν τράχηλον αὐτῶν, καὶ ἔδωκαν ἀρχὴν ἐπιστρέψαι εἰς δουλείαν αὐτῶν ἐν Αἰγύπτῳ· καὶ σὺ ὁ Θεὸς ἐλεήμων καὶ οἰκτίρμων,

18 μακρόθυμος καὶ πολυέλεος, καὶ οὐκ ἐγκατέλιπες αὐτούς. Ἔτι δὲ καὶ ἐποίησαν ἑαυτοῖς μόσχον χωνευτὸν, καὶ εἶπαν, οὗτοι οἱ θεοὶ οἱ ἐξαγαγόντες ἡμᾶς ἐξ Αἰγύπτου· καὶ ἐποίησαν παροργισμοὺς μεγάλους.

19 Καὶ σὺ ἐν οἰκτιρμοῖς σου τοῖς πολλοῖς οὐκ ἐγκατέλιπες αὐτοὺς ἐν τῇ ἐρήμῳ, τὸν στύλον τῆς νεφέλης οὐκ ἐξέκλινας ἀπ᾽ αὐτῶν ἡμέρας, ὁδηγῆσαι αὐτοὺς ἐν τῇ ὁδῷ, καὶ τὸν στύλον τοῦ πυρὸς τὴν νύκτα, φωτίζειν αὐτοῖς τὴν ὁδὸν ἐν ᾗ πορεύσονται

20 ἐν αὐτῇ. Καὶ τὸ πνεῦμά σου τὸ ἀγαθὸν ἔδωκας συνετίσαι αὐτούς· καὶ τὸ μάννα σου οὐκ ἀφυστέρησας ἀπὸ στόματος

21 αὐτῶν, καὶ ὕδωρ ἔδωκας αὐτοῖς ἐν τῷ δίψει αὐτῶν. Καὶ τεσσαράκοντα ἔτη διέθρεψας αὐτοὺς ἐν τῇ ἐρήμῳ, οὐχ ὑστέρησας αὐτοῖς οὐδέν· ἱμάτια αὐτῶν οὐκ ἐπαλαιώθησαν, καὶ πόδες αὐτῶν οὐ διερράγησαν.

22 Καὶ ἔδωκας αὐτοῖς βασιλείας, καὶ λαοὺς ἐμέρισας αὐτοῖς· καὶ ἐκληρονόμησαν τὴν γῆν Σηὼν βασιλέως Ἐσεβὼν, καὶ τὴν

23 γῆν Ὢγ βασιλέως τοῦ Βασάν. Καὶ τοὺς υἱοὺς αὐτῶν ἐπλήθυνας ὡς τοὺς ἀστέρας τοῦ οὐρανοῦ, καὶ εἰσήγαγες αὐτοὺς εἰς τὴν

24 γῆν ἣν εἶπας τοῖς πατράσιν αὐτῶν, καὶ ἐκληρονόμησαν αὐτήν· καὶ ἐξέτριψας ἐνώπιον αὐτῶν τοὺς κατοικοῦντας τὴν γῆν τῶν Χαναναίων, καὶ ἔδωκας αὐτοὺς εἰς τὰς χεῖρας αὐτῶν καὶ τοὺς βασιλεῖς αὐτῶν καὶ τοὺς λαοὺς τῆς γῆς, ποιῆσαι αὐτοῖς ὡς

25 ἀρεστὸν ἐνώπιον αὐτῶν. Καὶ κατελάβοσαν πόλεις ὑψηλὰς, καὶ ἐκληρονόμησαν οἰκίας πλήρεις πάντων ἀγαθῶν, λάκκους

cry at the Red Sea. [10] And thou shewedst signs and wonders in Egypt, on Pharao and all his servants, and on all the people of his land: for thou knowest that they behaved insolently against them: and thou madest thyself a name, as at this day. [11] And thou didst cleave the sea before them, and they passed through the midst of the sea on dry land; and thou didst cast into the deep them that were about to pursue them, as a stone in the mighty water.

[12] And thou guidedst them by day by a pillar of cloud, and by night by a pillar of fire, to enlighten for them the way wherein they should walk. [13] Also thou camest down upon mount Sina, and thou spakest to them out of heaven, and gavest them right judgments, and laws of truth, ordinances, and good commandments. [14] And thou didst make known to them thy holy sabbath; thou didst enjoin upon them commandments, and ordinances, and a law, by the hand of thy servant Moses. [15] And thou gavest them bread from heaven for their food, and thou broughtest them forth water from a rock for their thirst; and thou badest them go in to inherit the land over which thou stretchedst out thy hand to give it them.

[16] But they and our fathers behaved proudly, and hardened their neck, and did not hearken to thy commandments, [17] and refused to listen, and remembered not thy wonders which thou wroughtest with them; and they hardened their neck, and appointed a β leader to return to their slavery in Egypt: but thou, O God, art merciful and compassionate, long-suffering, and abundant in mercy, and thou didst not forsake them. [18] And still farther they even made to themselves a molten calf, and said, These are the gods that brought us up out of Egypt: and they wrought great provocations.

[19] Yet thou in thy great compassions didst not forsake them in the wilderness: thou didst not turn away from them the pillar of the cloud by day, to guide them in the way, nor the pillar of fire by night, to enlighten for them the way wherein they should walk. [20] And thou gavest thy good Spirit to instruct them, and thou didst not withhold thy manna from their mouth, and gavest them water in their thirst. [21] And thou didst sustain them forty years in the wilderness; thou didst not allow anything to fail them: their garments did not wax old, and their feet were not bruised.

[22] Moreover thou gavest them kingdoms, and didst divide nations to them: and they inherited the land of Seon king of Esebon, and the land of Og king of Basan. [23] And thou didst multiply their children as the stars of heaven, and broughtest them into the land of which thou spokest to their fathers; [24] and they inherited it: and thou didst destroy from before them the dwellers in the land of the Chananites, and thou gavest into their hands them and their kings, and the nations of the land, to do unto them as it pleased them. [25] And they took lofty cities, and inherited houses full of all good things, wells dug, vineyards, and oliveyards,

---

β Gr. government.

and every fruit tree in abundance: so they ate, and were filled, and grew fat, and rioted in thy great goodness. [26] But they turned, and revolted from thee, and cast thy law behind their backs; and they slew thy prophets, who testified against them to turn them back to thee, and they wrought great provocations. [27] Then thou gavest them into the hand of them that afflicted them, and they did afflict them: and they cried to thee in the time of their affliction, and thou didst hear them from thy heaven, and in thy great compassions gavest them deliverers, and didst save them from the hand of them that afflicted them. [28] But when they rested, they did evil again before thee: so thou leftest them in the hands of their enemies, and they ruled over them: and they cried again to thee, and thou heardest *them* from heaven, and didst deliver them in thy great compassions. [29] And thou didst testify against them, β to bring them back to thy law: but they hearkened not, but sinned against thy commandments and thy judgments, which if a man do, he shall live in them; and they turned their back, and hardened their neck, and heard not. [30] Yet thou didst bear long with them many years, and didst testify to them by thy Spirit by the hand of thy prophets: but they hearkened not; so thou gavest them into the hand of the nations of the land. [31] But thou in thy many mercies didst not appoint them to destruction, and didst not forsake them; for thou art strong, and merciful, and pitiful. [32] And now, O our God, the powerful, the great, the mighty, and the terrible, keeping thy covenant and thy mercy, let not all the trouble seem little in thy sight which has come upon us, and our kings, and our princes, and our priests, and our prophets, and our fathers, and upon all thy people, from the days of the kings of Assur even to this day. [33] But thou *art* righteous in all the things that come upon us; for thou hast wrought γ faithfully, but we have greatly sinned. [34] And our kings, and our princes, and our priests, and our fathers, have not performed thy law, and have not given heed to thy commandments, and *have not kept* thy testimonies which thou didst testify to them. [35] And they did not serve thee in thy kingdom, and in thy great goodness which thou gavest to them, and in the large and δ fat land which thou didst furnish before them, and they turned not from their evil devices. [36] Behold, we are servants this day, and *as for* the land which thou gavest to our fathers to eat the fruit of it, and the good things of it, behold, we are servants upon it: [37] and its produce *is* abundant for the kings whom thou didst appoint over us because of our sins; and they have dominion over our bodies, and over our cattle, as it pleases them, and we are in great affliction. [38] And in regard to all these circumstances we make a ζ covenant, and write *it*, and our princes, our Levites, *and* our priests, set their seal to *it*.

λελατομημένους, ἀμπελῶνας καὶ ἐλαιῶνας, καὶ πᾶν ξύλον βρώσιμον εἰς πλῆθος· καὶ ἐφάγοσαν καὶ ἐνεπλήσθησαν καὶ ἐλιπάνθησαν, καὶ ἐτρύφησαν ἐν ἀγαθωσύνῃ σου τῇ μεγάλῃ.

[26] Καὶ ἤλλαξαν, καὶ ἀπέστησαν ἀπὸ σοῦ, καὶ ἔρριψαν τὸν νόμον σου ὀπίσω σώματος αὐτῶν· καὶ τοὺς προφήτας σου ἀπέκτειναν, οἳ διεμαρτύραντο ἐν αὐτοῖς ἐπιστρέψαι αὐτοὺς πρὸς σέ· καὶ ἐποίησαν παροργισμοὺς μεγάλους. [27] Καὶ ἔδωκας αὐτοὺς ἐν χειρὶ θλιβόντων αὐτοὺς, καὶ ἔθλιψαν αὐτούς· καὶ ἀνεβόησαν πρὸς σὲ ἐν καιρῷ θλίψεως αὐτῶν, καὶ σὺ ἐξ οὐρανοῦ σου ἤκουσας, καὶ ἐν οἰκτιρμοῖς σου τοῖς μεγάλοις ἔδωκας αὐτοῖς σωτῆρας, καὶ ἔσωσας αὐτοὺς ἐκ χειρὸς θλιβόντων αὐτούς.

[28] Καὶ ὡς ἀνεπαύσαντο, ἐπέστρεψαν ποιῆσαι τὸ πονηρὸν ἐνώπιόν σου· καὶ ἐγκατέλιπες αὐτοὺς εἰς χεῖρας ἐχθρῶν αὐτῶν, καὶ κατῆρξαν ἐν αὐτοῖς· καὶ πάλιν ἀνεβόησαν πρὸς σὲ, καὶ σὺ ἐξ οὐρανοῦ εἰσήκουσας, καὶ ἐρρύσω αὐτοὺς ἐν οἰκτιρμοῖς σου πολλοῖς. [29] Καὶ ἐπεμαρτύρω αὐτοῖς ἐπιστρέψαι αὐτοὺς εἰς τὸν νόμον σου· καὶ οὐκ ἤκουσαν, ἀλλ᾿ ἐν ταῖς ἐντολαῖς σου καὶ κρίμασί σου ἡμάρτοσαν, ἃ ποιήσας αὐτὰ ἄνθρωπος ζήσεται ἐν αὐτοῖς· καὶ ἔδωκαν νῶτον ἀπειθοῦντα, καὶ τράχηλον αὐτῶν ἐσκλήρυναν καὶ οὐκ ἤκουσαν. [30] Καὶ εἵλκυσας ἐπ᾿ αὐτοὺς ἔτη πολλὰ, καὶ ἐπεμαρτύρω αὐτοῖς ἐν πνεύματί σου ἐν χειρὶ προφητῶν σου, καὶ οὐκ ἐνωτίσαντο, καὶ ἔδωκας αὐτοὺς ἐν χειρὶ λαῶν τῆς γῆς. [31] Καὶ σὺ ἐν οἰκτιρμοῖς σου τοῖς πολλοῖς οὐκ ἐποίησας αὐτοὺς εἰς συντέλειαν, καὶ οὐκ ἐγκατέλιπες αὐτούς, ὅτι ἰσχυρὸς εἶ καὶ ἐλεήμων καὶ οἰκτίρμων.

[32] Καὶ νῦν ὁ Θεὸς ἡμῶν ὁ ἰσχυρὸς ὁ μέγας ὁ κραταιὸς καὶ ὁ φοβερὸς, φυλάσσων τὴν διαθήκην σου καὶ τὸ ἔλεός σου, μὴ ὀλιγωθήτω ἐνώπιόν σου πᾶς ὁ μόχθος ὃς εὗρεν ἡμᾶς, καὶ τοὺς βασιλεῖς ἡμῶν, καὶ τοὺς ἄρχοντας ἡμῶν, καὶ τοὺς ἱερεῖς ἡμῶν, καὶ τοὺς προφήτας ἡμῶν, καὶ τοὺς πατέρας ἡμῶν, καὶ ἐν παντὶ τῷ λαῷ σου ἀπὸ ἡμερῶν βασιλέων Ἀσσοὺρ καὶ ἕως τῆς ἡμέρας ταύτης. [33] Καὶ σὺ δίκαιος ἐπὶ πᾶσι τοῖς ἐρχομένοις ἐφ᾿ ἡμᾶς, ὅτι ἀλήθειαν ἐποίησας· καὶ ἡμεῖς ἐξημάρτομεν, καὶ οἱ βασι- [34] λεῖς ἡμῶν, καὶ οἱ ἄρχοντες ἡμῶν, καὶ οἱ ἱερεῖς ἡμῶν, καὶ οἱ πατέρες ἡμῶν οὐκ ἐποίησαν τὸν νόμον σου, καὶ οὐ προσέσχον τῶν ἐντολῶν σου, καὶ τὰ μαρτύριά σου ἃ διεμαρτύρω αὐτοῖς. [35] Καὶ αὐτοὶ ἐν βασιλείᾳ σου καὶ ἐν ἀγαθωσύνῃ σου τῇ πολλῇ ᾗ ἔδωκας αὐτοῖς, καὶ ἐν τῇ γῇ τῇ πλατείᾳ καὶ λιπαρᾷ ᾗ ἔδωκας ἐνώπιον αὐτῶν, οὐκ ἐδούλευσάν σοι, καὶ οὐκ ἀπέστρεψαν ἀπὸ ἐπιτηδευμάτων αὐτῶν τῶν πονηρῶν. [36] Ἰδοὺ σήμερον ἐσμὲν δοῦλοι, καὶ ἡ γῆ ἣν ἔδωκας τοῖς πατράσιν ἡμῶν φαγεῖν τὸν καρπὸν αὐτῆς καὶ τὰ ἀγαθὰ αὐτῆς, ἰδοὺ ἐσμὲν δοῦλοι ἐπ᾿ αὐτῆς, [37] καὶ οἱ καρποὶ αὐτῆς πολλοὶ τοῖς βασιλεῦσιν οἷς ἔδωκας ἐφ᾿ ἡμᾶς ἐν ἁμαρτίαις ἡμῶν, καὶ ἐπὶ τὰ σώματα ἡμῶν ἐξουσιάζουσι, καὶ ἐν κτήνεσιν ἡμῶν, ὡς ἀρεστὸν αὐτοῖς, καὶ ἐν θλίψει μεγάλῃ ἐσμέν.

[38] Καὶ ἐν πᾶσι τούτοις ἡμεῖς διατιθέμεθα πίστιν, καὶ γράφομεν, καὶ ἐπισφραγίζουσιν ἄρχοντες ἡμῶν, Λευῖται ἡμῶν, ἱερεῖς ἡμῶν.

β *Gr.* that they should recover.　　~ *Gr.* the truth.　　δ *Gr.* sleek, *or* shining.　　ζ *Gr.* faith, *or*, fidelity.

10 Καὶ ἐπὶ τῶν σφραγιζόντων Νεεμίας ἀρτασασθὰ υἱὸς Ἀχα-
2 λία, καὶ Σεδεκίας υἱὸς Ἀραία, καὶ Ἀζαρία, καὶ Ἱερεμία,
3, 4 Φασοὺρ, Ἀμαρία, Μελχία, Ἀττοὺς, Σεβανὶ, Μαλοὺχ,
5, 6 Ἰρὰμ, Μεραμὼθ, Ἀβδία, Δανιὴλ, Γανναθὼν, Βαροὺχ,
7, 8 Μεσουλὰμ, Ἀβία, Μιαμὶν, Μααζία, Βελγαΐ, Σαμαΐα· οὗτοι
ἱερεῖς.

9 Καὶ οἱ Λευῖται, Ἰησοὺς υἱὸς Ἀζανία, Βαναίου ἀπὸ υἱῶν
10 Ἠναδὰδ, Καδμιὴλ καὶ οἱ ἀδελφοὶ αὐτοῦ, Σαβανία, Ὡδουΐα,
11, 12 Καλιτὰν, Φελία, Ἀνὰν, Μιχὰ, Ῥοὼβ, Ἀσεβίας, Ζακχὼρ,
13 Σαραβία, Σεβανία, Ὡδούμ· υἱοὶ Βανουαΐ

14 Ἄρχοντες τοῦ λαοῦ Φόρος, Φαὰθ Μωὰβ, Ἠλὰμ, Ζαθουΐα·
15, 16, 17 υἱοὶ Βανὶ, Ἀσγὰδ, Βηβαΐ, Ἀδανία, Βαγοὶ, Ἠδὶν, Ἀτὴρ,
18, 19 Ἐζεκία, Ἀζοὺρ, Ὡδουΐα, Ἠσὰμ, Βησὶ, Ἀρὶφ, Ἀναθὼθ,
20, 21 Νωβαΐ, Μεγαφῆς, Μεσουλλὰμ, Ἠζὶρ, Μεσωζεβὴλ, Σα-
22, 23 δοὺκ, Ἰεδδούα, Φαλτία, Ἀνὰν, Ἀναΐα, Ὡσηὲ, Ἀνανία,
24, 25 Ἀσοὺβ, Ἁλωῆς, Φαλαΐ, Σωβὴκ, Ῥεοὺμ, Ἐσσαβανὰ,
26, 27 Μαασία, καὶ Ἀΐα, Αἰνὰν, Ἠνὰμ, Μαλοὺχ, Ἠρὰμ,
Βαανὰ,

28 Καὶ οἱ κατάλοιποι τοῦ λαοῦ, οἱ ἱερεῖς, οἱ Λευῖται, οἱ πυλω-
ροὶ, οἱ ᾄδοντες, οἱ Ναθινὶμ, καὶ πᾶς ὁ προσπορευόμενος ἀπὸ
λαῶν τῆς γῆς πρὸς νόμον τοῦ Θεοῦ, γυναῖκες αὐτῶν, υἱοὶ αὐτῶν,
29 θυγατέρες αὐτῶν· πᾶς ὁ εἰδὼς καὶ συνιών, ἐνίσχυον ἐπὶ τοὺς
ἀδελφοὺς αὐτῶν, καὶ κατηράσαντο αὐτούς, καὶ εἰσήλθοσαν ἐν
ἀρᾷ καὶ ἐν ὅρκῳ τοῦ πορεύεσθαι ἐν νόμῳ τοῦ Θεοῦ, ὃς ἐδόθη
ἐν χειρὶ Μωυσῆ δούλου τοῦ Θεοῦ, φυλάσσεσθαι καὶ ποιεῖν
πάσας τὰς ἐντολὰς Κυρίου, καὶ τὰ κρίματα αὐτοῦ, καὶ τὰ
30 προστάγματα αὐτοῦ· Καὶ τοῦ μὴ δοῦναι θυγατέρας ἡμῶν τοῖς
λαοῖς τοῖς γῆς, καὶ τὰς θυγατέρας αὐτῶν οὐ ληψόμεθα τοῖς
31 υἱοῖς ἡμῶν· Καὶ λαοὶ τῆς γῆς οἱ φέροντες τοὺς ἀγορασμοὺς
καὶ πᾶσαν πρᾶσιν ἐν ἡμέρᾳ τοῦ σαββάτου ἀποδόσθαι, οὐκ
ἀγορῶμεν παρ' αὐτῶν ἐν σαββάτῳ καὶ ἐν ἡμέρᾳ ἁγίᾳ· καὶ ἀνή-
σομεν τὸ ἔτος τὸ ἕβδομον, καὶ ἀπαίτησιν πάσης χειρός.

32 Καὶ στήσομεν ἐφ' ἡμᾶς ἐντολὰς δοῦναι ἐφ' ἡμᾶς τρίτον
τοῦ διδράχμου κατ' ἐνιαυτὸν εἰς δουλείαν οἴκου τοῦ Θεοῦ ἡμῶν,
33 εἰς ἄρτους τοῦ προσώπου, καὶ θυσίαν τοῦ ἐνδελεχισμοῦ καὶ
εἰς ὁλοκαύτωμα τοῦ ἐνδελεχισμοῦ τῶν σαββάτων, τῶν νου-
μηνιῶν, εἰς τὰς ἑορτὰς καὶ εἰς τὰ ἅγια, καὶ τὰ περὶ ἁμαρτίας,
ἐξιλάσασθαι περὶ Ἰσραὴλ, καὶ εἰς ἔργα οἴκου τοῦ Θεοῦ ἡμῶν.

34 Καὶ κλήρους ἐβάλομεν περὶ κλήρου ξυλοφορίας, οἱ ἱερεῖς καὶ
οἱ Λευῖται καὶ ὁ λαός, ἐνέγκαι εἰς οἶκον Θεοῦ ἡμῶν, εἰς οἶκον
πατριῶν ἡμῶν, εἰς καιροὺς ἀπὸ χρόνων, ἐνιαυτὸν κατ' ἐνιαυτὸν,
ἐκκαῦσαι ἐπὶ τὸ θυσιαστήριον Κυρίου Θεοῦ ἡμῶν, ὡς γέγραπ-
35 ται ἐν τῷ νόμῳ· Καὶ ἐνέγκαι τὰ πρωτογεννήματα τῆς γῆς
ἡμῶν, καὶ πρωτογεννήματα καρποῦ παντὸς ξύλου ἐνιαυτὸν κατ'
36 ἐνιαυτὸν εἰς οἶκον Κυρίου, καὶ τὰ πρωτότοκα υἱῶν ἡμῶν καὶ
κτηνῶν ἡμῶν, ὡς γέγραπται ἐν τῷ νόμῳ, καὶ τὰ πρωτότοκα τῶν
βοῶν ἡμῶν καὶ ποιμνίων ἡμῶν ἐνέγκαι εἰς οἶκον Θεοῦ ἡμῶν,
37 τοῖς ἱερεῦσι τοῖς λειτουργοῦσιν ἐν οἴκῳ Θεοῦ ἡμῶν. Καὶ τὴν
ἀπαρχὴν σίτων ἡμῶν, καὶ τὸν καρπὸν παντὸς ξύλου, οἴνου, καὶ

And over them that sealed were Neemias the [β]Artasastha, son of Achalia, and Zedekias, 2 the son of Aræa, and Azaria, and Jeremia, 3 Phasur, Amaria, Melchia, 4 Attus, Sebani, Maluch, 5 Iram, Meramoth, Abdia, 6 Daniel, Gannathon, Baruch, 7 Mesulam, Abia, Miamin, 8 Maazia, Belgai, Samaia; these were priests.

9 And the Levites; Jesus the son of Azania, Banaiu of the sons of Enadad, Cadmiel 10 and his brethren, Sabania, Oduia, Calitan, Phelia, Anan, 11 Micha, Roob, Asebias, 12 Zacchor, Sarabia, Sebania, 13 Odum, γ the sons of Banuæ.

14 The heads of the people; Phoros, Phaath Moab, Elam, Zathuia, 15 the sons of Bani, Asgad, Bebai, 16 Adania, Bagoi, Hedin, 17 Ater, Ezekia, Azur, 18 Oduia, Esam, Besi, 19 Ariph, Anathoth, Nobai, 20 Megaphes, Mesullam, Ezir, 21 Mesozebel, Saduc, Jeddua, 22 Phaltia, Anan, Anæa, 23 Osee, Anania, Asub, 24 Aloes, Phalai, Sobec, 25 Reum, Essabana, Maasia, 26 and Aia, Ænan, Enam, 27 Maluch, Eram, Baana.

28 And the rest of the people, the priests, the Levites, the porters, the singers, the Nathinim, and every one who drew off from the nations of the land to the law of God, their wives, their sons, their daughters, every one who had knowledge and understanding, 29 were urgent with their brethren, and bound them under a curse, and entered into a curse, and into an oath, to walk in the law of God, which was given by the hand of Moses, the servant of God; to keep and to do all the commandments of the Lord, and his judgments, and his ordinances; 30 and that we will not, they said, give our daughters to the people of the land, nor will we take their daughters to our sons. 31 And as for the people of the land who bring wares and all manner of merchandise to sell on the sabbath-day, we will not buy of them on the sabbath or on the holy day: and we will leave the seventh year, and the exaction of every [δ]debt.

32 And we will impose ordinances upon ourselves, to levy on ourselves the third part of a didrachm yearly for the service of the house of our God; 33 the shewbread, and the continual meat-offering, and for the continual whole-burnt-offering, of the sabbaths, of the new moon, for the feasts, and for the holy things, and the sin-offerings, to make atonement for Israel, and for the works of the house of our God.

34 And we cast lots for the office of woodbearing, we the priests, and the Levites, and the people, to bring wood into the house of our God, according to the house of our families, at certain set times, year by year, to burn on the altar of the Lord our God, as it is written in the law; 35 and to bring the first-fruits of our land, and the first-fruits of the fruit of every tree, year by year, into the house of the Lord; 36 the first-born of our sons, and of our cattle, as it is written in the law, and the first-born of our [ζ]herds and of our flocks, to bring to the house of our God, for the priests that minister in the house of our God. 37 And the first-fruits of our corn, and the fruit of

---

β Or governor.   γ See Heb.   δ Gr. hand.   ζ Gr. oxen, bulls, etc.

every tree, of wine, and of oil, will we bring to the priests to the treasury of the house of God; and a tithe of our land to the Levites: for the Levites themselves shall receive tithes in all the cities of βthe land we cultivate. 38And the priest the son of Aaron shall be with the Levites in the tithe of the Levite: and the Levites shall bring up the tenth part of *their* tithe to the house of our God, into the treasuries of the house of God. 39For the children of Israel and the children of Levi shall bring into the treasuries the first-fruits of the corn, and wine, and oil; and there *are* the holy vessels, and the priests, and the ministers, and the porters, and the singers: and we will not forsake the house of our God.

And the chiefs of the people dwelt in Jerusalem: and the rest of the people cast lots, to bring one of *every* ten to dwell in Jerusalem the holy city, and nine parts in the *other* cities. 2And the people blessed all the men that volunteered to dwell in Jerusalem.

3Now these *are* the chiefs of the province who dwelt in Jerusalem, and in the cities of Juda: *every* man dwelt in his possession in their cities: Israel, the priests, and the Levites, and the Nathinim, and the children of the servants of Solomon.

4And there dwelt in Jerusalem *some* of the children of Juda, and of the children of Benjamin. Of the children of Juda; Athaia son of Azia, the son of Zacharia, the son of Samaria, the son of Saphatia, the son of Maleleel, and *some* of the sons of Phares; 5and Maasia son of Baruch, son of Chalaza, son of Ozia, son of Adaia, son of Joarib, son of Zacharias, son of Seloni. 6All the sons of Phares who dwelt in Jerusalem *were* four hundred and sixty-eight men of might. 7And these *were* the children of Benjamin; Selo son of Mesulam, son of Joad, son of Phadaia, son of Coleia, son of Maasias, son of Ethiel, son of Jesia. 8And after him Gebe, Seli, nine hundred and twenty-eight. 9And Joel son of Zechri *was* overseer over them: and Juda son of Asana was second γin the city.

10Of the priests: both Jadia son of Joarib, and Jachin. 11Saraia, son of Elchia, son of Mesulam, son of Sadduc, son of Marioth, son of Ætoth, was δ over the house of God. 12And their brethren doing the work of the house were eight hundred and twenty-two: and Adaia son of Jeroam, son of Phalalia, son of Amasi, son of Zacharia, son of Phassur, son of Melchia, 13and his brethren, chiefs of families, two hundred and forty-two: and Amasia son of Esdriel, son of Mesarimith, son of Emmer, 14and his brethren, mighty men of war, a hundred and twenty-eight: and *their* overseer *was* Badiel son of *one of the* great men.

15And of the Levites; Samaia, son of Esricam, 17Matthanias son of Micha, and Jobeb son of Samui, 18two hundred and eighty-four.

19And the porters; Acub, Telamin, and their brethren, a hundred and seventy-two.

22And the overseer of the Levites *was* the son of Bani, son of Ozi, the son of Asabia,

ἐλαίου, οἴσομεν τοῖς ἱερεῦσιν εἰς τὸ γαζοφυλάκιον οἴκου τοῦ Θεοῦ, καὶ δεκάτην γῆς ἡμῶν τοῖς Λευίταις· καὶ αὐτοὶ οἱ Λευῖται δεκατοῦντες ἐν πάσαις πόλεσι δουλείας ἡμῶν. Καὶ ἔσται 38 ὁ ἱερεὺς υἱὸς Ἀαρὼν μετὰ τοῦ Λευίτου ἐν τῇ δεκάτῃ τοῦ Λευίτου, καὶ οἱ Λευῖται ἀνοίσουσι τὴν δεκάτην τῆς δεκάδος εἰς οἶκον Θεοῦ ἡμῶν εἰς τὰ γαζοφυλάκια εἰς οἶκον τοῦ Θεοῦ. Ὅτι εἰς 39 τοὺς θησαυροὺς εἰσοίσουσιν οἱ υἱοὶ Ἰσραὴλ καὶ οἱ υἱοὶ τοῦ Λευὶ τὰς ἀπαρχὰς τοῦ σίτου, καὶ τοῦ οἴνου, καὶ τοῦ ἐλαίου, καὶ ἐκεῖ σκεύη τὰ ἅγια, καὶ οἱ ἱερεῖς καὶ οἱ λειτουργοὶ καὶ οἱ πυλωροὶ καὶ οἱ ᾄδοντες· καὶ οὐκ ἐγκαταλείψομεν τὸν οἶκον τοῦ Θεοῦ ἡμῶν.

Καὶ ἐκάθισαν οἱ ἄρχοντες τοῦ λαοῦ ἐν Ἱερουσαλήμ· καὶ 11 οἱ κατάλοιποι τοῦ λαοῦ ἐβάλοσαν κλήρους ἐνέγκαι ἕνα ἀπὸ τῶν δέκα καθίσαι ἐν Ἱερουσαλὴμ πόλει τῇ ἁγίᾳ, καὶ ἐννέα μέρη ἐν ταῖς πόλεσι. Καὶ εὐλόγησεν ὁ λαὸς τοὺς πάντας ἄνδρας 2 τοὺς ἑκουσιαζομένους καθίσαι ἐν Ἱερουσαλήμ.

Καὶ οὗτοι οἱ ἄρχοντες τῆς χώρας οἳ ἐκάθισαν ἐν Ἱερουσα- 3 λὴμ καὶ ἐν πόλεσιν Ἰούδα· ἐκάθισαν ἀνὴρ ἐν κατασχέσει αὐτοῦ ἐν πόλεσιν αὐτῶν Ἰσραήλ, οἱ ἱερεῖς, καὶ οἱ Λευῖται, καὶ οἱ Ναθιναῖοι, καὶ οἱ υἱοὶ δούλων Σαλωμών·

Καὶ ἐν Ἱερουσαλὴμ ἐκάθισαν ἀπὸ υἱῶν Ἰούδα, καὶ ἀπὸ υἱῶν 4 Βενιαμίν· Ἀπὸ υἱῶν Ἰούδα, Ἀθαία υἱὸς Ἀζία, υἱὸς Ζαχαρία, υἱὸς Σαμαρία, υἱὸς Σαφατία, υἱὸς Μαλελεήλ· καὶ ἀπὸ τῶν υἱῶν Φαρὲς, καὶ Μαασία υἱὸς Βαρούχ, υἱὸς Χαλαζὰ, υἱὸς Ὀζία, υἱὸς 5 Ἀδαία, υἱὸς Ἰωαρὶβ, υἱὸς Ζαχαρίου, υἱὸς τοῦ Σηλωνί. Πάν- 6 τες υἱοὶ Φαρὲς οἱ καθήμενοι ἐν Ἱερουσαλὴμ, τετρακόσιοι ἑξηκονταοκτὼ ἄνδρες δυνάμεως. Καὶ οὗτοι υἱοὶ Βενιαμίν· 7 Σηλὼ υἱὸς Μεσουλὰμ, υἱὸς Ἰωὰδ, υἱὸς Φαδαία, υἱὸς Κωλεία, υἱὸς Μαασίου, υἱὸς Ἐθιὴλ, υἱὸς Ἰεσία, καὶ ὀπίσω αὐτοῦ Γηβὲ, 8 Σηλὶ, ἐννακόσιοι εἰκοσιοκτώ. Καὶ Ἰωὴλ υἱὸς Ζεχρὶ ἐπίσκο- 9 πος ἐπ᾽ αὐτούς· καὶ Ἰούδα υἱὸς Ἀσανὰ ἀπὸ τῆς πόλεως, δεύτερος.

Ἀπὸ τῶν ἱερέων· καὶ Ἰαδία υἱὸς Ἰωαρὶβ, Ἰαχίν. Σαραία 10, 11 υἱὸς Ἐλχία, υἱὸς Μεσουλὰμ, υἱὸς Σαδδοὺκ, υἱὸς Μαριὼθ, υἱὸς Αἰτὼθ, ἀπέναντι οἴκου τοῦ Θεοῦ. Καὶ οἱ ἀδελφοὶ αὐτῶν ποιοῦν- 12 τες τὸ ἔργον τοῦ οἴκου, ὀκτακόσιοι εἰκοσιδύο· καὶ Ἀδαία υἱὸς Ἱεροὰμ, υἱοῦ Φαλαλία, υἱοῦ Ἀμασὶ, υἱὸς Ζαχαρία, υἱὸς Φασσοὺρ, υἱὸς Μελχία, καὶ ἀδελφοὶ αὐτοῦ ἄρχοντες πατριῶν, 13 διακόσιοι τεσσαρακονταδύο· καὶ Ἀμασία υἱὸς Ἐσδριὴλ, υἱοῦ Μεσαριμὶθ, υἱοῦ Ἐμμὴρ, καὶ ἀδελφοὶ αὐτοῦ δυνατοὶ παρα- 14 τάξεως, ἑκατὸν εἰκοσιοκτώ· καὶ ἐπίσκοπος Βαδιὴλ υἱὸς τῶν μεγάλων.

Καὶ ἀπὸ τῶν Λευιτῶν, Σαμαία υἱὸς Ἐσρικὰμ, Ματθαν- 15, 17 ίας υἱὸς Μιχὰ, καὶ Ἰωβὴβ υἱὸς Σαμουῒ, διακόσιοι ὀγδοηκόντα- 18 τέσσαρες.

Καὶ οἱ πυλωροὶ, Ἀκούβ, Τελαμὶν, καὶ οἱ ἀδελφοὶ αὐτῶν, 19 ἑκατὸν ἑβδομηκονταδύο.

Καὶ ἐπίσκοπος Λευιτῶν υἱὸς Βανὶ, υἱὸς Οζὶ, υἱὸς Ἀσαβία, 22

υἱὸς Μιχά· ἀπὸ υἱῶν Ἀσὰφ, τῶν ᾀδόντων ἀπέναντι ἔργου οἴκου
23 τοῦ Θεοῦ· ὅτι ἐντολὴ τοῦ βασιλέως εἰς αὐτούς.

24 Καὶ Φαθαΐα υἱὸς Βασηζὰ πρὸς χεῖρα τοῦ βασιλέως εἰς πᾶν
25 χρῆμα τῷ λαῷ, καὶ πρὸς τὰς ἐπαύλεις ἐν ἀγρῷ αὐτῶν· καὶ
26 ἀπὸ υἱῶν Ἰούδα ἐκάθισαν ἐν Καριαθαρβὸκ, καὶ ἐν Ἰησοῦ,
27, 30 καὶ ἐν Βηρσαβεέ, καὶ ἐπαύλεις αὐτῶν Λαχὶς καὶ ἀγροὶ
31 αὐτῆς· καὶ παρενεβάλοσαν ἐν Βηρσαβεέ. Καὶ οἱ υἱοὶ Βενιαμὶν
36 ἀπὸ Γαβαὰ Μαχμάς. Καὶ ἀπὸ τῶν Λευιτῶν μερίδες Ἰούδα τῷ
Βενιαμίν.

12 Καὶ οὗτοι οἱ ἱερεῖς καὶ οἱ Λευῖται οἱ ἀναβάντες μετὰ Ζορο-
βάβελ υἱοῦ Σαλαθιὴλ καὶ Ἰησοῦ· Σαραΐα, Ἱερεμία, Ἔσδρα,
2, 3, 7 Ἀμαρία, Μαλούχ, Σεχενία· Οὗτοι οἱ ἄρχοντες τῶν
ἱερέων, καὶ ἀδελφοὶ αὐτῶν ἐν ἡμέραις Ἰησοῦ·

8 Καὶ οἱ Λευῖται, Ἰησοῦ, Βανουὶ, Καδμιήλ, Σαραβία, Ἰωδαὲ,
Ματθανία, ἐπὶ τῶν χειρῶν αὐτὸς, καὶ οἱ ἀδελφοὶ αὐτῶν εἰς τὰς
ἐφημερίας.

10 Καὶ Ἰησοῦς ἐγέννησε τὸν Ἰωακὶμ, καὶ Ἰωακὶμ ἐγέννησε
11 τὸν Ἐλιασὶβ, καὶ Ἐλιασὶβ τὸν Ἰωδαὲ, καὶ Ἰωδαὲ ἐγέννησε
12 τὸν Ἰωνάθαν, καὶ Ἰωνάθαν ἐγέννησε τὸν Ἰαδού. Καὶ ἐν ἡμέ-
ραις Ἰωακὶμ ἀδελφοὶ αὐτοῦ οἱ ἱερεῖς καὶ οἱ ἄρχοντες τῶν
13 πατριῶν, τῷ Σαραΐα, Ἀμαρία· τῷ Ἱερεμία, Ἀνανία· Τῷ
14 Ἔσδρα, Μεσουλάμ· τῷ Ἀμαρία, Ἰωανάν· Τῷ Ἀμαλούχ,
15 Ἰωνάθαν· τῷ Σεχενία, Ἰωσήφ· Τῷ Ἀρὲ, Μαννάς· τῷ
16 Μαριώθ, Ἐλκαΐ· Τῷ Ἀδαδαὶ, Ζαχαρία· τῷ Γαναθὼθ, Με-
17 σολάμ· Τῷ Ἀβία, Ζεχρί· τῷ Μιαμὶν, Μααδαΐ· τῷ Φελετί,
18, 19 τῷ Βαλγὰς, Σαμουέ· τῷ Σεμία, Ἰωνάθαν· Τῷ Ἰωαρὶβ,
20 Ματθαναΐ· τῷ Ἐδίῳ, Ὀζί. Τῷ Σαλαΐ, Καλλαΐ· τῷ Ἀμέκ,
21 Ἀβέδ· Τῷ Ἐλκία, Ἀσαβίας· τῷ Ἰεδεϊοῦ, Ναθαναήλ.

22 Οἱ Λευῖται ἐν ἡμέραις Ἐλιασίβ, Ἰωαδὰ, καὶ Ἰωὰ, καὶ
Ἰωανὰν, καὶ Ἰδούα, γεγραμμένοι ἄρχοντες τῶν πατριῶν· καὶ
23 οἱ ἱερεῖς ἐν βασιλείᾳ Δαρείου τοῦ Πέρσου. Υἱοὶ δὲ Λευὶ
ἄρχοντες τῶν πατριῶν γεγραμμένοι ἐπὶ βιβλίῳ λόγων τῶν
24 ἡμερῶν, καὶ ἕως ἡμερῶν Ἰωανὰν υἱοῦ Ἐλισουέ. Καὶ οἱ
ἄρχοντες τῶν Λευιτῶν, Ἀσαβία, καὶ Σαραβία, καὶ Ἰησοῦ· καὶ
υἱοὶ Καδμιὴλ καὶ ἀδελφοὶ αὐτῶν κατεναντίον αὐτῶν εἰς ὕμνον
αἰνεῖν ἐν ἐντολῇ Δαυὶδ ἀνθρώπου τοῦ Θεοῦ ἐφημερίαν πρὸς
ἐφημερίαν.

25, 26 Ἐν τῷ συναγαγεῖν με τοὺς πυλωροὺς ἐν ἡμέραις Ἰωακὶμ
υἱοῦ Ἰησοῦ, υἱοῦ Ἰωσεδὲκ, καὶ ἐν ἡμέραις Νεεμία, καὶ Ἔσδρας
ὁ ἱερεὺς γραμματεύς.

27 Καὶ ἐν ἐγκαινίοις τείχους Ἱερουσαλὴμ ἐζήτησαν τοὺς Λευί-
τας ἐν τοῖς τόποις αὐτῶν τοῦ ἐνέγκαι αὐτοὺς εἰς Ἱερουσαλὴμ,
ποιῆσαι ἐγκαίνια καὶ εὐφροσύνην ἐν θωδαθὰ, καὶ ἐν ᾠδαῖς
28 κυμβαλίζοντες, καὶ ψαλτήρια, καὶ κινύραι. Καὶ συνήχθησαν
οἱ υἱοὶ τῶν ᾀδόντων καὶ ἀπὸ τῆς περιχώρου κυκλόθεν εἰς Ἱερου-
29 σαλὴμ, καὶ ἀπὸ ἐπαύλεων, καὶ ἀπὸ ἀγρῶν, ὅτι ἐπαύλεις
30 ᾠκοδόμησαν ἑαυτοῖς οἱ ᾄδοντες ἐν Ἱερουσαλήμ. Καὶ ἐκαθαρί-
σθησαν οἱ ἱερεῖς καὶ οἱ Λευῖται, καὶ ἐκαθάρισαν τὸν λαὸν καὶ
τοὺς πυλωροὺς καὶ τὸ τεῖχος.

the son of Micha. Of the sons of Asaph the singers *some were* β over the house of God, [23]for so was the king's commandment concerning them. [24]And Phathaia son of Baseza was in attendance on the king in every matter for the people, [25]and with regard to villages in their country district: and *some of the* children of Juda dwelt in Cariatharboc, [26]and in Jesu, [27]and in Bersabee: [30]and their villages *were* Lachis and her lands: and they pitched their tents in Bersabee. [31]And the children of Benjamin *dwelt* from Gabaa to Machmas. [36]And of the Levites there were divisions to Juda *and* to Benjamin.

Now these *are* the priests and the Levites that went up with Zorobabel the son of Salathiel and Jesus: Saraia, Jeremia, Esdra, [2]Amaria, Maluch, [3]Sechenia. [7]These *were* the chiefs of the priests, and their brethren in the days of Jesus.

[8]And the Levites *were*, Jesus, Banui, Cadmiel, Sarabia, Jodae, Matthania: he *was* over the γ bands, and his brethren *were appointed* to the daily courses.

[10]And Jesus begot Joakim, and Joakim begot Eliasib, and Eliasib *begot* Jodae, [11]and Jodae begot Jonathan, and Jonathan begot Jadu. [12]And in the days of Joakim, his brethren the priests and the heads of families *were, belonging* to Saraia, Amaria; to Jeremia, Anania; [13]to Esdra, Mesulam; to Amaria, Joanan; [14]to Amaluch, Jonathan; to Sechenia, Joseph; [15]to Are, Mannas; to Marioth, Elcai; [16]to Adadai, Zacharia; to Ganathoth, Mesolam; [17]to Abia, Zechri; to Miamin, Maadai; to δ Pheleti, *one*; [18]to Balgas, Samue; to Semia, Jonathan; [19]to Joarib, Matthanai; to Edio, Ozi; [20]to Salai, Callai; to Amec, Abed; [21]to Elkia, Asabias; to Jedeiu, Nathanael.

[22]The Levites in the days of Eliasib, Joada, and Joa, and Joanan, and Idua, *were* recorded heads of families: also the priests, in the reign of Darius the Persian. [23]And the sons of Levi, heads of families, *were* written in the book of the ζ chronicles, even to the days of Joanan son of Elisue. [24]And the heads of the Levites *were* Asabia, and Sarabia, and Jesu: and the sons of Cadmiel, and their brethren over against them, were to sing hymns of praise, according to the commandment of David the man of God, course by course.

[25]When I gathered the porters, [26]it *was* in the days of Joakim son of Jesus, son of Josedec, and in the days of Neemia: and Esdras the priest *was* scribe.

[27]And at the dedication of the wall of Jerusalem they sought the Levites in their places, to bring them to Jerusalem, to keep a feast of dedication and gladness with thanksgiving, and they sounded cymbals with songs, and *had* psalteries and harps. [28]And the sons of the singers were assembled both from the neighbourhood round about to Jerusalem, and from the villages, [29]and from the country: for the singers built themselves villages θ by Jerusalem. [30]And the priests and the Levites purified themselves, and they purified the people, and the porters, and the wall.

β *Gr.* in front of. γ *Gr.* hands. δ Seeming omission both in *Heb.* and *Gr.* ζ *Gr.* accounts of days. θ *Gr.* in.

[31] And they brought up the princes of Juda on the wall, and they appointed two great *companies* for thanksgiving, and they passed on the right hand on the wall of the dung-gate. [32] And after them went Osaia, and half the princes of Juda, [33] and Azarias, and Esdras, and Mesollam, [34] and Juda, and Benjamin, and Samaias and Jeremia. [35] And *some* of the sons of the priests with trumpets, Zacharias son of Jonathan, son of Samaias, son of Matthania, son of Michaia, son of Zacchur, son of Asaph: [36] and his brethren, βSamaia, and Oziel, Gelol, Jama, Aia, Nathanael, and Juda, Anani, to praise with the hymns of David the man of God; [37] and Esdras the scribe *was* before them, at the gate, to praise before them, and they went up by the steps of the city of David, in the ascent of the wall, above the house of David, even to the water-gate [39] of Ephraim, γand to the fish-gate, and by the tower of Anameel, and as far as the sheep-gate. [42] And the singers were heard, and were numbered. [43] And in that day they offered great sacrifices, and rejoiced; for God had made them very joyful: and their wives and their children rejoiced: and the joy in Jerusalem was heard from afar off.

[44] And in that day they appointed men over the treasuries, for the treasures, the first-fruits, and the tithes, and *for* the chiefs of the cities who were assembled among them, δto *furnish* portions for the priests and Levites: for *there was* joy in Juda over the priests and over the Levites that waited. [45] And they kept the ζcharges of their God, and the charges of the purification, and *ordered* the singers and the porters, according to the commandments of David and his son Solomon. [46] For in the days of David Asaph was originally first of the singers, and *they sang* hymns and praise to God. [47] And all Israel in the days of Zorobabel, and in the days of Neemias, gave the portions of the singers and the porters, a daily rate: and consecrated them to the Levites: and the Levites consecrated them to the sons of Aaron.

In that day θthey read in the book of Moses in the ears of the people; and it was found written in it, that the Ammonites and Moabites should not enter into the congregation of God for ever; [2] because they met not the children of Israel with bread and water, but hired Balaam against them to curse them: but our God turned the curse into a blessing. [3] And it came to pass, when they heard the law, that they were separated, *even* every λalien in Israel.

[4] And before this time Eliasib the priest dwelt in the treasury the house of our God, connected with Tobias; [5] and he made himself a great treasury, and there they were formerly in the habit of bestowing the offerings, and the frankincense, and the vessels, and the tithe of the corn, and the wine, and the oil, the ordered portion of the Levites, and singers, and porters; and the first-fruits of the priests. [6] But in all this *time* I was not in Jerusalem; for in the thirty-second year of Arthasastha king of Babylon I came to the king, and after a certain time I made my request of the

Καὶ ἀνήνεγκαν τοὺς ἄρχοντας Ἰούδα ἐπάνω τοῦ τείχους· 31 καὶ ἔστησαν δύο περὶ αἰνέσεως μεγάλους, καὶ διῆλθον ἐκ δεξιῶν ἐπάνω τοῦ τείχους τῆς κοπρίας. Καὶ ἐπορεύθησαν 32 ὀπίσω αὐτῶν Ὡσαΐα καὶ ἥμισυ ἀρχόντων Ἰούδα, καὶ Ἀζαρίας, 33 καὶ Ἔσδρας, καὶ Μεσολλὰμ, καὶ Ἰούδα, καὶ Βενιαμὶν, καὶ 34 Σαμαΐας, καὶ Ἰερεμία. Καὶ ἀπὸ τῶν υἱῶν τῶν ἱερέων ἐν 35 σάλπιγξι, Ζαχαρίας υἱὸς Ἰωνάθαν, υἱὸς Σαμαΐα, υἱὸς Ματθανία, υἱὸς Μιχαία, υἱὸς Ζακχοὺρ, υἱὸς Ἀσάφ· Καὶ ἀδελφοὶ αὐτοῦ, 36 Σαμαΐα, καὶ Ὀζιὴλ, Γελὼλ, Ἰαμὰ, Ἀΐα, Ναθαναὴλ, καὶ Ἰούδα, Ἀνανὶ, τοῦ αἰνεῖν ἐν ᾠδαῖς Δαυὶδ ἀνθρώπου τοῦ Θεοῦ· καὶ Ἔσδρας ὁ γραμματεὺς ἔμπροσθεν αὐτῶν ἐπὶ πύλης, τοῦ αἰνεῖν 37 κατέναντι αὐτῶν· καὶ ἀνέβησαν ἐπὶ κλίμακας πόλεως Δαυὶδ ἐν ἀναβάσει τοῦ τείχους ἐπάνωθεν τοῦ οἴκου Δαυὶδ, καὶ ἕως τῆς πύλης τοῦ ὕδατος Ἐφραὶμ, καὶ ἐπὶ τὴν πύλην ἰχθυρὰν, καὶ 39 πύργῳ Ἀναμεὴλ, καὶ ἕως πύλης τῆς προβατικῆς. Καὶ ἠκού- 42 σθησαν οἱ ᾄδοντες, καὶ ἐπεσκέπησαν. Καὶ ἔθυσαν ἐν τῇ ἡμέρᾳ 43 ἐκείνῃ θυσιάσματα μεγάλα, καὶ ηὐφράνθησαν, ὅτι ὁ Θεὸς ηὔφρανεν αὐτοὺς μεγάλως· καὶ αἱ γυναῖκες αὐτῶν καὶ τὰ τέκνα αὐτῶν ηὐφράνθησαν, καὶ ἠκούσθη ἡ εὐφροσύνη ἐν Ἱερουσαλὴμ ἀπὸ μακρόθεν.

Καὶ κατέστησαν ἐν τῇ ἡμέρᾳ ἐκείνῃ ἄνδρας ἐπὶ τῶν γαζο- 44 φυλακίων, τοῖς θησαυροῖς, ταῖς ἀπαρχαῖς, καὶ ταῖς δεκάταις, καὶ τοῖς συνηγμένοις ἐν αὐτοῖς ἄρχουσι τῶν πόλεων, μερίδας τοῖς ἱερεῦσι καὶ τοῖς Λευίταις, ὅτι εὐφροσύνη ἐν Ἰούδα ἐπὶ τοὺς ἱερεῖς, καὶ ἐπὶ τοὺς Λευίτας τοὺς ἑστῶτας. Καὶ ἐφύλα- 45 ξαν φυλακὰς Θεοῦ αὐτῶν, καὶ φυλακὰς τοῦ καθαρισμοῦ, καὶ τοὺς ᾄδοντας, καὶ τοὺς πυλωροὺς, ὡς ἐντολαὶ Δαυὶδ καὶ Σαλω- μὼν υἱοῦ αὐτοῦ. Ὅτι ἐν ἡμέραις Δαυὶδ Ἀσὰφ ἀπ᾽ ἀρχῆς 46 πρῶτος τῶν ᾀδόντων, καὶ ὕμνον καὶ αἴνεσιν τῷ Θεῷ, καὶ πᾶς 47 Ἰσραὴλ ἐν ἡμέραις Ζοροβάβελ καὶ ἐν ταῖς ἡμέραις Νεεμίου, διδόντες μερίδας τῶν ᾀδόντων καὶ τῶν πυλωρῶν, λόγον ἡμέρας ἐν ἡμέρᾳ αὐτοῦ, καὶ ἁγιάζοντες τοῖς Λευίταις, καὶ οἱ Λευῖται ἁγιάζοντες τοῖς υἱοῖς Ἀαρών.

Ἐν τῇ ἡμέρᾳ ἐκείνῃ ἀνεγνώσθη ἐν βιβλίῳ Μωυσῆ ἐν ὠσὶ 13 τοῦ λαοῦ· καὶ εὑρέθη γεγραμμένον ἐν αὐτῷ, ὅπως μὴ εἰσέλθω- σιν Ἀμμανῖται καὶ Μωαβῖται ἐν ἐκκλησίᾳ Θεοῦ ἕως αἰῶνος, ὅτι οὐ συνήντησαν τοῖς υἱοῖς Ἰσραὴλ ἐν ἄρτῳ καὶ ὕδατι, καὶ 2 ἐμισθώσαντο ἐπ᾽ αὐτὸν τὸν Βαλαὰμ καταράσασθαι· καὶ ἐπέ- στρεψεν ὁ Θεὸς ἡμῶν τὴν κατάραν εἰς εὐλογίαν. Καὶ ἐγένετο 3 ὡς ἤκουσαν τὸν νόμον, καὶ ἐχωρίσθησαν πᾶς ἐπίμικτος ἐν Ἰσραήλ.

Καὶ πρὸ τούτου Ἐλιασὶβ ὁ ἱερεὺς οἰκῶν ἐν γαζοφυλακίῳ 4 οἴκου Θεοῦ ἡμῶν, ἐγγιῶν Τωβία. Καὶ ἐποίησεν ἑαυτῷ γαζο- 5 φυλάκιον μέγα· καὶ ἐκεῖ ἦσαν πρότερον διδόντες τὴν μαναὰ καὶ τὸν λίβανον καὶ τὰ σκεύη, καὶ τὴν δεκάτην τοῦ σίτου καὶ τοῦ οἴνου καὶ τοῦ ἐλαίου, ἐντολὴν τῶν Λευιτῶν καὶ τῶν ᾀδόντων καὶ τῶν πυλωρῶν, καὶ ἀπαρχὰς τῶν ἱερέων. Καὶ ἐν παντὶ 6 τούτῳ οὐκ ἤμην ἐν Ἱερουσαλήμ· ὅτι ἐν ἔτει τριακοστῷ καὶ δευτέρῳ τοῦ Ἀρθασασθὰ βασιλέως Βαβυλῶνος ἦλθον πρὸς τὸν βασιλέα, καὶ μετὰ τὸ τέλος τῶν ἡμερῶν ἠτησάμην παρὰ τοῦ

β These terminations often vary.   γ The text defective here.   δ See *Heb.*   ζ *Gr.* watches.   θ *Gr.* it was read.   λ *Gr.* mixed one.

7 βασιλέως, καὶ ἦλθον εἰς Ἱερουσαλήμ· καὶ συνῆκα ἐν τῇ πονηρίᾳ ᾗ ἐποίησεν Ἐλιασὶβ τῷ Τωβίᾳ, ποιῆσαι αὐτῷ γαζοφυλάκιον ἐν αὐλῇ οἴκου τοῦ Θεοῦ.

8 Καὶ πονηρόν μοι ἐφάνη σφόδρα· καὶ ἔρριψα πάντα τὰ
9 σκεύη οἴκου Τωβία ἔξω ἀπὸ τοῦ γαζοφυλακίου. Καὶ εἶπα, καὶ ἐκαθάρισαν τὰ γαζοφυλάκια· καὶ ἐπέστρεψα ἐκεῖ σκεύη οἴκου τοῦ Θεοῦ, τὴν μαναὰ καὶ τὸν λίβανον.

10 Καὶ ἔγνων ὅτι μερίδες τῶν Λευιτῶν οὐκ ἐδόθησαν· καὶ ἐφύγοσαν ἀνὴρ εἰς ἀγρὸν αὐτοῦ, οἱ Λευῖται καὶ οἱ ᾄδοντες
11 ποιοῦντες τὸ ἔργον. Καὶ ἐμαχεσάμην τοῖς στρατηγοῖς, καὶ εἶπα, διὰ τί ἐγκατελείφθη ὁ οἶκος τοῦ Θεοῦ; καὶ συνήγαγον
12 αὐτοὺς, καὶ ἔστησα αὐτοὺς ἐπὶ τῇ στάσει αὐτῶν. Καὶ πᾶς Ἰούδα ἤνεγκαν δεκάτην τοῦ πυροῦ καὶ τοῦ οἴνου καὶ τοῦ ἐλαίου
13 εἰς τοὺς θησαυροὺς ἐπὶ χεῖρα Σελεμία τοῦ ἱερέως, καὶ Σαδὼκ τοῦ γραμματέως, καὶ Φαδαΐα ἀπὸ τῶν Λευιτῶν· καὶ ἐπὶ χεῖρα αὐτῶν Ἀνὰν υἱὸς Ζακχοὺρ, υἱὸς Ματθανίου, ὅτι πιστοὶ ἐλογίσθησαν, ἐπ᾽ αὐτοὺς μερίζειν τοῖς ἀδελφοῖς αὐτῶν.

14 Μνήσθητί μου ὁ Θεὸς ἐν ταύτῃ, καὶ μὴ ἐξαλειφθήτω ἔλεός μου ὃ ἐποίησα ἐν οἴκῳ Κυρίου τοῦ Θεοῦ.

15 Ἐν ταῖς ἡμέραις ἐκείναις εἶδον ἐν Ἰούδα πατοῦντας ληνοὺς ἐν τῷ σαββάτῳ, καὶ φέροντας δράγματα, καὶ ἐπιγεμίζοντας ἐπὶ τοὺς ὄνους καὶ οἶνον καὶ σταφυλὴν καὶ σῦκα καὶ πᾶν βάσταγμα, καὶ φέροντας εἰς Ἱερουσαλὴμ ἐν ἡμέρᾳ τοῦ σαββάτου· καὶ
16 ἐπεμαρτυράμην ἐν ἡμέρᾳ πράσεως αὐτῶν. Καὶ ἐκάθισαν ἐν αὐτῇ φέροντες ἰχθὺν, καὶ πᾶσαν πρᾶσιν πωλοῦντες τῷ σαββάτῳ
17 τοῖς υἱοῖς Ἰούδα καὶ ἐν Ἱερουσαλήμ. Καὶ ἐμαχεσάμην τοῖς υἱοῖς Ἰούδα τοῖς ἐλευθέροις, καὶ εἶπα αὐτοῖς, τίς ὁ λόγος οὗτος ὁ πονηρός, ὃν ὑμεῖς ποιεῖτε, καὶ βεβηλοῦτε τὴν ἡμέραν τοῦ
18 σαββάτου; Οὐχὶ οὕτως ἐποίησαν οἱ πατέρες ὑμῶν, καὶ ἤνεγκεν ἐπ᾽ αὐτοὺς ὁ Θεὸς ἡμῶν καὶ ἐφ᾽ ἡμᾶς πάντα τὰ κακὰ ταῦτα καὶ ἐπὶ τὴν πόλιν ταύτην; καὶ ὑμεῖς προστίθετε ὀργὴν ἐπὶ Ἰσραὴλ βεβηλῶσαι τὸ σάββατον;

19 Καὶ ἐγένετο ἡνίκα κατέστησαν πύλαι ἐν Ἱερουσαλὴμ πρὸ τοῦ σαββάτου, καὶ εἶπα, καὶ ἔκλεισαν τὰς πύλας· καὶ εἶπα, ὥστε μὴ ἀνοιγῆναι αὐτὰς ἕως ὀπίσω τοῦ σαββάτου· καὶ ἐκ τῶν παιδαρίων μου ἔστησα ἐπὶ τὰς πύλας, ὥστε μὴ αἴρειν βαστά-
20 γματα ἐν ἡμέρᾳ τοῦ σαββάτου. Καὶ ηὐλίσθησαν πάντες, καὶ
21 ἐποίησαν πρᾶσιν ἔξω Ἱερουσαλὴμ ἅπαξ καὶ δίς. Καὶ ἐπεμαρτυράμην ἐν αὐτοῖς, καὶ εἶπα πρὸς αὐτοὺς, διὰ τί ὑμεῖς αὐλίζεσθε ἀπέναντι τοῦ τείχους; ἐὰν δευτερώσητε, ἐκτενῶ χεῖρά μου ἐν
22 ὑμῖν· ἀπὸ τοῦ καιροῦ ἐκείνου οὐκ ἦλθοσαν ἐν σαββάτῳ. Καὶ εἶπα τοῖς Λευίταις, οἳ ἦσαν καθαριζόμενοι, καὶ ἐρχόμενοι φυλάσσοντες τὰς πύλας, ἁγιάζειν τὴν ἡμέραν τοῦ σαββάτου.

Πρὸς ταῦτα μνήσθητί μου ὁ Θεὸς, καὶ φεῖσαί μου κατὰ τὸ πλῆθος τοῦ ἐλέους σου.

23 Καὶ ἐν ταῖς ἡμέραις ἐκείναις εἶδον τοὺς Ἰουδαίους οἳ ἐκάθισαν

---

king; [7] and I came to Jerusalem, and I understood the mischief which Eliasib had done in the case of Tobias, in making for him a treasury in the court of the house of God.

[8] And it appeared very evil to me: so I cast forth all the furniture of the house of Tobias from the treasury. [9] And I gave orders, and they purified the treasuries: and I restored thither the vessels of the house of God, *and* the offerings, and the frankincense.

[10] And I understood that the portion of the Levites had not been given: and they had fled every one to his field, the Levites and the singers doing the work. [11] And I strove with the commanders, and said, Wherefore has the house of God been abandoned? and I assembled them, and set them in their place. [12] And all Juda brought a tithe of the wheat and the wine and the oil into the treasuries, [13] to the charge of Selemia the priest, and Sadoc the scribe, and Phadæa of the Levites: and next to them *was* Anan the son of Zacchur, son of Matthanias; for they were accounted faithful: *it was* their office to distribute to their brethren.

[14] Remember me, O God, in this, and let not my kindness be β forgotten which I have wrought in *regard to* the house of the Lord God.

[15] In those days I saw in Juda *men* treading wine-presses on the sabbath, and carrying sheaves, and loading asses with both wine, and grapes, and figs, and every *kind of* burden, and bringing them into Jerusalem on the sabbath-day: [16] and I testified in the day of their sale. Also there dwelt in it *men* bringing fish, and selling every *kind of* merchandise to the children of Juda and in Jerusalem on the sabbath. [17] And I strove with the free children of Juda, and said to them, What *is* this evil thing which ye do, and profane the sabbath-day? [18] Did not your fathers thus, and our God brought upon them and upon us and upon this city all these evils? and do ye bring additional wrath upon Israel by profaning the sabbath?

[19] And it came to pass, when the gates were set up in Jerusalem, before the sabbath, that I spoke, and they shut the gates; and I gave orders that they should not be opened till after the sabbath: and I set *some* of my servants at the gates, that none should bring *in* burdens on the sabbath-day. [20] So all *the merchants* lodged, and carried on traffic without Jerusalem once or twice. [21] Then I testified against them, and said to them, Why do ye lodge in front of the wall? if ye do so again, I will stretch out my hand upon you. From that time they came not on the sabbath. [22] And I told the Levites who were purifying themselves, and came and kept the gates, that they should sanctify the sabbath-day.

Remember me, O God, for these things, and spare me according to the abundance of thy mercy.

[23] And in those days I saw the Jews who had γ married women of Ashdod, of Ammon,

---

β *Gr.* blotted out.   γ *Gr.* settled, or, located.

and of Moab: ²⁴and their children spoke half in the language of Ashdod, and did not know how to speak in the Jewish language. ²⁵And I strove with them and cursed them; and I smote some of them, and plucked off their hair, and made them swear by God, *saying*, Ye shall not give your daughters to their sons, and ye shall not take of their daughters to your sons. ²⁶Did not Solomon king of Israel sin thus? though there was no king like him among many nations, and he was beloved of God, and God made him king over all Israel; yet strange women turned him aside. ²⁷So we will not hearken to you to do all this evil, to break covenant with our God,—to *β*marry strange wives.

²⁸And Elisub the high priest, *one of the* sons of Joada, *being* son-in-law of Sanaballat the Uranite, *γ*I chased him away from me. ²⁹Remember them, O God, for their *false* connection with the priesthood, and *the breaking* the covenant of the priesthood, and *for defiling* the Levites.

³⁰So I purged them from all foreign connection, and established courses for the priests and the Levites, *every* man according to his work. ³¹And the offering of the wood-bearers *was* at certain set times, and in the *times of the* first-fruits. Remember me, O our God, for good.

γυναῖκας Ἀζωτίας, Ἀμμανίτιδας, Μωαβίτιδας· καὶ οἱ υἱοὶ 24 αὐτῶν ἥμισυ λαλοῦντες Ἀζωτιστὶ, καὶ οὐκ εἰσὶν ἐπιγινώσκοντες λαλεῖν Ἰουδαϊστί. Καὶ ἐμαχεσάμην μετ᾽ αὐτῶν, καὶ κατηρασά- 25 μην αὐτούς· καὶ ἐπάταξα ἐν αὐτοῖς ἄνδρας, καὶ ἐμαδάρωσα αὐτοὺς, καὶ ὥρκισα αὐτοὺς ἐν τῷ Θεῷ, ἐὰν δῶτε τὰς θυγατέρας ὑμῶν τοῖς υἱοῖς αὐτῶν, καὶ ἐὰν λάβητε ἀπὸ τῶν θυγατέρων αὐτῶν τοῖς υἱοῖς ὑμῶν. Οὐχ οὕτως ἥμαρτε Σαλωμὼν βασι- 26 λεὺς Ἰσραήλ; καὶ ἐν ἔθνεσι πολλοῖς οὐκ ἦν βασιλεὺς ὅμοιος αὐτῷ, καὶ ἀγαπώμενος τῷ Θεῷ ἦν, καὶ ἔδωκεν αὐτὸν ὁ Θεὸς εἰς βασιλέα ἐπὶ πάντα Ἰσραήλ, καὶ τοῦτον ἐξέκλιναν αἱ γυναῖ- κες αἱ ἀλλότριαι. Καὶ ὑμῶν μὴ ἀκουσώμεθα ποιῆσαι πᾶσαν 27 πονηρίαν ταύτην, ἀσυνθετῆσαι ἐν τῷ Θεῷ ἡμῶν, καθίσαι γυναῖ- κας ἀλλοτρίας.

Καὶ ἀπὸ υἱῶν Ἰωαδὰ τοῦ Ἐλισοὺβ τοῦ ἱερέως τοῦ μεγάλου 28 νυμφίου τοῦ Σαναβαλλὰτ τοῦ Οὐρανίτου, καὶ ἐξέβρασα αὐτὸν ἀπ᾽ ἐμοῦ. Μνήσθητι αὐτοῖς ὁ Θεὸς ἐπὶ ἀγχιστείᾳ τῆς ἱερα- 29 τείας, καὶ διαθήκῃ τῆς ἱερατείας, καὶ τοὺς Λευίτας.

Καὶ ἐκαθάρισα αὐτοὺς ἀπὸ πάσης ἀλλοτριώσεως, καὶ ἔστησα 30 ἐφημερίας τοῖς ἱερεῦσι καὶ τοῖς Λευίταις, ἀνὴρ ὡς τὸ ἔργον αὐτοῦ. Καὶ τὸ δῶρον τῶν ξυλοφόρων ἐν καιροῖς ἀπὸ χρόνων, 31 καὶ ἐν τοῖς βακχουρίοις. Μνήσθητί μου ὁ Θεὸς ἡμῶν εἰς ἀγαθωσύνην.

Ε Σ Θ Η Ρ.

[IN the second year of the reign of Artaxerxes the great king, on the first *day* of Nisan, Mardochæus the *son* of Jairus, the *son* of Semeias, the *son* of Cisæus, of the tribe of Benjamin, a Jew dwelling in the city Susa, a great man, serving in the king's palace, saw a vision. Now he was of the captivity which Nabuchodonosor king of Babylon had carried captive from Jerusalem, with Jechonias the king of Judea.

And this *was* his dream: Behold, voices and a noise, thunders and earthquake, tumult upon the earth. And, behold, two great serpents came forth, both ready for conflict, and there came from them a great voice, and by their voice every nation was prepared for battle, even to fight against the nation of the just. And, behold, a day

"*ΕΤΟΥΣ δευτέρου βασιλεύοντος Ἀρταξέρξου τοῦ μεγάλου βασιλέως τῇ μιᾷ τοῦ Νισὰν, ἐνύπνιον εἶδε Μαρδοχαῖος ὁ τοῦ Ἰαΐρου, τοῦ Σεμεΐου, τοῦ Κισαίου, ἐκ φυλῆς Βενιαμὶν, ἄνθρωπος Ἰουδαῖος οἰκῶν ἐν Σούσοις τῇ πόλει, ἄνθρωπος μέγας, θεραπεύων ἐν τῇ αὐλῇ τοῦ βασιλέως. Ἦν δὲ ἐκ τῆς αἰχμαλωσίας, ἧς ᾐχμαλώτευσε Ναβουχοδονόσορ βασιλεὺς Βαβυλῶνος ἐξ Ἰερουσαλὴμ, μετὰ Ἰεχονίου τοῦ βασιλέως τῆς Ἰουδαίας.

"Καὶ τοῦτο αὐτοῦ τὸ ἐνύπνιον· καὶ ἰδοὺ φωναὶ καὶ θόρυ- βος, βρονταὶ καὶ σεισμὸς, τάραχος ἐπὶ τῆς γῆς. Καὶ ἰδοὺ δύο δράκοντες μεγάλοι, ἕτοιμοι προῆλθον ἀμφότεροι πα- λαίειν· καὶ ἐγένετο αὐτῶν φωνὴ μεγάλη, καὶ τῇ φωνῇ αὐτῶν ἡτοιμάσθη πᾶν ἔθνος εἰς πόλεμον, ὥστε πολεμῆσαι δικαίων ἔθνος. Καὶ ἰδοὺ ἡμέρα σκότους καὶ γνόφου, θλίψις

β Gr. settle.   *ɤ Gr.* and I chased him, etc.

καὶ στενοχωρία, κάκωσις καὶ τάραχος μέγας ἐπὶ τῆς γῆς. Καὶ
ἐταράχθη πᾶν ἔθνος δίκαιον φοβούμενοι τὰ ἑαυτῶν κακὰ, καὶ
ἡτοιμάσθησαν ἀπολέσθαι, καὶ ἐβόησαν πρὸς τὸν Θεόν· ἀπὸ δὲ
τῆς βοῆς αὐτῶν ἐγένετο ὡσανεὶ ἀπὸ μικρᾶς πηγῆς ποταμὸς
μέγας, ὕδωρ πολύ. Καὶ φῶς καὶ ὁ ἥλιος ἀνέτειλε, καὶ οἱ
ταπεινοὶ ὑψώθησαν, καὶ κατέφαγον τοὺς ἐνδόξους.

"Καὶ διεγερθεὶς Μαρδοχαῖος ὁ ἑωρακὼς τὸ ἐνύπνιον τοῦτο,
καὶ τί ὁ Θεὸς βεβούλευται ποιῆσαι, εἶχεν αὐτὸ ἐν τῇ καρδίᾳ,
καὶ ἐν παντὶ λόγῳ ἤθελεν ἐπιγνῶναι αὐτὸ ἕως τῆς νυκτός.
Καὶ ἡσύχασε Μαρδοχαῖος ἐν τῇ αὐλῇ μετὰ Γαβαθὰ καὶ Θάῤῥα
τῶν δύο εὐνούχων τοῦ βασιλέως, τῶν φυλασσόντων τὴν αὐλήν.
Ἤκουσέ τε αὐτῶν τοὺς λογισμοὺς, καὶ τὰς μερίμνας αὐτῶν
ἐξηρεύνησεν· καὶ ἔμαθεν, ὅτι ἑτοιμάζουσι τὰς χεῖρας ἐπιβαλεῖν
Ἀρταξέρξῃ τῷ βασιλεῖ· καὶ ὑπέδειξε τῷ βασιλεῖ περὶ αὐτῶν.
Καὶ ἐξήτασεν ὁ βασιλεὺς τοὺς δύο εὐνούχους, καὶ ὁμολογήσαν-
τες ἀπήχθησαν. Καὶ ἔγραψεν ὁ βασιλεὺς τοὺς λόγους τούτους
εἰς μνημόσυνον, καὶ Μαρδοχαῖος ἔγραψε περὶ τῶν λόγων τούτων.
Καὶ ἐπέταξεν ὁ βασιλεὺς Μαρδοχαίῳ θεραπεύειν ἐν τῇ αὐλῇ,
καὶ ἔδωκεν αὐτῷ δόματα περὶ τούτων. Καὶ ἦν Ἁμὰν Ἀμαδά-
θου Βουγαῖος ἔνδοξος ἐνώπιον τοῦ βασιλέως, καὶ ἐζήτησε
κακοποιῆσαι τὸν Μαρδοχαῖον καὶ τὸν λαὸν αὐτοῦ, ὑπὲρ τῶν
δύο εὐνούχων τοῦ βασιλέως."

1 Καὶ ἐγένετο μετὰ τοὺς λόγους τούτους ἐν ταῖς ἡμέραις
Ἀρταξέρξου· οὗτος ὁ Ἀρταξέρξης ἀπὸ τῆς Ἰνδικῆς ἑκατὸν
2 εἰκοσιεπτὰ χωρῶν ἐκράτησεν· Ἐν αὐταῖς ταῖς ἡμέραις ὅτε
3 ἐθρονίσθη βασιλεὺς Ἀρταξέρξης ἐν Σούσοις τῇ πόλει, ἐν τῷ
τρίτῳ ἔτει βασιλεύοντος αὐτοῦ, δοχὴν ἐποίησε τοῖς φίλοις καὶ
τοῖς λοιποῖς ἔθνεσι, καὶ τοῖς Περσῶν καὶ Μήδων ἐνδόξοις, καὶ
τοῖς ἄρχουσι τῶν σατραπῶν.
4 Καὶ μετὰ ταῦτα μετὰ τὸ δεῖξαι αὐτοῖς τὸν πλοῦτον τῆς
βασιλείας αὐτοῦ, καὶ τὴν δόξαν τῆς εὐφροσύνης τοῦ πλούτου
5 αὐτοῦ ἐν ἡμέραις ἑκατὸν ὀγδοήκοντα. Ὅτε δὲ ἀνεπληρώθησαν
αἱ ἡμέραι τοῦ γάμου, ἐποίησεν ὁ βασιλεὺς πότον τοῖς ἔθνεσι
τοῖς εὑρεθεῖσιν εἰς τὴν πόλιν ἐπὶ ἡμέρας ἕξ, ἐν αὐλῇ οἴκου τοῦ
6 βασιλέως κεκοσμημένῃ βυσσίνοις καὶ καρπασίνοις τεταμένοις
ἐπὶ σχοινίοις βυσσίνοις καὶ πορφυροῖς, ἐπὶ κύβοις χρυσοῖς καὶ
ἀργυροῖς, ἐπὶ στύλοις Παρίνοις καὶ λιθίνοις· κλίναι χρυσαῖ καὶ
ἀργυραῖ ἐπὶ λιθοστρώτου σμαραγδίτου λίθου, καὶ πιννίνου, καὶ
Παρίνου λίθου· καὶ στρωμναὶ διαφανεῖς ποικίλως διηνθισμέναι,
7 κύκλῳ ῥόδα πεπασμένα· Ποτήρια χρυσᾶ καὶ ἀργυρᾶ, καὶ
ἀνθράκινον κυλίκιον προκείμενον ἀπὸ ταλάντων τρισμυρίων·
8 οἶνος πολὺς καὶ ἡδὺς, ὃν αὐτὸς ὁ βασιλεὺς ἔπινεν. Ὁ δὲ πότος
οὗτος οὐ κατὰ προκείμενον νόμον ἐγένετο· οὕτως δὲ ἠθέλησεν
ὁ βασιλεὺς, καὶ ἐπέταξε τοῖς οἰκονόμοις ποιῆσαι τὸ θέλημα
9 αὐτοῦ, καὶ τῶν ἀνθρώπων. Καὶ Ἀστὶν ἡ βασίλισσα ἐποίησε
πότον ταῖς γυναιξὶν ἐν τοῖς βασιλείοις, ὅπου ὁ βασιλεὺς
Ἀρταξέρξης.
10 Ἐν δὲ τῇ ἡμέρᾳ τῇ ἑβδόμῃ ἡδέως γενόμενος ὁ βασιλεὺς,
εἶπε τῷ Ἁμὰν, καὶ Βαζὰν, καὶ Θάῤῥα, καὶ Βαραζὶ, καὶ Ζαθολθὰ,
καὶ Ἀβαταζὰ, καὶ Θαραβὰ, τοῖς ἑπτὰ εὐνούχοις τοῖς διακόνοις

---

of darkness and blackness, tribulation and
anguish, affliction and great tumult upon
the earth. And all the righteous nation
was troubled, fearing their own afflictions;
and they prepared to die, and cried to God:
and from their cry there came as it were a
great river from a little fountain, *even* much
water. And light and the sun arose, and
the lowly were exalted, and devoured the
honourable.

And Mardochæus who had seen this
vision and what God designed to do, having
βawoke, kept it in his heart, and desired by
all means to interpret it, even till night.
And Mardochæus rested quiet in the palace
with Gabatha and Tharrha the king's two
chamberlains, eunuchs who guarded the
palace. And he heard their reasonings and
searched out their plans, and learnt that
they were preparing to lay hands on king
Artaxerxes: and he informed the king con-
cerning them. And the king examined the
two chamberlains, and they confessed, and
were γexecuted. And the king wrote these
things for a memorial; also Mardochæus
wrote concerning these matters. And the
king commanded Mardochæus to attend in
the palace, and gave him gifts for this ser-
vice. And Aman the son of Amadathes the
Bugæan was honourable in the sight of the
king, and he endeavoured to hurt Mardo-
chæus and his people, because of the two
chamberlains of the king.]

δ And it came to pass after these ζthings
in the days of Artaxerxes,—(this Artaxerxes
ruled over a hundred and twenty-seven pro-
vinces from India)—² in those days, when
king Artaxerxes was on the throne in the
city of Susa, ³ in the third year of his reign,
he made a feast to his friends, and the other
nations, and to the nobles of the Persians
and Medes, and the chief of the satraps.

⁴ And after this, after he had shewn to them
the wealth of his kingdom, and the abun-
dant glory of his wealth during a hundred
and eighty days, ⁵ when, *I say*, the days of
the marriage feast were completed, the king
made a banquet to the nations who were
present in the city six days, in the court of
the king's house, ⁶ which *was* adorned with
hangings of fine linen and flax on cords of
fine linen and purple, fastened to golden
and silver studs, on pillars of Parian marble
and stone: *there were* golden and silver
couches on a pavement of emerald stone,
and of pearl, and of Parian stone, and
θ open-worked coverings variously flowered,
having roses worked round about; ⁷ gold
and silver cups, and a small cup of carbuncle
set out of the value of thirty thousand
talents, abundant and sweet wine, which
the king himself drank. ⁸ And this banquet
was not according to the appointed law;
but so the king would have it: and he
charged the stewards to perform his will
and that of the company. ⁹ Also Astin the
queen made a banquet for the women in the
palace where king Artaxerxes *dwelt*.

¹⁰ Now on the seventh day the king, being
merry, told Aman, and Bazan, and Tharrha,
and Barazi, and Zatholtha, and Abataza, and
Tharaba, the seven chamberlains, servants

β Or, arisen.   γ Lit. led away, see Acts 12. 19.   δ Note.—In the *Heb.* and some copies of LXX., Esther begins here.
           ζ Gr. words.   θ Lit. transparent.

of king Artaxerxes, ¹¹to bring in the queen
to him, to ^βenthrone her, and crown her
with the diadem, and to shew her to the
princes, and her beauty to the nations: for
she was beautiful. ¹²But queen Astin hear-
kened not to him to come with the cham-
berlains: so the king was grieved and
angered.

¹³And he said to his friends, Thus has
Astin spoken: pronounce therefore upon
this *case* law and judgment. ¹⁴So Arke-
sæus, and Sarsathæus, and Malisear, the
princes of the Persians and Medes, who
were near the king, who sat chief *in rank*
by the king, drew near to him, ¹⁵and re-
ported to him according to the laws how it
was proper to do to queen Astin, because
she had not done the things commanded of
the king by the chamberlains.

¹⁶And Muchæus said to the king and to
the princes, Queen Astin has not wronged
the king only, but also all the king's rulers
and princes: ¹⁷for he has told them the
words of the queen, and how she ^γdisobeyed
the king. As then, *said he*, she refused *to
obey* king Artaxerxes, ¹⁸so this day shall the
other ladies of the chiefs of the Persians and
Medes, having heard what she said to the
king, dare in the same way to dishonour
their husbands. ¹⁹If then it seem good to
the king, let him make a royal decree, and
let it be written according to the laws of
the Medes and Persians, and let him not
alter *it :* and let not the queen come in to
him any more; and let the king give her
royalty to a woman better than she. ²⁰And
let the law of the king which he shall have
made, be widely proclaimed, in his king-
dom: and so shall all the women give
honour to their husbands, from the poor
even to the rich.

²¹And the saying pleased the king and the
princes; and the king did as Muchæus had
said, ²²and sent into all his kingdom through
the several provinces, according to their
language, ^δin order that men might be
feared in their own houses.

And after this the king's anger was paci-
fied, and he no more mentioned Astin, bear-
ing in mind what she had said, and how he
had condemned her. ²Then the servants of
the king said, Let there be sought for the
king chaste *and* beautiful young virgins.
³And let the king appoint local governors
in all the provinces of his kingdom, and let
them select fair *and* chaste young damsels
and bring them to the city Susa, into the
women's apartment, and let them be con-
signed to the king's chamberlain, the keeper
of the women; and let things for purifica-
tion and other attendance be given *to them.*
⁴And let the woman who shall please the
king be queen instead of Astin. And the
thing pleased the king; and he did so.

⁵Now there was a Jew in the city Susa,
and his name was Mardochæus, the *son* of
Jairus, *the son* of Semeias, *the son* of Cisæus,
of the tribe of Benjamin; ⁶who had been
brought a prisoner from Jerusalem, which
Nabuchodonosor king of Babylon had car-
ried into captivity. ⁷And he had a foster-
child, daughter of Aminadab his father's

τοῦ βασιλέως Ἀρταξέρξου, εἰσαγαγεῖν τὴν βασίλισσαν πρὸς 11
αὐτὸν, βασιλεύειν αὐτὴν, καὶ περιθεῖναι αὐτῇ τὸ διάδημα, καὶ
δεῖξαι αὐτὴν τοῖς ἄρχουσι, καὶ τοῖς ἔθνεσι τὸ κάλλος αὐτῆς,
ὅτι καλὴ ἦν. Καὶ οὐκ εἰσήκουσεν αὐτοῦ Ἀστὶν ἡ βασίλισσα 12
ἐλθεῖν μετὰ τῶν εὐνούχων· καὶ ἐλυπήθη ὁ βασιλεὺς καὶ
ὠργίσθη,

Καὶ εἶπε τοῖς φίλοις αὐτοῦ, κατὰ ταῦτα ἐλάλησεν Ἀστὶν, 13
ποιήσατε οὖν περὶ τούτου νόμον καὶ κρίσιν. Καὶ προσῆλθεν 14
αὐτῷ Ἀρκεσαῖος, καὶ Σαρσαθαῖος, καὶ Μαλισεὰρ, οἱ ἄρχοντες
Περσῶν καὶ Μήδων, οἱ ἐγγὺς τοῦ βασιλέως, οἱ πρῶτοι παρα-
καθήμενοι τῷ βασιλεῖ, καὶ ἀπήγγειλαν αὐτῷ κατὰ τοὺς νόμους, 15
ὡς δεῖ ποιῆσαι Ἀστὶν τῇ βασιλίσσῃ, ὅτι οὐκ ἐποίησε τὰ ὑπὸ
τοῦ βασιλέως προσταχθέντα διὰ τῶν εὐνούχων.

Καὶ εἶπεν ὁ Μουχαῖος πρὸς τὸν βασιλέα καὶ τοὺς ἄρχοντας, 16
οὐ τὸν βασιλέα μόνον ἠδίκησεν Ἀστὶν ἡ βασίλισσα, ἀλλὰ καὶ
πάντας τοὺς ἄρχοντας καὶ τοὺς ἡγουμένους τοῦ βασιλέως· Καὶ 17
γὰρ διηγήσατο αὐτοῖς τὰ ῥήματα τῆς βασιλίσσης, καὶ ὡς
ἀντεῖπε τῷ βασιλεῖ· ὡς οὖν ἀντεῖπε τῷ βασιλεῖ Ἀρταξέρξῃ,
οὕτω σήμερον αἱ τυραννίδες αἱ λοιπαὶ τῶν ἀρχόντων Περσῶν 18
καὶ Μήδων ἀκούσασαι τὰ τῷ βασιλεῖ λεχθέντα ὑπ᾽ αὐτῆς,
τολμήσουσιν ὁμοίως ἀτιμάσαι τοὺς ἄνδρας αὐτῶν. Εἰ οὖν 19
δοκεῖ τῷ βασιλεῖ, προσταξάτω βασιλικὸν, καὶ γραφήτω κατὰ
τοὺς νόμους Μήδων καὶ Περσῶν, καὶ μὴ ἄλλως χρησάσθω,
μηδὲ εἰσελθέτω ἔτι ἡ βασίλισσα πρὸς αὐτὸν, καὶ τὴν βασιλείαν
αὐτῆς δότω ὁ βασιλεὺς γυναικὶ κρείττονι αὐτῆς. Καὶ ἀκου- 20
σθήτω ὁ νόμος ὁ ὑπὸ τοῦ βασιλέως, ὃν ἐὰν ποιῇ ἐν τῇ βασιλείᾳ
αὐτοῦ· καὶ οὕτω πᾶσαι αἱ γυναῖκες περιθήσουσι τιμὴν τοῖς
ἀνδράσιν ἑαυτῶν, ἀπὸ πτωχοῦ ἕως πλουσίου.

Καὶ ἤρεσεν ὁ λόγος τῷ βασιλεῖ καὶ τοῖς ἄρχουσι· καὶ ἐποί- 21
ησεν ὁ βασιλεὺς καθὰ ἐλάλησεν ὁ Μουχαῖος, καὶ ἀπέστειλεν 22
εἰς πᾶσαν τὴν βασιλείαν κατὰ χώραν, κατὰ τὴν λέξιν αὐτῶν,
ὥστε εἶναι φόβον αὐτοῖς ἐν ταῖς οἰκίαις αὐτῶν.

Καὶ μετὰ τοὺς λόγους τούτους ἐκόπασεν ὁ βασιλεὺς τοῦ 2
θυμοῦ, καὶ οὐκ ἔτι ἐμνήσθη τῆς Ἀστὶν, μνημονεύων οἷα ἐλάλησε,
καὶ ὡς κατέκρινεν αὐτήν. Καὶ εἶπαν οἱ διάκονοι τοῦ βασι- 2
λέως, ζητηθήτω τῷ βασιλεῖ κοράσια ἄφθορα καλὰ τῷ εἴδει.
Καὶ καταστήσει ὁ βασιλεὺς κωμάρχας ἐν πάσαις ταῖς χώραις 3
τῆς βασιλείας αὐτοῦ· καὶ ἐπιλεξάτωσαν κοράσια παρθενικὰ
καλὰ τῷ εἴδει εἰς Σοῦσαν τὴν πόλιν εἰς τὸν γυναικῶνα· καὶ
παραδοθήτωσαν τῷ εὐνούχῳ τοῦ βασιλέως τῷ φύλακι τῶν
γυναικῶν· καὶ δοθήτω σμῆγμα, καὶ ἡ λοιπὴ ἐπιμέλεια. Καὶ 4
ἡ γυνὴ ἣ ἂν ἀρέσῃ τῷ βασιλεῖ, βασιλεύσει ἀντὶ Ἀστίν· καὶ
ἤρεσε τῷ βασιλεῖ τὸ πρᾶγμα, καὶ ἐποίησεν οὕτως.

Καὶ ἄνθρωπος ἦν Ἰουδαῖος ἐν Σούσοις τῇ πόλει, καὶ ὄνομα 5
αὐτοῦ Μαρδοχαῖος ὁ τοῦ Ἰαΐρου, τοῦ Σεμεΐου, τοῦ Κισαίου, ἐκ
φυλῆς Βενιαμὶν, ὃς ἦν αἰχμάλωτος ἐξ Ἱερουσαλὴμ, ἣν ἠχμα- 6
λώτευσε Ναβουχοδονόσορ βασιλεὺς Βαβυλῶνος. Καὶ ἦν 7
τούτῳ παῖς θρεπτὴ, θυγάτηρ Ἀμιναδὰβ ἀδελφοῦ πατρὸς αὐτοῦ,

β *Gr.* to make her queen.　　　γ *Gr.* contradicted.　　　δ *Gr.* that there might be fear to them, etc.

καὶ ὄνομα αὐτῇ Ἐσθήρ· ἐν δὲ τῷ μεταλλάξαι αὐτῆς τοὺς γονεῖς, ἐπαίδευσεν αὐτὴν ἑαυτῷ εἰς γυναῖκα· καὶ ἦν τὸ κοράσιον καλὸν τῷ εἴδει.

8 Καὶ ὅτε ἠκούσθη τὸ τοῦ βασιλέως πρόσταγμα, συνήχθησαν πολλὰ κοράσια εἰς Σοῦσαν τὴν πόλιν ὑπὸ χεῖρα Γαΐ, καὶ ἤχθη
9 Ἐσθὴρ πρὸς Γαΐ τὸν φύλακα τῶν γυναικῶν. Καὶ ἤρεσεν αὐτῷ τὸ κοράσιον, καὶ εὗρε χάριν ἐνώπιον αὐτοῦ· καὶ ἔσπευσε δοῦναι αὐτῇ τὸ σμῆγμα, καὶ τὴν μερίδα, καὶ τὰ ἑπτὰ κοράσια τὰ ὑποδεδειγμένα αὐτῇ ἐκ βασιλικοῦ· καὶ ἐχρήσατο αὐτῇ
10 καλῶς καὶ ταῖς ἄβραις αὐτῆς ἐν τῷ γυναικῶνι. Καὶ οὐχ ὑπέδειξεν Ἐσθὴρ τὸ γένος αὐτῆς οὐδὲ τὴν πατρίδα· ὁ γὰρ Μαρδοχαῖος ἐνετείλατο αὐτῇ μὴ ἀπαγγεῖλαι.

11 Καθ᾽ ἑκάστην δὲ ἡμέραν περιεπάτει ὁ Μαρδοχαῖος κατὰ τὴν αὐλὴν τὴν γυναικείαν, ἐπισκοπῶν τί Ἐσθὴρ συμβήσεται.
12 Οὗτος δὲ ἦν καιρὸς κορασίου εἰσελθεῖν πρὸς τὸν βασιλέα, ὅταν ἀναπληρώσῃ μῆνας δεκαδύο· οὕτως γὰρ ἀναπληροῦνται αἱ ἡμέραι τῆς θεραπείας, μῆνας ἓξ ἀλειφομέναις ἐν σμυρνίνῳ ἐλαίῳ, καὶ μῆνας ἓξ ἐν τοῖς ἀρώμασι καὶ ἐν τοῖς σμήγμασι τῶν
13 γυναικῶν, καὶ τότε εἰσπορεύεται πρὸς τὸν βασιλέα· καὶ ᾧ ἐὰν εἴπῃ, παραδώσει αὐτὴν συνεισέρχεσθαι αὐτῷ ἀπὸ τοῦ γυναικῶ-
14 νος ἕως τῶν βασιλείων· Δείλης εἰσπορεύεται, καὶ πρὸς ἡμέραν ἀποτρέχει εἰς τὸν γυναικῶνα τὸν δεύτερον, οὗ Γαΐ ὁ εὐνοῦχος τοῦ βασιλέως ὁ φύλαξ τῶν γυναικῶν, καὶ οὐκ ἔτι εἰσπορεύεται πρὸς τὸν βασιλέα, ἐὰν μὴ κληθῇ ὀνόματι.

15 Ἐν δὲ τῷ ἀναπληροῦσθαι τὸν χρόνον Ἐσθὴρ τῆς θυγατρὸς Ἀμιναδὰβ ἀδελφοῦ πατρὸς Μαρδοχαίου εἰσελθεῖν πρὸς τὸν βασιλέα, οὐδὲν ἠθέτησεν ὧν ἐνετείλατο ὁ εὐνοῦχος ὁ φύλαξ τῶν γυναικῶν· ἦν γὰρ Ἐσθὴρ εὑρίσκουσα χάριν παρὰ πάντων
16 τῶν βλεπόντων αὐτήν. Καὶ εἰσῆλθεν Ἐσθὴρ πρὸς Ἀρταξέρξην τὸν βασιλέα τῷ δωδεκάτῳ μηνὶ, ὅς ἐστιν Ἀδὰρ, τῷ ἑβδόμῳ
17 ἔτει τῆς βασιλείας αὐτοῦ. Καὶ ἠράσθη ὁ βασιλεὺς Ἐσθὴρ, καὶ εὗρε χάριν παρὰ πάσας τὰς παρθένους, καὶ ἐπέθηκεν αὐτῇ
18 τὸ διάδημα τὸ γυναικεῖον. Καὶ ἐποίησεν ὁ βασιλεὺς πότον πᾶσι τοῖς φίλοις αὐτοῦ καὶ ταῖς δυνάμεσιν ἐπὶ ἡμέρας ἑπτὰ, καὶ ὕψωσε τοὺς γάμους Ἐσθὴρ, καὶ ἄφεσιν ἐποίησε τοῖς ὑπὸ
19 τὴν βασιλείαν αὐτοῦ. Ὁ δὲ Μαρδοχαῖος ἐθεράπευεν ἐν τῇ
20 αὐλῇ. Ἡ δὲ Ἐσθὴρ οὐχ ὑπέδειξε τὴν πατρίδα αὐτῆς· οὕτως γὰρ ἐνετείλατο αὐτῇ Μαρδοχαῖος, φοβεῖσθαι τὸν Θεὸν, καὶ ποιεῖν τὰ προστάγματα αὐτοῦ, καθὼς ἦν μετ᾽ αὐτοῦ· καὶ Ἐσθὴρ οὐ μετήλαξε τὴν ἀγωγὴν αὐτῆς.

21 Καὶ ἐλυπήθησαν οἱ δύο εὐνοῦχοι τοῦ βασιλέως οἱ ἀρχισωματοφύλακες, ὅτι προήχθη Μαρδοχαῖος, καὶ ἐζήτουν ἀποκτεῖναι
22 Ἀρταξέρξην τὸν βασιλέα. Καὶ ἐδηλώθη Μαρδοχαίῳ ὁ λόγος, καὶ ἐσήμανεν Ἐσθήρ, καὶ αὐτὴ ἐνεφάνησε τῷ βασιλεῖ τὰ τῆς
23 ἐπιβουλῆς. Ὁ δὲ βασιλεὺς ἤτασε τοὺς δύο εὐνούχους, καὶ ἐκρέμασεν αὐτούς· καὶ προσέταξεν ὁ βασιλεὺς καταχωρίσαι εἰς μνημόσυνον ἐν τῇ βασιλικῇ βιβλιοθήκῃ, ὑπὲρ τῆς εὐνοίας Μαρδοχαίου, ἐν ἐγκωμίῳ.

brother, and her name *was* Esther; and when her parents were dead, he brought her up for a wife for himself: and the damsel was beautiful.

[8] And because the king's ordinance was published, many damsels were gathered to the city Susa under the hand of Gai; and Esther was brought to Gai the keeper of the women. [9] And the damsel pleased him, and she found favour in his sight; and he hasted to give her the things for purification, and her portion, and the seven maidens appointed her out of the palace: and he treated her and her maidens well in the women's apartment. [10] But Esther discovered not her family nor her kindred: for Mardochæus had charged her not to tell.

[11] But Mardochæus used to walk every day by the women's court, to see what would become of Esther. [12] Now this was the time for a virgin to go in to the king, when she should have fulfilled twelve months; for so are the days of purification fulfilled, six months while they are anointing themselves with oil of myrrh, and six months with spices and women's purifications. [13] And then *the damsel* goes in to the king; and *the officer* to whomsoever he shall give the command, will bring her to come in with him from the women's apartment to the king's chamber. [14] She enters in the evening, and in the morning she departs to the second women's apartment, where Gai the king's chamberlain *is* keeper of the women: and she goes not in to the king again, unless she should be called by name.

[15] And when the time was fulfilled for Esther the daughter of Aminadab the brother of Mardochæus' father to go in to the king, she neglected nothing which the chamberlain, the women's keeper, commanded; for Esther found grace in the sight of all that looked upon her. [16] So Esther went in to king Artaxerxes in the twelfth month, which is Adar, in the seventh year of his reign. [17] And the king loved Esther, and she found favour beyond all the *other* virgins: and he put on her the queen's crown. [18] And the king made a banquet for all his friends and great men for seven days, and he highly celebrated the marriage of Esther; and he made a release to those who were under his dominion. [19] But Mardochæus served in the palace. [20] Now Esther had not discovered her ᵝkindred; for so Mardochæus commanded her, to fear God, and perform his commandments, as when she was with him: and Esther changed not her manner of life.

[21] And two chamberlains of the king, the chiefs of the body-guard, were grieved, because Mardochæus was promoted; and they sought to kill king Artaxerxes. [22] And the matter was discovered to Mardochæus, and he made it known to Esther, and she declared to the king the matter of the conspiracy. [23] And the king examined the two chamberlains, and hanged them: and the king gave orders to make a note for a memorial in the royal ᵞrecords of the good offices of Mardochæus, as a commendation.

β Gr. country.   *γ Gr.* library.

And after this king Artaxerxes highly honoured Aman *son* of Amadathes, the Bugæan, and exalted him, and set his seat above all his friends. ² And all in the palace did him obeisance, for so the king had given orders to do: but Mardochæus did not do him obeisance. ³ And they in the king's palace said to Mardochæus, Mardochæus, why dost thou transgress the commands of the king?

⁴ *Thus* they spoke daily to him, but he hearkened not unto them; so they represented to Aman that Mardochæus resisted the commands of the king: and Mardochæus had shewn to them that he was a Jew. ⁵ And when Aman understood that Mardochæus did not obeisance to him, he was greatly enraged, ⁶ and took counsel to destroy utterly all the Jews who were under the rule of Artaxerxes.

⁷ And he made a ᵝdecree in the twelfth year of the reign of Artaxerxes, and cast lots daily and monthly, to slay in one day the race of Mardochæus: and the lot fell on the fourteenth *day* of the month which is Adar. ⁸ And he spoke to king Artaxerxes, saying, There is a nation scattered among the nations in all thy kingdom, and their laws differ from *those of* all the *other* nations; and they disobey the laws of the king; and it is not expedient for the king to let them alone. ⁹ If it seem good to the king, let him make a decree to destroy them: and I will remit into the king's treasury ten thousand talents of silver. ¹⁰ And the king took off his ring, and gave it into the hands of Aman, to seal the decrees against the Jews. ¹¹ And the king said to Aman, Keep the silver, and treat the nation as thou wilt.

¹² So the king's recorders were called in the first month, on the thirteenth *day*, and they wrote as Aman commanded to the captains and governors in every province, from India even to Ethiopia, to a hundred and twenty-seven provinces; and to the rulers of the nations according to their *several* languages, in the name of king Artaxerxes. ¹³ And *the message* was sent by posts throughout the kingdom of Artaxerxes, to destroy utterly the race of the Jews on the first day of the twelfth month, which is Adar, and to plunder their goods.

ᵞ[And the following is the copy of the letter; The great king Artaxerxes writes thus to the rulers and inferior governors of a hundred and twenty-seven provinces, from India even to Ethiopia, who hold authority under *him*. Ruling over many nations, and having obtained dominion over the whole world, I was minded, (not elated by the confidence of power, but ever conducting *myself* with great moderation and with gentleness,) to make the lives of *my* subjects continually tranquil, desiring both to maintain the kingdom quiet and orderly to *its* utmost limits, and to restore the peace desired by all men. But when I had enquired of my counsellors how this should be brought to pass, Aman, who excels in

Μετὰ δὲ ταῦτα ἐδόξασεν ὁ βασιλεὺς Ἀρταξέρξης Ἀμὰν 3 Ἀμαδαθοῦ Βουγαῖον, καὶ ὕψωσεν αὐτὸν, καὶ ἐπρωτοβάθρει πάντων τῶν φίλων αὐτοῦ, καὶ πάντες οἱ ἐν τῇ αὐλῇ προσεκύνουν 2 αὐτῷ· οὕτως γὰρ προσέταξεν ὁ βασιλεὺς ποιῆσαι· ὁ δὲ Μαρδο- χαῖος οὐ προσεκύνει αὐτῷ. Καὶ ἐλάλησαν οἱ ἐν τῇ αὐλῇ τοῦ 3 βασιλέως τῷ Μαρδοχαίῳ, Μαρδοχαῖε, τί παρακούεις τὰ ὑπὸ τοῦ βασιλέως λεγόμενα;

Καθ᾽ ἑκάστην ἡμέραν ἐλάλουν αὐτῷ, καὶ οὐκ ὑπήκουεν αὐ- 4 τῶν· καὶ ὑπέδειξαν τῷ Ἀμὰν, Μαρδοχαῖον τοῖς τοῦ βασιλέως λόγοις ἀντιτασσόμενον, καὶ ὑπέδειξεν αὐτοῖς ὁ Μαρδοχαῖος ὅτι Ἰουδαῖός ἐστι. Καὶ ἐπιγνοὺς Ἀμὰν ὅτι οὐ προσκυνεῖ αὐτῷ 5 Μαρδοχαῖος, ἐθυμώθη σφόδρα, καὶ ἐβουλεύσατο ἀφανίσαι 6 πάντας τοὺς ὑπὸ τὴν Ἀρταξέρξου βασιλείαν Ἰουδαίους.

Καὶ ἐποίησε ψήφισμα ἐν ἔτει δωδεκάτῳ τῆς βασιλείας Ἀρτα- 7 ξέρξου, καὶ ἔβαλε κλήρους ἡμέραν ἐξ ἡμέρας, καὶ μῆνα ἐκ μηνὸς, ὥστε ἀπολέσαι ἐν μιᾷ ἡμέρᾳ τὸ γένος Μαρδοχαίου· καὶ ἔπεσεν ὁ κλῆρος εἰς τὴν τεσσαρεσκαιδεκάτην τοῦ μηνὸς ὅς ἐστιν Ἀδάρ. Καὶ ἐλάλησε πρὸς τὸν βασιλέα Ἀρταξέρξην, λέγων, 8 ὑπάρχει ἔθνος διεσπαρμένον ἐν τοῖς ἔθνεσιν ἐν πάσῃ τῇ βασι- λείᾳ σου, οἱ δὲ νόμοι αὐτῶν ἔξαλλοι παρὰ πάντα τὰ ἔθνη, τῶν δὲ νόμων τοῦ βασιλέως παρακούουσι, καὶ οὐ συμφέρει τῷ βασιλεῖ ἐᾶσαι αὐτούς. Εἰ δοκεῖ τῷ βασιλεῖ, δογματισάτω 9 ἀπολέσαι αὐτοὺς, κἀγὼ διαγράψω εἰς τὸ γαζοφυλάκιον τοῦ βασιλέως ἀργυρίου τάλαντα μύρια. Καὶ περιελόμενος ὁ βασι- 10 λεὺς τὸν δακτύλιον, ἔδωκεν εἰς χεῖρας τῷ Ἀμὰν, σφραγίσαι κατὰ τῶν γεγραμμένων κατὰ τῶν Ἰουδαίων. Καὶ εἶπεν ὁ βασι- 11 λεὺς τῷ Ἀμὰν, τὸ μὲν ἀργύριον ἔχε, τῷ δὲ ἔθνει χρῶ ὡς βούλει.

Καὶ ἐκλήθησαν οἱ γραμματεῖς τοῦ βασιλέως μηνὶ πρώτῳ τῇ 12 τρισκαιδεκάτῃ, καὶ ἔγραψαν ὡς ἐπέταξεν Ἀμὰν τοῖς στρατη- γοῖς καὶ τοῖς ἄρχουσι κατὰ πᾶσαν χώραν ἀπὸ Ἰνδικῆς ἕως τῆς Αἰθιοπίας, ταῖς ἑκατὸν εἰκοσιεπτὰ χώραις, τοῖς τε ἄρχουσι τῶν ἐθνῶν κατὰ τὴν αὐτῶν λέξιν, διὰ Ἀρταξέρξου τοῦ βασιλέως. Καὶ ἀπεστάλη διὰ βιβλιοφόρων εἰς τὴν Ἀρταξέρξου βα- 13 σιλείαν, ἀφανίσαι τὸ γένος τῶν Ἰουδαίων ἐν ἡμέρᾳ μιᾷ μηνὸς δωδεκάτου, ὅς ἐστιν Ἀδὰρ, καὶ διαρπάσαι τὰ ὑπάρχοντα αὐτῶν.

“Τῆς δὲ ἐπιστολῆς ἐστι τὸ ἀντίγραφον τόδε. Βασιλεὺς μέγας Ἀρταξέρξης τοῖς ἀπὸ τῆς Ἰνδικῆς ἕως τῆς Αἰθιοπίας ἑκατὸν εἰκοσιεπτὰ χωρῶν ἄρχουσι καὶ τοπάρχαις ὑποτεταγμέ- νοις τάδε γράφει. Πολλῶν ἐπάρξας ἐθνῶν, καὶ πάσης ἐπικρα- τήσας οἰκουμένης, ἐβουλήθην, μὴ τῷ θράσει τῆς ἐξουσίας ἐπαιρόμενος, ἐπιεικέστερον δὲ καὶ μετὰ ἠπιότητος ἀεὶ διεξάγων τοὺς τῶν ὑποτεταγμένων ἀκυμάντους διαπαντὸς καταστῆσαι βίους, τήν τε βασιλείαν ἥμερον καὶ πορευτὴν μέχρι περάτων παρεξόμενος, ἀνανεώσασθαί τε τὴν ποθουμένην τοῖς πᾶσιν ἀνθρώποις εἰρήνην. Πυθομένου δέ μου τῶν συμβούλων, πῶς ἂν ἀχθείη τοῦτο ἐπὶ πέρας, ὁ σωφροσύνῃ παρ᾽ ἡμῖν διενέγκας, καὶ ἐν τῇ εὐνοίᾳ ἀπαραλλάκτως καὶ βεβαίᾳ πίστει ἀποδεδειγ- μένος, καὶ δεύτερον τῶν βασιλειῶν γέρας ἀπενηνεγμένος Ἀμὰν,

---

ᵝ *Gr.* vote by ballot.   ~ *Note.*—The part in brackets is not in *Heb.*

ἐπέδειξεν ἡμῖν ἐν πάσαις ταῖς κατὰ τὴν οἰκουμένην φυλαῖς ἀναμεμίχθαι δυσμενῆ λαόν τινα, τοῖς νόμοις ἀντίθετον πρὸς πᾶν ἔθνος, τά τε τῶν βασιλέων παραπέμποντας διηνεκῶς διατάγματα, πρὸς τὸ μὴ κατατίθεσθαι τὴν ὑφ᾽ ἡμῶν κατευθυνομένην ἀμέμπτως συναρχίαν. Διειληφότες οὖν τόδε τὸ ἔθνος μονώτατον ἐν ἀντιπαραγωγῇ παντὶ διαπαντὸς ἀνθρώπῳ κείμενον, διαγωγὴν νόμων ξενίζουσαν παραλλάσσον, καὶ δυσνοοῦν τοῖς ἡμετέροις πράγμασι τὰ χείριστα συντελοῦν κακά, καὶ πρὸς τὸ μὴ τὴν βασιλείαν εὐσταθείας τυγχάνειν· προστετάχαμεν οὖν τοὺς σημαινομένους ὑμῖν ἐν τοῖς γεγραμμένοις ὑπὸ Ἀμὰν τοῦ τεταγμένου ἐπὶ τῶν πραγμάτων, καὶ δευτέρου πατρὸς ἡμῶν, πάντας σὺν γυναιξὶ καὶ τέκνοις ἀπολέσαι ὁλοριζί, ταῖς τῶν ἐχθρῶν μαχαίραις, ἄνευ παντὸς οἴκτου καὶ φειδοῦς, τῇ τεσσαρεσκαιδεκάτῃ τοῦ δωδεκάτου μηνὸς Ἄδαρ, τοῦ ἐνεστῶτος ἔτους, ὅπως οἱ πάλαι καὶ νῦν δυσμενεῖς ἐν ἡμέρᾳ μιᾷ βιαίως εἰς τὸν ᾅδην κατελθόντες, εἰς τὸν μετέπειτα χρόνον εὐσταθῆ καὶ ἀτάραχα παρέχωσιν ἡμῖν διὰ τέλους τὰ πράγματα.᾽᾽

14 Τὰ δὲ ἀντίγραφα τῶν ἐπιστολῶν ἐξετίθετο κατὰ χώραν· καὶ προσετάγη πᾶσι τοῖς ἔθνεσιν ἑτοίμους εἶναι εἰς τὴν
15 ἡμέραν ταύτην. Ἐσπεύδετο δὲ τὸ πρᾶγμα, καὶ εἰς Σοῦσαν· ὁ δὲ βασιλεὺς καὶ Ἀμὰν ἐκωθωνίζοντο· ἐταράσσετο δὲ ἡ πόλις.

4 Ὁ δὲ Μαρδοχαῖος ἐπιγνοὺς τὸ συντελούμενον, διέρρηξε τὰ ἱμάτια ἑαυτοῦ, καὶ ἐνεδύσατο σάκκον, καὶ κατεπάσατο σποδόν· καὶ ἐκπηδήσας διὰ τῆς πλατείας τῆς πόλεως, ἐβόα φωνῇ μεγάλῃ,
2 αἴρεται ἔθνος μηδὲν ἠδικηκός. Καὶ ἦλθεν ἕως τῆς πύλης τοῦ βασιλέως, καὶ ἔστη· οὐ γὰρ ἦν αὐτῷ ἐξὸν εἰσελθεῖν
3 εἰς τὴν αὐλήν, σάκκον ἔχοντι καὶ σποδόν. Καὶ ἐν πάσῃ χώρᾳ οὗ ἐξετίθετο τὰ γράμματα, κραυγὴ καὶ κοπετὸς καὶ πένθος μέγα τοῖς Ἰουδαίοις, σάκκον καὶ σποδὸν ἔστρωσαν ἑαυτοῖς.

4 Καὶ εἰσῆλθον αἱ ἅβραι καὶ οἱ εὐνοῦχοι τῆς βασιλίσσης, καὶ ἀνήγγειλαν αὐτῇ· καὶ ἐταράχθη ἀκούσασα τὸ γεγονός· καὶ ἀπέστειλε στολίσαι τὸν Μαρδοχαῖον, καὶ ἀφελέσθαι αὐτοῦ τὸν
5 σάκκον· ὁ δὲ οὐκ ἐπείσθη. Ἡ δὲ Ἐσθὴρ προσεκαλέσατο Ἀχραθαῖον τὸν εὐνοῦχον αὐτῆς, ὃς παρειστήκει αὐτῇ, καὶ
7 ἀπέστειλε μαθεῖν αὐτῇ παρὰ τοῦ Μαρδοχαίου τὸ ἀκριβές. Ὁ δὲ Μαρδοχαῖος ὑπέδειξεν αὐτῷ τὸ γεγονὸς, καὶ τὴν ἐπαγγελίαν ἣν ἐπηγγείλατο Ἀμὰν τῷ βασιλεῖ εἰς τὴν γάζαν ταλάντων
8 μυρίων, ἵνα ἀπολέσῃ τοὺς Ἰουδαίους. Καὶ τὸ ἀντίγραφον τὸ ἐν Σούσοις ἐκτεθὲν ὑπὲρ τοῦ ἀπολέσθαι αὐτούς, ἔδωκεν αὐτῷ δεῖξαι τῇ Ἐσθήρ· καὶ εἶπεν αὐτῷ, ἐντείλασθαι αὐτῇ εἰσελθούσῃ παραιτήσασθαι τὸν βασιλέα, καὶ ἀξιῶσαι αὐτὸν περὶ τοῦ λαοῦ, μνησθεῖσα ἡμερῶν ταπεινώσεώς σου, ὡς ἐτράφης ἐν χειρί μου, διότι Ἀμὰν ὁ δευτερεύων τῷ βασιλεῖ ἐλάλησε καθ᾽ ἡμῶν εἰς θάνατον· ἐπικάλεσαι τὸν Κύριον, καὶ λάλησον τῷ βασιλεῖ περὶ ἡμῶν, ῥῦσαι ἡμᾶς ἐκ θανάτου.

soundness of judgment among us, and has been manifestly well inclined without wavering and with unshaken fidelity, and has obtained the second post in the kingdom, informed us that a certain ill-disposed people is mixed up with all the tribes throughout the world, opposed in their laws to every *other* nation, and continually neglecting the commands of the kings, so that the united government blamelessly administered by us is not quietly established. Having then conceived that this nation alone *of all others* is continually set in opposition to every man, introducing as a change a foreign code of laws, and injuriously plotting to accomplish the worst of evils against our interests, and against the happy establishment of the monarchy; we have accordingly appointed those who are signified to you in the letters written by Aman, who is set over *the public* affairs and is our second governor, to destroy them all utterly with their wives and children by the swords of the enemies, without pitying or sparing any, on the fourteenth day of the twelfth month Adar, of the present year; that the people aforetime and now ill-disposed *to us* having been violently consigned to death in one day, may hereafter secure to us continually a well constituted and quiet state of affairs.]

14 And the copies of the letters were published in every province; and an order was given to all the nations to be ready against that day. 15 And the business was hastened, and *that* at Susa: and the king and Aman began to drink; but the city was troubled.

But Mardochæus having perceived what was done, rent his garments, and put on sackcloth, and sprinkled dust upon himself; and having rushed forth through the open street of the city, he cried with a loud voice, A nation that has done no wrong is going to be destroyed. 2 And he came to the king's gate, and stood; for it was not lawful for him to enter into the palace, wearing sackcloth and ashes. 3 And in every province where the letters were published, *there was* crying and lamentation and great mourning on the part of the Jews: they spread for themselves sackcloth and ashes.

4 And the queen's maids and chamberlains went in and told her: and when she had heard what was done, she was disturbed; and she sent to clothe Mardochæus, and take away his sackcloth; but he consented not. 5 So Esther called for her chamberlain Achrathæus, who waited upon her; and she sent to learn the truth from Mardochæus. 7 And Mardochæus shewed him what was done, and the promise which Aman had made the king of ten thousand talents *to be paid* into the treasury, that he might destroy the Jews. 8 And he gave him the copy *of the writing* that was published in Susa concerning their destruction, to shew to Esther; and told him to charge her to go in and intreat the king, and to beg him for the people, remembering, *said he,* the days of thy low estate, how thou wert nursed by my hand: because Aman who holds the next place to the king has spoken against us for death. Do thou call upon the Lord, and speak to the king concerning us, to deliver us from death.

⁹ So Achrathæus went in and told her all these words. ¹⁰ And Esther said to Achrathæus, Go to Mardochæus, and say, ¹¹ All the nations of the empire know, that whoever, man or woman, shall go in to the king into the inner court uncalled, that person cannot live: only to whomsoever the king shall stretch out *his* golden sceptre, he shall live: and I have not been called to go in to the king, for these thirty days. ¹² And Achrathæus reported to Mardochæus all the words of Esther.

¹³ Then Mardochæus said to Achrathæus, Go, and say to her, Esther, say not to thyself that thou alone wilt escape in the kingdom, more than all the *other* Jews. ¹⁴ For if thou shalt refuse to hearken on this occasion, help and protection will be to the Jews from another quarter; but thou and thy father's house will perish: and who knows, if thou hast been made queen for this *very* occasion? ¹⁵ And Esther sent the *man* that came to her to Mardochæus, saying, ¹⁶ Go and assemble the Jews that are in Susa, and fast ye for me, and eat not and drink not for three days, night and day: and I also and my maidens will fast; and then I will go in to the king contrary to the law, even if I must die. ¹⁷ So Mardochæus went and did all that Esther commanded him.

β [And he besought the Lord, making mention of all the works of the Lord; and he said, Lord γ God, king ruling over all, for all things are in thy power, and there is no one that shall oppose thee in thy purpose to save Israel.—For thou hast made the heaven and the earth, and every wonderful thing in the *world* under heaven. And thou art Lord of all, and there is no one who shall resist thee the Lord. Thou knowest all things: thou knowest, Lord, that it is not in insolence, nor haughtiness, nor love of glory, that I have done this, to refuse obeisance to the haughty Aman. For I would gladly have kissed the soles of his feet for the safety of Israel. But I have done this, that I might not set the glory of man above the glory of God: and I will not worship any one except thee, my Lord, and I will not do these things in haughtiness. And now, O Lord God, the King, the God of Abraam, spare thy people, for *our enemies* are looking upon us to *our* destruction, and they have desired to destroy thine ancient inheritance. Do not overlook thy δ peculiar people, whom thou hast redeemed for thyself out of the land of Egypt. Hearken to my prayer, and be propitious to thine inheritance, and turn our mourning into gladness, that we may live and sing praise to thy name, O Lord; and do not utterly destroy the mouth of them that praise thee, O Lord.

And all Israel cried with *all* their might, for their death *was* before their eyes. And queen Esther betook herself for refuge to the Lord, being taken *as it were* in the agony of death. And having taken off her glorious apparel, she put on garments of distress and mourning; and instead of grand perfumes she filled her head with ashes and dung, and she greatly brought down her body,

Εἰσελθὼν δὲ ὁ Ἀχραθαῖος ἐλάλησεν αὐτῇ πάντας τοὺς 9 λόγους τούτους. Εἶπε δὲ Ἐσθὴρ πρὸς Ἀχραθαῖον, πορεύθητι 10 πρὸς Μαρδοχαῖον, καὶ εἶπον, ὅτι τὰ ἔθνη πάντα τῆς βασιλείας 11 γινώσκει ὅτι πᾶς ἄνθρωπος ἢ γυνὴ ὃς εἰσελεύσεται πρὸς τὸν βασιλέα εἰς τὴν αὐλὴν τὴν ἐσωτέραν ἄκλητος, οὐκ ἔστιν αὐτῷ σωτηρία· πλὴν ᾧ ἐκτείνῃ ὁ βασιλεὺς τὴν χρυσῆν ῥάβδον, οὗτος σωθήσεται· κἀγὼ οὐ κέκλημαι εἰσελθεῖν πρὸς τὸν βασιλέα, εἰσὶν αὗται ἡμέραι τριάκοντα. Καὶ ἀπήγγειλεν Ἀχραθαῖος 12 Μαρδοχαίῳ πάντας τοὺς λόγους Ἐσθήρ.

Καὶ εἶπε Μαρδοχαῖος πρὸς Ἀχραθαῖον, πορεύθητι, καὶ 13 εἶπον αὐτῇ, Ἐσθὴρ, μὴ εἴπῃς σεαυτῇ, ὅτι σωθήσῃ μόνη ἐν τῇ βασιλείᾳ παρὰ πάντας τοὺς Ἰουδαίους. Ὡς ὅτι ἐὰν παρακού- 14 σῃς ἐν τούτῳ τῷ καιρῷ, ἄλλοθεν βοήθεια καὶ σκέπη ἔσται τοῖς Ἰουδαίοις· σὺ δὲ καὶ ὁ οἶκος τοῦ πατρός σου ἀπολεῖσθε· καὶ τίς εἶδεν, εἰ εἰς τὸν καιρὸν τοῦτον ἐβασίλευσας; Καὶ ἐξαπ- 15 έστειλεν Ἐσθὴρ τὸν ἥκοντα πρὸς αὐτὴν, πρὸς Μαρδοχαῖον, λέγουσα, βαδίσας ἐκκλησίασον τοὺς Ἰουδαίους τοὺς ἐν Σού- 16 σοις, καὶ νηστεύσατε ἐπ᾽ ἐμοὶ, καὶ μὴ φάγητε μηδὲ πίητε ἐπὶ ἡμέρας τρεῖς νύκτα καὶ ἡμέραν· κἀγὼ δὲ καὶ αἱ ἄβραι μου ἀσιτήσομεν· καὶ τότε εἰσελεύσομαι πρὸς τὸν βασιλέα παρὰ τὸν νόμον, ἐὰν καὶ ἀπολέσθαι με δέῃ. Καὶ βαδίσας Μαρ- 17 δοχαῖος ἐποίησεν ὅσα ἐνετείλατο αὐτῷ Ἐσθήρ.

" Καὶ ἐδεήθη Κυρίου, μνημονεύων πάντα τὰ ἔργα Κυρίου, καὶ εἶπε, Κύριε Κύριε βασιλεῦ πάντων κρατῶν, ὅτι ἐν ἐξουσίᾳ σου τὸ πᾶν ἐστι, καὶ οὐκ ἔστιν ὁ ἀντιδοξῶν σοι ἐν τῷ θέλειν σε σῶσαι τὸν Ἰσραήλ. Ὅτι σὺ ἐποίησας τὸν οὐρανὸν καὶ τὴν γῆν, καὶ πᾶν θαυμαζόμενον ἐν τῇ ὑπ᾽ οὐρανόν. Καὶ Κύριος εἶ πάντων, καὶ οὐκ ἔστιν ὃς ἀντιτάξεταί σοι τῷ Κυρίῳ. Σὺ πάντα γινώσκεις· σὺ οἶδας, Κύριε, ὅτι οὐκ ἐν ὕβρει, οὐδὲ ἐν ὑπερηφα- νείᾳ, οὐδὲ ἐν φιλοδοξίᾳ ἐποίησα τοῦτο, τὸ μὴ προσκυνεῖν τὸν ὑπερήφανον Ἀμάν. Ὅτι ηὐδόκουν φιλεῖν πέλματα ποδῶν αὐτοῦ πρὸς σωτηρίαν Ἰσραήλ. Ἀλλ᾽ ἐποίησα τοῦτο, ἵνα μὴ θῶ δόξαν ἀνθρώπου ὑπεράνω δόξης Θεοῦ· καὶ οὐ προσκυνήσω οὐδένα, πλὴν σοῦ τοῦ Κυρίου μου, καὶ οὐ ποιήσω αὐτὰ ἐν ὑπερηφανείᾳ. Καὶ νῦν, Κύριε ὁ Θεὸς ὁ βασιλεὺς ὁ Θεὸς Ἀβραὰμ, φεῖσαι τοῦ λαοῦ σου, ὅτι ἐπιβλέπουσιν ἡμῖν εἰς καταφθορὰν, καὶ ἐπεθύμησαν ἀπολέσαι τὴν ἐξ ἀρχῆς κληρονο- μίαν σου. Μὴ ὑπερίδῃς τὴν μερίδα σου, ἣν σεαυτῷ ἐλυτρώσω ἐκ γῆς Αἰγύπτου. Ἐπάκουσον τῆς δεήσεώς μου, καὶ ἱλάσθητι τῷ κλήρῳ σου, καὶ στρέψον τὸ πένθος ἡμῶν εἰς εὐωχίαν, ἵνα ζῶντες ὑμνῶμέν σου τὸ ὄνομα Κύριε, καὶ μὴ ἀφανίσῃς στόμα αἰνούντων σε Κύριε.

" Καὶ πᾶς Ἰσραὴλ ἐκέκραξεν ἐξ ἰσχύος αὐτῶν, ὅτι θάνατος αὐτῶν ἐν ὀφθαλμοῖς αὐτῶν. Καὶ Ἐσθὴρ ἡ βασίλισσα κατ- έφυγεν ἐπὶ τὸν Κύριον ἐν ἀγῶνι θανάτου κατειλημμένη, καὶ ἀφελομένη τὰ ἱμάτια τῆς δόξης αὐτῆς, ἐνεδύσατο ἱμάτια στενοχωρίας καὶ πένθους, καὶ ἀντὶ τῶν ὑπερηφάνων ἡδυσμάτων, σποδοῦ καὶ κοπριῶν ἐνέπλησε τὴν κεφαλὴν αὐτῆς· καὶ τὸ σῶμα

β *Note.*—The part between brackets, *i. e.* to the end of chap. iv., is not in the *Heb.*   γ See 3 Kings 8. 53. *Note.*   δ Gr portion.

αὐτῆς ἐταπείνωσε σφόδρα, καὶ πάντα τόπον κόσμου ἀγαλλιάματος αὐτῆς ἔπλησε στρεπτῶν τριχῶν αὐτῆς.

"Καὶ ἐδεῖτο Κυρίου Θεοῦ Ἰσραήλ, καὶ εἶπεν, Κύριέ μου βασιλεὺς ἡμῶν σὺ εἶ μόνος, βοήθησόν μοι τῇ μόνῃ, καὶ μὴ ἐχούσῃ βοηθὸν εἰ μὴ σέ, ὅτι κίνδυνός μου ἐν χειρί μου. Ἐγὼ ἤκουον ἐκ γενετῆς μου ἐν φυλῇ πατριᾶς μου, ὅτι σὺ Κύριε ἔλαβες τὸν Ἰσραὴλ ἐκ πάντων τῶν ἐθνῶν, καὶ τοὺς πατέρας ἡμῶν ἐκ πάντων τῶν προγόνων αὐτῶν εἰς κληρονομίαν αἰώνιον, καὶ ἐποίησας αὐτοῖς ὅσα ἐλάλησας. Καὶ νῦν ἡμάρτομεν ἐνώπιόν σου, καὶ παρέδωκας ἡμᾶς εἰς χεῖρας τῶν ἐχθρῶν ἡμῶν, ἀνθ᾽ ὧν ἐδοξάσαμεν τοὺς θεοὺς αὐτῶν· δίκαιος εἶ Κύριε. Καὶ νῦν οὐχ ἱκανώθησαν ἐν πικρασμῷ δουλείας ἡμῶν, ἀλλ᾽ ἔθηκαν τὰς χεῖρας αὐτῶν ἐπὶ τὰς χεῖρας τῶν εἰδώλων αὐτῶν, ἐξᾶραι ὁρισμὸν στόματός σου, καὶ ἀφανίσαι κληρονομίαν σου, καὶ ἐμφράξαι στόμα αἰνούντων σοι, καὶ σβέσαι δόξαν οἴκου σου καὶ θυσιαστηρίου σου, καὶ ἀνοῖξαι στόμα ἐθνῶν εἰς ἀρετὰς ματαίων, καὶ θαυμασθῆναι βασιλέα σάρκινον εἰς αἰῶνα.

"Μὴ παραδῷς Κύριε τὸ σκῆπτρόν σου τοῖς μὴ οὖσι, καὶ μὴ καταγελασάτωσαν ἐν τῇ πτώσει ἡμῶν, ἀλλὰ στρέψον τὴν βουλὴν αὐτῶν ἐπ᾽ αὐτούς· τὸν δὲ ἀρξάμενον ἐφ᾽ ἡμᾶς παραδειγμάτισον. Μνήσθητι Κύριε, γνώσθητι ἐν καιρῷ θλίψεως ἡμῶν, καὶ ἐμὲ θάρσυνον, βασιλεῦ τῶν θεῶν, καὶ πάσης ἀρχῆς ἐπικρατῶν. Δὸς λόγον εὔρυθμον εἰς τὸ στόμα μου ἐνώπιον τοῦ λέοντος, καὶ μετάθες τὴν καρδίαν αὐτοῦ εἰς μῖσος τοῦ πολεμοῦντος ἡμᾶς, εἰς συντέλειαν αὐτοῦ καὶ τῶν ὁμονοούντων αὐτῷ. Ἡμᾶς δὲ ῥῦσαι ἐν χειρί σου, καὶ βοήθησόν μοι τῇ μόνῃ, καὶ μὴ ἐχούσῃ εἰ μὴ σὲ Κύριε· πάντων γνῶσιν ἔχεις, καὶ οἶδας ὅτι ἐμίσησα δόξαν ἀνόμων, καὶ βδελύσσομαι κοίτην ἀπεριτμήτων, καὶ παντὸς ἀλλοτρίου. Σὺ οἶδας τὴν ἀνάγκην μου, ὅτι βδελύσσομαι τὸ σημεῖον τῆς ὑπερηφανείας μου, ὅ ἐστιν ἐπὶ τῆς κεφαλῆς μου ἐν ἡμέραις ὀπτασίας μου· βδελύσσομαι αὐτὸ ὡς ῥάκος καταμηνίων, καὶ οὐ φορῶ αὐτὸ ἐν ἡμέραις ἡσυχίας μου. Καὶ οὐκ ἔφαγεν ἡ δούλη σου τράπεζαν Ἀμάν, καὶ οὐκ ἐδόξασα συμπόσιον βασιλέως, οὐδὲ ἔπιον οἶνον σπονδῶν. Καὶ οὐκ ηὐφράνθη ἡ δούλη σου ἀφ᾽ ἡμέρας μεταβολῆς μου μέχρι νῦν, πλὴν ἐπὶ σοί, Κύριε ὁ Θεὸς Ἀβραάμ· Ὁ Θεὸς ὁ ἰσχύων ἐπὶ πάντας, εἰσάκουσον φωνὴν ἀπηλπισμένων, καὶ ῥῦσαι ἡμᾶς ἐκ χειρὸς τῶν πονηρευομένων, καὶ ῥῦσαί με ἐκ τοῦ φόβου μου.

5 "Καὶ ἐγενήθη ἐν τῇ ἡμέρᾳ τῇ τρίτῃ ὡς ἐπαύσατο προσευχομένη, ἐξεδύσατο τὰ ἱμάτια τῆς θεραπείας, καὶ περιεβάλλετο τὴν δόξαν αὐτῆς. Καὶ γενηθεῖσα ἐπιφανής, ἐπικαλεσαμένη τὸν πάντων ἐπόπτην Θεὸν καὶ σωτῆρα, παρέλαβε τὰς δύο ἄβρας, καὶ τῇ μὲν μιᾷ ἐπηρείδετο ὡς τρυφερευομένη, ἡ δὲ ἑτέρα ἐπηκολούθει κουφίζουσα τὴν ἔνδυσιν αὐτῆς. Καὶ αὐτὴ ἐρυθριῶσα ἀκμῇ κάλλους αὐτῆς· καὶ τὸ πρόσωπον αὐτῆς ἱλαρόν, ὡς προσφιλές· ἡ δὲ καρδία αὐτῆς ἀπεστενωμένη ἀπὸ τοῦ φόβου. Καὶ εἰσελθοῦσα πάσας τὰς θύρας, κατέστη ἐνώπιον τοῦ βασιλέως·

and she filled every place of her glad adorning with the *torn* curls of her hair.

And she besought the Lord God of Israel, and said, O my Lord, thou alone art our king: help me *who am* destitute, and have no helper but thee, for my danger *is* β near at hand. I have heard from my birth, in the tribe of my kindred, that thou, Lord, tookest Israel out of all the nations, and our fathers out of all their kindred for a perpetual inheritance, and hast wrought for them all that thou hast said. And now we have sinned before thee, and thou hast delivered us into the hands of our enemies, because we honoured their gods: thou art righteous, O Lord. But now they have not been contented with the bitterness of our slavery, but have laid their hands on the hands of their idols, *in order* to abolish the decree of thy mouth, and utterly to destroy thine inheritance, and to stop the mouth of them that praise thee, and to extinguish the glory of thine house and thine altar, and to open the mouth of the Gentiles to *speak* the γ praises of vanities, and *in order* that a mortal king should be admired for ever.

O Lord, do not resign thy sceptre to them that are not, and let them not laugh at our fall, but turn their counsel against themselves, and make an example of him who has δ begun *to injure* us. Remember *us*, O Lord, manifest thyself in the time of our affliction, and encourage me, O king of gods, and ruler of all dominion. Put harmonious speech into my mouth before the lion, and turn his heart to hate him that fights against us, to the utter destruction of him and of them that consent with him. But deliver us by thine hand, and help me *who am* destitute, and have none but thee, O Lord. Thou knowest all things, and knowest that I hate the ζ glory of transgressors, and that I abhor the couch of the uncircumcised, and of every stranger. Thou knowest my necessity, for I abhor the symbol of my proud station, which is upon my head in the days of my θ splendour: I abhor it as a menstruous cloth, and I wear it not in the days of my tranquillity. And thy handmaid has not eaten *at* the table of Aman, and I have not honoured the banquet of the king, neither have I drunk wine of libations. Neither has thy handmaid rejoiced since the day of my promotion until now, except in thee, O Lord God of Abraam. O God, who hast power over all, hearken to the voice of the desperate, and deliver us from the hand of them that devise mischief; and deliver me from my fear.

λ And it came to pass on the third day, when she had ceased praying, that she put off her mean dress, and put on her glorious apparel. And being splendidly arrayed, *and* having called upon God the Overseer and Preserver of all things, she took her two maids, and she leaned upon one, as a delicate female, and the other followed bearing her train. And she *was* blooming in the perfection of her beauty; and her face *was* cheerful, as *it were* benevolent, but her heart *was* straitened for fear. And having passed through all the doors, she stood

---

before the king: and he was sitting upon his royal throne, and he had put on all his glorious apparel, *covered* all over with gold and precious stones, and was very terrible. And having raised his face resplendent with glory, he looked with intense anger: and the queen fell, and changed her colour as she fainted; and she bowed herself upon the head of the maid that went before *her*. But God changed the spirit of the king to gentleness, and in intense feeling he sprang from off his throne, and took her into his arms, until she recovered: and he comforted her with peaceable words, and said to her, What is *the matter*, Esther? I *am* thy brother; be of good cheer, thou shalt not die, for our command is openly declared *to thee*, Draw nigh.

² And having raised the golden sceptre he laid it upon her neck, and embraced her, and said, Speak to me. And she said to him, I saw thee, *my* lord, as an angel of God, and my heart was troubled for fear of thy glory; for thou, *my* lord, art to be wondered at, and thy face *is* full of grace. And while she was speaking, she fainted and fell. Then the king was troubled, and all his servants comforted her.] ³ And the king said, What wilt thou, Esther? and what is thy request? *ask* even to the half of my kingdom, and it shall be thine. ⁴ And Esther said, To-day is my great day: if then it seem good to the king, let both him and Aman come to the feast which I will prepare this day. ⁵ And the king said, Hasten Aman hither, that we may perform the word of Esther. So they both come to the feast of which Esther had spoken.

⁶ And at the banquet the king said to Esther, What is *thy request*, queen Esther? *speak*, and thou shalt have all that thou requirest. ⁷ And she said, My request and my petition *are*: ⁸ if I have found favour in the sight of the king, let the king and Aman come again to-morrow to the feast which I shall prepare for them, and to-morrow I will do the same.

⁹ So Aman went out from the king very glad *and* merry: but when Aman saw Mardochæus the Jew in the court, he was greatly enraged. ¹⁰ And having gone into his own house, he called his friends, and his wife Zosara. ¹¹ And he shewed them his wealth, and the glory with which the king had invested him, and how he had caused him to take precedence and bear chief rule in the kingdom. ¹² And Aman said, The queen has called no one to the feast with the king but me, and I am invited to-morrow. ¹³ But these things please me not, while I see Mardochæus the Jew in the court. ¹⁴ And Zosara his wife and his friends said to him, Let there be a β gallows made for thee of fifty cubits, and in the morning do thou speak to the king, and let Mardochæus be hanged on the gallows: but do thou go in to the feast with the king, and be merry. And the saying pleased Aman, and the gallows was prepared.

But the Lord removed sleep from the king that night: and he told his servant to bring in the γ books, the registers of daily

καὶ αὐτὸς ἐκάθητο ἐπὶ τοῦ θρόνου τῆς βασιλείας αὐτοῦ, καὶ πᾶσαν στολὴν τῆς ἐπιφανείας αὐτοῦ ἐνδεδύκει, ὅλος διὰ χρυσοῦ καὶ λίθων πολυτελῶν, καὶ ἦν φοβερὸς σφόδρα. Καὶ ἄρας τὸ πρόσωπον αὐτοῦ πεπυρωμένον δόξῃ, ἐν ἀκμῇ θυμοῦ ἔβλεψεν· καὶ ἔπεσεν ἡ βασίλισσα, καὶ μετέβαλε τὸ χρῶμα αὐτῆς ἐν ἐκλύσει· καὶ κατεπέκυψεν ἐπὶ τὴν κεφαλὴν τῆς ἄβρας τῆς προπορευομένης. Καὶ μετέβαλεν ὁ Θεὸς τὸ πνεῦμα τοῦ βασιλέως εἰς πραΰτητα, καὶ ἀγωνιάσας ἀνεπήδησεν ἀπὸ τοῦ θρόνου αὐτοῦ, καὶ ἀνέλαβεν αὐτὴν ἐπὶ τὰς ἀγκάλας αὐτοῦ, μέχρις οὗ κατέστη· καὶ παρεκάλει αὐτὴν λόγοις εἰρηνικοῖς, καὶ εἶπεν αὐτῇ, τί ἐστιν, Ἐσθήρ; ἐγὼ ὁ ἀδελφός σου, θάρσει, οὐ μὴ ἀποθάνῃς· ὅτι κοινὸν τὸ πρόσταγμα ἡμῶν ἐστιν, πρόσελθε.

" Καὶ ἄρας τὴν χρυσῆν ῥάβδον, ἐπέθηκεν ἐπὶ τὸν τράχηλον 2 αὐτῆς, καὶ ἠσπάσατο αὐτὴν, καὶ εἶπε, λάλησόν μοι. Καὶ εἶπεν αὐτῷ, εἶδόν σε κύριε ὡς ἄγγελον Θεοῦ, καὶ ἐταράχθη ἡ καρδία μου ἀπὸ φόβου τῆς δόξης σου, ὅτι θαυμαστὸς εἶ κύριε, καὶ τὸ πρόσωπόν σου χαρίτων μεστόν. Ἐν δὲ τῷ διαλέγεσθαι αὐτὴν, ἔπεσεν ἀπὸ ἐκλύσεως. Καὶ ὁ βασιλεὺς ἐταράσσετο, καὶ πᾶσα ἡ θεραπεία αὐτοῦ παρεκάλει αὐτήν." Καὶ εἶπεν ὁ βασιλεὺς, τί 3 θέλεις, Ἐσθήρ; καὶ τί σου ἐστὶ τὸ ἀξίωμα; ἕως τοῦ ἡμίσους τῆς βασιλείας μου, καὶ ἔσται σοι. Εἶπε δὲ Ἐσθήρ, ἡμέρα μου 4 ἐπίσημος σήμερόν ἐστιν· εἰ οὖν δοκεῖ τῷ βασιλεῖ, ἐλθάτω καὶ αὐτὸς καὶ Ἀμὰν εἰς τὴν δοχὴν, ἣν ποιήσω σήμερον. Καὶ 5 εἶπεν ὁ βασιλεὺς, κατασπεύσατε Ἀμὰν, ὅπως ποιήσωμεν τὸν λόγον Ἐσθήρ· καὶ παραγίνονται ἀμφότεροι εἰς τὴν δοχὴν, ἣν εἶπεν Ἐσθήρ.

Ἐν δὲ τῷ πότῳ εἶπεν ὁ βασιλεὺς πρὸς Ἐσθήρ, τί ἐστι 6 βασίλισσα Ἐσθήρ; καὶ ἔσται ὅσα ἀξιοῖς. Καὶ εἶπε, τὸ αἴτημά 7 μου, καὶ τὸ ἀξίωμα· Εἰ εὗρον χάριν ἐνώπιον τοῦ βασιλέως, 8 ἐλθάτω ὁ βασιλεὺς καὶ Ἀμὰν ἔτι τὴν αὔριον εἰς τὴν δοχὴν, ἣν ποιήσω αὐτοῖς, καὶ αὔριον ποιήσω τὰ αὐτά.

Καὶ ἐξῆλθεν ὁ Ἀμὰν ἀπὸ τοῦ βασιλέως ὑπερχαρὴς εὐφραινό- 9 μενος· ἐν δὲ τῷ ἰδεῖν Ἀμὰν Μαρδοχαῖον τὸν Ἰουδαῖον ἐν τῇ αὐλῇ, ἐθυμώθη σφόδρα. Καὶ εἰσελθὼν εἰς τὰ ἴδια, ἐκάλεσε 10 τοὺς φίλους, καὶ Ζωσάραν τὴν γυναῖκα αὐτοῦ, καὶ ὑπέδειξεν 11 αὐτοῖς τὸν πλοῦτον αὐτοῦ, καὶ τὴν δόξαν ἣν ὁ βασιλεὺς αὐτῷ περιέθηκε, καὶ ὡς ἐποίησεν αὐτὸν πρωτεύειν καὶ ἡγεῖσθαι τῆς βασιλείας. Καὶ εἶπεν Ἀμὰν, οὐ κέκληκεν ἡ βασίλισσα μετὰ 12 τοῦ βασιλέως οὐδένα εἰς τὴν δοχὴν, ἀλλ' ἢ ἐμὲ, καὶ εἰς τὴν αὔριον κέκλημαι. Καὶ ταῦτά μοι οὐκ ἀρέσκει, ὅταν ἴδω Μαρ- 13 δοχαῖον τὸν Ἰουδαῖον ἐν τῇ αὐλῇ. Καὶ εἶπε πρὸς αὐτὸν Ζωσάρα 14 ἡ γυνὴ αὐτοῦ, καὶ οἱ φίλοι, κοπήτω σοι ξύλον πηχῶν πεντήκοντα, ὄρθρου δὲ εἶπον τῷ βασιλεῖ, καὶ κρεμασθήτω Μαρδοχαῖος ἐπὶ τοῦ ξύλου· σὺ δὲ εἴσελθε εἰς τὴν δοχὴν σὺν τῷ βασιλεῖ, καὶ εὐφραίνου· καὶ ἤρεσε τὸ ῥῆμα τῷ Ἀμὰν, καὶ ἡτοιμάσθη τὸ ξύλον.

Ὁ δὲ Κύριος ἀπέστησε τὸν ὕπνον ἀπὸ τοῦ βασιλέως τὴν 6 νύκτα ἐκείνην· καὶ εἶπε τῷ διακόνῳ αὐτοῦ εἰσφέρειν γράμματα

β *Gr.* a tree cut.   γ *Gr.* letters.

2 μνημόσυνα τῶν ἡμερῶν ἀναγινώσκειν αὐτῷ. Εὗρε δὲ τὰ
γράμματα τὰ γραφέντα περὶ Μαρδοχαίου, ὡς ἀπήγγειλε τῷ
βασιλεῖ περὶ τῶν δύο εὐνούχων τοῦ βασιλέως ἐν τῷ φυλάσσειν
αὐτοὺς, καὶ ζητῆσαι ἐπιβαλεῖν τὰς χεῖρας Ἀρταξέρξῃ.

3 Εἶπε δὲ ὁ βασιλεὺς, τίνα δόξαν ἢ χάριν ἐποιήσαμεν τῷ
Μαρδοχαίῳ; καὶ εἶπαν οἱ διάκονοι τοῦ βασιλέως, οὐκ ἐποίησας
4 αὐτῷ οὐδέν. Ἐν δὲ τῷ πυνθάνεσθαι τὸν βασιλέα περὶ τῆς
εὐνοίας Μαρδοχαίου, ἰδοὺ Ἀμὰν ἐν τῇ αὐλῇ· εἶπε δὲ ὁ βασι-
λεὺς, τίς ἐν τῇ αὐλῇ; ὁ δὲ Ἀμὰν εἰσῆλθεν εἰπεῖν τῷ βασιλεῖ,
5 κρεμάσαι τὸν Μαρδοχαῖον ἐπὶ τῷ ξύλῳ, ᾧ ἡτοίμασε. Καὶ
εἶπαν οἱ διάκονοι τοῦ βασιλέως, ἰδοὺ Ἀμὰν ἔστηκεν ἐν τῇ αὐλῇ·
καὶ εἶπεν ὁ βασιλεὺς, καλέσατε αὐτόν.

6 Εἶπε δὲ ὁ βασιλεὺς τῷ Ἀμὰν, τί ποιήσω τῷ ἀνθρώπῳ, ὃν
ἐγὼ θέλω δοξάσαι; εἶπε δὲ ἐν ἑαυτῷ Ἀμὰν, τίνα θέλει ὁ βασι-
7 λεὺς δοξάσαι εἰ μὴ ἐμέ; Εἶπε δὲ πρὸς τὸν βασιλέα, ἄνθρωπον
8 ὃν ὁ βασιλεὺς θέλει δοξάσαι, ἐνεγκάτωσαν οἱ παῖδες τοῦ βασι-
λέως στολὴν βυσσίνην ἣν ὁ βασιλεὺς περιβάλλεται, καὶ ἵππον
9 ἐφ' ὃν ὁ βασιλεὺς ἐπιβαίνει, καὶ δότω ἑνὶ τῶν φίλων τοῦ βασι-
λέως τῶν ἐνδόξων, καὶ στολισάτω τὸν ἄνθρωπον, ὃν ὁ βασιλεὺς
ἀγαπᾷ· καὶ ἀναβιβασάτω αὐτὸν ἐπὶ τὸν ἵππον, καὶ κηρυσσέτω
διὰ τῆς πλατείας τῆς πόλεως, λέγων, οὕτως ἔσται παντὶ ἀν-
10 θρώπῳ ὃν ὁ βασιλεὺς δοξάζει. Εἶπε δὲ ὁ βασιλεὺς τῷ Ἀμὰν,
καλῶς ἐλάλησας· οὕτως ποίησον τῷ Μαρδοχαίῳ τῷ Ἰουδαίῳ,
τῷ θεραπεύοντι ἐν τῇ αὐλῇ, καὶ μὴ παραπεσάτω σου λόγος ὧν
ἐλάλησας.

11 Ἔλαβε δὲ Ἀμὰν τὴν στολὴν καὶ τὸν ἵππον, καὶ ἐστό-
λισε τὸν Μαρδοχαῖον, καὶ ἀνεβίβασεν αὐτὸν ἐπὶ τὸν ἵππον,
καὶ διῆλθε διὰ τῆς πλατείας τῆς πόλεως, καὶ ἐκήρυσσε λέγων,
οὕτως ἔσται παντὶ ἀνθρώπῳ ὃν ὁ βασιλεὺς θέλει δοξάσαι.

12 Ἐπέστρεψε δὲ ὁ Μαρδοχαῖος εἰς τὴν αὐλήν· Ἀμὰν δὲ ὑπέ-
13 στρεψεν εἰς τὰ ἴδια λυπούμενος κατὰ κεφαλῆς. Καὶ διηγήσατο
Ἀμὰν τὰ συμβεβηκότα αὐτῷ Ζωσάρᾳ τῇ γυναικὶ αὐτοῦ, καὶ
τοῖς φίλοις· καὶ εἶπαν πρὸς αὐτὸν οἱ φίλοι, καὶ ἡ γυνὴ, εἰ ἐκ
γένους Ἰουδαίων Μαρδοχαῖος, ἦρξαι ταπεινοῦσθαι ἐνώπιον
αὐτοῦ, πεσὼν πεσῇ, καὶ οὐ μὴ δύνῃ αὐτὸν ἀμύνασθαι, ὅτι Θεὸς
14 ζῶν μετ' αὐτοῦ. Ἔτι αὐτῶν λαλούντων, παράγινονται οἱ
εὐνοῦχοι, ἐπισπεύδοντες τὸν Ἀμὰν ἐπὶ τὸν πότον ὃν ἡτοίμασεν
Ἐσθήρ.

7 Εἴσελθε δὲ ὁ βασιλεὺς καὶ Ἀμὰν, συμπιεῖν τῇ βασιλίσσῃ.
2 Εἶπε δὲ ὁ βασιλεὺς Ἐσθὴρ τῇ δευτέρᾳ ἡμέρᾳ ἐν τῷ πότῳ, τί
ἐστιν, Ἐσθὴρ βασίλισσα; καὶ τί τὸ αἴτημά σου; καὶ τί τὸ
ἀξίωμά σου; καὶ ἔστω σοι ἕως ἡμίσους τῆς βασιλείας μου.
3 Καὶ ἀποκριθεῖσα, εἶπεν, εἰ εὗρον χάριν ἐνώπιον τοῦ βασιλέως,
δοθήτω ἡ ψυχὴ τῇ αἰτήματί μου, καὶ ὁ λαός μου τῷ ἀξιώματί
4 μου. Ἐπράθημεν γὰρ ἐγώ τε καὶ ὁ λαός μου εἰς ἀπώλειαν καὶ
διαρπαγὴν καὶ δουλείαν, ἡμεῖς καὶ τὰ τέκνα ἡμῶν εἰς παῖδας
καὶ παιδίσκας, καὶ παρήκουσα· οὐ γὰρ ἄξιος ὁ διάβολος τῆς

events, to read to him. [2] And he found the
β records written concerning Mardochæus,
how he had told the king concerning the
two chamberlains of the king, when they
were keeping guard, and sought to lay hands
on Artaxerxes.

[3] And the king said, What honour or
favour have we done to Mardochæus? And
the king's servants said, Thou hast not done
anything to him. [4] And while the king was
enquiring about the kindness of Mardo-
chæus, behold, Aman was in the court.
And the king said, Who is in the court?
Now Aman was come in to speak to the
king, that he should hang Mardochæus on
the gallows, which he had prepared. [5] And
the king's servants said, Behold, Aman
stands in the court. And the king said,
Call him.

[6] And the king said to Aman, What shall
I do to the man whom I wish to honour?
And Aman said within himself, Whom
would the king honour but myself? [7] and
he said to the king, As for the man whom
the king wishes to honour, [8] let the king's
servants bring the robe of fine linen which
the king puts on, and the horse on which
the king rides, [9] and let him give it to one of
the king's noble friends, and let him array
the man whom the king loves; and let him
mount him on the horse, and proclaim
through the γ street of the city, saying, Thus
shall it be done to every man whom the
king honours. [10] Then the king said to
Aman, Thou hast well said: so do to Mar-
dochæus the Jew, who waits in the palace,
and let not a word of what thou hast spoken
be neglected.

[11] So Aman took the robe and the horse,
and arrayed Mardochæus, and mounted
him on the horse, and went through the
street of the city, and proclaimed, saying,
Thus shall it be to every man whom the
king wishes to honour.

[12] And Mardochæus returned to the pa-
lace: but Aman went home mourning, and
having his head covered. [13] And Aman
related the events that had befallen him to
Zosara his wife, and to his friends: and
his friends and his wife said to him, δ If
Mardochæus be of the race of the Jews, and
thou hast begun to be humbled before him,
thou wilt assuredly fall, and thou wilt not
be able to withstand him, for the living
God is with him. [14] While they were yet
speaking, the chamberlains arrived, to has-
ten Aman to the banquet which Esther had
prepared.

So the king and Aman went in to drink
with the queen. [2] And the king said to
Esther at the banquet on the second day,
What is it, queen Esther? and what is thy
request, and what is thy petition? and it
shall be done for thee, to the half of my
kingdom. [3] And she answered and said, If
I have found favour in the sight of the king,
let my life be granted to my petition, and
my people to my request. [4] For both I and
my people are sold for destruction, and pil-
lage, and slavery; both we and our children
for bondmen and bondwomen: and I con-
sented not to it, for the ς slanderer is not

---

worthy of the king's palace. ⁵ And the king said, Who *is* this that has dared to do this thing? ⁶ And Esther said, The ᵝadversary *is* Aman, this wicked man. Then Aman was troubled before the king and the queen.

⁷ And the king rose up from the banquet to go into the garden: and Aman began to intreat the queen; for he saw that he was in ᵞ an evil case.

⁸ And the king returned from the garden; and Aman had fallen upon the bed, intreating the queen. And the king said, Wilt thou even force *my* wife in my house? And when Aman heard it, he changed countenance. ⁹ And Bugathan, one of the chamberlains, said to the king, Behold, Aman has also prepared a gallows for Mardochæus, who spoke concerning the king, and a gallows of fifty cubits high has been set up in the premises of Aman. And the king said, Let him be ᵟhanged thereon. ¹⁰ So Aman was hanged on the gallows that had been prepared for Mardochæus: and then the king's wrath was appeased.

And in that day king Artaxerxes gave to Esther all that belonged to Aman the slanderer: and Mardochæus was called by the king; for Esther had shewn that he was related to her. ² And the king took the ring which he had taken away from Aman, and gave it to Mardochæus: and Esther appointed Mardochæus over all that had been Aman's.

³ And she spoke yet again to the king, and fell at his feet, and besought *him* to do away the mischief of Aman, and all that he had done against the Jews. ⁴ Then the king stretched out to Esther the golden sceptre: and Esther arose to stand near the king.

⁵ And Esther said, If it seem good to thee, and I have found favour *in thy sight*, let an order be sent that the letters sent by Aman may be reversed, that were written for the destruction of the Jews, who are in thy kingdom. ⁶ For how shall I be able to look upon the affliction of my people, and how shall I be able to survive the destruction of my ᶻkindred?

⁷ And the king said to Esther, If I have given and freely granted thee all that was Aman's, and hanged him on a gallows, because he laid his hands upon the Jews, what dost thou yet further seek? ⁸ Write ye also in my name, as it seems good to you, and seal *it* with my ring: for whatever *orders* are written at the command of the king, and sealed with my ring, it is not ᶿlawful to gainsay them.

⁹ So the scribes were called in the first month, which is Nisan, on the three and twentieth day of the same year; and *orders* were written to the Jews, whatever *the king had* commanded to the ᵏlocal governors and chiefs of the satraps, from India even to Ethiopia, a hundred and twenty-seven satraps, according to the several provinces, according to their dialects.

¹⁰ And they were written by order of the king, and sealed with his ring, and they sent the letters by the posts: ¹¹ wherein he charged them to use their *own* laws in every city, and to help each other, and to treat

αὐλῆς τοῦ βασιλέως. Εἶπε δὲ ὁ βασιλεύς, τίς οὗτος, ὅστις 5 ἐτόλμησε ποιῆσαι τὸ πρᾶγμα τοῦτο; Εἶπε δὲ Ἐσθήρ, ἄν- 6 θρωπος ἐχθρὸς Ἀμὰν, ὁ πονηρὸς οὗτος. Ἀμὰν δὲ ἐταράχθη ἀπὸ τοῦ βασιλέως καὶ τῆς βασιλίσσης.

Ὁ δὲ βασιλεὺς ἐξανέστη ἀπὸ τοῦ συμποσίου εἰς τὸν κῆπον· 7 ὁ δὲ Ἀμὰν παρῃτεῖτο τὴν βασίλισσαν· ἑώρα γὰρ ἑαυτὸν ἐν κακοῖς ὄντα.

Ἐπέστρεψεν δὲ ὁ βασιλεὺς ἐκ τοῦ κήπου. Ἀμὰν δὲ ἐπιπε- 8 πτώκει ἐπὶ τὴν κλίνην, ἀξιῶν τὴν βασίλισσαν· εἶπε δὲ ὁ βασιλεύς, ὥστε καὶ τὴν γυναῖκα βιάζῃ ἐν τῇ οἰκίᾳ μου; Ἀμὰν δὲ ἀκούσας διετράπη τῷ προσώπῳ. Εἶπε δὲ Βουγαθὰν εἷς τῶν 9 εὐνούχων πρὸς τὸν βασιλέα, ἰδοὺ καὶ ξύλον ἡτοίμασεν Ἀμὰν Μαρδοχαίῳ τῷ λαλήσαντι περὶ τοῦ βασιλέως, καὶ ὤρθωται ἐν τοῖς Ἀμὰν ξύλον πηχῶν πεντήκοντα· εἶπε δὲ ὁ βασιλεύς, σταυρωθήτω ἐπ᾽ αὐτοῦ. Καὶ ἐκρεμάσθη Ἀμὰν ἐπὶ τοῦ ξύλου 10 ὃ ἡτοιμάσθη Μαρδοχαίῳ· καὶ τότε ὁ βασιλεὺς ἐκόπασε τοῦ θυμοῦ.

Καὶ ἐν αὐτῇ τῇ ἡμέρᾳ ὁ βασιλεὺς Ἀρταξέρξης ἐδωρήσατο 8 Ἐσθὴρ ὅσα ὑπῆρχεν Ἀμὰν τῷ διαβόλῳ· καὶ Μαρδοχαῖος προσεκλήθη ὑπὸ τοῦ βασιλέως· ὑπέδειξε γὰρ Ἐσθήρ, ὅτι ἐνοικείωται αὐτῇ. Ἔλαβε δὲ ὁ βασιλεὺς τὸν δακτύλιον ὃν 2 ἀφείλατο Ἀμὰν, καὶ ἔδωκεν αὐτὸν Μαρδοχαίῳ· καὶ κατέστησεν Ἐσθὴρ Μαρδοχαῖον ἐπὶ πάντων τῶν Ἀμάν.

Καὶ προσθεῖσα ἐλάλησε πρὸς τὸν βασιλέα, καὶ προσέπεσε 3 πρὸς τοὺς πόδας αὐτοῦ, καὶ ἠξίου ἀφελεῖν τὴν Ἀμὰν κακίαν, καὶ ὅσα ἐποίησε τοῖς Ἰουδαίοις. Ἐξέτεινε δὲ ὁ βασιλεὺς 4 Ἐσθὴρ τὴν ῥάβδον τὴν χρυσῆν· ἐξηγέρθη δὲ Ἐσθὴρ παρεστηκέναι τῷ βασιλεῖ, καὶ εἶπεν Ἐσθήρ, εἰ δοκεῖ σοι, καὶ εὗρον 5 χάριν, πεμφθήτω ἀποστραφῆναι τὰ γράμματα τὰ ἀπεσταλμένα ὑπὸ Ἀμὰν, τὰ γραφέντα ἀπολέσθαι τοὺς Ἰουδαίους, οἵ εἰσιν ἐν τῇ βασιλείᾳ σου. Πῶς γὰρ δυνήσομαι ἰδεῖν τὴν κάκωσιν τοῦ 6 λαοῦ μου, καὶ πῶς δυνήσομαι σωθῆναι ἐν τῇ ἀπωλείᾳ τῆς πατρίδος μου;

Καὶ εἶπεν ὁ βασιλεὺς πρὸς Ἐσθήρ, εἰ πάντα τὰ ὑπάρχοντα 7 Ἀμὰν ἔδωκα καὶ ἐχαρισάμην σοι, καὶ αὐτὸν ἐκρέμασα ἐπὶ ξύλου, ὅτι τὰς χεῖρας ἐπήνεγκε τοῖς Ἰουδαίοις, τί ἔτι ἐπιζητεῖς; Γρά- 8 ψατε καὶ ὑμεῖς ἐκ τοῦ ὀνόματός μου, ὡς δοκεῖ ὑμῖν, καὶ σφραγίσατε τῷ δακτυλίῳ μου· ὅσα γὰρ γράφεται τοῦ βασιλέως ἐπιτάξαντος, καὶ σφραγισθῇ τῷ δακτυλίῳ μου, οὐκ ἔστιν αὐτοῖς ἀντειπεῖν.

Ἐκλήθησαν δὲ οἱ γραμματεῖς ἐν τῷ πρώτῳ μηνὶ, ὅς ἐστι 9 Νισὰν, τρίτῃ καὶ εἰκάδι τοῦ αὐτοῦ ἔτους, καὶ ἐγράφη τοῖς Ἰουδαίοις, ὅσα ἐνετείλατο τοῖς οἰκονόμοις καὶ τοῖς ἄρχουσι τῶν σατραπῶν, ἀπὸ τῆς Ἰνδικῆς ἕως τῆς Αἰθιοπίας, ἑκατὸν εἰκοσιεπτὰ σατράπαις κατὰ χώραν καὶ χώραν, κατὰ τὴν αὐτῶν λέξιν.

Ἐγράφη δὲ διὰ τοῦ βασιλέως, καὶ ἐσφραγίσθη τῷ δακτυλίῳ 10 αὐτοῦ· καὶ ἐξαπέστειλαν τὰ γράμματα διὰ βιβλιοφόρων, ὡς 11 ἐπέταξεν αὐτοῖς χρῆσθαι τοῖς νόμοις αὐτῶν ἐν πάσῃ πόλει,

---

ᵝ Gr. hostile man.   ᵞ Gr. evils.   ᵟ Or, impaled.   ᶻ Gr. country.   ᶿ Or, possible.   ᵏ Gr. stewards.

βοηθῆσαί τε αὐτοῖς, καὶ χρῆσθαι τοῖς ἀντιδίκοις αὐτῶν καὶ τοῖς
12 ἀντικειμένοις αὐτῶν, ὡς βούλονται, ἐν ἡμέρᾳ μιᾷ ἐν πάσῃ τῇ
βασιλείᾳ Ἀρταξέρξου, τῇ τρισκαιδεκάτῃ τοῦ δωδεκάτου μηνὸς,
ὅς ἐστιν Ἀδάρ.

13 Ὧν ἐστιν ἀντίγραφον τῆς ἐπιστολῆς τὰ ὑπογεγραμμένα·

"Βασιλεὺς μέγας Ἀρταξέρξης τοῖς ἀπὸ τῆς Ἰνδικῆς ἕως τῆς
Αἰθιοπίας ἑκατὸν εἰκοσιεπτὰ σατραπείαις χωρῶν ἄρχουσι, καὶ
τοῖς τὰ ἡμέτερα φρονοῦσι, χαίρειν. Πολλοὶ τῇ πλείστῃ τῶν
εὐεργετούντων χρηστότητι πυκνότερον τιμώμενοι, μεῖζον ἐφρόνη-
σαν, καὶ οὐ μόνον τοὺς ὑποτεταγμένους ἡμῖν ζητοῦσι κακοποιεῖν,
τόν τε κόρον οὐ δυνάμενοι φέρειν, καὶ τοῖς ἑαυτῶν εὐεργέταις
ἐπιχειροῦσι μηχανᾶσθαι· καὶ τὴν εὐχαριστίαν οὐ μόνον ἐκ τῶν
ἀνθρώπων ἀνταναιροῦντες, ἀλλὰ καὶ τοῖς τῶν ἀπειραγάθων κόμ-
ποις ἐπαρθέντες, τοῦ τὰ πάντα κατοπτεύοντος ἀεὶ Θεοῦ μισο-
πόνηρον ὑπολαμβάνουσιν ἐκφεύξεσθαι δίκην. Πολλάκις δὲ
καὶ πολλοὺς τῶν ἐπ᾽ ἐξουσίαις τεταγμένων τῶν πιστευθέντων
χειρίζειν φίλων τὰ πράγματα, παραμυθία μετόχους αἱμάτων
ἀθώων καταστήσασα περιέβαλε συμφοραῖς ἀνηκέστοις, τῷ τῆς
κακοηθείας ψευδεῖ παραλογισμῷ παραλογισαμένων τὴν τῶν
ἐπικρατούντων ἀκέραιον εὐγνωμοσύνην. Σκοπεῖν δὲ ἔξεστιν,
οὐ τοσοῦτον ἐκ τῶν παλαιοτέρων ὡς παρεδώκαμεν ἱστοριῶν,
ὅσα ἐστὶ παρὰ πόδας ὑμᾶς ἐκζητοῦντας ἀνοσίως συντετελεσμένα
τῇ τῶν ἀναξίᾳ δυναστευόντων λοιμότητι· καὶ προσέχειν εἰς τὰ
μετὰ ταῦτα, εἰς τὸ τὴν βασιλείαν ἀτάραχον τοῖς πᾶσιν ἀνθρώ-
ποις μετ᾽ εἰρήνης παρεξόμεθα χρώμενοι ταῖς μεταβολαῖς, τὰ δὲ
ὑπὸ τὴν ὄψιν ἐρχόμενα διακρίνοντες ἀεὶ μετ᾽ ἐπιεικεστέρας
ἀπαντήσεως.

"Ὡς γὰρ Ἀμὰν Ἀμαδάθου Μακεδὼν ταῖς ἀληθείαις ἀλλότριος
τοῦ τῶν Περσῶν αἵματος, καὶ πολὺ διεστηκὼς τῆς ἡμετέρας
χρηστότητος ἐπιξενωθεὶς ἡμῖν, ἔτυχεν ἧς ἔχομεν πρὸς πᾶν
ἔθνος φιλανθρωπίας ἐπὶ τοσοῦτον, ὥστε ἀναγορεύεσθαι ἡμῶν
πατέρα, καὶ προσκυνούμενον ὑπὸ πάντων τὸ δεύτερον τοῦ βασι-
λικοῦ θρόνου πρόσωπον διατελεῖν. Οὐκ ἐνέγκας δὲ τὴν
ὑπερηφανίαν, ἐπετήδευσε τῆς ἀρχῆς στερῆσαι ἡμᾶς, καὶ τοῦ
πνεύματος, τόν τε ἡμέτερον σωτῆρα καὶ διαπαντὸς εὐεργέτην
Μαρδοχαῖον, καὶ τὴν ἄμεμπτον τῆς βασιλείας κοινωνὸν Ἐσθὴρ
σὺν παντὶ τῷ τούτων ἔθνει, πολυπλόκοις μεθόδων παραλογισ-
μοῖς αἰτησάμενος εἰς ἀπώλειαν. Διὰ γὰρ τῶν τρόπων τούτων
ᾠήθη λαβὼν ἡμᾶς ἐρήμους, τὴν τῶν Περσῶν ἐπικράτησιν εἰς
τοὺς Μακεδόνας μετάξαι. Ἡμεῖς δὲ τοὺς ὑπὸ τοῦ τρισαλιτη-
ρίου παραδεδομένους εἰς ἀφανισμὸν Ἰουδαίους, εὑρίσκομεν οὐ
κακούργους ὄντας δικαιοτάτοις δὲ πολιτευομένους νόμοις, ὄντας
δὲ υἱοὺς τοῦ ὑψίστου μεγίστου ζῶντος Θεοῦ, τοῦ κατευθύνοντος
ἡμῖν τε καὶ τοῖς προγόνοις ἡμῶν τὴν βασιλείαν ἐν τῇ καλλίστῃ
διαθέσει.

"Καλῶς οὖν ποιήσετε μὴ προσχρησάμενοι τοῖς ὑπὸ Ἀμὰν

---

their adversaries, and those who attacked them, as they pleased, [12]on one day in all the kingdom of Artaxerxes, on the thirteenth *day* of the twelfth month, which is Adar.

[13]And the following is the copy of the letter of the orders.

[The great king Artaxerxes sends greeting to the rulers of provinces *in* a hundred and twenty-seven satrapies, from India to Ethiopia, even to those who are faithful to our interests. Many who have been frequently honoured by the most abundant kindness of their [β] benefactors have conceived ambitious designs, and not only endeavour to hurt our subjects, but moreover, not being able to bear prosperity, they also endeavour to plot against their own benefactors. And they not only would utterly abolish gratitude from among men, but also, elated by the boastings of men who are strangers to all that is good, they suppose that they shall escape the sin-hating vengeance of the ever-seeing God. And oftentimes *evil* exhortation has made partakers of the guilt of shedding innocent blood, and has involved in irremediable calamities, many of those who were appointed to offices of authority, who had been entrusted with the management of their friends' affairs; while *men*, by the false sophistry of an evil disposition, have deceived the simple candour of the ruling powers. And it is possible to see *this*, not so much from more ancient traditionary accounts, as it is immediately in your power *to see it* by examining what things have been wickedly [γ] perpetrated by the baseness of men unworthily holding power. And *it is right* to take heed with regard to the future, that we may maintain the government in undisturbed peace for all men, adopting *needful* changes, and ever judging those cases which come under *our* notice, with truly equitable decision.

For whereas Aman, a Macedonian, the son of Amadathes, in reality an alien from the blood of the Persians, and differing widely from our mild course of government, having been hospitably entertained by us, obtained so large a share of our universal kindness, as to be called our father, and to continue the person next to the royal throne, reverenced of all; he, *however*, [δ]overcome by the pride *of his station*, endeavoured to deprive us of our dominion, and our [ζ] life; having by various and subtle artifices demanded for destruction both Mardochæus our deliverer and perpetual benefactor, and Esther the blameless consort of *our* kingdom, with their whole nation. For by these methods he thought, having surprised us in a defenceless state, to transfer the dominion of the Persians to the Macedonians. But we find that the Jews, who have been consigned to destruction by the [θ] most abominable of men, are not malefactors, but living according to the justest laws, and being the sons of the living God, the most high and [λ] mighty, who maintains the kingdom, to us as well as to our forefathers, in the most excellent order.

Ye will therefore do well in refusing to

β Perhaps rulers, see Luke 22. 25.   γ Or, contrived.   δ Gr. not having borne.   ζ Gr. spirit.   θ Gr. thrice guilty.   λ Gr. greatest.

obey the letters sent by Aman the son of Amadathes, because he that has done these things, has been hanged with his whole family at the gates of Susa, Almighty God having swiftly returned to him a worthy recompence. *We enjoin you* then, having openly published a copy of this letter in every place, to give the Jews permission to use their own lawful customs, and to strengthen them, that on the thirteenth of the twelfth month Adar, on the self-same day, they may defend themselves against those who attacked them in a time of affliction. For in the place of the destruction of the chosen race, Almighty God has granted them this *time of* gladness.

Do ye therefore also, among your *notable* feasts, keep a distinct day with all festivity, that both now and hereafter it may be a day of deliverance to us and those who are well disposed toward the Persians, but to those that plotted against us a memorial of destruction. And every city and province collectively, which shall not do accordingly, shall be consumed with vengeance by spear and fire : it shall be made not only inaccessible to men, but also most hateful to wild beasts and birds for ever.] And let the copies be posted in conspicuous places throughout the kingdom, and let all the Jews be ready against this day, to fight against their enemies.

[14] So the horsemen went forth with haste to perform the king's commands; and the ordinance was also published in Susa.

[15] And Mardochæus went forth robed in the royal apparel, and wearing a golden crown, and a diadem of fine purple linen : and the people in Susa saw *it* and rejoiced. [16] And the Jews had light and gladness, [17] in every city and province wherever the ordinance was published : wherever the proclamation took place, the Jews had joy and gladness, feasting and mirth : and many of the Gentiles were circumcised, and became Jews, for fear of the Jews.

[1] For in the twelfth month, on the thirteenth day of the month which is Adar, the letters written by the king arrived. [2] In that day the adversaries of the Jews perished : for no one resisted, through fear of them. [3] For the chiefs of the satraps, and the princes and the royal scribes, honoured the Jews; for the fear of Mardochæus lay upon them. [4] For the order of the king was in force, that he should be celebrated in all the kingdom. [6] And in the city Susa the Jews slew five hundred men : [7] both Pharsannes, and Delphon and Phasga, [8] and Pharadatha, and Barea, and Sarbaca, [9] and Marmasima, and Ruphæus, and Arsæus, and Zabuthæus, [10] the ten sons of Aman the son of Amadathes the Bugæan, the enemy of the Jews, and they plundered *their property* on the same day : [11] and the number of them that perished in Susa was rendered to the king. [12] And the king said to Esther, The Jews have slain five hundred men in the city Susa; and how, thinkest thou, have they used them in the rest of the country? What then dost thou yet ask, that it may be *done* for thee?

[13] And Esther said to the king, Let it be granted to the Jews so to treat them to-morrow as to hang the ten sons of Aman.

'Αμαδαθοῦ ἀποσταλεῖσι γράμμασι, διὰ τὸ αὐτὸν τὸν ταῦτα ἐξεργασάμενον πρὸς ταῖς Σούσων πύλαις ἐσταυρῶσθαι σὺν τῇ πανοικίᾳ, τὴν καταξίαν τοῦ τὰ πάντα ἐπικρατοῦντος Θεοῦ διατάχους ἀποδόντος αὐτῷ κρίσιν. Τὸ δὲ ἀντίγραφον τῆς ἐπιστολῆς ταύτης ἐκθέντες ἐν παντὶ τόπῳ μετὰ παρρησίας, ἐᾶν τοὺς Ἰουδαίους χρῆσθαι τοῖς ἑαυτῶν νομίμοις, καὶ συνεπισχύειν αὐτοῖς, ὅπως τοὺς ἐν καιρῷ θλίψεως ἐπιθεμένους αὐτοῖς, ἀμύνωνται τῇ τρισκαιδεκάτῃ τοῦ δωδεκάτου μηνὸς Ἀδὰρ τῇ αὐτῇ ἡμέρᾳ. Ταύτην γὰρ ὁ τὰ πάντα δυναστεύων Θεὸς ἀντ' ὀλεθρίας τοῦ ἐκλεκτοῦ γένους, ἐποίησεν αὐτοῖς εὐφροσύνην.

"Καὶ ὑμεῖς οὖν ἐν ταῖς ἐπωνύμοις ὑμῶν ἑορταῖς, ἐπίσημον ἡμέραν μετὰ πάσης εὐωχίας ἄγετε, ὅπως καὶ νῦν καὶ μετὰ ταῦτα σωτήρια ᾖ ἡμῖν, καὶ τοῖς εὐνοοῦσι Πέρσαις, τοῖς δὲ ἡμῖν ἐπιβουλεύουσι, μνημόσυνον τῆς ἀπωλείας. Πᾶσα δὲ πόλις ἢ χώρα τὸ σύνολον, ἥτις κατὰ ταῦτα μὴ ποιήσῃ, δόρατι καὶ πυρὶ καταναλωθήσεται μετ' ὀργῆς· οὐ μόνον ἀνθρώποις ἄβατος, ἀλλὰ καὶ θηρίοις καὶ πετεινοῖς εἰς τὸν ἅπαντα χρόνον ἔχθιστος κατασταθήσεται." Τὰ δὲ ἀντίγραφα ἐκτιθέσθωσαν ὀφθαλμοφανῶς ἐν πάσῃ τῇ βασιλείᾳ, ἑτοίμους τε εἶναι πάντας τοὺς Ἰουδαίους εἰς ταύτην τὴν ἡμέραν, πολεμῆσαι αὐτῶν τοὺς ὑπεναντίους.

Οἱ μὲν οὖν ἱππεῖς ἐξῆλθον σπεύδοντες τὰ ὑπὸ τοῦ βασι- [9] λέως λεγόμενα ἐπιτελεῖν· ἐξετέθη δὲ τὸ πρόσταγμα καὶ ἐν [14] Σούσοις.

Ὁ δὲ Μαρδοχαῖος ἐξῆλθεν ἐστολισμένος τὴν βασιλικὴν [15] στολὴν, καὶ στέφανον ἔχων χρυσοῦν, καὶ διάδημα βύσσινον πορφυροῦν· ἰδόντες δὲ οἱ ἐν Σούσοις ἐχάρησαν. Τοῖς δὲ Ἰου- [16] δαίοις ἐγένετο φῶς καὶ εὐφροσύνη κατὰ πόλιν καὶ χώραν, οὗ [17] ἂν ἐξετέθη τὸ πρόσταγμα· οὗ ἂν ἐξετέθη τὸ ἔκθεμα, χαρὰ καὶ εὐφροσύνη τοῖς Ἰουδαίοις, κώθων καὶ εὐφροσύνη· καὶ πολλοὶ τῶν ἐθνῶν περιετέμοντο, καὶ Ἰουδάϊζον διὰ τὸν φόβον τῶν Ἰουδαίων.

Ἐν γὰρ τῷ δωδεκάτῳ μηνὶ τῇ τρισκαιδεκάτῃ τοῦ μηνὸς, ὅς [1] ἐστιν Ἀδὰρ, παρῆν τὰ γράμματα τὰ γραφέντα ὑπὸ τοῦ βασι- λέως. Ἐν αὐτῇ τῇ ἡμέρᾳ ἀπώλοντο οἱ ἀντικείμενοι τοῖς [2] Ἰουδαίοις· οὐδεὶς γὰρ ἀντέστη, φοβούμενος αὐτούς. Οἱ γὰρ [3] ἄρχοντες τῶν σατραπῶν, καὶ οἱ τύραννοι, καὶ οἱ βασιλικοὶ γραμματεῖς ἐτίμων τοὺς Ἰουδαίους· ὁ γὰρ φόβος Μαρδοχαίου ἐνέκειτο αὐτοῖς. Προσέπεσε γὰρ τὸ πρόσταγμα τοῦ βασιλέως [4] ὀνομασθῆναι ἐν πάσῃ τῇ βασιλείᾳ. Καὶ ἐν Σούσοις τῇ πόλει [6] ἀπέκτειναν οἱ Ἰουδαῖοι ἄνδρας πεντακοσίους, τόν τε Φαρσαννὲς, [7] καὶ Δελφὼν, καὶ Φασγὰ, καὶ Φαραδαθὰ, καὶ Βαρεὰ, καὶ Σαρ- [8] βακὰ, καὶ Μαρμασιμὰ, καὶ Ῥουφαῖον, καὶ Ἀρσαῖον, καὶ [9] Ζαβουθαῖον, τοὺς δέκα υἱοὺς Ἀμὰν Ἀμαδαθοῦ Βουγαίου τοῦ [10] ἐχθροῦ τῶν Ἰουδαίων, καὶ διήρπασαν ἐν αὐτῇ τῇ ἡμέρᾳ· ἐπε- [11] δόθη τε ὁ ἀριθμὸς τῷ βασιλεῖ τῶν ἀπολωλότων ἐν Σούσοις. Εἶπε δὲ ὁ βασιλεὺς πρὸς Ἐσθὴρ, ἀπώλεσαν οἱ Ἰουδαῖοι ἐν Σού- [12] σοις τῇ πόλει ἄνδρας πεντακοσίους, ἐν δὲ τῇ περιχώρῳ πῶς οἴει ἐχρήσαντο; τί οὖν ἀξιοῖς ἔτι, καὶ ἔσται σοι;

Καὶ εἶπεν Ἐσθὴρ τῷ βασιλεῖ, δοθήτω τοῖς Ἰουδαίοις χρῆ- [13] σθαι ὡσαύτως τὴν αὔριον, ὥστε τοὺς δέκα υἱοὺς Ἀμὰν κρεμάσαι.

14 Καὶ ἐπέτρεψεν οὕτως γενέσθαι, καὶ ἐξέθηκε τοῖς Ἰουδαίοις τῆς
15 πόλεως τὰ σώματα τῶν υἱῶν Ἀμὰν κρεμάσαι· Καὶ συν-
ήχθησαν οἱ Ἰουδαῖοι ἐν Σούσοις τῇ τεσσαρεσκαιδεκάτῃ τοῦ
Ἀδὰρ, καὶ ἀπέκτειναν ἄνδρας τριακοσίους, καὶ οὐδὲν διήρ-
πασαν.

16 Οἱ δὲ λοιποὶ τῶν Ἰουδαίων οἱ ἐν τῇ βασιλείᾳ συνήχθησαν,
καὶ ἑαυτοῖς ἐβοήθουν, καὶ ἀνεπαύσαντο ἀπὸ τῶν πολεμίων·
ἀπώλεσαν γὰρ αὐτῶν μυρίους πεντακισχιλίους τῇ τρισκαιδεκάτῃ
17 τοῦ Ἀδὰρ, καὶ οὐδὲν διήρπασαν. Καὶ ἀνεπαύσαντο τῇ τεσσα-
ρεσκαιδεκάτῃ τοῦ αὐτοῦ μηνὸς, καὶ ἦγον αὐτὴν ἡμέραν ἀνα-
18 παύσεως μετὰ χαρᾶς καὶ εὐφροσύνης. Οἱ δὲ Ἰουδαῖοι ἐν
Σούσοις τῇ πόλει συνήχθησαν καὶ τῇ τεσσαρεσκαιδεκάτῃ, καὶ
ἀνεπαύσαντο· ἦγον δὲ καὶ τὴν πεντεκαιδεκάτην μετὰ χαρᾶς καὶ
19 εὐφροσύνης. Διὰ τοῦτο οὖν οἱ Ἰουδαῖοι οἱ διεσπαρμένοι ἐν
πάσῃ χώρᾳ τῇ ἔξω, ἄγουσι τὴν τεσσαρεσκαιδεκάτην τοῦ Ἀδὰρ
ἡμέραν ἀγαθὴν μετ᾽ εὐφροσύνης, ἀποστέλλοντες μερίδας ἕκαστος
τῷ πλησίον.

20 Ἔγραψε δὲ Μαρδοχαῖος τοὺς λόγους τούτους εἰς βιβλίον,
καὶ ἐξαπέστειλε τοῖς Ἰουδαίοις, ὅσοι ἦσαν ἐν τῇ Ἀρταξέρξου
21 βασιλείᾳ τοῖς ἐγγὺς καὶ τοῖς μακρὰν, στῆσαι τὰς ἡμέρας ταύτας
ἀγαθὰς, ἄγειν τε τὴν τεσσαρεσκαιδεκάτην καὶ τὴν πεντεκαιδεκά-
22 την τοῦ Ἀδὰρ. Ἐν γὰρ ταύταις ταῖς ἡμέραις ἀνεπαύσαντο οἱ
Ἰουδαῖοι ἀπὸ τῶν ἐχθρῶν αὐτῶν· καὶ τὸν μῆνα ἐν ᾧ ἐστράφη
αὐτοῖς, ὃς ἦν Ἀδὰρ, ἀπὸ πένθους εἰς χαρὰν, καὶ ἀπὸ ὀδύνης
εἰς ἀγαθὴν ἡμέραν, ἄγειν ὅλον ἀγαθὰς ἡμέρας γάμων καὶ
εὐφροσύνης, ἐξαποστέλλοντες μερίδας τοῖς φίλοις, καὶ τοῖς
πτωχοῖς.

23 Καὶ προσεδέξαντο οἱ Ἰουδαῖοι, καθὼς ἔγραψεν αὐτοῖς
24 ὁ Μαρδοχαῖος· Πῶς Ἀμὰν Ἀμαδαθοῦ ὁ Μακεδὼν ἐπολέμει
αὐτοὺς, καθὼς ἔθετο ψήφισμα καὶ κλῆρον ἀφανίσαι αὐτοὺς,
25 καὶ ὡς εἰσῆλθε πρὸς τὸν βασιλέα, λέγων, κρεμάσαι τὸν Μαρδο-
χαῖον· ὅσα δὲ ἐπεχείρησεν ἐπάξαι ἐπὶ τοὺς Ἰουδαίους κακὰ, ἐπ᾽
αὐτὸν ἐγένοντο, καὶ ἐκρεμάσθη αὐτὸς, καὶ τὰ τέκνα αὐτοῦ.
26 Διὰ τοῦτο ἐπεκλήθησαν αἱ ἡμέραι αὗται Φρουραὶ διὰ τοὺς
κλήρους, ὅτι τῇ διαλέκτῳ αὐτῶν καλοῦνται Φρουραί· διὰ τοὺς
λόγους τῆς ἐπιστολῆς ταύτης, καὶ ὅσα πεπόνθασι διὰ ταῦτα,
27 καὶ ὅσα αὐτοῖς ἐγένετο, καὶ ἔστησε· καὶ προσεδέχοντο οἱ Ἰου-
δαῖοι ἐφ᾽ ἑαυτοῖς καὶ ἐπὶ τῷ σπέρματι αὐτῶν καὶ ἐπὶ τοῖς
προστεθειμένοις ἐπ᾽ αὐτῶν, οὐδὲ μὴν ἄλλως χρήσονται· αἱ δὲ
ἡμέραι αὗται μνημόσυνον ἐπιτελούμενον κατὰ γενεὰν καὶ γενεὰν,
28 καὶ πόλιν, καὶ πατριὰν, καὶ χώραν. Αἱ δὲ ἡμέραι αὗται τῶν
Φρουραὶ ἀχθήσονται εἰς τὸν ἅπαντα χρόνον, καὶ τὸ μνημόσυνον
αὐτῶν οὐ μὴ ἐκλίπῃ ἐκ τῶν γενεῶν.

29 Καὶ ἔγραψεν Ἐσθὴρ ἡ βασίλισσα θυγάτηρ Ἀμιναδὰβ, καὶ
Μαρδοχαῖος ὁ Ἰουδαῖος, ὅσα ἐποίησαν, τό, τε στερέωμα τῆς
31 ἐπιστολῆς τῶν Φρουραί. Καὶ Μαρδοχαῖος καὶ Ἐσθὴρ ἡ
βασίλισσα ἔστησαν ἑαυτοῖς καθ᾽ ἑαυτῶν, καὶ τότε στήσαν-
32 τες κατὰ τῆς ὑγιείας ἑαυτῶν, καὶ τὴν βουλὴν αὐτῶν. Καὶ
Ἐσθὴρ λόγῳ ἔστησεν εἰς τὸν αἰῶνα, καὶ ἐγράφη εἰς μνημό-
συνον.

[14] And he permitted it to be so done; and he gave up to the Jews of the city the bodies of the sons of Aman to hang. [15] And the Jews assembled in Susa on the fourteenth *day* of Adar, and slew three hundred men, but plundered no property.

[16] And the rest of the Jews who were in the kingdom assembled, and helped one another, and obtained rest from their enemies: for they destroyed fifteen thousand of them on the thirteenth *day* of Adar, but took no spoil. [17] And they rested on the fourteenth of the same month, and kept it as a day of rest with joy and gladness. [18] And the Jews in the city Susa assembled also on the fourteenth *day* and rested; and they kept also the fifteenth with joy and gladness. [19] On this account then *it is that* the Jews dispersed in every foreign land keep the fourteenth of Adar *as* a [β] holy day with joy, sending portions each to his neighbour.

[20] And Mardochæus wrote these things in a book, and sent them to the Jews, as many as were in the kingdom of Artaxerxes, both them that were near and them that were afar off, [21] to establish these *as* joyful days, and to keep the fourteenth and fifteenth of Adar; [22] for on these days the Jews obtained rest from their enemies: and *as to* the month, which was Adar, in which a change was made for them, from mourning to joy, and from sorrow to a good day, to spend the whole of it *in* good days of [γ] feasting and gladness, sending portions to their friends, and to the poor.

[23] And the Jews consented *to this* accordingly as Mardochæus wrote to them, [24] *shewing* how Aman the son of Amadathes the Macedonian fought against them, how he made a decree and cast [δ] lots to destroy them utterly; [25] also how he went in to the king, telling *him* to hang Mardochæus: but all the calamities he tried to bring upon the Jews came upon himself, and he was hanged, and his children. [26] Therefore these days were called Phruræ, because of the lots; (for in their language they are called Phruræ;) because of the words of this letter, and *because of* all they suffered on this account, and all that happened to them. [27] And *Mardochæus* established it, and the Jews took upon themselves, and upon their seed, and upon those that were joined to them *to observe it*, neither would they on any account behave differently: but these days *were to be* a memorial kept in every generation, and city, and family, and province. [28] And these days of the Phruræ, *said they*, shall be kept for ever, and their memorial shall not fail in any generation.

[29] And queen Esther, the daughter of Aminadab, and Mardochæus the Jew, wrote all that they had done, and the confirmation of the letter of Phruræ. [31] And Mardochæus and Esther the queen appointed *a fast* for themselves privately, even at that time also having formed their plan against their own health. [32] And Esther established it by a command for ever, and it was written for a memorial.

β *Gr.* good day. γ *Gr.* weddings. δ *Gr.* lot.

And the king levied *a tax* upon *his* kingdom both by land and sea. ² And *as for* his strength and valour, and the wealth and glory of his kingdom, behold, they are written in the book of the Persians and Medes, for a memorial. ³ And Mardochæus ^βwas viceroy to king Artaxerxes, and was a great man in the kingdom, and honoured by the Jews, and passed his life beloved of all his nation.

[And Mardochæus said, These things have been done of God. For I remember the dream which I had concerning these matters: for not one particular of them has failed. *There was* the little fountain, which became a river, and there was light, and the sun, and much water. The river is Esther, whom the king married, and made queen. And the two serpents are I and Aman. And the nations are those *nations* that combined to destroy the name of the Jews. But *as for* my nation, this is Israel, *even* they that cried to God, and were delivered: for the Lord delivered his people, and the Lord rescued us out of all these calamities; and God wrought such signs and great wonders as have not been done ^γamong the nations. Therefore did he ordain two lots, one for the people of God, and one for all the *other* nations. And these two lots came for an appointed season, and for a day of judgment, before God, and for all the nations. And God remembered his people, and vindicated his inheritance. And they shall observe these days, in the month Adar, on the fourteenth and on the fifteenth *day* of the month, with an assembly, and joy and gladness before God, throughout the generations for ever among his people Israel.

In the fourth year of the reign of Ptolemy and Cleopatra, Dositheus, who said that he was a priest and a Levite, and Ptolemy his son, brought in the published letter of Phruræ, which they said existed, and *which* Lysimachus the son of Ptolemy, who was in Jerusalem, had interpreted.]

Ἔγραψε δὲ ὁ βασιλεὺς ἐπὶ τὴν βασιλείαν τῆς τε γῆς καὶ 10 τῆς θαλάσσης. Καὶ τὴν ἰσχὺν αὐτοῦ καὶ ἀνδραγαθίαν, πλοῦ- 2 τόν τε καὶ δόξαν τῆς βασιλείας αὐτοῦ, ἰδοὺ γέγραπται ἐν βιβλίῳ βασιλέων Περσῶν καὶ Μήδων, εἰς μνημόσυνον. Ὁ δὲ Μαρδο- 3 χαῖος διεδέχετο τὸν βασιλέα Ἀρταξέρξην, καὶ μέγας ἦν ἐν τῇ βασιλείᾳ, καὶ δεδοξασμένος ὑπὸ τῶν Ἰουδαίων· καὶ φιλούμενος διηγεῖτο τὴν ἀγωγὴν παντὶ τῷ ἔθνει αὐτοῦ.

"Καὶ εἶπε Μαρδοχαῖος, παρὰ τοῦ Θεοῦ ἐγένετο ταῦτα. Ἐμνήσθην γὰρ περὶ τοῦ ἐνυπνίου οὗ εἶδον περὶ τῶν λόγων τούτων· οὐδὲ γὰρ παρῆλθεν ἀπ᾽ αὐτῶν λόγος. Ἡ μικρὰ πηγὴ ἣ ἐγένετο ποταμός, καὶ ἦν φῶς καὶ ἥλιος καὶ ὕδωρ πολύ. Ἐσθήρ ἐστιν ὁ ποταμός, ἣν ἐγάμησεν ὁ βασιλεύς, καὶ ἐποίησε βασίλισσαν. Οἱ δὲ δύο δράκοντες, ἐγώ εἰμι καὶ Ἀμάν. Τὰ δὲ ἔθνη, τὰ ἐπισυναχθέντα ἀπολέσαι τὸ ὄνομα τῶν Ἰουδαίων. Τὸ δὲ ἔθνος τὸ ἐμόν, οὗτός ἐστιν Ἰσραήλ, οἱ βοήσαντες πρὸς τὸν Θεόν, καὶ σωθέντες· καὶ ἔσωσε Κύριος τὸν λαὸν αὐτοῦ, καὶ ἐρρύσατο Κύριος ἡμᾶς ἐκ πάντων τῶν κακῶν τούτων· καὶ ἐποί- ησεν ὁ Θεὸς τὰ σημεῖα, καὶ τὰ τέρατα τὰ μεγάλα, ἃ οὐ γέγονεν ἐν τοῖς ἔθνεσι. Διὰ τοῦτο ἐποίησε κλήρους δύο, ἕνα τῷ λαῷ τοῦ Θεοῦ, καὶ ἕνα πᾶσι τοῖς ἔθνεσι. Καὶ ἦλθον οἱ δύο κλῆροι οὗτοι εἰς ὥραν καὶ καιρόν, καὶ εἰς ἡμέραν κρίσεως, ἐνώπιον τοῦ Θεοῦ καὶ πᾶσι τοῖς ἔθνεσι. Καὶ ἐμνήσθη ὁ Θεὸς τοῦ λαοῦ αὐτοῦ, καὶ ἐδικαίωσε τὴν κληρονομίαν αὐτοῦ. Καὶ ἔσονται αὐτοῖς αἱ ἡμέραι αὗται, ἐν μηνὶ Ἀδάρ, τῇ τεσσαρεσκαιδεκάτῃ καὶ τῇ πεντεκαιδεκάτῃ τοῦ μηνός, μετὰ συναγωγῆς καὶ χαρᾶς καὶ εὐφροσύνης ἐνώπιον τοῦ Θεοῦ, κατὰ γενεὰν εἰς τὸν αἰῶνα ἐν τῷ λαῷ αὐτοῦ Ἰσραήλ.

"Ἔτους τετάρτου βασιλεύοντος Πτολεμαίου καὶ Κλεοπάτρας, εἰσήνεγκε Δοσίθεος, ὃς ἔφη εἶναι ἱερεὺς καὶ Λευίτης, καὶ Πτολε- μαῖος ὁ υἱὸς αὐτοῦ, τὴν προκειμένην ἐπιστολὴν τῶν Φρουραί, ἣν ἔφασαν εἶναι, καὶ ἡρμηνευκέναι Λυσίμαχον Πτολεμαίου, τὸν ἐν Ἱερουσαλήμ."

Τέλος τῆς Ἐσθήρ.

β *Gr.* succeeded to. *or,* came into the place of.   γ *Gr.* in.

Ι Ω Β.

ΆΝΘΡΩΠΟΣ τις ἦν ἐν χώρᾳ τῇ Αὐσίτιδι, ᾧ ὄνομα Ἰὼβ, καὶ
ἦν ὁ ἄνθρωπος ἐκεῖνος ἀληθινὸς, ἄμεμπτος, δίκαιος, θεοσεβὴς,
2 ἀπεχόμενος ἀπὸ παντὸς πονηροῦ πράγματος. Ἐγένοντο δὲ
3 αὐτῷ υἱοὶ ἑπτὰ καὶ θυγατέρες τρεῖς. Καὶ ἦν τὰ κτήνη αὐτοῦ
πρόβατα ἑπτακισχίλια, κάμηλοι τρισχίλιαι, ζεύγη βοῶν πεντα-
κόσια, θήλειαι ὄνοι νομάδες πεντακόσιαι, καὶ ὑπηρεσία πολλὴ
σφόδρα, καὶ ἔργα μεγάλα ἦν αὐτῷ ἐπὶ τῆς γῆς, καὶ ἦν ὁ ἄνθρω-
πος ἐκεῖνος εὐγενὴς τῶν ἀφ᾽ ἡλίου ἀνατολῶν.
4 Συμπορευόμενοι δὲ οἱ υἱοὶ αὐτοῦ πρὸς ἀλλήλους, ἐποιοῦσαν
πότον καθ᾽ ἑκάστην ἡμέραν, συμπαραλαμβάνοντες ἅμα καὶ τὰς
5 τρεῖς ἀδελφὰς αὐτῶν, ἐσθίειν καὶ πίνειν μετ᾽ αὐτῶν. Καὶ ὡς
ἂν συνετελέσθησαν αἱ ἡμέραι τοῦ πότου, ἀπέστελλεν Ἰὼβ καὶ
ἐκαθάριζεν αὐτοὺς ἀνιστάμενος τοπρωὶ, καὶ προσέφερε περὶ
αὐτῶν θυσίας, κατὰ τὸν ἀριθμὸν αὐτῶν, καὶ μόσχον ἕνα περὶ
ἁμαρτίας περὶ τῶν ψυχῶν αὐτῶν· ἔλεγε γὰρ Ἰὼβ, μή ποτε οἱ
υἱοί μου ἐν τῇ διανοίᾳ αὐτῶν κακὰ ἐνενόησαν πρὸς Θεόν· οὕτως
οὖν ἐποίει Ἰὼβ πάσας τὰς ἡμέρας.
6 Καὶ ἐγένετο ὡς ἡ ἡμέρα αὕτη, καὶ ἰδοὺ ἦλθον οἱ ἄγγελοι
τοῦ Θεοῦ παραστῆναι ἐνώπιον τοῦ Κυρίου, καὶ ὁ διάβολος
7 ἦλθε μετ᾽ αὐτῶν. Καὶ εἶπεν ὁ Κύριος τῷ διαβόλῳ, πόθεν
παραγέγονας; καὶ ἀποκριθεὶς ὁ διάβολος τῷ Κυρίῳ, εἶπε,
περιελθὼν τὴν γῆν καὶ ἐμπεριπατήσας τὴν ὑπ᾽ οὐρανὸν πάρειμι.
8 Καὶ εἶπεν αὐτῷ ὁ Κύριος, προσέσχες τῇ διανοίᾳ σου κατὰ τοῦ
παιδός μου Ἰὼβ; ὅτι οὐκ ἔστι κατ᾽ αὐτὸν ἐπὶ τῆς γῆς; ἄνθρω-
πος ἄμεμπτος, ἀληθινὸς, θεοσεβὴς, ἀπεχόμενος ἀπὸ παντὸς
9 πονηροῦ πράγματος; Ἀπεκρίθη δὲ ὁ διάβολος, καὶ εἶπεν
ἐναντίον τοῦ Κυρίου, μὴ δωρεὰν Ἰὼβ σέβεται τὸν Κύριον;
10 Οὐ σὺ περιέφραξας τὰ ἔξω αὐτοῦ, καὶ τὰ ἔσω τῆς οἰκίας αὐτοῦ,
καὶ τὰ ἔξω πάντων τῶν ὄντων αὐτοῦ κύκλῳ; τὰ δὲ ἔργα τῶν
χειρῶν αὐτοῦ εὐλόγησας; καὶ τὰ κτήνη αὐτοῦ πολλὰ ἐποίησας
11 ἐπὶ τῆς γῆς; Ἀλλὰ ἀπόστειλον τὴν χεῖρά σου, καὶ ἅψαι
12 πάντων ὧν ἔχει· ἦ μὴν εἰς πρόσωπόν σε εὐλογήσει. Τότε
εἶπεν ὁ Κύριος τῷ διαβόλῳ, ἰδοὺ πάντα ὅσα ἐστὶν αὐτῷ, δίδωμι
ἐν τῇ χειρί σου, ἀλλ᾽ αὐτοῦ μὴ ἅψῃ· καὶ ἐξῆλθεν ὁ διάβολος
παρὰ τοῦ Κυρίου.
13 Καὶ ἦν ὡς ἡ ἡμέρα αὕτη, οἱ υἱοὶ Ἰὼβ καὶ αἱ θυγατέρες αὐτοῦ
ἔπινον οἶνον ἐν τῇ οἰκίᾳ τοῦ ἀδελφοῦ αὐτῶν τοῦ πρεσβυτέρου.
14 Καὶ ἰδοὺ ἄγγελος ἦλθε πρὸς Ἰὼβ, καὶ εἶπεν αὐτῷ, τὰ ζεύγη τῶν
βοῶν ἠροτρία, καὶ αἱ θήλειαι ὄνοι ἐβόσκοντο ἐχόμεναι αὐτῶν,

THERE was a certain man in the land of
Ausis, whose name *was* Job; and that man
was true, blameless, righteous, *and* godly,
abstaining from everything evil. [2]And he
had seven sons and three daughters. [3]And
his cattle consisted of seven thousand sheep,
three thousand camels, five hundred yoke
of oxen, five hundred she-asses in the pas-
tures, and a very great [β]household, and he
had a great husbandry on the earth; and
that man was *most* noble of the *men* of the
east.

[4]And his sons visiting one another pre-
pared a banquet every day, taking with them
also their three sisters to eat and drink with
them. [5]And when the days of the banquet
were completed, Job sent and purified them,
having risen up in the morning, and offered
sacrifices for them, according to their num-
ber, and one calf for [γ]a sin-offering for their
souls: for Job said, Lest peradventure my
sons have thought evil in their minds
against God. Thus then Job did con-
tinually.

[6]And it came to pass on a day, that, be-
hold, the angels of God came to stand before
the Lord, and the devil came with them.
[7]And the Lord said to the devil, Whence
art thou come? And the devil answered
the Lord, and said, I am come from com-
passing the earth, and walking up and down
in [δ]the world. [8]And the Lord said to him,
Hast thou diligently considered my servant
Job, that there is none like him on the
earth, a man blameless, true, godly, abstain-
ing from everything evil? [9]Then the devil
answered, and said before the Lord, Does
Job worship the Lord for nothing? [10]Hast
thou not made a hedge about him, and
about his household, and all his possessions
round about? and hast thou not blessed the
works of his hands, and multiplied his cat-
tle upon the land? [11]But put forth thine
hand, and touch all that he has: verily he
will bless thee to *thy* face. [12]Then the
Lord said to the devil, Behold, I give into
thine hand all that he has, but touch not
himself. So the devil went out from the
presence of the Lord.

[13]And it came to pass on a certain day,
that Job's sons and his daughters were
drinking wine in the house of their elder
brother. [14]And, behold, there came a mes-
senger to Job, and said to him, The yokes of
oxen were ploughing, and the she-asses were

β *Lit.* ministry.   γ *Gr.* sin.   δ *Gr.* the *earth* under heaven.

feeding near them; ¹⁵and the spoilers came and took them for a prey, and slew the servants with the sword; and I having escaped alone am come to tell thee. ¹⁶While he was yet speaking, there came another messenger, and said to Job, Fire has fallen from heaven, and burnt up the sheep, and devoured the shepherds likewise; and I having escaped alone am come to tell thee. ¹⁷While he was yet speaking, there came another messenger, and said to Job, The horsemen formed three companies against us, and surrounded the camels, and took them for a prey, and slew the servants with the sword; and I only escaped, and am come to tell thee. ¹⁸While he is yet speaking, another messenger comes, saying to Job, While thy sons and thy daughters were eating and drinking with their elder brother, ¹⁹suddenly a great wind came on from the desert, and β caught the four corners of the house, and the house fell upon thy children, and they are dead; and I have escaped alone, and am come to tell thee.

²⁰So Job arose, and rent his garments, and shaved the hair of his head, and fell on the earth, and worshipped, ²¹and said, I myself came forth naked from my mother's womb, and naked shall I return thither: the Lord gave, the Lord has taken away: as it seemed good to the Lord, so has it come to pass; blessed be the name of the Lord. ²²In all these events that befel him Job sinned not at all before the Lord, and did not impute folly to God.

And it came to pass on a certain day, that the angels of God came to stand before the Lord, and the devil came among them to stand before the Lord. ²And the Lord said to the devil, Whence comest thou? Then the devil said before the Lord, I am come from going through γ the world, and walking about the whole earth. ³And the Lord said to the devil, Hast thou then observed my servant Job, that there is none of *men* upon the earth like him, a harmless, true, blameless, godly man, abstaining from all evil? and he yet cleaves to innocence, whereas thou hast told *me* to destroy his substance without cause? ⁴And the devil answered and said to the Lord, Skin for skin, all that a man has will he give as a ransom for his life. ⁵Nay, but put forth thine hand, and touch his bones and his δ flesh: verily he will bless thee to *thy* face. ⁶And the Lord said to the devil, Behold, I deliver him up to thee; only save his life.

⁷So the devil went out from the Lord, and smote Job with sore boils from *his* feet to *his* head. ⁸And he took a potsherd to scrape away the discharge, and sat upon a dung-heap outside the city.

⁹And when much time had passed, his wife said to him, How long wilt thou hold out, saying, Behold, I wait yet a little while, expecting the hope of my deliverance? for, behold, thy memorial is abolished from the earth, *even thy* sons and daughters, the pangs and pains of my womb which I bore in vain with sorrows; and thou thyself

καὶ ἐλθόντες οἱ αἰχμαλωτεύοντες ᾐχμαλώτευσαν αὐτὰς, καὶ 15 τοὺς παῖδας ἀπέκτειναν ἐν μαχαίραις· σωθεὶς δὲ ἐγὼ μόνος ἦλθον τοῦ ἀπαγγεῖλαί σοι. Ἔτι τούτου λαλοῦντος, ἦλθεν 16 ἕτερος ἄγγελος, καὶ εἶπε πρὸς Ἰὼβ, πῦρ ἔπεσεν ἐκ τοῦ οὐρανοῦ, καὶ κατέκαυσε τὰ πρόβατα, καὶ τοὺς ποιμένας κατέφαγεν ὁμοίως· σωθεὶς δὲ ἐγὼ μόνος ἦλθον τοῦ ἀπαγγεῖλαί σοι. Ἔτι 17 τούτου λαλοῦντος, ἦλθεν ἕτερος ἄγγελος, καὶ εἶπε πρὸς Ἰὼβ, οἱ ἱππεῖς ἐποίησαν ἡμῖν κεφαλὰς τρεῖς, καὶ ἐκύκλωσαν τὰς καμήλους, καὶ ᾐχμαλώτευσαν αὐτὰς, καὶ τοὺς παῖδας ἀπέκτειναν ἐν μαχαίραις· ἐσώθην δὲ ἐγὼ μόνος, καὶ ἦλθον τοῦ ἀπαγγεῖλαί σοι. Ἔτι τούτου λαλοῦντος, ἄλλος ἄγγελος ἔρχεται λέγων τῷ 18 Ἰὼβ, τῶν υἱῶν σου καὶ τῶν θυγατέρων σου ἐσθιόντων καὶ πινόντων παρὰ τῷ ἀδελφῷ αὐτῶν τῷ πρεσβυτέρῳ, ἐξαίφνης 19 πνεῦμα μέγα ἐπῆλθεν ἐκ τῆς ἐρήμου, καὶ ἥψατο τῶν τεσσάρων γωνιῶν τῆς οἰκίας, καὶ ἔπεσεν ἡ οἰκία ἐπὶ τὰ παιδία σου, καὶ ἐτελεύτησαν· ἐσώθην δὲ ἐγὼ μόνος, καὶ ἦλθον τοῦ ἀπαγγεῖλαί σοι.

Οὕτως ἀναστὰς Ἰὼβ ἔρρηξε τὰ ἱμάτια ἑαυτοῦ, καὶ ἐκείρατο 20 τὴν κόμην τῆς κεφαλῆς, καὶ πεσὼν χαμαὶ, προσεκύνησε, καὶ 21 εἶπεν, αὐτὸς γυμνὸς ἐξῆλθον ἐκ κοιλίας μητρός μου, γυμνὸς καὶ ἀπελεύσομαι ἐκεῖ· ὁ Κύριος ἔδωκεν, ὁ Κύριος ἀφείλατο· ὡς τῷ Κυρίῳ ἔδοξεν, οὕτως ἐγένετο· εἴη τὸ ὄνομα Κυρίου εὐλογημένον. Ἐν τούτοις πᾶσι τοῖς συμβεβηκόσιν αὐτῷ οὐδὲν ἥμαρτεν 22 Ἰὼβ ἐναντίον τοῦ Κυρίου· καὶ οὐκ ἔδωκεν ἀφροσύνην τῷ Θεῷ.

Ἐγένετο δὲ ὡς ἡ ἡμέρα αὕτη, καὶ ἦλθον οἱ ἄγγελοι τοῦ Θεοῦ 2 παραστῆναι ἔναντι Κυρίου, καὶ ὁ διάβολος ἦλθεν ἐν μέσῳ αὐτῶν παραστῆναι ἐναντίον τοῦ Κυρίου. Καὶ εἶπεν ὁ Κύριος 2 τῷ διαβόλῳ, πόθεν σὺ ἔρχῃ; τότε εἶπεν ὁ διάβολος ἐνώπιον τοῦ Κυρίου, διαπορευθεὶς τὴν ὑπ᾽ οὐρανὸν, καὶ ἐμπεριπατήσας τὴν σύμπασαν, πάρειμι. Εἶπε δὲ ὁ Κύριος πρὸς τὸν διάβολον, 3 προσέσχες οὖν τῷ θεράποντί μου Ἰὼβ, ὅτι οὐκ ἔστι κατ᾽ αὐτὸν τῶν ἐπὶ τῆς γῆς; ἄνθρωπος ἄκακος, ἀληθινὸς, ἄμεμπτος, θεοσεβὴς, ἀπεχόμενος ἀπὸ παντὸς κακοῦ, ἔτι δὲ ἔχεται ἀκακίας· σὺ δὲ εἶπας ὑπάρχοντα αὐτοῦ διακενῆς ἀπολέσαι. Ὑπολαβὼν δὲ 4 ὁ διάβολος εἶπε τῷ Κυρίῳ, δέρμα ὑπὲρ δέρματος, ὅσα ὑπάρχει ἀνθρώπῳ ὑπέρ τῆς ψυχῆς αὐτοῦ ἐκτίσει. Οὐ μὴν δὲ ἀλλὰ 5 ἀποστείλας τὴν χεῖρά σου, ἅψαι τῶν ὀστῶν αὐτοῦ καὶ τῶν σαρκῶν αὐτοῦ· ἦ μὴν εἰς πρόσωπόν σε εὐλογήσει. Εἶπε δὲ ὁ 6 Κύριος τῷ διαβόλῳ, ἰδοὺ παραδίδωμί σοι αὐτόν· μόνον τὴν ψυχὴν αὐτοῦ διαφύλαξον.

Ἐξῆλθε δὲ ὁ διάβολος ἀπὸ τοῦ Κυρίου· καὶ ἔπαισε τὸν Ἰὼβ 7 ἕλκει πονηρῷ ἀπὸ ποδῶν ἕως κεφαλῆς. Καὶ ἔλαβεν ὄστρακον, 8 ἵνα τὸν ἰχῶρα ξύῃ, καὶ ἐκάθητο ἐπὶ τῆς κοπρίας ἔξω τῆς πόλεως.

Χρόνου δὲ πολλοῦ προβεβηκότος, εἶπεν αὐτῷ ἡ γυνὴ αὐτοῦ, 9 μέχρι τίνος καρτερήσεις, λέγων, ἰδοὺ ἀναμένω χρόνον ἔτι μικρὸν, προσδεχόμενος τὴν ἐλπίδα τῆς σωτηρίας μου; ἰδοὺ γὰρ ἠφάνισταί σου τὸ μνημόσυνον ἀπὸ τῆς γῆς· υἱοὶ καὶ θυγατέρες, ἐμῆς κοιλίας ὠδῖνες καὶ πόνοι, οὓς εἰς τὸ κενὸν ἐκοπίασα μετὰ

β *Gr.* touched.   γ *Gr.* the *earth* under heaven.   δ *Gr.* plural.

μόχθων· σύ τε αὐτὸς ἐν σαπρίᾳ σκωλήκων κάθησαι δια-
νυκτερεύων αἴθριος, κἀγὼ πλανωμένη καὶ λάτρις τόπον ἐκ
τόπου καὶ οἰκίαν ἐξ οἰκίας, προσδεχομένη τὸν ἥλιον πότε
δύσεται, ἵνα ἀναπαύσωμαι τῶν μόχθων μου καὶ τῶν ὀδυνῶν
αἵ με νῦν συνέχουσιν· ἀλλὰ εἶπόν τι ῥῆμα εἰς Κύριον,
10 καὶ τελεύτα. Ὁ δὲ ἐμβλέψας, εἶπεν αὐτῇ, ὥσπερ μία τῶν
ἀφρόνων γυναικῶν ἐλάλησας· εἰ τὰ ἀγαθὰ ἐδεξάμεθα ἐκ
χειρὸς Κυρίου, τὰ κακὰ οὐχ ὑποίσομεν;
Ἐν πᾶσι τούτοις τοῖς συμβεβηκόσιν αὐτῷ οὐδὲν ἥμαρτεν
Ἰὼβ τοῖς χείλεσιν ἐναντίον τοῦ Θεοῦ.
11 Ἀκούσαντες δὲ οἱ τρεῖς φίλοι αὐτοῦ τὰ κακὰ πάντα τὰ
ἐπελθόντα αὐτῷ, παρεγένοντο ἕκαστος ἐκ τῆς ἰδίας χώρας πρὸς
αὐτόν· Ἐλιφὰζ ὁ Θαιμανῶν βασιλεύς, Βαλδὰδ ὁ Σαυχέων
τύραννος, Σωφὰρ Μιναίων βασιλεύς· καὶ παρεγένοντο πρὸς
αὐτὸν ὁμοθυμαδὸν, τοῦ παρακαλέσαι καὶ ἐπισκέψασθαι
12 αὐτόν. Ἰδόντες δὲ αὐτὸν πόρρωθεν, οὐκ ἐπέγνωσαν· καὶ
βοήσαντες φωνῇ μεγάλῃ ἔκλαυσαν, ῥήξαντες ἕκαστος τὴν
13 ἑαυτοῦ στολὴν, καὶ καταπασάμενοι γῆν, παρεκάθισαν αὐτῷ
ἑπτὰ ἡμέρας καὶ ἑπτὰ νύκτας, καὶ οὐδεὶς αὐτῶν ἐλάλησεν·
ἑώρων γὰρ τὴν πληγὴν δεινὴν οὖσαν καὶ μεγάλην σφόδρα.
3 Μετὰ τοῦτο ἤνοιξεν Ἰὼβ τὸ στόμα αὐτοῦ, καὶ κατ-
2 ηράσατο τὴν ἡμέραν αὐτοῦ, λέγων,
3 Ἀπόλοιτο ἡ ἡμέρα ἐν ᾗ ἐγεννήθην, καὶ ἡ νὺξ ἐκείνη
4 ᾗ εἶπαν, ἰδοὺ ἄρσεν. Ἡ νὺξ ἐκείνη εἴη σκότος, καὶ μὴ
ἀναζητήσαι αὐτὴν ὁ Κύριος ἄνωθεν, μηδὲ ἔλθοι εἰς αὐτὴν
5 φέγγος· Ἐκλάβοι δὲ αὐτὴν σκότος καὶ σκιὰ θανάτου,
6 ἐπέλθοι ἐπ᾽ αὐτὴν γνόφος· καταραθείη ἡ ἡμέρα καὶ ἡ νὺξ
ἐκείνη, ἀπενέγκοιτο αὐτὴν σκότος· μὴ εἴη εἰς ἡμέρας
7 ἐνιαυτοῦ, μηδὲ ἀριθμηθείη εἰς ἡμέρας μηνῶν. Ἀλλὰ ἡ νὺξ
ἐκείνη εἴη ὀδύνη, καὶ μὴ ἔλθοι ἐπ᾽ αὐτὴν εὐφροσύνη, μηδὲ
8 χαρμονή. Ἀλλὰ καταράσαιτο αὐτὴν ὁ καταρώμενος τὴν
ἡμέραν ἐκείνην, ὁ μέλλων τὸ μέγα κῆτος χειρώσασθαι.
9 Σκοτωθείη τὰ ἄστρα τῆς νυκτὸς ἐκείνης· ὑπομείναι, καὶ εἰς
φωτισμὸν μὴ ἔλθοι, καὶ μὴ ἴδοι Ἑωσφόρον ἀνατέλλοντα.
10 Ὅτι οὐ συνέκλεισε πύλας γαστρὸς μητρός μου, ἀπήλλαξε
γὰρ ἂν πόνον ἀπὸ ὀφθαλμῶν μου.
11 Διατί γὰρ ἐν κοιλίᾳ οὐκ ἐτελεύτησα; ἐκ γαστρὸς δὲ
12 ἐξῆλθον, καὶ οὐκ εὐθὺς ἀπωλόμην; Ἱνατί δὲ συνήντησάν
13 μοι τὰ γόνατα; ἱνατί δὲ μαστοὺς ἐθήλασα; Νῦν ἂν
14 κοιμηθεὶς ἡσύχασα, ὑπνώσας δὲ ἀνεπαυσάμην μετὰ βασι-
15 λέων βουλευτῶν γῆς οἳ ἐγαυριῶντο ἐπὶ ξίφεσιν, ἢ μετὰ
16 ἀρχόντων, ὧν πολὺς ὁ χρυσὸς, οἳ ἔπλησαν τοὺς οἴκους
αὐτῶν ἀργυρίου. Ἢ ὥσπερ ἔκτρωμα ἐκπορευόμενον ἐκ μήτρας
17 μητρός, ἢ ὥσπερ νήπιοι, οἳ οὐκ εἶδον φῶς· Ἐκεῖ ἀσεβεῖς
ἐξέκαυσαν θυμὸν ὀργῆς, ἐκεῖ ἀνεπαύσαντο κατάκοποι τῷ
18 σώματι. Ὁμοθυμαδὸν δὲ οἱ αἰώνιοι οὐκ ἤκουσαν φωνὴν
19 φορολόγου. Μικρὸς καὶ μέγας ἐκεῖ ἐστι, καὶ θεράπων
δεδοικὼς τὸν κύριον αὐτοῦ.
20 Ἱνατί γὰρ δέδοται τοῖς ἐν πικρίᾳ φῶς; ζωὴ δὲ ταῖς
21 ἐν ὀδύναις ψυχαῖς, οἳ ἱμείρονται τοῦ θανάτου, καὶ οὐ τυγχά-

sittest down to spend the nights in the open air among the corruption of worms, and I am a wanderer and a servant from place to place and house to house, waiting for the setting of the sun, that I may rest from my labours and my pangs which now beset me: but say some word against the Lord, and die. [10] But he looked on her, and said to her, Thou hast spoken like one of the foolish women. If we have received good things of the hand of the Lord, shall we not endure evil things?

In all these things that happened to him, Job sinned not at all with his lips before God.

[11] Now his three friends having heard of all the evil that was come upon him, came to him each from his own country: Eliphaz the king of the Thæmans, Baldad sovereign of the Saucheans, Sophar king of the Minæans: and they came to him with one accord, to comfort and to visit him. [12] And when they saw him from a distance they did not know him; and they cried with a loud voice, and wept, and rent every one his garment, and sprinkled dust upon *their heads*, [13] and they sat down beside him seven days and seven nights, and no one of them spoke; for they saw that *his* affliction was dreadful and very great.

After this Job opened his mouth, and cursed his day, [2] saying,

[3] Let the day perish in which I was born, and that night in which they said, Behold a manchild! [4] Let that β night be darkness, and let not the Lord regard it from above, neither let light come upon it. [5] But let darkness and the shadow of death seize it; let blackness come upon it; γ [6] let that day and night be cursed, let darkness carry δ them away; let it not come into the days of the year, neither let it be numbered with the days of the months. [7] But let that night be pain, and let not mirth come upon it, nor joy. [8] But let him that curses that day curse it, *even* he that is ready to attack the great ζ whale. [9] Let the stars of that night be darkened; let it remain *dark*, and not come into light; and let it not see the morning star arise: [10] because it shut not up the gates of my mother's womb, for *so* it would have removed sorrow from my eyes.

[11] For why died I not in the belly? and *why* did I not come forth from the womb and die immediately? [12] And why did the knees support me? and why did I suck the breasts? [13] Now I should have lain down and been quiet, I should have slept and been at rest, [14] with kings *and* councillors of the earth, who gloried in *their* swords; [15] or with rulers, whose gold was abundant, who filled their houses with silver: [16] or *I should have been* as an untimely birth proceeding from his mother's womb, or as infants who never saw light. [17] There the ungodly have burnt out the fury of rage; there the wearied in body rest. [18] And the men of old time have together ceased to hear the exactor's voice. [19] The small and great are there, and the servant that feared his lord.

[20] For why is light given to those who are in bitterness, and life to the souls which are in griefs? [21] who desire death, and obtain it not,

---

β *Heb.* and *Alex.* day.   γ *Or*, let that day be cursed; and as for that night, let darkness, etc.   δ *Gr.* it.
ζ *Or*, monster. See Gen. 1. 21. *Heb.* Leviathan. Possibly the LXX. refer to Isa. 27. 1.

digging *for it* as *for* treasures; [22]and would be very joyful if they should gain it? [23]Death *is* rest to *such* a man, for God has hedged him in. [24]For my groaning comes before my food, and I weep being beset with terror. [25]For the terror of which I meditated has come upon me, and that which I had feared has befallen me. [26]I was not at peace, nor quiet, nor had I rest; yet wrath came upon me.

Then Eliphaz the Thæmanite answered and said,

[2]Hast thou been often spoken to in distress? but who shall endure the force of thy words? [3]For whereas thou hast instructed many, and hast strengthened the hands of the weak one, [4]and hast supported the failing with words, and hast imparted courage to feeble knees. [5]Yet now *that* pain has come upon thee, and touched thee, thou art troubled. [6]Is not thy fear *founded* in folly, thy hope also, and the β mischief of thy way? [7]Remember then who has perished, being pure? or when were the true-hearted utterly destroyed? [8]Accordingly as I have seen men ploughing barren places, and they that sow them will reap sorrows for themselves. [9]They shall perish by the command of the Lord, and shall be utterly consumed by the breath of his wrath.

[10]The strength of the lion, and the voice of the lioness, and the exulting cry of serpents are quenched. [11]The γ old lion has perished for want of food, and the lions' whelps have forsaken one another.

[12]But if there had been any truth in thy words, none of these evils would have befallen thee. Shall not mine ear receive excellent *revelations* from him? [13]But *as when* terror falls upon men, with dread and a sound in the night, [14]horror and trembling seized me, and caused all my bones greatly to shake. [15]And a spirit came before my face; and my hair and flesh quivered. [16]I arose and perceived it not: I looked, and there was no form before my eyes: but I only heard a breath and a voice, *saying*, [17]What, shall a mortal be pure before the Lord? or a man be blameless in regard to his works? [18]Whereas he trusts not in his servants, and perceives perverseness in his angels.

[19]But *as for* them that dwell in houses of clay, of whom we also are formed of the same clay, he smites them like a moth. [20]And from morning to evening they no longer exist: they have perished, because they cannot help themselves. [21]For he blows upon them, and they are withered: they have perished for lack of wisdom.

But call, if any one will hearken to thee, or if thou shalt see any of the holy angels. [2]For wrath destroys the foolish one, and envy slays him that has gone astray. [3]And I have seen foolish ones taking root: but suddenly their habitation was devoured. [4]Let their children be far from safety, and let them be crushed at the doors of vile men, and let there be no deliverer. [5]For what they have collected, the just shall eat; but they shall not be delivered out of calamities: let their strength be utterly exhausted. [6]For labour cannot by any means come out of the earth, nor shall trouble spring

νουσιν ἀνορύσσοντες ὥσπερ θησαυρούς, περιχαρεῖς δὲ 22 ἐγένοντο ἐὰν κατατύχωσι;   Θάνατος ἀνδρὶ ἀνάπαυμα, 23 συνέκλεισε γὰρ ὁ Θεὸς κατ᾽ αὐτοῦ.   Πρὸ γὰρ τῶν σίτων 24 μου στεναγμὸς ἥκει, δακρύω δὲ ἐγὼ συνεχόμενος φόβῳ. Φόβος γὰρ ὃν ἐφρόντισα ἦλθέ μοι, καὶ ὃν ἐδεδοίκειν, συνήν- 25 τησέ μοι.   Οὔτε εἰρήνευσα, οὔτε ἡσύχασα, οὔτε ἀνεπαυσάμην, 26 ἦλθε δέ μοι ὀργή.

Ὑπολαβὼν δὲ Ἐλιφὰζ ὁ Θαιμανίτης, λέγει,   4

Μὴ πολλάκις σοι λελάληται ἐν κόπῳ; ἰσχὺν δὲ ῥημά- 2 των σου τίς ὑποίσει; Εἰ γὰρ σὺ ἐνουθέτησας πολλούς, καὶ 3 χεῖρας ἀσθενοῦς παρεκάλεσας, ἀσθενοῦντάς τε ἐξανέστησας 4 ῥήμασι, γόνασί τε ἀδυνατοῦσι θάρσος περιέθηκας.   Νῦν 5 δὲ ἥκει ἐπὶ σὲ πόνος καὶ ἥψατό σου, σὺ ἐσπούδασας. Πότερον οὐχ ὁ φόβος σου ἐστὶν ἐν ἀφροσύνῃ, καὶ ἡ 6 ἐλπίς σου καὶ ἡ κακία τῆς ὁδοῦ σου; Μνήσθητι οὖν, τίς 7 καθαρὸς ὢν ἀπώλετο, ἢ πότε ἀληθινοὶ ὁλόρριζοι ἀπώλοντο; Καθ᾽ ὃν τρόπον εἶδον τοὺς ἀροτριῶντας τὰ ἄτοπα, οἱ δὲ 8 σπείροντες αὐτὰ ὀδύνας θεριοῦσιν ἑαυτοῖς. Ἀπὸ προσ- 9 τάγματος Κυρίου ἀπολοῦνται, ἀπὸ δὲ πνεύματος ὀργῆς αὐτοῦ ἀφανισθήσονται.

Σθένος λέοντος, φωνὴ δὲ λεαίνης, γαυρίαμα δὲ δρακόντων 10 ἐσβέσθη.   Μυρμηκολέων ὤλετο παρὰ τὸ μὴ ἔχειν βοράν, 11 σκύμνοι δὲ λεόντων ἔλιπον ἀλλήλους.

Εἰ δέ τι ῥῆμα ἀληθινὸν ἐγεγόνει ἐν λόγοις σου, οὐθὲν 12 ἄν σοι τούτων κακὸν ἀπήντησε· πότερον οὐ δέξεταί μου τὸ οὖς ἐξαίσια παρ᾽ αὐτοῦ; Φόβῳ δὲ καὶ ἤχῳ νυκτερινῇ 13 ἐπιπίπτων φόβος ἐπ᾽ ἀνθρώπους, φρίκη μοι συνήντησε 14 καὶ τρόμος, καὶ μεγάλως μου τὰ ὀστᾶ διέσεισε, καὶ 15 πνεῦμα ἐπὶ πρόσωπόν μου ἐπῆλθεν, ἔφριξαν δέ μου τρίχες καὶ σάρκες. Ἀνέστην καὶ οὐκ ἐπέγνων, εἶδον καὶ οὐκ ἦν 16 μορφὴ πρὸ ὀφθαλμῶν μου, ἀλλ᾽ ἢ αὔραν καὶ φωνὴν ἤκουον. Τί γάρ; μὴ καθαρὸς ἔσται βροτὸς ἐναντίον τοῦ 17 Κυρίου; ἢ ἀπὸ τῶν ἔργων αὐτοῦ ἄμεμπτος ἀνήρ; Εἰ κατὰ 18 παίδων αὐτοῦ οὐ πιστεύει, κατὰ δὲ ἀγγέλων αὐτοῦ σκολιόν τι ἐπενόησε.

Τοὺς δὲ κατοικοῦντας οἰκίας πηλίνας, ἐξ ὧν καὶ αὐτοὶ 19 ἐκ τοῦ αὐτοῦ πηλοῦ ἐσμεν, ἔπαισεν αὐτοὺς σητὸς τρόπον, καὶ ἀπὸ πρωΐθεν μέχρι ἑσπέρας οὐκ ἔτι εἰσί, παρὰ τὸ 20 μὴ δύνασθαι αὐτοὺς ἑαυτοῖς βοηθῆσαι, ἀπώλοντο. Ἐνεφύ- 21 σησε γὰρ αὐτοῖς καὶ ἐξηράνθησαν, ἀπώλοντο παρὰ τὸ μὴ ἔχειν αὐτοὺς σοφίαν.

Ἐπικάλεσαι δὲ εἴ τίς σοι ὑπακούσεται, ἢ εἴ τινα ἀγγέλων 5 ἁγίων ὄψῃ. Καὶ γὰρ ἄφρονα ἀναιρεῖ ὀργή, πεπλανημένον 2 δὲ θανατοῖ ζῆλος. Ἐγὼ δὲ ἑώρακα ἄφρονας ῥίζαν βάλ- 3 λοντας, ἀλλ᾽ εὐθέως ἐβρώθη αὐτῶν ἡ δίαιτα. Πόρρω γέ- 4 νοιντο οἱ υἱοὶ αὐτῶν ἀπὸ σωτηρίας, κολαβρισθείησαν δὲ ἐπὶ θύραις ἡσσόνων, καὶ οὐκ ἔσται ὁ ἐξαιρούμενος. Ἃ γὰρ 5 ἐκεῖνοι συνήγαγον, δίκαιοι ἔδονται, αὐτοὶ δὲ ἐκ κακῶν οὐκ ἐξαίρετοι ἔσονται· ἐκσιφωνισθείη αὐτῶν ἡ ἰσχύς. Οὐ γὰρ 6 μὴ ἐξέλθῃ ἐκ τῆς γῆς κόπος, οὐδὲ ἐξ ὀρέων ἀναβλαστήσει

β One MS. gives ἀκακία, 'guilelessness.'   γ Gr. ant-lion.

7 πόνος. Ἀλλὰ ἄνθρωπος γεννᾶται κόπῳ, νεοσσοὶ δὲ γυπὸς
τὰ ὑψηλὰ πέτονται.

8   Οὐ μὴν δὲ ἀλλὰ ἐγὼ δεηθήσομαι Κυρίου, Κύριον δὲ
9 τὸν πάντων δεσπότην ἐπικαλέσομαι, τὸν ποιοῦντα μεγάλα
καὶ ἀνεξιχνίαστα, ἔνδοξά τε καὶ ἐξαίσια, ὧν οὐκ ἔστιν
10 ἀριθμὸς, τὸν διδόντα ὑετὸν ἐπὶ τὴν γῆν, ἀποστέλλοντα
11 ὕδωρ ἐπὶ τὴν ὑπ᾿ οὐρανὸν, τὸν ποιοῦντα ταπεινοὺς εἰς
12 ὕψος, καὶ ἀπολωλότας ἐξεγείροντα, διαλλάσσοντα βουλὰς
πανούργων, καὶ οὐ μὴ ποιήσουσιν αἱ χεῖρες αὐτῶν ἀληθές·
13 ὁ καταλαμβάνων σοφοὺς ἐν τῇ φρονήσει, βουλὴν δὲ
14 πολυπλόκων ἐξέστησεν. Ἡμέρας συναντήσεται αὐτοῖς
σκότος, τὸ δὲ μεσημβρινὸν ψηλαφήσαισαν ἴσα νυκτί,
15 ἀπόλοιντο δὲ ἐν πολέμῳ· ἀδύνατος δὲ ἐξέλθοι ἐκ χειρὸς
16 δυνάστου. Εἴη δὲ ἀδυνάτῳ ἐλπὶς, ἀδίκου δὲ στόμα ἐμ-
φραχθείη.

17   Μακάριος δὲ ἄνθρωπος ὃν ἤλεγξεν ὁ Κύριος, νουθέτημα
18 δὲ παντοκράτορος μὴ ἀπαναίνου. Αὐτὸς γὰρ ἀλγεῖν ποιεῖ,
καὶ πάλιν ἀποκαθίστησιν· ἔπαισε, καὶ αἱ χεῖρες αὐτοῦ
19 ἰάσαντο. Ἑξάκις ἐξ ἀναγκῶν σε ἐξελεῖται, ἐν δὲ τῷ ἑβ-
20 δόμῳ οὐ μὴ ἅψηταί σου κακόν. Ἐν λιμῷ ῥύσεταί σε
ἐκ θανάτου, ἐν πολέμῳ δὲ ἐκ χειρὸς σιδήρου λύσει σε.
21 Ἀπὸ μάστιγος γλώσσης σε κρύψει, καὶ οὐ μὴ φοβηθῇς
22 ἀπὸ κακῶν ἐρχομένων. Ἀδίκων καὶ ἀνόμων καταγελάσῃ·
23 ἀπὸ δὲ θηρίων ἀγρίων οὐ μὴ φοβηθῇς· Θῆρες γὰρ ἄγριοι
24 εἰρηνεύσουσί σοι. Εἶτα γνώσῃ ὅτι εἰρηνεύσει σου ὁ οἶκος·
25 ἡ δὲ δίαιτα τῆς σκηνῆς σου οὐ μὴ ἁμάρτῃ. Γνώσῃ δὲ ὅτι
πολὺ τὸ σπέρμα σου, τὰ δὲ τέκνα σου ἔσται ὥσπερ τὸ παμ-
26 βότανον τοῦ ἀγροῦ. Ἐλεύσῃ δὲ ἐν τάφῳ ὥσπερ σῖτος
ὥριμος κατὰ καιρὸν θεριζόμενος, ἢ ὥσπερ θιμωνία ἅλωνος
καθ᾿ ὥραν συγκομισθεῖσα.

27   Ἰδοὺ ταῦτα οὕτως ἐξιχνιάσαμεν· ταῦτά ἐστιν ἃ ἀκηκόα-
μεν· σὺ δὲ γνῶθι σεαυτῷ, εἴ τι ἔπραξας.

6   Ὑπολαβὼν δὲ Ἰὼβ, λέγει,

2   Εἰ γάρ τις ἱστῶν στήσαι μου τὴν ὀργὴν, τὰς δὲ ὀδύνας
3 μου ἄραι ἐν ζυγῷ ὁμοθυμαδὸν, καὶ δὴ ἄμμου παραλίας
βαρυτέρα ἔσται· ἀλλ᾿ ὡς ἔοικε τὰ ῥήματά μου ἐστὶ φαῦλα.
4 Βέλη γὰρ Κυρίου ἐν τῷ σώματί μου ἐστιν, ὧν ὁ θυμὸς αὐτῶν
ἐκπίνει μου τὸ αἷμα· ὅταν ἄρξωμαι λαλεῖν, κεντοῦσί με.
5 Τί γάρ; μὴ διακενῆς κεκράξεται ὄνος ἄγριος, ἀλλ᾿ ἢ τὰ
σῖτα ζητῶν· εἰ δὲ καὶ ῥήξει φωνὴν βοῦς ἐπὶ φάτνης ἔχων
6 τὰ βρώματα; Εἰ βρωθήσεται ἄρτος ἄνευ ἁλός; εἰ δὲ
7 καὶ ἔστι γεῦμα ἐν ῥήμασι κενοῖς; Οὐ δύναται γὰρ παύ-
σασθαί μου ἡ ὀργή· βρόμον γὰρ ὁρῶ τὰ σῖτά μου ὥσπερ
ὀσμὴν λέοντος.

8   Εἰ γὰρ δῴη καὶ ἔλθοι μου ἡ αἴτησις, καὶ τὴν ἐλπίδα μου
9 δῴη ὁ Κύριος. Ἀρξάμενος ὁ Κύριος τρωσάτω με, εἰς τέλος
10 δὲ μή με ἀνελέτω. Εἴη δέ μου πόλις τάφος, ἐφ᾿ ἧς
ἐπὶ τειχέων ἡλλόμην, ἐπ᾿ αὐτῆς οὐ φείσομαι· οὐ γὰρ
11 ἐψευσάμην ῥήματα ἅγια Θεοῦ μου. Τίς γάρ μου ἡ ἰσχὺς,
ὅτι ὑπομένω; τίς μου ὁ χρόνος, ὅτι ἀνέχεταί μου ἡ ψυχή;

out of the mountains: ⁷yet man is born to
labour, and *even so* the vulture's young seek the
high places.

⁸ Nevertheless I will beseech the Lord, and
will call upon the Lord, the sovereign of all;
⁹ who does great things and untraceable, glorious
things also, and marvellous, of which there is no
number: ¹⁰ who gives rain upon the earth, send-
ing water on the earth: ¹¹ who exalts the lowly,
and raises up them that are lost: ¹² frustrating
the counsels of the crafty, and their hands shall
not perform the truth: ¹³ who takes the wise in
their wisdom, and subverts the counsel of the
crafty. ¹⁴ In the day darkness shall come upon
them, and let them grope in the noon-day even
as in the night: ¹⁵ and let them perish in war,
and let the weak escape from the hand of the
mighty. ¹⁶ And let the weak have hope, but the
mouth of the unjust be stopped.

¹⁷ But blessed *is* the man whom the Lord has
reproved; and reject not thou the chastening
of the Almighty. ¹⁸ For he causes *a man* to be in
pain, and restores *him* again: he smites, and his
hands heal. ¹⁹ Six times he shall deliver thee
out of distresses: and in the seventh harm shall
not touch thee. ²⁰ In famine he shall deliver
thee from death: and in war he shall free thee
from the β power of the sword. ²¹ He shall hide
thee from the scourge of the tongue: and thou
shalt not be afraid of coming evils. ²² Thou
shalt laugh at the unrighteous and the lawless:
and thou shalt not be afraid of wild beasts.
²³ For the wild beasts of the field shall be at peace
with thee. ²⁴ Then shalt thou know that thy
house shall be at peace, and the provision for
thy tabernacle shall not γ fail. ²⁵ And thou shalt
know that thy seed *shall be* abundant; and thy
children shall be like the herbage of the field.
²⁶ And thou shalt come to the grave like ripe
corn reaped in its season, or as a heap of the
corn-flour collected in proper time.

²⁷ Behold, we have thus sought out these
matters; these are what we have heard: but do
thou reflect with thyself, if thou hast done any-
thing *wrong*.

But Job answered and said,

² Oh that one would indeed weigh the wrath
that is upon me, and take up my griefs in a
balance together! ³ And verily they would be
heavier than the sand by the seashore: but, as
it seems, my words are vain. ⁴ For the arrows
of the Lord are in my body, whose violence
drinks up my blood: whenever I am going to
speak, they pierce me. ⁵ What then? will the
wild ass bray for nothing, if he is not seeking
food? or again, will the ox low at the manger,
when he has fodder? ⁶ Shall bread be eaten
without salt? or again, is there taste in empty
words? ⁷ For my wrath cannot cease; for I
perceive my food as the smell of a lion *to be*
loathsome.

⁸ For oh that he would grant *my desire*, and
my petition might come, and the Lord would
grant my hope! ⁹ Let the Lord begin and
wound me, but let him not utterly destroy me.
¹⁰ Let the grave be my city, upon the walls of
which I have leaped: I will not δ shrink from
it; for I have not denied the holy words of my
God. ¹¹ For what is my strength, that I con-
tinue? what is my time, that my soul endures?

β *Gr.* hand of the iron.   γ *Gr.* err.   δ *Gr.* spare.

¹²Is my strength the strength of stones? or is my flesh of brass? ¹³Or have I not trusted in him? but help is *far* from me.

¹⁴Mercy has rejected me; and the visitation of the Lord has disregarded me. ¹⁵My nearest relations have not regarded me; they have passed me by like a failing β brook, or like a wave. ¹⁶They who used to reverence me, now have come against me like snow or congealed ice. ¹⁷When it has melted at the approach of heat, it is not known what it was. ¹⁸Thus I also have been deserted of all; and I am ruined, and become γ an outcast. ¹⁹Behold the ways of the Thæmanites, ye that mark the paths of the Sabæans. ²⁰They too that trust in cities and riches shall come to shame. ²¹But ye also have come to me without pity; so that beholding my wound ye are afraid. ²²What? have I made any demand of you? or do I ask for strength from you, ²³to deliver me from enemies, or to rescue me from the hand of the mighty ones?

²⁴Teach ye me, and I will be silent: if in anything I have erred, tell me. ²⁵But as it seems, the words of a true man are vain, δ because I do not ask strength of you. ²⁶Neither will your reproof cause me to cease my words, for neither will I endure the sound of your speech. ²⁷Even because ye attack the fatherless, and insult your friend. ²⁸But now, having looked upon your countenances, I will not lie. ²⁹Sit down now, and let there not be unrighteousness; and unite again with the just. ³⁰For there is no injustice in my tongue; and does not my throat meditate understanding?

Is not the life of man upon earth a state of trial? and his existence as that of a hireling by the day? ²Or as a servant that fears his master, and one who has grasped a shadow? or as a hireling waiting for his pay? ³So I have also endured months of vanity, and nights of pain have been appointed me. ⁴Whenever I lie down, I say, When *will it be* day? and whenever I rise up, again *I say* when *will it be* evening? and I am full of pains from evening to morning. ⁵And my body is covered with ζ loathsome worms; and I waste away, scraping off clods of dust from my eruption. ⁶And my life is lighter than a word, and has perished in vain hope. ⁷Remember then that my life is breath, and mine eye shall not yet again see good. ⁸The eye of him that sees me shall not see me *again*: thine eyes are upon me, and I am no more. ⁹*I am* as a cloud that is cleared away from the sky: for if a man go down to the grave, he shall not come up again: ¹⁰and he shall surely not return to his own house, neither shall his place know him any more. ¹¹Then neither will I refrain my mouth: I will speak being in distress; being in θ anguish I will disclose the bitterness of my soul.

¹²Am I a sea, or a serpent, that thou hast set a watch over me? ¹³I said that my bed should comfort me, and I would privately counsel with myself on my couch. ¹⁴Thou scarest me with dreams, and dost terrify me with visions. ¹⁵Thou wilt separate life from my spirit; and yet *keep* my bones from death. ¹⁶For I shall not live for ever, that I should patiently endure:

Μὴ ἰσχὺς λίθων ἡ ἰσχύς μου; ἢ αἱ σάρκες μου εἰσὶ χάλ- 12 κεαι; Ἦ οὐκ ἐπ᾽ αὐτῷ ἐπεποίθειν; βοήθεια δὲ ἀπ᾽ ἐμοῦ 13 ἄπεστιν.

Ἀπείπατό με ἔλεος, ἐπισκοπὴ δὲ Κυρίου ὑπερεῖδέ 14 με. Οὐ προσεῖδόν με οἱ ἐγγύτατοί μου, ὥσπερ χειμάρ- 15 ρους ἐκλείπων, ἢ ὥσπερ κῦμα παρῆλθόν με. Οἵτινές με 16 διευλαβοῦντο, νῦν ἐπιπεπτώκασί μοι ὥσπερ χιὼν ἢ κρύ- σταλλος πεπηγώς· Καθὼς τακεῖσα θέρμης γενομένης, οὐκ 17 ἐπεγνώσθη ὅπερ ἦν, οὕτω κἀγὼ κατελείφθην ὑπὸ πάν- 18 των, ἀπωλόμην δὲ καὶ ἔξοικος ἐγενόμην. Ἴδετε ὁδοὺς 19 Θαιμανῶν, ἀτραποὺς Σαβῶν οἱ διορῶντες. Καὶ αἰσχύνην 20 ὀφειλήσουσιν, οἱ ἐπὶ πόλεσι καὶ χρήμασι πεποιθότες. Ἀτὰρ 21 δὲ καὶ ὑμεῖς ἐπέβητέ μοι ἀνελεημόνως, ὥστε ἰδόντες τὸ ἐμὸν τραῦμα φοβήθητε. Τί γάρ; μήτι ὑμᾶς ᾔτησα, ἢ τῆς 22 παρ᾽ ὑμῶν ἰσχύος ἐπιδέομαι, ὥστε σῶσαί με ἐξ ἐχθρῶν, ἢ 23 ἐκ χειρὸς δυναστῶν ῥύσασθαί με;

Διδάξατέ με, ἐγὼ δὲ κωφεύσω· εἴ τι πεπλάνημαι, 24 φράσατέ μοι. Ἀλλ᾽ ὡς ἔοικε φαῦλα ἀληθινοῦ ῥήματα, 25 οὐ γὰρ παρ᾽ ὑμῶν ἰσχὺν αἰτοῦμαι. Οὐδὲ ἔλεγχος ὑμῶν 26 ῥήμασί με παύσει, οὐδὲ γὰρ ὑμῶν φθέγμα ῥήματος ἀνέξομαι. Πλὴν ὅτι ἐπ᾽ ὀρφανῷ ἐπιπίπτετε, ἐνάλλεσθε δὲ ἐπὶ φίλῳ 27 ὑμῶν. Νυνὶ δὲ εἰσβλέψας εἰς πρόσωπα ὑμῶν, οὐ ψεύσομαι. 28 Καθίσατε δὴ καὶ μὴ εἴη ἄδικον, καὶ πάλιν τῷ δικαίῳ 29 συνέρχεσθε. Οὐ γάρ ἐστιν ἐν γλώσσῃ μου ἄδικον, ἢ ὁ λάρυγξ 30 μου οὐχὶ σύνεσιν μελετᾷ.

Πότερον οὐχὶ πειρατήριόν ἐστιν ὁ βίος ἀνθρώπου ἐπὶ 7 τῆς γῆς; καὶ ὥσπερ μισθίου αὐθημερινοῦ ἡ ζωὴ αὐτοῦ; Ἦ 2 ὥσπερ θεράπων δεδοικὼς τὸν Κύριον αὐτοῦ, καὶ τετευχὼς σκιᾶς; ἢ ὥσπερ μισθωτὸς ἀναμένων τὸν μισθὸν αὐτοῦ; Οὕτως κἀγὼ ὑπέμεινα μῆνας κενοὺς, νύκτες δὲ ὀδυνῶν δεδο- 3 μέναι μοι εἰσίν. Ἐὰν κοιμηθῶ, λέγω, πότε ἡμέρα; ὡς δ᾽ ἂν 4 ἀναστῶ, πάλιν, πότε ἑσπέρα; πλήρης δὲ γίνομαι ὀδυνῶν ἀπὸ ἑσπέρας ἕως πρωΐ. Φύρεται δέ μου τὸ σῶμα ἐν σαπρίᾳ 5 σκωλήκων, τήκω δὲ βώλακας γῆς ἀπὸ ἰχῶρος ξύων. Ὁ δὲ 6 βίος μου ἐστὶν ἐλαφρότερος λαλιᾶς, ἀπόλωλε δὲ ἐν κενῇ ἐλπίδι. Μνήσθητι οὖν ὅτι πνεῦμά μου ἡ ζωή, καὶ οὐκ ἔτι 7 ἐπανελεύσεται ὀφθαλμός μου ἰδεῖν ἀγαθόν. Οὐ περιβλέψε- 8 ταί με ὀφθαλμὸς ὁρῶντός με, οἱ ὀφθαλμοί σου ἐν ἐμοὶ, καὶ οὐκ ἔτι εἰμί· Ὥσπερ νέφος ἀποκαθαρθὲν ἀπ᾽ οὐρανοῦ· 9 ἐὰν γὰρ ἄνθρωπος καταβῇ εἰς ᾅδην, οὐκ ἔτι μὴ ἀναβῇ, οὐδ᾽ 10 οὐ μὴ ἐπιστρέψῃ εἰς τὸν ἴδιον οἶκον, οὐδ᾽ οὐ μὴ ἐπιγνῷ αὐτὸν ἔτι ὁ τόπος αὐτοῦ. Ἀτὰρ οὖν οὐδὲ ἐγὼ φείσομαι τῷ 11 στόματί μου, λαλήσω ἐν ἀνάγκῃ ὤν, ἀνοίξω πικρίαν ψυχῆς μου συνεχόμενος.

Πότερον θάλασσα εἰμὶ ἢ δράκων, ὅτι κατέταξας ἐπ᾽ ἐμὲ 12 φυλακήν; Εἶπα ὅτι παρακαλέσει με ἡ κλίνη μου, ἀνοίσω δὲ 13 πρὸς ἐμαυτὸν ἰδίᾳ λόγον τῇ κοίτῃ μου. Ἐκφοβεῖς με ἐνυπ- 14 νίοις, καὶ ὁράμασί με καταπλήσσεις. Ἀπαλλάξεις ἀπὸ πνεύ- 15 ματός μου τὴν ψυχήν μου, ἀπὸ δὲ θανάτου τὰ ὀστᾶ μου. Οὐ 16 γὰρ εἰς τὸν αἰῶνα ζήσομαι, ἵνα μακροθυμήσω· ἀπόστα ἀπ᾽

β *Or*, mountain-torrent.　　γ *Or*, homeless.　　δ *Gr.* for.　　ζ *Gr.* the corruption of worms.　　θ *Gr.* straits, etc.

17 ἐμοῦ, κενὸς γάρ μου ὁ βίος. Τί γάρ ἐστιν ἄνθρωπος, ὅτι

18 ἐμεγάλυνας αὐτόν; ἢ ὅτι προσέχεις τὸν νοῦν εἰς αὐτόν; Ἡ ἐπισκοπὴν αὐτοῦ ποιήσῃ ἕως τὸ πρωΐ; καὶ εἰς ἀνάπαυσιν

19 αὐτὸν κρινεῖς; Ἕως τίνος οὐκ ἐᾷς με, οὐδὲ προίῃ με, ἕως ἂν

20 καταπίω τὸν πτύελόν μου; Εἰ ἐγὼ ἥμαρτον, τί δυνήσομαι πρᾶξαι, ὁ ἐπιστάμενος τὸν νοῦν τῶν ἀνθρώπων; διατί ἔθου

21 με κατεντευκτήν σου, εἰμὶ δὲ ἐπὶ σοὶ φορτίον; Διατί οὐκ ἐποίησω τῆς ἀνομίας μου λήθην, καὶ καθαρισμὸν τῆς ἁμαρτίας μου; νυνὶ δὲ εἰς γῆν ἀπελεύσομαι, ὀρθρίζων δὲ οὐκ ἔτι εἰμί.

8 Ὑπολαβὼν δὲ Βαλδὰδ ὁ Σαυχίτης, λέγει,

2 Μέχρι τίνος λαλήσεις ταῦτα, πνεῦμα πολυρρῆμον τοῦ στό-
3 ματός σου; Μὴ ὁ Κύριος ἀδικήσει κρίνων; ἢ ὁ τὰ πάντα
4 ποιήσας ταράξει τὸ δίκαιον; Εἰ οἱ υἱοί σου ἥμαρτον ἐναντίον αὐτοῦ, ἀπέστειλεν ἐν χειρὶ ἀνομίας αὐτῶν.

5, 6 Σὺ δὲ ὄρθριζε πρὸς Κύριον παντοκράτορα δεόμενος. Εἰ καθαρὸς εἶ καὶ ἀληθινός, δεήσεως ἐπακούσεταί σου, ἀπο-
7 καταστήσει δέ σοι δίαιταν δικαιοσύνης. Ἔσται οὖν τὰ μὲν πρῶτά σου ὀλίγα, τὰ δὲ ἔσχατά σου ἀμύθητα.

8 Ἐπερώτησον γὰρ γενεὰν πρώτην, ἐξιχνίασον δὲ κατὰ γένος
9 πατέρων· Χθιζοὶ γάρ ἐσμεν, καὶ οὐκ οἴδαμεν· σκιὰ γάρ
10 ἐστιν ἡμῶν ἐπὶ τῆς γῆς ὁ βίος. Ἦ οὐχ οὗτοί σε διδάξουσι
11 καὶ ἀναγγελοῦσι, καὶ ἐκ καρδίας ἐξάξουσι ῥήματα; Μὴ θάλλει πάπυρος ἄνευ ὕδατος, ἢ ὑψωθήσεται βούτομον ἄνευ
12 πότου; Ἔτι ὂν ἐπὶ ῥίζης, καὶ οὐ μὴ θερισθῇ, πρὸ τοῦ πιεῖν
13 πᾶσα βοτάνη οὐχὶ ξηραίνεται; Οὕτως τοίνυν ἔσται τὰ ἔσχατα πάντων τῶν ἐπιλανθανομένων τοῦ Κυρίου· ἐλπὶς γὰρ
14 ἀσεβοῦς ἀπολεῖται· Ἀοίκητος γὰρ αὐτοῦ ἔσται ὁ οἶκος·
15 ἀράχνη δὲ αὐτοῦ ἀποβήσεται ἡ σκηνή. Ἐὰν ὑπερείσῃ τὴν οἰκίαν αὐτοῦ, οὐ μὴ στῇ· ἐπιλαβομένου δὲ αὐτοῦ, οὐ μὴ ὑπο-
16 μείνῃ· Ὑγρὸς γάρ ἐστιν ὑπὸ ἡλίου· καὶ ἐκ σαπρίας αὐτοῦ ὁ
17 ῥάδαμνος αὐτοῦ ἐξελεύσεται. Ἐπὶ συναγωγὴν λίθων κοι-
18 μᾶται· ἐν δὲ μέσῳ χαλίκων ζήσεται. Ἐὰν καταπίῃ, ὁ
19 τόπος ψεύσεται αὐτόν· οὐχ ἑώρακας τοιαῦτα, ὅτι καταστροφὴ ἀσεβοῦς τοιαύτη, ἐκ δὲ γῆς ἄλλον ἀναβλαστήσει.

20 Ὁ γὰρ Κύριος οὐ μὴ ἀποποιήσηται τὸν ἄκακον· πᾶν δὲ
21 δῶρον ἀσεβοῦς οὐ δέξεται. Ἀληθινῶν δὲ στόμα ἐμπλήσει
22 γέλωτος, τὰ δὲ χείλη αὐτῶν ἐξομολογήσεως. Οἱ δὲ ἐχθροὶ αὐτῶν ἐνδύσονται αἰσχύνην, δίαιτα δὲ ἀσεβοῦς οὐκ ἔσται.

9 Ὑπολαβὼν δὲ Ἰὼβ, λέγει,

2 Ἐπ᾽ ἀληθείας οἶδα, ὅτι οὕτως ἐστί· πῶς γὰρ ἔσται
3 δίκαιος βροτὸς παρὰ Κυρίῳ; Ἐὰν γὰρ βούληται κριθῆναι αὐτῷ, οὐ μὴ ὑπακούσῃ αὐτῷ, ἵνα μὴ ἀντείπῃ πρὸς ἕνα λόγον
4 αὐτοῦ ἐκ χιλίων. Σοφὸς γάρ ἐστι διανοίᾳ, κραταιός τε καὶ μέγας· τίς σκληρὸς γενόμενος ἐναντίον αὐτοῦ ὑπέμεινεν;
5 Ὁ παλαιῶν ὄρη καὶ οὐκ οἴδασιν, ὁ καταστρέφων αὐτὰ ὀργῇ·
6 Ὁ σείων τὴν ὑπ᾽ οὐρανὸν ἐκ θεμελίων, οἱ δὲ στύλοι αὐτῆς
7 σαλεύονται· Ὁ λέγων τῷ ἡλίῳ καὶ οὐκ ἀνατέλλει, κατὰ

depart from me, for my life *is* vain. 17 For what is man, that thou hast magnified him? or that thou givest heed to him? 18 Wilt thou visit him till the morning, and judge him till *the time of* rest? 19 How long dost thou not let me alone, nor let me go, until I shall swallow down my spittle? 20 If I have sinned, what shall I be able to do, O thou that understandest the mind of men? why hast thou made me as thine accuser, and *why* am I a burden to thee? 21 Why hast thou not forgotten my iniquity, and purged my sin? but now I shall depart to the earth; and in the morning, I am no more.

Then Baldad the Sauchite answered, and said, 2 How long wilt thou speak these things, *how long shall* the breath of thy mouth *be* abundant in words? 3 Will the Lord be unjust when he judges; or will he that has made all things β pervert justice? 4 If thy sons have sinned before him, he has cast them away because of their transgression.

5 But be thou early in prayer to the Lord Almighty. 6 If thou art pure and true, he will hearken to thy supplication, and will restore to thee the habitation of righteousness. 7 Though then thy beginning should be small, yet thy end should be unspeakably great.

8 For ask of the former generation, and search diligently among the race of *our* fathers: 9 (for we are of yesterday, and know γ nothing; for our life upon the earth is a shadow:) 10 shall not these teach thee, and report to thee, and bring out words from *their* heart? 11 Does the rush flourish without water, or shall the flag grow up without moisture? 12 When it is yet on the root, and *though* it has not been cut down, does not any herb wither before it has received moisture? 13 Thus then shall be the end of all that forget δ the Lord: for the hope of the ungodly shall perish. 14 For his house shall be without inhabitants, and his tent shall prove a spider's web. 15 If he should prop up his house, it shall not stand: and when he has taken hold of it, it shall not remain. 16 For it is moist under the sun, and his branch shall come forth out of his ζ dung-heap. 17 He lies down upon a gathering of stones, and shall live in the midst of flints. 18 If *God* should destroy *him*, his place shall deny him. Hast thou not seen such things, 19 that such is the overthrow of the ungodly? and out of the earth another shall grow.

20 For the Lord will by no means reject the harmless man; but he will not receive any gift of the ungodly. 21 But he will fill with laughter the mouth of the sincere, and their lips with thanksgiving. 22 But their adversaries shall clothe themselves with shame; and the habitation of the ungodly shall perish.

Then Job answered and said, 2 I know of a truth that it is so: for how shall a mortal man be just before the Lord? 3 For if he would enter into judgment with him, θ *God* would not hearken to him, so that he should answer to one of his charges of a thousand. 4 For he is wise in mind, and mighty, and great: who has hardened himself against him and endured? 5 Who wears out the mountains, and *men* know it not: who overturns them in anger. 6 Who shakes the *earth* under heaven from its foundations, and its pillars totter. 7 Who commands the sun, and

---

β *Gr.* disturb the just thing. γ *Gr.* not. δ *Heb.* and *Alex.* ' God.' Job knew not God as Jehovah. Comp. Ex. 6. 3.
ζ *Or,* corruption. θ *Or,* he.

it rises not; and he seals up the stars. ⁸Who alone has stretched out the heavens, and walks on the sea as on firm ground. ⁹Who makes Pleias, and Hesperus, and Arcturus, and the chambers of the south. ¹⁰Who does great and unsearchable things; glorious also and excellent things, innumerable.

¹¹If ever he should go beyond me, I shall not see him: if he should pass by me, neither thus have I known *it*. ¹²If he would take away, who shall turn him back? or who shall say to him, What hast thou done? ¹³For *if* he has turned away *his* anger, ^β the whales under heaven have stooped under him.

¹⁴ γ Oh then that he would hearken to me, or judge my cause. ¹⁵For though I be righteous, he will not hearken to me: I will intreat his judgment. ¹⁶And if I should call and he should ^δ not hearken, I cannot believe that he has listened to my voice.

¹⁷Let him not crush me with a dark storm: but he has made my bruises many without cause. ¹⁸For he suffers me not to take breath, but he has filled me with bitterness. ¹⁹For indeed he is strong in power: who then shall resist his judgment? ²⁰For though I should ζ seem righteous, my mouth will be profane: and though I should seem blameless, I shall be proved perverse. ²¹For even if I have sinned, I know it not *in* my soul: but my life is taken away.

²²Wherefore I said, Wrath slays the great and mighty man. ²³For the worthless die, but the righteous are laughed to scorn. ²⁴For they are delivered into the hands of the unrighteous *man* : he covers the faces of the judges *of the earth*: but if it be not he, who is it? ²⁵But my life is swifter than a post: *my days* θ have fled away, and they knew it not. ²⁶Or again, is there a trace of *their* path *left* by ships? or is there one of the flying eagle as it seeks *its* prey? ²⁷And if I should say, I will forget to speak, I will bow down my face and groan; ²⁸I quake in all my limbs, for I know that thou wilt not leave me alone *as* innocent.

²⁹But since I am ungodly, why have I not died? ³⁰For if I should wash myself with snow, and purge myself with pure hands, ³¹thou λ hadst thoroughly plunged me in filth, and my garment had abhorred me. ³²For thou art not man like me, with whom I could contend, that we might come together to judgment. ³³Would that *he* our mediator were *present*, and a reprover, and one who should hear *the cause* between both. ³⁴Let him remove *his* rod from me, and let not his fear terrify me: ³⁵so shall I not be afraid, but I will speak: for I am not thus conscious *of guilt*.

Weary in my soul, I will pour my words with groans upon μ him: I will speak being straitened in the bitterness of my soul. ²And I will say to the Lord, Do not teach me to be impious; and wherefore hast thou thus judged me? ³Is it good before thee if I be unrighteous? for thou hast disowned the work of thy hands, and attended to the counsel of the ungodly. ⁴Or dost thou see as a mortal sees? or wilt thou look as a man sees? ⁵Or is thy life human, or thy years *the years* of a man, ⁶that thou hast enquired into mine iniquity, and searched out my sins? ⁷For thou knowest that I have not committed iniquity: but who is he that can deliver out of thy hands?

δὲ ἄστρων κατασφραγίζει· Ὁ τανύσας τὸν οὐρανὸν μόνος, 8 καὶ περιπατῶν ὡς ἐπ' ἐδάφους ἐπὶ θαλάσσης· Ὁ ποιῶν 9 Πλειάδα καὶ Ἕσπερον καὶ Ἀρκτοῦρον, καὶ ταμεῖα Νότου· Ὁ ποιῶν μεγάλα καὶ ἀνεξιχνίαστα, ἔνδοξά τε καὶ ἐξαίσια, 10 ὧν οὐκ ἔστιν ἀριθμός.

Ἐὰν ὑπερβῇ με, οὐ μὴ ἴδω· ἐὰν παρέλθῃ με, οὐδ' ὡς ἔγνων. 11 Ἐὰν ἀπαλλάξῃ, τίς ἀποστρέψει; ἢ τίς ἐρεῖ αὐτῷ, τί ἐποίη- 12 σας; Αὐτὸς γὰρ ἀπέστραπται ὀργήν, ὑπ' αὐτοῦ ἐκάμφθη- 13 σαν κήτη τὰ ὑπ' οὐρανόν.

Ἐὰν δέ μου ὑπακούσεται, ἢ διακρίνει τὰ ῥήματά μου. 14 Ἐὰν γὰρ ὦ δίκαιος, οὐκ εἰσακούσεταί μου, τοῦ κρίματος 15 αὐτοῦ δεηθήσομαι. Ἐάν τε καλέσω καὶ μὴ ὑπακούσῃ, οὐ 16 πιστεύω ὅτι εἰσακήκοέ μου τῆς φωνῆς.

Μὴ γνόφῳ με ἐκτρίψῃ· πολλὰ δέ μου τὰ συντρίμματα 17 πεποίηκε διακενῆς. Οὐκ ἐᾷ γάρ με ἀναπνεῦσαι· ἐνέπλησε 18 δέ με πικρίας, ὅτι μὲν γὰρ ἰσχύϊ κρατεῖ· τίς οὖν κρίματι 19 αὐτοῦ ἀντιστήσεται; Ἐὰν γὰρ ὦ δίκαιος, τὸ στόμα μου 20 ἀσεβήσει· ἐάν τε ὦ ἄμεμπτος, σκολιὸς ἀποβήσομαι. Εἴτε γὰρ ἠσέβησα, οὐκ οἶδα τῇ ψυχῇ, πλὴν ἀφαιρεῖται 21 μου ἡ ζωή.

Διὸ εἶπον, μέγαν καὶ δυνάστην ἀπολλύει ὀργή, ὅτι 22, 23 φαῦλοι ἐν θανάτῳ ἐξαισίῳ, ἀλλὰ δίκαιοι καταγελῶνται, παραδέδονται γὰρ εἰς χεῖρας ἀσεβοῦς, πρόσωπα κριτῶν αὐτῆς 24 συγκαλύπτει· εἰ δὲ μὴ αὐτός ἐστι, τίς ἐστιν; Ὁ δὲ βίος 25 μου ἐστὶν ἐλαφρότερος δρομέως· ἀπέδρασαν, καὶ οὐκ εἴδο- σαν. Ἦ καί ἐστι ναυσὶν ἴχνος ὁδοῦ, ἢ ἀετοῦ πετομένου 26 ζητοῦντος βοράν; Ἐάν τε γὰρ εἴπω, ἐπιλήσομαι λαλῶν, 27 συγκύψας τῷ προσώπῳ στενάξω· Σείομαι πᾶσι τοῖς μέλεσιν, 28 οἶδα γὰρ ὅτι οὐκ ἀθῶόν με ἐάσεις.

Ἐπειδὴ δέ εἰμι ἀσεβής, διὰ τί οὐκ ἀπέθανον; Ἐὰν 29, 30 γὰρ ἀπολούσωμαι χιόνι, καὶ ἀποκαθάρωμαι χερσὶ καθαραῖς, ἱκανῶς ἐν ῥύπῳ με ἔβαψας, ἐβδελύξατο δέ με ἡ στολή. 31 Οὐ γὰρ εἰ ἄνθρωπος κατ' ἐμέ, ᾧ ἀντικρινοῦμαι, ἵνα ἔλθωμεν 32 ὁμοθυμαδὸν εἰς κρίσιν. Εἴθε ἦν ὁ μεσίτης ἡμῶν, καὶ ἐλέγ- 33 χων, καὶ διακούων ἀναμέσον ἀμφοτέρων. Ἀπαλλαξάτω ἀπ' 34 ἐμοῦ τὴν ῥάβδον, ὁ δὲ φόβος αὐτοῦ μή με στροβείτω, καὶ 35 οὐ μὴ φοβηθῶ, ἀλλὰ λαλήσω· οὐ γὰρ οὕτω συνεπίσταμαι.

Καμνὼν τῇ ψυχῇ μου, στένων ἐπαφήσω ἐπ' αὐτὸν τὰ 10 ῥήματα μου· λαλήσω πικρία ψυχῆς μου συνεχόμενος, καὶ 2 ἐρῶ πρὸς Κύριον, μή με ἀσεβεῖν δίδασκε· καὶ διατί με οὕτως ἔκρινας; Ἦ καλόν σοι ἐὰν ἀδικήσω; ὅτι ἀπείπω ἔργα 3 χειρῶν σου, βουλῇ δὲ ἀσεβῶν προσέσχες. Ἦ ὥσπερ 4 βροτὸς ὁρᾷ, καθορᾷς; ἢ καθὼς ὁρᾷ ἄνθρωπος, βλέψῃ; Ἦ 5 ὁ βίος σου ἀνθρώπινός ἐστιν, ἢ τὰ ἔτη σου ἀνδρός, ὅτι 6 ἀνεζήτησας τὴν ἀνομίαν μου, καὶ τὰς ἁμαρτίας μου ἐξιχνία- σας; Οἶδας γὰρ ὅτι οὐκ ἠσέβησα· ἀλλὰ τίς ἐστιν ὁ ἐκ τῶν 7 χειρῶν σου ἐξαιρούμενος;

β See note, Gen. l. 21.   γ *Gr.* If then he will.   δ *Heb.* and *Alex.* omit ' not.'   ζ *Gr.* bç.   θ *i. e.* insensibly.   λ *Gr.* hast.   μ *Alex.* myself.

8 Αἱ χεῖρές σου ἔπλασάν με καὶ ἐποίησάν με, μετὰ ταῦτα
9 μεταβαλών με ἔπαισας. Μνήσθητι, ὅτι πηλόν με ἔπλασας,
10 εἰς δὲ γῆν με πάλιν ἀποστρέφεις. Ἦ οὐχ ὥσπερ γάλα με
11 ἤμελξας, ἐτύρωσας δέ με ἴσα τυρῷ; Δέρμα δὲ καὶ κρέας με
12 ἐνέδυσας, ὀστέοις δὲ καὶ νεύροις με ἔνειρας. Ζωὴν δὲ καὶ
ἔλεος ἔθου παρ᾽ ἐμοί, ἡ δὲ ἐπισκοπή σου ἐφύλαξέ μου τὸ
13 πνεῦμα. Ταῦτα ἔχων ἐν σεαυτῷ, οἶδα ὅτι πάντα δύνασαι·
ἀδυνατεῖ δέ σοι οὐθέν.

14 Ἐάν τε γὰρ ἁμάρτω, φυλάσσεις με, ἀπὸ δὲ ἀνομίας
15 οὐκ ἀθῶόν με πεποίηκας. Ἐάν τε γὰρ ἀσεβήσω, οἴμοι·
ἐὰν δὲ ὦ δίκαιος, οὐ δύναμαι ἀνακύψαι, πλήρης γὰρ ἀτιμίας
16 εἰμί. Ἀγρεύομαι γὰρ ὥσπερ λέων εἰς σφαγήν· πάλιν γὰρ
17 μεταβαλὼν δεινῶς με ὀλέκεις, ἐπανακαινίζων ἐπ᾽ ἐμὲ τὴν
ἔτασίν μου· ὀργῇ δὲ μεγάλῃ μοι ἐχρήσω, ἐπήγαγες δὲ ἐπ᾽ ἐμὲ
πειρατήρια.

18 Ἱνατί οὖν ἐκ κοιλίας με ἐξήγαγες, καὶ οὐκ ἀπέθανον,
19 ὀφθαλμὸς δέ με οὐκ εἶδε, καὶ ὥσπερ οὐκ ὢν ἐγενόμην;
20 διατί γὰρ ἐκ γαστρὸς εἰς μνῆμα οὐκ ἀπηλλάγην; Ἦ οὐκ
21 ὀλίγος ἐστὶν ὁ βίος τοῦ χρόνου μου; ἔασόν με ἀναπαύ-
σασθαι μικρόν, πρὸ τοῦ με πορευθῆναι ὅθεν οὐκ ἀναστρέψω,
22 εἰς γῆν σκοτεινὴν καὶ γνοφεράν, εἰς γῆν σκότους αἰωνίου, οὗ
οὐκ ἔστι φέγγος, οὐδὲ ὁρᾶν ζωὴν βροτῶν.

11 Ὑπολαβὼν δὲ Σωφὰρ ὁ Μιναῖος, λέγει,

2 Ὁ τὰ πολλὰ λέγων, καὶ ἀντακούσεται· ἢ καὶ ὁ εὔλαλος
οἴεται εἶναι δίκαιος; εὐλογημένος γεννητὸς γυναικὸς ὀλιγό-
3 βιος. Μὴ πολὺς ἐν ῥήμασι γίνου, οὐ γάρ ἐστιν ὁ ἀντικρινό-
4 μενός σοι; Μὴ γὰρ λέγε, ὅτι καθαρός εἰμι τοῖς ἔργοις καὶ
ἄμεμπτος ἐναντίον αὐτοῦ.

5 Ἀλλὰ πῶς ἂν ὁ Κύριος λαλήσαι πρὸς σέ, καὶ ἀνοίξει
6 χείλη αὐτοῦ μετὰ σοῦ; Εἶτα ἀναγγελεῖ σοι δύναμιν σοφίας·
ὅτι διπλοῦς ἔσται τῶν κατὰ σέ· καὶ τότε γνώσῃ, ὅτι ἄξιά
σοι ἀπέβη ἀπὸ Κυρίου ὧν ἡμάρτηκας.

7 Ἦ ἴχνος Κυρίου εὑρήσεις, ἢ εἰς τὰ ἔσχατα ἀφίκου ἃ
8 ἐποίησεν ὁ παντοκράτωρ; Ὑψηλὸς δὲ ὁ οὐρανός, καὶ τί ποι-
9 ήσεις; βαθύτερα δὲ τῶν ἐν ᾅδου, τί οἶδας; ἢ μακρότερα
μέτρου γῆς, ἢ εὔρους θαλάσσης;

10 Ἐὰν δὲ καταστρέψῃ τὰ πάντα, τίς ἐρεῖ αὐτῷ, τί ἐποίησας;
11 Αὐτὸς γὰρ οἶδεν ἔργα ἀνόμων, ἰδὼν δὲ ἄτοπα οὐ παρόψεται.

12 Ἄνθρωπος δὲ ἄλλως νήχεται λόγοις· βροτὸς δὲ γεννητὸς
γυναικός, ἴσα ὄνῳ ἐρημίτῃ.

13 Εἰ γὰρ σὺ καθαρὰν ἔθου τὴν καρδίαν σου, ὑπτιάζεις δὲ
14 χεῖρας πρὸς αὐτόν, εἰ ἄνομόν τί ἐστιν ἐν χερσί σου, πόρρω
ποίησον αὐτὸ ἀπὸ σοῦ, ἀδικία δὲ ἐν διαίτῃ σου μὴ αὐλισ-
15 θήτω· Οὕτως γὰρ ἀναλάμψει σου τὸ πρόσωπον, ὥσπερ
16 ὕδωρ καθαρόν, ἐκδύσῃ δὲ ῥύπον, καὶ οὐ μὴ φοβηθήσῃ. Καὶ
τὸν κόπον ἐπιλήσῃ, ὥσπερ κῦμα παρελθόν, καὶ οὐ πτοηθήσῃ·
17 Ἡ δὲ εὐχή σου ὥσπερ Ἑωσφόρος, ἐκ δὲ μεσημβρίας ἀνα-
18 τελεῖ σοι ζωή. Πεποιθώς τε ἔσῃ, ὅτι ἐστί σοι ἐλπίς, ἐκ δὲ

---

8 Thy hands have formed me and made me; afterwards thou didst change *thy mind*, and smite me. 9 Remember that thou hast made me *as* clay, and thou dost turn me again to earth. 10 Hast thou not poured me out like milk, and curdled me like cheese? 11 And thou didst clothe me with skin and flesh, and frame me with bones and sinews. 12 And thou didst bestow upon me life and mercy, and thy oversight has preserved my β spirit. 13 Having these things in thyself, I know that thou canst do all things; for nothing is impossible with thee. 14 And if I should sin, thou watchest me; and thou hast not cleared me from iniquity. 15 Or if I should be ungodly, woe is me: and if I should be righteous, I cannot lift myself up, for I am full of dishonour. 16 For I am hunted like a lion for slaughter; for again thou hast changed and art terribly destroying me; 17 renewing against me my torture: and thou hast dealt with me in great anger, and thou hast brought γ trials upon me. 18 Why then didst thou bring me out of the womb? and why did I not die, and no eye see me, 19 and I become as if I had not been? for why was I not carried from the womb to the grave? 20 Is not the δ time of my life short? suffer me to rest a little, 21 before I go whence I shall not return, to a land of darkness and gloominess; 22 to a land of perpetual darkness, where there is no light, neither *can any one* see the life of mortals.

Then Sophar the Minæan answered and said, 2 He that speaks much, ζ should also hear on the other side: or does the fluent speaker think himself to be righteous? blessed *is* the short-lived offspring of woman. 3 Be not a speaker of many words; for is there none to answer thee? 4 For say not, I am pure in my works, and blameless before him. 5 But oh that the Lord would speak to thee, and open his lips with thee! 6 Then shall he declare to thee the power of wisdom; for it shall be double of that which is with thee: and then shalt thou know, that a just recompence of thy sins has come to thee from the Lord. 7 Wilt thou find out the traces of the Lord? or hast thou come to the end *of that* which the Almighty has made? 8 Heaven *is* high; and what wilt thou do? and there are deeper things than those in hell; what dost thou know? 9 Or longer than the measure of the earth, or the breadth of the sea. 10 And if he should overthrow all things, who will say to him, What hast thou done? 11 For he knows the works of transgressors; and when he sees θ wickedness, he will not overlook *it*. 12 But man vainly λ buoys himself up with words; and a mortal born of woman *is* like an ass of the desert. 13 For if thou hast made thine heart pure, and liftest up *thine* hands towards him; 14 if there is any iniquity in thy hands, put it far from thee, and let not unrighteousness lodge in thy habitation. 15 For thus shall thy countenance shine again, as pure water; and thou shalt divest thyself of uncleanness, and shalt not fear. 16 And thou shalt forget trouble, as a wave that has passed by; and thou shalt not be scared. 17 And thy prayer *shall be* as the morning star, and life shall arise to thee *as* from the noonday. 18 And thou shalt be confident, because

---

β *Or,* life. γ See chap. 7. 1, note. δ *Gr.* life of my time. ζ *Gr.* shall. θ *Gr.* improprieties. λ *Gr.* floats, *or,* swims.

thou hast hope; and peace shall dawn to thee from out of anxiety and care. [19] For thou shalt be at ease, and there shall be no one to fight against thee; and many shall charge, and make supplication to thee. [20] But safety shall fail them; for their hope is destruction, and the eyes of the ungodly shall waste away.

And Job answered and said,

[2] So then ye *alone* are men, and wisdom shall die with you? [3] *But* I also have a heart as well as you. [4] For a righteous and blameless man has become a subject for mockery. [5] For it had been ordained that he should fall under others β at the appointed time, and that his houses should be spoiled by transgressors: let not however any one trust that, being evil, he shall be *held* guiltless, [6] even as many as provoke the Lord, if there were indeed to be no inquisition *made* of them.

[7] But ask now the beasts, if they may speak to thee; and the birds of the air, if they may declare to thee. [8] Tell the earth, if it may speak to thee: and the fishes of the sea shall explain to thee. [9] Who then has not known in all these things, that the hand of the Lord has made them? [10] Whereas the life of all living things is in his hand, and the breath of every man.

[11] For the ear tries words, and the γ palate tastes meats. [12] In length of time is wisdom, and in long life knowledge. [13] With him are wisdom and power, with him counsel and understanding. [14] If he should cast down, who will build up? if he should shut up against men, who shall open? [15] If he should withhold the water, he will dry the earth: and if he should let it loose, he overthrows and destroys it. [16] With him are strength and power: he has knowledge and understanding. [17] He leads counsellors away captive, and maddens the judges of the earth. [18] He seats kings upon thrones, and girds their loins with a girdle. [19] He sends away priests into captivity, and overthrows the mighty ones of the earth. [20] He changes the lips of the trusty, and he knows the understanding of the elders. [21] He pours dishonour upon princes, and heals the lowly. [22] Revealing deep things out of darkness: and he has brought into light the shadow of death. [23] Causing the nations to wander, and destroying them: overthrowing the nations, and leading them *away*. [24] Perplexing the minds of the princes of the earth: and he causes them to wander in a way they have not known, *saying*, [25] Let them grope *in* darkness, and *let there be* no light, and let them wander as a drunken man.

Behold, mine eye has seen these things, and mine ear has heard *them*. [2] And I know all that ye too know; and I have not less understanding than you.

[3] Nevertheless I will speak to the Lord, and I will reason before him, if he will. [4] But ye are all bad physicians, and healers of diseases. [5] But would that ye were silent, and it would be wisdom to you in the end.

[6] But hear ye the reasoning of my mouth, and attend to the judgment of my lips. [7] Do ye not speak before the Lord, and utter deceit before him? [8] Or will ye draw back? nay, do ye yourselves be judges. [9] For *it were* well if he would thoroughly search you: for though doing all things *in your power* ye should attach

μερίμνης καὶ φροντίδος ἀναφανεῖταί σοι εἰρήνη· Ἡσυχάσεις 19 γάρ, καὶ οὐκ ἔσται ὁ πολεμῶν σε· μεταβαλόμενοι δὲ πολλοί σου δεηθήσονται. Σωτηρία δὲ αὐτοὺς ἀπολείψει· ἡ γὰρ 20 ἐλπὶς αὐτῶν ἀπώλεια, ὀφθαλμοὶ δὲ ἀσεβῶν τακήσονται.

Ὑπολαβὼν δὲ Ἰὼβ, λέγει,   12

Εἶτα ὑμεῖς ἐστε ἄνθρωποι, ἢ μεθ᾿ ὑμῶν τελευτήσει σοφία; 2 Κἀμοὶ μὲν καρδία καθ᾿ ὑμᾶς ἐστι. Δίκαιος γὰρ ἀνὴρ καὶ 3, 4 ἄμεμπτος ἐγεννήθη εἰς χλεύασμα· Εἰς χρόνον γὰρ τακτὸν 5 ἡτοίμαστο πεσεῖν ὑπὸ ἄλλων, οἴκους τε αὐτοῦ ἐκπορθεῖσθαι ὑπὸ ἀνόμων· οὐ μὴν δὲ ἀλλὰ μηδεὶς πεποιθέτω πονηρὸς ὢν ἀθῶος ἔσεσθαι, ὅσοι παροργίζουσι τὸν Κύριον, ὡς οὐχὶ 6 καὶ ἔτασις αὐτῶν ἔσται.

Ἀλλὰ δὴ ἐρώτησον τετράποδα ἐάν σοι εἴπωσι, πετεινὰ δὲ 7 οὐρανοῦ ἐάν σοι ἀπαγγείλωσιν. Ἐκδιήγησαι γῇ, ἐάν σοι 8 φράσῃ, καὶ ἐξηγήσονταί σοι οἱ ἰχθύες τῆς θαλάσσης. Τίς 9 οὖν οὐκ ἔγνω ἐν πᾶσι τούτοις, ὅτι χεὶρ Κυρίου ἐποίησε ταῦτα; Εἰ μὴ ἐν χειρὶ αὐτοῦ ψυχὴ πάντων ζώντων, καὶ 10 πνεῦμα παντὸς ἀνθρώπου.

Οὓς μὲν γὰρ ῥήματα διακρίνει, λάρυγξ δὲ σῖτα γεύεται. 11 Ἐν πολλῷ χρόνῳ σοφία, ἐν δὲ πολλῷ βίῳ ἐπιστήμη. 12 Παρ᾿ αὐτῷ σοφία καὶ δύναμις, αὐτῷ βουλὴ καὶ σύνεσις. 13 Ἐὰν καταβάλῃ, τίς οἰκοδομήσει; ἐὰν κλείσῃ κατ᾿ ἀνθρώπων, 14 τίς ἀνοίξει; Ἐὰν κωλύσῃ τὸ ὕδωρ, ξηρανεῖ τὴν γῆν· ἐὰν 15 δὲ ἐπαφῇ, ἀπώλεσεν αὐτὴν καταστρέψας. Παρ᾿ αὐτῷ κράτος 16 καὶ ἰσχύς, αὐτῷ ἐπιστήμη καὶ σύνεσις. Διάγων βουλευτὰς 17 αἰχμαλώτους, κριτὰς δὲ γῆς ἐξέστησε. Καθιζάνων βασιλεῖς 18 ἐπὶ θρόνους, καὶ περιέδησε ζώνῃ ὀσφύας αὐτῶν. Ἐξαπο- 19 στέλλων ἱερεῖς αἰχμαλώτους, δυνάστας δὲ γῆς κατέστρεψε. Διαλλάσσων χείλη πιστῶν, σύνεσιν δὲ πρεσβυτέρων ἔγνω. 20 Ἐκχέων ἀτιμίαν ἐπ᾿ ἄρχοντας, ταπεινοὺς δὲ ἰάσατο. 21 Ἀνακαλύπτων βαθέα ἐκ σκότους, ἐξήγαγε δὲ εἰς φῶς σκιὰν 22 θανάτου. Πλανῶν ἔθνη καὶ ἀπολλύων αὐτά, καταστρων- 23 νύων ἔθνη καὶ καθοδηγῶν αὐτά. Διαλλάσσων καρδίας 24 ἀρχόντων γῆς· ἐπλάνησε δὲ αὐτοὺς ἐν ὁδῷ ᾗ οὐκ ᾔδεισαν. Ψηλαφήσαισαν σκότος καὶ μὴ φῶς, πλανηθείησαν δὲ ὥσπερ 25 ὁ μεθύων.

Ἰδοὺ ταῦτα ἑώρακέ μου ὁ ὀφθαλμός, καὶ ἀκήκοέ μου τὸ 13 οὖς. Καὶ οἶδα ὅσα καὶ ὑμεῖς ἐπίστασθε, καὶ οὐκ ἀσυν- 2 ετώτερός εἰμι ὑμῶν.

Οὐ μὴν δὲ ἀλλ᾿ ἐγὼ πρὸς Κύριον λαλήσω, ἐλέγξω δὲ 3 ἐναντίον αὐτοῦ ἐὰν βούληται. Ὑμεῖς δὲ ἐστε ἰατροὶ ἄδικοι, 4 καὶ ἰαταὶ κακῶν πάντες. Εἴη δὲ ὑμῖν κωφεῦσαι, καὶ ἀπο- 5 βήσεται ὑμῖν σοφία.

Ἀκούσατε δὲ ἔλεγχον τοῦ στόματός μου, κρίσιν δὲ 6 χειλέων μου προσέχετε. Πότερον οὐκ ἔναντι Κυρίου 7 λαλεῖτε, ἔναντι δὲ αὐτοῦ φθέγγεσθε δόλον; Ἢ ὑποστε- 8 λεῖσθε; ὑμεῖς δὲ αὐτοὶ κριταὶ γίνεσθε. Καλὸν γὰρ ἐὰν 9 ἐξιχνιάσῃ ὑμᾶς· εἰ γὰρ τὰ πάντα ποιοῦντες προστεθήσεσθε

β *Or*, for.   γ *Gr.* throat.

10 αὐτῷ, οὐθὲν ἧττον ἐλέγξει ὑμᾶς· εἰ δὲ καὶ κρυφῇ πρόσωπα
11 θαυμάσεσθε, πότερον οὐχ ἡ δίνα αὐτοῦ στροβήσει ὑμᾶς;
12 ὁ φόβος δὲ παρ' αὐτοῦ ἐπιπεσεῖται ὑμῖν, ἀποβήσεται δὲ ὑμῶν
τὸ γαυρίαμα ἴσα σποδῷ, τὸ δὲ σῶμα πήλινον.

13   Κωφεύσατε ἵνα λαλήσω, καὶ ἀναπαύσωμαι θυμοῦ,
14 ἀναλαβὼν τὰς σάρκας μου τοῖς ὀδοῦσι, ψυχὴν δέ μου θήσω
15 ἐν χειρί. Ἐάν με χειρώσηται ὁ δυνάστης, ἐπεὶ καὶ ἦρκται,
16 ἦ μὴν λαλήσω καὶ ἐλέγξω ἐναντίον αὐτοῦ· Καὶ τοῦτό μοι
ἀποβήσεται εἰς σωτηρίαν, οὐ γὰρ ἐναντίον αὐτοῦ δόλος
17 εἰσελεύσεται. Ἀκούσατε ἀκούσατε τὰ ῥήματά μου, ἀναγγελῶ
18 γὰρ ὑμῶν ἀκουόντων. Ἰδοὺ ἐγὼ ἐγγύς εἰμι τοῦ κρίματός
19 μου, οἶδα ἐγὼ ὅτι δίκαιος ἀναφανοῦμαι. Τίς γάρ ἐστιν
ὁ κριθησόμενός μοι, ὅτι νῦν κωφεύσω καὶ ἐκλείψω;

20   Δυεῖν δέ μοι χρήσῃ, τότε ἀπὸ τοῦ προσώπου σου οὐ
21 κρυβήσομαι. Τὴν χεῖρα ἀπ' ἐμοῦ ἀπέχου, καὶ ὁ φόβος σου
22 μή με καταπλησσέτω. Εἶτα καλέσεις, ἐγὼ δέ σοι ὑπ-
ακούσομαι, ἢ λαλήσεις, ἐγὼ δέ σοι δώσω ἀνταπόκρισιν·
23 Πόσαι εἰσὶν αἱ ἁμαρτίαι μου καὶ ἀνομίαι μου; δίδαξόν με
τίνες εἰσί.

24   Διατί ἀπ' ἐμοῦ κρύπτῃ, ἥγησαι δέ με ὑπεναντίον σοι;
25 Ἢ ὡς φύλλον κινούμενον ὑπὸ ἀνέμου εὐλαβηθήσῃ, ἢ ὡς
26 χόρτῳ φερομένῳ ὑπὸ πνεύματος ἀντίκεισαί μοι; Ὅτι
κατέγραψας κατ' ἐμοῦ κακά, περιέθηκας δέ μοι νεότητος
27 ἁμαρτίας. Ἔθου δέ μου τὸν πόδα ἐν κωλύματι, ἐφύλαξας
δέ μου πάντα τὰ ἔργα, εἰς δὲ ῥίζας τῶν ποδῶν μου ἀφίκου.
28 Ὃ παλαιοῦται ἴσα ἀσκῷ, ἢ ὥσπερ ἱμάτιον σητόβρωτον.

14   Βροτὸς γὰρ γεννητὸς γυναικὸς, ὀλιγόβιος, καὶ πλήρης
2 ὀργῆς· ἢ ὥσπερ ἄνθος ἀνθήσαν ἐξέπεσεν, ἀπέδρα δὲ ὥσπερ
3 σκιὰ, καὶ οὐ μὴ στῇ. Οὐχὶ καὶ τούτου λόγον ἐποιήσω, καὶ
4 τοῦτον ἐποίησας εἰσελθεῖν ἐν κρίματι ἐνώπιόν σου; Τίς
5 γὰρ καθαρὸς ἔσται ἀπὸ ῥύπου; ἀλλ' οὐθεὶς, ἐὰν καὶ μία
ἡμέρα ὁ βίος αὐτοῦ ἐπὶ τῆς γῆς· ἀριθμητοὶ δὲ μῆνες αὐτοῦ
παρ' αὐτοῦ· εἰς χρόνον ἔθου, καὶ οὐ μὴ ὑπερβῇ.

6   Ἀπόστα ἀπ' αὐτοῦ, ἵνα ἡσυχάσῃ, καὶ εὐδοκήσῃ τὸν
βίον, ὥσπερ ὁ μισθωτός.

7   Ἔστι γὰρ δένδρῳ ἐλπὶς, ἐὰν γὰρ ἐκκοπῇ, ἔτι ἐπανθήσει,
8 καὶ ὁ ῥάδαμνος αὐτοῦ οὐ μὴ ἐκλείπῃ. Ἐὰν γὰρ γηράσῃ
9 ἐν γῇ ἡ ῥίζα αὐτοῦ, ἐν δὲ πέτρᾳ τελευτήσῃ, τὸ στέλεχος
αὐτοῦ ἀπὸ ὀσμῆς ὕδατος ἀνθήσει, ποιήσει δὲ θερισμὸν,
10 ὥσπερ νεόφυτον. Ἀνὴρ δὲ τελευτήσας ᾤχετο, πεσὼν δὲ
11 βροτὸς οὐκ ἔτι ἐστί. Χρόνῳ γὰρ σπανίζεται θάλασσα,
12 ποταμὸς δὲ ἐρημωθεὶς ἐξηράνθη. Ἄνθρωπος δὲ κοιμηθεὶς
οὐ μὴν ἀναστῇ ἕως ἂν ὁ οὐρανὸς οὐ μὴ συρραφῇ, καὶ οὐκ
ἐξυπνισθήσονται ἐξ ὕπνου αὐτῶν.

13   Εἰ γὰρ ὄφελον ἐν ᾅδῃ με ἐφύλαξας, ἔκρυψας δέ με ἕως
ἂν παύσηταί σου ἡ ὀργὴ, καὶ τάξῃ μοι χρόνον ἐν ᾧ μνείαν
14 μου ποιήσῃ. Ἐὰν γὰρ ἀποθάνῃ ἄνθρωπος, ζήσεται συντε-
λέσας ἡμέρας τοῦ βίου αὐτοῦ· ὑπομενῶ ἕως πάλιν γένωμαι;

yourselves to him, [10] he will not reprove you at all the less: but if moreover ye should secretly respect persons, [11] shall not his whirlpool sweep you round, and terror from him fall upon you? [12] And your glorying shall prove in the end to you like ashes, and your body *like a body* of clay.

[13] Be silent, that I may speak, and cease from *mine* anger, [14] β while I may take my flesh in my teeth, and put my life in my hand. [15] Though the Mighty One should lay hand upon me, forasmuch as he has begun, verily I will speak, and plead before him. [16] And this shall turn to me for salvation; for fraud shall have no entrance before him. [17] Hear, hear ye my words, for I will declare in your hearing. [18] Behold, I am near my judgment: I know that I shall appear evidently just. [19] For who is he that shall plead with me, that I should now be silent, and γ expire?

[20] But grant me two things: then I will not hide myself from thy face. [21] Withhold *thine* hand from me: and let not thy fear terrify me. [22] Then shalt thou call, and I will hearken to thee: or thou shalt speak, and I will give thee an answer. [23] How many are my sins and my transgressions? teach me what they are.

[24] Wherefore hidest thou thyself from me, and deemest me thine enemy? [25] Wilt thou be startled *at me*, as *at* a leaf shaken by the wind? or wilt thou set thyself against me as against grass borne upon the breeze? [26] For thou hast written evil things against me, and thou hast compassed me with the sins of my youth. [27] And thou hast placed my foot in the stocks; and thou hast watched all my works, and hast penetrated to my heels. [28] *I am as* that which waxes old like a δ bottle, or like a moth-eaten garment.

For a mortal born of a woman *is* short-lived, and full of ϛ wrath. [2] Or he falls like a flower that has bloomed; and he departs like a shadow, and cannot continue. [3] Hast thou not taken account even of him, and caused him to enter into judgment before thee? [4] For who shall be pure from uncleanness? not even one; [5] if even his life should be *but* one day upon the earth: and his months are numbered by him: thou hast appointed *him* for a time, and he shall by no means exceed *it*.

[6] Depart from him, that he may be quiet, and take pleasure in his life, *though* as a hireling.

[7] For there is hope for a tree, even if it should be cut down, *that* it shall blossom again, and its branch shall not fail. [8] For though its root should grow old in the earth, and its stem die in the rock; [9] it will blossom from the scent of water, and will produce a crop, as one newly planted. [10] But a man that has died is utterly gone; and when a mortal has fallen, he is no more. [11] For the sea wastes in *length of* time, and a river fails and is dried up. [12] And man that has lain down *in death* shall certainly not rise again till the heaven θ be dissolved, and they shall not awake from their sleep.

[13] For oh that thou hadst kept me in the grave, and hadst hidden me until thy wrath should cease, and thou shouldest set me a time in which thou wouldest remember me! [14] For if a man should die, shall he live *again*, having accomplished the days of his life? I will wait

---

β *Gr.* having taken.   γ *Gr.* faint, etc.   δ *Or*, bladder.   ϛ *Or*, vengeance, *q. d. passively.*   θ *Gr.* be not sewn together.

till I ^βexist again? ¹⁵ Then shalt thou call, and I will hearken to thee: but do not thou reject the work of thine hands. ¹⁶ But thou hast numbered my devices: and not one of my sins shall escape thee? ¹⁷ And thou hast sealed up my transgressions in a ^γ bag, and marked if I have been guilty of any transgression unawares.

¹⁸ And verily a mountain falling will utterly be destroyed, and a rock shall be worn out of its place. ¹⁹ The waters wear the stones, and waters falling headlong *overflow* a heap of the earth: and thou destroyest the ^δ hope of man. ²⁰ Thou drivest him to an end, and he is gone: thou settest thy face against him, and sendest him away; ²¹ and though his children be multiplied, he knows *it* not; and if they be few, he is not aware. ²² But his flesh is in pain, and his soul mourns.

Then Eliphaz the Thæmanite answered and said, ² Will a wise man give for answer a *mere* breath of wisdom? and does he fill up the pain of his belly, ³ reasoning with improper sayings, and with words wherein is no profit? ⁴ Hast not thou moreover cast off fear, and accomplished such words before the Lord? ⁵ Thou art guilty by the words of thy mouth, neither hast thou discerned the words of the mighty. ⁶ Let thine own mouth, and not me, reprove thee: and thy lips shall testify against thee.

⁷ What! art thou the first man that was born? or wert thou established before the hills? ⁸ Or hast thou heard the ordinance of the Lord? or has God used thee as *his* counsellor? and has wisdom come *only* to thee? ⁹ For what knowest thou, that we know not? or what understandest thou, which we do not also? ¹⁰ Truly among us *are* both the old and very aged man, more advanced in days than thy father. ¹¹ Thou hast been scourged for *but* few of thy sins: thou hast spoken haughtily *and* extravagantly.

¹² What has thine heart dared? or what have thine eyes *aimed at*, ¹³ that thou hast vented *thy* rage before the Lord, and delivered such words from *thy* mouth? ¹⁴ For who, being a mortal, *is such* that he shall be blameless? or, *who that is* born of a woman, that he should be just? ¹⁵ Forasmuch as he ^ζ trusts not his saints; and the heaven is not pure before him. ¹⁶ Alas then, abominable and unclean is man, drinking unrighteousness as a draught.

¹⁷ But I will tell thee, hearken to me; I will tell thee now what I have seen; ¹⁸ things wise men say, and their fathers have not hidden. ¹⁹ To them alone the earth was given, and no stranger came upon them. ²⁰ All the life of the ungodly *is spent* in care, and the years granted to the oppressor are numbered. ²¹ And his terror is in his ears: just when he seems to be at peace, his overthrow will come. ²² Let him not trust that he shall return from darkness, for he has been already made over to the power of the sword. ²³ And he has been appointed to be food for vultures; and he knows within himself that he is doomed to be a carcase: and a dark day shall carry him away as with a whirlwind. ²⁴ Distress also and anguish shall come upon him: he shall fall as a captain in the first rank. ²⁵ For he has lifted his hands

Εἶτα καλέσεις, ἐγὼ δέ σοι ὑπακούσομαι, τὰ δὲ ἔργα τῶν 15 χειρῶν σου μὴ ἀποποιοῦ. Ἡρίθμησας δέ μου τὰ ἐπιτη- 16 δεύματα, καὶ οὐ μὴ παρέλθῃ σε οὐδὲν τῶν ἁμαρτιῶν μου; Ἐσφράγισας δέ μου τὰς ἀνομίας ἐν βαλαντίῳ, ἐπεσημήνω δὲ 17 εἴτι ἄκων παρέβην.

Καὶ πλὴν ὄρος πίπτον διαπεσεῖται, καὶ πέτρα παλαιω- 18 θήσεται ἐκ τοῦ τόπου αὐτῆς. Λίθους ἐλέαναν ὕδατα, καὶ 19 κατέκλυσεν ὕδατα ὕπτια τοῦ χώματος τῆς γῆς· καὶ ὑπο- μονὴν ἀνθρώπου ἀπώλεσας. Ὦσας αὐτὸν εἰς τέλος, καὶ 20 ᾤχετο· ἐπέστησας αὐτῷ τὸ πρόσωπον, καὶ ἐξαπέστειλας, πολλῶν δὲ γενομένων τῶν υἱῶν αὐτοῦ, οὐκ οἶδεν· ἐὰν δὲ 21 ὀλίγοι γένωνται, οὐκ ἐπέσταται. Ἀλλ᾿ ἢ αἱ σάρκες αὐτοῦ 22 ἤλγησαν, ἡ δὲ ψυχὴ αὐτοῦ ἐπένθησεν.

Ὑπολαβὼν δὲ Ἐλιφὰζ ὁ Θαιμανίτης, λέγει,   15

Πότερον σοφὸς ἀπόκρισιν δώσει συνέσεως πνεῦμα, καὶ 2 ἐνέπλησε πόνον γαστρός, ἐλέγχων ἐν ῥήμασιν οἷς οὐ δεῖ, 3 καὶ ἐν λόγοις οἷς οὐδὲν ὄφελος; Οὐ καὶ σὺ ἀπεποιήσω 4 φόβον, συνετελέσω δὲ ῥήματα τοιαῦτα ἔναντι τοῦ Κυρίου; Ἔνοχος εἶ ῥήμασι στόματός σου, οὐδὲ διέκρινας ῥήματα 5 δυναστῶν. Ἐλέγξαι σε τὸ σὸν στόμα καὶ μὴ ἐγώ, τὰ δὲ 6 χείλη σου καταμαρτυρήσουσι σου.

Τί γάρ; μὴ πρῶτος ἀνθρώπων ἐγεννήθης; ἢ πρὸ θινῶν 7 ἐπάγης; Ἢ σύνταγμα Κυρίου ἀκήκοας; ἢ συμβούλῳ σοι 8 ἐχρήσατο ὁ Θεός; εἰς δέ σε ἀφίκετο σοφία; Τί γὰρ οἶδας, 9 ὃ οὐκ οἴδαμεν; ἢ τί συνίεις σύ, ὃ οὐ καὶ ἡμεῖς; Καί γε 10 πρεσβύτης καί γε παλαιὸς ἐν ἡμῖν, βαρύτερος τοῦ πατρός σου ἡμέραις. Ὀλίγα ὧν ἡμάρτηκας μεμαστίγωσαι, μεγάλως 11 ὑπερβαλλόντως λελάληκας.

Τί ἐτόλμησεν ἡ καρδία σου; ἢ τί ἐπήνεγκαν οἱ ὀφθαλμοί 12 σου, ὅτι θυμὸν ἔρρηξας ἔναντι Κυρίου, ἐξήγαγες δὲ ἐκ στό- 13 ματος ῥήματα τοιαῦτα; Τίς γὰρ ὢν βροτός, ὅτι ἔσται 14 ἄμεμπτος; ἢ ὡς ἐσόμενος δίκαιος γεννητὸς γυναικός; Εἰ 15 κατὰ ἁγίων οὐ πιστεύει, οὐρανὸς δὲ οὐ καθαρὸς ἐναντίον αὐτοῦ. Ἔα δὲ ἐβδελυγμένος καὶ ἀκάθαρτος ἀνήρ, πίνων 16 ἀδικίας ἴσα ποτῷ.

Ἀναγγελῶ δέ σοι, ἄκουέ μου, ἃ δὴ ἑώρακα, ἀναγγελῶ 17 σοι, ἃ σοφοὶ ἐροῦσι, καὶ οὐκ ἔκρυψαν πατέρες αὐτῶν. 18 Αὐτοῖς μόνοις ἐδόθη ἡ γῆ, καὶ οὐκ ἐπῆλθεν ἀλλογενὴς 19 ἐπ᾿ αὐτούς. Πᾶς ὁ βίος ἀσεβοῦς ἐν φροντίδι, ἔτη δὲ ἀριθμητὰ 20 δεδομένα δυνάστῃ. Ὁ δὲ φόβος αὐτοῦ ἐν ὠσὶν αὐτοῦ· 21 ὅταν δοκῇ ἤδη εἰρηνεύειν, ἥξει αὐτοῦ ἡ καταστροφή. Μὴ 22 πιστευέτω ἀποστραφῆναι ἀπὸ σκότους, ἐντέταλται γὰρ ἤδη εἰς χεῖρας σιδήρου, κατατέτακται δὲ εἰς σῖτα γυψίν· οἶδε δὲ 23 ἐν ἑαυτῷ ὅτι μένει εἰς πτῶμα· ἡμέρα δὲ σκοτεινὴ αὐτὸν 24 στροβήσει, ἀνάγκη δὲ καὶ θλίψις αὐτὸν καθέξει, ὥσπερ στρατηγὸς πρωτοστάτης πίπτων· Ὅτι ἦρκε χεῖρας ἐναντίον 25

β Or, am made again.   γ Or, purse.   δ Or, patience, *or*, endurance.   ζ Or, believes not *charges* against, see chap. 4. 18.

τοῦ Κυρίου, ἔναντι δὲ Κυρίου παντοκράτορος ἐτραχηλίασεν.
26 Ἔδραμε δὲ ἐναντίον αὐτοῦ ὕβρει ἐν πάχει νώτου ἀσπίδος
27 αὐτοῦ. Ὅτι ἐκάλυψε τὸ πρόσωπον αὐτοῦ ἐν στέατι αὐτοῦ,
28 καὶ ἐποίησε περιστόμιον ἐπὶ τῶν μηρίων. Αὐλισθείη δὲ
πόλεις ἐρήμους, εἰσέλθοι δὲ εἰς οἴκους ἀοικήτους· ἃ δὲ
ἐκεῖνοι ἡτοίμασαν, ἄλλοι ἀποίσονται.

29 Οὔτε μὴ πλουτισθῇ, οὔτε μὴ μείνῃ αὐτοῦ τὰ ὑπάρχοντα·
30 οὐ μὴ βάλῃ ἐπὶ τὴν γῆν σκιὰν, οὐδὲ μὴ ἐκφύγῃ τὸ
σκότος· τὸν βλαστὸν αὐτοῦ μαράναι ἄνεμος, ἐκπέσοι δὲ
31 αὐτοῦ τὸ ἄνθος. Μὴ πιστευέτω ὅτι ὑπομενεῖ, κενὰ γὰρ
32 ἀποβήσεται αὐτῷ. Ἡ τομὴ αὐτοῦ πρὸ ὥρας φθαρήσεται,
33 καὶ ὁ ῥάδαμνος αὐτοῦ οὐ μὴ πυκάσῃ. Τρυγηθείη δὲ ὡς
34 ὄμφαξ πρὸ ὥρας, ἐκπέσοι δὲ ὡς ἄνθος ἐλαίας. Μαρτύριον
γὰρ ἀσεβοῦς θάνατος· πῦρ δὲ καύσει οἴκους δωροδεκτῶν·
35 Ἐν γαστρὶ δὲ λήψεται ὀδύνας, ἀποβήσεται δὲ αὐτῷ κενὰ, ἡ
δὲ κοιλία αὐτοῦ ὑποίσει δόλον.

16 Ὑπολαβὼν δὲ Ἰὼβ, λέγει,
2 Ἀκήκοα τοιαῦτα πολλὰ, παρακλήτορες κακῶν πάντες.
3 Τί γάρ; μὴ τάξις ἐστὶ ῥήμασι πνεύματος; ἢ τί παρεν-
4 οχλήσει σοι ὅτι ἀποκρίνῃ; Κἀγὼ καθ᾽ ὑμᾶς λαλήσω· εἰ
5 ὑπέκειτό γε ἡ ψυχὴ ὑμῶν ἀντὶ τῆς ἐμῆς, εἶτ᾽ ἐναλοῦμαι ὑμῖν
6 ῥήμασι· κινήσω δὲ καθ᾽ ὑμῶν κεφαλήν. Εἴη δὲ ἰσχὺς ἐν τῷ
στόματί μου, κίνησιν δὲ χειλέων οὐ φείσομαι.

7 Ἐὰν γὰρ λαλήσω, οὐκ ἀλγήσω τὸ τραῦμα· ἐὰν δὲ καὶ
8 σιωπήσω, τί ἔλαττον τρωθήσομαι; Νῦν δὲ κατάκοπόν με
9 πεποίηκε μωρὸν σεσηπότα, καὶ ἐπελάβου μου. Εἰς μαρτύριον
ἐγενήθη, καὶ ἀνέστη ἐν ἐμοὶ τὸ ψεῦδός μου, κατὰ πρόσωπόν
μου ἀνταπεκρίθη.

10 Ὀργῇ χρησάμενος κατέβαλέ με, ἔβρυξεν ἐπ᾽ ἐμὲ τοὺς
11 ὀδόντας, βέλη πειρατῶν αὐτοῦ ἐπ᾽ ἐμοὶ ἔπεσαν. Ἀκίσιν
ὀφθαλμῶν ἐνήλατο, ὀξεῖ ἔπαισέ με εἰς τὰ γόνατα, ὁμοθυ-
μαδὸν δὲ κατέδραμον ἐπ᾽ ἐμοί.

12 Παρέδωκε γάρ με ὁ Κύριος εἰς χεῖρας ἀδίκων, ἐπὶ δὲ
13 ἀσεβέσιν ἔρριψέ με. Εἰρηνεύοντα διεσκέδασέ με· λαβών με
14 τῆς κόμης διέτιλε, κατέστησέ με ὥσπερ σκοπόν. Ἐκύ-
κλωσάν με λόγχαις βάλλοντες εἰς νεφρούς μου, οὐ φειδόμενοι
15 ἐξέχεαν εἰς τὴν γῆν τὴν χολήν μου. Κατέβαλόν με πτῶμα
16 ἐπὶ πτώματι, ἔδραμον πρὸς μὲ δυνάμενοι. Σάκκον ἔρραψαν
17 ἐπὶ βύρσης μου, τὸ δὲ σθένος μου ἐν γῇ ἐσβέσθη. Ἡ
γαστήρ μου συγκέκαυται ἀπὸ κλαυθμοῦ, ἐπὶ δὲ βλεφάροις
18 μου σκιά. Ἄδικον δὲ οὐδὲν ἦν ἐν χερσί μου, εὐχὴ δέ μου
καθαρά.

19 Γῆ μὴ ἐπικαλύψῃς ἐφ᾽ αἵματι τῆς σαρκός μου, μηδὲ εἴη
20 τόπος τῇ κραυγῇ μου. Καὶ νῦν ἰδοὺ ἐν οὐρανοῖς ὁ μάρτυς
21 μου, ὁ δὲ συνίστωρ μου ἐν ὑψίστοις. Ἀφίκοιτό μου ἡ
δέησις πρὸς Κύριον, ἔναντι δὲ αὐτοῦ στάζοι μου ὁ ὀφθαλμός.
22 Εἴη δὲ ἔλεγχος ἀνδρὶ ἔναντι Κυρίου, καὶ υἱῷ ἀνθρώπου τῷ

β against the Lord, and he has γ hardened his neck against the Almighty Lord. [26] And he has run against him with insolence, on the thickness of the back of his shield. [27] For he has covered his face with his fat, and made δ layers of fat upon his thighs. [28] And let him lodge in desolate cities, and enter into houses without inhabitant: and what they have prepared, others shall carry away.

[29] Neither shall he at all grow rich, nor shall his substance remain: he shall not cast a shadow upon the earth. [30] Neither shall he in any wise escape the darkness: let the wind blast his blossom, and let his flower fall off. [31] Let him not think that he shall endure; for his end shall be vanity. [32] ζ His harvest shall perish before the time, and his branch shall not flourish. [33] And let him be gathered as the unripe grape before the time, and let him fall as the blossom of the olive. [34] For death is the witness of an ungodly man, and fire shall burn the houses of them that receive gifts. [35] And he shall conceive sorrows, and his end shall be vanity, and his belly shall bear deceit.

But Job answered and said, [2] I have heard many such things: poor comforters are ye all. [3] What! is there any reason in vain words? or what will hinder thee from answering? [4] I also will speak θ as ye do: if indeed your soul were in my soul's stead, [5] then would I insult you with words, and I would shake my head at you. [6] And would there were strength in my mouth, and I would not spare the movement of my lips.

[7] For if I should speak, I shall not feel the pain of my wound: and if I should be silent, how shall I be wounded the less? [8] But now he has made me weary, and a λ worn-out fool; and thou hast laid hold of me. [9] My falsehood has become a testimony, and has risen up against me: it has confronted me to my face.

[10] In his anger he has cast me down; he has gnashed his teeth upon me: the weapons of his μ robbers have fallen upon me. [11] He has attacked me with the keen glances of his eyes; with his sharp spear he has smitten me down upon my knees; and they have run upon me with one accord. [12] For the Lord has delivered me into the hands of unrighteous men, and thrown me upon the ungodly. [13] When I was at peace he distracted me: he took me by the hair of the head, and plucked it out: he set me up as a mark. [14] They surrounded me with spears, aiming at my reins: without sparing me they poured out my gall upon the ground. [15] They overthrew me with fall upon fall: they ran upon me in their might. [16] They sewed sackcloth upon my skin, and my strength has been spent on the ground. [17] My belly has been parched with wailing, and ξ darkness is on my eyelids. [18] Yet there was no injustice in my hands, and my prayer is pure.

[19] Earth, cover not over the blood of my flesh, and let my cry have no place. [20] And now, behold, my witness is in heaven, and my advocate is on high. [21] Let my supplication come to the Lord, and let mine eye weep before him. [22] Oh that a man might plead before the Lord, even as the son of man with his

---

β Gr. before. γ Or, proudly raised, etc. δ Gr. a mouth-piece. ζ Possibly, 'his bough lopped before its time, shall perish.'
Gr. 'his cutting.' θ Gr. according to you. λ Gr. decayed, or, corrupted. μ Alex. πειρατηρίων. ξ Lit. shadow.

neighbour! ²³ But my years are numbered and *their end* come, and I shall go by the way by which I shall not return.

I perish, carried away by the wind, and I seek for burial, and obtain *it* not. ² Weary I intreat; and what have I done? and strangers have stolen my goods. ³ Who is this? let him ᵝ join hands with me. ⁴ For thou hast hid their heart from wisdom; therefore thou shalt not exalt them. ⁵ He shall promise mischief to *his* companions: but *their* eyes have failed for *their* children.

⁶ But thou hast made me a byword among the nations, and I am become a scorn to them. ⁷ For my eyes are dimmed through pain; I have been grievously beset by all. ⁸ Wonder has seized true men upon this; and let the just rise up against the transgressor. ⁹ But let the faithful hold on his own way, and let him that is pure of hands take courage. ¹⁰ Howbeit, do ye all strengthen *yourselves* and come now, for I do not find truth in you.

¹¹ My days have passed in groaning, and my heart-strings are broken. ¹² I have turned the night into day: the light is short because of darkness. ¹³ For if I remain, Hades is my habitation: and my bed has been made in darkness. ¹⁴ I have called upon death to be my father, and corruption *to be* my mother and sister. ¹⁵ Where then is yet my hope? or *where* shall I see my good? ¹⁶ Will they go down with me to Hades, or shall we go down together to the tomb?

Then Baldad the Sauchite answered and said, ² How long wilt thou continue? forbear, that we also may speak. ³ For wherefore have we been silent before thee like brutes? ⁴ Anger has possessed thee: for what if thou shouldest die; would *the earth* under heaven be desolate? or shall the mountains be overthrown from their foundations?

⁵ But the light of the ungodly shall be quenched, and their flame shall not go up. ⁶ His light *shall be* darkness in *his* habitation, and his lamp shall be put out with him. ⁷ Let the meanest of men spoil his goods, and let his counsel deceive *him*. ⁸ His foot also has been caught in a snare, *and* let it be entangled in a net. ⁹ And let snares come upon him: he shall strengthen those that thirst ᵞ for his destruction. ¹⁰ His snare is hid in the earth, and that which shall take him is by the path. ¹¹ Let pains destroy him round about, and let many *enemies* come about him, ¹² *vex him* with distressing hunger: and a signal destruction has been prepared for him. ¹³ Let the ᵟ soles of his feet be devoured: and death shall consume his beauty. ¹⁴ And let health be utterly banished from his tabernacle, and let distress seize upon him with a charge from the king. ¹⁵ It shall dwell in his tabernacle in his night: his excellency shall be sown with brimstone. ¹⁶ His roots shall be dried up from beneath, and his crop shall fall away from above. ¹⁷ Let his memorial perish out of the earth, and his name shall be publicly cast out. ¹⁸ Let *one* drive him from light into darkness. ¹⁹ He shall not be known among his people, nor his house preserved on the earth. ²⁰ But strangers shall dwell in his possessions: the last groaned for him, and wonder seized the first.

πλησίον αὐτοῦ. Ἔτη δὲ ἀριθμητὰ ἥκασιν, ὁδῷ δὲ ᾗ οὐκ 23 ἐπαναστραφήσομαι, πορεύσομαι.

Ὀλέκομαι πνεύματι φερόμενος, δέομαι δὲ ταφῆς, καὶ οὐ 17 τυγχάνω. Λίσσομαι κάμνων, καὶ τί ποιήσας; ἔκλεψαν δέ 2 μου τὰ ὑπάρχοντα ἀλλότριοι. Τίς ἐστιν οὗτος; τῇ χειρί 3 μου συνδεθήτω. Ὅτι καρδίαν αὐτῶν ἔκρυψας ἀπὸ φρονή- 4 σεως, διὰ τοῦτο οὐ μὴ ὑψώσῃς αὐτούς. Τῇ μερίδι ἀναγγελεῖ 5 κακίας· ὀφθαλμοὶ δὲ ἐφ᾽ υἱοῖς ἐτάκησαν.

Ἔθου δέ με θρύλλημα ἐν ἔθνεσι, γέλως δὲ αὐτοῖς ἀπέβην. 6 Πεπώρωνται γὰρ ἀπὸ ὀργῆς οἱ ὀφθαλμοί μου, πεπολιόρ- 7 κημαι μεγάλως ὑπὸ πάντων. Θαῦμα ἔσχεν ἀληθινοὺς ἐπὶ 8 τούτῳ, δίκαιος δὲ ἐπὶ παρανόμῳ ἐπανασταίη. Σχοίη δὲ 9 πιστὸς τὴν ἑαυτοῦ ὁδὸν, καθαρὸς δὲ χεῖρας ἀναλάβοι θάρσος. Οὐ μὴν δὲ ἀλλὰ πάντες ἐρείδετε καὶ δεῦτε δὴ, οὐ γὰρ εὑρίσκω 10 ἐν ὑμῖν ἀληθές.

Αἱ ἡμέραι μου παρῆλθον ἐν βρόμῳ, ἐρράγη δὲ τὰ ἄρθρα 11 τῆς καρδίας μου. Νύκτα εἰς ἡμέραν ἔθηκα, φῶς ἐγγὺς ἀπὸ 12 προσώπου σκότους. Ἐὰν γὰρ ὑπομείνω, ᾅδης μου ὁ οἶκος, 13 ἐν δὲ γνόφῳ ἔστρωταί μου ἡ στρωμνή. Θάνατον ἐπεκαλε- 14 σάμην πατέρα μου εἶναι, μητέρα δέ μου καὶ ἀδελφὴν σαπρίαν. Ποῦ οὖν μου ἔτι ἐστὶν ἡ ἐλπίς, ἢ τὰ ἀγαθά μου 15 ὄψομαι; Ἢ μετ᾽ ἐμοῦ εἰς ᾅδην καταβήσονται; ἢ ὁμοθυ- 16 μαδὸν ἐπὶ χώματος καταβησόμεθα;

Ὑπολαβὼν δὲ Βαλδὰδ ὁ Σαυχίτης, λέγει, 18

Μέχρι τίνος οὐ παύσῃ; ἐπίσχες, ἵνα καὶ αὐτοὶ λαλή- 2 σωμεν. Διατί δὲ ὥσπερ τετράποδα σεσιωπήκαμεν ἐναντίον 3 σου; Κέχρηταί σοι ὀργή· τί γὰρ ἐὰν σὺ ἀποθάνῃς, ἀοίκητος 4 ἡ ὑπ᾽ οὐρανόν; ἢ καταστραφήσεται ὄρη ἐκ θεμελίων;

Καὶ φῶς ἀσεβῶν σβεσθήσεται, καὶ οὐκ ἀποβήσεται 5 αὐτῶν ἡ φλόξ. Τὸ φῶς αὐτοῦ σκότος ἐν διαίτῃ, ὁ δὲ λύχνος 6 ἐπ᾽ αὐτῷ σβεσθήσεται. Θηρεύσαισαν ἐλάχιστοι τὰ ὑπάρ- 7 χοντα αὐτοῦ· σφάλαι δὲ αὐτοῦ ἡ βουλή. Ἐμβέβληται δὲ 8 ὁ ποὺς αὐτοῦ ἐν παγίδι, ἐν δικτύῳ ἑλιχθείη. Ἔλθοισαν δὲ 9 ἐπ᾽ αὐτὸν παγίδες, κατισχύσει ἐπ᾽ αὐτὸν διψῶντας. Κέ- 10 κρυπται ἐν τῇ γῇ σχοινίον αὐτοῦ, καὶ ἡ σύλληψις αὐτοῦ ἐπὶ τρίβον. Κύκλῳ ὀλέσαισαν αὐτὸν ὀδύναι· πολλοὶ δὲ 11 περὶ πόδα αὐτοῦ ἔλθοισαν ἐν λιμῷ στενῷ· πτῶμα δὲ αὐτῷ 12 ἡτοίμασται ἐξαίσιον. Βρωθείησαν αὐτοῦ κλῶνες ποδῶν, 13 κατέδεται δὲ αὐτοῦ τὰ ὡραῖα θάνατος. Ἐκραγείη δέ ἐκ 14 διαίτης αὐτοῦ ἴασις, σχοίη δὲ αὐτὸν ἀνάγκη αἰτίᾳ βασιλικῇ. Κατασκηνώσει ἐν τῇ σκηνῇ αὐτοῦ ἐν νυκτὶ αὐτοῦ, κατασπα- 15 ρήσονται τὰ εὐπρεπῆ αὐτοῦ θείῳ. Ὑποκάτωθεν αἱ ῥίζαι 16 αὐτοῦ ξηρανθήσονται, καὶ ἐπάνωθεν ἐπιπεσεῖται θερισμὸς αὐτοῦ. Τὸ μνημόσυνον αὐτοῦ ἀπόλοιτο ἐκ γῆς, καὶ ὑπάρξει 17 ὄνομα αὐτῷ ἐπὶ πρόσωπον ἐξωτέρω. Ἀπώσειεν αὐτὸν ἐκ 18 φωτὸς εἰς σκότος. Οὐκ ἔσται ἐπίγνωστος ἐν λαῷ αὐτοῦ, 19 οὐδὲ σεσωσμένος ἐν τῇ ὑπ᾽ οὐρανὸν ὁ οἶκος αὐτοῦ. Ἀλλ᾽ ἐν 20 τοῖς αὐτοῦ ζήσονται ἕτεροι· ἐπ᾽ αὐτῷ ἐστέναξαν ἔσχατοι, πρώτους δὲ ἔσχε θαῦμα.

ᵝ *Gr.* be bound with my hand.　　　ᵞ *Gr.* against him.　　　ᵟ *Gr.* branches.

21 Οὗτοί εἰσιν οἱ οἶκοι ἀδίκων, οὗτος δὲ ὁ τόπος τῶν μὴ εἰδότων τὸν Κύριον.

19 Ὑπολαβὼν δὲ Ἰώβ, λέγει,

2 Ἕως τίνος ἔγκοπον ποιήσετε ψυχήν μου, καὶ καθαιρεῖτέ με λόγοις; γνῶτε μόνον ὅτι ὁ Κύριος ἐποίησέ με οὕτως.

3 Καταλαλεῖτέ μου, οὐκ αἰσχυνόμενοί με ἐπίκεισθέ μοι.

4 Ναὶ δὴ ἐπ’ ἀληθείας ἐγὼ ἐπλανήθην, παρ’ ἐμοὶ δὲ αὐλίζεται πλάνος· λαλῆσαι ῥήματα ἃ οὐκ ἔδει, τὰ δὲ ῥήματά μου

5 πλανᾶται καὶ οὐκ ἐπὶ καιροῦ. Ἔα δὲ, ὅτι ἐπ’ ἐμοὶ μεγαλύ-

6 νεσθε, ἐνάλλεσθε δέ μοι ὀνείδει. Γνῶτε οὖν ὅτι Κύριός ἐστιν

7 ὁ ταράξας, ὀχύρωμα δὲ αὐτοῦ ἐπ’ ἐμὲ ὕψωσεν. Ἰδοὺ γελῶ ὀνείδει, οὐ λαλήσω· κεκράξομαι, καὶ οὐδαμοῦ κρίμα.

8 Κύκλῳ περιῳκοδόμημαι, καὶ οὐ μὴ διαβῶ· ἐπὶ πρόσωπόν

9 μου σκότος ἔθετο. Τὴν δὲ δόξαν ἀπ’ ἐμοῦ ἐξέδυσεν, ἀφεῖλε

10 δὲ στέφανον ἀπὸ κεφαλῆς μου. Διέσπασέ με κύκλῳ καὶ

11 ᾠχόμην, ἐξέκοψε δὲ ὥσπερ δένδρον τὴν ἐλπίδα μου. Δεινῶς δέ μοι ὀργῇ ἐχρήσατο, ἡγήσατο δέ με ὥσπερ ἐχθρόν.

12 Ὁμοθυμαδὸν δὲ ἦλθον τὰ πειρατήρια αὐτοῦ ἐπ’ ἐμοὶ, ταῖς ὁδοῖς μου ἐκύκλωσαν ἐγκάθετοι.

13 Ἀπ’ ἐμοῦ ἀδελφοί μου ἀπέστησαν, ἔγνωσαν ἀλλοτρίους

14 ἢ ἐμέ· φίλοι δέ μου ἀνελεήμονες γεγόνασιν· Οὐ προσε-ποιήσαντό με οἱ ἐγγύτατοί μου, καὶ οἱ εἰδότες μου τὸ ὄνομα

15 ἐπελάθοντό μου. Γείτονες οἰκίας, θεράπαιναί τε μου,

16 ἀλλογενὴς ἤμην ἐναντίον αὐτῶν. Θεράποντά μου ἐκάλεσα,

17 καὶ οὐχ ὑπήκουσε· στόμα δέ μου ἐδέετο. Καὶ ἱκέτευον τὴν γυναῖκά μου, προσεκαλούμην δὲ κολακεύων υἱοὺς παλλα-

18 κίδων μου· Οἱ δὲ εἰς τὸν αἰῶνά με ἀπεποιήσαντο, ὅταν

19 ἀναστῶ, κατ’ ἐμοῦ λαλοῦσιν. Ἐβδελύξαντό με οἱ ἰδόντες

20 με· οὓς δὴ ἠγαπήκειν, ἐπανέστησάν μοι. Ἐν δέρματί μου ἐσάπησαν αἱ σάρκες μου, τὰ δὲ ὀστᾶ μου ἐν ὀδοῦσιν ἔχεται.

21 Ἐλεήσατέ με, ἐλεήσατέ με, ὦ φίλοι, χεὶρ γὰρ Κυρίου ἡ

22 ἁψαμένη μου ἐστί. Διατί με διώκετε ὥσπερ καὶ ὁ Κύριος; ἀπὸ δὲ σαρκῶν μου οὐκ ἐμπίπλασθε;

23 Τίς γὰρ ἂν δοίη γραφῆναι τὰ ῥήματά μου, τεθῆναι δὲ

24 αὐτὰ ἐν βιβλίῳ εἰς τὸν αἰῶνα, ἐν γραφείῳ σιδηρῷ καὶ

25 μολίβῳ, ἢ ἐν πέτραις ἐγγλυφῆναι; Οἶδα γὰρ ὅτι ἀέννάος

26 ἐστιν ὁ ἐκλύειν με μέλλων, ἐπὶ γῆς ἀναστῆσαι τὸ δέρμα μου

27 τὸ ἀναντλοῦν ταῦτα· παρὰ γὰρ Κυρίου ταῦτά μοι συνε-τελέσθη, ἃ ἐγὼ ἐμαυτῷ συνεπίσταμαι, ἃ ὁ ὀφθαλμός μου ἑώρακε, καὶ οὐκ ἄλλος, πάντα δέ μοι συντετέλεσται ἐν κόλπῳ.

28 Εἰ δὲ καὶ ἐρεῖτε, τί ἐροῦμεν ἔναντι αὐτοῦ, καὶ ῥίζαν λόγου

29 εὑρήσομεν ἐν αὐτῷ; Εὐλαβήθητε δὴ καὶ ὑμεῖς ἀπὸ ἐπι-καλύμματος, θυμὸς γὰρ ἐπ’ ἀνόμους ἐπελεύσεται· καὶ τότε γνώσονται, ποῦ ἐστιν αὐτῶν ἡ ὕλη

20 Ὑπολαβὼν δὲ Σωφὰρ ὁ Μιναῖος, λέγει,

2 Οὐχ οὕτως ὑπελάμβανον ἀντερεῖν σε ταῦτα, καὶ οὐχὶ

3 συνίετε μᾶλλον ἢ καὶ ἐγώ. Παιδείαν ἐντροπῆς μου ἀκούσο-μαι, καὶ πνεῦμα ἐκ τῆς συνέσεως ἀποκρίνεταί μοι.

4 Μὴ ταῦτα ἔγνως ἀπὸ τοῦ ἔτι, ἀφ’ οὗ ἐτέθη ἄνθρωπος ἐπὶ

5 τῆς γῆς; Εὐφροσύνη δὲ ἀσεβῶν πτῶμα ἐξαίσιον, χαρμονὴ

---

[21] These are the houses of the unrighteous, and this is the place of them that know not the Lord.

Then Job answered and said,

[2] How long will ye vex my soul, and destroy me with words? only know that the Lord has dealt with me thus. [3] Ye speak against me; ye do not feel for me, but bear hard upon me. [4] Yea verily, I have erred in truth, (but the error abides with myself) in having spoken words which it was not right *to speak;* and my words err, and are unseasonable. [5] But alas! for ye magnify yourselves against me, and insult me with reproach. [6] Know then that it is the Lord that has troubled *me,* and has raised his bulwark against me. [7] Behold, I β laugh at reproach; I will not speak: *or* I will cry out, but *there is* nowhere judgment. [8] I am fenced round about, and can by no means escape: he has set darkness γ before my face. [9] And he has stripped me of my glory, and has taken the crown from my head. [10] He has torn me round about, and I am gone: and he has cut off my hope like a tree. [11] And he has dreadfully handled me in anger, and has counted me for an enemy. [12] His troops also came upon me with one accord, liers in wait compassed my ways.

[13] My brethren have stood aloof from me; they have recognised strangers *rather* than me: and my friends have become pitiless. [14] My nearest of kin have not acknowledged me, and they that knew my name, have forgotten me. [15] *As for* my δ household, and my maid-servants, I was a stranger before them. [16] I called my servant, and he hearkened not; and my mouth intreated *him.* [17] And I besought my wife, and ς earnestly intreated the sons of my concubines. [18] But they rejected me for ever; whenever I rise up, they speak against me. [19] They that saw me abhorred me: the very persons whom I had loved, rose up against me. [20] My flesh is corrupt under my skin, and my bones are held in *my* teeth. [21] Pity me, pity me, O friends; for it is the hand of the Lord that has touched me. [22] Wherefore do ye persecute me as also the Lord *does,* and are not satisfied with my flesh?

[23] For θ oh that my words were written, and that they were recorded in a book for ever, [24] with an iron pen and lead, or graven in the rocks! [25] For I know that he is eternal who is about to deliver me, [26] and to raise up upon the earth my λ skin that endures these *sufferings:* for these things have been accomplished to me of the Lord; [27] which I am conscious of in myself, which mine eye has seen, and not another, but all have been fulfilled to me in *my* bosom.

[28] But if ye shall also say, What shall we say before him, and *so* find the root of the matter in him? [29] Do ye also beware of μ deceit: for wrath will come upon transgressors; and then shall they know where their ξ substance is.

Then Sophar the Minæan answered and said,

[2] I did not suppose that thou wouldest answer thus: neither do ye understand more than I. [3] I will hear my shameful reproach; and the spirit of my understanding answers me.

[4] Hast thou *not* known these things of old, from the time that man was set upon the earth? [5] But the mirth of the ungodly is a signal down-

---

β *Alex.* λαλῶ.   γ *Heb.* and *Alex.* on his paths.   δ *Gr.* neighbours of the house.   ζ *Gr.* flattering, *or,* fawning.   θ *Gr.* Who would grant, etc.   λ *Alex.* σῶμα, body.   μ *Gr.* disguise. *Alex.* κρίματος, judgment.   ξ *Gr.* wood.

fall, and the joy of transgressors is destruction: ⁶although his gifts should go up to heaven, and his ^βsacrifice reach the clouds. ⁷For when he shall seem to be now established, then he shall utterly perish: and they that knew him shall say, Where is he? ⁸Like a dream that has fled away, he shall not be found; and he has fled like a vision of the night. ⁹The eye has looked upon him, but shall not *see him* again; and his place shall no longer perceive him. ¹⁰Let *his* inferiors destroy his children, and let his hands ^γkindle the fire of sorrow. ¹¹His bones have been filled with *vigour of* his youth, and it shall lie down with him in the dust.

¹²Though evil be sweet in his mouth, *though* he will hide it under his tongue; ¹³though he will not spare it, and will not leave it, but will keep it in the midst of his throat: ¹⁴yet he shall not at all be able to help himself; the gall of an asp is in his belly.

¹⁵*His* wealth unjustly collected shall be vomited up; a messenger *of* ^δ*wrath* shall drag him out of his house. ¹⁶And let him suck the ^ζpoison of serpents, and let the serpent's tongue slay him. ¹⁷Let him not see the ^θmilk of the pastures, nor the ^λsupplies of honey and butter. ¹⁸He has laboured unprofitably and in vain, *for* wealth of which he shall not taste: *it is* as a lean thing, unfit for food, which he cannot swallow. ¹⁹For he has broken down the houses of many ^μmighty men: and he has plundered an habitation, though he built *it* not. ²⁰There is no security to his possessions; he shall not be saved by his desire. ²¹There is nothing remaining of his provisions; therefore his goods shall not flourish. ²²But when he shall seem to be just satisfied, he shall be ^ξstraitened; and all distress shall come upon him.

²³If by any means he would fill his belly, let *God* send upon him the fury of wrath; let him bring a torrent of pains upon him. ²⁴And he shall by no means escape from the power of the sword; let the brazen bow wound him. ²⁵And let the arrow pierce through his body; and ^πlet the stars be against his dwelling-place: let terrors come upon him. ²⁶And let all darkness wait for him: a fire that burns not out shall consume him; and let a stranger plague his house. ²⁷And let the heaven reveal his iniquities, and the earth rise up against him. ²⁸Let destruction bring his house to an end; let a day of wrath come upon him. ²⁹This is the portion of an ungodly man from the Lord, and the possession of his goods *appointed him* by the ^ρall-seeing *God*.

But Job answered and said, ²Hear ye, hear ye my words, that I may not have this consolation from you. ³Raise me, and I will speak; then ye shall not laugh me to scorn. ⁴What! is my reproof of man? and why should I not be angry? ⁵Look upon me, and wonder, laying your hand upon your cheek. ⁶For even when I remember, I am alarmed, and pains seize my flesh. ⁷Wherefore do the ungodly live, and grow old even in wealth? ⁸Their seed is according to *their* desire, and their children are in *their* sight. ⁹Their houses are prosperous, neither *have they* any where *cause for* fear, neither is there a scourge from the Lord upon them. ¹⁰Their cow does not

δὲ παρανόμων ἀπώλεια· ἐὰν ἀναβῇ εἰς οὐρανὸν αὐτοῦ τὰ 6 δῶρα, ἡ δὲ θυσία αὐτοῦ νεφῶν ἅψηται. Ὅταν γὰρ δοκῇ ἤδη 7 κατεστηρίχθαι, τότε εἰς τέλος ἀπολεῖται· οἱ δὲ εἰδότες αὐτὸν ἐροῦσι, ποῦ ἐστιν; Ὥσπερ ἐνύπνιον ἐκπετασθὲν οὐ μὴ 8 εὑρεθῇ, ἔπτη δὲ ὥσπερ φάσμα νυκτερινόν. Ὀφθαλμὸς παρ- 9 έβλεψε, καὶ οὐ προσθήσει, καὶ οὐκ ἔτι προσνοήσει αὐτὸν 10 ὁ τόπος αὐτοῦ. Τοὺς υἱοὺς αὐτοῦ ὀλέσαισαν ἥττονες, αἱ δὲ χεῖρες αὐτοῦ πυρσεύσαισαν ὀδύνας. Ὀστᾶ αὐτοῦ ἐνεπλή- 11 σθησαν νεότητος αὐτοῦ, καὶ μετʼ αὐτοῦ ἐπὶ χώματος κοιμη- θήσεται.

Ἐὰν γλυκανθῇ ἐν στόματι αὐτοῦ κακία, κρύψει αὐτὴν ὑπὸ 12 τὴν γλῶσσαν αὐτοῦ, οὐ φείσεται αὐτῆς, καὶ οὐκ ἐγκατα- 13 λείψει αὐτήν· καὶ συνάξει αὐτὴν ἐν μέσῳ τοῦ λάρυγγος αὐτοῦ, καὶ οὐ μὴ δυνηθῇ βοηθῆσαι ἑαυτῷ· χολὴ ἀσπίδος ἐν 14 γαστρὶ αὐτοῦ.

Πλοῦτος ἀδίκως συναγόμενος ἐξεμεθήσεται, ἐξ οἰκίας 15 αὐτοῦ ἐξελκύσει αὐτὸν ἄγγελος. Θυμὸν δὲ δρακόντων θηλά- 16 σειεν, ἀνέλοι δὲ αὐτὸν γλῶσσα ὄφεως. Μὴ ἴδοι ἄμελξιν 17 νομάδων, μηδὲ νομὰς μέλιτος καὶ βουτύρου. Εἰς κενὰ καὶ 18 μάταια ἐκοπίασε, πλοῦτον ἐξ οὗ οὐ γεύσεται· ὥσπερ στρίφνος ἀμάσητος, ἀκατάποτος. Πολλῶν γὰρ δυνατῶν οἴκους ἔθλασε· 19 δίαιταν δὲ ἥρπασε, καὶ οὐκ ἔστησεν. Οὐκ ἔστιν αὐτῷ 20 σωτηρία τοῖς ὑπάρχουσιν, ἐν ἐπιθυμίᾳ αὐτοῦ οὐ σωθήσεται. Οὐκ ἔστιν ὑπόλειμμα τοῖς βρώμασιν αὐτοῦ, διὰ τοῦτο οὐκ 21 ἀνθήσει αὐτοῦ τὰ ἀγαθά. Ὅταν δὲ δοκῇ ἤδη πεπληρῶσθαι, 22 θλιβήσεται, πᾶσα δὲ ἀνάγκη ἐπʼ αὐτὸν ἐπελεύσεται.

Εἴ πως εἰ πληρῶσαι γαστέρα αὐτοῦ, ἐπαποστείλαι ἐπʼ 23 αὐτὸν θυμὸν ὀργῆς, νίψαι ἐπʼ αὐτὸν ὀδύνας, καὶ οὐ μὴ 24 σωθῇ ἐκ χειρὸς σιδήρου· τρώσαι αὐτὸν τόξον χάλκειον. 25 Διεξέλθοι δὲ διὰ σώματος αὐτοῦ βέλος, ἄστρα δὲ ἐν διαίταις αὐτοῦ· περιπατήσαισαν ἐπʼ αὐτῷ φόβοι, πᾶν δὲ σκότος αὐτῷ 26 ὑπομείναι· κατέδεται αὐτὸν πῦρ ἄκαυστον, κακώσαι δὲ αὐτοῦ ἐπήλυτος τὸν οἶκον. Ἀνακαλύψαι δὲ αὐτοῦ ὁ οὐρανὸς τὰς 27 ἀνομίας, γῆ δὲ ἐπανασταίη αὐτῷ. Ἑλκύσαι τὸν οἶκον αὐτοῦ 28 ἀπώλεια εἰς τέλος, ἡμέρα ὀργῆς ἐπέλθοι αὐτῷ. Αὕτη ἡ μερὶς 29 ἀνθρώπου ἀσεβοῦς παρὰ Κυρίου, καὶ κτῆμα ὑπαρχόντων αὐτῷ παρὰ τοῦ ἐπισκόπου.

Ὑπολαβὼν δὲ Ἰὼβ, λέγει,   21

Ἀκούσατε ἀκούσατέ μου τῶν λόγων, ἵνα μὴ ᾖ μοι παρʼ 2 ὑμῶν αὕτη ἡ παράκλησις. Ἄρατέ με, ἐγὼ δὲ λαλήσω, εἶτʼ 3 οὐ καταγελάσετέ μου. Τί γάρ; μὴ ἀνθρώπου μου ἡ ἔλεγ- 4 ξις; ἢ διὰ τί οὐ θυμωθήσομαι; Εἰσβλέψαντες εἰς ἐμὲ 5 θαυμάσετε, χεῖρα θέντες ἐπὶ σιαγόνι.

Ἐάν τε γὰρ μνησθῶ, ἐσπούδακα· ἔχουσι δέ μου τὰς 6 σάρκας ὀδύναι. Διὰ τί ἀσεβεῖς ζῶσι, πεπαλαίωνται δὲ 7 καὶ ἐν πλούτῳ; Ὁ σπόρος αὐτῶν κατὰ ψυχήν, τὰ δὲ τέκνα 8 αὐτῶν ἐν ὀφθαλμοῖς. Οἱ οἶκοι αὐτῶν εὐθηνοῦσι, φόβος δὲ 9 οὐδαμοῦ, μάστιξ δὲ παρὰ Κυρίου οὐκ ἔστιν ἐπʼ αὐτοῖς. Ἡ 10

β *Or*, meat-offering.   γ *Alex.* ψηλαφήσουσιν, 'feel after.'   δ *Alex.* death.   ζ *Gr.* rage, *or*, mind.
θ *Gr.* milking.   λ *Gr.* pastures.   μ *Alex.* powerless.   ξ *Or*, bruised, *or*, wounded.
π *Alex.* suffer not a man to walk in his habitations.   ρ *Gr.* the overseer.

βοῦς αὐτῶν οὐκ ὠμοτόκησε, διεσώθη δὲ αὐτῶν ἐν γαστρὶ
11 ἔχουσα καὶ οὐκ ἔσφαλε. Μένουσι δὲ ὡς πρόβατα αἰώνια,
τὰ δὲ παιδία αὐτῶν προσπαίζουσιν, ἀναλαβόντες ψαλτήριον
12 καὶ κιθάραν, καὶ εὐφραίνονται φωνῇ ψαλμοῦ. Συνετέλεσαν
13 δὲ ἐν ἀγαθοῖς τὸν βίον αὐτῶν, ἐν δὲ ἀναπαύσει ᾅδου ἐκοι-
14 μήθησαν. Λέγει δὲ Κυρίῳ, ἀπόστα ἀπ᾽ ἐμοῦ, ὁδούς σου
15 εἰδέναι οὐ βούλομαι. Τί ἱκανὸς, ὅτι δουλεύσομεν αὐτῷ; καὶ
τίς ὠφέλεια, ὅτι ἀπαντήσομεν αὐτῷ;
16 Ἐν χερσὶ γὰρ ἦν αὐτῶν τὰ ἀγαθά, ἔργα δὲ ἀσεβῶν οὐκ
17 ἐφορᾷ. Οὐ μὴν δὲ ἀλλὰ καὶ ἀσεβῶν λύχνος σβεσθήσεται,
ἐπελεύσεται δὲ αὐτοῖς ἡ καταστροφή, ὠδῖνες δὲ αὐτοὺς
18 ἕξουσιν ἀπὸ ὀργῆς. Ἔσονται δὲ ὥσπερ ἄχυρα ὑπ᾽ ἀνέμου,
19 ἢ ὥσπερ κονιορτὸς ὃν ὑφείλετο λαίλαψ. Ἐκλείποι υἱοὺς τὰ
ὑπάρχοντα αὐτοῦ, ἀνταποδώσει πρὸς αὐτὸν καὶ γνώσεται.
20 Ἴδοισαν οἱ ὀφθαλμοὶ αὐτοῦ τὴν ἑαυτοῦ σφαγήν, ἀπὸ δὲ
21 Κυρίου μὴ διασωθείη. Ὅτι τὸ θέλημα αὐτοῦ ἐν οἴκῳ αὐτοῦ
μετ᾽ αὐτοῦ, καὶ ἀριθμοὶ μηνῶν αὐτοῦ διῃρέθησαν.
22 Πότερον οὐχὶ ὁ Κύριός ἐστιν ὁ διδάσκων σύνεσιν καὶ
23 ἐπιστήμην; αὐτὸς δὲ φόνους διακρίνει; Οὗτος ἀποθανεῖται
ἐν κράτει ἁπλοσύνης αὐτοῦ, ὅλος δὲ εὐπαθῶν καὶ εὐθηνῶν.
24 Τὰ δὲ ἔγκατα αὐτοῦ πλήρη στέατος, μυελὸς δὲ αὐτοῦ δια-
25 χεῖται. Ὁ δὲ τελευτᾷ ὑπὸ πικρίας ψυχῆς, οὐ φαγὼν οὐδὲν
26 ἀγαθόν. Ὁμοθυμαδὸν δὲ ἐπὶ γῆς κοιμῶνται, σαπρία δὲ
αὐτοὺς ἐκάλυψεν.
27, 28 Ὥστε οἶδα ὑμᾶς, ὅτι τόλμῃ ἐπίκεισθέ μοι· Ὥστε
ἐρεῖτε, ποῦ ἐστιν οἶκος ἄρχοντος; καὶ ποῦ ἐστιν ἡ σκέπη
29 τῶν σκηνωμάτων τῶν ἀσεβῶν; Ἐρωτήσατε παραπορευομέ-
30 νους ὁδὸν, καὶ τὰ σημεῖα αὐτῶν οὐκ ἀπαλλοτριώσετε. Ὅτι
εἰς ἡμέραν ἀπωλείας κουφίζεται ὁ πονηρός, εἰς ἡμέραν ὀργῆς
31 αὐτοῦ ἀπαχθήσονται. Τίς ἀπαγγελεῖ ἐπὶ προσώπου αὐτοῦ
τὴν ὁδὸν αὐτοῦ, καὶ αὐτὸς ἐποίησε; τίς ἀνταποδώσει αὐτῷ;
32 Καὶ αὐτὸς εἰς τάφους ἀπηνέχθη, καὶ αὐτὸς ἐπὶ σωρῶν
33 ἠγρύπνησεν. Ἐγλυκάνθησαν αὐτῷ χάλικες χειμάρρου, καὶ
ὀπίσω αὐτοῦ πᾶς ἄνθρωπος ἀπελεύσεται, καὶ ἔμπροσθεν
34 αὐτοῦ ἀναρίθμητοι. Πῶς δὲ παρακαλεῖτέ με κενά; τὸ δὲ
ἐμὲ καταπαύσασθαι ἀφ᾽ ὑμῶν οὐδέν.

22 Ὑπολαβὼν δὲ Ἐλιφὰζ ὁ Θαιμανίτης, λέγει,
2 Πότερον οὐχὶ ὁ Κύριός ἐστιν ὁ διδάσκων σύνεσιν καὶ
3 ἐπιστήμην; Τί γὰρ μέλει τῷ Κυρίῳ, ἐὰν σὺ ἦσθα τοῖς
ἔργοις ἄμεμπτος; ἢ ὠφέλεια, ὅτι ἁπλώσῃς τὴν ὁδόν σου;
4 Ἦ λόγον σου ποιούμενος ἐλέγξεις, καὶ συνεισελεύσεταί σοι
εἰς κρίσιν;
5 Πότερον οὐχ ἡ κακία σου ἐστὶ πολλή, ἀναρίθμητοι δέ σου
6 εἰσὶν αἱ ἁμαρτίαι; Ἠνεχύραζες δὲ τοὺς ἀδελφούς σου δια-
7 κενῆς, ἀμφίασιν δὲ γυμνῶν ἀφείλου. Οὐδὲ ὕδωρ διψῶντας
8 ἐπότισας, ἀλλὰ πεινώντων ἐστέρησας ψωμόν· Ἐθαύμασας
9 δέ τινων πρόσωπον, ᾤκισας δὲ τοὺς ἐπὶ τῆς γῆς. Χήρας δὲ
10 ἐξαπέστειλας κενάς, ὀρφανοὺς δὲ ἐκάκωσας. Τοιγαροῦν ἐκύ-
11 κλωσάν σε παγίδες, καὶ ἐσπούδασέ σε πόλεμος ἐξαίσιος. Τὸ
φῶς σοι σκότος ἀπέβη, κοιμηθέντα δὲ ὕδωρ σε ἐκάλυψε.

---

cast her calf, and their *beast* with young is safe, and does not miscarry. [11] And they remain as an β unfailing flock, and their children play before *them*, taking up the psaltery and harp; [12] and they rejoice at the voice of a song. [13] And they spend their days in wealth, and fall asleep in the rest of the grave. [14] Yet *such a man* says to the Lord, Depart from me; I desire not to know thy ways. [15] What is the Mighty One, that we should serve him? and what profit is there that we should approach him?

[16] For their good things were in *their* hands, but he regards not the works of the ungodly. [17] Nevertheless, the lamp of the ungodly also shall be put out, and destruction shall come upon them, and pangs of vengeance·shall. seize them. [18] And they shall be as chaff before the wind, or as dust which the storm has taken up. [19] Let his substance fail *to supply* his children: *God* shall recompense him, and he shall know it. [20] Let his eyes see his own destruction, and let him not γ be saved by the Lord. [21] For his desire is in his house with him, and the number of his months has been suddenly cut off.

[22] Is it not the Lord who teaches understanding and knowledge? and does not he judge murders? [23] One shall die in δ his perfect strength, and wholly at ease and prosperous; [24] and his inwards are full of fat, and his marrow is diffused *throughout him*. [25] And another dies in bitterness of soul, not eating any good thing. [26] But they lie down in the earth together, and corruption covers them.

[27] So I know you, that ye presumptuously attack me: [28] so that ye will say, Where is the house of the prince? and where is the covering of the tabernacles of the ungodly? [29] Ask those that go by the way, and do not disown their tokens. [30] For the wicked hastens to the day of destruction: they shall be led away for the day of his vengeance. [31] Who will tell him his way to his face, whereas he has done *it*? who shall recompense him? [32] And he has been led away to the tombs, and he has watched over the heaps. [33] The stones of the valley have been sweet to him, and every man shall depart after him, and *there are* innumerable *ones* before him. [34] How then do ye comfort me in vain? whereas ζ I have no rest from your molestation.

Then Eliphaz the Thæmanite answered and said, [2] Is it not the Lord that teaches understanding and knowledge? [3] For what matters it to the Lord, if thou wert blameless in *thy* works? or is it profitable that thou shouldest θ perfect thy way? [4] Wilt thou maintain and plead thine own cause? and λ will he enter into judgment with thee?

[5] Is not thy wickedness abundant, and thy sins innumerable? [6] And thou hast taken security of thy brethren for nothing, and hast taken away the clothing of the naked. [7] Neither hast thou given water to the thirsty to drink, but hast taken away the morsel of the hungry. [8] And μ thou hast accepted the persons of some; and thou hast established those *that were already settled* on the earth. [9] But thou hast sent widows away empty, and hast afflicted orphans. [10] Therefore snares have compassed thee, and disastrous war has troubled thee. [11] The light has proved darkness to thee, and water has covered thee on thy lying down.

β *Gr.* eternal sheep.　γ *Or*, escape from.　δ *See Heb.* also see 3 Kings 22. 34. in *Heb. Gr.* and *A. V.*　ζ *Alex.* καταπαῦσαι.
θ *Gr.* simplify.　λ *Alex.* ἐλέγχει σε, i. e. will he reprove thee because he takes account of thee?　μ Great variation from the *Heb.*

¹² Does not he that dwells in the high places observe? and has he not brought down the proud? ¹³ And thou hast said, What does the Mighty One know? does he judge in the dark? ¹⁴ A cloud is his hiding-place, and he shall not be seen; and he passes through the circle of heaven. ¹⁵ Wilt thou *not* mark the ᵝ old way, which ᵞ righteous men have trodden? ¹⁶ who were seized before their time: their foundations *are as* an overflowing stream. ¹⁷ Who say, What will the Lord do to us? or what will the Almighty bring upon us? ¹⁸ Yet he filled their houses with good things: but the counsel of the wicked is far from him. ¹⁹ The righteous have seen *it*, and laughed, and the blameless one has derided *them*. ²⁰ Verily their substance has been utterly destroyed, and the fire shall devour what is left of their *property*.

²¹ Be firm, I pray thee, if thou canst endure; then thy fruit shall prosper. ²² And receive a declaration from his mouth, and lay up his words in thine heart. ²³ And if thou shalt turn and humble thyself before the Lord, thou hast *thus* removed unrighteousness far from thy habitation. ²⁴ Thou shalt lay up for thyself *treasure* in a heap on the rock; and ᵟ Sophir *shall be* as the rock of the torrent. ²⁵ So the Almighty shall be thy helper from enemies, and he shall bring thee forth pure as silver that has been tried by fire. ²⁶ Then shalt thou have boldness before the Lord, looking up cheerfully to heaven. ²⁷ And he shall hear thee when thou prayest to him, and he shall grant thee *power* to pay thy vows. ²⁸ And he shall establish to thee again a habitation of righteousness and there shall be light upon thy paths. ²⁹ Because thou hast humbled thyself; and thou shalt say, *Man* has behaved proudly, but he shall save him that is of lowly eyes. ³⁰ He shall deliver the innocent, and do thou save thyself by thy pure hands.

Then Job answered and said,
² Yea, I know that pleading is out of my reach; and his hand has been made heavy upon my groaning. ³ Who would then know that I might find him, and come to an end of *the matter?* ⁴ And I would plead my own cause, and he would fill my mouth with arguments. ⁵ And I would know the ᶻ remedies which he would speak to me, and I would perceive what he would tell me. ⁶ Though he should come on me in *his* great strength, then he would not threaten me; ⁷ for truth and reproof are from him; and he would bring forth my judgment to an end. ⁸ For if I shall go first, and exist no longer, still what do I know *concerning* the latter end?

⁹ When he wrought on the left hand, then I observed *it* not: his right hand shall encompass me but I shall not see *it*. ¹⁰ For he knows already my way; and he has tried me as gold. ¹¹ And I will go forth according to his commandments, for I have kept his ways; and I shall not turn aside from his commandments, ¹² neither shall I transgress; but I have hid his words in my bosom. ¹³ And if too he has thus judged, who is he that has contradicted, for he has both willed *a thing* and done it. ¹⁴ Therefore am I troubled at him; and when I was reproved, I thought of him. ¹⁵ Therefore let me take good heed before him: I will consider, and be afraid of him. ¹⁶ But the Lord has softened my heart, and the

Μὴ οὐχὶ ὁ τὰ ὑψηλὰ ναίων ἐφορᾷ; τοὺς δὲ ὕβρει 12 φερομένους ἐταπείνωσε; Καὶ εἶπας, τί ἔγνω ὁ ἰσχυρός; 13 ἢ κατὰ τοῦ γνόφου κρίνει; Νεφέλη ἀποκρυφὴ αὐτοῦ καὶ 14 οὐχ ὁραθήσεται, καὶ γῦρον οὐρανοῦ διαπορεύεται. Μὴ 15 τρίβον αἰώνιον φυλάξεις, ἣν ἐπάτησαν ἄνδρες δίκαιοι, οἳ 16 συνελήφθησαν ἄωροι; ποταμὸς ἐπιρρέων οἱ θεμέλιοι αὐτῶν, οἱ λέγοντες, Κύριος τί ποιήσει ἡμῖν; ἢ τί ἐπάξεται ἡμῖν 17 ὁ παντοκράτωρ; Ὃς δὲ ἐνέπλησε τοὺς οἴκους αὐτῶν 18 ἀγαθῶν, βουλὴ δὲ ἀσεβῶν πόρρω ἀπ᾿ αὐτοῦ. Ἰδόντες 19 δίκαιοι ἐγέλασαν, ἄμεμπτος δὲ ἐμυκτήρισεν. Εἰ μὴ ἠφανίσθη 20 ἡ ὑπόστασις αὐτῶν, καὶ τὸ κατάλειμμα αὐτῶν καταφάγεται πῦρ.

Γενοῦ δὴ σκληρὸς, ἐὰν ὑπομείνῃς, εἶτα ὁ καρπός σου 21 ἔσται ἐν ἀγαθοῖς. Ἔκλαβε δὲ ἐκ στόματος αὐτοῦ ἐξηγο- 22 ρίαν, καὶ ἀνάλαβε τὰ ῥήματα αὐτοῦ ἐν καρδίᾳ σου. Ἐὰν δὲ 23 ἐπιστραφῇς καὶ ταπεινώσῃς σεαυτὸν ἔναντι Κυρίου, πόρρω ἐποίησας ἀπὸ διαίτης σου ἄδικον. Θήσῃ ἐπὶ χώματι ἐν 24 πέτρᾳ, καὶ ὡς πέτρα χειμάρρου Σωφίρ. Ἔσται οὖν σου 25 ὁ παντοκράτωρ βοηθὸς ἀπὸ ἐχθρῶν, καθαρὸν δὲ ἀπο- δώσει σε ὥσπερ ἀργύριον πεπυρωμένον. Εἶτα παρρη- 26 σιασθήσῃ ἐναντίον Κυρίου ἀναβλέψας εἰς τὸν οὐρανὸν ἱλαρῶς. Εὐξαμένου δέ σου πρὸς αὐτὸν εἰσακούσεταί σου· 27 δώσει δέ σοι ἀποδοῦναι τὰς εὐχάς. Ἀποκαταστήσει δέ 28 σοι δίαιταν δικαιοσύνης, ἐπὶ δὲ ὁδοῖς σου ἔσται φέγγος· Ὅτι 29 ἐταπείνωσας σεαυτὸν, καὶ ἐρεῖς, ὑπερηφανεύσατο, καὶ κύ- φοντα ὀφθαλμοῖς σώσει. Ῥύσεται ἀθῶον, καὶ διασώθητι ἐν 30 καθαραῖς χερσί σου.

Ὑπολαβὼν δὲ Ἰὼβ, λέγει,   23

Καὶ δὴ οἶδα ὅτι ἐκ χειρός μου ἡ ἐλεγξίς ἐστι, καὶ ἡ 2 χεὶρ αὐτοῦ βαρεῖα γέγονεν ἐπ᾿ ἐμῷ στεναγμῷ. Τίς δ᾿ ἄρα 3 γνοίη, ὅτι εὕροιμι αὐτὸν, καὶ ἔλθοιμι εἰς τέλος; Εἴποιμι 4 δὲ ἐμαυτοῦ κρίμα, τὸ δὲ στόμα μου ἐμπλήσαι ἐλέγχων. Γνοίην δὲ ἰάματα ἅ μοι ἐρεῖ, αἰσθοίμην δὲ τίνα μοι ἀπαγ- 5 γελεῖ. Καὶ ἐν πολλῇ ἰσχύϊ ἐπελεύσεταί μοι, εἶτα ἐν ἀπειλῇ 6 μοι οὐ χρήσεται. Ἀλήθεια γὰρ καὶ ἔλεγχος παρ᾿ αὐτοῦ, 7 ἐξαγάγοι δὲ εἰς τέλος τὸ κρίμα μου. Εἰ γὰρ πρῶτος πορεύ- 8 σομαι, καὶ οὐκ ἔτι εἰμὶ, τὰ δὲ ἐπ᾿ ἐσχάτοις, τί οἶδα;

Ἀριστερὰ ποιήσαντος αὐτοῦ καὶ οὐ κατέσχον, περιβαλεῖ 9 δεξιὰ καὶ οὐκ ὄψομαι· Οἶδε γὰρ ἤδη ὁδόν μου· διέκρινε δέ 10 με ὥσπερ τὸ χρυσίον. Ἐξελεύσομαι δὲ ἐν ἐντάλμασιν αὐτοῦ, 11 ὁδοὺς γὰρ αὐτοῦ ἐφύλαξα, καὶ οὐ μὴ ἐκκλίνω ἀπὸ ἐνταλμά- των αὐτοῦ, καὶ οὐ μὴ παρέλθω, ἐν δὲ κόλπῳ μου ἔκρυψα 12 ῥήματα αὐτοῦ.

Εἰ δὲ καὶ αὐτὸς ἔκρινεν οὕτως, τίς ἐστιν ὁ ἀντειπὼν αὐτῷ; 13 ὁ γὰρ αὐτὸς ἠθέλησε, καὶ ἐποίησε. Διὰ τοῦτο ἐπ᾿ αὐτῷ 14 ἐσπούδακα· νουθετούμενος δὲ, ἐφρόντισα αὐτοῦ. Ἐπὶ τούτῳ 15 ἀπὸ προσώπου αὐτοῦ κατασπουδασθῶ· κατανοήσω, καὶ πτοηθήσομαι ἐξ αὐτοῦ.

Κύριος δὲ ἐμαλάκυνε τὴν καρδίαν μου· ὁ δὲ παντοκράτωρ 16

β *Gr.* eternal.   γ *Grabe* conjectures ἄδικοι, unjust.   δ *Alex.* Ophir.   ζ *Alex.* ῥήματα, 'speeches.'

17 ἐσπούδασέ με. Οὐ γὰρ ᾔδειν ὅτι ἐπελεύσεταί μοι σκότος, πρὸ προσώπου δέ μου ἐκάλυψε γνόφος.

24 Διατί δὲ Κύριον ἔλαθον ὧραι, ἀσεβεῖς δὲ ὅριον ὑπερέβη-
2, 3 σαν, ποίμνιον σὺν ποιμένι ἁρπάσαντες; Ὑποζύγιον ὀρφανῶν ἀπήγαγον, καὶ βοῦν χήρας ἠνεχύρασαν.

4 Ἐξέκλιναν ἀδυνάτους ἐξ ὁδοῦ δικαίας, ὁμοθυμαδὸν δὲ
5 ἐκρύβησαν πραεῖς γῆς. Ἀπέβησαν δὲ ὥσπερ ὄνοι ἐν ἀγρῷ, ὑπὲρ ἐμοῦ ἐξελθόντες τὴν ἑαυτῶν τάξιν· ἡδύνθη αὐτῷ ἄρτος εἰς νεωτέρους.

6 Ἀγρὸν πρὸ ὥρας οὐκ αὐτῶν ὄντα ἐθέρισαν· ἀδύνατοι
7 ἀμπελῶνας ἀσεβῶν ἀμισθὶ καὶ ἀσιτὶ εἰργάσαντο. Γυμνοὺς πολλοὺς ἐκοίμισαν ἄνευ ἱματίων, ἀμφίασιν δὲ ψυχῆς αὐτῶν
8 ἀφείλαντο. Ἀπὸ ψεκάδων ὀρέων ὑγραίνονται· παρὰ τὸ μὴ ἔχειν ἑαυτοὺς σκέπην, πέτραν περιεβάλοντο.

9 Ἥρπασαν ὀρφανὸν ἀπὸ μαστοῦ, ἐκπεπτωκότα δὲ ἐταπείνω-
10 σαν· Γυμνοὺς δὲ ἐκοίμισαν ἀδίκως, πεινώντων δὲ τὸν ψωμὸν ἀφείλαντο.

11 Ἐν στενοῖς ἀδίκως ἐνήδρευσαν, ὁδὸν δὲ δικαίαν οὐκ
12 ᾔδεισαν. Οἳ ἐκ πόλεως καὶ οἴκων ἰδίων ἐξεβάλοντο, ψυχὴ δὲ νηπίων ἐστέναξε μέγα.

13 Αὐτὸς δὲ διατί τούτων ἐπισκοπὴν οὐ πεποίηται; ἐπὶ γῆς ὄντων αὐτῶν καὶ οὐκ ἐπέγνωσαν, ὁδὸν δὲ δικαιοσύνης οὐκ
14 ᾔδεισαν, οὐδὲ ἀτραποὺς αὐτῶν ἐπορεύθησαν. Γνοὺς δὲ αὐτῶν τὰ ἔργα, παρέδωκεν αὐτοὺς εἰς σκότος, καὶ νυκτὸς
15 ἔσται ὡς κλέπτης. Καὶ ὀφθαλμὸς μοιχοῦ ἐφύλαξε σκότος, λέγων, οὐ προνοήσει με ὀφθαλμός, καὶ ἀποκρυβὴν προσ-
16 ώπου ἔθετο. Διώρυξεν ἐν σκότει οἰκίας, ἡμέρας ἐσφράγισαν
17 ἑαυτούς, οὐκ ἐπέγνωσαν φῶς. Ὅτι ὁμοθυμαδὸν αὐτοῖς τὸ πρωῒ σκιὰ θανάτου, ὅτι ἐπιγνώσεται τάραχος σκιᾶς θανάτου.
18 Ἐλαφρός ἐστιν ἐπὶ πρόσωπον ὕδατος, καταραθείη ἡ μερὶς
19 αὐτῶν ἐπὶ γῆς, ἀναφανείη δὲ τὰ φυτὰ αὐτῶν ἐπὶ γῆς ξηρά· ἀγκαλίδα γὰρ ὀρφανῶν ἥρπασαν.

20 Εἶτ᾽ ἀνεμνήσθη αὐτοῦ ἡ ἁμαρτία· ὥσπερ δὲ ὁμίχλη δρόσου ἀφανὴς ἐγένετο· ἀποδοθείη δὲ αὐτῷ ἃ ἔπραξε, συντριβείη δὲ πᾶς ἄδικος ἶσα ξύλῳ ἀνιάτῳ.

21 Στεῖραν δὲ οὐκ εὖ ἐποίησε, καὶ γύναιον οὐκ ἠλέησε.
22 Θυμῷ δὲ κατέστρεψεν ἀδυνάτους· ἀναστὰς τοιγαροῦν, οὐ
23 μὴ πιστεύσῃ κατὰ τῆς ἑαυτοῦ ζωῆς. Μαλακισθεὶς, μὴ
24 ἐλπιζέτω ὑγιασθῆναι, ἀλλὰ πεσεῖται νόσῳ. Πολλοὺς γὰρ ἐκάκωσε τὸ ὕψωμα αὐτοῦ, ἐμαράνθη δὲ ὥσπερ μολόχη ἐν καύματι, ἢ ὥσπερ στάχυς ἀπὸ καλάμης αὐτόματος ἀπο-
25 πεσών. Εἰ δὲ μή, τίς ἐστιν ὁ φάμενος ψευδῆ με λέγειν, καὶ θήσει εἰς οὐδὲν τὰ ῥήματά μου;

25 Ὑπολαβὼν δὲ Βαλδὰδ ὁ Σαυχίτης, λέγει,

2 Τί γὰρ προοίμιον ἢ φόβος παρ᾽ αὐτοῦ ὁ ποιῶν τὴν σύμ-
3 πασαν ἐν ὑψίστῳ; Μὴ γάρ τις ὑπολάβοι ὅτι ἐστὶ παρ-έλκυσις πειραταῖς· ἐπὶ τίνας δὲ οὐκ ἐπελεύσεται ἔνεδρα παρ᾽

Almighty has troubled me. [17]For I knew not that darkness would come upon me, and thick darkness has covered *me* before my face.

But why have the seasons been hidden from the Lord, [2]while the ungodly have passed over the bound, carrying off the flock with the shepherd? [3]They have led away the ass of the fatherless, and taken the widow's ox for a pledge. [4]They have turned aside the weak from the right way: and the meek of the earth have hidden themselves together. [5]And they have departed like asses in the field, having gone forth on my account according to their own order: his bread is sweet to *his* little ones. [6]They have reaped a field that was not their own before the time: the poor have laboured in the vineyards of the ungodly without pay and without food. [7]They have caused many naked to sleep without clothes, and they have taken away the covering of their body. [8]They are wet with the drops of the mountains: they have embraced the rock, because they had no shelter. [9]They have snatched the fatherless from the breast, and have afflicted the outcast. [10]And they have wrongfully caused *others* to sleep without clothing, and taken away the morsel of the hungry. [11]They have unrighteously laid wait in narrow places, and have not known the righteous way. [12]Who have cast forth *the* poor from the city and their own houses, and the soul of the children has groaned aloud. [13]Why then has he not visited these? forasmuch as they were upon the earth, and took no notice, and they knew not the way of righteousness, neither have they walked in their *appointed* paths? [14]But having known their works, he delivered them into darkness: and in the night one will be as a thief: [15]and the eye of the adulterer has watched *for* the darkness, saying, Eye shall not perceive me, and he puts a covering on his face. [16]In darkness he digs through houses: by day they conceal themselves securely: they know not the light. [17]For the morning is to them all *as* the shadow of death, for *each* will be conscious of the terror of the shadow of death. [18]He is swift on the face of the water: let his portion be cursed on the earth; and let their plants be laid bare. [19]*Let them be* withered upon the earth; for they have plundered the sheaves of the fatherless. [20]Then is his sin brought to remembrance, and he vanishes like a vapour of dew: but let what he has done be recompensed to him, and let every unrighteous one be crushed like rotten wood. [21]For he has not treated the barren woman well, and has had no pity on a feeble woman. [22]And in wrath he has overthrown the helpless: therefore when he has arisen, *a man* will not feel secure *β* of his own life. [23]When he has fallen sick, let him not hope to recover: but let him perish by disease. [24]For his exaltation has hurt many; but he has withered as γmallows in the heat, or as an ear of corn falling off of itself from the stalk. [25]But if not, who is he that says I speak falsely, and will make my words of no account?

Then Baldad the Sauchite answered and said, [2]What beginning or fear is his—even he that makes all things in the highest? [3]For let none think that there is a respite for robbers: and

---

β This use of κατὰ is peculiar to Job.   γ Some read ὀμίχλη, mist.

upon whom will there not come a snare from him? ⁴For how shall a mortal be just before the Lord? or who that is born of a woman shall purify himself? ⁵If he gives an order to the moon, then it shines not; and the stars are not pure before him. ⁶But alas! man is corruption, and the son of man a worm.

But Job answered and said, ²To whom dost thou attach thyself, or whom art thou going to assist? is it not he that *has* much strength, and *he* who has a strong arm? ³To whom hast thou given counsel? is it not to him who has all wisdom? whom wilt thou follow? is it not one who has the greatest power? ⁴To whom hast thou uttered words? and whose breath is it that has come forth from thee?

⁵Shall giants be born from under the water and the ᵝinhabitants thereof? ⁶Hell is naked before him, and destruction has no covering. ⁷He stretches out the north wind upon nothing, and he upon nothing hangs the earth; ⁸binding water in his clouds, and the cloud is not rent under it. ⁹He keeps back the face of his throne, stretching out his cloud upon it. ¹⁰He has encompassed the face of the water by an appointed ordinance, until the end of light and darkness. ¹¹The pillars of heaven are prostrate and astonished at his rebuke. ¹²He has calmed the sea with *his* might, and by *his* wisdom the whale has been overthrown. ¹³And the barriers of heaven fear him, and by a command he has slain the apostate dragon. ¹⁴Behold, these are parts of his way; and we will hearken to him at the ᵞleast intimation of his word: but the strength of his thunder who knows, when he shall employ *it*?

And Job further continued and said in his ᵟparable, ²*As* God lives, who has thus judged me; and the Almighty, who has embittered my soul; ³verily, while my breath is yet in *me*, and the breath of God which remains to me is in my nostrils, ⁴my lips shall not speak evil words, neither shall my soul meditate unrighteous thoughts. ⁵Far be it from me that I should justify you till I die; for I will not let go my innocence, ⁶but keeping fast to *my* righteousness I will by no means let it go: for I am not conscious to myself of having done any thing ᶻamiss. ⁷Nay rather, but let mine enemies be as the overthrow of the ungodly, and they that rise up against me, as the destruction of transgressors.

⁸For what is the hope of the ungodly, that he holds to it? will he indeed trust in the Lord *and* be saved? ⁹Will God hear his prayer? or, when distress has come upon him, ¹⁰has he any confidence before him? or will *God* hear him as he calls upon him?

¹¹Yet now I will tell you what is in the hand of the Lord: I will not lie concerning the things which are with the Almighty. ¹²Behold, ye all know that ye are adding vanity to vanity. ¹³This is the portion of an ungodly man from the Lord, and the possession of oppressors shall come upon them from the Almighty. ¹⁴And if their children be many, they shall be for slaughter: and if they grow up, they shall beg. ¹⁵And they that survive of him shall utterly perish, and no one shall pity their widows. ¹⁶Even if he should gather silver as earth, and

αὐτοῦ; Πῶς γὰρ ἔσται δίκαιος βροτὸς ἔναντι Κυρίου; ἢ 4 τίς ἂν ἀποκαθαρίσαι αὐτὸν γεννητὸς γυναικός; Εἰ σελήνῃ 5 συντάσσει, καὶ οὐκ ἐπιφαύσκει, ἄστρα δὲ οὐ καθαρὰ ἐναντίον αὐτοῦ. Ἔα δὲ, ἄνθρωπος σαπρία, καὶ υἱὸς ἀνθρώπου σκώληξ. 6

Ὑπολαβὼν δὲ Ἰὼβ, λέγει,   26

Τίνι πρόσκεισαι, ἢ τίνι μέλλεις βοηθεῖν; πότερον οὐχ ᾧ 2 πολλὴ ἰσχὺς, καὶ ᾧ βραχίων κραταιός ἐστι; Τίνι συμβε- 3 βούλευσαι; οὐχ ᾧ πᾶσα σοφία; τίνι ἐπακολουθήσεις; οὐχ ᾧ μεγίστη δύναμις; Τίνι ἀνήγγειλας ῥήματα; πνοὴ δὲ 4 τίνος ἐστὶν ἡ ἐξελθοῦσα ἐκ σοῦ;

Μὴ γίγαντες μαιωθήσονται ὑποκάτωθεν ὕδατος καὶ τῶν 5 γειτόνων αὐτοῦ; Γυμνὸς ὁ ᾅδης ἐνώπιον αὐτοῦ, καὶ οὐκ 6 ἔστι περιβόλαιον τῇ ἀπωλείᾳ. Ἐκτείνων Βορέαν ἐπ᾽ οὐδὲν, 7 κρεμάζων γῆν ἐπὶ οὐδενός. Δεσμεύων ὕδωρ ἐν νεφέλαις 8 αὐτοῦ, καὶ οὐκ ἐῤῥάγη νέφος ὑποκάτω αὐτοῦ. Ὁ κρατῶν 9 πρόσωπον θρόνου, ἐκπετάζων ἐπ᾽ αὐτὸν νέφος αὐτοῦ. Πρόσ- 10 ταγμα ἐγύρωσεν ἐπὶ πρόσωπον ὕδατος, μέχρι συντελείας φωτὸς μετὰ σκότους. Στῦλοι οὐρανοῦ ἐπετάσθησαν, καὶ 11 ἐξέστησαν ἀπὸ τῆς ἐπιτιμήσεως αὐτοῦ. Ἰσχύϊ κατέπαυσε 12 τὴν θάλασσαν, ἐπιστήμῃ δὲ ἔστρωται τὸ κῆτος. Κλεῖθρα 13 δὲ οὐρανοῦ δεδοίκασιν αὐτόν· προστάγματι δὲ ἐθανάτωσε δράκοντα ἀποστάτην. Ἰδοὺ ταῦτα μέρη ὁδοῦ αὐτοῦ, καὶ ἐπὶ 14 ἰκμάδα λόγου ἀκουσόμεθα ἐν αὐτῷ· σθενὸς δὲ βροντῆς αὐτοῦ, τίς οἶδεν ὁπότε ποιήσει;

Ἔτι δὲ προσθεὶς Ἰὼβ εἶπε τῷ προοιμίῳ,   27

Ζῇ ὁ Θεὸς, ὃς οὕτω με κέκρικε, καὶ ὁ παντοκράτωρ 2 ὁ πικράνας μου τὴν ψυχὴν, εἰ μὴν ἔτι τῆς πνοῆς μου ἐνούσης, 3 πνεῦμα δὲ θεῖον τὸ περίον μοι ἐν ῥινὶ, μὴ λαλήσειν τὰ χείλη 4 μου ὄνομα, οὐδὲ ἡ ψυχή μου μελετήσει ἄδικα. Μή μοι εἴη 5 δικαίους ὑμᾶς ἀποφῆναι ἕως ἂν ἀποθάνω, οὐ γὰρ ἀπαλλάξω μου τὴν ἀκακίαν μου. Δικαιοσύνῃ δὲ προσέχων οὐ μὴν 6 προῶμαι, οὐ γὰρ σύνοιδα ἐμαυτῷ ἄτοπα πράξας. Οὐ μὴν δὲ 7 ἀλλὰ εἴησαν οἱ ἐχθροί μου ὥσπερ ἡ καταστροφὴ τῶν ἀσεβῶν, καὶ οἱ ἐπ᾽ ἐμὲ ἐπανιστάμενοι, ὥσπερ ἡ ἀπώλεια τῶν παρανόμων.

Καὶ τίς γάρ ἐστιν ἐλπὶς ἀσεβεῖ, ὅτι ἐπέχει; πεποιθὼς 8 ἐπὶ Κύριον ἆρα σωθήσεται; Ἢ τὴν δέησιν αὐτοῦ εἰσ- 9 ακούσεται ὁ Θεός; ἢ ἐπελθούσης αὐτῷ ἀνάγκης μὴ ἔχει 10 τινὰ παρρησίαν ἔναντι αὐτοῦ; ἢ ὡς ἐπικαλεσαμένου αὐτοῦ εἰσακούσεται αὐτοῦ;

Ἀλλὰ δὴ ἀναγγελῶ ὑμῖν τί ἐστιν ἐν χειρὶ Κυρίου, ἅ 11 ἐστι παρὰ παντοκράτορι, οὐ ψεύσομαι. Ἰδοὺ πάντες οἴδατε, 12 ὅτι κενὰ κενοῖς ἐπιβάλλετε. Αὕτη ἡ μερὶς ἀνθρώπου 13 ἀσεβοῦς παρὰ Κυρίου, κτῆμα δὲ δυναστῶν ἐλεύσεται παρὰ παντοκράτορος ἐπ᾽ αὐτούς. Ἐὰν δὲ πολλοὶ γένωνται οἱ υἱοὶ 14 αὐτῶν, εἰς σφαγὴν ἔσονται· ἐὰν δὲ καὶ ἀνδρωθῶσι, προσαιτήσουσιν. Οἱ δὲ περιόντες αὐτοῦ ἐν θανάτῳ τελευτήσουσι, 15 χήρας δὲ αὐτῶν οὐδεὶς ἐλεήσει. Ἐὰν συναγάγῃ ὥσπερ γῆν 16

ᵝ *Gr.* neighbours.   ᵞ *Gr.* moisture, *q. d.* drop.   ᵟ *Gr.* prefacc.   ᶻ Compare Luke 23. 41.

7 ἀργύριον, ἶσα δὲ πηλῷ ἑτοιμάσῃ χρυσίον, ταῦτα πάντα δίκαιοι περιποιήσονται, τὰ δὲ χρήματα αὐτοῦ ἀληθινοὶ
18 καθέξουσιν. Ἀπέβη δὲ ὁ οἶκος αὐτοῦ ὥσπερ σῆτες, καὶ
19 ὥσπερ ἀράχνη. Πλούσιος κοιμηθήσεται καὶ οὐ προσθήσει,
20 ὀφθαλμοὺς αὐτοῦ διήνοιξε καὶ οὐκ ἔστι. Συνήντησαν αὐτῷ ὥσπερ ὕδωρ αἱ ὀδύναι, νυκτὶ δὲ ὑφείλετο αὐτὸν γνόφος.
21 Ἀναλήψεται δὲ αὐτὸν καύσων καὶ ἀπελεύσεται, καὶ λικμήσει
22 αὐτὸν ἐκ τοῦ τόπου αὐτοῦ. Καὶ ἐπιρρίψει ἐπ᾽ αὐτὸν καὶ οὐ
23 φείσεται, ἐκ χειρὸς αὐτοῦ φυγῇ φεύξεται. Κροτήσει ἐπ᾽ αὐτοὺς χεῖρας αὐτῶν, καὶ συριεῖ αὐτὸν ἐκ τοῦ τόπου αὐτοῦ.
28 Ἔστι γὰρ ἀργυρίῳ τόπος ὅθεν γίνεται, τόπος δὲ χρυσίου
2 ὅθεν διηθεῖται. Σίδηρος μὲν γὰρ ἐκ γῆς γίνεται, χαλκὸς δὲ ἶσα λίθῳ λατομεῖται.
3 Τάξιν ἔθετο σκότει, καὶ πᾶν πέρας αὐτὸς ἐξακριβάζεται,
4 λίθος σκοτία, καὶ σκιὰ θανάτου. Διακοπὴ χειμάρρου ἀπὸ κονίας, οἱ δὲ ἐπιλανθανόμενοι ὁδὸν δικαίαν ἠσθένησαν,
5 ἐκ βροτῶν ἐσαλεύθησαν. Γῆ, ἐξ αὐτῆς ἐξελεύσεται ἄρτος,
6 ὑποκάτω αὐτῆς ἐστράφη ὡσεὶ πῦρ. Τόπος σαπφείρου οἱ
7 λίθοι αὐτῆς, καὶ χῶμα χρυσίον αὐτῷ. Τρίβος, οὐκ ἔγνω αὐτὴν πετεινόν, καὶ οὐ παρέβλεψεν αὐτὴν ὀφθαλμὸς γυπός·
8 Καὶ οὐκ ἐπάτησαν αὐτὸν υἱοὶ ἀλαζόνων, οὐ παρῆλθεν ἐπ᾽
9 αὐτῆς λέων. Ἐν ἀκροτόμῳ ἐξέτεινε χεῖρα αὐτοῦ, κατέ-
10 στρεψε δὲ ἐκ ῥιζῶν ὄρη. Δίνας δὲ ποταμῶν διέρρηξε, πᾶν δὲ
11 ἔντιμον εἶδέ μου ὁ ὀφθαλμός. Βάθη δὲ ποταμῶν ἀνεκάλυψεν, ἔδειξε δὲ αὐτοῦ δύναμιν εἰς φῶς.
12 Ἡ δὲ σοφία πόθεν εὑρέθη; ποῖος δὲ τόπος ἐστὶ τῆς
13 ἐπιστήμης; Οὐκ οἶδε βροτὸς ὁδὸν αὐτῆς, οὐδὲ μὴν εὑρέθη
14 ἐν ἀνθρώποις. Ἄβυσσος εἶπεν, οὐκ ἔνεστιν ἐν ἐμοί· καὶ
15 ἡ θάλασσα εἶπεν, οὐκ ἔνεστι μετ᾽ ἐμοῦ. Οὐ δώσει συγκλει-
σμὸν ἀντ᾽ αὐτῆς, καὶ οὐ σταθήσεται ἀργύριον ἀντάλλαγμα
16 αὐτῆς. Καὶ οὐ συμβασταχθήσεται χρυσίῳ Σωφίρ, ἐν ὄνυχι
17 τιμίῳ καὶ σαπφείρῳ. Οὐκ ἰσωθήσεται αὐτῇ χρυσίον καὶ
18 ὕαλος, καὶ τὸ ἄλλαγμα αὐτῆς σκεύη χρυσᾶ. Μετέωρα καὶ γαβὶς οὐ μνησθήσεται, καὶ ἕλκυσον σοφίαν ὑπὲρ τὰ
19 ἐσώτατα. Οὐκ ἰσωθήσεται αὐτῇ τοπάζιον Αἰθιοπίας, χρυσίῳ καθαρῷ οὐ συμβασταχθήσεται.
20 Ἡ δὲ σοφία πόθεν εὑρέθη; ποῖος δὲ τόπος ἐστὶ τῆς
21 συνέσεως; Λέληθε πάντα ἄνθρωπον, καὶ ἀπὸ πετεινῶν τοῦ
22 οὐρανοῦ ἐκρύβη. Ἡ ἀπώλεια καὶ ὁ θάνατος εἶπαν, ἀκηκόα-μεν δὲ αὐτῆς τὸ κλέος.
23 Ὁ Θεὸς εὖ συνέστησεν αὐτῆς τὴν ὁδόν, αὐτὸς δὲ οἶδε τὸν
24 τόπον αὐτῆς. Αὐτὸς γὰρ τὴν ὑπ᾽ οὐρανὸν πᾶσαν ἐφορᾷ·
25 εἰδὼς τὰ ἐν τῇ γῇ, πάντα ἃ ἐποίησεν, ἀνέμων σταθμόν,
26 ὕδατος μέτρα ὅτε ἐποίησεν· οὕτως ἰδὼν ἠρίθμησε, καὶ
27 ὁδὸν ἐν τινάγματι φωνάς. Τότε εἶδεν αὐτήν, καὶ ἐξηγήσατο
28 αὐτήν, ἑτοιμάσας ἐξιχνίασεν. Εἶπε δὲ ἀνθρώπῳ, ἰδοὺ ἡ θεοσέβειά ἐστι σοφία, τὸ δὲ ἀπέχεσθαι ἀπὸ κακῶν, ἐστὶν ἐπιστήμη.
29 Ἔτι δὲ προσθεὶς Ἰὼβ εἶπε τῷ προοιμίῳ,
2 Τίς ἄν με θείη κατὰ μῆνα ἔμπροσθεν ἡμερῶν, ὧν με

prepare gold as clay; [17] all these things shall the righteous gain, and the truehearted shall possess his wealth. [18] And his house is gone like moths, and like a spider's web. [19] The rich man shall lie down, and shall not continue: he has opened his eyes, and he is not. [20] Pains have come upon him as water, and darkness has carried him away by night. [21] And a burning wind shall catch him, and he shall depart, and it shall utterly drive him out of his place. [22] And *God* shall cast *trouble* upon him, and not spare: he would fain flee out of his hand. [23 β] He shall cause *men* to clap their hands against them, and shall hiss him out of his place.

For there is a place for the silver, whence it comes, and a place for the gold, whence it is refined. [2] For iron comes out of the earth, and brass is hewn out like stone. [3] He has set γ a bound to darkness, and he searches out every limit: a stone *is* darkness, and the shadow of death. [4] There is a cutting off of the torrent by reason of δ dust: so they that forget the right way are weakened; they are removed from *among* men. [5] *As for* the earth, out of it shall come bread: under it has been turned up as it were fire. [6] Her stones are the place of the sapphire: and *her* dust *supplies* man with gold. [7] *There is* a path, the fowl has not known it, neither has the eye of the vulture seen it: [8] neither have the sons of the proud trodden it, a lion has not passed upon it. [9] He has stretched forth his hand on the sharp *rock*, and turned up mountains by the roots: [10] and he has ζ interrupted the whirlpools of rivers, and θ mine eye has seen every precious thing. [11] And he has laid bare the depths of rivers, and has brought his power to light.

[12] But whence has wisdom been discovered? and what is the place of knowledge? [13] A mortal has not known its way, neither indeed has it been discovered among men. [14] The depth said, It is not in me: and the sea said, It is not with me. [15] One shall not give fine gold instead of it, neither shall silver be weighed in exchange for it. [16] Neither shall it be compared with gold of Sophir, with the precious onyx and sapphire. [17] Gold and crystal shall not be equalled to it, neither shall vessels of gold be its exchange. [18] Coral and fine pearl shall not be mentioned: but do thou esteem wisdom above the most precious things. [19] The topaz of Ethiopia shall not be equalled to it; it shall not be compared with pure gold.

[20] Whence then is wisdom found? and of what kind is the place of understanding? [21] It has escaped the notice of every man, and has been hidden from the birds of the sky. [22] Destruction and Death said, We have heard the report of it.

[23] God has well ordered the way of it, and he knows the place of it. [24] For he surveys the whole *earth* under heaven, knowing the things in the earth: [25] all that he has made; the weight of the winds, the measures of the water. [26] When he made *them*, thus he saw and numbered them, and made a way for the pealing of the λ thunder. [27] Then he saw it, and declared it: he prepared it *and* traced it out. [28] And he said to man, Behold, godliness is wisdom; and to abstain from evil is understanding.

And Job continued and said in his parable, [2] Oh that I were as in months past, wherein

---

God preserved me! ³As when his lamp shone over my head; when by his light I walked through darkness. ⁴ *As* when I steadfastly β pursued my ways, when God took care of my house. ⁵When I was very γ fruitful, and my children were about me; ⁶when my ways were moistened with butter, and the mountains δ flowed for me with milk.

⁷When I went forth early in the city, and the seat was placed for me in the streets. ⁸The young men saw me, and hid themselves : and all the old men stood up. ⁹And the great men ceased speaking, and laid their finger on their mouth. ¹⁰And they that heard *me* blessed me, and their tongue clave to their throat. ¹¹For the ear heard, and blessed me; and the eye saw me, and turned aside. ¹²For I saved the poor out of the hand of the oppressor, and helped the fatherless who had no helper. ¹³Let the blessing of the perishing one come upon me; yea, the mouth of the widow has blessed me. ¹⁴Also I put on righteousness, and clothed myself with judgment like a mantle. ¹⁵I was the eye of the blind, and the foot of the lame. ¹⁶I was the father of the helpless; and I searched out the cause which I knew not. ¹⁷And I broke the jaw-teeth of the unrighteous; I plucked the spoil out of the midst of their teeth. ¹⁸And I said, My age shall continue as the stem of a palm-tree; I shall live a long while. ¹⁹ *My* root was spread out by the water, and the dew would lodge on my crop. ²⁰My glory was fresh in me, and my bow prospered in his hand.

²¹ *Men* heard me, and gave heed, and they were silent at my counsel. ²²At my word they spoke not again, and they were very glad whenever I spoke to them. ²³As the thirsty earth expecting the rain, so they *waited for* my speech. ²⁴Were I to laugh on them, they would not believe *it* ; and the light of my face has not failed. ²⁵I chose out their way, and sat chief, and dwelt as a king in the midst of warriors, as one comforting mourners.

But now the youngest have laughed me to scorn, now they reprove me in *their* turn, whose fathers I set at nought; whom I did not deem worthy *to be with* my shepherd dogs. ²Yea, why had I the strength of their hands? for them the full term *of life* was lost. ³ *One is* childless in want and famine, *such as* they that fled but lately the distress and misery of drought. ⁴Who compass the salt places on the sounding *shore,* who had salt *herbs* for their food, and were dishonourable and of no repute, in want of every good thing; who also ate roots of trees by reason of great hunger.

⁵Thieves have risen up against me, ⁶whose houses were the caves of the rocks, who lived under the wild shrubs. ⁷They will cry out among the rustling *bushes.* ⁸ *They are* sons of fools and vile men, *whose* name and glory *are* quenched from off the earth. ⁹But now I am their music, and they have me for a by-word. ¹⁰And they stood aloof and abhorred me, and spared not to spit in my face. ¹¹For he has opened his quiver and afflicted me: they also have cast off the restraint of my presence. ¹²They have risen up against *me* on the right hand of *their* offspring; they have stretched out their foot, and directed against me the ways

ὁ Θεὸς ἐφύλαξεν; Ὡς ὅτε ἤγει ὁ λύχνος αὐτοῦ ὑπὲρ 3 κεφαλῆς μου, ὅτε τῷ φωτὶ αὐτοῦ ἐπορευόμην ἐν σκότει· Ὅτε ἤμην ἐπιβρίθων ὁδοὺς, ὅτε ὁ Θεὸς ἐπισκοπὴν ἐποιεῖτο 4 τοῦ οἴκου μου· Ὅτε ἤμην ὑλώδης λίαν, κύκλῳ δέ μου 5 οἱ παῖδες· Ὅτε ἐχέοντο αἱ ὁδοί μου βουτύρῳ, τὰ δὲ ὄρη 6 μου ἐχέοντο γάλακτι·

Ὅτε ἐξεπορευόμην ὄρθριος ἐν πόλει, ἐν δὲ πλατείαις ἐτί- 7 θετό μου ὁ δίφρος. Ἰδόντες με νεανίσκοι ἐκρύβησαν, 8 πρεσβῦται δὲ πάντες ἔστησαν. Ἁδροὶ δὲ ἐπαύσαντο 9 λαλοῦντες, δάκτυλον ἐπιθέντες ἐπὶ στόματι. Οἱ δὲ ἀκού- 10 σαντες ἐμακάρισάν με, καὶ γλῶσσα αὐτῶν τῷ λάρυγγι αὐτῶν ἐκολλήθη. Ὅτι οὖς ἤκουσε καὶ ἐμακάρισέ με, 11 ὀφθαλμὸς δὲ ἰδών με ἐξέκλινε. Διέσωσα γὰρ πτωχὸν 12 ἐκ χειρὸς δυνάστου, καὶ ὀρφανῷ ᾧ οὐκ ἦν βοηθὸς, ἐβοήθησα. Εὐλογία ἀπολλυμένου ἐπ᾽ ἐμὲ ἔλθοι, στόμα δὲ χήρας με 13 εὐλόγησε· Δικαιοσύνην δὲ ἐνδεδύκειν, ἠμφιασάμην δὲ κρίμα 14 ἴσα διπλοΐδι. Ὀφθαλμὸς ἤμην τυφλῶν, ποὺς δὲ χωλῶν. 15 Ἐγὼ ἤμην πατὴρ ἀδυνάτων, δίκην δὲ ἣν οὐκ ᾔδειν ἐξιχνίασα. 16 Συνέτριψα δὲ μύλας ἀδίκων, ἐκ μέσου τῶν ὀδόντων αὐτῶν 17 ἅρπαγμα ἐξήρπασα. Εἶπα δὲ, ἡ ἡλικία μου γηράσει ὥσπερ 18 στέλεχος φοίνικος, πολὺν χρόνον βιώσω. Ἡ ῥίζα διήνοικται 19 ἐπὶ ὕδατος, καὶ δρόσος αὐλισθήσεται ἐν τῷ θερισμῷ μου. Ἡ δόξα μου κενὴ μετ᾽ ἐμοῦ, καὶ τὸ τόξον μου ἐν χειρὶ αὐτοῦ 20 πορεύεται.

Ἐμοῦ ἀκούσαντες προσέσχον, ἐσιώπησαν δὲ ἐπὶ τῇ ἐμῇ 21 βουλῇ. Ἐπὶ τῷ ἐμῷ ῥήματι οὐ προσέθεντο, περιχαρεῖς δὲ 22 ἐγίνοντο ὁπόταν αὐτοῖς ἐλάλουν. Ὥσπερ γῆ διψῶσα 23 προσδεχομένη τὸν ὑετὸν, οὕτως οὗτοι τὴν ἐμὴν λαλιάν. Ἐὰν 24 γελάσω πρὸς αὐτοὺς, οὐ μὴ πιστεύσωσι, καὶ φῶς τοῦ προσ- ώπου μου οὐκ ἀπέπιπτεν. Ἐξελεξάμην ὁδὸν αὐτῶν, καὶ 25 ἐκάθισα ἄρχων, καὶ κατεσκήνουν ὡσεὶ βασιλεὺς ἐν μονο- ζώνοις, ὃν τρόπον παθεινοὺς παρακαλῶν.

Νυνὶ δὲ κατεγέλασάν μου ἐλάχιστοι, νῦν νουθετοῦσί με 30 ἐν μέρει, ὧν ἐξουδένουν τοὺς πατέρας αὐτῶν, οὓς οὐχ ἡγη- σάμην ἀξίους κυνῶν τῶν ἐμῶν νομάδων. Καί γε ἰσχὺς 2 χειρῶν αὐτῶν ἱνατί μοι; ἐπ᾽ αὐτοὺς ἀπώλετο συντέλεια. Ἐν ἐνδείᾳ καὶ λιμῷ ἄγονος, οἱ φεύγοντες ἄνυδρον ἐχθὲς 3 συνοχὴν καὶ ταλαιπωρίαν. Οἱ περικυκλοῦντες ἅλιμα ἐπὶ 4 ἠχοῦντι, οἵτινες ἅλιμα ἦν αὐτῶν τὰ σῖτα, ἄτιμοι δὲ καὶ πεφαυλισμένοι, ἐνδεεῖς παντὸς ἀγαθοῦ, οἳ καὶ ῥίζας ξύλων ἐμασσῶντο ὑπὸ λιμοῦ μεγάλου.

Ἐπανέστησάν μοι κλέπται, ὧν οἱ οἶκοι αὐτῶν ἦσαν 5, 6 τρῶγλαι πετρῶν· Ἀναμέσον εὐήχων βοήσονται οἳ ὑπὸ 7 φρύγανα ἄγρια διῃτῶντο. Ἀφρόνων υἱοὶ καὶ ἀτίμων, ὄνομα 8 καὶ κλέος ἐσβεσμένον ἀπὸ γῆς. Νυνὶ δὲ κιθάρα ἐγώ εἰμι 9 αὐτῶν, καὶ ἐμὲ θρύλλημα ἔχουσιν. Ἐβδελύξαντο δέ με 10 ἀποστάντες μακρὰν, ἀπὸ δὲ τοῦ προσώπου μου οὐκ ἐφεί- σαντο πτύελον. Ἀνοίξας γὰρ φαρέτραν αὐτοῦ ἐκάκωσέ με, 11 καὶ χαλινὸν τοῦ προσώπου μου ἐξαπέστειλαν. Ἐπὶ δεξιῶν 12 βλαστοῦ ἐπανέστησαν, πόδα αὐτῶν ἐξέτειναν, καὶ ὡδοποίη-

---

β *Gr.* pressed heavily on.　　　γ *Gr.* woody.　　　δ *Gr.* poured forth.

13 σαν ἐπ᾽ ἐμέ· τρίβους ἀπωλείας αὐτῶν. Ἐξετρίβησαν τρίβοι
μου, ἐξέδυσαν γάρ μου τὴν στολήν· βέλεσιν αὐτοῦ κατηκόν-
14 τισέ με. Κέκριται δέ μοι ὡς βούλεται, ἐν ὀδύναις πέφυρμαι.
15 Ἐπιστρέφονταί μου αἱ ὀδύναι, ᾤχετό μου ἡ ἐλπὶς ὥσπερ
πνεῦμα, καὶ ὥσπερ νέφος ἡ σωτηρία μου.

16 Καὶ νῦν ἐπ᾽ ἐμὲ ἐκχυθήσεται ἡ ψυχή μου, ἔχουσι δέ με
17 ἡμέραι ὀδυνῶν. Νυκτὶ δέ μου τὰ ὀστᾶ συγκέχυται, τὰ δὲ
18 νεῦρά μου διαλέλυται. Ἐν πολλῇ ἰσχύϊ ἐπελάβετό μου τῆς
στολῆς, ὥσπερ τὸ περιστόμιον τοῦ χιτῶνός μου περιέσχε
19 με. Ἤγησαι δέ με ἶσα πηλῷ, ἐν γῇ καὶ σποδῷ μου
ἡ μερίς.

20 Κέκραγα δὲ πρὸς σὲ καὶ οὐκ ἀκούεις μου, ἔστησαν δὲ καὶ
21 κατενόησάν με. Ἐπέβησαν δέ μοι ἀνελεημόνως, χειρὶ
22 κραταιᾷ με ἐμαστίγωσας. Ἔταξας δέ με ἐν ὀδύναις, καὶ
23 ἀπέρριψάς με ἀπὸ σωτηρίας. Οἶδα γὰρ ὅτι θάνατός με
24 ἐκτρίψει, οἰκία γὰρ παντὶ θνητῷ γῆ. Εἰ γὰρ ὄφελον
δυναίμην ἐμαυτὸν χειρώσασθαι, ἢ δεηθείς γε ἑτέρου, καὶ
25 ποιήσει μοι τοῦτο. Ἐγὼ δὲ ἐπὶ παντὶ ἀδυνάτῳ ἔκλαυσα,
26 ἐστέναξα ἰδὼν ἄνδρα ἐν ἀνάγκαις· ἐγὼ δὲ ἐπέχων ἀγαθοῖς,
ἰδοὺ συνήντησάν μοι μᾶλλον ἡμέραι κακῶν.

27 Ἡ κοιλία μου ἐξέζεσε καὶ οὐ σιωπήσεται, προέφθασάν
28 με ἡμέραι πτωχείας. Στένων πεπόρευμαι ἄνευ φιμοῦ,
29 ἔστηκα δὲ ἐν ἐκκλησίᾳ κεκραγώς. Ἀδελφὸς γέγονα
30 σειρήνων, ἑταῖρος δὲ στρουθῶν. Τὸ δὲ δέρμα μου ἐσκότωται
31 μεγάλως, τὰ δὲ ὀστᾶ μου ἀπὸ καύματος. Ἀπέβη δὲ εἰς
πένθος μου ἡ κιθάρα, ὁ δὲ ψαλμός μου εἰς κλαυθμὸν ἐμοί.

31 Διαθήκην ἐθέμην τοῖς ὀφθαλμοῖς μου, καὶ οὐ συνήσω ἐπὶ
2 παρθένον. Καὶ τί ἐμέρισεν ὁ Θεὸς ἄνωθεν, καὶ κληρονομία
3 ἱκανοῦ ἐξ ὑψίστων; Οὐαὶ, ἀπώλεια τῷ ἀδίκῳ, καὶ ἀπαλ-
4 λοτρίωσις τοῖς ποιοῦσιν ἀνομίαν. Οὐχὶ αὐτὸς ὄψεται ὁδόν
5 μου, καὶ πάντα τὰ διαβήματά μου ἐξαριθμήσεται; Εἰ δὲ
ἤμην πεπορευμένος μετὰ γελοιαστῶν, εἰ δὲ καὶ ἐσπούδασεν
6 ὁ πούς μου εἰς δόλον· Ἕσταμαι γὰρ ἐν ζυγῷ δικαίῳ, οἶδε
7 δὲ ὁ Κύριος τὴν ἀκακίαν μου· Εἰ ἐξέκλινεν ὁ πούς μου
ἐκ τῆς ὁδοῦ, εἰ δὲ καὶ τῷ ὀφθαλμῷ ἐπηκολούθησεν ἡ καρδία
8 μου, εἰ δὲ καὶ ταῖς χερσί μου ἡψάμην δώρων, σπείραιμι
ἄρα καὶ ἄλλοι φάγοισαν, ἄρριζος δὲ γενοίμην ἐπὶ γῆς.
9 Εἰ ἐξηκολούθησεν ἡ καρδία μου γυναικὶ ἀνδρὸς ἑτέρου, εἰ καὶ
10 ἐγκάθετος ἐγενόμην ἐπὶ θύραις αὐτῆς, ἀρέσαι ἄρα καὶ ἡ
11 γυνή μου ἑτέρῳ, τὰ δὲ νήπιά μου ταπεινωθείη. Θυμὸς γὰρ
12 ὀργῆς ἀκατάσχετος, τὸ μιᾶναι ἀνδρὸς γυναῖκα. Πῦρ γάρ ἐστι
καιόμενον ἐπὶ πάντων τῶν μερῶν, οὗ δ᾽ ἂν ἐπέλθῃ ἐκ ῥιζῶν
ἀπώλεσεν.

13 Εἰ δὲ καὶ ἐφαύλισα κρίμα θεράποντός μου ἢ θεραπαίνης,
14 κρινομένων αὐτῶν πρὸς μὲ, τί γὰρ ποιήσω ἐὰν ἔτασίν μου
ποιῆται ὁ Κύριος; ἐὰν δὲ καὶ ἐπισκοπήν τινα, ἀπόκρισιν
15 ποιήσομαι; Πότερον οὐκ ὡς καὶ ἐγὼ ἐγενόμην ἐν γαστρί,
καὶ ἐκεῖνοι γεγόνασι; γεγόναμεν δὲ ἐν τῇ αὐτῇ κοιλίᾳ.
16 Ἀδύνατοι δὲ χρείαν ἥν ποτε εἶχον οὐκ ἀπέτυχον, χήρας
17 δὲ τὸν ὀφθαλμὸν οὐκ ἐξέτηξα. Εἰ δὲ καὶ τὸν ψωμόν μου

---

of their destruction. ¹³My paths are ruined;
for they have stripped off my raiment: he has
shot at me with his weapons. ¹⁴And he has
pleaded against me as he will: I am over-
whelmed with pains. ¹⁵My pains return upon
me; my hope is gone like the wind, and my
safety as a cloud.

¹⁶Even now my life shall be poured forth
upon me; and days of anguish seize me. ¹⁷And
by night my bones are confounded; and my
sinews are relaxed. ¹⁸With great force *my
disease* has taken hold of my garment: it has
compassed me as the collar of my coat. ¹⁹And
thou hast counted me as clay; my portion is
in dust and ashes.

²⁰And I have cried to thee, but thou hearest
me not: but they stood still, and observed me.
²¹They attacked me also without mercy: thou
hast scourged me with a strong hand. ²²And
thou hast put me to grief, and hast cast me
away from safety. ²³For I know that death
will destroy me: for the earth is the house
appointed for every mortal. ²⁴Oh then that I
might lay hands upon myself, or at least ask
another, and he should do this for me. ²⁵Yet
I wept over every helpless man; I groaned
when I saw a man in distress. ²⁶But I, when
I waited for good things, behold, days of evils
came the more upon me.

²⁷My belly boiled, and would not cease: the
days of poverty prevented me. ²⁸I went mourn-
ing without restraint: and I have stood and
cried out in the assembly. ²⁹I am become a
brother of β monsters, and a companion of
ostriches. ³⁰And my skin has been greatly
blackened, and my bones γ are burned with
heat. ³¹My harp also has been turned into
mourning, and my song into my weeping.

I made a covenant with mine eyes, and I will
not think upon a virgin. ²Now what portion
has God given from above? and is there an
inheritance *given* of the Mighty One from the
highest? ³Alas! destruction to the unright-
eous, and rejection to them that do iniquity.
⁴Will he not see my way, and number all my
steps? ⁵But if I had gone with scorners, and
if too my foot has hasted to deceit: ⁶(for I am
weighed in a just balance, and the Lord knows
my innocence:) ⁷if my foot has turned aside
out of the way, or if mine heart has followed
mine eye, and if too I have touched gifts with
my hands; ⁸then let me sow, and let others
eat; and let me be uprooted on the earth. ⁹If
my heart has gone forth after another man's
wife, and if I laid wait at her doors; ¹⁰then let
my wife also please another, and let my children
be brought low. ¹¹For the rage of anger is not
to be controlled, *in the case* of defiling *another*
man's wife. ¹²For it is a fire burning on every
side, and whomsoever it attacks, it utterly
destroys.

¹³And if too I despised the judgment of my
servant or *my* handmaid, when they pleaded
with me; ¹⁴what then shall I do if the Lord
should try me? and if also he should at all visit
me, can I make an answer? ¹⁵Were not they
too formed as I also was formed in the womb?
yea, we were formed in the same womb.
¹⁶But the helpless missed not whatever need
they had, and I did not δ cause the eye of the
widow to fail. ¹⁷And if too I ate my morsel

β *Gr.* sirens.   γ *Alex.* + συνεφρύγη.   δ *Gr.* wear out.

alone, and did not impart *of it* to the orphan; ¹⁸(for I nourished *them* as a father from my youth, and guided *them* from my mother's womb.) ¹⁹And if too I overlooked the naked as he was perishing, and did not clothe him; ²⁰and if the poor did not bless me, and their shoulders were *not* warmed with the fleece of my lambs; ²¹if I lifted my hand against an orphan, trusting that my strength was far superior *to his:* ²²let then my shoulder start from the blade-bone, and my arm be crushed off from the elbow. ²³For the fear of the Lord constrained me, and I cannot bear up by reason of his ᵝ burden.

²⁴If I made gold my treasure, and if too I trusted the precious stone; ²⁵and if too I rejoiced when my wealth was abundant, and if too I laid my hand on innumerable *treasures:* (²⁶do we not see the shining sun eclipsed, and the moon waning? for they have not *power to continue:)* ²⁷and if my heart was secretly deceived, and if I have laid my hand upon my mouth and kissed it: ²⁸let this also then be reckoned to me as the greatest iniquity: for I *should* have lied against the Lord Most High. ²⁹And if too I was glad at the fall of mine enemies, and mine heart said, Aha! ³⁰let then mine ear hear my curse, and let me be a byword among my people in my affliction.

³¹And if too my handmaids have often said, Oh that we might be satisfied with his flesh; (whereas I was very kind: ³²for the stranger did not lodge without, and my door was opened to every one that came:) ³³or if too having sinned unintentionally, I hid my sin; (³⁴for I did not stand in awe of a great multitude, so as not to declare boldly before them:) and if too I permitted a poor man to go out of my door with an empty bosom: (γ³⁵Oh that I had a hearer,) and if I had not feared the hand of the Lord; and *as to* the written charge which I had against any one, ³⁶I would place *it* as a chaplet on my shoulders, and read it. ³⁷δAnd if I did not read it and return it, having taken nothing from the debtor:

³⁸If at any time the land groaned against me, and if its furrows mourned together; ³⁹and if I ate its strength alone without price, and if too I grieved the heart of the owner of the soil, by taking *aught* from *him:* ⁴⁰then let the nettle come up to me instead of wheat, and a bramble instead of barley. And Job ceased speaking.

And his three friends also ceased any longer to answer Job: for Job was righteous before them.

²Then Elius the son of Barachiel, the Buzite, of the kindred of Ram, of the country of Ausis, was angered: and he was very angry with Job, because he justified himself before the Lord. ³And he was also very angry with *his* three friends, because they were not able to return answers to Job, yet set him down for an ungodly man. ⁴But Elius had forborne to give an answer to Job, because they were older than he. ⁵And Elius saw that there was no answer in the mouth of the three men; and he was angered in his wrath. ⁶And Elius the Buzite the son of Barachiel answered and said,

I am younger in age, and ye are elder; wherefore I kept silence, fearing to declare to

ἔφαγον μόνος, καὶ οὐχὶ ὀρφανῷ μετέδωκα· Ὅτι ἐκ νεότητός 18 μου ἐξέτρεφον ὡς πατήρ, καὶ ἐκ γαστρὸς μητρός μου ὡδήγησα· Εἰ δὲ καὶ ὑπερεῖδον γυμνὸν ἀπολλύμενον, καὶ 19 οὐκ ἠμφίασα αὐτόν· Ἀδύνατοι δὲ εἰ μὴ εὐλόγησάν με, 20 ἀπὸ δὲ κουρᾶς ἀμνῶν μου ἐθερμάνθησαν οἱ ὦμοι αὐτῶν· Εἰ ἐπῆρα ὀρφανῷ χεῖρα, πεποιθὼς ὅτι πολλή μοι βοήθεια 21 περίεστιν· Ἀποσταίη ἄρα ὁ ὦμός μου ἀπὸ τῆς κλειδὸς, ὁ 22 δὲ βραχίων μου ἀπὸ τοῦ ἀγκῶνος συντριβείη. Φόβος γὰρ 23 Κυρίου συνέσχε με, ἀπὸ τοῦ λήμματος αὐτοῦ οὐχ ὑποίσω.

Εἰ ἔταξα χρυσίον εἰς χοῦν, εἰ δὲ καὶ λίθῳ πολυτελεῖ 24 ἐπεποίθησα, εἰ δὲ καὶ εὐφράνθην πολλοῦ πλούτου μοι γενο- 25 μένου, εἰ δὲ καὶ ἐπ᾽ ἀναριθμήτοις ἐθέμην χεῖρά μου· Ἤ οὐχ 26 ὁρῶμεν ἥλιον τὸν ἐπιφαύσκοντα ἐκλείποντα, σελήνην δὲ φθίνουσαν; οὐ γὰρ ἐπ᾽ αὐτοῖς ἐστί· Καὶ εἰ ἠπατήθη 27 λάθρα ἡ καρδία μου, εἰ δὲ χεῖρά μου ἐπιθεὶς ἐπὶ στόματί μου ἐφίλησα. Καὶ τοῦτό μοι ἄρα ἀνομία ἡ μεγίστη λογισθείη, 28 ὅτι ἐψευσάμην ἐναντίον Κυρίου τοῦ ὑψίστου. Εἰ δὲ καὶ 29 ἐπιχαρὴς ἐγενόμην πτώματι ἐχθρῶν μου, καὶ εἶπεν ἡ καρδία μου, εὖγε. Ἀκούσαι ἄρα τὸ οὖς μου τὴν κατάραν μου, 30 θρυλληθείην δὲ ἄρα ὑπὸ λαοῦ μου κακούμενος.

Εἰ δὲ καὶ πολλάκις εἶπον αἱ θεράπαιναί μου, τίς ἂν δῴη 31 ἡμῖν τῶν σαρκῶν αὐτοῦ πλησθῆναι; λίαν μου χρηστοῦ ὄντος· Ἔξω δὲ οὐκ ηὐλίζετο ξένος, ἡ δὲ θύρα μου παντὶ 32 ἐλθόντι ἀνέῳκτο· Εἰ δὲ καὶ ἁμαρτὼν ἀκουσίως ἔκρυψα τὴν 33 ἁμαρτίαν μου· Οὐ γὰρ διετράπην πολυοχλίαν πλήθους, τοῦ 34 μὴ ἐξαγορεῦσαι ἐνώπιον αὐτῶν· εἰ δὲ καὶ εἴασα ἀδύνατον ἐξελθεῖν θύραν μου κόλπῳ κενῷ· Τίς δῴη ἀκούοντά μου; 35 χεῖρα δὲ Κυρίου εἰ μὴ ἐδεδοίκειν· συγγραφὴν δὲ ἣν εἶχον κατά τινος, ἐπ᾽ ὤμοις ἂν περιθέμενος στέφανον ἀνεγίνωσκον, 36 καὶ εἰ μὴ ῥήξας αὐτὴν ἀπέδωκα, οὐθὲν λαβὼν παρὰ χρεωφει- 37 λέτου·

Εἰ ἐπ᾽ ἐμοί ποτε ἡ γῆ ἐστέναξεν, εἰ δὲ καὶ οἱ αὔλακες 38 αὐτῆς ἔκλαυσαν ὁμοθυμαδόν· Εἰ δὲ καὶ τὴν ἰσχὺν αὐτῆς 39 ἔφαγον μόνος ἄνευ τιμῆς, εἰ δὲ καὶ ψυχὴν κυρίου τῆς γῆς ἐκλαβὼν ἐλύπησα· Ἀντὶ πυροῦ ἄρα ἐξέλθοι μοι κνίδη, 40 ἀντὶ δὲ κριθῆς βάτος. Καὶ ἐπαύσατο Ἰὼβ ῥήμασιν.

Ἡσύχασαν δὲ καὶ οἱ τρεῖς φίλοι αὐτοῦ ἔτι ἀντειπεῖν Ἰώβ, 32 ἦν γὰρ Ἰὼβ δίκαιος ἐναντίον αὐτῶν.

Ὠργίσθη δὲ Ἐλιοὺς ὁ τοῦ Βαραχιὴλ ὁ Βουζίτης ἐκ τῆς 2 συγγενείας Ῥάμ, τῆς Αὐσίτιδος χώρας· ὠργίσθη δὲ τῷ Ἰὼβ σφόδρα, διότι ἀπέφηνεν ἑαυτὸν δίκαιον ἐναντίον Κυρίου· Καὶ 3 κατὰ τῶν τριῶν δὲ φίλων ὠργίσθη σφόδρα, διότι οὐκ ἠδυνήθησαν ἀποκριθῆναι ἀντίθετα Ἰώβ, καὶ ἔθεντο αὐτὸν εἶναι ἀσεβῆ. Ἐλιοὺς δὲ ὑπέμεινε δοῦναι ἀπόκρισιν Ἰώβ, ὅτι 4 πρεσβύτεροι αὐτοῦ εἰσιν ἡμέραις. Καὶ εἶδεν Ἐλιοὺς, 5 ὅτι οὐκ ἔστιν ἀπόκρισις ἐν στόματι τῶν τριῶν ἀνδρῶν, καὶ ἐθυμώθη ὀργὴ αὐτοῦ. Ὑπολαβὼν δὲ Ἐλιοὺς ὁ τοῦ Βαρα- 6 χιὴλ ὁ Βουζίτης, εἶπε,

Νεώτερος μέν εἰμι τῷ χρόνῳ, ὑμεῖς δέ ἐστε πρεσβύτεροι, διὸ ἡσύχασα φοβηθεὶς τοῦ ὑμῖν ἀναγγεῖλαι τὴν ἐμαυτοῦ

ᵝ See *Hebrew.*	Or, Oh that he, *i. e.* the Lord, were my hearer.	δ Very unlike the *Heb.*

7 ἐπιστήμην. Εἶπα δὲ, ὅτι οὐχ ὁ χρόνος ἐστὶν ὁ λαλῶν, ἐν
8 πολλοῖς δὲ ἔτεσιν οἴδασι σοφίαν. Ἀλλὰ πνεῦμά ἐστιν ἐν
9 βροτοῖς· πνοὴ δὲ παντοκράτορός ἐστιν ἡ διδάσκουσα. Οὐχ
οἱ πολυχρόνιοί εἰσι σοφοὶ, οὐδ' οἱ γέροντες οἴδασι κρίμα.
10 Διὸ εἶπα, ἀκούσατέ μου, καὶ ἀναγγελῶ ὑμῖν ἃ οἶδα.
11 Ἐνωτίζεσθέ μου τὰ ῥήματα· ἐρῶ γὰρ ὑμῶν ἀκουόντων,
12 ἄχρις οὗ ἐτάσητε λόγοις, καὶ μέχρι ὑμῶν συνήσω, καὶ ἰδοὺ
οὐκ ἦν τῷ Ἰὼβ ἐλέγχων ἀνταποκρινόμενος ῥήματα αὐτοῦ
13 ἐξ ὑμῶν· ἵνα μὴ εἴπητε, εὕρομεν σοφίαν Κυρίῳ προσθέ-
14 μενοι. Ἀνθρώπῳ δὲ ἐπετρέψατε λαλῆσαι τοιαῦτα ῥήματα.
15 Ἐπτοήθησαν, οὐκ ἀπεκρίθησαν ἔτι, ἐπαλαίωσαν ἐξ αὐτῶν
16 λόγους. Ὑπέμεινα, οὐ γὰρ ἐλάλησα, ὅτι ἔστησαν, οὐκ
17 ἀπεκρίθησαν. Ὑπολαβὼν δὲ Ἐλιοὺς, λέγει, πάλιν λαλήσω,
18 πλήρης γάρ εἰμι ῥημάτων, ὀλέκει γάρ με τὸ πνεῦμα τῆς
19 γαστρός. Ἡ δὲ γαστήρ μου ὥσπερ ἀσκὸς γλεύκους ζέων
20 δεδεμένος, ἢ ὥσπερ φυσητὴρ χαλκέως ἐρρηγώς. Λαλήσω,
21 ἵνα ἀναπαύσωμαι ἀνοίξας τὰ χείλη, ἄνθρωπον γὰρ οὐ
22 μὴ αἰσχυνθῶ, ἀλλὰ μὴν οὐδὲ βροτὸν οὐ μὴ ἐντραπῶ. Οὐ
γὰρ ἐπίσταμαι θαυμάσαι πρόσωπα· εἰ δὲ μὴ, καὶ ἐμὲ σῆτες
ἔδονται.

33 Οὐ μὴν δὲ ἀλλὰ ἄκουσον Ἰὼβ τὰ ῥήματά μου, καὶ λαλιὰν
2 ἐνωτίζου μου. Ἰδοὺ γὰρ ἤνοιξα τὸ στόμα μου, καὶ ἐλάλησεν
3 ἡ γλῶσσά μου. Καθαρά μου ἡ καρδία ῥήμασι, σύνεσις δὲ
4 χειλέων μου καθαρὰ νοήσει. Πνεῦμα θεῖον τὸ ποιῆσάν με,
5 πνοὴ δὲ παντοκράτορος ἡ διδάσκουσά με. Ἐὰν δύνῃ, δός
μοι ἀπόκρισιν, πρὸς ταῦτα ὑπόμεινον, στῆθι κατ' ἐμὲ, καὶ
6 ἐγὼ κατὰ σέ. Ἐκ πηλοῦ διήρτισαι σὺ ὡς καὶ ἐγὼ, ἐκ τοῦ
7 αὐτοῦ διηρτίσμεθα. Οὐχ ὁ φόβος μου σὲ στροβήσει, οὐδὲ
ἡ χείρ μου βαρεῖα ἔσται ἐπὶ σοί.
8 Πλὴν εἶπας ἐν ὠσί μου· φωνὴν ῥημάτων σου ἀκήκοα·
9 διότι λέγεις, καθαρός εἰμι οὐχ ἁμαρτῶν, ἄμεμπτός εἰμι, οὐ
10 γὰρ ἠνόμησα· Μέμψιν δὲ κατ' ἐμοῦ εὗρεν· ἥγηται δέ με
11 ὥσπερ ὑπεναντίον. Ἔθετο δὲ ἐν ξύλῳ τὸν πόδα μου, ἐφύ-
12 λαξε δέ μου πάσας τὰς ὁδούς. Πῶς γὰρ λέγεις, δίκαιός
εἰμι, καὶ οὐκ ἐπακήκοέ μου; αἰώνιος γάρ ἐστιν ὁ ἐπάνω
βροτῶν.
13 Λέγεις δὲ, διατί τῆς δίκης μου οὐκ ἐπακήκοέ μου πᾶν
14 ῥῆμα; Ἐν γὰρ τῷ ἅπαξ λαλῆσαι ὁ Κύριος, ἐν δὲ τῷ
15 δευτέρῳ, ἐνύπνιον ἢ ἐν μελέτῃ νυκτερινῇ, ὡς ὅταν ἐπιπίπτῃ
δεινὸς φόβος ἐπ' ἀνθρώπους, ἐπὶ νυσταγμάτων ἐπὶ κοίτης·
16 Τότε ἀνακαλύπτει νοῦν ἀνθρώπων, ἐν εἴδεσι φόβου τοιού-
17 τοις αὐτοὺς ἐξεφόβησεν. Ἀποστρέψαι ἄνθρωπον ἀπὸ ἀδι-
18 κίας, τὸ δὲ σῶμα αὐτοῦ ἀπὸ πτώματος ἐρρύσατο. Ἐφείσατο
δὲ τῆς ψυχῆς αὐτοῦ ἀπὸ θανάτου, καὶ μὴ πεσεῖν αὐτὸν ἐν
πολέμῳ.
19 Πάλιν δὲ ἤλεγξεν αὐτὸν ἐπὶ μαλακίᾳ ἐπὶ κοίτης, καὶ
20 πλῆθος ὀστῶν αὐτοῦ ἐνάρκησε. Πᾶν δὲ βρωτὸν σίτου οὐ
μὴ δύνηται προσδέξασθαι, καὶ ἡ ψυχὴ αὐτοῦ βρῶσιν ἐπι-
21 θυμήσει· ἕως ἂν σαπῶσιν αὐτοῦ αἱ σάρκες, καὶ ἀποδείξῃ
22 τὰ ὀστᾶ αὐτοῦ κενά. Ἤγγισε δὲ εἰς θάνατον ἡ ψυχὴ αὐτοῦ,

you my own knowledge. 7 And I said, It is not time that speaks, though in many years *men* know wisdom: 8 but there is a spirit in mortals; and the inspiration of the Almighty is that which teaches. 9 The long-lived are not wise *as such*; neither do the aged know judgment. 10 Wherefore I said, Hear me, and I will tell you what I know.

11 Hearken to my words; for I will speak in your hearing, until ye shall have tried *the matter* with words: 12 and I shall understand as far as you; and, behold, there was no one of you that answered Job his words in argument, 13 lest ye should say, We have found that we have added wisdom to the Lord. 14 And ye have commissioned a man to speak such words.

15 They were afraid, they answered no longer; they β gave up their speaking. 16 I waited, (for I had not spoken,) because they stood still, they answered not. 17 And Elius continued, and said, I will again speak, 18 for I am full of words, for the spirit of my belly destroys me. 19 And my belly is as a skin of sweet wine bound up and γ ready to burst; or as a brazier's labouring bellows. 20 I will speak, that I may open my lips and relieve myself. 21 For truly I will not be awed because of man, nor indeed will I be confounded before a mortal. 22 For I know not how to respect persons: and if otherwise, even the moths would eat me.

Howbeit hear, Job, my words, and hearken to my speech. 2 For behold, I have opened my mouth, and my tongue has spoken. 3 My heart *shall be found* pure by *my* words; and the understanding of my lips shall meditate purity. 4 The Divine Spirit is that which formed me, and the breath of the Almighty that which teaches me. 5 If thou canst, give me an answer: wait therefore; stand against me, and I *will stand* against thee. 6 Thou art formed out of the clay as also I: we have been formed out of the same *substance*. 7 My fear shall not terrify thee, neither shall my hand be heavy upon thee.

8 But thou hast said in mine ears, (I have heard the voice of thy words;) because thou sayest, I am pure, not having sinned; 9 I am blameless, for I have not transgressed. 10 Yet he has discovered a charge against me, and he has reckoned me as an adversary. 11 And he has put my foot in the stocks, and has watched all my ways. 12 For how sayest thou, I am righteous, yet he has not hearkened to me? for he that is above mortals is eternal.

13 But thou sayest, Why has he not heard every word of my cause? 14 For when the Lord speaks once, or a second time, 15 sending a dream, or in the meditation of the night; (as when a dreadful alarm happens to fall upon men, in slumberings on the bed:) 16 then opens he the understanding of men: he scares them with such fearful visions: 17 to turn a man from unrighteousness, and he delivers his body from a fall. 18 He spares also his soul from death, and *suffers* him not to fall in war.

19 And again, he chastens him with sickness on his bed, and the multitude of his bones is benumbed. 20 And he shall not be able to take any food, though his soul shall desire meat; 21 until his flesh shall be consumed, and he shall shew his bones bare. 22 His soul also draws

---

β *Gr.* wore out speeches from among them.   γ *Gr.* boiling.

nigh to death, and his life is in Hades. ²³ Though there should be a thousand β messengers of death, not one of them shall wound him: if he should purpose in his heart to turn to the Lord, and declare to man his fault, and shew his folly; ²⁴ he will support him, that he should not perish, and will restore his body as *fresh* plaster upon a wall; and he will fill his bones with marrow. ²⁵ And he will make his flesh tender as that of a babe, and he will restore him among men in *his* full strength. ²⁶ And γ he shall pray to the Lord, and his prayer shall be accepted of him; he shall enter with a cheerful countenance, with a full expression *of praise:* for he will render to men *their* due. ²⁷ Even then a man shall blame himself, saying, What kind of things have I done? and he has not δ punished me according to the full amount of my sins. ²⁸ Deliver my soul, that it may not go to destruction, and my life shall see the light.

²⁹ Behold, all these things the Mighty One works in a threefold manner with a man. ³⁰ And he has delivered my soul from death, that my life may praise him in the light.

³¹ Hearken, Job, and hear me: be silent, and I will speak. ³² If thou hast words, answer me: speak, for I desire thee to be justified. ³³ If not, do thou hear me: be silent, and I will teach thee. ζ

And Elius continued, and said,

² Hear me, ye wise men; hearken, ye that have knowledge. ³ For the ear tries words, and the mouth tastes meat. ⁴ Let us choose judgment to ourselves: let us know among ourselves what is right. ⁵ For Job has said, I am righteous: the Lord has removed my judgment. ⁶ And he has θ erred in my judgment: my λ wound is severe without unrighteousness *of mine.*

⁷ What man is as Job, drinking scorning like water? ⁸ *saying,* μ I have not sinned, nor committed ungodliness, nor had fellowship with workers of iniquity, to go with the ungodly. ⁹ For thou shouldest not say, There shall be no visitation of a man, whereas *there is* a visitation on him from the Lord. ¹⁰ Wherefore hear me, ye that are wise in heart: far be it from me to sin before the Lord, and to ξ pervert righteousness before the Almighty. ¹¹ Yea, he renders to a man accordingly as each of them does, and in a man's path he will find him. ¹² And thinkest thou that the Lord will do wrong, or will the Almighty who made the earth ξ wrest judgment? ¹³ And who is he that made *the whole world* under heaven, and all things therein? ¹⁴ For if he would confine, and restrain his spirit with himself; ¹⁵ all flesh would die together, and every mortal would return to the earth, whence also he was formed. ¹⁶ Take heed lest he rebuke *thee:* hear this, hearken to the voice of words. ¹⁷ Behold then the one that hates iniquities, and that destroys the wicked, who is for ever just. ¹⁸ *He is* ungodly that says to a king, Thou art a transgressor, *that says* to princes, O most ungodly one. ¹⁹ *Such a one* as would not reverence the face of an honourable man, neither knows how to give honour to the great, so as that their persons should be respected. ²⁰ But it shall turn out vanity to them, to cry and beseech a man; for they dealt unlawfully, the poor being

ἡ δὲ ζωὴ αὐτοῦ ἐν ᾅδῃ. Ἐὰν ὦσι χίλιοι αγγελοι θανατη- 23 φόροι, εἰς αὐτῶν οὐ μὴ τρώσῃ αὐτόν· ἐὰν νοήσῃ τῇ καρδίᾳ ἐπιστραφῆναι πρὸς Κύριον, ἀναγγείλῃ δὲ ἀνθρώπῳ τὴν ἑαυτοῦ μέμψιν, τὴν δὲ ἄνοιαν αὐτοῦ δείξῃ, ἀνθέξεται τοῦ μὴ πεσεῖν 24 εἰς θάνατον· ἀνανεώσει δὲ αὐτοῦ τὸ σῶμα ὥσπερ ἀλοιφὴν ἐπὶ τοίχου, τὰ δὲ ὀστᾶ αὐτοῦ ἐμπλήσει μυελοῦ. Ἀπαλυνεῖ 25 δὲ αὐτοῦ τὰς σάρκας ὥσπερ νηπίου, ἀποκαταστήσει δὲ αὐτὸν ἀνδρωθέντα ἐν ἀνθρώποις. Εὐξάμενος δὲ πρὸς Κύριον καὶ 26 δεκτὰ αὐτῷ ἔσται, εἰσελεύσεται προσώπῳ ἱλαρῷ σὺν ἐξηγορίᾳ· ἀποδώσει δὲ ἀνθρώποις δικαιοσύνην. Εἶτα τότε ἀπομέμ- 27 ψεται ἄνθρωπος αὐτὸς ἑαυτῷ, λέγων, οἷα συνετέλουν; καὶ οὐκ ἄξια ἤτασέ με ὧν ἥμαρτον. Σῶσον ψυχήν μου τοῦ μὴ ἐλθεῖν 28 εἰς διαφθοράν, καὶ ἡ ζωή μου φῶς ὄψεται.

Ἰδοὺ ταῦτα πάντα ἐργᾶται ὁ ἰσχυρὸς ὁδοὺς τρεῖς μετὰ 29 ἀνδρός. Καὶ ἐρρύσατο τὴν ψυχήν μου ἐκ θανάτου, ἵνα 30 ἡ ζωή μου ἐν φωτὶ αἰνῇ αὐτόν.

Ἐνωτίζου Ἰὼβ καὶ ἄκουέ μου· κώφευσον, καὶ ἐγώ εἰμι 31 λαλήσω. Εἰ εἰσί σοι λόγοι, ἀποκρίθητί μοι· λάλησον, θέλω 32 γὰρ δικαιωθῆναί σε. Εἰ μὴ, σὺ ἄκουσόν μου, κώφευσον καὶ 33 διδάξω σε.

Ὑπολαβὼν δὲ Ἐλιοὺς, λέγει, 34

Ἀκούσατέ μου σοφοὶ, ἐπιστάμενοι ἐνωτίζεσθε. Ὅτι 2, 3 οὖς λόγους δοκιμάζει, καὶ λάρυγξ γεύεται βρῶσιν. Κρίσιν 4 ἑλώμεθα ἑαυτοῖς, γνῶμεν ἀναμέσον ἑαυτῶν, ὅ, τι καλόν. Ὅτι εἴρηκεν Ἰὼβ, δίκαιός εἰμι· ὁ Κύριος ἀπήλλαξέ μου τὸ 5 κρίμα. Ἐψεύσατο δὲ τῷ κρίματί μου, βίαιον τὸ βέλος 6 μου ἄνευ ἀδικίας.

Τίς ἀνὴρ ὥσπερ Ἰὼβ, πίνων μυκτηρισμὸν ὥσπερ ὕδωρ; 7 Οὐχ ἁμαρτὼν οὐδὲ ἀσεβήσας, ἢ οὐδ᾽ οὐ κοινωνήσας μετὰ 8 ποιούντων τὰ ἄνομα, τοῦ πορευθῆναι μετὰ ἀσεβῶν. Μὴ 9 γὰρ εἴπῃς, ὅτι οὐκ ἔσται ἐπισκοπὴ ἀνδρὸς, καὶ ἐπισκοπὴ αὐτῷ παρὰ Κυρίου.

Διὸ συνετοὶ καρδίας ἀκούσατέ μου, μή μοι εἴη ἔναντι 10 Κυρίου ἀσεβῆσαι, καὶ ἔναντι παντοκράτορος ταράξαι τὸ δίκαιον. Ἀλλὰ ἀποδιδοῖ ἀνθρώπῳ καθὰ ποιεῖ ἕκαστος 11 αὐτῶν, καὶ ἐν τρίβῳ ἀνδρὸς εὑρήσει αὐτόν.

Οἴει δὲ τὸν Κύριον ἄτοπα ποιήσειν, ἢ ὁ παντοκράτωρ 12 ταράξει κρίσιν, ὃς ἐποίησε τὴν γῆν; Τίς δέ ἐστιν ὁ ποιῶν 13 τὴν ὑπ᾽ οὐρανὸν, καὶ τὰ ἐνόντα πάντα; Εἰ γὰρ βούλοιτο 14 συνέχειν, καὶ τὸ πνεῦμα παρ᾽ αὐτῷ κατασχεῖν, τελευτήσει 15 πᾶσα σὰρξ ὁμοθυμαδόν, πᾶς δὲ βροτὸς εἰς γῆν ἀπελεύσεται, ὅθεν καὶ ἐπλάσθη.

Ἴδε μὴ νουθετῇ, ἄκουε ταῦτα, ἐνωτίζου φωνὴν ῥημάτων. 16 Ἴδε σὺ τὸν μισοῦντα ἄνομα, καὶ τὸν ὀλλύντα τοὺς πονηροὺς, 17 ὄντα αἰώνιον δίκαιον.

Ἀσεβὴς ὁ λέγων βασιλεῖ, παρανομεῖς, ἀσεβέστατε τοῖς 18 ἄρχουσιν. Ὃς οὐκ ἐπαισχυνθῇ πρόσωπον ἐντίμου, οὐδὲ 19 οἶδε τιμὴν θέσθαι ἁδροῖς θαυμασθῆναι πρόσωπα αὐτῶν. Κενὰ δὲ αὐτοῖς ἀποβήσεται, τὸ κεκραγέναι καὶ δεῖσθαι 20 ἀνδρός· ἐχρήσαντο γὰρ παρανόμως, ἐκκλεινομένων ἀδυνάτων.

β *Gr.* death-bearing messengers, *or,* angels.   γ *Gr.* having prayed.   δ *Gr.* examined.   ζ *Heb.* and *Alex.* + wisdom.
θ *Gr.* lied.   λ *Gr.* weapon is violent.   μ *Lit.* not having, etc.   ξ *Gr.* disturb.

21 Αὐτὸς γὰρ ὁρατής ἐστιν ἔργων ἀνθρώπων, λέληθε δὲ αὐτὸν
22 οὐδὲν ὧν πράσσουσιν. Οὐδὲ ἔσται τόπος τοῦ κρυβῆναι τοὺς
23 ποιοῦντας τὰ ἄνομα· Ὅτι οὐκ ἐπ᾽ ἄνδρα θήσει ἔτι.
24 Ὁ γὰρ Κύριος πάντας ἐφορᾷ· ὁ καταλαμβάνων ἀνεξιχνίαστα,
25 ἔνδοξά τε καὶ ἐξαίσια, ὧν οὐκ ἔστιν ἀριθμός. Ὁ γνωρίζων
αὐτῶν τὰ ἔργα, καὶ στρέψει νύκτα καὶ ταπεινωθήσονται.
26, 27 Ἔσβεσε δὲ ἀσεβεῖς, ὁρατοὶ δὲ ἐναντίον αὐτοῦ. Ὅτι
ἐξέκλιναν ἐκ νόμου Θεοῦ, δικαιώματα δὲ αὐτοῦ οὐκ ἐπέγνω-
28 σαν, τοῦ ἐπαγαγεῖν ἐπ᾽ αὐτὸν κραυγὴν πενήτων, καὶ κραυγὴν
πτωχῶν εἰσακούσεται.

29 Καὶ αὐτὸς ἡσυχίαν παρέξει, καὶ τίς καταδικάσεται; καὶ
κρύψει πρόσωπον, καὶ τίς ὄψεται αὐτόν; καὶ κατὰ ἔθνους,
30 καὶ κατὰ ἀνθρώπου ὁμοῦ· Βασιλεύων ἄνθρωπον ὑποκριτὴν
ἀπὸ δυσκολίας λαοῦ.

31 Ὅτι πρὸς τὸν ἰσχυρὸν ὁ λέγων, εἴληφα, οὐκ ἐνεχυράσω·
32 Ἄνευ ἐμαυτοῦ ὄψομαι· σὺ δεῖξόν μοι, εἰ ἀδικίαν εἰργασάμην,
33 οὐ μὴ προσθήσω. Μὴ ἀπὸ σοῦ ἀποτίσει αὐτὴν, ὅτι σὺ
ἀπώσῃ; ὅτι σὺ ἐκλέξῃ καὶ οὐκ ἐγώ; καὶ τί ἔγνως, λάλη-
34 σον. Διὸ συνετοὶ καρδίας ἐροῦσι ταῦτα, ἀνὴρ δὲ σοφὸς
35 ἀκήκοέ μου τὸ ῥῆμα. Ἰὼβ δὲ οὐκ ἐν συνέσει ἐλάλησε,
36 τὰ ῥήματα αὐτοῦ οὐκ ἐν ἐπιστήμῃ. Οὐ μὴν δὲ ἀλλὰ μάθε
37 Ἰώβ, μὴ δῷς ἔτι ἀνταπόκρισιν ὥσπερ οἱ ἄφρονες· Ἵνα μὴ
προσθῶμεν ἐφ᾽ ἁμαρτίαις ἡμῶν, ἀνομία δὲ ἐφ᾽ ἡμῖν λογισθή-
σεται, πολλὰ λαλούντων ῥήματα ἐναντίον τοῦ Κυρίου.

35 Ὑπολαβὼν δὲ Ἐλιοὺς, λέγει,

2 Τί τοῦτο ἡγήσω ἐν κρίσει; σὺ τίς εἶ, ὅτι εἶπας, δίκαιός
3 εἰμι ἔναντι Κυρίου; Ἐγώ σοι δώσω ἀπόκρισιν, καὶ τοῖς
τρισὶ φίλοις σου.

4 Ἀνάβλεψον εἰς τὸν οὐρανὸν, καὶ ἴδε· κατάμαθε δὲ νέφη
5 ὡς ὑψηλὰ ἀπὸ σοῦ. Εἰ ἥμαρτες, τί πράξεις; εἰ δὲ καὶ
7 πολλὰ ἠνόμησας, τί δύνασαι ποιῆσαι; Ἐπεὶ δὲ οὖν
δίκαιος εἶ, τί δώσεις αὐτῷ; ἢ τί ἐκ χειρός σου λήψεται;
8 Ἀνδρὶ τῷ ὁμοίῳ σου ἡ ἀσέβειά σου, καὶ υἱῷ ἀνθρώπου
9 ἡ δικαιοσύνη σου. Ἀπὸ πλήθους συκοφαντούμενοι κεκρά-
10 ξονται, βοήσονται ἀπὸ βραχίονος πολλῶν. Καὶ οὐκ εἶπε,
ποῦ ἐστιν ὁ Θεὸς ὁ ποιήσας με, ὁ κατατάσσων φυλακὰς
11 νυκτερινὰς, ὁ διορίζων με ἀπὸ τετραπόδων γῆς, ἀπὸ δὲ
12 πετεινῶν οὐρανοῦ; Ἐκεῖ κεκράξονται, καὶ οὐ μὴ εἰσακούσῃ,
καὶ ἀπὸ ὕβρεως πονηρῶν.

13 Ἄτοπα γὰρ οὐ βούλεται ἰδεῖν ὁ Κύριος, αὐτὸς γὰρ ὁ παν-
14 τοκράτωρ. Ὁρατής ἐστι τῶν συντελούντων τὰ ἄνομα,
καὶ σώσει με· κρίθητι δὲ ἐναντίον αὐτοῦ, εἰ δύνασαι αὐτὸν
15 αἰνέσαι, ὡς ἔστι καὶ νῦν. Ὅτι οὐκ ἔστιν ἐπισκεπτόμενος
16 ὀργὴν αὐτοῦ, καὶ οὐκ ἔγνω παράπτωμά τι σφόδρα· καὶ
Ἰὼβ ματαίως ἀνοίγει τὸ στόμα αὐτοῦ, ἐν ἀγνωσίᾳ ῥήματα
βαρύνει.

36 Προσθεὶς δὲ ἔτι Ἐλιοὺς, λέγει,

2 Μεῖνόν με μικρὸν ἔτι, ἵνα διδάξω σε· ἔτι γὰρ ἐν ἐμοὶ

---

turned aside *from their right*. [21] For [β]he surveys the works of men, and nothing of what they do has escaped him. [22] Neither shall there be a place for the workers of iniquity to hide themselves. [23] For he will not [γ]lay upon a man more *than right*. [24] For the Lord looks down upon all men, who comprehends unsearchable things, glorious also and excellent things without number. [25] Who discovers their works, and will bring night about *upon them*, and they shall be brought low. [26] And he quite destroys the ungodly, for they are seen before him. [27] Because they turned aside from the law of God, and did not regard his ordinances, [28] so as to bring before him the cry of the needy; for he will hear the cry of the poor. [29] And he will give quiet, and who will condemn? and he will hide his face, and who shall see him? whether *it be done* against a nation, or against a man also: [30] causing a hypocrite to be king, because of the waywardness of the people. [31] For *there is* one that says to the Mighty One, I have received *blessings*; I will not take a pledge: [32] I will see apart from myself: do thou shew me if I have done unrighteousness; I will not do *so* any more. [33] Will he take vengeance for it on thee, whereas thou wilt put *it far from thee*? for thou shalt choose, and not I; and what thou knowest, speak thou. [34] Because the wise in heart shall say this, and a wise man listens to my word. [35] But Job has not spoken with understanding, his words are not *uttered* with knowledge. [36] Howbeit do thou learn, Job: no longer make answer as the foolish: [37] that we add not to our sins: for iniquity will be reckoned against us, if *we* speak many words before the Lord.

And Elius resumed and said,

[2] What is this that thou thinkest to be according to right? who art thou that thou hast said, I am righteous before the Lord?[δ] [3] I will answer thee, and thy three friends.

[4] Look up to the sky and see; and consider the clouds, how high *they are* above thee. [5] If thou hast sinned, what wilt thou do? and if too thou hast transgressed much, what canst thou perform? [7] And suppose thou art righteous, what wilt thou give him? or what shall he receive of thy hand? [8] Thy ungodliness *may affect* a man who is like to thee; or thy righteousness a son of man. [9] They that are [ζ] oppressed of a multitude will be ready to cry out; they will call for help because of the arm of many. [10] But none said, Where is God that made me, who appoints the night-watches; [11] who makes me to differ from the four-footed beasts of the earth, and from the birds of the sky? [12] There they shall cry, and none shall hearken, even because of the insolence of wicked men. [13] For the Lord desires not to look on [θ] error, for he is the Almighty One. [14] He [λ]beholds them that perform lawless deeds, and he will save me: and do thou plead before him, if thou canst praise him, as it is *possible* ever now. [15] For [μ]he is not *now* regarding his wrath, nor has he noticed severely any trespass. [16] Yet Job vainly opens his mouth, in ignorance he [ξ] multiplies words.

And Elius further continued, and said, [2] Wait for me yet a little while, that I may

---

β *Gr.* he *is* a surveyor of.   γ *Gr.* any more lay upon a man.   δ *Alex.* + ' What shall I say? what shall I do, having sinned?'   ζ That is, by false accusation.   θ *Lit.* improprieties.   λ *Gr.* is the beholder of.   μ *i.e.* God.   ξ *Gr.* makes heavy.

teach thee: for there is yet speech in me. Having fetched my knowledge from afar, and according to my works, ⁴I will speak just things truly, and thou shalt not unjustly receive unjust words.

⁵But know that the Lord will not cast off an innocent man: being mighty in strength of ᵝwisdom, ⁶he will not by any means ᵞsave alive the ungodly: and he will grant the judgment of the poor. ⁷He will not turn away his eyes from the righteous, but *they shall be* with kings on the throne: and he will ᵟestablish them ᶻin triumph, and they shall be exalted. ⁸But they that are bound in fetters shall be holden in cords of poverty. ⁹And he shall recount to them their works, and their transgressions, ᶿfor such will act with violence. ¹⁰But he will hearken to the righteous: and he has said that they shall turn from unrighteousness. ¹¹If they should hear and serve *him*, they shall spend their days in prosperity, and their years in honour. ¹²But he preserves not the ungodly; because they are not willing to know the Lord, and because when reproved they were disobedient.

¹³And the hypocrites in heart will array wrath *against themselves*; they will not cry, because he has bound them. ¹⁴Therefore let their soul die in youth, and their life be wounded by messengers *of death*. ¹⁵Because they afflicted the weak and helpless: and he will vindicate the judgment of the meek. ¹⁶And he has also enticed thee out of the mouth of the enemy: ¹⁷*there is* a deep gulf *and* a ᵏrushing stream beneath it, and thy table came down full of fatness. Judgment shall not fail from the righteous; ¹⁸but there shall be wrath upon the ungodly, by reason of the ungodliness of the bribes which they received for iniquities.

¹⁹Let not *thy* mind willingly turn thee aside from the petition of the feeble that are in distress. ²⁰And draw not forth all the mighty *men* by night, so that the people should go up instead of them. ²¹But take heed lest thou do that which is wrong: for for this thou hast made choice because of poverty.

²²Behold, the Mighty One shall prevail by his strength: for who is powerful as he is? ²³And who is he that examines his works? or who can say, He has wrought injustice? ²⁴Remember that his works are great *beyond* those which men ᵘattempted. ²⁵Every man has seen in himself, how many mortals are wounded. ²⁶Behold, the Mighty One is ᶻgreat, and we shall not know *him*: the number of his years is even infinite. ²⁷And the drops of rain are numbered by him, and shall be poured out in rain to form a cloud. ²⁸The ᵖancient *heavens* shall flow, and the clouds overshadow innumerable mortals: he has fixed a time to cattle, and they know the order of rest. *Yet* by all these things thy understanding is not astonished, neither is thy mind ᵖdisturbed in *thy* body. ²⁹And though one should understand the ᵟoutspreadings of the clouds, *or* the measure of his tabernacle; ³⁰behold he will stretch his ᵗbow against him, and he covers the bottom of the sea. ³¹For by them he will judge the nations: he will give food to him that has strength. ³²He has hidden the light in *his* hands, and given charge

ἐστι λέξις. Ἀναλαβὼν τὴν ἐπιστήμην μου μακρὰν, ἔργοις 3 δέ μου δίκαια ἐρῶ ἐπ᾽ ἀληθείας, καὶ οὐκ ἄδικα ῥήματα 4 ἀδίκως συνιεῖς.

Γίνωσκε δὲ, ὅτι ὁ Κύριος οὐ μὴ ἀποποιήσηται τὸν ἄκακον, 5 δυνατὸς ἰσχύϊ καρδίας ἀσεβῆ οὐ μὴ ζωοποιήσῃ, καὶ κρίμα 6 πτωχῶν δώσει. Οὐκ ἀφελεῖ ἀπὸ δικαίου ὀφθαλμοὺς αὐτοῦ, 7 καὶ μετὰ βασιλέων εἰς θρόνον, καὶ καθιεῖ αὐτοὺς εἰς νῖκος, καὶ ὑψωθήσονται. Καὶ οἱ πεπεδημένοι ἐν χειροπέδαις, 8 συσχεθήσονται ἐν σχοινίοις πενίας. Καὶ ἀναγγελεῖ αὐτοῖς 9 τὰ ἔργα αὐτῶν, καὶ τὰ παραπτώματα αὐτῶν, ὅτι ἰσχύσουσιν. Ἀλλὰ τοῦ δικαίου εἰσακούσεται· καὶ εἶπεν ὅτι ἐπιστραφή- 10 σονται ἐξ ἀδικίας. Ἐὰν ἀκούσωσι, καὶ δουλεύσωσι, συν- 11 τελέσουσι τὰς ἡμέρας αὐτῶν ἐν ἀγαθοῖς, καὶ τὰ ἔτη αὐτῶν ἐν εὐπρεπείαις. Ἀσεβεῖς δὲ οὐ διασώζει, παρὰ τὸ μὴ 12 βούλεσθαι αὐτοὺς εἰδέναι τὸν Κύριον, καὶ διότι νουθετούμενοι ἀνήκοοι ἦσαν.

Καὶ ὑποκριταὶ καρδίᾳ τάξουσι θυμὸν, οὐ βοήσονται, 13 ὅτι ἔδησεν αὐτούς. Ἀποθάνοι τοίνυν ἐν νεότητι ἡ ψυχὴ 14 αὐτῶν, ἡ δὲ ζωὴ αὐτῶν τιτρωσκομένη ὑπὸ ἀγγέλων, ἀνθ᾽ 15 ὧν ἔθλιψαν ἀσθενῆ καὶ ἀδύνατον, κρίμα δὲ πραέων ἐκθήσει. Καὶ προσεπηπάτησέ σε ἐκ στόματος ἐχθροῦ, ἄβυσσος 16 κατάχυσις ὑποκάτω αὐτῆς, καὶ κατέβη τράπεζά σου πλήρης πιότητος. Οὐχ ὑστερήσει δὲ ἀπὸ δικαίων κρίμα, θυμὸς 17, 18 δὲ ἐπ᾽ ἀσεβεῖς ἔσται, δι᾽ ἀσέβειαν δώρων ὧν ἐδέχοντο ἐπ᾽ ἀδικίαις.

Μή σε ἐκκλινάτω ἑκὼν ὁ νοῦς δεήσεως ἐν ἀνάγκῃ ὄντων 19 ἀδυνάτων, καὶ πάντας τοὺς κραταιοῦντας ἰσχὺν μὴ ἐξ- 20 ελκύσῃς τὴν νύκτα, τοῦ ἀναβῆναι λαοὺς ἀντ᾽ αὐτῶν, ἀλλὰ φύλαξαι μὴ πράξῃς ἄτοπα· ἐπὶ τούτων γὰρ ἐξείλω ἀπὸ 21 πτωχείας.

Ἰδοὺ ὁ ἰσχυρὸς κραταιώσει ἐν ἰσχύϊ αὐτοῦ· τίς γάρ ἐστι 22 κατ᾽ αὐτὸν δυνάστης; Τίς δέ ἐστιν ὁ ἐτάζων αὐτοῦ τὰ 23 ἔργα; ἢ τίς ὁ εἰπὼν, ἔπραξεν ἄδικα; Μνήσθητι, ὅτι μεγάλα 24 ἐστὶν αὐτοῦ τὰ ἔργα, ὧν ἦρξαν ἄνδρες. Πᾶς ἄνθρωπος 25 εἶδεν ἐν ἑαυτῷ, ὅσοι τιτρωσκόμενοί εἰσι βροτοί. Ἰδοὺ 26 ὁ ἰσχυρὸς πολὺς, καὶ οὐ γνωσόμεθα· ἀριθμὸς ἐτῶν αὐτοῦ καὶ ἀπέραντος. Ἀριθμηταὶ δὲ αὐτῷ σταγόνες ὑετοῦ, καὶ 27 ἐπιχυθήσονται ὑετῷ εἰς νεφέλην. Ῥυήσονται παλαιώματα, 28 ἐσκίασε δὲ νέφη ἐπὶ ἀμυθήτῳ βροτῷ· ὥραν ἔθετο κτήνεσιν, οἴδασι δὲ κοίτης τάξιν· ἐπὶ τούτοις πᾶσιν οὐκ ἐξίσταταί σου ἡ διάνοια, οὐδὲ διαλλάσσεταί σου ἡ καρδία ἀπὸ σώματος. Καὶ ἐὰν συνῇ ἐπεκτάσεις νεφέλης, ἰσότητα σκηνῆς αὐτοῦ, 29 ἰδοὺ ἐκτενεῖ ἐπ᾽ αὐτὸν ἠδώ, καὶ ῥιζώματα τῆς θαλάσσης 30 ἐκάλυψεν. Ἐν γὰρ αὐτοῖς κρινεῖ λαοὺς, δώσει τροφὴν τῷ 31 ἰσχύοντι. Ἐπὶ χειρῶν ἐκάλυψε φῶς, καὶ ἐνετείλατο περὶ 32

β *Gr.* heart.   γ *Gr.* quicken, *or,* bring to life.   δ *Gr.* seat.   ζ *Gr.* for victory.   θ *Alex.* whenever they act.   λ *Gr.* pouring down.
μ *Lit.* ruled over.   ξ *Gr.* numerous.   π *Gr.* antiquities.   ρ *Gr.* changed from.   σ *Alex.* ἐπέκτασιν.
τ *Alex.* ἐπ᾽ αὐτὴν τὸ τόξον, bow over it, *sc.* tabernacle.

33 αὐτῆς ἐν ἀπαντῶντι. Ἀναγγελεῖ περὶ αὐτοῦ φίλον αὐτοῦ
Κύριος, κτῆσις καὶ περὶ ἀδικίας.

37 Καὶ ἀπὸ ταύτης ἐταράχθη ἡ καρδία μου, καὶ ἀπερρύη ἐκ
2 τοῦ τόπου αὐτῆς. Ἄκουε ἀκοὴν ἐν ὀργῇ θυμοῦ Κυρίου, καὶ
3 μελέτη ἐκ στόματος αὐτοῦ ἐξελεύσεται. Ὑποκάτω παντὸς
τοῦ οὐρανοῦ ἡ ἀρχὴ αὐτοῦ, καὶ τὸ φῶς αὐτοῦ ἐπὶ πτερύγων
4 τῆς γῆς. Ὀπίσω αὐτοῦ βοήσεται φωνή, βροντήσει ἐν
φωνῇ ὕβρεως αὐτοῦ· καὶ οὐκ ἀνταλλάξει αὐτούς, ὅτι ἀκού-
5 σει φωνὴν αὐτοῦ. Βροντήσει ὁ ἰσχυρὸς ἐν φωνῇ αὐτοῦ
6 θαυμάσια· ἐποίησε γὰρ μεγάλα ἃ οὐκ ᾔδειμεν, συντάσσων
χιόνι, γίνου ἐπὶ γῆς, καὶ χειμὼν ὑετός, καὶ χειμὼν ὑετῶν
7 δυναστείας αὐτοῦ. Ἐν χειρὶ παντὸς ἀνθρώπου κατασφραγίζει,
8 ἵνα γνῷ πᾶς ἄνθρωπος τὴν ἑαυτοῦ ἀσθένειαν. Εἰσῆλθε
9 δὲ θηρία ὑπὸ τὴν σκέπην, ἡσύχασαν δὲ ἐπὶ κοίτης. Ἐκ
ταμιείων ἐπέρχονται ὀδύναι, ἀπὸ δὲ ἀκρωτηρίων ψύχος·
10 Καὶ ἀπὸ πνοῆς ἰσχυροῦ δώσει πάγος· οἰακίζει δὲ τὸ ὕδωρ
11 ὡς ἐὰν βούληται, καὶ ἐκλεκτὸν καταπλάσσει νεφέλη· δια-
12 σκορπιεῖ νέφος φῶς αὐτοῦ, καὶ αὐτὸς κυκλώματα διαστρέψει,
ἐν θεεβουλαθώθ, εἰς ἔργα αὐτῶν· πάντα ὅσα ἂν ἐντείληται
13 αὐτοῖς, ταῦτα συντέτακται παρ᾽ αὐτοῦ ἐπὶ τῆς γῆς, ἐάν τε
εἰς παιδείαν, ἐὰν εἰς τὴν γῆν αὐτοῦ, ἐὰν εἰς ἔλεος εὑρήσει
αὐτόν.

14 Ἐνωτίζου ταῦτα, Ἰώβ· στῆθι νουθετούμενος δύναμιν
15 Κυρίου. Οἴδαμεν ὅτι ὁ Θεὸς ἔθετο ἔργα αὐτοῦ, φῶς
16 ποιήσας ἐκ σκότους. Ἐπίσταται δὲ διάκρισιν νεφῶν, ἐξαίσια
17 δὲ πτώματα πονηρῶν. Σοῦ δὲ ἡ στολὴ θερμή, ἡσυχάζεται
18 δὲ ἐπὶ τῆς γῆς. Στερεώσεις μετ᾽ αὐτοῦ εἰς παλαιώματα,
19 ἰσχυραὶ ὡς ὅρασις ἐπιχύσεως. Διατί δίδαξόν με, τί ἐροῦμεν
20 αὐτῷ; καὶ παυσώμεθα πολλὰ λέγοντες. Μὴ βίβλος ἢ
γραμματεύς μοι παρέστηκεν, ἵνα ἄνθρωπον ἑστηκὼς κατα-
σιωπήσω;
21 Πᾶσι δὲ οὐχ ὁρατὸν τὸ φῶς, τηλαυγές ἐστιν ἐν τοῖς παλαι-
22 ώμασιν, ὥσπερ τὸ παρ᾽ αὐτοῦ ἐπὶ νεφῶν. Ἀπὸ Βορρᾶ νέφη
23 χρυσαυγοῦντα, ἐπὶ τούτοις μεγάλη ἡ δόξα καὶ τιμὴ παντο-
κράτορος, καὶ οὐχ εὑρίσκομεν ἄλλον ὅμοιον τῇ ἰσχύϊ αὐτοῦ·
24 ὁ τὰ δίκαια κρίνων, οὐκ οἴει ἐπακούειν αὐτόν; Διὸ φοβηθή-
σονται αὐτὸν οἱ ἄνθρωποι, φοβηθήσονται δὲ αὐτὸν καὶ οἱ
σοφοὶ καρδίᾳ.

38 Μετὰ δὲ τὸ παύσασθαι Ἐλιοὺν τῆς λέξεως, εἶπεν ὁ Κύριος
τῷ Ἰὼβ διὰ λαίλαπος καὶ νεφῶν·
2 Τίς οὗτος ὁ κρύπτων με βουλήν, συνέχων δὲ ῥήματα ἐν
3 καρδίᾳ, ἐμὲ δὲ οἴεται κρύπτειν; Ζῶσαι ὥσπερ ἀνὴρ τὴν
ὀσφύν σου· ἐρωτήσω δέ σε, σὺ δέ μοι ἀποκρίθητι.
4 Ποῦ ἦς ἐν τῷ θεμελιοῦν με τὴν γῆν; ἀπάγγειλον δέ μοι εἰ
5 ἐπίστῃ σύνεσιν. Τίς ἔθετο τὰ μέτρα αὐτῆς, εἰ οἶδας; ἢ τίς
6 ὁ ἐπαγαγὼν σπαρτίον ἐπ᾽ αὐτῆς; Ἐπὶ τίνος οἱ κρίκοι
αὐτῆς πεπήγασι; τίς δέ ἐστιν ὁ βαλὼν λίθον γωνιαῖον ἐπ᾽
7 αὐτῆς; Ὅτε ἐγενήθησαν ἄστρα, ᾔνεσάν με φωνῇ μεγάλῃ
8 πάντες ἄγγελοί μου. Ἔφραξα δὲ θάλασσαν πύλαις, ὅτε
9 ἐμαίμασσεν ἐκ κοιλίας μητρὸς αὐτῆς ἐκπορευομένη· Ἐθέμην

concerning it to the interposing *cloud*. [33] The
Lord will declare concerning this *to* his friend :
but there is a portion also for unrighteousness.

At this also my heart is troubled, and moved
out of its place. [2] Hear thou a report by the
anger of the Lord's wrath, and a discourse shall
come out of his mouth. [3] His dominion is
under the whole heaven, and his light is at
the extremities of the earth. [4] After him shall
be a cry with a *loud* voice; he shall thunder
with the voice of his [β] excellency, yet he shall
not cause men to pass away, for one shall hear
his voice. [5] The Mighty One shall thunder
wonderfully with his voice: for he has done
great things which we knew not ; [6] commanding
the snow, Be thou upon the earth, and the
stormy rain, and the storm of the showers of
his might. [7] He seals up the hand of every
man, that every man may know his own weak-
ness. [8] And the wild beasts come in under the
covert, and rest in *their* lair. [9] Troubles come
on out of the secret chambers, and cold from
the mountain-tops. [10] And from the breath of
the Mighty One he will send frost ; and he
guides the water in whatever way he pleases.
[11] And *if* a cloud [γ] obscures *what is* precious *to
him*, his light will disperse the cloud. [12] And
he will carry round [δ] the encircling *clouds* [ζ] by
his governance, to *perform* their works: what-
soever he shall command them, [13] this has been
appointed by him on the earth, whether for
correction, *or* for his land, or if he shall find
him *an object* for mercy.

[14] Hearken to this, O Job : stand still, and be
admonished of the power of the Lord. [15] We
know that God has disposed his works, having
made light out of darkness. [16] And he knows
the divisions of the clouds, and the signal
overthrows of the ungodly. [17] But thy robe
is warm, and there is quiet upon the land.
[18] Wilt thou establish with him *foundations*
for the [θ] ancient *heavens? they are* strong as a
[λ] molten mirror. [19] Wherefore teach me, what
shall we say to him? and let us cease from say-
ing much. [20] Have I a book or a scribe by me,
that I may stand and put man to silence ?

[21] But the light is not visible to all : it shines
afar off in the [μ] heavens, as that which is from
him in the clouds. [22] From the north *come* the
clouds shining like gold : in these great are the
glory and honour of the Almighty ; [23] and we
do not find another [ξ] his equal in strength : *as
for* him that judges justly, dost thou not think
that he listens? [24] Wherefore men shall fear
him ; and the wise also in heart shall fear him.

And after Elius had ceased from speaking, the
Lord spoke to Job through the whirlwind and
clouds, *saying*,

[2] Who is this that hides counsel from me,
and confines words in *his* heart, and thinks to
conceal *them* from me ? [3] Gird thy loins like a
man; and I will ask thee, and do thou answer me.
[4] Where wast thou when I founded the earth?
tell me now, if thou hast knowledge, [5] who set
the measures of it, if thou knowest? or who
stretched a line upon it ? [6] On what are its
[π] rings fastened? and who is he that laid the
[ρ] corner-stone upon it ? [7] When the stars were
made, all my angels praised me with a loud
voice. [8] And I shut up the sea with gates, when
it rushed out, coming forth out of its mother's
womb. [9] And I made a cloud its clothing, and

β *Gr.* pride, contumely, *or*, insolence.   γ *Alex.* καταπλήσσει.   δ Compare *Heb.* with κυκλώματα.   ζ *Alex.* ἐν τοῖς κατωτάτω θεὶς.
θ *Gr.* antiquities, see ch. 36. 28.   λ *Lit.* vision of melting.   μ See ver. 18, and note.   ξ *Alex.* + αὐτῷ καὶ.   π *Alex.* pillars.   ρ *sc.* keystone.

swathed it in mist. ¹⁰And I set bounds to it, surrounding it with bars and gates. ¹¹And I said to it, Hitherto shalt thou come, but thou shalt not go beyond, but thy waves shall be confined within thee.

¹²Or did I order the morning light in thy time; and did the morning star then first see his appointed place; ¹³to lay hold of the extremities of the earth, to ᵝcast out the ungodly out of it? ¹⁴Or didst thou take clay of the ground, and form a living creature, and set ᵞit with the power of speech upon the earth? ¹⁵And hast thou removed light from the ungodly, and crushed the arm of the proud?

¹⁶Or hast thou gone to the source of the sea, and walked in the tracks of the deep? ¹⁷And do the gates of death open to thee for fear; and did the porters of hell quake when they saw thee? ¹⁸And hast thou been instructed in the breadth of the whole earth under heaven? tell me now, what is the extent of it?

¹⁹And in what kind of a land does the light dwell? and of what kind is the place of darkness? ²⁰If thou couldest bring me to their utmost boundaries, and if also thou knowest their paths? ²¹I know then that thou wert born at that time, and the number of thy years is great.

²²But hast thou gone to the treasures of snow? and hast thou seen the treasures of hail? ²³And is there a store of them, for thee against the time of thine enemies, for the day of wars and battle? ²⁴And whence proceeds the frost? or whence is the south wind dispersed over the whole world under heaven? ²⁵And who prepared a course for the violent rain, and a way for the ᵟthunders? ²⁶to rain upon the land where there is no man, the wilderness, where there is not a man in it; so as to feed the untrodden and uninhabited land, ²⁷and cause it to send forth a crop of green herbs?

²⁸Who is the rain's father? and who has generated the drops of dew? ²⁹And out of whose womb comes the ice? and who has produced the frost in the sky, ³⁰which descends like flowing water? who has terrified the face of the ungodly?

³¹And dost thou understand the band of Pleias, and hast thou opened the barrier of Orion? ³²Or wilt thou reveal Mazuroth in his season, and the evening star with his rays? Wilt thou guide them? ³³And knowest thou the changes of heaven, or the events which take place together under heaven? ³⁴And wilt thou call a cloud with thy voice, and will it obey thee with a violent shower of much rain? ³⁵And wilt thou send lightnings, and they shall go? and shall they say to thee, What is thy pleasure? ³⁶And who has given to women skill in weaving, or knowledge of embroidery? ³⁷And who is he that numbers the clouds in wisdom, and has bowed the heaven down to the earth? ³⁸For it is spread out as ᵟdusty earth, and I have cemented it as ᶿone hewn stone to another.

³⁹And wilt thou hunt a prey for the lions? and satisfy the ᵏdesires of the serpents? ⁴⁰For they fear in their lairs, and lying in wait couch in the woods. ⁴¹And who has prepared food for the raven? for its young ones wander and cry to the Lord, in search of food.

Say if thou knowest the time of the bringing forth of the wild goats of the rock, and if thou

δὲ αὐτῇ νέφος ἀμφίασιν, ὁμίχλῃ δὲ αὐτὴν ἐσπαργάνωσα.

Ἐθέμην δὲ αὐτῇ ὅρια, περιθεὶς κλεῖθρα καὶ πύλας. 10 Εἶπα δὲ αὐτῇ, μέχρι τούτου ἐλεύσῃ, καὶ οὐχ ὑπερβήσῃ, 11 ἀλλ' ἐν σεαυτῇ συντριβήσεταί σου τὰ κύματα.

Ἦ ἐπὶ σοῦ συντέταχα φέγγος πρωϊνόν; Ἑωσφόρος δὲ 12 εἶδε τὴν ἑαυτοῦ τάξιν, ἐπιλαβέσθαι πτερύγων γῆς, ἐκτινάξαι 13 ἀσεβεῖς ἐξ αὐτῆς; Ἦ σὺ λαβὼν γῆν πηλὸν, ἔπλασας ζῶον, 14 καὶ λαλητὸν αὐτὸν ἔθου ἐπὶ γῆς; Ἀφεῖλες δὲ ἀπὸ ἀσεβῶν 15 τὸ φῶς, βραχίονα δὲ ὑπερηφάνων συνέτριψας;

Ἦλθες δὲ ἐπὶ πηγὴν θαλάσσης, ἐν δὲ ἴχνεσιν ἀβύσσου 16 περιεπάτησας; Ἀνοίγονται δέ σοι φόβῳ πύλαι θανάτου, 17 πυλωροὶ δὲ ᾅδου ἰδόντες σε ἔπτηξαν; Νενουθέτησαι δὲ τὸ 18 εὖρος τῆς ὑπ' οὐρανόν; ἀνάγγειλον δή μοι, πόση τίς ἐστι;

Ποίᾳ δὲ γῇ αὐλίζεται τὸ φῶς; σκότους δὲ ποῖος ὁ τόπος; 19 Εἰ ἀγάγοις με εἰς ὅρια αὐτῶν, εἰ δὲ καὶ ἐπίστασαι τρίβους 20 αὐτῶν· Οἶδα ἄρα ὅτι τότε γεγέννησαι, ἀριθμὸς δὲ ἐτῶν 21 σου πολύς;

Ἦλθες δὲ ἐπὶ θησαυροὺς χιόνος, θησαυροὺς δὲ χαλάζης 22 ἑώρακας; Ἀπόκειται δέ σοι εἰς ὥραν ἐχθρῶν, εἰς ἡμέραν 23 πολέμων καὶ μάχης; Πόθεν δὲ ἐκπορεύεται πάχνη, ἢ 24 διασκεδάννυται Νότος εἰς τὴν ὑπ' οὐρανόν; Τίς δὲ ἡτοί- 25 μασεν ὑετῷ λάβρῳ ῥύσιν, ὁδὸν δὲ κυδοιμῶν, τοῦ ὑετίσαι ἐπὶ 26 γῆν οὗ οὐκ ἀνήρ, ἔρημον οὗ οὐχ ὑπάρχει ἄνθρωπος ἐν αὐτῇ, τοῦ χορτάσαι ἄβατον καὶ ἀοίκητον, καὶ τοῦ ἐκβλαστῆσαι 27 ἔξοδον χλόης;

Τίς ἐστιν ὑετοῦ πατήρ; τίς δέ ἐστιν ὁ τετοκὼς βώλους 28 δρόσου; Ἐκ γαστρὸς δὲ τίνος ἐκπορεύεται ὁ κρύσταλλος; 29 πάχνην δὲ ἐν οὐρανῷ τίς τέτοκεν, ἢ καταβαίνει ὥσπερ ὕδωρ 30 ῥέον; πρόσωπον ἀσεβοῦς τίς ἔπτηξε;

Συνῆκας δὲ δεσμὸν Πλειάδος, καὶ φραγμὸν Ὠρίωνος 31 ἤνοιξας; Ἦ διανοίξεις μαζουρὼθ ἐν καιρῷ αὐτοῦ, καὶ ἕσπε- 32 ρον ἐπὶ κόμης αὐτοῦ ἄξεις αὐτά; Ἐπίστασαι δὲ τροπὰς 33 οὐρανοῦ, ἢ τὰ ὑπ' οὐρανὸν ὁμοθυμαδὸν γινόμενα; καλέσεις 34 δὲ νέφος φωνῇ, καὶ τρόμῳ ὕδατος λάβρου ὑπακούσεταί σου; Ἀποστελεῖς δὲ κεραυνοὺς καὶ πορεύσονται; ἐροῦσι δέ σοι, 35 τί ἐστι; Τίς δὲ ἔδωκε γυναιξὶν ὑφάσματος σοφίαν, ἢ ποι- 36 κιλτικὴν ἐπιστήμην; Τίς δὲ ὁ ἀριθμῶν νέφη σοφίᾳ, οὐρανὸν 37 δὲ εἰς γῆν ἔκλινε; Κέχυται δὲ ὥσπερ γῆ κονία, κεκόλληκα 38 δὲ αὐτὸν ὥσπερ λίθῳ κύβον.

Θηρεύσεις δὲ λέουσι βορὰν, ψυχὰς δὲ δρακόντων ἐμπλή- 39 σεις; Δεδοίκασι γὰρ ἐν κοίταις αὐτῶν, κάθηνται δὲ ἐν 40 ὕλαις ἐνεδρεύοντες. Τίς δὲ ἡτοίμασε κόρακι βορὰν; 41 νεοσσοὶ γὰρ αὐτοῦ πρὸς Κύριον κεκράγασι πλανώμενοι, τὰ σῖτα ζητοῦντες.

Εἰ ἔγνως καιρὸν τοκετοῦ τραγελάφων πέτρας, ἐφύλαξας 39

ᵝ Gr. shake out.   ᵞ Gr. him, i. e. man. Alex. αὐτό.   ᵟ Gr. tumults.   ᶻ Alex. γῆς κονία.   ᶿ Lit. a cube to a stone.   ᵏ Gr. souls.

2 δὲ ὠδῖνας ἐλάφων, ἠρίθμησας δὲ μῆνας αὐτῶν πλήρεις
3 τοκετοῦ αὐτῶν, ὠδῖνας δὲ αὐτῶν ἔλυσας, ἐξέθρεψας δὲ αὐτῶν
4 τὰ παιδία ἔξω φόβου, ὠδῖνας δὲ αὐτῶν ἐξαποστελεῖς, ἀπορ-
ρήξουσι τὰ τέκνα αὐτῶν, πληθυνθήσονται ἐν γεννήματι·
ἐξελεύσονται, καὶ οὐ μὴ ἀνακάμψουσιν αὐτοῖς.

5 Τίς δέ ἐστιν ὁ ἀφεὶς ὄνον ἄγριον ἐλεύθερον; δεσμοὺς δὲ
6 αὐτοῦ τίς ἔλυσεν; Ἐθέμην δὲ τὴν δίαιταν αὐτοῦ ἔρημον,
7 καὶ τὰ σκηνώματα αὐτοῦ ἁλμυρίδα. Καταγελῶν πολυ-
8 οχλίας πόλεως, μέμψιν δὲ φορολόγου οὐκ ἀκούων, κατα-
σκέψεται ὄρη νομὴν αὐτοῦ, καὶ ὀπίσω παντὸς χλωροῦ
ζητεῖ.

9 Βουλήσεται δέ σοι μονόκερως δουλεῦσαι, ἢ κοιμηθῆναι
10 ἐπὶ φάτνης σου; Δήσεις δὲ ἐν ἱμᾶσι ζυγὸν αὐτοῦ, ἢ ἑλκύ-
11 σει σου αὔλακας ἐν πεδίῳ; Πέποιθας δὲ ἐπ᾽ αὐτῷ, ὅτι
πολλὴ ἡ ἰσχὺς αὐτοῦ, ἐπαφήσεις δὲ αὐτῷ τὰ ἔργα σου;
12 Πιστεύσεις δὲ, ὅτι ἀποδώσει σοι τὸν σπόρον, εἰσοίσει δέ
σου τὸν ἅλωνα;

13 Πτέρυξ τερπομένων νεέλασσα, ἐὰν συλλάβῃ ἀσίδα καὶ
14 νέσσα· Ὅτι ἀφήσει εἰς γῆν τὰ ᾠὰ αὐτῆς, καὶ ἐπὶ χοῦν
15 θάλψει, καὶ ἐπελάθετο, ὅτι ποὺς σκορπιεῖ, καὶ θηρία ἀγροῦ
16 καταπατήσει. Ἀπεσκλήρυνε τὰ τέκνα ἑαυτῆς, ὥστε μὴ
17 ἑαυτήν· εἰς κενὸν ἐκοπίασεν ἄνευ φόβου. Ὅτι κατεσιώπη-
σεν αὐτῇ ὁ Θεὸς σοφίαν, καὶ οὐκ ἐπεμέρισεν αὐτῇ ἐν τῇ
18 συνέσει. Κατὰ καιρὸν ἐν ὕψει ὑψώσει, καταγελάσεται
ἵππου, καὶ τοῦ ἐπιβάτου αὐτοῦ.

19 Ἦ σὺ περιέθηκας ἵππῳ δύναμιν, ἐνέδυσας δὲ τραχήλῳ
20 αὐτοῦ φόβον; Περιέθηκας δὲ αὐτῷ πανοπλίαν; δόξαν δὲ
21 στηθέων αὐτοῦ τόλμῃ. Ἀνορύσσων ἐν πεδίῳ γαυριᾷ, ἐκπο-
22 ρεύεται δὲ εἰς πεδίον ἐν ἰσχύϊ. Συναντῶν βασιλεῖ καταγελᾷ,
23 καὶ οὐ μὴν ἀποστραφῇ ἀπὸ σιδήρου. Ἐπ᾽ αὐτῷ γαυριᾷ
24 τόξον καὶ μάχαιρα, καὶ ὀργὴ ἀφανιεῖ τὴν γῆν· καὶ οὐ μὴ
25 πιστεύσει, ἕως ἂν σημάνῃ σάλπιγξ. Σάλπιγγος δὲ σημαι-
νούσης, λέγει, εὖγε· πόρρωθεν δὲ ὀσφραίνεται πολέμου σὺν
ἅλματι καὶ κραυγῇ.

26 Ἐκ δὲ τῆς σῆς ἐπιστήμης ἕστηκεν ἱέραξ, ἀναπετάσας
27 τὰς πτέρυγας, ἀκίνητος, καθορῶν τὰ πρὸς Νότον; Ἐπὶ δὲ
σῷ προστάγματι ὑψοῦται ἀετός, γὺψ δὲ ἐπὶ νοσσιᾶς αὐτοῦ
28 καθεσθεὶς αὐλίζεται, ἐπ᾽ ἐξοχῇ πέτρας, καὶ ἀποκρύφῳ,
29 ἐκεῖσε ὢν ζητεῖ τὰ σῖτα, πόρρωθεν οἱ ὀφθαλμοὶ αὐτοῦ
30 σκοπεύουσι. Νεοσσοὶ δὲ αὐτοῦ φύρονται ἐν αἵματι, οὗ δ᾽
ἂν ὦσι τεθνεῶτες, παραχρῆμα εὑρίσκονται.

31, 32 Καὶ ἀπεκρίθη Κύριος ὁ Θεὸς τῷ Ἰὼβ, καὶ εἶπε, μὴ
κρίσιν μετὰ ἱκανοῦ ἐκκλίνει; ἐλέγχων δὲ Θεὸν, ἀποκριθή-
33 σεται αὐτήν. Ὑπολαβὼν δὲ Ἰὼβ λέγει τῷ Κυρίῳ,
34 τί ἔτι ἐγὼ κρίνομαι, νουθετούμενος καὶ ἐλέγχων Κύριον,
ἀκούων τοιαῦτα οὐθὲν ὤν· ἐγὼ δὲ τίνα ἀπόκρισιν δῶ πρὸς
35 ταῦτα; χεῖρα θήσω ἐπὶ στόματί μου. Ἅπαξ λελάληκα,
ἐπὶ δὲ τῷ δευτέρῳ οὐ προσθήσω.

hast marked the calving of the hinds? [2]and *if* thou hast numbered the full months of their being with young, and *if* thou hast relieved their pangs: [3]and hast reared their young without fear; and wilt thou loosen their pangs? [4]Their young will break forth; they will be multiplied with offspring: *their young* will go forth, and will not return to them.

[5]And who is he that sent forth the wild ass free? and who loosed his bands? [6]whereas I made his habitation the wilderness, and the salt land his coverts. [7]He laughs to scorn the multitude of the city, and hears not the chiding of the tax-gatherer. [8]He will survey the mountains *as* his pasture, and he seeks after every green thing.

[9]And will the unicorn be willing to serve thee, or to lie down at thy manger? [10]And wilt thou bind his yoke with thongs, or will he plough furrows for thee in the plain? [11]And dost thou trust him, because his strength is great? and wilt thou commit thy works to him? [12]And wilt thou believe that he will return thee thy seed, and bring *it* in to thy threshing-floor?

[13]βThe peacock has a beautiful wing: if the stork and the ostrich conceive, *it is worthy of notice,* [14]for *the ostrich* will leave her eggs in the ground, and warm them on the dust, [15]and has forgotten that the foot will scatter them, and the wild beasts of the field trample them. [16]She has γ hardened *herself* against her young ones, as though *she bereaved* not herself: she labours in vain without fear. [17]For God has δ withholden wisdom from her, and not given her a portion in understanding. [18]In her season she will lift herself on high; she will scorn the horse and his rider.

[19]Hast thou invested the horse with strength, and clothed his neck with terror? [20]And hast thou clad him in perfect armour, and made his breast glorious with courage? [21]He paws exulting in the plain, and goes forth in strength into the plain. [22]He laughs to scorn ζ a king as he meets him, and will by no means turn back from the sword. [23]The bow and sword resound against him; and *his* rage will θ swallow up the ground: [24]and he will not believe until the trumpet sounds. [25]And when the trumpet sounds, he says, Aha! and afar off he smells the war with prancing and neighing.

[26]And does the hawk remain steady by thy wisdom, having spread out her wings unmoved, looking toward the region of the south? [27]And does the eagle rise at thy command, and the vulture remain sitting over his nest, [28]on a crag of a rock, and in a secret *place?* [29]Thence he seeks food, his eyes observe from far. [30]And his young ones roll themselves ⌊in blood, and wherever the carcases may be, immediately they are found.

[31]And the Lord God answered Job, and said, [32]Will *any one* pervert judgment with the Mighty One? and he that reproves God, let him return λ it for answer. [33]And Job answered and said to the Lord, [34]Why do I yet plead? being rebuked μ even while reproving the Lord: hearing such things, whereas I am nothing: and what shall I answer to these *arguments?* I will lay my hand upon my mouth. [35]I have spoken once; but I will not do so a second time.

β *Gr.* a wing of delighted ones *is* the peacock. See *Appendix.*   γ *Or.* has cruelly rejected her young ones.   δ *Gr.* caused wisdom to be silent to her.   ζ *Alex.* a weapon.   θ *Gr.* cause to vanish.   λ *Gr. sc.* judgment.   μ *Alex.* and being reproved of the Lord.

And the Lord 'yet again answered and spoke to Job out of the cloud, *saying,*

² Nay, gird up now thy loins like a man; and I will ask thee, and do thou answer me. ³ Do not set aside my judgment: and dost thou think that I have dealt with thee in any other way, than that thou mightest appear to be righteous? ⁴ Hast thou an arm like the Lord's? or dost thou thunder with a voice like his? ⁵ Assume now a lofty bearing and power; and clothe thyself with glory and honour. ⁶ And send forth messengers with wrath; and lay low every haughty one. ⁷ Bring down also the proud man; and consume at once the ungodly. ⁸ And hide them together in the earth; and fill their faces with shame. ⁹ *Then* will I confess that thy right hand can save *thee.*

¹⁰ But now look at the wild beasts with thee; they eat grass like oxen. ¹¹ Behold now, his strength is in his loins, and his force is in the navel of his belly. ¹² He sets up his tail like a cypress; and his nerves are wrapped together. ¹³ His sides are sides of brass; and his backbone is *as* cast iron. ¹⁴ This is the chief of the β creation of the Lord; made to be γ played with by his angels. ¹⁵ And when he has gone up to a steep mountain, he causes joy to the quadrupeds in δ the deep. ¹⁶ He lies under trees of every kind, by the papyrus, and reed, and bulrush. ¹⁷ And the great trees make a shadow over him with their branches, and *so do* the bushes of the ϛ field. ¹⁸ If there should be a flood, he will not perceive it; he trusts that Jordan will rush up into his mouth. ¹⁹ *Yet* one shall take him in his sight; *one* shall catch *him* with a cord, and pierce his nose.

²⁰ But wilt thou catch the serpent with a hook, and put a halter about his nose? ²¹ Or wilt thou fasten a ring in his nostril, and bore his lip with a clasp? ²² Will he address thee with a petition? softly, with the voice of a suppliant? ²³ And will he make a covenant with thee? and wilt thou take him for a perpetual servant? ²⁴ And wilt thou play with him as with a bird? or bind him as a sparrow for a child? ²⁵ And do the nations feed upon him, and the nations of the Phœnicians share him? ²⁶ And all the ships come together would not be able to bear the mere skin of his tail; neither *shall they carry* his head in fishing-vessels. ²⁷ But thou shalt lay thy hand upon him once, remembering the war that is waged by his mouth; and let it not be done any more.

Hast thou not seen him? and hast thou not wondered at the things said, *of him?* ¹ Dost thou not fear because preparation has been made by me? for who is there that resists me? ² Or who will resist me, and abide, since the whole *world* under heaven is mine? ³ I will not be silent because of him: though because of his power *one* shall pity his θ antagonist. ⁴ Who will open the face of his garment? and who can enter within the fold of his breastplate? ⁵ Who will open the doors of his face? terror is round about his teeth. ⁶ His inwards are *as* brazen plates, and the texture of his *skin* as a smyrite stone. ⁷ One *part* cleaves fast to another, and the air cannot come between them. ⁸ They will remain united each to the other: they are closely joined, and cannot be separated. ⁹ At his sneezing a light shines, and his eyes are *as* the appearance of the morning

Ἔτι δὲ ὑπολαβὼν· ὁ Κύριος, εἶπε τῷ Ἰὼβ ἐκ τοῦ νέφους, 40

Μὴ, ἀλλὰ ζῶσαι ὥσπερ ἀνὴρ τὴν ὀσφύν σου, ἐρωτήσω 2 δέ σε, σὺ δέ μοι ἀπόκριναι. Μὴ ἀποποιοῦ μου τὸ κρίμα· 3 οἴει δέ με ἄλλως σοι κεχρηματικέναι, ἢ ἵνα ἀναφανῇς δίκαιος; Ἡ βραχίων σοί ἐστι κατὰ τοῦ Κυρίου, ἢ φωνῇ 4 κατ' αὐτοῦ βροντᾷς; Ἀνάλαβε δὴ ὕψος καὶ δύναμιν, 5 δόξαν δὲ καὶ τιμὴν ἀμφίασαι. Ἀπόστειλον δὲ ἀγγέλους 6 ὀργῇ, πάντα δὲ ὑβριστὴν ταπείνωσον. Ὑπερήφανον δὲ 7 σβέσον, σῆψον δὲ ἀσεβεῖς παραχρῆμα. Κρύψον δὲ εἰς γῆν 8 ὁμοθυμαδόν, τὰ δὲ πρόσωπα αὐτῶν ἀτιμίας ἔμπλησον. Ὁμολογήσω ὅτι δύναται ἡ δεξιά σου σῶσαι. 9

Ἀλλὰ δὴ ἰδοὺ θηρία παρὰ σοί, χόρτον ἴσα βουσὶν ἐσθίου- 10 σιν. Ἰδοὺ δὴ ἡ ἰσχὺς αὐτοῦ ἐπ' ὀσφύι, ἡ δὲ δύναμις αὐτοῦ 11 ἐπ' ὀμφαλοῦ γαστρός. Ἔστησεν οὐρὰν ὡς κυπάρισσον, τὰ 12 δὲ νεῦρα αὐτοῦ συμπέπλεκται. Αἱ πλευραὶ αὐτοῦ, πλευραὶ 13 χάλκειαι, ἡ δὲ ῥάχις αὐτοῦ σίδηρος χυτός. Τουτέστιν ἀρχὴ 14 πλάσματος Κυρίου· πεποιημένον ἐγκαταπαίζεσθαι ὑπὸ τῶν ἀγγέλων αὐτοῦ. Ἐπελθὼν δὲ ἐπ' ὄρος ἀκρότομον, ἐποίησε 15 χαρμονὴν τετράποσιν ἐν τῷ ταρτάρῳ. Ὑπὸ παντοδαπὰ 16 δένδρα κοιμᾶται, παρὰ πάπυρον καὶ κάλαμον καὶ βούτομον. Σκιάζονται δὲ ἐν αὐτῷ δένδρα μεγάλα σὺν ῥαδάμνοις, καὶ 17 κλῶνες ἀγροῦ. Ἐὰν γένηται πλημμύρα, οὐ μὴ αἰσθηθῇ· 18 πέποιθεν, ὅτι προσκρούσει ὁ Ἰορδάνης εἰς τὸ στόμα αὐτοῦ. Ἐν τῷ ὀφθαλμῷ αὐτοῦ δέξεται αὐτὸν, ἐνσκολιενόμενος 19 τρήσει ῥῖνα.

Ἄξεις δὲ δράκοντα ἐν ἀγκίστρῳ, περιθήσεις δὲ φορβαίαν 20 περὶ ῥῖνα αὐτοῦ; Ἡ δήσεις κρίκον ἐν τῷ μυκτῆρι αὐτοῦ, 21 ψελλίῳ δὲ τρυπήσεις τὸ χεῖλος αὐτοῦ; Λαλήσει δέ σοι 22 δεήσει, ἱκετηρίᾳ μαλακῶς; Θήσεται δὲ μετὰ σοῦ διαθήκην; 23 λήψῃ δὲ αὐτὸν δοῦλον αἰώνιον; Παίξῃ δὲ ἐν αὐτῷ ὥσπερ 24 ὀρνέῳ; ἢ δήσεις αὐτὸν ὥσπερ στρουθίον παιδίῳ; Ἐνσι- 25 τοῦνται δὲ ἐν αὐτῷ ἔθνη, μεριτεύονται δὲ αὐτὸν Φοινίκων ἔθνη; Πᾶν δὲ πλωτὸν συνελθὸν οὐ μὴ ἐνέγκωσι βύρσαν 26 μίαν οὐρᾶς αὐτοῦ, καὶ ἐν πλοίοις ἁλιέων κεφαλὴν αὐτοῦ. Ἐπιθήσεις δὲ αὐτῷ χεῖρα, μνησθεὶς πόλεμον τὸν γινόμενον 27 ἐν στόματι αὐτοῦ, καὶ μηκέτι γινέσθω.

Οὐχ ἑώρακας αὐτόν; οὐδὲ ἐπὶ τοῖς λεγομένοις τεθαύμακας; 41 Οὐ δέδοικας, ὅτι ἡτοίμασταί μοι; τίς γάρ ἐστιν ὁ ἐμοὶ 1 ἀντιστάς; Ἡ τίς ἀντιστήσεταί μοι, καὶ ὑπομενεῖ· εἰ πᾶσα 2 ἡ ὑπ' οὐρανὸν ἐμή ἐστιν,

Οὐ σιωπήσομαι δι' αὐτόν· καὶ λόγον δυνάμεως ἐλεήσει 3 τὸν ἴσον αὐτῷ. Τίς ἀποκαλύψει πρόσωπον ἐνδύσεως αὐτοῦ, 4 εἰς δὲ πτύξιν θώρακος αὐτοῦ τίς ἂν εἰσέλθοι; Πύλας προσ- 5 ώπου αὐτοῦ τίς ἀνοίξει; κύκλῳ ὀδόντων αὐτοῦ φόβος. Τὰ 6 ἔγκατα αὐτοῦ ἀσπίδες χάλκειαι· σύνδεσμος δὲ αὐτοῦ, ὥσπερ σμυρίτης λίθος. Εἷς τοῦ ἑνὸς κολλῶνται, πνεῦμα δὲ οὐ μὴ 7 διέλθῃ αὐτόν. Ἀνὴρ τῷ ἀδελφῷ αὐτοῦ προσκολληθήσεται· 8 συνέχονται καὶ οὐ μὴ ἀποσπασθῶσιν. Ἐν πταρμῷ αὐτοῦ 9 ἐπιφαύσκεται φέγγος, οἱ δὲ ὀφθαλμοὶ αὐτοῦ εἶδος Ἑωσ-

---

β Gr. formation.　　　γ Or, mocked.　　　δ Heb. field, q. d. level, *or*, low place.　　　ζ Alex. ἄγνου, willow.　　　θ Gr. equal.

10 φόρου. Ἐκ στόματος αὐτοῦ ἐκπορεύονται ὡς λαμπάδες καιό-
11 μεναι, καὶ διαρριπτοῦνται ὡς ἐσχάραι πυρός. Ἐκ μυκτήρων
αὐτοῦ ἐκπορεύεται καπνὸς καμίνου καιομένης πυρὶ ἀνθράκων.
12 Ἡ ψυχὴ αὐτοῦ ἄνθρακες, φλὸξ δὲ ἐκ στόματος αὐτοῦ ἐκ-
13 πορεύεται· Ἐν δὲ τραχήλῳ αὐτοῦ αὐλίζεται δύναμις,
14 ἔμπροσθεν αὐτοῦ τρέχει ἀπώλεια. Σάρκες δὲ σώματος
αὐτοῦ κεκόλληνται· καταχέει ἐπ' αὐτὸν, οὐ σαλευθήσεται.
15 Ἡ καρδία αὐτοῦ πέπηγεν ὡς λίθος, ἔστηκε δὲ ὥσπερ ἄκμων
16 ἀνήλατος. Στραφέντος δὲ αὐτοῦ, φόβος θηρίοις τετράποσιν
17 ἐπὶ γῆς ἀλλομένοις. Ἐὰν συναντήσωσιν αὐτῷ λόγχαι,
18 οὐδὲν μὴ ποιήσωσι, δόρυ, καὶ θώρακα. Ἥγηται μὲν γὰρ
19 σίδηρον ἄχυρα, χαλκὸν δὲ ὥσπερ ξύλον σαθρόν. Οὐ μὴ
τρώσῃ αὐτὸν τόξον χάλκεον· ἥγηται μὲν πετροβόλον χόρ-
20 τον. Ὡς καλάμη ἐλογίσθησαν σφύρα, καταγελᾷ δὲ σεισμοῦ
21 πυρφόρου. Ἡ στρωμνὴ αὐτοῦ ὀβελίσκοι ὀξεῖς, πᾶς δὲ
22 χρυσὸς θαλάσσης ὑπ' αὐτὸν ὥσπερ πηλὸς ἀμύθητος. Ἀνα-
ζεῖ τὴν ἄβυσσον ὥσπερ χαλκεῖον· ἥγηται δὲ τὴν θάλασσαν
23 ὥσπερ ἐξάλειπτρον, τὸν δὲ τάρταρον τῆς ἀβύσσου ὥσπερ
24 αἰχμάλωτον· ἐλογίσατο ἄβυσσον εἰς περίπατον. Οὐκ ἔστιν
οὐδὲν ἐπὶ τῆς γῆς ὅμοιον αὐτῷ, πεποιημένον ἐγκαταπαίζεσ-
25 θαι ὑπὸ τῶν ἀγγέλων μου. Πᾶν ὑψηλὸν ὁρᾷ· αὐτὸς δὲ
βασιλεὺς πάντων τῶν ἐν τοῖς ὕδασιν.

42 Ὑπολαβὼν δὲ Ἰωβ, λέγει τῷ Κυρίῳ,
2, 3 Οἶδα ὅτι πάντα δύνασαι, ἀδυνατεῖ δέ σοι οὐδέν. Τίς
γάρ ἐστιν ὁ κρύπτων σε βουλήν; φειδόμενος δὲ ῥημάτων,
καὶ σὲ οἴεται κρύπτειν; τίς δὲ ἀναγγελεῖ μοι ἃ οὐκ ᾔδειν,
μεγάλα καὶ θαυμαστὰ ἃ οὐκ ἐπιστάμην;
4 Ἄκουσον δέ μου Κύριε, ἵνα κἀγὼ λαλήσω· ἐρωτήσω δέ σε,
5 σὺ δέ με δίδαξον. Ἀκοὴν μὲν ὠτὸς ἤκουόν σου τὸ πρότερον,
6 νυνὶ δὲ ὁ ὀφθαλμός μου ἑώρακέ σε. Διὸ ἐφαύλισα
ἐμαυτόν, καὶ ἐτάκην· ἥγημαι δὲ ἐμαυτὸν γῆν καὶ σποδόν.
7 Ἐγένετο δὲ μετὰ τὸ λαλῆσαι τὸν Κύριον πάντα τὰ
ῥήματα ταῦτα τῷ Ἰωβ, εἶπεν ὁ Κύριος Ἐλιφὰζ τῷ Θαι-
μανίτῃ, ἥμαρτες σύ, καὶ οἱ δύο φίλοι σου· οὐ γὰρ ἐλαλή-
σατε ἐνώπιόν μου ἀληθὲς οὐδέν, ὥσπερ ὁ θεράπων μου Ἰωβ.
8 Νῦν δὲ λάβετε ἑπτὰ μόσχους, καὶ ἑπτὰ κριοὺς, καὶ πορεύ-
θητε πρὸς τὸν θεράποντά μου Ἰωβ, καὶ ποιήσει κάρπωσιν
ὑπὲρ ὑμῶν. Ἰωβ δὲ ὁ θεράπων μου εὔξεται περὶ ὑμῶν,
ὅτι εἰ μὴ πρόσωπον αὐτοῦ λήψομαι· εἰ μὴ γὰρ δι' αὐτὸν,
ἀπώλεσα ἂν ὑμᾶς· οὐ γὰρ ἐλαλήσατε ἀληθὲς κατὰ τοῦ
θεράποντός μου Ἰώβ.
9 Ἐπορεύθη δὲ Ἐλιφὰζ ὁ Θαιμανίτης, καὶ Βαλδὰδ
ὁ Σαυχίτης, καὶ Σωφὰρ ὁ Μιναῖος, καὶ ἐποίησαν καθὼς
συνέταξεν αὐτοῖς ὁ Κύριος· καὶ ἔλυσε τὴν ἁμαρτίαν αὐτοῖς
διὰ Ἰώβ.
10 Ὁ δὲ Κύριος ηὔξησε τὸν Ἰωβ· εὐξαμένου δὲ αὐτοῦ καὶ
περὶ τῶν φίλων αὐτοῦ, ἀφῆκεν αὐτοῖς τὴν ἁμαρτίαν· ἔδωκε
δὲ ὁ Κύριος διπλᾶ, ὅσα ἦν ἔμπροσθεν Ἰωβ εἰς διπλασιασ-
11 μόν. Ἤκουσαν δὲ πάντες οἱ ἀδελφοὶ αὐτοῦ καὶ αἱ ἀδελφαὶ
αὐτοῦ πάντα τὰ συμβεβηκότα αὐτῷ, καὶ ἦλθον πρὸς

star. [10] Out of his mouth proceed as it were burning lamps, and as it were hearths of fire are cast abroad. [11] Out of his nostrils proceeds smoke of a furnace burning with fire of coals. [12] His β breath is as live coals, and a flame goes out of his mouth. [13] And power is lodged in his neck, before him destruction runs. [14] The flesh also of his body is joined together: if one pours violence upon him, he shall not be moved. [15] His heart is firm as a stone, and it stands like an unyielding anvil. [16] And when he turns, he is a terror to the four-footed wild beasts which leap upon the earth. [17] If spears should come against him, men will effect nothing, either with the spear or the breast-plate. [18] For he considers iron as chaff, and brass as rotten wood. [19] The bow of brass shall not wound him, he deems a slinger as grass. [20] Mauls are counted as stubble; and he laughs to scorn the waving of the firebrand. [21] His lair is formed of sharp points; and all the gold of the sea under him is as an immense quantity of clay. [22] He makes the deep boil like a brazen caldron; and he regards the sea as a pot of ointment, [23] and the lowest part of the deep as a captive: he reckons the deep as his range. [24] There is nothing upon the earth like to him, formed to be γ sported with by my angels. [25] He beholds every high thing: and he is king of all that are in the waters.

Then Job answered and said to the Lord,

[2] I know that thou canst do all things, and nothing is impossible with thee. [3] For who is he that hides counsel from thee? or who keeps back his words, and thinks to hide them from thee? and who will tell me what I knew not, great and wonderful things which I understood not?

[4] But hear me, O Lord, that I also may speak: and I will ask thee, and do thou teach me. [5] I have heard the report of thee by the ear before; but now mine eye has seen thee. [6] Wherefore I have counted myself vile, and have δ fainted: and I esteem myself dust and ashes.

[7] And it came to pass after the Lord had spoken all these words to Job, that the Lord said to Eliphaz the Thæmanite, Thou hast sinned, and thy two friends: for ye have not said anything true before me, as my servant Job has. [8] Now then take seven bullocks, and seven rams, and go to my servant Job, and he shall offer a ζ burnt-offering for you. And my servant Job shall pray for you, for I will only accept him: for but for his sake, I would have destroyed you, for ye have not spoken the truth against my servant Job.

[9] So Eliphaz the Thæmanite, and Baldad the Sauchite, and Sophar the Minæan, went and did as the Lord commanded them: and he pardoned their sin for the sake of Job.

[10] And the Lord prospered Job: and when he prayed also for his friends, he forgave them their sin: and the Lord gave Job twice as much, even the double of what θ he had before. [11] And all his brethren and his sisters heard all that had happened to him, and they came to

---

β Gr. soul.　　γ Or, mocked.　　δ Gr. melted.　　ζ Alex. κάρπωμα.　　θ Gr. Job.

him, and *so did* all that had known him from the first: and they ate and drank with him, and comforted him, and wondered at all that the Lord had brought upon him: and each one gave him a β lamb, and four drachms' weight of gold, even of unstamped *gold.*

12 And the Lord blessed the latter end of Job, *more* than the beginning: and his cattle were fourteen thousand sheep, six thousand camels, a thousand yoke of oxen, a thousand she-asses of the pastures. 13 And there were born to him seven sons and three daughters. 14 And he called the first, Day, and the second, Casia, and the third, Amalthæa's horn. 15 And there were not found in comparison with the daughters of Job, fairer *women* than they in all the world: and their father gave them an inheritance among their brethren.

16 And Job lived after *his* affliction a hundred and seventy years: and all the years he lived were γ two hundred and forty: and Job saw his sons and his sons' sons, the fourth generation. 17 And Job died, an old man and full of days: and it is written that he will rise again with those whom the Lord raises up.

This man is δ described in the Syriac book *as* living in the land of Ausis, on the borders of Idumea and Arabia: and his name before was Jobab; and having taken an Arabian wife, he begot a son whose name was Ennon. And he himself was the son of his father Zare, one of the sons of Esau, and of his mother Bosorrha, so that he was the fifth from Abraam. And these were the kings who reigned in Edom, which country he also ruled over: first, Balac, the son of ϛ Beor, and the name of his city was Dennaba: but after Balac, Jobab, who is called Job: and after him Asom, who was governor out of the country of Thæman: and after him Adad, the son of Barad, who destroyed Madiam in the plain of Moab; and the name of his city was Gethaim. And *his* friends who came to him were Eliphaz, of the children of Esau, king of the Thæmanites, Baldad sovereign of the Sauchæans, Sophar king of the Minæans.

αὐτὸν, καὶ πάντες ὅσοι ᾔδεισαν αὐτὸν ἐκ πρώτου· φαγόντες δὲ καὶ πιόντες παρ' αὐτῷ παρεκάλεσαν αὐτὸν, καὶ ἐθαύμασαν ἐπὶ πᾶσιν οἷς ἐπήγαγεν ἐπ' αὐτῷ ὁ Κύριος· ἔδωκε δὲ αὐτῷ ἕκαστος ἀμνάδα μίαν, καὶ τετράδραχμον χρυσοῦ καὶ ἀσήμου.

12 Ὁ δὲ Κύριος εὐλόγησε τὰ ἔσχατα Ἰωβ, ἢ τὰ ἔμπροσθεν· ἦν δὲ τὰ κτήνη αὐτοῦ, πρόβατα μύρια τετρακισχίλια, κάμηλοι ἑξακισχίλιαι, ζεύγη βοῶν χίλια, ὄνοι θήλειαι νομάδες χίλιαι. 13 Γεννῶνται δὲ αὐτῷ υἱοὶ ἑπτὰ, καὶ θυγατέρες τρεῖς. 14 Καὶ ἐκάλεσε τὴν μὲν πρώτην, Ἡμέραν· τὴν δὲ δευτέραν, 15 Κασίαν· τὴν δὲ τρίτην, Ἀμαλθαίας κέρας. Καὶ οὐχ εὑρέθησαν κατὰ τὰς θυγατέρας Ἰωβ, βελτίους αὐτῶν ἐν τῇ ὑπ' οὐρανόν· ἔδωκε δὲ αὐταῖς ὁ πατὴρ κληρονομίαν ἐν τοῖς ἀδελφοῖς.

16 Ἔζησε δὲ Ἰωβ μετὰ τὴν πληγὴν ἔτη ἑκατὸν ἑβδομήκοντα· τὰ δὲ πάντα ἔτη ἔζησε, διακόσια τεσσαράκοντα· καὶ εἶδεν Ἰωβ τοὺς υἱοὺς αὐτοῦ, καὶ τοὺς υἱοὺς τῶν υἱῶν αὐτοῦ, 17 τετάρτην γενεάν. Καὶ ἐτελεύτησεν Ἰωβ πρεσβύτερος, καὶ πλήρης ἡμερῶν· γέγραπται δὲ, αὐτὸν πάλιν ἀναστήσεσθαι μεθ' ὧν ὁ Κύριος ἀνίστησιν.

Οὗτος ἑρμηνεύεται ἐκ τῆς Συριακῆς βίβλου, ἐν μὲν γῇ κατοικῶν τῇ Αὐσίτιδι, ἐπὶ τοῖς ὁρίοις τῆς Ἰδουμαίας καὶ Ἀραβίας· προὐπῆρχε δὲ αὐτῷ ὄνομα Ἰωβάβ· λαβὼν δὲ γυναῖκα Ἀράβισσαν, γεννᾷ υἱὸν, ᾧ ὄνομα Ἐννών· ἦν δὲ αὐτὸς πατρὸς μὲν Ζαρὲ ἐκ τῶν Ἡσαῦ υἱῶν υἱὸς, μητρὸς δὲ Βοσόρρας, ὥστε εἶναι αὐτὸν πέμπτον ἀπὸ Ἀβραάμ· καὶ οὗτοι οἱ βασιλεῖς οἱ βασιλεύσαντες ἐν Ἐδὼμ, ἧς καὶ αὐτὸς ἦρξε χώρας· πρῶτος Βαλὰκ ὁ τοῦ Βεὼρ, καὶ ὄνομα τῇ πόλει αὐτοῦ Δενναβά· μετὰ δὲ Βαλάκ, Ἰωβάβ ὁ καλούμενος Ἰώβ· μετὰ δὲ τοῦτον, Ἀσώμ ὁ ὑπάρχων ἡγεμὼν ἐκ τῆς Θαιμανίτιδος χώρας· μετὰ δὲ τοῦτον, Ἀδάδ υἱὸς Βαράδ, ὁ ἐκκόψας Μαδιὰμ ἐν τῷ πεδίῳ Μωὰβ, καὶ ὄνομα τῇ πόλει αὐτοῦ Γεθαίμ· οἱ δὲ ἐλθόντες πρὸς αὐτὸν φίλοι, Ἐλιφὰζ τῶν Ἡσαῦ υἱῶν Θαιμανῶν βασιλεὺς, Βαλδὰδ ὁ Σαυχαίων τύραννος, Σωφὰρ ὁ Μιναίων βασιλεύς.

β *Or*, piece ot money stamped with that figure.   *q. d.* pecuniam.   γ *Alex.* 248.   δ *Gr.* interpreted out of.   ζ *Alex.* Semphor, *i. e.* Zippor.

ΨΑΛΜΟΙ.

ΜΑΚΑΡΙΟΣ ἀνὴρ, ὃς οὐκ ἐπορεύθη ἐν βουλῇ ἀσεβῶν, καὶ ἐν ὁδῷ ἁμαρτωλῶν· οὐκ ἔστη, καὶ ἐπὶ καθέδρα λοιμῶν οὐκ
2 ἐκάθισεν. Ἀλλ᾽ ἢ ἐν τῷ νόμῳ Κυρίου τὸ θέλημα αὐτοῦ, καὶ
3 ἐν τῷ νόμῳ αὐτοῦ μελετήσει ἡμέρας καὶ νυκτός. Καὶ ἔσται ὡς τὸ ξύλον τὸ πεφυτευμένον παρὰ τὰς διεξόδους τῶν ὑδάτων, ὃ τὸν καρπὸν αὐτοῦ δώσει ἐν καιρῷ αὐτοῦ· καὶ τὸ φύλλον αὐτοῦ οὐκ ἀπορρυήσεται, καὶ πάντα ὅσα ἂν ποιῇ κατευοδωθήσεται.

4 Οὐχ οὕτως οἱ ἀσεβεῖς, οὐχ οὕτως, ἀλλ᾽ ἢ ὡς ὁ χνοῦς ὃν
5 ἐκρίπτει ὁ ἄνεμος ἀπὸ προσώπου τῆς γῆς. Διὰ τοῦτο οὐκ ἀναστήσονται οἱ ἀσεβεῖς ἐν κρίσει, οὐδὲ ἁμαρτωλοὶ ἐν βουλῇ
6 δικαίων. Ὅτι γινώσκει Κύριος ὁδὸν δικαίων, καὶ ὁδὸς ἀσεβῶν ἀπολεῖται.

2 Ἱνατί ἐφρύαξαν ἔθνη, καὶ λαοὶ ἐμελέτησαν κενά; Παρέστη-
2 σαν οἱ βασιλεῖς τῆς γῆς, καὶ οἱ ἄρχοντες συνήχθησαν ἐπιτοαυτὸ
3 κατὰ τοῦ Κυρίου, καὶ κατὰ τοῦ Χριστοῦ αὐτοῦ. Διαρρήξωμεν τοὺς δεσμοὺς αὐτῶν, καὶ ἀπορρίψωμεν ἀφ᾽ ἡμῶν τὸν ζυγὸν αὐτῶν.

4 Ὁ κατοικῶν ἐν οὐρανοῖς ἐκγελάσεται αὐτούς, καὶ ὁ Κύριος
5 ἐκμυκτηριεῖ αὐτούς. Τότε λαλήσει πρὸς αὐτοὺς ἐν ὀργῇ αὐτοῦ,
6 καὶ ἐν τῷ θυμῷ αὐτοῦ ταράξει αὐτούς. Ἐγὼ δὲ κατεστάθην
7 βασιλεὺς ὑπ᾽ αὐτοῦ ἐπὶ Σιὼν ὄρος τὸ ἅγιον αὐτοῦ, διαγγέλλων τὸ πρόσταγμα Κυρίου· Κύριος εἶπε πρὸς μὲ, υἱός μου εἶ σὺ,
8 ἐγὼ σήμερον γεγέννηκά σε. Αἴτησαι παρ᾽ ἐμοῦ, καὶ δώσω σοι ἔθνη τὴν κληρονομίαν σου, καὶ τὴν κατάσχεσίν σου τὰ
9 πέρατα τῆς γῆς. Ποιμανεῖς αὐτοὺς ἐν ῥάβδῳ σιδηρᾷ, ὡς σκεῦος κεραμέως συντρίψεις αὐτούς.

10 Καὶ νῦν βασιλεῖς σύνετε, παιδεύθητε πάντες οἱ κρίνοντες
11 τὴν γῆν. Δουλεύσατε τῷ Κυρίῳ ἐν φόβῳ, καὶ ἀγαλλιᾶσθε
12 αὐτῷ ἐν τρόμῳ. Δράξασθε παιδείας, μή ποτε ὀργισθῇ Κύριος, καὶ ἀπολεῖσθε ἐξ ὁδοῦ δικαίας· ὅταν ἐκκαυθῇ ἐν τάχει ὁ θυμὸς αὐτοῦ, μακάριοι πάντες οἱ πεποιθότες ἐπ᾽ αὐτῷ.

3 Ψαλμὸς τῷ Δαυὶδ, ὁπότε ἀπεδίδρασκεν ἀπὸ προσώπου Ἀβεσσαλὼμ τοῦ υἱοῦ αὐτοῦ.

Κύριε τί ἐπληθύνθησαν οἱ θλίβοντές με; πολλοὶ ἐπανίσταν-
2 ται ἐπ᾽ ἐμέ. Πολλοὶ λέγουσι τῇ ψυχῇ μου, οὐκ ἔστι σωτηρία αὐτῷ ἐν τῷ Θεῷ αὐτοῦ· διάψαλμα.

BLESSED is the man who has not walked in the counsel of the ungodly, and has not stood in the way of sinners, and has not sat in the seat of [β]evil men. [2]But his [γ]pleasure is in the law of the Lord; and in his law will he meditate day and night. [3]And he shall be as a tree planted by the brooks of waters, which shall yield its fruit in its season, and its leaf shall not fall off; and whatsoever he shall do shall be prospered.

[4]Not so the ungodly;—not so: but rather as the [δ]chaff which the wind scatters away from the face of the earth. [5]Therefore the ungodly shall not rise in judgment, nor sinners in the counsel of the just. [6]For the Lord knows the way of the righteous; but the way of the ungodly shall perish.

[ζ]Wherefore did the heathen rage, and the nations imagine vain things? [2]The kings of the earth stood up, and the rulers gathered themselves together, against the Lord, and against his Christ; [3]saying, Let us break through their bonds, and cast away their yoke from us.

[4]He that dwells in the heavens shall laugh them to scorn, and the Lord shall mock them. [5]Then shall he speak to them in his anger, and trouble them in his fury. [6]But I have been made king by him on Sion his holy mountain, [7]declaring the ordinance of the Lord: the Lord said to me, [θ]Thou art my Son, to-day have I begotten thee. [8]Ask of me, and I will give thee the heathen *for* thine inheritance, and the ends of the earth *for* thy possession. [9]Thou shalt [λ]rule them with a rod of iron; thou shalt dash them in pieces as a potter's vessel.

[10]Now therefore understand, ye kings: be instructed, all ye that judge the earth. [11]Serve the Lord with fear, and rejoice in him with trembling. [12][μ]Accept correction, lest at any time the Lord be angry, and ye should perish from the righteous way: whensoever his wrath shall be suddenly kindled, blessed are all they that trust in him.

A Psalm of David, when he fled from the presence of his son Abessalom.

O Lord, why are they that afflict me multiplied? many rise up against me. [2]Many say concerning my soul, There is no deliverance for him in his God. [ξ]Pause.

[β] *Gr.* pestilent.   [γ] *Gr.* will.   [δ] *Or,* dust or down.   [ζ] Acts 4. 25.   [θ] Acts 13. 33.   Heb. 1. 5.   [λ] *Gr.* tend them as a shepherd.   Rev. 2. 27.
[μ] *Note.*—This rendering or a similar one the Jews maintain.   [ξ] The word Διάψαλμα (Selah) has been rendered PAUSE, as most intelligible to the English reader.

³ But thou, O Lord, art my helper: my glory, and the one that lifts up my head. ⁴ I cried to the Lord with my voice, and he heard me out of his holy mountain. Pause. ⁵ I lay down and slept; I awaked; for the Lord will help me. ⁶ I will not be afraid of ten thousands of people, who beset me round about. ⁷ Arise, Lord; deliver me, my God: for thou hast smitten all who were without cause mine enemies; thou hast broken the teeth of sinners. ⁸ Deliverance is the Lord's, and thy blessing is upon thy people.

For the end, a Song of David among *the* Psalms.

When I called upon *him*, the God of my righteousness heard me: thou hast made room for me in tribulation; pity me, and hearken to my prayer. ² O ye sons of men, how long *will ye be* β slow of heart? wherefore do ye love vanity, and seek falsehood? Pause. ³ But know ye that the Lord has done wondrous things for his holy one: the Lord will hear me when I cry to him. ⁴ γ Be ye angry, and sin not; feel compunction upon your beds for what ye say in your hearts. Pause. ⁵ Offer the sacrifice of righteousness, and trust in the Lord. ⁶ Many say, Who will shew us good things? the light of thy countenance, O Lord, has been manifested towards us. ⁷ Thou hast put gladness into my heart: they have been satisfied with the fruit of their corn and wine and oil. ⁸ I will δ both lie down in peace and sleep: for thou, Lord, only hast caused me to dwell securely.

For the end, a Psalm of David, concerning her that inherits.

Hearken to my words, O Lord, ζ attend to my cry. ² Attend to the voice of my supplication, my King, and my God: for to thee, O Lord, will I pray. ³ In the morning thou shalt hear my voice: in the morning will I wait upon thee, and will look up. ⁴ For thou art not a God that desires iniquity; neither shall the worker of wickedness dwell with thee. ⁵ Neither shall the transgressors continue in thy sight: thou hatest, O Lord, all them that work iniquity. ⁶ Thou wilt destroy all that speak falsehood: the Lord abhors the bloody and deceitful man. ⁷ But I will enter into thine house in the multitude of thy mercy: I will worship in thy fear toward thy holy temple.

⁸ Lead me, O Lord, in thy righteousness because of mine enemies; make my way plain before thy face. ⁹ For there is no truth in their mouth; their heart is vain; their θ throat is an open sepulchre; with their tongues they have used deceit. ¹⁰ Judge them, O God; let them λ fail of their counsels: cast them out according to the abundance of their ungodliness; for they have provoked thee, O Lord.

¹¹ But let all that trust on thee be glad in thee: they shall exult for ever, and thou shalt dwell among them; and all that love

Σὺ δὲ Κύριε, ἀντιλήπτωρ μου εἶ, δόξα μου, καὶ ὑψῶν τὴν 3 κεφαλήν μου. Φωνῇ μου πρὸς Κύριον ἐκέκραξα, καὶ ἐπήκουσέ 4 μου ἐξ ὄρους ἁγίου αὐτοῦ· διάψαλμα. Ἐγὼ ἐκοιμήθην καὶ 5 ὕπνωσα, ἐξηγέρθην, ὅτι Κύριος ἀντιλήψεταί μου. Οὐ φοβη- 6 θήσομαι ἀπὸ μυριάδων λαοῦ, τῶν κύκλῳ ἐπιτιθεμένων μοι. Ἀνάστα Κύριε, σῶσόν με ὁ Θεός μου· ὅτι σὺ ἐπάταξας πάντας 7 τοὺς ἐχθραίνοντάς μοι ματαίως, ὀδόντας ἁμαρτωλῶν συνέτριψας. Τοῦ Κυρίου ἡ σωτηρία, καὶ ἐπὶ τὸν λαόν σου ἡ εὐλογία σου. 8

Εἰς τὸ τέλος, ἐν ψαλμοῖς ᾠδὴ τῷ Δαυίδ. 4

Ἐν τῷ ἐπικαλεῖσθαί με, εἰσήκουσέ μου ὁ Θεὸς τῆς δικαιο- σύνης μου· ἐν θλίψει ἐπλάτυνάς μοι· οἰκτείρησόν με, καὶ εἰσάκουσον τῆς προσευχῆς μου.

Υἱοὶ ἀνθρώπων, ἕως πότε βαρυκάρδιοι; ἱνατί ἀγαπᾶτε 2 ματαιότητα, καὶ ζητεῖτε ψεῦδος; διάψαλμα. Καὶ γνῶτε ὅτι 3 ἐθαυμάστωσε Κύριος τὸν ὅσιον αὐτοῦ, Κύριος εἰσακούσεταί μου ἐν τῷ κεκραγέναι με πρὸς αὐτόν. Ὀργίζεσθε καὶ μὴ 4 ἁμαρτάνετε· ἃ λέγετε ἐν ταῖς καρδίαις ὑμῶν, ἐπὶ ταῖς κοίταις ὑμῶν κατανύγητε· διάψαλμα. Θύσατε θυσίαν δικαιοσύνης, 5 καὶ ἐλπίσατε ἐπὶ Κύριον.

Πολλοὶ λέγουσι, τίς δείξει ἡμῖν τὰ ἀγαθά; ἐσημειώθη ἐφ' 6 ἡμᾶς τὸ φῶς τοῦ προσώπου σου, Κύριε. Ἔδωκας εὐφροσύνην 7 εἰς τὴν καρδίαν μου· ἀπὸ καρποῦ σίτου καὶ οἴνου καὶ ἐλαίου αὐτῶν ἐπληθύνθησαν. Ἐν εἰρήνῃ ἐπὶ τὸ αὐτὸ κοιμηθήσομαι, 8 καὶ ὑπνώσω· ὅτι σὺ Κύριε κατὰ μόνας ἐπ' ἐλπίδι κατῴκι- σάς με.

Εἰς τὸ τέλος, ὑπὲρ τῆς κληρονομούσης, ψαλμὸς τῷ Δαυίδ. 5

Τὰ ῥήματά μου ἐνώτισαι Κύριε, σύνες τῆς κραυγῆς μου, πρόσχες τῇ φωνῇ τῆς δεήσεώς μου, ὁ βασιλεύς μου καὶ ὁ Θεός 2 μου· ὅτι πρὸς σὲ προσεύξομαι Κύριε, τοπρωὶ εἰσακούσῃ τῆς 3 φωνῆς μου· τοπρωὶ παραστήσομαί σοι, καὶ ἐπόψομαι. Ὅτι 4 οὐχὶ Θεὸς θέλων ἀνομίαν σὺ εἶ· οὐδὲ παροικήσει σοι πονη- ρευόμενος, οὐδὲ διαμενοῦσι παράνομοι κατέναντι τῶν ὀφθαλ- 5 μῶν σου· ἐμίσησας Κύριε πάντας τοὺς ἐργαζομένους τὴν ἀνομίαν, ἀπολεῖς πάντας τοὺς λαλοῦντας τὸ ψεῦδος· ἄνδρα 6 αἱμάτων καὶ δόλιον βδελύσσεται Κύριος. Ἐγὼ δὲ ἐν τῷ 7 πλήθει τοῦ ἐλέους σου εἰσελεύσομαι εἰς τὸν οἶκόν σου, προσ- κυνήσω πρὸς ναὸν ἅγιόν σου ἐν φόβῳ σου.

Κύριε ὁδήγησόν με ἐν τῇ δικαιοσύνῃ σου ἕνεκα τῶν ἐχθρῶν 8 μου, κατεύθυνον ἐνώπιόν σου τὴν ὁδόν μου. Ὅτι οὐκ ἔστιν ἐν 9 τῷ στόματι αὐτῶν ἀλήθεια· ἡ καρδία αὐτῶν ματαία· τάφος ἀνεῳγμένος ὁ λάρυγξ αὐτῶν· ταῖς γλώσσαις αὐτῶν ἐδολιοῦσαν. Κρῖνον αὐτοὺς ὁ Θεός· ἀποπεσάτωσαν ἀπὸ τῶν διαβουλιῶν 10 αὐτῶν· κατὰ τὸ πλῆθος τῶν ἀσεβειῶν αὐτῶν ἔξωσον αὐτούς, ὅτι παρεπίκρανάν σε Κύριε.

Καὶ εὐφρανθήτωσαν ἐπὶ σοὶ πάντες οἱ ἐλπίζοντες ἐπὶ σέ, 11 εἰς αἰῶνα ἀγαλλιάσονται, καὶ κατασκηνώσεις ἐν αὐτοῖς· καὶ

β *Lit.* heavy of heart.　γ Eph. 4. 26.　δ *Or,* at the same time.　ζ *Lit.* understand.　θ Rom. 3.13.　λ *Gr.* fall from, *or,* by reason of.

καυχήσονται ἐπὶ σοὶ πάντες οἱ ἀγαπῶντες τὸ ὄνομά σου,
12 ὅτι σὺ εὐλογήσεις δίκαιον Κύριε, ὡς ὅπλῳ εὐδοκίας ἐστεφάνω-
σας ἡμᾶς.

6 Εἰς τὸ τέλος, ἐν ὕμνοις ὑπὲρ τῆς ὀγδόης, ψαλμὸς τῷ Δαυίδ.

Κύριε, μὴ τῷ θυμῷ σου ἐλέγξῃς με, μηδὲ τῇ ὀργῇ σου
2 παιδεύσῃς με. Ἐλέησόν με Κύριε, ὅτι ἀσθενής εἰμι· ἴασαί
3 με Κύριε, ὅτι ἐταράχθη τὰ ὀστᾶ μου. Καὶ ἡ ψυχή μου ἐτα-
4 ράχθη σφόδρα· καὶ σὺ Κύριε ἕως πότε; Ἐπίστρεψον Κύριε,
5 ῥῦσαι τὴν ψυχήν μου· σῶσόν με ἕνεκεν τοῦ ἐλέους σου, ὅτι
οὐκ ἔστιν ἐν τῷ θανάτῳ ὁ μνημονεύων σου, ἐν δὲ τῷ ᾅδῃ τίς
6 ἐξομολογήσεταί σοι; Ἐκοπίασα ἐν στεναγμῷ μου, λούσω
καθ᾽ ἑκάστην νύκτα τὴν κλίνην μου, ἐν δάκρυσί μου τὴν
7 στρωμνήν μου βρέξω. Ἐταράχθη ἀπὸ θυμοῦ ὁ ὀφθαλμός μου,
ἐπαλαιώθην ἐν πᾶσι τοῖς ἐχθροῖς μου.

8 Ἀπόστητε ἀπ᾽ ἐμοῦ πάντες οἱ ἐργαζόμενοι τὴν ἀνομίαν, ὅτι
9 εἰσήκουσε Κύριος τῆς φωνῆς τοῦ κλαυθμοῦ μου. Εἰσήκουσε
Κύριος τῆς δεήσεώς μου, Κύριος τὴν προσευχήν μου προσεδέ-
10 ξατο. Αἰσχυνθείησαν καὶ ταραχθείησαν σφόδρα πάντες οἱ
ἐχθροί μου, ἐπιστραφείησαν καὶ αἰσχυνθείησαν σφόδρα διὰ
τάχους.

7 Ψαλμὸς τῷ Δαυίδ, ὃν ᾖσε τῷ Κυρίῳ ὑπὲρ τῶν λόγων Χουσὶ
υἱοῦ Ἰεμενεί.

Κύριε ὁ Θεός μου, ἐπὶ σοὶ ἤλπισα, σῶσόν με ἐκ πάντων
2 τῶν διωκόντων με, καὶ ῥῦσαί με, μή ποτε ἁρπάσῃ ὡς λέων τὴν
ψυχήν μου, μὴ ὄντος λυτρουμένου, μηδὲ σώζοντος.
3 Κύριε ὁ Θεός μου, εἰ ἐποίησα τοῦτο, εἰ ἔστιν ἀδικία ἐν χερσί
4 μου, εἰ ἀνταπέδωκα τοῖς ἀνταποδιδοῦσί μοι κακά, ἀποπέσοιμι
5 ἄρα ἀπὸ τῶν ἐχθρῶν μου κενός· Καταδιώξαι ὁ ἐχθρὸς τὴν
ψυχήν μου καὶ καταλάβοι, καὶ καταπατήσαι εἰς γῆν τὴν ζωήν
μου, καὶ τὴν δόξαν μου εἰς χοῦν κατασκηνώσαι· διάψαλμα.
6 Ἀνάστηθι Κύριε ἐν ὀργῇ σου, ὑψώθητι ἐν τοῖς πέρασι τῶν
ἐχθρῶν μου· ἐξεγέρθητι Κύριε ὁ Θεός μου ἐν προστάγματι
7 ᾧ ἐνετείλω, καὶ συναγωγὴ λαῶν κυκλώσει σε· καὶ ὑπὲρ ταύτης
8 εἰς ὕψος ἐπίστρεψον. Κύριος κρινεῖ λαούς· κρῖνόν με Κύριε
κατὰ τὴν δικαιοσύνην μου, καὶ κατὰ τὴν ἀκακίαν μου ἐπ᾽ ἐμοί.
9 Συντελεσθήτω δὴ πονηρία ἁμαρτωλῶν, καὶ κατευθυνεῖς δίκαιον,
ἐτάζων καρδίας καὶ νεφροὺς ὁ Θεός.
10 Δικαία ἡ βοήθειά μου παρὰ τοῦ Θεοῦ τοῦ σώζοντος τοὺς
11 εὐθεῖς τῇ καρδίᾳ. Ὁ Θεὸς κριτὴς δίκαιος, καὶ ἰσχυρός, καὶ
12 μακρόθυμος, μὴ ὀργὴν ἐπάγων καθ᾽ ἑκάστην ἡμέραν. Ἐὰν
μὴ ἐπιστραφῆτε, τὴν ῥομφαίαν αὐτοῦ στιλβώσει, τὸ τόξον
13 αὐτοῦ ἐνέτεινε, καὶ ἡτοίμασεν αὐτό. Καὶ ἐν αὐτῷ ἡτοίμασε
σκεύη θανάτου, τὰ βέλη αὐτοῦ τοῖς καιομένοις ἐξειργάσατο.
14 Ἰδοὺ ὠδίνησεν ἀδικίαν, συνέλαβε πόνον, καὶ ἔτεκεν ἀνομίαν.
15 Λάκκον ὤρυξε καὶ ἀνέσκαψεν αὐτόν, καὶ ἐμπεσεῖται εἰς βόθρον
16 ὃν εἰργάσατο. Ἐπιστρέψει ὁ πόνος αὐτοῦ εἰς κεφαλὴν αὐτοῦ,

thy name shall rejoice in thee. [12] For thou, Lord, shalt bless the righteous: thou hast β compassed us as with a shield of favour.

For the end, a Psalm of David among the Hymns for the eighth.

O Lord, rebuke me not in thy wrath, neither chasten me in thine anger. [2] Pity me, O Lord; for I am weak: heal me, O Lord; for my bones are vexed. [3] My soul also is grievously vexed: but thou, O Lord, how long? [4] Return, O Lord, deliver my soul: save me for thy mercy's sake. [5] For in death no man remembers thee: and who will give thee thanks in Hades? [6] γ I am wearied with my groaning; I shall wash my bed every night; I shall water my couch with my tears. [7] Mine eye is troubled because of my wrath; I am worn out because of all my enemies.

[8] Depart from me, all ye that work iniquity; for the Lord has heard the voice of my weeping. [9] The Lord has hearkened to my petition; the Lord has accepted my prayer. [10] Let all mine enemies be put to shame and sore troubled: let them be turned back and grievously put to shame speedily.

A Psalm of David, which he sang to the Lord because of the words of Chusi the δ Benjamite.

O Lord my God, in thee have I trusted: save me from all them that persecute me, and deliver me. [2] Lest at any time *the enemy* seize my soul as a lion, while there is none to ransom, nor to save.

[3] O Lord my God, if I have done this; (if there is unrighteousness in my hands;) [4] if I have requited with evil those who requited me *with good;* may I then perish empty by means of my enemies. [5] Let the enemy persecute my soul, and take it; and let him trample my life on the ground, and lay my glory in the dust. Pause.

[6] Arise, O Lord, in thy wrath; be exalted ζ in the utmost boundaries of mine enemies: awake, O Lord my God, according to the decree which thou didst command. [7] And the congregation of the nations shall compass thee: and for this cause do thou return on high. [8] The Lord shall judge the nations: judge me, O Lord, according to my righteousness, and according to my innocence that is in me. [9] Oh let the wickedness of sinners come to an end; and *then* thou shalt direct the righteous, O God that searchest the hearts and reins.

[10] My help is righteous, *coming* from God who saves the upright in heart. [11] God is a righteous judge, and strong, and patient, not inflicting vengeance every day. [12] If ye will not repent, he will furbish his sword; he has bent his bow, and made it ready. [13] And on it he has fitted the instruments of death; he has completed his arrows for the θ raging ones.

[14] Behold, he has travailed with unrighteousness, he has conceived trouble, and brought forth iniquity. [15] He has opened a pit, and dug it up, and he shall fall into the ditch which he has made. [16] His trouble

β *Lit.* crowned.   γ *Gr.* I have laboured.   δ *Lit.* son of Jemini.   ζ *Heb.* 'because of mine enemies.'
θ See *Heb.* perhaps 'persecuting ones.'

shall return on his own head, and his unrighteousness shall come down on his own crown. [17] I will give thanks to the Lord according to his righteousness; I will sing to the name of the Lord most high.

For the end, concerning the wine-presses, a Psalm of David.

O Lord, our Lord, how wonderful is thy name in all the earth! for thy magnificence is exalted above the heavens. [2β]Out of the mouth of babes and sucklings hast thou perfected praise, because of thine enemies; that thou mightest put down the enemy and avenger.

[3] For I will regard the heavens, the work of thy fingers; the moon and stars, which thou hast established. [4γ]What is man, that thou art mindful of him? or the son of man, that thou visitest him? [5] Thou madest him a little less than angels, thou hast crowned him with glory and honour; [6]and thou hast set him over the works of thy hands: thou hast put all things under his feet: [7]sheep and all [δ]oxen, yea, and the cattle of the field; [8]the birds of the sky, and the fish of the sea, the *creatures* passing through the paths of the sea. [9]O Lord our Lord, how wonderful is thy name in all the earth!

For the end, a Psalm of David, concerning the secrets of the Son.

I will give thanks to thee, O Lord, with my whole heart; I will recount all thy wonderful works. [2]I will be glad and exult in thee: I will sing to thy name, O thou Most High.

[3]When mine enemies are turned back, they shall be feeble and perish at thy presence. [4]For thou hast maintained my cause and my right; thou satest on the throne, that judgest righteousness. [5]Thou hast rebuked the nations, and the ungodly one has perished; thou hast blotted out their name for ever, even for ever and ever. [6]The swords of the enemy have failed utterly; and thou hast destroyed cities: their memorial has been destroyed with a noise, [7]but the Lord endures for ever: he has prepared his throne for judgment. [8]And he will judge the world in righteousness, he will judge the nations in uprightness. [9]The Lord also is become a refuge for the poor, a seasonable help, in affliction. [10]And let them that know thy name hope in thee: for thou, O Lord, hast not failed them that diligently seek thee.

[11]Sing praises to the Lord, who dwells in Sion: declare his dealings among the nations. [12]For he remembered them, *in making inquisition for blood*: he has not forgotten the supplication of the poor.

[13]Have mercy upon me, O Lord; look upon my affliction *which I suffer* of mine enemies, thou that liftest me up from the gates of death: [14]that I may declare all thy praises in the gates of the daughter of Sion: I will exult in thy salvation.

[15]The heathen are caught in the destruction which they planned: in the very snare

καὶ ἐπὶ κορυφὴν αὐτοῦ ἡ ἀδικία αὐτοῦ καταβήσεται. Ἐξ- 17 ομολογήσομαι Κυρίῳ κατὰ τὴν δικαιοσύνην αὐτοῦ, ψαλῶ τῷ ὀνόματι Κυρίου τοῦ ὑψίστου.

Εἰς τὸ τέλος, ὑπὲρ τῶν ληνῶν, ψαλμὸς τῷ Δαυίδ.   8

Κύριε ὁ Κύριος ἡμῶν, ὡς θαυμαστὸν τὸ ὄνομά σου ἐν πάσῃ τῇ γῇ; ὅτι ἐπήρθη ἡ μεγαλοπρέπειά σου ὑπεράνω τῶν οὐρανῶν. Ἐκ στόματος νηπίων καὶ θηλαζόντων κατηρτίσω 2 αἶνον· ἕνεκα τῶν ἐχθρῶν σου, τοῦ καταλῦσαι ἐχθρὸν καὶ ἐκδικητήν.

Ὅτι ὄψομαι τοὺς οὐρανοὺς ἔργα τῶν δακτύλων σου, σελήνην 3 καὶ ἀστέρας, ἃ σὺ ἐθεμελίωσας· Τί ἐστιν ἄνθρωπος, ὅτι 4 μιμνήσκῃ αὐτοῦ; ἢ υἱὸς ἀνθρώπου, ὅτι ἐπισκέπτῃ αὐτόν; Ἠλάττωσας αὐτὸν βραχύ τι παρ' ἀγγέλους, δόξῃ καὶ τιμῇ 5 ἐστεφάνωσας αὐτόν, καὶ κατέστησας αὐτὸν ἐπὶ τὰ ἔργα τῶν 6 χειρῶν σου· πάντα ὑπέταξας ὑποκάτω τῶν ποδῶν αὐτοῦ, πρόβατα καὶ βόας πάσας, ἔτι δὲ καὶ τὰ κτήνη τοῦ πεδίου, 7 τὰ πετεινὰ τοῦ οὐρανοῦ, καὶ τοὺς ἰχθύας τῆς θαλάσσης, τὰ 8 διαπορευόμενα τρίβους θαλασσῶν. Κύριε ὁ Κύριος ἡμῶν, ὡς 9 θαυμαστὸν ὄνομά σου ἐν πάσῃ τῇ γῇ;

Εἰς τὸ τέλος, ὑπὲρ τῶν κρυφίων τοῦ υἱοῦ, ψαλμὸς τῷ Δαυίδ.   9

Ἐξομολογήσομαί σοι Κύριε ἐν ὅλῃ καρδίᾳ μου, διηγήσομαι πάντα τὰ θαυμάσιά σου. Εὐφρανθήσομαι καὶ ἀγαλλιάσομαι 2 ἐν σοί, ψαλῶ τῷ ὀνόματί σου ὕψιστε.

Ἐν τῷ ἀποστραφῆναι τὸν ἐχθρόν μου εἰς τὰ ὀπίσω, ἀσθενή- 3 σουσι καὶ ἀπολοῦνται ἀπὸ προσώπου σου. Ὅτι ἐποίησας 4 τὴν κρίσιν μου καὶ τὴν δίκην μου, ἐκάθισας ἐπὶ θρόνου ὁ κρίνων δικαιοσύνην. Ἐπετίμησας ἔθνεσι, καὶ ἀπώλετο 5 ὁ ἀσεβής· τὸ ὄνομα αὐτῶν ἐξήλειψας εἰς τὸν αἰῶνα, καὶ εἰς τὸν αἰῶνα τοῦ αἰῶνος. Τοῦ ἐχθροῦ ἐξέλιπον αἱ ῥομφαῖαι εἰς 6 τέλος, καὶ πόλεις καθεῖλες· ἀπώλετο τὸ μνημόσυνον αὐτῶν μετ' ἤχου, καὶ ὁ Κύριος εἰς τὸν αἰῶνα μένει· ἡτοίμασεν ἐν κρίσει 7 τὸν θρόνον αὐτοῦ, καὶ αὐτὸς κρινεῖ τὴν οἰκουμένην ἐν δικαιο- 8 σύνῃ, κρινεῖ λαοὺς ἐν εὐθύτητι. Καὶ ἐγένετο Κύριος καταφυγὴ 9 τῷ πένητι, βοηθὸς ἐν εὐκαιρίαις, ἐν θλίψει. Καὶ ἐλπισάτωσαν 10 ἐπὶ σὲ οἱ γινώσκοντες τὸ ὄνομά σου, ὅτι οὐκ ἐγκατέλιπες τοὺς ἐκζητοῦντάς σε Κύριε.

Ψάλατε τῷ Κυρίῳ τῷ κατοικοῦντι ἐν Σιών, ἀναγγείλατε ἐν 11 τοῖς ἔθνεσι τὰ ἐπιτηδεύματα αὐτοῦ. Ὅτι ἐκζητῶν τὰ αἵματα 12 αὐτῶν ἐμνήσθη, οὐκ ἐπελάθετο τῆς δεήσεως τῶν πενήτων.

Ἐλέησόν με Κύριε, ἴδε τὴν ταπείνωσίν μου ἐκ τῶν ἐχθρῶν 13 μου, ὁ ὑψῶν με ἐκ τῶν πυλῶν τοῦ θανάτου· Ὅπως ἂν ἐξαγ- 14 γείλω πάσας τὰς αἰνέσεις σου ἐν ταῖς πύλαις τῆς θυγατρὸς Σιών· ἀγαλλιάσομαι ἐπὶ τῷ σωτηρίῳ σου.

Ἐνεπάγησαν ἔθνη ἐν διαφθορᾷ ᾗ ἐποίησαν· ἐν παγίδι ταύτῃ 15

β Mat. 21. 16.   γ Heb. 2. 6-9.   δ Gr. cows.

16 ᾗ ἔκρυψαν συνελήφθη ὁ ποὺς αὐτῶν. Γινώσκεται Κύριος κρίματα ποιῶν, ἐν τοῖς ἔργοις τῶν χειρῶν αὐτοῦ συνελήφθη
17 ὁ ἁμαρτωλός· ᾠδὴ διαψάλματος. Ἀποστραφήτωσαν οἱ ἁμαρτωλοὶ εἰς τὸν ᾅδην, πάντα τὰ ἔθνη τὰ ἐπιλανθανόμενα τοῦ Θεοῦ.
18 Ὅτι οὐκ εἰς τέλος ἐπιλησθήσεται ὁ πτωχός, ἡ ὑπομονὴ τῶν
19 πενήτων οὐκ ἀπολεῖται εἰς τὸν αἰῶνα. Ἀνάστηθι Κύριε, μὴ
20 κραταιούσθω ἄνθρωπος, κριθήτωσαν ἔθνη ἐνώπιόν σου. Κατάστησον, Κύριε, νομοθέτην ἐπ᾽ αὐτούς, γνώτωσαν ἔθνη ὅτι ἄνθρωποί εἰσι· διάψαλμα.

1 Ἱνατί, Κύριε, ἀφέστηκας μακρόθεν, ὑπερορᾷς ἐν εὐκαιρίαις,
2 ἐν θλίψει; Ἐν τῷ ὑπερηφανεύεσθαι τὸν ἀσεβῆ, ἐμπυρίζεται ὁ πτωχός, συλλαμβάνονται ἐν διαβουλίοις οἷς διαλογίζονται.
3 Ὅτι ἐπαινεῖται ὁ ἁμαρτωλὸς ἐν ταῖς ἐπιθυμίαις τῆς ψυχῆς
4 αὐτοῦ, καὶ ὁ ἀδικῶν ἐνευλογεῖται. Παρώξυνε τὸν Κύριον ὁ ἁμαρτωλός, κατὰ τὸ πλῆθος τῆς ὀργῆς αὐτοῦ οὐκ ἐκζητήσει·
5 οὐκ ἔστιν ὁ Θεὸς ἐνώπιον αὐτοῦ. Βεβηλοῦνται αἱ ὁδοὶ αὐτοῦ ἐν παντὶ καιρῷ· ἀνταναιρεῖται τὰ κρίματά σου ἀπὸ προσώπου
6 αὐτοῦ, πάντων τῶν ἐχθρῶν αὐτοῦ κατακυριεύσει. Εἶπε γὰρ ἐν καρδία αὐτοῦ, οὐ μὴ σαλευθῶ ἀπὸ γενεᾶς εἰς γενεὰν ἄνευ
7 κακοῦ. Οὗ ἀρᾶς τὸ στόμα αὐτοῦ γέμει καὶ πικρίας καὶ δόλου,
8 ὑπὸ τὴν γλῶσσαν αὐτοῦ κόπος καὶ πόνος. Ἐγκάθηται ἔνεδρα μετὰ πλουσίων ἐν ἀποκρύφοις, τοῦ ἀποκτεῖναι ἀθῶον· οἱ ὀφθαλ-
9 μοί αὐτοῦ εἰς τὸν πένητα ἀποβλέπουσιν. Ἐνεδρεύει ἐν ἀποκρύφῳ ὡς λέων ἐν τῇ μάνδρᾳ αὐτοῦ· ἐνεδρεύει τοῦ ἁρπάσαι πτωχόν, ἁρπάσαι πτωχὸν ἐν τῷ ἑλκύσαι αὐτόν· ἐν τῇ παγίδι
0 αὐτοῦ ταπεινώσει αὐτόν, κύψει καὶ πεσεῖται ἐν τῷ αὐτὸν
11 κατακυριεῦσαι τῶν πενήτων. Εἶπε γὰρ ἐν τῇ καρδίᾳ αὐτοῦ, ἐπιλέλησται ὁ Θεός, ἀπέστρεψε τὸ πρόσωπον αὐτοῦ τοῦ μὴ βλέπειν εἰς τέλος.
12 Ἀνάστηθι Κύριε ὁ Θεός, ὑψωθήτω ἡ χείρ σου, μὴ ἐπιλάθῃ
13 τῶν πενήτων. Ἕνεκεν τίνος παρώξυνεν ὁ ἀσεβὴς τὸν Θεόν;
14 εἶπε γὰρ ἐν καρδία αὐτοῦ, οὐ ζητήσει. Βλέπεις, ὅτι σὺ πόνον καὶ θυμὸν κατανοεῖς, τοῦ παραδοῦναι αὐτοὺς εἰς χεῖράς σου· σοὶ ἐγκαταλέλειπται ὁ πτωχός, ὀρφανῷ σὺ ἦσθα βοηθός.
15 Σύντριψον τὸν βραχίονα τοῦ ἁμαρτωλοῦ καὶ πονηροῦ, ζητηθήσεται ἡ ἁμαρτία αὐτοῦ καὶ οὐ μὴ εὑρεθῇ.
16 Βασιλεύσει Κύριος εἰς τὸν αἰῶνα, καὶ εἰς τὸν αἰῶνα τοῦ
17 αἰῶνος, ἀπολεῖσθε ἔθνη ἐκ τῆς γῆς αὐτοῦ. Τὴν ἐπιθυμίαν τῶν πενήτων εἰσήκουσε Κύριος, τὴν ἑτοιμασίαν τῆς καρδίας αὐτῶν
18 προσέσχε τὸ οὖς σου· Κρῖναι ὀρφανῷ καὶ ταπεινῷ, ἵνα μὴ προσθῇ ἔτι μεγαλαυχεῖν ἄνθρωπος ἐπὶ τῆς γῆς.

10 (11) Εἰς τὸ τέλος, ψαλμὸς τῷ Δαυίδ.

2 Ἐπὶ τῷ Κυρίῳ πέποιθα· πῶς ἐρεῖτε τῇ ψυχῇ μου, μετ-
3 αναστεύου ἐπὶ τὰ ὄρη ὡς στρουθίον; Ὅτι ἰδοὺ οἱ ἁμαρτωλοὶ ἐνέτειναν τόξον, ἡτοίμασαν βέλη εἰς φαρέτραν, τοῦ κατατοξεῦ-
4 σαι ἐν σκοτομήνῃ τοὺς εὐθεῖς τῇ καρδίᾳ. Ὅτι ἃ κατηρτίσω καθεῖλον, ὁ δὲ δίκαιος τί ἐποίησε;

which they hid is their foot taken. [16] The Lord is known as executing judgments: the sinner is taken in the works of his hands. A song of Pause. [17] Let sinners be driven away into Hades, *even* all the nations that forget God. [18] For the poor shall not be forgotten for ever: the patience of the needy ones shall not perish for ever. [19] Arise, O Lord, let not man prevail: let the heathen be judged before thee. [20] Appoint, O Lord, a lawgiver over them: let the heathen know that they are men. Pause.

β [1] Why standest thou afar off, O Lord? *why* dost thou overlook *us* in times of need, in affliction? [2] While the ungodly one acts proudly, the poor is γ hotly pursued: *the wicked* are taken in the crafty counsels which they imagine. [3] Because the sinner praises himself for the desires of his heart; and the unjust one blesses himself. [4] The sinner has provoked the Lord: according to the abundance of his δ pride he will not seek after *him*: God is not before him. [5] His ways are ζ profane at all times; thy judgments are removed from before him: he will gain the mastery over all his enemies. [6] For he has said in his heart, I shall not be moved, *continuing* without evil from generation to generation. θ [7] Whose mouth is full of cursing, and bitterness, and fraud: under his tongue are trouble and pain. [8] He lies in wait with rich *men* in secret places, in order to slay the innocent: his eyes are λ set against the poor. [9] He lies in wait in secret as a lion in his den: he lies in wait to ravish the poor, to ravish the poor when he draws him *after him*: he will bring him down in his snare. [10] He will bow down and fall when he has mastered the poor. [11] For he has said in his heart, God has forgotten: he has turned away his face so as never to look. [12] Arise, O Lord God; let thy hand be lifted up: forget not the poor. [13] Wherefore has the wicked provoked God? for he has said in his heart, He will not require *it*. [14] Thou seest *it*: for thou dost observe trouble and wrath, to deliver them into thy hands: the poor has been left to thee; thou wast a helper to the orphan. [15] Break thou the arm of the sinner and wicked man: his sin shall be sought for, and shall not be found. [16] The Lord shall reign for ever, even for ever and ever: ye Gentiles shall perish out of his land. [17] The Lord has heard the desire of the poor: thine ear has inclined to the preparation of their heart; [18] to plead for the orphan and afflicted, that man may no more boast upon the earth.

For the end, a Psalm of David.

In the Lord I have put my trust: how will ye say to my soul, [2] Flee to the mountains as a sparrow? [3] For behold the sinners have bent *their* bow, they have prepared their arrows for the quiver, to shoot μ privily at the upright in heart. [4] For they have pulled down what thou didst frame, but what has the righteous done?

β *Note.*—Here begins a change of numbers as compared with the *Heb.* which continues to Ps. 146, this psalm having no number, and the eleventh being called the tenth.　γ *Gr.* inflamed, as in a fever.　δ Or, anger.　ζ *Gr.* profaned.　θ Rom. 3. 14.
λ *Gr.* look.　μ *Gr.* in dark moon, or little moonlight, *q. d.* luce malignâ.

⁵The Lord is in his holy temple, as for the Lord, his throne is in heaven: his eyes look upon the poor, his eyelids try the sons of men. ⁶The Lord tries the righteous and the ungodly: and he that loves unrighteousness hates his own soul. ⁷He shall rain upon sinners snares, fire, and brimstone, and a stormy blast *shall be* the portion of their cup. ⁸For the Lord *is* righteous, and loves β righteousness; his face beholds uprightness.

For the end, a Psalm of David, upon the eighth.

Save me, O Lord; for the godly man has failed; for γ truth is diminished from among the children of men. ²Every one has spoken vanity to his neighbour: their lips are deceitful, they have spoken with a double heart. ³Let the Lord destroy all the deceitful lips, and the tongue that speaks great words: ⁴who have said, We will magnify our tongue; our lips are our own: who is Lord of us?

⁵Because of the misery of the poor, and because of the sighing of the needy, now will I arise, saith the Lord, I will set *them* in safety; I will speak *to them* thereof openly. ⁶The oracles of the Lord are pure oracles; as silver tried in the fire, proved *in* δ a furnace of earth, purified seven times. ⁷Thou, O Lord, shalt keep us, and shalt preserve us, from this generation, and for ever. ⁸The ungodly walk around: according to thy greatness thou hast greatly exalted the sons of men.

For the end, a Psalm of David.

How long, O Lord, wilt thou forget me? for ever? how long wilt thou turn away thy face from me? ²How long shall I take counsel in my soul, *having* sorrows in my heart daily? how long shall my enemy be exalted over me? ³Look on me, hearken to me, O Lord my God: lighten mine eyes, lest I sleep in death; ⁴lest at any time mine enemy say, I have prevailed against him: my persecutors will exult if ever I should be moved.

⁵But I have hoped in thy mercy; my heart shall exult in thy salvation. ⁶I will sing to the Lord who has dealt bountifully with me, and I will sing psalms to the name of the Lord most high.

For the end, a Psalm of David.

The fool has said in his heart, There is no God. They have corrupted *themselves*, and become abominable in their devices; there is none that does goodness, there is not even so much as one. ²The Lord looked down from heaven upon the sons of men, to see if there were any that understood, or sought after God. ³They are all gone out of the way, they are together become good for nothing, there is none that does good, no not one. Their throat is an open sepulchre; with their tongues they have used deceit; the poison of asps is under their lips: whose mouth is full of cursing and bitter-

Κύριος ἐν ναῷ ἁγίῳ αὐτοῦ, Κύριος, ἐν οὐρανῷ ὁ θρόνος 5 αὐτοῦ· οἱ ὀφθαλμοὶ αὐτοῦ εἰς τὸν πένητα ἀποβλέπουσι, τὰ βλέφαρα αὐτοῦ ἐξετάζει τοὺς υἱοὺς τῶν ἀνθρώπων· Κύριος 6 ἐξετάζει τὸν δίκαιον καὶ τὸν ἀσεβῆ, ὁ δὲ ἀγαπῶν ἀδικίαν μισεῖ τὴν ἑαυτοῦ ψυχήν. Ἐπιβρέξει ἐπὶ ἁμαρτωλοὺς παγίδας, πῦρ 7 καὶ θεῖον καὶ πνεῦμα καταιγίδος ἡ μερὶς τοῦ ποτηρίου αὐτῶν. Ὅτι δίκαιος Κύριος καὶ δικαιοσύνας ἠγάπησεν, εὐθύτητα εἶδε 8 τὸ πρόσωπον αὐτοῦ.

Εἰς τὸ τέλος, ὑπὲρ τῆς ὀγδόης, ψαλμὸς τῷ Δαυίδ.   **11 (12)**

Σῶσον με Κύριε, ὅτι ἐκλέλοιπεν ὅσιος, ὅτι ὠλιγώθησαν αἱ ἀλήθειαι ἀπὸ τῶν υἱῶν τῶν ἀνθρώπων. Μάταια ἐλάλησεν 2 ἕκαστος πρὸς τὸν πλησίον αὐτοῦ, χείλη δόλια, ἐν καρδίᾳ καὶ ἐν καρδίᾳ ἐλάλησαν. Ἐξολοθρεύσαι Κύριος πάντα τὰ χείλη 3 τὰ δόλια, καὶ γλῶσσαν μεγαλορρήμονα· Τοὺς εἰπόντας, τὴν 4 γλῶσσαν ἡμῶν μεγαλυνοῦμεν, τὰ χείλη ἡμῶν παρ᾽ ἡμῶν ἐστι· τίς ἡμῶν Κύριός ἐστιν;

Ἀπὸ τῆς ταλαιπωρίας τῶν πτωχῶν, καὶ ἀπὸ τοῦ στεναγμοῦ 5 τῶν πενήτων, νῦν ἀναστήσομαι, λέγει Κύριος· θήσομαι ἐν σωτηρίῳ, παρρησιάσομαι ἐν αὐτῷ. Τὰ λόγια Κυρίου, λόγια 6 ἁγνά· ἀργύριον πεπυρωμένον, δοκίμιον τῇ γῇ, κεκαθαρισμένον ἑπταπλασίως. Σὺ Κύριε φυλάξεις ἡμᾶς· καὶ διατηρήσεις ἡμᾶς 7 ἀπὸ τῆς γενεᾶς ταύτης, καὶ εἰς τὸν αἰῶνα. Κύκλῳ οἱ ἀσεβεῖς 8 περιπατοῦσι, κατὰ τὸ ὕψος σου ἐπολυώρησας τοὺς υἱοὺς τῶν ἀνθρώπων.

Εἰς τὸ τέλος, ψαλμὸς τῷ Δαυίδ.   **12 (13)**

Ἕως πότε Κύριε ἐπιλήσῃ μου, εἰς τέλος; ἕως πότε ἀποστρέψεις τὸ πρόσωπόν σου ἀπ᾽ ἐμοῦ; Ἕως τίνος θήσομαι βουλὰς 2 ἐν ψυχῇ μου, ὀδύνας ἐν καρδίᾳ μου ἡμέρας; ἕως πότε ὑψωθήσεται ὁ ἐχθρός μου ἐπ᾽ ἐμέ; Ἐπίβλεψον, εἰσάκουσόν μου, 3 Κύριε ὁ Θεός μου· φώτισον τοὺς ὀφθαλμούς μου, μή ποτε ὑπνώσω εἰς θάνατον· μή ποτε εἴποι ὁ ἐχθρός μου, ἴσχυσα 4 πρὸς αὐτόν· οἱ θλίβοντές με ἀγαλλιάσονται ἐὰν σαλευθῶ.

Ἐγὼ δὲ ἐπὶ τῷ ἐλέει σου ἤλπισα· ἀγαλλιάσεται ἡ καρδία 5 μου ἐν τῷ σωτηρίῳ σου. Ἄσω τῷ Κυρίῳ τῷ εὐεργετήσαντί με, 6 καὶ ψαλῶ τῷ ὀνόματι Κυρίου τοῦ ὑψίστου.

Εἰς τὸ τέλος, ψαλμὸς τῷ Δαυίδ.   **13 (14)**

Εἶπεν ἄφρων ἐν καρδίᾳ αὐτοῦ, οὐκ ἔστι Θεός· διέφθειραν καὶ ἐβδελύχθησαν ἐν ἐπιτηδεύμασιν, οὐκ ἔστι ποιῶν χρηστότητα, οὐκ ἔστιν ἕως ἑνός. Κύριος ἐκ τοῦ οὐρανοῦ διέκυψεν ἐπὶ τοὺς 2 υἱοὺς τῶν ἀνθρώπων, τοῦ ἰδεῖν εἰ ἔστι συνιὼν ἢ ἐκζητῶν τὸν Θεόν. Πάντες ἐξέκλιναν, ἅμα ἠχρειώθησαν, οὐκ ἔστι ποιῶν 3 χρηστότητα, οὐκ ἔστιν ἕως ἑνός· τάφος ἀνεῳγμένος ὁ λάρυγξ αὐτῶν, ταῖς γλώσσαις αὐτῶν ἐδολιοῦσαν, ἰὸς ἀσπίδων ὑπὸ τὰ χείλη αὐτῶν· ὧν τὸ στόμα ἀρᾶς καὶ πικρίας γέμει, ὀξεῖς οἱ

β *Gr.* righteousnesses.   γ *Gr.* truths are become rare.   δ *Gr.* the earth.

πόδες αὐτῶν ἐκχέαι αἷμα· σύντριμμα καὶ ταλαιπωρία ἐν ταῖς ὁδοῖς αὐτῶν, καὶ ὁδὸν εἰρήνης οὐκ ἔγνωσαν· οὐκ ἔστι φόβος Θεοῦ ἀπέναντι τῶν ὀφθαλμῶν αὐτῶν.

4 Οὐχὶ γνώσονται πάντες οἱ ἐργαζόμενοι τὴν ἀνομίαν, οἱ κατέσθοντες τὸν λαόν μου βρώσει ἄρτου; τὸν Κύριον οὐκ
5 ἐπεκαλέσαντο. Ἐκεῖ ἐδειλίασαν φόβῳ, οὗ οὐκ ἦν φόβος, ὅτι
6 ὁ Θεὸς ἐν γενεᾷ δικαίᾳ. Βουλὴν πτωχοῦ κατῃσχύνατε, ὅτι
7 Κύριος ἐλπὶς αὐτοῦ ἐστι. Τίς δώσει ἐκ Σιὼν τὸ σωτήριον τοῦ Ἰσραήλ; ἐν τῷ ἐπιστρέψαι Κύριον τὴν αἰχμαλωσίαν τοῦ λαοῦ αὐτοῦ, ἀγαλλιάσθω Ἰακώβ, καὶ εὐφρανθήτω Ἰσραήλ.

14 (15)   Ψαλμὸς τῷ Δαυίδ.

Κύριε, τίς παροικήσει ἐν τῷ σκηνώματί σου; καὶ τίς κατασκηνώσει ἐν τῷ ὄρει τῷ ἁγίῳ σου;

2 Πορευόμενος ἄμωμος, καὶ ἐργαζόμενος δικαιοσύνην· λαλῶν
3 ἀλήθειαν ἐν καρδίᾳ αὐτοῦ· Ὃς οὐκ ἐδόλωσεν ἐν γλώσσῃ αὐτοῦ, οὐδὲ ἐποίησε τῷ πλησίον αὐτοῦ κακόν, καὶ ὀνειδισμὸν
4 οὐκ ἔλαβεν ἐπὶ τοὺς ἔγγιστα αὐτοῦ· Ἐξουδένωται ἐνώπιον αὐτοῦ πονηρευόμενος, τοὺς δὲ φοβουμένους Κύριον δοξάζει·
5 ὁ ὀμνύων τῷ πλησίον αὐτοῦ καὶ οὐκ ἀθετῶν· Τὸ ἀργύριον αὐτοῦ οὐκ ἔδωκεν ἐπὶ τόκῳ, καὶ δῶρα ἐπ᾽ ἀθῴοις οὐκ ἔλαβεν· ὁ ποιῶν ταῦτα, οὐ σαλευθήσεται εἰς τὸν αἰῶνα.

15 (16)   Στηλογραφία τῷ Δαυίδ.

2 Φύλαξόν με Κύριε, ὅτι ἐπὶ σοὶ ἤλπισα. Εἶπα τῷ Κυρίῳ,
3 Κύριός μου εἶ σύ, ὅτι τῶν ἀγαθῶν μου οὐ χρείαν ἔχεις. Τοῖς ἁγίοις τοῖς ἐν τῇ γῇ αὐτοῦ, ἐθαυμάστωσε πάντα τὰ θελήματα
4 αὐτοῦ ἐν αὐτοῖς. Ἐπληθύνθησαν αἱ ἀσθένειαι αὐτῶν, μετὰ ταῦτα ἐτάχυναν· οὐ μὴ συναγάγω τὰς συναγωγὰς αὐτῶν ἐξ αἱμάτων, οὐδὲ μὴ μνησθῶ τῶν ὀνομάτων αὐτῶν διὰ χειλέων
5 μου. Κύριος μερὶς τῆς κληρονομίας μου καὶ τοῦ ποτηρίου μου,
6 σὺ εἶ ὁ ἀποκαθιστῶν τὴν κληρονομίαν μου ἐμοί. Σχοινία ἐπέπεσάν μοι ἐν τοῖς κρατίστοις, καὶ γὰρ ἡ κληρονομία μου κρατίστη μοι ἐστίν.

7 Εὐλογήσω τὸν Κύριον τὸν συνετίσαντά με, ἔτι δὲ καὶ ἕως
8 νυκτὸς ἐπαίδευσάν με οἱ νεφροί μου. Προωρώμην τὸν Κύριον ἐνώπιόν μου διαπαντός, ὅτι ἐκ δεξιῶν μού ἐστιν ἵνα μὴ σαλευθῶ.
9 Διὰ τοῦτο ηὐφράνθη ἡ καρδία μου, καὶ ἠγαλλιάσατο ἡ γλῶσσά
10 μου, ἔτι δὲ καὶ ἡ σάρξ μου κατασκηνώσει ἐπ᾽ ἐλπίδι. Ὅτι οὐκ ἐγκαταλείψεις τὴν ψυχήν μου εἰς ᾅδην, οὐδὲ δώσεις τὸν
11 ὅσιόν σου ἰδεῖν διαφθοράν. Ἐγνώρισάς μοι ὁδοὺς ζωῆς, πληρώσεις με εὐφροσύνης μετὰ τοῦ προσώπου σου, τερπνότητες ἐν τῇ δεξιᾷ σου εἰς τέλος.

16 (17)   Προσευχὴ τοῦ Δαυίδ.

Εἰσάκουσον Κύριε τῆς δικαιοσύνης μου, πρόσχες τῇ δεήσει μου· ἐνώτισαι τὴν προσευχήν μου οὐκ ἐν χείλεσι δολίοις.
2 Ἐκ προσώπου σου τὸ κρίμα μου ἐξέλθοι, οἱ ὀφθαλμοί μου

---

ness; their feet are swift to shed blood: destruction and misery are in their ways: and the way of peace they have not known: there is no fear of God before their eyes.

4 Will not all the workers of iniquity know, who eat up my people as they would eat bread? they have not called upon the Lord. 5 There were they alarmed with fear, where there was no fear; for God is in the righteous generation. 6 Ye have shamed the counsel of the poor, because the Lord is his hope. 7 Who will bring the salvation of Israel out of Sion? when the Lord brings back the captivity of his people, let Jacob exult, and Israel be glad.

A Psalm of David.

O Lord, who shall sojourn in thy tabernacle? and who shall dwell in thy holy mountain?

2 He that walks blameless, and works righteousness, who speaks truth in his heart. 3 Who has not spoken craftily with his tongue, neither has done evil to his neighbour, nor taken up a reproach against them that dwelt nearest to him. 4 In his sight an evil-worker is set at nought, but he honours them that fear the Lord. He swears to his neighbour, and disappoints *him* not. 5 He has not β lent his money on usury, and has not received bribes against the innocent. He that does these things shall never be moved.

A writing of David.

Keep me, O Lord; for I have hoped in thee. 2 I said to the Lord, Thou art my Lord; for thou hast no need of my γ goodness. 3 On behalf of the saints that are in his land, he has magnified all his pleasure in them. 4 Their weaknesses have been multiplied; afterward they hasted. I will by no means assemble their bloody meetings, neither will I make mention of their names with my lips. 5 The Lord is the portion of mine inheritance and of my cup: thou art he that restores my inheritance to me. 6 The lines have fallen to me in the best places, yea, I have a most excellent heritage.

7 I will bless the Lord who has instructed me; my reins too have chastened me even δ till night. 8 I foresaw the Lord always before my face; for he is on my right hand, that I should not be moved. 9 Therefore my heart rejoiced and my tongue exulted; moreover also my flesh shall rest in hope: 10 because thou wilt not leave my soul in hell, neither ζ wilt thou suffer thine Holy One to see corruption. 11 Thou hast made known to me the ways of life; thou wilt fill me with joy with thy countenance: at thy right hand *there are* delights for ever.

A Prayer of David.

Hearken, O Lord θ of my righteousness, attend to my petition; give ear to my prayer not *uttered* with deceitful lips. 2 Let my judgment come forth from thy presence;

β *Gr.* given.   γ *Gr.* good deeds, or things.   δ *Possibly,* during the night, *q. d.* as long as night lasted.   ζ Acts 13. 35.
θ *Or,* to my righteous plea, etc.

let mine eyes behold righteousness. ³Thou hast proved mine heart; thou hast visited *me* by night; thou hast tried me as with fire, and unrighteousness has not been found in me: *I am purposed* that my mouth shall not speak *amiss.* ⁴As for the works of men, by the words of thy lips I have β guarded *myself from* hard ways. ⁵Direct my steps in thy paths, that my steps slip not.

⁶I have cried, for thou heardest me, O God: incline thine ear to me, and hearken to my words. ⁷Shew the marvels of thy mercies, thou that savest them that hope in thee. ⁸Keep me as the apple of the eye from those that resist thy right hand: thou shalt screen me by the covering of thy wings, ⁹ from the face of the ungodly that have afflicted me: mine enemies have compassed about my soul. ¹⁰They have enclosed *themselves with* their own fat: their mouth has spoken pride. ¹¹They have now cast me out and compassed me round about: they have set their eyes *so as* to bow them down to the ground. ¹²They laid wait for me as a lion ready for prey, and like a lion's whelp dwelling in secret *places.* ¹³Arise, O Lord, prevent them, and cast them down: deliver my soul from the ungodly: *draw* thy sword, ¹⁴because of the enemies of thine hand: O Lord, destroy them from the earth; scatter them in their life, though their belly has been filled with thy hidden *treasures:* they have been satisfied with γ uncleanness, and have left the remnant *of their possessions* to their babes.

¹⁵But I shall appear in righteousness before thy face: I shall be satisfied when thy glory appears.

For the end, *a Psalm* of David the servant of the Lord; *the words* which he spoke to the Lord, *even the words* of this Song, in the day in which the Lord delivered him out of the hand of all his enemies, and out of the hand of Saul: and he said:

I will love thee, O Lord, my strength. ²The Lord is my firm support, and my refuge, and my deliverer; my God is my helper, I will hope in him; *he is* my defender, and the horn of my salvation, and my helper. ³I will call upon the Lord with praises, and I shall be saved from mine enemies. ⁴The pangs of death compassed me, and the torrents of ungodliness troubled me exceedingly. ⁵The pangs of hell came round about me: the snares of death prevented me.

⁶And when I was afflicted I called upon the Lord, and cried to my God: he heard my voice out of his holy temple, and my cry shall enter before him, *even* into his ears.

⁷Then the earth shook and quaked, and the foundations of the mountains were disturbed, and were shaken, because God was angry with them. ⁸There went up a smoke in his wrath, and fire burst into a flame at his presence: coals were kindled at it. ⁹And he bowed the heaven, and came down: and thick darkness was under his feet. ¹⁰And he mounted on cherubs and flew: he flew on the wings of winds. ¹¹And he made darkness his secret place: round

ἰδέτωσαν εὐθύτητας. Ἐδοκίμασας τὴν καρδίαν μου, ἐπεσκέψω 3 νυκτός, ἐπύρωσάς με, καὶ οὐχ εὑρέθη ἐν ἐμοὶ ἀδικία· ὅπως ἂν μὴ λαλήσῃ τὸ στόμα μου. Τὰ ἔργα τῶν ἀνθρώπων, διὰ τοὺς 4 λόγους τῶν χειλέων σου ἐγὼ ἐφύλαξα ὁδοὺς σκληράς. Κατάρ- 5 τισαι τὰ διαβήματά μου ἐν ταῖς τρίβοις σου, ἵνα μὴ σαλευθῇ τὰ διαβήματά μου.

Ἐγὼ ἐκέκραξα, ὅτι ἐπήκουσάς μου ὁ Θεός· κλῖνον τὸ οὖς 6 σου ἐμοί, καὶ εἰσάκουσον τῶν ῥημάτων μου. Θαυμάστωσον τὰ 7 ἐλέη σου, ὁ σῴζων τοὺς ἐλπίζοντας ἐπὶ σέ· ἐκ τῶν ἀνθεστη- κότων τῇ δεξιᾷ σου, φύλαξόν με ὡς κόρην ὀφθαλμοῦ· ἐν σκέπῃ 8 τῶν πτερύγων σου σκεπάσεις με, ἀπὸ προσώπου ἀσεβῶν τῶν 9 ταλαιπωρησάντων με· οἱ ἐχθροί μου τὴν ψυχήν μου περιέσχον. Τὸ στέαρ αὐτῶν συνέκλεισαν, τὸ στόμα αὐτῶν ἐλάλησεν ὑπερη- 10 φανίαν. Ἐκβαλόντες με νυνὶ περιεκύκλωσάν με, τοὺς ὀφθαλ- 11 μοὺς αὐτῶν ἔθεντο ἐκκλῖναι ἐν τῇ γῇ. Ὑπέλαβόν με ὡσεὶ 12 λέων ἕτοιμος εἰς θήραν, καὶ ὡσεὶ σκύμνος οἰκῶν ἐν ἀποκρύφοις. Ἀνάστηθι Κύριε, πρόφθασον αὐτούς, καὶ ὑποσκέλισον αὐτούς, 13 ῥῦσαι τὴν ψυχήν μου ἀπὸ ἀσεβοῦς, ῥομφαίαν σου ἀπὸ ἐχθρῶν 14 τῆς χειρός σου· Κύριε ἀπολύων ἀπὸ γῆς, διαμέρισον αὐτοὺς ἐν τῇ ζωῇ αὐτῶν, καὶ τῶν κεκρυμμένων σου ἐπλήσθη ἡ γαστὴρ αὐτῶν· ἐχορτάσθησαν ὑείων, καὶ ἀφῆκαν τὰ κατάλοιπα τοῖς νηπίοις αὐτῶν.

Ἐγὼ δὲ ἐν δικαιοσύνῃ ὀφθήσομαι τῷ προσώπῳ σου, χορτασ- 15 θήσομαι ἐν τῷ ὀφθῆναι τὴν δόξαν σου.

Εἰς τὸ τέλος τῷ παιδὶ Κυρίου τῷ Δαυὶδ, ἃ ἐλάλησε τῷ Κυρίῳ, 17 (18) τοὺς λόγους τῆς ᾠδῆς ταύτης, ἐν ἡμέρᾳ ᾗ ἐῤῥύσατο αὐτὸν Κύριος ἐκ χειρὸς πάντων τῶν ἐχθρῶν αὐτοῦ, καὶ ἐκ χειρὸς Σαοὺλ, καὶ εἶπεν,

Ἀγαπήσω σε, Κύριε ἰσχύς μου. Κύριος στερέωμά μου, καὶ καταφυγή μου, καὶ ῥύστης μου· ὁ Θεός μου βοηθός μου, ἐλπιῶ 2 ἐπ᾽ αὐτόν· ὑπερασπιστής μου, καὶ κέρας σωτηρίας μου, καὶ ἀντιλήπτωρ μου. Αἰνῶν ἐπικαλέσομαι Κύριον, καὶ ἐκ τῶν 3 ἐχθρῶν μου σωθήσομαι. Περιέσχον με ὠδῖνες θανάτου, καὶ 4 χείμαρροι ἀνομίας ἐξετάραξάν με. Ὠδῖνες ᾅδου περιεκύκλωσάν 5 με, προέφθασάν με παγίδες θανάτου.

Καὶ ἐν τῷ θλίβεσθαί με ἐπεκαλεσάμην τὸν Κύριον, καὶ 6 πρὸς τὸν Θεόν μου ἐκέκραξα· ἤκουσεν ἐκ ναοῦ ἁγίου αὐτοῦ φωνῆς μου. καὶ ἡ κραυγή μου ἐνώπιον αὐτοῦ εἰσελεύσεται εἰς τὰ ὦτα αὐτοῦ.

Καὶ ἐσαλεύθη, καὶ ἔντρομος ἐγενήθη ἡ γῆ, καὶ τὰ θεμέλια 7 τῶν ὀρέων ἐταράχθησαν, καὶ ἐσαλεύθησαν, ὅτι ὠργίσθη αὐτοῖς ὁ Θεός. Ἀνέβη καπνὸς ἐν ὀργῇ αὐτοῦ, καὶ πῦρ ἀπὸ προσώπου 8 αὐτοῦ κατεφλόγισεν, ἄνθρακες ἀνήφθησαν ἀπ᾽ αὐτοῦ. Καὶ 9 ἔκλινεν οὐρανὸν καὶ κατέβη, καὶ γνόφος ὑπὸ τοὺς πόδας αὐτοῦ. Καὶ ἐπέβη ἐπὶ χερουβὶμ καὶ ἐπετάσθη, ἐπετάσθη ἐπὶ πτερύγων 10 ἀνέμων. Καὶ ἔθετο σκότος ἀποκρυφὴν αὐτοῦ, κύκλῳ αὐτοῦ 11

β *Lit.* I have observed hard ways.   γ *Alex.* children.

12 ἡ σκηνὴ αὐτοῦ, σκοτεινὸν ὕδωρ ἐν νεφέλαις ἀέρων. Ἀπὸ τῆς
τηλαυγήσεως ἐνώπιον αὐτοῦ αἱ νεφέλαι διῆλθον, χάλαζα καὶ
13 ἄνθρακες πυρός. Καὶ ἐβρόντησεν ἐξ οὐρανοῦ Κύριος, καὶ
14 ὁ ὕψιστος ἔδωκε φωνὴν αὐτοῦ. Καὶ ἐξαπέστειλε βέλη καὶ
ἐσκόρπισεν αὐτούς, καὶ ἀστραπὰς ἐπλήθυνε καὶ συνετάραξεν
15 αὐτούς. Καὶ ὤφθησαν αἱ πηγαὶ τῶν ὑδάτων, καὶ ἀνεκαλύφθη
τὰ θεμέλια τῆς οἰκουμένης· ἀπὸ ἐπιτιμήσεώς σου Κύριε, ἀπὸ
ἐμπνεύσεως πνεύματος ὀργῆς σου.

16 Ἐξαπέστειλεν ἐξ ὕψους καὶ ἔλαβέ με, προσελάβετό με ἐξ
17 ὑδάτων πολλῶν. Ῥύσεταί με ἐξ ἐχθρῶν μου δυνατῶν, καὶ ἐκ
18 τῶν μισούντων με, ὅτι ἐστερεώθησαν ὑπὲρ ἐμέ. Προέφθασάν
με ἐν ἡμέρᾳ κακώσεώς μου, καὶ ἐγένετο Κύριος ἀντιστήριγμά
19 μου. Καὶ ἐξήγαγέ με εἰς πλατυσμόν, ῥύσεταί με, ὅτι ἠθέλησέ
20 με. Καὶ ἀνταποδώσει μοι Κύριος κατὰ τὴν δικαιοσύνην μου,
καὶ κατὰ τὴν καθαριότητα τῶν χειρῶν μου ἀνταποδώσει μοι.
21 Ὅτι ἐφύλαξα τὰς ὁδοὺς Κυρίου, καὶ οὐκ ἠσέβησα ἀπὸ
22 τοῦ Θεοῦ μου. Ὅτι πάντα τὰ κρίματα αὐτοῦ ἐνώπιόν μου,
23 καὶ τὰ δικαιώματα αὐτοῦ οὐκ ἀπέστησαν ἀπ᾽ ἐμοῦ. Καὶ
ἔσομαι ἄμωμος μετ᾽ αὐτοῦ, καὶ φυλάξομαι ἀπὸ τῆς ἀνομίας
24 μου. Καὶ ἀνταποδώσει μοι Κύριος κατὰ τὴν δικαιοσύνην μου,
καὶ κατὰ τὴν καθαριότητα τῶν χειρῶν μου ἐνώπιον τῶν
ὀφθαλμῶν αὐτοῦ.

25 Μετὰ ὁσίου ὁσιωθήσῃ, καὶ μετὰ ἀνδρὸς ἀθώου ἀθῶος ἔσῃ·
26 Καὶ μετὰ ἐκλεκτοῦ ἐκλεκτὸς ἔσῃ, καὶ μετὰ στρεβλοῦ διαστρέ-
27 ψεις. Ὅτι σὺ λαὸν ταπεινὸν σώσεις, καὶ ὀφθαλμοὺς ὑπερ-
28 ηφάνων ταπεινώσεις. Ὅτι σὺ φωτιεῖς λύχνον μου Κύριε,
29 ὁ Θεός μου φωτιεῖς τὸ σκότος μου. Ὅτι ἐν σοὶ ῥυσθήσομαι
ἀπὸ πειρατηρίου, καὶ ἐν τῷ Θεῷ μου ὑπερβήσομαι τεῖχος.
30 Ὁ Θεός μου, ἄμωμος ἡ ὁδὸς αὐτοῦ, τὰ λόγια Κυρίου
πεπυρωμένα, ὑπερασπιστής ἐστι πάντων τῶν ἐλπιζόντων
31 ἐπ᾽ αὐτόν. Ὅτι τίς Θεὸς πλὴν τοῦ Κυρίου; καὶ τίς Θεὸς
πλὴν τοῦ Θεοῦ ἡμῶν;

32 Ὁ Θεὸς ὁ περιζωννύων με δύναμιν, καὶ ἔθετο ἄμωμον τὴν
33 ὁδόν μου· ὁ καταρτιζόμενος τοὺς πόδας μου ὡσεὶ ἐλάφου, καὶ
34 ἐπὶ τὰ ὑψηλὰ ἱστῶν με· Διδάσκων χεῖράς μου εἰς πόλεμον·
35 καὶ ἔθου τόξον χαλκοῦν τοὺς βραχίονάς μου, καὶ ἔδωκάς με
ὑπερασπισμὸν σωτηρίας μου· καὶ ἡ δεξιά σου ἀντελάβετό μου,
καὶ ἡ παιδεία σου ἀνώρθωσέ με εἰς τέλος, καὶ ἡ παιδεία σου
36 αὐτή με διδάξει. Ἐπλάτυνας τὰ διαβήματά μου ὑποκάτω μου,
37 καὶ οὐκ ἠσθένησαν τὰ ἴχνη μου. Καταδιώξω τοὺς ἐχθρούς μου,
καὶ καταλήψομαι αὐτούς, καὶ οὐκ ἀποστραφήσομαι, ἕως ἂν
38 ἐκλείπωσιν. Ἐκθλίψω αὐτούς, καὶ οὐ μὴ δύνανται στῆναι,
39 πεσοῦνται ὑπὸ τοὺς πόδας μου. Καὶ περιέζωσάς με δύναμιν εἰς
πόλεμον, συνεπόδισας πάντας τοὺς ἐπανισταμένους ἐπ᾽ ἐμὲ
40 ὑποκάτω μου. Καὶ τοὺς ἐχθρούς μου ἔδωκάς μοι νῶτον, καὶ
41 τοὺς μισοῦντάς με ἐξωλόθρευσας. Ἐκέκραξαν, καὶ οὐκ ἦν

about him was his tabernacle, *even* dark water in the clouds of the air. [12] At the brightness before him the clouds passed, hail and coals of fire. [13] The Lord also thundered from heaven, and the Highest uttered his voice. [14] And he sent forth *his* weapons, and scattered them; and multiplied lightnings, and routed them. [15] And the springs of waters appeared, and the foundations of the world were exposed, at thy rebuke, O Lord, at the blasting of the breath of thy wrath.

[16] He sent from on high and took me, he drew me to himself out of many waters. [17] He will deliver me from my mighty enemies, and from them that hate me; for they are stronger than I. [18] They prevented me in the day of mine affliction: but the Lord was my stay against *them*. [19] And he brought me out into a wide place: he will deliver me, because he has pleasure in me. [20] And the Lord will recompense me according to my righteousness; even according to the purity of my hands will he recompense me. [21] For I have kept the ways of the Lord and have not wickedly departed from my God. [22] For all his judgments were before me, and his ordinances departed not from me. [23] And I shall be blameless with him, and shall keep myself from mine iniquity. [24] And the Lord shall recompense me according to my righteousness, and according to the purity of my hands before his eyes.

[25] With the holy thou wilt be holy; and with the innocent man thou wilt be innocent. [26] And with the excellent *man* thou wilt be excellent; and with the perverse thou wilt shew frowardness. [27] For thou wilt save the lowly people, and wilt humble the eyes of the proud. [28] For thou, O Lord, wilt light my lamp: my God, thou wilt lighten my darkness. [29] For by thee shall I be delivered from a troop; and by my God I will pass over a wall. [30] *As for* my God, his way is perfect: the oracles of the Lord are tried in the fire; he is a protector of all them that hope in him. [31] For who is God but the Lord? and who is a God except our God?

[32] *It is* God that girds me with strength, and has made my way blameless: [33] who strengthens my feet as hart's feet, and sets me upon high places. [34] He instructs my hands for war; and thou hast made my arms *as* a brazen bow. [35] And thou hast made me ᵝ secure in my salvation: and thy right hand has helped me, and thy correction has upheld me to the end; yea, thy correction itself shall instruct me. [36] Thou hast made room for my goings under me, and my footsteps did not fail. [37] I will pursue mine enemies, and overtake them; and I will not turn back until they are consumed. [38] I will dash them to pieces and they shall not be able to stand: they shall fall under my feet. [39] For thou hast girded me with strength for war: thou hast beaten down under me all that rose up against me. [40] And thou hast made mine enemies turn their backs before me; and thou hast destroyed them that hated me. [41] They cried,

---

β Gr. the protection of.

but there was no deliverer: *even* to the Lord, but he hearkened not to them. ⁴²I will grind them as the mud of the streets: and I will beat them small as dust before the wind. ⁴³Deliver me from the gainsayings of the people: thou shalt make me head of the Gentiles: a people whom I knew not served me, ⁴⁴at the hearing of the ear they obeyed me: the strange children β lied to me. ⁴⁵The strange children waxed old, and fell away from their paths through lameness.

⁴⁶The Lord lives; and blessed *be* my God; and let the God of my salvation be exalted. ⁴⁷*It is* God that avenges me, and has subdued the nations under me; ⁴⁸my deliverer from angry enemies: thou shalt set me on high γ above them that rise up against me: thou shalt deliver me from the unrighteous man. ⁴⁹Therefore will I confess to thee, O Lord, among the Gentiles, and sing to thy name. ⁵⁰*God* magnifies the deliverances of his king; and deals mercifully with David his anointed, and his seed, for ever.

For the end, a Psalm of David.

The heavens declare the glory of God; and the firmament proclaims the work of his hands. ²Day to day δ utters speech, and night to night proclaims knowledge. ³There are no speeches or words, ζ in which their voices are not heard. ⁴θ Their voice is gone out into all the earth, and their words to the ends of the world. ⁵In the sun he has set his tabernacle; and he comes forth as a bridegroom out of his chamber: he will exult as a giant to run his course. ⁶His going forth is from the extremity of heaven, and his λ circuit to the *other* end of heaven: and no one shall be hidden from his heat.

⁷The law of the Lord is μ perfect, converting souls: the testimony of the Lord is faithful, instructing babes. ⁸The ordinances of the Lord are right, rejoicing the heart: the commandment of the Lord is bright, enlightening the eyes. ⁹The fear of the Lord is pure, enduring for ever and ever: the judgments of the Lord are true, *and* justified altogether. ¹⁰To be desired more than gold, and much precious stone: sweeter also than honey and the honey-comb. ¹¹For thy servant keeps to them: in the keeping of them *there is* great reward.

¹²Who will understand *his* transgressions? purge thou me from my secret *sins.* ¹³And spare thy servant *the attack* of strangers: if they do not gain the dominion over me, then shall I be blameless, and I shall be clear from great sin. ¹⁴So shall the sayings of my mouth, and the meditation of my heart, be pleasing continually before thee, O Lord my helper, and my redeemer.

For the end, a Psalm of David.

The Lord hear thee in the day of trouble; the name of the God of Jacob defend thee. ²Send thee help from the sanctuary, and aid thee out of Sion. ³Remember all thy ξ sacrifice, and enrich thy whole-burnt-offering. Pause. ⁴Grant thee according to thy

ὁ σώζων· πρὸς Κύριον, καὶ οὐκ εἰσήκουεν αὐτῶν. Καὶ λεπτυνῶ 42 αὐτοὺς ὡς χοῦν κατὰ πρόσωπον ἀνέμου, ὡς πηλὸν πλατειῶν λεανῶ αὐτούς. ῾Ρῦσαί με ἐξ ἀντιλογιῶν λαοῦ, καταστήσεις 43 με εἰς κεφαλὴν ἐθνῶν· λαὸς ὃν οὐκ ἔγνων, ἐδούλευσέ μοι, εἰς 44 ἀκοὴν ὠτίου ὑπήκουσέ μοι· υἱοὶ ἀλλότριοι ἐψεύσαντό μοι, υἱοὶ 45 ἀλλότριοι ἐπαλαιώθησαν, καὶ ἐχώλαναν ἀπὸ τῶν τρίβων αὐτῶν.

Ζῇ Κύριος, καὶ εὐλογητὸς ὁ Θεός μου, καὶ ὑψωθήτω ὁ Θεὸς 46 τῆς σωτηρίας μου. ῾Ο Θεὸς ὁ διδοὺς ἐκδικήσεις ἐμοὶ, καὶ ὑπο- 47 τάξας λαοὺς ὑπ᾽ ἐμὲ, ὁ ῥύστης μου ἐξ ἐχθρῶν ὀργίλων· ἀπὸ 48 τῶν ἐπανισταμένων ἐπ᾽ ἐμὲ ὑψώσεις με, ἀπὸ ἀνδρὸς ἀδίκου ῥύσῃ με. Διὰ τοῦτο ἐξομολογήσομαί σοι ἐν ἔθνεσι, Κύριε, 49 καὶ τῷ ὀνόματί σου ψαλῶ. Μεγαλύνων τὰς σωτηρίας τοῦ 50 βασιλέως αὐτοῦ, καὶ ποιῶν ἔλεος τῷ χριστῷ αὐτοῦ τῷ Δαυὶδ, καὶ τῷ σπέρματι αὐτοῦ ἕως αἰῶνος.

Εἰς τὸ τέλος, ψαλμὸς τῷ Δαυίδ.   18 (19)

Οἱ οὐρανοὶ διηγοῦνται δόξαν Θεοῦ, ποίησιν δὲ χειρῶν αὐτοῦ ἀναγγέλλει τὸ στερέωμα. ῾Ημέρα τῇ ἡμέρᾳ ἐρεύγεται ῥῆμα, 2 καὶ νὺξ νυκτὶ ἀναγγέλλει γνῶσιν. Οὐκ εἰσὶ λαλιαὶ οὐδὲ λόγοι, 3 ὧν οὐχὶ ἀκούονται αἱ φωναὶ αὐτῶν. Εἰς πᾶσαν τὴν γῆν ἐξῆλθεν 4 ὁ φθόγγος αὐτῶν, καὶ εἰς τὰ πέρατα τῆς οἰκουμένης τὰ ῥήματα αὐτῶν· ἐν τῷ ἡλίῳ ἔθετο τὸ σκήνωμα αὐτοῦ, καὶ αὐτὸς ὡς νυμ- 5 φίος ἐκπορευόμενος ἐκ παστοῦ αὐτοῦ· ἀγαλλιάσεται ὡς γίγας δραμεῖν ὁδὸν αὐτοῦ. ᾿Απ᾽ ἄκρου τοῦ οὐρανοῦ ἡ ἔξοδος αὐτοῦ· 6 καὶ τὸ κατάντημα αὐτοῦ ἕως ἄκρου τοῦ οὐρανοῦ· καὶ οὐκ ἔστιν ὃς ἀποκρυβήσεται τὴν θέρμην αὐτοῦ.

῾Ο νόμος τοῦ Κυρίου ἄμωμος ἐπιστρέφων ψυχὰς, ἡ μαρτυρία 7 Κυρίου πιστὴ σοφίζουσα νήπια. Τὰ δικαιώματα Κυρίου εὐθέα 8 εὐφραίνοντα καρδίαν, ἡ ἐντολὴ Κυρίου τηλαυγὴς φωτίζουσα ὀφθαλμούς. ῾Ο φόβος Κυρίου ἁγνὸς διαμένων εἰς αἰῶνα 9 αἰῶνος, τὰ κρίματα Κυρίου ἀληθινὰ δεδικαιωμένα ἐπὶ τὸ αὐτό· ᾿Επιθυμητὰ ὑπὲρ χρυσίον καὶ λίθον τίμιον πολὺν, καὶ γλυκύτερα 10 ὑπὲρ μέλι καὶ κηρίον. Καὶ γὰρ ὁ δοῦλός σου φυλάσσει αὐτὰ, 11 ἐν τῷ φυλάσσειν αὐτὰ ἀνταπόδοσις πολλή.

Παραπτώματα τίς συνήσει; ἐκ τῶν κρυφίων μου καθάρισόν 12 με, καὶ ἀπὸ ἀλλοτρίων φεῖσαι τοῦ δούλου σου· ἐὰν μή μου 13 κατακυριεύσωσι, τότε ἄμωμος ἔσομαι, καὶ καθαρισθήσομαι ἀπὸ ἁμαρτίας μεγάλης. Καὶ ἔσονται εἰς εὐδοκίαν τὸ λόγια τοῦ 14 στόματός μου, καὶ ἡ μελέτη τῆς καρδίας μου ἐνώπιόν σου δια- παντός· Κύριε βοηθέ μου, καὶ λυτρωτά μου.

Εἰς τὸ τέλος, ψαλμὸς τῷ Δαυίδ.   19 (20

᾿Επακούσαι σου Κύριος ἐν ἡμέρᾳ θλίψεως, ὑπερασπίσαι σου τὸ ὄνομα τοῦ Θεοῦ ᾿Ιακώβ. ᾿Εξαποστείλαι σοι βοήθειαν ἐξ 2 ἁγίου, καὶ ἐκ Σιὼν ἀντιλάβοιτό σου. Μνησθείη πάσης θυσίας 3 σου, καὶ τὸ ὁλοκαύτωμά σου πιανάτω· διάψαλμα. Δῴη σοι 4 κατὰ τὴν καρδίαν σου, καὶ πᾶσαν τὴν βουλήν σου πληρῶσαι.

β *Or,* feigned obedience.   γ *Or,* out of the way of.   δ *Gr.* eructat.   ζ *Gr.* of which.   θ Rom. 10. 18.   λ *Gr.* meeting.
μ *Gr.* spotless.   ξ *Or,* meat-offering.

5 Ἀγαλλιασόμεθα ἐν τῷ σωτηρίῳ σου, καὶ ἐν ὀνόματι Θεοῦ ἡμῶν μεγαλυνθησόμεθα· πληρώσαι Κύριος πάντα τὰ αἰτήματά σου.

6 Νῦν ἔγνων ὅτι ἔσωσε Κύριος τὸν χριστὸν αὐτοῦ· ἐπακού-σεται αὐτοῦ ἐξ οὐρανοῦ ἁγίου αὐτοῦ, ἐν δυναστείαις ἡ σωτηρία
7 τῆς δεξιᾶς αὐτοῦ. Οὗτοι ἐν ἅρμασι καὶ οὗτοι ἐν ἵπποις, ἡμεῖς
8 δὲ ἐν ὀνόματι Κυρίου Θεοῦ ἡμῶν μεγαλυνθησόμεθα. Αὐτοὶ συνεποδίσθησαν καὶ ἔπεσαν, ἡμεῖς δὲ ἀνέστημεν καὶ ἀνωρθώ-
9 θημεν. Κύριε σῶσον τὸν βασιλέα καὶ ἐπάκουσον ἡμῶν, ἐν ᾗ ἂν ἡμέρᾳ ἐπικαλεσώμεθά σε.

20 (21) Εἰς τὸ τέλος, ψαλμὸς τῷ Δαυίδ.

Κύριε, ἐν τῇ δυνάμει σου εὐφρανθήσεται ὁ βασιλεὺς, καὶ ἐπὶ
2 τῷ σωτηρίῳ σου ἀγαλλιάσεται σφόδρα. Τὴν ἐπιθυμίαν τῆς ψυχῆς αὐτοῦ ἔδωκας αὐτῷ, καὶ τὴν δέησιν τῶν χειλέων αὐτοῦ
3 οὐκ ἐστέρησας αὐτόν· διάψαλμα. Ὅτι προέφθασας αὐτὸν ἐν εὐλογίαις χρηστότητος, ἔθηκας ἐπὶ τὴν κεφαλὴν αὐτοῦ στέφανον
4 ἐκ λίθου τιμίου. Ζωὴν ᾐτήσατό σε, καὶ ἔδωκας αὐτῷ μακρό-
5 τητα ἡμερῶν εἰς αἰῶνα αἰῶνος. Μεγάλη ἡ δόξα αὐτοῦ ἐν τῷ σωτηρίῳ σου, δόξαν καὶ μεγαλοπρέπειαν ἐπιθήσεις ἐπ᾽ αὐτόν.
6 Ὅτι δώσεις αὐτῷ εὐλογίαν εἰς αἰῶνα αἰῶνος, εὐφρανεῖς αὐτὸν ἐν
7 χαρᾷ μετὰ τοῦ προσώπου σου. Ὅτι ὁ βασιλεὺς ἐλπίζει ἐπὶ Κύριον, καὶ ἐν τῷ ἐλέει τοῦ ὑψίστου οὐ μὴ σαλευθῇ.

8 Εὑρεθείη ἡ χείρ σου πᾶσι τοῖς ἐχθροῖς σου, ἡ δεξιά σου εὕροι
9 πάντας τοὺς μισοῦντάς σε. Θήσεις αὐτοὺς ὡς κλίβανον πυρὸς εἰς καιρὸν τοῦ προσώπου σου, Κύριος ἐν ὀργῇ αὐτοῦ συνταράξει
10 αὐτοὺς, καὶ καταφάγεται αὐτοὺς πῦρ. Τὸν καρπὸν αὐτῶν ἀπὸ
11 γῆς ἀπολεῖς, καὶ τὸ σπέρμα αὐτῶν ἀπὸ υἱῶν ἀνθρώπων. Ὅτι ἔκλιναν εἰς σὲ κακὰ, διελογίσαντο βουλὴν, ἣν οὐ μὴ δύνωνται
12 στῆσαι. Ὅτι θήσεις αὐτοὺς νῶτον ἐν τοῖς περιλοίποις σου,
13 ἑτοιμάσεις τὸ πρόσωπον αὐτῶν. Ὑψώθητι Κύριε ἐν τῇ δυνάμει σου· ᾄσομεν καὶ ψαλοῦμεν τὰς δυναστείας σου.

21 (22) Εἰς τὸ τέλος, ὑπὲρ τῆς ἀντιλήψεως τῆς ἑωθινῆς, ψαλμὸς τῷ Δαυίδ.

Ὁ Θεός ὁ Θεός μου, πρόσχες μοι, ἱνατί ἐγκατέλιπές με; μακρὰν ἀπὸ τῆς σωτηρίας μου οἱ λόγοι τῶν παραπτωμάτων
2 μου. Ὁ Θεός μου, κεκράξομαι ἡμέρας πρὸς σὲ καὶ οὐκ εἰσ-ακούσῃ, καὶ νυκτὸς καὶ οὐκ εἰς ἄνοιαν ἐμοί.

3, 4 Σὺ δὲ ἐν ἁγίῳ κατοικεῖς, ὁ ἔπαινος τοῦ Ἰσραήλ. Ἐπὶ σοὶ
5 ἤλπισαν οἱ πατέρες ἡμῶν, ἤλπισαν καὶ ἐρρύσω αὐτούς. Πρὸς σὲ ἐκέκραξαν καὶ ἐσώθησαν, ἐπὶ σοὶ ἤλπισαν καὶ οὐ κατῃσχύν-
6 θησαν. Ἐγὼ δέ εἰμι σκώληξ καὶ οὐκ ἄνθρωπος, ὄνειδος ἀνθρώ-
7 πων καὶ ἐξουθένημα λαοῦ. Πάντες οἱ θεωροῦντές με ἐξεμυκ-
8 τήρισάν με, ἐλάλησαν ἐν χείλεσιν, ἐκίνησαν κεφαλὴν, ἤλπισεν ἐπὶ Κύριον, ῥυσάσθω αὐτὸν, σωσάτω αὐτὸν, ὅτι θέλει αὐτόν.
9 Ὅτι σὺ εἶ ὁ ἐκσπάσας με ἐκ γαστρὸς, ἡ ἐλπίς μου ἀπὸ μαστῶν
10 τῆς μητρός μου, ἐπὶ σὲ ἐπερρίφην ἐκ μήτρας· ἐκ κοιλίας μητρός μου Θεός μου εἶ σύ.

---

heart, and fulfil all thy desire. **5** We will exult in thy salvation, and in the name of our God shall we be magnified: the Lord fulfil all thy petitions. **6** Now I know that the Lord has saved his Christ: he shall hear him from his holy heaven: the salvation of his right hand is mighty. **7** Some *glory* in chariots, and some in horses: but we will β glory in the name of the Lord our God. **8** They are overthrown and fallen: but we are risen, and have been set upright. **9** O Lord, save the king: and hear us in whatever day we call upon thee.

For the end, a Psalm of David.

O Lord, the king shall rejoice in thy strength; and in thy salvation he shall greatly exult. **2** Thou hast granted him the desire of his soul, and hast not withheld from him the request of his lips. Pause. **3** For thou hast prevented him with bless-ings of goodness: thou hast set upon his head a crown of precious stone. **4** He asked life of thee, and thou gavest him length of days for ever and ever. **5** His glory is great in thy salvation: thou wilt crown him with glory and majesty. **6** For thou wilt give him a blessing for ever and ever: thou wilt gladden him with joy with thy coun-tenance. **7** For the king trusts in the Lord, and through the mercy of the Highest he shall not be moved.

8 Let thy hand be found by all thine enemies: let thy right hand find all that hate thee. **9** Thou shalt make them as a fiery oven at the time of thy presence: the Lord shall trouble them in his anger, and fire shall devour them. **10** Thou shalt de-stroy their fruit from the earth, and their seed from *among* the sons of men. **11** For they intended evils against thee; they imagined a device which they shall by no means be able to perform. **12** For thou shalt make them *turn their* back in thy latter end, thou wilt prepare their face. **13** Be thou exalted, O Lord, in thy strength: we will sing and praise thy mighty acts.

For the end, concerning the morning aid, a Psalm of David.

γ O God, my God, attend to me: why hast thou forsaken me? the account of my transgressions is far from my salvation. **2** O my God, I will cry to thee by day, but thou wilt not hear: and by night, and *it shall* not *be accounted* for folly to me. **3** But thou, the praise of Israel, dwellest in a sanctuary. **4** Our fathers hoped in thee; they hoped, and thou didst deliver them. **5** They cried to thee, and were saved: they hoped in thee, and were not ashamed. **6** But I am a worm, and not a man; a re-proach of men, and scorn of the people. **7** All that saw me mocked me: they spoke with *their* lips, they shook the head, *saying,* **8** He hoped in the Lord: let him deliver him, let him save him, because he takes pleasure in him. **9** For thou art he that drew me out of the womb; my hope from my mother's breasts. **10** I was cast on thee from the womb: thou art my God from my mother's belly.

β *Gr.* be magnified.   γ Mat. 27. 46.

¹¹ Stand not aloof from me; for affliction is near; for there is no helper. ¹² Many β bullocks have compassed me: fat bulls have beset me round. ¹³ They have opened their mouth against me, as a ravening and roaring lion. ¹⁴ I am poured out like water, and all my bones are loosened: my heart in the midst of my belly is become like melting wax. ¹⁵ My strength is dried up like a potsherd; and my tongue is glued to my throat; and thou hast brought me down to the dust of death. ¹⁶ For many dogs have compassed me: the assembly of the wicked doers has beset me round: they pierced my hands and my feet. ¹⁷ They counted all my bones; and they observed and looked upon me. ¹⁸γ They parted my garments *among* themselves, and cast lots upon my raiment.

¹⁹ But thou, O Lord, remove not my help afar off: be ready for mine aid. ²⁰ Deliver my soul from the sword; my only-begotten one from the power of the dog. ²¹ Save me from the lion's mouth; and *regard* my δ lowliness from the horns of the unicorns.

²² I will declare thy name to my brethren: in the midst of the church will I sing praise to thee. ²³ Ye that fear the Lord, praise him; all ye seed of Jacob, glorify him: let all the seed of Israel fear him. ²⁴ For he has not despised nor been angry at the supplication of the poor; nor turned away his face from me; but when I cried to him, he heard me. ²⁵ My praise is of thee in the great congregation: I will pay my vows before them that fear him.

²⁶ The poor shall eat and be satisfied; and they shall praise the Lord that seek him: their heart shall live for ever. ²⁷ All the ends of the earth shall remember and turn to the Lord: and all the kindreds of the nations shall worship before him. ²⁸ For the kingdom is the Lord's; and he is the governor of the nations. ²⁹ All the fat ones of the earth have eaten and worshipped: all that go down to the earth shall fall down before him: my soul also lives to him. ³⁰ And my seed shall serve him: the generation that is coming shall be reported to the Lord. ³¹ And they shall report his righteousness to the people that shall be born, whom the Lord has made.

A Psalm of David.

The Lord tends me as a shepherd, and I shall want nothing. ² In a place of green grass, there he has made me dwell: he has nourished me by the water of rest. ³ He has restored my soul: he has guided me into the paths of righteousness, for his name's sake. ⁴ Yea, even if I should walk in the midst of the shadow of death, I will not be afraid of evils: for thou art with me; thy rod and thy staff, these have comforted me. ⁵ Thou hast prepared a table before me in presence of them that afflict me: thou hast thoroughly anointed my head with oil; and thy cup cheers me like the best *wine*. ⁶ Thy mercy also shall follow me all the days of my life: and my dwelling *shall be* in the house of the Lord for a very long time.

Μὴ ἀποστῇς ἀπ' ἐμοῦ· ὅτι θλίψις ἐγγὺς, ὅτι οὐκ ἔστιν 11 ὁ βοηθῶν. Περιεκύκλωσάν με μόσχοι πολλοὶ, ταῦροι πίονες 12 περιέσχον με. Ἤνοιξαν ἐπ' ἐμὲ τὸ στόμα αὐτῶν, ὡς λέων 13 ὁ ἁρπάζων καὶ ὠρυόμενος. Ὡσεὶ ὕδωρ ἐξεχύθην, καὶ διεσκορ- 14 πίσθη πάντα τὰ ὀστᾶ μου, ἐγενήθη ἡ καρδία μου ὡσεὶ κηρὸς τηκόμενος ἐν μέσῳ τῆς κοιλίας μου. Ἐξηράνθη ὡσεὶ ὄστρακον 15 ἡ ἰσχύς μου, καὶ ἡ γλῶσσά μου κεκόλληται τῷ λάρυγγί μου, καὶ εἰς χοῦν θανάτου κατήγαγές με. Ὅτι ἐκύκλωσάν με κύνες 16 πολλοὶ, συναγωγὴ πονηρευομένων περιέσχον με· ὤρυξαν χεῖράς μου, καὶ πόδας, ἐξηρίθμησαν πάντα τὰ ὀστᾶ μου· αὐτοὶ δὲ 17 κατενόησαν καὶ ἐπεῖδόν με. Διεμερίσαντο τὰ ἱμάτιά μου 18 ἑαυτοῖς, καὶ ἐπὶ τὸν ἱματισμόν μου ἔβαλον κλῆρον.

Σὺ δὲ Κύριε μὴ μακρύνῃς τὴν βοήθειάν μου, εἰς τὴν ἀντίλη- 19 ψίν μου πρόσχες. Ῥῦσαι ἀπὸ ῥομφαίας τὴν ψυχήν μου, καὶ 20 ἐκ χειρὸς κυνὸς τὴν μονογενῆ μου. Σῶσόν με ἐκ στόματος 21 λέοντος, καὶ ἀπὸ κεράτων μονοκερώτων τὴν ταπείνωσίν μου.

Διηγήσομαι τὸ ὄνομά σου τοῖς ἀδελφοῖς μου, ἐν μέσῳ ἐκκλη- 22 σίας ὑμνήσω σε. Οἱ φοβούμενοι Κύριον αἰνέσατε αὐτὸν, ἅπαν 23 τὸ σπέρμα Ἰακὼβ δοξάσατε αὐτὸν, φοβηθήτωσαν αὐτὸν ἅπαν τὸ σπέρμα Ἰσραήλ. Ὅτι οὐκ ἐξουδένωσεν οὐδὲ προσώχθισε 24 τῇ δεήσει τοῦ πτωχοῦ, οὐδὲ ἀπέστρεψε τὸ πρόσωπον αὐτοῦ ἀπ' ἐμοῦ· καὶ ἐν τῷ κεκραγέναι με πρὸς αὐτὸν εἰσήκουσέ μου. Παρὰ σοῦ ὁ ἔπαινός μου ἐν ἐκκλησίᾳ μεγάλῃ, τὰς εὐχάς μου 25 ἀποδώσω ἐνώπιον τῶν φοβουμένων αὐτόν.

Φάγονται πένητες καὶ ἐμπλησθήσονται, καὶ αἰνέσουσι Κύριον 26 οἱ ἐκζητοῦντες αὐτὸν, ζήσονται αἱ καρδίαι αὐτῶν εἰς αἰῶνα αἰῶνος. Μνησθήσονται καὶ ἐπιστραφήσονται πρὸς Κύριον 27 πάντα τὰ πέρατα τῆς γῆς, καὶ προσκυνήσουσιν ἐνώπιον αὐτοῦ πᾶσαι αἱ πατριαὶ τῶν ἐθνῶν. Ὅτι τοῦ Κυρίου ἡ βασιλεία, καὶ 28 αὐτὸς δεσπόζει τῶν ἐθνῶν. Ἔφαγον καὶ προσεκύνησαν πάντες 29 οἱ πίονες τῆς γῆς· ἐνώπιον αὐτοῦ προπεσοῦνται πάντες οἱ κατα- βαίνοντες εἰς τὴν γῆν· καὶ ἡ ψυχή μου αὐτῷ ζῇ, καὶ τὸ σπέρμα 30 μου δουλεύσει αὐτῷ· ἀναγγελήσεται τῷ Κυρίῳ γενεὰ ἡ ἐρχομένη· Καὶ ἀναγγελοῦσι τὴν δικαιοσύνην αὐτοῦ λαῷ τῷ τεχθησομένῳ, 31 ὃν ἐποίησεν ὁ Κύριος.

Ψαλμὸς τῷ Δαυίδ.　　　22 (23)

²

Κύριος ποιμαίνει με, καὶ οὐδέν με ὑστερήσει. Εἰς τόπον χλόης ἐκεῖ με κατεσκήνωσεν· ἐπὶ ὕδατος ἀναπαύσεως ἐξέθρεψέ με. Τὴν ψυχήν μου ἐπέστρεψεν· ὡδήγησέν με ἐπὶ τρίβους 3 δικαιοσύνης, ἕνεκεν τοῦ ὀνόματος αὐτοῦ. Ἐὰν γὰρ καὶ πορευθῶ 4 ἐν μέσῳ σκιᾶς θανάτου, οὐ φοβηθήσομαι κακὰ, ὅτι σὺ μετ' ἐμοῦ εἶ· ἡ ῥάβδος σου καὶ ἡ βακτηρία σου, αὐταί με παρεκάλεσαν. Ἡτοίμασας ἐνώπιόν μου τράπεζαν, ἐξεναντίας τῶν θλιβόντων 5 με· ἐλίπανας ἐν ἐλαίῳ τὴν κεφαλήν μου, καὶ τὸ ποτήριόν σου μεθύσκον ὡς κράτιστον. Καὶ τὸ ἔλεός σου καταδιώξεταί με 6 πάσας τὰς ἡμέρας τῆς ζωῆς μου, καὶ τὸ κατοικεῖν με ἐν οἴκῳ Κυρίου εἰς μακρότητα ἡμερῶν.

β *Gr.* calves.　　　γ Mat. 27. 35.　　　δ See *Hebrew.*

23 (24)   Ψαλμὸς τῷ Δαυὶδ τῆς μιᾶς σαββάτου.

Τοῦ Κυρίου ἡ γῆ καὶ τὸ πλήρωμα αὐτῆς, ἡ οἰκουμένη καὶ
2 πάντες οἱ κατοικοῦντες ἐν αὐτῇ. Αὐτὸς ἐπὶ θαλασσῶν ἐθεμελίω-
σεν αὐτὴν, καὶ ἐπὶ ποταμῶν ἡτοίμασεν αὐτήν.
3 Τίς ἀναβήσεται εἰς τὸ ὄρος τοῦ Κυρίου, καὶ τίς στήσεται ἐν
4 τόπῳ ἁγίῳ αὐτοῦ; Ἀθῶος χερσὶ καὶ καθαρὸς τῇ καρδίᾳ, ὃς οὐκ
ἔλαβεν ἐπὶ ματαίῳ τὴν ψυχὴν αὐτοῦ, καὶ οὐκ ὤμοσεν ἐπὶ δόλῳ
5 τῷ πλησίον αὐτοῦ. Οὗτος λήψεται εὐλογίαν παρὰ Κυρίου, καὶ
6 ἐλεημοσύνην παρὰ Θεοῦ σωτῆρος αὐτοῦ. Αὕτη ἡ γενεὰ ζητούν-
των αὐτὸν, ζητούντων τὸ πρόσωπον τοῦ Θεοῦ Ἰακώβ· διά-
ψαλμα.
7 Ἄρατε πύλας οἱ ἄρχοντες ὑμῶν, καὶ ἐπάρθητε πύλαι αἰώνιοι,
8 καὶ εἰσελεύσεται ὁ βασιλεὺς τῆς δόξης. Τίς ἐστιν οὗτος
ὁ βασιλεὺς τῆς δόξης; Κύριος κραταιὸς καὶ δυνατὸς, Κύριος
9 δυνατὸς ἐν πολέμῳ. Ἄρατε πύλας οἱ ἄρχοντες ὑμῶν, καὶ ἐπάρ-
θητε πύλαι αἰώνιοι, καὶ εἰσελεύσεται ὁ βασιλεὺς τῆς δόξης.
10 Τίς ἐστιν οὗτος ὁ βασιλεὺς τῆς δόξης; Κύριος τῶν δυνάμεων,
αὐτός ἐστιν οὗτος ὁ βασιλεὺς τῆς δόξης.

24 (25)   Ψαλμὸς τῷ Δαυίδ.

2 Πρὸς σὲ, Κύριε, ἦρα τὴν ψυχήν μου. Ὁ Θεός μου ἐπὶ σοὶ
πέποιθα, μὴ καταισχυνθείην· μηδὲ καταγελασάτωσάν μου οἱ
3 ἐχθροί μου, καὶ γὰρ πάντες οἱ ὑπομένοντές σε οὐ μὴ καταισχυν-
4 θῶσιν· αἰσχυνθήτωσαν οἱ ἀνομοῦντες διακενῆς. Τὰς ὁδούς σου,
5 Κύριε, γνώρισόν μοι, καὶ τὰς τρίβους σου δίδαξόν με. Ὁδήγη-
σόν με ἐπὶ τὴν ἀλήθειάν σου, καὶ δίδαξόν με, ὅτι σὺ εἶ ὁ Θεὸς
6 ὁ σωτήρ μου, καὶ σὲ ὑπέμεινα ὅλην τὴν ἡμέραν. Μνήσθητι
τῶν οἰκτιρμῶν σου Κύριε, καὶ τὰ ἐλέη σου, ὅτι ἀπὸ τοῦ αἰῶνος
7 εἰσίν. Ἁμαρτίας νεότητός μου, καὶ ἀγνοίας μου μὴ μνησθῇς·
κατὰ τὸ ἔλεός σου μνήσθητί μου, ἕνεκεν τῆς χρηστότητός σου,
Κύριε.
8 Χρηστὸς καὶ εὐθὴς ὁ Κύριος, διὰ τοῦτο νομοθετήσει ἁμαρτά-
9 νοντας ἐν ὁδῷ. Ὁδηγήσει πραεῖς ἐν κρίσει, διδάξει πραεῖς
10 ὁδοὺς αὐτοῦ. Πᾶσαι αἱ ὁδοὶ Κυρίου ἔλεος καὶ ἀλήθεια τοῖς
11 ἐκζητοῦσι τὴν διαθήκην αὐτοῦ καὶ τὰ μαρτύρια αὐτοῦ. Ἕνεκα
τοῦ ὀνόματός σου, Κύριε, καὶ ἱλάσῃ τῇ ἁμαρτίᾳ μου, πολλὴ γάρ
12 ἐστι. Τίς ἐστιν ἄνθρωπος ὁ φοβούμενος τὸν Κύριον; νομοθε-
13 τήσει αὐτῷ ἐν ὁδῷ, ᾗ ᾑρετίσατο. Ἡ ψυχὴ αὐτοῦ ἐν ἀγαθοῖς
14 αὐλισθήσεται, καὶ τὸ σπέρμα αὐτοῦ κληρονομήσει γῆν. Κρα-
ταίωμα Κύριος τῶν φοβουμένων αὐτὸν, καὶ ἡ διαθήκη αὐτοῦ
τοῦ δηλῶσαι αὐτοῖς.
15 Οἱ ὀφθαλμοί μου διαπαντὸς πρὸς τὸν Κύριον, ὅτι αὐτὸς
16 ἐκσπάσει ἐκ παγίδος τοὺς πόδας μου. Ἐπίβλεψον ἐπ᾽ ἐμὲ καὶ
17 ἐλέησόν με, ὅτι μονογενὴς καὶ πτωχός εἰμι ἐγώ. Αἱ θλίψεις
τῆς καρδίας μου ἐπληθύνθησαν, ἐκ τῶν ἀναγκῶν μου ἐξάγαγέ
18 με. Ἴδε τὴν ταπείνωσίν μου καὶ τὸν κόπον μου, καὶ ἄφες
19 πάσας τὰς ἁμαρτίας μου. Ἴδε τοὺς ἐχθρούς μου, ὅτι ἐπληθύν-
20 θησαν, καὶ μῖσος ἄδικον ἐμίσησάν με. Φύλαξον τὴν ψυχήν
μου καὶ ῥῦσαί με· μὴ καταισχυνθείην, ὅτι ἤλπισα ἐπὶ σέ.

A Psalm for David on the first day of the week.

The earth is the Lord's and the fulness
thereof; the world, and all that dwell in it.
[2] He has founded it upon the seas, and
prepared it upon the rivers.
[3] Who shall go up to the mountain of the
Lord, and who shall stand in his holy
place? [4] He that is innocent in his hands
and pure in his heart; who has not lifted
up his soul to vanity, nor sworn deceitfully
[β] to his neighbour. [5] He shall receive a
blessing from the Lord, and mercy from
God his Saviour. [6] This is the generation
of them that seek him, that seek the face
of the God of Jacob. Pause.
[7] Lift up your gates, ye princes, and be ye
lifted up, ye everlasting doors; and the
king of glory shall come in. [8] Who is this
king of glory? the Lord strong and mighty,
the Lord mighty in battle. [9] Lift up your
gates, ye princes; and be ye lift up, ye ever-
lasting doors; and the king of glory shall
come in. [10] Who is this king of glory?
The Lord of hosts, he is this king of glory.

A Psalm of David.

To thee, O Lord, have I lifted up my soul.
[2] O my God, I have trusted in thee: let me
not be confounded, neither let mine enemies
laugh me to scorn. [3] For none of them that
wait on thee shall in any wise be ashamed:
let them be ashamed that transgress with-
out cause. [4] Shew me thy ways, O Lord,
and teach me thy paths. [5] Lead me in thy
truth, and teach me: for thou art God my
Saviour: and I have waited on thee all the
day. [6] Remember thy compassions, O
Lord, and thy mercies, for they are from
everlasting. [7] Remember not the sins of
my youth, nor *my sins* of ignorance: re-
member me according to thy mercy, for thy
goodness' sake, O Lord.
[8] Good and upright is the Lord: therefore
will he [γ] instruct sinners in *the* way. [9] The
meek will he guide in judgment: the meek
will he teach his ways. [10] All the ways of
the Lord are mercy and truth to them that
seek his covenant and his testimonies.
[11] For thy name's sake, O Lord, do thou
also be merciful to my sin; for it is great.
[12] Who is the man that fears the Lord? he
shall instruct him in the way which he has
chosen. [13] His soul shall dwell in prosperity;
and his seed shall inherit the earth. [14] The
Lord is the strength of them that fear him;
and his covenant is to manifest [δ] *truth* to
them.
[15] Mine eyes are continually to the Lord;
for he shall draw my feet out of the snare.
[16] Look upon me, and have mercy upon me;
for I am an only child and poor. [17] The
afflictions of my heart have been multiplied;
deliver me from my distresses. [18] Look
upon mine affliction and my trouble; and
forgive all my sins. [19] Look upon mine
enemies; for they have been multiplied;
and they have hated me with unjust ha-
tred. [20] Keep my soul, and deliver me: let
me not be ashamed; for I have hoped in thee.

β *Or,* against.   γ *sc.* as a law-giver.   δ *Or,* 'it,' *sc.* what has just been stated.

21 The harmless and upright joined themselves to me: for I waited for thee, O Lord. 22 Deliver Israel, O God, out of all his afflictions.

A Psalm of David.

Judge me, O Lord; for I have walked in my innocence: and hoping in the Lord I shall not be moved. 2 Prove me, O Lord, and try me; purify as with fire my reins and my heart. 3 For thy mercy is before mine eyes: and I am well pleased with thy truth. 4 I have not sat with the council of vanity, and will in nowise enter in with transgressors. 5 I have hated the assembly of wicked doers; and will not sit with ungodly men. 6 I will wash my hands in β innocency, and compass thine altar, O Lord: 7 to hear the voice of praise, and to declare all thy wonderful works. 8 O Lord, I have loved the beauty of thy house, and the place of the tabernacle of thy glory. 9 Destroy not my soul together with the ungodly, nor my life with bloody men: 10 in whose hands are iniquities, and their right hand is filled with bribes. 11 But I have walked in my innocence: redeem me, and have mercy upon me. 12 My foot stands in γ an even place: in the congregations will I bless thee, O Lord.

A Psalm of David, before he was anointed.

The Lord is my light and my Saviour; whom shall I fear? the Lord is the defender of my life; of whom shall I be afraid? 2 When evil-doers drew nigh against me to eat up my flesh, my persecutors and mine enemies, they fainted and fell. 3 Though an army should set itself in array against me, my heart shall not be afraid: though war should rise up against me, in this am I confident. 4 One thing have I asked of the Lord, this will I earnestly seek: that I should dwell in the house of the Lord all the days of my life, that I should behold the fair beauty of the Lord, and survey his temple. 5 For in the day of mine afflictions he hid me in his tabernacle: he sheltered me in the secret of his tabernacle; he set me up on a rock. 6 And now, behold, he has lifted up mine head over mine enemies: I went round and offered in his tabernacle the sacrifice of δ joy; I will sing, ζ even sing psalms to the Lord. 7 Hear, O Lord, my voice which I have uttered aloud: pity me, and hearken to me. 8 My heart said to thee, I have diligently sought thy face: thy face, O Lord, I will seek. 9 Turn not thy face away from me, turn not thou away from thy servant in anger: be thou my helper, forsake me not; and, O God my Saviour, overlook me not. 10 For my father and my mother have forsaken me, but the Lord has taken me to himself. 11 Teach me, O Lord, in thy way, and guide me in a right path, because of mine enemies. 12 Deliver me not over to the desire of them that afflict me; for unjust witnesses have risen up against me, and injustice has lied within herself. 13 I believe that I shall see the θ goodness of the Lord in the land of the living.

Ἄκακοι καὶ εὐθεῖς ἐκολλῶντό μοι, ὅτι ὑπέμεινά σε, Κύριε. 21 Λύτρωσαι ὁ Θεὸς τὸν Ἰσραὴλ ἐκ πασῶν τῶν θλίψεων αὐτοῦ. 2ͼ

Τοῦ Δαυίδ.   25 (26)

Κρῖνόν με, Κύριε, ὅτι ἐγὼ ἐν ἀκακίᾳ μου ἐπορεύθην, καὶ ἐπὶ τῷ Κυρίῳ ἐλπίζων οὐ μὴ σαλευθῶ. Δοκίμασόν με, Κύριε, καὶ 2 πείρασόν με, πύρωσον τοὺς νεφρούς μου καὶ τὴν καρδίαν μου. Ὅτι τὸ ἔλεός σου κατέναντι τῶν ὀφθαλμῶν μου ἐστὶ, καὶ 3 εὐηρέστησα ἐν τῇ ἀληθείᾳ σου. Οὐκ ἐκάθισα μετὰ συνεδρίου 4 ματαιότητος, καὶ μετὰ παρανομούντων οὐ μὴ εἰσέλθω. Ἐμί- 5 σησα ἐκκλησίαν πονηρευομένων, καὶ μετὰ ἀσεβῶν οὐ μὴ καθίσω· Νίψομαι ἐν ἀθώοις τὰς χεῖράς μου, καὶ κυκλώσω τὸ θυσιαστή- 6 ριόν σου, Κύριε· Τοῦ ἀκοῦσαι φωνῆς αἰνέσεως, καὶ διηγή- 7 σασθαι πάντα τὰ θαυμάσιά σου. Κύριε, ἠγάπησα εὐπρέπειαν 8 οἴκου σου, καὶ τόπον σκηνώματος δόξης σου. Μὴ συναπολέσῃς 9 μετὰ ἀσεβῶν τὴν ψυχήν μου, καὶ μετὰ ἀνδρῶν αἱμάτων τὴν ζωήν μου, ὧν ἐν χερσὶν ἀνομίαι, ἡ δεξιὰ αὐτῶν ἐπλήσθη 10 δώρων. Ἐγὼ δὲ ἐν ἀκακίᾳ μου ἐπορεύθην, λύτρωσαί με καὶ 11 ἐλέησόν με. Ὁ πούς μου ἔστη ἐν εὐθύτητι, ἐν ἐκκλησίαις 12 εὐλογήσω σε Κύριε.

Τοῦ Δαυὶδ, πρὸ τοῦ χρισθῆναι.   26 (27)

Κύριος φωτισμός μου καὶ σωτήρ μου, τίνα φοβηθήσομαι; Κύριος ὑπερασπιστὴς τῆς ζωῆς μου, ἀπὸ τίνος δειλιάσω; Ἐν 2 τῷ ἐγγίζειν ἐπ' ἐμὲ κακοῦντας, τοῦ φαγεῖν τὰς σάρκας μου, οἱ θλίβοντές με καὶ οἱ ἐχθροί μου, αὐτοὶ ἠσθένησαν καὶ ἔπεσαν. Ἐὰν παρατάξηται ἐπ' ἐμὲ παρεμβολὴ, οὐ φοβηθήσεται ἡ καρδία 3 μου· ἐὰν ἐπαναστῇ ἐπ' ἐμὲ πόλεμος, ἐν ταύτῃ ἐγὼ ἐλπίζω. Μίαν ᾐτησάμην παρὰ Κυρίου, ταύτην ἐκζητήσω, τοῦ κατοικεῖν 4 με ἐν οἴκῳ Κυρίου πάσας τὰς ἡμέρας τῆς ζωῆς μου, τοῦ θεωρεῖν με τὴν τερπνότητα Κυρίου, καὶ ἐπισκέπτεσθαι τὸν ναὸν αὐτοῦ. Ὅτι ἔκρυψέ με ἐν σκηνῇ αὐτοῦ ἐν ἡμέρᾳ κακῶν μου, ἐσκέπασέ 5 με ἐν ἀποκρύφῳ τῆς σκηνῆς αὐτοῦ· ἐν πέτρᾳ ὕψωσέ με, καὶ 6 νῦν ἰδοὺ ὕψωσε τὴν κεφαλήν μου ἐπ' ἐχθρούς μου· ἐκύκλωσα καὶ ἔθυσα ἐν τῇ σκηνῇ αὐτοῦ θυσίαν ἀλαλαγμοῦ, ᾄσομαι καὶ ψαλῶ τῷ Κυρίῳ·

Εἰσάκουσον, Κύριε, τῆς φωνῆς μου ἧς ἐκέκραξα, ἐλέησόν με, 7 καὶ εἰσάκουσόν μου. Σοὶ εἶπεν ἡ καρδία μου, ἐξεζήτησα τὸ 8 πρόσωπόν σου, τὸ πρόσωπόν σου Κύριε ζητήσω. Μὴ ἀπο- 9 στρέψῃς τὸ πρόσωπόν σου ἀπ' ἐμοῦ, μὴ ἐκκλίνῃς ἐν ὀργῇ ἀπὸ τοῦ δούλου σου· βοηθός μου γενοῦ, μὴ ἐγκαταλίπῃς με, καὶ μὴ ὑπερίδῃς με ὁ Θεὸς ὁ σωτήρ μου. Ὅτι ὁ πατήρ μου καὶ ἡ 10 μήτηρ μου ἐγκατέλιπόν με, ὁ δὲ Κύριος προσελάβετό με. Νομοθέτησόν με, Κύριε, ἐν τῇ ὁδῷ σου, καὶ ὁδήγησόν με ἐν 11 τρίβῳ εὐθείᾳ ἕνεκα τῶν ἐχθρῶν μου· Μὴ παραδῷς με εἰς ψυχὰς 12 θλιβόντων με, ὅτι ἐπανέστησάν μοι μάρτυρες ἄδικοι, καὶ ἐψεύσατο ἡ ἀδικία ἑαυτῇ.

Πιστεύω τοῦ ἰδεῖν τὰ ἀγαθὰ Κυρίου ἐν γῇ ζώντων. 13

β Gr. innocent things.   γ Gr. in evenness or uprightness.   δ Gr. shouting.   ζ Or, and play on a psaltery.   θ Gr. good things.

14 Ὑπόμεινον τὸν Κύριον, ἀνδρίζου, καὶ κραταιούσθω ἡ καρδία σου, καὶ ὑπόμεινον τὸν Κύριον.

27 (28)   Τοῦ Δαυίδ.

Πρὸς σὲ Κύριε ἐκέκραξα, ὁ Θεός μου μὴ παρασιωπήσῃς ἐπ᾽ ἐμοί, μήποτε παρασιωπήσῃς ἐπ᾽ ἐμοί, καὶ ὁμοιωθήσομαι τοῖς 2 καταβαίνουσιν εἰς λάκκον. Εἰσάκουσον τῆς φωνῆς τῆς δεήσεώς μου, ἐν τῷ δέεσθαί με πρὸς σέ, ἐν τῷ αἴρειν με χεῖράς μου εἰς 3 ναὸν ἅγιόν σου. Μὴ συνελκύσῃς μετὰ ἁμαρτωλῶν τὴν ψυχήν μου, καὶ μετὰ ἐργαζομένων ἀδικίαν μὴ συναπολέσῃς με, τῶν λαλούντων εἰρήνην μετὰ τῶν πλησίον αὐτῶν, κακὰ δὲ ἐν ταῖς 4 καρδίαις αὐτῶν. Δὸς αὐτοῖς κατὰ τὰ ἔργα αὐτῶν, καὶ κατὰ τὴν πονηρίαν τῶν ἐπιτηδευμάτων αὐτῶν· κατὰ τὰ ἔργα τῶν χειρῶν 5 αὐτῶν δὸς αὐτοῖς, ἀπόδος τὸ ἀνταπόδομα αὐτῶν αὐτοῖς. Ὅτι οὐ συνῆκαν εἰς τὰ ἔργα Κυρίου καὶ εἰς τὰ ἔργα τῶν χειρῶν αὐτοῦ, καθελεῖς αὐτοὺς καὶ οὐ μὴ οἰκοδομήσεις αὐτούς.

6 Εὐλογητὸς Κύριος, ὅτι εἰσήκουσε τῆς φωνῆς τῆς δεήσεώς 7 μου. Κύριος βοηθός μου καὶ ὑπερασπιστής μου· ἐπ᾽ αὐτῷ ἤλπισεν ἡ καρδία μου, καὶ ἐβοηθήθην, καὶ ἀνέθαλεν ἡ σάρξ 8 μου· καὶ ἐκ θελήματός μου ἐξομολογήσομαι αὐτῷ. Κύριος κραταίωμα τοῦ λαοῦ αὐτοῦ, καὶ ὑπερασπιστὴς τῶν σωτηρίων τοῦ χριστοῦ αὐτοῦ ἐστι.

9 Σῶσον τὸν λαόν σου, καὶ εὐλόγησον τὴν κληρονομίαν σου, καὶ ποίμανον αὐτούς, καὶ ἔπαρον αὐτοὺς ἕως τοῦ αἰῶνος.

28 (29)   Ψαλμὸς τῷ Δαυὶδ ἐξοδίου σκηνῆς.

Ἐνέγκατε τῷ Κυρίῳ υἱοὶ Θεοῦ, ἐνέγκατε τῷ Κυρίῳ υἱοὺς 2 κριῶν· ἐνέγκατε τῷ Κυρίῳ δόξαν καὶ τιμήν, ἐνέγκατε τῷ Κυρίῳ δόξαν ὀνόματι αὐτοῦ· προσκυνήσατε τῷ Κυρίῳ ἐν αὐλῇ ἁγίᾳ αὐτοῦ.

3 Φωνὴ Κυρίου ἐπὶ τῶν ὑδάτων, ὁ Θεὸς τῆς δόξης ἐβρόντησε, 4 Κύριος ἐπὶ ὑδάτων πολλῶν. Φωνὴ Κυρίου ἐν ἰσχύϊ, φωνὴ 5 Κυρίου ἐν μεγαλοπρεπείᾳ. Φωνὴ Κυρίου συντρίβοντος 6 κέδρους, συντρίψει Κύριος τὰς κέδρους τοῦ Λιβάνου· Καὶ λεπτυνεῖ αὐτὰς ὡς τὸν μόσχον τὸν Λίβανον, καὶ ὁ ἠγαπημένος ὡς 7 υἱὸς μονοκερώτων. Φωνὴ Κυρίου διακόπτοντος φλόγα πυρός. 8 Φωνὴ Κυρίου συσσείοντος ἔρημον, συσσείσει Κύριος τὴν ἔρημον 9 Κάδης. Φωνὴ Κυρίου καταρτιζομένου ἐλάφους, καὶ ἀποκαλύψει 10 δρυμούς, καὶ ἐν τῷ ναῷ αὐτοῦ πᾶς τις λέγει δόξαν. Κύριος τὸν κατακλυσμὸν κατοικιεῖ· καὶ καθιεῖται Κύριος βασιλεὺς εἰς 11 τὸν αἰῶνα. Κύριος ἰσχὺν τῷ λαῷ αὐτοῦ δώσει, Κύριος εὐλογήσει τὸν λαὸν αὐτοῦ ἐν εἰρήνῃ.

29 (30)   Εἰς τὸ τέλος, ψαλμὸς ᾠδῆς τοῦ ἐγκαινισμοῦ τοῦ οἴκου τοῦ Δαυίδ.

Ὑψώσω σε, Κύριε, ὅτι ὑπέλαβές με, καὶ οὐκ εὔφρανας τοὺς 2 ἐχθρούς μου ἐπ᾽ ἐμέ. Κύριε ὁ Θεός μου, ἐκέκραξα πρὸς σέ,

---

14 Wait on the Lord: be of good courage, and let thy heart be strengthened: yea, wait on the Lord.

A Psalm of David.

To thee, O Lord, have I cried; my God, be not silent toward me: lest thou be silent toward me, and so I should be likened to them that go down to the pit. [2] Hearken to the voice of my supplication, when I pray to thee, when I lift up my hands toward thy holy temple. [3] Draw not away my soul with sinners, and destroy me not with the workers of iniquity, who speak peace with their neighbours, but evils are in their hearts. [4] Give them according to their works, and according to the wickedness of their devices: give them according to the works of their hands; render their recompence unto them. [5] Because they have not attended to the works of the Lord, even to the works of his hands, thou shalt pull them down, and shalt not build them up.

[6] Blessed be the Lord, for he has hearkened to the voice of my petition. [7] The Lord is my helper and my defender; my heart has hoped in him, and I am helped: my flesh has revived, and willingly will I [β] give praise to him. [8] The Lord is the strength of his people, and the [γ] saving defender of his anointed.

[9] Save thy people, and bless thine inheritance: and take care of them, and lift them up for ever.

A Psalm of David *on the occasion* of the solemn assembly of the Tabernacle.

Bring to the Lord, ye sons of God, bring to the Lord young rams; bring to the Lord glory and honour. [2] Bring to the Lord glory, *due* to his name; worship the Lord in his holy court.

[3] The voice of the Lord is upon the waters: the God of glory has thundered: the Lord is upon many waters. [4] The voice of the Lord is mighty; the voice of the Lord is full of majesty. [5] *There is* the voice of the Lord who breaks the cedars; the Lord will break the cedars of Libanus. [6] And he will beat them small, *even* Libanus itself, like a calf; and the beloved one is as a young unicorn. [7] *There is* a voice of the Lord who divides a flame of fire. [8] A voice of the Lord who shakes the wilderness; the Lord will shake the wilderness of Cades. [9] The voice of the Lord [δ] strengthens the hinds, and will uncover the thickets: and in his temple every one speaks *of his* glory. [10] The Lord will dwell on the waterflood: and the Lord will sit a king for ever. [11] The Lord will give strength to his people; the Lord will bless his people with peace.

For the end, a Psalm [ζ] and Song at the dedication of the house of David.

I will exalt thee, O Lord; for thou hast lifted me up, and not caused mine enemies to rejoice over me. [2] O Lord my God, I

β Or, confess to him.   γ Gr. defender of the salvation of.   δ Gr. participle.   ζ Gr. of a song.

cried to thee, and thou didst heal me. ³O Lord, thou hast brought up my soul from Hades, thou hast delivered me from *among* them that go down to the pit.

⁴ Sing to the Lord, ye his saints, and give thanks for the remembrance of his holiness. ⁵ For anger is in his wrath, but life in his favour: weeping shall tarry for the evening, but joy shall be in the morning.

⁶ And I said in my prosperity, I shall never be moved. ⁷ O Lord, in thy good pleasure thou didst add strength to my beauty: but thou didst turn away thy face, and I was troubled. ⁸ To thee, O Lord, will I cry; and to my God will I make supplication. ⁹ What profit is there in my blood, when I go down to destruction? Shall the dust give praise to thee? or shall it declare thy truth? ¹⁰ The Lord heard, and had compassion upon me; the Lord is become my helper. ¹¹ Thou hast turned my mourning into joy for me: thou hast rent off my sackcloth, and girded me with gladness; ¹² that my glory may sing praise to thee, and I may not be pierced *with sorrow.* O Lord my God, I will give thanks to thee for ever.

For the end, a Psalm of David, *an utterance* of β extreme fear.

O Lord, I have hoped in thee; let me never be ashamed: deliver me in thy righteousness, and rescue me. ² Incline thine ear to me; make haste to rescue me: be thou to me for a protecting God, and for a house of refuge to save me. ³ For thou art my strength and my refuge; and thou shalt guide me for thy name's sake, and maintain me. ⁴ Thou shalt bring me out of the snare which they have hidden for me; for thou, O Lord, art my defender. ⁵ Into thine hands I will commit my spirit: thou hast redeemed me, O Lord God of truth. ⁶ Thou hast hated them that idly persist in vanities: but I have hoped in the Lord. ⁷ I will exult and be glad in thy mercy: for thou hast looked upon mine affliction; thou hast saved my soul from distresses. ⁸ And thou hast not shut me up into the hands of the enemy: thou hast set my feet in a wide place.

⁹ Pity me, O Lord, for I am afflicted: my eye is troubled with indignation, my soul and my belly. ¹⁰ For my life is spent with grief, and my years with groanings: my strength has been weakened through poverty, and my bones are troubled. ¹¹ I became a reproach among all mine enemies, but exceedingly so to my neighbours, and a fear to mine acquaintance: they that saw me without fled from me. ¹² I have been forgotten as a dead man out of mind: I am become as a broken vessel. ¹³ For I heard the slander of many that dwelt round about: when they were gathered together against me, they took counsel to take my life.

¹⁴ But I hoped in thee, O Lord: I said, Thou art my God. ¹⁵ My lots are in thy hands: deliver me from the hand of mine enemies, ¹⁶ and from them that persecute

καὶ ἰάσω με. Κύριε, ἀνήγαγες ἐξ ᾅδου τὴν ψυχήν μου, ἔσωσάς 3 με ἀπὸ τῶν καταβαινόντων εἰς λάκκον.

Ψάλατε τῷ Κυρίῳ οἱ ὅσιοι αὐτοῦ, καὶ ἐξομολογεῖσθε τῇ 4 μνήμῃ τῆς ἁγιωσύνης αὐτοῦ. Ὅτι ὀργὴ ἐν τῷ θυμῷ αὐτοῦ, καὶ 5 ζωὴ ἐν τῷ θελήματι αὐτοῦ· τοεσπέρας αὐλισθήσεται κλαυθμὸς, καὶ εἰς τοπρωὶ ἀγαλλίασις.

Ἐγὼ δὲ εἶπα ἐν τῇ εὐθηνίᾳ μου, οὐ μὴ σαλευθῶ εἰς τὸν 6 αἰῶνα. Κύριε, ἐν τῷ θελήματί σου παρέσχου τῷ κάλλει μου 7 δύναμιν· ἀπέστρεψας δὲ τὸ πρόσωπόν σου, καὶ ἐγενήθην τεταραγμένος. Πρὸς σὲ Κύριε κεκράξομαι, καὶ πρὸς τὸν Θεόν μου 8 δεηθήσομαι. Τίς ὠφέλεια ἐν τῷ αἵματί μου, ἐν τῷ καταβῆναί 9 με εἰς διαφθοράν; μὴ ἐξομολογήσεταί σοι χοῦς; ἢ ἀναγγελεῖ τὴν ἀλήθειάν σου; Ἤκουσε Κύριος, καὶ ἠλέησέ με, Κύριος 10 ἐγενήθη βοηθός μου. Ἔστρεψας τὸν κοπετόν μου εἰς χαρὰν 11 ἐμοὶ, διέῤῥηξας τὸν σάκκον μου, καὶ περιέζωσάς με εὐφροσύνην· ὅπως ἂν ψάλῃ σοι ἡ δόξα μου, καὶ οὐ μὴ κατανυγῶ. Κύριε 12 ὁ Θεός μου, εἰς τὸν αἰῶνα ἐξομολογήσομαί σοι.

Εἰς τὸ τέλος, ψαλμὸς τῷ Δαυὶδ, ἐκστάσεως.   30 (31)

Ἐπὶ σοὶ Κύριε ἤλπισα, μὴ καταισχυνθείην εἰς τὸν αἰῶνα, ἐν τῇ δικαιοσύνῃ σου ῥῦσαί με καὶ ἐξελοῦ με. Κλῖνον πρὸς μὲ 2 τὸ οὖς σου, τάχυνον τοῦ ἐξελέσθαι με· γενοῦ μοι εἰς Θεὸν ὑπερασπιστὴν καὶ εἰς οἶκον καταφυγῆς τοῦ σῶσαί με. Ὅτι 3 κραταίωμά μου καὶ καταφυγή μου εἶ σὺ, καὶ ἕνεκεν τοῦ ὀνόματός σου ὁδηγήσεις με, καὶ διαθρέψεις με. Ἐξάξεις με ἐκ 4 παγίδος ταύτης ἧς ἔκρυψάν μοι, ὅτι σὺ εἶ ὁ ὑπερασπιστής μου, Κύριε. Εἰς χεῖράς σου παραθήσομαι τὸ πνεῦμά μου, ἐλυτρώσω 5 με Κύριε ὁ Θεὸς τῆς ἀληθείας. Ἐμίσησας τοὺς διαφυλάσσον- 6 τας ματαιότητας διακενῆς· ἐγὼ δὲ ἐπὶ τῷ Κυρίῳ ἤλπισα. Ἀγαλλιάσομαι καὶ εὐφρανθήσομαι ἐπὶ τῷ ἐλέει σου· ὅτι 7 ἐπεῖδες τὴν ταπείνωσίν μου, ἔσωσας ἐκ τῶν ἀναγκῶν τὴν ψυχήν μου. Καὶ οὐ συνέκλεισάς με εἰς χεῖρας ἐχθροῦ, ἔστησας ἐν 8 εὐρυχώρῳ τοὺς πόδας μου.

Ἐλέησόν με, Κύριε, ὅτι θλίβομαι· ἐταράχθη ἐν θυμῷ ὁ ὀφ- 9 θαλμός μου, ἡ ψυχή μου, καὶ ἡ γαστήρ μου. Ὅτι ἐξέλιπεν ἐν 10 ὀδύνῃ ἡ ζωή μου, καὶ τὰ ἔτη μου ἐν στεναγμοῖς· ἠσθένησεν ἐν πτωχείᾳ ἡ ἰσχύς μου, καὶ τὰ ὀστᾶ μου ἐταράχθησαν. Παρὰ 11 πάντας τοὺς ἐχθρούς μου ἐγενήθην ὄνειδος, καὶ τοῖς γείτοσί μου σφόδρα, καὶ φόβος τοῖς γνωστοῖς μου· οἱ θεωροῦντές με ἔξω ἔφυγον ἀπ᾽ ἐμοῦ. Ἐπελήσθην ὡσεὶ νεκρὸς ἀπὸ καρδίας· 12 ἐγενήθην ὡσεὶ σκεῦος ἀπολωλὸς, ὅτι ἤκουσα ψόγον πολλῶν 13 παροικούντων κυκλόθεν· ἐν τῷ συναχθῆναι αὐτοὺς ἅμα ἐπ᾽ ἐμὲ, τοῦ λαβεῖν τὴν ψυχήν μου ἐβουλεύσαντο.

Ἐγὼ δὲ ἐπὶ σοὶ ἤλπισα, Κύριε· εἶπα, σὺ εἶ ὁ Θεός μου, ἐν 14, 15 ταῖς χερσί σου οἱ κλῆροί μου· ῥῦσαί με ἐκ χειρὸς ἐχθρῶν μου, καὶ ἐκ τῶν καταδιωκόντων με. Ἐπίφανον τὸ πρόσωπόν σου 16

β *Gr.* ecstasy.

17 ἐπὶ τὸν δοῦλόν σου, σῶσόν με ἐν τῷ ἐλέει σου. Κύριε, μὴ
καταισχυνθείην, ὅτι ἐπεκαλεσάμην σε· αἰσχυνθείησαν οἱ ἀσε-
18 βεῖς, καὶ καταχθείησαν εἰς ᾅδου. Ἄλαλα γενηθήτω τὰ χείλη
τὰ δόλια, τὰ λαλοῦντα κατὰ τοῦ δικαίου ἀνομίαν ἐν ὑπερηφανίᾳ
καὶ ἐξουδενώσει.

19 Ὡς πολὺ τὸ πλῆθος τῆς χρηστότητός σου, Κύριε, ἧς ἔκρυψας
τοῖς φοβουμένοις σε; ἐξειργάσω τοῖς ἐλπίζουσιν ἐπὶ σὲ, ἐναν-
20 τίον τῶν υἱῶν τῶν ἀνθρώπων. Κατακρύψεις αὐτοὺς ἐν ἀπο-
κρύφῳ τοῦ προσώπου σου ἀπὸ ταραχῆς ἀνθρώπων, σκεπάσεις
21 αὐτοὺς ἐν σκηνῇ ἀπὸ ἀντιλογίας γλωσσῶν. Εὐλογητὸς Κύριος,
22 ὅτι ἐθαυμάστωσε τὸ ἔλεος αὐτοῦ ἐν πόλει περιοχῆς. Ἐγὼ δὲ
εἶπα ἐν τῇ ἐκστάσει μου, ἀπέρριμμαι ἀπὸ προσώπου τῶν ὀφθαλ-
μῶν σου· διὰ τοῦτο εἰσήκουσας, Κύριε, τῆς φωνῆς τῆς δεήσεώς
μου ἐν τῷ κεκραγέναι με πρὸς σέ.

23 Ἀγαπήσατε τὸν Κύριον πάντες οἱ ὅσιοι αὐτοῦ, ὅτι ἀληθείας
ἐκζητεῖ Κύριος, καὶ ἀνταποδίδωσι τοῖς περισσῶς ποιοῦσιν ὑπερη-
24 φανίαν. Ἀνδρίζεσθε, καὶ κραταιούσθω ἡ καρδία ὑμῶν, πάντες
οἱ ἐλπίζοντες ἐπὶ Κύριον.

31 (32)   Συνέσεως τῷ Δαυίδ.

Μακάριοι ὧν ἀφέθησαν αἱ ἀνομίαι, καὶ ὧν ἐπεκαλύφθησαν αἱ
2 ἁμαρτίαι. Μακάριος ἀνὴρ ᾧ οὐ μὴ λογίσηται Κύριος ἁμαρ-
τίαν, οὐδέ ἐστιν ἐν τῷ στόματι αὐτοῦ δόλος.
3 Ὅτι ἐσίγησα, ἐπαλαιώθη τὰ ὀστᾶ μου, ἀπὸ τοῦ κράζειν με
4 ὅλην τὴν ἡμέραν. Ὅτι ἡμέρας καὶ νυκτὸς ἐβαρύνθη ἐπ᾽ ἐμὲ ἡ
χείρ σου, ἐστράφην εἰς ταλαιπωρίαν ἐν τῷ ἐμπαγῆναι ἄκανθαν·
5 διάψαλμα. Τὴν ἁμαρτίαν μου ἐγνώρισα, καὶ τὴν ἀνομίαν μου
οὐκ ἐκάλυψα· εἶπα, ἐξαγορεύσω κατ᾽ ἐμοῦ τὴν ἀνομίαν μου τῷ
Κυρίῳ, καὶ σὺ ἀφῆκας τὴν ἀσέβειαν τῆς καρδίας μου· διάψαλ-
6 μα. Ὑπὲρ ταύτης προσεύξεται πρὸς σὲ πᾶς ὅσιος ἐν καιρῷ
εὐθέτῳ· πλὴν ἐν κατακλυσμῷ ὑδάτων πολλῶν πρὸς αὐτὸν οὐκ
7 ἐγγιοῦσι. Σύ μου εἶ καταφυγὴ ἀπὸ θλίψεως τῆς περιεχούσης
με, τὸ ἀγαλλίαμά μου λύτρωσαί με ἀπὸ τῶν κυκλωσάντων με·
διάψαλμα.
8 Συνετιῶ σε καὶ συμβιβῶ σε ἐν ὁδῷ ταύτῃ ᾗ πορεύσῃ, ἐπι-
9 στηριῶ ἐπὶ σὲ τοὺς ὀφθαλμούς μου. Μὴ γίνεσθε ὡς ἵππος καὶ
ἡμίονος, οἷς οὐκ ἔστι σύνεσις· ἐν χαλινῷ καὶ κημῷ τὰς σιαγόνας
10 αὐτῶν ἄγξαι τῶν μὴ ἐγγιζόντων πρὸς σέ. Πολλαὶ αἱ μάστιγες
τοῦ ἁμαρτωλοῦ, τὸν δὲ ἐλπίζοντα ἐπὶ Κύριον ἔλεος κυκλώσει.
11 Εὐφράνθητε ἐπὶ Κύριον καὶ ἀγαλλιᾶσθε δίκαιοι, καὶ καυχᾶσθε
πάντες οἱ εὐθεῖς τῇ καρδίᾳ.

32 (33)   Τῷ Δαυίδ.

Ἀγαλλιᾶσθε δίκαιοι ἐν τῷ Κυρίῳ, τοῖς εὐθέσι πρέπει αἴνεσις.
2 Ἐξομολογεῖσθε τῷ Κυρίῳ ἐν κιθάρᾳ, ἐν ψαλτηρίῳ δεκαχόρδῳ
3 ψάλατε αὐτῷ. Ἄσατε αὐτῷ ᾆσμα καινὸν, καλῶς ψάλατε ἐν
ἀλαλαγμῷ.
4 Ὅτι εὐθὴς ὁ λόγος τοῦ Κυρίου, καὶ πάντα τὰ ἔργα αὐτοῦ ἐν
5 πίστει. Ἀγαπᾷ ἐλεημοσύνην καὶ κρίσιν, τοῦ ἐλέους Κυρίου

---

me. Make thy face to shine upon thy servant: save me in thy mercy. [17] O Lord, let me not be ashamed, for I have called upon thee: let the ungodly be ashamed, and brought down to Hades. [18] Let the deceitful lips become dumb, which speak iniquity against the righteous with pride and scorn.

[19] How abundant is the multitude of thy goodness, O Lord, which thou hast laid up for them that fear thee! thou hast wrought *it* out for them that hope on thee, in the presence of the sons of men. [20] Thou wilt hide them in the secret of thy presence from the vexation of man: thou wilt screen them in a tabernacle from the contradiction of tongues. [21] Blessed be the Lord: for he has magnified his mercy in a fortified city. [22] But I said in my βextreme fear, I am cast out from the sight of thine eyes: therefore thou didst hearken, O Lord, to the voice of my supplication when I cried to thee.

[23] Love the Lord, all ye his saints: for the Lord seeks for truth, and renders *a reward* to them that deal very proudly. [24] Be of good courage, and let your heart be strengthened, all ye that hope in the Lord.

A Psalm of instruction γby David.

δBlessed *are they* whose transgressions are forgiven, and whose sins are covered. [2] Blessed is the man to whom the Lord will not impute sin, and in whose mouth there is no guile. [3] Because I kept silence, my bones waxed old, from my crying all the day. [4] For day and night thy hand was heavy upon me: I became thoroughly miserable while ζa thorn was fastened in *me*. Pause. [5] I acknowledged my sin, and hid not mine iniquity: I said, I will confess mine iniquity to the Lord against myself; and thou forgavest the ungodliness of my heart. Pause. [6] Therefore shall every holy one pray to thee in a fit time: only in the deluge of many waters they shall not come nigh to him. [7] Thou art my refuge from the affliction that encompasses me; my joy, to deliver me from them that have compassed me. Pause.

[8] I will instruct thee and guide thee in this way wherein thou shalt go: I will fix mine eyes upon thee. [9] Be ye not as horse and mule, which have no understanding: θbut thou must constrain their jaws with bit and curb, lest they should come nigh to thee. [10] Many are the scourges of the sinner: but him that hopes in the Lord mercy shall compass about. [11] Be glad in the Lord. and exult, ye righteous: and glory, all ye that are upright in heart.

A Psalm of David.

Rejoice in the Lord, ye righteous; praise becomes the upright. [2] λPraise the Lord on the harp; play to him on a psaltery of ten strings. [3] Sing to him a new song; play skilfully with a loud noise.
[4] For the word of the Lord is right; and all his works are μfaithful. [5] He loves

---

β *Gr.* ecstasy.   See title.   γ *Gr.* for, or, of.   δ Rom. 4. 7, 8.   ζ See *Hebrew.*   θ *Alex.* ἄγξεις.
λ Rather, ' confess' or ' give thanks to.'   μ *Gr.* in *or* with faithfulness.

mercy and judgment; the earth is full of the mercy of the Lord. [6] By the word of the Lord the heavens were established; and all the host of them by the breath of his *mouth*. [7] Who gathers the waters of the sea as *in* a bottle; who lays up the deeps in treasuries. [8] Let all the earth fear the Lord; and let all that dwell in the world be moved because of him. [9] For he spoke, and they were made; he commanded, and they were created. [10] The Lord frustrates the counsels of the nations; he brings to nought also the reasonings of the peoples, and brings to nought the counsels of princes. [11] But the counsel of the Lord endures for ever, the thoughts of his heart from generation to generation. [12] Blessed is the nation whose God is the Lord; the people whom he has chosen for his own inheritance. [13] The Lord looks out of heaven; he beholds all the sons of men. [14] He looks from his prepared habitation on all the dwellers on the earth; [15] who fashioned their hearts βalone; who understands all their works. [16] A king is not saved by reason of a great host; and a giant shall not be delivered by the greatness of his strength. [17] A horse is vain for safety; neither shall he be delivered by the greatness of his power.

[18] Behold, the eyes of the Lord are on them that fear him, those that hope in his mercy; [19] to deliver their souls from death, and to keep them alive in famine. [20] Our soul waits on the Lord; for he is our helper and defender. [21] For our heart shall rejoice in him, and we have hoped in his holy name. [22] Let thy mercy, O Lord, be upon us, according as we have hoped in thee.

A Psalm of David, when he changed his countenance before Abimelech; and he let him go, and he departed.

I will bless the Lord at all times: his praise shall be continually in my mouth. [2] My soul shall γboast herself in the Lord: let the meek hear, and rejoice. [3] Magnify ye the Lord with me, and let us exalt his name together.

[4] I sought the Lord diligently, and he hearkened to me, and delivered me from all my δ sojournings. [5] Draw near to him, and be enlightened: and your faces shall not *by any means* be ashamed. [6] This poor man cried, and the Lord hearkened to him, and delivered him out of all his afflictions. [7] The angel of the Lord will encamp round about them that fear him, and will deliver them. [8] Taste and see that the Lord is good: blessed is the man who hopes in him. [9] Fear the Lord, all ye his saints: for there is no want to them that fear him. [10] The rich have become poor and hungry: but they that seek the Lord diligently shall not want any good thing. Pause.

[11] Come, ye children, hear me: I will teach you the fear of the Lord. [12] ζWhat man is there that desires life, loving to see good days? [13] Keep thy tongue from evil, and thy lips from speaking guile. [14] Turn away from evil, and do good; seek peace, and pursue it.

πλήρης ἡ γῆ. Τῷ λόγῳ τοῦ Κυρίου οἱ οὐρανοὶ ἐστερεώθησαν, 6 καὶ τῷ πνεύματι τοῦ στόματος αὐτοῦ πᾶσα ἡ δύναμις αὐτῶν. Συνάγων ὡσεὶ ἀσκὸν ὕδατα θαλάσσης, τιθεὶς ἐν θησαυροῖς 7 ἀβύσσους. Φοβηθήτω τὸν Κύριον πᾶσα ἡ γῆ, ἀπ᾽ αὐτοῦ δὲ 8 σαλευθήτωσαν πάντες οἱ κατοικοῦντες τὴν οἰκουμένην. Ὅτι 9 αὐτὸς εἶπε καὶ ἐγενήθησαν, αὐτὸς ἐνετείλατο καὶ ἐκτίσθησαν. Κύριος διασκεδάζει βουλὰς ἐθνῶν, ἀθετεῖ δὲ λογισμοὺς λαῶν, 10 καὶ ἀθετεῖ βουλὰς ἀρχόντων. Ἡ δὲ βουλὴ τοῦ Κυρίου εἰς τὸν 11 αἰῶνα μένει, λογισμοὶ τῆς καρδίας αὐτοῦ ἀπὸ γενεῶν εἰς γενεάς. Μακάριον τὸ ἔθνος οὗ ἐστι Κύριος ὁ Θεὸς αὐτοῦ, λαὸς ὃν ἐξελέ- 12 ξατο εἰς κληρονομίαν ἑαυτῷ. Ἐξ οὐρανοῦ ἐπέβλεψεν ὁ Κύριος, 13 εἶδε πάντας τοὺς υἱοὺς τῶν ἀνθρώπων. Ἐξ ἑτοίμου κατοικητη- 14 ρίου αὐτοῦ ἐπέβλεψεν ἐπὶ πάντας τοὺς κατοικοῦντας τὴν γῆν. Ὁ πλάσας κατὰ μόνας τὰς καρδίας αὐτῶν, ὁ συνιεὶς πάντα τὰ 15 ἔργα αὐτῶν. Οὐ σώζεται βασιλεὺς διὰ πολλὴν δύναμιν, καὶ 16 γίγας οὐ σωθήσεται ἐν πλήθει ἰσχύος αὐτοῦ. Ψευδὴς ἵππος 17 εἰς σωτηρίαν, ἐν δὲ πλήθει δυνάμεως αὐτοῦ οὐ σωθήσεται.

Ἰδοὺ οἱ ὀφθαλμοὶ Κυρίου ἐπὶ τοὺς φοβουμένους αὐτόν, τοὺς 18 ἐλπίζοντας ἐπὶ τὸ ἔλεος αὐτοῦ, ῥύσασθαι ἐκ θανάτου τὰς ψυχὰς 19 αὐτῶν, καὶ διαθρέψαι αὐτοὺς ἐν λιμῷ. Ἡ ψυχὴ ἡμῶν ὑπομένει 20 τῷ Κυρίῳ, ὅτι βοηθὸς καὶ ὑπερασπιστὴς ἡμῶν ἐστιν. Ὅτι ἐν 21 αὐτῷ εὐφρανθήσεται ἡ καρδία ἡμῶν, καὶ ἐν τῷ ὀνόματι τῷ ἁγίῳ αὐτοῦ ἠλπίσαμεν. Γένοιτο τὸ ἔλεός σου, Κύριε, ἐφ᾽ ἡμᾶς, 22 καθάπερ ἠλπίσαμεν ἐπὶ σέ.

Τῷ Δαυὶδ, ὁπότε ἠλλοίωσε τὸ πρόσωπον αὐτοῦ ἐναντίον   33 (34) Ἀβιμέλεχ, καὶ ἀπέλυσεν αὐτὸν, καὶ ἀπῆλθεν.

Εὐλογήσω τὸν Κύριον ἐν παντὶ καιρῷ, διαπαντὸς ἡ αἴνεσις αὐτοῦ ἐν τῷ στόματί μου. Ἐν τῷ Κυρίῳ ἐπαινεθήσεται ἡ ψυχή 2 μου· ἀκουσάτωσαν πραεῖς καὶ εὐφρανθήτωσαν. Μεγαλύνατε 3 τὸν Κύριον σὺν ἐμοὶ, καὶ ὑψώσωμεν τὸ ὄνομα αὐτοῦ ἐπιτοαυτό.

Ἐξεζήτησα τὸν Κύριον καὶ ἐπήκουσέ μου, καὶ ἐκ πασῶν τῶν 4 παροικιῶν μου ἐρρύσατό με· Προσέλθατε πρὸς αὐτὸν καὶ 5 φωτίσθητε, καὶ τὰ πρόσωπα ὑμῶν οὐ μὴ καταισχυνθῇ. Οὗτος 6 ὁ πτωχὸς ἐκέκραξε, καὶ ὁ Κύριος εἰσήκουσεν αὐτοῦ, καὶ ἐκ πασῶν τῶν θλίψεων αὐτοῦ ἔσωσεν αὐτόν. Παρεμβαλεῖ ἄγγελος 7 Κυρίου κύκλῳ τῶν φοβουμένων αὐτὸν, καὶ ῥύσεται αὐτούς. Γεύσασθε καὶ ἴδετε ὅτι χρηστὸς ὁ Κύριος, μακάριος ἀνὴρ ὃς 8 ἐλπίζει ἐπ᾽ αὐτόν. Φοβήθητε τὸν Κύριον πάντες οἱ ἅγιοι αὐτοῦ, 9 ὅτι οὐκ ἔστιν ὑστέρημα τοῖς φοβουμένοις αὐτόν. Πλούσιοι 10 ἐπτώχευσαν καὶ ἐπείνασαν, οἱ δὲ ἐκζητοῦντες τὸν Κύριον οὐκ ἐλαττωθήσονται παντὸς ἀγαθοῦ· διάψαλμα.

Δεῦτε τέκνα, ἀκούσατέ μου, φόβον Κυρίου διδάξω ὑμᾶς. 11 Τίς ἐστιν ἄνθρωπος ὁ θέλων ζωήν, ἀγαπῶν ἡμέρας ἰδεῖν ἀγαθάς; 12 Παῦσον τὴν γλῶσσάν σου ἀπὸ κακοῦ, καὶ χείλη σου τοῦ μὴ 13 λαλῆσαι δόλον. Ἔκκλινον ἀπὸ κακοῦ, καὶ ποίησον ἀγαθόν· 14 ζήτησον εἰρήνην, καὶ δίωξον αὐτήν.

β Perhaps 'individually.' *Vulg.* sigillatim.   γ *Gr.* be praised.   δ *Lit.* neighbourhoods.   ζ 1 Pe. 3. 10-13.

15 Ὀφθαλμοὶ Κυρίου ἐπὶ δικαίους, καὶ ὦτα αὐτοῦ εἰς δέησιν
16 αὐτῶν· Πρόσωπον δὲ Κυρίου ἐπὶ ποιοῦντας κακά, τοῦ ἐξολο-
17 θρεῦσαι ἐκ γῆς τὸ μνημόσυνον αὐτῶν. Ἐκέκραξαν οἱ δίκαιοι,
   καὶ ὁ Κύριος εἰσήκουσεν αὐτῶν, καὶ ἐκ πασῶν τῶν θλίψεων
18 αὐτῶν ἐρρύσατο αὐτούς. Ἐγγὺς Κύριος τοῖς συντετριμμένοις
19 τὴν καρδίαν, καὶ τοὺς ταπεινοὺς τῷ πνεύματι σώσει. Πολλαὶ
   αἱ θλίψεις τῶν δικαίων, καὶ ἐκ πασῶν αὐτῶν ῥύσεται αὐτοὺς
20 ὁ Κύριος. Φυλάσσει πάντα τὰ ὀστᾶ αὐτῶν, ἐν ἐξ αὐτῶν οὐ
21 συντριβήσεται. Θάνατος ἁμαρτωλῶν πονηρός, καὶ οἱ μισοῦν-
22 τες τὸ δίκαιον πλημμελήσουσι. Λυτρώσεται Κύριος ψυχὰς
   δούλων αὐτοῦ, καὶ οὐ μὴ πλημμελήσουσι πάντες οἱ ἐλπίζοντες
   ἐπ᾽ αὐτόν.

34 (35)   Τῷ Δαυίδ.

   Δικάσον, Κύριε, τοὺς ἀδικοῦντάς με, πολέμησον τοὺς πολε-
2 μοῦντάς με. Ἐπιλαβοῦ ὅπλου καὶ θυρεοῦ, καὶ ἀνάστηθι εἰς
3 βοήθειάν μοι. Ἔκχεον ῥομφαίαν, καὶ σύγκλεισον ἐξεναντίας
   τῶν καταδιωκόντων με· εἰπὸν τῇ ψυχῇ μου, σωτηρία σου ἐγώ
4 εἰμι. Αἰσχυνθείησαν καὶ ἐντραπείησαν οἱ ζητοῦντες τὴν ψυχήν
   μου, ἀποστραφείησαν εἰς τὰ ὀπίσω, καὶ καταισχυνθείησαν οἱ
5 λογιζόμενοί μοι κακά. Γενηθήτωσαν ὡσεὶ χοῦς κατὰ πρόσω-
6 πον ἀνέμου, καὶ ἄγγελος Κυρίου ἐκθλίβων αὐτούς. Γενηθήτω
   ἡ ὁδὸς αὐτῶν σκότος καὶ ὀλίσθημα, καὶ ἄγγελος Κυρίου κατα-
7 διώκων αὐτούς. Ὅτι δωρεὰν ἔκρυψάν μοι διαφθορὰν παγίδος
   αὐτῶν, μάτην ὠνείδισαν τὴν ψυχήν μου.

8 Ἐλθέτω αὐτοῖς παγὶς ἣν οὐ γινώσκουσι, καὶ ἡ θήρα ἣν ἔκ-
   ρυψαν, συλλαβέτω αὐτούς, καὶ ἐν τῇ παγίδι πεσοῦνται ἐν αὐτῇ.
9 Ἡ δὲ ψυχή μου ἀγαλλιάσεται ἐπὶ τῷ Κυρίῳ, τερφθήσεται ἐπὶ
10 τῷ σωτηρίῳ αὐτοῦ. Πάντα τὰ ὀστᾶ μου ἐροῦσι, Κύριε τίς
   ὅμοιός σοι; ῥυόμενος πτωχὸν ἐκ χειρὸς στερεωτέρων αὐτοῦ, καὶ
   πτωχὸν καὶ πένητα ἀπὸ τῶν διαρπαζόντων αὐτόν.

11 Ἀναστάντες μάρτυρες ἄδικοι, ἃ οὐκ ἐγίνωσκον, ἐπηρώτων με.
12 Ἀνταπεδίδοσάν μοι πονηρὰ ἀντὶ καλῶν, καὶ ἀτεκνίαν τῇ ψυχῇ
13 μου. Ἐγὼ δὲ ἐν τῷ αὐτοὺς παρενοχλεῖν μοι, ἐνεδυόμην σάκκον·
   καὶ ἐταπείνουν ἐν νηστείᾳ τὴν ψυχήν μου, καὶ ἡ προσευχή μου
14 εἰς κόλπον μου ἀποστραφήσεται. Ὡς πλησίον ὡς ἀδελφὸν
   ἡμέτερον οὕτως εὐηρέστουν, ὡς πενθῶν καὶ σκυθρωπάζων οὕτως
15 ἐταπεινούμην. Καὶ κατ᾽ ἐμοῦ εὐφράνθησαν, καὶ συνήχθησαν,
   συνήχθησαν ἐπ᾽ ἐμὲ μάστιγες καὶ οὐκ ἔγνων· διεσχίσθησαν καὶ
16 οὐ κατενύγησαν. Ἐπείρασάν με, ἐξεμυκτήρισάν με μυκτη-
   ρισμόν, ἔβρυξαν ἐπ᾽ ἐμὲ τοὺς ὀδόντας αὐτῶν.

17 Κύριε πότε ἐπόψῃ; ἀποκατάστησον τὴν ψυχήν μου ἀπὸ τῆς
18 κακουργίας αὐτῶν, ἀπὸ λεόντων τὴν μονογενῆ μου. Ἐξομολο-
   γήσομαί σοι ἐν ἐκκλησίᾳ πολλῇ, ἐν λαῷ βαρεῖ αἰνέσω σε.
19 Μὴ ἐπιχαρείησάν μοι οἱ ἐχθραίνοντές μοι ματαίως, οἱ μισοῦντές
20 με δωρεάν, καὶ διανεύοντες ὀφθαλμοῖς. Ὅτι ἐμοὶ μὲν εἰρηνικὰ
21 ἐλάλουν, καὶ ἐπ᾽ ὀργῇ δόλους διελογίζοντο. Καὶ ἐπλάτυναν

---

15 The eyes of the Lord are over the righteous, and his ears *are open* to their prayer: 16 but the face of the Lord is against them that do evil, to destroy their memorial from the earth. The righteous cried, and the Lord hearkened to them, 17 and delivered them out of all their afflictions. 18 The Lord is near to βthem that are of a contrite heart; and will save the lowly in spirit. 19 Many are the afflictions of the righteous: but out of them all the Lord will deliver them. 20 He keeps all their bones: not one of them shall be broken. 21 The death of sinners is evil: and they that hate righteousness will go wrong. 22 The Lord will redeem the souls of his servants: and none of those that hope in him shall go wrong.

A Psalm of David.

Judge thou, O Lord, them that injure me, fight against them that fight against me. 2 Take hold of shield and buckler, and arise for my help. 3 Bring forth a sword, and stop *the way* against them that persecute me: say to my soul, I am thy salvation. 4 Let them that seek my soul be ashamed and confounded: let them that devise evils against me be turned back and put to shame. 5 Let them be as dust before the wind, and an angel of the Lord afflicting them. 6 Let their way be dark and slippery, and an angel of the Lord persecuting them. 7 For without cause they have hid for me their destructive snare: without a cause they have reproached my soul.

8 Let a snare which they know not come upon them; and the gin which they hid take them: and let them fall into the very same snare. 9 But my soul shall exult in the Lord: it shall delight in his salvation. 10 All my bones shall say, O Lord, who is like to thee? delivering the poor out of the hand of them that are stronger than he, yea, the poor and needy one from them that spoil him.

11 Unjust witnesses arose, and asked me of things I knew not. 12 They rewarded me evil for good, and bereavement to my soul. 13 But I, when they troubled me, put on sackcloth, and humbled my soul with fasting: and my prayer shall return to my *own* bosom. 14 I behaved agreeably towards them as *if it had been* our neighbour *or* brother: I humbled myself as one mourning and sad of countenance. 15 Yet they rejoiced against me, and plagues were γplentifully brought against me, and I knew *it* not: they were scattered, but δrepented not. 16 They tempted me, they sneered at me most contemptuously, they gnashed their teeth upon me.

17 O Lord, when wilt thou look upon me? Deliver my soul from their mischief, mine only-begotten one from the lions. 18 I will give thanks to thee even in a great congregation: in an abundant people I will praise thee. 19 Let not them that are mine enemies without a cause rejoice against me; who hate me for nothing, and wink with their eyes. 20 For to me they spoke peaceably, but imagined deceits in *their* anger. 21 And

---

β *Gr.* the broken in heart.   γ The *Gr.* is repeated, by a Hebraism.   δ See Acts 2. 37.

they opened wide their mouth upon me; they said, Aha, aha, our eyes have seen *it*. ²²Thou hast seen *it*, O Lord: keep not silence: O Lord, withdraw not *thyself* from me. ²³Awake, O Lord, and attend to my judgment, *even* to my cause, my God and my Lord. ²⁴Judge me, O Lord, according to thy righteousness, O Lord my God; and let them not rejoice against me. ²⁵Let them not say in their hearts, Aha, aha, *it is pleasing* to our soul: neither let them say, We have devoured him. ²⁶Let them be confounded and ashamed together that rejoice at my afflictions: let them be clothed with shame and confusion that speak great swelling words against me. ²⁷Let them that rejoice in my righteousness exult and be glad: and let them say continually, The Lord be magnified, who desire the peace of his servant. ²⁸And my tongue shall meditate on thy righteousness, *and* on thy praise all the day.

For the end, by David the servant of the Lord.

The transgressor, that he may sin, says within himself, *that* ᵝthere is no fear of God before his eyes. ²For he has dealt craftily before him, ᵞ to discover his iniquity and hate it. ³The words of his mouth are transgression and deceit: he is not inclined to understand *how* to do good. ⁴He devises iniquity on his bed; he gives himself to every evil way; and does not abhor evil. ⁵O Lord, thy mercy is in the heaven; and thy truth *reaches* to the clouds. ⁶Thy righteousness is as the ᵟ mountains of God, thy judgments are as a great deep: O Lord, thou wilt preserve men and beasts. ⁷How hast thou multiplied thy mercy, O God! so the children of men shall trust in the shelter of thy wings. ⁸They shall be ᶻfully satisfied with the fatness of thine house; and thou shalt cause them to drink of the full stream of thy delights. ⁹For with thee is the fountain of life: in thy light we shall see light. ¹⁰Extend thy mercy to them that know thee; and thy righteousness to the upright in heart. ¹¹Let not the foot of pride come against me, and let not the hand of sinners move me. ¹²There have all the workers of iniquity fallen: they are cast out, and shall not be able to stand.

A Psalm of David.

Fret not thyself because of evil-doers, neither be envious of them that do iniquity. ²For they shall soon be withered as the grass, and shall soon fall away as the green herbs. ³Hope in the Lord, and do good; and dwell on the land, and thou shalt be fed with the wealth of it. ⁴Delight *thyself* in the Lord; and he shall grant thee the requests of thine heart. ⁵Disclose thy way to the Lord, and hope in him; and he shall bring *it* to pass. ⁶And he shall bring forth thy righteousness as the light, and thy judgment as the noon-day. ⁷Submit thyself to the Lord, and suppli-

ἐπ᾽ ἐμὲ τὸ στόμα αὐτῶν, εἶπαν, εὖγε, εὖγε, εἶδον οἱ ὀφθαλμοὶ ἡμῶν.

Εἶδες Κύριε, μὴ παρασιωπήσῃς, Κύριε μὴ ἀποστῇς ἀπ᾽ ἐμοῦ. 22 Ἐξεγέρθητι Κύριε, καὶ πρόσχες τῇ κρίσει μου, ὁ Θεός μου καὶ 23 ὁ Κύριός μου εἰς τὴν δίκην μου. Κρῖνόν με Κύριε κατὰ τὴν 24 δικαιοσύνην σου Κύριε ὁ Θεός μου, καὶ μὴ ἐπιχαρείησάν μοι. Μὴ εἴποισαν ἐν καρδίαις αὐτῶν, εὖγε, εὖγε τῇ ψυχῇ ἡμῶν· μηδὲ 25 εἴποιεν, κατεπίομεν αὐτόν. Αἰσχυνθείησαν καὶ ἐντραπείησαν 26 ἅμα οἱ ἐπιχαίροντες τοῖς κακοῖς μου· ἐνδυσάσθωσαν αἰσχύνην καὶ ἐντροπὴν οἱ μεγαλορρημονοῦντες ἐπ᾽ ἐμέ. Ἀγαλλιάσαιντο 27 καὶ εὐφρανθείησαν οἱ θέλοντες τὴν δικαιοσύνην μου, καὶ εἰπάτωσαν διαπαντός, μεγαλυνθείη ὁ Κύριος, οἱ θέλοντες τὴν εἰρήνην τοῦ δούλου αὐτοῦ. Καὶ ἡ γλῶσσά μου μελετήσει τὴν 28 δικαιοσύνην σου, ὅλην τὴν ἡμέραν τὸν ἔπαινόν σου.

Εἰς τὸ τέλος, τῷ δούλῳ Κυρίου τῷ Δαυίδ. 35 (36)

Φησὶν ὁ παράνομος τοῦ ἁμαρτάνειν ἐν ἑαυτῷ, οὐκ ἔστι φόβος Θεοῦ ἀπέναντι τῶν ὀφθαλμῶν αὐτοῦ. Ὅτι ἐδόλωσεν ἐνώπιον 2 αὐτοῦ, τοῦ εὑρεῖν τὴν ἀνομίαν αὐτοῦ καὶ μισῆσαι. Τὰ ῥήματα 3 τοῦ στόματος αὐτοῦ ἀνομία καὶ δόλος, οὐκ ἠβουλήθη συνιέναι τοῦ ἀγαθῦναι. Ἀνομίαν ἐλογίσατο ἐπὶ τῆς κοίτης αὐτοῦ, 4 παρέστη πάσῃ ὁδῷ οὐκ ἀγαθῇ, τῇ δὲ κακίᾳ οὐ προσώχθισε.

Κύριε, ἐν τῷ οὐρανῷ τὸ ἔλεός σου, καὶ ἡ ἀλήθειά σου ἕως 5 τῶν νεφελῶν. Ἡ δικαιοσύνη σου ὡς ὄρη Θεοῦ, τὰ κρίματά 6 σου ὡσεὶ ἄβυσσος πολλή· ἀνθρώπους καὶ κτήνη σώσεις Κύριε. Ὡς ἐπλήθυνας τὸ ἔλεός σου ὁ Θεός· οἱ δὲ υἱοὶ τῶν ἀνθρώπων 7 ἐν σκέπῃ τῶν πτερύγων σου ἐλπιοῦσι. Μεθυσθήσονται ἀπὸ 8 πιότητος οἴκου σου, καὶ τὸν χειμάρρουν τῆς τρυφῆς σου ποτιεῖς αὐτούς. Ὅτι παρὰ σοὶ πηγὴ ζωῆς, ἐν τῷ φωτί σου ὀψόμεθα 9 φῶς.

Παράτεινον τὸ ἔλεός σου τοῖς γινώσκουσί σε, καὶ τὴν δικαιο- 10 σύνην σου τοῖς εὐθέσι τῇ καρδίᾳ. Μὴ ἐλθέτω μοι ποῦς ὑπερη- 11 φανίας, καὶ χεὶρ ἁμαρτωλῶν μὴ σαλεύσαι με·

Ἐκεῖ ἔπεσον πάντες οἱ ἐργαζόμενοι τὴν ἀνομίαν, ἐξώσθησαν 12 καὶ οὐ μὴ δύνωνται στῆναι.

Τῷ Δαυίδ. 36 (37)

Μὴ παραζήλου ἐν πονηρευομένοις, μηδὲ ζήλου τοὺς ποιοῦντας τὴν ἀνομίαν. Ὅτι ὡσεὶ χόρτος ταχὺ ἀποξηρανθήσονται, καὶ 2 ὡσεὶ λάχανα χλόης ταχὺ ἀποπεσοῦνται. Ἔλπισον ἐπὶ Κύριον, 3 καὶ ποίει χρηστότητα, καὶ κατασκήνου τὴν γῆν, καὶ ποιμανθήσῃ ἐπὶ τῷ πλούτῳ αὐτῆς. Κατατρύφησον τοῦ Κυρίου, καὶ δώσει 4 σοι τὰ αἰτήματα τῆς καρδίας σου. Ἀποκάλυψον πρὸς Κύριον 5 τὴν ὁδόν σου, καὶ ἔλπισον ἐπ᾽ αὐτόν, καὶ αὐτὸς ποιήσει. Καὶ 6 ἐξοίσει ὡς φῶς τὴν δικαιοσύνην σου, καὶ τὸ κρίμα σου ὡς μεσημβρίαν.

Ὑποτάγηθι τῷ Κυρίῳ, καὶ ἱκέτευσον αὐτόν· μὴ παραζήλου 7

ᵝ Rom. 3. 18.　ᵞ *q. d.* with regard to the discovering, etc.　ᵟ *Or*, vast mountains. See Gen. 30. 8.　ᶻ *Gr.* intoxicated.

ἐν τῷ κατευοδουμένῳ ἐν τῇ ὁδῷ αὐτοῦ, ἐν ἀνθρώπῳ ποιοῦντι
8 παρανομίας. Παῦσαι ἀπὸ ὀργῆς καὶ ἐγκατάλιπε θυμὸν, μὴ
9 παραζήλου ὥστε πονηρεύεσθαι. Ὅτι οἱ πονηρευόμενοι ἐξολο-
θρευθήσονται, οἱ δὲ ὑπομένοντες τὸν Κύριον, αὐτοὶ κληρονομή-
10 σουσι τὴν γῆν. Καὶ ἔτι ὀλίγον καὶ οὐ μὴ ὑπάρξῃ ἁμαρτωλὸς,
11 καὶ ζητήσεις τὸν τόπον αὐτοῦ, καὶ οὐ μὴ εὕρῃς. Οἱ δὲ πραεῖς
κληρονομήσουσι γῆν, καὶ κατατρυφήσουσιν ἐπὶ πλήθει εἰρήνης.
12 Παρατηρήσεται ὁ ἁμαρτωλὸς τὸν δίκαιον, καὶ βρύξει ἐπ'
13 αὐτὸν τοὺς ὀδόντας αὐτοῦ. Ὁ δὲ Κύριος ἐκγελάσεται αὐτὸν,
14 ὅτι προβλέπει ὅτι ἥξει ἡ ἡμέρα αὐτοῦ. Ῥομφαίαν ἐσπάσαντο
οἱ ἁμαρτωλοὶ ἐνέτειναν τόξον αὐτῶν, τοῦ καταβαλεῖν πτωχὸν
15 καὶ πένητα, τοῦ σφάξαι τοὺς εὐθεῖς τῇ καρδίᾳ. Ἡ ῥομφαία
αὐτῶν εἰσέλθοι εἰς τὴν καρδίαν αὐτῶν, καὶ τὰ τόξα αὐτῶν συν-
τριβείη.
16 Κρεῖσσον ὀλίγον τῷ δικαίῳ ὑπὲρ πλοῦτον ἁμαρτωλῶν πολύν.
17 Ὅτι βραχίονες ἁμαρτωλῶν συντριβήσονται, ὑποστηρίζει δὲ τοὺς
δικαίους ὁ Κύριος.
18 Γινώσκει Κύριος τὰς ὁδοὺς τῶν ἀμώμων, καὶ ἡ κληρονομία
19 αὐτῶν εἰς τὸν αἰῶνα ἔσται. Οὐ καταισχυνθήσονται ἐν καιρῷ
20 πονηρῷ, καὶ ἐν ἡμέραις λιμοῦ χορτασθήσονται· Ὅτι οἱ ἁμαρ-
τωλοὶ ἀπολοῦνται, οἱ δὲ ἐχθροὶ τοῦ Κυρίου ἅμα τῷ δοξασθῆναι
21 αὐτοὺς καὶ ὑψωθῆναι, ἐκλείποντες ὡσεὶ καπνὸς ἐξέλιπον. Δα-
νείζεται ὁ ἁμαρτωλὸς, καὶ οὐκ ἀποτίσει, ὁ δὲ δίκαιος οἰκτείρει
22 καὶ διδοῖ. Ὅτι οἱ εὐλογοῦντες αὐτὸν κληρονομήσουσι γῆν, οἱ
δὲ καταρώμενοι αὐτὸν ἐξολοθρευθήσονται.
23 Παρὰ Κυρίου τὰ διαβήματα ἀνθρώπου κατευθύνεται, καὶ τὴν
24 ὁδὸν αὐτοῦ θελήσει. Ὅταν πέσῃ οὐ καταρραχθήσεται, ὅτι
25 Κύριος ἀντιστηρίζει χεῖρα αὐτοῦ. Νεώτερος ἐγενόμην, καὶ γὰρ
ἐγήρασα· καὶ οὐκ εἶδον δίκαιον ἐγκαταλελειμμένον, οὐδὲ τὸ
26 σπέρμα αὐτοῦ ζητοῦν ἄρτους. Ὅλην τὴν ἡμέραν ἐλεεῖ καὶ
δανείζει, καὶ τὸ σπέρμα αὐτοῦ εἰς εὐλογίαν ἔσται.
27 Ἔκκλινον ἀπὸ κακοῦ, καὶ ποίησον ἀγαθὸν, καὶ κατασκήνου
28 εἰς αἰῶνα αἰῶνος. Ὅτι Κύριος ἀγαπᾷ κρίσιν, καὶ οὐκ ἐγκατα-
λείψει τοὺς ὁσίους αὐτοῦ, εἰς τὸν αἰῶνα φυλαχθήσονται· ἄμωμοι
29 ἐκδικηθήσονται, καὶ σπέρμα ἀσεβῶν ἐξολοθρευθήσεται. Δίκαιοι
δὲ κληρονομήσουσι γῆν, καὶ κατασκηνώσουσιν εἰς αἰῶνα αἰῶνος
ἐπ' αὐτῆς.
30 Στόμα δικαίου μελετήσει σοφίαν, καὶ ἡ γλῶσσα αὐτοῦ λαλή-
31 σει κρίσιν. Ὁ νόμος τοῦ Θεοῦ αὐτοῦ ἐν καρδίᾳ αὐτοῦ, καὶ
32 οὐχ ὑποσκελισθήσεται τὰ διαβήματα αὐτοῦ. Κατανοεῖ ὁ ἁμαρ-
33 τωλὸς τὸν δίκαιον, καὶ ζητεῖ τοῦ θανατῶσαι αὐτόν. Ὁ δὲ
Κύριος οὐ μὴ ἐγκαταλίπῃ αὐτὸν εἰς τὰς χεῖρας αὐτοῦ, οὐδὲ μὴ
34 καταδικάσαι αὐτὸν, ὅταν κρίνηται αὐτῷ. Ὑπόμεινον τὸν Κύ-
ριον, καὶ φύλαξον τὴν ὁδὸν αὐτοῦ, καὶ ὑψώσει σε τοῦ κατακλη-
ρονομῆσαι τὴν γῆν· ἐν τῷ ἐξολοθρεύεσθαι ἁμαρτωλοὺς, ὄψει.
35 Εἶδον τὸν ἀσεβῆ ὑπερυψούμενον, καὶ ἐπαιρόμενον ὡς τὰς
36 κέδρους τοῦ Λιβάνου· Καὶ παρῆλθον, καὶ ἰδοὺ οὐκ ἦν, καὶ
37 ἐζήτησα αὐτὸν, καὶ οὐχ εὑρέθη ὁ τόπος αὐτοῦ. Φύλασσε ἀκα-
κίαν καὶ ἴδε εὐθύτητα, ὅτι ἐστὶν ἐγκατάλειμμα ἀνθρώπῳ εἰρη-

cate him: fret not thyself because of him that prospers in his way, at the man that does unlawful deeds. 8 Cease from anger, and forsake wrath: fret not thyself so as to do evil. 9 For evil-doers shall be destroyed: but they that wait on the Lord, they shall inherit the land. 10 And yet a little while, and the sinner shall not be, and thou shalt seek for his place, and shalt not find *it*. 11 But the meek shall inherit the earth; and shall delight *themselves* in the abundance of peace.

12 The sinner will watch for the righteous, and gnash his teeth upon him. 13 But the Lord shall laugh at him: for he foresees that his day will come. 14 Sinners have drawn their swords, they have bent their bow, to cast down the poor and needy one, *and* to slay the upright in heart. 15 Let their sword enter into their *own* heart, and their bows be broken.

16 A little is better to the righteous than abundant wealth of sinners. 17 For the arms of sinners shall be broken; but the Lord supports the righteous.

18 The Lord knows the ways of the perfect; and their inheritance shall be for ever. 19 They shall not be ashamed in an evil time; and in days of famine they shall be satisfied. 20 For the sinners shall perish; and the enemies of the Lord at the moment of their being honoured and exalted have utterly vanished like smoke. 21 The sinner borrows, and will not pay again: but the righteous has compassion, and gives. 22 For they that bless him shall inherit the earth; and they that curse him shall be utterly destroyed.

23 The steps of a man are rightly ordered by the Lord: and he will take pleasure in his way. 24 When he falls, he shall not be ruined: for the Lord supports his hand. 25 I was *once* young, indeed I am now old; yet I have not seen the righteous forsaken, nor his seed seeking bread. 26 He is merciful, and lends continually; and his seed shall be β blessed.

27 Turn aside from evil, and do good; and dwell for ever. 28 For the Lord loves judgment, and will not forsake his saints; they shall be preserved for ever: the blameless shall be γ avenged, but the seed of the ungodly shall be utterly destroyed. 29 But the righteous shall inherit the earth, and dwell upon it for ever.

30 The mouth of the righteous will meditate wisdom, and his tongue will speak of judgment. 31 The law of his God is in his heart; and his steps shall not δ slide. 32 The sinner watches the righteous, and seeks to slay him. 33 But the Lord will not leave him in his hands, nor by any means condemn him when he is judged. 34 Wait on the Lord, and keep his way, and he shall exalt thee to inherit the land: when the wicked are destroyed, thou shalt see *it*.

35 I saw the ungodly very highly exalting himself, and lifting himself up like the cedars of Libanus. 36 Yet I passed by, and lo! he was not: and I sought him, but his place was not found. 37 Maintain innocence, and behold uprightness: for there is **a**

β *Gr.* for a blessing.   γ *Or,* cleared in judgment.   δ *Gr.* be tripped up, or supplanted.

remnant to the peaceable man. ³⁸ But the transgressors shall be utterly destroyed together: the remnants of the ungodly shall be utterly destroyed. ³⁹ But the salvation of the righteous is of the Lord; and he is their defender in the time of affliction. ⁴⁰ And the Lord shall help them, and deliver them: and he shall rescue them from sinners, and save them, because they have hoped in him.

A Psalm of David for remembrance concerning the Sabbath-day.

O Lord, rebuke me not in thy wrath, neither chasten me in thine anger. ² For thy weapons are fixed in me, and thou hast pressed thy hand heavily upon me.

³ For there is no health in my flesh because of thine anger; there is no 'peace to my bones because of my sins. ⁴ For my transgressions have gone over mine head: they have pressed heavily upon me like a weighty burden. ⁵ My bruises have become noisome and corrupt, because of my foolishness. ⁶ I have been wretched and bowed down continually: I went with a mourning countenance all the day. ⁷ For my soul is filled with mockings; and there is no health in my flesh. ⁸ I have been afflicted and brought down exceedingly: I have roared for the groaning of my heart.

⁹ But all my desire is before thee; and my groaning is not hidden from thee. ¹⁰ My heart is troubled, my strength has failed me; and the light of mine eyes is not with me. ¹¹ My friends and my neighbours drew near before me, and stood still; and my nearest of kin stood afar off. ¹² While they pressed hard upon me that sought my soul: and they that sought my hurt spoke vanities, and devised deceits all the day. ¹³ But I, as a deaf man, heard not; and was as a dumb man not opening his mouth. ¹⁴ And I was as a man that hears not, and who has no reproofs in his mouth.

¹⁵ For I hoped in thee, O Lord: thou wilt hear, O Lord my God. ¹⁶ For I said, Lest mine enemies rejoice against me: for when my feet were moved, they spoke boastingly against me. ¹⁷ For I am ready for ᵝplagues, and my grief is continually 'before me. ¹⁸ For I will declare mine iniquity, and be distressed for my sin. ¹⁹ But mine enemies live, and are mightier than I: and they that hate me unjustly are multiplied. ²⁰ They that reward evil for good slandered me; because I followed righteousness. ²¹ Forsake me not, O Lord my God: depart not from me. ²² Draw nigh to my help, O Lord of my salvation.

For the end, a Song of David, to Idithun.

I said, I will take heed to my ways, that I sin not with my tongue: I set a guard on my mouth, while the sinner stood in my presence. ² I was dumb, and humbled myself, and kept silence from good *words*; and my grief was renewed. ³ My heart grew hot

νικῷ. Οἱ δὲ παράνομοι ἐξολοθρευθήσονται ἐπιτοαυτὸ, τὰ 38 ἐγκαταλείμματα τῶν ἀσεβῶν ἐξολοθρευθήσονται· Σωτηρία δὲ 39 τῶν δικαίων παρὰ Κυρίου, καὶ ὑπερασπιστὴς αὐτῶν ἐστιν ἐν καιρῷ θλίψεως. Καὶ βοηθήσει αὐτοῖς Κύριος, καὶ ῥύσεται 40 αὐτοὺς, καὶ ἐξελεῖται αὐτοὺς ἐξ ἁμαρτωλῶν, καὶ σώσει αὐτοὺς; ὅτι ἤλπισαν ἐπ᾽ αὐτόν.

Φαλμὸς τῷ Δαυὶδ εἰς ἀνάμνησιν περὶ σαββάτου.　37 (38)

Κύριε, μὴ τῷ θυμῷ σου ἐλέγξῃς με, μηδὲ τῇ ὀργῇ σου παιδεύσῃς με. Ὅτι τὰ βέλη σου ἐνεπάγησάν μοι, καὶ ἐπεστήριξας 2 ἐπ᾽ ἐμὲ τὴν χεῖρά σου.

Οὐκ ἔστιν ἴασις ἐν τῇ σαρκί μου ἀπὸ προσώπου τῆς ὀργῆς 3 σου, οὐκ ἔστιν εἰρήνη τοῖς ὀστέοις μου ἀπὸ προσώπου τῶν ἁμαρτιῶν μου. Ὅτι αἱ ἀνομίαι μου ὑπερῆραν τὴν κεφαλήν μου, 4 ὡσεὶ φορτίον βαρὺ ἐβαρύνθησαν ἐπ᾽ ἐμέ. Προσώζεσαν καὶ 5 ἐσάπησαν οἱ μώλωπές μου, ἀπὸ προσώπου τῆς ἀφροσύνης μου. Ἐταλαιπώρησα καὶ κατεκάμφθην ἕως τέλους, ὅλην τὴν ἡμέραν 6 σκυθρωπάζων ἐπορευόμην. Ὅτι ἡ ψυχή μου ἐπλήσθη ἐμπαιγ- 7 μῶν, καὶ οὐκ ἔστιν ἴασις ἐν τῇ σαρκί μου. Ἐκακώθην καὶ 8 ἐταπεινώθην ἕως σφόδρα, ὠρυόμην ἀπὸ στεναγμοῦ τῆς καρδίας μου.

Καὶ ἐναντίον σου πᾶσα ἡ ἐπιθυμία μου, καὶ ὁ στεναγμός 9 μου οὐκ ἀπεκρύβη ἀπὸ σοῦ. Ἡ καρδία μου ἐταράχθη, ἐγκατέ- 10 λιπέ με ἡ ἰσχύς μου, καὶ τὸ φῶς τῶν ὀφθαλμῶν μου οὐκ ἔστι μετ᾽ ἐμοῦ. Οἱ φίλοι μου καὶ οἱ πλησίον μου ἐξ ἐναντίας μου 11 ἤγγισαν καὶ ἔστησαν, καὶ οἱ ἔγγιστά μου μακρόθεν ἔστησαν, καὶ ἐξεβιάζοντο οἱ ζητοῦντες τὴν ψυχήν μου· καὶ οἱ ζητοῦντες 12 τὰ κακά μοι ἐλάλησαν ματαιότητας, καὶ δολιότητας ὅλην τὴν ἡμέραν ἐμελέτησαν. Ἐγὼ δὲ ὡσεὶ κωφὸς οὐκ ἤκουον, καὶ ὡσεὶ 13 ἄλαλος οὐκ ἀνοίγων τὸ στόμα αὐτοῦ· Καὶ ἐγενόμην ὡσεὶ 14 ἄνθρωπος οὐκ ἀκούων, καὶ οὐκ ἔχων ἐν τῷ στόματι αὐτοῦ ἐλεγμούς.

Ὅτι ἐπὶ σοὶ Κύριε ἤλπισα, σὺ εἰσακούσῃ Κύριε ὁ Θεός μου. 15 Ὅτι εἶπα, μή ποτε ἐπιχαρῶσί μοι οἱ ἐχθροί μου, καὶ ἐν τῷ 16 σαλευθῆναι πόδας μου, ἐπ᾽ ἐμὲ ἐμεγαλορρημόνησαν. Ὅτι ἐγὼ 17 εἰς μάστιγας ἕτοιμος, καὶ ἡ ἀλγηδών μου ἐνώπιόν μου διαπαντός. Ὅτι τὴν ἀνομίαν μου ἀναγγελῶ, καὶ μεριμνήσω ὑπὲρ τῆς 18 ἁμαρτίας μου. Οἱ δὲ ἐχθροί μου ζῶσι, καὶ κεκραταίωνται ὑπὲρ 19 ἐμὲ, καὶ ἐπληθύνθησαν οἱ μισοῦντές με ἀδίκως. Οἱ ἀνταπο- 20 διδόντες κακὰ ἀντὶ ἀγαθῶν, ἐνδιέβαλλόν με, ἐπεὶ κατεδίωκον δικαιοσύνην. Μὴ ἐγκαταλίπῃς με Κύριε ὁ Θεός μου, μὴ ἀπο- 21 στῇς ἀπ᾽ ἐμοῦ. Πρόσχες εἰς τὴν βοήθειάν μου Κύριε τῆς 22 σωτηρίας μου.

Εἰς τὸ τέλος, τῷ Ἰδιθοὺν ᾠδὴ τῷ Δαυίδ.　38 (39)

Εἶπα, φυλάξω τὰς ὁδούς μου, τοῦ μὴ ἁμαρτάνειν ἐν γλώσσῃ μου· ἐθέμην τῷ στόματί μου φυλακὴν, ἐν τῷ συστῆναι τὸν ἁμαρτωλὸν ἐναντίον μου. Ἐκωφώθην καὶ ἐταπεινώθην καὶ 2 ἐσίγησα ἐξ ἀγαθῶν, καὶ τὸ ἄλγημά μου ἀνεκαινίσθη. Ἐθερ- 3

ᵝ Gr. scourges.

μάνθη ἡ καρδία μου ἐντός μου, καὶ ἐν τῇ μελέτῃ μου ἐκκαυθή-
σεται πῦρ· ἐλάλησα ἐν γλώσσῃ μου,

4 Γνώρισόν μοι Κύριε τὸ πέρας μου, καὶ τὸν ἀριθμὸν τῶν
5 ἡμερῶν μου τίς ἐστιν, ἵνα γνῶ τί ὑστερῶ ἐγώ. Ἰδοὺ παλαιὰς
ἔθου τὰς ἡμέρας μου, καὶ ὑπόστασίς μου ὡσεὶ οὐθὲν ἐνώπιόν
σου· πλὴν τὰ σύμπαντα ματαιότης, πᾶς ἄνθρωπος ζῶν· διά-
6 ψαλμα. Μέντοιγε ἐν εἰκόνι διαπορεύεται ἄνθρωπος, πλὴν
μάτην ταράσσεται· θησαυρίζει, καὶ οὐ γινώσκει τίνι συνάξει
αὐτά.

7 Καὶ νῦν τίς ἡ ὑπομονή μου; οὐχὶ ὁ Κύριος; καὶ ἡ ὑπό-
8 στασίς μου παρὰ σοί ἐστι· διάψαλμα. Ἀπὸ πασῶν τῶν ἀνο-
9 μιῶν μου ῥῦσαί με, ὄνειδος ἄφρονι ἔδωκάς με. Ἐκωφώθην καὶ
10 οὐκ ἤνοιξα τὸ στόμα μου, ὅτι σὺ εἶ ὁ ποιήσας με. Ἀπόστησον
ἀπ᾽ ἐμοῦ τὰς μάστιγάς σου· ἀπὸ τῆς ἰσχύος τῆς χειρός σου ἐγὼ
11 ἐξέλιπον. Ἐν ἐλεγμοῖς ὑπὲρ ἀνομίας ἐπαίδευσας ἄνθρωπον·
καὶ ἐξέτηξας ὡς ἀράχνην τὴν ψυχὴν αὐτοῦ, πλὴν μάτην ταράσ-
σεται πᾶς ἄνθρωπος· διάψαλμα.

12 Εἰσάκουσον τῆς προσευχῆς μου Κύριε καὶ τῆς δεήσεώς μου·
ἐνώτισαι τῶν δακρύων μου· μὴ παρασιωπήσῃς, ὅτι πάροικος
ἐγώ εἰμι ἐν τῇ γῇ καὶ παρεπίδημος, καθὼς πάντες οἱ πατέρες
13 μου. Ἄνες μοι ἵνα ἀναψύξω πρὸ τοῦ με ἀπελθεῖν, καὶ οὐκέτι
μὴ ὑπάρξω.

39 (40) Εἰς τὸ τέλος, τῷ Δαυὶδ ψαλμός.

Ὑπομένων ὑπέμεινα τὸν Κύριον, καὶ προσέσχε μοι, καὶ εἰσ-
2 ήκουσε τῆς δεήσεώς μου. Καὶ ἀνήγαγέ με ἐκ λάκκου ταλαιπω-
ρίας, καὶ ἀπὸ πηλοῦ ἰλύος· καὶ ἔστησεν ἐπὶ πέτραν τοὺς πόδας
3 μου, καὶ κατεύθυνε τὰ διαβήματά μου. Καὶ ἐνέβαλεν εἰς τὸ
στόμα μου ᾆσμα καινόν, ὕμνον τῷ Θεῷ ἡμῶν· ὄψονται πολλοὶ
4 καὶ φοβηθήσονται, καὶ ἐλπιοῦσιν ἐπὶ Κύριον. Μακάριος ἀνήρ,
οὗ ἐστι τὸ ὄνομα Κυρίου ἐλπὶς αὐτοῦ, καὶ οὐκ ἐπέβλεψεν εἰς
ματαιότητας καὶ μανίας ψευδεῖς.

5 Πολλὰ ἐποίησας σὺ Κύριε ὁ Θεός μου τὰ θαυμάσιά σου, καὶ
τοῖς διαλογισμοῖς σου οὐκ ἔστι τίς ὁμοιωθήσεταί σοι· ἀπήγ-
6 γειλα καὶ ἐλάλησα, ἐπληθύνθησαν ὑπὲρ ἀριθμόν. Θυσίαν καὶ
προσφορὰν οὐκ ἠθέλησας, σῶμα δὲ κατηρτίσω μοι· ὁλοκαύτωμα
7 καὶ περὶ ἁμαρτίας οὐκ ᾔτησας. Τότε εἶπον, ἰδοὺ ἥκω· ἐν
8 κεφαλίδι βιβλίου γέγραπται περὶ ἐμοῦ, τοῦ ποιῆσαι τὸ θέλημά
σου ὁ Θεός μου ἠβουλήθην, καὶ τὸν νόμον σου ἐν μέσῳ τῆς
9 καρδίας μου. Εὐηγγελισάμην δικαιοσύνην ἐν ἐκκλησίᾳ μεγάλῃ,
10 ἰδοὺ τὰ χείλη μου οὐ μὴ κωλύσω· Κύριε, σὺ ἔγνως τὴν δικαιο-
σύνην μου, οὐκ ἔκρυψα ἐν τῇ καρδίᾳ μου τὴν ἀλήθειάν σου,
καὶ τὸ σωτήριόν σου εἶπα· οὐκ ἔκρυψα τὸ ἔλεός σου καὶ τὴν
ἀλήθειάν σου ἀπὸ συναγωγῆς πολλῆς.

11 Σὺ δὲ Κύριε μὴ μακρύνῃς τοὺς οἰκτιρμούς σου ἀπ᾽ ἐμοῦ, τὸ
ἔλεός σου καὶ ἡ ἀλήθειά σου διαπαντὸς ἀντελάβοντό μου.
12 Ὅτι περιέσχον με κακά, ὧν οὐκ ἔστιν ἀριθμός, κατέλαβόν με
αἱ ἀνομίαι μου, καὶ οὐκ ἠδυνάσθην τοῦ βλέπειν· ἐπληθύνθησαν
ὑπὲρ τὰς τρίχας τῆς κεφαλῆς μου, καὶ ἡ καρδία μου ἐγκατέλιπέ

within me, and a fire would kindle in my meditation: I spoke with my tongue,

[4] O Lord, make me to know mine end, and the number of my days, what it is; that I may know what I lack. [5] Behold, thou hast made my days β old; and my existence is as nothing before thee: nay, every man living is altogether vanity. Pause. [6] Surely man walks in a γ shadow; nay, he is disquieted in vain: he lays up treasures, and knows not for whom he shall gather them.

[7] And now what is my expectation? is it not the Lord? and my ground of hope is with thee. Pause. [8] Deliver me from all my transgressions: thou hast made me a reproach to the foolish. [9] I was δ dumb, and opened not my mouth; for thou art he that made me. [10] Remove thy scourges from me: I have fainted by reason of the strength of thine hand. [11] Thou chastenest man with rebukes for iniquity, and thou makest his life to consume away like a spider's web: nay, every man is disquieted in vain. Pause.

[12] O Lord, hearken to my prayer and my supplication: attend to my tears: be not silent, for I am a sojourner in the land, and a stranger, as all my fathers were. [13] Spare me, that I may be refreshed, before I depart, and be no more.

For the end, a Psalm of David.

I waited patiently for the Lord; and he attended to me, and hearkened to my supplication. [2] And he brought me up out of a pit of misery, and from miry clay: and he set my feet on a rock, and ordered my goings aright. [3] And he put a new song into my mouth, even a hymn to our God: many shall see it, and fear, and shall hope in the Lord. [4] Blessed is the man whose hope is the name of the Lord, and who has not regarded vanities and false frenzies.

[5] O Lord my God, thou hast multiplied thy wonderful works, and in thy thoughts there is none who shall be likened to thee: I declared and spoke of them: they exceeded number. [6] ζ Sacrifice and offering thou wouldest not; but a body hast thou prepared me: whole-burnt-offering and sacrifice for sin thou didst not require. [7] Then I said, Behold, I θ come: in the volume of the book it is written concerning me, [8] I desired to do thy will, O my God, and thy law in the midst of mine heart. [9] I have preached righteousness in the great congregation; lo! I will not refrain my lips; O Lord, thou knowest my righteousness. [10] I have not hid thy truth within my heart, and I have declared thy salvation; I have not hid thy mercy and thy truth from the great congregation.

[11] But thou, Lord, remove not thy compassion far from me; thy mercy and thy truth have helped me continually. [12] For innumerable evils have encompassed me; my transgressions have taken hold of me, and I could not see; they are multiplied

---

more than the hairs of my head; and my heart has failed me. [13] Be pleased, O Lord, to deliver me; O Lord, draw nigh to help me. [14] Let those that seek my soul, to destroy it, be ashamed and confounded together; let those that wish me evil be turned backward and put to shame. [15] Let those that say to me, Aha, aha, quickly receive shame for their reward. [16] Let all those that seek thee, O Lord, exult and rejoice in thee; and let them that love thy salvation say continually, The Lord be magnified. [17] But I am poor and needy; the Lord will take care of me; thou art my helper, and my defender, O my God, delay not.

For the end, a Psalm of David.

Blessed *is the man* who thinks on the poor and needy: the Lord shall deliver him in an evil day. [2] May the Lord preserve him and keep him alive, and bless him on the earth, and not deliver him into the hands of his enemy. [3] May the Lord help him upon the bed of his pain; thou hast made all his bed in his sickness.

[4] I said, O Lord, have mercy upon me; heal my soul; for I have sinned against thee. [5] Mine enemies have spoken evil against me, *saying*, When shall he die, and his name perish? [6] And if he came to see *me*, his heart spoke vainly; he gathered iniquity to himself; he went forth and spoke in like manner. [7] All my enemies whispered against me; against me they devised my hurt. [8] They denounced a wicked word against me, *saying*, Now that he lies, shall he not rise up again? [9] For even the man of my peace, in whom I trusted, [β] who ate my bread, lifted up *his* heel against me.

[10] But thou, O Lord, have compassion upon me, and raise me up, and I shall requite them. [11] By this I know that thou hast delighted in me, because mine enemy shall not rejoice over me. [12] But thou didst help me because of *mine* innocence, and hast established me before thee for ever. [13] Blessed *be* the Lord God of Israel from everlasting, and to everlasting. So be it, so be it.

For the end, a Psalm for instruction, for the sons of Core.

As the hart earnestly desires the fountains of water, so my soul earnestly longs for thee, O God. [2] My soul has thirsted for the living God: when shall I come and appear before God? [3] My tears have been bread to me day and night, while they daily said to me, Where is thy God? [4] I remembered these things, and poured out my soul in me, for I will go to the place of thy wondrous tabernacle, *even* to the house of God, with a voice of exultation and thanksgiving and of the sound of those who keep festival. [γ]

[5] Wherefore art thou very sad, O my soul? and wherefore dost thou trouble me? hope in God; for I will give thanks to him; *he is* the salvation of my countenance.

[6] O my God, my soul has been troubled within me: therefore will I remember thee

με. Εὐδόκησον Κύριε τοῦ ῥύσασθαί με, Κύριε εἰς τὸ βοηθῆ- 13 σαί μοι πρόσχες. Καταισχυνθείησαν καὶ ἐντραπείησαν ἅμα οἱ 14 ζητοῦντες τὴν ψυχήν μου, τοῦ ἐξᾶραι αὐτήν· ἀποστραφείησαν εἰς τὰ ὀπίσω, καὶ ἐντραπείησαν οἱ θέλοντές μοι κακά. Κομι- 15 σάσθωσαν παραχρῆμα αἰσχύνην αὐτῶν, οἱ λέγοντές μοι, εὖγε, εὖγε. Ἀγαλλιάσαιντο καὶ εὐφρανθείησαν ἐπὶ σοὶ πάντες οἱ 16 ζητοῦντές σε Κύριε· καὶ εἰπάτωσαν διαπαντός, μεγαλυνθήτω ὁ Κύριος, οἱ ἀγαπῶντες τὸ σωτήριόν σου. Ἐγὼ δὲ πτωχὸς καὶ 17 πένης εἰμί, Κύριος φροντιεῖ μου· βοηθός μου καὶ ὑπερασπιστής μου εἶ σὺ ὁ Θεός μου, μὴ χρονίσῃς.

Εἰς τὸ τέλος, ψαλμὸς τῷ Δαυίδ.   40 (41)

Μακάριος ὁ συνιῶν ἐπὶ πτωχὸν καὶ πένητα, ἐν ἡμέρᾳ πονηρᾷ ῥύσεται αὐτὸν ὁ Κύριος. Κύριος φυλάξαι αὐτὸν καὶ ζῆσαι 2 αὐτόν, καὶ μακαρίσαι αὐτὸν ἐν τῇ γῇ, καὶ μὴ παραδοῖ αὐτὸν εἰς χεῖρας ἐχθροῦ αὐτοῦ. Κύριος βοηθήσαι αὐτῷ ἐπὶ κλίνης ὀδύνης 3 αὐτοῦ, ὅλην τὴν κοίτην αὐτοῦ ἔστρεψας ἐν τῇ ἀρρωστίᾳ αὐτοῦ.

Ἐγὼ εἶπα, Κύριε ἐλέησόν με, ἴασαι τὴν ψυχήν μου, ὅτι 4 ἥμαρτόν σοι. Οἱ ἐχθροί μου εἶπαν κακά μοι, πότε ἀποθανεῖται 5 καὶ ἀπολεῖται τὸ ὄνομα αὐτοῦ; Καὶ εἰ εἰσεπορεύετο τοῦ ἰδεῖν, 6 μάτην ἐλάλει ἡ καρδία αὐτοῦ, συνήγαγεν ἀνομίαν ἑαυτῷ, ἐξεπορεύετο ἔξω, καὶ ἐλάλει ἐπὶ τὸ αὐτό. Κατ᾿ ἐμοῦ ἐψιθύριζον 7 πάντες οἱ ἐχθροί μου, κατ᾿ ἐμοῦ ἐλογίζοντο κακά μοι. Λόγον 8 παράνομον κατέθεντο κατ᾿ ἐμοῦ, μὴ ὁ κοιμώμενος οὐχὶ προσθήσει τοῦ ἀναστῆναι; Καὶ γὰρ ὁ ἄνθρωπος τῆς εἰρήνης μου 9 ἐφ᾿ ὃν ἤλπισα, ὁ ἐσθίων ἄρτους μου ἐμεγάλυνεν ἐπ᾿ ἐμὲ πτερνισμόν.

Σὺ δὲ Κύριε ἐλέησόν με, καὶ ἀνάστησόν με, καὶ ἀνταποδώσω 10 αὐτοῖς. Ἐν τούτῳ ἔγνων, ὅτι τεθέληκάς με ὅτι οὐ μὴ ἐπιχαρῇ 11 ὁ ἐχθρός μου ἐπ᾿ ἐμέ. Ἐμοῦ δὲ διὰ τὴν ἀκακίαν ἀντελάβου, 12 καὶ ἐβεβαίωσάς με ἐνώπιόν σου εἰς τὸν αἰῶνα. Εὐλογητὸς 13 Κύριος ὁ Θεὸς Ἰσραὴλ ἀπὸ τοῦ αἰῶνος καὶ εἰς τὸν αἰῶνα· γένοιτο, γένοιτο.

Εἰς τὸ τέλος, εἰς σύνεσιν τοῖς υἱοῖς Κορέ.   41 (42)

Ὃν τρόπον ἐπιποθεῖ ἡ ἔλαφος ἐπὶ τὰς πηγὰς τῶν ὑδάτων, οὕτως ἐπιποθεῖ ἡ ψυχή μου πρὸς σὲ ὁ Θεός. Ἐδίψησεν ἡ 2 ψυχή μου πρὸς τὸν Θεὸν τὸν ζῶντα· πότε ἥξω καὶ ὀφθήσομαι τῷ προσώπῳ τοῦ Θεοῦ; Ἐγενήθη τὰ δάκρυά μου ἐμοὶ ἄρτος 3 ἡμέρας καὶ νυκτός, ἐν τῷ λέγεσθαί μοι καθ᾿ ἑκάστην ἡμέραν, ποῦ ἐστιν ὁ Θεός σου; Ταῦτα ἐμνήσθην, καὶ ἐξέχεα ἐπ᾿ ἐμὲ 4 τὴν ψυχήν μου, ὅτι διελεύσομαι ἐν τόπῳ σκηνῆς θαυμαστῆς ἕως τοῦ οἴκου τοῦ Θεοῦ· ἐν φωνῇ ἀγαλλιάσεως καὶ ἐξομολογήσεως ἤχου ἑορταζόντων.

Ἱνατί περίλυπος εἶ ἡ ψυχή μου, καὶ ἱνατί συνταράσσεις με; 5 ἔλπισον ἐπὶ τὸν Θεόν, ὅτι ἐξομολογήσομαι αὐτῷ, σωτήριον τοῦ προσώπου μου,

Ὁ Θεός μου· πρὸς ἐμαυτὸν ἡ ψυχή μου ἐταράχθη, διὰ τοῦτο 6

β John 13. 18.   γ See *Appendix*.

μνησθήσομαί σου ἐκ γῆς Ἰορδάνου, καὶ Ἑρμωνιείμ ἀπὸ ὄρους
7 μικροῦ. Ἄβυσσος ἄβυσσον ἐπικαλεῖται εἰς φωνὴν τῶν καταρ-
ρακτῶν σου· πάντες οἱ μετεωρισμοί σου, καὶ τὰ κύματά σου ἐπ’
8 ἐμὲ διῆλθον. Ἡμέρας ἐντελεῖται Κύριος τὸ ἔλεος αὐτοῦ, καὶ
9 νυκτὸς δηλώσει· παρ’ ἐμοὶ προσευχὴ τῷ Θεῷ τῆς ζωῆς μου, ἐρῶ
τῷ Θεῷ, ἀντιλήπτωρ μου εἶ, διατί μου ἐπελάθου; ἱνατί σκυθρω-
10 πάζων πορεύομαι ἐν τῷ ἐκθλίβειν τὸν ἐχθρόν μου; Ἐν τῷ
καταθλᾶσθαι τὰ ὀστᾶ μου, ὠνείδισάν με οἱ θλίβοντές με· ἐν τῷ
λέγειν αὐτούς μοι καθ’ ἑκάστην ἡμέραν, ποῦ ἐστιν ὁ Θεός μου;
11 Ἱνατί περίλυπος εἶ ἡ ψυχή μου, καὶ ἱνατί συνταράσσεις με;
ἔλπισον ἐπὶ τὸν Θεόν, ὅτι ἐξομολογήσομαι αὐτῷ, ἡ σωτηρία τοῦ
προσώπου μου, καὶ ὁ Θεός μου.

42 (43)   Ψαλμὸς τῷ Δαυίδ.

Κρίνον με ὁ Θεός, καὶ δίκασον τὴν δίκην μου, ἐξ ἔθνους οὐχ
2 ὁσίου, ἀπὸ ἀνθρώπου ἀδίκου καὶ δολίου ῥῦσαί με. Ὅτι σὺ εἶ
ὁ Θεὸς κραταίωμά μου, ἱνατί ἀπώσω με; καὶ ἱνατί σκυθρωπά-
3 ζων πορεύομαι ἐν τῷ ἐκθλίβειν τὸν ἐχθρόν μου; Ἐξαπό-
·στειλον τὸ φῶς σου καὶ τὴν ἀλήθειάν σου, αὐτά με ὡδήγησαν
καὶ ἤγαγόν με εἰς ὄρος ἅγιόν σου, καὶ εἰς τὰ σκηνώματά σου.
4 Καὶ εἰσελεύσομαι πρὸς τὸ θυσιαστήριον τοῦ Θεοῦ, πρὸς τὸν
Θεὸν τὸν εὐφραίνοντα τὴν νεότητά μου, ἐξομολογήσομαί σοι ἐν
κιθάρᾳ ὁ Θεὸς ὁ Θεός μου.
5 Ἱνατί περίλυπος εἶ ἡ ψυχή μου, καὶ ἱνατί συνταράσσεις με;
ἔλπισον ἐπὶ τὸν Θεόν, ὅτι ἐξομολογήσομαι αὐτῷ, σωτήριον τοῦ
προσώπου μου, ὁ Θεός μου.

43 (44)   Εἰς τὸ τέλος, τοῖς υἱοῖς Κορὲ εἰς σύνεσιν ψαλμός.

Ὁ Θεὸς ἐν τοῖς ὠσὶν ἡμῶν ἠκούσαμεν, οἱ πατέρες ἡμῶν ἀνήγ-
γειλαν ἡμῖν, ἔργον ὃ εἰργάσω ἐν ταῖς ἡμέραις αὐτῶν, ἐν ἡμέ-
2 ραις ἀρχαίαις. Ἡ χείρ σου ἔθνη ἐξωλόθρευσε, καὶ κατεφύ-
3 τευσας αὐτούς, ἐκάκωσας λαοὺς καὶ ἐξέβαλες αὐτούς. Οὐ γὰρ
ἐν τῇ ῥομφαίᾳ αὐτῶν ἐκληρονόμησαν γῆν, καὶ ὁ βραχίων αὐτῶν
οὐκ ἔσωσεν αὐτούς, ἀλλὰ ἡ δεξιά σου καὶ ὁ βραχίων σου, καὶ
ὁ φωτισμὸς τοῦ προσώπου σου, ὅτι εὐδόκησας ἐν αὐτοῖς.
4 Σὺ εἶ αὐτὸς ὁ βασιλεύς μου καὶ ὁ Θεός μου, ὁ ἐντελλόμενος
5 τὰς σωτηρίας Ἰακώβ. Ἐν σοὶ τοὺς ἐχθροὺς ἡμῶν κερατιοῦμεν,
καὶ ἐν τῷ ὀνόματί σου ἐξουδενώσομεν τοὺς ἐπανισταμένους
6 ἡμῖν. Οὐ γὰρ ἐπὶ τῷ τόξῳ μου ἐλπιῶ, καὶ ἡ ῥομφαία μου οὐ
7 σώσει με. Ἔσωσας γὰρ ἡμᾶς ἐκ τῶν θλιβόντων ἡμᾶς, καὶ
8 τοὺς μισοῦντας ἡμᾶς κατῄσχυνας. Ἐν τῷ Θεῷ ἐπαινεθησόμεθα
ὅλην τὴν ἡμέραν, καὶ ἐν τῷ ὀνόματί σου ἐξομολογησόμεθα εἰς
τὸν αἰῶνα· διάψαλμα.
9 Νυνὶ δὲ ἀπώσω καὶ κατῄσχυνας ἡμᾶς, καὶ οὐκ ἐξελεύσῃ ἐν
10 ταῖς δυνάμεσιν ἡμῶν. Ἀπέστρεψας ἡμᾶς εἰς τὰ ὀπίσω παρὰ
τοὺς ἐχθροὺς ἡμῶν, καὶ οἱ μισοῦντες ἡμᾶς διήρπαζον ἑαυτοῖς.
11 Ἔδωκας ἡμᾶς ὡς πρόβατα βρώσεως, καὶ ἐν τοῖς ἔθνεσι διέσπειρας
12 ἡμᾶς· Ἀπέδου τὸν λαόν σου ἄνευ τιμῆς, καὶ οὐκ ἦν πλῆθος ἐν
13 τοῖς ἀλαλάγμασιν αὐτῶν. Ἔθου ἡμᾶς ὄνειδος τοῖς γείτοσιν

from the land of Jordan, and of the Er-
monites, from the little hill. 7 Deep calls to
deep at the voice of thy cataracts: all thy
billows and thy waves have gone over me.
8 By day the Lord will command his mercy,
and β manifest *it* by night: with me *is*
prayer to the God of my life. 9 I will say to
God, Thou art my helper; why hast thou
forgotten me? wherefore do I go sad of
countenance, while the enemy oppresses
me? 10 While my bones were breaking, they
that afflicted me reproached me; while they
said to me daily, Where is thy God? 11 Wherefore art thou very sad, O my
soul? and wherefore dost thou trouble me?
hope in God; for I will give thanks to him;
he is the health of my countenance, and
my God.

A Psalm of David.

Judge me, O God, and plead my cause,
against an ungodly nation: deliver me from
the unjust and crafty man. 2 For thou, O
God, art my strength: wherefore hast thou
cast me off? and why do I go sad of coun-
tenance, while the enemy oppresses *me?*
3 Send forth thy light and thy truth: they
have led me, and brought me to thy holy
mountain, and to thy tabernacles. 4 And I
will go in to the altar of God, to God who
gladdens my youth: I will give thanks to
thee on the harp, O God, my God.
5 Wherefore art thou very sad, O my
soul? and wherefore dost thou trouble me?
Hope in God; for I will give thanks to him,
who is the health of my countenance, *and*
my God.

For the end, a Psalm for γ instruction, for the sons of Core.

O God, we have heard with our ears, our
fathers have told us, the work which thou
wroughtest in their days, in the days of old.
2 Thine hand utterly destroyed the heathen,
and thou didst plant them: thou didst
afflict the nations, and cast them out. 3 For
they inherited not the land by their *own*
sword, and their *own* arm did not deliver
them; but thy right hand, and thine arm,
and the light of thy countenance, because
thou wert well pleased in them.
4 Thou art indeed my King and my God,
who commandest deliverances for Jacob.
5 In thee will we push down our enemies,
and in thy name will we bring to nought
them that rise up against us. 6 For I will
not trust in my bow, and my sword shall
not save me. 7 For thou hast saved us from
them that afflicted us, and hast put to
shame them that hated us. 8 In God δ will
we make our boast all the day, and to thy
name will we give thanks for ever. Pause.
9 But now thou hast cast off, and put us
to shame; and thou wilt not go forth with
our hosts. 10 Thou hast turned us back
before our enemies; and they that hated
us spoiled for themselves. 11 Thou madest
us as sheep for meat; and thou scatteredst
us among the nations. 12 Thou hast sold
thy people without price, and there was
no profit by their exchange. 13 Thou hast

β Heb. and *Alex.* his song shall be, etc.   γ *Gr.* understanding.   δ *Gr.* will we be praised, etc. See Ps. 106.

hade us a reproach to our neighbours, a scorn and derision to them that are round about us. [14] Thou hast made us a proverb among the Gentiles, a shaking of the head among the nations. [15] All the day my shame is before me, and the confusion of my face has covered me, [16] because of the voice of the slanderer and reviler; because of the enemy and avenger.

[17] All these things are come upon us: but we have not forgotten thee, neither have we dealt unrighteously in thy covenant. [18] And our heart has not gone back; but thou hast turned aside our paths from thy way. [19] For thou hast laid us low in a place of affliction, and the shadow of death has covered us. [20] If we have forgotten the name of our God, and if we have spread out our hands to a strange god; shall not God search these things out? [21] for he knows the secrets of the heart. [22] β For, for thy sake we are killed all the day long; we are counted as sheep for slaughter.

[23] Awake, wherefore sleepest thou, O Lord? arise, and do not cast *us* off for ever. [24] Wherefore turnest thou thy face away, *and* forgettest our poverty and our affliction? [25] For our soul has been brought down to the dust; our belly has cleaved to the earth. [26] Arise, O Lord, help us, and redeem us for thy name's sake.

For the end, for γ alternate *strains* by the sons of Core; for instruction, a Song concerning the beloved.

My heart δ has uttered a good matter: I declare my works to the king: my tongue is the pen of a quick writer. [2] Thou art more beautiful than the sons of men: grace has been shed forth on thy lips: therefore God has blessed thee for ever.

[3] Gird thy sword upon thy thigh, O Mighty One, in thy comeliness, and in thy beauty; [4] and bend *thy bow*, and prosper, and reign, because of truth and meekness and righteousness; and thy right hand shall guide thee wonderfully. [5] Thy weapons are sharpened, Mighty One, (the nations shall fall under thee) *they are* in the heart of the king's enemies.

[6] ζ Thy throne, O God, is for ever and ever: the sceptre of thy kingdom is a sceptre of righteousness. [7] Thou hast loved righteousness, and hated iniquity: therefore God, thy God, has anointed thee with the oil of gladness beyond thy fellows.

[8] Myrrh, and stacte, and cassia *are exhaled* from thy garments, *and* out of the ivory palaces, [9] with which kings' daughters have gladdened thee for thine honour: the queen stood by on thy right hand, clothed in vesture wrought with gold, and arrayed in divers colours. [10] Hear, O daughter, and see, and incline thine ear; forget also thy people, and thy father's house. [11] Because the king has desired thy beauty; for he is thy Lord. [12] And the daughter of Tyre shall adore him with gifts; the rich of the people of the land shall supplicate thy θ favour.

[13] All her glory *is that* of the daughter of

ἡμῶν, μυκτηρισμὸν καὶ καταγέλωτα τοῖς κύκλῳ ἡμῶν. Ἔθου 14 ἡμᾶς εἰς παραβολὴν ἐν τοῖς ἔθνεσι, κίνησιν κεφαλῆς ἐν τοῖς λαοῖς. Ὅλην τὴν ἡμέραν ἡ ἐντροπή μου κατεναντίον μου ἐστὶ, 15 καὶ ἡ αἰσχύνη τοῦ προσώπου μου ἐκάλυψέ με, ἀπὸ φωνῆς 16 ὀνειδίζοντος καὶ παραλαλοῦντος, ἀπὸ προσώπου ἐχθροῦ καὶ ἐκδιώκοντος.

Ταῦτα πάντα ἦλθεν ἐφ᾽ ἡμᾶς, καὶ οὐκ ἐπελαθόμεθά σου, καὶ 17 οὐκ ἠδικήσαμεν ἐν διαθήκῃ σου. Καὶ οὐκ ἀπέστη εἰς τὰ ὀπίσω 18 ἡ καρδία ἡμῶν, καὶ ἐξέκλινας τὰς τρίβους ἡμῶν ἀπὸ τῆς ὁδοῦ σου. Ὅτι ἐταπείνωσας ἡμᾶς ἐν τόπῳ κακώσεως, καὶ ἐπεκά- 19 λυψεν ἡμᾶς σκιὰ θανάτου. Εἰ ἐπελαθόμεθα τοῦ ὀνόματος τοῦ 20 Θεοῦ ἡμῶν, καὶ εἰ διεπετάσαμεν χεῖρας ἡμῶν πρὸς θεὸν ἀλλό- τριον, οὐχὶ ὁ Θεὸς ἐκζητήσει ταῦτα; αὐτὸς γὰρ γινώσκει τὰ 21 κρύφια τῆς καρδίας. Ὅτι ἕνεκά σου θανατούμεθα ὅλην τὴν 22 ἡμέραν, ἐλογίσθημεν ὡς πρόβατα σφαγῆς.

Ἐξεγέρθητι, ἱνατί ὑπνοῖς Κύριε; ἀνάστηθι, καὶ μὴ ἀπώσῃ 23 εἰς τέλος. Ἱνατί τὸ πρόσωπόν σου ἀποστρέφεις; ἐπιλανθάνῃ 24 τῆς πτωχείας ἡμῶν καὶ τῆς θλίψεως ἡμῶν; Ὅτι ἐταπεινώθη 25 εἰς χοῦν ἡ ψυχὴ ἡμῶν, ἐκολλήθη εἰς γῆν ἡ γαστὴρ ἡμῶν. Ἀνάστα Κύριε, βοήθησον ἡμῖν, καὶ λύτρωσαι ἡμᾶς ἕνεκεν τοῦ 26 ὀνόματός σου.

Εἰς τὸ τέλος, ὑπὲρ τῶν ἀλλοιωθησομένων τοῖς υἱοῖς　44 (45) Κορὲ εἰς σύνεσιν, ᾠδὴ ὑπὲρ τοῦ ἀγαπητοῦ.

Ἐξηρεύξατο ἡ καρδία μου λόγον ἀγαθὸν, λέγω ἐγὼ τὰ ἔργα μου τῷ βασιλεῖ· ἡ γλῶσσά μου κάλαμος γραμματέως ὀξυγρά- φου. Ὡραῖος κάλλει παρὰ τοὺς υἱοὺς τῶν ἀνθρώπων, ἐξεχύθη 2 χάρις ἐν χείλεσί σου, διὰ τοῦτο εὐλόγησέ σε ὁ Θεὸς εἰς τὸν αἰῶνα.

Περίζωσαι τὴν ῥομφαίαν σου ἐπὶ τὸν μηρόν σου δυνατέ· τῇ 3 ὡραιότητί σου, καὶ τῷ κάλλει σου, καὶ ἔντεινον, καὶ κατευοδοῦ, 4 καὶ βασίλευε· ἕνεκεν ἀληθείας καὶ πρᾳότητος καὶ δικαιοσύνης, καὶ ὁδηγήσει σε θαυμαστῶς ἡ δεξιά σου. Τὰ βέλη σου ἠκονη- 5 μένα δυνατέ, λαοὶ ὑποκάτω σου πεσοῦνται, ἐν καρδίᾳ τῶν ἐχθρῶν τοῦ βασιλέως.

Ὁ θρόνος σου ὁ Θεὸς εἰς αἰῶνα αἰῶνος, ῥάβδος εὐθύτητος ἡ 6 ῥάβδος τῆς βασιλείας σου. Ἠγάπησας δικαιοσύνην, καὶ ἐμί- 7 σησας ἀνομίαν, διὰ τοῦτο ἔχρισέ σε ὁ Θεὸς ὁ Θεός σου ἔλαιον ἀγαλλιάσεως παρὰ τοὺς μετόχους σου.

Σμύρνα καὶ στακτὴ καὶ κασία ἀπὸ τῶν ἱματίων σου, ἀπὸ 8 βάρεων ἐλεφαντίνων, ἐξ ὧν ηὔφρανάν σε θυγατέρες βασιλέων 9 ἐν τῇ τιμῇ σου· παρέστη ἡ βασίλισσα ἐκ δεξιῶν σου, ἐν ἱμα- τισμῷ διαχρύσῳ περιβεβλημένη, πεποικιλμένη. Ἄκουσον 10 θύγατερ καὶ ἴδε καὶ κλῖνον τὸ οὖς σου, καὶ ἐπιλάθου τοῦ λαοῦ σου, καὶ τοῦ οἴκου τοῦ πατρός σου. Ὅτι ἐπεθύμησεν ὁ βασι- 11 λεὺς τοῦ κάλλους σου, ὅτι αὐτός ἐστιν ὁ Κύριός σου. Καὶ 12 προσκυνήσουσιν αὐτῷ θυγατέρες Τύρου ἐν δώροις, τὸ πρόσωπόν σου λιτανεύσουσιν οἱ πλούσιοι τοῦ λαοῦ τῆς γῆς.

Πᾶσα ἡ δόξα αὐτῆς θυγατρὸς τοῦ βασιλέως Ἐσεβὼν, ἐν 13

β Rom. 8. 36.　γ See also Ps. 68 and 79, titles; *q. d.* repeated, see *Hebrew.*　δ *Lit.* eructavit.　ζ Heb. 1. 8-10.　θ *Gr.* face

14 κροσσωτοῖς χρυσοῖς περιβεβλημένη, πεποικιλμένη· ἀπενεχθή-
σονται τῷ βασιλεῖ παρθένοι ὀπίσω αὐτῆς, αἱ πλησίον αὐτῆς
15 ἀπενεχθήσονταί σοι. Ἀπενεχθήσονται ἐν εὐφροσύνῃ καὶ ἀγαλ-
16 λιάσει, ἀχθήσονται εἰς ναὸν βασιλέως. Ἀντὶ τῶν πατέρων σου
ἐγενήθησάν σοι υἱοί, καταστήσεις αὐτοὺς ἄρχοντας ἐπὶ πᾶσαν
17 τὴν γῆν. Μνησθήσονται τοῦ ὀνόματός σου ἐν πάσῃ γενεᾷ
καὶ γενεᾷ, διὰ τοῦτο λαοὶ ἐξομολογήσονταί σοι εἰς τὸν αἰῶνα,
καὶ εἰς τὸν αἰῶνα τοῦ αἰῶνος.

45 (46) Εἰς τὸ τέλος, ὑπὲρ τῶν υἱῶν Κορὲ, ὑπὲρ τῶν κρυφίων
ψαλμός.

Ὁ Θεὸς ἡμῶν καταφυγὴ καὶ δύναμις, βοηθὸς ἐν θλίψεσι
2 ταῖς εὑρούσαις ἡμᾶς σφόδρα. Διὰ τοῦτο οὐ φοβηθησόμεθα
ἐν τῷ ταράσσεσθαι τὴν γῆν, καὶ μετατίθεσθαι ὄρη ἐν καρδίαις
3 θαλασσῶν. Ἤχησαν καὶ ἐταράχθησαν τὰ ὕδατα αὐτῶν,
ἐταράχθησαν τὰ ὄρη ἐν τῇ κραταιότητι αὐτοῦ· διάψαλμα.
4 Τοῦ ποταμοῦ τὰ ὁρμήματα εὐφραίνουσι τὴν πόλιν τοῦ Θεοῦ,
5 ἡγίασε τὸ σκήνωμα αὐτοῦ ὁ ὕψιστος. Ὁ Θεὸς ἐν μέσῳ
αὐτῆς οὐ σαλευθήσεται, βοηθήσει αὐτῇ ὁ Θεὸς τῷ προσώπῳ.
6 Ἐταράχθησαν ἔθνη, ἔκλιναν βασιλεῖαι, ἔδωκε φωνὴν αὐτοῦ,
7 ἐσαλεύθη ἡ γῆ. Κύριος τῶν δυνάμεων μεθ᾽ ἡμῶν, ἀντιλήπτωρ
ἡμῶν ὁ Θεὸς Ἰακώβ· διάψαλμα.

8 Δεῦτε καὶ ἴδετε τὰ ἔργα τοῦ Κυρίου, ἃ ἔθετο τέρατα ἐπὶ τῆς
9 γῆς· ἀνταναιρῶν πολέμους μέχρι τῶν περάτων τῆς γῆς,
τόξον συντρίψει, καὶ συγκλάσει ὅπλον, καὶ θυρεοὺς κατα-
10 καύσει ἐν πυρί. Σχολάσατε καὶ γνῶτε, ὅτι ἐγώ εἰμι ὁ Θεός,
11 ὑψωθήσομαι ἐν τοῖς ἔθνεσιν, ὑψωθήσομαι ἐν τῇ γῇ. Κύ-
ριος τῶν δυνάμεων μεθ᾽ ἡμῶν, ἀντιλήπτωρ ἡμῶν ὁ Θεὸς
Ἰακώβ.

46 (47)   Εἰς τὸ τέλος, ὑπὲρ τῶν υἱῶν Κορὲ ψαλμός.

Πάντα τὰ ἔθνη κροτήσατε χεῖρας, ἀλαλάξατε τῷ Θεῷ ἐν
2 φωνῇ ἀγαλλιάσεως. Ὅτι Κύριος ὕψιστος, φοβερός, βασι-
3 λεὺς μέγας ἐπὶ πᾶσαν τὴν γῆν. Ὑπέταξε λαοὺς ἡμῖν, καὶ
4 ἔθνη ὑπὸ τοὺς πόδας ἡμῶν. Ἐξελέξατο ἡμῖν τὴν κληρονομίαν
αὐτοῦ, τὴν καλλονὴν Ἰακώβ, ἣν ἠγάπησε· διάψαλμα.

5 Ἀνέβη ὁ Θεὸς ἐν ἀλαλαγμῷ, Κύριος ἐν φωνῇ σάλπιγγος.
6 Ψάλατε τῷ Θεῷ ἡμῶν, ψάλατε· ψάλατε τῷ βασιλεῖ ἡμῶν,
7 ψάλατε. Ὅτι βασιλεὺς πάσης τῆς γῆς ὁ Θεός, ψάλατε
8 συνετῶς. Ἐβασίλευσεν ὁ Θεὸς ἐπὶ τὰ ἔθνη, ὁ Θεὸς κάθηται
9 ἐπὶ θρόνου ἁγίου αὐτοῦ. Ἄρχοντες λαῶν συνήχθησαν μετὰ
τοῦ Θεοῦ Ἀβραὰμ, ὅτι τοῦ Θεοῦ οἱ κραταιοὶ τῆς γῆς σφόδρα
ἐπήρθησαν.

47 (48)   Ψαλμὸς ᾠδῆς τοῖς υἱοῖς Κορὲ δευτέρᾳ σαββάτου.

Μέγας Κύριος, καὶ αἰνετὸς σφόδρα ἐν πόλει τοῦ Θεοῦ
2 ἡμῶν, ἐν ὄρει ἁγίῳ αὐτοῦ. Εὐρίζων, ἀγαλλιάματι πάσης τῆς
γῆς, ὄρη Σιὼν τὰ πλευρὰ τοῦ Βορρᾶ, ἡ πόλις τοῦ βασιλέως

the king β of Esebon, robed *as she is* in golden fringed garments, [14] in embroidered *clothing*: virgins shall be brought to the king after her: her fellows shall be brought to thee. [15] They shall be brought with gladness and exultation: they shall be led into the king's temple. [16] Instead of thy fathers children are born to thee: thou shalt make them princes over all the earth. [17] They shall make mention of thy name from generation to generation: therefore shall the nations give thanks to thee for ever, even γ for ever and ever.

For the end, for the sons of Core; a Psalm concerning secret things.

God is our refuge and strength, a help in the afflictions that have come heavily upon us. [2] Therefore will we not fear when the earth is troubled, and the mountains are removed into the depths of the seas. [3] Their waters have roared and been troubled, the mountains have been troubled by his might. Pause. [4] The flowings of the river gladden the city of God: the Most High has sanctified his tabernacle. [5] God is in the midst of her; she shall not be moved: God shall help her δ with his countenance. [6] The nations were troubled, the kingdoms tottered: he uttered his voice, the earth shook. [7] The Lord of hosts is with us; the God of Jacob is our helper. Pause.

[8] Come, and behold the works of the Lord, what wonders he has achieved on the earth. [9] Putting an end to wars as for the ends of the earth; he will crush the bow, and break in pieces the weapon, and burn the bucklers with fire. [10] Be still, and know that I am God: I will be exalted among the nations, I will be exalted in the earth. [11] The Lord of hosts is with us; the God of Jacob is our helper.

For the end, a Psalm for the sons of Core.

Clap your hands, all ye nations; shout to God with a voice of exultation. [2] For the Lord most high is terrible; *he is a* great king over all the earth. [3] He has subdued the peoples under us, and the nations under our feet. [4] He has chosen out his inheritance for us, the beauty of Jacob which he loved. Pause.

[5] God is gone up with a shout, the Lord with a sound of a trumpet. [6] Sing praises to our God, sing praises: sing praises to our King, sing praises. [7] For God is king of all the earth: sing praises with understanding. [8] God reigns over the nations: God sits upon the throne of his holiness. [9] The rulers of the people are assembled with the God of Abraam: for God's mighty ones of the earth have been greatly exalted.

A Psalm of ζ praise for the sons of Core on the second *day* of the week.

Great is the Lord, and greatly to be praised in the city of our God, in his holy mountain. [2] The city of the great King is well planted *on* the mountains of Sion, with the joy of the whole earth, *on* the sides

---

β *Alex.* ἔσωθεν, within, so *Heb.*   γ Gr. to the age of the age.   δ *Alex.* and *Heb.* before, *or,* toward the morning.   ζ A song.

of the north. ³God is known in her palaces, when he undertakes to help her.

⁴For, behold, the kings of the earth were assembled, they came together. ⁵They saw, and so they wondered: they were troubled, they were moved. ⁶Trembling took hold on them: there were the pangs as of a woman in travail. ⁷Thou wilt break the ships of Tharsis with a vehement wind. ⁸As we have heard, so have we also seen, in the city of the Lord of hosts, in the city of our God: God has founded it for ever. Pause.

⁹We have thought of thy mercy, O God, in the midst of thy people. ¹⁰According to thy name, O God, so is also thy praise to the ends of the earth: thy right hand is full of righteousness. ¹¹Let mount Sion rejoice, let the daughters of Judæa exult, because of thy judgments, O Lord.

¹²Go round about Sion, and encompass her: tell ye her towers. ¹³Mark ye well her strength, and observe her palaces; that ye may tell the next generation. ¹⁴For this is our God for ever and ever: he will be our guide for evermore.

For the end, a Psalm for the sons of Core.

Hear these words, all ye nations, hearken, all ye that dwell upon the earth: ²both the β sons of mean men, and sons of *great* men; the rich and poor *man* together. ³My mouth shall speak of wisdom; and the meditation of my heart shall bring *forth* understanding. ⁴I will incline mine ear to a parable: I will open my γ riddle on the harp.

⁵Wherefore δ should I fear in the evil day? the iniquity of my heel shall compass me. ⁶They that trust in their strength, and boast themselves in the multitude of their wealth—⁷A brother does not redeem, shall a man redeem? he shall not give to God a ransom for himself, ⁸or the price of the redemption of his soul, though he labour for ever, ⁹and live to the end, *so that* he should not see corruption.

¹⁰When he shall see wise men dying, the fool and the senseless one shall perish together; and they shall leave their wealth to strangers. ¹¹And their sepulchres are their houses for ever, *even* their tabernacles to all generations: they have called their lands after their own names. ¹²And man being in honour, understands not: he is compared to the senseless cattle, and is like to them. ¹³This their way is an offence to them: yet afterwards men will commend their sayings. Pause. ¹⁴They have laid *them* as sheep in Hades; death shall feed on them; and the upright shall have dominion over them in the morning, and their help shall fail in Hades from their glory. ¹⁵But God shall deliver my soul from the power of Hades, when he shall receive me. Pause.

¹⁶Fear not when a man is enriched, and

τοῦ μεγάλου. Ὁ Θεὸς ἐν ταῖς βάρεσιν αὐτῆς γινώσκεται, 3 ὅταν ἀντιλαμβάνηται αὐτῆς.

Ὅτι ἰδοὺ οἱ βασιλεῖς τῆς γῆς συνήχθησαν, ἤλθοσαν ἐπὶ 4 τὸ αὐτό. Αὐτοὶ ἰδόντες οὕτως ἐθαύμασαν, ἐταράχθησαν, 5 ἐσαλεύθησαν, τρόμος ἐπελάβετο αὐτῶν· ἐκεῖ ὠδῖνες ὡς 6 τικτούσης. Ἐν πνεύματι βιαίῳ συντρίψεις πλοῖα Θάρσις. 7 Καθάπερ ἠκούσαμεν, οὕτως καὶ εἴδομεν, ἐν πόλει Κυρίου τῶν 8 δυνάμεων, ἐν πόλει τοῦ Θεοῦ ἡμῶν, ὁ Θεὸς ἐθεμελίωσεν αὐτὴν εἰς τὸν αἰῶνα· διάψαλμα.

Ὑπελάβομεν ὁ Θεὸς τὸ ἔλεός σου ἐν μέσῳ τοῦ λαοῦ σου. 9 Κατὰ τὸ ὄνομά σου ὁ Θεὸς, οὕτως καὶ ἡ αἴνεσίς σου ἐπὶ τὰ 10 πέρατα τῆς γῆς, δικαιοσύνης πλήρης ἡ δεξιά σου. Εὐφρανθήτω 11 τὸ ὄρος Σιὼν, ἀγαλλιάσθωσαν αἱ θυγατέρες τῆς Ἰουδαίας ἕνεκα τῶν κριμάτων σου Κύριε.

Κυκλώσατε Σιὼν, καὶ περιλάβετε αὐτὴν, διηγήσασθε ἐν 12 τοῖς πύργοις αὐτῆς. Θέσθε τὰς καρδίας ὑμῶν εἰς τὴν δύναμιν 13 αὐτῆς, καὶ καταδιέλεσθε τὰς βάρεις αὐτῆς, ὅπως ἂν διηγήσησθε εἰς γενεὰν ἑτέραν. Ὅτι οὗτός ἐστιν ὁ Θεὸς ἡμῶν εἰς τὸν 14 αἰῶνα καὶ εἰς τὸν αἰῶνα τοῦ αἰῶνος, αὐτὸς ποιμανεῖ ἡμᾶς εἰς τοὺς αἰῶνας.

Εἰς τὸ τέλος, τοῖς υἱοῖς Κορὲ ψαλμός.   48 (49)

Ἀκούσατε ταῦτα πάντα τὰ ἔθνη, ἐνωτίσασθε πάντες οἱ κατοικοῦντες τὴν οἰκουμένην, οἵ τε γηγενεῖς καὶ οἱ υἱοὶ τῶν 2 ἀνθρώπων, ἐπιτοαυτὸ πλούσιος καὶ πένης. Τὸ στόμα μου 3 λαλήσει σοφίαν, καὶ ἡ μελέτη τῆς καρδίας μου σύνεσιν. Κλινῶ εἰς παραβολὴν τὸ οὖς μου, ἀνοίξω ἐν ψαλτηρίῳ τὸ 4 πρόβλημά μου.

Ἱνατί φοβοῦμαι ἐν ἡμέρᾳ πονηρᾷ; ἡ ἀνομία τῆς πτέρνης 5 μου κυκλώσει με. Οἱ πεποιθότες ἐπὶ τῇ δυνάμει αὐτῶν, καὶ 6 ἐπὶ τῷ πλήθει τοῦ πλούτου αὐτῶν καυχώμενοι. Ἀδελφὸς οὐ 7 λυτροῦται, λυτρώσεται ἄνθρωπος; οὐ δώσει τῷ Θεῷ ἐξίλασμα ἑαυτοῦ, καὶ τὴν τιμὴν τῆς λυτρώσεως τῆς ψυχῆς αὐτοῦ· καὶ 8 ἐκοπίασεν εἰς τὸν αἰῶνα, καὶ ζήσεται εἰς τέλος· ὅτι οὐκ ὄψεται 9 καταφθοράν,

Ὅταν ἴδῃ σοφοὺς ἀποθνήσκοντας, ἐπιτοαυτὸ ἄφρων καὶ 10 ἄνους ἀπολοῦνται, καὶ καταλείψουσιν ἀλλοτρίοις τὸν πλοῦτον αὐτῶν. Καὶ οἱ τάφοι αὐτῶν οἰκίαι αὐτῶν εἰς τὸν αἰῶνα, 11 σκηνώματα αὐτῶν εἰς γενεὰν καὶ γενεὰν, ἐπεκαλέσαντο τὰ ὀνόματα αὐτῶν ἐπὶ τῶν γαιῶν αὐτῶν. Καὶ ἄνθρωπος ἐν τιμῇ 12 ὢν, οὐ συνῆκε, παρασυνεβλήθη τοῖς κτήνεσι τοῖς ἀνοήτοις, καὶ ὡμοιώθη αὐτοῖς. Αὕτη ἡ ὁδὸς αὐτῶν σκάνδαλον αὐτοῖς, καὶ 13 μετὰ ταῦτα ἐν τῷ στόματι αὐτῶν εὐλογήσουσι· διάψαλμα. Ὡς πρόβατα ἐν ᾅδῃ ἔθεντο, θάνατος ποιμανεῖ αὐτούς· καὶ 14 κατακυριεύσουσιν αὐτῶν οἱ εὐθεῖς τοπρωὶ, καὶ ἡ βοήθεια αὐτῶν παλαιωθήσεται ἐν τῷ ᾅδῃ ἐκ τῆς δόξης αὐτῶν. Πλὴν 15 ὁ Θεὸς λυτρώσεται τὴν ψυχήν μου ἐκ χειρὸς ᾅδου, ὅταν λαμβάνῃ με· διάψαλμα.

Μὴ φοβοῦ ὅταν πλουτήσῃ ἄνθρωπος, καὶ ὅταν πληθυνθῇ 16

β *Gr.* earth-born.   γ *Gr.* problem.   δ *Gr.* shall.

17 ἡ δόξα τοῦ οἴκου αὐτοῦ. Ὅτι οὐκ ἐν τῷ ἀποθνήσκειν αὐτὸν
λήψεται τὰ πάντα, οὐδὲ συγκαταβήσεται αὐτῷ ἡ δόξα αὐτοῦ.
18 Ὅτι ἡ ψυχὴ αὐτοῦ ἐν τῇ ζωῇ αὐτοῦ εὐλογηθήσεται, ἐξομολο-
19 γήσεταί σοι ὅταν ἀγαθύνῃς αὐτῷ. Εἰσελεύσεται ἕως γενεᾶς
20 πατέρων αὐτοῦ, ἕως αἰῶνος οὐκ ὄψεται φῶς. Ἄνθρωπος ἐν
τιμῇ ὢν, οὐ συνῆκε, παρασυνεβλήθη τοῖς κτήνεσι τοῖς ἀνοήτοις,
καὶ ὡμοιώθη αὐτοῖς.

49 (50) Ψαλμὸς τῷ Ἀσάφ.

Θεὸς θεῶν Κύριος ἐλάλησε, καὶ ἐκάλεσε τὴν γῆν ἀπὸ
2 ἀνατολῶν ἡλίου μέχρι δυσμῶν. Ἐκ Σιὼν ἡ εὐπρέπεια τῆς
3 ὡραιότητος αὐτοῦ. Ὁ Θεὸς ἐμφανῶς ἥξει, ὁ Θεὸς ἡμῶν, καὶ
οὐ παρασιωπήσεται· πῦρ ἐναντίον αὐτοῦ καυθήσεται, καὶ κύκλῳ
4 αὐτοῦ καταιγὶς σφοδρά. Προσκαλέσεται τὸν οὐρανὸν ἄνω, καὶ
5 τὴν γῆν διακρῖναι τὸν λαὸν αὐτοῦ. Συναγάγετε αὐτῷ τοὺς
ὁσίους αὐτοῦ, τοὺς διατιθεμένους τὴν διαθήκην αὐτοῦ ἐπὶ
6 θυσίαις. Καὶ ἀναγγελοῦσιν οἱ οὐρανοὶ τὴν δικαιοσύνην αὐτοῦ,
ὅτι Θεὸς κριτής ἐστι· διάψαλμα.

7 Ἄκουσον λαός μου καὶ λαλήσω σοι, Ἰσραὴλ, καὶ δια-
8 μαρτύρομαί σοι· ὁ Θεὸς ὁ Θεός σου εἰμὶ ἐγώ. Οὐκ ἐπὶ ταῖς
θυσίαις σου ἐλέγξω σε, τὰ δὲ ὁλοκαυτώματά σου ἐνώπιόν μου
9 ἐστὶ διαπαντός. Οὐ δέξομαι ἐκ τοῦ οἴκου σου μόσχους, οὐδὲ
10 ἐκ τῶν ποιμνίων σου χιμάρους· Ὅτι ἐμά ἐστι πάντα τὰ
11 θηρία τοῦ δρυμοῦ, κτήνη ἐν τοῖς ὄρεσι, καὶ βόες. Ἔγνωκα
πάντα τὰ πετεινὰ τοῦ οὐρανοῦ, καὶ ὡραιότης ἀγροῦ μετ᾽ ἐμοῦ
12 ἐστιν. Ἐὰν πεινάσω, οὐ μή σοι εἴπω, ἐμὴ γάρ ἐστιν ἡ
13 οἰκουμένη καὶ τὸ πλήρωμα αὐτῆς. Μὴ φάγομαι κρέα ταύρων,
14 ἢ αἷμα τράγων πίομαι; Θῦσον τῷ Θεῷ θυσίαν αἰνέσεως,
15 καὶ ἀπόδος τῷ ὑψίστῳ τὰς εὐχάς σου. Καὶ ἐπικάλεσαί
με ἐν ἡμέρᾳ θλίψεως, καὶ ἐξελοῦμαί σε, καὶ δοξάσεις με·
διάψαλμα.

16 Τῷ δὲ ἁμαρτωλῷ εἶπεν ὁ Θεός, ἱνατί σὺ διηγῇ τὰ δικαιώματά
μου, καὶ ἀναλαμβάνεις τὴν διαθήκην μου διὰ στόματός σου;
17 Σὺ δὲ ἐμίσησας παιδείαν, καὶ ἐξέβαλες τοὺς λόγους μου εἰς
18 τὰ ὀπίσω. Εἰ ἐθεώρεις κλέπτην, συνέτρεχες αὐτῷ, καὶ μετὰ
19 μοιχῶν τὴν μερίδα σου ἐτίθεις. Τὸ στόμα σου ἐπλεόνασε
20 κακίαν, καὶ ἡ γλῶσσά σου περιέπλεκε δολιότητα. Καθήμενος
κατὰ τοῦ ἀδελφοῦ σου κατελάλεις, καὶ κατὰ τοῦ υἱοῦ τῆς μητρός
σου ἐτίθεις σκάνδαλον.

21 Ταῦτα ἐποίησας, καὶ ἐσίγησα, ὑπέλαβες ἀνομίαν ὅτι ἔσομαί
σοι ὅμοιος· ἐλέγξω σε, καὶ παραστήσω κατὰ πρόσωπόν σου.
22 Σύνετε δὴ ταῦτα οἱ ἐπιλανθανόμενοι τοῦ Θεοῦ, μήποτε ἁρπάσῃ,
καὶ μὴ ᾖ ὁ ῥυόμενος.
23 Θυσία αἰνέσεως δοξάσει με, καὶ ἐκεῖ ὁδὸς ᾗ δείξω αὐτῷ τὸ
σωτήριον Θεοῦ.

50 (51) Εἰς τὸ τέλος, ψαλμὸς τῷ Δαυὶδ, ἐν τῷ ἐλθεῖν πρὸς αὐτὸν
Νάθαν τὸν προφήτην, ἡνίκα εἰσῆλθε πρὸς Βηρσαβεέ.

Ἐλέησόν με ὁ Θεὸς κατὰ τὸ μέγα ἔλεός σου, καὶ κατὰ τὸ

---

when the glory of his house is increased.
17 For he shall take nothing when he dies; neither shall his glory descend with him. 18 For his soul shall be blessed in his life: he shall give thanks to thee when thou dost well to him. 19 Yet he shall go in β to the generation of his fathers; he shall never see light. 20 Man that is in honour, understands not: he is compared to the senseless cattle, and is like them.

A Psalm γ for Asaph.

The God of gods, the Lord, has spoken, and called the earth from the rising of the sun to the going down *thereof.* 2 Out of Sion *comes* the excellence of his beauty. 3 God, our God, shall come manifestly, and shall not keep silence: a fire shall be kindled before him, and round about him there shall be a very great tempest. 4 He shall summon the heaven above, and the earth, that he may δ judge his people. 5 Assemble ye his saints to him, those that have engaged in a covenant with him upon sacrifices. 6 And the heavens shall declare his righteousness: for God is judge. Pause.

7 Hear, my people, and I will speak to thee, O Israel: and I will testify to thee: I am God, thy God. 8 I will not reprove thee on account of thy sacrifices; for thy whole-burnt-offerings are before me continually. 9 I will take no bullocks out of thine house, nor he-goats out of thy flocks. 10 For all the wild beasts of the thicket are mine, the cattle on the mountains, and oxen. 11 I know all the birds of the sky: and the beauty of the field is mine. 12 If I should be hungry, I will not tell thee: for the world is mine, and the fulness of it. 13 Will I eat the flesh of bulls, or drink the blood of goats? 14 Offer to God the sacrifice of praise; and pay thy vows to the Most High. 15 And call upon me in the day of affliction; and I will deliver thee, and thou shalt glorify me. Pause.

16 But to the sinner God has said, Why dost thou declare my ordinances, and take up my covenant in thy mouth? 17 Whereas thou hast hated instruction, and hast cast my words behind *thee.* 18 If thou sawest a thief, thou ϛ rannest along with him, and hast cast in thy lot with adulterers. 19 Thy mouth has multiplied wickedness, and thy tongue has framed deceit.θ 20 Thou didst sit and speak against thy brother, and didst scandalise thy mother's son. 21 These things thou didst, and I kept silence: thou thoughtest wickedly that I should be like thee; *but* I will reprove thee, and set *thine* offences before thee. 22 Now consider these things, ye that forget God, lest he rend *you*, and there be no deliverer. 23 The sacrifice of praise will glorify me: and λ that is the way wherein I will shew to him the salvation of God.

For the end, a Psalm of David, when Nathan the prophet came to him, when he had gone in to Bersabee.

Have mercy upon me, O God, according to thy great mercy; and according to the

---

β *Gr.* as far as.   γ *Or,* of.   δ Heb. 10. 30.   ζ See 1 Pe. 4. 4.   θ From these words in *Alex.* to
Ps. 79. 11, thirty psalms are wanting.   λ *Gr.* there.

multitude of thy compassions blot out my transgression. ² Wash me thoroughly from mine iniquity, and cleanse me from my sin.

³ For I am conscious of mine iniquity; and my sin is continually before me. ⁴ Against thee only have I sinned, and done evil before thee: that thou mightest be justified in thy sayings, and mightest overcome when thou art judged. ⁵ For, behold, I was conceived in iniquities, and in sins did my mother conceive me.

⁶ For, behold, thou lovest truth: thou hast manifested to me the secret and hidden things of thy wisdom. ⁷ Thou shalt sprinkle me with hyssop, and I shall be purified: thou shalt wash me, and I shall be made whiter than snow. ⁸ Thou shalt cause me to hear gladness and joy: the afflicted bones shall rejoice. ⁹ Turn away thy face from my sins, and blot out all mine iniquities. ¹⁰ Create in me a clean heart, O God; and renew a right spirit in my inward parts. ¹¹ Cast me not away from thy presence; and remove not thy holy Spirit from me. ¹² Restore to me the joy of thy salvation: establish me with thy ᵝ directing Spirit.

¹³ *Then* will I teach transgressors thy ways; and ungodly men shall turn to thee. ¹⁴ Deliver me from blood-guiltiness, O God, the God of my salvation: *and* my tongue shall joyfully declare thy righteousness. ¹⁵ O Lord, thou shalt open my lips; and my mouth shall declare thy praise. ¹⁶ For if thou desiredst sacrifice, I would have given *it*: thou wilt not take pleasure in whole-burnt-offerings. ¹⁷ Sacrifice to God is a broken spirit: a broken and humbled heart God will not despise.

¹⁸ Do good, O Lord, to Sion in thy good pleasure; and let the walls of Jerusalem be built. ¹⁹ Then shalt thou be pleased with a sacrifice of righteousness, ᵞ offering, and whole-burnt-sacrifices: then shall they offer calves upon thine altar.

For the end, *a Psalm* of ᵟ instruction by David, when Doec the Idumean came and told Saul, and said to him, David is gone to the house of Abimelech.

Why dost thou, O mighty man, boast of iniquity in *thy* mischief? All the day ² thy tongue has devised unrighteousness; like a sharpened razor thou hast wrought deceit. ³ Thou hast loved wickedness more than goodness; unrighteousness better than to speak righteousness. Pause. ⁴ Thou hast loved all words of destruction, *and* a deceitful tongue.

⁵ Therefore may God destroy thee for ever, may he pluck thee up and utterly remove thee from *thy* dwelling, and thy root from the land of the living. Pause. ⁶ And the righteous shall see, and fear, and shall laugh at him, and say, ⁷ Behold the man who made not God his help; but trusted in the abundance of his wealth, and strengthened himself in his vanity.

⁸ But I am as a fruitful olive in the house of God: I have trusted in the mercy of

πλῆθος τῶν οἰκτιρμῶν σου ἐξάλειψον τὸ ἀνόμημά μου. Ἐπι- 2 πλεῖον πλῦνόν με ἀπὸ τῆς ἀνομίας μου, καὶ ἀπὸ τῆς ἁμαρτίας μου καθάρισόν με.

Ὅτι τὴν ἀνομίαν μου ἐγὼ γινώσκω, καὶ ἡ ἁμαρτία μου ἐνώ- 3 πιόν μου ἐστὶ διαπαντός· Σοὶ μόνῳ ἥμαρτον, καὶ τὸ πονηρὸν 4 ἐνώπιόν σου ἐποίησα· ὅπως ἂν δικαιωθῇς ἐν τοῖς λόγοις σου, καὶ νικήσῃς ἐν τῷ κρίνεσθαί σε. Ἰδοὺ γὰρ ἐν ἀνομίαις συν- 5 ελήφθην, καὶ ἐν ἁμαρτίαις ἐκίσσησέ με ἡ μήτηρ μου.

Ἰδοὺ γὰρ ἀλήθειαν ἠγάπησας, τὰ ἄδηλα καὶ τὰ κρύφια 6 τῆς σοφίας σου ἐδήλωσάς μοι. Ῥαντιεῖς με ὑσσώπῳ καὶ 7 καθαρισθήσομαι, πλυνεῖς με καὶ ὑπὲρ χιόνα λευκανθήσομαι. Ἀκουτιεῖς με ἀγαλλίασιν καὶ εὐφροσύνην, ἀγαλλιάσονται 8 ὀστᾶ τεταπεινωμένα. Ἀπόστρεψον τὸ πρόσωπόν σου ἀπὸ τῶν 9 ἁμαρτιῶν μου, καὶ πάσας τὰς ἀνομίας μου ἐξάλειψον. Καρ- 10 δίαν καθαρὰν κτίσον ἐν ἐμοὶ ὁ Θεός, καὶ πνεῦμα εὐθὲς ἐγκαίνι- σον ἐν τοῖς ἐγκάτοις μου. Μὴ ἀπορρίψῃς με ἀπὸ τοῦ προσ- 11 ώπου σου, καὶ τὸ πνεῦμα τὸ ἅγιόν σου μὴ ἀντανέλῃς ἀπ᾽ ἐμοῦ. Ἀπόδος μοι τὴν ἀγαλλίασιν τοῦ σωτηρίου σου, πνεύματι 12 ἡγεμονικῷ στήριξόν με.

Διδάξω ἀνόμους τὰς ὁδούς σου, καὶ ἀσεβεῖς ἐπὶ σὲ ἐπιστρέ- 13 ψουσι. Ῥῦσαί με ἐξ αἱμάτων ὁ Θεός, ὁ Θεὸς τῆς σωτηρίας μου, ἀγαλλιάσεται ἡ γλῶσσά μου τὴν δικαιοσύνην σου. Κύριε, τὰ χείλη μου ἀνοίξεις, καὶ τὸ στόμα μου ἀναγγελεῖ 15 τὴν αἴνεσίν σου. Ὅτι εἰ ἠθέλησας θυσίαν, ἔδωκα ἂν· ὁλο- 16 καυτώματα οὐκ εὐδοκήσεις. Θυσία τῷ Θεῷ πνεῦμα συντε- 17 τριμμένον, καρδίαν συντετριμμένην καὶ τεταπεινωμένην ὁ Θεὸς οὐκ ἐξουδενώσει.

Ἀγάθυνον, Κύριε, ἐν τῇ εὐδοκίᾳ σου τὴν Σιών, καὶ οἰκο- 18 δομηθήτω τὰ τείχη Ἱερουσαλήμ. Τότε εὐδοκήσεις θυσίαν 19 δικαιοσύνης, ἀναφορὰν, καὶ ὁλοκαυτώματα· τότε ἀνοίσουσιν ἐπὶ τὸ θυσιαστήριόν σου μόσχους.

Εἰς τὸ τέλος συνέσεως τῷ Δαυῒδ, ἐν τῷ ἐλθεῖν Δωὴκ τὸν 51 (52) Ἰδουμαῖον, καὶ ἀναγγεῖλαι τῷ Σαούλ, καὶ εἰπεῖν αὐτῷ, ἦλθε Δαυὶδ εἰς τὸν οἶκον Ἀβιμέλεχ.

Τί ἐγκαυχᾷ ἐν κακίᾳ ὁ δυνατὸς ἀνομίαν; ὅλην τὴν ἡμέραν ἀδικίαν ἐλογίσατο ἡ γλῶσσά σου· ὡσεὶ ξυρὸν ἠκονημένον 2 ἐποίησας δόλον. Ἠγάπησας κακίαν ὑπὲρ ἀγαθωσύνην, ἀδι- 3 κίαν ὑπὲρ τὸ λαλῆσαι δικαιοσύνην· διάψαλμα. Ἠγάπησας 4 πάντα τὰ ῥήματα καταποντισμοῦ, γλῶσσαν δολίαν.

Διὰ τοῦτο ὁ Θεὸς καθέλοι σε εἰς τέλος, ἐκτίλαι σε καὶ 5 μεταναστεύσαι σε ἀπὸ σκηνώματος, καὶ τὸ ῥίζωμά σου ἐκ γῆς ζώντων· διάψαλμα. Καὶ ὄψονται δίκαιοι καὶ φοβηθήσονται, 6 καὶ ἐπ᾽ αὐτὸν γελάσονται, καὶ ἐροῦσιν, ἰδοὺ ἄνθρωπος ὃς οὐκ 7 ἔθετο τὸν Θεὸν βοηθὸν αὐτοῦ, ἀλλ᾽ ἐπήλπισεν ἐπὶ τὸ πλῆ- θος τοῦ πλούτου αὐτοῦ, καὶ ἐνεδυναμώθη ἐπὶ τῇ ματαιότητι αὐτοῦ.

Ἐγὼ δὲ ὡσεὶ ἐλαία κατάκαρπος ἐν τῷ οἴκῳ τοῦ Θεοῦ, 8 ἤλπισα ἐπὶ τὸ ἔλεος τοῦ Θεοῦ εἰς τὸν αἰῶνα καὶ εἰς τὸν

ᵝ *Gr.* governing.   ᵞ Properly, 'a heave or wave-offering.   ᵟ *Gr.* understanding.

9 αἰῶνα τοῦ αἰῶνος. Ἐξομολογήσομαί σοι εἰς τὸν αἰῶνα, ὅτι ἐποίησας, καὶ ὑπομενῶ τὸ ὄνομά σου, ὅτι χρηστὸν ἐναντίον τῶν ὁσίων σου.

52 (53) Εἰς τὸ τέλος, ὑπὲρ μαελὲθ συνέσεως τῷ Δαυίδ.

Εἶπεν ἄφρων ἐν καρδίᾳ αὐτοῦ, οὐκ ἔστι Θεός· διέφθειραν,
2 καὶ ἐβδελύχθησαν ἐν ἀνομίαις· οὐκ ἔστι ποιῶν ἀγαθόν. Ὁ Θεὸς ἐκ τοῦ οὐρανοῦ διέκυψεν ἐπὶ τοὺς υἱοὺς τῶν ἀνθρώπων,
3 τοῦ ἰδεῖν εἰ ἔστι συνιῶν, ἢ ἐκζητῶν τὸν Θεόν. Πάντες ἐξέκλιναν, ἅμα ἠχρειώθησαν, οὐκ ἔστι ποιῶν ἀγαθόν, οὐκ ἔστιν ἕως ἑνός.

4 Οὐχὶ γνώσονται πάντες οἱ ἐργαζόμενοι τὴν ἀνομίαν, οἱ κατεσθίοντες τὸν λαόν μου βρώσει ἄρτου; τὸν Θεὸν οὐκ ἐπεκα-
5 λέσαντο. Ἐκεῖ ἐφοβήθησαν φόβον, οὗ οὐκ ἦν φόβος· ὅτι ὁ Θεὸς διεσκόρπισεν ὀστᾶ ἀνθρωπαρέσκων, κατησχύνθησαν,
6 ὅτι ὁ Θεὸς ἐξουδένωσεν αὐτούς. Τίς δώσει ἐκ Σιὼν τὸ σωτήριον τοῦ Ἰσραήλ; ἐν τῷ ἀποστρέψαι Κύριον τὴν αἰχμαλωσίαν τοῦ λαοῦ αὐτοῦ, ἀγαλλιάσεται Ἰακὼβ, καὶ εὐφρανθήσεται Ἰσραήλ.

53 (54) Εἰς τὸ τέλος, ἐν ὕμνοις συνέσεως τῷ Δαυίδ, ἐν τῷ ἐλθεῖν τοὺς Ζειφαίους, καὶ εἰπεῖν τῷ Σαούλ, οὐκ ἰδοὺ Δαυίδ κέκρυπται παρ᾽ ἡμῖν;

Ὁ Θεὸς ἐν τῷ ὀνόματί σου σῶσόν με, καὶ ἐν τῇ δυνάμει
2 σου κρῖνόν με. Ὁ Θεὸς εἰσάκουσον τῆς προσευχῆς μου,
3 ἐνώτισαι τὰ ῥήματα τοῦ στόματός μου. Ὅτι ἀλλότριοι ἐπανέστησαν ἐπ᾽ ἐμὲ, καὶ κραταιοὶ ἐζήτησαν τὴν ψυχήν μου, οὐ προέθεντο τὸν Θεὸν ἐνώπιον αὐτῶν· διάψαλμα.

4 Ἰδοὺ γὰρ ὁ Θεὸς βοηθεῖ μοι, καὶ ὁ Κύριος ἀντιλήπτωρ τῆς
5 ψυχῆς μου. Ἀποστρέψει τὰ κακὰ τοῖς ἐχθροῖς μου, ἐν τῇ
6 ἀληθείᾳ σου ἐξολόθρευσον αὐτούς. Ἑκουσίως θύσω σοι,
7 ἐξομολογήσομαι τῷ ὀνόματί σου Κύριε, ὅτι ἀγαθόν. Ὅτι ἐκ πάσης θλίψεως ἐρρύσω με, καὶ ἐν τοῖς ἐχθροῖς μου ἐπεῖδεν ὁ ὀφθαλμός μου.

54 (55) Εἰς τὸ τέλος, ἐν ὕμνοις συνέσεως τῷ Δαυίδ.

Ἐνώτισαι ὁ Θεὸς τὴν προσευχήν μου, καὶ μὴ ὑπερίδῃς τὴν
2 δέησίν μου· Πρόσχες μοι, καὶ εἰσάκουσόν μου· ἐλυπήθην
3 ἐν τῇ ἀδολεσχίᾳ μου, καὶ ἐταράχθην ἀπὸ φωνῆς ἐχθροῦ, καὶ ἀπὸ θλίψεως ἁμαρτωλοῦ· ὅτι ἐξέκλιναν ἐπ᾽ ἐμὲ ἀνομίαν, καὶ ἐν ὀργῇ ἐνεκότουν μοι.

4 Ἡ καρδία μου ἐταράχθη ἐν ἐμοὶ, καὶ δειλία θανάτου ἐπέ-
5 πεσεν ἐπ᾽ ἐμέ. Φόβος καὶ τρόμος ἦλθεν ἐπ᾽ ἐμὲ καὶ ἐκάλυψέ
6 με σκότος. Καὶ εἶπα, τίς δώσει μοι πτέρυγας ὡσεὶ περιστε-
7 ρᾶς; καὶ πετασθήσομαι καὶ καταπαύσω. Ἰδοὺ ἐμάκρυνα
8 φυγαδεύων, καὶ ηὐλίσθην ἐν τῇ ἐρήμῳ· διάψαλμα. Προσεδεχόμην τὸν σώζοντά με ἀπὸ ὀλιγοψυχίας καὶ καταιγίδος.

9 Καταπόντισον Κύριε καὶ καταδίελε τὰς γλώσσας αὐτῶν,

God for ever, even for evermore. [9] I will give thanks to thee for ever, for thou hast done *it*: and I will wait on thy name; for *it is* good before thy saints.

For the end, *a Psalm* of David upon Maeleth, of instruction.

The fool has said in his heart, There is no God. They have corrupted *themselves*, and become abominable in iniquities: there is none that does good. [2] God looked down from heaven upon the sons of men, to see if there were any that understood, or sought after God. [3][β]They have all gone out of the way, they are together become unprofitable; there is none that does good, there is not even one.

[4] Will none of the workers of iniquity know, who devour my people as they would eat bread? they have not called upon God. There were they greatly afraid, where there was no fear: [5] for God has scattered the bones of the men-pleasers; they were ashamed, for God despised them. [6] Who will bring the salvation of Israel out of Sion? When the Lord turns the captivity of his people, Jacob shall exult, and Israel shall be glad.

For the end, among the Hymns of instruction by David, when the Ziphites came and said to Saul, Lo, is not David hid with us?

Save me, O God, by thy name, and judge me by thy might. [2] O God, hear my prayer; hearken to the words of my mouth. [3] For strangers have risen up against me, and mighty men have sought my life: they have not set God before them. Pause.

[4] For lo! God assists me; and the Lord is the helper of my soul. [5] He shall return evil to mine enemies; utterly destroy them in thy truth. [6] I will willingly sacrifice to thee: I will give thanks to thy name, O Lord; for *it is* good. [7] For thou hast delivered me out of all affliction, and mine eye has seen *my desire* upon mine enemies.

For the end, among Hymns of instruction by David.

Hearken, O God, to my prayer; and disregard not my supplication. [2] Attend to me, and hearken to me: I was grieved in my meditation, and troubled; [3] because of the voice of the enemy, and because of the oppression of the sinner: for they brought iniquity against me, and were wrathfully angry with me.

[4] My heart was troubled within me; and the fear of death fell upon me. [5] Fear and trembling came upon me, and darkness covered me. [6] And I said, O that I had wings as *those* of a dove! then would I flee away, and be at rest. [7] Lo! I have fled afar off, and lodged in the wilderness. Pause. [8] I waited for him that should deliver me from distress of spirit and tempest.

[9] Destroy, O Lord, and divide their tongues: for I have seen iniquity and gain-

---

β Rom. 3. 10-12.

saying in the city. ¹⁰ Day and night β he shall go round about it upon its walls: iniquity and sorrow and unrighteousness *are* in the midst of it; ¹¹ and usury and craft have not failed from its streets.

¹² For if an enemy had reproached me, I would have endured it; and if one who hated *me* had spoken vauntingly against me, I would have hid myself from him. ¹³ But thou, O man likeminded, my guide, and my acquaintance, ¹⁴ who in companionship with me sweetened *our* food: we walked in the house of God in concord. ¹⁵ Let death come upon them, and let them go down alive into Hades, for iniquity is in their dwellings, in the midst of them.

¹⁶ I cried to God, and the Lord hearkened to me. ¹⁷ Evening, and morning, and at noon I will declare and make known *my wants:* and he shall hear my voice. ¹⁸ He shall deliver my soul in peace from them that draw nigh to me: for they were with me in many *cases.* ¹⁹ God shall hear, and bring them low, *even* he that has existed from eternity. Pause.

γ For they suffer no reverse, and *therefore* they have not feared God. ²⁰ He has reached forth his hand for retribution; they have profaned his covenant. ²¹ They were scattered at the anger of his countenance, and his heart drew δ nigh them. His words were smoother than oil, yet are they darts.

²² ζ Cast thy care upon the Lord, and he shall θ sustain thee; he shall never suffer the righteous to be moved. ²³ But thou, O God, shalt bring them down to the pit of destruction; bloody and crafty men shall not live out half their days; but I will hope in thee, O Lord.

For the end, concerning the people that were removed from the λ sanctuary, by David for a memorial, when the Philistines caught him in Geth.

Have mercy upon me, O God; for man has trodden me down; all the day long he warring has afflicted me. ² Mine enemies have trodden me down all the day from the dawning of the day; for there are many warring against me. ³ They shall be afraid, but I will trust in thee. ⁴ In God I will praise my words; all the day have I hoped in God; I will not fear what flesh shall do to me.

⁵ All the day long they have abominated my words; all their devices *are* against me for evil. ⁶ They will dwell near and hide *themselves;* they will watch my steps, accordingly as I have waited patiently in my soul. ⁷ Thou wilt on no account save them; thou wilt bring down the people in wrath. ⁸ O God, I have declared my life to thee; thou hast set my tears before thee, even according to thy promise. ⁹ Mine enemies shall be turned back, in the day wherein I shall call upon thee; behold, I know that thou art my God. ¹⁰ In God will I praise his word; in the Lord will I praise *his* saying. ¹¹ I have hoped in God; I will not be afraid of what man shall do to me. ¹² The vows of thy praise,

---

ὅτι εἶδον ἀνομίαν καὶ ἀντιλογίαν ἐν τῇ πόλει. Ἡμέρας καὶ 10 νυκτὸς κυκλώσει αὐτὴν ἐπὶ τὰ τείχη αὐτῆς, ἀνομία καὶ πόνος ἐν μέσῳ αὐτῆς καὶ ἀδικία, καὶ οὐκ ἐξέλιπεν ἐκ τῶν πλατειῶν 11 αὐτῆς τόκος καὶ δόλος.

Ὅτι εἰ ἐχθρὸς ὠνείδισέ με, ὑπήνεγκα ἂν, καὶ εἰ ὁ μισῶν 12 ἐπ’ ἐμὲ ἐμεγαλορρημόνησεν, ἐκρύβην ἂν ἀπ’ αὐτοῦ. Σὺ δὲ 13 ἄνθρωπε ἰσόψυχε, ἡγεμών μου καὶ γνωστέ μου, ὃς ἐπιτοαυτὸ 14 ἐγλύκανας ἐδέσματα, ἐν τῷ οἴκῳ τοῦ Θεοῦ ἐπορεύθημεν ἐν ὁμονοίᾳ. Ἐλθέτω θάνατος ἐπ’ αὐτούς, καὶ καταβήτωσαν 15 εἰς ᾅδου ζῶντες· ὅτι πονηρία ἐν ταῖς παροικίαις αὐτῶν ἐν μέσῳ αὐτῶν.

Ἐγὼ πρὸς τὸν Θεὸν ἐκέκραξα, καὶ ὁ Κύριος εἰσήκουσέ μου. 16 Ἑσπέρας καὶ πρωὶ καὶ μεσημβρίας διηγήσομαι, καὶ ἀπαγγελῶ, 17 καὶ εἰσακούσεται τῆς φωνῆς μου. Λυτρώσεται ἐν εἰρήνῃ 18 τὴν ψυχήν μου ἀπὸ τῶν ἐγγιζόντων μοι, ὅτι ἐν πολλοῖς ἦσαν σὺν ἐμοί. Εἰσακούσεται ὁ Θεὸς καὶ ταπεινώσει αὐτούς, 19 ὁ ὑπάρχων πρὸ τῶν αἰώνων· διάψαλμα·

Οὐ γάρ ἐστιν αὐτοῖς ἀντάλλαγμα, καὶ οὐκ ἐφοβήθησαν τὸν Θεόν. Ἐξέτεινε τὴν χεῖρα αὐτοῦ ἐν τῷ ἀποδιδόναι· ἐβεβήλω- 20 σαν τὴν διαθήκην αὐτοῦ. Διεμερίσθησαν ἀπὸ ὀργῆς τοῦ 21 προσώπου αὐτοῦ, καὶ ἤγγισεν ἡ καρδία αὐτοῦ· ἡπαλύνθησαν οἱ λόγοι αὐτοῦ ὑπὲρ ἔλαιον, καὶ αὐτοί εἰσι βολίδες.

Ἐπίρριψον ἐπὶ Κύριον τὴν μέριμνάν σου, καὶ αὐτός σε 22 διαθρέψει, οὐ δώσει εἰς τὸν αἰῶνα σάλον τῷ δικαίῳ. Σὺ δὲ 23 ὁ Θεὸς κατάξεις αὐτοὺς εἰς φρέαρ διαφθορᾶς· ἄνδρες αἱμάτων καὶ δολιότητος οὐ μὴ ἡμισεύσωσι τὰς ἡμέρας αὐτῶν· ἐγὼ δὲ ἐλπιῶ ἐπὶ σε, Κύριε.

Εἰς τὸ τέλος, ὑπὲρ τοῦ λαοῦ τοῦ ἀπὸ τῶν ἁγίων μεμακρυμ- 55 (56) μένου, τῷ Δαυὶδ εἰς στηλογραφίαν, ὁπότε ἐκράτησαν αὐτὸν οἱ ἀλλόφυλοι ἐν Γέθ.

Ἐλέησόν με ὁ Θεός, ὅτι κατεπάτησέ με ἄνθρωπος, ὅλην τὴν ἡμέραν πολεμῶν ἔθλιψέ με. Κατεπάτησάν με οἱ ἐχθροί 2 μου ὅλην τὴν ἡμέραν ἀπὸ ὕψους ἡμέρας, ὅτι πολλοὶ οἱ πολε- μοῦντές με. Φοβηθήσονται, ἐγὼ δὲ ἐλπιῶ ἐπὶ σοί. Ἐν τῷ Θεῷ 3, 4 ἐπαινέσω τοὺς λόγους μου, ὅλην τὴν ἡμέραν ἐν τῷ Θεῷ ἤλπισα, οὐ φοβηθήσομαι τί ποιήσει μοι σάρξ. Ὅλην τὴν ἡμέραν τοὺς λόγους μου ἐβδελύσσοντο, κατ’ 5 ἐμοῦ πάντες οἱ διαλογισμοὶ αὐτῶν εἰς κακόν. Παροικήσουσι 6 καὶ κατακρύψουσιν αὐτοί, τὴν πτέρναν μου φυλάξουσι· καθά- περ ὑπέμεινα τῇ ψυχῇ μου. Ὑπὲρ τοῦ μηθενὸς σώσεις 7 αὐτοὺς ἐν ὀργῇ λαοὺς κατάξεις· ὁ Θεὸς τὴν ζωήν μου ἐξ- 8 ήγγειλά σοι, ἔθου τὰ δάκρυά μου ἐνώπιόν σου, ὡς καὶ ἐν τῇ ἐπαγγελίᾳ σου. Ἐπιστρέψουσιν οἱ ἐχθροί μου εἰς τὰ ὀπίσω, ἐν ᾗ ἂν ἡμέρᾳ 9 ἐπικαλέσωμαί σε· ἰδοὺ ἔγνων ὅτι Θεός μου εἶ σύ. Ἐπὶ τῷ 10 Θεῷ αἰνέσω ῥῆμα, ἐπὶ τῷ Κυρίῳ αἰνέσω λόγον. Ἐπὶ τῷ Θεῷ 11 ἤλπισα, οὐ φοβηθήσομαι τί ποιήσει μοι ἄνθρωπος. Ἐν ἐμοὶ 12

β Or, it, *sc.* iniquity.   γ Or, they have nothing to give in exchange, *q. d.* to redeem their souls. Compare Ps. 48. 7, 8. Mark 8. 37.
δ Compare *Heb.* and *A. V.*   ζ 1 Pet. 5. 7.   θ Or, nourish.   λ Or, holy things.

13 ὁ Θεὸς αἱ εὐχαί, ἃς ἀποδώσω αἰνέσεώς σου. Ὅτι ἐρρύσω τὴν ψυχήν μου ἐκ θανάτου, καὶ τοὺς πόδας μου ἐξ ὀλισθήματος, τοῦ εὐαρεστῆσαι ἐνώπιον τοῦ Θεοῦ ἐν φωτὶ ζώντων.

56 (57) Εἰς τὸ τέλος, μὴ διαφθείρῃς, τῷ Δαυὶδ εἰς στηλογραφίαν, ἐν τῷ αὐτὸν ἀποδιδράσκειν ἀπὸ προσώπου Σαοὺλ εἰς τὸ σπήλαιον.

Ἐλέησόν με ὁ Θεός, ἐλέησόν με, ὅτι ἐπὶ σοὶ πέποιθεν ἡ ψυχή μου, καὶ ἐν τῇ σκιᾷ τῶν πτερύγων σου ἐλπιῶ, ἕως οὗ 2 παρέλθῃ ἡ ἀνομία. Κεκράξομαι πρὸς τὸν Θεὸν τὸν ὕψιστον 3 τὸν Θεὸν τὸν εὐεργετήσαντά με· διάψαλμα. Ἐξαπέστειλεν ἐξ οὐρανοῦ καὶ ἔσωσέ με, ἔδωκεν εἰς ὄνειδος τοὺς καταπατοῦν-τάς με· ἐξαπέστειλεν ὁ Θεὸς τὸ ἔλεος αὐτοῦ καὶ τὴν ἀλή-4 θειαν αὐτοῦ, καὶ ἐρρύσατο τὴν ψυχήν μου ἐκ μέσου σκύμ-νων· ἐκοιμήθην τεταραγμένος· υἱοὶ ἀνθρώπων, οἱ ὀδόντες αὐτῶν, ὅπλον καὶ βέλη, καὶ ἡ γλῶσσα αὐτῶν, μάχαιρα ὀξεῖα.

5 Ὑψώθητι ἐπὶ τοὺς οὐρανοὺς ὁ Θεός, καὶ ἐπὶ πᾶσαν τὴν γῆν 6 ἡ δόξα σου. Παγίδας ἡτοίμασαν τοῖς ποσί μου, καὶ κατέ-καμψαν τὴν ψυχήν μου· ὤρυξαν πρὸ προσώπου μου βόθρον, 7 καὶ ἐνέπεσαν εἰς αὐτόν· διάψαλμα. Ἑτοίμη ἡ καρδία μου 8 ὁ Θεός, ἑτοίμη ἡ καρδία μου, ᾄσομαι καὶ ψαλῶ. Ἐξεγέρθητι ἡ δόξα μου, ἐξεγέρθητι ψαλτήριον καὶ κιθάρα, ἐξεγερθήσομαι 9 ὄρθρου. Ἐξομολογήσομαί σοι ἐν λαοῖς Κύριε, ψαλῶ σοι ἐν 10 ἔθνεσιν. Ὅτι ἐμεγαλύνθη ἕως τῶν οὐρανῶν τὸ ἔλεός σου, καὶ 11 ἕως τῶν νεφελῶν ἡ ἀλήθειά σου. Ὑψώθητι ἐπὶ τοὺς οὐρανοὺς ὁ Θεός, καὶ ἐπὶ πᾶσαν τὴν γῆν ἡ δόξα σου.

57 (58) Εἰς τὸ τέλος, μὴ διαφθείρῃς, τῷ Δαυὶδ εἰς στηλογραφίαν.

Εἰ ἀληθῶς ἄρα δικαιοσύνην λαλεῖτε, εὐθεῖα κρίνετε οἱ υἱοὶ 2 τῶν ἀνθρώπων. Καὶ γὰρ ἐν καρδίᾳ ἀνομίας ἐργάζεσθε ἐν τῇ 3 γῇ, ἀδικίαν αἱ χεῖρες ὑμῶν συμπλέκουσιν. Ἀπηλλοτριώθησαν οἱ ἁμαρτωλοὶ ἀπὸ μήτρας, ἐπλανήθησαν ἀπὸ γαστρός, ἐλά-4 λησαν ψευδῆ. Θυμὸς αὐτοῖς κατὰ τὴν ὁμοίωσιν τοῦ ὄφεως, 5 ὡσεὶ ἀσπίδος κωφῆς, καὶ βυούσης τὰ ὦτα αὐτῆς, ἥτις οὐκ εἰσακούσεται φωνὴν ἐπᾳδόντων, φαρμάκου τε φαρμακευομένου παρὰ σοφοῦ.

6 Ὁ Θεὸς συνέτριψε τοὺς ὀδόντας αὐτῶν ἐν τῷ στόματι αὐτῶν, 7 τὰς μύλας τῶν λεόντων συνέθλασεν ὁ Κύριος. Ἐξουδενωθή-σονται ὡς ὕδωρ διαπορευόμενον, ἐντενεῖ τὸ τόξον αὐτοῦ ἕως οὗ 8 ἀσθενήσουσιν. Ὡσεὶ κηρὸς ὁ τακεὶς ἀνταναιρεθήσονται, ἔπεσε 9 πῦρ, καὶ οὐκ εἶδον τὸν ἥλιον. Πρὸ τοῦ συνιέναι τὰς ἀκάν-θας ὑμῶν τὴν ῥάμνον, ὡσεὶ ζῶντας ὡσεὶ ἐν ὀργῇ καταπίεται ὑμᾶς.

10 Εὐφρανθήσεται δίκαιος, ὅταν ἴδῃ ἐκδίκησιν ἀσεβῶν, τὰς χεῖ-11 ρας αὐτοῦ νίψεται ἐν τῷ αἵματι τοῦ ἁμαρτωλοῦ. Καὶ ἐρεῖ ἄνθρωπος, εἰ ἄρα ἐστὶ καρπὸς τῷ δικαίῳ, ἄρα ἐστὶν ὁ Θεὸς κρίνων αὐτοὺς ἐν τῇ γῇ.

O God, which I will pay, are upon me. [13]For thou hast delivered my soul from death, and my feet from sliding, that I should be well-pleasing before God in the land of the living.

For the end. Destroy not: by David, for a memorial, when he fled from the presence of Saul to the cave.

Have mercy, upon me, O God, have mercy upon me: for my soul has trusted in thee: and in the shadow of thy wings will I hope, until the iniquity have passed away. [2]I will cry to God most high; the God who has benefited me. Pause. [3]He sent from heaven and saved me; he gave to reproach them that trampled on me: God has sent forth his mercy and his truth: [4]and he has delivered my soul from the midst of *lions'* whelps: I lay down to sleep, *though* troubled. *As for* the sons of men, their teeth are arms and *missile* weapons, and their tongue a sharp sword.

[5]Be thou exalted, O God, above the heavens; and thy glory above all the earth. [6]They have prepared snares for my feet, and have bowed down my soul: they have dug a pit before my face, and fallen into it *themselves.* Pause. [7]My heart, O God, *is* ready, my heart *is* ready: I will sing, yea will sing psalms. [8]Awake, my glory; awake, psaltery and harp: I will awake early. [9]O Lord, I will give thanks to thee among the nations: I will sing to thee among the Gentiles. [10]For thy mercy has been magnified even to the heavens, and thy truth to the clouds. [11]Be thou exalted, O God, above the heavens; and thy glory above all the earth.

For the end. Destroy not: by David, for a memorial.

If ye do indeed speak righteousness, *then* do ye judge rightly, ye sons of men. [2]For ye work iniquities in *your* hearts in the earth: your hands plot unrighteousness. [3]Sinners have gone astray from the womb: they go astray from the belly: they speak lies. [4]Their venom is like *that* of a serpent; as *that* of a deaf asp, and that stops her ears; [5]which will not hear the voice of charmers, nor *heed* the β charm prepared skilfully by the wise.

[6]God has crushed their teeth in their mouth: God has broken the cheek-teeth of the lions. [7]They shall utterly pass away like water running through: he shall bend his bow till they shall fail. [8]They shall be destroyed as melted wax: the fire has fallen and they have not seen the sun. [9]Before your thorns feel the white thorn, he shall swallow you up as living, as in his wrath.

[10]The righteous shall rejoice when he sees the vengeance of the ungodly: he shall wash his hands in the blood of the sinner. [11]And a man shall say, Verily then there is γ a reward for the righteous: verily there is a God that judges them in the earth.

β *Gr.* poison.   γ *Gr.* fruit.

For the end. Destroy not: by David for a memorial, when Saul sent, and watched his house to kill him.

Deliver me from mine enemies, O God; and ransom me from those that rise up against me. [2] Deliver me from the workers of iniquity, and save me from bloody men.

[3] For, behold, they have hunted after my soul; violent men have set upon me: neither *is it* my iniquity, nor my sin, O Lord. [4] Without iniquity I ran and directed *my course aright*: awake to help me, and behold. [5] And thou, Lord God of hosts, the God of Israel, draw nigh to visit all the heathen; pity not any that work iniquity. Pause. [6] They shall return at evening, and hunger like a dog, and go round about the city.

[7] Behold, they shall utter a voice with their mouth, and a sword is in their lips; for who, *say they*, has heard? [8] But thou, Lord, wilt laugh them to scorn; thou wilt utterly set at nought all the heathen. [9] I will keep my strength, *looking* to thee; for thou, O God, art my helper. [10] *As for* my God, his mercy shall go before me: my God will shew me *vengeance* on mine enemies.

[11] Slay them not, lest they forget thy β law; scatter them by thy power; and bring them down, O Lord, my defender. [12] *For* the sin of their mouth, *and* the word of their lips, let them be even taken in their pride. [13] And for *their* cursing and falsehood shall utter destruction be denounced: *they shall fall* by the wrath of utter destruction, and shall not be; so shall they know that the God of Jacob is Lord of the ends of the earth. Pause. [14] They shall return at evening, and be hungry as a dog, and go round about the city. [15] They shall be scattered hither and thither for meat; and if they be not satisfied, they shall even murmur.

[16] But I will sing to thy strength, and in the morning will I exult *in* thy mercy; for thou hast been my supporter, and my refuge in the day of mine affliction. [17] *Thou art* my helper; to thee, my God, will I sing; thou art my supporter, O my God, *and* my mercy.

For the end, for them that shall yet be changed; for an inscription by David for instruction, when he *had* burned Mesopotamia of Syria, and Syria Sobal, and Joab *had* returned and smitten *in* the valley of salt twelve thousand.

O God, thou hast rejected and destroyed us; thou hast been angry, yet hast pitied us. [2] Thou hast shaken the earth, and troubled it; heal its breaches, for it has been shaken. [3] Thou hast shewn thy people hard things: thou hast made us drink the wine of astonishment. [4] Thou hast given a token to them that fear thee, that they might flee from the bow. Pause. [5] That thy beloved ones may be delivered; save with thy right hand, and hear me.

[6] God has spoken in his holiness; I will rejoice, and divide Sicima, and measure out

Εἰς τὸ τέλος, μὴ διαφθείρῃς, τῷ Δαυὶδ εἰς στηλο- 58 (59) γραφίαν, ὁπότε ἀπέστειλε Σαοὺλ, καὶ ἐφύλαξε τὸν οἶκον αὐτοῦ τοῦ θανατῶσαι αὐτόν.

Ἐξελοῦ με ἐκ τῶν ἐχθρῶν μου ὁ Θεὸς, καὶ ἐκ τῶν ἐπανιστα- μένων ἐπ' ἐμὲ λύτρωσαί με. Ῥῦσαί με ἐκ τῶν ἐργαζομένων 2 τὴν ἀνομίαν, καὶ ἐξ ἀνδρῶν αἱμάτων σῶσόν με. Ὅτι ἰδοὺ ἐθήρευσαν τὴν ψυχήν μου, ἐπέθεντο ἐπ' ἐμὲ 3 κραταιοί· οὔτε ἡ ἀνομία μου, οὔτε ἡ ἁμαρτία μου Κύριε· Ἄνευ ἀνομίας ἔδραμον καὶ κατεύθυνα· ἐξεγέρθητι εἰς συνάντη- 4 σίν μου, καὶ ἴδε. Καὶ σὺ Κύριε ὁ Θεὸς τῶν δυνάμεων ὁ Θεὸς 5 τοῦ Ἰσραὴλ, πρόσχες τοῦ ἐπισκέψασθαι πάντα τὰ ἔθνη, μὴ οἰκτειρήσῃς πάντας τοὺς ἐργαζομένους τὴν ἀνομίαν· διάψαλμα. Ἐπιστρέψουσιν εἰς ἑσπέραν, καὶ λιμώξουσιν ὡς κύων, καὶ 6 κυκλώσουσι πόλιν. Ἰδοὺ ἀποφθέγξονται ἐν τῷ στόματι αὐτῶν, καὶ ῥομφαία ἐν 7 τοῖς χείλεσιν αὐτῶν, ὅτι τίς ἤκουσε; Καὶ σὺ Κύριε ἐκγελάσῃ 8 αὐτούς, ἐξουδενώσεις πάντα τὰ ἔθνη. Τὸ κράτος μου πρὸς σὲ 9 φυλάξω, ὅτι σὺ ὁ Θεὸς ἀντιλήπτωρ μου εἶ. Ὁ Θεός μου, 10 τὸ ἔλεος αὐτοῦ προφθάσει με, ὁ Θεός μου δείξει μοι ἐν τοῖς ἐχθροῖς μου.

Μὴ ἀποκτείνῃς αὐτοὺς, μήποτε ἐπιλάθωνται τοῦ νόμου σου· 11 διασκόρπισον αὐτοὺς ἐν τῇ δυνάμει σου, καὶ κατάγαγε αὐτοὺς ὁ ὑπερασπιστής μου Κύριε. Ἁμαρτίαν στόματος αὐτῶν, 12 λόγον χειλέων αὐτῶν, καὶ συλληφθήτωσαν ἐν τῇ ὑπερηφανίᾳ αὐτῶν· καὶ ἐξ ἀρᾶς καὶ ψεύδους διαγγελήσονται συντέλειαι, 13 ἐν ὀργῇ συντελείας, καὶ οὐ μὴ ὑπάρξουσι· καὶ γνώσονται ὅτι ὁ Θεὸς τοῦ Ἰακὼβ δεσπόζει τῶν περάτων τῆς γῆς· διάψαλμα. Ἐπιστρέψουσιν εἰς ἑσπέραν, καὶ λιμώξουσιν ὡς κύων, καὶ 14 κυκλώσουσι πόλιν. Αὐτοὶ διασκορπισθήσονται τοῦ φαγεῖν, 15 ἐὰν δὲ μὴ χορτασθῶσι, καὶ γογγύσουσιν.

Ἐγὼ δὲ ᾄσομαι τῇ δυνάμει σου, καὶ ἀγαλλιάσομαι τοπρωΐ 16 τὸ ἔλεός σου, ὅτι ἐγενήθης ἀντιλήπτωρ μου καὶ καταφυγή μου ἐν ἡμέρᾳ θλίψεώς μου. Βοηθός μου, σοὶ ψαλῶ ὁ Θεός 17 μου, ἀντιλήπτωρ μου εἶ ὁ Θεός μου, τὸ ἔλεός μου.

Εἰς τὸ τέλος, τοῖς ἀλλοιωθησομένοις ἔτι, εἰς στηλογραφίαν 59 (60) τῷ Δαυὶδ εἰς διδαχὴν, ὁπότε ἐνεπύρισε τὴν Μεσοποτα- μίαν Συρίας, καὶ τὴν Συρίαν Σοβὰλ, καὶ ἐπέστρεψεν Ἰωὰβ, καὶ ἐπάταξε τὴν φάραγγα τῶν ἁλῶν, δώδεκα χιλιάδας.

Ὁ Θεὸς ἀπώσω ἡμᾶς καὶ καθεῖλες ἡμᾶς, ὠργίσθης καὶ ᾠκτείρησας ἡμᾶς. Συνέσεισας τὴν γῆν καὶ συνετάραξας αὐτὴν, 2 ἴασαι τὰ συντρίμματα αὐτῆς, ὅτι ἐσαλεύθη. Ἔδειξας τῷ 3 λαῷ σου σκληρὰ, ἐπότισας ἡμᾶς οἶνον κατανύξεως. Ἔδωκας 4 τοῖς φοβουμένοις σε σημείωσιν, τοῦ φυγεῖν ἀπὸ προσώπου τόξου· διάψαλμα. Ὅπως ἂν ῥυσθῶσιν οἱ ἀγαπητοί σου, 5 σῶσον τῇ δεξιᾷ σου καὶ ἐπάκουσόν μου. Ὁ Θεὸς ἐλάλησεν ἐν τῷ ἁγίῳ αὐτοῦ, ἀγαλλιάσομαι καὶ 6 διαμεριῶ Σίκιμα, καὶ τὴν κοιλάδα τῶν σκηνῶν διαμετρήσω.

β Some read λαοῦ 'people.'

7 Ἐμός ἐστι Γαλαάδ, καὶ ἐμός ἐστι Μανασσῆ, καὶ Ἐφραὶμ
8 κραταίωσις τῆς κεφαλῆς μου· Ἰούδας βασιλεύς μου, Μωὰβ λέβης τῆς ἐλπίδος μου, ἐπὶ τὴν Ἰδουμαίαν ἐκτενῶ τὸ ὑπόδημά μου, ἐμοὶ ἀλλόφυλοι ὑπετάγησαν.

9 Τίς ἀπάξει με εἰς πόλιν περιοχῆς; τίς ὁδηγήσει με ἕως τῆς
10 Ἰδουμαίας; Οὐχὶ σὺ ὁ Θεὸς ὁ ἀπωσάμενος ἡμᾶς; καὶ οὐκ
11 ἐξελεύσῃ ὁ Θεὸς ἐν ταῖς δυνάμεσιν ἡμῶν; Δὸς ἡμῖν βοήθειαν ἐκ θλίψεως, καὶ ματαία σωτηρία ἀνθρώπου.

12 Ἐν τῷ Θεῷ ποιήσομεν δύναμιν, καὶ αὐτὸς ἐξουδενώσει τοὺς θλίβοντας ἡμᾶς.

60 (61)   Εἰς τὸ τέλος, ἐν ὕμνοις τῷ Δαυίδ.

Εἰσάκουσον ὁ Θεὸς τῆς δεήσεώς μου, πρόσχες τῇ προσευχῇ
2 μου. Ἀπὸ τῶν περάτων τῆς γῆς πρὸς σὲ ἐκέκραξα, ἐν τῷ ἀκηδιάσαι τὴν καρδίαν μου, ἐν πέτρᾳ ὕψωσάς με, ὁδήγησάς
3 με, ὅτι ἐγενήθης ἐλπίς μου, πύργος ἰσχύος ἀπὸ προσώπου
4 ἐχθροῦ. Παροικήσω ἐν τῷ σκηνώματί σου εἰς τοὺς αἰῶνας, σκεπασθήσομαι ἐν σκέπῃ τῶν πτερύγων σου· διάψαλμα.

5 Ὅτι σὺ ὁ Θεὸς εἰσήκουσας τῶν προσευχῶν μου, ἔδωκας
6 κληρονομίαν τοῖς φοβουμένοις τὸ ὄνομά σου. Ἡμέρας ἐφ᾽ ἡμέρας βασιλέως προσθήσεις, τὰ ἔτη αὐτοῦ ἕως ἡμέρας γενεᾶς
7 καὶ γενεᾶς. Διαμενεῖ εἰς τὸν αἰῶνα ἐνώπιον τοῦ Θεοῦ, ἔλεος
8 καὶ ἀλήθειαν αὐτοῦ τίς ἐκζητήσει αὐτῶν; Οὕτως ψαλῶ τῷ ὀνόματί σου εἰς τὸν αἰῶνα τοῦ αἰῶνος, τοῦ ἀποδοῦναί με τὰς εὐχάς μου ἡμέραν ἐξ ἡμέρας.

61 (62)   Εἰς τὸ τέλος, ὑπὲρ Ἰδιθοὺν ψαλμὸς τῷ Δαυίδ.

Οὐχὶ τῷ Θεῷ ὑποταγήσεται ἡ ψυχή μου; παρ᾽ αὐτοῦ γὰρ
2 τὸ σωτήριόν μου. Καὶ γὰρ αὐτὸς Θεός μου καὶ σωτήρ μου,
3 ἀντιλήπτωρ μου, οὐ μὴ σαλευθῶ ἐπὶ πλεῖον. Ἕως πότε ἐπιτίθεσθε ἐπ᾽ ἄνθρωπον; φονεύετε πάντες ὡς τοίχῳ κεκλιμένῳ
4 καὶ φραγμῷ ὠσμένῳ. Πλὴν τὴν τιμήν μου ἐβουλεύσαντο ἀπώσασθαι· ἔδραμον ἐν δίψει· τῷ στόματι αὐτῶν εὐλόγουν, καὶ τῇ καρδίᾳ αὐτῶν κατηρῶντο· διάψαλμα.

5 Πλὴν τῷ Θεῷ ὑποτάγηθι ἡ ψυχή μου, ὅτι παρ᾽ αὐτοῦ ἡ
6 ὑπομονή μου. Ὅτι αὐτὸς Θεός μου καὶ σωτήρ μου, ἀντι-
7 λήπτωρ μου, οὐ μὴ μεταναστεύσω. Ἐπὶ τῷ Θεῷ τὸ σωτήριόν μου, καὶ ἡ δόξα μου· ὁ Θεὸς τῆς βοηθείας μου, καὶ ἡ ἐλπίς μου
8 ἐπὶ τῷ Θεῷ. Ἐλπίσατε ἐπ᾽ αὐτὸν πᾶσα συναγωγὴ λαοῦ· ἐκχέετε ἐνώπιον αὐτοῦ τὰς καρδίας ὑμῶν, ὅτι ὁ Θεὸς βοηθὸς ἡμῶν· διάψαλμα.

9 Πλὴν μάταιοι οἱ υἱοὶ τῶν ἀνθρώπων, ψευδεῖς οἱ υἱοὶ τῶν ἀνθρώπων ἐν ζυγοῖς τοῦ ἀδικῆσαι, αὐτοὶ ἐκ ματαιότητος ἐπὶ
10 τοαυτό. Μὴ ἐλπίζετε ἐπ᾽ ἀδικίαν, καὶ ἐπὶ ἁρπάγματα μὴ ἐπι-
11 ποθεῖτε· πλοῦτος ἐὰν ῥέῃ, μὴ προστίθεσθε καρδίαν. Ἅπαξ ἐλάλησεν ὁ Θεός, δύο ταῦτα ἤκουσα, ὅτι τὸ κράτος τοῦ Θεοῦ·
12 καὶ σοῦ Κύριε τὸ ἔλεος, ὅτι σὺ ἀποδώσεις ἑκάστῳ κατὰ τὰ ἔργα αὐτοῦ.

the valley of tents. [7] Galaad is mine, and Manasse is mine; and Ephraim is the β strength of my head; [8] Judas is my king; Moab is the caldron of my hope; over Idumea will I stretch out my shoe; the Philistines have been subjected to me.

[9] Who will lead me into the fortified city? who will guide me as far as Idumea? [10] Wilt not thou, O God, who hast cast us off? and wilt not thou, O God, go forth with our forces? [11] Give us help from trouble: for vain is the deliverance of man.

[12] In God will we γ do valiantly; and he shall bring to nought them that harass us.

For the end, among the Hymns of David.

O God, hearken to my petition; attend to my prayer. [2] From the ends of the earth have I cried to thee, when my heart was in trouble: thou liftedst me up on a rock, thou didst guide me: [3] because thou wert my hope, a tower of strength from the face of the enemy. [4] I will dwell in thy tabernacle for ever; I will shelter myself under the shadow of thy wings. Pause.

[5] For thou, O God, hast heard my prayers; thou hast given an inheritance to them that fear thy name. [6] Thou shalt add days to the days of the king; *thou shalt lengthen* his years to all generations. [7] He shall endure for ever before God: which of them will seek out his mercy and truth? [8] So will I sing to thy name for ever and ever, that I may daily perform my vows.

For the end, a Psalm of David for Idithun.

Shall not my soul be subjected to God? for of him is my salvation. [2] For he is my God and my Saviour; my helper, I shall not be moved δ very much. [3] How long will ye assault a man? ye are all slaughtering as with a bowed wall and a broken hedge. [4] They only took counsel to set at nought mine honour: I ran in thirst: with their mouth they blessed, but with their heart they cursed. Pause.

[5] Nevertheless do thou, my soul, be subjected to God; for of him *is* my patient hope. [6] For he *is* my God and my Saviour; my helper, I shall not be moved. [7] ζ In God *is* my salvation and my glory: *he is* the God of my help, and my hope is in God. [8] Hope in him, all ye congregation of the people; pour out your hearts before him, for God is our helper. Pause.

[9] But the sons of men are vain; the sons of men are false, so as to be deceitful in the balances; they are θ all alike *formed* out of vanity. [10] Trust not in unrighteousness, and lust not after robberies: if wealth should flow in, set not your heart upon it. [11] God has spoken once, *and* I have heard these two things, that power is of God; [12] and mercy is thine, O Lord: for thou wilt recompense every one ‘according to his works.

A Psalm of David, when he was in the wilderness of Idumea.

O God, my God, I cry to thee early; my soul has thirsted for thee: how often has my flesh *longed* after thee, in a barren and trackless and dry land! [2] Thus have I appeared before thee in the sanctuary, that I might see thy power and thy glory. [3] For thy mercy is better than β life: my lips shall praise thee. [4] Thus will I bless thee during my life: I will lift up my hands in thy name. [5] Let my soul be filled as with marrow and fatness; and *my* joyful lips shall praise thy name.

[6] γ Forasmuch as I have remembered thee on my bed: in the early seasons I have meditated on thee. [7] For thou hast been my helper, and in the shelter of thy wings will I rejoice. [8] My soul has δ kept very close behind thee: thy right hand has upheld me. [9] But they vainly sought after my soul; they shall go into the lowest parts of the earth. [10] They shall be delivered up to the power of the sword; they shall be portions for foxes. [11] But the king shall rejoice in God; every one that swears by him shall be praised; for the mouth of them that speak unjust things has been stopped.

For the end, a Psalm of David.

Hear my prayer, O God, when I make my petition to thee; deliver my soul from fear of the enemy. [2] Thou hast sheltered me from the conspiracy of them that do wickedly; from the multitude of them that work iniquity; [3] who have sharpened their tongues as a sword; they have bent their bow maliciously; [4] to shoot in secret at the blameless; they will shoot him suddenly, and will not fear. [5] They have set up for themselves an evil matter, they have given counsel to hide snares; they have said, Who shall see them? [6] They have searched out iniquity; they have wearied themselves with searching diligently, a man shall approach and the heart is deep, [7] and God shall be exalted, their wounds were *caused by* the weapon of the foolish children, [8] and their tongues have set him at nought, all that saw them were troubled; [9] and every man was alarmed, and they related the works of God, and understood his deeds. [10] The righteous shall rejoice in the Lord, and hope on him, and all the upright in heart shall be praised.

For the end, a Psalm *and* Song of David.

Praise becomes thee, O God, in Sion; and to thee shall the vow be performed. [2] Hear my prayer; to thee all flesh shall come. [3] The words of transgressors have overpowered us; but do thou pardon our sins. [4] Blessed *is he* whom thou hast chosen and adopted; he shall dwell in thy courts; we shall be filled with the good things of thy house; thy temple is holy. [5] *Thou art* wonderful in righteousness. Hearken to us, O God our Saviour; the hope of all the ends of the earth, and of them *that are* on the sea afar off: [6] who dost ζ establish the

Ψαλμὸς τῷ Δαυίδ, ἐν τῷ εἶναι αὐτὸν ἐν τῇ ἐρήμῳ 62 (63) τῆς Ἰδουμαίας.

Ὁ Θεὸς ὁ Θεός μου πρὸς σὲ ὀρθρίζω, ἐδίψησέ σοι ἡ ψυχή μου, ποσαπλῶς σοι ἡ σάρξ μου, ἐν γῇ ἐρήμῳ καὶ ἀβάτῳ καὶ ἀνύδρῳ, οὕτως ἐν τῷ ἁγίῳ ὤφθην σοι, τοῦ ἰδεῖν τὴν δύναμίν 2 σου καὶ τὴν δόξαν σου. Ὅτι κρεῖσσον τὸ ἔλεός σου ὑπὲρ 3 ζωὰς, τὰ χείλη μου ἐπαινέσουσί σε. Οὕτως εὐλογήσω σε ἐν 4 τῇ ζωῇ μου, ἐν τῷ ὀνόματί σου ἀρῶ τὰς χεῖράς μου. Ὡσεὶ 5 στέατος καὶ πιότητος ἐμπλησθείη ἡ ψυχή μου, καὶ χείλη ἀγαλλιάσεως αἰνέσει τὸ ὄνομά σου.

Εἰ ἐμνημόνευόν σου ἐπὶ τῆς στρωμνῆς μου, ἐν τοῖς ὄρθροις 6 ἐμελέτων εἰς σέ. Ὅτι ἐγενήθης βοηθός μου, καὶ ἐν τῇ σκέπῃ 7 τῶν πτερύγων σου ἀγαλλιάσομαι. Ἐκολλήθη ἡ ψυχή μου 8 ὀπίσω σου, ἐμοῦ ἀντελάβετο ἡ δεξιά σου. Αὐτοὶ δὲ εἰς μάτην 9 ἐζήτησαν τὴν ψυχήν μου, εἰσελεύσονται εἰς τὰ κατώτατα τῆς γῆς, παραδοθήσονται εἰς χεῖρας ῥομφαίας, μερίδες ἀλωπέκων 10 ἔσονται. Ὁ δὲ βασιλεὺς εὐφρανθήσεται ἐπὶ τῷ Θεῷ, ἐπαινε- 11 θήσεται πᾶς ὁ ὀμνύων ἐν αὐτῷ, ὅτι ἐνεφράγη στόμα λαλούν- των ἄδικα.

Εἰς τὸ τέλος, ψαλμὸς τῷ Δαυίδ. 63 (64)

Εἰσάκουσον ὁ Θεὸς τῆς προσευχῆς μου ἐν τῷ δέεσθαί με πρὸς σὲ, ἀπὸ φόβου ἐχθροῦ ἐξελοῦ τὴν ψυχήν μου. Ἐσκέ- 2 πασάς με ἀπὸ συστροφῆς πονηρευομένων, ἀπὸ πλήθους ἐργα- ζομένων ἀδικίαν· Οἵτινες ἠκόνησαν ὡς ῥομφαίαν τὰς γλώσσας 3 αὐτῶν, ἐνέτειναν τόξον πρᾶγμα πικρὸν, τοῦ κατατοξεῦσαι ἐν 4 ἀποκρύφοις ἄμωμον, ἐξάπινα κατατοξεύσουσιν αὐτὸν, καὶ οὐ φοβηθήσονται. Ἐκραταίωσαν ἑαυτοῖς λόγον πονηρὸν, διηγή- 5 σαντο τοῦ κρύψαι παγίδας· εἶπαν, τίς ὄψεται αὐτούς; Ἐξη- 6 ρεύνησαν ἀνομίαν, ἐξέλιπον ἐξερευνῶντες ἐξερευνήσει· προσε- λεύσεται ἄνθρωπος, καὶ καρδία βαθεῖα, καὶ ὑψωθήσεται ὁ Θεός· 7 βέλος νηπίων ἐγενήθησαν αἱ πληγαὶ αὐτῶν, καὶ ἐξουθένησαν 8 αὐτὸν αἱ γλῶσσαι αὐτῶν· ἐταράχθησαν πάντες οἱ θεωροῦντες αὐτοὺς, καὶ ἐφοβήθη πᾶς ἄνθρωπος· καὶ ἀνήγγειλαν τὰ ἔργα 9 τοῦ Θεοῦ, καὶ τὰ ποιήματα αὐτοῦ συνῆκαν. Εὐφρανθήσεται 10 δίκαιος ἐν τῷ Κυρίῳ, καὶ ἐλπιεῖ ἐπ᾽ αὐτόν· καὶ ἐπαινεθήσονται πάντες οἱ εὐθεῖς τῇ καρδίᾳ.

Εἰς τὸ τέλος, ψαλμὸς τῷ Δαυίδ, ᾠδή. 64 (65)

Σοὶ πρέπει ὕμνος ὁ Θεὸς ἐν Σιὼν, καὶ σοὶ ἀποδοθήσεται εὐχή. Εἰσάκουσον προσευχῆς μου, πρὸς σὲ πᾶσα σὰρξ ἥξει. 2 Λόγοι ἀνόμων ὑπερεδυνάμωσαν ἡμᾶς, καὶ τὰς ἀσεβείας ἡμῶν 3 σὺ ἱλάσῃ· Μακάριος, ὃν ἐξελέξω καὶ προσελάβου, κατα- 4 σκηνώσει ἐν ταῖς αὐλαῖς σου· πλησθησόμεθα ἐν τοῖς ἀγαθοῖς τοῦ οἴκου σου, ἅγιος ὁ ναός σου, θαυμαστὸς ἐν δικαιοσύνῃ· ἐπάκουσον ἡμῶν ὁ Θεὸς ὁ σωτὴρ ἡμῶν, ἡ ἐλπὶς πάντων τῶν 5 περάτων τῆς γῆς, καὶ τῶν ἐν θαλάσσῃ μακρὰν· ἑτοιμάζων 6

---

7 ὄρη ἐν τῇ ἰσχύϊ σου, περιεζωσμένος ἐν δυναστείᾳ· Ὁ συν-
ταράσσων τὸ κῦτος τῆς θαλάσσης, ἤχους κυμάτων αὐτῆς.

8 Ταραχθήσονται τὰ ἔθνη, καὶ φοβηθήσονται οἱ κατοικοῦντες
τὰ πέρατα ἀπὸ τῶν σημείων σου· ἐξόδους πρωΐας καὶ ἑσπέρας
τέρψεις.

9 Ἐπεσκέψω τὴν γῆν καὶ ἐμέθυσας αὐτήν, ἐπλήθυνας τοῦ
πλουτίσαι αὐτήν· ὁ ποταμὸς τοῦ Θεοῦ ἐπληρώθη ὑδάτων·

10 ἡτοίμασας τὴν τροφὴν αὐτῶν, ὅτι οὕτως ἡ ἑτοιμασία. Τοὺς
αὔλακας αὐτῆς μέθυσον, πλήθυνον τὰ γεννήματα αὐτῆς,

11 ἐν ταῖς σταγόσιν αὐτῆς εὐφρανθήσεται ἀνατέλλουσα. Εὐ-
λογήσεις τὸν στέφανον τοῦ ἐνιαυτοῦ τῆς χρηστότητός σου,

12 καὶ τὰ πεδία σου πλησθήσονται πιότητος. Πιανθήσεται τὰ

13 ὄρη τῆς ἐρήμου, καὶ ἀγαλλίασιν οἱ βουνοὶ περιζώσονται. Ἐν-
εδύσαντο οἱ κριοὶ τῶν προβάτων, καὶ αἱ κοιλάδες πληθυνοῦσι
σῖτον, κεκράξονται, καὶ γὰρ ὑμνήσουσιν.

65 (66) Εἰς τὸ τέλος, ᾠδὴ ψαλμοῦ ἀναστάσεως.

2 Ἀλαλάξατε τῷ Θεῷ πᾶσα ἡ γῆ, ψάλατε δὴ τῷ ὀνόματι

3 αὐτοῦ, δότε δόξαν αἰνέσει αὐτοῦ. Εἴπατε τῷ Θεῷ, ὡς φοβερὰ
τὰ ἔργα σου; ἐν τῷ πλήθει τῆς δυνάμεώς σου ψεύσονταί σε οἱ

4 ἐχθροί σου. Πᾶσα ἡ γῆ προσκυνησάτωσάν σοι, καὶ ψαλάτω-
σάν σοι, ψαλάτωσαν τῷ ὀνόματί σου· διάψαλμα.

5 Δεῦτε καὶ ἴδετε τὰ ἔργα τοῦ Θεοῦ, φοβερὸς ἐν βουλαῖς

6 ὑπὲρ τοὺς υἱοὺς τῶν ἀνθρώπων. Ὁ μεταστρέφων τὴν θά-
λασσαν εἰς ξηράν, ἐν ποταμῷ διελεύσονται ποδί· ἐκεῖ εὐ-

7 φρανθησόμεθα ἐπ' αὐτῷ, τῷ δεσπόζοντι ἐν τῇ δυναστείᾳ
αὐτοῦ τοῦ αἰῶνος· οἱ ὀφθαλμοὶ αὐτοῦ ἐπὶ τὰ ἔθνη ἐπιβλέ-
πουσιν, οἱ παραπικραίνοντες μὴ ὑψούσθωσαν ἐν ἑαυτοῖς·
διάψαλμα.

8 Εὐλογεῖτε ἔθνη τὸν Θεὸν ἡμῶν, καὶ ἀκουτίσατε τὴν φωνὴν

9 τῆς αἰνέσεως αὐτοῦ, τοῦ θεμένου τὴν ψυχήν μου εἰς ζωήν,

10 καὶ μὴ δόντος εἰς σάλον τοὺς πόδας μου. Ὅτι ἐδοκίμασας
ἡμᾶς ὁ Θεός, ἐπύρωσας ἡμᾶς ὡς πυροῦται τὸ ἀργύριον.

11 Εἰσήγαγες ἡμᾶς εἰς τὴν παγίδα, ἔθου θλίψεις ἐπὶ τὸν νῶτον

12 ἡμῶν, ἐπεβίβασας ἀνθρώπους ἐπὶ τὰς κεφαλὰς ἡμῶν· διήλθο-
μεν διὰ πυρὸς καὶ ὕδατος, καὶ ἐξήγαγες ἡμᾶς εἰς ἀναψυχήν.

13 Εἰσελεύσομαι εἰς τὸν οἶκόν σου ἐν ὁλοκαυτώμασιν, ἀποδώσω

14 σοι τὰς εὐχάς μου, ἃς διέστειλε τὰ χείλη μου, καὶ ἐλάλησε

15 τὸ στόμα μου ἐν τῇ θλίψει μου. Ὁλοκαυτώματα μεμυελωμένα
ἀνοίσω σοι μετὰ θυμιάματος καὶ κριῶν, ποιήσω σοι βόας μετὰ
χιμάρων· διάψαλμα.

16 Δεῦτε ἀκούσατε, καὶ διηγήσομαι, πάντες οἱ φοβούμενοι τὸν

17 Θεόν, ὅσα ἐποίησε τῇ ψυχῇ μου. Πρὸς αὐτὸν τῷ στόματί

18 μου ἐκέκραξα, καὶ ὕψωσα ὑπὸ τὴν γλῶσσάν μου. Ἀδικίαν εἰ

19 ἐθεώρουν ἐν καρδίᾳ μου, μὴ εἰσακουσάτω Κύριος. Διὰ τοῦτο
εἰσήκουσέ μου ὁ Θεός, προσέσχε τῇ φωνῇ τῆς προσευχῆς μου.

20 Εὐλογητὸς ὁ Θεὸς, ὃς οὐκ ἀπέστησε τὴν προσευχήν μου, καὶ
τὸ ἔλεος αὐτοῦ ἀπ' ἐμοῦ.

mountains in thy strength, being girded about with power; [7] who troublest the depth of the sea, the sounds of its waves. [8] The nations shall be troubled, and they that inhabit the ends *of the earth* shall be afraid of thy signs; thou wilt cause the outgoings of morning and evening to rejoice.

[9] Thou hast visited the earth, and saturated it; thou hast abundantly enriched it. The river of God is filled with water; thou hast prepared their food, for thus is the preparation *of it.* [10] Saturate her furrows, multiply her fruits; *the crop* springing up shall rejoice in its drops. [11] Thou wilt bless the crown of the year *because* of thy goodness; and thy plains shall be filled with fatness. [12] The mountains of the wilderness shall be enriched; and the hills shall gird themselves with joy. [13] The rams of the flock are clothed *with wool,* and the valleys shall abound in corn; they shall cry aloud, yea they shall sing hymns.

For the end, a Song of a Psalm of resurrection.

Shout unto God, all the earth. [2] O sing praises to his name; give glory to his praise. [3] Say unto God, How awful are thy works! through the greatness of thy power thine enemies shall lie to thee. [4] Let all the earth worship thee, and sing to thee; let them sing to thy name. Pause.

[5] Come and behold the works of God; *he is* terrible in *his* counsels beyond the children of men. [6] Who turns the sea into dry land; they shall go through the river on foot; there shall we rejoice in him, [7] who by his power [β] is Lord over the age, his eyes look upon the nations; let not them that provoke *him* be exalted in themselves. Pause.

[8] Bless our God, ye Gentiles, and make the voice of his praise to be heard; [9] who quickens my soul in life, and does not suffer my feet to be moved. [10] For thou, O God, hast proved us; thou hast tried us with fire as silver is tried. [11] Thou broughtest us into the snare; thou laidest afflictions on our back. [12] Thou didst mount men upon our heads; we went through fire and water; but thou broughtest us out into *a place of* refreshment.

[13] I will go into thine house with wholeburnt-offerings; I will pay thee my vows, [14] which my lips framed, and my mouth uttered in my affliction. [15] I will offer to thee whole-burnt-sacrifices full of marrow, with incense and rams; I will sacrifice to thee oxen with goats. Pause.

[16] Come, hear, and I will tell, all ye that fear God, how great things he has done for my soul. [17] I cried to him with my mouth, and exalted him with my tongue. [18] If I have regarded iniquity in my heart, let not the Lord hearken *to me.* [19] Therefore God has hearkened to me; he has attended to the voice of my prayer. [20] Blessed be God, who has not turned away my prayer, nor his mercy from me.

β *Or*, has dominion for ever.

For the end, a Psalm of David among the Hymns.

God be merciful to us, and bless us; *and* cause his face to shine upon us. Pause. [2] That *men* may know thy way on the earth, thy salvation among all nations. [3] Let the nations, O God, give thanks to thee; let all the nations give thanks to thee. [4] Let the nations rejoice and exult, for thou shalt judge the peoples in equity, and shalt guide the nations on the earth. Pause. [5] Let the peoples, O God, give thanks to thee; let all the peoples give thanks to thee. [6] The earth has yielded her fruit; let God, our God, bless us. [7] Let God bless us; and let all the ends of the earth fear him.

For the end, a Psalm of a Song by David.

Let God arise, and let his enemies be scattered; and let them that hate him flee from before him. [2] As smoke vanishes, let them vanish; as wax melts before the fire, so let the sinners perish from before God. [3] But let the righteous rejoice; let them exult before God: let them be delighted with joy.

[4] Sing to God, sing praises to his name: make a way for him that rides upon the west (the Lord is his name) and exult before him. They shall be troubled before the face of him, [5] who *is* the father of the orphans, and judge of the widows: *such is* God in his holy place. [6] God settles the solitary in a house; leading forth prisoners mightily, also them that act provokingly, *even* them that dwell in tombs.

[7] O God, when thou wentest forth before thy people, when thou wentest through the wilderness; Pause: [8] the earth quaked, yea, the heavens dropped *water* at the presence of the God of Sina, at the presence of the God of Israel. [9] O God, thou wilt grant to thine inheritance a gracious rain; for it was weary, but thou didst refresh it.

[10] Thy β creatures dwell in it: thou hast in thy goodness prepared for the poor. [11] The Lord God will give a word to them that preach *it* in a great company. [12] The king of the forces of the beloved, of the beloved, *will* even *grant them* for the beauty of the house to divide the spoils. [13] Even if ye should lie among the lots, *ye shall have* the wings of a dove covered with silver, and her breast with γ yellow gold. [14] When the heavenly One scatters kings upon it, they shall be made snow-white in Selmon. [15] The mountain of God is a rich mountain; a δ swelling mountain, a rich mountain. [16] Wherefore do ye conceive *evil*, ye swelling mountains? *this is* the mountain which God has delighted to dwell in; yea, the Lord will dwell *in it* for ever.

[17] The chariots of God are ten thousand fold, thousands of rejoicing ones: the Lord is among them, in Sina, in the holy place. [18] ζ Thou art gone up on high, thou hast led captivity captive, thou hast received gifts for man, yea, for *they were* rebellious, that thou mightest dwell among them.

Εἰς τὸ τέλος, ἐν ὕμνοις ψαλμὸς τῷ Δαυίδ.　　66 (67)

Ὁ Θεὸς οἰκτειρήσαι ἡμᾶς, καὶ εὐλογήσαι ἡμᾶς, ἐπιφάναι τὸ πρόσωπον αὐτοῦ ἐφ' ἡμᾶς· διάψαλμα. Τοῦ γνῶναι ἐν τῇ 2 γῇ τὴν ὁδόν σου, ἐν πᾶσιν ἔθνεσι τὸ σωτήριόν σου. Ἐξομο- 3 λογησάσθωσάν σοι λαοὶ ὁ Θεός, ἐξομολογησάσθωσάν σοι λαοὶ πάντες. Εὐφρανθήτωσαν καὶ ἀγαλλιάσθωσαν ἔθνη, ὅτι 4 κρινεῖς λαοὺς ἐν εὐθύτητι, καὶ ἔθνη ἐν τῇ γῇ ὁδηγήσεις· διά- ψαλμα. Ἐξομολογησάσθωσάν σοι λαοὶ ὁ Θεός, ἐξομολογη- 5 σάσθωσάν σοι λαοὶ πάντες. Γῆ ἔδωκε τὸν καρπὸν αὐτῆς· 6 εὐλογήσαι ἡμᾶς ὁ Θεός, ὁ Θεὸς ἡμῶν, εὐλογήσαι ἡμᾶς ὁ Θεός, 7 καὶ φοβηθήτωσαν αὐτὸν πάντα τὰ πέρατα τῆς γῆς.

Εἰς τὸ τέλος, τῷ Δαυὶδ ψαλμὸς ὠδῆς.　　67 (68)

Ἀναστήτω ὁ Θεός, καὶ διασκορπισθήτωσαν οἱ ἐχθροὶ αὐ- τοῦ, καὶ φυγέτωσαν οἱ μισοῦντες αὐτὸν ἀπὸ προσώπου αὐτοῦ. Ὡς ἐκλείπει καπνὸς, ἐκλιπέτωσαν· ὡς τήκεται κηρὸς ἀπὸ προσ- 2 ώπου πυρὸς, οὕτως ἀπόλοιντο οἱ ἁμαρτωλοὶ ἀπὸ προσώπου τοῦ Θεοῦ. Καὶ οἱ δίκαιοι εὐφρανθήτωσαν· ἀγαλλιάσθωσαν ἐνώ- 3 πιον τοῦ Θεοῦ, τερφθήτωσαν ἐν εὐφροσύνῃ.

Ἄσατε τῷ Θεῷ, ψάλατε τῷ ὀνόματι αὐτοῦ, ὁδοποιήσατε τῷ 4 ἐπιβεβηκότι ἐπὶ δυσμῶν, Κύριος ὄνομα αὐτῷ, καὶ ἀγαλλιᾶσθε ἐνώπιον αὐτοῦ· ταραχθήσονται ἀπὸ προσώπου αὐτοῦ, τοῦ 5 πατρὸς τῶν ὀρφανῶν, καὶ κριτοῦ τῶν χηρῶν, ὁ Θεὸς ἐν τόπῳ ἁγίῳ αὐτοῦ. Ὁ Θεὸς κατοικίζει μονοτρόπους ἐκ οἴκω, ἐξάγων 6 πεπεδημένους ἐν ἀνδρείᾳ· ὁμοίως τοὺς παραπικραίνοντας, τοὺς κατοικοῦντας ἐν τάφοις.

Ὁ Θεός, ἐν τῷ ἐκπορεύεσθαί σε ἐνώπιον τοῦ λαοῦ σου, ἐν 7 τῷ διαβαίνειν σε τὴν ἔρημον· διάψαλμα· Γῆ ἐσείσθη, καὶ 8 γὰρ οἱ οὐρανοὶ ἔσταξαν ἀπὸ προσώπου τοῦ Θεοῦ τοῦ Σινὰ, ἀπὸ προσώπου τοῦ Θεοῦ Ἰσραήλ. Βροχὴν ἑκούσιον ἀφοριεῖς 9 ὁ Θεὸς τῇ κληρονομίᾳ σου· καὶ ἠσθένησε, σὺ δὲ κατηρτίσω αὐτήν.

Τὰ ζῷά σου κατοικοῦσιν ἐν αὐτῇ, ἡτοίμασας ἐν τῇ χρηστό- 10 τητί σου τῷ πτωχῷ. Ὁ Θεὸς Κύριος δώσει ῥῆμα τοῖς εὐ- 11 αγγελιζομένοις δυνάμει πολλῇ, ὁ βασιλεὺς τῶν δυνάμεων τοῦ 12 ἀγαπητοῦ, τοῦ ἀγαπητοῦ, καὶ ὡραιότητι τοῦ οἴκου διελέσθαι σκῦλα. Ἐὰν κοιμηθῆτε ἀναμέσον τῶν κλήρων, πτέρυγες 13 περιστερᾶς περιηργυρωμέναι, καὶ τὰ μετάφρενα αὐτῆς ἐν χλωρότητι χρυσίου. Ἐν τῷ διαστέλλειν τὴν ἐπουράνιον 14 βασιλεῖς ἐπ' αὐτῆς, χιονωθήσονται ἐν Σελμών. Ὄρος τοῦ 15 Θεοῦ ὄρος πῖον, ὄρος τετυρωμένον, ὄρος πῖον. Ἱνατί ὑπολαμ- 16 βάνετε ὄρη τετυρωμένα; τὸ ὄρος ὃ εὐδόκησεν ὁ Θεὸς κατοικεῖν ἐν αὐτῷ· καὶ γὰρ ὁ Κύριος κατασκηνώσει εἰς τέλος.

Τὸ ἅρμα τοῦ Θεοῦ μυριοπλάσιον, χιλιάδες εὐθηνούντων· 17 Κύριος ἐν αὐτοῖς ἐν Σινὰ ἐν τῷ ἁγίῳ. Ἀναβὰς εἰς ὕψος, 18 ᾐχμαλώτευσας αἰχμαλωσίαν· ἔλαβες δόματα ἐν ἀνθρώπῳ, καὶ γὰρ ἀπειθοῦντες τοῦ κατασκηνῶσαι.

β See the *Hebrew*.　~ *Lit.* greenness of gold.　δ *Gr.* curdled like cheese.　ζ *Gr.* having gone up.

19 Κύριος ὁ Θεὸς εὐλογητὸς, εὐλογητὸς Κύριος ἡμέραν καθ᾽ ἡμέραν, καὶ κατευοδώσει ἡμῖν ὁ Θεὸς τῶν σωτηρίων ἡμῶν· διάψαλμα.
20 Ὁ Θεὸς ἡμῶν, ὁ Θεὸς τοῦ σώζειν, καὶ τοῦ Κυρίου αἱ διέξοδοι
21 τοῦ θανάτου. Πλὴν ὁ Θεὸς συνθλάσει κεφαλὰς ἐχθρῶν αὐτοῦ, κορυφὴν τριχὸς διαπορευομένων ἐν πλημμελείαις αὐτῶν.
22 Εἶπε Κύριος, ἐκ Βασὰν ἐπιστρέψω, ἐπιστρέψω ἐν βυθοῖς
23 θαλάσσης. Ὅπως ἂν βαφῇ ὁ πούς σου ἐν αἵματι, ἡ γλῶσσα τῶν κυνῶν σου ἐξ ἐχθρῶν παρ᾽ αὐτοῦ.

24 Ἐθεωρήθησαν αἱ πορεῖαί σου ὁ Θεὸς, αἱ πορεῖαι τοῦ Θεοῦ
25 μου τοῦ βασιλέως τοῦ ἐν τῷ ἁγίῳ. Προέφθασαν ἄρχοντες
26 ἐχόμενοι ψαλλόντων, ἐν μέσῳ νεανίδων τυμπανιστριῶν. Ἐν ἐκκλησίαις εὐλογεῖτε τὸν Θεὸν, τὸν Κύριον ἐκ πηγῶν Ἰσραήλ.
27 Ἐκεῖ Βενιαμὶν νεώτερος ἐν ἐκστάσει, ἄρχοντες Ἰούδα ἡγεμόνες αὐτῶν, ἄρχοντες Ζαβουλών, ἄρχοντες Νεφθαλί.

28 Ἔντειλαι ὁ Θεὸς τῇ δυνάμει σου, δυνάμωσον ὁ Θεὸς τοῦτο,
29 ὃ κατηρτίσω ἐν ἡμῖν. Ἀπὸ τοῦ ναοῦ σου ἐπὶ Ἰερουσαλὴμ,
30 σοὶ οἴσουσι βασιλεῖς δῶρα. Ἐπιτίμησον τοῖς θηρίοις τοῦ καλάμου· ἡ συναγωγὴ τῶν ταύρων ἐν ταῖς δαμάλεσι τῶν λαῶν, τοῦ μὴ ἀποκλεισθῆναι τοὺς δεδοκιμασμένους τῷ ἀργυρίῳ·
31 διασκόρπισον ἔθνη τὰ τοὺς πολέμους θέλοντα. Ἥξουσι πρέσβεις ἐξ Αἰγύπτου, Αἰθιοπία προφθάσει χεῖρα αὐτῆς τῷ Θεῷ.

32 Αἱ βασιλεῖαι τῆς γῆς ᾄσατε τῷ Θεῷ, ψάλατε τῷ Κυρίῳ·
33 διάψαλμα. Ψάλατε τῷ Θεῷ τῷ ἐπιβεβηκότι ἐπὶ τὸν οὐρανὸν τοῦ οὐρανοῦ κατὰ ἀνατολάς, ἰδοὺ δώσει ἐν τῇ φωνῇ αὐτοῦ
34 φωνὴν δυνάμεως. Δότε δόξαν τῷ Θεῷ, ἐπὶ τὸν Ἰσραὴλ ἡ μεγαλοπρέπεια αὐτοῦ, καὶ ἡ δύναμις αὐτοῦ ἐν ταῖς νεφέλαις.
35 Θαυμαστὸς ὁ Θεὸς ἐν τοῖς ὁσίοις αὐτοῦ, ὁ Θεὸς Ἰσραήλ, αὐτὸς δώσει δύναμιν καὶ κραταίωσιν τῷ λαῷ αὐτοῦ· εὐλογητὸς ὁ Θεός.

68 (69) Εἰς τὸ τέλος, ὑπὲρ τῶν ἀλλοιωθησομένων, τῷ Δαυίδ.

Σῶσόν με ὁ Θεὸς, ὅτι εἰσήλθοσαν ὕδατα ἕως ψυχῆς μου.
2 Ἐνεπάγην εἰς ἰλὺν βυθοῦ, καὶ οὐκ ἔστιν ὑπόστασις· ἦλθον εἰς
3 τὰ βάθη τῆς θαλάσσης, καὶ καταιγὶς κατεπόντισέ με. Ἐκοπίασα κράζων, ἐβράγχιασεν ὁ λάρυγξ μου, ἐξέλιπον οἱ ὀφθαλμοί
4 μου ἀπὸ τοῦ ἐλπίζειν με ἐπὶ τὸν Θεόν. Ἐπληθύνθησαν ὑπὲρ τὰς τρίχας τῆς κεφαλῆς μου οἱ μισοῦντές με δωρεάν· ἐκραταιώθησαν οἱ ἐχθροί μου οἱ ἐκδιώκοντές με ἀδίκως· ἃ οὐχ ἥρπασα, τότε ἀπετίννυον.

5 Ὁ Θεὸς σὺ ἔγνως τὴν ἀφροσύνην μου, καὶ αἱ πλημμελείαί
6 μου ἀπὸ σοῦ οὐκ ἐκρύβησαν. Μὴ αἰσχυνθείησαν ἐπ᾽ ἐμὲ οἱ ὑπομένοντές σε Κύριε τῶν δυνάμεων, μὴ ἐντραπείησαν ἐπ᾽ ἐμὲ
7 οἱ ζητοῦντές σε ὁ Θεὸς τοῦ Ἰσραήλ. Ὅτι ἕνεκά σου ὑπήνεγκα
8 ὀνειδισμὸν, ἐκάλυψεν ἐντροπὴ τὸ πρόσωπόν μου. Ἀπηλλοτριωμένος ἐγενήθην τοῖς ἀδελφοῖς μου, καὶ ξένος τοῖς υἱοῖς τῆς
9 μητρός μου· ὅτι ὁ ζῆλος τοῦ οἴκου σου κατέφαγέ με, καὶ οἱ

---

19 Blessed be the Lord God, blessed be the Lord daily; and the God of our salvation shall prosper us. Pause. 20 Our God is the God of salvation; and to the Lord belong the issues from death. 21 But God shall crush the heads of his enemies; the hairy crown of them that go on in their trespasses. 22 The Lord said, I will bring again from Basan, I will bring *my people* again through the depths of the sea. 23 That thy foot may be dipped in blood, *and* the tongue of thy dogs *be stained* with that of *thine* enemies. 24 Thy goings, O God, have been seen; the goings of my God, the king, in the sanctuary. 25 The princes went first, next before the players on instruments, in the midst of damsels playing on timbrels. 26 Praise God in the congregations, the Lord from the fountains of Israel. 27 There is Benjamin the younger *one* in ecstasy, the princes of Juda their rulers, the princes of Zabulon, the princes of Nephthali. 28 O God, command thou thy strength: strengthen, O God, this which thou hast wrought in us. 29 Because of thy temple at Jerusalem shall kings bring presents to thee. 30 Rebuke the wild beasts of the reed: let the crowd of bulls with the heifers of the nations *be rebuked*, so that they who have been proved with silver may not be shut out: scatter thou the nations that wish for wars. 31 Ambassadors shall arrive out of Egypt; Ethiopia shall hasten *to stretch out* her hand readily to God. 32 Sing to God, ye kingdoms of the earth; sing psalms to the Lord. Pause. 33 Sing to God that ᵝrides on the heaven of heaven, eastward: lo, he will utter a mighty sound with his voice. 34 Give ye glory to God: his excellency is over Israel, and his power is in the clouds. 35 God is wonderful ᵞin his holy *places*, the God of Israel: he will give power and strength to his people: blessed be God.

For the end, *a Psalm* of David, for ᵟalternate *strains*.

Save me, O God; for the waters have come in to my soul. 2 I am stuck fast in deep mire, and there is no standing: I am come in to the depths of the sea, and a storm has overwhelmed me. 3 I am weary *of* crying, my throat has become hoarse; mine eyes have failed by my waiting on my God. 4 They that hate me without a cause are more than the hairs of my head: my enemies that persecute me unrighteously are strengthened: then I ᶻrestored that which I took not away. 5 O God, thou knowest my foolishness; and my transgressions are not hidden from thee. 6 Let not them that wait on thee, O Lord of hosts, be ashamed on my account: let not them that seek thee, be ashamed on my account, O God of Israel. 7 For I have suffered reproach for thy sake; shame has covered my face. 8 I became strange to my brethren, and a stranger to my mother's children. 9 ᶿFor the zeal of thine house has eaten me up; and the reproaches of

---

β Gr. mounts, or, has mounted.   γ Or, among his holy ones.   δ See Ps. 44. title.   ζ Or, paid for, or, made up for.
θ John 2. 17; also Rom. 15. 3.

them that reproached thee are fallen upon me. ¹⁰ And I bowed down my soul with fasting, and that was made my reproach. ¹¹ And I put on sackcloth for my covering; and I became a proverb to them. ¹² They that sit in the gate talked against me, and they that drank wine sang against me.

¹³ But I *will* cry to thee, O Lord, in my prayer; O God, it is a propitious time: in the multitude of thy mercy hear me, in the truth of thy salvation. ¹⁴ Save me from the mire, that I stick not *in it*: let me be delivered from them that hate me, and from the deep waters. ¹⁵ Let not the water-flood drown me, nor let the deep swallow me up; neither let the well shut its mouth upon me. ¹⁶ Hear me, O Lord; for thy mercy is good: according to the multitude of thy compassions look upon me. ¹⁷ And turn not away thy face from thy ^β servant; for I am afflicted: hear me speedily. ¹⁸ Draw nigh to my soul and redeem it: deliver me because of mine enemies.

¹⁹ For thou knowest my reproach, and my shame, and my confusion; all that afflict me are before thee. ²⁰ My soul has waited for reproach and misery; and I waited for one to grieve with me, but there was none; and for one to comfort me, but I found none. ²¹ They gave *me* also gall for my food, and made me drink vinegar for my thirst. ²² γ Let their table before them be for a snare, and for a recompence, and for a stumbling-block. ²³ Let their eyes be darkened that they should not see; and bow down their back continually. ²⁴ Pour out thy wrath upon them, and let the fury of thine anger take hold on them. ²⁵ δ Let their habitation be made desolate; and let there be no inhabitant in their tents: ²⁶ because they persecuted him whom thou hast smitten; and they have added to the grief of my wounds. ²⁷ Add iniquity to their iniquity; and let them not come into thy righteousness. ²⁸ Let them be blotted out of the book of the living, and let them not be written with the righteous.

²⁹ I am poor and sorrowful; but the salvation of thy countenance has helped me. ³⁰ I will praise the name of my God with a song, I will magnify him with praise; ³¹ and *this* shall please God more than a young calf having horns and hoofs. ³² Let the poor see and rejoice; seek the Lord diligently, and ye shall live. ³³ For the Lord hears the poor, and does not set at nought his fettered ones. ³⁴ Let the heavens and the earth praise him, the sea, and all things moving in them. ³⁵ For God will save Sion, and the cities of Judea shall be built; and *men* shall dwell there, and inherit it. ³⁶ And the seed of his servants shall possess it, and they that love his name shall dwell therein.

For the end, by David for a remembrance, that the Lord may save me.

Draw nigh, O God, to my help. ² Let them be ashamed and confounded that seek my soul: let them be turned backward

ὀνειδισμοὶ τῶν ὀνειδιζόντων σε ἐπέπεσον ἐπ᾽ ἐμέ. Καὶ συν- 10 έκαμψα ἐν νηστείᾳ τὴν ψυχήν μου, καὶ ἐγενήθη εἰς ὀνειδισμοὺς ἐμοί. Καὶ ἐθέμην τὸ ἔνδυμά μου σάκκον, καὶ ἐγενόμην 11 αὐτοῖς εἰς παραβολήν. Κατ᾽ ἐμοῦ ἠδολέσχουν οἱ καθήμενοι 12 ἐν πύλῃ, καὶ εἰς ἐμὲ ἔψαλλον οἱ πίνοντες τὸν οἶνον.

Ἐγὼ δὲ τῇ προσευχῇ μου πρὸς σὲ Κύριε, καιρὸς εὐδοκίας 13 ὁ Θεός· ἐν τῷ πλήθει τοῦ ἐλέους σου ἐπάκουσόν μου, ἐν ἀληθείᾳ τῆς σωτηρίας σου. Σῶσόν με ἀπὸ πηλοῦ, ἵνα μὴ 14 ἐμπαγῶ· ῥυσθείην ἐκ τῶν μισούντων με, καὶ ἐκ τοῦ βάθους τῶν ὑδάτων. Μή με καταποντισάτω καταιγὶς ὕδατος, μηδὲ 15 καταπιέτω με βυθὸς, μηδὲ συσχέτω ἐπ᾽ ἐμὲ φρέαρ τὸ στόμα αὐτοῦ· Εἰσάκουσόν μου Κύριε, ὅτι χρηστὸν τὸ ἔλεός σου, 16 κατὰ τὸ πλῆθος τῶν οἰκτιρμῶν σου ἐπίβλεψον ἐπ᾽ ἐμέ. Καὶ 17 μὴ ἀποστρέψῃς τὸ πρόσωπόν σου ἀπὸ τοῦ παιδός σου· ὅτι θλίβομαι, ταχὺ ἐπάκουσόν μου. Πρόσχες τῇ ψυχῇ μου, καὶ 18 λύτρωσαι αὐτήν, ἕνεκα τῶν ἐχθρῶν μου ῥῦσαί με.

Σὺ γὰρ γινώσκεις τὸν ὀνειδισμόν μου, καὶ τὴν αἰσχύνην 19 μου, καὶ τὴν ἐντροπήν μου· ἐναντίον σου πάντες οἱ θλίβοντές με. Ὀνειδισμὸν προσεδόκησεν ἡ ψυχή μου καὶ ταλαιπωρίαν· 20 καὶ ὑπέμεινα συλλυπούμενον, καὶ οὐχ ὑπῆρξε, καὶ παρακαλοῦντα, καὶ οὐχ εὗρον. Καὶ ἔδωκαν εἰς τὸ βρῶμά μου χολὴν, 21 καὶ εἰς τὴν δίψαν μου ἐπότισάν με ὄξος. Γενηθήτω ἡ τράπεζα 22 αὐτῶν ἐνώπιον αὐτῶν εἰς παγίδα, καὶ εἰς ἀνταπόδοσιν, καὶ εἰς σκάνδαλον. Σκοτισθήτωσαν οἱ ὀφθαλμοὶ αὐτῶν τοῦ μὴ 23 βλέπειν, καὶ τὸν νῶτον αὐτῶν διαπαντὸς σύγκαμψον. Ἔκχεον 24 ἐπ᾽ αὐτοὺς τὴν ὀργήν σου, καὶ ὁ θυμὸς τῆς ὀργῆς σου καταλάβοι αὐτούς. Γενηθήτω ἡ ἔπαυλις αὐτῶν ἠρημωμένη, καὶ 25 ἐν τοῖς σκηνώμασιν αὐτῶν μὴ ἔστω ὁ κατοικῶν· ὅτι ὃν σὺ 26 ἐπάταξας, αὐτοὶ κατεδίωξαν, καὶ ἐπὶ τὸ ἄλγος τῶν τραυμάτων μου προσέθηκαν. Πρόσθες ἀνομίαν ἐπὶ τὴν ἀνομίαν αὐτῶν, 27 καὶ μὴ εἰσελθέτωσαν ἐν δικαιοσύνῃ σου. Ἐξαλειφθήτωσαν 28 ἐκ βίβλου ζώντων, καὶ μετὰ δικαίων μὴ γραφήτωσαν.

Πτωχὸς καὶ ἀλγῶν εἰμι ἐγὼ, καὶ ἡ σωτηρία τοῦ προσώπου 29 σου ἀντελάβετό μου. Αἰνέσω τὸ ὄνομα τοῦ Θεοῦ μου μετ᾽ 30 ᾠδῆς, μεγαλυνῶ αὐτὸν ἐν αἰνέσει· καὶ ἀρέσει τῷ Θεῷ ὑπὲρ 31 μόσχον νέον κέρατα ἐκφέροντα καὶ ὁπλάς. Ἰδέτωσαν πτωχοὶ 32 καὶ εὐφρανθήτωσαν· ἐκζητήσατε τὸν Θεὸν, καὶ ζήσεσθε. Ὅτι 33 εἰσήκουσε τῶν πενήτων ὁ Κύριος, καὶ τοὺς πεπεδημένους αὐτοῦ οὐκ ἐξουδένωσεν. Αἰνεσάτωσαν αὐτὸν οἱ οὐρανοὶ καὶ ἡ γῆ, 34 θάλασσα καὶ πάντα τὰ ἕρποντα ἐν αὐτοῖς. Ὅτι ὁ Θεὸς σώσει 35 τὴν Σιὼν, καὶ οἰκοδομηθήσονται αἱ πόλεις τῆς Ἰουδαίας, καὶ κατοικήσουσιν ἐκεῖ, καὶ κληρονομήσουσιν αὐτήν. Καὶ τὸ 36 σπέρμα τῶν δούλων αὐτοῦ καθέξουσιν αὐτὴν, καὶ οἱ ἀγαπῶντες τὸ ὄνομα αὐτοῦ κατασκηνώσουσιν ἐν αὐτῇ.

Εἰς τὸ τέλος, τῷ Δαυὶδ εἰς ἀνάμνησιν, εἰς τὸ σῶσαί με　69 (70) Κύριον.

Ὁ Θεὸς εἰς τὴν βοήθειάν μου πρόσχες. Αἰσχυνθείησαν καὶ 2 ἐντραπείησαν οἱ ζητοῦντες τὴν ψυχήν μου, ἀποστραφείησαν

β Or, son.　　　γ Rom. 11. 9, 10.　　　δ Acts 1. 20.

εἰς τὰ ὀπίσω, καὶ καταισχυνθείησαν οἱ βουλόμενοί μοι κακά.
3 Ἀποστραφείησαν παραυτίκα αἰσχυνόμενοι οἱ λέγοντές μοι,
4 εὖγε, εὖγε. Ἀγαλλιάσθωσαν καὶ εὐφρανθήτωσαν ἐπὶ σοὶ
πάντες οἱ ζητοῦντές σε, καὶ λεγέτωσαν διαπαντός, μεγαλυνθήτω
5 ὁ Θεός, οἱ ἀγαπῶντες τὸ σωτήριόν σου. Ἐγὼ δὲ πτωχὸς καὶ
πένης, ὁ Θεὸς βοήθησόν μοι· βοηθός μου, καὶ ῥύστης μου εἶ
σύ, Κύριε μὴ χρονίσῃς.

70 (71)   Τῷ Δαυὶδ υἱῶν Ἰωναδὰβ, καὶ τῶν πρώτων
αἰχμαλωτισθέντων.

Ἐπὶ σοὶ Κύριε ἤλπισα, μὴ καταισχυνθείην εἰς τὸν αἰῶνα.
2 Ἐν τῇ δικαιοσύνῃ σου ῥῦσαί με καὶ ἐξελοῦ με, κλῖνον πρὸς
3 μὲ τὸ οὖς σου καὶ σῶσόν με. Γενοῦ μοι εἰς Θεὸν ὑπερασπι-
στὴν, καὶ εἰς τόπον ὀχυρὸν τοῦ σῶσαί με, ὅτι στερέωμά μου καὶ
4 καταφυγή μου εἶ σύ. Ὁ Θεός μου ῥῦσαί με ἐκ χειρὸς ἁμαρ-
5 τωλοῦ, ἐκ χειρὸς παρανομοῦντος καὶ ἀδικοῦντος. Ὅτι σὺ εἶ
ἡ ὑπομονή μου Κύριε, Κύριε ἡ ἐλπίς μου ἐκ νεότητός μου·
6 Ἐπὶ σὲ ἐπεστηρίχθην ἀπὸ γαστρὸς, ἐκ κοιλίας μητρός μου σύ
μου εἶ σκεπαστής· ἐν σοὶ ἡ ὕμνησίς μου διαπαντός.

7 Ὡσεὶ τέρας ἐγενήθην τοῖς πολλοῖς, καὶ σὺ βοηθὸς κραταιός.
8 Πληρωθήτω τὸ στόμα μου αἰνέσεως, ὅπως ὑμνήσω τὴν δόξαν
9 σου, ὅλην τὴν ἡμέραν τὴν μεγαλοπρέπειάν σου. Μὴ ἀπορ-
ρίψῃς με εἰς καιρὸν γήρους, ἐν τῷ ἐκλείπειν τὴν ἰσχύν μου
10 μὴ ἐγκαταλίπῃς με. Ὅτι εἶπαν οἱ ἐχθροί μου ἐμοὶ, καὶ οἱ
11 φυλάσσοντες τὴν ψυχήν μου ἐβουλεύσαντο ἐπιτοαυτό, λέγον-
τες, ὁ Θεὸς ἐγκατέλιπεν αὐτὸν, καταδιώξατε καὶ καταλάβετε
12 αὐτὸν, ὅτι οὐκ ἔστιν ὁ ῥυόμενος. Ὁ Θεὸς μὴ μακρύνῃς ἀπ᾽
13 ἐμοῦ, ὁ Θεός μου εἰς τὴν βοήθειάν μου πρόσχες. Αἰσχυν-
θήτωσαν καὶ ἐκλιπέτωσαν οἱ ἐνδιαβάλλοντες τὴν ψυχήν μου,
περιβαλλέσθωσαν αἰσχύνην καὶ ἐντροπὴν οἱ ζητοῦντες τὰ
κακά μοι.

14 Ἐγὼ δὲ διαπαντὸς ἐλπιῶ, καὶ προσθήσω ἐπὶ πᾶσαν τὴν
15 αἴνεσίν σου. Τὸ στόμα μου ἐξαγγελεῖ τὴν δικαιοσύνην σου,
ὅλην τὴν ἡμέραν τὴν σωτηρίαν σου· ὅτι οὐκ ἔγνων πραγματείας.
16 Εἰσελεύσομαι ἐν δυναστείᾳ Κυρίου, Κύριε μνησθήσομαι τῆς
17 δικαιοσύνης σου μόνου. Ἐδίδαξάς με ὁ Θεὸς ἐκ νεότητός
18 μου, καὶ μέχρι νῦν ἀπαγγελῶ τὰ θαυμάσιά σου, καὶ ἕως γήρους
καὶ πρεσβείου· ὁ Θεὸς μὴ ἐγκαταλίπῃς με, ἕως ἂν ἀπαγγείλω
19 τὸν βραχίονά σου πάσῃ τῇ γενεᾷ τῇ ἐρχομένῃ· Τὴν δυνα-
στείαν σου, καὶ τὴν δικαιοσύνην σου ὁ Θεὸς ἕως ὑψίστων, ἃ
ἐποίησας μεγαλεῖα· ὁ Θεὸς τίς ὅμοιός σοι;

20 Ὅσας ἔδειξάς μοι θλίψεις πολλὰς καὶ κακάς; καὶ ἐπιστρέ-
ψας ἐζωοποίησάς με, καὶ ἐκ τῶν ἀβύσσων τῆς γῆς πάλιν ἀνή-
21 γαγές με. Ἐπλεόνασας τὴν δικαιοσύνην σου, καὶ ἐπιστρέψας
παρεκάλεσάς με, καὶ ἐκ τῶν ἀβύσσων τῆς γῆς πάλιν ἀνήγαγές
22 με. Καὶ γὰρ ἐγὼ ἐξομολογήσομαί σοι ἐν σκεύει ψαλμοῦ τὴν
ἀλήθειάν σου ὁ Θεός, ψαλῶ σοι ἐν κιθάρᾳ ὁ ἅγιος τοῦ Ἰσραήλ.

and put to shame, that wish me evil. [3] Let them that say to me, Aha, aha, be turned back and put to shame immediately. [4] Let all that seek thee exult and be glad in thee: and let those that love thy salvation say continually, Let God be magnified. [5] But I am poor and needy; O God, help me: thou art my helper and deliverer, O Lord, delay not.

By David, *a Psalm sung by* the sons of Jonadab, and the first that were taken captive.

O Lord, I have hoped in thee: let me never be put to shame. [2] In thy righteousness deliver me and rescue me: incline thine ear to me, and save me. [3] Be to me a protecting God, and a strong hold to save me: for thou art my fortress and my refuge. [4] Deliver me, O my God, from the hand of the sinner, from the hand of the transgressor and unjust man. [5] For thou art my support, O Lord; O Lord, *thou art* my hope from my youth. [6] On thee have I been stayed from the womb: from the belly of my mother thou art my protector: of thee is my [β] praise continually.

[7] I am become as it were a wonder to many; but thou art *my* strong helper. [8] Let my mouth be filled with praise, that I may hymn thy glory, *and* thy majesty all the day. [9] Cast me not off at the time of old age; forsake me not when my strength fails. [10] For mine enemies have spoken against me; and they that lay wait for my soul have taken counsel together, [11] saying, God has forsaken him: persecute ye and take him; for there is none to deliver *him*. [12] O God, go not far from me, O my God, draw nigh to my help. [13] Let those that plot against my soul be ashamed and utterly fail: let those that seek my hurt be clothed with shame and dishonour.

[14] But I will hope continually, and will praise thee more and more. [15] My mouth shall declare thy righteousness openly, *and* thy salvation all the day; for I am not acquainted with the affairs *of men*. [16] I will go on in the might of the Lord: O Lord, I will make mention of thy righteousness only. [17] O God, thou hast taught me from my youth, and until now will I declare thy wonders; [18] even until I am old and advanced in years. O God, forsake me not; until I shall have declared thine arm to all the generation that is to come: [19] even thy power and thy righteousness, O God, up to the highest *heavens, even* the mighty works which thou hast done: O God, who is like to thee?

[20] What afflictions many and sore hast thou shewed me! yet thou didst turn and quicken me, and broughtest me again from the depths of the earth. [21] Thou didst multiply thy righteousness, and didst turn and comfort me, and broughtest me again out of the depths of the earth. [22] I will also therefore give thanks to thee, O God, *because of* thy truth, on an instrument of psalmody: I will sing psalms to thee on the

---

β Gr. hymn-singing.

harp, O Holy One of Israel. ²³ My lips shall rejoice when I sing to thee; and my soul, which thou hast redeemed. ²⁴ Moreover also my tongue shall β dwell all the day upon thy righteousness; when they shall be ashamed and confounded that seek my hurt.

For Solomon.

O God, give thy judgment to the king, and thy righteousness to the king's son; ² that he may judge thy people with righteousness, and thy poor with judgment.

³ Let the mountains and the hills raise peace to thy people: ⁴ he shall judge the poor of the people in righteousness, and save the children of the needy; and shall bring low the false accuser. ⁵ And he shall continue as long as the sun, and before the moon for ever. ⁶ He shall come down as rain upon a fleece; and as drops falling upon the earth. ⁷ In his days shall righteousness spring up; and abundance of peace till the moon be removed. ⁸ And he shall have dominion from sea to sea, and from the river to the ends of the earth. ⁹ The Ethiopians shall fall down before him; and his enemies shall lick the dust. ¹⁰ The kings of Tharsis, and the isles, shall bring presents: the kings of the Arabians and Saba shall offer gifts. ¹¹ And all kings shall worship him; all the Gentiles shall serve him. ¹² For he has delivered the poor from the oppressor; and the needy who had no helper. ¹³ He shall spare the poor and needy, and shall deliver the souls of the needy. ¹⁴ He shall redeem their souls from usury and injustice: and their name shall be precious before him. ¹⁵ And he shall live, and there shall be given him of the gold of Arabia: and men shall pray for him continually; and and all the day shall they praise him. ¹⁶ There shall be an establishment on the earth on the tops of the mountains: the fruit thereof shall be exalted above Libanus, and they of the city shall flourish as grass of the earth.

¹⁷ Let his name be blessed for ever: his name shall endure γ longer than the sun: and all the tribes of the earth shall be blessed in him: all nations shall call him blessed.

¹⁸ Blessed is the Lord God of Israel, who alone does wonders. ¹⁹ And blessed is his glorious name for ever, even for ever and ever: and all the earth shall be filled with his glory. So be it, so be it. ²⁰ The hymns of David the son of Jessæ are ended.

A Psalm for Asaph.

How good is God to Israel, to the upright in heart! ² But my feet were almost overthrown; my goings very nearly slipped. ³ For I was jealous of the transgressors, beholding the tranquillity of sinners. ⁴ For there is no sign of reluctance in their death: and they have firmness under their affliction. ⁵ They are not in the troubles of other men; and they shall not be scourged with other men. ⁶ Therefore pride has possessed them; they have clothed

Ἀγαλλιάσονται τὰ χείλη μου ὅταν ψάλω σοι, καὶ ἡ ψυχή μου 23 ἣν ἐλυτρώσω. Ἔτι δὲ καὶ ἡ γλῶσσά μου ὅλην τὴν ἡμέραν 24 μελετήσει τὴν δικαιοσύνην σου, ὅταν αἰσχυνθῶσι καὶ ἐντραπῶσιν οἱ ζητοῦντες τὰ κακά μοι.

Εἰς Σαλωμών.　　71 (72)

Ὁ Θεὸς τὸ κρίμα σου τῷ βασιλεῖ δὸς, καὶ τὴν δικαιοσύνην σου τῷ υἱῷ τοῦ βασιλέως· κρίνειν τὸν λαόν σου ἐν δικαιο- 2 σύνῃ, καὶ τοὺς πτωχούς σου ἐν κρίσει. Ἀναλαβέτω τὰ ὄρη εἰρήνην τῷ λαῷ σου, καὶ οἱ βουνοί· ἐν 3 δικαιοσύνῃ κρινεῖ τοὺς πτωχοὺς τοῦ λαοῦ, καὶ σώσει τοὺς 4 υἱοὺς τῶν πενήτων· καὶ ταπεινώσει συκοφάντην, καὶ συμ- 5 παραμενεῖ τῷ ἡλίῳ, καὶ πρὸ τῆς σελήνης γενεὰς γενεῶν. Καταβήσεται ὡς ὑετὸς ἐπὶ πόκον, καὶ ὡσεὶ σταγόνες στάζουσαι 6 ἐπὶ τὴν γῆν. Ἀνατελεῖ ἐν ταῖς ἡμέραις αὐτοῦ δικαιοσύνη, 7 καὶ πλῆθος εἰρήνης ἕως οὗ ἀνταναιρεθῇ ἡ σελήνη. Καὶ κατα- 8 κυριεύσει ἀπὸ θαλάσσης ἕως θαλάσσης, καὶ ἀπὸ ποταμοῦ ἕως περάτων τῆς οἰκουμένης. Ἐνώπιον αὐτοῦ προπεσοῦνται 9 Αἰθίοπες, καὶ οἱ ἐχθροὶ αὐτοῦ χοῦν λείξουσι. Βασιλεῖς Θαρσὶς 10 καὶ αἱ νῆσοι δῶρα προσοίσουσι, βασιλεῖς Ἀράβων καὶ Σαβὰ δῶρα προσάξουσι. Καὶ προσκυνήσουσιν αὐτῷ πάντες οἱ 11 βασιλεῖς, πάντα τὰ ἔθνη δουλεύσουσιν αὐτῷ. Ὅτι ἐῤῥύσατο 12 πτωχὸν ἐκ δυνάστου, καὶ πένητα ᾧ οὐχ ὑπῆρχε βοηθός. Φεί- 13 σεται πτωχοῦ καὶ πένητος, καὶ ψυχὰς πενήτων σώσει. Ἐκ 14 τόκου καὶ ἐξ ἀδικίας λυτρώσεται τὰς ψυχὰς αὐτῶν, καὶ ἔντιμον τὸ ὄνομα αὐτῶν ἐνώπιον αὐτοῦ. Καὶ ζήσεται, καὶ δοθήσεται 15 αὐτῷ ἐκ τοῦ χρυσίου τῆς Ἀραβίας, καὶ προσεύξονται περὶ αὐτοῦ διαπαντός· ὅλην τὴν ἡμέραν εὐλογήσουσιν αὐτόν. Ἔσται στήριγμα ἐν τῇ γῇ ἐπ᾿ ἄκρων τῶν ὀρέων· ὑπεραρθήσεται 16 ὑπὲρ τὸν Λίβανον ὁ καρπὸς αὐτοῦ, καὶ ἐξανθήσουσιν ἐκ πόλεως ὡσεὶ χόρτος τῆς γῆς. Ἔστω τὸ ὄνομα αὐτοῦ εὐλογημένον εἰς τοὺς αἰῶνας, πρὸ 17 τοῦ ἡλίου διαμενεῖ τὸ ὄνομα αὐτοῦ, καὶ εὐλογηθήσονται ἐν αὐτῷ πᾶσαι αἱ φυλαὶ τῆς γῆς· πάντα τὰ ἔθνη μακαριοῦσιν αὐτόν. Εὐλογητὸς Κύριος ὁ Θεὸς τοῦ Ἰσραὴλ, ὁ ποιῶν θαυμάσια 18 μόνος, καὶ εὐλογητὸν τὸ ὄνομα τῆς δόξης αὐτοῦ εἰς τὸν αἰῶνα 19 καὶ εἰς αἰῶνα τοῦ αἰῶνος· καὶ πληρωθήσεται τῆς δόξης αὐτοῦ πᾶσα ἡ γῆ· γένοιτο, γένοιτο. Ἐξέλιπον οἱ ὕμνοι Δαυὶδ τοῦ 20 υἱοῦ Ἰεσσαί.

Ψαλμὸς τῷ Ἀσάφ.　　72 (73)

Ὡς ἀγαθὸς ὁ Θεὸς τῷ Ἰσραὴλ, τοῖς εὐθέσι καρδία. Ἐμοῦ 2 δὲ παρὰ μικρὸν ἐσαλεύθησαν οἱ πόδες, παρ᾿ ὀλίγον ἐξεχύθη τὰ διαβήματά μου. Ὅτι ἐζήλωσα ἐπὶ τοῖς ἀνόμοις, εἰρήνην ἁμαρ- 3 τωλῶν θεωρῶν. Ὅτι οὐκ ἔστιν ἀνάνευσις ἐν τῷ θανάτῳ αὐτῶν, καὶ στερέωμα 4 ἐν τῇ μάστιγι αὐτῶν. Ἐν κόποις ἀνθρώπων οὐκ εἰσὶ, καὶ μετὰ 5 ἀνθρώπων οὐ μαστιγωθήσονται. Διὰ τοῦτο ἐκράτησεν αὐτοὺς 6

β Lit. meditate.　　γ Gr. before

ἡ ὑπερηφανία, περιεβάλοντο ἀδικίαν καὶ ἀσέβειαν αὐτῶν.
7 Ἐξελεύσεται ὡς ἐκ στέατος ἡ ἀδικία αὐτῶν· διῆλθον εἰς διάθε-
8 σιν καρδίας. Διενοήθησαν, καὶ ἐλάλησαν ἐν πονηρίᾳ, ἀδικίαν
9 εἰς τὸ ὕψος ἐλάλησαν. Ἔθεντο εἰς οὐρανὸν τὸ στόμα αὐτῶν,
10 καὶ ἡ γλῶσσα αὐτῶν διῆλθεν ἐπὶ τῆς γῆς. Διὰ τοῦτο ἐπιστρέ-
ψει ὁ λαός μου ἐνταῦθα, καὶ ἡμέραι πλήρεις εὑρεθήσονται ἐν
11 αὐτοῖς. Καὶ εἶπαν, πῶς ἔγνω ὁ Θεός, καὶ εἰ ἔστι γνῶσις ἐν τῷ
12 ὑψίστῳ; Ἰδοὺ οὗτοι οἱ ἁμαρτωλοὶ καὶ εὐθηνοῦντες εἰς τὸν
αἰῶνα, κατέσχον πλούτου.

13 Καὶ εἶπα, ἄρα ματαίως ἐδικαίωσα τὴν καρδίαν μου, καὶ ἐνι-
14 ψάμην ἐν ἀθώοις τὰς χεῖράς μου· Καὶ ἐγενόμην μεμαστιγω-
15 μένος ὅλην τὴν ἡμέραν, καὶ ὁ ἔλεγχός μου εἰς τὰς πρωίας. Εἰ
ἔλεγον, διηγήσομαι οὕτως, ἰδοὺ τῇ γενεᾷ τῶν υἱῶν σου ἠσυν-
16 θέτηκα. Καὶ ὑπέλαβον τοῦ γνῶναι, τοῦτο κόπος ἐστὶν ἐναντίον
17 μου, ἕως εἰσέλθω εἰς τὸ ἁγιαστήριον τοῦ Θεοῦ, συνῶ εἰς τὰ
ἔσχατα.

18 Πλὴν διὰ τὰς δολιότητας ἔθου αὐτοῖς, κατέβαλες αὐτοὺς ἐν
19 τῷ ἐπαρθῆναι. Πῶς ἐγένοντο εἰς ἐρήμωσιν; ἐξάπινα ἐξέλιπον,
20 ἀπώλοντο διὰ τὴν ἀνομίαν αὐτῶν. Ὡσεὶ ἐνύπνιον ἐξεγειρο-
μένου, Κύριε ἐν τῇ πόλει σου τὴν εἰκόνα αὐτῶν ἐξουδενώσεις.

21 Ὅτι ηὐφράνθη ἡ καρδία μου, καὶ οἱ νεφροί μου ἠλλοιώθη-
22 σαν. Κἀγὼ ἐξουδενωμένος, καὶ οὐκ ἔγνων, κτηνώδης ἐγενόμην
23 παρὰ σοί, κἀγὼ διαπαντὸς μετὰ σου· ἐκράτησας τῆς χειρός
24 τῆς δεξιᾶς μου, ἐν τῇ βουλῇ σου ὡδήγησάς με, καὶ μετὰ δόξης
25 προσελάβου με. Τί γάρ μοι ὑπάρχει ἐν τῷ οὐρανῷ, καὶ παρὰ
26 σοῦ τί ἠθέλησα ἐπὶ τῆς γῆς; Ἐξέλιπεν ἡ καρδία μου καὶ ἡ
σάρξ μου, ὁ Θεὸς τῆς καρδίας μου, καὶ ἡ μερίς μου ὁ Θεὸς εἰς
τὸν αἰῶνα.

27 Ὅτι ἰδοὺ οἱ μακρύνοντες ἑαυτοὺς ἀπὸ σοῦ, ἀπολοῦνται· ἐξω-
28 λόθρευσας πάντα τὸν πορνεύοντα ἀπὸ σοῦ. Ἐμοὶ δὲ τὸ προσ-
κολλᾶσθαι τῷ Θεῷ ἀγαθόν ἐστι, τίθεσθαι ἐν τῷ Κυρίῳ τὴν
ἐλπίδα μου· τοῦ ἐξαγγειλαι πάσας τὰς αἰνέσεις σου ἐν ταῖς
πύλαις τῆς θυγατρὸς Σιών.

73 (74)   Συνέσεως τῷ Ἀσάφ.

Ἰνατί ἀπόσω ὁ Θεὸς εἰς τέλος; ὠργίσθη ὁ θυμός σου ἐπὶ
2 πρόβατα νομῆς σου; Μνήσθητι τῆς συναγωγῆς σου ἧς ἐκτήσω
ἀπ' ἀρχῆς· ἐλυτρώσω ῥάβδον κληρονομίας σου· ὄρος Σιὼν
3 τοῦτο ὃ κατεσκήνωσας ἐν αὐτῷ. Ἔπαρον τὰς χεῖράς σου ἐπὶ
τὰς ὑπερηφανίας αὐτῶν εἰς τέλος· ὅσα ἐπονηρεύσατο ὁ ἐχθρὸς
ἐν τοῖς ἁγίοις σου.

4 Καὶ ἐνεκαυχήσαντο οἱ μισοῦντές σε ἐν μέσῳ τῆς ἑορτῆς σου·
5 ἔθεντο τὰ σημεῖα αὐτῶν σημεῖα, καὶ οὐκ ἔγνωσαν, ὡς εἰς τὴν
6 εἴσοδον ὑπεράνω· ὡς ἐν δρυμῷ ξύλων ἀξίναις ἐξέκοψαν τὰς
θύρας αὐτῆς ἐπιτοαυτὸ, ἐν πελέκει καὶ λαξευτηρίῳ κατέρραξαν
7 αὐτήν. Ἐνεπύρισαν ἐν πυρὶ τὸ ἁγιαστήριόν σου εἰς τὴν γῆν,

themselves with their injustice and un-
godliness. [7] Their injustice shall go forth
as out of fatness: they have fulfilled their
intention. [8] They have taken counsel and
spoken in wickedness: they have uttered
unrighteousness loftily. [9] They have set their
mouth against heaven, and their tongue has
gone through upon the earth. [10] Therefore
shall my people return hither: and full days
shall be found β with them. [11] And they
said, How does God know? and γ is there
knowledge in the Most High? [12] Behold,
these *are* the sinners, and they that prosper
always: they have possessed wealth.

[13] And I said, Verily in vain have I jus-
tified my heart, and washed my hands in
innocency. [14] For I was plagued all the day,
and my reproof *was* every morning. [15] If I
said, I will speak thus; behold, I *should*
have broken covenant with the generation
of thy children. [16] And I undertook to un-
derstand this, *but* it is too hard for me,
[17] until I go into the sanctuary of God; *and
so* understand the latter end.

[18] Surely thou hast appointed *judgments*
to them because of their crafty dealings:
thou hast cast them down when they were
lifted up. [19] How have they become deso-
late! suddenly they have failed: they have
perished because of their iniquity. [20] As
the dream of one awakening, O Lord, in thy
city thou wilt despise their image.

[21] For my heart has rejoiced, and my reins
have been δ gladdened. [22] But I *was* vile
and knew not: I became brutish before
thee. [23] Yet I am continually with thee:
thou hast holden my right hand. [24] Thou
hast guided me by thy counsel, and thou
hast taken me to thyself with glory. [25] For
what have I in heaven *but thee*? and what
have I desired upon the earth beside thee?
[26] My heart and my flesh have failed: *but*
God *is the strength* of my heart, and God is
my portion for ever.

[27] For, behold, they that remove them-
selves far from thee shall perish: thou hast
destroyed every one that goes a whoring
from thee. [28] But it is good for me to cleave
close to God, to put my trust in the Lord;
that I may proclaim all thy praises in the
gates of the daughter of Sion.

A Psalm of ζ *instruction for Asaph.*

Wherefore hast thou rejected *us*, O God,
for ever? *wherefore* is thy wrath kindled
against the sheep of thy pasture? [2] Re-
member thy congregation which thou hast
purchased from the beginning; thou didst
ransom the rod of thine inheritance; this
mount Sion wherein thou hast dwelt.
[3] Lift up thine hands against their pride
continually; *because of* all that the enemy
has done wickedly in thy holy places.

[4] And they that hate thee have boasted in
the midst of thy feast; they have set up
their standards for signs, [5] ignorantly as
it were in the entrance above; [6] they cut
down its doors at once with axes as in a
wood of trees; they have broken it down
with hatchet and stone cutter. [7] They have
burnt thy sanctuary with fire to the ground;

β Gr. in.   γ Gr. if there is.   δ Gr. changed.   ζ Gr. understanding.

they have profaned the β habitation of thy name. ⁸They have said in their heart, *even* all their kindred together, Come, let us abolish the feasts of the Lord from the earth. ⁹We have not seen our signs; there is no longer a prophet; and *God* will not know us any more.

¹⁰How long, O God, shall the enemy reproach? shall the enemy provoke thy name for ever? ¹¹Wherefore turnest thou away thine hand, and thy right hand from the midst of thy bosom for ever? ¹²But God is our King γof old; he has wrought salvation in the midst of the earth. ¹³Thou didst establish the sea, in thy might, thou didst break to pieces the heads of the δdragons in the water. ¹⁴Thou didst break to pieces the heads of the dragon; thou didst give him *for* meat to the Ethiopian nations. ¹⁵Thou didst cleave fountains and torrents; thou driedst up ςmighty rivers. ¹⁶The day is thine, and the night is thine; thou hast prepared the sun and the moon. ¹⁷Thou hast made all the borders of the earth; thou hast made summer and spring.

¹⁸Remember this thy creation: an enemy has reproached the Lord, and a foolish people has provoked thy name. ¹⁹Deliver not to the wild beasts a soul that gives praise to thee: forget not for ever the souls of thy poor. ²⁰Look upon thy covenant: for the dark *places* of the earth are filled with the habitations of iniquity. ²¹Let not the afflicted and shamed one be rejected: the poor and needy shall praise thy name. ²²Arise, O God, plead thy cause: remember thy reproaches that come from the foolish one all the day. ²³Forget not the voice of thy suppliants: let the pride of them that hate thee continually ascend before thee.

For the end, Destroy not, a Psalm of a Song for Asaph.

We will give thanks to thee, O God, we will give thanks, and call upon thy name: I will declare all thy wonderful works. ²When I shall take a set time, I will judge righteously. ³The earth is dissolved, and all that dwell in it: I have strengthened its pillars. Pause.

⁴I said unto the transgressors, Do not transgress; and to the sinners, Lift not up the horn. ⁵Lift not up your horn on high; speak not unrighteousness against God. ⁶For *good comes* neither from the east, nor from the west, nor from the desert mountains. ⁷For God is the judge; he puts down one, and raises up another. ⁸For *there is* a cup in the hand of the Lord, full of unmingled wine; and he has θturned *it* from side to side, but its dregs have not been wholly poured out; all the sinners of the earth shall drink *them*.

⁹But I will exult for ever: I will sing praises to the God of Jacob. ¹⁰And I will break all the horns of sinners; but the horns of the righteous one shall be exalted.

ἐβεβήλωσαν τὸ σκήνωμα τοῦ ὀνόματός σου. Εἶπαν ἐν τῇ 8 καρδίᾳ αὐτῶν, ἡ συγγένεια αὐτῶν ἐπιτοαυτό, δεῦτε, καταπαύ-σωμεν τὰς ἑορτὰς Κυρίου ἀπὸ τῆς γῆς. Τὰ σημεῖα ἡμῶν 9 οὐκ εἴδομεν, οὐκ ἔστιν ἔτι προφήτης, καὶ ἡμᾶς οὐ γνώσε-ται ἔτι.

Ἕως πότε ὁ Θεός, ὀνειδιεῖ ὁ ἐχθρός, παροξυνεῖ ὁ ὑπεναντίος 10 τὸ ὄνομά σου εἰς τέλος; Ἱνατί ἀποστρέφεις τὴν χεῖρά σου, 11 καὶ τὴν δεξιάν σου ἐκ μέσου τοῦ κόλπου σου εἰς τέλος; Ὁ δὲ 12 Θεὸς βασιλεὺς ἡμῶν πρὸ αἰῶνος, εἰργάσατο σωτηρίαν ἐν μέσῳ τῆς γῆς. Σὺ ἐκραταίωσας ἐν τῇ δυνάμει σου τὴν θάλασσαν, 13 σὺ συνέτριψας τὰς κεφαλὰς τῶν δρακόντων ἐπὶ τοῦ ὕδατος. Σὺ συνέτριψας τὰς κεφαλὰς τοῦ δράκοντος, ἔδωκας αὐτὸν βρῶμα 14 λαοῖς τοῖς· Αἰθίοψι. Σὺ διέρρηξας πηγὰς καὶ χειμάρρους, σὺ 15 ἐξήρανας ποταμοὺς ἠθάμ. Σή ἐστιν ἡ ἡμέρα, καὶ σή ἐστιν ἡ 16 νύξ, σὺ κατηρτίσω ἥλιον καὶ σελήνην. Σὺ ἐποίησας πάντα τὰ 17 ὅρια τῆς γῆς, θέρος καὶ ἔαρ σὺ ἐποίησας.

Μνήσθητι ταύτης τῆς κτίσεώς σου· ἐχθρὸς ὠνείδισε τὸν 18 Κύριον, καὶ λαὸς ἄφρων παρώξυνε τὸ ὄνομά σου. Μὴ παραδῷς 19 τοῖς θηρίοις ψυχὴν ἐξομολογουμένην σοι, τῶν ψυχῶν τῶν πενήτων σου μὴ ἐπιλάθῃ εἰς τέλος. Ἐπίβλεψον εἰς τὴν 20 διαθήκην σου, ὅτι ἐπληρώθησαν οἱ ἐσκοτωμένοι τῆς γῆς οἴκων ἀνομιῶν. Μὴ ἀποστραφήτω τεταπεινωμένος καὶ κατῃσχυμμέ- 21 νος, πτωχὸς καὶ πένης αἰνέσουσι τὸ ὄνομά σου. Ἀνάστα 22 ὁ Θεός, δίκασον τὴν δίκην σου, μνήσθητι τῶν ὀνειδισμῶν σου τῶν ὑπὸ ἄφρονος ὅλην τὴν ἡμέραν. Μὴ ἐπιλάθῃ τῆς φωνῆς 23 τῶν ἱκετῶν σου, ἡ ὑπερηφανία τῶν μισούντων σε ἀναβαίη διαπαντὸς πρὸς σέ.

Εἰς τὸ τέλος, μὴ διαφθείρῃς, ψαλμὸς ᾠδῆς τῷ Ἀσάφ. 74 (75)

Ἐξομολογησόμεθα σοι ὁ Θεός, ἐξομολογησόμεθα, καὶ ἐπικαλεσόμεθα τὸ ὄνομά σου· διηγήσομαι πάντα τὰ θαυμάσιά σου. Ὅταν λάβω καιρόν, ἐγὼ εὐθύτητας κρινῶ. Ἐτάκη 2, 3 ἡ γῆ, καὶ πάντες οἱ κατοικοῦντες αὐτήν, ἐγὼ ἐστερέωσα τοὺς στύλους αὐτῆς· διάψαλμα.

Εἶπα τοῖς παρανομοῦσι, μὴ παρανομεῖν, καὶ τοῖς ἁμαρτά- 4 νουσι, μὴ ὑψοῦτε κέρας. Μὴ ἐπαίρετε εἰς ὕψος τὸ κέρας ὑμῶν, 5 μὴ λαλεῖτε κατὰ τοῦ Θεοῦ ἀδικίαν. Ὅτι οὔτε ἀπὸ ἐξόδων, 6 οὔτε ἀπὸ δυσμῶν, οὔτε ἀπὸ ἐρήμων ὀρέων, ὅτι ὁ Θεὸς κριτής 7 ἐστι· τοῦτον ταπεινοῖ, καὶ τοῦτον ὑψοῖ. Ὅτι ποτήριον ἐν 8 χειρὶ Κυρίου, οἴνου ἀκράτου πλῆρες κεράσματος· καὶ ἔκλινεν ἐκ τούτου εἰς τοῦτο, πλὴν ὁ τρυγίας αὐτοῦ οὐκ ἐξεκενώθη· πίονται πάντες οἱ ἁμαρτωλοὶ τῆς γῆς.

Ἐγὼ δὲ ἀγαλλιάσομαι εἰς τὸν αἰῶνα, ψαλῶ τῷ Θεῷ Ἰακώβ. 9 Καὶ πάντα τὰ κέρατα τῶν ἁμαρτωλῶν συγκλάσω, καὶ ὑψωθή- 10 σεται τὰ κέρατα τοῦ δικαίου.

β *Gr.* tabernacle.   γ *Gr.* before the age.   δ *Or,* serpents.   ζ *Heb.* rivers of Etham.   θ *Gr.* from this into that.

75 (76) Εἰς τὸ τέλος ἐν ὕμνοις, ψαλμὸς τῷ Ἀσάφ· ᾠδὴ πρὸς τὸν Ἀσσύριον.

Γνωστὸς ἐν τῇ Ἰουδαίᾳ ὁ Θεός, ἐν τῷ Ἰσραὴλ μέγα τὸ
2 ὄνομα αὐτοῦ. Καὶ ἐγενήθη ἐν εἰρήνῃ ὁ τόπος αὐτοῦ, καὶ τὸ
3 κατοικητήριον αὐτοῦ ἐν Σιών. Ἐκεῖ συνέτριψε τὰ κράτη τῶν
τόξων, ὅπλον καὶ ῥομφαίαν καὶ πόλεμον· διάψαλμα.

4, 5 Φωτίζεις σὺ θαυμαστῶς ἀπὸ ὀρέων αἰωνίων, ἐταράχθησαν
πάντες οἱ ἀσύνετοι τῇ καρδίᾳ· ὕπνωσαν ὕπνον αὐτῶν, καὶ οὐχ
εὗρον οὐδὲν πάντες οἱ ἄνδρες τοῦ πλούτου ταῖς χερσὶν αὐτῶν.
6 Ἀπὸ ἐπιτιμήσεώς σου, ὁ Θεὸς Ἰακώβ, ἐνύσταξαν οἱ ἐπιβεβη-
7 κότες τοὺς ἵππους. Σὺ φοβερὸς εἶ, καὶ τίς ἀντιστήσεταί σοι
8 ἀπὸ τῆς ὀργῆς σου; Ἐκ τοῦ οὐρανοῦ ἠκούτισας κρίσιν, γῆ
9 ἐφοβήθη καὶ ἡσύχασεν, ἐν τῷ ἀναστῆναι εἰς κρίσιν τὸν Θεόν,
τοῦ σῶσαι πάντας τοὺς πραεῖς τῇ καρδίᾳ· διάψαλμα.

10 Ὅτι ἐνθύμιον ἀνθρώπου ἐξομολογήσεταί σοι, καὶ ἐγκατά-
11 λειμμα ἐνθυμίου ἑορτάσει σοι. Εὔξασθε καὶ ἀπόδοτε Κυρίῳ
τῷ Θεῷ ἡμῶν, πάντες οἱ κύκλῳ αὐτοῦ οἴσουσι δῶρα· τῷ φοβερῷ
12 καὶ ἀφαιρουμένῳ πνεύματα ἀρχόντων, φοβερῷ παρὰ τοῖς βασι-
λεῦσι τῆς γῆς.

76 (77) Εἰς τὸ τέλος, ὑπὲρ Ἰδιθοὺν ψαλμὸς τῷ Ἀσάφ.

Φωνή μου πρὸς Κύριον ἐκέκραξα, καὶ ἡ φωνή μου πρὸς τὸν
2 Θεόν, καὶ προσέσχε μοι. Ἐν ἡμέρᾳ θλίψεώς μου τὸν Θεὸν
ἐξεζήτησα, ταῖς χερσί μου νυκτὸς ἐναντίον αὐτοῦ, καὶ οὐκ
3 ἠπατήθην· ἀπηγήνατο παρακληθῆναι ἡ ψυχή μου. Ἐμνήσθην
τοῦ Θεοῦ, καὶ εὐφράνθην, ἠδολέσχησα, καὶ ὠλιγοψύχησε τὸ
4 πνεῦμά μου· διάψαλμα. Προκατελάβοντο φυλακὰς πάντες οἱ
ἐχθροί μου, ἐταράχθην καὶ οὐκ ἐλάλησα.

5 Διελογισάμην ἡμέρας ἀρχαίας, καὶ ἔτη αἰώνια ἐμνήσθην,
6 καὶ ἐμελέτησα· νυκτὸς μετὰ τῆς καρδίας μου ἠδολέσχουν, καὶ
7 ἔσκαλλον τὸ πνεῦμά μου. Μὴ εἰς τοὺς αἰῶνας ἀπώσεται
8 Κύριος, καὶ οὐ προσθήσει τοῦ εὐδοκῆσαι ἔτι; Ἢ εἰς τέλος
9 ἀποκόψει τὸ ἔλεος ἀπὸ γενεᾶς καὶ γενεᾶς; Ἢ ἐπιλήσεται τοῦ
οἰκτειρῆσαι ὁ Θεός, ἢ συνέξει ἐν τῇ ὀργῇ αὐτοῦ τοὺς οἰκτιρμοὺς
αὐτοῦ; διάψαλμα.

10 Καὶ εἶπα, νῦν ἠρξάμην, αὕτη ἡ ἀλλοίωσις τῆς δεξιᾶς
11 τοῦ ὑψίστου. Ἐμνήσθην τῶν ἔργων Κυρίου, ὅτι μνησθήσο-
12 μαι ἀπὸ τῆς ἀρχῆς τῶν θαυμασίων σου, καὶ μελετήσω ἐν
πᾶσι τοῖς ἔργοις σου, καὶ ἐν τοῖς ἐπιτηδεύμασί σου ἀδολεσ-
χήσω.

13 Ὁ Θεὸς ἐν τῷ ἁγίῳ ἡ ὁδός σου, τίς θεὸς μέγας ὡς ὁ Θεὸς
14 ἡμῶν; Σὺ εἶ ὁ Θεὸς ὁ ποιῶν θαυμάσια, ἐγνώρισας ἐν τοῖς
15 λαοῖς τὴν δύναμίν σου· ἐλυτρώσω ἐν τῷ βραχίονί σου τὸν λαόν
16 σου, τοὺς υἱοὺς Ἰακὼβ καὶ Ἰωσήφ· διάψαλμα. Εἴδοσάν σε
ὕδατα ὁ Θεός, εἴδοσάν σε ὕδατα καὶ ἐφοβήθησαν, καὶ ἐταράχθη-
17 σαν ἄβυσσοι. Πλῆθος ἤχους ὑδάτων, φωνὴν ἔδωκαν αἱ νεφέλαι·
18 καὶ γὰρ τὰ βέλη σου διαπορεύονται. Φωνὴ τῆς βροντῆς σου
ἐν τῷ τροχῷ· ἔφαναν αἱ ἀστραπαί σου τῇ οἰκουμένῃ, ἐσαλεύθη

For the end, among the Hymns, a Psalm for Asaph; a Song for the Assyrian.

God is known in Judea; his name is great in Israel. [2] And his place has been in [β] peace, and his dwelling-place in Sion. [3] There he broke the power of the bows, the shield, and the sword, and the battle. Pause. [4] Thou dost wonderfully shine forth from the everlasting mountains. [5] All the simple ones in heart were troubled; all the men of wealth have slept their sleep, and have found nothing in their hands. [6] At thy rebuke, O God of Jacob, the riders on horses slumbered. [7] Thou art terrible; and who shall withstand thee, because of thine anger? [8] Thou didst cause judgment to be heard from heaven; the earth feared, and was still, [9] when God arose to judgment, to save all the meek in heart. Pause.

[10] For the inward thought of man shall give thanks to thee: and the memorial of his inward thought shall keep a feast to thee. [11] Vow, and pay *your* vows to the Lord our God; all that are round about him shall bring gifts, *even* to him that is terrible, [12] and that takes away the spirits of princes; to him that is terrible among the kings of the earth.

For the end, for Idithun, a Psalm of Asaph.

I cried to the Lord with my voice, yea, my voice *was addressed* to God; and he gave heed to me. [2] In the day of mine affliction I earnestly sought the Lord; *even* with my hands by night before him, and I was not deceived; my soul refused to be comforted. [3] I remembered God, and rejoiced; I poured out my complaint, and my soul fainted. Pause. [4] All mine enemies set a watch *against me*: I was troubled, and spoke not.

[5] I considered the days of old, and remembered ancient years. [6] And I meditated; I communed with my heart by night, and diligently searched my spirit, saying, [7] Will the Lord cast off for ever? and will he be well pleased no more? [8] Will he cut off his mercy for ever, even for ever and ever? [9] Will God forget to pity? or will he shut up his compassions in his wrath? Pause.

[10] And I said, Now I have begun; this is the change of the right hand of the Most High. [11] I remembered the works of the Lord; for I will remember thy wonders from the beginning. [12] And I will meditate on all thy works, and will consider thy doings.

[13] O God, thy way is in the sanctuary; who is a great God as our God? [14] Thou art the God that doest wonders; thou hast made known thy power among the nations. [15] Thou hast with thine arm redeemed thy people, the sons of Jacob and Joseph. Pause. [16] The waters saw thee, O God, the waters saw thee, and feared; and the depths were troubled. [17] *There was* an abundant sound of waters: the clouds uttered a voice; for thine arrows went abroad. [18] The voice of thy thunder was abroad, and around thy

---

β *Or*, Salem, see the Hebrew.

lightnings appeared to the world; the earth trembled and quaked. ¹⁹ Thy way is in the sea, and thy paths in many waters, and thy footsteps cannot be known. ²⁰ Thou didst guide thy people as sheep by the hand of Moses and Aaron.

A Psalm of ^βinstruction for Asaph.

Give heed, O my people, to my law: incline your ear to the words of my mouth. ^{2 γ} I will open my mouth in parables: I will utter dark sayings *which have been* from the beginning. ³ All which we have heard and known, and our fathers have declared to us. ⁴ They were not hid from their children to a second generation; *the fathers* declaring the praises of the Lord, and his mighty acts, and his wonders which he wrought.

⁵ And he raised up a testimony in Jacob, and appointed a law in Israel, which he commanded our fathers, to make it known to their children: ⁶ that another generation might know, even the sons which should be born; and they should arise and declare them to their children. ⁷ That they might set their hope on God, and not forget the works of God, but diligently seek his commandments. ⁸ That they should not be as their fathers, a perverse and provoking generation; a generation which set not its heart aright, and its spirit was not ^δ steadfast with God.

⁹ The children of Ephraim, bending and shooting *with* the bow, turned *back* in the day of battle. ¹⁰ They kept not the covenant of God, and would not walk in his law. ¹¹ And they forgot his benefits, and his miracles which he *had* shewed them; ¹² the miracles which he wrought before their fathers, in the land of Egypt, in the plain of Tanes. ¹³ He clave the sea, and led them through: he made the waters to stand as *in* a bottle. ¹⁴ And he guided them with a cloud by day, and all the night with a light of fire. ¹⁵ He clave a rock in the wilderness, and made them drink as in a great deep. ¹⁶ And he brought water out of the rock, and caused waters to flow down as rivers.

¹⁷ And they sinned yet more against him; they provoked the Most High in the wilderness. ¹⁸ And they tempted God in their hearts, in asking meat for *the desire of* their souls. ¹⁹ They spoke also against God, and said, Will God be able to prepare a table in the wilderness? ²⁰ Forasmuch as he smote the rock, and the waters flowed, and the torrents ran abundantly; will he be able also to give bread, or prepare a table for his people?

²¹ Therefore the Lord heard, and was provoked: and fire was kindled in Jacob, and wrath went up against Israel. ²² Because they believed not in God, and trusted not in his salvation. ²³ Yet he commanded the clouds from above, and opened the doors of heaven, ²⁴ and rained upon them manna to eat, and gave them the bread of heaven. ²⁵ Man ate angels' bread; ^ζ he sent them provision to the full.

²⁶ He removed the south wind from heaven; and by his might he brought in the

καὶ ἔντρομος ἐγενήθη ἡ γῆ. Ἐν τῇ θαλάσσῃ ἡ ὁδός σου, καὶ 19 αἱ τρίβοι σου ἐν ὕδασι πολλοῖς, καὶ τὰ ἴχνη σου οὐ γνωσθήσονται. Ὡδήγησας ὡς πρόβατα τὸν λαόν σου ἐν χειρὶ Μωυσῆ 20 καὶ Ἀαρών.

Συνέσεως τῷ Ἀσάφ.   77 (78)

Προσέχετε λαός μου τὸν νόμον μου, κλίνατε τὸ οὖς ὑμῶν εἰς τὰ ῥήματα τοῦ στόματός μου. Ἀνοίξω ἐν παραβολαῖς τὸ 2 στόμα μου, φθέγξομαι προβλήματα ἀπ᾽ ἀρχῆς. Ὅσα ἠκούσα- 3 μεν καὶ ἔγνωμεν αὐτὰ, καὶ οἱ πατέρες ἡμῶν διηγήσαντο ἡμῖν. Οὐκ ἐκρύβη ἀπὸ τῶν τέκνων αὐτῶν εἰς γενεὰν ἑτέραν, ἀπαγγέλ- 4 λοντες τὰς αἰνέσεις Κυρίου καὶ τὰς δυναστείας αὐτοῦ, καὶ τὰ θαυμάσια αὐτοῦ ἃ ἐποίησε.

Καὶ ἀνέστησε μαρτύριον ἐν Ἰακὼβ, καὶ νόμον ἔθετο ἐν 5 Ἰσραήλ· ὃν ἐνετείλατο τοῖς πατράσιν ἡμῶν, γνωρίσαι αὐτὸν τοῖς υἱοῖς αὐτῶν, ὅπως ἂν γνῷ γενεὰ ἑτέρα, υἱοὶ οἱ τεχθησόμε- 6 νοι, καὶ ἀναστήσονται καὶ ἀπαγγελοῦσιν αὐτὰ τοῖς υἱοῖς αὐτῶν· ἵνα θῶνται ἐπὶ τὸν Θεὸν τὴν ἐλπίδα αὐτῶν, καὶ μὴ ἐπιλάθωνται 7 τῶν ἔργων τοῦ Θεοῦ, καὶ τὰς ἐντολὰς αὐτοῦ ἐκζητήσωσιν. Ἵνα 8 μὴ γένωνται ὡς οἱ πατέρες αὐτῶν, γενεὰ σκολιὰ καὶ παραπικραίνουσα, γενεὰ ἥτις οὐ κατεύθυνεν ἐν τῇ καρδίᾳ αὐτῆς, καὶ οὐκ ἐπιστώθη μετὰ τοῦ Θεοῦ τὸ πνεῦμα αὐτῆς.

Υἱοὶ Ἐφραὶμ ἐντείνοντες καὶ βάλλοντες τόξον, ἐστράφησαν 9 ἐν ἡμέρᾳ πολέμου. Οὐκ ἐφύλαξαν τὴν διαθήκην τοῦ Θεοῦ, 10 καὶ ἐν τῷ νόμῳ αὐτοῦ οὐκ ἤθελον πορεύεσθαι. Καὶ ἐπελάθοντο 11 τῶν εὐεργεσιῶν αὐτοῦ καὶ τῶν θαυμασίων αὐτοῦ, ὧν ἔδειξεν αὐτοῖς· ἐναντίον τῶν πατέρων αὐτῶν ἃ ἐποίησε θαυμάσια, ἐν 12 γῇ Αἰγύπτῳ, ἐν πεδίῳ Τάνεως. Διέρρηξε θάλασσαν, καὶ 13 διήγαγεν αὐτούς· ἔστησεν ὕδατα ὡσεὶ ἀσκόν. Καὶ ὡδήγησεν 14 αὐτοὺς ἐν νεφέλῃ ἡμέρας, καὶ ὅλην τὴν νύκτα ἐν φωτισμῷ πυρός. Διέρρηξε πέτραν ἐν ἐρήμῳ, καὶ ἐπότισεν αὐτοὺς ὡς ἐν 15 ἀβύσσῳ πολλῇ. Καὶ ἐξήγαγεν ὕδωρ ἐκ πέτρας, καὶ κατήγαγεν 16 ὡς ποταμοὺς ὕδατα.

Καὶ προσέθεντο ἔτι τοῦ ἁμαρτάνειν αὐτῷ· παρεπίκραναν 17 τὸν ὕψιστον ἐν ἀνύδρῳ, καὶ ἐξεπείρασαν τὸν Θεὸν ἐν ταῖς 18 καρδίαις αὐτῶν, τοῦ αἰτῆσαι βρώματα ταῖς ψυχαῖς αὐτῶν. Καὶ κατελάλησαν τοῦ Θεοῦ, καὶ εἶπαν, μὴ δυνήσεται ὁ Θεὸς 19 ἑτοιμάσαι τράπεζαν ἐν ἐρήμῳ; Ἐπεὶ ἐπάταξε πέτραν, καὶ 20 ἐρρύησαν ὕδατα, καὶ χείμαρροι κατεκλύσθησαν· μὴ καὶ ἄρτον δυνήσεται δοῦναι; ἢ ἑτοιμάσαι τράπεζαν τῷ λαῷ αὐτοῦ;

Διὰ τοῦτο ἤκουσε Κύριος καὶ ἀνεβάλετο, καὶ πῦρ ἀνήφθη 21 ἐν Ἰακὼβ, καὶ ὀργὴ ἀνέβη ἐπὶ τὸν Ἰσραήλ. Ὅτι οὐκ ἐπί- 22 στευσαν ἐν τῷ Θεῷ, οὐδὲ ἤλπισαν ἐπὶ τὸ σωτήριον αὐτοῦ. Καὶ ἐνετείλατο νεφέλαις ὑπεράνωθεν, καὶ θύρας οὐρανοῦ ἀνέῳξε· 23 καὶ ἔβρεξεν αὐτοῖς μάννα φαγεῖν, καὶ ἄρτον οὐρανοῦ ἔδωκεν 24 αὐτοῖς. Ἄρτον ἀγγέλων ἔφαγεν ἄνθρωπος, ἐπισιτισμὸν ἀπ- 25 έστειλεν αὐτοῖς εἰς πλησμονήν.

Ἀπῆρε Νότον ἐξ οὐρανοῦ, καὶ ἐπήγαγεν ἐν τῇ δυναστείᾳ 26

---

^β Gr. understanding.   ^γ Mat. 13. 35.   ^δ Or, faithfully secured.   ^ζ Mat. 6. 31.

27 αὐτοῦ Λίβα. Καὶ ἔβρεξεν ἐπ᾽ αὐτοὺς ὡσεὶ χοῦν σάρκας, καὶ
28 ὡσεὶ ἄμμον θαλασσῶν πετεινὰ πτερωτά. Καὶ ἐπέπεσον εἰς
μέσον τῆς παρεμβολῆς αὐτῶν, κύκλῳ τῶν σκηνωμάτων αὐτῶν.
29 Καὶ ἐφάγοσαν καὶ ἐνεπλήσθησαν σφόδρα, καὶ τὴν ἐπιθυμίαν
αὐτῶν ἤνεγκεν αὐτοῖς.
30 Οὐκ ἐστερήθησαν ἀπὸ τῆς ἐπιθυμίας αὐτῶν· ἔτι τῆς βρώσεως
31 αὐτῶν οὔσης ἐν τῷ στόματι αὐτῶν, καὶ ὀργὴ τοῦ Θεοῦ ἀνέβη
ἐπ᾽ αὐτοὺς, καὶ ἀπέκτεινεν ἐν τοῖς πίοσιν αὐτῶν, καὶ τοὺς ἐκλεκ-
τοὺς τοῦ Ἰσραὴλ συνεπόδισεν.
32 Ἐν πᾶσι τούτοις ἥμαρτον ἔτι, καὶ οὐκ ἐπίστευσαν τοῖς
33 θαυμασίοις αὐτοῦ. Καὶ ἐξέλιπον ἐν ματαιότητι αἱ ἡμέραι
αὐτῶν, καὶ τὰ ἔτη αὐτῶν μετὰ σπουδῆς.
34 Ὅταν ἀπέκτεινεν αὐτοὺς, ἐζήτουν αὐτὸν, καὶ ἐπέστρεφον καὶ
35 ὤρθριζον πρὸς τὸν Θεόν. Καὶ ἐμνήσθησαν ὅτι ὁ Θεὸς βοηθὸς
36 αὐτῶν ἐστι, καὶ ὁ Θεὸς ὁ ὕψιστος λυτρωτὴς αὐτῶν ἐστι. Καὶ
ἠγάπησαν αὐτὸν ἐν τῷ στόματι αὐτῶν, καὶ τῇ γλώσσῃ αὐτῶν
37 ἐψεύσαντο αὐτῷ· ἡ δὲ καρδία αὐτῶν οὐκ εὐθεῖα μετ᾽ αὐτοῦ,
οὐδὲ ἐπιστώθησαν ἐν τῇ διαθήκῃ αὐτοῦ.
38 Αὐτὸς δέ ἐστιν οἰκτίρμων, καὶ ἱλάσεται ταῖς ἁμαρτίαις
αὐτῶν, καὶ οὐ διαφθερεῖ· καὶ πληθυνεῖ τοῦ ἀποστρέψαι τὸν
θυμὸν αὐτοῦ, καὶ οὐχὶ ἐκκαύσει πᾶσαν τὴν ὀργὴν αὐτοῦ.
39 Καὶ ἐμνήσθη ὅτι σάρξ εἰσι, πνεῦμα πορευόμενον καὶ οὐκ
ἐπιστρέφον.
40 Ποσάκις παρεπίκραναν αὐτὸν ἐν τῇ ἐρήμῳ, παρώργισαν
41 αὐτὸν ἐν γῇ ἀνύδρῳ; Καὶ ἐπέστρεψαν καὶ ἐπείρασαν τὸν Θεὸν,
42 καὶ τὸν ἅγιον τοῦ Ἰσραὴλ παρώξυναν. Οὐκ ἐμνήσθησαν τῆς
χειρὸς αὐτοῦ, ἡμέρας ἧς ἐλυτρώσατο αὐτοὺς ἐκ χειρὸς θλί-
43 βοντος· Ὡς ἔθετο ἐν Αἰγύπτῳ τὰ σημεῖα αὐτοῦ, καὶ τὰ
44 τέρατα αὐτοῦ ἐν πεδίῳ Τάνεως· Καὶ μετέστρεψεν εἰς αἷμα τοὺς
45 ποταμοὺς αὐτῶν, καὶ τὰ ὀμβρήματα αὐτῶν ὅπως μὴ πίωσιν·
ἐξαπέστειλεν εἰς αὐτοὺς κυνόμυιαν καὶ κατέφαγεν αὐτοὺς, καὶ
46 βάτραχον, καὶ διέφθειρεν αὐτούς. Καὶ ἔδωκε τῇ ἐρυσίβῃ τὸν
47 καρπὸν αὐτῶν, καὶ τοὺς πόνους αὐτῶν τῇ ἀκρίδι. Ἀπέκτεινεν
ἐν χαλάζῃ τὴν ἄμπελον αὐτῶν, καὶ τὰς συκαμίνους αὐτῶν ἐν
48 τῇ πάχνῃ. Καὶ παρέδωκεν ἐν χαλάζῃ τὰ κτήνη αὐτῶν, καὶ
49 τὴν ὕπαρξιν αὐτῶν τῷ πυρί. Ἐξαπέστειλεν εἰς αὐτοὺς ὀργὴν
θυμοῦ αὐτοῦ, θυμὸν καὶ ὀργὴν καὶ θλῖψιν, ἀποστολὴν δι᾽
50 ἀγγέλων πονηρῶν. Ὡδοποίησε τρίβον τῇ ὀργῇ αὐτοῦ, οὐκ
ἐφείσατο ἀπὸ θανάτου τῶν ψυχῶν αὐτῶν, καὶ τὰ κτήνη αὐτῶν
51 εἰς θάνατον συνέκλεισε. Καὶ ἐπάταξε πᾶν πρωτότοκον ἐν γῇ
Αἰγύπτῳ, ἀπαρχὴν πόνων αὐτῶν ἐν τοῖς σκηνώμασι Χάμ.
52 Καὶ ἀπῆρεν ὡς πρόβατα τὸν λαὸν αὐτοῦ, ἤγαγεν αὐτοὺς ὡσεὶ
53 ποίμνιον ἐν ἐρήμῳ. Καὶ ὡδήγησεν αὐτοὺς ἐν ἐλπίδι, καὶ οὐκ
54 ἐδειλίασαν, καὶ τοὺς ἐχθροὺς αὐτῶν ἐκάλυψε θάλασσα. Καὶ
εἰσήγαγεν αὐτοὺς εἰς ὄρος ἁγιάσματος αὐτοῦ, ὄρος τοῦτο ὃ
55 ἐκτήσατο ἡ δεξιὰ αὐτοῦ. Καὶ ἐξέβαλεν ἀπὸ προσώπου αὐτῶν
ἔθνη, καὶ ἐκληροδότησεν αὐτοὺς ἐν σχοινίῳ κληροδοσίας, καὶ
κατεσκήνωσεν ἐν τοῖς σκηνώμασιν αὐτῶν τὰς φυλὰς τοῦ
Ἰσραήλ.
56 Καὶ ἐπείρασαν καὶ παρεπίκραναν τὸν Θεὸν τὸν ὕψιστον, καὶ

south-west wind. 27 And he rained upon them flesh like dust, and feathered birds like the sand of the seas. 28 And they fell into the midst of their camp, round about their tents. 29 So they ate, and were completely filled; and he gave them their desire.

30 They were not disappointed of their desire: *but* when their food was yet in their mouth, 31 then the indignation of God rose up against them, and slew the fattest of them, and overthrew the choice men of Israel.

32 In the midst of all this they sinned yet more, and believed not his miracles. 33 And their days were consumed in vanity, and their years with anxiety.

34 When he slew them, they sought him: and they returned and called betimes upon God. 35 And they remembered that God was their helper, and the most high God was their redeemer. 36 Yet they loved him *only* with their mouth, and lied to him with their tongue. 37 For their heart *was* not right with him, neither were they steadfast in his covenant.

38 But he is compassionate, and will β forgive their sins, and will not destroy *them*: yea, he will frequently turn away his wrath, and will not kindle all his anger. 39 And he remembered that they are flesh; a wind that passes away, and returns not.

40 How often did they provoke him in the wilderness, *and* anger him in a dry land! 41 Yea, they turned back, and tempted God, and provoked the Holy One of Israel. 42 They remembered not his hand, the day in which he delivered them from the hand of the oppressor. 43 How he had wrought his signs in Egypt, and his wonders in the field of Tanes: 44 and had changed their rivers into blood; and their γ streams, that they should not drink. 45 He sent against them the dog-fly, and it devoured them; and the frog, and it spoiled them. 46 And he gave their fruit to the canker worm, and their labours to the locust. 47 He killed their vines with hail, and their sycamores with frost. 48 And he gave up their cattle to hail, and their substance to the fire. 49 He sent out against them the fury of his anger, wrath, and indignation, and affliction, a message by evil angels. 50 He made a way for his wrath; he spared not their souls from death, but consigned their cattle to death; 51 and smote every first-born in the land of Egypt; the first-fruits of their labours in the tents of Cham. 52 And he removed his people like sheep; he led them as a flock in the wilderness. 53 And he guided them with hope, and they feared not: but the sea covered their enemies. 54 And he brought them in to the mountain of his sanctuary, this mountain which his right hand had purchased. 55 And he cast out the nations from before them, and made them to inherit by a line of inheritance, and made the tribes of Israel to dwell in their tents.

56 Yet they tempted and provoked the

β *Gr.* be propitious, *or*, merciful to. γ *Gr.* rains, *or*, showers.

most high God, and kept not his testimonies. [57] And they turned back, and broke covenant, even as also their fathers: they became like a crooked bow. [58] And they provoked him with their high places, and moved him to jealousy with their graven images.

[59] God heard and β lightly regarded *them*, and greatly despised Israel. [60] And he rejected the tabernacle of Selom, his tent where he dwelt among men. [61] And he gave their strength into captivity, and their beauty into the enemy's hand. [62] And he γ gave his people to the sword; and disdained his inheritance. [63] Fire devoured their young men; and their virgins mourned not. [64] Their priests fell by the sword; and their widows shall not be wept for.

[65] So the Lord awaked as one out of sleep, *and* as a mighty man who has been heated with wine. [66] And he smote his enemies in the hinder parts: he brought on them a perpetual reproach.

[67] And he rejected the tabernacle of Joseph, and chose not the tribe of Ephraim; [68] but chose the tribe of Juda, the mount Sion which he loved. [69] And he built his sanctuary as *the place* of unicorns; he founded it for ever on the earth. [70] He chose David also his servant, and took him up from the flocks of sheep. [71] He took him from following the ewes great with young, to be the shepherd of Jacob his servant, and Israel his inheritance. [72] So he tended them in the innocency of his heart; and guided them by the skilfulness of his hands.

A Psalm for Asaph.

O God, the heathen are come into thine inheritance; they have polluted thy holy temple; they have made Jerusalem a storehouse of fruits. [2] They have given the dead bodies of thy servants *to be* food for the birds of the sky, the flesh of thy holy ones for the wild beasts of the earth. [3] They have shed their blood as water, round about Jerusalem; and there was none to bury *them*. [4] We are become a reproach to our neighbours, a scorn and derision to them *that are* round about us.

[5] How long, O Lord? wilt thou be angry for ever? shall thy jealousy burn like fire? [6] Pour out thy wrath upon the heathen that have not known thee, and upon the kingdoms which have not called upon thy name. [7] For they have devoured Jacob, and laid his place waste.

[8] Remember not our old transgressions; let thy tender mercies speedily prevent us; for we are greatly impoverished. [9] Help us, O God our Saviour; for the glory of thy name, O Lord, deliver us; and be merciful to our sins, for thy name's sake. [10] Lest haply they should say among the heathen, Where is their God? and let the avenging of thy servants' blood that has been shed be known among the heathen before our eyes.

τὰ μαρτύρια αὐτοῦ οὐκ ἐφυλάξαντο. Καὶ ἀπέστρεψαν, καὶ 57 ἠσυνθέτησαν καθὼς καὶ οἱ πατέρες αὐτῶν, μετεστράφησαν εἰς τόξον στρεβλόν. Καὶ παρώργισαν αὐτὸν ἐπὶ τοῖς βουνοῖς 58 αὐτῶν, καὶ ἐν τοῖς γλυπτοῖς αὐτῶν παρεζήλωσαν αὐτόν.

Ἤκουσεν ὁ Θεὸς καὶ ὑπερεῖδε, καὶ ἐξουδένωσε σφόδρα τὸν 59 Ἰσραήλ. Καὶ ἀπώσατο τὴν σκηνὴν Σηλὼμ, σκήνωμα αὐτοῦ 60 οὗ κατεσκήνωσεν ἐν ἀνθρώποις. Καὶ παρέδωκεν εἰς αἰχμα- 61 λωσίαν τὴν ἰσχὺν αὐτῶν, καὶ τὴν καλλονὴν αὐτῶν εἰς χεῖρα ἐχθροῦ. Καὶ συνέκλεισεν εἰς ῥομφαίαν τὸν λαὸν αὐτοῦ, καὶ 62 τὴν κληρονομίαν αὐτοῦ ὑπερεῖδε· Τοὺς νεανίσκους αὐτῶν 63 κατέφαγε πῦρ, καὶ αἱ παρθένοι αὐτῶν οὐκ ἐπένθησαν. Οἱ 64 ἱερεῖς αὐτῶν ἐν ῥομφαίᾳ ἔπεσον, καὶ αἱ χῆραι αὐτῶν οὐ κλαυσθήσονται.

Καὶ ἐξηγέρθη ὡς ὁ ὑπνῶν Κύριος, ὡς δυνατὸς κεκραιπαλη- 65 κὼς ἐξ οἴνου. Καὶ ἐπάταξε τοὺς ἐχθροὺς αὐτοῦ εἰς τὰ ὀπίσω, 66 ὄνειδος αἰώνιον ἔδωκεν αὐτοῖς.

Καὶ ἀπώσατο τὸ σκήνωμα Ἰωσήφ, καὶ τὴν φυλὴν Ἐφραὶμ 67 οὐκ ἐξελέξατο. Καὶ ἐξελέξατο τὴν φυλὴν Ἰούδα, τὸ ὄρος τὸ 68 Σιὼν, ὃ ἠγάπησε. Καὶ ᾠκοδόμησεν ὡς μονοκερώτων τὸ ἁγίασμα 69 αὐτοῦ, ἐν τῇ γῇ ἐθεμελίωσεν αὐτὴν εἰς τὸν αἰῶνα. Καὶ ἐξελέ- 70 ξατο Δαυὶδ τὸν δοῦλον αὐτοῦ, καὶ ἀνέλαβεν αὐτὸν ἐκ τῶν ποιμνίων τῶν προβάτων. Ἐξόπισθεν τῶν λοχευομένων ἔλαβεν 71 αὐτὸν, ποιμαίνειν Ἰακὼβ τὸν δοῦλον αὐτοῦ, καὶ Ἰσραὴλ τὴν κληρονομίαν αὐτοῦ. Καὶ ἐποίμανεν αὐτοὺς ἐν τῇ ἀκακίᾳ τῆς 72 καρδίας αὐτοῦ, καὶ ἐν τῇ συνέσει τῶν χειρῶν αὐτοῦ, ὡδήγησεν αὐτούς.

Ψαλμὸς τῷ Ἀσάφ.   73 (79)

Ὁ Θεὸς, ἤλθοσαν ἔθνη εἰς τὴν κληρονομίαν σου, ἐμίαναν τὸν ναὸν τὸν ἅγιόν σου· ἔθεντο Ἱερουσαλὴμ εἰς ὀπωροφυλά- κιον. Ἔθεντο τὰ θνησιμαῖα τῶν δούλων σου βρώματα τοῖς 2 πετεινοῖς τοῦ οὐρανοῦ, τὰς σάρκας τῶν ὁσίων σου τοῖς θηρίοις τῆς γῆς. Ἐξέχεαν τὸ αἷμα αὐτῶν ὡς ὕδωρ, κύκλῳ Ἱερου- 3 σαλήμ, καὶ οὐκ ἦν ὁ θάπτων. Ἐγενήθημεν εἰς ὄνειδος 4 τοῖς γείτοσιν ἡμῶν, μυκτηρισμὸς καὶ χλευασμὸς τοῖς κύκλῳ ἡμῶν.

Ἕως πότε, Κύριε, ὀργισθήσῃ εἰς τέλος; ἐκκαυθήσεται ὡς 5 πῦρ ὁ ζῆλός σου; Ἔκχεον τὴν ὀργήν σου ἐπὶ ἔθνη τὰ μὴ 6 ἐπεγνωκότα σε, καὶ ἐπὶ βασιλείας αἳ τὸ ὄνομά σου οὐκ ἐπε- καλέσαντο. Ὅτι κατέφαγον τὸν Ἰακὼβ, καὶ τὸν τόπον αὐτοῦ 7 ἠρήμωσαν.

Μὴ μνησθῇς ἡμῶν ἀνομιῶν ἀρχαίων, ταχὺ προκαταλαβέ- 8 τωσαν ἡμᾶς οἱ οἰκτιρμοί σου, ὅτι ἐπτωχεύσαμεν σφόδρα. Βοήθησον ἡμῖν ὁ Θεὸς ὁ σωτὴρ ἡμῶν, ἕνεκα τῆς δόξης τοῦ 9 ὀνόματός σου Κύριε ῥῦσαι ἡμᾶς, καὶ ἱλάσθητι ταῖς ἁμαρ- τίαις ἡμῶν ἕνεκα τοῦ ὀνόματός σου. Μή ποτε εἴπωσιν ἐν 10 τοῖς ἔθνεσι, ποῦ ἐστιν ὁ Θεὸς αὐτῶν; καὶ γνωσθήτω ἐν τοῖς ἔθνεσιν ἐνώπιον τῶν ὀφθαλμῶν ἡμῶν ἡ ἐκδίκησις τοῦ αἵματος τῶν δούλων σου τοῦ ἐκκεχυμένου.

β *Lit.* overlooked them. See Acts 17. 30.   γ *Gr.* shut up.

11 Εἰσελθέτω ἐνώπιόν σου ὁ στεναγμὸς τῶν πεπεδημένων, κατὰ τὴν μεγαλωσύνην τοῦ βραχιόνός σου περιποίησαι τοὺς υἱοὺς
12 τῶν τεθανατωμένων. Ἀπόδος τοῖς γείτοσιν ἡμῶν ἑπταπλάσια εἰς τὸν κόλπον αὐτῶν τὸν ὀνειδισμὸν αὐτῶν, ὃν ὠνείδισάν σε
13 Κύριε. Ἡμεῖς γὰρ λαός σου καὶ πρόβατα νομῆς σου, ἀνθομολογησόμεθά σοι εἰς τὸν αἰῶνα, εἰς γενεὰν καὶ γενεὰν ἐξαγγελοῦμεν τὴν αἴνεσίν σου.

79 (80) Εἰς τὸ τέλος, ὑπὲρ τῶν ἀλλοιωθησομένων, μαρτύριον τῷ Ἀσάφ, ψαλμὸς ὑπὲρ τοῦ Ἀσσυρίου.

Ὁ Ποιμαίνων τὸν Ἰσραὴλ πρόσχες, ὁ ὁδηγῶν ὡσεὶ πρόβατα
2 τὸν Ἰωσήφ· ὁ καθήμενος ἐπὶ τῶν χερουβὶμ ἐμφάνηθι, ἐναντίον Ἐφραὶμ καὶ Βενιαμὶν καὶ Μανασσῆ· ἐξέγειρον τὴν
3 δυναστείαν σου καὶ ἐλθὲ εἰς τὸ σῶσαι ἡμᾶς. Ὁ Θεὸς ἐπίστρεψον ἡμᾶς, καὶ ἐπίφανον τὸ πρόσωπόν σου, καὶ σωθησόμεθα.
4 Κύριε ὁ Θεὸς τῶν δυνάμεων, ἕως πότε ὀργίζῃ ἐπὶ τὴν προσ-
5 ευχὴν τοῦ δούλου σου; Ψωμιεῖς ἡμᾶς ἄρτον δακρύων, καὶ
6 ποτιεῖς ἡμᾶς ἐν δάκρυσιν ἐν μέτρῳ. Ἔθου ἡμᾶς εἰς ἀντιλογίαν τοῖς γείτοσιν ἡμῶν, καὶ οἱ ἐχθροὶ ἡμῶν ἐμυκτήρισαν ἡμᾶς.
7 Κύριε ὁ Θεὸς τῶν δυνάμεων ἐπίστρεψον ἡμᾶς, καὶ ἐπίφανον τὸ πρόσωπόν σου, καὶ σωθησόμεθα· διάψαλμα.
8 Ἄμπελον ἐξ Αἰγύπτου μετῆρας, ἐξέβαλες ἔθνη καὶ κατεφύ-
9 τευσας αὐτήν. Ὡδοποίησας ἔμπροσθεν αὐτῆς, καὶ κατεφύτευ-
10 σας τὰς ῥίζας αὐτῆς, καὶ ἐπλήσθη ἡ γῆ. Ἐκάλυψεν ὄρη ἡ σκιὰ αὐτῆς, καὶ αἱ ἀναδενδράδες αὐτῆς τὰς κέδρους τοῦ Θεοῦ.
11 Ἐξέτεινε τὰ κλήματα αὐτῆς ἕως θαλάσσης, καὶ ἕως ποταμοῦ
12 τὰς παραφυάδας αὐτῆς. Ἱνατί καθεῖλες τὸν φραγμὸν αὐτῆς, καὶ τρυγῶσιν αὐτὴν πάντες οἱ παραπορευόμενοι τὴν ὁδόν;
13 Ἐλυμήνατο αὐτὴν σῦς ἐκ δρυμοῦ, καὶ μονιὸς ἄγριος κατενεμήσατο αὐτήν.
14 Ὁ Θεὸς τῶν δυνάμεων ἐπίστρεψον δή, ἐπίβλεψον ἐξ οὐρανοῦ
15 καὶ ἴδε, καὶ ἐπίσκεψαι τὴν ἄμπελον ταύτην. Καὶ κατάρτισαι αὐτήν, ἣν ἐφύτευσεν ἡ δεξιά σου, καὶ ἐπὶ υἱὸν ἀνθρώπου ὃν
16 ἐκραταίωσας σεαυτῷ. Ἐμπεπυρισμένη πυρὶ καὶ ἀνεσκαμμένη·
17 ἀπὸ ἐπιτιμήσεως τοῦ προσώπου σου ἀπολοῦνται. Γενηθήτω ἡ χείρ σου ἐπ᾽ ἄνδρα δεξιᾶς σου, καὶ ἐπὶ υἱὸν ἀνθρώπου, ὃν ἐκραταίωσας σεαυτῷ.
18 Καὶ οὐ μὴ ἀποστῶμεν ἀπὸ σοῦ, ζωώσεις ἡμᾶς, καὶ τὸ ὄνομά
19 σου ἐπικαλεσόμεθα. Κύριε ὁ Θεὸς τῶν δυνάμεων ἐπίστρεψον ἡμᾶς, καὶ ἐπίφανον τὸ πρόσωπόν σου, καὶ σωθησόμεθα.

80 (81) Εἰς τὸ τέλος, ὑπὲρ τῶν ληνῶν ψαλμὸς τῷ Ἀσάφ.

Ἀγαλλιᾶσθε τῷ Θεῷ τῷ βοηθῷ ἡμῶν, ἀλαλάξατε τῷ Θεῷ
2 Ἰακώβ. Λάβετε ψαλμὸν καὶ δότε τύμπανον, ψαλτήριον
3 τερπνὸν μετὰ κιθάρας. Σαλπίσατε ἐν νεομηνίᾳ σάλπιγγι, ἐν εὐσήμῳ ἡμέρᾳ ἑορτῆς ὑμῶν.
4 Ὅτι πρόσταγμα τῷ Ἰσραὴλ ἐστι, καὶ κρίμα τῷ Θεῷ Ἰακώβ.
5 Μαρτύριον ἐν τῷ Ἰωσὴφ ἔθετο αὐτόν, ἐν τῷ ἐξελθεῖν αὐτὸν ἐκ γῆς Αἰγύπτου· γλῶσσαν ἣν οὐκ ἔγνω, ἤκουσεν.

[11] Let the groaning of the prisoners come in before thee; according to the greatness of thine arm preserve the [β] sons of the slain ones. [12] Repay to our neighbours sevenfold into their bosom their reproach, with which they have reproached thee, O Lord. [13] For we are thy people and the sheep of thy pasture; we will give thee thanks for ever; we will declare thy praise throughout all generations.

For the [γ] end, for alternate *strains*, a testimony for Asaph, a Psalm concerning the Assyrian.

Attend, O Shepherd of Israel, who guidest Joseph like a flock; thou who sittest upon the cherubs, manifest thyself; [2] before Ephraim and Benjamin and Manasse, stir up thy power, and come to deliver us. [3] Turn us, O God, and cause thy face to shine; and we shall be delivered. [4] O Lord God of hosts, how long art thou angry with the prayer of thy servant? [5] Thou wilt feed us with bread of tears; and wilt cause us to drink tears by measure. [6] Thou hast made us a strife to our neighbours; and our enemies have mocked at us. [7] Turn us, O Lord God of hosts, and cause thy face to shine; and we shall be saved. Pause. [8] Thou hast transplanted a vine out of Egypt: thou hast cast out the heathen, and planted it. [9] Thou madest a way before it, and didst cause its roots to strike, and the land was filled *with it*. [10] Its shadow covered the mountains, and its shoots *equalled* the [δ] goodly cedars. [11] It sent forth its branches to the sea, and its shoots to the river. [12] Wherefore hast thou broken down its hedge, while all that pass by the way pluck it? [13] The boar out of the wood has laid it waste, and the wild beast has devoured it. [14] O God of hosts, turn, we pray thee: look on *us* from heaven, and behold and visit this vine; [15] and restore that which thy right hand has planted: and look on the son of man whom thou didst strengthen for thyself. [16] *It is* burnt with fire and dug up: they shall perish at the rebuke of thy presence. [17] Let thy hand be upon the man of thy right hand, and upon the son of man whom thou didst strengthen for thyself. [18] So will we not depart from thee: thou shalt quicken us, and we will call upon thy name. [19] Turn us, O Lord God of hosts, and make thy face to shine; and we shall be saved.

For the end, a Psalm for [θ] Asaph, concerning the wine-presses.

Rejoice ye in God our helper; shout aloud to the God of Jacob. [2] Take a psalm, and produce the timbrel, the pleasant psaltery with the harp. [3] Blow the trumpet at the new moon, in the glorious day of [λ] your feast. [4] For *this* is an ordinance for Israel, and a statute of the God of Jacob. [5] He made [μ] it *to be* a testimony in Joseph, when he came forth out of the land of Egypt: he heard a language which he understood not.

β *i. e.* men appointed to die.   γ See Ps. 44, and 68, titles.   δ *Gr.* cedars of God, see Gen. 30. 8.   Jonah 3. 3. Acts 7. 20.
ζ See Ps. 20. 9.   θ *Alex.* David.   λ *Alex.* our.   μ *Gr.* him, *sc.* Israel.

⁶He removed his back from burdens: his hands slaved in making the baskets. ⁷Thou didst call upon me in trouble, and I delivered thee; I heard thee in the secret place of the storm: I proved thee at the water of β Strife. Pause. ⁸Hear, my people, and I will speak to thee, O Israel; and I will testify to thee: if thou wilt hearken to me; ⁹there shall be no new god in thee; neither shalt thou worship a strange god. ¹⁰For I am the Lord thy God, that brought thee out of the land of Egypt: open thy mouth wide, and I will fill it. ¹¹But my people hearkened not to my voice; and Israel gave no heed to me. ¹²So I let them go after the ways of their own hearts: they will go on in their own ways.

¹³If my people had hearkened to me, if Israel had walked in my ways, ¹⁴I should have put down their enemies very quickly, and should have laid my hand upon those that afflicted them. ¹⁵The Lord's enemies *should have* lied to him: but γ their time shall be for ever. ¹⁶And he fed them with the fat of wheat; and satisfied them with honey out of the rock.

A Psalm for Asaph.

God stands in the assembly of gods; and in the midst *of them* will judge gods. How long will ye judge unrighteously, and accept the persons of sinners? Pause. ³Judge the orphan and poor: δ do justice to the low and needy. ⁴Rescue the needy, and deliver the poor out of the hand of the sinner. ⁵They know not, nor understand; they walk on in darkness: all the foundations of the earth shall be shaken. ⁶I have said, Ye are gods; and all *of you* children of the Most High. ⁷But ye die as men, and fall as one of the princes. ⁸Arise, O God, judge the earth: for thou shalt inherit all nations.

A Song of a Psalm for Asaph.

O God, who shall be compared to thee? be not silent, neither be still, O God. ²For behold, thine enemies have made a noise; and they that hate thee have lifted up the head. ³Against thy people they have craftily imagined a device, and have taken counsel against thy saints. ⁴They have said, Come, and let us utterly destroy them out of the nation; and let the name of Israel be remembered no more at all. ⁵For they have taken counsel together with one consent: they have made a confederacy against thee, ⁶even the tents of the Idumeans, and the Ismaelites; Moab, and the Agarenes; ⁷Gebal, and Ammon, and Amalec; the Philistines also, with them that dwell at Tyre. ⁸Yea, Assur too is come with them: they have become a help to the children of Lot. Pause. ⁹Do thou to them as to Madiam, and to Sisera; as to Jabin at the brook of Kison. ¹⁰They were utterly destroyed at Aendor: they became as dung for the earth. ¹¹Make their princes as Oreb and Zeb, and Zebee

Ἀπέστησεν ἀπὸ ἄρσεων τὸν νῶτον αὐτοῦ· αἱ χεῖρες αὐτοῦ 6 ἐν τῷ κοφίνῳ ἐδούλευσαν. Ἐν θλίψει ἐπεκαλέσω με καὶ 7 ἐρρυσάμην σε· ἐπήκουσά σου ἐν ἀποκρύφῳ καταιγίδος, ἐδοκί- μασά σε ἐπὶ ὕδατος ἀντιλογίας· διάψαλμα. Ἄκουσον λαός 8 μου καὶ λαλήσω σοι, Ἰσραηλ, καὶ διαμαρτύρομαί σοι· ἐὰν ἀκούσῃς μου, οὐκ ἔσται ἐν σοὶ θεὸς πρόσφατος, οὐδὲ προσκυνή- 9 σεις θεῷ ἀλλοτρίῳ. Ἐγὼ γάρ εἰμι Κύριος ὁ Θεός σου, ὁ ἀνα- 10 γαγών σε ἐκ γῆς Αἰγύπτου, πλάτυνον τὸ στόμα σου καὶ πληρώσω αὐτό. Καὶ οὐκ ἤκουσεν ὁ λαός μου τῆς φωνῆς μου, 11 καὶ Ἰσραηλ οὐ προσέσχε μοι. Καὶ ἐξαπέστειλα αὐτοὺς κατὰ 12 τὰ ἐπιτηδεύματα τῶν καρδιῶν αὐτῶν, πορεύσονται ἐν τοῖς ἐπιτηδεύμασιν αὐτῶν.

Εἰ ὁ λαός μου ἤκουσέ μου, Ἰσραηλ ταῖς ὁδοῖς μου εἰ 13 ἐπορεύθη, ἐν τῷ μηδενὶ ἂν τοὺς ἐχθροὺς αὐτῶν ἐταπείνωσα, 14 καὶ ἐπὶ τοὺς θλίβοντας αὐτοὺς ἐπέβαλον ἂν τὴν χεῖρά μου. Οἱ 15 ἐχθροὶ Κυρίου ἐψεύσαντο αὐτῷ, καὶ ἔσται ὁ καιρὸς αὐτῶν εἰς τὸν αἰῶνα, καὶ ἐψώμισεν αὐτοὺς ἐκ στέατος πυροῦ, καὶ ἐκ 16 πέτρας μέλι ἐχόρτασεν αὐτούς.

Ψαλμὸς τῷ Ἀσάφ. 81 (82)

Ὁ Θεὸς ἔστη ἐν συναγωγῇ θεῶν, ἐν μέσῳ δὲ θεοὺς διακρινεῖ. Ἕως πότε κρίνετε ἀδικίαν, καὶ πρόσωπα ἁμαρτωλῶν λαμβά- 2 νετε; διάψαλμα. Κρίνατε ὀρφανὸν καὶ πτωχόν, ταπεινὸν καὶ 3 πένητα δικαιώσατε. Ἐξέλεσθε πένητα, καὶ πτωχὸν ἐκ χειρὸς 4 ἁμαρτωλοῦ ῥύσασθε.

Οὐκ ἔγνωσαν οὐδὲ συνῆκαν, ἐν σκότει διαπορεύονται· σαλευ- 5 θήσονται πάντα τὰ θεμέλια τῆς γῆς. Ἐγὼ εἶπα, θεοί ἐστε, 6 καὶ υἱοὶ ὑψίστου πάντες. Ὑμεῖς δὲ ὡς ἄνθρωποι ἀποθνήσκετε, 7 καὶ ὡς εἷς τῶν ἀρχόντων πίπτετε.

Ἀνάστα ὁ Θεός, κρῖνον τὴν γῆν, ὅτι σὺ κατακληρονομήσεις 8 ἐν πᾶσι τοῖς ἔθνεσιν.

Ὠδὴ ψαλμοῦ τῷ Ἀσάφ. 82 (83)

Ὁ Θεός, τίς ὁμοιωθήσεταί σοι; μὴ σιγήσῃς, μηδὲ κατα- πραΰνῃς ὁ Θεός. Ὅτι ἰδοὺ οἱ ἐχθροί σου ἤχησαν· καὶ οἱ μισοῦντές σε ἦραν 2 κεφαλήν. Ἐπὶ τὸν λαόν σου κατεπανουργεύσαντο γνώμην, 3 καὶ ἐβουλεύσαντο κατὰ τῶν ἁγίων σου. Εἶπαν, δεῦτε καὶ 4 ἐξολοθρεύσωμεν αὐτοὺς ἐξ ἔθνους, καὶ οὐ μὴ μνησθῇ τὸ ὄνομα Ἰσραηλ ἔτι. Ὅτι ἐβουλεύσαντο ἐν ὁμονοίᾳ ἐπιτοαυτό, κατὰ 5 σοῦ διαθήκην διέθεντο· Τὰ σκηνώματα τῶν Ἰδουμαίων καὶ οἱ 6 Ἰσμαηλῖται, Μωὰβ καὶ οἱ Ἀγαρηνοί, Γεβὰλ καὶ Ἀμμὼν καὶ 7 Ἀμαλήκ, καὶ ἀλλόφυλοι μετὰ τῶν κατοικούντων Τύρον. Καὶ 8 γὰρ καὶ Ἀσσοὺρ συμπαρεγένετο μετ' αὐτῶν, ἐγενήθησαν εἰς ἀντίληψιν τοῖς υἱοῖς Λώτ· διάψαλμα.

Ποίησον αὐτοῖς ὡς τῇ Μαδιὰμ καὶ τῷ Σεισάρα, ὡς τῷ Ἰαβεὶν 9 ἐν τῷ χειμάρρῳ Κεισῶν. Ἐξωλοθρεύθησαν ἐν Ἀενδώρ, ἐγενή- 10 θησαν ὡσεὶ κόπρος τῇ γῇ. Θοῦ τοὺς ἄρχοντας αὐτῶν ὡς τὸν 11 Ὠρὴβ καὶ Ζὴβ καὶ Ζεβεὲ καὶ Σαλμανά, πάντας τοὺς ἄρχοντας

β *Lit.* contradiction.   γ *sc.* of the others.   δ *Gr.* justify.

12 αὐτῶν· Οἵτινες εἶπαν, κληρονομήσωμεν ἑαυτοῖς τὸ θυσιαστή-
13 ριον τοῦ Θεοῦ. Ὁ Θεός μου θοῦ αὐτοὺς ὡς τροχὸν, ὡς καλάμην
14 κατὰ πρόσωπον ἀνέμου. Ὡσεὶ πῦρ ὃ διαφλέξει δρυμὸν, ὡσεὶ
15 φλὸξ κατακαύσαι ὄρη· Οὕτως καταδιώξεις αὐτοὺς ἐν τῇ
16 καταιγίδι σου, καὶ ἐν τῇ ὀργῇ σου ταράξεις αὐτούς. Πλήρω-
σον τὰ πρόσωπα αὐτῶν ἀτιμίας, καὶ ζητήσουσι τὸ ὄνομά σου
17 Κύριε. Αἰσχυνθήτωσαν καὶ ταραχθήτωσαν εἰς τὸν αἰῶνα
τοῦ αἰῶνος, καὶ ἐντραπήτωσαν καὶ ἀπολέσθωσαν. Καὶ γνώ-
τωσαν ὅτι ὄνομά σοι Κύριος· σὺ μόνος ὕψιστος ἐπὶ πᾶσαν
τὴν γῆν.

83 (84) Εἰς τὸ τέλος, ὑπὲρ τῶν ληνῶν τοῖς υἱοῖς Κορὲ ψαλμός.

Ὡς ἀγαπητὰ τὰ σκηνώματά σου Κύριε τῶν δυνάμεων.
2 Ἐπιποθεῖ καὶ ἐκλείπει ἡ ψυχή μου εἰς τὰς αὐλὰς τοῦ Κυρίου·
ἡ καρδία μου καὶ ἡ σάρξ μου ἠγαλλιάσαντο ἐπὶ Θεὸν ζῶντα·
3 Καὶ γὰρ στρουθίον εὗρεν ἑαυτῷ οἰκίαν, καὶ τρυγὼν νοσσιὰν
ἑαυτῇ, οὗ θήσει τὰ νοσσία ἑαυτῆς· τὰ θυσιαστήριά σου Κύριε
τῶν δυνάμεων, ὁ βασιλεύς μου καὶ ὁ Θεός μου.
4 Μακάριοι οἱ κατοικοῦντες ἐν τῷ οἴκῳ σου, εἰς τοὺς αἰῶνας
5 τῶν αἰώνων αἰνέσουσί σε· διάψαλμα. Μακάριος ἀνὴρ οὗ ἐστιν
ἡ ἀντίληψις αὐτοῦ παρὰ σοῦ, Κύριε· ἀναβάσεις ἐν τῇ καρδίᾳ
6 αὐτοῦ διέθετο, εἰς τὴν κοιλάδα τοῦ κλαυθμῶνος, εἰς τὸν τόπον
7 ὃν ἔθετο· καὶ γὰρ εὐλογίας δώσει ὁ νομοθετῶν, πορεύσον-
ται ἐκ δυνάμεως εἰς δύναμιν, ὀφθήσεται ὁ Θεὸς τῶν θεῶν ἐν
Σιών.
8 Κύριε ὁ Θεὸς τῶν δυνάμεων, εἰσάκουσον τῆς προσευχῆς μου,
9 ἐνώτισαι ὁ Θεὸς Ἰακώβ· διάψαλμα. Ὑπερασπιστὰ ἡμῶν ἴδε
ὁ Θεὸς, καὶ ἐπίβλεψον ἐπὶ τὸ πρόσωπον τοῦ χριστοῦ σου.
10 Ὅτι κρείσσων ἡμέρα μία ἐν ταῖς αὐλαῖς σου, ὑπὲρ χιλιάδας·
ἐξελεξάμην παραρρίπτεῖσθαι ἐν τῷ οἴκῳ τοῦ Θεοῦ μᾶλλον ἢ
11 οἰκεῖν με ἐπὶ σκηνώμασιν ἁμαρτωλῶν. Ὅτι ἔλεον καὶ ἀλή-
θειαν ἀγαπᾷ Κύριος, ὁ Θεὸς χάριν καὶ δόξαν δώσει· Κύριος
12 οὐχ ὑστερήσει τὰ ἀγαθὰ τοῖς πορευομένοις ἐν ἀκακίᾳ. Κύριε
τῶν δυνάμεων, μακάριος ἄνθρωπος ὁ ἐλπίζων ἐπὶ σέ.

84 (85) Εἰς τὸ τέλος, τοῖς υἱοῖς Κορὲ ψαλμός.

Εὐδόκησας Κύριε τὴν γῆν σου, ἀπέστρεψας τὴν αἰχμαλωσίαν
2 Ἰακώβ. Ἀφῆκας τὰς ἀνομίας τῷ λαῷ σου, ἐκάλυψας πάσας
3 τὰς ἁμαρτίας αὐτῶν· διάψαλμα. Κατέπαυσας πᾶσαν τὴν
ὀργήν σου, ἀπέστρεψας ἀπὸ ὀργῆς θυμοῦ σου.
4 Ἐπίστρεψον ἡμᾶς ὁ Θεὸς τῶν σωτηρίων ἡμῶν, καὶ ἀπόστρε-
5 ψον τὸν θυμόν σου ἀφ᾽ ἡμῶν. Μὴ εἰς τὸν αἰῶνα ὀργισθῇς
ἡμῖν; ἢ διατενεῖς τὴν ὀργήν σου ἀπὸ γενεᾶς εἰς γενεάν;
6 Ὁ Θεὸς, σὺ ἐπιστρέψας ζωώσεις ἡμᾶς, καὶ ὁ λαός σου εὐφραν-
7 θήσεται ἐπὶ σοί. Δεῖξον ἡμῖν Κύριε τὸ ἔλεός σου, καὶ τὸ
σωτήριόν σου δῷς ἡμῖν.
8 Ἀκούσομαι τί λαλήσει ἐν ἐμοὶ Κύριος ὁ Θεὸς, ὅτι λαλήσει
εἰρήνην ἐπὶ τὸν λαὸν αὐτοῦ, καὶ ἐπὶ τοὺς ὁσίους αὐτοῦ, καὶ ἐπὶ
9 τοὺς ἐπιστρέφοντας πρὸς αὐτὸν καρδίαν. Πλὴν ἐγγὺς τῶν

and Salmana; *even* all their princes: [12] who said, Let us take to ourselves the βaltar of God as an inheritance. [13] O my God, make them as a wheel; as stubble before the face of the wind. [14] As fire which shall burn up a wood, as the flame may consume the mountains; [15] so shalt thou persecute them with thy tempest, and trouble them in thine anger. [16] Fill their faces with dishonour; so shall they seek thy name, O Lord. [17] Let them be ashamed and troubled for evermore; yea, let them be confounded and destroyed. [18] And let them know that thy name is Lord; that thou alone art Most High over all the earth.

For the end, a Psalm for the sons of Core, concerning the wine-presses.

How amiable are thy tabernacles, O Lord of hosts! [2] My soul longs, and faints for the courts of the Lord: my heart and my flesh have exulted in the living God. [3] Yea, the sparrow has found himself a home, and the turtle-dove a nest for herself, where she may lay her young, *even* thine altars, O Lord of hosts, my King, and my God.

[4] Blessed are they that dwell in thy house: they will praise thee evermore. Pause. [5] Blessed is the man whose help is of thee, O Lord; in his heart he has purposed to go up [6] the valley of weeping, to the place which he has appointed, for *there* the law-giver will grant blessings. [7] They shall go from strength to strength: the God of gods shall be seen in Sion.

[8] O Lord God of hosts, hear my prayer: hearken, O God of Jacob. Pause. [9] Behold, O God our defender, and look upon the face of thine anointed. [10] For one day in thy courts is better than thousands. I would rather be an abject in the house of God, than dwell in the tents of sinners. [11] For the Lord loves mercy and truth: God will give grace and glory: the Lord will not withhold good things from them that walk in innocence. [12] O Lord of hosts, blessed is the man that trusts in thee.

For the end, a Psalm for the sons of Core.

O Lord, thou hast taken pleasure in thy land: thou hast turned back the captivity of Jacob. [2] Thou hast forgiven thy people their transgressions; thou hast covered all their sins. Pause. [3] Thou hast caused all thy wrath to cease: thou hast turned from thy fierce anger.

[4] Turn us, O God of our salvation, and turn thine anger away from us. [5] Wouldest thou be angry with us for ever? or wilt thou continue thy wrath from generation to generation? [6] O God, thou wilt turn and quicken us; and thy people shall rejoice in thee. [7] Shew us thy mercy, O Lord, and grant us thy salvation.

[8] I will hear what the Lord God will say concerning me: for he shall speak peace to his people, and to his saints, and to those that turn their heart toward him. [9] More-

---

β *Alex.* sanctuary.

over his salvation is near them that fear him; that glory may dwell in our land. [10] Mercy and truth are met together: righteousness and peace have kissed *each other*. [11] Truth has sprung out of the earth; and righteousness has looked down from heaven. [12] For the Lord will give goodness; and our land shall yield her fruit. [13] Righteousness shall go before him; and shall set his steps in the way.

A Prayer of David.

O Lord, incline thine ear, and hearken to me; for I am poor and needy. [2] Preserve my soul, for I am holy; save thy servant, O God, who hopes in thee. [3] Pity me, O Lord: for to thee will I cry all the day. [4] Rejoice the soul of thy servant: for to thee, O Lord, have I lifted up my soul. [5] For thou, O Lord, art kind, and gentle; and plenteous in mercy to all that call upon thee. [6] Give ear to my prayer, O Lord; and attend to the voice of my supplication. [7] In the day of my trouble I cried to thee: for thou didst hear me.
[8] There is none like to thee, O Lord, among the gods; and there are no *works* like to thy works. [9] All nations whom thou hast made shall come, and shall worship before thee, O Lord; and shall glorify thy name. [10] For thou art great, and doest wonders: thou art the only *and* the great God. [11] Guide me, O Lord, in thy way, and I will walk in thy truth: let my heart rejoice, that I may fear thy name. [12] I will give thee thanks, O Lord my God, with all my heart; and I will glorify thy name for ever. [13] For thy mercy is great toward me; and thou hast delivered my soul from the lowest hell.
[14] O God, transgressors have risen up against me, and an assembly of violent *men* have sought my life; and have not set thee before them. [15] But thou, O Lord God, art compassionate and merciful, long-suffering, and abundant in mercy and true. [16] Look thou upon me, and have mercy upon me: give thy strength to thy servant, and save the son of thine handmaid. [17] Establish with me a token for good; and let them that hate me see *it* and be ashamed; because thou, O Lord, hast helped me, and comforted me.

A Psalm of a Song for the sons of Core.

His foundations are in the holy mountains. [2] The Lord loves the gates of Sion, more than all the tabernacles of Jacob. [3] Glorious things have been spoken of thee, O city of God. Pause.
[4] I will make mention of Raab and Babylon to them that know me: behold also the Philistines, and Tyre, and the people of the Ethiopians: these were born there. [5] A man shall say, Sion *is my* mother; and *such* a man was born in her; and the Highest himself has founded her. [6] The Lord shall recount *it* in the writing of the people, and of these princes that [β] were born in her. Pause. [7] The dwelling of all within thee is as *the dwelling* of those that rejoice.

φοβουμένων αὐτὸν τὸ σωτήριον αὐτοῦ, τοῦ κατασκηνῶσαι δόξαν ἐν τῇ γῇ ἡμῶν. Ἔλεος καὶ ἀλήθεια συνήντησαν, 10 δικαιοσύνη καὶ εἰρήνη κατεφίλησαν. Ἀλήθεια ἐκ τῆς γῆς 11 ἀνέτειλε, καὶ δικαιοσύνη ἐκ τοῦ οὐρανοῦ διέκυψε. Καὶ γὰρ 12 ὁ Κύριος δώσει χρηστότητα, καὶ ἡ γῆ ἡμῶν δώσει τὸν καρπὸν αὐτῆς. Δικαιοσύνη ἐναντίον αὐτοῦ προπορεύσεται, καὶ θήσει 13 εἰς ὁδὸν τὰ διαβήματα αὐτοῦ.

Προσευχὴ τῷ Δαυίδ.　　85 (86)

Κλῖνον Κύριε τὸ οὖς σου, καὶ εἰσάκουσόν μου, ὅτι πτωχὸς καὶ πένης εἰμὶ ἐγώ. Φύλαξον τὴν ψυχήν μου, ὅτι ὅσιός εἰμι· 2 σῶσον τὸν δοῦλόν σου ὁ Θεὸς, τὸν ἐλπίζοντα ἐπὶ σέ. Ἐλέη- 3 σόν με Κύριε, ὅτι πρὸς σὲ κεκράξομαι ὅλην τὴν ἡμέραν. Εὔφρανον τὴν ψυχὴν τοῦ δούλου σου, ὅτι πρὸς σὲ Κύριε ἦρα 4 τὴν ψυχήν μου. Ὅτι σὺ Κύριε χρηστὸς καὶ ἐπιεικὴς, καὶ 5 πολυέλεος πᾶσι τοῖς ἐπικαλουμένοις σε. Ἐνώτισαι Κύριε 6 τὴν προσευχήν μου, καὶ πρόσχες τῇ φωνῇ τῆς δεήσεώς μου. Ἐν ἡμέρᾳ θλίψεώς μου ἐκέκραξα πρὸς σὲ, ὅτι εἰσήκουσάς 7 μου.

Οὐκ ἔστιν ὅμοιός σοι ἐν θεοῖς Κύριε, καὶ οὐκ ἔστι κατὰ τὰ 8 ἔργα σου. Πάντα τὰ ἔθνη ὅσα ἐποίησας ἥξουσι, καὶ προσ- 9 κυνήσουσιν ἐνώπιόν σου Κύριε, καὶ δοξάσουσι τὸ ὄνομά σου, ὅτι μέγας εἶ σὺ, καὶ ποιῶν θαυμάσια, σὺ εἶ ὁ Θεὸς μόνος 10 ὁ μέγας. Ὁδήγησόν με Κύριε ἐν τῇ ὁδῷ σου, καὶ πορεύσομαι 11 ἐν τῇ ἀληθείᾳ σου· εὐφρανθήτω ἡ καρδία μου, τοῦ φοβεῖσθαι τὸ ὄνομά σου. Ἐξομολογήσομαί σοι Κύριε ὁ Θεός μου ἐν 12 ὅλῃ καρδίᾳ μου, καὶ δοξάσω τὸ ὄνομά σου εἰς τὸν αἰῶνα. Ὅτι τὸ ἔλεός σου μέγα ἐπ᾽ ἐμὲ, καὶ ἐρρύσω τὴν ψυχήν μου ἐξ 13 ᾅδου κατωτάτου.

Ὁ Θεὸς, παράνομοι ἐπανέστησαν ἐπ᾽ ἐμὲ, καὶ συναγωγὴ 14 κραταιῶν ἐζήτησαν τὴν ψυχήν μου, καὶ οὐ προέθεντό σε ἐνώ- πιον αὐτῶν. Καὶ σὺ Κύριε ὁ Θεὸς οἰκτίρμων καὶ ἐλεήμων, 15 μακρόθυμος καὶ πολυέλεος καὶ ἀληθινός. Ἐπίβλεψον ἐπ᾽ ἐμὲ, 16 καὶ ἐλέησόν με, δὸς τὸ κράτος σου τῷ παιδί σου, καὶ σῶσον τὸν υἱὸν τῆς παιδίσκης σου. Ποίησον μετ᾽ ἐμοῦ σημεῖον εἰς ἀγα- 17 θὸν, καὶ ἰδέτωσαν οἱ μισοῦντές με, καὶ αἰσχυνθήτωσαν· ὅτι σὺ Κύριε ἐβοήθησάς μοι, καὶ παρεκάλεσάς με.

Τοῖς υἱοῖς Κορὲ ψαλμὸς ᾠδῆς.　　86 (87)

Οἱ θεμέλιοι αὐτοῦ ἐν τοῖς ὄρεσι τοῖς ἁγίοις. Ἀγαπᾷ 2 Κύριος τὰς πύλας Σιὼν, ὑπὲρ πάντα τὰ σκηνώματα Ἰακώβ. Δεδοξασμένα ἐλαλήθη περὶ σοῦ ἡ πόλις τοῦ Θεοῦ· διάψαλμα. 3

Μνησθήσομαι Ῥαὰβ, καὶ Βαβυλῶνος, τοῖς γινώσκουσί με· 4 καὶ ἰδοὺ ἀλλόφυλοι καὶ Τύρος καὶ λαὸς Αἰθιόπων, οὗτοι ἐγεν- νήθησαν ἐκεῖ. Μήτηρ Σιὼν ἐρεῖ ἄνθρωπος, καὶ ἄνθρωπος 5 ἐγενήθη ἐν αὐτῇ, καὶ αὐτὸς ἐθεμελίωσεν αὐτὴν ὁ ὕψιστος. Κύριος διηγήσεται ἐν γραφῇ λαῶν, καὶ ἀρχόντων τούτων τῶν 6 γεγενημένων ἐν αὐτῇ· διάψαλμα. Ὡς εὐφραινομένων πάντων 7 ἡ κατοικία ἐν σοί.

β *Gr.* have been in her.

87 (88) Ὠδὴ ψαλμοῦ τοῖς υἱοῖς Κορὲ, εἰς τὸ τέλος, ὑπὲρ μαελὲθ τοῦ ἀποκριθῆναι, συνέσεως Αἰμὰν τῷ Ἰσραηλίτῃ.

Κύριε ὁ Θεὸς τῆς σωτηρίας μου, ἡμέρας ἐκέκραξα καὶ ἐν
2 νυκτὶ ἐναντίον σου. Εἰσελθέτω ἐνώπιόν σου ἡ προσευχή μου, κλῖνον τὸ οὖς σου εἰς τὴν δέησίν μου, Κύριε.

3 Ὅτι ἐπλήσθη κακῶν ἡ ψυχή μου, καὶ ἡ ζωή μου τῷ ᾅδῃ
4 ἤγγισε. Προσελογίσθην μετὰ τῶν καταβαινόντων εἰς λάκκον,
5 ἐγενήθην ὡς ἄνθρωπος ἀβοήθητος, ἐν νεκροῖς ἐλεύθερος, ὡσεὶ τραυματίαι ἐρριμμένοι καθεύδοντες ἐν τάφῳ, ὧν οὐκ ἐμνήσθης
6 ἔτι, καὶ αὐτοὶ ἐκ τῆς χειρός σου ἀπώσθησαν. Ἔθεντό με ἐν
7 λάκκῳ κατωτάτῳ, ἐν σκοτεινοῖς καὶ ἐν σκιᾷ θανάτου. Ἐπ᾽ ἐμὲ ἐπεστηρίχθη ὁ θυμός σου, καὶ πάντας τοὺς μετεωρισμούς
8 σου ἐπήγαγες ἐπ᾽ ἐμέ· διάψαλμα. Ἐμάκρυνας τοὺς γνωστούς μου ἀπ᾽ ἐμοῦ, ἔθεντό με βδέλυγμα-ἑαυτοῖς· παρεδόθην καὶ οὐκ
9 ἐξεπορευόμην. Οἱ ὀφθαλμοί μου ἠσθένησαν ἀπὸ πτωχείας· καὶ ἐκέκραξα πρὸς σὲ Κύριε ὅλην τὴν ἡμέραν, διεπέτασα πρὸς σὲ τὰς χεῖράς μου.

10 Μὴ τοῖς νεκροῖς ποιήσεις θαυμάσια, ἢ ἰατροὶ ἀναστήσουσι
11 καὶ ἐξομολογήσονταί σοι; Μὴ διηγήσεταί τις ἐν τάφῳ τὸ
12 ἔλεός σου, καὶ τὴν ἀλήθειάν σου ἐν τῇ ἀπωλείᾳ; Μὴ γνωσθήσεται ἐν τῷ σκότει τὰ θαυμάσιά σου, καὶ ἡ δικαιοσύνη σου
13 ἐν γῇ ἐπιλελησμένῃ; Κἀγὼ πρὸς σὲ Κύριε ἐκέκραξα, καὶ τοπρωὶ ἡ προσευχή μου προφθάσει σε.

14 Ἱνατί Κύριε ἀπωθεῖς τὴν προσευχήν μου, ἀποστρέφεις τὸ
15 πρόσωπόν σου ἀπ᾽ ἐμοῦ; Πτωχός εἰμι ἐγὼ καὶ ἐν κόποις ἐκ νεότητός μου, ὑψωθεὶς δὲ ἐταπεινώθην καὶ ἐξηπορήθην.
16 Ἐπ᾽ ἐμὲ διῆλθον αἱ ὀργαί σου, καὶ οἱ φοβερισμοί σου ἐξε-
17 τάραξάν με. Ἐκύκλωσάν με ὡς ὕδωρ, ὅλην τὴν ἡμέραν περι-
18 έσχον με ἅμα. Ἐμάκρυνας ἀπ᾽ ἐμοῦ φίλον, καὶ τοὺς γνωστούς μου ἀπὸ ταλαιπωρίας.

88 (89) Συνέσεως Αἰθὰμ τῷ Ἰσραηλίτῃ.

Τὰ ἐλέη σου Κύριε εἰς τὸν αἰῶνα ᾄσομαι, εἰς γενεὰν καὶ
2 γενεὰν ἀπαγγελῶ τὴν ἀλήθειάν σου ἐν τῷ στόματί μου. Ὅτι εἶπας, εἰς τὸν αἰῶνα ἔλεος οἰκοδομηθήσεται, ἐν τοῖς οὐρανοῖς
3 ἑτοιμασθήσεται ἡ ἀλήθειά σου· Διεθέμην διαθήκην τοῖς ἐκ-
4 λεκτοῖς μου, ὤμοσα Δαυὶδ τῷ δούλῳ μου. Ἕως τοῦ αἰῶνος ἑτοιμάσω τὸ σπέρμα σου, καὶ οἰκοδομήσω εἰς γενεὰν καὶ γενεὰν τὸν θρόνον σου· διάψαλμα.

5 Ἐξομολογήσονται οἱ οὐρανοὶ τὰ θαυμάσιά σου Κύριε, καὶ
6 τὴν ἀλήθειάν σου ἐν ἐκκλησίᾳ ἁγίων. Ὅτι τίς ἐν νεφέλαις ἰσωθήσεται τῷ Κυρίῳ; καὶ τίς ὁμοιωθήσεται τῷ Κυρίῳ ἐν
7 υἱοῖς Θεοῦ; Ὁ Θεὸς ἐνδοξαζόμενος ἐν βουλῇ ἁγίων, μέγας
8 καὶ φοβερὸς ἐπὶ πάντας τοὺς περικύκλῳ αὐτοῦ. Κύριε ὁ Θεὸς τῶν δυνάμεων, τίς ὅμοιός σοι; δυνατὸς εἶ Κύριε, καὶ ἡ ἀλήθειά
9 σου κύκλῳ σου. Σὺ δεσπόζεις τοῦ κράτους τῆς θαλάσσης, τὸν

A song of a Psalm for the sons of Core for the end, upon Maeleth for responsive *strains*, of β instruction for Æman the Israelite.

O Lord God of my salvation, I have cried by day and in the night before thee. [2] Let my prayer come in before thee; incline thine ear to my supplication, O Lord. [3] For my soul is filled with troubles, and my life has drawn nigh to Hades. [4] I have been reckoned with them that go down to the pit; I became as a man without help; [5] free among the dead, as the slain ones γ cast out, who sleep in the tomb; whom thou rememberest no more; and they are rejected from thy hand. [6] They laid me in the lowest pit, in dark *places*, and in the shadow of death. [7] Thy wrath has pressed heavily upon me, and thou hast brought upon me all thy billows. Pause. [8] Thou hast removed my acquaintance far from me; they have made me an abomination to themselves; I have been delivered up, and have not gone forth. [9] Mine eyes are dimmed from poverty; but I cried to thee, O Lord, all the day; I spread forth my hands to thee.

[10] Wilt thou work wonders for the dead? or shall δ physicians raise *them* up, that they shall praise thee? [11] Shall any one declare thy mercy in the tomb? and thy truth in destruction? [12] Shall thy wonders be known in darkness? and thy righteousness in a forgotten land? [13] But I cried to thee, O Lord; and in the morning shall my prayer prevent thee.

[14] Wherefore, O Lord, dost thou reject my ζ prayer, *and* turn thy face away from me? [15] I am poor and in troubles from my youth; and having been exalted, I was brought low and into θ despair. [16] Thy wrath has passed over me; and thy terrors have greatly disquieted me. [17] They compassed me like water; all the day they beset me together. [18] Thou hast put far from me λ *every* friend, and mine acquaintances because of *my* wretchedness.

A Psalm of instruction for Ætham the Israelite.

I will sing of thy mercies, O Lord, for ever: I will declare thy truth with my mouth to all generations. [2] For thou hast said, Mercy shall be built up for ever: thy truth shall be established in the heavens. [3] I made a covenant with my chosen ones, I sware unto David my servant. [4] I will μ establish thy seed for ever, and build up thy throne to all generations. Pause.

[5] The heavens shall declare thy wonders, O Lord; and thy truth in the assembly of the saints. [6] For who in the ξ heavens shall be compared to the Lord? and who shall be likened to the Lord among the sons of God? [7] God is glorified in the council of the saints; great and terrible toward all that are round about him. [8] O Lord God of hosts, who is like to thee? thou art mighty, O Lord, and thy truth is round about thee. [9] Thou rulest the power of the sea; and thou calmest the tumult of its waves.

β *Gr.* understanding. γ *Alex.* om. ἐρριμμένοι, cast out. δ See *Heb.* ζ *Heb.* and *Alex.* soul. θ See 2 Cor. 4. 8.
λ *Alex.* friend and neighbour. μ *Gr.* prepare. ξ *Gr.* clouds.

¹⁰Thou hast brought down the proud as one that is slain; and with the arm of thy power thou hast scattered thine enemies. ¹¹The heavens are thine, and the earth is thine: thou hast founded the world, and the fulness of it. ¹²Thou hast created the north and the ᵝwest: Thabor and Hermon shall rejoice in thy name. ¹³Thine is the mighty arm: let thy hand be strengthened, let thy right hand be exalted. ¹⁴Justice and judgment are the establishment of thy throne: mercy and truth shall go before thy face.

¹⁵Blessed is the people that knows the joyful sound: they shall walk, O Lord, in the light of thy countenance. ¹⁶And in thy name shall they rejoice all the day: and in thy righteousness shall they be exalted. ¹⁷For thou art the boast of their strength; and in thy good pleasure shall our horn be exalted, ¹⁸for *our* help is of the Lord; and of the Holy One of Israel, our king.

¹⁹Then thou spokest in vision to thy children, and saidst, I have laid help on a mighty one; I have exalted one chosen out of my people. ²⁰ᵞI have found David my servant; I have anointed him by *my* holy ᵟmercy. ²¹For my hand shall support him; and mine arm shall strengthen him. ²²The enemy shall have no advantage against him; and the son of transgression shall not hurt him again. ²³And I will hew down his foes before him, and put to flight those that hate him. ²⁴But my truth and my mercy shall be with him; and in my name shall his horn be exalted. ²⁵And I will set his hand in the sea, and his right hand in the rivers. ²⁶He shall call upon me, *saying*, Thou art my Father, my God, and the helper of my salvation. ²⁷And I will make him *my* first-born, higher than the kings of the earth. ²⁸I will keep my mercy for him for ever, and my covenant *shall be* firm with him. ²⁹And I will establish his seed for ever and ever, and his throne as the days of heaven.

³⁰If his children should forsake my law, and walk not in my judgments; ³¹if they should profane my ordinances, and not keep my commandments; ³²I will visit their transgressions with a rod, and their sins with scourges. ³³But my mercy I will not utterly remove from him, nor wrong my truth. ³⁴Neither will I by any means profane my covenant, and I will not make void the things that proceed out of my lips. ³⁵Once have I sworn by my holiness, that I will not lie to David. ³⁶His seed shall endure for ever, and his throne as the sun before me; ³⁷and as the moon *that is* established for ever, and as the faithful witness in heaven. Pause.

³⁸But thou hast cast off and set at nought, thou hast rejected thine anointed. ³⁹Thou hast overthrown the covenant of thy servant; thou hast profaned his sanctuary, *casting it* to the ground. ⁴⁰Thou hast broken down all his hedges; thou hast made his strong holds a terror. ⁴¹All that go by the way have spoiled him: he is become a reproach to his neighbours. ⁴²Thou hast exalted the right hand of his enemies;

δὲ σάλον τῶν κυμάτων αὐτῆς σὺ καταπραΰνεις. Σὺ ἐταπείνω- 10 σας ὡς τραυματίαν ὑπερήφανον, καὶ ἐν τῷ βραχίονι τῆς δυνά- μεώς σου διεσκόρπισας τοὺς ἐχθρούς σου. Σοί εἰσιν οἱ οὐρανοί, 11 καὶ σή ἐστιν ἡ γῆ, τὴν οἰκουμένην καὶ τὸ πλήρωμα αὐτῆς σὺ ἐθεμελίωσας. Τὸν Βορρᾶν καὶ θάλασσαν σὺ ἔκτισας, Θαβὼρ 12 καὶ Ἑρμὼν ἐν τῷ ὀνόματί σου ἀγαλλιάσονται. Σὸς ὁ βραχίων 13 μετὰ δυναστείας· κραταιωθήτω ἡ χείρ σου, ὑψωθήτω ἡ δεξιά σου. Δικαιοσύνη καὶ κρίμα ἑτοιμασία τοῦ θρόνου σου· ἔλεος 14 καὶ ἀλήθεια προπορεύσονται πρὸ προσώπου σου.

Μακάριος ὁ λαὸς ὁ γινώσκων ἀλαλαγμόν· Κύριε ἐν τῷ φωτὶ 15 τοῦ προσώπου σου πορεύσονται, καὶ ἐν τῷ ὀνόματί σου ἀγαλ- 16 λιάσονται ὅλην τὴν ἡμέραν, καὶ ἐν τῇ δικαιοσύνῃ σου ὑψωθή- σονται. Ὅτι τὸ καύχημα τῆς δυνάμεως αὐτῶν σὺ εἶ, καὶ ἐν τῇ 17 εὐδοκίᾳ σου ὑψωθήσεται τὸ κέρας ἡμῶν· ὅτι τοῦ Κυρίου ἡ 18 ἀντίληψις, καὶ τοῦ ἁγίου Ἰσραὴλ βασιλέως ἡμῶν.

Τότε ἐλάλησας ἐν ὁράσει τοῖς υἱοῖς σου, καὶ εἶπας, ἐθέμην 19 βοήθειαν ἐπὶ δυνατόν, ὕψωσα ἐκλεκτὸν ἐκ τοῦ λαοῦ μου. Εὗρον Δαυὶδ τὸν δοῦλόν μου, ἐν ἐλέει ἁγίῳ ἔχρισα αὐτόν. 20 Ἡ γὰρ χείρ μου συναντιλήψεται αὐτῷ, καὶ ὁ βραχίων μου 21 κατισχύσει αὐτόν. Οὐκ ὠφελήσει ἐχθρὸς ἐν αὐτῷ, καὶ υἱὸς 22 ἀνομίας οὐ προσθήσει τοῦ κακῶσαι αὐτόν. Καὶ συγκόψω 23 ἀπὸ προσώπου αὐτοῦ τοὺς ἐχθροὺς αὐτοῦ, καὶ τοὺς μισοῦντας αὐτὸν τροπώσομαι. Καὶ ἡ ἀλήθειά μου καὶ τὸ ἔλεός μου μετ᾽ 24 αὐτοῦ, καὶ ἐν τῷ ὀνόματί μου ὑψωθήσεται τὸ κέρας αὐτοῦ. Καὶ θήσομαι ἐν θαλάσσῃ χεῖρα αὐτοῦ, καὶ ἐν ποταμοῖς δεξιὰν 25 αὐτοῦ. Αὐτὸς ἐπικαλέσεταί με, πατήρ μου εἶ σύ, Θεός μου 26 καὶ ἀντιλήπτωρ τῆς σωτηρίας μου. Κἀγὼ πρωτότοκον θήσο- 27 μαι αὐτόν, ὑψηλὸν παρὰ τοῖς βασιλεῦσι τῆς γῆς. Εἰς τὸν 28 αἰῶνα φυλάξω αὐτῷ τὸ ἔλεός μου, καὶ ἡ διαθήκη μου πιστὴ αὐτῷ. Καὶ θήσομαι εἰς τὸν αἰῶνα τοῦ αἰῶνος τὸ σπέρμα 29 αὐτοῦ, καὶ τὸν θρόνον αὐτοῦ ὡς τὰς ἡμέρας τοῦ οὐρανοῦ.

Ἐὰν ἐγκαταλίπωσιν οἱ υἱοὶ αὐτοῦ τὸν νόμον μου, καὶ τοῖς 30 κρίμασί μου μὴ πορευθῶσιν· ἐὰν τὰ δικαιώματά μου βεβη- 31 λώσωσι, καὶ τὰς ἐντολάς μου μὴ φυλάξωσιν· Ἐπισκέψομαι 32 ἐν ῥάβδῳ τὰς ἀνομίας αὐτῶν, καὶ ἐν μάστιξι τὰς ἁμαρτίας αὐτῶν. Τὸ δὲ ἔλεός μου οὐ μὴ διασκεδάσω ἀπ᾽ αὐτοῦ, οὐδὲ μὴ 33 ἀδικήσω ἐν τῇ ἀληθείᾳ μου, οὐδὲ μὴ βεβηλώσω τὴν διαθήκην 34 μου, καὶ τὰ ἐκπορευόμενα διὰ τῶν χειλέων μου οὐ μὴ ἀθετήσω. Ἅπαξ ὤμοσα ἐν τῷ ἁγίῳ μου, εἰ τῷ Δαυὶδ ψεύσομαι. 35 Τὸ σπέρμα αὐτοῦ εἰς τὸν αἰῶνα μενεῖ, καὶ ὁ θρόνος αὐτοῦ ὡς 36 ὁ ἥλιος ἐναντίον μου, καὶ ὡς ἡ σελήνη κατηρτισμένη εἰς τὸν 37 αἰῶνα, καὶ ὁ μάρτυς ἐν οὐρανῷ πιστός· διάψαλμα.

Σὺ δὲ ἀπώσω καὶ ἐξουδένωσας, ἀνεβάλου τὸν χριστόν σου. 38 Κατέστρεψας τὴν διαθήκην τοῦ δούλου σου, ἐβεβήλωσας εἰς 39 τὴν γῆν τὸ ἁγίασμα αὐτοῦ. Καθεῖλες πάντας τοὺς φραγμοὺς 40 αὐτοῦ, ἔθου τὰ ὀχυρώματα αὐτοῦ δειλίαν. Διήρπασαν αὐτὸν 41 πάντες οἱ διοδεύοντες ὁδόν, ἐγενήθη ὄνειδος τοῖς γείτοσιν αὐτοῦ. Ὕψωσας τὴν δεξιὰν τῶν ἐχθρῶν αὐτοῦ, εὔφρανας πάντας τοὺς 42

ᵝ Gr. sea.   ᵞ Acts 13. 22.   ᵟ *Heb.* and *A lex.* oil, see Ps. 91. (92) 10.

43 ἐχθροὺς αὐτοῦ. Ἀπέστρεψας τὴν βοήθειαν τῆς ῥομφαίας
44 αὐτοῦ, καὶ οὐκ ἀντελάβου αὐτοῦ ἐν τῷ πολέμῳ. Κατέλυσας
ἀπὸ καθαρισμοῦ αὐτὸν, τὸν θρόνον αὐτοῦ εἰς τὴν γῆν κατέρρα-
45 ξας, ἐσμίκρυνας τὰς ἡμέρας τοῦ θρόνου αὐτοῦ, κατέχεας αὐτοῦ
αἰσχύνην· διάψαλμα.

46 Ἕως πότε Κύριε ἀποστρέφῃ εἰς τέλος; ἐκκαυθήσεται ὡς
47 πῦρ ἡ ὀργή σου; Μνήσθητι τίς ἡ ὑπόστασίς μου· μὴ γὰρ
48 ματαίως ἔκτισας πάντας τοὺς υἱοὺς τῶν ἀνθρώπων; Τίς ἐστιν
ἄνθρωπος, ὃς ζήσεται καὶ οὐκ ὄψεται θάνατον; ῥύσεται τὴν
49 ψυχὴν αὐτοῦ ἐκ χειρὸς ᾅδου; διάψαλμα. Ποῦ ἐστι τὰ ἐλέη
σου τὰ ἀρχαῖα, Κύριε, ἃ ὤμοσας τῷ Δαυὶδ ἐν τῇ ἀληθείᾳ σου;
50 Μνήσθητι Κύριε τοῦ ὀνειδισμοῦ τῶν δούλων σου οὗ ὑπέσχον
51 ἐν τῷ κόλπῳ μου πολλῶν ἐθνῶν· οὗ ὠνείδισαν οἱ ἐχθροί σου
52 Κύριε, οὗ ὠνείδισαν τὸ ἀντάλλαγμα τοῦ χριστοῦ σου. Εὐλογη-
τὸς Κύριος εἰς τὸν αἰῶνα· γένοιτο, γένοιτο.

89 (90) Προσευχὴ τοῦ Μωυσῆ ἀνθρώπου τοῦ Θεοῦ.

2 Κύριε, καταφυγὴ ἐγενήθης ἡμῖν ἐν γενεᾷ καὶ γενεᾷ. Πρὸ
τοῦ ὄρη γενηθῆναι καὶ πλασθῆναι τὴν γῆν καὶ τὴν οἰκουμένην,
3 καὶ ἀπὸ τοῦ αἰῶνος ἕως τοῦ αἰῶνος σὺ εἶ. Μὴ ἀποστρέψῃς
ἄνθρωπον εἰς ταπείνωσιν, καὶ εἶπας, ἐπιστρέψατε υἱοὶ ἀνθρώ-
4 πων; Ὅτι χίλια ἔτη ἐν ὀφθαλμοῖς σου, ὡς ἡ ἡμέρα ἡ ἐχθὲς
5 ἥτις διῆλθε, καὶ φυλακὴ ἐν νυκτί. Τὰ ἐξουδενώματα αὐτῶν
6 ἔτη ἔσονται, τοπρωὶ ὡσεὶ χλόη παρέλθοι· Τοπρωὶ ἀνθήσαι
καὶ παρέλθοι, τὸ ἑσπέρας ἀποπέσοι, σκληρυνθείη καὶ ξηρανθείη.
7 Ὅτι ἐξελίπομεν ἐν τῇ ὀργῇ σου, καὶ ἐν τῷ θυμῷ σου ἐταράχ-
8 θημεν. Ἔθου τὰς ἀνομίας ἡμῶν ἐνώπιόν σου, ὁ αἰὼν ἡμῶν εἰς
9 φωτισμὸν τοῦ προσώπου σου. Ὅτι πᾶσαι αἱ ἡμέραι ἡμῶν
ἐξέλιπον, καὶ ἐν τῇ ὀργῇ σου ἐξελίπομεν· τὰ ἔτη ἡμῶν ὡς
10 ἀράχνη ἐμελέτων. Αἱ ἡμέραι τῶν ἐτῶν ἡμῶν ἐν αὐτοῖς ἑβδο-
μήκοντα ἔτη, ἐὰν δὲ ἐν δυναστείαις, ὀγδοήκοντα ἔτη, καὶ τὸ
πλεῖον αὐτῶν κόπος καὶ πόνος· ὅτι ἐπῆλθε πραΰτης ἐφ᾽ ἡμᾶς,
11 καὶ παιδευθησόμεθα. Τίς γινώσκει τὸ κράτος τῆς ὀργῆς σου,
12 καὶ ἀπὸ τοῦ φόβου τοῦ θυμοῦ σου ἐξαριθμήσασθαι; τὴν
δεξιάν σου οὕτως γνώρισον, καὶ τοὺς πεπαιδευμένους τῇ καρδίᾳ
ἐν σοφίᾳ.

13 Ἐπίστρεψον Κύριε· ἕως πότε; καὶ παρακλήθητι ἐπὶ τοῖς
14 δούλοις σου. Ἐνεπλήσθημεν τοπρωὶ τοῦ ἐλέους σου, καὶ
ἠγαλλιασάμεθα καὶ εὐφράνθημεν· ἐν πάσαις ταῖς ἡμέραις
15 ἡμῶν εὐφρανθείημεν, ἀνθ᾽ ὧν ἡμερῶν ἐταπείνωσας ἡμᾶς, ἐτῶν
16 ὧν εἴδομεν κακά. Καὶ ἰδὲ ἐπὶ τοὺς δούλους σου καὶ ἐπὶ τὰ ἔργα
17 σου, καὶ ὁδήγησον τοὺς υἱοὺς αὐτῶν. Καὶ ἔστω ἡ λαμπρότης
Κυρίου τοῦ Θεοῦ ἡμῶν ἐφ᾽ ἡμᾶς, καὶ τὰ ἔργα τῶν χειρῶν ἡμῶν
κατεύθυνον ἐφ᾽ ἡμᾶς.

90 (91) Αἶνος ᾠδῆς τῷ Δαυίδ.

Ὁ κατοικῶν ἐν βοηθείᾳ τοῦ ὑψίστου, ἐν σκέπῃ τοῦ Θεοῦ

thou hast made all his enemies to rejoice. [43]Thou hast turned back the help of his sword, and hast not helped him in the battle. [44]Thou hast deprived him of β glory: thou hast broken down his throne to the ground. [45]Thou hast shortened the days of his γthrone: thou hast poured shame upon him. Pause. [46]How long, O Lord, wilt thou turn away, for ever? shall thine anger flame out as fire? [47]Remember what my being is: for hast thou created all the sons of men in vain? [48]What man is there who shall live, and not see death? shall *any one* deliver his soul from the hand of Hades? Pause. [49]Where are thine ancient mercies, O Lord, which thou swarest to David in thy truth? [50]Remember, O Lord, the reproach of thy servants, which I have borne in my bosom, *even the reproach* of many nations; [51]wherewith thine enemies have reviled, O Lord: wherewith they have reviled the recompence of thine anointed. [52]Blessed be the Lord for ever. So be it, so be it.

A Prayer of Moses the man of God.

Lord, thou hast been our refuge in all generations. [2]Before the mountains existed, and *before* the earth and the world were formed, even from age to age, Thou art. [3]Turn not man back to *his* low place, whereas thou saidst, Return, ye sons of men? [4]For a thousand years in thy sight are as the yesterday which is past, and as a watch in the night. [5]Years shall be δ vanity to them: let the morning pass away as grass. [6]In the morning let it flower, and pass away: in the evening let it droop, let it be withered and dried up. [7]For we have perished in thine anger, and in thy wrath we have been troubled. [8]Thou hast set our transgressions before thee: our age is in the light of thy countenance. [9]For all our days are gone, and we have passed away in thy wrath: our years ζspun out their tale as a spider. [10]*As for* the days of our years, in them are seventy years; and if *men should be* in strength, eighty years: and θ the greater part of them would be labour and trouble; for weakness overtakes us, and we shall be chastened. [11]Who knows the power of thy wrath? [12]and *who knows how* to number *his* days because of the fear of thy wrath? So manifest thy right hand, and those that are instructed in wisdom in the heart. [13]Return, O Lord, how long? and λbe intreated concerning thy servants. [14]We have been satisfied in the morning with thy mercy; and we did exult and rejoice: [15]let us rejoice in all our days, in return for the days wherein thou didst afflict us, the years wherein we saw evil. [16]And look upon thy servants, and upon thy works; and guide their children. [17]And let the brightness of the Lord our God be upon us: and do thou μ direct for us the works of our hands.ξ

Praise of a Song, by David.

He that dwells in the help of the Highest,

shall sojourn under the shelter of the God of heaven. ² He shall say to the Lord, Thou àrt my helper and my refuge: my God; I will hope in him. ³ For he shall deliver thee from the snare of the hunters, from *every* troublesome matter. ⁴ He shall overshadow thee with his shoulders, and thou shalt trust under his wings: his truth shall cover thee with a shield. ⁵ Thou shalt not be afraid of terror by night; nor of the arrow flying by day; ⁶ nor of the *evil* ᵝ thing that walks in darkness; *nor* of calamity, and the evil spirit at noon-day. ⁷ A thousand shall fall at thy side, and ten thousand at thy right hand; but it shall not come nigh thee. ⁸ Only with thine eyes shalt thou observe and see the reward of sinners.

⁹ For thou, O Lord, art my hope: thou, my soul, hast made the Most High thy refuge. ¹⁰ No evils shall come upon thee, and no scourge shall draw nigh to thy dwelling. ¹¹ For he shall give his angels charge concerning thee, to keep thee in all thy ways. ¹² ᵞ They shall bear thee up on their hands, lest at any time thou dash thy foot against a stone. ¹³ Thou shalt tread on the asp and basilisk: and thou shalt trample on the lion and dragon.

¹⁴ For he has hoped in me, and I will deliver him: I will protect him, because he has known my name. ¹⁵ He shall call upon me, and I will hearken to him: I am with him in affliction; and I will deliver him, and glorify him. ¹⁶ I will satisfy him with length of days, and shew him my salvation.

A Psalm of a Song for the Sabbath-day.

It is a good thing to give thanks to the Lord, and to sing praises to thy name, O thou Most High; ² to proclaim thy mercy in the morning, and thy truth by night, ³ on a psaltery of ten strings, with a song on the harp. ⁴ For thou, O Lord, hast made me glad with thy work: and in the operations of thy hands will I exult.

⁵ How have thy works been magnified, O Lord! thy thoughts are very deep. ⁶ A foolish man will not know, and a senseless man will not understand this. ⁷ When the sinners spring up as the grass, and all the workers of iniquity ᵟ have watched; *it is* that they may be utterly destroyed for ever. ⁸ But thou, O Lord, art most high for ever.

⁹ ζ For, behold, thine enemies shall perish; and all the workers of iniquity shall be scattered. ¹⁰ But my horn shall be exalted as *the horn* of a unicorn; and mine old age with rich ᶿ mercy. ¹¹ And mine eye has seen mine enemies, and mine ear shall hear the wicked that rise up against me.

¹² The righteous shall flourish as a palm-tree: he shall be increased as the cedar in Libanus. ¹³ They that are planted in the house of the Lord shall flourish in the courts of our God. ¹⁴ Then shall they be increased in a ᵞ fine old age; and they shall be prosperous; that they may declare ¹⁵ that the Lord my God is righteous, and there is no iniquity in him.

τοῦ οὐρανοῦ αὐλισθήσεται. Ἐρεῖ τῷ Κυρίῳ, ἀντιλήπτωρ μου 2 εἶ καὶ καταφυγή μου, ὁ Θεός μου, ἐλπιῶ ἐπ᾽ αὐτόν. Ὅτι 3 αὐτὸς ῥύσεταί σε ἐκ παγίδος θηρευτῶν, ἀπὸ λόγου ταραχώδους. Ἐν τοῖς μεταφρένοις αὐτοῦ ἐπισκιάσει σοι, καὶ ὑπὸ τὰς πτέρυ- 4 γας αὐτοῦ ἐλπιεῖς· ὅπλῳ κυκλώσει σε ἡ ἀλήθεια αὐτοῦ. Οὐ 5 φοβηθήσῃ ἀπὸ φόβου νυκτερινοῦ, ἀπὸ βέλους πετομένου ἡμέ- ρας, ἀπὸ πράγματος διαπορευομένου ἐν σκότει, ἀπὸ συμπτώ- 6 ματος καὶ δαιμονίου μεσημβρινοῦ. Πεσεῖται ἐκ τοῦ κλίτους 7 σου χιλιὰς, καὶ μυριὰς ἐκ δεξιῶν σου, πρὸς σὲ δὲ οὐκ ἐγγιεῖ. Πλὴν τοῖς ὀφθαλμοῖς σου κατανοήσεις, καὶ ἀνταπόδοσιν 8 ἁμαρτωλῶν ὄψει.

Ὅτι σὺ Κύριε ἡ ἐλπίς μου, τὸν ὕψιστον ἔθου καταφυγήν 9 σου. Οὐ προσελεύσεται πρὸς σὲ κακὰ, καὶ μάστιξ οὐκ ἐγγιεῖ 10 τῷ σκηνώματί σου. Ὅτι τοῖς ἀγγέλοις αὐτοῦ ἐντελεῖται περὶ 11 σοῦ, τοῦ διαφυλάξαι σε ἐν πάσαις ταῖς ὁδοῖς σου. Ἐπὶ χειρῶν 12 ἀροῦσί σε, μή ποτε προσκόψῃς πρὸς λίθον τὸν πόδα σου. Ἐπ᾽ ἀσπίδα καὶ βασιλίσκον ἐπιβήσῃ, καὶ καταπατήσεις 13 λέοντα καὶ δράκοντα.

Ὅτι ἐπ᾽ ἐμὲ ἤλπισε, καὶ ῥύσομαι αὐτόν· σκεπάσω αὐτὸν, 14 ὅτι ἔγνω τὸ ὄνομά μου. Ἐπικαλέσεται πρὸς μὲ, καὶ εἰσακού- 15 σομαι αὐτοῦ, μετ᾽ αὐτοῦ εἰμι ἐν θλίψει, καὶ ἐξελοῦμαι αὐτὸν, καὶ δοξάσω αὐτόν. Μακρότητι ἡμερῶν ἐμπλήσω αὐτὸν, καὶ 16 δείξω αὐτῷ τὸ σωτήριόν μου.

Ψαλμὸς ᾠδῆς εἰς τὴν ἡμέραν τοῦ σαββάτου.   91 (92)

Ἀγαθὸν τὸ ἐξομολογεῖσθαι τῷ Κυρίῳ, καὶ ψάλλειν τῷ ὀνόματί σου, ὕψιστε· τοῦ ἀναγγέλλειν τοπρωῒ τὸ ἔλεός σου, 2 καὶ τὴν ἀλήθειάν σου κατὰ νύκτα, ἐν δεκαχόρδῳ ψαλτηρίῳ, μετ᾽ 3 ᾠδῆς ἐν κιθάρᾳ. Ὅτι εὔφρανάς με, Κύριε, ἐν τῷ ποιήματί σου, 4 καὶ ἐν τοῖς ἔργοις τῶν χειρῶν σου ἀγαλλιάσομαι.

Ὡς ἐμεγαλύνθη τὰ ἔργα σου, Κύριε; σφόδρα ἐβαθύνθησαν 5 οἱ διαλογισμοί σου. Ἀνὴρ ἄφρων οὐ γνώσεται, καὶ ἀσύνετος 6 οὐ συνήσει ταῦτα. Ἐν τῷ ἀνατεῖλαι τοὺς ἁμαρτωλοὺς ὡσεὶ 7 χόρτον, καὶ διέκυψαν πάντες οἱ ἐργαζόμενοι τὴν ἀνομίαν, ὅπως ἂν ἐξολοθρευθῶσιν εἰς τὸν αἰῶνα τοῦ αἰῶνος. Σὺ δὲ ὕψιστος 8 εἰς τὸν αἰῶνα, Κύριε.

Ὅτι ἰδοὺ οἱ ἐχθροί σου ἀπολοῦνται, καὶ διασκορπισθήσονται 9 πάντες οἱ ἐργαζόμενοι τὴν ἀνομίαν. Καὶ ὑψωθήσεται ὡς 10 μονοκέρωτος τὸ κέρας μου, καὶ τὸ γῆράς μου ἐν ἐλέῳ πίονι. Καὶ ἐπεῖδεν ὁ ὀφθαλμός μου ἐν τοῖς ἐχθροῖς μου, καὶ ἐν 11 τοῖς ἐπανισταμένοις ἐπ᾽ ἐμὲ πονηρευομένοις ἀκούσεται τὸ οὖς μου.

Δίκαιος ὡς φοῖνιξ ἀνθήσει, ὡς ἡ κέδρος ἡ ἐν τῷ Λιβάνῳ 12 πληθυνθήσεται· Πεφυτευμένοι ἐν τῷ οἴκῳ Κυρίου, ἐν ταῖς 13 αὐλαῖς τοῦ Θεοῦ ἡμῶν ἐξανθήσουσι. Τότε πληθυνθήσονται ἐν 14 γήρει πίονι, καὶ εὐπαθοῦντες ἔσονται τοῦ ἀναγγεῖλαι· ὅτι 15 εὐθὴς Κύριος ὁ Θεός μου, καὶ οὐκ ἔστιν ἀδικία ἐν αὐτῷ.

β See ver. 3.   γ Mat. 4. 6.   δ Perhaps, 'come to light.'   ζ *Alex.* + For behold thine enemies, O Lord, as in *Heb.*
θ *Alex.* oil. See Ps. 88. 20.   λ *Gr.* fat.

92 (93) Εἰς τὴν ἡμέραν τοῦ προσαββάτου, ὅτε κατῴκισται
ἡ γῆ, αἶνος ᾠδῆς τῷ Δαυίδ.

Ὁ Κύριος ἐβασίλευσεν, εὐπρέπειαν ἐνεδύσατο, ἐνεδύσατο
Κύριος δύναμιν καὶ περιεζώσατο· καὶ γὰρ ἐστερέωσε τὴν
2 οἰκουμένην, ἥτις οὐ σαλευθήσεται. Ἕτοιμος ὁ θρόνος σου
3 ἀπὸ τότε, ἀπὸ τοῦ αἰῶνος σὺ εἶ. Ἐπῆραν οἱ ποταμοὶ
4 Κύριε, ἐπῆραν οἱ ποταμοὶ φωνὰς αὐτῶν, ἀπὸ φωνῶν ὑδάτων
πολλῶν· θαυμαστοὶ οἱ μετεωρισμοὶ τῆς θαλάσσης· θαυμα-
5 στὸς ἐν ὑψηλοῖς ὁ Κύριος. Τὰ μαρτύριά σου ἐπιστώθησαν
σφόδρα· τῷ οἴκῳ σου πρέπει ἁγίασμα, Κύριε, εἰς μακρότητα
ἡμερῶν.

93 (94) Ψαλμὸς τῷ Δαυὶδ τετράδι σαββάτου.

Θεὸς ἐκδικήσεων Κύριος, ὁ Θεὸς ἐκδικήσεων ἐπαρρησιά-
2 σατο. Ὑψώθητι ὁ κρίνων τὴν γῆν, ἀπόδος ἀνταπόδοσιν τοῖς
ὑπερηφάνοις.
3 Ἕως πότε ἁμαρτωλοί, Κύριε, ἕως πότε ἁμαρτωλοὶ καυχή-
4 σονται; Φθέγξονται καὶ λαλήσουσιν ἀδικίαν, λαλήσουσι
5 πάντες οἱ ἐργαζόμενοι τὴν ἀνομίαν. Τὸν λαόν σου, Κύριε,
6 ἐταπείνωσαν, καὶ τὴν κληρονομίαν σου ἐκάκωσαν. Χήραν
7 καὶ ὀρφανὸν ἀπέκτειναν, καὶ προσήλυτον ἐφόνευσαν. Καὶ
εἶπαν, οὐκ ὄψεται Κύριος, οὐδὲ συνήσει ὁ Θεὸς τοῦ Ἰακώβ.
8 Σύνετε δὴ ἄφρονες ἐν τῷ λαῷ, καὶ μωροὶ, ποτὲ φρονήσατε.
9 Ὁ φυτεύσας τὸ οὖς, οὐχὶ ἀκούει; ἢ ὁ πλάσας τὸν ὀφθαλμὸν,
10 οὐχὶ κατανοεῖ; Ὁ παιδεύων ἔθνη, οὐχὶ ἐλέγξει; ὁ διδάσκων
11 ἄνθρωπον γνῶσιν; Κύριος γινώσκει τοὺς διαλογισμοὺς τῶν
ἀνθρώπων, ὅτι εἰσὶ μάταιοι.
12 Μακάριος ὁ ἄνθρωπος ὃν ἂν σὺ παιδεύσῃς Κύριε, καὶ ἐκ
13 τοῦ νόμου σου διδάξῃς αὐτόν· τοῦ πραῦναι αὐτῷ ἀφ᾽ ἡμερῶν
14 πονηρῶν, ἕως οὗ ὀρυγῇ τῷ ἁμαρτωλῷ βόθρος. Ὅτι οὐκ ἀπώ-
σεται Κύριος τὸν λαὸν αὐτοῦ, καὶ τὴν κληρονομίαν αὐτοῦ οὐκ
15 ἐγκαταλείψει, ἕως οὗ δικαιοσύνη ἐπιστρέψῃ εἰς κρίσιν, καὶ
ἐχόμενοι αὐτῆς πάντες οἱ εὐθεῖς τῇ καρδίᾳ· διάψαλμα.
16 Τίς ἀναστήσεταί μοι ἐπὶ πονηρευομένους, ἢ τίς συμπαραστή-
17 σεταί μοι ἐπὶ τοὺς ἐργαζομένους τὴν ἀνομίαν; Εἰ μὴ ὅτι
Κύριος ἐβοήθησέ μοι, παραβραχὺ παρῴκησε τῷ ᾅδῃ ἡ ψυχή
18 μου. Εἰ ἔλεγον, σεσάλευται ὁ πούς μου, τὸ ἔλεός σου
19 Κύριε ἐβοήθει μοι. Κύριε, κατὰ τὸ πλῆθος τῶν ὀδυνῶν μου
ἐν τῇ καρδίᾳ μου, αἱ παρακλήσεις σου ἠγάπησαν τὴν ψυχήν
μου.
20 Μὴ συμπροσέσται σοι θρόνος ἀνομίας, ὁ πλάσσων κόπον
21 ἐπὶ προστάγματι. Θηρεύσουσιν ἐπὶ ψυχὴν δικαίου, καὶ αἷμα
22 ἀθῶον καταδικάσονται. Καὶ ἐγένετό μοι Κύριος εἰς καταφυ-
23 γὴν, καὶ ὁ Θεός μου εἰς βοηθὸν ἐλπίδος μου. Καὶ ἀποδώσει
αὐτοῖς τὴν ἀνομίαν αὐτῶν, καὶ τὴν πονηρίαν αὐτῶν· ἀφανιεῖ
αὐτοὺς Κύριος ὁ Θεὸς ἡμῶν.

94 (95) Αἶνος ᾠδῆς τῷ Δαυίδ.

Δεῦτε ἀγαλλιασώμεθα τῷ Κυρίῳ, ἀλαλάξωμεν τῷ Θεῷ τῷ

For β the day before the Sabbath, when the land was *first* inhabited, the praise of a Song by David.

The Lord reigns; he has clothed himself with honour: the Lord has clothed and girded himself with strength; for he has established the world, which shall not be moved. [2] Thy throne is prepared of old: thou art from everlasting. [3] The rivers have lifted up, O Lord, the rivers have lifted up their voices,γ [4] at δ the voices of many waters: the billows of the sea are wonderful: the Lord is wonderful in high places. [5] Thy testimonies are made very sure: holiness becomes thine house, O Lord, ζ for ever.

A Psalm of David for the fourth *day* of the week.

The Lord is a God of vengeance; the God of θ vengeance has declared himself. [2] Be thou exalted, thou that judgest the earth: render a reward to the proud. [3] How long shall sinners, O Lord, how long shall sinners boast? [4] They will utter and speak unrighteousness; all the workers of iniquity will speak *so*. [5] They have afflicted thy people, O Lord, and hurt thine heritage. [6] They have slain the widow and fatherless, and murdered the stranger. [7] And they said, The Lord shall not see, neither shall the God of Jacob understand. [8] Understand now, ye simple among the people; and ye fools, at length be wise. [9] He that planted the ear, does he not hear? or he that formed the eye, does not he perceive? [10] He that chastises the heathen, shall not he punish, *even* he that teaches man knowledge? [11] λ The Lord knows the thoughts of men, that they are vain. [12] Blessed is the man whomsoever thou shalt chasten, O Lord, and shalt teach him out of thy law; [13] to give him rest from evil days, until a pit be digged for the sinful one. [14] For the Lord will not cast off his people, neither will he forsake his inheritance; [15] until righteousness return to judgment, and all the upright in heart shall follow it. Pause. [16] Who will rise up for me against the transgressors? or who will stand up with me against the workers of iniquity? [17] If the Lord had not helped me, my soul had almost sojourned in Hades. [18] If I said, My foot has been moved; [19] thy mercy, O Lord, helped me. O Lord, according to the multitude of my griefs within my heart, thy consolations have μ soothed my soul. [20] Shall the throne of iniquity have fellowship with thee, which frames mischief by an ordinance? [21] They will hunt for the soul of the righteous, and condemn innocent blood. [22] But the Lord was my refuge; and my God the helper of my hope. [23] And he will recompense to them their iniquity and their wickedness: the Lord our God shall utterly destroy them.

The praise of a Song by David.

Come, let us exult ξ in the Lord; let us

β *Alex.* the sabbath-day.   γ *Alex.* + the floods will lift up their waves. See *Heb.*   δ *η. d.* in answer to.   ζ *Gr.* to length of days.
θ *Gr.* plural, *bis.*   λ 1 Cor. 3. 20.   μ *Lit.* 'have loved.' *Alex.* ηὔφρανav, 'have gladdened.'   ξ *Gr.* unto.

make a joyful noise to God our Saviour.
2 Let us come before his presence with thanksgiving, and make a joyful noise to him with psalms. 3 For the Lord is a great God, and a great king over all gods : β for the Lord will not cast off his people. 4 For the ends of the earth are in his hands; and the heights of the mountains are his. 5 For the sea is his, and he made it : and his hands formed the dry land.

ᴄCome, let us worship and fall down before him; and weep before the Lord that made us. 7 For he is our God; and we are the people of his pasture, and the sheep of his hand. 8γ To-day, if ye will hear his voice, harden not your hearts, as in the provocation, according to the day of δ irritation in the wilderness : 9 where your fathers tempted me, proved me, and saw my works. 10 Forty years was I grieved with this generation, and said, They do always err in their heart, and they have not known my ways. 11 So I sware in my wrath, They shall not enter into my rest.

When the house was built after the Captivity, a Song by David.

Sing to the Lord a new song; sing to the Lord, all the earth. 2 Sing to the Lord, bless his name: proclaim his salvation from day to day. 3 Publish his glory among the Gentiles, his wonderful works among all people.

4 For the Lord is great, and greatly to be praised: he is terrible above all gods. 5 For all the gods of the heathen are devils : but the Lord made the heavens. 6 Thanksgiving and beauty are before him : holiness and majesty are in his sanctuary.

7 Bring to the Lord, ye families of the Gentiles, bring to the Lord glory and honour. 8 Bring to the Lord the glory becoming his name: take offerings, and go into his courts. 9 Worship the Lord in his holy court: let all the earth tremble before him. 10 Say among the heathen, The Lord reigns: for he has established the world so that it shall not be moved: he shall judge the people in righteousness. 11 Let the heavens rejoice, and the earth exult; let the sea be moved, and the fulness of it. 12 The plains shall rejoice, and all things in them : then shall all the trees of the wood exult before the presence of the Lord : 13 for he comes, for he comes to judge the earth ; he shall judge the world in righteousness, and the people with his truth.

For David, when his land is established.

The Lord reigns, let the earth exult, let many islands rejoice.

2 Cloud and darkness are round about him ; righteousness and judgment are the establishment of his throne. 3 Fire shall go before them, and burn up his enemies round

σωτῆρι ἡμῶν. Προφθάσωμεν τὸ πρόσωπον αὐτοῦ ἐν ἐξομο- 2
λογήσει, καὶ ἐν ψαλμοῖς ἀλαλάξωμεν αὐτῷ. Ὅτι Θεὸς μέγας 3
Κύριος, καὶ βασιλεὺς μέγας ἐπὶ πάντας τοὺς θεούς· ὅτι οὐκ
ἀπώσεται Κύριος τὸν λαὸν αὐτοῦ, ὅτι ἐν τῇ χειρὶ αὐτοῦ τὰ 4
πέρατα τῆς γῆς, καὶ τὰ ὕψη τῶν ὀρέων αὐτοῦ ἐστιν. Ὅτι 5
αὐτοῦ ἐστιν ἡ θάλασσα καὶ αὐτὸς ἐποίησεν αὐτήν, καὶ τὴν
ξηρὰν χεῖρες αὐτοῦ ἔπλασαν.

Δεῦτε προσκυνήσωμεν καὶ προσπέσωμεν αὐτῷ, καὶ κλαύ- 6
σωμεν ἐναντίον Κυρίου τοῦ ποιήσαντος ἡμᾶς. Ὅτι αὐτός 7
ἐστιν ὁ Θεὸς ἡμῶν, καὶ ἡμεῖς λαὸς νομῆς αὐτοῦ, καὶ πρόβατα
χειρὸς αὐτοῦ· σήμερον ἐὰν τῆς φωνῆς αὐτοῦ ἀκούσητε, μὴ 8
σκληρύνητε τὰς καρδίας ὑμῶν, ὡς ἐν τῷ παραπικρασμῷ, κατὰ
τὴν ἡμέραν τοῦ πικρασμοῦ ἐν τῇ ἐρήμῳ, οὗ ἐπείρασάν με οἱ 9
πατέρες ὑμῶν· ἐδοκίμασαν, καὶ εἶδον τὰ ἔργα μου. Τεσσαρά- 10
κοντα ἔτη προσώχθισα τῇ γενεᾷ ἐκείνῃ, καὶ εἶπα, ἀεὶ πλανῶν-
ται τῇ καρδίᾳ, καὶ αὐτοὶ οὐκ ἔγνωσαν τὰς ὁδούς μου. Ὡς ὤμοσα 11
ἐν τῇ ὀργῇ μου, εἰ εἰσελεύσονται εἰς τὴν κατάπαυσίν μου.

Ὅτε ὁ οἶκος ᾠκοδόμηται μετὰ τὴν αἰχμαλωσίαν, 95 (96)
ᾠδὴ τῷ Δαυίδ.

Ἄσατε τῷ Κυρίῳ ᾆσμα καινόν, ᾄσατε τῷ Κυρίῳ πᾶσα ἡ
γῆ. Ἄσατε τῷ Κυρίῳ, εὐλογήσατε τὸ ὄνομα αὐτοῦ, εὐαγγε- 2
λίζεσθε ἡμέραν ἐξ ἡμέρας τὸ σωτήριον αὐτοῦ. Ἀναγγείλατε 3
ἐν τοῖς ἔθνεσι τὴν δόξαν αὐτοῦ, ἐν πᾶσι τοῖς λαοῖς τὰ θαυμάσια
αὐτοῦ.

Ὅτι μέγας Κύριος καὶ αἰνετὸς σφόδρα, φοβερός ἐστιν 4
ἐπὶ πάντας τοὺς θεούς. Ὅτι πάντες οἱ θεοὶ τῶν ἐθνῶν δαιμό- 5
νια, ὁ δὲ Κύριος τοὺς οὐρανοὺς ἐποίησεν. Ἐξομολόγησις 6
καὶ ὡραιότης ἐνώπιον αὐτοῦ, ἁγιωσύνη καὶ μεγαλοπρέπεια ἐν
τῷ ἁγιάσματι αὐτοῦ.

Ἐνέγκατε τῷ Κυρίῳ αἱ πατριαὶ τῶν ἐθνῶν, ἐνέγκατε τῷ 7
Κυρίῳ δόξαν καὶ τιμήν, ἐνέγκατε τῷ Κυρίῳ δόξαν ὀνόματι 8
αὐτοῦ, ἄρατε θυσίας καὶ εἰσπορεύεσθε εἰς τὰς αὐλὰς αὐτοῦ·
Προσκυνήσατε τῷ Κυρίῳ ἐν αὐλῇ ἁγίᾳ αὐτοῦ, σαλευθήτω ἀπὸ 9
προσώπου αὐτοῦ πᾶσα ἡ γῆ. Εἴπατε ἐν τοῖς ἔθνεσιν, ὁ Κύριος 10
ἐβασίλευσε· καὶ γὰρ κατώρθωσε τὴν οἰκουμένην, ἥτις οὐ
σαλευθήσεται, κρινεῖ λαοὺς ἐν εὐθύτητι. Εὐφραινέσθωσαν οἱ 11
οὐρανοὶ καὶ ἀγαλλιάσθω ἡ γῆ, σαλευθήτω ἡ θάλασσα καὶ τὸ
πλήρωμα αὐτῆς. Χαρήσεται τὰ πεδία, καὶ πάντα τὰ ἐν 12
αὐτοῖς· τότε ἀγαλλιάσονται πάντα τὰ ξύλα τοῦ δρυμοῦ πρὸ 13
προσώπου τοῦ Κυρίου, ὅτι ἔρχεται, ὅτι ἔρχεται κρῖναι τὴν
γῆν· κρινεῖ τὴν οἰκουμένην ἐν δικαιοσύνῃ, καὶ λαοὺς ἐν τῇ
ἀληθείᾳ αὐτοῦ.

Τῷ Δαυίδ, ὅτε ἡ γῆ αὐτοῦ καθίσταται.   96 (97)

Ὁ Κύριος ἐβασίλευσεν, ἀγαλλιάσθω ἡ γῆ, εὐφρανθήτωσαν
νῆσοι πολλαί.
Νεφέλη καὶ γνόφος κύκλῳ αὐτοῦ, δικαιοσύνη καὶ κρίμα 2
κατόρθωσις τοῦ θρόνου αὐτοῦ. Πῦρ ἐναντίον αὐτοῦ προ- 3

β Heb. and Alex. omit this clause. See Ps. 93. 14.   γ Heb. 3. 7-12.   δ Note, πειρασμοῦ is the reading of several editions.

4 πορεύσεται, καὶ φλογιεῖ κύκλῳ τοὺς ἐχθροὺς αὐτοῦ. Ἔφαναν
5 αἱ ἀστραπαὶ αὐτοῦ τῇ οἰκουμένῃ, εἶδε καὶ ἐσαλεύθη ἡ γῆ· τὰ
ὄρη ὡσεὶ κηρὸς ἐτάκησαν ἀπὸ προσώπου Κυρίου, ἀπὸ προσ-
6 ώπου Κυρίου πάσης τῆς γῆς. Ἀνήγγειλαν αἱ οὐρανοὶ τὴν
δικαιοσύνην αὐτοῦ, καὶ εἴδοσαν πάντες οἱ λαοὶ τὴν δόξαν αὐτοῦ.
7 Αἰσχυνθήτωσαν πάντες οἱ προσκυνοῦντες τοῖς γλυπτοῖς, οἱ
ἐγκαυχώμενοι ἐν τοῖς εἰδώλοις αὐτῶν· προσκυνήσατε αὐτῷ
πάντες ἄγγελοι αὐτοῦ.
8 Ἤκουσε καὶ εὐφράνθη Σιὼν, καὶ ἠγαλλιάσαντο αἱ θυγατέρες
9 τῆς Ἰουδαίας, ἕνεκεν τῶν κριμάτων σου Κύριε. Ὅτι σὺ εἶ
Κύριος ὁ ὕψιστος ἐπὶ πᾶσαν τὴν γῆν, σφόδρα ὑπερυψώθης ὑπὲρ
πάντας τοὺς θεούς.
10 Οἱ ἀγαπῶντες τὸν Κύριον, μισεῖτε πονηρόν· φυλάσσει Κύ-
ριος τὰς ψυχὰς τῶν ὁσίων αὐτοῦ, ἐκ χειρὸς ἁμαρτωλῶν ῥύσεται
11 αὐτούς. Φῶς ἀνέτειλε τῷ δικαίῳ, καὶ τοῖς εὐθέσι τῇ καρδίᾳ
12 εὐφροσύνη. Εὐφράνθητε δίκαιοι ἐν τῷ Κυρίῳ, καὶ ἐξομολο-
γεῖσθε τῇ μνήμῃ τῆς ἁγιωσύνης αὐτοῦ.

97 (98) Ψαλμὸς τῷ Δαυίδ.

Ἄσατε τῷ Κυρίῳ ᾆσμα καινὸν, ὅτι θαυμαστὰ ἐποίησεν
ὁ Κύριος· ἔσωσεν αὐτῷ ἡ δεξιὰ αὐτοῦ, καὶ ὁ βραχίων ὁ ἅγιος
αὐτοῦ.
2 Ἐγνώρισε Κύριος τὸ σωτήριον αὐτοῦ, ἐναντίον τῶν ἐθνῶν
3 ἀπεκάλυψε τὴν δικαιοσύνην αὐτοῦ. Ἐμνήσθη τοῦ ἐλέους
αὐτοῦ τῷ Ἰακὼβ, καὶ τῆς ἀληθείας αὐτοῦ τῷ οἴκῳ Ἰσραήλ·
εἴδοσαν πάντα τὰ πέρατα τῆς γῆς τὸ σωτήριον τοῦ Θεοῦ ἡμῶν.
4 Ἀλαλάξατε τῷ Θεῷ πᾶσα ἡ γῆ, ᾄσατε καὶ ἀγαλλιᾶσθε καὶ
5 ψάλατε. Ψάλατε τῷ Κυρίῳ ἐν κιθάρᾳ, ἐν κιθάρᾳ καὶ φωνῇ
6 ψαλμοῦ. Ἐν σάλπιγξιν ἐλαταῖς, καὶ φωνῇ σάλπιγγος κερα-
7 τίνης· ἀλαλάξατε ἐνώπιον τοῦ βασιλέως Κυρίῳ. Σαλευθήτω
ἡ θάλασσα καὶ τὸ πλήρωμα αὐτῆς, ἡ οἰκουμένη καὶ οἱ κατοι-
8 κοῦντες αὐτήν. Ποταμοὶ κροτήσουσι χειρὶ ἐπιτοαυτό, τὰ ὄρη
9 ἀγαλλιάσονται. Ὅτι ἥκει κρῖναι τὴν γῆν· κρινεῖ τὴν οἰκουμέ-
νην ἐν δικαιοσύνῃ, καὶ λαοὺς ἐν εὐθύτητι.

98 (99) Ψαλμὸς τῷ Δαυίδ.

Ὁ Κύριος ἐβασίλευσεν, ὀργιζέσθωσαν λαοί· ὁ καθήμενος
2 ἐπὶ τῶν χερουβὶμ, σαλευθήτω ἡ γῆ. Κύριος ἐν Σιὼν μέγας,
3 καὶ ὑψηλός ἐστιν ἐπὶ πάντας τοὺς λαούς. Ἐξομολογησάσθω-
σαν τῷ ὀνόματί σου τῷ μεγάλῳ, ὅτι φοβερὸν καὶ ἅγιόν ἐστι,
4 καὶ τιμὴ βασιλέως κρίσιν ἀγαπᾷ· σὺ ἡτοίμασας εὐθύτητας,
5 κρίσιν καὶ δικαιοσύνην ἐν Ἰακὼβ σὺ ἐποίησας. Ὑψοῦτε Κύ-
ριον τὸν Θεὸν ἡμῶν, καὶ προσκυνεῖτε τῷ ὑποποδίῳ τῶν ποδῶν
αὐτοῦ, ὅτι ἅγιός ἐστι.
6 Μωυσῆς καὶ Ἀαρὼν ἐν τοῖς ἱερεῦσιν αὐτοῦ, καὶ Σαμουὴλ ἐν
τοῖς ἐπικαλουμένοις τὸ ὄνομα αὐτοῦ· ἐπεκαλοῦντο τὸν Κύριον,
7 καὶ αὐτὸς εἰσήκουεν, ἐν στύλῳ νεφέλης ἐλάλει πρὸς αὐτούς·
ἐφύλασσον τὰ μαρτύρια αὐτοῦ, καὶ τὰ προστάγματα ἃ ἔδωκεν
8 αὐτοῖς. Κύριε ὁ Θεὸς ἡμῶν, σὺ ἐπήκουες αὐτῶν· ὁ Θεός,

about. [4] His lightnings appeared to the world; the earth saw, and trembled. [5] The mountains melted like wax at the presence of the Lord, at the presence of the Lord of the whole earth. [6] The heavens have declared his righteousness, and all the people have seen his glory.

[7] Let all that worship graven images be ashamed, who boast of their idols; β worship him, all ye his angels.

[8] Sion heard and rejoiced; and the daughters of Judea exulted, because of thy judgments, O Lord. [9] For thou art Lord most high over all the earth; thou art greatly exalted above all gods.

[10] Ye that love the Lord, hate evil; the Lord preserves the souls of his saints; he shall deliver them from the hand of sinners. [11] Light is sprung up for the righteous, and gladness for the upright in heart. [12] Rejoice in the Lord, ye righteous; and give thanks for a remembrance of his holiness.

A Psalm of David.

Sing to the Lord a new song; for the Lord has wrought wonderful works, his right hand, and his holy arm, have wrought salvation for him.

[2] The Lord has made known his salvation, he has revealed his righteousness in the sight of the nations; [3] He has remembered his mercy to Jacob, and his truth to the house of Israel; all the ends of the earth have seen the salvation of our God.

[4] Shout to God, all the earth; sing and exult, and sing psalms. [5] Sing to the Lord with a harp, with a harp, and the voice of a psalm. [6] With trumpets of metal, and the sound of a trumpet of horn make a joyful noise to the Lord before the king. [7] Let the sea be moved, and the fulness of it; the world, and they that dwell in it. [8] The rivers shall clap their hands together; the mountains shall exult. γ [9] For he is come to judge the earth; he shall judge the world in righteousness, and the nations in uprightness.

A Psalm of David.

The Lord reigns;—let the people rage; it is he that sits upon the cherubs, let the earth be moved. [2] The Lord is great in Sion, and is high over all the people. [3] Let them give thanks to thy great name; for it is terrible and holy. [4] And the king's honour loves judgment; thou hast prepared δ equity, thou hast wrought judgment and justice in Jacob. [5] Exalt ye the Lord our God, and worship at his footstool; for he is holy.

[6] Moses and Aaron among his priests, and Samuel among them that call upon his name; they called upon the Lord, and he heard them. [7] He spoke to them in a pillar of cloud; they kept his testimonies, and the ordinances which he gave them. [8] O Lord our God, thou heardest them; O God, thou

---

β Heb. 1. 6.   γ Alex. + before the Lord, for he comes.   δ Gr. equities.

becamest propitious to them, though thou didst take vengeance on all their devices. [9] Exalt ye the Lord our God, and worship at his holy mountain; for the Lord our God is holy.

A Psalm for Thanksgiving.

Make 'a joyful noise to the Lord, all the earth. [2] Serve the Lord with gladness; come before his presence with exultation. [3] Know that the Lord he is God; he made us, and not we ourselves; *we are* his people, and the sheep of his pasture. [4] Enter into his gates with thanksgiving, and his courts with hymns; give thanks to him, praise his name. [5] For the Lord *is* good, his mercy is for ever; and his truth *endures* to generation and generation.

A Psalm of David.

I will sing to thee, O Lord, of mercy and judgment; I will sing a psalm, [2] and I will be wise in a blameless way. When wilt thou come to me? I walked in the innocence of my heart, in the midst of my house. [3] I have not set before mine eyes any unlawful thing; I have hated transgressors. [4] A perverse heart has not cleaved to me; I have not known an evil man, forasmuch as he turns away from me. [5] Him that privily speaks against his neighbour, him have I driven from *me*: he that is proud in look and insatiable in heart,—with him I have not eaten. [6] Mine eyes *shall be* upon the faithful of the land, that they may dwell with me: he that walked in a perfect way, the same ministered to me. [7] The proud doer dwelt not in the midst of my house; the unjust speaker prospered not in my sight. [8] Early did I slay all the sinners of the land, that I might destroy out of the city of the Lord all that work iniquity.

A Prayer for the Poor; when he is deeply afflicted, and pours out his supplication before the Lord.

Hear my prayer, O Lord, and let my cry come to thee. [2] Turn not away thy face from me: in the day *when* I am afflicted, incline thine ear to me: in the day *when* I shall call upon thee, speedily hear me.

[3] For my days have vanished like smoke, and my bones have been parched like a stick. [4] I am blighted like grass, and my heart is dried up; for I have forgotten to eat my bread. [5] By reason of the voice of my groaning, my bone has cleaved to my flesh. [6] I have become like a pelican of the wilderness; [7] I have become like an owl in a ruined house. I have watched, and am become as a sparrow dwelling alone on a roof. [8] All the day long mine enemies have reproached me; and they that praised me have sworn against me. [9] For I have eaten ashes as it were bread, and mingled my drink with weeping; [10] because of thine anger and thy wrath: for thou hast lifted me up, and dashed me down.

[11] My days have declined like a shadow; and I am withered like grass. [12] But thou, Lord, endurest for ever, and thy memorial to generation and generation. [13] Thou

εὐίλατος ἐγίνου αὐτοῖς, καὶ ἐκδικῶν ἐπὶ πάντα τὰ ἐπιτηδεύματα αὐτῶν. Ὑψοῦτε Κύριον τὸν Θεὸν ἡμῶν, καὶ προσκυνεῖτε εἰς 9 ὄρος ἅγιον αὐτοῦ, ὅτι ἅγιος Κύριος ὁ Θεὸς ἡμῶν.

Ψαλμὸς εἰς ἐξομολόγησιν. 99 (100)

Ἀλαλάξατε τῷ Κυρίῳ πᾶσα ἡ γῆ, δουλεύσατε τῷ Κυρίῳ 2 ἐν εὐφροσύνῃ· εἰσέλθατε ἐνώπιον αὐτοῦ ἐν ἀγαλλιάσει. Γνῶτε 3 ὅτι Κύριος αὐτός ἐστιν ὁ Θεός· αὐτὸς ἐποίησεν ἡμᾶς, καὶ οὐχ ἡμεῖς, λαὸς αὐτοῦ καὶ πρόβατα τῆς νομῆς αὐτοῦ. Εἰσέλθατε 4 εἰς τὰς πύλας αὐτοῦ ἐν ἐξομολογήσει, τὰς αὐλὰς αὐτοῦ ἐν ὕμνοις· ἐξομολογεῖσθε αὐτῷ, αἰνεῖτε τὸ ὄνομα αὐτοῦ. Ὅτι 5 χρηστὸς Κύριος, εἰς τὸν αἰῶνα τὸ ἔλεος αὐτοῦ, καὶ ἕως γενεᾶς καὶ γενεᾶς ἡ ἀλήθεια αὐτοῦ.

Ψαλμὸς τῷ Δαυίδ. 100 (101)

Ἔλεος καὶ κρίσιν ᾄσομαί σοι, Κύριε· ψαλῶ καὶ συνήσω 2 ἐν ὁδῷ ἀμώμῳ· πότε ἥξεις πρός μέ; διεπορευόμην ἐν ἀκακίᾳ καρδίας μου, ἐν μέσῳ τοῦ οἴκου μου. Οὐ προεθέμην πρὸ ὀφ- 3 θαλμῶν μου πρᾶγμα παράνομον, ποιοῦντας παραβάσεις ἐμί- σησα· οὐκ ἐκολλήθη μοι καρδία σκαμβή, ἐκκλίνοντος ἀπ᾽ 4 ἐμοῦ τοῦ πονηροῦ οὐκ ἐγίνωσκον. Τὸν καταλαλοῦντα λάθρα 5 τοῦ πλησίον αὐτοῦ, τοῦτον ἐξεδίωκον· ὑπερηφάνῳ ὀφθαλμῷ καὶ ἀπλήστῳ καρδίᾳ, τούτῳ οὐ συνήσθιον. Οἱ ὀφθαλμοί μου 6 ἐπὶ τοὺς πιστοὺς τῆς γῆς, τοῦ συγκαθῆσθαι αὐτοὺς μετ᾽ ἐμοῦ· πορευόμενος ἐν ὁδῷ ἀμώμῳ, οὗτός μοι ἐλειτούργει. Οὐ κατ- 7 ῴκει ἐν μέσῳ τῆς οἰκίας μου ποιῶν ὑπερηφανίαν· λαλῶν ἄδικα οὐ κατεύθυνεν ἐναντίον τῶν ὀφθαλμῶν μου. Εἰς τὰς πρωίας 8 ἀπέκτενον πάντας τοὺς ἁμαρτωλοὺς τῆς γῆς, τοῦ ἐξολοθρεῦσαι ἐκ πόλεως Κυρίου πάντας τοὺς ἐργαζομένους τὴν ἀδικίαν.

Προσευχὴ τῷ πτωχῷ, ὅταν ἀκηδιάσῃ, καὶ ἐναντίον 101 (102) Κυρίου ἐκχέῃ τὴν δέησιν αὐτοῦ.

Κύριε εἰσάκουσον τῆς προσευχῆς μου, καὶ ἡ κραυγή μου πρὸς σὲ ἐλθέτω. Μὴ ἀποστρέψῃς τὸ πρόσωπόν σου ἀπ᾽ ἐμοῦ· 2 ἐν ᾗ ἂν ἡμέρᾳ θλίβομαι, κλῖνον πρὸς μὲ τὸ οὖς σου· ἐν ᾗ ἂν ἡμέρᾳ ἐπικαλέσωμαί σε, ταχὺ εἰσάκουσόν μου.

Ὅτι ἐξέλιπον ὡσεὶ καπνὸς αἱ ἡμέραι μου, καὶ τὰ ὀστᾶ μου 3 ὡσεὶ φρύγιον συνεφρύγησαν. Ἐπλήγην ὡσεὶ χόρτος, καὶ 4 ἐξηράνθη ἡ καρδία μου, ὅτι ἐπελαθόμην τοῦ φαγεῖν τὸν ἄρτον μου. Ἀπὸ φωνῆς τοῦ στεναγμοῦ μου, ἐκολλήθη τὸ ὀστοῦν 5 μου τῇ σαρκί μου. Ὡμοιώθην πελεκᾶνι ἐρημικῷ, ἐγενήθην 6 ὡσεὶ νυκτικόραξ ἐν οἰκοπέδῳ. Ἠγρύπνησα, καὶ ἐγενήθην 7 ὡσεὶ στρουθίον μονάζον ἐπὶ δώματι. Ὅλην τὴν ἡμέραν 8 ὠνείδιζόν με οἱ ἐχθροί μου, καὶ οἱ ἐπαινοῦντές με κατ᾽ ἐμοῦ ὤμνυον. Ὅτι σποδὸν ὡσεὶ ἄρτον ἔφαγον, καὶ τὸ πόμα μου 9 μετὰ κλαυθμοῦ ἐκίρνων, ἀπὸ προσώπου τῆς ὀργῆς σου καὶ τοῦ 10 θυμοῦ σου, ὅτι ἐπάρας κατέρραξάς με.

Αἱ ἡμέραι μου ὡσεὶ σκιὰ ἐκλίθησαν, κἀγὼ ὡσεὶ χόρτος 11 ἐξηράνθην. Σὺ δὲ Κύριε εἰς τὸν αἰῶνα μένεις, καὶ τὸ μνημό- 12 συνόν σου εἰς γενεὰν καὶ γενεάν. Σὺ ἀναστὰς οἰκτειρήσεις 13

τὴν Σιὼν, ὅτι καιρὸς τοῦ οἰκτειρῆσαι αὐτήν, ὅτι ἥκει καιρός.
14 Ὅτι εὐδόκησαν οἱ δοῦλοί σου τοὺς λίθους αὐτῆς, καὶ τὸν χοῦν
15 αὐτῆς οἰκτειρήσουσι. Καὶ φοβηθήσονται τὰ ἔθνη τὸ ὄνομά
σου Κύριε, καὶ πάντες οἱ βασιλεῖς τὴν δόξαν σου.
16 Ὅτι οἰκοδομήσει Κύριος τὴν Σιὼν, καὶ ὀφθήσεται ἐν τῇ
17 δόξῃ αὐτοῦ. Ἐπέβλεψεν ἐπὶ τὴν προσευχὴν τῶν ταπεινῶν,
18 καὶ οὐκ ἐξουδένωσε τὴν δέησιν αὐτῶν. Γραφήτω αὕτη εἰς
19 γενεὰν ἑτέραν, καὶ λαὸς ὁ κτιζόμενος αἰνέσει τὸν Κύριον. Ὅτι
ἐξέκυψεν ἐξ ὕψους ἁγίου αὐτοῦ, Κύριος ἐξ οὐρανοῦ ἐπὶ τὴν
20 γῆν ἐπέβλεψε, τοῦ ἀκοῦσαι τοῦ στεναγμοῦ τῶν πεπεδημένων,
21 τοῦ λῦσαι τοὺς υἱοὺς τῶν τεθανατωμένων, τοῦ ἀναγγεῖλαι ἐν
Σιὼν τὸ ὄνομα Κυρίου, καὶ τὴν αἴνεσιν αὐτοῦ ἐν Ἱερουσαλήμ·
22 ἐν τῷ συναχθῆναι λαοὺς ἐπιτοαυτό, καὶ βασιλεῖς τοῦ δουλεύειν
τῷ Κυρίῳ.
23 Ἀπεκρίθη αὐτῷ ἐν ὁδῷ ἰσχύος αὐτοῦ, τὴν ὀλιγότητα τῶν
24 ἡμερῶν μου ἀνάγγειλόν μοι· μὴ ἀναγάγῃς με ἐν ἡμίσει ἡμερῶν
25 μου, ἐν γενεᾷ γενεῶν τὰ ἔτη σου. Κατ᾿ ἀρχὰς τὴν γῆν σὺ
Κύριε ἐθεμελίωσας, καὶ ἔργα τῶν χειρῶν σου εἰσὶν οἱ οὐρανοί.
26 Αὐτοὶ ἀπολοῦνται, σὺ δὲ διαμένεις· καὶ πάντες ὡς ἱμάτιον
παλαιωθήσονται, καὶ ὡσεὶ περιβόλαιον ἑλίξεις αὐτούς, καὶ
27 ἀλλαγήσονται. Σὺ δὲ ὁ αὐτὸς εἶ, καὶ τὰ ἔτη σου οὐκ ἐκλεί-
28 ψουσιν· Οἱ υἱοὶ τῶν δούλων σου κατασκηνώσουσι, καὶ τὸ
σπέρμα αὐτῶν εἰς τὸν αἰῶνα κατευθυνθήσεται.

102 (103) Τῷ Δαυίδ.

Εὐλόγει ἡ ψυχή μου τὸν Κύριον, καὶ πάντα τὰ ἐντός μου
2 τὸ ὄνομα τὸ ἅγιον αὐτοῦ. Εὐλόγει ἡ ψυχή μου τὸν Κύριον,
3 καὶ μὴ ἐπιλανθάνου πάσας τὰς αἰνέσεις αὐτοῦ· Τὸν εὐϊλατεύ-
οντα πάσαις ταῖς ἀνομίαις σου, τὸν ἰώμενον πάσας τὰς νόσους
4 σου, τὸν λυτρούμενον ἐκ φθορᾶς τὴν ζωήν σου, τὸν στε-
5 φανοῦντά σε ἐν ἐλέει καὶ οἰκτιρμοῖς, τὸν ἐμπιπλῶντα ἐν ἀγα-
θοῖς τὴν ἐπιθυμίαν σου· ἀνακαινισθήσεται ὡς ἀετοῦ ἡ νεότης
σου.
6 Ποιῶν ἐλεημοσύνας ὁ Κύριος, καὶ κρίμα πᾶσι τοῖς ἀδικου-
7 μένοις. Ἐγνώρισε τὰς ὁδοὺς αὐτοῦ τῷ Μωυσῇ, τοῖς υἱοῖς
8 Ἰσραὴλ τὰ θελήματα αὐτοῦ. Οἰκτίρμων καὶ ἐλεήμων ὁ Κύ-
9 ριος, μακρόθυμος καὶ πολυέλεος. Οὐκ εἰς τέλος ὀργισθήσεται,
10 οὐδὲ εἰς τὸν αἰῶνα μηνιεῖ. Οὐ κατὰ τὰς ἁμαρτίας ἡμῶν ἐποί-
ησεν ἡμῖν, οὐδὲ κατὰ τὰς ἀνομίας ἡμῶν ἀνταπέδωκεν ἡμῖν.
11 Ὅτι κατὰ τὸ ὕψος τοῦ οὐρανοῦ ἀπὸ τῆς γῆς, ἐκραταίωσε
12 Κύριος τὸ ἔλεος αὐτοῦ ἐπὶ τοὺς φοβουμένους αὐτόν. Καθόσον
ἀπέχουσιν ἀνατολαὶ ἀπὸ δυσμῶν, ἐμάκρυνεν ἀφ᾿ ἡμῶν τὰς
13 ἀνομίας ἡμῶν. Καθὼς οἰκτείρει πατὴρ υἱούς, ᾠκτείρησε
14 Κύριος τοὺς φοβουμένους αὐτόν. Ὅτι αὐτὸς ἔγνω τὸ πλάσμα
ἡμῶν· μνήσθητι ὅτι χοῦς ἐσμεν.
15 Ἄνθρωπος, ὡσεὶ χόρτος αἱ ἡμέραι αὐτοῦ, ὡσεὶ ἄνθος τοῦ
16 ἀγροῦ οὕτως ἐξανθήσει. Ὅτι πνεῦμα διῆλθεν ἐν αὐτῷ, καὶ
17 οὐχ ὑπάρξει, καὶ οὐκ ἐπιγνώσεται ἔτι τὸν τόπον αὐτοῦ. Τὸ
δὲ ἔλεος τοῦ Κυρίου ἀπὸ τοῦ αἰῶνος καὶ ἕως τοῦ αἰῶνος ἐπὶ

shalt arise, and have mercy upon Sion: for *it is* time to have mercy upon her, for the set time is come. ¹⁴For thy servants have taken pleasure in her stones, and they shall pity her dust. ¹⁵So the nations shall fear thy name, O Lord, and all kings thy glory. ¹⁶For the Lord shall build up Sion, β and shall appear in his glory. ¹⁷He has had regard to the prayer of the lowly, and has not despised their petition. ¹⁸Let this be written for another generation; and the people that shall be created shall praise the Lord. ¹⁹For he has looked out from the height of his sanctuary; the Lord looked upon the earth from heaven; ²⁰to hear the groaning of the fettered ones, to loosen the sons of the slain; ²¹to proclaim the name of the Lord in Sion, and his praise in Jerusalem; ²²when the people are gathered together, and the kings, to serve the Lord.

²³He answered him in the way of his strength: tell me the fewness of my days. ²⁴Take me not away in the midst of my days: thy years *are* γ through all generations. ²⁵In the δ beginning thou, O Lord, didst lay the foundation of the earth; and the heavens are the works of thine hands. ²⁶They shall perish, but thou remainest: and *they* all shall wax old as a garment; and as a vesture shalt thou fold them, and they shall be changed. ²⁷But thou art the same, and thy years shall not fail. ²⁸The children of thy servants shall dwell *securely*, and their seed shall ζ prosper for ever.

A Psalm of David.

Bless the Lord, O my soul; and all *that is* within me, *bless* his holy name. ²Bless the Lord, O my soul, and forget not all his praises: ³who forgives all thy transgressions, who heals all thy diseases; ⁴who redeems thy life from corruption; who crowns thee with mercy and compassion; ⁵who satisfies thy desire with good things: *so that* thy youth shall be renewed like *that* of the eagle.

⁶The Lord executes mercy and judgment for all that are injured. ⁷He made known his ways to Moses, his will to the children of Israel. ⁸The Lord is compassionate and pitiful, long-suffering, and full of mercy. ⁹He will not be always angry; neither will he be wrathful for ever. ¹⁰He has not dealt with us according to our sins, nor recompensed us according to our iniquities. ¹¹For as the heaven is high above the earth, the Lord has *so* increased his mercy toward them that fear him. ¹²As far as the east is from the west, *so far* has he removed our transgressions from us. ¹³As a father pities *his* children, the Lord pities them that fear him. ¹⁴For he knows our frame: remember that we are dust.

¹⁵*As for* man, his days are as grass; as a flower of the field, so shall he flourish. ¹⁶For the wind passes over it, and it shall not be; and it shall know its place no more. ¹⁷But the mercy of the Lord is from generation to generation upon them that fear

---

β *Or,* then shall he.   γ Heb. 1. 11, 13.   δ *Gr.* plural.   ζ *Or,* be directed aright.

him, and his righteousness to children's children; ¹⁸ to them that keep his covenant, and remember his commandments to do them.

¹⁹ The Lord has prepared his throne in the heaven; and his kingdom rules over all. ²⁰ Bless the Lord, all ye his angels, mighty in strength, who perform his bidding, *ready* to hearken to the voice of his words. ²¹ Bless the Lord, all ye his hosts; *ye* ministers of his that do his will. ²² Bless the Lord, all his works, in every place of his dominion: bless the Lord, O my soul.

A Psalm of David.

Bless the Lord, O my soul. O Lord my God, thou art very great; thou hast clothed thyself with praise and honour: ² who dost robe thyself with light as with a garment; spreading out the heaven as a curtain. ³ Who covers his chambers with waters; who makes the clouds his chariot: who walks on the wings of the wind. ⁴ᵝ Who makes his angels spirits, and his ministers a flaming fire.

⁵ Who establishes the earth on her sure foundation: it shall not be moved for ever. ⁶ The deep, as it were a garment, is his covering: the waters shall stand ᵞ on the hills. ⁷ At thy rebuke they shall flee; at the voice of thy thunder they shall be alarmed. ⁸ They go up to the mountains, and down to the plains, to the place which thou hast founded for them. ⁹ Thou hast set a bound which they shall not pass, neither shall they turn again to cover the earth.

¹⁰ He sends forth his fountains among the valleys: the waters shall run between the mountains. ¹¹ They shall give drink to all the wild beasts of the field: the wild asses shall take *of them* to *quench* their thirst. ¹² By them shall the birds of the sky lodge: they shall utter a voice out of the midst of the rocks. ¹³ He waters the mountains from his chambers: the earth shall be satisfied with the fruit of thy works.

¹⁴ He makes grass to grow for the cattle, and green herb for the service of men, to bring bread out of the earth; ¹⁵ and wine makes glad the heart of man, to make his face cheerful with oil: and bread strengthens man's heart. ¹⁶ The trees of the plain shall be full *of sap; even* the cedars of Libanus which he has planted. ¹⁷ There the sparrows will build their nests; and the house of the heron takes the lead among them. ¹⁸ The high mountains are a refuge for the stags, *and* the rock for the rabbits.

¹⁹ He appointed the moon for seasons: the sun knows his going down. ²⁰ Thou didst make darkness, and it was night; in it all the wild beasts of the forest will be abroad: ²¹ *even* young lions roaring for prey, and to seek meat for themselves from God. ²² The sun arises, and they shall be gathered together, and shall lie down in their dens. ²³ Man shall go forth to his work, and to his labour till evening.

²⁴ How great are thy works, O Lord! in

τοὺς φοβουμένους αὐτόν· καὶ ἡ δικαιοσύνη αὐτοῦ ἐπὶ υἱοὺς υἱῶν, τοῖς φυλάσσουσι τὴν διαθήκην αὐτοῦ, καὶ μεμνημένοις 18 τῶν ἐντολῶν αὐτοῦ τοῦ ποιῆσαι αὐτάς.

Κύριος ἐν τῷ οὐρανῷ ἡτοίμασε τὸν θρόνον αὐτοῦ, καὶ ἡ 19 βασιλεία αὐτοῦ πάντων δεσπόζει. Εὐλογεῖτε τὸν Κύριον 20 πάντες ἄγγελοι αὐτοῦ, δυνατοὶ ἰσχύϊ ποιοῦντες τὸν λόγον αὐτοῦ, τοῦ ἀκοῦσαι τῆς φωνῆς τῶν λόγων αὐτοῦ. Εὐλογεῖτε τὸν 21 Κύριον πᾶσαι αἱ δυνάμεις αὐτοῦ, λειτουργοὶ αὐτοῦ ποιοῦντες τὰ θελήματα αὐτοῦ. Εὐλογεῖτε τὸν Κύριον πάντα τὰ ἔργα αὐτοῦ, 22 ἐν παντὶ τόπῳ τῆς δυναστείας αὐτοῦ· εὐλόγει ἡ ψυχή μου τὸν Κύριον.

Τῷ Δαυίδ. 103 (104)

Εὐλόγει ἡ ψυχή μου τὸν Κύριον. Κύριε ὁ Θεός μου ἐμεγαλύνθης σφόδρα· ἐξομολόγησιν καὶ εὐπρέπειαν ἐνεδύσω, ἀναβαλλόμενος φῶς ὡς ἱμάτιον, ἐκτείνων τὸν οὐρανὸν ὡσεὶ 2 δέῤῥιν· Ὁ στεγάζων ἐν ὕδασι τὰ ὑπερῷα αὐτοῦ, ὁ τιθεὶς νέφη 3 τὴν ἐπίβασιν αὐτοῦ· ὁ περιπατῶν ἐπὶ πτερύγων ἀνέμων· Ὁ 4 ποιῶν τοὺς ἀγγέλους αὐτοῦ πνεύματα, καὶ τοὺς λειτουργοὺς αὐτοῦ πῦρ φλέγον·

Ὁ θεμελιῶν τὴν γῆν ἐπὶ τὴν ἀσφάλειαν αὐτῆς, οὐ κλιθήσε- 5 ται εἰς τὸν αἰῶνα τοῦ αἰῶνος. Ἄβυσσος ὡς ἱμάτιον τὸ περι- 6 βόλαιον αὐτοῦ, ἐπὶ τῶν ὀρέων στήσονται ὕδατα. Ἀπὸ ἐπιτι- 7 μήσεώς σου φεύξονται, ἀπὸ φωνῆς βροντῆς σου δειλιάσουσιν. Ἀναβαίνουσιν ὄρη, καὶ καταβαίνουσι πεδία εἰς τόπον ὃν 8 ἐθεμελίωσας αὐτοῖς. Ὅριον ἔθου ὃ οὐ παρελεύσονται, οὐδὲ 9 ἐπιστρέψουσι καλύψαι τὴν γῆν.

Ὁ ἐξαποστέλλων πηγὰς ἐν φάραγξιν, ἀναμέσον τῶν ὀρέων 10 διελεύσονται ὕδατα. Ποτιοῦσι πάντα τὰ θηρία τοῦ ἀγροῦ, 11 προσδέξονται ὄναγροι εἰς δίψαν αὐτῶν. Ἐπ᾽ αὐτὰ τὰ πετεινὰ 12 τοῦ οὐρανοῦ κατασκηνώσει, ἐκ μέσου τῶν πετρῶν δώσουσι φωνήν. Ποτίζων ὄρη ἐκ τῶν ὑπερῴων αὐτοῦ, ἀπὸ καρποῦ τῶν 13 ἔργων σου χορτασθήσεται ἡ γῆ.

Ὁ ἐξανατέλλων χόρτον τοῖς κτήνεσι, καὶ χλόην τῇ δουλείᾳ 14 τῶν ἀνθρώπων· τοῦ ἐξαγαγεῖν ἄρτον ἐκ τῆς γῆς, καὶ οἶνος 15 εὐφραίνει καρδίαν ἀνθρώπου· τοῦ ἱλαρῦναι πρόσωπον ἐν ἐλαίῳ, καὶ ἄρτος καρδίαν ἀνθρώπου στηρίζει. Χορτασθήσεται τὰ 16 ξύλα τοῦ πεδίου, αἱ κέδροι τοῦ Λιβάνου ἃς ἐφύτευσεν. Ἐκεῖ 17 στρουθία ἐννοσσεύσουσι, τοῦ ἐρωδιοῦ ἡ οἰκία ἡγεῖται αὐτῶν. Ὄρη τὰ ὑψηλὰ ταῖς ἐλάφοις, πέτρα καταφυγὴ τοῖς χοιρογρυλ- 18 λίοις.

Ἐποίησε σελήνην εἰς καιρούς, ὁ ἥλιος ἔγνω τὴν δύσιν αὐ- 19 τοῦ. Ἔθου σκότος καὶ ἐγένετο νύξ, ἐν αὐτῇ διελεύσονται 20 πάντα τὰ θηρία τοῦ δρυμοῦ. Σκύμνοι ὠρυόμενοι ἁρπάσαι, καὶ 21 ζητῆσαι παρὰ τοῦ Θεοῦ βρῶσιν αὐτοῖς. Ἀνέτειλεν ὁ ἥλιος καὶ 22 συναχθήσονται, καὶ ἐν ταῖς μάνδραις αὐτῶν κοιτασθήσονται. Ἐξελεύσεται ἄνθρωπος ἐπὶ τὸ ἔργον αὐτοῦ, καὶ ἐπὶ τὴν ἐργα- 23 σίαν αὐτοῦ ἕως ἑσπέρας.

Ὡς ἐμεγαλύνθη τὰ ἔργα σου Κύριε, πάντα ἐν σοφίᾳ ἐποίη- 24

β Heb. 1. 7.   γ *Or*, above.

25 σας· ἐπληρώθη ἡ γῆ τῆς κτίσεώς σου· Αὕτη ἡ θάλασσα ἡ
μεγάλη καὶ εὐρύχωρος· ἐκεῖ ἑρπετὰ ὧν οὐκ ἔστιν ἀριθμός, ζῶα
26 μικρὰ μετὰ μεγάλων. Ἐκεῖ πλοῖα διαπορεύονται, δράκων
27 οὗτος ὃν ἔπλασας ἐμπαίζειν αὐτῷ. Πάντα πρὸς σὲ προσδο-
28 κῶσι, δοῦναι τὴν τροφὴν αὐτοῖς εὔκαιρον. Δόντος σου αὐτοῖς,
συλλέξουσιν· ἀνοίξαντος δέ σου τὴν χεῖρα, τὰ σύμπαντα πλη-
29 σθήσονται χρηστότητος. Ἀποστρέψαντος δέ σου τὸ πρόσ-
ωπον, ταραχθήσονται· ἀντανελεῖς τὸ πνεῦμα αὐτῶν, καὶ
30 ἐκλείψουσι, καὶ εἰς τὸν χοῦν αὐτῶν ἐπιστρέψουσιν. Ἐξαπο-
στελεῖς τὸ πνεῦμά σου καὶ κτισθήσονται, καὶ ἀνακαινιεῖς τὸ
πρόσωπον τῆς γῆς.

31 Ἤτω ἡ δόξα Κυρίου εἰς τὸν αἰῶνα, εὐφρανθήσεται Κύριος
32 ἐπὶ τοῖς ἔργοις αὐτοῦ· Ὁ ἐπιβλέπων ἐπὶ τὴν γῆν καὶ ποιῶν
33 αὐτὴν τρέμειν, ὁ ἁπτόμενος τῶν ὀρέων καὶ καπνίζονται. Ἄσω
τῷ Κυρίῳ ἐν τῇ ζωῇ μου, ψαλῶ τῷ Θεῷ μου ἕως ὑπάρχω.
34 Ἡδυνθείη αὐτῷ ἡ διαλογή μου, ἐγὼ δὲ εὐφρανθήσομαι ἐπὶ τῷ
35 Κυρίῳ. Ἐκλείποισαν ἁμαρτωλοὶ ἀπὸ τῆς γῆς, καὶ ἄνομοι,
ὥστε μὴ ὑπάρχειν αὐτούς· εὐλόγει ἡ ψυχή μου τὸν Κύριον.

104 (105)   Ἀλληλούϊα.

Ἐξομολογεῖσθε τῷ Κυρίῳ, καὶ ἐπικαλεῖσθε τὸ ὄνομα αὐτοῦ·
2 ἀπαγγείλατε ἐν τοῖς ἔθνεσι τὰ ἔργα αὐτοῦ. Ἄσατε αὐτῷ καὶ
3 ψάλατε αὐτῷ· διηγήσασθε πάντα τὰ θαυμάσια αὐτοῦ. Ἐπαι-
νεῖσθε ἐν τῷ ὀνόματι τῷ ἁγίῳ αὐτοῦ· εὐφρανθήτω καρδία
4 ζητούντων τὸν Κύριον. Ζητήσατε τὸν Κύριον καὶ κραταιώθητε·
5 ζητήσατε τὸ πρόσωπον αὐτοῦ διαπαντός. Μνήσθητε τῶν
θαυμασίων αὐτὸν ὧν ἐποίησε, τὰ τέρατα αὐτοῦ, καὶ τὰ κρίματα
6 τοῦ στόματος αὐτοῦ. Σπέρμα Ἀβραὰμ δοῦλοι αὐτοῦ, υἱοὶ
Ἰακὼβ ἐκλεκτοὶ αὐτοῦ.

7 Αὐτὸς Κύριος ὁ Θεὸς ἡμῶν, ἐν πάσῃ τῇ γῇ τὰ κρίματα αὐτοῦ.
8 Ἐμνήσθη εἰς τὸν αἰῶνα διαθήκης αὐτοῦ, λόγου οὗ ἐνετείλατο
9 εἰς χιλίας γενεάς, ὃν διέθετο τῷ Ἀβραάμ, καὶ τοῦ ὅρκου αὐτοῦ
10 τῷ Ἰσαάκ· Καὶ ἔστησεν αὐτὴν τῷ Ἰακὼβ εἰς πρόσταγμα, καὶ
11 τῷ Ἰσραὴλ εἰς διαθήκην αἰώνιον, λέγων, σοὶ δώσω τὴν γῆν
12 Χαναάν, σχοίνισμα κληρονομίας ὑμῶν. Ἐν τῷ εἶναι αὐτοὺς
13 ἀριθμῷ βραχεῖς, ὀλιγοστοὺς καὶ παροίκους ἐν αὐτῇ, καὶ
διῆλθον ἐξ ἔθνους εἰς ἔθνος, καὶ ἐκ βασιλείας εἰς λαὸν ἕτερον,
14 οὐκ ἀφῆκεν ἄνθρωπον ἀδικῆσαι αὐτούς, καὶ ἤλεγξεν ὑπὲρ αὐ-
15 τῶν βασιλεῖς· Μὴ ἅψησθε τῶν χριστῶν μου, καὶ ἐν τοῖς
16 προφήταις μου μὴ πονηρεύεσθε. Καὶ ἐκάλεσε λιμὸν ἐπὶ τὴν
γῆν, πᾶν στήριγμα ἄρτου συνέτριψεν.

17 Ἀπέστειλεν ἔμπροσθεν αὐτῶν ἄνθρωπον, εἰς δοῦλον ἐπράθη
18 Ἰωσήφ. Ἐταπείνωσαν ἐν πέδαις τοὺς πόδας αὐτοῦ, σίδηρον
19 διῆλθεν ἡ ψυχὴ αὐτοῦ· Μέχρι τοῦ ἐλθεῖν τὸν λόγον αὐτοῦ· τὸ
20 λόγιον τοῦ Κυρίου ἐπύρωσεν αὐτόν. Ἀπέστειλε βασιλεὺς
21 καὶ ἔλυσεν αὐτόν, ἄρχων λαῶν καὶ ἀφῆκεν αὐτόν. Κατέστησεν
αὐτὸν κύριον τοῦ οἴκου αὐτοῦ, καὶ ἄρχοντα πάσης τῆς κτήσεως

wisdom hast thou wrought them all: the
earth is filled with thy creation. ²⁵ *So is*
this great and wide sea: there are things
creeping innumerable, small animals and
great. ²⁶ There go the ships; *and* this
dragon whom thou hast made to play in it.
²⁷ All wait upon thee, to give them *their*
food in due season. ²⁸ When thou hast
given *it* them, they will gather *it ;* and
when thou hast opened thine hand, they
shall all be filled with good. ²⁹ But when
thou hast turned away thy face, they shall
be troubled: thou wilt take away their
breath, and they shall fail, and return to
their dust. ³⁰ Thou shalt send forth thy
Spirit, and they shall be created; and thou
shalt renew the face of the earth.

³¹ Let the glory of the Lord be for ever:
the Lord shall rejoice in his works; ³² who
looks upon the earth, and makes it tremble;
who touches the mountains, and they
smoke. ³³ I will sing to the Lord while I
live; I will sing praise to my God while I
exist. ³⁴ Let my meditation be sweet to
him: and I will rejoice in the Lord. ³⁵ Let
the sinners fail from off the earth, and trans-
gressors, so that they shall be no more.
Bless the Lord, O my soul.

Alleluia.

Give thanks to the Lord, and call upon
his name; declare his works among the
heathen. ² Sing to him, yea, sing praises to
him: tell forth all his wonderful works.
³ Glory in his holy name: let the heart of
them that seek the Lord rejoice. ⁴ Seek ye
the Lord, and be strengthened; seek his
face continually. ⁵ Remember his wonderful
works that he has done; his wonders, and
the judgments of his mouth; ⁶ ye seed of
Abraam, his servants, ye children of Jacob,
his chosen ones.

⁷ He is the Lord our God; his judgments
are in all the earth. ⁸ He has remembered
his covenant for ever, the word which he
commanded for a thousand generations;
⁹ which he established as a covenant to
Abraam, and *he remembered* his oath to
Isaac. ¹⁰ And he established it to Jacob for
an ordinance, and to Israel for an everlast-
ing covenant; ¹¹ saying, To thee will I give
the land of Chanaan, the line of your in-
heritance: ¹² when they were few in num-
ber, very few, and sojourners in it. ¹³ And
they went from nation to nation, and from
one kingdom to another people. ¹⁴ He
suffered no man to wrong them; and he
rebuked kings for their sakes: ¹⁵ *saying*,
Touch not my anointed ones; and do my
prophets no harm. ¹⁶ Moreover he called
for a famine upon the land; he broke the
whole support of bread.

¹⁷ He sent a man before them; Joseph was
sold for a slave. ¹⁸ They β hurt his feet with
fetters; γ his soul passed into iron, ¹⁹ until
the time that his cause came on; the word
of the Lord tried him as fire. ²⁰ The king
sent and loosed him; *even* the prince of the
people, and let him go free. ²¹ He made **him**
Lord over his house, and ruler of all his

β *Gr.* humbled.   γ *Or,* his body, see *Heb.*

substance; [22] to chastise his rulers at his pleasure, and to teach his elders wisdom.

[23] Israel also came into Egypt, and Jacob sojourned in the land of Cham. [24] And he increased his people greatly, and made them stronger than their enemies. [25] And he turned their heart to hate his people, to deal craftily with his servants. [26] He sent forth Moses his servant, *and* Aaron whom he had chosen.

[27] He established among them his signs, and *his* wonders in the land of Cham. [28] He sent forth darkness, and made it dark; yet they β rebelled against his words. [29] He turned their waters into blood, and slew their fish. [30] Their land produced frogs abundantly, in the chambers of their kings. [31] He spoke, and the dog-fly came, and lice in all their coasts. [32] He turned their rain into hail, *and sent* flaming fire in their land. [33] And he smote their vines and their fig-trees; and broke every tree of their coast. [34] He spoke, and the locust came, and cater-pillars innumerable, [35] and devoured all the grass in their land, and devoured the fruit of their ground. [36] He smote also every first-born of their land, the first-fruits of all their labour. [37] And he brought them out with silver and gold; and there was not a feeble one among their tribes. [38] Egypt rejoiced at their departing; for the fear of them fell upon them. [39] He spread out a cloud for a covering to them, and fire to give them light by night. [40] They asked, and the quail came, and he satisfied them with the bread of heaven. [41] He clave the rock, and the waters flowed; rivers ran in dry places.

[42] For he remembered his holy word, which *he promised* to Abraam his servant. [43] And he brought out his people with exultation, and his chosen with joy; [44] and gave them the lands of the heathen; and they inherited the labours of the people; [45] that they might keep his ordinances, and diligently seek his law.

Alleluia.

Give thanks to the Lord; for he is good: for his mercy *endures* for ever. [2] Who shall tell the mighty acts of the Lord? *who* shall cause all his praises to be heard? [3] Blessed are they that keep judgment, and do right-eousness at all times.

[4] Remember us, O Lord, with the favour *thou hast* to thy people: visit us with thy salvation; [5] that we may behold the good of thine elect, that we may rejoice in the gladness of thy nation, that we may glory with thine inheritance.

[6] We have sinned with our fathers, we have transgressed, we have done unright-eously. [7] Our fathers in Egypt understood not thy wonders, and remembered not the multitude of thy mercy; but provoked *him* as they went up by the Red Sea. [8] Yet he saved them for his name's sake, that he

αὐτοῦ, τοῦ παιδεῦσαι τοὺς ἄρχοντας αὐτοῦ ὡς ἑαυτὸν, καὶ τοὺς 22 πρεσβυτέρους αὐτοῦ σοφίσαι.

Καὶ εἰσῆλθεν Ἰσραὴλ εἰς Αἴγυπτον, καὶ Ἰακὼβ παρῴκησεν 23 ἐν γῇ Χάμ. Καὶ ηὔξησε τὸν λαὸν αὐτοῦ σφόδρα, καὶ ἐκρα- 24 ταίωσεν αὐτὸν ὑπὲρ τοὺς ἐχθροὺς αὐτοῦ. Καὶ μετέστρεψε τὴν 25 καρδίαν αὐτῶν τοῦ μισῆσαι τὸν λαὸν αὐτοῦ, τοῦ δολιοῦσθαι ἐν τοῖς δούλοις αὐτοῦ. Ἐξαπέστειλε Μωυσῆν τὸν δοῦλον αὐτοῦ, 26 Ἀαρὼν ὃν ἐξελέξατο αὐτόν.

Ἔθετο ἐν αὐτοῖς τοὺς λόγους τῶν σημείων αὐτοῦ, καὶ τῶν 27 τεράτων ἐν γῇ Χάμ. Ἐξαπέστειλε σκότος καὶ ἐσκότασε, καὶ 28 παρεπίκραναν τοὺς λόγους αὐτοῦ· Μετέστρεψε τὰ ὕδατα αὐ- 29 τῶν εἰς αἷμα, καὶ ἀπέκτεινε τοὺς ἰχθύας αὐτῶν. Ἐξῆρψεν ἡ 30 γῆ αὐτῶν βατράχους, ἐν τοῖς ταμείοις τῶν βασιλέων αὐτῶν. Εἶπε καὶ ἦλθε κυνόμυια, καὶ σκνίπες ἐν πᾶσι τοῖς ὁρίοις αὐτῶν. 31 Ἔθετο τὰς βροχὰς αὐτῶν χάλαζαν, πῦρ καταφλέγον ἐν τῇ γῇ 32 αὐτῶν. Καὶ ἐπάταξε τὰς ἀμπέλους αὐτῶν καὶ τὰς συκᾶς 33 αὐτῶν, καὶ συνέτριψε πᾶν ξύλον ὁρίου αὐτῶν. Εἶπε καὶ ἦλθεν 34 ἀκρὶς, καὶ βροῦχος οὗ οὐκ ἦν ἀριθμὸς, καὶ κατέφαγε πάντα 35 τὸν χόρτον ἐν τῇ γῇ αὐτῶν, καὶ κατέφαγε τὸν καρπὸν τῆς γῆς αὐτῶν. Καὶ ἐπάταξε πᾶν πρωτότοκον ἐκ τῆς γῆς αὐτῶν, ἀπαρ- 36 χὴν παντὸς πόνου αὐτῶν. Καὶ ἐξήγαγεν αὐτοὺς ἐν ἀργυρίῳ 37 καὶ χρυσίῳ, καὶ οὐκ ἦν ἐν ταῖς φυλαῖς αὐτῶν ὁ ἀσθενῶν. Εὐφράνθη Αἴγυπτος ἐν τῇ ἐξόδῳ αὐτῶν, ὅτι ἐπέπεσεν ὁ φόβος 38 αὐτῶν ἐπ᾽ αὐτούς. Διεπέτασε νεφέλην εἰς σκέπην αὐτοῖς, καὶ 39 πῦρ τοῦ φωτίσαι αὐτοῖς τὴν νύκτα. Ἤτησαν, καὶ ἦλθεν 40 ὀρτυγομήτρα, καὶ ἄρτον οὐρανοῦ ἐνέπλησεν αὐτούς. Διέρ- 41 ρηξε πέτραν, καὶ ἐρρύησαν ὕδατα, ἐπορεύθησαν ἐν ἀνύδροις ποταμοί.

Ὅτι ἐμνήσθη τοῦ λόγου τοῦ ἁγίου αὐτοῦ, τοῦ πρὸς Ἀβραὰμ 42 τὸν δοῦλον αὐτοῦ· Καὶ ἐξήγαγε τὸν λαὸν αὐτοῦ ἐν ἀγαλλιάσει, 43 καὶ τοὺς ἐκλεκτοὺς αὐτοῦ ἐν εὐφροσύνῃ· Καὶ ἔδωκεν αὐ- 44 τοῖς χώρας ἐθνῶν, καὶ πόνους λαῶν ἐκληρονόμησαν. Ὅπως 45 ἂν φυλάξωσι τὰ δικαιώματα αὐτοῦ, καὶ τὸν νόμον αὐτοῦ ἐκζητήσωσιν.

Ἀλληλούϊα.　　　105 (106)

Ἐξομολογεῖσθε τῷ Κυρίῳ, ὅτι χρηστὸς, ὅτι εἰς τὸν αἰῶνα τὸ ἔλεος αὐτοῦ. Τίς λαλήσει τὰς δυναστείας τοῦ Κυρίου, 2 ἀκουστὰς ποιήσει πάσας τὰς αἰνέσεις αὐτοῦ; Μακάριοι οἱ 3 φυλάσσοντες κρίσιν, καὶ ποιοῦντες δικαιοσύνην ἐν παντὶ καιρῷ.

Μνήσθητι ἡμῶν Κύριε ἐν τῇ εὐδοκίᾳ τοῦ λαοῦ σου, ἐπί- 4 σκεψαι ἡμᾶς ἐν τῷ σωτηρίῳ σου· τοῦ ἰδεῖν ἐν τῇ χρηστότητι 5 τῶν ἐκλεκτῶν σου, τοῦ εὐφρανθῆναι ἐν τῇ εὐφροσύνῃ τοῦ ἔθνους σου, τοῦ ἐπαινεῖσθαι μετὰ τῆς κληρονομίας σου.

Ἡμάρτομεν μετὰ τῶν πατέρων ἡμῶν, ἠνομήσαμεν, ἠδικήσα- 6 μεν. Οἱ πατέρες ἡμῶν ἐν Αἰγύπτῳ οὐ συνῆκαν τὰ θαυμάσιά 7 σου, καὶ οὐκ ἐμνήσθησαν τοῦ πλήθους τοῦ ἐλέους σου· καὶ παρεπίκραναν ἀναβαίνοντες ἐν τῇ ἐρυθρᾷ θαλάσσῃ. Καὶ 8 ἔσωσεν αὐτοὺς ἕνεκεν τοῦ ὀνόματος αὐτοῦ, τοῦ γνωρίσαι τὴν

β Gr. embittered.

9 δυναστείαν αὐτοῦ. Καὶ ἐπετίμησε τῇ ἐρυθρᾷ θαλάσσῃ, καὶ
10 ἐξηράνθη· καὶ ὡδήγησεν αὐτοὺς ἐν ἀβύσσῳ ὡς ἐν ἐρήμῳ· Καὶ
ἔσωσεν αὐτοὺς ἐκ χειρὸς μισούντων, καὶ ἐλυτρώσατο αὐτοὺς
11 ἐκ χειρὸς ἐχθροῦ. Ἐκάλυψεν ὕδωρ τοὺς θλίβοντας αὐτούς, εἷς
12 ἐξ αὐτῶν οὐχ ὑπελείφθη. Καὶ ἐπίστευσαν τοῖς λόγοις αὐτοῦ,
13 καὶ ᾔνεσαν τὴν αἴνεσιν αὐτοῦ. Ἐτάχυναν, ἐπελάθοντο τῶν
14 ἔργων αὐτοῦ, οὐχ ὑπέμειναν τὴν βουλὴν αὐτοῦ. Καὶ ἐπεθύμη-
σαν ἐπιθυμίαν ἐν τῇ ἐρήμῳ, καὶ ἐπείρασαν τὸν Θεὸν ἐν ἀνύδρῳ.
15 Καὶ ἔδωκεν αὐτοῖς τὸ αἴτημα αὐτῶν, καὶ ἐξαπέστειλε πλησμο-
νὴν εἰς τὴν ψυχὴν αὐτῶν.

16 Καὶ παρώργισαν Μωυσῆν ἐν τῇ παρεμβολῇ, καὶ Ἀαρὼν
17 τὸν ἅγιον Κυρίου. Ἠνοίχθη ἡ γῆ καὶ κατέπιε Δαθὰν, καὶ
18 ἐκάλυψεν ἐπὶ τὴν συναγωγὴν Ἀβειρών. Καὶ ἐξεκαύθη πῦρ
ἐν τῇ συναγωγῇ αὐτῶν, καὶ φλὸξ κατέφλεξεν ἁμαρτωλούς.

19 Καὶ ἐποίησαν μόσχον ἐν Χωρὴβ, καὶ προσεκύνησαν τῷ
20 γλυπτῷ· Καὶ ἠλλάξαντο τὴν δόξαν αὐτῶν ἐν ὁμοιώματι μόσ-
21 χου ἔσθοντος χόρτου. Ἐπελάθοντο τοῦ Θεοῦ τοῦ σώζοντος
22 αὐτοὺς, τοῦ ποιήσαντος μεγάλα ἐν Αἰγύπτῳ, θαυμαστὰ ἐν γῇ
23 Χὰμ, καὶ φοβερὰ ἐπὶ θαλάσσης ἐρυθρᾶς. Καὶ εἶπε τοῦ ἐξο-
λοθρεῦσαι αὐτοὺς, εἰ μὴ Μωυσῆς ὁ ἐκλεκτὸς αὐτοῦ ἔστη ἐν τῇ
θραύσει ἐνώπιον αὐτοῦ, τοῦ ἀποστρέψαι ἀπὸ θυμοῦ ὀργῆς
αὐτοῦ, τοῦ μὴ ἐξολοθρεῦσαι.

24 Καὶ ἐξουδένωσαν γῆν ἐπιθυμητὴν, καὶ οὐκ ἐπίστευσαν τῷ
25 λόγῳ αὐτοῦ. Καὶ ἐγόγγυσαν ἐν τοῖς σκηνώμασιν αὐτῶν, οὐκ
26 εἰσήκουσαν τῆς φωνῆς Κυρίου. Καὶ ἐπῆρε τὴν χεῖρα αὐτοῦ
27 ἐπ᾽ αὐτοὺς, τοῦ καταβαλεῖν αὐτοὺς ἐν τῇ ἐρήμῳ, καὶ τοῦ κατα-
βαλεῖν τὸ σπέρμα αὐτῶν ἐν τοῖς ἔθνεσι, καὶ διασκορπίσαι
αὐτοὺς ἐν ταῖς χώραις.

28 Καὶ ἐτελέσθησαν τῷ Βεελφεγώρ, καὶ ἔφαγον θυσίας νεκρῶν.
29 Καὶ παρώξυναν αὐτὸν ἐν τοῖς ἐπιτηδεύμασιν αὐτῶν, καὶ ἐπλη-
30 θύνθη ἐν αὐτοῖς ἡ πτῶσις. Καὶ ἔστη Φινεὲς καὶ ἐξιλάσατο,
31 καὶ ἐκόπασεν ἡ θραῦσις. Καὶ ἐλογίσθη αὐτῷ εἰς δικαιοσύνην,
εἰς γενεὰν καὶ γενεὰν ἕως τοῦ αἰῶνος.

32 Καὶ παρώργισαν αὐτὸν ἐπὶ ὕδατος ἀντιλογίας, καὶ ἐκακώθη
33 Μωυσῆς δι᾽ αὐτούς· Ὅτι παρεπίκραναν τὸ πνεῦμα αὐτοῦ, καὶ
διέστειλεν ἐν τοῖς χείλεσιν αὐτοῦ.

34, 35 Οὐκ ἐξωλόθρευσαν τὰ ἔθνη ἃ εἶπε Κύριος αὐτοῖς. Καὶ
36 ἐμίγησαν ἐν τοῖς ἔθνεσι, καὶ ἔμαθον τὰ ἔργα αὐτῶν. Καὶ
ἐδούλευσαν τοῖς γλυπτοῖς αὐτῶν, καὶ ἐγενήθη αὐτοῖς εἰς σκάν-
37 δαλον. Καὶ ἔθυσαν τοὺς υἱοὺς αὐτῶν καὶ τὰς θυγατέρας αὐ-
38 τῶν τοῖς δαιμονίοις, καὶ ἐξέχεαν αἷμα ἀθῶον, αἷμα υἱῶν αὐτῶν
καὶ θυγατέρων, ὧν ἔθυσαν τοῖς γλυπτοῖς Χαναάν· καὶ ἐφονο-
39 κτονήθη ἡ γῆ ἐν τοῖς αἵμασι, καὶ ἐμιάνθη ἐν τοῖς ἔργοις αὐτῶν·
καὶ ἐπόρνευσαν ἐν τοῖς ἐπιτηδεύμασιν αὐτῶν.

40 Καὶ ὠργίσθη θυμῷ Κύριος ἐπὶ τὸν λαὸν αὐτοῦ, καὶ ἐβδελύ-
41 ξατο τὴν κληρονομίαν αὐτοῦ. Καὶ παρέδωκεν αὐτοὺς εἰς

might cause his mighty power to be known.
[9] And he rebuked the Red Sea, and it was dried up: so he led them through the deep as through the wilderness. [10] And he saved them out of the hand of them that hated *them*, and redeemed them out of the hand of the enemy. [11] The water covered those that oppressed them: there was not one of them left. [12] Then they believed his words, and celebrated his praise. [13] They made haste, they forgot his works; they waited not for his counsel. [14] And they lusted exceedingly in the wilderness, and tempted God in the dry *land*. [15] And he gave them their request, and sent fulness into their souls.

[16] They provoked Moses also in the camp, and Aaron the holy one of the Lord. [17] The earth opened and swallowed up Dathan, and closed upon the congregation of Abiron. [18] And a fire was kindled in their congregation, and a flame burnt up the sinners.

[19] And they made a calf in Choreb, and worshipped the graven image, [20] and they changed their glory into the similitude of a calf that feeds on grass. [21] They forgot God that saved them, who had wrought great deeds in Egypt; [22] wondrous *works* in the land of Cham, and terrible things at the Red Sea. [23] So he said that he would have destroyed them, had not Moses his chosen stood before him in the breach, to turn *him* away from the fierceness of his anger, so that he should not destroy them.

[24] Moreover they set at nought the desirable land, and believed not his word. [25] And they murmured in their tents: they hearkened not to the voice of the Lord. [26] So he lifted up his hand against them, to cast them down in the wilderness; [27] and to cast down their seed among the nations, and to scatter them in the countries.

[28] They were joined also to Beelphegor, and ate the sacrifices of the dead. And they provoked him with their devices; [29] and destruction was multiplied among them. [30] Then Phinees stood up, and made atonement: and the plague ceased. [31] And it was counted to him for righteousness, to all generations for ever.

[32] They provoked him also at the water of Strife, and Moses was hurt for their sakes; [33] for they provoked his spirit, and he β spoke *unadvisedly* with his lips.

[34] They destroyed not the nations which the Lord told them to *destroy*; [35] but were mingled with the heathen, and learned their works. [36] And they served their graven images; and it became an offence to them. [37] And they sacrificed their sons and their daughters to devils, [38] and shed innocent blood, the blood of their sons and daughters, whom they sacrificed to the idols of Chanaan; and the land was γ defiled with blood, [39] and was polluted with their works; and they went a whoring with their own devices.

[40] So the Lord was very angry with his people, and he abhorred his inheritance. [41] And he delivered them into the hands of

---

β *Or*, gave commandment.   γ *Or*, murderously defiled.

their enemies; and they that hated them ruled over them. ⁴²And their enemies oppressed them, and they were brought down under their hands. ⁴³Many a time he delivered them; but they provoked him by their counsel, and they were brought low by their iniquities. ⁴⁴Yet the Lord looked upon their affliction, when he heard their petition. ⁴⁵And he remembered his covenant, and repented according to the multitude of his mercy. ⁴⁶And he caused them to be pitied in the sight of all who carried them captive.

⁴⁷Save us, O Lord our God, and gather us from among the heathen, that we may give thanks to thy holy name, that we may glory in thy praise. ⁴⁸Blessed be the Lord God of Israel from everlasting and to everlasting; and all the people shall say, Amen, Amen.

Alleluia.

Give thanks to the Lord, for he is good; for his mercy *endures* for ever. ²Let them say *so* who have been redeemed by the Lord, whom he has redeemed from the hand of the enemy; ³and gathered them out of the countries, from the east, and west, and north, and β south.

⁴They wandered in the wilderness in a dry land; they found no way to a city of habitation. ⁵Hungry and thirsty, their soul fainted in them. ⁶Then they cried to the Lord in their affliction, and he delivered them out of their distresses. ⁷And he guided them into a straight path, that they might go to a city of habitation.

⁸Let them acknowledge to the Lord his mercies, and his wonderful works to the children of men. ⁹For he satisfies the empty soul, and fills the hungry *soul* with good things, ¹⁰*even* them that sit in darkness and the shadow of death, fettered in poverty and iron; ¹¹because they γ rebelled against the words of God, and provoked the counsel of the Most High. ¹²So their heart was brought low with troubles; they were weak, and there was no helper. ¹³Then they cried to the Lord in their affliction, and he saved them out of their distresses. ¹⁴And he brought them out of darkness and the shadow of death, and broke their bonds asunder.

¹⁵Let them acknowledge to the Lord his mercies, and his wonders to the children of men. ¹⁶For he broke to pieces the brazen gates, and crushed the iron bars.

¹⁷δ He helped them out of the way of their iniquity; for they were brought low because of their iniquities. ¹⁸Their soul abhorred all meat; and they drew near to the gates of death. ¹⁹Then they cried to the Lord in their affliction, and he saved them out of their distresses. ²⁰He sent his word, and healed them, and delivered them out of their destructions.

²¹Let them acknowledge to the Lord his mercies, and his wonderful works to the children of men. ²²And let them offer to him the sacrifice of praise, and proclaim his works with exultation.

χεῖρας ἐχθρῶν, καὶ ἐκυρίευσαν αὐτῶν οἱ μισοῦντες αὐτούς. Καὶ ἔθλιψαν αὐτοὺς οἱ ἐχθροὶ αὐτῶν, καὶ ἐταπεινώθησαν ὑπὸ 42 τὰς χεῖρας αὐτῶν. Πλεονάκις ἐρρύσατο αὐτούς, αὐτοὶ δὲ 43 παρεπίκραναν αὐτὸν ἐν τῇ βουλῇ αὐτῶν· καὶ ἐταπεινώθησαν ἐν ταῖς ἀνομίαις αὐτῶν. Καὶ εἶδε Κύριος ἐν τῷ θλίβεσθαι αὐτούς, 44 ἐν τῷ αὐτὸν εἰσακοῦσαι τῆς δεήσεως αὐτῶν. Καὶ ἐμνήσθη 45 τῆς διαθήκης αὐτοῦ, καὶ μετεμελήθη κατὰ τὸ πλῆθος τοῦ ἐλέους αὐτοῦ. Καὶ ἔδωκεν αὐτοὺς εἰς οἰκτιρμοὺς ἐναντίον πάντων τῶν 46 αἰχμαλωτευσάντων αὐτούς.

Σῶσον ἡμᾶς Κύριε ὁ Θεὸς ἡμῶν, καὶ ἐπισυνάγαγε ἡμᾶς ἐκ 47 τῶν ἐθνῶν, τοῦ ἐξομολογήσασθαι τῷ ὀνόματί σου τῷ ἁγίῳ, τοῦ ἐγκαυχᾶσθαι ἐν τῇ αἰνέσει σου. Εὐλογητὸς Κύριος ὁ Θεὸς 48 Ἰσραήλ, ἀπὸ τοῦ αἰῶνος καὶ ἕως τοῦ αἰῶνος· καὶ ἐρεῖ πᾶς ὁ λαός, γένοιτο, γένοιτο.

Ἀλληλούϊα.   **106 (107)**

Ἐξομολογεῖσθε τῷ Κυρίῳ, ὅτι χρηστός, ὅτι εἰς τὸν αἰῶνα τὸ ἔλεος αὐτοῦ. Εἰπάτωσαν οἱ λελυτρωμένοι ὑπὸ Κυρίου, οὓς 2 ἐλυτρώσατο ἐκ χειρὸς ἐχθροῦ, καὶ ἐκ τῶν χωρῶν συνήγαγεν 3 αὐτούς· ἀπὸ ἀνατολῶν, καὶ δυσμῶν, καὶ Βορρᾶ, καὶ θαλάσσης.

Ἐπλανήθησαν ἐν τῇ ἐρήμῳ ἐν ἀνύδρῳ· ὁδὸν πόλεως κατοι- 4 κητηρίου οὐχ εὗρον· Πεινῶντες καὶ διψῶντες, ἡ ψυχὴ αὐτῶν 5 ἐν αὐτοῖς ἐξέλιπε. Καὶ ἐκέκραξαν πρὸς Κύριον ἐν τῷ θλίβε- 6 σθαι αὐτούς, καὶ ἐκ τῶν ἀναγκῶν αὐτῶν ἐρρύσατο αὐτούς· Καὶ ὡδήγησεν αὐτοὺς εἰς ὁδὸν εὐθεῖαν, τοῦ πορευθῆναι εἰς 7 πόλιν κατοικητηρίου.

Ἐξομολογησάσθωσαν τῷ Κυρίῳ τὰ ἐλέη αὐτοῦ, καὶ τὰ 8 θαυμάσια αὐτοῦ τοῖς υἱοῖς τῶν ἀνθρώπων. Ὅτι ἐχόρτασε 9 ψυχὴν κενήν, καὶ πεινῶσαν ἐνέπλησεν ἀγαθῶν. Καθημένους 10 ἐν σκότει καὶ σκιᾷ θανάτου, πεπεδημένους ἐν πτωχείᾳ καὶ σιδήρῳ· Ὅτι παρεπίκραναν τὰ λόγια τοῦ Θεοῦ, καὶ τὴν βου- 11 λὴν τοῦ ὑψίστου παρώξυναν· Καὶ ἐταπεινώθη ἐν κόποις ἡ 12 καρδία αὐτῶν, ἠσθένησαν καὶ οὐκ ἦν ὁ βοηθῶν. Καὶ ἐκέκρα- 13 ξαν πρὸς Κύριον ἐν τῷ θλίβεσθαι αὐτούς, καὶ ἐκ τῶν ἀναγκῶν αὐτῶν ἔσωσεν αὐτούς. Καὶ ἐξήγαγεν αὐτοὺς ἐκ σκότους καὶ 14 σκιᾶς θανάτου, καὶ τοὺς δεσμοὺς αὐτῶν διέρρηξεν.

Ἐξομολογησάσθωσαν τῷ Κυρίῳ τὰ ἐλέη αὐτοῦ, καὶ τὰ 15 θαυμάσια αὐτοῦ τοῖς υἱοῖς τῶν ἀνθρώπων. Ὅτι συνέτριψε 16 πύλας χαλκᾶς, καὶ μοχλοὺς σιδηροὺς συνέθλασεν.

Ἀντελάβετο αὐτῶν ἐξ ὁδοῦ ἀνομίας αὐτῶν, διὰ γὰρ τὰς 17 ἀνομίας αὐτῶν ἐταπεινώθησαν. Πᾶν βρῶμα ἐβδελύξατο ἡ 18 ψυχὴ αὐτῶν, καὶ ἤγγισαν ἕως τῶν πυλῶν τοῦ θανάτου. Καὶ 19 ἐκέκραξαν πρὸς Κύριον ἐν τῷ θλίβεσθαί αὐτούς, καὶ ἐκ τῶν ἀναγκῶν αὐτῶν ἔσωσεν αὐτούς. Ἀπέστειλε τὸν λόγον αὐτοῦ, 20 καὶ ἰάσατο αὐτούς, καὶ ἐρρύσατο αὐτοὺς ἐκ τῶν διαφθορῶν αὐτῶν.

Ἐξομολογησάσθωσαν τῷ Κυρίῳ τὰ ἐλέη αὐτοῦ, καὶ τὰ 21 θαυμάσια αὐτοῦ τοῖς υἱοῖς τῶν ἀνθρώπων· Καὶ θυσάτωσαν 22 αὐτῷ θυσίαν αἰνέσεως, καὶ ἐξαγγειλάτωσαν τὰ ἔργα αὐτοῦ ἐν ἀγαλλιάσει.

β *Gr.* sea.   γ *Gr.* embittered the oracles.   δ See the Hebrew.

23 Οἱ καταβαίνοντες εἰς θάλασσαν ἐν πλοίοις, ποιοῦντες ἐρ-
24 γασίαν ἐν ὕδασι πολλοῖς, αὐτοὶ εἶδον τὰ ἔργα Κυρίου, καὶ
25 τὰ θαυμάσια αὐτοῦ ἐν τῷ βυθῷ. Εἶπε, καὶ ἔστη πνεῦμα
26 καταιγίδος, καὶ ὑψώθη τὰ κύματα αὐτῆς. Ἀναβαίνουσιν ἕως
τῶν οὐρανῶν, καὶ καταβαίνουσιν ἕως τῶν ἀβύσσων· ἡ ψυχὴ
27 αὐτῶν ἐν κακοῖς ἐτήκετο, ἐταράχθησαν, ἐσαλεύθησαν ὡς
28 ὁ μεθύων, καὶ πᾶσα ἡ σοφία αὐτῶν κατεπόθη. Καὶ ἐκέκραξαν
πρὸς Κύριον ἐν τῷ θλίβεσθαι αὐτούς, καὶ ἐκ τῶν ἀναγκῶν
29 αὐτῶν ἐξήγαγεν αὐτούς. Καὶ ἐπέταξε τῇ καταιγίδι, καὶ ἔστη
30 εἰς αὔραν, καὶ ἐσίγησαν τὰ κύματα αὐτῆς. Καὶ εὐφράνθησαν,
ὅτι ἡσύχασαν, καὶ ὡδήγησεν αὐτοὺς ἐπὶ λιμένα θελήματος
αὐτῶν.

31 Ἐξομολογησάσθωσαν τῷ Κυρίῳ τὰ ἐλέη αὐτοῦ, καὶ τὰ
32 θαυμάσια αὐτοῦ τοῖς υἱοῖς τῶν ἀνθρώπων. Ὑψωσάτωσαν
αὐτὸν ἐν ἐκκλησίᾳ λαοῦ, καὶ ἐν καθέδρᾳ πρεσβυτέρων αἰνε-
σάτωσαν αὐτόν.

33 Ἔθετο ποταμοὺς εἰς ἔρημον, καὶ διεξόδους ὑδάτων εἰς δίψαν·
34 Γῆν καρποφόρον εἰς ἅλμην, ἀπὸ κακίας τῶν κατοικούντων ἐν
35 αὐτῇ. Ἔθετο ἔρημον εἰς λίμνας ὑδάτων, καὶ γῆν ἄνυδρον εἰς
36 διεξόδους ὑδάτων. Καὶ κατῴκισεν ἐκεῖ πεινῶντας, καὶ συνεστή-
37 σαντο πόλεις κατοικεσίας· Καὶ ἔσπειραν ἀγρούς, καὶ ἐφύ-
38 τευσαν ἀμπελῶνας, καὶ ἐποίησαν καρπὸν γεννήματος. Καὶ
εὐλόγησεν αὐτούς, καὶ ἐπληθύνθησαν σφόδρα, καὶ τὰ κτήνη
39 αὐτῶν οὐκ ἐσμίκρυνε. Καὶ ὠλιγώθησαν καὶ ἐκακώθησαν ἀπὸ
40 θλίψεως κακῶν καὶ ὀδύνης. Ἐξεχύθη ἐξουδένωσις ἐπ' ἄρχον-
41 τας αὐτῶν, καὶ ἐπλάνησεν αὐτοὺς ἐν ἀβάτῳ καὶ οὐχ ὁδῷ. Καὶ
ἐβοήθησε πένητι ἐκ πτωχείας, καὶ ἔθετο ὡς πρόβατα πατριάς·
42 Ὄψονται εὐθεῖς καὶ εὐφρανθήσονται, καὶ πᾶσα ἀνομία ἐμφράξει
43 τὸ στόμα αὐτῆς. Τίς σοφὸς καὶ φυλάξει ταῦτα, καὶ συνήσει
τὰ ἐλέη τοῦ Κυρίου;

107 (108)   Ὠδὴ ψαλμοῦ τῷ Δαυίδ.

Ἑτοίμη ἡ καρδία μου ὁ Θεός, ἑτοίμη ἡ καρδία μου, ᾄσομαι
2 καὶ ψαλῶ ἐν τῇ δόξῃ μου. Ἐξεγέρθητι ψαλτήριον καὶ κιθάρα,
3 ἐξεγερθήσομαι ὄρθρου. Ἐξομολογήσομαί σοι ἐν λαοῖς Κύριε,
4 ψαλῶ σοι ἐν ἔθνεσιν. Ὅτι μέγα ἐπάνω τῶν οὐρανῶν τὸ ἔλεός
5 σου, καὶ ἕως τῶν νεφελῶν ἡ ἀλήθειά σου. Ὑψώθητι ἐπὶ τοὺς
6 οὐρανοὺς ὁ Θεός, καὶ ἐπὶ πᾶσαν τὴν γῆν ἡ δόξα σου. Ὅπως
ἂν ῥυσθῶσιν οἱ ἀγαπητοί σου, σῶσον τῇ δεξιᾷ σου, καὶ ἐπά-
7 κουσόν μου. Ὁ Θεὸς ἐλάλησεν ἐν τῷ ἁγίῳ αὐτοῦ, ὑψωθήσομαι
καὶ διαμεριῶ Σίκιμα, καὶ τὴν κοιλάδα τῶν σκηνῶν διαμετρήσω.
8 Ἐμός ἐστι Γαλαάδ, καὶ ἐμός ἐστι Μανασσῆς, καὶ Ἐφραίμ
9 ἀντίληψις τῆς κεφαλῆς μου· Ἰούδας βασιλεύς μου, Μωὰβ
λέβης τῆς ἐλπίδος μου· ἐπὶ τὴν Ἰδουμαίαν ἐπιβαλῶ τὸ ὑπό-
δημά μου, ἐμοὶ ἀλλόφυλοι ὑπετάγησαν.

10 Τίς ἀπάξει με εἰς πόλιν περιοχῆς; ἢ τίς ὁδηγήσει με ἕως
11 τῆς Ἰδουμαίας; Οὐχὶ σὺ ὁ Θεὸς ὁ ἀπωσάμενος ἡμᾶς; καὶ

23 They that go down to the sea in ships, doing business in many waters; 24 these men have seen the works of the Lord, and his wonders in the deep. 25 He speaks, and the stormy wind arises, and its waves are lifted up. 26 They go up to the heavens, and go down to the depths; their soul melts because of troubles. 27 They are troubled, they stagger as a drunkard, and all their wisdom is swallowed up. 28 Then they cry to the Lord in their affliction, and he brings them out of their distresses. 29 And he commands the storm, and it is calmed into a gentle breeze, and its waves are still. 30 And they are glad, because they are quiet; and he guides them to their desired haven.

31 Let them acknowledge to the Lord his mercies, and his wonderful works to the children of men. 32 Let them exalt him in the congregation of the people, and praise him in the seat of the elders.

33 He turns rivers into a desert, and streams of β water into γ a dry land; 34 a fruitful land into saltness, for the wickedness of them that dwell in it. 35 He turns a wilderness into pools of water, and a dry land into streams of water. 36 And there he causes the hungry to dwell, and they establish for themselves cities of habitation. 37 And they sow fields, and plant vineyards, and they yield fruit of increase. 38 And he blesses them, and they multiply exceedingly, and he diminishes not the number of their cattle. 39 Again they become few, and are brought low, by the pressure of evils and pain. 40 Contempt is poured upon their princes, and he causes them to wander in a desert and trackless land. 41 But he helps the poor out of poverty, and makes him families as a flock. 42 The upright shall see and rejoice; and all iniquity shall stop her mouth. 43 Who is wise, and will observe these things, and understand the mercies of the Lord?

Song of a Psalm by David.

O God, my heart is ready, my heart is ready; I will sing and sing psalms with my glory. 2 Awake, psaltery and harp; I will awake early. 3 I will give thanks to thee, O Lord, among the people; I will sing praise to thee among the Gentiles. 4 For thy mercy is great above the heavens, and thy truth reaches to the clouds. 5 Be thou exalted, O God, above the heavens; and thy glory above all the earth. 6 That thy beloved ones may be delivered, save with thy right hand, and hear me. God has spoken in his sanctuary; 7 I will be exalted, and will divide Sicima, and will measure out the valley of tents. 8 Galaad is mine; and Manasses is mine; and Ephraim is the help of mine head; Judas is my king; 9 Moab is the caldron of my hope; over Idumea will I cast my sandal; the Philistines are made subject to me.

10 Who will bring me into the fortified city? or who will guide me to Idumea? 11 Wilt not thou, O God, who hast rejected us? and wilt not thou, O God, go forth

with our hosts? [12] Give us help from tribulation: for vain is the help of man. [13] Through God we shall β do valiantly; and he will bring to nought our enemies.

For the end, a Psalm of David.

O God, pass not over my praise in silence; [2] for the mouth of the sinner and the mouth of the crafty *man* have been opened against me: they have spoken against me with a crafty tongue. [3] And they have compassed me with words of hatred; and fought against me without a cause. [4] γ Instead of loving me, they falsely accused me: but I continued to pray. [5] And they rewarded me evil for good, and hatred for my love.

[6] Set thou a sinner against him; and let δ the devil stand at his right hand. [7] When he is judged, let him go forth condemned: and let his prayer become sin. [8] Let his days be few: and ϛ let another take his office of overseer. [9] Let his children be orphans, and his wife a widow. [10] Let his children wander without a dwelling-place, and beg: let them be cast out of their habitations. [11] Let *his* creditor exact all that belongs to him: and let strangers spoil his labours. [12] Let him have no helper; neither let there be any one to have compassion on his fatherless children. [13] Let his children be *given up* to utter destruction: in one generation let his name be blotted out. [14] Let the iniquity of his fathers be remembered before the Lord; and let not the sin of his mother be blotted out. [15] Let them be before the Lord continually; and let their memorial be blotted out from the earth.

[16] Because he remembered not to shew mercy, but persecuted the needy and poor man, and *that* to slay him that was pricked in the heart. [17] He loved cursing also, and it shall come upon him; and he took not pleasure in blessing, so it shall be removed far from him. [18] Yea, he put on cursing as a garment, and it is come as water into his bowels, and as oil into his bones. [19] Let it be to him as a garment which he puts on, and as a girdle with which he girds himself continually. [20] This is the dealing of the Lord with those who falsely accuse me, and of them that speak evil against my soul.

[21] But thou, O Lord, Lord, deal *mercifully* with me, for thy name's sake: for thy mercy is good. [22] Deliver me, for I am poor and needy; and my heart is troubled within me. [23] I am removed as a shadow in its going down: I am tossed up and down like locusts. [24] My knees are weakened through fasting, and my flesh is changed by reason of *the want of* oil. [25] I became also a reproach to them: *when* they saw me they shook their heads.

[26] Help me, O Lord my God; and save me according to thy mercy. [27] And let them know that this is thy hand; and *that* thou, Lord, hast wrought it. [28] Let them curse, but thou shalt bless: let them that rise up against me be ashamed, but let thy servant rejoice. [29] Let those that falsely accuse me be clothed with shame, and let them cover

οὐκ ἐξελεύσῃ ὁ Θεὸς ἐν ταῖς δυνάμεσιν ἡμῶν; Δὸς ἡμῖν βοή- 12 θειαν ἐκ θλίψεως, καὶ ματαία σωτηρία ἀνθρώπου. Ἐν τῷ Θεῷ 13 ποιήσομεν δύναμιν, καὶ αὐτὸς ἐξουδενώσει τοὺς ἐχθροὺς ἡμῶν.

Εἰς τὸ τέλος, ψαλμὸς τῷ Δαυίδ.   108 (109)

Ὁ Θεὸς τὴν αἴνεσίν μου μὴ παρασιωπήσῃς, ὅτι στόμα 2 ἁμαρτωλοῦ καὶ στόμα δολίου ἐπ᾽ ἐμὲ ἠνοίχθη· ἐλάλησαν κατ᾽ ἐμοῦ γλώσσῃ δολίᾳ, καὶ λόγοις μίσους ἐκύκλωσάν με, καὶ 3 ἐπολέμησάν με δωρεάν. Ἀντὶ τοῦ ἀγαπᾶν με, ἐνδιέβαλλόν με, 4 ἐγὼ δὲ προσηυχόμην. Καὶ ἔθεντο κατ᾽ ἐμοῦ κακὰ ἀντὶ ἀγαθῶν, 5 καὶ μῖσος ἀντὶ τῆς ἀγαπήσεώς μου.

Κατάστησον ἐπ᾽ αὐτὸν ἁμαρτωλὸν, καὶ διάβολος στήτω ἐκ 6 δεξιῶν αὐτοῦ. Ἐν τῷ κρίνεσθαι αὐτὸν, ἐξέλθοι καταδεδικασμέ- 7 νος, καὶ ἡ προσευχὴ αὐτοῦ γενέσθω εἰς ἁμαρτίαν. Γενηθήτω- 8 σαν αἱ ἡμέραι αὐτοῦ ὀλίγαι, καὶ τὴν ἐπισκοπὴν αὐτοῦ λάβοι ἕτερος. Γενηθήτωσαν οἱ υἱοὶ αὐτοῦ ὀρφανοὶ, καὶ ἡ γυνὴ αὐτοῦ 9 χήρα. Σαλευόμενοι μεταναστήτωσαν οἱ υἱοὶ αὐτοῦ, καὶ ἐπαι- 10 τησάτωσαν, ἐκβληθήτωσαν ἐκ τῶν οἰκοπέδων αὐτῶν. Ἐξερευ- 11 νησάτω δανειστὴς πάντα ὅσα ὑπάρχει αὐτῷ, καὶ διαρπασάτωσαν ἀλλότριοι τοὺς πόνους αὐτοῦ. Μὴ ὑπαρξάτω αὐτῷ ἀντιλήπτωρ, 12 μηδὲ γενηθήτω οἰκτίρμων τοῖς ὀρφανοῖς αὐτοῦ. Γενηθήτω τὰ 13 τέκνα αὐτοῦ εἰς ἐξολόθρευσιν, ἐν γενεᾷ μιᾷ ἐξαλειφθείη τὸ ὄνομα αὐτοῦ. Ἀναμνησθείη ἡ ἀνομία τῶν πατέρων αὐτοῦ 14 ἔναντι Κυρίου, καὶ ἡ ἁμαρτία τῆς μητρὸς αὐτοῦ μὴ ἐξαλειφθείη. Γενηθήτωσαν ἐναντίον Κυρίου διαπαντὸς, καὶ ἐξολοθρευθείη ἐκ 15 γῆς τὸ μνημόσυνον αὐτῶν·

Ἀνθ᾽ ὧν οὐκ ἐμνήσθη ποιῆσαι ἔλεος, καὶ κατεδίωξεν ἄνθρω- 16 πον πένητα καὶ πτωχὸν, καὶ κατανενυγμένον τῇ καρδίᾳ τοῦ θανατῶσαι. Καὶ ἠγάπησε κατάραν, καὶ ἥξει αὐτῷ, καὶ οὐκ 17 ἠθέλησεν εὐλογίαν, καὶ μακρυνθήσεται ἀπ᾽ αὐτοῦ. Καὶ ἐνεδύ- 18 σατο κατάραν ὡς ἱμάτιον, καὶ εἰσῆλθεν ὡσεὶ ὕδωρ εἰς τὰ ἔγκατα αὐτοῦ, καὶ ὡσεὶ ἔλαιον ἐν τοῖς ὀστέοις αὐτοῦ. Γενηθήτω 19 αὐτῷ ὡς ἱμάτιον ὃ περιβάλλεται, καὶ ὡσεὶ ζώνη ἣν διαπαντὸς περιζώννυται. Τοῦτο τὸ ἔργον τῶν ἐνδιαβαλλόντων με παρὰ 20 Κυρίου, καὶ τῶν λαλούντων πονηρὰ κατὰ τῆς ψυχῆς μου.

Καὶ σὺ Κύριε Κύριε ποίησον μετ᾽ ἐμοῦ ἕνεκεν τοῦ ὀνό- 21 ματός σου, ὅτι χρηστὸν τὸ ἔλεός σου. Ῥῦσαί με ὅτι πτωχὸς 22 καὶ πένης εἰμὶ ἐγὼ, καὶ ἡ καρδία μου τετάρακται ἐντός μου. Ὡσεὶ σκιὰ ἐν τῷ ἐκκλῖναι αὐτὴν ἀντανῃρέθην, ἐξετινάχθην ὡσεὶ 23 ἀκρίδες. Τὰ γόνατά μου ἠσθένησαν ἀπὸ νηστείας, καὶ ἡ σάρξ 24 μου ἠλλοιώθη δι᾽ ἔλαιον. Κἀγὼ ἐγενήθην ὄνειδος αὐτοῖς· εἴδο- 25 σάν με, ἐσάλευσαν κεφαλὰς αὐτῶν.

Βοήθησόν μοι Κύριε ὁ Θεός μου, καὶ σῶσόν με κατὰ τὸ 26 ἔλεός σου. Καὶ γνώτωσαν ὅτι ἡ χείρ σου αὕτη, καὶ σὺ Κύριε 27 ἐποίησας αὐτήν. Καταράσονται αὐτοὶ, καὶ σὺ εὐλογήσεις· οἱ 28 ἐπανιστάμενοί μοι αἰσχυνθήτωσαν, ὁ δὲ δοῦλός σου εὐφρανθή- σεται. Ἐνδυσάσθωσαν οἱ ἐνδιαβάλλοντές με ἐντροπήν· καὶ 29

β Gr. work power.   γ Or, In return for my love.   δ Or, the accuser.   ζ Acts 1. 20.

30 περιβαλέσθωσαν ὡς διπλοΐδα αἰσχύνην αὐτῶν. Ἐξομολογή-
σομαι τῷ Κυρίῳ σφόδρα ἐν τῷ στόματί μου, καὶ ἐν μέσῳ
31 πολλῶν αἰνέσω αὐτόν· Ὅτι παρέστη ἐκ δεξιῶν πένητος, τοῦ
σῶσαι ἐκ τῶν καταδιωκόντων τὴν ψυχήν μου.

109 (110) Ψαλμὸς τῷ Δαυίδ.

Εἶπεν ὁ Κύριος τῷ Κυρίῳ μου, κάθου ἐκ δεξιῶν μου, ἕως ἂν
2 θῶ τοὺς ἐχθρούς σου ὑποπόδιον τῶν ποδῶν σου. Ῥάβδον δυνά-
μεως ἐξαποστελεῖ σοι Κύριος ἐκ Σιών, κατακυρίευε ἐν μέσῳ
3 τῶν ἐχθρῶν σου. Μετὰ σοῦ ἡ ἀρχὴ ἐν ἡμέρᾳ τῆς δυνάμεώς
σου, ἐν ταῖς λαμπρότησι τῶν ἁγίων σου· ἐκ γαστρὸς πρὸ
4 Ἑωσφόρου ἐγέννησά σε. Ὤμοσε Κύριος καὶ οὐ μεταμεληθή-
σεται, σὺ ἱερεὺς εἰς τὸν αἰῶνα, κατὰ τὴν τάξιν Μελχισεδέκ.
5 Κύριος ἐκ δεξιῶν σου συνέθλασεν ἐν ἡμέρᾳ ὀργῆς αὐτοῦ βασι-
6 λεῖς. Κρινεῖ ἐν τοῖς ἔθνεσι, πληρώσει πτώματα, συνθλάσει
7 κεφαλὰς ἐπὶ γῆς *πολλῶν. Ἐκ χειμάρρου ἐν ὁδῷ πίεται, διὰ
τοῦτο ὑψώσει κεφαλήν.

110 (111) Ἀλληλούϊα.

Ἐξομολογήσομαι σοι Κύριε ἐν ὅλῃ καρδίᾳ μου, ἐν βουλῇ
2 εὐθέων καὶ συναγωγῇ. Μεγάλα τὰ ἔργα Κυρίου, ἐξεζητημένα
3 εἰς πάντα τὰ θελήματα αὐτοῦ. Ἐξομολόγησις καὶ μεγαλοπρέ-
πεια τὸ ἔργον αὐτοῦ, καὶ ἡ δικαιοσύνη αὐτοῦ μένει εἰς τὸν
4 αἰῶνα τοῦ αἰῶνος. Μνείαν ἐποιήσατο τῶν θαυμασίων αὐτοῦ,
5 ἐλεήμων καὶ οἰκτίρμων ὁ Κύριος. Τροφὴν ἔδωκε τοῖς φοβου-
μένοις αὐτόν· μνησθήσεται εἰς τὸν αἰῶνα διαθήκης αὐτοῦ.
6 Ἰσχὺν ἔργων αὐτοῦ ἀνήγγειλε τῷ λαῷ αὐτοῦ, τοῦ δοῦναι αὐτοῖς
7 κληρονομίαν ἐθνῶν. Ἔργα χειρῶν αὐτοῦ, ἀλήθεια καὶ κρίσις·
8 πισταὶ πᾶσαι αἱ ἐντολαὶ αὐτοῦ, ἐστηριγμέναι εἰς τὸν αἰῶνα
9 τοῦ αἰῶνος, πεποιημέναι ἐν ἀληθείᾳ καὶ εὐθύτητι. Λύτρωσιν
ἀπέστειλε τῷ λαῷ αὐτοῦ· ἐνετείλατο εἰς τὸν αἰῶνα διαθήκην
10 αὐτοῦ· ἅγιον καὶ φοβερὸν τὸ ὄνομα αὐτοῦ. Ἀρχὴ σοφίας
φόβος Κυρίου, σύνεσις δὲ ἀγαθὴ πᾶσι τοῖς ποιοῦσιν αὐτήν· ἡ
αἴνεσις αὐτοῦ μένει εἰς τὸν αἰῶνα τοῦ αἰῶνος.

111 (112) Ἀλληλούϊα.

Μακάριος ἀνὴρ ὁ φοβούμενος τὸν Κύριον, ἐν ταῖς ἐντολαῖς
2 αὐτοῦ θελήσει σφόδρα. Δυνατὸν ἐν τῇ γῇ ἔσται τὸ σπέρμα
3 αὐτοῦ, γενεὰ εὐθέων εὐλογηθήσεται· Δόξα καὶ πλοῦτος ἐν τῷ
οἴκῳ αὐτοῦ, καὶ ἡ δικαιοσύνη αὐτοῦ μένει εἰς τὸν αἰῶνα τοῦ
4 αἰῶνος. Ἐξανέτειλεν ἐν σκότει φῶς τοῖς εὐθέσιν· ἐλεήμων καὶ
5 οἰκτίρμων καὶ δίκαιος. Χρηστὸς ἀνὴρ ὁ οἰκτείρων καὶ κιχρῶν,
6 οἰκονομήσει τοὺς λόγους αὐτοῦ ἐν κρίσει, ὅτι εἰς τὸν αἰῶνα οὐ
7 σαλευθήσεται· εἰς μνημόσυνον αἰώνιον ἔσται δίκαιος. Ἀπὸ
ἀκοῆς πονηρᾶς οὐ φοβηθήσεται· ἑτοίμη ἡ καρδία αὐτοῦ ἐλπί-
8 ζειν ἐπὶ Κύριον· Ἐστήρικται ἡ καρδία αὐτοῦ, οὐ φοβηθῇ, ἕως

themselves with their shame as with a
mantle. [30]I will give thanks to the Lord
abundantly with my mouth; and in the
midst of many I will praise him. [31]For
he stood on the right hand of the poor,
to save *me* from them that persecute my
soul.

A Psalm of David.

[β]The Lord said to my Lord, Sit thou on
my right hand, until I make thine enemies
thy footstool. [2]The Lord shall send out a
rod of power for thee out of Sion: rule thou
in the midst of thine enemies. [3]With thee
is dominion in the day of thy power, in the
splendours of [γ]thy saints: I have begotten
thee from the womb before the morning.
[4]The Lord sware, and will not repent, Thou
art a priest for ever, after the order of
Melchisedec. [5]The Lord at thy right hand
has dashed in pieces kings in the day of
his wrath. [6]He shall judge among the
nations, he shall fill up *the number of*
corpses, he shall crush the heads of many
on the earth. [7]He shall drink of the brook
in the way; therefore shall he lift up the
head.

Alleluia.

I will give thee thanks, O Lord, with my
whole heart, in the council of the upright,
and *in* the congregation. [2]The works of the
Lord are great, sought out [δ]according to all
his will. [3]His work is *worthy of* thanks-
giving and honour: and his righteousness
endures for ever and ever. [4]He has caused
his wonderful works to be remembered:
the Lord is merciful and compassionate.
[5]He has given food to them that fear him:
he will remember his covenant for ever.
[6]He has declared to his people the power of
his works, to give them the inheritance of
the heathen. [7]The works of his hands are
truth and judgment: all his commandments
are sure: [8]established for ever and ever,
done in truth and uprightness. [9]He sent
redemption to his people: he commanded
his covenant for ever: holy and fearful is
his name. [10]The fear of the Lord is the
[ς]beginning of wisdom, and all that act ac-
cordingly have a good understanding; his
praise endures for ever and ever.

Alleluia.

Blessed is the man that fears the Lord:
he will delight greatly in his command-
ments. [2]His seed shall be mighty in the
earth: the generation of the upright shall
be blessed. [3]Glory and riches shall be in
his house; and his righteousness endures
for evermore. [4]To the upright light has
sprung up in darkness: he is pitiful, and
merciful, and righteous. [5]The good man
is he that pities and lends: he will direct
his affairs with judgment. [6]For he shall
not be moved for ever; the righteous shall
be in everlasting remembrance. [7]He shall
not be afraid of *any* evil report: his heart
is ready to trust in the Lord. [8]His heart
is established, he shall not fear, till he shall

β Mat. 22. 44.　γ Or, holiness, *i.e.* holy things.　δ Comp. *Gr.* with *Heb.*　ζ Or, sum.

see *his desire* upon his enemies. [9] β He has dispersed abroad; he has given to the poor; his righteousness endures for evermore: his horn shall be exalted with honour. [10] The sinner shall see and be angry, he shall gnash his teeth, and consume away: the desire of the sinner shall perish.

Alleluia.

Praise the Lord, ye servants *of his*, praise the name of the Lord. [2] Let the name of the Lord be blessed, from this present time and for ever. [3] From the rising of the sun to his setting, the name of the Lord is to be praised. [4] The Lord is high above all the nations; his glory is above the heavens. [5] Who is as the Lord our God? who dwells in the high places, [6] and *yet* looks upon the low things in heaven, and on the earth: [7] who lifts up the poor from the earth, and raises up the needy from the dunghill; [8] to set him with princes, *even* with the princes of his people: [9] who settles the barren *woman* in a house, *as* a mother rejoicing over children.

Alleluia.

At the going forth of Israel from Egypt, of the house of Jacob from a barbarous people, [2] Judea became his γ sanctuary, *and* Israel his dominion. [3] The sea saw and fled: Jordan was turned back. [4] The mountains skipped like rams, and the hills like lambs. [5] What *ailed* thee, O sea, that thou fleddest? and thou Jordan, that thou wast turned back? [6] *Ye* mountains, that ye skipped like rams, and *ye* hills, like lambs? [7] The earth trembled at the presence of the Lord, at the presence of the God of Jacob; [8] who turned the rock into pools of water, and the δ flint into fountains of water.

Not to us, O Lord, not to us, but to thy name give glory, because of thy mercy and thy truth; [2] lest at any time the nations should say, Where is their God? [3] But our God has done in heaven and on earth, whatsoever he has pleased. [4] The idols of the nations are silver and gold, the works of men's hands. [5] They have a mouth, but they ζ cannot speak; they have eyes, but they cannot see; [6] they have ears, but they cannot hear; they have noses, but they cannot smell; [7] they have hands, but they cannot handle; they have feet, but they cannot walk: they cannot speak through their throat. [8] Let those that make them become like to them, and all who trust in them. [9] The house of Israel trusts in the Lord: he is their helper and defender. [10] The house of Aaron trusts in the Lord: he is their helper and defender. [11] They that fear the Lord trust in the Lord: he is their helper and defender. [12] The Lord has remembered us, and blessed us: he has blessed the house of Israel, he has blessed the house of Aaron. [13] He has blessed them that fear the Lord, both small and great. [14] The Lord θ add *blessings* to you and to your children.

οὗ ἐπίδῃ ἐπὶ τοὺς ἐχθροὺς αὐτοῦ. Ἐσκόρπισεν, ἔδωκε τοῖς 9 πένησιν, ἡ δικαιοσύνη αὐτοῦ μένει εἰς τὸν αἰῶνα τοῦ αἰῶνος· τὸ κέρας αὐτοῦ ὑψωθήσεται ἐν δόξῃ. Ἁμαρτωλὸς ὄψεται καὶ 10 ὀργισθήσεται, τοὺς ὀδόντας αὐτοῦ βρύξει καὶ τακήσεται· ἐπιθυμία ἁμαρτωλοῦ ἀπολεῖται.

Ἀλληλούϊα.   112 (113)

Αἰνεῖτε παῖδες Κύριον, αἰνεῖτε τὸ ὄνομα Κυρίου. Εἴη τὸ 2 ὄνομα Κυρίου εὐλογημένον ἀπὸ τοῦ νῦν καὶ ἕως τοῦ αἰῶνος. Ἀπὸ ἀνατολῶν ἡλίου μέχρι δυσμῶν, αἰνετὸν τὸ ὄνομα Κυρίου. 3 Ὑψηλὸς ἐπὶ πάντα τὰ ἔθνη ὁ Κύριος, ἐπὶ τοὺς οὐρανοὺς ἡ δόξα 4 αὐτοῦ.

Τίς ὡς Κύριος ὁ Θεὸς ἡμῶν; ὁ ἐν ὑψηλοῖς κατοικῶν, καὶ τὰ 5, 6 ταπεινὰ ἐφορῶν ἐν τῷ οὐρανῷ, καὶ ἐν τῇ γῇ· ὁ ἐγείρων ἀπὸ 7 γῆς πτωχὸν, καὶ ἀπὸ κοπρίας ἀνυψῶν πένητα, τοῦ καθίσαι 8 αὐτὸν μετὰ ἀρχόντων, μετὰ ἀρχόντων λαοῦ αὐτοῦ· ὁ κατοι- 9 κίζων στεῖραν ἐν οἴκῳ, μητέρα ἐπὶ τέκνοις εὐφραινομένην.

Ἀλληλούϊα.   113 (114)

Ἐν ἐξόδῳ Ἰσραὴλ ἐξ Αἰγύπτου, οἴκου Ἰακὼβ ἐκ λαοῦ βαρβάρου, ἐγενήθη Ἰουδαία ἁγίασμα αὐτοῦ, Ἰσραὴλ ἐξουσία 2 αὐτοῦ. Ἡ θάλασσα εἶδε καὶ ἔφυγεν, ὁ Ἰορδάνης ἐστράφη εἰς 3 τὰ ὀπίσω. Τὰ ὄρη ἐσκίρτησαν ὡσεὶ κριοὶ, καὶ οἱ βουνοὶ ὡς 4 ἀρνία προβάτων.

Τί σοι ἐστὶ θάλασσα ὅτι ἔφυγες; καὶ σὺ Ἰορδάνη ὅτι ἐστρά- 5 φης εἰς τὰ ὀπίσω; Τὰ ὄρη ὅτι ἐσκιρτήσατε ὡσεὶ κριοί; καὶ οἱ 6 βουνοὶ ὡς ἀρνία προβάτων; Ἀπὸ προσώπου Κυρίου ἐσαλεύθη 7 ἡ γῆ, ἀπὸ προσώπου τοῦ Θεοῦ Ἰακὼβ, τοῦ στρέψαντος τὴν 8 πέτραν εἰς λίμνας ὑδάτων, καὶ τὴν ἀκρότομον εἰς πηγὰς ὑδάτων.

Μὴ ἡμῖν Κύριε, μὴ ἡμῖν, ἀλλ᾽ ἢ τῷ ὀνόματί σου δὸς δόξαν, (115) ἐπὶ τῷ ἐλέει σου καὶ τῇ ἀληθείᾳ σου· μή ποτε εἴπωσι τὰ 2 ἔθνη, ποῦ ἐστιν ὁ Θεὸς αὐτῶν; Ὁ δὲ Θεὸς ἡμῶν ἐν τῷ οὐρανῷ 3 καὶ ἐν τῇ γῇ, πάντα ὅσα ἠθέλησεν, ἐποίησε.

Τὰ εἴδωλα τῶν ἐθνῶν, ἀργύριον καὶ χρυσίον, ἔργα χειρῶν 4 ἀνθρώπων. Στόμα ἔχουσι καὶ οὐ λαλήσουσιν, ὀφθαλμοὺς 5 ἔχουσι καὶ οὐκ ὄψονται· Ὦτα ἔχουσι καὶ οὐκ ἀκούσονται, 6 ῥῖνας ἔχουσι καὶ οὐκ ὀσφρανθήσονται· Χεῖρας ἔχουσι καὶ οὐ 7 ψηλαφήσουσι, πόδας ἔχουσι καὶ οὐ περιπατήσουσιν, οὐ φωνήσουσιν ἐν τῷ λάρυγγι αὐτῶν· ὅμοιοι αὐτοῖς γένοιντο οἱ ποι- 8 οῦντες αὐτὰ, καὶ πάντες οἱ πεποιθότες ἐπ᾽ αὐτοῖς.

Οἶκος Ἰσραὴλ ἤλπισεν ἐπὶ Κύριον, βοηθὸς καὶ ὑπερ- 9 ασπιστὴς αὐτῶν ἐστιν. Οἶκος Ἀαρὼν ἤλπισεν ἐπὶ Κύριον, 10 βοηθὸς καὶ ὑπερασπιστὴς αὐτῶν ἐστιν. Οἱ φοβούμενοι τὸν 11 Κύριον ἤλπισαν ἐπὶ Κύριον, βοηθὸς καὶ ὑπερασπιστὴς αὐτῶν ἐστι.

Κύριος μνησθεὶς ἡμῶν εὐλόγησεν ἡμᾶς, εὐλόγησε τὸν οἶκον 12 Ἰσραήλ, εὐλόγησε τὸν οἶκον Ἀαρών· Εὐλόγησε τοὺς φοβου- 13 μένους τὸν Κύριον, τοὺς μικροὺς μετὰ τῶν μεγάλων. Προσθείη 14

β 2 Cor. 9. 9.   γ *Or*, consecrated thing.   δ *Gr.* sharp rock.   ζ *Gr.* will not.   θ *Or*, increase you.

15 Κύριος ἐφ᾿ ὑμᾶς, ἐφ᾿ ὑμᾶς καὶ ἐπὶ τοὺς υἱοὺς ὑμῶν. Εὐλογη-
μένοι ὑμεῖς τῷ Κυρίῳ, τῷ ποιήσαντι τὸν οὐρανὸν καὶ τὴν γῆν.
16 Ὁ οὐρανὸς τοῦ οὐρανοῦ τῷ Κυρίῳ, τὴν δὲ γῆν ἔδωκε τοῖς
17 υἱοῖς τῶν ἀνθρώπων. Οὐχ οἱ νεκροὶ αἰνέσουσί σε Κύριε, οὐδὲ
18 πάντες οἱ καταβαίνοντες εἰς ᾅδου· Ἀλλ᾿ ἡμεῖς οἱ ζῶντες εὐλο-
γήσομεν τὸν Κύριον, ἀπὸ τοῦ νῦν καὶ ἕως τοῦ αἰῶνος.

114 (116) Ἀλληλούϊα.

Ἠγαπήσα, ὅτι εἰσακούσεται Κύριος τῆς φωνῆς τῆς δεήσεώς
2 μου· Ὅτι ἔκλινε τὸ οὖς αὐτοῦ ἐμοὶ, καὶ ἐν ταῖς ἡμέραις μου
3 ἐπικαλέσομαι. Περιέσχον με ὠδῖνες θανάτου, κίνδυνοι ᾅδου
4 εὕροσάν με· θλίψιν καὶ ὀδύνην εὗρον, καὶ τὸ ὄνομα Κυρίου
ἐπεκαλεσάμην, ὦ Κύριε ῥῦσαι τὴν ψυχήν μου.
5 Ἐλεήμων ὁ Κύριος καὶ δίκαιος, καὶ ὁ Θεὸς ἡμῶν ἐλεεῖ.
6 Φυλάσσων τὰ νήπια ὁ Κύριος, ἐταπεινώθην καὶ ἔσωσέ με.
7 Ἐπίστρεψον ψυχή μου εἰς τὴν ἀνάπαυσίν σου, ὅτι Κύριος
8 εὐηργέτησέ σε. Ὅτι ἐξείλετο τὴν ψυχήν μου ἐκ θανάτου, τοὺς
ὀφθαλμούς μου ἀπὸ δακρύων, καὶ τοὺς πόδας μου ἀπὸ ὀλισθή-
9 ματος. Εὐαρεστήσω ἐνώπιον Κυρίου ἐν χώρᾳ ζώντων.

115 Ἀλληλούϊα.

10 Ἐπιστεύσα, διὸ ἐλάλησα, ἐγὼ δὲ ἐταπεινώθην σφόδρα.
11 Ἐγὼ δὲ εἶπα ἐν τῇ ἐκστάσει μου, πᾶς ἄνθρωπος ψεύστης.
12 Τί ἀνταποδώσω τῷ Κυρίῳ περὶ πάντων ὧν ἀνταπέδωκέ μοι;
13 Ποτήριον σωτηρίου λήψομαι, καὶ τὸ ὄνομα Κυρίου ἐπικαλέσο-
14 μαι· Τὰς εὐχάς μου τῷ Κυρίῳ ἀποδώσω, ἐναντίον παντὸς τοῦ
λαοῦ αὐτοῦ.
15, 16 Τίμιος ἐναντίον Κυρίου ὁ θάνατος τῶν ὁσίων αὐτοῦ. Ὦ
Κύριε ἐγὼ δοῦλος σὸς, ἐγὼ δοῦλος σὸς, καὶ υἱὸς τῆς παιδίσκης
17 σου, διέῤῥηξας τοὺς δεσμούς μου. Σοὶ θύσω θυσίαν αἰνέσεως,
18 καὶ ἐν ὀνόματι Κυρίου ἐπικαλέσομαι· Τὰς εὐχάς μου τῷ
19 Κυρίῳ ἀποδώσω, ἐναντίον παντὸς τοῦ λαοῦ αὐτοῦ, ἐν αὐλαῖς
οἴκου Κυρίου, ἐν μέσῳ σου Ἱερουσαλήμ.

116 (117) Ἀλληλούϊα.

Αἰνεῖτε τὸν Κύριον πάντα τὰ ἔθνη, ἐπαινέσατε αὐτὸν πάντες
2 οἱ λαοί. Ὅτι ἐκραταιώθη τὸ ἔλεος αὐτοῦ ἐφ᾿ ἡμᾶς, καὶ ἡ ἀλή-
θεια τοῦ Κυρίου μένει εἰς τὸν αἰῶνα.

117 (118) Ἀλληλούϊα.

Ἐξομολογεῖσθε τῷ Κυρίῳ, ὅτι ἀγαθὸς, ὅτι εἰς τὸν αἰῶνα τὸ
2 ἔλεος αὐτοῦ. Εἰπάτω δὴ οἶκος Ἰσραὴλ, ὅτι ἀγαθὸς, ὅτι εἰς τὸν
3 αἰῶνα τὸ ἔλεος αὐτοῦ. Εἰπάτω δὴ οἶκος Ἀαρὼν, ὅτι ἀγαθὸς,
4 ὅτι εἰς τὸν αἰῶνα τὸ ἔλεος αὐτοῦ. Εἰπάτωσαν δὴ πάντες οἱ
φοβούμενοι τὸν Κύριον, ὅτι ἀγαθὸς, ὅτι εἰς τὸν αἰῶνα τὸ ἔλεος
αὐτοῦ.
5 Ἐκ θλίψεως ἐπεκαλεσάμην τὸν Κύριον, καὶ ἐπήκουσέ μου
6 εἰς πλατυσμόν. Κύριος ἐμοὶ βοηθὸς, καὶ οὐ φοβηθήσομαι τί

15 Blessed are ye of the Lord, who made the heaven and the earth.

16 The heaven of [β] heavens *belongs* to the Lord: but he has given the earth to the sons of men. 17 The dead shall not praise thee, O Lord, nor any that go down to Hades. 18 But we, the living, will bless the Lord, from henceforth and for ever.

Alleluia.

I am well pleased, because the Lord will hearken to the voice of my supplication. 2 Because he has inclined his ear to me, therefore will I call upon him while I live. 3 The pangs of death compassed me; the dangers of hell found me: I found affliction and sorrow. 4 Then I called on the name of the Lord: O Lord, deliver my soul.

5 The Lord is merciful and righteous; yea, our God has pity. 6 The Lord preserves [γ] the simple: I was brought low, and he delivered me.

7 Return to thy rest, O my soul; for the Lord has dealt bountifully with thee. 8 For he has delivered my soul from death, mine eyes from tears, and my feet from falling. 9 I shall be well-pleasing before the Lord in the land of the living.

Alleluia.

10 [δ] I believed, wherefore I have spoken: but I was greatly afflicted. 11 And I said in mine amazement, Every man is a liar.

12 What shall I render to the Lord for all the things wherein he has rewarded me? 13 I will take the cup of salvation, and call upon the name of the Lord. 14 I will pay my vows to the Lord, in the presence of all his people.

15 Precious in the sight of the Lord is the death of his saints. 16 O Lord, I am thy servant; I am thy servant, and the son of thine handmaid: thou hast burst my bonds asunder. 17 I will offer to thee the sacrifice of praise, and will call upon the name of the Lord. 18 I will pay my vows unto the Lord, in the presence of all his people, 19 in the courts of the Lord's house, in the midst of thee, Jerusalem.

Alleluia.

[ζ] Praise the Lord, all ye nations: praise him, all ye peoples. 2 For his mercy has been abundant toward us: and the truth of the Lord endures for ever.

Alleluia.

Give thanks to the Lord; for *he is* good: for his mercy *endures* for ever. 2 Let now the house of Israel say, that *he is* good: for his mercy *endures* for ever. 3 Let now the house of Aaron say, that *he is* good: for his mercy *endures* for ever. 4 Let now all that fear the Lord say, that *he is* good: for his mercy *endures* for ever.

5 I called on the Lord out of affliction: and he hearkened to me, *so as to bring me* into a wide place. 6 [θ] The Lord is my

β *Gr.* sing. γ *Gr.* infants. δ 2 Cor. 4. 13. ζ Rom. 15. 11. θ Heb. 13. 6.

helper; and I will not fear what man shall do to me. ⁷ The Lord is my helper; and I shall see *my desire* upon mine enemies. ⁸ *It is* better to trust in the Lord than to trust in man. ⁹ *It is* better to hope in the Lord, than to hope in princes.

¹⁰ All nations compassed me about: but in the name of the Lord I repulsed them. ¹¹ They completely compassed me about: but in the name of the Lord I repulsed them. ¹² They compassed me about as bees *do* a honeycomb, and they burst into flame as fire among thorns: but in the name of the Lord I repulsed them. ¹³ I was thrust, and sorely shaken, that I might fall: but the Lord helped me.

¹⁴ The Lord is my strength and my song, and is become my salvation. ¹⁵ The voice of exultation and salvation is in the tabernacles of the righteous: the right hand of the Lord has wrought mightily. ¹⁶ The right hand of the Lord has exalted me: the right hand of the Lord has wrought powerfully. ¹⁷ I shall not die, but live, and recount the works of the Lord. ¹⁸ The Lord has chastened me sore: but he has not given me up to death.

¹⁹ Open to me the gates of righteousness: I will go into them, and give praise to the Lord. ²⁰ This is the gate of the Lord: the righteous shall enter by it. ²¹ I will give thanks to thee; because thou hast heard me, and art become my salvation. ²² β The stone which the builders rejected, the same is become the head of the corner. ²³ This has been done of the Lord; and it is wonderful in our eyes. ²⁴ This is the day which the Lord has made: let us exult and rejoice in it. ²⁵ O Lord, save now: O Lord, send now prosperity. ²⁶ γ Blessed is he that comes in the name of the Lord: we have blessed you out of the house of the Lord. ²⁷ God is the Lord, and he has shined upon us: celebrate the feast with δ thick *branches, binding the victims* even to the horns of the altar. ²⁸ Thou art my God, and I will give thee thanks: thou art my God, and I will exalt thee. I will give thanks to thee, for thou hast heard me, and art become my salvation. ²⁹ Give thanks to the Lord; for he is good: for his mercy *endures* for ever.

Alleluia.

Blessed are the blameless in the way, who walk in the law of the Lord. ² Blessed are they that search out his testimonies: they will diligently seek him with the whole heart. ³ For they that work iniquity have not walked in his ways. ⁴ Thou hast commanded *us* diligently to keep thy precepts. ⁵ O that my ways were directed to keep thine ordinances. ⁶ Then shall I not be ashamed, when I have respect to all thy commandments. ⁷ I will give thee thanks with uprightness of heart, when I have learnt the judgments of thy righteousness. ⁸ I will keep thine ordinances: O forsake me not greatly.

⁹ Wherewith shall a young man direct his way? by keeping thy words. ¹⁰ With my whole heart have I diligently sought thee:

ποιήσει μοι ἄνθρωπος. Κύριος ἐμοὶ βοηθός, κἀγὼ ἐπόψομαι 7 τοὺς ἐχθρούς μου. Ἀγαθὸν πεποιθέναι ἐπὶ Κύριον, ἢ πεποι- 8 θέναι ἐπ᾽ ἄνθρωπον. Ἀγαθὸν ἐλπίζειν ἐπὶ Κύριον, ἢ ἐλπίζειν 9 ἐπ᾽ ἄρχουσι.

Πάντα τὰ ἔθνη ἐκύκλωσάν με, καὶ τῷ ὀνόματι Κυρίου 10 ἠμυνάμην αὐτούς. Κυκλώσαντες ἐκύκλωσάν με, καὶ τῷ 11 ὀνόματι Κυρίου ἠμυνάμην αὐτούς· Ἐκύκλωσάν με ὡσεὶ 12 μέλισσαι κηρίον, καὶ ἐξεκαύθησαν ὡς πῦρ ἐν ἀκάνθαις, καὶ τῷ ὀνόματι Κυρίου ἠμυνάμην αὐτούς. Ὠσθεὶς ἀνετράπην τοῦ 13 πεσεῖν, καὶ ὁ Κύριος ἀντελάβετό μου.

Ἰσχύς μου καὶ ὕμνησίς μου ὁ Κύριος, καὶ ἐγένετό μοι εἰς 14 σωτηρίαν. Φωνὴ ἀγαλλιάσεως καὶ σωτηρίας ἐν σκηναῖς δι- 15 καίων· δεξιὰ Κυρίου ἐποίησε δύναμιν, δεξιὰ Κυρίου ὕψωσέ με· 16 δεξιὰ Κυρίου ἐποίησε δύναμιν. Οὐκ ἀποθανοῦμαι, ἀλλὰ ζήσο- 17 μαι, καὶ διηγήσομαι τὰ ἔργα Κυρίου. Παιδεύων ἐπαίδευσέ με 18 ὁ Κύριος, καὶ τῷ θανάτῳ οὐ παρέδωκέ με.

Ἀνοίξατέ μοι πύλας δικαιοσύνης, εἰσελθὼν ἐν αὐταῖς ἐξομο- 19 λογήσομαι τῷ Κυρίῳ. Αὕτη ἡ πύλη τοῦ Κυρίου, δίκαιοι 20 εἰσελεύσονται ἐν αὐτῇ. Ἐξομολογήσομαί σοι, ὅτι ἐπήκουσάς 21 μου, καὶ ἐγένου μου εἰς σωτηρίαν. Λίθον ὃν ἀπεδοκίμασαν οἱ 22 οἰκοδομοῦντες, οὗτος ἐγενήθη εἰς κεφαλὴν γωνίας. Παρὰ 23 Κυρίου ἐγένετο αὕτη, καὶ ἔστι θαυμαστὴ ἐν ὀφθαλμοῖς ἡμῶν. Αὕτη ἡ ἡμέρα ἣν ἐποίησεν ὁ Κύριος, ἀγαλλιασώμεθα καὶ 24 εὐφρανθῶμεν ἐν αὐτῇ. Ὦ Κύριε σῶσον δὴ, ὦ Κύριε εὐόδωσον 25 δή. Εὐλογημένος ὁ ἐρχόμενος ἐν ὀνόματι Κυρίου· εὐλογήκα- 26 μεν ὑμᾶς ἐξ οἴκου Κυρίου.

Θεὸς Κύριος, καὶ ἐπέφανεν ἡμῖν· συστήσασθε ἑορτὴν ἐν τοῖς 27 πυκάζουσιν, ἕως τῶν κεράτων τοῦ θυσιαστηρίου. Θεός μου εἶ 28 σὺ, καὶ ἐξομολογήσομαί σοι· Θεός μου εἶ σὺ, καὶ ὑψώσω σε· ἐξομολογήσομαί σοι, ὅτι ἐπήκουσάς μου, καὶ ἐγένου μοι εἰς σωτηρίαν. Ἐξομολογεῖσθε τῷ Κυρίῳ, ὅτι ἀγαθὸς, ὅτι εἰς τὸν 29 αἰῶνα τὸ ἔλεος αὐτοῦ.

Ἀλληλούϊα. 118 (119)

Μακάριοι ἄμωμοι ἐν ὁδῷ, οἱ πορευόμενοι ἐν νόμῳ Κυρίου. Μακάριοι οἱ ἐξερευνῶντες τὰ μαρτύρια αὐτοῦ, ἐν ὅλῃ καρδίᾳ 2 ἐκζητήσουσιν αὐτόν. Οὐ γὰρ οἱ ἐργαζόμενοι τὴν ἀνομίαν ἐν 3 ταῖς ὁδοῖς αὐτοῦ ἐπορεύθησαν. Σὺ ἐνετείλω τὰς ἐντολάς σου, 4 τοῦ φυλάξασθαι σφόδρα. Ὄφελον κατευθυνθείησαν αἱ ὁδοί 5 μου, τοῦ φυλάξασθαι τὰ δικαιώματά σου. Τότε οὐ μὴ αἰσχυν- 6 θῶ, ἐν τῷ με ἐπιβλέπειν ἐπὶ πάσας τὰς ἐντολάς σου. Ἐξομολο- 7 γήσομαί σοι ἐν εὐθύτητι καρδίας, ἐν τῷ μεμαθηκέναι με τὰ κρίματα τῆς δικαιοσύνης σου. Τὰ δικαιώματά σου φυλάξω, 8 μή με ἐγκαταλίπῃς ἕως σφόδρα.

Ἐν τίνι κατορθώσει νεώτερος τὴν ὁδὸν αὐτοῦ; ἐν τῷ φυλά- 9 ξασθαι τοὺς λόγους σου. Ἐν ὅλῃ καρδίᾳ μου ἐξεζήτησά σε, 10

β Mat. 21. 42.   γ Mat. 21. 9.   δ Possibly, the multitude, *q. d.* cœtu frequenti.

11 μὴ ἀπώσῃ με ἀπὸ τῶν ἐντολῶν σου. Ἐν τῇ καρδίᾳ μου ἔκρυψα
12 τὰ λόγιά σου, ὅπως ἂν μὴ ἁμάρτω σοι. Εὐλογητὸς εἶ Κύριε,
13 δίδαξόν με τὰ δικαιώματά σου. Ἐν τοῖς χείλεσί μου ἐξήγγειλα
14 πάντα τὰ κρίματα τοῦ στόματός σου. Ἐν τῇ ὁδῷ τῶν μαρτυ-
15 ρίων σου ἐτέρφθην, ὡς ἐπὶ παντὶ πλούτῳ. Ἐν ταῖς ἐντολαῖς
16 σου ἀδολεσχήσω, καὶ κατανοήσω τὰς ὁδούς σου. Ἐν τοῖς
δικαιώμασί σου μελετήσω, οὐκ ἐπιλήσομαι τῶν λόγων σου.

17 Ἀνταπόδος τῷ δούλῳ σου, ζήσομαι καὶ φυλάξω τοὺς λόγους
18 σου. Ἀποκάλυψον τοὺς ὀφθαλμούς μου, καὶ κατανοήσω τὰ
19 θαυμάσια ἐκ τοῦ νόμου σου. Πάροικος ἐγώ εἰμι ἐν τῇ γῇ, μὴ
20 ἀποκρύψῃς ἀπ' ἐμοῦ τὰς ἐντολάς σου. Ἐπεπόθησεν ἡ ψυχή μου
21 τοῦ ἐπιθυμῆσαι τὰ κρίματά σου ἐν παντὶ καιρῷ. Ἐπετίμησας
ὑπερηφάνοις, ἐπικατάρατοι οἱ ἐκκλίνοντες ἀπὸ τῶν ἐντολῶν σου.
22 Περίελε ἀπ' ἐμοῦ ὄνειδος καὶ ἐξουδένωσιν, ὅτι τὰ μαρτύριά σου
23 ἐξεζήτησα. Καὶ γὰρ ἐκάθισαν ἄρχοντες, καὶ κατ' ἐμοῦ κατελά-
24 λουν, ὁ δὲ δοῦλός σου ἠδολέσχει ἐν τοῖς δικαιώμασί σου. Καὶ
γὰρ τὰ μαρτύριά σου μελέτη μου ἐστὶ, καὶ αἱ συμβουλίαι μου
τὰ δικαιώματά σου.

25 Ἐκολλήθη τῷ ἐδάφει ἡ ψυχή μου, ζῆσόν με κατὰ τὸν λόγον
26 σου. Τὰς ὁδούς μου ἐξήγγειλα καὶ ἐπήκουσάς μου, δίδαξόν με
27 τὰ δικαιώματά σου. Ὁδὸν δικαιωμάτων σου συνέτισόν με, καὶ
28 ἀδολεσχήσω ἐν τοῖς θαυμασίοις σου. Ἐνύσταξεν ἡ ψυχή μου
29 ἀπὸ ἀκηδίας, βεβαίωσόν με ἐν τοῖς λόγοις σου. Ὁδὸν ἀδικίας
30 ἀπόστησον ἀπ' ἐμοῦ, καὶ τῷ νόμῳ σου ἐλέησόν με. Ὁδὸν
ἀληθείας ᾑρετισάμην, καὶ τὰ κρίματά σου οὐκ ἐπελαθόμην.
31 Ἐκολλήθην τοῖς μαρτυρίοις σου Κύριε, μή με καταισχύνῃς.
32 Ὁδὸν ἐντολῶν σου ἔδραμον, ὅταν ἐπλάτυνας τὴν καρδίαν μου.

33 Νομοθέτησόν με Κύριε τὴν ὁδὸν τῶν δικαιωμάτων σου, καὶ
34 ἐκζητήσω αὐτὴν διαπαντός. Συνέτισόν με, καὶ ἐξερευνήσω τὸν
35 νόμον σου, καὶ φυλάξω αὐτὸν ἐν ὅλῃ καρδίᾳ μου. Ὁδήγησόν
36 με ἐν τῇ τρίβῳ τῶν ἐντολῶν σου, ὅτι αὐτὴν ἠθέλησα. Κλῖνον
τὴν καρδίαν μου εἰς τὰ μαρτύριά σου, καὶ μὴ εἰς πλεονεξίαν.
37 Ἀπόστρεψον τοὺς ὀφθαλμούς μου τοῦ μὴ ἰδεῖν ματαιότητα, ἐν
38 τῇ ὁδῷ σου ζῆσόν με. Στῆσον τῷ δούλῳ σου τὸ λόγιόν σου
39 εἰς τὸν φόβον σου. Περίελε τὸν ὀνειδισμόν μου ὃν ὑπώπτευσα,
40 ὅτι τὰ κρίματά σου χρηστά. Ἰδοὺ ἐπεθύμησα τὰς ἐντολάς
σου, ἐν τῇ δικαιοσύνῃ σου ζῆσόν με.

41 Καὶ ἔλθοι ἐπ' ἐμὲ τὸ ἔλεός σου Κύριε, τὸ σωτήριόν σου κατὰ
42 τὸν λόγον σου. Καὶ ἀποκριθήσομαι τοῖς ὀνειδίζουσί μοι λόγον,
43 ὅτι ἤλπισα ἐπὶ τοῖς λόγοις σου. Καὶ μὴ περιέλῃς ἐκ τοῦ στό-
ματός μου λόγον ἀληθείας ἕως σφόδρα, ὅτι ἐπὶ τοῖς κρίμασί
44 σου ἐπήλπισα. Καὶ φυλάξω τὸν νόμον σου διαπαντός, εἰς τὸν
45 αἰῶνα καὶ εἰς τὸν αἰῶνα τοῦ αἰῶνος. Καὶ ἐπορευόμην ἐν πλα-
46 τυσμῷ, ὅτι τὰς ἐντολάς σου ἐξεζήτησα. Καὶ ἐλάλουν ἐν τοῖς
47 μαρτυρίοις σου ἐναντίον βασιλέων, καὶ οὐκ ᾐσχυνόμην. Καὶ
48 ἐμελέτων ἐν ταῖς ἐντολαῖς σου, αἷς ἠγάπησα σφόδρα. Καὶ

cast me not away from thy commandments.
[11] I have hidden thine oracles in my heart,
that I might not sin against thee. [12] Bless-
ed art thou, O Lord: teach me thine
ordinances. [13] With my lips have I declared
all the judgments of thy mouth. [14] I have
delighted in the way of thy testimonies, *as
much* as in all riches. [15] I will meditate on
thy commandments, and consider thy ways.
[16] I will meditate on thine ordinances : I
will not forget thy words.

[17] Render a recompence to thy servant:
so shall I live, and keep thy words. [18] Un-
veil thou mine eyes, and I shall perceive
wondrous things out of the law. [19] I am a
stranger in the earth: hide not thy com-
mandments from me. [20] My soul has longed
exceedingly for thy judgments at all times.
[21] Thou hast rebuked the proud: cursed are
they that turn aside from thy command-
ments. [22] Remove from me reproach and
contempt ; for I have sought out thy testi-
monies. [23] For princes sat and spoke against
me : but thy servant was meditating on
thine ordinances. [24] For thy testimonies
are my meditation, and thine ordinances
are my counsellors.

[25] My soul has cleaved to the ground ;
quicken thou me according to thy word.
[26] I declared my ways, and thou didst hear
me : teach me thine ordinances. [27] Instruct
me in the way of thine ordinances ; and I
will meditate on thy wondrous works.
[28] My soul has slumbered for sorrow ;
strengthen thou me with thy words. [29] Re-
move from me the way of iniquity ; and be
merciful to me β by thy law. [30] I have
chosen the way of truth ; and have not
forgotten thy judgments. [31] I have cleaved
to thy testimonies, O Lord ; put me not to
shame. [32] I ran the way of thy command-
ments, when thou didst enlarge my heart.

[33] γ Teach me, O Lord, the way of thine
ordinances, and I will seek it out con-
tinually. [34] Instruct me, and I will search
out thy law, and will keep it with my whole
heart. [35] Guide me in the path of thy com-
mandments ; for I have delighted in it.
[36] Incline mine heart to thy testimonies,
and not to covetousness. [37] Turn away
mine eyes that I may not behold vanity :
quicken thou me in thy way. [38] Confirm
thine oracle to thy servant, that he may fear
thee. [39] Take away my reproach which I
have feared : for thy judgments are good.
[40] Behold, I have desired thy command-
ments : quicken me in thy righteousness.

[41] And let thy mercy come upon me,
O Lord ; *even* thy salvation, according to
thy word. [42] And *so* I shall render an
answer to them that reproach me: for I
have trusted in thy words. [43] And take not
the word of truth utterly out of my mouth;
for I have hoped in thy judgments. [44] So
shall I keep thy law continually, for ever
and ever. [45] I walked also at large: for I
sought out thy commandments. [46] And I
spoke of thy testimonies before kings, and
was not ashamed. [47] And I δ meditated on
thy commandments, which I loved exceed-
ingly. [48] And I lifted up my hands to thy

β *q. d.* in teaching me thy law.   γ *sc.* as a lawgiver.   δ Or, exercised myself in.

commandments which I loved; and I meditated in thine ordinances.

⁴⁹Remember thy words to thy servant, wherein thou hast made me hope. ⁵⁰This has comforted me in mine affliction: for thine oracle has quickened me. ⁵¹The proud have transgressed exceedingly; but I swerved not from thy law. ⁵²I remembered thy judgments of old, O Lord; and was comforted. ⁵³Despair took hold upon me, because of the sinners who forsake thy law. ⁵⁴Thine ordinances were my songs in the place of my sojourning. ⁵⁵I remembered thy name, O Lord, in the night, and kept thy law. ⁵⁶This I had, because I diligently sought thine ordinances.

⁵⁷Thou art my portion, O Lord: I said that I would keep thy law. ⁵⁸I besought thy β favour with my whole heart: have mercy upon me according to thy word. ⁵⁹I thought on thy ways, and turned my feet to thy testimonies. ⁶⁰I prepared myself, (and was not terrified,) to keep thy commandments. ⁶¹The snares of sinners entangled me: but I forgot not thy law. ⁶²At midnight I arose, to give thanks to thee for the judgments of thy righteousness. ⁶³I am a companion of all them that fear thee, and of them that keep thy commandments. ⁶⁴O Lord, the earth is full of thy mercy: teach me thine ordinances.

⁶⁵Thou hast wrought kindly with thy servant, O Lord, according to thy word. ⁶⁶Teach me kindness, and instruction, and knowledge: for I have believed thy commandments. ⁶⁷Before I was afflicted, I transgressed; therefore have I kept thy word. ⁶⁸Good art thou, O Lord; therefore in thy goodness teach me thine ordinances. ⁶⁹The injustice of the proud has been multiplied against me: but I will search out thy commandments with all my heart. ⁷⁰Their heart has been curdled like milk; but I have meditated on thy law. ⁷¹It is good for me that thou hast afflicted me; that I might learn thine ordinances. ⁷²The law of thy mouth is better to me than thousands of gold and silver.

⁷³Thy hands have made me, and fashioned me: instruct me, that I may learn thy commandments. ⁷⁴They that fear thee will see me and rejoice: for I have hoped in thy words. ⁷⁵I know, O Lord, that thy judgments are righteousness, and that thou in truthfulness hast afflicted me. ⁷⁶Let, I pray thee, thy mercy be to comfort me, according to thy word to thy servant. ⁷⁷Let thy compassions come to me, that I may live: for thy law is my meditation. ⁷⁸Let the proud be ashamed; for they transgressed against me unjustly: but I will meditate in thy commandments. ⁷⁹Let those that fear thee, and those that know thy testimonies, turn to me. ⁸⁰Let mine heart be blameless in thine ordinances, that I may not be ashamed.

⁸¹My soul faints for thy salvation: I have hoped in thy words. ⁸²Mine eyes failed in waiting for thy word, saying, When wilt thou comfort me? ⁸³For I am become as a bottle in the frost: yet I have not forgotten thine ordinances. ⁸⁴How many are the days

ἦρα τὰς χεῖράς μου πρὸς τὰς ἐντολάς σου ἃς ἠγάπησα, καὶ ἠδολέσχουν ἐν τοῖς δικαιώμασί σου.

Μνήσθητι τῶν λόγων σου τῷ δούλῳ σου ὧν ἐπήλπισάς με. 49 Αὕτη με παρεκάλεσεν ἐν τῇ ταπεινώσει μου, ὅτι τὸ λόγιόν σου 50 ἔζησέ με. Ὑπερήφανοι παρηνόμουν ἕως σφόδρα, ἀπὸ δὲ τοῦ 51 νόμου σου οὐκ ἐξέκλινα. Ἐμνήσθην τῶν κριμάτων σου ἀπ᾽ 52 αἰῶνος Κύριε, καὶ παρεκλήθην. Ἀθυμία κατέσχε με ἀπὸ ἁμαρ- 53 τωλῶν τῶν ἐγκαταλιμπανόντων τὸν νόμον σου. Ψαλτὰ ἦσάν 54 μοι τὰ δικαιώματά σου, ἐν τόπῳ παροικίας μου· Ἐμνήσθην ἐν 55 νυκτὶ τοῦ ὀνόματός σου Κύριε, καὶ ἐφύλαξα τὸν νόμον σου. Αὕτη ἐγενήθη μοι, ὅτι τὰ δικαιώματά σου ἐξεζήτησα. 56

Μερίς μου εἶ Κύριε, εἶπα τοῦ φυλάξασθαι τὸν νόμον σου. 57 Ἐδεήθην τοῦ προσώπου σου ἐν ὅλῃ καρδίᾳ μου, ἐλέησόν με 58 κατὰ τὸ λόγιόν σου. Διελογισάμην τὰς ὁδούς σου, καὶ ἐπέστρεψα 59 τοὺς πόδας μου εἰς τὰ μαρτύριά σου. Ἡτοιμάσθην καὶ οὐκ 60 ἐταράχθην, τοῦ φυλάξασθαι τὰς ἐντολάς σου. Σχοινία ἁμαρ- 61 τωλῶν περιεπλάκησάν μοι, καὶ τοῦ νόμου σου οὐκ ἐπελαθόμην. Μεσονύκτιον ἐξεγειρόμην, τοῦ ἐξομολογεῖσθαί σοι ἐπὶ τὰ κρί- 62 ματα τῆς δικαιοσύνης σου. Μέτοχος ἐγώ εἰμι πάντων τῶν 63 φοβουμένων σε, καὶ τῶν φυλασσόντων τὰς ἐντολάς σου. Τοῦ 64 ἐλέους σου Κύριε πλήρης ἡ γῆ, τὰ δικαιώματά σου δίδαξόν με.

Χρηστότητα ἐποίησας μετὰ τοῦ δούλου σου Κύριε κατὰ τὸν 65 λόγον σου. Χρηστότητα καὶ παιδείαν καὶ γνῶσιν δίδαξόν με, 66 ὅτι ταῖς ἐντολαῖς σου ἐπίστευσα. Πρὸ τοῦ με ταπεινωθῆναι, 67 ἐγὼ ἐπλημμέλησα, διὰ τοῦτο τὸ λόγιόν σου ἐφύλαξα. Χρηστὸς 68 εἶ σὺ Κύριε· καὶ ἐν τῇ χρηστότητί σου δίδαξόν με τὰ δικαιώ- ματά σου. Ἐπληθύνθη ἐπ᾽ ἐμὲ ἀδικία ὑπερηφάνων, ἐγὼ δὲ ἐν 69 ὅλῃ καρδίᾳ μου ἐξερευνήσω τὰς ἐντολάς σου. Ἐτυρώθη ὡς 70 γάλα ἡ καρδία αὐτῶν, ἐγὼ δὲ τὸν νόμον σου ἐμελέτησα. Ἀγαθόν μοι ὅτι ἐταπείνωσάς με, ὅπως ἂν μάθω τὰ δικαιώματά 71 σου. Ἀγαθός μοι ὁ νόμος τοῦ στόματός σου, ὑπὲρ χιλιάδας 72 χρυσίου καὶ ἀργυρίου.

Αἱ χεῖρές σου ἐποίησάν με καὶ ἔπλασάν με, συνέτισόν με 73 καὶ μαθήσομαι τὰς ἐντολάς σου. Οἱ φοβούμενοί σε ὄψονταί 74 με καὶ εὐφρανθήσονται, ὅτι εἰς τοὺς λόγους σου ἐπήλπισα. Ἔγνων Κύριε ὅτι δικαιοσύνη τὰ κρίματά σου, καὶ ἀληθείᾳ 75 ἐταπείνωσάς με. Γενηθήτω δὴ τὸ ἔλεός σου τοῦ παρακαλέσαι 76 με, κατὰ τὸ λόγιόν σου τῷ δούλῳ σου. Ἐλθέτωσάν μοι οἱ 77 οἰκτιρμοί σου, καὶ ζήσομαι, ὅτι ὁ νόμος σου μελέτη μου ἐστίν. Αἰσχυνθήτωσαν ὑπερήφανοι, ὅτι ἀδίκως ἠνόμησαν εἰς ἐμὲ, ἐγὼ 78 δὲ ἀδολεσχήσω ἐν ταῖς ἐντολαῖς σου. Ἐπιστρεψάτωσάν με οἱ 79 φοβούμενοί σε, καὶ οἱ γινώσκοντες τὰ μαρτύριά σου. Γενη- 80 θήτω ἡ καρδία μου ἄμωμος ἐν τοῖς δικαιώμασί σου, ὅπως ἂν μὴ αἰσχυνθῶ.

Ἐκλείπει εἰς τὸ σωτήριόν σου ἡ ψυχή μου, εἰς τοὺς λόγους 81 σου ἐπήλπισα. Ἐξέλιπον οἱ ὀφθαλμοί μου εἰς τὸ λόγιόν σου, 82 λέγοντες, πότε παρακαλέσεις με; Ὅτι ἐγενήθην ὡς ἀσκὸς ἐν 83 πάχνῃ· τὰ δικαιώματά σου οὐκ ἐπελαθόμην. Πόσαι εἰσὶν αἱ 84

β Gr. presence, or, countenance.

ἡμέραι τοῦ δούλου σου; πότε ποιήσεις μοι ἐκ τῶν καταδιωκόν-
85 των με κρίσιν; Διηγήσαντό μοι παράνομοι ἀδολεσχίας, ἀλλ᾽
86 οὐχ ὡς ὁ νόμος σου Κύριε. Πᾶσαι αἱ ἐντολαί σου ἀλήθεια·
87 ἀδίκως κατεδίωξάν με, βοήθησόν μοι. Παρὰ βραχὺ συνετέλε-
σάν με ἐν τῇ γῇ, ἐγὼ δὲ οὐκ ἐγκατέλιπον τὰς ἐντολάς σου.
88 Κατὰ τὸ ἔλεός σου ζῆσόν με, καὶ φυλάξω τὰ μαρτύρια τοῦ
στόματός σου.

89 Εἰς τὸν αἰῶνα, Κύριε, ὁ λόγος σου διαμένει ἐν τῷ οὐρανῷ,
90 εἰς γενεὰν καὶ γενεὰν ἡ ἀλήθειά σου· ἐθεμελίωσας τὴν γῆν καὶ
91 διαμένει. Τῇ διατάξει σου διαμένει ἡμέρα, ὅτι τὰ σύμπαντα
92 δοῦλα σά. Εἰ μὴ ὅτι ὁ νόμος σου μελέτη μου ἐστὶ, τότε ἂν
93 ἀπωλόμην ἐν τῇ ταπεινώσει μου. Εἰς τὸν αἰῶνα οὐ μὴ ἐπιλά-
94 θωμαι τῶν δικαιωμάτων σου, ὅτι ἐν αὐτοῖς ἔζησάς με. Σός
95 εἰμι ἐγώ, σῶσόν με, ὅτι τὰ δικαιώματά σου ἐξεζήτησα. Ἐμὲ
ὑπέμειναν ἁμαρτωλοὶ τοῦ ἀπολέσαι με, τὰ μαρτύριά σου συνῆκα.
96 Πάσης συντελείας εἶδον πέρας, πλατεῖα ἡ ἐντολή σου σφόδρα.

97 Ὡς ἠγάπησα τὸν νόμον σου Κύριε; ὅλην τὴν ἡμέραν
98 μελέτη μου ἐστίν. Ὑπὲρ τοὺς ἐχθρούς μου ἐσόφισάς με τὴν
99 ἐντολήν σου, ὅτι εἰς τὸν αἰῶνα ἐμή ἐστιν. Ὑπὲρ πάντας τοὺς
διδάσκοντάς με συνῆκα, ὅτι τὰ μαρτύριά σου μελέτη μου ἐστίν.
100 Ὑπὲρ πρεσβυτέρους συνῆκα, ὅτι τὰς ἐντολάς σου ἐξεζήτησα.
101 Ἐκ πάσης ὁδοῦ πονηρᾶς ἐκώλυσα τοὺς πόδας μου, ὅπως ἂν
102 φυλάξω τοὺς λόγους σου. Ἀπὸ τῶν κριμάτων σου οὐκ ἐξ-
έκλινα, ὅτι σὺ ἐνομοθέτησάς με.

103 Ὡς γλυκέα τῷ λάρυγγί μου τὰ λόγιά σου, ὑπὲρ μέλι τῷ
104 στόματί μου. Ἀπὸ τῶν ἐντολῶν σου συνῆκα, διὰ τοῦτο
ἐμίσησα πᾶσαν ὁδὸν ἀδικίας.

105 Λύχνος τοῖς ποσί μου ὁ νόμος σου, καὶ φῶς ταῖς τρίβοις
106 μου. Ὤμοσα καὶ ἔστησα τοῦ φυλάξασθαι τὰ κρίματα τῆς
107 δικαιοσύνης σου. Ἐταπεινώθην ἕως σφόδρα Κύριε, ζῆσόν με
108 κατὰ τὸν λόγον σου. Τὰ ἑκούσια τοῦ στόματός μου εὐδόκησον
109 δὴ Κύριε, καὶ τὰ κρίματά σου δίδαξόν με. Ἡ ψυχή μου ἐν
ταῖς χερσί σου διαπαντός, καὶ τοῦ νόμου σου οὐκ ἐπελαθόμην.
110 Ἔθεντο ἁμαρτωλοὶ παγίδα μοι, καὶ ἐκ τῶν ἐντολῶν σου οὐκ
111 ἐπλανήθην. Ἐκληρονόμησα τὰ μαρτύριά σου εἰς τὸν αἰῶνα,
112 ὅτι ἀγαλλίαμα τῆς καρδίας μου εἰσίν. Ἔκλινα τὴν καρδίαν
μου τοῦ ποιῆσαι τὰ δικαιώματά σου εἰς τὸν αἰῶνα δι᾽ ἀντ-
άμειψιν.

113 Παρανόμους ἐμίσησα, τὸν δὲ νόμον σου ἠγάπησα. Βοηθός
114 μου, καὶ ἀντιλήπτωρ μου εἶ σύ, εἰς τοὺς λόγους σου ἐπήλπισα.
115 Ἐκκλίνατε ἀπ᾽ ἐμοῦ πονηρευόμενοι, καὶ ἐξερευνήσω τὰς ἐντο-
116 λὰς τοῦ Θεοῦ μου. Ἀντιλαβοῦ μου κατὰ τὸ λόγιόν σου, καὶ
ζῆσόν με, καὶ μὴ καταισχύνῃς με ἀπὸ τῆς προσδοκίας μου.
117 Βοήθησόν μοι, καὶ σωθήσομαι, καὶ μελετήσω ἐν τοῖς δικαιώ-
118 μασί σου διαπαντός. Ἐξουδένωσας πάντας τοὺς ἀποστα-
τοῦντας ἀπὸ τῶν δικαιωμάτων σου, ὅτι ἄδικον τὸ ἐνθύμημα
119 αὐτῶν. Παραβαίνοντας ἐλογισάμην πάντας τοὺς ἁμαρτωλοὺς

of thy servant? when wilt thou execute judgment for me on them that persecute me? [85] Transgressors told me *idle tales*; but not according to thy law, O Lord. [86] All thy commandments are truth; they persecuted me unjustly; help thou me. [87] They nearly made an end of me in the earth; but I forsook not thy commandments. [88] Quicken me according to thy mercy; so shall I keep the testimonies of thy mouth.

[89] Thy word, O Lord, abides in heaven for ever. [90] Thy truth *endures* to all generations; thou hast founded the earth, and it abides. [91] The day continues by thy arrangement; for all things are thy servants. [92] Were it not that thy law is my meditation, then I should have perished in mine affliction. [93] I will never forget thine ordinances; for with them thou hast quickened me. [94] I am thine, save me; for I have sought out thine ordinances. [95] Sinners laid wait for me to destroy me; *but* I understood thy testimonies. [96] I have seen an end of all perfection; *but* thy commandment is very broad.

[97] How I have loved thy law, O Lord! it is my meditation all the day. [98] Thou hast made me wiser than mine enemies *in* thy commandment; for it is mine for ever. [99] I have more understanding than all my teachers; for thy testimonies are my meditation. [100] I understand more than the aged; because I have sought out thy commandments. [101] I have kept back my feet from every evil way, that I might keep thy words. [102] I have not declined from thy judgments; for thou hast [β] instructed me.

[103] How sweet are thine oracles to my throat! more so than honey to my mouth! [104] I gain understanding by thy commandments: therefore I have hated every way of unrighteousness.

[105] Thy law is a lamp to my feet, and a light to my paths. [106] I have sworn and determined to keep the judgments of thy righteousness. [107] I have been very greatly afflicted, O Lord: quicken me, according to thy word. [108] Accept, I pray thee, O Lord, the freewill-offerings of my mouth, and teach me thy judgments. [109] My soul is continually in [γ] thine hands; and I have not forgotten thy law. [110] Sinners spread a snare for me; but I erred not from thy commandments. [111] I have inherited thy testimonies for ever; for they are the joy of my heart. [112] I have inclined my heart to perform thine ordinances for ever, [δ] in return *for thy mercies.*

[113] I have hated transgressors; but I have loved thy law. [114] Thou art my helper and my supporter; I have hoped in thy words. [115] Depart from me, ye evil-doers; for I will search out the commandments of my God. [116] Uphold me according to thy word, and quicken me; and make me not ashamed of my expectation. [117] Help me, and I shall be saved; and I will meditate in thine ordinances continually. [118] Thou hast brought to nought all that depart from thine ordinances; for their inward thought is unrighteous. [119] I have reckoned all the

---

β That is, as a lawgiver.   γ *Heb.* and *Alex.* my.   δ See *Heb.*

sinners of the earth as transgressors; therefore have I loved thy testimonies. [120] Penetrate my flesh with thy fear; for I am afraid of thy judgments. [121] I have done judgment and justice; deliver me not up to them that injure me. [122] Receive thy servant for good: let not the proud accuse me falsely. [123] Mine eyes have failed for thy salvation, and for the word of thy righteousness. [124] Deal with thy servant according to thy mercy, and teach me thine ordinances. [125] I am thy servant; instruct me, and I shall know thy testimonies. [126] *It is* time for the Lord to work: they have utterly broken thy law. [127] Therefore have I loved thy commandments more than gold, or the topaz. [128] Therefore I directed myself *according* to all thy commandments: I have hated every unjust way. [129] Thy testimonies are wonderful: therefore my soul has sought them out. [130] The manifestation of thy words will enlighten, and instruct the simple. [131] I opened my mouth, and drew breath: for I earnestly longed after thy commandments. [132] Look upon me and have mercy upon me, after the manner of them that love thy name. [133] Order my steps according to thy word: and let not any iniquity have dominion over me. [134] Deliver me from the false accusation of men: so will I keep thy commandments. [135] Cause thy face to shine upon thy servant: and teach me thine ordinances. [136] Mine eyes have been bathed in streams of water, because I kept not thy law. [137] Righteous art thou, O Lord, and upright are thy judgments. [138] Thou hast commanded righteousness and perfect truth, *as* thy testimonies. [139] Thy zeal has quite wasted me: because mine enemies have forgotten thy words. [140] Thy word *has been* very fully tried; and thy servant loves it. [141] I am young and despised: *yet* I have not forgotten thine ordinances. [142] Thy righteousness is an everlasting righteousness, and thy law is truth. [143] Afflictions and distresses found me: *but* thy commandments *were* my meditation. [144] Thy testimonies *are* an everlasting righteousness: instruct me, and I shall live. [145] I cried with my whole heart; hear me, O Lord: I will search out thine ordinances. [146] I cried to thee; save me, and I will keep thy testimonies. [147] I arose before the dawn, and cried: I hoped in thy words. [148] Mine eyes prevented the dawn, that I might meditate on thine oracles. [149] Hear my voice, O Lord, according to thy mercy; quicken me according to thy judgment. [150] They have drawn nigh who persecuted me unlawfully; and they are far removed from thy law. [151] Thou art near, O Lord; and all thy *β* ways are truth. [152] I have known of old *γ* concerning thy testimonies, that thou hast founded them for ever. [153] Look upon mine affliction, and rescue me; for I have not forgotten thy law. [154] Plead my cause, and ransom me: quicken me because of thy word. [155] Salvation is far from sinners: for they have not searched

τῆς γῆς, διὰ τοῦτο ἠγάπησα τὰ μαρτύριά σου. Καθήλωσον 120 ἐκ τοῦ φόβου σου τὰς σάρκας μου, ἀπὸ γὰρ τῶν κριμάτων σου ἐφοβήθην.

Ἐποίησα κρίμα καὶ δικαιοσύνην, μὴ παραδῷς με τοῖς ἀδι- 121 κοῦσί με. Ἔνδεξαι τὸν δοῦλόν σου εἰς ἀγαθὸν, μὴ συκοφαν- 122 τησάτωσάν με ὑπερήφανοι. Οἱ ὀφθαλμοί μου ἐξέλιπον εἰς τὸ 123 σωτήριόν σου, καὶ εἰς τὸ λόγιον τῆς δικαιοσύνης σου. Ποίη- 124 σον μετὰ τοῦ δούλου σου κατὰ τὸ ἔλεός σου, καὶ τὰ δικαιώματά σου δίδαξόν με. Δοῦλός σου εἰμὶ ἐγὼ, συνέτισόν με 125 καὶ γνώσομαι τὰ μαρτύριά σου. Καιρὸς τοῦ · ποιῆσαι τῷ 126 Κυρίῳ, διεσκέδασαν τὸν νόμον σου. Διὰ τοῦτο ἠγάπησα 127 τὰς ἐντολάς σου ὑπὲρ χρυσίον καὶ τοπάζιον. Διὰ τοῦτο 128 πρὸς πάσας τὰς ἐντολάς σου κατωρθούμην, πᾶσαν ὁδὸν ἄδικον ἐμίσησα.

Θαυμαστὰ τὰ μαρτύριά σου, διὰ τοῦτο ἐξηρεύνησεν αὐτὰ 129 ἡ ψυχή μου. Ἡ δήλωσις τῶν λόγων σου φωτιεῖ καὶ συνετιεῖ 130 νηπίους. Τὸ στόμα μου ἤνοιξα, καὶ εἵλκυσα πνεῦμα, ὅτι τὰς 131 ἐντολάς σου ἐπεπόθουν. Ἐπίβλεψον ἐπ᾽ ἐμὲ καὶ ἐλέησόν με, 132 κατὰ τὸ κρίμα τῶν ἀγαπώντων τὸ ὄνομά σου. Τὰ διαβήματά 133 μου κατεύθυνον κατὰ τὸ λόγιόν σου, καὶ μὴ κατακυριευσάτω μου πᾶσα ἀνομία. Λύτρωσαί με ἀπὸ συκοφαντίας ἀνθρώπων, 134 καὶ φυλάξω τὰς ἐντολάς σου. Τὸ πρόσωπόν σου ἐπίφανον 135 ἐπὶ τὸν δοῦλόν σου, καὶ δίδαξόν με τὰ δικαιώματά σου. Διεξόδους ὑδάτων κατέβησαν οἱ ὀφθαλμοί μου, ἐπεὶ οὐκ ἐφύ- 136 λαξα τὸν νόμον σου.

Δίκαιος εἶ Κύριε, καὶ εὐθεῖς αἱ κρίσεις σου. Ἐνετείλω 137, 138 δικαιοσύνην τὰ μαρτύριά σου, καὶ ἀλήθειαν σφόδρα. Ἐξέ- 139 τηξέ με ὁ ζῆλός σου, ὅτι ἐπελάθοντο τῶν λόγων σου οἱ ἐχθροί μου. Πεπυρωμένον τὸ λόγιόν σου σφόδρα, καὶ ὁ δοῦ- 140 λός σου ἠγάπησεν αὐτό. Νεώτερος ἐγώ εἰμι καὶ ἐξουδενωμέ- 141 νος, τὰ δικαιώματά σου οὐκ ἐπελαθόμην. Ἡ δικαιοσύνη σου 142 δικαιοσύνη εἰς τὸν αἰῶνα, καὶ ὁ νόμος σου ἀλήθεια. Θλίψεις 143 καὶ ἀνάγκαι εὕροσάν με, ἐντολαί σου μελέτη μου. Δικαιο- 144 σύνη τὰ μαρτύριά σου εἰς τὸν αἰῶνα· συνέτισόν με, καὶ ζή- σομαι.

Ἐκέκραξα ἐν ὅλῃ καρδίᾳ μου, ἐπάκουσόν μου Κύριε, τὰ 145 δικαιώματά σου ἐκζητήσω. Ἐκέκραξά σοι, σῶσόν με, καὶ 146 φυλάξω τὰ μαρτύριά σου. Προέφθασα ἐν ἀωρίᾳ καὶ ἐκέκραξα, 147 εἰς τοὺς λόγους σου ἐπήλπισα. Προέφθασαν οἱ ὀφθαλμοί 148 μου πρὸς ὄρθρον, τοῦ μελετᾶν τὰ λόγιά σου. Τῆς φωνῆς μου 149 ἄκουσον Κύριε κατὰ τὸ ἔλεός σου, κατὰ τὸ κρίμα σου ζῆσόν με. Προσήγγισαν οἱ καταδιώκοντές με ἀνομίᾳ, ἀπὸ δὲ τοῦ 150 νόμου σου ἐμακρύνθησαν. Ἐγγὺς εἶ Κύριε, καὶ πᾶσαι αἱ 151 ὁδοί σου ἀλήθεια. Κατ᾽ ἀρχὰς ἔγνων ἐκ τῶν μαρτυρίων σου, 152 ὅτι εἰς τὸν αἰῶνα ἐθεμελίωσας αὐτά.

Ἴδε τὴν ταπείνωσίν μου καὶ ἐξελοῦ με, ὅτι τοῦ νόμου σου 153 οὐκ ἐπελαθόμην. Κρῖνον τὴν κρίσιν μου καὶ λύτρωσαί με, 154 διὰ τὸν λόγον σου ζῆσόν με. Μακρὰν ἀπὸ ἁμαρτωλῶν 155

β *Alex.* ἐντολαί, commands.   γ *Gr.* of.

.56 σωτηρία, ὅτι τὰ δικαιώματά σου οὐκ ἐξεζήτησαν. Οἱ οἰκτιρ-
157 μοί σου πολλοὶ Κύριε, κατὰ τὸ κρίμα σου ζῆσόν με. Πολλοὶ
οἱ ἐκδιώκοντές με καὶ θλίβοντές με· ἐκ τῶν μαρτυρίων σου
158 οὐκ ἐξέκλινα. Εἶδον ἀσυνετοῦντας καὶ ἐξετηκόμην, ὅτι τὰ
159 λόγιά σου οὐκ ἐφυλάξαντο. Ἴδε ὅτι τὰς ἐντολάς σου ἠγάπησα
160 Κύριε, ἐν τῷ ἐλέει σου ζῆσόν με. Ἀρχὴ τῶν λόγων σου
ἀλήθεια, καὶ εἰς τὸν αἰῶνα πάντα τὰ κρίματα τῆς δικαιο-
σύνης σου.
161 Ἄρχοντες κατεδίωξάν με δωρεάν, καὶ ἀπὸ τῶν λόγων σου
162 ἐδειλίασεν ἡ καρδία μου. Ἀγαλλιάσομαι ἐγὼ ἐπὶ τὰ λόγιά
163 σου, ὡς ὁ εὑρίσκων σκῦλα πολλά. Ἀδικίαν ἐμίσησα καὶ
164 ἐβδελυξάμην, τὸν δὲ νόμον σου ἠγάπησα. Ἑπτάκις τῆς ἡμέ-
165 ρας ᾔνεσά σε ἐπὶ τὰ κρίματα τῆς δικαιοσύνης σου. Εἰρήνη
πολλὴ τοῖς ἀγαπῶσι τὸν νόμον σου, καὶ οὐκ ἔστιν αὐτοῖς
166 σκάνδαλον. Προσεδόκων τὸ σωτήριόν σου Κύριε, καὶ τὰς
167 ἐντολάς σου ἠγάπησα. Ἐφύλαξεν ἡ ψυχή μου τὰ μαρτύριά
168 σου, καὶ ἠγάπησεν αὐτὰ σφόδρα. Ἐφύλαξα τὰς ἐντολάς σου
καὶ τὰ μαρτύριά σου, ὅτι πᾶσαι αἱ ὁδοί μου ἐναντίον σου
Κύριε.
169 Ἐγγισάτω ἡ δέησίς μου ἐνώπιόν σου Κύριε, κατὰ τὸ
170 λόγιόν σου συνέτισόν με. Εἰσέλθοι τὸ ἀξίωμά μου ἐνώπιόν
171 σου Κύριε, κατὰ τὸ λόγιόν σου ῥῦσαί με. Ἐξερεύξαιντο τὰ
172 χείλη μου ὕμνον, ὅταν διδάξῃς με τὰ δικαιώματά σου. Φθέγ-
ξαιτο ἡ γλῶσσά μου τὰ λόγιά σου, ὅτι πᾶσαι αἱ ἐντολαί σου
173 δικαιοσύνη. Γενέσθω ἡ χείρ σου τοῦ σῶσαί με, ὅτι τὰς
174 ἐντολάς σου ᾑρετισάμην. Ἐπεπόθησα τὸ σωτήριόν σου
175 Κύριε, καὶ ὁ νόμος σου μελέτη μου ἐστί. Ζήσεται ἡ ψυχή
176 μου καὶ αἰνέσει σε, καὶ τὰ κρίματά σου βοηθήσει μοι. Ἐπλα-
νήθην ὡς πρόβατον ἀπολωλός, ζήτησον τὸν δοῦλόν σου, ὅτι
τὰς ἐντολάς σου οὐκ ἐπελαθόμην.

119 (120)   Ὠδὴ τῶν ἀναβαθμῶν.

Πρὸς Κύριον ἐν τῷ θλίβεσθαί με ἐκέκραξα, καὶ εἰσήκουσέ
2 μου. Κύριε ῥῦσαι τὴν ψυχήν μου ἀπὸ χειλέων ἀδίκων καὶ ἀπὸ
γλώσσης δολίας.
3 Τί δοθείη σοι, καὶ τί προστεθείη σοι πρὸς γλῶσσαν δολίαν;
4 Τὰ βέλη τοῦ δυνατοῦ ἠκονημένα σὺν τοῖς ἄνθραξι τοῖς ἐρη-
μικοῖς.
5 Οἴμοι ὅτι ἡ παροικία μου ἐμακρύνθη, κατεσκήνωσα μετὰ
6 τῶν σκηνωμάτων Κηδάρ. Πολλὰ παρῴκησεν ἡ ψυχή μου·
7 μετὰ τῶν μισούντων τὴν εἰρήνην Ἤμην εἰρηνικός· ὅταν ἐλάλουν
αὐτοῖς, ἐπολέμουν με δωρεάν.

120 (121)   Ὠδὴ τῶν ἀναβαθμῶν.

Ἦρα τοὺς ὀφθαλμούς μου εἰς τὰ ὄρη, ὅθεν ἥξει ἡ βοήθειά
2 μου. Ἡ βοήθειά μου παρὰ Κυρίου τοῦ ποιήσαντος τὸν οὐρα-
3 νὸν καὶ τὴν γῆν. Μὴ δῴης εἰς σάλον τὸν πόδα σου, μηδὲ
4 νυστάξῃ ὁ φυλάσσων σε. Ἰδοὺ οὐ νυστάξει οὐδὲ ὑπνώσει
5 ὁ φυλάσσων τὸν Ἰσραήλ. Κύριος φυλάξει σε, Κύριος σκέπη

---

out thine ordinances. [156] Thy mercies,
O Lord, are many: quicken me according
to thy judgment. [157] Many are they that
persecute me and oppress me: *but* I have
not declined from thy testimonies. [158] I
beheld men acting foolishly, and I pined
away; for they kept not thine oracles.
[159] Behold, I have loved thy commandments,
O Lord: quicken me in thy mercy. [160] The
beginning of thy words is truth; and all
the judgments of thy righteousness *endure*
for ever.

[161] Princes persecuted me without a cause,
but my heart feared because of thy words.
[162] I will exult because of thine oracles, as
one that finds much spoil. [163] I hate and
abhor unrighteousness; but I love thy law.
[164] Seven times in a day have I praised thee
because of the judgments of thy righteous-
ness. [165] Great peace have they that love
thy law: and there is no stumbling-block
to them. [166] I waited for thy salvation,
O Lord, and have loved thy commandments.
[167] My soul has kept thy testimonies, and
loved them exceedingly. [168] I have kept thy
commandments and thy testimonies; for all
my ways are before thee, O Lord.

[169] Let my supplication come near before
thee, O Lord; instruct me according to
thine oracle. [170] Let my petition come in
before thee, O Lord; deliver me according
to thine oracle. [171] Let my lips utter a
hymn, when thou shalt have taught me
thine ordinances. [172] Let my tongue utter
thine oracles; for all thy commandments
are righteous. [173] Let thine hand be *prompt*
to save me; for I have chosen thy com-
mandments. [174] I have longed after thy
salvation, O Lord; and thy law is my
meditation. [175] My soul shall live, and shall
praise thee; and thy judgments shall help
me. [176] I have gone astray like a lost sheep;
seek thy servant; for I have not forgotten
thy commandments.

A Song of Degrees.

In mine affliction I cried to the Lord,
and he hearkened to me. [2] Deliver my soul,
O Lord, from unjust lips, and from a deceit-
ful tongue.
[3] What should be given to thee, and what
should be added to thee, for *thy* crafty
tongue? [4] Sharpened weapons of the mighty,
with coals of the desert.
[5] Woe is me, that my sojourning is β pro-
longed; I have tabernacled among the tents
of Kedar. [6] My soul has long been a
sojourner; [7] I was peaceable among them
that hated peace; when I spoke to them,
they warred against me without a cause.

A Song of Degrees.

I lifted up mine eyes to the mountains,
whence my help shall come. [2] My help
shall come from the Lord, who made the
heaven and the earth. [3] Let not thy foot
be moved; and let not thy keeper slumber.
[4] Behold, he that keeps Israel shall not
slumber nor sleep. [5] The Lord shall keep
thee: the Lord is thy shelter upon thy

---

right hand. ⁶The sun shall not burn thee by day, neither the moon by night. ⁷May the Lord preserve thee from all evil: the Lord shall keep thy soul. ⁸The Lord shall keep thy coming in, and thy going out, from henceforth and even for ever.

A Song of Degrees.

I was glad when they said to me, Let us go into the house of the Lord. ²Our feet stood in thy courts, O Jerusalem. ³Jerusalem is built as a city whose fellowship is complete. ⁴For thither the tribes went up, the tribes of the Lord, as a testimony for Israel, to give thanks unto the name of the Lord. ⁵For there are set thrones for judgment, *even* thrones for the house of David.
⁶β Pray now for the peace of Jerusalem: and *let there be* prosperity to them that love thee. ⁷Let peace, I pray, be within thine host, and prosperity in thy palaces. ⁸For the sake of my brethren and my neighbours, I have indeed spoken peace concerning thee. ⁹Because of the house of the Lord our God, I have diligently sought thy good.

A Song of Degrees.

Unto thee who dwellest in heaven have I lifted up mine eyes. ²Behold, as the eyes of servants *are directed* to the hands of their masters, *and* as the eyes of a maidservant to the hands of her mistress; so our eyes *are directed* to the Lord our God, until he have mercy upon us. ³Have pity upon us, O Lord, have pity upon us: for we are exceedingly filled with contempt. ⁴*Yea,* our soul has been exceedingly filled *with it:* γ let the reproach *be* to them that are at ease, and contempt to the proud.

A Song of Degrees.

If it had not been that the Lord was among us, let Israel now say; ²if it had not been that the Lord was among us, when men rose up against us; ³verily they would have swallowed us up alive, when their wrath was kindled against us: ⁴verily the water would have drowned us, our soul would have gone under the torrent. ⁵Yea, our soul would have gone under the overwhelming water.
⁶Blessed be the Lord, who has not given us for a prey to their teeth. ⁷Our soul has been delivered as a sparrow from the snare of the fowlers: the snare is broken, and we are delivered. ⁸Our help is in the name of the Lord, who made heaven and earth.

A Song of Degrees.

They that trust in the Lord *shall be* as mount Sion: he that dwells in Jerusalem shall never be moved. ²The mountains are round about her, and *so* the Lord is round about his people, from henceforth and even for ever. ³For the Lord will not allow the rod of sinners to be upon the lot of the righteous; lest the righteous should stretch forth their hands to iniquity.

σου ἐπὶ χεῖρα δεξιάν σου. Ἡμέρας ὁ ἥλιος οὐ συγκαύσει σε, 6 οὐδὲ ἡ σελήνη τὴν νύκτα. Κύριος φυλάξαι σε ἀπὸ παντὸς 7 κακοῦ, φυλάξει τὴν ψυχήν σου ὁ Κύριος. Κύριος φυλάξει 8 τὴν εἴσοδόν σου, καὶ τὴν ἔξοδόν σου, ἀπὸ τοῦ νῦν καὶ ἕως τοῦ αἰῶνος.

Ὠδὴ τῶν ἀναβαθμῶν.   121 (122)

Εὐφράνθην ἐπὶ τοῖς εἰρηκόσι μοι, εἰς οἶκον Κυρίου πορευσόμεθα. Ἑστῶτες ἦσαν οἱ πόδες ἡμῶν ἐν ταῖς αὐλαῖς σου 2 Ἱερουσαλήμ. Ἱερουσαλὴμ οἰκοδομουμένη ὡς πόλις, ἧς ἡ 3 μετοχὴ αὐτῆς ἐπιτοαυτό. Ἐκεῖ γὰρ ἀνέβησαν αἱ φυλαί, 4 φυλαὶ Κυρίου μαρτύριον τῷ Ἰσραήλ, τοῦ ἐξομολογήσασθαι τῷ ὀνόματι Κυρίου. Ὅτι ἐκεῖ ἐκάθισαν θρόνοι εἰς κρίσιν, θρόνοι 5 ἐπὶ οἶκον Δαυίδ.

Ἐρωτήσατε δὴ τὰ εἰς εἰρήνην τὴν Ἱερουσαλήμ, καὶ εὐθηνία 6 τοῖς ἀγαπῶσί σε. Γενέσθω δὴ εἰρήνη ἐν τῇ δυνάμει σου, καὶ 7 εὐθηνία ἐν ταῖς πυργοβάρεσί σου. Ἕνεκα τῶν ἀδελφῶν μου 8 καὶ τῶν πλησίον μου, ἐλάλουν δὴ εἰρήνην περὶ σοῦ. Ἕνεκα 9 τοῦ οἴκου Κυρίου τοῦ Θεοῦ ἡμῶν ἐξεζήτησα ἀγαθά σοι.

Ὠδὴ τῶν ἀναβαθμῶν.   122 (123)

Πρὸς σὲ ἦρα τοὺς ὀφθαλμούς μου, τὸν κατοικοῦντα ἐν τῷ οὐρανῷ. Ἰδοὺ ὡς ὀφθαλμοὶ δούλων εἰς χεῖρας τῶν κυρίων 2 αὐτῶν, ὡς ὀφθαλμοὶ παιδίσκης εἰς χεῖρας τῆς κυρίας αὐτῆς, οὕτως οἱ ὀφθαλμοὶ ἡμῶν πρὸς Κύριον τὸν Θεὸν ἡμῶν, ἕως οὗ οἰκτειρήσαι ἡμᾶς. Ἐλέησον ἡμᾶς Κύριε, ἐλέησον ἡμᾶς, ὅτι 3 ἐπὶ πολὺ ἐπλήσθημεν ἐξουδενώσεως. Ἐπὶ πλεῖον ἐπλήσθη ἡ 4 ψυχὴ ἡμῶν· τὸ ὄνειδος τοῖς εὐθηνοῦσι καὶ ἡ ἐξουδένωσις τοῖς ὑπερηφάνοις.

Ὠδὴ τῶν ἀναβαθμῶν.   123 (124)

Εἰ μὴ ὅτι Κύριος ἦν ἐν ἡμῖν, εἰπάτω δὴ Ἰσραήλ, εἰ μὴ ὅτι 2 Κύριος ἦν ἐν ἡμῖν, ἐν τῷ ἐπαναστῆναι ἀνθρώπους ἐφ᾽ ἡμᾶς, ἄρα 3 ζῶντας ἂν κατέπιον ἡμᾶς· ἐν τῷ ὀργισθῆναι τὸν θυμὸν αὐτῶν ἐφ᾽ ἡμᾶς, ἄρα τὸ ὕδωρ ἂν κατεπόντισεν ἡμᾶς· χείμαῤῥον διῆλ- 4 θεν ἡ ψυχὴ ἡμῶν. Ἄρα διῆλθεν ἡ ψυχὴ ἡμῶν τὸ ὕδωρ τὸ 5 ἀνυπόστατον.

Εὐλογητὸς Κύριος, ὃς οὐκ ἔδωκεν ἡμᾶς εἰς θήραν τοῖς ὀδοῦ- 6 σιν αὐτῶν. Ἡ ψυχὴ ἡμῶν ὡς στρουθίον ἐῤῥύσθη ἐκ τῆς 7 παγίδος τῶν θηρευόντων· ἡ παγὶς συνετρίβη, καὶ ἡμεῖς ἐῤῥύσθημεν. Ἡ βοήθεια ἡμῶν ἐν ὀνόματι Κυρίου, τοῦ ποιήσαντος 8 τὸν οὐρανὸν καὶ τὴν γῆν.

Ὠδὴ τῶν ἀναβαθμῶν.   124 (125)

Οἱ πεποιθότες ἐπὶ Κύριον ὡς ὄρος Σιών, οὐ σαλευθήσεται εἰς αἰῶνα ὁ κατοικῶν Ἱερουσαλήμ· ὄρη κύκλῳ αὐτῆς, καὶ ὁ Κύριος 2 κύκλῳ τοῦ λαοῦ αὐτοῦ, ἀπὸ τοῦ νῦν καὶ ἕως τοῦ αἰῶνος. Ὅτι 3 οὐκ ἀφήσει Κύριος τὴν ῥάβδον τῶν ἁμαρτωλῶν ἐπὶ τὸν κλῆρον τῶν δικαίων, ὅπως ἂν μὴ ἐκτείνωσιν οἱ δίκαιοι ἐν ἀνομίαις χεῖρας αὐτῶν.

β Or, ask Jerusalem how it is with her.   γ Or, we are the reproach of them that are at ease.

4 Ἀγάθυνον, Κύριε, τοῖς ἀγαθοῖς καὶ τοῖς εὐθέσι τῇ καρδίᾳ.
5 Τοὺς δὲ ἐκκλίνοντας εἰς τὰς στραγγαλιὰς, ἀπάξει Κύριος μετὰ
τῶν ἐργαζομένων τὴν ἀνομίαν· εἰρήνη ἐπὶ τὸν Ἰσραήλ.

125 (126)   Ὠδὴ τῶν ἀναβαθμῶν.

Ἐν τῷ ἐπιστρέψαι Κύριον τὴν αἰχμαλωσίαν Σιὼν, ἐγενήθη-
2 μεν ὡσεὶ παρακεκλημένοι. Τότε ἐπλήσθη χαρᾶς τὸ στόμα
ἡμῶν, καὶ ἡ γλῶσσα ἡμῶν ἀγαλλιάσεως· τότε ἐροῦσιν ἐν τοῖς
3 ἔθνεσιν, ἐμεγάλυνε Κύριος τοῦ ποιῆσαι μετ᾽ αὐτῶν. Ἐμεγά-
λυνε Κύριος τοῦ ποιῆσαι μεθ᾽ ἡμῶν, ἐγενήθημεν εὐφραινόμενοι.
4 Ἐπίστρεψον, Κύριε, τὴν αἰχμαλωσίαν ἡμῶν ὡς χειμάρρους
5 ἐν τῷ Νότῳ. Οἱ σπείροντες ἐν δάκρυσιν, ἐν ἀγαλλιάσει θε-
6 ριοῦσι. Πορευόμενοι ἐπορεύοντο, καὶ ἔκλαιον βάλλοντες τὰ
σπέρματα αὐτῶν· ἐρχόμενοι δὲ ἥξουσιν ἐν ἀγαλλιάσει αἴροντες
τὰ δράγματα αὐτῶν.

126 (127)   Ὠδὴ τῶν ἀναβαθμῶν.

Ἐὰν μὴ Κύριος οἰκοδομήσῃ οἶκον, εἰς μάτην ἐκοπίασαν οἱ
οἰκοδομοῦντες· ἐὰν μὴ Κύριος φυλάξῃ πόλιν, εἰς μάτην ἠγρύ-
2 πνησεν ὁ φυλάσσων. Εἰς μάτην ὑμῖν ἐστι τὸ ὀρθρίζειν· ἐγεί-
ρεσθε μετὰ τὸ καθῆσθαι, οἱ ἐσθίοντες ἄρτον ὀδύνης, ὅταν δῷ
τοῖς ἀγαπητοῖς αὐτοῦ ὕπνον.
3 Ἰδοὺ ἡ κληρονομία Κυρίου, υἱοί, ὁ μισθὸς τοῦ καρποῦ τῆς
4 γαστρός. Ὡσεὶ βέλη ἐν χειρὶ δυνατοῦ, οὕτως οἱ υἱοὶ τῶν ἐκτε-
5 τιναγμένων. Μακάριος ὃς πληρώσει τὴν ἐπιθυμίαν αὐτοῦ ἐξ
αὐτῶν· οὐ καταισχυνθήσονται, ὅταν λαλῶσι τοῖς ἐχθροῖς αὐτῶν
ἐν πύλαις.

127 (128)   Ὠδὴ τῶν ἀναβαθμῶν.

Μακάριοι πάντες οἱ φοβούμενοι τὸν Κύριον, οἱ πορευόμενοι
2 ἐν ταῖς ὁδοῖς αὐτοῦ. Τοὺς πόνους τῶν καρπῶν σου φάγεσαι·
3 μακάριος εἶ καὶ καλῶς σοι ἔσται. Ἡ γυνή σου ὡς ἄμπελος
εὐθηνοῦσα ἐν ταῖς κλίτεσι τῆς οἰκίας σου· οἱ υἱοί σου ὡς νεό-
φυτα ἐλαιῶν κύκλῳ τῆς τραπέζης σου.
4 Ἰδοὺ οὕτως εὐλογηθήσεται ἄνθρωπος ὁ φοβούμενος τὸν
5 Κύριον. Εὐλογήσαι σε Κύριος ἐκ Σιὼν, καὶ ἴδοις τὰ ἀγαθὰ
6 Ἱερουσαλὴμ πάσας τὰς ἡμέρας τῆς ζωῆς σου· Καὶ ἴδοις υἱοὺς
τῶν υἱῶν σου· εἰρήνη ἐπὶ τὸν Ἰσραήλ.

128 (129)   Ὠδὴ τῶν ἀναβαθμῶν.

Πλεονάκις ἐπολέμησάν με ἐκ νεότητός μου, εἰπάτω δὴ Ἰσ-
2 ραήλ· Πλεονάκις ἐπολέμησάν με ἐκ νεότητός μου, καὶ γὰρ
3 οὐκ ἠδυνήθησάν μοι. Ἐπὶ τὸν νῶτόν μου ἐτέκταινον οἱ ἁμαρ-
4 τωλοὶ, ἐμάκρυναν τὴν ἀνομίαν αὐτῶν. Κύριος δίκαιος συν-
έκοψεν αὐχένας ἁμαρτωλῶν.
5 Αἰσχυνθήτωσαν καὶ ἀποστραφήτωσαν εἰς τὰ ὀπίσω πάντες
6 οἱ μισοῦντες Σιών. Γενηθήτωσαν ὡσεὶ χόρτος δωμάτων, ὃς
7 πρὸ τοῦ ἐκσπασθῆναι ἐξηράνθη· Οὗ οὐκ ἐπλήρωσε τὴν χεῖρα

4 Do good, O Lord, to them *that are* good, and to them *that are* upright in heart. 5 But them that turn aside to crooked ways the Lord will lead away with the workers of iniquity: β*but* peace *shall be* upon Israel.

A Song of Degrees.

When the Lord turned the captivity of Sion, we became as comforted ones. 2 Then was our mouth filled with joy, and our tongue with exultation: then would they say among the Gentiles, 3 The Lord has done great things among them. The Lord has done great things for us, we became joyful.

4 Turn, O Lord, our captivity, as the streams in the south. 5 They that sow in tears shall reap in joy. 6 They went on and wept as they cast their seeds; but they shall surely come with exultation, bringing their sheaves *with them.*

A Song of Degrees.

Except the Lord build the house, they that build labour in vain: except the Lord keep the city, the watchman watches in vain. 2 It is vain for you to rise early: ye rise up after resting, ye that eat the bread of grief; while he gives sleep to his beloved.

3 Behold, the inheritance of the Lord, children, the reward of the fruit of the womb. 4 As arrows in the hand of a mighty man; so are the children of those who were outcasts. 5 Blessed is the man who shall satisfy his desire with them: they shall not be ashamed when they shall speak to their enemies in the gates.

A Song of Degrees.

Blessed are all they that fear the Lord; who walk in his ways. 2 Thou shalt eat the γ labours of thy hands: blessed art thou, and it shall be well with thee. 3 Thy wife shall be as a fruitful vine on the sides of thy house: thy children as young olive-plants round about thy table.

4 Behold, thus shall the man be blessed that fears the Lord. 5 May the Lord bless thee out of Sion; and mayest thou see the prosperity of Jerusalem all the days of thy life. 6 And mayest thou see thy children's children. Peace be upon Israel.

A Song of Degrees.

Many a time have they warred against me from my youth, let Israel now say: 2 Many a time have they warred against me from my youth: and yet they prevailed not against me. 3 The sinners wrought upon my back: they prolonged them δ iniquity. 4 The righteous Lord has cut asunder the necks of sinners.

5 Let all that hate Sion be put to shame and turned back. 6 Let them be as the grass of the house-tops, which withers before it is plucked up. 7 Wherewith the

---

β Or, let peace be.   γ *Alex.* fruits of thy labours.   δ עוֹן iniquity, easily read for עוֹנָה a furrow.

reaper fills not his hand, nor he that makes up the sheaves, his bosom. [8] Neither do they that go by say, The blessing of the Lord be upon you: we have blessed you in the name of the Lord.

A Song of Degrees.

Out of the depths have I cried to thee, O Lord. [2] O Lord, hearken to my voice; let thine ears be attentive to the voice of my supplication. [3] If thou, O Lord, shouldest mark iniquities, O Lord, who shall stand? [4] For with thee is [β] forgiveness: for thy [γ] name's sake [5] have I waited for thee, O Lord, my soul has waited for thy word. [6] My soul has hoped in the Lord; from the morning watch till night.
[7] Let Israel hope in the Lord: for with the Lord is mercy, and with him is plenteous redemption. [8] And he shall redeem Israel from all his iniquities.

[δ] A Song of Degrees.

O Lord, my heart is not exalted, neither have mine eyes been *haughtily* raised: neither have I exercised myself in great *matters,* nor in things too wonderful for me. [2] *I shall have sinned* if I have not been humble, but have exalted my soul: according to *the relation of* a weaned child to his mother, so wilt thou recompense my soul. [3] Let Israel hope in the Lord, from henceforth and for ever.

A Song of Degrees.

Lord, remember David, and all his meekness: [2] how he sware to the Lord, *and* vowed to the God of Jacob, *saying,* [3] [ζ] I will not go into the tabernacle of my house; I will not go up to the couch of my bed; [4] I will not give sleep to mine eyes, nor slumber to mine eyelids, nor rest to my temples, [5] until I find a place for the Lord, a tabernacle for the God of Jacob. [6] Behold, we heard of it in Ephratha; we found it in the fields of the wood. [7] Let us enter into his tabernacles: let us worship at the place where his feet stood.
[8] Arise, O Lord, into thy rest; thou, and the ark of thine holiness. [9] Thy priests shall clothe themselves with righteousness; and thy saints shall exult. [10] For the sake of thy servant David turn not away the face of thine anointed.
[11] The Lord sware *in* truth to David, and he will not annul it, *saying,* Of the fruit of thy body will I set *a king* upon thy throne. [12] If thy children will keep my covenant, and these my testimonies which I shall teach them, their children also shall sit upon thy throne for ever. [13] For the Lord has elected Sion, he has chosen her for a habitation for himself, *saying,* [14] This is my rest for ever: here will I dwell; for I have chosen it. [15] I will surely bless her provision: I will satisfy her poor with bread. [16] I will clothe her priests with salvation; and her saints shall greatly exult. [17] There will I cause to spring up a horn to David: I have prepared a lamp for mine anointed.

αὐτοῦ ὁ θερίζων, καὶ τὸν κόλπον αὐτοῦ ὁ τὰ δράγματα συλλέγων. Καὶ οὐκ εἶπαν οἱ παράγοντες, εὐλογία Κυρίου ἐφ' ὑμᾶς, 8 εὐλογήκαμεν ὑμᾶς ἐν ὀνόματι Κυρίου.

Ὠδὴ τῶν ἀναβαθμῶν. 129 (130)

Ἐκ βαθέων ἐκέκραξά σοι Κύριε. Κύριε εἰσάκουσον τῆς 2 φωνῆς μου· γενηθήτω τὰ ὦτά σου προσέχοντα εἰς τὴν φωνὴν τῆς δεήσεώς μου. Ἐὰν ἀνομίας παρατηρήσῃς Κύριε, Κύριε τίς 3 ὑποστήσεται; Ὅτι παρὰ σοὶ ὁ ἱλασμός ἐστιν· ἕνεκεν τοῦ 4 ὀνόματός σου ὑπέμεινά σε Κύριε, ὑπέμεινεν ἡ ψυχή μου εἰς τὸν 5 λόγον σου, ἤλπισεν ἡ ψυχή μου ἐπὶ τὸν Κύριον· ἀπὸ φυλακῆς 6 πρωΐας μέχρι νυκτός,
Ἐλπισάτω Ἰσραὴλ ἐπὶ τὸν Κύριον· ὅτι παρὰ τῷ Κυρίῳ τὸ 7 ἔλεος, καὶ πολλὴ παρ αὐτῷ λύτρωσις. Καὶ αὐτὸς λυτρώσεται 8 τὸν Ἰσραὴλ ἐκ πασῶν τῶν ἀνομιῶν αὐτοῦ.

Ὠδὴ τῶν ἀναβαθμῶν. 130 (131)

Κύριε, οὐχ ὑψώθη ἡ καρδία μου, οὐδὲ ἐμετεωρίσθησαν οἱ ὀφθαλμοί μου· οὐδὲ ἐπορεύθην ἐν μεγάλοις, οὐδὲ ἐν θαυμασίοις ὑπὲρ ἐμέ. Εἰ μὴ ἐταπεινοφρόνουν, ἀλλὰ ὕψωσα τὴν 2 ψυχήν μου· ὡς τὸ ἀπογεγαλακτισμένον ἐπὶ τὴν μητέρα αὐτοῦ, ὡς ἀνταποδώσεις ἐπὶ τὴν ψυχήν μου. Ἐλπισάτω Ἰσραὴλ ἐπὶ 3 τὸν Κύριον ἀπὸ τοῦ νῦν καὶ ἕως τοῦ αἰῶνος.

Ὠδὴ τῶν ἀναβαθμῶν. 131 (132)

Μνήσθητι Κύριε τοῦ Δαυὶδ, καὶ πάσης τῆς πραότητος αὐτοῦ· Ὡς ὤμοσε τῷ Κυρίῳ, ηὔξατο τῷ Θεῷ Ἰακώβ· Εἰ εἰσελεύ- 2, 3 σομαι εἰς σκήνωμα οἴκου μου, εἰ ἀναβήσομαι ἐπὶ κλίνης στρωμνῆς μου· Εἰ δώσω ὕπνον τοῖς ὀφθαλμοῖς μοῦ, καὶ τοῖς 4 βλεφάροις μου νυσταγμὸν, καὶ ἀνάπαυσιν τοῖς κροτάφοις μου· Ἔως οὗ εὕρω τόπον τῷ Κυρίῳ, σκήνωμα τῷ Θεῷ Ἰακώβ. 5 Ἰδοὺ ἠκούσαμεν αὐτὴν ἐν Ἐφραθὰ, εὕρομεν αὐτὴν ἐν τοῖς 6 πεδίοις τοῦ δρυμοῦ. Εἰσελευσώμεθα εἰς τὰ σκηνώματα αὐτοῦ· 7 προσκυνήσωμεν εἰς τὸν τόπον οὗ ἔστησαν οἱ πόδες αὐτοῦ.
Ἀνάστηθι Κύριε εἰς τὴν ἀνάπαυσίν σου, σὺ καὶ ἡ κιβωτὸς 8 τοῦ ἁγιάσματός σου. Οἱ ἱερεῖς σου ἐνδύσονται δικαιοσύνην, 9 καὶ οἱ ὅσιοί σου ἀγαλλιάσονται. Ἕνεκεν Δαυὶδ τοῦ δούλου 10 σου, μὴ ἀποστρέψῃς τὸ πρόσωπον τοῦ χριστοῦ σου.
Ὤμοσε Κύριος τῷ Δαυὶδ ἀλήθειαν, καὶ οὐ μὴ ἀθετήσει 11 αὐτὴν, ἐκ καρποῦ τῆς κοιλίας σου, θήσομαι ἐπὶ τοῦ θρόνου σου. Ἐὰν φυλάξωνται οἱ υἱοί σου τὴν διαθήκην μου, καὶ τὰ μαρτύ- 12 ριά μου ταῦτα ἃ διδάξω αὐτούς, καὶ οἱ υἱοὶ αὐτῶν ἕως τοῦ αἰῶνος καθιοῦνται ἐπὶ τοῦ θρόνου σου. Ὅτι ἐξελέξατο Κύριος 13 τὴν Σιὼν, ᾑρετίσατο αὐτὴν εἰς κατοικίαν ἑαυτῷ. Αὕτη ἡ κατά- 14 παυσίς μου εἰς αἰῶνα αἰῶνος, ὧδε κατοικήσω ὅτι ᾑρετισάμην αὐτήν. Τὴν θήραν αὐτῆς εὐλογῶν εὐλογήσω, τοὺς πτωχοὺς 15 αὐτῆς χορτάσω ἄρτων. Τοὺς ἱερεῖς αὐτῆς ἐνδύσω σωτηρίαν, 16 καὶ οἱ ὅσιοι αὐτῆς ἀγαλλιάσει ἀγαλλιάσονται. Ἐκεῖ ἐξανατελῶ 17

β Or, propitiation.　　γ See Gen. 31. 53.　　δ *Alex.* + 'for David.'　　ζ *Gr.* if I shall, etc. *Hebraism.*

18 κέρας τῷ Δαυὶδ, ἡτοίμασα λύχνον τῷ χριστῷ μου. Τοὺς ἐχθροὺς αὐτοῦ ἐνδύσω αἰσχύνην, ἐπὶ δὲ αὐτὸν ἐξανθήσει τὸ ἁγίασμά μου.

132 (133) Ὠδὴ τῶν ἀναβαθμῶν.

Ἰδοὺ δὴ τί καλὸν, ἢ τί τερπνὸν, ἀλλ' ἢ τὸ κατοικεῖν ἀδελ-2 φοὺς ἐπιτοαυτό; Ὡς μύρον ἐπὶ κεφαλῆς τὸ καταβαῖνον ἐπὶ πώγωνα, τὸν πώγωνα τὸν Ἀαρὼν, τὸ καταβαῖνον ἐπὶ τὴν ὤαν 3 τοῦ ἐνδύματος αὐτοῦ. Ὡς δρόσος Ἀερμὼν ὁ καταβαίνουσα ἐπὶ τὰ ὄρη Σιών· ὅτι ἐκεῖ ἐνετείλατο Κύριος τὴν εὐλογίαν, ζωὴν ἕως τοῦ αἰῶνος.

133 (134) Ὠδὴ τῶν ἀναβαθμῶν.

Ἰδοὺ δὴ εὐλογεῖτε τὸν Κύριον πάντες οἱ δοῦλοι Κυρίου, οἱ ἑστῶτες ἐν οἴκῳ Κυρίου ἐν αὐλαῖς οἴκου Θεοῦ ἡμῶν· ἐν ταῖς 2 νυξὶν ἐπάρατε τὰς χεῖρας ὑμῶν εἰς τὰ ἅγια, καὶ εὐλογεῖτε τὸν 3 Κύριον. Εὐλογήσαι σε Κύριος ἐκ Σιὼν, ὁ ποιήσας τὸν οὐρανὸν καὶ τὴν γῆν.

134 (135) Ἀλληλούϊα.

2 Αἰνεῖτε τὸ ὄνομα Κυρίου, αἰνεῖτε δοῦλοι Κύριον. Οἱ ἑστῶ-3 τες ἐν οἴκῳ Κυρίου, ἐν αὐλαῖς οἴκου Θεοῦ ἡμῶν. Αἰνεῖτε τὸν Κύριον, ὅτι ἀγαθὸς Κύριος· ψάλατε τῷ ὀνόματι αὐτοῦ, ὅτι καλόν.

4 Ὅτι τὸν Ἰακὼβ ἐξελέξατο ἑαυτῷ ὁ Κύριος, Ἰσραὴλ εἰς 5 περιουσιασμὸν ἑαυτῷ. Ὅτι ἐγὼ ἔγνωκα, ὅτι μέγας ὁ Κύριος, 6 καὶ ὁ Κύριος ἡμῶν παρὰ πάντας τοὺς θεούς. Πάντα ὅσα ἠθέλησεν ὁ Κύριος, ἐποίησεν ἐν τῷ οὐρανῷ καὶ ἐν τῇ γῇ, ἐν 7 ταῖς θαλάσσαις καὶ ἐν πάσαις ταῖς ἀβύσσοις. Ἀνάγων νεφέλας ἐξ ἐσχάτου τῆς γῆς, ἀστραπὰς εἰς ὑετὸν ἐποίησεν· ὁ ἐξάγων 8 ἀνέμους ἐκ θησαυρῶν αὐτοῦ. Ὃς ἐπάταξε τὰ πρωτότοκα 9 Αἰγύπτου ἀπὸ ἀνθρώπου ἕως κτήνους. Ἐξαπέστειλε σημεῖα καὶ τέρατα ἐν μέσῳ σου Αἴγυπτε, ἐν Φαραὼ καὶ ἐν πᾶσι τοῖς δού-10 λοις αὐτοῦ. Ὃς ἐπάταξεν ἔθνη πολλὰ, καὶ ἀπέκτεινε βασιλεῖς 11 κραταιούς· τὸν Σηὼν βασιλέα τῶν Ἀμορραίων, καὶ τὸν Ὢγ 12 βασιλέα τῆς Βασὰν, καὶ πάσας τὰς βασιλείας Χαναάν. Καὶ ἔδωκε τὴν γῆν αὐτῶν κληρονομίαν, κληρονομίαν Ἰσραὴλ λαῷ αὐτοῦ.

13 Κύριε τὸ ὄνομά σου εἰς τὸν αἰῶνα, καὶ τὸ μνημόσυνόν σου 14 εἰς γενεὰν καὶ γενεάν. Ὅτι κρινεῖ Κύριος τὸν λαὸν αὐτοῦ, καὶ 15 ἐπὶ τοῖς δούλοις αὐτοῦ παρακληθήσεται. Τὰ εἴδωλα τῶν ἐθνῶν 16 ἀργύριον καὶ χρυσίον, ἔργα χειρῶν ἀνθρώπων. Στόμα ἔχουσι 17 καὶ οὐ λαλήσουσιν, ὀφθαλμοὺς ἔχουσι καὶ οὐκ ὄψονται· Ὦτα ἔχουσι καὶ οὐκ ἐνωτισθήσονται, οὐδὲ γάρ ἐστι πνεῦμα ἐν τῷ 18 στόματι αὐτῶν. Ὅμοιοι αὐτοῖς γένοιντο οἱ ποιοῦντες αὐτὰ, καὶ πάντες οἱ πεποιθότες ἐπ' αὐτοῖς.

19 Οἶκος Ἰσραὴλ εὐλογήσατε τὸν Κύριον, οἶκος Ἀαρὼν εὐλο-20 γήσατε τὸν Κύριον· Οἶκος Λευὶ εὐλογήσατε τὸν Κύριον, οἱ

γ A Song of Degrees.

See now! what is so good, or what so pleasant, as for brethren to dwell together? [2] *It is* as ointment on the head, that ran down to the beard, *even* the beard of Aaron; that ran down to the fringe of his clothing. [3] As the dew of Aermon, that comes down on the mountains of Sion: for there the Lord commanded the blessing, *even* life for ever.

A Song of Degrees.

Behold now, bless ye the Lord, all the servants of the Lord, who stand in the house of the Lord, in the courts of the house of our God. Lift up your hands by night δ in the sanctuaries, and bless the Lord. [3] May the Lord, who made heaven and earth, bless thee out of Sion.

Alleluia.

Praise ye the name of the Lord; praise the Lord, *ye his* servants, [2] who stand in the house of the Lord, in the courts of the house of our God. [3] Praise ye the Lord; for the Lord is good: sing praises to his name; for *it is* good.

[4] For the Lord has chosen Jacob for himself, *and* Israel for his peculiar treasure. [5] For I know that the Lord is great, and our Lord is above all gods; [6] all that the Lord willed, he did in heaven, and on the earth, in the sea, and in all deeps. [7] Who brings up clouds from the extremity of the earth: he has made lightnings for the rain: he brings winds out of his treasures. [8] Who smote the first-born of Egypt, both of man and beast. [9] He sent signs and wonders into the midst of thee, O Egypt, on Pharao, and on all his servants. [10] Who smote many nations, and slew mighty kings; [11] Seon king of the Amorites, and Og king of Basan, and all the kingdoms of Chanaan; [12] and gave their land *for* an inheritance, an inheritance to Israel his people.

[13] O Lord, thy name *endures* for ever, and thy memorial to all generations. [14] For the Lord shall judge his people, and comfort himself concerning his servants. [15] The idols of the heathen are silver and gold, the works of men's hands. [16] They have a mouth, but they cannot speak; they have eyes, but they cannot see; [17] they have ears, but they cannot hear; for there is no breath in their mouth. [18] Let those who make them be made like to them; and all those who trust in them.

[19] O house of Israel, bless ye the Lord: O house of Aaron, bless ye the Lord: [20] O house of Levi, bless ye the Lord: ye that

β See Ps. 88. (89) 39.   γ *Alex.* + for David.   δ *Or,* to the holy places.

fear the Lord, bless the Lord. [21]Blessed in Sion be the Lord, who dwells in Jerusalem.

Alleluia.

Give thanks to the Lord: for he is good: for his mercy *endures* for ever. [2]Give thanks to the God of gods: for his mercy *endures* for ever. [3]Give thanks to the Lord of lords: for his mercy *endures* for ever.

[4]To him who alone has wrought great wonders: for his mercy *endures* for ever. [5]To him who made the heavens by understanding; for his mercy *endures* for ever. [6]To him who established the earth on the waters; for his mercy *endures* for ever. [7]To him who alone made great lights; for his mercy *endures* for ever. [8]The sun to rule the day; for his mercy *endures* for ever. [9]The moon and the stars to rule the night; for his mercy *endures* for ever.

[10]To him who smote Egypt with their first-born; for his mercy *endures* for ever. [11]And brought Israel out of the midst of them; for his mercy *endures* for ever: [12]with a strong hand, and a high arm: for his mercy *endures* for ever. [13]To him who divided the Red Sea into parts: for his mercy *endures* for ever: [14]and brought Israel through the midst of it: for his mercy *endures* for ever: [15]and overthrew Pharao and his host in the Red Sea: for his mercy *endures* for ever. [16]To him who led his people through the wilderness: for his mercy *endures* for ever.

[17]To him who smote great kings: for his mercy *endures* for ever: [18]and slew mighty kings; for his mercy *endures* for ever: [19]Seon king of the Amorites: for his mercy *endures* for ever: [20]and Og king of Basan: for his mercy *endures* for ever: [21]and gave their land *for* an inheritance: for his mercy *endures* for ever: [22]even an inheritance to Israel his servant: for his mercy *endures* for ever.

[23]For the Lord remembered us in our low estate; for his mercy *endures* for ever: [24]and redeemed us from our enemies; for his mercy *endures* for ever. [25]Who gives food to all flesh; for his mercy *endures* for ever. [26]Give thanks to the God of heaven; for his mercy *endures* for ever.

β For David, *a Psalm* of Jeremias.

By the rivers of Babylon, there we sat; and wept when we remembered Sion. [2]We hung our γ harps on the willows in the midst of it. [3]For there they that had taken us captive asked of us the words of a song; and they that had carried us away *asked* a hymn, *saying*, Sing us *one* of the songs of Sion.

[4]How should we sing the Lord's song δ in a strange land? [5]If I forget thee, O Jerusalem, let my right hand forget *its skill*. [6]May my tongue cleave to my throat, if I do not remember thee; if I do not prefer Jerusalem as the chief of my joy.

φοβούμενοι τὸν Κύριον εὐλογήσατε τὸν Κύριον. Εὐλογητὸς 21 Κύριος ἐν Σιὼν, ὁ κατοικῶν Ἱερουσαλήμ.

Ἀλληλούϊα.   135 (136)

Ἐξομολογεῖσθε τῷ Κυρίῳ, ὅτι ἀγαθὸς, ὅτι εἰς τὸν αἰῶνα τὸ ἔλεος αὐτοῦ. Ἐξομολογεῖσθε τῷ Θεῷ τῶν θεῶν, ὅτι εἰς τὸν 2 αἰῶνα τὸ ἔλεος αὐτοῦ. Ἐξομολογεῖσθε τῷ Κυρίῳ τῶν κυρίων, 3 ὅτι εἰς τὸν αἰῶνα τὸ ἔλεος αὐτοῦ.

Τῷ ποιήσαντι θαυμάσια μεγάλα μόνῳ, ὅτι εἰς τὸν αἰῶνα τὸ 4 ἔλεος αὐτοῦ. Τῷ ποιήσαντι τοὺς οὐρανοὺς ἐν συνέσει, ὅτι εἰς 5 τὸν αἰῶνα τὸ ἔλεος αὐτοῦ. Τῷ στερεώσαντι τὴν γῆν ἐπὶ τῶν 6 ὑδάτων, ὅτι εἰς τὸν αἰῶνα τὸ ἔλεος αὐτοῦ. Τῷ ποιήσαντι φῶτα 7 μεγάλα μόνῳ, ὅτι εἰς τὸν αἰῶνα τὸ ἔλεος αὐτοῦ. Τὸν ἥλιον εἰς 8 ἐξουσίαν τῆς ἡμέρας, ὅτι εἰς τὸν αἰῶνα τὸ ἔλεος αὐτοῦ· Τὴν 9 σελήνην καὶ τοὺς ἀστέρας εἰς ἐξουσίαν τῆς νυκτὸς, ὅτι εἰς τὸν αἰῶνα τὸ ἔλεος αὐτοῦ.

Τῷ πατάξαντι Αἴγυπτον σὺν τοῖς πρωτοτόκοις αὐτῶν, ὅτι εἰς 10 τὸν αἰῶνα τὸ ἔλεος αὐτοῦ. Καὶ ἐξαγαγόντι τὸν Ἰσραὴλ ἐκ 11 μέσου αὐτῶν, ὅτι εἰς τὸν αἰῶνα τὸ ἔλεος αὐτοῦ· Ἐν χειρὶ κρα- 12 ταιᾷ καὶ ἐν βραχίονι ὑψηλῷ, ὅτι εἰς τὸν αἰῶνα τὸ ἔλεος αὐτοῦ. Τῷ καταδιελόντι τὴν ἐρυθρὰν θάλασσαν εἰς διαιρέσεις, ὅτι εἰς 13 τὸν αἰῶνα τὸ ἔλεος αὐτοῦ· Καὶ διαγαγόντι τὸν Ἰσραὴλ διὰ 14 μέσου αὐτῆς, ὅτι εἰς τὸν αἰῶνα τὸ ἔλεος αὐτοῦ· Καὶ ἐκτινά- 15 ξαντι Φαραὼ καὶ τὴν δύναμιν αὐτοῦ εἰς θάλασσαν ἐρυθρὰν, ὅτι 16 εἰς τὸν αἰῶνα τὸ ἔλεος αὐτοῦ. Τῷ διαγαγόντι τὸν λαὸν αὐτοῦ ἐν τῇ ἐρήμῳ, ὅτι εἰς τὸν αἰῶνα τὸ ἔλεος αὐτοῦ.

Τῷ πατάξαντι βασιλεῖς μεγάλους, ὅτι εἰς τὸν αἰῶνα τὸ ἔλεος 17 αὐτοῦ. Καὶ ἀποκτείναντι βασιλεῖς κραταιοὺς, ὅτι εἰς τὸν αἰῶνα 18 τὸ ἔλεος αὐτοῦ. Τὸν Σηὼν βασιλέα τῶν Ἀμορραίων, ὅτι εἰς 19 τὸν αἰῶνα τὸ ἔλεος αὐτοῦ. Καὶ τὸν Ὢγ βασιλέα τῆς Βασὰν, 20 ὅτι εἰς τὸν αἰῶνα τὸ ἔλεος αὐτοῦ. Καὶ δόντι τὴν γῆν αὐτῶν 21 κληρονομίαν, ὅτι εἰς τὸν αἰῶνα τὸ ἔλεος αὐτοῦ· κληρονομίαν 22 Ἰσραὴλ δούλῳ αὐτοῦ, ὅτι εἰς τὸν αἰῶνα τὸ ἔλεος αὐτοῦ.

Ὅτι ἐν τῇ ταπεινώσει ἡμῶν ἐμνήσθη ἡμῶν ὁ Κύριος, ὅτι εἰς 23 τὸν αἰῶνα τὸ ἔλεος αὐτοῦ· Καὶ ἐλυτρώσατο ἡμᾶς ἐκ τῶν 24 ἐχθρῶν ἡμῶν, ὅτι εἰς τὸν αἰῶνα τὸ ἔλεος αὐτοῦ. Ὁ διδοὺς τρο- 25 φὴν πάσῃ σαρκὶ, ὅτι εἰς τὸν αἰῶνα τὸ ἔλεος αὐτοῦ. Ἐξομολο- 26 γεῖσθε τῷ Θεῷ τοῦ οὐρανοῦ, ὅτι εἰς τὸν αἰῶνα τὸ ἔλεος αὐτοῦ.

Τῷ Δαυὶδ, Ἱερεμίου.   136 (137)

Ἐπὶ τῶν ποταμῶν Βαβυλῶνος ἐκεῖ ἐκαθίσαμεν, καὶ ἐκλαύ- σαμεν ἐν τῷ μνησθῆναι ἡμᾶς τῆς Σιών. Ἐπὶ ταῖς ἰτέαις ἐν 2 μέσῳ αὐτῆς ἐκρεμάσαμεν τὰ ὄργανα ἡμῶν. Ὅτι ἐκεῖ ἐπηρώ- 3 τησαν ἡμᾶς οἱ αἰχμαλωτεύσαντες ἡμᾶς, λόγους ᾠδῶν, καὶ οἱ ἀπαγαγόντες ἡμᾶς, ὕμνον· ᾄσατε ἡμῖν ἐκ τῶν ᾠδῶν Σιών.

Πῶς ᾄσωμεν τὴν ᾠδὴν Κυρίου ἐπὶ γῆς ἀλλοτρίας; Ἐὰν 4, 5 ἐπιλάθωμαί σου Ἱερουσαλὴμ, ἐπιλησθείη ἡ δεξιά μου. Κολ- 6 ληθείη ἡ γλῶσσά μου τῷ λάρυγγί μου, ἐὰν μή σου μνησθῶ· ἐὰν μὴ προανατάξωμαι τὴν Ἱερουσαλὴμ ὡς ἐν ἀρχῇ τῆς εὐφρο- σύνης μου.

β *Alex.* omits.   γ *Gr.* organs, or, instruments.   δ *Gr.* on.

7 Μνήσθητι, Κύριε, τῶν υἱῶν Ἐδὼμ τὴν ἡμέραν Ἱερουσαλήμ·
τῶν λεγόντων, ἐκκενοῦτε ἐκκενοῦτε, ἕως τῶν θεμελίων αὐτῆς.
8 Θυγάτηρ Βαβυλῶνος ἡ ταλαίπωρος, μακάριος ὃς ἀνταποδώσει
9 σοι τὸ ἀνταπόδομά σου, ὃ ἀνταπέδωκας ἡμῖν. Μακάριος ὃς
κρατήσει καὶ ἐδαφιεῖ τὰ νήπιά σου πρὸς τὴν πέτραν.

137 (138)   Ψαλμὸς τῷ Δαυίδ, Ἀγγαίου καὶ Ζαχαρίου.

Ἐξομολογήσομαί σοι Κύριε ἐν ὅλῃ καρδίᾳ μου, καὶ ἐναντίον
ἀγγέλων ψαλῶ σοι, ὅτι ἤκουσας πάντα τὰ ῥήματα τοῦ στόματός
2 μου. Προσκυνήσω πρὸς ναὸν ἅγιόν σου, καὶ ἐξομολογήσομαι
τῷ ὀνόματί σου, ἐπὶ τῷ ἐλέει σου καὶ τῇ ἀληθείᾳ σου· ὅτι
3 ἐμεγάλυνας ἐπὶ πᾶν τὸ ὄνομα τὸ ἅγιόν σου. Ἐν ᾗ ἂν ἡμέρᾳ
ἐπικαλέσωμαί σε, ταχὺ ἐπάκουσόν μου· πολυωρήσεις με ἐν
4 ψυχῇ μου δυνάμει σου. Ἐξομολογησάσθωσάν σοι Κύριε
πάντες οἱ βασιλεῖς τῆς γῆς, ὅτι ἤκουσαν πάντα τὰ ῥήματα τοῦ
5 στόματός σου. Καὶ ᾀσάτωσαν ἐν ταῖς ὁδοῖς Κυρίου, ὅτι μεγάλη
ἡ δόξα Κυρίου.

6 Ὅτι ὑψηλὸς Κύριος, καὶ τὰ ταπεινὰ ἐφορᾷ, καὶ τὰ ὑψηλὰ
7 ἀπομακρόθεν γινώσκει. Ἐὰν πορευθῶ ἐν μέσῳ θλίψεως,
ζήσεις με· ἐπ᾽ ὀργὴν ἐχθρῶν μου ἐξέτεινας χεῖράς σου, καὶ
8 ἔσωσέ με ἡ δεξιά σου. Κύριε ἀνταποδώσεις ὑπὲρ ἐμοῦ·
Κύριε τὸ ἔλεός σου εἰς τὸν αἰῶνα, τὰ ἔργα τῶν χειρῶν σου μὴ
παρίδῃς.

138 (139)   Εἰς τὸ τέλος, ψαλμὸς τῷ Δαυίδ.

2 Κύριε ἐδοκίμασάς με, καὶ ἔγνως με. Σὺ ἔγνως τὴν καθέ-
δραν μου, καὶ τὴν ἔγερσίν μου· σὺ συνῆκας τοὺς διαλογισμούς
3 μου ἀπὸ μακρόθεν. Τὴν τρίβον μου καὶ τὴν σχοῖνόν μου
4 ἐξιχνίασας· καὶ πάσας τὰς ὁδούς μου προεῖδες, ὅτι οὐκ ἔστι
5 λόγος ἄδικος ἐν γλώσσῃ μου· ἰδοὺ Κύριε, σὺ ἔγνως πάντα τὰ
ἔσχατα καὶ τὰ ἀρχαῖα· σὺ ἔπλασάς με καὶ ἔθηκας ἐπ᾽ ἐμὲ τὴν
χεῖρά σου.

6 Ἐθαυμαστώθη ἡ γνῶσίς σου ἐξ ἐμοῦ, ἐκραταιώθη, οὐ μὴ
7 δύναμαι πρὸς αὐτήν. Ποῦ πορευθῶ ἀπὸ τοῦ πνεύματός σου,
8 καὶ ἀπὸ τοῦ προσώπου σου ποῦ φύγω; Ἐὰν ἀναβῶ εἰς τὸν
9 οὐρανὸν, σὺ ἐκεῖ εἶ· ἐὰν καταβῶ εἰς τὸν ᾅδην, πάρει. Ἐὰν
ἀναλάβω τὰς πτέρυγάς μου κατ᾽ ὀρθὸν, καὶ κατασκηνώσω εἰς
10 τὰ ἔσχατα τῆς θαλάσσης, καὶ γὰρ ἐκεῖ ἡ χείρ σου ὁδηγήσει
11 με, καὶ καθέξει με ἡ δεξιά σου. Καὶ εἶπα, ἄρα σκότος κατα-
12 πατήσει με, καὶ νὺξ φωτισμὸς ἐν τῇ τρυφῇ μου. Ὅτι σκότος
οὐ σκοτισθήσεται ἀπὸ σοῦ, καὶ νὺξ ὡς ἡμέρα φωτισθήσεται·
13 ὡς τὸ σκότος αὐτῆς, οὕτως καὶ τὸ φῶς αὐτῆς. Ὅτι σὺ ἐκτήσω
τοὺς νεφρούς μου Κύριε, ἀντελάβου μου ἐκ γαστρὸς μητρός
14 μου. Ἐξομολογήσομαί σοι, ὅτι φοβερῶς ἐθαυμαστώθης·
θαυμάσια τὰ ἔργα σου, καὶ ἡ ψυχή μου γινώσκει σφόδρα.
15 Οὐκ ἐκρύβη τὸ ὀστοῦν μου ἀπὸ σοῦ, ὃ ἐποίησας ἐν κρυφῇ,

---

7 Remember, O Lord, the children of Edom in the day of Jerusalem; who said, [β] Rase it, rase it, even to its foundations. 8 Wretched daughter of Babylon! blessed *shall he be* who shall reward thee as thou hast rewarded us. 9 Blessed *shall he be* who shall seize and dash thine infants against the rock.

A Psalm for David, of Aggæus and Zacharias.

I will give thee thanks, O Lord, with my whole heart; and I will sing psalms to thee before the angels; for thou hast heard all the words of my mouth. 2 I will worship toward thy holy temple, and give thanks to thy name, on account of thy mercy and thy truth; for thou hast magnified thy holy name above every thing. 3 In whatsoever day I shall call upon thee, hear me speedily; thou shalt abundantly provide me with thy power in my soul. 4 Let all the kings of the earth, O Lord, give thanks unto thee; for they have heard all the words of thy mouth. 5 And let them sing in the ways of the Lord; for great is the glory of the Lord. 6 For the Lord is high, and *yet* regards the lowly; and he knows high things from afar off. 7 Though I should walk in the midst of affliction, thou wilt quicken me; thou hast stretched forth thine hands against the wrath of mine enemies, and thy right hand has saved me. 8 O Lord, thou shalt recompense *them* on my behalf: thy mercy, O Lord, *endures* for ever: overlook not the works of thine hands.

For the end, a Psalm of David.[γ]

O Lord, thou hast proved me, and known me. 2 Thou knowest my down-sitting and mine up-rising: thou understandest my thoughts [δ] long before. 3 Thou hast traced my path and my [ζ] bed, and hast foreseen all my ways. 4 For there is no unrighteous word in my tongue: behold, O Lord, thou hast known all things, 5 the last and the first: thou hast fashioned me, and laid thine hand upon me. 6 The knowledge of thee is too wonderful for me; it is very difficult, I cannot *attain* to it. 7 Whither shall I go from thy Spirit? and whither shall I flee from thy presence? 8 If I should go up to heaven, thou art there: if I should go down to hell, thou art present. 9 If I should spread my wings to *fly* [θ] straight forward, and sojourn at the extremity of the sea, *it would be vain*, 10 for even there thy hand would guide me, and thy right hand would hold me. 11 When I said, Surely the darkness will cover me; even the night *was* light in my [λ] luxury. 12 For darkness will not be darkness with thee; but night will be light as day: as its darkness, so shall its light *be to thee*. 13 For thou, O Lord, hast possessed my reins; thou hast helped me from my mother's womb. 14 I will give thee thanks; for thou art fearfully wondrous; wondrous are thy works; and my soul knows *it* well. 15 My bones which thou madest in secret were not hidden from thee, nor my substance, in

---

β Gr. empty, empty.   γ Alex. + of Zacharias in the dispersion.   δ Gr. from afar.   ζ q. d. of rushes, lit. rush.
θ Alex. κατ᾽ ὄρθρον, toward the dawn.   λ Comp. Heb.

the lowest parts of the earth. ¹⁶Thine eyes saw my unwrought *substance*, and all *men* shall be written in thy book; they shall be formed by day, though *there should for a time* be no one among them. ¹⁷But thy friends, O God, have been greatly honoured by me; their rule has been greatly strengthened. ¹⁸I will number them, and they shall be multiplied beyond the sand; I awake, and am still with thee. ¹⁹Oh that thou wouldest slay the wicked, O God; depart from me, ye men of blood. ²⁰For thou wilt say concerning *their* thought, *that* they shall take thy cities in vain. ²¹Have I not hated them, O Lord, that hate thee? and wasted away because of thine enemies? ²²I have hated them with perfect hatred; they were counted my enemies. ²³Prove me, O God, and know my heart; examine me, and know my paths; ²⁴and see if *there is any* way of iniquity in me, and lead me in an everlasting way.

For the end, a Psalm of David.

Rescue me, O Lord, from the evil man; deliver me from the unjust man. ²Who have devised injustice in their hearts; all the day they prepared war. ³They have sharpened their tongue as *the tongue* of a serpent; ^βthe poison of asps is under their lips. Pause. ⁴Keep me, O Lord, from the hand of the sinner; rescue me from unjust men; who have purposed to overthrow my goings. ⁵The proud have hid a snare for me, and have stretched out ropes *for* snares for my feet; they set a stumbling-block for me near the path. Pause. ⁶I said to the Lord, Thou art my God; hearken, O Lord, to the voice of my supplication. ⁷O Lord God, the strength of my salvation; thou hast screened my head in the day of battle. ⁸Deliver me not, O Lord, to the sinner, ^γaccording to my desire: they have devised *mischief* against me; forsake me not, lest they should be exalted. Pause. ⁹As *for* the head of them that compass me, the mischief of their lips shall cover them. ¹⁰Coals of fire shall fall upon them on the earth; and thou shalt cast them down in afflictions: they shall not bear up *under them*. ¹¹A talkative man shall not prosper on the earth: evils shall hunt the unrighteous man to destruction. ¹²I know that the Lord will maintain the cause of the ^δpoor, and the right of the needy ones. ¹³Surely the righteous shall give thanks to thy name: the upright shall dwell in thy presence.

A Psalm of David.

O Lord, I have cried to thee; hear me: attend to the voice of my supplication, when I cry to thee. ²Let my prayer be set forth before thee as incense; the lifting up of my hands *as* an evening sacrifice. ³Set a watch, O Lord, on my mouth, and a ^ζstrong door about my lips. ⁴Incline not my heart to evil things, to ^θemploy pretexts

καὶ ἡ ὑπόστασίς μου ἐν τοῖς κατωτάτω τῆς γῆς. Ἀκατ- 16 εργαστόν μου εἶδον οἱ ὀφθαλμοί σου, καὶ ἐπὶ τὸ βιβλίον σου πάντες γραφήσονται· ἡμέρας πλασθήσονται καὶ οὐθεὶς ἐν αὐτοῖς.

Ἐμοὶ δὲ λίαν ἐτιμήθησαν οἱ φίλοι σου ὁ Θεός, λίαν ἐκρα- 17 ταιώθησαν αἱ ἀρχαὶ αὐτῶν. Ἐξαριθμήσομαι αὐτοὺς καὶ ὑπὲρ 18 ἄμμον πληθυνθήσονται· ἐξηγέρθην, καὶ ἔτι εἰμὶ μετὰ σοῦ.

Ἐὰν ἀποκτείνῃς ἁμαρτωλοὺς ὁ Θεός· ἄνδρες αἱμάτων ἐκ- 19 κλίνατε ἀπ᾽ ἐμοῦ, ὅτι ἐρεῖς εἰς διαλογισμόν· λήψονται εἰς 20 ματαιότητα τὰς πόλεις σου. Οὐχὶ τοὺς μισοῦντάς σε Κύριε 21 ἐμίσησα, καὶ ἐπὶ τοὺς ἐχθρούς σου ἐξετηκόμην; Τέλειον μῖσος 22 ἐμίσουν αὐτούς, εἰς ἐχθροὺς ἐγένοντό μοι. Δοκίμασόν με 23 ὁ Θεός, καὶ γνῶθι τὴν καρδίαν μου· ἔτασόν με, καὶ γνῶθι τὰς τρίβους μου. Καὶ ἴδε εἰ ὁδὸς ἀνομίας ἐν ἐμοί, καὶ ὁδήγησόν 24 με ἐν ὁδῷ αἰωνίᾳ.

Εἰς τὸ τέλος, τῷ Δαυὶδ ψαλμός.   139 (140)

Ἐξελοῦ με Κύριε ἐξ ἀνθρώπου πονηροῦ, ἀπὸ ἀνδρὸς ἀδίκου ῥῦσαί με· οἵτινες ἐλογίσαντο ἀδικίας ἐν καρδίᾳ, ὅλην τὴν 2 ἡμέραν παρετάσσοντο πολέμους. Ἠκόνησαν γλῶσσαν αὐτῶν 3 ὡσεὶ ὄφεως, ἰὸς ἀσπίδων ὑπὸ τὰ χείλη αὐτῶν· διάψαλμα. Φύλαξόν με Κύριε ἐκ χειρὸς ἁμαρτωλοῦ, ἀπὸ ἀνθρώπων ἀδίκων 4 ἐξελοῦ με· οἵτινες ἐλογίσαντο τοῦ ὑποσκελίσαι τὰ διαβήματά μου. Ἔκρυψαν ὑπερήφανοι παγίδα μοι· καὶ σχοινία διέτειναν 5 παγίδας τοῖς ποσί μου, ἐχόμενα τρίβου σκάνδαλον ἔθεντό μοι· διάψαλμα.

Εἶπα τῷ Κυρίῳ, Θεός μου εἶ σύ· ἐνώτισαι, Κύριε, τὴν 6 φωνὴν τῆς δεήσεώς μου. Κύριε Κύριε, δύναμις τῆς σωτη- 7 ρίας μου, ἐπεσκίασας ἐπὶ τὴν κεφαλήν μου ἐν ἡμέρᾳ πολέμου. Μὴ παραδῷς με, Κύριε, ἀπὸ τῆς ἐπιθυμίας μου ἁμαρτωλῷ· 8 διελογίσαντο κατ᾽ ἐμοῦ, μὴ ἐγκαταλίπῃς με, μή ποτε ὑψωθῶσι· διάψαλμα.

Ἡ κεφαλὴ τοῦ κυκλώματος αὐτῶν, κόπος τῶν χειλέων αὐτῶν 9 καλύψει αὐτούς. Πεσοῦνται ἐπ᾽ αὐτοὺς ἄνθρακες πυρὸς ἐπὶ 10 τῆς γῆς, καὶ καταβαλεῖς αὐτοὺς ἐν ταλαιπωρίαις, οὐ μὴ ὑπο- στῶσιν. Ἀνὴρ γλωσσώδης οὐ κατευθυνθήσεται ἐπὶ τῆς γῆς· 11 ἄνδρα ἄδικον κακὰ θηρεύσει εἰς καταφθοράν. Ἔγνων ὅτι 12 ποιήσει Κύριος τὴν κρίσιν τοῦ πτωχοῦ, καὶ τὴν δίκην τῶν πενή- των. Πλὴν δίκαιοι ἐξομολογήσονται τῷ ὀνόματί σου, κατοι- 13 κήσουσιν εὐθεῖς σὺν τῷ προσώπῳ σου.

Ψαλμὸς τῷ Δαυίδ.   140 (141)

Κύριε ἐκέκραξα πρὸς σὲ, εἰσάκουσόν μου· πρόσχες τῇ φωνῇ τῆς δεήσεώς μου, ἐν τῷ κεκραγέναι με πρὸς σέ. Κατευθυνθήτω 2 ἡ προσευχή μου ὡς θυμίαμα ἐνώπιόν σου· ἔπαρσις τῶν χειρῶν μου θυσία ἑσπερινή. Θοῦ, Κύριε, φυλακὴν τῷ στόματί μου, 3 καὶ θύραν περιοχῆς περὶ τὰ χείλη μου. Μὴ ἐκκλίνῃς τὴν 4 καρδίαν μου εἰς λόγους πονηρίας, τοῦ προφασίζεσθαι προ-

---

β Rom. 3. 13.   γ See Heb. 5. 7.   δ *Gr.* singular.   ζ *Lit.* a door of fortification.   θ *Gr.* pretend pretences.

φάσεις ἐν ἁμαρτίαις, σὺν ἀνθρώποις ἐργαζομένοις τὴν ἀνομίαν,
5 καὶ οὐ μὴ συνδοιάσω μετὰ τῶν ἐκλεκτῶν αὐτῶν. Παιδεύσει
με δίκαιος ἐν ἐλέει καὶ ἐλέγξει με, ἔλαιον δὲ ἁμαρτωλοῦ μὴ
λιπανάτω τὴν κεφαλήν μου, ὅτι ἔτι καὶ ἡ προσευχή μου ἐν ταῖς
εὐδοκίαις αὐτῶν.
6 Κατεπόθησαν ἐχόμενα πέτρας οἱ κραταιοὶ αὐτῶν· ἀκούσον-
7 ται τὰ ῥήματά μου, ὅτι ἠδύνθησαν. Ὡσεὶ πάχος γῆς διερράγη
8 ἐπὶ τῆς γῆς, διεσκορπίσθη τὰ ὀστᾶ ἡμῶν παρὰ τὸν ᾅδην. Ὅτι
πρὸς σὲ, Κύριε Κύριε, οἱ ὀφθαλμοί μου, ἐπὶ σοὶ ἤλπισα, μὴ
9 ἀντανέλῃς τὴν ψυχήν μου. Φύλαξόν με ἀπὸ παγίδος ἧς συνε-
στήσαντό μοι, καὶ ἀπὸ σκανδάλων τῶν ἐργαζομένων τὴν ἀνομίαν.
10 Πεσοῦνται ἐν ἀμφιβλήστρῳ αὐτοῦ ἁμαρτωλοί, καταμόνας εἰμὶ
ἐγὼ ἕως οὗ ἂν παρέλθω.

141 (142) Συνέσεως τῷ Δαυίδ, ἐν τῷ εἶναι αὐτὸν ἐν τῷ
σπηλαίῳ, προσευχή.

Φωνῇ μου πρὸς Κύριον ἐκέκραξα, φωνῇ μου πρὸς Κύριον
2 ἐδεήθην. Ἐκχεῶ ἐναντίον αὐτοῦ τὴν δέησίν μου, τὴν θλῖψιν
3 μου ἐνώπιον αὐτοῦ ἀπαγγελῶ. Ἐν τῷ ἐκλείπειν ἐξ ἐμοῦ τὸ
πνεῦμά μου, καὶ σὺ ἔγνως τὰς τρίβους μου· ἐν ὁδῷ ταύτῃ ᾗ
4 ἐπορευόμην, ἔκρυψαν παγίδα μοι. Κατενόουν εἰς τὰ δεξιὰ καὶ
ἐπέβλεπον, ὅτι οὐκ ἦν ὁ ἐπιγινώσκων με· ἀπώλετο φυγὴ ἀπ᾽
5 ἐμοῦ, καὶ οὐκ ἔστιν ὁ ἐκζητῶν τὴν ψυχήν μου. Πρὸς σὲ,
Κύριε, ἐκέκραξα, καὶ εἶπα, σὺ εἶ ἡ ἐλπίς μου, μερίς μου ἐν
6 γῇ ζώντων. Πρόσχες πρὸς τὴν δέησίν μου, ὅτι ἐταπεινώθην
σφόδρα· ῥῦσαί με ἐκ τῶν καταδιωκόντων με, ὅτι ἐκραταιώθη-
7 σαν ὑπὲρ ἐμέ. Ἐξάγαγε ἐκ φυλακῆς τὴν ψυχήν μου, τοῦ
ἐξομολογήσασθαι τῷ ὀνόματί σου, Κύριε· ἐμὲ ὑπομενοῦσι
δίκαιοι, ἕως οὗ ἀνταποδῷς μοι.

142 (143) Ψαλμὸς τῷ Δαυίδ, ὅτε αὐτὸν ὁ υἱὸς κατεδιώκει.

Κύριε εἰσάκουσον τῆς προσευχῆς μου, ἐνώτισαι τὴν δέησίν
μου ἐν τῇ ἀληθείᾳ σου, ἐπάκουσόν μου ἐν τῇ δικαιοσύνῃ σου.
2 Καὶ μὴ εἰσέλθῃς εἰς κρίσιν μετὰ τοῦ δούλου σου, ὅτι οὐ
δικαιωθήσεται ἐνώπιόν σου πᾶς ζῶν.
3 Ὅτι κατεδίωξεν ὁ ἐχθρὸς τὴν ψυχήν μου· ἐταπείνωσεν εἰς
τὴν γῆν τὴν ζωήν μου, ἐκάθισέ με ἐν σκοτεινοῖς ὡς νεκροὺς
4 αἰῶνος, καὶ ἠκηδίασεν ἐπ᾽ ἐμὲ τὸ πνεῦμά μου· ἐν ἐμοὶ ἐταράχθη
5 ἡ καρδία μου. Ἐμνήσθην ἡμερῶν ἀρχαίων· καὶ ἐμελέτησα
ἐν πᾶσι τοῖς ἔργοις σου, ἐν ποιήμασι τῶν χειρῶν σου ἐμελέτων.
6 Διεπέτασα πρὸς σὲ τὰς χεῖράς μου, ἡ ψυχή μου ὡς γῆ ἄνυδρός
σοι· διάψαλμα.
7 Ταχὺ εἰσάκουσόν μου, Κύριε, ἐξέλιπε τὸ πνεῦμά μου· μὴ
ἀποστρέψῃς τὸ πρόσωπόν σου ἀπ᾽ ἐμοῦ, καὶ ὁμοιωθήσομαι
8 τοῖς καταβαίνουσιν εἰς λάκκον. Ἀκουστὸν ποίησόν μοι τοπρωὶ
τὸ ἔλεός σου, ὅτι ἐπὶ σοὶ ἤλπισα· γνώρισόν μοι, Κύριε, ὁδὸν
9 ἐν ᾗ πορεύσομαι, ὅτι πρὸς σὲ ἦρα τὴν ψυχήν μου. Ἐξελοῦ
10 με ἐκ τῶν ἐχθρῶν μου Κύριε, ὅτι πρὸς σὲ κατέφυγον. Δίδαξόν
με τοῦ ποιεῖν τὸ θέλημά σου, ὅτι Θεός μου εἶ σύ, τὸ πνεῦμά

β for sins, with men who work iniquity: and
γ let me not unite with their choice ones.
5 The righteous shall chasten me with
mercy, and reprove me: but let not the oil
of the sinner anoint my head: for yet shall
my prayer also be in their δ pleasures.
6 Their mighty ones have been swallowed
up near the rock: they shall hear my words,
for they are sweet. 7 As a lump of earth is
crushed upon the ground, our bones have
been scattered by the *mouth of* the grave.
8 But mine eyes are to thee, O Lord God:
I have hoped in thee; take not away my
life. 9 Keep me from the snare which they
have set for me, and from the stumbling-
blocks of them that work iniquity. 10 Sin-
ners shall fall by their own net: I am alone
until I shall escape.

A Psalm of instruction for David, when he
was in the cave,—a Prayer.

I cried to the Lord with my voice; with
my voice I made supplication to the Lord.
2 I will pour out before him my supplication:
I will declare before him mine affliction.
3 When my spirit was fainting within me,
then thou knewest my paths; in the very
way wherein I was walking, they hid a
snare for me. 4 I looked on *my* right hand,
and, behold, for there was none that
noticed me; refuge failed me; and there
was none that cared for my soul. 5 I cried
unto thee, O Lord, and said, Thou art my
hope, my portion in the land of the living.
6 Attend to my supplication, for I am
brought very low; deliver me from them
that persecute me; for they are stronger
than I. 7 Bring my soul out of prison, that
I may give thanks to thy name, O Lord;
the righteous shall wait for me, until thou
recompense me.

A Psalm of David, when his son
pursued him.

O Lord, attend to my prayer: hearken to
my supplication in thy truth; hear me in
thy righteousness. 2 And enter not into
judgment with thy servant, for in thy sight
shall no *man* living be justified.
3 For the enemy has persecuted my soul;
he has brought my life down to the ground;
he has made me to dwell in a dark *place*,
as those that have been long dead. 4 There-
fore my spirit was grieved in me; my heart
was troubled within me. 5 I remembered
the days of old; and I meditated on all thy
doings: *yea*, I meditated on the works of
thine hands. 6 I spread forth my hands to
thee; my soul *thirsts* for thee, as a dry land.
Pause.
7 Hear me speedily, O Lord; my spirit
has failed; turn not away thy face from me,
else I shall be like to them that go down to
the pit. 8 Cause me to hear thy mercy in
the morning; for I have hoped in thee;
make known to me, O Lord, the way wherein
I should walk; for I have lifted up my soul
to thee. 9 Deliver me from mine enemies,
O Lord; for I have fled to thee for refuge.
10 Teach me to do thy will; for thou art my
God; thy good Spirit shall guide me in the

β *Gr.* in.   γ *Gr.* I will not.   δ *q. d.* lest I be injured by them.

β straight *way*. ¹¹Thou shalt quicken me, O Lord, for thy name's sake ; in thy right- eousness thou shalt bring my soul out of affliction. ¹²And in thy mercy thou wilt destroy mine enemies, and wilt destroy all those that afflict my soul ; for I am thy servant.

A Psalm of David concerning Goliad.

Blessed *be* the Lord my God, who instructs my hands for battle, *and* my fingers for war. ²My mercy, and my refuge ; my helper, and my deliverer ; my protector, in whom I have trusted ; who subdues my people under me. ³Lord, what is man, that thou art made known to him? or the son of man, that thou takest account of him? ⁴Man is like to vanity : his days pass as a shadow. ⁵O Lord, bow thy heavens, and come down : touch the mountains, and they shall smoke. ⁶Send lightning, and thou shalt scatter them : send forth thine arrows, and thou shalt discomfit them. ⁷Send forth thine hand from on high ; rescue me, and deliver me out of γ great waters, out of the hand of strange children ; ⁸whose mouth has spoken vanity, and their right hand is a right hand of iniquity.

⁹O God, I will sing a new song to thee : I will play to thee on a psaltery of ten strings. ¹⁰*Even* to him who gives δ salvation to kings : who redeems his servant David from the hurtful sword. ¹¹Deliver me, and rescue me from the hand of strange children, whose mouth has spoken vanity, and their right hand is a right hand of iniquity ; ¹²whose children are as plants, strength- ened in their youth : their daughters are beautiful, sumptuously adorned after the similitude of a temple. ¹³Their garners are full, and bursting with one kind of store after another ; their sheep are prolific, multiplying in their streets. ¹⁴Their oxen are fat : there is no falling down of a hedge, nor going out, nor cry in their ζ folds. ¹⁵Men bless the people to whom this lot belongs, *but* blessed is the people whose God is the Lord.

David's *Psalm of* praise.

I will exalt thee, my God, my king ; and I will bless thy name θ for ever and ever. ²Every day will I bless thee, and I will praise thy name θ for ever and ever. ³The Lord is great, and greatly to be praised ; and there is no end of his greatness. ⁴Generation after generation shall praise thy works, and tell of thy power. ⁵And they shall speak of the glorious majesty of thy holiness, and recount thy wonders. ⁶And they shall speak of the power of thy terrible *acts ;* and recount thy greatness. ⁷They shall utter the memory of the abund- ance of thy goodness, and shall exult in thy righteousness.

⁸The Lord is compassionate, and merci- ful ; long-suffering, and abundant in mercy. ⁹The Lord is good to those that wait *on him ;* and his compassions are over all his

σου τὸ ἀγαθὸν ὁδηγήσει με ἐν τῇ εὐθείᾳ. Ἕνεκα τοῦ ὀνόμα- 11 τός σου, Κύριε, ζήσεις με, ἐν τῇ δικαιοσύνῃ σου ἐξάξεις ἐκ θλίψεως τὴν ψυχήν μου. Καὶ ἐν τῷ ἐλέει σου ἐξολοθρεύσεις 12 τοὺς ἐχθρούς μου, καὶ ἀπολεῖς πάντας τοὺς θλίβοντας τὴν ψυχήν μου, ὅτι δοῦλός σου εἰμὶ ἐγώ.

Τῷ Δαυὶδ πρὸς τὸν Γολιάδ.　　143 (144)

Εὐλογητὸς Κύριος ὁ Θεός μου, ὁ διδάσκων τὰς χεῖράς μου εἰς παράταξιν, τοὺς δακτύλους μου εἰς πόλεμον· Ἔλεός μου 2 καὶ καταφυγή μου, ἀντιλήπτωρ μου καὶ ῥύστης μου, ὑπερ- ασπιστής μου, καὶ ἐπ᾽ αὐτῷ ἤλπισα, ὁ ὑποτάσσων τὸν λαόν μου ὑπ᾽ ἐμέ.

Κύριε, τί ἐστιν ἄνθρωπος, ὅτι ἐγνώσθης αὐτῷ ; ἢ υἱὸς ἀν- 3 θρώπου, ὅτι λογίζῃ αὐτόν ; Ἄνθρωπος ματαιότητι ὡμοιώθη, αἱ 4 ἡμέραι αὐτοῦ ὡσεὶ σκιὰ παράγουσι.

Κύριε, κλῖνον οὐρανούς σου καὶ κατάβηθι, ἅψαι τῶν ὀρέων 5 καὶ καπνισθήσονται. Ἄστραψον ἀστραπὴν καὶ σκορπιεῖς 6 αὐτούς, ἐξαπόστειλον τὰ βέλη σου καὶ συνταράξεις αὐτούς. Ἐξαπόστειλον τὴν χεῖρά σου ἐξ ὕψους, ἐξελοῦ με καὶ ῥῦσαί με 7 ἐξ ὑδάτων πολλῶν, ἐκ χειρὸς υἱῶν ἀλλοτρίων· ὧν τὸ στόμα 8 ἐλάλησε ματαιότητα, καὶ ἡ δεξιὰ αὐτῶν δεξιὰ ἀδικίας.

Ὁ Θεός, ᾠδὴν καινὴν ᾄσομαί σοι, ἐν ψαλτηρίῳ δεκαχόρδῳ 9 ψαλῶ σοι· Τῷ διδόντι τὴν σωτηρίαν τοῖς βασιλεῦσι, τῷ 10 λυτρουμένῳ Δαυὶδ τὸν δοῦλον αὐτοῦ ἐκ ῥομφαίας πονηρᾶς. Ῥῦσαί με καὶ ἐξελοῦ με ἐκ χειρὸς υἱῶν ἀλλοτρίων, ὧν τὸ 11 στόμα ἐλάλησε ματαιότητα, καὶ ἡ δεξιὰ αὐτῶν δεξιὰ ἀδικίας· ὧν οἱ υἱοὶ ὡς νεόφυτα ἱδρυμένα ἐν τῇ νεότητι αὐτῶν· αἱ 12 θυγατέρες αὐτῶν κεκαλλωπισμέναι, περικεκοσμημέναι ὡς ὁμοίωμα ναοῦ. Τὰ ταμεῖα αὐτῶν πλήρη, ἐξερευγόμενα ἐκ τού- 13 του εἰς τοῦτο· τὰ πρόβατα αὐτῶν πολυτόκα, πληθύνοντα ἐν ταῖς ἐξόδοις αὐτῶν· Οἱ βόες αὐτῶν παχεῖς· οὐκ ἔστι κατά- 14 πτωμα φραγμοῦ, οὐδὲ διέξοδος, οὐδὲ κραυγὴ ἐν ταῖς ἐπαύλεσιν αὐτῶν. Ἐμακάρισαν τὸν λαὸν ᾧ ταῦτά ἐστι· μακάριος ὁ λαὸς 15 οὗ Κύριος ὁ Θεὸς αὐτοῦ.

Αἴνεσις τοῦ Δαυίδ.　　144 (145)

Ὑψώσω σε, ὁ Θεός μου ὁ βασιλεύς μου, καὶ εὐλογήσω τὸ ὄνομά σου εἰς τὸν αἰῶνα καὶ εἰς τὸν αἰῶνα τοῦ αἰῶνος. Καθ᾽ 2 ἑκάστην ἡμέραν εὐλογήσω σε, καὶ αἰνέσω τὸ ὄνομά σου εἰς τὸν αἰῶνα καὶ εἰς τὸν αἰῶνα τοῦ αἰῶνος. Μέγας ὁ Κύριος καὶ 3 αἰνετὸς σφόδρα, καὶ τῆς μεγαλωσύνης αὐτοῦ οὐκ ἔστι πέρας. Γενεὰ καὶ γενεὰ ἐπαινέσει τὰ ἔργα σου, καὶ τὴν δύναμίν σου 4 ἀπαγγελοῦσι. Καὶ τὴν μεγαλοπρέπειαν τῆς δόξης τῆς ἁγιω- ε σύνης σου λαλήσουσι, καὶ τὰ θαυμάσιά σου διηγήσονται. Καὶ τὴν δύναμιν τῶν φοβερῶν σου ἐροῦσι, καὶ τὴν μεγαλωσύ- 6 νην σου διηγήσονται. Μνήμην τοῦ πλήθους τῆς χρηστότητός 7 σου ἐξερεύξονται, καὶ τῇ δικαιοσύνῃ σου ἀγαλλιάσονται.

Οἰκτίρμων καὶ ἐλεήμων ὁ Κύριος, μακρόθυμος καὶ πολυέλεος. 8 Χρηστὸς Κύριος τοῖς ὑπομένουσι, καὶ οἱ οἰκτιρμοὶ αὐτοῦ ἐπὶ 9

β *Alex.* as *Heb.* 'land of uprightness.'　　γ *Gr.* many.　　δ *Or,* victory.　　ζ *Or,* habitations.
θ *Lit.* to the age, and to the age of the age.

10 πάντα τὰ ἔργα αὐτοῦ. Ἐξομολογησάσθωσάν σοι, Κύριε, πάντα τὰ ἔργα σου, καὶ οἱ ὅσιοί σου εὐλογησάτωσάν σε.
11 Δόξαν τῆς βασιλείας σου ἐροῦσι, καὶ τὴν δυναστείαν σου
12 λαλήσουσι· Τοῦ γνωρίσαι τοῖς υἱοῖς τῶν ἀνθρώπων τὴν δυναστείαν σου, καὶ τὴν δόξαν τῆς μεγαλοπρεπείας τῆς βασι-
13 λείας σου. Ἡ βασιλεία σου βασιλεία πάντων τῶν αἰώνων, καὶ ἡ δεσποτεία σου ἐν πάσῃ γενεᾷ καὶ γενεᾷ· πιστὸς Κύ-ριος ἐν τοῖς λόγοις αὐτοῦ, καὶ ὅσιος ἐν πᾶσι τοῖς ἔργοις αὐτοῦ.
14 Ὑποστηρίζει Κύριος πάντας τοὺς καταπίπτοντας, καὶ ἀνορθοῖ
15 πάντας τοὺς κατερραγμένους. Οἱ ὀφθαλμοὶ πάντων εἰς σὲ
16 ἐλπίζουσι, καὶ σὺ δίδως τὴν τροφὴν αὐτῶν ἐν εὐκαιρίᾳ. Ἀνοί-γεις σὺ τὰς χεῖράς σου, καὶ ἐμπιπλᾷς πᾶν ζῷον εὐδοκίας.
17 Δίκαιος Κύριος ἐν πάσαις ταῖς ὁδοῖς αὐτοῦ, καὶ ὅσιος ἐν πᾶσι τοῖς ἔργοις αὐτοῦ.
18 Ἐγγὺς Κύριος πᾶσι τοῖς ἐπικαλουμένοις αὐτόν, πᾶσι τοῖς
19 ἐπικαλουμένοις αὐτὸν ἐν ἀληθείᾳ. Θέλημα τῶν φοβουμένων αὐτὸν ποιήσει, καὶ τῆς δεήσεως αὐτῶν ἐπακούσεται, καὶ σώσει
20 αὐτούς. Φυλάσσει Κύριος πάντας τοὺς ἀγαπῶντας αὐτόν, καὶ
21 πάντας τοὺς ἁμαρτωλοὺς ἐξολοθρεύσει. Αἴνεσιν Κυρίου λαλή-σει τὸ στόμα μου, καὶ εὐλογείτω πᾶσα σὰρξ τὸ ὄνομα τὸ ἅγιον αὐτοῦ, εἰς τὸν αἰῶνα καὶ εἰς τὸν αἰῶνα τοῦ αἰῶνος.

145 (146) Ἀλληλούϊα· Ἀγγαίου καὶ Ζαχαρίου.

2 Αἰνεῖ ἡ ψυχή μου τὸν Κύριον. Αἰνέσω Κύριον ἐν ζωῇ μοῦ,
3 ψαλῶ τῷ Θεῷ μου ἕως ὑπάρχω. Μὴ πεποίθατε ἐπ᾽ ἄρχοντας,
4 καὶ ἐφ᾽ υἱοὺς ἀνθρώπων, οἷς οὐκ ἔστι σωτηρία. Ἐξελεύσεται τὸ πνεῦμα αὐτοῦ, καὶ ἐπιστρέψει εἰς τὴν γῆν αὐτοῦ, ἐν ἐκείνῃ τῇ ἡμέρᾳ ἀπολοῦνται πάντες οἱ διαλογισμοὶ αὐτῶν.

5 Μακάριος οὗ ὁ Θεὸς Ἰακὼβ βοηθὸς αὐτοῦ, ἡ ἐλπὶς αὐτοῦ
6 ἐπὶ Κύριον τὸν Θεὸν αὐτοῦ· Τὸν ποιήσαντα τὸν οὐρανὸν καὶ τὴν γῆν, τὴν θάλασσαν καὶ πάντα τὰ ἐν αὐτοῖς· τὸν φυ-
7 λάσσοντα ἀλήθειαν εἰς τὸν αἰῶνα, ποιοῦντα κρίμα τοῖς ἀδικουμένοις, διδόντα τροφὴν τοῖς πεινῶσι. Κύριος λύει
8 πεπεδημένους, Κύριος σοφοῖ τυφλούς,

Κύριος ἀνορθοῖ κατερραγμένους, Κύριος ἀγαπᾷ δικαίους,
9 Κύριος φυλάσσει τοὺς προσηλύτους· ὀρφανὸν καὶ χήραν ἀνα-
10 λήψεται, καὶ ὁδὸν ἁμαρτωλῶν ἀφανιεῖ. Βασιλεύσει Κύριος εἰς τὸν αἰῶνα, ὁ Θεός σου, Σιών, εἰς γενεὰν καὶ γενεάν.

146 (147) Ἀλληλούϊα· Ἀγγαίου καὶ Ζαχαρίου.

Αἰνεῖτε τὸν Κύριον ὅτι ἀγαθὸν ψαλμός, τῷ Θεῷ ἡμῶν ἡδυν-
2 θείη αἴνεσις. Οἰκοδομῶν Ἰερουσαλὴμ ὁ Κύριος, καὶ τὰς δια-
3 σποράς τοῦ Ἰσραὴλ ἐπισυνάξει· Ὁ ἰώμενος τοὺς συντετριμμέ-
4 νους τὴν καρδίαν, καὶ δεσμεύων τὰ συντρίμματα αὐτῶν· Ὁ ἀριθμῶν πλήθη ἄστρων, καὶ πᾶσιν αὐτοῖς ὀνόματα καλῶν·
5 Μέγας ὁ Κύριος ἡμῶν, καὶ μεγάλη ἡ ἰσχὺς αὐτοῦ, καὶ τῆς
6 συνέσεως αὐτοῦ οὐκ ἔστιν ἀριθμός. Ἀναλαμβάνων πραεῖς ὁ Κύριος, ταπεινῶν δὲ ἁμαρτωλοὺς ἕως τῆς γῆς.

works. 10 Let all thy works, O Lord, give thanks to thee; and let thy saints bless thee. 11 They shall speak of the glory of thy kingdom, and talk of thy dominion; 12 to make known to the sons of men thy power, and the glorious majesty of thy kingdom. 13 Thy kingdom is β an everlasting kingdom, and thy dominion *endures* γ through all generations. The Lord is faithful in his words, and holy in all his works.

14 The Lord supports all that are failing, and sets up all that are broken down. 15 The eyes of all wait upon thee; and thou givest *them* their food in due season. 16 Thou openest thine hands, and fillest every living thing with pleasure. 17 The Lord is righteous in all his ways, and holy in all his works.

18 The Lord is near to all that call upon him, to all that call upon him in truth. 19 He will perform the desire of them that fear him: and he will hear their supplication, and save them. 20 The Lord preserves all that love him: but all sinners he will utterly destroy. 21 My mouth shall speak the praise of the Lord: and let all flesh bless his holy name for ever and ever.

Alleluia, a *Psalm* of Aggæus and Zacharias.

My soul, praise the Lord. 2 While I live will I praise the Lord: I will sing praises to my God as long as I exist. 3 Trust not in princes, nor in the children of men, in whom there is no safety. 4 His breath shall go forth, and he shall return to his earth; in that day all his thoughts shall perish.

5 Blessed is he whose helper is the God of Jacob, whose hope is in the Lord his God: 6 who made heaven, and earth, the sea, and all things in them: who keeps truth for ever: 7 who executes judgment for the wronged: who gives food to the hungry. The Lord looses the fettered ones: 8 the Lord gives wisdom to the blind:

The Lord sets up the broken down: the Lord loves the righteous: the Lord preserves the strangers: 9 he will relieve the orphan and widow: but will utterly remove the way of sinners. 10 The Lord shall reign for ever, *even* thy God, O Sion, to all generations.

Alleluia, a *Psalm* of Aggæus and Zacharias.

Praise ye the Lord: for psalmody is a good thing; let praise be sweetly sung to our God. 2 The Lord builds up Jerusalem; and he will gather together the dispersed of Israel. 3 He heals the broken in heart, and binds up their wounds. 4 He numbers the multitudes of stars; and calls them all by names. 5 Great is our Lord, and great is his strength; and his understanding is infinite. 6 The Lord lifts up the meek; but brings sinners down to the ground.

β *Gr.* a kingdom of all ages.　　γ *Gr.* in every generation and generation.

7 Begin *the song* with thanksgiving to the Lord; sing praises on the harp to our God: 8 who covers the heaven with clouds, who prepares rain for the earth, who causes grass to spring up on the mountains, [β and green herb for the service of men;] 9 and gives to cattle their food, and to the young ravens that call upon him. 10 He will not take pleasure in the strength of a horse; neither is he well-pleased with the legs of a man. 11 The Lord takes pleasure in them that fear him, and in all that hope in his mercy.

Alleluia, *a Psalm* of Aggæus and Zacharias.

12 Praise the Lord, O Jerusalem; praise thy God, O Sion. 13 For he has strengthened the bars of thy gates; he has blessed thy children within thee. 14 He makes thy borders peaceful, and fills thee with the γ flour of wheat. 15 He sends his oracle to the earth: his word will run swiftly. 16 He gives snow like wool: he scatters the mist like ashes. 17 Casting *forth* his ice like morsels: who shall stand before his cold? 18 He shall send out his word, and melt them: he shall blow *with* his wind, and the waters shall flow. 19 He sends his word to Jacob, his ordinances and judgments to Israel. 20 He has not done so to δ any *other* nation; and he has not shewn them his judgments.

Alleluia, *a Psalm* of Aggæus and Zacharias.

Praise ye the Lord from the heavens: praise him in the highest. 2 Praise ye him, all his angels: praise ye him, all his hosts. 2 Praise him, sun and moon: praise him, all ye stars and light. 4 Praise him, ye heavens of heavens, and the water that is above the heavens. 5 Let them praise the name of the Lord: for he spoke, and they were made; he commanded, and they were created. 6 He has established them for ever, even for ever and ever: he has made an ordinance, and it shall not pass away.

7 Praise the Lord from the earth, ye serpents, and all deeps. 8 Fire, hail, snow, ice, stormy wind; the things that perform his word. 9 Mountains, and all hills; fruitful trees, and all cedars: 10 wild beasts, and all cattle; reptiles, and winged birds: 11 kings of the earth, and all peoples; princes, and all judges of the earth: 12 young men and virgins, old men with youths: 13 let them praise the name of the Lord: for his name only is exalted; his praise is above the earth and heaven, 14 and he shall exalt the horn of his people, ζ there is a hymn for all his saints, *even* the children of Israel, a people who draw near to him.

Alleluia.

Sing to the Lord a new song: his praise

Ἐξάρξατε τῷ Κυρίῳ ἐν ἐξομολογήσει, ψάλατε τῷ Θεῷ ἡμῶν 7 ἐν κιθάρᾳ· Τῷ περιβάλλοντι τὸν οὐρανὸν ἐν νεφέλαις, τῷ 8 ἑτοιμάζοντι τῇ γῇ ὑετόν· τῷ ἐξανατέλλοντι ἐν ὄρεσι χόρτον, καὶ χλόην τῇ δουλείᾳ τῶν ἀνθρώπων· καὶ διδόντι τοῖς κτήνεσι 9 τροφὴν αὐτῶν, καὶ τοῖς νεοσσοῖς τῶν κοράκων τοῖς ἐπικαλουμένοις αὐτόν. Οὐκ ἐν τῇ δυναστείᾳ τοῦ ἵππου θελήσει, 10 οὐδὲ ἐν ταῖς κνήμαις τοῦ ἀνδρὸς εὐδοκεῖ. Εὐδοκεῖ Κύριος ἐν 11 τοῖς φοβουμένοις αὐτὸν, καὶ ἐν πᾶσι τοῖς ἐλπιζουσιν ἐπὶ τὸ ἔλεος αὐτοῦ.

Ἀλληλούϊα· Ἀγγαίου καὶ Ζαχαρίου.　　147

Ἐπαίνει, Ἱερουσαλὴμ, τὸν Κύριον, αἴνει τὸν Θεόν σου Σιών. 12 Ὅτι ἐνίσχυσε τοὺς μοχλοὺς τῶν πυλῶν σου, εὐλόγησε τοὺς 13 υἱούς σου ἐν σοί· Ὁ τιθεὶς τὰ ὅριά σου εἰρήνην, καὶ στέαρ 14 πυροῦ ἐμπιπλῶν σε· Ὁ ἀποστέλλων τὸ λόγιον αὐτοῦ τῇ γῇ, 15 ἕως τάχους δραμεῖται ὁ λόγος αὐτοῦ· Τοῦ διδόντος χιόνα ὡσεὶ 16 ἔριον, ὁμίχλην ὡσεὶ σποδὸν πάσσοντος· Βάλλοντος κρύσταλ- 17 λον αὐτοῦ ὡσεὶ ψωμούς· κατὰ πρόσωπον ψύχους αὐτοῦ τίς ὑποστήσεται; Ἀποστελεῖ τὸν λόγον αὐτοῦ, καὶ τήξει αὐτὰ, 18 πνεύσει τὸ πνεῦμα αὐτοῦ, καὶ ῥυήσεται ὕδατα. Ἀπαγγέλλων 19 τὸν λόγον αὐτοῦ τῷ Ἰακὼβ, δικαιώματα καὶ κρίματα αὐτοῦ τῷ Ἰσραήλ. Οὐκ ἐποίησεν οὕτως παντὶ ἔθνει, καὶ τὰ κρίματα 20 αὐτοῦ οὐκ ἐδήλωσεν αὐτοῖς.

Ἀλληλούϊα· Ἀγγαίου καὶ Ζαχαρίου.　　148

Αἰνεῖτε τὸν Κύριον ἐκ τῶν οὐρανῶν, αἰνεῖτε αὐτὸν ἐν τοῖς ὑψίστοις. Αἰνεῖτε αὐτὸν πάντες οἱ ἄγγελοι αὐτοῦ, αἰνεῖτε 2 αὐτὸν πᾶσαι αἱ δυνάμεις αὐτοῦ. Αἰνεῖτε αὐτὸν ἥλιος καὶ 3 σελήνη, αἰνεῖτε αὐτὸν πάντα τὰ ἄστρα καὶ τὸ φῶς. Αἰνεῖτε 4 αὐτὸν οἱ οὐρανοὶ τῶν οὐρανῶν, καὶ τὸ ὕδωρ τὸ ὑπεράνω τῶν οὐρανῶν. Αἰνεσάτωσαν τὸ ὄνομα Κυρίου· ὅτι αὐτὸς εἶπε καὶ 5 ἐγενήθησαν, αὐτὸς ἐνετείλατο καὶ ἐκτίσθησαν. Ἔστησεν αὐτὰ 6 εἰς τὸν αἰῶνα, καὶ εἰς τὸν αἰῶνα τοῦ αἰῶνος· πρόσταγμα ἔθετο, καὶ οὐ παρελεύσεται.

Αἰνεῖτε τὸν Κύριον ἐκ τῆς γῆς, δράκοντες καὶ πᾶσαι ἄβυσ- 7 σοι· Πῦρ, χάλαζα, χιών, κρύσταλλος, πνεῦμα καταιγίδος, τὰ 8 ποιοῦντα τὸν λόγον αὐτοῦ· Τὰ ὄρη καὶ πάντες βουνοὶ, ξύλα 9 καρποφόρα καὶ πᾶσαι κέδροι· Τὰ θηρία καὶ πάντα τὰ κτήνη, 10 ἑρπετὰ καὶ πετεινὰ πτερωτά· Βασιλεῖς τῆς γῆς καὶ πάντες 11 λαοὶ, ἄρχοντες καὶ πάντες κριταὶ γῆς· Νεανίσκοι καὶ παρθέ- 12 νοι, πρεσβῦται μετὰ νεωτέρων αἰνεσάτωσαν τὸ ὄνομα Κυρίου, 13 ὅτι ὑψώθη τὸ ὄνομα αὐτοῦ μόνου· ἡ ἐξομολόγησις αὐτοῦ ἐπὶ γῆς καὶ οὐρανοῦ, καὶ ὑψώσει κέρας λαοῦ αὐτοῦ· ὕμνος 14 πᾶσι τοῖς ὁσίοις αὐτοῦ, τοῖς υἱοῖς Ἰσραὴλ, λαῷ ἐγγίζοντι αὐτῷ.

Ἀλληλούϊα.　　149

Ἄσατε τῷ Κυρίῳ ᾆσμα καινόν· ἡ αἴνεσις αὐτοῦ ἐν ἐκκλησίᾳ

β See Ps. 103. (104) 14.　　γ *Lit.* fat of wheat.　　δ *Gr.* every.　　ζ *Or*, who is the praise of.

2 ὁσίων. Εὐφρανθήτω Ἰσραὴλ ἐπὶ τῷ ποιήσαντι αὐτὸν, καὶ υἱοὶ
3 Σιὼν ἀγαλλιάσθωσαν ἐπὶ τῷ βασιλεῖ αὐτῶν. Αἰνεσάτωσαν τὸ
ὄνομα αὐτοῦ ἐν χορῷ, ἐν τυμπάνῳ καὶ ψαλτηρίῳ ψαλάτωσαν
4 αὐτῷ. Ὅτι εὐδοκεῖ Κύριος ἐν λαῷ αὐτοῦ, καὶ ὑψώσει πραεῖς
ἐν σωτηρίᾳ.
5 Καυχήσονται ὅσιοι ἐν δόξῃ, καὶ ἀγαλλιάσονται ἐπὶ τῶν
6 κοιτῶν αὐτῶν. Αἱ ὑψώσεις τοῦ Θεοῦ ἐν λάρυγγι αὐτῶν, καὶ
7 ῥομφαῖαι δίστομοι ἐν ταῖς χερσὶν αὐτῶν· Τοῦ ποιῆσαι ἐκδίκη-
8 σιν ἐν τοῖς ἔθνεσιν, ἐλεγμοὺς ἐν τοῖς λαοῖς· Τοῦ δῆσαι τοὺς
βασιλεῖς αὐτῶν ἐν πέδαις, καὶ τοὺς ἐνδόξους αὐτῶν ἐν χειροπέ-
9 δαις σιδηραῖς· Τοῦ ποιῆσαι ἐν αὐτοῖς κρίμα ἔγγραπτον· δόξα
αὕτη ἐστὶ πᾶσι τοῖς ὁσίοις αὐτοῦ.

150   Ἀλληλούϊα.

Αἰνεῖτε τὸν Θεὸν ἐν τοῖς ἁγίοις αὐτοῦ, αἰνεῖτε αὐτὸν ἐν
2 στερεώματι δυνάμεως αὐτοῦ. Αἰνεῖτε αὐτὸν ἐπὶ ταῖς δυνα-
στείαις αὐτοῦ, αἰνεῖτε αὐτὸν κατὰ τὸ πλῆθος τῆς μεγαλωσύνης
3 αὐτοῦ. Αἰνεῖτε αὐτὸν ἐν ἤχῳ σάλπιγγος, αἰνεῖτε αὐτὸν ἐν
4 ψαλτηρίῳ καὶ κιθάρᾳ. Αἰνεῖτε αὐτὸν ἐν τυμπάνῳ καὶ χορῷ,
5 αἰνεῖτε αὐτὸν ἐν χορδαῖς καὶ ὀργάνῳ. Αἰνεῖτε αὐτὸν ἐν κυμβά-
6 λοις εὐήχοις, αἰνεῖτε αὐτὸν ἐν κυμβάλοις ἀλαλαγμοῦ. Πᾶσα
πνοὴ αἰνεσάτω τὸν Κύριον.

Οὗτος ὁ ψαλμὸς ἰδιόγραφος εἰς Δαυὶδ, καὶ ἔξωθεν τοῦ ἀριθμοῦ,
ὅτε ἐμονομάχησε τῷ Γολιάδ.

Μικρὸς ἤμην ἐν τοῖς ἀδελφοῖς μου, καὶ νεώτερος ἐν τῷ οἴκῳ
2 τοῦ πατρός μου, ἐποίμαινον τὰ πρόβατα τοῦ πατρός μου. Αἱ
χεῖρές μου ἐποίησαν ὄργανον, καὶ οἱ δάκτυλοί μου ἥρμοσαν
3 ψαλτήριον. Καὶ τίς ἀναγγελεῖ τῷ Κυρίῳ μου; αὐτὸς Κύριος,
4 αὐτὸς εἰσακούει. Αὐτὸς ἐξαπέστειλε τὸν ἄγγελον αὐτοῦ, καὶ
ἦρέ με ἐκ τῶν προβάτων τοῦ πατρός μου, καὶ ἔχρισέ με ἐν τῷ
5 ἐλαίῳ τῆς χρίσεως αὐτοῦ. Οἱ ἀδελφοί μου καλοὶ καὶ μεγάλοι,
6 καὶ οὐκ εὐδόκησεν ἐν αὐτοῖς Κύριος. Ἐξῆλθον εἰς συνάντησιν
τῷ ἀλλοφύλῳ, καὶ ἐπικατηράσατό με ἐν τοῖς εἰδώλοις αὐτοῦ.
7 Ἐγὼ δὲ σπασάμενος τὴν παρ᾽ αὐτοῦ μάχαιραν, ἀπεκεφάλισα
αὐτὸν, καὶ ἦρα ὄνειδος ἐξ υἱῶν Ἰσραήλ.

is in the assembly of the saints. [2] Let Israel rejoice in him that made him; and let the children of Sion exult in their king. [3] Let them praise his name in the dance: let them sing praises to him with timbrel and psaltery. [4] For the Lord takes pleasure in his people; and will exalt the meek with salvation.

[5] The saints shall rejoice in glory; and shall exult on their beds. [6] The βhigh praises of God shall be in their throat, and two-edged swords in their hands; [7] to execute vengeance on the nations, *and* punishments among the peoples; [8] to bind their kings with fetters, and their nobles with manacles of iron; to execute on them the judgment γwritten: this honour have all his saints.

Alleluia.

Praise God in his holy places: praise him in the firmament of his power. [2] Praise him on *account of* his mighty acts: praise him according to his abundant greatness. [3] Praise him with the sound of a trumpet: praise him with psaltery and harp. [4] Praise him with timbrel and dance: praise him with stringed instruments and the organ. [5] Praise him with melodious cymbals: praise him with loud cymbals. Let every thing that has breath praise the Lord.

This Psalm is a genuine one of David, though supernumerary, *composed* when he fought in single combat with δGoliad.

I was small among my brethren, and youngest in my father's house: I tended my father's sheep. [2] My hands formed a musical instrument, and my fingers tuned a psaltery. [3] And who shall tell my Lord? the Lord himself, he himself hears. [4] He sent forth his angel, and took me from my father's sheep, and he anointed me with the oil of his anointing. [5] My brothers were handsome and tall; but the Lord did not take pleasure in them. [6] I went forth to meet the Philistine; and he cursed me by his idols. [7] But I drew his own sword, and beheaded him, and removed reproach from the children of Israel.

β *Gr.* exaltations, *q. d.* extollings.   γ *Gr.* inscribed, *sc.* in the scripture.   δ *Alex.* Goliath.

ΠΑΡΟΙΜΙΑΙ ΣΑΛΩΜΩΝΤΟΣ.

THE Proverbs of Solomon son of David, who reigned in Israel; [2] to know wisdom and instruction, and to perceive words of understanding; [3] to receive also [β] hard sayings, and to understand true justice, and *how* to direct judgment; [4] that he might give subtlety to the simple, and to the young man [γ] discernment and understanding. [5] For by the hearing of these a wise man will be wiser, and the man of understanding will gain direction; [6] and will understand a parable, and a dark speech; the sayings of the wise also, and riddles.

[7] The fear of the Lord is the [δ] beginning of wisdom; and *there is* good understanding to all that practise it: and piety toward God is the beginning of discernment; but the ungodly will set at nought wisdom and instruction. [8] Hear, *my* son, the instruction of thy father, and reject not the rules of thy mother. [9] For thou shalt receive for thine head a crown of graces, and a chain of gold round thy neck.

[10] *My* son, let not ungodly men lead thee astray, neither consent thou *to them.* [11] If they should exhort thee, saying, Come with us, partake in blood, and let us unjustly hide the just man in the earth: [12] and let us swallow him alive, as Hades *would,* and remove the memorial of him from the earth: [13] let us seize on his valuable property, and let us fill our houses with spoils: [14] but do thou cast in thy lot with us, and let us all provide a common purse, and let us have one pouch: [15] go not in the way with them, but turn aside thy foot from their paths:[ζ] [17] for nets are not without cause spread for birds. [18] For they that are concerned in murder store up evils for themselves; and the overthrow of transgressors is evil. [19] These are the ways of all that perform lawless deeds; for by ungodliness they destroy their own life.

[20] Wisdom sings aloud in passages, and in the broad places speaks boldly. [21] And she makes proclamation on the top of the walls, and sits by the gates of princes; and at the gates of the city boldly says, [22] So long as the simple cleave to justice, they shall not be ashamed: but the foolish being lovers of haughtiness, having become ungodly have hated knowledge, and are become subject to reproofs. [23] Behold, I will bring forth to you the utterance of my breath, and I will instruct you in my speech.

ΠΑΡΟΙΜΙΑΙ Σαλωμῶντος υἱοῦ Δαυὶδ, ὃς ἐβασίλευσεν ἐν Ἰσραήλ· γνῶναι σοφίαν καὶ παιδείαν, νοῆσαί τε λόγους φρο- [2] νήσεως, δέξασθαί τε στροφὰς λόγων, νοῆσαί τε δικαιοσύνην [3] ἀληθῆ, καὶ κρίμα κατευθύνειν· Ἵνα δῷ ἀκάκοις πανουργίαν, [4] παιδὶ δὲ νέῳ αἴσθησίν τε καὶ ἔννοιαν. Τῶν δὲ γὰρ ἀκούσας [5] σοφὸς σοφώτερος ἔσται, ὁ δὲ νοήμων κυβέρνησιν κτήσεται· Νοήσει τε παραβολὴν καὶ σκοτεινὸν λόγον, ῥήσεις τε σοφῶν [6] καὶ αἰνίγματα.

Ἀρχὴ σοφίας φόβος Κυρίου, σύνεσις δὲ ἀγαθὴ πᾶσι τοῖς [7] ποιοῦσιν αὐτήν· εὐσέβεια δὲ εἰς Θεὸν ἀρχὴ αἰσθήσεως, σοφίαν δὲ καὶ παιδείαν ἀσεβεῖς ἐξουθενήσουσιν. Ἄκουε υἱὲ παιδείαν [8] πατρός σου, καὶ μὴ ἀπώσῃ θεσμοὺς μητρός σου. Στέφανον [9] γὰρ χαρίτων δέξῃ σῇ κορυφῇ, καὶ κλοιὸν χρύσεον περὶ σῷ τραχήλῳ.

Υἱὲ μή σε πλανήσωσιν ἄνδρες ἀσεβεῖς, μηδὲ βουληθῇς. [10] Ἐὰν παρακαλέσωσί σε, λέγοντες, ἐλθὲ μεθ᾽ ἡμῶν, κοινώνησον [11] αἵματος, κρύψωμεν δὲ εἰς γῆν ἄνδρα δίκαιον ἀδίκως, καταπίω- [12] μεν δὲ αὐτὸν ὥσπερ ᾅδης ζῶντα, καὶ ἄρωμεν αὐτοῦ τὴν μνήμην ἐκ γῆς, τὴν κτῆσιν αὐτοῦ τὴν πολυτελῆ καταλαβώμεθα, πλή- [13] σωμεν δὲ οἴκους ἡμετέρους σκύλων· Τὸν δὲ σὸν κλῆρον βάλε [14] ἐν ἡμῖν, κοινὸν δὲ βαλάντιον κτησώμεθα πάντες, καὶ μαρσίπ- πιον ἓν γενηθήτω ἡμῖν. Μὴ πορευθῇς ἐν ὁδῷ μετ᾽ αὐτῶν, [15] ἔκκλινον δὲ τὸν πόδα σου ἐκ τῶν τρίβων αὐτῶν. Οὐ γὰρ [17] ἀδίκως ἐκτείνεται δίκτυα πτερωτοῖς. Αὐτοὶ γὰρ οἱ φόνου μετ- [18] έχοντες, θησαυρίζουσιν ἑαυτοῖς κακά· ἡ δὲ καταστροφὴ ἀνδρῶν παρανόμων κακή. Αὗται αἱ ὁδοί εἰσι πάντων τῶν συντε- [19] λούντων τὰ ἄνομα· τῇ γὰρ ἀσεβείᾳ τὴν ἑαυτῶν ψυχὴν ἀφαι- ροῦνται.

Σοφία ἐν ἐξόδοις ὑμνεῖται, ἐν δὲ πλατείαις παρρησίαν ἄγει. [20] Ἐπ᾽ ἄκρων δὲ τειχέων κηρύσσεται, ἐπὶ δὲ πύλαις δυναστῶν [21] παρεδρεύει, ἐπὶ δὲ πύλαις πόλεως θαρροῦσα λέγει, ὅσον ἂν [22] χρόνον ἄκακοι ἔχονται τῆς δικαιοσύνης, οὐκ αἰσχυνθήσονται· οἱ δὲ ἄφρονες τῆς ὕβρεως ὄντες ἐπιθυμηταί, ἀσεβεῖς γενόμενοι ἐμίσησαν αἴσθησιν, καὶ ὑπεύθυνοι ἐγένοντο ἐλέγχοις· ἰδοὺ [23] προήσομαι ὑμῖν ἐμῆς πνοῆς ῥῆσιν· διδάξω δὲ ὑμᾶς τὸν ἐμὸν λόγον.

β *Gr.* turnings, *q. d.* knotty words. See *Heb.*　　　γ *Or,* discretion.　　　δ *Or,* sum, *or,* top.　　　ζ For ver. 16, see *Appendix.*

24 Ἐπειδὴ ἐκάλουν, καὶ οὐχ ὑπηκούσατε· καὶ ἐξέτεινον λόγους,
25 καὶ οὐ προσείχετε· ἀλλὰ ἀκύρους ἐποιεῖτε ἐμὰς βουλὰς,
26 τοῖς δὲ ἐμοῖς ἐλέγχοις ἠπειθήσατε· Τοιγαροῦν κἀγὼ τῇ
ὑμετέρᾳ ἀπωλείᾳ ἐπιγελάσομαι, καταχαροῦμαι δὲ ἡνίκα ἔρχηται
27 ὑμῖν ὄλεθρος· Καὶ ὡς ἂν ἀφίκηται ὑμῖν ἄφνω θόρυβος, ἡ δὲ
καταστροφὴ ὁμοίως καταιγίδι παρῇ, καὶ ὅταν ἔρχηται ὑμῖν
28 θλίψις καὶ πολιορκία, ἢ ὅταν ἔρχηται ὑμῖν ὄλεθρος. Ἔσται
γὰρ ὅταν ἐπικαλέσησθέ με, ἐγὼ δὲ οὐκ εἰσακούσομαι ὑμῶν·
29 ζητήσουσί με κακοὶ, καὶ οὐχ εὑρήσουσιν. Ἐμίσησαν γὰρ
30 σοφίαν, τὸν δὲ λόγον τοῦ Κυρίου οὐ προείλαντο, οὐδὲ ἤθελον
ἐμαῖς προσέχειν βουλαῖς, ἐμυκτήριζον δὲ ἐμοὺς ἐλέγχους·
31 Τοιγαροῦν ἔδονται τῆς ἑαυτῶν ὁδοῦ τοὺς καρπούς, καὶ τῆς
32 ἑαυτῶν ἀσεβείας πλησθήσονται. Ἀνθ᾽ ὧν γὰρ ἠδίκουν νηπίους,
33 φονευθήσονται, καὶ ἐξετασμὸς ἀσεβεῖς ὀλεῖ. Ὁ δὲ ἐμοῦ
ἀκούων κατασκηνώσει ἐπ᾽ ἐλπίδι, καὶ ἡσυχάσει ἀφόβως ἀπὸ
παντὸς κακοῦ.

2 Υἱὲ, ἐὰν δεξάμενος ῥῆσιν ἐμῆς ἐντολῆς κρύψῃς παρὰ
2 σεαυτῷ, ὑπακούσεται σοφίας τὸ οὖς σου, καὶ παραβαλεῖς
καρδίαν σου εἰς σύνεσιν, παραβαλεῖς δὲ αὐτὴν ἐπὶ νουθέτησιν
τῷ υἱῷ σου·

3 Ἐὰν γὰρ τὴν σοφίαν ἐπικαλέσῃ, καὶ τῇ συνέσει δῷς φωνήν
4 σου, καὶ ἐὰν ζητήσῃς αὐτὴν ὡς ἀργύριον, καὶ ὡς θησαυροὺς
5 ἐξερευνήσῃς αὐτήν· Τότε συνήσεις φόβον Κυρίου, καὶ ἐπί-
γνωσιν Θεοῦ εὑρήσεις.

6 Ὅτι Κύριος δίδωσι σοφίαν, καὶ ἀπὸ προσώπου αὐτοῦ γνῶσις
7 καὶ σύνεσις. Καὶ θησαυρίζει τοῖς κατορθοῦσι σωτηρίαν,
8 ὑπερασπιεῖ τὴν πορείαν αὐτῶν, τοῦ φυλάξαι ὁδοὺς δικαιω-
9 μάτων, καὶ ὁδὸν εὐλαβουμένων αὐτὸν διαφυλάξει. Τότε
συνήσεις δικαιοσύνην καὶ κρίμα, καὶ κατορθώσεις πάντας ἄξονας
ἀγαθούς.

10 Ἐὰν γὰρ ἔλθῃ ἡ σοφία εἰς σὴν διάνοιαν, ἡ δὲ αἴσθησις τῇ σῇ
11 ψυχῇ καλὴ εἶναι δόξῃ, βουλὴ καλὴ φυλάξει σε, ἔννοια δὲ ὁσία
12 τηρήσει σε· Ἵνα ῥύσηταί σε ἀπὸ ὁδοῦ κακῆς, καὶ ἀπὸ ἀνδρὸς
λαλοῦντος μηδὲν πιστόν.

13 Ὦ οἱ ἐγκαταλείποντες ὁδοὺς εὐθείας τοῦ πορεύεσθαι ἐν ὁδοῖς
14 σκότους· Οἱ εὐφραινόμενοι ἐπὶ κακοῖς καὶ χαίροντες ἐπὶ
15 διαστροφῇ κακῇ· Ὧν αἱ τρίβοι σκολιαὶ, καὶ καμπύλαι αἱ
16 τροχιαὶ αὐτῶν, τοῦ μακράν σε ποιῆσαι ἀπὸ ὁδοῦ εὐθείας, καὶ
ἀλλότριον τῆς δικαίας γνώμης· υἱὲ, μή σε καταλάβῃ κακὴ
17 βουλή· Ἡ ἀπολιποῦσα διδασκαλίαν νεότητος, καὶ διαθήκην
18 θείαν ἐπιλελησμένη. Ἔθετο γὰρ παρὰ τῷ θανάτῳ τὸν οἶκον
αὐτῆς, καὶ παρὰ τῷ ᾅδῃ μετὰ τῶν γηγενῶν τοὺς ἄξονας αὐτῆς.
19 Πάντες οἱ πορευόμενοι ἐν αὐτῇ οὐκ ἀναστρέψουσιν, οὐδὲ μὴ
καταλάβωσι τρίβους εὐθείας· οὐ γὰρ καταλαμβάνονται ὑπὸ
20 ἐνιαυτῶν ζωῆς. Εἰ γὰρ ἐπορεύοντο τρίβους ἀγαθὰς, εὕροσαν
21 ἂν τρίβους δικαιοσύνης λείας. Ὅτι εὐθεῖς κατασκηνώσουσι

24 Since I called, and ye did not hearken; and I spoke at length, and ye gave no heed; 25 but ye set at nought my counsels, and disregarded my reproofs; 26 therefore I also will laugh at your destruction; and I will rejoice against *you* when ruin comes upon you: 27 yea when dismay suddenly comes upon you, and *your* overthrow shall arrive like a tempest; and when tribulation and distress shall come upon you, or when ruin shall come upon you. 28 For it shall be that when ye call upon me, I will not hearken to you: wicked men shall seek me, but shall not find *me*. 29 For they hated wisdom, and did not choose the word of the Lord: 30 neither would they attend to my counsels, but derided my reproofs. 31 Therefore shall they eat the fruits of their own way, and shall be filled with their own ungodliness. 32 For because they wronged the simple, they shall be slain; and an inquisition shall ruin the ungodly. 33 But he that hearkens to me shall dwell in β confidence, and shall rest securely from all evil.

My son, if thou wilt receive the utterance of my commandment, and hide it with thee; 2 thine ear shall hearken to wisdom; thou shalt also apply thine heart to understanding, and shalt apply it to the instruction of thy son.

3 For if thou shalt call to wisdom, and utter thy voice for understanding; 4 and if thou shalt seek it as silver, and search diligently for it as for treasures; 5 then shalt thou understand the fear of the Lord, and find the knowledge of God.

6 For the Lord gives wisdom; and from his presence *come* knowledge and understanding, 7 and he treasures up salvation for them that walk uprightly: he will protect their way; 8 that he may guard the righteous ways: and he will preserve the way of them that fear him. 9 Then shalt thou understand righteousness, and judgment; and shalt direct γ all thy course aright.

10 For if wisdom shall come into thine understanding, and discernment shall seem pleasing to thy soul, 11 good counsel shall guard thee, and holy understanding shall keep thee; 12 to deliver thee from the evil way, and from the man that speaks nothing faithfully.

13 Alas *for those* who forsake right paths, to walk in ways of darkness; 14 who rejoice in evils, and delight in wicked perverseness; 15 whose paths are crooked, and their δ courses winding; 16 to remove thee far from the straight way, and to estrange thee from a righteous purpose. *My* son, let not evil counsel overtake thee, 17 *of her* who has forsaken the instruction of her youth, and forgotten the covenant of God. 18 For she has fixed her house near death, and *guided* her wheels near Hades with the ζ giants. 19 None that go by her shall return, neither shall they take hold of right paths, for they are not apprehended of the θ years of life. 20 For had they gone in good paths, they would have found the paths of righteousness λ easy. 21 For the upright shall dwell in the

earth, and the holy shall be left behind in it. ²²The paths of the ungodly shall perish out of the earth, and transgressors shall be driven away from it.

My son, forget not my laws; but let thine heart keep my words: ²for length of existence, and years of life, and peace, shall they add to thee. ³Let not mercy and truth forsake thee; but bind them about thy neck: ⁴so shalt thou find favour: β and do thou γ provide things honest in the sight of the Lord, and of men.

⁵Trust in God with all thine heart; and be not exalted in thine own wisdom. ⁶In all thy ways acquaint thyself with her, that she may rightly δ direct thy paths. ⁷Be not wise in thine own conceit; but fear God, and depart from all evil. ⁸Then shall there be health to thy body, and good keeping to thy bones.

⁹Honour the Lord with thy just labours, and give him the first of thy fruits of righteousness: ¹⁰that thy storehouses may be completely filled with corn, and that thy presses may burst forth with wine.

¹¹ζ *My* son, despise not the chastening of the Lord; nor faint when thou art rebuked of him: ¹²for whom the Lord loves, he rebukes, and scourges every son whom he receives.

¹³Blessed is the man who has found wisdom, and the mortal who knows prudence. ¹⁴For it is better to traffic for her, than for treasures of gold and silver. ¹⁵And she is more valuable than precious stones: no evil thing shall resist her: she is well known to all that approach her, and no precious thing is equal to her in value. ¹⁶For length of existence and years of life are in her right hand; and in her left hand are wealth and glory: out of her mouth proceeds righteousness, and she carries law and mercy upon her tongue. ¹⁷Her ways are good ways, and all her paths are peaceful. ¹⁸She is a tree of life to all that lay hold upon her; and she is *a* secure *help* to all that stay themselves on her, as on the Lord.

¹⁹God by wisdom founded the earth, and by prudence he prepared the heavens. ²⁰By understanding were the depths broken up, and the clouds dropped water.

²¹*My* son, let *them* not θ pass from *thee*, but keep my counsel and understanding: ²²that thy soul may live, and that there may be grace round thy neck; and it shall be health to thy flesh, and safety to thy bones: ²³that thou mayest go confidently in peace in all thy ways, and that thy foot may not stumble. ²⁴For if thou λ rest, thou shalt be undismayed; and if thou sleep, thou shalt slumber sweetly. ²⁵And thou shalt not be afraid of alarm coming upon thee, neither of approaching attacks of ungodly men. ²⁶For the Lord shall be over all thy ways, and shall establish thy foot that thou be not moved.

²⁷Forbear not to do good to the poor, whensoever thy hand may have *power* to help *him*. ²⁸Say not, Come back another time, to-morrow I will give; while thou art able to do *him* good: for thou knowest not

γῆν, καὶ ὅσιοι ὑπολειφθήσονται ἐν αὐτῇ. Ὁδοὶ ἀσεβῶν 22 ἐκ γῆς ὀλοῦνται, οἱ δὲ παράνομοι ἐξωσθήσονται ἀπ᾽ αὐτῆς.

Υἱὲ, ἐμῶν νομίμων μὴ ἐπιλανθάνου, τὰ δὲ ῥήματά μου τηρείτω 3 σὴ καρδία· Μῆκος γὰρ βίου, καὶ ἔτη ζωῆς, καὶ εἰρήνην προσ- 2 θήσουσί σοι. Ἐλεημοσύναι καὶ πίστεις μὴ ἐκλειπέτωσάν σε· 3 ἄφαψαι δὲ αὐτὰς ἐπὶ σῷ τραχήλῳ, καὶ εὑρήσεις χάριν· καὶ 4 προνοοῦ καλὰ ἐνώπιον Κυρίου καὶ ἀνθρώπων.

Ἴσθι πεποιθὼς ἐν ὅλῃ τῇ καρδίᾳ ἐπὶ Θεῷ, ἐπὶ δὲ σῇ σοφίᾳ 5 μὴ ἐπαίρου. Πάσαις ὁδοῖς σου γνώριζε αὐτὴν, ἵνα ὀρθοτομῇ 6 τὰς ὁδούς σου. Μὴ ἴσθι φρόνιμος παρὰ σεαυτῷ, φοβοῦ δὲ τὸν 7 Θεὸν, καὶ ἔκκλινε ἀπὸ παντὸς κακοῦ. Τότε ἴασις ἔσται τῷ 8 σώματί σου, καὶ ἐπιμέλεια τοῖς ὀστέοις σου.

Τίμα τὸν Κύριον ἀπὸ σῶν δικαίων πόνων, καὶ ἀπάρχου αὐτῷ 9 ἀπὸ σῶν καρπῶν δικαιοσύνης· Ἵνα πίμπληται τὰ ταμιεῖά σου 10 πλησμονῆς σίτῳ, οἴνῳ δὲ αἱ ληνοί σου ἐκβλύζωσιν.

Υἱὲ, μὴ ὀλιγώρει παιδείας Κυρίου, μηδὲ ἐκλύου ὑπ᾽ αὐτοῦ 11 ἐλεγχόμενος. Ὃν γὰρ ἀγαπᾷ Κύριος, ἐλέγχει, μαστιγοῖ δὲ 12 πάντα υἱὸν ὃν παραδέχεται.

Μακάριος ἄνθρωπος ὃς εὗρε σοφίαν, καὶ θνητὸς ὃς εἶδε 13 φρόνησιν. Κρεῖσσον γὰρ αὐτὴν ἐμπορεύεσθαι, ἢ χρυσίου καὶ 14 ἀργυρίου θησαυρούς. Τιμιωτέρα δέ ἐστι λίθων πολυτελῶν, οὐκ 15 ἀντιτάξεται αὐτῇ οὐδὲν πονηρόν· εὔγνωστός ἐστι πᾶσι τοῖς ἐγγίζουσιν αὐτῇ, πᾶν δὲ τίμιον οὐκ ἄξιον αὐτῆς ἐστι. Μῆκος 16 γὰρ βίου καὶ ἔτη ζωῆς ἐν τῇ δεξιᾷ αὐτῆς, ἐν δὲ τῇ ἀριστερᾷ αὐτῆς πλοῦτος καὶ δόξα· ἐκ τοῦ στόματος αὐτῆς ἐκπορεύεται δικαιοσύνη, νόμον δὲ καὶ ἔλεον ἐπὶ γλώσσης φορεῖ. Αἱ ὁδοὶ 17 αὐτῆς ὁδοὶ καλαὶ, καὶ πᾶσαι αἱ τρίβοι αὐτῆς ἐν εἰρήνῃ. Ξύλον 18 ζωῆς ἐστι πᾶσι τοῖς ἀντεχομένοις αὐτῆς, καὶ τοῖς ἐπερειδομένοις ἐπ᾽ αὐτὴν ὡς ἐπὶ Κύριον ἀσφαλής.

Ὁ Θεὸς τῇ σοφίᾳ ἐθεμελίωσε τὴν γῆν, ἡτοίμασε δὲ 19 οὐρανοὺς φρονήσει. Ἐν αἰσθήσει ἄβυσσοι ἐρράγησαν, νέφη 20 δὲ ἐρρύησαν δρόσους.

Υἱὲ, μὴ παραρρυῇς, τήρησον δὲ ἐμὴν βουλὴν καὶ ἔννοιαν· 21 ἵνα ζήσῃ ἡ ψυχή σου, καὶ χάρις ᾖ περὶ σῷ τραχήλῳ· ἔσται 22 δὲ ἴασις ταῖς σαρξί σου, καὶ ἐπιμέλεια τοῖς σοῖς ὀστέοις· ἵνα πορεύῃ πεποιθὼς ἐν εἰρήνῃ πάσας τὰς ὁδούς σου, ὁ δὲ πούς 23 σου οὐ μὴ προσκόψῃ. Ἐὰν γὰρ κάθῃ, ἄφοβος ἔσῃ· ἐὰν δὲ 24 καθεύδῃς, ἡδέως ὑπνώσεις. Καὶ οὐ φοβηθήσῃ πτόησιν ἐπελ- 25 θοῦσαν, οὐδὲ ὁρμὰς ἀσεβῶν ἐπερχομένας. Ὁ γὰρ Κύριος 26 ἔσται ἐπὶ πασῶν ὁδῶν σου, καὶ ἐρείσει σὸν πόδα ἵνα μὴ σαλευθῇς.

Μὴ ἀπόσχῃ εὖ ποιεῖν ἐνδεῆ, ἡνίκα ἂν ἔχῃ ἡ χείρ σου βοη- 27 θεῖν. Μὴ εἴπῃς, ἐπανελθὼν ἐπάνηκε, αὔριον δώσω, δυνατοῦ 28 σου ὄντος εὖ ποιεῖν· οὐ γὰρ οἶδας τί τέξεται ἡ ἐπιοῦσα.

β *Alex.* + 'and write them on the table of thine heart.' γ See Rom. 12. 17. δ *Gr.* divide. See 2 Tim. 2. 13. ζ Heb. 12. 5, 6.
θ See Heb. 2. 1. λ *Gr.* sit down.

29 Μὴ τεκτήνῃ ἐπὶ σὸν φίλον κακὰ παροικοῦντα καὶ πεποιθότα ἐπὶ σοί.

30 Μὴ φιλεχθρήσῃς πρὸς ἄνθρωπον μάτην, μήτι σε ἐργάσηται κακόν.

31 Μὴ κτήσῃ κακῶν ἀνδρῶν ὀνείδη, μηδὲ ζηλώσῃς τὰς ὁδοὺς
32 αὐτῶν. Ἀκάθαρτος γὰρ ἔναντι Κυρίου πᾶς παράνομος, ἐν δὲ
33 δικαίοις οὐ συνεδριάζει. Κατάρα Θεοῦ ἐν οἴκοις ἀσεβῶν,
34 ἐπαύλεις δὲ δικαίων εὐλογοῦνται. Κύριος ὑπερηφάνοις ἀντι-
35 τάσσεται, ταπεινοῖς δὲ δίδωσι χάριν. Δόξαν σοφοὶ κληρονο-
μήσουσιν, οἱ δὲ ἀσεβεῖς ὕψωσαν ἀτιμίαν.

4 Ἀκούσατε, παῖδες, παιδείαν πατρός, καὶ προσέχετε γνῶναι
2 ἔννοιαν. Δῶρον γὰρ ἀγαθὸν δωροῦμαι ὑμῖν, τὸν ἐμὸν νόμον
3 μὴ ἐγκαταλίπητε. Υἱὸς γὰρ ἐγενόμην κἀγὼ πατρὶ ὑπήκοος,
4 καὶ ἀγαπώμενος ἐν προσώπῳ μητρός. Οἳ ἔλεγον καὶ ἐδίδασκόν
με, ἐρειδέτω ὁ ἡμέτερος λόγος εἰς σὴν καρδίαν· φύλασσε ἐντο-
5, 6 λάς, μὴ ἐπιλάθῃ· Μηδὲ παρίδῃς ῥῆσιν ἐμοῦ στόματος, μηδὲ
ἐγκαταλίπῃς αὐτήν, καὶ ἀνθέξεταί σου· ἐράσθητι αὐτῆς, καὶ
8 τηρήσει σε. Περιχαράκωσον αὐτήν, καὶ ὑψώσει σε· τίμησον
9 αὐτήν, ἵνα σε περιλάβῃ· Ἵνα δῷ τῇ σῇ κεφαλῇ στέφανον
χαρίτων, στεφάνῳ δὲ τρυφῆς ὑπερασπίσῃ σου.

10 Ἄκουε υἱὲ καὶ δέξαι ἐμοὺς λόγους, καὶ πληθυνθήσεται ἔτη
11 ζωῆς σου, ἵνα σοι γένωνται πολλαὶ ὁδοὶ βίου. Ὁδοὺς γὰρ
12 σοφίας διδάσκω σε, ἐμβιβάζω δέ σε τροχιαῖς ὀρθαῖς. Ἐὰν
γὰρ πορεύῃ, οὐ συγκλεισθήσεταί σου τὰ διαβήματα· ἐὰν δὲ
13 τρέχῃς, οὐ κοπιάσεις. Ἐπιλαβοῦ ἐμῆς παιδείας, μὴ ἀφῇς,
ἀλλὰ φύλαξον αὐτὴν σεαυτῷ εἰς ζωήν σου.

14 Ὁδοὺς ἀσεβῶν μὴ ἐπέλθῃς, μηδὲ ζηλώσῃς ὁδοὺς παρα-
15 νόμων. Ἐν ᾧ ἂν τόπῳ στρατοπεδεύσωσι, μὴ ἐπέλθῃς ἐκεῖ·
16 ἔκκλινον δὲ ἀπ᾽ αὐτῶν καὶ παράλλαξον. Οὐ γὰρ μὴ ὑπνώ-
σωσιν, ἐὰν μὴ κακοποιήσωσιν· ἀφῄρηται ὁ ὕπνος αὐτῶν, καὶ
17 οὐ κοιμῶνται. Οἵδε γὰρ σιτοῦνται σῖτα ἀσεβείας, οἴνῳ δὲ
18 παρανόμῳ μεθύσκονται. Αἱ δὲ ὁδοὶ τῶν δικαίων ὁμοίως
φωτὶ λάμπουσι, προπορεύονται καὶ φωτίζουσιν, ἕως κατορθώσῃ
19 ἡ ἡμέρα.. Αἱ δὲ ὁδοὶ τῶν ἀσεβῶν σκοτειναί, οὐκ οἴδασι πῶς
προσκόπτουσιν.

20 Υἱὲ ἐμῇ ῥήσει πρόσεχε, τοῖς δὲ ἐμοῖς λόγοις παράβαλλε
21 σὸν οὖς. Ὅπως μὴ ἐκλίπωσί σε αἱ πηγαί σου, φύλασσε
22 αὐτὰς ἐν καρδίᾳ. Ζωὴ γάρ ἐστι τοῖς εὑρίσκουσιν αὐτάς, καὶ
23 πάσῃ σαρκὶ ἴασις. Πάσῃ φυλακῇ τήρει σὴν καρδίαν, ἐκ γὰρ
24 τούτων ἔξοδοι ζωῆς. Περίελε σεαυτοῦ σκολιὸν στόμα, καὶ
25 ἄδικα χείλη μακρὰν ἀπὸ σοῦ ἄπωσαι. Οἱ ὀφθαλμοί σου ὀρθὰ
26 βλεπέτωσαν, τὰ δὲ βλέφαρά σου νευέτω δίκαια. Ὀρθὰς τρο-
27 χιὰς ποίει σοῖς ποσί, καὶ τὰς ὁδούς σου κατεύθυνε. Μὴ
ἐκκλίνῃς εἰς τὰ δεξιά, μηδὲ εἰς τὰ ἀριστερά, ἀπόστρεψον
δὲ σὸν πόδα ἀπὸ ὁδοῦ κακῆς· ὁδοὺς γὰρ τὰς ἐκ δεξιῶν οἶδεν
ὁ Θεός, διεστραμμέναι δέ εἰσιν αἱ ἐξ ἀριστερῶν· αὐτὸς δὲ

what the next day will bring forth. [29] Devise not evil against thy friend, living near thee and trusting in thee.

[30] Be not ready to quarrel with a man without a cause, lest he do thee some harm.

[31] Procure not the reproaches of bad men, neither do thou covet their ways. [32] For every transgressor is unclean before the Lord; neither does he sit among the righteous. [33] The curse of God is in the houses of the ungodly; but the habitations of the just are blessed. [34] β The Lord resists the proud; but he gives grace to the humble. [35] The wise shall inherit glory; but the ungodly have exalted *their own* dishonour.

Hear, ye children, the instruction of a father, and attend to know understanding. [2] For I give you a good gift; forsake ye not my law. [3] For I also was a son obedient to *my* father, and loved in the sight of *my* mother; [4] who spoke and instructed me, *saying*, Let our speech be fixed in thine heart, keep *our* commandments, forget them not; [5] and do not neglect the speech of my mouth. γ [6] And forsake it not, and it shall cleave to thee: love it, and it shall keep thee. [8] δ Secure it, and it shall exalt thee: honour it, that it may embrace thee; [9] that it may give unto thy head a crown of graces, and may cover thee with a crown of delight.

[10] Hear, *my* son, and receive my words; and the years of thy life shall be increased, that the resources of thy life may be many. [11] For I teach thee the ways of wisdom; and I cause thee to go in right ζ paths. [12] For when thou goest, thy steps shall not be straitened; and when thou runnest, thou shalt not be distressed. [13] Take hold of my instruction; let it not go,—but keep it for thyself for thy life.

[14] Go not in the ways of the ungodly, neither covet the ways of transgressors. [15] In whatever place they shall pitch their camp, go not thither; but turn from them, and pass away. [16] For they cannot sleep, unless they have done evil: their sleep is taken away, and they rest not. [17] For these live upon the bread of ungodliness, and are drunken with wine of transgression. [18] But the ways of the righteous shine like light; they go on and shine, until the day θ be fully come. [19] But the ways of the ungodly are dark; they know not how they stumble.

[20] *My* son, attend to my speech; and apply thine ear to my words: [21] that thy fountains may not fail thee; keep them in *thine* heart. [22] For they are life to those that find them, and λ health to all *their* flesh. [23] Keep thine heart with the utmost care; for out of these are the issues of life. [24] Remove from thee a froward mouth, and put far away from thee unjust lips. [25] Let thine eyes look right on, and let thine eyelids assent *to* just *things*. [26] M ke straight paths for thy feet, and order thy ways aright. [27] Turn not aside to the right hand nor to the left, but turn away thy foot from an evil way: [μ for God knows the ways on the right hand, but those on the

---

β See Pet. 5. 5.   γ See *App.*   δ *Lit.* dig a trench about her, see *Heb.*
θ *Gr.* order itself aright.   λ *Or,* healing.

ζ *Gr.* wheel-tracks, see chap. 2. 18. Heb. 12. 13.
μ *Heb.* omits.

left are crooked :] and he will make thy ways straight, and will guide thy steps in peace.

My son, attend to my wisdom, and apply thine ear to my words ; [2] that thou mayest keep good understanding, and the discretion of my lips gives thee a charge.

Give no heed to a worthless woman; [3] for honey drops from the lips of a harlot, who for a season pleases thy palate : [4] but afterwards thou wilt find her [β] more bitter than gall, and sharper than a two-edged sword. [5] For the feet of folly lead those who deal with her down to the grave with death ; and her steps are not established. [6] For she goes not upon the paths of life ; but her ways are slippery, and not easily known.

[7] Now then, *my* son, hear me, and make not my words of none effect. [8] Remove thy way far from her ; draw not near to the doors of her house ; [9] lest thou give away thy life to others, and thy substance to the merciless ; [10] lest strangers be filled with thy strength, and thy labours come into the houses of strangers ; [11] and thou repent at last, when the flesh of thy body is consumed, [12] and thou shalt say, How have I hated instruction, and my heart avoided reproofs ! [13] γ I heard not the voice of him that instructed me, and taught me, neither did I apply mine ear. [14] I was almost in all evil in the midst of the congregation and assembly.

[15] Drink waters out of thine own vessels, and out of thine own springing wells. [16] Let not waters out of thy fountain be spilt by thee, but let thy waters go into thy streets. [17] Let them be only thine own, and let no stranger partake with thee. [18] Let thy fountain of water be *truly* thine own ; and rejoice with the wife of thy youth. [19] Let *thy* loving hart and thy graceful colt company with thee, and let her be considered thine own, and be with thee at all times ; for ravished with her love thou shalt be greatly increased. [20] Be not intimate with a strange woman, neither fold thyself in the arms of a woman not thine own. [21] For the ways of a man are before the eyes of God, and he looks on all his paths. [22] Iniquities ensnare a man, and every one is bound-in the chains of his own sins. [23] Such a man dies with the uninstructed ; and he is cast forth from the abundance of his own substance, and has perished through folly.

My son, if thou become surety for thy friend, thou shalt deliver thine hand to an enemy. [2] For a man's own lips become a strong snare to him, and he is caught with the lips of his own mouth. [3] *My* son, do what I command thee, and deliver thyself ; for on thy friend's account thou art come into the power of evil *men* : faint not, but stir up even thy friend for whom thou art become surety. [4] Give not sleep to thine eyes, nor slumber with thine eyelids ; [5] that thou mayest deliver thyself as a doe out of the toils, and as a bird out of a snare.

[6] Go to the ant, O sluggard ; and see, and emulate his ways, and become wiser

ὀρθὰς ποιήσει τὰς τροχιάς σου, τὰς δὲ πορείας σου ἐν εἰρήνῃ προάξει.

Υἱὲ, ἐμῇ σοφίᾳ πρόσεχε, ἐμοῖς δὲ λόγοις παράβαλλε σὸν 5 οὖς, ἵνα φυλάξῃς ἔννοιαν ἀγαθήν· αἴσθησις δὲ ἐμῶν χειλέων 2 ἐντέλλεταί σοι·

Μὴ πρόσεχε φαύλῃ γυναικί. Μέλι γὰρ ἀποστάζει ἀπὸ 3 χειλέων γυναικὸς πόρνης, ἣ πρὸς καιρὸν λιπαίνει σὸν φάρυγγα, ὕστερον μέντοι πικρότερον χολῆς εὑρήσεις, καὶ ἠκονημένον 4 μᾶλλον μαχαίρας διστόμου. Τῆς γὰρ ἀφροσύνης οἱ πόδες 5 κατάγουσι τοὺς χρωμένους αὐτῇ μετὰ θανάτου εἰς τὸν ᾅδην, τὰ δὲ ἴχνη αὐτῆς οὐκ ἐρείδεται. Ὁδοὺς γὰρ ζωῆς οὐκ ἐπέρχεται, 6 σφαλεραὶ δὲ αἱ τροχιαὶ αὐτῆς, καὶ οὐκ εὔγνωστοι.

Νῦν οὖν υἱὲ ἄκουέ μου, καὶ μὴ ἀκύρους ποιήσεις ἐμοὺς 7 λόγους. Μακρὰν ποίησον ἀπ’ αὐτῆς σὴν ὁδόν· μὴ ἐγγίσῃς 8 πρὸς θύραις οἴκων αὐτῆς, ἵνα μὴ πρόῃ ἄλλοις ζωήν σου, καὶ 9 σὸν βίον ἀνελεήμοσιν· Ἵνα μὴ πλησθῶσιν ἀλλότριοι σῆς 10 ἰσχύος, οἱ δὲ σοὶ πόνοι εἰς οἴκους ἀλλοτρίων ἔλθωσι· Καὶ 11 μεταμεληθήσῃ ἐπ’ ἐσχάτων, ἡνίκα ἂν κατατριβῶσι σάρκες σώματός σου, καὶ ἐρεῖς, πῶς ἐμίσησα παιδείαν, καὶ ἐλέγχους 12 ἐξέκλινεν ἡ καρδία μου ; Οὐκ ἤκουον φωνὴν παιδεύοντός 13 με καὶ διδάσκοντός με, οὐδὲ παρέβαλλον τὸ οὖς μου. Παρ’ 14 ὀλίγον ἐγενόμην ἐν παντὶ κακῷ, ἐν μέσῳ ἐκκλησίας καὶ συναγωγῆς.

Πίνε ὕδατα ἀπὸ σῶν ἀγγείων, καὶ ἀπὸ σῶν φρεάτων πηγῆς. 15 Μὴ ὑπερεκχείσθω σοι ὕδατα ἐκ τῆς σῆς πηγῆς, εἰς δὲ σὰς 16 πλατείας διαπορευέσθω τὰ σὰ ὕδατα. Ἔστω σοι μόνῳ ὑπάρ- 17 χοντα, καὶ μηδεὶς ἀλλότριος μετασχέτω σοι. Ἡ πηγή σου τοῦ 18 ὕδατος ἔστω σοι ἰδία, καὶ συνευφραίνου μετὰ γυναικὸς τῆς ἐκ νεότητός σου. Ἔλαφος φιλίας καὶ πῶλος σῶν χαρίτων 19 ὁμιλείτω σοι, ἡ δὲ ἰδία ἡγείσθω σου καὶ συνέστω σοι ἐν παντὶ καιρῷ· ἐν γὰρ τῇ ταύτης φιλίᾳ συμπεριφερόμενος, πολλοστὸς ἔσῃ. Μὴ πολὺς ἴσθι πρὸς ἀλλοτρίαν, μηδὲ συνέχου ἀγκάλαις 20 τῆς μὴ ἰδίας. Ἐνώπιον γάρ εἰσι τῶν τοῦ Θεοῦ ὀφθαλμῶν 21 ὁδοὶ ἀνδρός, εἰς δὲ πάσας τὰς τροχιὰς αὐτοῦ σκοπεύει. Παρα- 22 νομίαι ἄνδρα ἀγρεύουσι, σειραῖς δὲ τῶν ἑαυτοῦ ἁμαρτιῶν ἕκαστος σφίγγεται. Οὗτος τελευτᾷ μετὰ ἀπαιδεύτων, ἐκ δὲ 23 πλήθους τῆς ἑαυτοῦ βιότητος ἐξερρίφη, καὶ ἀπώλετο δι’ ἀφροσύνην.

Υἱὲ, ἐὰν ἐγγυήσῃ σὸν φίλον, παραδώσεις σὴν χεῖρα ἐχθρῷ. 6 Παγὶς γὰρ ἰσχυρὰ ἀνδρὶ τὰ ἴδια χείλη, καὶ ἁλίσκεται χείλεσιν 2 ἰδίου στόματος. Ποίει υἱὲ ἃ ἐγώ σοι ἐντέλλομαι, καὶ σώζου· 3 ἥκεις γὰρ εἰς χεῖρας κακῶν διὰ σὸν φίλον· ἴσθι μὴ ἐκλυόμενος, παρόξυνε δὲ καὶ τὸν φίλον σου ὃν ἐνεγγυήσω. Μὴ δῷς ὕπνον 4 σοῖς ὄμμασι, μηδὲ ἐπινυστάξῃς σοῖς βλεφάροις, ἵνα σώζῃ 5 ὥσπερ δορκὰς ἐκ βρόχων, καὶ ὥσπερ ὄρνεον ἐκ παγίδος.

Ἴθι πρὸς τὸν μύρμηκα ὦ ὀκνηρὲ, καὶ ζήλωσον ἰδὼν τὰς 6

---

7 ὁδοὺς αὐτοῦ, καὶ γενοῦ ἐκείνου σοφώτερος. Ἐκείνῳ γὰρ γεωρ-
γίου μὴ ὑπάρχοντος, μηδὲ τὸν ἀναγκάζοντα ἔχων, μηδὲ ὑπὸ
8 δεσπότην ὤν, ἑτοιμάζεται θέρους τὴν τροφήν, πολλήν τε ἐν
τῷ ἀμητῷ ποιεῖται τὴν παράθεσιν· ἢ πορεύθητι πρὸς τὴν
μέλισσαν, καὶ μάθε ὡς ἐργάτις ἐστί, τήν τε ἐργασίαν ὡς σεμνὴν
ποιεῖται· ἧς τοὺς πόνους βασιλεῖς καὶ ἰδιῶται πρὸς ὑγίειαν
προσφέρονται· ποθεινὴ δέ ἐστι πᾶσι καὶ ἐπίδοξος, καίπερ οὖσα
9 τῇ ῥώμῃ ἀσθενής, τὴν σοφίαν τιμήσασα προήχθη. Ἕως τίνος
10 ὀκνηρὲ κατάκεισαι; πότε δὲ ἐξ ὕπνου ἐγερθήσῃ; Ὀλίγον μὲν
ὑπνοῖς, ὀλίγον δὲ κάθησαι, μικρὸν δὲ νυστάζεις, ὀλίγον δὲ
11 ἐναγκαλίζῃ χερσὶ στήθη. Εἶτ᾽ ἐμπαραγίνεταί σοι ὥσπερ κακὸς
ὁδοιπόρος ἡ πενία, καὶ ἡ ἔνδεια ὥσπερ ἀγαθὸς δρομεύς· ἐὰν δὲ
ἄοκνος ᾖς, ἥξει ὥσπερ πηγὴ ὁ ἀμητός σου· ἡ δὲ ἔνδεια, ὥσπερ
κακὸς δρομεὺς ἀπαυτομολήσει.

12 Ἀνὴρ ἄφρων καὶ παράνομος πορεύεται ὁδοὺς οὐκ ἀγαθάς.
13 Ὁ δ᾽ αὐτὸς ἐννεύει ὀφθαλμῷ, σημαίνει δὲ ποδί, διδάσκει δὲ
14 ἐννεύμασι δακτύλων. Διεστραμμένῃ καρδίᾳ τεκταίνεται κακά,
15 ἐν παντὶ καιρῷ ὁ τοιοῦτος ταραχὰς συνίστησι πόλει. Διὰ
τοῦτο ἐξαπίνης ἔρχεται ἡ ἀπώλεια αὐτοῦ, διακοπὴ καὶ συντριβὴ
ἀνίατος.

16 Ὅτι χαίρει πᾶσιν οἷς μισεῖ ὁ Θεός, συντρίβεται δὲ δι᾽
17 ἀκαθαρσίαν ψυχῆς. Ὀφθαλμὸς ὑβριστοῦ, γλῶσσα ἄδικος·
18 χεῖρες ἐκχέουσαι αἷμα δικαίου, καὶ καρδία τεκταινομένη λο-
19 γισμοὺς κακούς, καὶ πόδες ἐπισπεύδοντες κακοποιεῖν. Ἐκ-
καίει ψευδῆ μάρτυς ἄδικος, καὶ ἐπιπέμπει κρίσεις ἀναμέσον
ἀδελφῶν.

20 Υἱέ, φύλασσε νόμους πατρός σου, καὶ μὴ ἀπώσῃ θεσμοὺς
21 μητρός σου· Ἄφαψαι δὲ αὐτοὺς ἐπὶ σῇ ψυχῇ διαπαντός, καὶ
22 ἐγκλοίωσαι περὶ σῷ τραχήλῳ· Ἡνίκα ἂν περιπατῇς, ἐπάγου
αὐτὴν καὶ μετὰ σοῦ ἔστω, ὡς δ᾽ ἂν καθεύδῃς φυλασσέτω σε,
23 ἵνα ἐγειρομένῳ συλλαλῇ σοι. Ὅτι λύχνος ἐντολὴ νόμου καὶ
24 φῶς, ὁδὸς ζωῆς, καὶ ἔλεγχος καὶ παιδεία, τοῦ διαφυλάσσειν
σε ἀπὸ γυναικὸς ὑπάνδρου, καὶ ἀπὸ διαβολῆς γλώσσης ἀλ-
λοτρίας.

25 Μή σε νικήσῃ κάλλους ἐπιθυμία, μηδὲ ἀγρευθῇς σοῖς ὀφθαλ-
26 μοῖς, μηδὲ συναρπασθῇς ἀπὸ τῶν αὐτῆς βλεφάρων. Τιμὴ
γὰρ πόρνης ὅση καὶ ἑνὸς ἄρτου, γυνὴ δὲ ἀνδρῶν τιμίας ψυχὰς
27 ἀγρεύει. Ἀποδήσει τις πῦρ ἐν κόλπῳ, τὰ δὲ ἱμάτια οὐ κατα-
28 καύσει; ἢ περιπατήσει τις ἐπ᾽ ἀνθράκων πυρός, τοὺς δὲ πόδας
29 οὐ κατακαύσει; Οὕτως ὁ εἰσελθὼν πρὸς γυναῖκα ὑπανδρον,
30 οὐκ ἀθῳωθήσεται, οὐδὲ πᾶς ὁ ἁπτόμενος αὐτῆς. Οὐ θαυμα-
στὸν ἐὰν ἁλῷ τις κλέπτων, κλέπτει γὰρ ἵνα ἐμπλήσῃ τὴν ψυχὴν
31 πεινῶν. Ἐὰν δὲ ἁλῷ, ἀποτίσει ἑπταπλάσια, καὶ πάντα τὰ
32 ὑπάρχοντα αὐτοῦ δοὺς ῥύσεται ἑαυτόν. Ὁ δὲ μοιχὸς δι᾽ ἕν-
33 δειαν φρενῶν ἀπώλειαν τῇ ψυχῇ αὐτοῦ περιποιεῖται, ὀδύνας τε
καὶ ἀτιμίας ὑποφέρει, τὸ δὲ ὄνειδος αὐτοῦ οὐκ ἐξαλειφθήσεται
34 εἰς τὸν αἰῶνα. Μεστὸς γὰρ ζήλου θυμὸς ἀνδρὸς αὐτῆς, οὐ

than he. [7] For whereas he has no hus-
bandry, nor any one to compel him, and is
under no master, [8] he prepares food for him-
self in the summer, and lays by abundant
store in harvest. Or go to the bee, and
learn how diligent she is, and how earnestly
she is engaged in her work; whose labours
kings and private men use for health, and
she is desired and respected by all: though
weak in β body, she is advanced by honour-
ing wisdom. [9] How long wilt thou lie, O
sluggard? and when wilt thou awake out
of sleep? [10] Thou sleepest a little, and thou
restest a little, and thou slumberest a short
time, and thou foldest thine arms over thy
breast a little. [11] Then poverty comes upon
thee as an evil traveller, and want as a swift
courier: but if thou be diligent, thine har-
vest shall arrive as a fountain, and poverty
shall flee away as a bad courier.

[12] A foolish man and a transgressor goes
in ways that are not good. [13] And the
same winks with the eye, and makes a sign
with his foot, and teaches with the beckon-
ings of his fingers. [14] His perverse heart
devises evils: at all times such a one causes
troubles to a city. [15] Therefore his destruc-
tion shall come suddenly; overthrow and
irretrievable ruin. γ

[16] For he rejoices in all things which God
hates, and he is ruined by reason of im-
purity of soul. [17] The eye of the haughty,
a tongue unjust, hands shedding the blood
of the just; [18] and a heart devising evil
thoughts, and feet hastening to do evil,—
are hateful to God. [19] An unjust witness
kindles falsehoods, and δ brings on quarrels
between brethren.

[20] My son, keep the laws of thy father, and
reject not the ordinances of thy mother:
[21] but bind them upon thy soul continually,
and hang them as a chain about thy neck.
[22] Whensoever thou walkest, lead this along
and let it be with thee; and when thou
sleepest let it keep thee; that it may talk
with thee when thou wakest. [23] For the
commandment of the law is a lamp and a
light; a way of life; reproof also and cor-
rection: [24] to keep thee continually from a
married woman, and from the calumny of a
strange tongue.

[25] Let not the desire of beauty overcome
thee, neither be thou caught by thine eyes,
neither be captivated with her eyelids.
[26] For the value of a harlot is as much as
of one loaf; and a woman hunts for the
precious souls of men. [27] Shall any one
bind fire in his bosom, and not burn his
garments? [28] or will any one walk on coals
of fire, and not burn his feet? [29] So is he
that goes in to a married woman; he shall
not be held guiltless, neither any one that
touches her. [30] It is not to be wondered
at if one should be taken stealing, for he
steals that when hungry he may satisfy his
soul: [31] but if he should be taken, he shall
repay sevenfold, and shall deliver himself
by giving all his goods. [32] But the adulterer
through want of sense procures destruction
to his soul. [33] He endures both pain and
disgrace, and his reproach shall never be
wiped off. [34] For the soul of her husband is

β *Gr.* strength.　　γ *Comp. Heb.*　　δ *Gr.* sends forth judgments.

full of jealousy: he will not spare in the day of vengeance. [35] He will not forego *his* enmity for any ransom: neither will he be reconciled for many gifts.

My son, keep my words, and hide with thee my commandments. [2] *My* son, honour the Lord, and thou shalt be strong; and fear none but him: keep my commandments, and thou shalt live; and *keep* my words as the pupils of *thine* eyes. [3] And bind them on thy fingers, and write *them* on the table of thine heart.

[4] Say that wisdom is thy sister, and gain prudence as an acquaintance for thyself; [5] that she may keep thee from the strange and wicked woman, if she should assail thee with flattering words.

[6] For she looks from a window out of her house into the streets, at one whom she may see of the senseless ones, a young man void of understanding, [7] passing by the corner in the passages β near her house, [8] and speaking, in the dark of the evening, [9] when there happens *to be* the stillness of night and of darkness: [10] and the woman meets him having the appearance of a harlot, that causes the hearts of young men to flutter. [11] And she is fickle, and debauched, and her feet abide not at home. [12] For at one time she wanders without, and at *another* time she lies in wait in the streets, at every corner. [13] Then she caught him, and kissed him, and with an impudent face said to him, [14] I have a peace-offering; to-day I pay my vows: [15] therefore I came forth to meet thee, desiring thy face; *and* I have found thee. [16] I have spread my bed with sheets, and I have covered it with double tapestry from Egypt. [17] I have sprinkled my couch with saffron, and my house with cinnamon. [18] Come, and let us enjoy love until the morning; come, and let us embrace in love. [19] For my husband is not at home, but is gone on a long journey, [20] having taken in his hand a bundle of money: after many days he will return to his house.

[21] So with much converse she prevailed on him to go astray, and with the snares of her lips she forced him from *the right path*. [22] And he followed her, being gently led on, and *that* as an ox is led to the slaughter, and as a dog to bonds, or as a hart shot in the liver with an arrow: [23] and he hastens as a bird into a snare, not knowing that he is running for *his* life.

[24] Now then, *my* son, hearken to me, and attend to the words of my mouth. [25] Let not thine heart turn aside to her ways γ: [26] for she has wounded and cast down many, and those whom she has slain are innumerable. [27] Her house is the δ way of hell, leading down to the chambers of death.

Thou shalt proclaim wisdom, that understanding may be obedient to thee. [2] For she is on lofty eminences, and stands in the midst of the ways. [3] For she sits by the gates of princes, and sings in the entrances, *saying*, [4] You, O men, I exhort; and utter my voice to the sons of men. [5] O ye ζ simple, understand subtlety, and ye that are untaught, imbibe knowledge. [6] Hearken

φείσεται ἐν ἡμέρᾳ κρίσεως. Οὐκ ἀνταλλάξεται οὐδενὸς λύτρου 35 τὴν ἔχθραν, οὐδὲ μὴ διαλυθῇ πολλῶν δώρων.

Υἱὲ φύλασσε ἐμοὺς λόγους, τὰς δὲ ἐμὰς ἐντολὰς κρύψον 7 παρὰ σεαυτῷ. Υἱὲ τίμα τὸν Κύριον καὶ ἰσχύσεις, πλὴν δὲ 2 αὐτοῦ μὴ φοβοῦ ἄλλον· φύλαξον ἐμὰς ἐντολὰς καὶ βιώσεις, τοὺς δὲ ἐμοὺς λόγους ὥσπερ κόρας ὀμμάτων. Περίθου δὲ 3 αὐτοὺς σοῖς δακτύλοις, ἐπίγραψον δὲ ἐπὶ τὸ πλάτος τῆς καρδίας σου.

Εἰπὸν τὴν σοφίαν σὴν ἀδελφὴν εἶναι, τὴν δὲ φρόνησιν 4 γνώριμον περιποίησαι σεαυτῷ. Ἵνα σε τηρήσῃ ἀπὸ γυναικὸς 5 ἀλλοτρίας καὶ πονηρᾶς, ἐάν σε λόγοις τοῖς πρὸς χάριν ἐμβάλληται.

Ἀπὸ γὰρ θυρίδος ἐκ τοῦ οἴκου αὐτῆς εἰς τὰς πλατείας 6 παρακύπτουσα, ὃν ἂν ἴδῃ τῶν ἀφρόνων τέκνων νεανίαν ἐνδεῆ 7 φρενῶν, παραπορευόμενον παρὰ γωνίαν ἐν διόδοις οἴκων αὐτῆς, 8 καὶ λαλοῦντα ἐν σκότει ἑσπερινῷ, ἡνίκα ἂν ἡσυχία νυκτερινὴ 9 καὶ γνοφώδης, ἡ δὲ γυνὴ συναντᾷ αὐτῷ, εἶδος ἔχουσα πορνικὸν, 10 ἣ ποιεῖ νέων ἐξίπτασθαι καρδίας. Ἀνεπτερωμένη δέ ἐστι καὶ 11 ἄσωτος, ἐν οἴκῳ δὲ οὐχ ἡσυχάζουσιν οἱ πόδες αὐτῆς. Χρόνον 12 γάρ τινα ἔξω ῥέμβεται, χρόνον δὲ ἐν πλατείαις παρὰ πᾶσαν γωνίαν ἐνεδρεύει. Εἶτα ἐπιλαβομένη ἐφίλησεν αὐτὸν, ἀναιδεῖ 13 δὲ προσώπῳ προσεῖπεν αὐτῷ, θυσία εἰρηνική μοι ἐστὶ, σήμερον 14 ἀποδίδωμι τὰς εὐχάς μου. Ἕνεκα τούτου ἐξῆλθον εἰς συνάντη- 15 σίν σοι, ποθοῦσα τὸ σὸν πρόσωπον, εὕρηκά σε. Κειρίαις 16 τέτακα τὴν κλίνην μου, ἀμφιτάποις δὲ ἔστρωκα τοῖς ἀπ᾽ Αἰγύπτου. Διέρρηγα τὴν κοίτην μου κροκίνῳ, τὸν δὲ οἶκόν μου 17 κινναμώμῳ. Ἐλθὲ καὶ ἀπολαύσωμεν φιλίας ἕως ὄρθρου, δεῦρο 18 καὶ ἐγκυλισθῶμεν ἔρωτι. Οὐ γὰρ πάρεστιν ὁ ἀνήρ μου ἐν 19 οἴκῳ, πεπόρευται δὲ ὁδὸν μακρὰν, ἔνδεσμον ἀργυρίου λαβὼν 20 ἐν χειρὶ αὐτοῦ, δι᾽ ἡμερῶν πολλῶν ἐπανήξει εἰς τὸν οἶκον αὐτοῦ.

Ἀπεπλάνησε δὲ αὐτὸν πολλῇ ὁμιλίᾳ, βρόχοις τε τοῖς ἀπὸ 21 χειλέων ἐξώκειλεν αὐτόν. Ὁ δὲ ἐπηκολούθησεν αὐτῇ κεπ- 22 φωθείς· ὥσπερ δὲ βοῦς ἐπὶ σφαγὴν ἄγεται, καὶ ὥσπερ κύων ἐπὶ δεσμοὺς, ἢ ὡς ἔλαφος τοξεύματι πεπληγὼς εἰς τὸ ἧπαρ· 23 σπεύδει δὲ ὥσπερ ὄρνεον εἰς παγίδα, οὐκ εἰδὼς ὅτι περὶ ψυχῆς τρέχει.

Νῦν οὖν υἱὲ ἄκουέ μου, καὶ πρόσεχε ῥήμασι στόματός μου. 24 Μὴ ἐκκλινάτω εἰς τὰς ὁδοὺς αὐτῆς ἡ καρδία σου, πολλοὺς 25, 26 γὰρ τρώσασα καταβέβληκε, καὶ ἀναρίθμητοί εἰσιν οὓς πεφόνευκεν. Ὁδοὶ ᾅδου ὁ οἶκος αὐτῆς, κατάγουσαι εἰς τὰ ταμιεῖα 27 τοῦ θανάτου.

Σὺ τὴν σοφίαν κηρύξεις, ἵνα φρόνησίς σοι ὑπακούσῃ. 8 Ἐπὶ γὰρ τῶν ὑψηλῶν ἄκρων ἐστὶν, ἀναμέσον δὲ τῶν τρίβων 2 ἔστηκε. Παρὰ γὰρ πύλαις δυναστῶν παρεδρεύει, ἐν δὲ εἰσόδοις 3 ὑμνεῖται. Ὑμᾶς ὦ ἄνθρωποι παρακαλῶ, καὶ προΐεμαι ἐμὴν 4 φωνὴν υἱοῖς ἀνθρώπων. Νοήσατε ἄκακοι πανουργίαν, οἱ δὲ 5 ἀπαίδευτοι ἔνθεσθε καρδίαν. Εἰσακούσατέ μου, σεμνὰ γὰρ 6

β *Gr.* of.　γ *Alex.* + 'and stray not in her paths.'　δ *Gr.* ways.　ζ For the uses of ἄκακος and πανοῦργος in this book, see *Appendix.*

7 ἐρῶ, καὶ ἀνοίσω ἀπὸ χειλέων ὀρθά. Ὅτι ἀλήθειαν μελετήσει
ὁ φάρυγξ μου, ἐβδελυγμένα δὲ ἐναντίον ἐμοῦ χείλη ψευδῆ.
8 Μετὰ δικαιοσύνης πάντα τὰ ῥήματα τοῦ στόματός μου, οὐδὲν
9 ἑαυτοῖς σκολιὸν οὐδὲ στραγγαλιῶδες. Πάντα ἐνώπια τοῖς
10 συνιοῦσι, καὶ ὀρθὰ τοῖς εὑρίσκουσι γνῶσιν. Λάβετε παιδείαν
καὶ μὴ ἀργύριον, καὶ γνῶσιν ὑπὲρ χρυσίον δεδοκιμασμένον·
11 Κρείσσων γὰρ σοφία λίθων πολυτελῶν, πᾶν δὲ τίμιον οὐκ
ἄξιον αὐτῆς ἐστιν.

12 Ἐγὼ ἡ σοφία κατεσκήνωσα βουλὴν καὶ γνῶσιν, καὶ ἔννοιαν
13 ἐγὼ ἐπεκαλεσάμην. Φόβος Κυρίου μισεῖ ἀδικίαν, ὕβριν τε
καὶ ὑπερηφανίαν καὶ ὁδοὺς πονηρῶν· μεμίσηκα δὲ ἐγὼ διε-
14 στραμμένας ὁδοὺς κακῶν. Ἐμὴ βουλὴ καὶ ἀσφάλεια, ἐμὴ
15 φρόνησις, ἐμὴ δὲ ἰσχύς. Δι᾽ ἐμοῦ βασιλεῖς βασιλεύουσι, καὶ
16 οἱ δυνάσται γράφουσι δικαιοσύνην. Δι᾽ ἐμοῦ μεγιστᾶνες
17 μεγαλύνονται, καὶ τύραννοι δι᾽ ἐμοῦ κρατοῦσι γῆς. Ἐγὼ
τοὺς ἐμὲ φιλοῦντας ἀγαπῶ, οἱ δὲ ἐμὲ ζητοῦντες εὑρήσουσι.

18 Πλοῦτος καὶ δόξα ἐμοὶ ὑπάρχει, καὶ κτῆσις πολλῶν καὶ
19 δικαιοσύνη. Βέλτιον ἐμὲ καρπίζεσθαι ὑπὲρ χρυσίον καὶ λίθον
τίμιον, τὰ δὲ ἐμὰ γεννήματα κρείσσω ἀργυρίου ἐκλεκτοῦ.
20 Ἐν ὁδοῖς δικαιοσύνης περιπατῶ, καὶ ἀναμέσον τρίβων δικαιώ-
21 ματος ἀναστρέφομαι· ἵνα μερίσω τοῖς ἐμὲ ἀγαπῶσιν ὕπαρξιν,
καὶ τοὺς θησαυροὺς αὐτῶν ἐμπλήσω ἀγαθῶν· ἐὰν ἀναγγείλω
ὑμῖν τὰ καθ᾽ ἡμέραν γινόμενα, μνημονεύσω τὰ ἐξ αἰῶνος
ἀριθμῆσαι.

22 Κύριος ἔκτισέ με ἀρχὴν ὁδῶν αὐτοῦ εἰς ἔργα αὐτοῦ,
23 πρὸ τοῦ αἰῶνος ἐθεμελίωσέ με, ἐν ἀρχῇ πρὸ τοῦ τὴν γῆν ποιῆ-
24 σαι, καὶ πρὸ τοῦ τὰς ἀβύσσους ποιῆσαι, πρὸ τοῦ προελθεῖν
25 τὰς πηγὰς τῶν ὑδάτων· Πρὸ τοῦ ὄρη ἑδρασθῆναι, πρὸ δὲ
26 πάντων βουνῶν, γεννᾷ με. Κύριος ἐποίησε χώρας καὶ ἀοική-
27 τους, καὶ ἄκρα οἰκούμενα τῆς ὑπ᾽ οὐρανῶν. Ἡνίκα ἡτοίμαζε
τὸν οὐρανόν, συμπαρήμην αὐτῷ, καὶ ὅτε ἀφώριζε τὸν ἑαυτοῦ
28 θρόνον ἐπ᾽ ἀνέμων, καὶ ὡς ἰσχυρὰ ἐποίει τὰ ἄνω νέφη, καὶ ὡς
29 ἀσφαλεῖς ἐτίθει πηγὰς τῆς ὑπ᾽ οὐρανόν, καὶ ὡς ἰσχυρὰ ἐποίει
30 τὰ θεμέλια τῆς γῆς, ἤμην παρ᾽ αὐτῷ ἁρμόζουσα· ἐγὼ ἤμην ᾗ
προσέχαιρε· καθ᾽ ἡμέραν δὲ εὐφραινόμην ἐν προσώπῳ αὐτοῦ
31 ἐν παντὶ καιρῷ, ὅτι ἐνευφραίνετο τὴν οἰκουμένην συντελέσας,
καὶ ἐνευφραίνετο ἐν υἱοῖς ἀνθρώπων.

32 Νῦν οὖν υἱὲ ἄκουέ μου, μακάριος ἀνὴρ ὃς εἰσακούσεταί μου,
34 καὶ ἄνθρωπος ὃς τὰς ἐμὰς ὁδοὺς φυλάξει, ἀγρυπνῶν ἐπ᾽ ἐμαῖς
35 θύραις καθ᾽ ἡμέραν, τηρῶν σταθμοὺς ἐμῶν εἰσόδων. Αἱ γὰρ
ἔξοδοί μου, ἔξοδοι ζωῆς, καὶ ἑτοιμάζεται θέλησις παρὰ Κυρίου.
36 Οἱ δὲ ἁμαρτάνοντες εἰς ἐμὲ, ἀσεβοῦσιν εἰς τὰς ἑαυτῶν ψυχὰς,
καὶ οἱ μισοῦντές με ἀγαπῶσι θάνατον.

9 Ἡ σοφία ᾠκοδόμησεν ἑαυτῇ οἶκον, καὶ ὑπήρεισε στύλους
2 ἑπτά. Ἔσφαξε τὰ ἑαυτῆς θύματα, ἐκέρασεν εἰς κρατῆρα τὸν

to me; for I will speak solemn *truths;* and
will produce right *sayings* from my lips.
7 For my throat shall meditate truth; and
false lips are an abomination before me.
8 All the words of my mouth are in right-
eousness; there is nothing in them wrong
or perverse. 9 They are all evident to those
that understand, and right to those that
find knowledge. 10 Receive instruction,
and not silver; and knowledge rather than
tried gold. 11 For wisdom is better than
precious stones; and no valuable substance
is of equal worth with it.

12 I wisdom have dwelt *with* counsel and
knowledge, and I have called upon under-
standing. 13 The fear of the Lord hates
unrighteousness, and insolence, and pride,
and the ways of wicked men; and I hate
the perverse ways of bad men. 14 Counsel
and safety are mine: prudence is mine, and
strength is mine. 15 By me kings reign, and
princes decree justice. 16 By me nobles
become great, and monarchs by me rule
over the earth. 17 I love those that love
me; and they that seek me shall find *me.*

18 Wealth and glory belong to me; yea,
abundant possessions and righteousness.
19 *It is* better to have my fruit than *to have*
gold and precious stones; and my produce
is better than choice silver. 20 I walk in
ways of righteousness, and *am* conversant
with the paths of judgment; 21 that I may
divide substance to them that love me, and
may fill their treasures with good things.
If I declare to you the things that daily
happen, I will remember *also* to recount
the things of old.

22 The Lord made me the beginning of
his ways for his works. 23 He established
me β before time *was* in the beginning, be-
fore he made the earth: 24 even before he
made the depths; before the fountains of
water came forth: 25 before the mountains
were settled, and before all hills, he begets
me. 26 The Lord made countries and unin-
habited *tracts,* and the highest inhabited
parts of the world. 27 When he prepared
the heaven, I was present with him; and
when he γ prepared his throne upon the
winds: 28 and when he strengthened the
clouds above; and when he secured the
fountains of the earth: 29 δ and when he
strengthened the foundations of the earth:
30 I was by him, ζ suiting *myself to him,* I
was that wherein he took delight; and
daily I rejoiced in his presence continually.
31 For he rejoiced when he had completed
the world, and rejoiced among the children
of men.

32 Now then, *my son,* hear me: δ blessed
is the man who shall hearken to me, and
the mortal who shall keep my ways;
31 watching daily at my doors, waiting at
the posts of my entrances. 35 For my out-
goings are the outgoings of life, and *in them*
is prepared favour from the Lord. 36 But
they that sin against me act wickedly
against their own souls: and they that hate
me love death.

Wisdom has built a house for herself, and
set up seven pillars. 2 She has killed her

β *Gr.* before the age. γ *Or,* marked out. δ See *Appendix.* ζ *Or,* arranging all things.

beasts; she has mingled ner wine in a bowl, and prepared her table. [3] She has sent forth her servants, calling with a loud proclamation to the feast, saying, [4] Whoso is foolish, let him turn aside to me: and to them that want understanding she says, [5] Come, eat of my bread, and drink wine which I have mingled for you.

[6] Leave folly, that ye may reign for ever; and seek β wisdom, and improve understanding by knowledge. [7] He that reproves evil men shall get dishonour to himself; and he that rebukes an ungodly man shall disgrace himself. [8] Rebuke not evil men, lest they should hate thee: rebuke a wise man, and he will love thee. [9] Give an opportunity to a wise man, and he will be wiser: instruct a just man, and he will receive more instruction. [10] The fear of the Lord is the γ beginning of wisdom, and the counsel of saints is understanding: for to know the law is the character of a sound mind. [11] For in this way thou shalt live long, and years of thy life shall be added to thee.

[12] Son, if thou be wise for thyself, thou shalt also be wise for thy neighbours; and if thou shouldest prove wicked, thou alone wilt bear the evil. δ He that stays himself upon falsehoods, attempts to rule the winds, and the same will pursue birds in their flight; for he has forsaken the ways of his own vineyard, and he has caused the axles of his own husbandry to go astray; and he goes through a dry desert, and a land appointed to drought, and he gathers barrenness with his hands.

[13] A foolish and bold woman, who knows not modesty, comes to want a morsel. [14] She sits at the doors of her house, on a seat openly in the streets, [15] calling to passers by, and to those that are going right on their ways; [16] saying, Whoso is most senseless of you, let him turn aside to me; and I exhort those that want prudence, saying, [17] Take and enjoy secret bread, and the sweet water of theft.

[18] But he knows that mighty men die by her, and he falls in with a snare of hell. But hasten away, delay not in the place, neither fix thine eye upon her: for thus shalt thou go through strange water; but do thou abstain from strange water, and drink not of a strange fountain, that thou mayest live long, and years of life may be added to thee.

A wise son makes his father glad: but a foolish son is a grief to his mother. [2] Treasures shall not profit the lawless: but righteousness shall deliver from death. [3] The Lord will not famish a righteous soul: but he will overthrow the life of the ungodly.

[4] Poverty brings a man low: but the hands of the vigorous make rich. A son who is instructed shall be wise, and shall use the fool for a servant. [5] A wise son is saved from heat: but a lawless son is blighted of the winds in harvest.

[6] The blessing of the Lord is upon the head of the just: but untimely grief shall cover the mouth of the ungodly. [7] The memory of the just is praised; but the

ἑαυτῆς οἶνον, καὶ ἡτοιμάσατο τὴν ἑαυτῆς τράπεζαν. Ἀπέστειλε 3 τοὺς ἑαυτῆς δούλους, συγκαλοῦσα μετὰ ὑψηλοῦ κηρύγματος ἐπὶ κρατῆρα, λέγουσα, ὅς ἐστιν ἄφρων, ἐκκλινάτω πρός μέ· 4 καὶ τοῖς ἐνδεέσι φρενῶν εἶπεν, ἔλθατε, φάγετε τῶν ἐμῶν ἄρτων, 5 καὶ πίετε οἶνον ὅν ἐκέρασα ὑμῖν.

Ἀπολείπετε ἀφροσύνην, ἵνα εἰς τὸν αἰῶνα βασιλεύσητε· 6 καὶ ζητήσατε φρόνησιν, καὶ κατορθώσατε ἐν γνώσει σύνεσιν. Ὁ παιδεύων κακοὺς λήψεται ἑαυτῷ ἀτιμίαν· ἐλέγχων δὲ τὸν 7 ἀσεβῆ μωμήσεται ἑαυτόν. Μὴ ἔλεγχε κακούς, ἵνα μὴ μισή- 8 σωσί σε· ἔλεγχε σοφόν, καὶ ἀγαπήσει σε. Δίδου σοφῷ 9 ἀφορμήν, καὶ σοφώτερος ἔσται· γνώριζε δικαίῳ, καὶ προσθήσει τοῦ δέχεσθαι. Ἀρχὴ σοφίας φόβος Κυρίου, καὶ βουλὴ 10 ἁγίων σύνεσις· τὸ γὰρ γνῶναι νόμον, διανοίας ἐστὶν ἀγαθῆς. Τούτῳ γὰρ τῷ τρόπῳ πολὺν ζήσεις χρόνον, καὶ προστεθήσεταί 11 σοι ἔτη ζωῆς σου.

Υἱὲ ἐὰν σοφὸς γένῃ σεαυτῷ, σοφὸς ἔσῃ καὶ τοῖς πλησίον. 12 ἐὰν δὲ κακὸς ἀποβῇς, μόνος ἂν ἀντλήσεις κακά· ὃς ἐρείδεται ἐπὶ ψεύδεσιν, οὗτος ποιμαίνει ἀνέμους, ὁ δ᾽ αὐτὸς διώξεται ὄρνεα πετόμενα· ἀπέλιπε γὰρ ὁδοὺς τοῦ ἑαυτοῦ ἀμπελῶνος, τοὺς δὲ ἄξονας τοῦ ἰδίου γεωργίου πεπλάνηται· διαπορεύεται δὲ δι᾽ ἀνύδρου ἐρήμου, καὶ γῆν διατεταγμένην ἐν διψώδεσι, συνάγει δὲ χερσὶν ἀκαρπίαν.

Γυνὴ ἄφρων καὶ θρασεῖα ἐνδεὴς ψωμοῦ γίνεται, ἣ οὐκ ἐπί- 13 σταται αἰσχύνην. Ἐκάθισεν ἐπὶ θύραις τοῦ ἑαυτῆς οἴκου, 14 ἐπὶ δίφρου ἐμφανῶς ἐν πλατείαις, προσκαλουμένη τοὺς 15 παριόντας καὶ κατευθύνοντας ἐν ταῖς ὁδοῖς αὐτῶν· Ὅς ἐστιν 16 ὑμῶν ἀφρονέστατος, ἐκκλινάτω πρός μέ· καὶ τοῖς ἐνδεέσι φρονήσεως παρακελεύομαι, λέγουσα, ἄρτων κρυφίων ἡδέως 17 ἅψασθε, καὶ ὕδατος κλοπῆς γλυκεροῦ.

Ὁ δὲ οὐκ οἶδεν ὅτι γηγενεῖς παρ᾽ αὐτῇ ὄλλυνται, καὶ ἐπὶ 18 πέταυρον ᾅδου συναντᾷ· ἀλλὰ ἀποπήδησον, μὴ χρονίσῃς ἐν τῷ τόπῳ, μηδὲ ἐπιστήσῃς τὸ σὸν ὄμμα πρὸς αὐτήν· οὕτως γὰρ διαβήσῃ ὕδωρ ἀλλότριον· ἀπὸ δὲ ὕδατος ἀλλοτρίου ἀπόσχου, καὶ ἀπὸ πηγῆς ἀλλοτρίας μὴ πίῃς ἵνα πολὺν ζήσῃς χρόνον, προστεθῇ δέ σοι ἔτη ζωῆς.

Υἱὸς σοφὸς εὐφραίνει πατέρα, υἱὸς δὲ ἄφρων λύπη τῇ μητρί. 10 Οὐκ ὠφελήσουσι θησαυροὶ ἀνόμους, δικαιοσύνη δὲ ῥύσεται ἐκ 2 θανάτου. Οὐ λιμοκτονήσει Κύριος ψυχὴν δικαίαν, ζωὴν δὲ 3 ἀσεβῶν ἀνατρέψει.

Πενία ἄνδρα ταπεινοῖ, χεῖρες δὲ ἀνδρείων πλουτίζουσιν· υἱὸς 4 πεπαιδευμένος σοφὸς ἔσται, τῷ δὲ ἄφρονι διακόνῳ χρήσεται. Διεσώθη ἀπὸ καύματος υἱὸς νοήμων, ἀνεμόφθορος δὲ γίνεται 5 ἐν ἀμητῷ υἱὸς παράνομος.

Εὐλογία Κυρίου ἐπὶ κεφαλὴν δικαίου, στόμα δὲ ἀσεβῶν 6 καλύψει πένθος ἄωρον. Μνήμη δικαίων μετ᾽ ἐγκωμίων, ὄνομα 7

β Alex. + 'that ye may live.'   γ Or, summit.   δ Heb. — to beginning of verse 13.

8 δὲ ἀσεβοῦς σβέννυται. Σοφὸς καρδίᾳ δέξεται ἐντολὰς, ὁ δὲ
9 ἄστεγος χείλεσι σκολιάζων ὑποσκελισθήσεται. Ὃς πορεύεται
ἁπλῶς, πορεύεται πεποιθώς· ὁ δὲ διαστρέφων τὰς ὁδοὺς
10 αὐτοῦ, γνωσθήσεται. Ὁ ἐννεύων ὀφθαλμοῖς μετὰ δόλου, συν-
άγει ἀνδράσι λύπας· ὁ δὲ ἐλέγχων μετὰ παρρησίας, εἰρηνοποιεῖ.
11 Πηγὴ ζωῆς ἐν χειρὶ δικαίου, στόμα δὲ ἀσεβοῦς καλύψει
ἀπώλεια.

12 Μῖσος ἐγείρει νεῖκος, πάντας δὲ τοὺς μὴ φιλονεικοῦντας
13 καλύπτει φιλία. Ὃς ἐκ χειλέων προφέρει σοφίαν, ῥάβδῳ
14 τύπτει ἄνδρα ἀκάρδιον. Σοφοὶ κρύψουσιν αἴσθησιν, στόμα δὲ
15 προπετοῦς ἐγγίζει συντριβῇ. Κτῆσις πλουσίων πόλις ὀχυρὰ,
16 συντριβὴ δὲ ἀσεβῶν πενία. Ἔργα δικαίων ζωὴν ποιεῖ, καρποὶ
17 δὲ ἀσεβῶν ἁμαρτίας. Ὁδοὺς δικαίας ζωῆς φυλάσσει παιδεία,
παιδεία δὲ ἀνεξέλεγκτος πλανᾶται.

18 Καλύπτουσιν ἔχθραν χείλη δίκαια, οἱ δὲ ἐκφέροντες λοιδο-
19 ρίας ἀφρονέστατοί εἰσιν. Ἐκ πολυλογίας οὐκ ἐκφεύξῃ ἁμαρ-
20 τίαν, φειδόμενος δὲ χειλέων νοήμων ἔσῃ. Ἄργυρος πεπυρω-
21 μένος γλῶσσα δικαίου, καρδία δὲ ἀσεβοῦς ἐκλείψει. Χείλη
δικαίων ἐπίσταται ὑψηλὰ, οἱ δὲ ἄφρονες ἐν ἐνδείᾳ τελευτῶσιν.
22 Εὐλογία Κυρίου ἐπὶ κεφαλὴν δικαίου, αὕτη πλουτίζει, καὶ οὐ
μὴ προστεθῇ αὐτῇ λύπη ἐν καρδίᾳ.

23 Ἐν γέλωτι ἄφρων πράσσει κακὰ, ἡ δὲ σοφία ἀνδρὶ τίκτει
φρόνησιν.

24 Ἐν ἀπωλείᾳ ἀσεβὴς περιφέρεται, ἐπιθυμία δὲ δικαίου δεκτή.
25 Παραπορευομένης καταιγίδος ἀφανίζεται ἀσεβὴς, δίκαιος δὲ
26 ἐκκλίνας σώζεται εἰς τὸν αἰῶνα. Ὥσπερ ὄμφαξ ὀδοῦσι βλα-
βερὸν, καὶ καπνὸς ὄμμασιν, οὕτως παρανομία τοῖς χρωμένοις
27 αὐτῇ. Φόβος Κυρίου προστίθησιν ἡμέρας, ἔτη δὲ ἀσεβῶν ὀλι-
28 γωθήσεται. Ἐγχρονίζει δικαίοις εὐφροσύνη, ἐλπὶς δὲ ἀσεβῶν
29 ἀπολεῖται. Ὀχύρωμα ὁσίου φόβος Κυρίου, συντριβὴ δὲ
τοῖς ἐργαζομένοις κακά.

30 Δίκαιος εἰς τὸν αἰῶνα οὐκ ἐνδώσει, ἀσεβεῖς δὲ οὐκ οἰκήσουσι
31 γῆν. Στόμα δικαίου ἀποστάζει σοφίαν, γλῶσσα δὲ ἀδίκου
32 ἐξολεῖται. Χείλη ἀνδρῶν δικαίων ἀποστάζει χάριτας, στόμα δὲ
ἀσεβῶν ἀποστρέφεται.

11 Ζυγοὶ δόλιοι βδέλυγμα ἐνώπιον Κυρίου, στάθμιον δὲ δίκαιον
2 δεκτὸν αὐτῷ. Οὗ ἐὰν εἰσέλθῃ ὕβρις, ἐκεῖ καὶ ἀτιμία· στόμα
3 δὲ ταπεινῶν μελετᾷ σοφίαν. Ἀποθανὼν δίκαιος ἔλιπε μετά-
μελον, πρόχειρος δὲ γίνεται καὶ ἐπίχαρτος ἀσεβῶν ἀπώλεια.
5 Δικαιοσύνη ἀμώμους ὀρθοτομεῖ ὁδοὺς, ἀσέβεια δὲ περιπίπτει
ἀδικίᾳ.

6 Δικαιοσύνη ἀνδρῶν ὀρθῶν ῥύεται αὐτοὺς, τῇ δὲ ἀπωλείᾳ
7 αὐτῶν ἁλίσκονται παράνομοι. Τελευτήσαντος ἀνδρὸς δικαίου,
οὐκ ὄλλυται ἐλπὶς, τὸ δὲ καύχημα τῶν ἀσεβῶν ὄλλυται.

name of the ungodly *man* is extinguished. [8]A wise man in heart will receive commandments; but he that is unguarded in his lips shall be overthrown in his perverseness. [9]He that walks simply, walks confidently; but he that perverts his ways shall be known. [10]He that winks with his eyes deceitfully, procures griefs for men; but he that reproves boldly is a peacemaker. [11]*There is* a fountain of life in the hand of a righteous man; but destruction shall cover the mouth of the ungodly. [12]Hatred stirs up strife; but affection covers all that do not love strife. [13]He that brings forth wisdom from his lips smites the *β* fool with a rod. [14]The wise will hide discretion; but the mouth of the hasty draws near to ruin. [15]The wealth of rich men is a strong city; but poverty is the ruin of the ungodly. [16]The works of the righteous produce life; but the fruits of the ungodly *produce* sins. [17]Instruction keeps the right ways of life; but instruction unchastened goes astray. [18]Righteous lips cover enmity; but they that utter railings are most foolish. [19]By a multitude of words thou shalt not escape sin; but if thou refrain thy lips thou wilt be prudent. [20]The tongue of the just is tried silver; but the heart of the ungodly shall fail. [21]The lips of the righteous know sublime *truths*: but the foolish die in want. [22]The blessing of the Lord is upon the head of the righteous; it enriches *him*, and grief of heart shall not be added to *it*.

[23]A fool does mischief in γ sport; but wisdom brings forth prudence for a man.

[24]The ungodly is engulphed in destruction; but the desire of the righteous is acceptable. [25]When the storm passes by, the ungodly vanishes away; but the righteous turns aside and escapes for ever. [26]As a sour grape is hurtful to the teeth, and smoke to the eyes, so iniquity hurts those that practise it. [27]The fear of the Lord adds *length* of days: but the years of the ungodly shall be shortened. [28]Joy rests long with the righteous: but the hope of the ungodly shall perish. [29]The fear of the Lord is a strong hold of the saints: but ruin *comes* to them that work wickedness. [30]The righteous shall never fail: but the ungodly shall not dwell in the earth. [31]The mouth of the righteous drops wisdom: but the tongue of the unjust shall perish. [32]The lips of just men drop grace: but the mouth of the ungodly is perverse.

False balances are an abomination before the Lord: but a just weight is acceptable unto him. [2]Wherever pride enters, there will be also disgrace: but the mouth of the lowly meditates wisdom. δ [3]When a just man dies he ζ leaves regret: but the destruction of the ungodly is speedy, and causes joy. [5]Righteousness θ traces out blameless paths: but ungodliness encounters unjust dealing.

[6]The righteousness of upright men delivers them: but transgressors are caught in their own destruction. [7]At the death of a just man his hope does not perish: but the boast of the ungodly perishes.

β *Lit.* heartless man, *Hebraism.*   γ *Gr.* laughter.   δ See *Appendix.*   ζ Comp. *Heb.*   θ *Gr.* rightly divides. See 2 Tim. 2. 15.

8 A righteous man escapes from a snare, and the ungodly man is delivered up in his place. 9 In the mouth of ungodly men is a snare to citizens: but the understanding of righteous men is prosperous. 10 In the prosperity of righteous men a city prospers: β but by the mouths of ungodly men it is overthrown.

12 A man void of understanding sneers at *his fellow* citizens: but a sensible man is quiet. 13 A double-tongued man discloses the *secret* counsels of an assembly: but he that is γ faithful in spirit conceals matters. 14 They that have no δ guidance fall like leaves: but in much counsel there is safety.

15 A bad man does harm wherever he meets a just man: and he hates the sound of safety. 16 A gracious wife ζ brings glory to her husband: but a woman hating righteousness is a theme of dishonour. The slothful come to want: but the θ diligent support themselves with wealth. 17 A merciful man does good to his own soul: but the merciless destroys his own body.

18 An ungodly man performs unrighteous works: but the seed of the righteous is a reward of truth. 19 A righteous son is born for life: but the persecution of the ungodly *ends* in death. 20 Perverse ways are an abomination to the Lord: but all they that are blameless in their ways are acceptable to him. 21 He that unjustly strikes hands shall not be unpunished: but he that sows righteousness shall receive a faithful reward. 22 As an ornament in a swine's snout, so is beauty to an ill-minded woman. 23 All the desire of the righteous is good: but the hope of the ungodly shall perish.

24 There are *some* who scatter their own, and make it more: and there are *some* also who gather, *yet* have less. λ 25 Every sincere soul is blessed: but a passionate man is not graceful. 26 May he that hoards corn leave it to the nation: but blessing be on the head of him that gives *it*. 27 He that devises good *counsels* seeks good favour: but *as for* him that seeks after evil, *evil* shall overtake him. 28 He that trusts in wealth shall fall; but he that helps righteous men shall rise. μ 29 He that deals not graciously with his own house shall inherit the wind; and the fool shall be servant to the wise man. 30 Out of the fruit of righteousness grows a tree of life: but the souls of transgressors are cut off before their time. 31 ξ If the righteous scarcely be saved, where shall the ungodly and the sinner appear?

He that loves instruction loves sense, but he that hates reproofs is a fool. 2 π He that has found favour with the Lord *is made* better; but a transgressor shall be passed over in silence. 3 A man shall not prosper by wickedness; but the roots of the righteous shall not be taken up. 4 A virtuous woman is a crown to her husband; but as a worm in wood, so a bad woman destroys her husband.

5 The thoughts of the righteous *are true* judgments; but ungodly men devise deceits.

6 The words of ungodly men are crafty; but the mouth of the upright shall deliver

Δίκαιος ἐκ θήρας ἐκδύνει, ἀντ᾽ αὐτοῦ δὲ παραδίδοται ὁ ἀσεβής. 8 Ἐν στόματι ἀσεβῶν παγὶς πολίταις, αἴσθησις δὲ δικαίων 9 εὔοδος. Ἐν ἀγαθοῖς δικαίων κατώρθωσε πόλις, στόμασι δὲ 10 ἀσεβῶν κατεσκάφη.

Μυκτηρίζει πολίτας ἐνδεὴς φρενῶν, ἀνὴρ δὲ φρόνιμος ἡσυ- 12 χίαν ἄγει. Ἀνὴρ δίγλωσσος ἀποκαλύπτει βουλὰς ἐν συν- 13 εδρίῳ, πιστὸς δὲ πνοῇ κρύπτει πράγματα. Οἷς μὴ ὑπάρχει 14 κυβέρνησις, πίπτουσιν ὥσπερ φύλλα, σωτηρία δὲ ὑπάρχει ἐν πολλῇ βουλῇ.

Πονηρὸς κακοποιεῖ ὅταν συμμίξῃ δικαίῳ, μισεῖ δὲ ἦχον 15 ἀσφαλείας. Γυνὴ εὐχάριστος ἐγείρει ἀνδρὶ δόξαν, θρόνος 16 δὲ ἀτιμίας γυνὴ μισοῦσα δίκαια· πλούτου ὀκνηροὶ ἐνδεεῖς γίνονται, οἱ δὲ ἀνδρεῖοι ἐρείδονται πλούτῳ. Τῇ ψυχῇ 17 αὐτοῦ ἀγαθὸν ποιεῖ ἀνὴρ ἐλεήμων, ἐξολλύει δὲ αὐτοῦ σῶμα ὁ ἀνελεήμων.

Ἀσεβὴς ποιεῖ ἔργα ἄδικα, σπέρμα δὲ δικαίων μισθὸς ἀλη- 18 θείας. Υἱὸς δίκαιος γεννᾶται εἰς ζωὴν, διωγμὸς δὲ ἀσεβοῦς εἰς 19 θάνατον. Βδέλυγμα Κυρίῳ διεστραμμέναι ὁδοὶ, προσδεκτοὶ 20 δὲ αὐτῷ πάντες ἄμωμοι ἐν ταῖς ὁδοῖς αὐτῶν. Χειρὶ χεῖρας 21 ἐμβαλὼν ἀδίκως οὐκ ἀτιμώρητος ἔσται, ὁ δὲ σπείρων δικαιοσύ- νην λήψεται μισθὸν πιστόν. Ὥσπερ ἐνώτιον ἐν ῥινὶ ὑός, 22 οὕτως γυναικὶ κακόφρονι κάλλος. Ἐπιθυμία δικαίων πᾶσα 23 ἀγαθή, ἐλπὶς δὲ ἀσεβῶν ἀπολεῖται.

Εἰσὶν, οἱ τὰ ἴδια σπείροντες πλείονα ποιοῦσιν· εἰσὶ δὲ καὶ 24 οἳ συνάγοντες ἐλαττονοῦνται. Ψυχὴ εὐλογουμένη πᾶσα ἁπλῆ, 25 ἀνὴρ δὲ θυμώδης οὐκ εὐσχήμων. Ὁ συνέχων σῖτον ὑπολεί- 26 ποιτο αὐτὸν τοῖς ἔθνεσιν· εὐλογία δὲ εἰς κεφαλὴν τοῦ μεταδι- δόντος. Τεκταινόμενος ἀγαθὰ ζητεῖ χάριν ἀγαθήν, ἐκζητοῦντα 27 δὲ κακὰ καταλήψεται αὐτόν. Ὁ πεποιθὼς ἐπὶ πλούτῳ οὗτος 28 πεσεῖται, ὁ δὲ ἀντιλαμβανόμενος δικαίων οὗτος ἀνατελεῖ. Ὁ 29 μὴ συμπεριφερόμενος τῷ ἑαυτοῦ οἴκῳ, κληρονομήσει ἄνεμον, δουλεύσει δὲ ἄφρων φρονίμῳ. Ἐκ καρποῦ δικαιοσύνης φύεται 30 δένδρον ζωῆς, ἀφαιροῦνται δὲ ἄωροι ψυχαὶ παρανόμων. Εἰ 31 ὁ μὲν δίκαιος μόλις σῴζεται, ὁ ἀσεβὴς καὶ ἁμαρτωλὸς ποῦ φανεῖται;

Ὁ ἀγαπῶν παιδείαν, ἀγαπᾷ αἴσθησιν· ὁ δὲ μισῶν ἐλέγχους, 12 ἄφρων. Κρείσσων ὁ εὑρὼν χάριν παρὰ Κυρίῳ, ἀνὴρ δὲ παρά- 2 νομος παρασιωπηθήσεται. Οὐ κατορθώσει ἄνθρωπος ἐξ ἀνό- 3 μου, αἱ δὲ ῥίζαι τῶν δικαίων οὐκ ἐξαρθήσονται. Γυνὴ ἀνδρεία 4 στέφανος τῷ ἀνδρὶ αὐτῆς· ὥσπερ δὲ ἐν ξύλῳ σκώληξ, οὕτως ἄνδρα ἀπόλλυσι γυνὴ κακοποιός.

Λογισμοὶ δικαίων κρίματα, κυβερνῶσι δὲ ἀσεβεῖς δόλους. 5

Λόγοι ἀσεβῶν δόλιοι, στόμα δὲ ὀρθῶν ῥύσεται αὐτούς. 6

β See *Appendix*.　　γ See chap. 20. 27.　　δ Or, governance.　　ζ Gr. raises.　　θ Gr. manly.　　λ Gr. are diminished.
μ See 1 Tim. 5. 8.　　ξ See 1 Pet. 4. 18.　　π Or, better is he, etc.

7 Οὗ ἐὰν στραφῇ ὁ ἀσεβὴς, ἀφανίζεται, οἶκοι δὲ δικαίων παρα-
8 μένουσι· Στόμα συνετοῦ ἐγκωμιάζεται ὑπὸ ἀνδρὸς, νωθροκάρ-
9 διος δὲ μυκτηρίζεται. Κρείσσων ἀνὴρ ἐν ἀτιμίᾳ δουλεύων
ἑαυτῷ, ἢ τιμὴν ἑαυτῷ περιτιθεὶς καὶ προσδεόμενος ἄρτου.

10 Δίκαιος οἰκτείρει ψυχὰς κτηνῶν αὐτοῦ, τὰ δὲ σπλάγχνα
11 τῶν ἀσεβῶν ἀνελεήμονα. Ὁ ἐργαζόμενος τὴν ἑαυτοῦ γῆν,
ἐμπλησθήσεται ἄρτων, οἱ δὲ διώκοντες μάταια, ἐνδεεῖς φρε-
νῶν· ὅς ἐστιν ἡδὺς ἐν οἴνων διατριβαῖς, ἐν τοῖς ἑαυτοῦ ὀχυρώ-
μασι καταλείψει ἀτιμίαν.

12 Ἐπιθυμίαι ἀσεβῶν κακαὶ, αἱ δὲ ῥίζαι τῶν εὐσεβῶν ἐν
13 ὀχυρώμασι. Δι' ἁμαρτίαν χειλέων ἐμπίπτει εἰς παγίδας ἁμαρ-
τωλὸς, ἐκφεύγει δὲ ἐξ αὐτῶν δίκαιος· ὁ βλέπων λεῖα ἐλε-
14 ηθήσεται, ὁ δὲ συναντῶν ἐν πύλαις ἐκθλίψει ψυχάς. Ἀπὸ
καρπῶν στόματος ψυχὴ ἀνδρὸς πλησθήσεται ἀγαθῶν, ἀνταπό-
15 δομα δὲ χειλέων αὐτοῦ δοθήσεται αὐτῷ. Ὁδοὶ ἀφρόνων
16 ὀρθαὶ ἐνώπιον αὐτῶν, εἰσακούει δὲ συμβουλίας σοφός. Ἄφρων
αὐθημερὸν ἐξαγγέλλει ὀργὴν αὐτοῦ, κρύπτει δὲ τὴν ἑαυτοῦ
17 ἀτιμίαν ἀνὴρ πανοῦργος. Ἐπιδεικνυμένην πίστιν ἀπαγγέλλει
δίκαιος, ὁ δὲ μάρτυς τῶν ἀδίκων δόλιος.

18 Εἰσὶν οἱ λέγοντες τιτρώσκουσι, μάχαιραι· γλῶσσαι δὲ
19 σοφῶν ἰῶνται. Χείλη ἀληθινὰ κατορθοῖ μαρτυρίαν, μάρτυς
20 δὲ ταχὺς γλῶσσαν ἔχει ἄδικον. Δόλος ἐν καρδίᾳ τεκταινο-
21 μένου κακὰ, οἱ δὲ βουλόμενοι εἰρήνην εὐφρανθήσονται. Οὐκ
ἀρέσει τῷ δικαίῳ οὐδὲν ἄδικον, οἱ δὲ ἀσεβεῖς πλησθήσονται
22 κακῶν. Βδέλυγμα Κυρίῳ χείλη ψευδῆ, ὁ δὲ ποιῶν πίστεις
23 δεκτὸς παρ' αὐτῷ. Ἀνὴρ συνετὸς θρόνος αἰσθήσεως, καρδία
δὲ ἀφρόνων συναντήσεται ἀραῖς.

24 Χεὶρ ἐκλεκτῶν κρατήσει εὐχερῶς, δόλιοι δὲ ἔσονται ἐν
25 προνομῇ. Φοβερὸς λόγος καρδίαν ταράσσει ἀνδρὸς δικαίου,
26 ἀγγελία δὲ ἀγαθὴ εὐφραίνει αὐτόν. Ἐπιγνώμων δίκαιος
ἑαυτοῦ φίλος ἔσται, ἁμαρτάνοντας δὲ καταδιώξεται κακά, ἡ δὲ
27 ὁδὸς τῶν ἀσεβῶν πλανήσει αὐτούς. Οὐκ ἐπιτεύξεται δόλιος
28 θήρας, κτῆμα δὲ τίμιον ἀνὴρ καθαρός. Ἐν ὁδοῖς δικαιοσύνης
ζωή, ὁδοὶ δὲ μνησικάκων εἰς θάνατον.

13 Υἱὸς πανοῦργος ὑπήκοος πατρὶ, υἱὸς δὲ ἀνήκοος ἐν ἀπω-
2 λείᾳ. Ἀπὸ καρπῶν δικαιοσύνης φάγεται ἀγαθὸς, ψυχαὶ δὲ
3 παρανόμων ὀλοῦνται ἄωροι. Ὃς φυλάσσει τὸ ἑαυτοῦ στόμα
τηρεῖ τὴν ἑαυτοῦ ψυχὴν, ὁ δὲ προπετὴς χείλεσι πτοήσει
4 ἑαυτόν. Ἐν ἐπιθυμίαις ἐστὶ πᾶς ἀεργὸς, χεῖρες δὲ ἀνδρείων
5 ἐν ἐπιμελείᾳ. Λόγον ἄδικον μισεῖ δίκαιος, ἀσεβὴς δὲ αἰσχύ-
7 νεται, καὶ οὐκ ἕξει παρρησίαν. Εἰσὶν οἱ πλουτίζοντες ἑαυτοὺς
μηδὲν ἔχοντες, καὶ εἰσὶν οἱ ταπεινοῦντες ἑαυτοὺς ἐν πολλῷ
πλούτῳ.

8 Λύτρον ἀνδρὸς ψυχῆς ὁ ἴδιος πλοῦτος, πτωχὸς δὲ οὐχ

them. [7] When the ungodly is overthrown, he vanishes away; but the houses of the just remain. [8] The mouth of an understanding *man* is praised by a man; but he that is dull of heart is had in derision. [9] Better is a man in dishonour serving himself, than one honouring himself and wanting bread.

[10] A righteous man has pity for the lives of his cattle; but the bowels of the ungodly are unmerciful. [11] He that tills his own land shall be satisfied with bread; but they that pursue vanities are void of understanding. He that enjoys himself in banquets of wine, shall leave dishonour in his own strong holds. [12] The desires of the ungodly are evil; but the roots of the godly are firmly set. [13] For the sin of *his* lips a sinner falls into snares; but a righteous man escapes from them. He whose looks are gentle shall be pitied, but he that contends in the gates will afflict souls. [14] The soul of a man shall be filled with good from the fruits of his mouth; and the recompence of his lips shall be given to him. [15] The ways of fools are right in their own eyes; but a wise man hearkens to counsels. [16] A fool declares his wrath the same day; but a prudent man hides his own disgrace. [17] A righteous man declares the open truth; but an unjust witness is deceitful.

[18] Some wound as they speak, *like* swords; but the tongues of the wise heal. [19] True lips establish testimony; but a hasty witness has an unjust tongue. [20] *There is* deceit in the heart of him that imagines evil; but they that love peace shall rejoice. [21] No injustice will please a just man; but the ungodly will be filled with mischief. [22] Lying lips are an abomination to the Lord; but he that deals faithfully is accepted with him. [23] An understanding man is a throne of wisdom; but the heart of fools shall meet with curses.

[24] The hand of chosen men shall easily obtain rule; but the deceitful shall be for a prey. [25] A terrible word troubles the heart of a righteous man; but a good message rejoices him. [26] A just arbitrator shall be his own friend; but mischief shall pursue sinners; and the way of ungodly men shall lead them astray. [27] A deceitful man shall catch no game; but a *β* blameless man is a precious possession. [28] In the ways of righteousness is life; but the ways of those that remember injuries *lead* to death.

A wise son is obedient to his father: but a disobedient son will be destroyed. [2] A good *man* shall eat of the fruits of righteousness: but the lives of transgressors shall perish before their time. [3] He that keeps his own mouth keeps his own life: but he that is hasty with his lips shall bring terror upon himself. [4] Every slothful man desires, but the hands of the active are diligent. [5] A righteous man hates an unjust word: but an ungodly man is ashamed, and will have no confidence. γ [7] There are *some* who, having nothing, enrich themselves: and there are *some* who bring themselves down in *the midst of* much wealth. [8] A man's own wealth is the ransom of his

---

β *Gr.* pure.　　　γ See *Appendix.*

life: but the poor β endures not threatening.
⁹ The righteous always have light: but the
light of the ungodly is quenched. Crafty
souls go astray in sins: but just men pity,
and are merciful. ¹⁰ A bad man does evil
with insolence: but they that are judges of
themselves are wise. ¹¹ Wealth gotten
hastily with iniquity is diminished: but he
that gathers for himself with godliness shall
be increased. The righteous is merciful,
and lends. ¹² Better is he that begins to
help heartily, than he that promises and
leads *another* to hope: for a good desire is
a tree of life. ¹³ He that slights a matter
shall be slighted of it: but he that fears the
commandment has health *of soul.* To a
crafty son there shall be nothing good: but
a wise servant shall have prosperous doings,
and his way shall be directed aright.

¹⁴ The law of the wise is a fountain of life:
but the man void of understanding shall die
by a snare. ¹⁵ Sound discretion gives favour,
and to know the law is the part of a sound
understanding: but the ways of scorners
tend to destruction.

¹⁶ Every prudent man acts with know-
ledge: but the fool displays his own mis-
chief. ¹⁷ A rash king shall fall into mischief:
but a wise messenger shall deliver him.
¹⁸ Instruction removes poverty and disgrace:
but he that attends to reproofs shall be
honoured. ¹⁹ The desires of the godly glad-
den the soul, but the works of the ungodly
are far from knowledge. ²⁰ If thou walkest
with wise men thou shalt be wise: but he
that walks with fools shall be known.
²¹ Evil shall pursue sinners; but good shall
overtake the righteous. ²² A good man shall
inherit children's children; and the wealth
of ungodly men is laid up for the just.
²³ The righteous shall spend many years in
wealth: but the unrighteous shall perish
suddenly.

²⁴ He that spares the rod hates his son:
but he that loves, carefully chastens *him.*
²⁵ A just *man* eats and satisfies his soul:
but the souls of the ungodly are in want.

Wise women build houses: but a foolish
one digs *hers* down with her hands. ² He
that walks uprightly fears the Lord; but
he that is perverse in his ways shall be dis-
honoured. ³ Out of the mouth of fools
comes a rod of pride; but the lips of the
wise preserve them. ⁴ Where no oxen are,
the cribs are clean; but where there is
abundant produce, the strength of the ox
is apparent. ⁵ A faithful witness does not
lie; but an unjust witness kindles false-
hoods. ⁶ Thou shalt seek wisdom with bad
men, and shalt not find it; but discretion
is easily available with the prudent.

⁷ All things are adverse to a foolish man;
but wise lips are the weapons of discretion.
⁸ The wisdom of the prudent will under-
stand their ways; but the folly of fools
leads astray. ⁹ The houses of transgressors
γ will need purification; but the houses of
the just are acceptable.

¹⁰ If a man's δ mind is intelligent, his soul
is sorrowful; and when he rejoices, he has
no fellowship with pride. ¹¹ The houses of

ὑφίσταται ἀπειλήν. Φῶς δικαίοις διαπαντὸς, φῶς δὲ ἀσεβῶν 9
σβέννυται· ψυχαὶ δόλιαι πλανῶνται ἐν ἁμαρτίαις, δίκαιοι
δὲ οἰκτείρουσι καὶ ἐλεοῦσι. Κακὸς μεθ᾽ ὕβρεως πράσσει 10
κακά, οἱ δ᾽ ἑαυτῶν ἐπιγνώμονες σοφοί. Ὕπαρξις ἐπισπου- 11
δαζομένη μετὰ ἀνομίας, ἐλάσσων γίνεται, ὁ δὲ συνάγων
ἑαυτῷ μετ᾽ εὐσεβείας πληθυνθήσεται· δίκαιος οἰκτείρει καὶ
κιχρᾷ. Κρείσσων ἐναρχόμενος βοηθῶν καρδίᾳ, τοῦ ἐπαγγελ- 12
λομένου καὶ εἰς ἐλπίδα ἄγοντος· δένδρον γὰρ ζωῆς, ἐπιθυμία
ἀγαθή. Ὃς καταφρονεῖ πράγματος, καταφρονηθήσεται ὑπ᾽ 13
αὐτοῦ· ὁ δὲ φοβούμενος ἐντολήν, οὗτος ὑγιαίνει· υἱῷ δολίῳ
οὐδὲν ἔσται ἀγαθὸν, οἰκέτῃ δὲ σοφῷ εὔοδοι ἔσονται πράξεις,
καὶ κατευθυνθήσεται ἡ ὁδὸς αὐτοῦ.

Νόμος σοφοῦ πηγὴ ζωῆς, ὁ δὲ ἄνους ὑπὸ παγίδος θανεῖται. 14
Σύνεσις ἀγαθὴ δίδωσι χάριν, τὸ δὲ γνῶναι νόμον διανοίας 15
ἐστὶν ἀγαθῆς, ὁδοὶ δὲ καταφρονούντων ἐν ἀπωλείᾳ.

Πᾶς πανοῦργος πράσσει μετὰ γνώσεως, ὁ δὲ ἄφρων ἐξε- 16
πέτασεν ἑαυτοῦ κακίαν. Βασιλεὺς θρασὺς ἐμπεσεῖται εἰς 17
κακὰ, ἄγγελος δὲ σοφὸς ῥύσεται αὐτόν. Πενίαν καὶ ἀτιμίαν 18
ἀφαιρεῖται παιδεία, ὁ δὲ φυλάσσων ἐλέγχους δοξασθήσεται.
Ἐπιθυμίαι εὐσεβῶν ἡδύνουσι ψυχήν, ἔργα δὲ ἀσεβῶν μακρὰν 19
ἀπὸ γνώσεως. Συμπορευόμενος σοφοῖς σοφὸς ἔσῃ, ὁ δὲ 20
συμπορευόμενος ἄφροσι γνωσθήσεται. Ἁμαρτάνοντας κατα- 21
διώξεται κακὰ, τοὺς δὲ δικαίους καταλήψεται ἀγαθά. Ἀγαθὸς 22
ἀνὴρ κληρονομήσει υἱοὺς υἱῶν, θησαυρίζεται δὲ δικαίοις
πλοῦτος ἀσεβῶν. Δίκαιοι ποιήσουσιν ἐν πλούτῳ ἔτη πολλὰ, 23
ἄδικοι δὲ ἀπολοῦνται συντόμως.

Ὃς φείδεται τῆς βακτηρίας, μισεῖ τὸν υἱὸν αὐτοῦ· ὁ δὲ 24
ἀγαπῶν, ἐπιμελῶς παιδεύει. Δίκαιος ἔσθων ἐμπιπλᾷ τὴν 25
ψυχὴν αὐτοῦ, ψυχαὶ δὲ ἀσεβῶν ἐνδεεῖς.

Σοφαὶ γυναῖκες ᾠκοδόμησαν οἴκους, ἡ δὲ ἄφρων κατέσκαψε 14
ταῖς χερσὶν αὐτῆς. Ὁ πορευόμενος ὀρθῶς φοβεῖται τὸν 2
Κύριον, ὁ δὲ σκολιάζων ταῖς ὁδοῖς αὐτοῦ ἀτιμασθήσεται.
Ἐκ στόματος ἀφρόνων βακτηρία ὕβρεως, χείλη δὲ σοφῶν 3
φυλάσσει αὐτούς. Οὗ μή εἰσι βόες, φάτναι καθαραί· οὗ δὲ 4
πολλὰ γεννήματα, φανερὰ βοὸς ἰσχύς. Μάρτυς πιστὸς οὐ 5
ψεύδεται, ἐκκαίει δὲ ψευδῆ μάρτυς ἄδικος. Ζητήσεις σοφίαν 6
παρὰ κακοῖς καὶ οὐχ εὑρήσεις, αἴσθησις δὲ παρὰ φρονίμοις
εὐχερής.

Πάντα ἐναντία ἀνδρὶ ἄφρονι, ὅπλα δὲ αἰσθήσεως χείλη 7
σοφά. Σοφία πανούργων ἐπιγνώσεται τὰς ὁδοὺς αὐτῶν, 8
ἄνοια δὲ ἀφρόνων ἐν πλάνῃ. Οἰκίαι παρανόμων ὀφειλήσουσι 9
καθαρισμόν, οἰκίαι δὲ δικαίων δεκταί.

Καρδία ἀνδρὸς αἰσθητικὴ, λυπηρὰ ψυχὴ αὐτοῦ, ὅταν δὲ 10
εὐφραίνηται οὐκ ἐπιμίγνυται ὕβρει. Οἰκίαι ἀσεβῶν ἀφανισθή- 11

---

12 σονται, σκηναὶ δὲ κατορθούντων στήσονται. Ἔστιν ὁδὸς
ἣ δοκεῖ παρὰ ἀνθρώποις ὀρθὴ εἶναι, τὰ δὲ τελευταῖα αὐτῆς
13 ἔρχεται εἰς πυθμένα ᾅδου. Ἐν εὐφροσύναις οὐ προσμίγνυνται
14 λύπῃ, τελευταῖα δὲ χαρὰ εἰς πένθος ἔρχεται. Τῶν ἑαυτοῦ
ὁδῶν πλησθήσεται θρασυκάρδιος, ἀπὸ δὲ τῶν διανοημάτων
15 αὐτοῦ ἀνὴρ ἀγαθός. Ἄκακος πιστεύει παντὶ λόγῳ, παν-
16 οῦργος δὲ ἔρχεται εἰς μετάνοιαν. Σοφὸς φοβηθεὶς ἐξέκλινεν
ἀπὸ κακοῦ, ὁ δὲ ἄφρων ἑαυτῷ πεποιθὼς μίγνυται ἀνόμῳ.
17 Ὀξύθυμος πράσσει μετὰ ἀβουλίας, ἀνὴρ δὲ φρόνιμος πολλὰ
ὑποφέρει.

18 Μεριοῦνται ἄφρονες κακίαν, οἱ δὲ πανοῦργοι κρατήσουσιν
19 αἰσθήσεως. Ὀλισθήσουσι κακοὶ ἔναντι ἀγαθῶν, καὶ ἀσεβεῖς
20 θεραπεύσουσι θύρας δικαίων. Φίλοι μισήσουσι φίλους πτω-
21 χούς, φίλοι δὲ πλουσίων πολλοί. Ὁ ἀτιμάζων πένητας
22 ἁμαρτάνει, ἐλεῶν δὲ πτωχοὺς μακαριστός. Πλανώμενοι
τεκταίνουσι κακά, ἔλεον δὲ καὶ ἀλήθειαν τεκταίνουσιν ἀγαθοί·
οὐκ ἐπίστανται ἔλεον καὶ πίστιν τέκτονες κακῶν, ἐλεημοσύναι
23 δὲ καὶ πίστεις παρὰ τέκτοσιν ἀγαθοῖς. Ἐν παντὶ μεριμνῶντι
ἔνεστι περισσόν, ὁ δὲ ἡδὺς καὶ ἀνάλγητος ἐν ἐνδείᾳ ἔσται.
24 Στέφανος σοφῶν πανοῦργος, ἡ δὲ διατριβὴ ἀφρόνων κακή.

25 Ῥύσεται ἐκ κακῶν ψυχὴν μάρτυς πιστός, ἐκκαίει δὲ ψευδῆ
26 δόλιος. Ἐν φόβῳ Κυρίου ἐλπὶς ἰσχύος, τοῖς δὲ τέκνοις αὐτοῦ
27 καταλείπει ἔρεισμα. Πρόσταγμα Κυρίου πηγὴ ζωῆς, ποιεῖ δὲ
ἐκκλίνειν ἐκ παγίδος θανάτου.

28 Ἐν πολλῷ ἔθνει δόξα βασιλέως, ἐν δὲ ἐκλείψει λαοῦ
29 συντριβὴ δυνάστου. Μακρόθυμος ἀνὴρ πολὺς ἐν φρονήσει,
30 ὁ δὲ ὀλιγόψυχος ἰσχυρῶς ἄφρων. Πραΰθυμος ἀνὴρ καρδίας
31 ἰατρός, σὴς δὲ ὀστέων καρδία αἰσθητική· Ὁ συκοφαντῶν
πένητα παροξύνει τὸν ποιήσαντα αὐτόν, ὁ δὲ τιμῶν αὐτὸν
32 ἐλεεῖ πτωχόν. Ἐν κακίᾳ αὐτοῦ ἀπωσθήσεται ἀσεβής, ὁ δὲ
πεποιθὼς τῇ ἑαυτοῦ ὁσιότητι δίκαιος.

33 Ἐν καρδίᾳ ἀγαθῇ ἀνδρὸς σοφία, ἐν δὲ καρδίᾳ ἀφρόνων οὐ
34 διαγινώσκεται. Δικαιοσύνη ὑψοῖ ἔθνος, ἐλασσονοῦσι δὲ
35 φυλὰς ἁμαρτίαι. Δεκτὸς βασιλεῖ ὑπηρέτης νοήμων, τῇ δὲ
ἑαυτοῦ εὐστροφίᾳ ἀφαιρεῖται ἀτιμίαν.

15 Ὀργὴ ἀπόλλυσι καὶ φρονίμους, ἀπόκρισις δὲ ὑποπίπ-
2 τουσα ἀποστρέφει θυμόν, λόγος δὲ λυπηρὸς ἐγείρει ὀργάς.
Γλῶσσα σοφῶν καλὰ ἐπίσταται, στόμα δὲ ἀφρόνων ἀναγγέλλει
κακά.

3 Ἐν παντὶ τόπῳ ὀφθαλμοὶ Κυρίου σκοπεύουσι κακούς τε
4 καὶ ἀγαθούς. Ἴασις γλώσσης δένδρον ζωῆς, ὁ δὲ συντηρῶν
5 αὐτὴν πλησθήσεται πνεύματος. Ἄφρων μυκτηρίζει παιδείαν
πατρός, ὁ δὲ φυλάσσων ἐντολὰς πανουργότερος· ἐν πλεονα-

ungodly men shall be utterly destroyed;
but the tabernacles of them that walk up-
rightly shall stand. [12] There is a way which
seems to be right with men, but the ends
of it [β] reach to the depth of hell. [13] Grief
mingles not with mirth; and joy in the end
comes to grief. [14] A [γ] stout-hearted *man*
shall be filled with his own ways; and a
good man with his own thoughts. [15] The
simple believes every word: but the prudent
man betakes himself to after-thought. [16] A
wise man fears, and departs from evil; but
the fool trusts in himself, and joins himself
with the transgressor. [17] A passionate man
acts inconsiderately; but a sensible man
bears up under many things.

[18] Fools shall have mischief for their por-
tion; but the prudent shall take fast hold
of understanding. [19] Evil men shall fall
before the good; and the ungodly shall
attend at the gates of the righteous.
[20] Friends will hate poor friends; but the
friends of the rich are many. [21] He that
dishonours the needy sins: but he that has
pity on the poor is most blessed. [22] They
that go astray devise evils: but the good
devise mercy and truth. The framers of
evil do not understand mercy and truth:
but compassion and faithfulness are with
the framers of good. [23] With every one *who
is* careful there is abundance: but the
pleasure-taking and indolent shall be in
want. [24] A prudent man is the crown of the
wise: but the occupation of fools is evil.

[25] A faithful witness shall deliver a soul
from evil: but a deceitful *man* kindles false-
hoods. [26] In the fear of the Lord is strong
confidence: and he leaves his children a
support. [27] The commandment of the Lord
is a fountain of life; and it causes *men* to
turn aside from the snare of death.

[28] In a populous nation is the glory of a
king: but in the failure of people is the
ruin of a prince. [29] A man slow to wrath
abounds in wisdom: but a man of impatient
spirit is very foolish. [30] A meek-spirited
man is a healer of the heart: but a sensi-
tive heart is a corruption of the bones.
[31] He that oppresses the needy provokes his
Maker: but he that honours him has pity
upon the poor. [32] The ungodly shall be
driven away in his wickedness: but [δ] he
who is secure in his own holiness is just.

[33] There is wisdom in the good heart of
a man: but in the heart of fools it is not
discerned. [34] Righteousness exalts a nation:
but sins diminish tribes. [35] An understand-
ing servant is acceptable to a king; and by
his good behaviour he removes disgrace.

Anger slays even wise men; yet a sub-
missive answer turns away wrath: but a
grievous word stirs up anger. [2] The tongue
of the wise knows what is good: but the
mouth of the foolish tells out evil things.

[3] The eyes of the Lord behold both the evil
and the good in every place. [4] [ζ] The whole-
some tongue is a tree of life, and he that
keeps it shall be filled with [θ] understand-
ing. [5] A fool scorns his father's instruction:
but he that keeps his commandments is
more prudent. In abounding righteous-

β *Gr.* come.   ~ *Lit.* bold-hearted.   δ Comp. *Heb.*   ζ *Gr.* the healing of the tongue.   θ *Gr.* spirit.

ness is great strength: but the ungodly shall β utterly perish from the earth.

⁶ In the houses of the righteous is much strength: but the fruits of the ungodly shall perish. ⁷ The lips of the wise are bound by discretion: but the hearts of the foolish are not safe. ⁸ The sacrifices of the ungodly are an abomination to the Lord; but the prayers of them that walk honestly are acceptable with him. ⁹ The ways of an ungodly *man* are an abomination to the Lord; but he loves those that follow after righteousness. ¹⁰ The instruction of the simple is known by them that pass by; but they that hate reproofs die disgracefully.

¹¹ Hell and destruction are manifest to the Lord; how shall not also be the hearts of men? ¹² An uninstructed person will not love those that reprove him; neither will he associate with the wise. ¹³ When the heart rejoices the countenance is cheerful; but when it is in sorrow, *the countenance* is sad. ¹⁴ An upright heart seeks discretion; but the mouth of the uninstructed will experience evils.

¹⁵ The eyes of the wicked are always looking for evil things; but the good are always quiet. ¹⁶ Better is a small portion with the fear of the Lord, than great treasures without the fear *of the Lord*. ¹⁷ Better is an entertainment of herbs with friendliness and kindness, than a feast of calves, with enmity. ¹⁸ A passionate man stirs up strife; but *he that is* slow to anger appeases even a γ rising one. A man slow to anger will extinguish quarrels; but an ungodly man rather stirs *them* up. ¹⁹ The ways of sluggards are strewn with thorns; but those of the diligent are made smooth. ²⁰ A wise son gladdens *his* father; but a foolish son sneers at his mother. ²¹ The ways of a foolish man are void of sense; but a wise man proceeds on his way aright. ²² They that honour not councils put off deliberation; but counsel abides in the hearts of counsellors.

²³ A bad man will by no means δ attend to counsel; neither will he say anything seasonable, or good for the common *weal*.

²⁴ The thoughts of the wise are ways of life, that he may turn aside and escape from hell. ²⁵ The Lord pulls down the houses of scorners; but he establishes the border of the widow. ²⁶ An unrighteous thought is abomination to the Lord; but the sayings of the pure are held in honour. ²⁷ A receiver of bribes destroys himself; but he that hates the receiving of bribes is safe. [By alms and by faithful dealings ζ sins are purged away;] but by the fear of the Lord every one departs from evil.

²⁸ The hearts of the righteous meditate faithfulness; but the mouth of the ungodly answers evil things. The ways of righteous men are acceptable with the Lord; and through them even enemies become friends. ²⁹ God is far from the ungodly; but he hearkens to the prayers of the righteous. Better are small receipts with righteousness, than abundant fruits with unrighteousness.

Let the heart of a man think justly, that

ζούσῃ δικαιοσύνῃ ἰσχὺς πολλή, οἱ δὲ ἀσεβεῖς ὁλόρριζοι ἐκ γῆς ἀπολοῦνται.

Οἴκοις δικαίων ἰσχὺς πολλή, καρποὶ δὲ ἀσεβῶν ἀπολοῦνται. 6 Χείλη σοφῶν δέδεται αἰσθήσει, καρδίαι δὲ ἀφρόνων οὐκ 7 ἀσφαλεῖς. Θυσίαι ἀσεβῶν βδέλυγμα Κυρίῳ, εὐχαὶ δὲ κατευ- 8 θυνόντων δεκταὶ παρ᾿ αὐτῷ. Βδέλυγμα Κυρίῳ ὁδοὶ ἀσεβοῦς, 9 διώκοντας δὲ δικαιοσύνην ἀγαπᾷ. Παιδεία ἀκάκου γνωρίζεται 10 ὑπὸ τῶν παριόντων, οἱ δὲ μισοῦντες ἐλέγχους τελευτῶσιν αἰσχρῶς.

Ἅδης καὶ ἀπώλεια φανερὰ παρὰ τῷ Κυρίῳ· πῶς οὐχὶ καὶ 11 αἱ καρδίαι τῶν ἀνθρώπων; Οὐκ ἀγαπήσει ἀπαίδευτος τοὺς 12 ἐλέγχοντας αὐτόν, μετὰ δὲ σοφῶν οὐχ ὁμιλήσει. Καρδίας 13 εὐφραινομένης πρόσωπον θάλλει, ἐν δὲ λύπαις οὔσης σκυθρω- πάζει. Καρδία ὀρθὴ ζητεῖ αἴσθησιν, στόμα δὲ ἀπαιδεύτων 14 γνώσεται κακά.

Πάντα τὸν χρόνον οἱ ὀφθαλμοὶ τῶν κακῶν προσδέχονται 15 κακά, οἱ δὲ ἀγαθοὶ ἡσυχάζουσι διαπαντός. Κρεῖσσον μικρὰ 16 μερὶς μετὰ φόβου Κυρίου, ἢ θησαυροὶ μεγάλοι μετὰ ἀφοβίας. Κρείσσων ξενισμὸς μετὰ λαχάνων πρὸς φιλίαν καὶ χάριν, ἢ 17 παράθεσις μόσχων μετὰ ἔχθρας. Ἀνὴρ θυμώδης παρασκευάζει 18 μάχας· μακρόθυμος δὲ καὶ τὴν μέλλουσαν καταπραΰνει· μακρόθυμος ἀνὴρ κατασβέσει κρίσεις, ὁ δὲ ἀσεβὴς ἐγείρει μᾶλλον. Ὁδοὶ ἀεργῶν ἐστρωμέναι ἀκάνθαις, αἱ δὲ τῶν 19 ἀνδρείων τετριμμέναι. Υἱὸς σοφὸς εὐφραίνει πατέρα, υἱὸς 20 δὲ ἄφρων μυκτηρίζει μητέρα αὐτοῦ. Ἀνοήτου τρίβοι ἐνδεεῖς 21 φρενῶν, ἀνὴρ δὲ φρόνιμος κατευθύνων πορεύεται. Ὑπερτί- 22 θενται λογισμοὺς οἱ μὴ τιμῶντες συνέδρια, ἐν δὲ καρδίαις βουλευομένων μένει βουλή.

Οὐ μὴ ὑπακούσει ὁ κακὸς αὐτῇ, οὐδὲ μὴ εἴπῃ καίριόν τι καὶ 23 καλὸν τῷ κοινῷ.

Ὁδοὶ ζωῆς διανοήματα συνετοῦ, ἵνα ἐκκλίνας ἐκ τοῦ ᾅδου 24 σωθῇ. Οἴκους ὑβριστῶν κατασπᾷ Κύριος, ἐστήρισε δὲ ὅριον 25 χήρας. Βδέλυγμα Κυρίῳ λογισμὸς ἄδικος, ἁγνῶν δὲ ῥήσεις 26 σεμναί. Ἐξόλλυσιν ἑαυτὸν ὁ δωρολήπτης, ὁ δὲ μισῶν δώρων 27 λήψεις σώζεται· ἐλεημοσύναις καὶ πίστεσιν ἀποκαθαίρονται ἁμαρτίαι, τῷ δὲ φόβῳ Κυρίου ἐκκλίνει πᾶς ἀπὸ κακοῦ.

Καρδίαι δικαίων μελετῶσι πίστεις, στόμα δὲ ἀσεβῶν ἀπο- 28 κρίνεται κακά· δεκταὶ παρὰ Κυρίῳ ὁδοὶ ἀνθρώπων δικαίων, διὰ δὲ αὐτῶν καὶ οἱ ἐχθροὶ φίλοι γίνονται. Μακρὰν ἀπέχει 29 ὁ Θεὸς ἀπὸ ἀσεβῶν, εὐχαῖς δὲ δικαίων ἐπακούει· κρείσσων ὀλίγη λῆψις μετὰ δικαιοσύνης, ἢ πολλὰ γεννήματα μετὰ ἀδικίας.

Καρδία ἀνδρὸς λογιζέσθω δίκαια, ἵνα ὑπὸ τοῦ Θεοῦ διορ- 16

β *Gr.* with the roots wholly torn up.　　γ *Gr.* future.　　δ *Or*, obey.　　ζ Observe, this is not in the *Heb.* nor any such doctrine.

30 θωθῇ τὰ διαβήματα αὐτοῦ. Θεωρῶν ὀφθαλμὸς καλὰ εὐφραί-
32 νει καρδίαν, φήμη δὲ ἀγαθὴ πιαίνει ὀστᾶ. Ὃς ἀπωθεῖται
παιδείαν, μισεῖ ἑαυτόν· ὁ δὲ τηρῶν ἐλέγχους, ἀγαπᾷ ψυχὴν
33 αὐτοῦ. Φόβος Κυρίου παιδεία καὶ σοφία, καὶ ἀρχὴ δόξης
ἀποκριθήσεται αὐτῇ. Πάντα τὰ ἔργα τοῦ ταπεινοῦ φανερὰ
5 παρὰ τῷ Θεῷ, οἱ δὲ ἀσεβεῖς ἐν ἡμέρᾳ κακῇ ὀλοῦνται. Ἀκά-
θαρτος παρὰ Θεῷ πᾶς ὑψηλοκάρδιος, χειρὶ δὲ χεῖρας ἐμβαλὼν
ἀδίκως οὐκ ἀθωωθήσεται· ἀρχὴ ὁδοῦ ἀγαθῆς τὸ ποιεῖν τὰ
δίκαια, δεκτὰ δὲ παρὰ Θεῷ μᾶλλον ἢ θύειν θυσίας· ὁ ζητῶν
τὸν Κύριον εὑρήσει γνῶσιν μετὰ δικαιοσύνης, οἱ δὲ ὀρθῶς
ζητοῦντες αὐτὸν εὑρήσουσιν εἰρήνην. Πάντα τὰ ἔργα τοῦ
Κυρίου μετὰ δικαιοσύνης, φυλάσσεται δὲ ὁ ἀσεβὴς εἰς ἡμέραν
κακήν.

10 Μαντεῖον ἐπὶ χείλεσι βασιλέως, ἐν δὲ κρίσει οὐ μὴ πλανηθῇ
11 τὸ στόμα αὐτοῦ. Ῥοπὴ ζυγοῦ δικαιοσύνη παρὰ Κυρίῳ, τὰ
12 δὲ ἔργα αὐτοῦ στάθμια δίκαια. Βδέλυγμα βασιλεῖ ὁ ποιῶν
13 κακά, μετὰ γὰρ δικαιοσύνης ἑτοιμάζεται θρόνος ἀρχῆς. Δεκτὰ
14 βασιλεῖ χείλη δίκαια, λόγους δὲ ὀρθοὺς ἀγαπᾷ. Θυμὸς
βασιλέως ἄγγελος θανάτου, ἀνὴρ δὲ σοφὸς ἐξιλάσεται αὐτόν.
15 Ἐν φωτὶ ζωῆς υἱὸς βασιλέως, οἱ δὲ προσδεκτοὶ αὐτῷ ὥσπερ
16 νέφος ὄψιμον. Νοσσιαὶ σοφίας αἱρετώτεραι χρυσίου, νοσσιαὶ
17 δὲ φρονήσεως αἱρετώτεραι ὑπὲρ ἀργύριον. Τρίβοι ζωῆς
ἐκκλίνουσιν ἀπὸ κακῶν, μῆκος δὲ βίου ὁδοὶ δικαιοσύνης.
Ὁ δεχόμενος παιδείαν ἐν ἀγαθοῖς ἔσται, ὁ δὲ φυλάσσων ἐλέγ-
χους σοφισθήσεται· ὃς φυλάσσει τὰς ἑαυτοῦ ὁδούς, τηρεῖ
τὴν ἑαυτοῦ ψυχήν· ἀγαπῶν δὲ ζωὴν αὐτοῦ, φείσεται στόματος
αὐτοῦ.

18 Πρὸ συντριβῆς ἡγεῖται ὕβρις, πρὸ δὲ πτώματος κακοφρο-
19 σύνη. Κρείσσων πρᾷθυμος μετὰ ταπεινώσεως, ἢ ὃς διαιρεῖ-
20 ται σκῦλα μετὰ ὑβριστῶν. Συνετὸς ἐν πράγμασιν εὑρετὴς
21 ἀγαθῶν, πεποιθὼς δὲ ἐπὶ Θεῷ μακαριστός. Τοὺς σοφοὺς
καὶ συνετοὺς φαύλους καλοῦσιν, οἱ δὲ γλυκεῖς ἐν λόγῳ πλείονα
22 ἀκούσονται. Πηγὴ ζωῆς ἔννοια τοῖς κεκτημένοις, παιδεία
23 δὲ ἀφρόνων κακή. Καρδία σοφοῦ νοήσει τὰ ἀπὸ τοῦ
ἰδίου στόματος, ἐπὶ δὲ χείλεσι φορέσει ἐπιγνωμοσύνην·
24 Κηρία μέλιτος λόγοι καλοί, γλύκασμα δὲ αὐτοῦ ἴασις
ψυχῆς.

25 Εἰσὶν ὁδοὶ δοκοῦσαι εἶναι ὀρθαὶ ἀνδρί, τὰ μέντοι τελευταῖα
26 αὐτῶν βλέπει εἰς πυθμένα ᾅδου. Ἀνὴρ ἐν πόνοις πονεῖ ἑαυτῷ,
27 καὶ ἐκβιάζεται τὴν ἀπώλειαν ἑαυτοῦ. Ὁ μέντοι σκολιὸς ἐπὶ
τῷ ἑαυτοῦ στόματι φορεῖ τὴν ἀπώλειαν· ἀνὴρ ἄφρων ὀρύσσει
ἑαυτῷ κακά, ἐπὶ δὲ τῶν ἑαυτοῦ χειλέων θησαυρίζει πῦρ.
28 Ἀνὴρ σκολιὸς διαπέμπεται κακά, καὶ λαμπτῆρα δόλου
29 πυρσεύσει κακοῖς, καὶ διαχωρίζει φίλους. Ἀνὴρ παράνο-
μος ἀποπειρᾶται φίλων, καὶ ἀπάγει αὐτοὺς ὁδοὺς οὐκ
ἀγαθάς.

30 Στηρίζων δὲ ὀφθαλμοὺς αὐτοῦ διαλογίζεται διεστραμμένα,

his steps may be rightly ordered of God.
[30] The eye that sees rightly rejoices the heart; and a good report fattens the bones.
[32] He that rejects instruction hates himself; but he that minds reproofs loves his soul.
[33] The fear of the Lord is instruction and wisdom; and the highest honour will β correspond therewith. All the works of the humble *man* are manifest with God; but the ungodly shall perish in an evil day. [5] Every one that is proud in heart is unclean before God, and he that unjustly strikes hands with hand shall not be held guiltless. The beginning of a good way is to do justly; and it is more acceptable with God than to offer sacrifices. He that seeks the Lord shall find knowledge with righteousness: and they that rightly seek him shall find peace. All the works of the Lord *are done* with righteousness; and the ungodly *man* is kept for the evil day. [10] *There is* an oracle upon the lips of a king; and his mouth shall not err in judgment. [11] The poise of the balance is righteousness with the Lord; and his works are righteous measures. [12] An evil-doer is an abomination to a king; for the throne of rule is established by righteousness. [13] Righteous lips are acceptable to a king; and he loves right words. [14] The anger of a king is a messenger of death; but a wise man will pacify him. [15] The son of a king is in the light of life; and they that are in favour with him are as a cloud of latter rain. [16] The γ brood of wisdom is more to be chosen than gold, and the brood of prudence more to be chosen than silver. [17] The paths of life turn aside from evil; and the ways of righteousness are length of life. He that receives instruction shall be in prosperity; and he that regards reproofs shall be made wise. He that keeps his ways, preserves his own soul; and he that loves his life will spare his mouth. [18] Pride goes before destruction, and folly before a fall. [19] Better is a meek-spirited *man* with δ lowliness, than one who divides spoils with the proud. [20] *He who is* skilful in business finds good: but he that trusts in God is most blessed. [21] *Men* call the wise and understanding evil: but they that are pleasing in speech shall hear more. [22] Understanding is a fountain of life to its possessors; but the instruction of fools is evil. [23] The heart of the wise shall discern the *things which proceed* from his own mouth; and on his lips he will wear knowledge. [24] Good words are honeycombs, and the sweetness thereof is a healing of the soul. [25] There are ways that seem to be right to a man, but the end of them looks to the depth of hell. [26] A man who labours, labours for himself, and drives from *him* his own ruin. [27] But the perverse bears destruction upon his own mouth: a foolish man digs up evil for himself, and treasures fire on his own lips. [28] A perverse man spreads mischief, and will kindle a torch of deceit with mischiefs; and he separates friends. [29] A transgressor tries *to ensnare* friends, and leads them in ways *that are* not good. [30] And the man that fixes his eyes devises

---

β *Lit.* answer it, see *Appendix.*   γ *Or,* abodes. Comp. *Heb.* See Lu. 13. 35.   δ *Or,* affliction.

perverse things, and marks out with his lips all evils: he is a furnace of wickedness. [31] Old age is a crown of β honour, but it is found in the ways of righteousness. [32] A man slow to anger is better than a strong *man*; and he that governs *his* temper better than he that takes a city. [33] All *evils* come upon the ungodly into *their* bosoms; but all righteous things *come* of the Lord.

Better is a morsel with pleasure in peace, than a house *full* of many good things and unjust sacrifices, with strife. [2] A wise servant shall have rule over foolish masters, and shall divide portions among brethren. [3] As silver and gold are tried in a furnace, so are choice hearts with the Lord. [4] A bad man hearkens to the tongue of transgressors: but a righteous man attends not to false lips. [5] He that laughs at the poor provokes him that made him; and he that rejoices at the destruction of another shall not be held guiltless: but he that has compassion shall find mercy.

[6] Children's children are the crown of old men; and their fathers are the glory of children. The faithful has the whole world full of wealth; but the faithless not even a farthing. [7] Faithful lips will not suit a fool; nor lying lips a just man. [8] Instruction is to them that use it a gracious reward: and whithersoever it may turn, it shall prosper. [9] He that conceals injuries seeks love; but he that hates to hide *them* separates friends and γ kindred. [10] A threat breaks down the heart of a wise man; but a fool, though scourged, understands not. [11] Every bad man stirs up strifes: but the Lord will send out against him an unmerciful messenger. [12] Care may befall a man of understanding; but fools will meditate evils. [13] Whoso rewards evil for good, evil shall not be removed from his house. [14] Rightful rule gives power to words; but sedition and strife precede poverty. [15] He that pronounces the unjust just, and the just unjust, is unclean and abominable with God. [16] Why has the fool wealth? for a senseless man will not be able to purchase wisdom. He that exalts his own house seeks ruin; and he that turns aside from instruction shall fall into mischiefs. [17] Have thou a friend for every time, and let brethren be useful in distress; for on this account are they born. [18] A foolish man applauds and rejoices over himself, *as he* also that becomes surety would make himself responsible for his own friends.

[19] A lover of sin rejoices in strifes; [20] and the hard-hearted man δ comes not in for good. A man of a changeful tongue will fall into mischiefs; [21] and the heart of a fool is grief to its possessor. A father rejoices not over an uninstructed son; but a wise son gladdens his mother. [22] A glad heart promotes health; but the bones of a sorrowful man dry up. [23] The ways of a man who unjustly receives gifts in *his* bosom do not prosper; and an ungodly man perverts the ways of righteousness. [24] The countenance of a wise man is sensible; but the eyes of a fool *go* to the ends of the earth. [25] A foolish son *is a cause of* anger to his father, and grief to her that bore him.

ὁρίζει δὲ τοῖς χείλεσιν αὐτοῦ πάντα τὰ κακά· οὗτος κάμινός ἐστι κακίας. Στέφανος καυχήσεως γῆρας, ἐν δὲ ὁδοῖς δικαιο- 31 σύνης εὑρίσκεται. Κρείσσων ἀνὴρ μακρόθυμος ἰσχυροῦ, ὁ δὲ 32 κρατῶν ὀργῆς κρείσσων καταλαμβανομένου πόλιν. Εἰς κόλ- 33 πους ἐπέρχεται πάντα τοῖς ἀδίκοις, παρὰ δὲ Κυρίου πάντα τὰ δίκαια.

Κρείσσων ψωμὸς μεθ᾽ ἡδονῆς ἐν εἰρήνῃ, ἢ οἶκος πολλῶν 17 ἀγαθῶν καὶ ἀδίκων θυμάτων μετὰ μάχης. Οἰκέτης νοήμων 2 κρατήσει δεσποτῶν ἀφρόνων, ἐν δὲ ἀδελφοῖς διελεῖται μέρη. Ὥσπερ δοκιμάζεται ἐν καμίνῳ ἄργυρος καὶ χρυσὸς, οὕτως 3 ἐκλεκταὶ καρδίαι παρὰ Κυρίῳ. Κακὸς ὑπακούει γλώσσης 4 παρανόμων, δίκαιος δὲ οὐ προσέχει χείλεσι ψευδέσιν. Ὁ 5 καταγελῶν πτωχοῦ παροξύνει τὸν ποιήσαντα αὐτὸν, ὁ δὲ ἐπιχαίρων ἀπολλυμένῳ οὐκ ἀθωωθήσεται, ὁ δὲ ἐπισπλαγχνι- ζόμενος ἐλεηθήσεται.

Στέφανος γερόντων τέκνα τέκνων, καύχημα δὲ τέκνων 6 πατέρες αὐτῶν· τοῦ πιστοῦ ὅλος ὁ κόσμος τῶν χρημάτων, τοῦ δὲ ἀπίστου οὐδὲ ὀβολός. Οὐχ ἁρμόσει ἄφρονι χείλη πιστὰ, 7 οὐδὲ δικαίῳ χείλη ψευδῆ. Μισθὸς χαρίτων παιδεία τοῖς 8 χρωμένοις, οὗ δ᾽ ἂν ἐπιστρέψῃ εὐοδωθήσεται. Ὃς κρύπτει 9 ἀδικήματα, ζητεῖ φιλίαν· ὃς δὲ μισεῖ κρύπτειν, διΐστησι φίλους καὶ οἰκείους. Συντρίβει ἀπειλὴ καρδίαν φρονίμου, 10 ἄφρων δὲ μαστιγωθεὶς οὐκ αἰσθάνεται. Ἀντιλογίας ἐγεί- 11 ρει πᾶς κακὸς, ὁ δὲ Κύριος ἄγγελον ἀνελεήμονα ἐκπέμψει αὐτῷ.

Ἐμπεσεῖται μέριμνα ἀνδρὶ νοήμονι, οἱ δὲ ἄφρονες διαλο- 12 γιοῦνται κακά. Ὃς ἀποδίδωσι κακὰ ἀντὶ ἀγαθῶν, οὐ κινηθή- 13 σεται κακὰ ἐκ τοῦ οἴκου αὐτοῦ. Ἐξουσίαν δίδωσι λόγοις 14 ἀρχὴ δικαιοσύνης, προηγεῖται δὲ τῆς ἐνδείας στάσις καὶ μάχη. Ὃς δίκαιον κρίνει τὸν ἄδικον, ἄδικον δὲ τὸν δίκαιον, ἀκάθαρτος 15 καὶ βδελυκτὸς παρὰ Θεῷ. Ἱνατί ὑπῆρξε χρήματα ἄφρονι; 16 κτήσασθαι γὰρ σοφίαν ἀκάρδιος οὐ δυνήσεται· ὃς ὑψηλὸν ποιεῖ τὸν ἑαυτοῦ οἶκον, ζητεῖ συντριβήν· ὁ δὲ σκολιάζων τοῦ μαθεῖν, ἐμπεσεῖται εἰς κακά. Εἰς πάντα καιρὸν φίλος ὑπαρ- 17 χέτω σοι, ἀδελφοὶ δὲ ἐν ἀνάγκαις χρήσιμοι ἔστωσαν, τούτου γὰρ χάριν γεννῶνται. Ἀνὴρ ἄφρων ἐπικροτεῖ καὶ ἐπιχαίρει 18 ἑαυτῷ, ὡς καὶ ὁ ἐγγυώμενος ἐγγύῃ τῶν ἑαυτοῦ φίλων.

Φιλαμαρτήμων χαίρει μάχαις, ὁ δὲ σκληροκάρδιος οὐ 19, 20 συναντᾷ ἀγαθοῖς· ἀνὴρ εὐμετάβολος γλώσσῃ ἐμπεσεῖται εἰς κακά, καρδία δὲ ἄφρονος ὀδύνη τῷ κεκτημένῳ αὐτήν· οὐκ 21 εὐφραίνεται πατὴρ ἐφ᾽ υἱῷ ἀπαιδεύτῳ, υἱὸς δὲ φρόνιμος εὐφραίνει μητέρα αὐτοῦ. Καρδία εὐφραινομένη εὐεκτεῖν ποιεῖ, 22 ἀνδρὸς δὲ λυπηροῦ ξηραίνεται τὰ ὀστᾶ. Λαμβάνοντος 23 δῶρα ἀδίκως ἐν κόλποις οὐ κατευοδοῦνται ὁδοὶ, ἀσεβὴς δὲ ἐκκλίνει ὁδοὺς δικαιοσύνης. Πρόσωπον συνετὸν ἀνδρὸς σοφοῦ, 24 οἱ δὲ ὀφθαλμοὶ τοῦ ἄφρονος ἐπ᾽ ἄκρα γῆς. Ὀργὴ πατρὶ 25 υἱὸς ἄφρων, καὶ ὀδύνη τῇ τεκούσῃ αὐτόν.

β Gr. boasting.　　~ Comp. Heb.　　δ Or, meets not with good men.

26 Ζημιοῦν ἄνδρα δίκαιον οὐ καλόν, οὐδὲ ὅσιον ἐπιβουλεύειν
27 δυνάσταις δικαίοις. Ὃς φείδεται ῥῆμα προέσθαι σκληρόν,
28 ἐπιγνώμων· μακρόθυμος δὲ ἀνὴρ φρόνιμος. Ἀνοήτῳ ἐπερωτή-
σαντι σοφίαν σοφία λογισθήσεται, ἐνεὸν δέ τις ἑαυτὸν ποιήσας,
δόξει φρόνιμος εἶναι.

18 Προφάσεις ζητεῖ ἀνὴρ βουλόμενος χωρίζεσθαι ἀπὸ φίλων,
2 ἐν παντὶ δὲ καιρῷ ἐπονείδιστος ἔσται. Οὐ χρείαν ἔχει σοφίας
3 ἐνδεὴς φρενῶν, μᾶλλον γὰρ ἄγεται ἀφροσύνῃ. Ὅταν ἔλθῃ
ἀσεβὴς εἰς βάθος κακῶν, καταφρονεῖ, ἐπέρχεται δὲ αὐτῷ
4 ἀτιμία καὶ ὄνειδος. Ὕδωρ βαθὺ λόγος ἐν καρδίᾳ ἀνδρός,
5 ποταμὸς δὲ ἀναπηδύει καὶ πηγὴ ζωῆς. Θαυμάσαι πρόσ-
ωπον ἀσεβοῦς οὐ καλόν, οὐδὲ ὅσιον ἐκκλίνειν τὸ δίκαιον ἐν
κρίσει.

6 Χείλη ἄφρονος ἄγουσιν αὐτὸν εἰς κακά, τὸ δὲ στόμα αὐτοῦ
7 τὸ θρασὺ θάνατον ἐπικαλεῖται. Στόμα ἄφρονος συντριβὴ
8 αὐτῷ, τὰ δὲ χείλη αὐτοῦ παγὶς τῇ ψυχῇ αὐτοῦ. Ὀκνηροὺς
9 καταβάλλει φόβος, ψυχαὶ δὲ ἀνδρογύνων πεινάσουσιν. Ὁ μὴ
ἰώμενος αὐτὸν ἐν τοῖς ἔργοις αὐτοῦ, ἀδελφός ἐστι τοῦ
10 λυμαινομένου ἑαυτόν. Ἐκ μεγαλωσύνης ἰσχύος ὄνομα Κυρίου,
11 αὐτῷ δὲ προσδραμόντες δίκαιοι ὑψοῦνται. Ὕπαρξις πλουσίου
12 ἀνδρὸς πόλις ὀχυρά, ἡ δὲ δόξα αὐτῆς μέγα ἐπισκιάζει. Πρὸ
συντριβῆς ὑψοῦται καρδία ἀνδρός, καὶ πρὸ δόξης ταπεινοῦνται.
13 Ὃς ἀποκρίνεται λόγον πρὶν ἀκοῦσαι, ἀφροσύνη αὐτῷ ἐστι
14 καὶ ὄνειδος. Θυμὸν ἀνδρὸς πραΰνει θεράπων φρόνιμος·
15 ὀλιγόψυχον δὲ ἄνδρα τίς ὑποίσει; Καρδία φρονίμου κτᾶται
16 αἴσθησιν, ὦτα δὲ σοφῶν ζητεῖ ἔννοιαν. Δόμα ἀνθρώπου
17 ἐμπλατύνει αὐτόν, καὶ παρὰ δυνάσταις καθιζάνει αὐτόν. Δί-
καιος ἑαυτοῦ κατήγορος ἐν πρωτολογίᾳ, ὡς δ᾽ ἂν ἐπιβάλῃ ὁ
ἀντίδικος ἐλέγχεται.

18 Ἀντιλογίας παύει σιγηρός, ἐν δὲ δυναστείαις ὁρίζει.
19 Ἀδελφὸς ὑπὸ ἀδελφοῦ βοηθούμενος, ὡς πόλις ὀχυρὰ καὶ
20 ὑψηλή, ἰσχύει δὲ ὥσπερ τεθεμελιωμένον βασίλειον. Ἀπὸ
καρπῶν στόματος ἀνὴρ πίμπλησι κοιλίαν αὐτοῦ, ἀπὸ δὲ
21 καρπῶν χειλέων αὐτοῦ ἐμπλησθήσεται. Θάνατος καὶ ζωὴ
ἐν χειρὶ γλώσσης, οἱ δὲ κρατοῦντες αὐτῆς ἔδονται τοὺς καρ-
22 ποὺς αὐτῆς. Ὃς εὗρε γυναῖκα ἀγαθήν, εὗρε χάριτας, ἔλαβε
δὲ παρὰ Θεοῦ ἱλαρότητα· ὃς ἐκβάλλει γυναῖκα ἀγαθήν, ἐκβάλ-
λει τὰ ἀγαθά, ὁ δὲ κατέχων μοιχαλίδα, ἄφρων καὶ ἀσεβής.

3 Ἀφροσύνη ἀνδρὸς λυμαίνεται τὰς ὁδοὺς αὐτοῦ, τὸν δὲ Θεὸν
αἰτιᾶται τῇ καρδίᾳ αὐτοῦ.

19 Πλοῦτος προστίθησι φίλους πολλούς, ὁ δὲ πτωχὸς καὶ
4, 5 ἀπὸ τοῦ ὑπάρχοντος φίλου λείπεται. Μάρτυς ψευδὴς οὐκ
ἀτιμώρητος ἔσται, ὁ δὲ ἐγκαλῶν ἀδίκως οὐ διαφεύξεται.
6 Πολλοὶ θεραπεύουσι πρόσωπα βασιλέων, πᾶς δὲ ὁ κακὸς
7 γίνεται ὄνειδος ἀνδρί. Πᾶς ὃς ἀδελφὸν πτωχὸν μισεῖ, καὶ
φιλίας μακρὰν ἔσται· ἔννοια ἀγαθὴ τοῖς εἰδόσιν αὐτὴν
ἐγγιεῖ, ἀνὴρ δὲ φρόνιμος εὑρήσει αὐτήν· ὁ πολλὰ κακο-
ποιῶν τελεσιουργεῖ κακίαν, ὃς δὲ ἐρεθίζει λόγους, οὐ σωθήσεται.

---

26 *It is* not right to punish a righteous man, nor *is it* holy to plot against righteous princes. 27 He that forbears to utter a hard word is discreet, and a patient man is wise. 28 Wisdom shall be imputed to a fool who asks after wisdom: and he who holds his peace shall seem to be sensible.

A man who wishes to separate from friends seeks excuses; but at all times he will be liable to reproach. 2 A senseless man feels no need of wisdom, for he is rather led by folly. 3 When an ungodly man comes into a depth of evils, he despises *them;* but dishonour and reproach come upon him. 4 A word in the heart of a man is a deep water, and a river and fountain of life spring forth. 5 *It is* not good to accept the person of the ungodly, nor *is it* holy to pervert justice in judgment. 6 The lips of a fool bring *him* into troubles, and his bold mouth calls for death. 7 A fool's mouth is ruin to him, and his lips are a snare to his soul. 8 Fear casts down the slothful; and the souls of the effeminate shall hunger. 9 A man who helps not himself by his labour is brother of him that ruins himself. 10 The name of the Lord is of great strength; and the righteous β running to it are exalted. 11 The wealth of a rich man is a strong city; and its glory casts a broad shadow. 12 Before ruin a man's heart is exalted, and before honour it is humble. 13 Whoso answers a word before he hears a cause, it is folly and reproach to him. 14 A wise servant calms a man's anger; but who can endure a faint-hearted man? 15 The heart of the sensible *man* purchases discretion; and the ears of the wise seek understanding. 16 A man's gift γ enlarges him, and seats him among princes. 17 A righteous man accuses himself at the beginning of his speech, but δ when he has entered upon the attack, the adversary is reproved.

18 A silent *man* quells strifes, and determines between great powers. 19 A brother helped by a brother is as a strong and high city; and is as strong as a *well*-founded palace. 20 A man fills his belly with the fruits of his mouth; and he shall be satisfied with the fruits of his lips. 21 Life and death are in the power of the tongue; and they that rule it shall eat the fruits thereof. 22 He that has found a good wife has found favours, and has received gladness from God. [ζ He that puts away a good wife, puts away a θ good thing, and he that keeps an adulteress is foolish and ungodly.]

3 The folly of a man spoils his ways: and he blames God in his heart.

4 Wealth acquires many friends; but the poor is deserted even of the friend he has. 5 A false witness shall not be unpunished, and he that accuses unjustly shall not escape. 6 Many court the favour of kings; but every bad man becomes a reproach to *another* man. 7 Every one who hates *his* poor brother shall also be far from friendship. Good understanding will draw near to them that know it, and a sensible man will find it. He that does much harm perfects mischief; and he that uses provoking words shall not escape.

β *Gr.* having run.   γ See Ps. 118. (119) 32.   δ Comp. Mark 14. ult. and margin, with 2 Tim. 4. 14-17.   ζ *Heb.* omits this verse.
θ *Gr.* plural.

8 He that procures wisdom loves himself; and he that keeps wisdom shall find good. 9 A false witness shall not be unpunished; and whosoever shall kindle mischief shall perish by it. 10 Delight does not suit a fool, nor *is it seemly* if a servant should begin to rule with haughtiness. 11 A merciful man is long-suffering; and his β triumph overtakes transgressors. 12 The threatening of a king is like the roaring of a lion; but as dew on the grass, so is his favour. 13 A foolish son is a disgrace to his father: vows *paid out* of the hire of a harlot are not pure. 14 Fathers divide house and substance to *their* children: but a wife is suited to a man by the Lord. 15 γ Cowardice possesses the effeminate *man;* and the soul of the sluggard shall hunger. 16 He that keeps the commandment keeps his own soul; but he that despises his ways shall perish. 17 He that has pity on the poor lends to the Lord; and he will recompense to him according to his gift. 18 Chasten thy son, for so he shall be hopeful; and be not exalted in thy soul to haughtiness. 19 A malicious man shall be severely punished, and if he commit injury, he shall also lose his life.

20 Hear, son, the instruction of thy father, that thou mayest be wise at thy latter end. 21 *There are* many thoughts in a man's heart; but the counsel of the Lord abides for ever. 22 Mercy is a fruit to a man: and a poor man is better than a rich liar. 23 The fear of the Lord is life to a man: δ and he shall lodge without fear in places where knowledge is not seen. 24 He that unjustly hides his hands in his bosom, will not even *bring* them up to his mouth. 25 When a pestilent character is scourged, a simple man is made wiser: and if thou reprove a wise man, he will understand discretion.

26 He that dishonours his father, and drives away his mother, shall be disgraced and shall be exposed to reproach. 27 A son who ceases to attend to the instruction of a father will cherish evil designs. 28 He that becomes surety for a foolish child will despise the ordinance: and the mouth of ungodly men shall drink down judgments. 29 Scourges are preparing for the intemperate, and punishments likewise for fools.

Wine is an intemperate thing, and strong drink full of violence: but every fool is entangled with them. 2 The threat of a king differs not from the rage of a lion; and he that provokes him sins against his own soul. 3 *It is* a glory to a man to turn aside from railing; but every fool is entangled with such matters. 4 A sluggard when reproached is not ashamed: so also he who borrows corn in harvest.

5 Counsel in a man's heart is deep water; but a prudent man will draw it out. 6 A man is valuable, and a merciful man precious: but *it is* hard to find a faithful man. 7 He that walks blameless in justice, shall leave his children blessed. 8 Whenever a righteous king sits on the throne, no evil thing can stand before his presence. 9 Who will boast that he has a pure heart? or who will boldly say that he is pure from

Ὁ κτώμενος φρόνησιν ἀγαπᾷ ἑαυτόν, ὃς δὲ φυλάσσει 8 φρόνησιν, εὑρήσει ἀγαθά. Μάρτυς ψευδὴς οὐκ ἀτιμώρητος 9 ἔσται, ὃς δ᾽ ἂν ἐκκαύσῃ κακίαν, ἀπολεῖται ὑπ᾽ αὐτῆς. Οὐ 10 συμφέρει ἄφρονι τρυφή, καὶ ἐὰν οἰκέτης ἄρξηται μεθ᾽ ὕβρεως δυναστεύειν. Ἐλεήμων ἀνὴρ μακροθυμεῖ, τὸ δὲ 11 καύχημα αὐτοῦ ἐπέρχεται παρανόμοις. Βασιλέως ἀπειλὴ 12 ὁμοία βρυγμῷ λέοντος· ὥσπερ δὲ δρόσος ἐπὶ χόρτῳ, οὕτως τὸ ἱλαρὸν αὐτοῦ.

Αἰσχύνη πατρὶ υἱὸς ἄφρων, οὐχ ἁγναὶ εὐχαὶ ἀπὸ μισθώματος 13 ἑταίρας. Οἶκον καὶ ὕπαρξιν μερίζουσι πατέρες παισί, παρὰ 14 δὲ Κυρίου ἁρμόζεται γυνὴ ἀνδρί. Δειλία κατέχει ἀνδρόγυνον, 15 ψυχὴ δὲ ἀεργοῦ πεινάσει. Ὃς φυλάσσει ἐντολήν, τηρεῖ 16 τὴν ἑαυτοῦ ψυχήν· ὁ δὲ καταφρονῶν τῶν ἑαυτοῦ ὁδῶν, ἀπολεῖται. Δανείζει Θεῷ ὁ ἐλεῶν πτωχόν, κατὰ δὲ τὸ δόμα 17 αὐτοῦ ἀνταποδώσει αὐτῷ. Παίδευε υἱόν σου, οὕτως γὰρ ἔσται 18 εὔελπις, εἰς δὲ ὕβριν μὴ ἐπαίρου τῇ ψυχῇ σου. Κακόφρων 19 ἀνὴρ πολλὰ ζημιωθήσεται· ἐὰν δὲ λοιμεύηται, καὶ τὴν ψυχὴν αὐτοῦ προσθήσει.

Ἄκουε, υἱέ, παιδείαν πατρός σου, ἵνα σοφὸς γένῃ ἐπ᾽ 20 ἐσχάτων σου. Πολλοὶ λογισμοὶ ἐν καρδίᾳ ἀνδρός, ἡ δὲ 21 βουλὴ τοῦ Κυρίου εἰς τὸν αἰῶνα μένει. Καρπὸς ἀνδρὶ ἐλεη- 22 μοσύνη, κρείσσων δὲ πτωχὸς δίκαιος ἢ πλούσιος ψευδής. Φόβος Κυρίου εἰς ζωὴν ἀνδρί· ὁ δὲ ἄφοβος αὐλισθήσεται 23 ἐν τόποις οὗ οὐκ ἐπισκοπεῖται γνῶσις. Ὁ ἐγκρύπτων εἰς 24 τὸν κόλπον αὐτοῦ χεῖρας ἀδίκως, οὐδὲ τῷ στόματι οὐ μὴ προσενέγκῃ αὐτάς. Λοιμοῦ μαστιγουμένου, ἄφρων πανουρ- 25 γότερος γίνεται· ἐὰν δὲ ἐλέγχῃς ἄνδρα φρόνιμον, νοήσει αἴσθησιν.

Ὁ ἀτιμάζων πατέρα καὶ ἀπωθούμενος μητέρα αὐτοῦ, καται- 26 σχυνθήσεται καὶ ἐπονείδιστος ἔσται. Υἱὸς ἀπολειπόμενος 27 φυλάξαι παιδείαν πατρός, μελετήσει ῥήσεις κακάς. Ὁ ἐγγυώ- 28 μενος παῖδα ἄφρονα, καθυβρίσει δικαίωμα· στόμα δὲ ἀσεβῶν καταπίεται κρίσεις. Ἑτοιμάζονται ἀκολάστοις μάστιγες, καὶ 29 τιμωρίαι ὁμοίως ἄφροσιν.

Ἀκόλαστον οἶνος, καὶ ὑβριστικὸν μέθη, πᾶς δὲ ἄφρων 20 τοιούτοις συμπλέκεται. Οὐ διαφέρει ἀπειλὴ βασιλέως θυμοῦ 2 λέοντος, ὁ δὲ παροξύνων αὐτὸν ἁμαρτάνει εἰς τὴν ἑαυτοῦ ψυχήν. Δόξα ἀνδρὶ ἀποστρέφεσθαι λοιδορίας, πᾶς δὲ ἄφρων τοιούτοις 3 συμπλέκεται. Ὀνειδιζόμενος ὀκνηρὸς οὐκ αἰσχύνεται, ὡσαύτως 4 καὶ ὁ δανειζόμενος σῖτον ἐν ἀμητῷ.

Ὕδωρ βαθὺ βουλὴ ἐν καρδίᾳ ἀνδρός, ἀνὴρ δὲ φρόνιμος 5 ἐξαντλήσει αὐτήν. Μέγα ἄνθρωπος, καὶ τίμιον ἀνὴρ ἐλεήμων, 6 ἄνδρα δὲ πιστὸν ἔργον εὑρεῖν. Ὃς ἀναστρέφεται ἄμωμος 7 ἐν δικαιοσύνῃ, μακαρίους τοὺς παῖδας αὐτοῦ καταλείψει. Ὅταν βασιλεὺς δίκαιος καθίσῃ ἐπὶ θρόνον, οὐκ ἐναντιοῦται ἐν 8 ὀφθαλμοῖς αὐτοῦ πᾶν πονηρόν. Τίς καυχήσεται ἁγνὴν ἔχειν 9 τὴν καρδίαν; ἢ τίς παρρησιάσεται καθαρὸς εἶναι ἀπὸ ἁμαρ-

---

β *Gr.* boasting comes upon.　　γ *Or,* keeps down.　　δ *Or,* ' but he that is without fear (*sc.* of the Lord) shall dwell ' etc.

20 τιῶν; Κακολογοῦντος πατέρα ἢ μητέρα σβεσθήσεται λαμπτὴρ, αἱ δὲ κόραι τῶν ὀφθαλμῶν αὐτοῦ ὄψονται σκότος.

21 Μερὶς ἐπισπουδαζομένη ἐν πρώτοις, ἐν τοῖς τελευταίοις
22 οὐκ εὐλογηθήσεται. Μὴ εἴπῃς, τίσομαι τὸν ἐχθρὸν, ἀλλ’ ὑπόμεινον τὸν Κύριον, ἵνα σοι βοηθήσῃ.

10 Στάθμιον μέγα καὶ μικρὸν, καὶ μέτρα δισσὰ, ἀκάθαρτα
11 ἐνώπιον Κυρίου καὶ ἀμφότερα, καὶ ὁ ποιῶν αὐτά. Ἐν τοῖς ἐπιτηδεύμασιν αὐτοῦ συμποδισθήσεται νεανίσκος μετὰ ὁσίου,
12 καὶ εὐθεῖα ἡ ὁδὸς αὐτοῦ. Οὖς ἀκούει, καὶ ὀφθαλμὸς ὁρᾷ,
13 Κυρίου ἔργα καὶ ἀμφότερα. Μὴ ἀγάπα καταλαλεῖν, ἵνα μὴ ἐξαρθῇς· διάνοιξον τοὺς ὀφθαλμούς σου, καὶ ἐμπλήσθητι ἄρτων.

23 Βδέλυγμα Κυρίῳ δισσὸν στάθμιον, καὶ ζυγὸς δόλιος οὐ
24 καλὸν ἐνώπιον αὐτοῦ. Παρὰ Κυρίου εὐθύνεται τὰ διαβήματα
25 ἀνδρὶ, θνητὸς δὲ πῶς ἂν νοήσαι τὰς ὁδοὺς αὐτοῦ; Παγὶς ἀνδρὶ ταχύ τι τῶν ἰδίων ἁγιάσαι, μετὰ γὰρ τὸ εὔξασθαι μετανοεῖν
26 γίνεται. Λικμήτωρ ἀσεβῶν βασιλεὺς σοφὸς, καὶ ἐπιβαλεῖ αὐτοῖς τροχόν.

27 Φῶς Κυρίου πνοὴ ἀνθρώπων, ὃς ἐρευνᾷ ταμιεῖα κοιλίας.
28 Ἐλεημοσύνη καὶ ἀλήθεια φυλακὴ βασιλεῖ, καὶ περικυκλώσου-
29 σιν ἐν δικαιοσύνῃ τὸν θρόνον αὐτοῦ. Κόσμος νεανίαις σοφία,
30 δόξα δὲ πρεσβυτέρων πολιαί. Ὑπώπια καὶ συντρίμματα συναντᾷ κακοῖς, πληγαὶ δὲ εἰς ταμιεῖα κοιλίας.

21 Ὥσπερ ὁρμὴ ὕδατος, οὕτως καρδία βασιλέως ἐν χειρὶ Θεοῦ,
2 οὗ ἐὰν θέλων νεῦσαι ἐκεῖ ἔκλινεν αὐτήν. Πᾶς ἀνὴρ φαίνεται
3 ἑαυτῷ δίκαιος, κατευθύνει δὲ καρδίας Κύριος. Ποιεῖν δίκαια καὶ ἀληθεύειν, ἀρεστὰ παρὰ Θεῷ μᾶλλον ἢ θυσιῶν αἷμα.
4 Μεγαλόφρων ἐν ὕβρει θρασυκάρδιος, λαμπτὴρ δὲ ἀσεβῶν
6 ἁμαρτία. Ὁ ἐνεργῶν θησαυρίσματα γλώσσῃ ψευδεῖ, μάταια
7 διώκει ἐπὶ παγίδας θανάτου. Ὄλεθρος ἀσεβέσιν ἐπιξενωθή-
8 σεται, οὐ γὰρ βούλονται πράσσειν τὰ δίκαια. Πρὸς τοὺς σκολιοὺς σκολιὰς ὁδοὺς ἀποστέλλει ὁ Θεὸς, ἁγνὰ γὰρ καὶ
9 ὀρθὰ τὰ ἔργα αὐτοῦ. Κρεῖσσον οἰκεῖν ἐπὶ γωνίας ὑπαίθρου,
10 ἢ ἐν κεκονιαμένοις μετὰ ἀδικίας καὶ ἐν οἴκῳ κοινῷ. Ψυχὴ
11 ἀσεβοῦς οὐκ ἐλεηθήσεται ὑπ’ οὐδενὸς τῶν ἀνθρώπων. Ζημιου-
μένου ἀκολάστου πανουργότερος γίνεται ὁ ἄκακος, συνιῶν δὲ
12 σοφὸς δέξεται γνῶσιν. Συνιεῖ δίκαιος καρδίας ἀσεβῶν, καὶ φαυλίζει ἀσεβεῖς ἐν κακοῖς.

13 Ὃς φράσσει τὰ ὦτα αὐτοῦ τοῦ μὴ ἐπακοῦσαι ἀσθενοῦς,
14 καὶ αὐτὸς ἐπικαλέσεται καὶ οὐκ ἔσται ὁ εἰσακούων. Δόσις λάθριος ἀνατρέπει ὀργὰς, δώρων δὲ ὁ φειδόμενος θυμὸν ἐγείρει
15 ἰσχυρόν. Εὐφροσύνη δικαίων ποιεῖν κρίμα, ὅσιος δὲ ἀκάθαρτος
16 παρὰ κακούργοις. Ἀνὴρ πλανώμενος ἐξ ὁδοῦ δικαιοσύνης,
17 ἐν συναγωγῇ γιγάντων ἀναπαύσεται. Ἀνὴρ ἐνδεὴς ἀγαπᾷ
18 εὐφροσύνην, φιλῶν οἶνον καὶ ἔλαιον εἰς πλοῦτον· Περικά-
19 θαρμα δὲ δικαίου ἄνομος. Κρεῖσσον οἰκεῖν ἐν τῇ ἐρήμῳ, ἢ

sins? [20] The lamp of him that reviles father or mother shall be put out, and his eyeballs shall see darkness.

[21] A portion hastily gotten at first shall not be blessed in the end. [22] Say not, I will avenge myself on my enemy; but wait on the Lord, that he may help thee.

[10] A large and small weight, and β divers measures, are even both of them unclean before the Lord; and *so is* he that makes them. [11] A youth *when in company* with a godly man, will be restrained in his devices, and *then* his way will be straight. [12] The ear hears, and the eye sees: even both of them are the Lord's work. [13] Love not to speak ill, lest thou be cut off: open thine eyes, and be filled with bread.

[23] A double weight is an abomination to the Lord; and a deceitful balance is not good in his sight. [24] A man's goings are directed of the Lord: how then can a mortal understand his ways? [25] It is a snare to a man hastily to consecrate some of his own property: for *in that case* repentance comes after vowing. [26] A wise king utterly crushes the ungodly, and will bring a wheel upon them. [27] The γ spirit of man is a light of the Lord, who searches the inmost parts of the belly. [28] Mercy and truth are a guard to a king, and will surround his throne with righteousness. [29] Wisdom is an ornament to young men; and grey *hairs* are the glory of old men. [30] Bruises and contusions befall bad men; and plagues *shall come* into the inward parts of *their* belly.

As a rush of water, so is the king's heart in God's hand: he turns it whithersoever he may desire to point out. [2] Every man seems to himself righteous; but the Lord directs the hearts. [3] To do justly and to speak truth, are more pleasing to God than the blood of sacrifices. [4] A high-minded man is stout-hearted in *his* pride; and the lamp of the wicked is sin. [6] He that gathers treasures with a lying tongue pursues vanity *on* to the snares of death. [7] Destruction shall lodge with the ungodly; for they refuse to do justly. [8] To the froward God sends froward ways; for his works are pure and right. [9] *It is* better to dwell in a corner δ on the house-top, than in plastered *rooms* with unrighteousness, and in an open house. [10] The soul of the ungodly shall not be pitied by any man. [11] When an intemperate man is punished the simple becomes wiser: and a wise man understanding will receive knowledge. [12] A righteous man understands the hearts of the ungodly: and despises the ungodly for their wickedness. [13] He that stops his ears from hearing the poor, himself also shall cry, and there shall be none to hear *him*. [14] A secret gift calms anger: but he that forbears to give stirs up strong wrath. [15] *It is* the joy of the righteous to do judgment: but a holy *man* is abominable with evil-doers. [16] A man that wanders out of the way of righteousness, shall rest in the congregation of ζgiants. [17] A poor man loves mirth, loving wine and oil in abundance; [18] and a transgressor is the θ abomination of a righteous man. [19] *It is*

β G, double.   γ Comp. chap. 11. 13.   δ Gr. in the open air.   ζ Heb. Rephaim. See *Appendix.*   θ Gr. 'off-scouring;' perhaps 'ransom,' q. d. that which cleans.

better to dwell in a wilderness than with a quarrelsome and talkative and passionate woman. ²⁰ A desirable treasure will rest on the mouth of the wise; but foolish men will swallow it up. ²¹ The way of righteousness and mercy will find life and glory. ²² A wise man assaults strong cities, and demolishes the fortress in which the ungodly trusted. ²³ He that keeps his mouth and his tongue keeps his soul from trouble.

²⁴ A bold and self-willed and insolent *man* is called a pest: and he that remembers injuries is a transgressor. ²⁵ Desires kill the sluggard; for his hands do not choose to do anything. ²⁶ An ungodly man entertains evil desires all the day: but the righteous is unsparingly merciful and compassionate. ²⁷ The sacrifices of the ungodly are abomination to the Lord, for they offer them wickedly.β ²⁸ A false witness shall perish; but an obedient man will speak cautiously. ²⁹ An ungodly man γ impudently withstands with his face; but the upright man himself understands his ways. ³⁰ There is no wisdom, there is no courage, there is no counsel against the ungodly. ³¹ A horse is prepared for the day of battle; but help is of the Lord.

A fair name is better than much wealth, and good favour is above silver and gold. ² The rich and the poor meet together; but the Lord made them both. ³ An intelligent man seeing a bad man severely punished is himself instructed, but fools pass by and are punished. ⁴ The fear of the Lord is the offspring of wisdom, and wealth, and glory, and life. ⁵ Thistles and snares are in perverse ways; but he that keeps his soul will refrain from them. ⁷ The rich will rule over the poor, and servants will lend to their own masters.

⁸ He that sows wickedness shall reap troubles; and shall fully receive the punishment of his deeds. δ God loves a cheerful and liberal man; but *a man* shall fully prove the folly of his works. ⁹ He that has pity on the poor shall himself be maintained; for he has given of his own bread to the poor. He that gives liberally secures victory and honour; but he takes away the life of them that possess *them*. ¹⁰ Cast out a pestilent person from the council, and strife shall go out with him; for when he sits in the council he dishonours all.

¹¹ The Lord loves holy hearts, and all blameless persons are acceptable with him: a king rules with his lips. ¹² But the eyes of the Lord preserve discretion; but the transgressor despises *wise* words. ¹³ The sluggard makes excuses, and says, *There is* a lion in the ways, and murderers in the streets. ¹⁴ The mouth of a transgressor is a deep pit; and he that is hated of the Lord shall fall into it. Evil ways are before a man, and he does not like to turn away from them; but it is needful to turn aside from a perverse and bad way. ¹⁵ Folly is attached to the heart of a child, but the rod and instruction are *then* far from him.

¹⁶ He that oppresses the poor, increases his own substance, yet gives to the rich so as to make it less.

μετὰ γυναικὸς μαχίμου καὶ γλωσσώδους καὶ ὀργίλου. Θησαυ- 20 ρὸς ἐπιθυμητὸς ἀναπαύσεται ἐπὶ στόματος σοφοῦ, ἄφρονες δὲ ἄνδρες καταπίονται αὐτόν. Ὁδὸς δικαιοσύνης καὶ ἐλεη- 21 μοσύνης εὑρήσει ζωὴν καὶ δόξαν. Πόλεις ὀχυρὰς ἐπέβη σοφός, 22 καὶ καθεῖλε τὸ ὀχύρωμα ἐφ᾿ ᾧ ἐπεποίθεισαν οἱ ἀσεβεῖς. Ὃς 23 φυλάσσει τὸ στόμα αὐτοῦ καὶ τὴν γλῶσσαν, διατηρεῖ ἐκ θλίψεως τὴν ψυχὴν αὐτοῦ.

Θρασὺς καὶ αὐθάδης καὶ ἀλαζὼν λοιμὸς καλεῖται, ὃς δὲ 24 μνησικακεῖ παράνομος. Ἐπιθυμίαι ὀκνηρὸν ἀποκτείνουσιν, 25 οὐ γὰρ προαιροῦνται αἱ χεῖρες αὐτοῦ ποιεῖν τι. Ἀσεβὴς 26 ἐπιθυμεῖ ὅλην τὴν ἡμέραν ἐπιθυμίας κακάς, ὁ δὲ δίκαιος ἐλεᾷ καὶ οἰκτείρει ἀφειδῶς. Θυσίαι ἀσεβῶν βδέλυγμα Κυρίῳ, καὶ 27 γὰρ παρανόμως προσφέρουσιν αὐτάς. Μάρτυς ψευδὴς ἀπο- 28 λεῖται, ἀνὴρ δὲ ὑπήκοος φυλασσόμενος λαλήσει. Ἀσεβὴς 29 ἀνὴρ ἀναιδῶς ὑφίσταται προσώπῳ, ὁ δὲ εὐθὺς αὐτὸς συνιεῖ τὰς ὁδοὺς αὐτοῦ. Οὐκ ἔστι σοφία, οὐκ ἔστιν ἀνδρεία, οὐκ ἔστι 30 βουλὴ πρὸς τὸν ἀσεβῆ. Ἵππος ἑτοιμάζεται εἰς ἡμέραν πολέ- 31 μου, παρὰ δὲ Κυρίου ἡ βοήθεια.

Αἱρετώτερον ὄνομα καλὸν ἢ πλοῦτος πολύς, ὑπὲρ δὲ 22 ἀργύριον καὶ χρυσίον χάρις ἀγαθή. Πλούσιος καὶ πτωχὸς 2 συνήντησαν ἀλλήλοις, ἀμφοτέρους δὲ ὁ Κύριος ἐποίησε. Πανοῦργος ἰδὼν πονηρὸν τιμωρούμενον κραταιῶς αὐτὸς παι- 3 δεύεται, οἱ δὲ ἄφρονες παρελθόντες ἐζημιώθησαν. Γενεὰ 4 σοφίας φόβος Κυρίου, καὶ πλοῦτος, καὶ δόξα, καὶ ζωή. Τρίβολοι καὶ παγίδες ἐν ὁδοῖς σκολιαῖς, ὁ δὲ φυλάσσων τὴν 5 ἑαυτοῦ ψυχὴν ἀφέξεται αὐτῶν. Πλούσιοι πτωχῶν ἄρξουσι, 7 καὶ οἰκέται ἰδίοις δεσπόταις δανειοῦσιν.

Ὁ σπείρων φαῦλα θερίσει κακά, πληγὴν δὲ ἔργων αὐτοῦ 8 συντελέσει· ἄνδρα ἱλαρὸν καὶ δότην εὐλογεῖ ὁ Θεός, ματαιό- τητα δὲ ἔργων αὐτοῦ συντελέσει. Ὁ ἐλεῶν πτωχὸν αὐτὸς 9 διατραφήσεται, τῶν γὰρ ἑαυτοῦ ἄρτων ἔδωκε τῷ πτωχῷ· νίκην καὶ τιμὴν περιποιεῖται ὁ δοὺς δῶρα, τὴν μέντοι ψυχὴν ἀφαιρεῖ- ται τῶν κεκτημένων. Ἔκβαλε ἐκ συνεδρίου λοιμόν, καὶ 10 συνεξελεύσεται αὐτῷ νεῖκος, ὅταν γὰρ καθίσῃ ἐν συνεδρίῳ πάντας ἀτιμάζει.

Ἀγαπᾷ Κύριος ὁσίας καρδίας, δεκτοὶ δὲ αὐτῷ πάντες 11 ἄμωμοι· χείλεσι ποιμαίνει βασιλεύς. Οἱ δὲ ὀφθαλμοὶ 12 Κυρίου διατηροῦσιν αἴσθησιν, φαυλίζει δὲ λόγους παράνομος. Προφασίζεται, καὶ λέγει ὀκνηρός, λέων ἐν ταῖς ὁδοῖς, ἐν δὲ 13 ταῖς πλατείαις φονευταί. Βόθρος βαθὺς στόμα παρανόμου, 14 ὁ δὲ μισηθεὶς ὑπὸ Κυρίου ἐμπεσεῖται εἰς αὐτόν· εἰσὶν ὁδοὶ κακαὶ ἐνώπιον ἀνδρός, καὶ οὐκ ἀγαπᾷ τοῦ ἀποστρέψαι ἀπ᾿ αὐτῶν, ἀποστρέφειν δὲ δεῖ ἀπὸ ὁδοῦ σκολιᾶς καὶ κακῆς. Ἄνοια ἐξῆπται καρδίας νέου, ῥάβδος δὲ καὶ παιδεία μακρὰν 15 ἀπ᾿ αὐτοῦ.

Ὁ συκοφαντῶν πένητα, πολλὰ ποιεῖ τὰ ἑαυτοῦ, δίδωσι δὲ 16 πλουσίῳ ἐπ᾿ ἐλάσσονι.

β *Or*, unlawfully.   γ See *Alex.* ungodly.   δ See 2 Cor. 9. 7. Compare *Heb.*

17 Λόγοις σοφῶν παράβαλλε σὸν οὖς, καὶ ἄκουε ἐμὸν λόγον,
18 τὴν δὲ σὴν καρδίαν ἐπίστησον, ἵνα γνῷς ὅτι καλοί εἰσι· καὶ
ἐὰν ἐμβάλῃς αὐτοὺς εἰς τὴν καρδίαν σου, εὐφρανοῦσί σε ἅμα
19 ἐπὶ σοῖς χείλεσιν· Ἵνα σου γένηται ἐπὶ Κύριον ἡ ἐλπὶς, καὶ
20 γνωρίσῃ σοι τὴν ὁδόν σου.   Καὶ σὺ δὲ ἀπόγραψαι αὐτὰ
σεαυτῷ τρισσῶς, εἰς βουλὴν καὶ γνῶσιν ἐπὶ τὸ πλάτος τῆς
21 καρδίας σου.   Διδάσκω οὖν σε ἀληθῆ λόγον, καὶ γνῶσιν
ἀγαθὴν ὑπακούειν, τοῦ ἀποκρίνεσθαί σε λόγους ἀληθείας τοῖς
προβαλλομένοις σοι.
22 Μὴ ἀποβιάζου πένητα, πτωχὸς γὰρ ἐστι, καὶ μὴ ἀτιμάσῃς
23 ἀσθενῆ ἐν πύλαις.   Ὁ γὰρ Κύριος κρινεῖ αὐτοῦ τὴν κρίσιν,
καὶ ῥύσῃ σὴν ἄσυλον ψυχήν.
24 Μὴ ἴσθι ἑταῖρος ἀνδρὶ θυμώδει, φίλῳ δὲ ὀργίλῳ μὴ συν-
25 αυλίζου· μήποτε μάθῃς τῶν ὁδῶν αὐτοῦ, καὶ λάβῃς βρόχους
τῇ σῇ ψυχῇ.
26 Μὴ δίδου σεαυτὸν εἰς ἐγγύην αἰσχυνόμενος πρόσωπον·
27 Ἐὰν γὰρ μὴ ἔχῃ πόθεν ἀποτίσῃς, λήψονται τὸ στρῶμα τὸ
28 ὑπὸ τὰς πλευράς σου.   Μὴ μέταιρε ὅρια αἰώνια, ἃ ἔθεντο οἱ
πατέρες σου.
29 Ὁρατικὸν ἄνδρα καὶ ὀξὺν ἐν τοῖς ἔργοις αὐτοῦ βασιλεῦσι δεῖ
παρεστάναι, καὶ μὴ παρεστάναι ἀνδράσι νωθροῖς.
23 Ἐὰν καθίσῃς δειπνεῖν ἐπὶ τραπέζης δυνάστου, νοητῶς νόει
2 τὰ παρατιθέμενά σοι.   Καὶ ἐπίβαλλε τὴν χεῖρά σου, εἰδὼς
ὅτι τοιαῦτά σε δεῖ παρασκευάσαι· εἰ δὲ ἀπληστότερος εἶ,
3 μὴ ἐπιθύμει τῶν ἐδεσμάτων αὐτοῦ, ταῦτα γὰρ ἔχεται ζωῆς
ψευδοῦς.
4 Μὴ παρεκτείνου πένης ὢν πλουσίῳ, τῇ δὲ σῇ ἐννοίᾳ ἀπό-
5 σχου.   Ἐὰν ἐπιστήσῃς τὸ σὸν ὄμμα πρὸς αὐτὸν, οὐδαμοῦ
φανεῖται· κατεσκεύασται γὰρ αὐτῷ πτέρυγες ὥσπερ ἀετοῦ,
6 καὶ ὑποστρέφει εἰς τὸν οἶκον τοῦ προεστηκότος αὐτοῦ.   Μὴ
συνδείπνει ἀνδρὶ βασκάνῳ, μηδὲ ἐπιθύμει τῶν βρωμάτων
7 αὐτοῦ, ὃν τρόπον γὰρ εἴ τις καταπίοι τρίχα, οὕτως ἐσθίει καὶ
πίνει· μηδὲ πρὸς σὲ εἰσαγάγῃς αὐτὸν, καὶ φάγῃς τὸν ψωμόν
8 σου μετ' αὐτοῦ, ἐξεμέσει γὰρ αὐτὸν, καὶ λυμανεῖται τοὺς
λόγους σου τοὺς καλούς.
9 Εἰς ὦτα ἄφρονος μηδὲν λέγε, μήποτε μυκτηρίσῃ τοὺς
10 συνετοὺς λόγους σου.   Μὴ μεταθῇς ὅρια αἰώνια, εἰς δὲ κτῆμα
11 ὀρφανῶν μὴ εἰσέλθῃς· Ὁ γὰρ λυτρούμενος αὐτοὺς Κύριος,
12 κραταιός ἐστι, καὶ κρινεῖ τὴν κρίσιν αὐτῶν μετὰ σοῦ.   Δὸς
εἰς παιδείαν τὴν καρδίαν σου, τὰ δὲ ὦτά σου ἑτοίμασον λόγοις
αἰσθήσεως.
13 Μὴ ἀπόσχῃ νήπιον παιδεύειν, ὅτι ἐὰν πατάξῃς αὐτὸν ῥάβδῳ,
14 οὐ μὴ ἀποθάνῃ.   Σὺ μὲν γὰρ πατάξεις αὐτὸν ῥάβδῳ, τὴν δὲ
ψυχὴν αὐτοῦ ἐκ θανάτου ῥύσῃ.
15 Υἱὲ, ἐὰν σοφὴ γένηταί σου ἡ καρδία, εὐφρανεῖς καὶ τὴν
16 ἐμὴν καρδίαν, καὶ ἐνδιατρίψει λόγοις τὰ σὰ χείλη πρὸς τὰ
17 ἐμὰ χείλη ἐὰν ὀρθὰ ὦσι.   Μὴ ζηλούτω ἡ καρδία σου ἁμαρτω-
18 λοὺς, ἀλλὰ ἐν φόβῳ Κυρίου ἴσθι ὅλην τὴν ἡμέραν.   Ἐὰν
γὰρ τηρήσῃς αὐτὰ, ἔσται σοι ἔκγονα, ἡ δὲ ἐλπίς σου οὐκ
ἀποστήσεται.

17 Incline thine ear to the words of wise men: hear also my word, and apply thine heart, 18 that thou mayest know that they are good: and if thou lay them to heart, they shall also gladden thee on thy lips. 19 That thy hope may be in the Lord, and he may make thy way known to thee. 20 And do thou too repeatedly record them for thyself on the table of thine heart, for counsel and knowledge. 21 I therefore teach thee truth, and knowledge good to hear; that thou mayest answer words of truth to them that βquestion thee.

22 Do no violence to the poor, for he is needy: neither dishonour the helpless *man* in the gates. 23 For the Lord will plead his cause, and thou shalt deliver thy soul in safety.

24 Be not companion to a furious man; neither lodge with a passionate man: 25 lest thou learn of his ways, and get snares to thy soul.

26 Become not surety from respect of a man's person. 27 For if those have not whence to give compensation, they will take the bed *that is* under thee. 28 Remove not the γold landmarks, which thy fathers placed.

29 It is fit that an observant man and *one* diligent in his business should attend on kings, and not attend on slothful men.

If thou sit to sup at the table of a prince, consider attentively the things set before thee: 2 and apply thine hand, knowing that it behoves thee to prepare such *meats*: but if thou art very insatiable, 3 desire not his provisions; for these belong to a false life.

4 If thou art poor, measure not thyself with a rich man; but refrain thyself in thy wisdom. 5 If thou shouldest fix thine eye upon him, he will disappear; for wings like an eagle's are prepared for him, and he returns to the house of his master. 6 Sup not with an envious man, neither desire thou his meats: 7 so he eats and drinks as if any one should swallow a hair, and do not bring him in to thyself, nor eat thy morsel with him: 8 for he will vomit it up, and spoil thy fair words.

9 Say nothing in the ears of a fool, lest at any time he sneer at thy wise words. 10 Remove not the ancient landmarks; and enter not upon the possession of the fatherless: 11 for the Lord is their redeemer; he is mighty, and will plead their cause with thee. 12 Apply thine heart to instruction, and prepare thine ears for words of discretion.

13 Refrain not from chastening a child; for if thou beat him with the rod, he shall not die. 14 For thou shalt beat him with the rod, and shalt deliver his soul from death.

15 Son, if thy heart be wise, thou shalt also gladden my heart; 16 and thy lips shall converse with my lips, if they be right. 17 Let not thine heart envy sinners: but be thou in the fear of the Lord all the day. 18 For if thou shouldest keep these things, thou shalt have posterity; and thine hope shall not be removed.

β See 1 Peter 3. 15.   γ Gr. eternal.

19 Hear, *my* son, and be wise, and rightly direct the thoughts of thine heart. 20 Be not a wine-bibber, neither continue long at feasts, and purchases of flesh: 21 for every drunkard and whoremonger shall be poor; and every sluggard shall clothe himself with tatters and ragged garments.

22 Hearken, *my* son, to thy father which begot thee, and despise not *thy mother* because she is grown old. 24 A righteous father brings up *his children* well; and his soul rejoices over a wise son. 25 Let thy father and thy mother rejoice over thee, and let her that bore thee be glad.

26 *My* son, give me thine heart, and let thine eyes observe my ways. 27 For a strange house is a vessel full of holes; and a strange well is narrow. 28 For such a one shall perish suddenly; and every transgressor shall be cut off.

29 Who *has* woe? who trouble? who *has* quarrels? and who vexations and disputes? who *has* bruises without a cause? whose eyes are livid? 30 Are not those of them that stay long at wine? *are* not *those* of them that haunt *the places* where banquets are? Be not drunk with wine; but converse with just men, and converse *with them* β openly. 31 For if thou shouldest set thine eyes on bowls and cups, thou shalt afterwards go more naked than a pestle. 32 But at last *such a one* stretches himself out as one smitten by a serpent, and venom is diffused through him as by a horned serpent.

33 Whenever thine eyes shall behold a strange woman, then thy mouth shall speak perverse things. 34 And thou shalt lie as in the midst of the sea, and as a pilot in a great storm. 35 And thou shalt say, They smote me, and I was not pained; and they mocked me, and I knew it not: when will it be morning, that I may go and seek those with whom I may go in company?

My son, envy not bad men, nor desire to be with them. 2 For their heart meditates falsehoods, and their lips speak mischiefs. 3 A house is built by wisdom, and is set up by understanding. 4 By discretion the chambers are filled with all precious and excellent wealth. 5 A wise man is better than a strong man; and a man who has prudence than a large estate. 6 War is carried on with generalship, and aid is supplied to the heart of a counsellor.

7 Wisdom and good understanding are in the gates of the wise: the wise turn not aside from the mouth of the Lord, but deliberate in council. 9 Death befalls uninstructed *men*. The fool also dies in sins; and uncleanness *attaches* to a pestilent man. 10 He shall be defiled in the evil day, and in the day of affliction, until he be utterly consumed.

11 Deliver them that are led away to death, and redeem them that are appointed to be slain; spare not *thy help*. 12 But if thou shouldest say, I know not this man; know that the Lord knows the hearts of all; and he that formed breath for all, he knows all things, who renders to every man according to his works. 13 *My* son, eat honey, for the honeycomb is good, that thy throat may be

Ἄκουε υἱὲ, καὶ σοφὸς γίνου, καὶ κατεύθυνε ἐννοίας σῆς 19 καρδίας. Μὴ ἴσθι οἰνοπότης, μηδὲ ἐκτείνου συμβολαῖς, 20 κρεῶν τε ἀγορασμοῖς. Πᾶς γὰρ μέθυσος καὶ πορνοκόπος 21 πτωχεύσει, καὶ ἐνδύσεται διερρηγμένα καὶ ῥακώδη πᾶς ὑπνώ-δης.

Ἄκουε, υἱὲ, πατρὸς τοῦ γεννήσαντός σε, καὶ μὴ καταφρό- 22 νει ὅτι γεγήρακέ σου ἡ μήτηρ. Καλῶς ἐκτρέφει πατὴρ 24 δίκαιος, ἐπὶ δὲ υἱῷ σοφῷ εὐφραίνεται ἡ ψυχὴ αὐτοῦ. Εὐ- 25 φραινέσθω ὁ πατὴρ καὶ ἡ μήτηρ ἐπὶ σοὶ, καὶ χαιρέτω ἡ τεκοῦσά σε.

Δός μοι υἱὲ σὴν καρδίαν, οἱ δὲ σοὶ ὀφθαλμοὶ ἐμὰς ὁδοὺς 26 τηρείτωσαν. Πίθος γὰρ τετρημένος ἐστὶν ἀλλότριος οἶκος, 27 καὶ φρέαρ στενὸν ἀλλότριον. Οὗτος γὰρ συντόμως ἀπο- 28 λεῖται, καὶ πᾶς παράνομος ἀναλωθήσεται.

Τίνι οὐαί; τίνι θόρυβος; τίνι κρίσεις; τίνι δὲ ἀηδίαι καὶ 29 λέσχαι; τίνι συντρίμματα διακενῆς; τίνος πελιδνοὶ οἱ ὀφθαλ- μοί; Οὐ τῶν ἐγχρονιζόντων ἐν οἴνοις; οὐ τῶν ἰχνευόντων 30 ποῦ πότοι γίνονται; μὴ μεθύσκεσθε ἐν οἴνοις, ἀλλὰ ὁμιλεῖτε ἀνθρώποις δικαίοις καὶ ὁμιλεῖτε ἐν περιπάτοις. Ἐὰν γὰρ 31 εἰς τὰς φιάλας καὶ τὰ ποτήρια δῷς τοὺς ὀφθαλμούς σου, ὕστερον περιπατήσεις γυμνότερος ὑπέρου. Τὸ δὲ ἔσχατον 32 ὥσπερ ὑπὸ ὄφεως πεπληγὼς ἐκτείνεται, καὶ ὥσπερ ὑπὸ κεράσ- του διαχεῖται αὐτῷ ὁ ἰός.

Οἱ ὀφθαλμοί σου ὅταν ἴδωσιν ἀλλοτρίαν, τὸ στόμα σου 33 τότε λαλήσει σκολιά. Καὶ κατακείσῃ ὥσπερ ἐν καρδίᾳ 34 θαλάσσης, καὶ ὥσπερ κυβερνήτης ἐν πολλῷ κλύδωνι. Ἐρεῖς 35 δὲ, τύπτουσί με καὶ οὐκ ἐπόνεσα, καὶ ἐνέπαιξάν μοι, ἐγὼ δὲ οὐκ ᾔδειν· πότε ὄρθρος ἔσται, ἵνα ἐλθὼν ζητήσω μεθ᾽ ὧν συν-ελεύσομαι;

Υἱὲ, μὴ ζηλώσῃς κακοὺς ἄνδρας, μηδὲ ἐπιθυμήσῃς εἶναι 24 μετ᾽ αὐτῶν. Ψευδῆ γὰρ μελετᾷ ἡ καρδία αὐτῶν, καὶ πόνους 2 τὰ χείλη αὐτῶν λαλεῖ. Μετὰ σοφίας οἰκοδομεῖται οἶκος, καὶ 3 μετὰ συνέσεως ἀνορθοῦται. Μετὰ αἰσθήσεως ἐμπίμπλανται 4 ταμιεῖα ἐκ παντὸς πλούτου τιμίου καὶ καλοῦ. Κρείσσων 5 σοφὸς ἰσχυροῦ, καὶ ἀνὴρ φρόνησιν ἔχων γεωργίου μεγάλου. Μετὰ κυβερνήσεως γίνεται πόλεμος, βοήθεια δὲ μετὰ καρδίας 6 βουλευτικῆς.

Σοφία καὶ ἔννοια ἀγαθὴ ἐν πύλαις σοφῶν· σοφοὶ οὐκ 7 ἐκκλίνουσιν ἐκ στόματος Κυρίου, ἀλλὰ λογίζονται ἐν συν-εδρίοις· ἀπαιδεύτοις συναντᾷ θάνατος, ἀποθνήσκει δὲ ἄφρων 9 ἐν ἁμαρτίαις· ἀκαθαρσία δὲ ἀνδρὶ λοιμῷ, ἐμμολυνθήσεται ἐν 10 ἡμέρᾳ κακῇ, καὶ ἐν ἡμέρᾳ θλίψεως ἕως ἂν ἐκλίπῃ.

Ῥῦσαι ἀγομένους εἰς θάνατον, καὶ ἐκπρίου κτεινομένους, 11 μὴ φείσῃ. Ἐὰν δὲ εἴπῃς, οὐκ οἶδα τοῦτον, γίνωσκε, ὅτι 12 Κύριος καρδίας πάντων γινώσκει· καὶ ὁ πλάσας πνοὴν πᾶσιν, αὐτὸς οἶδε πάντα, ὃς ἀποδίδωσιν ἑκάστῳ κατὰ τὰ ἔργα αὐτοῦ. Φάγε μέλι υἱὲ, ἀγαθὸν γὰρ κηρίον, ἵνα γλυκανθῇ σου ὁ φάρυγξ. 13

β *Gr.* in public walks.

14 Οὕτως αἰσθητήσῃ σοφίαν τῇ σῇ ψυχῇ· ἐὰν γὰρ εὕρῃς, ἔσται καλὴ ἡ τελευτή σου, καὶ ἐλπίς σε οὐκ ἐγκαταλείψει.

15 Μὴ προσαγάγῃς ἀσεβῆ νομῇ δικαίων, μηδὲ ἀπατηθῇς
16 χορτασίᾳ κοιλίας. Ἑπτάκις γὰρ πεσεῖται δίκαιος καὶ ἀνα-
17 στήσεται, οἱ δὲ ἀσεβεῖς ἀσθενήσουσιν ἐν κακοῖς. Ἐὰν πέσῃ
ὁ ἐχθρός σου, μὴ ἐπιχαρῇς αὐτῷ, ἐν δὲ τῷ ὑποσκελίσματι
18 αὐτοῦ μὴ ἐπαίρου. Ὅτι ὄψεται Κύριος καὶ οὐκ ἀρέσει αὐτῷ,
19 καὶ ἀποστρέψει τὸν θυμὸν αὐτοῦ ἀπ᾽ αὐτοῦ. Μὴ χαῖρε
20 ἐπὶ κακοποιοῖς, μηδὲ ζήλου ἁμαρτωλούς. Οὐ γὰρ μὴ γένηται
ἔκγονα πονηρῷ, λαμπτὴρ δὲ ἀσεβῶν σβεσθήσεται.

21 Φοβοῦ τὸν Θεὸν υἱὲ, καὶ βασιλέα, καὶ μηθ᾽ ἑτέρῳ αὐτῶν
22 ἀπειθήσῃς. Ἐξαίφνης γὰρ τίσονται τοὺς ἀσεβεῖς, τὰς δὲ
τιμωρίας ἀμφοτέρων τίς γνώσεται;

29 Λόγον φυλασσόμενος υἱὸς ἀπωλείας ἐκτὸς ἔσται, [δεχόμενος
27 δὲ ἐδέξατο αὐτόν· μηδὲν ψεῦδος ἀπὸ γλώσσης βασιλεῖ λεγέσθω,
καὶ οὐδὲν ψεῦδος ἀπὸ γλώσσης αὐτοῦ οὐ μὴ ἐξέλθῃ· μάχαιρα
γλῶσσα βασιλέως καὶ οὐ σαρκίνη, ὃς δ᾽ ἂν παραδοθῇ συντρι-
βήσεται· ἐὰν γὰρ ὀξυνθῇ ὁ θυμὸς αὐτοῦ, σὺν νεύροις ἀνθρώ-
πους ἀναλίσκει, καὶ ὀστᾶ ἀνθρώπων κατατρώγει, καὶ συγ-
καίει ὥσπερ φλόξ, ὥστε ἄβρωτα εἶναι νεοσσοῖς ἀετῶν·
τοὺς ἐμοὺς λόγους υἱὲ φοβήθητι, καὶ δεξάμενος αὐτοὺς
μετανόει.]

30 Τάδε λέγει ὁ ἀνὴρ τοῖς πιστεύουσι Θεῷ, καὶ παύομαι.

2 Ἀφρονέστατος γάρ εἰμι ἁπάντων ἀνθρώπων, καὶ φρόνησις
3 ἀνθρώπων οὐκ ἔστιν ἐν ἐμοί. Θεὸς δεδίδαχέ με σοφίαν, καὶ
4 γνῶσιν ἁγίων ἔγνωκα. Τίς ἀνέβη εἰς τὸν οὐρανὸν καὶ κατέβη;
τίς συνήγαγεν ἀνέμους ἐν κόλπῳ; τίς συνέστρεψεν ὕδωρ ἐν
ἱματίῳ; τίς ἐκράτησε πάντων τῶν ἄκρων τῆς γῆς; τί ὄνομα
5 αὐτῷ; ἢ τί ὄνομα τοῖς τέκνοις αὐτοῦ; Πάντες γὰρ λόγοι
Θεοῦ πεπυρωμένοι, ὑπερασπίζει δὲ αὐτὸς τῶν εὐλαβουμένων
6 αὐτόν. Μὴ προσθῇς τοῖς λόγοις αὐτοῦ, ἵνα μὴ ἐλέγξῃ σε,
καὶ ψευδὴς γένῃ.

7 Δύο αἰτοῦμαι παρὰ σοῦ, μὴ ἀφέλῃς μου χάριν πρὸ τοῦ
8 ἀποθανεῖν με. Μάταιον λόγον καὶ ψευδῆ μακράν μου
ποίησον, πλοῦτον δὲ καὶ πενίαν μή μοι δῷς, σύνταξον δέ μοι
9 τὰ δέοντα καὶ τὰ αὐτάρκη· Ἵνα μὴ πλησθεὶς ψευδὴς γένωμαι,
καὶ εἴπω, τίς με ὁρᾷ; ἢ πενηθεὶς κλέψω, καὶ ὀμόσω τὸ ὄνομα
τοῦ Θεοῦ.

10 Μὴ παραδῷς οἰκέτην εἰς χεῖρας δεσπότου, μήποτε κατ-
11 αράσηταί σε καὶ ἀφανισθῇς. Ἔκγονον κακὸν πατέρα κατ-
12 αρᾶται, τὴν δὲ μητέρα οὐκ εὐλογεῖ. Ἔκγονον κακὸν δίκαιον
13 ἑαυτὸν κρίνει, τὴν δ᾽ ἔξοδον αὐτοῦ οὐκ ἀπένιψεν. Ἔκγονον
κακὸν ὑψηλοὺς ὀφθαλμοὺς ἔχει, τοῖς δὲ βλεφάροις αὐτοῦ
14 ἐπαίρεται. Ἔκγονον κακὸν μαχαίρας τοὺς ὀδόντας ἔχει,
καὶ τὰς μύλας, τομίδας, ὥστε ἀναλίσκειν καὶ κατεσθίειν
τοὺς ταπεινοὺς ἀπὸ τῆς γῆς, καὶ τοὺς πένητας αὐτῶν ἐξ
ἀνθρώπων.

sweetened. ¹⁴ Thus shalt thou perceive wisdom in thy soul: for if thou find it, thine end shall be good, and hope shall not fail thee. ¹⁵ Bring not an ungodly man into the dwelling of the righteous: neither be deceived by the feeding of the belly. ¹⁶ For a righteous man will fall seven times, and rise *again*: but the ungodly shall be without strength in troubles. ¹⁷ If thine enemy should fall, rejoice not over him, neither be elated at his overthrow. ¹⁸ For the Lord will see *it*, and it will not please him, and he will turn away his wrath from him. ¹⁹ Rejoice not in evil-doers, neither be envious of sinners. ²⁰ For the evil man shall have no posterity: and the light of the wicked shall be put out. ²¹ *My* son, fear God and the king; and do not disobey either of them. ²² For they will suddenly punish the ungodly, and who can know the vengeance *inflicted* by both?

β ²⁷ γ [A son that keeps the commandment shall δ escape destruction; for *such an one* has fully received it. Let no falsehood be spoken by the king from the tongue; yea, let no falsehood proceed from his tongue. The king's tongue is a sword, and not one of flesh; and whosoever shall be given up to *it* shall be destroyed: for if his wrath should be provoked, he destroys men with cords, and devours men's bones, and burns them up as a flame, so that they are not *even* fit to be eaten by the young eagles. *My* son, reverence my words, and receive *them*, and repent.]

These things says the man to them that trust in God; and I cease. ² For I am the most simple of all men, and there is not in me the wisdom of men. ³ God has taught me wisdom, and I know the knowledge of the holy. ⁴ Who has gone up to heaven, and come down? who has gathered the winds in his ζ bosom? who has wrapped up the waters in a garment? who has dominion of all the ends of the earth? what is his name? or what is the name of his children? ⁵ For all the words of God are tried in the fire, and he defends those that reverence him. ⁶ Add not unto his words, lest he reprove thee, and thou be made a liar. ⁷ Two things I ask of thee; take not favour from me before I die. ⁸ Remove far from me vanity and falsehood: and give me not wealth *or* poverty; but appoint me what is needful and sufficient: ⁹ lest I be filled and become false, and say, Who sees me? or be poor and steal, and swear *vainly* by the name of God. ¹⁰ Deliver not a servant into the hands of his master, lest he curse thee, and thou be utterly destroyed. ¹¹ A wicked generation curse their father, and do not bless their mother. ¹² A wicked generation judge themselves to be just, but do not cleanse their way. ¹³ A wicked generation have lofty eyes, and exalt themselves with their eyelids. ¹⁴ A wicked generation have swords *for* teeth and jaw-teeth *as* knives, so as to destroy and devour the lowly from the earth, and the poor of them from among men.

β *Note.* The verses of this chapter are much intermingled with parts of other chapters.   γ *Heb.* omits to the end.
δ *Lit.* be outside of.   ζ *Or*, fold of his robe.

²³ And this thing I say to you that are wise *for you* to learn : It is not good to have respect of persons in judgment. ²⁴ He that says of the ungodly, He is righteous, shall be cursed by peoples, and hateful among the nations. ²⁵ But they that reprove *him* shall appear more excellent, and blessing shall come upon them ; ²⁶ and *men* will kiss lips that answer well. ²⁷ Prepare thy works for *thy* going forth, and prepare thyself for the field ; and come after me, and thou shalt rebuild thine house. ²⁸ Be not a false witness against thy *fellow* citizen, neither exaggerate with thy lips. ²⁹ Say not, As he has treated me, so will I treat him, and I will avenge myself on him for that wherein he has injured me. ³⁰ A foolish man is like a farm, and a senseless man is like a vineyard. ³¹ If thou let him alone, he will altogether remain barren and covered with ^β weeds ; and he becomes destitute, and his stone walls are broken down. ³² Afterwards I reflected, I looked that I might receive instruction. ³³ *The sluggard says,* I slumber a little, and I sleep a little, and for a little while I fold my arms across *my* breast. ³⁴ But if thou do this, thy poverty will come speedily ; and thy want like a swift courier.

¹⁵ The horse-leech had three dearly-beloved daughters : and these three did not satisfy her ; and the fourth was not contented so as to say, Enough. ¹⁶ The grave, and the love of a woman, and the earth not filled with water ; water also and fire will not say, It is enough. ¹⁷ The eye that laughs to scorn a father, and dishonours the old age of a mother, let the ravens of the valleys pick it out, and let the young eagles devour it. ¹⁸ Moreover there are three things impossible for me to comprehend, and the fourth I know not : ¹⁹ the track of a flying eagle ; and the ways of a serpent on a rock ; and the paths of a ship passing through the sea ; and the ways of a man in youth. ²⁰ Such is the way of an adulterous woman, who having washed herself from what she has done, says she has done nothing ^γ amiss. ²¹ By three things the earth is troubled, and the fourth it cannot bear : ²² if a servant reign ; or a fool be filled with food ; ²³ or if a maid-servant should cast out her own mistress ; and if a hateful woman should marry a good man.

²⁴ And *there are* four very little things upon the earth, but these are wiser than the wise : ²⁵ the ants which are weak, and *yet* prepare *their* food in summer ; ²⁶ the rabbits also *are* a feeble race, who make their houses in the rocks. ²⁷ The locusts have no king, and *yet* march orderly at one command. ²⁸ And the eft, which supports itself by *its* hands, and is easily taken, dwells in the fortresses of kings. ²⁹ And there are three things which go well, and a fourth which passes along finely. ³⁰ A lion's whelp, stronger than *all other* beasts, which turns not away, nor fears *any* beast ; ³¹ and a cock walking in boldly among the hens, and a goat leading the herd ; and a king publicly speaking before a nation.

Ταῦτα δὲ λέγω ὑμῖν τοῖς σοφοῖς ἐπιγινώσκειν· αἰδεῖσθαι 24 πρόσωπον ἐν κρίσει οὐ καλόν. Ὁ εἰπὼν τὸν ἀσεβῆ, 23, 24 δίκαιός ἐστιν, ἐπικατάρατος λαοῖς ἔσται καὶ μισητὸς εἰς ἔθνη. Οἱ δὲ ἐλέγχοντες βελτίους φανοῦνται, ἐπ᾽ αὐτοὺς δὲ ἥξει 25 εὐλογία· χείλη δὲ φιλήσουσιν ἀποκρινόμενα λόγους ἀγαθούς. 26 Ἑτοίμαζε εἰς τὴν ἔξοδον τὰ ἔργα σου, καὶ παρασκευάζου εἰς 27 τὸν ἀγρὸν, καὶ πορεύου κατόπισθέν μου, καὶ ἀνοικοδομήσεις τὸν οἶκόν σου. Μὴ ἴσθι ψευδὴς μάρτυς ἐπὶ σὸν πολίτην, 28 μηδὲ πλατύνου σοῖς χείλεσι. Μὴ εἴπῃς, ὃν τρόπον ἐχρή- 29 σατό μοι, χρήσομαι αὐτῷ, τίσομαι δὲ αὐτὸν ἅ με ἠδίκησεν. Ὥσπερ γεώργιον ἀνὴρ ἄφρων, καὶ ὥσπερ ἀμπελὼν ἄνθρω- 30 πος ἐνδεὴς φρενῶν. Ἐὰν ἀφῇς αὐτὸν, χερσωθήσεται καὶ 31 χορτομανήσει ὅλος, καὶ γίνεται ἐκλελειμμένος, οἱ δὲ φραγμοὶ τῶν λίθων αὐτοῦ κατασκάπτονται. Ὕστερον ἐγὼ μετενόησα, 32 ἐπέβλεψα τοῦ ἐκλέξασθαι παιδείαν. Ὀλίγον νυστάζω, ὀλίγον 33 δὲ καθυπνῶ, ὀλίγον δὲ ἐναγκαλίζομαι χερσὶ στήθη. Ἐὰν δὲ 34 τοῦτο ποιῇς, ἥξει προπορευομένη ἡ πενία σου, καὶ ἡ ἔνδειά σου ὥσπερ ἀγαθὸς δρομεύς.

Τῇ βδέλλῃ τρεῖς θυγατέρες ἦσαν ἀγαπήσει ἀγαπώμεναι, 30 καὶ αἱ τρεῖς αὗται οὐκ ἐνεπίμπλασαν αὐτὴν, καὶ ἡ τετάρτη 15 οὐκ ἠρκέσθη εἰπεῖν, ἱκανόν. Ἅδης καὶ ἔρως γυναικὸς, καὶ 16 γῆ οὐκ ἐμπιπλαμένη ὕδατος, καὶ ὕδωρ καὶ πῦρ οὐ μὴ εἴπωσιν, ἀρκεῖ.

Ὀφθαλμὸν καταγελῶντα πατρὸς, καὶ ἀτιμάζοντα γῆρας 17 μητρὸς, ἐκκόψαισαν αὐτὸν κόρακες ἐκ τῶν φαράγγων, καὶ καταφάγοισαν αὐτὸν νεοσσοὶ ἀετῶν. Τρία δέ ἐστιν ἀδύνατά 18 μοι νοῆσαι, καὶ τὸ τέταρτον οὐκ ἐπιγινώσκω· Ἴχνη ἀετοῦ 19 πετομένου, καὶ ὁδοὺς ὄφεως ἐπὶ πέτρας, καὶ τρίβους νηὸς ποντοπορούσης, καὶ ὁδοὺς ἀνδρὸς ἐν νεότητι. Τοιαύτη ὁδὸς 20 γυναικὸς μοιχαλίδος, ἣ ὅτ᾽ ἂν πράξῃ ἀπονιψαμένη, οὐδέν φησι πεπραχέναι ἄτοπον.

Διὰ τριῶν σείεται ἡ γῆ, τὸ δὲ τέταρτον οὐ δύναται φέρειν· 21 Ἐὰν οἰκέτης βασιλεύσῃ, καὶ ἄφρων πλησθῇ σιτίων, καὶ 22, 23 οἰκέτις ἐὰν ἐκβάλῃ τὴν ἑαυτῆς κυρίαν, καὶ μισητὴ γυνὴ ἐὰν τύχῃ ἀνδρὸς ἀγαθοῦ.

Τέσσαρα δὲ ἐλάχιστα ἐπὶ τῆς γῆς, ταῦτα δέ ἐστι σοφώτερα 24 τῶν σοφῶν· Οἱ μύρμηκες οἷς μή ἐστιν ἰσχὺς, καὶ ἑτοιμά- 25 ζονται θέρους τὴν τροφήν· Καὶ οἱ χοιρογρύλλιοι ἔθνος οὐκ 26 ἰσχυρὸν, οἳ ἐποιήσαντο ἐν πέτραις τοὺς ἑαυτῶν οἴκους· Ἀβασίλευτόν ἐστιν ἡ ἀκρὶς, καὶ στρατεύει ἀφ᾽ ἑνὸς κελεύσματος 27 εὐτάκτως· Καὶ καλαβώτης χερσὶν ἐρειδόμενος, καὶ εὐάλωτος 28 ὢν, κατοικεῖ ἐν ὀχυρώμασι βασιλέων.

Τρία δέ ἐστιν ἃ εὐόδως πορεύεται, καὶ τέταρτον ὃ καλῶς 29 διαβαίνει· Σκύμνος λέοντος ἰσχυρότερος κτηνῶν, ὃς οὐκ 30 ἀποστρέφεται, οὐδὲ καταπτήσσει κτῆνος· Καὶ ἀλέκτωρ ἐμ- 31 περιπατῶν θηλείαις εὔψυχος, καὶ τράγος ἡγούμενος αἰπολίου, καὶ βασιλεὺς δημηγορῶν ἐν ἔθνει.

β *Gr.* grass.   γ *Gr.* out of place.

32 Ἐὰν πρόῃ σεαυτὸν ἐν εὐφροσύνῃ, καὶ ἐκτείνῃς τὴν χεῖρά
33 σου μετὰ μάχης, ἀτιμασθήσῃ. Ἄμελγε γάλα, καὶ ἔσται
βούτυρον· ἐὰν δὲ ἐκπιέζῃς μυκτῆρας ἐξελεύσεται αἷμα, ἐὰν δὲ
ἐξέλκῃς λόγους, ἐξελεύσονται κρίσεις καὶ μάχαι.

31 Οἱ ἐμοὶ λόγοι εἴρηνται ὑπὸ Θεοῦ, βασιλέως χρηματισμὸς,
ὃν ἐπαίδευσεν ἡ μήτηρ αὐτοῦ.
2 Τί τέκνον τηρήσεις; τί; ῥήσεις Θεοῦ· πρωτογενὲς σοὶ
λέγω υἱέ· τί τέκνον ἐμῆς κοιλίας; τί τέκνον ἐμῶν εὐχῶν;
3 Μὴ δῷς γυναιξὶ σὸν πλοῦτον, καὶ τὸν σὸν νοῦν καὶ βίον εἰς
ὑστεροβουλίαν· μετὰ βουλῆς πάντα ποίει, μετὰ βουλῆς
4 οἰνοπότει. Οἱ δυνάσται θυμώδεις εἰσίν, οἶνον δὲ μὴ πινέτω-
5 σαν, ἵνα μὴ πιόντες ἐπιλάθωνται τῆς σοφίας, καὶ ὀρθὰ κρῖναι
6 οὐ μὴ δύνωνται τοὺς ἀσθενεῖς. Δίδοτε μέθην τοῖς ἐν λύπαις,
7 καὶ οἶνον πίνειν τοῖς ἐν ὀδύναις, ἵνα ἐπιλάθωνται τῆς πενίας,
8 καὶ τῶν πόνων μὴ μνησθῶσιν ἔτι. Ἄνοιγε σὸν στόμα λόγῳ
9 Θεοῦ, καὶ κρῖνε πάντας ὑγιῶς. Ἄνοιγε σὸν στόμα καὶ κρῖνε
δικαίως, διάκρινε δὲ πένητα καὶ ἀσθενῆ.

25 Αὗται αἱ παιδεῖαι Σαλωμῶντος αἱ ἀδιάκριτοι, ἃς ἐξεγράψαντο
οἱ φίλοι Ἐζεκίου τοῦ βασιλέως τῆς Ἰουδαίας.
2 Δόξα Θεοῦ κρύπτει λόγον, δόξα δὲ βασιλέως τιμᾷ πράγ-
3 ματα. Οὐρανὸς ὑψηλός, γῆ δὲ βαθεῖα, καρδία δὲ βασιλέως
4 ἀνεξέλεγκτος. Τύπτε ἀδόκιμον ἀργύριον, καὶ καθαρισθήσεται
5 καθαρὸν ἅπαν. Κτεῖνε ἀσεβεῖς ἐκ προσώπου βασιλέως, καὶ
κατορθώσει ἐν δικαιοσύνῃ ὁ θρόνος αὐτοῦ.

6 Μὴ ἀλαζονεύου ἐνώπιον βασιλέως, μηδὲ ἐν τόποις δυναστῶν
7 ὑφίστασο· Κρεῖσσον γάρ σοι τὸ ῥηθῆναι, ἀνάβαινε πρὸς μὲ,
ἢ ταπεινῶσαί σε ἐν προσώπῳ δυνάστου· ἃ εἶδον οἱ ὀφθαλμοί
σου λέγε.
8 Μὴ πρόσπιπτε εἰς μάχην ταχέως, ἵνα μὴ μεταμεληθῇς ἐπ'
9 ἐσχάτων· ἡνίκα ἄν σε ὀνειδίσῃ ὁ σὸς φίλος, ἀναχώρει εἰς
10 τὰ ὀπίσω· μὴ καταφρόνει, μή σε ὀνειδίσῃ μὲν ὁ φίλος, ἡ δὲ
μάχη σου καὶ ἡ ἔχθρα οὐκ ἀπέσται, ἀλλὰ ἔσται σοι ἴση
θανάτῳ· χάρις καὶ φιλία ἐλευθεροῖ, ἃς τήρησον σεαυτῷ, ἵνα
μὴ ἐπονείδιστος γένῃ, ἀλλὰ φύλαξον τὰς ὁδούς σου εὐσυναλ-
λάκτως.
11 Μῆλον χρυσοῦν ἐν ὁρμίσκῳ σαρδίου, οὕτως εἰπεῖν λόγον.
12 Εἰς ἐνώτιον χρυσοῦν καὶ σάρδιον πολυτελὲς δέδεται, λόγος
13 σοφὸς εἰς εὐήκοον οὖς. Ὥσπερ ἔξοδος χιόνος ἐν ἀμητῷ κατὰ
καῦμα ὠφελεῖ, οὕτως ἄγγελος πιστὸς τοὺς ἀποστείλαντας αὐτόν·
ψυχὰς γὰρ τῶν αὐτῷ χρωμένων ὠφελεῖ.
14 Ὥσπερ ἄνεμοι καὶ νέφη καὶ ὑετοὶ, ἐπιφανέστατα, οὕτως
15 ὁ καυχώμενος ἐπὶ δόσει ψευδεῖ. Ἐν μακροθυμίᾳ εὐοδία βασι-
16 λεῦσι, γλῶσσα δὲ μαλακὴ συντρίβει ὀστᾶ. Μέλι εὑρὼν φάγε
17 τὸ ἱκανόν, μή ποτε πλησθεὶς ἐξεμέσῃς. Σπάνιον εἴσαγε
σὸν πόδα πρὸς σεαυτοῦ φίλον, μή ποτε πλησθείς σου μισήσῃ
18 σε. Ῥόπαλον καὶ μάχαιρα καὶ τόξευμα ἀκιδωτὸν, οὕτως
καὶ ἀνὴρ ὁ καταμαρτυρῶν τοῦ φίλου αὐτοῦ μαρτυρίαν

[32] If thou abandon thyself to mirth, and stretch forth thine hand in a quarrel, thou shalt be disgraced. [33] Milk out milk, and there shall be butter, and if thou wring one's nostrils there shall come out blood: so if thou extort words, there will come forth quarrels and strifes.

My words have been spoken by God—the oracular answer of a king, whom his mother instructed. [2] What wilt thou keep, my son, what? the words of God. My firstborn son, I speak to thee: what? βson of my womb? what? son of my vows? [3] Give not thy wealth to women, nor thy mind and living to remorse. Do all things with counsel: drink wine with counsel. [4] Princes are prone to anger: let them then not drink wine: [5] lest they drink, and forget wisdom, and be not able to judge the poor rightly. [6] Give strong drink to those that are in sorrow, and the wine to drink to those in pain: [7] that they may forget their poverty, and may not remember their troubles any more. [8] Open thy mouth with the word of God, and judge all fairly. [9] Open thy mouth and judge justly, and plead the cause of the poor and weak.

These are the γmiscellaneous instructions of Solomon, which the friends of Ezekias king of Judea copied out. [2] The glory of God conceals a matter: but the glory of a king honours business. [3] Heaven is high, and earth is deep, and a king's heart is unsearchable. [4] Beat the drossy silver, and it shall be made entirely pure. [5] Slay the ungodly from before the king, and his throne shall prosper in righteousness.

[6] Be not boastful in the presence of the king, and remain not in the places of princes; [7] for it is better for thee that it should be said, Come up to me, than that one should humble thee in the presence of the prince; speak of that which thine eyes have seen. [8] Get not suddenly into a quarrel, lest thou repent at last. [9] Whenever thy friend shall reproach thee, retreat backward, despise him not; [10] lest thy friend continue to reproach thee, so thy quarrel and enmity shall not depart, but shall be to thee like death. Favour and friendship set a man free, which do thou keep for thyself, lest thou be made liable to reproach; but take heed to thy ways peaceably.

[11] As a golden apple in a necklace of sardius, so is it to speak a wise word. [12] In an ear-ring of gold a precious sardius is also set; so is a wise word to an obedient ear. [13] As a fall of snow in the time of harvest is good against heat, so a faithful messenger refreshes those that send him; for he helps the souls of his employers. [14] As winds and clouds and rains are most evident objects, so is he that boasts of a false gift. [15] In long-suffering is prosperity to kings, and a soft tongue breaks the bones. [16] Having found honey, eat only what is enough, lest haply thou be filled, and vomit it up. [17] Enter sparingly into thy friend's house, lest he be satiated with thy company, and hate thee. [18] As a club, and a dagger, and a pointed arrow, so also is a man who bears false witness against his friend.

β The usual punctuation has been altered.   γ Possibly genuine, q. d. beyond doubt.

¹⁹ The way of the wicked and the foot of the transgressor shall perish in an evil day.

²⁰ As vinegar is bad for a sore, so trouble befalling the body afflicts the heart. As a moth in a garment, and a worm in wood, so the grief of a man hurts the heart.

²¹ If thine enemy hunger, feed him; if he thirst, give him drink; ²² for so doing thou shalt heap coals of fire upon his head, and the Lord shall reward thee *with* good. ²³ The north wind raises clouds; so an impudent face provokes the tongue. ²⁴ *It is* better to dwell on a corner of the roof, than with a railing woman in an open house. ²⁵ As cold water is agreeable to a thirsting soul, so is a good message from a land far off. ²⁶ As if one should stop a well, and corrupt a spring of water, so *is it* unseemly for a righteous man to fall before an ungodly man. ²⁷ *It is* not good to eat much honey; but it is right to honour venerable sayings. ²³ As a city whose walls are broken down, and which is unfortified, so is a man who does anything without counsel.

As dew in harvest, and as rain in summer, so honour is not *seemly* for a fool. ² As birds and sparrows fly, so a curse shall not come upon any one without a cause. ³ As a whip for a horse, and a goad for an ass, so *is* a rod for a simple nation. ⁴ Answer not a fool according to his folly, lest thou become like him. ⁵ Yet answer a fool according to his folly, lest he seem wise in his own conceit. ⁶ He that sends a message by a foolish messenger procures for himself a reproach from his own ways. ⁷ *As well* take away the motion of the legs, as transgression from the mouth of fools. ⁸ He that binds up a stone in a sling, is like one that gives glory to a fool. ⁹ Thorns β grow in the hand of a drunkard, and servitude in the hand of fools. ¹⁰ γ All the flesh of fools endures much hardship; for their fury is brought to nought. ¹¹ As when a dog goes to his own vomit, and becomes abominable, so is a fool who returns in his wickedness to his own sin. [There is a shame that brings sin: and there is a shame *that is* glory and grace.] ¹² I have seen a man who seemed δ to himself to be wise; but a fool had more hope than he. ¹³ A sluggard when sent on a journey says, *There is* a lion in the ways, and *there are* murderers in the streets.

¹⁴ As a door turns on the hinge, so does a sluggard on his bed. ¹⁵ A sluggard having hid his hand in his bosom, will not be able to bring it up to his mouth. ¹⁶ A sluggard seems to himself wiser than one who ϛ most satisfactorily brings back a message.

¹⁷ As he that lays hold of a dog's tail, so is he that makes himself the champion of another's cause. ¹⁸ As those who need correction put forth *fair* words to men, and he that first falls in with the proposal will be overthrown; ¹⁹ so are all they that lay wait for their own friends, and when they are discovered, say, I did it in jest. ²⁰ With much wood fire increases; but where there is not a double-minded man, strife ceases. ²¹ A hearth for coals, and wood for fire; and a

ψευδῆ.   Ὁδὸς κακοῦ καὶ ποὺς παρανόμου ὀλεῖται ἐν ἡμέρᾳ 19 κακῇ.

Ὥσπερ ὄξος ἕλκει ἀσύμφορον, οὕτως προσπεσὸν πάθος ἐν 20 σώματι καρδίαν λυπεῖ· ὥσπερ σὴς ἐν ἱματίῳ καὶ σκώληξ ξύλῳ, οὕτως λύπη ἀνδρὸς βλάπτει καρδίαν.

Ἐὰν πεινᾷ ὁ ἐχθρός σου, ψώμιζε αὐτόν, ἐὰν διψᾷ, πότιζε 21 αὐτόν· Τοῦτο γὰρ ποιῶν ἄνθρακας πυρὸς σωρεύσεις ἐπὶ τὴν 22 κεφαλὴν αὐτοῦ, ὁ δὲ Κύριος ἀνταποδώσει σοι ἀγαθά. Ἄνε- 23 μος Βορέας ἐξεγείρει νέφη, πρόσωπον δὲ ἀναιδὲς γλῶσσαν ἐρεθίζει· Κρεῖσσον οἰκεῖν ἐπὶ γωνίας δώματος, ἢ μετὰ 24 γυναικὸς λοιδόρου ἐν οἰκίᾳ κοινῇ. Ὥσπερ ὕδωρ ψυχρὸν 25 ψυχῇ διψώσῃ προσηνές, οὕτως ἀγγελία ἀγαθὴ ἐκ γῆς μακρό- θεν. Ὥσπερ εἴ τις πηγὴν φράσσοι καὶ ὕδατος ἔξοδον λυ- 26 μαίνοιτο, οὕτως ἄκοσμον δίκαιον πεπτωκέναι ἐνώπιον ἀσεβοῦς. Ἐσθίειν μέλι πολὺ οὐ καλόν, τιμᾶν δὲ χρὴ λόγους ἐνδόξους. 27 Ὥσπερ πόλις τὰ τείχη καταβεβλημένη καὶ ἀτείχιστος, οὕτως 28 ἀνὴρ ὃς οὐ μετὰ βουλῆς τι πράσσει.

Ὥσπερ δρόσος ἐν ἀμητῷ, καὶ ὥσπερ ὑετὸς ἐν θέρει, οὕτως 26 οὐκ ἔστιν ἄφρονι τιμή. Ὥσπερ ὄρνεα πέταται καὶ στρουθοί, 2 οὕτως ἀρὰ ματαία οὐκ ἐπελεύσεται οὐδενί. Ὥσπερ μάστιξ 3 ἵππῳ καὶ κέντρον ὄνῳ, οὕτως ῥάβδος ἔθνει παρανόμῳ. Μὴ 4 ἀποκρίνου ἄφρονι πρὸς τὴν ἐκείνου ἀφροσύνην, ἵνα μὴ ὅμοιος γένῃ αὐτῷ. Ἀλλὰ ἀποκρίνου ἄφρονι κατὰ τὴν ἀφροσύνην 5 αὐτοῦ, ἵνα μὴ φαίνηται σοφὸς παρ' ἑαυτῷ. Ἐκ τῶν ὁδῶν 6 ἑαυτοῦ ὄνειδος ποιεῖται ὁ ἀποστείλας δι' ἀγγέλου ἄφρονος λόγον. Ἀφελοῦ πορείαν σκελῶν, καὶ παρανομίαν ἐκ στόματος 7 ἀφρόνων. Ὃς ἀποδεσμεύει λίθον ἐν σφενδόνῃ, ὅμοιός ἐστι 8 τῷ διδόντι ἄφρονι δόξαν. Ἄκανθαι φύονται ἐν χειρὶ μεθύσου, 9 δουλεία δὲ ἐν χειρὶ τῶν ἀφρόνων. Πολλὰ χειμάζεται πᾶσα 10 σὰρξ ἀφρόνων, συντρίβεται γὰρ ἡ ἔκστασις αὐτῶν. Ὥσπερ 11 κύων ὅταν ἐπέλθῃ ἐπὶ τὸν ἑαυτοῦ ἔμετον καὶ μισητὸς γένηται, οὕτως ἄφρων τῇ ἑαυτοῦ κακίᾳ ἀναστρέψας ἐπὶ τὴν ἑαυτοῦ ἁμαρτίαν· ἔστιν αἰσχύνη ἐπάγουσα ἁμαρτίαν, καί ἐστιν αἰσχύνη δόξα καὶ χάρις. Εἶδον ἄνδρα δόξαντα παρ' αὑτῷ 12 σοφὸν εἶναι, ἐλπίδα μέντοι ἔσχε μᾶλλον ἄφρων αὐτοῦ. Λέγει ὀκνηρὸς ἀποστελλόμενος εἰς ὁδόν, λέων ἐν ταῖς ὁδοῖς, ἐν 13 δὲ ταῖς πλατείαις φονευταί.

Ὥσπερ θύρα στρέφεται ἐπὶ τοῦ στρόφιγγος, οὕτως ὀκνηρὸς 14 ἐπὶ τῆς κλίνης αὐτοῦ. Κρύψας ὀκνηρὸς τὴν χεῖρα ἐν τῷ 15 κόλπῳ αὐτοῦ, οὐ δυνήσεται ἐπενεγκεῖν ἐπὶ στόμα. Σοφώτερος 16 ἑαυτῷ ὀκνηρὸς φαίνεται, τοῦ ἐν πλησμονῇ ἀποκομίζοντος ἀγγελίαν.

Ὥσπερ ὁ κρατῶν κέρκου κυνός, οὕτως ὁ προεστὼς ἀλλοτρίας 17 κρίσεως. Ὥσπερ οἱ ἰώμενοι προβάλλουσι λόγους εἰς ἀν- 18 θρώπους, ὁ δὲ ἀπαντήσας τῷ λόγῳ πρῶτος ὑποσκελισθήσεται· Οὕτως πάντες οἱ ἐνεδρεύοντες τοὺς ἑαυτῶν φίλους, ὅταν δὲ 19 ὁραθῶσι, λέγουσιν, ὅτι παίζων ἔπραξα. Ἐν πολλοῖς ξύλοις 20 θάλλει πῦρ, ὅπου δὲ οὐκ ἔστι δίθυμος, ἡσυχάζει μάχη. Ἐσχάρα ἄνθραξι καὶ ξύλα πυρί, ἀνὴρ δὲ λοίδορος εἰς ταραχὴν 21

β Compare *Heb.*   γ Great variation from Hebrew here.   δ *Gr.* by.   ϛ Compare *Heb.*

22 μάχης. Λόγοι κερκώπων μαλακοὶ, οὗτοι δὲ τύπτουσιν εἰς
ταμιεῖα σπλάγχνων.

23 Ἀργύριον διδόμενον μετὰ δόλου, ὥσπερ ὄστρακον ἡγητέον·
24 χείλη λεῖα καρδίαν καλύπτει λυπηράν. Χείλεσι πάντα ἐπι-
νεύει ἀποκλαιόμενος ἐχθρὸς, ἐν δὲ τῇ καρδίᾳ τεκταίνεται δόλους.
25 Ἐάν σου δέηται ὁ ἐχθρὸς μεγάλῃ τῇ φωνῇ, μὴ πεισθῇς, ἑπτὰ
26 γάρ εἰσι πονηρίαι ἐν τῇ ψυχῇ αὐτοῦ. Ὁ κρύπτων ἔχθραν
συνίστησι δόλον, ἐκκαλύπτει δὲ τὰς ἑαυτοῦ ἁμαρτίας εὔγνωστος
27 ἐν συνεδρίοις. Ὁ ὀρύσσων βόθρον τῷ πλησίον, ἐμπεσεῖται.
28 εἰς αὐτόν· ὁ δὲ κυλίων λίθον, ἐφ᾽ ἑαυτὸν κυλίει. Γλῶσσα
ψευδὴς μισεῖ ἀλήθειαν, στόμα δὲ ἄστεγον ποιεῖ ἀκαταστα-
σίας.

27 Μὴ καυχῶ τὰ εἰς αὔριον, οὐ γὰρ γινώσκεις τί τέξεται ἡ
2 ἐπιοῦσα. Ἐγκωμιαζέτω σε ὁ πέλας καὶ μὴ τὸ σὸν στόμα,
3 ἀλλότριος καὶ μὴ τὰ σὰ χείλη. Βαρὺ λίθος καὶ δυσβάστακτον
4 ἄμμος, ὀργὴ δὲ ἄφρονος βαρυτέρα ἀμφοτέρων. Ἀνελεήμων
5 θυμὸς καὶ ὀξεῖα ὀργὴ, ἀλλ᾽ οὐδὲν ὑφίσταται ζῆλος. Κρείσ-
6 σους ἔλεγχοι ἀποκεκαλυμμένοι κρυπτομένης φιλίας. Ἀξιο-
πιστότερά ἐστι τραύματα φίλου, ἢ ἑκούσια φιλήματα
ἐχθροῦ.

7 Ψυχὴ ἐν πλησμονῇ οὖσα κηρίοις ἐμπαίζει, ψυχῇ δὲ
8 ἐνδεεῖ καὶ τὰ πικρὰ γλυκέα φαίνεται. Ὥσπερ ὅταν ὄρνεον
καταπετασθῇ ἐκ τῆς ἰδίας νοσσιᾶς, οὕτως ἄνθρωπος δουλοῦται
9 ὅταν ἀποξενωθῇ ἐκ τῶν ἰδίων τόπων. Μύροις καὶ οἴνοις καὶ
θυμιάμασι τέρπεται καρδία, καταρρήγνυται δὲ ὑπὸ συμπτωμά-
των ψυχή.

10 Φίλον σὸν ἢ φίλον πατρῷον μὴ ἐγκαταλίπῃς, εἰς δὲ τὸν
οἶκον τοῦ ἀδελφοῦ σου μὴ εἰσέλθῃς ἀτυχῶν· κρείσσων φίλος
11 ἐγγὺς, ἢ ἀδελφὸς μακρὰν οἰκῶν. Σοφὸς γίνου υἱὲ, ἵνα σου
εὐφραίνηται ἡ καρδία, καὶ ἀπόστρεψον ἀπὸ σοῦ ἐπονειδίστους
12 λόγους. Πανοῦργος κακῶν ἐπερχομένων ἀπεκρύβη, ἄφρονες
13 δὲ ἐπελθόντες ζημίαν τίσουσιν. Ἀφελοῦ τὸ ἱμάτιον αὐτοῦ,
14 παρῆλθε γὰρ ὑβριστὴς, ὅστις τὰ ἀλλότρια λυμαίνεται. Ὃς
ἂν εὐλογῇ φίλον τοπρωὶ μεγάλῃ τῇ φωνῇ, καταρωμένου οὐδὲν
διαφέρειν δόξει.

15 Σταγόνες ἐκβάλλουσιν ἄνθρωπον ἐν ἡμέρᾳ χειμερινῇ ἐκ τοῦ
οἴκου αὐτοῦ, ὡσαύτως καὶ γυνὴ λοίδορος ἐκ τοῦ ἰδίου οἴκου.
16 Βορέας σκληρὸς ἄνεμος, ὀνόματι δὲ ἐπιδέξιος καλεῖται.
17 Σίδηρος σίδηρον ὀξύνει, ἀνὴρ δὲ παροξύνει πρόσωπον ἑταίρου.
18 Ὃς φυτεύει συκῆν φάγεται τοὺς καρποὺς αὐτῆς, ὃς δὲ φυλάσσει
19 τὸν ἑαυτοῦ κύριον τιμηθήσεται. Ὥσπερ οὐχ ὅμοια πρόσωπα
20 προσώποις, οὕτως οὐδὲ αἱ διάνοιαι τῶν ἀνθρώπων. Ἅδης καὶ
ἀπώλεια οὐκ ἐμπίμπλανται, ὡσαύτως καὶ οἱ ὀφθαλμοὶ τῶν
ἀνθρώπων ἄπληστοι· βδέλυγμα Κυρίῳ στηρίζων ὀφθαλμὸν,
21 καὶ οἱ ἀπαίδευτοι ἀκρατεῖς γλώσσῃ. Δοκίμιον ἀργυρίῳ καὶ
χρυσῷ πύρωσις, ἀνὴρ δὲ δοκιμάζεται διὰ στόματος ἐγκωμιαζόν-
των αὐτόν· καρδία ἀνόμου ἐκζητεῖ κακὰ, καρδία δὲ εὐθὺς ζητεῖ

railing man for the tumult of strife. 22 The
words of cunning knaves are soft; but they
smite *even* to the inmost parts of the
bowels.
23 Silver dishonestly given is to be con-
sidered as a potsherd: smooth lips cover a
grievous heart. 24 A weeping enemy pro-
mises all things with his lips, but in his
heart he contrives deceit. 25 Though *thine*
enemy intreat thee with a loud voice, con-
sent not: for there are seven abominations
in his heart. 26 He that hides enmity frames
deceit: but being easily discerned, exposes
his own sins in the public assemblies. 27 He
that digs a pit for his neighbour shall fall
into it: and he that rolls a stone, rolls it
upon himself. 28 A lying tongue hates the
truth; and an unguarded mouth causes
tumults.

Boast not of to-morrow; for thou know-
est not what the next day shall bring forth.
2 Let thy neighbour, and not thine own
mouth, praise thee; a stranger, and not
thine own lips. 3 A stone is heavy, and sand
cumbersome; but a fool's wrath is heavier
than both. 4 Wrath is merciless, and anger
sharp: but envy can bear nothing. 5 Open
reproofs are better than secret love. 6 The
wounds of a friend are more to be trusted
than the spontaneous kisses of an enemy.

7 A full soul scorns honeycombs; but to a
hungry soul even bitter things appear sweet.
8 As when a bird flies down from its own
nest, so a man is brought into bondage
whenever he estranges himself from his own
place. 9 The heart delights in ointments
and wines and perfumes: but the soul is
broken by calamities.

10 Thine own friend, and thy father's
friend, forsake not; and when thou art in
distress go not into thy brother's house:
better is a friend *that is* near than a bro-
ther living far off. 11 Son, be wise, that thy
heart may rejoice; and remove thou from
thyself reproachful words. 12 A wise man,
when evils are approaching, hides himself;
but fools pass on, and will be punished.
13 Take away the man's garment, (for a
scorner has passed by) whoever lays waste
another's goods. 14 Whosoever shall bless a
friend in the morning with a loud voice,
shall seem to differ nothing from one who
curses *him*.

15 On a stormy day drops *of rain* drive a
man out of his house; so also does a railing
woman *drive a man* out of his own house.
16 The north wind is sharp, but it is called
by name propitious. 17 Iron sharpens iron;
and a man sharpens his friend's counte-
nance. 18 He that plants a fig-tree shall eat
the fruits of it: so he that waits on his own
master shall be honoured. 19 As faces are
not like *other* faces, so neither are the
thoughts of men. 20 Hell and destruction
are not filled; so also are the eyes of men
insatiable. [β He that fixes his eye is an
abomination to the Lord; and the unin-
structed do not restrain their tongue.]
21 Fire is the trial for silver and gold; and
a man is tried by the mouth of them that
praise him. The heart of the transgressor
seeks after mischiefs; but an upright heart

β Heb. omits to ver. 21.

seeks knowledge. ²²Though thou scourge a fool, disgracing him in the midst of the council, thou wilt *still* in no wise remove his folly from him.

²³Do thou thoroughly know the number of thy flock, and pay attention to thine herds. ²⁴For a man *has* not strength and power for ever; neither does he transmit it from generation to generation. ²⁵Take care of the herbage in the field, and thou shalt cut grass, and gather the mountain hay; ²⁶that thou mayest have *wool of* sheep for clothing: pay attention to the land, that thou mayest have lambs. ²⁷*My* son, thou hast from me words very useful for thy life, and for the life of thy servants.

The ungodly *man* flees when no one pursues: but the righteous is confident as a lion. ²By reason of the sins of ungodly men quarrels arise; but a wise man will βquell them. ³A bold man oppresses the poor by ungodly deeds. As an impetuous and unprofitable rain, ⁴so they that forsake the law praise ungodliness; but they that love the law fortify themselves with a wall. ⁵Evil men will not understand judgment: but they that seek the Lord will understand γeverything.

⁶A poor man walking in truth is better than a rich liar. ⁷A wise son keeps the law: but he that keeps up debauchery dishonours his father. ⁸He that increases his wealth by usuries and *unjust* gains, gathers it for him that pities the poor. ⁹He that turns away his ear from hearing the law, even he has δmade his prayer abominable.

¹⁰He that causes upright men to err in an evil way, himself shall fall into destruction: transgressors also shall pass by prosperity, but shall not enter into it. ¹¹A rich man is wise in his own conceit; but an intelligent poor man will condemn him. ¹²By reason of the help of righteous men great glory arises: but in the places of the ungodly men are caught.

¹³He that covers his own ungodliness shall not prosper: but he that blames *himself* shall be loved. ¹⁴Blessed is the man who religiously fears ζalways: but the hard of heart shall fall into mischiefs. ¹⁵A hungry lion and a thirsty wolf *is he*, who, being poor, rules over a poor nation. ¹⁶A king in need of revenues is a great oppressor: but he that hates injustice shall live a long time.

¹⁷He that becomes surety for a man charged with murder shall be an exile, and not in safety. Chasten thy son, and he shall love thee, and give honour to thy soul: he shall not obey a sinful nation. ¹⁸He that walks justly is assisted: but he that walks in crooked ways shall be entangled *therein*. ¹⁹He that tills his own land shall be satisfied with θbread: but he that follows idleness shall have plenty of poverty.

²⁰A man worthy of credit shall be much blessed: but the wicked shall not be unpunished. ²¹He that reverences not the persons of the just is not good: such a one will sell a man for a morsel of bread. ²²An envious man makes haste to be rich, and knows not that the merciful man will have the mastery over him.

γνῶσιν. Ἐὰν μαστιγοῖς ἄφρονα ἐν μέσῳ συνεδρίου ἀτιμάζων, 22 οὐ μὴ περιέλῃς τὴν ἀφροσύνην αὐτοῦ.

Γνωστῶς ἐπιγνώσῃ ψυχὰς ποιμνίου σου, καὶ ἐπιστήσεις 23 καρδίαν σου σαῖς ἀγέλαις. Ὅτι οὐκ εἰς τὸν αἰῶνα ἀνδρὶ 24 κράτος καὶ ἰσχὺς, οὐδὲ παραδίδωσιν ἐκ γενεᾶς εἰς γενεάν. Ἐπιμελοῦ τῶν ἐν τῷ πεδίῳ χλωρῶν, καὶ κερεῖς πόαν, καὶ 25 σύναγε χόρτον ὀρεινὸν, ἵνα ἔχῃς πρόβατα εἰς ἱματισμόν· 26 τίμα πεδίον, ἵνα ὦσί σοι ἄρνες. Υἱὲ, παρ' ἐμοῦ ἔχεις 27 ῥήσεις ἰσχυρὰς εἰς τὴν ζωήν σου, καὶ εἰς τὴν ζωὴν σῶν θεραπόντων.

Φεύγει ἀσεβὴς μηδενὸς διώκοντος, δίκαιος δὲ ὥσπερ λέων 28 πέποιθε. Δι' ἁμαρτίας ἀσεβῶν κρίσεις ἐγείρονται, ἀνὴρ δὲ 2 πανοῦργος κατασβέσει αὐτάς. Ἀνδρεῖος ἐν ἀσεβείαις συκο- 3 φαντεῖ πτωχούς· ὥσπερ ὑετὸς λάβρος καὶ ἀνωφελὴς, οὕτως 4 οἱ ἐγκαταλείποντες τὸν νόμον ἐγκωμιάζουσιν ἀσέβειαν· οἱ δὲ ἀγαπῶντες τὸν νόμον, περιβάλλουσιν ἑαυτοῖς τεῖχος. Ἄνδρες 5 κακοὶ οὐ συνήσουσι κρίμα, οἱ δὲ ζητοῦντες τὸν Κύριον συνήσουσιν ἐν παντί.

Κρείσσων πτωχὸς πορευόμενος ἐν ἀληθείᾳ, πλουσίου ψευ- 6 δοῦς. Φυλάσσει νόμον υἱὸς συνετὸς, ὃς δὲ ποιμαίνει ἀσωτίαν 7 ἀτιμάζει πατέρα. Ὁ πληθύνων τὸν πλοῦτον αὐτοῦ μετὰ 8 τόκων καὶ πλεονασμῶν, τῷ ἐλεῶντι πτωχοὺς συνάγει αὐτόν. Ὁ ἐκκλίνων τὸ οὖς αὐτοῦ μὴ εἰσακοῦσαι νόμου, καὶ αὐτὸς τὴν 9 προσευχὴν αὐτοῦ ἐβδέλυκται.

Ὃς πλανᾷ εὐθεῖς ἐν ὁδῷ κακῇ, εἰς διαφθορὰν αὐτὸς ἐμπε- 10 σεῖται· οἱ δὲ ἄνομοι διελεύσονται ἀγαθὰ, καὶ οὐκ εἰσελεύσονται εἰς αὐτά. Σοφὸς παρ' ἑαυτῷ ἀνὴρ πλούσιος, πένης 11 δὲ νοήμων καταγνώσεται αὐτοῦ. Διὰ βοήθειαν δικαίων 12 πολλὴ γίνεται δόξα, ἐν δὲ τόποις ἀσεβῶν ἁλίσκονται ἄνθρωποι.

Ὁ ἐπικαλύπτων ἀσέβειαν ἑαυτοῦ οὐκ εὐοδωθήσεται, ὁ δὲ 13 ἐξηγούμενος ἐλέγχους ἀγαπηθήσεται. Μακάριος ἀνὴρ ὃς 14 καταπτήσσει πάντα δι' εὐλάβειαν, ὁ δὲ σκληρὸς τὴν καρδίαν ἐμπεσεῖται κακοῖς. Λέων πεινῶν καὶ λύκος διψῶν, ὃς τυραν- 15 νεῖ, πτωχὸς ὢν, ἔθνους πενιχροῦ. Βασιλεὺς ἐνδεὴς προσό- 16 δων μέγας συκοφάντης, ὁ δὲ μισῶν ἀδικίαν μακρὸν χρόνον ζήσεται.

Ἄνδρα τὸν ἐν αἰτίᾳ φόνου ὁ ἐγγυώμενος, φυγὰς ἔσται καὶ 17 οὐκ ἐν ἀσφαλείᾳ· παίδευε υἱὸν καὶ ἀγαπήσει σε, καὶ δώσει κόσμον τῇ σῇ ψυχῇ, οὐ μὴ ὑπακούσῃ ἔθνει παρανόμῳ. Ὁ πορευόμενος δικαίως βεβοήθηται, ὁ δὲ σκολιαῖς ὁδοῖς 18 πορευόμενος ἐμπλακήσεται. Ὁ ἐργαζόμενος τὴν ἑαυτοῦ γῆν 19 πλησθήσεται ἄρτων, ὁ δὲ διώκων σχολὴν ⸗λησθήσεται πενίας.

Ἀνὴρ ἀξιόπιστος πολλὰ εὐλογηθήσεται, ὁ δὲ κακὸς οὐκ 20 ἀτιμώρητος ἔσται. Ὃς οὐκ αἰσχύνεται πρόσωπα δικαίων, 21 οὐκ ἀγαθὸς, ὁ τοιοῦτος ψωμοῦ ἄρτου ἀποδώσεται ἄνδρα. Σπεύδει πλουτεῖν ἀνὴρ βάσκανος, καὶ οὐκ οἶδεν ὅτι ἐλεήμων 22 κρατήσει αὐτοῦ.

β *Gr.* quench.   γ *Gr.* in every thing.   δ *Or*, abhorred his prayer.   ζ *Gr.* all things.   θ *Gr.* plural.

23 Ὁ ἐλέγχων ἀνθρώπου ὁδοὺς, χάριτας ἕξει μᾶλλον τοῦ
24 γλωσσοχαριτοῦντος. Ὃς ἀποβάλλεται πατέρα ἢ μητέρα,
καὶ δοκεῖ μὴ ἁμαρτάνειν, οὗτος κοινωνός ἐστιν ἀνδρὸς ἀσεβοῦς.
25 Ἄπιστος ἀνὴρ κρίνει εἰκῆ, ὃς δὲ πέποιθεν ἐπὶ Κύριον ἐν ἐπι-
26 μελείᾳ ἔσται. Ὃς πέποιθε θρασείᾳ καρδίᾳ, ὁ τοιοῦτος
27 ἄφρων, ὃς δὲ πορεύεται σοφίᾳ σωθήσεται. Ὃς δίδωσι πτω-
χοῖς οὐκ ἐνδεηθήσεται, ὃς δὲ ἀποστρέφει τὸν ὀφθαλμὸν
28 αὐτοῦ ἐν πολλῇ ἀπορίᾳ ἔσται. Ἐν τόποις ἀσεβῶν στέ-
νουσι δίκαιοι, ἐν δὲ τῇ ἐκείνων ἀπωλείᾳ πληθυνθήσονται
δίκαιοι.

29 Κρείσσων ἀνὴρ ἐλέγχων ἀνδρὸς σκληροτραχήλου, ἐξαπίνης
2 γὰρ φλεγομένου αὐτοῦ οὐκ ἔστιν ἴασις. Ἐγκωμιαζομένων
3 δικαίων εὐφρανθήσονται λαοί, ἀρχόντων δὲ ἀσεβῶν στένουσιν
ἄνδρες. Ἀνδρὸς φιλοῦντος σοφίαν εὐφραίνεται πατὴρ αὐτοῦ,
4 ὃς δὲ ποιμαίνει πόρνας ἀπολεῖ πλοῦτον. Βασιλεὺς δίκαιος
5 ἀνίστησι χώραν, ἀνὴρ δὲ παράνομος κατασκάπτει. Ὃς παρα-
σκευάζεται ἐπὶ πρόσωπον τοῦ ἑαυτοῦ φίλου δίκτυον, περιβάλ-
6 λει αὐτὸ τοῖς ἑαυτοῦ ποσίν. Ἁμαρτάνοντι ἀνδρὶ μεγάλη
7 παγὶς, δίκαιος δὲ ἐν χαρᾷ καὶ ἐν εὐφροσύνῃ ἔσται. Ἐπίστα-
ται δίκαιος κρίνειν πενιχροῖς, ὁ δὲ ἀσεβὴς οὐ νοεῖ γνῶσιν, καὶ
πτωχῷ οὐχ ὑπάρχει νοῦς ἐπιγνώμων.

8 Ἄνδρες ἄνομοι ἐξέκαυσαν πόλιν, σοφοὶ δὲ ἀπέστρεψαν
9 ὀργήν. Ἀνὴρ σοφὸς κρίνει ἔθνη, ἀνὴρ δὲ φαῦλος ὀργιζόμενος
10 καταγελᾶται καὶ οὐ καταπτήσσει. Ἄνδρες αἱμάτων μέτοχοι
11 μισοῦσιν ὅσιον, οἱ δὲ εὐθεῖς ἐκζητήσουσι ψυχὴν αὐτοῦ. Ὅλον
τὸν θυμὸν αὐτοῦ ἐκφέρει ἄφρων, σοφὸς δὲ ταμιεύεται κατὰ
12 μέρος. Βασιλέως ὑπακούοντος λόγον ἄδικον, πάντες οἱ ὑπ᾽
13 αὐτὸν παράνομοι. Δανειστοῦ καὶ χρεωφειλέτου ἀλλήλοις
14 συνελθόντων, ἐπισκοπὴν ἀμφοτέρους ποιεῖται ὁ Κύριος. Βασι-
λέως ἐν ἀληθείᾳ κρίνοντος πτωχούς, ὁ θρόνος αὐτοῦ εἰς μαρτύ-
15 ριον κατασταθήσεται. Πληγαὶ καὶ ἔλεγχοι διδόασι σοφίαν,
16 παῖς δὲ πλανώμενος αἰσχύνει γονεῖς αὐτοῦ. Πολλῶν ὄντων
ἀσεβῶν πολλαὶ γίνονται ἁμαρτίαι, οἱ δὲ δίκαιοι ἐκείνων πιπτόν-
των κατάφοβοι γίνονται.

17 Παίδευε υἱόν σου, καὶ ἀναπαύσει σε, καὶ δώσει κόσμον τῇ
18 ψυχῇ σου. Οὐ μὴ ὑπάρξῃ ἐξηγητὴς ἔθνει παρανόμῳ, ὁ δὲ
19 φυλάσσων τὸν νόμον μακαριστός. Λόγοις οὐ παιδευθήσεται
οἰκέτης σκληρός· ἐὰν γὰρ καὶ νοήσῃ, ἀλλ᾽ οὐχ ὑπακούσεται.
20 Ἐὰν ἴδῃς ἄνδρα ταχὺν ἐν λόγοις, γίνωσκε ὅτι ἐλπίδα ἔχει
21 μᾶλλον ὁ ἄφρων αὐτοῦ. Ὃς κατασπαταλᾷ ἐκ παιδός, οἰκέ-
22 της ἔσται, ἔσχατον δὲ ὀδυνηθήσεται ἐφ᾽ ἑαυτῷ. Ἀνὴρ
θυμώδης ἐγείρει νεῖκος, ἀνὴρ δὲ ὀργίλος ἐξώρυξεν ἁμαρτίαν.
23 Ὕβρις ἄνδρα ταπεινοῖ, τοὺς δὲ ταπεινόφρονας ἐρείδει δόξῃ
Κύριος.

24 Ὃς μερίζεται κλέπτῃ, μισεῖ τὴν ἑαυτοῦ ψυχήν· ἐὰν δὲ ὅρκου
25 προτεθέντος ἀκούσαντες μὴ ἀναγγείλωσι, φοβηθέντες καὶ
αἰσχυνθέντες ἀνθρώπους ὑπεσκελίσθησαν, ὁ δὲ πεποιθὼς ἐπὶ
Κυρίῳ εὐφρανθήσεται· ἀσέβεια ἀνδρὶ δίδωσι σφάλμα, ὃς δὲ
26 πέποιθεν ἐπὶ τῷ δεσπότῃ σωθήσεται. Πολλοὶ θεραπεύουσι

23 He that reproves a man's ways shall have more favour than he that flatters with the tongue. 24 βHe that casts off father or mother, and thinks he sins not; the same is partaker with an ungodly man. 25 An unbelieving man judges rashly: but he that trusts in the Lord will act carefully. 26 He that trusts to a bold heart, such an one is a fool: but he that walks in wisdom shall be safe. 27 He that gives to the poor shall not be in want: but he that turns away his eye *from him* shall be in great distress. 28 In the places of ungodly *men* the righteous γmourn: but in their destruction the righteous shall be multiplied.

A reprover is better than a stiff-necked man: for when the latter is suddenly set on fire, there shall be no remedy. 2 When the righteous are praised, the people will rejoice: but when the ungodly rule, men mourn. 3 When a man loves wisdom, his father rejoices: but he that keeps harlots will waste wealth. 4 A righteous king establishes a country: but a transgressor destroys *it*. 5 He that prepares a net in the way of his own friend, entangles his own feet in it. 6 A great snare *is spread* for a sinner: but the righteous shall be in joy and gladness. 7 A righteous man knows how to judge for the poor: but the ungodly understands not knowledge; and the poor man has not an understanding mind.

8 Lawless men burn down a city: but wise men turn away wrath. 9 A wise man shall judge nations: but a worthless man being angry laughs and fears not. 10 Bloody men hate a holy *person*, but the upright will seek his soul. 11 A fool utters all his mind: but the wise reserves his in part. 12 When a king hearkens to unjust language, all his subjects are transgressors. 13 When the creditor and debtor meet together, the Lord oversees them both. 14 When a king judges the poor in truth, his throne shall be established δfor a testimony. 15 Stripes and reproofs give wisdom: but an erring child disgraces his parents. 16 When the ungodly abound, sins abound: but when they fall, the righteous are warned.

17 Chasten thy son, and he shall give thee rest; and he shall give honour to thy soul. 18 There shall be no interpreter to a sinful nation: but he that observes the law is ζblessed. 19 A stubborn servant will not be reproved by words: for even if he understand, still he will not obey. 20 If thou see a man hasty in *his* words, know that the fool has hope rather than he. 21 He that lives wantonly from a child, shall be a servant, and in the end shall grieve over himself. 22 A furious man stirs up strife, and a passionate man digs up sin. 23 Pride brings a man low, but the Lord upholds the humble-minded with honour.

24 He that shares with a thief, hates his own soul: and if any having heard an oath uttered tell not of it, 25 *they* fearing and reverencing men *unreasonably* have been overthrown, but he that trusts in the Lord shall rejoice. Ungodliness causes a man to stumble: but he that trusts θin his master shall be safe. 26 Many wait on the favour of

---

β Mark 7. 11.　　γ Gr. groan.　　δ Heb. 'for ever.' See Amos 1. 11 ; Mich. 7. 18 ; in the Greek.　　ζ Or, 'most blessed.'
θ Possibly, 'in the Lord.' See 2 Pet. 2. 1.

rulers; but justice comes to a man from the Lord. ²⁷ A righteous man is an abomination to an unrighteous man, and the direct way is an abomination to the sinner.

¹⁰ Who shall find a virtuous woman? for such a one is more valuable than precious stones. ¹¹ The heart of her husband trusts in her: such a one shall stand in no need of fine spoils. ¹² For she employs all her living for her husband's good. ¹³ Gathering wool and flax, she makes it serviceable with her hands. ¹⁴ She is like a ship trading from a distance: so she procures her livelihood. ¹⁵ And she rises by night, and gives food to her household, and *appointed* tasks to her maidens. ¹⁶ She views a farm, and buys it: and with the fruit of her hands she plants a possession. ¹⁷ She strongly girds her loins, and strengthens her arms for work. ¹⁸ And she finds by experience that working is good; and her candle goes not out all night. ¹⁹ She reaches forth her arms to needful *works*, and applies her hands to the spindle. ²⁰ And she opens her hands to the needy, and reaches out fruit to the poor.

²¹ Her husband is not anxious about those at home when he tarries anywhere abroad: for all ᵝ her household are clothed. ²² She makes for her husband ᵞ clothes of double texture, and garments for herself of fine linen and scarlet. ²³ And her husband becomes a distinguished *person* in the gates, when he sits in council with the old inhabitants of the land. ²⁴ She makes fine linens, and sells girdles to the Chananites: she opens her mouth heedfully and with propriety, and controls her tongue. ²⁵ She puts on strength and honour; and rejoices in the last days. ²⁷ The ways of her household are careful, and she eats not the bread of idleness. ²⁶ But she opens her mouth wisely, and according to law. ²⁸ And *her* kindness to them sets up her children for them, and they grow rich, and her husband praises her. ²⁹ Many daughters have obtained wealth, many have wrought valiantly; but thou hast exceeded, thou hast surpassed all. ³⁰ Charms are false, and woman's beauty is vain: for it is a wise woman that is blessed, and let her praise the fear of the Lord. ³¹ Give her of the fruit of her lips; and let her husband be praised in the gates.

πρόσωπα ἡγουμένων, παρὰ δὲ Κυρίου γίνεται τὸ δίκαιον ἀνδρί. Βδέλυγμα δίκαιος ἀνὴρ ἀνδρὶ ἀδίκῳ, βδέλυγμα δὲ ἀνόμῳ 27 κατευθύνουσα ὁδός.

Γυναῖκα ἀνδρείαν τίς εὑρήσει; τιμιωτέρα δέ ἐστι λίθων 31 πολυτελῶν ἡ τοιαύτη· Θαρσεῖ ἐπ' αὐτῇ ἡ καρδία τοῦ 10, 11 ἀνδρὸς αὐτῆς· ἡ τοιαύτη καλῶν σκύλων οὐκ ἀπορήσει. Ἐνερ- 12 γεῖ γὰρ τῷ ἀνδρὶ εἰς ἀγαθὰ πάντα τὸν βίον. Μηρυομένη 13 ἔρια καὶ λίνον, ἐποίησεν εὔχρηστον ταῖς χερσὶν αὐτῆς. Ἐγέ- 14 νετο ὡσεὶ ναῦς ἐμπορευομένη μακρόθεν, συνάγει δὲ αὕτη τὸν βίον. Καὶ ἀνίσταται ἐκ νυκτῶν, καὶ ἔδωκε βρώματα τῷ οἴκῳ, 15 καὶ ἔργα ταῖς θεραπαίναις. Θεωρήσασα γεώργιον ἐπρίατο, 16 ἀπὸ δὲ καρπῶν χειρῶν αὐτῆς κατεφύτευσε κτῆμα. Ἀναζωσα- 17 μένη ἰσχυρῶς τὴν ὀσφὺν αὐτῆς ἤρεισε τοὺς βραχίονας αὐτῆς εἰς ἔργον. Καὶ ἐγεύσατο ὅτι καλόν ἐστι τὸ ἐργάζεσθαι, καὶ 18 οὐκ ἀποσβέννυται ὁ λύχνος αὐτῆς ὅλην τὴν νύκτα. Τοὺς 19 πήχεις αὐτῆς ἐκτείνει ἐπὶ τὰ συμφέροντα, τὰς δὲ χεῖρας αὐτῆς ἐρείδει εἰς ἄτρακτον. Χεῖρας δὲ αὐτῆς διήνοιξε πένητι, καρπὸν 20 δὲ ἐξέτεινε πτωχῷ.

Οὐ φροντίζει τῶν ἐν οἴκῳ ὁ ἀνὴρ αὐτῆς ὅταν που χρονίζῃ, 21 πάντες γὰρ οἱ παρ' αὐτῆς ἐνδεδυμένοι εἰσί. Δισσὰς χλαίνας 22 ἐποίησε τῷ ἀνδρὶ αὐτῆς, ἐκ δὲ βύσσου καὶ πορφύρας ἑαυτῇ ἐνδύματα. Περίβλεπτος δὲ γίνεται ὁ ἀνὴρ αὐτῆς ἐν πύλαις, 23 ἡνίκα ἂν καθίσῃ ἐν συνεδρίῳ μετὰ τῶν γερόντων κατοίκων τῆς γῆς. Σινδόνας ἐποίησε καὶ ἀπέδοτο περιζώματα τοῖς Χαναναίοις· 24 στόμα αὐτῆς διήνοιξε προσεχόντως καὶ ἐννόμως, καὶ τάξιν ἐστείλατο τῇ γλώσσῃ αὐτῆς. Ἰσχὺν καὶ εὐπρέπειαν ἐνεδύσατο, καὶ 25 εὐφράνθη ἐν ἡμέραις ἐσχάταις. Στεγναὶ διατριβαὶ οἴκων 27 αὐτῆς, σῖτα δὲ ὀκνηρὰ οὐκ ἔφαγε. Τὸ στόμα δὲ ἀνοίγει 26 σοφῶς καὶ νομοθέσμως. Ἡ δὲ ἐλεημοσύνη αὐτῆς ἀνέστησε 28 τὰ τέκνα αὐτῆς καὶ ἐπλούτησαν, καὶ ὁ ἀνὴρ αὐτῆς ᾔνεσεν αὐτήν. Πολλαὶ θυγατέρες ἐκτήσαντο πλοῦτον, πολλαὶ ἐποίησαν 29 δύναμιν· σὺ δὲ ὑπέρκεισαι, ὑπερῆρας πάσας. Ψευδεῖς 30 ἀρέσκειαι, καὶ μάταιον κάλλος γυναικός· γυνὴ γὰρ συνετὴ εὐλογεῖται, φόβον δὲ Κυρίου αὕτη αἰνείτω. Δότε αὐτῇ 31 ἀπὸ καρπῶν χειλέων αὐτῆς, καὶ αἰνείσθω ἐν πύλαις ὁ ἀνὴρ αὐτῆς.

β *Gr.* those with her.   γ Comp. *Heb.* and *A. V.*

ΕΚΚΛΗΣΙΑΣΤΗΣ.

ῬΗΜΑΤΑ Ἐκκλησιαστοῦ υἱοῦ Δαυὶδ βασιλέως Ἰσραὴλ ἐν
2 Ἰερουσαλήμ. Ματαιότης ματαιοτήτων, εἶπεν ὁ Ἐκκλησια-
στής, ματαιότης ματαιοτήτων, τὰ πάντα ματαιότης.
3 Τίς περίσσεια τῷ ἀνθρώπῳ ἐν παντὶ μόχθῳ αὐτοῦ ᾧ μοχθεῖ
4 ὑπὸ τὸν ἥλιον; Γενεὰ πορεύεται καὶ γενεὰ ἔρχεται, καὶ ἡ γῆ
5 εἰς τὸν αἰῶνα ἔστηκε. Καὶ ἀνατέλλει ὁ ἥλιος καὶ δύνει ὁ ἥλιος
6 καὶ εἰς τὸν τόπον αὐτοῦ ἕλκει· αὐτὸς ἀνατέλλων ἐκεῖ πορεύε-
ται πρὸς Νότον, καὶ κυκλοῖ πρὸς Βορρᾶν· κυκλοῖ κυκλῶν
πορεύεται τὸ πνεῦμα, καὶ ἐπὶ κύκλους αὐτοῦ ἐπιστρέφει τὸ
7 πνεῦμα. Πάντες οἱ χείμαρροι πορεύονται εἰς τὴν θάλασσαν,
καὶ ἡ θάλασσα οὐκ ἔστιν ἐμπιμπλαμένη· εἰς τὸν τόπον οὗ οἱ
χείμαρροι πορεύονται, ἐκεῖ αὐτοὶ ἐπιστρέφουσι τοῦ πορευθῆναι.
8 Πάντες οἱ λόγοι ἔγκοποι, οὐ δυνήσεται ἀνὴρ τοῦ λαλεῖν· καὶ οὐ
πλησθήσεται ὀφθαλμὸς τοῦ ὁρᾶν, καὶ οὐ πληρωθήσεται οὖς ἀπὸ
ἀκροάσεως.
9 Τί τὸ γεγονός; αὐτὸ τὸ γενησόμενον· καὶ τί τὸ πεποιημέ-
νον; αὐτὸ τὸ ποιηθησόμενον· καὶ οὐκ ἔστι πᾶν πρόσφατον
10 ὑπὸ τὸν ἥλιον. Ὃς λαλήσει καὶ ἐρεῖ, ἴδε τοῦτο καινόν ἐστιν;
ἤδη γέγονεν ἐν τοῖς αἰῶσι τοῖς γενομένοις ἀπὸ ἔμπροσθεν ἡμῶν.
11 Οὐκ ἔστι μνήμη τοῖς πρώτοις, καί γε τοῖς ἐσχάτοις γενομένοις
οὐκ ἔσται αὐτῶν μνήμη μετὰ τῶν γενησομένων εἰς τὴν ἐσχάτην.
12 Ἐγὼ ἐκκλησιαστὴς ἐγενόμην βασιλεὺς ἐπὶ Ἰσραὴλ ἐν
13 Ἰερουσαλήμ. Καὶ ἔδωκα τὴν καρδίαν μου τοῦ ἐκζητῆσαι καὶ
τοῦ κατασκέψασθαι ἐν τῇ σοφίᾳ περὶ πάντων τῶν γινομένων
ὑπὸ τὸν οὐρανὸν, ὅτι περισπασμὸν πονηρὸν ἔδωκεν ὁ Θεὸς τοῖς
υἱοῖς τῶν ἀνθρώπων τοῦ περισπᾶσθαι ἐν αὐτῷ.
14 Εἶδον σύμπαντα τὰ ποιήματα τὰ πεποιημένα ὑπὸ τὸν ἥλιον·
15 καὶ ἰδοὺ τὰ πάντα ματαιότης καὶ προαίρεσις πνεύματος. Διε-
στραμμένον οὐ δυνήσεται ἐπικοσμηθῆναι, καὶ ὑστέρημα οὐ
16 δυνήσεται ἀριθμηθῆναι. Ἐλάλησα ἐγὼ ἐν καρδίᾳ μου, τῷ
λέγειν, ἰδοὺ ἐγὼ ἐμεγαλύνθην, καὶ προσέθηκα σοφίαν ἐπὶ πᾶσιν
οἳ ἐγένοντο ἔμπροσθέν μου ἐν Ἰερουσαλήμ· καὶ ἔδωκα καρδίαν
17 μου τοῦ γνῶναι σοφίαν καὶ γνῶσιν. Καὶ καρδία μου εἶδε
πολλὰ, σοφίαν καὶ γνῶσιν, παραβολὰς καὶ ἐπιστήμην· ἔγνων
18 ἐγὼ ὅτι καί γε τοῦτό ἐστι προαίρεσις πνεύματος· Ὅτι ἐν πλήθει
σοφίας πλῆθος γνώσεως, καὶ ὁ προστιθεὶς γνῶσιν, προσθήσει
ἄλγημα.
2 Εἶπον ἐγὼ ἐν καρδίᾳ μου, δεῦρο δὴ πειράσω σε ἐν εὐφροσύνῃ,

THE words of the Preacher, the son of David, king of Israel in Jerusalem. ² Vanity of vanities, said the Preacher, vanity of vanities; all is vanity.

³ What advantage *is there* to a man in all his labour that he takes under the sun? ⁴ A generation goes, and a generation comes: but the earth stands for ever. ⁵ And the sun arises, and the sun goes down and draws toward its place; ⁶ arising there it proceeds southward, and goes round toward the north. The wind goes round and round, and the wind returns to its circuits. ⁷ All the β rivers run into the sea; and yet the sea is not filled: to the place whence the rivers come, thither they return again. ⁸ All things are full of labour; a man will not be able to speak *of them* : neither shall the eye be satisfied with seeing, neither shall the ear be filled with hearing.

⁹ What is that which has been? the very thing which shall be: and what is that which has been done? the very thing which shall be done: and there is no new thing under the sun. ¹⁰ *Who is* he that shall speak and say, Behold, this is new? it has already been in the ages that have passed before us. ¹¹ There is no memorial to the first things; neither to the things that have been last shall their memorial be with them that shall be at the last *time*.

¹² I the Preacher was king over Israel in Jerusalem. ¹³ And I applied my heart to seek out and examine by wisdom concerning all things that are done under heaven, for God has given to the sons of men an evil trouble to be troubled therewith.

¹⁴ I beheld all the works that were wrought under the sun; and, behold, all were vanity and γ waywardness of spirit. ¹⁵ That which is crooked cannot be made straight: and deficiency cannot be numbered. ¹⁶ I spoke in my heart, saying, Behold, I am increased, and have acquired wisdom beyond all who were before me in Jerusalem: also I applied my heart to know wisdom and knowledge. ¹⁷ And my heart knew much—wisdom, and knowledge, parables and understanding: I perceived that this also is γ waywardness of spirit. ¹⁸ For in the abundance of wisdom is abundance of knowledge; and he that increases knowledge will increase sorrow.

I said in my heart, Come now, I will prove thee with mirth, and behold thou

---

β *Gr.* torrents.   γ *Lit.* deliberate choice.

good: and, behold, this is also vanity. ² I said to laughter, Madness: and to mirth, Why doest thou this?

³ And I examined whether my heart would excite my flesh as *with* wine, (though my heart guided *me* in wisdom,) and *I desired* to lay hold of mirth, until I should see of what kind is the good to the sons of men, which they should do under the sun all the days of their life. ⁴ I enlarged my work; I built me houses; I planted me vineyards. ⁵ I made me gardens and orchards, and planted in them every kind of fruit-tree. ⁶ I made me β pools of water, to water from them the timber-bearing wood. ⁷ I got servants and maidens, and servants were born to me in the house: also I had abundant possession of flocks and herds, beyond all who were before me in Jerusalem. ⁸ Moreover I collected for myself both silver and gold also, and the peculiar treasures of kings and provinces: I procured me singing men and singing women, and delights of the sons of men, a butler and female cupbearers.

⁹ So I became great, and advanced beyond all that were before me in Jerusalem: also my wisdom was established to me. ¹⁰ And whatever mine eyes desired, I withheld not from them, I withheld not my heart from all my mirth: for my heart rejoiced in all my labour; and this was my portion of all my labour. ¹¹ And I looked on all my works which my hands had wrought, and on my labour which I laboured to perform: and, behold, all was vanity and waywardness of spirit, and there is no advantage under the sun.

¹² Then I looked on to see wisdom, and madness, and folly: for who is the man who will follow after counsel, in all things wherein he employs it? ¹³ And I saw that wisdom excels folly, as much as light excels darkness. ¹⁴ The wise man's eyes are in his head; but the fool walks in darkness: and I perceived, even I, that one event shall happen to them all.

¹⁵ And I said in my heart, As the event of the fool is, so shall it be to me, even to me; and to what purpose have I gained wisdom? I said moreover in my heart, This is also vanity, because the fool speaks of his abundance. ¹⁶ For there is no remembrance of the wise man with the fool for ever; forasmuch as now *in* the coming days all things are forgotten: and how shall the wise man die with the fool?

¹⁷ So I hated life; because the work that was wrought under the sun was evil γ before me: for all is vanity and waywardness of spirit. ¹⁸ And I hated the whole of my labour which I took under the sun; because I must leave it to the man who will come after me. ¹⁹ And who knows whether he will be a wise *man* or a fool? and whether he will have power over all my labour in which I laboured, and wherein I grew wise under the sun? this is also vanity. ²⁰ So I went about to dismiss from my heart all

καὶ ἴδε ἐν ἀγαθῷ· καὶ ἰδοὺ καί γε τοῦτο ματαιότης. Τῷ γέλωτι 2 εἶπα, περιφοράν, καὶ τῇ εὐφροσύνῃ, τί τοῦτο ποιεῖς;

Καὶ κατεσκεψάμην εἰ ἡ καρδία μου ἑλκύσει ὡς οἶνον τὴν 3 σάρκα μου, καὶ καρδία μου ὡδήγησεν ἐν σοφίᾳ, καὶ τοῦ κρατῆσαι ἐπ᾽ εὐφροσύνην, ἕως οὗ ἴδω ποῖον τὸ ἀγαθὸν τοῖς υἱοῖς τῶν ἀνθρώπων, ὃ ποιήσουσιν ὑπὸ τὸν ἥλιον, ἀριθμὸν ἡμερῶν ζωῆς αὐτῶν. Ἐμεγάλυνα ποίημά μου, ᾠκοδόμησά μοι οἴκους, ἐφύ- 4 τευσά μοι ἀμπελῶνας, ἐποίησά μοι κήπους καὶ παραδείσους, 5 καὶ ἐφύτευσα ἐν αὐτοῖς ξύλον πᾶν καρπού. Ἐποίησά μοι 6 κολυμβήθρας ὑδάτων τοῦ ποτίσαι ἀπ᾽ αὐτῶν δρυμὸν βλαστῶντα ξύλα. Ἐκτησάμην δούλους καὶ παιδίσκας, καὶ οἰκογενεῖς ἐγέ- 7 νοντό μοι, καί γε κτῆσις βουκολίου καὶ ποιμνίου πολλὴ ἐγένετό μοι ὑπὲρ πάντας τοὺς γενομένους ἔμπροσθέν μου ἐν Ἱερουσαλήμ. Συνήγαγόν μοι καί γε ἀργύριον καί γε χρυσίον, καὶ 8 περιουσιασμοὺς βασιλέων καὶ τῶν χωρῶν· ἐποίησά μοι ᾄδοντας καὶ ᾀδούσας, καὶ ἐντρυφήματα υἱῶν ἀνθρώπων, οἰνοχόον καὶ οἰνοχόας.

Καὶ ἐμεγαλύνθην καὶ προσέθηκα παρὰ πάντας τοὺς γενο- 9 μένους ἀπὸ ἔμπροσθέν μου ἐν Ἱερουσαλήμ, καί γε σοφία μου ἐστάθη μοι. Καὶ πᾶν ὃ ᾔτησαν οἱ ὀφθαλμοί μου, οὐκ 10 ἀφεῖλον ἀπ᾽ αὐτῶν· οὐκ ἀπεκώλυσα τὴν καρδίαν μου ἀπὸ πάσης εὐφροσύνης μου, ὅτι καρδία μου εὐφράνθη ἐν παντὶ μόχθῳ μου· καὶ τοῦτο ἐγένετο μερίς μου ἀπὸ παντὸς μόχθου μου. Καὶ 11 ἐπέβλεψα ἐγὼ ἐν πᾶσι ποιήμασί μου οἷς ἐποίησαν αἱ χεῖρές μου, καὶ ἐν μόχθῳ ᾧ ἐμόχθησα τοῦ ποιεῖν, καὶ ἰδοὺ τὰ πάντα ματαιότης καὶ προαίρεσις πνεύματος, καὶ οὐκ ἔστι περίσσεια ὑπὸ τὸν ἥλιον.

Καὶ ἐπέβλεψα ἐγὼ τοῦ ἰδεῖν σοφίαν καὶ παραφορὰν καὶ 12 ἀφροσύνην, ὅτι τίς ἄνθρωπος ὃς ἐπελεύσεται ὀπίσω τῆς βουλῆς; τὰ ὅσα ἐποίησεν αὐτήν. Καὶ εἶδον ἐγὼ ὅτι ἐστὶ περίσσεια τῇ 13 σοφίᾳ ὑπὲρ τὴν ἀφροσύνην, ὡς περίσσεια τοῦ φωτὸς ὑπὲρ τὸ σκότος. Τοῦ σοφοῦ οἱ ὀφθαλμοὶ αὐτοῦ ἐν κεφαλῇ αὐτοῦ, καὶ 14 ὁ ἄφρων ἐν σκότει πορεύεται· καὶ ἔγνων καί γε ἐγώ, ὅτι συνάντημα ἓν συναντήσεται τοῖς πᾶσιν αὐτοῖς.

Καὶ εἶπα ἐγὼ ἐν καρδίᾳ μου, ὡς συνάντημα τοῦ ἄφρονος καί 15 γε ἐμοὶ συναντήσεταί μοι, καὶ ἱνατί ἐσοφισάμην ἐγώ; περισσὸν ἐλάλησα ἐν καρδίᾳ μου, ὅτι καί γε τοῦτο ματαιότης, διότι ὁ ἄφρων ἐκ περισσεύματος λαλεῖ· Ὅτι οὐκ ἔστιν ἡ μνήμη τοῦ 16 σοφοῦ μετὰ τοῦ ἄφρονος εἰς τὸν αἰῶνα, καθότι ἤδη αἱ ἡμέραι ἐρχόμεναι τὰ πάντα ἐπελήσθη· καὶ πῶς ἀποθανεῖται ὁ σοφὸς μετὰ τοῦ ἄφρονος;

Καὶ ἐμίσησα σὺν τὴν ζωήν· ὅτι πονηρὸν ἐπ᾽ ἐμὲ τὸ ποίημα 17 τὸ πεποιημένον ὑπὸ τὸν ἥλιον, ὅτι πάντα ματαιότης καὶ προαίρεσις πνεύματος. Καὶ ἐμίσησα ἐγὼ σύμπαντα μόχθον 18 μου ὃν ἐγὼ κοπιῶ ὑπὸ τὸν ἥλιον, ὅτι ἀφίω αὐτὸν τῷ ἀνθρώπῳ τῷ γινομένῳ μετ᾽ ἐμέ. Καὶ τίς εἶδεν εἰ σοφὸς ἔσται ἢ 19 ἄφρων; καὶ εἰ ἐξουσιάζεται ἐν παντὶ μόχθῳ μου, ᾧ ἐμόχθησα καὶ ᾧ ἐσοφισάμην ὑπὸ τὸν ἥλιον; καί γε τοῦτο ματαιότης. Καὶ ἐπέστρεψα ἐγὼ τοῦ ἀποτάξασθαι τὴν καρδίαν μου ἐν 20

β *Lit.* baths.	γ *Gr.* toward, or, upon me.

21 παντὶ μόχθῳ μου ᾧ ἐμόχθησα ὑπὸ τὸν ἥλιον· Ὅτι ἐστὶν
ἄνθρωπος ὅτι μόχθος αὐτοῦ ἐν σοφίᾳ καὶ ἐν γνώσει καὶ ἐν
ἀνδρίᾳ· καὶ ἄνθρωπος ᾧ οὐκ ἐμόχθησεν ἐν αὐτῷ, δώσει αὐτῷ
μερίδα αὐτοῦ· καί γε τοῦτο ματαιότης καὶ πονηρία μεγάλη,

22 ὅτι γίνεται ἐν τῷ ἀνθρώπῳ ἐν παντὶ μόχθῳ αὐτοῦ καὶ ἐν
προαιρέσει καρδίας αὐτοῦ ᾧ αὐτὸς μοχθεῖ ὑπὸ τὸν ἥλιον.

23 Ὅτι πᾶσαι αἱ ἡμέραι αὐτοῦ ἀλγημάτων καὶ θυμοῦ περισπασμὸς
αὐτοῦ, καί γε ἐν νυκτὶ οὐ κοιμᾶται ἡ καρδία αὐτοῦ· καί γε
τοῦτο ματαιότης ἐστίν.

24   Οὐκ ἔστιν ἀγαθὸν ἀνθρώπῳ, ὃ φάγεται καὶ ὃ πίεται καὶ ὃ
δείξει τῇ ψυχῇ αὐτοῦ ἀγαθὸν ἐν μόχθῳ αὐτοῦ· καί γε τοῦτο

25 εἶδον ἐγὼ ὅτι ἀπὸ χειρὸς τοῦ Θεοῦ ἐστιν· Ὅτι τίς φάγε-

26 ται καὶ τίς πίεται πάρεξ αὐτοῦ; Ὅτι τῷ ἀνθρώπῳ τῷ ἀγαθῷ
πρὸ προσώπου αὐτοῦ ἔδωκε σοφίαν καὶ γνῶσιν καὶ εὐφρο-
σύνην, καὶ τῷ ἁμαρτάνοντι ἔδωκε περισπασμὸν τοῦ προσ-
θεῖναι καὶ τοῦ συναγαγεῖν, τοῦ δοῦναι τῷ ἀγαθῷ πρὸ προσώπου
τοῦ Θεοῦ, ὅτι καί γε τοῦτο ματαιότης καὶ προαίρεσις πνεύ-
ματος.

3   Τοῖς πᾶσιν ὁ χρόνος, καὶ καιρὸς τῷ παντὶ πράγματι ὑπὸ τὸν

2 οὐρανόν.   Καιρὸς τοῦ τεκεῖν καὶ καιρὸς τοῦ ἀποθανεῖν, καιρὸς

3 τοῦ φυτεῦσαι καὶ καιρὸς τοῦ ἐκτῖλαι τὸ πεφυτευμένον· Καιρὸς
τοῦ ἀποκτεῖναι καὶ καιρὸς τοῦ ἰάσασθαι, καιρὸς τοῦ καθελεῖν

4 καὶ καιρὸς τοῦ οἰκοδομεῖν· Καιρὸς τοῦ κλαῦσαι καὶ καιρὸς τοῦ
γελάσαι, καιρὸς τοῦ κόψασθαι καὶ καιρὸς τοῦ ὀρχήσασθαι·

5 Καιρὸς τοῦ βαλεῖν λίθους καὶ καιρὸς τοῦ συναγαγεῖν λίθους,
καιρὸς τοῦ περιλαβεῖν καὶ καιρὸς τοῦ μακρυνθῆναι ἀπὸ περιλή-

6 ψεως·   Καιρὸς τοῦ ζητῆσαι καὶ καιρὸς τοῦ ἀπολέσαι, καιρὸς

7 τοῦ φυλάξαι καὶ καιρὸς τοῦ ἐκβαλεῖν· Καιρὸς τοῦ ῥῆξαι καὶ
καιρὸς τοῦ ῥάψαι, καιρὸς τοῦ σιγᾶν καὶ καιρὸς τοῦ λαλεῖν·

8 Καιρὸς τοῦ φιλῆσαι καὶ καιρὸς τοῦ μισῆσαι, καιρὸς πολέμου
καὶ καιρὸς εἰρήνης.

9   Τίς περίσσεια τοῦ ποιοῦντος ἐν οἷς αὐτὸς μοχθεῖ;

10   Εἶδον σὺν πάντα τὸν περισπασμόν, ὃν ἔδωκεν ὁ Θεὸς τοῖς

11 υἱοῖς τῶν ἀνθρώπων τοῦ περισπᾶσθαι ἐν αὐτῷ. Τὰ σύμπαντα
ἃ ἐποίησε καλὰ ἐν καιρῷ αὐτοῦ· καί γε σύμπαντα τὸν αἰῶνα
ἔδωκεν ἐν καρδίᾳ αὐτῶν, ὅπως μὴ εὕρῃ ὁ ἄνθρωπος τὸ ποίημα

12 ὁ ἐποίησεν ὁ Θεὸς ἀπ' ἀρχῆς καὶ μέχρι τέλους. Ἔγνων ὅτι
οὐκ ἔστιν ἀγαθὸν ἐν αὐτοῖς, εἰ μὴ τοῦ εὐφρανθῆναι καὶ τοῦ
ποιεῖν ἀγαθὸν ἐν ζωῇ αὐτοῦ.

13   Καί γε πᾶς ὁ ἄνθρωπος ὃς φάγεται καὶ πίεται, καὶ ἴδῃ ἀγαθὸν

14 ἐν παντὶ μόχθῳ αὐτοῦ, δόμα Θεοῦ ἐστιν. Ἔγνων ὅτι πάντα
ὅσα ἐποίησεν ὁ Θεὸς αὐτὰ ἔσται εἰς τὸν αἰῶνα, ἐπ' αὐτῷ οὐκ
ἔστι προσθεῖναι, καὶ ἀπ' αὐτοῦ οὐκ ἔστιν ἀφελεῖν· καὶ ὁ Θεὸς

15 ἐποίησεν, ἵνα φοβηθῶσιν ἀπὸ προσώπου αὐτοῦ. Τὸ γενόμενον
ἤδη ἐστί, καὶ ὅσα τοῦ γίνεσθαι ἤδη γέγονε, καὶ ὁ Θεὸς ζητήσει
τὸν διωκόμενον.

16   Καὶ ἔτι εἶδον ὑπὸ τὸν ἥλιον τόπον τῆς κρίσεως, ἐκεῖ ὁ ἀσεβής·

17 καὶ τόπον τοῦ δικαίου, ἐκεῖ ὁ εὐσεβής. Καὶ εἶπα ἐγὼ ἐν
καρδίᾳ μου, σὺν τὸν δίκαιον καὶ σὺν τὸν ἀσεβῆ κρινεῖ ὁ Θεός,
ὅτι καιρὸς τῷ παντὶ πράγματι καὶ ἐπὶ παντὶ τῷ ποιήματι ἐκεῖ.

my labour wherein I had laboured under the sun. [21] For there is *such* a man that his labour is in wisdom, and in knowledge, and in fortitude; yet *this* man shall give his portion to one who has not laboured therein. This is also vanity and great β evil. [22] For it happens to a man in all his labour, and in the purpose of his heart wherein he labours under the sun. [23] For all his days *are days* of sorrows, and γ vexation of spirit is his; in the night also his heart rests not. This is also vanity.

[24] A man has nothing *really* good δ to eat, and to drink, and to shew his soul *as* good in his trouble. This also I saw, that it is from the hand of God. [25] For who shall eat, or who shall drink, without ζ him? [26] For *God* has given to the man who is good in his sight, wisdom, and knowledge, and joy: but he has given to the sinner trouble, to add and to heap up, that he may give to him that is good before God; for this is also vanity and waywardness of spirit.

To all things there is a time, and a season for every matter under heaven. [2] A time of birth, and a time to die; a time to plant, and a time to pluck up what has been planted; [3] a time to kill, and a time to heal; a time to pull down, and a time to build up; [4] a time to weep, and a time to laugh; a time to lament, and a time to dance; [5] a time to throw stones, and a time to gather stones together; a time to embrace, and a time to abstain from embracing; [6] a time to seek, and a time to lose; a time to keep, and a time to cast away; [7] a time to rend, and a time to sew; a time to be silent, and a time to speak; [8] a time to love, and a time to hate; a time of war, and a time of peace.

[9] What advantage *has* he that works in those things wherein he labours?

[10] I have seen all the trouble, which God has given to the sons of men to be troubled with. [11] All the things which he has made are beautiful in his time: he has also set the whole θ world in their heart, that man might not find out the work which God has wrought from the beginning even to the end. [12] I know that there is no good in them, except *for a man* to rejoice, and to do good in his life.

[13] Also *in the case of* every man who shall eat and drink, and see good in all his labour, *this* is a gift of God. [14] I know that whatsoever things God has done, they shall be for ever: it is impossible to add to it, and it is impossible to take away from it: and God has done *it*, that *men* may fear before him. [15] That which has been is now; and whatever things *are appointed* to be have already been; and God will seek out that which is past.

[16] And moreover I saw under the sun the place of judgment, there was the ungodly one; and the place of righteousness, there was the godly one. [17] And I said in my heart, God will judge the righteous and the ungodly: for there is a time there for every action and for every work.

---

¹⁸ I said in my heart, concerning the speech of the sons of man, God will judge them, and that to shew that they are beasts. ¹⁹ Also to them is the event of the sons of man, and the event of the brute; one event befalls them: as is the death of the one, so also the death of the other; and there is one breath to all: and what has the man more than the brute? nothing; for all is vanity. ²⁰ All *go* to one place; all were formed of the dust, and all will return to dust. ²¹ And who has seen the spirit of the sons of man, whether it goes upward? and the spirit of the beast, whether it goes downward to the earth? ²² And I saw that there was no good, but that wherein a man shall rejoice in his works, for it is his portion, for who shall bring him to see any thing of that which shall be after him?

So I returned, and saw all the oppressions that were done under the sun: and behold the tear of the oppressed, and they had no comforter; and on the side of them that oppressed them was power; but they had no comforter: ² and I praised all the dead that had already died more than the living, as many as are alive until now. ³ Better also than both these is he who has not yet been, who has not seen all the evil work that is done under the sun.

⁴ And I saw all labour, and all the ^β diligent work, that this is a man's envy from his ^γ neighbour. This is also vanity and waywardness of spirit. ⁵ The fool folds his hands together, and eats his own flesh. ⁶ Better is a handful of rest then two handfuls of trouble and waywardness of spirit.

⁷ So I returned, and saw vanity under the sun. ⁸ There is one *alone*, and there is not a second; yea, he has neither son nor brother: yet there is no end to all his labour; neither is his eye satisfied with wealth; and for whom do I labour, and deprive my soul of good? this is also vanity, and an evil ^δ trouble. ⁹ Two *are* better than one, *seeing* they have a good reward for their labour. ¹⁰ For if they fall, the one will lift up his fellow: but woe to him that is alone when he falls, and there is not a second to lift him up. ¹¹ Also if two should lie together, they also get heat: but how shall one be warmed *alone?* ¹² And if one should prevail against *him*, the two shall withstand him; and a threefold cord shall not be quickly broken.

¹³ Better is a poor and wise child than an old and foolish king, who knows not how to take heed any longer. ¹⁴ For he shall come forth out of the house of the prisoners to reign, because *he* also that was in his kingdom has become poor. ¹⁵ I beheld all the living who were walking under the sun, with the second youth who shall stand up in each one's place. ¹⁶ There is no end to all the people, to all who were before them: and the last shall not rejoice in him: for this also is vanity and waywardness of spirit.

¹⁷ Keep thy foot, whensoever thou goest to

Εἶπα ἐγὼ ἐν καρδίᾳ μου, περὶ λαλιᾶς υἱῶν τοῦ ἀνθρώπου, 18 ὅτι διακρινεῖ αὐτοὺς ὁ Θεός, καὶ τοῦ δεῖξαι ὅτι αὐτοὶ κτήνη εἰσί. Καί γε αὐτοῖς συνάντημα υἱῶν τοῦ ἀνθρώπου, καὶ συνάντημα 19 τοῦ κτήνους, συνάντημα ἐν αὐτοῖς· ὡς ὁ θάνατος τούτου, οὕτως καὶ ὁ θάνατος τούτου· καὶ πνεῦμα ἐν τοῖς πᾶσι· καὶ τί ἐπερίσσευσεν ὁ ἄνθρωπος παρὰ τὸ κτῆνος; οὐδέν· ὅτι πάντα ματαιότης. Τὰ πάντα εἰς τόπον ἕνα, τὰ πάντα ἐγένετο ἀπὸ τοῦ χοὸς, 20 καὶ τὰ πάντα ἐπιστρέψει εἰς τὸν χοῦν. Καὶ τίς εἶδε πνεῦμα 21 υἱῶν τοῦ ἀνθρώπου, εἰ ἀναβαίνει αὐτὸ ἄνω; καὶ τὸ πνεῦμα τοῦ κτήνους, εἰ καταβαίνει αὐτὸ κάτω εἰς γῆν; Καὶ εἶδον ὅτι οὐκ 22 ἔστιν ἀγαθὸν εἰ μὴ ὃ εὐφρανθήσεται ὁ ἄνθρωπος ἐν ποιήμασιν αὐτοῦ, ὅτι αὐτὸ μερὶς αὐτοῦ, ὅτι τίς ἄξει αὐτὸν τοῦ ἰδεῖν ἐν ᾧ ἐὰν γένηται μετ᾽ αὐτόν;

Καὶ ἐπέστρεψα ἐγὼ, καὶ εἶδον συμπάσας τὰς συκοφαντίας 4 τὰς γενομένας ὑπὸ τὸν ἥλιον· καὶ ἰδοὺ δάκρυον τῶν συκοφαντουμένων, καὶ οὐκ ἔστιν αὐτοῖς παρακαλῶν, καὶ ἀπὸ χειρὸς συκοφαντούντων αὐτοῖς ἰσχὺς, καὶ οὐκ ἔστιν αὐτοῖς παρακαλῶν. Καὶ ἐπῄνεσα ἐγὼ σύμπαντας τοὺς τεθνηκότας τοὺς ἤδη ἀποθα- 2 νόντας ὑπὲρ τοὺς ζῶντας, ὅσοι αὐτοὶ ζῶσιν ἕως τοῦ νῦν. Καὶ 3 ἀγαθὸς ὑπὲρ τοὺς δύο τούτους ὅστις οὔπω ἐγένετο, ὃς οὐκ εἶδε σὺν πᾶν τὸ ποίημα τὸ πονηρὸν τὸ πεποιημένον ὑπὸ τὸν ἥλιον.

Καὶ εἶδον ἐγὼ σύμπαντα τὸν μόχθον, καὶ σύμπασαν ἀνδρίαν 4 τοῦ ποιήματος, ὅτι αὐτὸ ζῆλος ἀνδρὸς ἀπὸ τοῦ ἑταίρου αὐτοῦ· καί γε τοῦτο ματαιότης καὶ προαίρεσις πνεύματος. Ὁ ἄφρων 5 περιέβαλε τὰς χεῖρας αὐτοῦ, καὶ ἔφαγε τὰς σάρκας αὐτοῦ. Ἀγαθὸν πλήρωμα δρακὸς ἀναπαύσεως ὑπὲρ πληρώματα δύο 6 δρακῶν μόχθου καὶ προαιρέσεως πνεύματος.

Καὶ ἐπέστρεψα ἐγὼ, καὶ εἶδον ματαιότητα ὑπὸ τὸν ἥλιον. 7 Ἔστιν εἷς, καὶ οὐκ ἔστι δεύτερος· καί γε υἱὸς καί γε ἀδελφὸς 8 οὐκ ἔστιν αὐτῷ· καὶ οὐκ ἔστι περασμὸς τῷ παντὶ μόχθῳ αὐτοῦ· καί γε ὀφθαλμὸς αὐτοῦ οὐκ ἐμπίμπλαται πλούτου· καὶ τίνι ἐγὼ μοχθῶ, καὶ στερίσκω τὴν ψυχήν μου ἀπὸ ἀγαθωσύνης; καί γε τοῦτο ματαιότης καὶ περισπασμὸς πονηρός ἐστιν. Ἀγαθοὶ οἱ 9 δύο ὑπὲρ τὸν ἕνα, οἷς ἐστιν αὐτοῖς μισθὸς ἀγαθὸς ἐν μόχθῳ αὐτῶν· Ὅτι ἐὰν πέσωσιν, ὁ εἷς ἐγερεῖ τὸν μέτοχον αὐτοῦ· καὶ 10 οὐαὶ αὐτῷ τῷ ἑνὶ, ὅταν πέσῃ καὶ μὴ ᾖ δεύτερος ἐγεῖραι αὐτόν. Καί γε ἐὰν κοιμηθῶσι δύο, καὶ θέρμη αὐτοῖς, καὶ ὁ εἷς πῶς 11 θερμανθῇ; Καὶ ἐὰν ἐπικραταιωθῇ ὁ εἷς, οἱ δύο στήσονται 12 κατέναντι αὐτοῦ, καὶ τὸ σπαρτίον τὸ ἔντριτον οὐ ταχέως ἀπορραγήσεται.

Ἀγαθὸς παῖς πένης καὶ σοφὸς ὑπὲρ βασιλέα πρεσβύτερον 13 καὶ ἄφρονα, ὃς οὐκ ἔγνω τοῦ προσέχειν ἔτι. Ὅτι ἐξ οἴκου 14 τῶν δεσμίων ἐξελεύσεται τοῦ βασιλεῦσαι, ὅτι καί γε ἐν βασιλείᾳ αὐτοῦ ἐγενήθη πένης. Εἶδον σύμπαντας τοὺς ζῶντας 15 τοὺς περιπατοῦντας ὑπὸ τὸν ἥλιον μετὰ τοῦ νεανίσκου τοῦ δευτέρου, ὃς στήσεται ἀντ᾽ αὐτοῦ. Οὐκ ἔστι περασμὸς τῷ 16 παντὶ λαῷ, τοῖς πᾶσιν οἳ ἐγένοντο ἔμπροσθεν αὐτῶν· καί γε οἱ ἔσχατοι οὐκ εὐφρανθήσονται ἐπ᾽ αὐτῷ· ὅτι καί γε τοῦτο ματαιότης καὶ προαίρεσις πνεύματος.

Φύλαξον τὸν πόδα σου, ἐν ᾧ ἐὰν πορεύῃ εἰς οἶκον τοῦ Θεοῦ· 17

---

^β *Gr.* manliness of work.   ^γ *Gr.* companion.   ^δ *Gr.* distraction.

καὶ ἐγγὺς τοῦ ἀκούειν, ὑπὲρ δόμα τῶν ἀφρόνων θυσία σου, ὅτι οὐκ εἰσὶν εἰδότες τοῦ ποιῆσαι κακόν.

5 Μὴ σπεῦδε ἐπὶ στόματί σου, καὶ καρδία σου μὴ ταχυνάτω τοῦ ἐξενέγκαι λόγον πρὸ προσώπου τοῦ Θεοῦ· ὅτι ὁ Θεὸς ἐν τῷ οὐρανῷ ἄνω, καὶ σὺ ἐπὶ τῆς γῆς· διὰ τοῦτο ἔστωσαν οἱ 2 λόγοι σου ὀλίγοι. Ὅτι παραγίνεται ἐνύπνιον ἐν πλήθει πειρασμοῦ, καὶ φωνὴ ἄφρονος ἐν πλήθει λόγων.

3 Καθὼς εὔξῃ εὐχὴν τῷ Θεῷ, μὴ χρονίσῃς τοῦ ἀποδοῦναι αὐτήν· ὅτι οὐκ ἔστι θέλημα ἐν ἄφροσι· σὺ οὖν ὅσα ἐὰν εὔξῃ, 4 ἀπόδος. Ἀγαθὸν τὸ μὴ εὔξασθαί σε, ἢ τὸ εὔξασθαί σε 5 καὶ μὴ ἀποδοῦναι. Μὴ δῷς τὸ στόμα σου τοῦ ἐξαμαρτῆσαι τὴν σάρκα σου, καὶ μὴ εἴπῃς πρὸ προσώπου τοῦ Θεοῦ, ὅτι ἄγνοιά ἐστιν· ἵνα μὴ ὀργισθῇ ὁ Θεὸς ἐπὶ φωνῇ σου, καὶ 6 διαφθείρῃ τὰ ποιήματα χειρῶν σου. Ὅτι ἐν πλήθει ἐνυπνίων καὶ ματαιοτήτων καὶ λόγων πολλῶν, ὅτι σὺ τὸν Θεὸν φοβοῦ.

7 Ἐὰν συκοφαντίαν πένητος καὶ ἁρπαγὴν κρίματος καὶ δικαιοσύνης ἴδῃς ἐν χώρᾳ, μὴ θαυμάσῃς ἐπὶ τῷ πράγματι· ὅτι 8 ὑψηλὸς ἐπάνω ὑψηλοῦ φυλάξαι, καὶ ὑψηλοὶ ἐπ᾽ αὐτοῖς. Καὶ περίσσεια γῆς ἐπὶ παντί ἐστι, βασιλεὺς τοῦ ἀγροῦ εἰργασμένου.

9 Ἀγαπῶν ἀργύριον οὐ πλησθήσεται ἀργυρίου· καὶ τίς ἠγάπησεν ἐν πλήθει αὐτῶν γέννημα; καί γε τοῦτο ματαιότης.

10 Ἐν πλήθει ἀγαθωσύνης ἐπληθύνθησαν ἔσθοντες αὐτήν· καὶ τί ἀνδρεία τῷ παρ᾽ αὐτῆς; ὅτι ἀρχὴ τοῦ ὁρᾶν ὀφθαλμοῖς αὐτοῦ.

11 Γλυκὺς ὕπνος τοῦ δούλου εἰ ὀλίγον καὶ εἰ πολὺ φάγεται, καὶ τῷ ἐμπλησθέντι τοῦ πλουτῆσαι, οὐκ ἔστιν ἀφίων αὐτὸν τοῦ ὑπνῶσαι.

12 Ἔστιν ἀρρωστία ἣν εἶδον ὑπὸ τὸν ἥλιον, πλοῦτον φυλασ-
13 σόμενον τῷ παρ᾽ αὐτοῦ εἰς κακίαν αὐτῷ, καὶ ἀπολεῖται ὁ πλοῦτος ἐκεῖνος ἐν περισπασμῷ πονηρῷ, καὶ ἐγέννησεν υἱόν, καὶ
14 οὐκ ἔστιν ἐν χειρὶ αὐτοῦ οὐδέν. Καθὼς ἐξῆλθεν ἀπὸ γαστρὸς μητρὸς αὐτοῦ γυμνός, ἐπιστρέψει τοῦ πορευθῆναι ὡς ἥκει, καὶ οὐδὲν οὐ λήψεται ἐν μόχθῳ αὐτοῦ, ἵνα πορευθῇ ἐν χειρὶ αὐτοῦ.
15 Καί γε τοῦτο πονηρὰ ἀρρωστία· ὥσπερ γὰρ παρεγένετο, οὕτως καὶ ἀπελεύσεται· καὶ τίς ἡ περίσσεια αὐτοῦ ᾗ μοχθεῖ εἰς ἄνε-
16 μον; Καί γε πᾶσαι αἱ ἡμέραι αὐτοῦ ἐν σκότει, καὶ ἐν πένθει, καὶ θυμῷ πολλῷ, καὶ ἀρρωστίᾳ, καὶ χόλῳ.
17 Ἰδού, εἶδον ἐγὼ ἀγαθόν, ὅ ἐστι καλόν, τοῦ φαγεῖν καὶ τοῦ πιεῖν καὶ τοῦ ἰδεῖν ἀγαθωσύνην ἐν παντὶ μόχθῳ αὐτοῦ, ᾧ ἐὰν μοχθῇ ὑπὸ τὸν ἥλιον ἀριθμὸν ἡμερῶν ζωῆς αὐτοῦ ὧν ἔδωκεν
18 αὐτῷ ὁ Θεός, ὅτι αὐτὸ μερὶς αὐτοῦ. Καί γε πᾶς ἄνθρωπος ᾧ ἔδωκεν αὐτῷ ὁ Θεὸς πλοῦτον καὶ ὑπάρχοντα, καὶ ἐξουσίασεν αὐτῷ φαγεῖν ἀπ᾽ αὐτοῦ, καὶ λαβεῖν τὸ μέρος αὐτοῦ, καὶ τοῦ εὐφρανθῆναι ἐν μόχθῳ αὐτοῦ, τοῦτο δόμα Θεοῦ ἐστιν.
19 Ὅτι οὐ πολλὰ μνησθήσεται τὰς ἡμέρας τῆς ζωῆς αὐτοῦ, ὅτι ὁ Θεὸς περισπᾷ αὐτὸν ἐν εὐφροσύνῃ καρδίας αὐτοῦ.

6 Ἔστι πονηρία ἣν εἶδον ὑπὸ τὸν ἥλιον, καὶ πολλή ἐστιν
2 ὑπὸ τὸν ἄνθρωπον· Ἀνὴρ ᾧ δώσει αὐτῷ ὁ Θεὸς πλοῦτον καὶ

the house of God; and *when thou art* near to hear, let thy sacrifice *be* better than the gift of fools: for they know not that they are doing evil.

Be not hasty with thy mouth, and let not thine heart be swift to utter anything before God; for God is in heaven above, and thou upon earth: therefore let thy words be few. [2] For through the multitude of trial a dream comes; and a fool's voice is with a multitude of words.

[3] Whenever thou shalt vow a vow to God, defer not to pay it; for *he has* no pleasure in fools: pay thou therefore whatsoever thou shalt have vowed. [4] *It is* better that thou shouldest not vow, than that thou shouldest vow and not pay. [5] Suffer not thy mouth to lead thy flesh to sin; and say not in the presence of God, It was an error: lest God be angry at thy voice, and destroy the works of thy hands. [6] For *there is evil* in a multitude of dreams and vanities and many words: but fear thou God.

[7] If thou shouldest see the oppression of the poor, and the wresting of judgment and of justice in the land, wonder not at the matter: for *there is* a high one to watch over him that is high, and high ones over them. [8] Also the abundance of the earth is for every one: the king *is dependent on* the tilled field.

[9] He that loves silver shall not be satisfied with silver: and who has [β] loved gain, in the abundance [γ] thereof? this is also vanity. [10] In the multitude of good they are increased that eat it: and what virtue has the owner, but the [δ] right of beholding *it* with his eyes? [11] The sleep of a servant is sweet, whether he eat little or much: but to one who is satiated with wealth, there is none that suffers him to sleep.

[12] There is an infirmity which I have seen under the sun, *namely*, wealth kept for its owner to his hurt. [13] And that wealth shall perish in an evil trouble: and *the man* begets a son, and there is nothing in his hand. [14] As he came forth naked from his mother's womb, he shall return back as he came, and he shall receive nothing for his labour, that it should go *with him* in his hand. [15] And this is also an evil infirmity: for as he came, so also shall he return: and what is his gain, for which he vainly labours? [16] Yea, all his days are in darkness, and in mourning, and much [ζ] sorrow, and infirmity, and wrath.

[17] Behold, I have seen good, that it is a fine thing *for a man* to eat and to drink, and to see good in all his labour in which he may labour under the sun, *all* the number of the days of his life which God has given to him: for it is his portion. [18] Yea, and *as for* every man to whom God has given wealth and possessions, and has given him power to eat thereof, and to receive his portion, and to rejoice in his labour; this is the gift of God. [19] For he shall not much remember the days of his life; for God troubles him in the mirth of his heart.

There is an evil which I have seen under the sun, and it is abundant [θ] with man: [2] a man to whom God shall give wealth, and

---

substance, and honour, and he wants nothing for his soul of all things that he shall desire, yet God shall not give him power to eat of it, for a stranger shall devour it: this is vanity, and an evil infirmity.

³ If a man beget a hundred *children*, and live many years, yea, however abundant the days of his years shall be, yet *if* his soul shall not be satisfied with good, and also he have no burial; I said, An untimely birth is better than he. ⁴ For he came in vanity, and departs in darkness, and his name shall be covered in darkness. ⁵ Moreover he has not seen the sun, nor known rest: there is *no more rest* to this one than another. ⁶ βThough he has lived to the return of a thousand years, yet he has seen no good: do not all go to one place?

⁷ All the labour of a man is for his mouth, and yet the appetite shall not be satisfied. ⁸ For *what* advantage has the wise man over the fool, since *even* the poor knows how to walk γin the direction of life? ⁹ The sight of the eyes is better than that which wanders in soul: this is also vanity, and waywardness of spirit.

¹⁰ If anything has been, its name has already been called: and it is known what man is; neither can he contend with' him who is stronger than he. ¹¹ For there are many things which increase vanity.

What advantage has a man? for who knows *what is* good for a man in his life, *during* the number of the life of the days of his vanity? and he has spent them δas a shadow; for who shall tell a man what shall be after him under the sun?

² A good name is better than good oil; and the day of death than the day of birth. ³ *It is* better to go to the house of mourning, than to go to the banquet house: since this is the end of every man; and the living man will apply good *warning* to his heart. ⁴ Sorrow is better than laughter: for by the sadness of the countenance the heart will be made better. ⁵ The heart of the wise is in the house of mourning; but the heart of fools is in the house of mirth.

⁶ *It is* better to hear a reproof of a wise man, than for a man to hear the song of fools. ⁷ As the sound of thorns under a caldron, so is the laughter of fools: this is also vanity.

⁸ For oppression makes a wise man mad, and destroys ςhis noble heart. ⁹ The end of a matter is better than the beginning thereof: the patient is better than the highminded. ¹⁰ Be not hasty in thy spirit to be angry: for anger will rest in the bosom of fools. ¹¹ Say not, What has happened, that the former days were better than these? for thou dost not enquire in wisdom concerning this.

¹² Wisdom is good with an inheritance: and *there is* an advantage *by it* to them that see the sun. ¹³ For wisdom in its shadow is as the shadow of silver: and the excellence of the knowledge of wisdom will give life to him that has it.

¹⁴ Behold the works of God: for who shall be able to straighten him whom God has made crooked? ¹⁵ In the day of prosperity

ὑπάρχοντα καὶ δόξαν, καὶ οὐκ ἔστιν ὑστερῶν τῇ ψυχῇ αὐτοῦ ἀπὸ πάντων ὧν ἐπιθυμήσει, καὶ οὐκ ἐξουσιάσει αὐτῷ ὁ Θεὸς τοῦ φαγεῖν ἀπ᾽ αὐτοῦ, ὅτι ἀνὴρ ξένος φάγεται αὐτόν· τοῦτο ματαιότης καὶ ἀρρωστία πονηρά ἐστιν.

Ἐὰν γεννήσῃ ἀνὴρ ἑκατὸν, καὶ ἔτη πολλὰ ζήσεται, καὶ 3 πλῆθος ὅ, τι ἔσονται αἱ ἡμέραι ἐτῶν αὐτοῦ, καὶ ψυχὴ αὐτοῦ οὐ πλησθήσεται ἀπὸ τῆς· ἀγαθωσύνης, καί γε ταφὴ οὐκ ἐγένετο αὐτῷ, εἶπα, ἀγαθὸν ὑπὲρ αὐτὸν τὸ ἔκτρωμα. Ὅτι ἐν ματαιό- 4 τητι ἦλθε, καὶ ἐν σκότει πορεύεται, καὶ ἐν σκότει ὄνομα αὐτοῦ καλυφθήσεται· Καί γε ἥλιον οὐκ εἶδε, καὶ οὐκ ἔγνω ἀναπαύ- 5 σεις, τούτῳ ὑπὲρ τούτον· Καὶ ἔζησε χιλίων ἐτῶν καθόδους, 6 καὶ ἀγαθωσύνην οὐκ εἶδε, μὴ οὐκ εἰς τόπον ἕνα πορεύεται τὰ πάντα;

Πᾶς μόχθος ἀνθρώπου εἰς στόμα αὐτοῦ, καί γε ἡ ψυχὴ οὐ 7 πληρωθήσεται. Ὅτι περίσσεια τῷ σοφῷ ὑπὲρ τὸν ἄφρονα, 8 διότι ὁ πένης οἶδε πορευθῆναι κατέναντι τῆς ζωῆς. Ἀγαθὸν 9 ὅραμα ὀφθαλμῶν ὑπερπορευόμενον ψυχῇ· καί γε τοῦτο ματαιότης καὶ προαίρεσις πνεύματος.

Εἰ τι ἐγένετο, ἤδη κέκληται ὄνομα αὐτοῦ, καὶ ἐγνώσθη 10 ὅ ἐστιν ἄνθρωπος, καὶ οὐ δυνήσεται κριθῆναι μετὰ τοῦ ἰσχυ- ροτέρου ὑπὲρ αὐτόν. Ὅτι εἰσὶ λόγοι πολλοὶ πληθύνοντες 11 ματαιότητα.

Τί περισσὸν τῷ ἀνθρώπῳ; ὅτι τίς οἶδεν ἀγαθὸν τῷ ἀνθρώπῳ 7 ἐν τῇ ζωῇ, ἀριθμὸν ζωῆς ἡμερῶν ματαιότητος αὐτοῦ; καὶ ἐποί- ησεν αὐτὰ ἐν σκιᾷ· ὅτι τίς ἀπαγγελεῖ τῷ ἀνθρώπῳ, τί ἔσται ὀπίσω αὐτοῦ ὑπὸ τὸν ἥλιον;

Ἀγαθὸν ὄνομα ὑπὲρ ἔλαιον ἀγαθὸν, καὶ ἡμέρα τοῦ θανάτου 2 ὑπὲρ ἡμέραν γεννήσεως. Ἀγαθὸν πορευθῆναι εἰς οἶκον πέν- 3 θους ἢ ὅτι πορευθῆναι εἰς οἶκον πότου· καθότι τοῦτο τέλος παντὸς ἀνθρώπου, καὶ ὁ ζῶν δώσει ἀγαθὸν εἰς καρδίαν αὐτοῦ. 4 Ἀγαθὸν θυμὸς ὑπὲρ γέλωτα, ὅτι ἐν κακίᾳ προσώπου ἀγαθυν- θήσεται καρδία. Καρδία σοφῶν ἐν οἴκῳ πένθους, καὶ καρδία 5 ἀφρόνων ἐν οἴκῳ εὐφροσύνης.

Ἀγαθὸν τὸ ἀκοῦσαι ἐπιτίμησιν σοφοῦ ὑπὲρ ἄνδρα ἀκούοντα 6 ᾆσμα ἀφρόνων. Ὡς φωνὴ ἀκανθῶν ὑπὸ τὸν λέβητα, οὕτως 7 γέλως τῶν ἀφρόνων· καί γε τοῦτο ματαιότης.

Ὅτι ἡ συκοφαντία περιφέρει σοφὸν, καὶ ἀπόλλυσι τὴν 8 καρδίαν εὐγενείας αὐτοῦ. Ἀγαθὴ ἐσχάτη λόγων ὑπὲρ ἀρχὴν 9 αὐτοῦ, ἀγαθὸν μακρόθυμος ὑπὲρ ὑψηλὸν πνεύματι. Μὴ 10 σπεύσῃς ἐν πνεύματί σου τοῦ θυμοῦσθαι, ὅτι θυμὸς ἐν κόλπῳ ἀφρόνων ἀναπαύσεται. Μὴ εἴπῃς, τί ἐγένετο, ὅτι αἱ ἡμέραι 11 αἱ πρότεραι ἦσαν ἀγαθαὶ ὑπὲρ ταύτας; ὅτι οὐκ ἐν σοφίᾳ ἐπηρώτησας περὶ τούτου.

Ἀγαθὴ σοφία μετὰ κληρονομίας, καὶ περίσσεια τοῖς θεω- 12 ροῦσι τὸν ἥλιον. Ὅτι ἐν σκιᾷ αὐτῆς ἡ σοφία ὡς σκιὰ 13 ἀργυρίου, καὶ περίσσεια γνώσεως τῆς σοφίας ζωοποιήσει τὸν παρ᾽ αὐτῆς.

Ἴδε τὰ ποιήματα τοῦ Θεοῦ, ὅτι τίς δυνήσεται κοσμῆσαι ὃν 14 ἂν ὁ Θεὸς διαστρέψῃ αὐτόν; Ἐν ἡμέρᾳ ἀγαθωσύνης ζῆθι ἐν 15

β *Alex.* begins the verse thus, Καὶ εἰ ἔζησε, and if he has lived, etc.   γ *Gr.* before the face of.   δ *Gr.* in.   ζ *Gr.* the heart of his nobility.

ἀγαθῷ, καὶ ἴδε ἐν ἡμέρᾳ κακίας· ἴδε, καί γε σὺν τούτῳ συμφώνως τοῦτο ἐποίησεν ὁ Θεὸς περὶ λαλιᾶς, ἵνα μὴ εὕρη ἄνθρωπος ὀπίσω αὐτοῦ οὐδέν.

16 Σύμπαντα εἶδον ἐν ἡμέραις ματαιότητός μου· ἐστὶ δίκαιος ἀπολλύμενος ἐν δικαίῳ αὐτοῦ, καί ἐστιν ἀσεβὴς μένων ἐν
17 κακίᾳ αὐτοῦ. Μὴ γίνου δίκαιος πολὺ, μηδὲ σοφίζου περισσὰ
18 μή ποτε ἐκπλαγῇς. Μὴ ἀσεβήσῃς πολὺ, καὶ μὴ γίνου σκλη-
19 ρὸς, ἵνα μὴ ἀποθάνῃς ἐν οὐ καιρῷ σου. Ἀγαθὸν τὸ ἀντέχεσθαί σε ἐν τούτῳ, καί γε ἀπὸ τούτου μὴ μιάνῃς τὴν χεῖρά σου, ὅτι φοβουμένοις τὸν Θεὸν ἐξελεύσεται τὰ πάντα.

20 Ἡ σοφία βοηθήσει τῷ σοφῷ ὑπὲρ δέκα ἐξουσιάζοντας
21 τοὺς ὄντας ἐν τῇ πόλει. Ὅτι ἄνθρωπος οὐκ ἔστι δίκαιος ἐν
22 τῇ γῇ, ὃς ποιήσει ἀγαθὸν καὶ οὐχ ἁμαρτήσεται. Καί γε εἰς πάντας λόγους οὓς λαλήσουσιν ἀσεβεῖς, μὴ θῇς καρδίαν σου,
23 ὅπως μὴ ἀκούσῃς τοῦ δούλου σου καταρωμένου σε. Ὅτι πλειστάκις πονηρεύσεταί σε, καὶ καθόδους πολλὰς κακώσει
24 καρδίαν σου, ὅτι ὡς καί γε σὺ κατηράσω ἑτέρους. Πάντα ταῦτα ἐπείρασα ἐν σοφίᾳ· εἶπα, σοφισθήσομαι· καὶ αὕτη
25 ἐμακρύνθη ἀπ᾽ ἐμοῦ. Μακρὰν ὑπὲρ ὃ ἦν, καὶ βαθὺ βάθος, τίς εὑρήσει αὐτό;

26 Ἐκύκλωσα ἐγὼ καὶ ἡ καρδία μου τοῦ γνῶναι καὶ τοῦ κατασκέψασθαι καὶ τοῦ ζητῆσαι σοφίαν καὶ ψῆφον, καὶ τοῦ γνῶναι ἀσεβοῦς ἀφροσύνην καὶ ὀχληρίαν καὶ περιφοράν.

27 Καὶ εὑρίσκω ἐγὼ αὐτὴν, καὶ ἐρῶ πικρότερον ὑπὲρ θάνατον· σὺν τὴν γυναῖκα ἥτις ἐστὶ θήρευμα, καὶ σαγῆναι καρδία αὐτῆς, δεσμὸς εἰς χεῖρας αὐτῆς· ἀγαθὸς πρὸ προσώπου τοῦ Θεοῦ ἐξαιρεθήσεται ἀπ᾽ αὐτῆς, καὶ ἁμαρτάνων συλληφθήσεται ἐν
28 αὐτῇ. Ἴδε τοῦτο εὗρον, εἶπεν ὁ Ἐκκλησιαστής· μία τῇ μιᾷ
29 τοῦ εὑρεῖν λογισμὸν, ὃν ἐπεζήτησεν ἡ ψυχή μου, καὶ οὐχ εὗρον· καὶ ἄνθρωπον ἕνα ἀπὸ χιλίων εὗρον, καὶ γυναῖκα ἐν
30 πᾶσι τούτοις οὐχ εὗρον. Πλὴν ἴδε τοῦτο εὗρον, ὃ ἐποίησεν ὁ Θεὸς σὺν τὸν ἄνθρωπον εὐθῆ· καὶ αὐτοὶ ἐζήτησαν λογισμοὺς πολλούς.

Τίς οἶδε σοφοὺς, καὶ τίς οἶδε λύσιν ῥήματος;

8 Σοφία ἀνθρώπου φωτιεῖ πρόσωπον αὐτοῦ, καὶ ἀναιδὴς προσώπῳ αὐτοῦ μισηθήσεται.

2 Στόμα βασιλέως φύλαξον, καὶ περὶ λόγου ὅρκου Θεοῦ.
3 Μὴ σπουδάσῃς, ἀπὸ προσώπου αὐτοῦ πορεύσῃ· μὴ στῇς ἐν
4 λόγῳ πονηρῷ, ὅτι πᾶν ὃ ἐὰν θελήσῃ ποιήσει, καθὼς βασιλεὺς ἐξουσιάζων. καὶ τίς ἐρεῖ αὐτῷ, τί ποιεῖς;

5 Ὁ φυλάσσων ἐντολὴν, οὐ γνώσεται ῥῆμα πονηρὸν, καὶ
6 καιρὸν κρίσεως γινώσκει καρδία σοφοῦ. Ὅτι παντὶ πράγματί ἐστι καιρὸς καὶ κρίσις, ὅτι γνῶσις τοῦ ἀνθρώπου πολλὴ ἐπ᾽
7 αὐτόν. Ὅτι οὐκ ἔστι γινώσκων τί τὸ ἐσόμενον, ὅτι καθὼς ἔσται, τίς ἀναγγελεῖ αὐτῷ;

8 Οὐκ ἔστιν ἄνθρωπος ἐξουσιάζων ἐν πνεύματι, τοῦ κωλύσαι σὺν τὸ πνεῦμα· καὶ οὐκ ἔστιν ἐξουσία ἐν ἡμέρᾳ θανάτου, καὶ

live joyfully, and consider in the day of adversity: consider, I say, God also has caused the one to agree with the other β for this reason, that man should find nothing after him.
16 I have seen all things in the days of my vanity: there is a just man perishing in his justice, and there is an ungodly man remaining in his wickedness. 17 Be not very just; neither be very wise: lest thou be confounded. 18 Be not very wicked; and be not stubborn: lest thou shouldest die before thy time. 19 It is well for thee to hold fast by this; also by this defile not thine hand: for γ to them that fear God all things shall come forth well.
20 Wisdom will help the wise man more than ten mighty men which are in the city. 21 For there is not a righteous man in the earth, who will do good, and not sin. 22 Also take no heed to all the words which ungodly men shall speak; lest thou hear thy servant cursing thee. 23 For many times he shall trespass against thee, and repeatedly shall he afflict thine heart; for thus also hast thou cursed others. 24 All these things have I proved in wisdom: I said, I will be wise; but it was far from me. 25 That which is far beyond what was, and a δ great depth, who shall find it out?
26 I and my heart went round about to know, and to examine, and to seek wisdom, and the account of things, and to know the folly and trouble and madness of the ungodly man.
27 And I find her to be more bitter than death the woman which is a snare, and her heart nets, who has a band in her hands: he that is good in the sight of God shall be delivered from her; but the sinner shall be caught by her. 28 Behold, this have I found, said the Preacher, seeking by one at a time to find out the account, 29 which my soul sought after, but I found not: for I have found one man of a thousand; but a woman in all these I have not found. 30 But, behold, this have I found, that God made man upright; but they have sought out many devices.
Who knows the wise? and who knows the interpretation of a saying?
A man's wisdom will lighten his countenance; but a man of shameless countenance will be hated. 2 Observe the commandment of the king, and that because of the word of the oath of God. 3 Be not hasty; thou shalt go forth out of his presence: stand not in an evil matter; for he will do whatsoever he shall please, 4 even as a king having power: and who will say to him, What doest thou? 5 He that keeps the commandment shall not know an evil thing: and the heart of the wise knows the time of judgment. 6 For to every thing there is time and judgment; for the knowledge of a man is great to him. 7 For there is no one that knows what is going to be: for who shall tell him how it shall be?
8 There is no man that has power over the spirit to retain the spirit; and there is no power in the day of death: and there is no

---

β Lit. concerning speech. Heb. 'in order that.'   γ Alex. he that fears God shall come forth well in all respects.   δ Comp. Heb. with Gr.

discharge in the day of battle; neither shall ungodliness save her votary.

9 So I saw all this, and I applied my heart to every work that has been done under the sun; all the things wherein man has power over man to afflict him. 10 And then I saw the ungodly carried into the tombs, and *that* out of the holy place: and they departed, and were praised in the city, because they had done thus: this also is vanity.

11 Because there is no contradiction made on the part of those who do evil quickly, therefore the heart of the children of men is fully determined in them to do evil. 12 He that has sinned has done evil from that time, and long from beforehand: nevertheless I know, that it is well with them that fear God, that they may fear before him: 13 but it shall not be well with the ungodly, and he shall not prolong his days, *which are* as a shadow; forasmuch as he fears not before God.

14 There is a vanity which is done upon the earth; that there are righteous persons to whom it happens according to the doing of the ungodly; and there are ungodly men, to whom it happens according to the doing of the just: I said, This is also vanity. 15 Then I praised mirth, because there is no good for a man under the sun, but to eat, and drink, and be merry: and this shall attend him in his labour all the days of his life, which God has given him under the sun.

16 Whereupon I set my heart to know wisdom, and to perceive the trouble that was wrought upon the earth: for there is that neither by day nor night sees sleep with his eyes. 17 And I beheld all the works of God, that a man shall not be able to discover the work which is wrought under the sun; whatsoever things a man shall endeavour to seek, however a man may labour to seek it, yet he shall not find it; yea, how much soever a wise man may speak of knowing it, he shall not be able to find it: for I applied all this to my heart, and my heart has seen all this.

I saw that the righteous, and the wise, and their works, are in the hand of God: yea, there is no man that knows either love or hatred, *though* all are before their face. 2 Vanity is in all: there is one event to the righteous, and to the wicked; to the good, and to the bad; both to the pure, and to the impure; both to him that sacrifices, and to him that sacrifices not: as is the good, so is the sinner: as is the swearer, even so is he that fears an oath.

3 There is this evil in all that is done under the sun, that there is one event to all: yea, the heart of the sons of men is filled with evil, and madness is in their heart during their life, and after that *they* go to the dead. 4 For who is he that has fellowship with all the living? there is hope *of him:* for a living dog is better than a dead lion. 5 For the living will know that they shall die: but the dead know nothing, and there is no longer any reward to them; for their memory is βlost. 6 Also their love, and their hatred, and their envy, have now

οὐκ ἔστιν ἀποστολὴ ἐν ἡμέρᾳ πολέμου, καὶ οὐ διασώσει ἀσέβεια τὸν παρ᾽ αὐτῆς.

Καὶ σύμπαν τοῦτο εἶδον, καὶ ἔδωκα τὴν καρδίαν μου εἰς 9 πᾶν τὸ ποίημα ὃ πεποίηται ὑπὸ τὸν ἥλιον, τὰ ὅσα ἐξουσιάσατο ὁ ἄνθρωπος ἐν ἀνθρώπῳ τοῦ κακῶσαι αὐτόν. Καὶ τότε εἶδον 10, ἀσεβεῖς εἰς τάφους εἰσαχθέντας, καὶ ἐκ τοῦ ἁγίου· καὶ ἐπορεύθησαν καὶ ἐπῃνέθησαν ἐν τῇ πόλει, ὅτι οὕτως ἐποίησαν· καί γε τοῦτο ματαιότης.

῞Οτι οὐκ ἔστι γινομένη ἀντίρρησις ἀπὸ τῶν ποιούντων τὸ 11 πονηρὸν ταχὺ, διὰ τοῦτο ἐπληροφορήθη καρδία υἱῶν τοῦ ἀνθρώπου ἐν αὐτοῖς τοῦ ποιῆσαι τὸ πονηρόν. ῝Ος ἥμαρτεν 12 ἐποίησε τὸ πονηρὸν ἀπὸ τότε καὶ ἀπὸ μακρότητος αὐτῶν· ὅτι καὶ γινώσκω ἐγὼ, ὅτι ἐστὶν ἀγαθὸν τοῖς φοβουμένοις τὸν Θεὸν, ὅπως φοβῶνται ἀπὸ προσώπου αὐτοῦ· Καὶ ἀγαθὸν οὐκ 13 ἔσται τῷ ἀσεβεῖ, καὶ οὐ μακρυνεῖ ἡμέρας ἐν σκιᾷ, ὃς οὐκ ἔστι φοβούμενος ἀπὸ προσώπου τοῦ Θεοῦ.

῎Εστι ματαιότης ἣ πεποίηται ἐπὶ τῆς γῆς, ὅτι εἰσὶ δίκαιοι, 14 ὅτι φθάνει ἐπ᾽ αὐτοὺς ὡς ποίημα τῶν ἀσεβῶν, καί εἰσιν ἀσεβεῖς, ὅτι φθάνει πρὸς αὐτοὺς ὡς ποίημα τῶν δικαίων· εἶπα, ὅτι καί γε τοῦτο ματαιότης. Καὶ ἐπῄνεσα ἐγὼ σὺν τὴν 15 εὐφροσύνην, ὅτι οὐκ ἔστιν ἀγαθὸν τῷ ἀνθρώπῳ ὑπὸ τὸν ἥλιον, ὅτι εἰ μὴ φαγεῖν καὶ τοῦ πιεῖν καὶ τοῦ εὐφρανθῆναι· καὶ αὐτὸ συμπροσέσται αὐτῷ ἐν μόχθῳ αὐτοῦ ἡμέρας ζωῆς αὐτοῦ, ὅσας ἔδωκεν αὐτῷ ὁ Θεὸς ὑπὸ τὸν ἥλιον.

᾽Εν οἷς ἔδωκα τὴν καρδίαν μου τοῦ γνῶναι τὴν σοφίαν, καὶ 16 τοῦ ἰδεῖν τὸν περισπασμὸν τὸν πεποιημένον ἐπὶ τῆς γῆς, ὅτι καὶ ἐν ἡμέρᾳ καὶ ἐν νυκτὶ ὕπνον ὀφθαλμοῖς αὐτοῦ οὐκ ἔστι βλέπων. Καὶ εἶδον σύμπαντα τὰ ποιήματα τοῦ Θεοῦ, ὅτι οὐ 17 δυνήσεται ἄνθρωπος τοῦ εὑρεῖν σὺν τὸ ποίημα τὸ πεποιημένον ὑπὸ τὸν ἥλιον· ὅσα ἂν μοχθήσῃ ἄνθρωπος τοῦ ζητῆσαι, καὶ οὐχ εὑρήσει· καί γε ὅσα ἂν εἴπῃ σοφὸς τοῦ γνῶναι, οὐ δυνήσεται τοῦ εὑρεῖν· ὅτι σύμπαν τοῦτο ἔδωκα εἰς καρδίαν μου, καὶ καρδία μου σύμπαν εἶδε τοῦτο.

῾Ως οἱ δίκαιοι καὶ οἱ σοφοὶ καὶ αἱ ἐργασίαι αὐτῶν ἐν χειρὶ 9 τοῦ Θεοῦ, καί γε ἀγάπην καί γε μῖσος οὐκ ἔστιν εἰδὼς ὁ ἄνθρωπος· τὰ πάντα πρὸ προσώπου αὐτῶν. Ματαιότης ἐν 2 τοῖς πᾶσι· συνάντημα ἓν τῷ δικαίῳ καὶ τῷ ἀσεβεῖ, τῷ ἀγαθῷ καὶ τῷ κακῷ, καὶ τῷ καθαρῷ καὶ τῷ ἀκαθάρτῳ, καὶ τῷ θυσιάζοντι καὶ τῷ μὴ θυσιάζοντι· ὡς ὁ ἀγαθὸς ὡς ὁ ἁμαρτάνων, ὡς ὁ ὀμνύων καθὼς ὁ τὸν ὅρκον φοβούμενος.

Τοῦτο πονηρὸν ἐν παντὶ πεποιημένῳ ὑπὸ τὸν ἥλιον, ὅτι 3 συνάντημα ἓν τοῖς πᾶσι· καί γε καρδία υἱῶν τοῦ ἀνθρώπου ἐπληρώθη πονηροῦ, καὶ περιφέρεια ἐν καρδίᾳ αὐτῶν ἐν ζωῇ αὐτῶν, καὶ ὀπίσω αὐτῶν πρὸς τοὺς νεκρούς. ῞Οτι τίς ὃς 4 κοινωνεῖ πρὸς πάντας τοὺς ζῶντας; ἔστιν ἐλπὶς, ὅτι ὁ κύων ὁ ζῶν αὐτὸς ἀγαθὸς ὑπὲρ τὸν λέοντα τὸν νεκρόν· ῞Οτι οἱ 5 ζῶντες γνώσονται ὅτι ἀποθανοῦνται, καὶ οἱ νεκροὶ οὐκ εἰσὶ γινώσκοντες οὐδέν· καὶ οὐκ ἔστιν αὐτοῖς ἔτι μισθὸς, ὅτι ἐπελήσθη ἡ μνήμη αὐτῶν. Καί γε ἀγάπη αὐτῶν, καί γε μῖσος 6 αὐτῶν, καί γε ζῆλος αὐτῶν ἤδη ἀπώλετο· καί γε μερὶς οὐκ

β Gr. forgotten.

ἔστιν αὐτοῖς ἔτι εἰς τὸν αἰῶνα ἐν παντὶ τῷ πεποιημένῳ ὑπὸ τὸν ἥλιον.

7 Δεῦρο φάγε ἐν εὐφροσύνῃ τὸν ἄρτον σου, καὶ πίε ἐν καρδίᾳ ἀγαθῇ οἶνόν σου, ὅτι ἤδη εὐδόκησεν ὁ Θεὸς τὰ ποιήματά σου. 8 Ἐν παντὶ καιρῷ ἔστωσαν ἱμάτιά σου λευκὰ, καὶ ἔλαιον ἐπὶ 9 κεφαλῆς σου μὴ ὑστερησάτω. Καὶ ἴδε ζωὴν μετὰ γυναικὸς ἧς ἠγάπησας πάσας τὰς ἡμέρας ζωῆς ματαιότητός σου, τὰς δοθείσας σοι ὑπὸ τὸν ἥλιον, ὅτι αὐτὸ μερίς σου ἐν τῇ ζωῇ σου, καὶ ἐν τῷ μόχθῳ σου ᾧ σὺ μοχθεῖς ὑπὸ τὸν ἥλιον.

10 Πάντα ὅσα ἂν εὕρῃ ἡ χείρ σου τοῦ ποιῆσαι, ὡς ἡ δύναμίς σου ποίησον, ὅτι οὐκ ἔστι ποίημα καὶ λογισμὸς καὶ γνῶσις καὶ σοφία ἐν ᾅδῃ, ὅπου σὺ πορεύῃ ἐκεῖ.

11 Ἐπέστρεψα καὶ εἶδον ὑπὸ τὸν ἥλιον, ὅτι οὐ τοῖς κούφοις ὁ δρόμος, καὶ οὐ τοῖς δυνατοῖς ὁ πόλεμος, καί γε οὐ τῷ σοφῷ ἄρτος, καί γε οὐ τοῖς συνετοῖς πλοῦτος, καί γε οὐ τοῖς γινώσκουσι χάρις, ὅτι καιρὸς καὶ ἀπάντημα συναντήσεται σύμπασιν 12 αὐτοῖς. Ὅτι καί γε οὐκ ἔγνω ὁ ἄνθρωπος τὸν καιρὸν αὐτοῦ, ὡς οἱ ἰχθύες οἱ θηρευόμενοι ἐν ἀμφιβλήστρῳ κακῷ, καὶ ὡς ὄρνεα τὰ θηρευόμενα ἐν παγίδι· ὡς αὐτὰ παγιδεύονται οἱ υἱοὶ τοῦ ἀνθρώπου εἰς καιρὸν πονηρὸν, ὅταν ἐπιπέσῃ ἐπ᾽ αὐτοὺς ἄφνω.

13 Καί γε τοῦτο εἶδον σοφίαν ὑπὸ τὸν ἥλιον, καὶ μεγάλη ἐστι 14 πρός μέ· Πόλις μικρὰ καὶ ἄνδρες ἐν αὐτῇ ὀλίγοι, καὶ ἔλθῃ ἐπ᾽ αὐτὴν βασιλεὺς μέγας καὶ κυκλώσῃ αὐτὴν, καὶ οἰκοδομήσῃ 15 ἐπ᾽ αὐτὴν χάρακας μεγάλους· καὶ εὕρῃ ἐν αὐτῇ ἄνδρα πένητα σοφὸν, καὶ διασώσῃ αὐτὸς τὴν πόλιν ἐν τῇ σοφίᾳ αὐτοῦ, καὶ ἄνθρωπος οὐκ ἐμνήσθη σὺν τοῦ ἀνδρὸς τοῦ πένητος ἐκεί- 16 νου. Καὶ εἶπα ἐγὼ, ἀγαθὴ σοφία ὑπὲρ δύναμιν· καὶ σοφία τοῦ πένητος ἐξουδενωμένη, καὶ οἱ λόγοι αὐτοῦ οὐκ εἰσακουόμενοι.

17 Λόγοι σοφῶν ἐν ἀναπαύσει ἀκούονται ὑπὲρ κραυγὴν ἐξουσιάζόντων ἐν ἀφροσύναις.

18 Ἀγαθὴ σοφία ὑπὲρ σκεύη πολέμου· καὶ ἁμαρτάνων εἷς ἀπολέσει ἀγαθωσύνην πολλήν.

10 Μυῖαι θανατοῦσαι σαπριοῦσι σκευασίαν ἐλαίου ἡδύσματος· τίμιον ὀλίγον σοφίας ὑπὲρ δόξαν ἀφροσύνης μεγάλην.

2 Καρδία σοφοῦ εἰς δεξιὸν αὐτοῦ, καὶ καρδία ἄφρονος 3 εἰς ἀριστερὸν αὐτοῦ. Καί γε ἐν ὁδῷ ὅταν ἄφρων πορεύηται, καρδία αὐτοῦ ὑστερήσει, καὶ ἃ λογιεῖται πάντα ἀφροσύνη ἐστίν.

4 Ἐὰν πνεῦμα τοῦ ἐξουσιάζοντος ἀναβῇ ἐπὶ σὲ, τόπον σου 5 μὴ ἀφῇς, ὅτι ἴαμα καταπαύσει ἁμαρτίας μεγάλας. Ἔστι πονηρία ἣν εἶδον ὑπὸ τὸν ἥλιον, ὡς ἀκούσιον ἐξῆλθεν ἀπὸ 6 προσώπου ἐξουσιάζοντος. Ἐδόθη ὁ ἄφρων ἐν ὕψεσι μεγάλοις, 7 καὶ πλούσιοι ἐν ταπεινῷ καθήσονται. Εἶδον δούλους ἐφ᾽ ἵππους, καὶ ἄρχοντας πορευομένους ὡς δούλους ἐπὶ τῆς γῆς.

8 Ὁ ὀρύσσων βόθρον, εἰς αὐτὸν ἐμπεσεῖται· καὶ καθαιροῦντα φραγμὸν, δήξεται αὐτὸν ὄφις.

9 Ἐξαίρων λίθους, διαπονηθήσεται ἐν αὐτοῖς· σχίζων ξύλα, κινδυνεύσει ἐν αὐτοῖς.

perished; yea, there is no portion for them any more for ever in all that is done under the sun.

7 Go, eat thy bread with mirth, and drink thy wine with a joyful heart; for now God has favourably accepted thy works. 8 Let thy garments be always white; and let not oil be wanting on thine head. 9 And β see life with the wife whom thou lovest all the days of the life of thy vanity, which are given thee under the sun: for that is thy portion in thy life, and in thy labour wherein thou labourest under the sun.

10 Whatsoever thine hand shall find to do, do γ with all thy might; for there is no work, nor device, nor knowledge, nor wisdom, in Hades whither thou goest.

11 I returned, and saw under the sun, that the race is not to the swift, nor the battle to the strong, nor yet bread to the wise, nor yet wealth to men of understanding, nor yet favour to men of knowledge; for time and chance will happen to them all. 12 For surely man also knows not his time: as fishes that are taken in an evil net, and as birds that are caught in a snare; even thus the sons of men are snared at an evil time, when it falls suddenly upon them.

13 This I also saw to be wisdom under the sun, and it is great before me: 14 suppose there were a little city, and few men in it; and there should come against it a great king, and surround it, and build great mounds against it; 15 and should find in it a poor wise man, and he should save the city through his wisdom: yet no man would remember that poor man. 16 And I said, Wisdom is better than power: yet the wisdom of the poor man is set at nought, and his words not listened to.

17 The words of the wise are heard in quiet more than the cry of them that rule in folly.

18 Wisdom is better than weapons of war: and one sinner will destroy much good.

Pestilent flies will corrupt a preparation of sweet ointment: and a little wisdom is more precious than great glory of folly.

2 A wise man's heart is at his right hand; but a fool's heart at his left. 3 Yea, and whenever a fool walks by the way, his heart will fail him, and all that he δ thinks of is folly.

4 If the spirit of the ruler rise up against thee, leave not thy place; for soothing will put an end to great offences. 5 There is an evil which I have seen under the sun, wherein an error has proceeded from the ruler. 6 The fool has been set in very high places, while rich men would sit in a low one. 7 I have seen servants upon horses, and princes walking as servants on the earth.

8 He that digs a pit shall fall into it; and him that breaks down a hedge a serpent shall bite.

9 He that removes stones shall be troubled thereby; he that cleaves wood shall be endangered thereby.

10 If the axe-head should fall off, then the man troubles his countenance, and he must put forth more strength: and *in that case* skill is of no advantage to a man. β

11 If a serpent bite when there is no *charmer's* γ whisper, then there is no advantage to the charmer. 12 The words of a wise mouth are gracious: but the lips of a fool will swallow him up. 13 The beginning of the words of his mouth is folly: and the end of his talk mischievous madness. 14 A fool moreover multiplies words: man knows not what has been, nor what will be: who shall tell him what will come after him? 15 The labour of fools will afflict them, *as that of one* who knows not to go to the city.

16 Woe to thee, O city, whose king is young, and thy princes eat in the morning! 17 Blessed art thou, O land, whose king is a son of nobles, and whose princes shall eat seasonably, for strength, and shall not be ashamed.

18 By slothful neglect a building will be brought low: and by idleness of the hands the house will fall to pieces.

19 Men prepare bread for laughter, and wine and oil that the living should rejoice: but δ to money all things will humbly yield obedience.

20 Even in thy conscience, curse not the king; and curse not the rich in thy bedchamber: for a bird of the air shall carry thy voice, and that which has wings shall report thy speech.

Send forth thy bread upon the face of the water: for thou shalt find it after many days. 2 Give a portion to seven, and also to eight; for thou knowest not what evil there shall be upon the earth. 3 If the clouds be filled with rain, they pour *it* out upon the earth: and if a tree fall southward, or if it fall northward, in the place where the tree shall fall, there it shall be. 4 He that observes the wind sows not; and he that looks at the clouds will not reap. 5 Among whom none knows what is the way of the wind: as the bones *are hid* in the womb of a pregnant *woman*, so thou shalt not know the works of God, *even* all things whatsoever he shall do. 6 In the morning sow thy seed, and in the evening let not thine hand be slack: for thou knowest not what sort shall prosper, whether this or that, or whether both shall be good alike.

7 Moreover the light is sweet, and it is good for the eyes to see the sun. 8 For even if a man should live many years, *and* rejoice in them all; yet let him remember the days of darkness; for they shall be many. All that comes is vanity.

9 Rejoice, O young man, in thy youth; and let thy heart cheer thee in the days of thy youth, and walk in the ways of thy heart blameless, but not in the sight of thine eyes: yet know that for all these things God will bring thee into judgment. 10 Therefore remove sorrow from thy heart, and put away evil from thy flesh: for youth and folly are vanity.

And remember thy Creator in the days of thy youth, before the days of evil come, and the years overtake *thee* in which thou shalt

Ἐὰν ἐκπέσῃ τὸ σιδήριον, καὶ αὐτὸς πρόσωπον ἐτάραξε· 10 καὶ δυνάμεις δυναμώσει, καὶ περίσσεια τῷ ἀνδρὶ οὐ σοφία.

Ἐὰν δάκῃ ὄφις ἐν οὐ ψιθυρισμῷ, καὶ οὐκ ἔστι περίσσεια 11 τῷ ἐπάδοντι. Λόγοι στόματος σοφοῦ χάρις, καὶ χείλη ἄφρο- 12 νος καταποντιοῦσιν αὐτόν. Ἀρχὴ λόγων στόματος αὐτοῦ 13 ἀφροσύνη, καὶ ἐσχάτη στόματος αὐτοῦ περιφέρεια πονηρά, καὶ ὁ ἄφρων πληθύνει λόγους· οὐκ ἔγνω ἄνθρωπος τί τὸ 14 γενόμενον, καὶ τί τὸ ἐσόμενον, ὅ, τι ὀπίσω αὐτοῦ τίς ἀναγγε- λεῖ αὐτῷ; Μόχθος τῶν ἀφρόνων κακώσει αὐτούς, ὃς οὐκ ἔγνω 15 τοῦ πορευθῆναι εἰς πόλιν.

Οὐαί σοι πόλις ἧς ὁ βασιλεύς σου νεώτερος, καὶ οἱ ἄρχοντές 16 σου πρωῒ ἐσθίουσι. Μακαρία σὺ γῆ, ἧς ὁ βασιλεύς σου υἱὸς 17 ἐλευθέρων, καὶ οἱ ἄρχοντές σου πρὸς καιρὸν φάγονται ἐν δυνά- μει, καὶ οὐκ αἰσχυνθήσονται.

Ἐν ὀκνηρίαις ταπεινωθήσεται ἡ δόκωσις, καὶ ἐν ἀργίᾳ χει- 18 ρῶν στάξει ἡ οἰκία.

Εἰς γέλωτα ποιοῦσιν ἄρτον, καὶ οἶνον καὶ ἔλαιον τοῦ εὐ- 19 φρανθῆναι ζῶντας, καὶ τοῦ ἀργυρίου ταπεινώσει ἐπακούσεται τὰ πάντα.

Καί γε ἐν συνειδήσει σου βασιλέα μὴ καταράσῃ, καὶ ἐν 20 ταμιείοις κοιτώνων σου μὴ καταράσῃ πλούσιον· ὅτι πετεινὸν τοῦ οὐρανοῦ ἀποίσει τὴν φωνήν σου, καὶ ὁ ἔχων τὰς πτέρυγας ἀπαγγελεῖ λόγον σου.

Ἀπόστειλον τὸν ἄρτον σου ἐπὶ πρόσωπον τοῦ ὕδατος, ὅτι 11 ἐν πλήθει ἡμερῶν εὑρήσεις αὐτόν. Δὸς μερίδα τοῖς ἑπτά, καί 2 γε τοῖς ὀκτώ, ὅτι οὐ γινώσκεις τί ἔσται πονηρὸν ἐπὶ τὴν γῆν. Ἐὰν πλησθῶσι τὰ νέφη ὑετοῦ, ἐπὶ τὴν γῆν ἐκχέουσι· καὶ ἐὰν 3 πέσῃ ξύλον ἐν τῷ Νότῳ, καὶ ἐὰν ἐν τῷ Βορρᾷ, τόπῳ οὗ πεσεῖ- ται τὸ ξύλον, ἐκεῖ ἔσται. Τηρῶν ἄνεμον οὐ σπείρει, καὶ 4 βλέπων ἐν ταῖς νεφέλαις οὐ θερίσει. Ἐν οἷς οὐκ ἔστι γινώ- 5 σκων τίς ἡ ὁδὸς τοῦ πνεύματος, ὡς ὀστᾶ ἐν γαστρὶ κυοφορού- σης, οὕτως οὐ γνώσῃ τὰ ποιήματα τοῦ Θεοῦ, ὅσα ποιήσει τὰ σύμπαντα. Ἐν τῷ πρωῒ σπεῖρον τὸ σπέρμα σου, καὶ ἐν 6 ἑσπέρᾳ μὴ ἀφέτω ἡ χείρ σου, ὅτι οὐ γινώσκεις ποῖον στοιχή- σει, ἢ τοῦτο ἢ τοῦτο, καὶ ἐὰν τὰ δύο ἐπιτοαυτὸ ἀγαθά.

Καὶ γλυκὺ τὸ φῶς, καὶ ἀγαθὸν τοῖς ὀφθαλμοῖς τοῦ βλέπειν 7 σὺν τὸν ἥλιον. Ὅτ καὶ ἐὰν ἔτη πολλὰ ζήσεται ὁ ἄνθρω- 8 πος, ἐν πᾶσιν αὐτοῖς εὐφρανθήσεται καὶ μνησθήσεται τὰς ἡμέρας τοῦ σκότους, ὅτι πολλαὶ ἔσονται· πᾶν τὸ ἐρχόμενον ματαιότης.

Εὐφραίνου νεανίσκε ἐν νεότητί σου, καὶ ἀγαθυνάτω σε ἡ 9 καρδία σου ἐν ἡμέραις νεότητός σου, καὶ περιπάτει ἐν ὁδοῖς καρδίας σου ἄμωμος, καὶ μὴ ἐν ὁράσει ὀφθαλμῶν σου· καὶ γνῶθι ὅτι ἐπὶ πᾶσι τούτοις ἄξει σε ὁ Θεὸς ἐν κρίσει. Καὶ 10 ἀπόστησον θυμὸν ἀπὸ καρδίας σου, καὶ πάραγε πονηρίαν ἀπὸ σαρκός σου, ὅτι ἡ νεότης καὶ ἡ ἄνοια ματαιότης.

Καὶ μνήσθητι τοῦ κτίσαντός σε ἐν ἡμέραις νεότητός σου, 12 ἕως ὅτου μὴ ἔλθωσιν αἱ ἡμέραι τῆς κακίας, καὶ φθάσουσιν ἔτη

β *Alex.* for τῷ ἀνδρὶ οὐ reads τοῦ ἀνδρείου. Wisdom is the advantage of an energetic man.   γ Or, whistle.   δ *Heb.* doubly translated. *Alex.* — 'humbly.'

2 ἐν οἷς ἐρεῖς, οὐκ ἔστι μοι ἐν αὐτοῖς θέλημα. Ἕως οὗ μὴ σκοτισθῇ ὁ ἥλιος καὶ τὸ φῶς, καὶ ἡ σελήνη καὶ οἱ ἀστέρες,

3 καὶ ἐπιστρέψουσι τὰ νέφη ὀπίσω τοῦ ὑετοῦ. Ἐν ἡμέρᾳ ᾗ ἐὰν σαλευθῶσι φύλακες τῆς οἰκίας, καὶ διαστραφῶσιν ἄνδρες τῆς δυνάμεως, καὶ ἤργησαν αἱ ἀλήθουσαι ὅτι ὠλιγώθησαν, καὶ

4 σκοτάσουσιν αἱ βλέπουσαι ἐν ταῖς ὀπαῖς· Καὶ κλείσουσι θύρας ἐν ἀγορᾷ, ἐν ἀσθενείᾳ φωνῆς τῆς ἀληθούσης· καὶ ἀναστήσεται εἰς φωνὴν τοῦ στρουθίου, καὶ ταπεινωθήσονται πᾶσαι

5 αἱ θυγατέρες τοῦ ᾄσματος· Καὶ εἰς τὸ ὕψος ὄψονται, καὶ θάμβοι ἐν τῇ ὁδῷ, καὶ ἀνθήσῃ τὸ ἀμύγδαλον, καὶ παχυνθῇ ἡ ἀκρὶς, καὶ διασκεδασθῇ ἡ κάππαρις, ὅτι ἐπορεύθη ὁ ἄνθρωπος εἰς οἶκον αἰῶνος αὐτοῦ, καὶ ἐκύκλωσαν ἐν ἀγορᾷ οἱ κοπτό-

6 μενοι. Ἕως ὅτου μὴ ἀνατραπῇ τὸ σχοινίον τοῦ ἀργυρίου, καὶ συντριβῇ τὸ ἀνθέμιον τοῦ χρυσίου, καὶ συντριβῇ ὑδρία

7 ἐπὶ τῇ πηγῇ, καὶ συντροχάσῃ ὁ τροχὸς ἐπὶ τὸν λάκκον· Καὶ ἐπιστρέψῃ ὁ χοῦς ἐπὶ τὴν γῆν ὡς ἦν, καὶ τὸ πνεῦμα ἐπιστρέψῃ πρὸς τὸν Θεὸν ὃς ἔδωκεν αὐτό.

8 Ματαιότης ματαιοτήτων, εἶπεν ὁ Ἐκκλησιαστὴς, τὰ πάντα

9 ματαιότης. Καὶ περισσὸν ὅτι ἐγένετο Ἐκκλησιαστὴς σοφὸς, ὅτι ἐδίδαξε γνῶσιν σὺν τὸν ἄνθρωπον, καὶ οὖς ἐξιχνιάσεται

10 κόσμιον παραβολῶν. Πολλὰ ἐζήτησεν Ἐκκλησιαστὴς τοῦ εὑρεῖν λόγους θελήματος, καὶ γεγραμμένον εὐθύτητος, λόγους

11 ἀληθείας. Λόγοι σοφῶν ὡς τὰ βούκεντρα, καὶ ὡς ἧλοι πεφυτευμένοι, οἳ παρὰ τῶν συνθεμάτων ἐδόθησαν ἐκ ποιμένος ἑνός.

12 Καὶ περισσὸν ἐξ αὐτῶν υἱέ μου φύλαξαι· τοῦ ποιῆσαι βιβλία πολλὰ οὐκ ἔστι περασμὸς, καὶ μελέτη πολλὴ κόπωσις σαρκός.

13 Τέλος λόγου, τὸ πᾶν ἄκουε· τὸν Θεὸν φοβοῦ, καὶ τὰς

14 ἐντολὰς αὐτοῦ φύλασσε· ὅτι τοῦτο πᾶς ὁ ἄνθρωπος. Ὅτι σύμπαν τὸ ποίημα ὁ Θεὸς ἄξει ἐν κρίσει, ἐν παντὶ παρεωραμένῳ, ἐὰν ἀγαθὸν καὶ ἐὰν πονηρόν.

say, I have no pleasure in them. 2 While the sun and light are not darkened, nor the moon and the stars; nor the clouds return after the rain: 3 in the day wherein the keepers of the house shall tremble, and the mighty men shall become bent, and the grinding *women* cease because they have become few, and the *women* looking out at the windows be dark ; 4 and they shall shut the doors in the market-place, because of the weakness of the voice of her that grinds *at the mill;* and he shall rise up at the voice of the sparrow, and all the daughters of song shall be brought low; 5 and they shall look up, and fears *shall be* in the way, and the almond tree shall blossom, and the locust shall increase, and the caper shall be scattered: because man has gone to his eternal home, and the mourners have gone about the market: 6 before the silver cord β be *let go,* or the γ choice gold be broken, or the pitcher be broken at the fountain, or the wheel run down to the cistern ; 7 *before* the dust also return to the earth as it was, and the spirit return to God who gave it.

8 Vanity of vanities, said the Preacher; all is vanity. 9 And because the Preacher was wise above *others*, *so it was* that he taught man excellent knowledge, and the ear will trace out the parables. 10 The Preacher sought diligently to find out acceptable words, and a correct writing, *even* words of truth. 11 The words of the wise are as goads, and as nails firmly fastened, which have been given from one shepherd by agreement. 12 And moreover, my son, guard thyself by means of them: of making many books there is no end; and much study is a weariness of the flesh.

13 Hear the end of the matter, the sum: Fear God, and keep his commandments: for this is the whole man. 14 For God will bring every work into judgment, with everything that has been overlooked, whether *it be* good, or whether *it be* evil.

β *Gr.* be subverted. γ *Gr.* flower of gold.

Α Σ Μ Α.

The Song of songs, which is Solomon's. [2] Let him kiss me with the kisses of his mouth: for thy breasts are better than wine. [3] And the smell of thine ointments is [β] better than all spices: thy name is ointment poured forth; therefore do the young maidens love thee. [4] They have drawn thee: we will run after thee, for the smell of thine ointments: the king has brought me into his closet: let us rejoice and be glad in thee; we will love thy breasts more than wine: righteousness loves thee.

[5] I am black, but beautiful, ye daughters of Jerusalem, as the tents of Kedar, as the [γ] curtains of Solomon. [6] Look not upon me, because I am dark, because the sun has looked unfavourably upon me: my mother's sons strove with me; they made me keeper in the vineyards; I have not kept my own vineyard.

[7] Tell me, *thou* whom my soul loves, where thou tendest thy flock, where thou causest *them* to rest at noon, lest I become as one [δ] that is veiled by the flocks of thy companions.

[8] If thou know not thyself, thou fair one among women, go thou forth by the footsteps of the flocks, and feed thy kids by the shepherds' tents. [9] I have likened thee, my companion, to my horses in the chariots of Pharao. [10] How are thy cheeks beautiful as *those* of a dove, thy neck as chains! [11] We will make thee figures of gold with studs of silver.

[12] So long as the king was at table, my spikenard gave forth its smell. [13] My kinsman is to me a bundle of myrrh; he shall lie between my breasts. [14] My kinsman is to me a cluster of camphor in the vineyards of Engaddi.

[15] Behold, thou art fair, my companion; behold, thou art fair; thine eyes are doves. [16] Behold, thou art fair, my kinsman, yea, beautiful, overshadowing our bed. [17] The beams of our house are cedars, our [ζ] ceilings are of cypress.

I am a flower of the plain, a lily of the valleys. [2] As a lily among thorns, so is my companion among the daughters. [3] As the apple among the trees of the wood, so is my kinsman among the sons. I desired his shadow, and sat down, and his fruit was sweet in my throat. [4] Bring me into the wine house; set love before me.

῎ΑΣΜΑ ᾀσμάτων, ὅ ἐστι Σαλωμών. Φιλησάτω με ἀπὸ φιλη- 2 μάτων στόματος αὐτοῦ· ὅτι ἀγαθοὶ μαστοί σου ὑπὲρ οἶνον, καὶ ὀσμὴ μύρων σου ὑπὲρ πάντα τὰ ἀρώματα· μύρον ἐκκενωθὲν 3 ὄνομά σου· διὰ τοῦτο νεάνιδες ἠγάπησάν σε, εἵλκυσάν σε· 4 ὀπίσω σου εἰς ὀσμὴν μύρων σου δραμοῦμεν· εἰσήνεγκέ με ὁ βασιλεὺς εἰς τὸ ταμεῖον αὐτοῦ· ἀγαλλιασώμεθα καὶ εὐφραν- θῶμεν ἐν σοί· ἀγαπήσομεν μαστούς σου ὑπὲρ οἶνον· εὐθύτης ἠγάπησέ σε.

Μέλαινά εἰμι ἐγὼ καὶ καλή, θυγατέρες Ἱερουσαλήμ, ὡς 5 σκηνώματα Κηδὰρ, ὡς δέῤῥεις Σαλωμών. Μὴ βλέψητέ με 6 ὅτι ἐγώ εἰμι μεμελανωμένη, ὅτι παρέβλεψέ με ὁ ἥλιος· υἱοὶ μητρός μου ἐμαχέσαντο ἐν ἐμοί, ἔθεντό με φυλάκισσαν ἐν ἀμπελῶσιν, ἀμπελῶνα ἐμὸν οὐκ ἐφύλαξα.

Ἀπάγγειλόν μοι ὃν ἠγάπησεν ἡ ψυχή μου, ποῦ ποιμαίνεις, 7 ποῦ κοιτάζεις ἐν μεσημβρίᾳ, μήποτε γένωμαι ὡς περιβαλλο- μένη ἐπ' ἀγέλαις ἑταίρων σου.

Ἐὰν μὴ γνῷς σεαυτὴν ἡ καλὴ ἐν γυναιξίν, ἔξελθε σὺ ἐν 8 πτέρναις τῶν ποιμνίων, καὶ ποίμαινε τὰς ἐρίφους σου ἐπὶ σκηνώμασι τῶν ποιμένων. Τῇ ἵππῳ μου ἐν ἅρμασι Φαραὼ 9 ὡμοίωσά σε ἡ πλησίον μου. Τί ὡραιώθησαν σιαγόνες σου 10 ὡς τρυγόνος, τράχηλός σου ὡς ὁρμίσκοι; Ὁμοιώματα χρυ- 11 σίου ποιήσομέν σοι μετὰ στιγμάτων τοῦ ἀργυρίου.

Ἕως οὗ ὁ βασιλεὺς ἐν ἀνακλίσει αὐτοῦ· νάρδος μου ἔδωκεν 12 ὀσμὴν αὐτοῦ. Ἀπόδεσμος τῆς στακτῆς ἀδελφιδός μου ἐμοὶ, 13 ἀναμέσον τῶν μαστῶν μου αὐλισθήσεται. Βότρυς τῆς κύπρου 14 ἀδελφιδός μου ἐμοὶ, ἐν ἀμπελῶσιν Ἐνγαδδί.

Ἰδοὺ εἶ καλὴ ἡ πλησίον μου, ἰδοὺ εἶ καλή· ὀφθαλμοί σου 15 περιστεραί. Ἰδοὺ εἶ καλὸς ἀδελφιδός μου, καί γε ὡραῖος 16 πρὸς κλίνῃ ἡμῶν σύσκιος. Δοκοὶ οἴκων ἡμῶν κέδροι, φατνώ- 17 ματα ἡμῶν κυπάρισσοι.

Ἐγὼ ἄνθος τοῦ πεδίου, κρίνον τῶν κοιλάδων. 2

Ὡς κρίνον ἐν μέσῳ ἀκανθῶν, οὕτως ἡ πλησίον μου ἀνα- 2 μέσον τῶν θυγατέρων.

Ὡς μῆλον ἐν τοῖς ξύλοις τοῦ δρυμοῦ, οὕτως ἀδελφιδός μου 3 ἀναμέσον τῶν υἱῶν· ἐν τῇ σκιᾷ αὐτοῦ ἐπεθύμησα, καὶ ἐκάθισα, καὶ καρπὸς αὐτοῦ γλυκὺς ἐν λάρυγγί μου. Εἰσαγάγετέ με εἰς 4

β *Gr.* beyond.   γ *Lit.* skins.   δ *Or*, that veils herself.   ζ *Or*, wainscots.

5 οἶκον τοῦ οἴνου, τάξατε ἐπ᾽ ἐμὲ ἀγάπην. Στηρίσατέ με ἐν μύροις, στοιβάσατέ με ἐν μήλοις, ὅτι τετρωμένη ἀγάπης ἐγώ.

6 Εὐώνυμος αὐτοῦ ὑπὸ τὴν κεφαλήν μου, καὶ ἡ δεξιὰ αὐτοῦ περιλήψεταί με.

7 Ὥρκισα ὑμᾶς θυγατέρες Ἱερουσαλὴμ ἐν δυνάμεσι καὶ ἐν ἰσχύσεσι τοῦ ἀγροῦ· ἐὰν ἐγείρητε καὶ ἐξεγείρητε τὴν ἀγάπην ἕως οὗ θελήσῃ.

8 Φωνὴ ἀδελφιδοῦ μου, ἰδοὺ οὗτος ἥκει πηδῶν ἐπὶ τὰ ὄρη, διαλλόμενος ἐπὶ τοὺς βουνούς.

9 Ὅμοιός ἐστιν ἀδελφιδός μου τῇ δορκάδι ἢ νεβρῷ ἐλάφων ἐπὶ τὰ ὄρη Βαιθήλ· ἰδοὺ οὗτος ὀπίσω τοῦ τοίχου ἡμῶν, παρα-

10 κύπτων διὰ τῶν θυρίδων, ἐκκύπτων διὰ τῶν δικτύων. Ἀποκρί-νεται ἀδελφιδός μου, καὶ λέγει μοι, ἀνάστα, ἐλθὲ ἡ πλησίον

11 μου, καλή μου, περιστερά μου. Ὅτι ἰδοὺ ὁ χειμὼν παρῆλθεν,

12 ὁ ὑετὸς ἀπῆλθεν, ἐπορεύθη ἑαυτῷ. Τὰ ἄνθη ὤφθη ἐν τῇ γῇ, καιρὸς τῆς τομῆς ἔφθακε, φωνὴ τῆς τρυγόνος ἠκούσθη ἐν τῇ γῇ

13 ἡμῶν. Ἡ συκῆ ἐξήνεγκεν ὀλύνθους αὐτῆς, αἱ ἄμπελοι κυπρί-ζουσιν, ἔδωκαν ὀσμήν· ἀνάστα, ἐλθὲ ἡ πλησίον μου, καλή μου, περιστερά μου, καὶ ἐλθέ.

14 Σὺ περιστερά μου, ἐν σκέπῃ τῆς πέτρας, ἐχόμενα τοῦ προτειχίσματος· δεῖξόν μοι τὴν ὄψιν σου, καὶ ἀκούτισόν με τὴν φωνήν σου, ὅτι ἡ φωνή σου ἡδεῖα, καὶ ἡ ὄψις σου ὡραῖα.

15 Πιάσατε ἡμῖν ἀλώπεκας μικροὺς ἀφανίζοντας ἀμπελῶνας· καὶ αἱ ἄμπελοι ἡμῶν κυπρίζουσαι.

16 Ἀδελφιδός μου ἐμοὶ, κἀγὼ αὐτῷ· ὁ ποιμαίνων ἐν τοῖς κρίνοις.

17 Ἕως οὗ διαπνεύσῃ ἡ ἡμέρα, καὶ κινηθῶσιν αἱ σκιαί· ἀπό-στρεψον, ὁμοιώθητι σὺ ἀδελφιδὲ μου τῷ δόρκωνι ἢ νεβρῷ ἐλάφων ἐπὶ ὄρη κοιλωμάτων.

3 Ἐπὶ κοίτην μου ἐν νυξὶν, ἐζήτησα ὃν ἠγάπησεν ἡ ψυχή μου· ἐζήτησα αὐτὸν, καὶ οὐχ εὗρον αὐτόν· ἐκάλεσα αὐτὸν,

2 καὶ οὐχ ὑπήκουσέ μου. Ἀναστήσομαι δὴ καὶ κυκλώσω ἐν τῇ πόλει, ἐν ταῖς ἀγοραῖς, καὶ ἐν ταῖς πλατείαις, καὶ ζητήσω ὃν ἠγάπησεν ἡ ψυχή μου· ἐζήτησα αὐτὸν, καὶ οὐχ εὗρον αὐτόν.

3 Εὕροσάν με οἱ τηροῦντες, οἱ κυκλοῦντες ἐν τῇ πόλει. Μὴ

4 ὃν ἠγάπησεν ἡ ψυχή μου, ἴδετε; Ὡς μικρὸν ὅτε παρῆλθον ἀπ᾽ αὐτῶν, ἕως οὗ εὗρον ὃν ἠγάπησεν ἡ ψυχή μου· ἐκράτησα αὐτὸν καὶ οὐκ ἀφῆκα αὐτὸν, ἕως οὗ εἰσήγαγον αὐτὸν εἰς οἶκον μητρός μου, καὶ εἰς ταμεῖον τῆς συλλαβούσης με.

5 Ὥρκισα ὑμᾶς θυγατέρες Ἱερουσαλὴμ ἐν ταῖς δυνάμεσι, καὶ ἐν ταῖς ἰσχύσεσι τοῦ ἀγροῦ· ἐὰν ἐγείρητε καὶ ἐξεγείρητε τὴν ἀγάπην ἕως ἂν θελήσῃ.

6 Τίς αὕτη ἡ ἀναβαίνουσα ἀπὸ τῆς ἐρήμου, ὡς στελέχη καπνοῦ τεθυμιαμένη σμύρναν καὶ λίβανον ἀπὸ πάντων κονιορ-

7 τῶν μυρεψοῦ; Ἰδοὺ ἡ κλίνη τοῦ Σαλωμὼν, ἑξήκοντα δυνατοὶ

8 κύκλῳ αὐτῆς ἀπὸ δυνατῶν Ἰσραήλ. Πάντες κατέχοντες ῥομ-φαίαν δεδιδαγμένοι πόλεμον· ἀνὴρ ῥομφαία αὐτοῦ ἐπὶ μηρὸν αὐτοῦ ἀπὸ θάμβους ἐν νυξί.

9 Φορεῖον ἐποίησεν ἑαυτῷ ὁ βασιλεὺς Σαλωμὼν ἀπὸ ξύλων

5 Strengthen me with perfumes, stay me with apples: for I *am* wounded with love. 6 His left *hand shall be* under my head, and his right hand shall embrace me.

7 I have charged you, ye daughters of Jeru-salem, by the β powers and by the virtues of the field, that ye do not rouse or wake *my* love, until he please.

8 The voice of my kinsman! behold, he comes leaping over the mountains, bounding over the hills.

9 My kinsman is like a roe or a young hart on the mountains of Bæthel: behold, he is behind our wall, looking through the windows, peeping through the γ lattices. 10 My kinsman answers, and says to me, Rise up, come, my companion, my fair one, my dove. 11 For, behold, the winter is past, the rain is gone, it has departed. 12 The flowers are seen in the land; the time of pruning has arrived; the voice of the turtle-dove has been heard in our land. 13 The fig-tree has put forth its young figs, the vines put forth the tender grape, they yield a smell: arise, come, my companion, my fair one, my dove; yea, come.

14 *Thou art* my dove, in the shelter of the rock, near the wall: shew my thy face, and cause me to hear thy voice; for thy voice is sweet, and thy countenance is beautiful.

15 Take us the little foxes that spoil the vines: for our vines put forth tender grapes.

16 My kinsman is mine, and I am his: he feeds *his flock* among the lilies.

17 Until the day dawn, and the shadows depart, turn, my kinsman, be thou like to a roe or young hart on the mountains of the ravines.

By night on my bed I sought him whom my soul loves: I sought him, but found him not; I called him, but he hearkened not to me. 2 I will rise now, and go about in the city, in the market-places, and in the streets, and I will seek him whom my soul loves: I sought him, but I found him not. 3 The watchmen who go their rounds in the city found me. *I said*, Have ye seen him whom my soul loves? 4 *It was* as a little *while* after I parted from them, that I found him whom my soul loves: I held him, and did not let him go, until I brought him into my mother's house, and into the cham-ber of her that conceived me.

5 I have charged you, O daughters of Jeru-salem, by the β powers and by the virtues of the field, that ye rouse not nor awake *my* love, until ye please.

6 Who is this that comes up from the wilderness as pillars of smoke, perfumed with myrrh and frankincense, with all powders of the perfumer? 7 Behold Solo-mon's bed; sixty mighty men of the mighty ones of Israel are round about it. 8 They all hold a sword, being expert in war: every man *has* his sword upon his thigh because of fear by night.

9 King Solomon made himself a litter of

β Comp. *Heb.* and *A. V.*   γ *Lit.* nets.

woods of Lebanon. ¹⁰ He made the pillars of it silver, the bottom of it gold, the covering of it scarlet, in the midst of it a pavement of love, for the daughters of Jerusalem. ¹¹ Go forth, ye daughters of Sion, and behold king Solomon, with the crown wherewith his mother crowned him, in the day of his espousals, and in the day of the gladness of his heart.

Behold, thou art fair, my companion; behold, thou art fair; thine eyes are doves, beside thy β veil: thy hair is as flocks of goats, that have appeared from Galaad. ² Thy teeth are as flocks of shorn *sheep*, that have gone up from the washing; all of them bearing twins, and there is not a barren one among them. ³ Thy lips are as a thread of scarlet, and thy speech is comely: like the rind of a pomegranate is thy cheek without thy β veil. ⁴ Thy neck is as the tower of David, that was built for an armoury: a thousand shields hang upon it, *and* all darts of mighty men. ⁵ Thy two breasts are as two twin fawns, that feed among the lilies. ⁶ Until the day dawn, and the shadows depart, I will betake me to the mountain of myrrh, and to the hill of frankincense. ⁷ Thou art all fair, my companion, and there is no spot in thee.

⁸ Come from Libanus, *my* bride, come from Libanus: thou shalt come and pass from the top of γ Faith, from the top of Sanir and Hermon, from the lions' dens, from the mountains of the leopards. ⁹ My sister, *my* spouse, thou hast ravished my heart; thou hast ravished my heart with one of thine eyes, with one chain of thy neck. ¹⁰ δ How beautiful are thy breasts, my sister, my spouse! how much more beautiful are thy breasts than wine, and the smell of thy garments than all spices! ¹¹ Thy lips drop honeycomb, my spouse: honey and milk are under thy tongue; and the smell of thy garments is as the smell of Libanus. ¹² My sister, *my* spouse is a garden enclosed; a garden enclosed, a fountain sealed. ¹³ Thy shoots are a garden of pomegranates, with the fruit of choice berries; camphor, with spikenard: ¹⁴ spikenard and saffron, calamus and cinnamon; with all woods of Libanus, myrrh, aloes, with all chief spices: ¹⁵ a fountain of a garden, and a well of water springing and gurgling from Libanus.

¹⁶ Awake, O north wind; and come, O south; and blow through my garden, and let my spices flow out.

Let my kinsman come down into his garden, and eat the fruit of his choice berries. I am come into my garden, my sister, *my* spouse: I have gathered my myrrh with my spices; I have eaten my bread with my honey; I have drunk my wine with my milk. Eat, O friends, and drink; yea, brethren, drink abundantly.

² I sleep, but my heart is awake: the voice of my kinsman knocks at the door, *saying*, Open, open to me, my companion, my sister, my dove, my perfect one: for my head is filled with dew, and my locks with the drops of the night. ³ I have put off my coat; how shall I put it on? I have washed my feet,

τοῦ Λιβάνου. Στύλους αὐτοῦ ἐποίησεν ἀργύριον, καὶ ἀνά- 10 κλιτον αὐτοῦ χρύσεον· ἐπίβασις αὐτοῦ πορφυρᾶ, ἐντὸς αὐτοῦ λιθόστρωτον, ἀγάπην ἀπὸ θυγατέρων Ἱερουσαλήμ. Θυγατέ- 11 ρες Σιὼν ἐξέλθατε, καὶ ἴδετε ἐν τῷ βασιλεῖ Σαλωμὼν, ἐν τῷ στεφάνῳ ᾧ ἐστεφάνωσεν αὐτὸν ἡ μήτηρ αὐτοῦ, ἐν ἡμέρᾳ νυμφεύσεως αὐτοῦ, καὶ ἐν ἡμέρᾳ εὐφροσύνης καρδίας αὐτοῦ.

Ἰδοὺ εἶ καλὴ ἡ πλησίον μου, ἰδοὺ εἶ καλή· ὀφθαλμοί σου 4 περιστεραὶ, ἐκτὸς τῆς σιωπήσεώς σου· τρίχωμά σου ὡς ἀγέλαι τῶν αἰγῶν, αἳ ἀπεκαλύφθησαν ἀπὸ τοῦ Γαλαάδ. Ὀδόντες 2 σου ὡς ἀγέλαι τῶν κεκαρμένων, αἳ ἀνέβησαν ἀπὸ τοῦ λουτροῦ, αἱ πᾶσαι διδυμεύουσαι, καὶ ἀτεκνοῦσα οὐκ ἔστιν ἐν αὐταῖς. Ὡς σπαρτίον τὸ κόκκινον χείλη σου, καὶ ἡ λαλιά σου ὡραία, 3 ὡς λέπυρον ῥοᾶς μῆλόν σου ἐκτὸς τῆς σιωπήσεώς σου. Ὡς 4 πύργος Δαυὶδ τράχηλός σου, ὁ ᾠκοδομημένος εἰς θαλπιώθ· χίλιοι θυρεοὶ κρέμανται ἐπ᾽ αὐτὸν, πᾶσαι βολίδες τῶν δυνατῶν. Δύο μαστοί σου ὡς δύο νεβροὶ δίδυμοι δορκάδος οἱ 5 νεμόμενοι ἐν κρίνοις, ἕως οὗ διαπνεύσῃ ἡμέρα καὶ κινηθῶσιν 6 αἱ σκιαί· πορεύσομαι ἐμαυτῷ πρὸς τὸ ὄρος τῆς σμύρνης καὶ πρὸς τὸν βουνὸν τοῦ λιβάνου. Ὅλη καλὴ εἶ πλησίον μου, 7 καὶ μῶμος οὐκ ἔστιν ἐν σοί.

Δεῦρο ἀπὸ Λιβάνου νύμφη, δεῦρο ἀπὸ Λιβάνου· ἐλεύσῃ 8 καὶ διελεύσῃ ἀπὸ ἀρχῆς Πίστεως, ἀπὸ κεφαλῆς Σανὶρ καὶ Ἑρμὼν, ἀπὸ μανδρῶν λεόντων, ἀπὸ ὀρέων παρδάλεων. Ἐκαρ- 9 δίωσας ἡμᾶς ἀδελφή μου νύμφη, ἐκαρδίωσας ἡμᾶς ἑνὶ ἀπὸ ὀφθαλμῶν σου, ἐν μιᾷ ἐνθέματι τραχήλων σου. Τί ἐκαλλιώ- 10 θησαν μαστοί σου ἀδελφή μου, νύμφη· τί ἐκαλλιώθησαν μαστοί σου ἀπὸ οἴνου, καὶ ὀσμὴ ἱματίων σου ὑπὲρ πάντα ἀρώματα; Κηρίον ἀποστάζουσι χείλη σου νύμφη· μέλι 11 καὶ γάλα ὑπὸ τὴν γλῶσσάν σου· καὶ ὀσμὴ ἱματίων σου, ὡς ὀσμὴ Λιβάνου. Κῆπος κεκλεισμένος ἀδελφή μου νύμφη, 12 κῆπος κεκλεισμένος, πηγὴ ἐσφραγισμένη. Ἀποστολαί σου 13 παράδεισος ῥοῶν μετὰ καρποῦ ἀκροδρύων, κύπροι μετὰ νάρδων· Νάρδος καὶ κρόκος, κάλαμος καὶ κιννάμωμον, μετὰ πάντων 14 ξύλων τοῦ Λιβάνου, σμύρνα, ἀλώθ, μετὰ πάντων πρώτων μύρων, πηγὴ κήπου, καὶ φρέαρ ὕδατος ζῶντος καὶ ῥοιζοῦντος 15 ἀπὸ τοῦ Λιβάνου.

Ἐξεγέρθητι Βορρᾶ, καὶ ἔρχου Νότε, καὶ διάπνευσον κῆπόν 16 μου, καὶ ῥευσάτωσαν ἀρώματά μου.

Καταβήτω ἀδελφιδός μου εἰς κῆπον αὐτοῦ, καὶ φαγέτω 5 καρπὸν ἀκροδρύων αὐτοῦ· εἰσῆλθον εἰς κῆπόν μου ἀδελφή μου νύμφη· ἐτρύγησα σμύρναν μου μετὰ ἀρωμάτων μου, ἔφαγον ἄρτον μου μετὰ μέλιτός μου, ἔπιον οἶνόν μου μετὰ γάλακτός μου· φάγετε πλήσιοι καὶ πίετε, καὶ μεθύσθητε ἀδελφοί.

Ἐγὼ καθεύδω, καὶ ἡ καρδία μου ἀγρυπνεῖ· φωνὴ ἀδελφι- 2 δοῦ μου κρούει ἐπὶ τὴν θύραν, ἄνοιξόν μοι ἡ πλησίον μου, ἀδελφή μου, περιστερά μου, τελεία μου· ὅτι ἡ κεφαλή μου ἐπλήσθη δρόσου, καὶ οἱ βόστρυχοί μου ψεκάδων νυκτός. Ἐξεδυσάμην τὸν χιτῶνά μου, πῶς ἐνδύσομαι αὐτόν; ἐνιψάμην 3

β *Lit.* silence.   γ *Heb.* Amana.   δ *Gr.* Why have they been made beautiful, etc.

4 τοὺς πόδας μου, πῶς μολυνῶ αὐτούς; Ἀδελφιδός μου ἀπέστειλε χεῖρα αὐτοῦ ἀπὸ τῆς ὀπῆς, καὶ ἡ κοιλία μου ἐθροήθη ἐπ'

5 αὐτόν. Ἀνέστην ἐγὼ ἀνοῖξαι τῷ ἀδελφιδῷ μου, χεῖρές μου ἔσταξαν σμύρναν, δάκτυλοί μου σμύρναν πλήρη ἐπὶ χεῖρας

6 τοῦ κλείθρου. Ἤνοιξα ἐγὼ τῷ ἀδελφιδῷ μου· ἀδελφιδός μου παρῆλθε· ψυχή μου ἐξῆλθεν ἐν λόγῳ αὐτοῦ· ἐζήτησα αὐτὸν καὶ οὐχ εὗρον αὐτόν, ἐκάλεσα αὐτὸν καὶ οὐχ ὑπήκουσέ μου.

7 Εὕροσάν με οἱ φύλακες οἱ κυκλοῦντες ἐν τῇ πόλει, ἐπάταξάν με, ἐτραυμάτισάν με· ἦραν τὸ θέριστρόν μου ἀπ' ἐμοῦ φύλακες

8 τῶν τειχέων. Ὥρκισα ὑμᾶς θυγατέρες Ἱερουσαλὴμ ἐν ταῖς δυνάμεσι καὶ ἐν ταῖς ἰσχύσεσι τοῦ ἀγροῦ· ἐὰν εὕρητε τὸν ἀδελφιδόν μου, τί ἀπαγγείλητε αὐτῷ; ὅτι τετρωμένη ἀγάπης ἐγώ εἰμι.

9 Τί ἀδελφιδός σου ἀπὸ ἀδελφιδοῦ, ἡ καλὴ ἐν γυναιξί; τί ἀδελφιδός σου ἀπὸ ἀδελφιδοῦ, ὅτι οὕτως ὥρκισας ἡμᾶς;

10 Ἀδελφιδός μου λευκὸς καὶ πυρρός, ἐκλελοχισμένος ἀπὸ

11 μυριάδων. Κεφαλὴ αὐτοῦ χρυσίον κεφάζ, βόστρυχοι αὐτοῦ

12 ἐλάται, μέλανες ὡς κόραξ. Ὀφθαλμοὶ αὐτοῦ ὡς περιστεραὶ ἐπὶ πληρώματα ὑδάτων, λελουσμέναι ἐν γάλακτι, καθήμεναι

13 ἐπὶ πληρώματα. Σιαγόνες αὐτοῦ ὡς φιάλαι τοῦ ἀρώματος φύουσαι μυρεψικά· χείλη αὐτοῦ κρίνα στάζοντα σμύρναν

14 πλήρη. Χεῖρες αὐτοῦ τορευταὶ χρυσαὶ πεπληρωμέναι Θαρσίς· κοιλία αὐτοῦ πυξίον ἐλεφάντινον ἐπὶ λίθου σαπφείρου.

15 Κνῆμαι αὐτοῦ στῦλοι μαρμάρινοι τεθεμελιωμένοι ἐπὶ βάσεις

16 χρυσᾶς· εἶδος αὐτοῦ ὡς Λίβανος, ἐκλεκτὸς ὡς κέδροι. Φάρυγξ αὐτοῦ γλυκασμοὶ καὶ ὅλος ἐπιθυμία· οὗτος ἀδελφιδός μου καὶ οὗτος πλησίον μου, θυγατέρες Ἱερουσαλήμ.

17 Ποῦ ἀπῆλθεν ὁ ἀδελφιδός σου ἡ καλὴ ἐν γυναιξί; ποῦ ἀπέβλεψεν ὁ ἀδελφιδός σου; καὶ ζητήσομεν αὐτὸν μετὰ σοῦ.

6 Ἀδελφιδός μου κατέβη εἰς κῆπον αὐτοῦ εἰς φιάλας τοῦ

2 ἀρώματος, ποιμαίνειν ἐν κήποις, καὶ συλλέγειν κρίνα. Ἐγὼ τῷ ἀδελφιδῷ μου, καὶ ἀδελφιδός μου ἐμοί, ὁ ποιμαίνων ἐν τοῖς κρίνοις.

3 Καλὴ εἶ ἡ πλησίον μου, ὡς εὐδοκία, ὡραία ὡς Ἱερουσαλὴμ,

4 θάμβος ὡς τεταγμέναι. Ἀπόστρεψον ὀφθαλμούς σου ἀπεναντίον μου, ὅτι αὐτοὶ ἀνεπτέρωσάν με· τρίχωμά σου ὡς ἀγέλαι

5 τῶν αἰγῶν, αἳ ἀνεφάνησαν ἀπὸ τοῦ Γαλαάδ. Ὀδόντες σου ὡς ἀγέλαι τῶν κεκαρμένων, αἳ ἀνέβησαν ἀπὸ τοῦ λουτροῦ, αἱ πᾶσαι διδυμεύουσαι, καὶ ἀτεκνοῦσα οὐκ ἔστιν ἐν αὐταῖς· ὡς σπαρτίον τὸ κόκκινον χείλη σου, καὶ ἡ λαλιά σου ὡραία·

6 Ὡς λέπυρον τῆς ῥοᾶς μῆλόν σου ἐκτὸς τῆς σιωπήσεώς σου.

7 Ἐξήκοντά εἰσι βασίλισσαι καὶ ὀγδοήκοντα παλλακαί, καὶ

8 νεάνιδες ὧν οὐκ ἔστιν ἀριθμός. Μία ἐστὶ περιστερά μου, τελεία μου, μία ἐστὶ τῇ μητρὶ αὐτῆς, ἐκλεκτή ἐστι τῇ τεκούσῃ αὐτήν· Εἴδοσαν αὐτὴν θυγατέρες καὶ μακαριοῦσιν αὐτήν, καὶ

9 βασίλισσαι καί γε παλλακαί, καὶ αἰνέσουσιν αὐτήν. Τίς αὕτη ἡ ἐκκύπτουσα ὡσεὶ ὄρθρος, καλὴ ὡς σελήνη, ἐκλεκτὴ ὡς ὁ ἥλιος, θάμβος ὡς τεταγμέναι;

10 Εἰς κῆπον καρύας κατέβην ἰδεῖν ἐν γεννήμασι τοῦ χειμάρρου,

how shall I defile them? [4] My kinsman put forth his hand by the hole *of the door*, and my belly was moved for him. [5] I rose up to open to my kinsman; my hands dropped myrrh, my fingers choice myrrh, on the handles of the lock. [6] I opened to my kinsman; my kinsman was gone: my soul [β]failed at his speech: I sought him, but found him not; I called him, but he answered me not. [7] The watchmen that go their rounds in the city found me, they smote me; they wounded me; the keepers of the walls took away my veil from me. [8] I have charged you, O daughters of Jerusalem, by the powers and the virtues of the field: if ye should find my kinsman, what are ye to say to him? That I am wounded with love.

[9] What is thy kinsman *more* than *another* kinsman, O thou beautiful among women? what is thy kinsman *more* than *another* kinsman, that thou hast so charged us?

[10] My kinsman is white and ruddy, chosen out from myriads. [11] His head is *as* very fine gold, his locks are flowing, black as a raven. [12] His eyes are as doves, by the pools of waters, washed with milk, sitting by the pools. [13] His cheeks are as bowls of spices pouring forth perfumes: his lips are lilies, dropping choice myrrh. [14] His hands are as [γ]turned gold set with [δ]beryl: his belly is an ivory tablet on a sapphire stone. [15] His legs are marble pillars set on golden sockets: his form is as Libanus, choice as the cedars. [16] His throat is most sweet, and altogether desirable. This is my kinsman, and this is my companion, O daughters of Jerusalem.

[17] Whither is thy kinsman gone, thou beautiful among women? whither has thy kinsman [ζ]turned aside? *tell us*, and we will seek him with thee.

My kinsman is gone down to his garden, to the beds of spice, to feed *his flock* in the gardens, and to gather lilies. [2] I am my kinsman's, and my kinsman is mine, who feeds among the lilies.

[3] Thou art fair, my companion, as Pleasure, beautiful as Jerusalem, terrible as *armies* set in array. [4] Turn away thine eyes from before me, for they have ravished me: thy hair is as flocks of goats which have appeared from Galaad. [5] Thy teeth are as flocks of shorn *sheep*, that have gone up from the washing, all of them bearing twins, and there is none barren among them: thy lips are as a thread of scarlet, and thy speech is comely. [6] Thy cheek is like the rind of a pomegranate, *being seen* without thy veil.

[7] There are sixty queens, and eighty concubines, and maidens without number. [8] My dove, my perfect one is one; she is the *only* one of her mother; she is the choice of her that bore her. The daughters saw her, and the queens will pronounce her blessed, yea, and the concubines, and they will praise her. [9] Who is this that looks forth as the morning, fair as the moon, choice as the sun, terrible as *armies* set in array?

[10] I went down to the garden of nuts, to look at the fruits of the valley, to see if the

---

β *Gr.* went forth.　　γ *Or*, gold rings.　　δ *q. d.* from Tarshish.　　ζ *Gr.* looked aside.

vine flowered, *if* the pomegranates blossomed. ¹¹ There I will give thee my breasts: my soul knew *it* not: it made me as the chariots of Aminadab.

¹² Return, return, O Sunamite; return, return, and we will look at thee.

What will ye see in the Sunamite? ^βShe comes as bands of armies.

Thy steps are beautiful in shoes, O daughter of the prince: the joints of *thy* thighs are like chains, the work of the craftsman. ² Thy navel is *as* a turned bowl, not wanting liquor; thy belly is *as* a heap of wheat set about with lilies. ³ Thy two breasts are as two twin fawns. ⁴ Thy neck is as an ivory tower; thine eyes are as pools in Esebon, by the gates of the ^γdaughter of many: thy nose is as the tower of Libanus, looking toward Damascus. ⁵ Thy head upon thee is as Carmel, and the curls of thy hair like scarlet; the king is bound in the ^δgalleries. ⁶ How beautiful art thou, and how sweet art thou, *my* love! ⁷ This is thy greatness in thy delights: thou wast made like a palm tree, and thy breasts to clusters. ⁸ I said, I will go up to the palm tree, I will take hold of its high boughs: and now shall thy breasts be as clusters of the vine, and the smell of thy nose as apples; ⁹ and thy throat as good wine, going well with my kinsman, suiting my lips and teeth.

¹⁰ I am my kinsman's, and his ^ζdesire is toward me. ¹¹ Come, my kinsman, let us go forth into the field; let us lodge in the villages. ¹² Let us go early into the vineyards; let us see if the vine has flowered, if the blossoms have appeared, if the pomegranates have blossomed; there will I give thee my breasts. ¹³ The mandrakes have given a smell, and at our doors *are* all kinds of choice fruits, new and old. O my kinsman, I have kept *them* for thee.

^θ I would that thou, O my kinsman, wert he that sucked the breasts of my mother; when I found thee without, I would kiss thee; yea, they should not despise me. ² I would take thee, I would bring thee into my mother's house, and into the chamber of her that conceived me; I would make thee to drink of spiced wine, of the juice of my pomegranates.

³ His left hand *should be* under my head, and his right hand should embrace me.

⁴ I have charged you, ye daughters of Jerusalem, by the virtues of the field, that ye stir not up, nor awake *my* love, until he please.

⁵ Who is this that comes up all white, leaning on her kinsman? I raised thee up under an apple-tree; there thy mother brought thee forth; there she that bore thee brought thee forth.

⁶ Set me as a seal upon thy heart, as a seal upon thine arm; for love is strong as death; jealousy is cruel as the grave, her shafts are shafts of fire, *even* the flames thereof.

⁷ Much water will not be able to quench love, and rivers shall not drown it; if a man would give all his substance for love, *men* would utterly despise it.

ἰδεῖν εἰ ἤνθησεν ἡ ἄμπελος, ἐξήνθησαν αἱ ῥοαί. Ἐκεῖ 11 δώσω τοὺς μαστούς μου σοί· οὐκ ἔγνω ἡ ψυχή μου· ἔθετό με ἄρματα Ἀμιναδάβ.

Ἐπίστρεφε ἐπίστρεφε ἡ Σουναμῖτις· ἐπίστρεφε ἐπίστρεφε, 12 καὶ ὀψόμεθα ἐν σοί.

Τί ὄψεσθε ἐν τῇ Σουναμίτιδι; ἡ ἐρχομένη ὡς χοροὶ τῶν 7 παρεμβολῶν.

Ὡραιώθησαν διαβήματά σου ἐν ὑποδήμασί σου, θύγατερ ναδάβ· ῥυθμοὶ μηρῶν ὅμοιοι ὁρμίσκοις, ἔργον τεχνίτου. Ὀμφαλός σου κρατὴρ τορευτός, μὴ ὑστερούμενος κράμα· 2 κοιλία σου θημωνία σίτου πεφραγμένη ἐν κρίνοις. Δύο μασ- 3 τοί σου, ὡς δύο νεβροὶ δίδυμοι δορκάδος. Ὁ τράχηλός σου 4 ὡς πύργος ἐλεφάντινος· οἱ ὀφθαλμοί σου ὡς λίμναι ἐν Ἐσε- βών, ἐν πύλαις θυγατρὸς πολλῶν· μυκτήρ σου, ὡς πύργος τοῦ Λιβάνου σκοπεύων πρόσωπον Δαμασκοῦ. Κεφαλή σου ἐπὶ 5 σὲ ὡς Κάρμηλος, καὶ πλόκιον κεφαλῆς σου ὡς πορφύρα· βασιλεὺς δεδεμένος ἐν παραδρομαῖς. Τί ὡραιώθης, καὶ τί 6 ἡδύνθης ἀγάπη; ἐν τρυφαῖς σου τοῦτο μέγεθός σου· ὡμοιώθης 7 τῷ φοίνικι, καὶ οἱ μαστοί σου τοῖς βότρυσιν. Εἶπα, ἀναβή- 8 σομαι ἐπὶ τῷ φοίνικι, κρατήσω τῶν ὕψεων αὐτοῦ· καὶ ἔσονται δὴ μαστοί σου ὡς βότρυες τῆς ἀμπέλου, καὶ ὀσμὴ ῥινός σου ὡς μῆλα, καὶ ὁ λάρυγξ σου ὡς οἶνος ὁ ἀγαθός, πορευόμενος 9 τῷ ἀδελφιδῷ μου εἰς εὐθύτητα, ἱκανούμενος χείλεσί μου καὶ ὀδοῦσιν.

Ἐγὼ τῷ ἀδελφιδῷ μου, καὶ ἐπ᾽ ἐμὲ ἡ ἐπιστροφὴ αὐτοῦ. 10 Ἐλθὲ ἀδελφιδέ μου, ἐξέλθωμεν εἰς ἀγρόν, αὐλισθῶμεν ἐν 11 κώμαις. Ὀρθρίσωμεν εἰς ἀμπελῶνας· ἴδωμεν εἰ ἤνθησεν 12 ἡ ἄμπελος, ἤνθησεν ὁ κυπρισμός, ἤνθησαν αἱ ῥοαί· ἐκεῖ δώσω τοὺς μαστούς μου σοί. Οἱ μανδραγόραι ἔδωκαν ὀσμήν· καὶ 13 ἐπὶ θύραις ἡμῶν πάντα ἀκρόδρυα νέα πρὸς παλαιά, ἀδελφιδέ μου, ἐτήρησά σοι.

Τίς δῴη σε, ἀδελφιδέ μου, θηλάζοντα μαστοὺς μητρός μου; 8 εὑροῦσά σε ἔξω φιλήσω σε, καί γε οὐκ ἐξουδενώσουσί μοι. Παραλήψομαί σε, εἰσάξω σε εἰς οἶκον μητρός μου καὶ εἰς 2 ταμεῖον τῆς συλλαβούσης με· ποτιῶ σε ἀπὸ οἴνου τοῦ μυρε- ψικοῦ, ἀπὸ νάματος ῥοῶν μου.

Εὐώνυμος αὐτοῦ ὑπὸ τὴν κεφαλήν μου, καὶ ἡ δεξιὰ αὐτοῦ 3 περιλήψεταί με.

Ὥρκισα ὑμᾶς θυγατέρες Ἱερουσαλὴμ ἐν ταῖς ἰσχύσεσι 4 τοῦ ἀγροῦ· ἐὰν ἐγείρητε καὶ ἐὰν ἐξεγείρητε τὴν ἀγάπην ἕως ἂν θελήσῃ.

Τίς αὕτη ἡ ἀναβαίνουσα λελευκανθισμένη, ἐπιστηριζομένη 5 ἐπὶ τὸν ἀδελφιδὸν αὐτῆς; Ὑπὸ μῆλον ἐξήγειρά σε· ἐκεῖ ὠδίνησέ σε ἡ μήτηρ σου, ἐκεῖ ὠδίνησέ σε ἡ τεκοῦσά σε.

Θές με ὡς σφραγῖδα ἐπὶ τὴν καρδίαν σου, ὡς σφραγῖδα ἐπὶ 6 τὸν βραχίονά σου· ὅτι κραταιὰ ὡς θάνατος ἀγάπη, σκληρὸς ὡς ᾅδης ζῆλος· περίπτερα αὐτῆς περίπτερα πυρός, φλόγες αὐτῆς.

Ὕδωρ πολὺ οὐ δυνήσεται σβέσαι τὴν ἀγάπην, καὶ ποταμοὶ 7 οὐ συγκλύσουσιν αὐτήν· ἐὰν δῷ ἀνὴρ πάντα τὸν βίον αὐτοῦ ἐν τῇ ἀγάπῃ, ἐξουδενώσει ἐξουδενώσουσιν αὐτόν.

---

^β *Or*, O thou that comest, etc.   ^γ *Heb.* Bath-rabbim.   ^δ *Or*, corridors.   ^ζ *Lit.* turning.   ^θ *Gr.* Who will give, etc.

8 Ἀδελφὴ ἡμῶν μικρὰ καὶ μαστοὺς οὐκ ἔχει· τί ποιήσωμεν
9 τῇ ἀδελφῇ ἡμῶν, ἐν ἡμέρᾳ ᾗ ἐὰν λαληθῇ ἐν αὐτῇ; Εἰ
τεῖχός ἐστιν, οἰκοδομήσωμεν ἐπ᾽ αὐτὴν ἐπάλξεις ἀργυρᾶς· καὶ
10 εἰ θύρα ἐστὶ, διαγράψωμεν ἐπ᾽ αὐτὴν σανίδα κεδρίνην. Ἐγὼ
τεῖχος, καὶ μαστοί μου ὡς πύργοι· ἐγὼ ἤμην ἐν ὀφθαλμοῖς
11 αὐτῶν ὡς εὑρίσκουσα εἰρήνην. Ἀμπελὼν ἐγενήθη τῷ Σαλωμὼν
ἐν Βεελαμών· ἔδωκε τὸν ἀμπελῶνα αὐτοῦ τοῖς τηροῦσιν· ἀνὴρ
12 οἴσει ἐν καρπῷ αὐτοῦ χιλίους ἀργυρίου. Ἀμπελών μου ἐμὸς
ἐνώπιόν μου, οἱ χίλιοι Σαλωμών, καὶ οἱ διακόσιοι τοῖς τηροῦσι
τὸν καρπὸν αὐτοῦ.
13 Ὁ καθήμενος ἐν κήποις, ἑταῖροι προσέχοντες τῇ φωνῇ σου,
ἀκούτισόν με.
14 Φύγε ἀδελφιδέ μου, καὶ ὁμοιώθητι τῇ δορκάδι, ἢ τῷ νεβρῷ
τῶν ἐλάφων ἐπὶ ὄρη τῶν ἀρωμάτων.

8 Our sister is little, and has no breasts; what shall we do for our sister, in the day wherein she shall be spoken for? 9 If she is a wall, let us build upon her silver bulwarks; and if she is a door, let us carve for her cedar panels. 10 I am a wall, and my breasts are as towers; I was in their eyes as one that found peace. 11 Solomon had a vineyard in Beelamon; he let his vineyard to keepers; every one was to bring for its fruit a thousand *pieces* of silver. 12 My vineyard, even mine, is before me; Solomon *shall have* a thousand, and they that keep its fruit two hundred.

13 Thou that dwellest in the gardens, the companions hearken to thy voice: make me hear *it*.

14 Away, my kinsman, and be like a doe or a fawn on the mountains of spices.

Η Σ Α Ι Α Σ.

ΟΡΑΣΙΣ ἣν εἶδεν Ἡσαΐας υἱὸς Ἀμὼς, ἣν εἶδε κατὰ τῆς Ἰουδαίας καὶ κατὰ Ἱερουσαλὴμ, ἐν βασιλείᾳ Ὀζίου, καὶ Ἰωάθαμ, καὶ Ἄχαζ, καὶ Ἐζεκίου, οἳ ἐβασίλευσαν τῆς Ἰουδαίας.

2 Ἄκουε οὐρανὲ, καὶ ἐνωτίζου γῆ, ὅτι Κύριος ἐλάλησεν, υἱοὺς
3 ἐγέννησα καὶ ὕψωσα, αὐτοὶ δέ με ἠθέτησαν. Ἔγνω βοῦς τὸν κτησάμενον, καὶ ὄνος τὴν φάτνην τοῦ κυρίου αὐτοῦ· Ἰσραὴλ δέ με οὐκ ἔγνω, καὶ ὁ λαός με οὐ συνῆκεν.

4 Οὐαὶ ἔθνος ἁμαρτωλὸν, λαὸς πλήρης ἁμαρτιῶν, σπέρμα πονηρὸν, υἱοὶ ἄνομοι· ἐγκατελίπατε τὸν Κύριον, καὶ παρωργί-
5 σατε τὸν ἅγιον τοῦ Ἰσραήλ. Τί ἔτι πληγῆτε προστιθέντες ἀνομίαν; πᾶσα κεφαλὴ εἰς πόνον, καὶ πᾶσα καρδία εἰς λύπην·
6 Ἀπὸ ποδῶν ἕως κεφαλῆς, οὐκ ἔστιν ἐν αὐτῷ ὁλοκληρία, οὔτε τραῦμα, οὔτε μώλωψ, οὔτε πληγὴ φλεγμαίνουσα· οὐκ ἔστι
7 μάλαγμα ἐπιθεῖναι, οὔτε ἔλαιον, οὔτε καταδέσμους. Ἡ γῆ ὑμῶν ἔρημος, αἱ πόλεις ὑμῶν πυρίκαυστοι· τὴν χώραν ὑμῶν ἐνώπιον ὑμῶν ἀλλότριοι κατεσθίουσιν αὐτὴν, καὶ ἠρήμωται
8 κατεστραμμένη ὑπὸ λαῶν ἀλλοτρίων. Ἐγκαταλειφθήσεται ἡ θυγάτηρ Σιὼν, ὡς σκηνὴ, ἐν ἀμπελῶνι, καὶ ὡς ὀπωροφυλάκιον
9 ἐν σικυηράτῳ, ὡς πόλις πολιορκουμένη. Καὶ εἰ μὴ Κύριος

The vision which Esaias the son of Amos saw, which he saw against Juda and against Jerusalem, in the reign of Ozias, and Joatham, and Achaz, and Ezekias, who reigned over Judea.

2 Hear, O heaven, and hearken, O earth: for the Lord has spoken, *saying*, I have begotten and reared up children, but they have βrebelled against me. 3 The ox knows his owner, and the ass his master's crib: but Israel does not know me, and the people has not regarded me.

4 Ah sinful nation, a people full of sins, an evil seed, lawless children: ye have forsaken the Lord, and provoked the Holy One of Israel. 5 Why should ye be smitten *any* more, transgressing more and more? the whole head is pained, and the whole heart sad. 6 From the feet to the head, there is no soundness in them; neither wound, nor bruise, nor festering ulcer *are healed*: it is not possible to apply a plaister, nor oil, nor bandages. 7 Your land is desolate, your cities burned with fire: your land, strangers devour it in your presence, and it is made desolate, overthrown by strange nations. 8 The daughter of Sion shall be deserted as a tent in a vineyard, and as a storehouse of fruits in a garden of cucumbers, as a besieged city. 9 γAnd if the Lord of Sabaoth

---

β *Or,* 'set me at nought.'   γ Rom. 9. 29.

had not left us a seed, we should have been
as Sodoma, and we should have been made
like to Gomorrha.

¹⁰ Hear the word of the Lord, ye rulers of
Sodoma; attend to the law of God, thou
people of Gomorrha. ¹¹ Of what *value* to
me is the abundance of your sacrifices? saith
the Lord: I am full of whole-burnt-offerings
of rams; and I delight not in the fat of
lambs, and the blood of bulls and goats:
¹² neither shall ye come *with these* to appear
before me; for who has required these
things at your hands? Ye shall no more
tread my court. ¹³ Though ye bring fine
flour, *it is* vain; incense is an abomination
to me; I cannot bear your new moons, and
your sabbaths, and the great day; ¹⁴ *your*
fasting, and rest from work, your new
moons also, and your feasts my soul hates:
ye have become loathsome to me; I will no
more pardon your sins. ¹⁵ When ye stretch
forth your hands, I will turn away mine eyes
from you: and though ye make many sup-
plications, I will not hearken to you; for
your hands are full of blood.

¹⁶ Wash you, be clean; remove your ini-
quities from your souls before mine eyes;
cease from your iniquities; ¹⁷ learn to do
well; diligently seek judgment, deliver
him that is suffering wrong, plead for the
orphan, and obtain justice for the widow.
¹⁸ And come, let us reason together, saith
the Lord: and though your sins be as pur-
ple, I will make them white as snow; and
though they be as scarlet, I will make *them*
white as wool. ¹⁹ And if ye be willing, and
hearken to me, ye shall eat the good of the
land: ²⁰ but if ye be not willing, nor hearken
to me, a sword shall devour you: for the
mouth of the Lord has spoken this.

²¹ How has the faithful city Sion, *once* full
of judgment, become a harlot! wherein
righteousness lodged, but now murderers.
²² Your silver is worthless, thy wine mer-
chants mix the wine with water. ²³ Thy
princes are rebellious, companions of thieves,
loving bribes, seeking after rewards; not
pleading for orphans, and not heeding the
cause of widows.

²⁴ Therefore thus saith the Lord, the Lord
of hosts, Woe to the mighty *men* of Israel;
for my wrath shall not cease against mine
adversaries, and I will execute judgment on
mine enemies. ²⁵ And I will bring my hand
upon thee, and purge thee β completely, and
I will destroy the rebellious, and will take
away from thee all transgressors. ²⁶ And I
will establish thy judges as before, and thy
counsellors as at the beginning: and after-
ward thou shalt be called the city of right-
eousness, the faithful mother-city Sion.
²⁷ For her captives shall be saved with judg-
ment, and with mercy. ²⁸ And the trans-
gressors and the sinners shall be crushed
together, and they that forsake the Lord
shall be utterly consumed. ²⁹ For they
shall be ashamed of their idols, which they
delighted in, and they are made ashamed
of the gardens which they coveted. ³⁰ For
they shall be as a turpentine tree that has
cast its leaves, and as a garden that has no
water. ³¹ And their strength shall be as a

σαβαὼθ ἐγκατέλιπεν ἡμῖν σπέρμα, ὡς Σόδομα ἂν ἐγενήθημεν,
καὶ ὡς Γόμορρα ἂν ὡμοιώθημεν.

Ἀκούσατε λόγον Κυρίου, ἄρχοντες Σοδόμων· προσέχετε 10
νόμον Θεοῦ, λαὸς Γομόρρας. Τί μοι πλῆθος τῶν θυσιῶν ὑμῶν; 11
λέγει Κύριος· πλήρης εἰμὶ ὁλοκαυτωμάτων κριῶν, καὶ στέαρ
ἀρνῶν καὶ αἷμα ταύρων καὶ τράγων οὐ βούλομαι, οὐδ' ἂν 12
ἔρχησθε ὀφθῆναί μοι· τίς γὰρ ἐξεζήτησε ταῦτα ἐκ τῶν χειρῶν
ὑμῶν; πατεῖν τὴν αὐλήν μου οὐ προσθήσεσθε. Ἐὰν φέρητε 13
σεμίδαλιν, μάταιον θυμίαμα, βδέλυγμά μοί ἐστί· τὰς νουμη-
νίας ὑμῶν, καὶ τὰ σάββατα, καὶ ἡμέραν μεγάλην οὐκ ἀνέχομαι·
νηστείαν, καὶ ἀργίαν, καὶ τὰς νουμηνίας ὑμῶν, καὶ τὰς ἑορτὰς 14
ὑμῶν μισεῖ ἡ ψυχή μου· ἐγενήθητέ μοι εἰς πλησμονήν, οὐκέτι
ἀνήσω τὰς ἁμαρτίας ὑμῶν. Ὅταν ἐκτείνητε τὰς χεῖρας, 15
ἀποστρέψω τοὺς ὀφθαλμούς μου ἀφ' ὑμῶν· καὶ ἐὰν πληθύνητε
τὴν δέησιν, οὐκ εἰσακούσομαι ὑμῶν· αἱ γὰρ χεῖρες ὑμῶν αἵμα-
τος πλήρεις.

Λούσασθε, καθαροὶ γένεσθε, ἀφέλετε τὰς πονηρίας ἀπὸ τῶν 16
ψυχῶν ὑμῶν, ἀπέναντι τῶν ὀφθαλμῶν μου· παύσασθε ἀπὸ
τῶν πονηριῶν ὑμῶν, μάθετε καλὸν ποιεῖν, ἐκζητήσατε κρί- 17
σιν, ῥύσασθε ἀδικούμενον, κρίνατε ὀρφανῷ, καὶ δικαιώσατε
χήραν.

Καὶ δεῦτε, διελεγχθῶμεν, λέγει Κύριος· καὶ ἐὰν ὦσιν αἱ 18
ἁμαρτίαι ὑμῶν ὡς φοινικοῦν, ὡς χιόνα λευκανῶ· ἐὰν δὲ ὦσιν
ὡς κόκκινον, ὡς ἔριον λευκανῶ. Καὶ ἐὰν θέλητε, καὶ εἰσακού- 19
σητέ μου, τὰ ἀγαθὰ τῆς γῆς φάγεσθε. Ἐὰν δὲ μὴ θέλητε, 20
μηδὲ εἰσακούσητέ μου, μάχαιρα ὑμᾶς κατέδεται· τὸ γὰρ στόμα
Κυρίου ἐλάλησε ταῦτα.

Πῶς ἐγένετο πόρνη πόλις πιστὴ Σιὼν πλήρης κρίσεως; ἐν 21
ᾗ δικαιοσύνη ἐκοιμήθη ἐν αὐτῇ, νῦν δὲ φονευταί. Τὸ ἀργύριον 22
ὑμῶν ἀδόκιμον· οἱ κάπηλοί σου μίσγουσι τὸν οἶνον ὕδατι.
Οἱ ἄρχοντές σου ἀπειθοῦσι, κοινωνοὶ κλεπτῶν, ἀγαπῶντες δῶρα, 23
διώκοντες ἀνταπόδομα, ὀρφανοῖς οὐ κρίνοντες, καὶ κρίσιν χηρῶν
οὐ προσέχοντες.

Διατοῦτο τάδε λέγει Κύριος ὁ δεσπότης σαβαώθ, οὐαὶ οἱ 24
ἰσχύοντες Ἰσραήλ· οὐ παύσεται γάρ μου ὁ θυμὸς ἐν τοῖς
ὑπεναντίοις, καὶ κρίσιν ἐκ τῶν ἐχθρῶν μου ποιήσω. Καὶ ἐπάξω 25
τὴν χεῖρά μου ἐπὶ σὲ, καὶ πυρώσω εἰς καθαρὸν, τοὺς δὲ ἀπει-
θοῦντας ἀπολέσω, καὶ ἀφελῶ πάντας ἀνόμους ἀπὸ σοῦ. Καὶ 26
ἐπιστήσω τοὺς κριτάς σου ὡς τὸ πρότερον, καὶ τοὺς συμβού-
λους σου ὡς τὸ ἀπ' ἀρχῆς· καὶ μετὰ ταῦτα κληθήσῃ πόλις
δικαιοσύνης, μητρόπολις πιστὴ Σιών· μετὰ γὰρ κρίματος 27
σωθήσεται ἡ αἰχμαλωσία αὐτῆς, καὶ μετὰ ἐλεημοσύνης. Καὶ 28
συντριβήσονται οἱ ἄνομοι καὶ οἱ ἁμαρτωλοὶ ἅμα, καὶ οἱ ἐγκατα-
λιπόντες τὸν Κύριον συντελεσθήσονται. Διότι αἰσχυνθήσονται 29
ἀπὸ τῶν εἰδώλων αὐτῶν, ἃ αὐτοὶ ἠβούλοντο, καὶ ᾐσχύνθησαν
ἐπὶ τοῖς κήποις, ἃ ἐπεθύμησαν. Ἔσονται γὰρ ὡς τερέβινθος 30
ἀποβεβληκυῖα τὰ φύλλα, καὶ ὡς παράδεισος ὕδωρ μὴ ἔχων.
Καὶ ἔσται ἡ ἰσχὺς αὐτῶν ὡς καλάμη στιππύου, καὶ αἱ ἐργασίαι 31

β *Gr.* to pureness.

αὐτῶν ὡς σπινθῆρες, καὶ κατακαυθήσονται οἱ ἄνομοι καὶ οἱ ἁμαρτωλοὶ ἅμα, καὶ οὐκ ἔσται ὁ σβέσων.

2 Ὁ λόγος ὁ γενόμενος πρὸς Ἡσαΐαν υἱὸν Ἀμὼς περὶ τῆς Ἰουδαίας, καὶ περὶ Ἱερουσαλήμ.

2 Ὅτι ἔσται ἐν ταῖς ἐσχάταις ἡμέραις ἐμφανὲς τὸ ὄρος Κυρίου, καὶ ὁ οἶκος τοῦ Θεοῦ ἐπ᾽ ἄκρου τῶν ὀρέων, καὶ ὑψωθήσεται ὑπεράνω τῶν βουνῶν, καὶ ἥξουσιν ἐπ᾽ αὐτὸ πάντα τὰ ἔθνη.

3 Καὶ πορεύσονται ἔθνη πολλὰ, καὶ ἐροῦσι, δεῦτε καὶ ἀναβῶμεν εἰς τὸ ὄρος Κυρίου, καὶ εἰς τὸν οἶκον τοῦ Θεοῦ Ἰακὼβ, καὶ ἀναγγελεῖ ἡμῖν τὴν ὁδὸν αὐτοῦ, καὶ πορευσόμεθα ἐν αὐτῇ· ἐκ γὰρ Σιὼν ἐξελεύσεται νόμος, καὶ λόγος Κυρίου ἐξ Ἱερουσαλήμ.

4 Καὶ κρινεῖ ἀναμέσον τῶν ἐθνῶν, καὶ ἐξελέγξει λαὸν πολύν· καὶ συγκόψουσι τὰς μαχαίρας αὐτῶν εἰς ἄροτρα, καὶ τὰς ζιβύνας αὐτῶν εἰς δρέπανα· καὶ οὐ λήψεται ἔθνος ἐπ᾽ ἔθνος μάχαιραν, καὶ οὐ μὴ μάθωσιν ἔτι πολεμεῖν.

5 Καὶ νῦν ὁ οἶκος Ἰακὼβ, δεῦτε πορευθῶμεν τῷ φωτὶ Κυρίου.
6 Ἀνῆκε γὰρ τὸν λαὸν αὐτοῦ τὸν οἶκον τοῦ Ἰσραήλ· ὅτι ἐνεπλήσθη ὡς τὸ ἀπ᾽ ἀρχῆς ἡ χώρα αὐτῶν κληδονισμῶν, ὡς ἡ τῶν ἀλλοφύλων, καὶ τέκνα πολλὰ ἀλλόφυλα ἐγενήθη αὐτοῖς.
7 Ἐνεπλήσθη γὰρ ἡ χώρα αὐτῶν ἀργυρίου καὶ χρυσίου, καὶ οὐκ ἦν ἀριθμὸς τῶν θησαυρῶν αὐτῶν· καὶ ἐνεπλήσθη ἡ γῆ ἵππων,
8 καὶ οὐκ ἦν ἀριθμὸς τῶν ἁρμάτων αὐτῶν. Καὶ ἐνεπλήσθη ἡ γῆ βδελυγμάτων τῶν ἔργων τῶν χειρῶν αὐτῶν, καὶ προσεκύνησαν
9 οἷς ἐποίησαν οἱ δάκτυλοι αὐτῶν. Καὶ ἔκυψεν ἄνθρωπος, καὶ ἐταπεινώθη ἀνὴρ, καὶ οὐ μὴ ἀνήσω αὐτούς.

10 Καὶ νῦν εἰσέλθετε εἰς τὰς πέτρας, καὶ κρύπτεσθε εἰς τὴν γῆν ἀπὸ προσώπου τοῦ φόβου Κυρίου, καὶ ἀπὸ τῆς δόξης τῆς
11 ἰσχύος αὐτοῦ, ὅταν ἀναστῇ θραῦσαι τὴν γῆν. Οἱ γὰρ ὀφθαλμοὶ Κυρίου ὑψηλοί, ὁ δὲ ἄνθρωπος ταπεινός· καὶ ταπεινωθήσεται τὸ ὕψος τῶν ἀνθρώπων, καὶ ὑψωθήσεται Κύριος μόνος ἐν τῇ ἡμέρᾳ ἐκείνῃ.

12 Ἡμέρα γὰρ Κυρίου σαβαὼθ ἐπὶ πάντα ὑβριστὴν καὶ ὑπερήφανον, καὶ ἐπὶ πάντα ὑψηλὸν καὶ μετέωρον, καὶ ταπει-
13 νωθήσονται. Καὶ ἐπὶ πᾶσαν κέδρον τοῦ Λιβάνου τῶν ὑψηλῶν καὶ μετεώρων, καὶ ἐπὶ πᾶν δένδρον βαλάνου Βασὰν,
14 καὶ ἐπὶ πᾶν ὑψηλὸν ὄρος, καὶ ἐπὶ πάντα βουνὸν ὑψηλὸν,
15 καὶ ἐπὶ πάντα πύργον ὑψηλὸν, καὶ ἐπὶ πᾶν τεῖχος ὑψηλὸν,
16 καὶ ἐπὶ πᾶν πλοῖον θαλάσσης, καὶ ἐπὶ πᾶσαν θέαν πλοίων
17 κάλλους. Καὶ ταπεινωθήσεται πᾶς ἄνθρωπος, καὶ πεσεῖται ὕβρις τῶν ἀνθρώπων, καὶ ὑψωθήσεται Κύριος μόνος ἐν τῇ
18 ἡμέρᾳ ἐκείνῃ. Καὶ τὰ χειροποίητα πάντα κατακρύψουσιν,
19 εἰσενέγκαντες εἰς τὰ σπήλαια, καὶ εἰς τὰς σχισμὰς τῶν πετρῶν, καὶ εἰς τὰς τρώγλας τῆς γῆς, ἀπὸ προσώπου τοῦ φόβου Κυρίου, καὶ ἀπὸ τῆς δόξης τῆς ἰσχύος αὐτοῦ, ὅταν ἀναστῇ θραῦσαι
20 τὴν γῆν. Τῇ γὰρ ἡμέρᾳ ἐκείνῃ ἐκβαλεῖ ἄνθρωπος τὰ βδελύγματα αὐτοῦ τὰ ἀργυρᾶ καὶ τὰ χρυσᾶ, ἃ ἐποίησαν προσκυνεῖν
21 τοῖς ματαίοις καὶ ταῖς νυκτερίσι, τοῦ εἰσελθεῖν εἰς τὰς τρώγλας

thread of tow, and their works as sparks, and the transgressors and the sinners shall be burnt up together, and there shall be none to quench *them*.
The word which came to Esaias the son of Amos concerning Judea, and concerning Jerusalem.
[2] For in the last days the mountain of the Lord shall be β glorious, and the house of God *shall be* on the top of the mountains, and it shall be exalted above the hills; and all nations shall come to it. [3] And many nations shall go and say, Come, and let us go up to the mountain of the Lord, and to the house of the God of Jacob; and he will tell us his way, and we will walk in it: for out of Sion shall go forth the law, and the word of the Lord out of Jerusalem. [4] And he shall judge among the nations, and shall rebuke many people: and they shall beat their swords into plough-shares, and their spears into sickles: and nation shall not take up sword against nation, neither shall they learn to war any more.
[5] And now, O house of Jacob, come, *and* let us walk in the light of the Lord. [6] For he has forsaken his people the house of Israel, because their land is filled as at the beginning with divinations, as the *land* of the γ Philistines, and many strange children were born to them. [7] For their land is filled with silver and gold, and there was no number of their treasures; their land also is filled with horses, and there was no number of their chariots. [8] And the land is filled with abominations, *even* the works of their hands; and they have worshipped *the works* which their fingers made. [9] And the mean man bowed down, and the great man was humbled: and I will not pardon them.
[10] Now therefore enter ye into the rocks, and hide yourselves in the earth, for fear of the Lord, and by reason of the glory of his might, when he shall arise to strike terribly the earth. [11] For the eyes of the Lord are high, but man is low; and the haughtiness of men shall be brought low, and the Lord alone shall be exalted in that day.
[12] For the day of the Lord of hosts shall be upon every one that is proud and haughty, and upon every one that is high and towering, and they shall be brought down; [13] that upon every cedar of Libanus, of them that are high and towering, and upon every oak of Basan, [14] and upon every high mountain, and upon every high hill, [15] and upon every high tower, and upon every high wall, [16] and upon every ship of the sea, and upon every display of fine ships. [17] And every man shall be brought low, and the pride of men shall fall: and the Lord alone shall be exalted in that day. [18] And they shall hide all *idols* made with hands, [19] having carried *them* into the caves, and into the clefts of the rocks, and into the caverns of the earth, for fear of the Lord, and δ by reason of the glory of his might, when he shall arise to strike terribly the earth. [20] For in that day a man shall cast forth his silver and gold abominations, which they made *in order* to worship vanities and bats; [21] to enter into

---

β *Or*, conspicuous.   γ *Or*, aliens, see *Appendix*.   δ See ver. 10.

the caverns of the solid rock, and into the clefts of the rocks, for fear of the Lord, and by reason of the glory of his might, when he shall arise to strike terribly the earth.

Behold now, the Lord, the Lord of hosts, will take away from Jerusalem and from Judea the mighty man and mighty woman, the strength of bread, and the strength of water, ²the great and mighty man, the warrior and the judge, and the prophet, and the counsellor, and the elder, ³the captain of fifty also, and the honourable counsellor, and the wise artificer, and the intelligent hearer. ⁴And I will make youths their princes, and mockers shall have dominion over them. ⁵And the people shall fall, man upon man, and *every* man upon his neighbour: the child shall insult the elder man, and the base the honourable. ⁶For a man shall lay hold of his brother, as one of his father's household, saying, Thou hast raiment, be thou our ruler, and let my meat be under thee. ⁷And he shall answer in that day, and say, I will not be thy ruler; for I have no bread in my house, nor raiment: I will not be the ruler of this people. ⁸For Jerusalem is β ruined, and Judea has fallen, and their tongues *have spoken* with iniquity, disobedient *as they are* towards the Lord. ⁹Wherefore now their glory has been brought low, and the shame of their countenance has withstood them, and they have proclaimed their sin as Sodom, and made it manifest. ¹⁰Woe to their soul, for they have devised an evil counsel against themselves, saying against themselves, Let us bind the just, for he is burdensome to us: therefore shall they eat the fruits of their works. ¹¹Woe to the transgressor! evils shall happen to him according to the works of his hands. ¹²O my people, your exactors γ strip you, and extortioners rule over you: O my people, they that pronounce you blessed lead you astray, and pervert the path of your feet.

¹³But now the Lord will stand up for judgment, and will enter into judgment with his people. ¹⁴The Lord himself shall enter into judgment with the elders of the people, and with their rulers: but why have ye set my vineyard on fire, and *why is* the spoil of the poor in your houses? ¹⁵Why do ye wrong my people, and shame the face of the poor?

¹⁶Thus saith the Lord, Because the daughters of Sion are haughty, and have walked with an outstretched neck, and with winking of the eyes, and motion of the feet, at the same time drawing their garments in trains, and at the same time sporting with their feet: ¹⁷therefore the Lord will humble the chief daughters of Sion, and the Lord will expose their form in that day; ¹⁸and the Lord will take away the glory of their raiment, the curls and the fringes, and the crescents, ¹⁹and the chains, and the ornaments of their faces, ²⁰and the array of glorious ornaments, and the armlets, and the bracelets, and the wreathed work, and the finger-rings, and the ornaments for the right hand, ²¹and the ear-rings, and the garments with scarlet borders, and the gar-

τῆς στερεᾶς πέτρας, καὶ εἰς τὰς σχισμὰς τῶν πετρῶν, ἀπὸ προσώπου τοῦ φόβου Κυρίου, καὶ ἀπὸ τῆς δόξης τῆς ἰσχύος αὐτοῦ, ὅταν ἀναστῇ θραῦσαι τὴν γῆν.

Ἰδοὺ δὴ ὁ δεσπότης Κύριος σαβαὼθ ἀφελεῖ ἀπὸ Ἱερουσα- 3 λήμ, καὶ ἀπὸ τῆς Ἰουδαίας, ἰσχύοντα καὶ ἰσχύουσαν, ἰσχὺν ἄρτου καὶ ἰσχὺν ὕδατος, γίγαντα καὶ ἰσχύοντα, καὶ ἄνθρωπον 2 πολεμιστὴν, καὶ δικαστὴν, καὶ προφήτην, καὶ στοχαστὴν, καὶ πρεσβύτερον, καὶ πεντηκόνταρχον, καὶ θαυμαστὸν σύμβουλον, 3 καὶ σοφὸν ἀρχιτέκτονα, καὶ συνετὸν ἀκροατήν. Καὶ ἐπιστήσω 4 νεανίσκους ἄρχοντας αὐτῶν, καὶ ἐμπαῖκται κυριεύσουσιν αὐτῶν. Καὶ συμπεσεῖται ὁ λαὸς, ἄνθρωπος πρὸς ἄνθρωπον, καὶ ἄν- 5 θρωπος πρὸς τὸν πλησίον αὐτοῦ· προσκόψει τὸ παιδίον πρὸς τὸν πρεσβύτην, ὁ ἄτιμος πρὸς τὸν ἔντιμον. Ὅτι ἐπιλήψεται 6 ἄνθρωπος τοῦ ἀδελφοῦ αὐτοῦ, ἢ τοῦ οἰκείου τοῦ πατρὸς αὐτοῦ, λέγων, ἱμάτιον ἔχεις, ἀρχηγὸς γενοῦ ἡμῶν, καὶ τὸ βρῶμα τὸ ἐμὸν ὑπὸ σὲ ἔστω. Καὶ ἀποκριθεὶς ἐν τῇ ἡμέρᾳ ἐκείνῃ ἐρεῖ, 7 οὐκ ἔσομαί σου ἀρχηγός· οὐ γάρ ἐστιν ἐν τῷ οἴκῳ μου ἄρτος, οὐδὲ ἱμάτιον· οὐκ ἔσομαι ἀρχηγὸς τοῦ λαοῦ τούτου. Ὅτι 8 ἀνεῖται Ἱερουσαλὴμ, καὶ ἡ Ἰουδαία συμπέπτωκε, καὶ αἱ γλῶσσαι αὐτῶν μετὰ ἀνομίας, τὰ πρὸς Κύριον ἀπειθοῦντες. Διότι νῦν ἐταπεινώθη ἡ δόξα αὐτῶν, καὶ ἡ αἰσχύνη τοῦ προσ- 9 ώπου αὐτῶν ἀντέστη αὐτοῖς· τὴν δὲ ἁμαρτίαν αὐτῶν ὡς Σοδόμων ἀνήγγειλαν καὶ ἐνεφάνισαν· οὐαὶ τῇ ψυχῇ αὐτῶν, διότι βεβούλευνται βουλὴν πονηρὰν, καθ᾽ ἑαυτῶν εἰπόντες, 10 δήσωμεν τὸν δίκαιον, ὅτι δύσχρηστος ἡμῖν ἐστι· τοίνυν τὰ γεννήματα τῶν ἔργων αὐτῶν φάγονται. Οὐαὶ τῷ ἀνόμῳ, 11 πονηρὰ κατὰ τὰ ἔργα τῶν χειρῶν αὐτοῦ συμβήσεται αὐτῷ. Λαός μου, οἱ πράκτορες ὑμῶν καλαμῶνται ὑμᾶς, καὶ οἱ 12 ἀπαιτοῦντες κυριεύουσιν ὑμῶν· λαός μου, οἱ μακαρίζοντες ὑμᾶς πλανῶσιν ὑμᾶς, καὶ τὸν τρίβον τῶν ποδῶν ὑμῶν ταράσ- σουσιν.

Ἀλλὰ νῦν καταστήσεται εἰς κρίσιν Κύριος, καὶ στήσει εἰς 13 κρίσιν τὸν λαὸν αὐτοῦ. Αὐτὸς Κύριος εἰς κρίσιν ἥξει μετὰ 14 τῶν πρεσβυτέρων τοῦ λαοῦ, καὶ μετὰ τῶν ἀρχόντων αὐτοῦ· ὑμεῖς δὲ τί ἐνεπυρίσατε τὸν ἀμπελῶνά μου, καὶ ἡ ἁρπαγὴ τοῦ πτωχοῦ ἐν τοῖς οἴκοις ὑμῶν; Τί ὑμεῖς ἀδικεῖτε τὸν λαόν μου, 15 καὶ τὸ πρόσωπον τῶν πτωχῶν καταισχύνετε;

Τάδε λέγει Κύριος, ἀνθ᾽ ὧν ὑψώθησαν αἱ θυγατέρες Σιὼν, 16 καὶ ἐπορεύθησαν ὑψηλῷ τραχήλῳ, καὶ ἐν νεύμασιν ὀφθαλμῶν, καὶ τῇ πορείᾳ τῶν ποδῶν ἅμα σύρουσαι τοὺς χιτῶνας, καὶ τοῖς ποσὶν ἅμα παίζουσαι· Καὶ ταπεινώσει ὁ Θεὸς ἀρχούσας 17 θυγατέρας Σιών· καὶ Κύριος ἀνακαλύψει τὸ σχῆμα αὐτῶν ἐν τῇ ἡμέρᾳ ἐκείνῃ, καὶ ἀφελεῖ Κύριος τὴν δόξαν τοῦ ἱματι- 18 σμοῦ αὐτῶν, τὰ ἐμπλόκια, καὶ τοὺς κοσύμβους, καὶ τοὺς μηνί- σκους, καὶ τὸ κάθεμα, καὶ τὸν κόσμον τοῦ προσώπου αὐτῶν, 19 καὶ τὴν σύνθεσιν τοῦ κόσμου τῆς δόξης, καὶ τοὺς χλιδῶνας, 20 καὶ τὰ ψέλλια, καὶ τὸ ἐμπλόκιον, καὶ τοὺς δακτυλίους, καὶ τὰ περιδέξια, καὶ τὰ ἐνώτια, καὶ τὰ περιπόρφυρα, καὶ τὰ μεσο- 21

β *Or,* forsaken, *or,* let go.   γ *Gr.* glean you.

πόρφυρα, καὶ τὰ ἐπιβλήματα τὰ κατὰ τὴν οἰκίαν, καὶ τὰ
διαφανῆ Λακωνικὰ, καὶ τὰ βύσσινα, καὶ τὰ ὑακίνθινα, καὶ
κόκκινα, καὶ τὴν βύσσον, σὺν χρυσῷ καὶ ὑακίνθῳ συγκαθ-
24 υφασμένα, καὶ θέριστρα κατάκλιτα. Καὶ ἔσται ἀντὶ ὀσμῆς
ἡδείας, κονιορτός· καὶ ἀντὶ ζώνης, σχοινίῳ ζώσῃ· καὶ ἀντὶ
τοῦ κόσμου τῆς κεφαλῆς τοῦ χρυσίου, φαλάκρωμα ἕξεις
διὰ τὰ ἔργα σοῦ· καὶ ἀντὶ τοῦ χιτῶνος τοῦ μεσοπορφύ-
25 ρου, περιζώσῃ σάκκον. Καὶ ὁ υἱός σου ὁ κάλλιστος ὃν
ἀγαπᾷς, μαχαίρᾳ πεσεῖται· καὶ οἱ ἰσχύοντες ὑμῶν, μαχαίρᾳ
26 πεσοῦνται, καὶ ταπεινωθήσονται. Καὶ πενθήσουσιν αἱ θῆκαι
τοῦ κόσμου ὑμῶν· καὶ καταλειφθήσῃ μόνη, καὶ εἰς τὴν γῆν
ἐδαφισθήσῃ.

4 Καὶ ἐπιλήψονται ἑπτὰ γυναῖκες ἀνθρώπου ἑνὸς, λέγουσαι,
τὸν ἄρτον ἡμῶν φαγόμεθα, καὶ τὰ ἱμάτια ἡμῶν περιβαλούμεθα,
πλὴν τὸ ὄνομα τὸ σὸν κεκλήσθω ἐφ᾽ ἡμᾶς, ἄφελε τὸν ὀνει-
δισμὸν ἡμῶν.

2 Τῇ δὲ ἡμέρᾳ ἐκείνῃ ἐπιλάμψει ὁ Θεὸς ἐν βουλῇ μετὰ δόξης
ἐπὶ τῆς γῆς, τοῦ ὑψῶσαι καὶ δοξάσαι τὸ καταλειφθὲν τοῦ
3 Ἰσραήλ. Καὶ ἔσται τὸ ὑπολειφθὲν ἐν Σιὼν, καὶ τὸ καταλει-
φθὲν ἐν Ἱερουσαλὴμ, ἅγιοι κληθήσονται πάντες οἱ γραφέντες
4 εἰς ζωὴν ἐν Ἱερουσαλήμ. Ὅτι ἐκπλυνεῖ Κύριος τὸν ῥύπον
τῶν υἱῶν καὶ τῶν θυγατέρων Σιὼν, καὶ τὸ αἷμα ἐκκαθαριεῖ ἐκ
μέσου αὐτῶν, ἐν πνεύματι κρίσεως καὶ πνεύματι καύσεως.
5 Καὶ ἥξει, καὶ ἔσται πᾶς τόπος τοῦ ὄρους Σιὼν, καὶ πάντα τὰ
περικύκλῳ αὐτῆς σκιάσει νεφέλη ἡμέρας, καὶ ὡς καπνοῦ
καὶ φωτὸς πυρὸς καιομένου νυκτὸς, καὶ πάσῃ τῇ δόξῃ σκεπα-
6 σθήσεται. Καὶ ἔσται εἰς σκιὰν ἀπὸ καύματος, καὶ ἐν σκέπῃ
καὶ ἐν ἀποκρύφῳ ἀπὸ σκληρότητος καὶ ὑετοῦ.

5 Ἄσω δὴ τῷ ἠγαπημένῳ ᾆσμα τοῦ ἀγαπητοῦ μου τῷ
ἀμπελῶνί μου.

Ἀμπελὼν ἐγενήθη τῷ ἠγαπημένῳ, ἐν κέρατι, ἐν τόπῳ
2 πίονι· Καὶ φραγμὸν περιέθηκα, καὶ ἐχαράκωσα, καὶ ἐφύ-
τευσα ἄμπελον σωρὴκ, καὶ ᾠκοδόμησα πύργον ἐν μέσῳ
αὐτοῦ, καὶ προλήνιον ὤρυξα ἐν αὐτῷ, καὶ ἔμεινα τοῦ ποιῆσαι
3 σταφυλὴν, καὶ ἐποίησεν ἀκάνθας. Καὶ νῦν οἱ ἐνοικοῦντες ἐν
Ἱερουσαλὴμ, καὶ ἄνθρωπος τοῦ Ἰούδα, κρίνατε ἐν ἐμοὶ καὶ
4 ἀναμέσον τοῦ ἀμπελῶνός μου. Τί ποιήσω ἔτι τῷ ἀμπελῶνί
μου, καὶ οὐκ ἐποίησα αὐτῷ; διότι ἔμεινα τοῦ ποιῆσαι σταφυ-
5 λὴν, ἐποίησε δὲ ἀκάνθας. Νῦν δὲ ἀναγγελῶ ὑμῖν τί ἐγὼ
ποιήσω τῷ ἀμπελῶνί μου· ἀφελῶ τὸν φραγμὸν αὐτοῦ, καὶ
ἔσται εἰς διαρπαγὴν· καὶ καθελῶ τὸν τοῖχον αὐτοῦ, καὶ ἔσται
6 εἰς καταπάτημα· Καὶ ἀνήσω τὸν ἀμπελῶνά μου, καὶ οὐ τμηθῇ,
οὐδὲ μὴ σκαφῇ· καὶ ἀναβήσονται εἰς αὐτὸν, ὡς εἰς χέρσον
ἄκανθαι· καὶ ταῖς νεφέλαις ἐντελοῦμαι, τοῦ μὴ βρέξαι εἰς
7 αὐτὸν ὑετόν. Ὁ γὰρ ἀμπελὼν Κυρίου σαβαὼθ, οἶκος τοῦ
Ἰσραὴλ, καὶ ἄνθρωπος τοῦ Ἰούδα νεόφυτον ἠγαπημένον·

ments with purple grounds, and the shawls to be worn in the house, and the Spartan transparent dresses, and those made of fine linen, and the purple *ones*, and the scarlet *ones*, and the fine linen, interwoven with gold and purple, and the light coverings for couches. [24] And there shall be instead of a sweet smell, dust; and instead of a girdle, thou shalt gird thyself with a rope; and instead of a golden ornament for the head, thou shalt have baldness on account of thy works; and instead of a tunic with a scarlet ground, thou shalt gird thyself with sack-cloth. [25] And thy most beautiful son whom thou lovest shall fall by the sword; and your mighty men shall fall by the sword, and shall be brought low. [26] And the β stores of your ornaments shall mourn, and thou shalt be left alone, and shalt be levelled with the ground.

And seven women shall take hold of one man, saying, We will eat our own bread, and wear our own raiment: only let thy name be called upon us, *and* take away our reproach.

[2] And in that day God shall shine gloriously in counsel on the earth, to exalt and glorify the remnant of Israel. [3] And it shall be, *that* the remnant left in Sion, and the remnant left in Jerusalem, *even* all that are γ appointed to life in Jerusalem, shall be called holy. [4] For the Lord shall wash away the filth of the sons and daughters of Sion, and shall purge out the blood from the midst of them, with the spirit of judgment, and the spirit of burning. [5] And he shall come, and it shall be with regard to every place of mount Sion, yea, all the region round about it shall a cloud overshadow by day, and *there shall be* as it were the smoke and light of fire burning by night: and upon all the glory shall be a defence. [6] And it shall be for a shadow from the heat, and as a shelter and a hiding-place from inclemency *of weather* and from rain.

Now I will sing to *my* beloved a song of my beloved concerning my vineyard.

My beloved had a vineyard on a δ high hill in a fertile place. [2] And I made a hedge round it, and dug a trench, and planted a choice vine, and built a tower in the midst of it, and dug a place for the wine-vat in it: and I waited *for it* to bring forth grapes, and it brought forth thorns. [3] And now, ye dwellers in Jerusalem, and *every* man of Juda, judge between me and my vineyard. [4] What shall I do any more to my vineyard, that I have not done to it? Whereas I expected *it* to bring forth grapes, but it has brought forth thorns. [5] And now I will tell you what I will do to my vineyard: I will take away its hedge, and it shall be for a spoil; and I will pull down its walls, and it shall be *left* to be trodden down. [6] And I will forsake my vineyard; and it shall not be pruned, nor dug, and thorns shall come up upon it as on barren land; and I will command the clouds to rain no rain upon it. [7] For the vineyard of the Lord of hosts is the house of Israel, and ζ the men of Juda *his* beloved plant: I expected *it* to bring

---

β *Gr.* cases, *or,* repositories.   γ *Gr.* written for life.   δ *Gr.* horn, so *Heb.*   ζ *Gr.* a man.

forth judgment, and it brought forth iniquity; and not righteousness, but a cry.

⁸ Woe *to them* that join house to house, and add field to field, that they may take away something of their neighbour's: will ye dwell alone upon the land? ⁹ For these things have reached the ears of the Lord of hosts: for though many houses should be built, many and fair houses shall be desolate, and there shall be no inhabitants in them. ¹⁰ For where ten yoke of oxen plough *the land* shall yield one jar-full, and he that sows six homers shall produce three measures.

¹¹ Woe *to them* that rise up in the morning, and follow strong drink; who wait *at it till* the evening: for the wine shall inflame them. ¹² For they drink wine with harp, and psaltery, and drums, and pipes: but they regard not the works of the Lord, and consider not the works of his hands.

¹³ Therefore my people have been taken captive, because they know not the Lord: and there has been a multitude of dead *bodies*, because of hunger and of thirst for water. ¹⁴ Therefore β hell has enlarged its desire and opened its mouth without ceasing: and her glorious and great, and her rich and her pestilent men shall go down *into it*. ¹⁵ And the mean man shall be brought low, and the great man shall be disgraced, and the lofty eyes shall be brought low. ¹⁶ But the Lord of hosts shall be exalted in judgment, and the holy God shall be glorified in righteousness. ¹⁷ And they that were spoiled shall be fed as bulls, and lambs shall feed on the waste places of them that are taken away.

¹⁸ Woe *to them* that draw sins to them as with a long rope, and iniquities as with a thong of the heifer's yoke: ¹⁹ who say, Let him speedily hasten what he will do, that we may see *it*: and let the counsel of the Holy One of Israel come, that we may know *it*. ²⁰ Woe *to them* that call evil good, and good evil; who make darkness light, and light darkness; who make bitter sweet, and sweet bitter. ²¹ Woe *to them* that are wise in their own conceit, and knowing in their own sight. ²² Woe to the strong *ones* of you that drink wine, and the mighty *ones* that mingle strong drink: ²³ who justify the ungodly for rewards, and take away the righteousness of the righteous.

²⁴ Therefore as stubble shall be burnt by a coal of fire, and shall be consumed by a violent flame, their root shall be as chaff, and their flower shall go up as dust: for they rejected the law of the Lord of hosts, and insulted the word of the Holy One of Israel. ²⁵ Therefore the Lord of hosts was greatly angered against his people, and he reached forth his hand upon them, and smote them: and the mountains were troubled, and their carcases were as dung in the midst of the way: yet for all this his anger has not been turned away, but his hand is yet γ raised.

²⁶ Therefore shall he lift up a signal to the nations that are afar, and shall hiss for them from the end of the earth; and, behold, they are coming very quickly. ²⁷ They

ἔμεινα τοῦ ποιῆσαι κρίσιν, ἐποίησε δὲ ἀνομίαν, καὶ οὐ δικαιοσύνην, ἀλλὰ κραυγήν.

Οὐαὶ οἱ συνάπτοντες οἰκίαν πρὸς οἰκίαν, καὶ ἀγρὸν πρὸς 8 ἀγρὸν ἐγγίζοντες, ἵνα τοῦ πλησίον ἀφέλωνταί τι· μὴ οἰκήσετε μόνοι ἐπὶ τῆς γῆς; Ἠκούσθη γὰρ εἰς τὰ ὦτα Κυρίου σαβαὼθ 9 ταῦτα· ἐὰν γὰρ γένωνται οἰκίαι πολλαί, εἰς ἔρημον ἔσονται μεγάλαι καὶ καλαί, καὶ οὐκ ἔσονται οἱ ἐνοικοῦντες ἐν αὐταῖς. Οὐ γὰρ ἐργῶνται δέκα ζεύγη βοῶν, ποιήσει κεράμιον ἕν· καὶ 10 ὁ σπείρων ἀρτάβας ἕξ, ποιήσει μέτρα τρία.

Οὐαὶ οἱ ἐγειρόμενοι τοπρωὶ, καὶ τὸ σίκερα διώκοντες, οἱ 11 μένοντες τὸ ὀψέ· ὁ γὰρ οἶνος αὐτοὺς συγκαύσει. Μετὰ γὰρ 12 κιθάρας καὶ ψαλτηρίου καὶ τυμπάνων καὶ αὐλῶν τὸν οἶνον πίνουσι, τὰ δὲ ἔργα Κυρίου οὐκ ἐμβλέπουσι, καὶ τὰ ἔργα τῶν χειρῶν αὐτοῦ οὐ κατανοοῦσι.

Τοίνυν αἰχμάλωτος ὁ λαός μου ἐγενήθη, διὰ τὸ μὴ εἰδέναι 13 αὐτοὺς τὸν Κύριον· καὶ πλῆθος ἐγενήθη νεκρῶν, διὰ λιμὸν καὶ δίψος ὕδατος. Καὶ ἐπλάτυνεν ὁ ᾅδης τὴν ψυχὴν αὐτοῦ, 14 καὶ διήνοιξε τὸ στόμα αὐτοῦ, τοῦ μὴ διαλιπεῖν· καὶ καταβήσονται οἱ ἔνδοξοι καὶ οἱ μεγάλοι καὶ οἱ πλούσιοι καὶ οἱ λοιμοὶ αὐτῆς. Καὶ ταπεινωθήσεται ἄνθρωπος, καὶ ἀτιμασθήσεται 15 ἀνήρ· καὶ οἱ ὀφθαλμοὶ οἱ μετέωροι ταπεινωθήσονται. Καὶ 16 ὑψωθήσεται Κύριος σαβαὼθ ἐν κρίματι, καὶ ὁ Θεὸς ὁ ἅγιος δοξασθήσεται ἐν δικαιοσύνῃ. Καὶ βοσκηθήσονται οἱ διηρπα- 17 σμένοι ὡς ταῦροι, καὶ τὰς ἐρήμους τῶν ἀπειλημμένων ἄρνες φάγονται.

Οὐαὶ οἱ ἐπισπώμενοι τὰς ἁμαρτίας ὡς σχοινίῳ μακρῷ, καὶ 18 ὡς ζυγοῦ ἱμάντι δαμάλεως τὰς ἀνομίας· Οἱ λέγοντες, τὸ τάχος 19 ἐγγισάτω ἃ ποιήσει, ἵνα ἴδωμεν· καὶ ἐλθάτω ἡ βουλὴ τοῦ ἁγίου Ἰσραὴλ, ἵνα γνῶμεν. Οὐαὶ οἱ λέγοντες τὸ πονηρὸν 20 καλὸν, καὶ τὸ καλὸν πονηρόν· οἱ τιθέντες τὸ σκότος φῶς, καὶ τὸ φῶς σκότος· οἱ τιθέντες τὸ πικρὸν γλυκὺ, καὶ τὸ γλυκὺ πικρόν. Οὐαὶ οἱ συνετοὶ ἐν ἑαυτοῖς, καὶ ἐνώπιον αὐτῶν 21 ἐπιστήμονες. Οὐαὶ οἱ ἰσχύοντες ὑμῶν, οἱ πίνοντες τὸν 22 οἶνον, καὶ οἱ δυνάσται οἱ κεραννῦντες τὸ σίκερα, οἱ δικαι- 23 οῦντες τὸν ἀσεβῆ ἕνεκεν δώρων, καὶ τὸ δίκαιον τοῦ δικαίου αἴροντες.

Διατοῦτο ὃν τρόπον καυθήσεται καλάμη ὑπὸ ἄνθρακος 24 πυρὸς, καὶ συγκαυθήσεται ὑπὸ φλογὸς ἀνειμένης, ἡ ῥίζα αὐτῶν ὡς χνοῦς ἔσται, καὶ τὸ ἄνθος αὐτῶν ὡς κονιορτὸς ἀναβήσεται· οὐ γὰρ ἠθέλησαν τὸν νόμον Κυρίου σαβαὼθ, ἀλλὰ τὸ λόγιον τοῦ ἁγίου Ἰσραὴλ παρώξυναν. Καὶ ἐθυμώθη ὀργῇ Κύριος 25 σαβαὼθ ἐπὶ τὸν λαὸν αὐτοῦ, καὶ ἐπέβαλε τὴν χεῖρα ἐπ᾽ αὐτοὺς, καὶ ἐπάταξεν αὐτούς· καὶ παρωξύνθη τὰ ὄρη, καὶ ἐγενήθη τὰ θνησιμαῖα αὐτῶν ὡς κοπρία ἐν μέσῳ ὁδοῦ· καὶ ἐν πᾶσι τούτοις οὐκ ἀπεστράφη ὁ θυμὸς αὐτοῦ, ἀλλ᾽ ἔτι ἡ χεὶρ ὑψηλή.

Τοιγαροῦν ἀρεῖ σύσσημον ἐν τοῖς ἔθνεσι τοῖς μακρὰν, καὶ 26 συριεῖ αὐτοὺς ἀπ᾽ ἄκρου τῆς γῆς· καὶ ἰδοὺ ταχὺ κούφως ἔρχον- ται. Οὐ πεινάσουσιν, οὐδὲ κοπιάσουσιν, οὐδὲ νυστάξουσιν, 27

β *Gr.* Hades.   γ *Gr.* high.

οὐδὲ κοιμηθήσονται, οὐδὲ λύσουσι τὰς ζώνας αὐτῶν ἀπὸ τῆς
ὀσφύος αὐτῶν, οὐδὲ μὴ ῥαγῶσιν οἱ ἱμάντες τῶν ὑποδημάτων
28 αὐτῶν· Ὧν τὰ βέλη ὀξέα ἐστί, καὶ τὰ τόξα αὐτῶν ἐντετα-
μένα· οἱ πόδες τῶν ἵππων αὐτῶν ὡς στερεὰ πέτρα ἐλογίσθησαν·
29 οἱ τροχοὶ τῶν ἁρμάτων αὐτῶν ὡς καταιγίς. Ὀργιῶσιν ὡς λέον-
τες, καὶ παρέστηκαν ὡς σκύμνοι λέοντος· καὶ ἐπιλήψεται, καὶ
βοήσει ὡς θηρίον, καὶ ἐκβαλεῖ, καὶ οὐκ ἔσται ὁ ῥυόμενος αὐ-
30 τούς. Καὶ βοήσει δι' αὐτοὺς τῇ ἡμέρᾳ ἐκείνῃ, ὡς φωνὴ
θαλάσσης κυμαινούσης· καὶ ἐμβλέψονται εἰς τὴν γῆν, καὶ ἰδοὺ
σκότος σκληρὸν ἐν τῇ ἀπορίᾳ αὐτῶν.

6 Καὶ ἐγένετο τοῦ ἐνιαυτοῦ οὗ ἀπέθανεν Ὀζίας ὁ βασιλεύς,
εἶδον τὸν Κύριον καθήμενον ἐπὶ θρόνου ὑψηλοῦ καὶ ἐπηρμένου·
2 καὶ πλήρης ὁ οἶκος τῆς δόξης αὐτοῦ. Καὶ σεραφὶμ εἱστήκει-
σαν κύκλῳ αὐτοῦ, ἐξ πτέρυγες τῷ ἑνί, καὶ ἐξ πτέρυγες τῷ ἑνί·
καὶ ταῖς μὲν δυσί, κατεκάλυπτον τὸ πρόσωπον· ταῖς δὲ δυσὶ
3 κατεκάλυπτον τοὺς πόδας· καὶ ταῖς δυσὶν ἐπέταντο. Καὶ
ἐκέκραγεν ἕτερος πρὸς τὸν ἕτερον, καὶ ἔλεγον, ἅγιος ἅγιος ἅγιος
Κύριος σαβαώθ, πλήρης πᾶσα ἡ γῆ τῆς δόξης αὐτοῦ.

4 Καὶ ἐπήρθη τὸ ὑπέρθυρον ἀπὸ τῆς φωνῆς ἧς ἐκέκραγον, καὶ
5 ὁ οἶκος ἐνεπλήσθη καπνοῦ. Καὶ εἶπον, ὦ τάλας ἐγώ, ὅτι
κατανένυγμαι, ὅτι ἄνθρωπος ὤν, καὶ ἀκάθαρτα χείλη ἔχων,
ἐν μέσῳ λαοῦ ἀκάθαρτα χείλη ἔχοντος ἐγὼ οἰκῶ, καὶ τὸν
6 βασιλέα Κύριον σαβαὼθ εἶδον τοῖς ὀφθαλμοῖς μου. Καὶ
ἀπεστάλη πρὸς μὲ ἓν τῶν σεραφίμ, καὶ ἐν τῇ χειρὶ εἶχεν ἄν-
7 θρακα, ὃν τῇ λαβίδι ἔλαβεν ἀπὸ τοῦ θυσιαστηρίου, καὶ ἥψατο
τοῦ στόματός μου, καὶ εἶπεν, ἰδοὺ ἥψατο τοῦτο τῶν χειλέων
σου, καὶ ἀφελεῖ τὰς ἀνομίας σου, καὶ τὰς ἁμαρτίας σου περι-
καθαριεῖ.

8 Καὶ ἤκουσα τῆς φωνῆς Κυρίου λέγοντος, τίνα ἀποστείλω,
καὶ τίς πορεύσεται πρὸς τὸν λαὸν τοῦτον; καὶ εἶπα, ἰδοὺ ἐγώ
9 εἰμι· ἀπόστειλόν με. Καὶ εἶπε, πορεύθητι, καὶ εἰπὸν τῷ λαῷ
τούτῳ, ἀκοῇ ἀκούσετε, καὶ οὐ μὴ συνῆτε, καὶ βλέποντες βλέ-
10 ψετε, καὶ οὐ μὴ ἴδητε. Ἐπαχύνθη γὰρ ἡ καρδία τοῦ λαοῦ
τούτου, καὶ τοῖς ὠσὶν αὐτῶν βαρέως ἤκουσαν, καὶ τοὺς ὀφθαλ-
μοὺς ἐκάμμυσαν· μήποτε ἴδωσι τοῖς ὀφθαλμοῖς, καὶ τοῖς ὠσὶν
ἀκούσωσι, καὶ τῇ καρδίᾳ συνῶσι καὶ ἐπιστρέψωσι, καὶ ἰάσομαι
11 αὐτούς. Καὶ εἶπα, ἕως πότε Κύριε; καὶ εἶπεν, ἕως ἂν ἐρημω-
θῶσι πόλεις παρὰ τὸ μὴ κατοικεῖσθαι, καὶ οἶκοι παρὰ τὸ μὴ
12 εἶναι ἀνθρώπους, καὶ ἡ γῆ καταλειφθήσεται ἔρημος. Καὶ
μετὰ ταῦτα μακρυνεῖ ὁ Θεὸς τοὺς ἀνθρώπους, καὶ πληθυνθή-
13 σονται οἱ ἐγκαταλειφθέντες ἐπὶ τῆς γῆς· καὶ ἔτι ἐπ' αὐτῆς ἐστι
τὸ ἐπιδέκατον, καὶ πάλιν ἔσται εἰς προνομὴν ὡς τερέβινθος, καὶ
ὡς βάλανος ὅταν ἐκπέσῃ ἐκ τῆς θήκης αὐτῆς.

7 Καὶ ἐγένετο ἐν ταῖς ἡμέραις Ἄχαζ τοῦ Ἰωάθαμ τοῦ υἱοῦ
Ὀζίου βασιλέως Ἰούδα, ἀνέβη Ῥασὶν βασιλεὺς Ἀράμ, καὶ
Φακεὲ υἱὸς Ῥομελίου βασιλεὺς Ἰσραὴλ ἐπὶ Ἱερουσαλὴμ πολε-
2 μῆσαι αὐτήν, καὶ οὐκ ἠδυνήθησαν πολιορκῆσαι αὐτήν. Καὶ
ἀνηγγέλη εἰς τὸν οἶκον Δαυίδ, λέγων, συνεφώνησεν Ἀρὰμ πρὸς

shall not hunger nor be weary, neither shall they slumber nor sleep; neither shall they loose their girdles from their loins, neither shall their shoe-latchets be broken. [28] Whose arrows are sharp, and their bows bent; their horses' hoofs are counted as solid rock: their chariot-wheels are as a storm. [29] They rage as lions, and draw nigh as a lion's whelps: and he shall seize, and roar as a wild beast, and he shall cast *them* forth, and there shall be none to deliver them. [30] And he shall roar on account of them in that day, as the sound of the swelling sea; and they shall look to the land, and, behold, *there shall be* thick darkness in their perplexity.

And it came to pass in the year in which king Ozias died, *that* I saw the Lord sitting on a high and exalted throne, and the house was full of his glory. [2] And seraphs stood round about him: each one had six wings: and with two they covered *their* face, and with two they covered *their* feet, and with two they flew. [3] And one cried to the other, and they said, Holy, holy, holy, *is the* Lord of hosts: the whole earth is full of his glory.

[4] And the lintel β shook at the voice they uttered, and the house was filled with smoke. [5] And I said, Woe is me, for I am pricked to the heart; for being a man, and having unclean lips, I dwell in the midst of a people having unclean lips; and I have seen with mine eyes the King, the Lord of hosts. [6] And there was sent to me one of the seraphs, and he had in his hand a coal, which he had taken off the altar with the tongs: [7] and he touched my mouth, and said, Behold, this has touched thy lips, and will take away thine iniquities, and will purge off thy sins.

[8] And I heard the voice of the Lord, saying, Whom γ shall I send, and who will go to this people? And I said, Behold, I am *here*, send me. And he said, Go, and say to this people, [9] Ye shall hear indeed, but ye shall not understand; and ye shall see indeed, but ye shall not perceive. [10] δ For the heart of this people has become gross, and their ears are dull of hearing, and their eyes have they closed; lest they should see with their eyes, and hear with their ears, and understand with their heart, and be converted, and I should heal them. [11] And I said, How long, O Lord? And he said, Until the cities be deserted ζ by reason of their not being inhabited, and the houses by reason of there being no men, and the land shall be left desolate. [12] And after this God shall remove the men far off, and they that are left upon the land shall be multiplied. [13] And yet there θ shall be a tenth upon it, and again it shall be for a spoil, as a turpentine tree, and as an acorn when it falls out of its husk.

And it came to pass in the days of Achaz *the son of* Joatham, the son of Ozias, king of Juda, there came up Rasin king of Aram, and Phakee son of Romelias, king of Israel, against Jerusalem to war against it, but they could not λ take it. [2] And a message was brought to the house of David, saying,

---

β *Gr.* was lifted.   γ *Or,* should I send?   δ Mat. 13. 15. Mark 4. 12.   ζ Compare use of παρὰ, Jer. 40. (33) 10, 17;
also 1 Cor. 12. 15, 16.   θ *Gr.* is.   λ *Lit.* besiege   See *Heb.*

Aram has conspired with Ephraim. And his soul was amazed, and the soul of his people, as in a wood a tree is moved by the wind. ³ And the Lord said to Esaias, Go forth to meet Achaz, thou, and thy son Jasub who is left, to the pool of the upper way of the fuller's field. ⁴ And thou shalt say to him, Take care to be quiet, and fear not, neither let thy soul be disheartened because of these two smoking firebrands: for when my fierce anger is over, I will heal again. ⁵ And as for the son of Aram, and the son of Romelias, forasmuch as they have devised an evil counsel, saying, ⁶ We will go up against Judea, and having conferred with them we will turn them away to our side, and we will make the son of Tabeel king of it; ⁷ thus saith the Lord of hosts, This counsel shall not abide, nor come to pass. ⁸ But the head of Aram is Damascus, and the head of Damascus, Rasim; and yet within sixty and five years the kingdom of Ephraim shall cease from being a people. ⁹ And the head of Ephraim is Somoron, and the head of Somoron the son of Romelias: but β if ye believe not, neither will ye at all understand.

¹⁰ And the Lord again spoke to Achaz, saying, ¹¹ Ask for thyself a sign of the Lord thy God, in the depth or in the height. ¹² And Achaz said, I will not ask, neither will I tempt the Lord. ¹³ And he said, Hear ye now, O house of David; is it a little thing for you to contend with men? and how do ye contend against the Lord? ¹⁴ Therefore the Lord himself shall give you a sign; γ behold, a virgin shall conceive in the womb, and shall bring forth a son, and thou shalt call his name Emmanuel. ¹⁵ Butter and honey shall he eat, before he knows either to prefer evil, or choose the good. ¹⁶ For before the child shall know good or evil, he refuses evil, to choose the good; and the land shall be forsaken which thou art afraid of because of the two kings.

¹⁷ But God shall bring upon thee, and upon thy people, and upon the house of thy father, days which have never come, from the day that Ephraim took away from Juda the king of the Assyrians. ¹⁸ And it shall come to pass in that day that the Lord shall hiss for the flies, δ which insect shall rule over a part of the river of Egypt, and for the bee which is in the land of the Assyrians. ¹⁹ And they all shall enter into the clefts of the land, and into the holes of the rocks, and into the caves, and into every ravine. ²⁰ In that day the Lord shall shave with the hired razor of the king of Assyria beyond the river the head, and the hairs of the feet, and will remove the beard. ²¹ And it shall come to pass in that day, that a man shall rear a heifer, and two sheep. ²² And it shall come to pass from their ς drinking an abundance of milk, that every one that is left on the land shall eat butter and honey.

²³ And it shall come to pass in that day, for every place where there shall be a thousand vines at a thousand shekels, they shall become θ barren land and thorns. ²⁴ Men shall enter thither with arrow and bow; for all the land shall be barren ground

τὸν Ἐφραίμ· καὶ ἐξέστη ἡ ψυχὴ αὐτοῦ, καὶ ἡ ψυχὴ τοῦ λαοῦ αὐτοῦ, ὃν τρόπον ἐν δρυμῷ ξύλον ὑπὸ πνεύματος σαλευθῇ· Καὶ εἶπε Κύριος πρὸς Ἡσαΐαν, ἔξελθε εἰς συνάντησιν Ἄχαζ 3 σὺ, καὶ ὁ καταλειφθεὶς Ἰασοὺβ ὁ υἱός σου, πρὸς τὴν κολυμβή-θραν τῆς ἄνω ὁδοῦ ἀγροῦ τοῦ κναφέως. Καὶ ἐρεῖς αὐτῷ, 4 φύλαξαι τοῦ ἡσυχάσαι, καὶ μὴ φοβοῦ, μηδὲ ἡ ψυχή σου ἀσθενείτω ἀπὸ τῶν δύο ξύλων τῶν δαλῶν τῶν καπνιζομένων τούτων· ὅταν γὰρ ὀργὴ τοῦ θυμοῦ μου γένηται, πάλιν ἰάσομαι. Καὶ ὁ υἱὸς τοῦ Ἀρὰμ, καὶ ὁ υἱὸς τοῦ Ῥομελίου, ὅτι ἐβουλεύ- 5 σαντο βουλὴν πονηράν· Ἀναβησόμεθα εἰς τὴν Ἰουδαίαν, καὶ 6 συλλαλήσαντες αὐτοῖς, ἀποστρέψωμεν αὐτοὺς πρὸς ἡμᾶς, καὶ βασιλεύσομεν αὐτῆς τὸν υἱὸν Ταβεήλ· Τάδε λέγει Κύριος 7 σαβαώθ, οὐ μὴ μείνῃ ἡ βουλὴ αὕτη, οὐδὲ ἔσται, ἀλλ᾽ ἡ κεφαλὴ 8 Ἀρὰμ, Δαμασκὸς, καὶ ἡ κεφαλὴ Δαμασκοῦ, Ῥασίμ· ἀλλ᾽ ἔτι ἑξήκοντα καὶ πέντε ἐτῶν ἐκλείψει ἡ βασιλεία Ἐφραὶμ ἀπὸ λαοῦ, καὶ ἡ κεφαλὴ Ἐφραὶμ Σομόρων, καὶ ἡ κεφαλὴ Σομο- 9 ρων, υἱὸς τοῦ Ῥομελίου, καὶ ἐὰν μὴ πιστεύσητε, οὐδὲ μὴ συνῆτε.

Καὶ προσέθετο Κύριος λαλῆσαι τῷ Ἄχαζ, λέγων, αἴτη- 10, 11 σαι σεαυτῷ σημεῖον παρὰ Κυρίου Θεοῦ σου εἰς βάθος, ἢ εἰς ὕψος. Καὶ εἶπεν Ἄχαζ, οὐ μὴ αἰτήσω, οὐδὲ μὴ πειράσω 12 Κύριον. Καὶ εἶπεν, ἀκούσατε δὴ οἶκος Δαυίδ· μὴ μικρὸν ὑμῖν 13 ἀγῶνα παρέχειν ἀνθρώποις, καὶ πῶς Κυρίῳ παρέχετε ἀγῶνα; Διατοῦτο δώσει Κύριος αὐτὸς ὑμῖν σημεῖον· ἰδοὺ ἡ παρθένος 14 ἐν γαστρὶ λήψεται, καὶ τέξεται υἱὸν, καὶ καλέσεις τὸ ὄνομα αὐτοῦ Ἐμμανουήλ. Βούτυρον καὶ μέλι φάγεται πρινὴ γνῶναι 15 αὐτὸν ἢ προελέσθαι πονηρὰ, ἐκλέξασθαι τὸ ἀγαθόν· Διότι 16 πρινὴ γνῶναι τὸ παιδίον ἀγαθὸν ἢ κακὸν, ἀπειθεῖ πονηρίᾳ, ἐκλέξασθαι τὸ ἀγαθόν· καὶ καταλειφθήσεται ἡ γῆ ἣν σὺ φοβῇ, ἀπὸ προσώπου τῶν δύο βασιλέων.

Ἀλλὰ ἐπάξει ὁ Θεὸς ἐπὶ σὲ καὶ ἐπὶ τὸν λαόν σου καὶ ἐπὶ 17 τὸν οἶκον τοῦ πατρός σου ἡμέρας, αἳ οὔπω ἥκασιν ἀφ᾽ ἧς ἡμέρας ἀφεῖλεν Ἐφραὶμ ἀπὸ Ἰούδα τὸν βασιλέα τῶν Ἀσσυ-ρίων. Καὶ ἔσται ἐν τῇ ἡμέρᾳ ἐκείνῃ συριεῖ Κύριος μυίαις, 18 ὃ κυριεύσει μέρος ποταμοῦ Αἰγύπτου, καὶ τῇ μελίσσῃ, ἥ ἐστιν ἐν χώρᾳ Ἀσσυρίων· Καὶ ἐλεύσονται πάντες ἐν ταῖς φάραγξι 19 τῆς χώρας, καὶ ἐν ταῖς τρώγλαις τῶν πετρῶν, καὶ εἰς τὰ σπήλαια, καὶ εἰς πᾶσαν ῥαγάδα. Ἐν τῇ ἡμέρᾳ ἐκείνῃ ξυρήσει Κύριος 20 ἐν τῷ ξυρῷ τῷ μεμισθωμένῳ πέραν τοῦ ποταμοῦ βασιλέως Ἀσσυρίων τὴν κεφαλὴν, καὶ τὰς τρίχας τῶν ποδῶν, καὶ τὸν πώγωνα ἀφελεῖ. Καὶ ἔσται ἐν τῇ ἡμέρᾳ ἐκείνῃ θρέψει ἄν- 21 θρωπος δάμαλιν βοῶν, καὶ δύο πρόβατα· Καὶ ἔσται ἀπὸ τοῦ 22 πλεῖστον πιεῖν γάλα, βούτυρον καὶ μέλι φάγεται πᾶς ὁ κατα-λειφθεὶς ἐπὶ τῆς γῆς.

Καὶ ἔσται ἐν τῇ ἡμέρᾳ ἐκείνῃ, πᾶς τόπος οὗ ἐὰν 23 ὦσι χίλιαι ἄμπελοι χιλίων σίκλων, εἰς χέρσον ἔσονται, καὶ εἰς ἄκανθαν. Μετὰ βέλους καὶ τοξεύματος εἰσελεύ- 24 σονται ἐκεῖ· ὅτι χέρσος καὶ ἄκανθα ἔσται πᾶσα ἡ γῆ,

---

β Comp. Heb. γ Mat. 1. 23. δ Or, which part of the enemy, etc. shall rule over the river of Egypt; but according to Alex. the reading in the text is the right one. ζ Alex. ποιεῖν, 'giving.' θ Gr. for land and for a thorn.

25 καὶ πᾶν ὄρος ἠροτριωμένον ἀροτριωθήσεται· οὐ μὴ ἐπέλθῃ ἐκεῖ φόβος· ἔσται γὰρ ἀπὸ τῆς χέρσου καὶ ἀκάνθης εἰς βόσκημα προβάτου, καὶ καταπάτημα βοός.

8 Καὶ εἶπε Κύριος πρὸς μὲ, λάβε σεαυτῷ τόμον καινοῦ μεγαλοῦ, καὶ γράψον εἰς αὐτὸν γραφίδι ἀνθρώπου, τοῦ ὀξέως προνο-

2 μὴν ποιῆσαι σκύλων· Πάρεστι γάρ· καὶ μάρτυράς μοι ποίησον πιστοὺς ἀνθρώπους, τὸν Οὐρίαν καὶ Ζαχαρίαν υἱὸν Βαραχίου.

3 Καὶ προσῆλθον πρὸς τὴν προφῆτιν, καὶ ἐν γαστρὶ ἔλαβε, καὶ ἔτεκεν υἱόν· καὶ εἶπε Κύριός μοι, κάλεσον τὸ ὄνομα

4 αὐτοῦ, Ταχέως σκύλευσον, ὀξέως προνόμευσον· Διότι πρινὴ γνῶναι τὸ παιδίον καλεῖν πατέρα ἢ μητέρα, λήψεται δύναμιν Δαμασκοῦ, καὶ τὰ σκῦλα Σαμαρείας ἔναντι βασιλέως Ἀσσυρίων.

5, 6 Καὶ προσέθετο Κύριος λαλῆσαί μοι ἔτι· Διὰ τὸ μὴ βούλεσθαι τὸν λαὸν τοῦτον τὸ ὕδωρ τοῦ Σιλωὰμ τὸ πορευόμενον ἡσυχῇ, ἀλλὰ βούλεσθαι ἔχειν τὸν Ῥασσὶν καὶ τὸν υἱὸν

7 Ῥομελίου βασιλέα ἐφ᾽ ὑμῶν, διατοῦτο ἰδοὺ Κύριος ἀνάγει ἐφ᾽ ὑμᾶς τὸ ὕδωρ τοῦ ποταμοῦ, τὸ ἰσχυρὸν καὶ τὸ πολὺ, τὸν βασιλέα τῶν Ἀσσυρίων, καὶ τὴν δόξαν αὐτοῦ· καὶ ἀναβήσεται ἐπὶ πᾶσαν φάραγγα ὑμῶν, καὶ περιπατήσει ἐπὶ πᾶν τεῖχος ὑμῶν,

8 καὶ ἀφελεῖ ἀπὸ τῆς Ἰουδαίας ἄνθρωπον, ὃς δυνήσεται κεφαλὴν ἆραι, ἢ δυνατὸν συντελέσασθαί τι· καὶ ἔσται ἡ παρεμβολὴ αὐτοῦ ὥστε πληρῶσαι τὸ πλάτος τῆς χώρας σου, μεθ᾽ ἡμῶν ὁ Θεός.

9 Γνῶτε ἔθνη καὶ ἡττᾶσθε, ἐπακούσατε ἕως ἐσχάτου τῆς γῆς· ἰσχυκότες ἡττᾶσθε· ἐὰν γὰρ πάλιν ἰσχύσητε, πάλιν ἡττηθή-

10 σεσθε. Καὶ ἣν ἂν βουλεύσησθε βουλήν, διασκεδάσει Κύριος· καὶ λόγον ὃν ἐὰν λαλήσητε, οὐ μὴ ἐμμείνῃ ἐν ὑμῖν, ὅτι μεθ᾽

11 ἡμῶν ὁ Θεός. Οὕτω λέγει Κύριος, τῇ ἰσχυρᾷ χειρὶ ἀπειθοῦσι

12 τῇ πορείᾳ τῆς ὁδοῦ τοῦ λαοῦ τούτου, λέγοντες, μήποτε εἴπωσι, σκληρόν· πᾶν γὰρ ὃ ἐὰν εἴπῃ ὁ λαὸς οὗτος, σκληρόν ἐστι· τὸν

13 δὲ φόβον αὐτοῦ οὐ μὴ φοβηθῆτε οὐδὲ μὴ ταραχθῆτε. Κύριον

14 αὐτὸν ἁγιάσατε, καὶ αὐτὸς ἔσται σου φόβος. Κἂν ἐπ᾽ αὐτῷ πεποιθὼς ᾖς, ἔσται σοι εἰς ἁγίασμα, καὶ οὐχ ὡς λίθου προσκόμματι συναντήσεσθε, οὐδὲ ὡς πέτρας πτώματι· οἱ δὲ οἶκοι Ἰακὼβ ἐν παγίδι, καὶ ἐν κοιλάσματι ἐγκαθήμενοι ἐν Ἱερουσαλήμ.

15 Διατοῦτο ἀδυνατήσουσιν ἐν αὐτοῖς πολλοὶ, καὶ πεσοῦνται καὶ συντριβήσονται, καὶ ἐγγιοῦσι, καὶ ἁλώσονται ἄνθρωποι ἐν

16 ἀσφαλείᾳ. Τότε φανεροὶ ἔσονται οἱ σφραγιζόμενοι τὸν νόμον τοῦ μὴ μαθεῖν.

17 Καὶ ἐρεῖ, μενῶ τὸν Θεὸν τὸν ἀποστρέψαντα τὸ πρόσωπον αὐτοῦ ἀπὸ τοῦ οἴκου Ἰακὼβ, καὶ πεποιθὼς ἔσομαι ἐπ᾽ αὐτῷ.

18 Ἰδοὺ ἐγὼ καὶ τὰ παιδία ἅ μοι ἔδωκεν ὁ Θεός· καὶ ἔσται σημεῖα καὶ τέρατα ἐν τῷ οἴκῳ Ἰσραὴλ παρὰ Κυρίου σαβαὼθ, ὃς κατοικεῖ ἐν τῷ ὄρει Σιών.

19 Καὶ ἐὰν εἴπωσι πρὸς ὑμᾶς, ζητήσατε τοὺς ἐγγαστριμύθους, καὶ τοὺς ἀπὸ τῆς γῆς φωνοῦντας, τοὺς κενολογοῦντας, οἳ ἐκ τῆς

and thorns. 25 And every mountain shall be certainly ploughed: there shall no fear come thither: for there shall be from *among* the *barren* ground and thorns that whereon cattle shall feed and oxen shall tread.

And the Lord said to me, Take to thyself a volume of a great new β *book*, and write in it with a man's pen concerning the making a rapid plunder of spoils; for it is near at hand. [2] And make me witnesses *of* faithful men, Urias, and Zacharias the son of Barachias. [3] And I went in to the prophetess; and she conceived, and bore a son. And the Lord said to me, Call his name, Spoil quickly, plunder speedily. [4] For before the child shall know *how* to call *his* father or *his* mother, *one* shall take the power of Damascus and the spoils of Samaria before the king of the Assyrians.

[5] And the Lord spoke to me yet again, *saying*, [6] Because this people chooses not the water of Siloam that goes softly, but wills to have Rassin, and the son of Romelias *to be* king over you; [7] therefore, behold, the Lord brings up upon you the water of the river, strong and abundant, *even* the king of the Assyrians, and his glory: and he shall come up over every valley of yours, and shall walk over every wall of yours: [8] and he shall take away from Juda *every* man who shall be able to lift up his head, *and every one* able to accomplish anything; and his camp shall fill-the breadth of thy land, O γ God with us.

[9] Know, ye Gentiles, and be conquered; hearken ye, even to the extremity of the earth: be conquered, after ye have strengthened yourselves; for even if ye should again strengthen yourselves, ye shall again be conquered. [10] And whatsoever counsel ye shall take, the Lord shall bring it to nought; and whatsoever word ye shall speak, it shall not stand among you: for God is with us. [11] Thus saith the Lord, With a strong hand they δ revolt from the course of the way of this people, saying, [12] Let them not say, *It is* hard, for whatsoever this people says, is hard: but fear not ye their fear, neither be dismayed. [13] Sanctify ye the Lord himself; and ⸹he shall be thy fear. [14] And if thou shalt trust in him, he shall be to thee for a sanctuary; and ye shall not come against *him* as against θ a stumbling-stone, neither as against the falling of a rock: but the houses of Jacob are in a snare, and the dwellers in Jerusalem in a pit. [15] Therefore many among them shall be weak, and fall, and be crushed; and they shall draw nigh, and men shall be taken securely. [16] Then shall those who seal themselves that they may λ not learn the law be made manifest.

[17] And *one* shall say, I will wait for God, who has turned away his face from the house of Jacob, and I will trust in him. [18] μ Behold I and the children which God has given me: and they shall be *for* signs and wonders in the house of Israel from the Lord of hosts, who dwells in mount Sion.

[19] And if they should say to you, Seek ξ those who have in them a divining spirit, and them that speak out of the earth, them

---

β *Alex.* paper, *or*, parchment. γ *Heb.* Immanuel. δ *Gr.* disobey. ζ *Or*, let him be. θ Rom. 9. 33.
λ *Alex.* – 'not.' μ Heb. 2. 13. ξ *Gr.* ventriloquists.

that speak vain words, who speak out of their belly: shall not a nation diligently seek to their God? why do they seek to the dead concerning the living? ²⁰ For he has given the law for a help, that they should not speak according to this word, concerning which there are no β gifts to give for it. ²¹ And famine shall come sorely upon you, and it shall come to pass, *that* when ye shall be hungry, ye shall be grieved, and ye shall speak ill of the prince and your fathers' ordinances: and they shall look up to heaven above, ²² and they shall look on the earth below, and behold severe distress, and darkness, affliction, and γ anguish, and darkness so that *one cannot see:* and he that is in anguish shall not be distressed only for a time.

Drink this first. δ Act quickly, ζ O land of Zabulon, land of Nephthalim, and the rest *inhabiting* the sea-coast, and *the land* beyond Jordan, Galilee of the Gentiles.

² O people walking in darkness, behold a great light: ye that dwell in the region *and* shadow of death, a light shall shine upon you. ³ The θ multitude of the people which thou hast brought down in thy joy, they shall even rejoice before thee as they that rejoice in harvest, and as they that divide the spoil. ⁴ Because the yoke that was laid upon them has been taken away, and the rod that was on their neck: for he has broken the rod of the exactors, as in the day of Madiam. ⁵ For they shall compensate for every garment that has been acquired by deceit, and *all* raiment with λ restitution; and they shall be willing, *even* if they were burnt with fire.

⁶ For a child is born to us, and a son is given to us, whose government is upon his shoulder: and his name is called the Messenger of great counsel: μ for I will bring peace upon the princes, and health to him. ⁷ His government shall be great, and of his peace there is no end: *it shall be* upon the throne of David, and *upon* his kingdom, to establish it, and to support *it* with judgment and with righteousness, from henceforth and for ever. The zeal of the Lord of hosts shall perform this.

⁸ The Lord has sent death upon Jacob, and it has come upon Israel. ⁹ And all the people of Ephraim, and they that dwelt in Samaria shall know, who say in their pride and lofty heart, ¹⁰ The bricks are fallen down, but come, let us hew stones, and cut down sycamores and cedars, and let us build for ourselves a tower. ¹¹ And God shall dash down them that rise up against him on mount Sion, and shall scatter his enemies; ¹² *even* Syria from the rising of the sun, and the Greeks from the setting of the sun, who devour Israel with open mouth. For all this *his* anger is not turned away, but still *his* hand is exalted.

¹³ But the people turned not until they were smitten, and they sought not the Lord. ¹⁴ So the Lord took away from Israel the head and tail, great and small, in one day: ¹⁵ the old man, and them that

κοιλίας φωνοῦσιν· οὐκ ἔθνος πρὸς Θεὸν αὐτοῦ ἐκζητήσουσι; τί ἐκζητοῦσι περὶ τῶν ζώντων τοὺς νεκρούς; Νόμον γὰρ εἰς 20 βοήθειαν ἔδωκεν, ἵνα εἴπωσιν οὐχ ὡς τὸ ῥῆμα τοῦτο, περὶ οὗ οὐκ ἔστι δῶρα δοῦναι περὶ αὐτοῦ.

Καὶ ἥξει ἐφ᾽ ὑμᾶς σκληρὰ λιμὸς, καὶ ἔσται ὡς ἂν πεινά- 21 σητε, λυπηθήσεσθε, καὶ κακῶς ἐρεῖτε τὸν ἄρχοντα καὶ τὰ πάτρια· καὶ ἀναβλέψονται εἰς τὸν οὐρανὸν ἄνω, καὶ εἰς τὴν 22 γῆν κάτω ἐμβλέψονται· καὶ ἰδοὺ ἀπορία στενὴ, καὶ σκότος, θλίψις, καὶ στενοχωρία, καὶ σκότος ὥστε μὴ βλέπειν· καὶ οὐκ ἀπορηθήσεται ὁ ἐν στενοχωρίᾳ ὢν ἕως καιροῦ.

Τοῦτο πρῶτον πίε· ταχὺ ποίει χώρα Ζαβυλὼν, ἡ γῆ Νεφθα- 9 λεὶμ, καὶ οἱ λοιποὶ οἱ τὴν παραλίαν, καὶ πέραν τοῦ Ἰορδάνου Γαλιλαία τῶν ἐθνῶν.

Ὁ λαὸς ὁ πορευόμενος ἐν σκότει, ἴδετε φῶς μέγα· οἱ κατοι- 2 κοῦντες ἐν χώρᾳ σκιᾷ θανάτου, φῶς λάμψει ἐφ᾽ ὑμᾶς. Τὸ 3 πλεῖστον τοῦ λαοῦ, ὃ κατήγαγες ἐν εὐφροσύνῃ σου· καὶ εὐ- φρανθήσονται ἐνώπιόν σου, ὡς οἱ εὐφραινόμενοι ἐν ἀμήτῳ, καὶ ὃν τρόπον οἱ διαιρούμενοι σκῦλα. Διότι ἀφῄρηται ὁ ζυγὸς 4 ὁ ἐπ᾽ αὐτῶν κείμενος, καὶ ἡ ῥάβδος ἡ ἐπὶ τοῦ τραχήλου αὐτῶν· τὴν γὰρ ῥάβδον τῶν ἀπαιτούντων διεσκέδασεν, ὡς τῇ ἡμέρᾳ τῇ ἐπὶ Μαδιάμ. Ὅτι πᾶσαν στολὴν ἐπισυνηγμένην δόλῳ, καὶ 5 ἱμάτιον μετὰ καταλλαγῆς ἀποτίσουσι· καὶ θελήσουσιν, εἰ ἐγένοντο πυρίκαυστοι.

Ὅτι παιδίον ἐγεννήθη ἡμῖν, υἱὸς καὶ ἐδόθη ἡμῖν, οὗ ἡ ἀρχὴ 6 ἐγενήθη ἐπὶ τοῦ ὤμου αὐτοῦ, καὶ καλεῖται τὸ ὄνομα αὐτοῦ, Μεγάλης βουλῆς ἄγγελος· ἄξω γὰρ εἰρήνην ἐπὶ τοὺς ἄρχοντας, καὶ ὑγίειαν αὐτῷ. Μεγάλη ἡ ἀρχὴ αὐτοῦ, καὶ τῆς εἰρήνης 7 αὐτοῦ οὐκ ἔστιν ὅριον· ἐπὶ τὸν θρόνον Δαυὶδ, καὶ τὴν βασι- λείαν αὐτοῦ, κατορθῶσαι αὐτὴν, καὶ ἀντιλαβέσθαι ἐν κρίματι καὶ ἐν δικαιοσύνῃ, ἀπὸ τοῦ νῦν καὶ εἰς τὸν αἰῶνα· ὁ ζῆλος Κυρίου σαβαὼθ ποιήσει ταῦτα.

Θάνατον ἀπέστειλε Κύριος ἐπὶ Ἰακὼβ, καὶ ἦλθεν ἐπὶ 8 Ἰσραήλ. Καὶ γνώσονται πᾶς ὁ λαὸς τοῦ Ἐφραὶμ, καὶ οἱ 9 καθήμενοι ἐν Σαμαρείᾳ, ἐφ᾽ ὕβρει καὶ ὑψηλῇ καρδίᾳ λέγοντες, πλίνθοι πεπτώκασιν, ἀλλὰ δεῦτε λαξεύσωμεν λίθους, καὶ 10 κόψωμεν συκαμίνους καὶ κέδρους, καὶ οἰκοδομήσωμεν ἑαυτοῖς πύργον. Καὶ ῥάξει ὁ Θεὸς τοὺς ἐπανισταμένους ἐπὶ ὄρος 11 Σιὼν ἐπ᾽ αὐτὸν, καὶ τοὺς ἐχθροὺς διασκεδάσει· Συρίαν ἀφ᾽ 12 ἡλίου ἀνατολῶν, καὶ τοὺς Ἕλληνας ἀφ᾽ ἡλίου δυσμῶν, τοὺς κατεσθίοντας τὸν Ἰσραὴλ ὅλῳ τῷ στόματι· ἐπὶ πᾶσι τούτοις οὐκ ἀπεστράφη ὁ θυμὸς, ἀλλ᾽ ἔτι ἡ χεὶρ ὑψηλή.

Καὶ ὁ λαὸς οὐκ ἀπεστράφη, ἕως ἐπλήγη, καὶ τὸν Κύριον 13 οὐκ ἐζήτησαν. Καὶ ἀφεῖλε Κύριος ἀπὸ Ἰσραὴλ κεφαλὴν καὶ 14 οὐράν, μέγαν καὶ μικρὸν, ἐν μιᾷ ἡμέρᾳ, πρεσβύτην, καὶ τοὺς 15

β See *Hebrew*.   γ Or, a strait.   δ Or, do it quickly, *i. e.* 'drink.' See *Hebrew*.   ζ Mat. 4. 15,16.   θ *Gr.* greatest part.
λ *Gr.* reconciliation, *or*, exchange.   μ *Alex.* + Wonderful, Counsellor, Mighty One, Potentate, Prince of Peace,
Father of the age to come. Compare Heb. 2. 2.

τὰ πρόσωπα θαυμάζοντας, αὕτη ἡ ἀρχή· καὶ προφήτην διδά-
16 σκοντα ἄνομα, οὗτος ἡ οὐρά. Καὶ ἔσονται οἱ μακαρίζοντες
τὸν λαὸν τοῦτον πλανῶντες, καὶ πλανῶσιν, ὅπως καταπίνωσιν
17 αὐτούς. Διατοῦτο ἐπὶ τοὺς νεανίσκους αὐτῶν οὐκ εὐφρανθή-
σεται ὁ Κύριος, καὶ τοὺς ὀρφανοὺς αὐτῶν καὶ τὰς χήρας αὐτῶν
οὐκ ἐλεήσει· ὅτι πάντες ἄνομοι καὶ πονηροί, καὶ πᾶν στόμα
λαλεῖ ἄδικα· ἐπὶ πᾶσι τούτοις οὐκ ἀπεστράφη ὁ θυμὸς, ἀλλ᾽
ἔτι ἡ χεὶρ ὑψηλή.

18 Καὶ καυθήσεται ὡς πῦρ ἡ ἀνομία, καὶ ὡς ἄγρωστις ξηρὰ
βρωθήσεται ὑπὸ πυρός· καὶ καυθήσεται ἐν τοῖς δάσεσι τοῦ
δρυμοῦ, καὶ συγκαταφάγεται τὰ κύκλῳ τῶν βουνῶν πάντα.
19 Διὰ θυμὸν ὀργῆς Κυρίου συγκέκαυται ἡ γῆ ὅλη· καὶ ἔσται
ὁ λαὸς ὡς κατακεκαυμένος ὑπὸ πυρός· ἄνθρωπος τὸν ἀδελφὸν
20 αὐτοῦ οὐκ ἐλεήσει. Ἀλλὰ ἐκκλινεῖ εἰς τὰ δεξιὰ, ὅτι πεινάσει,
καὶ φάγεται ἐκ τῶν ἀριστερῶν, καὶ οὐ μὴ ἐμπλησθῇ ἄνθρωπος
21 ἔσθων τὰς σάρκας τοῦ βραχίονος αὐτοῦ. Φάγεται γὰρ Μανασ-
σῆς τοῦ Ἐφραὶμ, καὶ Ἐφραὶμ τοῦ Μανασσῆ, ὅτι ἅμα πολι-
ορκήσουσι τὸν Ἰούδαν· ἐπὶ τούτοις πᾶσιν οὐκ ἀπεστράφη
ὁ θυμὸς, ἀλλ᾽ ἔτι ἡ χεὶρ ὑψηλή.

10 Οὐαὶ τοῖς γράφουσι πονηρίαν, γράφοντες γὰρ, πονηρίαν
2 γράφουσιν· Ἐκκλίνοντες κρίσιν πτωχῶν, ἁρπάζοντες κρίμα
πενήτων τοῦ λαοῦ μου, ὥστε εἶναι αὐτοῖς χήραν εἰς διαρπαγὴν,
3 καὶ ὀρφανὸν εἰς προνομήν. Καὶ τί ποιήσουσιν ἐν τῇ ἡμέρᾳ
τῆς ἐπισκοπῆς; ἡ γὰρ θλῖψις ὑμῖν πόρρωθεν ἥξει· καὶ πρὸς
τίνα καταφεύξεσθε τοῦ βοηθηθῆναι; καὶ ποῦ καταλείψετε τὴν
δόξαν ὑμῶν, τοῦ μὴ ἐμπεσεῖν εἰς ἀπαγωγήν;

4 Ἐπὶ πᾶσι τούτοις οὐκ ἀπεστράφη ἡ ὀργὴ, ἀλλ᾽ ἔτι ἡ χεὶρ
ὑψηλή.

5 Οὐαὶ Ἀσσυρίοις, ἡ ῥάβδος τοῦ θυμοῦ μου, καὶ ὀργή ἐστιν
6 ἐν ταῖς χερσὶν αὐτῶν. Τὴν ὀργήν μου εἰς ἔθνος ἄνομον ἀπο-
στελῶ, καὶ τῷ ἐμῷ λαῷ συντάξω ποιῆσαι σκῦλα καὶ προνομὴν,
καὶ καταπατεῖν τὰς πόλεις, καὶ θεῖναι αὐτὰς εἰς κονιορτόν.
7 Αὐτὸς δὲ οὐχ οὕτως ἐνεθυμήθη, καὶ τῇ ψυχῇ οὐχ οὕτως λελό-
γισται, ἀλλὰ ἀπαλλάξει ὁ νοῦς αὐτοῦ, καὶ τοῦ ἔθνη ἐξολο-
8 θρεῦσαι οὐκ ὀλίγα. Καὶ ἐὰν εἴπωσιν αὐτῷ, σὺ μόνος εἶ
9 ἄρχων· Καὶ ἐρεῖ, οὐκ ἔλαβον τὴν χώραν τὴν ἐπάνω Βαβυλῶ-
νος καὶ Χαλάνης, οὗ ὁ πύργος ᾠκοδομήθη, καὶ ἔλαβον Ἀραβίαν
10 καὶ Δαμασκὸν καὶ Σαμάρειαν; Ὃν τρόπον ταύτας ἔλαβον, καὶ
πάσας τὰς ἀρχὰς λήψομαι· ὀλολύξατε τὰ γλυπτὰ ἐν Ἱερουσα-
11 λὴμ, καὶ ἐν Σαμαρείᾳ. Ὃν τρόπον γὰρ ἐποίησα Σαμαρείᾳ, καὶ
τοῖς χειροποιήτοις αὐτῆς, οὕτω ποιήσω καὶ Ἱερουσαλὴμ, καὶ
12 τοῖς εἰδώλοις αὐτῆς. Καὶ ἔσται ὅταν συντελέσῃ Κύριος πάντα
ποιῶν ἐν τῷ ὄρει Σιὼν καὶ Ἱερουσαλὴμ, ἐπισκέψομαι ἐπὶ τὸν
νοῦν τὸν μέγαν ἐπὶ τὸν ἄρχοντα τῶν Ἀσσυρίων, καὶ ἐπὶ τὸ
13 ὕψος τῆς δόξης τῶν ὀφθαλμῶν αὐτοῦ. Εἶπε γὰρ, ἐν τῇ ἰσχύϊ
ποιήσω, καὶ ἐν τῇ σοφίᾳ τῆς συνέσεως ἀφελῶ ὅρια ἐθνῶν, καὶ
14 τὴν ἰσχὺν αὐτῶν προνομεύσω. Καὶ σείσω πόλεις κατοικουμέ-
νας, καὶ τὴν οἰκουμένην ὅλην καταλήψομαι τῇ χειρὶ ὡς νοσσιὰν,

respect persons, this is the head; and the prophet teaching unlawful things, he is the tail. [16]And they that pronounce this people blessed shall mislead them; and they mislead them that they may devour them. [17]Therefore the Lord shall not take pleasure in their young men, neither shall he have pity on their orphans or on their widows: for they are all transgressors and wicked, and every mouth speaks unjustly. For all this *his* anger is not turned away, but *his* hand is yet exalted.

[18]And iniquity shall burn as fire, and shall be devoured by fire as dry grass: and it shall burn in the thickets of the wood, and shall devour all that is round about the hills. [19]The whole earth is set on fire because of the fierce anger of the Lord, and the people shall be as men burnt by fire: no man shall pity his brother. [20]But *one* shall turn aside to the right hand, for he shall be hungry; and shall eat on the left, and a man shall by no means be satisfied with eating the flesh of his own arm. [21]For Manasses shall eat *the flesh* of Ephraim, and Ephraim *the flesh* of Manasses; for they shall besiege Juda together. For all this *his* anger is not turned away, but *his* hand is yet exalted.

Woe to them that write wickedness; for when they write they do write wickedness, [2]perverting the cause of the poor, violently wresting the judgment of the needy ones of my people, that the widow may be a prey to them, and the orphan a spoil. [3]And what will they do in the day of visitation? for affliction shall come to you from afar: and to whom will ye flee for help? and where will ye leave your glory, [4]that ye may not fall into ᵝ captivity?

For all this *his* wrath is not turned away, but *his* hand is yet exalted.

[5]Woe to the Assyrians; the rod of my wrath, and anger are in their hands. [6]I will send my wrath against a sinful nation, and I will charge my people to take plunder and spoil, and to trample the cities, and to make them dust. [7]But he meant not thus, neither did he devise thus in his soul: but his mind shall change, and *that* to destroy nations not a few. [8]And if they should say to him, Thou alone art ruler; [9]then shall he say, Have I not taken the country above Babylon and Chalanes, where the tower was built? and have I *not* taken Arabia, and Damascus, and Samaria? [10]As I have taken them, I will also take all the kingdoms: howl, ye idols in Jerusalem, and in Samaria. [11]For as I did to Samaria and her idols, so will I do also to Jerusalem and her idols. [12]And it shall come to pass, when the Lord shall have finished doing all things on mount Sion and Jerusalem, *that* I will visit upon the ᵞproud heart, *even* upon the ruler of the Assyrians, and upon the boastful haughtiness of his eyes. [13]For he said, I will act in strength, and in the wisdom of *my* understanding I will remove the boundaries of nations, and will spoil their strength. [14]And I will shake the inhabited cities: and I will take with my hand all the world as a nest: and I will

---

β *Heb.* and *Alex.* + ‘ and they shall fall under the slain.’   γ *Gr.* great mind.

even take them as eggs that have been left; and there is none that shall escape me, or contradict me. ¹⁵Shall the axe glorify itself without him that hews with it? or shall the saw lift up itself without him that uses it, as if one should lift a rod or staff? but it shall not be so; ¹⁶but the Lord of hosts shall send dishonour upon thine honour, and burning fire shall be kindled upon thy glory. ¹⁷And the light of Israel shall be for a fire, and he shall sanctify him with burning fire, and it shall devour the wood as grass. ¹⁸In that day the mountains shall be consumed, and the hills, and the forests, and *fire* shall devour *both* soul and body: and he that flees shall be as one fleeing from burning flame. ¹⁹And they that are left of them shall be a *small* number, and a child shall write them.

²⁰And it shall come to pass in that day *that* the remnant of Israel shall no more β join themselves with, and the saved of Jacob shall no more trust in them that injured them; but they shall trust in the Holy God of Israel, in truth. ²¹And the remnant of Jacob shall *trust* on the mighty God. ²²γ And though the people of Israel be as the sand of the sea, a remnant of them shall be saved. ²³δ He will finish the work, and cut it short in righteousness: because the Lord will make a short work in all the world.

²⁴Therefore thus saith the Lord of hosts, Be not afraid, my people who dwell in Sion, of the Assyrians, because he shall smite thee with a rod: for I am bringing a stroke upon thee, that *thou* mayest see the way of Egypt. ²⁵For yet a little while, and the indignation shall cease: but my wrath shall be against their ς council. ²⁶And God will stir up *enemies* against them, according to the stroke of Madiam in the place of affliction: and his wrath shall be by the way of the sea, *even* to the way that leads to Egypt. ²⁷And it shall come to pass in that day, *that* his yoke shall be taken away from thy shoulder, and his fear from thee, and the yoke shall be destroyed from off your shoulders.

²⁸For he shall arrive at the city of Angai, and shall pass on to Maggedo, and shall lay up his stores in Machmas. ²⁹And he shall pass by the valley, and shall arrive at Angai: fear shall seize upon Rama, the city of Saul. ³⁰The daughter of Gallim shall flee; Laisa shall hear; one shall hear in Anathoth. ³¹Madebena also is amazed, and the inhabitants of Gibbir.

³²Exhort ye *them* to-day to remain in the way: exhort ye *beckoning* with the hand the mountain, the daughter of Sion, even ye hills that are in Jerusalem.

³³Behold, the Lord, the Lord of hosts, will mightily confound the glorious ones; and the haughty in pride shall be crushed, and the lofty shall be brought low: ³⁴and the lofty ones shall fall by the sword, and Libanus shall fall with his lofty ones.

θ And there shall come forth a rod out of the root of Jesse, and a blossom shall come up from *his* root: ²and the Spirit of God shall rest upon him, the spirit of wisdom

καὶ ὡς καταλελειμμένα ὠὰ ἀρῶ· καὶ οὐκ ἔστιν ὃς διαφεύξεταί με, ἢ ἀντείπῃ μοι. Μὴ δοξασθήσεται ἀξίνη ἄνευ τοῦ κόπτον- 15 τος ἐν αὐτῇ; ἢ ὑψωθήσεται πρίων ἄνευ τοῦ ἕλκοντος αὐτόν; ὡς ἄν τις ἄρῃ ῥάβδον ἢ ξύλον· καὶ οὐχ οὕτως, ἀλλὰ ἀποστε- 16 λεῖ Κύριος σαβαὼθ εἰς τὴν σὴν τιμὴν ἀτιμίαν, καὶ εἰς τὴν σὴν δόξαν πῦρ καιόμενον καυθήσεται. Καὶ ἔσται τὸ φῶς τοῦ Ἰσ- 17 ραὴλ εἰς πῦρ, καὶ ἁγιάσει αὐτὸν ἐν πυρὶ καιομένῳ, καὶ φάγεται ὡσεὶ χόρτον τὴν ὕλην· τῇ ἡμέρᾳ ἐκείνῃ ἀποσβεσθήσεται τὰ 18 ὄρη, καὶ οἱ βουνοὶ, καὶ οἱ δρυμοὶ, καὶ καταφάγεται ἀπὸ ψυχῆς ἕως σαρκῶν· καὶ ἔσται ὁ φεύγων, ὡς ὁ φεύγων ἀπὸ φλογὸς καιομένης. Καὶ οἱ καταλειφθέντες ἀπ᾽ αὐτῶν ἀριθμὸς ἔσονται, 19 καὶ παιδίον γράψει αὐτούς.

Καὶ ἔσται ἐν τῇ ἡμέρᾳ ἐκείνῃ, οὐκέτι προστεθήσεται τὸ 20 καταλειφθὲν Ἰσραὴλ, καὶ οἱ σωθέντες τοῦ Ἰακὼβ οὐκέτι μὴ πεποιθότες ὦσιν ἐπὶ τοὺς ἀδικήσαντας αὐτοὺς, ἀλλὰ ἔσονται πεποιθότες ἐπὶ τὸν Θεὸν τὸν ἅγιον τοῦ Ἰσραὴλ τῇ ἀληθείᾳ. Καὶ ἔσται τὸ καταλειφθὲν τοῦ Ἰακὼβ ἐπὶ Θεὸν ἰσχύοντα. 21 Καὶ ἐὰν γένηται ὁ λαὸς Ἰσραὴλ ὡς ἡ ἄμμος τῆς θαλάσσης, τὸ 22 κατάλειμμα αὐτῶν σωθήσεται. Λόγον συντελῶν καὶ συντέμνων 23 ἐν δικαιοσύνῃ, ὅτι λόγον συντετμημένον Κύριος ποιήσει ἐν τῇ οἰκουμένῃ ὅλῃ.

Διατοῦτο τάδε λέγει Κύριος σαβαὼθ, μὴ φοβοῦ ὁ λαός μου, 24 οἱ κατοικοῦντες ἐν Σιὼν, ἀπὸ Ἀσσυρίων, ὅτι ἐν ῥάβδῳ πατάξει σε· πληγὴν γὰρ ἐπάγω ἐπὶ σὲ, τοῦ ἰδεῖν ὁδὸν Αἰγύπτου. Ἔτι 25 γὰρ μικρὸν, καὶ παύσεται ἡ ὀργὴ, ὁ δὲ θυμός μου ἐπὶ τὴν βου- λὴν αὐτῶν. Καὶ ἐγερεῖ ὁ Θεὸς ἐπ᾽ αὐτοὺς, κατὰ τὴν πληγὴν 26 Μαδιὰμ ἐν τόπῳ θλίψεως· καὶ ὁ θυμὸς αὐτοῦ τῇ ὁδῷ τῇ κατὰ θάλασσαν, εἰς τὴν ὁδὸν τὴν κατ᾽ Αἴγυπτον. Καὶ ἔσται ἐν τῇ 27 ἡμέρᾳ ἐκείνῃ, ἀφαιρεθήσεται ὁ ζυγὸς αὐτοῦ ἀπὸ τοῦ ὤμου σου, καὶ ὁ φόβος αὐτοῦ ἀπὸ σου, καὶ καταφθαρήσεται ὁ ζυγὸς ἀπὸ τῶν ὤμων ὑμῶν.

Ἥξει γὰρ εἰς τὴν πόλιν Ἀγγαὶ, καὶ παρελεύσεται εἰς Μαγ- 28 γεδὼ, καὶ ἐν Μαχμὰς θήσει τὰ σκεύη αὐτοῦ. Καὶ παρελεύ- 29 σεται φάραγγα, καὶ ἥξει εἰς Ἀγγαὶ, φόβος λήψεται Ῥαμᾶ, πόλιν Σαοὺλ, φεύξεται ἡ θυγάτηρ Γαλλείμ, ἐπακούσεται Λαϊ- 30 σα, ἐπακούσεται ἐν Ἀναθώθ. Καὶ ἐξέστη Μαδεβηνὰ, καὶ οἱ 31 κατοικοῦντες Γιββείρ.

Παρακαλεῖτε σήμερον ἐν ὁδῷ τοῦ μεῖναι, τῇ χειρὶ παρα- 32 καλεῖτε τὸ ὄρος τὴν θυγατέρα Σιὼν, καὶ οἱ βουνοὶ οἱ ἐν Ἱερουσαλήμ.

Ἰδοὺ ὁ δεσπότης Κύριος σαβαὼθ συνταράσσει τοὺς ἐνδόξους 33 μετὰ ἰσχύος, καὶ οἱ ὑψηλοὶ τῇ ὕβρει συντριβήσονται, καὶ οἱ ὑψηλοὶ ταπεινωθήσονται, καὶ πεσοῦνται ὑψηλοὶ μαχαίρᾳ, ὁ δὲ 34 Λίβανος σὺν τοῖς ὑψηλοῖς πεσεῖται.

Καὶ ἐξελεύσεται ῥάβδος ἐκ τῆς ῥίζης Ἰεσσαὶ, καὶ ἄνθος ἐκ 11 τῆς ῥίζης ἀναβήσεται, καὶ ἀναπαύσεται ἐπ᾽ αὐτὸν πνεῦμα τοῦ 2

β *Or,* repeat their offence.   γ Rom. 9. 27, 28.   δ *Gr.* finishing—cutting.   ζ *sc.* of their enemies.   θ Rom. 15. 12.

Θεοῦ, πνεῦμα σοφίας καὶ συνέσεως, πνεῦμα βουλῆς καὶ ἰσχύος,
3 πνεῦμα γνώσεως καὶ εὐσεβείας ἐμπλήσει αὐτόν, πνεῦμα φόβου
Θεοῦ· οὐ κατὰ τὴν δόξαν κρινεῖ, οὐδὲ κατὰ τὴν λαλιὰν ἐλέγξει,
4 ἀλλὰ κρινεῖ ταπεινῷ κρίσιν, καὶ ἐλέγξει τοὺς ταπεινοὺς τῆς
γῆς, καὶ πατάξει γῆν τῷ λόγῳ τοῦ στόματος αὐτοῦ, καὶ ἐν
5 πνεύματι διὰ χειλέων ἀνελεῖ ἀσεβῆ. Καὶ ἔσται δικαιοσύνη
ἐζωσμένος τὴν ὀσφὺν αὐτοῦ, καὶ ἀληθείᾳ εἰλημένος τὰς
πλευράς.

6 Καὶ συμβοσκηθήσεται λύκος μετὰ ἀρνὸς, καὶ πάρδαλις
συναναπαύσεται ἐρίφῳ, καὶ μοσχάριον καὶ ταῦρος καὶ λέων
7 ἅμα βοσκηθήσονται, καὶ παιδίον μικρὸν ἄξει αὐτούς. Καὶ
βοῦς καὶ ἄρκτος ἅμα βοσκηθήσονται, καὶ ἅμα τὰ παιδία αὐτῶν
8 ἔσονται· καὶ λέων ὡς βοῦς φάγεται ἄχυρα. Καὶ παιδίον
νήπιον ἐπὶ τρωγλῶν ἀσπίδων, καὶ ἐπὶ κοίτην ἐκγόνων ἀσπίδων
9 τὴν χεῖρα ἐπιβαλεῖ. Καὶ οὐ μὴ κακοποιήσουσιν, οὐδὲ μὴ
δύνωνται ἀπολέσαι οὐδένα ἐπὶ τὸ ὄρος τὸ ἅγιόν μου· ὅτι ἐνε-
πλήσθη ἡ σύμπασα τοῦ γνῶναι τὸν Κύριον, ὡς ὕδωρ πολὺ
10 κατακαλύψαι θαλάσσας. Καὶ ἔσται ἐν τῇ ἡμέρᾳ ἐκείνῃ ἡ ῥίζα
τοῦ Ἰεσσαὶ, καὶ ὁ ἀνιστάμενος ἄρχειν ἐθνῶν· ἐπ᾽ αὐτῷ ἔθνη
11 ἐλπιοῦσι, καὶ ἔσται ἡ ἀνάπαυσις αὐτοῦ τιμή. Καὶ ἔσται τῇ
ἡμέρᾳ ἐκείνῃ, προσθήσει ὁ Κύριος τοῦ δεῖξαι τὴν χεῖρα αὐτοῦ,
τοῦ ζηλῶσαι τὸ καταλειφθὲν ὑπόλοιπον τοῦ λαοῦ, ὃ ἂν κατα-
λειφθῇ ὑπὸ τῶν Ἀσσυρίων, καὶ ἀπὸ Αἰγύπτου, καὶ ἀπὸ
Βαβυλωνίας, καὶ ἀπὸ Αἰθιοπίας, καὶ ἀπὸ Ἐλαμιτῶν, καὶ ἀπὸ
12 ἡλίου ἀνατολῶν, καὶ ἐξ Ἀραβίας. Καὶ ἀρεῖ σημεῖον εἰς τὰ
ἔθνη, καὶ συνάξει τοὺς ἀπολομένους Ἰσραὴλ, καὶ τοὺς διεσπαρ-
μένους Ἰούδα συνάξει ἐκ τῶν τεσσάρων πτερύγων τῆς γῆς.
13 Καὶ ἀφαιρεθήσεται ὁ ζῆλος Ἐφραὶμ, καὶ οἱ ἐχθροὶ Ἰούδα
ἀπολοῦνται. Ἐφραὶμ οὐ ζηλώσει Ἰούδαν, καὶ Ἰούδας οὐ
14 θλίψει Ἐφραίμ. Καὶ πετασθήσονται ἐν πλοίοις ἀλλοφύλων·
θάλασσαν ἅμα προνομεύσουσι, καὶ τοὺς ἀφ᾽ ἡλίου ἀνατολῶν,
καὶ Ἰδουμαίαν, καὶ ἐπὶ Μωὰβ πρῶτον τὰς χεῖρας ἐπιβαλοῦσιν·
οἱ δὲ υἱοὶ Ἀμμὼν πρῶτοι ὑπακούσονται.

15 Καὶ ἐρημώσει Κύριος τὴν θάλασσαν Αἰγύπτου, καὶ ἐπι-
βαλεῖ τὴν χεῖρα αὐτοῦ ἐπὶ τὸν ποταμὸν πνεύματι βιαίῳ·
καὶ πατάξει ἑπτὰ φάραγγας, ὥστε διαπορεύεσθαι αὐτὸν ἐν
16 ὑποδήμασι. Καὶ ἔσται δίοδος τῷ καταλειφθέντι μου λαῷ ἐν
Αἰγύπτῳ· καὶ ἔσται τῷ Ἰσραὴλ, ὡς ἡ ἡμέρα ὅτε ἐξῆλθεν ἐκ
γῆς Αἰγύπτου.

12 Καὶ ἐρεῖς ἐν τῇ ἡμέρᾳ ἐκείνῃ, εὐλογῶ σε, Κύριε, διότι
ὠργίσθης μοι, καὶ ἀπέστρεψας τὸν θυμόν σου, καὶ ἠλέησάς με.
2 Ἰδοὺ ὁ Θεός μου σωτήρ μου, πεποιθὼς ἔσομαι ἐπ᾽ αὐτῷ, καὶ
οὐ φοβηθήσομαι· διότι ἡ δόξα μου καὶ ἡ αἴνεσίς μου Κύριος,
3 καὶ ἐγένετό μοι εἰς σωτηρίαν. Καὶ ἀντλήσατε ὕδωρ μετ᾽
4 εὐφροσύνης ἐκ τῶν πηγῶν τοῦ σωτηρίου. Καὶ ἐρεῖς ἐν τῇ
ἡμέρᾳ ἐκείνῃ, ὑμνεῖτε Κύριον, βοᾶτε τὸ ὄνομα αὐτοῦ, ἀναγγεί-
λατε ἐν τοῖς ἔθνεσι τὰ ἔνδοξα αὐτοῦ· μιμνήσκεσθε, ὅτι ὑψώθη

and understanding, the spirit of counsel and strength, the spirit of knowledge and godliness shall fill him; [3] the spirit of the fear of God. He shall not judge according to appearance, nor reprove according to report: [4] but he shall judge the cause of the lowly, and shall reprove the lowly of the earth: and he shall smite the earth with the word of his mouth, and with the breath of his lips shall he destroy the ungodly one. [5] And he shall have his loins girt with righteousness, and his sides clothed with truth.

[6] And the wolf shall feed with the lamb, and the leopard shall lie down with the kid; and the young calf and bull and lion shall feed together; and a little child shall lead them. [7] And the ox and bear shall feed together; and their young shall be together: and the lion shall eat straw like the ox. [8] And an infant shall put his hand on the holes of asps, and on the nest of young asps. [9] And they shall not hurt, nor shall they at all be able to destroy any one on my holy mountain: for the whole *world* is filled with the knowledge of the Lord, as much water β covers the seas. [10] And in that day γthere shall be a root of Jesse, and he that shall arise to rule over the Gentiles; in him shall the Gentiles trust, and his rest shall be glorious. [11] And it shall be in that day, *that* the Lord shall again shew his hand, to be zealous for the remnant that is left of the people, which shall be left by the Assyrians, and *that* from Egypt, and from the country of Babylon, and from Ethiopia, and from the Elamites, and from the rising of the sun, and out of Arabia. [12] And he shall lift up a standard for the nations, and he shall gather the lost ones of Israel, and he shall gather the dispersed of Juda from the four corners of the earth. [13] And the envy of Ephraim shall be taken away, and the enemies of Juda shall perish: Ephraim shall not envy Juda, and Juda shall not afflict Ephraim. [14] And they shall fly in the ships of the Philistines: they shall at the same time spoil the δ sea, and them *that come* from the east, and Idumea: and they shall lay their hands on Moab first; but the children of Ammon shall first obey *them*.

[15] And the Lord shall make desolate the sea of Egypt; and he shall lay his hand on the river with a strong wind, and he shall ςsmite the seven channels, so that men shall pass through it dry-shod. [16] And there shall be a passage for my people that is left in Egypt: and it shall be to Israel as the day when he came forth out of the land of Egypt.

And in that day thou shalt say, I *will* bless thee, O Lord; for thou wast angry with me, but thou hast turned aside thy wrath, and hast pitied me. [2] Behold, my God is my Saviour; I will trust in him, and not be afraid: for the Lord is my glory and my praise, and is become my salvation. [3] Draw ye therefore water with joy out of the wells of salvation. [4] And in that day thou shalt say, Sing to the Lord, call aloud upon his name, proclaim his glorious *deeds* among the Gentiles; make mention that his

---

β *Gr.* may cover. γ Rom. 15. 12. δ *sc.* the west. ζ *q. d.* form by smiting.

name is exalted. [5] Sing praise to the name
of the Lord; for he has done great *things*:
declare this in all the earth. [6] Exalt and
rejoice, ye that dwell in Sion: for the Holy
One of Israel is exalted in the midst [β] of her.

THE VISION WHICH ESAIAS SON OF AMOS SAW AGAINST BABYLON.

[2] Lift up a standard on the mountain of
the plain, exalt the voice to them, beckon
with the hand, open *the gates*, ye rulers.
[3] I give command, and I bring them: giants
are coming to fulfil my wrath, rejoicing at
the same time and insulting. [4] A voice of
many nations on the mountains, *even* like
to that of many nations; a voice of kings
and nations gathered together: the Lord of
hosts has given command to a [γ] war-like
nation, [5] to come from a land afar off, from
the utmost foundation of heaven; the
Lord and his warriors *are coming* to destroy
all the world.

[6] Howl ye, for the day of the Lord is near,
and destruction from God shall arrive.
[7] Therefore every hand shall become power-
less, and every soul of man shall be dis-
mayed. [8] The elders shall be troubled, and
pangs shall seize them, as of a woman in
travail: and they shall mourn one to
another, and shall be amazed, and shall
change their countenance as a flame. [9] For
behold! the day of the Lord is coming
which cannot be [δ] escaped, *a day* of wrath
and anger, to make the world desolate, and
to destroy sinners out of it. [10] For the stars
of heaven, and Orion, and all the host of
heaven, shall not give their light; and it
shall be dark at sunrise, and the moon shall
not give her light. [11] And I will command
evils for the whole world, and *will visit*
their sins on the ungodly: and I will destroy
the pride of transgressors, and will bring
low the pride of the haughty. [12] And they
that are left shall be more precious than
gold tried in the fire; and a man shall be
more precious than the stone that is in
Suphir. [13] For the heaven shall be enraged,
and the earth shall be shaken from her
foundation, because of the fierce anger of
the Lord of hosts, in the day in which his
wrath shall come on. [14] And they that are
left shall be as a fleeing fawn, and as a stray
sheep, and there shall be none to gather
them: so that a man shall turn back to his
people, and a man shall flee to his own land.
[15] For whosoever shall be taken shall be
overcome; and they that are gathered
together shall fall by the sword. [16] And
they shall dash their children before their
eyes; and they shall spoil their houses, and
shall take their wives.

[17] Behold, I will stir up against you the
Medes, who do not regard silver, neither
have they need of gold. [18] They shall break
the bows of the young men; and they shall
have no mercy on your children; nor shall
their eyes spare thy children. [19] And Baby-
lon, which is called glorious by the king of
the Chaldeans, shall be as *when* God over-
threw Sodoma and Gomorrha. [20] It shall
never be inhabited, neither shall any enter

τὸ ὄνομα αὐτοῦ. Ὑμνήσατε τὸ ὄνομα Κυρίου, ὅτι ὑψηλὰ 5
ἐποίησεν· ἀναγγείλατε ταῦτα ἐν πάσῃ τῇ γῇ. Ἀγαλλιᾶσθε, 6
καὶ εὐφραίνεσθε οἱ κατοικοῦντες Σιὼν, ὅτι ὑψώθη ὁ ἅγιος τοῦ
Ἰσραὴλ ἐν μέσῳ αὐτῆς.

΄ΟΡΑΣΙΣ ῍ΗΝ ΕΙΔΕΝ ῾ΗΣΑΙΑΣ ΥΙΟΣ ΄ΑΜΩΣ, 13 ΚΑΤΑ ΒΑΒΥΛΩΝΟΣ.

Ἐπ᾽ ὄρους πεδινοῦ ἄρατε σημεῖον, ὑψώσατε τὴν φωνὴν 2
αὐτοῖς, παρακαλεῖτε τῇ χειρὶ, ἀνοίξατε οἱ ἄρχοντες. Ἐγὼ 3
συντάσσω, καὶ ἐγὼ ἄγω αὐτούς· γίγαντες ἔρχονται πληρῶσαι
τὸν θυμόν μου χαίροντες ἅμα καὶ ὑβρίζοντες. Φωνὴ ἐθνῶν 4
πολλῶν ἐπὶ τῶν ὀρέων, ὁμοία ἐθνῶν πολλῶν, φωνὴ βασιλέων
καὶ ἐθνῶν συνηγμένων· Κύριος σαβαὼθ ἐντέταλται ἔθνει ὁπλο-
μάχῳ, ἔρχεσθαι ἐκ γῆς πόῤῥωθεν ἀπ᾽ ἄκρου θεμελίου τοῦ 5
οὐρανοῦ, Κύριος καὶ οἱ ὁπλομάχοι αὐτοῦ, καταφθεῖραι πᾶσαν
τὴν οἰκουμένην.

Ὀλολύζετε, ἐγγὺς γὰρ ἡμέρα Κυρίου, καὶ συντριβὴ παρὰ 6
τοῦ Θεοῦ ἥξει. Διατοῦτο πᾶσα χεὶρ ἐκλυθήσεται, καὶ πᾶσα 7
ψυχὴ ἀνθρώπου δειλιάσει. Ταραχθήσονται οἱ πρέσβεις, καὶ 8
ὠδῖνες αὐτοὺς ἕξουσιν, ὡς γυναικὸς τικτούσης· καὶ συμφορά-
σουσιν ἕτερος πρὸς τὸν ἕτερον, καὶ ἐκστήσονται, καὶ τὸ πρόσ-
ωπον αὐτῶν ὡς φλὸξ μεταβαλοῦσιν. Ἰδοὺ γὰρ ἡμέρα Κυρίου 9
ἔρχεται ἀνίατος, θυμοῦ καὶ ὀργῆς, θεῖναι τὴν οἰκουμένην ἔρημον,
καὶ τοὺς ἁμαρτωλοὺς ἀπολέσαι ἐξ αὐτῆς. Οἱ γὰρ ἀστέρες τοῦ 10
οὐρανοῦ καὶ ὁ Ὠρίων καὶ πᾶς ὁ κόσμος τοῦ οὐρανοῦ, τὸ φῶς
οὐ δώσουσι· καὶ σκοτισθήσεται τοῦ ἡλίου ἀνατέλλοντος, καὶ
ἡ σελήνη οὐ δώσει τὸ φῶς αὐτῆς. Καὶ ἐντελοῦμαι τῇ οἰκου- 11
μένῃ ὅλῃ κακὰ, καὶ τοῖς ἀσεβέσι τὰς ἁμαρτίας αὐτῶν· καὶ
ἀπολῶ ὕβριν ἀνόμων, καὶ ὕβριν ὑπερηφάνων ταπεινώσω. Καὶ 12
ἔσονται οἱ καταλελειμμένοι ἔντιμοι μᾶλλον ἢ τὸ χρυσίον τὸ
ἄπυρον· καὶ ἄνθρωπος μᾶλλον ἔντιμος ἔσται ἢ ὁ λίθος ὁ ἐν
Σουφίρ. Ὁ γὰρ οὐρανὸς θυμωθήσεται, καὶ ἡ γῆ σεισθήσεται 13
ἐκ τῶν θεμελίων αὐτῆς, διὰ θυμὸν ὀργῆς Κυρίου σαβαὼθ, ἐν τῇ
ἡμέρᾳ, ῇ ἂν ἐπέλθῃ ὁ θυμὸς αὐτοῦ. Καὶ ἔσονται οἱ καταλε- 14
λειμμένοι ὡς δορκάδιον φεῦγον, καὶ ὡς πρόβατον πλανώμενον,
καὶ οὐκ ἔσται ὁ συνάγων, ὥστε ἄνθρωπον εἰς τὸν λαὸν αὐτοῦ
ἀποστραφῆναι, καὶ ἄνθρωπος εἰς τὴν χώραν ἑαυτοῦ διώξεται.
Ὃς γὰρ ἂν ἁλῷ, ἡττηθήσεται, καὶ οἵτινες συνηγμένοι εἰσὶ, 15
πεσοῦνται μαχαίρᾳ. Καὶ τὰ τέκνα αὐτῶν ῥάξουσιν ἐνώπιον 16
αὐτῶν, καὶ τὰς οἰκίας αὐτῶν προνομεύσουσι, καὶ τὰς γυναῖκας
αὐτῶν ἕξουσιν.

Ἰδοὺ ἐπεγείρω ὑμῖν τοὺς Μήδους, οἳ ἀργύριον οὐ λογίζονται, 17
οὐδὲ χρυσίου χρείαν ἔχουσι. Τοξεύματα νεανίσκων συντρί- 18
ψουσι, καὶ τὰ τέκνα ὑμῶν οὐ μὴ ἐλεήσωσιν, οὐδὲ ἐπὶ τοῖς
τέκνοις σου φείσονται οἱ ὀφθαλμοὶ αὐτῶν. Καὶ ἔσται Βαβυ- 19
λὼν ἣ καλεῖται ἔνδοξος ἀπὸ βασιλέως Χαλδαίων, ὃν τρόπον
κατέστρεψεν ὁ Θεὸς Σόδομα καὶ Γόμοῤῥα· Οὐ κατοικηθήσε- 20
ται εἰς τὸν αἰῶνα χρόνον, οὐδὲ μὴ εἰσέλθωσιν εἰς αὐτὴν διὰ

β *Heb.* and *Alex.* 'of the.'　　γ *Lit.* fighting with armour or weapons.　　δ *Gr.* healed.

πολλῶν γενεῶν, οὐδὲ μὴ διέλθωσιν αὐτὴν Ἄραβες, οὐδὲ ποιμένες
21 οὐ μὴ ἀναπαύσονται ἐν αὐτῇ. Καὶ ἀναπαύσονται ἐκεῖ θηρία,
καὶ ἐμπλησθήσονται αἱ οἰκίαι ἤχου· καὶ ἀναπαύσονται ἐκεῖ
22 σειρῆνες, καὶ δαιμόνια ἐκεῖ ὀρχήσονται, καὶ ὀνοκένταυροι ἐκεῖ
κατοικήσουσι, καὶ νοσσοποιήσουσιν ἐχῖνοι ἐν τοῖς οἴκοις
αὐτῶν. Ταχὺ ἔρχεται καὶ οὐ χρονιεῖ.

14 Καὶ ἐλεήσει Κύριος τὸν Ἰακὼβ, καὶ ἐκλέξεται ἔτι τὸν
Ἰσραὴλ, καὶ ἀναπαύσονται ἐπὶ τῆς γῆς αὐτῶν, καὶ ὁ γειώρας
προστεθήσεται πρὸς αὐτοὺς, καὶ προστεθήσεται πρὸς τὸν οἶκον
2 Ἰακώβ· Καὶ λήψονται αὐτοὺς ἔθνη, καὶ εἰσάξουσιν εἰς τὸν
τόπον αὐτῶν, καὶ κατακληρονομήσουσι, καὶ πληθυνθήσονται
ἐπὶ τῆς γῆς εἰς δούλους καὶ δούλας· καὶ ἔσονται αἰχμάλωτοι
οἱ αἰχμαλωτεύσαντες αὐτοὺς, καὶ κυριευθήσονται οἱ κυριεύ-
σαντες αὐτῶν.

3 Καὶ ἔσται ἐν τῇ ἡμέρᾳ ἐκείνῃ, ἀναπαύσει σε Κύριος
ἀπὸ τῆς ὀδύνης καὶ τοῦ θυμοῦ σου, τῆς δουλείας σου τῆς
4 σκληρᾶς, ἧς ἐδούλευσας αὐτοῖς. Καὶ λήψῃ τὸν θρῆνον τοῦτον
ἐπὶ τὸν βασιλέα Βαβυλῶνος,

Πῶς ἀναπέπαυται ὁ ἀπαιτῶν, καὶ ἀναπέπαυται ὁ ἐπισπουδ-
5 αστής; Συνέτριψε Κύριος τὸν ζυγὸν τῶν ἁμαρτωλῶν, τὸν ζυγὸν
6 τῶν ἀρχόντων. Πατάξας ἔθνος θυμῷ, πληγῇ ἀνιάτῳ, παίων
ἔθνος πληγὴν θυμοῦ, ἣ οὐκ ἐφείσατο, ἀνεπαύσατο πεποιθώς.
7, 8 Πᾶσα ἡ γῆ βοᾷ μετ᾽ εὐφροσύνης, καὶ τὰ ξύλα τοῦ
Λιβάνου εὐφράνθησαν ἐπὶ σοὶ, καὶ ἡ κέδρος τοῦ Λιβάνου,
9 ἀφ᾽ οὗ σὺ κεκοίμησαι, οὐκ ἀνέβη ὁ κόπτων ἡμᾶς. Ὁ ᾅδης
κάτωθεν ἐπικράνθη συναντήσας σοι· συνηγέρθησάν σοι πάντες
οἱ γίγαντες οἱ ἄρξαντες τῆς γῆς, οἱ ἐγείραντες ἐκ τῶν θρόνων
10 αὐτῶν πάντας βασιλεῖς ἐθνῶν. Πάντες ἀποκριθήσονται, καὶ
ἐροῦσί σοι, καὶ σὺ ἑάλως, ὥσπερ καὶ ἡμεῖς· ἐν ἡμῖν δὲ κατε-
11 λογίσθης. Κατέβη εἰς ᾅδου ἡ δόξα σου, ἡ πολλὴ εὐφροσύνη
σου· ὑποκάτω σου στρώσουσι σῆψιν, καὶ τὸ κατακάλυμμά σου
12 σκώληξ. Πῶς ἐξέπεσεν ἐκ τοῦ οὐρανοῦ ὁ Ἑωσφόρος ὁ πρωῒ
ἀνατέλλων; συνετρίβη εἰς τὴν γῆν ὁ ἀποστέλλων πρὸς πάντα
13 τὰ ἔθνη. Σὺ δὲ εἶπας ἐν τῇ διανοίᾳ σου, εἰς τὸν οὐρανὸν
ἀναβήσομαι, ἐπάνω τῶν ἀστέρων τοῦ οὐρανοῦ θήσω τὸν θρόνον
μου, καθιῶ ἐν ὄρει ὑψηλῷ, ἐπὶ τὰ ὄρη τὰ ὑψηλὰ τὰ πρὸς
14 Βορρᾶν, ἀναβήσομαι ἐπάνω τῶν νεφῶν, ἔσομαι ὅμοιος τῷ
15 ὑψίστῳ. Νῦν δὲ εἰς ᾅδην καταβήσῃ, καὶ εἰς τὰ θεμέλια τῆς
16 γῆς. Οἱ ἰδόντες σε θαυμάσονται ἐπὶ σοὶ, καὶ ἐροῦσιν, οὗτος
17 ὁ ἄνθρωπος ὁ παροξύνων τὴν γῆν, ὁ σείων βασιλεῖς, ὁ θεὶς
τὴν οἰκουμένην ὅλην ἔρημον, καὶ τὰς πόλεις αὐτοῦ καθεῖλε,
18 τοὺς ἐν ἐπαγωγῇ οὐκ ἔλυσε. Πάντες οἱ βασιλεῖς τῶν ἐθνῶν
19 ἐκοιμήθησαν ἐν τιμῇ, ἄνθρωπος ἐν τῷ οἴκῳ αὐτοῦ. Σὺ δὲ
ῥιφήσῃ ἐν τοῖς ὄρεσιν, ὡς νεκρὸς ἐβδελυγμένος, μετὰ πολλῶν
τεθνηκότων ἐκκεκεντημένων μαχαίραις, καταβαινόντων εἰς ᾅδου.
20 Ὃν τρόπον ἱμάτιον ἐν αἵματι πεφυρμένον οὐκ ἔσται καθαρὸν,
οὕτως οὐδὲ σὺ ἔσῃ καθαρός· διότι τὴν γῆν μου ἀπώλεσας, καὶ

into it for many generations: neither shall the Arabians pass through it; nor shall shepherds at all rest in it. [21] But wild beasts shall rest there; and the houses shall be filled with howling; and β monsters shall rest there, and devils shall dance there, [22] and satyrs shall dwell there; and hedgehogs shall make their nests in their houses. γ It will come soon, and will not tarry.

And the Lord will have mercy on Jacob, and will yet choose Israel, and they shall rest on their land: and the stranger shall be added to them, yea, shall be added to the house of Jacob. [2] And the Gentiles shall take them, and bring them into their place: and δ they shall inherit them, and ζ they shall be multiplied upon the land for servants and handmaidens: and they that took them captives shall become captives to them; and they that had lordship over them shall be under their rule.

[3] And it shall come to pass in that day, that the Lord shall give thee rest from thy sorrow and vexation, and from thy hard servitude wherein thou didst serve them. [4] And thou shalt take up this lamentation against the king of Babylon, θ

How has the extortioner ceased, and the taskmaster ceased! [5] The Lord has broken the yoke of sinners, the yoke of princes. [6] Having smitten a nation in wrath, with an incurable plague, smiting a nation with a wrathful plague, which spared them not, he rested in quiet. [7] All the earth cries aloud with joy: [8] the trees also of Libanus rejoice against thee, and the cedar of Libanus, saying, From the time that thou hast been laid low, no one has come up to cut us down. [9] Hell from beneath is provoked to meet thee: all the great ones that have ruled over the earth have risen up together against thee, they that have raised up from their thrones all the kings of the nations. [10] All shall answer and say to thee, Thou also hast been taken, even as we; and thou art numbered amongst us. [11] Thy glory has come down to Hades, and thy great mirth: under thee they shall spread corruption, and the worm shall be thy covering. [12] How has Lucifer, that rose in the morning, fallen from heaven! He that sent orders to all the nations is crushed to the earth. [13] But thou saidst in thine heart, I will go up to heaven, I will set my throne above the stars of heaven: I will sit on a lofty mount, on the lofty mountains toward the north: [14] I will go up above the clouds; I will be like the Most High. [15] But now thou shalt go down to hell, even to the foundations of the earth. [16] They that see thee shall wonder at thee, and say, λ This is the man that troubled the earth, that made kings to shake; [17] that made the whole world desolate, and destroyed its cities; he loosed not those who were in captivity. [18] All the kings of the nations lie in honour, every man in his house. [19] But thou shalt be cast forth on the mountains, as a loathed carcase, with many dead who have been pierced with swords, going down to the grave. [20] As a garment defiled with blood shall not be pure, so neither shalt thou be pure; because

---

β See Job 30. 29; Isa. 34. 13, etc.   γ See Heb. 10. 37; also Hab. 2. 3.   δ i. e. the Israelites.   ζ i. e. the Gentiles.
θ Alex. + 'and thou shalt say in that day.'   λ See chap. 5. 25.

thou hast destroyed my land, and hast slain my people: thou shalt not endure for ever, —*thou* an evil seed. ²¹ Prepare thy children to be slain for the sins of their father; that they arise not, and inherit the earth, nor fill the earth with wars. ²² And I will rise up against them, saith the Lord of hosts, and I will destroy their name, and remnant, and seed: thus saith the Lord. ²³ And I will make the region of Babylon desert, so that hedgehogs shall dwell *there*, and it shall come to nothing: and I will make it a pit of clay for destruction.

²⁴ Thus saith the Lord of hosts, As I have said, so it shall be: and as I have purposed, so *the matter* shall remain: ²⁵ *even* to destroy the Assyrians upon my land, and upon my mountains: and they shall be for trampling; and their yoke shall be taken away from them, and their glory shall be taken away from their shoulders. ²⁶ This is the purpose which the Lord has purposed upon the whole earth: and this the hand that is uplifted against all the nations. ²⁷ For what the Holy God has purposed, who shall frustrate? and who shall turn back his uplifted hand?

²⁸ In the year in which king Achaz died this word came.

²⁹ Rejoice not, all ye Philistines, because the yoke of him that smote you is broken: for out of the seed of the serpent shall come forth the young of asps, and their young shall come forth flying serpents. ³⁰ And the poor shall be fed by him, and poor men shall rest in peace: but he shall destroy thy seed with hunger, and shall destroy thy remnant. ³¹ Howl, ye gates of cities; let the cities be troubled and cry, *even* all the Philistines: for smoke is coming from the north, and there is no *possibility* [β] of living. ³² And what shall the kings of the nations answer? That the Lord has founded Sion, and by him the poor of the people shall be saved.

The Word against the Land of Moab.

By night the land of Moab shall be destroyed; for by night the wall of the land of Moab shall be destroyed. ² Grieve for yourselves; for even Debon, where your altar is, shall be destroyed: thither shall ye go up to weep, over Nabau of the land of Moab: howl ye: baldness shall be on every head, *and* all arms *shall be* [γ] wounded. ³ Gird yourselves with sackcloth in her streets: and lament upon her roofs, and in her streets, and in her ways; howl all of you with weeping. ⁴ For Esebon and Eleale have cried: their voice was heard to Jassa: therefore the loins of the region of Moab cry aloud; her soul shall know. ⁵ The heart of the region of Moab cries within her to Segor; for it is *as* a heifer of three years old: and on the ascent of Luith they shall go up to thee weeping by the way of Aroniim: she cries, Destruction, and trembling. ⁶ The water of Nemerim shall be desolate, and the grass thereof shall fail: for there shall be no green grass. ⁷ Shall *Moab* even thus be delivered? for I *will*

τὸν λαόν μου ἐπέκτεινας· οὐ μὴ μείνῃς εἰς τὸν αἰῶνα χρόνον, σπέρμα πονηρόν. Ἑτοίμασον τὰ τέκνα σου σφαγῆναι ταῖς ²¹ ἁμαρτίαις τοῦ πατρὸς αὐτῶν, ἵνα μὴ ἀναστῶσι καὶ κληρονομή- σωσι τὴν γῆν, καὶ ἐμπλήσωσι τὴν γῆν πολέμων. Καὶ ἐπανα- ²² στήσομαι αὐτοῖς, λέγει Κύριος σαβαὼθ, καὶ ἀπολῶ αὐτῶν ὄνομα, καὶ κατάλειμμα, καὶ σπέρμα· τάδε λέγει Κύριος. Καὶ ²³ θήσω τὴν Βαβυλωνίαν ἔρημον, ὥστε κατοικεῖν ἐχίνους, καὶ ἔσται εἰς οὐδέν· καὶ θήσω αὐτὴν πηλοῦ βάραθρον εἰς ἀπώ- λειαν.

Τάδε λέγει Κύριος σαβαώθ,. ὃν τρόπον εἴρηκα, οὕτως ἔσται, ²⁴ καὶ ὃν τρόπον βεβούλευμαι, οὕτως μενεῖ, τοῦ ἀπολέσαι τοὺς ²⁵ Ἀσσυρίους ἐπὶ τῆς γῆς τῆς ἐμῆς, καὶ ἐπὶ τῶν ὀρέων μου· καὶ ἔσονται εἰς καταπάτημα, καὶ ἀφαιρεθήσεται ἀπ᾽ αὐτῶν ὁ ζυγὸς αὐτῶν, καὶ τὸ κῦδος αὐτῶν ἀπὸ τῶν ὤμων ἀφαιρεθήσεται. Αὕτη ἡ βουλὴ ἣν βεβούλευται Κύριος ἐπὶ τὴν ὅλην οἰκουμένην, ²⁶ καὶ αὕτη ἡ χεὶρ ἡ ὑψηλὴ ἐπὶ πάντα τὰ ἔθνη. Ἃ γὰρ ὁ Θεὸς ²⁷ ὁ ἅγιος βεβούλευται, τίς διασκεδάσει; καὶ τὴν χεῖρα αὐτοῦ τὴν ὑψηλὴν τίς ἀποστρέψει;

Τοῦ ἔτους οὗ ἀπέθανεν ὁ βασιλεὺς Ἄχαζ, ἐγενήθη τὸ ῥῆμα ²⁸ τοῦτο.

Μὴ εὐφρανθείητε οἱ ἀλλόφυλοι πάντες, συνετρίβη γὰρ ²⁹ ὁ ζυγὸς τοῦ παίοντος ὑμᾶς· ἐκ γὰρ σπέρματος ὄφεως ἐξελεύ- σεται ἔκγονα ἀσπίδων, καὶ τὰ ἔκγονα αὐτῶν ἐξελεύσονται ὄφεις πετάμενοι. Καὶ βοσκηθήσονται πτωχοὶ δι᾽ αὐτοῦ· πτωχοὶ δὲ ³⁰ ἄνθρωποι ἐπὶ εἰρήνης ἀναπαύσονται· ἀνελεῖ δὲ ἐν λιμῷ τὸ σπέρμα σου, καὶ τὸ κατάλειμμά σου ἀνελεῖ. Ὀλολύξατε ³¹ πύλαι πόλεων, κεκραγέτωσαν πόλεις τεταραγμέναι, οἱ ἀλλό- φυλοι πάντες, ὅτι ἀπὸ Βοῤῥᾶ καπνὸς ἔρχεται, καὶ οὐκ ἔστι τοῦ εἶναι. Καὶ τί ἀποκριθήσονται βασιλεῖς ἐθνῶν; ὅτι Κύριος ³² ἐθεμελίωσε Σιὼν, καὶ δι᾽ αὐτοῦ σωθήσονται οἱ ταπεινοὶ τοῦ λαοῦ.

ΤΟ ῬΗΜΑ ΤΟ ΚΑΤΑ ΤΗΣ ΜΩΑΒΙΤΙΔΟΣ.   15

Νυκτὸς ἀπολεῖται ἡ Μωαβῖτις, νυκτὸς γὰρ ἀπολεῖται τὸ τεῖχος τῆς Μωαβίτιδος. Λυπεῖσθε ἐφ᾽ ἑαυτοὺς, ἀπολεῖται γὰρ ² καὶ Δηβὼν, οὗ ὁ βωμὸς ὑμῶν· ἐκεῖ ἀναβήσεσθε κλαίειν, ἐπὶ Ναβαῦ τῆς Μωαβίτιδος· ὀλολύξατε, ἐπὶ πάσης κεφαλῆς φαλάκρωμα, πάντες βραχίονες κατατετμημένοι. Ἐν ταῖς ³ πλατείαις αὐτῆς περιζώσασθε σάκκους, καὶ κόπτεσθε ἐπὶ τῶν δωμάτων αὐτῆς, καὶ ἐν ταῖς πλατείαις αὐτῆς, καὶ ἐν ταῖς ῥύμαις αὐτῆς, πάντες ὀλολύζετε μετὰ κλαυθμοῦ. Ὅτι κέκρα- ⁴ γεν Ἐσεβὼν καὶ Ἐλεαλὴ, ἕως Ἰασσὰ ἠκούσθη ἡ φωνὴ αὐτῶν· διατοῦτο ἡ ὀσφὺς τῆς Μωαβίτιδος βοᾷ, ἡ ψυχὴ αὐτῆς γνώσε- ται. Ἡ καρδία τῆς Μωαβίτιδος βοᾷ ἐν αὐτῇ ἕως Σηγώρ· ⁵ δάμαλις γάρ ἐστι τριετής· ἐπὶ δὲ τῆς ἀναβάσεως Λουείθ, πρὸς σὲ κλαίοντες ἀναβήσονται τῇ ὁδῷ Ἀρωνιείμ· βοᾷ, σύντριμμα καὶ σεισμός. Τὸ ὕδωρ τῆς Νεμηρεὶμ ἔρημον ἔσται, καὶ ⁶ ὁ χόρτος αὐτῆς ἐκλείψει· χόρτος γὰρ χλωρὸς οὐκ ἔσται. Μὴ ⁷ καὶ οὕτως μέλλει σωθῆναι; ἐπάξω γὰρ ἐπὶ τὴν φάραγγα Ἄρα-

---

β *Gr.* of being.   γ *Gr.* cut to pieces.

8 βας, καὶ λήψονται αὐτήν. Συνῆψε γὰρ ἡ βοὴ τὸ ὅριον τῆς
Μωαβίτιδος τῆς Ἀγαλείμ, καὶ ὀλολυγμὸς αὐτῆς ἕως τοῦ φρέα-
9 τος τοῦ Αἰλείμ. Τὸ δὲ ὕδωρ τὸ Δειμὼν πλησθήσεται αἵματος,
ἐπάξω γὰρ ἐπὶ Δειμὼν Ἄραβας, καὶ ἀρῶ τὸ σπέρμα Μωὰβ,
καὶ Ἀριὴλ, καὶ τὸ κατάλοιπον Ἄδαμα.

16 Ἀποστελῶ ὡς ἑρπετὰ ἐπὶ τὴν γῆν· μὴ πέτρα ἔρημός ἐστι
2 τὸ ὄρος θυγατρὸς Σιών; Ἔσῃ γὰρ ὡς πετεινοῦ ἀνιπταμένου
νοσσὸς ἀφῃρημένος, ἔσῃ θυγάτηρ Μωάβ, ἔπειτα δὲ Ἀρνῶν
3 πλείονα βουλεύου, ποίει τε σκέπην πένθους αὐτῇ διαπαντός, ἐν
4 μεσημβρινῇ σκοτίᾳ φεύγουσιν, ἐξέστησαν· μὴ ἀχθῇς, παροι-
κήσουσί σοι οἱ φυγάδες Μωάβ· ἔσονται σκέπη ὑμῖν ἀπὸ
προσώπου διώκοντος, ὅτι ἤρθη ἡ συμμαχία σου, καὶ ὁ ἄρχων
5 ἀπώλετο ὁ καταπατῶν ἀπὸ τῆς γῆς. Καὶ διορθωθήσεται
μετ᾽ ἐλέους θρόνος, καὶ καθιεῖται ἐπ᾽ αὐτοῦ μετὰ ἀληθείας
ἐν σκηνῇ Δαυὶδ, κρίνων καὶ ἐκζητῶν κρίμα καὶ σπεύδων δι-
καιοσύνην.

6 Ἠκούσαμεν τὴν ὕβριν Μωάβ, ὑβριστὴς σφόδρα τὴν ὑπερη-
φανίαν ἐξῆρα· οὐχ οὕτως ἡ μαντεία σου, οὐχ οὕτως.

7 Ὀλολύξει Μωάβ, ἐν γὰρ τῇ Μωαβίτιδι πάντες ὀλολύξουσι
8 τοῖς κατοικοῦσι δὲ Σὲθ μελετήσεις, καὶ οὐκ ἐντραπήσῃ. Τὰ
πεδία Ἐσεβὼν πενθήσει, ἄμπελος Σεβαμά· καταπίνοντες τὰ
ἔθνη, καταπατήσατε τὰς ἀμπέλους αὐτῆς, ἕως Ἰαζήρ· οὐ μὴ
συνάψητε, πλανήθητε τὴν ἔρημον, οἱ ἀπεσταλμένοι ἐγκατελεί-
9 φθησαν, διέβησαν γὰρ πρὸς τὴν θάλασσαν. Διατοῦτο κλαύ-
σομαι ὡς τὸν κλαυθμὸν Ἰαζὴρ ἄμπελον Σεβαμά· τὰ δένδρα
σου κατέβαλεν Ἐσεβὼν καὶ Ἐλεαλὴ, ὅτι ἐπὶ τῷ θερισμῷ καὶ
ἐπὶ τῷ τρυγητῷ σου καταπατήσω, καὶ πάντα πεσοῦνται.
10 Καὶ ἀρθήσεται εὐφροσύνη καὶ ἀγαλλίαμα ἐκ τῶν ἀμπελώνων,
καὶ ἐν τοῖς ἀμπελῶσί σου οὐ μὴ εὐφρανθήσονται, καὶ οὐ μὴ
11 πατήσουσιν οἶνον εἰς τὰ ὑπολήνια, πέπαυται γάρ. Διατοῦτο
ἡ κοιλία μου ἐπὶ Μωὰβ ὡς κιθάρα ἠχήσει, καὶ τὰ ἐντός μου
12 ὡς τεῖχος ἐνεκαίνισας. Καὶ ἔσται εἰς τὸ ἐντραπῆναί σε, ὅτι
ἐκοπίασε Μωὰβ ἐπὶ τοῖς βωμοῖς, καὶ εἰσελεύσεται εἰς τὰ
χειροποίητα αὐτῆς, ὥστε προσεύξασθαι, καὶ οὐ μὴ δύνηται
ἐξελέσθαι αὐτόν.

13 Τοῦτο τὸ ῥῆμα ὃ ἐλάλησε Κύριος ἐπὶ Μωάβ, ὁπότε ἐλά-
14 λησε. Καὶ νῦν λέγω, ἐν τρισὶν ἔτεσιν ἐτῶν μισθωτοῦ ἀτιμα-
σθήσεται ἡ δόξα Μωὰβ παντὶ τῷ πλούτῳ τῷ πολλῷ, καὶ
καταλειφθήσεται ὀλιγοστὸς, καὶ οὐκ ἔντιμος.

17 ΤΟ ῬΗΜΑ ΤΟ ΚΑΤΑ ΔΑΜΑΣΚΟΥ.

Ἰδοὺ Δαμασκὸς ἀρθήσεται ἀπὸ πόλεων, καὶ ἔσται εἰς πτῶσιν,
2 καταλελειμμένη εἰς τὸν αἰῶνα, εἰς κοίτην ποιμνίων καὶ ἀνά-
3 παυσιν, καὶ οὐκ ἔσται ὁ διώκων. Καὶ οὐκέτι ἔσται ὀχυρὰ τοῦ
καταφυγεῖν Ἐφραίμ· καὶ οὐκέτι βασιλεία ἐν Δαμασκῷ, καὶ

bring the Arabians upon the valley, and they shall take it. ⁸ For the cry has reached the border of the region of Moab, even of Agalim; and her howling has gone as far as the well of Ælim. ⁹ And the water of Dimon shall be filled with blood: for I will bring Arabians upon Dimon, and I will take away the seed of Moab, and Ariel, and the remnant of Adama.

I will send as it were reptiles on the land: is not the mount of the daughter of Sion a desolate rock? ² For thou shalt be as a young bird taken away from a bird that has flown: even thou shalt be so, daughter of Moab: and then do thou, O Arnon, ³ take farther counsel, and continually make thou a shelter from grief: they flee in darkness at mid-day; they are amazed; be not thou led captive. ⁴ The fugitives of Moab shall sojourn with thee; they shall be to you a shelter from the face of the pursuer: for thine alliance has been taken away, and the oppressing ruler has perished from off the earth. ⁵ And a throne shall be established with mercy; and one shall sit upon it with truth in the tabernacle of David, judging, and earnestly seeking judgments, and hasting righteousness.

⁶ We have heard of the pride of Moab; he is very proud. I have cut off his pride: thy prophecy shall not be thus, no not thus.

⁷ Moab shall howl; for all shall howl in the land of Moab: but thou shalt care for them that dwell in Seth, and thou shalt not be ashamed. ⁸ The plains of Esebon shall mourn, the vine of Sebama: swallowing up the nations, trample ye her vines, even to Jazer: ye shall not come together; wander ye in the desert: they that were sent are deserted, for they have gone over to the sea. ⁹ Therefore will I weep as with the weeping of Jazer for the vine of Sebama; Esebon and Eleale have cast down thy trees; for I will trample on thy harvest and on thy vintages, and all thy plants shall fall. ¹⁰ And gladness and rejoicing shall be taken away from the vineyards; and they shall not rejoice at all in thy vineyards; and they shall not at all tread wine into the vats; for the vintage has ceased. ¹¹ Therefore my belly shall sound as a harp for Moab, and β thou hast repaired my inward parts as a wall. ¹² And it shall be to thy shame, (for Moab is wearied at the altars,) that he shall go in to the idols thereof to pray, but they shall not be at all able to deliver him.

¹³ This is the word which the Lord spoke against Moab, when he spoke. ¹⁴ And now I say, In three years, of the years of an hireling, the glory of Moab shall be dishonoured with all his great wealth; and he shall be left few in number, and not honoured.

The Word against Damascus.

Behold, Damascus shall be taken away from among cities, and shall become a ruin; ² abandoned for ever, to be a fold and resting-place for flocks, and there shall be none to go after them. ³ And she shall no longer be a strong place for Ephraim to flee to, and

---

β Compare the Hebrew.

there shall no longer be a kingdom in Damascus, or a remnant of Syrians; for thou art no better than the children of Israel, *even* than their glory; thus saith the Lord of hosts. ⁴There shall be in that day a failure of the glory of Jacob, and the riches of his glory shall be shaken. ⁵And it shall be as if one should gather standing corn, and reap the grain of the ears; and it shall be as if one should gather ears in a rich valley; ⁶and *as if* there should be left stubble therein, or *as it were* the berries of an olive tree, two or three on the topmost bough, or *as if* four or five should be left on their branches; thus saith the Lord, the God of Israel.

⁷In that day a man shall trust in him that made him, and his eyes shall have respect to the Holy One of Israel. ⁸And they shall not at all trust in their altars, nor in the works of their hands, which their fingers made; and they shall not look to the trees, nor to their abominations.

⁹In that day thy cities shall be deserted, as the Amorites and the Evæans deserted *theirs*, because of the children of Israel; and they shall be desolate. ¹⁰Because thou hast forsaken God thy Saviour, and hast not been mindful of the Lord thy helper; therefore shalt thou plant a β false plant, and a false seed. ¹¹In the day wherein thou shalt plant thou shalt be deceived; but if thou sow in the morning, *the seed* shall spring up for a crop in the day wherein thou shalt obtain an inheritance, and as a man's father, thou shalt obtain an inheritance for thy sons.

¹²Woe *to* the multitude of many nations, as the swelling sea, so shall ye be confounded; and the γ force of many nations shall sound like water; ¹³many nations like much water, as when much water rushes violently: and they shall drive him away, and pursue him afar, as the dust of chaff when men winnow before the wind, and as a storm whirling the dust of the wheel.

¹⁴Toward evening, and there shall be grief; before the morning, and he shall not be. This is the portion of them that spoiled you, and the inheritance to them that robbed you of your inheritance.

Woe to you, ye wings of the land of ships, beyond the rivers of Ethiopia. ²δ He sends messengers by the sea, and paper letters on the water: for swift messengers shall go to a lofty nation, and to a strange and harsh people. Who is beyond it? a nation not looked for, and trodden down. ³Now all the rivers of the land shall be inhabited as an inhabited country; their land shall be as when a signal is raised from a mountain; it shall be audible as the sound of a trumpet. ⁴For thus said the Lord to me, There shall be security in my city, as the light of noonday heat, and it shall be as a cloud of dew in the day of harvest. ⁵Before the reaping time, when the flower has been completely formed, and the unripe grape has put forth its flower and blossomed, then shall he take away the little clusters with pruning-hooks, and shall take away the small branches, and cut them off; ⁶and he shall leave *them*

τὸ λοιπὸν τῶν Σύρων· οὐ γὰρ σὺ βελτίων εἶ τῶν υἱῶν Ἰσραὴλ, τῆς δόξης αὐτῶν· τάδε λέγει Κύριος σαβαώθ. Ἔσται ἐν τῇ ἡμέρᾳ 4 ἐκείνῃ ἔκλειψις δόξης Ἰακὼβ, καὶ τὰ πίονα τῆς δόξης αὐτοῦ σεισθήσεται. Καὶ ἔσται ὃν τρόπον ἐάν τις συναγάγῃ ἀμητὸν 5 ἑστηκότα, καὶ σπέρμα σταχύων ἀμήσῃ· καὶ ἔσται ὃν τρόπον ἐάν τις συναγάγῃ στάχυν ἐν φάραγγι στερεᾷ. Καὶ καταλειφθῇ 6 ἐν αὐτῇ καλάμη, ἢ ὡς ῥῶγες ἐλαίας δύο ἢ τρεῖς ἀπ᾽ ἄκρου μετεώρου, ἢ τέσσαρες ἢ πέντε ἐπὶ τῶν κλάδων αὐτῶν καταλειφθῇ· τάδε λέγει Κύριος ὁ Θεὸς Ἰσραήλ.

Τῇ ἡμέρᾳ ἐκείνῃ πεποιθὼς ἔσται ὁ ἄνθρωπος ἐπὶ τῷ ποιή- 7 σαντι αὐτὸν, οἱ δὲ ὀφθαλμοὶ αὐτοῦ εἰς τὸν ἅγιον τοῦ Ἰσραὴλ ἐμβλέψονται, καὶ οὐ μὴ πεποιθότες ὦσιν ἐπὶ τοῖς βωμοῖς, 8 οὐδὲ ἐπὶ τοῖς ἔργοις τῶν χειρῶν αὐτῶν, ἃ ἐποίησαν οἱ δάκτυλοι αὐτῶν, καὶ οὐκ ὄψονται τὰ δένδρα, οὐδὲ τὰ βδελύγματα αὐτῶν.

Τῇ ἡμέρᾳ ἐκείνῃ ἔσονται αἱ πόλεις σου ἐγκαταλελειμμέναι, 9 ὃν τρόπον κατέλιπον οἱ Ἀμορραῖοι καὶ οἱ Εὐαῖοι ἀπὸ προσώπου τῶν υἱῶν Ἰσραήλ· καὶ ἔσονται ἔρημοι, διότι κατέλιπες 10 τὸν Θεὸν τὸν σωτῆρά σου, καὶ Κυρίου τοῦ βοηθοῦ σου οὐκ ἐμνήσθης· διατοῦτο φυτεύσεις φύτευμα ἄπιστον, καὶ σπέρμα ἄπιστον. Τῇ ἡμέρᾳ, ᾗ ἂν φυτεύσῃς, πλανηθήσῃ· τὸ δὲ πρωΐ 11 ἐὰν σπείρῃς, ἀνθήσει εἰς ἀμητὸν ᾗ ἂν ἡμέρᾳ κληρώσῃ, καὶ ὡς πατὴρ ἀνθρώπου κληρώσῃ τοῖς υἱοῖς σου.

Οὐαὶ πλῆθος ἐθνῶν πολλῶν· ὡς θάλασσα κυμαίνουσα, οὕτω 12 ταραχθήσεσθε· καὶ νῶτος ἐθνῶν πολλῶν, ὡς ὕδωρ ἠχήσει. Ὡς ὕδωρ πολὺ ἔθνη πολλὰ, ὡς ὕδατος πολλοῦ βίᾳ φερομένου· 13 καὶ ἀποσκορακιεῖ αὐτὸν, καὶ πόρρω αὐτὸν διώξεται, ὡς χνοῦν ἀχύρου λικμώντων ἀπέναντι ἀνέμου, καὶ ὡς κονιορτὸν τροχοῦ καταιγὶς φέρουσα,

Πρὸς ἑσπέραν καὶ ἔσται πένθος, πρινὴ πρωΐ, καὶ οὐκ ἔσται· 14 αὕτη ἡ μερὶς τῶν προνομευσάντων ὑμᾶς, καὶ κληρονομία τοῖς ὑμᾶς κληρονομήσασιν.

Οὐαὶ γῆς πλοίων πτέρυγες, ἐπέκεινα ποταμῶν Αἰθιοπίας· 18 Ὁ ἀποστέλλων ἐν θαλάσσῃ ὅμηρα, καὶ ἐπιστολὰς βιβλίνας 2 ἐπάνω τοῦ ὕδατος· πορεύσονται γὰρ ἄγγελοι κοῦφοι πρὸς ἔθνος μετέωρον, καὶ ξένον λαὸν καὶ χαλεπόν· τίς αὐτοῦ ἐπέκεινα· ἔθνος ἀνέλπιστον καὶ καταπεπατημένον· νῦν οἱ ποταμοὶ τῆς γῆς πάντες, ὡς χώρα κατοικουμένη κατοικηθήσεται· ἡ χώρα αὐτῶν 3 ὡσεὶ σημεῖον ἀπὸ ὄρους ἀρθῇ, ὡς σάλπιγγος φωνὴ ἀκουστὸν ἔσται. Διότι οὕτως εἶπε Κύριός μοι, ἀσφάλεια ἔσται ἐν τῇ 4 ἐμῇ πόλει, ὡς φῶς καύματος μεσημβρίας, καὶ ὡς νεφέλη δρόσου ἡμέρας ἀμητοῦ ἔσται πρὸ τοῦ θερισμοῦ, ὅταν συντε- 5 λεσθῇ ἄνθος, καὶ ὄμφαξ ἐξανθήσῃ ἄνθος ὀμφακίζουσα· καὶ ἀφελεῖ τὰ βοτρύδια τὰ μικρὰ τοῖς δρεπάνοις, καὶ τὰς κληματί- δας ἀφελεῖ, καὶ ἀποκόψει, καὶ καταλείψει ἅμα τοῖς πετεινοῖς 6

β *Gr.* faithless.   γ *Gr.* back.   *Complut.* reads ἦχος, 'noise.'   δ *Gr.* He that sends.

τοῦ οὐρανοῦ, καὶ τοῖς θηρίοις τῆς γῆς· καὶ συναχθήσεται ἐπ'
αὐτοὺς τὰ πετεινὰ τοῦ οὐρανοῦ, καὶ πάντα τὰ θηρία τῆς γῆς ἐπ'
7 αὐτὸν ἥξει. Ἐν τῷ καιρῷ ἐκείνῳ ἀνενεχθήσεται δῶρα Κυρίῳ
σαβαὼθ ἐκ λαοῦ τεθλιμμένου καὶ τετιλμένου, καὶ ἀπὸ λαοῦ
μεγάλου ἀπὸ τοῦ νῦν καὶ εἰς τὸν αἰῶνα χρόνον· ἔθνος. ἐλπίζον
καὶ καταπεπατημένον, ὅ ἐστιν ἐν μέρει ποταμοῦ τῆς χώρας
αὐτοῦ, εἰς τὸν τόπον οὗ τὸ ὄνομα Κυρίου σαβαὼθ, ὄρος Σιών.

19 ΄ΟΡΑΣΙΣ ΑΙΓΥΠΤΟΥ.

Ἰδοὺ Κύριος κάθηται ἐπὶ νεφέλης κούφης, καὶ ἥξει εἰς
Αἴγυπτον, καὶ σεισθήσεται τὰ χειροποίητα Αἰγύπτου ἀπὸ
προσώπου αὐτοῦ· καὶ ἡ καρδία αὐτῶν ἡττηθήσεται ἐν αὐτοῖς.
2 Καὶ ἐπεγερθήσονται Αἰγύπτιοι ἐπ' Αἰγυπτίους, καὶ πολεμήσει
ἄνθρωπος τὸν ἀδελφὸν αὐτοῦ, καὶ ἄνθρωπος τὸν πλησίον αὐτοῦ,
3 πόλις ἐπὶ πόλιν, καὶ νόμος ἐπὶ νόμον. Καὶ ταραχθήσεται
τὸ πνεῦμα τῶν Αἰγυπτίων ἐν αὐτοῖς, καὶ τὴν βουλὴν αὐτῶν
διασκεδάσω, καὶ ἐπερωτήσουσι τοὺς θεοὺς αὐτῶν, καὶ τὰ ἀγάλ-
ματα αὐτῶν, καὶ τοὺς ἐκ τῆς γῆς φωνοῦντας, καὶ τοὺς ἐγγα-
4 στριμύθους. Καὶ παραδώσω τὴν Αἴγυπτον εἰς χεῖρας ἀν-
θρώπων, κυρίων σκληρῶν, καὶ βασιλεῖς σκληροὶ κυριεύσουσιν
5 αὐτῶν· τάδε λέγει Κύριος σαβαώθ. Καὶ πίονται οἱ Αἰγύπτιοι
ὕδωρ τὸ παρὰ θάλασσαν, ὁ δὲ ποταμὸς ἐκλείψει, καὶ ξηρανθή-
6 σεται. Καὶ ἐκλείψουσιν οἱ ποταμοὶ, καὶ αἱ διώρυχες τοῦ
ποταμοῦ· καὶ ξηρανθήσεται πᾶσα συναγωγὴ ὕδατος, καὶ ἐν
7 παντὶ ἕλει καλάμου καὶ παπύρου, καὶ τὸ ἄχι τὸ χλωρὸν πᾶν
τὸ κύκλῳ τοῦ ποταμοῦ, καὶ πᾶν τὸ σπειρόμενον διὰ τοῦ ποτα-
8 μοῦ ξηρανθήσεται ἀνεμόφθορον. Καὶ στενάξουσιν οἱ ἁλιεῖς,
καὶ στενάξουσι πάντες οἱ βάλλοντες ἄγκιστρον εἰς τὸν ποταμὸν,
καὶ οἱ βάλλοντες σαγήνας, καὶ οἱ ἀμφιβολεῖς πενθήσουσι·
9 Καὶ αἰσχύνη λήψεται τοὺς ἐργαζομένους τὸ λίνον τὸ σχιστὸν,
10 καὶ τοὺς ἐργαζομένους τὴν βύσσον. Καὶ ἔσονται οἱ ἐργαζό-
μενοι αὐτὰ ἐν ὀδύνῃ, καὶ πάντες οἱ ποιοῦντες τὸν ζύθον
11 λυπηθήσονται, καὶ τὰς ψυχὰς πονέσουσι. Καὶ μωροὶ ἔσονται
οἱ ἄρχοντες Τάνεως, οἱ σοφοὶ σύμβουλοι τοῦ βασιλέως, ἡ
βουλὴ αὐτῶν μωρανθήσεται· πῶς ἐρεῖτε τῷ βασιλεῖ, υἱοὶ
12 συνετῶν ἡμεῖς, υἱοὶ βασιλέων τῶν ἐξ ἀρχῆς; Ποῦ εἰσι νῦν οἱ
σοφοί σου; καὶ ἀναγγειλάτωσάν σοι, καὶ εἰπάτωσαν, τί βεβού-
13 λευται Κύριος σαβαὼθ ἐπ' Αἴγυπτον; Ἐξέλιπον οἱ ἄρχοντες
Τάνεως, καὶ ὑψώθησαν οἱ ἄρχοντες Μέμφεως, καὶ πλανήσουσιν
14 Αἴγυπτον κατὰ φυλάς. Κύριος γὰρ ἐκέρασεν αὐτοῖς πνεῦμα
πλανήσεως, καὶ ἐπλάνησαν Αἴγυπτον ἐν πᾶσι τοῖς ἔργοις
15 αὐτῶν, ὡς πλανᾶται ὁ μεθύων, καὶ ὁ ἐμῶν ἅμα, καὶ οὐκ ἔσται
τοῖς Αἰγυπτίοις ἔργον ὃ ποιήσει κεφαλὴν καὶ οὐρὰν, καὶ ἀρχὴν
καὶ τέλος.

16 Τῇ δὲ ἡμέρᾳ ἐκείνῃ ἔσονται οἱ Αἰγύπτιοι, ὡς γυναῖκες,
ἐν φόβῳ καὶ ἐν τρόμῳ ἀπὸ προσώπου τῆς χειρὸς Κυρίου
17 σαβαὼθ, ἣν αὐτὸς ἐπιβαλεῖ αὐτοῖς. Καὶ ἔσται ἡ χώρα
τῶν Ἰουδαίων τοῖς Αἰγυπτίοις εἰς φόβητρον· πᾶς ὃς ἐὰν

together to the birds of the sky, and to the wild beasts of the earth: and the fowls of the sky shall be gathered upon them, and all the beasts of the land shall come upon him. 7 In that time shall presents be brought to the Lord of hosts from a people afflicted and peeled, and from a people great from henceforth and for ever; a nation hoping and *yet* trodden down, which is in a part of a river of his land, to the place where is the name of the Lord of hosts, the mount Sion.

THE VISION OF EGYPT.

Behold, the Lord sits on a swift cloud, and shall come to Egypt: and the idols of Egypt shall be moved at his presence, and their heart shall faint within them. 2 And the Egyptians shall be stirred up against the Egyptians: and a man shall fight against his brother, and a man against his neighbour, city against city, and β law against β law. 3 And the spirit of the Egyptians shall be troubled within them; and I will frustrate their counsel: and they shall enquire of their gods and their images, and them that speak out of the earth, and γ them that have in them a divining spirit. 4 I will deliver Egypt into the hands of men, of cruel lords; and cruel kings shall rule over them: thus saith the Lord of hosts. 5 And the Egyptians shall drink the water that is by the sea, but the river shall fail, and be dried up. 6 And the streams shall fail, and the canals of the river; and every δ reservoir of water shall be dried up, in every marsh also of reed and papyrus. 7 And all the green herbage round about the river, and everything sown by the side of the river, shall be blasted with the wind and dried up. 8 And the fishermen shall groan, and all that cast a hook into the river shall groan; they also that cast nets, and the anglers shall mourn. 9 And shame shall come upon them that work fine flax, and them that ς make fine linen. 10 And they that work at them shall be in pain, and all that make beer shall be grieved, and be pained in their souls. 11 And the princes of Tanis shall be fools: *as for* the king's wise counsellors, their counsel shall be turned into folly: how will ye say to the king, We are sons of wise men, sons of ancient kings? 12 Where are now thy wise men? and let them declare to thee, and say, What has the Lord of hosts purposed upon Egypt? 13 The princes of Tanis have failed, and the princes of Memphis are lifted up *with pride*, and they shall cause Egypt to wander by tribes. 14 For the Lord has prepared for them a spirit of error, and they have caused Egypt to err in all their works, as one staggers who is drunken and vomits also. 15 And there shall be no work to the Egyptians, which shall make head or tail, or beginning or end.

16 But in that day the Egyptians shall be as women, in fear and in trembling because of the hand of the Lord of hosts, which he shall bring upon them. 17 And the land of the Jews shall be for a terror to the Egyptians:

β *Alex.* ' district,' the accent being different.   γ *Gr.* the ventriloquists.   δ *Lit.* gathering. See Gen. 1. 9: also Jer. 28. (51) 32.
ς *Gr.* work at.

whosoever shall name it to them, they shall fear, because of the counsel which the Lord of hosts has purposed concerning it. ¹⁸ In that day there shall be five cities in Egypt speaking the language of Chanaan, and swearing by the name of the Lord of hosts; one city shall be called the β city of Asedec. ¹⁹ In that day there shall be an altar to the Lord in the land of the Egyptians, and a pillar to the Lord by its border. ²⁰ And it shall be for a sign to the Lord for ever in the land of Egypt: for they shall presently cry to the Lord by reason of them that afflict them, and he shall send them a man who shall save them; he shall judge and save them. ²¹ And the Lord shall be known to the Egyptians, and the Egyptians shall know the Lord in that day; and they shall offer sacrifices, and shall vow vows to the Lord, and pay *them*. ²² And the Lord shall smite the Egyptians with a stroke, and shall completely heal them: and they shall return to the Lord, and he shall hear them, and thoroughly heal them. ²³ In that day there shall be a way from Egypt to the Assyrians, and the Assyrians shall enter into Egypt, and the Egyptians shall go to the Assyrians, and the Egyptians shall serve the Assyrians. ²⁴ In that day shall Israel be third with the Egyptians and the Assyrians, blessed in the land which the Lord of hosts has blessed, ²⁵ saying, Blessed be my people that is in Egypt, and that is among the Assyrians, and Israel mine inheritance.

In the year when Tanathan came to Azotus, when he was sent by Arna king of the Assyrians, and warred against Azotus, and took it; ² then the Lord spoke to Esaias the son of Amos, saying, Go and take the sackcloth off thy loins, and loose thy sandals from off thy feet, and do thus, going naked and barefoot. ³ And the Lord said, As my servant Esaias has walked naked and barefoot three years, there shall be three years for signs and wonders to the Egyptians and Ethiopians; ⁴ for thus shall the king of the Assyrians lead the captivity of Egypt and the Ethiopians, young men and old, naked and barefoot, having the shame of Egypt exposed. ⁵ And the Egyptians being defeated shall be ashamed of the Ethiopians, in whom they had trusted; for they were their glory. ⁶ And they that dwell in this island shall say in that day, Behold, we trusted to flee to them for help, who could not save themselves from the king of the Assyrians: and how shall we be saved?

The Vision of the Desert.

As though a whirlwind should pass through the desert, coming from a desert, *even* from such a land, ² *so* a fearful and a grievous vision was declared to me : he that is treacherous deals treacherously, the transgressor transgresses. The Elamites are upon me, and the ambassadors of the Persians come against me: now will I groan and comfort myself. ³ Therefore are my loins filled with feebleness, and pangs have seized me as a travailing woman: I dealt wrongfully that I might not hear; I hasted

ὀνομάσῃ αὐτὴν αὐτοῖς, φοβηθήσονται διὰ τὴν βουλὴν ἣν βεβούλευται Κύριος σαβαὼθ ἐπ᾽ αὐτήν. Τῇ ἡμέρᾳ ἐκείνῃ 18 ἔσονται πέντε πόλεις ἐν τῇ Αἰγύπτῳ λαλοῦσαι τῇ γλώσσῃ τῇ Χαναανίτιδι, καὶ ὀμνύντες τῷ ὀνόματι Κυρίου σαβαώθ· πόλις ἀσεδὲκ κληθήσεται ἡ μία πόλις. Τῇ ἡμέρᾳ ἐκείνῃ ἔσται θυ- 19 σιαστήριον τῷ Κυρίῳ ἐν χώρᾳ Αἰγυπτίων, καὶ στήλη πρὸς τὸ ὅριον αὐτῆς τῷ Κυρίῳ. Καὶ ἔσται εἰς σημεῖον εἰς τὸν αἰῶνα 20 Κυρίῳ ἐν χώρᾳ Αἰγύπτου· ὅτι κεκράξονται πρὸς Κύριον διὰ τοὺς θλίβοντας αὐτοὺς, καὶ ἀποστελεῖ αὐτοῖς ἄνθρωπον ὃς σώσει αὐτοὺς, κρίνων σώσει αὐτούς. Καὶ γνωστὸς ἔσται 21 Κύριος τοῖς Αἰγυπτίοις· καὶ γνώσονται οἱ Αἰγύπτιοι τὸν Κύριον ἐν τῇ ἡμέρᾳ ἐκείνῃ, καὶ ποιήσουσι θυσίας, καὶ εὔξονται εὐχὰς τῷ Κυρίῳ, καὶ ἀποδώσουσι. Καὶ πατάξει Κύριος τοὺς 22 Αἰγυπτίους πληγῇ, καὶ ἰάσεται αὐτοὺς ἰάσει, καὶ ἐπιστραφή- σονται πρὸς Κύριον, καὶ εἰσακούσεται αὐτῶν, καὶ ἰάσεται αὐτοὺς ἰάσει. Τῇ ἡμέρᾳ ἐκείνῃ ἔσται ἡ ὁδὸς ἀπὸ Αἰγύπτου 23 πρὸς Ἀσσυρίους, καὶ εἰσελεύσονται Ἀσσύριοι εἰς Αἴγυπτον, καὶ Αἰγύπτιοι πορεύσονται πρὸς Ἀσσυρίους, καὶ δουλεύσουσιν Αἰγύπτιοι τοῖς Ἀσσυρίοις. Τῇ ἡμέρᾳ ἐκείνῃ ἔσται Ἰσραὴλ 24 τρίτος ἐν τοῖς Αἰγυπτίοις, καὶ ἐν τοῖς Ἀσσυρίοις εὐλογημένος ἐν τῇ γῇ ἣν εὐλόγησε Κύριος σαβαὼθ, λέγων, εὐλογημένος 25 ὁ λαός μου ὁ ἐν Αἰγύπτῳ, καὶ ὁ ἐν Ἀσσυρίοις, καὶ ἡ κληρονο- μία μου Ἰσραήλ.

Τοῦ ἔτους ὅτε εἰσῆλθε Τανάθαν εἰς Ἄζωτον, ἡνίκα ἀπεστάλη 20 ὑπὸ Ἀρνᾶ βασιλέως Ἀσσυρίων, καὶ ἐπολέμησε τὴν Ἄζωτον, καὶ ἔλαβεν αὐτὴν, τότε ἐλάλησε Κύριος πρὸς Ἡσαΐαν υἱὸν 2 Ἀμὼς, λέγων, πορεύου καὶ ἄφελε τὸν σάκκον ἀπὸ τῆς ὀσφύος σου, καὶ τὰ σανδάλιά σου ὑπόλυσαι ἀπὸ τῶν ποδῶν σου, καὶ ποίησον οὕτως, πορευόμενος γυμνὸς καὶ ἀνυπόδετος. Καὶ εἶπε 3 Κύριος, ὃν τρόπον πεπόρευται ὁ παῖς μου Ἡσαΐας γυμνὸς καὶ ἀνυπόδετος τρία ἔτη, τρία ἔτη ἔσται εἰς σημεῖα καὶ τέρατα τοῖς Αἰγυπτίοις καὶ Αἰθίοψιν· Ὅτι οὕτως ἄξει βασιλεὺς Ἀσσυ- 4 ρίων τὴν αἰχμαλωσίαν Αἰγύπτου καὶ Αἰθιόπων, νεανίσκους καὶ πρεσβύτας, γυμνοὺς καὶ ἀνυποδέτους, ἀνακεκαλυμμένους τὴν αἰσχύνην Αἰγύπτου. Καὶ αἰσχυνθήσονται ἡττηθέντες ἐπὶ τοῖς 5 Αἰθίοψιν, ἐφ᾽ οἷς ἦσαν πεποιθότες οἱ Αἰγύπτιοι, ἦσαν γὰρ αὐτοῖς δόξα. Καὶ ἐροῦσιν οἱ κατοικοῦντες ἐν τῇ νήσῳ ταύτῃ 6 ἐν τῇ ἡμέρᾳ ἐκείνῃ, ἰδοὺ ἡμεῖς ἦμεν πεποιθότες τοῦ φυγεῖν εἰς αὐτοὺς εἰς βοήθειαν, οἳ οὐκ ἠδύναντο σωθῆναι ἀπὸ βασιλέως Ἀσσυρίων, καὶ πῶς ἡμεῖς σωθησόμεθα;

ΤΟ ὍΡΑΜΑ ΤΗΣ ἘΡΗΜΟΥ.   21

Ὡς καταιγὶς δι᾽ ἐρήμου διέλθοι, ἐξ ἐρήμου ἐρχομένη ἐκ γῆς φοβερὸν τὸ ὅραμα, καὶ σκληρὸν ἀνηγγέλη μοι· ὁ ἀθετῶν 2 ἀθετεῖ, ὁ ἀνομῶν ἀνομεῖ· ἐπ᾽ ἐμοὶ οἱ Ἐλαμῖται, καὶ οἱ πρέσ- βεις τῶν Περσῶν ἐπ᾽ ἐμὲ ἔρχονται· νῦν στενάξω καὶ παρακα- λέσω ἐμαυτόν. Διατοῦτο ἐνεπλήσθη ἡ ὀσφύς μου ἐκλύσεως, 3 καὶ ὠδῖνες ἔλαβόν με ὡς τὴν τίκτουσαν· ἠδίκησα τοῦ μὴ

β *Heb.* city of destruction.

4 ἀκοῦσαι, ἐσπούδασα τοῦ μὴ βλέπειν. Ἡ καρδία μου πλανᾶ-
ται, καὶ ἡ ἀνομία με βαπτίζει, ἡ ψυχή μου ἐφέστηκεν εἰς
5 φόβον. Ἑτοίμασον τὴν τράπεζαν, φάγετε, πίετε· ἀναστάντες
6 οἱ ἄρχοντες, ἑτοιμάσατε θυρεοὺς, ὅτι οὕτως εἶπε πρὸς μὲ
Κύριος, βαδίσας σεαυτῷ στῆσον σκοπὸν, καὶ ὃ ἂν ἴδῃς ἀνάγγει-
7 λον. Καὶ εἶδον ἀναβάτας ἱππεῖς δύο, καὶ ἀναβάτην ὄνου, καὶ
8 ἀναβάτην καμήλου· ἀκρόασαι ἀκρόασιν πολλὴν, καὶ κάλεσον
Οὐρίαν εἰς τὴν σκοπιάν· Κύριος εἶπεν, ἔστην διαπαντὸς ἡμέρας,
9 καὶ ἐπὶ τῆς παρεμβολῆς ἐγὼ ἔστην ὅλην τὴν νύκτα, καὶ ἰδοὺ
αὐτὸς ἔρχεται ἀναβάτης ξυνωρίδος· καὶ ἀποκριθεὶς εἶπε, πέπτωκε
πέπτωκε Βαβυλὼν, καὶ πάντα τὰ ἀγάλματα αὐτῆς, καὶ τὰ χειρο-
10 ποίητα αὐτῆς συνετρίβησαν εἰς τὴν γῆν. Ἀκούσατε οἱ κατα-
λελειμμένοι, καὶ οἱ ὀδυνώμενοι ἀκούσατε ἃ ἤκουσα παρὰ
Κυρίου σαβαὼθ, ὁ Θεὸς τοῦ Ἰσραὴλ ἀνήγγειλεν ἡμῖν.

ΤΟ ΟΡΑΜΑ ΤΗΣ ΙΔΟΥΜΑΙΑΣ.

11 Πρὸς ἐμὲ κάλει παρὰ τοῦ Σηεὶρ, φυλάσσετε ἐπάλξεις.
12 Φυλάσσω τοπρωὶ καὶ τὴν νύκτα· ἐὰν ζητῇς ζήτει, καὶ παρ᾽ ἐμοὶ
13 οἴκει, ἐν τῷ δρυμῷ ἑσπέρας κοιμηθῇς, ἢ ἐν τῇ ὁδῷ Δαιδάν.

14 Εἰς συνάντησιν διψῶντι ὕδωρ φέρετε οἱ ἐνοικοῦντες ἐν χώρᾳ
15 Θαιμὰν, ἄρτοις συναντᾶτε τοῖς φεύγουσι διὰ τὸ πλῆθος τῶν
πεφονευμένων, καὶ διὰ τὸ πλῆθος τῶν πλανωμένων, καὶ διὰ τὸ
πλῆθος τῆς μαχαίρας, καὶ διὰ τὸ πλῆθος τῶν τοξευμάτων τῶν
διατεταμένων, καὶ διὰ τὸ πλῆθος τῶν πεπτωκότων ἐν τῷ πολέμῳ.
16 Διότι οὕτως εἶπέ μοι Κύριος, ἔτι ἐνιαυτὸς ὡς ἐνιαυτὸς μισθωτοῦ,
17 ἐκλείψει ἡ δόξα τῶν υἱῶν Κηδὰρ, καὶ τὸ κατάλοιπον τῶν
τοξευμάτων τῶν ἰσχυρῶν υἱῶν Κηδὰρ ἔσται ὀλίγον, ὅτι Κύριος
ὁ Θεὸς Ἰσραὴλ ἐλάλησε.

22   ΤΟ ΡΗΜΑ ΤΗΣ ΦΑΡΑΓΓΟΣ ΣΙΩΝ.

Τί ἐγένετό σοι, ὅτι νῦν ἀνέβητε πάντες εἰς δώματα μάταια;
2 Ἐνεπλήσθη ἡ πόλις βοώντων, οἱ τραυματίαι σου οὐ τραυματίαι
3 ἐν μαχαίραις, οὐδὲ οἱ νεκροί σου νεκροὶ πολέμων. Πάντες οἱ
ἄρχοντές σου πεφεύγασι, καὶ οἱ ἁλόντες σκληρῶς δεδεμένοι
4 εἰσὶ, καὶ οἱ ἰσχύοντες ἐν σοὶ πόρρω πεφεύγασι. Διὰ τοῦτο
εἶπα, ἄφετέ με, πικρῶς κλαύσομαι· μὴ κατισχύσητε παρακα-
5 λεῖν με ἐπὶ τὸ σύντριμμα τῆς θυγατρὸς τοῦ γένους μου, ὅτι
ἡμέρα ταραχῆς καὶ ἀπωλείας καὶ καταπατήματος, καὶ πλάνησις
παρὰ Κυρίου σαβαώθ· ἐν φάραγγι Σιὼν πλανῶνται, ἀπὸ μικ-
6 ροῦ ἕως μεγάλου πλανῶνται ἐπὶ τὰ ὄρη. Οἱ δὲ Ἐλαμῖται
ἔλαβον φαρέτρας, καὶ ἀναβάται ἄνθρωποι ἐφ᾽ ἵππους, καὶ συν-
7 αγωγὴ παρατάξεως. Καὶ ἔσονται αἱ ἐκλεκταὶ φάραγγές σου,
πλησθήσονται ἁρμάτων, οἱ δὲ ἱππεῖς ἐμφράξουσι τὰς πύλας
8 σου, καὶ ἀνακαλύψουσι τὰς πύλας Ἰούδα· καὶ ἐμβλέψονται τῇ
9 ἡμέρᾳ ἐκείνῃ εἰς τοὺς ἐκλεκτοὺς οἴκους τῆς πόλεως· Καὶ
ἀνακαλύψουσι τὰ κρυπτὰ τῶν οἴκων τῆς ἄκρας Δαυίδ· καὶ

that I might not see. ⁴My heart wanders,
and transgression β overwhelms me; my
soul is occupied with fear. ⁵Prepare the
table, eat, drink: arise, ye princes, and pre-
pare *your* shields. ⁶For thus said the Lord
to me, Go and station a watchman for thy-
self, and declare whatever thou shalt see.
⁷And I saw two mounted horsemen, and a
rider on an ass, and a rider on a camel.
⁸Hearken with great attention, and call
thou Urias to the watch-tower: the Lord
has spoken. I stood continually during the
day, and I stood in the camp all the night:
⁹and, behold, he comes riding in a chariot
and pair: and he answered and said, Baby-
lon is fallen, is fallen; and all her images
and her idols have been crushed to the
ground. ¹⁰Hear, ye that are left, and ye
that are in pain, hear what things I have
heard of the Lord of hosts *which* the God
of Israel has declared to us.

THE VISION OF IDUMEA.

¹¹Call to me out of Seir; guard ye the
bulwarks. ¹²I watch in the morning and
the night: if thou wouldest enquire, en-
quire, and dwell by me. ¹³Thou mayest
lodge in the forest γ in the evening, or in the
way of Dædan.

¹⁴Ye that dwell in the country of Thæman,
bring water to meet him that is thirsty;
¹⁵meet the fugitives with bread, because of
the multitude of the slain, and because of
the multitude of them that lose their way,
and because of the multitude of swords, and
because of the multitude of bent bows, and
because of the multitude of them that have
fallen in war. ¹⁶For thus said the Lord to
me, Yet a year, as the year of an hireling,
and the glory of the sons of Kedar shall
fail: ¹⁷and the remnant of the strong bows
of the sons of Kedar shall be small: for the
Lord God of Israel has spoken *it*.

THE WORD OF THE VALLEY OF SION.

What has happened to thee, that now ye
are all gone up to the housetops which help
you not? ²The city is filled with shouting
men: thy slain are not slain with swords,
nor are thy dead those who have died in
battle. ³All thy princes have fled, and *thy*
captives are tightly bound, and the mighty
men in thee have fled far away. ⁴Therefore
I said, Let me alone, I will weep bitterly;
labour not to comfort me for the breach of
the daughter of my people. ⁵For *it is* a
day of trouble, and of destruction, and of
treading down, and *there is* perplexity *sent*
from the Lord of hosts: they wander in
the valley of Sion; they wander from the
least to the greatest on the mountains.
⁶And the Elamites took *their* quivers, and
there were men mounted on horses, and
there was a gathering for battle. ⁷And it
shall be *that* thy choice valleys shall be
filled with chariots, and horsemen shall
block up thy gates. ⁸And they shall
uncover the gates of Juda, and they shall
look in that day on the choice houses of the
city. ⁹And they shall uncover the secret
places of the houses of the citadel of David:

β *Lit.* baptizes.   γ *Heb.* of Arabia.

and they saw that they were many, and that one *had* turned the water of the old pool into the city; [10]and that they *had* pulled down the houses of Jerusalem, to fortify the wall of the city. [11]And ye procured to yourselves water between the two walls within the ancient pool: but ye looked not to him that made it from the beginning, and regarded not him that created it. [12]And the Lord, the Lord of hosts, called in that day for weeping, and lamentation, and β baldness, and for girding with sackcloth: [13]but they engaged in joy and gladness, slaying calves, and killing sheep, so as to eat flesh, and drink wine; saying, Let us eat and drink; for to-morrow we die. [14]And these things are revealed in the ears of the Lord of hosts: for this sin shall not be forgiven you, until ye die.

[15]Thus saith the Lord of hosts, Go into the chamber, to Somnas the γ treasurer, and say to him, Why art thou here? [16]and what hast thou to do here, that thou hast here hewn thyself a sepulchre, and madest thyself a sepulchre on high, and hast graven for thyself a dwelling in the rock? [17]Behold now, the Lord of hosts casts forth and will utterly destroy *such* a man, and will take away thy robe and thy glorious crown, [18]and will cast thee into a great and unmeasured land, and there thou shalt die: and he will bring thy fair chariot to shame, and the house of thy prince to be trodden down. [19]And thou shalt be removed from thy stewardship, and from thy place. [20]And it shall come to pass in that day, that I will call my servant Eliakim the son of Chelcias: [21]and I will put on him thy robe, and I will grant him thy crown with power, and I will give thy stewardship into his hands: and he shall be as a father to them that dwell in Jerusalem, and to them that dwell in Juda. [22]And I will give him the glory of David; and he shall rule, and there shall be none to speak against him: and I will give him δ the key of the house of David *upon* his shoulder; and he shall open, and there shall be none to shut; and he shall shut, and there shall be none to open. [23]And I will make him a ruler in a sure place, and he shall be for a glorious throne of his father's house. [24]And every one that is glorious in the house of his father shall trust in him, from the least to the greatest; and they shall depend upon him in that day. [25]Thus saith the Lord of hosts, The man that is fastened in the sure place shall be removed and be taken away, and shall fall; and the glory that is upon him shall be utterly destroyed: for the Lord has spoken it.

THE WORD CONCERNING TYRE.

Howl, ye ships of Carthage; for she has perished, and *men* no longer arrive from the land of the Citians: she is led captive. [2]To whom are the dwellers in the island become like, the merchants of Phœnice, passing over the sea [3]in great waters, a generation of merchants? as when the harvest is gathered in, *so are* these traders

εἴδοσαν, ὅτι πλείους εἰσὶ, καὶ ὅτι ἀπέστρεψε τὸ ὕδωρ τῆς ἀρχαίας κολυμβήθρας εἰς τὴν πόλιν, καὶ ὅτι καθείλοσαν τοὺς 10 οἴκους Ἱερουσαλὴμ εἰς ὀχυρώματα τείχους τῇ πόλει. Καὶ 11 ἐποιήσατε ἑαυτοῖς ὕδωρ ἀναμέσον τῶν δύο τειχῶν ἐσώτερον τῆς κολυμβήθρας τῆς ἀρχαίας, καὶ οὐκ ἐνεβλέψατε εἰς τὸν ἀπ' ἀρχῆς ποιήσαντα αὐτὴν, καὶ τὸν κτίσαντα αὐτὴν οὐκ εἴδετε. Καὶ ἐκάλεσε Κύριος Κύριος σαβαὼθ ἐν τῇ ἡμέρᾳ ἐκείνῃ 12 κλαυθμὸν καὶ κοπετὸν, καὶ ξύρησιν καὶ ζῶσιν σάκκων, αὐτοὶ δὲ ἐποιήσαντο εὐφροσύνην καὶ ἀγαλλίαμα, σφάζοντες 13 μόσχους, καὶ θύοντες πρόβατα, ὥστε φαγεῖν κρέατα, καὶ πιεῖν οἶνον, λέγοντες, φάγωμεν καὶ πίωμεν, αὔριον γὰρ ἀποθνήσκομεν. Καὶ ἀνακεκαλυμμένα ταῦτά ἐστιν ἐν τοῖς ὠσὶ 14 Κυρίου σαβαὼθ, ὅτι οὐκ ἀφεθήσεται ὑμῖν αὕτη ἡ ἁμαρτία, ἕως ἂν ἀποθάνητε.

Τάδε λέγει Κύριος σαβαὼθ, πορεύου εἰς τὸ παστοφόριον, 15 πρὸς Σομνᾶν τὸν ταμίαν, καὶ εἰπὸν αὐτῷ, τί σὺ ὧδε καὶ τί σοί 16 ἐστιν ὧδε; ὅτι ἐλατόμησας σεαυτῷ ὧδε μνημεῖον, καὶ ἐποίησας σεαυτῷ ἐν ὑψηλῷ μνημεῖον, καὶ ἔγραψας σεαυτῷ ἐν πέτρᾳ σκηνήν; Ἰδοὺ δὴ Κύριος σαβαὼθ ἐκβάλλει καὶ ἐκτρίψει 17 ἄνδρα, καὶ ἀφελεῖ τὴν στολήν σου καὶ τὸν στέφανόν σου τὸν ἔνδοξον, καὶ ῥίψει σε εἰς χώραν μεγάλην καὶ ἀμέτρητον, καὶ 18 ἐκεῖ ἀποθανῇ· καὶ θήσει τὸ ἅρμα σου τὸ καλὸν εἰς ἀτιμίαν, καὶ τὸν οἶκον τοῦ ἄρχοντός σου εἰς καταπάτημα. Καὶ ἀφαιρεθήσῃ 19 ἐκ τῆς οἰκονομίας σου καὶ ἐκ τῆς στάσεώς σου. Καὶ ἔσται ἐν 20 τῇ ἡμέρᾳ ἐκείνῃ καὶ καλέσω τὸν παῖδά μου Ἐλιακεὶμ τὸν τοῦ Χελκίου, καὶ ἐνδύσω αὐτὸν τὴν στολήν σου, καὶ τὸν στέφανόν 21 σου δώσω αὐτῷ κατὰ κράτος, καὶ τὴν οἰκονομίαν σου δώσω εἰς τὰς χεῖρας αὐτοῦ· καὶ ἔσται ὡς πατὴρ τοῖς ἐνοικοῦσιν ἐν Ἱερουσαλὴμ, καὶ τοῖς ἐνοικοῦσιν ἐν Ἰούδα. Καὶ δώσω τὴν δόξαν 22 Δαυὶδ αὐτῷ, καὶ ἄρξει, καὶ οὐκ ἔσται ὁ ἀντιλέγων· καὶ δώσω αὐτῷ τὴν κλεῖδα οἴκου Δαυὶδ ἐπὶ τῷ ὤμῳ αὐτοῦ· καὶ ἀνοίξει, καὶ οὐκ ἔσται ὁ ἀποκλείων· καὶ κλείσει, καὶ οὐκ ἔσται ὁ ἀνοίγων. Καὶ στήσω αὐτὸν ἄρχοντα ἐν τόπῳ πιστῷ, καὶ ἔσται 23 εἰς θρόνον δόξης τοῦ οἴκου τοῦ πατρὸς αὐτοῦ. Καὶ ἔσται 24 πεποιθὼς ἐπ' αὐτὸν πᾶς ἔνδοξος ἐν τῷ οἴκῳ τοῦ πατρὸς αὐτοῦ, ἀπὸ μικροῦ ἕως μεγάλου, καὶ ἔσονται ἐπικρεμάμενοι αὐτῷ τῇ 25 ἡμέρᾳ ἐκείνῃ· τάδε λέγει Κύριος σαβαὼθ, κινηθήσεται ὁ ἄνθρωπος ὁ ἐστηριγμένος ἐν τόπῳ πιστῷ, καὶ ἀφαιρεθήσεται, καὶ πεσεῖται, καὶ ἐξολοθρευθήσεται ἡ δόξα ἡ ἐπ' αὐτὸν, ὅτι Κύριος ἐλάλησε.

ΤΟ ῬΗΜΑ ΤΥΡΟΥ.   23

Ὀλολύξατε πλοῖα Καρχηδόνος, ὅτι ἀπώλετο, καὶ οὐκέτι ἔρχονται ἐκ γῆς Κιτιαίων, ἦκται αἰχμάλωτος. Τίνι ὅμοιοι 2 γεγόνασιν οἱ ἐνοικοῦντες ἐν τῇ νήσῳ, μετάβολοι Φοινίκης, διαπερῶντες τὴν θάλασσαν ἐν ὕδατι πολλῷ, σπέρμα μετα- 3 βόλων; ὡς ἀμητοῦ εἰσφερομένου, οἱ μετάβολοι τῶν ἐθνῶν.

β *Gr.* shaving.   γ *Or,* steward.   δ Rev. 3. 7.

4 αἰσχύνθητι Σιδών, εἶπεν ἡ θάλασσα· ἡ δὲ ἰσχὺς τῆς θαλάσσης
εἶπεν, οὐκ ὤδινον, οὐδὲ ἔτεκον, οὐδὲ ἐξέθρεψα νεανίσκους, οὐδὲ
5 ὕψωσα παρθένους. Ὅταν δὲ ἀκουστὸν γένηται Αἰγύπτῳ,
6 λήψεται αὐτοὺς ὀδύνη περὶ Τύρου. Ἀπέλθατε εἰς Καρχηδόνα,
7 ὀλολύξατε οἱ κατοικοῦντες ἐν τῇ νήσῳ ταύτῃ. Οὐχ αὕτη ἦν
8 ὑμῶν ἡ ὕβρις ἀπ᾽ ἀρχῆς, πρινὴ παραδοθῆναι αὐτήν; Τίς ταῦτα
ἐβούλευσεν ἐπὶ Τύρον; μὴ ἥσσων ἐστὶν, ἢ οὐκ ἰσχύει; οἱ
ἔμποροι αὐτῆς ἔνδοξοι ἄρχοντες τῆς γῆς.

9 Κύριος σαβαὼθ ἐβουλεύσατο παραλῦσαι πᾶσαν τὴν
ὕβριν τῶν ἐνδόξων, καὶ ἀτιμάσαι πᾶν ἔνδοξον ἐπὶ τῆς γῆς.
10 Ἐργάζου τὴν γῆν σου, καὶ γὰρ πλοῖα οὐκέτι ἔρχεται ἐκ
11 Καρχηδόνος. Ἡ δὲ χείρ σου οὐκέτι ἰσχύει κατὰ θάλασ-
σαν, ἡ παροξύνουσα βασιλεῖς· Κύριος σαβαὼθ ἐνετείλατο
12 περὶ Χαναὰν ἀπολέσαι αὐτῆς τὴν ἰσχύν. Καὶ ἐροῦσιν,
οὐκέτι οὐ μὴ προστεθῆτε τοῦ ὑβρίζειν καὶ ἀδικεῖν τὴν
θυγατέρα Σιδῶνος· καὶ ἐὰν ἀπέλθῃς εἰς Κιτιεῖς, οὐδὲ
13 ἐκεῖ ἀνάπαυσις ἔσται σοι· Καὶ εἰς γῆν Χαλδαίων, καὶ
αὕτη ἠρήμωται ἀπὸ τῶν Ἀσσυρίων, ὅτι ὁ τοῖχος αὐτῆς
14 πέπτωκεν. Ὀλολύξατε πλοῖα Καρχηδόνος, ὅτι ἀπόλωλε τὸ
ὀχύρωμα ὑμῶν.

15 Καὶ ἔσται ἐν τῇ ἡμέρᾳ ἐκείνῃ, καταλειφθήσεται Τύρος ἔτη
ἑβδομήκοντα, ὡς χρόνος βασιλέως, ὡς χρόνος ἀνθρώπου· καὶ
ἔσται μετὰ ἑβδομήκοντα ἔτη, ἔσται Τύρος ὡς ᾆσμα πόρνης.
16 Λάβε κιθάραν, ῥέμβευσον πόλις πόρνη ἐπιλελησμένη, καλῶς
17 κιθάρισον, πολλὰ ᾆσον, ἵνα σου μνεία γένηται. Καὶ ἔσται
μετὰ τὰ ἑβδομήκοντα ἔτη, ἐπισκοπὴν ποιήσει ὁ Θεὸς Τύρου,
καὶ πάλιν ἀποκαταστήσεται εἰς τὸ ἀρχαῖον, καὶ ἔσται ἐμπόριον
πάσαις ταῖς βασιλείαις τῆς οἰκουμένης ἐπὶ πρόσωπον τῆς γῆς.
18 Καὶ ἔσται αὐτῆς ἡ ἐμπορία καὶ ὁ μισθὸς ἅγιον Κυρίῳ· οὐκ
αὐτοῖς συναχθήσεται, ἀλλὰ τοῖς κατοικοῦσιν ἔναντι Κυρίου,
πᾶσα ἡ ἐμπορία αὐτῆς, φαγεῖν καὶ πιεῖν καὶ ἐμπλησθῆναι, καὶ
εἰς συμβολὴν μνημόσυνον ἔναντι Κυρίου.

24 Ἰδοὺ Κύριος καταφθείρει τὴν οἰκουμένην, καὶ ἐρημώσει
αὐτὴν, καὶ ἀνακαλύψει τὸ πρόσωπον αὐτῆς, καὶ διασπερεῖ τοὺς
2 ἐνοικοῦντας ἐν αὐτῇ. Καὶ ἔσται ὁ λαὸς ὡς ἱερεύς, καὶ ὁ παῖς
ὡς ὁ κύριος, καὶ ἡ θεράπαινα ὡς ἡ κυρία· ἔσται ὁ ἀγοράζων ὡς
ὁ πωλῶν, ὁ δανείζων ὡς ὁ δανειζόμενος, καὶ ὁ ὀφείλων ὡς ᾧ
ὀφείλει.

3 Φθορᾷ φθαρήσεται ἡ γῆ, καὶ προνομῇ προνομευθήσεται
4 ἡ γῆ· τὸ γὰρ στόμα Κυρίου ἐλάλησε ταῦτα. Ἐπένθησεν
ἡ γῆ, καὶ ἐφθάρη ἡ οἰκουμένη, ἐπένθησαν οἱ ὑψηλοὶ τῆς γῆς.
5 Ἡ δὲ ἠνόμησε διὰ τοὺς κατοικοῦντας αὐτὴν, διότι παρήλθοσαν
τὸν νόμον, καὶ ἤλλαξαν τὰ προστάγματα διαθήκην αἰώνιον.
6 Διατοῦτο ἀρὰ ἔδεται τὴν γῆν, ὅτι ἡμάρτοσαν οἱ κατοικοῦντες
αὐτήν· διατοῦτο πτωχοὶ ἔσονται οἱ ἐνοικοῦντες ἐν τῇ γῇ, καὶ
7 καταλειφθήσονται ἄνθρωποι ὀλίγοι. Πενθήσει οἶνος, πενθήσει
ἄμπελος, στενάξουσι πάντες οἱ εὐφραινόμενοι τὴν ψυχήν.

with the nations. [4] Be ashamed, O Sidon: the sea has said, yea, the strength of the sea has said, I have not travailed, nor brought forth, nor have I brought up young men, nor reared virgins. [5] Moreover when it shall be heard in Egypt, sorrow shall seize them for Tyre. [6] Depart ye to Carthage; howl, ye that dwell in this island. [7] Was not this your pride from the beginning, before she was given up? [8] Who has devised this counsel against Tyre? Is she inferior? or has she no strength? her merchants were the glorious princes of the earth.

[9] The Lord of hosts has purposed to bring down all the pride of the glorious ones, and to disgrace every glorious thing on the earth. [10] Till thy land: for ships no more come out of Carthage. [11] And thy hand prevails no more by sea, which β troubled kings: the Lord of hosts has given a command concerning Chanaan, to destroy the strength thereof. [12] And *men* shall say, Ye shall no longer at all continue to insult and injure the daughter of Sidon: and if thou depart to the Citians, neither there shalt thou have rest. [13] And *if thou depart* to the land of the Chaldeans, this also is laid waste by the Assyrians, for her wall is fallen. [14] Howl, ye ships of Carthage: for your strong hold is destroyed.

[15] And it shall come to pass in that day, *that* Tyre shall be left seventy years, as the time of a king, as the time of a man: and it shall come to pass after seventy years, *that* Tyre shall be as the song of a harlot. [16] Take a harp, go about, O city, thou harlot that hast been forgotten; play well on the harp, sing many *songs*, that thou mayest be remembered. [17] And it shall come to pass after the seventy years, *that* God will visit Tyre, and she shall be again restored to her primitive state, and she shall be a mart for all the kingdoms of the world on the face of the earth. [18] And her trade and her gain shall be holiness to the Lord: it shall not be gathered for them, but for those that dwell before the Lord, *even* all her trade, to eat and drink and be filled, and for a covenant *and* a memorial before the Lord.

Behold, the Lord is about to lay waste the world, and will make it desolate, and will lay bare the surface of it, and scatter them that dwell therein. [2] And the people shall be as the priest, and the servant as the lord, and the maid as the mistress; the buyer shall be as the seller, the lender as the borrower, and the debtor as his creditor. [3] The earth shall be completely laid waste, and the earth shall be utterly spoiled: for the mouth of the Lord has spoken these things. [4] The earth mourns, and the world is ruined, the lofty ones of the earth are mourning. [5] And she has sinned by reason of her inhabitants; because they have transgressed the law, and changed the ordinances, *even* the everlasting covenant. [6] Therefore a curse shall consume the earth, because the inhabitants thereof have sinned: therefore the dwellers in the earth shall be poor, and few men shall be left. [7] The wine shall mourn, the vine shall mourn, all the merry-hearted

shall sigh. ⁸The mirth of timbrels has ceased, the sound of the harp has ceased. ⁹They are ashamed, they have not drunk wine; strong drink has become bitter to them that drink *it*. ¹⁰All the city has become desolate: one shall shut his house so that none shall enter. ¹¹There is a howling for the wine everywhere; all the mirth of the land has ceased, all the mirth of the land has departed. ¹²And cities shall be left desolate, and houses being left shall fall to ruin.

¹³All this shall be in the land in the midst of the nations, as if one should strip an olive tree, so shall they strip them; but when the vintage is done, ¹⁴these shall cry aloud; and they that are left on the land shall rejoice together in the glory of the Lord: the water of the sea shall be troubled. ¹⁵Therefore shall the glory of the Lord be in the isles of the sea; the name of the Lord shall be glorious.

¹⁶O Lord God of Israel, from the ends of the earth we have heard wonderful things, *and there is* hope to the godly: but they shall say, Woe to the despisers, that despise the law. ¹⁷Fear, and a pit, and a snare, are upon you that dwell on the earth. ¹⁸And it shall come to pass, *that* he that flees from the fear shall fall into the pit; and he that comes up out of the pit shall be caught by the snare: for windows have been opened in heaven, and the foundations of the earth shall be shaken, ¹⁹the earth shall be utterly confounded, and the earth shall be completely perplexed. ²⁰It reels as a drunkard and one oppressed with wine, and the earth shall be shaken as a storehouse of fruits; for iniquity has prevailed upon it, and it shall fall, and shall not be able to rise.

²¹And God shall bring *his* hand upon the host of heaven, and upon the kings of the earth. ²²And they shall gather the multitude thereof into prisons, and they shall shut them into a strong hold: after many generations they shall be visited. ²³And the brick shall decay, and the wall shall fall; for the Lord shall reign β from out of Sion, and out of Jerusalem, and shall be glorified before *his* elders.

O Lord God, I will glorify thee, I will sing to thy name; for thou hast done wonderful things, *even* an ancient *and* faithful counsel. So be it. ²For thou hast made cities a heap, *even* cities *made* strong that their foundations should not fall: the city of ungodly men shall not be built for ever. ³Therefore shall the poor people bless thee, and cities of injured men shall bless thee. For thou hast been a helper to every lowly city, and a shelter to them that were disheartened by reason of poverty: thou shalt deliver them from wicked men: *thou hast been* a shelter of them that thirst, and a refreshing air to injured men.

⁵*We were* as faint-hearted men thirsting in Sion, by reason of ungodly men to whom thou didst deliver us. ⁶And the Lord of hosts shall make *a feast* for all the nations: on this mount they shall drink gladness, they shall drink wine: ⁷they shall anoint themselves with ointment in this mountain. Impart thou all these things to the nations; for

Πέπαυται εὐφροσύνη τυμπάνων, πέπαυται φωνὴ κιθάρας. 8 Ἠσχύνθησαν, οὐκ ἔπιον οἶνον, πικρὸν ἐγένετο τὸ σίκερα τοῖς 9 πίνουσιν. Ἠρημώθη πᾶσα πόλις, κλείσει οἰκίαν τοῦ μὴ εἰσελ- 10 θεῖν. Ὀλολύζεται περὶ τοῦ οἴνου πανταχῆ, πέπαυται πᾶσα 11 εὐφροσύνη τῆς γῆς, ἀπῆλθε πᾶσα εὐφροσύνη τῆς γῆς. Καὶ 12 καταλειφθήσονται πόλεις ἔρημοι, καὶ οἶκοι ἐγκαταλελειμμένοι ἀπολοῦνται.

Ταῦτα πάντα ἔσονται ἐν τῇ γῇ ἐν μέσῳ τῶν ἐθνῶν· ὃν 13 τρόπον ἐάν τις καλαμήσηται ἐλαίαν, οὕτως καλαμήσονται αὐτούς· καὶ ἐὰν παύσηται ὁ τρυγητός, οὗτοι βοῇ φωνήσου- 14 σιν· οἱ δὲ καταλειφθέντες ἐπὶ τῆς γῆς εὐφρανθήσονται ἅμα τῇ δόξῃ Κυρίου, ταραχθήσεται τὸ ὕδωρ τῆς θαλάσσης. Δια- 15 τοῦτο ἡ δόξα Κυρίου ἐν ταῖς νήσοις ἔσται τῆς θαλάσσης, τὸ ὄνομα Κυρίου ἔνδοξον ἔσται.

Κύριε ὁ Θεὸς Ἰσραὴλ, ἀπὸ τῶν πτερύγων τῆς γῆς τέρατα 16 ἠκούσαμεν, ἐλπὶς τῷ εὐσεβεῖ· καὶ ἐροῦσιν, οὐαὶ τοῖς ἀθετοῦσιν, οἱ ἀθετοῦντες τὸν νόμον. Φόβος καὶ βόθυνος 17 καὶ παγὶς ἐφ᾽ ὑμᾶς τοὺς ἐνοικοῦντας ἐπὶ τῆς γῆς. Καὶ 18 ἔσται ὁ φεύγων τὸν φόβον, ἐμπεσεῖται εἰς τὸν βόθυνον· καὶ ὁ ἐκβαίνων ἐκ τοῦ βοθύνου, ἁλώσεται ὑπὸ τῆς παγί- δος· ὅτι θυρίδες ἐκ τοῦ οὐρανοῦ ἀνεῴχθησαν, καὶ σεισθή- σεται τὰ θεμέλια τῆς γῆς. Ταραχῇ ταραχθήσεται ἡ γῆ, 19 καὶ ἀπορίᾳ ἀπορηθήσεται ἡ γῆ. Ἔκλινεν ὡς ὁ μεθύων καὶ 20 κραιπαλῶν, καὶ σεισθήσεται ὡς ὀπωροφυλάκιον ἡ γῆ· κατίσχυσε γὰρ ἐπ᾽ αὐτῆς ἡ ἀνομία, καὶ πεσεῖται, καὶ οὐ μὴ δύνηται ἀναστῆναι.

Καὶ ἐπάξει ὁ Θεὸς ἐπὶ τὸν κόσμον τοῦ οὐρανοῦ τὴν χεῖρα, 21 καὶ ἐπὶ τοὺς βασιλεῖς τῆς γῆς. Καὶ συνάξουσι συναγωγὴν 22 αὐτῆς εἰς δεσμωτήριον, καὶ ἀποκλείσουσιν εἰς ὀχύρωμα· διὰ πολλῶν γενεῶν ἐπισκοπὴ ἔσται αὐτῶν. Καὶ τακήσεται 23 ἡ πλίνθος, καὶ πεσεῖται τὸ τεῖχος· ὅτι βασιλεύσει Κύριος ἐκ Σιὼν, καὶ ἐξ Ἱερουσαλὴμ, καὶ ἐνώπιον τῶν πρεσβυτέρων δοξασθήσεται.

Κύριε ὁ Θεὸς δοξάσω σε, ὑμνήσω τὸ ὄνομά σου, ὅτι ἐποίησας 25 θαυμαστὰ πράγματα, βουλὴν ἀρχαίαν ἀληθινήν· γένοιτο. Ὅτι 2 ἔθηκας πόλεις εἰς χῶμα, πόλεις ὀχυρὰς τοῦ μὴ πεσεῖν αὐτῶν τὰ θεμέλια· τῶν ἀσεβῶν πόλις τὸν αἰῶνα οὐ μὴ οἰκοδομηθῇ. Διατοῦτο εὐλογήσει σε ὁ λαὸς ὁ πτωχὸς, καὶ πόλεις ἀνθρώπων 3 ἀδικουμένων εὐλογήσουσί σε. Ἐγένου γὰρ πάσῃ πόλει ταπεινῇ 4 βοηθὸς, καὶ τοῖς ἀθυμήσασι δι᾽ ἔνδειαν σκέπη, ἀπὸ ἀνθρώπων πονηρῶν ῥύσῃ αὐτούς· σκέπη διψώντων, καὶ πνεῦμα ἀνθρώπων ἀδικουμένων.

Ὡς ἄνθρωποι ὀλιγόψυχοι διψῶντες ἐν Σιὼν, ἀπὸ ἀνθρώπων 5 ἀσεβῶν, οἷς ἡμᾶς παρέδωκας. Καὶ ποιήσει Κύριος σαβαὼθ 6 πᾶσι τοῖς ἔθνεσιν· ἐπὶ τὸ ὄρος τοῦτο πίονται εὐφροσύνην, πίονται οἶνον. Χρίσονται μύρον ἐν τῷ ὄρει τούτῳ· παράδος 7 ταῦτα πάντα τοῖς ἔθνεσιν· ἡ γὰρ βουλὴ αὕτη ἐπὶ πάντα τὰ

β *Heb.* and *Alex.* 'in.'

8 ἔθνη. Κατέπιεν ὁ θάνατος ἰσχύσας, καὶ πάλιν ἀφεῖλε Κύριος ὁ Θεὸς πᾶν δάκρυον ἀπὸ παντὸς προσώπου· τὸ ὄνειδος τοῦ λαοῦ ἀφεῖλεν ἀπὸ πάσης τῆς γῆς, τὸ γὰρ στόμα Κυρίου

9 ἐλάλησε. Καὶ ἐροῦσι τῇ ἡμέρᾳ ἐκείνῃ, ἰδοὺ ὁ Θεὸς ἡμῶν ἐφ᾽ ᾧ ἠλπίζομεν, καὶ σώσει ἡμᾶς· οὗτος Κύριος, ὑπεμείναμεν αὐτῷ, καὶ ἠγαλλιώμεθα καὶ εὐφρανθησόμεθα ἐπὶ τῇ σωτηρίᾳ ἡμῶν.

10 Ἀνάπαυσιν δώσει ὁ Θεὸς ἐπὶ τὸ ὄρος τοῦτο, καὶ καταπατηθήσεται ἡ Μωαβῖτις, ὃν τρόπον πατοῦσιν ἅλωνα ἐν ἁμάξαις.

11 Καὶ ἀνήσει τὰς χεῖρας αὐτοῦ, ὃν τρόπον καὶ αὐτὸς ἐταπείνωσε τοῦ ἀπολέσαι· καὶ ταπεινώσει τὴν ὕβριν αὐτοῦ, ἐφ᾽ ἃ τὰς

12 χεῖρας ἐπέβαλε. Καὶ τὸ ὕψος τῆς καταφυγῆς τοῦ τοίχου ταπεινώσει, καὶ καταβήσεται ἕως τοῦ ἐδάφους.

26 Τῇ ἡμέρᾳ ἐκείνῃ ᾄσονται τὸ ᾆσμα τοῦτο ἐπὶ γῆς τῆς Ἰουδαίας· ἰδοὺ πόλις ἰσχυρά, καὶ σωτήριον θήσει τὸ τεῖχος, καὶ

2 περίτειχος. Ἀνοίξατε πύλας, εἰσελθέτω λαὸς φυλάσσων

3 δικαιοσύνην, καὶ φυλάσσων ἀλήθειαν, ἀντιλαμβανόμενος ἀλη-

4 θείας, καὶ φυλάσσων εἰρήνην· ὅτι ἐπὶ σοὶ ἐλπίδι ἤλπισαν

5 Κύριε ἕως τοῦ αἰῶνος, ὁ Θεὸς ὁ μέγας, ὁ αἰώνιος, ὃς ταπεινώσας κατήγαγες τοὺς ἐνοικοῦντας ἐν ὑψηλοῖς· πόλεις ὀχυρὰς καταβα-

6 λεῖς, καὶ κατάξεις ἕως ἐδάφους. Καὶ πατήσουσιν αὐτοὺς πόδες πραέων καὶ ταπεινῶν.

7 Ὁδὸς εὐσεβῶν εὐθεῖα ἐγένετο, ἡ ὁδὸς τῶν εὐσεβῶν καὶ

8 παρεσκευασμένη. Ἡ γὰρ ὁδὸς Κυρίου κρίσις· ἠλπίσαμεν

9 ἐπὶ τῷ ὀνόματί σου, καὶ ἐπὶ τῇ μνείᾳ ᾗ ἐπιθυμεῖ ἡ ψυχὴ ἡμῶν· ἐκ νυκτὸς ὀρθρίζει τὸ πνεῦμά μου πρὸς σὲ ὁ Θεός, διότι φῶς τὰ προστάγματά σου ἐπὶ τῆς γῆς· δικαιοσύνην

10 μάθετε οἱ ἐνοικοῦντες ἐπὶ τῆς γῆς. Πέπαυται γὰρ ὁ ἀσεβής· πᾶς ὃς οὐ μὴ μάθῃ δικαιοσύνην ἐπὶ τῆς γῆς, ἀλήθειαν οὐ μὴ ποιήσει· ἀρθήτω ὁ ἀσεβὴς, ἵνα μὴ ἴδῃ τὴν δόξαν Κυρίου.

11 Κύριε ὑψηλός σου ὁ βραχίων, καὶ οὐκ ᾔδεισαν, γνόντες δὲ αἰσχυνθήσονται· ζῆλος λήψεται λαὸν ἀπαίδευτον, καὶ νῦν πῦρ

12 τοὺς ὑπεναντίους ἔδεται. Κύριε ὁ Θεὸς ἡμῶν, εἰρήνην δὸς

13 ἡμῖν, πάντα γὰρ ἀπέδωκας ἡμῖν. Κύριε ὁ Θεὸς ἡμῶν, κτῆσαι ἡμᾶς· Κύριε ἐκτός σου ἄλλον οὐκ οἴδαμεν· τὸ ὄνομά σου ὀνομάζομεν.

14 Οἱ δὲ νεκροὶ ζωὴν οὐ μὴ ἴδωσιν, οὐδὲ ἰατροὶ οὐ μὴ ἀναστήσουσι· διατοῦτο ἐπήγαγες, καὶ ἀπώλεσας, καὶ ἦρας πᾶν

15 ἄρσεν αὐτῶν. Πρόσθες αὐτοῖς κακὰ Κύριε, πρόσθες κακὰ τοῖς ἐνδόξοις τῆς γῆς.

16 Κύριε ἐν θλίψει ἐμνήσθην σου, ἐν θλίψει μικρᾷ ἡ παιδεία

17 σου ἡμῖν. Καὶ ὡς ἡ ὠδίνουσα ἐγγίζει τεκεῖν, ἐπὶ τῇ ὠδῖνι

18 αὐτῆς ἐκέκραξεν, οὕτως ἐγενήθημεν τῷ ἀγαπητῷ σου. Διὰ τὸν φόβον σου Κύριε ἐν γαστρὶ ἐλάβομεν, καὶ ὠδινήσαμεν, καὶ ἐτέκομεν πνεῦμα σωτηρίας σου, ὃ ἐποιήσαμεν ἐπὶ τῆς γῆς· οὐ πεσούμεθα, ἀλλὰ πεσοῦνται πάντες οἱ ἐνοικοῦν-

this is *God's* counsel upon all the nations. 8 β Death has prevailed and swallowed *men* up; but again the Lord God has taken away every tear from every face. He has taken away the reproach of *his* people from all the earth: for the mouth of the Lord has spoken it. 9 And in that day they shall say, Behold our God in whom we have trusted, and he shall save us: this *is* the Lord; we have waited for him, and we have exulted, and will rejoice in our salvation. 10 God will give rest on this mountain, and the country of Moab shall be trodden down, as they tread the floor with waggons. 11 And he shall spread forth his hands, even as he also brings down *man* to destroy *him*: and he shall bring low his pride *in regard to the thing* on which he has laid his hands. 12 And he shall bring down the height of the refuge of the wall, and it shall come down even to the ground.

In that day they shall sing this song in the land of Judea; Behold a strong city; and he shall make salvation *its* wall and bulwark. 2 Open ye the gates, let the nation enter that keeps righteousness, and keeps truth, 3 supporting truth, and keeping peace: for on thee, O Lord, 4 they have trusted with confidence for ever, the great, the eternal God; 5 who hast humbled and brought down them that dwell on high, thou shalt cast down strong cities, and bring them to the ground. 6 And the feet of the meek and lowly shall trample them. 7 The way of the godly is made straight: the way of the godly is also prepared. 8 For the way of the Lord is judgment: we have hoped in thy name, and on the remembrance *of thee*, 9 which our soul longs for: my spirit seeks thee very early in the morning, O God, for thy commandments are a light on the earth: learn righteousness, ye that dwell upon the earth. 10 For the ungodly one is put down: no one who will not learn righteousness on the earth, shall be able to do the truth: let the ungodly be taken away, that he see not the glory of the Lord. 11 O Lord, thine arm is exalted, yet they knew it not: but when they know they shall be ashamed: jealousy shall seize upon an untaught nation, and now fire shall devour the adversaries. 12 O Lord our God, give us peace: for thou hast rendered to us all things. 13 O Lord our God, take possession of us: O Lord, we know not *any* other beside thee: we name thy name. 14 But the dead shall not see life, neither shall γ physicians by any means raise *them* up: therefore thou hast brought *wrath* upon *them*, and slain *them*, and hast taken away every male of them. Bring more evils upon them, O Lord; 15 bring more evils on the glorious ones of the earth. 16 Lord, in affliction I remembered thee; thy chastening was to us with small affliction. 17 And as a woman in travail draws nigh to be delivered, *and* cries out in her pain; so have we been to thy beloved. 18 We have conceived, O Lord, because of thy fear, and have been in pain, and have brought forth the breath of thy salvation, which we have wrought upon the earth:

---

we shall not fall, but all that dwell upon the land shall fall. ¹⁹ The dead shall rise, and they that are in the tombs shall be raised, and they that are in the earth shall rejoice: for β the dew from thee is healing to them: but the land of the ungodly shall perish. ²⁰ Go, my people, enter into thy closets, shut thy door, hide thyself for a little season, until the anger of the Lord have passed away. ²¹ For, behold, the Lord is bringing wrath from *his* holy place upon the dwellers on the earth: the earth also shall disclose her blood, and shall not cover her slain.

In that day God shall bring *his* holy and great and strong sword upon the dragon, even the serpent that flees, upon the dragon, the crooked serpent: he shall destroy the dragon. ² In that day *there shall be* a fair vineyard, *and* a desire to commence *a song* concerning it. ³ I am a strong city, a city in a siege: in vain shall I water it; for it shall be taken by night, and by day the wall shall fall. ⁴ There is no woman that has not taken hold of it; who will set me to watch stubble in the field? because of this enemy I have set her aside; therefore on this account the Lord has done all that he appointed. ⁵ I am burnt up; they that dwell in her shall cry, Let us make peace with him, let us make peace, ⁶ they that are coming are the children of Jacob. Israel shall bud and blossom, and the world shall be filled with his fruit.

⁷ Shall he himself be thus smitten, even as he smote? and as he slew, shall he be thus slain? ⁸ Fighting and reproaching he will dismiss them; didst thou not meditate with a harsh spirit, to slay them with a wrathful spirit? ⁹ Therefore shall the iniquity of Jacob be taken away; and this is his blessing, when I shall have taken away his sin; when they shall have broken to pieces all the stones of the altars as fine dust, and their trees shall not remain, and their idols shall be cut off, as a thicket afar off. ¹⁰ The flock that dwelt *there* shall be left, as a deserted flock; and *the ground* shall be for a long time for pasture, and there shall flocks lie down to rest. ¹¹ And after a time there shall be in it no green thing because of *the grass* being parched. Come hither, ye women that come γ from a sight; for it is a people of no understanding; therefore he that made them shall have no pity upon them, and he that formed them shall have no mercy *upon them*.

¹² And it shall come to pass in that day *that* God shall fence *men* off from the channel of the river as far as Rhinocorura; but do ye gather one by one the children of Israel. ¹³ And it shall come to pass in that day, *that* they shall blow the great trumpet, and the lost ones in the land of the Assyrians shall come, and the lost ones in Egypt, and shall worship the Lord on the holy mountain in Jerusalem.

Woe to the crown of pride, the hirelings of Ephraim, the flower that has fallen from the glory of the top of the fertile mountain, they that are drunken without wine. ² Behold, the anger of the Lord is strong and

τες ἐπὶ τῆς γῆς. Ἀναστήσονται οἱ νεκροί, καὶ ἐγερθήσονται οἱ 19 ἐν τοῖς μνημείοις, καὶ εὐφρανθήσονται οἱ ἐν τῇ γῇ· ἡ γὰρ δρόσος ἡ παρὰ σοῦ ἴαμα αὐτοῖς ἐστιν, ἡ δὲ γῆ τῶν ἀσεβῶν πεσεῖται. Βάδιζε λαός μου, εἴσελθε εἰς τὰ ταμεῖά σου, ἀπό- 20 κλεισον τὴν θύραν σου, ἀποκρύβηθι μικρὸν ὅσον ὅσον, ἕως ἂν παρέλθῃ ἡ ὀργὴ Κυρίου. Ἰδοὺ γὰρ Κύριος ἀπὸ τοῦ ἁγίου 21 ἐπάγει τὴν ὀργὴν ἐπὶ τοὺς ἐνοικοῦντασἐ πὶ τῆς γῆς· καὶ ἀνα- καλύψει ἡ γῆ τὸ αἷμα αὐτῆς, καὶ οὐ κατακαλύψει τοὺς ἀνῃρη- μένους.

Ἐν τῇ ἡμέρα ἐκείνῃ ἐπάξει ὁ Θεὸς τὴν μάχαιραν τὴν ἁγίαν, 27 καὶ τὴν μεγάλην, καὶ τὴν ἰσχυρὰν ἐπὶ τὸν δράκοντα ὄφιν φεύ- γοντα, ἐπὶ τὸν δράκοντα ὄφιν σκολιόν· ἀνελεῖ τὸν δράκοντα. Τῇ 2 ἡμέρᾳ ἐκείνῃ ἀμπελὼν καλός, ἐπιθύμημα ἐξάρχειν κατ' αὐτῆς. Ἐγὼ πόλις ὀχυρά, πόλις πολιορκουμένη, μάτην ποτιῶ αὐτήν· 3 ἁλώσεται γὰρ νυκτός, ἡμέρας δὲ πεσεῖται τεῖχος. Οὐκ ἔστιν, 4 ἢ οὐκ ἐπελάβετο αὐτῆς· τίς με θήσει φυλάσσειν καλάμην ἐν ἀγρῷ· διὰ τὴν πολεμίαν ταύτην ἠθέτηκα αὐτήν· τοίνυν δια- τοῦτο ἐποίησε Κύριος πάντα, ὅσα συνέταξε· κατακέκαυμαι. Βοήσονται οἱ ἐνοικοῦντες ἐν αὐτῇ, ποιήσωμεν εἰρήνην αὐτῷ, 5 ποιήσωμεν εἰρήνην, οἱ ἐρχόμενοι τέκνα Ἰακώβ· βλαστήσει 6 καὶ ἐξανθήσει Ἰσραήλ, καὶ ἐμπλησθήσεται ἡ οἰκουμένη τοῦ καρποῦ αὐτοῦ.

Μὴ ὡς αὐτὸς ἐπάταξε, καὶ αὐτὸς οὕτως πληγήσεται; καὶ ὡς 7 αὐτὸς ἀνεῖλεν, οὕτως ἀναιρεθήσεται; Μαχόμενος καὶ ὀνειδίζων 8 ἐξαποστελεῖ αὐτούς· οὐ σὺ ἦσθα μελετῶν τῷ πνεύματι τῷ σκληρῷ, ἀνελεῖν αὐτοὺς πνεύματι θυμοῦ; Διατοῦτο ἀφαιρεθή- 9 σεται ἀνομία Ἰακώβ, καὶ τοῦτό ἐστιν ἡ εὐλογία αὐτοῦ, ὅταν ἀφέλωμαι τὴν ἁμαρτίαν αὐτοῦ, ὅταν θῶσι πάντας τοὺς λίθους τῶν βωμῶν κατακεκομμένους, ὡς κονίαν λεπτήν· καὶ οὐ μὴ μείνῃ τὰ δένδρα αὐτῶν, καὶ τὰ εἴδωλα αὐτῶν ἐκκεκομμένα, ὥσπερ δρυμὸς μακράν. Τὸ κατοικούμενον ποίμνιον ἀνειμένον 10 ἔσται, ὡς ποίμνιον καταλελειμμένον· καὶ ἔσται πολὺν χρόνον εἰς βόσκημα, καὶ ἐκεῖ ἀναπαύσονται ποίμνια. Καὶ μετὰ χρόνον 11 οὐκ ἔσται ἐν αὐτῇ πᾶν χλωρὸν διὰ τὸ ξηρανθῆναι· γυναῖκες ἐρχόμεναι ἀπὸ θέας δεῦτε· οὐ γὰρ λαός ἐστιν ἔχων σύνεσιν, διατοῦτο οὐ μὴ οἰκτειρήσῃ ὁ ποιήσας αὐτούς, οὐδὲ ὁ πλάσας αὐτοὺς οὐ μὴ ἐλεήσῃ.

Καὶ ἔσται ἐν τῇ ἡμέρα ἐκείνῃ, συμφράξει ὁ Θεὸς ἀπὸ τῆς 12 διώρυγος τοῦ ποταμοῦ ἕως Ῥινοκορούρων· ὑμεῖς δὲ συναγά- γετε κατὰ ἕνα τοὺς υἱοὺς Ἰσραήλ. Καὶ ἔσται ἐν τῇ ἡμέρα 13 ἐκείνῃ, σαλπιοῦσι τῇ σάλπιγγι τῇ μεγάλῃ, καὶ ἥξουσιν οἱ ἀπολόμενοι ἐν τῇ χώρα τῶν Ἀσσυρίων, καὶ οἱ ἀπολόμενοι ἐν Αἰγύπτῳ, καὶ προσκυνήσουσι τῷ Κυρίῳ ἐπὶ τὸ ὄρος τὸ ἅγιον ἐν Ἱερουσαλήμ.

Οὐαὶ τῷ στεφάνῳ τῆς ὕβρεως, οἱ μισθωτοὶ Ἐφραΐμ, τὸ 28 ἄνθος τὸ ἐκπεσὸν ἐκ τῆς δόξης ἐπὶ τῆς κορυφῆς τοῦ ὄρους τοῦ παχέος, οἱ μεθύοντες ἄνευ οἴνου. Ἰδοὺ ἰσχυρὸν καὶ σκληρὸν 2

ὁ θυμὸς Κυρίου, ὡς χάλαζα καταφερομένη οὐκ ἔχουσα σκέπην, βίᾳ καταφερομένη· ὡς ὕδατος πολὺ πλῆθος σῦρον χώραν,
3 τῇ γῇ ποιήσει ἀνάπαυμα· ταῖς χερσὶ, καὶ τοῖς ποσὶ καταπατηθήσεται ὁ στέφανος τῆς ὕβρεως, οἱ μισθωτοὶ τοῦ
4 Ἐφραίμ. Καὶ ἔσται τὸ ἄνθος τὸ ἐκπεσὸν τῆς ἐλπίδος τῆς δόξης, ἐπ᾽ ἄκρου τοῦ ὄρους τοῦ ὑψηλοῦ· ὡς πρόδρομος σύκου, ὁ ἰδὼν αὐτὸ, πρὶν εἰς τὴν χεῖρα αὐτοῦ λαβεῖν αὐτὸ, θελήσει αὐτὸ καταπιεῖν.

5 Τῇ ἡμέρᾳ ἐκείνῃ ἔσται Κύριος σαβαὼθ ὁ στέφανος τῆς ἐλπί-
6 δος, ὁ πλεκεὶς τῆς δόξης, τῷ καταλειφθέντι τοῦ λαοῦ. Καταλειφθήσονται ἐπὶ πνεύματι κρίσεως ἐπὶ κρίσιν, καὶ ἰσχὺν
7 κωλυόντων ἀνελεῖν. Οὗτοι γὰρ οἴνῳ πεπλημμελημένοι εἰσίν· ἐπλανήθησαν διὰ τὸ σίκερα, ἱερεὺς καὶ προφήτης ἐξέστησαν διὰ τὸ σίκερα, κατεπόθησαν διὰ τὸν οἶνον, ἐσείσθησαν ἀπὸ τῆς
8 μέθης, ἐπλανήθησαν· τουτέστι φάσμα. Ἀρὰ ἔδεται ταύτην
9 τὴν βουλὴν, αὕτη γὰρ ἡ βουλὴ ἕνεκα πλεονεξίας. Τίνι ἀνηγγείλαμεν κακὰ, καὶ τίνι ἀνηγγείλαμεν ἀγγελίαν; οἱ ἀπογεγαλακτισμένοι ἀπὸ γάλακτος, οἱ ἀπεσπασμένοι ἀπὸ μαστοῦ.
10 Θλῖψιν ἐπὶ θλῖψιν προσδέχου, ἐλπίδα ἐπ᾽ ἐλπίδι, ἔτι μικρὸν ἔτι
11 μικρὸν, διὰ φαυλισμὸν ‿ χειλέων, διὰ γλώσσης ἑτέρας, ὅτι
12 λαλήσουσι τῷ λαῷ τούτῳ, λέγοντες αὐτοῖς, τοῦτο τὸ ἀνάπαυμα τῷ πεινῶντι, καὶ τοῦτο τὸ σύντριμμα· καὶ οὐκ ἠθέλησαν ἀκούειν.

13 Καὶ ἔσται αὐτοῖς τὸ λόγιον τοῦ Θεοῦ, θλῖψις ἐπὶ θλῖψιν, ἐλπὶς ἐπ᾽ ἐλπίδι, ἔτι μικρὸν ἔτι μικρὸν, ἵνα πορεύσωσι καὶ πέσωσιν ὀπίσω· καὶ συντριβήσονται, καὶ κινδυνεύσουσι, καὶ ἁλώσονται.

14 Διατοῦτο ἀκούσατε λόγον Κυρίου ἄνδρες τεθλιμμένοι, καὶ οἱ
15 ἄρχοντες τοῦ λαοῦ τούτου τοῦ ἐν Ἱερουσαλήμ· Ὅτι εἴπατε, ἐποιήσαμεν διαθήκην μετὰ τοῦ ᾅδου, καὶ μετὰ τοῦ θανάτου συνθήκας· καταιγὶς φερομένη ἐὰν παρέλθῃ, οὐ μὴ ἔλθῃ ἐφ᾽ ἡμᾶς· ἐθήκαμεν ψεῦδος τὴν ἐλπίδα ἡμῶν, καὶ τῷ ψεύδει σκεπα-
16 σθησόμεθα. Διατοῦτο οὕτω λέγει Κύριος Κύριος,

Ἰδοὺ ἐγὼ ἐμβάλλω εἰς τὰ θεμέλια Σιὼν λίθον πολυτελῆ, ἐκλεκτὸν, ἀκρογωνιαῖον, ἔντιμον, εἰς τὰ θεμέλια αὐτῆς, καὶ ὁ πιστεύων
17 οὐ μὴ καταισχυνθῇ. Καὶ θήσω κρίσιν εἰς ἐλπίδα, ἡ δὲ ἐλεημοσύνη μου εἰς σταθμοὺς, καὶ οἱ πεποιθότες μάτην ψεύδει· ὅτι οὐ
18 μὴ παρέλθῃ ὑμᾶς καταιγὶς, μὴ καὶ ἀφέλῃ ὑμῶν τὴν διαθήκην τοῦ θανάτου, καὶ ἡ ἐλπὶς ὑμῶν ἡ πρὸς τὸν ᾅδην οὐ μὴ ἐμμείνῃ· καταιγὶς φερομένη ἐὰν ἐπέλθῃ, ἔσεσθε αὐτῇ εἰς καταπάτημα.
19 Ὅταν παρέλθῃ, λήψεται ὑμᾶς, πρωῒ πρωῒ παρελεύσεται ἡμέρας, καὶ ἐν νυκτὶ ἔσται ἐλπὶς πονηρά.

20 Μάθετε ἀκούειν στενοχωρούμενοι· Οὐ δυνάμεθα μάχεσθαι,
21 αὐτοὶ δὲ ἀσθενοῦμεν τοῦ ὑμᾶς συναχθῆναι. Ὥσπερ ὄρος ἀσεβῶν ἀναστήσεται Κύριος, καὶ ἔσται ἐν τῇ φάραγγι Γαβαών,

severe, as descending hail where there is no shelter, violently descending; as a great body of water sweeping away the soil, he shall make rest for the land. [3] The crown of pride, the hirelings of Ephraim, shall be beaten down with the hands and with the feet. [4] And the fading flower of the [β] glorious hope on the top of the high mountain shall be as the early fig; he that sees it, before he takes it into his hand, will desire to swallow it down.

[5] In that day the Lord of hosts shall be the crown of hope, the woven *crown* of glory, to the remnant of the people. [6] They shall be left in the spirit of judgment for judgment, and for the strength of them that hinder slaying. [7] For these have trespassed through wine; they have erred through strong drink: the priest and the prophet are mad through strong drink, they are swallowed up by reason of wine, they have staggered [γ] through drunkenness; they have erred: this is *their* vision. [8] A curse shall devour this counsel, for this *is their* counsel for the sake of covetousness. [9] To whom have we reported evils? and to whom have we reported a message? *even to those* that are weaned from the milk, who are drawn from the breast. [10] Expect thou affliction on affliction, hope upon hope: yet a little, *and* yet a little, [11][δ] by reason of the contemptuous *words* of the lips, by means of another language: for they shall speak to this people, saying to them, [12] This is the rest to him that is hungry, and this is the calamity: but they would not hear.

[13] Therefore the oracle of God shall be to them affliction on affliction, hope on hope, yet a little, *and* yet a little, that they may go and fall backward; and they shall be crushed and shall be in danger, and shall be taken.

[14] Therefore hear ye the word of the Lord, ye afflicted men, and ye princes of this people that is in Jerusalem. [15] Because ye have said, We have made a covenant with Hades, and agreements with death; if the rushing storm should pass, it shall not come upon us: we have made falsehood our hope, and by falsehood shall we be protected: [16] therefore thus saith the Lord, *even* the Lord,

[ζ] Behold, I lay for the foundations of Sion a costly stone, a choice, a corner-stone, a precious *stone*, for its foundations; and he that believes *on him* shall by no means be ashamed. [17] And I will cause judgment *to be* for hope, and my compassion shall be for *just* measures, and ye that trust vainly in falsehood *shall fall:* for the storm shall by no means pass by you, [18][θ] except it also take away your covenant of death, and your trust in Hades shall by no means stand: if the rushing storm should come upon you, ye shall be beaten down by it. [19] Whenever it shall pass by, it shall take you; morning by morning it shall pass by in the day, and in the night there shall be an evil hope.

Learn to hear, [20] ye that are distressed; we cannot fight, but we are ourselves too weak for you to be gathered. [21] The Lord shall rise up as a mountain of ungodly *men*, and shall be in the valley of Gabaon; he shall

---

β Gr. hope of glory.   γ Lit. from.   δ 1 Cor. 14. 21.   ζ Rom. 9. 33. 1 Pet. 2. 6.   θ Or, shall it not also? etc.

perform his works with wrath, *even* a work of bitterness, and his wrath shall deal strangely, and his destruction shall be strange. [22] Therefore do not ye rejoice, neither let your bands be made strong; for I have heard of works finished and cut short by the Lord of hosts, which he will execute upon all the earth.

[23] Hearken, and hear my voice; attend, and hear my words. [24] Will the ploughman plough all the day? or will he prepare the seed beforehand, before he tills the ground? [25] Does he not, when he has levelled the surface thereof, then sow the small black poppy, or cumin, and afterward sow wheat, and barley, and millet, and bread-corn in thy borders? [26] So thou shalt be chastened by the judgment of thy God, and shalt rejoice. [27] For the black poppy is not cleansed with harsh treatment, nor will a waggon-wheel pass over the cumin; but the black poppy is threshed with a rod, and the cumin shall be eaten with bread; [28] for β I will not be wroth with you for ever, neither shall the voice of my γ anger crush you. [29] And these signs came forth from the Lord of hosts. Take counsel, exalt vain comfort.

δ Alas for the city Ariel, which David ζ besieged. Gather ye fruits year by year; eat ye, for ye shall eat with Moab. [2] For I will grievously afflict Ariel: and her strength and her wealth shall be mine. [3] And I will compass thee about like David, and will raise a mound about thee, and set up towers round thee. [4] And thy words shall be brought down to the earth, and thy words shall sink down to the earth, and thy voice shall be as they that speak out of the earth, and thy voice shall θ be lowered to the ground. [5] But the wealth of the ungodly shall be as dust from a wheel, and the multitude of them that oppress thee as flying chaff, and it shall be suddenly as a moment, [6] from the Lord of hosts: for there shall be a visitation with thunder, and earthquake, and a loud θ noise, a rushing tempest, and devouring flame of fire. [7] And the wealth of all the nations together, as many as have fought against Ariel, and all they that war against Jerusalem, and all who are gathered against her, and they that distress her, shall be as one that dreams in sleep by night. [8] And as men drink and eat in sleep, and when they have arisen, the dream is vain: and as a thirsty man dreams as if he drank, and having arisen is still thirsty, and his soul has desired in vain: so shall be the wealth of all the nations, as many as have fought against the mount Sion.

[9] Faint ye, and be amazed, and be overpowered, not with strong drink nor with wine. [10] For the Lord has made you to drink a spirit of deep sleep; and he shall close their eyes, and *the eyes* of their prophets and of their rulers, who see secret things. [11] And all these things shall be to you as the words of this sealed book, which if they shall give to a learned man, saying, Read this, he shall then say, I cannot read *it*, for it is sealed. [12] And this book shall be given into the hands of a man that is

μετὰ θυμοῦ ποιήσει τὰ ἔργα αὐτοῦ, πικρίας ἔργον· ὁ δὲ θυμὸς αὐτοῦ ἀλλοτρίως χρήσεται, καὶ ἡ σαπρία αὐτοῦ ἀλλοτρία. Καὶ ὑμεῖς μὴ εὐφρανθείητε, μηδὲ ἰσχυσάτωσαν ὑμῶν οἱ δεσμοί· 22 διότι συντετελεσμένα καὶ συντετμημένα πράγματα ἤκουσα παρὰ Κυρίου σαβαὼθ, ἃ ποιήσει ἐπὶ πᾶσαν τὴν γῆν.

Ἐνωτίζεσθε καὶ ἀκούετε τῆς φωνῆς μου, προσέχετε καὶ 23 ἀκούετε τοὺς λόγους μου. Μὴ ὅλην τὴν ἡμέραν ἀροτριάσει 24 ὁ ἀροτριῶν; ἢ σπόρον προετοιμάσει, πρὶν ἐργάσασθαι τὴν γῆν; Οὐχ ὅταν ὁμαλίσῃ τὸ πρόσωπον αὐτῆς, τότε σπείρει 25 μικρὸν μελάνθιον ἢ κύμινον, καὶ πάλιν σπείρει πυρὸν, καὶ κριθὴν, καὶ κέγχρον, καὶ ζέαν ἐν τοῖς ὁρίοις σου; Καὶ παι- 26 δευθήσῃ κρίματι Θεοῦ σου, καὶ εὐφρανθήσῃ. Οὐ γὰρ μετὰ 27 σκληρότητος καθαίρεται τὸ μελάνθιον, οὐδὲ τροχὸς ἁμάξης περιάξει ἐπὶ τὸ κύμινον· ἀλλὰ ῥάβδῳ τινάσσεται τὸ μελάνθιον, τὸ δὲ κύμινον μετὰ ἄρτου βρωθήσεται· οὐ γὰρ εἰς τὸν αἰῶνα 28 ἐγὼ εἰμι ὑμῖν ὀργισθήσομαι, οὐδὲ φωνὴ τῆς πικρίας μου καταπατήσει ὑμᾶς. Καὶ ταῦτα παρὰ Κυρίου σαβαὼθ ἐξῆλθε 29 τὰ τέρατα· βουλεύσασθε, ὑψώσατε ματαίαν παράκλησιν.

Οὐαὶ Ἀριὴλ πόλις, ἣν ἐπολέμησε Δαυίδ· συναγάγετε 29 γεννήματα ἐνιαυτὸν ἐπὶ ἐνιαυτὸν, φάγεσθε, φάγεσθε γὰρ σὺν Μωὰβ, ἐκθλίψω γὰρ Ἀριήλ· καὶ ἔσται αὐτῆς ἡ ἰσχὺς καὶ 2 ὁ πλοῦτος ἐμοί. Καὶ κυκλώσω ὡς Δαυὶδ ἐπὶ σὲ, καὶ βαλῶ 3 περὶ σὲ χάρακα, καὶ θήσω περὶ σὲ πύργους, καὶ ταπεινωθή- 4 σονται εἰς τὴν γῆν οἱ λόγοι σου, καὶ εἰς τὴν γῆν οἱ λόγοι σου δύσονται· καὶ ἔσονται ὡς οἱ φωνοῦντες ἐκ τῆς γῆς ἡ φωνή σου, καὶ πρὸς τὸ ἔδαφος ἡ φωνή σου ἀσθενήσει. Καὶ ἔσται ὡς 5 κονιορτὸς ἀπὸ τροχοῦ ὁ πλοῦτος τῶν ἀσεβῶν, καὶ ὡς χνοῦς φερόμενος τὸ πλῆθος τῶν καταδυναστευόντων σε, καὶ ἔσται ὡς στιγμὴ παραχρῆμα παρὰ Κυρίου σαβαώθ· ἐπισκοπὴ γὰρ 6 ἔσται μετὰ βροντῆς καὶ σεισμοῦ καὶ φωνῆς μεγάλης, καταιγὶς φερομένη, καὶ φλὸξ πυρὸς κατεσθίουσα. Καὶ ἔσται ὡς 7 ἐνυπνιαζόμενος καθ᾽ ὕπνους νυκτὸς, ὁ πλοῦτος ἁπάντων τῶν ἐθνῶν, ὅσοι ἐπεστράτευσαν ἐπὶ Ἀριὴλ, καὶ πάντες οἱ στρατευόμενοι ἐπὶ Ἱερουσαλὴμ, καὶ πάντες οἱ συνηγμένοι ἐπ᾽ αὐτὴν, καὶ οἱ θλίβοντες αὐτήν. Καὶ ὡς οἱ ἐν τῷ ὕπνῳ πίνοντες καὶ 8 ἔσθοντες, καὶ ἐξαναστάντων, μάταιον τὸ ἐνύπνιον· καὶ ὃν τρόπον ἐνυπνιάζεται ὁ διψῶν ὡς ὁ πίνων, καὶ ἐξαναστὰς ἔτι διψᾷ, ἡ δὲ ψυχὴ αὐτοῦ εἰς κενὸν ἤλπισεν· οὕτως ἔσται ὁ πλοῦτος τῶν ἐθνῶν πάντων, ὅσοι ἐπεστράτευσαν ἐπὶ τὸ ὄρος Σιών.

Ἐκλύθητε καὶ ἔκστητε, καὶ κραιπαλήσατε οὐκ ἀπὸ σίκερα 9 οὐδὲ ἀπὸ οἴνου, ὅτι πεπότικεν ὑμᾶς Κύριος πνεύματι κατα- 10 νύξεως, καὶ καμμύσει τοὺς ὀφθαλμοὺς αὐτῶν, καὶ τῶν προφητῶν αὐτῶν, καὶ τῶν ἀρχόντων αὐτῶν, οἱ ὁρῶντες τὰ κρυπτά. Καὶ ἔσται ὑμῖν τὰ ῥήματα πάντα ταῦτα, ὡς οἱ λόγοι τοῦ 11 βιβλίου τοῦ ἐσφραγισμένου τούτου, ὃ ἐὰν δῶσιν αὐτὸ ἀνθρώπῳ ἐπισταμένῳ γράμματα, λέγοντες, ἀνάγνωθι ταῦτα· καὶ ἐρεῖ, οὐ δύναμαι ἀναγνῶναι, ἐσφράγισται γάρ. Καὶ δοθήσεται 12 τὸ βιβλίον τοῦτο εἰς χεῖρας ἀνθρώπου μὴ ἐπισταμένου γράμ-

---

β *Gr.* I am.　　γ *Gr.* bitterness trample you.　　δ *Or,* woe to.　　ζ See *Heb.*　　θ *Gr.* become weak.
λ *Gr.* voice.

ματα, καὶ ἐρεῖ αὐτῷ, ἀνάγνωθι τοῦτο· καὶ ἐρεῖ, οὐκ ἐπίσταμαι γράμματα.

13 Καὶ εἶπε Κύριος, ἐγγίζει μοι ὁ λαὸς οὗτος ἐν τῷ στόματι αὐτοῦ, καὶ ἐν τοῖς χείλεσιν αὐτῶν τιμῶσί με, ἡ δὲ καρδία αὐτῶν πόρρω ἀπέχει ἀπ' ἐμοῦ· μάτην δὲ σέβονταί με, διδά-
14 σκοντες ἐντάλματα ἀνθρώπων καὶ διδασκαλίας. Διατοῦτο ἰδοὺ προσθήσω τοῦ μεταθεῖναι τὸν λαὸν τοῦτον, καὶ μεταθήσω αὐτοὺς, καὶ ἀπολῶ τὴν σοφίαν τῶν σοφῶν, καὶ τὴν σύνεσιν
15 τῶν συνετῶν κρύψω. Οὐαὶ οἱ βαθέως βουλὴν ποιοῦντες, καὶ οὐ διὰ Κυρίου· οὐαὶ οἱ ἐν κρυφῇ βουλὴν ποιοῦντες, καὶ ἔσται ἐν σκότει τὰ ἔργα αὐτῶν· καὶ ἐροῦσι, τίς ἑώρακεν ἡμᾶς; καὶ
16 τίς ἡμᾶς γνώσεται, ἢ ἃ ἡμεῖς ποιοῦμεν; Οὐχ ὡς πηλὸς τοῦ κεραμέως λογισθήσεσθε; μὴ ἐρεῖ τὸ πλάσμα τῷ πλάσαντι αὐτό, οὐ σύ με ἔπλασας; ἢ τὸ ποίημα τῷ ποιήσαντι, οὐ
17 συνετῶς με ἐποίησας; Οὐκέτι μικρὸν καὶ μετατεθήσεται ὁ Λίβανος, ὡς τὸ ὄρος τὸ Χέρμελ, καὶ τὸ Χέρμελ εἰς δρυμὸν
18 λογισθήσεται; Καὶ ἀκούσονται ἐν τῇ ἡμέρᾳ ἐκείνῃ κωφοὶ λόγους βιβλίου, καὶ οἱ ἐν τῷ σκότει, καὶ οἱ ἐν τῇ ὁμίχλῃ·
19 ὀφθαλμοὶ τυφλῶν ὄψονται, καὶ ἀγαλλιάσονται πτωχοὶ διὰ Κύριον ἐν εὐφροσύνῃ, καὶ οἱ ἀπηλπισμένοι τῶν ἀνθρώ-
20 πων ἐμπλησθήσονται εὐφροσύνης. Ἐξέλιπεν ἄνομος, καὶ ἀπώλετο ὑπερήφανος, καὶ ἐξωλοθρεύθησαν οἱ ἀνομοῦντες ἐπὶ κακίᾳ,
21 καὶ οἱ ποιοῦντες ἁμαρτεῖν ἀνθρώπους ἐν λόγῳ· πάντας δὲ τοὺς ἐλέγχοντας ἐν πύλαις πρόσκομμα θήσουσιν, ὅτι ἐπλαγίασαν ἐπ' ἀδίκοις δίκαιον.

22 Διατοῦτο τάδε λέγει Κύριος ἐπὶ τὸν οἶκον Ἰακὼβ, ὃν ἀφώρισεν ἐξ Ἀβραὰμ, οὐ νῦν αἰσχυνθήσεται Ἰακὼβ, οὐδὲ νῦν
23 τὸ πρόσωπον μεταβαλεῖ. Ἀλλ' ὅταν ἴδωσι τὰ τέκνα αὐτῶν τὰ ἔργα μου, δι' ἐμὲ ἁγιάσουσι τὸ ὄνομά μου, καὶ ἁγιάσουσι τὸν ἅγιον Ἰακὼβ, καὶ τὸν Θεὸν τοῦ Ἰσραὴλ φοβηθήσονται.
24 Καὶ γνώσονται οἱ πλανώμενοι τῷ πνεύματι σύνεσιν, οἱ δὲ γογγύζοντες μαθήσονται ὑπακούειν, καὶ αἱ γλῶσσαι αἱ ψελλί-ζουσαι μαθήσονται λαλεῖν εἰρήνην.

30 Οὐαὶ τέκνα ἀποστάται, λέγει Κύριος· ἐποιήσατε βουλὴν οὐ δι' ἐμοῦ, καὶ συνθήκας οὐ διὰ τοῦ πνεύματός μου, προσ-
2 θεῖναι ἁμαρτίας ἐφ' ἁμαρτίας, οἱ πορευόμενοι καταβῆναι εἰς Αἴγυπτον, ἐμὲ δὲ οὐκ ἐπηρώτησαν τοῦ βοηθηθῆναι ὑπὸ Φαραὼ,
3 καὶ σκεπασθῆναι ὑπὸ Αἰγυπτίων. Ἔσται γὰρ ὑμῖν σκέπη Φαραὼ εἰς αἰσχύνην, καὶ τοῖς πεποιθόσιν ἐπ' Αἴγυπτον ὄνειδος.
4, 5 Ὅτι εἰσὶν ἐν Τάνει ἀρχηγοὶ ἄγγελοι πονηροί. Μάτην κοπιάσουσι πρὸς λαὸν, ὃς οὐκ ὠφελήσει αὐτοὺς εἰς βοήθειαν, ἀλλὰ εἰς αἰσχύνην καὶ ὄνειδος.

6 Ἡ ὭΡΑΣΙΣ ΤΩΝ ΤΕΤΡΑΠΟΔΩΝ ΤΩΝ ἘΝ ΤΗ ἘΡΗΜΩ.

Ἐν τῇ θλίψει καὶ τῇ στενοχωρίᾳ, λέων καὶ σκύμνος λέοντος, ἐκεῖθεν καὶ ἀσπίδες, καὶ ἔκγονα ἀσπίδων πετομένων, οἳ ἔφερον

unlearned, and *one* shall say to him, Read this; and he shall say, I am not learned.

13 And the Lord has said, β This people draw nigh to me with their mouth, and they honour me with their lips, but their heart is far from me: but in vain do they worship me, teaching the commandments and doctrines of men. 14 Therefore behold I will proceed to remove this people, and I will remove them: and γ I will destroy the wisdom of the wise, and will hide the understanding of the prudent. 15 Woe to them that deepen their counsel, and not by the Lord. Woe to them that take secret counsel, and whose works δ are in darkness, and they say, Who has seen us? and who shall know us, or what we do? 16 Shall ye not be counted as clay of the potter? ζ Shall the thing formed say to him that formed it, Thou didst not form me? or the work to the maker, Thou hast not made me wisely? 17 *Is it* not yet a little while, and Libanus shall be changed as the mountain of Chermel, and Chermel shall be reckoned as a forest? 18 And in that day the deaf shall hear the words of the book, and they that are in darkness, and they that are in mist: the eyes of the blind shall see, 19 and the poor shall rejoice with joy because of the Lord, and they that had no hope among men shall be filled with joy. 20 The lawless man has come to nought, and the proud man has perished, and they that transgress mischievously have been utterly destroyed: 21 and they that cause men to sin by a word: and men shall make all that reprove in the gates an offence, because they have unjustly turned aside the righteous.

22 Therefore thus saith the Lord concerning the house of Jacob, whom he set apart from Abraam, Jacob shall not now be ashamed, neither shall he now change countenance. 23 But when their children shall have seen my works, they shall sanctify my name for my sake, and they shall sanctify the Holy One of Jacob, and shall fear the God of Israel. 24 And they that erred in spirit shall know understanding, and the murmurers shall learn obedience, and the stammering tongues shall learn to speak peace.

Woe to the apostate children, saith the Lord: ye have framed counsel, not by me, and covenants not by my Spirit, to add sins to sins: 2 *even* they that proceed to go down into Egypt, but they have not enquired of me, that they might be helped by Pharao, and protected by the Egyptians. 3 For the protection of Pharao shall be to you a disgrace, and *there shall be* a reproach to them that trust in Egypt. 4 For there are princes in Tanes, evil messengers. 5 In vain shall they labour *in seeking* to a people, which shall not profit them for help, but *shall be* for a shame and reproach.

6 THE VISION OF THE QUADRUPEDS IN THE DESERT.

In affliction and distress, *where are* the lion and lion's whelp, thence *come* also asps, and the young of flying asps, *there shall they*

β Mat. 8. 9. γ 1 Cor. 1. 19. δ *Gr.* shall be. ζ Rom. 9. 20.

be who bore their wealth on asses and camels to a nation which shall not profit them. 7 The Egyptians shall help you utterly in vain: tell them, This your consolation is vain.

8 Now then sit down and write these words on a tablet, and in a book; for these things shall be β for *many long* days, and even for ever. 9 For the people is disobedient, false children, who would not hear the law of God: 10 who say to the prophets, Report not to us; and to them that see visions, Speak *them* not to us, but speak and report to us another error; 11 and turn us aside from this way; remove from us this path, and remove from us the oracle of Israel.

12 Therefore thus saith the Holy One of Israel, Because ye have refused to obey these words, and have trusted in falsehood; and because thou hast murmured, and been confident in this respect: 13 therefore shall this sin be to you as a wall suddenly falling when a strong city has been taken, of which the fall is very near at hand. 14 And the fall thereof shall be as the breaking of an earthen vessel, *as* small fragments of a pitcher, so that thou shouldest not find among them a sherd, with which thou mightest take up fire, and with which thou shouldest draw a little water.

15 Thus saith the Lord, the Holy Lord of Israel; When thou shalt turn and mourn, then thou shalt be saved; and thou shalt know where thou wast, when thou didst trust in vanities: *then* your strength became vain, yet ye would not hearken: 16 but ye said, We will flee upon horses; therefore shall ye flee: and, We will be aided by swift riders; therefore shall they that pursue you be swift. 17 A thousand shall flee because of the voice of one, and many shall flee on account of the voice of five; until ye be left as a signal-post upon a mountain, and as one bearing an ensign upon a hill.

18 And the Lord will again wait, that he may pity you, and will therefore be exalted that he may have mercy upon you: because the Lord your God is a judge: blessed are they that γ stay themselves upon him.

19 For the holy people shall dwell in Sion: and *whereas* Jerusalem has δ wept bitterly, *saying*, Pity me; he shall pity thee: when he perceived the voice of thy cry, he hearkened to thee. 20 And *though* the Lord shall give you the bread of affliction and scant water, yet they that cause thee to err shall no more at all draw nigh to thee; for thine eyes shall see those that cause thee to err, 21 and thine ears shall hear the words of them that went after thee to lead thee astray, who say, This *is* the way, let us walk in it, whether to the right or to the left. 22 And thou shalt pollute the plated idols, and thou shalt grind to powder the gilt ones, and shalt scatter them as the water of a removed *woman*, and thou shalt thrust them forth as dung. 23 Then shall there be rain to the seed of thy land; and the bread of the fruit of thy land shall be plenteous and rich: and thy cattle shall feed in that day in a fertile and spacious place. 24 Your bulls

ἐπὶ ὄνων καὶ καμήλων τὸν πλοῦτον αὐτῶν πρὸς ἔθνος, ὃ οὐκ ὠφελήσει αὐτούς. Αἰγύπτιοι μάταια καὶ κενὰ ὠφελήσουσιν 7 ὑμᾶς· ἀπάγγειλον αὐτοῖς, ὅτι ματαία ἡ παράκλησις ὑμῶν αὕτη.

Νῦν οὖν καθίσας γράψον ἐπὶ πυξίου ταῦτα καὶ εἰς βιβλίον, 8 ὅτι ἔσται εἰς ἡμέρας ταῦτα καιρῷ, καὶ ἕως εἰς τὸν αἰῶνα. Ὅτι ὁ λαὸς ἀπειθής ἐστιν, υἱοὶ ψευδεῖς, οἳ οὐκ ἠβούλοντο 9 ἀκούειν τὸν νόμον τοῦ Θεοῦ· Οἱ λέγοντες τοῖς προφήταις, 10 μὴ ἀναγγέλλετε ἡμῖν, καὶ τοῖς τὰ ὁράματα ὁρῶσι, μὴ λαλεῖτε ἡμῖν, ἀλλὰ ἡμῖν λαλεῖτε καὶ ἀναγγέλλετε ἡμῖν ἑτέραν πλάνησιν, καὶ ἀποστρέψατε ἡμᾶς ἀπὸ τῆς ὁδοῦ ταύτης· ἀφέλετε 11 ἀφ᾽ ἡμῶν τὸν τρίβον τοῦτον, καὶ ἀφέλετε ἀφ᾽ ἡμῶν τὸ λόγιον τοῦ Ἰσραήλ.

Διατοῦτο τάδε λέγει ὁ ἅγιος τοῦ Ἰσραὴλ, ὅτι ἠπειθήσατε 12 τοῖς λόγοις τούτοις, καὶ ἠλπίσατε ἐπὶ ψεύδει, καὶ ὅτι ἐγόγγυσας, καὶ πεποιθὼς ἐγένου ἐπὶ τῷ λόγῳ τούτῳ, διατοῦτο 13 ἔσται ὑμῖν ἡ ἁμαρτία αὕτη, ὡς τεῖχος πίπτον παραχρῆμα πόλεως ὀχυρᾶς ἑαλωκυίας, ἧς παραχρῆμα πάρεστι τὸ πτῶμα· Καὶ τὸ πτῶμα αὐτῆς ἔσται ὡς σύντριμμα ἀγγείου 14 ὀστρακίνου, ἐκ κεραμίου λεπτὰ, ὥστε μὴ εὑρεῖν ἐν αὐτοῖς ὄστρακον, ἐν ᾧ πῦρ ἀρεῖς, καὶ ἐν ᾧ ἀποσυριεῖς ὕδωρ μικρόν.

Οὕτω λέγει Κύριος, Κύριος ὁ ἅγιος τοῦ Ἰσραὴλ, ὅταν 15 ἀποστραφεὶς στενάξῃς, τότε σωθήσῃ, καὶ γνώσῃ ποῦ ἦσθα, ὅτε ἐπεποίθεις ἐπὶ τοῖς ματαίοις, ματαία ἡ ἰσχὺς ὑμῶν ἐγενήθη· καὶ οὐκ ἠβούλεσθε ἀκούειν, ἀλλ᾽ εἴπατε, ἐφ᾽ ἵππων φευξόμεθα· 16 διατοῦτο φεύξεσθε· καὶ ἐπὶ κούφοις ἀναβάταις ἐσόμεθα· διατοῦτο κοῦφοι ἔσονται οἱ διώκοντες ὑμᾶς. Χίλιοι διὰ φωνὴν 17 ἑνὸς φεύξονται, καὶ διὰ φωνὴν πέντε φεύξονται πολλοὶ, ἕως ἂν καταλειφθῆτε ὡς ἱστὸς ἐπ᾽ ὄρους, καὶ ὡς σημαῖαν φέρων ἐπὶ βουνοῦ.

Καὶ πάλιν μενεῖ ὁ Θεὸς τοῦ οἰκτειρῆσαι ὑμᾶς, καὶ διατοῦτο 18 ὑψωθήσεται τοῦ ἐλεῆσαι ὑμᾶς· διότι κριτὴς Κύριος ὁ Θεὸς ὑμῶν· μακάριοι οἱ ἐμμένοντες ἐπ᾽ αὐτῷ.

Διότι λαὸς ἅγιος ἐν Σιὼν οἰκήσει· καὶ Ἱερουσαλὴμ κλαυθμῷ 19 ἔκλαυσεν, ἐλέησόν με· ἐλεήσει σε, τὴν φωνὴν τῆς κραυγῆς σου ἡνίκα εἶδεν, ἐπήκουσέ σου. Καὶ δώσει Κύριος ὑμῖν ἄρτον 20 θλίψεως, καὶ ὕδωρ στενὸν, καὶ οὐκ ἔτι μὴ ἐγγίσωσί σοι οἱ πλανῶντές σε· ὅτι οἱ ὀφθαλμοί σου ὄψονται τοὺς πλανῶντάς σε, καὶ τὰ ὦτά σου ἀκούσονται τοὺς λόγους τῶν ὀπίσω σε 21 πλανησάντων, οἱ λέγοντες, αὕτη ἡ ὁδός, πορευθῶμεν ἐν αὐτῇ, εἴτε δεξιὰ εἴτε ἀριστερά. Καὶ μιανεῖς τὰ εἴδωλα τὰ περιηργυρω- 22 μένα, καὶ περικεχρυσωμένα λεπτὰ ποιήσῃς, καὶ λικμήσῃς ὡς ὕδωρ ἀποκαθημένης, καὶ ὡς κόπρον ὥσεις αὐτά. Τότε ἔσται 23 ὁ ὑετὸς τῷ σπέρματι τῆς γῆς σου, καὶ ὁ ἄρτος τοῦ γεννήματος τῆς γῆς σου ἔσται πλησμονὴ καὶ λιπαρός· καὶ βοσκηθήσεταί σου τὰ κτήνη τῇ ἡμέρᾳ ἐκείνῃ τόπον πίονα καὶ εὐρύχωρον. Οἱ ταῦροι ὑμῶν καὶ οἱ βόες οἱ ἐργαζόμενοι τὴν γῆν, φάγονται 24

β *Gr.* for days in time. *Alex.* seasons. γ *Or*, wait for. δ *Gr.* with weeping.

25 ἄχυρα ἀναπεποιημένα ἐκ κριθῇ λελικμημένη. Καὶ ἔσται ἐπὶ παντὸς ὄρους ὑψηλοῦ, καὶ ἐπὶ παντὸς βουνοῦ μετεώρου ὕδωρ διαπορευόμενον ἐν τῇ ἡμέρᾳ ἐκείνῃ, ὅταν ἀπόλωνται πολλοί,

26 καὶ ὅταν πέσωσι πύργοι. Καὶ ἔσται τὸ φῶς τῆς σελήνης ὡς τὸ φῶς τοῦ ἡλίου, καὶ τὸ φῶς τοῦ ἡλίου ἔσται ἑπταπλάσιον ἐν τῇ ἡμέρᾳ, ὅταν ἰάσηται Κύριος τὸ σύντριμμα τοῦ λαοῦ αὐτοῦ, καὶ τὴν ὀδύνην τῆς πληγῆς σου ἰάσεται.

27 Ἰδοὺ τὸ ὄνομα Κυρίου ἔρχεται διὰ χρόνου, καιόμενος θυμός· μετὰ δόξης τὸ λόγιον τῶν χειλέων αὐτοῦ, λόγιον ὀργῆς πλῆρες·

28 καὶ ἡ ὀργὴ τοῦ θυμοῦ ὡς πῦρ ἔδεται. Καὶ τὸ πνεῦμα αὐτοῦ ὡς ὕδωρ ἐν φάραγγι σύρον, ἥξει ἕως τοῦ τραχήλου, καὶ διαιρεθήσεται, τοῦ ταράξαι ἔθνη ἐπὶ πλανήσει ματαίᾳ, καὶ διώξεται αὐτοὺς πλάνησις, καὶ λήψεται αὐτοὺς κατὰ πρόσωπον αὐτῶν.

29 Μὴ διαπαντὸς δεῖ ὑμᾶς εὐφραίνεσθαι, καὶ εἰσπορεύεσθαι εἰς τὰ ἅγιά μου διαπαντός, ὡσεὶ ἑορτάζοντας, καὶ ὡσεὶ εὐφραινομένους εἰσελθεῖν μετὰ αὐλοῦ εἰς τὸ ὄρος Κυρίου πρὸς τὸν Θεὸν τοῦ

30 Ἰσραήλ; Καὶ ἀκουστὴν ποιήσει Κύριος τὴν δόξαν τῆς φωνῆς αὐτοῦ, καὶ τὸν θυμὸν τοῦ βραχίονος αὐτοῦ, δεῖξαι μετὰ θυμοῦ καὶ ὀργῆς, καὶ φλογὸς κατεσθιούσης, κεραυνώσει βιαίως,

31 καὶ ὡς ὕδωρ καὶ χάλαζα συγκαταφερομένη βίᾳ. Διὰ γὰρ τῆς φωνῆς Κυρίου ἡττηθήσονται Ἀσσύριοι, τῇ πληγῇ ᾗ ἂν πατάξῃ

32 αὐτούς. Καὶ ἔσται αὐτῷ κυκλόθεν, ὅθεν ἦν αὐτῶν ἡ ἐλπὶς τῆς βοηθείας, ἐφ᾽ ᾗ αὐτὸς ἐπεποίθει, αὐτοὶ μετὰ τυμπάνων καὶ

33 κιθάρας πολεμήσουσιν αὐτὸν ἐκ μεταβολῆς. Σὺ γὰρ πρὸ ἡμερῶν ἀπαιτηθήσῃ· μὴ καί σοι ἡτοιμάσθη βασιλεύειν; φάραγγα βαθεῖαν, ξύλα κείμενα, πῦρ καὶ ξύλα πολλὰ, ὁ θυμὸς Κυρίου ὡς φάραγξ ὑπὸ θείου καιομένη.

31 Οὐαὶ οἱ καταβαίνοντες εἰς Αἴγυπτον ἐπὶ βοήθειαν, οἱ ἐφ᾽ ἵπποις πεποιθότες καὶ ἐφ᾽ ἅρμασιν, ἔστι γὰρ πολλὰ, καὶ ἐφ᾽ ἵπποις πλῆθος σφόδρα· καὶ οὐκ ἦσαν πεποιθότες ἐπὶ τὸν ἅγιον

2 τοῦ Ἰσραὴλ, καὶ τὸν Κύριον οὐκ ἐζήτησαν· Καὶ αὐτὸς σοφῶς ἦγεν ἐπ᾽ αὐτοὺς κακὰ, καὶ ὁ λόγος αὐτοῦ οὐ μὴ ἀθετηθῇ, καὶ ἐπαναστήσεται ἐπ᾽ οἴκους ἀνθρώπων πονηρῶν, καὶ ἐπὶ τὴν

3 ἐλπίδα αὐτῶν τὴν ματαίαν, Αἰγύπτιον, ἄνθρωπον καὶ οὐ Θεὸν, ἵππων σάρκας, καὶ οὐκ ἔστι βοήθεια· ὁ δὲ Κύριος ἐπάξει τὴν χεῖρα αὐτοῦ ἐπ᾽ αὐτούς· καὶ κοπιάσουσιν οἱ βοηθοῦντες, καὶ

4 ἅμα πάντες ἀπολοῦνται. Ὅτι οὕτως εἶπέ μοι Κύριος, ὃν τρόπον βοήσῃ ὁ λέων, ἢ ὁ σκύμνος ἐπὶ τῇ θήρᾳ ᾗ ἔλαβε, καὶ κεκράξῃ ἐπ᾽ αὐτῇ, ἕως ἂν ἐμπλησθῇ τὰ ὄρη τῆς φωνῆς αὐτοῦ, καὶ ἡττήθησαν, καὶ τὸ πλῆθος τοῦ θυμοῦ ἐπτοήθησαν, οὕτως καταβήσεται Κύριος σαβαὼθ ἐπιστρατεῦσαι ἐπὶ τὸ

5 ὄρος τὸ Σιὼν, ἐπὶ τὰ ὄρη αὐτῆς. Ὡς ὄρνεα πετόμενα, οὕτως ὑπερασπιεῖ Κύριος σαβαὼθ, ὑπὲρ Ἱερουσαλὴμ ὑπερασπιεῖ, καὶ ἐξελεῖται, καὶ περιποιήσεται, καὶ σώσει.

6 Ἐπιστράφητε οἱ τὴν βαθεῖαν βουλὴν βουλευόμενοι καὶ

7 ἄνομον, υἱοὶ Ἰσραήλ. Ὅτι τῇ ἡμέρᾳ ἐκείνῃ ἀπαρνήσονται οἱ ἄνθρωποι τὰ χειροποίητα αὐτῶν τὰ ἀργυρᾶ, καὶ τὰ χειρο-

8 ποίητα τὰ χρυσᾶ, ἃ ἐποίησαν αἱ χεῖρες αὐτῶν. Καὶ πεσεῖται Ἀσσούρ· οὐ μάχαιρα ἀνδρὸς, οὐδὲ μάχαιρα ἀνθρώπου κατα-

---

and your oxen that till the ground, shall eat chaff mixed with winnowed barley. 25 And there shall be upon every lofty mountain and upon every high hill, water running in that day, when many shall perish, and when the towers shall fall. 26 And the light of the moon shall be as the light of the sun, and the light of the sun shall be sevenfold in the day when the Lord shall heal the breach of his people, and shall heal the pain of thy wound.

27 Behold, the name of the Lord comes after a *long* time, burning wrath: the word of his lips is with glory, a word full of anger, and the anger of his wrath shall devour as fire. 28 And his breath, as rushing water in a valley, shall reach as far as the neck, and be divided, to confound the nations for *their* vain error: error also shall pursue them, and *β* overtake them. 29 Must ye always rejoice, and go into my holy places continually, as they that keep a feast? and must ye go with a pipe, as those that rejoice, into the mountain of the Lord, to the God of Israel? 30 And the Lord shall make his glorious voice to be heard, and the wrath of his arm, to make a display with wrath and anger and devouring flame: he shall lighten terribly, and *his wrath shall be* as water and violent hail. 31 For by the voice of the Lord the Assyrians shall be overcome, *even* by the stroke wherewith he shall smite them. 32 And it shall happen to him from every side, *that* they from whom their hope of assistance was, in which he trusted, themselves shall war against him in turn with drums and with harp. 33 For thou shalt be required before *thy* time: has it been prepared for thee also to reign? nay, God has *prepared for thee* a deep trench, wood piled, fire and much wood: the wrath of the Lord *shall be* as a trench kindled with sulphur.

Woe to them that go down to Egypt for help, who trust in horses and chariots, for they are many; and in horses, *which are* a great multitude; and have not trusted in the Holy One of Israel, and have not sought the Lord. 2 Therefore he has wisely brought evils upon them, and his word shall not be frustrated; and he shall rise up against the houses of wicked men, and against their vain hope, 3 *even* an Egyptian, a man, and not God; the flesh of horses, and there is no help *in them*: but the Lord shall bring his hand upon them, and the helpers shall fail, and all shall perish together. 4 For thus said the Lord to me, As a lion would roar, or a lion's whelp over prey which he has taken, and cry over it, until the mountains are filled with his voice, and *the animals* are awe-struck and tremble at the fierceness of his wrath: so the Lord of hosts shall descend to fight upon the mount Sion, *even* upon her mountains. 5 As birds flying, so shall the Lord of hosts defend; he shall defend Jerusalem, and he shall rescue, and save and deliver. 6 Turn, ye children of Israel, who devise a deep and sinful counsel. 7 For in that day men shall renounce their silver idols and *their* golden idols, which their hands made. 8 And the Assyrian shall fall: not the sword of a great man, nor the

---

β Gr. take them to their face.

sword of a mean man shall devour him; neither shall he flee from the face of the sword: but the young men shall be overthrown: [9]for they shall be compassed with rocks as with a trench, and shall be worsted; and he that flees shall be taken. Thus saith the Lord, Blessed is he that has a seed in Sion, and household friends in Jerusalem.

For, behold, a righteous king shall reign, and princes shall govern with judgment. [2]And a man shall hide his words, and be hidden, as from rushing water, and shall appear in Sion as a rushing river, glorious in a thirsty land. [3]And they shall no more trust in men, but they shall incline their ears to hear. [4]And the heart of the weak ones shall attend to hear, and the stammering tongues shall soon learn to speak peace. [5]And they shall no more at all tell a fool to rule, and thy servants shall no more at all say, Be silent. [6]For the fool shall speak foolish words, and his heart shall meditate vanities, and to perform lawless deeds and to speak error against the Lord, to scatter hungry souls, and he will cause the thirsty souls to be empty. [7]For the counsel of the wicked will devise iniquity, to destroy the poor with unjust words, and [β]ruin the cause of the poor in judgment. [8]But the godly have devised wise *measures*, and this counsel shall stand.

[9]Rise up, ye rich women, and hear my voice; [γ]ye confident daughters, hearken to my words. [10]Remember for a full year in pain, yet with hope: the vintage has been cut off, it has ceased, it shall by no means come again. [11]Be amazed, be pained, ye confident ones: strip you, bare yourselves, gird your loins; [12]and beat on your breasts, because of the pleasant field, and the fruit of the vine. [13]*As for* the land of my people, the thorn and grass shall come upon *it*, and joy shall be removed from every house. [14]*As for* the rich city, the houses are deserted; they shall abandon the wealth of the city, *and* the pleasant houses: and the villages shall be caves for ever, the joy of wild asses, shepherds' pastures; [15]until the Spirit shall come upon you from on high, and Chermel shall be desert, and Chermel shall be counted for a forest. [16]Then judgment shall abide in the wilderness, and righteousness shall dwell in Carmel. [17]And the works of righteousness shall be peace; and righteousness shall ensure rest, and *the righteous* shall be confident for ever. [18]And his people shall inhabit a city of peace, and dwell in *it* in confidence, and they shall rest with wealth. [19]And if the hail should come down, it shall not come upon you; and they that dwell in the forests shall be in confidence, as those in the plain country. Blessed are they that sow by every water, where the ox and ass tread.

Woe to them that afflict you; but no one makes you miserable: and he that deals perfidiously with you does not deal perfidiously: they that deal perfidiously shall be taken and given up, and as a moth on a garment, so shall they be spoiled. [2]Lord, have mercy upon us; for we have trusted in thee: the seed of the rebellious

φάγεται αὐτὸν, καὶ φεύξεται οὐκ ἀπὸ προσώπου μαχαίρας· οἱ δὲ νεανίσκοι ἔσονται εἰς ἥττημα, πέτρα γὰρ περιληφθήσονται 9 ὡς χάρακι, καὶ ἡττηθήσονται, ὁ δὲ φεύγων ἁλώσεται· τάδε λέγει Κύριος, μακάριος ὃς ἔχει ἐν Σιὼν σπέρμα, καὶ οἰκείους ἐν Ἱερουσαλήμ.

Ἰδοὺ γὰρ βασιλεὺς δίκαιος βασιλεύσει, καὶ ἄρχοντες μετὰ 32 κρίσεως ἄρξουσι. Καὶ ἔσται ὁ ἄνθρωπος κρύπτων τοὺς λόγους 2 αὐτοῦ, καὶ κρυβήσεται, ὡς ἀφ᾽ ὕδατος φερομένου· καὶ φανήσεται ἐν Σιὼν ὡς ποταμὸς φερόμενος ἔνδοξος ἐν γῇ διψώσῃ. Καὶ οὐκέτι ἔσονται πεποιθότες ἐπ᾽ ἀνθρώποις, ἀλλὰ τὰ ὦτα 3 ἀκούειν δώσουσι. Καὶ ἡ καρδία τῶν ἀσθενούντων προσέξει τῷ 4 ἀκούειν, καὶ αἱ γλῶσσαι αἱ ψελλίζουσαι ταχὺ μαθήσονται λαλεῖν εἰρήνην. Καὶ οὐκέτι μὴ εἴπωσι τῷ μωρῷ ἄρχειν, καὶ 5 οὐκέτι μὴ εἴπωσιν οἱ ὑπηρέται σου, σίγα. Ὁ γὰρ μωρὸς 6 μωρὰ λαλήσει, καὶ ἡ καρδία αὐτοῦ μάταια νοήσει, τοῦ συντελεῖν ἄνομα, καὶ λαλεῖν πρὸς Κύριον πλάνησιν, τοῦ διασπεῖραι ψυχὰς πεινώσας, καὶ τὰς ψυχὰς τὰς διψώσας κενὰς ποιήσει. Ἡ γὰρ βουλὴ τῶν πονηρῶν ἄνομα βουλεύσεται, καταφθεῖραι 7 ταπεινοὺς ἐν λόγοις ἀδίκοις, καὶ διασκεδάσαι λόγους ταπεινῶν ἐν κρίσει. Οἱ δὲ εὐσεβεῖς συνετὰ ἐβουλεύσαντο, καὶ αὕτη ἡ 8 βουλὴ μενεῖ.

Γυναῖκες πλούσιαι ἀνάστητε, καὶ ἀκούσατε τῆς φωνῆς μου· 9 θυγατέρες ἐν ἐλπίδι εἰσακούσατε λόγους μου. Ἡμέρας ἐνιαυτοῦ 10 μνείαν ποιήσασθε ἐν ὀδύνῃ μετ᾽ ἐλπίδος· ἀνήλωται ὁ τρυγητός, πέπαυται, οὐκέτι μὴ ἔλθῃ. Ἔκστητε, λυπήθητε αἱ πεποιθυῖαι, 11 ἐκδύσασθε, γυμναὶ γένεσθε, περιζώσασθε τὰς ὀσφύας, καὶ ἐπὶ 12 τῶν μαστῶν κόπτεσθε, ἀπὸ ἀγροῦ ἐπιθυμήματος, καὶ ἀμπέλου γεννήματος. Ἡ γῆ τοῦ λαοῦ μου, ἄκανθα καὶ χόρτος ἀνα- 13 βήσεται, καὶ ἐκ πάσης οἰκίας εὐφροσύνη ἀρθήσεται. Πόλις 14 πλουσία, οἶκοι ἐγκαταλελειμμένοι πλοῦτον πόλεως ἀφήσουσιν, οἴκους ἐπιθυμήματος· καὶ ἔσονται αἱ κῶμαι σπήλαια ἕως τοῦ αἰῶνος, εὐφροσύνη ὄνων ἀγρίων, βοσκήματα ποιμένων, ἕως 15 ἂν ἔλθῃ ἐφ᾽ ὑμᾶς πνεῦμα ἀφ᾽ ὑψηλοῦ· καὶ ἔσται ἔρημος ὁ Χέρμελ, καὶ ὁ Χέρμελ εἰς δρυμὸν λογισθήσεται. Καὶ 16 ἀναπαύσεται ἐν τῇ ἐρήμῳ κρίμα, καὶ δικαιοσύνη ἐν τῷ Καρμήλῳ κατοικήσει. Καὶ ἔσται τὰ ἔργα τῆς δικαιοσύνης, εἰρήνη· καὶ 17 κρατήσει ἡ δικαιοσύνη ἀνάπαυσιν, καὶ πεποιθότες ἕως τοῦ αἰῶνος. Καὶ κατοικήσει ὁ λαὸς αὐτοῦ ἐν πόλει εἰρήνης, καὶ 18 ἐνοικήσει πεποιθὼς, καὶ ἀναπαύσονται μετὰ πλούτου. Ἡ 19 δὲ χάλαζα ἐὰν καταβῇ, οὐκ ἐφ᾽ ὑμᾶς ἥξει· καὶ ἔσονται οἱ ἐνοικοῦντες ἐν τοῖς δρυμοῖς πεποιθότες, ὡς οἱ ἐν τῷ πεδινῇ. Μακάριοι οἱ σπείροντες ἐπὶ πᾶν ὕδωρ, οὗ βοῦς καὶ ὄνος 20 πατεῖ.

Οὐαὶ τοῖς ταλαιπωροῦσιν ὑμᾶς, ὑμᾶς δὲ οὐδεὶς ποιεῖ 33 ταλαιπώρους, καὶ ὁ ἀθετῶν ὑμᾶς οὐκ ἀθετεῖ· ἁλώσονται οἱ ἀθετοῦντες, καὶ παραδοθήσονται, καὶ ὡς σὴς ἐφ᾽ ἱματίου, οὕτως ἡττηθήσονται.

Κύριε ἐλέησον ἡμᾶς, ἐπὶ σοὶ γὰρ πεπρίθαμεν· ἐγενήθη τὸ 2

β *Gr.* disperse the words.   γ *Gr.* daughters in hope.

σπέρμα τῶν ἀπειθούντων εἰς ἀπώλειαν, ἡ δὲ σωτηρία ἡμῶν ἐν
3 καιρῷ θλίψεως. Διὰ φωνὴν τοῦ φόβου ἐξέστησαν λαοὶ ἀπὸ
τοῦ φόβου σου, καὶ διεσπάρησαν τὰ ἔθνη.

4 Νῦν δὲ συναχθήσεται τὰ σκῦλα ὑμῶν μικροῦ καὶ μεγάλου·
ὃν τρόπον ἐάν τις συναγάγῃ ἀκρίδας, οὕτως ἐμπαίξουσιν ὑμῖν.
5 Ἅγιος ὁ Θεὸς ὁ κατοικῶν ἐν ὑψηλῷ, ἐνεπλήσθη Σιὼν κρίσεως
6 καὶ δικαιοσύνης. Ἐν νόμῳ παραδοθήσονται, ἐν θησαυροῖς ἡ
σωτηρία ἡμῶν, ἐκεῖ σοφία καὶ ἐπιστήμη καὶ εὐσέβεια πρὸς τὸν
Κύριον· οὗτοί εἰσι θησαυροὶ δικαιοσύνης.

7 Ἰδοὺ δὴ ἐν τῷ φόβῳ ὑμῶν οὗτοι φοβηθήσονται· οὓς ἐφο-
βεῖσθε, βοήσονται ἀφ᾽ ὑμῶν· ἄγγελοι ἀποσταλήσονται, πικρῶς
8 κλαίοντες, παρακαλοῦντες εἰρήνην. Ἐρημωθήσονται γὰρ αἱ
τούτων ὁδοί· πέπαυται ὁ φόβος τῶν ἐθνῶν, καὶ ἡ πρὸς τούτους
διαθήκη αἴρεται, καὶ οὐ μὴ λογίσησθε αὐτοὺς ἀνθρώπους.
9 Ἐπένθησεν ἡ γῆ, ᾐσχύνθη ὁ Λίβανος, ἕλη ἐγένετο ὁ Σάρων·
φανερὰ ἔσται ἡ Γαλιλαία, καὶ ὁ Χέρμελ.

10 Νῦν ἀναστήσομαι, λέγει Κύριος, νῦν δοξασθήσομαι, νῦν
11 ὑψωθήσομαι. Νῦν ὄψεσθε, νῦν αἰσθηθήσεσθε, ματαία ἔσται
12 ἡ ἰσχὺς τοῦ πνεύματος ὑμῶν· πῦρ κατέδεται ὑμᾶς. Καὶ
ἔσονται ἔθνη κατακεκαυμένα, ὡς ἄκανθα ἐν ἀγρῷ ἐῤῥιμμένη
καὶ κατακεκαυμένη.

13 Ἀκούσονται οἱ πόῤῥωθεν ἃ ἐποίησα, γνώσονται οἱ ἐγγίζοντες
14 τὴν ἰσχύν μου. Ἀπέστησαν οἱ ἐν Σιὼν ἄνομοι, λήψεται
τρόμος τοὺς ἀσεβεῖς· τίς ἀναγγελεῖ ὑμῖν, ὅτι πῦρ καίεται; τίς
ἀναγγελεῖ ὑμῖν τὸν τόπον τὸν αἰώνιον;

15 Πορευόμενος ἐν δικαιοσύνῃ, λαλῶν εὐθεῖαν ὁδόν, μισῶν
ἀνομίαν καὶ ἀδικίαν, καὶ τὰς χεῖρας ἀποσειόμενος ἀπὸ δώρων·
βαρύνων τὰ ὦτα, ἵνα μὴ ἀκούσῃ κρίσιν αἵματος· καμμύων
16 τοὺς ὀφθαλμοὺς, ἵνα μὴ ἴδῃ ἀδικίαν, οὗτος οἰκήσει ἐν ὑψηλῷ
σπηλαίῳ πέτρας ἰσχυρᾶς· ἄρτος αὐτῷ δοθήσεται, καὶ τὸ ὕδωρ
17 αὐτοῦ πιστόν. Βασιλέα μετὰ δόξης ὄψεσθε, οἱ ὀφθαλμοὶ ὑμῶν
18 ὄψονται γῆν πόῤῥωθεν, ἡ ψυχὴ ὑμῶν μελετήσει φόβον· ποῦ
εἰσιν οἱ γραμματικοί; ποῦ εἰσιν οἱ συμβουλεύοντες; ποῦ ἐστιν
19 ὁ ἀριθμῶν τοὺς τρεφομένους μικρὸν καὶ μέγαν λαόν; ᾧ οὐ
συνεβουλεύσατο, οὐδὲ ᾔδει βαθύφωνον, ὥστε μὴ ἀκοῦσαι λαὸς
πεφαυλισμένος, καὶ οὐκ ἔστι τῷ ἀκούοντι σύνεσις.

20 Ἰδοὺ Σιὼν ἡ πόλις, τὸ σωτήριον ἡμῶν, οἱ ὀφθαλμοί σου
ὄψονται Ἱερουσαλὴμ, πόλις πλουσία, σκηναὶ αἳ οὐ μὴ σεισθῶ-
σιν, οὐδὲ μὴ κινηθῶσιν οἱ πάσσαλοι τῆς σκηνῆς αὐτῆς εἰς τὸν
21 αἰῶνα χρόνον, οὐδὲ τὰ σχοινία αὐτῆς οὐ μὴ διαῤῥαγῶσιν, ὅτι
τὸ ὄνομα Κυρίου μέγα ὑμῖν· τόπος ὑμῖν ἔσται, ποταμοὶ καὶ
διώρυχες πλατεῖς καὶ εὐρύχωροι· οὐ πορεύσῃ ταύτην τὴν ὁδὸν,
22 οὐδὲ πορεύσεται πλοῖον ἐλαῦνον. Ὁ γὰρ Θεός μου μέγας
ἐστίν· οὐ παρελεύσεταί με Κύριος κριτὴς ἡμῶν, Κύριος
ἄρχων ἡμῶν, Κύριος βασιλεὺς ἡμῶν, Κύριος οὗτος ἡμᾶς
σώσει.

23 Ἐῤῥάγησαν τὰ σχοινία σου, ὅτι οὐκ ἐνίσχυσαν· ὁ ἱστός

is gone to destruction, but our deliverance was in a time of affliction. [3] By reason of the terrible sound the nations were dismayed for fear of thee, and the heathen were scattered.

[4] And now shall the spoils of your small and great be gathered: as if one should gather locusts, so shall they mock you. [5] The God who dwells on high is holy: Sion is filled with judgment and righteousness. [6] They shall be delivered up to the law: our salvation is our treasure: there are wisdom and knowledge and piety toward the Lord; these are the treasures of righteousness.

[7] Behold now, these shall be terrified with fear of you: those whom ye feared shall cry out because of you: messengers shall be sent, bitterly weeping, entreating for peace. [8] For the ways of these shall be made desolate: the terror of the nations has been made to cease, and the covenant with these is taken away, and ye shall by no means deem them men. [9] The land mourns; Libanus is ashamed: Saron is become marshes; Galilee shall be [β] laid bare, and Chermel.

[10] Now will I arise, saith the Lord, now will I be glorified; now will I be exalted. [11] Now shall ye see, now shall ye perceive; the strength of your breath shall be vain; fire shall devour you. [12] And the nations shall be burnt up; as a thorn in the field cast out and burnt up.

[13] They that are afar off shall hear what I have done; they that draw nigh shall know my strength. [14] The sinners in Sion have departed; trembling shall seize the ungodly. Who will tell you that a fire is kindled? Who will tell you of the eternal place? [15] He that walks in righteousness, speaking rightly, hating transgression and iniquity, and shaking his hands from gifts, stopping his ears that he should not hear the judgment of blood, shutting his eyes that he should not see injustice; [16] he shall dwell in a high cave of a strong rock: bread shall be given him, and his water shall be sure. [17] Ye shall see a king with glory: your eyes shall behold a land from afar. [18] Your soul shall meditate terror. Where are the scribes? where are the counsellors, where is he that numbers them that are growing up, [19] even the small and great people? with whom he took not counsel, neither did he understand a people of deep speech, so that a despised people should not hear, and there is no understanding to him that hears.

[20] Behold the city Sion, our [γ] refuge: thine eyes shall behold Jerusalem, a rich city, tabernacles which shall not be shaken, neither shall the pins of her tabernacle be moved for ever, neither shall her cords be at all broken: [21] for the name of the Lord is great to you: ye shall have a place, even rivers and wide and spacious channels: thou shalt not go this way, neither a vessel with oars go thereby. [22] For my God is great: the Lord our judge shall not pass me by: the Lord is our prince, the Lord is our king; the Lord, he shall save us.

[23] Thy cords are broken, for they had no

β Gr. manifest. γ Or, salvation.

strength: thy mast has given way, it shall not spread the sails, it shall not bear a signal, until it be given up for plunder; therefore shall many lame men take spoil. [24] And the people dwelling among them shall by no means say, β I am in pain: for their sin shall be forgiven them.

Draw near, ye nations; and hearken, ye princes; let the earth hear, and they that are in it; the world, and the people that are therein. [2] For the wrath of the Lord is upon all nations, and his anger upon the number of them, to destroy them, and give them up to slaughter. [3] And their slain shall be cast forth, and their corpses; and their *ill* savour shall come up, and the mountains shall be made wet with their blood. [4] And all the powers of the heavens shall melt, and the sky shall be rolled up like a scroll: and all the stars shall fall like leaves from a vine, and as leaves fall from a fig-tree.

[5] My sword has been made drunk in heaven: behold, it shall come down upon Idumea, and with judgment upon the people doomed to destruction. [6] The sword of the Lord is filled with blood, it is glutted with fat, with the blood of goats and lambs, and with the fat of goats and rams: for the Lord has a sacrifice in Bosor, and a great slaughter in Idumea. [7] And the mighty ones shall fall with them, and the rams and the bulls; and the land shall be γ soaked with blood, and shall be filled with their fat. [8] For it is the day of the judgment of the Lord, and the year of the recompence of Sion in judgment. [9] And her valleys shall be turned into pitch, and her land into sulphur; and her land shall be as pitch burning night and day; [10] and it shall never be quenched, and her smoke shall go up: it shall be made desolate throughout her generations, [11] and for a long time birds and hedgehogs, and ibises and ravens shall dwell in it: and the measuring line of desolation shall be cast over it, and δ satyrs shall dwell in it. [12] Her princes shall be no more; for her kings and her great men shall be destroyed. [13] And thorns shall spring up in their cities, and in her strong holds: and they shall be habitations of ϛ monsters, and a court for ostriches. [14] And devils shall meet with satyrs, and they shall cry one to the other: there shall satyrs rest, having found for themselves *a place of* rest. [15] There has the hedgehog made its nest, and the earth has safely preserved its young: there have the deer met, and seen one another's faces. [16] They passed by in *full* number, and not one of them perished: they sought not one another; for the Lord commanded them, and his Spirit gathered them. [17] And he shall cast lots for them, and his hand has portioned out *their* pasture, *saying*, Ye shall inherit *the land* for ever: they shall rest on it *through* all generations.

Be glad, thou thirsty desert: let the wilderness exult, and flower as the lily. [2] And the desert places of Jordan shall blossom and rejoice; the glory of Libanus has been given to it, and the honour of Carmel; and

σου ἔκλινεν, οὐ χαλάσει τὰ ἱστία, οὐκ ἀρεῖ σημεῖον, ἕως οὗ παραδοθῇ εἰς προνομήν· τοίνυν πολλοὶ χωλοὶ προνομὴν ποιήσουσι, καὶ οὐ μὴ εἴπωσι, κοπιῶ, ὁ λαὸς ἐνοικῶν ἐν αὐτοῖς· 24 ἀφεθῇ γὰρ αὐτοῖς ἡ ἁμαρτία.

Προσαγάγετε ἔθνη, καὶ ἀκούσατε ἄρχοντες· ἀκουσάτω ἡ γῆ, 34 καὶ οἱ ἐν αὐτῇ, ἡ οἰκουμένη, καὶ ὁ λαὸς ὁ ἐν αὐτῇ. Διότι 2 θυμὸς Κυρίου ἐπὶ πάντα τὰ ἔθνη καὶ ὀργὴ ἐπὶ τὸν ἀριθμὸν αὐτῶν, τοῦ ἀπολέσαι αὐτοὺς, καὶ παραδοῦναι αὐτοὺς εἰς σφαγήν. Οἱ δὲ τραυματίαι αὐτῶν ῥιφήσονται, καὶ οἱ νεκροὶ, καὶ ἀνα- 3 βήσεται αὐτῶν ἡ ὀσμὴ, καὶ βραχήσεται τὰ ὄρη ἀπὸ τοῦ αἵματος αὐτῶν. Καὶ τακήσονται πᾶσαι αἱ δυνάμεις τῶν οὐρανῶν, καὶ 4 ἑλιγήσεται ὁ οὐρανὸς ὡς βιβλίον, καὶ πάντα τὰ ἄστρα πεσεῖται ὡς φύλλα ἐξ ἀμπέλου, καὶ ὡς πίπτει φύλλα ἀπὸ συκῆς.

Ἐμεθύσθη ἡ μάχαιρά μου ἐν τῷ οὐρανῷ· ἰδοὺ ἐπὶ τὴν 5 Ἰδουμαίαν καταβήσεται, καὶ ἐπὶ τὸν λαὸν τῆς ἀπωλείας μετὰ κρίσεως. Ἡ μάχαιρα τοῦ Κυρίου ἐνεπλήσθη αἵματος, ἐπα- 6 χύνθη ἀπὸ στέατος, ἀπὸ αἵματος τράγων καὶ ἀμνῶν, καὶ ἀπὸ στέατος τράγων καὶ κριῶν· ὅτι θυσία τῷ Κυρίῳ ἐν Βοσὸρ, καὶ σφαγὴ μεγάλη ἐν τῇ Ἰδουμαίᾳ. Καὶ συνπεσοῦνται οἱ 7 ἁδροὶ μετ᾽ αὐτῶν, καὶ οἱ κριοὶ καὶ οἱ ταῦροι, καὶ μεθυσθήσεται ἡ γῆ ἀπὸ τοῦ αἵματος, καὶ ἀπὸ τοῦ στέατος αὐτῶν ἐμπλησθή- σεται. Ἡμέρα γὰρ κρίσεως Κυρίου, καὶ ἐνιαυτὸς ἀνταποδό- 8 σεως κρίσεως Σιών. Καὶ στραφήσονται αἱ φάραγγες αὐτῆς 9 εἰς πίσσαν, καὶ ἡ γῆ αὐτῆς εἰς θεῖον· καὶ ἔσται ἡ γῆ αὐτῆς ὡς πίσσα καιομένη νυκτὸς καὶ ἡμέρας, καὶ οὐ σβεσθήσεται εἰς 10 τὸν αἰῶνα χρόνον, καὶ ἀναβήσεται ὁ καπνὸς αὐτῆς ἄνω, εἰς γενεὰς αὐτῆς ἐρημωθήσεται, καὶ εἰς χρόνον πολὺν ὄρνεα καὶ 11 ἐχῖνοι, καὶ ἴβεις καὶ κόρακες κατοικήσουσιν ἐν αὐτῇ· καὶ ἐπι- βληθήσεται ἐπ᾽ αὐτὴν σπαρτίον γεωμετρίας ἐρήμου, καὶ ὀνοκένταυροι οἰκήσουσιν ἐν αὐτῇ. Οἱ ἄρχοντες αὐτῆς οὐκ 12 ἔσονται· οἱ γὰρ βασιλεῖς καὶ οἱ μεγιστᾶνες αὐτῆς ἔσονται εἰς ἀπώλειαν. Καὶ ἀναφύσει εἰς τὰς πόλεις αὐτῶν ἀκάνθινα 13 ξύλα, καὶ εἰς τὰ ὀχυρώματα αὐτῆς· καὶ ἔσται ἐπαύλεις σει- ρήνων, καὶ αὐλὴ στρουθῶν. Καὶ συναντήσουσι δαιμόνια 14 ὀνοκενταύροις, καὶ βοήσονται ἕτερος πρὸς τὸν ἕτερον, ἐκεῖ ἀνα- παύσονται ὀνοκένταυροι, εὑρόντες αὐτοῖς ἀνάπαυσιν. Ἐκεῖ 15 ἐνόσσευσεν ἐχῖνος, καὶ ἔσωσεν ἡ γῆ τὰ παιδία αὐτῆς μετὰ ἀσφαλείας· ἐκεῖ συνήντησαν ἔλαφοι καὶ εἶδον τὰ πρόσωπα ἀλλήλων. Ἀριθμῷ παρῆλθον, καὶ μία αὐτῶν οὐκ ἀπώλετο· 16 ἑτέρα τὴν ἑτέραν οὐκ ἐζήτησαν, ὅτι ὁ Κύριος αὐτοῖς ἐνετείλατο, καὶ τὸ πνεῦμα αὐτοῦ συνήγαγεν αὐτά. Καὶ αὐτὸς ἐπιβαλεῖ 17 αὐτοῖς κλήρους, καὶ ἡ χεὶρ αὐτοῦ διεμέρισε βόσκεσθαι· εἰς τὸν αἰῶνα χρόνον κληρονομήσετε, γενεὰς γενεῶν ἀναπαύσονται ἐπ᾽ αὐτῆς.

Εὐφράνθητι ἔρημος διψῶσα, ἀγαλλιάσθω ἔρημος, καὶ ἀνθείτω 35 ὡς κρίνον. Καὶ ἐξανθήσει καὶ ἀγαλλιάσεται τὰ ἔρημα τοῦ 2 Ἰορδάνου, ἡ δόξα τοῦ Λιβάνου ἐδόθη αὐτῇ, καὶ ἡ τιμὴ τοῦ

β *Or,* I am sick.   γ *Gr.* made drunken.   δ *Vide supra,* 13. 22.   ζ *Vide supra,* Job 30. 29; Isa. 13. 21, etc.

Καρμήλου, καὶ ὁ λαός μου ὄψεται τὴν δόξαν Κυρίου, καὶ τὸ ὕψος τοῦ Θεοῦ.

3 Ἰσχύσατε χεῖρες ἀνειμέναι, καὶ γόνατα παραλελυμένα.

4 Παρακαλέσατε οἱ ὀλιγόψυχοι τῇ διανοίᾳ· ἰσχύσατε, μὴ φο-βεῖσθε· ἰδοὺ ὁ Θεὸς ἡμῶν κρίσιν ἀνταποδίδωσι, καὶ ἀνταποδώ-

5 σει, αὐτὸς ἥξει καὶ σώσει ἡμᾶς. Τότε ἀνοιχθήσονται ὀφθαλμοὶ

6 τυφλῶν, καὶ ὦτα κωφῶν ἀκούσονται. Τότε ἁλεῖται ὡς ἔλαφος ὁ χωλός, τρανὴ δὲ ἔσται γλῶσσα μογιλάλων, ὅτι ἐρράγη ἐν τῇ

7 ἐρήμῳ ὕδωρ, καὶ φάραγξ ἐν γῇ διψώσῃ. Καὶ ἔσται ἡ ἄνυδρος εἰς ἕλη, καὶ εἰς τὴν διψῶσαν γῆν πηγὴ ὕδατος ἔσται· ἐκεῖ

8 εὐφροσύνη ὀρνέων, ἐπαύλεις καλάμου καὶ ἕλη. Ἔσται ἐκεῖ ὁδὸς καθαρά, καὶ ὁδὸς ἁγία κληθήσεται, καὶ οὐ μὴ παρέλθῃ ἐκεῖ ἀκάθαρτος, οὐδὲ ἔσται ἐκεῖ ὁδὸς ἀκάθαρτος· οἱ δὲ διεσπαρ-

9 μένοι πορεύσονται ἐπ᾽ αὐτῆς, καὶ οὐ μὴ πλανηθῶσι. Καὶ οὐκ ἔσται ἐκεῖ λέων, οὐδὲ τῶν πονηρῶν θηρίων οὐ μὴ ἀναβῇ εἰς αὐτήν, οὐδὲ μὴ εὑρεθῇ ἐκεῖ, ἀλλὰ πορεύσονται ἐν αὐτῇ λελυτρω-

10 μένοι, καὶ συνηγμένοι διὰ Κύριον, καὶ ἀποστραφήσονται, καὶ ἥξουσιν εἰς Σιὼν μετ᾽ εὐφροσύνης, καὶ εὐφροσύνη αἰώνιος ὑπὲρ κεφαλῆς αὐτῶν· ἐπὶ γὰρ τῆς κεφαλῆς αὐτῶν αἴνεσις καὶ ἀγαλλίαμα, καὶ εὐφροσύνη καταλήψεται αὐτούς, ἀπέδρα ὀδύνη καὶ λύπη καὶ στεναγμός.

36 Καὶ ἐγένετο τοῦ τεσσαρεσκαιδεκάτου ἔτους βασιλεύοντος Ἐζεκίου, ἀνέβη Σενναχηρεὶμ βασιλεὺς Ἀσσυρίων ἐπὶ τὰς

2 πόλεις τῆς Ἰουδαίας τὰς ὀχυράς, καὶ ἔλαβεν αὐτάς. Καὶ ἀπέστειλε βασιλεὺς Ἀσσυρίων τὸν Ῥαβσάκην ἐκ Λάχης εἰς Ἱερουσαλὴμ πρὸς τὸν βασιλέα Ἐζεκίαν μετὰ δυνάμεως πολ-λῆς· καὶ ἔστη ἐν τῷ ὑδραγωγῷ τῆς κολυμβήθρας τῆς ἄνω ἐν τῇ

3 ὁδῷ τοῦ ἀγροῦ τοῦ κναφέως. Καὶ ἐξῆλθε πρὸς αὐτὸν Ἐλιακεὶμ ὁ τοῦ Χελκίου ὁ οἰκονόμος, καὶ Σομνᾶς ὁ γραμματεύς, καὶ Ἰωὰχ ὁ τοῦ Ἀσὰφ ὁ ὑπομνηματογράφος.

4 Καὶ εἶπεν αὐτοῖς Ῥαβσάκης, εἴπατε Ἐζεκίᾳ, τάδε λέγει ὁ βασιλεὺς ὁ μέγας, βασιλεὺς Ἀσσυρίων, τί πεποιθὼς εἶ;

5 Μὴ ἐν βουλῇ καὶ λόγοις χειλέων παράταξις γίνεται; καὶ νῦν

6 ἐπὶ τίνα πέποιθας, ὅτι ἀπειθεῖς μοι; Ἰδοὺ πεποιθὼς εἶ ἐπὶ τὴν ῥάβδον τὴν καλαμίνην τὴν τεθλασμένην ταύτην, ἐπ᾽ Αἴ-γυπτον· ὡς ἂν ἐπιστηρισθῇ ἀνὴρ ἐπ᾽ αὐτήν, εἰσελεύσεται εἰς τὴν χεῖρα αὐτοῦ, καὶ τρήσει αὐτήν· οὕτως ἐστὶ Φαραὼ βασι-

7 λεὺς Αἰγύπτου, καὶ πάντες οἱ πεποιθότες ἐπ᾽ αὐτῷ. Εἰ δὲ

8 λέγετε, ἐπὶ Κύριον τὸν Θεὸν ἡμῶν πεποίθαμεν, νῦν μίχθητε τῷ κυρίῳ μου τῷ βασιλεῖ Ἀσσυρίων, καὶ δώσω ὑμῖν δισχιλίαν

9 ἵππον, εἰ δυνήσεσθε δοῦναι ἀναβάτας ἐπ᾽ αὐτούς. Καὶ πῶς δύνασθε ἀποστρέψαι εἰς πρόσωπον τῶν τοπαρχῶν· οἰκέται εἰσὶν, οἱ πεποιθότες ἐπ᾽ Αἰγυπτίοις, εἰς ἵππον καὶ ἀναβάτην;

10 Καὶ νῦν μὴ ἄνευ Κυρίου ἀνέβημεν ἐπὶ τὴν χώραν ταύτην πολεμῆσαι αὐτήν; Κύριος εἶπε πρὸς μὲ, ἀνάβηθι ἐπὶ τὴν γῆν ταύτην, καὶ διάφθειρον αὐτήν.

11 Καὶ εἶπε πρὸς αὐτὸν Ἐλιακεὶμ, καὶ Σομνᾶς, καὶ Ἰωὰχ, λάλησον πρὸς τοὺς παῖδάς σου Συριστί· ἀκούομεν γὰρ ἡμεῖς· καὶ μὴ λάλει πρὸς ἡμᾶς Ἰουδαϊστί· καὶ ἱνατί λαλεῖς εἰς τὰ

my people shall see the glory of the Lord, and the majesty of God. **3** βBe strong, ye relaxed hands and palsied knees. **4**Comfort one another, ye faint-hearted; be strong, fear not; behold, our God renders judgment, and he will render *it;* he will come and save us. **5** Then shall the eyes of the blind be opened, and the ears of the deaf shall hear. **6**Then shall the lame man leap as an hart, and the tongue of the stammerers shall speak plainly; for water has burst forth in the desert, and a channel *of water* in a thirsty land. **7**And the dry land shall become pools, and a fountain of water shall *be poured* into the thirsty land; there shall there be a joy of birds, ready habitations and marshes. **8**There shall be there a pure way, and it shall be called a holy way; and there shall not pass by there any un-clean person, neither shall there be there an unclean way; but the dispersed shall walk on it, and they shall not go astray. **9**And there shall be no lion there, neither shall any evil beast go up upon it, nor at all be found there; but the redeemed and gather-ed on the Lord's behalf, shall walk in it, and shall return, and come to Sion with joy, and everlasting joy *shall be* over their head; for on their head *shall be* praise and exulta-tion, and joy shall take possession of them: sorrow and pain, and groaning have fled away.

Now it came to pass in the fourteenth year of the reign of Ezekias, *that* Senna-cherim, king of the Assyrians, came up against the strong cities of Judea, and took them. **2**And the king of the Assyrians sent Rabsaces out of Laches to Jerusalem to king Ezekias with a large force: and he stood γ by the conduit of the upper pool in the way of the fuller's field. **3**And there went forth to him Heliakim the steward, the *son* of Chelcias, and Somnas the scribe, and Joach the *son* of Asaph, the recorder.

4And Rabsaces said to them, Say to Ezekias, Thus says the great king, the king of the Assyrians, Why art thou secure? **5**Is war carried on with counsel and *mere* words of the lips? and now on whom dost thou trust, that thou rebellest against me? **6**Behold, thou trustest on this bruised staff of reed, on Egypt: *as soon* as a man leans upon it, it shall go into his hand, and pierce it: so is Pharao king of Egypt and all that trust in him. **7**But if ye say, We trust in the Lord our God; **8**yet now make an agreement with my lord the king of the Assyrians, and I will give you two thousand horses, if ye shall be able to set riders upon them. **9**And how can ye *then* turn to the face of the δ satraps? They that trust on the Egyptians for horse and rider are *our* servants. **10**And now, Have we come up against this land to fight against it without the Lord? The Lord said to me, Go up against this land, and destroy it. **11**Then Eliakim and Somnas and Joach said to him, Speak to thy servants in the Syrian tongue; for we understand *it:* and speak not to us in the Jewish tongue: and wherefore speakest thou in the ears of the

---

men on the wall? ¹²And Rabsaces said to them, Has my lord sent me to your lord or to you, to speak these words? *has he* not *sent* me to the men that sit on the wall, that they may eat dung, and drink *their* water together with you?

¹³And Rabsaces stood, and cried with a loud voice in the Jewish language, and said, Hear ye the words of the great king, the king of the Assyrians : ¹⁴thus says the king, Let not Ezekias deceive you with words : he will not be able to deliver you. ¹⁵And let not Ezekias say to you, That God will deliver you, and this city will not at all be delivered into the hand of the king of the Assyrians. ¹⁶Hearken not to Ezekias : thus says the king of the Assyrians, If ye wish to be blessed, come out to me : and ye shall eat every one *of* his vine and his fig-trees, and ye shall drink water out of your own cisterns ; ¹⁷until I come and take you to a land, like your own land, a land of corn and wine, and bread and vineyards. ¹⁸Let not Ezekias deceive you, saying, God will deliver you. Have the gods of the nations delivered each one his own land out of the hand of the king of the Assyrians? ¹⁹Where is the god of Emath, and Arphath? and where is the god of Eppharuaim? have they been able to deliver Samaria out of my hand? ²⁰Which is the god of all these nations, that has delivered his land out of my hand, that God should deliver Jerusalem out of my hand? ²¹And they were silent, and none answered him a word; because the king had commanded that none should answer.

²²And Heliakim the *son* of Chelcias, the steward, and Somnas the military scribe, and Joach the *son* of Asaph, the recorder, came in to Ezekias, having their garments rent, and they reported to him the words of Rabsaces.

And it came to pass, when king Ezekias heard *it, that* he rent his clothes, and put on sackcloth, and went up to the house of the Lord.

²And he sent Heliakim the steward, and Somnas the scribe, and the elders of the priests clothed with sackcloth, to Esaias the son of Amos, the prophet. And they said to him, Thus says Ezekias, ³To-day is a day of affliction, and reproach, and rebuke, and anger : for the pangs are come upon the travailing *woman*, but she has not strength to bring forth. ⁴May the Lord thy God hear the words of Rabsaces, which the king of the Assyrians has sent, to reproach the living God, even to reproach with the words which the Lord thy God has heard : therefore thou shalt pray to thy Lord for these that are left.

⁵So the servants of king Ezekias came to Esaias. ⁶And Esaias said to them, Thus shall ye say to your master, Thus saith the Lord, Be not thou afraid at the words which thou hast heard, wherewith the ambassadors of the king of the Assyrians have reproached me. ⁷Behold, I *will* send a blast upon him, and he shall hear a report, and return to his own country, and he shall fall by the sword in his own land.

⁸So Rabsaces returned, and found the king of the Assyrians besieging Lobna : for he had heard that he had departed from

ὦτα τῶν ἀνθρώπων ἐπὶ τῷ τείχει; Καὶ εἶπε πρὸς αὐτοὺς 12 Ῥαβσάκης, μὴ πρὸς τὸν κύριον ὑμῶν ἢ πρὸς ὑμᾶς ἀπέσταλκέ με ὁ κύριός μου, λαλῆσαι τοὺς λόγους τούτους; οὐχὶ πρὸς τοὺς ἀνθρώπους τοὺς καθημένους ἐπὶ τῷ τείχει, ἵνα φάγωσι κόπρον, καὶ πίωσιν οὖρον μεθ' ὑμῶν ἅμα;

Καὶ ἔστη Ῥαβσάκης, καὶ ἀνεβόησε φωνῇ μεγάλῃ Ἰουδαϊστὶ, 13 καὶ εἶπεν, ἀκούσατε τοὺς λόγους τοῦ βασιλέως τοῦ μεγάλου, βασιλέως Ἀσσυρίων. Τάδε λέγει ὁ βασιλεὺς, μὴ ἀπατάτω 14 ὑμᾶς Ἐζεκίας λόγοις, οὐ δύνηται ῥύσασθαι ὑμᾶς. Καὶ μὴ 15 λεγέτω ὑμῖν Ἐζεκίας, ὅτι ῥύσεται ὑμᾶς ὁ Θεὸς, καὶ οὐ μὴ παραδοθῇ ἡ πόλις αὕτη ἐν χειρὶ βασιλέως Ἀσσυρίων. Μὴ 16 ἀκούετε Ἐζεκίου· τάδε λέγει ὁ βασιλεὺς Ἀσσυρίων, εἰ βού- λεσθε εὐλογηθῆναι, ἐκπορεύεσθε πρὸς μὲ, καὶ φάγεσθε ἕκαστος τὴν ἄμπελον αὐτοῦ καὶ τὰς συκὰς, καὶ πίεσθε ὕδωρ ἐκ τοῦ λάκκου ὑμῶν, ἕως ἂν ἔλθω, καὶ λάβω ὑμᾶς εἰς γῆν, ὡς ἡ γῆ 17 ὑμῶν, γῆ σίτου καὶ οἴνου καὶ ἄρτων καὶ ἀμπελώνων. Μὴ 18 ἀπατάτω ὑμᾶς Ἐζεκίας, λέγων, ὁ Θεὸς ῥύσεται ὑμᾶς· μὴ ἐρρύσαντο οἱ θεοὶ τῶν ἐθνῶν, ἕκαστος τὴν ἑαυτοῦ χώραν ἐκ χειρὸς βασιλέως Ἀσσυρίων; Ποῦ ἐστιν ὁ θεὸς Ἐμὰθ καὶ 19 Ἀρφάθ; καὶ ποῦ ὁ θεὸς τῆς πόλεως Ἐπφαρουαίμ; μὴ ἐδύ- ναντο ῥύσασθαι Σαμάρειαν ἐκ χειρός μου; Τίς τῶν θεῶν 20 πάντων τῶν ἐθνῶν τούτων, ὅστις ἐρρύσατο τὴν γῆν αὐτοῦ ἐκ χειρός μου, ὅτι ῥύσεται ὁ Θεὸς τὴν Ἱερουσαλὴμ ἐκ χειρός μου; Καὶ ἐσιώπησαν, καὶ οὐδεὶς ἀπεκρίθη αὐτῷ λόγον, διὰ 21 τὸ προστάξαι τὸν βασιλέα μηδένα ἀποκριθῆναι.

Καὶ εἰσῆλθεν Ἐλιακεὶμ ὁ τοῦ Χελκίου, οἰκονόμος, καὶ 22 Σομνᾶς ὁ γραμματεὺς τῆς δυνάμεως, καὶ Ἰωὰχ ὁ τοῦ Ἀσὰφ ὁ ὑπομνηματογράφος, πρὸς Ἐζεκίαν, ἐσχισμένοι τοὺς χιτῶνας, καὶ ἀνήγγειλαν αὐτῷ τοὺς λόγους Ῥαβσάκου.

Καὶ ἐγένετο ἐν τῷ ἀκοῦσαι τὸν βασιλέα Ἐζεκίαν, ἔσχισε 37 τὰ ἱμάτια, καὶ περιεβάλετο σάκκον, καὶ ἀνέβη εἰς τὸν οἶκον Κυρίου.

Καὶ ἀπέστειλεν Ἐλιακεὶμ τὸν οἰκονόμον, καὶ Σομνᾶν τὸν 2 γραμματέα, καὶ τοὺς πρεσβυτέρους τῶν ἱερέων περιβεβλημέ- νους σάκκους, πρὸς Ἡσαΐαν υἱὸν Ἀμὼς τὸν προφήτην. Καὶ 3 εἶπαν αὐτῷ, τάδε λέγει Ἐζεκίας, ἡμέρα θλίψεως καὶ ὀνει- δισμοῦ καὶ ἐλεγμοῦ καὶ ὀργῆς ἡ σήμερον ἡμέρα, ὅτι ἥκει ἡ ὠδὶν τῇ τικτούσῃ, ἰσχὺν δὲ οὐκ ἔχει τοῦ τεκεῖν. Εἰσ- 4 ακοῦσαι Κύριος ὁ Θεός σου τοὺς λόγους Ῥαβσάκου, οὓς ἀπέστειλε βασιλεὺς Ἀσσυρίων, ὀνειδίζειν Θεὸν ζῶντα, καὶ ὀνειδίζειν λόγους οὓς ἤκουσε Κύριος ὁ Θεός σου, καὶ δεηθήσῃ πρὸς Κύριόν σου περὶ τῶν καταλελειμμένων τούτων.

Καὶ ἦλθον οἱ παῖδες τοῦ βασιλέως Ἐζεκίου πρὸς Ἡσαΐαν. 5 Καὶ εἶπεν αὐτοῖς Ἡσαΐας, οὕτως ἐρεῖτε πρὸς τὸν κύριον ὑμῶν, 6 τάδε λέγει Κύριος, μὴ φοβηθῇς ἀπὸ τῶν λόγων ὧν ἤκου- σας, οὓς ὠνείδισάν με οἱ πρέσβεις βασιλέως Ἀσσυρίων. Ἰδοὺ 7 ἐγὼ ἐμβάλλω εἰς αὐτὸν πνεῦμα, καὶ ἀκούσας ἀγγελίαν, ἀπο- στραφήσεται εἰς τὴν χώραν αὐτοῦ, καὶ πεσεῖται μαχαίρᾳ ἐν τῇ γῇ αὐτοῦ.

Καὶ ἀπέστρεψε Ῥαβσάκης, καὶ κατέλαβε τὸν βασιλέα 8 Ἀσσυρίων πολιορκοῦντα Λοβνάν· καὶ ἤκουσεν ὅτι ἀπῆρεν ἀπὸ

9 Λαχίς. Καὶ ἐξῆλθε Θαρακὰ βασιλεὺς Αἰθιόπων πολιορκῆσαι αὐτόν· καὶ ἀκούσας ἀπέστρεψε, καὶ ἀπέστειλεν ἀγγέλους πρὸς
10 Ἐζεκίαν, λέγων, οὕτως ἐρεῖτε Ἐζεκία βασιλεῖ τῆς Ἰουδαίας, μή σε ἀπατάτω ὁ Θεός σου, ἐφ᾽ ᾧ πέποιθας ἐπ᾽ αὐτῷ, λέγων, οὐ μὴ παραδοθῇ Ἱερουσαλὴμ ἐν χειρὶ βασιλέως Ἀσσυρίων.

11 Σὺ οὐκ ἤκουσας ἃ ἐποίησαν βασιλεῖς Ἀσσυρίων, πᾶσαν τὴν
12 γῆν ὡς ἀπώλεσαν; καὶ σὺ ῥυσθήσῃ; Μὴ ἐρρύσαντο αὐτοὺς οἱ θεοὶ τῶν ἐθνῶν, οὓς ἀπώλεσαν οἱ πατέρες μου, τήν τε Γωζᾶν,
13 καὶ Χαρρὰν, καὶ Ῥαφὲθ, αἵ εἰσιν ἐν χώρᾳ Θεεμάθ; Ποῦ εἰσι βασιλεῖς Ἐμάθ; καὶ ποῦ Ἀρφάθ; καὶ ποῦ πόλεως Ἐπφαρουαὶμ, Ἀναγουγάνα;

14 Καὶ ἔλαβεν Ἐζεκίας τὸ βιβλίον παρὰ τῶν ἀγγέλων, καὶ ἀνέγνω αὐτὸ, καὶ ἀνέβη εἰς οἶκον Κυρίου, καὶ ἤνοιξεν
15 αὐτὸ ἐναντίον Κυρίου. Καὶ προσηύξατο Ἐζεκίας πρὸς Κύριον, λέγων,

16 Κύριος σαβαὼθ ὁ Θεὸς Ἰσραὴλ, ὁ καθήμενος ἐπὶ τῶν χερουβὶμ, σὺ εἶ ὁ Θεὸς μόνος πάσης βασιλείας τῆς οἰκουμένης,
17 σὺ ἐποίησας τὸν οὐρανὸν καὶ τὴν γῆν· Κλῖνον Κύριε τὸ οὖς σου, εἰσάκουσον Κύριε, ἄνοιξον Κύριε τοὺς ὀφθαλμούς σου, εἴσβλεψον Κύριε, καὶ ἴδε τοὺς λόγους Σενναχηρεὶμ, οὓς ἀπέ-
18 στειλεν ὀνειδίζειν Θεὸν ζῶντα. Ἐπ᾽ ἀληθείας γὰρ Κύριε ἠρήμωσαν βασιλεῖς Ἀσσυρίων τὴν οἰκουμένην ὅλην, καὶ τὴν
19 χώραν αὐτῶν, καὶ ἀνέβαλον τὰ εἴδωλα αὐτῶν εἰς τὸ πῦρ· οὐ γὰρ θεοὶ ἦσαν, ἀλλὰ ἔργα χειρῶν ἀνθρώπων, ξύλα καὶ λίθοι·
20 καὶ ἀπώσαντο αὐτούς. Νῦν δὲ Κύριε ὁ Θεὸς ἡμῶν σῶσον ἡμᾶς ἐκ χειρὸς αὐτοῦ, ἵνα γνῷ πᾶσα βασιλεία τῆς γῆς, ὅτι σὺ εἶ ὁ Θεὸς μόνος.

21 Καὶ ἀπεστάλη Ἡσαΐας υἱὸς Ἀμὼς πρὸς Ἐζεκίαν, καὶ εἶπεν αὐτῷ, τάδε λέγει Κύριος ὁ Θεὸς Ἰσραὴλ, ἤκουσα ἃ προσηύξω
22 πρὸς μὲ περὶ Σενναχηρεὶμ βασιλέως Ἀσσυρίων. Οὗτος ὁ λόγος ὃν ἐλάλησε περὶ αὐτοῦ ὁ Θεὸς, ἐφαύλισέ σε, καὶ ἐμυκτήρισέ σε παρθένος θυγάτηρ Σιὼν, ἐπὶ σοὶ κεφαλὴν
23 ἐκίνησε θυγάτηρ Ἱερουσαλήμ. Τίνα ὠνείδισας καὶ παρώξυνας; ἢ πρὸς τίνα ὕψωσας τὴν φωνήν σου; καὶ οὐκ ἦρας εἰς ὕψος
24 τοὺς ὀφθαλμούς σου πρὸς τὸν ἅγιον τοῦ Ἰσραήλ; Ὅτι δι᾽ ἀγγέλων ὠνείδισας Κύριον· σὺ γὰρ εἶπας, τῷ πλήθει τῶν ἁρμάτων ἐγὼ ἀνέβην εἰς ὕψος ὀρέων, καὶ εἰς τὰ ἔσχατα τοῦ Λιβάνου, καὶ ἔκοψα τὸ ὕψος τῆς κέδρου αὐτοῦ, καὶ τὸ κάλλος τῆς κυπαρίσσου, καὶ εἰσῆλθον εἰς ὕψος μέρους τοῦ δρυμοῦ,
25 καὶ ἔθηκα γέφυραν, καὶ ἠρήμωσα ὕδατα καὶ πᾶσαν συναγωγὴν ὕδατος.

26 Οὐ ταῦτα ἤκουσας πάλαι ἃ ἐγὼ ἐποίησα; ἐξ ἡμερῶν ἀρχαίων συνέταξα, νῦν δὲ ἐπέδειξα ἐξερημῶσαι ἔθνη ἐν ὀχυροῖς,
27 καὶ οἰκοῦντας ἐν πόλεσιν ὀχυραῖς. Ἀνῆκα τὰς χεῖρας, καὶ ἐξηράνθησαν, καὶ ἐγένοντο ὡς χόρτος ξηρὸς ἐπὶ δωμάτων, καὶ
28 ὡς ἄγρωστις. Νῦν δὲ τὴν ἀνάπαυσίν σου, καὶ τὴν ἔξοδόν σου,

Lachis. 9 And Tharaca king of the Ethiopians went forth to β attack him. And when he heard it, he turned aside, and sent messengers to Ezekias, saying, 10 Thus shall ye say to Ezekias king of Judea, Let not thy God, in whom thou trustest, deceive thee, saying, Jerusalem shall not be delivered into the hand of the king of the Assyrians. 11 Hast thou not heard what the kings of the Assyrians have done, how they have destroyed the whole earth? and shalt thou be delivered? 12 Have the gods of the nations which my fathers destroyed delivered them, both Gozan, and Charrhan, and Rapheth, which are in the land of Theemath? 13 Where are the kings of Emath? and where is the king of Arphath? and where is the king of the city of Eppharuaim, and of Anagugana? 14 And Ezekias received the letter from the messengers, and read it, and went up to the house of the Lord, and opened it before the Lord. 15 And Ezekias prayed to the Lord, saying, 16 O Lord of hosts, God of Israel, who sittest upon the cherubs, thou alone art the God of every kingdom of the world: thou hast made heaven and earth. 17 Incline thine ear, O Lord, hearken, O Lord; open thine eyes, O Lord, look, O Lord: and behold the words of Sennacherim, which he has sent to reproach the living God. 18 For of a truth, Lord, the kings of the Assyrians have laid waste the whole world, and the countries thereof, 19 and have cast their idols into the fire: for they were no gods, but the work of men's hands, wood and stone; and they have cast them away. 20 But now, O Lord our God, deliver us from his hands, that every kingdom of the earth may know that thou art God alone. 21 And Esaias the son of Amos was sent to Ezekias, and said to him, Thus saith the Lord, the God of Israel, I have heard thy prayer to me concerning Sennacherim king of the Assyrians. 22 This is the word which God has spoken concerning him; The virgin daughter of Sion has despised thee, and mocked thee; the daughter of Jerusalem has shaken her head at thee. 23 Whom hast thou reproached and provoked? and against whom hast thou lifted up thy voice? and hast thou not lifted up thine eyes on high against the Holy One of Israel? 24 For thou hast reproached the Lord by messengers; for thou hast said, With the multitude of chariots have I ascended to the height of mountains, and to the sides of Libanus; and I have γ cropped the height of his cedars and the beauty of his cypresses; and I entered into the height of the forest region: 25 and I have made a bridge, and dried up the waters, and every pool of water. 26 Hast thou not heard of these things which I did of old? I appointed them from ancient times; but now have I manifested my purpose of desolating nations in their strong holds, and them that dwell in strong cities. 27 I weakened their hands, and they withered; and they became as dry grass on the house-tops, and as grass. 28 But now I know thy rest, and thy going out, and thy

β Gr. besiege.   γ Gr. cut.

coming in. ²⁹And thy wrath wherewith thou hast been enraged, and thy rancour has come up to me; therefore I will put a hook in thy nose, and a bit in thy lips, and will turn thee back by the way by which thou camest.

³⁰And this shall be a sign to thee, Eat this year what thou hast sown; and the second year that which is left: and the third year sow, and reap, and plant vineyards, and eat the fruit of them. ³¹And they that are left in Judea shall take root downward, and bear fruit upward: ³²for out of Jerusalem there shall be ᵝa remnant, and the saved ones out of mount Sion: the zeal of the Lord of hosts shall perform this. ³³Therefore thus saith the Lord concerning the king of the Assyrians, He shall not enter into this city, nor cast a weapon against it, nor bring a shield against it, nor make a rampart round it. ³⁴But by the way by which he came, by it shall he return, and shall not enter into this city: thus saith the Lord. ³⁵I will protect this city to save it for my own sake, and for my servant David's sake.

³⁶And the angel of the Lord went forth, and slew out of the camp of the Assyrians a hundred and eighty-five thousand: and they arose in the morning and found all *these* bodies dead. ³⁷And Sennacherim king of the Assyrians turned and departed, and dwelt in Nineve. ³⁸And while he was worshipping Nasarach his country's god in the house, Adramelech and Sarasar his sons smote him with swords; and they escaped into Armenia: and Asordan his son reigned in his stead.

And it came to pass at that time, *that* Ezekias was sick even to death. And Esaias the prophet the son of Amos came to him, and said to him, Thus saith the Lord, Give orders concerning thy house: for thou shalt die, and not live. ²And Ezekias turned his face to the wall, and prayed to the Lord, saying, ³Remember, O Lord, how I have walked before thee in truth, with a true heart, and have done that which was pleasing in thy sight. And Ezekias wept bitterly. ⁴And the word of the Lord came to Esaias, saying, Go, and say to Ezekias, ⁵Thus saith the Lord, the God of David thy father, I have heard thy prayer, and seen thy tears: behold, I *will* add to thy time fifteen years. ⁶And I will deliver thee and this city out of the hand of the king of the Assyrians: and I will defend this city. ⁷And this *shall be* a sign to thee from the Lord, that God will do this thing; ⁸behold, I will turn back the shadow of the degrees *of the dial* by which ten degrees on the house of thy father the sun has gone down—I will turn back the sun the ten degrees; so the sun went back the ten degrees by which the shadow had gone down.

⁹ Tʜᴇ Pʀᴀʏᴇʀ ᴏꜰ Eᴢᴇᴋɪᴀꜱ ᴋɪɴɢ ᴏꜰ Jᴜᴅᴇᴀ, ᴡʜᴇɴ ʜᴇ ᵞ ʜᴀᴅ ʙᴇᴇɴ ꜱɪᴄᴋ, ᴀɴᴅ ᴡᴀꜱ ʀᴇ-ᴄᴏᴠᴇʀᴇᴅ ꜰʀᴏᴍ ʜɪꜱ ꜱɪᴄᴋɴᴇꜱꜱ.

¹⁰I said in the end of my days, I shall go to the gates of the grave: I shall part with

καὶ τὴν εἴσοδόν σου ἐγὼ ἐπίσταμαι. Ὁ δὲ θυμός σου ὃν 29 ἐθυμώθης, καὶ ἡ πικρία σου ἀνέβη πρὸς μὲ, καὶ ἐμβαλῶ φιμὸν εἰς τὴν ῥῖνά σου, καὶ χαλινὸν εἰς τὰ χείλη σου, καὶ ἀποστρέψω σε τῇ ὁδῷ ᾗ ἦλθες ἐν αὐτῇ.

Τοῦτο δέ σοι τὸ σημεῖον· φάγε τοῦτον τὸν ἐνιαυτὸν ἃ 30 ἔσπαρκας, τῷ δὲ ἐνιαυτῷ τῷ δευτέρῳ τὸ κατάλειμμα, τῷ δὲ τρίτῳ σπείραντες ἀμήσατε, καὶ φυτεύσατε ἀμπελῶνας, καὶ φάγεσθε τὸν καρπὸν αὐτῶν. Καὶ ἔσονται οἱ καταλελειμμένοι 31 ἐν τῇ Ἰουδαίᾳ, φύσουσι ῥίζαν κάτω, καὶ ποιήσουσι σπέρμα ἄνω· Ὅτι ἐξ Ἱερουσαλὴμ ἔσονται οἱ καταλελειμμένοι, καὶ οἱ 32 σωζόμενοι ἐξ ὄρους Σιών· ὁ ζῆλος Κυρίου σαβαὼθ ποιήσει ταῦτα. Διατοῦτο οὕτως λέγει Κύριος ἐπὶ βασιλέα Ἀσσυρίων, 33 οὐ μὴ εἰσέλθῃ εἰς τὴν πόλιν ταύτην, οὐδὲ μὴ βάλῃ ἐπ᾽ αὐτὴν βέλος, οὐδὲ μὴ ἐπιβάλῃ ἐπ᾽ αὐτὴν θυρεὸν, οὐδὲ μὴ κυκλώσῃ ἐπ᾽ αὐτὴν χάρακα· Ἀλλά τῇ ὁδῷ ᾗ ἦλθεν, ἐν αὐτῇ ἀποστρα- 34 φήσεται, καὶ εἰς τὴν πόλιν ταύτην οὐ μὴ εἰσέλθῃ· τάδε λέγει Κύριος. Ὑπερασπιῶ ὑπὲρ τῆς πόλεως ταύτης τοῦ σῶσαι 35 αὐτὴν δι᾽ ἐμὲ, καὶ διὰ Δαυὶδ τὸν παῖδά μου.

Καὶ ἐξῆλθεν ἄγγελος Κυρίου, καὶ ἀνεῖλεν ἐκ τῆς παρεμβο- 36 λῆς τῶν Ἀσσυρίων ἑκατὸν ὀγδοηκονταπέντε χιλιάδας· καὶ ἀναστάντες τοπρωὶ, εὗρον πάντα τὰ σώματα νεκρά. Καὶ ἀπῆλθεν 37 ἀποστραφεὶς Σενναχηρεὶμ βασιλεὺς Ἀσσυρίων, καὶ ᾤκησεν ἐν Νινευῇ. Καὶ ἐν τῷ αὐτὸν προσκυνεῖν ἐν τῷ οἴκῳ Νασαρὰχ 38 τὸν πάτραρχον αὐτοῦ, Ἀδραμέλεχ καὶ Σαρασὰρ οἱ υἱοὶ αὐτοῦ ἐπάταξαν αὐτὸν μαχαίραις, αὐτοὶ δὲ διεσώθησαν εἰς Ἀρμενίαν, καὶ ἐβασίλευσεν Ἀσορδὰν ὁ υἱὸς αὐτοῦ ἀντ᾽ αὐτοῦ.

Ἐγένετο δὲ ἐν τῷ καιρῷ ἐκείνῳ, ἐμαλακίσθη Ἐζεκίας ἕως 38 θανάτου· καὶ ἦλθε πρὸς αὐτὸν Ἡσαΐας υἱὸς Ἀμὼς ὁ προφήτης, καὶ εἶπε πρὸς αὐτὸν, τάδε λέγει Κύριος, τάξαι περὶ τοῦ οἴκου σου, ἀποθνήσκεις γὰρ σὺ, καὶ οὐ ζήσῃ. Καὶ ἀπέστρεψεν 2 Ἐζεκίας τὸ πρόσωπον αὐτοῦ πρὸς τὸν τεῖχον, καὶ προσηύξατο πρὸς Κύριον, λέγων, μνήσθητι Κύριε, ὡς ἐπορεύθην ἐνώπιόν 3 σου μετὰ ἀληθείας, ἐν καρδίᾳ ἀληθινῇ, καὶ τὰ ἀρεστὰ ἐνώπιόν σου ἐποίησα· καὶ ἔκλαυσεν Ἐζεκίας κλαυθμῷ μεγάλῳ. Καὶ 4 ἐγένετο λόγος Κυρίου πρὸς Ἡσαΐαν, λέγων, πορεύθητι, καὶ 5 εἰπὸν Ἐζεκίᾳ, τάδε λέγει Κύριος ὁ Θεὸς Δαυὶδ τοῦ πατρός σου, ἤκουσα τῆς προσευχῆς σου, καὶ εἶδον τὰ δάκρυά σου· ἰδοὺ προστίθημι πρὸς τὸν χρόνον σου δεκαπέντε ἔτη, καὶ ἐκ 6 χειρὸς βασιλέως Ἀσσυρίων ῥύσομαί σε καὶ τὴν πόλιν ταύτην, καὶ ὑπερασπιῶ ὑπὲρ τῆς πόλεως ταύτης. Τοῦτο δέ σοι τὸ 7 σημεῖον παρὰ Κυρίου, ὅτι ποιήσει ὁ Θεὸς τὸ ῥῆμα τοῦτο· Ἰδοὺ ἐγὼ στρέψω τὴν σκιὰν τῶν ἀναβαθμῶν οὓς κατέβη τοὺς 8 δέκα ἀναβαθμοὺς τοῦ οἴκου τοῦ πατρός σου ὁ ἥλιος, ἀποστρέψω τὸν ἥλιον τοὺς δέκα ἀναβαθμούς· καὶ ἀνέβη ὁ ἥλιος τοὺς δέκα ἀναβαθμοὺς, οὓς κατέβη ἡ σκιά.

ΠΡΟΣΕΥΧΗ ἘΖΕΚΙΟΥ ΒΑΣΙΛΕΩΣ ΤΗΣ ἸΟΥΔΑΙΑΣ, 9 ἩΝΙΚΑ ἘΜΑΛΑΚΙΣΘΗ, ΚΑΙ ἈΝΕΣΤΗ ἘΚ ΤΗΣ ΜΑΛΑΚΙΑΣ ΑΥΤΟΥ.

Ἐγὼ εἶπα ἐν τῷ ὕψει τῶν ἡμερῶν μου, πορεύσομαι ἐν 10

β *Lit.* the left men.   γ *Gr.* was sick.

11 πύλαις ᾄδου, καταλείψω τὰ ἔτη τὰ ἐπίλοιπα. Εἶπα, οὐκέτι οὐ μὴ ἴδω τὸ σωτήριον τοῦ Θεοῦ ἐπὶ γῆς ζώντων, οὐκέτι μὴ ἴδω τὸ σωτήριον τοῦ Ἰσραὴλ ἐπὶ γῆς, οὐκέτι μὴ ἴδω ἄνθρωπον.

12 Ἐξέλιπεν ἐκ τῆς συγγενείας μου, κατέλιπον τὸ ἐπίλοιπον τῆς ζωῆς μου, ἐξῆλθε καὶ ἀπῆλθεν ἀπ᾽ ἐμοῦ ὥσπερ ὁ σκηνὴν καταλύων πήξας· ὡς ἱστὸς τὸ πνεῦμά μου παρ᾽ ἐμοὶ ἐγένετο,

13 ἐρίθου ἐγγιζούσης ἐκτεμεῖν. Ἐν τῇ ἡμέρᾳ ἐκείνῃ παρεδόθην ἕως πρωῒ ὡς λέοντι, οὕτως συνέτριψε πάντα τὰ ὀστᾶ μου·

14 ἀπὸ γὰρ τῆς ἡμέρας ἕως νυκτὸς παρεδόθην. Ὡς χελιδὼν, οὕτω φωνήσω, καὶ ὡς περιστερά, οὕτω μελετῶ· ἐξέλιπον γάρ μου οἱ ὀφθαλμοὶ τοῦ βλέπειν εἰς τὸ ὕψος τοῦ οὐρανοῦ πρὸς τὸν Κύριον, ὃς ἐξείλατό με, καὶ ἀφείλατό μου τὴν ὀδύνην τῆς

16 ψυχῆς. Κύριε, περὶ αὐτῆς γὰρ ἀνηγγέλη σοι, καὶ ἐξήγειράς

17 μου τὴν πνοήν, καὶ παρακληθεὶς ἔζησα. Εἵλου γάρ μου τὴν ψυχὴν, ἵνα μὴ ἀπόληται, καὶ ἀπέῤῥιψας ὀπίσω μου πάσας τὰς

18 ἁμαρτίας. Οὐ γὰρ οἱ ἐν ᾄδου αἰνέσουσί σε, οὐδὲ οἱ ἀποθανόντες εὐλογήσουσί σε, οὐδὲ ἐλπιοῦσιν οἱ ἐν ᾄδου τὴν ἐλεη-

19 μοσύνην σου. Οἱ ζῶντες εὐλογήσουσί σε ὃν τρόπον κἀγώ· ἀπὸ γὰρ τῆς σήμερον παιδία ποιήσω, ἃ ἀναγγελοῦσι τὴν

20 δικαιοσύνην σου Θεὲ τῆς σωτηρίας μου, καὶ οὐ παύσομαι εὐλογῶν σε μετὰ ψαλτηρίου πάσας τὰς ἡμέρας τῆς ζωῆς μου, κατέναντι τοῦ οἴκου τοῦ Θεοῦ.

21 Καὶ εἶπεν Ἡσαΐας πρὸς Ἐζεκίαν, λάβε παλάθην ἐκ σύκων,

22 καὶ τρῖψον, καὶ κατάπλασαι, καὶ ὑγιὴς ἔσῃ. Καὶ εἶπεν Ἐζεκίας, τοῦτο σημεῖον πρὸς Ἐζεκίαν, ὅτι ἀναβήσομαι εἰς τὸν οἶκον τοῦ Θεοῦ.

39 Ἐν τῷ καιρῷ ἐκείνῳ ἀπέστειλε Μαρωδὰχ Βαλαδὰν ὁ υἱὸς τοῦ Βαλαδὰν, ὁ βασιλεὺς τῆς Βαβυλωνίας, ἐπιστολὰς καὶ πρέσβεις καὶ δῶρα Ἐζεκίᾳ· ἤκουσε γὰρ, ὅτι ἐμαλακίσθη ἕως

2 θανάτου, καὶ ἀνέστη. Καὶ ἐχάρη ἐπ᾽ αὐτοῖς Ἐζεκίας, καὶ ἔδειξεν αὐτοῖς τὸν οἶκον τοῦ νεχωθᾶ, καὶ τοῦ ἀργυρίου, καὶ τοῦ χρυσίου, καὶ τῆς στακτῆς, καὶ τῶν θυμιαμάτων, καὶ τοῦ μύρου, καὶ πάντας τοὺς οἴκους τῶν σκευῶν τῆς γάζης, καὶ πάντα ὅσα ἦν ἐν τοῖς θησαυροῖς αὐτοῦ· καὶ οὐκ ἦν οὐθὲν ὃ οὐκ ἔδειξεν Ἐζεκίας ἐν τῷ οἴκῳ αὐτοῦ, καὶ ἐν πάσῃ τῇ ἐξουσίᾳ αὐτοῦ.

3 Καὶ ἦλθεν Ἡσαΐας ὁ προφήτης πρὸς τὸν βασιλέα Ἐζεκίαν, καὶ εἶπε πρὸς αὐτὸν, τί λέγουσιν οἱ ἄνθρωποι οὗτοι; καὶ πόθεν ἥκασι πρὸς σέ; καὶ εἶπεν Ἐζεκίας, ἐκ γῆς πόῤῥωθεν ἥκασι

4 πρὸς μὲ, ἐκ Βαβυλῶνος. Καὶ εἶπεν Ἡσαΐας, τί εἴδοσαν ἐν τῷ οἴκῳ σου; καὶ εἶπεν Ἐζεκίας, πάντα τὰ ἐν τῷ οἴκῳ μου εἴδοσαν, καὶ οὐκ ἔστιν ἐν τῷ οἴκῳ μου ὃ οὐκ εἴδοσαν, ἀλλὰ καὶ

5 τὰ ἐν τοῖς θησαυροῖς μου. Καὶ εἶπεν Ἡσαΐας αὐτῷ, ἄκουσον

6 τὸν λόγον Κυρίου σαβαώθ. Ἰδοὺ ἡμέραι ἔρχονται, καὶ λήψονται πάντα τὰ ἐν τῷ οἴκῳ σου, καὶ ὅσα συνήγαγον οἱ πατέρες σου ἕως τῆς ἡμέρας ταύτης, εἰς Βαβυλῶνα ἥξει, καὶ

7 οὐδὲν οὐ μὴ καταλείπωσιν· εἶπε δὲ ὁ Θεὸς, ὅτι καὶ ἀπὸ τῶν τέκνων σου ὧν γεννήσεις, λήψονται, καὶ ποιήσουσι σπάδοντας

8 ἐν τῷ οἴκῳ τοῦ βασιλέως τῶν Βαβυλωνίων. Καὶ εἶπεν Ἐζε-

the remainder of my years. [11] I said, I shall no more at all see the salvation of God in the land of the living: I shall no more at all see the salvation of Israel on the earth: I shall no more at all see man. [12] *My life* has failed from among my kindred: I have parted with the remainder of my life: it has gone forth and departed from me, as one that having pitched a tent takes it down *again*: my breath was with me as a weaver's web, when she that weaves draws nigh to cut off *the* thread. [13] In that day I was given up as to a lion until the morning: so has he broken all my bones: for I was so given up from day *even* to night. [14] As a swallow, so will I cry, and as, a dove, so do I mourn: for mine eyes have failed with looking to the height of heaven to the Lord, who has delivered me, and removed the sorrow of my soul. [16] *Yea*, O Lord, for it was told thee concerning this; and thou hast revived my breath; and I am comforted, and live. [17] For thou hast chosen my soul, that it should not perish: and thou hast cast all *my* sins behind me. [18] For they that are in the grave shall not praise thee, neither shall the dead bless thee, neither shall they that are in Hades hope for thy mercy. [19] The living shall bless thee, as I also *do*: for from this day shall I beget children, who shall declare thy righteousness, [20] O God of my salvation; and I will not cease blessing thee with the psaltery all the days of my life before the house of God.

[21] Now Esaias had said to Ezekias; Take a cake of figs, and mash them, and apply them as a plaister, and thou shalt be well. [22] And Ezekias said, This is a sign to Ezekias, that I shall go up to the house of God.

At that time Marodach Baladan, the son of Baladan, the king of Babylonia, sent letters and ambassadors and gifts to Ezekias: for he had heard that he [β]had been sick *even* to death, and was recovered. [2] And Ezekias was glad of their coming, and he shewed them the house of *his* spices, and of silver, and gold, and myrrh, and incense, and ointment, and all the houses of his treasures, and all that he had in his stores: and there was nothing in his house, nor in all his dominion, which Ezekias did not shew.

[3] And Esaias the prophet came to king Ezekias, and said to him, What say these men? and whence came they to thee? and Ezekias said, They are come to me from a land afar off, from Babylon. [4] And Esaias said, What have they seen in thine house? and Ezekias said, They have seen everything in my house; and there is nothing in my house which they have not seen: yea, also the *possessions* in my treasures. [5] And Esaias said to him, Hear the word of the Lord of hosts: [6] Behold, the days come, when they shall take all the *things that are* in thine house, and all that thy fathers have gathered until this day, shall go to Babylon; and they shall not leave anything at all: and God hath said, [7] that they shall take also of thy children whom thou shalt beget; and they shall make them eunuchs in the house of the king of the Babylonians. [8] And Ezekias said

---

β *Gr.* was.

to Esaias, Good is the word of the Lord, which he hath spoken: let there, I pray, be peace and righteousness in my days.

Comfort ye, comfort ye my people, saith God. ²Speak, ye priests, to the heart of Jerusalem; comfort her, for her humiliation is accomplished, her sin is put away: for she has received of the Lord's hand double *the amount of* her sins.

³β The voice of one crying in the wilderness, Prepare ye the way of the Lord, make straight the paths of our God. ⁴Every valley shall be filled, and every mountain and hill shall be brought low: γand all the crooked *ways* shall become straight, and the rough *places* plains. ⁵And the glory of the Lord shall appear, and all flesh shall see the salvation of God: for the Lord has spoken *it*.

⁶The voice of one saying, Cry; and I said, What shall I cry? δ All flesh is grass, and all the glory of man as the flower of grass. ⁸The grass withers, and the flower fades: but the word of our God abides for ever.

⁹O thou that bringest glad tidings to Zion, go up on the high mountain; lift up thy voice with strength, thou that bringest glad tidings to Jerusalem; lift it up, fear not; say unto the cities of Juda, Behold your God! ¹⁰Behold the Lord! The Lord is coming with strength, and *his* arm is with power: behold, his reward is with him, and *his* work before him. ¹¹He shall tend his flock as a shepherd, and he shall gather the lambs with his arm, and shall soothe them that are with young. ¹²Who has measured the water in his hand, and the heaven with a span, and all the earth in a handful? Who has weighed the mountains in scales, and the forests in a balance? ¹³ζ Who has known the mind of the Lord? and who has been his counsellor, to instruct him? ¹⁴Or with whom has he taken counsel, and he has instructed him? or who has taught him judgment, or who has taught him the way of understanding;θ ¹⁵since all the nations are counted as a drop from a bucket, and as the turning of a balance, *and* shall be counted as spittle? ¹⁶And Libanus is not enough to burn, nor all beasts enough for a whole-burnt offering: ¹⁷and all the nations are as nothing, and counted as nothing.

¹⁸To whom have ye compared the Lord? and with what likeness have ye compared him? ¹⁹Has not the artificer made an image, or the goldsmith having melted gold, gilt it over, *and* made it a similitude? ²⁰For the artificer chooses out a wood that will not rot, and will wisely enquire how he shall set up his image, and *that so* that it should not be moved. ²¹Will ye not know? will ye not hear? has it not been told you of old? Have ye not known the foundations of the earth? ²²*It is* he that comprehends the circle of the earth, and the inhabitants in it are as grasshoppers; he that set up the heaven as a chamber, and stretched *it* out as a tent to dwell in: ²³he that appoints princes to rule as nothing, and has made the earth as nothing. ²⁴For they shall not plant, neither shall they sow, neither shall their root be fixed in the ground: he has blown upon them, and they are withered, and a storm shall carry them away like sticks.

κίας Ἡσαΐα, ἀγαθὸς ὁ λόγος Κυρίου, ὃν ἐλάλησε· γενέσθω δὴ εἰρήνη καὶ δικαιοσύνη ἐν ταῖς ἡμέραις μου.

Παρακαλεῖτε παρακαλεῖτε τὸν λαόν μου, λέγει ὁ Θεός. 40 Ἱερεῖς λαλήσατε εἰς τὴν καρδίαν Ἱερουσαλὴμ, παρακαλέ- 2 σατε αὐτὴν, ὅτι ἐπλήσθη ἡ ταπείνωσις αὐτῆς, λέλυται αὐτῆς ἡ ἁμαρτία, ὅτι ἐδέξατο ἐκ χειρὸς Κυρίου διπλᾶ τὰ ἁμαρτήματα αὐτῆς.

Φωνὴ βοῶντος ἐν τῇ ἐρήμῳ, ἑτοιμάσατε τὴν ὁδὸν Κυρίου, 3 εὐθείας ποιεῖτε τὰς τρίβους τοῦ Θεοῦ ἡμῶν. Πᾶσα φάραγξ 4 πληρωθήσεται, καὶ πᾶν ὄρος καὶ βουνὸς ταπεινωθήσεται· καὶ ἔσται πάντα τὰ σκολιὰ εἰς εὐθεῖαν, καὶ ἡ τραχεῖα εἰς πεδία. Καὶ ὀφθήσεται ἡ δόξα Κυρίου, καὶ ὄψεται πᾶσα σὰρξ τὸ 5 σωτήριον τοῦ Θεοῦ, ὅτι Κύριος ἐλάλησε.

Φωνὴ λέγοντος, βόησον· καὶ εἶπα, τί βοήσω; πᾶσα σὰρξ 6 χορτὸς, καὶ πᾶσα δόξα ἀνθρώπου ὡς ἄνθος χόρτου. Ἐξηράνθη 8 ὁ χόρτος, καὶ τὸ ἄνθος ἐξέπεσε· τὸ δὲ ῥῆμα τοῦ Θεοῦ ἡμῶν μένει εἰς τὸν αἰῶνα.

Ἐπʼ ὄρος ὑψηλὸν ἀνάβηθι ὁ εὐαγγελιζόμενος Σιὼν, ὕψωσον 9 τῇ ἰσχύϊ τὴν φωνήν σου ὁ εὐαγγελιζόμενος Ἱερουσαλήμ· ὑψώσατε, μὴ φοβεῖσθε· εἰπὸν ταῖς πόλεσιν Ἰούδα, ἰδοὺ ὁ Θεὸς ὑμῶν, ἰδοὺ Κύριος· Κύριος μετὰ ἰσχύος ἔρχεται, καὶ ὁ βραχίων 10 μετὰ κυρίας· ἰδοὺ ὁ μισθὸς αὐτοῦ μετʼ αὐτοῦ, καὶ τὸ ἔργον ἐναντίον αὐτοῦ. Ὡς ποιμὴν ποιμανεῖ τὸ ποίμνιον αὐτοῦ, καὶ 11 τῷ βραχίονι αὐτοῦ συνάξει ἄρνας, καὶ ἐν γαστρὶ ἐχούσας παρακαλέσει. Τίς ἐμέτρησε τῇ χειρὶ τὸ ὕδωρ, καὶ τὸν 12 οὐρανὸν σπιθαμῇ, καὶ πᾶσαν τὴν γῆν δρακί; τίς ἔστησε τὰ ὄρη σταθμῷ, καὶ τὰς νάπας ζυγῷ; Τίς ἔγνω νοῦν Κυρίου; 13 καὶ τίς αὐτοῦ σύμβουλος ἐγένετο, ὃς συμβιβᾷ αὐτόν; Ἢ 14 πρὸς τίνα συνεβουλεύσατο, καὶ συνεβίβασεν αὐτόν; ἢ τίς ἔδειξεν αὐτῷ κρίσιν; ἢ ὁδὸν συνέσεως τίς ἔδειξεν αὐτῷ; Εἰ 15 πάντα τὰ ἔθνη ὡς σταγὼν ἀπὸ κάδου, καὶ ὡς ῥοπὴ ζυγοῦ ἐλογίσθησαν, ὡς σίελος λογισθήσονται; Ὁ δὲ Λίβανος 16 οὐχ ἱκανὸς εἰς καῦσιν, καὶ πάντα τὰ τετράποδα οὐχ ἱκανὰ εἰς ὁλοκάρπωσιν, καὶ πάντα τὰ ἔθνη ὡς οὐδέν εἰσι, καὶ εἰς οὐθὲν 17 ἐλογίσθησαν.

Τίνι ὡμοιώσατε Κύριον; καὶ τίνι ὁμοιώματι ὡμοιώσατε 18 αὐτόν; Μὴ εἰκόνα ἐποίησε τέκτων, ἢ χρυσοχόος χωνεύσας 19 χρυσίον περιεχρύσωσεν αὐτὸν, ὁμοίωμα κατεσκεύασεν αὐτόν; Ξύλον γὰρ ἄσηπτον ἐκλέγεται τέκτων, καὶ σοφῶς ζητήσει πῶς 20 στήσει εἰκόνα αὐτοῦ, καὶ ἵνα μὴ σαλεύηται. Οὐ γνώσεσθε; 21 οὐκ ἀκούσεσθε; οὐκ ἀνηγγέλη ἐξ ἀρχῆς ὑμῖν; οὐκ ἔγνωτε τὰ θεμέλια τῆς γῆς; Ὁ κατέχων τὸν γῦρον τῆς γῆς, καὶ οἱ 22 ἐνοικοῦντες ἐν αὐτῇ ὡς ἀκρίδες· ὁ στήσας ὡς καμάραν τὸν οὐρανὸν, καὶ διατείνας ὡς σκηνὴν κατοικεῖν· Ὁ διδοὺς ἄρχον- 23 τας ὡς οὐδὲν ἄρχειν, τὴν δὲ γῆν ὡς οὐδὲν ἐποίησεν. Οὐ γὰρ 24 μὴ φυτεύσωσιν, οὐδὲ μὴ σπείρωσιν, οὐδὲ μὴ ῥιζωθῇ εἰς τὴν γῆν ἡ ῥίζα αὐτῶν· ἔπνευσεν ἐπʼ αὐτοὺς, καὶ ἐξηράνθησαν, καὶ καταιγὶς ὡς φρύγανα λήψεται αὐτούς.

β Mat. 3. 3.   John 1. 23.   γ Luke 3. 5, with which *Alex.* agrees.   δ 1 Pe. 1. 24.   ζ Rom. 11. 34.   θ *Alex.* + Or who has first given to him, and it shall be recompensed to him again? Rom. 11. 35. *Heb.* omits.

25   Νῦν οὖν τίνι με ὡμοιώσατε, καὶ ὑψωθήσομαι; εἶπεν ὁ ἅγιος.
26 Ἀναβλέψατε εἰς ὕψος τοὺς ὀφθαλμοὺς ὑμῶν, καὶ ἴδετε, τίς
κατέδειξε ταῦτα πάντα; ὁ ἐκφέρων κατ᾽ ἀριθμὸν τὸν κόσμον
αὐτοῦ, πάντας ἐπ᾽ ὀνόματι καλέσει ἀπὸ πολλῆς δόξης, καὶ ἐν
κράτει ἰσχύος αὐτοῦ· οὐδέν σε ἔλαθε.

27   Μὴ γὰρ εἴπῃς Ἰακὼβ, καὶ τί ἐλάλησας Ἰσραήλ; ἀπεκρύβη
ἡ ὁδός μου ἀπὸ τοῦ Θεοῦ, καὶ ὁ Θεός μου τὴν κρίσιν ἀφεῖλε,
28 καὶ ἀπέστη.   Καὶ νῦν οὐκ ἔγνως; εἰ μὴ ἤκουσας; Θεὸς
αἰώνιος, ὁ Θεὸς ὁ κατασκευάσας τὰ ἄκρα τῆς γῆς· οὐ πεινάσει,
οὐδὲ κοπιάσει, οὐδὲ ἔστιν ἐξεύρεσις τῆς φρονήσεως αὐτοῦ,
29 διδοὺς τοῖς πεινῶσιν ἰσχὺν, καὶ τοῖς μὴ ὀδυνωμένοις λύπην.
30 Πεινάσουσι γὰρ νεώτεροι, καὶ κοπιάσουσι νεανίσκοι, καὶ ἐκλεκ-
31 τοὶ ἀνίσχυες ἔσονται.   Οἱ δὲ ὑπομένοντες τὸν Θεὸν, ἀλλάξουσιν
ἰσχὺν, πτεροφυήσουσιν ὡς ἀετοί, δραμοῦνται καὶ οὐ κοπιάσουσι,
βαδιοῦνται καὶ οὐ πεινάσουσιν.

41   Ἐγκαινίζεσθε πρὸς μὲ νῆσοι, οἱ γὰρ ἄρχοντες ἀλλάξουσιν
ἰσχύν· ἐγγισάτωσαν καὶ λαλησάτωσαν ἅμα, τότε κρίσιν ἀναγ-
γειλάτωσαν.

2   Τίς ἐξήγειρεν ἀπὸ ἀνατολῶν δικαιοσύνην, ἐκάλεσεν αὐτὴν
κατὰ πόδας αὐτοῦ, καὶ πορεύσεται; δώσει ἐναντίον ἐθνῶν, καὶ
βασιλεῖς ἐκστήσει· καὶ δώσει εἰς γῆν τὰς μαχαίρας αὐτῶν,
3 καὶ ὡς φρύγανα ἐξωσμένα τὰ τόξα αὐτῶν.   Καὶ διώξεται
4 αὐτοὺς, διελεύσεται ἐν εἰρήνῃ ἡ ὁδὸς τῶν ποδῶν αὐτοῦ.   Τίς
ἐνήργησε, καὶ ἐποίησε ταῦτα; ἐκάλεσεν αὐτὴν ὁ καλῶν αὐτὴν
ἀπὸ γενεῶν ἀρχῆς· ἐγὼ Θεὸς πρῶτος, καὶ εἰς τὰ ἐπερχόμενα
ἐγώ εἰμι.

5   Εἴδοσαν ἔθνη καὶ ἐφοβήθησαν, τὰ ἄκρα τῆς γῆς ἤγγισαν,
6 καὶ ἦλθον ἅμα, κρίνων ἕκαστος τῷ πλησίον, καὶ τῷ ἀδελφῷ
7 βοηθῆσαι· καὶ ἐρεῖ, ἴσχυσεν ἀνὴρ τέκτων, καὶ χαλκεὺς
τύπτων σφύρῃ, ἅμα ἐλαύνων· ποτὲ μὲν ἐρεῖ, σύμβλημα
καλόν ἐστιν, ἰσχύρωσαν αὐτὰ ἐν ἥλοις, θήσουσιν αὐτὰ, καὶ οὐ
κινηθήσονται.

8   Σὺ δὲ Ἰσραὴλ παῖς μου Ἰακὼβ, καὶ ὃν ἐξελεξάμην, σπέρμα
9 Ἀβραὰμ, ὃν ἠγάπησα· · Οὗ ἀντελαβόμην ἀπ᾽ ἄκρων τῆς γῆς,
καὶ ἐκ τῶν σκοπιῶν αὐτῆς ἐκάλεσά σε, καὶ εἶπά σοι, παῖς μου
10 εἶ, ἐξελεξάμην σε, καὶ οὐκ ἐγκατέλιπόν σε.   Μὴ φοβοῦ, μετὰ
σοῦ γάρ εἰμι, μὴ πλανῶ· ἐγὼ γάρ εἰμι ὁ Θεός σου, ὁ ἐνισχύ-
σας σε, καὶ ἐβοήθησά σοι, καὶ ἠσφαλισάμην σε τῇ δεξιᾷ τῇ
δικαίᾳ μου.

11   Ἰδοὺ αἰσχυνθήσονται καὶ ἐντραπήσονται πάντες οἱ ἀντι-
κείμενοί σοι· ἔσονται γὰρ ὡς οὐκ ὄντες, καὶ ἀπολοῦνται
12 πάντες οἱ ἀντίδικοί σου.   Ζητήσεις αὐτοὺς, καὶ οὐ μὴ εὕρῃς
τοὺς ἀνθρώπους οἳ παροινήσουσιν εἰς σέ· ἔσονται γὰρ ὡς οὐκ
13 ὄντες, καὶ οὐκ ἔσονται οἱ ἀντιπολεμοῦντές σε·   Ὅτι ἐγὼ ὁ Θεὸς
14 σου, ὁ κρατῶν τῆς δεξιᾶς σου, ὁ λέγων σοι, μὴ φοβοῦ Ἰακὼβ
ὀλιγοστὸς Ἰσραήλ· ἐγὼ ἐβοήθησά σοι, λέγει ὁ Θεός σου,

[25] Now then to whom have ye compared me, that I may be exalted? saith the Holy One. [26] Lift up your eyes on high, and see, who has displayed all these things? *even* he that brings forth his host by number: he shall call them all by name by *means of his* great glory, and by the power of his might: nothing has escaped thee. [27] For say not thou, O Jacob, and why hast thou spoken, Israel, *saying*, My way is hid from God, and my God has taken away *my* judgment, and has departed? [28] And now, hast thou not known? hast thou not heard? the eternal God, the God that formed the ends of the earth, shall not hunger, nor be weary, and there is no searching of his understanding. [29] He gives strength to the hungry, and sorrow to them that are not suffering. [30] For the young *men* shall hunger, and the youths shall be weary, and the choice *men* shall be powerless: but they that wait on God shall renew *their* strength; they shall put forth new feathers like eagles; they shall run, and not be weary; they shall walk, and not hunger.

Hold a feast to me, ye islands: for the princes shall renew *their* strength: let them draw nigh and speak together: then let them declare judgment. [2] Who raised up righteousness from the east, *and* called it to his feet, so that it should go? shall appoint *it* an adversary of Gentiles, and shall dismay kings, and bury their swords in the earth, and cast forth their bows and arrows as sticks? [3] And he shall pursue them; the way of his feet shall proceed in peace. [4] Who has wrought and done these things? he has called it who called it from the generations of old; I God, β the first and to *all* futurity, I AM.

[5] The nations saw, and feared; the ends of the earth drew nigh, and came together, [6] every one judging for his neighbour and *that* to assist his brother: and one will say, [7] The artificer has become strong, and the coppersmith that smites with the hammer, *and* forges also: sometimes he will say, It is a piece well joined: they have fastened them with nails; they will fix them, and they shall not be moved.

[8] But thou, Israel, art my servant Jacob, and he whom I have chosen, the seed of Abraam, whom I have loved: [9] whom I have taken hold of from the ends of the earth, and from the high places of it I have called thee, and said to thee, Thou art my servant; I have chosen thee, and I have not forsaken thee. [10] Fear not; for I am with thee: wander not; for I am thy God, who have strengthened thee; and I have helped thee, and have established thee with my just right hand. [11] Behold, all thine adversaries shall be ashamed and confounded; for they shall be as if they were not: and all thine opponents shall perish. [12] Thou shalt seek them, and thou shalt not find the men who shall γ insolently rage against thee: for they shall be as if they were not, and they that war against thee shall not be. [13] For I am thy God, who holdeth thy right hand, who saith to thee, [14] Fear not, Jacob, *and thou* Israel few in number; I have helped thee, saith

---

β Rev. 1. 17.   γ *Lit.* transgress by wine against.

thy God, he that redeems thee, O Israel.
¹⁵ Behold, I have made thee as new saw-
shaped threshing wheels of a waggon; and
thou shalt thresh the mountains, and beat
the hills to powder, and make *them* as chaff:
¹⁶ and thou shalt winnow *them*, and the wind
shall carry them away, and a tempest shall
scatter them: but thou shalt rejoice in the
holy ones of Israel.

¹⁷ And the poor and the needy shall exult;
for *when* they shall seek water, and there shall
be none, *and* their tongue is parched with
thirst, I the Lord God, I the God of Israel
will hear, and will not forsake them: ¹⁸ but
I will open rivers on the mountains, and
fountains in the midst of plains: I will
make the desert pools of water, and a
thirsty land watercourses. ¹⁹ I will plant in
the dry land the cedar and box, the myrtle
and cypress, and white poplar: ²⁰ that they
may see, and know, and perceive, and under-
stand together, that the hand of the Lord
has wrought these *works*, and the Holy One
of Israel has displayed *them*.

²¹ Your judgment draws nigh, saith the
Lord God; your counsels have drawn nigh,
saith the King of Jacob. ²² Let them draw
nigh, and declare to you what things shall
come to pass; or tell *us* what things were of
old, and we will apply *our* understanding,
and we shall know what are the last and
the future things: ²³ tell us, declare ye to us
the things that are coming on at the last
time, and we shall know that ye are gods:
do good, and do evil, and we shall wonder,
and see at the same time ²⁴ whence ye are,
and whence is your work: they have chosen
you an abomination out of the earth.

²⁵ But I have raised up him that *comes*
from the north, and him that *comes* from
the rising of the sun: they shall be called
by my name: let the princes come, and as
potter's clay, and as a potter treading clay,
so shall ye be trodden down. ²⁶ For who
will declare the things from the beginning,
that we may know also the former things,
^β and we will say that they are true? there
is no one that speaks beforehand, nor any
one that hears your words. ²⁷ I will give
dominion to Sion, and will comfort Jeru-
salem by the way. ²⁸ For from among the
nations, behold, *there was* no one; and of
their idols there was none to declare *any-
thing*: and if I should ask them, Whence
are ye? they could not answer me. ²⁹ For
these are your makers, *as ye think*, and they
that cause you to err in vain.

Jacob is ^γ my servant, I will help him:
Israel is my chosen, my soul has accepted
him; I have put my Spirit upon him; he
shall bring forth judgment to the Gentiles.
² He shall not cry, nor lift up *his voice*, nor
shall his voice be heard without. ³ A
bruised reed shall he not break, and smok-
ing flax shall he not quench; but he shall
bring forth judgment to truth. ⁴ He shall
shine out, and shall not be ^δ discouraged,
until he have set judgment on the earth:
and in his name shall the Gentiles trust.
⁵ Thus saith the Lord God, who made the
heaven, and established it; who settled the
earth, and the things in it, and gives breath

ὁ λυτρούμενός σε Ἰσραήλ. Ἰδοὺ ἐποίησά σε ὡς τροχοὺς 15
ἁμάξης ἀλοῶντας καινοὺς πριστηροειδεῖς, καὶ ἀλοήσεις ὄρη,
καὶ λεπτυνεῖς βουνούς, καὶ ὡς χνοῦν θήσεις, καὶ λικμήσεις, 16
καὶ ἄνεμος λήψεται αὐτούς, καὶ καταιγὶς διασπερεῖ αὐτούς· σὺ
δὲ εὐφρανθήσῃ ἐν τοῖς ἁγίοις Ἰσραήλ.

Καὶ ἀγαλλιάσονται οἱ πτωχοὶ καὶ οἱ ἐνδεεῖς· ζητήσουσι γὰρ 17
ὕδωρ, καὶ οὐκ ἔσται, ἡ γλῶσσα αὐτῶν ἀπὸ τῆς δίψης ἐξηράνθη·
ἐγὼ Κύριος ὁ Θεός, ἐγὼ ἐπακούσομαι ὁ Θεὸς Ἰσραήλ, καὶ οὐκ
ἐγκαταλείψω αὐτούς, ἀλλὰ ἀνοίξω ἐπὶ τῶν ὀρέων ποταμούς, 18
καὶ ἐν μέσῳ πεδίων πηγάς· ποιήσω τὴν ἔρημον εἰς ἔλη ὑδάτων,
καὶ τὴν διψῶσαν γῆν ἐν ὑδραγωγοῖς. Θήσω εἰς τὴν ἄνυδρον 19
γῆν, κέδρον καὶ πύξον, μυρσίνην καὶ κυπάρισσον, καὶ λεύκην·
Ἵνα ἴδωσι καὶ γνῶσι, καὶ ἐννοηθῶσι καὶ ἐπιστῶνται ἅμα, ὅτι 20
χεὶρ Κυρίου ἐποίησε ταῦτα, καὶ ὁ ἅγιος τοῦ Ἰσραὴλ κατέ-
δειξεν.

Ἐγγίζει ἡ κρίσις ὑμῶν, λέγει Κύριος ὁ Θεός· ἤγγισαν αἱ 21
βουλαὶ ὑμῶν, λέγει ὁ βασιλεὺς Ἰακώβ. Ἐγγισάτωσαν, καὶ 22
ἀναγγειλάτωσαν ὑμῖν ἃ συμβήσεται, ἢ τὰ πρότερον τίνα ἦν,
εἴπατε, καὶ ἐπιστήσομεν τὸν νοῦν, καὶ γνωσόμεθα τί τὰ
ἔσχατα καὶ τὰ ἐπερχόμενα· εἴπατε ἡμῖν, ἀναγγείλατε ἡμῖν 23
τὰ ἐπερχόμενα ἐπ᾽ ἐσχάτου, καὶ γνωσόμεθα ὅτι θεοί ἐστε·
εὐποιήσατε καὶ κακώσατε, καὶ θαυμασόμεθα, καὶ ὀψόμεθα ἅμα
ὅτι πόθεν ἐστὲ ὑμεῖς, καὶ πόθεν ἡ ἐργασία ὑμῶν· ἐκ γῆς 24
βδέλυγμα ἐξελέξαντο ὑμᾶς.

Ἐγὼ δὲ ἤγειρα τὸν ἀπὸ Βορρᾶ, καὶ τὸν ἀφ᾽ ἡλίου ἀνατο- 25
λῶν· κληθήσονται τῷ ὀνόματί μου· ἐρχέσθωσαν ἄρχοντες, καὶ
ὡς πηλὸς κεραμέως, καὶ ὡς κεραμεὺς καταπατῶν τὸν πηλόν,
οὕτω καταπατηθήσεσθε. Τίς γὰρ ἀναγγελεῖ τὰ ἐξ ἀρχῆς, ἵνα 26
γνῶμεν καὶ τὰ ἔμπροσθεν, καὶ ἐροῦμεν ὅτι ἀληθῆ ἐστιν; οὐκ
ἔστιν ὁ προλέγων, οὐδὲ ὁ ἀκούων ὑμῶν τοὺς λόγους. Ἀρχὴν 27
Σιὼν δώσω, καὶ Ἰερουσαλὴμ παρακαλέσω εἰς ὁδόν. Ἀπὸ 28
γὰρ τῶν ἐθνῶν, ἰδοὺ οὐδείς· καὶ ἀπὸ τῶν εἰδώλων αὐτῶν
οὐκ ἦν ὁ ἀναγγέλλων· καὶ ἐὰν ἐρωτήσω αὐτούς, πόθεν ἐστέ;
οὐ μὴ ἀποκριθῶσί μοι. Εἰσὶ γὰρ οἱ ποιοῦντες ὑμᾶς, καὶ
μάτην οἱ πλανῶντες ὑμᾶς.

Ἰακὼβ ὁ παῖς μου, ἀντιλήψομαι αὐτοῦ· Ἰσραὴλ ὁ ἐκλεκτός 42
μου, προσεδέξατο αὐτὸν ἡ ψυχή μου· ἔδωκα τὸ πνεῦμά μου
ἐπ᾽ αὐτόν, κρίσιν τοῖς ἔθνεσιν ἐξοίσει. Οὐ κεκράξεται, οὐδὲ 2
ἀνήσει, οὐδὲ ἀκουσθήσεται ἔξω ἡ φωνὴ αὐτοῦ. Κάλαμον 3
τεθλασμένον οὐ συντρίψει, καὶ λίνον καπνιζόμενον οὐ σβέσει,
ἀλλὰ εἰς ἀλήθειαν ἐξοίσει κρίσιν. Ἀναλάμψει, καὶ οὐ θραυ- 4
σθήσεται, ἕως ἂν θῇ ἐπὶ τῆς γῆς κρίσιν, καὶ ἐπὶ τῷ ὀνόματι
αὐτοῦ ἔθνη ἐλπιοῦσιν.

Οὕτω λέγει Κύριος ὁ Θεός, ὁ ποιήσας τὸν οὐρανόν, καὶ 5
πήξας αὐτόν, ὁ στερεώσας τὴν γῆν, καὶ τὰ ἐν αὐτῇ, καὶ διδοὺς

β *Or*, and say.   γ Mat. 12. 18, etc.   δ *Lit.* broken.

πνοὴν τῷ λαῷ τῷ ἐπ' αὐτῆς, καὶ πνεῦμα τοῖς πατοῦσιν αὐτήν·
6 Ἐγὼ Κύριος ὁ Θεὸς ἐκάλεσά σε ἐν δικαιοσύνῃ, καὶ κρατήσω
τῆς χειρός σου, καὶ ἐνισχύσω σε, καὶ ἔδωκά σε εἰς διαθήκην
7 γένους, εἰς φῶς ἐθνῶν, ἀνοῖξαι ὀφθαλμοὺς τυφλῶν, ἐξαγαγεῖν
ἐκ δεσμῶν δεδεμένους καὶ ἐξ οἴκου φυλακῆς, καὶ καθημένους
ἐν σκότει.

8 Ἐγὼ Κύριος ὁ Θεὸς, τοῦτό μου ἐστὶ τὸ ὄνομα, τὴν
δόξαν μου ἑτέρῳ οὐ δώσω, οὐδὲ τὰς ἀρετάς μου τοῖς
9 γλυπτοῖς. Τὰ ἀπ' ἀρχῆς ἰδοὺ ἥκασι, καὶ καινὰ ἃ ἐγὼ ἀναγ-
γέλλω, καὶ πρὸ τοῦ ἀναγγεῖλαι ἐδηλώθη ὑμῖν.

10 Ὑμνήσατε τῷ Κυρίῳ ὕμνον καινόν· ἡ ἀρχὴ αὐτοῦ, δοξάζετε
τὸ ὄνομα αὐτοῦ ἀπ' ἄκρου τῆς γῆς, οἱ καταβαίνοντες εἰς τὴν
θάλασσαν, καὶ πλέοντες αὐτὴν, αἱ νῆσοι καὶ οἱ κατοικοῦντες
11 αὐτάς. Εὐφράνθητι ἔρημος, καὶ αἱ κῶμαι αὐτῆς, ἐπαύλεις,
καὶ οἱ κατοικοῦντες Κηδάρ· εὐφρανθήσονται οἱ κατοικοῦντες
12 πέτραν, ἀπ' ἄκρου τῶν ὀρέων βοήσουσι, δώσουσι τῷ Θεῷ
δόξαν, τὰς ἀρετὰς αὐτοῦ ἐν ταῖς νήσοις ἀναγγελοῦσι.

13 Κύριος ὁ Θεὸς τῶν δυνάμεων ἐξελεύσεται, καὶ συντρίψει πόλε-
μον, ἐπεγερεῖ ζῆλον, καὶ βοήσεται ἐπὶ τοὺς ἐχθροὺς αὐτοῦ μετὰ
14 ἰσχύος. Ἐσιώπησα, μὴ καὶ ἀεὶ σιωπήσομαι καὶ ἀνέξομαι; ὡς
15 ἡ τίκτουσα ἐκαρτέρησα, ἐκστήσω καὶ ξηρανῶ ἅμα· Ἐρημώσω
ὄρη καὶ βουνοὺς, καὶ πάντα χόρτον αὐτῶν ξηρανῶ· καὶ θήσω
16 ποταμοὺς εἰς νήσους, καὶ ἕλη ξηρανῶ. Καὶ ἄξω τυφλοὺς ἐν
ὁδῷ ᾗ οὐκ ἔγνωσαν, καὶ τρίβους ἃς οὐκ ᾔδεισαν, πατῆσαι
ποιήσω αὐτούς· ποιήσω αὐτοῖς τὸ σκότος εἰς φῶς, καὶ τὰ σκολιὰ
εἰς εὐθεῖαν· ταῦτα τὰ ῥήματα ποιήσω, καὶ οὐκ ἐγκαταλείψω
17 αὐτούς. Αὐτοὶ δὲ ἀπεστράφησαν εἰς τὰ ὀπίσω· αἰσχύνθητε
αἰσχύνην οἱ πεποιθότες ἐπὶ τοῖς γλυπτοῖς, οἱ λέγοντες τοῖς
χωνευτοῖς, ὑμεῖς ἐστε θεοὶ ἡμῶν.

18 Οἱ κωφοὶ ἀκούσατε, καὶ οἱ τυφλοὶ ἀναβλέψατε ἰδεῖν.
19 Καὶ τίς τυφλὸς ἀλλ' ἢ οἱ παῖδές μου, καὶ κωφοὶ ἀλλ' ἢ οἱ
κυριεύοντες αὐτῶν; καὶ ἐτυφλώθησαν οἱ δοῦλοι τοῦ Θεοῦ.
20 Εἴδετε πλεονάκις, καὶ οὐκ ἐφυλάξασθε· ἠνοιγμένα τὰ ὦτα, καὶ
21 οὐκ ἠκούσατε. Κύριος ὁ Θεὸς ἐβουλεύσατο ἵνα δικαιωθῇ,
22 καὶ μεγαλύνῃ αἴνεσιν. Καὶ εἶδον, καὶ ἐγένετο ὁ λαὸς πεπρο-
νομευμένος, καὶ διηρπασμένος· ἡ γὰρ παγὶς ἐν τοῖς ταμείοις
πανταχοῦ, καὶ ἐν οἴκοις ἅμα, ὅπου ἔκρυψαν αὐτούς· ἐγένοντο
εἰς προνομὴν, καὶ οὐκ ἦν ἐξαιρούμενος ἅρπαγμα, καὶ οὐκ ἦν
ὁ λέγων, ἀπόδος.

23 Τίς ἐν ὑμῖν ὃς ἐνωτιεῖται ταῦτα; εἰσακούσατε εἰς τὰ
24 ἐπερχόμενα. Οἷς ἔδωκεν εἰς διαρπαγὴν Ἰακὼβ καὶ Ἰσραὴλ
τοῖς προνομεύουσιν αὐτόν; οὐχὶ ὁ Θεὸς ᾧ ἡμάρτοσαν αὐτῷ,
καὶ οὐκ ἠβούλοντο ἐν ταῖς ὁδοῖς αὐτοῦ πορεύεσθαι, οὐδὲ ἀκούειν
25 τοῦ νόμου αὐτοῦ; Καὶ ἐπήγαγεν ἐπ' αὐτοὺς ὀργὴν θυμοῦ
αὐτοῦ, καὶ κατίσχυσεν αὐτοὺς πόλεμος, καὶ οἱ συμφλέγοντες

to the people on it, and spirit to them that tread on it: [6] I the Lord God have called thee in righteousness, and will hold thine hand, and will strengthen thee: and I have given thee for the covenant of a race, for a light of the Gentiles; [7] to open the eyes of the blind, to bring the bound and them that sit in darkness out of bonds and the prison-house.

[8] I am the Lord God: that is my name: I will not give my glory to another, nor my praises to graven images. [9] Behold, the ancient things have come to pass, and *so will* the new things which I tell you: yea, before I tell *them* they are made known to you.

[10] Sing a new hymn to the Lord: ye *who are* his dominion, glorify his name from the end of the earth: ye that go down to the sea, and sail upon it; the islands, and they that dwell in them. [11] Rejoice, thou wilderness, and the villages thereof, the hamlets, and the dwellers in Kedar: the inhabitants of the rock shall rejoice, they shall shout from the top of the mountains. [12] They shall give glory to God, *and* shall proclaim his praises in the islands.

[13] The Lord God of hosts shall go forth, and crush the war: he shall stir up jealousy, and shall shout mightily against his enemies. [14] I have been silent: shall I also always be silent and forbear? I have endured like a travailing *woman*: I will *now* amaze and wither at once. [15] I will make desolate mountains and hills, and will dry up all their grass; and I will make the rivers islands, and dry up the pools. [16] And I will bring the blind by a way that they knew not, and I will cause them to tread paths which they have not known: I will turn darkness into light for them, and crooked things into straight. These things will I do, and will not forsake them. [17] But they are turned back: be ye utterly ashamed that trust in graven *images*, who say to the molten *images*, Ye are our gods.

[18] Hear, ye deaf, and look up, ye blind, to see. [19] And who is blind, but my servants? and deaf, but they that rule over them? yea, the servants of God have been made blind. [20] Ye have often seen, and have not taken heed; *your* ears have been opened, and ye have not heard. [21] The Lord God has taken counsel that he might be justi-fied, and might magnify *his* praise. [22] And I beheld, and the people were spoiled and plundered: for *there is* a snare in the secret chambers everywhere, and in the houses also, where they have hidden them: they became a spoil, and there was no one that delivered the prey, and there was none who said, Restore.

[23] Who *is there* among you that will give ear to these things? hearken ye to the things which are coming to pass. [24] β For what did he give Jacob up to spoil, and Israel to them that plundered him? Did not God do it against whom they sinned? *and* they would not walk in his ways, nor hearken to his law. [25] So he brought upon them the fury of his wrath; and the war, and those that burnt round about them, prevailed against them; yet no one of

---

β Some read τίς, who.

them knew *it*, neither did they lay *it* to heart.

And now thus saith the Lord God that made thee, O Jacob, and formed thee, O Israel, Fear not: for I have redeemed thee, I have called thee *by* thy name; thou art mine. ² And if thou pass through water, I am with thee; and the rivers shall not overflow thee: and if thou go through fire, thou shalt not be burned; the flame shall not burn thee. ³ For I am the Lord thy God, the Holy One of Israel, that saves thee: I have made Egypt and Ethiopia thy ransom, and *given* Soene for thee. ⁴ Since thou becamest precious in my sight, thou hast become glorious, and I have loved thee: and I will give men for thee, and princes for thy ᵝ life. ⁵ Fear not; for I am with thee: I will bring thy seed from the east, and will gather thee from the west. ⁶ I will say to the north, Bring; and to the south, Keep not back; bring my sons from the *land* afar off, and my daughters from the ends of the earth; ⁷ *even* all who are called by my name: for I have prepared him for my glory, and I have formed him, and have made him: ⁸ and I have brought forth the blind people; for *their* eyes are alike blind, and they that have ears are deaf.

⁹ All the nations are gathered together, and princes shall be gathered out of them: who will declare these things? or who will declare to you things from the beginning? let them bring forth their witnesses, and be justified; and let them hear, and declare the truth.

¹⁰ Be ye my witnesses, and I *too* am a witness, saith the Lord God, and my servant whom I have chosen: that ye may know, and believe, and understand that I am *he*: before me there was no other God, and after me there shall be none. ¹¹ I am God; and beside me there is no Saviour. ¹² I have declared, and have saved; I have reproached, and there was no strange *god* among you: ye are my witnesses, and I am the Lord God, ¹³ even from the beginning; and there is none that can deliver out of my hands: I will work, and who shall turn it back?

¹⁴ Thus saith the Lord God that redeems you, the Holy One of Israel: For your sakes I will send to Babylon, and I will stir up all that flee, and the Chaldeans shall be bound in ships. ¹⁵ I am the Lord God, your Holy One, who have appointed for Israel your king.

¹⁶ Thus saith the Lord, who makes a way in the sea, and a path in the mighty water; ¹⁷ who brought forth chariots and horse, and a mighty multitude: but they have ᵞ lain down, and shall not rise: they are extinct, as quenched flax.

¹⁸ Remember ye not the former things, and consider not the ancient things. ¹⁹ Behold, I *will* do new things, which shall presently spring forth, and ye shall know them: and I will make a way in the wilderness, and rivers in the dry land. ²⁰ The beasts of the field shall bless me, the owls and young ostriches; for I have given water in the wilderness, and rivers in the dry land, to give

αὐτοὺς κύκλῳ, καὶ οὐκ ἔγνωσαν ἕκαστος αὐτῶν, οὐδὲ ἔθεντο ἐπὶ ψυχήν.

Καὶ νῦν οὕτως λέγει Κύριος ὁ Θεὸς ὁ ποιήσας σε Ἰακώβ, 43 καὶ ὁ πλάσας σε Ἰσραήλ, μὴ φοβοῦ, ὅτι ἐλυτρωσάμην σε, ἐκάλεσά σε τὸ ὄνομά σου· ἐμὸς εἶ σύ. Καὶ ἐὰν διαβαίνῃς δι᾽ 2 ὕδατος, μετὰ σοῦ εἰμι, καὶ ποταμοὶ οὐ συγκλύσουσί σε· καὶ ἐὰν διέλθῃς διὰ πυρός, οὐ μὴ κατακαυθῇς, φλὸξ οὐ κατακαύσει σε. Ὅτι ἐγὼ Κύριος ὁ Θεός σου ὁ ἅγιος Ἰσραήλ, ὁ σώζων 3 σε· ἐποίησα ἄλλαγμά σου Αἴγυπτον καὶ Αἰθιοπίαν, καὶ Σοήνην ὑπὲρ σοῦ. Ἀφ᾽ οὗ ἔντιμος ἐγένου ἐναντίον ἐμοῦ, ἐδοξάσθης, 4 καὶ ἐγώ σε ἠγάπησα, καὶ δώσω ἀνθρώπους ὑπὲρ σοῦ, καὶ ἄρχοντας ὑπὲρ τῆς κεφαλῆς σου. Μὴ φοβοῦ, ὅτι μετὰ σοῦ 5 εἰμι· ἀπὸ ἀνατολῶν ἄξω τὸ σπέρμα σου, καὶ ἀπὸ δυσμῶν συνάξω σε. Ἐρῶ τῷ Βορρᾷ, ἄγε, καὶ τῷ Λιβί, μὴ κώλυε· 6 ἄγε τοὺς υἱούς μου ἀπὸ τῆς πόρρωθεν, καὶ τὰς θυγατέρας μου ἀπ᾽ ἄκρων τῆς γῆς, πάντας ὅσοι ἐπικέκληνται τῷ ὀνόματί μου· 7 ἐν γὰρ τῇ δόξῃ μου κατεσκεύασα αὐτὸν, καὶ ἔπλασα αὐτὸν, καὶ ἐποίησα αὐτὸν, καὶ ἐξήγαγον λαὸν τυφλὸν, καὶ ὀφθαλμοί 8 εἰσιν ὡσαύτως τυφλοί, καὶ κωφοὶ τὰ ὦτα ἔχοντες.

Πάντα τὰ ἔθνη συνήχθησαν ἅμα, καὶ συναχθήσονται ἄρχον- 9 τες ἐξ αὐτῶν· τίς ἀναγγελεῖ ταῦτα; ἢ τὰ ἐξ ἀρχῆς τίς ἀναγγελεῖ ὑμῖν; ἀγαγέτωσαν τοὺς μάρτυρας αὐτῶν καὶ δικαιωθήτωσαν, καὶ ἀκουσάτωσαν, καὶ εἰπάτωσαν ἀληθῆ.

Γένεσθέ μοι μάρτυρες, καὶ ἐγὼ μάρτυς, λέγει Κύριος ὁ Θεὸς, 10 καὶ ὁ παῖς μου ὃν ἐξελεξάμην, ἵνα γνῶτε καὶ πιστεύσητε, καὶ συνῆτε ὅτι ἐγώ εἰμι· ἔμπροσθέν μου οὐκ ἐγένετο ἄλλος Θεὸς, καὶ μετ᾽ ἐμὲ οὐκ ἔσται. Ἐγὼ ὁ Θεὸς, καὶ οὐκ ἔστι πάρεξ 11 ἐμοῦ σώζων. Ἐγὼ ἀνήγγειλα καὶ ἔσωσα, ὠνείδισα καὶ οὐκ 12 ἦν ἐν ὑμῖν ἀλλότριος· ὑμεῖς ἐμοὶ μάρτυρες, καὶ ἐγὼ Κύριος ὁ Θεὸς ἔτι ἀπ᾽ ἀρχῆς, καὶ οὐκ ἔστιν ὁ ἐκ τῶν χειρῶν μου 13 ὁ ἐξαιρούμενος· ποιήσω, καὶ τίς ἀποστρέψει αὐτό;

Οὕτως λέγει Κύριος ὁ Θεὸς ὁ λυτρούμενος ὑμᾶς, ὁ ἅγιος 14 τοῦ Ἰσραήλ, ἕνεκεν ὑμῶν ἀποστελῶ εἰς Βαβυλῶνα, καὶ ἐπεγερῶ φεύγοντας πάντας, καὶ Χαλδαῖοι ἐν πλοίοις δεθήσονται. Ἐγὼ Κύριος ὁ Θεὸς ὁ ἅγιος ὑμῶν, ὁ καταδείξας Ἰσραὴλ βασι- 15 λέα ὑμῶν.

Οὕτως λέγει Κύριος, ὁ διδοὺς ἐν θαλάσσῃ ὁδὸν, καὶ ἐν ὕδατι 16 ἰσχυρῷ τρίβον, ὁ ἐξαγαγὼν ἅρματα καὶ ἵππον καὶ ὄχλον 17 ἰσχυρόν· ἀλλ᾽ ἐκοιμήθησαν, καὶ οὐκ ἀναστήσονται, ἐσβέσθησαν ὡς λίνον ἐσβεσμένον.

Μὴ μνημονεύετε τὰ πρῶτα, καὶ τὰ ἀρχαῖα μὴ συλλογίζεσθε. 18 Ἰδοὺ ἐγὼ ποιῶ καινὰ, ἃ νῦν ἀνατελεῖ, καὶ γνώσεσθε αὐτά· καὶ 19 ποιήσω ἐν τῇ ἐρήμῳ ὁδὸν, καὶ ἐν τῇ ἀνύδρῳ ποταμούς. Εὐ- 20 λογήσουσί με τὰ θηρία τοῦ ἀγροῦ, σειρῆνες, καὶ θυγατέρες στρουθῶν, ὅτι ἔδωκα ἐν τῇ ἐρήμῳ ὕδωρ, καὶ ποταμοὺς ἐν τῇ

ᵝ *Gr.* head.   ᵞ *Or,* gone to sleep. See Ps. 75. (76) 5, 6.

21 ἀνύδρῳ, ποτίσαι τὸ γένος μου τὸ ἐκλεκτὸν, λαόν μου ὃν περιεποιησάμην τὰς ἀρετάς μου διηγεῖσθαι.

22 Οὐ νῦν ἐκάλεσά σε Ἰακὼβ, οὐδὲ κοπιάσαι σε ἐποίησα
23 Ἰσραήλ. Οὐκ ἤνεγκάς μοι πρόβατά σου τῆς ὁλοκαρπώσεώς σου, οὐδὲ ἐν ταῖς θυσίαις σου ἐδόξασάς με· οὐκ ἐδούλωσά σε
24 ἐν θυσίαις, οὐδὲ ἔγκοπον ἐποίησά σε ἐν λιβάνῳ, οὐδὲ ἐκτήσω μοι ἀργυρίου θυσίασμα, οὐδὲ τὸ στέαρ τῶν θυσιῶν σου ἐπεθύμησα· ἀλλὰ ἐν ταῖς ἁμαρτίαις σου προέστης μου, καὶ ἐν
25 ταῖς ἀδικίαις σου. Ἐγώ εἰμι ἐγώ εἰμι ὁ ἐξαλείφων τὰς ἀνομίας σου ἕνεκεν ἐμοῦ, καὶ τὰς ἁμαρτίας σου, καὶ οὐ μὴ
26 μνησθήσομαι. Σὺ δὲ μνήσθητι, καὶ κριθῶμεν· λέγε σὺ τὰς
27 ἀνομίας σου πρῶτος, ἵνα δικαιωθῇς. Οἱ πατέρες ὑμῶν πρῶτοι,
28 καὶ οἱ ἄρχοντες ὑμῶν ἠνόμησαν εἰς ἐμέ. Καὶ ἐμίαναν οἱ ἄρχοντες τὰ ἅγιά μου· καὶ ἔδωκα ἀπωλέσαι Ἰακὼβ, καὶ Ἰσραὴλ εἰς ὀνειδισμόν.

44 Νῦν δὲ ἄκουσον Ἰακὼβ ὁ παῖς μου, καὶ Ἰσραὴλ ὃν ἐξελε-
2 ξάμην. Οὕτω λέγει Κύριος ὁ Θεὸς ὁ ποιήσας σε, καὶ ὁ πλάσας σε ἐκ κοιλίας, ἔτι βοηθηθήσῃ· μὴ φοβοῦ παῖς μου Ἰακὼβ,
3 καὶ ἠγαπημένος Ἰσραὴλ ὃν ἐξελεξάμην. Ὅτι ἐγὼ δώσω ὕδωρ ἐν δίψει τοῖς πορευομένοις ἐν ἀνύδρῳ, ἐπιθήσω τὸ πνεῦμά μου ἐπὶ τὸ σπέρμα σου, καὶ τὰς εὐλογίας μου ἐπὶ τὰ τέκνα
4 σου, καὶ ἀνατελοῦσιν ὡς ἀναμέσον ὕδατος χόρτος, καὶ ὡς ἰτέα
5 ἐπὶ παραρρέον ὕδωρ. Οὗτος ἐρεῖ, τοῦ Θεοῦ εἰμι, καὶ οὗτος βοήσεται ἐπὶ τῷ ὀνόματι Ἰακώβ· καὶ ἕτερος ἐπιγράψει χειρὶ αὐτοῦ, τοῦ Θεοῦ εἰμι, καὶ ἐπὶ τῷ ὀνόματι Ἰσραὴλ βοήσεται.

6 Οὕτως λέγει ὁ Θεὸς ὁ βασιλεὺς Ἰσραὴλ, καὶ ῥυσάμενος αὐτὸν Θεὸς σαβαώθ, ἐγὼ πρῶτος, καὶ ἐγὼ μετὰ ταῦτα· πλὴν
7 ἐμοῦ οὐκ ἔστι Θεός. Τίς ὥσπερ ἐγώ; στήτω, καὶ καλεσάτω, καὶ ἀναγγειλάτω, καὶ ἑτοιμασάτω μοι ἀφ' οὗ ἐποίησα ἄνθρωπον εἰς τὸν αἰῶνα, καὶ τὰ ἐπερχόμενα πρὸ τοῦ ἐλθεῖν ἀναγγειλάτω-
8 σαν ὑμῖν. Μὴ παρακαλύπτεσθε, μηδὲ πλανᾶσθε· οὐκ ἀπ' ἀρχῆς ἠνωτίσασθε, καὶ ἀπήγγειλα ὑμῖν; μάρτυρες ὑμεῖς ἐστε, εἰ ἔστι Θεὸς πλὴν ἐμοῦ.

9 Καὶ οὐκ ἤκουσαν τότε οἱ πλάσσοντες· καὶ οἱ γλύφοντες, πάντες μάταιοι, ποιοῦντες τὰ καταθύμια αὐτῶν, ἃ οὐκ ὠφελή-
10 σει αὐτούς· ἀλλὰ αἰσχυνθήσονται οἱ πλάσσοντες θεὸν, καὶ
11 γλύφοντες πάντες ἀνωφελῆ, καὶ πάντες ὅθεν ἐγένοντο ἐξηράνθησαν· καὶ κωφοὶ ἀπὸ ἀνθρώπων συναχθήτωσαν πάντες, καὶ στησάτωσαν ἅμα· καὶ ἐντραπήτωσαν, καὶ αἰσχυνθήτωσαν ἅμα·

12 Ὅτι ὤξυνε τέκτων σίδηρον· σκεπάρνῳ εἰργάσατο αὐτὸ, καὶ ἐν τερέτρῳ ἔστησεν αὐτὸ, καὶ εἰργάσατο αὐτὸ ἐν τῷ βραχίονι τῆς ἰσχύος αὐτοῦ, καὶ πεινάσει, καὶ ἀσθενήσει, καὶ
13 οὐ μὴ πίῃ ὕδωρ. Ἐκλεξάμενος τέκτων ξύλον, ἔστησεν αὐτὸ ἐν μέτρῳ, καὶ ἐν κόλλῃ ἐρρύθμισεν αὐτὸ, καὶ ἐποίησεν αὐτὸ ὡς μορφὴν ἀνδρὸς, καὶ ὡς ὡραιότητα ἀνθρώπου, στῆσαι αὐτὸ
14 ἐν οἴκῳ. Ἔκοψε ξύλον ἐκ τοῦ δρυμοῦ, ὃ ἐφύτευσε Κύριος,

drink to my chosen race, [21]*even* my people whom I have preserved to tell forth my praises. [22]I have. not now called thee, O Jacob; neither have I made thee weary, O Israel. [23]Thou hast not brought me the sheep of thy whole-burnt-offering; neither hast thou glorified me with thy sacrifices. I have not caused thee to serve with sacrifices, neither have I wearied thee with frankincense. [24]Neither hast thou purchased for me victims for silver, neither have I desired the fat of thy sacrifices: but thou didst stand before me in thy sins, and in thine iniquities. [25]*β*I, *even* I, am he that blots out thy transgressions for mine own sake, and thy sins; and I will not remember *them*. [26]But do thou remember, and let us plead *together*: do thou first confess thy transgressions, that thou mayest be justified. [27]Your fathers first, and your princes have transgressed against me. [28]And the princes have defiled my sanctuaries: so I gave Jacob *to* enemies to destroy, and Israel to reproach.

But now hear, Jacob my servant; and Israel, whom I have chosen. [2]Thus saith the Lord God that made thee, and he that formed thee from the womb; Thou shalt yet be helped: fear not, my servant Jacob; and beloved Israel, whom I have chosen. [3]For I will give water to the thirsty that walk in a dry land: I will put my Spirit upon thy seed, and my blessings upon thy children: [4]and they shall spring up as grass between brooks, and as willows on *the banks of* running water. [5]One shall say, I am God's; and another shall call himself by the name of Jacob; and another shall write with his hand, I am God's, and shall call himself by the name of Israel.

[6]Thus saith God the King of Israel, and the God of hosts that delivered him; *γ*I am the first, and I am hereafter: beside me there is no God. [7]Who is like me? let him stand, and call, and declare, and prepare for me from the time that I made man for ever; and let them tell you the things that are coming before they arrive. [8]Hide not yourselves, nor go astray: have ye not heard from the beginning, and *have not* I told you? ye are witnesses if there is a God beside me.

[9]But they that framed *false gods* did not then hearken; and they that graved *images* are all vain, performing their own desires, which shall not profit them, but they shall be ashamed [10]that form a god, and all that grave worthless things: [11]and all by whom they were made are withered: yea, let all the deaf be gathered from *among* men, and let them stand together; and let them be ashamed and confounded together:

[12]For the artificer sharpens the iron; he fashions *tae idol* with an axe, and fixes it with an awl, and fashions it with the strength of his arm: and he will be hungry and weak, and will drink no water. [13]The artificer having chosen a piece of wood, marks it out with a rule, and fits it with glue, and makes it as the form of a man, and as the beauty of a man, to set it up in the house. [14]He cuts wood out of the forest, which the Lord planted, *even* a pine

---

β Gr. I am, I am.   *γ* Rev. 1. 17.

tree, and the rain made it grow, [15] that it might be for men to burn: and having taken part of it he warms himself; yea, they burn part of it, and bake loaves thereon; and of the rest they make for themselves gods, and they worship them. [16] Half thereof he burns in the fire, and with half of it he bakes loaves on the coals; and having roasted flesh on it he eats, and is satisfied, and having warmed himself he says, I am comfortable, for I have warmed myself, and have seen the fire. [17] And the rest he makes a graven god, and worships, and prays, saying, Deliver me; for thou art my God.

[18] They have no understanding to perceive; for they have been blinded so that they should not see with their eyes, nor perceive with their heart. [19] And one has not considered in his mind, nor known in his understanding, that he has burnt up half of it in the fire, and baked loaves on the coals thereof and has roasted and eaten flesh, and of the rest of it he has made an abomination, and they worship it. [20] Know thou that their heart is ashes, and they err, and no one is able to deliver his soul: see, ye will not say, There is a lie in my right hand.

[21] Remember these things, O Jacob and Israel; for thou art my servant; I have formed thee to be my servant: and do thou, Israel, not forget me. [22] For behold, I have blotted out as a cloud thy transgressions, and thy sin as darkness: turn to me, and I will redeem thee.

[23] Rejoice, ye heavens; for God has had mercy upon Israel: sound the trumpet, ye foundations of the earth: ye mountains, shout with joy, ye hills, and all the trees therein: for God has redeemed Jacob, and Israel shall be glorified.

[24] Thus saith the Lord that redeems thee, and who formed thee from the womb, I am the Lord that performs all things: I stretched out the heaven alone, and established the earth. [25] Who else will frustrate the tokens of [β] those that have divining spirits, and prophecies [γ] from the heart of man? turning the wise back, and making their counsel foolishness; [26] and confirming the word of his servant, and verifying the counsel of his messengers: who says to Jerusalem, Thou shalt be inhabited; and to the cities of Idumea, Ye shall be built, and her desert places shall spring forth. [27] Who says to the deep, Thou shalt be dried up, and I will dry up the rivers. [28] Who bids Cyrus be wise, and he shall perform all my will: who says to Jerusalem, Thou shalt be built, and I will lay the foundation of my holy house.

Thus saith the Lord God to my anointed Cyrus, whose right hand I have held, that nations might be obedient before him; and I will break through the strength of kings; I will open doors before him, and cities shall not be closed. [2] I will go before thee, and will level mountains: I will break to pieces brazen doors, and will burst iron bars. [3] And I will give thee the treasures of darkness, I will open to thee hidden, unseen treasures, that thou mayest know that I, the Lord thy God, that call thee by name,

πίτυν, καὶ ὑετὸς ἐμήκυνεν, ἵνα ᾖ ἀνθρώποις εἰς καῦσιν· καὶ 15 λαβὼν ἀπ᾽ αὐτοῦ, ἐθερμάνθη, καὶ καύσαντες ἔπεψαν ἄρτους ἐπ᾽ αὐτῶν· τὸ δὲ λοιπὸν εἰργάσαντο θεούς, καὶ προσκυνοῦσιν αὐτοῖς· Οὗ τὸ ἥμισυ αὐτοῦ κατέκαυσεν ἐν πυρί, καὶ ἐπὶ τοῦ 16 ἡμίσους αὐτοῦ ἔπεψεν ἐν τοῖς ἄνθραξιν ἄρτους, καὶ ἐπ᾽ αὐτοῦ κρέας ὀπτήσας ἔφαγε, καὶ ἐνεπλήσθη, καὶ θερμανθεὶς εἶπεν, ἡδύ μοι, ὅτι ἐθερμάνθην, καὶ εἶδον πῦρ. Τὸ δὲ λοιπὸν 17 ἐποίησεν εἰς θεὸν γλυπτόν, καὶ προσκυνεῖ, καὶ προσεύχεται λέγων, ἐξελοῦ με, ὅτι θεός μου εἶ σύ.

Οὐκ ἔγνωσαν φρονῆσαι, ὅτι ἀπημαυρώθησαν τοῦ βλέπειν 18 τοῖς ὀφθαλμοῖς αὐτῶν, καὶ τοῦ νοῆσαι τῇ καρδίᾳ αὐτῶν. Καὶ οὐκ ἐλογίσατο τῇ ψυχῇ αὐτοῦ, οὐδὲ ἔγνω τῇ φρονήσει, 19 ὅτι τὸ ἥμισυ αὐτοῦ κατέκαυσεν ἐν πυρί, καὶ ἔπεψεν ἐπὶ τῶν ἀνθράκων αὐτοῦ ἄρτους, καὶ ὀπτήσας κρέα ἔφαγε, καὶ τὸ λοιπὸν αὐτοῦ εἰς βδέλυγμα ἐποίησε, καὶ προσκυνοῦσιν αὐτῷ. Γνῶθι ὅτι σποδὸς ἡ καρδία αὐτῶν, καὶ πλανῶνται, καὶ οὐδεὶς 20 δύναται ἐξελέσθαι τὴν ψυχὴν αὐτοῦ· ἴδετε, οὐκ ἐρεῖτε, ὅτι ψεῦδος ἐν τῇ δεξιᾷ μου.

Μνήσθητι ταῦτα Ἰακὼβ καὶ Ἰσραήλ, ὅτι παῖς μου εἶ σύ, 21 ἔπλασά σε παῖδά μου, καὶ σὺ Ἰσραὴλ μὴ ἐπιλανθάνου μου. Ἰδοὺ γὰρ ἀπήλειψα ὡς νεφέλην τὰς ἀνομίας σου, καὶ ὡς 22 γνόφον τὴν ἁμαρτίαν σου· ἐπιστράφηθι πρὸς μέ, καὶ λυτρώσομαί σε.

Εὐφράνθητε οὐρανοί, ὅτι ἠλέησεν ὁ Θεὸς τὸν Ἰσραήλ· 23 σαλπίσατε τὰ θεμέλια τῆς γῆς, βοήσατε ὄρη εὐφροσύνην, οἱ βουνοὶ καὶ πάντα τὰ ξύλα τὰ ἐν αὐτοῖς, ὅτι ἐλυτρώσατο ὁ Θεὸς τὸν Ἰακώβ, καὶ Ἰσραὴλ δοξασθήσεται.

Οὕτω λέγει Κύριος ὁ λυτρούμενός σε, καὶ πλάσσων σε ἐκ 24 κοιλίας, ἐγὼ Κύριος ὁ συντελῶν πάντα, ἐξέτεινα τὸν οὐρανὸν μόνος, καὶ ἐστερέωσα τὴν γῆν. Τίς ἕτερος διασκεδάσει σημεῖα 25 ἐγγαστριμύθων, καὶ μαντείας ἀπὸ καρδίας; ἀποστρέφων φρονίμους εἰς τὰ ὀπίσω, καὶ τὴν βουλὴν αὐτῶν μωραίνων, καὶ 26 ἱστῶν ῥῆμα παιδὸς αὐτοῦ, καὶ τὴν βουλὴν τῶν ἀγγέλων αὐτοῦ ἀληθεύων· ὁ λέγων τῇ Ἰερουσαλήμ, κατοικηθήσῃ, καὶ ταῖς πόλεσι τῆς Ἰδουμαίας, οἰκοδομηθήσεσθε, καὶ τὰ ἔρημα αὐτῆς ἀνατελεῖ· Ὁ λέγων τῇ ἀβύσσῳ, ἐρημωθήσῃ, καὶ τοὺς ποτα- 27 μούς σου ξηρανῶ· Ὁ λέγων Κύρῳ φρονεῖν, καὶ πάντα τὰ 28 θελήματά μου ποιήσει· ὁ λέγων Ἰερουσαλήμ, οἰκοδομηθήσῃ, καὶ τὸν οἶκον τὸν ἅγιόν μου θεμελιώσω.

Οὕτω λέγει Κύριος ὁ Θεὸς τῷ χριστῷ μου Κύρῳ, οὗ ἐκράτησα 45 τῆς δεξιᾶς, ἐπακοῦσαι ἔμπροσθεν αὐτοῦ ἔθνη, καὶ ἰσχὺν βασιλέων διαρρήξω, ἀνοίξω ἔμπροσθεν αὐτοῦ θύρας, καὶ πόλεις οὐ συγκλεισθήσονται. Ἐγὼ ἔμπροσθέν σου πορεύσομαι, καὶ 2 ὄρη ὁμαλιῶ, θύρας χαλκᾶς συντρίψω, καὶ μοχλοὺς σιδηροῦς συγκλάσω. Καὶ δώσω σοι θησαυροὺς σκοτεινούς, ἀποκρύ- 3 φους, ἀοράτους ἀνοίξω σοι, ἵνα γνῷς ὅτι ἐγὼ Κύριος ὁ Θεὸς

β Gr. ventriloquists.   γ See Heb.

4 σοῦ ὁ καλῶν τὸ ὄνομά σου, ὁ Θεὸς Ἰσραήλ. Ἕνεκεν τοῦ παιδός μου Ἰακὼβ, καὶ Ἰσραὴλ τοῦ ἐκλεκτοῦ μου, ἐγὼ καλέσω σε τῷ ὀνόματί σου, καὶ προσδέξομαί σε· σὺ δὲ οὐκ ἔγνως με,

5 ὅτι ἐγὼ Κύριος ὁ Θεὸς, καὶ οὐκ ἔστιν ἔτι πλὴν ἐμοῦ Θεός·

6 ἐνίσχυσά σε, καὶ οὐκ ᾔδεις με, ἵνα γνῶσιν οἱ ἀπ᾽ ἀνατολῶν ἡλίου καὶ οἱ ἀπὸ δυσμῶν, ὅτι οὐκ ἔστι Θεὸς πλὴν ἐμοῦ· ἐγὼ

7 Κύριος ὁ Θεὸς, καὶ οὐκ ἔστιν ἔτι. Ἐγὼ ἡ κατασκευάσας φῶς, καὶ ποιήσας σκότος, ὁ ποιῶν εἰρήνην, καὶ κτίζων κακά· ἐγὼ Κύριος ὁ Θεὸς, ὁ ποιῶν πάντα ταῦτα.

8 Εὐφρανθήτω ὁ οὐρανὸς ἄνωθεν, καὶ αἱ νεφέλαι ῥανάτωσαν δικαιοσύνην· ἀνατειλάτω ἡ γῆ, καὶ βλαστησάτω ἔλεος, καὶ δικαιοσύνην ἀνατειλάτω ἅμα· ἐγώ εἰμι Κύριος ὁ κτίσας σε.

9 Ποῖον βέλτιον κατεσκεύασα ὡς πηλὸν κεραμέως; μὴ ὁ ἀροτριῶν ἀροτριάσει τὴν γῆν ὅλην τὴν ἡμέραν; μὴ ἐρεῖ ὁ πηλὸς τῷ κεραμεῖ, τί ποιεῖς ὅτι οὐκ ἐργάζῃ, οὐδὲ ἔχεις χεῖρας; μὴ ἀποκριθήσεται τὸ πλάσμα πρὸς τὸν πλάσαντα

10 αὐτό; Ὁ λέγων τῷ πατρὶ, τί γεννήσεις; καὶ τῇ μητρὶ, τί ὠδίνεις;

11 Ὅτι οὕτω λέγει Κύριος ὁ Θεὸς ὁ ἅγιος Ἰσραὴλ, ὁ ποιήσας τὰ ἐπερχόμενα, ἐρωτήσατέ με περὶ τῶν υἱῶν μου, καὶ περὶ τῶν

12 ἔργων τῶν χειρῶν μου ἐντείλασθέ μοι. Ἐγὼ ἐποίησα γῆν, καὶ ἄνθρωπον ἐπ᾽ αὐτῆς, ἐγὼ τῇ χειρί μου ἐστερέωσα τὸν

13 οὐρανὸν, ἐγὼ πᾶσι τοῖς ἄστροις ἐνετειλάμην. Ἐγὼ ἤγειρα αὐτὸν μετὰ δικαιοσύνης βασιλέα, καὶ πᾶσαι αἱ ὁδοὶ αὐτοῦ εὐθεῖαι· οὗτος οἰκοδομήσει τὴν πόλιν μου, καὶ τὴν αἰχμαλωσίαν τοῦ λαοῦ μου ἐπιστρέψει, οὐ μετὰ λύτρων, οὐδὲ μετὰ δώρων, εἶπε Κύριος σαβαώθ.

14 Οὕτω λέγει Κύριος σαβαώθ, ἐκοπίασεν Αἴγυπτος, καὶ ἐμπορία Αἰθιόπων, καὶ οἱ Σαβαεὶμ ἄνδρες ὑψηλοὶ ἐπὶ σὲ διαβήσονται, καὶ σοὶ ἔσονται δοῦλοι, καὶ ὀπίσω σου ἀκολουθήσουσι δεδεμένοι χειροπέδαις, καὶ διαβήσονται πρὸς σὲ, καὶ προσκυνήσουσί σοι, καὶ ἐν σοὶ προσεύξονται· ὅτι ἐν σοὶ ὁ Θεός

15 ἐστι, καὶ οὐκ ἔστι Θεὸς πλήν σου. Σὺ γὰρ εἶ Θεὸς, καὶ οὐκ

16 ᾔδειμεν, ὁ Θεὸς τοῦ Ἰσραὴλ σωτήρ. Αἰσχυνθήσονται καὶ ἐντραπήσονται πάντες οἱ ἀντικείμενοι αὐτῷ, καὶ πορεύσονται

17 ἐν αἰσχύνῃ· ἐγκαινίζεσθε πρὸς μὲ νῆσοι. Ἰσραὴλ σώζεται ὑπὸ Κυρίου σωτηρίαν αἰώνιον· οὐκ αἰσχυνθήσονται, οὐδὲ μὴ ἐντραπῶσιν ἕως τοῦ αἰῶνος ἔτι.

18 Οὕτως λέγει Κύριος ὁ ποιήσας τὸν οὐρανὸν, οὗτος ὁ Θεὸς ὁ καταδείξας τὴν γῆν, καὶ ποιήσας αὐτὴν, αὐτὸς διώρισεν αὐτὴν, οὐκ εἰς κενὸν ἐποίησεν αὐτὴν, ἀλλὰ κατοικεῖσθαι ἔπλασεν

19 αὐτὴν, ἐγώ εἰμι Κύριος, καὶ οὐκ ἔστιν ἔτι. Οὐκ ἐν κρυφῇ λελάληκα, οὐδὲ ἐν τόπῳ γῆς σκοτεινῷ· οὐκ εἶπα τῷ σπέρματι Ἰακὼβ, μάταιον ζητήσατε· ἐγώ εἰμι ἐγώ εἰμι Κύριος ὁ λαλῶν δικαιοσύνην, καὶ ἀναγγέλλων ἀλήθειαν.

20 Συνάχθητε, καὶ ἥκετε, βουλεύσασθε ἅμα οἱ σωζόμενοι ἀπὸ τῶν ἐθνῶν· οὐκ ἔγνωσαν οἱ αἴροντες τὸ ξύλον γλύμμα αὐτῶν,

am the God of Israel. ⁴ For the sake of my servant Jacob, and Israel mine elect, I will call thee by thy name, and accept thee: but thou hast not known me. ⁵ For I am the Lord God, and there is no other God beside me; I strengthened thee, and thou hast not known me. ⁶ That they that *come* from the east and they that *come* from the west may know that there is no God but me. I am the Lord God, and there is none beside. ⁷ I am he that prepared light, and formed darkness; who make peace, and create evil; I am the Lord God, that does all these things.

⁸ Let the heaven rejoice from above, and let the clouds rain righteousness: let the earth bring forth, and blossom *with* mercy, and bring forth righteousness likewise: I am the Lord that created thee.

⁹ What excellent thing have I prepared as clay of the potter? Will the ploughman plough the earth all day? βshall the clay say to the potter, What art thou doing that thou dost not work, nor hast hands? shall the thing formed answer him that formed it? ¹⁰ As though one should say to *his* father, What wilt thou beget me? and to his mother, What art thou bringing forth?

¹¹ For thus saith the Lord God, the Holy One of Israel, who has formed the things that are to come, Enquire of me concerning my sons, and concerning the works of my hands command me. ¹² I have made the earth, and man upon it: I with my hand have established the heaven; I have given commandment to all the stars. ¹³ I have raised him up *to be* a king with righteousness, and all his ways are right: he shall build my city, and shall turn the captivity of my people, not γfor ransoms, nor for rewards, saith the Lord of hosts.

¹⁴ Thus saith the Lord of hosts, Egypt has laboured *for thee*; and the merchandise of the Ethiopians, and the Sabeans, men of stature, shall pass over to thee, and shall ,be thy servants; and they shall follow after thee bound in fetters, and shall pass over to thee, and shall do obeisance to thee, and make supplication to thee: because God is in thee; and there is no God beside thee, O Lord. ¹⁵ For thou art God, yet we knew *it* not, the God of Israel, the Saviour. ¹⁶ All that are opposed to him shall be ashamed and confounded, and shall walk in shame: ye isles, δkeep a feast to me. ¹⁷ Israel is saved by the Lord with an everlasting salvation: they shall not be ashamed nor confounded for evermore.

¹⁸ Thus saith the Lord that made the heaven, this God that ςcreated the earth, and made it; he marked it out, he made it not in vain, but formed it to be inhabited: I am the Lord, and there is none beside. ¹⁹ I have not spoken in secret, nor in a dark place of the earth: I said not to the seed of Jacob, Seek vanity: θI, even I, am the Lord, speaking righteousness, and proclaiming truth.

²⁰ Assemble yourselves and come; take counsel together, ye that escape of the nations: they that set up wood, *even* their graven image, have no knowledge, nor they

---

β Rom. 9. 20. γ Gr. with. δ See chap. 41. 1. ζ Gr. shewed. θ Gr. I am, I am.

who pray to gods that do not save. ²¹ If they will declare, let them draw nigh, that they may know together, who has caused these things to be heard from the beginning: then was it told you. I am God, and there is not another beside me; a just *God* and a Saviour; there is none but me. ²² Turn ye to me, and ye shall be saved, ye that *come* from the end of the earth: I am God, and there is none other. ²³ By myself β I swear, righteousness shall surely proceed out of my mouth; my words shall not be frustrated; ²⁴ that to me every knee shall bend, and every tongue shall swear by God, ²⁵ saying, Righteousness and glory shall come to him: and all that remove them from their borders shall be ashamed. ²⁶ By the Lord shall they be justified, and in God shall all the seed of the children of Israel be glorified.

Bel has fallen, Nabo is broken to pieces, their graven images are gone to the wild beasts and the cattle: ye take them packed up as a burden to the weary, exhausted, hungry, and *at the same time* helpless man; ² who will not be able to save themselves from war, but they themselves are led *away* captive.

³ Hear me, O house of Jacob, and all the remnant of Israel, who are borne *by me* from the womb, and taught *by me* from infancy, *even* to old age: ⁴ I am *he*; and until ye shall have grown old, I am *he*: I bear you, I have made, and I will γ relieve, I will take up and save you.

⁵ To whom have ye compared me? see, consider, ye that go astray. ⁶ They that furnish gold out of a purse, and silver by weight, will weigh it in a scale, and they hire a goldsmith and make δ idols, and bow down, and worship them. ⁷ They bear it upon the shoulder, and go; and if they put it upon its place, it remains, it cannot move: and whosoever shall cry to it, it cannot hear; it cannot save him from trouble.

⁸ Remember ye these things, and groan: repent, ye that have gone astray, return in your heart; ⁹ and remember the former things *that were* of old: for I am God, and there is none other beside me, ¹⁰ telling beforehand the latter events before they come to pass, and they are accomplished together: and I said, All my counsel shall stand, and I will do all things that I have planned; ¹¹ calling a bird from the east, and from a land afar off, for the things which I have planned: I have spoken, and brought *him*; I have created and made *him*; I have brought him, and prospered his way.

¹² Hearken to me, ye senseless ones, that are far from righteousness: ¹³ I have brought near my righteousness, and I will not be slow with the salvation that is from me: I have given salvation in Sion to Israel for glory.

Come down, sit on the ground, O virgin daughter of Babylon: sit on the ground, O daughter of the Chaldeans: for thou shalt no more be called tender and luxurious. ² Take a millstone, grind meal: remove thy veil, uncover thy white hairs, make bare the leg, pass through the rivers.

καὶ οἱ προσευχόμενοι πρὸς θεούς, οἳ οὐ σώζουσιν. Εἰ ἀναγγε- 21
λοῦσιν, ἐγγισάτωσαν, ἵνα γνῶσιν ἅμα, τίς ἀκουστὰ ἐποίησε
ταῦτα ἀπ᾽ ἀρχῆς· τότε ἀνηγγέλη ὑμῖν· ἐγὼ ὁ Θεός, καὶ οὐκ
ἔστιν ἄλλος πλὴν ἐμοῦ· δίκαιος καὶ σωτήρ, οὐκ ἔστι πάρεξ
ἐμοῦ. Ἐπιστράφητε ἐπ᾽ ἐμὲ, καὶ σωθήσεσθε, οἱ ἀπ᾽ ἐσχάτου 22
τῆς γῆς· ἐγώ εἰμι ὁ Θεός, καὶ οὐκ ἔστιν ἄλλος. Κατ᾽ ἐμαυτοῦ 23
ὀμνύω, εἰ μὴ ἐξελεύσεται ἐκ τοῦ στόματός μου δικαιοσύνη, οἱ
λόγοι μου οὐκ ἀποστραφήσονται· Ὅτι ἐμοὶ κάμψει πᾶν 24
γόνυ, καὶ ὀμεῖται πᾶσα γλῶσσα τὸν Θεὸν, λέγων, δικαιοσύνη 25
καὶ δόξα πρὸς αὐτὸν ἥξει, καὶ αἰσχυνθήσονται πάντες οἱ διορί-
ζοντες αὐτούς. Ἀπὸ Κυρίου δικαιωθήσονται, καὶ ἐν τῷ Θεῷ 26
ἐνδοξασθήσεται πᾶν τὸ σπέρμα τῶν υἱῶν Ἰσραήλ.

Ἔπεσε Βὴλ, συνετρίβη Ναβὼ, ἐγένετο τὰ γλυπτὰ αὐτῶν 46
εἰς θηρία, καὶ τὰ κτήνη· αἴρετε αὐτὰ καταδεδεμένα ὡς φορτίον
κοπιῶντι ἐκλελυμένῳ, καὶ πεινῶντι, οὐκ ἰσχύοντι ἅμα, οἳ 2
οὐ δυνήσονται σωθῆναι ἀπὸ πολέμου, αὐτοὶ δὲ αἰχμάλωτοι
ἤχθησαν.

Ἀκούετέ μού οἶκος τοῦ Ἰακὼβ, καὶ πᾶν τὸ κατάλοιπον τοῦ 3
Ἰσραὴλ, οἱ αἱρόμενοι ἐκ κοιλίας, καὶ παιδευόμενοι ἐκ παιδίου
ἕως γήρως· ἐγώ εἰμι, καὶ ἕως ἂν καταγηράσητε, ἐγώ εἰμι, ἐγὼ 4
ἀνέχομαι ὑμῶν, ἐγὼ ἐποίησα, καὶ ἐγὼ ἀνήσω, ἐγὼ ἀναλήψομαι,
καὶ σώσω ὑμᾶς.

Τίνι με ὡμοιώσατε; ἴδετε, τεχνάσασθε οἱ πλανώμενοι. 5
Οἱ συμβαλλόμενοι χρυσίον ἐκ μαρσυππίου, καὶ ἀργύριον ἐν 6
ζυγῷ, στήσουσιν ἐν σταθμῷ, καὶ μισθωσάμενοι χρυσοχόον
ἐποίησαν χειροποίητα, καὶ κύψαντες προσκυνοῦσιν αὐτοῖς.
Αἴρουσιν αὐτὸ ἐπὶ τοῦ ὤμου, καὶ πορεύονται· ἐὰν δὲ θῶσιν 7
αὐτὸ ἐπὶ τοῦ τόπου αὐτοῦ, μένει, οὐ μὴ κινηθῇ· καὶ ὃς ἐὰν
βοήσῃ πρὸς αὐτὸν, οὐ μὴ εἰσακούσῃ, ἀπὸ κακῶν οὐ μὴ σώσῃ
αὐτόν.

Μνήσθητε ταῦτα, καὶ στενάξατε, μετανοήσατε οἱ πεπλανη- 8
μένοι, ἐπιστρέψατε τῇ καρδίᾳ, καὶ μνήσθητε τὰ πρότερα ἀπὸ 9
τοῦ αἰῶνος, ὅτι ἐγώ εἰμι ὁ Θεὸς, καὶ οὐκ ἔστιν ἔτι πλὴν ἐμοῦ,
ἀναγγέλλων πρότερον τὰ ἔσχατα πρὶν γενέσθαι, καὶ ἅμα 10
συνετελέσθη· καὶ εἶπα, πᾶσα ἡ βουλή μου στήσεται, καὶ πάντα
ὅσα βεβούλευμαι, ποιήσω· Καλῶν ἀπὸ ἀνατολῶν πετεινὸν, 11
καὶ ἀπὸ γῆς πόρρωθεν περὶ ὧν βεβούλευμαι, ἐλάλησα, καὶ
ἤγαγον, ἔκτισα καὶ ἐποίησα, ἤγαγον αὐτὸν, καὶ εὐώδωσα τὴν
ὁδὸν αὐτοῦ.

Ἀκούσατέ μου οἱ ἀπολωλεκότες τὴν καρδίαν, οἱ μακρὰν ἀπὸ 12
τῆς δικαιοσύνης. Ἤγγισα τὴν δικαιοσύνην μου, καὶ τὴν 13
σωτηρίαν τὴν παρ᾽ ἐμοῦ οὐ βραδυνῶ· δέδωκα ἐν Σιὼν σωτηρίαν
τῷ Ἰσραὴλ εἰς δόξασμα.

Κατάβηθι, κάθισον ἐπὶ τὴν γῆν παρθένος θυγάτηρ Βαβυ- 47
λῶνος, κάθισον εἰς τὴν γῆν θυγάτηρ Χαλδαίων, ὅτι οὐκέτι
προστεθήσῃ κληθῆναι ἁπαλὴ καὶ τρυφερά. Λάβε μύλον, 2
ἄλεσον ἄλευρον, ἀποκόλυψαι τὸ κατακάλυμμά σου, ἀνακά-
λυψαι τὰς πολιὰς, ἀνάσυρε τὰς κνήμας, διάβηθι ποταμούς.

β Rom. 14. 11.　　　γ Or, put up with.　　　δ Gr. *things* made with hands.

3 Ἀνακαλυφθήσεται ἡ αἰσχύνη σου, φανήσονται οἱ ὀνειδισμοί σου· τὸ δίκαιον ἐκ σοῦ λήψομαι, οὐκέτι μὴ παραδῶ ἀνθρώποις.

4 Ὁ ῥυσάμενός σε Κύριος σαβαὼθ, ὄνομα αὐτῷ Ἅγιος Ἰσραήλ.

5 Κάθισον κατανενυγμένη, εἴσελθε εἰς τὸ σκότος θύγατερ 6 Χαλδαίων, οὐκέτι μὴ κληθήσῃ ἰσχὺς βασιλείας. Παρωξύνθην ἐπὶ τῷ λαῷ μου, ἐμίανας τὴν κληρονομίαν μου· ἐγὼ ἔδωκα αὐτοὺς εἰς τὴν χεῖρά σου, σὺ δὲ οὐκ ἔδωκας αὐτοῖς 7 ἔλεος, τοῦ πρεσβυτέρου ἐβάρυνας τὸν ζυγὸν σφόδρα, καὶ εἶπας, εἰς τὸν αἰῶνα ἔσομαι ἄρχουσα· οὐκ ἐνόησας ταῦτα ἐν τῇ καρδίᾳ σου, οὐδὲ ἐμνήσθης τὰ ἔσχατα.

8 Νῦν δὲ ἄκουε ταῦτα τρυφερὰ, ἡ καθημένη, ἡ πεποιθυῖα, ἡ λέγουσα ἐν καρδίᾳ αὐτῆς, ἐγώ εἰμι, καὶ οὐκ ἔστιν ἑτέρα, οὐ 9 καθιῶ χήρα, οὐδὲ γνώσομαι ὀρφανίαν. Νῦν δὲ ἥξει ἐπὶ σὲ τὰ δύο ταῦτα ἐξαίφνης ἐν ἡμέρᾳ μιᾷ, ἀτεκνία καὶ χηρεία ἥξει ἐξαίφνης ἐπὶ σὲ, ἐν τῇ φαρμακείᾳ σου, ἐν τῇ ἰσχύϊ τῶν 10 ἐπαοιδῶν σου σφόδρα, τῇ ἐλπίδι τῆς πονηρίας σου· σὺ γὰρ εἶπας, ἐγώ εἰμι, καὶ οὐκ ἔστιν ἑτέρα· γνῶθι, ἡ σύνεσις τούτων ἔσται, καὶ ἡ πορνεία σου σοὶ αἰσχύνη· καὶ εἶπας τῇ καρδίᾳ σου, ἐγώ εἰμι, καὶ οὐκ ἔστιν ἑτέρα.

11 Καὶ ἥξει ἐπὶ σὲ ἀπώλεια, καὶ οὐ μὴ γνῷς· βόθυνος, καὶ ἐμπεσῇ εἰς αὐτόν· καὶ ἥξει ἐπὶ σὲ ταλαιπωρία, καὶ οὐ μὴ δυνήσῃ καθαρὰ γενέσθαι· καὶ ἥξει ἐπὶ σὲ ἐξαπίνης 12 ἀπώλεια, καὶ οὐ μὴ γνώσῃ. Στῆθι νῦν ἐν ταῖς ἐπαοιδαῖς σου, καὶ ἐν τῇ πολλῇ φαρμακείᾳ σου, ἃ ἐμάνθανες ἐκ 13 νεότητός σου, εἰ δυνήσῃ ὠφεληθῆναι. Κεκοπίακας ἐν ταῖς βουλαῖς σου· στήτωσαν δὴ καὶ σωσάτωσάν σε οἱ ἀστρολόγοι τοῦ οὐρανοῦ, οἱ ὁρῶντες τοὺς ἀστέρας ἀναγγειλά- 14 τωσάν σοι, τί μέλλει ἐπὶ σὲ ἔρχεσθαι. Ἰδοὺ πάντες ὡς φρύγανα ἐπὶ πυρὶ κατακαυθήσονται, καὶ οὐ μὴ ἐξέλωνται τὴν ψυχὴν αὐτῶν ἐκ φλογός· ὅτι ἔχεις ἄνθρακας πυρός· κάθισαι 15 ἐπ᾽ αὐτούς, οὗτοι ἔσονταί σοι βοήθεια· ἐκοπίασας ἐν τῇ μεταβολῇ ἐκ νεότητος, ἄνθρωπος καθ᾽ ἑαυτὸν ἐπλανήθη, σοὶ δὲ οὐκ ἔσται σωτηρία.

48 Ἀκούσατε ταῦτα οἶκος Ἰακὼβ, οἱ κεκλημένοι ἐπὶ τῷ ὀνόματι Ἰσραὴλ, καὶ ἐκ Ἰούδα ἐξελθόντες, οἱ ὀμνύοντες τῷ ὀνόματι Κυρίου Θεοῦ Ἰσραὴλ, μιμνησκόμενοι οὐ μετὰ ἀληθείας, οὐδὲ 2 μετὰ δικαιοσύνης, καὶ ἀντεχόμενοι τῷ ὀνόματι τῆς πόλεως τῆς ἁγίας, καὶ ἐπὶ τῷ Θεῷ Ἰσραὴλ ἀντιστηριζόμενοι· Κύριος 3 σαβαὼθ ὄνομα αὐτῷ. Τὰ πρότερα ἔτι ἀνήγγειλα, καὶ ἐκ τοῦ στόματός μου ἐξῆλθε, καὶ ἀκουστὸν ἐγένετο· ἐξάπινα ἐποίησα, καὶ ἐπῆλθε.

4 Γινώσκω ὅτι σκληρὸς εἶ, καὶ νεῦρον σιδηροῦν ὁ τράχηλός 5 σου, καὶ τὸ μέτωπόν σου χαλκοῦν. Καὶ ἀνήγγειλά σοι πάλαι ἃ πρὶν ἐλθεῖν ἐπὶ σέ· ἀκουστόν σοι ἐποίησα, μή ποτε εἴπῃς,

[3] Thy shame shall be uncovered, thy reproaches shall be brought to light: I wi' exact of thee the due vengeance, I will no longer deliver thee to men.
[4] Thy deliverer is the Lord of hosts, the Holy One of Israel is his name.
[5] Sit thou down pierced with woe, go into darkness, O daughter of the Chaldeans: thou shalt no more be called the strength of a kingdom. [6] I have been provoked with my people; thou hast defiled mine inheritance: I gave them into thy hand, but thou didst not extend mercy to them: thou madest the yoke of the aged man very heavy, [7] and saidst, I shall be a princess for ever: thou didst not perceive these things in thine heart, nor didst thou remember the latter end.
[8] But now hear these words, thou luxurious one, who art the one that sits at ease, that is secure, that says in her heart, I am, and there is not another; I shall not sit a widow, neither shall I know bereavement. [9] But now these two things shall come upon thee suddenly in one day, the loss of children and widowhood shall come suddenly upon thee, for thy sorcery, for the strength of thine enchantments, [10] for β thy trusting in wickedness: for thou saidst, I am, and there is not another: know thou, the understanding of these things and thy harlotry shall be thy shame; for thou saidst in thy heart, I am, and there is not another.
[11] And destruction shall come upon thee, and thou shalt not be aware; there shall be a pit, and thou shalt fall into it: and grief shall come upon thee, and thou shalt not be able to be γ clear; and destruction shall come suddenly upon thee, and thou shalt not know. [12] Stand now with thine enchantments, and with the abundance of thy sorcery, which thou hast learned from thy youth; if thou canst be profited. [13] Thou art wearied in thy counsels. Let now the astrologers of the heaven stand and deliver thee, let them that see the stars tell thee what is about to come upon thee. [14] Behold, they all shall be burnt up as sticks in the fire; neither shall they at all deliver their life from the flame. Because thou hast coals of fire, sit thou upon them; [15] these shall be thy help. Thou hast wearied thyself with traffic from thy youth: every man has wandered to his own home, but thou shalt have no deliverance.

Hear these words, ye house of Jacob, who are called by the name of Israel, and have come forth out of Juda, who swear by the name of the Lord God of Israel, making mention of it, but not with truth, nor with righteousness; [2] maintaining also the name of the holy city, and staying themselves on the God of Israel: the Lord of hosts is his name. The former things I have already declared; [3] and they have proceeded out of my mouth, and it became well known; I wrought suddenly, and the events came to pass.
[4] I know that thou art stubborn, and thy neck is an iron sinew, and thy forehead brazen. [5] And I told thee δ of old what should be before it came upon thee; I made it known to thee, lest thou shouldest say, My

---

β Gr. the hope of thy wickedness.   γ Or, pure.   δ Alex. the ancient things before they came.

idols have done *it* for me; and shouldest say, *My* graven and molten images have commanded me. ⁶ Ye have heard all this, but ye have not known: yet I have made β known to thee the new things from henceforth, which are coming to pass, and thou saidst not, ⁷ Now they come to pass, and not formerly: and thou heardest not of them in former days: say not thou, Yea, I know them. ⁸ Thou hast neither known, nor understood, neither from the beginning have I opened thine ears: for I knew that thou wouldest surely deal treacherously, and wouldest be called a transgressor even from the womb.

⁹ For mine own sake will I shew thee my wrath, and will bring before thee my glorious acts, that I may not utterly destroy thee. ¹⁰ Behold, I have sold thee, *but* not for silver; but I have rescued thee from the furnace of affliction. ¹¹ For mine own sake I will do *this* for thee, because my name is profaned; and I will not give my glory to another.

¹² Hear me, O Jacob, and Israel whom I call; I am the first, and I γ endure for ever. ¹³ My hand also has founded the earth, and my right hand has fixed the sky: I will call them, and they shall stand together. ¹⁴ And all shall be gathered, and shall hear: who has told them these things? Out of love to thee I have fulfilled thy desire on Babylon, to abolish the seed of the Chaldeans. ¹⁵ I have spoken, I have called, I have brought him, and made his way prosperous.

¹⁶ Draw nigh to me, and hear ye these words; I have not spoken in secret from the beginning: when it took place, there was I, and now the Lord, *even* the Lord, and his Spirit, hath sent me. ¹⁷ Thus saith the Lord that delivered thee, the Holy One of Israel; I am thy God, I have shewn thee how thou shouldest find the way wherein thou shouldest walk. ¹⁸ And if thou hadst hearkened to my commandments, *then* would thy peace have been like a river, and thy righteousness as a wave of the sea. ¹⁹ Thy seed also would have been as the sand, and the offspring of thy belly as the dust of the ground: neither now shalt thou by any means be utterly destroyed, neither shall thy name perish before me.

²⁰ Go forth of Babylon, thou that fleest from the Chaldeans: utter aloud a voice of joy, and let this be made known, proclaim it to the end of the earth; say ye, The Lord hath delivered his servant Jacob. ²¹ And if they shall thirst, he shall lead them through the desert; he shall bring forth water to them out of the rock: the rock shall be cloven, and the water shall flow forth, and my people shall drink. ²² There is no joy, saith the Lord, to the ungodly.

Hearken to me, ye islands; and attend, ye Gentiles; after a long time it shall come to pass, saith the Lord: from my mother's womb he has called my name: ² and he has made my mouth as a sharp sword, and he has hid me under the shadow of his hand; he has made me as a choice shaft, and he has hid me in his quiver; ³ and said to me, Thou art my servant, O Israel, and in thee I will

ὅτι τὰ εἴδωλά μοι ἐποίησε, καὶ εἴπῃς, ὅτι τὰ γλυπτὰ καὶ τὰ χωνευτὰ ἐνετείλατό μοι. Ἡκούσατε πάντα, καὶ ὑμεῖς οὐκ 6 ἔγνωτε· ἀλλὰ ἀκουστά σοι ἐποίησα τὰ καινὰ ἀπὸ τοῦ νῦν, ἃ μέλλει γίνεσθαι· καὶ οὐκ εἶπας, νῦν γίνεται, καὶ οὐ πάλαι, καὶ 7 οὐ προτέραις ἡμέραις ἤκουσας αὐτά· μὴ εἴπῃς, ναὶ γινώσκω αὐτά. Οὔτε ἔγνως, οὔτε ἠπίστω, οὔτε ἀπ᾽ ἀρχῆς ἤνοιξά σου 8 τὰ ὦτα· ἔγνων γὰρ, ὅτι ἀθετῶν ἀθετήσεις, καὶ ἄνομος ἔτι ἐκ κοιλίας κληθήσῃ.

Ἕνεκεν τοῦ ἐμοῦ ὀνόματος δείξω σοι τὸν θυμόν μου, καὶ 9 τὰ ἔνδοξά μου ἐπάξω ἐπὶ σὲ, ἵνα μὴ ἐξολοθρεύσω σε. Ἰδοὺ 10 πέπρακά σε, οὐχ ἕνεκεν ἀργυρίου· ἐξειλάμην δέ σε ἐκ καμίνου πτωχείας. Ἕνεκεν ἐμοῦ ποιήσω σοι, ὅτι τὸ ἐμὸν ὄνομα 11 βεβηλοῦται, καὶ τὴν δόξαν μου ἑτέρῳ οὐ δώσω.

Ἄκουέ μου Ἰακὼβ, καὶ Ἰσραὴλ ὃν ἐγὼ καλῶ· ἐγώ εἰμι 12 πρῶτος, καὶ ἐγώ εἰμι εἰς τὸν αἰῶνα. Καὶ ἡ χείρ μου ἐθεμε- 13 λίωσε τὴν γῆν, καὶ ἡ δεξιά μου ἐστερέωσε τὸν οὐρανόν· καλέσω αὐτοὺς, καὶ στήσονται ἅμα, καὶ συναχθήσονται πάντες, καὶ 14 ἀκούσονται· τίς αὐτοῖς ἀνήγγειλε ταῦτα; ἀγαπῶν σε ἐποίησα τὸ θέλημά σου ἐπὶ Βαβυλῶνα, τοῦ ἆραι σπέρμα Χαλδαίων. Ἐγὼ ἐλάλησα, ἐγὼ ἐκάλεσα, ἤγαγον αὐτὸν, καὶ εὐώδωσα τὴν 15 ὁδὸν αὐτοῦ.

Προσαγάγετε πρὸς μὲ, καὶ ἀκούσατε ταῦτα· οὐκ ἀπ᾽ ἀρχῆς 16 ἐν κρυφῇ λελάληκα· ἡνίκα ἐγένετο, ἐκεῖ ἤμην, καὶ νῦν Κύριος Κύριος ἀπέστειλέ με, καὶ τὸ πνεῦμα αὐτοῦ. Οὕτω λέγει 17 Κύριος, ὁ ῥυσάμενός σε, ἅγιος Ἰσραὴλ, ἐγώ εἰμι ὁ Θεός σου, δέδειχά σοι τοῦ εὑρεῖν σε τὴν ὁδὸν ἐν ᾗ πορεύσῃ ἐν αὐτῇ. Καὶ εἰ ἤκουσας τῶν ἐντολῶν μου, ἐγένετο ἂν ὡσεὶ ποταμὸς ἡ 18 εἰρήνη σου, καὶ ἡ δικαιοσύνη σου ὡς κῦμα θαλάσσης. Καὶ 19 ἐγένετο ἂν ὡς ἡ ἄμμος τὸ σπέρμα σου, καὶ τὰ ἔκγονα τῆς κοιλίας σου ὡς ὁ χοῦς τῆς γῆς· οὐδὲ νῦν οὐ μὴ ἐξολοθρευθῇς, οὐδὲ ἀπολεῖται τὸ ὄνομά σου ἐνώπιον ἐμοῦ.

Ἔξελθε ἐκ Βαβυλῶνος φεύγων ἀπὸ τῶν Χαλδαίων, φωνὴν 20 εὐφροσύνης ἀναγγείλατε, καὶ ἀκουστὸν γενέσθω τοῦτο, ἀναγγεί- λατε ἕως ἐσχάτου τῆς γῆς· λέγετε, ἐρρύσατο Κύριος τὸν δοῦλον αὐτοῦ Ἰακώβ. Καὶ ἐὰν διψήσωσι, δι᾽ ἐρήμου ἄξει αὐτούς, 21 ὕδωρ ἐκ πέτρας ἐξάξει αὐτοῖς· σχισθήσεται πέτρα, καὶ ῥυήσεται ὕδωρ, καὶ πίεται ὁ λαός μου. Οὐκ ἔστι χαίρειν, λέγει Κύριος, 22 τοῖς ἀσεβέσιν.

Ἀκούσατέ μου νῆσοι, καὶ προσέχετε ἔθνη, διὰ χρόνου πολλοῦ 49 στήσεται, λέγει Κύριος, ἐκ κοιλίας μητρός μου ἐκάλεσε τὸ ὄνομά μου. Καὶ ἔθηκε τὸ στόμα μου ὡς μάχαιραν ὀξεῖαν, καὶ 2 ὑπὸ τὴν σκέπην τῆς χειρὸς αὐτοῦ ἔκρυψέ με· ἔθηκέ με ὡς βέλος ἐκλεκτὸν, καὶ ἐν τῇ φαρέτρᾳ αὐτοῦ ἔκρυψέ με, καὶ εἶπέ 3 μοι, δοῦλός μου εἶ σὺ Ἰσραὴλ, καὶ ἐν σοὶ ἐνδοξασθήσομαι.

β Or, audible.　　　γ Gr. am.

4 Καὶ ἐγὼ εἶπα, κενῶς ἐκοπίασα, εἰς μάταιον καὶ εἰς οὐδὲν ἔδωκα
τὴν ἰσχύν μου· διατοῦτο ἡ κρίσις μου παρὰ· Κυρίῳ, καὶ
5 ὁ πόνος μου ἐναντίον τοῦ Θεοῦ μου. Καὶ νῦν οὕτω λέγει
Κύριος, ὁ πλάσας με ἐκ κοιλίας δοῦλον ἑαυτῷ, τοῦ συναγαγεῖν
τὸν Ἰακὼβ πρὸς αὐτὸν καὶ Ἰσραήλ· συναχθήσομαι καὶ δοξα-
σθήσομαι ἐναντίον Κυρίου, καὶ ὁ Θεός μου ἔσται μοι ἰσχύς.
6 Καὶ εἶπέ μοι, μέγα σοι ἐστὶ τοῦ κληθῆναί σε παῖδά μου, τοῦ
στῆσαι τὰς φυλὰς Ἰακὼβ, καὶ τὴν διασπορὰν τοῦ Ἰσραὴλ
ἐπιστρέψαι· ἰδοὺ δέδωκά σε εἰς διαθήκην γένους, εἰς φῶς ἐθνῶν,
τοῦ εἶναί σε εἰς σωτηρίαν ἕως ἐσχάτου τῆς γῆς.

7 Οὕτως λέγει Κύριος, ὁ ῥυσάμενός σε, ὁ Θεὸς Ἰσραήλ,
ἁγιάσατε τὸν φαυλίζοντα τὴν ψυχὴν αὐτοῦ, τὸν βδελυσσόμενον
ὑπὸ τῶν ἐθνῶν τῶν δούλων τῶν ἀρχόντων· βασιλεῖς ὄψονται
αὐτὸν, καὶ ἀναστήσονται ἄρχοντες, καὶ προσκυνήσουσιν αὐτῷ,
ἕνεκεν Κυρίου· ὅτι πιστός ἐστιν ὁ ἅγιος Ἰσραήλ, καὶ ἐξελεξά-
μην σε.

8 Οὕτως λέγει Κύριος, καιρῷ δεκτῷ ἐπήκουσά σου, καὶ ἐν
ἡμέρᾳ σωτηρίας ἐβοήθησά σοι, καὶ ἔπλασά σε, καὶ ἔδωκά σε
εἰς διαθήκην ἐθνῶν τοῦ καταστῆσαι τὴν γῆν, καὶ κληρονομῆσαι
9 κληρονομίας ἐρήμους, λέγοντα τοῖς ἐν δεσμοῖς, ἐξέλθατε, καὶ
τοῖς ἐν τῷ σκότει, ἀνακαλυφθῆναι· ἐν πάσαις ταῖς ὁδοῖς βοσ-
10 κηθήσονται, καὶ ἐν πάσαις ταῖς τρίβοις ἡ νομὴ αὐτῶν. Οὐ
πεινάσουσιν, οὐδὲ διψήσουσιν, οὐδὲ πατάξει αὐτοὺς ὁ καύσων,
οὐδὲ ὁ ἥλιος, ἀλλ' ὁ ἐλεῶν αὐτοὺς παρακαλέσει, καὶ διὰ
11 πηγῶν ὑδάτων ἄξει αὐτούς. Καὶ θήσω πᾶν ὄρος εἰς ὁδὸν,
12 καὶ πᾶσαν τρίβον εἰς βόσκημα αὐτοῖς. Ἰδοὺ οὗτοι πόρρωθεν
ἥξουσιν, οὗτοι ἀπὸ Βορρᾶ καὶ θαλάσσης, ἄλλοι δὲ ἐκ γῆς
Περσῶν.

13 Εὐφραίνεσθε οὐρανοὶ, καὶ ἀγαλλιάσθω ἡ γῆ, ῥηξάτωσαν
τὰ ὄρη εὐφροσύνην, ὅτι ἠλέησεν ὁ Θεὸς τὸν λαὸν αὐτοῦ, καὶ
τοὺς ταπεινοὺς τοῦ λαοῦ αὐτοῦ παρεκάλεσεν.

14 Εἶπε δὲ Σιών, ἐγκατέλιπέ με Κύριος, καὶ ὅτι Κύριος ἐπελά-
15 θετό μου. Μὴ ἐπιλήσεται γυνὴ τοῦ παιδίου αὐτῆς, ἢ τοῦ μὴ
ἐλεῆσαι τὰ ἔκγονα τῆς κοιλίας αὐτῆς; εἰ δὲ καὶ ταῦτα ἐπιλά-
θοιτο γυνὴ, ἀλλ' ἐγὼ οὐκ ἐπιλήσομαί σου, εἶπε Κύριος.

16 Ἰδοὺ ἐπὶ τῶν χειρῶν μου ἐζωγράφηκά σου τὰ τείχη, καὶ
17 ἐνώπιόν μου εἶ διαπαντὸς, καὶ ταχὺ οἰκοδομηθήσῃ ὑφ' ὧν
καθῃρέθης, καὶ οἱ ἐρημώσαντές σε ἐξελεύσονται ἐκ σοῦ.

18 Ἄρον κύκλῳ τοὺς ὀφθαλμούς σου, καὶ ἴδε πάντας, ἰδοὺ
συνήχθησαν καὶ ἤλθοσαν πρὸς σέ. Ζῶ ἐγὼ, λέγει Κύριος, ὅτι
πάντας αὐτοὺς ὡς κόσμον ἐνδύσῃ, καὶ περιθήσεις αὐτοὺς ὡς
19 κόσμον νύμφη. Ὅτι τὰ ἔρημά σου καὶ τὰ κατεφθαρμένα
καὶ πεπτωκότα, ὅτι νῦν στενοχωρήσει ἀπὸ τῶν κατοικούντων,
20 καὶ μακρυνθήσονται ἀπὸ σοῦ οἱ καταπίνοντές σε. Ἐροῦσι
γὰρ εἰς τὰ ὦτά σου οἱ υἱοί σου, οὓς ἀπολώλεκας, στενός μοι

be glorified. ⁴ Then I said, I have laboured
in vain, I have given my strength for vanity
and for nothing: therefore is my judgment
with the Lord, and my labour before my
God. ⁵ And now, thus saith the Lord that
formed me from the womb to be his own
servant, to gather Jacob to him and Israel.
I shall be gathered and glorified before the
Lord, and my God shall be my strength.
⁶ And he said to me, *It is* a great thing for
thee to be called my servant, to establish the
tribes of Jacob, and to recover the disper-
sion of Israel: behold, β I have given thee for
the γ covenant of a race, for a light of the
Gentiles, that thou shouldest be for salva-
tion to the end of the earth.

⁷ Thus saith the Lord that delivered thee,
the God of Israel, Sanctify him that despises
his life, him that is abhorred by the nations
that are the servants of princes: kings shall
behold him, and princes shall arise, and
shall worship him, for the Lord's sake: for
the Holy One of Israel is faithful, and I
have chosen thee.

⁸ Thus saith the Lord, δ In an acceptable
time have I heard thee, and in a day of
salvation have I succoured thee: and I have
formed thee, and given thee for a covenant
of the nations, to establish the earth, and to
cause to inherit the desert heritages: ⁹ say-
ing to them that are in bonds, Go forth;
and *bidding* them that are in darkness shew
themselves. They shall be fed in all the
ways, and in all the paths *shall be* their
pasture. ¹⁰ ζ They shall not hunger, neither
shall they thirst; neither shall the heat nor
the sun smite them; but he that has mercy
on them shall comfort *them*, and by foun-
tains of waters shall he lead them. ¹¹ And
I will make every mountain a way, and
every path a pasture to them. ¹² Behold,
these shall come from far: *and* these from
the north and the west, and others from the
land of the Persians. ¹³ Rejoice, ye heavens; and let the earth
be glad: let the mountains break forth *with*
joy; for the Lord has had mercy on his
people, and has comforted the lowly ones of
his people. ¹⁴ But Sion said, The Lord has forsaken
me, and, The Lord has forgotten me. ¹⁵ Will
a woman forget her child, so as not to have
compassion upon the offspring of her womb?
but if a woman should even forget these,
yet I will not forget thee, saith the Lord.
¹⁶ Behold, I have painted thy walls on my
hands, and thou art continually before me.
¹⁷ And thou shalt soon be built by those by
whom thou wert destroyed, and they that
made thee desolate shall go forth of thee.
¹⁸ Lift up thine eyes round about, and
look on them all; behold, they are gathered
together, and are come to thee. *As* I live,
saith the Lord, thou shalt clothe thyself
with them all as with an ornament, and put
them on as a bride her attire. ¹⁹ For thy
desert and marred and ruined *places* shall
now be too narrow by reason of the inhabi-
tants, and they that devoured thee shall be
removed far from thee. ²⁰ For thy sons
whom thou hast lost shall say in thine ears,
The place *is too* narrow for me: make room

β Acts 13. 47.   γ *Or*, a perpetual covenant. *Heb.* and *Alex.* omit.   δ 2 Cor. 6. 2.   ζ Rev. 7. 16.

for me that I may dwell. ²¹ And thou shalt say in thine heart, Who has begotten me these? whereas I *was* childless, and a widow; but who has brought up these for me? and I was left alone; but whence came these to me?

²² Thus saith the Lord, *even* the Lord, Behold, I lift up mine hand to the nations, and I will lift up my signal to the islands: and they shall bring thy sons in *their* bosom, and shall bear thy daughters on *their* shoulders. ²³ And kings shall be thy nursing-fathers, and their princesses thy nurses, they shall bow down to thee on the face of the earth, and shall lick the dust of thy feet; and thou shalt know that I am the Lord, and they that wait on me shall not be ashamed.

²⁴ Will any one take spoils from a giant? and if one should take *a man* captive unjustly, shall he be delivered? ²⁵ For thus saith the Lord, If one should take a giant captive, he shall take spoils, and he who takes *them* from a mighty *man* shall be delivered: for I will plead thy cause, and I will deliver thy children. ²⁶ And they that afflicted thee shall eat their own flesh; and they shall drink their own blood as new wine, and shall be drunken: and all flesh shall perceive that I am the Lord that delivers thee, and that upholds the strength of Jacob.

Thus saith the Lord, Of what kind is your mother's bill of divorcement, by which I put her away? or to which debtor have I sold you? Behold, ye are sold for your sins, and for your iniquities have I put your mother away. ² Why did I come, and there was no man? *why* did I call, and there was none to hearken? Is not my hand strong to redeem? or can I not deliver? behold, by my rebuke I will dry up the sea, and make rivers a wilderness; and their fish shall be dried up because there is no water, and shall die for thirst. ³ I will clothe the sky with darkness, and will make its covering as sackcloth.

⁴ *β* The Lord *even* God gives me the tongue of instruction, to know when it is fit to speak a word: he has appointed for me early, he has given me an ear to hear: ⁵ and the instruction of the Lord, even the Lord, opens mine ears, and I do not disobey, nor dispute. ⁶ I gave my back to scourges, and my cheeks to blows; and I turned not away my face from the shame of spitting: ⁷ but the Lord God became my helper; therefore I was not ashamed, but I set my face as a solid rock; and I know that I shall never be ashamed, ⁸ for he that has justified me draws near; who is he that pleads with me? let him stand up against me at the same time: yea, who is he that pleads with me? let him draw nigh to me. ⁹ Behold, the Lord, the Lord, will help me; who will hurt me? behold, all ye shall wax old as a garment, and a moth shall devour you.

¹⁰ Who is among you that fears the Lord? let him hearken to the voice of his servant: ye that walk in darkness, and have no light, trust in the name of the Lord, and stay upon God. ¹¹ Behold, ye all kindle a fire,

ὁ τόπος, ποίησόν μοι τόπον ἵνα κατοικήσω. Καὶ ἐρεῖς ἐν τῇ 21 καρδίᾳ σου, τίς ἐγέννησέ μοι τούτους; ἐγὼ δὲ ἄτεκνος καὶ χήρα, τούτους δὲ τίς ἐξέθρεψέ μοι; ἐγὼ δὲ κατελείφθην μόνη, οὗτοι δέ μοι ποῦ ἦσαν;

Οὕτως λέγει Κύριος Κύριος, ἰδοὺ αἴρω εἰς τὰ ἔθνη τὴν χεῖρά 22 μου, καὶ εἰς τὰς νήσους ἀρῶ σύσσημόν μου, καὶ ἄξουσι τοὺς υἱούς σου ἐν κόλπῳ, τὰς δὲ θυγατέρας σου ἐπ᾽ ὤμων ἀροῦσι. Καὶ ἔσονται βασιλεῖς τιθηνοί σου, αἱ δὲ ἄρχουσαι αὐτῶν 23 τροφοί σου· ἐπὶ πρόσωπον τῆς γῆς προσκυνήσουσί σε, καὶ τὸν χοῦν τῶν ποδῶν σου λείξουσι, καὶ γνώσῃ, ὅτι ἐγὼ Κύριος, καὶ οὐκ αἰσχυνθήσονται οἱ ὑπομένοντές με.

Μὴ λήψεταί τις παρὰ γίγαντος σκῦλα; καὶ ἐὰν αἰχμαλω- 24 τεύσῃ τις ἀδίκως, σωθήσεται; Ὅτι οὕτω λέγει Κύριος, ἐάν 25 τις αἰχμαλωτεύσῃ γίγαντα, λήψεται σκῦλα· λαμβάνων δὲ παρὰ ἰσχύοντος σωθήσεται· ἐγὼ δὲ τὴν κρίσιν σου κρινῶ, καὶ ἐγὼ τοὺς υἱούς σου ῥύσομαι. Καὶ φάγονται οἱ θλίψαντές 26 σε τὰς σάρκας αὐτῶν, καὶ πίονται ὡς οἶνον νέον τὸ αἷμα αὐτῶν, καὶ μεθυσθήσονται· καὶ αἰσθανθήσεται πᾶσα σὰρξ, ὅτι ἐγὼ Κύριος ὁ ῥυσάμενός σε, καὶ ἀντιλαμβανόμενος ἰσχύος Ἰακώβ.

Οὕτως λέγει Κύριος, ποῖον τὸ βιβλίον τοῦ ἀποστασίου τῆς 50 μητρὸς ὑμῶν, ᾧ ἐξαπέστειλα αὐτήν; ἢ τίνι ὑπόχρεῳ πέπρακα ὑμᾶς; ἰδοὺ ταῖς ἁμαρτίαις ὑμῶν ἐπράθητε, καὶ ταῖς ἀνομίαις ὑμῶν ἐξαπέστειλα τὴν μητέρα ὑμῶν. Τί ὅτι ἦλθον, καὶ οὐκ 2 ἦν ἄνθρωπος; ἐκάλεσα, καὶ οὐκ ἦν ὁ ὑπακούων; μὴ οὐκ ἰσχύει ἡ χείρ μου τοῦ ῥύσασθαι; ἢ οὐκ ἰσχύω τοῦ ἐξελέσθαι; ἰδοὺ τῷ ἐλεγμῷ μου ἐξερημώσω τὴν θάλασσαν, καὶ θήσω ποταμοὺς ἐρήμους, καὶ ξηρανθήσονται οἱ ἰχθύες αὐτῶν ἀπὸ τοῦ μὴ εἶναι ὕδωρ, καὶ ἀποθανοῦνται ἐν δίψει. Ἐνδύσω 3 τὸν οὐρανὸν σκότος, καὶ ὡς σάκκον θήσω τὸ περιβόλαιον αὐτοῦ.

Κύριος Κύριος δίδωσί μοι γλῶσσαν παιδείας, τοῦ γνῶναι 4 ἡνίκα δεῖ εἰπεῖν λόγον· ἔθηκέ μοι πρωΐ, προσέθηκέ μοι ὠτίον ἀκούειν, καὶ ἡ παιδεία Κυρίου Κυρίου ἀνοίγει μου τὰ ὦτα· 5 ἐγὼ δὲ οὐκ ἀπειθῶ, οὐδὲ ἀντιλέγω. Τὸν νῶτόν μου ἔδωκα εἰς 6 μάστιγας, τὰς δὲ σιαγόνας μου εἰς ῥαπίσματα, τὸ δὲ πρόσωπόν μου οὐκ ἀπέστρεψα ἀπὸ αἰσχύνης ἐμπτυσμάτων, καὶ Κύριος 7 Κύριος βοηθός μοι ἐγενήθη· διατοῦτο οὐκ ἐνετράπην, ἀλλὰ ἔθηκα τὸ πρόσωπόν μου ὡς στερεὰν πέτραν, καὶ ἔγνων ὅτι οὐ μὴ αἰσχυνθῶ, ὅτι ἐγγίζει ὁ δικαιώσας με· τίς ὁ κρινόμενός 8 μοι; ἀντιστήτω μοι ἅμα· καὶ τις ὁ κρινόμενός μοι; ἐγγισάτω μοι. Ἰδοὺ Κύριος Κύριος βοηθήσει μοι· τίς κακώσει με; 9 ἰδοὺ πάντες ὑμεῖς ὡς ἱμάτιον παλαιωθήσεσθε, καὶ σὴς καταφάγεται ὑμᾶς.

Τίς ἐν ὑμῖν ὁ φοβούμενος τὸν Κύριον; ὑπακουσάτω τῆς 10 φωνῆς τοῦ παιδὸς αὐτοῦ· οἱ πορευόμενοι ἐν σκότει, καὶ οὐκ ἔστιν αὐτοῖς φῶς, πεποίθατε ἐπὶ τῷ ὀνόματι Κυρίου, καὶ ἀντιστηρίσασθε ἐπὶ τῷ Θεῷ. Ἰδοὺ πάντες ὑμεῖς πῦρ καίετε, καὶ 11

β Gr. the Lord the Lord. See on 3 Ki. 8. 53.

κατισχύετε φλόγα· πορεύεσθε τῷ φωτὶ τοῦ πυρὸς ὑμῶν, καὶ τῇ φλογὶ ᾗ ἐξεκαύσατε· δι᾽ ἐμὲ ἐγένετο ταῦτα ὑμῖν, ἐν λύπῃ κοιμηθήσεσθε.

51 Ἀκούσατέ μου οἱ διώκοντες τὸ δίκαιον, καὶ ζητοῦντες τὸν Κύριον, ἐμβλέψατε εἰς τὴν στερεὰν πέτραν, ἣν ἐλατομήσατε,
2 καὶ εἰς τὸν βόθυνον τοῦ λάκκου, ὃν ὠρύξατε. Ἐμβλέψατε εἰς Ἀβραὰμ τὸν πατέρα ὑμῶν, καὶ εἰς Σάρραν τὴν ὠδίνουσαν ὑμᾶς· ὅτι εἷς ἦν, καὶ ἐκάλεσα αὐτὸν, καὶ εὐλόγησα αὐτὸν, καὶ ἠγά-
3 πησα αὐτὸν, καὶ ἐπλήθυνα αὐτόν. Καὶ σὲ νῦν παρακαλέσω Σιών, καὶ παρεκάλεσα πάντα τὰ ἔρημα αὐτῆς, καὶ θήσω τὰ ἔρημα αὐτῆς ὡς παράδεισον, καὶ τὰ πρὸς δυσμὰς αὐτῆς ὡς παράδεισον Κυρίου· εὐφροσύνην καὶ ἀγαλλίαμα εὑρήσουσιν ἐν αὐτῇ, ἐξομολόγησιν καὶ φωνὴν αἰνέσεως.
4 Ἀκούσατέ μου, ἀκούσατέ μου λαός μου, καὶ οἱ βασιλεῖς πρὸς μὲ ἐνωτίσασθε, ὅτι νόμος παρ᾽ ἐμοῦ ἐξελεύσεται, καὶ ἡ
5 κρίσις μου εἰς φῶς ἐθνῶν. Ἐγγίζει ταχὺ ἡ δικαιοσύνη μου, καὶ ἐξελεύσεται ὡς φῶς τὸ σωτήριόν μου, καὶ εἰς τὸν βραχίονά μου ἔθνη ἐλπιοῦσιν· ἐμὲ νῆσοι ὑπομενοῦσι, καὶ εἰς τὸν βρα-
6 χίονά μου ἐλπιοῦσιν. Ἄρατε εἰς τὸν οὐρανὸν τοὺς ὀφθαλμοὺς ὑμῶν, καὶ ἐμβλέψατε εἰς τὴν γῆν κάτω· ὅτι ὁ οὐρανὸς ὡς καπνὸς ἐστερεώθη, ἡ δὲ γῆ ὡς ἱμάτιον παλαιωθήσεται, οἱ δὲ κατοικοῦντες ὥσπερ ταῦτα ἀποθανοῦνται, τὸ δὲ σωτή-ριόν μου εἰς τὸν αἰῶνα ἔσται, ἡ δὲ δικαιοσύνη μου οὐ μὴ ἐκλείπῃ.
7 Ἀκούσατέ μου οἱ εἰδότες κρίσιν, λαός οὗ ὁ νόμος μου ἐν τῇ καρδίᾳ ὑμῶν· μὴ φοβεῖσθε ὀνειδισμὸν ἀνθρώπων, καὶ τῷ
8 φαυλισμῷ αὐτῶν μὴ ἡττᾶσθε· Ὡς γὰρ ἱμάτιον βρωθήσεται ὑπὸ χρόνου, καὶ ὡς ἔρια βρωθήσεται ὑπὸ σητός· ἡ δὲ δικαιο-σύνη μου εἰς τὸν αἰῶνα ἔσται, τὸ δὲ σωτήριόν μου εἰς γενεὰς γενεῶν.
9 Ἐξεγείρου ἐξεγείρου Ἰερουσαλὴμ, καὶ ἔνδυσαι τὴν ἰσχὺν τοῦ βραχιόνός σου, ἐξεγείρου ὡς ἐν ἀρχῇ ἡμέρας, ὡς γενεὰ
10 αἰῶνος. Οὐ σὺ εἶ ἡ ἐρημοῦσα θάλασσαν, ὕδωρ ἀβύσσου πλῆθος; ἡ θεῖσα τὰ βάθη τῆς θαλάσσης ὁδὸν διαβάσεως
11 ῥυομένοις καὶ λελυτρωμένοις; ὑπὸ γὰρ Κυρίου ἀποστραφή-σονται, καὶ ἥξουσιν εἰς Σιὼν μετ᾽ εὐφροσύνης καὶ ἀγαλ-λιάματος αἰωνίου· ἐπὶ κεφαλῆς γὰρ αὐτῶν αἴνεσις καὶ εὐφρο-σύνη καταλήψεται αὐτούς· ἀπέδρα ὀδύνη καὶ λύπη καὶ στεναγμός.
12 Ἐγώ εἰμι, ἐγώ εἰμι ὁ παρακαλῶν σε· γνῶθι τίς οὖσα ἐφο-βήθης ἀπὸ ἀνθρώπου θνητοῦ, καὶ ἀπὸ υἱοῦ ἀνθρώπου, οἳ ὡσεὶ
13 χόρτος ἐξηράνθησαν. Καὶ ἐπελάθου Θεὸν τὸν ποιήσαντά σε, τὸν ποιήσαντα τὸν οὐρανὸν καὶ θεμελιώσαντα τὴν γῆν· καὶ ἐφόβου ἀεὶ πάσας τὰς ἡμέρας τὸ πρόσωπον τοῦ θυμοῦ τοῦ θλίβοντός σε· ὃν τρόπον γὰρ ἐβουλεύσατο τοῦ ἆραί σε, καὶ
14 νῦν ποῦ ὁ θυμὸς τοῦ θλίβοντός σε; Ἐν γὰρ τῷ σώζεσθαί σε
15 οὐ στήσεται, οὐδὲ χρονιεῖ, ὅτι ἐγὼ ὁ Θεός σου, ὁ ταράσσων τὴν θάλασσαν, καὶ ἠχῶν τὰ κύματα αὐτῆς· Κύριος σαβαὼθ
16 ὄνομά μοι. Θήσω τοὺς λόγους μου εἰς τὸ στόμα σου, καὶ ὑπὸ τὴν σκιὰν τῆς χειρός μου σκεπάσω σε, ἐν ᾗ ἔστησα τὸν

and feed a flame: walk in the light of your fire, and in the flame which ye have kindled. This has happened to you for my sake; ye shall lie down in sorrow.

Hearken to me, ye that follow after right-eousness, and seek the Lord: look to the solid rock, which ye have hewn, and to the hole of the pit which ye have dug. [2] Look to Abraam your father, and to Sarrha that bore you: for he was alone when I called him, and blessed him, and loved him, and multiplied him. [3] And now I will comfort thee, O Sion: and I have comforted all her desert places; and I will make her desert places as a garden, and her β western places as the garden of the Lord; they shall find in her gladness and exultation, thanksgiving and the voice of praise.

[4] Hear me, hear me, my people; and ye kings, hearken to me: for a law shall pro-ceed from me, and my judgment *shall be* for a light of γ the nations. [5] My righteousness speedily draws nigh, and my salvation shall go forth δ as light, and on mine arm shall the Gentiles trust: the isles shall wait for me, and on mine arm shall they trust. [6] Lift up your eyes to the sky, and look on the earth beneath: for the sky was darkened like smoke, and the earth shall wax old like a garment, and the inhabitants shall die in like manner: but my righteousness shall not fail.

[7] Hear me, ye that know judgment, the people in whose heart is my law: fear not the reproach of men, and be not overcome by their contempt. [8] For as a garment will be devoured by time, and as wool will be devoured by a moth, *so shall they be con-sumed;* but my righteousness shall be for ever, and my salvation for all generations.

[9] Awake, awake, O Jerusalem, and put on the strength of thine arm; awake as in ζ the early time, as the ancient generation. [10] Art thou not it that dried the sea, the water, *even* the abundance of the deep; that made the depths of the sea a way of passage for the delivered and redeemed? [11] for by *the help of* the Lord they shall return, and come to Sion with joy and everlasting ex-ultation, for praise and joy shall come upon their head: pain, and grief, and groaning, have fled away.

[12] I, *even* I, am he that comforts thee: consider who thou art, that thou wast afraid of mortal man, and of the son of man, who are withered as grass. [13] And thou hast forgotten God who made thee, who made the sky and founded the earth; and thou wert continually afraid because of the wrath of him that afflicted thee: for *whereas* he counselled to take thee away, yet now where is the wrath of him that afflicted thee? [14] For in thy deliverance he shall not halt, nor tarry; [15] for I am thy God, that troubles the sea, and causes the waves thereof to roar: the Lord of hosts is my name. [16] I will put my words into thy mouth, and I will shelter thee under the

---

β *Heb.* ערו *ambiguous.*   γ *Or,* the Gentiles.   δ *Not in Heb. or Alex.*   ζ *Gr.* the beginning of day.

shadow of mine hand, with which I fixed the sky, and founded the earth: and *the Lord* shall say to Sion, Thou art my people. 17 Awake, awake, stand up, O Jerusalem, that hast drunk at the hand of the Lord the cup of his fury: for thou hast drunk out and drained the cup of calamity, the cup of wrath: 18 and there was none to comfort thee of all the children whom thou borest; and there was none to take hold of thine hand, not even of all the children whom thou hast reared. 19 Wherefore these things are against thee; who shall sympathise with thee in thy grief? downfall, and destruction, famine, and sword: who shall comfort thee? 20 Thy sons are the perplexed ones, that sleep at the top of every street as a half-boiled beet; they that are full of the anger of the Lord, caused to faint by the Lord God. 21 Therefore hear, thou afflicted one, and drunken, *but* not with wine; 22 thus saith the Lord God that judges his people, Behold, I have taken out of thine hand the cup of calamity, the cup of my wrath; and thou shalt not drink it any more. 23 And I will give it into the hands of them that injured thee, and them that afflicted thee; who said to thy soul, Bow down, that we may pass over: and thou didst level thy body with the ground to them passing by without.

Awake, awake, Sion; put on thy strength, O Sion; and do thou put on thy glory, Jerusalem the holy city: there shall no more pass through thee the uncircumcised and unclean. 2 Shake off the dust and arise; sit down, Jerusalem: put off the band of thy neck, captive daughter of Sion. 3 For thus saith the Lord, Ye have been sold for nought; and ye shall not be ransomed with silver. 4 Thus saith the Lord, My people went down before to Egypt to sojourn there; and were carried away forcibly to the Assyrians. 5 And now why are ye here? Thus saith the Lord, Because my people was taken for nothing, wonder ye and howl. Thus saith the Lord, On account of you β my name is continually blasphemed among the Gentiles. 6 Therefore shall my people know my name in that day, for I am he that speaks: I am present, γ as γ a season of beauty upon the mountains, as the feet of one preaching glad tidings of peace, as one preaching good news: for I will publish thy salvation, saying, O Sion, thy God shall reign. 8 For the voice of them that guard thee is exalted, and with the voice together they shall rejoice: for eyes shall look to eyes, when the Lord shall have mercy upon Sion. 9 Let the waste places of Jerusalem break forth *in* joy together, because the Lord has had mercy upon her, and has delivered Jerusalem. 10 And the Lord shall reveal his holy arm in the sight of all the nations; and all the ends of the earth shall see the salvation that *comes* from our God. 11 δ Depart ye, depart, go out from thence, and touch not the unclean thing; go ye out from the midst of her; separate yourselves, ye that bear the vessels of the Lord. 12 For ye shall not go forth with tumult, neither

οὐρανὸν, καὶ ἐθεμελίωσα τὴν γῆν· καὶ ἐρεῖ Σιὼν, λαός μου εἶ σύ.

Ἐξεγείρου ἐξεγείρου, ἀνάστηθι Ἱερουσαλὴμ, ἡ πιοῦσα ἐκ 17 χειρὸς Κυρίου τὸ ποτήριον τοῦ θυμοῦ αὐτοῦ· τὸ ποτήριον γὰρ τῆς πτώσεως, τὸ κόνδυ τοῦ θυμοῦ ἐξέπιες καὶ ἐξεκένωσας, καὶ οὐκ ἦν ὁ παρακαλῶν σε ἀπὸ πάντων τῶν τέκνων σου ὧν 18 ἔτεκες, καὶ οὐκ ἦν ὁ ἀντιλαμβανόμενος τῆς χειρός σου, οὐδὲ ἀπὸ πάντων τῶν υἱῶν σου ὧν ὕψωσας. Διὸ ταῦτα ἀντικείμενά 19 σοι, τίς συλλυπηθήσεταί σοι; πτῶμα καὶ σύντριμμα, λιμὸς καὶ μάχαιρα, τίς παρακαλέσει σε; Οἱ υἱοί σου οἱ ἀπορού- 20 μενοι, οἱ καθεύδοντες ἐπ᾽ ἄκρου πάσης ἐξόδου ὡς σευτλίον ἡμίεφθον, οἱ πλήρεις θυμοῦ Κυρίου, ἐκλελυμένοι διὰ Κυρίου τοῦ Θεοῦ.

Διατοῦτο ἄκουε τεταπεινωμένη, καὶ μεθύουσα οὐκ ἀπὸ 21 οἴνου. Οὕτω λέγει Κύριος ὁ Θεὸς ὁ κρίνων τὸν λαὸν αὐτοῦ, 22 ἰδοὺ εἴληφα ἐκ τῆς χειρός σου τὸ ποτήριον τῆς πτώσεως, τὸ κόνδυ τοῦ θυμοῦ μου, καὶ οὐ προσθήσῃ ἔτι πιεῖν αὐτό· καὶ δώσω αὐτὸ εἰς τὰς χεῖρας τῶν ἀδικησάντων σε καὶ τῶν 23 ταπεινωσάντων σε, οἳ εἶπαν τῇ ψυχῇ σου, κύψον, ἵνα παρέλθω- μεν· καὶ ἔθηκας ἴσα τῇ γῇ τὰ μέσα σου ἔξω τοῖς παρα- πορευομένοις.

Ἐξεγείρου ἐξεγείρου Σιὼν, ἔνδυσαι τὴν ἰσχύν σου Σιὼν, 52 καὶ σὺ ἔνδυσαι τὴν δόξαν σου Ἱερουσαλὴμ πόλις ἡ ἁγία· οὐκέτι προστεθήσεται διελθεῖν διὰ σοῦ ἀπερίτμητος καὶ ἀκάθαρτος. Ἐκτίναξαι τὸν χοῦν καὶ ἀνάστηθι, κάθισον Ἱερου- 2 σαλὴμ, ἔκδυσαι τὸν δεσμὸν τοῦ τραχήλου σου ἡ αἰχμάλωτος θυγάτηρ Σιών.

Ὅτι τάδε λέγει Κύριος, δωρεὰν ἐπράθητε, καὶ οὐ μετὰ 3 ἀργυρίου λυτρωθήσεσθε. Οὕτως λέγει Κύριος, εἰς Αἴγυπτον 4 κατέβη ὁ λαός μου τὸ πρότερον παροικῆσαι ἐκεῖ, καὶ εἰς Ἀσσυρίους βίᾳ ἤχθησαν. Καὶ νῦν τί ἐστὲ ὧδε; τάδε λέγει 5 Κύριος, ὅτι ἐλήφθη ὁ λαός μου δωρεὰν, θαυμάζετε καὶ ὀλο- λύζετε· τάδε λέγει Κύριος, δι᾽ ὑμᾶς διαπαντὸς τὸ ὄνομά μου βλασφημεῖται ἐν τοῖς ἔθνεσι. Διατοῦτο γνώσεται ὁ λαός 6 μου τὸ ὄνομά μου ἐν τῇ ἡμέρᾳ ἐκείνῃ, ὅτι ἐγώ εἰμι αὐτὸς ὁ λαλῶν, πάρειμι ὡς ὥρα ἐπὶ τῶν ὀρέων, ὡς πόδες εὐαγγελι- 7 ζομένου ἀκοὴν εἰρήνης, ὡς εὐαγγελιζόμενος ἀγαθὰ, ὅτι ἀκου- στὴν ποιήσω τὴν σωτηρίαν σου, λέγων, Σιὼν βασιλεύσει σου ὁ Θεός. Ὅτι φωνὴ τῶν φυλασσόντων σε ὑψώθη, καὶ τῇ 8 φωνῇ ἅμα εὐφρανθήσονται· ὅτι ὀφθαλμοὶ πρὸς ὀφθαλμοὺς ὄψονται, ἡνίκα ἂν ἐλεήσῃ Κύριος τὴν Σιών. Ῥηξάτω 9 εὐφροσύνην ἅμα τὰ ἔρημα Ἱερουσαλὴμ, ὅτι ἠλέησε Κύριος αὐτὴν, καὶ ἐρρύσατο Ἱερουσαλήμ. Καὶ ἀποκαλύψει Κύριος 10 τὸν βραχίονα τὸν ἅγιον αὐτοῦ ἐνώπιον πάντων τῶν ἐθνῶν, καὶ ὄψονται πάντα ἄκρα τῆς γῆς τὴν σωτηρίαν τὴν παρὰ τοῦ Θεοῦ ἡμῶν.

Ἀπόστητε, ἀπόστητε, ἐξέλθατε ἐκεῖθεν, καὶ ἀκαθάρτου μὴ 11 ἅψησθε, ἐξέλθετε ἐκ μέσου αὐτῆς, ἀφορίσθητε οἱ φέροντες τὰ σκεύη Κυρίου· Ὅτι οὐ μετὰ ταραχῆς ἐξελεύσεσθε, οὐδὲ φυγῇ 12

β Rom. 2. 24. γ Rom. 10. 15. Another reading is 'How beautiful are the feet,' etc. *lit.* Why have the feet been made beautiful?
See also Joel 2. 2, 'the morning [spread] upon the mountains.' δ 2 Cor. 6. 17, 18.

πορεύεσθε· προπορεύσεται γὰρ πρότερος ὑμῶν Κύριος, καὶ
ὁ ἐπισυνάγων ὑμᾶς Θεὸς Ἰσραήλ.

13 Ἰδοὺ, συνήσει ὁ παῖς μου, καὶ ὑψωθήσεται, καὶ δοξασθή-
14 σεται σφόδρα. Ὃν τρόπον ἐκστήσονται ἐπὶ σὲ πολλοὶ,
οὕτως ἀδοξήσει ἀπὸ τῶν ἀνθρώπων τὸ εἶδός σου, καὶ ἡ
15 δόξα σου ἀπὸ υἱῶν ἀνθρώπων. Οὕτω θαυμάσονται ἔθνη
πολλὰ ἐπ' αὐτῷ, καὶ συνέξουσι βασιλεῖς τὸ στόμα αὐτῶν· ὅτι
οἷς οὐκ ἀνηγγέλη περὶ αὐτοῦ, ὄψονται, καὶ οἳ οὐκ ἀκηκόασι,
συνήσουσι.

53 Κύριε τίς ἐπίστευσε τῇ ἀκοῇ ἡμῶν; καὶ ὁ βραχίων Κυρίου
2 τίνι ἀπεκαλύφθη; Ἀνηγγείλαμεν ὡς παιδίον ἐναντίον αὐτοῦ,
ὡς ῥίζα ἐν γῇ διψώσῃ· οὐκ ἔστιν εἶδος αὐτῷ, οὐδὲ δόξα· καὶ
3 εἴδομεν αὐτὸν, καὶ οὐκ εἶχεν εἶδος οὐδὲ κάλλος· Ἀλλὰ τὸ
εἶδος αὐτοῦ ἄτιμον, καὶ ἐκλεῖπον παρὰ τοὺς υἱοὺς τῶν ἀνθρώ-
πων· ἄνθρωπος ἐν πληγῇ ὢν, καὶ εἰδὼς φέρειν μαλακίαν, ὅτι
ἀπέστραπται τὸ πρόσωπον αὐτοῦ, ἠτιμάσθη, καὶ οὐκ ἐλογίσθη.
4 Οὗτος τὰς ἁμαρτίας ἡμῶν φέρει, καὶ περὶ ἡμῶν ὀδυνᾶται, καὶ
ἡμεῖς ἐλογισάμεθα αὐτὸν εἶναι ἐν πόνῳ, καὶ ἐν πληγῇ, καὶ ἐν
5 κακώσει. Αὐτὸς δὲ ἐτραυματίσθη διὰ τὰς ἁμαρτίας ἡμῶν,
καὶ μεμαλάκισται διὰ τὰς ἀνομίας ἡμῶν· παιδεία εἰρήνης ἡμῶν
6 ἐπ' αὐτὸν, τῷ μώλωπι αὐτοῦ ἡμεῖς ἰάθημεν. Πάντες ὡς πρό-
βατα ἐπλανήθημεν· ἄνθρωπος τῇ ὁδῷ αὐτοῦ ἐπλανήθη· καὶ
Κύριος παρέδωκεν αὐτὸν ταῖς ἁμαρτίαις ἡμῶν.

7 Καὶ αὐτὸς διὰ τὸ κεκακῶσθαι οὐκ ἀνοίγει τὸ στόμα αὐτοῦ·
ὡς πρόβατον ἐπὶ σφαγὴν ἤχθη, καὶ ὡς ἀμνὸς ἐναντίον τοῦ
8 κείροντος ἄφωνος, οὕτως οὐκ ἀνοίγει τὸ στόμα. Ἐν τῇ ταπει-
νώσει ἡ κρίσις αὐτοῦ ἤρθη, τὴν γενεὰν αὐτοῦ τίς διηγήσεται;
ὅτι αἴρεται ἀπὸ τῆς γῆς ἡ ζωὴ αὐτοῦ, ἀπὸ τῶν ἀνομιῶν τοῦ
9 λαοῦ μου ἤχθη εἰς θάνατον. Καὶ δώσω τοὺς πονηροὺς ἀντὶ
τῆς ταφῆς αὐτοῦ, καὶ τοὺς πλουσίους ἀντὶ τοῦ θανάτου αὐτοῦ·
ὅτι ἀνομίαν οὐκ ἐποίησεν, οὐδὲ δόλον ἐν τῷ στόματι αὐτοῦ.
10 Καὶ Κύριος βούλεται καθαρίσαι αὐτὸν τῆς πληγῆς· ἐὰν δῶτε
περὶ ἁμαρτίας, ἡ ψυχὴ ὑμῶν ὄψεται σπέρμα μακρόβιον· καὶ
11 βούλεται Κύριος ἀφελεῖν ἀπὸ τοῦ πόνου τῆς ψυχῆς αὐτοῦ,
δεῖξαι αὐτῷ φῶς, καὶ πλάσαι τῇ συνέσει, δικαιῶσαι δίκαιον
εὖ δουλεύοντα πολλοῖς, καὶ τὰς ἁμαρτίας αὐτῶν αὐτὸς ἀνοίσει.
12 Διατοῦτο αὐτὸς κληρονομήσει πολλοὺς, καὶ τῶν ἰσχυρῶν μεριεῖ
σκῦλα· ἀνθ' ὧν παρεδόθη εἰς θάνατον ἡ ψυχὴ αὐτοῦ, καὶ ἐν
τοῖς ἀνόμοις ἐλογίσθη, καὶ αὐτὸς ἁμαρτίας πολλῶν ἀνήνεγκε,
καὶ διὰ τὰς ἀνομίας αὐτῶν παρεδόθη.

54 Εὐφράνθητι στεῖρα ἡ οὐ τίκτουσα, ῥῆξον καὶ βόησον ἡ οὐκ
ὠδίνουσα, ὅτι πολλὰ τὰ τέκνα τῆς ἐρήμου, μᾶλλον ἢ τῆς
2 ἐχούσης τὸν ἄνδρα· εἶπε γὰρ Κύριος, πλάτυνον τὸν τόπον τῆς
σκηνῆς σου, καὶ τῶν αὐλαιῶν σου, πῆξον, μὴ φείσῃ, μάκρυνον
τὰ σχοινίσματά σου, καὶ τοὺς πασσάλους σου κατίσχυσον,
3 ἔτι εἰς τὰ δεξιὰ καὶ τὰ ἀριστερὰ ἐκπέτασον· καὶ τὸ σπέρμα
σου ἔθνη κληρονομήσει, καὶ πόλεις ἠρημωμένας κατοικιεῖς.
4 Μὴ φοβοῦ, ὅτι κατῃσχύνθης, μηδὲ ἐντραπῇς, ὅτι ὠνειδίσθης,

go by flight: for the Lord shall go first in
advance of you; and the God of Israel shall
be he that *β* brings up your rear.

13 Behold, my servant shall understand,
and be exalted, and glorified exceedingly.
14 As many shall be amazed at thee, so shall
thy face be without glory from men, and
thy glory *shall not be honoured* by the sons
of men. 15 Thus shall many nations wonder
at him; and kings shall keep their mouths
shut: *γ* for they to whom no report was
brought concerning him, shall see; and they
who have not heard, shall consider.

O Lord, *δ* who has believed our report?
and to whom has the arm of the Lord been
revealed? 2 We brought a report as *of* a
child before him; *he is* as a root in a thirsty
land: he has no form nor comeliness; and
we saw him, but he had no form nor beauty.
3 But his form was ignoble, and inferior to
that of the children of men; *he was* a man
in suffering, and acquainted with the bear-
ing of sickness, for his face is turned from
us: he was dishonoured, and not esteemed.
4 *ζ* He bears our sins, and is pained for us:
yet we accounted him to be in trouble, and
in suffering, and in affliction. 5 But he was
wounded on account of our sins, and was
θ bruised because of our iniquities: the
chastisement of our peace was upon him;
and by his *λ* bruises we were healed. 6 All
we as sheep have gone astray; every one has
gone astray in his way; and the Lord gave
him up for our sins.

7 And he, because of his affliction, opens
not his mouth: *μ* he was led as a sheep to
the slaughter, and as a lamb before the
shearer is dumb, so he opens not his mouth.
8 In *his* humiliation his judgment was taken
away: who shall declare his generation?
for his life is taken away from the earth:
because of the iniquities of my people he
was led to death. 9 And I will give the
wicked for his burial, and the rich for his
death; *ξ* for he practised no iniquity, nor
craft with his mouth. 10 The Lord also is
pleased to purge him from his stroke. If ye
can give an offering for sin, your soul shall
see a long-lived seed: 11 the Lord also is
pleased to take away from the travail of his
soul, to shew him light, and to form *him*
with understanding; to justify the just one
who serves many well; and he shall bear
their sins. 12 Therefore he shall inherit
many, and he shall divide the spoils of the
mighty; because his soul was delivered to
death: and *π* he was numbered among the
transgressors; and he bore the sins of
many, and was delivered because of their
iniquities.

ρ Rejoice, thou barren that bearest not;
break forth and cry, thou that dost not tra-
vail: for more are the children of the deso-
late than of her that has a husband: for the
Lord has said, 2 Enlarge the place of thy
tent, and of thy curtains: fix *the pins*, spare
not, lengthen thy cords, and strengthen thy
pins; 3 spread forth *thy tent* yet to the right
and the left: for thy seed shall inherit the
Gentiles, and thou shalt make the desolate
cities to be inhabited. 4 Fear not, because
thou hast been put to shame, neither be

β *Gr.* gathers you.　γ Rom. 15. 21.　δ John 12. 38; Rom. 10. 16.　ζ Mat. 8. 17.　θ *Or,* made sick.　λ *Gr.* bruise. 1 Pe. 2. 24.
μ Acts 8. 32, 33.　ξ 1 Pet. 2. 22.　π Mark 15. 28.　ρ Gal. 4. 27.

confounded, because thou wast reproached : for thou shalt forget thy β former shame, and shalt no more at all remember the reproach of thy widowhood. ⁵For *it is* the Lord that made thee ; the Lord of hosts is his name : and he that delivered thee, he is the God of Israel, *and* shall be called so by the whole earth. ⁶The Lord has not called thee as a deserted and faint-hearted woman, nor as a woman hated from *her* youth, saith thy God.

⁷For a little while I left thee: but with great mercy will I have compassion upon thee. ⁸In a little wrath I turned away my face from thee; but with everlasting mercy will I have compassion upon thee, saith the Lord that delivers thee.

⁹From the time of the water of Noe this is my *purpose:* as I sware to him at that time, *saying* of the earth, I will no more be wroth with thee, neither when thou art threatened, ¹⁰shall the mountains depart, nor shall thy hills be removed: so neither shall my mercy fail thee, nor shall the covenant of thy peace be at all removed: for γ the Lord *who is* gracious to thee has spoken *it.*

¹¹Afflicted and outcast thou hast not been comforted: behold, I *will* prepare carbuncle *for* thy stones, and sapphire for thy foundations; ¹²and I will make thy buttresses jasper, and thy gates crystal, and thy border precious stones. ¹³δ And *I will cause* all thy sons *to be* taught of God, and thy children *to be* in great peace. ¹⁴And thou shalt be built in righteousness: abstain from injustice, and thou shalt not fear ; and trembling shall not come nigh thee. ¹⁵Behold, strangers shall come to thee by me, and shall sojourn with thee, and shall run to thee for refuge.

¹⁶Behold, I have created thee, not as the coppersmith blowing coals, and bringing out a vessel *fit* for work; but I have created thee, not for ruin, that *I* should destroy thee. ¹⁷I will not suffer any ζweapon formed against thee to prosper; and every voice that shall rise up against thee for judgment, thou shalt vanquish them all ; and thine adversaries shall be *condemned* thereby. There is an inheritance to them that serve the Lord, and ye shall be righteous before me, saith the Lord.

Ye that thirst, go to the water, and all that have no money, go *and* buy; and eat *and drink* wine and fat without money or price. ²Wherefore do ye value at the price of money, and *give* your labour θfor that which will not satisfy? hearken to me, and ye shall eat that which is good, and your soul shall feast itself on good things.

³Give heed with your ears, and follow my ways: hearken to me, and your soul shall live in prosperity; and I will make with you an everlasting covenant, λthe sure mercies of David. ⁴Behold, I have made him a testimony among the Gentiles, a prince and commander to the Gentiles. ⁵Nations which know thee not, shall call upon thee, and peoples which are not acquainted with thee, shall flee to thee for refuge, for the sake of the Lord thy God, the Holy One of Israel; for he has glorified thee.

ὅτι αἰσχύνην αἰώνιον ἐπιλήσῃ, καὶ ὄνειδος τῆς χηρείας σου οὐ μὴ μνησθήσῃ ἔτι. Ὅτι Κύριος ὁ ποιῶν σε, Κύριος σαβαὼθ 5 ὄνομα αὐτῷ· καὶ ὁ ῥυσάμενός σε, αὐτὸς Θεὸς Ἰσραὴλ, πάσῃ τῇ γῇ κληθήσεται. Οὐχ ὡς γυναῖκα καταλελειμμένην καὶ 6 ὀλιγόψυχον κέκληκέ σε ὁ Κύριος, οὐδ᾽ ὡς γυναῖκα ἐκ νεότητος μεμισημένην, εἶπεν ὁ Θεός σου.

Χρόνον μικρὸν κατέλιπόν σε, καὶ μετ᾽ ἐλέους μεγάλου 7 ἐλεήσω σε. Ἐν θυμῷ μικρῷ ἀπέστρεψα τὸ πρόσωπόν μου ἀπὸ 8 σοῦ, καὶ ἐν ἐλέει αἰωνίῳ ἐλεήσω σε, εἶπεν ὁ ῥυσάμενός σε Κύριος·

Ἀπὸ τοῦ ὕδατος τοῦ ἐπὶ Νῶε τοῦτό μοι ἐστί· καθότι 9 ὤμοσα αὐτῷ ἐν τῷ χρόνῳ ἐκείνῳ, τῇ γῇ μὴ θυμωθήσεσθαι ἐπὶ σοὶ ἔτι, μηδὲ ἐν ἀπειλῇ σου τὰ ὄρη μεταστήσεσθαι, οὐδ᾽ οἱ 10 βουνοί σου μετακινηθήσονται· οὕτως οὐδὲ τὸ παρ᾽ ἐμοῦ σοι ἔλεος ἐκλείψει, οὐδὲ ἡ διαθήκη τῆς εἰρήνης σου οὐ μὴ μεταστῇ· εἶπε γὰρ ἵλεώς σοι Κύριε.

Ταπεινὴ καὶ ἀκατάστατος οὐ παρεκλήθης· ἰδοὺ, ἐγὼ ἑτοιμάζω 11 σοι ἄνθρακα τὸν λίθον σου, καὶ τὰ θεμέλιά σου σάπφειρον, καὶ θήσω τὰς ἐπάλξεις σου ἴασπιν, καὶ τὰς πύλας σου λίθους 12 κρυστάλλου, καὶ τὸν περίβολόν σου λίθους ἐκλεκτούς· καὶ 13 πάντας τοὺς υἱούς σου διδακτοὺς Θεοῦ, καὶ ἐν πολλῇ εἰρήνῃ τὰ τέκνα σου. Καὶ ἐν δικαιοσύνῃ οἰκοδομηθήσῃ· ἀπέχου ἀπὸ 14 ἀδίκου, καὶ οὐ φοβηθήσῃ, καὶ τρόμος οὐκ ἐγγιεῖ σοι. Ἰδοὺ 15 προσήλυτοι προσελεύσονταί σοι δι᾽ ἐμοῦ, καὶ παροικήσουσί σοι, καὶ ἐπὶ σὲ καταφεύξονται.

Ἰδοὺ ἐγὼ ἔκτισά σε, οὐχ ὡς χαλκεὺς φυσῶν ἄνθρακας, καὶ 16 ἐκφέρων σκεῦος εἰς ἔργον· ἐγὼ δὲ ἔκτισά σε, οὐκ εἰς ἀπώλειαν φθεῖραι. Πᾶν σκεῦος σκευαστὸν ἐπὶ σὲ, οὐκ εὐοδώσω· καὶ 17 πᾶσα φωνὴ ἀναστήσεται ἐπὶ σὲ εἰς κρίσιν, πάντας αὐτοὺς ἡττήσεις, οἱ δὲ ἔνοχοί σου ἔσονται ἐν αὐτῇ. Ἔστι κληρονομία τοῖς θεραπεύουσι Κύριον· καὶ ὑμεῖς ἔσεσθέ μοι δίκαιοι, λέγει Κύριος.

Οἱ διψῶντες πορεύεσθε ἐφ᾽ ὕδωρ, καὶ ὅσοι μὴ ἔχετε ἀργύ- 55 ριον, βαδίσαντες ἀγοράσατε, καὶ φάγετε ἄνευ ἀργυρίου καὶ τιμῆς οἶνον καὶ στέαρ. Ἱνατί τιμᾶσθε ἀργυρίου, καὶ τὸν 2 μόχθον ὑμῶν οὐκ εἰς πλησμονήν; ἀκούσατέ μου, καὶ φάγεσθε ἀγαθὰ, καὶ ἐντρυφήσει ἐν ἀγαθοῖς ἡ ψυχὴ ὑμῶν.

Προσέχετε τοῖς ὠσὶν ὑμῶν, καὶ ἐπακολουθήσατε ταῖς ὁδοῖς 3 μου· εἰσακούσατέ μου, καὶ ζήσεται ἐν ἀγαθοῖς ἡ ψυχὴ ὑμῶν, καὶ διαθήσομαι ὑμῖν διαθήκην αἰώνιον, τὰ ὅσια Δαυὶδ τὰ πιστά. Ἰδοὺ, μαρτύριον ἐν ἔθνεσιν ἔδωκα αὐτὸν, ἄρχοντα καὶ 4 προστάσσοντα ἔθνεσιν. Ἔθνη ἃ οὐκ οἴδασί σε, ἐπικαλέσον- 5 ταί σε, καὶ λαοὶ οἳ οὐκ ἐπίστανταί σε, ἐπὶ σὲ καταφεύ- ξονται, ἕνεκεν Κυρίου τοῦ Θεοῦ σου τοῦ ἁγίου Ἰσραὴλ, ὅτι ἐδόξασέ σε.

β *Gr.* ancient, *or*, everlasting.   γ *Alex.* Κύριος for Κύριε adopted here.   Compare Mat. 16. 22, with this passage.   δ John 6. 45.
ζ *Gr.* instrument.   θ See Col. 2. ult.   λ Acts 13. 34.

6 Ζητήσατε τὸν Κύριον, καὶ ἐν τῷ εὑρίσκειν αὐτὸν, ἐπικαλέ-
7 σασθε· ἡνίκα δ' ἂν ἐγγίζῃ ὑμῖν, ἀπολιπέτω ὁ ἀσεβὴς τὰς
ὁδοὺς αὐτοῦ, καὶ ἀνὴρ ἄνομος τὰς βουλὰς αὐτοῦ, καὶ ἐπιστρα-
φήτω ἐπὶ Κύριον, καὶ ἐλεηθήσεται, ὅτι ἐπὶ πολὺ ἀφήσει τὰς
8 ἁμαρτίας ὑμῶν. Οὐ γάρ εἰσιν αἱ βουλαί μου ὥσπερ αἱ βουλαὶ
ὑμῶν, οὐδ' ὥσπερ αἱ ὁδοὶ ὑμῶν αἱ ὁδοί μου, λέγει Κύριος.
9 Ἀλλ' ὡς ἀπέχει ὁ οὐρανὸς ἀπὸ τῆς γῆς, οὕτως ἀπέχει ἡ ὁδός
μου ἀπὸ τῶν ὁδῶν ὑμῶν, καὶ τὰ διανοήματα ὑμῶν ἀπὸ τῆς
10 διανοίας μου. Ὡς γὰρ ἂν καταβῇ ὁ ὑετὸς ἢ χιὼν ἐκ τοῦ
οὐρανοῦ, καὶ οὐ μὴ ἀποστραφῇ ἕως ἂν μεθύσῃ τὴν γῆν, καὶ
ἐκτέκῃ, καὶ ἐκβλαστήσῃ, καὶ δῷ σπέρμα τῷ σπείροντι, καὶ
11 ἄρτον εἰς βρῶσιν· οὕτως ἔσται τὸ ῥῆμά μου, ὃ ἐὰν ἐξέλθῃ ἐκ
τοῦ στόματός μου, οὐ μὴ ἀποστραφῇ, ἕως ἂν τελεσθῇ ὅσα ἂν
ἠθέλησα, καὶ εὐοδώσω τὰς ὁδούς σου, καὶ τὰ ἐντάλματά μου.
12 Ἐν γὰρ εὐφροσύνῃ ἐξελεύσεσθε, καὶ ἐν χαρᾷ διδαχθήσεσθε·
τὰ γὰρ ὄρη καὶ οἱ βουνοὶ ἐξαλοῦνται προσδεχόμενοι ὑμᾶς ἐν
χαρᾷ, καὶ πάντα τὰ ξύλα τοῦ ἀγροῦ ἐπικροτήσει τοῖς κλάδοις.
13 Καὶ ἀντὶ τῆς στοιβῆς ἀναβήσεται κυπάρισσος, ἀντὶ δὲ τῆς
κονύζης ἀναβήσεται μυρσίνη· καὶ ἔσται Κύριος εἰς ὄνομα, καὶ
εἰς σημεῖον αἰώνιον, καὶ οὐκ ἐκλείψει.

56 Τάδε λέγει Κύριος, φυλάσσεσθε κρίσιν, καὶ ποιήσατε δικαιο-
σύνην· ἤγγικε γὰρ τὸ σωτήριόν μου παραγίνεσθαι, καὶ τὸ
2 ἔλεός μου ἀποκαλυφθῆναι. Μακάριος ἀνὴρ ὁ ποιῶν ταῦτα,
καὶ ἄνθρωπος ὁ ἀντεχόμενος αὐτῶν, καὶ φυλάσσων τὰ σάβ-
βατα μὴ βεβηλοῦν, καὶ διατηρῶν τὰς χεῖρας αὐτοῦ μὴ ποιεῖν
ἄδικα.

3 Μὴ λεγέτω ὁ ἀλλογενὴς ὁ προσκείμενος πρὸς Κύριον,
ἀφοριεῖ με ἄρα Κύριος ἀπὸ τοῦ λαοῦ αὐτοῦ· καὶ μὴ λεγέτω
4 ὁ εὐνοῦχος, ὅτι ξύλον ἐγώ εἰμι ξηρόν. Τάδε λέγει Κύριος
τοῖς εὐνούχοις, ὅσοι ἂν φυλάξωνται τὰ σάββατά μου, καὶ
ἐκλέξωνται ἃ ἐγὼ θέλω, καὶ ἀντέχωνται τῆς διαθήκης μου,
5 δώσω αὐτοῖς ἐν τῷ οἴκῳ μου καὶ ἐν τῷ τείχει μου τόπον
ὀνομαστὸν, κρεῖττον υἱῶν καὶ θυγατέρων· ὄνομα αἰώνιον δώσω
6 αὐτοῖς, καὶ οὐκ ἐκλείψει· καὶ τοῖς ἀλλογενέσι τοῖς προσκει-
μένοις Κυρίῳ δουλεύειν αὐτῷ, καὶ ἀγαπᾶν τὸ ὄνομα Κυρίου,
τοῦ εἶναι αὐτῷ εἰς δούλους καὶ δούλας· καὶ πάντας τοὺς
φυλασσομένους τὰ σάββατά μου μὴ βεβηλοῦν, καὶ ἀντεχο-
7 μένους τῆς διαθήκης μου, εἰσάξω αὐτοὺς εἰς τὸ ὄρος τὸ ἅγιόν
μου, καὶ εὐφρανῶ αὐτοὺς ἐν τῷ οἴκῳ τῆς προσευχῆς μου· τὰ
ὁλοκαυτώματα αὐτῶν, καὶ αἱ θυσίαι αὐτῶν ἔσονται δεκταὶ ἐπὶ
τὸ θυσιαστήριόν μου· ὁ γὰρ οἶκός μου, οἶκος προσευχῆς κλη-
8 θήσεται πᾶσι τοῖς ἔθνεσιν, εἶπε Κύριος ὁ συνάγων τοὺς διε-
σπαρμένους Ἰσραὴλ, ὅτι συνάξω ἐπ' αὐτὸν συναγωγήν.

9 Πάντα τὰ θηρία τὰ ἄγρια, δεῦτε, φάγετε, πάντα τὰ θηρία
10 τοῦ δρυμοῦ. Ἴδετε, ὅτι ἐκτετύφλωνται πάντες, οὐκ ἔγνωσαν,
κύνες ἐνεοὶ οὐ δυνήσονται ὑλακτεῖν, ἐνυπνιαζόμενοι κοίτην,
11 φιλοῦντες νυστάξαι. Καὶ οἱ κύνες ἀναιδεῖς τῇ ψυχῇ, οὐκ
εἰδότες πλησμονήν· καί εἰσι πονηροὶ οὐκ εἰδότες σύνεσιν,

6 Seek ye the Lord, and when ye find him, call upon him; and when he shall draw nigh to you, 7 let the ungodly leave his ways, and the transgressor his counsels: and let him return to the Lord, and he shall find mercy; for he shall abundantly pardon your sins. 8 For my counsels are not as your counsels, nor are my ways as your ways, saith the Lord. 9 But as the heaven is distant from the earth, so is my way distant from your ways, and your thoughts from my mind. 10 For as rain shall come down, or snow, from heaven, and shall not return until it have saturated the earth, and it bring forth, and bud, and β give seed to the sower, and bread for food: 11 so shall my word be, whatever shall proceed out of my mouth, it shall by no means turn back, until all the things which I willed shall have been accomplished; and I will make thy ways prosperous, and *will effect* my commands. 12 For ye shall go forth with joy, and shall be taught with gladness: for the mountains and the hills shall exult to welcome you with joy, and all the trees of the field shall applaud with their branches. 13 And instead of the bramble shall come up the cypress, and instead of the nettle shall come up the myrtle: and the Lord shall be for a name, and for an everlasting sign, and shall not fail.

Thus saith the Lord, Keep ye judgment, and do justice: for my salvation is near to come, and my mercy to be revealed. 2 Blessed is the man that does these things, and the man that holds by them, and keeps the sabbaths from profaning them, and keeps his hands from doing unrighteousness.

3 Let not the stranger who attaches himself to the Lord, say, Surely the Lord will separate me from his people: and let not the eunuch say, I am a dry tree. 4 Thus saith the Lord to the eunuchs, as many as shall keep my sabbaths, and choose the things which I take pleasure in, and take hold of my covenant; 5 I will give to them in my house and within my walls an honourable place, better than sons and daughters: I will give them an everlasting name, and it shall not fail. 6 And *I will give it* to the strangers that attach themselves to the Lord, to serve him, and to love the name of the Lord, to be to him servants and handmaids; and *as for* all that keep my sabbaths from profaning *them*, and that take hold of my covenant; 7 I will bring them to my holy mountain, and gladden them in my house of prayer: their whole-burnt-offerings and their sacrifices shall be acceptable upon mine altar; for γmy house shall be called a house of prayer for all nations, 8 saith the Lord that gathers the dispersed of Israel; for I will gather to him a congregation.

9 All ye beasts of the field, come, devour, all ye beasts of the forest. 10 See how they are all blinded: they have not known; *they are* dumb dogs *that* will not bark; dreaming of rest, loving to slumber. 11 Yea, they are insatiable dogs, that know not what it is to be filled, and they are wicked, having no

understanding: all have followed their own ways, each according to his own *will*.

See how the just man has perished, and no one lays *it* to heart: and righteous men are taken away, and no one considers: for the righteous has been removed out of the way of injustice. ² His burial shall be in peace: he has been removed out of the way.

³ But draw ye near hither, ye lawless children, the seed of adulterers and the harlot. ⁴ Wherein have ye been rioting? and against whom have ye opened your mouth, and against whom have ye loosed your tongue? are ye not children of perdition? a lawless seed? ⁵ who call upon idols under the leafy trees, slaying β your children in the valleys among the rocks? ⁶ That is thy portion, this is thy lot: and to them hast thou poured forth drink-offerings, and to these hast thou offered meat-offerings. Shall I not therefore be angry for these things?

⁷ On a lofty and high mountain, there is thy bed, and thither thou carriedst up thy meat-offerings: ⁸ and behind the posts of thy door thou didst place thy memorials. Didst thou think that if thou shouldest depart from me, thou wouldest gain? thou hast loved those that lay with thee; ⁹ and thou hast multiplied thy whoredom with them, and thou hast increased the number of them that are far from thee, and hast sent ambassadors beyond thy borders, and hast been debased even to hell. ¹⁰ Thou hast wearied thyself with thy many ways; yet thou saidst not, I will cease to strengthen myself: for thou hast done these things; therefore thou hast not supplicated me.

¹¹ Through dread of whom hast thou feared, and lied against me, and hast not remembered, nor γ considered me, nor regarded me, yea, though when I see thee I pass thee by, yet thou hast not feared me.

¹² And I will declare thy righteousness, and thy sins, which shall not profit thee. ¹³ When thou criest out, let them deliver thee in thine affliction: for all these the wind shall take, and the tempest shall carry *them* away: but they that cleave to me shall possess the land, and shall inherit my holy mountain. ¹⁴ And they shall say, δ Clear the ways before him, and take up the stumbling-blocks out of the way of my people.

¹⁵ Thus saith the Most High, who dwells on high for ever, ζ Holy in the holies, is his name, the Most High resting in the holies, and giving patience to the faint-hearted, and giving life to the broken-hearted: ¹⁶ I will not take vengeance on you for ever, neither will I be always angry with you: for my Spirit shall go forth from me, and I have created all breath. ¹⁷ On account of sin for a little while I grieved him, and smote him, and turned away my face from him; and he was grieved, and he went on sorrowful in his ways. ¹⁸ I have seen his ways, and healed him, and comforted him, and given him true comfort; ¹⁹ peace upon peace to them that are far off, and to them that are nigh: and the Lord has said, I will heal them.

πάντες ταῖς ὁδοῖς αὐτῶν ἐξηκολούθησαν, ἕκαστος κατὰ τὸ ἑαυτοῦ.

Ἴδετε ὡς ὁ δίκαιος ἀπώλετο, καὶ οὐδεὶς ἐκδέχεται τῇ καρδίᾳ, 57 καὶ ἄνδρες δίκαιοι αἴρονται, καὶ οὐδεὶς κατανοεῖ· ἀπὸ γὰρ προσώπου ἀδικίας ἦρται ὁ δίκαιος. Ἔσται ἐν εἰρήνῃ ἡ ταφὴ 2 αὐτοῦ, ἦρται ἐκ τοῦ μέσου.

Ὑμεῖς δὲ προσαγάγετε ὧδε υἱοὶ ἄνομοι, σπέρμα μοιχῶν καὶ 3 πόρνης. Ἐν τίνι ἐνετρυφήσατε; καὶ ἐπὶ τίνα ἠνοίξατε τὸ 4 στόμα ὑμῶν; καὶ ἐπὶ τίνα ἐχαλάσατε τὴν γλῶσσαν ὑμῶν; οὐχ ὑμεῖς ἐστε τέκνα ἀπωλείας; σπέρμα ἄνομον; Οἱ παρα- 5 καλοῦντες εἴδωλα ὑπὸ δένδρα δασέα, σφάζοντες τὰ τέκνα αὐτῶν ἐν ταῖς φάραγξιν ἀναμέσον τῶν πετρῶν; Ἐκείνη 6 σου ἡ μερίς, οὗτός σου ὁ κλῆρος, κἀκείνοις ἐξέχεας σπονδὰς, καὶ τούτοις ἀνήνεγκας θυσίας· ἐπὶ τούτοις οὖν οὐκ ὀργισθήσομαι;

Ἐπ' ὄρος ὑψηλὸν καὶ μετέωρον, ἐκεῖ σου ἡ κοίτη, καὶ ἐκεῖ 7 ἀνεβίβασας θυσίας σου, καὶ ὀπίσω τῶν σταθμῶν τῆς θύρας 8 σου ἔθηκας μνημόσυνά σου· ᾤου, ὅτι ἐὰν ἀπ' ἐμοῦ ἀποστῇς, πλεῖόν τι ἕξεις; ἠγάπησας τοὺς κοιμωμένους μετὰ σοῦ, καὶ 9 ἐπλήθυνας τὴν πορνείαν σου μετ' αὐτῶν, καὶ πολλοὺς ἐποίησας τοὺς μακρὰν ἀπὸ σοῦ, καὶ ἀπέστειλας πρέσβεις ὑπὲρ τὰ ὅριά σου, καὶ ἐταπεινώθης ἕως ᾅδου. Ταῖς πολυοδίαις σου ἐκοπία- 10 σας, καὶ οὐκ εἶπας, παύσομαι ἐνισχύουσα· ὅτι ἔπραξας ταῦτα, διατοῦτο οὐ κατεδεήθης μου σύ.

Τίνα εὐλαβηθεῖσα ἐφοβήθης, καὶ ἐψεύσω με, καὶ οὐκ 11 ἐμνήσθης, οὐδὲ ἔλαβές με εἰς τὴν διάνοιαν, οὐδὲ εἰς τὴν καρδίαν σου; καὶ ἐγώ σε ἰδὼν παρορῶ, καὶ ἐμὲ οὐκ ἐφοβήθης.

Καὶ ἐγὼ ἀπαγγελῶ τὴν δικαιοσύνην σου, καὶ τὰ κακά σου, 12 ἃ οὐκ ὠφελήσει σε, ὅταν ἀναβοήσῃς ἐξελέσθωσάν σε ἐν τῇ 13 θλίψει σου· τούτους γὰρ πάντας ἄνεμος λήψεται, καὶ ἀποίσει καταιγίς· οἱ δὲ ἀντεχόμενοί μου κτήσονται γῆν, καὶ κληρονομήσουσι τὸ ὄρος τὸ ἅγιόν μου· Καὶ ἐροῦσι, καθαρίσατε ἀπὸ 14 προσώπου αὐτοῦ ὁδοὺς, καὶ ἄρατε σκῶλα ἀπὸ τῆς ὁδοῦ τοῦ λαοῦ μου.

Τάδε λέγει ὁ ὕψιστος, ἐν ὑψηλοῖς κατοικῶν τὸν αἰῶνα, ἅγιος 15 ἐν ἁγίοις, ὄνομα αὐτῷ, ὕψιστος ἐν ἁγίοις ἀναπαυόμενος, καὶ ὀλιγοψύχοις διδοὺς μακροθυμίαν, καὶ διδοὺς ζωὴν τοῖς συντετριμμένοις τὴν καρδίαν. Οὐκ εἰς τὸν αἰῶνα ἐκδικήσω ὑμᾶς, 16 οὐδὲ διαπαντὸς ὀργισθήσομαι ὑμῖν· πνεῦμα γὰρ παρ' ἐμοῦ ἐξελεύσεται, καὶ πνοὴν πᾶσαν ἐγὼ ἐποίησα. Δι' ἁμαρτίαν 17 βραχύ τι ἐλύπησα αὐτὸν, καὶ ἐπάταξα αὐτὸν, καὶ ἀπέστρεψα τὸ πρόσωπόν μου ἀπ' αὐτοῦ, καὶ ἐλυπήθη, καὶ ἐπορεύθη στυγνὸς ἐν ταῖς ὁδοῖς αὐτοῦ. Τὰς ὁδοὺς αὐτοῦ ἑώρακα, καὶ ἰασάμην 18 αὐτὸν, καὶ παρεκάλεσα αὐτὸν, καὶ ἔδωκα αὐτῷ παράκλησιν ἀληθινὴν, εἰρήνην ἐπ' εἰρήνῃ τοῖς μακρὰν καὶ τοῖς ἐγγὺς οὖσι· 19 καὶ εἶπε Κύριος, ἰάσομαι αὐτούς.

β Gr. their. γ Gr. taken me into thy mind, nor into thine heart. δ Lit. purge. ζ Or, Most Holy.

20 Οἱ δὲ ἄδικοι κλυδωνισθήσονται, καὶ ἀναπαύσασθαι οὐ δυνή-
21 σονται. Οὐκ ἔστι χαίρειν τοῖς ἀσεβέσιν, εἶπεν ὁ Θεός.

58 Ἀναβόησον ἐν ἰσχύϊ, καὶ μὴ φείσῃ, ὡς σάλπιγγι ὕψωσον
τὴν φωνήν σου καὶ ἀνάγγειλον τῷ λαῷ μου τὰ ἁμαρτήμαῖς
2 αὐτῶν, καὶ τῷ οἴκῳ Ἰακὼβ τὰς ἀνομίας αὐτῶν. Ἐμὲ ἡμέραν
ἐξ ἡμέρας ζητοῦσι, καὶ γνῶναί μου τὰς ὁδοὺς ἐπιθυμοῦσιν, ὡς
λαὸς δικαιοσύνην πεποιηκὼς καὶ κρίσιν Θεοῦ αὐτοῦ μὴ ἐγκατα-
λελοιπώς· αἰτοῦσί με νῦν κρίσιν δικαίαν, καὶ ἐγγίζειν Θεῷ
3 ἐπιθυμοῦσι, λέγοντες, τί ὅτι ἐνηστεύσαμεν, καὶ οὐκ εἶδες; ἐτα-
πεινώσαμεν τὰς ψυχὰς ἡμῶν, καὶ οὐκ ἔγνως;

Ἐν γὰρ ταῖς ἡμέραις τῶν νηστειῶν ὑμῶν εὑρίσκετε τὰ
θελήματα ὑμῶν, καὶ πάντας τοὺς ὑποχειρίους ὑμῶν ὑπονύσσετε.
4 Εἰ εἰς κρίσεις καὶ μάχας νηστεύετε, καὶ τύπτετε πυγμαῖς
ταπεινὸν, ἱνατί μοι νηστεύετε ὡς σήμερον, ἀκουσθῆναι ἐν κραυ-
5 γῇ τὴν φωνὴν ὑμῶν; Οὐ ταύτην τὴν νηστείαν ἐξελεξάμην,
καὶ ἡμέραν ταπεινοῦν ἄνθρωπον τὴν ψυχὴν αὐτοῦ· οὐδ' ἂν
κάμψῃς ὡς κρίκον τὸν τράχηλόν σου, καὶ σάκκον καὶ σποδὸν
6 ὑποστρώσῃ, οὐδ' οὕτω καλέσετε νηστείαν δεκτήν. Οὐχὶ τοιαύ-
την νηστείαν ἐξελεξάμην, λέγει Κύριος· ἀλλὰ λύε πάντα
σύνδεσμον ἀδικίας, διάλυε στραγγαλιὰς βιαίων συναλλαγμά-
των, ἀπόστελλε τεθραυσμένους ἐν ἀφέσει, καὶ πᾶσαν συγγρα-
7 φὴν ἄδικον διάσπα. Διάθρυπτε πεινῶντι τὸν ἄρτον σου,
καὶ πτωχοὺς ἀστέγους εἴσαγε εἰς τὸν οἶκόν σου· ἐὰν ἴδῃς
γυμνὸν, περίβαλε, καὶ ἀπὸ τῶν οἰκείων τοῦ σπέρματός σου οὐχ
ὑπερόψει.

8 Τότε ῥαγήσεται πρώϊμον τὸ φῶς σου, καὶ τὰ ἰάματά σου
ταχὺ ἀνατελεῖ· καὶ προπορεύσεται ἔμπροσθέν σου ἡ δικαιο-
9 σύνη σου, καὶ ἡ δόξα τοῦ Θεοῦ περιστελεῖ σε. Τότε βοήσῃ,
καὶ ὁ Θεὸς εἰσακούσεταί σου, ἔτι λαλοῦντός σου ἐρεῖ, ἰδοὺ,
πάρειμι· ἐὰν ἀφέλῃς ἀπὸ σοῦ σύνδεσμον, καὶ χειροτονίαν, καὶ
10 ῥῆμα γογγυσμοῦ, καὶ δῷς πεινῶντι τὸν ἄρτον ἐκ ψυχῆς σου,
καὶ ψυχὴν τεταπεινωμένην ἐμπλήσῃς, τότε ἀνατελεῖ ἐν τῷ
11 σκότει τὸ φῶς σου, καὶ τὸ σκότος σου ὡς μεσημβρία, καὶ
ἔσται ὁ Θεός σου μετὰ σοῦ διαπαντός· καὶ ἐμπλησθήσῃ καθά-
περ ἐπιθυμεῖ ἡ ψυχή σου, καὶ τὰ ὀστᾶ σου πιανθήσεται· καὶ
ἔσται ὡς κῆπος μεθύων, καὶ ὡς πηγὴ ἣν μὴ ἐξέλιπεν ὕδωρ.
12 Καὶ οἰκοδομηθήσονταί σου αἱ ἔρημοι αἰώνιοι, καὶ ἔσται τὰ
θεμέλιά σου αἰώνια γενεῶν γενεαῖς, καὶ κληθήσῃ οἰκοδόμος
φραγμῶν, καὶ τὰς τρίβους σου ἀναμέσον παύσεις.

13 Ἐὰν ἀποστρέψῃς τὸν πόδα σου ἀπὸ τῶν σαββάτων τοῦ μὴ
ποιεῖν τὰ θελήματά σου ἐν τῇ ἡμέρᾳ τῇ ἁγίᾳ, καὶ καλέσεις τὰ
σάββατα τρυφερὰ, ἅγια τῷ Θεῷ· οὐκ ἀρεῖς τὸν πόδα σου ἐπ'
14 ἔργῳ, οὐδὲ λαλήσεις λόγον ἐν ὀργῇ ἐκ τοῦ στόματός σου, καὶ
ἔσῃ πεποιθὼς ἐπὶ Κύριον, καὶ ἀναβιβάσει σε ἐπὶ τὰ ἀγαθὰ τῆς
γῆς, καὶ ψωμιεῖ σε τὴν κληρονομίαν Ἰακὼβ τοῦ πατρός σου·
τὸ γὰρ στόμα Κυρίου ἐλάλησε ταῦτα.

59 Μὴ οὐκ ἰσχύει ἡ χεὶρ Κυρίου τοῦ σῶσαι; ἢ ἐβάρυνε τὸ

---

20 But the unrighteous shall be tossed as troubled waves, and shall not be able to rest. 21 There is no βjoy to the ungodly, said God.

Cry aloud, and spare not; lift up thy voice as with a trumpet, and declare to my people their sins, and to the house of Jacob their iniquities. 2 They seek me day by day, and desire to know my ways, as a people that had done righteousness, and had not forsaken the judgment of their God: they now ask of me righteous judgment, and desire to draw nigh to God, 3 saying, Why have we fasted, and thou regardest not? *why* have we afflicted our souls, and thou didst not know it?

Nay, in the days of your fasts ye find your pleasures, and all them that are under your power ye wound. 4 If ye fast for quarrels and strifes, and smite the lowly with *your* fists, wherefore do ye fast to me as *ye do* this day, so that your voice may be heard in crying? 5 I have not chosen this fast, nor *such* a day for a man to afflict his soul; neither though thou shouldest bend down thy neck as a ring, and spread under thee sackcloth and ashes, neither thus shall ye call a fast acceptable. 6 I have not chosen such a fast, saith the Lord; but do thou loose every burden of iniquity, do thou untie the knots of hard bargains, set the bruised free, and cancel every unjust account. 7 Break thy bread to the hungry, and lead the unsheltered poor to thy house: if thou seest one naked, clothe *him*, and thou shalt not disregard the relations of thine own seed.

8 Then shall thy light break forth as the morning, and thy health shall speedily spring forth: and thy righteousness shall go before thee, and the glory of God shall compass thee. 9 Then shalt thou cry, and God shall hearken to thee; while thou art yet speaking he will say, Behold, I am here. If thou remove from thee the band, and the stretching forth of the hands, and murmuring speech; 10 and *if* thou give bread to the hungry from thy heart, and satisfy the afflicted soul; then shall thy light spring up in darkness, and thy darkness *shall be* as noon-day: 11 and thy God shall be with thee continually, and thou shalt be satisfied according as thy soul desires; and thy bones shall be made fat, and be as a well-watered garden, and as a fountain *from* which the water has failed. 12 And thy old waste desert *places* shall be built up, and thy foundations shall last through all generations; and thou shalt be called a repairer of breaches, and thou shalt cause thy paths between to be in peace.

13 If thou turn away thy foot from the sabbath, so as not to do thy γpleasure on the holy days, and shalt call the sabbaths delightful, holy to God; *if* thou shalt not lift up thy foot to work, nor speak a word in anger out of thy mouth, 14 then shalt thou trust on the Lord; and he shall bring thee up to the good places of the land, and feed thee with the heritage of Jacob thy father: for the mouth of the Lord has spoken this.

Has the hand of the Lord no power to

β See chap. 48. 22   γ *Gr.* pleasures.

save? or has he made his ear heavy, so that he should not hear? ² Nay, your iniquities separate between you and God, and because of your sins has he turned away *his* face from you, so as not to have mercy *upon you.* ³ For your hands are defiled with blood, and your fingers with sins; your lips also have spoken iniquity, and your tongue meditates unrighteousness.

⁴ None speaks justly, neither is there true judgment: they trust in vanities, and speak empty *words;* for they conceive trouble, and bring forth iniquity. ⁵ They have hatched asps' eggs, and weave a spider's web: and he that is going to eat of their eggs, having crushed an addled egg, has found also in it a basilisk. ⁶ Their web shall not become a garment, nor shall they at all clothe themselves with their works; for their works are works of iniquity. ⁷ And β their feet run to wickedness, swift to shed blood; their thoughts also are thoughts γ of murder; destruction and misery are in their ways; ⁸ and the way of peace they know not, neither is there judgment in their ways; for their paths by which they go are crooked, and they know not peace.

⁹ Therefore has judgment departed from them, and righteousness shall not overtake them: while they waited for light, darkness came upon them; while they waited for brightness, they walked in perplexity. ¹⁰ They shall feel for the wall as blind *men,* and shall feel *for it* as if they had no eyes: and they shall feel at noon-day as at midnight; they shall groan as dying men. ¹¹ They shall proceed together as a bear and as a dove: we have waited for judgment, and there is no salvation, it is gone far from us.

¹² For our iniquity is great before thee, and our sins have risen up against us: for our iniquities are in us, and we know our unrighteous deeds. ¹³ We have sinned, and dealt falsely, and revolted from our God: we have spoken unrighteous words, and have been disobedient; we have conceived and uttered from our heart unrighteous words. ¹⁴ And we have turned judgment back, and righteousness has departed afar off: for truth is consumed in their ways, and they could not pass by a straight *path.* ¹⁵ And truth has been taken away, and they have turned aside *their* mind from understanding.

And the Lord saw it, and it pleased him not that there was no judgment. ¹⁶ And he looked, and there was no man, and he observed, and there was none to help: so he defended them with his arm, and stablished *them* with *his* mercy. ¹⁷ And he put on righteousness as a breast-plate, and placed the helmet of salvation on his head; and he clothed himself with the garment of vengeance, and with his cloak, ¹⁸ as one about to render a recompence, *even* reproach to his adversaries. ¹⁹ So shall they of the west fear the name of the Lord, and they *that come* from the rising of the sun his glorious name: for the wrath of the Lord shall come as a mighty river, it shall come with fury.

²⁰ And δ the deliverer shall come for Sion's sake, and shall turn away ungodliness from

οὓς αὐτοῦ τοῦ μὴ εἰσακοῦσαι; Ἀλλὰ τὰ ἁμαρτήματα ὑμῶν 2 διϊστῶσιν ἀναμέσον ὑμῶν καὶ ἀναμέσον τοῦ Θεοῦ, καὶ διὰ τὰς ἁμαρτίας ὑμῶν ἀπέστρεψε τὸ πρόσωπον ἀφ᾽ ὑμῶν τοῦ μὴ ἐλεῆσαι. Αἱ γὰρ χεῖρες ὑμῶν μεμολυσμέναι αἵματι, καὶ οἱ 3 δάκτυλοι ὑμῶν ἐν ἁμαρτίαις, τὰ δὲ χείλη ὑμῶν ἐλάλησεν ἀνομίαν, καὶ ἡ γλῶσσα ὑμῶν ἀδικίαν μελετᾷ.

Οὐθεὶς λαλεῖ δίκαια, οὐδὲ ἔστι κρίσις ἀληθινή· πεποίθασιν 4 ἐπὶ ματαίοις, καὶ λαλοῦσι κενά, ὅτι κύουσι πόνον, καὶ τίκτουσιν ἀνομίαν. Ὠὰ ἀσπίδων ἔρρηξαν, καὶ ἱστὸν ἀράχνης ὑφαί- 5 νουσι, καὶ ὁ μέλλων τῶν ὠῶν αὐτῶν φαγεῖν, συντρίψας οὔριον, εὗρε καὶ ἐν αὐτῷ βασιλίσκον. Ὁ ἱστὸς αὐτῶν οὐκ ἔσται εἰς 6 ἱμάτιον, οὐδὲ μὴ περιβάλωνται ἀπὸ τῶν ἔργων αὐτῶν· τὰ γὰρ ἔργα αὐτῶν, ἔργα ἀνομίας. Οἱ δὲ πόδες αὐτῶν ἐπὶ πονηρίαν 7 τρέχουσι, ταχινοὶ ἐκχέαι αἷμα, καὶ οἱ διαλογισμοὶ αὐτῶν, διαλογισμοὶ ἀπὸ φόνων· σύντριμμα καὶ ταλαιπωρία ἐν ταῖς ὁδοῖς αὐτῶν, καὶ ὁδὸν εἰρήνης οὐκ οἴδασι, καὶ οὐκ ἔστι κρίσις ἐν 8 ταῖς ὁδοῖς αὐτῶν· αἱ γὰρ τρίβοι αὐτῶν διεστραμμέναι, ἃς διοδεύουσι, καὶ οὐκ οἴδασιν εἰρήνην.

Διατοῦτο ἀπέστη ἡ κρίσις ἀπ᾽ αὐτῶν, καὶ οὐ μὴ καταλάβῃ 9 αὐτοὺς δικαιοσύνη· ὑπομεινάντων αὐτῶν φῶς ἐγένετο αὐτοῖς σκότος, μείναντες αὐγὴν ἐν ἀωρίᾳ περιεπάτησαν. Ψηλαφή- 10 σουσιν ὡς τυφλοὶ τοῖχον, καὶ ὡς οὐχ ὑπαρχόντων ὀφθαλμῶν ψηλαφήσουσι· καὶ πεσοῦνται ἐν μεσημβρίᾳ ὡς ἐν μεσονυκτίῳ, ὡς ἀποθνήσκοντες στενάξουσιν· Ὡς ἄρκος καὶ ὡς περιστερὰ 11 ἅμα πορεύσονται· ἀνεμείναμεν κρίσιν, καὶ οὐκ ἔστι σωτηρία, μακρὰν ἀφέστηκεν ἀφ᾽ ἡμῶν.

Πολλὴ γὰρ ἡμῶν ἡ ἀνομία ἐναντίον σου, καὶ αἱ ἁμαρτίαι 12 ἡμῶν ἀντέστησαν ἡμῖν· αἱ γὰρ ἀνομίαι ἡμῶν ἐν ἡμῖν, καὶ τὰ ἀδικήματα ἡμῶν ἔγνωμεν. Ἠσεβήσαμεν καὶ ἐψευσάμεθα, καὶ 13 ἀπέστημεν ὄπισθεν τοῦ Θεοῦ ἡμῶν· ἐλαλήσαμεν ἄδικα, καὶ ἠπειθήσαμεν· ἐκύομεν, καὶ ἐμελετήσαμεν ἀπὸ καρδίας ἡμῶν λόγους ἀδίκους· Καὶ ἀπεστήσαμεν ὀπίσω τὴν κρίσιν, καὶ 14 ἡ δικαιοσύνη μακρὰν ἀφέστηκεν· ὅτι κατηναλώθη ἐν ταῖς ὁδοῖς αὐτῶν ἡ ἀλήθεια, καὶ δι᾽ εὐθείας οὐκ ἐδύναντο διελθεῖν. Καὶ ἡ ἀλήθεια ἦρται, καὶ μετέστησαν τὴν διάνοιαν τοῦ 15 συνιέναι.

Καὶ εἶδε Κύριος, καὶ οὐκ ἤρεσεν αὐτῷ, ὅτι οὐκ ἦν κρίσις. Καὶ εἶδε, καὶ οὐκ ἦν ἀνήρ, καὶ κατενόησε, καὶ οὐκ ἦν ὁ ἀντι- 16 ληψόμενος· καὶ ἡμύνατο αὐτοὺς τῷ βραχίονι αὐτοῦ, καὶ τῇ ἐλεημοσύνῃ ἐστηρίσατο. Καὶ ἐνεδύσατο δικαιοσύνην ὡς 17 θώρακα, καὶ περιέθετο περικεφαλαίαν σωτηρίου ἐπὶ τῆς κεφαλῆς, καὶ περιεβάλετο ἱμάτιον ἐκδικήσεως, καὶ τὸ περιβόλαιον αὐτοῦ, ὡς ἀνταποδώσων ἀνταπόδοσιν ὄνειδος τοῖς ὑπεναντίοις. 18 Καὶ φοβηθήσονται οἱ ἀπὸ δυσμῶν τὸ ὄνομα Κυρίου, καὶ οἱ ἀπ᾽ 19 ἀνατολῶν ἡλίου τὸ ὄνομα τὸ ἔνδοξον· ἥξει γὰρ ὡς ποταμὸς βίαιος ἡ ὀργὴ παρὰ Κυρίου, ἥξει μετὰ θυμοῦ.

Καὶ ἥξει ἕνεκεν Σιὼν ὁ ῥυόμενος, καὶ ἀποστρέψει ἀσεβείας 20

β Rom. 3. 15-17.   γ *Gr.* from murders, but *Alex.* reads ἀφρόνων.   δ Rom. 11. 26.

21 ἀπὸ Ἰακώβ. Καὶ αὕτη αὐτοῖς ἡ παρ’ ἐμοῦ διαθήκη, εἶπε
Κύριος· τὸ πνεῦμα τὸ ἐμὸν, ὅ ἐστιν ἐπὶ σοὶ, καὶ τὰ ῥήματα,
ἃ ἔδωκα εἰς τὸ στόμα σου, οὐ μὴ ἐκλίπῃ ἐκ τοῦ στόματός σου,
καὶ ἐκ τοῦ στόματος τοῦ σπέρματός σου· εἶπε γὰρ Κύριος ἀπὸ
τοῦ νῦν καὶ εἰς τὸν αἰῶνα.

60 Φωτίζου φωτίζου Ἰερουσαλὴμ, ἥκει γάρ σου τὸ φῶς, καὶ
2 ἡ δόξα Κυρίου ἐπὶ σὲ ἀνατέταλκεν. Ἰδοὺ, σκότος καλύψει
γῆν, καὶ γνόφος ἐπ’ ἔθνη, ἐπὶ δὲ σὲ φανήσεται Κύριος, καὶ ἡ
3 δόξα αὐτοῦ ἐπὶ σὲ ὀφθήσεται. Καὶ πορεύσονται βασιλεῖς τῷ
φωτί σου, καὶ ἔθνη τῇ λαμπρότητί σου.

4 Ἆρον κύκλῳ τοὺς ὀφθαλμούς σου, καὶ ἴδε συνηγμένα τὰ
τέκνα σου· ἥκασι πάντες οἱ υἱοί σου μακρόθεν, καὶ αἱ θυγατέ-
5 ρες σου ἐπ’ ὤμων ἀρθήσονται. Τότε ὄψῃ, καὶ φοβηθήσῃ, καὶ
ἐκστήσῃ τῇ καρδίᾳ, ὅτι μεταβαλεῖ εἰς σὲ πλοῦτος θαλάσσης,
6 καὶ ἐθνῶν καὶ λαῶν, καὶ ἥξουσί σοι ἀγέλαι καμήλων, καὶ
καλύψουσί σε κάμηλοι Μαδιὰμ καὶ Γαιφά· πάντες ἐκ Σαβὰ
ἥξουσι φέροντες χρυσίον καὶ λίβανον οἴσουσι, καὶ τὸ σωτήριον
7 Κυρίου εὐαγγελιοῦνται. Καὶ πάντα τὰ πρόβατα Κηδὰρ συν-
αχθήσονται, καὶ κριοὶ Ναβαιὼθ ἥξουσι, καὶ ἀνενεχθήσεται
δεκτὰ ἐπὶ τὸ θυσιαστήριόν μου, καὶ ὁ οἶκος τῆς προσευχῆς μου
δοξασθήσεται.

8 Τίνες οἷδε, ὡς νεφέλαι πέτανται, καὶ ὡσεὶ περιστεραὶ σὺν
9 νοσσοῖς ἐπ’ ἐμέ; Ἐμὲ αἱ νῆσοι ὑπέμειναν, καὶ πλοῖα Θαρσὶς
ἐν πρώτοις, ἀγαγεῖν τὰ τέκνα σου μακρόθεν, καὶ τὸν ἄργυρον
καὶ τὸν χρυσὸν αὐτῶν μετ’ αὐτῶν, καὶ διὰ τὸ ὄνομα Κυρίου τὸ
10 ἅγιον, καὶ διὰ τὸ τὸν ἅγιον τοῦ Ἰσραὴλ ἔνδοξον εἶναι. Καὶ
οἰκοδομήσουσιν ἀλλογενεῖς τὰ τείχη σου, καὶ οἱ βασιλεῖς αὐτῶν
παραστήσονταί σοι· διὰ γὰρ ὀργήν μου ἐπάταξά σε, καὶ διὰ
11 ἔλεον ἠγάπησά σε. Καὶ ἀνοιχθήσονται αἱ πύλαι σου διαπαν-
τὸς, ἡμέρας καὶ νυκτὸς οὐ κλεισθήσονται, εἰσαγαγεῖν πρὸς σὲ
12 δύναμιν ἐθνῶν, καὶ βασιλεῖς αὐτῶν ἀγομένους. Τὰ γὰρ ἔθνη
καὶ οἱ βασιλεῖς, οἵτινες οὐ δουλεύσουσί σοι, ἀπολοῦνται, καὶ
τὰ ἔθνη ἐρημίᾳ ἐρημωθήσεται.

13 Καὶ ἡ δόξα τοῦ Λιβάνου πρὸς σὲ ἥξει, ἐν κυπαρίσσῳ καὶ
πεύκῃ καὶ κέδρῳ ἅμα, δοξάσαι τὸν τόπον τὸν ἅγιόν μου.

14 Καὶ πορεύσονται πρὸς σὲ δεδοικότες υἱοὶ ταπεινωσάντων σε,
καὶ παροξυνάντων σε, καὶ κληθήσῃ Πόλις Σιὼν ἁγίου Ἰσραήλ·
15 Διὰ τὸ γεγενῆσθαί σε ἐγκαταλελειμμένην καὶ μεμισημένην,
καὶ οὐκ ἦν ὁ βοηθῶν· καὶ θήσω σε ἀγαλλίαμα αἰώνιον, εὐφρο-
σύνην γενεῶν γενεαῖς.

16 Καὶ θηλάσεις γάλα ἐθνῶν, καὶ πλοῦτον βασιλέων φάγεσαι,
καὶ γνώσῃ ὅτι ἐγὼ Κύριος ὁ σώζων σε, καὶ ἐξαιρούμενός σε
17 Θεὸς Ἰσραήλ. Καὶ ἀντὶ χαλκοῦ οἴσω σοι χρυσίον, ἀντὶ δὲ
σιδήρου οἴσω σοι ἀργύριον, ἀντὶ δὲ ξύλων οἴσω σοι χαλκὸν,
ἀντὶ δὲ λίθων, σίδηρον· καὶ δώσω τοὺς ἄρχοντάς σου ἐν εἰρήνῃ,
18 καὶ τοὺς ἐπισκόπους σου ἐν δικαιοσύνῃ. Καὶ οὐκ ἀκουσθή-

Jacob. [21] And this shall be my covenant with them, said the Lord ; My Spirit which is upon thee, and the words which I have put in thy mouth, shall never fail from thy mouth, nor from the mouth of thy seed, for the Lord has spoken it, henceforth and for ever.

[β] Be enlightened, be enlightened, O Jerusalem, for thy light is come, and the glory of the Lord is risen upon thee. [2] Behold, darkness shall cover the earth, and *there shall be* gross darkness on the nations : but the Lord shall appear upon thee, and his glory shall be seen upon thee. [3] And kings shall walk in thy light, and nations in thy brightness.

[4] Lift up thine eyes round about, and behold thy children gathered : all thy sons have come from far, and thy daughters shall be borne on *men's* shoulders. [5] Then shalt thou see, and fear, and be amazed in thine heart ; for the wealth of the sea shall come round to thee, and of nations and peoples ; and herds of camels shall come to thee, [6] and the camels of Madiam and Gæpha shall cover thee : all from Saba shall come bearing gold, and shall bring frankincense, and they shall publish the salvation of the Lord. [7] And all the flocks of Kedar shall be gathered, and the rams of Nabæoth shall come ; and acceptable sacrifices shall be offered on my altar, and my house of prayer shall be glorified.

[8] Who are these *that* fly as clouds, and as doves with young ones to me ? [9] The isles have waited for me, and the ships of Tharsis among the first, to bring thy children from afar, and their silver and their gold with them, and *that* for the sake of the holy name of the Lord, and because the Holy One of Israel is glorified. [10] And strangers shall build thy walls, and their kings shall wait upon thee : for by reason of my wrath I smote thee, and by reason of mercy I loved thee. [11] And thy gates shall be opened continually ; they shall not be shut day nor night ; to bring in to thee the power of the Gentiles, and their kings as captives. [12] For the nations and the kings which will not serve thee shall perish ; and those nations shall be made utterly desolate.

[13] And the glory of Libanus shall come to thee, with the cypress, and pine, and cedar together, to glorify my holy place.

[14] And the sons of them that afflicted thee, and of them that provoked thee, shall come to thee [γ] in fear ; and thou shalt be called Sion, the city of the Holy One of Israel. [15] Because thou hast become desolate and hated, and there was no helper, therefore I will make thee a perpetual gladness, a joy of many generations. [16] And thou shalt suck the milk of the Gentiles, and shalt eat the wealth of kings : and shalt know that I am the Lord that saves thee and delivers thee, the Holy One of Israel. [17] And for brass I will bring thee gold, and for iron I will bring thee silver, and instead of wood I will bring thee brass, and instead of stones, iron ; and I will make thy princes peaceable, and thine overseers righteous. [18] And injustice shall no **more**

β Eph. 5. 14.　　γ *Lit.* having feared.

be heard in thy land, nor destruction nor misery in thy coasts; but thy walls shall be called Salvation, and thy gates Sculptured Work. [19] β And thou shalt no more have the sun for a light by day, nor shall the rising of the moon lighten thy night; but the Lord shall be thine everlasting light, and God thy glory. [20] For the sun shall no more set, nor shall the moon be eclipsed; for the Lord shall be thine everlasting light, and the days of thy mourning shall be completed. [21] Thy people also shall be all righteous; they shall inherit the land for ever, preserving that which they have planted, *even* the works of their hands, for glory. [22] The γ little one shall become thousands, and the least a great nation; I the Lord will gather them in *due* time.

The Spirit of the Lord is upon me, because he has anointed me; he has sent δ me to preach glad tidings to the poor, to heal the broken in heart, to proclaim liberty to the captives, and recovery of sight to the blind; [2] to declare the acceptable year of the Lord, and the day of recompence; to comfort all that mourn; [3] that there should be given to them that mourn in Sion glory instead of ashes, the ζ oil of joy to the mourners, θ the garment of glory for the spirit of heaviness: and they shall be called generations of righteousness, the planting of the Lord for glory.

[4] And they shall build the old waste places, they shall raise up those that were before made desolate, and shall renew the desert cities, *even* those that had been desolate for *many* generations. [5] And strangers shall come and feed thy flocks, and aliens *shall be thy* ploughmen and vine-dressers. [6] But ye shall be called priests of the Lord, the ministers of God: ye shall eat the strength of nations, and shall be admired because of their wealth. [7] Thus shall they inherit the land a second time, and everlasting joy shall be upon their head. [8] For I am the Lord who love righteousness, and hate robberies of injustice; and I will give their labour to the just, and will make an everlasting covenant with them. [9] And their seed shall be known among the Gentiles, and their offspring in the midst of peoples: every one that sees them shall λ take notice of them, that they are a seed blessed of God; [10] and they shall greatly rejoice in the Lord.

Let my soul rejoice in the Lord; for he has clothed me with the robe of salvation, and the garment of joy: he has put a mitre on me as on a bridegroom, and adorned me with ornaments as a bride.

[11] And as the earth putting forth her flowers, and as a garden its seed; so shall the Lord, *even* the Lord, cause righteousness to spring forth, and exultation before all nations.

For Sion's sake I will not hold my peace, and for Jerusalem's sake I will not μ rest, until her righteousness go forth as light, and my salvation burn as a torch. [2] And the Gentiles shall see thy righteousness, and kings thy glory: and one shall call thee *by* a new name, which the Lord shall name. [3] And thou shalt be a crown of beauty in

σεται ἔτι ἀδικία ἐν τῇ γῇ σου, οὐδὲ σύντριμμα, οὐδὲ ταλαιπωρία ἐν τοῖς ὁρίοις σου, ἀλλὰ κληθήσεται Σωτήριον τὰ τείχη σου, καὶ αἱ πύλαι σου Γλύμμα. Καὶ οὐκ ἔσται σοι ἔτι ὁ ἥλιος [19] εἰς φῶς ἡμέρας, οὐδὲ ἀνατολὴ σελήνης φωτιεῖ σου τὴν νύκτα, ἀλλ᾽ ἔσται σοι Κύριος φῶς αἰώνιον, καὶ ὁ Θεὸς δόξα σου. Οὐ [20] γὰρ δύσεται ὁ ἥλιος σοι, καὶ ἡ σελήνη σοι οὐκ ἐκλείψει· ἔσται γάρ σοι Κύριος φῶς αἰώνιον, καὶ ἀναπληρωθήσονται αἱ ἡμέραι τοῦ πένθους σου. Καὶ ὁ λαός σου πᾶς δίκαιος, δι᾽ αἰῶνος [21] κληρονομήσουσι τὴν γῆν, φυλάσσων τὸ φύτευμα, ἔργα χειρῶν αὐτοῦ, εἰς δόξαν. Ὁ ὀλιγοστὸς ἔσται εἰς χιλιάδας, καὶ [22] ὁ ἐλάχιστος εἰς ἔθνος μέγα· ἐγὼ Κύριος κατὰ καιρὸν συνάξω αὐτούς.

Πνεῦμα Κυρίου ἐπ᾽ ἐμὲ, οὗ εἵνεκεν ἔχρισέ με, εὐαγγελί- [61] σασθαι πτωχοῖς ἀπέσταλκέ με, ἰάσασθαι τοὺς συντετριμμένους τὴν καρδίαν, κηρύξαι αἰχμαλώτοις ἄφεσιν, καὶ τυφλοῖς ἀνά- βλεψιν, καλέσαι ἐνιαυτὸν Κυρίου δεκτὸν, καὶ ἡμέραν ἀνταπο- [2] δόσεως, παρακαλέσαι πάντας τοὺς πενθοῦντας, δοθῆναι τοῖς [3] πενθοῦσι Σιὼν αὐτοῖς δόξαν ἀντὶ σποδοῦ, ἄλειμμα εὐφρο- σύνης τοῖς πενθοῦσι, κατὰ στολὴν δόξης ἀντὶ πνεύματος ἀκηδίας· καὶ κληθήσονται γενεαὶ δικαιοσύνης, φύτευμα Κυρίου εἰς δόξαν.

Καὶ οἰκοδομήσουσιν ἐρήμους αἰωνίας, ἐξηρημωμένας πρό- [4] τερον ἐξαναστήσουσι, καὶ καινιοῦσι πόλεις ἐρήμους, ἐξηρημω- μένας εἰς γενεάς. Καὶ ἥξουσιν ἀλλογενεῖς ποιμαίνοντες τὰ [5] πρόβατά σου, καὶ ἀλλόφυλοι ἀροτῆρες, καὶ ἀμπελουργοί. Ὑμεῖς δὲ ἱερεῖς Κυρίου κληθήσεσθε, λειτουργοὶ Θεοῦ, ἰσχὺν [6] ἐθνῶν κατέδεσθε, καὶ ἐν τῷ πλούτῳ αὐτῶν θαυμασθήσεσθε. Οὕτως ἐκ δευτέρας κληρονομήσουσι τὴν γῆν, καὶ εὐφροσύνη [7] αἰώνιος ὑπὲρ κεφαλῆς αὐτῶν. Ἐγὼ γάρ εἰμι Κύριος ὁ ἀγαπῶν [8] δικαιοσύνην, καὶ μισῶν ἁρπάγματα ἐξ ἀδικίας· καὶ δώσω τὸν μόχθον αὐτῶν δικαίοις, καὶ διαθήκην αἰώνιον διαθήσομαι αὐτοῖς. Καὶ γνωσθήσεται ἐν τοῖς ἔθνεσι τὸ σπέρμα αὐτῶν, καὶ τὰ [9] ἔκγονα αὐτῶν ἐν μέσῳ τῶν λαῶν· πᾶς ὁ ὁρῶν αὐτοὺς ἐπι- γνώσεται αὐτοὺς, ὅτι οὗτοί εἰσι σπέρμα ηὐλογημένον ὑπὸ Θεοῦ, καὶ εὐφροσύνῃ εὐφρανθήσονται ἐπὶ Κύριον. [10]

Ἀγαλλιάσθω ἡ ψυχή μου ἐπὶ τῷ Κυρίῳ, ἐνέδυσε γάρ με ἱμάτιον σωτηρίου, καὶ χιτῶνα εὐφροσύνης, ὡς νυμφίῳ περι- έθηκέ μοι μίτραν, καὶ ὡς νύμφην κατεκόσμησέ με κόσμῳ.

Καὶ ὡς γῆν αὔξουσαν τὸ ἄνθος αὐτῆς, καὶ ὡς κῆπος τὰ [11] σπέρματα αὐτοῦ, οὕτως ἀνατελεῖ Κύριος Κύριος δικαιοσύνην, καὶ ἀγαλλίαμα ἐναντίον πάντων τῶν ἐθνῶν.

Διὰ Σιὼν οὐ σιωπήσομαι, καὶ διὰ Ἱερουσαλὴμ οὐκ ἀνήσω, [62] ἕως ἂν ἐξέλθῃ ὡς φῶς ἡ δικαιοσύνη αὐτῆς, τὸ δὲ σωτήριόν μου ὡς λαμπὰς καυθήσεται. Καὶ ὄψονται ἔθνη τὴν δικαιοσύνην [2] σου, καὶ βασιλεῖς τὴν δόξαν σου, καὶ καλέσει σε τὸ ὄνομα τὸ καινὸν, ὃ ὁ Κύριος ὀνομάσει αὐτό. Καὶ ἔσῃ στέφανος κάλλους [3]

β Rev. 21. 23-27. γ Or, *people* few in number. δ Luke 4. 18. ζ Or, anointing. θ *Alex.* reads καταστολὴν as one word.
λ Or, acknowledge. μ Gr. relax.

ἐν χειρὶ Κυρίου, καὶ διάδημα βασιλείας ἐν χειρὶ Θεοῦ σου.
4 Καὶ οὐκέτι κληθήσῃ Καταλελειμμένη, καὶ ἡ γῆ σου οὐ κληθή-
σεται ἔτι Ἔρημος· σοὶ γὰρ κληθήσεται, Θέλημα ἐμὸν, καὶ τῇ
γῇ σου, Οἰκουμένη, ὅτι εὐδόκησε Κύριος ἐν σοὶ, καὶ ἡ γῆ σου
συνοικισθήσεται.
5 Καὶ ὡς συνοικῶν νεανίσκος παρθένῳ, οὕτω κατοικήσουσιν οἱ
υἱοί σου· καὶ ἔσται ὃν τρόπον εὐφρανθήσεται νυμφίος ἐπὶ
νύμφῃ, οὕτως εὐφρανθήσεται Κύριος ἐπὶ σοί.
6 Καὶ ἐπὶ τῶν τειχῶν σου Ἰερουσαλὴμ κατέστησα φύλακας
ὅλην τὴν ἡμέραν καὶ ὅλην τὴν νύκτα, οἳ διὰ τέλους οὐ σιωπή-
7 σονται μιμνησκόμενοι Κυρίου. Οὐκ ἔστι γὰρ ὑμῖν ὅμοιος·
ἐὰν διορθώσῃ, καὶ ποιήσῃ Ἰερουσαλὴμ γαυρίαμα ἐπὶ τῆς γῆς.
8 Ὤμοσε Κύριος κατὰ τῆς δόξης αὐτοῦ, καὶ κατὰ τῆς ἰσχύος τοῦ
βραχίονος αὐτοῦ, εἰ ἔτι δώσω τὸν σῖτόν σου, καὶ τὰ βρώματά
σου τοῖς ἐχθροῖς σου, καὶ εἰ ἔτι πίονται υἱοὶ ἀλλότριοι τὸν
9 οἶνόν σου, ἐφ᾽ ᾧ ἐμόχθησας. Ἀλλ᾽ οἱ συναγαγόντες φάγονται
αὐτὰ, καὶ αἰνέσουσι Κύριον, καὶ οἱ συναγαγόντες πίονται αὐτὰ
ἐν ταῖς ἐπαύλεσι ταῖς ἁγίαις μου.
10 Πορεύεσθε διὰ τῶν πυλῶν μου, καὶ ὁδοποιήσατε τῷ λαῷ
μου, καὶ τοὺς λίθους ἐκ τῆς ὁδοῦ διαρρίψατε, ἐξάρατε σύσση-
11 μον εἰς τὰ ἔθνη. Ἰδοὺ γὰρ Κύριος ἐποίησεν ἀκουστὸν ἕως
ἐσχάτου τῆς γῆς· εἴπατε τῇ θυγατρὶ Σιὼν, ἰδοὺ ὁ σωτήρ σοι
παραγέγονεν ἔχων τὸν ἑαυτοῦ μισθὸν, καὶ τὸ ἔργον αὐτοῦ πρὸ
12 προσώπου αὐτοῦ. Καὶ καλέσει αὐτὸν Λαὸν ἅγιον, λελυτρω-
μένον ὑπὸ Κυρίου· σὺ δὲ κληθήσῃ Ἐπιζητουμένη πόλις, καὶ
οὐκ ἐγκαταλελειμμένη.

63 Τίς οὗτος ὁ παραγενόμενος ἐξ Ἐδὼμ, ἐρύθημα ἱματίων ἐκ
Βοσόρ; οὕτως ὡραῖος ἐν στολῇ, βίᾳ μετὰ ἰσχύος; ἐγὼ δια-
λέγομαι δικαιοσύνην καὶ κρίσιν σωτηρίου.
2 Διατί σου ἐρυθρὰ τὰ ἱμάτια, καὶ τὰ ἐνδύματά σου ὡς ἀπὸ
3 πατητοῦ ληνοῦ; Πλήρης καταπεπατημένης, καὶ τῶν ἐθνῶν
οὐκ ἔστιν ἀνὴρ μετ᾽ ἐμοῦ, καὶ κατεπάτησα αὐτοὺς ἐν θυμῷ μου,
καὶ κατέθλασα αὐτοὺς ὡς γῆν, καὶ κατήγαγον τὸ αἷμα αὐτῶν
4 εἰς γῆν. Ἡμέρα γὰρ ἀνταποδόσεως ἐπῆλθεν αὐτοῖς, καὶ
5 ἐνιαυτὸς λυτρώσεως πάρεστι. Καὶ ἐπέβλεψα, καὶ οὐκ ἦν
βοηθός· καὶ προσενόησα, καὶ οὐθεὶς ἀντελαμβάνετο· καὶ
ἐρρύσατο αὐτοὺς ὁ βραχίων μου, καὶ ὁ θυμός μου ἐπέστη.
6 Καὶ κατεπάτησα αὐτοὺς τῇ ὀργῇ μου, καὶ κατήγαγον τὸ αἷμα
αὐτῶν εἰς γῆν.
7 Τὸν ἔλεον Κυρίου ἐμνήσθην, τὰς ἀρετὰς Κυρίου ἐν πᾶσιν οἷς
ἡμῖν ἀνταποδίδωσι· Κύριος κριτὴν ἀγαθὸς τῷ οἴκῳ Ἰσραὴλ,
ἐπάγει ἡμῖν κατὰ τὸ ἔλεος αὐτοῦ, καὶ κατὰ τὸ πλῆθος τῆς
δικαιοσύνης αὐτοῦ.
8 Καὶ εἶπεν, οὐχ ὁ λαός μου; τέκνα οὐ μὴ ἀθετήσωσι· καὶ
9 ἐγένετο αὐτοῖς εἰς σωτηρίαν ἐκ πάσης θλίψεως αὐτῶν· οὐ
πρέσβυς, οὐδὲ ἄγγελος, ἀλλ᾽ αὐτὸς ἔσωσεν αὐτοὺς, διὰ τὸ
ἀγαπᾶν αὐτοὺς καὶ φείδεσθαι αὐτῶν· αὐτὸς ἐλυτρώσατο αὐτοὺς,
καὶ ἀνέλαβεν αὐτοὺς, καὶ ὕψωσεν αὐτοὺς πάσας τὰς ἡμέρας τοῦ
αἰῶνος.

the hand of the Lord, and a royal diadem in the hand of thy God. ⁴And thou shalt no more be called Forsaken; and thy land shall no more be called Desert: for thou shalt be called My Pleasure, and thy land Inhabited: for the Lord has taken pleasure in thee, and thy land shall be inhabited.

⁵And as a young man lives with a virgin, so shall thy sons dwell in *thee*: and it shall come to pass *that* as a bridegroom will rejoice over a bride, so will the Lord rejoice over thee.

⁶And on thy walls, O Jerusalem, have I set watchmen all day and all night, who shall never cease making mention of the Lord. ⁷For there is none like you, when he shall have established, and made Jerusalem a praise on the earth. ⁸For the Lord has sworn by his glory, and by the might of his arm, I will no more give thy corn and thy provisions to thine enemies; nor shall strangers any more drink thy wine, for which thou hast laboured. ⁹But they that have gathered them shall eat them, and they shall praise the Lord; and they that have gathered *the grapes* shall drink thereof in my holy courts.

¹⁰Go through my gates, and make a way for my people; and cast the stones out of the way; lift up a standard for the Gentiles. ¹¹For behold, the Lord has proclaimed to the end of the earth, ᵝsay ye to the daughter of Sion, Behold, thy Saviour has come to thee, having his reward and his work before his face. ¹²And one shall call them the holy people, the redeemed of the Lord: and thou shalt be called a city sought out, and not forsaken.

Who is this that is come from Edom, *with* red garments from Bosor? thus fair in his apparel, with mighty strength? I ᵞspeak of righteousness and saving judgment.

²Wherefore are thy garments red, and thy raiment as *if fresh* from a trodden wine-press? ³I am full of trodden *grape*, and of the nations there is not a man with me; and I trampled them in my fury, and dashed them to pieces as earth, and brought down their blood to the earth. ⁴For the day of recompence has come upon them, and the year of redemption is at hand. ⁵And I looked, and there was no helper; and I observed, and none upheld: therefore my arm delivered them, and mine anger drew nigh. ⁶And I trampled them in mine anger, and brought down their blood to the earth.

⁷I remembered the mercy of the Lord, the ᵟpraises of the Lord in all things where-in he recompenses us. The Lord is a good judge to the house of Israel; he deals with us according to his mercy, and according to the abundance of his righteousness.

⁸And he said, Is it not my people? the children surely will not be rebellious: and he became to them deliverance ⁹out of all their affliction: not an ambassador, nor a messenger, but himself saved them, because he loved them and spared them: he himself redeemed them, and took them up, and lifted them up ᶻall the days of old.

β Mat. 21. 5.   γ *Gr.* discourse, reason about.   δ 1 Pet. 2. 9.   ζ *Gr.* all the days of the age.

¹⁰ But they disobeyed, and provoked his Holy Spirit: so he turned to be an enemy, he himself contended against them. ¹¹ Then he remembered the ancient days, *saying*, Where is he that brought up from the sea the shepherd of the sheep? where is he that put his Holy Spirit in them? ¹² who led Moses with his right hand, the arm of his glory? he forced the water *to separate* from before him, to make himself an everlasting name. ¹³ He led them through the deep, as a horse through the wilderness, and they fainted not, ¹⁴ and as cattle through a plain: the Spirit came down from the Lord, and guided them: thus thou leddest thy people, to make thyself a glorious name.

¹⁵ Turn from heaven, and look from thy holy habitation and *from* thy glory: where is thy zeal and thy strength? where is the abundance of thy mercy and of thy compassions, that thou hast withholden thyself from us? ¹⁶ For thou art our Father; for *though* Abraham knew us not, and Israel did not acknowledge us, yet do thou, O Lord, our Father, deliver us: thy name has been upon us from the beginning.

¹⁷ Why hast thou caused us to err, O Lord, from thy way? *and* hast hardened our hearts, that we should not fear thee? Return for thy servants' sake, for the sake of the tribes of thine inheritance, ¹⁸ that we may inherit a small part of thy holy mountain. β We are become as at the beginning, when thou didst not rule over us, and thy name was not called upon us.

If thou wouldest open the heaven, trembling will take hold upon the mountains from thee, and they shall melt, ² as wax melts before the fire; and fire shall burn up the enemies, and thy name shall be manifest among the adversaries: at thy presence the nations shall be troubled, ³ whenever thou shalt work gloriously; trembling from thee shall take hold upon the mountains.

⁴ From of old γ we have not heard, neither have our eyes seen a God beside thee, and thy works which thou wilt perform to them that wait for mercy. ⁵ For *these blessings* shall happen to them that work righteousness, and they shall remember thy ways: behold, thou wast angry and we have sinned; therefore we have erred, ⁶ and we are all become as unclean, and all our righteousness as a filthy rag: and we have δ fallen as leaves because of our iniquities; thus the wind shall carry us *away*. ⁷ And there is none that calls upon thy name, or that remembers to take hold on thee: for thou hast turned thy face away from us, and hast delivered us up because of our sins.

⁸ And now, O Lord, thou art our Father, and we are clay, all *of us* the work of thine hands. ⁹ Be not very wroth with us, and remember not our sins ζ for ever; but now look on *us*, for we are all thy people. ¹⁰ The city of thy holiness has become desolate, Sion has become as a wilderness, Jerusalem a curse. ¹¹ The house, our sanctuary, and the glory which our fathers blessed, has been burnt with fire: and all our glorious things have gone to ruin. ¹² And for all

Αὐτοὶ δὲ ἠπείθησαν, καὶ παρώξυναν τὸ πνεῦμα τὸ ἅγιον 10 αὐτοῦ· καὶ ἐστράφη αὐτοῖς εἰς ἔχθραν, αὐτὸς ἐπολέμησεν αὐτούς. Καὶ ἐμνήσθη ἡμερῶν αἰωνίων· ποῦ ὁ ἀναβιβάσας 11 ἐκ τῆς θαλάσσης τὸν ποιμένα τῶν προβάτων; ποῦ ἐστιν ὁ θεὶς ἐν αὐτοῖς τὸ πνεῦμα τὸ ἅγιον; ὁ ἀγαγὼν τῇ δεξιᾷ Μωυσῆν, 12 ὁ βραχίων τῆς δόξης αὐτοῦ; κατίσχυσεν ὕδωρ ἀπὸ προσώπου αὐτοῦ, ποιῆσαι ἑαυτῷ ὄνομα αἰώνιον. Ἤγαγεν αὐτοὺς δι᾽ 13 ἀβύσσου, ὡς ἵππον δι᾽ ἐρήμου, καὶ οὐκ ἐκοπίασαν, καὶ ὡς 14 κτήνη διὰ πεδίου· κατέβη πνεῦμα παρὰ Κυρίου, καὶ ὡδήγησεν αὐτούς· οὕτως ἤγαγες τὸν λαόν σου ποιῆσαι σεαυτῷ ὄνομα δόξης.

Ἐπίστρεψον ἐκ τοῦ οὐρανοῦ, καὶ ἴδε ἐκ τοῦ οἴκου τοῦ ἁγίου 15 σου, καὶ δόξης σου· ποῦ ἐστιν ὁ ζῆλός σου καὶ ἡ ἰσχύς σου; ποῦ ἐστι τὸ πλῆθος τοῦ ἐλέους σου, καὶ οἰκτιρμῶν σου, ὅτι ἀνέσχου ἡμῶν; Σὺ γὰρ εἶ πατὴρ ἡμῶν, ὅτι Ἀβραὰμ οὐκ 16 ἔγνω ἡμᾶς, καὶ Ἰσραὴλ οὐκ ἐπέγνω ἡμᾶς, ἀλλὰ σὺ Κύριε πατὴρ ἡμῶν ῥῦσαι ἡμᾶς, ἀπ᾽ ἀρχῆς τὸ ὄνομά σου ἐφ᾽ ἡμᾶς ἐστι.

Τί ἐπλάνησας ἡμᾶς, Κύριε, ἀπὸ τῆς ὁδοῦ σου; ἐσκλή- 17 ρυνας τὰς καρδίας ἡμῶν, τοῦ μὴ φοβεῖσθαί σε; ἐπίστρεψον διὰ τοὺς δούλους σου, διὰ τὰς φυλὰς τῆς κληρονομίας σου, ἵνα μικρὸν κληρονομήσωμεν τοῦ ὄρους τοῦ ἁγίου σου. 18 Ἐγενόμεθα ὡς τὸ ἀπ᾽ ἀρχῆς ὅτε οὐκ ἦρξας ἡμῶν, οὐδὲ ἐκλήθη 19 τὸ ὄνομά σου ἐφ᾽ ἡμᾶς.

Ἐὰν ἀνοίξῃς τὸν οὐρανὸν, τρόμος λήψεται ἀπὸ σοῦ ὄρη, καὶ 64 τακήσονται, ὡς κηρὸς ἀπὸ προσώπου πυρὸς τήκεται, καὶ κατα- 2 καύσει πῦρ τοὺς ὑπεναντίους, καὶ φανερὸν ἔσται τὸ ὄνομά σου ἐν τοῖς ὑπεναντίοις· ἀπὸ προσώπου σου ἔθνη ταραχθήσονται, 3 ὅταν ποιῇς τὰ ἔνδοξα· τρόμος λήψεται ἀπὸ σοῦ ὄρη.

Ἀπὸ τοῦ αἰῶνος οὐκ ἠκούσαμεν, οὐδὲ οἱ ὀφθαλμοὶ ἡμῶν 4 εἶδον Θεὸν πλήν σου, καὶ τὰ ἔργα σου, ἃ ποιήσεις τοῖς ὑπο- μένουσιν ἔλεον. Συναντήσεται γὰρ τοῖς ποιοῦσι τὸ δίκαιον, 5 καὶ τῶν ὁδῶν σου μνησθήσονται· ἰδοὺ σὺ ὠργίσθης, καὶ ἡμεῖς ἡμάρτομεν· διατοῦτο ἐπλανήθημεν, καὶ ἐγενήθημεν ὡς ἀκά- 6 θαρτοι πάντες ἡμεῖς, ὡς ῥάκος ἀποκαθημένης πᾶσα ἡ δικαιο- σύνη ἡμῶν· καὶ ἐξερρύημεν ὡς φύλλα διὰ τὰς ἀνομίας ἡμῶν· οὕτως ἄνεμος οἴσει ἡμᾶς. Καὶ οὐκ ἔστιν ὁ ἐπικαλούμενος τὸ 7 ὄνομά σου, καὶ ὁ μνησθεὶς ἀντιλαβέσθαι σου· ὅτι ἀπέστρεψας τὸ πρόσωπόν σου ἀφ᾽ ἡμῶν, καὶ παρέδωκας ἡμᾶς διὰ τὰς ἁμαρ- τίας ἡμῶν.

Καὶ νῦν Κύριε πατὴρ ἡμῶν σὺ, ἡμεῖς δὲ πηλὸς, ἔργα τῶν 8 χειρῶν σου πάντες. Μὴ ὀργίζου ἡμῖν σφόδρα, καὶ μὴ ἐν 9 καιρῷ μνησθῇς ἁμαρτιῶν ἡμῶν· καὶ νῦν ἐπίβλεψον, ὅτι λαός σου πάντες ἡμεῖς. Πόλις τοῦ ἁγίου σου ἐγενήθη ἔρημος, 10 Σιὼν ὡς ἔρημος ἐγενήθη, Ἱερουσαλὴμ εἰς κατάραν. Ὁ οἶκος 11 τὸ ἅγιον ἡμῶν, καὶ ἡ δόξα ἣν εὐλόγησαν οἱ πατέρες ἡμῶν, ἐγενήθη πυρίκαυστος, καὶ πάντα ἔνδοξα ἡμῶν συνέπεσε. Καὶ 12

β *Heb.* and *Alex.* + ' our adversaries have trodden down thy sanctuary.'   γ 1 Cor. 2. 9.   δ *Lit.* flowed out

ζ The *Gr.* ἐν καιρῷ is a Hebraism.

ἐπὶ πᾶσι τούτοις ἀνέσχου Κύριε, καὶ ἐσιώπησας, καὶ ἐταπείνωσας ἡμᾶς σφόδρα.

65 Ἐμφανὴς ἐγενήθην τοῖς ἐμὲ μὴ ἐπερωτῶσιν, εὑρέθην τοῖς ἐμὲ μὴ ζητοῦσιν· εἶπα, ἰδοὺ εἰμι τῷ ἔθνει, οἳ οὐκ ἐκάλεσάν
2 μου τὸ ὄνομα. Ἐξεπέτασα τὰς χεῖράς μου ὅλην τὴν ἡμέραν πρὸς λαὸν ἀπειθοῦντα καὶ ἀντιλέγοντα, τοῖς πορευομένοις ὁδῷ
3 οὐ καλῇ, ἀλλ' ὀπίσω τῶν ἁμαρτιῶν αὐτῶν. Ὁ λαὸς οὗτος ὁ παροξύνων με ἐναντίον ἐμοῦ διαπαντός· αὐτοὶ θυσιάζουσιν ἐν τοῖς κήποις, καὶ θυμιῶσιν ἐπὶ ταῖς πλίνθοις τοῖς δαιμονίοις,
4 ἃ οὐκ ἔστιν· Ἐν τοῖς μνήμασι, καὶ ἐν τοῖς σπηλαίοις κοιμῶνται διὰ ἐνύπνια, οἱ ἔσθοντες κρέας ὕειον, καὶ ζωμὸν θυσιῶν,
5 μεμολυμμένα πάντα τὰ σκεύη αὐτῶν, οἱ λέγοντες, πόῤῥω ἀπ' ἐμοῦ, μὴ ἐγγίσῃς μοι, ὅτι καθαρός εἰμι·

Οὗτος καπνὸς τοῦ θυμοῦ μου, πῦρ καίεται ἐν αὐτῷ πάσας
6 τὰς ἡμέρας. Ἰδοὺ, γέγραπται ἐνώπιόν μου, οὐ σιωπήσω ἕως
7 ἂν ἀποδώσω εἰς τὸν κόλπον αὐτῶν τὰς ἁμαρτίας αὐτῶν, καὶ τῶν πατέρων αὐτῶν, λέγει Κύριος· οἳ ἐθυμίασαν ἐπὶ τῶν ὀρέων, καὶ ἐπὶ τῶν βουνῶν ὠνείδισάν με, ἀποδώσω τὰ ἔργα αὐτῶν εἰς τὸν κόλπον αὐτῶν.

8 Οὕτως λέγει Κύριος, ὃν τρόπον εὑρεθήσεται ὁ ῥὼξ ἐν τῷ βότρυϊ, καὶ ἐροῦσι, μὴ λυμήνῃ αὐτὸν, ὅτι εὐλογία ἐστὶν ἐν αὐτῷ, οὕτως ποιήσω ἕνεκεν τοῦ δουλεύοντός μοι, τούτου ἕνεκεν
9 οὐ μὴ ἀπολέσω πάντας. Καὶ ἐξάξω τὸ ἐξ Ἰακὼβ σπέρμα καὶ ἐξ Ἰούδα, καὶ κληρονομήσει τὸ ὄρος τὸ ἅγιόν μου, καὶ κληρονομήσουσιν οἱ ἐκλεκτοί μου, καὶ οἱ δοῦλοί μου, καὶ κατοική-
10 σουσιν ἐκεῖ. Καὶ ἔσονται ἐν τῷ δρυμῷ ἐπαύλεις ποιμνίων, καὶ φάραγξ Ἀχὼρ εἰς ἀνάπαυσιν βουκολίων τῷ λαῷ μου, οἳ ἐζήτησάν με.

11 Ὑμεῖς δὲ οἱ ἐγκαταλιπόντες με, καὶ ἐπιλανθανόμενοι τὸ ὄρος τὸ ἅγιόν μου, καὶ ἑτοιμάζοντες τῷ δαιμονίῳ τράπεζαν, καὶ
12 πληροῦντες τῇ τύχῃ κέρασμα, ἐγὼ παραδώσω ὑμᾶς εἰς μάχαιραν, πάντες ἐν σφαγῇ πεσεῖσθε· ὅτι ἐκάλεσα ὑμᾶς, καὶ οὐχ ὑπηκούσατε· ἐλάλησα, καὶ παρηκούσατε, καὶ ἐποιήσατε τὸ πονηρὸν ἐναντίον ἐμοῦ, καὶ ἃ οὐκ ἐβουλόμην, ἐξελέξασθε.
13 Διατοῦτο τάδε λέγει Κύριος, ἰδοὺ, οἱ δουλεύοντές μοι φάγονται, ὑμεῖς δὲ πεινάσετε· ἰδοὺ, οἱ δουλεύοντές μοι πίονται, ὑμεῖς δὲ διψήσετε· ἰδοὺ, οἱ δουλεύοντές μοι εὐφρανθήσονται, ὑμεῖς δὲ
14 αἰσχυνθήσεσθε· ἰδοὺ, οἱ δουλεύοντές μοι ἀγαλλιάσονται ἐν εὐφροσύνῃ, ὑμεῖς δὲ κεκράξεσθε διὰ τὸν πόνον τῆς καρδίας
15 ὑμῶν, καὶ ἀπὸ συντριβῆς πνεύματος ὑμῶν ὀλολύξετε. Καταλείψετε γὰρ τὸ ὄνομα ὑμῶν εἰς πλησμονὴν τοῖς ἐκλεκτοῖς μου, ὑμᾶς δὲ ἀνελεῖ Κύριος, τοῖς δὲ δουλεύουσί μοι κληθήσεται
16 ὄνομα καινὸν, ὃ εὐλογηθήσεται ἐπὶ τῆς γῆς, εὐλογήσουσι γὰρ τὸν Θεὸν τὸν ἀληθινόν· καὶ οἱ ὀμνύοντες ἐπὶ τῆς γῆς, ὁμοῦνται τὸν Θεὸν τὸν ἀληθινόν· ἐπιλήσονται γὰρ τὴν θλίψιν τὴν πρώτην, καὶ οὐκ ἀναβήσεται αὐτῶν ἐπὶ τὴν καρδίαν.
17 Ἔσται γὰρ ὁ οὐρανὸς καινὸς, καὶ ἡ γῆ καινὴ, καὶ οὐ μὴ μνησθῶσι τῶν προτέρων, οὐδ' οὐ μὴ ἐπέλθῃ αὐτῶν ἐπὶ τὴν
18 καρδίαν, ἀλλ' εὐφροσύνην καὶ ἀγαλλίαμα εὑρήσουσιν ἐν αὐτῇ·

these things thou, O Lord, hast withholden thyself, and been silent, and hast brought us very low.

[β]I became manifest to them that asked not for me; I was found of them that sought me not: I said, Behold, I am *here*, to a nation, who called not on my name. [2]I have stretched forth my hands all day to a disobedient and gainsaying people, to them that walked in a way that was not good, but after their sins. [3]This is the people that provokes me continually in my presence; they offer sacrifices in gardens, and burn incense on bricks to devils, which exist not. [4]They lie down to sleep in the tombs and in the caves for the sake of dreams, *even* they that eat swine's flesh, and the broth of *their* sacrifices: all their vessels are defiled: [5]who say, Depart from me, draw not nigh to me, for I am pure.

This is the smoke of my wrath, a fire burns with it continually. [6]Behold, it is written before me: I will not be silent until I have recompensed into their bosom, [7]their sins and *the sins* of their fathers, saith the Lord, who have burnt incense on the mountains, and reproached me on the hills: I will recompense their works into their bosom.

[8]Thus saith the Lord, As a grape-stone shall be found in the cluster, and they shall say, Destroy it not; for a blessing is in it: so will I do for the sake of him that serves me, for his sake I will not destroy *them* all. [9]And I will lead forth the seed *that came* of Jacob and of Juda, and they shall inherit my holy mountain: and mine elect and my servants shall inherit it, and shall dwell there. [10]And there shall be in the forest folds of flocks, and the valley of Achor *shall* be for a resting-place of herds for my people, who have sought me.

[11]But ye are they that have left me, and forget my holy mountain, and prepare a table for the devil, and fill up the [γ] drink-offering to Fortune. [12]I will deliver you up to the sword, ye shall all fall by slaughter: for I called you, and ye hearkened not; I spoke, and ye refused to hear; and ye did evil in my sight, and chose the things wherein I delighted not. [13]Therefore thus saith the Lord, Behold, my servants shall eat, but ye shall hunger: behold, my servants shall drink, but ye shall thirst: behold, my servants shall rejoice, but ye shall be ashamed: [14]behold, my servants shall exult with joy, but ye shall cry for the sorrow of your heart, and shall howl for the vexation of your spirit. [15]For ye shall leave your name for a loathing to my chosen, and the Lord shall destroy you: but my servants shall be called by a new name, [16]which shall be blessed on the earth; for they shall bless the true God: and they that swear upon the earth shall swear by the true God; for they shall forget the former affliction, and it shall not come into their mind. [17]For there shall be a new heaven and a new earth: and they shall not at all remember the former, neither shall they at all come into their mind. [18]But they shall find in her joy and exultation: for, behold

---

β Rom. 10. 20, 21.　　γ Gr. mixture.

I make Jerusalem a rejoicing, and my people a joy. ¹⁹And I will rejoice in Jerusalem, and will be glad in my people: and there shall no more be heard in her the voice of weeping, or the voice of crying. ²⁰Neither shall there be there any more a *child that dies* untimely, or an old man who shall not complete his time: for the youth shall be a hundred years *old*, and the sinner who dies at a hundred years shall also be accursed: ²¹and they shall build houses, and themselves shall dwell in *them*; and they shall plant vineyards, and themselves shall eat the fruit thereof. ²²They shall by no means build, and others inhabit; and they shall by no means plant, and others eat: for as the days of the tree of life shall be the days of my people, they shall long enjoy the fruits of their labours. ²³My chosen shall not toil in vain, neither shall they beget children to be cursed; for they are a seed blessed of God, and their offspring with them.

²⁴And it shall come to pass, *that* before they call, I will hearken to them; while they are yet speaking, I will say, What is it? ²⁵Then wolves and lambs shall feed together, and the lion shall eat chaff like the ox, and the serpent earth as bread. They shall not injure nor destroy in my holy mountain, saith the Lord.

Thus saith the Lord, βHeaven is my throne, and the earth is my footstool: what kind of a house will ye build me? and of what kind *is to be* the place of my rest? ²For all these things are mine, saith the Lord: and to whom will I have respect, but to the humble and meek, and the *man* that trembles *at* my words? ³But the transgressor that sacrifices a calf to me, is as he that kills a dog; and he that offers fine flour, as *one that offers* swine's blood; he that gives frankincense for a memorial, is as a blasphemer.

Yet they have chosen their own ways, and their soul has delighted in their abominations. ⁴I also will choose their mockeries, and will recompense their sins upon them; because I called them, and they did not hearken to me; I spoke, and they heard not: and they did evil before me, and chose the things wherein I delighted not.

⁵Hear the words of the Lord, ye that tremble at his word; speak γe, γ our brethren, to them that hate you and abominate you, that the name of the Lord may be glorified, and may appear δtheir joy; but they shall be ashamed.

⁶A voice of a cry from the city, a voice from the temple, a voice of the Lord rendering recompence to *his* adversaries. ⁷Before she that travailed brought forth, before the travail-pain came on, she escaped *it* and brought forth a male. ⁸Who has heard such a thing? and who has seen after this manner? Has the earth travailed in one day? or has even a nation been born at once, that Sion has travailed, and brought forth her children? ⁹But I have raised this expectation, yet thou hast not remembered me, saith the Lord: behold, have not I made the bearing and barren woman? saith thy God.

ὅτι ἰδοὺ ἐγὼ ποιῶ ἀγαλλίαμα Ἱερουσαλὴμ, καὶ τὸν λαόν μου εὐφροσύνην. Καὶ ἀγαλλιάσομαι ἐπὶ Ἱερουσαλὴμ, καὶ εὐφραν- 19 θήσομαι ἐπὶ τῷ λαῷ μου· καὶ οὐκέτι μὴ ἀκουσθῇ ἐν αὐτῇ φωνὴ κλαυθμοῦ, καὶ φωνὴ κραυγῆς, οὐδ᾽ οὐ μὴ γένηται ἔτι ἐκεῖ 20 ἄωρος καὶ πρεσβύτης, ὃς οὐκ ἐμπλήσει τὸν χρόνον αὐτοῦ· ἔσται γὰρ ὁ νέος ἑκατὸν ἐτῶν, ὁ δὲ ἀποθνήσκων ἁμαρτωλὸς ἑκατὸν ἐτῶν, καὶ ἐπικατάρατος ἔσται. Καὶ οἰκοδομήσουσιν 21 οἰκίας, καὶ αὐτοὶ ἐνοικήσουσι· καὶ καταφυτεύσουσιν ἀμπελῶνας, καὶ αὐτοὶ φάγονται τὰ γεννήματα αὐτῶν. Οὐ μὴ 22 οἰκοδομήσουσι, καὶ ἄλλοι ἐνοικήσουσι, καὶ οὐ μὴ φυτεύσουσι, καὶ ἄλλοι φάγονται· κατὰ γὰρ τὰς ἡμέρας τοῦ ξύλου τῆς ζωῆς ἔσονται αἱ ἡμέραι τοῦ λαοῦ μου· τὰ γὰρ ἔργα τῶν πόνων αὐτῶν παλαιώσουσιν. Οἱ ἐκλεκτοί μου οὐ κοπιάσουσιν εἰς κενὸν, 23 οὐδὲ τεκνοποιήσουσιν εἰς κατάραν, ὅτι σπέρμα εὐλογημένον ὑπὸ Θεοῦ ἐστι, καὶ τὰ ἔκγονα αὐτῶν μετ᾽ αὐτῶν.

Καὶ ἔσται πρὶν ἢ κεκράξαι αὐτοὺς, ἐγὼ ὑπακούσομαι αὐτῶν· 24 ἔτι λαλούντων αὐτῶν, ἐρῶ, τί ἐστι; Τότε λύκοι καὶ ἄρνες 25 βοσκηθήσονται ἅμα, καὶ λέων ὡς βοῦς φάγεται ἄχυρα, ὄφις δὲ γῆν ὡς ἄρτον· οὐκ ἀδικήσουσιν, οὐδὲ λυμανοῦνται ἐπὶ τῷ ὄρει τῷ ἁγίῳ μου, λέγει Κύριος.

Οὕτως λέγει Κύριος, ὁ οὐρανός μου θρόνος, καὶ ἡ γῆ ὑπο- 66 πόδιον τῶν ποδῶν μου· ποῖον οἶκον οἰκοδομήσετέ μοι; καὶ ποῖος τόπος τῆς καταπαύσεώς μου; Πάντα γὰρ ταῦτα ἐποί- 2 ησεν ἡ χείρ μου, καὶ ἔστιν ἐμὰ πάντα ταῦτα, λέγει Κύριος· καὶ ἐπὶ τίνα ἐπιβλέψω, ἀλλ᾽ ἢ ἐπὶ τὸν ταπεινὸν καὶ ἡσύχιον, καὶ τρέμοντα τοὺς λόγους μου;

Ὁ δὲ ἄνομος ὁ θύων μοι μόσχον, ὡς ὁ ἀποκτέννων κύνα· 3 ὁ δὲ ἀναφέρων σεμίδαλιν, ὡς αἷμα ὕειον· ὁ διδοὺς λίβανον εἰς μνημόσυνον, ὡς βλάσφημος.

Καὶ αὐτοὶ ἐξελέξαντο τὰς ὁδοὺς αὐτῶν, καὶ τὰ βδελύγματα αὐτῶν ἡ ψυχὴ αὐτῶν ἠθέλησε. Καὶ ἐγὼ ἐκλέξομαι τὰ ἐμπαίγ- 4 ματα αὐτῶν, καὶ τὰς ἁμαρτίας ἀνταποδώσω αὐτοῖς· ὅτι ἐκάλεσα αὐτοὺς, καὶ οὐχ ὑπήκουσάν μου· ἐλάλησα καὶ οὐκ ἤκουσαν, καὶ ἐποίησαν τὸ πονηρὸν ἐναντίον ἐμοῦ, καὶ ἃ οὐκ ἐβουλόμην, ἐξελέξαντο.

Ἀκούσατε ῥήματα Κυρίου οἱ τρέμοντες τὸν λόγον αὐτοῦ· 5 εἴπατε ἀδελφοὶ ὑμῶν τοῖς μισοῦσιν ὑμᾶς καὶ βδελυσσομένοις, ἵνα τὸ ὄνομα Κυρίου δοξασθῇ, καὶ ὀφθῇ ἐν τῇ εὐφροσύνῃ αὐτῶν, καὶ ἐκεῖνοι αἰσχυνθήσονται.

Φωνὴ κραυγῆς ἐκ πόλεως, φωνὴ ἐκ ναοῦ, φωνὴ Κυρίου 6 ἀνταποδιδόντος ἀνταπόδοσιν τοῖς ἀντικειμένοις. Πρὶν τὴν 7 ὠδίνουσαν τεκεῖν, πρὶν ἐλθεῖν τὸν πόνον τῶν ὠδίνων, ἐξέφυγε καὶ ἔτεκεν ἄρσεν. Τίς ἤκουσε τοιοῦτο, καὶ τίς ἑώρακεν οὕτως; 8 εἰ ὤδινε γῆ ἐν ἡμέρᾳ μιᾷ, ἢ καὶ ἐτέχθη ἔθνος εἰς ἅπαξ, ὅτι ὤδινε καὶ ἔτεκε Σιὼν τὰ παιδία αὐτῆς; Ἐγὼ δὲ ἔδωκα 9 τὴν προσδοκίαν ταύτην, καὶ οὐκ ἐμνήσθης μου, εἶπε Κύριος· οὐκ ἰδοὺ ἐγὼ γεννῶσαν καὶ στεῖραν ἐποίησα; εἶπεν ὁ Θεός σου.

β Acts 7. 49, 50.　　　γ *Alex.* ἡμῶν, but *Heb.* and *Vat.* 'your.'　　　δ Or, your.

10 Εὐφράνθητι Ἰερουσαλήμ, καὶ πανηγυρίσατε ἐν αὐτῇ πάντες οἱ ἀγαπῶντες αὐτήν, χάρητε ἅμα αὐτῇ χαρᾷ πάντες ὅσοι

11 πενθεῖτε ἐπ᾽ αὐτῇ, ἵνα θηλάσητε, καὶ ἐμπλησθῆτε ἀπὸ μαστοῦ παρακλήσεως αὐτῆς, ἵνα ἐκθηλάσαντες τρυφήσητε ἀπὸ εἰσόδου δόξης αὐτῆς.

12 Ὅτι τάδε λέγει Κύριος, ἰδοὺ ἐγὼ ἐκκλίνω εἰς αὐτοὺς ὡς ποταμὸς εἰρήνης, καὶ ὡς χειμάρρους ἐπικλύζων δόξαν ἐθνῶν· τὰ παιδία αὐτῶν ἐπ᾽ ὤμων ἀρθήσονται, καὶ ἐπὶ γονάτων παρα-

13 κληθήσονται. Ὡς εἴ τινα μήτηρ παρακαλέσει, οὕτω κἀγὼ

14 παρακαλέσω ὑμᾶς, καὶ ἐν Ἰερουσαλὴμ παρακληθήσεσθε. Καὶ ὄψεσθε, καὶ χαρήσεται ἡ καρδία ὑμῶν, καὶ τὰ ὀστᾶ ὑμῶν ὡς βοτάνη ἀνατελεῖ· καὶ γνωσθήσεται ἡ χεὶρ Κυρίου τοῖς φοβουμένοις αὐτόν, καὶ ἀπειλήσει τοῖς ἀπειθοῦσιν.

15 Ἰδοὺ γὰρ Κύριος ὡς πῦρ ἥξει, καὶ ὡς καταιγὶς τὰ ἄρματα αὐτοῦ, ἀποδοῦναι ἐν θυμῷ ἐκδίκησιν αὐτοῦ, καὶ ἀποσκορακι-

16 σμὸν αὐτοῦ ἐν φλογὶ πυρός. Ἐν γὰρ τῷ πυρὶ Κυρίου κριθήσεται πᾶσα ἡ γῆ, καὶ ἐν τῇ ῥομφαίᾳ αὐτοῦ πᾶσα σάρξ· πολλοὶ τραυματίαι ἔσονται ὑπὸ Κυρίου.

17 Οἱ ἁγνιζόμενοι καὶ καθαριζόμενοι εἰς τοὺς κήπους, καὶ ἐν τοῖς προθύροις ἔσθοντες κρέας ὕειον, καὶ τὰ βδελύγματα, καὶ

18 τὸν μῦν, ἐπιτοαυτὸ ἀναλωθήσονται, εἶπε Κύριος. Κἀγὼ τὰ ἔργα αὐτῶν καὶ τὸν λογισμὸν αὐτῶν· ἔρχομαι συναγαγεῖν πάντα τὰ ἔθνη καὶ τὰς γλώσσας, καὶ ἥξουσι καὶ ὄψονται τὴν

19 δόξαν μου. Καὶ καταλείψω ἐπ᾽ αὐτῶν σημεῖον, καὶ ἐξαποστελῶ ἐξ αὐτῶν σεσωσμένους εἰς τὰ ἔθνη, εἰς Θαρσὶς, καὶ Φοὺδ, καὶ Λοὺδ, καὶ Μοσὸχ, καὶ εἰς Θοβὲλ, καὶ εἰς τὴν Ἑλλάδα, καὶ εἰς τὰς νήσους τὰς πόρρω, οἳ οὐκ ἀκηκόασί μου τὸ ὄνομα, οὔτε ἑωράκασί μου τὴν δόξαν· καὶ ἀναγγελοῦσι τὴν δόξαν μου ἐν

20 τοῖς ἔθνεσι, καὶ ἄξουσι τοὺς ἀδελφοὺς ὑμῶν ἐκ πάντων τῶν ἐθνῶν δῶρον Κυρίῳ, μεθ᾽ ἵππων καὶ ἁρμάτων ἐν λαμπήναις ἡμιόνων μετὰ σκιαδίων εἰς τὴν ἁγίαν πόλιν Ἰερουσαλήμ, εἶπε Κύριος, ὡς ἀνενέγκαισαν οἱ υἱοὶ Ἰσραὴλ τὰς θυσίας αὐτῶν

21 ἐμοὶ μετὰ ψαλμῶν εἰς τὸν οἶκον Κυρίου. Καὶ ἀπ᾽ αὐτῶν λήψομαι ἱερεῖς καὶ Λευίτας, εἶπε Κύριος.

22 Ὃν τρόπον γὰρ ὁ οὐρανὸς καινὸς καὶ ἡ γῆ καινή, ἃ ἐγὼ ποιῶ, μένει ἐνώπιον ἐμοῦ, λέγει Κύριος, οὕτω στήσεται τὸ

23 σπέρμα ὑμῶν, καὶ τὸ ὄνομα ὑμῶν. Καὶ ἔσται μὴν ἐκ μηνὸς, καὶ σάββατον ἐκ σαββάτου, ἥξει πᾶσα σὰρξ τοῦ προσκυ-

24 νῆσαι ἐνώπιον ἐμοῦ ἐν Ἰερουσαλήμ, εἶπε Κύριος. Καὶ ἐξελεύσονται καὶ ὄψονται τὰ κῶλα τῶν ἀνθρώπων τῶν παραβεβηκότων ἐν ἐμοί· ὁ γὰρ σκώληξ αὐτῶν οὐ τελευτήσει, καὶ τὸ πῦρ αὐτῶν οὐ σβεσθήσεται, καὶ ἔσονται εἰς ὅρασιν πάσῃ σαρκί.

---

10 Rejoice, O Jerusalem, and all ye that love her hold in her a general assembly: rejoice greatly with her, all that *now* mourn over her: [11] that ye may suck, and be satisfied with the breast of her consolation; that ye may milk out, and delight yourselves with the influx of her glory.

[12] For thus saith the Lord, Behold, I β turn toward them as a river of peace, and as a torrent bringing upon them in a flood the glory of the Gentiles: their children shall be borne upon the shoulders, and comforted on the knees. [13] As if his mother should comfort one, so will I also comfort you; and ye shall be comforted in Jerusalem. [14] And ye shall see, and your heart shall rejoice, and your bones shall γ thrive like grass: and the hand of the Lord shall be known to them that fear him, and he shall threaten the disobedient.

[15] For, behold, the Lord will come as fire, and his chariots as a storm, to render his vengeance with wrath, and his rebuke with a flame of fire. [16] For with the fire of the Lord all the earth shall be judged, and all flesh with his sword: many shall be slain by the Lord.

[17] They that sanctify themselves and purify themselves in the gardens, and eat swine's flesh in the porches, and the abominations, and the mouse, shall be consumed together, saith the Lord. [18] And I *know* their works and their imagination. I am going to gather all nations and tongues; and they shall come, and see my glory. [19] And I will leave a sign upon them, and I will send forth them that have escaped of them to the nations, to Tharsis, and Phud, and Lud, and Mosoch, and to Thobel, and to Greece, and to the isles afar off, to those who have not heard my name, nor seen my glory; and they shall declare my glory among the Gentiles. [20] And they shall bring your brethren out of all nations for a gift to the Lord with horses, and chariots, in litters *drawn by* mules with awnings, to the holy city Jerusalem, said the Lord, as though the children of Israel should bring their sacrifices to me with psalms into the house of the Lord. [21] And I will take of them priests and Levites, saith the Lord.

[22] For as the new heaven and the new earth, which I make, remain before me, saith the Lord, so shall your seed and your name continue. [23] And it shall come to pass from month to month, and from sabbath to sabbath, *that* all flesh shall come to worship before me in Jerusalem, saith the Lord. [24] And they shall go forth, and see the carcases of the men that have transgressed against me: for their worm shall not die, and their fire shall not be quenched; and they shall be a spectacle to all flesh.

β *i.e.* turn myself.   γ *Gr.* spring up.

ΙΕΡΕΜΙΑΣ.

THE word of God which came to Jeremias the *son* of Chelcias, of the priests, who dwelt in Anathoth in the land of Benjamin: ² *accordingly* as the word of God came to him in the days of Josias son of Amos king of Juda, in the thirteenth year of his reign. ³ And it was in the days of Joakim son of Josias king of Juda, until the eleventh year of Sedekias king of Juda, *even* until the captivity of Jerusalem in the fifth month.

⁴ And the word of the Lord came to him, *saying,* ⁵ Before I formed thee in the belly, I knew thee; and before thou camest forth from the womb, I sanctified thee; I appointed thee a prophet to the nations.

⁶ And I said, O Lord, ^β thou that art supreme Lord, behold, I know not *how to* speak, for I am a child. ⁷ And the Lord said to me, Say not, I am a child: for thou shalt go to all to whomsoever I shall send thee, and according to all *the words* that I shall command thee, thou shalt speak. ⁸ Be not afraid before them : for I am with thee to deliver thee, saith the Lord. ⁹ And the Lord stretched forth his hand to me, and touched my mouth : and the Lord said to me, Behold, I have put my words into thy mouth.

¹⁰ Behold, I have appointed thee this day over nations and over kingdoms, to root out, and to pull down, and to destroy, and to rebuild, and to plant.

¹¹ And the word of the Lord came to me, saying, What seest thou? And I said, A rod of an ^γ almond tree. ¹² And the Lord said to me, Thou hast well seen : for I have watched over my words to perform them. ¹³ And the word of the Lord came to me a second time, saying, What seest thou? And I said, A caldron on the fire ; and the face of it is toward the north. ¹⁴ And the Lord said to me, From the north shall flame forth evils upon all the inhabitants of the land. ¹⁵ For, behold, I call together all the kingdoms of the earth from the north, saith the Lord ; and they shall come, and shall set each one his throne at the entrance of the gates of Jerusalem, and against all the walls round about her, and against all the cities of Juda. ¹⁶ And I will speak to them in judgment, concerning all their iniquity, *forasmuch* as they have forsaken me, and sacrificed to strange gods, and worshipped the works of their own hands.

¹⁷ And do thou gird up thy loins, and

ΤΟ ῥῆμα τοῦ Θεοῦ ὃ ἐγένετο ἐπὶ Ἱερεμίαν τὸν τοῦ Χελκίου, ἐκ τῶν ἱερέων, ὃς κατῴκει ἐν Ἀναθὼθ ἐν γῇ Βενιαμὶν, ὡς 2 ἐγενήθη λόγος τοῦ Θεοῦ πρὸς αὐτὸν, ἐν ταῖς ἡμέραις Ἰωσία υἱοῦ Ἀμὼς βασιλέως Ἰούδα, ἔτους τρισκαιδεκάτου ἐν τῇ βασιλείᾳ αὐτοῦ. Καὶ ἐγένετο ἐν ταῖς ἡμέραις Ἰωακεὶμ υἱοῦ 3 Ἰωσία βασιλέως Ἰούδα, ἕως ἑνδεκάτου ἔτους τοῦ Σεδεκία υἱοῦ Ἰωσία βασιλέως Ἰούδα, ἕως τῆς αἰχμαλωσίας Ἱερουσαλὴμ ἐν τῷ πέμπτῳ μηνί.

Καὶ ἐγένετο λόγος Κυρίου πρὸς αὐτόν· Πρὸ τοῦ με 4, 5 πλάσαι σε ἐν κοιλίᾳ, ἐπίσταμαί σε, καὶ πρὸ τοῦ σε ἐξελθεῖν ἐκ μήτρας, ἡγίακά σε, προφήτην εἰς ἔθνη τέθεικά σε.

Καὶ εἶπα, ὁ ὢν δέσποτα, Κύριε, ἰδοὺ οὐκ ἐπίσταμαι λαλεῖν, 6 ὅτι νεώτερος ἐγώ εἰμι. Καὶ εἶπε Κύριος πρὸς μὲ, μὴ λέγε, 7 ὅτι νεώτερος ἐγώ εἰμι, ὅτι πρὸς πάντας οὓς ἐὰν ἐξαποστείλω σε, πορεύσῃ, καὶ κατὰ πάντα ὅσα ἐὰν ἐντείλωμαί σοι, λαλήσεις. Μὴ φοβηθῇς ἀπὸ προσώπου αὐτῶν, ὅτι μετὰ σοῦ ἐγώ εἰμι 8 τοῦ ἐξαιρεῖσθαί σε, λέγει Κύριος. Καὶ ἐξέτεινε Κύριος 9 τὴν χεῖρα αὐτοῦ πρὸς μὲ, καὶ ἥψατο τοῦ στόματός μου, καὶ εἶπε Κύριος πρὸς μὲ, ἰδοὺ δέδωκα τοὺς λόγους μου εἰς τὸ στόμα σου.

Ἰδοὺ καθέστακά σε σήμερον ἐπὶ ἔθνη καὶ ἐπὶ βασιλείας, 10 ἐκριζοῦν, καὶ κατασκάπτειν, καὶ ἀπολύειν, καὶ ἀνοικοδομεῖν, καὶ καταφυτεύειν.

Καὶ ἐγένετο λόγος Κυρίου πρὸς μὲ, λέγων, τί σὺ ὁρᾷς; 11 καὶ εἶπα, βακτηρίαν καρυΐνην. Καὶ εἶπε Κύριος πρὸς μὲ, 12 καλῶς ἑώρακας, διότι ἐγρήγορα ἐγὼ ἐπὶ τοὺς λόγους μου τοῦ ποιῆσαι αὐτούς. Καὶ ἐγένετο λόγος Κυρίου ἐκ δευτέρου πρὸς 13 μὲ, λέγων, τί σὺ ὁρᾷς; καὶ εἶπα, λέβητα ὑποκαιόμενον, καὶ τὸ πρόσωπον αὐτοῦ ἀπὸ προσώπου Βοῤῥᾶ. Καὶ εἶπε Κύριος 14 πρὸς μὲ, ἀπὸ προσώπου Βοῤῥᾶ ἐκκαυθήσεται τὰ κακὰ ἐπὶ πάντας τοὺς κατοικοῦντας τὴν γῆν. Διότι ἰδοὺ ἐγὼ συγκαλῶ 15 πάσας τὰς βασιλείας τῆς γῆς ἀπὸ Βοῤῥᾶ, λέγει Κύριος· καὶ ἥξουσι καὶ θήσουσιν ἕκαστος τὸν θρόνον αὐτοῦ ἐπὶ τὰ πρόθυρα τῶν πυλῶν Ἱερουσαλὴμ, καὶ ἐπὶ πάντα τὰ τείχη τὰ κύκλῳ αὐτῆς, καὶ ἐπὶ πάσας τὰς πόλεις Ἰούδα. Καὶ λαλήσω πρὸς 16 αὐτοὺς μετὰ κρίσεως, περὶ πάσης τῆς κακίας αὐτῶν, ὡς ἐγκατέλιπόν με, καὶ ἔθυσαν θεοῖς ἀλλοτρίοις, καὶ προσεκύνησαν τοῖς ἔργοις τῶν χειρῶν αὐτῶν.

Καὶ σὺ περίζωσαι τὴν ὀσφύν σου, καὶ ἀνάστηθι, καὶ εἰπὸν 17

β See *Hebrew.*   Or, rather, nut-tree.

πάντα ὅσα ἂν ἐντείλωμαί σοι· μὴ φοβηθῇς ἀπὸ προσώπου
αὐτῶν, μηδὲ πτοηθῇς ἐναντίον αὐτῶν, ὅτι μετὰ σοῦ εἰμι, τοῦ
18 ἐξαιρεῖσθαί σε, λέγει Κύριος. Ἰδοὺ τέθεικά σε ἐν τῇ σήμερον
ἡμέρᾳ ὡς πόλιν ὀχυρὰν καὶ ὡς τεῖχος χαλκοῦν, ὀχυρὸν πᾶσι
τοῖς βασιλεῦσιν Ἰούδα, καὶ τοῖς ἄρχουσιν αὐτοῦ, καὶ τῷ
19 λαῷ τῆς γῆς. Καὶ πολεμήσουσί σε, καὶ οὐ μὴ δύνωνται
πρὸς σὲ διότι μετὰ σοῦ ἐγώ εἰμι, τοῦ ἐξαιρεῖσθαί σε, εἶπε
Κύριος.

2 Καὶ εἶπε, τάδε λέγει Κύριος, ἐμνήσθην ἐλέους νεότητός σου,
2 καὶ ἀγάπης τελειώσεώς σου, τοῦ ἐξακολουθῆσαί σε τῷ ἁγίῳ
3 Ἰσραήλ, λέγει Κύριος. Ὁ ἅγιος Ἰσραὴλ τῷ Κυρίῳ, ἀρχὴ
γεννημάτων αὐτοῦ· πάντες οἱ ἔσθοντες αὐτὸν πλημμελήσουσι,
κακὰ ἥξει ἐπ᾽ αὐτούς, φησὶ Κύριος.

4 Ἀκούσατε λόγον Κυρίου οἶκος Ἰακώβ, καὶ πᾶσα πατριὰ
5 οἴκου Ἰσραήλ. Τάδε λέγει Κύριος, τί εὕροσαν οἱ πατέρες
ὑμῶν ἐν ἐμοὶ πλημμέλημα, ὅτι ἀπέστησαν μακρὰν ἀπ᾽ ἐμοῦ,
καὶ ἐπορεύθησαν ὀπίσω τῶν ματαίων, καὶ ἐματαιώθησαν;
6 Καὶ οὐκ εἶπαν, ποῦ ἐστι Κύριος, ὁ ἀναγαγὼν ἡμᾶς ἐκ γῆς
Αἰγύπτου, ὁ καθοδηγήσας ἡμᾶς ἐν τῇ ἐρήμῳ ἐν γῇ ἀπείρῳ
καὶ ἀβάτῳ, ἐν γῇ ἀνύδρῳ καὶ ἀκάρπῳ, ἐν γῇ ᾗ οὐ διώδευσεν
7 ἐν αὐτῇ ἀνὴρ εὐθὲν, καὶ οὐ κατῴκησεν ἄνθρωπος ἐκεῖ; Καὶ
ἤγαγον ὑμᾶς εἰς τὸν Κάρμηλον, τοῦ φαγεῖν ὑμᾶς τοὺς καρποὺς
αὐτοῦ, καὶ τὰ ἀγαθὰ αὐτοῦ· καὶ εἰσήλθετε, καὶ ἐμιάνατε τὴν
8 γῆν μου, καὶ τὴν κληρονομίαν μου ἔθεσθε εἰς βδέλυγμα. Οἱ
ἱερεῖς οὐκ εἶπαν, ποῦ ἐστι Κύριος; καὶ οἱ ἀντεχόμενοι τοῦ
νόμου, οὐκ ἠπίσταντό με, καὶ οἱ ποιμένες ἠσέβουν εἰς ἐμέ, καὶ
οἱ προφῆται ἐπροφήτευον τῇ Βάαλ, καὶ ὀπίσω ἀνωφελοῦς
ἐπορεύθησαν.

9 Διατοῦτο ἔτι κριθήσομαι πρὸς ὑμᾶς, καὶ πρὸς τοὺς υἱοὺς
10 τῶν υἱῶν ὑμῶν κριθήσομαι. Διότι ἔλθετε εἰς νήσους Χεττιείμ,
καὶ ἴδετε, καὶ εἰς Κηδὰρ ἀποστείλατε, καὶ νοήσατε σφόδρα,
11 καὶ ἴδετε εἰ γέγονε τοιαῦτα· εἰ ἀλλάξωνται ἔθνη θεοὺς αὐτῶν,
καὶ οὗτοι οὐκ εἰσὶ θεοί· ὁ δὲ λαός μου ἠλλάξατο τὴν δόξαν
12 αὐτοῦ, ἐξ ἧς οὐκ ὠφεληθήσονται. Ἐξέστη ὁ οὐρανὸς ἐπὶ
13 τούτῳ, καὶ ἔφριξεν ἐπὶ πλεῖον σφόδρα, λέγει Κύριος. Ὅτι
δύο καὶ πονηρὰ ἐποίησεν ὁ λαός μου· ἐμὲ ἐγκατέλιπον πηγὴν
ὕδατος ζωῆς, καὶ ὤρυξαν ἑαυτοῖς λάκκους συντετριμμένους, οἳ
οὐ δυνήσονται ὕδωρ συνέχειν.

14 Μὴ δοῦλός ἐστιν Ἰσραήλ, ἢ οἰκογενής ἐστι; διατί εἰς προ-
15 νομὴν ἐγένετο; Ἐπ᾽ αὐτὸν ὠρύοντο λέοντες, καὶ ἔδωκαν τὴν
φωνὴν αὐτῶν, οἳ ἔταξαν τὴν γῆν αὐτοῦ εἰς ἔρημον, καὶ αἱ
16 πόλεις αὐτοῦ κατεσκάφησαν, παρὰ τὸ μὴ κατοικεῖσθαι. Καὶ
υἱοὶ Μέμφεως καὶ Τάφνας ἔγνωσάν σε, καὶ κατέπαιζόν σου.
17 Οὐχὶ ταῦτα ἐποίησέ σοι τὸ καταλιπεῖν σε ἐμέ; λέγει Κύριος
ὁ Θεός σου.

18 Καὶ νῦν τί σοι καὶ τῇ ὁδῷ Αἰγύπτου τοῦ πιεῖν ὕδωρ Γηών;
καὶ τί σοι καὶ τῇ ὁδῷ Ἀσσυρίων τοῦ πιεῖν ὕδωρ ποταμῶν;
19 Παιδεύσει σε ἡ ἀποστασία σου, καὶ ἡ κακία σου ἐλέγξει σε·

stand up, and speak all *the words* that I
shall command thee : be not afraid of their
face, neither be thou alarmed before them ;
for I am with thee to deliver thee, saith the
Lord. [18] Behold, I have βmade thee this
day as a strong city, and as a brazen wall,
strong *against* all the kings of Juda, and the
princes thereof, and the people of the land.
[19] And they shall fight against thee ; but
they shall by no means prevail against thee ;
because I am with thee, to deliver thee,
saith the Lord.

And he said, Thus saith the Lord, [2] I
remember the γkindness of thy youth, and
the love of thine espousals, [3] in following
the Holy One of Israel, saith the Lord
Israel was the holy *people* to the Lord, *and*
the first-fruits of his increase : all that
devoured him shall offend ; evils shall come
upon them, saith the Lord.

[4] Hear the word of the Lord, O house of
Jacob, and every family of the house of
Israel. [5] Thus saith the Lord, What tres-
pass have your fathers found in me, that
they have revolted far from me, and gone
after vanities, and become vain ? [6] And
they said not, Where is the Lord, who
brought us up out of the land of Egypt, who
guided us in the wilderness, in an untried
and trackless land, in a land which no man
at all went through, and no man dwelt
there ? [7] And I brought you to Carmel, that
ye should eat the fruits thereof, and the
good thereof ; and ye went in, and defiled
my land, and made mine heritage an abo-
mination. [8] The priests said not, Where is
the Lord ? and they that held by the law
knew me not : the shepherds also sinned
against me, and the prophets prophesied by
Baal, and went after that which profited not.

[9] Therefore I will yet plead with you, δ
and will plead with your children's children.
[10] For go to the isles of the Chettians, and
see ; and send to Kedar, and observe accu-
rately, and see if such things have been
done ; [11] ζif the nations will change their
gods, though they are not gods : but my
people have changed their glory, *for that*
from which they shall not be profited. [12] The
heaven is amazed at this, and is very exceed-
ingly horror-struck, saith the Lord. [13] For
my people has committed two *faults*, and
evil ones : they have forsaken me, the foun-
tain of water of life, and hewn out for
themselves broken cisterns, which will not
be able to hold water.

[14] Is Israel a servant, or a home-born
slave ? why has he become a spoil ? [15] The
lions roared upon him, and uttered their
voice, which have made his land a wilder-
ness : and his cities are broken down, that
they should not be inhabited. [16] Also the
children of Memphis and Taphnas have
known thee, and mocked thee. [17] Has not
thy forsaking me brought these things upon
thee ? saith the Lord thy God.

[18] And now what hast thou to do with the
way of Egypt, to drink the water of Geon ?
and what hast thou to do with the way of
the Assyrians, to drink the water of rivers ?
[19] Thine apostasy shall correct thee, and thy
wickedness shall reprove thee : know then,

β *Gr.* set. γ *Gr.* mercy. δ *Heb.* and *Alex.* + ' saith the Lord.' ζ *Or*, will the nations, etc.

and see, that thy forsaking me *has been* bitter to thee, saith the Lord thy God; and I have taken no pleasure in thee, saith the Lord thy God.

²⁰ For of old thou hast broken thy yoke, and plucked asunder thy bands; and thou hast said, I will not serve thee, but will go upon every high hill, and under every shady tree, there will I βindulge in thy fornication. ²¹ Yet I planted thee a fruitful vine, γentirely of the right sort: how art thou a strange vine turned to bitterness? ²²Though thou shouldest wash thyself with nitre, and multiply to thyself soap, *still* thou art stained by thine iniquities before me, saith the Lord.

²³ How wilt thou say, I am not polluted, and have not gone after Baal? behold thy ways in the δburial-ground, and know what thou hast done: her voice has howled in the evening: ²⁴ she has extended her ways over the waters of the desert; she was hurried along by the lusts of her soul; she is given up *to them*, who will turn her back? none that seek her shall be weary; at *the time of* her humiliation they shall find her. ²⁵ Withdraw thy foot from a rough way, and thy throat from thirst: but she said, I will ϛ strengthen myself: for she loved strangers, and went after them.

²⁶ As is the shame of a thief when he is caught, so shall the children of Israel be ashamed; they, and their kings, and their princes, and their priests, and their prophets. ²⁷ They said to a stock, Thou art my father; and to a stone, Thou hast begotten me: and they have turned *their* backs to me, and not their faces: yet in the time of their afflictions they will say, Arise, and save us. ²⁸ And where are thy gods, which thou madest for thyself? will they arise, and save in the time of thine affliction? for according to the number of thy cities were thy gods, O Juda; and according to the number of the streets of Jerusalem they sacrificed to Baal. ²⁹ Wherefore do ye speak unto me? ye all have been ungodly, and ye all have transgressed against me, saith the Lord. ³⁰ In vain have I smitten your children; ye have not received correction: a sword has devoured your prophets as a destroying lion; yet ye feared not.

³¹Hear ye the word of the Lord: thus saith the Lord, Have I been a wilderness or a dry land to Israel? wherefore has my people said, We will not be ruled over, and will not come to thee any more? ³²Will a bride forget her ornaments, or a virgin θ her girdle? but my people has forgotten me days without number. ³³What fair device wilt thou yet employ in thy ways, so as to seek love? *it shall* not *be* so; moreover thou hast done wickedly in corrupting thy ways; ³⁴and in thine hands has been found the blood of innocent souls; I have not found them λ in holes, but on every oak. ³⁵ Yet thou saidst, I am innocent: only let his wrath be turned away from me.

Behold, I *will* plead with thee, whereas thou sayest, I have not sinned. ³⁶ For μthou hast been so exceedingly contemptuous as to repeat thy ways; but thou shalt be ashamed of Egypt, as thou wast ashamed of

καὶ γνῶθι, καὶ ἴδε, ὅτι πικρόν σοι τὸ καταλιπεῖν σε ἐμὲ, λέγει Κύριος ὁ Θεός σου· καὶ οὐκ εὐδόκησα ἐπὶ σοὶ, λέγει Κύριος ὁ Θεός σου.

Ὅτι ἀπ᾽ αἰῶνος συνέτριψας τὸν ζυγόν σου, καὶ διέσπασας 20 τοὺς δεσμούς σου, καὶ εἶπας, οὐ δουλεύσω σοι ἀλλὰ πορεύσομαι ἐπὶ πάντα βουνὸν ὑψηλὸν, καὶ ὑποκάτω παντὸς ξύλου κατασκίου, ἐκεῖ διαχυθήσομαι ἐν τῇ πορνείᾳ μου. Ἐγὼ δὲ 21 ἐφύτευσά σε ἄμπελον καρποφόρον πᾶσαν ἀληθινήν· πῶς ἐστράφης εἰς πικρίαν ἡ ἄμπελος ἡ ἀλλοτρία; Ἐὰν ἀποπλύνῃ 22 ἐν νίτρῳ, καὶ πληθυνῇς σεαυτῇ ποίαν, κεκηλίδωσαι ἐν ταῖς ἀδικίαις σου ἐναντίον ἐμοῦ, λέγει Κύριος.

Πῶς ἐρεῖς, οὐκ ἐμιάνθην, καὶ ὀπίσω τῆς Βάαλ οὐκ ἐπορεύ- 23 θην; ἴδε τὰς ὁδούς σου ἐν τῷ πολυανδρίῳ, καὶ γνῶθι τί ἐποίησας· ὀψὲ φωνὴ αὐτῆς ὠλόλυξε· Τὰς ὁδοὺς αὐτῆς ἐπλάτυνεν 24 ἐφ᾽ ὕδατα ἐρήμου, ἐν ἐπιθυμίαις ψυχῆς αὐτῆς ἐπνευματοφορεῖτο, παρεδόθη, τίς ἐπιστρέψει αὐτήν; πάντες οἱ ζητοῦντες αὐτὴν οὐ κοπιάσουσιν, ἐν τῇ ταπεινώσει αὐτῆς εὑρήσουσιν αὐτήν. Ἀπόστρεψον τὸν πόδα σου ἀπὸ ὁδοῦ τραχείας, καὶ τὸν φάρυγγά 25 σου ἀπὸ δίψους· ἡ δὲ εἶπεν, ἀνδριοῦμαι, ὅτι ἠγαπήκει ἀλλοτρίους, καὶ ὀπίσω αὐτῶν ἐπορεύετο.

Ὡς αἰσχύνη κλέπτου ὅταν ἁλῷ, οὕτως αἰσχυνθήσονται οἱ 26 υἱοὶ Ἰσραὴλ, αὐτοὶ καὶ οἱ βασιλεῖς αὐτῶν, καὶ οἱ ἄρχοντες αὐτῶν, καὶ οἱ ἱερεῖς αὐτῶν, καὶ οἱ προφῆται αὐτῶν. Τῷ ξύλῳ 27 εἶπαν, ὅτι πατήρ μου εἶ σὺ, καὶ τῷ λίθῳ, σὺ ἐγέννησάς με· καὶ ἔστρεψαν ἐπ᾽ ἐμὲ νῶτα, καὶ οὐ πρόσωπα αὐτῶν· καὶ ἐν τῷ καιρῷ τῶν κακῶν αὐτῶν ἐροῦσιν, ἀνάστα καὶ σῶσον ἡμᾶς. Καὶ ποῦ εἰσιν οἱ θεοί σου, οὓς ἐποίησας σεαυτῷ; εἰ ἀναστή- 28 σονται καὶ σώσουσιν ἐν καιρῷ τῆς κακώσεώς σου; ὅτι κατ᾽ ἀριθμὸν τῶν πόλεών σου ἦσαν θεοί σου Ἰούδα, καὶ κατ᾽ ἀριθμὸν διόδων τῆς Ἱερουσαλὴμ ἔθυον τῇ Βάαλ. Ἱνατί λαλεῖτε πρός 29 μέ; πάντες ὑμεῖς ἠσεβήσατε, καὶ πάντες ὑμεῖς ἠνομήσατε εἰς ἐμὲ, λέγει Κύριος. Μάτην ἐπάταξα τὰ τέκνα ὑμῶν, παιδείαν 30 οὐκ ἐδέξασθε, μάχαιρα κατέφαγε τοὺς προφήτας ὑμῶν ὡς λέων ὀλοθρεύων, καὶ οὐκ ἐφοβήθητε.

Ἀκούσατε λόγον Κυρίου· τάδε λέγει Κύριος, μὴ ἔρημος ἐγε- 31 νόμην τῷ Ἰσραὴλ ἢ γῆ κεχερσωμένη; διατί εἶπεν ὁ λαός μου, οὐ κυριευθησόμεθα, καὶ οὐχ ἥξομεν πρὸς σὲ ἔτι; Μὴ ἐπιλή- 32 σεται νύμφη τὸν κόσμον αὐτῆς, καὶ παρθένος τὴν στηθοδεσμίδα αὐτῆς; ὁ δὲ λαός μου ἐπελάθετό μου ἡμέρας ὧν οὐκ ἔστιν ἀριθμός. Τί ἔτι καλὸν ἐπιτηδεύσεις ἐν ταῖς ὁδοῖς σου, τοῦ 33 ζητῆσαι ἀγάπησιν; οὐχ οὕτως· ἀλλὰ καὶ σὺ ἐπονηρεύσω τοῦ μιᾶναι τὰς ὁδούς σου, καὶ ἐν ταῖς χερσί σου εὑρέθησαν αἵματα 34 ψυχῶν ἀθώων· οὐκ ἐν διορύγμασιν εὗρον αὐτοὺς, ἀλλ᾽ ἐπὶ πάσῃ δρυΐ. Καὶ εἶπας, ἀθῶός εἰμι, ἀλλὰ ἀποστραφήτω ὁ θυμὸς 35 αὐτοῦ ἀπ᾽ ἐμοῦ.

Ἰδοὺ ἐγὼ κρίνομαι πρὸς σὲ, ἐν τῷ λέγειν σε, οὐχ ἥμαρτον· Ὅτι κατεφρόνησας σφόδρα τοῦ δευτερῶσαι τὰς ὁδούς σου· 36 καὶ ἀπὸ Αἰγύπτου καταισχυνθήσῃ, καθὼς κατῃσχύνθης ἀπὸ

β *Lit.* be spread abroad.   γ *Gr.* all true.   δ *Heb.* valley, *i. e.* probably that of Hinnom.   ϛ *Gr.* act like a man.
θ *Gr.* the girdle of her bosom.   λ *q. d.* by diligent search.   μ *Lit.* ' thou hast exceedingly scorned to repeat.'

37 Ἀσσούρ· ὅτι καὶ ἐντεῦθεν ἐξελεύσῃ, καὶ αἱ χεῖρές σου ἐπὶ τῆς κεφαλῆς σου· ὅτι ἀπώσατο Κύριος τὴν ἐλπίδα σου, καὶ οὐκ εὐοδωθήσῃ ἐν αὐτῇ.

3 Ἐὰν ἐξαποστείλῃ ἀνὴρ τὴν γυναῖκα αὐτοῦ, καὶ ἀπέλθῃ ἀπ᾽ αὐτοῦ, καὶ γένηται ἀνδρὶ ἑτέρῳ, μὴ ἀνακάμπτουσα ἀνακάμψει πρὸς αὐτὸν ἔτι; οὐ μιαινομένη μιανθήσεται ἡ γυνὴ ἐκείνη; καὶ σὺ ἐξεπόρνευσας ἐν ποιμέσι πολλοῖς, καὶ ἀνέκαμπτες πρὸς 2 μὲ, λέγει Κύριος. Ἆρον τοὺς ὀφθαλμούς σου εἰς εὐθεῖαν, καὶ ἴδε, ποῦ οὐχὶ ἐξεφύρθης· ἐπὶ ταῖς ὁδοῖς ἐκάθισας αὐτοῖς ὡσεὶ κορώνη ἐρημουμένη, καὶ ἐμίανας τὴν γῆν ἐν ταῖς πορνείαις σου 3 καὶ ἐν ταῖς κακίαις σου, καὶ ἔσχες ποιμένας πολλοὺς εἰς πρόσκομμα σεαυτῇ· ὄψις πόρνης ἐγένετό σου, ἀπηναισχύντησας πρὸς πάντας.

4 Οὐχ ὡς οἶκόν με ἐκάλεσας, καὶ πατέρα καὶ ἀρχηγὸν τῆς 5 παρθενίας σου; Μὴ διαμενεῖ εἰς τὸν αἰῶνα, ἢ φυλαχθήσεται εἰς νῖκος; ἰδοὺ ἐλάλησας, καὶ ἐποίησας τὰ πονηρὰ ταῦτα, καὶ ἠδυνάσθης.

6 Καὶ εἶπε Κύριος πρὸς μὲ ἐν ταῖς ἡμέραις Ἰωσίου τοῦ βασιλέως, εἶδες ἃ ἐποίησέ μοι ἡ κατοικία τοῦ Ἰσραήλ; ἐπορεύθησαν ἐπὶ πᾶν ὄρος ὑψηλὸν, καὶ ὑποκάτω παντὸς ξύλου ἀλσώδους, καὶ 7 ἐπόρνευσαν ἐκεῖ. Καὶ εἶπα, μετὰ τὸ πορνεῦσαι αὐτὴν ταῦτα πάντα, πρὸς μὲ ἀνάστρεψον· καὶ οὐκ ἀνέστρεψε· καὶ εἶδε τὴν 8 ἀσυνθεσίαν αὐτῆς ἡ ἀσύνθετος Ἰούδα. Καὶ εἶδον, ὅτι περὶ πάντων ὧν κατελήφθη ἐν οἷς ἐμοιχᾶτο ἡ κατοικία Ἰσραὴλ, καὶ ἐξαπέστειλα αὐτὴν, καὶ ἔδωκα αὐτῇ βιβλίον ἀποστασίου εἰς τὰς χεῖρας αὐτῆς· καὶ οὐκ ἐφοβήθη ἡ ἀσύνθετος Ἰούδα, καὶ ἐπο- 9 ρεύθη, καὶ ἐπόρνευσε καὶ αὐτὴ, καὶ ἐγένετο εἰς οὐθὲν ἡ πορνεία 10 αὐτῆς, καὶ ἐμοίχευσε τὸ ξύλον καὶ τὸν λίθον. Καὶ ἐν πᾶσι τούτοις οὐκ ἐπεστράφη πρὸς μὲ ἡ ἀσύνθετος Ἰούδα ἐξ ὅλης τῆς καρδίας αὐτῆς, ἀλλ᾽ ἐπὶ ψεύδει.

11 Καὶ εἶπε Κύριος πρὸς μὲ, ἐδικαίωσε τὴν ψυχὴν αὐτοῦ Ἰσραὴλ 12 ἀπὸ τῆς ἀσυνθέτου Ἰούδα. Πορεύου καὶ ἀνάγνωθι τοὺς λόγους τούτους πρὸς Βορρᾶν, καὶ ἐρεῖς, ἐπιστράφηθι πρὸς μὲ ἡ κατοικία τοῦ Ἰσραὴλ, λέγει Κύριος· καὶ μὴ στηριῶ τὸ πρόσωπόν μου ἐφ᾽ ὑμᾶς, ὅτι ἐλεήμων ἐγώ εἰμι, λέγει Κύριος, καὶ οὐ μηνιῶ 13 ὑμῖν εἰς τὸν αἰῶνα. Πλὴν, γνῶθι τὴν ἀδικίαν σου, ὅτι εἰς Κύριον τὸν Θεόν σου ἠσέβησας, καὶ διέχεας τὰς ὁδούς σου εἰς ἀλλοτρίους ὑποκάτω παντὸς ξύλου ἀλσώδους, τῆς δὲ φωνῆς μου 14 οὐχ ὑπήκουσας, λέγει Κύριος. Ἐπιστράφητε υἱοὶ ἀφεστηκότες, λέγει Κύριος, διότι ἐγὼ κατακυριεύσω ὑμῶν, καὶ λήψομαι ὑμᾶς ἕνα ἐκ πόλεως καὶ δύο ἐκ πατριᾶς, καὶ εἰσάξω ὑμᾶς εἰς Σιὼν, 15 καὶ δώσω ὑμῖν ποιμένας κατὰ τὴν καρδίαν μου, καὶ ποιμανοῦσιν ὑμᾶς ποιμαίνοντες μετ᾽ ἐπιστήμης.

16 Καὶ ἔσται ἐὰν πληθυνθῆτε, καὶ αὐξηθῆτε ἐπὶ τῆς γῆς, λέγει Κύριος, ἐν ταῖς ἡμέραις ἐκείναις οὐκ ἐροῦσιν ἔτι, κιβωτὸς διαθήκης ἁγίου Ἰσραὴλ, οὐκ ἀναβήσεται ἐπὶ καρδίαν, οὐκ ὀνομασθήσεται, οὐδὲ ἐπισκεφθήσεται, καὶ οὐ ποιηθήσεται ἔτι.

Assur. [37]For thou shalt go forth thence also with thine hands upon thine head; for the Lord has rejected thine hope, and thou shalt not prosper in it.

If a man put away his wife, and she depart from him, and become another man's, shall she return to him any more at all? shall not that woman be utterly defiled? yet thou hast gone a-whoring with many shepherds, and hast returned to me, saith the Lord. [2]Lift up thine eyes *to look* straight forward, and see where thou hast not been utterly defiled. Thou hast sat for them by the wayside as a deserted crow, and hast defiled the land with thy fornications and thy wickedness. [3]And thou didst retain many shepherds for a stumblingblock to thyself: thou hadst a whore's face, thou didst become shameless toward all.

[4]Hast thou not called me as it were a home, and the father and guide of thy virgin-time? [5]Will *God's anger* continue for ever, or be preserved βto the end? Behold, thou hast spoken and done these bad things, and hadst power *to do them.*

[6]And the Lord said to me in the days of Josias the king, Hast thou seen what things the house of Israel has done to me? they have gone on every high mountain, and under every shady tree, and have committed fornication there. [7]And I said after she had committed all these acts of fornication, Turn again to me. Yet she returned not. And faithless Juda saw her faithlessness. [8]And I saw that (for all the sins of which she was convicted, wherein the house of Israel committed adultery, and I put her away, and gave into her hands a bill of divorcement,) yet faithless Juda feared not, but went and herself also committed fornication. [9]And her fornication was nothing accounted of; and she committed adultery with wood and stone. [10]And for all these things faithless Juda turned not to me with all her heart, but falsely.

[11]And the Lord said to me, Israel has justified himself more than faithless Juda. [12]Go and read these words toward the north, and thou shalt say, Return to me, O house of Israel, saith the Lord; and I will not set my face against you: for I am merciful, saith the Lord, and I will not be angry with you for ever. [13]Nevertheless, know thine iniquity, that thou hast sinned against the Lord thy God, and hast scattered thy ways to strangers under every shady tree, but thou didst not hearken to my voice, saith the Lord. [14]Turn, ye children that have revolted, saith the Lord; for I will rule over you: and I will take you one of a city, and two of a family, and I will bring you in to Sion: [15]and I will give you shepherds after my heart, and they shall certainly tend you with knowledge.

[16]And it shall come to pass that γwhen ye are multiplied and increased upon the land, saith the Lord, in those days they shall say no more, The ark of the covenant of the Holy One of Israel: it shall not come to mind; it shall not be named; neither shall it be visited; nor shall *this* be done

---

β See *Heb.* also other similar passages. γ *Gr.* if.

any more. ¹⁷ In those days and at that time they shall call Jerusalem the throne of the Lord; and all the nations shall be gathered to it: and they shall not walk any more after the imaginations of their evil heart.

¹⁸ In those days the house of Juda shall come together to the house of Israel, and they shall come, together, from the land of the north, and from all the countries, to the land, which I caused their fathers to inherit. ¹⁹ And I said, So be it, Lord, for *thou saidst*, I will set thee among children, and will give thee a choice land, the inheritance of the Almighty God of the Gentiles: and I said, Ye shall call me Father; and ye shall not turn away from me. ²⁰ But as a wife acts treacherously against her husband, so has the house of Israel dealt treacherously against me, saith the Lord.

²¹ A voice from the lips was heard, *even of* weeping and supplication of the children of Israel: for they have dealt unrighteously in their ways, they have forgotten God their Holy One. ²² Turn, ye children that are given to turning, and I will heal your bruises.

Behold, we will be thy servants; for thou art the Lord our God. ²³ Truly the hills and the strength of the mountains were a lying refuge: but by the Lord our God is the salvation of Israel. ²⁴ But shame has consumed the labours of our fathers from our youth; their sheep and their calves, and their sons and their daughters. ²⁵ We have lain down in our shame, and our disgrace has covered us: because we and our fathers have sinned before our God, from our youth until this day; and we have not hearkened to the voice of the Lord our God.

If Israel will return to me, saith the Lord, he shall return: and if he will remove his abominations out of his mouth, and fear before me, and swear, ² The Lord lives, with truth, in judgment and righteousness, then shall nations bless ᵝ by him, and by him they shall praise God in Jerusalem.

³ For thus saith the Lord to the men of Juda, and to the inhabitants of Jerusalem, Break up fresh ground for yourselves, and sow not among thorns. ⁴ Circumcise yourselves to your God, and circumcise your hardness of heart, ye men of Juda, and inhabitants of Jerusalem: lest my wrath go forth as fire, and burn, and there be none to quench it, because of the evil of your devices.

⁵ Declare ye in Juda, and let it be heard in Jerusalem: say ye, Sound the trumpet in the land; cry ye aloud: say ye, Gather yourselves together, and let us enter into the fortified cities. ⁶ Gather up *your wares* and flee to Sion: hasten, stay not: for I will bring evils from the north, and great destruction. ⁷ The lion is gone up from his lair, he has roused *himself* to the destruction of the nations, and has gone forth out of his place, to make the land desolate; and the cities shall be destroyed, so as to be without inhabitant. ⁸ For these things gird yourselves with sackclothes, and lament, and howl: for the anger of the Lord is not

Ἐν ταῖς ἡμέραις ἐκείναις καὶ ἐν τῷ καιρῷ ἐκείνῳ καλέσουσι 17 τὴν Ἰερουσαλὴμ, Θρόνον Κυρίου· καὶ συναχθήσονται πάντα τὰ ἔθνη εἰς αὐτὴν, καὶ οὐ πορεύσονται ἔτι ὀπίσω τῶν ἐνθυμημάτων τῆς καρδίας αὐτῶν τῆς πονηρᾶς.

Ἐν ταῖς ἡμέραις ἐκείναις συνελεύσονται ὁ οἶκος Ἰούδα ἐπὶ 18 τὸν οἶκον τοῦ Ἰσραὴλ, καὶ ἥξουσιν ἐπιτοαυτὸ ἀπὸ γῆς Βορρᾶ, καὶ ἀπὸ πασῶν τῶν χωρῶν ἐπὶ τὴν γῆν, ἣν κατεκληρονόμησα τοὺς πατέρας αὐτῶν. Καὶ ἐγὼ εἶπα, γένοιτο Κύριε· ὅτι τάξω 19 σε εἰς τέκνα, καὶ δώσω σοι γῆν ἐκλεκτὴν, κληρονομίαν Θεοῦ παντοκράτορος ἐθνῶν· καὶ εἶπα, πατέρα καλέσετέ με, καὶ ἀπ᾽ ἐμοῦ οὐκ ἀποστραφήσεσθε. Πλὴν ὡς ἀθετεῖ γυνὴ εἰς τὸν 20 συνόντα αὐτῇ, οὕτως ἠθέτησεν εἰς ἐμὲ ὁ οἶκος Ἰσραὴλ, λέγει Κύριος.

Φωνὴ ἐκ χειλέων ἠκούσθη κλαυθμοῦ καὶ δεήσεως υἱῶν Ἰσ- 21 ραὴλ, ὅτι ἠδίκησαν ἐν ταῖς ὁδοῖς αὐτῶν, ἐπελάθοντο Θεοῦ ἁγίου αὐτῶν. Ἐπιστράφητε υἱοὶ ἐπιστρέφοντες, καὶ ἰάσομαι τὰ συν- 22 τρίμματα ὑμῶν.

Ἰδοὺ δοῦλοι ἡμεῖς ἐσόμεθά σοι· ὅτι σὺ Κύριος ὁ Θεὸς ἡμῶν εἶ. Ὄντως εἰς ψεῦδος ἦσαν οἱ βουνοὶ, καὶ ἡ δύναμις τῶν 23 ὀρέων, πλὴν διὰ Κυρίου Θεοῦ ἡμῶν ἡ σωτηρία τοῦ Ἰσραήλ. Ἡ δὲ αἰσχύνη κατηνάλωσε τοὺς μόχθους τῶν πατέρων ἡμῶν, 24 ἀπὸ νεότητος ἡμῶν, τὰ πρόβατα αὐτῶν καὶ τοὺς μόσχους αὐτῶν καὶ τοὺς υἱοὺς αὐτῶν καὶ τὰς θυγατέρας αὐτῶν. Ἐκοιμήθημεν 25 ἐν τῇ αἰσχύνῃ ἡμῶν, καὶ ἐπεκάλυψεν ἡμᾶς ἡ ἀτιμία ἡμῶν, διότι ἔναντι τοῦ Θεοῦ ἡμῶν ἡμάρτομεν ἡμεῖς, καὶ οἱ πατέρες ἡμῶν, ἀπὸ νεότητος ἡμῶν ἕως τῆς ἡμέρας ταύτης· καὶ οὐχ ὑπηκού- σαμεν τῆς φωνῆς Κυρίου τοῦ Θεοῦ ἡμῶν.

Ἐὰν ἐπιστραφῇ Ἰσραὴλ, λέγει Κύριος, πρὸς μὲ, ἐπιστραφή- 4 σεται· καὶ ἐὰν περιέλῃ τὰ βδελύγματα αὐτοῦ ἐκ στόματος αὐτοῦ, καὶ ἀπὸ τοῦ προσώπου μου εὐλαβηθῇ, καὶ ὀμόσῃ, ζῇ 2 Κύριος, μετὰ ἀληθείας ἐν κρίσει καὶ ἐν δικαιοσύνη, καὶ εὐλογή- σουσιν ἐν αὐτῷ ἔθνη, καὶ ἐν αὐτῷ αἰνέσουσι τῷ Θεῷ ἐν Ἰερου- σαλήμ.

Ὅτι τάδε λέγει Κύριος τοῖς ἀνδράσιν Ἰούδα, καὶ τοῖς κατοι- 3 κοῦσιν Ἰερουσαλὴμ, νεώσατε ἑαυτοῖς νεώματα, καὶ μὴ σπείρητε ἐπ᾽ ἀκάνθαις. Περιτμήθητε τῷ Θεῷ ὑμῶν, καὶ περιτέμεσθε 4 τὴν σκληροκαρδίαν ὑμῶν ἄνδρες Ἰούδα, καὶ οἱ κατοικοῦντες Ἰερουσαλὴμ, μὴ ἐξέλθῃ ὡς πῦρ ὁ θυμός μου, καὶ ἐκκαυθήσεται, καὶ οὐκ ἔσται ὁ σβέσων, ἀπὸ προσώπου πονηρίας ἐπιτηδευμά- των ὑμῶν.

Ἀναγγείλατε ἐν τῷ Ἰούδα, καὶ ἀκουσθήτω ἐν Ἰερουσαλήμ· 5 εἴπατε, σημάνατε ἐπὶ τῆς γῆς σάλπιγγι, κεκράξατε μέγα· εἴπατε, συνάχθητε, καὶ εἰσέλθωμεν εἰς τὰς πόλεις τὰς τειχήρεις. Ἀναλαβόντες φεύγετε εἰς Σιών· σπεύσατε, μὴ στῆτε, ὅτι κακὰ 6 ἐγὼ ἐπάγω ἀπὸ Βορρᾶ, καὶ συντριβὴν μεγάλην. Ἀνέβη λέων 7 ἐκ τῆς μάνδρας αὐτοῦ, ἐξολοθρεύων ἔθνη ἐξῆρε, καὶ ἐξῆλθεν ἐκ τοῦ τόπου αὐτοῦ, τοῦ θεῖναι τὴν γῆν εἰς ἐρήμωσιν· καὶ αἱ πόλεις καθαιρεθήσονται, παρὰ τὸ μὴ κατοικεῖσθαι αὐτάς. Ἐπὶ τού- 8 τοις περιζώσασθε σάκκους, καὶ κόπτεσθε, καὶ ἀλαλάξατε, διότι

ᵝ Gr. in him.

9 οὐκ ἀπεστράφη ὁ θυμὸς Κυρίου ἀφ' ὑμῶν. Καὶ ἔσται ἐν ἐκείνῃ τῇ ἡμέρᾳ, λέγει Κύριος, ἀπολεῖται ἡ καρδία τοῦ βασιλέως, καὶ ἡ καρδία τῶν ἀρχόντων, καὶ οἱ ἱερεῖς ἐκστήσονται, καὶ οἱ προφῆται θαυμάσονται.

10 Καὶ εἶπα, ὦ δέσποτα Κύριε, ἀρά γε ἀπατῶν ἠπάτησας τὸν λαὸν τοῦτον καὶ τὴν Ἰερουσαλήμ, λέγων, εἰρήνη ἔσται, καὶ ἰδοὺ ἥψατο ἡ μάχαιρα ἕως τῆς ψυχῆς αὐτῶν.

11 Ἐν τῷ καιρῷ ἐκείνῳ ἐροῦσι τῷ λαῷ τούτῳ καὶ τῇ Ἰερουσαλήμ, πνεῦμα πλανήσεως ἐν τῇ ἐρήμῳ, ὁδὸς τῆς θυγατρὸς τοῦ λαοῦ
12 μου, οὐκ εἰς καθαρὸν, οὐδ' εἰς ἅγιον. Πνεῦμα πληρώσεως ἥξει
13 μοι· νῦν δὲ ἐγὼ λαλῶ κρίματά μου πρὸς αὐτούς. Ἰδοὺ ὡς νεφέλη ἀναβήσεται, καὶ ὡς καταιγὶς τὰ ἅρματα αὐτοῦ, κουφότεροι ἀετῶν οἱ ἵπποι αὐτοῦ· οὐαὶ ἡμῖν, ὅτι ταλαιπωροῦμεν.

14 Ἀπόπλυνε ἀπὸ κακίας τὴν καρδίαν σου Ἰερουσαλήμ, ἵνα σωθῇς· ἕως πότε ὑπάρχουσιν ἐν σοὶ διαλογισμοὶ πόνων σου;
15 Διότι φωνὴ ἀγγέλλοντος ἐκ Δὰν ἥξει, καὶ ἀκουσθήσεται πόνος
16 ἐξ ὄρους Ἐφραίμ. Ἀναμνήσατε ἔθνη, ἰδοὺ ἥκασιν· ἀναγγείλατε ἐν Ἰερουσαλήμ, συστροφαὶ ἔρχονται ἐκ γῆς μακρόθεν, καὶ
17 ἔδωκαν ἐπὶ τὰς πόλεις Ἰούδα φωνὴν αὐτῶν. Ὡς φυλάσσοντες ἀγρόν, ἐγένοντο ἐπ' αὐτὴν κύκλῳ, ὅτι ἐμοῦ ἠμέλησας,
18 λέγει Κύριος. Αἱ ὁδοί σου καὶ τὰ ἐπιτηδεύματά σου ἐποίησαν ταῦτά σοι· αὕτη ἡ κακία σου, ὅτι πικρά, ὅτι ἥψατο ἕως τῆς καρδίας σου.

19 Τὴν κοιλίαν μου, τὴν κοιλίαν μου ἀλγῶ, καὶ τὰ αἰσθητήρια τῆς καρδίας μου, μαιμάσσει ἡ ψυχή μου, σπαράσσεται ἡ καρδία μου· οὐ σιωπήσομαι, ὅτι φωνὴν σάλπιγγος ἤκουσεν ἡ ψυχή
20 μου, κραυγὴν πολέμου καὶ ταλαιπωρίας συντριμμὸν ἐπικαλεῖται, ὅτι τεταλαιπώρηκε πᾶσα ἡ γῆ, ἄφνω τεταλαιπώρηκεν
21 ἡ σκηνή, διεσπάσθησαν αἱ δέρρεις μου. Ἕως πότε ὄψομαι φεύγοντας ἀκούων φωνὴν σαλπίγγων;

22 Διότι οἱ ἡγούμενοι τοῦ λαοῦ μου ἐμὲ οὐκ ᾔδεισαν· υἱοὶ ἄφρονές εἰσι καὶ οὐ συνετοί, σοφοί εἰσι τοῦ κακοποιῆσαι, τὸ δὲ καλῶς ποιῆσαι οὐκ ἐπέγνωσαν.

23 Ἐπέβλεψα ἐπὶ τὴν γῆν, καὶ ἰδοὺ οὐθὲν, καὶ εἰς τὸν οὐρανὸν,
24 καὶ οὐκ ἦν τὰ φῶτα αὐτοῦ. Εἶδον τὰ ὄρη, καὶ ἦν τρέμοντα,
25 καὶ πάντας τοὺς βουνοὺς ταρασσομένους. Ἐπέβλεψα, καὶ ἰδοὺ οὐκ ἦν ἄνθρωπος, καὶ πάντα τὰ πετεινὰ τοῦ οὐρανοῦ ἐπτοεῖτο.
26 Εἶδον, καὶ ἰδοὺ ὁ Κάρμηλος ἔρημος, καὶ πᾶσαι αἱ πόλεις ἐμπεπυρισμέναι πυρὶ ἀπὸ προσώπου Κυρίου, καὶ ἀπὸ προσώπου ὀργῆς θυμοῦ αὐτοῦ ἠφανίσθησαν.

27 Τάδε λέγει Κύριος, ἔρημος ἔσται πᾶσα ἡ γῆ, συντέλειαν δὲ
28 οὐ μὴ ποιήσω. Ἐπὶ τούτοις πενθείτω ἡ γῆ, καὶ συσκοτασάτω ὁ οὐρανὸς ἄνωθεν· διότι ἐλάλησα, καὶ οὐ μετανοήσω, ὥρμησα,
29 καὶ οὐκ ἀποστρέψω ἀπ' αὐτῆς. Ἀπὸ φωνῆς ἱππέως, καὶ ἐντεταμένου τόξου ἀνεχώρησε πᾶσα ἡ χώρα· εἰσέδυσαν εἰς τὰ

---

turned away from you. 9 And it shall come to pass in that day, saith the Lord, that the heart of the king shall perish, and the heart of the princes; and the priests shall be amazed, and the prophets shall wonder.
10 And I said, O sovereign Lord, verily thou hast greatly deceived this people and Jerusalem, saying, There shall be peace; whereas behold, the sword has reached even to their soul.
11 At that time they shall say to this people and to Jerusalem, *There is* a spirit of error in the wilderness: the way of the daughter of my people is not to purity, nor to holiness. 12 *But* a spirit of βfull vengeance shall come upon me; and now I declare my judgments against them. 13 Behold, he shall come up as a cloud, and his chariots as a tempest: his horses are swifter than eagles. Woe unto us! for we are in misery.
14 Cleanse thine heart from wickedness, O Jerusalem, that thou mayest be saved: how long will thy grievous thoughts be within thee? 15 For a voice of one publishing from Dan shall come, and trouble out of mount Ephraim shall be heard of. 16 Remind ye the nations; behold, they are come: proclaim *it* in Jerusalem, that bands are approaching from a land afar off, and have uttered their voice against the cities of Juda. 17 As keepers of a field, they have surrounded her; because thou, saith the Lord, hast neglected me. 18 Thy ways and thy devices have brought these things upon thee; this is thy wickedness, for *it is* bitter, for it has reached to thy heart.
19 I am pained in my bowels, my bowels, and the sensitive powers of my heart; my soul is in great commotion, my heart is torn: I will not be silent, for my soul has heard the sound of a trumpet, the cry of war, and of distress: it calls on destruction; 20 for all the land is distressed: suddenly *my* tabernacle is distressed, my curtains have been rent asunder. 21 How long shall I see fugitives, and hear the sound of the trumpet?
22 For the princes of my people have not known me, they are foolish and unwise children: they are wise to do evil, but *how* to do good they have not known.
23 I looked upon the earth, and, behold, *it was* not; and to the sky, and there was no light in it. 24 I beheld the mountains, and they trembled, and *I saw* all the hills in commotion. 25 I looked, and, behold, there was no man, and all the birds of the sky were scared. 26 I saw, and, behold, Carmel was desert, and all the cities were burnt with fire at the presence of the Lord, and at the presence of his fierce anger they were utterly destroyed.
27 Thus saith the Lord, The whole land shall be desolate; but I will not make a full end. 28 For these things let the earth mourn, and let the sky be dark above: for I have spoken, and I will not repent; I have γpurposed, and I will not turn back from it. 29 The whole land has recoiled from the noise of the horseman and the bent bow; they have gone into the caves,

---

β *Gr.* accomplishment.　　γ *Lit.* rushed forward.

and have hidden themselves ın the groves, and have gone up upon the rocks: every city was abandoned, no man dwelt in them. ³⁰And what wilt thou do? Though thou clothe thyself with scarlet, and adorn thyself with golden ornaments; though thou adorn thine eyes with stibium, thy βbeauty *will be* in vain: thy lovers have rejected thee, they seek thy life.

³¹For I have heard thy groaning as the voice of a woman in travail, as of her that brings forth her first child; the voice of the daughter of Zion shall fail through weakness, and she shall lose the strength of her hands, *saying*, Woe is me! for my soul faints because of the slain.

Run ye about in the streets of Jerusalem, and see, and know, and seek in her broad places, if ye can find *one*, if there is any one that does judgment, and seeks faithfulness; and I will pardon them, saith the Lord. ²The Lord lives, they say; do they not therefore swear falsely? ³O Lord, thine eyes are upon faithfulness: thou hast scourged them, but they have not grieved; thou hast consumed them; but they would not receive correction: they have made their faces harder than a rock; · and they would not return. ⁴Then I said, It may be they are poor; for they are weak, for they know not the way of the Lord, or the judgment of God. ⁵I will go to the rich men, and will speak to them; for they have known the way of the Lord, and the judgment of God: but, behold, with one consent they have broken the yoke, they have burst the bonds.

⁶Therefore has a lion out of the forest smitten them, and a wolf has destroyed them γeven to *their* houses, and a leopard has watched against their cities: all that go forth from them shall be hunted: for they have multiplied their ungodliness, they have strengthened themselves in their revoltings. ⁷In what *way* shall I forgive thee for these things? Thy sons have forsaken me, and sworn by them that are no gods: and I fed them to the full, and they committed adultery, and lodged in harlots' houses. ⁸They became as wanton horses: they neighed each one after his neighbour's wife. ⁹Shall I not visit for these things? saith the Lord: and shall not my soul be avenged on such a nation as this.

¹⁰Go up upon her battlements, and break *them* down; but make not a full end: leave her buttresses; for they are the Lord's. ¹¹For the house of Israel have indeed dealt treacherously against me, saith the Lord: the house of Juda also ¹²have lied to their Lord, and they have said, These things are not so; no evils shall come upon us; and we shall not see sword or famine. ¹³Our prophets became wind, and the word of the Lord was not in them.

¹⁴Therefore thus saith the Lord Almighty, Because ye have spoken this word, behold, I have made my words in thy mouth fire, and this people wood, and it shall devour them. ¹⁵Behold, I *will* bring upon you a nation from far, O house of Israel, saith the Lord; a nation the sound of whose language

σπήλαια, καὶ εἰς τὰ ἄλση ἐκρύβησαν, καὶ ἐπὶ τὰς πέτρας ἀνέβησαν· πᾶσα πόλις ἐγκατελείφθη, οὐ κατῴκει ἐν αὐταῖς ἄνθρωπος. Καὶ σὺ τί ποιήσεις; ἐὰν περιβάλῃ κόκκινον, καὶ 30 κοσμήσῃ κόσμῳ χρυσῷ· ἐὰν ἐγχρίσῃ στίβι τοὺς ὀφθαλμούς σου, εἰς μάταιον ὡραϊσμός σου· ἀπώσαντό σε οἱ ἐρασταί σου, τὴν ψυχήν σου ζητοῦσιν.

Ὅτι φωνὴν ὡς ὠδινούσης ἤκουσα τοῦ στεναγμοῦ σου, ὡς 31 πρωτοτοκούσης· φωνὴ θυγατρὸς Σιὼν ἐκλυθήσεται, καὶ παρήσει τὰς χεῖρας αὐτῆς· οἴμοι ἐγώ, ὅτι ἐκλείπει ἡ ψυχή μου ἐπὶ τοῖς ἀνῃρημένοις.

Περιδράμετε ἐν ταῖς ὁδοῖς Ἱερουσαλὴμ, καὶ ἴδετε, καὶ γνῶτε, 5 καὶ ζητήσατε ἐν ταῖς πλατείαις αὐτῆς, ἐὰν εὕρητε, εἰ ἔστι ποιῶν κρίμα, καὶ ζητῶν πίστιν· καὶ ἵλεως ἔσομαι αὐτοῖς, λέγει Κύριος. Ζῇ Κύριος, λέγουσι, διατοῦτο οὐκ ἐν ψεύδεσιν 2 ὀμνύουσι; Κύριε, οἱ ὀφθαλμοί σου εἰς πίστιν· ἐμαστίγωσας 3 αὐτοὺς, καὶ οὐκ ἐπόνεσαν, συνετέλεσας αὐτοὺς, καὶ οὐκ ἠθέλησαν δέξασθαι παιδείαν· ἐστερέωσαν τὰ πρόσωπα αὐτῶν ὑπὲρ πέτραν, καὶ οὐκ ἠθέλησαν ἐπιστραφῆναι. Καὶ ἐγὼ 4 εἶπα, ἴσως πτωχοί εἰσι, διότι οὐκ ἐδυνάσθησαν, ὅτι οὐκ ἔγνωσαν ὁδὸν Κυρίου, καὶ κρίσιν Θεοῦ. Πορεύσομαι πρὸς τοὺς 5 ἁδροὺς, καὶ λαλήσω αὐτοῖς, ὅτι αὐτοὶ ἐπέγνωσαν ὁδὸν Κυρίου, καὶ κρίσιν Θεοῦ· καὶ ἰδοὺ ὁμοθυμαδὸν συνέτριψαν ζυγὸν, διέρρηξαν δεσμούς.

Διατοῦτο ἔπαισεν αὐτοὺς λέων ἐκ τοῦ δρυμοῦ, καὶ λύκος 6 ἕως τῶν οἰκιῶν ὠλόθρευσεν αὐτοὺς, καὶ πάρδαλις ἐγρηγόρησεν ἐπὶ τὰς πόλεις αὐτῶν· πάντες οἱ ἐκπορευόμενοι ἀπ' αὐτῶν θηρευθήσονται, ὅτι ἐπλήθυναν ἀσεβείας αὐτῶν, ἴσχυσαν ἐν ταῖς ἀποστροφαῖς αὐτῶν. Ποίᾳ τούτων ἵλεως γένωμαί σοι; 7 οἱ υἱοί σου ἐγκατέλιπόν με, καὶ ὤμνυον ἐν τοῖς οὐκ οὖσι θεοῖς· καὶ ἐχόρτασα αὐτοὺς, καὶ ἐμοιχῶντο, καὶ ἐν οἴκοις πορνῶν κατέλυον. Ἵπποι θηλυμανεῖς ἐγενήθησαν, ἕκαστος ἐπὶ τὴν 8 γυναῖκα τοῦ πλησίον αὐτοῦ ἐχρεμέτιζον. Μὴ ἐπὶ τούτοις οὐκ 9 ἐπισκέψομαι; λέγει Κύριος· ἢ ἐν ἔθνει τοιούτῳ οὐκ ἐκδικήσει ἡ ψυχή μου;

Ἀνάβητε ἐπὶ τοὺς προμαχῶνας αὐτῆς, καὶ κατασκάψατε, 10 συντέλειαν δὲ μὴ ποιήσητε· ὑπολίπεσθε τὰ ὑποστηρίγματα αὐτῆς, ὅτι τοῦ Κυρίου εἰσίν. Ὅτι ἀθετῶν ἠθέτησεν εἰς ἐμὲ, 11 λέγει Κύριος, οἶκος Ἰσραὴλ, καὶ οἶκος Ἰούδα ἐψεύσατο τῷ 12 Κυρίῳ αὐτῶν, καὶ εἶπαν, οὐκ ἔστι ταῦτα· οὐχ ἥξει ἐφ' ἡμᾶς κακὰ, καὶ μάχαιραν καὶ λιμὸν οὐκ ὀψόμεθα. Οἱ προφῆται 13 ἡμῶν ἦσαν εἰς ἄνεμον, καὶ λόγος Κυρίου οὐχ ὑπῆρχεν ἐν αὐτοῖς.

Διατοῦτο τάδε λέγει Κύριος παντοκράτωρ, ἀνθ' ὧν ἐλαλή- 14 σατε τὸ ῥῆμα τοῦτο, ἰδοὺ ἐγὼ δέδωκα τοὺς λόγους μου εἰς τὸ στόμα σου πῦρ, καὶ τὸν λαὸν τοῦτον ξύλα, καὶ καταφάγεται αὐτούς. Ἰδοὺ ἐγὼ ἐπάγω ἐφ' ὑμᾶς ἔθνος πόρρωθεν, 15 οἶκος Ἰσραὴλ, λέγει Κύριος, ἔθνος οὗ οὐκ ἀκούσει τῆς φωνῆς

β *Lit.* beautifying.   γ See *Heb.*

16 τῆς γλώσσης αὐτοῦ. Πάντες ἰσχυροὶ, καὶ κατέδονται τὸν
17 θερισμὸν ὑμῶν, καὶ τοὺς ἄρτους ὑμῶν, καὶ κατέδονται τοὺς
υἱοὺς ὑμῶν, καὶ τὰς θυγατέρας ὑμῶν, καὶ κατέδονται τὰ πρό-
βατα ὑμῶν, καὶ τοὺς μόσχους ὑμῶν, καὶ κατέδονται τοὺς
ἀμπελῶνας ὑμῶν, καὶ τοὺς συκῶνας ὑμῶν, καὶ τοὺς ἐλαιῶνας
ὑμῶν· καὶ ἀλοήσουσι τὰς πόλεις τὰς ὀχυρὰς ὑμῶν, ἐφ᾽ αἷς
18 ὑμεῖς πεποίθατε ἐπ᾽ αὐταῖς, ἐν ῥομφαίᾳ. Καὶ ἔσται ἐν ταῖς
ἡμέραις ἐκείναις, λέγει Κύριος ὁ Θεός σου, οὐ μὴ ποιήσω ὑμᾶς
εἰς συντέλειαν.

19 Καὶ ἔσται ὅταν εἴπητε, τίνος ἕνεκεν ἐποίησε Κύριος ὁ Θεὸς
ἡμῶν ἡμῖν πάντα ταῦτα; καὶ ἐρεῖς αὐτοῖς, ἀνθ᾽ ὧν ἐδουλεύ-
σατε θεοῖς ἀλλοτρίοις ἐν τῇ γῇ ὑμῶν, οὕτως δουλεύσετε ἀλλο-
τρίοις ἐν τῇ γῇ οὐχ ὑμῶν.

20 Ἀναγγείλατε ταῦτα εἰς τὸν οἶκον Ἰακὼβ, καὶ ἀκουσθήτω ἐν
21 τῷ οἴκῳ Ἰούδα. Ἀκούσατε δὴ ταῦτα λαὸς μωρὸς καὶ ἀκάρδιος,
ὀφθαλμοὶ αὐτοῖς καὶ οὐ βλέπουσιν, ὦτα αὐτοῖς καὶ οὐκ ἀκού-
22 ουσι. Μὴ ἐμὲ οὐ φοβηθήσεσθε; λέγει Κύριος· ἢ ἀπὸ
προσώπου μου οὐκ εὐλαβηθήσεσθε; τὸν τάξαντα ἄμμον ὅριον
τῇ θαλάσσῃ, πρόσταγμα αἰώνιον, καὶ οὐχ ὑπερβήσεται αὐτὸ,
καὶ ταραχθήσεται, καὶ οὐ δυνήσεται· καὶ ἠχήσουσι τὰ κύματα
αὐτῆς, καὶ οὐχ ὑπερβήσεται αὐτό.

23 Τῷ δὲ λαῷ τούτῳ ἐγενήθη καρδία ἀνήκοος καὶ ἀπειθὴς, καὶ
24 ἐξέκλιναν καὶ ἀπῆλθοσαν, καὶ οὐκ εἶπον ἐν τῇ καρδίᾳ αὐτῶν,
φοβηθῶμεν δὴ Κύριον τὸν Θεὸν ἡμῶν, τὸν διδόντα ἡμῖν ὑετὸν
πρώϊμον καὶ ὄψιμον, κατὰ καιρὸν πληρώσεως προστάγματος
25 θερισμοῦ, καὶ ἐφύλαξεν ἡμῖν. Αἱ ἀνομίαι ὑμῶν ἐξέκλιναν
ταῦτα, καὶ αἱ ἁμαρτίαι ὑμῶν ἀπέστησαν τὰ ἀγαθὰ ἀφ᾽ ὑμῶν.
26 Ὅτι εὑρέθησαν ἐν τῷ λαῷ μου ἀσεβεῖς, καὶ παγίδας ἔστησαν
τοῦ διαφθεῖραι ἄνδρας, καὶ συνελαμβάνοσαν.

27 Ὡς παγὶς ἐφεσταμένη πλήρης πετεινῶν, οὕτως οἱ οἶκοι
αὐτῶν πλήρεις δόλου· διατοῦτο ἐμεγαλύνθησαν, καὶ ἐπλού-
28 τησαν, καὶ παρέβησαν κρίσιν, οὐκ ἔκριναν κρίσιν ὀρφανοῦ,
29 καὶ κρίσιν χήρας οὐκ ἐκρίνοσαν. Μὴ ἐπὶ τούτοις οὐκ ἐπισκέ-
ψομαι; λέγει Κύριος· ἢ ἐν ἔθνει τῷ τοιούτῳ οὐκ ἐκδικήσει
ἡ ψυχή μου;

30, 31 Ἔκστασις καὶ φρικτὰ ἐγενήθη ἐπὶ τῆς γῆς. Οἱ προφῆ-
ται προφητεύουσιν ἄδικα, καὶ οἱ ἱερεῖς ἐπεκρότησαν ταῖς χερσὶν
αὐτῶν, καὶ ὁ λαός μου ἠγάπησεν οὕτως· καὶ τί ποιήσετε εἰς τὰ
μετὰ ταῦτα;

6 Ἐνισχύσατε υἱοὶ Βενιαμὶν ἐκ μέσου τῆς Ἱερουσαλὴμ, καὶ
ἐν Θεκουὲ σημάνατε σάλπιγγι, καὶ ὑπὲρ Βαιθαχαρμὰ ἄρατε
σημεῖον, ὅτι κακὰ ἐκκέκυφεν ἀπὸ Βορρᾶ, καὶ συντριβὴ μεγάλη
2, 3 γίνεται· καὶ ἀφαιρεθήσεται τὸ ὕψος θύγατερ Σιών. Εἰς
αὐτὴν ἥξουσι ποιμένες, καὶ τὰ ποίμνια αὐτῶν· καὶ πήξουσιν
ἐπ᾽ αὐτὴν σκηνὰς κύκλῳ, καὶ ποιμανοῦσιν ἕκαστος τῇ χειρὶ
αὐτοῦ.

4 Παρασκευάσασθε ἐπ᾽ αὐτὴν εἰς πόλεμον, ἀνάστητε, καὶ

one shall not understand. [16] *They are* all
mighty men: [17] and they shall devour your
harvest, and your bread; and shall devour
your sons, and your daughters; and they
shall devour your sheep, and your calves,
and devour your vineyards, and your fig-
plantations, and your olive yards: and they
shall βutterly destroy your strong cities,
wherein ye trusted, with the sword. [18] And
it shall come to pass in those days, saith the
Lord thy God, that I will not utterly de-
stroy you.
[19] And it shall come to pass, when ye shall
say, Wherefore has the Lord our God done
all these things to us? that thou shalt say
to them, Because ye served strange gods in
your land, so shall ye serve strangers in a
land that is not yours.
[20] Proclaim these things to the house of
Jacob, and let them be heard in the house
of Juda. [21] Hear ye now these things, O
foolish and senseless people; who have eyes,
and see not; and have ears, and hear not:
[22] will ye not be afraid of me? saith the
Lord; and will ye not fear before me, who
have set the sand for a bound to the sea, *as*
a perpetual ordinance, and it shall not pass
it: yea, it shall γrage, but not prevail; and
its waves shall roar, but not pass over it.
[23] But this people has a disobedient and
rebellious heart, and they have turned
aside and gone back: [24] and they have not
said in their heart, Let us fear now the
Lord our God, who gives us the early and
latter rain, according to the season of the
fulfilment of the ordinance of harvest, and
has preserved *it* for us. [25] Your transgres-
sions have turned away these things, and
your sins have removed good things from
you. [26] For among my people were found
ungodly men; and they have set snares to
destroy men, and have caught *them*.
[27] As a snare which has been set is full of
birds, so are their houses full of deceit:
therefore have they grown great, and be-
come rich: [28] and they have transgressed
the rule of judgment; they have not judged
the cause of the orphan, nor have they
judged the cause of the widow. [29] Shall I
not visit for these things? saith the Lord:
and shall not my soul be avenged on such a
nation as this?
[30] Shocking and horrible deeds have been
done on the land; [31] the prophets utter un-
righteous prophecies, and the priests have
clapped their hands: and my people have
loved *to have it* thus: and what will ye do
for the future?
Strengthen yourselves, ye children of
Benjamin, *to flee* out of the midst of Jeru-
salem, and sound an alarm with the trum-
pet in Thecue, and set up a signal over
Bæthacharma: for evil threatens from the
north, and a great destruction is coming.
[2] And *thy* pride, O daughter of Sion, shall
be taken away. [3] The shepherds and their
flocks shall come to her; and they shall
pitch *their* tents against her round about,
and shall feed *their flocks* each with his
hand.
[4] Prepare yourselves for war against her;
rise up, and let us go up against her at

β *Gr.* thresh as corn.   γ *Gr.* be troubled.

noon. Woe to us! for the day has gone down, for the shadows of the day fail. ⁵ Rise, and let us go up against her by night, and destroy her foundations.

⁶ For thus saith the Lord, Hew down her trees, ᵝarray a numerous force against Jerusalem. O false city; *there is* all oppression in her. ⁷ As a cistern cools water, so her wickedness cools her, ungodliness and misery shall be heard in her, *as* continually before her.

⁸ Thou shalt be chastened, O Jerusalem, with pain and the scourge, lest my soul depart from thee; lest I make thee a desert land, which shall not be inhabited.

⁹ For thus saith the Lord, Glean, glean thoroughly as a vine the remnant of Israel: turn back *your hands* as a grape-gatherer to his basket. ¹⁰ To whom shall I speak, and testify, that he may hearken? behold, thine ears are uncircumcised, and they shall not be able to hear: behold, the word of the Lord is become to them a reproach, they will not at all desire it.

¹¹ And I ᵞallowed my wrath to come to the full, yet I kept *it* in, and did not utterly destroy them: I will pour it out on the children without, and on the assembly of young men together: for man and woman shall be taken together, the old man with him that is full of days. ¹² And their houses shall be turned to others, *with* their fields and their wives together: for I will stretch out my hand upon the inhabitants of this land, saith the Lord.

¹³ For from the least of them even to the greatest they have all committed iniquity; from the priest even to the false prophet they have all wrought falsely. ¹⁴ And they healed the breach of my people *imperfectly*, making light *of it*, and saying, Peace, peace: and where is peace? ¹⁵ They were ashamed because they failed; yet they were not ashamed as those who are *truly* ashamed, and they knew not their own disgrace: therefore shall they *utterly* fall when they do fall, and in the time of visitation shall they perish, said the Lord.

¹⁶ Thus saith the Lord, Stand ye in the ways, and see, and ask for the old paths of the Lord; and see what is the good way, and walk in it, and ye shall find purification for your souls. But they said, We will not walk *in them*. ¹⁷ I have set watchmen over you, *saying*, Hear ye the sound of the trumpet. But they said, We will not hear *it*.

¹⁸ Therefore have the nations heard, and they that feed their flocks. ¹⁹ Hear, O earth: behold, I will bring evils upon this people, *even* the fruit of their rebellions; for they have not heeded my words, and they have rejected my law. ²⁰ Wherefore do ye bring me frankincense from Saba, and cinnamon from a land afar off? your whole-burnt-offerings are not acceptable, and your sacrifices have not been pleasant to me. ²¹ Therefore thus saith the Lord, Behold, I *will* bring weakness upon this people, and the fathers and sons shall be weak together; the neighbour and his friend shall perish.

²² Thus saith the Lord, Behold, a people comes from the north, and ᵟnations shall

ἀναβῶμεν ἐπ᾽ αὐτὴν μεσημβρίας· οὐαὶ ἡμῖν, ὅτι κέκλικεν ἡ ἡμέρα, ὅτι ἐκλείπουσιν αἱ σκιαὶ τῆς ἡμέρας. Ἀνάστητε, 5 καὶ ἀναβῶμεν ἐπ᾽ αὐτὴν νυκτὶ, καὶ διαφθείρωμεν τὰ θεμέλια αὐτῆς.

Ὅτι τάδε λέγει Κύριος, ἔκκοψον τὰ ξύλα αὐτῆς, ἔκχεον ἐπὶ 6 Ἱερουσαλὴμ δύναμιν· ὦ πόλις ψευδὴς, ὅλη καταδυναστεία ἐν αὐτῇ. Ὡς ψύχει λάκκος ὕδωρ, οὕτω ψύχει κακία αὐτῆς· ἀσέ- 7 βεια καὶ ταλαιπωρία ἀκουσθήσεται ἐν αὐτῇ ἐπὶ πρόσωπον αὐτῆς διαπαντός·

Πόνῳ καὶ μάστιγι παιδευθήσῃ Ἱερουσαλὴμ, μὴ ἀποστῇ ἡ 8 ψυχή μου ἀπὸ σοῦ, μὴ ποιήσω σε ἄβατον γῆν, ἥτις οὐ κατοικισθῇ.

Ὅτι τάδε λέγει Κύριος, καλαμᾶσθε, καλαμᾶσθε ὡς ἄμπελον 9 τὰ κατάλοιπα τοῦ Ἰσραὴλ, ἐπιστρέψατε ὡς ὁ τρυγῶν ἐπὶ τὸν κάρταλλον αὐτοῦ. Πρὸς τίνα λαλήσω, καὶ διαμαρτύρωμαι, 10 καὶ εἰσακούσεται; ἰδοὺ ἀπερίτμητα τὰ ὦτα αὐτῶν, καὶ οὐ δυνήσονται ἀκούειν· ἰδοὺ τὸ ῥῆμα Κυρίου ἐγένετο αὐτοῖς εἰς ὀνειδισμὸν, οὐ μὴ βουληθῶσιν αὐτό.

Καὶ τὸν θυμόν μου ἔπλησα, καὶ ἐπέσχον, καὶ οὐ συνετέλεσα 11 αὐτούς· ἐκχεῶ ἐπὶ νήπια ἔξωθεν, καὶ ἐπὶ συναγωγὴν νεανίσκων ἅμα, ὅτι ἀνὴρ καὶ γυνὴ συλληφθήσονται, πρεσβύτερος μετὰ πλήρους ἡμερῶν. Καὶ μεταστραφήσονται αἱ οἰκίαι αὐτῶν εἰς 12 ἑτέρους, ἀγροὶ καὶ αἱ γυναῖκες αὐτῶν ἐπιτοαυτό· ὅτι ἐκτενῶ τὴν χεῖρά μου ἐπὶ τοὺς κατοικοῦντας τὴν γῆν ταύτην, λέγει Κύριος.

Ὅτι ἀπὸ μικροῦ αὐτῶν καὶ ἕως μεγάλου πάντες συνετελέ- 13 σαντο ἄνομα, ἀπὸ ἱερέως καὶ ἕως ψευδοπροφήτου πάντες ἐποίησαν ψευδῆ. Καὶ ἰῶντο σύντριμμα τοῦ λαοῦ μου, ἐξου- 14 θενοῦντες καὶ λέγοντες, εἰρήνη εἰρήνη· καὶ ποῦ ἐστιν εἰρήνη; Κατησχύνθησαν, ὅτι ἐξελίποσαν· καὶ οὐδ᾽ ὡς καταισχυνόμενοι 15 κατησχύνθησαν, καὶ τὴν ἀτιμίαν αὐτῶν οὐκ ἔγνωσαν· διατοῦτο πεσοῦνται ἐν τῇ πτώσει αὐτῶν, καὶ ἐν καιρῷ ἐπισκοπῆς ἀπολοῦνται, εἶπε Κύριος.

Τάδε λέγει Κύριος, στῆτε ἐπὶ ταῖς ὁδοῖς, καὶ ἴδετε, καὶ 16 ἐρωτήσατε τρίβους Κυρίου αἰωνίους· καὶ ἴδετε ποία ἐστὶν ἡ ὁδὸς ἡ ἀγαθὴ, καὶ βαδίζετε ἐν αὐτῇ, καὶ εὑρήσετε ἁγνισμὸν ταῖς ψυχαῖς ὑμῶν· Καὶ εἶπαν, οὐ πορευσόμεθα. Καθέστακα ἐφ᾽ 17 ὑμᾶς σκοπούς· ἀκούσατε τῆς φωνῆς τῆς σάλπιγγος· καὶ εἶπαν, οὐκ ἀκουσόμεθα.

Διὰ τοῦτο ἤκουσαν τὰ ἔθνη, καὶ οἱ ποιμαίνοντες τὰ ποίμνια 18 αὐτῶν. Ἄκουε γῆ, ἰδοὺ ἐγὼ ἐπάγω ἐπὶ τὸν λαὸν τοῦτον κακὰ, 19 τὸν καρπὸν ἀποστροφῆς αὐτῶν, ὅτι τῶν λόγων μου οὐ προσέσχον, καὶ τὸν νόμον μου ἀπώσαντο. Ἱνατί μοι λίβανον 20 ἐκ Σαβᾶ φέρετε, καὶ κινάμωμον ἐκ γῆς μακρόθεν; τὰ ὁλοκαυτώματα ὑμῶν οὐκ εἰσὶ δεκτὰ, καὶ αἱ θυσίαι ὑμῶν οὐχ ἥδυνάν μοι. Διατοῦτο τάδε λέγει Κύριος, ἰδοὺ ἐγὼ δίδωμι 21 ἐπὶ τὸν λαὸν τοῦτον ἀσθένειαν, καὶ ἀσθενήσουσι πατέρες καὶ υἱοὶ ἅμα, γείτων καὶ ὁ πλησίον αὐτοῦ ἀπολοῦνται.

Τάδε λέγει Κύριος, ἰδοὺ λαὸς ἔρχεται ἀπὸ Βορρᾶ, καὶ ἔθνη 22

β *Gr.* pour out a force.   γ *Gr.* filled my wrath.   δ *Heb.* and *Alex.* ʻa great nation.'

23 ἐξεγερθήσονται ἀπ᾽ ἐσχάτου τῆς γῆς. Τόξον καὶ ζιβύνην κρατήσουσιν· ἰταμός ἐστι, καὶ οὐκ ἐλεήσει· φωνὴ αὐτοῦ, ὡς θάλασσα κυμαίνουσα· ἐφ᾽ ἵπποις καὶ ἅρμασι παρατάξεται ὡς πῦρ εἰς πόλεμον πρὸς σέ, θύγατερ Σιών.

24 Ἠκούσαμεν τὴν ἀκοὴν αὐτῶν, παρελύθησαν αἱ χεῖρες ἡμῶν,

25 θλῖψις κατέσχεν ἡμᾶς, ὠδῖνες ὡς τικτούσης. Μὴ ἐκπορεύεσθε εἰς ἀγρόν, καὶ ἐν ταῖς ὁδοῖς μὴ βαδίζετε, ὅτι ῥομφαία τῶν

26 ἐχθρῶν παροικεῖ κυκλόθεν. Θύγατερ λαοῦ μου περίζωσαι σάκκον, κατάπασσε ἐν σποδῷ, πένθος ἀγαπητοῦ ποιῆσαι σεαυτῇ κοπετὸν οἰκτρόν, ὅτι ἐξαίφνης ἥξει ταλαιπωρία ἐφ᾽ ὑμᾶς.

27 Δοκιμαστὴν δέδωκά σε ἐν λαοῖς δεδοκιμασμένοις, καὶ γνώσῃ

28 με ἐν τῷ δοκιμάσαι με τὴν ὁδὸν αὐτῶν, πάντες ἀνήκοοι πορευό- μενοι σκολιῶς· χαλκὸς καὶ σίδηρος, πάντες διεφθαρμένοι εἰσίν.

29 Ἐξέλιπε φυσητὴρ ἀπὸ πυρός, ἐξέλιπε μόλιβος· εἰς κενὸν

30 ἀργυροκόπος ἀργυροκοπεῖ, πονηρία αὐτῶν οὐκ ἐτάκη. Ἀργύ- ριον ἀποδεδοκιμασμένον καλέσατε αὐτούς, ὅτι ἀπεδοκίμασεν αὐτοὺς Κύριος.

7. 2 Ἀκούσατε λόγον Κυρίου πᾶσα Ἰουδαία. Τάδε λέγει

3 Κύριος ὁ Θεὸς Ἰσραήλ, διορθώσατε τὰς ὁδοὺς ὑμῶν, καὶ τὰ ἐπιτηδεύματα ὑμῶν, καὶ κατοικιῶ ὑμᾶς ἐν τῷ τόπῳ τούτῳ.

4 Μὴ πεποίθατε ἐφ᾽ ἑαυτοῖς ἐπὶ λόγοις ψευδέσιν, ὅτι τὸ παράπαν οὐκ ὠφελήσουσιν ὑμᾶς, λέγοντες, ναὸς Κυρίου, ναὸς Κυρίου ἐστίν.

5 Ὅτι ἐὰν διορθοῦντες διορθώσητε τὰς ὁδοὺς ὑμῶν καὶ τὰ ἐπιτηδεύματα ὑμῶν, καὶ ποιοῦντες ποιήσητε κρίσιν ἀναμέσον

6 ἀνδρός, καὶ ἀναμέσον τοῦ πλησίον αὐτοῦ, καὶ προσήλυτον καὶ ὀρφανὸν καὶ χήραν μὴ καταδυναστεύσητε, καὶ αἷμα ἀθῶον μὴ ἐκχέητε ἐν τῷ τόπῳ τούτῳ, καὶ ὀπίσω θεῶν ἀλλοτρίων μὴ

7 πορεύησθε εἰς κακὸν ὑμῖν, καὶ κατοικιῶ ὑμᾶς ἐν τῷ τόπῳ τούτῳ ἐν γῇ ᾗ ἔδωκα τοῖς πατράσιν ὑμῶν ἐξ αἰῶνος καὶ ἕως αἰῶνος.

8 Εἰ δὲ ὑμεῖς πεποίθατε ἐπὶ λόγοις ψευδέσιν, ὅθεν οὐκ ὠφελη-

9 θήσεσθε, καὶ φονεύετε, καὶ μοιχᾶσθε, καὶ κλέπτετε, καὶ ὀμνύετε ἐπ᾽ ἀδίκῳ, καὶ θυμιᾶτε τῇ Βάαλ, καὶ ἐπορεύεσθε ὀπίσω θεῶν

10 ἀλλοτρίων, ὧν οὐκ οἴδατε, τοῦ κακῶς εἶναι ὑμῖν, καὶ ἤλθετε καὶ ἔστητε ἐνώπιον ἐμοῦ ἐν τῷ οἴκῳ οὗ ἐπικέκληται τὸ ὄνομά μου ἐπ᾽ αὐτῷ, καὶ εἴπατε, ἀπεσχήμεθα τοῦ μὴ ποιεῖν πάντα τὰ

11 βδελύγματα ταῦτα. Μὴ σπήλαιον λῃστῶν ὁ οἶκός μου, οὗ ἐπικέκληται τὸ ὄνομά μου ἐπ᾽ αὐτῷ ἐκεῖ ἐνώπιον ὑμῶν; καὶ

12 ἰδοὺ ἐγὼ ἑώρακα, λέγει Κύριος. Ὅτι πορεύθητε εἰς τὸν τόπον μου τὸν ἐν Σηλώ, οὗ κατεσκήνωσα τὸ ὄνομά μου ἐκεῖ ἔμπροσθεν, καὶ ἴδετε ἃ ἐποίησα αὐτῷ ἀπὸ προσώπου κακίας λαοῦ μου Ἰσραήλ.

13 Καὶ νῦν ἀνθ᾽ ὧν ἐποιήσατε πάντα τὰ ἔργα ταῦτα, καὶ ἐλά- λησα πρὸς ὑμᾶς καὶ οὐκ ἠκούσατέ μου, καὶ ἐκάλεσα ὑμᾶς καὶ

14 οὐκ ἀπεκρίθητε, τοίνυν κἀγὼ ποιήσω τῷ οἴκῳ ᾧ ἐπικέκληται τὸ ὄνομά μου ἐπ᾽ αὐτῷ, ἐφ᾽ ᾧ ὑμεῖς πεποίθατε ἐπ᾽ αὐτῷ, καὶ τῷ τόπῳ ᾧ ἔδωκα ὑμῖν καὶ τοῖς πατράσιν ὑμῶν, καθὼς

15 ἐποίησα τῇ Σηλώ. Καὶ ἀπορρίψω ὑμᾶς ἀπὸ προσώπου

be stirred up from the end of the earth. [23] They shall lay hold on bow and spear; *the people* is fierce, and will have no mercy; their voice is as the roaring sea; they shall array themselves for war against thee as fire on horses and chariots, O daughter of Sion. [24] We have heard the report of them: our hands are weakened: anguish has seized us, the pangs as of a woman in travail. [25] Go not forth into the field, and walk not in the ways; for the sword of the enemy lingers round about. [26] O daughter of my people, gird thyself with sackcloth: sprinkle *thyself* with ashes; make for thyself pitiable lamentation, *as* the mourning for a beloved *son:* for misery will come suddenly upon you.

[27] I have caused thee to be tried among tried nations, and thou shalt know me when I have tried their way. [28] *They are* all disobedient, walking perversely: *they are* brass and iron; they are all corrupted. [29] The bellows have failed from the fire, the lead has failed: the silversmith works at his trade in vain; their wickedness *β*is not consumed. [30] Call ye them reprobate silver, because the Lord has rejected them.

[2] Hear ye the word of the Lord, all Judea. [3] Thus saith the Lord God of Israel, Correct your ways and your devices, and I will cause you to dwell in this place. [4] Trust not in yourselves with lying words, for they shall not profit you at all, saying, It is the temple of the Lord, the temple of the Lord.

[5] For if ye thoroughly correct your ways and your practices, and do indeed execute judgment between a man and his neighbour; [6] and oppress not the stranger, and the orphan, and the widow, and shed not innocent blood in this place, and go not after strange gods to your hurt: [7] then will I cause you to dwell in this place, in the land which I gave to your fathers of old and for ever.

[8] But whereas ye have trusted in lying words, whereby ye shall not be profited; [9] and ye murder, and commit adultery, and steal, and swear falsely, and burn incense to Baal, and are gone after strange gods whom ye know not, [10] so that it is evil with you; yet have ye come, and stood before me in the house, whereon my name is called, and ye have said, We have refrained from doing all these abominations. [11] Is my house, whereon my name is called, γa den of robbers in your eyes? And, behold, I have seen *it*, saith the Lord. [12] For go ye to my place which is in Selo, where I caused my name to dwell before, and see what I did to it because of the wickedness of my people Israel.

[13] And now, because ye have done all these deeds, and I spoke to you, but ye hearkened not to me; and I called you, but ye answered not; [14] therefore I also will do to the house whereon my name is called, wherein ye trust, and to the place which I gave to you and to your fathers, as I did to Selo. [15] And I will cast you out of

---

β *Gr.* has not been melted away.   γ Mat. 21. 13.

my sight, as I cast away your brethren, all the seed of Ephraim.

[16] Therefore pray not thou for this people, and intercede not for them to be pitied, yea, pray not, and approach me not for them: for I will not hearken *unto thee.* [17] Seest thou not what they do in the cities of Juda, and in the streets of Jerusalem? [18] Their children gather wood, and their fathers kindle a fire, and their women knead dough, to make cakes to the host of heaven; and they have poured out drink-offerings to strange gods, that they might provoke me to anger. [19] Do they provoke me to anger? saith the Lord: do they not *provoke* themselves, that their faces may be ashamed? [20] Therefore thus saith the Lord; Behold, my anger and wrath β shall be poured out upon this place, and upon the men, and upon the cattle, and upon every tree of their field, and upon the fruits of the land; and it shall burn, and not be quenched. [21] Thus saith the Lord, Gather your whole-burnt-offerings, and eat flesh. [22] For I spoke not to your fathers, and commanded them not in the day wherein I brought them up out of the land of Egypt, concerning whole-burnt-offerings and sacrifice; [23] but I commanded them this thing, saying, Hear ye my voice, and I will be to you a God, and ye shall be to me a people: and walk ye in all my ways, which I shall command you, that it may be well with you. [24] But they hearkened not to me, and their ear gave no heed, but they walked in the imaginations of their evil heart, and went backward, and not forward; [25] from the day that their fathers went forth out of the land of Egypt, even until this day. And I sent to you all my servants, the prophets, by day and early in the morning: yea, I sent *them,* [26] but they hearkened not to me, and their ear gave no heed; and they made their neck harder than their fathers.

[27] Therefore thou shalt speak this word to them; [28] This is the nation which has not hearkened to the voice of the Lord, nor received correction: truth has failed from their mouth.

[29] Cut off thine hair, and cast it away, and take up a lamentation on thy lips; for the Lord has reprobated and rejected the generation that does these things. [30] For the children of Juda have wrought evil before me, saith the Lord; they have set their abominations in the house on which my name is called, to defile it. [31] And they have built the altar of Tapheth, which is in the valley of the son of Ennom, to burn their sons and their daughters with fire; which I did not command them *to do,* neither did I design it in my heart. [32] Therefore, behold, the days come, saith the Lord, when they shall no more say, The altar of Tapheth, and the valley of the son of Ennom, but, The valley of the slain; and they shall bury in Tapheth, for want of room. [33] And the dead bodies of this people shall be for food to the birds of the sky, and to the wild beasts of the earth; and there shall be none to drive *them* away. [34] And I

μου, καθὼς ἀπέρριψα τοὺς ἀδελφοὺς ὑμῶν, πᾶν τὸ σπέρμα Ἐφραΐμ.

Καὶ σὺ μὴ προσεύχου περὶ τοῦ λαοῦ τούτου, καὶ μὴ ἀξιοῦ 16 τοῦ ἐλεηθῆναι αὐτούς, καὶ μὴ εὔχου, καὶ μὴ προσέλθῃς μοι περὶ αὐτῶν, ὅτι οὐκ εἰσακούσομαι. Ἢ οὐχ ὁρᾷς, τί αὐτοὶ ποιοῦσιν 17 ἐν ταῖς πόλεσιν Ἰούδα, καὶ ἐν ταῖς ὁδοῖς Ἱερουσαλήμ; Οἱ 18 υἱοὶ αὐτῶν συλλέγουσι ξύλα, καὶ οἱ πατέρες αὐτῶν καίουσι πῦρ, καὶ αἱ γυναῖκες αὐτῶν τρίβουσι σταῖς, τοῦ ποιῆσαι χαυῶνας τῇ στρατιᾷ τοῦ οὐρανοῦ, καὶ ἔσπεισαν σπονδὰς θεοῖς ἀλλοτρίοις, ἵνα παροργίσωσί με. Μὴ ἐμὲ αὐτοὶ παροργί- 19 ζουσι; λέγει Κύριος· οὐχὶ ἑαυτούς, ὅπως καταισχυνθῇ τὰ πρόσωπα αὐτῶν;

Διατοῦτο τάδε λέγει Κύριος, ἰδοὺ ὀργὴ καὶ θυμός μου χεῖται 20 ἐπὶ τὸν τόπον τοῦτον, καὶ ἐπὶ τοὺς ἀνθρώπους, καὶ ἐπὶ τὰ κτήνη, καὶ ἐπὶ πᾶν ξύλου τοῦ ἀγροῦ αὐτῶν, καὶ ἐπὶ τὰ γεννήματα τῆς γῆς, καὶ καυθήσεται καὶ οὐ σβεσθήσεται.

Τάδε λέγει Κύριος, τὰ ὁλοκαυτώματα ὑμῶν συναγάγετε μετὰ 21 τῶν θυσιῶν ὑμῶν, καὶ φάγετε κρέα. Ὅτι οὐκ ἐλάλησα πρὸς 22 τοὺς πατέρας ὑμῶν, καὶ οὐκ ἐνετειλάμην αὐτοῖς ἐν ἡμέρᾳ ᾗ ἀνήγαγον αὐτοὺς ἐκ γῆς Αἰγύπτου, περὶ ὁλοκαυτωμάτων καὶ θυσίας. Ἀλλ' ἢ τὸ ῥῆμα τοῦτο ἐνετειλάμην αὐτοῖς, λέγων, 23 ἀκούσατε τῆς φωνῆς μου, καὶ ἔσομαι ὑμῖν εἰς Θεόν, καὶ ὑμεῖς ἔσεσθέ μοι εἰς λαόν, καὶ πορεύεσθε ἐν πάσαις ταῖς ὁδοῖς μου, αἷς ἂν ἐντείλωμαι ὑμῖν, ὅπως ἂν εὖ ᾖ ὑμῖν. Καὶ οὐκ ἤκουσάν 24 μου, καὶ οὐ προσέσχε τὸ οὖς αὐτῶν, ἀλλ' ἐπορεύθησαν ἐν τοῖς ἐνθυμήμασι τῆς καρδίας αὐτῶν τῆς κακῆς, καὶ ἐγενήθησαν εἰς τὰ ὄπισθεν· καὶ οὐκ εἰς τὰ ἔμπροσθεν, ἀφ' ἧς ἡμέρας ἐξῆλ- 25 θοσαν οἱ πατέρες αὐτῶν ἐκ γῆς Αἰγύπτου, καὶ ἕως τῆς ἡμέρας ταύτης· καὶ ἐξαπέστειλα πρὸς ὑμᾶς πάντας τοὺς δούλους μου, τοὺς προφήτας, ἡμέρας καὶ ὄρθρου, καὶ ἀπέστειλα, καὶ οὐκ 26 εἰσήκουσάν μου, καὶ οὐ προσέσχε τὸ οὖς αὐτῶν, καὶ ἐσκλήρυναν τὸν τράχηλον αὐτῶν ὑπὲρ τοὺς πατέρας αὐτῶν.

Καὶ ἐρεῖς αὐτοῖς τοῦτον τὸν λόγον, τοῦτο τὸ ἔθνος ὃ οὐκ 27, 28 ἤκουσε τῆς φωνῆς Κυρίου, οὐδὲ ἐδέξατο παιδείαν, ἐξέλιπεν ἡ πίστις ἐκ στόματος αὐτῶν.

Κεῖρε τὴν κεφαλήν σου, καὶ ἀπόρριπτε, καὶ ἀνάλαβε ἐπὶ 29 χειλέων θρῆνον, ὅτι ἀπεδοκίμασε Κύριος, καὶ ἀπώσατο τὴν γενεὰν τὴν ποιοῦσαν ταῦτα. Ὅτι ἐποίησαν οἱ υἱοὶ Ἰούδα τὸ 30 πονηρὸν ἐναντίον ἐμοῦ, λέγει Κύριος· ἔταξαν τὰ βδελύγματα αὐτῶν ἐν τῷ οἴκῳ, οὗ ἐπικέκληται τὸ ὄνομά μου ἐπ' αὐτόν, τοῦ μιᾶναι αὐτόν. Καὶ ᾠκοδόμησαν τὸν βωμὸν τοῦ Ταφέθ, ὅς 31 ἐστιν ἐν φάραγγι υἱοῦ Ἐννόμ, τοῦ κατακαίειν τοὺς υἱοὺς αὐτῶν καὶ τὰς θυγατέρας αὐτῶν ἐν πυρί, ὃ οὐκ ἐνετειλάμην αὐτοῖς, καὶ οὐ διενοήθην ἐν τῇ καρδίᾳ μου.

Διατοῦτο ἰδοὺ ἡμέραι ἔρχονται, λέγει Κύριος, καὶ οὐκ ἐροῦ- 32 σιν ἔτι, Βωμὸς τοῦ Ταφὲθ καὶ φάραγξ υἱοῦ Ἐννόμ, ἀλλ' ἡ φάραγξ τῶν ἀνῃρημένων· καὶ θάψουσιν ἐν τῷ Ταφέθ, διὰ τὸ μὴ ὑπάρχειν τόπον. Καὶ ἔσονται οἱ νεκροὶ τοῦ λαοῦ τούτου εἰς 33 βρῶσιν τοῖς πετεινοῖς τοῦ οὐρανοῦ, καὶ τοῖς θηρίοις τῆς γῆς, καὶ οὐκ ἔσται ὁ ἀποσοβῶν. Καὶ καταλύσω ἐκ πόλεων Ἰούδα 34

β *Gr.* is being poured.   γ *Or,* sacrifices.

καὶ ἐκ διόδων Ἱερουσαλὴμ φωνὴν εὐφραινομένων, καὶ φωνὴν χαιρόντων, φωνὴν νυμφίου, καὶ φωνὴν νύμφης, ὅτι εἰς ἐρήμωσιν ἔσται πᾶσα ἡ γῆ.

8 Ἐν τῷ καιρῷ ἐκείνῳ, λέγει Κύριος, ἐξοίσουσι τὰ ὀστᾶ τῶν βασιλέων Ἰούδα, καὶ τὰ ὀστᾶ τῶν ἀρχόντων αὐτοῦ, καὶ τὰ ὀστᾶ τῶν ἱερέων, καὶ τὰ ὀστᾶ προφητῶν, καὶ τὰ ὀστᾶ τῶν κατοικούν-
2 των ἐν Ἱερουσαλὴμ ἐκ τῶν τάφων αὐτῶν, καὶ ψύξουσιν αὐτὰ πρὸς τὸν ἥλιον καὶ τὴν σελήνην, καὶ πρὸς πάντας τοὺς ἀστέρας, καὶ πρὸς πᾶσαν τὴν στρατιὰν τοῦ οὐρανοῦ, ἃ ἠγάπησαν, καὶ οἷς ἐδούλευσαν, καὶ ὧν ἐπορεύθησαν ὀπίσω αὐτῶν, καὶ ὧν ἀντ-είχοντο, καὶ οἷς προσεκύνησαν αὐτοῖς· οὐ κοπήσονται, καὶ οὐ ταφήσονται, καὶ ἔσονται εἰς παράδειγμα ἐπὶ πρόσωπον τῆς γῆς,
3 ὅτι εἵλοντο τὸν θάνατον ἢ τὴν ζωήν, καὶ πᾶσι τοῖς καταλοίποις τοῖς καταλειφθεῖσιν ἀπὸ τῆς γενεᾶς ἐκείνης, ἐν παντὶ τόπῳ οὗ ἐὰν ἐξώσω αὐτοὺς ἐκεῖ.

4 Ὅτι τάδε λέγει Κύριος, μὴ ὁ πίπτων οὐκ ἀνίσταται; ἢ ὁ
5 ἀποστρέφων οὐκ ἀναστρέφει; Διατί ἀπέστρεψεν ὁ λαός μου οὗτος ἀποστροφὴν ἀναιδῆ, καὶ κατεκρατήθησαν ἐν τῇ προ-
6 αιρέσει αὐτῶν, καὶ οὐκ ἠθέλησαν τοῦ ἐπιστρέψαι; ἐνωτίσασθε δὴ, καὶ ἀκούσατε· οὐχ οὕτω λαλήσουσιν, οὐκ ἔστιν ἄνθρωπος ὁ μετανοῶν ἀπὸ τῆς κακίας αὐτοῦ, λέγων, τί ἐποίησα; διέλιπεν ὁ τρέχων ἀπὸ τοῦ δρόμου αὐτοῦ, ὡς ἵππος κάθιδρος ἐν χρεμε-
7 τισμῷ αὐτοῦ. Καὶ ἡ ἀσίδα ἐν τῷ οὐρανῷ ἔγνω τὸν καιρὸν αὐτῆς, τρυγὼν καὶ χελιδὼν ἀγροῦ, στρουθία ἐφύλαξαν καιροὺς εἰσόδων ἑαυτῶν, ὁ δὲ λαός μου οὗτος οὐκ ἔγνω τὰ κρίματα Κυρίου.

8 Πῶς ἐρεῖτε, ὅτι σοφοί ἐσμεν ἡμεῖς, καὶ νόμος Κυρίου μεθ᾽ ἡμῶν ἐστιν; εἰς μάτην ἐγενήθη σχοῖνος ψευδὴς γραμματεῦσιν.
9 Ἠσχύνθησαν σοφοί, καὶ ἐπτοήθησαν καὶ ἑάλωσαν, ὅτι τὸν
10 νόμον Κυρίου ἀπεδοκίμασαν· σοφία τίς ἐστιν ἐν αὐτοῖς; Διατοῦτο δώσω τὰς γυναῖκας αὐτῶν ἑτέροις, καὶ τοὺς ἀγροὺς αὐτῶν τοῖς κληρονόμοις, καὶ συνάξουσι τὰ γεννήματα αὐτῶν, λέγει
13 Κύριος. Οὐκ ἔστι σταφυλὴ ἐν ταῖς ἀμπέλοις, καὶ οὐκ ἔστι σῦκα ἐν ταῖς συκαῖς, καὶ τὰ φύλλα κατερρύηκεν.

14 Ἐπὶ τί ἡμεῖς καθήμεθα; συνάχθητε, καὶ εἰσέλθωμεν εἰς τὰς πόλεις τὰς ὀχυρὰς, καὶ ἀπορριφῶμεν ἐκεῖ, ὅτι ὁ Θεὸς ἀπέρριψεν ἡμᾶς, καὶ ἐπότισεν ἡμᾶς ὕδωρ χολῆς, ὅτι ἡμάρτομεν ἐναντίον
15 αὐτοῦ. Συνήχθημεν εἰς εἰρήνην, καὶ οὐκ ἦν ἀγαθά, εἰς καιρὸν ἰάσεως, καὶ ἰδοὺ σπουδή.

16 Ἐκ Δὰν ἀκουσόμεθα φωνὴν ὀξύτητος ἵππων αὐτοῦ· ἀπὸ φωνῆς χρεμετισμοῦ ἱππασίας ἵππων αὐτοῦ ἐσείσθη πᾶσα ἡ γῆ. καὶ ἥξει καὶ καταφάγεται τὴν γῆν, καὶ τὸ πλήρωμα
17 αὐτῆς, πόλιν καὶ τοὺς κατοικοῦντας ἐν αὐτῇ. Διότι ἰδοὺ ἐγὼ ἐξαποστέλλω εἰς ὑμᾶς ὄφεις θανατοῦντας, οἷς οὐκ ἔστιν
18 ἐπᾶσαι, καὶ δήξονται ὑμᾶς ἀνίατα μετ᾽ ὀδύνης καρδίας ὑμῶν ἀπορουμένης.

19 Ἰδοὺ φωνὴ κραυγῆς θυγατρὸς λαοῦ μου ἀπὸ γῆς μακρόθεν· μὴ Κύριος οὐκ ἔστιν ἐν Σιών; ἢ βασιλεὺς οὐκ ἔστιν ἐκεῖ;

will destroy out of the cities of Juda, and the streets of Jerusalem, the voice of them that make merry, and the voice of them that rejoice, the voice of the bridegroom, and the voice of the bride; for the whole land shall become a desolation.

At that time, saith the Lord, they shall bring out the bones of the kings of Juda, and the bones of his princes, and the bones of the priests, and the bones of the prophets, and the bones of the inhabitants of Jerusalem, out of their graves; [2] and they shall β spread them out to the sun, and the moon, and to all the stars, and to all the host of heaven, which they have loved, and which they have served, and after which they have walked, and to which they have held, and which they have worshipped; they shall not be mourned for, neither shall they be buried; but they shall be for an example on the face of the earth, [3] because they chose death rather than life, even to all the remnant that are left of that family, in every place whither I shall drive them out.

[4] For thus saith the Lord, γ Shall not he that falls arise? or he that turns away, shall he not turn back again? [5] Wherefore has this my people turned away with a shameless revolting, and strengthened themselves in their wilfulness, and refused to return? [6] Hearken, I pray you, and hear: will they not speak thus, There is no man that repents of his wickedness, saying, What have I done? the runner has failed from his course, as a tired horse in his neighing. [7] Yea, the stork in the heaven knows her time, also the turtle-dove and wild swallow; the sparrows observe the times of their coming in; but this my people knows not the judgments of the Lord.

[8] How will ye say, We are wise, and the law of the Lord is with us? In vain have the scribes used a false pen. [9] The wise men are ashamed, and alarmed, and taken; because they have rejected the word of the Lord; what wisdom is there in them? [10] Therefore will I give their wives to others, and their fields to new inheritors; and they shall gather their fruits, saith the Lord. [13] There are no grapes on the vines, and there are no figs on the fig-trees, and the leaves have fallen off.

[14] Why do we sit still? assemble yourselves, and let us enter into the strong cities, and let us be cast out there: for God has cast us out, and made us drink water of gall, because we have sinned before him. [15] We assembled for peace, but there was no prosperity; for a time of healing, but behold anxiety.

[16] We shall hear the neighing of his swift horses out of Dan: the whole land quaked at the sound of the δ neighing of his horses; and he shall come, and devour the land and the fulness of it; the city, and them that dwell in it. [17] For, behold, I send forth against you deadly serpents, which cannot be charmed, and they shall bite you [18] mortally with the pain of your distressed heart.

[19] Behold, there is a sound of the cry of the daughter of my people from a land afar off: Is not the Lord in Sion? is there not

---

β Lit. cool or refresh. See 2 Kings (2 Sam.) 17. 19.   γ Gr. does not.   δ Gr. of the riding of his horses.

a king there? because they have provoked me with their graven *images,* and with strange vanities. ²⁰ The summer is gone, the harvest is past, and we are not saved.

²¹ For the breach of the daughter of my people I have been saddened: in my perplexity pangs have seized upon me as of a woman in travail. ²² And is there no balm in Galaad, or is there no physician there? why has not the healing of the daughter of my people taken place?

Who will give water to my head, and a fountain of tears to my eyes? then would I weep for this my people day and night, *even* for the slain of the daughter of my people.

² Who would give me a most distant lodge in the wilderness, that I might leave my people, and depart from them? for they all commit adultery, an assembly of treacherous men. ³ And they have bent their tongue like a bow: falsehood and not faithfulness has prevailed upon the earth; for they have gone on from evil to evil, and have not known me, saith the Lord. ⁴ Beware ye each of his neighbour, and trust ye not in your brethren: for every one will surely supplant, and every friend will walk craftily. ⁵ Every one will mock his friend; they will not speak truth: their tongue has learned to speak falsehoods; they have committed iniquity, they ceased not, ^βso as to return. ⁶ *There is* usury upon usury, and deceit upon deceit: they would not know me, saith the Lord.

⁷ Therefore thus saith the Lord, Behold, I will try them with fire, and prove them; for I will do *thus* because of the wickedness of the daughter of my people. ⁸ Their tongue is a wounding arrow; the words of their mouth are deceitful: *one* speaks peaceably to his neighbour, but in himself retains enmity. ⁹ Shall I not visit for these things? saith the Lord: and shall not my soul be avenged on such a people as this? ¹⁰ Take up a lamentation for the mountains, and a mournful dirge for the paths of the wilderness, for they are desolate for want of men; they heard not the sound of life from the birds of the sky, nor the cattle: they were amazed, they are gone. ¹¹ And I will remove the inhabitants of Jerusalem, and make it a dwelling-place of dragons; and I will utterly waste the cities of Juda, so that they shall not be inhabited.

¹² Who is the wise man, that he may understand this? and he that has the word of the Lord of the mouth of the Lord *addressed* to him, let him tell you wherefore the land has been destroyed, has been ravaged by fire like a desert, so that no one passes through it. ¹³ And the Lord said to me, Because they have forsaken my law, which I set before them, and have not hearkened to my voice; ¹⁴ but went after the lusts of their evil heart, and after the idols which their fathers taught them *to worship:* ¹⁵ therefore thus saith the Lord God of Israel, Behold, I will feed them with trouble and will cause them to drink water of gall: ¹⁶ and I will scatter them among the nations, to them whom neither they nor their fathers knew; and I will send a sword upon them, until I have consumed them with it.

διότι παρώργισάν με ἐν τοῖς γλυπτοῖς αὐτῶν, καὶ ἐν ματαίοις ἀλλοτρίοις. Διῆλθε θέρος, παρῆλθεν ἀμητὸς, καὶ ἡμεῖς οὐ 20 διεσώθημεν.

Ἐπὶ συντρίμματι θυγατρὸς λαοῦ μου ἐσκοτώθην· ἐν ἀπορίᾳ 21 κατίσχυσάν με ὠδῖνες ὡς τικτούσης. Καὶ μὴ ῥητίνη οὐκ ἔστιν 22 ἐν Γαλαὰδ, ἢ ἰατρὸς οὐκ ἔστιν ἐκεῖ; διατί οὐκ ἀνέβη ἴασις θυγατρὸς λαοῦ μου;

Τίς δώσει κεφαλῇ μου ὕδωρ, καὶ ὀφθαλμοῖς μου πηγὴν 9 δακρύων; καὶ κλαύσομαι τὸν λαόν μου τοῦτον ἡμέρας καὶ νυκτὸς, τοὺς τετραυματισμένους θυγατρὸς λαοῦ μου.

Τίς δῴη μοι ἐν τῇ ἐρήμῳ σταθμὸν ἔσχατον, καὶ καταλείψω 2 τὸν λαόν μου, καὶ ἀπελεύσομαι ἀπ᾽ αὐτῶν; ὅτι πάντες μοιχῶνται, σύνοδος ἀθετούντων, καὶ ἐνέτειναν τὴν γλῶσσαν αὐτῶν ὡς 3 τόξον· ψεῦδος, καὶ οὐ πίστις ἐνίσχυσεν ἐπὶ τῆς γῆς, ὅτι ἐκ κακῶν εἰς κακὰ ἐξήλθοσαν, καὶ ἐμὲ οὐκ ἔγνωσαν, φησὶ Κύριος. Ἕκαστος ἀπὸ τοῦ πλησίον αὐτοῦ φυλάξασθε, καὶ ἐπ᾽ ἀδελφοῖς 4 αὐτῶν μὴ πεποίθατε, ὅτι πᾶς ἀδελφὸς πτέρνῃ πτερνιεῖ, καὶ πᾶς φίλος δολίως πορεύσεται. Ἕκαστος κατὰ τοῦ φίλου αὐτοῦ 5 καταπαίξεται, ἀλήθειαν οὐ μὴ λαλήσωσι· μεμάθηκεν ἡ γλῶσσα αὐτῶν λαλεῖν ψευδῆ, ἠδίκησαν, καὶ οὐ διέλιπον τοῦ ἐπιστρέψαι. Τόκος ἐπὶ τόκῳ, καὶ δόλος ἐπὶ δόλῳ· οὐκ ἤθελον εἰδέναι με, 6 φησὶ Κύριος.

Διατοῦτο τάδε λέγει Κύριος, ἰδοὺ ἐγὼ πυρώσω αὐτοὺς, καὶ 7 δοκιμῶ αὐτούς· ὅτι ποιήσω ἀπὸ προσώπου πονηρίας θυγατρὸς λαοῦ μου. Βολὶς τιτρώσκουσα ἡ γλῶσσα αὐτῶν, δόλια τὰ 8 ῥήματα τοῦ στόματος αὐτῶν· τῷ πλησίον αὐτοῦ λαλεῖ εἰρηνικὰ, καὶ ἐν ἑαυτῷ ἔχει τὴν ἔχθραν. Μὴ ἐπὶ τούτοις οὐκ ἐπισκέ- 9 ψομαι; λέγει Κύριος· ἢ ἐν λαῷ τοιούτῳ οὐκ ἐκδικήσει ἡ ψυχή μου; Ἐπὶ τὰ ὄρη λάβετε κοπετὸν, καὶ ἐπὶ τὰς τρίβους τῆς 10 ἐρήμου θρῆνον, ὅτι ἐξέλιπον παρὰ τὸ μὴ εἶναι ἀνθρώπους· οὐκ ἤκουσαν φωνὴν ὑπάρξεως ἀπὸ πετεινῶν τοῦ οὐρανοῦ, καὶ ἕως κτηνῶν, ἐξέστησαν, ᾤχοντο. Καὶ δώσω τὴν Ἱερουσαλὴμ εἰς 11 μετοικίαν, καὶ εἰς κατοικητήριον δρακόντων, καὶ τὰς πόλεις Ἰούδα εἰς ἀφανισμὸν θήσομαι, παρὰ τὸ μὴ κατοικεῖσθαι.

Τίς ὁ ἄνθρωπος ὁ συνετὸς, καὶ συνέτω τοῦτο; καὶ ᾧ λόγος 12 στόματος Κυρίου πρὸς αὐτὸν, ἀναγγειλάτω ὑμῖν, ἕνεκεν τίνος ἀπώλετο ἡ γῆ, ἀνήφθη, ὡς ἔρημος, παρὰ τὸ μὴ διοδεύεσθαι αὐτήν; Καὶ εἶπε Κύριος πρὸς μὲ, διὰ τὸ ἐγκαταλιπεῖν αὐτοὺς 13 τὸν νόμον μου, ὃν ἔδωκα πρὸ προσώπου αὐτῶν, καὶ οὐκ ἤκουσαν τῆς φωνῆς μου, ἀλλ᾽ ἐπορεύθησαν ὀπίσω τῶν ἀρεστῶν τῆς καρ- 14 δίας αὐτῶν τῆς κακῆς, καὶ ὀπίσω τῶν εἰδώλων ἃ ἐδίδαξαν αὐτοὺς οἱ πατέρες αὐτῶν. Διατοῦτο τάδε λέγει Κύριος ὁ Θεὸς 15 Ἰσραὴλ, ἰδοὺ ἐγὼ ψωμιῶ αὐτοὺς ἀνάγκας, καὶ ποτιῶ αὐτοὺς ὕδωρ χολῆς, καὶ διασκορπιῶ αὐτοὺς ἐν τοῖς ἔθνεσιν, εἰς οὓς οὐκ 16 ἐγίνωσκον αὐτοὶ καὶ οἱ πατέρες αὐτῶν, καὶ ἐπαποστελῶ ἐπ᾽ αὐτοὺς τὴν μάχαιραν, ἕως τοῦ ἐξαναλῶσαι αὐτοὺς ἐν αὐτῇ.

β sc. the right way.

17 Τάδε λέγει Κύριος, καλέσατε τὰς θρηνούσας, καὶ ἐλθέτωσαν,
18 καὶ πρὸς τὰς σοφὰς ἀποστείλατε, καὶ φθεγξάσθωσαν, καὶ λαβέτωσαν ἐφ᾿ ὑμᾶς θρῆνον, καὶ καταγαγέτωσαν οἱ ὀφθαλμοὶ ὑμῶν
19 δάκρυα, καὶ τὰ βλέφαρα ὑμῶν ῥείτω ὕδωρ, ὅτι φωνὴ οἰκτροῦ ἠκούσθη ἐν Σιών· πῶς ἐταλαιπωρήσαμεν, κατῃσχύνθημεν σφόδρα, ὅτι ἐγκατελίπομεν τὴν γῆν, καὶ ἀπερρίψαμεν τὰ σκη-
20 νώματα ἡμῶν; Ἀκούσατε δὴ γυναῖκες λόγον Θεοῦ, καὶ δεξάσθω τὰ ὦτα ὑμῶν λόγους στόματος αὐτοῦ, καὶ διδάξατε τὰς θυγατέ-
21 ρας ὑμῶν οἶκτον, καὶ γυνὴ τὴν πλησίον αὐτῆς θρῆνον. Ὅτι ἀνέβη θάνατος διὰ τῶν θυρίδων ὑμῶν, εἰσῆλθεν εἰς τὴν γῆν ὑμῶν, τοῦ ἐκτρίψαι νήπια ἔξωθεν, καὶ νεανίσκους ἀπὸ τῶν
22 πλατειῶν. Καὶ ἔσονται οἱ νεκροὶ τῶν ἀνθρώπων εἰς παράδειγμα ἐπὶ προσώπου τοῦ πεδίου τῆς γῆς ὑμῶν, ὡς χόρτος ὀπίσω θερίζοντος, καὶ οὐκ ἔσται ὁ συνάγων.

23 Τάδε λέγει Κύριος, μὴ καυχάσθω ὁ σοφὸς ἐν τῇ σοφίᾳ αὐτοῦ, καὶ μὴ καυχάσθω ὁ ἰσχυρὸς ἐν τῇ ἰσχύι αὐτοῦ, καὶ μὴ καυχάσθω
24 ὁ πλούσιος ἐν τῷ πλούτῳ αὐτοῦ, ἀλλ᾿ ἢ ἐν τούτῳ καυχάσθω ὁ καυχώμενος, συνιεῖν καὶ γινώσκειν, ὅτι ἐγώ εἰμι Κύριος ὁ ποιῶν ἔλεος καὶ κρίμα καὶ δικαιοσύνην ἐπὶ τῆς γῆς, ὅτι ἐν τούτοις τὸ θέλημά μου, λέγει Κύριος.

25 Ἰδοὺ ἡμέραι ἔρχονται, λέγει Κύριος, καὶ ἐπισκέψομαι ἐπὶ
26 πάντας περιτετμημένους ἀκροβυστίας αὐτῶν. Ἐπ᾿ Αἴγυπτον, καὶ ἐπὶ Ἰδουμαίαν, καὶ ἐπὶ Ἐδὼμ, καὶ ἐπὶ υἱοὺς Ἀμμὼν, καὶ ἐπὶ υἱοὺς Μωὰβ, καὶ ἐπὶ πάντα περικειρόμενον τὰ κατὰ πρόσωπον αὐτοῦ, τοὺς κατοικοῦντας ἐν τῇ ἐρήμῳ, ὅτι πάντα τὰ ἔθνη ἀπερίτμητα σαρκὶ, καὶ πᾶς οἶκος Ἰσραὴλ ἀπερίτμητοι καρδίας αὐτῶν.

10 Ἀκούσατε τὸν λόγον Κυρίου, ὃν ἐλάλησεν ἐφ᾿ ὑμᾶς, οἶκος Ἰσραήλ.

2 Τάδε λέγει Κύριος, κατὰ τὰς ὁδοὺς τῶν ἐθνῶν μὴ μανθάνετε, καὶ ἀπὸ τῶν σημείων τοῦ οὐρανοῦ μὴ φοβεῖσθε, ὅτι φοβοῦνται
3 αὐτὰ τοῖς προσώποις αὐτῶν. Ὅτι τὰ νόμιμα τῶν ἐθνῶν μάταια· ξύλον ἐστὶν ἐκ τοῦ δρυμοῦ ἐκκεκομμένον, ἔργον τέκτονος, καὶ
4 χώνευμα, ἀργυρίῳ καὶ χρυσίῳ κεκαλλωπισμένα, ἐν σφύραις
5 καὶ ἥλοις ἐστερέωσαν αὐτά· Θήσουσιν αὐτὰ, καὶ οὐ κινηθήσονται· ἀργύριον τορευτόν ἐστιν, οὐ πορεύσονται, ἀργύριον
9 προσβλητόν ἐστιν. Ἀπὸ Θαρσὶς ἥξει χρυσίον Μωφὰζ, καὶ χεὶρ χρυσοχόων, ἔργα τεχνιτῶν πάντα, ὑάκινθον καὶ πορφύραν
5 ἐνδύσουσιν αὐτά. Αἰρόμενα ἀρθήσονται, ὅτι οὐκ ἐπιβήσονται· μὴ φοβηθῆτε αὐτά, ὅτι οὐ μὴ κακοποιήσωσι, καὶ ἀγαθὸν οὐκ ἔστιν ἐν αὐτοῖς.

11 Οὕτως ἐρεῖτε αὐτοῖς, θεοὶ οἳ τὸν οὐρανὸν καὶ τὴν γῆν οὐκ ἐποίησαν, ἀπολέσθωσαν ἐκ τῆς γῆς, καὶ ὑποκάτωθεν τοῦ οὐρανοῦ
12 τούτου. Κύριος ὁ ποιήσας τὴν γῆν ἐν τῇ ἰσχύι αὐτοῦ, ὁ ἀνορθώσας τὴν οἰκουμένην ἐν τῇ σοφίᾳ αὐτοῦ, καὶ τῇ φρονήσει
13 αὐτοῦ ἐξέτεινε τὸν οὐρανὸν, καὶ πλῆθος ὕδατος ἐν οὐρανῷ· καὶ ἀνήγαγε νεφέλας ἐξ ἐσχάτου τῆς γῆς, ἀστραπὰς εἰς ὑετὸν

17 Thus saith the Lord, Call ye the mourning women, and let them come; and send to the wise women, and let them utter their voice; [18] and let them take up a lamentation for you, and let your eyes pour down tears, and your eyelids drop water. [19] For a voice of lamentation has been heard in Sion, How are we become wretched! we are greatly ashamed, for we have forsaken the land, and have abandoned our tabernacles! [20] Hear now, ye women, the word of God, and let your ears receive the words of his mouth, and teach your daughters lamentation, and *every* woman her neighbour a dirge. [21] For death has come up through your windows, it has entered into our land, to destroy the infants without, and the young men from the streets. [22] And the carcases of the men shall be for β an example on the face of the field of your land, like grass after the γ mower, and there shall be none to gather *them.*

[23] Thus saith the Lord, Let not the wise man boast in his wisdom, and let not the strong man boast in his strength, and let not the rich man boast in his wealth; [24] δ but let him that boasts boast in this, the understanding and knowing that I am the Lord that exercise mercy, and judgment, and righteousness, upon the earth; for in these things is my pleasure; saith the Lord.

[25] Behold, the days come, saith the Lord, when I will visit upon all the circumcised their ζ uncircumcision; [26] on Egypt, and on Idumea, and on Edom, and on the children of Ammon, and on the children of Moab, and on every one that shaves his face round about, *even* them that dwell in the wilderness; for all the Gentiles are uncircumcised in flesh, and all the house of Israel are uncircumcised *in* their hearts.

Hear ye the word of the Lord, which he has spoken to you, O house of Israel. [2] Thus saith the Lord, Learn ye not θ the ways of the heathen, and be not alarmed at the signs of the sky; for they are alarmed at them, *falling* on their faces. [3] For the customs of the nations are vain; it is a tree cut out of the forest, the work of the carpenter, or a molten image. [4] *They are* beautified with silver and gold, they fix them with hammers and nails; [5] they will set them up λ that they may not move; it is wrought silver, they will not walk, it is forged silver [9] *brought* from Tharsis, gold will come from Mophaz, and the work of goldsmiths: *they are* all the works of craftsmen, they will clothe themselves with blue and scarlet. [5] They must certainly be borne, for they μ cannot ride *of themselves.* Fear them not; for they cannot do any evil, and there is no good in them.

[11] Thus shall ye say to them, Let the gods which have not made heaven and earth perish from off the earth, and from under this sky. [12] It is the Lord that made the earth by his strength, who set up the world by his wisdom, and by his understanding stretched out the sky, and set abundance of waters in the sky, and brought up clouds from the ends of the earth; he made lightnings for the rain, and brought forth light

---

β *Or,* warning.   γ *Or,* reaper.   δ 1 Cor. 1. 31.   ζ *Gr.* plural, *q. d.* their moral uncircumcision.   θ *Gr.* according to the ways.
λ *Lit.* and they shall not be moved.   μ *Gr.* will not mount.

out of his treasures. ¹⁴Every man βis deprived of knowledge, every goldsmith is confounded because of his graven images; for he has cast false gods, there is no breath in them. ¹⁵They are vain works, γwrought in mockery; in the time of their visitation they shall perish. ¹⁶Such is not the portion of Jacob; for he that formed all things, he is δhis inheritance; the Lord is his name.

¹⁷He has gathered thy substance from without that lodged in choice *vessels.* ¹⁸For thus saith the Lord, Behold, I *will* overthrow the inhabitants of this land with affliction, that thy plague may be discovered.

¹⁹Alas for thy ruin! thy plague is grievous: and I s aid, Surely this is thy wound, and it has overtaken thee. ²⁰Thy tabernacle is in a ruinous state, it has perished; and all thy curtains have been torn asunder: my children and my cattle are no more: there is no more any place for my tabernacle, *nor* place for my curtains. ²¹For the shepherds have become foolish, and have not sought the Lord; therefore the whole pasture has failed, and *the sheep* have been scattered. ²²Behold, there comes a sound of a noise, and a great earthquake from the land of the north, to make the cities of Juda a desolation, and a resting-place for ostriches.

²³I know, O Lord, that man's way is not his own; neither shall a man go, and direct his going. ²⁴Chasten us, O Lord, but with judgment; and not in wrath, lest thou make us few. ²⁵Pour out thy wrath upon the nations that have not known thee, and upon the families that have not called upon thy name: for they have devoured Jacob, and consumed him, and have made his pasture desolate.

The word that came to Jeremias from the Lord, saying,

²Hear ye the words of this covenant, and thou shalt speak to the men of Juda, and to the dwellers in Jerusalem; ³and thou shalt say to them, Thus saith the Lord God of Israel, Cursed is the man, who shall not hearken to the words of this covenant, ⁴which I commanded your fathers, in the day wherein I brought them up out of the land of Egypt, out of the iron furnace, saying, Hearken to my voice, and do all things that I shall command you; so shall ye be to me a people, and I will be to you a God; ⁵that I may confirm mine oath, which I sware to your fathers, to give them a land flowing *with* milk and honey, as *it is* this day. Then I answered and said, So be it, O Lord. ⁶And the Lord said to me, Read these words in the cities of Juda, and in the streets of Jerusalem, saying, Hear ye the words of this covenant, and do them. ⁸But they did *them* not.

⁹And the Lord said to me, A conspiracy is found among the men of Juda, and among the dwellers in Jerusalem. ¹⁰They are turned *aside* to the iniquities of their fathers that were of old, who would not hearken to my words: and, behold, they go after strange gods, to serve them: and the

ἐποίησε, καὶ ἐξήγαγε φῶς ἐκ θησαυρῶν αὐτοῦ. Ἐμωράνθη 14 πᾶς ἄνθρωπος ἀπὸ γνώσεως, κατῃσχύνθη πᾶς χρυσοχόος ἐπὶ τοῖς γλυπτοῖς αὐτοῦ, ὅτι ψευδῆ ἐχώνευσεν, οὐκ ἔστι πνεῦμα ἐν αὐτοῖς. Μάταιά ἐστιν ἔργα ἐμπεπαιγμένα, ἐν καιρῷ ἐπισκοπῆς 15 αὐτῶν ἀπολοῦνται. Οὐκ ἔστι τοιαύτη μερὶς τῷ Ἰακὼβ, ὅτι 16 ὁ πλάσας τὰ πάντα, αὐτὸς κληρονομία αὐτοῦ, Κύριος ὄνομα αὐτῷ.

Συνήγαγεν ἔξωθεν τὴν ὑπόστασίν σου, κατοικοῦσαν ἐν ἐκ- 17 λεκτοῖς. Ὅτι τάδε λέγει Κύριος, ἰδοὺ ἐγὼ σκελίζω τοὺς 18 κατοικοῦντας τὴν γῆν ταύτην ἐν θλίψει, ὅπως εὑρεθῇ ἡ πληγή σου.

Οὐαὶ ἐπὶ συντρίμματί σου, ἀλγηρὰ ἡ πληγή σου· κἀγὼ 19 εἶπα, ὄντως τοῦτο τὸ τραῦμά σου, καὶ κατέλαβέ σε. Ἡ σκηνή 20 σου ἐταλαιπώρησεν, ὤλετο· καὶ πᾶσαι αἱ δέρρεις σου διεσπάσθησαν· οἱ υἱοί μου καὶ τὰ πρόβατά μου οὐκ εἰσὶν, οὐκ ἔστιν ἔτι τόπος τῆς σκηνῆς μου, τόπος τῶν δέρρεών μου. Ὅτι οἱ 21 ποιμένες ἠφρονεύσαντο, καὶ τὸν Κύριον οὐκ ἐζήτησαν· διατοῦτο οὐκ ἐνόησε πᾶσα ἡ νομὴ, καὶ διεσκορπίσθησαν, φωνὴ ἀκοῆς 22 ἰδοὺ ἔρχεται καὶ σεισμὸς μέγας ἐκ γῆς Βοῤῥᾶ, τοῦ τάξαι τὰς πόλεις Ἰούδα εἰς ἀφανισμὸν, καὶ κοίτην στρουθῶν.

Οἶδα, Κύριε, ὅτι οὐχὶ τοῦ ἀνθρώπου ἡ ὁδὸς αὐτοῦ, οὐδὲ ἀνὴρ 23 πορεύσεται καὶ κατορθώσει πορείαν αὐτοῦ. Παίδευσον ἡμᾶς 24 Κύριε, πλὴν ἐν κρίσει καὶ μὴ ἐν θυμῷ, ἵνα μὴ ὀλίγους ἡμᾶς ποιήσῃς. Ἔκχεον τὸν θυμόν σου ἐπὶ ἔθνη τὰ μὴ εἰδότα σε, 25 καὶ ἐπὶ γενεὰς αἳ τὸ ὄνομά σου οὐκ ἐπεκαλέσαντο, ὅτι κατέφαγον τὸν Ἰακὼβ καὶ ἐξανήλωσαν αὐτὸν, καὶ τὴν νομὴν αὐτοῦ ἠρήμωσαν.

Ὁ ΛΟΓΟΣ Ὁ ΓΕΝΟΜΕΝΟΣ ΠΑΡΑ ΚΥΡΙΟΥ ΠΡΟΣ 11 ἹΕΡΕΜΙΑΝ, ΛΕΓΩΝ,

Ἀκούσατε τοὺς λόγους τῆς διαθήκης ταύτης, καὶ λαλήσεις 2 πρὸς ἄνδρας Ἰούδα, καὶ πρὸς τοὺς κατοικοῦντας ἐν Ἱερουσαλὴμ, καὶ ἐρεῖς πρὸς αὐτοὺς, τάδε λέγει Κύριος ὁ Θεὸς Ἰσραὴλ, 3 ἐπικατάρατος ὁ ἄνθρωπος, ὃς οὐκ ἀκούσεται τῶν λόγων τῆς διαθήκης ταύτης, ἧς ἐνετειλάμην τοῖς πατράσιν ὑμῶν, ἐν 4 ἡμέρᾳ ᾗ ἀνήγαγον αὐτοὺς ἐκ γῆς Αἰγύπτου ἐκ καμίνου τῆς σιδηρᾶς, λέγων, ἀκούσατε τῆς φωνῆς μου, καὶ ποιήσατε πάντα ὅσα ἐὰν ἐντείλωμαι ὑμῖν, καὶ ἔσεσθέ μοι εἰς λαὸν, καὶ ἐγὼ ἔσομαι ὑμῖν εἰς Θεόν· Ὅπως στήσω τὸν ὅρκον μου, ὃν 5 ὤμοσα τοῖς πατράσιν ὑμῶν, τοῦ δοῦναι αὐτοῖς γῆν ῥέουσαν γάλα καὶ μέλι, καθὼς ἡ ἡμέρα αὕτη· καὶ ἀπεκρίθην καὶ εἶπα, γένοιτο Κύριε. Καὶ εἶπε Κύριος πρὸς μὲ, ἀνάγνωθι τοὺς 6 λόγους τούτους ἐν πόλεσιν Ἰούδα, καὶ ἔξωθεν Ἱερουσαλὴμ, λέγων, ἀκούσατε τοὺς λόγους τῆς διαθήκης ταύτης, καὶ ποιήσατε αὐτούς. Καὶ οὐκ ἐποίησαν. 8

Καὶ εἶπε Κύριος πρὸς μὲ, εὑρέθη σύνδεσμος ἐν ἀνδράσιν 9 Ἰούδα, καὶ ἐν τοῖς κατοικοῦσιν ἐν Ἱερουσαλήμ. Ἐπεστρά- 10 φησαν ἐπὶ τὰς ἀδικίας τῶν πατέρων αὐτῶν τῶν πρότερον, οἳ οὐκ ἠθέλησαν εἰσακοῦσαι τῶν λόγων μου, καὶ ἰδοὺ αὐτοὶ πορεύονται ὀπίσω θεῶν ἀλλοτρίων, τοῦ δουλεύειν αὐτοῖς· καὶ

β *Or,* too foolish to know.　γ *Or,* worthy of.　δ *sc.* Jacob's.

διεσκέδασεν οἶκος Ἰσραὴλ καὶ οἶκος Ἰούδα τὴν διαθήκην μου, ἣν διεθέμην πρὸς τοὺς πατέρας αὐτῶν.

11 Διατοῦτο τάδε λέγει Κύριος, ἰδοὺ ἐγὼ ἐπάγω ἐπὶ τὸν λαὸν τοῦτον κακά, ἐξ ὧν οὐ δυνήσονται ἐξελθεῖν ἐξ αὐτῶν· καὶ
12 κεκράξονται πρὸς μὲ, καὶ οὐκ εἰσακούσομαι αὐτῶν. Καὶ πορεύσονται πόλεις Ἰούδα καὶ οἱ κατοικοῦντες Ἱερουσαλὴμ, καὶ κεκράξονται πρὸς τοὺς θεοὺς, οἷς αὐτοὶ θυμιῶσιν αὐτοῖς,
13 οἳ μὴ σώσουσιν αὐτοὺς ἐν τῷ καιρῷ τῶν κακῶν αὐτῶν. Ὅτι κατ᾿ ἀριθμὸν τῶν πόλεών σου ἦσαν θεοί σου Ἰούδα, καὶ κατ᾿ ἀριθμὸν ἐξόδων τῆς Ἱερουσαλὴμ ἐτάξατε βωμοὺς θυμιᾶν τῇ Βάαλ.

14 Καὶ σὺ μὴ προσεύχου περὶ τοῦ λαοῦ τούτου, καὶ μὴ ἀξίου περὶ αὐτῶν ἐν δεήσει καὶ προσευχῇ, ὅτι οὐκ εἰσακούσομαι ἐν τῷ καιρῷ ἐν ᾧ ἐπικαλοῦνταί με, ἐν καιρῷ κακώσεως αὐτῶν.
15 Τί ἡ ἠγαπημένη ἐν τῷ οἴκῳ μου ἐποίησε βδέλυγμα; μὴ εὐχαὶ καὶ κρέα ἅγια ἀφελοῦσιν ἀπὸ σοῦ τὰς κακίας σου, ἢ τούτοις
16 διαφεύξῃ; Ἐλαίαν ὡραίαν εὔσκιον τῷ εἴδει ἐκάλεσε Κύριος τὸ ὄνομά σου, εἰς φωνὴν περιτομῆς αὐτῆς· ἀνήφθη πῦρ ἐπ᾿ αὐτὴν, μεγάλη ἡ θλίψις ἐπὶ σὲ, ἠχρειώθησαν οἱ κλάδοι
17 αὐτῆς· Καὶ Κύριος ὁ καταφυτεύσας σε, ἐλάλησεν ἐπὶ σὲ κακὰ ἀντὶ τῆς κακίας οἴκου Ἰσραὴλ καὶ οἴκου Ἰούδα, ὅ, τι ἐποίησαν ἑαυτοῖς τοῦ παροργίσαι με ἐν τῷ θυμιᾶν αὐτοὺς τῇ Βάαλ.

18 Κύριε γνώρισόν μοι, καὶ γνώσομαι· τότε εἶδον τὰ ἐπιτη-
19 δεύματα αὐτῶν. Ἐγὼ δὲ ὡς ἀρνίον ἄκακον ἀγόμενον τοῦ θύεσθαι, οὐκ ἔγνων· ἐπ᾿ ἐμὲ ἐλογίσαντο λογισμὸν πονηρὸν, λέγοντες, δεῦτε καὶ ἐμβάλωμεν ξύλον εἰς τὸν ἄρτον αὐτοῦ, καὶ ἐκτρίψωμεν αὐτὸν ἀπὸ γῆς ζώντων, καὶ τὸ ὄνομα αὐτοῦ οὐ μὴ
20 μνησθῇ οὐκέτι. Κύριε κρίνων δίκαια, δοκιμάζων νεφροὺς καὶ καρδίας, ἴδοιμι τὴν παρὰ σοῦ ἐκδίκησιν ἐξ αὐτῶν, ὅτι πρὸς σὲ ἀπεκάλυψα τὸ δικαίωμά μου.

21 Διατοῦτο τάδε λέγει Κύριος ἐπὶ τοὺς ἄνδρας Ἀναθὼθ τοὺς ζητοῦντας τὴν ψυχήν μου, τοὺς λέγοντας, οὐ μὴ προφητεύσεις ἐπὶ τῷ ὀνόματι Κυρίου, εἰ δὲ μὴ, ἀποθάνῃ ἐν ταῖς χερσὶν ἡμῶν·
22 Ἰδοὺ ἐγὼ ἐπισκέψομαι ἐπ᾿ αὐτούς· οἱ νεανίσκοι αὐτῶν ἐν μαχαίρᾳ ἀποθανοῦνται, καὶ οἱ υἱοὶ αὐτῶν καὶ αἱ θυγατέρες
23 αὐτῶν τελευτήσουσιν ἐν λιμῷ, καὶ ἐγκατάλειμμα οὐκ ἔσται αὐτῶν, ὅτι ἐπάξω κακὰ ἐπὶ τοὺς κατοικοῦντας ἐν Ἀναθὼθ, ἐν ἐνιαυτῷ ἐπισκέψεως αὐτῶν.

12 Δίκαιος εἶ Κύριε, ὅτι ἀπολογήσομαι πρὸς σέ· πλὴν κρίματα λαλήσω πρὸς σέ· τί ὅτι ὁδὸς ἀσεβῶν εὐοδοῦται; εὐθήνησαν
2 πάντες οἱ ἀθετοῦντες ἀθετήματα; Ἐφύτευσας αὐτούς, καὶ ἐρριζώθησαν· ἐτεκνοποίησαν, καὶ ἐποίησαν καρπόν· ἐγγὺς εἶ σὺ τοῦ στόματος αὐτῶν, καὶ πόρρω ἀπὸ τῶν νεφρῶν αὐτῶν.
3 Καὶ σὺ Κύριε γινώσκεις με, δεδοκίμακας τὴν καρδίαν μου ἐναντίον σου· ἅγνισον αὐτοὺς εἰς ἡμέραν σφαγῆς αὐτῶν.
4 Ἕως πότε πενθήσει ἡ γῆ, καὶ πᾶς ὁ χόρτος τοῦ ἀγροῦ

house of Israel and the house of Juda have broken my covenant, which I made with their fathers. [11]Therefore thus saith the Lord, Behold, I bring evils upon this people, out of which they shall not be able to come forth; and they shall presently cry to me, but I will not hearken to them. [12]And the cities of Juda and the dwellers in Jerusalem shall go, and cry to the gods to whom they burn incense; which shall not deliver them in the time of their troubles. [13]For according to the number of thy cities were thy gods, O Juda; and according to the number of the streets of Jerusalem have ye set up altars to burn incense to Baal.

[14]And thou, pray not for this people, and intercede not for them in supplication and prayer: for I will not hear in the day in which they call upon me, in the day of their affliction. [15]Why has *my* beloved wrought abomination in my house? will prayers and β holy offerings take away thy wickedness from thee, or shalt thou escape by these things? [16]The Lord called thy name a fair olive tree, of a goodly shade in appearance, at the noise of its being lopped, fire was kindled against it; great is the affliction *coming* upon thee: her branches are become good for nothing. [17]And the Lord that planted thee has pronounced evils against thee, because of the iniquity of the house of Israel and the house of Juda, whatsoever they have done against themselves to provoke me to anger by burning incense to Baal.

[18]O Lord, teach me, and I shall know: then I saw their practices. [19]But I as an innocent lamb led to the slaughter, knew not: against me they devised an evil device, saying, Come and let us γ put wood into his bread, and let us utterly destroy him from off the land of the living, and let his name not be remembered any more. [20]O Lord, that judgest righteously, trying the reins and hearts, let me see thy vengeance *taken* upon them, for to thee I have declared my cause.

[21]Therefore thus saith the Lord concerning the men of Anathoth, that seek my life, that say, Thou shalt not prophesy at all in the name of the Lord, but if thou dost, thou shalt die by our hands: [22]behold, I will visit δ them: their young men shall die by the sword; and their sons and their daughters shall die of famine: [23]and there shall be no remnant *left* of them; for I will bring evil upon the dwellers in Anathoth, in the year of their visitation.

Righteous art thou, O Lord, that I may make my defence to thee, yea, I will speak to thee *of* judgments. Why *is it* the way of ungodly *men* prospers? *that* all that deal very treacherously are flourishing? [2]Thou hast planted them, and they have taken root; they have begotten children, and become fruitful; thou art near to their mouth, and far from their reins. [3]But thou, Lord, knowest me; thou hast proved my heart before thee; purify them for the day of their slaughter. [4]How long shall the land mourn, and the grass of the field

---

β *Gr.* holy flesh, pl.   γ See *Hebrew*   δ *Gr.* upon them.

wither, for the wickedness of them that dwell in it? the beasts and birds are utterly destroyed; because *the people* said, God shall not see our ways.

⁵ Thy feet run, and they cause thee to faint; how wilt thou prepare β *to ride* upon horses? and thou hast been confident in the land of thy peace? how wilt thou do in the roaring of Jordan? ⁶ For even thy brethren and the house of thy father, even these have γ dealt treacherously with thee; and they have cried out, they are gathered together in pursuit of thee; trust not thou in them, though they shall speak fair *words* to thee.

⁷ I have forsaken mine house, I have left mine heritage; I have given δ my beloved one into the hands of her enemies. ⁸ My inheritance has become to me as a lion in a forest; she has uttered her voice against me; therefore have I hated her. ⁹ Is not my inheritance to me a ϛ hyæna's cave, or a cave round about her? Go ye, gather together all the wild beasts of the field, and let them come to devour her.

¹⁰ Many shepherds have destroyed my vineyard, they have defiled my portion, they have made my desirable portion a trackless wilderness; ¹¹ it is made a complete ruin: for my sake the whole land has been utterly ruined, because there is none that lays *the matter* to heart. ¹² The ravagers are come to every passage in the wilderness: for the sword of the Lord will devour from one end of the land to the other: no flesh has any peace. ¹³ Sow wheat, and reap thorns; their portions shall not profit them: be ashamed of your boasting, because of reproach before the Lord.

¹⁴ For thus saith the Lord concerning all the evil neighbours that touch mine inheritance, which I have divided to my people Israel; Behold, I *will* draw them away from their land, and I will cast out Juda from the midst of them.

¹⁵ And it shall come to pass, after I have cast them out, *that* I will return, and have mercy upon them, and will cause them to dwell every one in his inheritance, and every one in his land. ¹⁶ And it shall be, if they will indeed learn the way of my people, to swear by my name, *saying*, The Lord lives; as they taught my people to swear by Baal; then shall *that nation* be built in the midst of my people. ¹⁷ But if they will not return, then will I cut off that nation with utter ruin and destruction.

Thus saith the Lord, Go and procure for thyself a linen girdle, and put it about thy loins, and let it not be put in water. ² So I procured the girdle according to the word of the Lord, and put it about my loins. ³ And the word of the Lord came to me, saying, ⁴ Take the girdle that is upon thy loins, and arise, and go to the Euphrates, and hide it there in a hole of the rock. ⁵ So I went, and hid it θ by the Euphrates, as the Lord commanded me. ⁶ And it came to pass after many days, that the Lord said to me, Arise, go to the Euphrates, and take thence the girdle, which I commanded thee to hide there. ⁷ So I went to the river Euphrates, and dug, and took the girdle

ξηρανθήσεται ἀπὸ κακίας τῶν κατοικούντων ἐν αὐτῇ; ἠφανίσθησαν κτήνη καὶ πετεινά, ὅτι εἶπαν, οὐκ ὄψεται ὁ Θεὸς ὁδοὺς ἡμῶν.

Σοῦ οἱ πόδες τρέχουσι, καὶ ἐκλύουσί σε· πῶς παρασκευάσῃ 5 ἐφ᾽ ἵπποις; καὶ ἐν γῇ εἰρήνης σου πέποιθας· πῶς ποιήσεις ἐν φρυάγματι τοῦ Ἰορδάνου; Ὅτι καὶ οἱ ἀδελφοί σου καὶ ὁ οἶκος 6 τοῦ πατρός σου, καὶ οὗτοι ἠθέτησάν σε, καὶ αὐτοὶ ἐβόησαν, ἐκ τῶν ὀπίσω σου ἐπισυνήχθησαν· μὴ πιστεύσῃς ἐν αὐτοῖς, ὅτι λαλήσουσι πρὸς σὲ καλά.

Ἐγκαταλέλοιπα τὸν οἶκόν μου, ἀφῆκα τὴν κληρονομίαν 7 μου, ἔδωκα τὴν ἠγαπημένην ψυχήν μου εἰς χεῖρας ἐχθρῶν αὐτῆς. Ἐγενήθη ἡ κληρονομία μου ἐμοὶ ὡς λέων ἐν δρυμῷ, 8 ἔδωκεν ἐπ᾽ ἐμὲ τὴν φωνὴν αὐτῆς, διατοῦτο ἐμίσησα αὐτήν. Μὴ 9 σπήλαιον ὑαίνης ἡ κληρονομία μου ἐμοί, ἢ σπήλαιον κύκλῳ αὐτῆς; βαδίσατε, συναγάγετε πάντα τὰ θηρία τοῦ ἀγροῦ, καὶ ἐλθέτωσαν τοῦ φαγεῖν αὐτήν.

Ποιμένες πολλοὶ διέφθειραν τὸν ἀμπελῶνά μου, ἐμόλυναν 10 τὴν μερίδα μου, ἔδωκαν τὴν μερίδα τὴν ἐπιθυμητήν μου εἰς ἔρημον ἄβατον, ἐτέθη εἰς ἀφανισμὸν ἀπωλείας· δι᾽ ἐμὲ ἀφα- 11 νισμῷ ἠφανίσθη πᾶσα ἡ γῆ, ὅτι οὐκ ἔστιν ἀνὴρ τιθέμενος ἐν καρδίᾳ. Ἐπὶ πᾶσαν διεκβολὴν ἐν τῇ ἐρήμῳ ἦλθον ταλαιπω- 12 ροῦντες, ὅτι μάχαιρα τοῦ Κυρίου καταφάγεται ἀπ᾽ ἄκρου τῆς γῆς ἕως ἄκρου τῆς γῆς· οὐκ ἔστιν εἰρήνη πάσῃ σαρκί. Σπείρατε πυροὺς, καὶ ἀκάνθας θερίζετε· οἱ κλῆροι αὐτῶν οὐκ 13 ὠφελήσουσιν αὐτούς· αἰσχύνθητε ἀπὸ καυχήσεως ὑμῶν, ἀπὸ ὀνειδισμοῦ ἔναντι Κυρίου.

Ὅτι τάδε λέγει Κύριος περὶ πάντων τῶν γειτόνων τῶν πονη- 14 ρῶν, τῶν ἁπτομένων τῆς κληρονομίας μου, ἧς ἐμέρισα τῷ λαῷ μου Ἰσραὴλ, ἰδοὺ ἐγὼ ἀποσπῶ αὐτοὺς ἀπὸ τῆς γῆς αὐτῶν, καὶ τὸν Ἰούδαν ἐκβαλῶ ἐκ μέσου αὐτῶν.

Καὶ ἔσται μετὰ τὸ ἐκβαλεῖν με αὐτούς, ἐπιστρέψω καὶ 15 ἐλεήσω αὐτούς, καὶ κατοικιῶ αὐτούς, ἕκαστον εἰς τὴν κληρονο- μίαν αὐτοῦ, καὶ ἕκαστον εἰς τὴν γῆν αὐτοῦ. Καὶ ἔσται ἐὰν 16 μαθόντες μάθωσι τὴν ὁδὸν τοῦ λαοῦ μου, τοῦ ὀμνύειν τῷ ὀνόματί μου, ζῇ Κύριος, καθὼς ἐδίδαξαν τὸν λαόν μου ὀμνύειν τῇ Βάαλ, καὶ οἰκοδομηθήσεται ἐν μέσῳ τοῦ λαοῦ μου. Ἐὰν 17 δὲ μὴ ἐπιστρέψωσι, καὶ ἐξαρῶ τὸ ἔθνος ἐκεῖνο ἐξάρσει καὶ ἀπωλείᾳ.

Τάδε λέγει Κύριος, βάδισον καὶ κτῆσαι σεαυτῷ περίζωμα 13 λινοῦν, καὶ περίθου περὶ τὴν ὀσφύν σου, καὶ ἐν ὕδατι οὐ διε- λεύσεται. Καὶ ἐκτησάμην τὸ περίζωμα κατὰ τὸν λόγον 2 Κυρίου, καὶ περιέθηκα περὶ τὴν ὀσφύν μου. Καὶ ἐγενήθη 3 λόγος Κυρίου πρὸς μὲ, λέγων, λάβε τὸ περίζωμα τὸ περὶ τὴν 4 ὀσφύν σου, καὶ ἀνάστηθι, καὶ βάδισον ἐπὶ τὸν Εὐφράτην, καὶ κατάκρυψον αὐτὸ ἐκεῖ ἐν τῇ τρυμαλιᾷ τῆς πέτρας. Καὶ 5 ἐπορεύθην, καὶ ἔκρυψα αὐτὸ ἐν τῷ Εὐφράτῃ, καθὼς ἐνετείλατό μοι Κύριος. Καὶ ἐγένετο μεθ᾽ ἡμέρας πολλὰς, καὶ εἶπε Κύριος 6 πρὸς μὲ, ἀνάστηθι, βάδισον ἐπὶ τὸν Εὐφράτην, καὶ λάβε ἐκεῖθεν τὸ περίζωμα, ὃ ἐνετειλάμην σοι τοῦ κατακρύψαι ἐκεῖ. Καὶ ἐπορεύθην ἐπὶ τὸν Εὐφράτην ποταμὸν, καὶ ὤρυξα, 7

β *Or,* fight.   γ *Or,* set thee at nought.   δ *Gr.* my beloved soul.   ϛ *Alex.* cave of robbers.   θ *Gr.* in.

καὶ ἔλαβον τὸ περίζωμα ἐκ τοῦ τόπου οὗ κατώρυξα αὐτὸ ἐκεῖ, καὶ ἰδοὺ διεφθαρμένον ἦν, ὃ οὐ μὴ χρησθῇ εἰς οὐθέν.

8, 9 Καὶ ἐγενήθη λόγος Κυρίου πρός μὲ, λέγων, Τάδε λέγει Κύριος, οὕτω φθερῶ τὴν ὕβριν Ἰούδα καὶ τὴν ὕβριν Ἱερουσα-

10 λήμ, τὴν πολλὴν ταύτην ὕβριν, τοὺς μὴ βουλομένους ὑπακούειν τῶν λόγων μου, καὶ πορευθέντας ὀπίσω θεῶν ἀλλοτρίων τοῦ δουλεύειν αὐτοῖς, καὶ τοῦ προσκυνεῖν αὐτοῖς· καὶ ἔσονται

11 ὥσπερ τὸ περίζωμα τοῦτο, ὃ οὐ χρησθήσεται εἰς οὐθέν. Ὅτι καθάπερ κολλᾶται τὸ περίζωμα περὶ τὴν ὀσφὺν τοῦ ἀνθρώπου, οὕτως ἐκόλλησα πρὸς ἐμαυτὸν τὸν οἶκον τοῦ Ἰσραὴλ, καὶ πάντα οἶκον Ἰούδα, τοῦ γενέσθαι μοι εἰς λαὸν ὀνομαστὸν, καὶ εἰς καύχημα, καὶ εἰς δόξαν, καὶ οὐκ εἰσήκουσάν μου.

12 Καὶ ἐρεῖς πρὸς τὸν λαὸν τοῦτον, πᾶς ἀσκὸς πληρωθήσεται οἴνου· καὶ ἔσται ἐὰν εἴπωσι πρὸς σὲ, μὴ γνόντες οὐ γνωσόμεθα,

13 ὅτι πᾶς ἀσκὸς πληρωθήσεται οἴνου; Καὶ ἐρεῖς πρὸς αὐτοὺς, τάδε λέγει Κύριος, ἰδοὺ ἐγὼ πληρῶ τοὺς κατοικοῦντας τὴν γῆν ταύτην, καὶ τοὺς βασιλεῖς αὐτῶν τοὺς καθημένους υἱοὺς τοῦ Δαυὶδ ἐπὶ τοῦ θρόνου αὐτῶν, καὶ τοὺς ἱερεῖς καὶ τοὺς προφήτας, καὶ τὸν Ἰούδαν καὶ πάντας τοὺς κατοικοῦντας ἐν Ἱερουσαλήμ,

14 μεθύσματι· Καὶ διασκορπιῶ αὐτοὺς ἄνδρα καὶ τὸν ἀδελφὸν αὐτοῦ, καὶ τοὺς πατέρας αὐτῶν, καὶ τοὺς υἱοὺς αὐτῶν ἐν τῷ αὐτῷ· οὐκ ἐπιποθήσω, λέγει Κύριος, καὶ οὐ φείσομαι, καὶ οὐκ οἰκτειρήσω ἀπὸ διαφθορᾶς αὐτῶν.

15 Ἀκούσατε, καὶ ἐνωτίσασθε, καὶ μὴ ἐπαίρεσθε, ὅτι Κύριος

16 ἐλάλησε. Δότε τῷ Κυρίῳ Θεῷ ὑμῶν δόξαν πρὸ τοῦ συσκοτάσαι, καὶ πρὸ τοῦ προσκόψαι πόδας ὑμῶν ἐπʼ ὄρη σκοτεινά· καὶ ἀναμενεῖτε εἰς φῶς, καὶ ἐκεῖ σκιὰ θανάτου καὶ τεθήσονται

17 εἰς σκότος. Ἐὰν δὲ μὴ ἀκούσητε, κεκρυμμένως κλαύσεται ἡ ψυχὴ ὑμῶν ἀπὸ προσώπου ὕβρεως, καὶ κατάξουσιν οἱ ὀφθαλμοὶ ὑμῶν δάκρυα, ὅτι συνετρίβη τὸ ποίμνιον Κυρίου.

18 Εἴπατε τῷ βασιλεῖ καὶ τοῖς δυναστεύουσι, ταπεινώθητε καὶ καθίσατε, ὅτι καθῃρέθη ἀπὸ κεφαλῆς ὑμῶν στέφανος δόξης

19 ὑμῶν. Πόλεις αἱ πρὸς Νότον, συνεκλείσθησαν, καὶ οὐκ ἦν ὁ ἀνοίγων· ἀπῳκίσθη Ἰούδας, συνετέλεσαν ἀποικίαν τελείαν.

20 Ἀνάλαβε ὀφθαλμούς σου Ἱερουσαλὴμ, καὶ ἴδε τοὺς ἐρχομένους ἀπὸ Βορρᾶ· ποῦ ἐστι τὸ ποίμνιον ὃ ἐδόθη σοι, πρόβατα

21 δόξης σου; Τί ἐρεῖς ὅταν ἐπισκέπτωνταί σε; καὶ σὺ ἐδίδαξας αὐτοὺς ἐπὶ σὲ μαθήματα εἰς ἀρχήν· οὐκ ὠδῖνες καθέξουσί σε

22 καθὼς γυναῖκα τίκτουσαν; Καὶ ἐὰν εἴπῃς ἐν τῇ καρδίᾳ σου, διατί ἀπήντησέ μοι ταῦτα; διὰ τὸ πλῆθος τῆς ἀδικίας σου ἀνεκαλύφθη τὰ ὀπίσθιά σου, παραδειγματισθῆναι τὰς πτέρνας σου.

23 Εἰ ἀλλάξεται Αἰθίοψ τὸ δέρμα αὐτοῦ, καὶ πάρδαλις τὰ ποικίλματα αὐτῆς, καὶ ὑμεῖς δυνήσεσθε εὐποιῆσαι μεμαθηκότες

24 τὰ κακά. Καὶ διέσπειρα αὐτοὺς, ὡς φρύγανα φερόμενα ὑπὸ

25 ἀνέμου εἰς ἔρημον. Οὕτως ὁ κλῆρός σου, καὶ μερὶς τοῦ ἀπειθεῖν ὑμᾶς ἐμοὶ, λέγει Κύριος· ὡς ἐπελάθου μου, καὶ ἤλπισας

26 ἐπὶ ψεύδεσι, κἀγὼ ἀποκαλύψω τὰ ὀπίσω σου ἐπὶ τὸ πρόσωπόν

out of the place where I *had* buried it: and, behold, it was rotten, utterly good for nothing.

[8] And the word of the Lord came to me, saying, Thus saith the Lord, [9] Thus will I mar the pride of Juda, and the pride of Jerusalem; [10] *even* this great pride *of the men* that will not hearken to my words, and have gone after strange gods, to serve them, and to worship them: and they shall be as this girdle, which can be used for nothing. [11] For as a girdle cleaves about the loins of a man, so have I caused to cleave to myself the house of Israel, and the whole house of Juda; that they might be to me a famous people, and a praise, and a glory: but they did not hearken to me.

[12] And thou shalt say to this people, Every bottle shall be filled with wine: and it shall come to pass, if they shall say to thee, Shall we not certainly know that *every* bottle shall be filled with wine? that thou shalt say to them, [13] Thus saith the Lord, Behold, I *will* fill the inhabitants of this land, and their kings the sons of David that sit upon their throne, and the priests, and the prophets, and Juda and all the dwellers in Jerusalem, with strong drink. [14] And I will scatter them a man and his brother, and their fathers and their sons together: I will not have compassion, saith the Lord, and I will not spare, neither will I pity *to save them* from destruction.

[15] Hear ye, and give ear, and be not proud: for the Lord has spoken. [16] Give glory to the Lord your God, before he cause darkness, and before your feet stumble on the dark mountains, and ye shall wait for light, and behold the shadow of death, and they shall be brought into darkness. [17] But if ye will not hearken, your soul shall weep in secret because of pride, and your eyes shall pour down tears, because the Lord's flock is sorely bruised.

[18] Say ye to the king and the princes, Humble yourselves, and sit down; for your crown of glory is removed from your head. [19] The cities toward the south were shut, and there was none to open *them:* Juda is removed *into captivity,* they have ᵝsuffered a complete removal. [20] Lift up thine eyes, O Jerusalem, and behold them that come from the north; where is the flock that was given thee, the sheep of thy glory? [21] What wilt thou say when they shall visit thee, for thou didst teach them lessons for rule against thyself; shall not pangs seize thee as a woman in travail? [22] And if thou shouldest say in thine heart, Wherefore have these things happened to me? Because of the abundance of thine iniquity have thy skirts been discovered, that thine heels might be exposed.

[23] If the Ethiopian shall change his skin, or the leopardess her spots, then shall ye be able to do good, having learnt evil. [24] So I scattered them as sticks carried by the wind into the wilderness. [25] Thus is thy lot, and the ᵞreward of your disobedience to me, saith the Lord; as thou didst forget me, and trust in lies, [26] I also will expose thy ᵟskirts upon thy face, and thy shame shall

---

β *Lit.* finished, or, accomplished.   γ *Gr.* portion.   δ See v. 22.

be seen; ²⁷thine adultery also, and thy neighing, and the ^β looseness of thy fornication: on the hills and in the fields I have seen thine abominations. Woe to thee, O Jerusalem, for thou hast not been purified ^γ so as to follow me; how long yet *shall it be?*

AND THE WORD OF THE LORD CAME TO JEREMIAS CONCERNING THE DROUGHT.

² Judea has mourned, and her gates are emptied, and are darkened upon the earth; and the cry of Jerusalem is gone up. ³ And her nobles have sent their little ones to the water: they came to the wells, and found no water: and brought back their vessels empty. ⁴ And the labours of the land failed, because there was no rain : the husbandmen were ashamed, they covered their heads. ⁵ And hinds calved in the field, and forsook *it*, because there was no grass. ⁶ The wild asses stood by the forests, and snuffed up the wind; their eyes failed, because there was no grass.

⁷ Our sins have risen up against us: O Lord, do thou for us for thine own sake; for our sins are many before thee; for we have sinned against thee. ⁸ O Lord, *thou art* the hope of Israel, and deliverest *us* in time of troubles; why art thou become as a sojourner upon the land, or as one born in the land, yet turning aside for a resting-place? ⁹ Wilt thou be as a man asleep, or as a *strong* man that cannot save? yet thou art among us, O Lord, and thy name is called upon us; forget us not.

¹⁰ Thus saith the Lord to this people, They have loved ^δ to wander, and they have not spared, therefore God has not prospered ^ζ them; now will he remember their iniquity. ¹¹ And the Lord said to me, Pray not for this people for *their* good : ¹² for though they fast, I will not hear their supplication; and though they offer whole-burnt-offerings and ^θ sacrifices, I will take no pleasure in them: for I will consume them with sword, and with famine, and with ^λ pestilence.

¹³ And I said, O *ever* living Lord! behold, their prophets prophesy, and say, Ye shall not see a sword, nor shall famine be among you; for I will give truth and peace on the land, and in this place.

¹⁴ Then the Lord said to me, The prophets prophesy lies in my name: I sent them not, and I commanded them not, and I spoke not to them: for they prophesy to you false visions, and divinations, and auguries, and devices of their own heart. ¹⁵ Therefore thus saith the Lord concerning the prophets that prophesy lies in my name, and I sent them not, who say, Sword and famine shall not be upon this land; they shall die ^μ by a grievous death, and the prophets shall be consumed by famine. ¹⁶ And the people to whom they prophesy, they also shall be cast out in the streets of Jerusalem, because of the sword and famine; and there shall be none to bury them: their wives also, and their sons, and their daughters *shall die thus;* and I will pour out their wickedness upon them.

σου, καὶ ὀφθήσεται ἡ ἀτιμία σου, καὶ ἡ μοιχεία σου, καὶ 27 χρεμετισμός σου, καὶ ἡ ἀπαλλοτρίωσις τῆς πορνείας σου· ἐπὶ τῶν βουνῶν, καὶ ἐν τοῖς ἀγροῖς ἑώρακα τὰ βδελύγματά σου· οὐαί σοι Ἱερουσαλὴμ, ὅτι οὐκ ἐκαθαρίσθης ὀπίσω μου· ἕως τίνος ἔτι;

ΚΑΙ ᾽ΕΓΕΝΕΤΟ ΛΟΓΟΣ ΚΥΡΙΟΥ ΠΡΟΣ   14 ᾽ΙΕΡΕΜΙΑΝ ΠΕΡΙ ΤΗΣ ᾽ΑΒΡΟΧΙΑΣ.

᾽Επένθησεν ἡ ᾽Ιουδαία, καὶ αἱ πύλαι αὐτῆς ἐκενώθησαν, 2 καὶ ἐσκοτώθησαν ἐπὶ τῆς γῆς, καὶ ἡ κραυγὴ τῆς ᾽Ιερουσαλὴμ ἀνέβη. Καὶ οἱ μεγιστᾶνες αὐτῆς ἀπέστειλαν τοὺς νεωτέρους 3 αὐτῶν ἐφ᾽ ὕδωρ· ἤλθοσαν ἐπὶ τὰ φρέατα, καὶ οὐχ εὕροσαν ὕδωρ, καὶ ἀπέστρεψαν τὰ ἀγγεῖα αὐτῶν κενά. Καὶ τὰ ἔργα 4 τῆς γῆς ἐξέλιπεν, ὅτι οὐκ ἦν ὑετός· ᾐσχύνθησαν οἱ γεωργοὶ, ἐπεκάλυψαν τὰς κεφαλὰς αὐτῶν. Καὶ ἔλαφοι ἐν ἀγρῷ ἔτεκον, 5 καὶ ἐγκατέλιπον, ὅτι οὐκ ἦν βοτάνη. ᾽Όνοι ἄγριοι ἔστησαν 6 ἐπὶ νάπας, καὶ εἵλκυσαν ἄνεμον, ἐξέλιπον οἱ ὀφθαλμοὶ αὐτῶν, ὅτι οὐκ ἦν χόρτος.

Αἱ ἁμαρτίαι ἡμῶν ἀντέστησαν ἡμῖν· Κύριε ποίησον ἡμῖν 7 ἕνεκέν σου, ὅτι πολλαὶ αἱ ἁμαρτίαι ἡμῶν ἐναντίον σου, ὅτι σοι ἡμάρτομεν. ῾Υπομονὴ ᾽Ισραὴλ Κύριε, καὶ σώζεις ἐν 8 καιρῷ κακῶν· ἱνατί ἐγενήθης ὡσεὶ πάροικος ἐπὶ τῆς γῆς, καὶ ὡς αὐτόχθων ἐκκλίνων εἰς κατάλυμα; Μὴ ἔσῃ ὥσπερ 9 ἄνθρωπος ὑπνῶν, ἢ ὡς ἀνὴρ οὐ δυνάμενος σώζειν; καὶ σὺ ἐν ἡμῖν εἶ Κύριε, καὶ τὸ ὄνομά σου ἐπικέκληται ἐφ᾽ ἡμᾶς· μὴ ἐπιλάθῃ ἡμῶν.

Οὕτως λέγει Κύριος τῷ λαῷ τούτῳ, ἠγάπησαν κινεῖν πόδας 10 αὐτῶν, καὶ οὐκ ἐφείσαντο, καὶ ὁ Θεὸς οὐκ εὐώδωσεν ἐν αὐτοῖς· νῦν μνησθήσεται τῆς ἀδικίας αὐτῶν. Καὶ εἶπε Κύριος πρὸς 11 μὲ, μὴ προσεύχου περὶ τοῦ λαοῦ τούτου εἰς ἀγαθὰ, ὅτι ἐὰν 12 νηστεύσωσιν, οὐκ εἰσακούσομαι τῆς δεήσεως αὐτῶν· καὶ ἐὰν προσενέγκωσιν ὁλοκαυτώματα καὶ θυσίας, οὐκ εὐδοκήσω ἐν αὐτοῖς, ὅτι ἐν μαχαίρᾳ καὶ ἐν λιμῷ καὶ ἐν θανάτῳ ἐγὼ συντελέσω αὐτούς.

Καὶ εἶπα, ὁ ὢν Κύριε, ἰδοὺ οἱ προφῆται αὐτῶν προφητεύουσι, 13 καὶ λέγουσιν, οὐκ ὄψεσθε μάχαιραν, οὐδὲ λιμὸς ἔσται ἐν ὑμῖν, ὅτι ἀλήθειαν καὶ εἰρήνην δώσω ἐπὶ τῆς γῆς, καὶ ἐν τῷ τόπῳ τούτῳ.

Καὶ εἶπε Κύριος πρὸς μὲ, ψευδῆ οἱ προφῆται προφητεύουσιν 14 ἐπὶ τῷ ὀνόματί μου, οὐκ ἀπέστειλα αὐτοὺς, καὶ οὐκ ἐνετειλάμην αὐτοῖς, καὶ οὐκ ἐλάλησα πρὸς αὐτούς· ὅτι ὁράσεις ψευδεῖς, καὶ μαντείας, καὶ οἰωνίσματα, καὶ προαιρέσεις καρδίας αὐτῶν αὐτοὶ προφητεύουσιν ὑμῖν. Διατοῦτο τάδε λέγει 15 Κύριος περὶ τῶν προφητῶν τῶν προφητευόντων ἐπὶ τῷ ὀνόματί μου ψευδῆ, καὶ ἐγὼ οὐκ ἀπέστειλα αὐτοὺς, οἳ λέγουσι, μάχαιρα καὶ λιμὸς οὐκ ἔσται ἐπὶ τῆς γῆς ταύτης· ἐν θανάτῳ νοσερῷ ἀποθανοῦνται, καὶ ἐν λιμῷ συντελεσθήσονται οἱ προφῆται, καὶ ὁ λαὸς, οἷς αὐτοὶ προφητεύουσιν αὐτοῖς, καὶ ἔσονται 16 ἐρριμμένοι ἐν ταῖς ὁδοῖς ᾽Ιερουσαλὴμ, ἀπὸ προσώπου μαχαίρας καὶ τοῦ λιμοῦ, καὶ οὐκ ἔσται ὁ θάπτων αὐτοὺς, καὶ αἱ γυναῖκες αὐτῶν, καὶ οἱ υἱοὶ αὐτῶν, καὶ αἱ θυγατέρες αὐτῶν, καὶ ἐκχεῶ ἐπ᾽ αὐτοὺς τὰ κακὰ αὐτῶν.

β *Gr.* estrangement.   γ *Gr.* after me.   δ *Gr.* to move their feet.   ζ *Gr.* in them.   *Hebraism.*   θ *Or,* meat-offerings.
λ *Lit.* death.   μ *Gr.* sickly.

17 Καὶ ἐρεῖς πρὸς αὐτοὺς τὸν λόγον τοῦτον, καταγάγετε ἐπ ὀφθαλμοὺς ὑμῶν δάκρυα ἡμέρας καὶ νυκτὸς, καὶ μὴ διαλιπέ-τωσαν, ὅτι συντρίμματι συνετρίβη θυγάτηρ λαοῦ μου, καὶ
18 πληγῇ ὀδυνηρᾷ σφόδρα. Ἐὰν ἐξέλθω εἰς τὸ πεδίον, καὶ ἰδοὺ τραυματίαι μαχαίρας· καὶ ἐὰν εἰσέλθω εἰς τὴν πόλιν, καὶ ἰδοὺ πόνος λιμοῦ· ὅτι ἱερεὺς καὶ προφήτης ἐπορεύθησαν εἰς γῆν, ἣν οὐκ ᾔδεισαν.

19 Μὴ ἀποδοκιμάζων ἀπεδοκίμασας τὸν Ἰούδαν, καὶ ἀπὸ Σιὼν ἀπέστη ἡ ψυχή σου; ἱνατί ἔπαισας ἡμᾶς, καὶ οὐκ ἔστιν ἡμῖν ἴασις; ὑπεμείναμεν εἰς εἰρήνην, καὶ οὐκ ἦν ἀγαθὰ, εἰς καιρὸν
20 ἰάσεως, καὶ ἰδοὺ ταραχή. Ἔγνωμεν Κύριε ἁμαρτήματα ἡμῶν,
21 ἀδικίας πατέρων ἡμῶν, ὅτι ἡμάρτομεν ἐναντίον σου. Κόπασον διὰ τὸ ὄνομά σου, μὴ ἀπολέσῃς θρόνον δόξης σου· μνήσθητι,
22 μὴ διασκεδάσῃς τὴν διαθήκην σου τὴν μεθ᾽ ἡμῶν. Μὴ ἔστιν ἐν εἰδώλοις τῶν ἐθνῶν ὑετίζων; καὶ εἰ ὁ οὐρανὸς δώσει πλη-σμονὴν αὐτοῦ, οὐχὶ σὺ εἶ αὐτός; καὶ ὑπομενοῦμέν σε Κύριε, ὅτι σὺ ἐποίησας πάντα ταῦτα.

15 Καὶ εἶπε Κύριος πρὸς μὲ, ἐὰν στῇ Μωυσῆς καὶ Σαμουὴλ πρὸ προσώπου μου, οὐκ ἔστιν ἡ ψυχή μου πρὸς αὐτούς· ἐξ-
2 απόστειλον τὸν λαὸν τοῦτον, καὶ ἐξελθέτωσαν. Καὶ ἔσται ἐὰν εἴπωσι πρὸς σὲ, ποῦ ἐξελευσόμεθα; καὶ ἐρεῖς πρὸς αὐτοὺς, τάδε λέγει Κύριος, ὅσοι εἰς θάνατον, εἰς θάνατον· καὶ ὅσοι εἰς μάχαιραν, εἰς μάχαιραν· καὶ ὅσοι εἰς λιμὸν, εἰς λιμόν· καὶ
3 ὅσοι εἰς αἰχμαλωσίαν, εἰς αἰχμαλωσίαν. Καὶ ἐκδικήσω ἐπ᾽ αὐτοὺς τέσσαρα εἴδη, λέγει Κύριος· τὴν μάχαιραν εἰς σφαγὴν, καὶ τοὺς κύνας εἰς διασπασμὸν, καὶ τὰ θηρία τῆς γῆς, καὶ τὰ
4 πετεινὰ τοῦ οὐρανοῦ εἰς βρῶσιν καὶ διαφθοράν. Καὶ παρα-δώσω αὐτοὺς εἰς ἀνάγκας πάσαις ταῖς βασιλείαις τῆς γῆς, διὰ Μανασσῆ υἱὸν Ἐζεκίου βασιλέως Ἰούδα, περὶ πάντων ὧν ἐποίησεν ἐν Ἱερουσαλήμ.

5 Τίς φείσεται ἐπὶ σοὶ Ἱερουσαλήμ; καὶ τίς δειλιάσει ἐπὶ
6 σοί; ἢ τίς ἀνακάμψει εἰς εἰρήνην σοι; Σὺ ἀπεστράφης με, λέγει Κύριος, ὀπίσω πορεύσῃ· καὶ ἐκτενῶ τὴν χεῖρά μου, καὶ
7 διαφθερῶ σε, καὶ οὐκέτι ἀνήσω αὐτούς· Καὶ διασπερῶ αὐτοὺς ἐν διασπορᾷ ἐν πύλαις λαοῦ μου ἠτεκνώθησαν, ἀπώλεσαν τὸν λαόν μου διὰ τὰς κακίας αὐτῶν.

8 Ἐπληθύνθησαν αἱ χῆραι αὐτῶν ὑπὲρ τὴν ἄμμον τῆς θαλάσσης· ἐπήγαγον ἐπὶ μητέρα νεανίσκους, ταλαιπωρίαν ἐν μεσημβρίᾳ, ἐπέρριψα ἐπ᾽ αὐτὴν ἐξαίφνης τρόμον καὶ
9 σπουδήν. Ἐκενώθη ἡ τίκτουσα ἑπτὰ, ἀπεκάκησεν ἡ ψυχὴ αὐτῆς, ἐπέδυ ὁ ἥλιος αὐτῇ ἔτι μεσούσης τῆς ἡμέρας, κατ-ῃσχύνθη καὶ ὠνειδίσθη· τοὺς καταλοίπους αὐτῶν εἰς μάχαιραν δώσω ἐναντίον τῶν ἐχθρῶν αὐτῶν.

10 Οἴμοι ἐγὼ, μῆτερ, ὡς τινά με ἔτεκες ἄνδρα δικαζόμενον, καὶ διακρινόμενον πάσῃ τῇ γῇ· οὔτε ὠφέλησα, οὔτε ὠφέλησέ με οὐδείς· ἡ ἰσχύς μου ἐξέλιπεν ἐν τοῖς καταρωμένοις με.
11 Γένοιτο δέσποτα κατευθυνόντων αὐτῶν· εἰ μὴ παρέστην σοι ἐν

[17] And thou shalt speak this word to them ; Let your eyes shed tears day and night, and let them not cease : for the daughter of my people has been sorely bruised, and her plague is very grievous. [18] If I go forth into the plain, then behold the slain by the sword! and if I enter into the city, then behold the distress of famine! for priest and prophet have gone to a land which they knew not. [19] Hast thou utterly rejected Juda? and has thy soul departed from Sion? wherefore hast thou smitten us, and there is no healing for us? we waited for peace, but there was no prosperity ; for a time of heal-ing, and behold trouble! [20] We know, O Lord, our sins, *and* the iniquities of our fathers : for we have sinned before thee. [21] Refrain for thy name's sake, destroy not the throne of·thy glory : remember, break not thy covenant with us. [22] Is there any one among the idols of the Gentiles that can give rain? and will the sky yield his fulness *at their bidding?* Art not thou he? we will even wait on thee, O Lord : for thou hast made all these things.

And the Lord said to me, Though Moses and Samuel stood before my face, my soul could not be toward them : dismiss this people, and let them go forth. [2] And it shall be, if they say to thee, Whither shall we go forth? then thou shalt say to them, Thus saith the Lord ; As many as are for death, to death ; and as many as are for famine, to famine ; and as many as are for the sword, to the sword ; and as many as are for captivity, to captivity. [3] And I will punish them with four kinds *of death,* saith the Lord, the sword to slay, and the dogs to tear, and the wild beasts of the earth, and the birds of the sky to devour and de-stroy. [4] And I will deliver them up for distress to all the kingdoms of the earth, because of Manasses son of Ezekias king of Juda, for all that he did in Jerusalem. [5] Who will spare thee, O Jerusalem? and who will fear for thee? or who will turn back *to* [β] ask for thy welfare? [6] Thou hast turned away from me, saith the Lord, thou wilt go back : therefore I will stretch out my hand, and will destroy thee, and will no more spare them. [7] And I will completely scatter them ; in the gates of my people they are bereaved of children : they have destroyed my people because of their iniquities. [8] Their widows have been multiplied more than the sand of the sea : I have brought young men against the mother, *even* distress at noon-day : I have suddenly cast upon her trembling and anxiety. [9] She that bore seven is [γ] spent ; her soul has fainted under trouble ; her sun is gone down while it is yet noon ; she is ashamed and disgraced : I will give the remnant of them to the sword before their enemies. [10] Woe is me, *my* mother! thou hast born me as some man of strife, and at variance with the whole earth ; I have not helped *others,* nor has any one helped me ; my strength has failed among them that curse me. [11] Be it so, Lord, in their prosperity ; surely I stood before thee in the time of

---

β See *Hebrew.* γ *Gr.* emptied, possibly, bereft of children.

their calamities, and in the time of their affliction, for *their* good against the enemy. [12] Will iron be known? whereas thy strength is a brazen covering. [13] Yea, I will give thy treasures for a spoil as a recompence, because of all thy sins, and *that* in all thy borders. [14] And I will enslave thee to thine enemies round about, in a land which thou hast not known; for a fire has been kindled out of my wrath; it shall burn upon you.

[15] O Lord, remember me, and visit me, and vindicate me before them that persecute me; do not bear long with them; know how I have met with reproach for thy sake, from those who set at nought thy words; [16] consume them; and thy word shall be to me for the joy and gladness of my heart: for thy name has been called upon me, O Lord Almighty. [17] I have not sat in the assembly of them as they mocked, but I feared because of thy power: I sat alone, for I was filled with bitterness.

[18] Why do they that grieve me prevail against me? my wound is severe; whence shall I be healed? it is indeed become to me as deceitful water, that has no β faithfulness.

[19] Therefore thus saith the Lord, If thou wilt return, then will I restore thee, and thou shalt stand before my face: and if thou wilt bring forth the precious from the worthless, thou shalt be as my mouth: and they shall return to thee; but thou shalt not return to them. [20] And I will make thee to this people as a strong brazen wall; and they shall fight against thee, but they shall by no means prevail against thee; [21] for I am with thee to save thee, and to deliver thee out of the hand of wicked *men*; and I will ransom thee out of the hand of pestilent *men*.

And thou shalt not take a wife, saith the Lord God of Israel: [2] and there shall be no son born to thee, nor daughter in this place. [3] For thus saith the Lord concerning the sons and concerning the daughters that are born in this place, and concerning their mothers that have born them, and concerning their fathers that have begotten them in this land; [4] They shall die of grievous death; they shall not be lamented, nor buried; they shall be for an example on the face of the earth; and they shall be for the wild beasts of the land, and for the birds of the sky: they shall fall by the sword, and shall be consumed with famine.

[5] Thus saith the Lord, Enter not into their mourning feast, and go not to lament, and mourn not for them: for I have removed my peace from this people. [6] They shall not bewail them, nor make cuttings for them, and they shall not shave themselves *for them*: [7] and there shall be no bread broken in mourning for them for consolation over the dead: they shall not give one to drink a cup for consolation over his father or his mother.

[8] Thou shalt not enter into the banquet-house, to sit with them to eat and to drink. [9] For thus saith the Lord God of Israel; Behold, I *will* make to cease out of this place before your eyes, and in your days, the

καιρῷ τῶν κακῶν αὐτῶν, καὶ ἐν καιρῷ θλίψεως αὐτῶν, εἰς ἀγαθὰ πρὸς τὸν ἐχθρόν. Εἰ γνωσθήσεται σίδηρος; καὶ περιβόλαιον 12 χαλκοῦν ἡ ἰσχύς σου. Καὶ τοὺς θησαυρούς σου εἰς προνομὴν 13 δώσω ἀντάλλαγμα, διὰ πάσας τὰς ἁμαρτίας σου, καὶ ἐν πᾶσι τοῖς ὁρίοις σου. Καὶ καταδουλώσω σε κύκλῳ τοῖς ἐχθροῖς 14 σου, ἐν τῇ γῇ ᾗ οὐκ ᾔδεις· ὅτι πῦρ ἐκκέκαυται ἐκ τοῦ θυμοῦ μου, ἐφ᾽ ὑμᾶς καυθήσεται.

Κύριε μνήσθητί μου, καὶ ἐπίσκεψαί με, καὶ ἀθώωσόν με ἀπὸ 15 τῶν καταδιωκόντων με, μὴ εἰς μακροθυμίαν· γνῶθι, ὡς ἔλαβον περὶ σοῦ ὀνειδισμὸν ὑπὸ τῶν ἀθετούντων τοὺς λόγους σου· 16 συντέλεσον αὐτούς· καὶ ἔσται ὁ λόγος σου ἐμοὶ εἰς εὐφροσύνην καὶ χαρὰν καρδίας μου, ὅτι ἐπικέκληται τὸ ὄνομά σου ἐπ᾽ ἐμοί, Κύριε παντοκράτωρ. Οὐκ ἐκάθισα ἐν συνεδρίῳ αὐτῶν παιζόν- 17 των, ἀλλὰ εὐλαβούμην ἀπὸ προσώπου χειρός σου· καταμόνας ἐκαθήμην, ὅτι πικρίας ἐνεπλήσθην.

Ἱνατί οἱ λυποῦντές με κατισχύουσί μου; ἡ πληγή μου 18 στερεά, πόθεν ἰαθήσομαι; γινομένη ἐγενήθη μοι ὡς ὕδωρ ψευδές, οὐκ ἔχον πίστιν.

Διατοῦτο τάδε λέγει Κύριος, ἐὰν ἐπιστρέψῃς, καὶ ἀπο- 19 καταστήσω σε, καὶ πρὸ προσώπου μου στήσῃ· καὶ ἐὰν ἐξαγάγῃς τίμιον ἀπὸ ἀναξίου, ὡς τὸ στόμα μου ἔσῃ· καὶ ἀναστρέψουσιν αὐτοὶ πρὸς σὲ, καὶ σὺ οὐκ ἀναστρέψεις πρὸς αὐτούς. Καὶ δώσω σε τῷ λαῷ τούτῳ, ὡς τεῖχος ὀχυρὸν, 20 χαλκοῦν· καὶ πολεμήσουσι πρὸς σὲ, καὶ οὐ μὴ δύνωνται πρὸς σὲ, διότι μετὰ σοῦ εἰμι τοῦ σώζειν σε, καὶ τοῦ ἐξαι- 21 ρεῖσθαί σε ἐκ χειρὸς πονηρῶν, καὶ λυτρώσομαί σε ἐκ χειρὸς λοιμῶν.

Καὶ σὺ μὴ λάβῃς γυναῖκα, λέγει Κύριος ὁ Θεὸς Ἰσραὴλ, 16 καὶ οὐ γεννηθήσεταί σοι υἱὸς, οὐδὲ θυγάτηρ ἐν τῷ τόπῳ τούτῳ. 2 Ὅτι τάδε λέγει Κύριος περὶ τῶν υἱῶν καὶ περὶ τῶν θυγατέρων 3 τῶν γεννωμένων ἐν τῷ τόπῳ τούτῳ, καὶ περὶ τῶν μητέρων αὐτῶν τῶν τετοκυιῶν αὐτοὺς, καὶ περὶ τῶν πατέρων αὐτῶν τῶν γεγεννηκότων αὐτοὺς ἐν τῇ γῇ ταύτῃ, ἐν θανάτῳ νοσερῷ ἀπο- 4 θανοῦνται, οὐ κοπήσονται, καὶ οὐ ταφήσονται· εἰς παράδειγμα ἐπὶ προσώπου τῆς γῆς ἔσονται· καὶ τοῖς θηρίοις τῆς γῆς ἔσονται καὶ τοῖς πετεινοῖς τοῦ οὐρανοῦ· ἐν μαχαίρᾳ πεσοῦνται, καὶ ἐν λιμῷ συντελεσθήσονται.

Τάδε λέγει Κύριος, μὴ εἰσέλθῃς εἰς θίασον αὐτῶν, καὶ μὴ 5 πορευθῇς τοῦ κόψασθαι, καὶ μὴ πενθήσῃς αὐτοὺς, ὅτι ἀφέ- στακα τὴν εἰρήνην μου ἀπὸ τοῦ λαοῦ τούτου· Οὐ μὴ κόψονται 6 αὐτοὺς, οὐδὲ ἐντομίδας οὐ μὴ ποιήσουσι, καὶ οὐ ξυρηθήσονται, καὶ οὐ μὴ κλασθῇ ἄρτος ἐν πένθει αὐτῶν εἰς παράκλησιν ἐπὶ 7 τεθνηκότι· οὐ ποτιοῦσιν αὐτὸν ποτήριον εἰς παράκλησιν ἐπὶ πατρὶ καὶ μητρὶ αὐτοῦ.

Εἰς οἰκίαν πότου οὐκ εἰσελεύσῃ σὺ, συγκαθίσαι μετ᾽ αὐτῶν 8 τοῦ φαγεῖν καὶ πιεῖν. Διότι τάδε λέγει Κύριος ὁ Θεὸς Ἰσραὴλ, 9 ἰδοὺ ἐγὼ καταλύω ἐκ τοῦ τόπου τούτου ἐνώπιον τῶν ὀφθαλμῶν

β sc. as to healing.

ὑμῶν, καὶ ἐν ταῖς ἡμέραις ὑμῶν, φωνὴν χαρᾶς, καὶ φωνὴν εὐφροσύνης, φωνὴν νυμφίου, καὶ φωνὴν νύμφης.

10 Καὶ ἔσται ὅταν ἀναγγείλῃς τῷ λαῷ τούτῳ ἅπαντα τὰ ῥήματα ταῦτα, καὶ εἴπωσι πρὸς σὲ, διατί ἐλάλησε Κύριος ἐφ᾽ ἡμᾶς πάντα τὰ κακὰ ταῦτα; τίς ἡ ἀδικία ἡμῶν; καὶ τίς ἡ ἁμαρτία

11 ἡμῶν, ἣν ἡμάρτομεν ἔναντι Κυρίου τοῦ Θεοῦ ἡμῶν; Καὶ ἐρεῖς πρὸς αὐτούς, ἀνθ᾽ ὧν ἐγκατέλιπόν με οἱ πατέρες ὑμῶν, λέγει Κύριος, καὶ ᾤχοντο ὀπίσω θεῶν ἀλλοτρίων, καὶ ἐδούλευσαν αὐτοῖς, καὶ προσεκύνησαν αὐτοῖς, καὶ ἐμὲ ἐγκατέλιπον,

12 καὶ τὸν νόμον μου οὐκ ἐφυλάξαντο· Καὶ ὑμεῖς ἐπονηρεύσασθε ὑπὲρ τοὺς πατέρας ὑμῶν· καὶ ἰδοὺ ὑμεῖς πορεύεσθε ἕκαστος ὀπίσω τῶν ἀρεστῶν τῆς καρδίας ὑμῶν τῆς πονηρᾶς, τοῦ μὴ

13 ὑπακούειν μου. Καὶ ἀπορρίψω ὑμᾶς ἀπὸ τῆς γῆς ταύτης εἰς τὴν γῆν, ἣν οὐκ ᾔδειτε ὑμεῖς καὶ οἱ πατέρες ὑμῶν, καὶ δουλεύσετε ἐκεῖ θεοῖς ἑτέροις, οἳ οὐ δώσουσιν ὑμῖν ἔλεος.

14 Διατοῦτο ἰδοὺ ἡμέραι ἔρχονται, λέγει Κύριος, καὶ οὐκ ἐροῦσιν ἔτι, ζῇ Κύριος ὁ ἀναγαγὼν τοὺς υἱοὺς Ἰσραὴλ ἐκ γῆς Αἰγύπτου,

15 ἀλλά, ζῇ Κύριος, ὃς ἀνήγαγε τὸν οἶκον Ἰσραὴλ ἀπὸ γῆς Βορρᾶ, καὶ ἀπὸ πασῶν τῶν χωρῶν οὗ ἐξώσθησαν ἐκεῖ· καὶ ἀποκαταστήσω αὐτοὺς εἰς τὴν γῆν αὐτῶν, ἣν ἔδωκα τοῖς πατράσιν αὐτῶν.

16 Ἰδοὺ ἐγὼ ἀποστέλλω τοὺς ἁλιεῖς τοὺς πολλούς, λέγει Κύριος, καὶ ἁλιεύσουσιν αὐτούς· καὶ μετὰ ταῦτα ἀποστέλλω τοὺς πολλοὺς θηρευτάς, καὶ θηρεύσουσιν αὐτοὺς ἐπάνω παντὸς ὄρους, καὶ ἐπάνω παντὸς βουνοῦ, καὶ ἐκ τῶν τρυμαλιῶν τῶν

17 πετρῶν. Ὅτι οἱ ὀφθαλμοί μου ἐπὶ πάσας τὰς ὁδοὺς αὐτῶν, καὶ οὐκ ἐκρύβη τὰ ἀδικήματα αὐτῶν ἀπέναντι τῶν ὀφθαλμῶν

18 μου. Καὶ ἀνταποδώσω διπλὰς τὰς κακίας αὐτῶν, καὶ τὰς ἁμαρτίας αὐτῶν, ἐφ᾽ αἷς ἐβεβήλωσαν τὴν γῆν μου ἐν τοῖς θνησιμαίοις τῶν βδελυγμάτων αὐτῶν, καὶ ἐν ταῖς ἀνομίαις αὐτῶν, ἐν αἷς ἐπλημμέλησαν τὴν κληρονομίαν μου.

19 Κύριε σὺ ἰσχύς μου, καὶ βοήθειά μου, καὶ καταφυγή μου ἐν ἡμέραις κακῶν· πρὸς σὲ ἔθνη ἥξουσιν ἀπ᾽ ἐσχάτου τῆς γῆς, καὶ ἐροῦσιν, ὡς ψευδῆ ἐκτήσαντο οἱ πατέρες ἡμῶν εἴδωλα, καὶ οὐκ

20 ἔστιν ἐν αὐτοῖς ὠφέλημα; Εἰ ποιήσει ἑαυτῷ ἄνθρωπος θεούς,

21 καὶ οὗτοι οὐκ εἰσὶ θεοί. Διατοῦτο ἰδοὺ ἐγὼ δηλώσω αὐτοῖς ἐν τῷ καιρῷ τούτῳ τὴν χεῖρά μου, καὶ γνωριῶ αὐτοῖς τὴν δύναμίν μου, καὶ γνώσονται, ὅτι ὄνομά μοι Κύριος.

17 Ἐπικατάρατος ὁ ἄνθρωπος, ὃς τὴν ἐλπίδα ἔχει ἐπ᾽ ἄνθρω-

5 πον, καὶ στηρίσει σάρκα βραχίονος αὐτοῦ ἐπ᾽ αὐτόν, καὶ ἀπὸ

6 Κυρίου ἀποστῇ ἡ καρδία αὐτοῦ. Καὶ ἔσται ὡς ἡ ἀγριομυρίκη ἡ ἐν τῇ ἐρήμῳ, οὐκ ὄψεται ὅταν ἔλθῃ τὰ ἀγαθά, καὶ κατασκηνώσει ἐν ἁλίμοις, καὶ ἐν ἐρήμῳ, ἐν γῇ ἁλμυρᾷ ἥτις οὐ

7 κατοικεῖται. Καὶ εὐλογημένος ὁ ἄνθρωπος, ὃς πέποιθεν ἐπὶ

8 τῷ Κυρίῳ, καὶ ἔσται Κύριος ἐλπὶς αὐτοῦ· Καὶ ἔσται ὡς ξύλον εὐθηνοῦν παρ᾽ ὕδατα, καὶ ἐπὶ ἰκμάδα βαλεῖ ῥίζαν αὐτοῦ· οὐ φοβηθήσεται ὅταν ἔλθῃ καῦμα, καὶ ἔσται ἐπ᾽ αὐτῷ στελέχη ἀλσώδη, ἐν ἐνιαυτῷ ἀβροχίας οὐ φοβηθήσεται, καὶ οὐ διαλείψει ποιῶν καρπόν.

voice of joy, and the voice of gladness, the voice of the bridegroom, and the voice of the bride.

10 And it shall come to pass, when thou shalt report to this people all these words, and they shall say to thee, Wherefore has the Lord pronounced against us all these evils? what is our unrighteousness? and what is our sin which we have sinned before the Lord our God? 11 Then thou shalt say to them, Because your fathers forsook me, saith the Lord, and went after strange gods and served them, and worshipped them, and forsook me, and kept not my law; 12 (and ye sinned worse than your fathers; for, behold, ye walk every one after the lusts of your own evil heart, so as not to hearken to me); 13 therefore I will cast you off from this good land into βa land which neither ye nor your fathers have known; and ye shall serve there other gods, who shall have no mercy upon you.

14 Therefore, behold, the days come, saith the Lord, when they shall no more say, The Lord lives, that brought up the children of Israel out of the land of Egypt; 15 but, The Lord lives, who brought up the house of Israel from the land of the north, and from all the countries whither they were thrust out: and I will restore them to their own land, which I gave to their fathers.

16 Behold, I *will* send γmany fishers, saith the Lord, and they shall fish them; and afterward I will send many hunters, and they shall hunt them upon every mountain, and upon every hill, and out of the holes of the rocks. 17 For mine eyes are upon all their ways; and their iniquities have not been hidden from mine eyes. 18 And I will recompense their mischiefs doubly, and their sins, whereby they have profaned my land with the carcases of their abominations, and with their iniquities, whereby they have trespassed against mine inheritance.

19 O Lord, thou art my strength, and mine help, and my refuge in days of evil: to thee the Gentiles shall come from the end of the earth, and shall say, How vain *were the* idols *which* our fathers procured to themselves, and there is no help in them. 20 Will a man make gods for himself, whereas these are no gods? 21 Therefore, behold, I will at this time manifest my hand to them, and will make known to them my power; and they shall know that my name is the Lord.

5 Cursed is the man who trusts in man, and will lean his arm of flesh upon him, while his heart departs from the Lord. 6 And he shall be as the wild tamarisk in the desert: he shall not see when good comes; but he shall dwell in δ barren *places*, and in the wilderness, in a salt land which is not inhabited. 7 But blessed is the man who trusts in the Lord, and whose hope the Lord shall be. 8 And he shall be as a thriving tree by the waters, and he shall cast forth his root toward a moist place: he shall not fear when heat comes, and there shall be upon him shady branches: he shall not fear in a year of drought, and he shall not fail to bear fruit.

β Gr. the land.   γ Gr. the many.   δ Gr. salt.

⁹ The heart is deep beyond all things, and
ᵝ it is the man, and who can know him?
¹⁰ ᵞ I the Lord try the hearts, and prove the
reins, to give to every one according to his
ways, and according to the fruits of his
devices.

¹¹ The partridge utters her voice, she gathers *eggs* which she did not lay; *so is a man* gaining his wealth unjustly; in the midst of his days *his riches* shall leave him, and at his latter end he will be a fool.

¹² An exalted throne of glory is our sanctuary. ¹³ O Lord, the hope of Israel, let all that have left thee be ashamed, let them that have revolted be written on the earth, because they have forsaken the fountain of life, the Lord.

¹³ Heal me, O Lord, and I shall be healed ; save me, and I shall be saved ; for thou art my boast.

¹⁵ Behold, they say to me, Where is the word of the Lord? let it come. ¹⁶ But I have not been weary of following 'thee, nor have I desired the day of man ; thou knowest ; the *words* that proceed out of my lips are before thy face. ¹⁷ Be not to me a stranger, *but* spare me in the evil day. ¹⁸ Let them that persecute me be ashamed, but let me not be ashamed : let them be alarmed, but let me not be alarmed : bring upon them the evil day, crush them with double destruction.

¹⁹ Thus saith the Lord ; Go and stand in the gates of the children of thy people, by which the kings of Juda enter, and by which they go out, and in all the gates of Jerusalem : ²⁰ and thou shalt say to them, Hear the word of the Lord, ye kings of Juda, and all Judea, and all Jerusalem, *all* who go in at these gates : ²¹ thus saith the Lord ; Take heed to your souls, and take up no burdens on the sabbath-day, and go not forth *through* the gates of Jerusalem ; ²² and carry forth no burdens out of your houses on the sabbath-day, and ye shall do no work : sanctify the sabbath-day, as I commanded your fathers. ²³ But they hearkened not, and inclined not their ear, but stiffened their neck more than their fathers *did*, so as not to hear me, and not to receive ᵟ correction.

²⁴ And it shall come to pass, if ye will hearken to me, saith the Lord, to carry in no burdens through the gates of this city on the sabbath-day, and to sanctify the sabbath-day, so as to do no work *upon it*, ²⁵ that there shall enter through the gates of this city kings and princes sitting on the throne of David, and riding on their chariots and horses, they, and their princes, the men of Juda, and the dwellers in Jerusalem : and this city shall be inhabited for ever. ²⁶ And *men* shall come out of the cities of Juda, and from round about Jerusalem, and out of the land of Benjamin, and out of the plain country, and from the hill country, and from the south *country*, bringing whole-burnt-offerings, and sacrifices, and incense, and manna, and frankincense, bringing praise to the house of the Lord.

²⁷ But it shall come to pass, if ye will not

Βαθεῖα ἡ καρδία παρὰ πάντα, καὶ ἄνθρωπός ἐστι, καὶ τίς 9
γνώσεται αὐτόν ; Ἐγὼ Κύριος ἐτάζων καρδίας, καὶ δοκιμάζων 10
νεφροὺς, τοῦ δοῦναι ἑκάστῳ κατὰ τὰς ὁδοὺς αὐτοῦ, καὶ κατὰ
τοὺς καρποὺς τῶν ἐπιτηδευμάτων αὐτοῦ.

Ἐφώνησε πέρδιξ, συνήγαγεν ἃ οὐκ ἔτεκε, ποιῶν πλοῦτον 11
αὐτοῦ οὐ μετὰ κρίσεως· ἐν ἡμίσει ἡμερῶν αὐτοῦ ἐγκατα-
λείψουσιν αὐτὸν, καὶ ἐπ' ἐσχάτων αὐτοῦ ἔσται ἄφρων.

Θρόνος δόξης ὑψωμένος, ἁγίασμα ἡμῶν, ὑπομονὴ Ἰσ- 12, 13
ραήλ· Κύριε, πάντες οἱ καταλιπόντες σε καταισχυνθήτωσαν,
ἀφεστηκότες ἐπὶ τῆς γῆς γραφήτωσαν, ὅτι ἐγκατέλιπον πηγὴν
ζωῆς, τὸν Κύριον.

Ἴασαί με Κύριε, καὶ ἰαθήσομαι· σῶσόν με, καὶ σωθήσομαι, 14
ὅτι καύχημά μου σὺ εἶ.

Ἰδοὺ αὐτοὶ λέγουσι πρὸς μὲ, ποῦ ἐστιν ὁ λόγος Κυρίου ; 15
ἐλθέτω. Ἐγὼ δὲ οὐκ ἐκοπίασα κατακολουθῶν ὀπίσω σου, 16
καὶ ἡμέραν ἀνθρώπου οὐκ ἐπεθύμησα· σὺ ἐπίστη· τὰ ἐκπορευό-
μενα διὰ τῶν χειλέων μου, πρὸ προσώπου σου ἐστί. Μὴ 17
γενηθῇς μοι εἰς ἀλλοτρίωσιν, φειδόμενός μου ἐν ἡμέρᾳ πονηρᾷ.
Καταισχυνθήτωσαν οἱ διώκοντές με, καὶ μὴ καταισχυνθείην 18
ἐγώ· πτοηθείησαν αὐτοὶ, καὶ μὴ πτοηθείην ἐγώ· ἐπάγαγε ἐπ'
αὐτοὺς ἡμέραν πονηρὰν, δισσὸν σύντριμμα σύντριψον αὐτούς.

Τάδε λέγει Κύριος, βάδισον, καὶ στῆθι ἐν ταῖς πύλαις υἱῶν 19
λαοῦ σου, ἐν αἷς εἰσπορεύονται ἐν αὐταῖς βασιλεῖς Ἰούδα, καὶ
ἐν αἷς ἐκπορεύονται ἐν αὐταῖς, καὶ ἐν πάσαις ταῖς πύλαις Ἱε-
ρουσαλήμ, καὶ ἐρεῖς αὐτοῖς, ἀκούσατε τὸν λόγον Κυρίου 20
βασιλεῖς Ἰούδα, καὶ πᾶσα Ἰουδαία, καὶ πᾶσα Ἱερουσαλήμ, οἱ
εἰσπορευόμενοι ἐν ταῖς πύλαις ταύταις· Τάδε λέγει Κύριος, 21
φυλάσσεσθε τὰς ψυχὰς ὑμῶν, καὶ μὴ αἴρετε βαστάγματα ἐν
τῇ ἡμέρᾳ τῶν σαββάτων, καὶ μὴ ἐκπορεύεσθε ταῖς πύλαις
Ἱερουσαλήμ, καὶ μὴ ἐκφέρετε βαστάγματα ἐξ οἰκιῶν ὑμῶν 22
ἐν τῇ ἡμέρᾳ τῶν σαββάτων, καὶ πᾶν ἔργον οὐ ποιήσετε·
ἁγιάσατε τὴν ἡμέραν τῶν σαββάτων, καθὼς ἐνετειλάμην
τοῖς πατράσιν ὑμῶν. Καὶ οὐκ ἤκουσαν, καὶ οὐκ ἔκλιναν 23
τὸ οὖς αὐτῶν, καὶ ἐσκλήρυναν τὸν τράχηλον αὐτῶν ὑπὲρ
τοὺς πατέρας αὐτῶν, τοῦ μὴ ἀκοῦσαί μου, καὶ τοῦ μὴ δέξασθαι
παιδείαν.

Καὶ ἔσται, ἐὰν εἰσακούσητέ μου, λέγει Κύριος, τοῦ μὴ 24
εἰσφέρειν βαστάγματα διὰ τῶν πυλῶν τῆς πόλεως ταύτης
ἐν τῇ ἡμέρᾳ τῶν σαββάτων καὶ ἁγιάζειν τὴν ἡμέραν τῶν σαββά-
των, τοῦ μὴ ποιεῖν πᾶν ἔργον, καὶ εἰσελεύσονται διὰ τῶν πυλῶν 25
τῆς πόλεως ταύτης βασιλεῖς καὶ ἄρχοντες καθήμενοι ἐπὶ θρόνου
Δαυὶδ, καὶ ἐπιβεβηκότες ἐφ' ἅρμασι καὶ ἵπποις αὐτῶν, αὐτοὶ
καὶ οἱ ἄρχοντες αὐτῶν, ἄνδρες Ἰούδα καὶ οἱ κατοικοῦντες ἐν
Ἱερουσαλήμ· καὶ κατοικισθήσεται ἡ πόλις αὕτη εἰς τὸν αἰῶνα.
Καὶ ἥξουσιν ἐκ τῶν πόλεων Ἰούδα, καὶ κυκλόθεν Ἱερουσαλήμ, 26
καὶ ἐκ γῆς Βενιαμὶν, καὶ ἐκ γῆς πεδινῆς, καὶ ἐκ τοῦ ὄρους,
καὶ ἐκ τῆς πρὸς Νότον, φέροντες ὁλοκαυτώματα καὶ θυσίας
καὶ θυμιάματα καὶ μάννα καὶ λίβανον, φέροντες αἴνεσιν εἰς
οἶκον Κυρίου.

Καὶ ἔσται ἐὰν μὴ ἀκούσητέ μου τοῦ ἁγιάζειν τὴν ἡμέραν 27

ᵝ Prov. 27.19.   ᵞ Rev. 2.23.   ᵟ *Or*, instruction.

τῶν σαββάτων, τοῦ μὴ αἴρειν βαστάγματα, καὶ μὴ εἰσπορεύ-
εσθαι ταῖς πύλαις Ἱερουσαλὴμ ἐν τῇ ἡμέρᾳ τῶν σαββάτων,
καὶ ἀνάψω πῦρ ἐν ταῖς πύλαις αὐτῆς, καὶ καταφάγεται ἄμφοδα
Ἱερουσαλήμ, καὶ οὐ σβεσθήσεται.

18 Ὁ λόγος ὁ γενόμενος παρὰ Κυρίου πρὸς Ἱερεμίαν, λέγων,
2 ἀνάστηθι, καὶ κατάβηθι εἰς οἶκον τοῦ κεραμέως, καὶ ἐκεῖ
3 ἀκούσῃ τοὺς λόγους μου. Καὶ κατέβην εἰς τὸν οἶκον τοῦ
4 κεραμέως, καὶ ἰδοὺ αὐτὸς ἐποίει ἔργον ἐπὶ τῶν λίθων. Καὶ
ἔπεσε τὸ ἀγγεῖον, ὃ αὐτὸς ἐποίει ἐν ταῖς χερσὶν αὐτοῦ· καὶ
πάλιν αὐτὸς ἐποίησεν αὐτὸ ἀγγεῖον ἕτερον, καθὼς ἤρεσεν ἐνώ-
5 πιον αὐτοῦ ποιῆσαι. Καὶ ἐγένετο λόγος Κυρίου πρὸς μὲ,
λέγων,
6 Εἰ καθὼς ὁ κεραμεὺς οὗτος οὐ δυνήσομαι τοῦ ποιῆσαι ὑμᾶς
οἶκος Ἰσραήλ; ἰδοὺ, ὡς ὁ πηλὸς τοῦ κεραμέως, ὑμεῖς ἐστε ἐν
7 χερσί μου. Πέρας λαλήσω ἐπὶ ἔθνος, ἢ ἐπὶ βασιλείαν τοῦ
8 ἐξᾶραι αὐτοὺς, καὶ τοῦ ἀπολλύειν, καὶ ἐπιστραφῇ τὸ ἔθνος
ἐκεῖνο ἀπὸ πάντων τῶν κακῶν αὐτῶν, καὶ μετανοήσω περὶ τῶν
9 κακῶν, ὧν ἐλογισάμην, τοῦ ποιῆσαι αὐτοῖς. Καὶ πέρας λαλήσω
ἐπὶ ἔθνος καὶ βασιλείαν, τοῦ ἀνοικοδομεῖσθαι καὶ τοῦ καταφυ-
10 τεύεσθαι, καὶ ποιήσωσι τὰ πονηρὰ ἐναντίον μου, τοῦ μὴ ἀκούειν
τῆς φωνῆς μου, καὶ μετανοήσω περὶ τῶν ἀγαθῶν ὧν ἐλάλησα,
τοῦ ποιῆσαι αὐτοῖς.
11 Καὶ νῦν εἰπὸν πρὸς ἄνδρας Ἰούδα, καὶ πρὸς τοὺς κατοι-
κοῦντας Ἱερουσαλήμ, ἰδοὺ ἐγὼ πλάσσω ἐφ᾽ ὑμᾶς κακὰ, καὶ
λογίζομαι ἐφ᾽ ὑμᾶς λογισμόν· ἀποστραφήτω δὴ ἕκαστος ἀπὸ
ὁδοῦ αὐτοῦ τῆς πονηρᾶς, καὶ καλλίονα ποιήσατε τὰ ἐπιτηδεύ-
12 ματα ὑμῶν. Καὶ εἶπαν, ἀνδριούμεθα, ὅτι ὀπίσω τῶν ἀπο-
στροφῶν ἡμῶν πορευσόμεθα, καὶ ἕκαστος τὰ ἀρεστὰ τῆς
καρδίας αὐτοῦ τῆς πονηρᾶς ποιήσομεν.
13 Διατοῦτο τάδε λέγει Κύριος, ἐρωτήσατε δὴ ἐν ἔθνεσι, τίς
ἤκουσε τοιαῦτα φρικτὰ ἃ ἐποίησε σφόδρα παρθένος Ἰσραήλ;
14 Μὴ ἐκλείψουσιν ἀπὸ πέτρας μαστοὶ, ἢ χιὼν ἀπὸ τοῦ Λιβάνου;
15 μὴ ἐκκλίνῃ ὕδωρ βιαίως ἀνέμῳ φερόμενον; Ὅτι ἐπελάθοντό
μου λαός μου, εἰς κενὸν ἐθυμίασαν καὶ ἀσθενήσουσιν ἐν ταῖς
ὁδοῖς αὐτῶν σχοίνους αἰωνίους, τοῦ ἐπιβῆναι τρίβους οὐκ
16 ἔχοντας ὁδὸν εἰς πορείαν, τοῦ τάξαι τὴν γῆν αὐτῶν εἰς ἀφα-
νισμὸν, καὶ σύριγμα αἰώνιον· πάντες οἱ διαπορευόμενοι δι᾽
17 αὐτῆς ἐκστήσονται, καὶ κινήσουσι τὴν κεφαλὴν αὐτῶν. Ὡς
ἄνεμον καύσωνα διασπερῶ αὐτοὺς κατὰ πρόσωπον ἐχθρῶν
αὐτῶν, δείξω αὐτοῖς ἡμέραν ἀπωλείας αὐτῶν.
18 Καὶ εἶπεν, δεῦτε καὶ λογισώμεθα ἐπὶ Ἱερεμίαν λογισμὸν,
ὅτι οὐκ ἀπολεῖται νόμος ἀπὸ ἱερέως, καὶ βουλὴ ἀπὸ συνετοῦ,
καὶ λόγος ἀπὸ προφήτου· δεῦτε καὶ πατάξωμεν αὐτὸν ἐν
γλώσσῃ, καὶ ἀκουσόμεθα πάντας τοὺς λόγους αὐτοῦ.
19 Εἰσάκουσόν μου Κύριε, καὶ εἰσάκουσον τῆς φωνῆς τοῦ
20 δικαιώματός μου. Εἰ ἀνταποδίδοται ἀντὶ ἀγαθῶν κακὰ, ὅτι
συνελάλησαν ῥήματα κατὰ τῆς ψυχῆς μου, καὶ τὴν κόλασιν
αὐτῶν ἔκρυψάν μοι· μνήσθητι ἑστηκότος μου κατὰ πρόσωπόν
σου, τοῦ λαλῆσαι ὑπὲρ αὐτῶν ἀγαθὰ, τοῦ ἀποστρέψαι τὸν θυμόν
21 σου ἀπ᾽ αὐτῶν. Διατοῦτο δὸς τοὺς υἱοὺς αὐτῶν εἰς λιμὸν, καὶ

hearken to me to sanctify the sabbath-day,
to bear no burdens, nor go in *with them by*
the gates of Jerusalem on the sabbath-day;
then will I kindle a fire in the gates thereof,
and it shall devour the streets of Jerusalem,
and shall not be quenched.

The word that came from the Lord to
[2] Jeremias, saying, Arise, and go down to
the potter's house, and there thou shalt
hear my words. [3] So I went down to the
potter's house, and behold, he was making
a vessel on the stones. [4] And the vessel
which he was making with his hands fell:
so he made it again another vessel, as it
seemed good to him to make *it*. [5] And the
word of the Lord came to me, saying,

[6] Shall I not be able, O house of Israel, to
do to you as this potter? behold, as the
clay of the potter are ye in my hands. [7] *If*
I shall pronounce β a decree upon a nation,
or upon a kingdom, to cut them off, and to
destroy *them*; [8] and that nation turn from
all their γ sins, then will I repent of the
evils which I purposed to do to them.
[9] And *if* I shall pronounce a decree upon a
nation and kingdom, to rebuild and to plant
it; [10] and they do evil before me, so as not
to hearken to my voice, then will I repent
of the good which I spoke of, to do it to
them.

[11] And now say to the men of Juda, and
to the inhabitants of Jerusalem, Behold, I
prepare evils against you, and devise a device
against you: let every one turn now from
his evil way, and amend your practices.
[12] And they said, δ We will quit ourselves
like men, for we will pursue our perverse
ways, and we will perform each the lusts of
his evil heart.

[13] Therefore thus saith the Lord; Enquire
now among the nations, who has heard such
very horrible things as the virgin of Israel
has done? [14] Will ζ fertilising streams fail
to flow from a rock, or snow *fail* from Liba-
nus? will water violently impelled by the
wind turn aside? [15] For my people have
forgotten me, they have offered incense in
vain, and they fail in their ways, *leaving*
the ancient θ tracks, to enter upon impass-
able paths; [16] to make their land a desola-
tion, and a perpetual hissing; all that go
through it shall be amazed, and shall shake
their heads. [17] I will scatter them before
their enemies like λ an east wind; I will
shew them the day of their destruction.

[18] Then they said, Come, and let us devise
a device against Jeremias; for the law
shall not perish from the priest, nor counsel
from the wise, nor the word from the pro-
phet. Come, and let us smite him with the
tongue, and we will hear all his words.

[19] Hear me, O Lord, and hear the voice of
my pleading. [20] Forasmuch as evil is re-
warded for good; for they have spoken
words against my soul, and they have hidden
the punishment they *meant* for me; re-
member that I stood before thy face, to
speak good for them, to turn away thy wrath
from them. [21] Therefore do thou deliver

β *Lit.* end.   γ *Gr.* evils.   δ See *Heb.*   ζ *Gr.* breasts. See *Heb.* possibly 'crags.'   θ *Or*, limits.   λ *Gr.* burning.

their sons to famine, and gather them to the power of the sword: let their women be childless and widows; and let their men be cut off by death, and their young men fall by the sword in war. ²²Let there be a cry in their houses: thou shalt bring upon them robbers suddenly: for they have formed a plan to take me, and have hidden snares for me.

²³And thou, Lord, knowest all their deadly counsel against me: account not their iniquities guiltless, and blot not out their sins from before thee; deal with them in the time of thy wrath.

Then said the Lord to me, Go and get an earthen bottle, the work of the potter, and thou shalt bring *some* of the elders of the people, and of the priests; ²and thou shalt go forth to the burial-place of the sons of their children, which is at the entrance of the gate of Charsith; and do thou read there all these words which I shall speak to thee: ³and thou shalt say to them,

Hear ye the word of the Lord, ye kings of Juda, and men of Juda, and the dwellers in Jerusalem, and they that enter in by these gates; thus saith the Lord God of Israel; Behold, I *will* bring evil upon this place, so that the ears of every one that hears it shall tingle. ⁴Because they forsook me, and β profaned this place,' and burnt incense in it to strange gods, which they and their fathers knew not; and the kings of Juda have filled this place with innocent blood, ⁵and built high places for Baal, to burn their children in the fire, which things I commanded not, γ neither did I design *them* in my heart:

⁶Therefore, behold, the days come, saith the Lord, when this place shall no more be called, The fall and burial-place of the son of Ennom, but, The burial-place of slaughter. ⁷And I will destroy the counsel of Juda and the counsel of Jerusalem in this place; and I will cast them down with the sword before their enemies, and by the hands of them that seek their lives: and I will give their dead bodies for food to the birds of the sky and to the wild beasts of the earth. ⁸And I will bring this city to desolation and *make it* a hissing; every one that passes by it shall scowl, and hiss because of all her plague. ⁹And they shall eat the flesh of their sons, and the flesh of their daughters; and they shall eat every one the flesh of his neighbour in the blockade, and in the siege wherewith their enemies shall besiege them.

¹⁰And thou shalt break the bottle in the sight of the men that go forth with thee, ¹¹and thou shalt say, Thus saith the Lord, Thus will I break in pieces this people, and this city, even as an earthen vessel is broken in pieces which cannot be mended again. ¹²Thus will I do, saith the Lord, to this place, and to the inhabitants of it, that this city may be given up, as one that is falling to ruin. ¹³And the houses of Jerusalem, and the houses of the kings of Juda shall be as a ruinous place, because of their un-

ἄθροισον αὐτοὺς εἰς χεῖρας μαχαίρας· γενέσθωσαν αἱ γυναῖκες αὐτῶν ἄτεκνοι καὶ χῆραι, καὶ οἱ ἄνδρες αὐτῶν γενέσθωσαν ἀνῃρημένοι θανάτῳ, καὶ οἱ νεανίσκοι αὐτῶν πεπτωκότες μαχαίρᾳ ἐν πολέμῳ. Γενηθήτω κραυγὴ ἐν ταῖς οἰκίαις αὐτῶν· ἐπάξεις 22 ἐπ᾽ αὐτοὺς λῃστὰς ἄφνω, ὅτι ἐνεχείρησαν λόγον εἰς σύλληψίν μου, καὶ παγίδας ἔκρυψαν ἐπ᾽ ἐμέ.

Καὶ σὺ, Κύριε, ἔγνως ἅπασαν τὴν βουλὴν αὐτῶν ἐπ᾽ ἐμὲ 23 εἰς θάνατον· μὴ ἀθωώσῃς τὰς ἀδικίας αὐτῶν, καὶ τὰς ἁμαρτίας αὐτῶν ἀπὸ προσώπου σου μὴ ἐξαλείψῃς· γενέσθω ἡ ἀσθένεια αὐτῶν ἐναντίον σου, ἐν καιρῷ θυμοῦ σου ποίησον ἐν αὐτοῖς.

Τότε εἶπε Κύριος πρὸς μὲ, βάδισον, καὶ κτῆσαι βικὸν 19 πεπλασμένον ὀστράκινον, καὶ ἄξεις ἀπὸ τῶν πρεσβυτέρων τοῦ λαοῦ καὶ ἀπὸ τῶν ἱερέων, καὶ ἐξελεύσῃ εἰς τὸ πολυάνδριον 2 υἱῶν τῶν τέκνων αὐτῶν, ὅ ἐστιν ἐπὶ τῶν προθύρων πύλης τῆς Χαρσείθ· καὶ ἀνάγνωθι ἐκεῖ πάντας τοὺς λόγους τούτους, οὓς ἂν λαλήσω πρὸς σὲ, καὶ ἐρεῖς αὐτοῖς,   3

Ἀκούσατε τὸν λόγον Κυρίου, βασιλεῖς Ἰούδα, καὶ ἄνδρες Ἰούδα, καὶ οἱ κατοικοῦντες ἐν Ἰερουσαλὴμ καὶ οἱ εἰσπορευόμενοι ἐν ταῖς πύλαις ταύταις· τάδε λέγει Κύριος ὁ Θεὸς Ἰσραὴλ, ἰδοὺ ἐγὼ ἐπάγω ἐπὶ τὸν τόπον τοῦτον κακὰ, ὥστε παντὸς ἀκούοντος αὐτὰ ἠχήσει τὰ ὦτα αὐτοῦ· Ἀνθ᾽ ὧν ἐγκατέ- 4 λιπόν με, καὶ ἀπηλλοτρίωσαν τὸν τόπον τοῦτον, καὶ ἐθυμίασαν ἐν αὐτῷ θεοῖς ἀλλοτρίοις, οἷς οὐκ ᾔδεισαν αὐτοὶ καὶ οἱ πατέρες αὐτῶν· καὶ οἱ βασιλεῖς Ἰούδα ἔπλησαν τὸν τόπον τοῦτον αἱμάτων ἀθώων, καὶ ᾠκοδόμησαν ὑψηλὰ τῇ Βάαλ, τοῦ κατα- 5 καίειν τοὺς υἱοὺς αὐτῶν ἐν πυρὶ, ἃ οὐκ ἐνετειλάμην, οὐδὲ διενοήθην ἐν τῇ καρδίᾳ μου.

Διατοῦτο ἰδοὺ ἡμέραι ἔρχονται, λέγει Κύριος, καὶ οὐ κληθή- 6 σεται τῷ τόπῳ τούτῳ ἔτι Διάπτωσις καὶ Πολυάνδριον υἱοῦ Ἐννώμ, ἀλλ᾽ ἢ Πολυάνδριον τῆς σφαγῆς. Καὶ σφάξω τὴν 7 βουλὴν Ἰούδα, καὶ τὴν βουλὴν Ἰερουσαλὴμ ἐν τῷ τόπῳ τούτῳ, καὶ καταβαλῶ αὐτοὺς ἐν μαχαίρᾳ ἐναντίον τῶν ἐχθρῶν αὐτῶν, καὶ ἐν χερσὶ τῶν ζητούντων τὰς ψυχὰς αὐτῶν· καὶ δώσω τοὺς νεκροὺς αὐτῶν εἰς βρῶσιν τοῖς πετεινοῖς τοῦ οὐρανοῦ καὶ τοῖς θηρίοις τῆς γῆς· Καὶ κατάξω τὴν πόλιν ταύτην εἰς ἀφανισμὸν, 8 καὶ εἰς συρισμόν· πᾶς ὁ παραπορευόμενος ἐπ᾽ αὐτῆς σκυθρωπάσει, καὶ συριεῖ ὑπὲρ πάσης τῆς πληγῆς αὐτῆς. Καὶ ἔδονται 9 τὰς σάρκας τῶν υἱῶν αὐτῶν, καὶ τὰς σάρκας τῶν θυγατέρων αὐτῶν· καὶ ἕκαστος τὰς σάρκας τοῦ πλησίον αὐτοῦ ἔδονται ἐν τῇ περιοχῇ, καὶ ἐν τῇ πολιορκίᾳ ᾗ πολιορκήσουσιν αὐτοὺς οἱ ἐχθροὶ αὐτῶν.

Καὶ συντρίψεις τὸν βικὸν κατ᾽ ὀφθαλμοὺς τῶν ἀνδρῶν τῶν 10 ἐκπορευομένων μετὰ σοῦ, καὶ ἐρεῖς, τάδε λέγει Κύριος, οὕτως 11 συντρίψω τὸν λαὸν τοῦτον, καὶ τὴν πόλιν ταύτην, καθὼς συντρίβεται ἄγγος ὀστράκινον, ὃ οὐ δυνήσεται ἰαθῆναι ἔτι. Οὕτως 12 ποιήσω, λέγει Κύριος, τῷ τόπῳ τούτῳ, καὶ τοῖς κατοικοῦσιν ἐν αὐτῷ, τοῦ δοθῆναι τὴν πόλιν ταύτην, ὡς τὴν διαπίπτουσαν. Καὶ οἶκοι Ἰερουσαλὴμ, καὶ οἶκοι βασιλέων Ἰούδα ἔσονται 13 καθὼς ὁ τόπος ὁ διαπίπτων, ἀπὸ τῶν ἀκαθαρσιῶν αὐτῶν ἐν

β *Gr.* estranged.   γ *Heb.* and *Alex.* + 'nor did I speak *it.*'

πάσαις ταῖς οἰκίαις, ἐν αἷς ἐθυμίασαν ἐπὶ τῶν δωμάτων αὐτῶν πάσῃ τῇ στρατιᾷ τοῦ οὐρανοῦ, καὶ ἔσπεισαν σπονδὰς θεοῖς ἀλλοτρίοις.

14 Καὶ ἦλθεν Ἰερεμίας ἀπὸ τῆς διαπτώσεως, οὗ ἀπέστειλεν αὐτὸν Κύριος ἐκεῖ, τοῦ προφητεῦσαι· καὶ ἔστη ἐν τῇ αὐλῇ
15 οἴκου Κυρίου, καὶ εἶπε πρὸς πάντα τὸν λαόν, τάδε λέγει Κύριος, ἰδοὺ ἐγὼ ἐπάγω ἐπὶ τὴν πόλιν ταύτην, καὶ ἐπὶ πάσας τὰς πόλεις αὐτῆς, καὶ ἐπὶ τὰς κώμας αὐτῆς, ἅπαντα τὰ κακὰ ἃ ἐλάλησα ἐπ᾽ αὐτήν, ὅτι ἐσκλήρυναν τὸν τράχηλον αὐτῶν, τοῦ μὴ εἰσακούειν τῶν ἐντολῶν μου.

20 Καὶ ἤκουσε Πασχὼρ ὁ υἱὸς Ἐμμὴρ ὁ ἱερεὺς, καὶ οὗτος ἦν καθεσταμένος ἡγούμενος οἴκου Κυρίου, τοῦ Ἰερεμίου προ-
2 φητεύοντος τοὺς λόγους τούτους. Καὶ ἐπάταξεν αὐτὸν, καὶ ἐνέβαλεν αὐτὸν εἰς τὸν καταράκτην, ὃς ἦν ἐν πύλῃ οἴκου ἀποτεταγμένου τοῦ ὑπερῴου, ὃς ἦν ἐν οἴκῳ Κυρίου.

3 Καὶ ἐξήγαγε Πασχὼρ τὸν Ἰερεμίαν ἐκ τοῦ καταράκτου· καὶ εἶπεν αὐτῷ Ἰερεμίας, οὐχὶ Πασχὼρ ἐκάλεσε τὸ ὄνομά σου, ἀλλ᾽
4 ἢ Μέτοικον. Διότι τάδε λέγει Κύριος, ἰδοὺ ἐγὼ δίδωμί σε εἰς μετοικίαν σὺν πᾶσι τοῖς φίλοις σου· καὶ πεσοῦνται ἐν μαχαίρᾳ ἐχθρῶν αὐτῶν, καὶ οἱ ὀφθαλμοί σου ὄψονται· καὶ σὲ καὶ πάντα Ἰούδα δώσω εἰς χεῖρας βασιλέως Βαβυλῶνος, καὶ μετοικιοῦσιν
5 αὐτοὺς, καὶ κατακόψουσιν ἐν μαχαίραις. Καὶ δώσω τὴν πᾶσαν ἰσχὺν τῆς πόλεως ταύτης, καὶ πάντας τοὺς πόνους αὐτῆς, καὶ πάντας τοὺς θησαυροὺς τοῦ βασιλέως Ἰούδα εἰς χεῖρας
6 ἐχθρῶν αὐτοῦ, καὶ ἄξουσιν αὐτοὺς εἰς Βαβυλῶνα. Καὶ σὺ καὶ πάντες οἱ κατοικοῦντες ἐν τῷ οἴκῳ σου, πορεύσεσθε ἐν αἰχμαλωσίᾳ, καὶ ἐν Βαβυλῶνι ἀποθανῇ, καὶ ἐκεῖ ταφήσῃ σὺ καὶ πάντες οἱ φίλοι σου, οἷς ἐπροφήτευσας αὐτοῖς ψευδῆ.

7 Ἠπάτησάς με Κύριε, καὶ ἠπατήθην, ἐκράτησας, καὶ ἠδυνάσθης· ἐγενόμην εἰς γέλωτα, πᾶσαν ἡμέραν διετέλεσα μυκτηρι-
8 ζόμενος. Ὅτι πικρῷ λόγῳ μου γελάσομαι, ἀθεσίαν καὶ ταλαιπωρίαν ἐπικαλέσομαι, ὅτι ἐγενήθη λόγος Κυρίου εἰς
9 ὀνειδισμὸν ἐμοὶ καὶ εἰς χλευασμὸν πᾶσαν ἡμέραν μου. Καὶ εἶπα, οὐ μὴ ὀνομάσω τὸ ὄνομα Κυρίου, καὶ οὐ μὴ λαλήσω ἔτι ἐπὶ τῷ ὀνόματι αὐτοῦ· καὶ ἐγένετο ὡς πῦρ καιόμενον φλέγον ἐν τοῖς ὀστοῖς μου, καὶ παρεῖμαι πάντοθεν, καὶ οὐ δύναμαι
10 φέρειν, ὅτι ἤκουσα ψόγον πολλῶν συναθροιζομένων κυκλόθεν, ἐπισύστητε, καὶ ἐπισυστῶμεν ἐπ᾽ αὐτῷ πάντες ἄνδρες φίλοι αὐτοῦ· τηρήσατε τὴν ἐπίνοιαν αὐτοῦ, εἰ ἀπατηθήσεται, καὶ δυνησόμεθα αὐτῷ, καὶ ληψόμεθα τὴν ἐκδίκησιν ἡμῶν ἐξ αὐτοῦ.

11 Ὁ δὲ Κύριος μετ᾽ ἐμοῦ καθὼς μαχητὴς ἰσχύων· διατοῦτο ἐδίωξαν, καὶ νοῆσαι οὐκ ἠδύναντο· ᾐσχύνθησαν σφόδρα, ὅτι οὐκ ἐνόησαν ἀτιμίας αὐτῶν, αἳ δι᾽ αἰῶνος οὐκ ἐπιλησθήσονται.

12 Κύριε δοκιμάζων δίκαια, συνιῶν νεφροὺς καὶ καρδίας, ἴδοιμι τὴν παρὰ σοῦ ἐκδίκησιν ἐν αὐτοῖς, ὅτι πρὸς σὲ ἀπεκάλυψα

cleannesses in all the houses, wherein they burnt incense upon their roofs to all the host of heaven, and poured drink-offerings to strange gods.

14 And Jeremias came from β *the place* of the Fall, whither the Lord had sent him to prophesy; and he stood in the court of the Lord's house; and said to all the people, Thus saith the Lord; 15 Behold, I bring upon this city, and upon all the cities belonging to it, and upon the villages of it, all the evils which I have spoken against it, because they have hardened their neck, *that they might not* hearken to my commands.

Now Paschor the son of Emmer, the priest, who also had been appointed chief of the house of the Lord, heard Jeremias prophesying these words. 2 And he smote him, and cast him into the γ dungeon which was by the gate of the upper house that was set apart, which was by the house of the Lord.

3 And Paschor brought Jeremias out of the dungeon: and Jeremias said to him, *The Lord* has not called thy name Paschor, but Exile. 4 For thus saith the Lord, Behold, I *will* give thee up to captivity with all thy friends: and they shall fall by the sword of their enemies, and thine eyes shall see *it:* and I will give thee and all Juda into the hands of the king of Babylon, and they shall carry them captives, and cut them in pieces with swords. 5 And I will give all the strength of this city, and all the labours of it, and all the treasures of the king of Juda, into the hands of his enemies, and they shall bring them to Babylon. 6 And thou and all the dwellers in thine house shall go into captivity: and thou shalt die in Babylon, and there thou and all thy friends shall be buried, to whom thou hast prophesied lies.

7 Thou hast deceived me, O Lord, and I have been deceived: thou hast been strong, and hast prevailed: I am become a laughing-stock, I am continually mocked every day. 8 For I will laugh with my bitter speech, I will call upon rebellion and misery: for the word of the Lord is become a reproach to me and a mockery all my days. 9 Then I said, I will by no means name the name of the Lord, and I will no more at all speak in his name. But it was as burning fire flaming in my bones, and I am utterly weakened on all sides, and cannot bear *up*. 10 For I have heard the reproach of many gathering round, *saying*, Conspire ye, and let us δ conspire together against him, *even* all his friends: watch his intentions, if perhaps he shall be deceived, and we shall prevail against him, and we shall be avenged on him.

11 But the Lord was with me as a mighty man of war: therefore they persecuted *me*, but could not perceive *anything against me;* they were greatly confounded, for they perceived not their disgrace, which shall never be forgotten.

12 O Lord, that provest just *deeds*, understanding the reins and hearts, let me see thy vengeance upon them: for to thee

---

β *Heb.* from Tophet. *Alex.* 'the fall of the place of Tapheth.'   γ *Or*, possibly stocks.   δ Compare 2 Cor. 11. 28.

I have revealed my β cause. ¹³Sing ye to the Lord, sing praise to him: for he has rescued the soul of the poor from the hand of evil-doers.

¹⁴Cursed be the day wherein I was born: the day wherein my mother brought me forth, let it not be blessed. ¹⁵Cursed be the man who brought the glad tidings to my father, saying, A male child is born to thee. ¹⁶Let that man rejoice as the cities which the Lord overthrew in wrath, and repented not: let him hear crying in the morning, and loud lamentation at noon; ¹⁷because he slew me not in the womb, and my mother became not my tomb, and her womb γ always great with me. ¹⁸Why is it that I came forth of the womb to see troubles and distresses, and my days are spent in shame?

The Word that came from the Lord to Jeremias, when King Sedekias sent to him Paschor the Son of Melchias, and Sophonias Son of Basæas, the Priest, saying,

²Enquire of the Lord for us; for the king of Babylon has risen up against us; if the Lord will do according to all his wonderful works, and *the king* shall depart from us.

³And Jeremias said to them, Thus shall ye say to Sedekias king of Juda, ⁴Thus saith the Lord; Behold, I *will* turn back the weapons of war wherewith ye fight against the Chaldeans that have besieged you from outside the wall, and I will gather them into the midst of this city. ⁵And I will fight against you with an outstretched hand and with a strong arm, with wrath and great anger. ⁶And I will smite all the dwellers in this city, *both* men and cattle, with grievous δ pestilence: and they shall die. ⁷And after this, thus saith the Lord; I will give Sedekias king of Juda, and his servants, and the people that is left in this city from the pestilence, and from the famine, and from the sword, into the hands of their enemies, that seek their lives: and they shall cut them in pieces with the edge of the sword: I will not spare them, and I will not have compassion upon them.

⁸And thou shalt say to this people, Thus saith the Lord; I have set before you the way of life, and the way of death. ⁹He that remains in this city shall die by the sword, and by famine: but he that goes forth to ζ advance to the Chaldeans that have besieged you, shall live, and his life shall be to him for a spoil, and he shall live. ¹⁰For I have set my face against this city for evil, and not for good: it shall be delivered into the hands of the king of Babylon, and he shall consume it with fire.

¹¹O house of the king of Juda, hear ye the word of the Lord. ¹²O house of David, thus saith the Lord; Judge judgment in the morning, and act rightly, and rescue the spoiled one from the hand of him that wrongs him, lest mine anger be kindled like fire, and it θ burn, and there be none to quench *it*. ¹³Behold, I am against thee that dwellest in the valley of Sor; in the

τὰ ἀπολογήματά μου. Ἄσατε τῷ Κυρίῳ, αἰνέσατε αὐτῷ, ὅτι 13 ἐξείλατο τὴν ψυχὴν πένητος ἐκ χειρὸς πονηρευομένων.

Ἐπικατάρατος ἡ ἡμέρα ἐν ᾗ ἐτέχθην ἐν αὐτῇ· ἡ ἡμέρα ἐν 14 ᾗ ἔτεκέν με ἡ μήτηρ μου, μὴ ἔστω ἐπευκτή. Ἐπικατάρατος 15 ὁ ἄνθρωπος ὁ εὐαγγελισάμενος τῷ πατρί μου λέγων, ἐτέχθη σοι ἄρσην· εὐφραινόμενος ἔστω ὁ ἄνθρωπος ἐκεῖνος, ὡς αἱ 16 πόλεις ἃς κατέστρεψε Κύριος ἐν θυμῷ καὶ οὐ μετεμελήθη· ἀκουσάτω κραυγῆς τῷ πρωΐ, καὶ ἀλαλαγμοῦ μεσημβρίας, ὅτι 17 οὐκ ἀπέκτεινέ με ἐν μήτρᾳ, καὶ ἐγένετό μοι ἡ μήτηρ μου τάφος μου, καὶ ἡ μήτρα συλλήψεως αἰωνίας. Ἱνατί τοῦτο ἐξῆλθον 18 ἐκ μήτρας, τοῦ βλέπειν κόπους καὶ πόνους, καὶ διετέλεσαν ἐν αἰσχύνῃ αἱ ἡμέραι μου;

Ὁ ΛΟΓΟΣ Ὁ ΓΕΝΟΜΕΝΟΣ ΠΑΡΑ ΚΥΡΙΟΥ ΠΡΟΣ 21 ἹΕΡΕΜΙΑΝ, ὍΤΕ ᾈΠΕΣΤΕΙΛΕ ΠΡΟΣ ΑΥΤΟΝ Ὁ ΒΑΣΙΛΕΥΣ ΣΕΔΕΚΙΑΣ ΤΟΝ ΠΑΣΧΩΡ ΥΙΟΝ ΜΕΓ-ΧΙΟΥ, ΚΑΙ ΣΟΦΟΝΙΑΝ ΥΙΟΝ ΒΑΣΑΙΟΥ ΤΟΝ ἹΕΡΕΑ, ΛΕΓΩΝ, ἐπερώτησον περὶ ἡμῶν τὸν Κύριον· ὅτι βασιλεὺς 2 Βαβυλῶνος ἐφέστηκεν ἐφ᾽ ἡμᾶς· εἰ ποιήσει Κύριος κατὰ πάντα τὰ θαυμάσια αὐτοῦ, καὶ ἀπελεύσεται ἀφ᾽ ἡμῶν.

Καὶ εἶπε πρὸς αὐτοὺς Ἱερεμίας, οὕτως ἐρεῖτε πρὸς Σεδεκίαν 3 βασιλέα Ἰούδα, τάδε λέγει Κύριος, ἰδοὺ ἐγὼ μεταστρέφω τὰ 4 ὅπλα τὰ πολεμικά, ἐν οἷς ὑμεῖς πολεμεῖτε ἐν αὐτοῖς πρὸς τοὺς Χαλδαίους τοὺς συγκεκλεικότας ὑμᾶς ἔξωθεν τοῦ τείχους· καὶ συνάξω αὐτοὺς εἰς τὸ μέσον τῆς πόλεως ταύτης, καὶ πολεμήσω 5 ἐγὼ ὑμᾶς ἐν χειρὶ ἐκτεταμένῃ καὶ ἐν βραχίονι κραταιῷ μετὰ θυμοῦ καὶ ὀργῆς μεγάλης. Καὶ πατάξω πάντας τοὺς κατοι- 6 κοῦντας ἐν τῇ πόλει ταύτῃ, τοὺς ἀνθρώπους καὶ τὰ κτήνη ἐν θανάτῳ μεγάλῳ, καὶ ἀποθανοῦνται. Καὶ μετὰ ταῦτα οὕτως 7 λέγει Κύριος, δώσω τὸν Σεδεκίαν βασιλέα Ἰούδα, καὶ τοὺς παῖδας αὐτοῦ, καὶ τὸν λαὸν καταλειφθέντα ἐν τῇ πόλει ταύτῃ ἀπὸ τοῦ θανάτου καὶ ἀπὸ τοῦ λιμοῦ καὶ ἀπὸ τῆς μαχαίρας, εἰς χεῖρας ἐχθρῶν αὐτῶν, τῶν ζητούντων τὰς ψυχὰς αὐτῶν, καὶ κατα-κόψουσιν αὐτοὺς ἐν στόματι μαχαίρας· οὐ φείσομαι ἐπ᾽ αὐτοῖς, καὶ οὐ μὴ οἰκτειρήσω αὐτούς.

Καὶ πρὸς τὸν λαὸν τοῦτον ἐρεῖς, τάδε λέγει Κύριος, ἰδοὺ 8 ἐγὼ δέδωκα πρὸ προσώπου ὑμῶν τὴν ὁδὸν τῆς ζωῆς, καὶ τὴν ὁδὸν τοῦ θανάτου. Ὁ καθήμενος ἐν τῇ πόλει ταύτῃ, ἀποθανεῖ- 9 ται ἐν μαχαίρᾳ καὶ ἐν λιμῷ· καὶ ὁ ἐκπορευόμενος προσχωρῆ-σαι πρὸς τοὺς Χαλδαίους τοὺς συγκεκλεικότας ὑμᾶς, ζήσεται, καὶ ἔσται ἡ ψυχὴ αὐτοῦ εἰς σκῦλα, καὶ ζήσεται. Διότι 10 ἐστήρικα τὸ πρόσωπόν μου ἐπὶ τὴν πόλιν ταύτην εἰς κακὰ, καὶ οὐκ εἰς ἀγαθά· εἰς χεῖρας βασιλέως Βαβυλῶνος παραδοθήσεται, καὶ κατακαύσει αὐτὴν ἐν πυρί.

Ὁ οἶκος βασιλέως Ἰούδα, ἀκούσατε λόγον Κυρίου. 11 Οἶκος Δαυὶδ, τάδε λέγει Κύριος, κρίνατε πρωΐ κρίμα, καὶ 12 κατευθύνατε, καὶ ἐξέλεσθε διηρπασμένον ἐκ χειρὸς ἀδικοῦντος αὐτὸν, ὅπως μὴ ἀναφθῇ ὡς πῦρ ἡ ὀργή μου, καὶ καυθήσεται, καὶ οὐκ ἔσται ὁ σβέσων. Ἰδοὺ ἐγὼ πρὸς σὲ τὸν κατοικοῦντα 13

β Gr. defences.   γ Gr. of everlasting conception.   δ *Lit.* death.   ζ Or, go over to.   *Alex.* προσχωρῆσαι.   θ Gr. shall burn.

τὴν κοιλάδα σὸρ, τὴν πεδεινὴν, τοὺς λέγοντας, τίς πτοήσει
14 ἡμᾶς; ἢ τίς εἰσελεύσεται πρὸς τὸ κατοικητήριον ἡμῶν; Καὶ
ἀνάψω πῦρ ἐν τῷ δρυμῷ αὐτῆς, καὶ ἔδεται πάντα τὰ κύκλῳ
αὐτῆς.

22 Τάδε λέγει Κύριος, πορεύου καὶ κατάβηθι εἰς τὸν οἶκον
2 τοῦ βασιλέως Ἰούδα, καὶ λαλήσεις ἐκεῖ τὸν λόγον τοῦτον, καὶ
ἐρεῖς,

Ἄκουε λόγον Κυρίου βασιλεῦ Ἰούδα, ὁ καθήμενος ἐπὶ
θρόνου Δαυὶδ, σὺ καὶ ὁ οἶκός σου καὶ ὁ λαός σου, καὶ οἱ εἰσπο-
3 ρευόμενοι ταῖς πύλαις ταύταις· Τάδε λέγει Κύριος, ποιεῖτε
κρίσιν καὶ δικαιοσύνην, καὶ ἐξαιρεῖσθε διηρπασμένον ἐκ χειρὸς
ἀδικοῦντος αὐτὸν, καὶ προσήλυτον καὶ ὀρφανὸν καὶ χήραν μὴ
καταδυναστεύετε, καὶ μὴ ἀσεβεῖτε, καὶ αἷμα ἀθῷον μὴ ἐκχέητε
4 ἐν τῷ τόπῳ τούτῳ. Διότι ἐὰν ποιοῦντες ποιήσητε τὸν λόγον
τοῦτον, καὶ εἰσελεύσονται ἐν ταῖς πύλαις τοῦ οἴκου τούτου
βασιλεῖς καθήμενοι ἐπὶ θρόνου Δαυὶδ, καὶ ἐπιβεβηκότες ἐφ᾽
ἁρμάτων καὶ ἵππων, αὐτοὶ καὶ οἱ παῖδες αὐτῶν, καὶ ὁ λαὸς
5 αὐτῶν. Ἐὰν δὲ μὴ ποιήσητε τοὺς λόγους τούτους, κατ᾽
ἐμαυτοῦ ὤμοσα, λέγει Κύριος, ὅτι εἰς ἐρήμωσιν ἔσται ὁ οἶκος
οὗτος.

6 Ὅτι τάδε λέγει Κύριος κατὰ τοῦ οἴκου βασιλέως Ἰούδα,
Γαλαὰδ σύ μοι ἀρχὴ τοῦ Λιβάνου, ἐὰν μὴ θῶ σε εἰς ἔρημον,
7 πόλεις μὴ κατοικηθησομένας, καὶ ἐπάξω ἐπὶ σὲ ὀλοθρεύοντα
ἄνδρα, καὶ τὸν πέλεκυν αὐτοῦ, καὶ ἐκκόψουσι τὰς ἐκλεκτὰς
8 κέδρους σου, καὶ ἐμβαλοῦσιν εἰς τὸ πῦρ. Καὶ διελεύσονται
ἔθνη διὰ τῆς πόλεως ταύτης, καὶ ἐρεῖ ἕκαστος πρὸς τὸν πλησίον
αὐτοῦ, διατί ἐποίησε Κύριος οὕτως τῇ πόλει ταύτῃ τῇ μεγάλῃ;
9 Καὶ ἐροῦσιν, ἀνθ᾽ ὧν ἐγκατέλιπον τὴν διαθήκην Κυρίου Θεοῦ
αὐτῶν, καὶ προσεκύνησαν θεοῖς ἀλλοτρίοις, καὶ ἐδούλευσαν
αὐτοῖς.

10 Μὴ κλαίετε τὸν τεθνηκότα, μηδὲ θρηνεῖτε αὐτόν· κλαύσατε
κλαυθμῷ τὸν ἐκπορευόμενον, ὅτι οὐκ ἐπιστρέψει ἔτι, οὐδὲ
11 ὄψεται τὴν γῆν πατρίδος αὐτοῦ. Διότι τάδε λέγει Κύριος
ἐπὶ Σελλὴμ υἱὸν Ἰωσία τὸν βασιλεύοντα ἀντὶ Ἰωσίου τοῦ
πατρὸς αὐτοῦ, ὃς ἐξῆλθεν ἐκ τοῦ τόπου τούτου· οὐκ ἀναστρέψει
12 ἐκεῖ ἔτι, ἀλλ᾽ ἢ ἐν τῷ τόπῳ τούτῳ οὗ μετῴκισα αὐτὸν, ἐκεῖ
ἀποθανεῖται, καὶ τὴν γῆν ταύτην οὐκ ὄψεται ἔτι.

13 Ὁ οἰκοδομῶν οἰκίαν αὐτοῦ οὐ μετὰ δικαιοσύνης, καὶ τὰ
ὑπερῷα αὐτοῦ οὐκ ἐν κρίματι, παρὰ τῷ πλησίον αὐτοῦ ἐργᾶται
14 δωρεὰν, καὶ τὸν μισθὸν αὐτοῦ οὐ μὴ ἀποδώσει αὐτῷ. Ὠκοδό-
μησας σεαυτῷ οἶκον σύμμετρον, ὑπερῷα ῥιπιστὰ διεσταλμένα
θυρίσι, καὶ ἐξυλωμένα ἐν κέδρῳ, καὶ κεχρισμένα ἐν μίλτῳ.
15 Μὴ βασιλεύσῃς, ὅτι σὺ παροξυνῇ ἐν Ἄχαζ τῷ πατρί σου;
οὐ φάγονται, καὶ οὐ πίονται· βέλτιόν σε ποιεῖν κρίμα καὶ
16 δικαιοσύνην. Οὐκ ἔγνωσαν, οὐκ ἔκριναν κρίσιν ταπεινῷ, οὐδὲ
κρίσιν πένητος· οὐ τοῦτό ἐστι τὸ μὴ γνῶναί σε ἐμὲ; λέγει
17 Κύριος. Ἰδοὺ οὐκ εἰσὶν οἱ ὀφθαλμοί σου, οὐδὲ ἡ καρδία
σου καλὴ, ἀλλὰ εἰς τὴν πλεονεξίαν σου, καὶ εἰς τὸ αἷμα τὸ
ἀθῷον τοῦ ἐκχέαι αὐτὸ, καὶ εἰς ἀδικήματα καὶ εἰς φόνον, τοῦ
ποιεῖν αὐτά.

plain country, *even against* them that say,
Who shall alarm us? or who shall enter
into our habitation? [11] And I will kindle
a fire in the forest thereof, and it shall de-
vour all things round about it.

Thus saith the Lord; Go thou, and go
down to the house of the king of Juda, and
thou shalt speak there this word, [2] and
thou shalt say,

Hear the word of the Lord, O king of
Juda, that sittest on the throne of David,
thou, and thy house, and thy people, and
they that go in at these gates: [3] thus saith
the Lord; Execute ye judgment and justice,
and rescue the spoiled out of the hand of
him that wrongs him: and oppress not the
stranger, and orphan, and widow, and sin
not, and shed no innocent blood in this
place. [4] For if ye will indeed perform this
word, then shall there enter in by the gates
of this house kings sitting upon the throne
of David, and riding on chariots and horses,
they, and their servants, and their people.
[5] But if ye will not perform these words, by
myself have I sworn, saith the Lord, that
this house shall be *brought* to desolation.

[6] For thus saith the Lord β concerning
the house of the king of Juda; Thou art
Galaad to me, *and* the head of Libanus:
yet surely I will make thee a desert, *even*
cities that shall not be inhabited: [7] and I
will bring upon thee a destroying man, and
his axe: and they shall cut down thy choice
cedars, and cast *them* into the fire. [8] And
nations shall pass through this city, and
each shall say to his neighbour, Why has
the Lord done thus to this great city?
[9] And they shall say, Because they forsook
the covenant of the Lord their God, and
worshipped strange gods, and served them.

[10] Weep not for the dead, nor lament for
him: weep bitterly for him that goes away:
for he shall return no more, nor see his
native land. [11] For thus saith the Lord
β concerning Sellem the son of Josias, who
reigns in the place of Josias his father, who
has gone forth out of this place; He shall
not return thither any more: [12] but in that
place whither I have carried him captive,
there shall he die, and shall see this land no
more.

[13] He that builds his house not with jus-
tice, and his upper chambers not with judg-
ment, γ who works by means of his neigh-
bour for nothing, and will by no means give
him his reward. [14] Thou hast built for thy-
self a well-proportioned house, airy cham-
bers, fitted with windows, and wainscoted
with cedar, and painted with vermilion.
[15] Shalt thou reign, because thou art pro-
voked with thy father Achaz? they shall
not eat, and they shall not drink: it is
better for thee to execute judgment and
justice. [16] They understood not, they judg-
ed not the cause of the afflicted, nor the
cause of the poor: is not this thy not know
ing me? saith the Lord. [17] Behold, thine
eyes are not good, nor thine heart, but *they
go* after thy covetousness, and after the
innocent blood to shed it, and after acts of
injustice and slaughter, to commit them.

β Or, against.   γ Complut. reads, 'his neighbour works with him,' etc.

¹⁸ Therefore thus saith the Lord ^βconcerning Joakim son of Josias, king of Juda, even concerning this man; they shall not bewail him, *saying,* Ah brother! neither shall they at all weep for him, *saying,* Alas Lord. ¹⁹ He shall be buried with the burial of an ass; he shall be dragged roughly along and cast outside the gate of Jerusalem.

²⁰ Go up to Libanus, and cry; and ^γutter thy voice to Basan, and cry aloud ^δto the extremity of the sea: for all thy lovers are destroyed. ²¹ I spoke to thee ^ζon *occasion of* thy trespass, but thou saidst, I will not hearken. This *has been* thy way from thy youth, thou hast not hearkened to my voice. ²² The wind shall tend all thy shepherds, and thy lovers shall go into captivity; for then shalt thou be ashamed and disgraced because of all thy lovers. ²³ O ^θthou that dwellest in Libanus, making thy nest in the cedars, thou shalt groan heavily, when pangs as of a travailing woman are come upon thee.

²⁴ *As* I live, saith the Lord, though Jechonias son of Joakim king of Juda were indeed the seal upon my right hand, thence would I pluck thee; ²⁵ and I will deliver thee into the hands of them that seek thy life, before whom thou art afraid, into the hands of the Chaldeans. ²⁶ And I will cast forth thee, and thy mother that bore thee, into a land where thou wast not born; and there ye shall die. ²⁷ But they shall by no means return to the land which they long for in their souls. ²⁸ Jechonias is dishonoured as a good-for-nothing vessel; for he is thrown out and cast forth into a land which he knew not.

²⁹ Land, land, hear the word of the Lord. ³⁰ Write ye this man ^λan outcast: for there shall none of his seed at all grow up to sit on the throne of David, *or as* a prince yet in Juda.

^μ Woe to the shepherds that destroy and scatter the sheep of ^ξtheir pasture! ² Therefore thus saith the Lord against them that tend my people; Ye have scattered my sheep, and driven them out, and ye have not visited them: behold, I *will* take vengeance upon you according to your evil practices. ³ And I will gather in the remnant of my people ^πin every land, whither I have driven them out, and will set them in their pasture; and they shall increase and be multiplied. ⁴ And I will raise up shepherds to them, who shall feed them: and they shall fear no more, nor be alarmed, saith the Lord.

⁵ Behold, the days come, saith the Lord, when I will raise up to David a righteous branch, and a king shall reign and ^ρunderstand, and shall execute judgment and righteousness on the earth. ⁶ In his days both Juda shall be saved, and Israel shall dwell ^σsecurely: and this is his name, which the Lord shall call him, Josedec among the prophets.

⁹ My heart is broken within me; all my bones are shaken: I am become as a broken-down man, and, as a man overcome with wine, because of the Lord, and because of

Διατοῦτο τάδε λέγει Κύριος ἐπὶ Ἰωακεὶμ υἱὸν Ἰωσία βασι- 18 λέα Ἰούδα, καὶ ἐπὶ τὸν ἄνδρα τοῦτον, οὐ κόψονται αὐτὸν, ὦ ἀδελφὲ, οὐδὲ μὴ κλαύσονται αὐτὸν, οἴμοι Κύριε. Ταφὴν 19 ὄνου ταφήσεται, συμψησθεὶς ῥιφήσεται ἐπέκεινα τῆς πύλης Ἱερουσαλήμ.

Ἀνάβηθι εἰς τὸν Λίβανον, καὶ κράξον, καὶ εἰς τὴν Βασὰν 20 δὸς τὴν φωνήν σου, καὶ βόησον εἰς τὸ πέρας τῆς θαλάσσης, ὅτι συνετρίβησαν πάντες οἱ ἐρασταί σου. Ἐλάλησα πρὸς 21 σὲ ἐν τῇ παραπτώσει σου, καὶ εἶπας, οὐκ ἀκούσομαι· αὕτη ἡ ὁδός σου ἐκ νεότητός σου, οὐκ ἤκουσας τῆς φωνῆς μου. Πάν- 22 τας τοὺς ποιμένας σου ποιμανεῖ ἄνεμος, καὶ οἱ ἐρασταί σου ἐν αἰχμαλωσίᾳ ἐξελεύσονται, ὅτι τότε αἰσχυνθήσῃ καὶ ἀτιμωθήσῃ ἀπὸ πάντων τῶν φιλούντων σε. Κατοικοῦσα ἐν τῷ Λιβάνῳ, 23 ἐννοσσεύουσα ἐν ταῖς κέδροις, καταστενάξεις ἐν τῷ ἐλθεῖν σοι ὀδύνας ὡς τικτούσης.

Ζῶ ἐγὼ, λέγει Κύριος, ἐὰν γενόμενος γένηται Ἰεχονίας υἱὸς 24 Ἰωακεὶμ βασιλεὺς Ἰούδα ἀποσφράγισμα ἐπὶ τῆς χειρὸς τῆς δεξιᾶς μου, ἐκεῖθεν ἐκσπάσω σε, καὶ παραδώσω σε εἰς χεῖρας 25 τῶν ζητούντων τὴν ψυχήν σου, ὧν σὺ εὐλαβῇ ἀπὸ προσώπου αὐτῶν, εἰς χεῖρας τῶν Χαλδαίων, καὶ ἀπορρίψω σε καὶ τὴν 26 μητέρα σου τὴν τεκοῦσάν σε εἰς γῆν, οὗ οὐκ ἐτέχθης ἐκεῖ, καὶ ἐκεῖ ἀποθανεῖσθε. Εἰς δὲ τὴν γῆν ἣν αὐτοὶ εὔχονται ταῖς 27 ψυχαῖς αὐτῶν, οὐ μὴ ἀποστρέψωσιν. Ἠτιμώθη Ἰεχονίας ὡς 28 σκεῦος οὗ οὐκ ἔστι χρεία αὐτοῦ, ὅτι ἐξερρίφη, καὶ ἐξεβλήθη εἰς γῆν ἣν οὐκ ᾔδει.

Γῆ, γῆ ἄκουε λόγον Κυρίου, γράψον τὸν ἄνδρα τοῦτον 29, 30 ἐκκήρυκτον ἄνθρωπον, ὅτι οὐ μὴ αὐξηθῇ ἐκ τοῦ σπέρματος αὐτοῦ καθήμενος ἐπὶ θρόνου Δαυὶδ, ἄρχων ἔτι ἐν τῷ Ἰούδα.

Ὦ ποιμένες οἱ ἀπολλύοντες καὶ διασκορπίζοντες τὰ πρόβατα 23 τῆς νομῆς αὐτῶν. Διατοῦτο τάδε λέγει Κύριος ἐπὶ τοὺς 2 ποιμαίνοντας τὸν λαόν μου, ὑμεῖς διεσκορπίσατε τὰ πρόβατά μου, καὶ ἐξώσατε αὐτὰ, καὶ οὐκ ἐπεσκέψασθε αὐτὰ, ἰδοὺ ἐγὼ ἐκδικῶ ἐφ᾽ ὑμᾶς κατὰ τὰ πονηρὰ ἐπιτηδεύματα ὑμῶν. Καὶ 3 ἐγὼ εἰσδέξομαι τοὺς καταλοίπους τοῦ λαοῦ μου ἐπὶ πάσης τῆς γῆς, οὗ ἔξωσα αὐτοὺς ἐκεῖ, καὶ καταστήσω αὐτοὺς εἰς τὴν νομὴν αὐτῶν, καὶ αὐξηθήσονται, καὶ πληθυνθήσονται. Καὶ 4 ἀναστήσω αὐτοῖς ποιμένας, οἳ ποιμανοῦσιν αὐτοὺς, καὶ οὐ φοβηθήσονται ἔτι, οὐδὲ πτοηθήσονται, λέγει Κύριος.

Ἰδοὺ ἡμέραι ἔρχονται, λέγει Κύριος, καὶ ἀναστήσω τῷ Δαυὶδ 5 ἀνατολὴν δικαίαν, καὶ βασιλεύσει βασιλεὺς, καὶ συνήσει, καὶ ποιήσει κρίμα καὶ δικαιοσύνην ἐπὶ τῆς γῆς. Ἐν ταῖς ἡμέραις 6 αὐτοῦ καὶ σωθήσεται Ἰούδας, καὶ Ἰσραὴλ κατασκηνώσει πεποιθὼς, καὶ τοῦτο τὸ ὄνομα αὐτοῦ, ὃ καλέσει αὐτὸν Κύριος, Ἰωσεδὲκ ἐν τοῖς προφήταις.

Συνετρίβη ἡ καρδία μου ἐν ἐμοὶ, ἐσαλεύθη πάντα τὰ ὀστᾶ 9 μου, ἐγενήθην ὡς ἀνὴρ συντετριμμένος, καὶ ὡς ἄνθρωπος συνεχόμενος ἀπὸ οἴνου ἀπὸ προσώπου Κυρίου καὶ ἀπὸ προσώπου

---

10 εὐπρεπείας δόξης αὐτοῦ. Ὅτι ἀπὸ προσώπου τούτων ἐπένθησεν ἡ γῆ, ἐξηράνθησαν αἱ νομαὶ τῆς ἐρήμου· καὶ ἐγένετο ὁ δρόμος

11 αὐτῶν πονηρὸς, καὶ ἡ ἰσχὺς αὐτῶν οὕτως. Ὅτι ἱερεὺς καὶ προφήτης ἐμολύνθησαν, καὶ ἐν τῷ οἴκῳ μου εἶδον πονηρίας

12 αὐτῶν. Διατοῦτο γενέσθω ἡ ὁδὸς αὐτῶν αὐτοῖς εἰς ὀλίσθημα ἐν γνόφῳ, καὶ ὑποσκελισθήσονται, καὶ πεσοῦνται ἐν αὐτῇ· διότι ἐπάξω ἐπ᾽ αὐτοὺς κακὰ, ἐν ἐνιαυτῷ ἐπισκέψεως αὐτῶν.

13 Καὶ ἐν τοῖς προφήταις Σαμαρείας εἶδον ἀνομήματα· ἐπροφήτευσαν διὰ τῆς Βάαλ, καὶ ἐπλάνησαν τὸν λαόν μου Ἰσραήλ.

14 Καὶ ἐν τοῖς προφήταις Ἱερουσαλὴμ ἑώρακα φρικτὰ, μοιχωμένους, καὶ πορευομένους ἐν ψεύδεσι, καὶ ἀντιλαμβανομένους χειρῶν πολλῶν, τοῦ μὴ ἀποστραφῆναι ἕκαστον ἀπὸ τῆς ὁδοῦ αὐτοῦ τῆς πονηρᾶς· ἐγενήθησάν μοι πάντες ὡς Σόδομα, καὶ οἱ κατοικοῦντες αὐτὴν ὥσπερ Γόμορρα.

15 Διατοῦτο τάδε λέγει Κύριος, ἰδοὺ ἐγὼ ψωμιῶ αὐτοὺς ὀδύνην, καὶ ποτιῶ αὐτοὺς ὕδωρ πικρὸν, ὅτι ἀπὸ τῶν προφητῶν Ἱερουσαλὴμ ἐξῆλθε μολυσμὸς πάσῃ τῇ γῇ.

16 Οὕτως λέγει Κύριος παντοκράτωρ, μὴ ἀκούετε τοὺς λόγους τῶν προφητῶν, ὅτι ματαιοῦσιν ἑαυτοῖς ὅρασιν, ἀπὸ καρδίας

17 αὐτῶν λαλοῦσι, καὶ οὐκ ἀπὸ στόματος Κυρίου. Λέγουσι τοῖς ἀπωθουμένοις τὸν λόγον Κυρίου, εἰρήνη ἔσται ὑμῖν, καὶ πᾶσι τοῖς πορευομένοις τοῖς θελήμασιν αὐτῶν, καὶ παντὶ τῷ πορευο-

18 μένῳ πλάνῃ καρδίας αὐτοῦ, εἶπαν, οὐχ ἥξει ἐπὶ σὲ κακά. Ὅτι τίς ἔστη ἐν ὑποστήματι Κυρίου, καὶ εἶδε τὸν λόγον αὐτοῦ; τίς

19 ἠνωτίσατο, καὶ ἤκουσεν; Ἰδοὺ σεισμὸς παρὰ Κυρίου, καὶ ὀργὴ ἐκπορεύεται εἰς συσσεισμὸν, συστρεφομένη ἐπὶ τοὺς ἀσεβεῖς

20 ἥξει. Καὶ οὐκ ἔτι ἀποστρέψει ὁ θυμὸς Κυρίου, ἕως ποιήσῃ αὐτὸ, καὶ ἕως ἂν στήσῃ αὐτὸ, ἀπὸ ἐγχειρήματος καρδίας αὐτοῦ· ἐπ᾽ ἐσχάτου τῶν ἡμερῶν νοήσουσιν αὐτό.

21 Οὐκ ἀπέστελλον τοὺς προφήτας, καὶ αὐτοὶ ἔτρεχον· οὐδὲ

22 ἐλάλησα πρὸς αὐτοὺς, καὶ αὐτοὶ ἐπροφήτευον. Καὶ εἰ ἔστησαν ἐν τῇ ὑποστάσει μου, καὶ εἰ ἤκουσαν τῶν λόγων μου, καὶ τὸν λαόν μου ἂν ἀπέστρεφον αὐτοὺς ἀπὸ τῶν πονηρῶν ἐπιτηδευμάτων αὐτῶν.

23 Θεὸς ἐγγίζων ἐγώ εἰμι, λέγει Κύριος, καὶ οὐχὶ Θεὸς πόρ-

24 ρωθεν. Εἰ κρυβήσεταί τις ἐν κρυφαίοις, καὶ ἐγὼ οὐκ ὄψομαι αὐτόν; μὴ οὐχὶ τὸν οὐρανὸν καὶ τὴν γῆν ἐγὼ πληρῶ; λέγει Κύριος.

25 Ἤκουσα ἃ λαλοῦσιν οἱ προφῆται, ἃ προφητεύουσιν ἐπὶ τῷ

26 ὀνόματί μου, ψευδῆ λέγοντες, ἠνυπνιασάμην ἐνύπνιον. Ἕως πότε ἔσται ἐν καρδίᾳ τῶν προφητῶν τῶν προφητευόντων ψευδῆ,

27 ἐν τῷ προφητεύειν αὐτοὺς τὰ θελήματα τῆς καρδίας αὐτῶν, τῶν λογιζομένων τοῦ ἐπιλαθέσθαι τοῦ νόμου μου ἐν τοῖς ἐνυπνίοις αὐτῶν, ἃ διηγοῦντο ἕκαστος τῷ πλησίον αὐτοῦ, καθάπερ ἐπελά-

28 θοντο οἱ πατέρες αὐτῶν τοῦ ὀνόματός μου ἐν τῇ Βάαλ; Ὁ προφήτης ἐν ᾧ τὸ ἐνύπνιόν ἐστι, διηγησάσθω τὸ ἐνύπνιον αὐτοῦ, καὶ ἐν ᾧ ὁ λόγος μου πρὸς αὐτὸν, διηγησάσθω τὸν λόγον μου ἐπ᾽ ἀληθείας· τί τὸ ἄχυρον πρὸς τὸν σῖτον; οὕτως οἱ λόγοι

the excellence of his glory. [10] For because of these β things the land mourns; the pastures of the wilderness are dried up; and their course is become evil, and γ so *also* their strength. [11] For priest and prophet are defiled; and I have seen their iniquities in my house. [12] Therefore let their way be to them slippery and dark; and they shall be tripped up and fall in it: for I will bring evils upon them, in the year of their visitation.

[13] And in the prophets of Samaria I have seen lawless deeds; they prophesied by Baal, and led my people Israel astray. [14] Also in the prophets of Jerusalem I have seen horrible things: as they committed adultery, and walked in lies, and strengthened δ the hands of many, that they should not return each from his evil way: they are all become to me as Sodom, and the inhabitants thereof as Gomorrha.

[15] Therefore thus saith the Lord; Behold, I will feed them with pain, and give them bitter water to drink: for from the prophets of Jerusalem has defilement gone forth *into* all the land.

[16] Thus saith the Lord Almighty, Hearken not to the words of the prophets: for they frame a vain vision for themselves; they speak from their own heart, and not from the mouth of the Lord. [17] They say to them that reject the word of the Lord, There shall be peace to you; and to all that walk after their own lusts, and to every one that walks in the error of his heart, they have said, No evil shall come upon thee. [18] For who has stood in the counsel of the Lord, and seen his word? who has hearkened, and heard? [19] Behold, *there is* an earthquake from the Lord, and anger proceeds to a convulsion, it shall come ζ violently upon the ungodly. [20] And the Lord's wrath shall return no more, until I have accomplished it, and until I have established it, according to the purpose of his heart: at the end of the days they shall understand it.

[21] I sent not the prophets, yet they ran: neither spoke I to them, yet they prophesied. [22] But if they had stood in my counsel, and if they had hearkened to my words, then would they have turned my people from their evil practices.

[23] I am a God nigh at hand, saith the Lord, and not a God afar off. [24] Shall any one hide himself in secret places, and I not see him? Do I not fill heaven and earth? saith the Lord.

[25] I have heard what the prophets say, what they prophesy in my name, saying falsely, I have seen a night vision. [26] How long shall *these things* be in the heart of the prophets that prophesy lies, when they prophesy the purposes of their own heart? [27] who devise that *men* may forget my law by their dreams, which they have told every one to his neighbour, as their fathers forgot my name in *the worship of* Baal. [28] The prophet who has a dream, let him tell his dream; and *he* in whom is my word *spoken* to him, let him tell my word truly: what is the chaff to the corn? so are my words,

---

β Or, prophets.   γ Heb. and Alex. not so.   δ Alex. the hands of evil-doers.   ζ Gr. whirled round as from a sling, etc.

saith the Lord. ²⁹ Behold, are not my words as fire? saith the Lord; and as an axe cutting the rock?

³⁰ Behold, I am therefore against the prophets, saith the Lord God, that steal my words every one from his neighbour. ³¹ Behold, I am against the prophets that put forth prophecies of mere words, and slumber their sleep. ³² Therefore, behold, I am against the prophets that prophesy false dreams, and have ^β not told them *truly*, and have caused my people to err by their lies, and by their errors; yet I sent them not, and commanded them not; therefore, they shall not profit this people at all.

³³ And if this people, or the priest, or the prophet, should ask, What is the burden of the Lord? then thou shalt say to them, Ye are the burden, and I will dash you down, saith the Lord. ³⁴ *As for* the prophet, and the priests, and the people, who shall say, The burden of the Lord, I will even take vengeance on that man, and on his house. ³⁵ Thus shall ye say every one to his neighbour, and every one to his brother, What has the Lord answered? and, what has the Lord said? ³⁶ And do ye name no more the burden of the Lord; for his own word shall be a man's burden. ³⁷ But wherefore, *say ye*, has the Lord our God spoken? ³⁸ Therefore thus saith the Lord our God; Because ye have spoken this word, The burden of the Lord, and I sent to you, saying, Ye shall not say, The burden of the Lord; ³⁹ therefore, behold, I *will* seize, and dash down you and the city which I gave to you and your fathers. ⁴⁰ And I will bring upon you an everlasting reproach, and everlasting disgrace, which shall not be forgotten.

⁷ Therefore, behold, the days come, saith the Lord, when they shall no more say, The Lord lives, who brought up the house of Israel out of the land of Egypt; ⁸ but The Lord lives, who has gathered the whole seed of Israel from the north land, and from all the countries whither he *had* driven them out, and has restored them into their own land.

The Lord shewed me two baskets of figs, lying in front of the temple of the Lord, after Nabuchodonosor king of Babylon had carried captive Jechonias son of Joakim king of Juda, and the princes, and the artificers, and the prisoners, and the rich men out of Jerusalem, and had brought them to Babylon. ² The one basket was *full* of very good figs, as the early figs; and the other basket was *full* of very bad figs, which could not be eaten, for their badness. ³ And the Lord said to me, What seest thou, Jeremias? and I said, Figs; the good figs, very good; and the bad, very bad, which cannot be eaten, for their badness.

⁴ And the word of the Lord came to me, saying, ⁵ Thus saith the Lord, the God of Israel; As these good figs, so will I acknowledge the Jews that have been carried away captive, whom I have sent forth out of this place into the land of the Chaldeans for good. ⁶ And I will fix mine eyes upon them for good, and I will restore them into this land for good: and I will build them up,

μου, λέγει Κύριος.   Οὐκ ἰδοὺ οἱ λόγοι μου, ὥσπερ πῦρ, λέγει 29 Κύριος, καὶ ὡς πέλυξ κόπτων πέτραν;

Ἰδοὺ ἐγὼ διατοῦτο πρὸς τοὺς προφήτας, λέγει Κύριος ὁ Θεὸς, 30 τοὺς κλέπτοντας τοὺς λόγους μου ἕκαστον παρὰ τοῦ πλησίον αὐτοῦ. Ἰδοὺ ἐγὼ πρὸς τοὺς προφήτας τοὺς ἐκβάλλοντας προ- 31 φητείας γλώσσης, καὶ νυστάζοντας νυσταγμὸν αὐτῶν. Δια- 32 τοῦτο ἰδοὺ ἐγὼ πρὸς τοὺς προφήτας τοὺς προφητεύοντας ἐνύπνια ψευδῆ, καὶ οὐ διηγοῦντο αὐτὰ, καὶ ἐπλάνησαν τὸν λαόν μου ἐν τοῖς ψεύδεσιν αὐτῶν, καὶ ἐν τοῖς πλάνοις αὐτῶν, καὶ ἐγὼ οὐκ ἀπέστειλα αὐτοὺς, καὶ οὐκ ἐνετειλάμην αὐτοῖς, καὶ ὠφέλειαν οὐκ ὠφελήσουσι τὸν λαὸν τοῦτον.

Καὶ ἐὰν ἐρωτήσωσιν ὁ λαὸς οὗτος, ἢ ἱερεὺς, ἢ προφήτης, τί 33 τὸ λῆμμα Κυρίου; καὶ ἐρεῖς αὐτοῖς, ὑμεῖς ἐστε τὸ λῆμμα, καὶ ῥάξω ὑμᾶς, λέγει Κύριος. Ὁ προφήτης, καὶ οἱ ἱερεῖς, καὶ 34 ὁ λαὸς, οἳ ἂν εἴπωσι, λῆμμα Κυρίου, καὶ ἐκδικήσω τὸν ἄνθρω- πον ἐκεῖνον, καὶ τὸν οἶκον αὐτοῦ. Οὕτως ἐρεῖτε ἕκαστος πρὸς 35 τὸν πλησίον αὐτοῦ, καὶ ἕκαστος πρὸς τὸν ἀδελφὸν αὐτοῦ, τί ἀπεκρίθη Κύριος, καὶ τί ἐλάλησε Κύριος; Καὶ λῆμμα Κυρίου 36 μὴ ὀνομάζετε ἔτι, ὅτι τὸ λῆμμα τῷ ἀνθρώπῳ ἔσται ὁ λόγος αὐτοῦ. Καὶ διατί ἐλάλησε Κύριος ὁ Θεὸς ἡμῶν; Διατοῦτο 37, 38 τάδε λέγει Κύριος ὁ Θεὸς ἡμῶν ἀνθ᾽ ὧν εἴπατε τὸν λόγον τοῦτον, λῆμμα Κυρίου, καὶ ἀπέστειλα πρὸς ὑμᾶς, λέγων, οὐκ ἐρεῖτε, λῆμμα Κυρίου· διατοῦτο ἰδοὺ ἐγὼ λαμβάνω, καὶ ῥάσσω 39 ὑμᾶς, καὶ τὴν πόλιν ἣν ἔδωκα ὑμῖν καὶ τοῖς πατράσιν ὑμῶν. Καὶ δώσω ἐφ᾽ ὑμᾶς ὀνειδισμὸν αἰώνιον, καὶ ἀτιμίαν αἰώνιον, 40 ἥτις οὐκ ἐπιλησθήσεται.

Διατοῦτο ἰδοὺ ἡμέραι ἔρχονται, λέγει Κύριος, καὶ οὐκ ἐροῦσιν 7 ἔτι, ζῇ Κύριος, ὃς ἀνήγαγε τὸν οἶκον Ἰσραὴλ ἐκ γῆς Αἰγύπτου, ἀλλὰ, ζῇ Κύριος, ὃς συνήγαγε πᾶν τὸ σπέρμα Ἰσραὴλ ἀπὸ 8 γῆς Βορρᾶ, καὶ ἀπὸ πασῶν τῶν χωρῶν, οὗ ἔξωσεν αὐτοὺς ἐκεῖ, καὶ ἀπεκατέστησεν αὐτοὺς εἰς τὴν γῆν αὐτῶν.

Ἔδειξέ μοι Κύριος δύο καλάθους σύκων, κειμένους κατὰ 24 πρόσωπον ναοῦ Κυρίου, μετὰ τὸ ἀποικίσαι Ναβουχοδονόσορ βασιλέα Βαβυλῶνος τὸν Ἰεχονίαν υἱὸν Ἰωακεὶμ βασιλέα Ἰούδα, καὶ τοὺς ἄρχοντας, καὶ τοὺς τεχνίτας, καὶ τοὺς δεσμώτας, καὶ τοὺς πλουσίους ἐξ Ἰερουσαλὴμ, καὶ ἤγαγεν αὐτοὺς εἰς Βαβυ- λῶνα. Ὁ κάλαθος ὁ εἷς σύκων χρηστῶν σφόδρα, ὡς τὰ σῦκα 2 τὰ πρώιμα· καὶ ὁ κάλαθος ὁ ἕτερος σύκων πονηρῶν σφόδρα, ἃ οὐ βρωθήσεται ἀπὸ πονηρίας αὐτῶν. Καὶ εἶπε Κύριος πρὸς 3 μὲ, τί σὺ ὁρᾷς Ἰερεμία; καὶ εἶπα, σύκα· σύκα τὰ χρηστὰ, χρηστὰ λίαν· καὶ τὰ πονηρὰ, πονηρὰ λίαν, ἃ οὐ βρωθήσεται ἀπὸ πονηρίας αὐτῶν.

Καὶ ἐγένετο λόγος Κυρίου πρὸς μὲ, λέγων, Τάδε λέγει 4, 5 Κύριος ὁ Θεὸς Ἰσραὴλ, ὡς τὰ σῦκα τὰ χρηστὰ ταῦτα, οὕτως ἐπιγνώσομαι τοὺς ἀποικισθέντας Ἰουδαίους, οὓς ἐξαπέσταλκα ἐκ τοῦ τόπου τούτου εἰς γῆν Χαλδαίων εἰς ἀγαθά. Καὶ στηριῶ 6 τοὺς ὀφθαλμούς μου ἐπ᾽ αὐτοὺς εἰς ἀγαθὰ, καὶ ἀποκαταστήσω αὐτοὺς εἰς τὴν γῆν ταύτην εἰς ἀγαθά· καὶ ἀνοικοδομήσω αὐτοὺς,

---

β *Heb.* and *Alex.* omit the negative.

καὶ οὐ μὴ καθελῶ αὐτούς, καὶ καταφυτεύσω αὐτούς, καὶ οὐ μὴ ἐκτίλω.

7 Καὶ δώσω αὐτοῖς καρδίαν τοῦ εἰδέναι αὐτοὺς ἐμέ, ὅτι ἐγώ εἰμι Κύριος, καὶ ἔσονταί μου εἰς λαόν, καὶ ἐγὼ ἔσομαι αὐτοῖς εἰς Θεόν, ὅτι ἐπιστραφήσονται ἐπ᾽ ἐμὲ ἐξ ὅλης τῆς καρδίας αὐτῶν.

8 Καὶ ὡς τὰ σῦκα τὰ πονηρά, ἃ οὐ βρωθήσονται ἀπὸ πονηρίας αὐτῶν, τάδε λέγει Κύριος, οὕτως παραδώσω τὸν Σεδεκίαν βασιλέα Ἰούδα, καὶ τοὺς μεγιστάνας αὐτοῦ, καὶ τὸ κατάλοιπον Ἱερουσαλὴμ τοὺς ὑπολελειμμένους ἐν τῇ γῇ ταύτῃ, καὶ τοὺς

9 κατοικοῦντας ἐν Αἰγύπτῳ. Καὶ δώσω αὐτοὺς εἰς διασκορπισμὸν εἰς πάσας τὰς βασιλείας τῆς γῆς, καὶ ἔσονται εἰς ὀνειδισμόν, καὶ εἰς παραβολήν, καὶ εἰς μῖσος, καὶ εἰς κατάραν ἐν παντὶ

10 τόπῳ οὗ ἔξωσα αὐτοὺς ἐκεῖ. Καὶ ἀποστελῶ εἰς αὐτοὺς τὸν λιμὸν, καὶ τὸν θάνατον, καὶ τὴν μάχαιραν, ἕως ἂν ἐκλείπωσιν ἀπὸ τῆς γῆς ἧς ἔδωκα αὐτοῖς.

25 Ὁ ΛΟΓΟΣ Ὁ ΓΕΝΟΜΕΝΟΣ ΠΡΟΣ ἹΕΡΕΜΙΑΝ ἐπὶ πάντα τὸν λαὸν Ἰούδα ἐν τῷ ἔτει τῷ τετάρτῳ τοῦ Ἰωακεὶμ

2 υἱοῦ Ἰωσία βασιλέως Ἰούδα, ὃν ἐλάλησε πρὸς πάντα τὸν λαὸν Ἰούδα, καὶ πρὸς τοὺς κατοικοῦντας Ἱερουσαλήμ, λέγων,

3 Ἐν τρισκαιδεκάτῳ ἔτει Ἰωσία υἱοῦ Ἀμὼς βασιλέως Ἰούδα, καὶ ἕως τῆς ἡμέρας ταύτης εἴκοσι καὶ τρία ἔτη, καὶ ἐλάλησα

4 πρὸς ὑμᾶς ὀρθρίζων, καὶ λέγων, καὶ ἀπέστελλον πρὸς ὑμᾶς τοὺς δούλους μου τοὺς προφήτας, ὄρθρου ἀποστέλλων, καὶ

5 οὐκ εἰσηκούσατε, καὶ οὐ προσέσχετε τοῖς ὠσὶν ὑμῶν, λέγων, ἀποστράφητε ἕκαστος ἀπὸ τῆς ὁδοῦ αὐτοῦ τῆς πονηρᾶς, καὶ ἀπὸ τῶν πονηρῶν ἐπιτηδευμάτων ὑμῶν, καὶ κατοικήσετε ἐπὶ τῆς γῆς ἧς ἔδωκα ὑμῖν καὶ τοῖς πατράσιν ὑμῶν, ἀπ᾽ αἰῶνος

6 καὶ ἕως αἰῶνος. Μὴ πορεύεσθε ὀπίσω θεῶν ἀλλοτρίων, τοῦ δουλεύειν αὐτοῖς, καὶ τοῦ προσκυνεῖν αὐτοῖς, ὅπως μὴ παροργίζητέ με ἐν τοῖς ἔργοις τῶν χειρῶν ὑμῶν, τοῦ κακῶσαι ὑμᾶς.

7 Καὶ οὐκ ἠκούσατέ μου.

8 Διατοῦτο τάδε λέγει Κύριος, ἐπειδὴ οὐκ ἐπιστεύσατε τοῖς

9 λόγοις μου, ἰδοὺ ἐγὼ ἀποστέλλω, καὶ λήψομαι πατριὰν ἀπὸ Βορρᾶ, καὶ ἄξω αὐτοὺς ἐπὶ τὴν γῆν ταύτην, καὶ ἐπὶ τοὺς κατοικοῦντας αὐτήν, καὶ ἐπὶ πάντα τὰ ἔθνη τὰ κύκλῳ αὐτῆς, καὶ ἐξερημώσω αὐτούς, καὶ δώσω αὐτοὺς εἰς ἀφανισμὸν, καὶ εἰς

10 συριγμὸν, καὶ εἰς ὀνειδισμὸν αἰώνιον. Καὶ ἀπολῶ ἀπ᾽ αὐτῶν φωνὴν χαρᾶς, καὶ φωνὴν εὐφροσύνης, φωνὴν νυμφίου καὶ

11 φωνὴν νύμφης, ὀσμὴν μύρου, καὶ φῶς λύχνου. Καὶ ἔσται πᾶσα ἡ γῆ εἰς ἀφανισμόν, καὶ δουλεύσουσιν ἐν τοῖς ἔθνεσιν ἑβδομήκοντα ἔτη.

12 Καὶ ἐν τῷ πληρωθῆναι τὰ ἑβδομήκοντα ἔτη, ἐκδικήσω τὸ ἔθνος ἐκεῖνο, καὶ θήσομαι αὐτοὺς εἰς ἀφανισμὸν αἰώνιον,

13 καὶ ἐπάξω ἐπὶ τὴν γῆν ἐκείνην πάντας τοὺς λόγους μου, οὓς ἐλάλησα κατ᾽ αὐτῆς, πάντα τὰ γεγραμμένα ἐν τῷ βιβλίῳ τούτῳ·

34 ᵃΑ ἘΠΡΟΦΗΤΕΥΣΕΝ ἹΕΡΕΜΙΑΣ ἘΠΙ ΤΑ ᾽ΕΘΝΗ ΤΑ ΑΙΛΑΜ.

35 Τάδε λέγει Κύριος, συνετρίβη τὸ τόξον Αἰλάμ, ἀρχὴ δυνα-
36 στείας αὐτῶν. Καὶ ἐπάξω ἐπὶ Αἰλὰμ τέσσαρας ἀνέμους ἐκ

and not pull them down; and I will plant them, and not pluck them up.

[7] And I will give them a heart to know me, that I am the Lord: and they shall be to me a people, and I will be to them a God: for they shall turn to me with all their heart.

[8] And as the bad figs, which cannot be eaten, for their badness; thus saith the Lord, So will I deliver Sedekias king of Juda, and his nobles, and the remnant of Jerusalem, them that are left in this land, and the dwellers in Egypt. [9] And I will cause them to be dispersed into all the kingdoms of the earth, and they shall be for a reproach, and a proverb, and an *object of* hatred, and a curse, in every place whither I have driven them out. [10] And I will send against them famine, and pestilence, and the sword, until they are consumed from off the land which I gave them.

The Word that came to Jeremias concerning all the people of Juda in the fourth year of Joakim, son of Josias, king of Juda; [2] which he spoke to all the people of Juda, and to the inhabitants of Jerusalem, saying,

[3] In the thirteenth year of Josias, son of Amos, king of Juda, even until this day for three and twenty years, I have both spoken to you, rising early and speaking, [4] and I sent to you my servants the prophets, sending them early; (but ye hearkened not, and listened not with your ears;) saying, [5] Turn ye every one from his evil way, and from your evil practices, and ye shall dwell in the land which I gave to you and your fathers, of old and for ever. [6] Go ye not after strange gods, to serve them, and to worship them, that ye provoke me not by the works of your hands, to do you hurt. [7] But ye hearkened not to me.

[8] Therefore thus saith the Lord; Since ye believed not my words, [9] behold, I *will* send and take a family from the north, and will bring them against this land, and against the inhabitants of it, and against all the nations round about it, and I will make them utterly waste, and β make them a desolation, and a hissing, and an everlasting reproach. [10] And I will destroy from *among* them the voice of joy, and the voice of gladness, the voice of the bridegroom, and the voice of the bride, the scent of ointment, and the light of a candle. [11] And all the land shall be a desolation; and they shall serve among the Gentiles seventy years.

[12] And when the seventy years are fulfilled, I will take vengeance on that nation, and will make them a perpetual desolation. [13] And I will bring upon that land all my words which I have spoken against it, *even* all things that are written in this book. γ

δ The Prophecies of Jeremias against the Nations of Ælam.

[35] Thus saith the Lord, The bow of Ælam is broken, *even* the chief of their power. [36] And I will bring upon Ælam the four

---

β *Gr.* give them to.   γ *Note.*—For a list of the transpositions of verses and chapters in the LXX., see the end of Jeremiah.
δ *Gr.* the things which Jeremias prophesied.

winds from the four corners of heaven, and I will disperse them β toward all these winds; and there shall be no nation to which they shall not come—even the outcasts of Ælam. ³⁷And I will put them in fear before their enemies that seek their life; and I will bring evils upon them according to my great anger; and I will send forth my sword after them, until I have utterly destroyed them. ³⁸And I will set my throne in Ælam, and will send forth thence king and rulers. ³⁹But it shall come to pass γ at the end of days, that I will turn the captivity of Ælam, saith the Lord.

In the beginning of the reign of king Sedekias, there came this word concerning Ælam.

²FOR EGYPT, AGAINST THE POWER OF PHARAO NECHAO KING OF EGYPT, who was by the river Euphrates in Charmis, whom Nabuchodonosor king of Babylon smote in the fourth year of Joakim king of Juda.

³Take up δ arms and spears, and draw nigh to battle; ⁴and harness the horses: mount, ye horsemen, and stand ready in your helmets; advance the spears, and put on your breast-plates.

⁵Why do they fear, and turn back? even because their mighty men shall be slain: they have utterly fled, and being hemmed in they have not ζ rallied, saith the Lord. ⁶Let not the swift flee, and let not the mighty man escape to the north: the forces at Euphrates are become feeble, and they have fallen.

⁷Who is this that shall come up as a river, and as rivers roll their θ waves? ⁸The waters of Egypt shall come up like a river: and he said, I will go up, and will cover the earth, and will destroy the dwellers in it. ⁹Mount ye the horses, prepare the chariots; go forth, ye warriors of the Ethiopians, and Libyans armed with λ shields; and mount, ye Lydians, bend the bow. ¹⁰And that day shall be to the Lord our God a day of vengeance, to take vengeance on his enemies: and the sword of the Lord shall devour, and be glutted, and be drunken with their blood: for the Lord has a sacrifice from the land of the north at the river Euphrates.

¹¹Go up to Galaad, and take μ balm for the virgin daughter of Egypt: in vain hast thou multiplied thy medicines; there is no help in thee. ¹²The nations have heard thy voice, and the land has been filled with thy cry: for the warriors have fainted fighting one against another, and both are fallen together.

¹³THE WORDS WHICH THE LORD SPOKE by Jeremias, concerning the coming of the king of Babylon to smite the land of Egypt.

¹⁴Proclaim it at Magdol, and declare it at Memphis: say ye, Stand up, and prepare; for the sword has devoured thy yew-tree.

¹⁵Wherefore has Apis fled from thee? thy choice calf has not remained; for the Lord has ξ utterly weakened him. ¹⁶And thy multitude has fainted and fallen; and each one said to his neighbour, Let us arise,

τῶν τεσσάρων ἄκρων τοῦ οὐρανοῦ, καὶ διασπερῶ αὐτοὺς ἐν πᾶσι τοῖς ἀνέμοις τούτοις, καὶ οὐκ ἔσται ἔθνος ὃ οὐχ ἥξει ἐκεῖ, οἱ ἐξωσμένοι Αἰλάμ. Καὶ πτοήσω αὐτοὺς ἐναντίον τῶν ἐχ- 37 θρῶν αὐτῶν, τῶν ζητούντων τὴν ψυχὴν αὐτῶν, καὶ ἐπάξω ἐπ᾽ αὐτοὺς κατὰ τὴν ὀργὴν τοῦ θυμοῦ μου, καὶ ἐπαποστελῶ ὀπίσω αὐτῶν τὴν μάχαιράν μου, ἕως τοῦ ἐξαναλῶσαι αὐτούς. Καὶ 38 θήσω τὸν θρόνον μου ἐν Αἰλάμ, καὶ ἐξαποστελῶ ἐκεῖθεν βασιλέα καὶ μεγιστᾶνας. Καὶ ἔσται ἐπ᾽ ἐσχάτου τῶν ἡμερῶν, 39 καὶ ἀποστρέψω τὴν αἰχμαλωσίαν Αἰλάμ, λέγει Κύριος.

Ἐν ἀρχῇ βασιλεύοντος Σεδεκίου βασιλέως, ἐγένετο ὁ λόγος 26 οὗτος περὶ Αἰλάμ·

ΤΗ ΑΙΓΥΠΤΩ ᾿ΕΠΙ ΔΥΝΑΜΙΝ ΦΑΡΑΩ ΝΕΧΑΩ 2 ΒΑΣΙΛΕΩΣ ΑΙΓΥΠΤΟΥ, ὃς ἦν ἐπὶ τῷ ποταμῷ Εὐφράτῃ ἐν Χαρμεὶς, ὃν ἐπάταξε Ναβουχοδονόσορ βασιλεὺς Βαβυλῶνος, ἐν τῷ ἔτει τῷ τετάρτῳ ᾿Ιωακεὶμ βασιλέως ᾿Ιούδα.

᾿Αναλάβετε ὅπλα καὶ ἀσπίδας, καὶ προσαγάγετε εἰς πόλεμον, 3 καὶ ἐπισάξατε τοὺς ἵππους, ἐπίβητε οἱ ἱππεῖς, καὶ κατάστητε 4 ἐν ταῖς περικεφαλαίαις ὑμῶν, προσβάλετε τὰ δόρατα, καὶ ἐν- δύσασθε τοὺς θώρακας ὑμῶν.

Τί ὅτι αὐτοὶ πτοοῦνται, καὶ ἀποχωροῦσιν εἰς τὸ ὀπίσω; 5 διότι οἱ ἰσχυροὶ αὐτῶν κοπήσονται, φυγῇ ἔφυγον, καὶ οὐκ ἀνέ- στρεψαν περιεχόμενοι κυκλόθεν, λέγει Κύριος. Μὴ φευγέτω 6 ὁ κοῦφος, καὶ μὴ ἀνασωζέσθω ὁ ἰσχυρὸς ἐπὶ Βορρᾶν· τὰ παρὰ τὸν Εὐφράτην ἠσθένησε, καὶ πεπτώκασι.

Τίς οὗτος ὡς ποταμὸς ἀναβήσεται, καὶ ὡς ποταμοὶ κυμαί- 7 νουσιν ὕδωρ; Ὕδατα Αἰγύπτου ὡς ποταμὸς ἀναβήσεται· καὶ 8 εἶπεν, ἀναβήσομαι, καὶ κατακαλύψω τὴν γῆν, καὶ ἀπολῶ τοὺς κατοικοῦντας ἐν αὐτῇ. ᾿Επίβητε ἐπὶ τοὺς ἵππους, παρασκευά- 9 σατε τὰ ἅρματα, ἐξέλθατε οἱ μαχηταὶ Αἰθιόπων, καὶ Λίβυες καθωπλισμένοι ὅπλοις, καὶ Λυδοὶ ἀνάβητε, ἐντείνατε τόξον. Καὶ ἡ ἡμέρα ἐκείνη Κυρίῳ τῷ Θεῷ ἡμῶν ἡμέρα ἐκδικήσεως, 10 τοῦ ἐκδικῆσαι τοὺς ἐχθροὺς αὐτοῦ· καὶ καταφάγεται ἡ μάχαιρα Κυρίου, καὶ ἐμπλησθήσεται, καὶ μεθυσθήσεται ἀπὸ τοῦ αἵματος αὐτῶν, ὅτι θυσία τῷ Κυρίῳ ἀπὸ γῆς Βορρᾶ ἐπὶ ποταμῷ Εὐφράτῃ.

᾿Ανάβηθι Γαλαὰδ, καὶ λάβε ῥητίνην τῇ παρθένῳ θυγατρὶ 11 Αἰγύπτου· εἰς τὸ κενὸν ἐπλήθυνας ἰάματά σου, ὠφέλεια οὐκ ἔστιν ἐν σοί. Ἤκουσαν ἔθνη φωνήν σου, καὶ τῆς κραυγῆς σου 12 ἐπλήσθη ἡ γῆ, ὅτι μαχητὴς πρὸς μαχητὴν ἠσθένησαν, ἐπι- τοαυτὸ ἔπεσαν ἀμφότεροι.

῍Α ᾿ΕΛΑΛΗΣΕ ΚΥΡΙΟΣ ἐν χειρὶ ᾿Ιερεμίου, τοῦ ἐλθεῖν τὸν 13 βασιλέα Βαβυλῶνος τοῦ κόψαι γῆν Αἰγύπτου.

᾿Αναγγείλατε εἰς Μαγδωλὸν, καὶ παραγγείλατε εἰς Μέμφιν· 14 εἴπατε, ἐπίστηθι, καὶ ἑτοίμασον, ὅτι κατέφαγε μάχαιρα τὴν σμίλακά σου.

Διατί ἔφυγεν ἀπὸ σοῦ ὁ Ἅπις; ὁ μόσχος ὁ ἐκλεκτός σου 15 οὐκ ἔμεινεν· ὅτι Κύριος παρέλυσεν αὐτόν. Καὶ τὸ πλῆθός 16 σου ἠσθένησε, καὶ ἔπεσε· καὶ ἕκαστος πρὸς τὸν πλησίον αὐτοῦ

ἐλάλει, ἀναστῶμεν, καὶ ἀναστρέψωμεν πρὸς τὸν λαὸν ἡμῶν εἰς τὴν πατρίδα ἡμῶν, ἀπὸ προσώπου μαχαίρας Ἑλληνικῆς.

17 Καλέσατε τὸ ὄνομα Φαραὼ Νεχαὼ βασιλέως Αἰγύπτου, Σαὼν
18 ἐσβειὲ μωήδ.   Ζῶ ἐγώ, λέγει Κύριος ὁ Θεός, ὅτι ὡς τὸ Ἰταβύριον ἐν τοῖς ὄρεσι, καὶ ὡς ὁ Κάρμηλος ὁ ἐν τῇ θαλάσσῃ, ἥξει.
19 Σκεύη ἀποικισμοῦ ποίησον σεαυτῇ κατοικοῦσα θύγατερ Αἰγύπτου, ὅτι Μέμφις εἰς ἀφανισμὸν ἔσται, καὶ κληθήσεται Οὐαὶ, διὰ τὸ μὴ ὑπάρχειν κατοικοῦντας ἐν αὐτῇ.

20   Δάμαλις κεκαλλωπισμένη Αἴγυπτος, ἀπόσπασμα ἀπὸ Βορρᾶ
21 ἦλθεν ἐπ᾽ αὐτὴν, καὶ οἱ μισθωτοὶ αὐτῆς ἐν αὐτῇ, ὥσπερ μόσχοι σιτευτοὶ τρεφόμενοι ἐν αὐτῇ· διότι καὶ αὐτοὶ ἐπεστράφησαν, καὶ ἔφυγον ὁμοθυμαδόν· οὐκ ἔστησαν, ὅτι ἡμέρα ἀπωλείας
22 ἦλθεν ἐπ᾽ αὐτούς, καὶ καιρὸς ἐκδικήσεως αὐτῶν.   Φωνὴ αὐτῶν ὡς ὄφεως συρίζοντος, ὅτι ἐν ἄμμῳ πορεύονται, ἐν ἀξίναις
23 ἥξουσιν ἐπ᾽ αὐτήν· ὡς κόπτοντες ξύλα ἐκκόψουσι τὸν δρυμὸν αὐτῆς, λέγει Κύριος, ὅτι οὐ μὴ εἰκασθῇ, ὅτι πληθύνει ὑπὲρ
24 ἀκρίδα, καὶ οὐκ ἔστιν αὐτοῖς ἀριθμός.   Κατῃσχύνθη ἡ θυγάτηρ Αἰγύπτου, παρεδόθη εἰς χεῖρας λαοῦ ἀπὸ Βορρᾶ.

25   Ἰδοὺ ἐγὼ ἐκδικῶ τὸν Ἀμμὼν τὸν υἱὸν αὐτῆς ἐπὶ Φαραώ, καὶ ἐπὶ τοὺς πεποιθότας ἐπ᾽ αὐτῷ.

27   Σὺ δὲ μὴ φοβηθῇς δοῦλός μου Ἰακώβ, μηδὲ πτοηθῇς Ἰσραήλ· διότι ἐγὼ ἰδοὺ σώζων σε μακρόθεν, καὶ τὸ σπέρμα σου ἐκ τῆς αἰχμαλωσίας αὐτῶν· καὶ ἀναστρέψει Ἰακώβ, καὶ ἡσυχάσει καὶ ὑπνώσει, καὶ οὐκ ἔσται ὁ παρενοχλῶν αὐτόν.
28 Μὴ φοβοῦ παῖς μου Ἰακώβ, λέγει Κύριος, ὅτι μετὰ σοῦ ἐγώ εἰμι· ἡ ἀπτόητος καὶ τρυφερὰ παρεδόθη· ὅτι ποιήσω ἔθνει συντέλειαν ἐν παντὶ ἔθνει εἰς οὓς ἔξωσά σε ἐκεῖ, σὲ δὲ οὐ μὴ ποιήσω ἐκλιπεῖν, καὶ παιδεύσω σε εἰς κρίμα, καὶ ἀθῶον οὐκ ἀθωώσω σε.

27   ΛΟΓΟΣ ΚΥΡΙΟΥ ᾯ ΟΝ ἘΛΑΛΗΣΕΝ ἘΠΙ ΒΑΒΥΛΩΝΑ.

2   Ἀναγγείλατε ἐν τοῖς ἔθνεσι, καὶ ἀκουστὰ ποιήσατε, καὶ μὴ κρύψητε· εἴπατε, ἑάλωκε Βαβυλών, κατῃσχύνθη Βῆλος, ἡ
3 ἀπτόητος, ἡ τρυφερὰ παρεδόθη Μαιρωδάχ, ὅτι ἀνέβη ἐπ᾽ αὐτὴν ἔθνος ἀπὸ Βορρᾶ, οὗτος θήσει τὴν γῆν αὐτῆς εἰς ἀφανισμόν, καὶ οὐκ ἔσται ὁ κατοικῶν ἐν αὐτῇ ἀπὸ ἀνθρώπου καὶ ἕως κτήνους.

4   Ἐν ταῖς ἡμέραις ἐκείναις, καὶ ἐν τῷ καιρῷ ἐκείνῳ, ἥξουσιν οἱ υἱοὶ Ἰσραὴλ αὐτοί, καὶ οἱ υἱοὶ Ἰούδα ἐπὶ τὸ αὐτό, βαδίζοντες καὶ κλαίοντες πορεύσονται, τὸν Κύριον Θεὸν αὐτῶν ζητοῦν-
5 τες. Ἕως Σιὼν ἐρωτήσουσι τὴν ὁδόν, ὧδε γὰρ τὸ πρόσωπον αὐτῶν δώσουσι, καὶ ἥξουσι, καὶ καταφεύξονται πρὸς Κύριον τὸν Θεόν· διαθήκη γὰρ αἰώνιος οὐκ ἐπιλησθήσεται.

6   Πρόβατα ἀπολωλότα ἐγενήθη ὁ λαός μου, οἱ ποιμένες αὐτῶν ἔξωσαν αὐτούς, ἐπὶ τὰ ὄρη ἀπεπλάνησαν αὐτούς, ἐξ ὄρους ἐπὶ
7 βουνὸν ᾤχοντο, ἐπελάθοντο κοίτης αὐτῶν.   Πάντες οἱ εὑρίσκοντες αὐτούς, ἀνήλισκον αὐτούς· οἱ ἐχθροὶ αὐτῶν εἶπαν, Μὴ

and return into our country to our people, from the Grecian sword. ¹⁷Call ye the name of Pharao Nechao king of Egypt, β Saon esbeie moed. ¹⁸ As I live, saith the Lord God, he shall come as Itabyrion among the mountains, and as Carmel that is on the sea. ¹⁹ O daughter of Egypt dwelling *at home*, prepare thee stuff for removing: for Memphis shall be utterly desolate, and shall be called Woe, because there are no inhabitants in it.

²⁰ Egypt is a fair heifer, *but* destruction from the north is come upon her. ²¹ Also her hired *soldiers* in the midst of her are as fatted calves fed in her; for they also have turned, and fled with one accord: they stood not, for the day of destruction was come upon them, and the time of their retribution. ²² Their voice is as *that* of a hissing serpent, for they go upon the sand; they shall come upon Egypt with axes, as men that cut wood. ²³ They shall cut down her forest, saith the Lord, for *their number* cannot at all be conjectured, for it exceeds the locust in multitude, and they are innumerable. ²⁴ The daughter of Egypt is confounded; she is delivered into the hands of a people from the north.

²⁵ Behold, I *will* avenge γ Ammon her son upon Pharao, and upon them that trust in him.

²⁷ But fear not thou, my servant Jacob, neither be thou alarmed, Israel: for, behold, I will save thee from afar, and thy seed from their captivity; and Jacob shall return, and be at ease, and sleep, and there shall be no one to trouble him. ²⁸ Fear not thou, my servant Jacob, saith the Lord; for I am with thee: she *that was* without fear and in luxury, has been delivered up: for I will make a full end of every nation among whom I have thrust thee forth; but I will not cause thee to fail: yet will I chastise thee in the way of judgment, and will not hold thee entirely guiltless.

The Word of the Lord which He spoke against Babylon.

² Proclaim ye among the Gentiles, and cause the tidings to be heard, and suppress *them* not: say ye, Babylon is taken, Belus is confounded; the fearless, the luxurious Mærodach is delivered up. ³ For a nation has come up against her from the north, he shall utterly ravage her land, and there shall be none to dwell in it, neither man nor beast.

⁴ In those days, and at that time, the children of Israel shall come, they and the children of Juda together; they shall proceed, weeping as they go, seeking the Lord their God. ⁵ They shall ask the way till *they come to* Sion, for that way shall they set their face; and they shall come and flee for refuge to the Lord their God; for the everlasting covenant shall not be forgotten.

⁶ My people have been lost sheep: their shepherds thrust them out, they caused them to wander on the mountains: they went from mountain to hill, they forgot their resting-place. ⁷ All that found them consumed them: their enemies said, Let **us**

β The *Heb.* words untranslated—' a noise—he has passed the appointed time.'   γ See *Hebrew.*

not leave them alone, because they have sinned against the Lord: he that gathered their fathers *had* a pasture of righteousness.

⁸ ^β Flee ye out of the midst of Babylon, and from the land of the Chaldeans, and go forth, and be as serpents before sleep. ⁹ For, behold, I stir up against Babylon the gatherings of nations out of the land of the north; and they shall set themselves in array against her: thence shall she be taken, as the dart of an expert warrior shall not return ^γ empty. ¹⁰ And Chaldea shall be a spoil: all that spoil her shall be satisfied.

¹¹ Because ye rejoiced, and boasted, *while* plundering mine heritage; because ye exulted as calves in the grass, and pushed with the horn as bulls. ¹² Your mother is greatly ashamed; your mother that bore you for prosperity is confounded: *she is* the last of the nations, desolate, ¹³ by reason of the Lord's anger: it shall not be inhabited, but it shall be all a desolation; and every one that passes through Babylon shall ^δ scowl, and they shall hiss at all her plague.

¹⁴ Set yourselves in array against Babylon round about, all ye that bend the bow; shoot at her, spare not your arrows, ¹⁵ and prevail against her: her hands are weakened, her bulwarks are fallen, and her wall is broken down: for it is vengeance from God: take vengeance upon her; as she has done, do to her. ¹⁶ Utterly destroy seed out of Babylon, *and* him that holds a sickle in time of harvest: for fear of the Grecian sword, they shall return every one to his people, and every one shall flee to his own land.

¹⁷ Israel is a wandering sheep; the lions have driven him out: the king of Assyria first devoured him, and afterward this king of Babylon *has gnawed* his bones. ¹⁸ Therefore thus saith the Lord; Behold, I *will* take vengeance on the king of Babylon, and upon his land, as I took vengeance on the king of Assyria. ¹⁹ And I will restore Israel to his pasture, and he shall feed on Carmel and on mount Ephraim and in Galaad, and his soul shall be satisfied. ²⁰ In those days, and at that time, ^ζ they shall seek for the iniquity of Israel, and there shall be none; and for the sins of Juda, and they shall not be found: for I will be merciful to them that are left ²¹ on the land, saith the Lord.

Go up against it ^θ roughly, and against them that dwell on it: avenge, O sword, and destroy utterly, saith the Lord, and do according to all that I command thee. ²² A sound of war, and great destruction in the land of the Chaldeans! ²³ How is the hammer of the whole earth broken and crushed! How is Babylon become a desolation among the nations! ²⁴ They shall come upon thee, and thou shalt not know it, Babylon, that thou wilt even be taken captive: thou art found and taken, because thou didst resist the Lord.

²⁵ The Lord has opened his treasury, and brought forth the weapons of his anger: for the Lord God *has* a work in the land of the Chaldeans. ²⁶ For her times are come: open ye her storehouses: search her as a cave, and utterly destroy her: let there be no remnant

ἀνῶμεν αὐτούς, ἀνθ᾽ ὧν ἥμαρτον τῷ Κυρίῳ· νομὴ δικαιοσύνης τῷ συναγαγόντι τοὺς πατέρας αὐτῶν.

Ἀπαλλοτριώθητε ἐκ μέσου Βαβυλῶνος καὶ ἀπὸ γῆς Χαλ- 8 δαίων, καὶ ἐξέλθατε, καὶ γένεσθε ὥσπερ δράκοντες κατὰ πρόσ- ωπον προβάτων. Ὅτι ἰδοὺ ἐγὼ ἐγείρω ἐπὶ Βαβυλῶνα 9 συναγωγὰς ἐθνῶν ἐκ γῆς Βορρᾶ, καὶ παρατάξονται αὐτῇ· ἐκεῖθεν ἁλώσεται, ὡς βολὶς μαχητοῦ συνετοῦ οὐκ ἐπιστρέψει κενή. Καὶ ἔσται ἡ Χαλδαία εἰς προνομήν, πάντες οἱ προνομεύοντες 10 αὐτὴν ἐμπλησθήσονται.

Ὅτι ηὐφραίνεσθε, καὶ κατεκαυχᾶσθε, διαρπάζοντες τὴν κλη- 11 ρονομίαν μου, διότι ἐσκιρτᾶτε, ὡς βοΐδια ἐν βοτάνῃ, καὶ ἐκερα- τίζετε ὡς ταῦροι. Ἠσχύνθη ἡ μήτηρ ὑμῶν σφόδρα, ἐνετράπη 12 ἡ τεκοῦσα ὑμᾶς μήτηρ ἐπ᾽ ἀγαθά, ἐσχάτη ἐθνῶν, ἔρημος ἀπὸ 13 ὀργῆς Κυρίου, οὐ κατοικηθήσεται καὶ ἔσται εἰς ἀφανισμὸν πᾶσα· καὶ πᾶς ὁ διοδεύων διὰ Βαβυλῶνος σκυθρωπάσει, καὶ συριοῦσιν ἐπὶ πᾶσαν τὴν πληγὴν αὐτῆς.

Παρατάξασθε ἐπὶ Βαβυλῶνα κύκλῳ πάντες τείνοντες τόξον, 14 τοξεύσατε ἐπ᾽ αὐτήν, μὴ φείσησθε ἐπὶ τοῖς τοξεύμασιν ὑμῶν, καὶ κατακρατήσατε αὐτήν· παρελύθησαν αἱ χεῖρες αὐτῆς, ἔπε- 15 σαν αἱ ἐπάλξεις αὐτῆς, καὶ κατεσκάφη τὸ τεῖχος αὐτῆς, ὅτι ἐκδίκησις παρὰ Θεοῦ ἐστιν· ἐκδικεῖτε ἐπ᾽ αὐτήν, καθὼς ἐποίησε, ποιήσατε αὐτῇ. Ἐξολοθρεύσασθε σπέρμα ἐκ Βαβυλῶνος, 16 κατέχοντα δρέπανον ἐν καιρῷ θερισμοῦ· ἀπὸ προσώπου μαχαί- ρας Ἑλληνικῆς, ἕκαστος εἰς τὸν λαὸν αὐτοῦ ἀποστρέψουσι, καὶ ἕκαστος εἰς τὴν γῆν αὐτοῦ φεύξεται.

Πρόβατον πλανώμενον Ἰσραήλ, λέοντες ἔξωσαν αὐτόν· 17 ὁ πρῶτος ἔφαγεν αὐτὸν βασιλεὺς Ἀσσούρ, καὶ οὗτος ὕστερον τὰ ὀστᾶ αὐτοῦ βασιλεὺς Βαβυλῶνος. Διατοῦτο τάδε λέγει 18 Κύριος, ἰδοὺ ἐγὼ ἐκδικῶ ἐπὶ τὸν βασιλέα Βαβυλῶνος, καὶ ἐπὶ τὴν γῆν αὐτοῦ, καθὼς ἐξεδίκησα ἐπὶ τὸν βασιλέα Ἀσσούρ. Καὶ ἀποκαταστήσω τὸν Ἰσραὴλ εἰς τὴν νομὴν αὐτοῦ, καὶ 19 νεμήσεται ἐν τῷ Καρμήλῳ, καὶ ἐν ὄρει Ἐφραΐμ, καὶ ἐν τῷ Γαλαάδ, καὶ πλησθήσεται ἡ ψυχὴ αὐτοῦ. Ἐν ταῖς ἡμέραις 20 ἐκείναις, καὶ ἐν τῷ καιρῷ ἐκείνῳ, ζητήσουσι τὴν ἀδικίαν Ἰσραήλ, καὶ οὐχ ὑπάρξει, καὶ τὰς ἁμαρτίας Ἰούδα, καὶ οὐ μὴ εὑρεθῶσιν, ὅτι ἵλεως ἔσομαι τοῖς ὑπολελειμμένοις ἐπὶ τῆς γῆς, λέγει 21 Κύριος.

Πικρῶς ἐπίβηθι ἐπ᾽ αὐτήν, καὶ ἐπὶ τοὺς κατοικοῦντας ἐπ᾽ αὐτήν· ἐκδίκησον μάχαιρα, καὶ ἀφάνισον, λέγει Κύριος, καὶ ποίει κατὰ πάντα ὅσα ἐντέλλομαί σοι. Φωνὴ πολέμου καὶ 22 συντριβὴ μεγάλη ἐν γῇ Χαλδαίων. Πῶς ἐκλάσθη καὶ συνε- 23 τρίβη ἡ σφυρὰ πάσης τῆς γῆς; πῶς ἐγενήθη εἰς ἀφανισμὸν Βαβυλὼν ἐν ἔθνεσιν; Ἐπιβήσονταί σοι, καὶ οὐ γνώσῃ, ὡς 24 Βαβυλὼν καὶ ἁλώσῃ· εὑρέθης, καὶ ἐλήφθης, ὅτι τῷ Κυρίῳ ἀντέστης.

Ἤνοιξε Κύριος τὸν θησαυρὸν αὐτοῦ, καὶ ἐξήνεγκε τὰ σκεύη 25 ὀργῆς αὐτοῦ, ὅτι ἔργον τῷ Κυρίῳ Θεῷ ἐν γῇ Χαλδαίων, ὅτι ἐληλύθασιν οἱ καιροὶ αὐτῆς· ἀνοίξατε τὰς ἀποθήκας αὐτῆς, 26 ἐρευνήσατε αὐτὴν ὡς σπήλαιον, καὶ ἐξολοθρεύσατε αὐτήν· μὴ

β *Lit.* be ye estranged.   γ See 2 Kings (2 Sam.) 1. 22.   δ *Or*, look sad.   ζ *Alex.* + 'saith the Lord.'   θ *Gr.* bitterly.

27 γενέσθω αὐτῆς κατάλειμμα· Ἀναξηράνατε αὐτῆς πάντας τοὺς καρπούς, καὶ καταβήτωσαν εἰς σφαγήν· οὐαὶ αὐτοῖς, ὅτι ἥκει

28 ἡ ἡμέρα αὐτῶν, καὶ καιρὸς ἐκδικήσεως αὐτῶν. Φωνὴ φευγόντων, καὶ ἀνασωζομένων ἐκ γῆς Βαβυλῶνος, τοῦ ἀναγγεῖλαι εἰς Σιὼν τὴν ἐκδίκησιν παρὰ Κυρίου Θεοῦ ἡμῶν.

29 Παραγγείλατε ἐπὶ Βαβυλῶνα πολλοῖς, παντὶ ἐντείνοντι τόξον, παρεμβάλλετε ἐπ᾿ αὐτὴν κυκλόθεν· μὴ ἔστω αὐτῆς ἀνασωζόμενος· ἀνταπόδοτε αὐτῇ κατὰ τὰ ἔργα αὐτῆς, κατὰ πάντα ὅσα ἐποίησε, ποιήσατε αὐτῇ, ὅτι πρὸς Κύριον ἀντέστη

30 Θεὸν ἅγιον τοῦ Ἰσραήλ. Διατοῦτο πεσοῦνται οἱ νεανίσκοι αὐτῆς ἐν ταῖς πλατείαις αὐτῆς, καὶ πάντες οἱ ἄνδρες οἱ πολεμισταὶ αὐτῆς ῥιφήσονται, εἶπε Κύριος.

31 Ἰδοὺ ἐγὼ ἐπὶ σὲ τὴν ὑβρίστριαν, λέγει Κύριος· ὅτι ἥκει

32 ἡ ἡμέρα σου, καὶ ὁ καιρὸς ἐκδικήσεως σου. Καὶ ἀσθενήσει ἡ ὕβρις σου, καὶ πεσεῖται· καὶ οὐδεὶς ἔσται ὁ ἀνιστῶν αὐτήν· καὶ ἀνάψω πῦρ ἐν τῷ δρυμῷ αὐτῆς, καὶ καταφάγεται πάντα τὰ κύκλῳ αὐτῆς.

33 Τάδε λέγει Κύριος, καταδεδυνάστευνται οἱ υἱοὶ Ἰσραήλ, καὶ οἱ υἱοὶ Ἰούδα, ἅμα πάντες οἱ αἰχμαλωτεύσαντες αὐτούς, κατεδυνάστευσαν αὐτούς, ὅτι οὐκ ἠθέλησαν ἐξαποστεῖλαι αὐτούς.

34 Καὶ ὁ λυτρούμενος αὐτοὺς ἰσχυρός, Κύριος παντοκράτωρ ὄνομα αὐτῷ· κρίσιν κρινεῖ πρὸς τοὺς ἀντιδίκους αὐτοῦ, ὅπως ἐξάρῃ τὴν γῆν· καὶ παροξυνεῖ τοῖς κατοικοῦσι Βαβυλῶνα,

35 μάχαιραν ἐπὶ τοὺς Χαλδαίους, καὶ ἐπὶ τοὺς κατοικοῦντας Βαβυλῶνα, καὶ ἐπὶ τοὺς μεγιστάνας αὐτῆς, καὶ ἐπὶ τοὺς συνε-

36 τοὺς αὐτῆς· Μάχαιραν ἐπὶ τοὺς μαχητὰς αὐτῆς, καὶ παραλυθήσονται· μάχαιραν ἐπὶ τοὺς ἵππους αὐτῶν, καὶ ἐπὶ τὰ ἅρματα

37 αὐτῶν· Μάχαιραν ἐπὶ τοὺς μαχητὰς αὐτῶν, καὶ ἐπὶ τὸν σύμμικτον τὸν ἐν μέσῳ αὐτῆς, καὶ ἔσονται ὡσεὶ γυναῖκες·

38 μάχαιραν ἐπὶ τοὺς θησαυρούς, καὶ διασκορπισθήσονται ἐπὶ τῷ ὕδατι αὐτῆς, καὶ καταισχυνθήσονται, ὅτι γῆ τῶν γλυπτῶν ἐστι,

39 καὶ ἐν ταῖς νήσοις, οὗ κατεκαυχῶντο. Διατοῦτο κατοικήσουσιν ἰνδάλματα ἐν ταῖς νήσοις, καὶ κατοικήσουσιν ἐν αὐτῇ θυγατέρες σειρήνων, οὐ μὴ κατοικηθῇ οὐκέτι εἰς τὸν αἰῶνα.

40 Καθὼς κατέστρεψεν ὁ Θεὸς Σόδομα καὶ Γόμορρα, καὶ τὰς ὁμορούσας αὐταῖς, εἶπε Κύριος, οὐ μὴ κατοικήσει ἐκεῖ ἄνθρωπος, καὶ οὐ μὴ παροικήσει ἐκεῖ υἱὸς ἀνθρώπου.

41 Ἰδοὺ λαὸς ἔρχεται ἀπὸ Βορρᾶ, καὶ ἔθνος μέγα, καὶ βασιλεῖς πολλοὶ ἐξεγερθήσονται ἀπ᾿ ἐσχάτου τῆς γῆς, τόξον καὶ ἐγχει-

42 ρίδιον ἔχοντες, ἰταμός ἐστι, καὶ οὐ μὴ ἐλεήσῃ· ἡ φωνὴ αὐτῶν ὡς θάλασσα ἠχήσει, ἐφ᾿ ἵπποις ἱππάσονται, παρεσκευασμένοι, ὥσπερ πῦρ, εἰς πόλεμον, πρὸς σέ, θύγατερ Βαβυλῶνος.

43 Ἤκουσε βασιλεὺς Βαβυλῶνος τὴν ἀκοὴν αὐτῶν, καὶ παρελύθησαν αἱ χεῖρες αὐτοῦ· θλίψις κατεκράτησεν αὐτοῦ, ὠδῖνες ὡς

44 τικτούσης. Ἰδοὺ ὥσπερ λέων ἀναβήσεται ἀπὸ τοῦ Ἰορδάνου εἰς Γαιθάν, ὅτι ταχέως ἐκδιώξω αὐτοὺς ἀπ᾿ αὐτῆς, καὶ πάντα νεανίσκον ἐπ᾿ αὐτὴν ἐπιστήσω· ὅτι τίς ὥσπερ ἐγώ; καὶ τίς ἀντιστήσεταί μοι; καὶ τίς οὗτος ποιμήν, ὃς στήσεται κατὰ πρόσωπόν μου;

45 Διατοῦτο ἀκούσατε τὴν βουλὴν Κυρίου ἣν βεβούλευται ἐπὶ

of her. ²⁷Dry ye up all her fruits, and let them go down to the slaughter: woe to them! for their day is come, and the time of their retribution. ²⁸A voice of men fleeing and escaping from the land of Babylon, to declare to Sion the vengeance *that comes* from the Lord our God.

²⁹Summon many against Babylon, *even* every one that bends the bow: camp against her round about; let no one of her *people* escape: render to her according to her works; according to all that she has done, do to her: for she has resisted the Lord, the Holy God of Israel. ³⁰Therefore shall her young men fall in the streets, and all her warriors shall be cast down, saith the Lord.

³¹Behold, I am against thee the haughty one, saith the Lord: for thy day is come, and the time of thy retribution. ³²And thy pride shall fail, and fall, and there shall be no one to set it up again: and I will kindle a fire in her forest, and it shall devour all things round about her.

²³Thus saith the Lord; The children of Israel and the children of Juda have been oppressed: all they that have taken them captive have oppressed them together; for they would not let them go. ³⁴But their Redeemer is strong, the Lord Almighty is his name: he will enter into judgment with his adversaries, that he may destroy the earth; ³⁵and he will sharpen a sword against the Chaldeans, and against the inhabitants of Babylon, and upon her nobles and upon her wise men; ³⁶a sword upon her warriors, and they shall be weakened: a sword upon their horses, and upon their chariots: ³⁷a sword upon their warriors, and upon the mixed people in the midst of her; and they shall be as women: a sword upon the treasures, and they shall be scattered upon her water, ³⁸ and they shall be ashamed: for it is a land of graven *images*; and in the islands, where they boasted. ³⁹Therefore shall idols dwell in the islands, and the ᵝ young of monsters shall dwell in it: it shall not be inhabited any more for ever. ⁴⁰As God overthrew Sodom and Gomorrha, and the cities bordering upon them, saith the Lord: no man shall dwell there, and no son of man shall sojourn there.

⁴¹Behold, a people comes from the north, and a great nation, and many kings shall be stirred up from the end of the earth; holding bow and dagger: ⁴² *the people* is fierce, and will have no mercy: their voices shall sound as the sea, they shall ride upon horses, prepared for war, like fire, against thee, O daughter of Babylon. ⁴³The king of Babylon heard the sound of them, and his hands were enfeebled: anguish overcame him, pangs as of a woman in travail. ⁴⁴Behold, he shall come up as a lion from Jordan to ᵞ Gæthan; for I will speedily drive them from her, and I will set all the youths against her: for who is like me? and who will resist me? and who is this shepherd who will stand before me?

⁴⁵Therefore hear ye the counsel of the

β *Gr.* daughters of Sirens. See Job 30. 29. Esai. 13. 21, etc.   γ *Heb.* נוה איתן. *Alex.* the place of Ætham.

Lord, which he has taken against Babylon; and his devices, which he has devised upon the Chaldeans inhabiting *it* : surely lambs of their flock shall be destroyed: surely pasture shall be cut off from them. ⁴⁶ For at the sound of the taking of Babylon the earth shall quake, and a cry shall be heard among the nations.

Thus saith the Lord; Behold, I stir up against Babylon, and against the Chaldeans dwelling therein, a deadly burning wind. ² And I will send forth against Babylon spoilers, and they shall spoil her, and shall ravage her land. Woe to Babylon round about *her* in the day of her affliction. ³ Let the archer bend his bow, and him that has armour put it on: and spare ye not her young men, but destroy ye all her host. ⁴ And slain men shall fall in the land of the Chaldeans, and *men* pierced through shall fall without it.

⁵ For Israel and Juda have not been β forsaken of their God, of the Lord Almighty; whereas their land was filled with iniquity against the holy things of Israel. ⁶ Flee ye out of the midst of Babylon, and deliver every one his soul: and be not overthrown in her iniquity; for it is the time of her retribution from the Lord; he is rendering to her a recompence. ⁷ Babylon has been a golden cup in the Lord's hand, causing all the earth to be drunken: the nations have drunk of her wine; therefore they were shaken. ⁸ And Babylon is fallen suddenly, and is broken to pieces: lament for her; take balm for her deadly wound, if by any means she may be healed. ⁹ We tried to heal Babylon, but she was not healed: let us forsake her, and depart every one to his own country: for her judgment has reached to the heaven, it has mounted up to the stars. ¹⁰ The Lord has brought forth his judgment: come, and let us declare in Sion the works of the Lord our God.

¹¹ Prepare the arrows; fill the quivers: the Lord has stirred up the spirit of the king of the Medes: for his wrath is against Babylon, to destroy it utterly; for it is the Lord's vengeance, it is the vengeance of his people. ¹² Lift up a standard on the walls of Babylon, prepare the quivers, rouse the guards, prepare the weapons: for the Lord has taken *the work* in hand, and will execute what he has spoken against the inhabitants of Babylon, ¹³ dwelling on many waters, and amidst the abundance of her treasures; thine end is come verily into thy bowels. ¹⁴ For the Lord has sworn by his arm, *saying*, I will fill thee with men as with locusts; and they that come down shall cry against thee.

¹⁵ The Lord made the earth by his power, preparing the world by his wisdom, by his understanding he stretched out the heaven. ¹⁶ At *his* voice he makes a sound of water in the heaven, and brings up clouds from the extremity of the earth; he makes lightnings for rain, and brings light out of his treasures. ¹⁷ Every man has γ completely lost understanding; every goldsmith is confounded because of his graven *images* : for they have cast false *gods*, there is no breath

Βαβυλῶνα, καὶ λογισμοὺς αὐτοῦ οὓς ἐλογίσατο ἐπὶ τοὺς κατοικοῦντας Χαλδαίους· ἐὰν μὴ διαφθαρῇ τὰ ἀρνία τῶν προβάτων αὐτῶν, ἐὰν μὴ ἀφανισθῇ νομὴ ἀπ᾽ αὐτῶν. Ὅτι ἀπὸ φωνῆς 46 ἁλώσεως Βαβυλῶνος σεισθήσεται ἡ γῆ, καὶ κραυγὴ ἐν ἔθνεσιν ἀκουσθήσεται.

Τάδε λέγει Κύριος, ἰδοὺ ἐγὼ ἐξεγείρω ἐπὶ Βαβυλῶνα καὶ ἐπὶ 28 τοὺς κατοικοῦντας Χαλδαίους ἄνεμον καύσωνα διαφθείροντα. Καὶ ἐξαποστελῶ εἰς Βαβυλῶνα ὑβριστὰς, καὶ καθυβρίσουσιν 2 αὐτὴν, καὶ λυμανοῦνται τὴν γῆν αὐτῆς· οὐαὶ ἐπὶ Βαβυλῶνα κυκλόθεν ἐν ἡμέρᾳ κακώσεως αὐτῆς. Τεινέτω ὁ τείνων τὸ τόξον 3 αὐτοῦ, καὶ περιθέσθω ᾧ ἐστιν ὅπλα αὐτοῦ, καὶ μὴ φείσησθε ἐπὶ τοὺς νεανίσκους αὐτῆς, καὶ ἀφανίσατε πᾶσαν τὴν δύναμιν αὐτῆς. Καὶ πεσοῦνται τραυματίαι ἐν γῇ Χαλδαίων, καὶ κατα- 4 κεκεντημένοι ἔξωθεν αὐτῆς.

Διότι οὐκ ἐχήρευσεν Ἰσραὴλ καὶ Ἰούδας ἀπὸ Θεοῦ αὐτῶν, 5 ἀπὸ Κυρίου παντοκράτορος, ὅτι ἡ γῆ αὐτῶν ἐπλήσθη ἀδικίας ἀπὸ τῶν ἁγίων Ἰσραήλ. Φεύγετε ἐκ μέσου Βαβυλῶνος, καὶ 6 ἀνασώζετε ἕκαστος τὴν ψυχὴν αὐτοῦ, καὶ μὴ ἀποῤῥιφῆτε ἐν τῇ ἀδικίᾳ αὐτῆς, ὅτι καιρὸς ἐκδικήσεως αὐτῆς ἐστι παρὰ Κυρίου, ἀνταπόδομα αὐτὸς ἀνταποδίδωσιν αὐτῇ. Ποτήριον χρυσοῦν 7 Βαβυλὼν ἐν χειρὶ Κυρίου, μεθύσκον πᾶσαν τὴν γῆν, ἀπὸ τοῦ οἴνου αὐτῆς ἐπίοσαν ἔθνη, διατοῦτο ἐσαλεύθησαν. Καὶ ἄφνω 8 ἔπεσε Βαβυλὼν, καὶ συνετρίβη· θρηνεῖτε αὐτὴν, λάβετε ῥητίνην τῇ διαφθορᾷ αὐτῆς, εἴπως ἰαθήσεται. Ἰατρεύσαμεν τὴν Βαβυ- 9 λῶνα, καὶ οὐκ ἰάθη· ἐγκαταλίπωμεν αὐτὴν, καὶ ἀπέλθωμεν ἕκαστος εἰς τὴν γῆν αὐτοῦ, ὅτι ἤγγικεν εἰς οὐρανὸν τὸ κρίμα αὐτῆς, ἐξῆρεν ἕως τῶν ἄστρων. Ἐξήνεγκε Κύριος τὸ κρίμα 10 αὐτοῦ· δεῦτε, καὶ ἀναγγείλωμεν ἐν Σιὼν τὰ ἔργα Κυρίου τοῦ Θεοῦ ἡμῶν.

Παρασκευάζετε τὰ τοξεύματα, πληροῦτε τὰς φαρέτρας· 11 ἤγειρε Κύριος τὸ πνεῦμα βασιλέως Μήδων, ὅτι εἰς Βαβυλῶνα ἡ ὀργὴ αὐτοῦ, τοῦ ἐξολοθρεῦσαι αὐτὴν, ὅτι ἐκδίκησις Κυρίου ἐστιν, ἐκδίκησις λαοῦ αὐτοῦ ἐστιν. Ἐπὶ τειχέων Βαβυλῶνος 12 ἄρατε σημεῖον, ἐπιστήσατε φαρέτρας, ἐγείρατε φυλακὰς, ἑτοιμάσατε ὅπλα, ὅτι ἐνεχείρισε, καὶ ποιήσει Κύριος ἃ ἐλάλησεν ἐπὶ τοὺς κατοικοῦντας Βαβυλῶνα, κατασκηνοῦντας ἐφ᾽ ὕδασι 13 πολλοῖς, καὶ ἐπὶ πλήθει θησαυρῶν αὐτῆς· ἥκει τὸ πέρας σου ἀληθῶς εἰς τὰ σπλάγχνα σου. Ὅτι ὤμοσε Κύριος κατὰ τοῦ 14 βραχίονος αὐτοῦ, διότι πληρώσω σε ἀνθρώπων ὡσεὶ ἀκρίδων, καὶ φθέγξονται ἐπὶ σὲ οἱ καταβαίνοντες.

Κύριος ποιῶν γῆν ἐν τῇ ἰσχύϊ αὐτοῦ, ἑτοιμάζων οἰκουμένην 15 ἐν τῇ σοφίᾳ αὐτοῦ, ἐν τῇ συνέσει αὐτοῦ ἐξέτεινε τὸν οὐρανὸν, εἰς φωνὴν ἔθετο ἦχος ὕδατος ἐν οὐρανῷ, καὶ ἀνήγαγε νεφέλας 16 ἀπ᾽ ἐσχάτου τῆς γῆς· ἀστραπὰς εἰς ὑετὸν ἐποίησε, καὶ ἐξήγαγε φῶς ἐκ τῶν θησαυρῶν αὐτοῦ. Ἐματαιώθη πᾶς ἄνθρωπος 17 ἀπὸ γνώσεως, κατῃσχύνθη πᾶς χρυσοχόος ἀπὸ τῶν γλυπτῶν αὐτοῦ, ὅτι ψευδῆ ἐχώνευσαν, οὐκ ἔστι πνεῦμα ἐν αὐτοῖς.

β Gr. widowed.   γ Gr. become foolish from knowledge. See chap. 10. 14.

18 Μάταιά ἐστιν ἔργα μεμωκημένα, ἐν καιρῷ ἐπισκέψεως αὐτῶν
19 ἀπολοῦνται. Οὐ τοιαύτη μερὶς τῷ Ἰακώβ, ὅτι ὁ πλάσας τὰ πάντα, αὐτός ἐστι κληρονομία αὐτοῦ, Κύριος ὄνομα αὐτῷ.

20 Διασκορπίζεις σύ μοι σκεύη πολέμου, καὶ διασκορπιῶ ἐν
21 σοὶ ἔθνη, καὶ ἐξαρῶ ἐκ σοῦ βασιλεῖς. Καὶ διασκορπιῶ ἐν σοὶ ἵππον καὶ ἐπιβάτην αὐτοῦ, καὶ διασκορπιῶ ἐν σοὶ ἅρματα καὶ
22 ἀναβάτας αὐτῶν. Καὶ διασκορπιῶ ἐν σοὶ νεανίσκον καὶ
23 παρθένον, καὶ διασκορπιῶ ἐν σοὶ ἄνδρα καὶ γυναῖκα. Καὶ διασκορπιῶ ἐν σοὶ ποιμένα καὶ τὸ ποίμνιον αὐτοῦ, καὶ διασκορπιῶ ἐν σοὶ γεωργὸν καὶ τὸ γεώργιον αὐτοῦ, καὶ διασκορπιῶ
24 ἐν σοὶ ἡγεμόνας καὶ στρατηγούς σου. Καὶ ἀνταποδώσω τῇ Βαβυλῶνι καὶ πᾶσι τοῖς κατοικοῦσι Χαλδαίοις πάσας τὰς κακίας αὐτῶν, ἃς ἐποίησαν ἐπὶ Σιὼν κατ᾽ ὀφθαλμοὺς ὑμῶν, λέγει Κύριος.

25 Ἰδοὺ ἐγὼ πρὸς σὲ τὸ ὄρος τὸ διεφθαρμένον, τὸ διαφθεῖρον πᾶσαν τὴν γῆν, καὶ ἐκτενῶ τὴν χεῖρά μου ἐπὶ σὲ, καὶ κατακυλιῶ σε ἐπὶ τῶν πετρῶν, καὶ δώσω σε ὡς ὄρος ἐμπεπυρισμένον·
26 Καὶ οὐ μὴ λάβωσιν ἀπὸ σοῦ λίθον εἰς γωνίαν, καὶ λίθον εἰς θεμέλιον, ὅτι εἰς ἀφανισμὸν ἔσῃ εἰς τὸν αἰῶνα, λέγει Κύριος.

27 Ἄρατε σημεῖον ἐπὶ τῆς γῆς, σαλπίσατε ἐν ἔθνεσι σάλπιγγι, ἁγιάσατε ἐπ᾽ αὐτὴν ἔθνη, παραγγείλατε ἐπ᾽ αὐτὴν, βασιλεῖς ἄρατε παρ᾽ ἐμοῦ, καὶ τοῖς Ἀχαναζέοις· ἐπιστήσατε ἐπ᾽ αὐτὴν βελοστάσεις, ἀναβιβάσατε ἐπ᾽ αὐτὴν ἵππον ὡς ἀκρίδων πλῆ-
28 θος. Ἀναβιβάσατε ἐπ᾽ αὐτὴν ἔθνη, τὸν βασιλέα τῶν Μήδων καὶ πάσης τῆς γῆς, τοὺς ἡγουμένους αὐτοῦ, καὶ πάντας τοὺς
29 στρατηγοὺς αὐτοῦ. Ἐσείσθη ἡ γῆ, καὶ ἐπόνεσε, διότα ἐξανέστη ἐπὶ Βαβυλῶνα λογισμὸς Κυρίου, τοῦ θεῖναι τὴν γῆν Βαβυλῶνος εἰς ἀφανισμὸν, καὶ μὴ κατοικεῖσθαι αὐτήν.

30 Ἐξέλιπε μαχητὴς Βαβυλῶνος τοῦ πολεμεῖν, καθήσονται ἐκεῖ ἐν περιοχῇ, ἐθραύσθη ἡ δυναστεία αὐτῶν, ἐγενήθησαν ὡσεὶ γυναῖκες· ἐνεπυρίσθη τὰ σκηνώματα αὐτῆς, συνετρίβησαν οἱ
31 μοχλοὶ αὐτῆς. Διώκων εἰς ἀπάντησιν διώκοντος διώξεται, καὶ ἀναγγέλλων εἰς ἀπάντησιν ἀναγγέλλοντος, τοῦ ἀναγγεῖλαι τῷ
32 βασιλεῖ Βαβυλῶνος, ὅτι ἑάλωκεν ἡ πόλις αὐτοῦ. Ἀπ᾽ ἐσχάτου τῶν διαβάσεων αὐτοῦ ἐλήφθησαν, καὶ τὰ συστήματα αὐτῶν ἐνέπρησαν ἐν πυρί, καὶ ἄνδρες αὐτοῦ οἱ πολεμισταὶ ἐξέρχονται.

33 Διότι τάδε λέγει Κύριος, οἶκοι βασιλέως Βαβυλῶνος, ὡς ἅλων ὥριμος ἀλοηθήσονται· ἔτι μικρὸν, καὶ ἥξει ὁ ἀμητὸς αὐτῆς.

34 Κατέφαγέ με, ἐμερίσατό με, κατέλαβέ με σκότος λεπτὸν, Ναβουχοδονόσορ βασιλεὺς Βαβυλῶνος κατέπιέ με, ὡς δράκων
35 ἔπλησε τὴν κοιλίαν αὐτοῦ ἀπὸ τῆς τρυφῆς μου· Ἐξῶσάν με οἱ μόχθοι μου καὶ αἱ ταλαιπωρίαι μου εἰς Βαβυλῶνα, ἐρεῖ κατοικοῦσα Σιών, καὶ τὸ αἷμά μου ἐπὶ τοὺς κατοικοῦντας Χαλδαίους, ἐρεῖ Ἱερουσαλήμ.

36 Διατοῦτο τάδε λέγει Κύριος, ἰδοὺ ἐγὼ κρινῶ τὴν ἀντίδικόν σου, καὶ ἐκδικήσω τὴν ἐκδίκησίν σου, καὶ ἐρημώσω τὴν
37 θάλασσαν αὐτῆς, καὶ ξηρανῶ τὴν πηγὴν αὐτῆς. Καὶ ἔσται

in them. 18 They are vain works, objects of scorn; in the time of their visitation they shall perish. 19 Not such is Jacob's portion; for he that formed all things, he is his inheritance; the Lord is his name. 20 Thou scatterest for me the weapons of war: and I will scatter nations by thee, and will destroy kings by means of thee. 21 And by thee I will scatter the horse and his rider; and by thee I will scatter chariots and them that ride in them. 22 And by thee I will scatter youth and maid; and by thee I will scatter man and woman. 23 And by thee I will scatter the shepherd and his flock; and by thee I will scatter the husbandman and his husbandry; and by thee I will scatter leaders and the captains. 24 And I will recompense to Babylon and to all the Chaldeans that dwell *there* all their mischiefs that they have done to Sion before your eyes, saith the Lord. 25 Behold, I am against thee, the ruined mountain, that destroys the whole earth; and I will stretch out mine hand upon thee, and will roll thee down upon the rocks, and will make thee as a burnt mountain. 26 And they shall not take from thee a stone for a corner, nor a stone for a foundation: for thou shalt be a desolation for ever, saith the Lord. 27 Lift up a standard in the land, sound the trumpet among the nations, β consecrate the nations against her, raise up kings against her by me, and *that* for the people of Achanaz; set against her engines of war; bring up against her γ horses as a multitude of locusts. 28 Bring up nations against her, *even* the king of the Medes and of the whole earth, his rulers, and all his captains. δ 29 The earth has quaked and been troubled, because the purpose of the Lord has risen up against Babylon, to make the land of Babylon a desolation, and uninhabitable. 30 The warrior of Babylon has failed to fight; they shall sit there in the siege; their power is broken; they are become like women; her tabernacles have been set on fire; her bars are broken. 31 One shall rush, running to meet *another* runner, and one *shall go* with tidings to meet *another* with tidings, to bring tidings to the king of Babylon, that his city is taken. 32 At the end of his passages they were taken, and his cisterns they have burnt with fire, and his warriors are going forth. 33 For thus saith the Lord, The houses of the king of Babylon shall be threshed as a floor in the season; yet a little while, and her harvest shall come. 34 He has devoured me, he has torn me asunder, airy darkness has come upon me; Nabuchodonosor king of Babylon has swallowed me up, as a dragon has he filled his belly with my delicacies. 35 My troubles and my distresses have driven me out into Babylon, shall she that dwells in Sion say; and my blood *shall be* upon the Chaldeans dwelling *there*, shall Jerusalem say. 36 Therefore thus saith the Lord, Behold, I will judge thine adversary, and I will execute vengeance for thee; and I will waste her sea, and dry up her fountain. 37 And

---

β See Exodus 32. 29. γ Or, horsemen. δ *Alex.* + 'and all the land of his dominion.

Babylon shall be a desolation, and shall not be inhabited. ³⁸ For they rose up together as lions, and as lions' whelps. ³⁹ In their heat I will give them a draught, and make them drunk, that they may be stupified, and sleep an everlasting sleep, and not awake, saith the Lord. ⁴⁰ And bring thou them down as lambs to the slaughter, and rams with kids.

⁴¹ How has the boast of all the earth been taken and caught in a snare! how has Babylon become a desolation among the nations! ⁴² The sea has come up upon Babylon with the sound of its waves, and she is covered. ⁴³ Her cities are become like a dry and trackless land; not so much as one *man* shall dwell in it, neither shall a son of man lodge in it. ⁴⁴ And I will take vengeance on Babylon, and bring forth out of her mouth what she has swallowed down, and the nations shall no more be gathered to her: ⁴⁹ and in Babylon the slain men of all the earth shall fall. ⁵⁰ Go forth of the land, ye that escape, and stay not; ye that are afar off, remember the Lord, and let Jerusalem come into your ᵝ mind. ⁵¹ We are ashamed, because we have heard our reproach; disgrace has covered our face; aliens are come into our sanctuary, *even* into the house of the Lord.

⁵² Therefore, behold, the days come, saith the Lord, when I will take vengeance upon her graven *images:* and slain men shall fall in all her land. ⁵³ For though Babylon should go up as the heaven, and though she should strengthen her walls with her power, from me shall come they that shall destroy her, saith the Lord. ⁵⁴ A sound of a cry in Babylon, and great destruction in the land of the Chaldeans: ⁵⁵ for the Lord has utterly destroyed Babylon, and cut off from her the great voice sounding as many waters: he has consigned her voice to destruction. ⁵⁶ For distress has come upon Babylon, her warriors are taken, their bows are useless: for God recompenses them. ⁵⁷ The Lord recompenses, and will make her leaders and her wise men and her captains completely drunk, saith the King, the Lord Almighty is his name.

⁵⁸ Thus saith the Lord, The wall of Babylon was made broad, but it shall be completely broken down, and her high gates shall be burnt with fire; and the peoples shall not labour in vain, nor the nations fail in *their* rule.

⁵⁹ THE WORD WHICH THE LORD COMMANDED THE PROPHET JEREMIAS to say to Saræas son of Nerias, son of Maasæas, when he went from Sedekias king of Juda to Babylon, in the fourth year of his reign. And Saræas was over the bounties. ⁶⁰ And Jeremias wrote in a book all the evils which should come upon Babylon, *even* all these words that are written against Babylon. ⁶¹ And Jeremias said to Saræas, When thou art come to Babylon, and shalt see and read all these words; ⁶² then thou shalt say, ᵞ O Lord God, thou hast spoken against this place, to destroy it, and that there should be none to dwell in it, neither man nor beast; for it shall be a desolation for ever. ⁶³ And it shall come to pass, when thou shalt cease

Βαβυλὼν εἰς ἀφανισμόν, καὶ οὐ κατοικηθήσεται. Ὅτι ἅμα 38 ὡς λέοντες ἐξηγέρθησαν, καὶ ὡς σκύμνοι λεόντων. Ἐν τῇ 39 θερμασίᾳ αὐτῶν δώσω πότημα αὐτοῖς, καὶ μεθύσω αὐτούς, ὅπως καρωθῶσι, καὶ ὑπνώσωσιν ὕπνον αἰώνιον, καὶ οὐ μὴ ἐξεγερθῶσι, λέγει Κύριος. Καὶ καταβίβασον αὐτοὺς ὡς ἄρνας εἰς σφαγήν, 40 καὶ ὡς κριοὺς μετ᾽ ἐρίφων.

Πῶς ἑάλω καὶ ἐθηρεύθη τὸ καύχημα πάσης τῆς γῆς; πῶς 41 ἐγένετο Βαβυλὼν εἰς ἀφανισμὸν ἐν τοῖς ἔθνεσιν; Ἀνέβη ἐπὶ 42 Βαβυλῶνα ἡ θάλασσα ἐν ἤχῳ κυμάτων αὐτῆς, καὶ κατεκαλύφθη, ἐγενήθησαν αἱ πόλεις αὐτῆς ὡς γῆ ἄνυδρος καὶ ἄβατος, οὐ 43 κατοικήσει ἐν αὐτῇ οὐδὲ εἷς, οὐδὲ μὴ καταλύσει ἐν αὐτῇ υἱὸς ἀνθρώπου. Καὶ ἐκδικήσω ἐπὶ Βαβυλῶνα, καὶ ἐξοίσω ἃ κατέ- 44 πιεν ἐκ τοῦ στόματος αὐτῆς, καὶ οὐ μὴ συναχθῶσι πρὸς αὐτὴν ἔτι τὰ ἔθνη, καὶ ἐν Βαβυλῶνι πεσοῦνται τραυματίαι πάσης 49 τῆς γῆς. Ἀνασωζόμενοι ἐκ γῆς πορεύεσθε, καὶ μὴ ἵστασθε· 50 οἱ μακρόθεν μνήσθητε τοῦ Κυρίου, καὶ Ἱερουσαλὴμ ἀναβήτω ἐπὶ τὴν καρδίαν ὑμῶν. Ἠσχύνθημεν ὅτι ἠκούσαμεν ὀνει- 51 δισμὸν ἡμῶν, κατεκάλυψεν ἀτιμία τὸ πρόσωπον ἡμῶν, εἰσῆλθον ἀλλογενεῖς εἰς τὰ ἅγια ἡμῶν, εἰς οἶκον Κυρίου.

Διατοῦτο ἰδοὺ ἡμέραι ἔρχονται, λέγει Κύριος, καὶ ἐκδικήσω 52 ἐπὶ τὰ γλυπτὰ αὐτῆς, καὶ ἐν πάσῃ τῇ γῇ αὐτῆς πεσοῦνται τραυματίαι. Ὅτι ἐὰν ἀναβῇ Βαβυλὼν ὡς ὁ οὐρανός, καὶ ὅτι 53 ἐὰν ὀχυρώσῃ τὰ τείχη ἰσχύϊ αὐτῆς, παρ᾽ ἐμοῦ ἥξουσιν ἐξ- ολοθρεύοντες αὐτήν, λέγει Κύριος. Φωνὴ κραυγῆς ἐν Βαβυλῶνι, 54 καὶ συντριβὴ μεγάλη ἐν γῇ Χαλδαίων, ὅτι ἐξωλόθρευσε Κύ- 55 ριος τὴν Βαβυλῶνα, καὶ ἀπώλεσεν ἀπ᾽ αὐτῆς φωνὴν μεγάλην ἠχοῦσαν ὡς ὕδατα πολλά· ἔδωκεν εἰς ὄλεθρον φωνὴν αὐτῆς. Ὅτι ἦλθεν ἐπὶ Βαβυλῶνα ταλαιπωρία, ἑάλωσαν οἱ μαχηταὶ 56 αὐτῆς, ἐπτόηται τὸ τόξον αὐτῶν, ὅτι ὁ Θεὸς ἀνταποδίδωσιν αὐτοῖς. Κύριος ἀνταποδιδῷ, καὶ μεθύσει μέθῃ τοὺς ἡγεμόνας 57 αὐτῆς, καὶ τοὺς σοφοὺς αὐτῆς, καὶ τοὺς στρατηγοὺς αὐτῆς, λέγει ὁ βασιλεύς, Κύριος παντοκράτωρ ὄνομα αὐτῷ.

Τάδε λέγει Κύριος, τεῖχος Βαβυλῶνος ἐπλατύνθη, κατα- 58 σκαπτόμενον κατασκαφήσεται, καὶ αἱ πύλαι αὐτῆς αἱ ὑψηλαὶ ἐμπυρισθήσονται, καὶ οὐ κοπιάσουσι λαοὶ εἰς κενόν, καὶ ἔθνη ἐν ἀρχῇ ἐκλείψουσιν.

Ὁ ΛΟΓΟΣ ὋΝ ᾿ΕΝΕΤΕΙΛΑΤΟ ΚΥΡΙΟΣ ῾ΙΕΡΕΜΙᾼ 59 ΤΩ ΠΡΟΦΗΤΗ εἰπεῖν τῷ Σαραίᾳ υἱῷ Νηρείου, υἱοῦ Μαα- σαίου, ὅτε ἐπορεύετο παρὰ Σεδεκίου βασιλέως Ἰούδα εἰς Βαβυλῶνα, ἐν τῷ ἔτει τῷ τετάρτῳ τῆς βασιλείας αὐτοῦ· καὶ Σαραίας ἄρχων δώρων. Καὶ ἔγραψεν Ἱερεμίας πάντα τὰ 60 κακὰ ἃ ἥξει ἐπὶ Βαβυλῶνα ἐν βιβλίῳ, πάντας τοὺς λόγους τούτους τοὺς γεγραμμένους ἐπὶ Βαβυλῶνα. Καὶ εἶπεν Ἱερε- 61 μίας πρὸς Σαραίαν, ὅταν ἔλθῃς εἰς Βαβυλῶνα, καὶ ὄψῃ καὶ ἀναγνώσῃ πάντας τοὺς λόγους τούτους, καὶ ἐρεῖς, Κύριε Κύριε, 62 σὺ ἐλάλησας ἐπὶ τὸν τόπον τοῦτον, τοῦ ἐξολοθρεῦσαι αὐτόν, καὶ τοῦ μὴ εἶναι ἐν αὐτῷ κατοικοῦντας ἀπὸ ἀνθρώπου ἕως κτήνους, ὅτι ἀφανισμὸς εἰς τὸν αἰῶνα ἔσται. Καὶ ἔσται ὅταν 63

ᵝ Gr. heart.   ᵞ See 3 Kings 8. 53, *note*.

παύσῃ τοῦ ἀναγινώσκειν τὸ βιβλίον τοῦτο, καὶ ἐπιδήσεις ἐπ'
64 αὐτὸ λίθον, καὶ ῥίψεις αὐτὸ εἰς μέσον τοῦ Εὐφράτου, καὶ ἐρεῖς,
οὕτως καταδύσεται Βαβυλών, καὶ οὐ μὴ ἀναστῇ ἀπὸ προσώπου
τῶν κακῶν, ὧν ἐγὼ ἐπάγω ἐπ' αὐτήν.

29 ΈΠΙ ΤΟΥΣ ΑΛΛΟΦΥΛΟΥΣ ΤΑΔΕ ΛΕΓΕΙ ΚΥΡΙΟΣ·

2 Ἰδοὺ ὕδατα ἀναβαίνει ἀπὸ Βορρᾶ, καὶ ἔσται εἰς χειμάρρουν
κατακλύζοντα, καὶ κατακλύσει γῆν καὶ τὸ πλήρωμα αὐτῆς,
πόλιν καὶ τοὺς κατοικοῦντας ἐν αὐτῇ· καὶ κεκράξονται οἱ
ἄνθρωποι, καὶ ἀλαλάξουσιν ἅπαντες οἱ κατοικοῦντες τὴν γῆν,
3 ἀπὸ φωνῆς ὁρμῆς αὐτοῦ, ἀπὸ τῶν ὅπλων τῶν ποδῶν αὐτοῦ,
καὶ ἀπὸ σεισμοῦ τῶν ἁρμάτων αὐτοῦ, ἤχου τροχῶν αὐτοῦ· οὐκ
ἐπέστρεψαν πατέρες ἐφ' υἱοὺς αὐτῶν ἀπὸ ἐκλύσεως χειρῶν
4 αὐτῶν ἐν τῇ ἡμέρᾳ τῇ ἐπερχομένῃ τοῦ ἀπολέσαι πάντας τοὺς
ἀλλοφύλους· καὶ ἀφανιῶ τὴν Τύρον, καὶ τὴν Σιδῶνα, καὶ πάν-
τας τοὺς καταλοίπους τῆς βοηθείας αὐτῶν, ὅτι ἐξολοθρεύσει
5 Κύριος τοὺς καταλοίπους τῶν νήσων. Ἥκει φαλάκρωμα
ἐπὶ Γάζαν, ἀπερρίφη Ἀσκάλων, καὶ οἱ κατάλοιποι Ἐνακίμ.
6 Ἕως τίνος κόψεις ἡ μάχαιρα τοῦ Κυρίου; ἕως τίνος οὐχ
ἡσυχάσεις; ἀποκατάστηθι εἰς τὸν κολεόν σου, ἀνάπαυσαι,
καὶ ἐπάρθητι.
7 Πῶς ἡσυχάσει, καὶ Κύριος ἐνετείλατο αὐτῇ ἐπὶ τὴν Ἀσκά-
λωνα, καὶ ἐπὶ τὰς παραθαλασσίους, ἐπὶ τὰς καταλοίπους ἐπε-
γερθῆναι;
7 ΤΗ ΙΔΟΥΜΑΙΑ, τάδε λέγει Κύριος, οὐκ ἔστιν ἔτι σοφία
ἐν Θαιμάν, ἀπώλετο βουλὴ ἐκ συνετῶν, ᾤχετο σοφία αὐτῶν,
8 ἠπατήθη ὁ τόπος αὐτῶν· βαθύνατε εἰς κάθισιν οἱ κατοικοῦντες
ἐν Δαιδάμ, ὅτι δύσκολα ἐποίησεν· ἤγαγον ἐπ' αὐτὸν ἐν χρόνῳ
9 ᾧ ἐπεσκεψάμην ἐπ' αὐτόν. Ὅτι τρυγηταὶ ἦλθον, οἳ οὐ κατα-
λείψουσί σοι κατάλειμμα· ὡς κλέπται ἐν νυκτὶ, ἐπιθήσουσι
χεῖρα αὐτῶν.
10 Ὅτι ἐγὼ κατέσυρα τὸν Ἡσαῦ, ἀνεκάλυψα τὰ κρυπτὰ αὐτῶν,
κρυβῆναι οὐ μὴ δύνωνται, ὤλοντο διὰ χεῖρα ἀδελφοῦ αὐτοῦ,
11 γείτονός μου, καὶ οὐκ ἔστιν ὑπολείπεσθαι ὀρφανόν σου,
ἵνα ζήσηται· καὶ ἐγὼ ζήσομαι, καὶ αἱ χῆραι ἐπ' ἐμὲ πεποί-
θασιν·
12 Ὅτι τάδε εἶπε Κύριος, οἷς οὐκ ἦν νόμος πιεῖν τὸ ποτήριον,
13 ἔπιον· καὶ σὺ ἀθωωμένη οὐ μὴ ἀθωωθῇς, ὅτι κατ' ἐμαυτοῦ
ὤμοσα, λέγει Κύριος, ὅτι εἰς ἄβατον καὶ εἰς ὀνειδισμὸν, καὶ
εἰς κατάρασιν ἔσῃ ἐν μέσῳ αὐτῆς, καὶ πᾶσαι αἱ πόλεις αὐτῆς
ἔσονται ἔρημοι εἰς αἰῶνα.
14 Ἀκοὴν ἤκουσα παρὰ Κυρίου, καὶ ἀγγέλους εἰς ἔθνη ἀπέ-
στειλε, συνάχθητε, καὶ παραγένεσθε εἰς αὐτὴν, ἀνάστητε εἰς
15 πόλεμον. Μικρὸν ἔδωκά σε ἐν ἔθνεσιν, εὐκαταφρόνητον ἐν
16 ἀνθρώποις. Ἡ παιγνία σου ἐνεχείρησέ σοι, ἰταμία καρδίας
σου κατέλυσε τρυμαλιὰς πετρῶν, συνέλαβεν ἰσχὺν βουνοῦ
ὑψηλοῦ· ὅτι ὕψωσεν ὥσπερ ἀετὸς νοσσιὰν αὐτοῦ, ἐκεῖθεν
καθελῶ σε.
17 Καὶ ἔσται ἡ Ἰδουμαία εἰς ἄβατον, πᾶς ὁ παραπορευόμενος
18 ἐπ' αὐτὴν συριεῖ. Ὥσπερ κατεστράφη Σόδομα καὶ Γόμορρα,

from reading this book, that thou shalt bind a stone upon it, and cast it into the midst of Euphrates; [64] and shalt say, Thus shall Babylon sink, and not rise, because of the evils which I bring upon it.

THUS SAITH THE LORD AGAINST THE PHILISTINES;

[2] Behold, waters come up from the north, and shall become a sweeping torrent, and it shall sweep away the land, and its fulness; the city, and them that dwell in it: and men shall cry and all that dwell in the land shall howl, [3] at the sound of his rushing, at *the sound of* his hoofs, and at the rattling of his chariots, at the noise of his wheels: the fathers turned not to their children because of the weakness of their hands, [4] in the day that is coming to destroy all the Philistines: and I will utterly destroy Tyre and Sidon, and all the rest of their allies: for the Lord will destroy the remaining *inhabitants* of the islands. [5] Baldness is come upon Gaza; Ascalon is cast away, and the remnant of the Enakim.

[6] How long wilt thou smite, O sword of the Lord? how long will it be ere thou art quiet? return into thy sheath, rest, and [β] be removed. [7] How shall it be quiet, whereas the Lord has given it a commission against Ascalon, and against the regions on the sea-coast, to awake against the remaining [γ] *countries!*

[7] CONCERNING IDUMEA, thus saith the Lord; There is no longer wisdom in Thæman, counsel has perished from the wise ones, their wisdom is gone, [8] their place has been deceived. Dig deep for a dwelling, ye that inhabit Dædam, for he has wrought grievously: I brought trouble upon him in the time at which I visited him. [9] For grape-gatherers are come, who shall not leave thee a remnant; as thieves by night, they shall lay their hand upon *thy possessions.*

[10] For I have stripped Esau, I have uncovered their secret places; they shall have no power to hide themselves, they have perished *each* by the hand of his brother, my neighbour, and it is impossible [11] for thy fatherless one to be left to live, but I shall live, and the widows trust in me.

[12] For thus saith the Lord; They who were not appointed to drink the cup have drunk *it;* and thou shalt by no means be cleared: [δ] [13] for by myself I have sworn, saith the Lord, that thou shalt be in the midst of her an impassable *land,* and a reproach, and a curse; and all her cities shall be desert for ever.

[14] I have heard a report from the Lord, and he has sent messengers to the nations, *saying,* Assemble yourselves, and come against her; rise ye up to war. [15] I have made thee small among the nations, utterly contemptible among men. [16] Thine [ε] insolence has risen up against thee, the fierceness of thine heart has burst the holes of the rocks, it has seized upon the strength of a lofty hill; for as an eagle he set his nest on high: thence will I bring thee down.

[17] And Idumea shall be a desert: every one that passes by shall hiss at it. [18] As Sodom was overthrown and Gomorrha and

---

β *Gr.* be elated.   γ *Or,* cities.   δ *Alex.* + for thou shalt surely drink of it.   ζ *Lit.* sport.

they that sojourned in her, saith the Lord Almighty, no man shall dwell there, nor shall any son of man inhabit there. ¹⁹Behold, he shall come up as a lion out of the midst of Jordan to the place of β Ætham: for I will speedily drive them from it, and do ye set the young men against her: for who is like me? and who will withstand me? and who *is* this shepherd, who shall confront me?

²⁰Therefore hear ye the counsel of the Lord, which he has framed against Idumea; and his device, which he has devised against the inhabitants of Thæman: surely the least of the sheep shall be swept off; surely their dwelling shall be made desolate for them. ²¹For at the sound of their fall the earth was scared, and the cry of the sea was not heard. ²²Behold, he shall look *upon her* as an eagle, and spread forth *his* wings over her strongholds; and the heart of the mighty men of Idumea shall be in that day as the heart of a woman in her pangs.

Concerning the sons of Ammon thus saith the Lord, Are there no sons in Israel? or have they no one to succeed *them?* wherefore has Melchol inherited Galaad, and why shall their people dwell in their cities? ²Therefore, behold, the days come, saith the Lord, when I will cause to be heard γ in Rabbath a tumult of wars; and they shall become a waste and ruined place, and her altars shall be burned with fire; then shall Israel succeed to his dominion. ³Howl, O Esebon, for Gai has perished; cry, ye daughters of Rabbath, gird yourselves with sackclothes, and lament; for Melchol shall go into banishment, his priests and his princes together.

⁴Why do ye exult in the plains of the Enakim, thou haughty daughter, that trustest in *thy* treasures, that sayest, Who shall come in to me? ⁵Behold, I *will* bring terror upon thee, saith the Lord, from all the country round about thee; and ye shall be scattered every one right before him, and there is none to gather you.

²⁸Concerning Kedar δ the Queen of the Palace, whom Nabuchodonosor King of Babylon smote, thus saith the Lord;

Arise ye, and go up to Kedar, and fill the sons of Kedem. ²⁹They shall take their tents and their sheep, they shall take for themselves their garments, and all their ς baggage and their camels; and summon ye destruction against them from every side. ³⁰Flee ye, dig very deep for a dwelling-place, ye that dwell in the palace; for the king of Babylon has framed a counsel, and devised a device against you.

³¹Rise up, and go up against a nation settled *and* dwelling at ease, who have no doors, nor θ bolts, nor bars,*who* dwell alone. ³²And their camels shall be a spoil, and the multitude of their cattle shall be destroyed: and I will scatter them as chaff with every wind, having their hair cut about their foreheads, I will bring on their overthrow from all sides, saith the Lord. ³³And the palace shall be a resting-place for ostriches, and desolate for ever: no man shall abide there, and no son of man shall dwell there.

καὶ αἱ πάροικοι αὐτῆς, εἶπε Κύριος παντοκράτωρ, οὐ μὴ καθίσει ἐκεῖ ἄνθρωπος, καὶ οὐ μὴ κατοικήσει ἐκεῖ υἱὸς ἀνθρώπου. Ἰδοὺ ὥσπερ λέων ἀναβήσεται ἐκ μέσου τοῦ Ἰορδάνου εἰς 19 τόπον Αἰθάμ, ὅτι ταχὺ ἐκδιώξω αὐτοὺς ἀπ᾽ αὐτῆς, καὶ τοὺς νεανίσκους ἐπ᾽ αὐτὴν ἐπιστήσατε· ὅτι τίς ὥσπερ ἐγώ; καὶ τίς ἀντιστήσεταί μοι; καὶ τίς οὗτος ποιμὴν, ὃς στήσεται κατὰ πρόσωπόν μου;

Διατοῦτο ἀκούσατε βουλὴν Κυρίου, ἣν ἐβουλεύσατο ἐπὶ τὴν 20 Ἰδουμαίαν, καὶ λογισμὸν αὐτοῦ, ὃν ἐλογίσατο ἐπὶ τοὺς κατοικοῦντας Θαιμάν, ἐὰν μὴ συμψησθῶσι τὰ ἐλάχιστα τῶν προβάτων, ἐὰν μὴ ἀβατωθῇ ἐπ᾽ αὐτοὺς κατάλυσις αὐτῶν, ὅτι ἀπὸ 21 φωνῆς πτώσεως αὐτῶν ἐφοβήθη ἡ γῆ, καὶ κραυγὴ θαλάσσης οὐκ ἠκούσθη. Ἰδοὺ ὥσπερ ἀετὸς ὄψεται, καὶ ἐκτενεῖ τὰς 22 πτέρυγας ἐπ᾽ ὀχυρώματα αὐτῆς· καὶ ἔσται ἡ καρδία τῶν ἰσχυρῶν τῆς Ἰδουμαίας ἐν τῇ ἡμέρᾳ ἐκείνῃ, ὡς καρδία γυναικὸς ὠδινούσης.

ΤΟΙΣ ΥΙΟΙΣ ᾽ΑΜΜΩΝ οὕτως εἶπε Κύριος, μὴ υἱοὶ οὐκ εἰσὶν 30 ἐν Ἰσραήλ, ἢ παραληψόμενος οὐκ ἔστιν αὐτοῖς; διατί παρέλαβε Μελχὸλ τὴν Γαλαάδ, καὶ ὁ λαὸς αὐτῶν ἐν πόλεσιν αὐτῶν ἐνοικήσει; Διατοῦτο ἰδοὺ ἡμέραι ἔρχονται, φησὶ Κύριος, 2 καὶ ἀκουτιῶ ἐπὶ Ῥαββὰθ θόρυβον πολέμων, καὶ ἔσονται εἰς ἄβατον καὶ εἰς ἀπώλειαν, καὶ βωμοὶ αὐτῆς ἐν πυρὶ κατακαυθήσονται, καὶ παραλήψεται Ἰσραὴλ τὴν ἀρχὴν αὐτοῦ. Ἀλά- 3 λαξον Ἐσεβὼν, ὅτι ὤλετο Γαί· κεκράξατε θυγατέρες Ῥαββὰθ, περιζώσασθε σάκκους καὶ κόψασθε, ὅτι Μελχὸλ βαδιεῖται ἐν ἀποικίᾳ, οἱ ἱερεῖς αὐτοῦ καὶ οἱ ἄρχοντες αὐτοῦ ἅμα.

Τί ἀγαλλιᾶσθε ἐν τοῖς πεδίοις Ἐνακείμ, θύγατερ ἰταμίας, 4 ἡ πεποιθυῖα ἐπὶ θησαυροῖς, ἡ λέγουσα, τίς εἰσελεύσεται ἐπ᾽ ἐμέ; Ἰδοὺ ἐγὼ φέρω φόβον ἐπὶ σὲ, εἶπε Κύριος, ἀπὸ πάσης 5 τῆς περιοίκου σου, καὶ διασπαρήσεσθε ἕκαστος εἰς τὸ πρόσωπον αὐτοῦ, καὶ οὐκ ἔστιν ὁ συνάγων.

ΤΗ ΚΗΔΑΡ ΤΗ ΒΑΣΙΛΙΣΣΗ ΤΗΣ ΑΥΛΗΣ, ῾ΗΝ 28 ᾽ΕΠΑΤΑΞΕ ΝΑΒΟΥΧΟΔΟΝΟΣΟΡ ΒΑΣΙΛΕΥΣ ΒΑΒΥ- ΛΩΝΟΣ, οὕτως εἶπε Κύριος,

Ἀνάστητε, καὶ ἀνάβητε ἐπὶ Κηδὰρ, καὶ πλήσατε τοὺς υἱοὺς Κεδέμ. Σκηνὰς αὐτῶν, καὶ τὰ πρόβατα αὐτῶν λήψονται· 29 ἱμάτια αὐτῶν, καὶ πάντα τὰ σκεύη αὐτῶν, καὶ καμήλους αὐτῶν λήψονται ἑαυτοῖς· καὶ καλέσατε ἐπ᾽ αὐτοὺς ἀπώλειαν κυκλόθεν. Φεύγετε, λίαν ἐμβαθύνατε εἰς κάθισιν, καθήμενοι ἐν τῇ 30 αὐλῇ, ὅτι ἐβουλεύσατο ἐφ᾽ ὑμᾶς βασιλεὺς Βαβυλῶνος βουλὴν, καὶ ἐλογίσατο λογισμόν.

Ἀνάστηθι, καὶ ἀνάβηθι ἐπ᾽ ἔθνος εὐσταθοῦν, καθήμενον εἰς 31 ἀναψυχὴν, οἷς οὐκ εἰσὶ θύραι, οὐ βάλανοι, οὐ μοχλοὶ, μόνοι καταλύουσι. Καὶ ἔσονται κάμηλοι αὐτῶν εἰς προνομὴν, καὶ 32 πλῆθος κτηνῶν αὐτῶν εἰς ἀπώλειαν, καὶ λικμήσω αὐτοὺς παντὶ πνεύματι κεκαρμένους πρὸ προσώπου αὐτῶν, ἐκ παντὸς πέραν αὐτῶν οἴσω τὴν τροπὴν αὐτῶν, εἶπε Κύριος. Καὶ ἔσται ἡ 33 αὐλὴ διατριβὴ στρουθῶν, καὶ ἄβατος ἕως αἰῶνος, οὐ μὴ καθίσῃ ἐκεῖ ἄνθρωπος, καὶ οὐ μὴ κατοικήσει ἐκεῖ υἱὸς ἀνθρώπου.

β See chap. 27. 44.   γ Or, at, as far as, or against.   δ Heb. the kingdoms of Hazor.   ζ Gr. vessels.   θ Lit. acorns, q. d. nuts, as of screws.

23 ΤΗ ΔΑΜΑΣΚΩ. Κατῃσχύνθη Ἡμὰθ, καὶ Ἀρφὰθ, ὅτι ἤκουσαν ἀκοὴν πονηρὰν, ἐξέστησαν, ἐθυμώθησαν, ἀναπαύσασθαι
24 οὐ μὴ δύνωνται. Ἐξελύθη Δαμασκὸς, ἀπεστράφη εἰς φυγὴν,
25 τρόμος ἐπελάβετο αὐτῆς. Πῶς οὐχὶ ἐγκατέλιπε πόλιν ἐμὴν, κώμην ἠγάπησαν;

26 Διατοῦτο πεσοῦνται νεανίσκοι ἐν πλατείαις σου, καὶ πάντες
27 οἱ ἄνδρες οἱ πολεμισταί σου πεσοῦνται, φησὶ Κύριος· Καὶ καύσω πῦρ ἐν τείχει Δαμασκοῦ, καὶ καταφάγεται ἄμφοδα υἱοῦ Ἄδερ.

31 ΤΗ ΜΩΑΒ οὕτως εἶπε Κύριος, οὐαὶ ἐπὶ Ναβαῦ, ὅτι ὤλετο,
2 ἐλήφθη Καριαθαὶμ, ᾐσχύνθη Ἀμὰθ καὶ Ἀγάθ. Οὐκ ἔστιν ἔτι ἰατρεία Μωὰβ, γαυρίαμα ἐν Ἐσεβὼν, ἐλογίσατο ἐπ᾽ αὐτὴν κακά· ἐκόψαμεν αὐτὴν ἀπὸ ἔθνους, καὶ παῦσιν παύσεται·
3 ὄπισθέν σου βαδιεῖται μάχαιρα, ὅτι φωνὴ κεκραγότων ἐξ
4 Ὡρωναὶμ, ὄλεθρον καὶ σύντριμμα μέγα· Συνετρίβη Μωὰβ,
5 ἀναγγείλατε εἰς Ζογόρα, ὅτι ἐπλήσθη Ἀλὼθ ἐν κλαυθμῷ· ἀναβήσεται κλαίων ἐν ὁδῷ Ὡρωναὶμ, κραυγὴν συντρίμματος ἠκούσατε.

6 Φεύγετε καὶ σώσατε τὰς ψυχὰς ὑμῶν, καὶ ἔσεσθε ὥσπερ
7 ὄνος ἄγριος ἐν ἐρήμῳ. Ἐπειδὴ ἐπεποίθεις ἐν ὀχυρώματί σου, καὶ σὺ συλληφθήσῃ· καὶ ἐξελεύσεται Χαμὼς ἐν ἀποικίᾳ, καὶ
8 οἱ ἱερεῖς αὐτοῦ, καὶ οἱ ἄρχοντες αὐτοῦ ἅμα. Καὶ ἥξει ὄλεθρος ἐπὶ πᾶσαν πόλιν, οὐ μὴ σωθῇ, καὶ ἀπολεῖται ὁ αὐλὼν, καὶ
9 ἐξολοθρευθήσεται ἡ πεδινὴ, καθὼς εἶπε Κύριος. Δότε σημεῖα τῇ Μωὰβ, ὅτι ἀφῇ ἀφθήσεται, καὶ πᾶσαι αἱ πόλεις αὐτῆς
10 εἰς ἄβατον ἔσονται· πόθεν ἔνοικος αὐτῇ; Ἐπικατάρατος ὁ ποιῶν τὰ ἔργα Κυρίου ἀμελῶς, ἐξαίρων μάχαιραν αὐτοῦ ἀφ᾽ αἵματος.

11 Ἀνεπαύσατο Μωὰβ ἐκ παιδαρίου, καὶ πεποιθὼς ἦν ἐπὶ τῇ δόξῃ αὐτοῦ, οὐκ ἐνέχεεν ἐξ ἀγγείου εἰς ἀγγεῖον, καὶ εἰς ἀποικισμὸν οὐκ ᾤχετο· διατοῦτο ἔστη γεῦμα αὐτοῦ ἐν αὐτῷ,
12 καὶ ὀσμὴ αὐτοῦ οὐκ ἐξέλιπε. Διατοῦτο ἰδοὺ ἡμέραι αὐτοῦ ἔρχονται, φησὶ Κύριος, καὶ ἀποστελῶ αὐτῷ κλίνοντας, καὶ κλινοῦσιν αὐτὸν, καὶ τὰ σκεύη αὐτοῦ λεπτυνοῦσι, καὶ τὰ κέρατα
13 αὐτοῦ συγκόψουσι. Καὶ καταισχυνθήσεται Μωὰβ ἀπὸ Χαμὼς, ὥσπερ κατῃσχύνθη οἶκος Ἰσραὴλ ἀπὸ Βαιθὴλ ἐλπίδος αὐτῶν πεποιθότες ἐπ᾽ αὐτοῖς.

14 Πῶς ἐρεῖτε, ἰσχυροί ἐσμεν, καὶ ἄνθρωπος ἰσχύων εἰς τὰ
15 πολεμικά; Ὤλετο Μωὰβ πόλις αὐτοῦ, καὶ ἐκλεκτοὶ νεανίσκοι
16 αὐτοῦ κατέβησαν εἰς σφαγήν. Ἐγγὺς ἡμέρα Μωὰβ ἐλθεῖν,
17 καὶ πονηρία αὐτοῦ ταχεῖα σφόδρα. Κινήσατε αὐτῷ πάντες κυκλόθεν αὐτοῦ, πάντες ἔκδοτε ὄνομα αὐτοῦ· εἴπατε, πῶς συνετρίβη βακτηρία εὐκλεὴς, ῥάβδος μεγαλώματος;

18 Κατάβηθι ἀπὸ δόξης, καὶ κάθισον ἐν ὑγρασίᾳ καθημένη· Δαιβὼν ἐκτριβήσεται, ὅτι ὤλετο Μωὰβ, ἀνέβη εἰς σὲ λυμαινόμενος
19 ὀχύρωμά σου. Ἐφ᾽ ὁδοῦ στῆθι, καὶ ἔπιδε καθημένη ἐν Ἀρὴρ,

Emath is brought to shame, and Arphath: for they have heard an evil report: they are amazed, they are angry, they shall be utterly unable to rest. 24 Damascus is utterly weakened, she is put to flight; trembling has seized upon her. 25 How has she not left my city, they have loved the village? 26 Therefore shall the young men fall in thy streets, and all thy warriors shall fall, saith the Lord. 27 And I will kindle a fire in the wall of Damascus, and it shall devour the streets of the son of Ader.

Thus has the Lord said concerning MOAB, Woe to Nabau! for it has perished: Cariathaim is taken: Amath and Agath are put to shame. 2 There is no longer any healing for Moab, nor glorying in Esebon: he has devised evils against her: we have cut her off from *being* a nation, and she shall be completely still: after thee shall go a sword; 3 for *there is* a voice of *men* crying out of Oronaim, destruction and great ruin. 4 Moab is ruined, proclaim *it* to Zogora; 5 for Aloth is filled with weeping: one shall go up weeping by the way of Oronaim; ye have heard a cry of destruction.

6 Flee ye, and save your lives, and ye shall be as a wild ass in the desert. 7 Since thou hast trusted in thy strong-hold, therefore thou shalt be taken: and Chamos shall go forth into captivity, and his priests, and his princes together. 8 And destruction shall come upon every city, it shall by no means escape; the valley also shall perish, and the plain country shall be completely destroyed, as the Lord has said. 9 Set marks upon Moab, for she shall be β touched with a plague-spot, and all her cities shall become desolate; whence *shall there be* an inhabitant for her? 10 Cursed is the man that does the works of the Lord carelessly, keeping back his sword from blood.

11 Moab has been at ease from a child, and trusted in his glory; he has not poured out *his liquor* from vessel to vessel, and has not gone into banishment, therefore his taste remained in him, and his smell departed not. 12 Therefore, behold, his days come, saith the Lord, when I shall send upon him bad leaders, and they shall lead him astray, and they shall utterly break in pieces his possessions, and shall cut his horns asunder. 13 And Moab shall be ashamed of Chamos, as the house of Israel was ashamed of Bæthel their hope, having trusted in them.

14 How will ye say, We are strong, and men strong for war? 15 Moab is ruined, *even* his city, and his choice young men have gone down to slaughter. 16 The day of Moab is near at hand, and his iniquity moves swiftly *to* vengeance. 17 Shake *the head* at him, all ye that are round about him; all *of you* utter his name; say ye, How is the glorious staff broken to pieces, the rod of magnificence! 18 Come down from *thy* glory, and sit down in a damp place: Dæbon shall be broken, because Moab is destroyed: there has gone up against thee one to ravage thy strong-hold. 19 Stand by the way, and look, thou that dwellest in Arer; and ask him

---

β *Or,* kindled, *q. d.* with carbuncle.

that is fleeing, and him that escapes, and say, What has happened?
²⁰ Moab is put to shame, because he is broken : howl and cry ; proclaim in Arnon, that Moab has perished. ²¹ And judgment is coming against the land of Misor, upon Chelon, and Rephas, and Mophas, ²² and upon Dæbon, and upon Nabau, and 'upon the house of Dæthlathaim, ²³ and upon Cariathaim, and upon the house of Gæmol, and upon the house of Maon, ²⁴ and upon Carioth, and upon Bosor, and upon all the cities of Moab, far and near. ²⁵ The horn of Moab is broken, and his arm is crushed.
²⁶ Make ye him drunk ; for he has magnified himself against the Lord : and Moab shall clap with his hand, and shall be also himself a laughing-stock. ²⁷ For surely Israel was to thee a laughing-stock, and was found among thy thefts, because thou didst fight against him. ²⁸ The inhabitants of Moab have left the cities, and dwelt in rocks ; they have become as doves nestling in rocks, at the mouth of a cave.
²⁹ And I have heard of the pride of Moab, he has greatly heightened his pride and his haughtiness, and his heart has been lifted up. ³⁰ But I know his works : is it not enough for him ? has he not done thus ?
³¹ Therefore howl ye for Moab on all sides ; cry out against the shorn men *in a* gloomy place. I will weep for thee, ³² O vine of Aserema, as with the weeping of Jazer : thy branches are gone ᵝ over the sea, they reached the cities of Jazer : destruction has come upon thy γ fruits, *and* upon thy grape-gatherers. ³³ Joy and gladness have been utterly swept off the land of Moab : and *though* there was wine in thy presses, in the morning they trod it not, neither in the evening did they raise the cry of joy.
³⁴ From the cry of Esebon even to δ Ætam their cities uttered their voice, from Zogor to Oronaim, and their tidings *as* a heifer of three years old, for the water also of Nebrin shall ζ be dried up.
³⁵ And I will destroy Moab, saith the Lord, as he comes up to the altar, and burns incense to his gods. ³⁶ Therefore the heart of Moab shall sound as pipes, my heart shall sound as a pipe for the shorn men ; forasmuch as what *every* man has gained has perished from him. ³⁷ They shall all have their heads shaved in every place, and every beard shall be shaved ; and all hands shall θ beat *the breasts*, and on all loins shall be sackcloth. ³⁸ And on all the housetops of Moab, and in his streets *shall be mourning :* for I have broken *him*, saith the Lord, as a vessel, which is useless. ³⁹ How has λ changed ! how has Moab turned *his* back ! Moab is put to shame, and become a laughing-stock, and an object of anger to all that are round about ᵘ him.
⁴⁰ For thus said the Lord ; ⁴¹ Carioth is taken, and the strong-holds have been taken together. ⁴² And Moab shall perish from being a multitude, because he has magnified himself against the Lord. ⁴³ A snare, and fear, and the pit, are upon thee, O inhabitant of Moab. ⁴⁴ He that flees from the terror shall fall into the pit, and he that

καὶ ἐρώτησον φεύγοντα, καὶ σωζόμενον, καὶ εἰπὸν, τί ἐγένετο ;

Κατῃσχύνθη Μωὰβ, ὅτι συνετρίβη· ὀλόλυξον καὶ κέκραξον, 20 ἀνάγγειλον ἐν Ἀρνὼν, ὅτι ὤλετο Μωὰβ, καὶ κρίσις ἔρχεται 21 εἰς τὴν γῆν Μεισὼρ ἐπὶ Χελὼν, καὶ Ῥεφὰς, καὶ Μωφὰς, καὶ ἐπὶ Δαιβὼν, καὶ ἐπὶ Ναβαῦ, καὶ ἐπ᾽ οἶκον Δαιθλαθαὶμ, 22 καὶ ἐπὶ Καριαθαὶμ, καὶ ἐπ᾽ οἶκον Γαιμὼλ, καὶ ἐπ᾽ οἶκον Μαὼν, 23 καὶ ἐπὶ Καριὼθ, καὶ ἐπὶ Βοσὸρ, καὶ ἐπὶ πάσας τὰς πόλεις 24 Μωὰβ τὰς πόρρω καὶ τὰς ἐγγύς. Κατεάχθη κέρας Μωὰβ, 25 καὶ τὸ ἐπίχειρον αὐτοῦ συνετρίβη.

Μεθύσατε αὐτὸν, ὅτι ἐπὶ Κύριον ἐμεγαλύνθη· καὶ ἐπικρού- 26 σει Μωὰβ ἐν χειρὶ αὐτοῦ, καὶ ἔσται εἰς γέλωτα καὶ αὐτός. Καὶ εἰ μὴ εἰς γελοιασμὸν ἦν σοι Ἰσραὴλ, καὶ ἐν κλοπαῖς 27 σου εὑρέθη, ὅτι ἐπολέμεις αὐτόν. Κατέλιπον τὰς πόλεις, 28 καὶ ᾤκησαν ἐν πέτραις οἱ κατοικοῦντες Μωὰβ· ἐγενήθησαν ὥσπερ περιστεραὶ νοσσεύουσαι ἐν πέτραις, στόματι βοθύνου.

Καὶ ἤκουσα ὕβριν Μωὰβ, ὕβρισε λίαν ὕβριν αὐτοῦ, καὶ 29 ὑπερηφανίαν αὐτοῦ· καὶ ὑψώθη ἡ καρδία αὐτοῦ. Ἐγὼ δὲ 30 ἔγνων ἔργα αὐτοῦ· οὐχὶ τὸ ἱκανὸν αὐτῷ οὐχ οὕτως ἐποίησε ;

Διατοῦτο ἐπὶ Μωὰβ ὀλολύζετε πάντοθεν· βοήσατε ἐπ᾽ 31 ἄνδρας κειράδας αὐχμοῦ. Ὡς κλαυθμὸν Ἰαζὴρ ἀποκλαύσο- 32 μαί σοι ἄμπελος Ἀσερημὰ, κλήματά σου διῆλθε θάλασσαν, πόλεις Ἰαζὴρ ἥψαντο, ἐπὶ ὀπώραν σου, ἐπὶ τρυγηταῖς σου ὄλεθρος ἐπέπεσε. Συνεψήσθη χαρμοσύνη καὶ εὐφροσύνη ἐκ 33 τῆς Μωαβίτιδος· καὶ οἶνος ἦν ἐπὶ ληνοῖς σου, πρωὶ οὐκ ἐπάτησαν, οὐδὲ δείλης οὐκ ἐποίησαν, αἱ δὲ ἀπὸ κραυγῆς Ἐσεβὼν 34 ἕως Αἰτὰμ αἱ πόλεις αὐτῶν ἔδωκαν φωνὴν αὐτῶν, ἀπὸ Ζογὸρ ἕως Ὡρωναὶμ, καὶ ἀγγελίαν σαλασία, ὅτι καὶ τὸ ὕδωρ Νεβρεὶν εἰς κατάκαυμα ἔσται.

Καὶ ἀπολῶ τὸν Μωὰβ, φησὶ Κύριος, ἀναβαίνοντα ἐπὶ τὸν 35 βωμὸν, καὶ θυμιῶντα θεοῖς αὐτοῦ. Διατοῦτο καρδία τοῦ 36 Μωὰβ, ὥσπερ αὐλοὶ βομβήσουσι, καρδία μου ἐπ᾽ ἀνθρώπους κειράδας ὥσπερ αὐλὸς βομβήσει· διατοῦτο ἃ περιεποιήσατο, ἀπώλετο ἀπὸ ἀνθρώπου. Πᾶσαν κεφαλὴν ἐν παντὶ τόπῳ 37 ξυρηθήσονται, καὶ πᾶς πώγων ξυρηθήσεται, καὶ πᾶσαι χεῖρες κόψονται, καὶ ἐπὶ πάσης ὀσφύος σάκκος. Καὶ ἐπὶ πάντων 38 τῶν δωμάτων Μωὰβ, καὶ ἐπὶ ταῖς πλατείαις αὐτῆς, ὅτι συνέτριψα, φησὶ Κύριος, ὡς ἀγγεῖον, οὗ οὐκ ἔστι χρεία αὐτοῦ. Πῶς κατήλλαξε ; πῶς ἔστρεψε νῶτον Μωάβ ; ᾐσχύνθη, καὶ 39 ἐγένετο Μωὰβ εἰς γέλωτα, καὶ ἐγκότημα πᾶσι τοῖς κύκλῳ αὐτῆς.

Ὅτι οὕτως εἶπε Κύριος, Ἐλήφθη Καριὼθ, καὶ τὰ ὀχυρώ- 40, 41 ματα συνελήφθη, καὶ ἀπολεῖται Μωὰβ ἀπὸ ὄχλου, ὅτι ἐπὶ 42 τὸν Κύριον ἐμεγαλύνθη. Παγὶς καὶ φόβος καὶ βόθυνος ἐπὶ 43 σὲ καθήμενος Μωάβ. Ὁ φεύγων ἀπὸ προσώπου τοῦ φόβου, 44 ἐμπεσεῖται εἰς τὸν βόθυνον· καὶ ὁ ἀναβαίνων ἐκ τοῦ βοθύνου,

---

β *Gr.* through.   γ *Or,* harvest, *or,* corn.   δ *Alex.* Elcale.   ζ *Gr.* be for parching, *or,* burning.   θ *Or,* be cut.   λ See *Heb.*   μ *Gr.* her.

καὶ συλληφθήσεται ἐν τῇ παγίδι· ὅτι ἐπάξω ταῦτα ἐπὶ Μωὰβ ἐν ἐνιαυτῷ ἐπισκέψεως αὐτῶν.

32 Οὕτως εἶπε Κύριος ὁ Θεὸς Ἰσραὴλ, λάβε τὸ ποτήριον τοῦ
15 οἴνου τοῦ ἀκράτου τούτου ἐκ χειρός μου, καὶ ποτιεῖς πάντα τὰ
16 ἔθνη, πρὸς ἃ ἐγὼ ἀποστέλλω σε πρὸς αὐτούς. Καὶ πίονται,
· καὶ ἐξεμοῦνται, καὶ ἐκμανήσονται ἀπὸ προσώπου τῆς μαχαίρας, ἧς ἐγὼ ἀποστέλλω ἀναμέσον αὐτῶν.

17 Καὶ ἔλαβον τὸ ποτήριον ἐκ χειρὸς Κυρίου, καὶ ἐπότισα τὰ
18 ἔθνη, πρὸς ἃ ἀπέστειλέ με Κύριος πρὸς αὐτά, τὴν Ἱερουσαλήμ, καὶ τὰς πόλεις Ἰούδα, καὶ βασιλεῖς Ἰούδα καὶ ἄρχοντας αὐτοῦ, τοῦ θεῖναι αὐτὰς εἰς ἐρήμωσιν, καὶ εἰς ἄβατον, καὶ εἰς συριγμὸν,
19 καὶ τὸν Φαραὼ βασιλέα Αἰγύπτου, καὶ τοὺς παῖδας αὐτοῦ, καὶ
20 τοὺς μεγιστᾶνας αὐτοῦ, καὶ πάντα τὸν λαὸν αὐτοῦ, καὶ πάντας τοὺς συμμίκτους, καὶ πάντας τοὺς βασιλεῖς ἀλλοφύλων, καὶ τὴν Ἀσκάλωνα, καὶ τὴν Γάζαν, καὶ τὴν Ἀκκάρων, καὶ τὸ
21 ἐπίλοιπον Ἀζώτου, καὶ τὴν Ἰδουμαίαν, καὶ τὴν Μωαβῖτιν,
22 καὶ τοὺς υἱοὺς Ἀμμὼν, καὶ βασιλεῖς Τύρου, καὶ βασιλεῖς
23 Σιδῶνος, καὶ βασιλεῖς τοὺς ἐν τῷ πέραν τῆς θαλάσσης, καὶ τὴν Δαιδὰν, καὶ τὴν Θαιμὰν, καὶ τὴν Ῥῶς, καὶ πᾶν περικεκαρ-
24 μένον κατὰ πρόσωπον αὐτοῦ, καὶ πάντας τοὺς συμμίκτους
25 τοὺς καταλύοντας ἐν τῇ ἐρήμῳ, καὶ πάντας βασιλεῖς Αἰλάμ,
26 καὶ πάντας βασιλεῖς Περσῶν, καὶ πάντας βασιλεῖς ἀπὸ ἀπ-ηλιώτου τοὺς πόῤῥω καὶ τοὺς ἐγγὺς, ἕκαστον πρὸς τὸν ἀδελφὸν αὐτοῦ, καὶ πάσας βασιλείας τὰς ἐπὶ προσώπου τῆς γῆς.

27 Καὶ ἐρεῖς αὐτοῖς, οὕτως εἶπε Κύριος παντοκράτωρ, πίετε, μεθύσθητε, καὶ ἐξεμέσετε, καὶ πεσεῖσθε, καὶ οὐ μὴ ἀναστῆτε ἀπὸ προσώπου τῆς μαχαίρας, ἧς ἐγὼ ἀποστέλλω ἀναμέσον
28 ὑμῶν. Καὶ ἔσται ὅταν μὴ βούλωνται δέξασθαι τὸ ποτήριον ἐκ τῆς χειρός σου, ὥστε πιεῖν, καὶ ἐρεῖς, οὕτως εἶπε Κύριος,
29 πιόντες πίεσθε, ὅτι ἐν πόλει ἐν ᾗ ὠνομάσθη τὸ ὄνομά μου ἐπ᾽ αὐτὴν, ἐγὼ ἄρχομαι κακῶσαι, καὶ ὑμεῖς καθάρσει οὐ μὴ καθαρ-ισθῆτε, ὅτι μάχαιραν ἐγὼ καλῶ ἐπὶ πάντας τοὺς καθημένους ἐπὶ τῆς γῆς.

30 Καὶ σὺ προφητεύσεις ἐπ᾽ αὐτοὺς τοὺς λόγους τούτους, καὶ ἐρεῖς, Κύριος ἀφ᾽ ὑψηλοῦ χρηματιεῖ, ἀπὸ τοῦ ἁγίου αὐτοῦ δώσει φωνὴν αὐτοῦ, λόγον χρηματιεῖ ἐπὶ τοῦ τόπου αὐτοῦ· καὶ οἶδε ὥσπερ τρυγῶντες ἀποκριθήσονται· καὶ ἐπὶ καθημένους
31 ἐπὶ τὴν γῆν ἥκει ὄλεθρος ἐπὶ μέρος τῆς γῆς, ὅτι κρίσις τῷ Κυρίῳ ἐν τοῖς ἔθνεσι· κρίνεται αὐτὸς πρὸς πᾶσαν σάρκα, οἱ δὲ ἀσεβεῖς ἐδόθησαν εἰς μάχαιραν, λέγει Κύριος.

32 Οὕτως εἶπε Κύριος, ἰδοὺ κακὰ ἔρχεται ἀπὸ ἔθνους ἐπὶ ἔθνος,
33 καὶ λαῖλαψ μεγάλη ἐκπορεύεται ἀπ᾽ ἐσχάτου τῆς γῆς. Καὶ ἔσονται τραυματίαι ὑπὸ Κυρίου ἐν ἡμέρᾳ Κυρίου, ἐκ μέρους τῆς γῆς, καὶ ἕως εἰς μέρος τῆς γῆς· οὐ μὴ κατορυγῶσιν, εἰς
34 κόπρια ἐπὶ προσώπου τῆς γῆς ἔσονται. Ἀλαλάξατε ποιμένες, καὶ κεκράξατε, καὶ κόπτεσθε οἱ κριοὶ τῶν προβάτων, ὅτι ἐπλη-ρώθησαν αἱ ἡμέραι ὑμῶν εἰς σφαγὴν, καὶ πεσεῖσθε ὥσπερ
35 οἱ κριοὶ οἱ ἐκλεκτοὶ, καὶ ἀπολεῖται φυγὴ ἀπὸ τῶν ποιμένων,
36 καὶ σωτηρία ἀπὸ τῶν κριῶν τῶν προβάτων. Φωνὴ κραυγῆς τῶν ποιμένων, καὶ ἀλαλαγμὸς τῶν προβάτων καὶ τῶν κριῶν,

comes up out of the pit shall even be taken in the snare: for I will bring these things upon Moab in the year of their visitation. [15] Thus said the Lord God of Israel; Take the cup of this unmixed wine from mine hand, and thou shalt cause all the nations to drink, to whom I send thee. [16] And they shall drink, and vomit, and be mad, because of the sword which I send among them.

[17] So I took the cup out of the Lord's hand, and caused the nations to whom the Lord sent me to drink: [18] Jerusalem, and the cities of Juda, and the kings of Juda, and his princes, to make them a desert place, a desolation, and a hissing; [19] and Pharao king of Egypt, and his servants, and his nobles, and all his people; [20] and all the mingled *people,* and all the kings of the Philistines, and Ascalon, and Gaza, and Accaron, and the remnant of Azotus, [21] and Idumea, and the land of Moab, and the children of Ammon, [22] and the kings of Tyre, and the kings of Sidon, and the kings in the *country* beyond the sea, [23] and Dædan, and Thæman, and Ros, and every one that is shaved round about the face, [24] and all the mingled *people* lodging in the wilderness, [25] and all the kings of Ælam, and all the kings of the Persians, [26] and all the kings from the north, the far and the near, each one with his brother, and all the kingdoms which are on the face of the earth.

[27] And thou shalt say to them, Thus said the Lord Almighty; Drink ye, be ye drunken; and ye shall vomit, and shall fall, and shall in nowise rise, because of the sword which I send β among you. [28] And it shall come to pass, when they γ refuse to take the cup out of thine hand, δ to drink it, that thou shalt say, Thus said the Lord; Ye shall surely drink. [29] For I am beginning to afflict the city whereon my name is called, and ye shall by no means ζ be held guiltless: for I am calling a sword upon all that dwell upon the earth.

[30] And thou shalt prophesy against them these words, and shalt say, The Lord shall θ speak from on high, from his sanctuary he will utter his voice; he will pronounce a declaration on his place; and these shall answer like men gathering grapes: and destruction is coming on them that dwell on the earth, [31] *even* upon *the extreme* part of the earth; for the Lord *has* a controversy with the nations, he is pleading with all flesh, and the ungodly are given to the sword, saith the Lord.

[32] Thus said the Lord; Behold, evils are proceeding from nation to nation, and a great whirlwind goes forth from the end of the earth. [33] And the slain of the Lord shall be in the day of the Lord from *one* end of the earth even to the *other* end of the earth: they shall not be buried; they shall be as dung on the face of the earth. [34] Howl, ye shepherds, and cry; and lament, ye rams of the flock: for your days have been completed for slaughter, and ye shall fall as the choice rams. [35] And flight shall perish from the shepherds, and safety from the rams of the flock. [36] A voice of the crying of the shepherds, and a moaning of the sheep and

---

β *Gr.* between.   γ *Gr.* shall not be willing.   δ *Gr.* so as to.   ζ *Gr.* be cleansed with cleansing.   θ *q. d.* oracularly.

the rams: for the Lord has destroyed their pastures. ³⁷ And β the peaceable abodes that remain shall be destroyed before the fierceness of my anger. ³⁸ He has forsaken his lair, as a lion: for their land is become desolate before the great sword.

IN THE BEGINNING OF THE REIGN OF KING JOAKIM SON OF JOSIAS THERE CAME THIS WORD FROM THE LORD.

² Thus said the Lord ; Stand in the court of the Lord's house, and thou shalt declare to all the Jews, and to all that come to worship in the house of the Lord, all the words which I commanded thee to speak to them; abate not one word. ³ Peradventure they will hear, and turn every one from his evil way : then I will cease from the evils which I purpose to do to them, because of their evil practices. ⁴ And thou shalt say, Thus said the Lord ; If ye will not hearken to me, to walk in my statutes which I set before you, ⁵ to hearken to the words of my servants the prophets, whom I send to you early in the morning; yea, I sent them, but ye hearkened not to me; ⁶ then will I make this house as Selo, and I will make *this* city a curse to all the nations of all the earth.

⁷ And the priests, and the false prophets, and all the people heard Jeremias speaking these words in the house of the Lord. ⁸ And it came to pass, when Jeremias had ceased speaking all that the Lord had ordered him to speak to all the people, that the priests and the false prophets and all the people took him, saying, ⁹ Thou shalt surely die, because thou hast prophesied in the name of the Lord, saying, This house shall be as Selo, and this city shall be made quite destitute of inhabitants.

And all the people assembled against Jeremias in the house of the Lord. ¹⁰ And the princes of Juda heard this word, and they went up out of the house of the king to the house of the Lord, and sat in the entrance of the new gate. ¹¹ Then the priests and the false prophets said to the princes and to all the people, The judgment of death *is due* to this man; because he has prophesied against this city, as ye have heard with your ears.

¹² Then Jeremias spoke to the princes, and to all the people, saying, The Lord sent me to prophesy against this house and against this city, all the words which ye have heard. ¹³ And now amend your ways and your works, and hearken to the voice of the Lord; and the Lord shall cease from the evils which he has pronounced against you. ¹⁴ And behold, I am in your hands; do to me as is expedient, and as it is best for you. ¹⁵ But know for a certainty, that if ye slay me, ye bring innocent blood upon yourselves, and upon this city, and upon them that dwell in it; for in truth the Lord has sent me to you to speak in your ears all these words.

¹⁶ Then the princes and all the people said to the priests and to the false prophets; Judgment of death is not *due* to this man ; for he has spoken to us in the name of the

ὅτι ὠλόθρευσε Κύριος τὰ βοσκήματα αὐτῶν· Καὶ παύσεται 37 τὰ κατάλοιπα τῆς εἰρήνης ἀπὸ προσώπου ὀργῆς θυμοῦ μου. Ἐγκατέλιπεν ὥσπερ λέων κατάλυμα αὐτοῦ, ὅτι ἐγενήθη ἡ 38 γῆ αὐτῶν εἰς ἄβατον ἀπὸ προσώπου τῆς μαχαίρας τῆς μεγάλης.

ἘΝ ἈΡΧΗ ΒΑΣΙΛΕΩΣ ἸΩΑΚΕΙΜ ΥΙΟΥ ἸΩΣΙΑ, 33 ἘΓΕΝΗΘΗ Ὁ ΛΟΓΟΣ ΟΥΤΟΣ ΠΑΡΑ ΚΥΡΙΟΥ· Οὕτως 2 εἶπε Κύριος, στῆθι ἐν αὐλῇ οἴκου Κυρίου, καὶ χρηματιεῖς ἅπασι τοῖς Ἰουδαίοις, καὶ πᾶσι τοῖς ἐρχομένοις προσκυνεῖν ἐν οἴκῳ Κυρίου, ἅπαντας τοὺς λόγους οὓς συνέταξά σοι χρηματίσαι αὐτοῖς, μὴ ἀφέλῃς ῥῆμα. Ἴσως ἀκούσονται, καὶ ἀποστραφή- 3 σονται ἕκαστος ἀπὸ τῆς ὁδοῦ αὐτοῦ τῆς πονηρᾶς, καὶ παύσομαι ἀπὸ τῶν κακῶν ὧν ἐγὼ λογίζομαι τοῦ ποιῆσαι αὐτοῖς ἕνεκεν τῶν πονηρῶν ἐπιτηδευμάτων αὐτῶν. Καὶ ἐρεῖς, οὕτως εἶπε 4 Κύριος, ἐὰν μὴ ἀκούσητέ μου, τοῦ πορεύεσθαι ἐν τοῖς νομίμοις μου οἷς ἔδωκα κατὰ πρόσωπον ὑμῶν, εἰσακούειν τῶν λόγων 5 τῶν παίδων μου τῶν προφητῶν, οὓς ἐγὼ ἀποστέλλω πρὸς ὑμᾶς ὄρθρου, καὶ ἀπέστειλα, καὶ οὐκ ἠκούσατέ μου, καὶ δώσω τὸν 6 οἶκον τοῦτον ὥσπερ Σηλὼ, καὶ τὴν πόλιν δώσω εἰς κατάραν πᾶσι τοῖς ἔθνεσι πάσης τῆς γῆς.

Καὶ ἤκουσαν οἱ ἱερεῖς, καὶ οἱ ψευδοπροφῆται, καὶ πᾶς 7 ὁ λαὸς τοῦ Ἰερεμίου λαλοῦντος τοὺς λόγους τούτους ἐν οἴκῳ Κυρίου. Καὶ ἐγένετο Ἰερεμίου παυσαμένου λαλοῦντος πάντα 8 ἃ συνέταξε Κύριος αὐτῷ λαλῆσαι παντὶ τῷ λαῷ, καὶ συνελά- βοσαν αὐτὸν οἱ ἱερεῖς, καὶ οἱ ψευδοπροφῆται, καὶ πᾶς ὁ λαὸς, λέγων, θανάτῳ ἀποθανῇ, ὅτι ἐπροφήτευσας τῷ ὀνόματι Κυρίου, 9 λέγων, ὥσπερ Σηλὼ ἔσται ὁ οἶκος οὗτος, καὶ ἡ πόλις αὕτη ἐρημωθήσεται ἀπὸ κατοικούντων·

Καὶ ἐξεκκλησιάσθη πᾶς ὁ λαὸς ἐπὶ Ἰερεμίαν ἐν οἴκῳ Κυ- ρίου. Καὶ ἤκουσαν οἱ ἄρχοντες Ἰούδα τὸν λόγον τοῦτον, καὶ 10 ἀνέβησαν ἐξ οἴκου τοῦ βασιλέως εἰς οἶκον Κυρίου, καὶ ἐκάθι- σαν ἐν προθύροις πύλης τῆς καινῆς. Καὶ εἶπαν οἱ ἱερεῖς καὶ 11 οἱ ψευδοπροφῆται πρὸς τοὺς ἄρχοντας, καὶ παντὶ τῷ λαῷ, κρίσις θανάτου τῷ ἀνθρώπῳ τούτῳ, ὅτι ἐπροφήτευσε κατὰ τῆς πόλεως ταύτης, καθὼς ἠκούσατε ἐν τοῖς ὠσὶν ὑμῶν.

Καὶ εἶπεν Ἰερεμίας πρὸς τοὺς ἄρχοντας, καὶ παντὶ τῷ λαῷ, 12 λέγων, Κύριος ἀπέστειλέ με προφητεῦσαι ἐπὶ τὸν οἶκον τοῦτον, καὶ ἐπὶ τὴν πόλιν ταύτην, πάντας τοὺς λόγους οὓς ἠκούσατε. Καὶ νῦν βελτίους ποιήσατε τὰς ὁδοὺς ὑμῶν, καὶ τὰ ἔργα ὑμῶν, 13 καὶ ἀκούσατε τῆς φωνῆς Κυρίου, καὶ παύσεται Κύριος ἀπὸ τῶν κακῶν ὧν ἐλάλησεν ἐφ᾽ ὑμᾶς. Καὶ ἰδοὺ ἐγὼ ἐν χερσὶν 14 ὑμῶν, ποιήσατέ μοι ὡς συμφέρει, καὶ ὡς βέλτιον ὑμῖν. Ἀλλ᾽ ἢ γνόντες γνώσεσθε, ὅτι εἰ ἀναιρεῖτέ με, αἷμα ἀθῶον 15 δίδοτε ἐφ᾽ ὑμᾶς, καὶ ἐπὶ τὴν πόλιν ταύτην, καὶ ἐπὶ τοὺς κατοι- κοῦντας ἐν αὐτῇ· ὅτι ἐν ἀληθείᾳ ἀπέσταλκέ με Κύριος πρὸς ὑμᾶς λαλῆσαι εἰς τὰ ὦτα ὑμῶν πάντας τοὺς λόγους τούτους.

Καὶ εἶπον οἱ ἄρχοντες καὶ πᾶς ὁ λαὸς πρὸς τοὺς ἱερεῖς καὶ 16 πρὸς τοὺς ψευδοπροφήτας, οὐκ ἔστι τῷ ἀνθρώπῳ τούτῳ κρίσις θανάτου, ὅτι ἐπὶ τῷ ὀνόματι Κυρίου τοῦ Θεοῦ ἡμῶν ἐλάλησε

β *Gr.* the remnants of peace.

17 πρὸς ἡμᾶς. Καὶ ἀνέστησαν ἄνδρες τῶν πρεσβυτέρων τῆς γῆς,

18 καὶ εἶπαν πάσῃ τῇ συναγωγῇ τοῦ λαοῦ, Μιχαίας ὁ Μωραθίτης ἦν ἐν ταῖς ἡμέραις Ἐζεκίου βασιλέως Ἰούδα, καὶ εἶπε παντὶ τῷ λαῷ Ἰούδα, οὕτως εἶπε Κύριος, Σιὼν ὡς ἀγρὸς ἀροτριαθήσεται, καὶ Ἰερουσαλὴμ εἰς ἄβατον ἔσται, καὶ τὸ ὄρος τοῦ οἴκου

19 εἰς ἄλσος δρυμοῦ. Μὴ ἀνελὼν ἀνεῖλεν αὐτὸν Ἐζεκίας καὶ πᾶς Ἰούδα; οὐχ ὅτι ἐφοβήθησαν τὸν Κύριον, καὶ ὅτι ἐδεήθησαν τοῦ προσώπου Κυρίου, καὶ ἐπαύσατο Κύριος ἀπὸ τῶν κακῶν ὧν ἐλάλησεν ἐπ᾽ αὐτούς; καὶ ἡμεῖς ἐποιήσαμεν κακὰ μεγάλα ἐπὶ ψυχὰς ἡμῶν.

20 Καὶ ἄνθρωπος ἦν προφητεύων τῷ ὀνόματι Κυρίου, Οὐρίας υἱὸς Σαμαίου ἐκ Καριαθιαρὶμ, καὶ ἐπροφήτευσε περὶ τῆς γῆς

21 ταύτης κατὰ πάντας τοὺς λόγους Ἰερεμίου. Καὶ ἤκουσεν ὁ βασιλεὺς Ἰωακεὶμ καὶ πάντες οἱ ἄρχοντες πάντας τοὺς λόγους αὐτοῦ, καὶ ἐζήτουν ἀποκτεῖναι αὐτόν· καὶ ἤκουσεν

22 Οὐρίας, καὶ εἰσῆλθεν εἰς Αἴγυπτον. Καὶ ἐξαπέστειλεν ὁ βασι-

23 λεὺς ἄνδρας εἰς Αἴγυπτον, καὶ ἐξηγάγοσαν αὐτὸν ἐκεῖθεν, καὶ εἰσηγάγοσαν αὐτὸν πρὸς τὸν βασιλέα, καὶ ἐπάταξεν αὐτὸν ἐν μαχαίρᾳ, καὶ ἔρριψεν αὐτὸν εἰς τὸ μνῆμα υἱῶν λαοῦ αὐτοῦ.

24 Πλὴν χεὶρ Ἀχεικὰμ υἱοῦ Σαφὰν ἦν μετὰ Ἰερεμίου, τοῦ μὴ παραδοῦναι αὐτὸν εἰς χεῖρας τοῦ λαοῦ, μὴ ἀνελεῖν αὐτόν.

34 Οὕτως εἶπε Κύριος, ποίησον σεαυτῷ δεσμοὺς καὶ κλοιούς,

2, 3 καὶ περίθου περὶ τὸν τράχηλόν σου. Καὶ ἀποστελεῖς αὐτοὺς πρὸς βασιλέα Ἰδουμαίας, καὶ πρὸς βασιλέα Μωὰβ, καὶ πρὸς βασιλέα υἱῶν Ἀμμὼν, καὶ πρὸς τὸν βασιλέα Τύρου, καὶ πρὸς βασιλέα Σιδῶνος, ἐν χερσὶν ἀγγέλων αὐτῶν τῶν ἐρχομένων εἰς ἀπάντησιν αὐτῶν εἰς Ἰερουσαλὴμ πρὸς Σεδεκίαν βασιλέα Ἰούδα.

4 Καὶ συντάξεις αὐτοῖς πρὸς τοὺς κυρίους αὐτῶν εἰπεῖν, οὕτως εἶπε Κύριος ὁ Θεὸς Ἰσραὴλ, οὕτως ἐρεῖτε πρὸς τοὺς κυρίους

5 ὑμῶν, ὅτι ἐγὼ ἐποίησα τὴν γῆν ἐν τῇ ἰσχύϊ μου τῇ μεγάλῃ, καὶ ἐν τῷ ἐπιχείρῳ μου τῷ ὑψηλῷ, καὶ δώσω αὐτὴν ᾧ ἐὰν δόξῃ

6 ἐν ὀφθαλμοῖς μου· Ἔδωκα τὴν γῆν τῷ Ναβουχοδονόσορ βασιλεῖ Βαβυλῶνος δουλεύειν αὐτῷ, καὶ τὰ θηρία τοῦ ἀγροῦ

8 ἐργάζεσθαι αὐτῷ. Καὶ τὸ ἔθνος καὶ ἡ βασιλεία, ὅσοι ἐὰν μὴ ἐμβάλωσι τὸν τράχηλον αὐτῶν ὑπὸ τὸν ζυγὸν βασιλέως Βαβυλῶνος, ἐν μαχαίρᾳ καὶ ἐν λιμῷ ἐπισκέψομαι αὐτούς, εἶπε Κύριος, ἕως ἐκλίπωσιν ἐν χειρὶ αὐτοῦ.

9 Καὶ ὑμεῖς μὴ ἀκούετε τῶν ψευδοπροφητῶν ὑμῶν, καὶ τῶν μαντευομένων ὑμῖν, καὶ τῶν ἐνυπνιαζομένων ὑμῖν, καὶ τῶν οἰωνισμάτων ὑμῶν, καὶ τῶν φαρμακῶν ὑμῶν, τῶν λεγόντων,

10 οὐ μὴ ἐργάσησθε τῷ βασιλεῖ Βαβυλῶνος· Ὅτι ψευδῆ αὐτοὶ προφητεύουσιν ὑμῖν, πρὸς τὸ μακρῦναι ὑμᾶς ἀπὸ τῆς γῆς

11 ὑμῶν. Καὶ τὸ ἔθνος ὃ ἐὰν εἰσαγάγῃ τὸν τράχηλον αὐτοῦ ὑπὸ τὸν ζυγὸν βασιλέως Βαβυλῶνος, καὶ ἐργάσηται αὐτῷ, καὶ καταλείψω αὐτὸν ἐπὶ τῆς γῆς αὐτοῦ, καὶ ἐργᾶται αὐτῷ, καὶ ἐνοικήσει ἐν αὐτῇ.

12 Καὶ πρὸς Σεδεκίαν βασιλέα Ἰούδα ἐλάλησα κατὰ πάντας τοὺς λόγους τούτους, λέγων, εἰσαγάγετε τὸν τράχηλον ὑμῶν,

14 καὶ ἐργάσασθε τῷ βασιλεῖ Βαβυλῶνος, ὅτι ἄδικα αὐτοὶ προφητεύουσιν ὑμῖν, ὅτι οὐκ ἀπέστειλα αὐτούς, φησὶ Κύριος, καὶ

Lord our God. [17] And there rose up men of the elders of the land, and said to all the assembly of the people, [18] Michæas the Morathite lived in the days of Ezekias king of Juda, and said to all the people of Juda, Thus saith the Lord; Sion shall be ploughed as a field, and Jerusalem shall become a desolation, and the mountain of the house shall be a thicket of trees. [19] Did Ezekias and all Juda in any way slay him? β Was it not that they feared the Lord, and they made supplication before the Lord, and the Lord ceased from the evils which he *had* pronounced against them? whereas we have wrought great evil against our own souls.

[20] And there was *another* man prophesying in the name of the Lord, Urias the son of Samæas of Cariathiarim; and he prophesied concerning this land according to all the words of Jeremias. [21] And king Joakim and all the princes heard all his words, and sought to slay him; and Urias heard *it* and went into Egypt. [22] And the king sent men into Egypt; [23] and they brought him thence, and brought him in to the king; and he smote him with the sword, and cast him into the sepulchre of the children of his people. [24] Nevertheless the hand of Achicam son of Saphan was with Jeremias, to prevent his being delivered into the hands of the people, or being killed.

[2] Thus said the Lord; Make to thyself bonds and yokes, and put *them* about thy neck, [3] and thou shalt send them to the king of Idumea, and to the king of Moab, and to the king of the children of Ammon, and to the king of Tyre, and to the king of Sidon, by the hands of their messengers that come to meet them at Jerusalem to Sedekias king of Juda. [4] And thou shalt commission them to say to their lords, Thus said the Lord God of Israel; Thus shall ye say to your lords; [5] I have made the earth by my great power, and with my high arm, and I will give it to whomsoever it shall seem *good* in mine eyes. [6] I gave the earth to Nabuchodonosor king of Babylon to serve him, and the wild beasts of the field to labour for him. [8] And the nation and kingdom, all that shall not put their neck under the yoke of the king of Babylon, with sword and famine will I visit them, saith the Lord, until they are consumed by his hand.

[9] And hearken ye not to your false prophets, nor to them that divine to you, nor to them that foretel events by dreams to you, nor to your auguries, nor your sorcerers, that say, Ye shall by no means work for the king of Babylon: [10] for they prophesy lies to you, to remove you far from your land. [11] But the nation which shall put its neck under the yoke of the king of Babylon, and serve him, I will even leave it upon its land, and it shall serve him, and dwell in it.

[12] I spoke also to Sedekias king of Juda according to all these words, saying, Put your neck into *the yoke*, and serve the king of Babylon. [14] For they prophesy γ unrighteous *words* to you, for I sent them not, saith

---

β Or, did they not fear, etc.   γ i. e. false.

the Lord; and they prophesy in my name unjustly, that I might destroy you, and ye should perish, and your prophets, who unrighteously prophesy lies to you.

[16] I spoke to you, and to all this people, and to the priests, saying, Thus said the Lord; Hearken not to the words of the prophets that prophesy to you, saying, Behold, the vessels of the Lord's house shall return from Babylon: for they prophesy to you unrighteously words. [17] I sent them not. [18] If they are prophets, and if the word of the Lord is in them, let them meet me, for thus has the Lord said.

[19] And as for the remaining vessels, [20] which the king of Babylon took not, when he carried Jechonias prisoner out of Jerusalem, [22] they shall go into Babylon, saith the Lord.

And it came to pass in the fourth year of Sedekias king of Juda, in the fifth month, that Ananias the false prophet, the son of Azor, from Gabaon, spoke to me in the house of the Lord, in the sight of the priests and all the people, saying, [2] Thus saith the Lord; I have broken the yoke of the king of Babylon. [3] Yet two full years, and I will return into this place the vessels of the house of the Lord, [4] and Jechonias, and the captivity of Juda: for I will break the yoke of the king of Babylon.

[5] Then Jeremias spoke to Ananias in the sight of all the people, and in the sight of the priests that stood in the house of the Lord, [6] and Jeremias said, May the Lord indeed do thus; may he confirm thy word which thou dost prophesy, to return the vessels of the house of the Lord, and all the captivity, out of Babylon to this place. [7] Nevertheless hear ye the word of the Lord which I speak in your ears, and in the ears of all the people. [8] The prophets that were before me and before you of old, also prophesied over β much country, and against great kingdoms, concerning war. [9] As for the prophet that has prophesied for peace, when the word has come to pass, they shall know the prophet whom the Lord has sent them in γ truth.

[10] Then Ananias took the yokes from the neck of Jeremias in the sight of all the people, and broke them to pieces. [11] And Ananias spoke in the presence of all the people, saying, Thus said the Lord; Thus will I break the yoke of the king of Babylon from the necks of all the nations. And Jeremias went his way.

[12] And the word of the Lord came to Jeremias, after that Ananias had broken the yokes off his neck, saying, [13] Go and speak to Ananias, saying, Thus saith the Lord; Thou hast broken the yokes of wood; but I will make instead of them yokes of iron. [14] For thus said the Lord, I have put a yoke of iron on the neck of all the nations, that they may serve the king of Babylon. [15] And Jeremias said to Ananias, The Lord has not sent thee; and thou hast caused this people to trust in unrighteousness. [16] Therefore thus said the Lord; Behold, I will cast thee off from the face of the earth: this year thou shalt die. [17] So he died in the seventh month.

προφητεύουσι τῷ ὀνόματί μου ἐπ᾽ ἀδίκῳ, πρὸς τὸ ἀπολέσαι ὑμᾶς, καὶ ἀπολεῖσθε ὑμεῖς, καὶ οἱ προφῆται ὑμῶν, οἱ προφητεύοντες ὑμῖν ἐπ᾽ ἀδίκῳ ψευδῆ.

Ὑμῖν, καὶ παντὶ τῷ λαῷ τούτῳ, καὶ τοῖς ἱερεῦσιν ἐλάλησα, 16 λέγων, οὕτως εἶπε Κύριος, μὴ ἀκούετε τῶν λόγων τῶν προφητῶν, τῶν προφητευόντων ὑμῖν, λεγόντων, ἰδοὺ σκεύη οἴκου Κυρίου ἐπιστρέψει ἐκ Βαβυλῶνος· ὅτι ἄδικα αὐτοὶ προφητεύουσιν ὑμῖν. Οὐκ ἀπέστειλα αὐτούς. Εἰ προφῆταί εἰσι, 17, 18 καὶ εἰ ἔστι λόγος Κυρίου ἐν αὐτοῖς, ἀπαντησάτωσάν μοι, ὅτι οὕτως εἶπε Κύριος.

Καὶ τῶν ἐπιλοίπων σκευῶν, ὧν οὐκ ἔλαβε βασιλεὺς 19, 20 Βαβυλῶνος, ὅτε ἀπῴκισε τὸν Ἰεχονίαν ἐξ Ἰερουσαλὴμ, εἰς 22 Βαβυλῶνα εἰσελεύσεται, λέγει Κύριος.

Καὶ ἐγένετο ἐν τῷ τετάρτῳ ἔτει Σεδεκία βασιλέως Ἰούδα 35 ἐν μηνὶ τῷ πέμπτῳ, εἶπέ μοι Ἀνανίας υἱὸς Ἀζὼρ ὁ ψευδοπροφήτης ἀπὸ Γαβαὼν ἐν οἴκῳ Κυρίου, κατ᾽ ὀφθαλμοὺς τῶν ἱερέων, καὶ παντὸς τοῦ λαοῦ, λέγων, Οὕτως εἶπε Κύριος, 2 συνέτριψα τὸν ζυγὸν τοῦ βασιλέως Βαβυλῶνος. Ἔτι δύο ἔτη 3 ἡμερῶν, καὶ ἐγὼ ἀποστρέψω εἰς τὸν τόπον τοῦτον τὰ σκεύη οἴκου Κυρίου, καὶ Ἰεχονίαν, καὶ τὴν ἀποικίαν Ἰούδα, ὅτι 4 συντρίψω τὸν ζυγὸν βασιλέως Βαβυλῶνος.

Καὶ εἶπεν Ἰερεμίας πρὸς Ἀνανίαν κατ᾽ ὀφθαλμοὺς παντὸς 5 τοῦ λαοῦ καὶ κατ᾽ ὀφθαλμοὺς τῶν ἱερέων τῶν ἑστηκότων ἐν οἴκῳ Κυρίου, καὶ εἶπεν Ἰερεμίας, ἀληθῶς οὕτω ποιήσαι Κύριος, 6 στῆσαι τὸν λόγον σου ὃν σὺ προφητεύεις, τοῦ ἐπιστρέψαι τὰ σκεύη οἴκου Κυρίου καὶ πᾶσαν τὴν ἀποικίαν ἐκ Βαβυλῶνος εἰς τὸν τόπον τοῦτον. Πλὴν ἀκούσατε τὸν λόγον Κυρίου, 7 ὃν ἐγὼ λέγω εἰς τὰ ὦτα ὑμῶν καὶ εἰς τὰ ὦτα παντὸς τοῦ λαοῦ. Οἱ προφῆται οἱ γεγονότες πρότεροί μου καὶ πρότεροι ὑμῶν 8 ἀπὸ τοῦ αἰῶνος, καὶ ἐπροφήτευσαν ἐπὶ γῆς πολλῆς, καὶ ἐπὶ βασιλείας μεγάλας εἰς πόλεμον. Ὁ προφήτης ὁ προφητεύσας 9 εἰς εἰρήνην, ἐλθόντος τοῦ λόγου, γνώσονται τὸν προφήτην ὃν ἀπέστειλεν αὐτοῖς Κύριος ἐν πίστει.

Καὶ ἔλαβεν Ἀνανίας ἐν ὀφθαλμοῖς παντὸς τοῦ λαοῦ τοὺς 10 κλοιοὺς ἀπὸ τοῦ τραχήλου Ἰερεμίου, καὶ συνέτριψεν αὐτούς. Καὶ εἶπεν Ἀνανίας κατ᾽ ὀφθαλμοὺς παντὸς τοῦ λαοῦ, λέγων, 11 οὕτως εἶπε Κύριος, οὕτως συντρίψω τὸν ζυγὸν βασιλέως Βαβυλῶνος ἀπὸ τραχήλων πάντων τῶν ἐθνῶν· καὶ ᾤχετο Ἰερεμίας εἰς τὴν ὁδὸν αὐτοῦ.

Καὶ ἐγένετο λόγος Κυρίου πρὸς Ἰερεμίαν, μετὰ τὸ συν- 12 τρίψαι Ἀνανίαν τοὺς κλοιοὺς ἀπὸ τοῦ τραχήλου αὐτοῦ, λέγων, Βάδιζε, καὶ εἰπὸν πρὸς Ἀνανίαν, λέγων, οὕτως εἶπε Κύριος, 13 κλοιοὺς ξυλίνους συνέτριψας, καὶ ποιήσω ἀντ᾽ αὐτῶν κλοιοὺς σιδηροῦς· Ὅτι οὕτως εἶπε Κύριος, ζυγὸν σιδηροῦν ἔθηκα ἐπὶ 14 τὸν τράχηλον πάντων τῶν ἐθνῶν, ἐργάζεσθαι τῷ βασιλεῖ Βαβυλῶνος. Καὶ εἶπεν Ἰερεμίας τῷ Ἀνανίᾳ, οὐκ ἀπέσταλκέ σε 15 Κύριος, καὶ πεποιθέναι ἐποίησας τὸν λαὸν τοῦτον ἐπ᾽ ἀδίκῳ. Διατοῦτο οὕτως εἶπε Κύριος, ἰδοὺ ἐγὼ ἐξαποστέλλω σε ἀπὸ 16 προσώπου τῆς γῆς, τούτῳ τῷ ἐνιαυτῷ ἀποθανῇ. Καὶ ἀπέθανεν 17 ἐν τῷ μηνὶ τῷ ἑβδόμῳ.

β Or, many a country.   γ Gr. faithfulness.

36 Καὶ οὗτοι οἱ λόγοι τῆς βίβλου οὓς ἀπέστειλεν Ἰερεμίας ἐξ Ἰερουσαλὴμ πρὸς τοὺς πρεσβυτέρους τῆς ἀποικίας, καὶ πρὸς τοὺς ἱερεῖς, καὶ πρὸς τοὺς ψευδοπροφήτας, ἐπιστολὴν εἰς
2 Βαβυλῶνα τῇ ἀποικίᾳ, καὶ πρὸς ἅπαντα τὸν λαόν, ὕστερον ἐξελθόντος Ἰεχονίου τοῦ βασιλέως, καὶ τῆς βασιλίσσης, καὶ τῶν εὐνούχων, καὶ παντὸς ἐλευθέρου, καὶ δεσμώτου, καὶ τεχ-
3 νίτου ἐξ Ἰερουσαλήμ, ἐν χειρὶ Ἐλεασὰν υἱοῦ Σαφὰν, καὶ Γαμαρίου υἱοῦ Χελκίου, ὃν ἀπέστειλε Σεδεκίας βασιλεὺς Ἰούδα, πρὸς βασιλέα Βαβυλῶνος εἰς Βαβυλῶνα, λέγων,

4 Οὕτως εἶπε Κύριος ὁ Θεὸς Ἰσραὴλ ἐπὶ τὴν ἀποικίαν ἣν
5 ἀπῴκισα ἀπὸ Ἰερουσαλήμ, οἰκοδομήσατε οἴκους, καὶ κατοι-κήσατε, καὶ φυτεύσατε παραδείσους, καὶ φάγετε τοὺς καρποὺς
6 αὐτῶν, καὶ λάβετε γυναῖκας, καὶ τεκνοποιήσατε υἱοὺς καὶ θυγατέρας, καὶ λάβετε τοῖς υἱοῖς ὑμῶν γυναῖκας, καὶ τὰς θυγατέρας ὑμῶν δότε ἀνδράσι, καὶ πληθύνεσθε, καὶ μὴ σμικρυν-
7 θῆτε· Καὶ ζητήσατε εἰς εἰρήνην τῆς γῆς, εἰς ἣν ἀπῴκισα ὑμᾶς ἐκεῖ· καὶ προσεύξεσθε περὶ αὐτῶν πρὸς Κύριον, ὅτι ἐν εἰρήνῃ αὐτῆς εἰρήνη ὑμῖν.

8 Ὅτι οὕτως εἶπε Κύριος, μὴ ἀναπειθέτωσαν ὑμᾶς οἱ ψευ-δοπροφῆται οἱ ἐν ὑμῖν, καὶ μὴ ἀναπειθέτωσαν ὑμᾶς οἱ μάντεις ὑμῶν, καὶ μὴ ἀκούετε εἰς τὰ ἐνύπνια ὑμῶν, ἃ ὑμεῖς ἐνυπνιά-
9 ζεσθε, ὅτι ἄδικα αὐτοὶ προφητεύουσιν ὑμῖν ἐπὶ τῷ ὀνόματί μου,
10 καὶ οὐκ ἀπέστειλα αὐτούς. Ὅτι οὕτως εἶπε Κύριος, ὅταν μέλλῃ πληροῦσθαι Βαβυλῶνι ἑβδομήκοντα ἔτη, ἐπισκέψομαι ὑμᾶς, καὶ ἐπιστήσω τοὺς λόγους μου ἐφ᾽ ὑμᾶς, τοῦ ἀποστρέψαι
11 τὸν λαὸν ὑμῶν εἰς τὸν τόπον τοῦτον. Καὶ λογιοῦμαι ἐφ᾽ ὑμᾶς
12 λογισμὸν εἰρήνης, καὶ οὐ κακά, τοῦ δοῦναι ὑμῖν ταῦτα. Καὶ
13 προσεύξασθε πρὸς μὲ, καὶ εἰσακούσομαι ὑμῶν. Καὶ ἐκζητή-σατέ με, καὶ εὑρήσετέ με· ὅτι ζητήσετέ με ἐν ὅλῃ καρδίᾳ
14, 15 ὑμῶν, καὶ ἐπιφανοῦμαι ὑμῖν· Ὅτι εἴπατε, κατέστησεν ἡμῖν Κύριος προφήτας ἐν Βαβυλῶνι·

21 Οὕτως εἶπε Κύριος ἐπὶ Ἀχιὰβ, καὶ ἐπὶ Σεδεκίαν, ἰδοὺ ἐγὼ δίδωμι αὐτοὺς εἰς χεῖρας βασιλέως Βαβυλῶνος, καὶ πατάξει
22 αὐτοὺς κατ᾽ ὀφθαλμοὺς ὑμῶν. Καὶ λήψονται ἀπ᾽ αὐτῶν κατά-ραν ἐν πάσῃ τῇ ἀποικίᾳ Ἰούδα ἐν Βαβυλῶνι, λέγοντες, ποιήσαι σε Κύριος, ὡς Σεδεκίαν ἐποίησε, καὶ ὡς Ἀχιὰβ, οὓς ἀπετη-
23 γάνισε βασιλεὺς Βαβυλῶνος ἐν πυρὶ, δι᾽ ἣν ἐποίησαν ἀνομίαν ἐν Ἰσραήλ, καὶ ἐμοιχῶντο τὰς γυναῖκας τῶν πολιτῶν αὐτῶν, καὶ λόγον ἐχρημάτισαν ἐν τῷ ὀνόματί μου, ὃν οὐ συνέταξα αὐτοῖς· καὶ ἐγὼ μάρτυς, φησὶ Κύριος.

24, 25 Καὶ πρὸς Σαμαίαν τὸν Αἰλαμίτην ἐρεῖς, οὐκ ἀπέστειλά σε τῷ ὀνόματί μου· καὶ πρὸς Σοφονίαν υἱὸν Μαασαίου τὸν
26 ἱερέα εἰπὲ, Κύριος ἔδωκέ σε ἱερέα ἀντὶ Ἰωδαὲ τοῦ ἱερέως, γενέσθαι ἐπιστάτην ἐν τῷ οἴκῳ Κυρίου παντὶ ἀνθρώπῳ προφη-τεύοντι, καὶ παντὶ ἀνθρώπῳ μαινομένῳ, καὶ δώσεις αὐτὸν εἰς
27 τὸ ἀπόκλεισμα, καὶ εἰς τὸν καταράκτην. Καὶ νῦν διατί συνε-λοιδορήσατε Ἰερεμίαν τὸν ἐξ Ἀναθὼθ, τὸν προφητεύσαντα
28 ὑμῖν; Οὐ διατοῦτο ἀπέστειλεν; ὅτι διὰ τοῦ μηνὸς τούτου

And these are the words of the book which Jeremias sent from Jerusalem to the elders of the captivity, and to the priests, and to the false prophets, even an epistle to Babylon for the captivity, and to all the people; [2] (after the departure of Jechonias the king and the queen, and the eunuchs, and every freeman, and bondman, and artificer, out of Jerusalem;) [3] by the hand of Eleasan son of Saphan, and Gamarias son of Chelcias, (whom Sedekias king of Juda sent to the king of Babylon to Babylon) saying,
[4] Thus said the Lord God of Israel concerning the captivity which I caused to be carried away from Jerusalem; [5] Build ye houses, and inhabit *them;* and plant gardens, and eat the fruits thereof; [6] and take ye wives, and beget sons and daughters; and take wives for your sons, and give your daughters to husbands, and be multiplied, and be not diminished. [7] And seek the peace of the land into which I have carried you captive, and ye shall pray to the Lord for β the people: for in its peace ye shall *have* peace.
[8] For thus saith the Lord; Let not the false prophets that are among you persuade you, and let not your diviners persuade you, and hearken not to your dreams which ye dream. [9] For they prophesy to you unrighteous *words* in my name; and I sent them not. [10] For thus said the Lord; When seventy years shall be on the point of being accomplished at Babylon, I will visit you, and will confirm my words to you, to bring back your people to this place. [11] And I will devise for you a device of peace, and not evil, to bestow upon you these *good things.* [12] And do ye pray to me, and I will hearken to you: and do ye earnestly seek me, and ye shall find me; [13] for ye shall seek me with your whole heart. [14] And I will appear to you: [15] whereas ye said, The Lord has appointed for us prophets in Babylon:—
[21] Thus saith the Lord concerning Achiab, and concerning Sedekias; Behold, I *will* deliver them into the hands of the king of Babylon; and he shall smite them in your sight. [22] And they shall γ make of them a curse in all the captivity of Juda in Babylon, saying, The Lord do to thee as he did to Sedekias, and as he did to Achiab, whom the king of Babylon fried in the fire; [23] because of the iniquity which they wrought in Israel, and *because* they committed adultery with the wives of their fellow-citizens, and spoke a word in my name, which I did not command them *to speak,* and I am witness, saith the Lord.
[24] And to Samæas the Ælamite thou shalt say, [25] I sent thee not in my name: and to Sophonias the priest the son of Maasæas say thou, [26] The Lord has made thee priest in the place of Jodae the priest, to be ruler in the house of the Lord over every prophet, and to every madman, and thou shalt put them in prison, and into the dungeon. [27] And now wherefore have ye reviled together Jeremias of Anathoth, who prophesied to you? [28] Did he not send for this purpose? for in the course of this month

β Gr. them. γ Gr. take.

he sent to you to Babylon, saying, It is far off: build ye houses, and inhabit *them;* and plant gardens, and eat the fruit of them. ²⁹ And Sophonias read the book in the ears of Jeremias.

³⁰ Then the word of the Lord came to Jeremias, saying, ³¹ Send to the captivity, saying, Thus saith the Lord concerning Samæas the Ælamite, Since Samæas has prophesied to you, and I sent him not, and he has made you to trust in iniquity, ³² therefore thus saith the Lord; Behold, I will visit Samæas, and his family: and there shall not be a man of them in the midst of you to see the good which I will do to you: they shall not see *it.*

THE WORD THAT CAME TO JEREMIAS FROM THE LORD, SAYING, ² Thus speaks the Lord God of Israel, saying,

Write all the words which I have spoken to thee in a book. ³ For, behold, the days come, saith the Lord, when I will bring back the captivity of my people Israel and Juda, said the Lord: and I will bring them back to the land which I gave to their fathers, and they shall be lords of it.

⁴ AND THESE ARE THE WORDS WHICH THE LORD SPOKE CONCERNING ISRAEL AND JUDA:

⁵ Thus said the Lord: Ye shall hear a sound of fear, *there is* fear, and there is not peace. ⁶ Enquire, and see if a male has born a child? and *ask* concerning the fear, wherein they shall hold their loins, and *look for* safety: for I have seen every man, and his hands are on his loins; *their* faces are turned to ^β paleness. ⁷ For that day is great, and there is not such *another;* and it is a time of straitness to Jacob; but he shall be saved out of it. ⁸ In that day, said the Lord, I will break the yoke off their neck, and will burst their bonds, and they shall no longer serve strangers: ⁹ but they shall serve the Lord their God; and I will raise up to them David their king.

¹² Thus saith the Lord; I have brought on *thee* destruction; thy stroke is painful. ¹³ There is none to judge thy cause: thou hast been painfully treated for healing, there is no help for thee. ¹⁴ All thy friends have forgotten thee; they shall not ask *about thee* at all, for I have smitten thee with the stroke of an enemy, *even* severe correction: thy sins have abounded above all thine iniquity. ¹⁶ Therefore all that devour thee shall be eaten, and all thine enemies shall eat all their *own* flesh. ¹⁵ Thy sins have abounded beyond the multitude of thine iniquities, *therefore* they have done these things to thee. ¹⁶ And they that spoil thee shall become a spoil, and I will give up ^γ to be plundered all that have plundered thee. ¹⁷ For I will bring about thy healing, I will heal thee of thy grievous wound, saith the Lord; for thou art called Dispersed: she is your prey, for no one seeks after her.

¹⁸ Thus said the Lord; Behold, I will turn the captivity of Jacob, and will have pity upon his prisoners; and the city shall

ἀπέστειλε πρὸς ὑμᾶς εἰς Βαβυλῶνα, λέγων, μακράν ἐστιν, οἰκοδομήσατε οἰκίας, καὶ κατοικήσατε, καὶ φυτεύσατε κήπους, καὶ φάγεσθε τὸν καρπὸν αὐτῶν. Καὶ ἀνέγνω Σοφονίας τὸ 29 βιβλίον εἰς τὰ ὦτα Ἱερεμίου.

Καὶ ἐγένετο λόγος Κυρίου πρὸς Ἱερεμίαν, λέγων, ἀπό- 30, 31 στειλον πρὸς τὴν ἀποικίαν, λέγων, οὕτως εἶπε Κύριος ἐπὶ Σαμαίαν τὸν Αἰλαμίτην, ἐπειδὴ ἐπροφήτευσεν ὑμῖν Σαμαίας, καὶ ἐγὼ οὐκ ἀπέστειλα αὐτὸν, καὶ πεποιθέναι ἐποίησεν ὑμᾶς ἐπ᾽ ἀδίκοις, διατοῦτο οὕτως εἶπε Κύριος, ἰδοὺ ἐγὼ ἐπισκέψομαι 32 ἐπὶ Σαμαίαν, καὶ ἐπὶ τὸ γένος αὐτοῦ, καὶ οὐκ ἔσται αὐτῶν ἄνθρωπος ἐν μέσῳ ὑμῶν, τοῦ ἰδεῖν τὰ ἀγαθὰ, ἃ ἐγὼ ποιήσω ὑμῖν, οὐκ ὄψονται.

Ὁ ΛΟΓΟΣ Ὁ ΓΕΝΟΜΕΝΟΣ ΠΡΟΣ ἹΕΡΕΜΙΑΝ 37 ΠΑΡΑ ΚΥΡΙΟΥ, ΕΙΠΕΙΝ, Οὕτως εἶπε Κύριος ὁ Θεὸς 2 Ἰσραὴλ, λέγων,

Γράψον πάντας τοὺς λόγους οὓς ἐχρημάτισα πρὸς σὲ ἐπὶ βιβλίου. Ὅτι ἰδοὺ ἡμέραι ἔρχονται, φησὶ Κύριος, καὶ ἀπο- 3 στρέψω τὴν ἀποικίαν λαοῦ μου Ἰσραὴλ καὶ Ἰούδα, εἶπε Κύριος, καὶ ἀποστρέψω αὐτοὺς εἰς τὴν γῆν ἣν ἔδωκα τοῖς πατράσιν αὐτῶν, καὶ κυριεύσουσιν αὐτῆς.

ΚΑΙ ΟΥΤΟΙ ΟΙ ΛΟΓΟΙ ΟΥΣ ἘΛΑΛΗΣΕ ΚΥΡΙΟΣ 4 ἘΠΙ ἸΣΡΑΗΛ ΚΑΙ ἸΟΥΔΑ.

Οὕτως εἶπε Κύριος, φωνὴν φόβου ἀκούσεσθε· φόβος, καὶ 5 οὐκ ἔστιν εἰρήνη. Ἐρωτήσατε, καὶ ἴδετε, εἰ ἔτεκεν ἄρσεν; 6 καὶ περὶ φόβου, ἐν ᾧ καθέξουσιν ὀσφὺν καὶ σωτηρίαν; διότι ἑώρακα πάντα ἄνθρωπον, καὶ αἱ χεῖρες αὐτοῦ ἐπὶ τῆς ὀσφύος αὐτοῦ· ἐστράφησαν πρόσωπα εἰς ἴκτερον. Ὅτι ἐγενήθη 7 μεγάλη ἡ ἡμέρα ἐκείνη, καὶ οὐκ ἔστι τοιαύτη· καὶ χρόνος στενός ἐστι τῷ Ἰακὼβ, καὶ ἀπὸ τούτου σωθήσεται. Ἐν τῇ ἡμέρᾳ 8 ἐκείνῃ, εἶπε Κύριος, συντρίψω τὸν ζυγὸν ἀπὸ τοῦ τραχήλου αὐτῶν, καὶ τοὺς δεσμοὺς αὐτῶν διαῤῥήξω· καὶ οὐκ ἐργῶνται αὐτοὶ ἔτι ἀλλοτρίοις, καὶ ἐργῶνται τῷ Κυρίῳ Θεῷ αὐτῶν· καὶ 9 τὸν Δαυὶδ βασιλέα αὐτῶν ἀναστήσω αὐτοῖς.

Οὕτως εἶπε Κύριος, ἀνέστησα σύντριμμα, ἀλγηρὰ ἡ πληγή 12 σου, οὐκ ἔστι κρίνων κρίσιν σου, εἰς ἀλγηρὸν ἰατρεύθης, 13 ὠφέλειά σοι οὐκ ἔστι. Πάντες οἱ φίλοι σου ἐπελάθοντό σου, 14 οὐ μὴ ἐπερωτήσωσιν· ὅτι πληγὴν ἐχθροῦ ἔπαισά σε, παιδείαν στερεάν· ἐπὶ πᾶσαν ἀδικίαν σου ἐπλήθυναν αἱ ἁμαρτίαι σου. Διατοῦτο πάντες οἱ ἔσθοντές σε βρωθήσονται, καὶ πάντες οἱ 16 ἐχθροί σου κρέας αὐτῶν πᾶν ἔδονται. Ἐπὶ πλῆθος ἀδικιῶν 15 σου ἐπληθύνθησαν αἱ ἁμαρτίαι σου· ἐποίησαν ταῦτά σοι· Καὶ ἔσονται οἱ διαφοροῦντές σε εἰς διαφόρημα, καὶ πάντας 16 τοὺς προνομεύσαντάς σε δώσω εἰς προνομήν. Ὅτι ἀνάξω τὸ 17 ἴαμά σου, ἀπὸ πληγῆς ὀδυνηρᾶς ἰατρεύσω σε, φησὶ Κύριος· ὅτι Ἐσπαρμένη ἐκλήθης, θήρευμα ὑμῶν ἐστιν, ὅτι ζητῶν οὐκ ἔστιν αὐτήν.

Οὕτως εἶπε Κύριος, ἰδοὺ ἐγὼ ἀποστρέψω τὴν ἀποικίαν 18 Ἰακὼβ, καὶ τὴν αἰχμαλωσίαν αὐτοῦ ἐλεήσω· καὶ οἰκοδομηθή-

---

β *i. e.* that produced by scorching.   γ *Gr.* to plunder, *subs.*

σεται πόλις ἐπὶ τὸ ὕψος αὐτῆς, καὶ ὁ λαὸς κατὰ τὸ κρίμα
19 αὐτοῦ καθεδεῖται, καὶ ἐξελεύσονται ἀπ᾽ αὐτῶν ᾄδοντες, φωνὴ
παιζόντων· καὶ πλεονάσω αὐτούς, καὶ οὐ μὴ ἐλαττωθῶσι.
20 Καὶ εἰσελεύσονται οἱ υἱοὶ αὐτῶν ὡς τὸ πρότερον, καὶ τὰ
μαρτύρια αὐτῶν κατὰ πρόσωπόν μου ὀρθωθήσεται· καὶ ἐπι-
21 σκέψομαι τοὺς θλίβοντας αὐτούς. Καὶ ἔσονται ἰσχυρότεροι
αὐτοῦ ἐπ᾽ αὐτούς, καὶ ὁ ἄρχων αὐτοῦ ἐξ αὐτοῦ ἐξελεύσεται·
καὶ συνάξω αὐτούς, καὶ ἀποστρέψουσι πρὸς μέ· ὅτι τίς
ἐστιν οὗτος ὃς ἔδωκε τὴν καρδίαν αὐτοῦ, ἀποστρέψαι πρὸς μέ;
φησὶ Κύριος·

23 Ὅτι ὀργὴ Κυρίου ἐξῆλθε θυμώδης, ἐξῆλθεν ὀργὴ στρεφο-
24 μένη, ἐπ᾽ ἀσεβεῖς ἥξει. Οὐ μὴ ἀποστραφῇ ὀργὴ θυμοῦ
Κυρίου, ἕως ποιήσει, καὶ ἕως καταστήσῃ ἐγχείρημα καρδίας
αὐτοῦ· ἐπ᾽ ἐσχάτων τῶν ἡμερῶν γνώσεσθε αὐτά.

38 Ἐν τῷ χρόνῳ ἐκείνῳ, εἶπε Κύριος, ἔσομαι εἰς Θεὸν τῷ γένει
2 Ἰσραήλ, καὶ αὐτοὶ ἔσονταί μοι εἰς λαόν. Οὕτως εἶπε Κύριος,
εὗρον θερμὸν ἐν ἐρήμῳ μετὰ ὀλωλότων ἐν μαχαίρᾳ· βαδίσατε,
3 καὶ μὴ ὀλέσητε τὸν Ἰσραήλ. Κύριος πόρρωθεν ὤφθη αὐτῷ·
ἀγάπησιν αἰώνιον ἠγάπησά σε· διατοῦτο εἵλκυσά σε εἰς
4 οἰκτείρημα. Ὅτι οἰκοδομήσω σε, καὶ οἰκοδομηθήσῃ πυρθένος
Ἰσραήλ· ἔτι λήψῃ τύμπανόν σου, καὶ ἐξελεύσῃ μετὰ συνα-
5 γωγῆς παιζόντων. Ὅτι ἐφυτεύσατε ἀμπελῶνας ἐν ὄρεσι
6 Σαμαρείας, φυτεύσατε καὶ αἰνέσατε, ὅτι ἐστὶν ἡμέρα κλήσεως
ἀπολογουμένων ἐν ὄρεσιν Ἐφραίμ, ἀνάστητε, καὶ ἀνάβητε
εἰς Σιὼν πρὸς Κύριον τὸν Θεὸν ὑμῶν.

7 Ὅτι οὕτως εἶπε Κύριος τῷ Ἰακώβ, εὐφράνθητε, καὶ χρεμε-
τίσατε ἐπὶ κεφαλὴν ἐθνῶν· ἀκουστὰ ποιήσατε, καὶ αἰνέσατε·
εἴπατε, ἔσωσε Κύριος τὸν λαὸν αὐτοῦ, τὸ κατάλοιπον τοῦ
8 Ἰσραήλ. Ἰδοὺ ἐγὼ ἄγω αὐτοὺς ἀπὸ Βορρᾶ, καὶ συνάξω
αὐτοὺς ἀπ᾽ ἐσχάτου τῆς γῆς ἐν ἑορτῇ φασέκ· καὶ τεκνοποιήσει
9 ὄχλον πολύν, καὶ ἀποστρέψουσιν ὧδε. Ἐν κλαυθμῷ ἐξῆλθον,
καὶ ἐν παρακλήσει ἀνάξω αὐτούς, αὐλίζων ἐπὶ διώρυγας
ὑδάτων ἐν ὁδῷ ὀρθῇ, καὶ οὐ μὴ πλανηθῶσιν ἐν αὐτῇ· ὅτι
ἐγενόμην τῷ Ἰσραὴλ εἰς πατέρα, καὶ Ἐφραὶμ πρωτότοκός μου
ἐστίν.

10 Ἀκούσατε λόγους Κυρίου ἔθνη, καὶ ἀναγγείλατε εἰς νήσους
τὰς μακρόθεν· εἴπατε, ὁ λικμήσας τὸν Ἰσραὴλ καὶ συνάξει
11 αὐτόν, καὶ φυλάξει αὐτόν, ὡς ὁ βόσκων ποίμνιον αὐτοῦ. Ὅτι
ἐλυτρώσατο Κύριος τὸν Ἰακώβ, ἐξείλατο αὐτὸν ἐκ χειρὸς
12 στερεωτέρων αὐτοῦ. Καὶ ἥξουσι, καὶ εὐφρανθήσονται ἐν τῷ
ὄρει Σιών, καὶ ἥξουσιν ἐπ᾽ ἀγαθὰ Κυρίου, ἐπὶ γῆν σίτου καὶ
οἴνου, καὶ καρπῶν, καὶ κτηνῶν, καὶ προβάτων· καὶ ἔσται ἡ
ψυχὴ αὐτῶν ὥσπερ ξύλον ἔγκαρπον, καὶ οὐ πεινάσουσιν ἔτι.
13 Τότε χαρήσονται παρθένοι ἐν συναγωγῇ νεανίσκων, καὶ πρεσ-
βύται χαρήσονται, καὶ στρέψω τὸ πένθος αὐτῶν εἰς χαρμονήν,
14 καὶ ποιήσω αὐτοὺς εὐφραινομένους. Μεγαλυνῶ καὶ μεθύσω

be built upon her β hill, and the people shall
settle after their γ manner. ¹⁹And there
shall go forth from them singers, *even* the
sound of men making merry: and I will
multiply them, and they shall not at all be
diminished. ²⁰And their sons shall go in
as before, and their testimonies shall be
established before me, and I will visit them
that afflict them. ²¹And their mighty ones
shall be over them, and their prince shall
proceed of themselves; and I will gather
them, and they shall return to me: for who
is this that has set his heart to return to
me? saith the Lord.

²³For the wrathful anger of the Lord has
gone forth, *even* a whirlwind of anger has
gone forth: it shall come upon the ungodly.
²⁴The fierce anger of the Lord shall not re-
turn, until he shall execute *it*, and until he
shall establish the purpose of his heart: in
the latter days ye shall know these things.

At that time, saith the Lord, δ I will be a
God to the family of Israel, and they shall
be to me a people. ²Thus saith the Lord,
I found him ζ warm in the wilderness with
them that were slain with the sword: go
ye and destroy not Israel. ³The Lord ap-
peared to him from afar, *saying*, I have loved
thee with an everlasting love: therefore have
I drawn thee in compassion. ⁴For I will
build thee, and thou shalt be built, O virgin
of Israel: thou shalt yet take thy timbrel,
and go forth with the party of them that
make merry. ⁵θ For ye have planted vine-
yards on the mountains of Samaria: plant
ye, and praise. ⁶For it is a day when those
that plead on the mountains of Ephraim
shall call, *saying*, Arise ye, and go up to
Sion to the Lord your God.

⁷For thus saith the Lord to Jacob; Re-
joice ye, and exult over the head of the
nations: make proclamation, and praise ye:
say, The Lord has delivered his people, the
remnant of Israel. ⁸Behold, I bring them
from the north, and will gather them from
the end of the earth to the feast of the
passover: and *the people* shall beget a great
multitude, and they shall return hither.
⁹They went forth with weeping, and I will
bring them back with consolation, causing
them to lodge by the channels of waters in
a straight way, and they shall not err in it:
for δ I am become a father to Israel, and
Ephraim is my first-born.

¹⁰Hear the words of the Lord, ye nations,
and proclaim *them* to the islands afar off;
say, He that scattered Israel will also ga-
ther him, and keep him as one that feeds
his flock. ¹¹For the Lord has ransomed
Jacob, he has rescued him out of the hand
of them *that were* stronger than he. ¹²And
they shall come, and shall rejoice in the
mount of Sion, and shall come to the good
things of the Lord, *even* to a land of corn,
and wine, and fruits, and cattle, and sheep:
and their soul shall be as a fruitful tree;
and they shall hunger no more. ¹³Then
shall the virgins rejoice in the assembly of
youth, and the old men shall rejoice; and
I will turn their mourning into joy, and
will make them merry. ¹⁴I will λ expand

β *Gr.* height.   γ *Or, lit.* judgment. See Isaiah 5. 17.   δ 2 Cor. 6. 17, 18.   ζ *q. d.* still living.
θ *Alex.* 'plant ye,' seems a preferable reading.   λ *Gr.* enlarge.

and cheer with wine the soul of the priests the sons of Levi, and my people shall be satisfied with my good things: thus saith the Lord.

¹⁵ β A voice was heard in Rama, of lamentation, and of weeping, and wailing; Rachel would not cease weeping for her children, because they are not.

¹⁶ Thus saith the Lord; Let thy voice cease from weeping, and thine eyes from thy tears: for there is a reward for thy works; and they shall return from the land of *thine* enemies. ¹⁷ *There shall be* an abiding *home* for thy children.

¹⁸ I have heard the sound of Ephraim lamenting, *and saying*, Thou hast chastened me, and I was chastened; I as a calf was not *willingly* taught: turn thou me, and I shall turn; for thou *art* the Lord my God. ¹⁹ For after my captivity I repented; and after I knew, I groaned for the day of shame, and shewed thee that I γ bore reproach from my youth. ²⁰ Ephraim is a beloved son, a pleasing child to me: for because my words are in him, I will surely remember him: therefore I made haste δ *to help* him; I will surely have mercy upon him, saith the Lord.

²¹ ζ Prepare thyself, O Sion; execute vengeance; look to thy θ ways: return, O virgin of Israel, by the way by which thou wentest, return mourning to thy cities. ²² How long, O disgraced daughter, wilt thou turn away? for the Lord has created safety for a new plantation: men shall go about in safety.

²³ For thus saith the Lord; They shall yet speak this word in the land of Juda, and in the cities thereof, when I shall turn his captivity; blessed be the Lord on his righteous holy mountain! ²⁴ And there shall be dwellers in the cities of Juda, and in all his land, together with the husbandman, and *the shepherd* shall λ go forth with the flock. ²⁵ For I have saturated every thirsting soul, and filled every hungry soul. ²⁶ Therefore I awaked, and beheld; and my sleep was sweet to me.

²⁷ Therefore, behold, the days come, saith the Lord, when I will sow the house of Israel and the house of Juda with the seed of man, and the seed of beast. ²⁸ And it shall come to pass, that as I watched over them, to pull down, and to afflict, so will I watch over them, to build, and to plant, saith the Lord. ²⁹ In those days they shall certainly not say, The fathers ate a sour grape, and the children's teeth were set on edge. ³⁰ But every one shall die in his own sin; and the teeth of him that eats the sour grape shall be set on edge.

³¹ μ Behold, the days come, saith the Lord, when I will make a new covenant with the house of Israel, and with the house of Juda: ³² not according to the covenant which I made with their fathers in the day when I took hold of their hand to bring them out of the land of Egypt; for they abode not in my covenant, and I disregarded them, saith the Lord. ³³ For this is my covenant which I will make with the house of Israel; after those days, saith the Lord, ξ I will surely put my laws into their mind, and write

---

τὴν ψυχὴν τῶν ἱερεων υἱῶν Λευὶ, καὶ ὁ λαός μου τῶν ἀγαθῶν μου ἐμπλησθήσεται· οὕτως εἶπε Κύριος.

Φωνὴ ἐν Ῥαμᾷ ἠκούσθη θρήνου, καὶ κλαυθμοῦ, καὶ ὀδυρμοῦ· 15 Ῥαχὴλ ἀποκλαιομένη οὐκ ἤθελε παύσασθαι ἐπὶ τοῖς υἱοῖς αὐτῆς, ὅτι οὐκ εἰσίν.

Οὕτως εἶπε Κύριος, διαλειπέτω ἡ φωνή σου ἀπὸ κλαυθμοῦ, 16 καὶ οἱ ὀφθαλμοί σου ἀπὸ δακρύων σου, ὅτι ἔστι μισθὸς τοῖς σοῖς ἔργοις, καὶ ἐπιστρέψουσιν ἐκ γῆς ἐχθρῶν, μόνιμον τοῖς 17 σοῖς τέκνοις.

Ἀκοὴν ἤκουσα Ἐφραὶμ ὀδυρομένου, ἐπαίδευσάς με, καὶ 18 ἐπαιδεύθην· ἐγὼ ὥσπερ μόσχος οὐκ ἐδιδάχθην· ἐπίστρεψόν με, καὶ ἐπιστρέψω, ὅτι σὺ Κύριος ὁ Θεός μου. Ὅτι ὕστερον 19 αἰχμαλωσίας μου μετενόησα, καὶ ὕστερον τοῦ γνῶναί με, ἐστέναξα ἐφ᾽ ἡμέρας αἰσχύνης, καὶ ὑπέδειξά σοι, ὅτι ἔλαβον ὀνειδισμὸν ἐκ νεότητός μου. Υἱὸς ἀγαπητὸς Ἐφραὶμ, ἐμοὶ παιδίον 20 ἐντρυφῶν, ὅτι ἀνθ᾽ ὧν οἱ λόγοι μου ἐν αὐτῷ, μνείᾳ μνησθήσομαι αὐτοῦ· διατοῦτο ἔσπευσα ἐπ᾽ αὐτῷ, ἐλεῶν ἐλεήσω αὐτὸν, φησὶ Κύριος.

Στῆσον σεαυτὴν Σιὼν, ποίησον τιμωρίαν, δὸς καρδίαν σου 21 εἰς τοὺς ὤμους· ὁδὸν ᾗ ἐπορεύθης, ἀποστράφηθι παρθένος Ἰσραὴλ, ἀποστράφηθι εἰς τὰς πόλεις σου πενθοῦσα. Ἕως 22 πότε ἀποστρέψεις θυγάτηρ ἠτιμωμένη; ὅτι ἔκτισε Κύριος σωτηρίαν εἰς καταφύτευσιν καινὴν, ἐν σωτηρίᾳ περιελεύσονται ἄνθρωποι.

Ὅτι οὕτως εἶπε Κύριος, ἔτι ἐροῦσι τὸν λόγον τοῦτον ἐν γῇ 23 Ἰούδα, καὶ ἐν πόλεσιν αὐτοῦ, ὅταν ἀποστρέψω τὴν αἰχμαλωσίαν αὐτοῦ, εὐλογημένος Κύριος ἐπὶ δίκαιον ὄρος τὸ ἅγιον αὐτοῦ. Καὶ ἐνοικοῦντες ἐν ταῖς πόλεσιν Ἰούδα, καὶ ἐν πάσῃ τῇ 24 γῇ αὐτοῦ, ἅμα γεωργῷ, καὶ ἀρθήσεται ἐν ποιμνίῳ. Ὅτι 25 ἐμέθυσα πᾶσαν ψυχὴν διψῶσαν, καὶ πᾶσαν ψυχὴν πεινῶσαν ἐνέπλησα. Διατοῦτο ἐξηγέρθην, καὶ εἶδον, καὶ ὁ ὕπνος μου ἡδύς 26 μοι ἐγενήθη.

Διατοῦτο ἰδοὺ ἡμέραι ἔρχονται, φησὶ Κύριος, καὶ σπερῶ 27 τὸν Ἰσραὴλ καὶ τὸν Ἰούδαν, σπέρμα ἀνθρώπου καὶ σπέρμα κτήνους. Καὶ ἔσται ὥσπερ ἐγρηγόρουν ἐπ᾽ αὐτοὺς καθαιρεῖν 28 καὶ κακοῦν, οὕτως γρηγορήσω ἐπ᾽ αὐτοὺς τοῦ οἰκοδομεῖν καὶ καταφυτεύειν, φησὶ Κύριος. Ἐν ταῖς ἡμέραις ἐκείναις οὐ μὴ 29 εἴπωσιν, οἱ πατέρες ἔφαγον ὄμφακα, καὶ οἱ ὀδόντες τῶν τέκνων ἡμωδίασαν. Ἀλλ᾽ ἢ ἕκαστος ἐν τῇ ἑαυτοῦ ἁμαρτίᾳ ἀποθα- 30 νεῖται, καὶ τοῦ φαγόντος τὸν ὄμφακα αἱμωδιάσουσιν οἱ ὀδόντες αὐτοῦ.

Ἰδοὺ ἡμέραι ἔρχονται, φησὶ Κύριος, καὶ διαθήσομαι τῷ 31 οἴκῳ Ἰσραὴλ καὶ τῷ οἴκῳ Ἰούδα διαθήκην καινὴν, οὐ κατὰ 32 τὴν διαθήκην ἣν διεθέμην τοῖς πατράσιν αὐτῶν, ἐν ἡμέρᾳ ἐπιλαβομένου μου τῆς χειρὸς αὐτῶν, ἐξαγαγεῖν αὐτοὺς ἐκ γῆς Αἰγύπτου, ὅτι αὐτοὶ οὐκ ἐνέμειναν ἐν τῇ διαθήκῃ μου, καὶ ἐγὼ ἠμέλησα αὐτῶν, φησὶ Κύριος. Ὅτι αὕτη ἡ διαθήκη μου, ἣν 33 διαθήσομαι τῷ οἴκῳ Ἰσραὴλ, μετὰ τὰς ἡμέρας ἐκείνας, φησὶ Κύριος, διδοὺς δώσω νόμους μου εἰς τὴν διάνοιαν αὐτῶν, καὶ

β Mat. 2. 18.   γ *Gr.* received.   δ *Gr.* for him.   Conf. Luke 15. 20.   ζ *Lit.* set.   θ The reading οἴμους has been adopted here.
λ More *lit.* be carried away.   μ Heb. 8. 8, 13.   ξ *Gr.* giving I will give.

ἐπὶ καρδίας αὐτῶν γράψω αὐτούς, καὶ ἔσομαι αὐτοῖς εἰς Θεόν,
34 καὶ αὐτοὶ ἔσονταί μοι εἰς λαόν. Καὶ οὐ μὴ διδάξωσιν ἕκαστος
τὸν πολίτην αὐτοῦ, καὶ ἕκαστος τὸν ἀδελφὸν αὐτοῦ, λέγων,
γνῶθι τὸν Κύριον· ὅτι πάντες εἰδήσουσί με ἀπὸ μικροῦ αὐτῶν
ἕως μεγάλου αὐτῶν, ὅτι ἵλεως ἔσομαι ταῖς ἀδικίαις αὐτῶν, καὶ
τῶν ἁμαρτιῶν αὐτῶν οὐ μὴ μνησθῶ ἔτι.

37 Ἐὰν ὑψωθῇ ὁ οὐρανὸς εἰς τὸ μετέωρον, φησὶ Κύριος,
καὶ ἐὰν ταπεινωθῇ τὸ ἔδαφος τῆς γῆς κάτω, καὶ ἐγὼ οὐκ
ἀποδοκιμῶ τὸ γένος Ἰσραήλ, φησὶ Κύριος, περὶ πάντων ὧν
ἐποίησαν.

35 Οὕτως εἶπε Κύριος, ὁ δοὺς τὸν ἥλιον εἰς φῶς τῆς ἡμέρας,
σελήνην καὶ ἀστέρας εἰς φῶς τῆς νυκτός, καὶ κραυγὴν ἐν
θαλάσσῃ, καὶ ἐβόμβησε τὰ κύματα αὐτῆς, Κύριος παντοκράτωρ
36 ὄνομα αὐτῷ· Ἐὰν παύσωνται οἱ νόμοι οὗτοι ἀπὸ προσώπου
μου, φησὶ Κύριος, καὶ τὸ γένος Ἰσραὴλ παύσεται γενέσθαι
ἔθνος κατὰ πρόσωπόν μου πάσας τὰς ἡμέρας.

38 Ἰδοὺ ἡμέραι ἔρχονται, φησὶ Κύριος, καὶ οἰκοδομηθήσεται
πόλις τῷ Κυρίῳ ἀπὸ πύργου Ἀναμεὴλ, ἕως πύλης τῆς γωνίας.
39 Καὶ ἐξελεύσεται ἡ διαμέτρησις αὐτῆς ἀπέναντι αὐτῶν ἕως
βουνῶν Γαρήβ, καὶ περικυκλωθήσεται κύκλῳ ἐξ ἐκλεκτῶν
40 λίθων, καὶ πάντες Ἀσαρημὼθ ἕως Νάχαλ Κέδρων, ἕως γωνίας
πύλης ἵππων ἀνατολῆς, ἁγίασμα τῷ Κυρίῳ, καὶ οὐκέτι οὐ
μὴ ἐκλίπῃ, καὶ οὐ μὴ καθαιρεθῇ ἕως τοῦ αἰῶνος.

39 Ὁ ΛΟΓΟΣ ὁ γενόμενος παρὰ Κυρίου πρὸς Ἱερεμίαν ἐν τῷ
ἐνιαυτῷ δεκάτῳ βασιλεῖ Σεδεκίᾳ, οὗτος ἐνιαυτὸς ὀκτωκαιδέκατος
τῷ βασιλεῖ Ναβουχοδονόσορ βασιλεῖ Βαβυλῶνος.
2 Καὶ δύναμις βασιλέως Βαβυλῶνος ἐχαράκωσεν ἐπὶ Ἱερου-
σαλήμ, καὶ Ἱερεμίας ἐφυλάσσετο ἐν αὐλῇ τῆς φυλακῆς, ἥ
3 ἐστιν ἐν οἴκῳ βασιλέως, ἐν ᾗ κατέκλεισεν αὐτὸν ὁ βασιλεὺς
Σεδεκίας, λέγων, διατί σὺ προφητεύεις, λέγων, οὕτως εἶπε
Κύριος, ἰδοὺ ἐγὼ δίδωμι τὴν πόλιν ταύτην ἐν χερσὶ βασιλέως
4 Βαβυλῶνος, καὶ λήψεται αὐτήν, καὶ Σεδεκίας οὐ μὴ σωθῇ ἐκ
χειρὸς τῶν Χαλδαίων, ὅτι παραδόσει παραδοθήσεται εἰς χεῖ-
ρας βασιλέως Βαβυλῶνος, καὶ λαλήσει στόμα αὐτοῦ πρὸς
στόμα αὐτοῦ, καὶ οἱ ὀφθαλμοὶ αὐτοῦ τοὺς ὀφθαλμοὺς αὐτοῦ
5 ὄψονται· Καὶ εἰσελεύσεται Σεδεκίας εἰς Βαβυλῶνα, καὶ ἐκεῖ
καθίεται;

6 ΚΑΙ Ὁ ΛΟΓΟΣ ΚΥΡΙΟΥ ἘΓΕΝΗΘΗ ΠΡΟΣ ἹΕΡΕ-
7 ΜΙΑΝ, ΛΕΓΩΝ, Ἰδοὺ Ἀναμεὴλ υἱὸς Σαλὼμ ἀδελφοῦ
πατρός σου ἔρχεται πρὸς σέ, λέγων, κτῆσαι σεαυτῷ τὸν ἀγρόν
μου τὸν ἐν Ἀναθώθ, ὅτι σοὶ κρίσις παραλαβεῖν εἰς κτῆσιν.
8 Καὶ ἦλθε πρὸς μὲ Ἀναμεὴλ υἱὸς Σαλώμ, ἀδελφοῦ πατρός
μου, εἰς τὴν αὐλὴν τῆς φυλακῆς, καὶ εἶπε, κτῆσαι σεαυτῷ τὸν
ἀγρόν μου τὸν ἐν γῇ Βενιαμὶν τὸν ἐν Ἀναθώθ, ὅτι σοὶ κρίμα
κτήσασθαι αὐτόν, καὶ σὺ πρεσβύτερος. καὶ ἔγνων, ὅτι λόγος
9 Κυρίου ἐστί, καὶ ἐκτησάμην τὸν ἀγρὸν Ἀναμεὴλ υἱοῦ ἀδελφοῦ
πατρός μου, καὶ ἔστησα αὐτῷ ἑπτὰ σίκλους καὶ δέκα ἀργυρίου,
10 καὶ ἔγραψα εἰς βιβλίον, καὶ ἐσφραγισάμην, καὶ διεμαρτυράμην

them on their hearts; and I will be to them
a God, and they shall be to me a people.
[34] And they shall not at all teach every one
his *fellow* citizen, and every one his brother,
saying, Know the Lord: for all shall know
me, from the least of them to the greatest
of them: for I will be merciful to their
iniquities, and their sins I will remember no
more.

[37] Though the sky should be raised to a
greater height, saith the Lord, and though
the ground of the earth should be sunk
lower beneath, yet I will not cast off the
family of Israel, saith the Lord, for all that
they have done.

[35] Thus saith the Lord, who gives the sun
for a light by day, the moon and the stars
for a light by night, and *makes* a roaring in
the sea, so that the waves thereof roar; the
Lord Almighty is his name: [36] if these ordi-
nances cease from before me, saith the Lord,
then shall the family of Israel cease to be a
nation before me for ever.

[38] Behold, the days come, saith the Lord,
when the city shall be built to the Lord
from the tower of Anameel to the gate of
the corner. [39] And the measurement of it
shall proceed in front of them as far as the
hills of Gareb, and it shall be compassed
β with a circular wall of choice stones.
[40] And all the Asaremoth even to Nachal
Kedron, as far as the corner of the horse-
gate eastward, shall be γ holiness to the
Lord; and it shall not fail any more, and
shall not be destroyed for ever.

The word that came from the Lord to
Jeremias in the tenth year of king Sedekias,
this is the eighteenth year of king Nabucho-
donosor king of Babylon.
[2] And the host of the king of Babylon had
made a rampart against Jerusalem: and
Jeremias was kept in the court of the
prison, which is in the king's house; [3] in
which king Sedekias *had* shut him up, say-
ing, Wherefore dost thou prophesy, saying,
Thus saith the Lord, Behold, I *will* give
this city into the hands of the king of
Babylon, and he shall take it; [4] and Sede-
kias shall by no means be delivered out of
the hand of the Chaldeans, for he shall
certainly be given up into the hands of the
king of Babylon, and his mouth shall speak
to his mouth, and his eyes shall look upon
his eyes; [5] and Sedekias shall go into Baby-
lon, and δ dwell there?

[6] AND THE WORD OF THE LORD CAME
TO JEREMIAS, SAYING, [7] Behold, Anameel
the son of Salom thy father's brother is
coming to thee, saying, Buy thee my field
that is in Anathoth: for thou *hast* the
right to take *it* as a purchase.
[8] So Anameel the son of Salom my father's
brother came to me into the court of the
prison, and said, Buy thee my field that is
in the land of Benjamin, in Anathoth: for
thou *hast* a right to buy it, and thou art the
elder. So I knew that it was the word of
the Lord. [9] And I bought the field of Ana-
meel the son of my father's brother, and I
weighed him seventeen shekels of silver.
[10] And I wrote *it* in a book, and sealed *it*,
and took the testimony of witnesses, and

β More *lit.* with a circle out of.   γ *Or*, a consecration.   δ *Complut.* καθιεῖται, adopted here.

weighed the money in the balance. [11] And I took the book of the purchase that was sealed; [12] and I gave it to Baruch son of Nerias, son of Maasæas, in the sight of Anameel my father's brother's son, and in the sight of the men that stood by and wrote in the book of the purchase, and in the sight of the Jews that were in the court of the prison. [13] And I charged Baruch in their presence, saying, Thus saith the Lord Almighty, [14] Take this book of the purchase, and the book that has been read; and thou shalt put it into an earthen vessel, that it may remain many days. [15] For thus saith the Lord; There shall yet be β bought fields and houses and vineyards in this land.

[16] And I prayed to the Lord after I had given the book of the purchase to Baruch the son of Nerias, saying,

[17] O *ever* living Lord! thou hast made the heaven and the earth by thy great power, and with thy high and lofty arm: nothing can be hidden from thee. [18] γ Granting mercy to thousands, and recompensing the sins of the fathers into the bosoms of their children after them: the great, the strong God; [19] the Lord of great counsel, and mighty in deeds, the great Almighty God, and Lord of great name: thine eyes are upon the ways of the children of men, to give to every one according to his way: [20] who hast wrought signs and wonders in the land of Egypt even to this day, and in Israel, and among the inhabitants of the earth; and thou didst make for thyself a name, as at this day; [21] and thou didst bring out thy people Israel out of the land of Egypt with signs, and with wonders, with a mighty hand, and with a high arm, and with great δ sights; [22] and thou gavest them this land, which thou didst swear *to give* to their fathers, a land flowing with milk and honey; [23] and they went in, and took it; but they hearkened not to thy voice, and walked not in thine ordinances; they did none of the things which thou didst command them, and they caused all these calamities to happen to them. [24] Behold, a multitude is come against the city to take it; and the city is given into the hands of the Chaldeans that fight against it, by the power of the sword, and the famine: as thou hast spoken, so has it happened. [25] And thou sayest to me, Buy thee the field for ς money; and I wrote a book, and sealed *it*, and took the testimony of witnesses: and the city is given into the hands of the Chaldeans.

[26] And the word of the Lord came to me, saying,

[27] I am the Lord, the God of all flesh: shall anything be hidden from me! [28] Therefore thus saith the Lord God of Israel; This city shall certainly be delivered into the hands of the king of Babylon, and he shall take it: [29] and the Chaldeans shall come to war against this city, and they shall burn this city with fire, and shall burn down the houses wherein they burnt incense on the roofs thereof to Baal, and poured drink-offerings to other gods, to provoke me.

μάρτυρας, καὶ ἔστησα τὸ ἀργύριον ἐν ζυγῷ. Καὶ ἔλαβον τὸ [11] βιβλίον τῆς κτήσεως τὸ ἐσφραγισμένον, καὶ ἔδωκα αὐτὸ τῷ [12] Βαροὺχ υἱῷ Νηρίου υἱῷ Μαασαίου, κατ᾽ ὀφθαλμοὺς Ἀναμεὴλ υἱοῦ ἀδελφοῦ πατρός μου, καὶ κατ᾽ ὀφθαλμοὺς τῶν ἀνδρῶν τῶν παρεστηκότων καὶ γραφόντων ἐν τῷ βιβλίῳ τῆς κτήσεως, καὶ κατ᾽ ὀφθαλμοὺς τῶν Ἰουδαίων τῶν ἐν τῇ αὐλῇ τῆς φυλακῆς. Καὶ συνέταξα τῷ Βαροὺχ κατ᾽ ὀφθαλμοὺς αὐτῶν, λέγων, [13] Οὕτως εἶπε Κύριος παντοκράτωρ, λάβε τὸ βιβλίον τῆς κτήσεως [14] τοῦτο, καὶ τὸ βιβλίον τὸ ἀνεγνωσμένον, καὶ θήσεις αὐτὸ εἰς ἀγγεῖον ὀστράκινον, ἵνα διαμείνῃ ἡμέρας πλείους. Ὅτι οὕτως [15] εἶπε Κύριος, ἔτι κτηθήσονται ἀγροὶ, καὶ οἰκίαι, καὶ ἀμπελῶνες ἐν τῇ γῇ ταύτῃ.

Καὶ προσευξάμην πρὸς Κύριον μετὰ τὸ δοῦναί με τὸ βιβλίον [16] τῆς κτήσεως πρὸς Βαροὺχ υἱὸν Νηρίου, λέγων,

Ὁ ὢν Κύριε, σὺ ἐποίησας τὸν οὐρανὸν καὶ τὴν γῆν τῇ ἰσχύϊ [17] σου τῇ μεγάλῃ, καὶ τῷ βραχίονί σου τῷ ὑψηλῷ καὶ τῷ μετεώρῳ, οὐ μὴ ἀποκρυβῇ ἀπὸ σοῦ οὐθέν, ποιῶν ἔλεος εἰς χιλιάδας, καὶ [18] ἀποδιδοὺς ἁμαρτίας πατέρων εἰς κόλπους τέκνων αὐτῶν μετ᾽ αὐτούς· ὁ Θεὸς ὁ μέγας, ὁ ἰσχυρὸς, Κύριος μεγάλης βουλῆς, [19] καὶ δυνατὸς τοῖς ἔργοις, ὁ Θεὸς ὁ μέγας ὁ παντοκράτωρ, καὶ μεγαλώνυμος Κύριος· οἱ ὀφθαλμοί σου εἰς τὰς ὁδοὺς τῶν υἱῶν τῶν ἀνθρώπων, δοῦναι ἑκάστῳ κατὰ τὴν ὁδὸν αὐτοῦ. Ὃς [20] ἐποίησας σημεῖα καὶ τέρατα ἐν γῇ Αἰγύπτῳ ἕως τῆς ἡμέρας ταύτης, καὶ ἐν Ἰσραὴλ, καὶ ἐν τοῖς γηγενέσι· καὶ ἐποίησας σεαυτῷ ὄνομα, ὡς ἡμέρα αὕτη, καὶ ἐξήγαγες τὸν λαόν σου [21] Ἰσραὴλ ἐκ γῆς Αἰγύπτου ἐν σημείοις καὶ ἐν τέρασιν, ἐν χειρὶ κραταιᾷ, καὶ ἐν βραχίονι ὑψηλῷ, καὶ ἐν ὁράμασι μεγάλοις, καὶ ἔδωκας αὐτοῖς τὴν γῆν ταύτην, ἣν ὤμοσας τοῖς πατράσιν [22] αὐτῶν, γῆν ῥέουσαν γάλα καὶ μέλι. Καὶ εἰσήλθοσαν καὶ [23] ἔλαβον αὐτὴν, καὶ οὐκ ἤκουσαν τῆς φωνῆς σου, καὶ ἐν τοῖς προστάγμασί σου οὐκ ἐπορεύθησαν· ἅπαντα ἃ ἐνετείλω αὐτοῖς οὐκ ἐποίησαν, καὶ ἐποίησαν συμβῆναι αὐτοῖς πάντα τὰ κακὰ ταῦτα. Ἰδοὺ ὄχλος ἥκει εἰς τὴν πόλιν συλλαβεῖν αὐτὴν, καὶ [24] ἡ πόλις ἐδόθη εἰς χεῖρας Χαλδαίων τῶν πολεμούντων αὐτὴν ἀπὸ προσώπου μαχαίρας, καὶ τοῦ λιμοῦ ὡς ἐλάλησας, οὕτως ἐγένετο. Καὶ σὺ λέγεις πρὸς μὲ κτῆσαι σεαυτῷ τὸν ἀγρὸν [25] ἀργυρίου· καὶ ἔγραψα βιβλίον, καὶ ἐσφραγισάμην, καὶ ἐπεμαρτυράμην μάρτυρας, καὶ ἡ πόλις ἐδόθη εἰς χεῖρας Χαλδαίων.

Καὶ ἐγένετο λόγος Κυρίου πρὸς μὲ, λέγων,　　　[26]

Ἐγὼ Κύριος ὁ Θεὸς πάσης σαρκὸς, μὴ ἀπ᾽ ἐμοῦ κρυβή- [27] σεταί τι; Διατοῦτο οὕτως εἶπε Κύριος ὁ Θεὸς Ἰσραὴλ, δοθεῖσα [28] παραδοθήσεται ἡ πόλις αὕτη εἰς χεῖρας βασιλέως Βαβυλῶνος, καὶ λήψεται αὐτὴν, καὶ ἥξουσιν οἱ Χαλδαῖοι πολεμοῦντες ἐπὶ [29] τὴν πόλιν ταύτην, καὶ καύσουσι τὴν πόλιν ταύτην ἐν πυρὶ, καὶ κατακαύσουσι τὰς οἰκίας ἐν αἷς ἐθυμίωσαν ἐπὶ τῶν δωμάτων αὐτῶν τῇ Βάαλ, καὶ ἔσπενδον σπονδὰς θεοῖς ἑτέροις, πρὸς τὸ

β The *Alex.* reading κτηθήσονται has been substituted here.　　　γ Gr. doing.　　　δ Or, visions.　　　ζ Lit. silver.

30 παραπικράναι με· Ὅτι ἦσαν οἱ υἱοὶ Ἰσραὴλ καὶ οἱ υἱοὶ
Ἰούδα μόνοι ποιοῦντες τὸ πονηρὸν κατ᾽ ὀφθαλμούς μου ἐκ
31 νεότητος αὐτῶν· Ὅτι ἐπὶ τὴν ὀργήν μου, καὶ ἐπὶ τὸν θυμόν
μου ἦν ἡ πόλις αὕτη, ἀφ᾽ ἧς ἡμέρας ᾠκοδόμησαν αὐτὴν καὶ
ἕως τῆς ἡμέρας ταύτης, ἀπαλλάξαι αὐτὴν ἀπὸ προσώπου μου,
32 διὰ πάσας τὰς πονηρίας τῶν υἱῶν Ἰσραὴλ καὶ Ἰούδα, ὧν ἐποίη-
σαν πικρᾶναι με, αὐτοὶ καὶ οἱ βασιλεῖς αὐτῶν, καὶ οἱ ἄρχοντες
αὐτῶν, καὶ οἱ ἱερεῖς αὐτῶν, καὶ οἱ προφῆται αὐτῶν, ἄνδρες
33 Ἰούδα, καὶ οἱ κατοικοῦντες ἐν Ἱερουσαλήμ, καὶ ἀπέστρεψαν
πρὸς μὲ νῶτον, καὶ οὐ πρόσωπον· καὶ ἐδίδαξα αὐτοὺς ὄρθρου,
34 καὶ οὐκ ἤκουσαν ἔτι λαβεῖν παιδείαν. Καὶ ἔθηκαν τὰ μιάσ-
ματα αὐτῶν ἐν τῷ οἴκῳ, οὗ ἐπεκλήθη τὸ ὄνομά μου ἐπ᾽ αὐτῷ,
35 ἐν ἀκαθαρσίαις αὐτῶν. Καὶ ᾠκοδόμησαν τοὺς βωμοὺς τῇ
Βάαλ τοὺς ἐν φάραγγι υἱοῦ Ἐννόμ, τοῦ ἀναφέρειν τοὺς υἱοὺς
αὐτῶν καὶ τὰς θυγατέρας αὐτῶν τῷ Μολὸχ βασιλεῖ, ἃ οὐ συνέ-
ταξα αὐτοῖς, καὶ οὐκ ἀνέβη ἐπὶ καρδίαν μου τοῦ ποιῆσαι τὸ
βδέλυγμα τοῦτο, πρὸς τὸ ἐφαμαρτεῖν τὸν Ἰούδαν.

36 Καὶ νῦν οὕτως εἶπε Κύριος ὁ Θεὸς Ἰσραὴλ ἐπὶ τὴν πόλιν,
ἣν σὺ λέγεις, παραδοθήσεται εἰς χεῖρας βασιλέως Βαβυλῶνος
37 ἐν μαχαίρᾳ, καὶ ἐν λιμῷ, καὶ ἐν ἀποστολῇ· Ἰδοὺ ἐγὼ συνάγω
αὐτοὺς ἐκ πάσης τῆς γῆς, οὗ διέσπειρα αὐτοὺς ἐκεῖ ἐν ὀργῇ
μου, καὶ τῷ θυμῷ μου, καὶ ἐν παροξυσμῷ μεγάλῳ· καὶ ἐπι-
στρέψω αὐτοὺς εἰς τὸν τόπον τοῦτον, καὶ καθιῶ αὐτοὺς πεποι-
38 θότας· Καὶ ἔσονταί μοι εἰς λαόν, καὶ ἐγὼ ἔσομαι αὐτοῖς εἰς
39 Θεόν. Καὶ δώσω αὐτοῖς ὁδὸν ἑτέραν καὶ καρδίαν ἑτέραν,
φοβηθῆναί με πάσας τὰς ἡμέρας, καὶ εἰς ἀγαθὸν αὐτοῖς καὶ
40 τοῖς τέκνοις αὐτῶν μετ᾽ αὐτούς. Καὶ διαθήσομαι αὐτοῖς
διαθήκην αἰωνίαν, ἣν οὐ μὴ ἀποστρέψω ὄπισθεν αὐτῶν· καὶ
τὸν φόβον μου δώσω εἰς τὴν καρδίαν αὐτῶν, πρὸς τὸ μὴ
41 ἀποστῆναι αὐτοὺς ἀπ᾽ ἐμοῦ. Καὶ ἐπισκέψομαι τοῦ ἀγαθῶσαι
αὐτούς, καὶ φυτεύσω αὐτοὺς ἐν τῇ γῇ ταύτῃ ἐν πίστει, καὶ ἐν
πάσῃ καρδίᾳ μου, καὶ ἐν πάσῃ ψυχῇ.

42 Ὅτι οὕτως εἶπε Κύριος, καθὰ ἐπήγαγον ἐπὶ τὸν λαὸν τοῦτον
πάντα τὰ κακὰ τὰ μεγάλα ταῦτα, οὕτως ἐγὼ ἐπάξω ἐπ᾽ αὐτοὺς
43 πάντα τὰ ἀγαθά, ἃ ἐλάλησα ἐπ᾽ αὐτούς. Καὶ κτηθήσονται
ἔτι ἀγροὶ ἐν τῇ γῇ, ᾗ σὺ λέγεις, ἄβατος ἔσται ἀπὸ ἀνθρώπων
44 καὶ κτήνους, καὶ παρεδόθησαν εἰς χεῖρας Χαλδαίων. Καὶ
κτήσονται ἀγροὺς ἐν ἀργυρίῳ· καὶ γράψεις βιβλίον καὶ
σφραγιῇ, καὶ διαμαρτύρῃ μάρτυρας ἐν γῇ Βενιαμὶν, καὶ κύκλῳ
τῆς Ἱερουσαλήμ, καὶ ἐν πόλεσιν Ἰούδα, καὶ ἐν πόλεσι τοῦ
ὄρους, καὶ ἐν πόλεσι τῆς σεφηλὰ, καὶ ἐν πόλεσι τῆς ναγὲβ,
ὅτι ἀποστρέψω τὰς ἀποικίας αὐτῶν.

40 Καὶ ἐγένετο λόγος Κυρίου πρὸς Ἱερεμίαν δεύτερον, καὶ αὐτὸς
ἦν ἔτι δεδεμένος ἐν τῇ αὐλῇ τῆς φυλακῆς, λέγων,

2 Οὕτως εἶπε Κύριος, ποιῶν γῆν, καὶ πλάσσων αὐτὴν, τοῦ
3 ἀνορθῶσαι αὐτὴν, Κύριος ὄνομα αὐτῷ· Κέκραξον πρὸς μὲ,
καὶ ἀποκριθήσομαί σοι, καὶ ἀπαγγελῶ σοι μεγάλα καὶ ἰσχυρά,
4 ἃ οὐκ ἔγνως αὐτά. Ὅτι οὕτως εἶπε Κύριος περὶ οἴκων τῆς

---

30 For the children of Israel and the chil-
dren of Juda alone did evil in my sight from
their youth. [31] For this city was *obnoxious*
to my anger and my wrath, from the day
that they built it even to this day; that I
should remove it from my presence, [32] be-
cause of all the wickedness of the children
of Israel and Juda, which they wrought to
provoke me, they and their kings, and their
princes, and their priests, and their pro-
phets, the men of Juda, and the dwellers in
Jerusalem. [33] And they turned the back to
me, and not the face: whereas I taught
them early in the morning, but they hearken-
ed no more to receive instruction. [34] And
they set their pollutions in the house, on
which my name was called, by their un-
cleannesses. [35] And they built to Baal the
altars that are in the valley of the son of
Ennom, to offer their sons and their daugh-
ters to king Moloch; which things I com-
manded them β not, neither came it into
my mind that they should do this abomina-
tion, to cause Juda to sin.

[36] And now thus has the Lord God of
Israel said concerning this city, of which
thou sayest, It shall be delivered into the
hands of the king of Babylon by the sword,
and by famine, and banishment. [37] Behold,
I *will* gather them out of every land, where
I have scattered them in my anger, and my
wrath, and great fury; and I will bring
them back into this place, and will cause
them to dwell safely: [38] and they shall be
to me a people, and I will be to them a God.
[39] And I will give them another way, and
another heart, to fear me continually, and
that for good to them and their children
after them. [40] And I will make with them
an everlasting covenant, which I will by no
means turn away from them, and I will put
my fear into their heart, that they may not
depart from me. [41] And I will visit *them*
to do them good, and I will plant them in
this land in faithfulness, and with all my
heart, and with all *my* soul.

[42] For thus saith the Lord; As I have
brought upon this people all these great
evils, so will I bring upon them all the
good things which I pronounced upon them.
[43] And there shall yet be fields bought in
the land, of which thou sayest, It shall be
destitute of man and beast; and they are
delivered into the hands of the Chaldeans.
[44] And they shall buy fields for γ money,
and thou shalt write a book, and seal *it*, and
shalt take the testimony of witnesses in the
land of Benjamin, and round about Jerusa-
lem, and in the cities of Juda, and in the
cities of the mountain, and in the cities of
the plain, and in the cities of the south:
for I will turn their captivity.

And the word of the Lord came to Jere-
mias the second time, when he was yet
bound in the court of the prison, saying,
[2] Thus saith the Lord, who made the
earth and formed it, to establish it; the
Lord is his name; [3] Cry to me, and I will
answer thee, and I will declare to thee great
and mighty things, which thou knowest
not. [4] For thus saith the Lord concerning
the houses of this city, and concerning the

β *Or*, not to do.   γ *Gr.* silver.

houses of the king of Juda, which have been pulled down β for mounds and fortifications, [5] to fight against the Chaldeans, and to fill it with the corpses of men, whom I smote in mine anger and my wrath, and turned away my face from them, for all their wickedness: [6] Behold, I bring upon her healing and cure, and I will show *myself* to them, and will heal her, and make both peace and γ security.
[7] And I will turn the captivity of Juda, and the captivity of Israel, and will build them, even as before. [8] And I will cleanse them from all their iniquities, whereby they have sinned against me, and will not remember their sins, whereby they have sinned against me, and revolted from me. [9] And it shall be for joy and praise, and for glory to all the people of the earth, who shall hear all the good that I will do: and they shall fear and be provoked for all the good things and for all the peace which I will bring upon them.
[10] Thus saith the Lord; There shall yet be heard in this place, of which ye say, It is destitute of men and cattle, in the cities of Juda, and δ in the streets of Jerusalem, *the places* that have been made desolate for want of men and cattle, [11] the voice of gladness, and the voice of joy, the voice of the bridegroom, and the voice of the bride, the voice of men saying, Give thanks to the Lord Almighty: for the Lord is good; for his mercy *endures* for ever: and they shall bring gifts into the house of the Lord; for I will turn all the captivity of that land as before, said the Lord. [12] Thus saith the Lord of hosts; There shall yet be in this place, that is desert for want of man and beast, in all the cities thereof, resting-places for shepherds causing their flocks to lie down. [13] In the cities of the hill country, and in the cities of the valley, and in the cities of the south, and in the land of Benjamin, and in the *cities* round about Jerusalem, and in the cities of Juda, flocks shall yet pass under the hand of him that numbers *them*, saith the Lord.
The word that came to Jeremias from the Lord (now Nabuchodonosor king of Babylon, and all his army, and all the country of his dominion, were warring against Jerusalem, and against all the cities of Juda,) saying,
[2] Thus has the Lord said; Go to Sedekias king of Juda, and thou shalt say to him, Thus has the Lord said, This city shall certainly be delivered into the hands of the king of Babylon, and he shall take it, and shall burn it with fire: [3] and thou shalt not escape out of his hand, but shalt certainly be taken, and shalt be given into his hands; and thine eyes shall see his eyes, ζ and thou shalt enter into Babylon.
[4] But hear the word of the Lord, O Sedekias king of Juda; Thus saith the Lord, [5] Thou shalt die in peace: and as they wept for thy fathers that reigned before thee, they shall weep also for thee, *saying*, Ah lord! and they shall lament for thee θ down to the grave: for I have spoken the word, said the Lord.

πόλεως ταύτης, καὶ περὶ οἴκων βασιλέως Ἰούδα τῶν καθηρημένων εἰς χάρακας καὶ προμαχῶνας, τοῦ μάχεσθαι πρὸς τοὺς 5 Χαλδαίους, καὶ πληρῶσαι αὐτὴν τῶν νεκρῶν τῶν ἀνθρώπων, οὓς ἐπάταξα ἐν ὀργῇ μου, καὶ ἐν θυμῷ μου· καὶ ἀπέστρεψα τὸ πρόσωπόν μου ἀπ᾽ αὐτῶν, περὶ πασῶν τῶν πονηριῶν αὐτῶν. Ἰδοὺ ἐγὼ ἀνάγω αὐτῇ συνούλωσιν καὶ ἴαμα, καὶ φανερώσω 6 αὐτοῖς, καὶ ἰατρεύσω αὐτὴν, καὶ ποιήσω καὶ εἰρήνην καὶ πίστιν.

Καὶ ἀποστρέψω τὴν ἀποικίαν Ἰούδα, καὶ ἀποικίαν Ἰσραὴλ, 7 καὶ οἰκοδομήσω αὐτοὺς καθὼς καὶ τοπρότερον. Καὶ καθαριῶ 8 αὐτοὺς ἀπὸ πασῶν τῶν ἀδικιῶν αὐτῶν, ὧν ἡμάρτοσάν μοι, καὶ οὐ μὴ μνησθήσομαι ἁμαρτιῶν αὐτῶν, ὧν ἥμαρτόν μοι, καὶ ἀπέστησαν ἀπ᾽ ἐμοῦ. Καὶ ἔσται εἰς εὐφροσύνην καὶ αἴνεσιν, 9 καὶ εἰς μεγαλειότητα παντὶ τῷ λαῷ τῆς γῆς, οἵτινες ἀκούσονται πάντα τὰ ἀγαθὰ ἃ ἐγὼ ποιήσω, καὶ φοβηθήσονται καὶ πικρανθήσονται περὶ πάντων τῶν ἀγαθῶν, καὶ περὶ πάσης τῆς εἰρήνης ἧς ἐγὼ ποιήσω αὐτοῖς.

Οὕτως εἶπε Κύριος, ἔτι ἀκουσθήσεται ἐν τῷ τόπῳ τούτῳ, 10 ᾧ ὑμεῖς λέγετε, ἔρημός ἐστιν ἀπὸ ἀνθρώπων καὶ κτηνῶν, ἐν πόλεσιν Ἰούδα, καὶ ἔξωθεν Ἰερουσαλὴμ, ταῖς ἠρημωμέναις, παρὰ τὸ μὴ εἶναι ἄνθρωπον καὶ κτήνη· Φωνὴ εὐφροσύνης, καὶ 11 φωνὴ χαρμοσύνης, φωνὴ νυμφίου, καὶ φωνὴ νύμφης, φωνὴ λεγόντων, ἐξομολογεῖσθε Κυρίῳ παντοκράτορι, ὅτι χρηστὸς Κύριος, ὅτι εἰς τὸν αἰῶνα τὸ ἔλεος αὐτοῦ· καὶ εἰσοίσουσι δῶρα εἰς οἶκον Κυρίου, ὅτι ἀποστρέψω πᾶσαν τὴν ἀποικίαν τῆς γῆς ἐκείνης κατὰ τοπρότερον, εἶπε Κύριος. Οὕτως εἶπε Κύριος 12 τῶν δυνάμεων, ἔτι ἔσται ἐν τῷ τόπῳ τούτῳ τῷ ἐρήμῳ, παρὰ τὸ μὴ εἶναι ἄνθρωπον καὶ κτῆνος, ἐν πάσαις ταῖς πόλεσιν αὐτοῦ καταλύματα ποιμένων κοιταζόντων πρόβατα, ἐν πόλεσι τῆς 13 ὀρεινῆς, καὶ ἐν πόλεσι τῆς σεφηλὰ, καὶ ἐν πόλεσι τῆς ναγὲβ, καὶ ἐν γῇ Βενιαμὶν, καὶ ἐν ταῖς κύκλῳ Ἰερουσαλὴμ, καὶ ἐν πόλεσιν Ἰούδα· ἔτι παρελεύσεται πρόβατα ἐπὶ χεῖρα ἀριθμοῦντος, εἶπε Κύριος.

Ὁ ΛΟΓΟΣ ὁ γενόμενος πρὸς Ἱερεμίαν παρὰ Κυρίου, (καὶ 41 Ναβουχοδονόσορ βασιλεὺς Βαβυλῶνος, καὶ πᾶν τὸ στρατόπεδον αὐτοῦ, καὶ πᾶσα ἡ γῆ ἀρχῆς αὐτοῦ ἐπολέμουν ἐπὶ Ἱερουσαλὴμ, καὶ ἐπὶ πάσας τὰς πόλεις Ἰούδα,) λέγων,

Οὕτως εἶπε Κύριος, βάδισον πρὸς Σεδεκίαν βασιλέα Ἰούδα, 2 καὶ ἐρεῖς αὐτῷ, οὕτως εἶπε Κύριος, παραδόσει παραδοθήσεται ἡ πόλις αὕτη εἰς χεῖρας βασιλέως Βαβυλῶνος, καὶ συλλήψεται αὐτὴν, καὶ καύσει αὐτὴν ἐν πυρί, καὶ σὺ οὐ μὴ σωθῇς ἐκ 3 χειρὸς αὐτοῦ, καὶ συλλήψει συλληφθήσῃ· καὶ εἰς χεῖρας αὐτοῦ δοθήσῃ, καὶ ὀφθαλμοί σου τοὺς ὀφθαλμοὺς αὐτοῦ ὄψονται, καὶ εἰς Βαβυλῶνα εἰσελεύσῃ.

Ἀλλ᾽ ἄκουσον τὸν λόγον Κυρίου, Σεδεκία βασιλεῦ Ἰούδα· 4 οὕτως λέγει Κύριος, ἐν εἰρήνῃ ἀποθανῇ· καὶ ὡς ἔκλαυσαν τοὺς 5 πατέρας σου τοὺς βασιλεύσαντας πρότερόν σου, κλαύσονται καὶ σὲ, οὐαὶ Κύριε, καὶ ἕως ᾅδου κόψονταί σε, ὅτι λόγον ἐγὼ ἐλάλησα, εἶπε Κύριος.

β q. d. to make.   γ Gr. faithfulness.   δ Lit. outside of.   ζ Alex. + and thy mouth shall speak with his mouth.   θ Gr. as far as Hades.

6 Καὶ ἐλάλησεν Ἱερεμίας πρὸς τὸν βασιλέα Σεδεκίαν πάντας
7 τοὺς λόγους τούτους ἐν Ἱερουσαλήμ. Καὶ ἡ δύναμις βασιλέως
Βαβυλῶνος ἐπολέμει ἐπὶ Ἱερουσαλὴμ, καὶ ἐπὶ τὰς πόλεις Ἰούδα,
καὶ ἐπὶ Λαχὶς, καὶ ἐπὶ Ἄζηκα, ὅτι αὗται κατελείφθησαν ἐν
πόλεσιν Ἰούδα πόλεις ὀχυραί.
8 Ὁ λόγος ὁ γενόμενος πρὸς Ἱερεμίαν παρὰ Κυρίου, μετὰ τὸ
συντελέσαι τὸν βασιλέα Σεδεκίαν διαθήκην πρὸς τὸν λαὸν, τοῦ
9 καλέσαι ἄφεσιν, τοῦ ἐξαποστεῖλαι ἕκαστον τὸν παῖδα αὐτοῦ,
καὶ ἕκαστον τὴν παιδίσκην αὐτοῦ, τὸν Ἑβραῖον καὶ τὴν Ἑβ-
ραίαν ἐλευθέρους, πρὸς τὸ μὴ δουλεύειν ἄνδρα ἐξ Ἰούδα.
10 Καὶ ἐπεστράφησαν πάντες οἱ μεγιστᾶνες, καὶ πᾶς ὁ λαὸς οἱ
εἰσελθόντες ἐν τῇ διαθήκῃ, τοῦ ἀποστεῖλαι ἕκαστον τὸν παῖδα
11 αὐτοῦ, καὶ ἕκαστον τὴν παιδίσκην αὐτοῦ, καὶ ἔωσαν αὐτοὺς εἰς
παῖδας καὶ παιδίσκας.
12, 13 Καὶ ἐγενήθη λόγος Κυρίου πρὸς Ἱερεμίαν, λέγων, Οὕτως
εἶπε Κύριος, ἐγὼ διεθέμην διαθήκην πρὸς τοὺς πατέρας ὑμῶν
ἐν τῇ ἡμέρᾳ ᾗ ἐξειλάμην αὐτοὺς ἐκ γῆς Αἰγύπτου, ἐκ οἴκου
14 δουλείας, λέγων, ὅταν πληρωθῇ ἓξ ἔτη, ἀποστελεῖς τὸν ἀδελ-
φόν σου τὸν Ἑβραῖον, ὃς πραθήσεταί σοι, καὶ ἐργᾶταί σοι ἓξ
ἔτη, καὶ ἐξαποστελεῖς αὐτὸν ἐλεύθερον· καὶ οὐκ ἤκουσάν μου,
15 καὶ οὐκ ἔκλιναν τὸ οὖς αὐτῶν. Καὶ ἐπέστρεψαν σήμερον
ποιῆσαι τὸ εὐθὲς πρὸ ὀφθαλμῶν μου, τοῦ καλέσαι ἄφεσιν
ἕκαστον τοῦ πλησίον αὐτοῦ· καὶ συνετέλεσαν διαθήκην κατὰ
πρόσωπόν μου, ἐν τῷ οἴκῳ οὗ ἐπεκλήθη τὸ ὄνομά μου ἐπ᾽ αὐτῷ.
16 Καὶ ἐπεστρέψατε, καὶ ἐβεβηλώσατε τὸ ὄνομά μου, τοῦ ἐπι-
στρέψαι ἕκαστον τὸν παῖδα αὐτοῦ, καὶ ἕκαστον τὴν παιδίσκην
αὐτοῦ, οὓς ἐξαπεστείλατε ἐλευθέρους τῇ ψυχῇ αὐτῶν, τοῦ εἶναι
ὑμῖν εἰς παῖδας καὶ παιδίσκας.
17 Διατοῦτο οὕτως εἶπε Κύριος, ὑμεῖς οὐκ ἠκούσατέ μου, τοῦ
καλέσαι ἄφεσιν ἕκαστος πρὸς τὸν πλησίον αὐτοῦ· ἰδοὺ ἐγὼ
καλῶ ἄφεσιν ὑμῖν εἰς μάχαιραν, καὶ εἰς τὸν θάνατον, καὶ εἰς
τὸν λιμὸν, καὶ δώσω ὑμᾶς εἰς διασπορὰν πάσαις ταῖς βασιλεί-
18 αις τῆς γῆς· Καὶ δώσω τοὺς ἄνδρας τοὺς παρεληλυθότας τὴν
διαθήκην μου, τοὺς μὴ στήσαντας τὴν διαθήκην μου, ἣν ἐποί-
ησαν κατὰ πρόσωπόν μου, τὸν μόσχον ὃν ἐποίησαν ἐργάζεσθαι
19 αὐτῷ, τοὺς ἄρχοντας Ἰούδα, καὶ τοὺς δυνάστας, καὶ τοὺς ἱερεῖς,
20 καὶ τὸν λαόν· Καὶ δώσω αὐτοὺς τοῖς ἐχθροῖς αὐτῶν, καὶ ἔσται
τὰ θνησιμαῖα αὐτῶν βρῶσις τοῖς πετεινοῖς τοῦ οὐρανοῦ καὶ
21 τοῖς θηρίοις τῆς γῆς. Καὶ τὸν Σεδεκίαν βασιλέα τῆς Ἰου-
δαίας, καὶ τοὺς ἄρχοντας αὐτῶν δώσω εἰς χεῖρας ἐχθρῶν αὐτῶν,
καὶ δύναμις βασιλέως Βαβυλῶνος τοῖς ἀποτρέχουσιν ἀπ᾽
22 αὐτῶν. Ἰδοὺ ἐγὼ συντάσσω, φησὶ Κύριος, καὶ ἐπιστρέψω
αὐτοὺς εἰς τὴν γῆν ταύτην, καὶ πολεμήσουσιν ἐπ᾽ αὐτὴν, καὶ
λήψονται αὐτὴν, καὶ κατακαύσουσιν αὐτὴν ἐν πυρὶ, καὶ
τὰς πόλεις Ἰούδα, καὶ δώσω αὐτὰς ἐρήμους ἀπὸ τῶν κατοι-
κούντων.
42 Ὁ ΛΟΓΟΣ Ὁ ΓΕΝΟΜΕΝΟΣ ΠΡΟΣ ἹΕΡΕΜΙΑΝ
παρὰ Κυρίου ἐν ἡμέραις Ἰωακεὶμ βασιλέως Ἰούδα, λέγων,
2 Βάδισον εἰς οἶκον Ἀρχαβεὶν, καὶ ἄξεις αὐτοὺς εἰς οἶκον Κυρίου,
εἰς μίαν τῶν αὐλῶν, καὶ ποτιεῖς αὐτοὺς οἶνον.

6 And Jeremias spoke to king Sedekias all these words in Jerusalem. 7 And the host of the king of Babylon warred against Jerusalem, and against the cities of Juda,[β] and against Lachis, and against Azeca: for these strong cities were left among the cities of Juda.

8 The word that came from the Lord to Jeremias, after king Sedekias had concluded a covenant with the people,[γ] to proclaim a release; 9 that every one should set at liberty his servant, and every one his handmaid, the Hebrew man and Hebrew woman, that no man of Juda should be a bondman. 10 [δ] Then all the nobles, and all the people who had entered into the covenant, *engaging* to set free every one his man-servant, and every one his maid, turned, 11 and gave them over to be men-servants and maid-servants.

12 And the word of the Lord came to Jeremias, saying, 13 Thus saith the Lord; I made a covenant with your fathers in the day wherein I took them out of the land of Egypt, out of the house of bondage, saying, 14 When six years are accomplished, thou shalt set free thy brother the Hebrew, who shall be sold to thee: for he shall serve thee six years, and *then* thou shalt let him go free: but they hearkened not to me, and inclined not their ear. 15 And this day they turned to do that which was right in my sight, to proclaim every one the release of his neighbour; and they had concluded a covenant before me, in the house whereon my name is called. 16 But ye turned and profaned my name, to bring back every one his servant, and every one his handmaid, whom ye had sent forth free *and* [ζ] at their own disposal, to be to you men-servants and maid-servants.

17 Therefore thus said the Lord; Ye have not hearkened to me, to proclaim a release every one to his neighbour: behold, I proclaim a release to you, to the sword, and to the pestilence, and to the famine; and I will give you up to dispersion *among* all the kingdoms of the earth. 18 And I will give the men that have transgressed my covenant, who have not [θ] kept my covenant, which they made before me, the calf which they prepared to sacrifice with it, 19 the princes of Juda, and the men in power, and the priests, and the people; 20 I will even give them to their enemies, and their carcases shall be food for the birds of the sky and for the wild beasts of the earth. 21 And I will give Sedekias king of Judea, and their princes, into the hands of their enemies, and the host of the king of Babylon *shall come upon* them that run away from them. 22 Behold, I *will* give command, saith the Lord, and will bring them back to this land; and they shall fight against it, and take it, and burn it with fire, and the cities of Juda; and I will make them desolate without inhabitants.

THE WORD THAT CAME TO JEREMIAS from the Lord in the days of Joakim, king of Juda, saying, 2 Go to the house of the Archabin, and thou shalt bring them to the house of the Lord, into one of the courts, and give them wine to drink.

β *Alex.* that were left. γ *Alex.* in Jerusalem. δ See *Heb.* Two verses put into one. ζ Probably a *Hebraism.* θ *Or,* confirmed, *or,* set.

³ So I brought forth Jechonias the son of Jeremin the son of Chabasin, and his brethren, and his sons, and all the family of the Archabin; ⁴ and I brought them into the house of the Lord, into the chamber of the sons of Joanan, the son of Ananias, the son of Godolias, a man of God, who ᵝ dwells near the house of the princes that are ᵞ over the house of Maasæas the son of Selom, who kept the court. ⁵ And I set before them a jar of wine, and cups, and I said, Drink ye wine.

⁶ But they said, We will on no account drink wine, for our father Jonadab the son of Rechab commanded us, saying, Ye shall on no account drink wine, *neither* ye, nor your sons for ever: ⁷ nor shall ye at all build houses, nor sow any seed, nor shall ye have a vineyard: for ye shall dwell in tents all your days; that ye may live many days upon the land, in which ye sojourn. ⁸ And we hearkened to the voice of Jonadab our father, so as to drink no wine all our days, we, and our wives, and our sons, and our daughters; ⁹ and so as to build no houses to dwell in: and we have had no vineyard, nor field, nor seed: ¹⁰ but we have dwelt in tents, and have hearkened, and done according to all that Jonadab our father commanded us. ¹¹ And it came to pass, when Nabuchodonosor came up against the land, that we said we would come in; and we entered into Jerusalem, for fear of the host of the Chaldeans, and for fear of the host of the Assyrians: and we dwelt there.

¹² And the word of the Lord came to me, saying, ¹³ Thus saith the Lord, Go, and say to the ᵟ men of Juda, and to them that dwell in Jerusalem, Will ye not receive ᶻ correction to hearken to my words? ¹⁴ The sons of Jonadab the son of Rechab have kept the word which he commanded his children, that they should drink no wine; and they have not drunk *it*: but I spoke to you early, and ye hearkened not. ¹⁵ And I sent to you my servants the prophets, saying, Turn ye every one from his evil way, and amend your practices, and go not after other gods to serve them, and ye shall dwell upon the land which I gave to you and to your fathers: but ye inclined not your ears, and hearkened not. ¹⁶ But the sons of Jonadab the son of Rechab have kept the command of their father; but this people has not hearkened to me. ¹⁷ Therefore thus saith the Lord; Behold, I *will* bring upon Juda and upon the inhabitants of Jerusalem all the evils which I pronounced against them.

¹⁸ Therefore thus saith the Lord; Since the sons of Jonadab the son of Rechab have hearkened to the command of their father, to do as their father commanded them: ¹⁹ there shall never be wanting a man of the sons of Jonadab the son of Rechab ᶿ to stand before my face ᵏ while the earth remains.

IN THE FOURTH YEAR OF JOAKIM son of Josias king of Juda, the word of the Lord came to me, saying, ² Take thee a ᵘ roll of a book, and write upon it all the words which I spoke to thee

Καὶ ἐξήγαγον τὸν Ἰεχονιαν υἱὸν Ἰερεμὶν υἱοῦ Χαβασὶν, 3 καὶ τοὺς ἀδελφοὺς αὐτοῦ, καὶ τοὺς υἱοὺς αὐτοῦ, καὶ πᾶσαν τὴν οἰκίαν Ἀρχαβεὶν, καὶ εἰσήγαγον αὐτοὺς εἰς οἶκον Κυρίου εἰς 4 τὸ παστοφόριον υἱῶν Ἰωνὰν, υἱοῦ Ἀνανίου, υἱοῦ Γοδολίου ἀνθρώπου τοῦ Θεοῦ, ὅς ἐστιν ἐγγὺς τοῦ οἴκου τῶν ἀρχόντων τῶν ἐπάνω τοῦ οἴκου Μαασαίου υἱοῦ Σελὼμ, τοῦ φυλάσσοντος τὴν αὐλήν. Καὶ ἔδωκα κατὰ πρόσωπον αὐτῶν κεράμιον οἴνου, 5 καὶ ποτήρια, καὶ εἶπα, πίετε οἶνον.

Καὶ εἶπον, οὐ μὴ πίωμεν οἶνον, ὅτι Ἰωναδὰβ υἱὸς Ῥηχὰβ 6 ὁ πατὴρ ἡμῶν ἐνετείλατο ἡμῖν, λέγων, οὐ μὴ πίητε οἶνον ὑμεῖς καὶ οἱ υἱοὶ ὑμῶν ἕως αἰῶνος, καὶ οἰκίας οὐ μὴ οἰκοδομήσητε, 7 καὶ σπέρμα οὐ μὴ σπείρητε, καὶ ἀμπελὼν οὐκ ἔσται ὑμῖν, ὅτι ἐν σκηναῖς οἰκήσετε πάσας τὰς ἡμέρας ὑμῶν, ὅπως ἂν ζήσητε ἡμέρας πολλὰς ἐπὶ τῆς γῆς, ἐφ' ἧς διατρίβετε ὑμεῖς ἐπ' αὐτῆς. Καὶ ἠκούσαμεν τῆς φωνῆς Ἰωναδὰβ τοῦ πατρὸς ἡμῶν, πρὸς 8 τὸ μὴ πιεῖν οἶνον πάσας τὰς ἡμέρας ἡμῶν, ἡμεῖς καὶ αἱ γυναῖκες ἡμῶν, καὶ οἱ υἱοὶ ἡμῶν, καὶ αἱ θυγατέρες ἡμῶν, καὶ πρὸς 9 τὸ μὴ οἰκοδομεῖν οἰκίας τοῦ κατοικεῖν ἐκεῖ, καὶ ἀμπελὼν καὶ ἀγρὸς καὶ σπέρμα οὐκ ἐγένετο ἡμῖν. Καὶ ᾠκήσαμεν ἐν 10 σκηναῖς, καὶ ἠκούσαμεν, καὶ ἐποιήσαμεν κατὰ πάντα ἃ ἐνετείλατο ἡμῖν Ἰωναδὰβ ὁ πατὴρ ἡμῶν. Καὶ ἐγενήθη ὅτε ἀνέβη 11 Ναβουχοδονόσορ ἐπὶ τὴν γῆν, καὶ εἴπαμεν εἰσελθεῖν, καὶ εἰσήλθομεν εἰς Ἱερουσαλὴμ, ἀπὸ προσώπου τῆς δυνάμεως τῶν Χαλδαίων, καὶ ἀπὸ προσώπου τῆς δυνάμεως τῶν Ἀσσυρίων, καὶ ᾠκοῦμεν ἐκεῖ.

Καὶ ἐγένετο λόγος Κυρίου πρὸς μὲ, λέγων, οὕτως λέγει 12, 13 Κύριος, πορεύου, καὶ εἰπὸν ἀνθρώπῳ Ἰούδα, καὶ τοῖς κατοικοῦσιν Ἱερουσαλὴμ, οὐ μὴ λάβητε παιδείαν τοῦ ἀκούειν τοὺς λόγους μου; Ἔστησαν ῥῆμα υἱοὶ Ἰωναδὰβ υἱοῦ Ῥηχὰβ, ὃ 14 ἐνετείλατο τοῖς τέκνοις αὐτοῦ πρὸς τὸ μὴ πιεῖν οἶνον, καὶ οὐκ ἐπίοσαν· καὶ ἐγὼ ἐλάλησα πρὸς ὑμᾶς ὄρθρου, καὶ οὐκ ἠκούσατε. Καὶ ἀπέστειλα πρὸς ὑμᾶς τοὺς παῖδάς μου τοὺς προφήτας, 15 λέγων, ἀποστράφητε ἕκαστος ἀπὸ τῆς ὁδοῦ αὐτοῦ τῆς πονηρᾶς, καὶ βελτίω ποιήσατε τὰ ἐπιτηδεύματα ὑμῶν, καὶ οὐ πορεύεσθε ὀπίσω θεῶν ἑτέρων τοῦ δουλεύειν αὐτοῖς, καὶ οἰκήσετε ἐπὶ τῆς γῆς, ἧς ἔδωκα ὑμῖν, καὶ τοῖς πατράσιν ὑμῶν· καὶ οὐκ ἐκλίνατε τὰ ὦτα ὑμῶν, καὶ οὐκ εἰσηκούσατε. Καὶ ἔστησαν υἱοὶ Ἰωνα- 16 δὰβ υἱοῦ Ῥηχὰβ τὴν ἐντολὴν τοῦ πατρὸς αὐτῶν, ὁ δὲ λαὸς οὗτος οὐκ ἤκουσέ μου. Διατοῦτο οὕτως εἶπε Κύριος, ἰδοὺ ἐγὼ 17 φέρω ἐπὶ Ἰούδαν καὶ ἐπὶ τοὺς κατοικοῦντας Ἱερουσαλὴμ πάντα τὰ κακὰ ἃ ἐλάλησα ἐπ' αὐτούς.

Διατοῦτο οὕτως εἶπε Κύριος, ἐπειδὴ ἤκουσαν υἱοὶ Ἰωναδὰβ 18 υἱοῦ Ῥηχὰβ τὴν ἐντολὴν τοῦ πατρὸς αὐτῶν ποιεῖν καθότι ἐνετείλατο αὐτοῖς ὁ πατὴρ αὐτῶν, οὐ μὴ ἐκλείπῃ ἀνὴρ τῶν 19 υἱῶν Ἰωναδὰβ υἱοῦ Ῥηχὰβ παρεστηκὼς κατὰ πρόσωπόν μου πάσας τὰς ἡμέρας τῆς γῆς.

ἘΝ ΤΩ ἘΝΙΑΥΤΩ ΤΩ ΤΕΤΑΡΤΩ ἸΩΑΚΕΙΜ υἱοῦ 43 Ἰωσία βασιλέως Ἰούδα, ἐγενήθη λόγος Κυρίου πρὸς μὲ, λέγων,

Λάβε σεαυτῷ χαρτίον βιβλίου, καὶ γράψον ἐπ' αὐτοῦ πάντας 2

β *Gr.* is.   γ *Heb. and Alex.* 'above' referring to *the place.*   δ *Gr.* man.   ζ *Or,* instruction.   θ *Gr.* standing.
λ *Gr.* all the days of the earth.   μ *Or,* paper, *or,* parchment.

τοὺς λόγους οὓς ἐλάλησα πρὸς σὲ ἐπὶ Ἱερουσαλὴμ, καὶ
ἐπὶ Ἰούδα, καὶ ἐπὶ πάντα τὰ ἔθνη, ἀφ' ἧς ἡμέρας λαλήσαντός
μου πρὸς σὲ ἀφ' ἡμερῶν Ἰωσία βασιλέως Ἰούδα, καὶ ἕως τῆς
3 ἡμέρας ταύτης. Ἴσως ἀκούσεται ὁ οἶκος Ἰούδα πάντα τὰ
κακὰ ἃ ἐγὼ λογίζομαι ποιῆσαι αὐτοῖς, ἵνα ἀποστρέψωσιν ἀπὸ
τῆς ὁδοῦ αὐτῶν τῆς πονηρᾶς, καὶ ἵλεως ἔσομαι ταῖς ἀδικίαις
αὐτῶν καὶ ταῖς ἁμαρτίαις αὐτῶν.

4 Καὶ ἐκάλεσεν Ἱερεμίας τὸν Βαροὺχ υἱὸν Νηρίου· καὶ
ἔγραψεν ἀπὸ στόματος Ἱερεμίου πάντας τοὺς λόγους Κυρίου,
5 οὓς ἐλάλησε πρὸς αὐτόν, εἰς χαρτίον βιβλίου. Καὶ ἐνετείλατο
Ἱερεμίας τῷ Βαρούχ, λέγων, ἐγὼ φυλάσσομαι, οὐ μὴ δύναμαι
6 εἰσελθεῖν εἰς οἶκον Κυρίου· Καὶ ἀναγνώσῃ ἐν τῷ χαρτίῳ
τούτῳ εἰς τὰ ὦτα τοῦ λαοῦ ἐν οἴκῳ Κυρίου, ἐν ἡμέρᾳ νηστείας,
καὶ ἐν ὠσὶ παντὸς Ἰούδα τῶν ἐρχομένων ἐκ πόλεων αὐτῶν,
7 ἀναγνώσῃ αὐτοῖς. Ἴσως πεσεῖται ἔλεος αὐτῶν κατὰ πρόσω-
πον Κυρίου, καὶ ἀποστρέψουσιν ἐκ τῆς ὁδοῦ αὐτῶν τῆς πονηρᾶς,
ὅτι μέγας ὁ θυμὸς καὶ ἡ ὀργὴ Κυρίου, ἣν ἐλάλησεν ἐπὶ τὸν
λαὸν τοῦτον.

8 Καὶ ἐποίησε Βαροὺχ κατὰ πάντα ἃ ἐνετείλατο αὐτῷ Ἱερε-
μίας, τοῦ ἀναγνῶναι ἐν τῷ βιβλίῳ τοὺς λόγους Κυρίου ἐν οἴκῳ
9 Κυρίου. Καὶ ἐγενήθη ἐν τῷ ἔτει τῷ ὀγδόῳ τῷ βασιλεῖ
Ἰωακεὶμ ἐν τῷ μηνὶ τῷ ἐννάτῳ, ἐξεκκλησίασαν νηστείαν κατὰ
πρόσωπον Κυρίου πᾶς ὁ λαὸς ἐν Ἱερουσαλήμ, καὶ οἶκος Ἰούδα.
10 Καὶ ἀνεγίνωσκε Βαροὺχ ἐν τῷ βιβλίῳ τοὺς λόγους Ἱερεμίου
ἐν οἴκῳ Κυρίου, ἐν οἴκῳ Γαμαρίου υἱοῦ Σαφὰν τοῦ γραμματέως,
ἐν τῇ αὐλῇ τῇ ἐπάνω ἐν προθύροις πύλης τοῦ οἴκου Κυρίου τῆς
καινῆς, καὶ ἐν ὠσὶ παντὸς τοῦ λαοῦ.

11 Καὶ ἤκουσε Μιχαίας υἱὸς Γαμαρίου υἱοῦ Σαφὰν ἅπαντας
12 τοὺς λόγους Κυρίου, ἐκ τοῦ βιβλίου· Καὶ κατέβη εἰς οἰκίαν
τοῦ βασιλέως, εἰς τὸν οἶκον τοῦ γραμματέως, καὶ ἰδοὺ ἐκεῖ
πάντες οἱ ἄρχοντες ἐκάθηντο, Ἐλισαμὰ ὁ γραμματεὺς, καὶ
Δαλαίας υἱὸς Σελεμίου, καὶ Ἰωνάθαν υἱὸς Ἀκχοβὼρ, καὶ
Γαμαρίας υἱὸς Σαφὰν, καὶ Σεδεκίας υἱὸς Ἀνανίου, καὶ πάντες
13 οἱ ἄρχοντες· Καὶ ἀνήγγειλεν αὐτοῖς Μιχαίας πάντας τοὺς
λόγους οὓς ἤκουσεν ἀναγινώσκοντος Βαροὺχ εἰς τὰ ὦτα
τοῦ λαοῦ.

14 Καὶ ἀπέστειλαν πάντες οἱ ἄρχοντες πρὸς Βαροὺχ υἱὸν
Νηρίου, τὸν Ἰουδὶν υἱὸν Ναθανίου, υἱοῦ Σελεμίου, υἱοῦ Χουσὶ,
λέγοντες, τὸ χαρτίον ἐν ᾧ σὺ ἀναγινώσκεις ἐν αὐτῷ ἐν ὠσὶ τοῦ
λαοῦ, λάβε αὐτὸ εἰς τὴν χεῖρά σου, καὶ ἧκε· καὶ ἔλαβε Βαροὺχ
15 τὸ χαρτίον, καὶ κατέβη πρὸς αὐτούς. Καὶ εἶπον αὐτῷ, πάλιν
16 ἀνάγνωθι εἰς τὰ ὦτα ἡμῶν· καὶ ἀνέγνω Βαρούχ. Καὶ ἐγενήθη
ὡς ἤκουσαν πάντας τοὺς λόγους, συνεβουλεύσαντο ἕκαστος
πρὸς τὸν πλησίον αὐτοῦ, καὶ εἶπον, ἀναγγέλλοντες ἀναγγεί-
17 λωμεν τῷ βασιλεῖ ἅπαντας τοὺς λόγους τούτους. Καὶ τὸν
Βαροὺχ ἠρώτησαν, λέγοντες, ποῦ ἔγραψας πάντας τοὺς λόγους
18 τούτους; Καὶ εἶπε Βαρούχ, ἀπὸ στόματος αὐτοῦ ἀνήγγειλέ
μοι Ἱερεμίας πάντας τοὺς λόγους τούτους, καὶ ἔγραφον ἐν
19 βιβλίῳ. Καὶ εἶπον τῷ Βαρούχ, βάδισον, καὶ κατακρύβηθι σὺ
καὶ Ἱερεμίας, ἄνθρωπος μὴ γνώτω ποῦ ὑμεῖς.

against Jerusalem, and against Juda, and
against all the nations, from the day when
I spoke to thee, from the days of Josias
king of Juda, even to this day. [3] Perhaps
the house of Juda will hear all the evils
which I purpose to do to them; that they
may turn from their evil way; and so I
will be merciful to their iniquities and their
sins.

[4] So Jeremias called Baruch the son of
Nerias: and he wrote from the mouth of
Jeremias all the words of the Lord, which
he had spoken to him, on a roll of a book.
[5] And Jeremias commanded Baruch, saying,
I am in prison; I cannot enter into the
house of the Lord: [6] so thou shalt read in
this roll in the ears of the people in the
house of the Lord, on the fast day; and in
the ears of all Juda that come out of their
cities, thou shalt read to them. [7] Peradven-
ture their supplication will come before the
Lord, and they will turn from their evil
way: for great is the wrath and the anger
of the Lord, which he has pronounced
against this people.

[8] And Baruch did according to all that
Jeremias commanded him—reading in the
book the words of the Lord in the Lord's
house. [9] And it came to pass in the [β] eighth
year of king Joakim, in the ninth month,
all the people in Jerusalem, and the house
of Juda, proclaimed a fast before the Lord.
[10] And Baruch read in the book the words
of Jeremias in the house of the Lord, in the
house of Gamarias son of Saphan the scribe,
in the upper court, in the entrance of the
new gate of the house of the Lord, and in
the ears of all the people.

[11] And Michæas the son of Gamarias the
son of Saphan heard all the words of the
Lord, out of the book. [12] And he went
down to the king's house, into the house of
the scribe: and, behold, there were sitting
there all the princes, Elisama the scribe,
and Dalæas the son of Selemias, and Jona-
than the son of Acchobor, and Gamarias
the son of Saphan, and Sedekias the son of
Ananias, and all the princes. [13] And Michæas
reported to them all the words which he
had heard Baruch reading in the ears of the
people.

[14] And all the princes sent to Baruch son
of Nerias Judin the son of Nathanias, the
son of Selemias, the son of Chusi, saying,
Take in thine hand the roll in which thou
readest in the ears of the people, and come.
So Baruch took the roll, and went down
to them. [15] And they said to him, Read it
again in our ears. And Baruch read it.
[16] And it came to pass, when they had heard
all the words, that they took counsel each
with his neighbour, and said, Let us by all
means tell the king all these words. [17] And
they asked Baruch, saying, Where didst
thou write all these words? [18] And Baruch
said, Jeremias told me from his own mouth
all these words, and I wrote them in a
book. [19] And they said to Baruch, Go, and
hide, thou and Jeremias; let no man know
where ye are.

β *Alex*. fifth.

²⁰ And they went in to the king into the court, and gave the roll *to one* to keep in the house of Elisama; and they told the king all these words. ²¹ And the king sent Judin to fetch the roll: and he took it out of the house of Elisama: and Judin read in the ears of the king, and in the ears of all the princes who stood round the king. ²² Now the king was sitting in the winter house: and *there was* a fire on the hearth before him. ²³ And it came to pass when Judin ^β had read three or four leaves, he cut them off with γ a penknife, and cast *them* into the fire that was on the hearth, until the whole roll was consumed in the fire that was on the hearth. ²⁴ And the king and his servants that heard all these words sought not *the Lord*, and rent not their garments. ²⁵ But Elnathan and Godolias ^δ suggested to the king that ζ he should burn the roll.

²⁶ And the king commanded Jeremeel the king's son, and Sareas the son of Esriel, to take Baruch and Jeremias: but they were hidden.

²⁷ Then the word of the Lord came to Jeremias, after the king had burnt the roll, *even* all the words which Baruch wrote from the mouth of Jeremias, saying, ²⁸ Again take thou another roll, and write all the words that were on the roll, ^θ which king Joakim has burnt. ²⁹ And thou shalt say, Thus saith the Lord; Thou hast burnt this roll, saying, Why hast thou written therein, saying, The king of Babylon shall certainly come in, and destroy this land, ^λ and man and cattle shall fail from off it?

³⁰ Therefore thus saith the Lord concerning Joakim king of Juda; He shall not have *a man* to sit on the throne of David: and his carcase shall be cast forth in the heat by day, and in the frost by night. ³¹ And I will visit him, and his family, and his servants: and I will bring upon him, and upon the inhabitants of Jerusalem, and upon the land of Juda, all the evils which I spoke of to them; and they hearkened not.

³² And Baruch took another roll, and wrote upon it from the mouth of Jeremias all the words of the book ^μ which Joakim had burnt: and there were yet more words added to it like the former.

And Sedekias the son of Josias reigned instead of ξ Joakim, whom Nabuchodonosor appointed to reign over Juda. ² And he and his servants and the people of the land hearkened not to the words of the Lord, which he spoke by Jeremias.

³ And king Sedekias sent Joachal son of Selemias and Sophonias the priest son of Maaseas to Jeremias, saying, Pray now for us to the Lord. ⁴ Now Jeremias ^π came and went through the midst of the city: for they *had* not put him into the house of the prison. ⁵ And the host of Pharao was come forth out of Egypt; and the Chaldeans heard the report of them, and they went up ρ from Jerusalem.

Καὶ εἰσῆλθον πρὸς τὸν βασιλέα εἰς τὴν αὐλήν, καὶ τὸ 20 χαρτίον ἔδωκαν φυλάσσειν ἐν οἴκῳ Ἐλισαμά· καὶ ἀνήγγειλαν τῷ βασιλεῖ πάντας τοὺς λόγους τούτους. Καὶ ἀπέστειλεν 21 ὁ βασιλεὺς τὸν Ἰουδίν, λαβεῖν τὸ χαρτίον· καὶ ἔλαβεν αὐτὸ ἐξ οἴκου Ἐλισαμά· καὶ ἀνέγνω Ἰουδὶν εἰς τὰ ὦτα τοῦ βασιλέως, καὶ εἰς τὰ ὦτα πάντων τῶν ἀρχόντων, τῶν ἑστηκότων περὶ τὸν βασιλέα. Καὶ ὁ βασιλεὺς ἐκάθητο ἐν οἴκῳ χειμε- 22 ρινῷ, καὶ ἐσχάρα πυρὸς κατὰ πρόσωπον αὐτοῦ. Καὶ ἐγενήθη 23 ἀναγινώσκοντος Ἰουδὶν τρεῖς σελίδας καὶ τέσσαρας, ἀπέτεμεν αὐτὰς τῷ ξυρῷ τοῦ γραμματέως, καὶ ἔρριπτεν εἰς τὸ πῦρ τὸ ἐπὶ τῆς ἐσχάρας, ἕως ἐξέλιπε πᾶς ὁ χάρτης εἰς τὸ πῦρ τὸ ἐπὶ τῆς ἐσχάρας. Καὶ οὐκ ἐζήτησαν, καὶ οὐ διέρρηξαν τὰ ἱμάτια 24 αὐτῶν ὁ βασιλεὺς καὶ οἱ παῖδες αὐτοῦ οἱ ἀκούοντες πάντας τοὺς λόγους τούτους. Καὶ Ἐλνάθαν καὶ Γοδολίας ὑπέθεντο 25 τῷ βασιλεῖ, πρὸς τὸ κατακαῦσαι τὸ χαρτίον.

Καὶ ἐνετείλατο ὁ βασιλεὺς τῷ Ἱερεμεὴλ υἱῷ τοῦ βασιλέως, 26 καὶ τῷ Σαραίᾳ υἱῷ Ἐσριὴλ, συλλαβεῖν τὸν Βαροὺχ, καὶ τὸν Ἱερεμίαν, καὶ κατεκρύβησαν.

Καὶ ἐγένετο λόγος Κυρίου πρὸς Ἱερεμίαν, μετὰ τὸ κατα- 27 καῦσαι τὸν βασιλέα τὸ χαρτίον, πάντας τοὺς λόγους, οὓς ἔγραψε Βαροὺχ ἀπὸ στόματος Ἱερεμίου, λέγων, πάλιν λάβε σὺ χαρ- 28 τίον ἕτερον, καὶ γράψον πάντας τοὺς λόγους, τοὺς ὄντας ἐπὶ τοῦ χαρτίου, οὓς κατέκαυσεν ὁ βασιλεὺς Ἰωακείμ, καὶ ἐρεῖς, 29 οὕτως εἶπε Κύριος, σὺ κατέκαυσας τὸ χαρτίον τοῦτο, λέγων, διατί ἔγραψας ἐπ᾽ αὐτῷ, λέγων, εἰσπορευόμενος εἰσπορεύσεται βασιλεὺς Βαβυλῶνος, καὶ ἐξολοθρεύσει τὴν γῆν ταύτην, καὶ ἐκλείψει ἐπ᾽ αὐτῆς ἄνθρωπος καὶ κτήνη;

Διατοῦτο οὕτως εἶπε Κύριος ἐπὶ Ἰωακεὶμ βασιλέα Ἰούδα, 30 οὐκ ἔσται αὐτῷ καθήμενος ἐπὶ θρόνου Δαυὶδ, καὶ τὸ θνησιμαῖον αὐτοῦ ἔσται ἐρριμμένον ἐν τῷ καύματι τῆς ἡμέρας, καὶ ἐν τῷ παγετῷ τῆς νυκτός· Καὶ ἐπισκέψομαι ἐπ᾽ αὐτὸν, καὶ ἐπὶ 31 τὸ γένος αὐτοῦ, καὶ ἐπὶ τοὺς παῖδας αὐτοῦ, καὶ ἐπάξω ἐπ᾽ αὐτὸν, καὶ ἐπὶ τοὺς κατοικοῦντας Ἱερουσαλὴμ, καὶ ἐπὶ γῆν Ἰούδα, πάντα τὰ κακὰ ἃ ἐλάλησα πρὸς αὐτοὺς, καὶ οὐκ ἤκουσαν.

Καὶ ἔλαβε Βαροὺχ χαρτίον ἕτερον, καὶ ἔγραψεν ἐπ᾽ αὐτῷ 32 ἀπὸ στόματος Ἱερεμίου ἅπαντας τοὺς λόγους τοῦ βιβλίου, οὓς κατέκαυσεν Ἰωακείμ· καὶ ἔτι προσετέθησαν αὐτῷ λόγοι πλείονες, ὡς οὗτοι.

Καὶ ἐβασίλευσε Σεδεκίας υἱὸς Ἰωσία ἀντὶ Ἰωακείμ, ὃν 44 ἐβασίλευσε Ναβουχοδονόσορ βασιλεύειν τοῦ Ἰούδα. Καὶ 2 οὐκ ἤκουσαν αὐτὸς καὶ οἱ παῖδες αὐτοῦ καὶ ὁ λαὸς τῆς γῆς τοὺς λόγους Κυρίου, οὓς ἐλάλησεν ἐν χειρὶ Ἱερεμίου.

Καὶ ἀπέστειλεν ὁ βασιλεὺς Σεδεκίας τὸν Ἰωάχαλ υἱὸν Σελε- 3 μίου, καὶ τὸν Σοφονίαν υἱὸν Μαασαίου τὸν ἱερέα πρὸς Ἱερε- μίαν, λέγων, πρόσευξαι δὴ περὶ ἡμῶν πρὸς Κύριον. Καὶ 4 Ἱερεμίας ἦλθε καὶ διῆλθε διὰ μέσου τῆς πόλεως, καὶ οὐκ ἔδωκαν αὐτὸν εἰς τὸν οἶκον τῆς φυλακῆς. Καὶ δύναμις Φαραὼ 5 ἐξῆλθεν ἐξ Αἰγύπτου, καὶ ἤκουσαν οἱ Χαλδαῖοι τὴν ἀκοὴν αὐτῶν, καὶ ἀνέβησαν ἐπὶ Ἱερουσαλήμ.

β *Gr.* was reading.   γ *Gr.* a scribe's razor, *or*, scraper.   δ *Alex.* + and Gamarias.   ζ *Alex.* that he should *not* burn the roll.   θ *sc.* which words.   λ *Alex.* + and shall destroy man, etc.   μ *Gr.* which words.   ξ *Alex.* Jechonias son of Joakim.   τ *i. e.* as he pleased.   ρ The *Alex.* reading ἀπὸ has been adopted here.

6, 7 Καὶ ἐγένετο λόγος Κυρίου πρὸς Ἱερεμίαν, λέγων, οὕτως εἶπε Κύριος, οὕτως ἐρεῖς πρὸς βασιλέα Ἰούδα τὸν ἀποστεί- λαντα πρὸς σὲ, τοῦ ἐκζητῆσαί με, ἰδοὺ δύναμις· Φαραὼ ἡ ἐξελθοῦσα ὑμῖν εἰς βοήθειαν· ἀποστρέψουσιν εἰς γῆν Αἰγύπτου,

8 καὶ ἀναστρέψουσιν αὐτοὶ οἱ Χαλδαῖοι, καὶ πολεμήσουσιν ἐπὶ τὴν πόλιν ταύτην, καὶ συλλήψονται αὐτὴν, καὶ καύσουσιν

9 αὐτὴν ἐν πυρί. Ὅτι οὕτως εἶπε Κύριος, μὴ ὑπολάβητε ταῖς ψυχαῖς ὑμῶν, λέγοντες, ἀποτρέχοντες ἀπελεύσονται ἀφ' ἡμῶν

10 οἱ Χαλδαῖοι· ὅτι οὐ μὴ ἀπέλθωσι. Καὶ ἐὰν πατάξητε πᾶσαν δύναμιν τῶν Χαλδαίων τοὺς πολεμοῦντας ὑμᾶς, καὶ κατα- λειφθῶσί τινες ἐκκεκεντημένοι, ἕκαστος ἐν τῷ τόπῳ αὐτοῦ οὗτοι ἀναστήσονται, καὶ καύσουσι τὴν πόλιν ταύτην ἐν πυρί..

11 Καὶ ἐγένετο ὅτε ἀνέβη ἡ δύναμις τῶν Χαλδαίων ἀπὸ Ἱερου-

12 σαλὴμ ἀπὸ προσώπου τῆς δυνάμεως Φαραὼ, ἐξῆλθεν Ἱερεμίας ἀπὸ Ἱερουσαλὴμ τοῦ πορευθῆναι εἰς γῆν Βενιαμὶν, τοῦ ἀγο-

13 ράσαι ἐκεῖθεν ἐν μέσῳ τοῦ λαοῦ· Καὶ ἐγένετο αὐτὸς ἐν πύλῃ Βενιαμὶν, καὶ ἐκεῖ ἄνθρωπος παρ' ᾧ κατέλυε, Σαρουΐα υἱὸς Σελεμίου, υἱοῦ Ἀνανίου, καὶ συνέλαβε τὸν Ἱερεμίαν, λέγων,

14 πρὸς τοὺς Χαλδαίους σὺ φεύγεις. Καὶ εἶπε, ψεῦδος, οὐκ εἰς τοὺς Χαλδαίους ἐγὼ φεύγω· καὶ οὐκ εἰσήκουσεν αὐτοῦ· καὶ συνέλαβε Σαρουΐα τὸν Ἱερεμίαν, καὶ εἰσήγαγεν αὐτὸν πρὸς

15 τοὺς ἄρχοντας. Καὶ ἐπικράνθησαν οἱ ἄρχοντες ἐπὶ Ἱερεμίαν, καὶ ἐπάταξαν αὐτὸν, καὶ ἀπέστειλαν αὐτὸν εἰς τὴν οἰκίαν Ἰωνάθαν τοῦ γραμματέως, ὅτι ταύτην ἐποίησαν εἰς οἰκίαν φυλακῆς.

16 Καὶ ἦλθεν Ἱερεμίας εἰς οἰκίαν τοῦ λάκκου, καὶ εἰς τὴν χερέθ,

17 καὶ ἐκάθισεν ἐκεῖ ἡμέρας πολλάς. Καὶ ἀπέστειλε Σεδεκίας, καὶ ἐκάλεσεν αὐτὸν, καὶ ἠρώτα αὐτὸν ὁ βασιλεὺς κρυφαίως εἰπεῖν, εἰ ἔστιν ὁ λόγος παρὰ Κυρίου; καὶ εἶπεν, ἔστιν· εἰς

18 χεῖρας βασιλέως Βαβυλῶνος παραδοθήσῃ. Καὶ εἶπεν Ἱερε- μίας τῷ βασιλεῖ, τί ἠδίκησά σε, καὶ τοὺς παῖδάς σου, καὶ τὸν

19 λαὸν τοῦτον, ὅτι σὺ δίδως με εἰς οἰκίαν φυλακῆς; Καὶ ποῦ εἰσιν οἱ προφῆται ὑμῶν οἱ προφητεύσαντες ὑμῖν, λέγοντες, ὅτι οὐ μὴ ἔλθῃ βασιλεὺς Βαβυλῶνος ἐπὶ τὴν γῆν ταύτην;

20 Καὶ νῦν, Κύριε βασιλεῦ, πεσέτω τὸ ἔλεός μου κατὰ πρόσωπόν σου· καὶ τί ἀποστρέφεις με εἰς οἰκίαν Ἰωνάθαν τοῦ γραμμα-

21 τέως; καὶ οὐ μὴ ἀποθάνω ἐκεῖ. Καὶ συνέταξεν ὁ βασιλεὺς, καὶ ἐνεβάλοσαν αὐτὸν εἰς οἰκίαν τῆς φυλακῆς, καὶ ἐδίδοσαν αὐτῷ ἄρτον ἕνα τῆς ἡμέρας, ἔξωθεν οὗ πέσσουσιν, ἕως ἐξέλιπον οἱ ἄρτοι ἐκ τῆς πόλεως· καὶ ἐκάθισεν Ἱερεμίας ἐν τῇ αὐλῇ τῆς φυλακῆς.

45 Καὶ ἤκουσε Σαφανίας υἱὸς Νάθαν, καὶ Γοδολίας υἱὸς Πασχὼρ, καὶ Ἰωάχαλ υἱὸς Σεμελίου, τοὺς λόγους οὓς Ἱερεμίας ἐλάλει ἐπὶ τὸν λαὸν, λέγων,

2 Οὕτως εἶπε Κύριος, ὁ κατοικῶν ἐν τῇ πόλει ταύτῃ, ἀποθα- νεῖται ἐν ῥομφαίᾳ, καὶ ἐν λιμῷ· καὶ ὁ ἐκπορευόμενος πρὸς τοὺς Χαλδαίους, ζήσεται, καὶ ἔσται ἡ ψυχὴ αὐτοῦ εἰς εὕρημα, καὶ

3 ζήσεται. Ὅτι οὕτως εἶπε Κύριος, παραδιδομένη παραδοθήσεται ἡ πόλις αὕτη εἰς χεῖρας δυνάμεως βασιλέως Βαβυλῶνος, καὶ

4 συλλήψεται αὐτήν. Καὶ εἶπον τῷ βασιλεῖ, ἀναιρεθήτω δὴ

---

⁶ And the word of the Lord came to Jere- mias, saying, ⁷ Thus said the Lord; Thus shalt thou say to the king of Juda who sent to thee, to seek me; Behold, the army of Pharao which is come forth to help you: they shall return to the land of Egypt: ⁸ and the Chaldeans themselves shall turn again, and fight against this city, and take it, and burn it with fire. ⁹ For thus saith the Lord; Suppose not in your hearts, saying, The Chaldeans will certainly depart from us: for they shall not depart. ¹⁰ And though ye should smite the whole host of the Chal- deans that fight against you, and there should be left a few wounded *men*, these should rise up each in his place, and burn this city with fire.

¹¹ And it came to pass, when the host of the Chaldeans had gone up from Jerusa- lem for fear of the host of Pharao, ¹² that Jeremias went forth from Jerusalem to go into the land of Benjamin, β to buy thence *a property* in the midst of the people. ¹³ And he was in the gate of Benjamin, and *there was* there a man with whom he lodged, Saruia the son of Selemias, the son of Ananias; and he caught Jeremias, saying, Thou art fleeing to the Chaldeans. ¹⁴ And he said, *It is* false; I do not flee to the Chaldeans. But he hearkened not to him; and Saruia caught Jeremias, and brought him to the princes. ¹⁵ And the princes were very angry with Jeremias, and smote him, and sent him into the house of Jonathan the scribe: for they had made this a prison.

¹⁶ So Jeremias came into the γ dungeon, and into the cells, and he remained there many days. ¹⁷ Then Sedekias sent, and called him; and the king asked him secretly, say- ing, Is there a word from the Lord? and he said, There is: thou shalt be delivered into the hands of the king of Babylon. ¹⁸ And Jeremias said to the king, Wherein have I wronged thee, or thy servants, or this peo- ple, that thou puttest me in prison? ¹⁹ And where are your prophets who prophesied to you saying, The king of Babylon shall not come against this land? ²⁰ Now therefore, my lord the king, let my δ supplication come before thy face: and why dost thou send me back to the house of Jonathan the scribe? and let me not on any account die there. ²¹ Then the king commanded, and they cast him into the prison, and gave him a loaf a day out of the place where they bake, until the bread failed out of the city. So Jeremias continued in the court of the prison.

And Saphanias the son of Nathan, and Godolias the son of Paschor, and Joachal the son of Semelias, heard the words which Jeremias spoke to the people, saying, ² Thus saith the Lord; He that ζ remains in this city shall die by the sword, and by the famine: but he that goes out to the Chaldeans shall live; and his soul shall be given him for a θ found treasure, and he shall live. ³ For thus saith the Lord; This city shall certainly be delivered into the hands of the host of the king of Babylon, and λ they shall take it. ⁴ And they said to

---

β See *Hebrew*.   γ *Gr*. the house of the pit.   δ *Gr*. mercy, see chap. 43. 7.   ζ *Gr*. dwells.   θ *q. d.* a prize.   λ *Gr*. singular.

the king, Let that man, we pray thee, be slain, for he weakens the hands of the fighting men that are left in the city, and the hands of all the people, speaking to them according to these words: for this man does not prophesy peace to this people, but evil. ⁵ Then the king said, Behold, he is in your hands. For the king could not resist them. ⁶ And they cast him into the dungeon of Melchias the king's son, which was in the court of the prison; and they let him down into the pit: and there was no water in the pit, but mire: and he was in the mire.

⁷ And Abdemelech the Ethiopian heard, (now he was in the king's household,) that they *had* put Jeremias into the dungeon; and the king was in the gate of Benjamin: ⁸ and he went forth to him, and spoke to the king and said, ⁹ Thou hast done evil in what thou hast done to slay this man with hunger: for there is no more bread in the city. ¹⁰ And the king commanded Abdemelech, saying, Take with thee hence thirty men, and bring him up out of the dungeon, that he die not. ¹¹ So Abdemelech took the men, and went into the underground *part of the* king's house, and took thence old rags and old ropes, and threw them to Jeremias into the dungeon. ¹² And he said, Put these under the ropes. And Jeremias did so. ¹³ And they drew him with the ropes, and lifted him out of the dungeon: and Jeremias remained in the court of the prison.

¹⁴ Then the king sent, and called him to himself into the house of Aselisel, which was in the house of the Lord: and the king said to him, I will ask thee a question, and I pray thee hide nothing from me.

¹⁵ And Jeremias said to the king, If I tell thee, wilt thou not certainly put me to death? and if I give thee counsel, thou wilt not at all hearken to me. ¹⁶ And the king swore to him, saying, *As* the Lord lives who β gave us this γ soul, I will not slay thee, neither will I give thee into the hands of these men.

¹⁷ And Jeremias said to him, Thus saith the Lord; If thou wilt indeed go forth to the captains of the king of Babylon, thy soul shall live, and this city shall certainly not be burnt with fire; and thou shalt live, and thy house. ¹⁸ But if thou wilt not go forth, this city shall be delivered into the hands of the Chaldeans, and they shall burn it with fire, and thou shalt by no means escape.

¹⁹ And the king said to Jeremias, I δ consider the Jews that have gone over to the Chaldeans, lest they deliver me into their hands, and they mock me.

²⁰ And Jeremias said, They shall in no wise deliver thee up. Hear the word of the Lord which I speak to thee; and it shall be better for thee, and thy soul shall live. ²¹ But if thou wilt not go forth, this is the word which the Lord has shewn me. ²² And, behold, all the women that are left in the house of the king of Juda were brought forth to the princes of the king of Babylon; and they said, The men who were at peace with thee have deceived thee, and will

ὁ ἄνθρωπος ἐκεῖνος, ὅτι αὐτὸς ἐκλύει τὰς χεῖρας τῶν ἀνθρώπων τῶν πολεμούντων τῶν καταλειπομένων ἐν τῇ πόλει, καὶ τὰς χεῖρας παντὸς τοῦ λαοῦ, λαλῶν πρὸς αὐτοὺς κατὰ τοὺς λόγους τούτους· ὅτι ὁ ἄνθρωπος οὗτος οὐ χρησμολογεῖ εἰρήνην τῷ λαῷ τούτῳ ἀλλ᾽ ἢ πονηρά. Καὶ εἶπεν ὁ βασιλεὺς, ἰδοὺ αὐτὸς 5 ἐν χερσὶν ὑμῶν· ὅτι οὐκ ἠδύνατο ὁ βασιλεὺς πρὸς αὐτούς. Καὶ ἔῤῥιψαν αὐτὸν εἰς λάκκον Μελχίου υἱοῦ τοῦ βασιλέως, 6 ὃς ἦν ἐν τῇ αὐλῇ τῆς φυλακῆς, καὶ ἐχάλασαν αὐτὸν εἰς τὸν λάκκον, καὶ ἐν τῷ λάκκῳ οὐκ ἦν ὕδωρ, ἀλλ᾽ ἢ βόρβορος, καὶ ἦν ἐν τῷ βορβόρῳ.

Καὶ ἤκουσεν Ἀβδεμέλεχ ὁ Αἰθίοψ, καὶ αὐτὸς ἐν οἰκίᾳ τοῦ 7 βασιλέως, ὅτι ἔδωκαν Ἱερεμίαν εἰς τὸν λάκκον· καὶ ὁ βασιλεὺς ἦν ἐν τῇ πύλῃ Βενιαμὶν, καὶ ἐξῆλθε πρὸς αὐτὸν, καὶ ἐλάλησε 8 πρὸς τὸν βασιλέα, καὶ εἶπεν, ἐπονηρεύσω, ἃ ἐποίησας τοῦ 9 ἀποκτεῖναι τὸν ἄνθρωπον τοῦτον, ἀπὸ προσώπου τοῦ λιμοῦ, ὅτι οὐκ εἰσὶν ἔτι ἄρτοι ἐν τῇ πόλει. Καὶ ἐνετείλατο ὁ βασιλεὺς 10 τῷ Ἀβδεμέλεχ, λέγων, λάβε εἰς τὰς χεῖράς σου ἐντεῦθεν τριάκοντα ἀνθρώπους, καὶ ἀνάγαγε αὐτὸν ἐκ τοῦ λάκκου, ἵνα μὴ ἀποθάνῃ. Καὶ ἔλαβεν Ἀβδεμέλεχ τοὺς ἀνθρώπους, καὶ 11 εἰσῆλθεν εἰς τὴν οἰκίαν τοῦ βασιλέως τὴν ὑπόγαιον, καὶ ἔλαβεν ἐκεῖθεν παλαιὰ ῥάκη καὶ παλαιὰ σχοινία, καὶ ἔῤῥιψεν αὐτὰ πρὸς Ἱερεμίαν εἰς τὸν λάκκον, καὶ εἶπε, ταῦτα θὲς ὑποκάτω 12 τῶν σχοινίων· καὶ ἐποίησεν Ἱερεμίας οὕτως. Καὶ εἵλκυσαν 13 αὐτὸν τοῖς σχοινίοις, καὶ ἀνήγαγον αὐτὸν ἐκ τοῦ λάκκου· καὶ ἐκάθισεν Ἱερεμίας ἐν τῇ αὐλῇ τῆς φυλακῆς.

Καὶ ἀπέστειλεν ὁ βασιλεὺς, καὶ ἐκάλεσεν αὐτὸν πρὸς ἑαυ- 14 τὸν εἰς οἰκίαν Ἀσελεισὴλ, τὴν ἐν οἴκῳ Κυρίου· καὶ εἶπεν αὐτῷ ὁ βασιλεὺς, ἐρωτήσω σε λόγον, καὶ μὴ δὴ κρύψῃς ἀπ᾽ ἐμοῦ ῥῆμα.

Καὶ εἶπεν Ἱερεμίας τῷ βασιλεῖ, ἐὰν ἀναγγείλω σοι, οὐχὶ 15 θανάτῳ με θανατώσεις; καὶ ἐὰν συμβουλεύσω σοι, οὐ μὴ ἀκούσῃς μου. Καὶ ὤμοσεν αὐτῷ ὁ βασιλεὺς, λέγων, ζῇ Κύριος 16 ὃς ἐποίησεν ἡμῖν τὴν ψυχὴν ταύτην, εἰ ἀποκτενῶ σε, καὶ εἰ δώσω σε εἰς χεῖρας τῶν ἀνθρώπων τούτων.

Καὶ εἶπεν αὐτῷ Ἱερεμίας, οὕτως εἶπε Κύριος, ἐὰν ἐξελθὼν 17 ἐξέλθῃς πρὸς ἡγεμόνας βασιλέως Βαβυλῶνος, ζήσεται ἡ ψυχή σου, καὶ ἡ πόλις αὕτη οὐ μὴ κατακαυθῇ ἐν πυρὶ, καὶ ζήσῃ σὺ καὶ ἡ οἰκία σου. Καὶ ἐὰν μὴ ἐξέλθῃς, δοθήσεται ἡ πόλις αὕτη 18 εἰς χεῖρας τῶν Χαλδαίων, καὶ καύσουσιν αὐτὴν ἐν πυρὶ καὶ σὺ οὐ μὴ σωθῇς.

Καὶ εἶπεν ὁ βασιλεὺς τῷ Ἱερεμίᾳ, ἐγὼ λόγον ἔχω τῶν Ἰου- 19 δαίων τῶν πεφευγότων πρὸς τοὺς Χαλδαίους, μὴ δώσειν με εἰς χεῖρας αὐτῶν, καὶ καταμωκήσονταί μου.

Καὶ εἶπεν Ἱερεμίας, οὐ μὴ παραδῶσί σε· ἄκουσον τὸν λόγον 20 Κυρίου, ὃν ἐγὼ λέγω πρὸς σὲ, καὶ βέλτιον ἔσται σοι, καὶ ζήσεται ἡ ψυχή σου. Καὶ εἰ μὴ θέλῃς σὺ ἐξελθεῖν, οὗτος 21 ὁ λόγος ὃν ἔδειξέ μοι Κύριος· Καὶ ἰδοὺ πᾶσαι αἱ γυναῖκες αἱ 22 καταλειφθεῖσαι ἐν οἰκίᾳ βασιλέως Ἰούδα, ἐξήγοντο πρὸς ἄρχοντας βασιλέως Βαβυλῶνος· καὶ αὗται ἔλεγον, ἠπάτησάν σε, καὶ

β Gr. made.　　γ Or, life.　　δ i. e. fear.

δυνήσονταί σοι ἄνδρες εἰρηνικοί σου· καὶ καταλύσουσιν ἐν
23 ὀλισθήμασι πόδα σου, ἀπέστρεψαν ἀπὸ σοῦ, καὶ τὰς γυναῖκάς
σου καὶ τὰ τέκνα σου ἐξάξουσι πρὸς τοὺς Χαλδαίους· καὶ σὺ
οὐ μὴ σωθῇς, ὅτι ἐν χειρὶ βασιλέως Βαβυλῶνος συλληφθήσῃ,
καὶ ἡ πόλις αὕτη κατακαυθήσεται.

24 Καὶ εἶπεν αὐτῷ ὁ βασιλεύς, ἄνθρωπος μὴ γνώτω ἐκ τῶν
25 λόγων τούτων, καὶ σὺ οὐ μὴ ἀποθάνῃς. Καὶ ἐὰν οἱ ἄρχοντες
ἀκούσωσιν ὅτι ἐλάλησά σοι, καὶ ἔλθωσι πρὸς σὲ, καὶ εἴπωσί
σοι, ἀνάγγειλον ἡμῖν, τί ἐλάλησέ σοι ὁ βασιλεύς; μὴ κρύψῃς
ἀφ' ἡμῶν, καὶ οὐ μὴ ἀνέλωμέν σε· καὶ τί ἐλάλησε πρὸς σὲ
26 ὁ βασιλεύς; Καὶ ἐρεῖς αὐτοῖς, ῥίπτω ἐγὼ τὸ ἔλεός μου κατ'
ὀφθαλμοὺς τοῦ βασιλέως, πρὸς τὸ μὴ ἀποστρέψαι με εἰς οἰκίαν
Ἰωνάθαν, ἀποθανεῖν με ἐκεῖ.

27 Καὶ ἤλθοσαν πάντες οἱ ἄρχοντες πρὸς Ἰερεμίαν, καὶ ἠρώτη-
σαν αὐτόν· καὶ ἀνήγγειλεν αὐτοῖς κατὰ πάντας τοὺς λόγους
τούτους, οὓς ἐνετείλατο αὐτῷ ὁ βασιλεύς· καὶ ἀπεσιώπησαν,
28 ὅτι οὐκ ἠκούσθη ὁ λόγος Κυρίου. Καὶ ἐκάθισεν Ἰερεμίας
ἐν τῇ αὐλῇ τῆς φυλακῆς, ἕως χρόνου οὗ συνελήφθη Ἱερου-
σαλήμ.

46 Καὶ ἐγένετο τῷ μηνὶ τῷ ἐννάτῳ τοῦ Σεδεκία βασιλέως
Ἰούδα, παρεγένετο Ναβουχοδονόσορ βασιλεὺς Βαβυλῶνος, καὶ
πᾶσα ἡ δύναμις αὐτοῦ ἐπὶ Ἱερουσαλήμ, καὶ ἐπολιόρκουν
2 αὐτήν. Καὶ ἐν τῷ ἑνδεκάτῳ ἔτει τοῦ Σεδεκία, ἐν τῷ μηνὶ τῷ
3 τετάρτῳ, ἐννάτῃ τοῦ μηνός, ἐρράγη ἡ πόλις, καὶ εἰσῆλθον
πάντες οἱ ἡγούμενοι βασιλέως Βαβυλῶνος, καὶ ἐκάθισαν ἐν
πύλῃ τῇ μέσῃ Μαργανασὰρ, καὶ Σαμαγὼθ, καὶ Ναβουσάχαρ,
καὶ Ναβουσαρεὶς, Ναγαργᾶς, Νασερραβαμάθ, καὶ οἱ κατά-
4 λοιποι ἡγεμόνες βασιλέως Βαβυλῶνος. Καὶ ἀπέστειλαν,
καὶ ἔλαβον τὸν Ἰερεμίαν ἐξ αὐλῆς τῆς φυλακῆς, καὶ ἔδωκαν
αὐτὸν πρὸς τὸν Γοδολίαν υἱὸν Ἀχεικὰμ, υἱοῦ Σαφὰν, καὶ ἐξή-
γαγον αὐτὸν, καὶ ἐκάθισεν ἐν μέσῳ τοῦ λαοῦ.

15 Καὶ πρὸς Ἰερεμίαν ἐγένετο λόγος Κυρίου ἐν τῇ αὐλῇ τῆς
16 φυλακῆς, λέγων, πορεύου καὶ εἰπὲ πρὸς Ἀβδεμέλεχ τὸν
Αἰθίοπα, οὕτως εἶπε Κύριος ὁ Θεὸς Ἰσραὴλ, ἰδοὺ ἐγὼ φέρω
τοὺς λόγους μου ἐπὶ τὴν πόλιν ταύτην εἰς κακὰ καὶ οὐκ εἰς
17 ἀγαθά. Καὶ σώσω σε ἐν τῇ ἡμέρᾳ ἐκείνῃ, καὶ οὐ μὴ δώσω
σε εἰς χεῖρας τῶν ἀνθρώπων ὧν σὺ φοβῇ ἀπὸ προσώπου αὐτῶν,
18 ὅτι σώζων σώσω σε, καὶ ἐν ῥομφαίᾳ οὐ μὴ πέσῃς· καὶ ἔσται
ἡ ψυχή σου εἰς εὕρημα, ὅτι ἐπεποίθεις ἐπ' ἐμοὶ, φησὶ Κύριος.

47 Ὁ λόγος ὁ γενόμενος παρὰ Κυρίου πρὸς Ἰερεμίαν, μετὰ
τὸ ἀποστεῖλαι αὐτὸν Ναβουζαρδὰν τὸν ἀρχιμάγειρον τὸν ἐκ
Ῥαμὰ, ἐν τῷ λαβεῖν αὐτὸν ἐν χειροπέδαις, ἐν μέσῳ ἀποικίας
Ἰούδα τῶν ἠγμένων εἰς Βαβυλῶνα.

2 Καὶ ἔλαβεν αὐτὸν ὁ ἀρχιμάγειρος, καὶ εἶπεν αὐτῷ, Κύριος
ὁ Θεός σου ἐλάλησε τὰ κακὰ ταῦτα ἐπὶ τὸν τόπον τοῦτον·
3 Καὶ ἐποίησε Κύριος, ὅτι ἡμάρτετε αὐτῷ, καὶ οὐκ ἠκούσατε
4 τῆς φωνῆς αὐτοῦ. Ἰδοὺ ἔλυσά σε ἀπὸ τῶν χειροπέδων τῶν
ἐπὶ τὰς χεῖράς σου· εἰ καλὸν ἐναντίον σου ἐλθεῖν μετ' ἐμοῦ

prevail against thee; and they shall cause thy foot to slide and fail, they have turned back from thee. [23] And they shall bring forth thy wives and thy children to the Chaldeans: and thou shalt by no means escape, for thou shalt be taken by the hand of the king of Babylon, and this city shall be burnt. [24] Then the king said to him, Let no man know *any* of these words, and certainly thou shalt not die. [25] And if the princes shall hear that I have spoken to thee, and they come to thee, and say to thee, Tell us, what said the king to thee? hide *it* not from us, and we will in no wise slay thee, and what said the king to thee? [26] Then thou shalt say to them, β I brought my supplication before the presence of the king, that he would not send me back into the house of Jonathan, that I should die there. [27] And all the princes came to Jeremias, and asked him: and he told them according to all these words, which the king had commanded him. And they were silent, because the word of the Lord was not heard. [28] And Jeremias remained in the court of the prison, until the time when Jerusalem was taken.

And it came to pass in the ninth month of Sedekias king of Juda, *that* Nabuchodonosor king of Babylon came, and all his host, against Jerusalem, and they besieged it. [2] And in the eleventh year of Sedekias, in the fourth month, on the ninth day of the month, the city was broken *up.* [3] And all the leaders of the king of Babylon went in, and sat in the middle gate, Marganasar, and Samagoth, and Nabusachar, and Nabusaris, Nagargas, Naserrabamath, and the rest of the leaders of the king of Babylon, [4] and they sent, and took Jeremias out of the court of the prison, and gave him *in charge* to Godolias the son of Achicam, the son of Saphan: and they brought him out, and he sat in the midst of the people.

[15] And the word of the Lord came to Jeremias in the court of the prison, saying, [16] Go and say to Abdemelech the Ethiopian, Thus saith the Lord God of Israel; Behold, I *will* bring my words upon this city for evil, and not for good. [17] But I will save thee in that day, and I will by no means deliver thee into the hands of the men before whom thou art afraid. [18] For I will surely save thee, and thou shalt by no means fall by the sword; and γ thou shalt find thy life, because thou didst trust in me, saith the Lord.

The word that came from the Lord to Jeremias, after that Nabuzardan the δ captain of the guard had let him go out of Rama, when he had taken him in manacles in the midst of the captivity of Juda, *even* those who were carried to Babylon. [2] And the chief captain of the guard took him, and said to him, The Lord thy God has pronounced all these evils upon this place; [3] and the Lord has done it; because ye sinned against him, and hearkened not to his voice. [4] Behold, I have loosed thee from the manacles that were upon thine hands. If it seem good to thee to go with

---

β *Gr.* I do cast my mercy. See ch. 43. 7; 44. 20.　　γ See ch. 45. 2.　　δ *Lit.* chief cook. See Gen. 39. 1.

me to Babylon, then will I set mine eyes upon thee. [5] But if not, *β* depart; return to Godolias the son of Achicam, the son of Saphan, whom the king of Babylon has appointed governor in the land of Juda, and dwell with him in the midst of the people in the land of Juda: to whatsoever places it seems good in thine eyes to go, do thou even go. And the captain of the guard made him presents, and let him go. [6] And he came to Godolias to Massepha, and dwelt in the midst of his people that was left in the land.

[7] And all the leaders of the host that was in the country, they and their men, heard that the king of Babylon had appointed Godolias *governor* in the land, and they committed to him the men and their wives, whom *Nabuchodonosor had* not removed to Babylon. [8] And there came to Godolias to Massepha Ismael the son of Nathanias, and Joanan son of Caree, and Sarœas the son of Thanaemeth, and the sons of Jophe the Netophathite, and Ezonias son of the Mochathite, they and their men.

[9] And Godolias swore to them and to their men, saying, Be not afraid before the children of the Chaldeans: dwell in the land, and serve the king of Babylon, and it shall be better for you. [10] And, behold, I dwell in your presence at Massepha, to stand before the Chaldeans who shall come against you: and do ye gather grapes, and fruits, and oil, and put *them* into your vessels, and dwell in the cities which ye have obtained possession of.

[11] And all the Jews that were in Moab, and among the children of Ammon, and those *that were* in Idumea, and those *that were* in all *the rest of* the country, heard that the king of Babylon *had* granted a remnant to Juda, and that he had appointed over them Godolias the son of Achicam. [12] And they came to Godolias into the land of Juda, to Massepha, and gathered grapes, and very much summer fruit, and oil.

[13] And Joanan the son of Caree, and all the leaders of the host, who were in the fields, came to Godolias to Massepha, [14] and said to him, Dost thou indeed know that king Beleissa son of Ammon has sent Ismael to thee to slay thee? But Godolias believed them not. [15] And Joanan said to Godolias secretly in Massepha, I will go now and smite Ismael, and let no man know *it*; lest he slay thee, and all the Jews that are gathered to thee be dispersed, and the remnant of Juda perish. [16] But Godolias said to Joanan, Do not the thing, for thou speakest lies concerning Ismael.

Now it came to pass in the seventh month that Ismael the son of Nathanias the son of Eleasa of the seed royal, came, and ten men with him, to Godolias to Massepha: and they ate bread there together. [2] And Ismael rose up, and the ten men that were with him, and smote Godolias, whom the king of Babylon had appointed *governor* over the land, [3] and all the Jews that were with him in Massepha, and all the Chaldeans that were found there.

εἰς Βαβυλῶνα, καὶ θήσω τοὺς ὀφθαλμούς μου ἐπὶ σέ. Εἰ δὲ **5** μὴ, ἀπότρεχε, ἀνάστρεψον πρὸς τὸν Γοδολίαν υἱὸν Ἀχεικὰμ, υἱοῦ Σαφὰν, ὃν κατέστησε βασιλεὺς Βαβυλῶνος ἐν γῇ Ἰούδα, καὶ οἴκησον μετ᾽ αὐτοῦ ἐν μέσῳ τοῦ λαοῦ ἐν γῇ Ἰούδα, εἰς ἅπαντα τὰ ἀγαθὰ ἐν ὀφθαλμοῖς σου τοῦ πορευθῆναι ἐκεῖ, καὶ πορεύου· καὶ ἔδωκεν αὐτῷ ὁ ἀρχιμάγειρος δῶρα, καὶ ἀπέστειλεν αὐτόν. Καὶ ἦλθε πρὸς Γοδολίαν εἰς Μασσηφὰ, **6** καὶ ἐκάθισεν ἐν μέσῳ τοῦ λαοῦ αὐτοῦ, τοῦ καταλειφθέντος ἐν τῇ γῇ.

Καὶ ἤκουσαν πάντες οἱ ἡγεμόνες τῆς δυνάμεως τῆς ἐν ἀγρῷ, **7** αὐτοὶ καὶ οἱ ἄνδρες αὐτῶν, ὅτι κατέστησε βασιλεὺς Βαβυλῶνος τὸν Γοδολίαν ἐν τῇ γῇ, καὶ παρακατέθεντο αὐτῷ ἄνδρας καὶ γυναῖκας αὐτῶν, οὓς οὐ κατῴκισεν εἰς Βαβυλῶνα. Καὶ ἦλθε **8** πρὸς Γοδολίαν εἰς Μασσηφὰ Ἰσραὴλ υἱὸς Ναθανίου, καὶ Ἰωάναν υἱὸς Κάρηε, καὶ Σαραίας υἱὸς Θαναεμὲθ, καὶ υἱοὶ Ἰωφὲ τοῦ Νετωφαθὶ, καὶ Ἐζονίας υἱὸς τοῦ Μωχαθὶ, αὐτοὶ, καὶ οἱ ἄνδρες αὐτῶν.

Καὶ ὤμοσεν αὐτοῖς Γοδολίας, καὶ τοῖς ἀνδράσιν αὐτῶν, **9** λέγων, μὴ φοβηθῆτε ἀπὸ προσώπου τῶν παίδων τῶν Χαλδαίων· κατοικήσατε ἐν τῇ γῇ, καὶ ἐργάσασθε τῷ βασιλεῖ Βαβυλῶνος, καὶ βέλτιον ἔσται ὑμῖν. Καὶ ἰδοὺ ἐγὼ κάθημαι **10** ἐναντίον ὑμῶν εἰς Μασσηφὰ, στῆναι κατὰ πρόσωπον τῶν Χαλδαίων, οἳ ἂν ἔλθωσιν ἐφ᾽ ὑμᾶς· καὶ ὑμεῖς συνάγετε οἶνον καὶ ὀπώραν καὶ ἔλαιον, καὶ βάλετε εἰς τὰ ἀγγεῖα ὑμῶν, καὶ οἰκήσατε ἐν ταῖς πόλεσιν αἷς κατεκρατήσατε.

Καὶ πάντες οἱ Ἰουδαῖοι οἱ ἐν Μωὰβ, καὶ ἐν υἱοῖς Ἀμμὼν, **11** καὶ οἱ ἐν τῇ Ἰδουμαίᾳ, καὶ οἱ ἐν πάσῃ τῇ γῇ, ἤκουσαν ὅτι ἔδωκε βασιλεὺς Βαβυλῶνος κατάλειμμα τῷ Ἰούδα, καὶ ὅτι κατέστησεν ἐπ᾽ αὐτοὺς τὸν Γοδολίαν υἱὸν Ἀχεικάμ. Καὶ **12** ἦλθον πρὸς Γοδολίαν εἰς γῆν Ἰούδα εἰς Μασσηφὰ, καὶ συνήγαγον οἶνον, καὶ ὀπώραν πολλὴν σφόδρα, καὶ ἔλαιον.

Καὶ Ἰωάναν υἱὸς Κάρηε, καὶ πάντες οἱ ἡγεμόνες τῆς δυνά- **13** μεως, οἱ ἐν τοῖς ἀγροῖς, ἦλθον πρὸς τὸν Γοδολίαν εἰς Μασσηφὰ, καὶ εἶπον αὐτῷ, εἰ γνώσει γινώσκεις, ὅτι Βελεισσὰ **14** βασιλεὺς υἱὸς Ἀμμὼν ἀπέστειλε πρὸς σὲ τὸν Ἰσμαὴλ πατάξαι σου ψυχήν; καὶ οὐκ ἐπίστευσεν αὐτοῖς Γοδολίας. Καὶ **15** εἶπεν Ἰωάναν τῷ Γοδολίᾳ κρυφαίως ἐν Μασσηφὰ, πορεύσομαι δὴ καὶ πατάξω τὸν Ἰσμαὴλ, καὶ μηδεὶς γνώτω, μὴ πατάξῃ σου ψυχὴν, καὶ διασπαρῇ πᾶς Ἰούδα οἱ συνηγμένοι πρὸς σὲ, καὶ ἀπολοῦνται οἱ κατάλοιποι Ἰούδα. Καὶ εἶπε Γοδολίας **16** πρὸς Ἰωάναν, μὴ ποιήσῃς τὸ πρᾶγμα, ὅτι ψευδῆ σὺ λέγεις ὑπὲρ Ἰσμαήλ.

Καὶ ἐγένετο τῷ μηνὶ τῷ ἑβδόμῳ, ἦλθεν Ἰσμαὴλ υἱὸς **48** Ναθανίου υἱοῦ Ἐλεασὰ, ἀπὸ γένους τοῦ βασιλέως, καὶ δέκα ἄνδρες μετ᾽ αὐτοῦ πρὸς Γοδολίαν εἰς Μασσηφὰ, καὶ ἔφαγον ἐκεῖ ἄρτον ἅμα. Καὶ ἀνέστη Ἰσμαὴλ, καὶ οἱ δέκα ἄνδρες οἳ **2** ἦσαν μετ᾽ αὐτοῦ, καὶ ἐπάταξαν τὸν Γοδολίαν, ὃν κατέστησε βασιλεὺς Βαβυλῶνος ἐπὶ τῆς γῆς, καὶ πάντας τοὺς Ἰουδαίους **3** τοὺς ὄντας μετ᾽ αὐτοῦ ἐν Μασσηφὰ, καὶ πάντας τοὺς Χαλδαίους τοὺς εὑρεθέντας ἐκεῖ.

β Gr. run away.

4 Καὶ ἐγένετο τῇ ἡμέρᾳ τῇ δευτέρᾳ πατάξαντος αὐτοῦ τὸν
5 Γοδολίαν, καὶ ἄνθρωπος οὐκ ἔγνω. Καὶ ἤλθοσαν ἄνδρες ἀπὸ
Συχὲμ, καὶ ἀπὸ Σαλὴμ, καὶ ἀπὸ Σαμαρείας, ὀγδοήκοντα ἄνδρες,
ἐξυρημένοι πώγωνας, καὶ διερρηγμένοι τὰ ἱμάτια, καὶ κοπτό-
μενοι, καὶ μάννα, καὶ λίβανος ἐν χερσὶν αὐτῶν, τοῦ εἰσενεγκεῖν
6 εἰς οἶκον Κυρίου. Καὶ ἐξῆλθεν εἰς ἀπάντησιν αὐτοῖς Ἰσμαήλ·
αὐτοὶ ἐπορεύοντο, καὶ ἔκλαιον· καὶ εἶπεν αὐτοῖς, εἰσέλθετε
7 πρὸς Γοδολίαν. Καὶ ἐγένετο, εἰσελθόντων αὐτῶν εἰς τὸ μέσον
8 τῆς πόλεως, ἔσφαξεν αὐτοὺς εἰς τὸ φρέαρ. Καὶ δέκα ἄνδρες
εὑρέθησαν ἐκεῖ, καὶ εἶπον τῷ Ἰσμαήλ, μὴ ἀνέλῃς ἡμᾶς, ὅτι
εἰσὶν ἡμῖν θησαυροὶ ἐν ἀγρῷ, πυροὶ καὶ κριθαὶ, μέλι καὶ ἔλαιον·
καὶ παρῆλθε, καὶ οὐκ ἀνεῖλεν αὐτοὺς ἐν μέσῳ τῶν ἀδελφῶν
αὐτῶν.

9 Καὶ τὸ φρέαρ εἰς ὃ ἔρριψεν ἐκεῖ Ἰσμαὴλ πάντας οὓς ἐπά-
ταξε, φρέαρ μέγα τοῦτό ἐστιν, ὃ ἐποίησεν ὁ βασιλεὺς Ἀσὰ
ἀπὸ προσώπου Βαασὰ βασιλέως Ἰσραὴλ, τοῦτο ἐνέπλησεν
Ἰσμαὴλ τραυματιῶν.

10 Καὶ ἀπέστρεψεν Ἰσμαὴλ πάντα τὸν λαὸν τὸν καταλειφθέντα
εἰς Μασσηφὰ, καὶ τὰς θυγατέρας τοῦ βασιλέως, ἃς παρακατέ-
θετο ὁ ἀρχιμάγειρος τῷ Γοδολίᾳ υἱῷ Ἀχεικὰμ, καὶ ᾤχετο εἰς
τὸ πέραν υἱῶν Ἀμμών.

11 Καὶ ἤκουσεν Ἰωάναν υἱὸς Κάρηε, καὶ πάντες οἱ ἡγεμόνες
τῆς δυνάμεως οἱ μετ᾽ αὐτοῦ, πάντα τὰ κακὰ ἃ ἐποίησεν Ἰσμαὴλ,
12 καὶ ἤγαγον ἅπαν τὸ στρατόπεδον αὐτῶν, καὶ ᾤχοντο πολεμεῖν
13 αὐτὸν, καὶ εὗρον αὐτὸν ἐπὶ ὕδατος πολλοῦ ἐν Γαβαών. Καὶ
ἐγένετο, ὅτε εἶδε πᾶς ὁ λαὸς ὁ μετὰ Ἰσμαὴλ τὸν Ἰωάναν καὶ
14 τοὺς ἡγεμόνας τῆς δυνάμεως τῆς μετ᾽ αὐτοῦ, καὶ ἀνέστρεψαν
15 πρὸς Ἰωάναν. Καὶ Ἰσμαὴλ ἐσώθη σὺν ὀκτὼ ἀνθρώποις, καὶ
ᾤχετο πρὸς τοὺς υἱοὺς Ἀμμών.

16 Καὶ ἔλαβεν Ἰωάναν, καὶ πάντες οἱ ἡγεμόνες τῆς δυνάμεως
οἱ μετ᾽ αὐτοῦ, πάντας τοὺς καταλοίπους τοῦ λαοῦ, οὓς ἀπέ-
στρεψεν ἀπὸ Ἰσμαὴλ, δυνατοὺς ἄνδρας ἐν πολέμῳ, καὶ τὰς
γυναῖκας, καὶ τὰ λοιπὰ, καὶ τοὺς εὐνούχους, οὓς ἀπέστρεψαν
17 ἀπὸ Γαβαὼν, καὶ ᾤχοντο, καὶ ἐκάθισαν ἐν Γαβηρωχαμάα, τῇ
18 πρὸς Βηθλεὲμ, τοῦ πορευθῆναι εἰς Αἴγυπτον ἀπὸ προσώπου
τῶν Χαλδαίων· ὅτι ἐφοβήθησαν ἀπὸ προσώπου αὐτῶν, ὅτι
ἐπάταξεν Ἰσμαὴλ τὸν Γοδολίαν, ὃν κατέστησεν ὁ βασιλεὺς
Βαβυλῶνος ἐν τῇ γῇ.

49 Καὶ προσῆλθον πάντες οἱ ἡγεμόνες τῆς δυνάμεως, καὶ Ἰωά-
ναν, καὶ Ἀζαρίας υἱὸς Μαασαίου, καὶ πᾶς ὁ λαὸς ἀπὸ μικροῦ
2 καὶ ἕως μεγάλου, πρὸς Ἱερεμίαν τὸν προφήτην, καὶ εἶπαν
αὐτῷ, πεσέτω δὴ τὸ ἔλεος ἡμῶν κατὰ πρόσωπόν σου, καὶ
πρόσευξαι πρὸς Κύριο τὸν Θεόν σου περὶ τῶν καταλοίπων
τούτων· ὅτι κατελείφθημεν ὀλίγοι ἀπὸ πολλῶν, καθὼς οἱ
3 ὀφθαλμοί σου βλέπουσι. Καὶ ἀναγγειλάτω ἡμῖν Κύριος
ὁ Θεός σου τὴν ὁδὸν ᾗ πορευσόμεθα ἐν αὐτῇ, καὶ λόγον ὃν
ποιήσομεν.

4 Καὶ εἶπεν αὐτοῖς Ἱερεμίας, ἤκουσα, ἰδοὺ ἐγὼ προσεύξομαι
ὑπὲρ ὑμῶν πρὸς Κύριον τὸν Θεὸν ἡμῶν, κατὰ τοὺς λόγους ὑμῶν·

4 And it came to pass on the second day
after he had smitten Godolias, and no man
knew *of it*, 5 that there came men from
Sychem, and from Salem, and from Samaria,
even eighty men; having their beards shaven,
and their clothes rent, and beating their
breasts, and *they had* manna and frankin-
cense in their hands, to bring *them* into the
house of the Lord. 6 And Ismael went out
to meet them; *and* they went on and wept;
and he said to them, Come in to Godolias.
7 And it came to pass, when they had en-
tered into the midst of the city, *that* he
slew them *and cast them* into a pit. 8 But
ten men were found there, and they said to
Ismael, Slay us not: for we have treasures
in the field, wheat and barley, honey and
oil. So he passed by, and slew them not in
the midst of their brethren.

9 Now the pit into which Ismael cast all
whom he smote, β is the great pit, which
king Asa had made for fear of Baasa king
of Israel: *even* this Ismael filled with slain
men.

10 And Ismael γ brought back all the peo-
ple that were left in Massepha, and the
king's daughter, whom the captain of the
guard had committed in charge to Godolias
the son of Achicam: and he went away
beyond the children of Ammon.

11 And Joanan the son of Careë, and all
the leaders of the host that were with him,
heard of all the evil deeds which Ismael had
done. 12 And they brought all their army,
and went to fight against him, and found
him near δ much water in Gabaon. 13 And
it came to pass, when all the people that
was with Ismael saw Joanan, and the leaders
of the host that was with him, 14 that they
returned to Joanan. 15 But Ismael escaped
with eight men and went to the children of
Ammon.

16 And Joanan, and all the leaders of the
host that were with him, took all the rem-
nant of the people, whom he *had* brought
back from Ismael, mighty men in war, and
the women, and the other *property*, and the
eunuchs, whom they *had* brought back
from Gabaon: 17 and they departed, and
dwelt in Gaberoch-amaa, that is by Beth-
leem, to go into Egypt, for fear of the Chal-
deans: 18 for they were afraid of them, be-
cause Ismael had smitten Godolias, whom
the king of Babylon made *governor* in the
land.

Then came all the leaders of the host,
and Joanan, and Azarias the son of
Maasæas, and all the people great and
small, 2 to Jeremias the prophet, and said to
him, Let now our supplication come before
thy face, and pray thou to the Lord thy
God for this remnant; for we are left few
out of many, as thine eyes see. 3 And let
the Lord thy God declare to us the way
wherein we should walk, and the thing
which we should do.

4 And Jeremias said to them, I have heard
you; behold, I will pray for you to the Lord
our God, according to your words; and it

β *Gr.* this is.   γ *Or*, carried off.   δ *Or*, the great water.

shall come to pass, *that* whatsoever word the Lord God shall answer, I will declare *it* to you; I will not hide β anything from you.

⁵ And they said to Jeremias, Let the Lord be between us for a just and faithful witness, if we do not according to every word which the Lord shall send to us. ⁶ And whether *it be* good, or whether *it be* evil, we will hearken to the voice of the Lord our God, to whom we send thee; that it may be well with us, because we shall hearken to the voice of the Lord our God.

⁷ And it came to pass after ten days, *that* the word of the Lord came to Jeremias. ⁸ And he called Joanan, and the leaders of the host, and all the people from the least even to the greatest, ⁹ and he said to them, Thus saith the Lord; ¹⁰ If ye will indeed dwell in this land, I will build you, and will not pull *you* down, but will plant you, and in no wise pluck you up: for I have γ ceased from the calamities which I brought upon you. ¹¹ Be not afraid of the king of Babylon, of whom ye are afraid; be not afraid of him, saith the Lord: for I am with you, to deliver you, and save you out of their hand. ¹² And I will grant you mercy, and pity you, and will restore you to your land.

¹³ But if ye say, We will not dwell in this land, that we may not hearken to the voice of the Lord; ¹⁴ for we will go into the land of Egypt, and we shall see no war, and shall not hear the sound of a trumpet, and we shall not hunger for bread; and there we will dwell: ¹⁵ then hear the word of the Lord; thus saith the Lord; ¹⁶ If ye set your face toward Egypt, and go in there to dwell; then it shall be, *that* the sword which ye fear shall find you in the land of Egypt, and the famine to which ye have regard, shall overtake you, *coming* after you in Egypt; and there ye shall die. ¹⁷ And all the men, and all the δ strangers who have set their face toward the land of Egypt to dwell there, shall be consumed by the sword, and by the famine: and there shall not one of them escape from the evils which I bring upon them.

¹⁸ For thus saith the Lord; As my wrath has dropped upon the inhabitants of Jerusalem, so shall my wrath drop upon you, when ye have entered into Egypt: and ye shall be a desolation, and under the power of others, and a curse and a reproach: and ye shall no more see this place.

¹⁹ *These are the words* which the Lord has spoken concerning you the remnant of Juda; Enter ye not into Egypt: and now know ye for a certainty, ²⁰ that ye have wrought wickedness ζ in your hearts, when ye sent me, saying, Pray thou for us to the Lord; and according to all that the Lord shall speak to thee we will do. ²¹ And ye have not hearkened to the voice of the Lord, with which he sent me to you. ²² Now therefore ye shall perish by sword and by famine, in the place which ye desire to go into to dwell there.

And it came to pass, when Jeremias ceased speaking to the people all the words

καὶ ἔσται, ὁ λόγος ὃν ἂν ἀποκριθήσεται Κύριος ὁ Θεὸς, ἀναγγελῶ ὑμῖν, οὐ μὴ κρύψω ἀφ᾿ ὑμῶν ῥῆμα.

Καὶ αὐτοὶ εἶπαν τῷ Ἱερεμίᾳ, ἔστω Κύριος ἐν ἡμῖν εἰς 5 μάρτυρα δίκαιον καὶ πιστὸν, εἰ μὴ κατὰ πάντα τὸν λόγον, ὃν ἐὰν ἀποστείλῃ Κύριος πρὸς ἡμᾶς, οὕτως ποιήσωμεν. Καὶ 6 ἐὰν ἀγαθὸν καὶ ἐὰν κακὸν, τὴν φωνὴν Κυρίου τοῦ Θεοῦ ἡμῶν, οὗ ἡμεῖς ἀποστέλλομέν σε πρὸς αὐτὸν, ἀκουσόμεθα, ἵνα βέλτιον ἡμῖν γένηται, ὅτι ἀκουσόμεθα τῆς φωνῆς Κυρίου τοῦ Θεοῦ ἡμῶν.

Καὶ ἐγενήθη μεθ᾿ ἡμέρας δέκα, ἐγενήθη λόγος Κυρίου πρὸς 7 Ἱερεμίαν. Καὶ ἐκάλεσε τὸν Ἰωάναν, καὶ τοὺς ἡγεμόνας τῆς 8 δυνάμεως, καὶ πάντα τὸν λαὸν ἀπὸ μικροῦ καὶ ἕως μεγάλου, καὶ εἶπεν αὐτοῖς, οὕτως εἶπε Κύριος, ἐὰν καθίσαντες καθί- 9, 10 σητε ἐν τῇ γῇ ταύτῃ, οἰκοδομήσω ὑμᾶς, καὶ οὐ μὴ καθελῶ, καὶ φυτεύσω ὑμᾶς, καὶ οὐ μὴ ἐκτιλῶ, ὅτι ἀναπέπαυμαι ἐπὶ τοῖς κακοῖς οἷς ἐποίησα ὑμῖν. Μὴ φοβηθῆτε ἀπὸ προσώπου 11 βασιλέως Βαβυλῶνος, οὗ ὑμεῖς φοβεῖσθε· ἀπὸ προσώπου αὐτοῦ μὴ φοβηθῆτε, φησὶ Κύριος, ὅτι μεθ᾿ ὑμῶν ἐγὼ, ἐξαιρεῖσθαι ὑμᾶς, καὶ σώζειν ὑμᾶς ἐκ χειρὸς αὐτῶν. Καὶ δώσω 12 ὑμῖν ἔλεος, καὶ ἐλεήσω ὑμᾶς, καὶ ἐπιστρέψω ὑμᾶς εἰς τὴν γῆν ὑμῶν.

Καὶ εἰ λέγετε ὑμεῖς, οὐ μὴ καθίσωμεν ἐν τῇ γῇ ταύτῃ, πρὸς 13 τὸ μὴ ἀκοῦσαι φωνῆς Κυρίου, ὅτι εἰς γῆν Αἰγύπτου εἰσελευ- 14 σόμεθα, καὶ οὐ μὴ ἴδωμεν πόλεμον, καὶ φωνὴν σάλπιγγος οὐ μὴ ἀκούσωμεν, καὶ ἐν ἄρτοις οὐ μὴ πεινάσωμεν, καὶ ἐκεῖ οἰκήσομεν· διατοῦτο ἀκούσατε λόγον Κυρίου· οὕτως εἶπε Κύριος, 15 ἐὰν ὑμεῖς δῶτε τὸ πρόσωπον ὑμῶν εἰς Αἴγυπτον, καὶ εἰσέλθητε ἐκεῖ κατοικεῖν, καὶ ἔσται, ἡ ῥομφαία ἣν ὑμεῖς φοβεῖσθε ἀπὸ 16 προσώπου αὐτῆς εὑρήσει ὑμᾶς ἐν γῇ Αἰγύπτου, καὶ ὁ λιμὸς οὗ ὑμεῖς λόγον ἔχετε ἀπὸ προσώπου αὐτοῦ καταλήψεται ὑμᾶς ὀπίσω ὑμῶν ἐν Αἰγύπτῳ, καὶ ἐκεῖ ἀποθανεῖσθε. Καὶ ἔσονται 17 πάντες οἱ ἄνθρωποι, καὶ πάντες οἱ ἀλλογενεῖς, οἱ θέντες τὸ πρόσωπον αὐτῶν εἰς γῆν Αἰγύπτου ἐνοικεῖν ἐκεῖ, ἐκλείψουσιν ἐν τῇ ῥομφαίᾳ, καὶ ἐν τῷ λιμῷ, καὶ οὐκ ἔσται αὐτῶν οὐδεὶς σωζόμενος ἀπὸ τῶν κακῶν ὧν ἐγὼ ἐπάγω ἐπ᾿ αὐτούς.

Ὅτι οὕτως εἶπε Κύριος, καθὼς ἔσταξεν ὁ θυμός μου ἐπὶ 18 τοὺς κατοικοῦντας Ἱερουσαλὴμ, οὕτως στάξει ὁ θυμός μου ἐφ᾿ ὑμᾶς, εἰσελθόντων ὑμῶν εἰς Αἴγυπτον· καὶ ἔσεσθε εἰς ἄβατον, καὶ ὑποχείριοι, καὶ εἰς ἀρὰν, καὶ εἰς ὀνειδισμὸν, καὶ οὐ μὴ ἴδητε οὐκέτι τὸν τόπον τοῦτον.

Ἃ ἐλάλησε Κύριος ἐφ᾿ ὑμᾶς τοὺς καταλοίπους Ἰούδα· μὴ 19 εἰσέλθητε εἰς Αἴγυπτον· καὶ νῦν γνόντες γνώσεσθε, ὅτι ἐπονη- 20 ρεύσασθε ἐν ψυχαῖς ὑμῶν, ἀποστείλαντές με, λέγοντες, πρόσευξαι περὶ ἡμῶν πρὸς Κύριον, καὶ κατὰ πάντα ἃ ἐὰν λαλήσῃ σοι Κύριος ποιήσομεν. Καὶ οὐκ ἠκούσατε τῆς φωνῆς Κυρίου, 21 ἧς ἀπέστειλέ με πρὸς ὑμᾶς. Καὶ νῦν ἐν ῥομφαίᾳ καὶ ἐν 22 λιμῷ ἐκλείψετε ἐν τῷ τόπῳ ᾧ ὑμεῖς βούλεσθε εἰσελθεῖν κατοικεῖν ἐκεῖ.

Καὶ ἐγενήθη, ὡς ἐπαύσατο Ἱερεμίας λέγων πρὸς τὸν λαὸν 50 πάντας τοὺς λόγους Κυρίου, οὓς ἀπέστειλεν αὐτὸν Κύριος πρὸς

β *Gr.* a word.   γ *Gr.* rested upon, but *Alex.* reads ἀπὸ, ' from.   δ *Lit.* aliens by birth.   ζ *Or*, against your souls.

2 αὐτούς, πάντας τοὺς λόγους τούτους, καὶ εἶπεν Ἀζαρίας υἱὸς Μαασαίου, καὶ Ἰωάναν υἱὸς Κάρηε, καὶ πάντες οἱ ἄνδρες, οἱ εἰπόντες τῷ Ἱερεμίᾳ, λέγοντες, ψευδῆ, οὐκ ἀπέστειλέ σε Κύριος πρὸς ἡμᾶς, λέγων, μὴ εἰσέλθητε εἰς Αἴγυπτον οἰκεῖν ἐκεῖ,

3 ἀλλ᾽ ἢ Βαροὺχ υἱὸς Νηρίου συμβάλλει σε πρὸς ἡμᾶς, ἵνα δῷς ἡμᾶς εἰς χεῖρας τῶν Χαλδαίων, τοῦ θανατῶσαι ἡμᾶς, καὶ ἀποι-

4 κισθῆναι ἡμᾶς εἰς Βαβυλῶνα. Καὶ οὐκ ἤκουσεν Ἰωάναν, καὶ πάντες ἡγεμόνες τῆς δυνάμεως, καὶ πᾶς ὁ λαὸς τῆς φωνῆς Κυρίου, κατοικῆσαι ἐν γῇ Ἰούδα.

5 Καὶ ἔλαβεν Ἰωάναν, καὶ πάντες οἱ ἡγεμόνες τῆς δυνάμεως πάντας τοὺς καταλοίπους Ἰούδα, τοὺς ἀποστρέψαντας κατοικεῖν

6 ἐν τῇ γῇ, τοὺς δυνατοὺς ἄνδρας, καὶ τὰς γυναῖκας, καὶ τὰ νήπια τὰ λοιπὰ, καὶ τὰς θυγατέρας τοῦ βασιλέως, καὶ τὰς ψυχὰς ἃς κατέλιπε Ναβουζαρδὰν μετὰ Γοδολίου υἱοῦ Ἀχεικὰμ, καὶ Ἱερε-

7 μίαν τὸν προφήτην, καὶ Βαροὺχ, υἱὸν Νηρίου, καὶ εἰσῆλθον εἰς Αἴγυπτον, ὅτι οὐκ ἤκουσαν τῆς φωνῆς Κυρίου, καὶ εἰσῆλθον εἰς Τάφνας.

8 Καὶ ἐγένετο λόγος Κυρίου πρὸς Ἱερεμίαν ἐν Τάφνας, λέγων,

9 λάβε σεαυτῷ λίθους μεγάλους, καὶ κατάκρυψον αὐτοὺς ἐν προ-θύροις, ἐν πύλῃ τῆς οἰκίας Φαραὼ ἐν Τάφνας, κατ᾽ ὀφθαλμοὺς

10 ἀνδρῶν Ἰούδα, καὶ ἐρεῖς, οὕτως εἶπε Κύριος, ἰδοὺ ἐγὼ ἀπο-στέλλω, καὶ ἄξω Ναβουχοδονόσορ βασιλέα Βαβυλῶνος, καὶ θήσει αὐτοῦ τὸν θρόνον ἐπάνω τῶν λίθων τούτων ὧν κατέκρυψας,

11 καὶ ἀρεῖ τὰ ὅπλα ἐπ᾽ αὐτούς, καὶ εἰσελεύσεται, καὶ πατάξει γῆν Αἰγύπτου, οὓς εἰς θάνατον εἰς θάνατον, καὶ οὓς εἰς ἀποι-κισμὸν εἰς ἀποικισμόν, καὶ οὓς εἰς ῥομφαίαν εἰς ῥομφαίαν.

12 Καὶ καύσει πῦρ ἐν οἰκίαις τῶν θεῶν αὐτῶν, καὶ ἐμπυριεῖ αὐτάς, καὶ ἀποικιεῖ αὐτούς, καὶ φθειριεῖ γῆν Αἰγύπτου, ὥσπερ φθειρί-

13 ζει ποιμὴν τὸ ἱμάτιον αὐτοῦ· καὶ ἐξελεύσεται ἐν εἰρήνῃ, καὶ συντρίψει τοὺς στύλους Ἡλιουπόλεως τοὺς ἐν Ὢν, καὶ τὰς οἰκίας αὐτῶν κατακαύσει ἐν πυρί.

51 Ὁ ΛΟΓΟΣ Ὁ ΓΕΝΟΜΕΝΟΣ ΠΡΟΣ ἹΕΡΕΜΙΑΝ ἅπασι τοῖς Ἰουδαίοις τοῖς κατοικοῦσιν ἐν γῇ Αἰγύπτου, καὶ τοῖς καθημένοις ἐν Μαγδωλῷ, καὶ ἐν Τάφνας, καὶ ἐν γῇ Πα-θούρης, λέγων,

2 Οὕτως εἶπε Κύριος ὁ Θεὸς Ἰσραήλ, ὑμεῖς ἑωράκατε πάντα τὰ κακὰ ἃ ἐπήγαγον ἐπὶ Ἱερουσαλήμ, καὶ ἐπὶ τὰς πόλεις Ἰούδα·

3 καὶ ἰδοὺ εἰσὶν ἔρημοι ἀπὸ ἐνοίκων ἀπὸ προσώπου πονηρίας αὐτῶν, ἧς ἐποίησαν παραπικρᾶναί με, πορευθέντες θυμιᾶν θεοῖς

4 ἑτέροις, οἷς οὐκ ἔγνωτε. Καὶ ἀπέστειλα πρὸς ὑμᾶς τοὺς παῖδάς μου τοὺς προφήτας ὄρθρου, καὶ ἀπέστειλα, λέγων, μὴ ποιήσητε τὸ πρᾶγμα τῆς μολύνσεως ταύτης, ἧς ἐμίσησα.

5 Καὶ οὐκ ἤκουσάν μου, καὶ οὐκ ἔκλιναν τὸ οὖς αὐτῶν ἀποστρέψαι

6 ἀπὸ τῶν κακῶν αὐτῶν, πρὸς τὸ μὴ θυμιᾶν θεοῖς ἑτέροις. Καὶ ἔσταξεν ἡ ὀργή μου, καὶ ὁ θυμός μου, καὶ ἐξεκαύθη ἐν πύλαις Ἰούδα, καὶ ἔξωθεν Ἱερουσαλήμ· καὶ ἐγενήθησαν εἰς ἐρήμωσιν καὶ εἰς ἄβατον ὡς ἡ ἡμέρα αὕτη.

of the Lord, *for* which the Lord had sent him to them, *even* all these words, [2] that Azarias son of Maasæas spoke, and Joanan, the son of Careë, and all the men who had spoken to Jeremias, saying, It is β false: the Lord has not sent thee to us, saying, Enter not into Egypt to dwell there: [3] but Baruch the son of Nerias sets thee against us, that thou mayest deliver us into the hands of the Chaldeans, to kill us, and that we should be carried away captives to Babylon. [4] So Joanan, and all the leaders of the host, and all the people, refused to hearken to the voice of the Lord, to dwell in the land of Juda.

[5] And Joanan, and all the leaders of the host, took all γ the remnant of Juda, who had returned to dwell in the land; [6] the mighty men, and the women, and the children that were left, and the daughters of the king, and the souls which Nabuzardan had left with Godolias the son of Achicam, and Jeremias the prophet, and Baruch the son of Nerias. [7] And they came into Egypt: for they hearkened not to the voice of the Lord: and they entered into Taphnas.

[8] And the word of the Lord came to Jeremias in Taphnas, saying, [9] Take thee great stones, and hide them in the entrance, at the gate of the house of Pharao in Taphnas, in the sight of the men of Juda: [10] and thou shalt say, Thus has the Lord said; Behold, I *will* send, and will bring Nabuchodonosor king of Babylon, and he shall place his throne upon these stones which thou hast hidden, and he shall δ lift up weapons against them. [11] And he shall enter in, and smite the land of Egypt, *delivering* some for death to death; and some for captivity to the sword. [12] And he shall kindle a fire in the houses of their gods, and shall burn ζ them, and shall carry θ them away captives: and shall λ search the land of Egypt, as a shepherd searches his garment; and he shall go forth in peace. [13] And he shall break to pieces the pillars of Heliopolis that are in On, and shall burn their houses with fire.

The Word that came to Jeremias for all the Jews dwelling in the land of Egypt, and for those settled in Magdolo and in Taphnas, and in the land of Pathura, saying,

[2] Thus has the Lord God of Israel said; Ye have seen all the evils which I have brought upon Jerusalem, and upon the cities of Juda; and, behold, they are desolate without inhabitants, [3] because of their wickedness, which they have wrought to provoke me, *by* going to burn incense to other gods, whom ye knew not. [4] Yet I sent to you my servants the prophets early in the morning, and I sent, saying, Do not ye μ this abominable thing which I hate.

[5] But they hearkened not to me, and inclined not their ear to turn from their wickedness, so as not to burn incense to strange gods. [6] So mine anger and my wrath dropped *upon them*, and was kindled in the gates of Juda, and in the streets of Jerusalem; and they became a desolation and ξ a waste, as at this day.

β *Lit.* falsehoods.   γ *Gr.* the remaining *ones* of Juda.   δ *Or*, such as are, and so on.   ζ *i. e.* the temples.
λ *Lit.* search for vermin in, etc.   μ *Gr.* the thing of this pollution.   ξ *Lit.* inaccessible.   θ *i. e.* the men.

7 And now thus has the Lord Almighty said, Wherefore do ye commit *these* great evils against your souls? to cut off man and woman of you, infant and suckling from the midst of Juda, to the end that not one of you should be left; 8 by provoking me with the works of your hands, to burn incense to other gods in the land of Egypt, into which ye entered to dwell there, that ye might be cut off, and that ye might become a curse and a reproach among all the nations of the earth? 9 Have ye forgotten the sins of your fathers, and the sins of the kings of Juda, and the sins of your princes, and the sins of your wives, which they wrought in the land of Juda, and in the streets of Jerusalem? 10 And have not ceased even to this day, and they have not kept to my ordinances, which I set before their fathers.

11 Therefore thus saith the Lord; Behold, I do set my face against *you* 12 to destroy all the remnant that are in Egypt; and they shall fall by the sword, and by famine, and shall be consumed small and great: and they shall be for reproach, and for destruction, and for a curse. 13 And I will visit them that dwell in the land of Egypt, as I have visited Jerusalem, with sword and with famine: γ 14 and there shall not one be preserved of the remnant of Juda that sojourn in the land of Egypt, to return to the land of Juda, to which they hope in their hearts to return: they shall not return, but only they that escape.

15 Then all the men that knew that their wives burned δ incense, and all the women, a great ς multitude, and all the people that dwelt in the land of Egypt, in Pathura, answered Jeremias, saying,

16 *As for* the word which thou hast spoken to us in the name of the Lord, we will not hearken to thee. 17 For we will surely perform every word that shall proceed out of our mouth, to burn incense to the queen of heaven, and to pour drink-offerings to her, as we and our fathers have done, and our kings and princes, in the cities of Juda, and in the streets of Jerusalem: and *so* we were filled with bread, and were well, and saw no evils. 18 But θ since we left off to burn incense to the queen of heaven, we have all been brought low, and have been consumed by sword and by famine. 19 And whereas we burned incense to the queen of heaven, and poured drink-offerings to her, did we make cakes to her, and pour drink-offerings to her, without our husbands?

20 Then Jeremias answered all the people, the mighty men, and the women, and all the people that returned him *these* words for answer, saying, 21 Did not the Lord remember the incense which ye burned in the cities of Juda, and in the streets of Jerusalem, ye, and your fathers, and your kings, and your princes, and the people of the land? and came it not into his heart? 22 And the Lord could no longer bear *you*, because of the wickedness of your doings, and because of your abominations which ye wrought; and so your land became a desolation and a waste, and a curse, as at

Καὶ νῦν οὕτως εἶπε Κύριος παντοκράτωρ, ἱνατί ὑμεῖς ποιεῖτε 7 κακὰ μεγάλα ἐπὶ ψυχαῖς ὑμῶν; ἐκκόψαι ὑμῶν ἄνθρωπον καὶ γυναῖκα, νήπιον καὶ θηλάζοντα ἐκ μέσου Ἰούδα, πρὸς τὸ μὴ καταλειφθῆναι ὑμῶν μηδένα, παραπικρᾶναί με ἐν τοῖς ἔργοις 8 τῶν χειρῶν ὑμῶν, θυμιᾷν θεοῖς ἑτέροις ἐν γῇ Αἰγύπτῳ, εἰς ἣν ἤλθετε κατοικεῖν ἐκεῖ, ἵνα κοπῆτε, καὶ ἵνα γένησθε εἰς κατάραν καὶ εἰς ὀνειδισμὸν ἐν πᾶσι τοῖς ἔθνεσι τῆς γῆς; Μὴ ἐπιλέ- 9 λησθε ὑμεῖς τῶν κακῶν τῶν πατέρων ὑμῶν, καὶ τῶν κακῶν τῶν βασιλέων Ἰούδα, καὶ τῶν κακῶν τῶν ἀρχόντων ὑμῶν, καὶ τῶν κακῶν τῶν γυναικῶν ὑμῶν, ὧν ἐποίησαν ἐν γῇ Ἰούδα, καὶ ἔξωθεν Ἱερουσαλήμ; Καὶ οὐκ ἐπαύσαντο ἕως τῆς ἡμέρας 10 ταύτης, καὶ οὐκ ἀντείχοντο τῶν προσταγμάτων μου, ὧν ἔδωκα κατὰ πρόσωπον τῶν πατέρων αὐτῶν.

Διατοῦτο οὕτως εἶπε Κύριος, ἰδοὺ ἐγὼ ἐφίστημι τὸ πρόσωπόν 11 μου, τοῦ ἀπολέσαι πάντας τοὺς καταλοίπους τοὺς ἐν Αἰγύπτῳ, 12 καὶ πεσοῦνται ἐν ῥομφαίᾳ καὶ ἐν λιμῷ, καὶ ἐκλείψουσιν ἀπὸ μικροῦ ἕως μεγάλου, καὶ ἔσονται εἰς ὀνειδισμὸν, καὶ εἰς ἀπώ- λειαν, καὶ εἰς κατάραν. Καὶ ἐπισκέψομαι ἐπὶ τοὺς καθημένους 13 ἐν γῇ Αἰγύπτῳ, ὡς ἐπεσκεψάμην ἐπὶ Ἱερουσαλήμ, ἐν ῥομφαίᾳ καὶ ἐν λιμῷ, καὶ οὐκ ἔσται σεσωσμένος οὐδεὶς τῶν ἐπιλοίπων 14 Ἰούδα τῶν παροικούντων ἐν γῇ Αἰγύπτῳ, τοῦ ἐπιστρέψαι εἰς γῆν Ἰούδα, ἐφ᾽ ἣν αὐτοὶ ἐλπίζουσι ταῖς ψυχαῖς αὐτῶν τοῦ ἐπιστρέψαι ἐκεῖ· οὐ μὴ ἐπιστρέψωσιν, ἀλλ᾽ ἢ οἱ ἀνασεσω- σμένοι.

Καὶ ἀπεκρίθησαν τῷ Ἱερεμίᾳ πάντες οἱ ἄνδρες οἱ γνόντες 15 ὅτι θυμιῶσιν αἱ γυναῖκες αὐτῶν, καὶ πᾶσαι αἱ γυναῖκες, συνα- γωγὴ μεγάλη, καὶ πᾶς ὁ λαὸς οἱ καθήμενοι ἐν γῇ Αἰγύπτῳ, ἐν Παθουρῇ, λέγοντες,

Ὁ λόγος ὃν ἐλάλησας πρὸς ἡμᾶς τῷ ὀνόματι Κυρίου, οὐκ 16 ἀκούσομέν σου, ὅτι ποιοῦντες ποιήσομεν πάντα τὸν λόγον ὃς 17 ἐξελεύσεται ἐκ τοῦ στόματος ἡμῶν, θυμιᾷν τῇ βασιλίσσῃ τοῦ οὐρανοῦ, καὶ σπένδειν αὐτῇ σπονδάς, καθὰ ἐποιήσαμεν ἡμεῖς καὶ οἱ πατέρες ἡμῶν, καὶ οἱ βασιλεῖς ἡμῶν, καὶ οἱ ἄρχοντες ἡμῶν, ἐν πόλεσιν Ἰούδα καὶ ἔξωθεν Ἱερουσαλήμ· καὶ ἐπλήσ- θημεν ἄρτων, καὶ ἐγενόμεθα χρηστοὶ, καὶ κακὰ οὐκ εἴδομεν. Καὶ ὡς διελίπομεν θυμιῶντες τῇ βασιλίσσῃ τοῦ οὐρανοῦ, 18 ἠλαττώθημεν πάντες, καὶ ἐν ῥομφαίᾳ καὶ ἐν λιμῷ ἐξελίπομεν. Καὶ ὅτι ἡμεῖς ἐθυμιῶμεν τῇ βασιλίσσῃ τοῦ οὐρανοῦ, καὶ ἐσπεί- 19 σαμεν αὐτῇ σπονδάς, μὴ ἄνευ τῶν ἀνδρῶν ἡμῶν ἐποιήσαμεν αὐτῇ χαυῶνας, καὶ ἐσπείσαμεν αὐτῇ σπονδάς;

Καὶ εἶπεν Ἱερεμίας παντὶ τῷ λαῷ, τοῖς δυνατοῖς καὶ ταῖς 20 γυναιξὶ καὶ παντὶ τῷ λαῷ τοῖς ἀποκριθεῖσιν αὐτῷ λόγους, λέγων, οὐχὶ τοῦ θυμιάματος οὗ ἐθυμιάσατε ἐν ταῖς πόλεσιν 21 Ἰούδα, καὶ ἔξωθεν Ἱερουσαλήμ, ὑμεῖς καὶ οἱ πατέρες ὑμῶν, καὶ οἱ βασιλεῖς ὑμῶν, καὶ οἱ ἄρχοντες ὑμῶν, καὶ ὁ λαὸς τῆς γῆς, ἐμνήσθη Κύριος; καὶ ἀνέβη ἐπὶ τὴν καρδίαν αὐτοῦ; Καὶ οὐκ ἠδύνατο Κύριος ἔτι φέρειν ἀπὸ προσώπου πονηρίας 22 πραγμάτων ὑμῶν, καὶ ἀπὸ τῶν βδελυγμάτων ὑμῶν ὧν ἐποιή- σατε· καὶ ἐγενήθη ἡ γῆ ὑμῶν εἰς ἐρήμωσιν, καὶ εἰς ἄβατον,

---

β See ver. 6.   γ *Alex.* + 'and pestilence.'   δ *Heb.* and *Alex.* + 'to other gods.'   ζ *Lit.* assembly.   θ *Gr.* as.

23 καὶ εἰς ἀρὰν, ὡς ἐν τῇ ἡμέρᾳ ταύτῃ, ἀπὸ προσώπου ὧν ἐθυμιᾶτε, καὶ ὧν ἡμάρτετε τῷ Κυρίῳ· καὶ οὐκ ἠκούσατε τῆς φωνῆς Κυρίου, καὶ ἐν τοῖς προστάγμασιν αὐτοῦ, καὶ ἐν τῷ νόμῳ καὶ ἐν τοῖς μαρτυρίοις αὐτοῦ οὐκ ἐπορεύθητε, καὶ ἐπελάβετο ὑμῶν τὰ κακὰ ταῦτα.

24 Καὶ εἶπεν Ἰερεμίας τῷ λαῷ, καὶ ταῖς γυναιξὶν, ἀκούσατε
25 λόγον Κυρίου. Οὕτως εἶπε Κύριος ὁ Θεὸς Ἰσραὴλ, ὑμεῖς γυναῖκες τῷ στόματι ὑμῶν ἐλαλήσατε, καὶ ταῖς χερσὶν ὑμῶν ἐπληρώσατε, λέγουσαι, ποιοῦσαι ποιήσομεν τὰς ὁμολογίας ἡμῶν ἃς ὡμολογήκαμεν, θυμιᾶν τῇ βασιλίσσῃ τοῦ οὐρανοῦ καὶ σπένδειν αὐτῇ σπονδάς· ἐμμείνασαι ἐνεμείνατε ταῖς ὁμολο-
26 γίαις ὑμῶν, καὶ ποιοῦσαι ἐποιήσατε. Διατοῦτο ἀκούσατε λόγον Κυρίου, πᾶς Ἰούδα οἱ καθήμενοι ἐν γῇ Αἰγύπτῳ, ἰδοὺ ὤμοσα τῷ ὀνόματί μου τῷ μεγάλῳ, εἶπε Κύριος, ἐὰν γένηται ἔτι ὄνομά μου ἐν τῷ στόματι παντὸς Ἰούδα εἰπεῖν, ζῇ Κύριος,
27 ἐπὶ πάσῃ γῇ Αἰγύπτῳ. Ὅτι ἐγὼ ἐγρήγορα ἐπ' αὐτοὺς, τοῦ κακῶσαι αὐτοὺς, καὶ οὐκ ἀγαθῶσαι· καὶ ἐκλείψουσι πᾶς Ἰούδα, οἱ κατοικοῦντες ἐν γῇ Αἰγύπτῳ, ἐν ῥομφαίᾳ καὶ ἐν λιμῷ, ἕως
28 ἂν ἐκλείπωσι. Καὶ οἱ σεσωσμένοι ἀπὸ ῥομφαίας ἐπιστρέψουσιν εἰς γῆν Ἰούδα ὀλίγοι ἀριθμῷ, καὶ γνώσονται οἱ κατάλοιποι Ἰούδα οἱ καταστάντες ἐν γῇ Αἰγύπτῳ, κατοικῆσαι ἐκεῖ, λόγος τίνος ἀμενεῖ.

29 Καὶ τοῦτο τὸ σημεῖον ὑμῖν, ὅτι ἐπισκέψομαι ἐγὼ ἐφ' ὑμᾶς
30 εἰς πονηρά. Οὕτως εἶπε Κύριος, ἰδοὺ ἐγὼ δίδωμι τὸν Οὐαφρῆ βασιλέα Αἰγύπτου εἰς χεῖρας ἐχθροῦ αὐτοῦ, καὶ εἰς χεῖρας ζητοῦντος τὴν ψυχὴν αὐτοῦ, καθὰ ἔδωκα τὸν Σεδεκίαν βασιλέα Ἰούδα εἰς χεῖρας Ναβουχοδονόσορ βασιλέως Βαβυλῶνος ἐχθροῦ αὐτοῦ, καὶ ζητοῦντος τὴν ψυχὴν αὐτοῦ.

1 Ὁ ΛΟΓΟΣ ὍΝ ἘΛΑΛΗΣΕΝ ἸΕΡΕΜΙΑΣ Ὁ ΠΡΟΦΗΤΗΣ πρὸς Βαροὺχ υἱὸν Νηρίου, ὅτε ἔγραφε τοὺς λόγους τούτους ἐν τῷ βιβλίῳ ἀπὸ στόματος Ἰερεμίου, ἐν τῷ ἐνιαυτῷ τῷ τετάρτῳ Ἰωακεὶμ υἱῷ Ἰωσία βασιλέως Ἰούδα·
2, 3 Οὕτως εἶπε Κύριος ἐπὶ σοὶ Βαρούχ, ὅτι εἶπας, οἴμοι οἴμοι, ὅτι προσέθηκε Κύριος κόπον ἐπίπονόν μοι, ἐκοιμήθην
4 ἐν στεναγμοῖς, ἀνάπαυσιν οὐχ εὗρον· Εἰπὸν αὐτῷ, οὕτως εἶπε Κύριος, ἰδοὺ οὓς ἐγὼ ᾠκοδόμησα, ἐγὼ καθαιρῶ· καὶ οὓς ἐγὼ
5 ἐφύτευσα, ἐγὼ ἐκτίλλω. Καὶ σὺ ζητήσεις σεαυτῷ μεγάλα; μὴ ζητήσῃς, ὅτι ἰδοὺ ἐγὼ ἐπάγω κακὰ ἐπὶ πᾶσαν σάρκα, λέγει Κύριος· καὶ δώσω τὴν ψυχήν σου εἰς εὕρημα ἐν παντὶ τόπῳ οὗ ἐὰν βαδίσῃς ἐκεῖ.

52 Ὄντος εἰκοστοῦ καὶ ἑνὸς ἔτους Σεδεκίου, ἐν τῷ βασιλεύειν αὐτὸν, καὶ ἕνδεκα ἔτη ἐβασίλευσεν ἐν Ἱερουσαλήμ· καὶ ὄνομα τῇ μητρὶ αὐτοῦ Ἀμειτάαλ, θυγάτηρ Ἰερεμίου, ἐκ Λοβενά.
4 Καὶ ἐγένετο τῷ ἔτει τῷ ἐννάτῳ τῆς βασιλείας αὐτοῦ, ἐν μηνὶ τῷ ἐννάτῳ, δεκάτῃ τοῦ μηνὸς, ἦλθε Ναβουχοδονόσορ βασιλεὺς Βαβυλῶνος, καὶ πᾶσα ἡ δύναμις αὐτοῦ ἐπὶ Ἱερουσαλὴμ, καὶ περιεχαράκωσαν αὐτὴν, καὶ περιῳκοδόμησαν αὐτὴν τετραπέδοις λίθοις κύκλῳ.
5 Καὶ ἦλθεν ἡ πόλις εἰς συνοχὴν, ἕως ἑνδεκάτου ἔτους τῷ

this day; [23] because of your burning incense, and *because* of the things wherein ye sinned against the Lord : and ye have not hearkened to the voice of the Lord, and have not walked in his ordinances, and in his law, and in his testimonies; and so these evils have β come upon you.

[24] And Jeremias said to the people, and to the women, Hear ye the word of the Lord. [25] Thus has the Lord God of Israel said; Ye women have spoken with your mouth, and ye fulfilled *it* with your hands, saying, We will surely perform our vows that we have vowed, to burn incense to the queen of heaven, and to pour drink-offerings to her : full well did ye keep to your vows, and ye have indeed performed *them*. [26] Therefore hear ye the word of the Lord, all γ Jews dwelling in the land of Egypt; Behold, I have sworn by my great name, saith the Lord, my name shall no longer be in the mouth of every Jew to say, The Lord lives, in all the land of Egypt. [27] For I have watched over them, to hurt them, and not to do them good : and all γ the Jews dwelling in the land of Egypt shall perish by sword and by famine, until they are utterly consumed. [28] And they that escape the sword shall return to the land of Juda few in number, and the remnant of Juda, δ who have continued in the land *of* Egypt to dwell there, shall know whose word shall stand.

[29] And this *shall be* a sign to you, that I will visit you for evil. [30] Thus said the Lord; Behold, I *will* give Uaphres king of Egypt into the hands of his enemy, and into the hands of ϛ one that seeks his life; as I gave Sedekias king of Juda into the hands of Nabuchodonosor king of Babylon, his enemy, and who sought his life.

[1] THE WORD WHICH JEREMIAS THE PROPHET spoke to Baruch son of Nerias, when he wrote these words in the book from the mouth of Jeremias, in the fourth year of Joakim the son of Josias king of Juda. [2] Thus has the Lord said θ to thee, O Baruch. [3] Whereas thou hast said, Alas! alas! for the Lord has laid a grievous trouble upon me; I lay down in groaning, I found no rest; [4] say thou to him, Thus saith the Lord; Behold, I pull down those whom I have built up, and I pluck up those whom I have planted. [5] And wilt thou seek great things for thyself? seek *them* not: for, behold, I bring evil upon all flesh, saith the Lord: but I will give *to thee* thy life λ for a spoil in every place whither thou shalt go.

It was the twenty-first year of Sedekias, when he began to reign, and he reigned eleven years in Jerusalem. And his mother's name was Amitaal, the daughter of Jeremias, of Lobena.
[4] And it came to pass in the ninth year of his reign, in the ninth month, on the tenth day of the month, *that* Nabuchodonosor king of Babylon came, and all his host, against Jerusalem, and they made a rampart round it, and built μ a wall round about it with large stones.
[5] So the city was besieged, until the

β *Lit.* taken hold of you.　γ *Gr.* Juda.　δ *Alex.* 'who go down *to*.'　ϛ *Alex.* 'them that seek.'
θ *Or,* for, *or,* concerning thee.　λ *Gr.* for a finding.　μ *Or,* forts.

eleventh year of king Sedekias, ⁶ on the ninth day of the month, and *then* the famine was severe in the city, and there was no bread for the people of the land. ⁷ And the city was broken up, and all the men of war went out by night by the way of the gate, between the wall and the outworks, which were by the king's garden; and the Chaldeans were by the city round about; and they went by the way *leading* to the wilderness. ⁸ But the host of the Chaldeans pursued after the king, and overtook him in the *country* beyond Jericho; and all his servants were dispersed from *about* him. ⁹ And they took the king, and brought him to the king of Babylon to Deblatha, and he judged him. ¹⁰ And the king of Babylon slew the sons of Sedekias before his eyes; and he slew all the princes of Juda in Deblatha. ¹¹ And he put out the eyes of Sedekias, and bound him in fetters; and the king of Babylon brought him to Babylon, and put him into the grinding-house, until the day when he died.

¹² And in the fifth month, on the tenth day of the month, Nabuzardan the captain of the guard, who waited on the king of Babylon, came to Jerusalem; ¹³ and he burnt the house of the Lord, and the king's house; and all the houses of the city, and every great house he burnt with fire. ¹⁴ And the host of the Chaldeans that was with the captain of the guard pulled down all the wall of Jerusalem round about. ¹⁶ But the captain of the guard left the remnant of the people to be vinedressers and husbandmen.

¹⁷ And the Chaldeans broke in pieces the brazen pillars that were in the house of the Lord, and the bases, and the brazen sea that was in the house of the Lord, and they took the brass thereof, and carried it away to Babylon. ¹⁸ Also the rim, and the bowls, and the flesh-hooks, and all the brazen vessels, wherewith they ministered; ¹⁹ and the basons, and the snuffers, and the oil-funnels, and the β candlesticks, and the censers, and the cups, the golden, of gold, and the silver, of silver, the captain of the guard took away. ²⁰ And the two pillars, and the one sea, and the twelve brazen oxen under the sea, which *things* king Solomon made for the house of the Lord; the brass of which *articles* was without weight.

²¹ And as for the pillars, the height of one pillar was thirty-five cubits; and a line of twelve cubits compassed it round; and the thickness of it *all* round was four fingers. ²² And *there was* a brazen chapiter upon them, and the length was five cubits, *even* the height of one chapiter; and *there were* on the chapiter round about γ network and pomegranates, all of brass: and correspondingly the second pillar *had* eight pomegranates to a cubit for the twelve cubits. ²³ And the pomegranates were ninety-six on a δ side; and all the pomegranates on the network round about were a hundred.

²⁴ And the captain of the guard took the chief priest, and the second priest, and those that kept the way; ²⁵ and one eunuch, who was ζ over the men of war, and seven men

βασιλεῖ Σεδεκία, ἐν τῇ ἐννάτῃ τοῦ μηνὸς, καὶ ἐστερεώθη 6 ὁ λιμὸς ἐν τῇ πόλει, καὶ οὐκ ἦσαν ἄρτοι τῷ λαῷ τῆς γῆς.. Καὶ διεκόπη ἡ πόλις, καὶ πάντες οἱ ἄνδρες οἱ πολεμισταὶ 7 ἐξῆλθον νυκτὸς κατὰ τὴν ὁδὸν τῆς πύλης, ἀναμέσον τοῦ τείχους, καὶ τοῦ προτειχίσματος, ὃ ἦν κατὰ τὸν κῆπον τοῦ βασιλέως, καὶ οἱ Χαλδαῖοι ἐπὶ τῆς πόλεως κύκλῳ, καὶ ἐπορεύθησαν ὁδὸν τὴν εἰς ἄραβα. Καὶ κατεδίωξεν ἡ δύναμις τῶν 8 Χαλδαίων ὀπίσω τοῦ βασιλέως, καὶ κατέλαβον αὐτὸν ἐν τῷ πέραν Ἱεριχὼ, καὶ πάντες οἱ παῖδες αὐτοῦ διεσπάρησαν ἀπ᾽ αὐτοῦ. Καὶ συνέλαβον τὸν βασιλέα, καὶ ἤγαγον αὐτὸν πρὸς 9 τὸν βασιλέα Βαβυλῶνος εἰς Δεβλαθὰ, καὶ ἐλάλησεν αὐτῷ μετὰ κρίσεως. Καὶ ἔσφαξε βασιλεὺς Βαβυλῶνος τοὺς υἱοὺς 10 Σεδεκίου κατ᾽ ὀφθαλμοὺς αὐτοῦ, καὶ πάντας τοὺς ἄρχοντας Ἰούδα ἔσφαξεν ἐν Δεβλαθά. Καὶ τοὺς ὀφθαλμοὺς Σεδεκίου 11 ἐξετύφλωσε, καὶ ἔδησεν αὐτὸν ἐν πέδαις· καὶ ἤγαγεν αὐτὸν βασιλεὺς Βαβυλῶνος εἰς Βαβυλῶνα, καὶ ἔδωκεν αὐτὸν εἰς οἰκίαν μύλωνος, ἕως ἡμέρας ἧς ἀπέθανε.

Καὶ ἐν μηνὶ πέμπτῳ, δεκάτῃ τοῦ μηνὸς, ἦλθε Ναβουζαρδὰν 12 ὁ ἀρχιμάγειρος, ἑστηκὼς κατὰ πρόσωπον τοῦ βασιλέως Βαβυλῶνος, εἰς Ἱερουσαλὴμ, καὶ ἐνέπρησε τὸν οἶκον Κυρίου, καὶ 13 τὸν οἶκον τοῦ βασιλέως, καὶ πάσας τὰς οἰκίας τῆς πόλεως, καὶ πᾶσαν οἰκίαν μεγάλην ἐνέπρησεν ἐν πυρί· Καὶ πᾶν τεῖχος 14 Ἱερουσαλὴμ κύκλῳ καθεῖλεν ἡ δύναμις τῶν Χαλδαίων, ἡ μετὰ τοῦ ἀρχιμαγείρου. Καὶ τοὺς καταλοίπους τοῦ λαοῦ 16 κατέλιπεν ὁ ἀρχιμάγειρος εἰς ἀμπελουργοὺς καὶ εἰς γεωργούς.

Καὶ τοὺς στύλους τοὺς χαλκοῦς τοὺς ἐν οἴκῳ Κυρίου, καὶ 17 τὰς βάσεις, καὶ τὴν θάλασσαν τὴν χαλκῆν τὴν ἐν οἴκῳ Κυρίου συνέτριψαν οἱ Χαλδαῖοι, καὶ ἔλαβον τὸν χαλκὸν αὐτῶν, καὶ ἀπήνεγκαν εἰς Βαβυλῶνα. Καὶ τὴν στεφάνην, καὶ τὰς φιάλας, 18 καὶ τὰς κρεάγρας, καὶ πάντα τὰ σκεύη τὰ χαλκᾶ, ἐν οἷς ἐλειτούργουν ἐν αὐτοῖς, καὶ τὰς ἀπφὼθ, καὶ τὰς μασμαρὼθ, καὶ 19 τοὺς ὑποχυτῆρας, καὶ τὰς λυχνίας, καὶ τὰς θυΐσκας, καὶ τοὺς κυάθους, ἃ ἦν χρυσᾶ χρυσᾶ, καὶ ἃ ἦν ἀργυρᾶ ἀργυρᾶ, ἔλαβεν ὁ ἀρχιμάγειρος. Καὶ οἱ στύλοι δύο, καὶ ἡ θάλασσα μία, καὶ 20 οἱ μόσχοι δώδεκα χαλκοῖ ὑποκάτω τῆς θαλάσσης, ἃ ἐποίησεν ὁ βασιλεὺς Σαλωμὼν εἰς οἶκον Κυρίου, οὗ οὐκ ἦν σταθμὸς τοῦ χαλκοῦ αὐτῶν.

Καὶ οἱ στύλοι τριακονταπέντε πηχῶν ὕψος τοῦ στύλου τοῦ 21 ἑνὸς, καὶ σπαρτίον δώδεκα πήχεων περιεκύκλου αὐτὸν, καὶ τὸ πάχος αὐτοῦ δακτύλων τεσσάρων κύκλῳ, καὶ γεῖσος ἐπ᾽ αὐτοῖς 22 χαλκοῦν, καὶ πέντε πήχεων τὸ μῆκος, ὑπεροχὴ τοῦ γείσους τοῦ ἑνὸς, καὶ δίκτυον καὶ ῥοαὶ ἐπὶ τοῦ γείσους κύκλῳ τὰ πάντα χαλκᾶ, καὶ κατὰ ταῦτα τῷ στύλῳ τῷ δευτέρῳ ὀκτὼ ῥοαὶ τῷ πήχει τοῖς δώδεκα πήχεσι. Καὶ ἦσαν αἱ ῥοαὶ ἐννενηκονταὲξ 23 τὸ ἓν μέρος, καὶ ἦσαν αἱ πᾶσαι ῥοαὶ ἑκατὸν ἐπὶ τοῦ δικτύου κύκλῳ.

Καὶ ἔλαβεν ὁ ἀρχιμάγειρος τὸν ἱερέα τὸν πρῶτον, καὶ τὸν 24 ἱερέα τὸν δευτεροῦντα, καὶ τοὺς φυλάττοντας τὴν ὁδὸν, καὶ 25 εὐνοῦχον ἕνα ὃς ἦν ἐπιστάτης τῶν ἀνδρῶν τῶν πολεμιστῶν,

---

β *Or*, lamp-stands.   γ *Gr.* a net.   δ *Gr.* part.   ζ *Heb.* and *Alex.* + ' he took out of the city.'

καὶ ἑπτὰ ἄνδρας ὀνομαστούς, τοὺς ἐν προσώπῳ τοῦ βασιλέως, τοὺς εὑρεθέντας ἐν τῇ πόλει, καὶ τὸν γραμματέα τῶν δυνάμεων, τὸν γραμματεύοντα τῷ λαῷ τῆς γῆς, καὶ ἑξήκοντα ἀνθρώπους ἐκ τοῦ λαοῦ τῆς γῆς, τοὺς εὑρεθέντας ἐν μέσῳ τῆς πόλεως·

26 Καὶ ἔλαβεν αὐτοὺς Ναβουζαρδὰν ὁ ἀρχιμάγειρος τοῦ βασιλέως, καὶ ἤγαγεν αὐτοὺς πρὸς βασιλέα Βαβυλῶνος εἰς Δε-
27 βλαθά. Καὶ ἐπάταξεν αὐτοὺς βασιλεὺς Βαβυλῶνος ἐν Δεβλαθὰ, ἐν γῇ Αἰμάθ.

31 Καὶ ἐγένετο ἐν τῷ τριακοστῷ καὶ ἑβδόμῳ ἔτει, ἀποικισθέντος τοῦ Ἰωακεὶμ βασιλέως Ἰούδα, ἐν τῷ δωδεκάτῳ μηνὶ, ἐν τῇ τετράδι καὶ εἰκάδι τοῦ μηνός, ἔλαβεν Οὐλαιμαδάχαρ βασιλεὺς Βαβυλῶνος, ἐν τῷ ἐνιαυτῷ ᾧ ἐβασίλευσε, τὴν κεφαλὴν Ἰωακεὶμ βασιλέως Ἰούδα, καὶ ἔκειρεν αὐτὸν, καὶ ἐξήγαγεν αὐτὸν ἐξ
32 οἰκίας ἧς ἐφυλάσσετο, καὶ ἐλάλησεν αὐτῷ χρηστὰ, καὶ ἔδωκε τὸν θρόνον αὐτοῦ ἐπάνω τῶν βασιλέων τῶν μετ᾽ αὐτοῦ ἐν Βαβυ-
33 λῶνι, καὶ ἤλλαξε τὴν στολὴν τῆς φυλακῆς αὐτοῦ, καὶ ἤσθιεν ἄρτον διαπαντὸς κατὰ πρόσωπον αὐτοῦ πάσας τὰς ἡμέρας ἃς
34 ἔζησε. Καὶ ἡ σύνταξις αὐτῷ ἐδίδοτο διαπαντὸς παρὰ τοῦ βασιλέως Βαβυλῶνος ἐξ ἡμέρας εἰς ἡμέραν, ἕως ἡμέρας ἧς ἀπέθανε.

of renown, who were in the king's βpresence, that were found in the city; and the scribe of the forces, who did the part of a scribe to the people of the land; and sixty men of the people of the land, who were found in the midst of the city. 26 And Nabuzardan the captain of the king's guard took them, and brought them to the king of Babylon to Deblatha. 27 And the king of Babylon smote them in Deblatha, in the land of Æmath. 31 And it came to pass in the thirty-seventh year after that Joakim king of Juda had been carried away captive, in the twelfth month, on the four and twentieth *day* of the month, *that* Ulæmadachar king of Babylon, in the year in which he began to reign, raised the head of Joakim king of Juda, and γ shaved him, and brought him out of the house where he was kept, 32 and spoke kindly to him, and set his throne above δ the kings that were with him in Babylon, 33 and changed his prison garments: and he ate bread continually before him all the days that he lived. 34 And his appointed portion was given him continually by the king of Babylon from day to day, until the day when he died.

TABLE SHEWING THE ORDER OF SEVERAL CHAPTERS AND VERSES IN JEREMIAH, AS THEY APPEAR IN THE HEBREW AND SEPTUAGINT RESPECTIVELY.

Hebrew, Vulgate, & English.	*Septuagint.*	*Hebrew, Vulgate, & English.*	*Septuagint.*
CHAPTER	CHAPTER	CHAPTER	CHAPTER
25 to *v.* 14	25 to *v.* 14.	39 from *v.* 3 to 14	wanting.
„ from *v.* 14 to the end	32.	40	47.
26	33.	41	48.
27 to *v.* 19	34.	42	49.
„ from *v.* 19 to the end	wanting.	43	50.
28	35.	44	51 to *v.* 31.
29	36.	45	„ from *v.* 31 to the end.
30	37.	46	26.
31	38.	47	29 first 7 verses.
32	39.	48 to *v.* 45	31.
33 to *v.* 14	40.	„ from *v.* 45 to the end	wanting.
„ from *v.* 14 to the end	wanting.	49 first 5 verses	30 first 5 verses.
34	41.	„ from *v.* 7 to 23	29 from *v.* 7 to the end.
35	42.	„ from *v.* 23 to 28	30 5 last verses.
36	43.	„ from *v.* 28 to 34	„ the 6 *vv.* following *v.* 5.
37	44.	„ from *v.* 34 to the end	25 from *v.* 13 to the end.
38	45.	50	27.
39 the 3 first verses, and		51	28.
5 last.	46.	52	52.

β *Gr.* face.   γ *Or*, cut his hair; not in *Alex.*   δ *Alex.* + 'the thrones of.'

ΘΡΗΝΟΙ ΙΕΡΕΜΙΟΥ.

β [AND it came to pass, after Israel was taken captive, and Jerusalem made desolate, *that* Jeremias sat weeping, and lamented *with* this lamentation over Jerusalem, and said]

¹ ALEPH. How does the city that was filled with people sit solitary! she is become as a widow: she that was magnified among the nations, *and* princess among the provinces, has become tributary.

² BETH. She weeps sore in the night, and her tears are on her cheeks; and there is none of all her lovers to comfort her: all that were her friends have dealt deceitfully with her, they are become her enemies.

³ GIMEL. Judea is gone into captivity by reason of her affliction, and by reason of the abundance of her servitude: she dwells among the nations, she has not found rest: all her pursuers have overtaken her between her oppressors.

⁴ DALETH. The ways of Sion mourn, γ because there are none that come to the feast: all her gates are ruined: her priests groan, her virgins are led captive, and she is in bitterness in herself.

⁵ HE. Her oppressors are become the head, and her enemies have prospered; for the Lord has afflicted her because of the multitude of her δ sins: her young children are gone into captivity before the face of the oppressor.

⁶ VAU. And all her beauty has been taken away from the daughter of Sion: her princes were as rams finding no pasture, and are gone *away* in weakness before the face of the pursuer.

⁷ ZAIN. Jerusalem remembered the days of her affliction, and her ζ rejection; *she thought on* all her desirable things which were from the days of old, when her people fell into the hands of the oppressor, and there was none to help her: when her enemies saw *it* they laughed at θ her habitation.

⁸ HETH. Jerusalem has sinned a *great* sin; therefore has she come into tribulation, all that used to honour her have afflicted her, for they have seen her shame: yea, she herself groaned, and turned backward.

⁹ TETH. Her uncleanness is before her feet; she remembered not her last end; she has lowered her λ boasting *tone*, there is none to comfort her. Behold, O Lord, my affliction: for the enemy has magnified himself.

ΚΑΙ ἐγένετο μετὰ τὸ αἰχμαλωτισθῆναι τὸν Ἰσραὴλ, καὶ Ἱερουσαλὴμ ἐρημωθῆναι, ἐκάθισεν Ἰερεμίας κλαίων, καὶ ἐθρήνησε τὸν θρῆνον τοῦτον ἐπὶ Ἱερουσαλὴμ, καὶ εἶπε,

ΑΛΕΦ. Πῶς ἐκάθισε μόνη ἡ πόλις ἡ πεπληθυμμένη λαῶν; ἐγενήθη ὡς χήρα, πεπληθυμμένη ἐν ἔθνεσιν, ἄρχουσα ἐν χώραις ἐγενήθη εἰς φόρον.

ΒΗΘ. Κλαίουσα ἔκλαυσεν ἐν νυκτὶ, καὶ τὰ δάκρυα αὐτῆς 2 ἐπὶ τῶν σιαγόνων αὐτῆς, καὶ οὐχ ὑπάρχει ὁ παρακαλῶν αὐτὴν ἀπὸ πάντων τῶν ἀγαπώντων αὐτήν· πάντες οἱ φιλοῦντες αὐτὴν ἠθέτησαν ἐν αὐτῇ, ἐγένοντο αὐτῇ εἰς ἐχθρούς.

ΓΙΜΕΛ. Μετῳκίσθη Ἰουδαία ἀπὸ ταπεινώσεως αὐτῆς, καὶ 3 ἀπὸ πλήθους δουλείας αὐτῆς· ἐκάθισεν ἐν ἔθνεσιν, οὐχ εὗρεν ἀνάπαυσιν· πάντες οἱ καταδιώκοντες αὐτὴν, κατέλαβον αὐτὴν ἀναμέσον τῶν θλιβόντων.

ΔΑΛΕΘ. Ὁδοὶ Σιὼν πενθοῦσι παρὰ τὸ μὴ εἶναι ἐρχομέ- 4 νους ἐν ἑορτῇ· πᾶσαι αἱ πύλαι αὐτῆς ἠφανισμέναι, οἱ ἱερεῖς αὐτῆς ἀναστενάζουσιν, αἱ παρθένοι αὐτῆς ἀγόμεναι, καὶ αὐτὴ πικραινομένη ἐν ἑαυτῇ.

Η. Ἐγένοντο οἱ θλίβοντες αὐτὴν εἰς κεφαλὴν, καὶ οἱ 5 ἐχθροὶ αὐτῆς εὐθηνοῦσαν, ὅτι Κύριος ἐταπείνωσεν αὐτὴν ἐπὶ τὸ πλῆθος τῶν ἀσεβειῶν αὐτῆς· τὰ νήπια αὐτῆς ἐπορεύθησαν ἐν αἰχμαλωσίᾳ κατὰ πρόσωπον θλίβοντος.

ΟΥΑΥ. Καὶ ἐξήρθη ἐκ θυγατρὸς Σιὼν πᾶσα ἡ εὐπρέπεια 6 αὐτῆς· ἐγένοντο οἱ ἄρχοντες αὐτῆς ὡς κριοὶ οὐχ εὑρίσκοντες νομὴν, καὶ ἐπορεύοντο ἐν οὐκ ἰσχύϊ κατὰ πρόσωπον διώκοντος.

ΖΑΙΝ. Ἐμνήσθη Ἱερουσαλὴμ ἡμερῶν ταπεινώσεως αὐτῆς, 7 καὶ ἀπωσμῶν αὐτῆς· πάντα τὰ ἐπιθυμήματα αὐτῆς ὅσα ἦν ἐξ ἡμερῶν ἀρχαίων, ἐν τῷ πεσεῖν τὸν λαὸν αὐτῆς εἰς χεῖρας θλίβοντος, καὶ οὐκ ἦν ὁ βοηθῶν αὐτῇ· ἰδόντες οἱ ἐχθροὶ αὐτῆς, ἐγέλασαν ἐπὶ κατοικεσίᾳ αὐτῆς.

ΗΘ. Ἁμαρτίαν ἥμαρτεν Ἱερουσαλὴμ, διατοῦτο εἰς σάλον 8 ἐγένετο· πάντες οἱ δοξάζοντες αὐτὴν, ἐταπείνωσαν αὐτήν· εἶδον γὰρ τὴν ἀσχημοσύνην αὐτῆς, καί γε αὐτὴ στενάζουσα καὶ ἀπεστράφη ὀπίσω.

ΤΗΘ. Ἀκαθαρσία αὐτῆς πρὸ ποδῶν αὐτῆς· οὐκ ἐμνήσθη 9 ἔσχατα αὐτῆς, καὶ κατεβίβασεν ὑπέρογκα· οὐκ ἔστιν ὁ παρακαλῶν αὐτήν· ἴδε Κύριε τὴν ταπείνωσίν μου, ὅτι ἐμεγαλύνθη ὁ ἐχθρός.

β Words bracketed not in *Heb.*   γ See use of παρὰ, 1 Cor. 12. 15, 16.   δ *Gr.* ungodlinesses.   ζ *Gr.* plural.
θ *Heb. q. d.* her sabbatism; *A.V.* her sabbaths; *Alex.* her captivity.   λ *Gr.* plural.

10 ΙΩΔ. Χεῖρα αὐτοῦ ἐξεπέτασε θλίβων ἐπὶ πάντα τὰ ἐπιθυμήματα αὐτῆς· εἶδε γὰρ ἔθνη εἰσελθόντα εἰς τὸ ἁγίασμα αὐτῆς, ἃ ἐνετείλω μὴ εἰσελθεῖν αὐτὰ εἰς ἐκκλησίαν σου.

11 ΧΑΦ. Πᾶς ὁ λαὸς αὐτῆς καταστενάζοντες, ζητοῦντες ἄρτον· ἔδωκαν τὰ ἐπιθυμήματα αὐτῆς ἐν βρώσει, τοῦ ἐπιστρέψαι ψυχήν· ἴδε Κύριε καὶ ἐπίβλεψον, ὅτι ἐγενήθη ἠτιμωμένη.

12 ΛΑΜΕΔ. Οἱ πρὸς ὑμᾶς πάντες παραπορευόμενοι ὁδὸν, ἐπιστρέψατε καὶ ἴδετε εἰ ἔστιν ἄλγος κατὰ τὸ ἄλγος μου, ὃ ἐγενήθη· φθεγξάμενος ἐν ἐμοὶ ἐταπείνωσέ με Κύριος ἐν ἡμέρᾳ ὀργῆς θυμοῦ αὐτοῦ.

13 ΜΗΜ. Ἐξ ὕψους αὐτοῦ ἀπέστειλε πῦρ, ἐν τοῖς ὀστέοις μου κατήγαγεν αὐτό· διεπέτασε δίκτυον τοῖς ποσί μου, ἀπέστρεψέ με εἰς τὰ ὀπίσω· ἔδωκέ με ἠφανισμένην, ὅλην τὴν ἡμέραν ὠδυνωμένην.

14 ΝΟΥΝ. Ἐγρηγορήθη ἐπὶ τὰ ἀσεβήματά μου, ἐν χερσί μου συνεπλάκησαν· ἀνέβησαν ἐπὶ τὸν τράχηλόν μου· ἠσθένησεν ἡ ἰσχύς μου· ὅτι ἔδωκε Κύριος ἐν χερσί μου ὀδύνας, οὐ δυνήσομαι στῆναι.

15 ΣΑΜΕΧ. Ἐξῆρε πάντας τοὺς ἰσχυρούς μου ὁ Κύριος ἐκ μέσου μου, ἐκάλεσεν ἐπ' ἐμὲ καιρὸν τοῦ συντρίψαι ἐκλεκτούς μου· ληνὸν ἐπάτησε Κύριος παρθένῳ θυγατρὶ Ἰούδα· ἐπὶ τούτοις ἐγὼ κλαίω.

16 ΑΙΝ. Ὁ ὀφθαλμός μου κατήγαγεν ὕδωρ, ὅτι ἐμακρύνθη ἀπ' ἐμοῦ ὁ παρακαλῶν με, ὁ ἐπιστρέφων ψυχήν μου· ἐγένοντο οἱ υἱοί μου ἠφανισμένοι, ὅτι ἐκραταιώθη ὁ ἐχθρός.

17 ΦΗ. Διεπέτασε Σιὼν χεῖρα αὐτῆς, οὐκ ἔστιν ὁ παρακαλῶν αὐτήν· ἐνετείλατο Κύριος τῷ Ἰακὼβ, κύκλῳ αὐτοῦ οἱ θλίβοντες αὐτόν· ἐγενήθη Ἱερουσαλὴμ εἰς ἀποκαθημένην ἀναμέσον αὐτῶν.

18 ΤΣΑΔΗ. Δίκαιός ἐστι Κύριος, ὅτι στόμα αὐτοῦ παρεπίκρανα· ἀκούσατε δὴ πάντες οἱ λαοὶ, καὶ ἴδετε τὸ ἄλγος μου· παρθένοι μου καὶ νεανίσκοι μου ἐπορεύθησαν ἐν αἰχμαλωσίᾳ.

19 ΚΩΦ. Ἐκάλεσα τοὺς ἐραστάς μου, αὐτοὶ δὲ παρελογίσαντό με· οἱ ἱερεῖς μου καὶ οἱ πρεσβύτεροί μου ἐν τῇ πόλει ἐξέλιπον, ὅτι ἐζήτησαν βρῶσιν αὐτοῖς ἵνα ἐπιστρέψωσι ψυχὰς αὐτῶν, καὶ οὐχ εὗρον.

20 ΡΗΧΣ. Ἴδε, Κύριε, ὅτι θλίβομαι, ἡ κοιλία μου ἐταράχθη, καὶ ἡ καρδία μου ἐστράφη ἐν ἐμοὶ, ὅτι παραπικραίνουσα παρεπικράνθην, ἔξωθεν ἠτέκνωσέ με μάχαιρα, ὥσπερ θάνατος ἐν οἴκῳ.

21 ΧΣΕΝ. Ἀκούσατε δὴ, ὅτι στενάζω ἐγὼ, οὐκ ἔστιν ὁ παρακαλῶν με· πάντες οἱ ἐχθροί μου ἤκουσαν τὰ κακά μου, καὶ ἐχάρησαν, ὅτι σὺ ἐποίησας· ἐπήγαγες ἡμέραν, ἐκάλεσας καιρὸν, ἐγένοντο ὅμοιοι ἐμοί.

22 ΘΑΥ. Εἰσέλθοι πᾶσα ἡ κακία αὐτῶν κατὰ πρόσωπόν σου, καὶ ἐπιφύλλισον αὐτοῖς, ὃν τρόπον ἐποίησαν ἐπιφυλλίδα περὶ πάντων τῶν ἁμαρτημάτων μου, ὅτι πολλοὶ οἱ στεναγμοί μου, καὶ ἡ καρδία μου λυπεῖται.

10 JOD. The oppressor has stretched out his hand on all her desirable things: for she has seen the Gentiles entering into her sanctuary, *concerning* whom thou didst command that they should not enter into thy congregation.

11 CHAPH. All her people groan, seeking bread: they have given their desirable things for meat, to restore their soul: behold, Lord, and look; for she is become dishonoured.

12 LAMED. All ye that pass by the way, turn, and see if there is sorrow like to my sorrow, which has happened *to me*. The Lord who spoke by me has afflicted me in the day of his fierce anger.

13 MEM. He has sent fire from his lofty habitation, he has brought it into my bones: he has spread a net for my feet, he has turned me back: he has made me desolate *and* mourning all the day.

14 NUN. He has watched over my sins, they are twined about my hands, they have come up on my neck: my strength has failed; for the Lord has laid pains on my hands, I shall not be able to stand.

15 SAMECH. The Lord has cut off all my strong men from the midst of me: he has summoned against me a time for crushing my choice men: the Lord has trodden a wine-press for the virgin daughter of Juda: for these things I weep.

16 AIN. Mine eye has poured out water, because he that should comfort me, that should restore my soul, has been removed far from me: my sons have been destroyed, because the enemy has prevailed.

17 PHE. Sion has spread out her hand, *and* there is none to comfort her: the Lord has commanded *concerning* Jacob, his oppressors are round about him: Jerusalem has become among them as a removed woman.

18 TSADE. The Lord is righteous; for I have provoked his mouth: hear, I pray you, all β people, and behold my grief: my virgins and my young men are gone into captivity.

19 KOPH. I called my lovers, but they deceived me: my priests and my elders failed in the city; for they sought meat that they might restore their souls, and found *it* not.

20 RHECHS. Behold, O Lord; for I am afflicted: my belly is troubled, and my heart is turned within me; for I γ have been grievously rebellious: abroad the sword has bereaved me, even as death at home.

21 CHSEN. Hear, I pray you, for I groan: there is none to comfort me: all mine enemies have heard *of* mine afflictions, and rejoice because thou hast done *it*: thou hast brought on the day, thou hast called the time: they are become like to me.

22 THAU. Let all their wickedness come before thy face; and strip them, as they have made a gleaning for all my sins: for my groans are many, and my heart is grieved.

β *Or*, peoples.   γ *Or*, have provoked and been provoked.

ALEPH. How has the Lord darkened in his wrath the daughter of Sion! he has cast down the glory of Israel from heaven to earth, and has not remembered his footstool.

²BETH. In the day of his wrath the Lord has overwhelmed *her* as in the sea, *and* not spared: he has brought down in his fury all the beautiful things of Jacob; he has ^β brought down to the ground the strong-holds of the daughter of Juda: he has profaned her king and her princes.

³GIMEL. He has broken in his fierce anger all the horn of Israel: he has turned back his right hand from the face of the enemy, and has kindled a flame in Jacob as fire, and it has devoured all things round about.

⁴DALETH. He has bent his bow as an opposing enemy: he has strengthened his right hand as an adversary, and has destroyed all the desirable things of my eyes in the tabernacle of the daughter of Sion: he has poured forth his anger as fire.

⁵HE. The Lord is become as an enemy: he has overwhelmed Israel as in the sea, he has overwhelmed her palaces: he has destroyed his strong-holds, and has multiplied the afflicted and humbled ones to the daughter of Juda.

⁶VAU. And he has ^γ scattered his tabernacle as a vine, he has marred his feast: the Lord has forgotten the feast and the sabbath which he appointed in Sion, and in the fury of his wrath has vexed the king, and priest, and prince.

⁷ZAIN. The Lord has rejected his altar, he has cast off his sanctuary, he has broken by the hand of the enemy the wall of her palaces; they have uttered their voice in the house of the Lord as on a feast day.

⁸HETH. And he has turned to destroy the wall of the daughter of Zion: he has stretched out the measuring line, he has not turned back his hand from afflicting *her*: therefore the bulwark mourned, and the wall was weakened with it.

⁹TETH. Her gates ^δare sunk into the ground: he has destroyed and broken to pieces her bars, *and* her king and her prince among the Gentiles: there is no law, nay, her prophets have seen no vision from the Lord.

¹⁰JOD. The elders of the daughter of Sion have sat upon the ground, they have kept silence: they have cast up dust upon their heads; they have girded themselves with sackcloths: they have brought down to the ground the chief virgins in Jerusalem.

¹¹CHAPH. Mine eyes have failed with tears, my heart is troubled, my glory is ^ζcast down to the ground, for the destruction of the daughter of my people; while the infant and suckling swoon in the streets of the city.

¹²LAMED. They said to their mothers, Where is corn and wine? while they fainted like wounded men in the streets of the city, while their souls were poured out into their mother's bosom.

¹³MEM. What shall I testify to thee, or what shall I compare to thee, O daughter

ΑΛΕΦ. Πῶς ἐγνόφωσεν ἐν ὀργῇ αὐτοῦ Κύριος τὴν θυγα- 2 τέρα Σιών; κατέρριψεν ἐξ οὐρανοῦ εἰς γῆν δόξασμα Ἰσραὴλ, καὶ οὐκ ἐμνήσθη ὑποποδίου ποδῶν αὐτοῦ.

ΒΗΘ. Ἐν ἡμέρᾳ ὀργῆς αὐτοῦ κατεπόντισε Κύριος, οὐ 2 φεισάμενος· πάντα τὰ ὡραῖα Ἰακὼβ καθεῖλεν ἐν θυμῷ αὐτοῦ, τὰ ὀχυρώματα τῆς θυγατρὸς Ἰούδα ἐκόλλησεν εἰς τὴν γῆν, ἐβεβήλωσε βασιλέα αὐτῆς, καὶ ἄρχοντας αὐτῆς.

ΓΙΜΕΛ. Συνέκλασεν ἐν ὀργῇ θυμοῦ αὐτοῦ πᾶν κέρας 3 Ἰσραὴλ, ἀπέστρεψεν ὀπίσω δεξιὰν αὐτοῦ ἀπὸ προσώπου ἐχθροῦ, καὶ, ἀνῆψεν ἐν Ἰακὼβ ὡς πῦρ φλόγα, καὶ κατέφαγε πάντα τὰ κύκλῳ.

ΔΑΛΕΘ. Ἐνέτεινε τόξον αὐτοῦ ὡς ἐχθρὸς ὑπεναντίος, 4 ἐστερέωσε δεξιὰν αὐτοῦ ὡς ὑπεναντίος, καὶ ἀπέκτεινε πάντα τὰ ἐπιθυμήματα τῶν ὀφθαλμῶν μου ἐν σκηνῇ θυγατρὸς Σιὼν, ἐξέχεεν ὡς πῦρ τὸν θυμὸν αὐτοῦ.

Η. Ἐγενήθη Κύριος ὡς ἐχθρὸς, κατεπόντισεν Ἰσραὴλ, 5 κατεπόντισε τὰς βάρεις αὐτῆς, διέφθειρε τὰ ὀχυρώματα αὐτοῦ, καὶ ἐπλήθυνε τῇ θυγατρὶ Ἰούδα ταπεινουμένην καὶ τεταπεινωμένην.

ΟΥΑΥ. Καὶ διεπέτασεν ὡς ἄμπελον τὸ σκήνωμα αὐτοῦ, 6 διέφθειρεν ἑορτὴν αὐτοῦ· ἐπελάθετο Κύριος ἃ ἐποίησεν ἐν Σιὼν ἑορτῆς καὶ σαββάτου, καὶ παρώξυνεν ἐμβριμήματι ὀργῆς αὐτοῦ βασιλέα καὶ ἱερέα καὶ ἄρχοντα.

ΖΑΙΝ. Ἀπώσατο Κύριος θυσιαστήριον αὐτοῦ, ἀπετίναξεν 7 ἁγίασμα αὐτοῦ, συνέτριψεν ἐν χειρὶ ἐχθροῦ τεῖχος βάρεων αὐτῆς· φωνὴν ἔδωκαν ἐν οἴκῳ Κυρίου ὡς ἐν ἡμέρᾳ ἑορτῆς·

ΗΘ. Καὶ ἐπέστρεψε διαφθεῖραι τεῖχος θυγατρὸς Σιών· 8 ἐξέτεινε μέτρον, οὐκ ἀπέστρεψε χεῖρα αὐτοῦ ἀπὸ καταπατήματος, καὶ ἐπένθησε τὸ προτείχισμα, καὶ τεῖχος ὁμοθυμαδὸν ἠσθένησεν.

ΤΗΘ. Ἐνεπάγησαν εἰς γῆν πύλαι αὐτῆς, ἀπώλεσε καὶ 9 συνέτριψε μοχλοὺς αὐτῆς, βασιλέα αὐτῆς καὶ ἄρχοντα αὐτῆς ἐν τοῖς ἔθνεσιν· οὐκ ἔστι νόμος, καί γε προφῆται αὐτῆς οὐκ εἶδον ὅρασιν παρὰ Κυρίου.

ΙΩΔ. Ἐκάθισαν εἰς τὴν γῆν, ἐσιώπησαν πρεσβύτεροι 10 θυγατρὸς Σιὼν, ἀνεβίβασαν χοῦν ἐπὶ τὴν κεφαλὴν αὐτῶν, περιεζώσαντο σάκκους, κατήγαγον εἰς γῆν ἀρχηγοὺς παρθένους ἐν Ἱερουσαλήμ.

ΧΑΦ. Ἐξέλιπον ἐν δάκρυσιν οἱ ὀφθαλμοί μου, ἐταράχθη 11 ἡ καρδία μου, ἐξεχύθη εἰς τὴν γῆν ἡ δόξα μου, ἐπὶ τὸ σύντριμμα τῆς θυγατρὸς λαοῦ μου, ἐν τῷ ἐκλείπειν νήπιον καὶ θηλάζοντα ἐν πλατείαις πόλεως.

ΛΑΜΕΔ. Ταῖς μητράσιν αὐτῶν εἶπαν, ποῦ σῖτος, καὶ 12 οἶνος; ἐν τῷ ἐκλύεσθαι αὐτοὺς ὡς τραυματίας ἐν πλατείαις πόλεως, ἐν τῷ ἐκχεῖσθαι ψυχὰς αὐτῶν εἰς κόλπον μητέρων αὐτῶν.

ΜΗΜ. Τί μαρτυρήσω σοι, ἢ τί ὁμοιώσω σοι, θύγατερ 13

β *Lit.* glued to.   γ *Gr.* spread abroad.   δ *Gr.* were fixed into.   ζ *Gr.* poured out.

Ἰερουσαλήμ; τίς σώσει καὶ παρακαλέσει σε, παρθένος θύγατερ Σιών; ὅτι ἐμεγαλύνθη ποτήριον συντριβῆς σου, τίς ἰάσεταί σε;

14 ΝΟΥΝ. Προφῆταί σου εἴδοσάν σοι μάταια καὶ ἀφροσύνην, καὶ οὐκ ἀπεκάλυψαν ἐπὶ τὴν ἀδικίαν σου, τοῦ ἐπιστρέψαι αἰχμαλωσίαν σου, καὶ εἴδοσάν σοι λήμματα μάταια καὶ ἐξώσματα.

15 ΣΑΜΕΧ. Ἐκρότησαν ἐπὶ σὲ χεῖρας πάντες οἱ παραπορευόμενοι ὁδόν, ἐσύρισαν καὶ ἐκίνησαν τὴν κεφαλὴν αὐτῶν ἐπὶ τὴν θυγατέρα Ἰερουσαλήμ. Αὕτη ἡ πόλις, ἐροῦσι, στέφανος εὐφροσύνης πάσης τῆς γῆς;

16 ΑΙΝ. Διήνοιξαν ἐπὶ σὲ στόμα αὐτῶν πάντες οἱ ἐχθροί σου, ἐσύρισαν καὶ ἔβρυξαν ὀδόντας, καὶ εἶπαν, κατεπίομεν αὐτήν· πλὴν αὕτη ἡ ἡμέρα ἣν προσεδοκῶμεν, εὕρομεν αὐτήν, εἴδομεν.

17 ΦΗ. Ἐποίησε Κύριος ἃ ἐνεθυμήθη, συνετέλεσε ῥῆμα αὐτοῦ, ἃ ἐνετείλατο ἐξ ἡμερῶν ἀρχαίων· καθεῖλε, καὶ οὐκ ἐφείσατο, καὶ ηὔφρανεν ἐπὶ σὲ ἐχθρόν, ὕψωσε κέρας θλίβοντός σε.

18 ΤΣΑΔΗ. Ἐβόησε καρδία αὐτῶν πρὸς Κύριον, τείχη Σιὼν καταγάγετε ὡς χειμάρρους δάκρυα ἡμέρας καὶ νυκτός· μὴ δῷς ἔκνηψιν σεαυτῇ, μὴ σιωπήσαιτο θυγάτηρ ὀφθαλμῶν σου.

19 ΚΩΦ. Ἀνάστα, ἀγαλλίασαι ἐν νυκτὶ εἰς ἀρχὰς φυλακῆς σου, ἔκχεον ὡς ὕδωρ καρδίαν σου ἀπέναντι προσώπου Κυρίου, ἆρον πρὸς αὐτὸν χεῖράς σου περὶ ψυχῆς νηπίων σου, τῶν ἐκλυομένων λιμῷ ἐπ᾽ ἀρχῆς πασῶν ἐξόδων.

20 ΡΗΧΣ. Ἴδε Κύριε καὶ ἐπίβλεψον τίνι ἐπεφύλλισας οὕτως· εἰ φάγονται γυναῖκες καρπὸν κοιλίας αὐτῶν; ἐπιφυλλίδα ἐποίησε μάγειρος, φονευθήσονται νήπια θηλάζοντα μαστούς· ἀποκτενεῖς ἐν ἁγιάσματι Κυρίου ἱερέα καὶ προφήτην;

21 ΧΣΕΝ. Ἐκοιμήθησαν εἰς τὴν ἔξοδον παιδάριον καὶ πρεσβύτης· παρθένοι μου καὶ νεανίσκοι μου ἐπορεύθησαν ἐν αἰχμαλωσίᾳ, ἐν ῥομφαίᾳ καὶ ἐν λιμῷ ἀπέκτεινας, ἐν ἡμέρᾳ ὀργῆς σου ἐμαγείρευσας, οὐκ ἐφείσω.

22 ΘΑΥ. Ἐκάλεσεν ἡμέραν ἑορτῆς παροικίας μου κυκλόθεν, καὶ οὐκ ἐγένοντο ἐν ἡμέρᾳ ὀργῆς Κυρίου ἀνασωζόμενος καὶ καταλελειμμένος, ὡς ἐπεκράτησα, καὶ ἐπλήθυνα ἐχθρούς μου πάντας.

3 ΑΛΕΦ. Ἐγὼ ἀνὴρ ὁ βλέπων πτωχείαν, ἐν ῥάβδῳ θυμοῦ
2 αὐτοῦ ἐπ᾽ ἐμέ. Παρέλαβέ με καὶ ἀπήγαγέ με εἰς σκότος, καὶ οὐ
3 φῶς. Πλὴν ἐν ἐμοὶ ἐπέστρεψε χεῖρα αὐτοῦ ὅλην τὴν ἡμέραν,
4 ἐπαλαίωσε σάρκα μου καὶ δέρμα μου, ὀστέα μου συνέτριψεν.

5 ΒΗΘ. Ἀνῳκοδόμησε κατ᾽ ἐμοῦ, καὶ ἐκύκλωσε κεφαλήν
6 μου, καὶ ἐμόχθησεν· ἐν σκοτεινοῖς ἐκάθισέ με ὡς νεκροὺς
7 αἰῶνος. Ἀνῳκοδόμησε κατ᾽ ἐμοῦ, καὶ οὐκ ἐξελεύσομαι, ἐβάρυνε χαλκόν μου.

8 ΓΙΜΕΛ. Καί γε κεκράξομαι καὶ βοήσω, ἀπέφραξε προσευχήν μου.

9 ΔΑΛΕΘ. Ἀνῳκοδόμησεν ὁδούς μου, ἐνέφραξε τρίβους

---

of Jerusalem? who shall save and comfort thee, O virgin daughter of Sion? for the cup of thy destruction is enlarged: who shall heal thee?

[14] NUN. Thy prophets have seen for thee vanities and folly: and they have not discovered thine iniquity, to turn back thy captivity; but they have seen for thee vain burdens, and worthless β visions.

[15] SAMECH. All that go by the way have clapped their hands at thee; they have hissed and shaken their head at the daughter of Jerusalem. Is this the city, they say, the crown of joy of all the earth?

[16] AIN. All thine enemies have opened their mouth against thee: they have hissed and gnashed their teeth, and said, We have swallowed her up: moreover this is the day which we looked for; we have found it, we have seen it.

[17] PHE. The Lord has done that which he purposed; he has accomplished his word, even the things which he commanded from the ancient days: he has thrown down, and has not spared: and he has caused the enemy to rejoice over thee, he has exalted the horn of him that afflicted thee.

[18] TSADE. Their heart cried to the Lord, Ye walls of Sion, pour down tears like torrents day and night: give thyself no rest; let not the γ apple of thine eyes cease.

[19] KOPH. Arise, rejoice in the night at the beginning of thy watch: pour out thy heart as water before the face of the Lord lift up thy hands to him for the life of thine infants, who faint for hunger at the top of all the δ streets.

[20] RHECHS. Behold, O Lord, and see for whom thou hast gathered thus. Shall the women eat the fruit of their womb? the cook has made a gathering: shall the infants sucking at the breasts be slain? wilt thou slay the priest and prophet in the sanctuary of the Lord?

[21] CHSEN. The child and old man have lain down in the street: my virgins and my young men are gone into captivity: thou hast slain them with the sword and with famine; in the day of thy wrath thou hast mangled them, thou hast not spared.

[22] THAU. He has called my sojourners round about to a solemn day, and there was not in the day of the wrath of the Lord any one that escaped or was left; whereas I have strengthened and multiplied all mine enemies.

ALEPH. I am the man that sees poverty, through the rod of his wrath upon me. [2] He has taken me, and led me away into darkness, and not into light. [3] Nay, against me has he turned his hand all the day. [4] He has made old my flesh and my skin; he has broken my bones.

[5] BETH. He has built against me, and compassed my head, and ς brought travail upon me. [6] He has set me in dark places, as them that have long been dead. [7] He has builded against me, and I cannot come forth: he has made my θ brazen chain heavy.

[8] GIMEL. Yea, though I cry and shout, he shuts out my prayer.

[9] DALETH. He has built up my ways, he

β Lit. burdens.　　γ Gr. daughter.　　δ Gr. outlets.　　ζ Lit. laboured.　　θ Gr. brass.

has hedged my paths; ¹⁰he has troubled me, *as* a she-bear lying in wait: he is to me *as* a lion in secret places. ¹¹ He pursued *me* ^βafter I departed, and brought me to a stand: he has utterly ruined me.

¹² HE. He has bent his bow, and set me as a mark for the arrow. ¹³He has caused the arrows of his quiver to enter into my reins. ¹⁴I became a laughing-stock to all my people; and their song all the day.

¹⁵ VAU. He has filled me with bitterness, he has ^γdrenched me with gall. ¹⁶ And he has dashed out my teeth with gravel, he has fed me with ashes. ¹⁷ He has also removed my soul from peace: I forgot prosperity. ¹⁸Therefore my success has perished, and my hope from the Lord.

¹⁹ ZAIN. I remembered by reason of my poverty, and because of persecution my bitterness and gall shall be remembered; ²⁰and my soul shall meditate with me. ²¹ This will I ^δlay up in my heart, therefore will I endure.

²² HETH. *It is* the mercies of the Lord, that he has not failed me, because his compassions are not exhausted. Pity *us*, O Lord, early *every* month: for we are not brought to an end, because his compassions are not exhausted. ²³ *They are* new every morning: great is thy faithfulness. ²⁴The Lord is my portion, says my soul; therefore will I wait for him.

²⁵ TETH. The Lord is good to them that wait for him: the soul which shall seek him ²⁶*is* good, and shall wait for, and quietly expect salvation of the Lord.

²⁷ TETH. *It is* good for a man when he bears a yoke in his youth. ²⁸He will sit alone, and be silent, because he has borne *it* upon him.

³⁰ JOD. He will give *his* cheek to him that smites him: he will be filled full with reproaches. ³¹ For the Lord will not reject for ever.

³² CHAPH. For he that has brought down will pity, and *that* according to the abundance of his mercy. ³³ He has not answered *in anger* from his heart, though he has brought low the children of a man.

³⁴ LAMED. To bring down under his feet all the prisoners of the earth, ³⁵to turn aside the judgment of a man before the face of the Most High, ³⁶to condemn a man *unjustly* in his judgment, the Lord has not given commandment. ³⁷Who has thus spoken, and it has come to pass? the Lord has not commanded it. ³⁸ Out of the mouth of the Most High there shall not come forth evil and good.

³⁹ MEM. Why should a living man complain, a man concerning his sin?

⁴⁰ NUN. Our way has been searched out and examined, and we will turn to the Lord. ⁴¹ Let us lift up our hearts ^ςwith *our* hands to the lofty One in heaven. ⁴² We have sinned, we have transgressed; and thou hast not ^θpardoned.

⁴³ SAMECH. Thou hast visited *us* in wrath, and driven us away: thou hast slain, thou hast not pitied. ⁴⁴Thou hast veiled thyself with a cloud because of prayer, ^λthat I might be blind, ⁴⁵and be cast off. AIN. Thou

μου, ἐτάραξεν ἄρκος ἐνεδρεύουσα, αὐτός μοι λέων ἐν κρυφαίοις, 10 κατεδίωξεν ἀφεστηκότα, καὶ κατέπαυσέ με, ἔθετό με ἠφα- 11 νισμένην.

Η. Ἐνέτεινε τόξον αὐτοῦ, καὶ ἐστήλωσέ με ὡς σκοπὸν εἰς 12 βέλος. Εἰσήγαγεν ἐν τοῖς νεφροῖς μου ἰοὺς φαρέτρας 13 αὐτοῦ. Ἐγενήθην γέλως παντὶ λαῷ μου, ψαλμὸς αὐτῶν ὅλην 14 τὴν ἡμέραν.

ΟΥΑΥ. Ἐχόρτασέ με πικρίας, ἐμέθυσέ με χολῆς, καὶ 15, 16 ἐξέβαλε ψήφῳ ὀδόντας μου· ἐψώμισέ με σποδὸν, καὶ ἀπώσατο 17 ἐξ εἰρήνης ψυχήν μου· ἐπελαθόμην ἀγαθά. Καὶ ἀπώλετο 18 νῖκός μου, καὶ ἡ ἐλπίς μου ἀπὸ Κυρίου.

ΖΑΙΝ. Ἐμνήσθην ἀπὸ πτωχείας μου, καὶ ἐκ διωγμοῦ 19 πικρία καὶ χολή μου μνησθήσεται, καὶ καταδολεσχήσει ἐπ᾽ 20 ἐμὲ ἡ ψυχή μου. Ταύτην τάξω εἰς τὴν καρδίαν μου, διατοῦτο 21 ὑπομενῶ.

ΗΘ. Τὰ ἐλέη Κυρίου, ὅτι οὐκ ἐξέλιπέ με, ὅτι οὐ συνετε- 22 λέσθησαν οἱ οἰκτιρμοὶ αὐτοῦ· μῆνας εἰς τὰς πρωίας ἐλέησον Κύριε, ὅτι οὐ συνετελέσθημεν, ὅτι οὐ συνετελέσθησαν οἱ οἰκτιρμοὶ αὐτοῦ. Καινὰ εἰς τὰς πρωίας, πολλὴ ἡ πίστις 23 σου. Μερίς μου Κύριος, εἶπεν ἡ ψυχή μου· διατοῦτο ὑπομενῶ 24 αὐτῷ.

ΤΗΘ. Ἀγαθὸς Κύριος τοῖς ὑπομένουσιν αὐτὸν, ψυχῇ ἣ 25 ζητήσει αὐτὸν, ἀγαθόν· καὶ ὑπομενεῖ, καὶ ἡσυχάσει εἰς τὸ 26 σωτήριον Κυρίου.

ΤΗΘ. Ἀγαθὸν ἀνδρὶ, ὅταν ἄρῃ ζυγὸν ἐν νεότητι αὐτοῦ, 27 καθήσεται κατὰ μόνας, καὶ σιωπήσεται, ὅτι ἦρεν ἐφ᾽ ἑαυτῷ. 28

ΙΩΔ. Δώσει τῷ παίοντι αὐτὸν σιαγόνα, χορτασθήσεται 30 ὀνειδισμῶν· Ὅτι οὐκ εἰς τὸν αἰῶνα ἀπώσεται Κύριος. 31

ΧΑΦ. Ὅτι ὁ ταπεινώσας οἰκτειρήσει, καὶ κατὰ τὸ πλῆθος 32 τοῦ ἐλέους αὐτοῦ, οὐκ ἀπεκρίθη ἀπὸ καρδίας αὐτοῦ, καὶ ἐτα- 33 πείνωσεν υἱοὺς ἀνδρός.

ΛΑΜΕΔ. Τοῦ ταπεινῶσαι ὑπὸ τοὺς πόδας αὐτοῦ πάντας 34 δεσμίους γῆς, τοῦ ἐκκλῖναι κρίσιν ἀνδρὸς κατέναντι προσώπου 35 ὑψίστου, καταδικάσαι ἄνθρωπον ἐν τῷ κρίνεσθαι αὐτὸν, Κύριος 36 οὐκ εἶπε. Τίς οὕτως εἶπε, καὶ ἐγενήθη; Κύριος οὐκ ἐνετεί- 37 λατο. Ἐκ στόματος ὑψίστου οὐκ ἐξελεύσεται τὰ κακὰ καὶ τὸ 38 ἀγαθόν.

ΜΗΜ. Τί γογγύσει ἄνθρωπος ζῶν, ἀνὴρ περὶ τῆς ἁμαρ- 39 τίας αὐτοῦ;

ΝΟΥΝ. Ἐξηρευνήθη ἡ ὁδὸς ἡμῶν καὶ ἠτάσθη, καὶ ἐπι- 40 στρέψωμεν ἕως Κυρίου. Ἀναλάβωμεν καρδίας ἡμῶν ἐπὶ 41 χειρῶν πρὸς ὑψηλὸν ἐν οὐρανῷ. Ἡμαρτήσαμεν, ἠσεβήσαμεν, 42 καὶ οὐχ ἱλάσθης.

ΣΑΜΕΧ. Ἐπεσκέπασας ἐν θυμῷ, καὶ ἀπεδίωξας ἡμᾶς, 43 ἀπέκτεινας, οὐκ ἐφείσω. Ἐπεσκέπασας νεφέλην σεαυτῷ 44 ἕνεκεν προσευχῆς, καμμύσαι με καὶ ἀπωσθῆναι. ΑΙΝ. Ἔθηκας 45

β See *Hebrew*.   γ *Lit.* made me drunk.   δ *Gr.* commit to.   ζ *Gr.* on.   θ *Or,* been propitious.
λ See use of καμμύω in Isa. 29. 10.

46 ἡμᾶς ἐν μέσῳ τῶν λαῶν. Διήνοιξαν ἐφ᾽ ἡμᾶς τὸ στόμα αὐτῶν
47 πάντες οἱ ἐχθροὶ ἡμῶν. Φόβος καὶ θυμὸς ἐγενήθη ἡμῖν,
48 ἔπαρσις καὶ συντριβή. Ἀφέσεις ὑδάτων κατάξει ὁ ὀφθαλμός
μου ἐπὶ τὸ σύντριμμα τῆς θυγατρὸς τοῦ λαοῦ μου.

49 ΦΗ. Ὁ ὀφθαλμός μου κατεπόθη, καὶ οὐ σιγήσομαι τοῦ
50 μὴ εἶναι ἔκνηψιν, ἕως οὗ διακύψῃ καὶ ἴδῃ Κύριος ἐξ οὐρανοῦ.
51 Ὁ ὀφθαλμός μου ἐπιφυλλιεῖ ἐπὶ τὴν ψυχήν μου παρὰ πάσας
θυγατέρας πόλεως.

52 ΤΣΑΔΗ. Θηρεύοντες ἐθήρευσάν με ὡς στρουθίον· πάντες
53 οἱ ἐχθροί μου δωρεὰν ἐθανάτωσαν ἐν λάκκῳ ζωήν μου, καὶ
54 ἐπέθηκαν λίθον ἐπ᾽ ἐμοί. Ὑπερεχύθη ὕδωρ ἐπὶ τὴν κεφαλήν
μου· εἶπα, ἄπωσμαι.

55 ΚΩΦ. Ἐπεκαλεσάμην τὸ ὄνομά σου, Κύριε, ἐκ λάκκου
56 κατωτάτου· Φωνήν μου ἤκουσας· μὴ κρύψῃς τὰ ὦτά σου εἰς
57 τὴν δέησίν μου· Εἰς τὴν βοήθειάν μου ἤγγισας· ἐν ἡμέρᾳ ᾗ
ἐπεκαλεσάμην σε εἶπάς μοι, μὴ φοβοῦ.

58 ΡΗΧΣ. Ἐδίκασας, Κύριε, τὰς δίκας τῆς ψυχῆς μου, ἐλυ-
59 τρώσω τὴν ζωήν μου. Ἴδες, Κύριε, τὰς ταραχάς μου, ἔκρινας
60 τὴν κρίσιν μου. Εἶδες πᾶσαν τὴν ἐκδίκησιν αὐτῶν, εἰς πάντας
διαλογισμοὺς αὐτῶν ἐν ἐμοί.

61 ΧΣΕΝ. Ἤκουσας τὸν ὀνειδισμὸν αὐτῶν, πάντας τοὺς
62 διαλογισμοὺς αὐτῶν κατ᾽ ἐμοῦ, χείλη ἐπανισταμένων μοι, καὶ
63 μελέτας αὐτῶν κατ᾽ ἐμοῦ ὅλην τὴν ἡμέραν, καθέδραν αὐτῶν,
καὶ ἀνάστασιν αὐτῶν· ἐπίβλεψον ἐπὶ ὀφθαλμοὺς αὐτῶν.
64 Ἀποδώσεις αὐτοῖς ἀνταπόδομα, Κύριε, κατὰ τὰ ἔργα τῶν
χειρῶν αὐτῶν.

65 ΘΑΥ. Ἀποδώσεις αὐτοῖς ὑπερασπισμόν, καρδίας μου
66 μόχθον. Σὺ αὐτοὺς καταδιώξεις ἐν ὀργῇ, καὶ ἐξαναλώσεις
αὐτοὺς ὑποκάτωθεν τοῦ οὐρανοῦ, Κύριε.

4 ΑΛΕΦ. Πῶς ἀμαυρωθήσεται χρυσίον, ἀλλοιωθήσεται τὸ
ἀργύριον τὸ ἀγαθόν; ἐξεχύθησαν λίθοι ἅγιοι ἐπ᾽ ἀρχῆς πασῶν
ἐξόδων.

2 ΒΗΘ. Οἱ υἱοὶ Σιὼν οἱ τίμιοι, οἱ ἐπηρμένοι ἐν χρυσίῳ,
πῶς ἐλογίσθησαν εἰς ἀγγεῖα ὀστράκινα, ἔργα χειρῶν κερα-
μέως;

3 ΓΙΜΕΛ. Καί γε δράκοντες ἐξέδυσαν μαστούς, ἐθήλασαν
σκύμνοι αὐτῶν θυγατέρας λαοῦ μου εἰς ἀνίατον, ὡς στρουθίον
ἐν ἐρήμῳ.

4 ΔΑΛΕΘ. Ἐκολλήθη ἡ γλῶσσα θηλάζοντος πρὸς τὸν
φάρυγγα αὐτοῦ ἐν δίψει, νήπια ᾔτησαν ἄρτον, ὁ διακλῶν οὐκ
ἔστιν αὐτοῖς.

5 Η. Οἱ ἔσθοντες τὰς τρυφὰς ἠφανίσθησαν ἐν ταῖς ἐξόδοις,
οἱ τιθηνούμενοι ἐπὶ κόκκων περιεβάλλοντο κοπρίας.

6 ΟΥΑΥ. Καὶ ἐμεγαλύνθη ἀνομία θυγατρὸς λαοῦ μου ὑπὲρ
ἀνομίας Σοδόμων τῆς κατεστραμμένης ὥσπερ σπουδῇ, καὶ οὐκ
ἐπόνεσαν ἐν αὐτῇ χεῖρας.

7 ΖΑΙΝ. Ἐκαθαριώθησαν Ναζιραῖοι αὐτῆς ὑπὲρ χιόνα,
ἔλαμψαν ὑπὲρ γάλα, ἐπυρώθησαν, ὑπὲρ λίθου σαπφείρου τὸ
ἀπόσπασμα αὐτῶν.

8 ΗΘ. Ἐσκότασεν ὑπὲρ ἀσβόλην τὸ εἶδος αὐτῶν, οὐκ ἐπε-

hast set us *alone* in the midst of the nations. [46] All our enemies have opened their mouth against us. [47] Fear and wrath are come upon us, [β] suspense and destruction. [48] Mine eye shall pour down torrents of water, for the destruction of the daughter of my people.

[49] Phe. Mine eye is drowned *with tears*, and I will not be silent, so that there shall be no rest, [50] until the Lord look down, and behold from heaven. [51] Mine eye shall [γ] prey upon my soul, because of all the daughters of the city.

[52] Tsade. The fowlers chased me as a sparrow, [δ] all mine enemies destroyed my life in a pit without cause, [53] and laid a stone upon me. [54] Water flowed over my head: I said, I am cut off.

[55] Koph. I called upon thy name, O Lord, out of the lowest dungeon. [56] Thou heardest my voice: close not thine ears to my supplication. [57] Thou drewest nigh to my help: in the day wherein I called upon thee thou saidst to me, Fear not.

[58] Rechs. O Lord, thou hast pleaded the causes of my soul; thou hast redeemed my life. [59] Thou hast seen, O Lord, my troubles: thou hast judged my cause. [60] Thou hast seen all their vengeance, *thou hast looked* on all their devices against me.

[61] Chsen. Thou hast heard their reproach *and* all their devices against me; [62] the lips of them that rose up against me, and their plots against me all the day; [63] their sitting down and their rising up: look thou upon their eyes. [64] Thou wilt render them a recompence, O Lord, according to the works of their hands.

[65] Thau. Thou wilt give them *as* [ζ] a covering, the grief of my heart. [66] Thou wilt persecute them in anger, and wilt consume them from under the heaven, O Lord.

Aleph. How will the gold be tarnished, *and* the fine silver changed! the sacred stones have been poured forth at the top [θ] of all the streets.

[2] Beth. The precious sons of Zion, who were [λ] equalled in value with gold, how are they counted as earthen vessels, the works of the hands of the potter!

[3] Gimel. Nay, serpents have drawn out the breasts, they give suck to their young, the daughters of my people are incurably cruel, as an ostrich in a desert.

[4] Daleth. The tongue of the sucking child cleaves to the roof of its mouth for thirst: the little children ask for bread, *and* there is none to break it to them.

[5] He. They that feed on dainties are desolate in the streets: they that used to be nursed in scarlet have clothed themselves with dung.

[6] Vau. And the iniquity of the daughter of my people has been increased beyond the iniquities of Sodoma, *the city* that was overthrown very suddenly, and none laboured against her *with their* hands.

[7] Zain. Her Nazarites were made purer than snow, they were whiter than milk, they were purified *as* with fire, their polishing was superior to sapphire stone.

[8] Heth. Their countenance is become

β *Gr.* lifting up. See Luke 12. 29.   γ *Gr.* gather.   δ *Heb.* and *Alex.* — ali.   ζ *q. d.* callousness.   θ *Gr.* of all outlets.
λ *Gr.* exalted in, *or*, weighed with gold.

blacker than smoke; they are not known in the streets: their skin has cleaved to their bones; they are withered, they are become as a stick.

⁹ TETH. The slain with the sword were better than they that were slain with hunger: they have departed, pierced through from *want of* the fruits of the field.

¹⁰ JOD. The hands of tender-hearted women have sodden their own children: they became meat for them in the destruction of the daughter of my people.

¹¹ CHAPH. The Lord has accomplished his wrath; he has poured out his fierce anger, and has kindled a fire in Sion, and it has devoured her foundations.

¹² LAMED. The kings of the earth, *even* all that dwell in the world, believed not that an enemy and oppressor would enter through the gates of Jerusalem.

¹³ MEM. For the sins of her prophets, *and* iniquities of her priests, who shed righteous blood in the midst of her,

¹⁴ NUN. her watchmen staggered in the streets, they were defiled with blood in their weakness, they touched their raiment *with it.*

¹⁵ SAMECH. Depart ye from the unclean ones: call ye them: depart, depart, touch *them* not: for they are on fire, yea, they stagger: say ye among the nations, They shall no more sojourn *there.*

¹⁶ AIN. The β presence of the Lord *was* their portion; *but* he will not again look upon them: they γ regarded not the person of the priests, they pitied not the δ prophets.

¹⁷ PHE. While we yet lived our eyes failed, while we looked in vain for our help. TSADE. We looked to a nation that could not save. ¹⁸ We have hunted *for* our little ones, that they should not walk in our streets. ΚΟΡΗ. Our time has drawn nigh, our days are fulfilled, our time is come. ¹⁹ Our pursuers were swifter than the eagles of the sky, they flew on the mountains, in the wilderness they laid wait for us.

²⁰ RECHS. The breath of our nostrils, *our* anointed Lord, was taken in their destructive snares, of whom we said, In his shadow we shall live among the Gentiles.

²¹ CHSEN. Rejoice and be glad, O daughter of Idumea, that dwellest in the land: yet the cup of the Lord shall pass through to thee: thou shalt be drunken, and pour forth.

²² THAU. O daughter of Sion, thine iniquity has come to an end; he shall no more carry thee captive: he has visited thine iniquities, O daughter of Edom; he has discovered thy sins.

Remember, O Lord, what has happened to us: behold, and look on our reproach.

² Our inheritance has been turned away to aliens, our houses to strangers: ³ we are become orphans, we have no father, our mothers are as widows. ⁴ We have drunk our water for money; our wood ζ is sold to us *for a burden* on our neck: ⁵ we have been persecuted, we have laboured, we have had no rest.

γνώσθησαν ἐν ταῖς ἐξόδοις· ἐπάγη δέρμα αὐτῶν ἐπὶ τὰ ὀστέα αὐτῶν, ἐξηράνθησαν, ἐγενήθησαν ὥσπερ ξύλον.

ΤΗΘ. Καλοὶ ἦσαν οἱ τραυματίαι ῥομφαίας, ἢ οἱ τραυ- 9 ματίαι λιμοῦ· ἐπορεύθησαν ἐκκεκεντημένοι ἀπὸ γεννημάτων ἀγρῶν.

ΙΩΔ. Χεῖρες γυναικῶν οἰκτιρμόνων ἥψησαν τὰ παιδία 10 αὐτῶν, ἐγενήθησαν εἰς βρῶσιν αὐταῖς, ἐν τῷ συντρίμματι τῆς θυγατρὸς τοῦ λαοῦ μου.

ΧΑΦ. Συνετέλεσε Κύριος θυμὸν αὐτοῦ, ἐξέχεε θυμὸν 11 ὀργῆς αὐτοῦ, καὶ ἀνῆψε πῦρ ἐν Σιὼν, καὶ κατέφαγε τὰ θεμέλια αὐτῆς.

ΛΑΜΕΔ. Οὐκ ἐπίστευσαν βασιλεῖς γῆς, πάντες οἱ κατοι- 12 κοῦντες τὴν οἰκουμένην, ὅτι εἰσελεύσεται ἐχθρὸς καὶ ἐκθλίβων διὰ τῶν πυλῶν Ἰερουσαλήμ.

ΜΗΜ. Ἐξ ἁμαρτιῶν προφητῶν αὐτῆς, ἀδικιῶν ἱερέων 13 αὐτῆς, τῶν ἐκχεόντων αἷμα δίκαιον ἐν μέσῳ αὐτῆς.

ΝΟΥΝ. Ἐσαλεύθησαν ἐγρήγοροι αὐτῆς ἐν ταῖς ἐξόδοις, 14 ἐμολύνθησαν ἐν αἵματι ἐν τῷ μὴ δύνασθαι αὐτοὺς, ἥψαντο ἐνδυμάτων αὐτῶν.

ΣΑΜΕΧ. Ἀπόστητε ἀκαθάρτων, καλέσατε αὐτοὺς, ἀπόστητε, 15 ἀπόστητε, μὴ ἅπτεσθε, ὅτι ἀνήφθησαν, καί γε ἐσαλεύθησαν· εἴπατε ἐν τοῖς ἔθνεσιν, οὐ μὴ προσθῶσι τοῦ παροικεῖν.

ΑΙΝ. Πρόσωπον Κυρίου μερὶς αὐτῶν, οὐ προσθήσει 16 ἐπιβλέψαι αὐτοῖς· πρόσωπον ἱερέων οὐκ ἔλαβον, προφήτας οὐκ ἠλέησαν.

ΦΗ. Ἔτι ὄντων ἡμῶν ἐξέλιπον οἱ ὀφθαλμοὶ ἡμῶν, εἰς 17 τὴν βοήθειαν ἡμῶν μάταια ἀποσκοπευόντων ἡμῶν. ΤΣΑΔΗ. Ἀπεσκοπεύσαμεν εἰς ἔθνος οὐ σῶζον, ἐθηρεύσαμεν μικροὺς 18 ἡμῶν, τοῦ μὴ πορεύεσθαι ἐν ταῖς πλατείαις ἡμῶν. ΚΩΦ. Ἤγγικεν ὁ καιρὸς ἡμῶν, ἐπληρώθησαν αἱ ἡμέραι ἡμῶν, πάρεστιν ὁ καιρὸς ἡμῶν. Κοῦφοι ἐγένοντο οἱ διώκοντες ἡμᾶς ὑπὲρ 19 ἀετοὺς οὐρανοῦ, ἐπὶ τῶν ὀρέων ἐξέπτησαν, ἐν ἐρήμῳ ἐνήδρευσαν ἡμᾶς.

ΡΗΧΣ. Πνεῦμα προσώπου ἡμῶν χριστὸς Κύριος συνε- 20 λήφθη ἐν ταῖς διαφθοραῖς αὐτῶν, οὗ εἴπαμεν, ἐν τῇ σκιᾷ αὐτοῦ ζησόμεθα ἐν τοῖς ἔθνεσι.

ΧΣΕΝ. Χαῖρε καὶ εὐφραίνου θύγατερ Ἰδουμαίας ἡ κατοι- 21 κοῦσα ἐπὶ γῆς, καί γε ἐπὶ σὲ διελεύσεται τὸ ποτήριον Κυρίου, μεθυσθήσῃ καὶ ἀποχεεῖς.

ΘΑΥ. Ἐξέλιπεν ἡ ἀνομία σου θύγατερ Σιὼν, οὐ προσθήσει 22 τοῦ ἀποικίσαι σε· ἐπεσκέψατο ἀνομίας σου θύγατερ Ἐδὼμ, ἀπεκάλυψεν ἐπὶ τὰ ἀσεβήματά σου.

Μνήσθητι Κύριε, ὅ, τι ἐγενήθη ἡμῖν· ἐπίβλεψον, καὶ 5 ἴδε τὸν ὀνειδισμὸν ἡμῶν.

Κληρονομία ἡμῶν μετεστράφη ἀλλοτρίοις, οἱ οἶκοι ἡμῶν 2 ξένοις. Ὀρφανοὶ ἐγενήθημεν, οὐχ ὑπάρχει πατὴρ, μητέρες 3 ἡμῶν ὡς αἱ χῆραι. Ὕδωρ ἡμῶν ἐν ἀργυρίῳ ἐπίομεν, ξύλα 4 ἡμῶν ἐν ἀλλάγματι ἦλθεν ἐπὶ τὸν τράχηλον ἡμῶν· ἐδιώχθημεν, 5 ἐκοπιάσαμεν, οὐκ ἀνεπαύθημεν.

β See *Heb.*　　γ *Lit.* accepted not.　　δ *Heb.* and *Alex.* elders.　　ζ *Lit.* has come upon our neck in exchange.

6 Αἴγυπτος ἔδωκε χεῖρα, Ἀσσοὺρ εἰς πλησμονὴν αὐτῶν.
7 Οἱ πατέρες ἡμῶν ἥμαρτον, οὐχ ὑπάρχουσιν, ἡμεῖς τὰ ἀνομή-
8 ματα αὐτῶν ὑπέσχομεν. Δοῦλοι ἐκυρίευσαν ἡμῶν, λυτρού-
9 μενος οὐκ ἔστιν ἐκ τῆς χειρὸς αὐτῶν. Ἐν ταῖς ψυχαῖς ἡμῶν
εἰσοίσομεν ἄρτον ἡμῶν, ἀπὸ προσώπου ῥομφαίας τῆς ἐρήμου.
10 Τὸ δέρμα ἡμῶν ὡς κλίβανος ἐπελιώθη, συνεσπάσθησαν ἀπὸ
11 προσώπου καταιγίδων λιμοῦ. Γυναῖκας ἐν Σιὼν ἐταπείνωσαν,
12 παρθένους ἐν πόλεσιν Ἰούδα. Ἄρχοντες ἐν χερσὶν αὐτῶν
13 ἐκρεμάσθησαν, πρεσβύτεροι οὐκ ἐδοξάσθησαν. Ἐκλεκτοὶ
14 κλαυθμὸν ἀνέλαβον, καὶ νεανίσκοι ἐν ξύλῳ ἠσθένησαν. Καὶ
πρεσβῦται ἀπὸ πύλης κατέπαυσαν, ἐκλεκτοὶ ἐκ ψαλμῶν αὐτῶν
15 κατέπαυσαν. Κατέλυσε χαρὰ καρδίας ἡμῶν, ἐστράφη εἰς
16 πένθος ὁ χορὸς ἡμῶν· Ἔπεσεν ὁ στέφανος ἡμῶν τῆς κεφα-
λῆς· οὐαὶ δὲ ἡμῖν, ὅτι ἡμάρτομεν.
17 Περὶ τούτου ἐγενήθη ὀδύνη, ὀδυνηρὰ ἡ καρδία ἡμῶν, περὶ
18 τούτου ἐσκότασαν οἱ ὀφθαλμοὶ ἡμῶν. Ἐπ' ὄρος Σιὼν, ὅτι
ἠφανίσθη, ἀλώπεκες διῆλθον ἐν αὐτῇ.
19 Σὺ δὲ Κύριε εἰς τὸν αἰῶνα κατοικήσεις, ὁ θρόνος σου εἰς
20 γενεὰν καὶ γενεάν. Ἱνατί εἰς νῖκος ἐπιλήσῃ ἡμῶν, καταλείψεις
21 ἡμᾶς εἰς μακρότητα ἡμερῶν; Ἐπίστρεψον ἡμᾶς Κύριε πρὸς
σὲ, καὶ ἐπιστραφησόμεθα· καὶ ἀνακαίνισον ἡμέρας ἡμῶν καθὼς
22 ἔμπροσθεν. Ὅτι ἀπωθούμενος ἀπώσω ἡμᾶς, ὠργίσθης ἐφ'
ἡμᾶς ἕως σφόδρα.

6 Egypt gave the hand *to us*, Assur to their β own satisfaction. 7 Our fathers sinned, *and* are not: we have borne their iniquities. 8 Servants have ruled over us: there is none to ransom *us* out of their hand. 9 We shall bring in our bread with *danger of* our lives, because of the sword of the wilderness. 10 Our skin is blackened like an oven; they are convulsed, because of the storms of famine. 11 They humbled the women in Sion, the virgins in the cities of Juda. 12 Princes were hanged up by their hands: the elders were not honoured. 13 The chosen men lifted up *the voice in* weeping, and the youths fainted under the wood. 14 And the elders ceased from the gate, the chosen men ceased from their γ music. 15 The joy of our heart has ceased; our dance is turned into mourning. 16 The crown has fallen *from* our head: yea, woe to us! for we have sinned.

17 For this has grief come; our heart is sorrowful: for this our eyes are darkened. 18 Over the mountain of Sion, because it is made desolate, foxes have walked therein.

19 But thou, O Lord, shalt dwell for ever; thy throne *shall endure* to generation and generation. 20 Wherefore wilt thou δ utterly forget us, and abandon us a long time? 21 Turn us, O Lord, to thee, and we shall be turned; and renew our days as before. 22 For thou hast indeed rejected us; thou hast been very wroth against us.

ΙΕΖΕΚΙΗΛ.

ΚΑΙ ἐγένετο ἐν τῷ τριακοστῷ ἔτει ἐν τῷ τετάρτῳ μηνὶ πέμπτῃ
τοῦ μηνός, καὶ ἐγὼ ἤμην ἐν μέσῳ τῆς αἰχμαλωσίας ἐπὶ τοῦ
ποταμοῦ τοῦ Χοβάρ· καὶ ἠνοίχθησαν οἱ οὐρανοί, καὶ ἴδον
2 ὁράσεις Θεοῦ. Πέμπτη τοῦ μηνός· τοῦτο τὸ ἔτος τὸ πέμπτον
3 τῆς αἰχμαλωσίας τοῦ βασιλέως Ἰωακείμ· Καὶ ἐγένετο λόγος
Κυρίου πρὸς Ἰεζεκιὴλ υἱὸν Βουζεὶ, τὸν ἱερέα, ἐν γῇ Χαλ-
δαίων, ἐπὶ τοῦ ποταμοῦ τοῦ Χοβάρ· καὶ ἐγένετο ἐπ' ἐμὲ χεὶρ
Κυρίου.
4 Καὶ ἴδον, καὶ ἰδοὺ πνεῦμα ἐξαῖρον ἤρχετο ἀπὸ Βορρᾶ, καὶ
νεφέλη μεγάλη ἐν αὐτῷ, καὶ φέγγος κύκλῳ αὐτοῦ καὶ πῦρ

Now it came to pass in the thirtieth year, in the fourth month, on the fifth day of the month, that I was in the midst of the captivity by the river of Chobar; and the heavens were opened, and I saw visions of God. 2 On the fifth day of the month; this was the fifth year of the captivity of king Joakim. 3 And the word of the Lord came to Jezekiel the priest, the son of Buzi, in the land of the Chaldeans, by the river of Chobar; and the hand of the Lord was upon me. ζ

4 And I looked, and, behold, a sweeping wind came from the north, and a great cloud on it, and *there was* brightness round

---

β See *Heb.*   γ Or, psalms, *or*, songs.   δ See *Heb.*   ζ *Heb.* and *Alex.* + there.   θ *Gr.* parts.

about it, and gleaming fire, and in the midst of it as it were the appearance of amber in the midst of the fire, and brightness in it.

⁵ And in the midst as it were the likeness of four living creatures. And this was their appearance; the likeness of a man was upon them. ⁶ And each one *had* four faces, and each one *had* four wings. ⁷ And their legs were straight; and their feet were winged, and *there were* sparks, like gleaming brass, and their wings were light. ⁸ And the hand of a man was under their wings on their four ᵝ sides. ⁹ᵞ And the faces of them four turned not when they went; they went every one straight forward. ¹⁰ And the likeness of their faces was the face of a man, and the face of a lion on the right to the four; and the face of a calf on the left to the four; and the face of an eagle to the four. ¹¹ And the four had their wings spread out above; each one *had* two joined to one another, and two covered ᵟ their bodies. ¹² And each one went straight forward: wherever the spirit was going they went, and turned not back.

¹³ And in the midst of the living creatures *there was* an appearance as of burning coals of fire, as an appearance of lamps ᶿ turning among the living creatures; and the brightness of fire, and out of the fire came forth lightning.ᶿ

¹⁵ And I looked, and, behold, the four *had* each one wheel on the ground near the living creatures. ¹⁶ And the appearance of the wheels was as the appearance of beryl: and the four had one likeness: and their work was as it were a wheel in a wheel. ¹⁷ They went on their four ᵋ sides: they turned not as they went; ¹⁸ neither did their backs *turn*: and they were high: and I beheld them, and the backs of them four were full of eyes round about.

¹⁹ And when the living creatures went, the wheels went by them: and when the living creatures lifted themselves off the earth, the wheels were lifted off. ²⁰ Wherever the cloud happened to be, there was the spirit ᵘ ready to go: the wheels went and were lifted up with ᵋ them; because the spirit of life was in the wheels. ²¹ When those went, *the wheels* went; and when those stood, *the wheels* stood; and when those lifted themselves off the earth, they were lifted off with them: for the spirit of life was in the wheels.

²² And the likeness over the heads of the living creatures was as a firmament, as the appearance of crystal, spread out over their wings above. ²³ And their wings were spread out under the firmament, ᵖ reaching one to the other; two *wings* to each, covering their bodies. ²⁴ And I heard the sound of their wings when they went, as the sound of much water: ρ and when they stood, their wings ᵟ were let down.

²⁵ And lo! a voice from above the firmament ²⁶ that was over their head, ᵀ *there was* as the appearance of a sapphire stone, *and*

ἐξαστράπτον· καὶ **ἐν** τῷ μέσῳ αὐτοῦ ὡς ὅρασις ἠλέκτρου ἐν μέσῳ τοῦ πυρός, καὶ φέγγος ἐν αὐτῷ.

Καὶ ἐν τῷ μέσῳ ὡς ὁμοίωμα τεσσάρων ζώων· καὶ αὕτη ἡ 5 ὅρασις αὐτῶν· ὁμοίωμα ἀνθρώπου ἐπ᾽ αὐτοῖς. Καὶ τέσσαρα 6 πρόσωπα τῷ ἑνί, καὶ τέσσαρες πτέρυγες τῷ ἑνί. Καὶ τὰ 7 σκέλη αὐτῶν ὀρθά, καὶ πτερωτοὶ οἱ πόδες αὐτῶν, καὶ σπινθῆρες, ὡς ἐξαστράπτων χαλκός· καὶ ἐλαφραὶ αἱ πτέρυγες αὐτῶν. Καὶ χεὶρ ἀνθρώπου ὑποκάτωθεν τῶν πτερύγων αὐτῶν ἐπὶ τὰ 8 τέσσαρα μέρη αὐτῶν. Καὶ τὰ πρόσωπα αὐτῶν τῶν τεσσάρων 9 οὐκ ἐπεστρέφοντο ἐν τῷ βαδίζειν αὐτά· ἕκαστον ἀπέναντι τοῦ προσώπου αὐτῶν ἐπορεύοντο. Καὶ ὁμοίωσις τῶν προσώπων 10 αὐτῶν, πρόσωπον ἀνθρώπου, καὶ πρόσωπον τοῦ λέοντος ἐκ δεξιῶν τοῖς τέσσαρσι, καὶ πρόσωπον μόσχου ἐξ ἀριστερῶν τοῖς τέσσαρσι, καὶ πρόσωπον ἀετοῦ τοῖς τέσσαρσι. Καὶ αἱ πτέρυ- 11 γες αὐτῶν ἐκτεταμέναι ἄνωθεν τοῖς τέσσαρσιν, ἑκατέρῳ δύο συνεζευγμέναι πρὸς ἀλλήλας, καὶ δύο ἐπεκάλυπτον ἐπάνω τοῦ σώματος αὐτῶν. Καὶ ἑκάτερον κατὰ πρόσωπον αὐτοῦ ἐπο- 12 ρεύετο· οὗ ἂν ἦν τὸ πνεῦμα πορευόμενον ἐπορεύοντο, καὶ οὐκ ἐπέστρεφον.

Καὶ ἐν μέσῳ τῶν ζώων ὅρασις ὡς ἀνθράκων πυρὸς και- 13 ομένων, ὡς ὄψις λαμπάδων συστρεφομένων ἀναμέσον τῶν ζώων, καὶ φέγγος τοῦ πυρός, καὶ ἐκ τοῦ πυρὸς ἐξεπορεύετο ἀστραπή.

Καὶ ἴδον, καὶ ἰδοὺ τροχὸς εἷς ἐπὶ τῆς γῆς ἐχόμενος τῶν 15 ζώων τοῖς τέσσαρσι. Καὶ τὸ εἶδος τῶν τροχῶν ὡς εἶδος θαρ- 16 σείς· καὶ ὁμοίωμα ἐν τοῖς τέσσαρσι· καὶ τὸ ἔργον αὐτῶν ἦν καθὼς ἂν εἴη τροχὸς ἐν τροχῷ. Ἐπὶ τὰ τέσσαρα μέρη αὐτῶν 17 ἐπορεύοντο· οὐκ ἐπέστρεφον ἐν τῷ πορεύεσθαι αὐτά, οὐδ᾽ οἱ 18 νῶτοι αὐτῶν· καὶ ὕψος ἦν αὐτοῖς· καὶ ἴδον αὐτά, καὶ οἱ νῶτοι αὐτῶν πλήρεις ὀφθαλμῶν κυκλόθεν τοῖς τέσσαρσι.

Καὶ ἐν τῷ πορεύεσθαι τὰ ζῶα, ἐπορεύοντο οἱ τροχοὶ ἐχό- 19 μενοι αὐτῶν· καὶ ἐν τῷ ἐξαίρειν τὰ ζῶα ἀπὸ τῆς γῆς, ἐξήροντο οἱ τροχοί. Οὗ ἂν ἦν ἡ νεφέλη, ἐκεῖ τὸ πνεῦμα τοῦ πορεύ- 20 εσθαι, ἐπορεύοντο οἱ τροχοὶ καὶ ἐξήροντο σὺν αὐτοῖς, διότι πνεῦμα ζωῆς ἐν τοῖς τροχοῖς. Ἐν τῷ πορεύεσθαι αὐτὰ ἐπο- 21 ρεύοντο, καὶ ἐν τῷ ἑστάναι αὐτὰ εἱστήκεισαν· καὶ ἐν τῷ ἐξαί- ρειν αὐτὰ ἀπὸ τῆς γῆς, ἐξήροντο σὺν αὐτοῖς, ὅτι πνεῦμα ζωῆς ἦν ἐν τοῖς τροχοῖς.

Καὶ ὁμοίωμα ὑπὲρ κεφαλῆς αὐτῶν τῶν ζώων ὡσεὶ στερέωμα, 22 ὡς ὅρασις κρυστάλλου, ἐκτεταμένον ἐπὶ τῶν πτερύγων αὐτῶν ἐπάνωθεν. Καὶ ὑποκάτωθεν τοῦ στερεώματος αἱ πτέρυγες 23 αὐτῶν ἐκτεταμέναι, πτερυσσόμεναι ἑτέρα τῇ ἑτέρᾳ, ἑκάστῳ δύο ἐπικαλύπτουσαι τὰ σώματα αὐτῶν. Καὶ ἤκουον τὴν 24 φωνὴν τῶν πτερύγων αὐτῶν ἐν τῷ πορεύεσθαι αὐτά, ὡς φωνὴν ὕδατος πολλοῦ· καὶ ἐν τῷ ἑστάναι αὐτά, κατέπαυον αἱ πτέρυγες αὐτῶν.

Καὶ ἰδοὺ φωνὴ ὑπεράνωθεν τοῦ στερεώματος τοῦ ὄντος 25, 26 ὑπὲρ κεφαλῆς αὐτῶν, ὡς ὅρασις λίθου σαπφείρου, ὁμοίωμα

ᵝ *Gr.* parts.　　ᵞ *Alex.* + 'and their faces and the wings of them four were joined one to another.'　　ᵟ *Lit.* over their body.　　ᵋ *i.e.* revolving.
ᶿ *Alex.* and *Heb.* supply ver. 14.　　'And the living creatures ran and returned at the appearance of Bezec.'　　ᵋ *Or,* parts.
ᵘ *Or,* with power.　　ᵋ *sc.* the living creatures probably.　　π *Or,* clapping or making a noise. *Alex.* + συνεζευγμέναι, joined with.
ρ *Alex.* + 'as the sound of the Mighty One, when they went there was the sound of speech as the sound of an army,' nearly according to the *Heb.*　　σ *Gr.* ceased.　　τ *Alex.* + 'when they stood their wings were let down.'

θρόνου ἐπ' αὐτοῦ, καὶ ἐπὶ τοῦ ὁμοιώματος τοῦ θρόνου ὁμοίωμα
27 ὡς εἶδος ἀνθρώπου ἄνωθεν. Καὶ ἴδον ὡς ὄψιν ἠλέκτρου ἀπὸ
ὁράσεως ὀσφύος καὶ ἐπάνω, καὶ ἀπὸ ὁράσεως ὀσφύος καὶ ἕως
28 κάτω ἴδον ὅρασιν πυρός, καὶ τὸ φέγγος αὐτοῦ κύκλῳ, ὡς
ὅρασις τόξου ὅταν ᾖ ἐν τῇ νεφέλῃ ἐν ἡμέραις ὑετοῦ, οὕτως ἡ
στάσις τοῦ φέγγους κυκλόθεν.

2 Αὕτη ἡ ὅρασις ὁμοιώματος δόξης Κυρίου· καὶ ἴδον, καὶ
πίπτω ἐπὶ πρόσωπόν μου, καὶ ἤκουσα φωνὴν λαλοῦντος· καὶ
εἶπε πρὸς μὲ, υἱὲ ἀνθρώπου, στῆθι ἐπὶ τοὺς πόδας σου, καὶ
λαλήσω πρὸς σέ.

2 Καὶ ἦλθεν ἐπ' ἐμὲ πνεῦμα, καὶ ἀνέλαβέ με, καὶ ἐξῆρέ με,
καὶ ἔστησέ με ἐπὶ τοὺς πόδας μου, καὶ ἤκουον αὐτοῦ λαλοῦντος
3 πρὸς μέ. Καὶ εἶπε πρὸς μὲ, υἱὲ ἀνθρώπου, ἐξαποστέλλω ἐγώ
σε πρὸς τὸν οἶκον τοῦ Ἰσραήλ, τοὺς παραπικραίνοντάς με,
οἵτινες παρεπίκρανάν με, αὐτοὶ καὶ οἱ πατέρες αὐτῶν ἕως τῆς
4 σήμερον ἡμέρας. Καὶ ἐρεῖς πρὸς αὐτοὺς, τάδε λέγει Κύριος,
5 ἐὰν ἄρα ἀκούσωσιν ἢ πτοηθῶσι, διότι οἶκος παραπικραίνων
ἐστὶ, καὶ γνώσονται ὅτι προφήτης εἶ σὺ ἐν μέσῳ αὐτῶν.

6 Καὶ σὺ, υἱὲ ἀνθρώπου, μὴ φοβηθῇς αὐτοὺς, μηδὲ ἐκστῇς
ἀπὸ προσώπου αὐτῶν· διότι παροιστρήσουσι, καὶ ἐπισυστή-
σονται ἐπὶ σὲ κύκλῳ, καὶ ἐν μέσῳ σκορπίων σὺ κατοικεῖς·
τοὺς λόγους αὐτῶν μὴ φοβηθῇς, καὶ ἀπὸ προσώπου αὐτῶν μὴ
7 ἐκστῇς, διότι οἶκος παραπικραίνων ἐστί. Καὶ λαλήσεις τοὺς
λόγους μου πρὸς αὐτοὺς, ἐὰν ἄρα ἀκούσωσιν ἢ πτοηθῶσιν, ὅτι
οἶκος παραπικραίνων ἐστί.

8 Καὶ σὺ, υἱὲ ἀνθρώπου, ἄκουε τοῦ λαλοῦντος πρὸς σὲ, μὴ
γίνου παραπικραίνων, καθὼς ὁ οἶκος ὁ παραπικραίνων· χάνε τὸ
9 στόμα σου, καὶ φάγε ἃ ἐγὼ δίδωμί σοι. Καὶ ἴδον, καὶ ἰδοὺ
10 χεὶρ ἐκτεταμένη πρὸς μὲ, καὶ ἐν αὐτῇ κεφαλὶς βιβλίου. Καὶ
ἀνείλησεν αὐτὴν ἐνώπιόν μου, καὶ ἦν ἐν αὐτῇ γεγραμμένα τὰ
ἔμπροσθεν καὶ τὰ ὀπίσω· καὶ ἐγέγραπτο θρῆνος καὶ μέλος καὶ
οὐαί.

1 Καὶ εἶπε πρὸς μὲ, υἱὲ ἀνθρώπου, κατάφαγε τὴν κεφα-
λίδα ταύτην, καὶ πορεύθητι καὶ λάλησον τοῖς υἱοῖς Ἰσραήλ·
2 Καὶ διήνοιξε τὸ στόμα μου, καὶ ἐψώμισέ με τὴν κεφαλίδα.

3 Καὶ εἶπε πρὸς μὲ, υἱὲ ἀνθρώπου, τὸ στόμα σου φάγεται,
3 καὶ ἡ κοιλία σου πλησθήσεται τῆς κεφαλίδος ταύτης τῆς δεδο-
μένης εἰς σέ· καὶ ἔφαγον αὐτὴν, καὶ ἐγένετο ἐν τῷ στόματί
μου, ὡς μέλι γλυκάζον.

4 Καὶ εἶπε πρὸς μὲ, υἱὲ ἀνθρώπου, βάδιζε καὶ εἴσελθε πρὸς
5 τὸν οἶκον τοῦ Ἰσραήλ, καὶ λάλησον τοὺς λόγους μου πρὸς
5 αὐτούς· Διότι οὐ πρὸς λαὸν βαθύγλωσσον σὺ ἐξαποστέλλῃ
6 πρὸς τὸν οἶκον τοῦ Ἰσραήλ· Οὐδὲ πρὸς λαοὺς πολλοὺς ἀλλο-
φώνους ἢ ἀλλογλώσσους, οὐδὲ στιβαροὺς τῇ γλώσσῃ ὄντας, ὧν
οὐκ ἀκούσῃ τοὺς λόγους· καὶ εἰ πρὸς τοιούτους ἐξαπέστειλά
7 σε, οὗτοι ἂν εἰσήκουσάν σου. Ὁ δὲ οἶκος τοῦ Ἰσραὴλ οὐ μὴ
θελήσουσιν εἰσακοῦσαί σου, διότι οὐ βούλονται εἰσακούειν μου,
ὅτι πᾶς ὁ οἶκος Ἰσραὴλ φιλόνεικοί εἰσι καὶ σκληροκάρδιοι.

the likeness of a throne upon it : and upon
the likeness of the throne was the likeness
as an appearance of a man above. [27] And I
saw as it were the resemblance of amber
βfrom the appearance of the loins and
upwards, and from the appearance of the
loins and under I saw an appearance of
fire, and the brightness thereof round
about. [28] As the appearance of the bow when
it is in the cloud in days of rain, so was
the γform of the brightness round about.

This was the appearance of the likeness
of the glory of the Lord. And I saw and
fell upon my face, and heard the voice of one
speaking: and he said to me, Son of man,
stand upon thy feet, and I will speak to thee.

[2] And the Spirit came upon me, and took
me up, and raised me, and set me on my
feet: and I heard him speaking to me. [3] And
he said to me, Son of man, I send thee forth
to the house of Israel, them that provoke
me; who have provoked me, they and their
fathers, to this day. [4] δAnd thou shalt say
to them, Thus saith the Lord. [5] Whether
then indeed they shall hear or fear, (for it
is a provoking house,) yet they shall know
that thou art a prophet in the midst of
them.

[6] And thou, son of man, fear them not,
nor be dismayed at their face; (for they
will madden and will ζrise up against thee
round about, and thou dwellest in the
midst of scorpions): be not afraid of their
words, nor be dismayed at their counte-
nance, for it is a provoking house. [7] And
thou shalt speak my words to them, whether
they will hear or fear: for it is a provoking
house.

[8] And thou, son of man, hear him that
speaks to thee; be not thou provoking, as
the provoking house: open thy mouth, and
eat what I give thee. [9] And I looked, and
behold, a hand stretched out to me, and in
it a volume of a book. [10] And he unrolled
it before me: and in it the front and the
back were written upon: and there was
written in it Lamentation, and mournful
song, and woe.

[1] And he said to me, Son of man, eat this
volume, and go and speak to the children
of Israel. [2] So he opened my mouth, and
caused me to eat the volume.

And he said to me, Son of man, [3] thy
mouth shall eat, and thy belly shall be
filled with this volume that is given to
thee. So I ate it; and it was in my mouth
as sweet honey.

[4] And he said to me, Son of man, go thy
way, and go in to the house of Israel, and
speak my words to them. [5] For thou art
not sent to a people θof hard speech, but to
the house of Israel; [6] neither to many
nations of other speech and other tongues,
nor of harsh language, whose words thou
wouldest not understand: although if I
had sent thee to such, they would have
hearkened to thee. [7] But the house of
Israel will not be willing to hearken to
thee; for they will not hearken to me: for
all the house of Israel are stubborn and

β Heb. and Alex. ' as the appearance of fire within it round about.'　　　γ Gr. standing, or, condition. Ald. ὅρασις.
δ Heb. and Alex. + ' for they are impudent children and stiff-hearted, I do send thee to them.'　　　ζ See 2 Cor. 11. 28.
θ Gr. of deep tongue.

hard-hearted. ⁸And, behold, I have made thy face strong against their faces, and I will strengthen thy ᵝpower against their power. ⁹And it shall be continually stronger than a rock: be not afraid of them, neither be dismayed at their faces, because it is a provoking house.

¹⁰And he said to me, Son of man, receive into thine heart all the words that I have spoken to thee, and hear *them* with thine ears. ¹¹And go thy way, go in to the captivity, to the children of thy people, and thou shalt speak to them, and say to them, Thus saith the Lord; whether they will hear, *or* whether they will forbear.

¹²Then the Spirit took me up, and I heard behind me the voice *as* of a great earthquake, *saying*, Blessed *be* the glory of the Lord from his place. ¹³And I perceived the sound of the wings of the living creatures clapping one to the other, and the sound of the wheels was near them, and the sound of the earthquake. ¹⁴And the Spirit lifted me, and took me up, and I went in the impulse of my spirit; and the hand of the Lord was mighty upon me.

¹⁵Then I ᵞpassed through the air and came into the captivity, and went round *to* them that dwelt by the river of Chobar who were there; and I sat there seven days, conversant in the midst of them.

¹⁶And after the seven days the word of the Lord came to me, saying, Son of man, ¹⁷I have made thee a watchman to the house of Israel; and thou shalt hear a word of my mouth, and shalt threaten them from me. ¹⁸When I say to the wicked, Thou shalt surely die; and thou hast not warned him, to give warning to the wicked, to turn from his ways, that he should live; that wicked man shall die in his iniquity; but his blood will I require at thy hand. ¹⁹But if thou warn the wicked, and he turn not from his wickedness, and from his way, that wicked man shall die in his iniquity, and thou shalt deliver thy soul.

²⁰And when the righteous turns away from his righteousness, and commits a trespass, and I shall bring ᵟpunishment before him, he shall die, because thou didst not warn him: he shall even die in his sins, because his righteousness shall not be remembered; but his blood will I require at thine hand. ²¹But if thou warn the righteous not to sin, and he sin not, the righteous shall surely live, because thou hast warned him; and thou shalt deliver thine own soul.

²²And the hand of the Lord came upon me; and he said to me, Arise, and go forth into the plain, and there shalt thou be spoken to.

²³And I arose, and went forth to the plain: and, behold, the glory of the Lord stood there, according to the vision, and according to the glory of the Lord, which I saw by the river of Chobar: and I fell on my face. ²⁴Then the Spirit came upon me, and set me on my feet, and spoke to me, and said to me, Go in, and shut thyself up in the midst of thine house. ²⁵And thou, son of man, behold, bonds are prepared for thee,

Καὶ ἰδοὺ δέδωκα τὸ πρόσωπόν σου δυνατὸν κατέναντι τῶν 8 προσώπων αὐτῶν, καὶ τὸ νῖκός σου κατισχύσω κατέναντι τοῦ νίκους αὐτῶν· Καὶ ἔσται διαπαντὸς κραταιότερον πέτρας· μὴ 9 φοβηθῆς ἀπ᾽ αὐτῶν, μηδὲ πτοηθῆς ἀπὸ προσώπου αὐτῶν, διότι οἶκος παραπικραίνων ἐστί.

Καὶ εἶπε πρὸς μὲ, υἱὲ ἀνθρώπου, πάντας τοὺς λόγους οὓς 10 λελάληκα μετὰ σοῦ, λάβε εἰς τὴν καρδίαν σου, καὶ τοῖς ὠσί σου ἄκουε. Καὶ βάδιζε, εἴσελθε εἰς τὴν αἰχμαλωσίαν πρὸς 11 τοὺς υἱοὺς τοῦ λαοῦ σου, καὶ λαλήσεις πρὸς αὐτοὺς, καὶ ἐρεῖς πρὸς αὐτοὺς, τάδε λέγει Κύριος, ἐὰν ἄρα ἀκούσωσιν, ἐὰν ἄρα ἐνδῶσι.

Καὶ ἀνέλαβέ με πνεῦμα, καὶ ἤκουσα κατόπισθέν μου φωνὴν 12 σεισμοῦ μεγάλου, εὐλογημένη ἡ δόξα Κυρίου ἐκ τοῦ τόπου αὐτοῦ. Καὶ ἰδοὺ φωνὴ τῶν πτερύγων τῶν ζώων πτερυσσο- 13 μένων ἑτέρα πρὸς τὴν ἑτέραν, καὶ φωνὴ τῶν τροχῶν ἐχομένη αὐτῶν, καὶ φωνὴ τοῦ σεισμοῦ. Καὶ τὸ πνεῦμα ἐξῆρέ με, καὶ 14 ἀνέλαβέ με, καὶ ἐπορεύθην ἐν ὁρμῇ τοῦ πνεύματός μου, καὶ χεὶρ Κυρίου ἐγένετο ἐπ᾽ ἐμὲ κραταιά.

Καὶ εἰσῆλθον εἰς τὴν αἰχμαλωσίαν μετέωρος, καὶ περιῆλθον 15 τοὺς κατοικοῦντας ἐπὶ τοῦ ποταμοῦ τοῦ Χοβὰρ τοὺς ὄντας ἐκεῖ· καὶ ἐκάθισα ἐκεῖ ἑπτὰ ἡμέρας, ἀναστρεφόμενος ἐν μέσῳ αὐτῶν.

Καὶ ἐγένετο μετὰ τὰς ἑπτὰ ἡμέρας λόγος Κυρίου πρὸς μὲ, 16 λέγων, υἱὲ ἀνθρώπου, σκοπὸν δέδακά σε τῷ οἴκῳ Ἰσραὴλ, καὶ 17 ἀκούσῃ ἐκ στόματός μου λόγον, καὶ διαπειλήσῃ αὐτοῖς παρ᾽ ἐμοῦ. Ἐν τῷ λέγειν με τῷ ἀνόμῳ, θανάτῳ θανατωθήσῃ· καὶ 18 οὐ διεστείλω αὐτῷ τοῦ διαστείλασθαι τῷ ἀνόμῳ, ἀποστρέψαι ἀπὸ τῶν ὁδῶν αὐτοῦ, τοῦ ζῆσαι αὐτόν· ὁ ἄνομος ἐκεῖνος τῇ ἀδικίᾳ αὐτοῦ ἀποθανεῖται, καὶ τὸ αἷμα αὐτοῦ ἐκ τῆς χειρός σου ἐκζητήσω. Καὶ σὺ ἐὰν διαστείλῃ τῷ ἀνόμῳ, καὶ μὴ ἀπο- 19 στρέψῃ ἀπὸ τῆς ἀνομίας αὐτοῦ, καὶ ἀπὸ τῆς ὁδοῦ αὐτοῦ, ὁ ἄνομος ἐκεῖνος ἐν τῇ ἀδικίᾳ αὐτοῦ ἀποθανεῖται, καὶ σὺ τὴν ψυχήν σου ῥύσῃ.

Καὶ ἐν τῷ ἀποστρέφειν δίκαιον ἀπὸ τῶν δικαιοσυνῶν αὐτοῦ, 20 καὶ ποιήσει παράπτωμα, καὶ δώσω τὴν βάσανον εἰς πρόσωπον αὐτοῦ, αὐτὸς ἀποθανεῖται, ὅτι οὐ διεστείλω αὐτῷ· καὶ ἐν ταῖς ἁμαρτίαις αὐτοῦ ἀποθανεῖται, διότι οὐ μὴ μνησθῶσιν αἱ δικαιο- σύναι αὐτοῦ, καὶ τὸ αἷμα αὐτοῦ ἐκ τῆς χειρός σου ἐκζητήσω. Σὺ δὲ ἐὰν διαστείλῃ τῷ δικαίῳ τοῦ μὴ ἁμαρτεῖν, καὶ αὐτὸς μὴ 21 ἁμάρτῃ, ὁ δίκαιος ζωῇ ζήσεται, ὅτι διεστείλω αὐτῷ, καὶ σὺ τὴν σεαυτοῦ ψυχὴν ῥύσῃ.

Καὶ ἐγένετο ἐπ᾽ ἐμὲ χεὶρ Κυρίου· καὶ εἶπε πρὸς μὲ, ἀνά- 22 στηθι, καὶ ἔξελθε εἰς τὸ πεδίον, καὶ ἐκεῖ λαληθήσεται πρὸς σέ.

Καὶ ἀνέστην καὶ ἐξῆλθον πρὸς τὸ πεδίον· καὶ ἰδοὺ ἐκεῖ 23 δόξα Κυρίου εἱστήκει, καθὼς ἡ ὅρασις, καὶ καθὼς ἡ δόξα Κυρίου, ἣν ἴδον ἐπὶ τοῦ ποταμοῦ τοῦ Χοβάρ· καὶ πίπτω ἐπὶ πρόσωπόν μου. Καὶ ἦλθεν ἐπ᾽ ἐμὲ πνεῦμα, καὶ ἔστησέ με ἐπὶ 24 τοὺς πόδας μου, καὶ ἐλάλησε πρὸς μὲ, καὶ εἶπέ μοι, εἴσελθε, καὶ ἐγκλείσθητι ἐν μέσῳ τοῦ οἴκου σου. Καὶ σὺ, υἱὲ ἀνθρώπου, 25 ἰδοὺ δέδονται ἐπὶ σὲ δεσμοὶ, καὶ δήσουσί σε ἐν αὐτοῖς, καὶ οὐ

ᵝ Gr. victory, see *Heb.*   ᵞ See *Heb.*   ᵟ lit. torment, Βάσανος in Old Testament seems to signify punishment, as κόλασις in New Testament does torment, 1 Jno. 4. 18.

26 μὴ ἐξέλθῃς ἐκ μέσου αὐτῶν. Καὶ τὴν γλῶσσάν σου συνδήσω, καὶ ἀποκωφωθήσῃ, καὶ οὐκ ἔσῃ αὐτοῖς εἰς ἄνδρα ἐλέγχοντα,
27 διότι οἶκος παραπικραίνων ἐστί. Καὶ ἐν τῷ λαλεῖν με πρὸς σὲ, ἀνοίξω τὸ στόμα σου, καὶ ἐρεῖς πρὸς αὐτοὺς, τάδε λέγει Κύριος, ὁ ἀκούων ἀκουέτω, καὶ ὁ ἀπειθῶν ἀπειθείτω, διότι οἶκος παραπικραίνων ἐστί.

4 Καὶ σὺ, υἱὲ ἀνθρώπου, λάβε σεαυτῷ πλίνθον, καὶ θήσεις αὐτὴν πρὸ προσώπου σου, καὶ διαγράψεις ἐπ᾿ αὐτὴν πόλιν
2 τὴν Ἱερουσαλήμ. Καὶ δώσεις ἐπ᾿ αὐτὴν περιοχὴν, καὶ οἰκοδομήσεις ἐπ᾿ αὐτὴν προμαχῶνας, καὶ περιβαλεῖς ἐπ᾿ αὐτὴν χάρακα, καὶ δώσεις ἐπ᾿ αὐτὴν παρεμβολὰς, καὶ τάξεις τὰς
3 βελοστάσεις κύκλῳ. Καὶ σὺ λάβε σεαυτῷ τήγανον σιδηροῦν, καὶ θήσεις αὐτὸ τοῖχον σιδηροῦν ἀναμέσον σου καὶ ἀναμέσον τῆς πόλεως, καὶ ἑτοιμάσεις τὸ πρόσωπόν σου ἐπ᾿ αὐτὴν, καὶ ἔσται ἐν συγκλεισμῷ, καὶ συγκλείσεις αὐτήν· σημεῖόν ἐστι τοῦτο τοῖς υἱοῖς Ἰσραήλ.

4 Καὶ σὺ κοιμηθήσῃ ἐπὶ τὸ πλευρόν σου τὸ ἀριστερὸν, καὶ θήσεις τὰς ἀδικίας τοῦ οἴκου Ἰσραὴλ ἐπ᾿ αὐτοῦ, κατὰ ἀριθμὸν τῶν ἡμερῶν πεντήκοντα καὶ ἑκατὸν ἃς κοιμηθήσῃ ἐπ᾿ αὐτοῦ,
5 καὶ λήψῃ τὰς ἀδικίας αὐτῶν. Καὶ ἐγὼ δέδωκά σοι τὰς ἀδικίας αὐτῶν εἰς ἀριθμὸν ἡμερῶν, ἐννενήκοντα καὶ ἑκατὸν ἡμέρας, καὶ
6 λήψῃ τὰς ἀδικίας τοῦ οἴκου Ἰσραήλ. Καὶ συντελέσεις ταῦτα, καὶ κοιμηθήσῃ ἐπὶ τὸ πλευρόν σου τὸ δεξιὸν, καὶ λήψῃ τὰς ἀδικίας τοῦ οἴκου Ἰούδα τεσσαράκοντα ἡμέρας, ἡμέραν εἰς ἐνιαυτὸν τέθεικά σοι.

7 Καὶ εἰς τὸν συγκλεισμὸν Ἱερουσαλὴμ ἑτοιμάσεις τὸ πρόσωπόν σου, καὶ τὸν βραχίονά σου στερεώσεις, καὶ προφητεύ-
8 σεις ἐπ᾿ αὐτήν. Καὶ ἐγὼ ἰδοὺ δέδωκα ἐπὶ σὲ δεσμοὺς, καὶ μὴ στραφῇς ἀπὸ τοῦ πλευροῦ σου ἐπὶ τὸ πλευρόν σου, ἕως οὗ συντελεσθῶσιν ἡμέραι τοῦ συγκλεισμοῦ σου.

9 Καὶ σὺ λάβε σεαυτῷ πυροὺς, καὶ κριθὰς, καὶ κύαμον, καὶ φακὸν, καὶ κέγχρον, καὶ ὄλυραν, καὶ ἐμβαλεῖς αὐτὰ εἰς ἄγγος ἐν ὀστρανίκον, καὶ ποιήσεις αὐτὰ σεαυτῷ εἰς ἄρτους· καὶ κατὰ ἀριθμὸν τῶν ἡμερῶν, ἃς σὺ καθεύδεις ἐπὶ τοῦ πλευροῦ σου, ἐννε-
10 νήκοντα καὶ ἑκατὸν ἡμέρας φάγεσαι αὐτά. Καὶ τὸ βρῶμά σου φάγεσαι ἐν σταθμῷ, εἴκοσι σίκλους τὴν ἡμέραν, ἀπὸ
11 καιροῦ ἕως καιροῦ φάγεσαι αὐτά. Καὶ ὕδωρ ἐν μέτρῳ πίεσαι,
12 καὶ τὸ ἔκτον τοῦ εἲν ἀπὸ καιροῦ ἕως καιροῦ πίεσαι. Καὶ ἐγκρυφίαν κρίθινον φάγεσαι αὐτὰ, ἐν βολβίτοις κόπρου ἀνθρωπίνης ἐγκρύψεις αὐτὰ κατ᾿ ὀφθαλμοὺς αὐτῶν.

13 Καὶ ἐρεῖς, τάδε λέγει Κύριος ὁ Θεὸς τοῦ Ἰσραὴλ, οὕτως
14 φάγονται οἱ υἱοὶ τοῦ Ἰσραὴλ ἀκάθαρτα ἐν τοῖς ἔθνεσι. Καὶ εἶπα, μηδαμῶς Κύριε Θεὲ Ἰσραήλ· εἰ ἡ ψυχή μου οὐ μεμίανται ἐν ἀκαθαρσίᾳ, καὶ θνησιμαῖον καὶ θηριάλωτον οὐ βέβρωκα ἀπὸ γενέσεώς μου ἕως τοῦ νῦν, οὐδὲ εἰσελήλυθεν εἰς τὸ στόμα μου πᾶν κρέας ἕωλον.

15 Καὶ εἶπε πρὸς μὲ, ἰδοὺ δέδωκά σοι βόλβιτα βοῶν ἀντὶ τῶν βολβίτων τῶν ἀνθρωπίνων, καὶ ποιήσεις τοὺς ἄρτους σου ἐπ᾿ αὐτῶν.

16 Καὶ εἶπε πρὸς μὲ, υἱὲ ἀνθρώπου, ἰδοὺ ἐγὼ συντρίβω στή-

and they shall bind thee with them, and thou shalt not come forth of the midst of them. 26 Also I will bind thy tongue, and thou shalt be dumb, and shalt not be to them a reprover: because it is a provoking house. 27 But when I speak to thee, I will open thy mouth, and thou shalt say to them, Thus saith the Lord, He that hears, let him hear; and he that is disobedient, let him be disobedient: because it is a provoking house.

And thou, son of man, take thee a brick, and thou shalt set it before thy face, and shalt portray on it the city, *even* Jerusalem. 2 And thou shalt besiege it, and build works against it, and throw up a mound round about it, and pitch camps against it, and set up engines round about. 3 And take thou to thyself an iron pan, and thou shalt set it *for* an iron wall between thee and the city: and thou shalt set thy face against it, and it shall be in a siege, and thou shalt besiege it. This is a sign to the children of Israel. 4 And thou shalt lie upon thy left side, and lay the iniquities of the house of Israel upon it, according to the number of the hundred and fifty days *during* which thou shalt lie upon it: and thou shalt bear their iniquities. 5 For I have appointed thee their iniquities for a number of days, for a hundred and ninety days: so thou shalt bear the iniquities of the house of Israel. 6 And thou shalt accomplish β this, and *then* shalt lie on thy right side, and shalt bear the iniquities of the house of Juda forty days: I have appointed thee a day for a year. 7 So thou shalt set thy face to the siege of Jerusalem, and shalt strengthen thine arm, and shalt prophesy against it. 8 And, behold, I have prepared bonds for thee, and thou mayest not turn from thy one side to the other, until the days of thy siege shall be accomplished. 9 Take thou also to thee wheat, and barley, and beans, and lentiles, and millet, and γ bread-corn; and thou shalt cast them into one earthen vessel, and shalt make them into loaves for thyself; and thou shalt eat them a hundred and ninety days, according to the number of the days *during* which thou sleepest on thy side. 10 And thou shalt eat thy food by weight, twenty shekels a day: from time to time shalt thou eat them. 11 And thou shalt drink water by measure, even from time to time thou shalt drink the sixth part of a hin. 12 And thou shalt eat them *as* a barley cake: thou shalt δ bake them before their eyes in man's dung. 13 And thou shalt say, Thus saith the Lord God of Israel; Thus shall the children of Israel eat unclean things among the Gentiles. 14 Then I said, ζ Not so, Lord God of Israel: surely my soul has not been defiled with uncleanness; nor have I eaten that which died of itself or was torn of beasts from my birth until now; neither has any corrupt flesh entered into my mouth. 15 And he said to me, Behold, I have given thee dung of oxen instead of man's dung, and thou shalt prepare thy loaves upon it. 16 And he said to me, Son of man, behold,

---

β *Lit.* these things.   γ *Or*, oats.   δ *Lit.* hide, whence ἐγκρυφίας, a cake.   ζ *See* Acts 10. 14.

I break the support of bread in Jerusalem: and they shall eat bread by weight and in want; and' shall drink water by measure, and in a state of ruin : ¹⁷ that they may want bread and water; and a man and his brother shall be brought to ruin, and they shall pine away in their iniquities.

And thou, son of man, take thee a sword sharper than a barber's razor; thou shalt procure it for thyself, and shalt bring it upon thine head, and upon thy beard : and thou shalt take a pair of scales, and shalt separate the hair. ² A fourth part thou shalt burn in the fire in the midst of the city, at the fulfilment of the days of the siege : and thou shalt take a fourth part, and burn it up in the midst of it : β and a fourth part thou shalt cut with a sword round about it : and a fourth part thou shalt scatter to the wind; and I will γ draw out a sword after them.

³ And thou shalt take thence a few in number, and shalt wrap them in the fold of thy garment. ⁴ And thou shalt take of these again, and cast them into the midst of the fire, and burn them up with fire : from thence shall come forth fire; and thou shalt say to the whole house of Israel,

⁵ Thus saith the Lord ; This is Jerusalem : I have set her and the countries round about her in the midst of the nations. ⁶ And thou shalt declare mine ordinances to the lawless one from out of the nations; and my statutes *to the sinful one* of the countries round about her : because they have rejected mine ordinances, and have not walked in my statutes.

⁷ Therefore thus saith the Lord, Because your occasion *for sin has been taken* from the nations round about you, and ye have not walked in my statutes, nor kept mine ordinances, nay, ye have not even done according to the ordinances of the nations round about you ; therefore thus saith the Lord ; ⁸ Behold, I am against thee, and I will execute judgment in the midst of thee in the sight of the nations. ⁹ And I will do in thee things which I have not done, and the like of which I will not do again, δ for all thine abominations. ¹⁰ Therefore the fathers shall eat *their* children in the midst of thee, and children shall eat *their* fathers; and I will execute judgments in thee, and I will scatter all that are left of thee to every wind.

¹¹ Therefore, *as* I live, saith the Lord; surely, because thou hast defiled my holy things with all thine abominations, I also will reject thee; mine eye shall not spare, and I will have no mercy. ¹² A fourth part of thee shall be cut off by pestilence, and a fourth part of thee shall be consumed in the midst of thee with famine : and *as for another* fourth part of thee, I will scatter them to every wind; and a fourth part of thee shall fall by the sword round about thee, and I will draw out a sword after them.

¹³ And my wrath and mine anger shall be accomplished upon them : and thou shalt know that I the Lord have spoken in my jealousy, when I have accomplished mine anger upon them.

ριγμα ἄρτου ἐν Ἱερουσαλήμ, καὶ φάγονται ἄρτον ἐν σταθμῷ καὶ ἐν ἐνδείᾳ, καὶ ὕδωρ ἐν μέτρῳ, καὶ ἐν ἀφανισμῷ πίονται· Ὅπως ἐνδεεῖς γένωνται ἄρτου καὶ ὕδατος· καὶ ἀφανισθήσεται 17 ἄνθρωπος καὶ ἀδελφὸς αὐτοῦ, καὶ ἐντακήσονται ἐν ταῖς ἀδικίαις αὐτῶν.

Καὶ σὺ, υἱὲ ἀνθρώπου, λάβε σεαυτῷ ῥομφαίαν ὀξεῖαν ὑπὲρ 5 ξυρὸν κουρέως, κτήσῃ αὐτὴν σεαυτῷ, καὶ ἐπάξεις αὐτὴν ἐπὶ τὴν κεφαλήν σου, καὶ ἐπὶ τὸν πώγονά σου· καὶ λήψῃ ζυγὸν σταθμίων, καὶ διαστήσεις αὐτούς. Τὸ τέταρτον ἐν πυρὶ ἀνακαύ- 2 σεις ἐν μέσῃ τῇ πόλει κατὰ τὴν πλήρωσιν τῶν ἡμερῶν τοῦ συγκλεισμοῦ· καὶ λήψῃ τὸ τέταρτον, καὶ κατακαύσεις αὐτὸ ἐν μέσῳ αὐτῆς· καὶ τὸ τέταρτον κατακόψεις ἐν ῥομφαίᾳ κύκλῳ αὐτῆς· καὶ τὸ τέταρτον διασκορπιεῖς τῷ πνεύματι· καὶ μάχαιραν ἐκκενώσω ὀπίσω αὐτῶν.

Καὶ λήψῃ ἐκεῖθεν ὀλίγους ἐν ἀριθμῷ, καὶ συμπεριλήψῃ 3 αὐτοὺς τῇ ἀναβολῇ σου. Καὶ ἐκ τούτων λήψῃ ἔτι, καὶ ῥίψεις 4 αὐτοὺς εἰς μέσον τοῦ πυρός, καὶ κατακαύσεις αὐτοὺς ἐν πυρί· ἐξ αὐτῆς ἐξελεύσεται πῦρ· καὶ ἐρεῖς παντὶ οἴκῳ Ἰσραὴλ,

Τάδε λέγει Κύριος, αὕτη ἡ Ἱερουσαλὴμ, ἐν μέσῳ τῶν ἐθνῶν 5 τέθεικα αὐτὴν, καὶ τὰς κύκλῳ αὐτῆς χώρας. Καὶ ἐρεῖς τὰ 6 δικαιώματά μου τῇ ἀνόμῳ ἐκ τῶν ἐθνῶν, καὶ τὰ νόμιμά μου τῶν χωρῶν τῶν κύκλῳ αὐτῆς· διότι τὰ δικαιώματά μου ἀπώσαντο, καὶ ἐν τοῖς νομίμοις μου οὐκ ἐπορεύθησαν ἐν αὐτοῖς.

Διατοῦτο τάδε λέγει Κύριος, ἀνθ᾽ ὧν ἡ ἀφορμὴ ὑμῶν ἐκ 7 τῶν ἐθνῶν τῶν κύκλῳ ὑμῶν, καὶ ἐν τοῖς νομίμοις μου οὐκ ἐπορεύθητε, καὶ τὰ δικαιώματά μου οὐκ ἐποιήσατε, ἀλλ᾽ οὐδὲ κατὰ τὰ δικαιώματα τῶν ἐθνῶν τῶν κύκλῳ ὑμῶν οὐ πεποιήκατε, διατοῦτο τάδε λέγει Κύριος, ἰδοὺ ἐγὼ ἐπὶ σὲ, καὶ ποιήσω ἐν 8 μέσῳ σου κρίμα ἐνώπιον τῶν ἐθνῶν. Καὶ ποιήσω ἐν σοὶ ἃ 9 οὐ πεποίηκα, καὶ ἃ οὐ ποιήσω ὅμοια αὐτοῖς ἔτι κατὰ πάντα τὰ βδελύγματά σου. Διατοῦτο πατέρες φάγονται τέκνα ἐν μέσῳ 10 σου, καὶ τέκνα φάγονται πατέρας· καὶ ποιήσω ἐν σοὶ κρίματα, καὶ διασκορπιῶ πάντας τοὺς καταλοίπους σου εἰς πάντα ἄνεμον.

Διατοῦτο, ζῶ ἐγὼ, λέγει Κύριος, ἦ μὴν ἀνθ᾽ ὧν τὰ ἅγιά 11 μου ἐμίανας ἐν πᾶσι τοῖς βδελύγμασί σου, κἀγὼ ἀπώσομαί σε, οὐ φείσεταί μου ὁ ὀφθαλμὸς, κἀγὼ οὐκ ἐλεήσω. Τὸ 12 τέταρτόν σου ἐν θανάτῳ ἀναλωθήσεται, καὶ τὸ τέταρτόν σου ἐν λιμῷ συντελεσθήσεται ἐν μέσῳ σου, καὶ τὸ τέταρτόν σου εἰς πάντα ἄνεμον σκορπιῶ αὐτοὺς, καὶ τὸ τέταρτόν σου ἐν ῥομφαίᾳ πεσοῦνται κύκλῳ σου, καὶ μάχαιραν ἐκκενώσω ὀπίσω αὐτῶν.

Καὶ συντελεσθήσεται ὁ θυμός μου, καὶ ἡ ὀργή μου ἐπ᾽ αὐτοὺς, 13 καὶ ἐπιγνώσῃ, διότι ἐγὼ Κύριος λελάληκα ἐν ζήλῳ μου, ἐν τῷ συντελέσαι με τὴν ὀργήν μου ἐπ᾽ αὐτούς.

β Of the city.   γ Gr. empty, or, exhaust.   δ Gr. according to.

14 Καὶ θήσομαί σε εἰς ἔρημον, καὶ τὰς θυγατέρας σου κύκλῳ
15 σου ἐνώπιον παντὸς διοδεύοντος. Καὶ ἔσῃ στενακτὴ καὶ
δηλαϊστὴ ἐν τοῖς ἔθνεσι τοῖς κύκλῳ σου, ἐν τῷ ποιῆσαί με ἐν
σοὶ κρίματα ἐν ἐκδικήσει θυμοῦ μου· ἐγὼ Κύριος λελάληκα.
16 Καὶ ἐν τῷ ἀποστεῖλαί με βολίδας τοῦ λιμοῦ ἐπ' αὐτούς, καὶ
17 ἔσονται εἰς ἔκλειψιν, καὶ συντρίψω στήριγμα ἄρτου σου. Καὶ
ἐξαποστελῶ ἐπὶ σὲ λιμὸν καὶ θηρία πονηρά, καὶ τιμωρήσομαί
σε, καὶ θάνατος καὶ αἷμα διελεύσονται ἐπὶ σέ, καὶ ῥομφαίαν
ἐπάξω ἐπὶ σὲ κυκλόθεν· ἐγὼ Κύριος λελάληκα.

6 Καὶ ἐγένετο λόγος Κυρίου πρὸς μέ, λέγων, υἱὲ ἀνθρώπου,
2 στήρισον τὸ πρόσωπόν σου ἐπὶ τὰ ὄρη Ἰσραήλ, καὶ προφή-
3 τευσον ἐπ' αὐτά, καὶ ἐρεῖς,

Τὰ ὄρη Ἰσραὴλ ἀκούσατε λόγον Κυρίου· τάδε λέγει Κύριος
τοῖς ὄρεσι καὶ τοῖς βουνοῖς καὶ ταῖς φάραγξι καὶ ταῖς νάπαις,
ἰδοὺ ἐγὼ ἐπάγω ἐφ' ὑμᾶς ῥομφαίαν, καὶ ἐξολοθρευθήσεται τὰ
4 ὑψηλὰ ὑμῶν. Καὶ συντριβήσονται τὰ θυσιαστήρια ὑμῶν, καὶ
τὰ τεμένη ὑμῶν, καὶ καταβαλῶ τραυματίας ὑμῶν ἐνώπιον τῶν
5 εἰδώλων ὑμῶν, καὶ διασκορπιῶ τὰ ὀστᾶ ὑμῶν κύκλῳ τῶν θυσι-
6 αστηρίων ὑμῶν, καὶ ἐν πάσῃ τῇ κατοικίᾳ ὑμῶν· αἱ πόλεις
ἐξερημωθήσονται, καὶ τὰ ὑψηλὰ ἀφανισθήσεται, ὅπως ἐξολο-
θρευθῇ τὰ θυσιαστήρια ὑμῶν, καὶ συντριβήσονται τὰ εἴδωλα
7 ὑμῶν, καὶ ἐξαρθῇ τὰ τεμένη ὑμῶν· Καὶ πεσοῦνται τραυματίαι
ἐν μέσῳ ὑμῶν, καὶ ἐπιγνώσεσθε ὅτι ἐγὼ Κύριος.

8 Ἐν τῷ γενέσθαι ἐξ ὑμῶν ἀνασωζομένους ἐκ ῥομφαίας ἐν
9 τοῖς ἔθνεσι, καὶ ἐν τῷ διασκορπισμῷ ὑμῶν ἐν ταῖς χώραις, καὶ
μνησθήσονταί μου οἱ ἀνασωζόμενοι ἐξ ὑμῶν ἐν τοῖς ἔθνεσιν, οὗ
ᾐχμαλωτεύθησαν ἐκεῖ· ὀμώμοκα τῇ καρδίᾳ αὐτῶν τῇ ἐκπορ-
νευούσῃ ἀπ' ἐμοῦ, καὶ τοῖς ὀφθαλμοῖς αὐτῶν τοῖς ἐκπορνεύουσιν
ὀπίσω τῶν ἐπιτηδευμάτων αὐτῶν· καὶ κόψονται πρόσωπα
10 αὐτῶν ἐν πᾶσι τοῖς βδελύγμασιν αὐτῶν. Καὶ ἐπιγνώσονται
διότι ἐγὼ Κύριος λελάληκα.

11 Τάδε λέγει Κύριος, κρότησον τῇ χειρὶ καὶ ψόφησον τῷ ποδί,
καὶ εἰπόν, εὖγε εὖγε ἐπὶ πᾶσι τοῖς βδελύγμασιν οἴκου Ἰσραήλ·
12 ἐν ῥομφαίᾳ καὶ ἐν θανάτῳ καὶ ἐν λιμῷ πεσοῦνται. Ὁ ἐγγὺς
ἐν ῥομφαίᾳ πεσεῖται, ὁ δὲ μακρὰν ἐν θανάτῳ τελευτήσει· καὶ
ὁ περιεχόμενος ἐν λιμῷ συντελεσθήσεται· καὶ συντελέσω τὴν
ὀργήν μου ἐπ' αὐτούς.

13 Καὶ γνώσεσθε διότι ἐγὼ Κύριος, ἐν τῷ εἶναι τοὺς τραυμα-
τίας ὑμῶν ἐν μέσῳ τῶν εἰδώλων ὑμῶν κύκλῳ τῶν θυσιαστηρίων
ὑμῶν· ἐπὶ πάντα βουνὸν ὑψηλόν, καὶ ὑποκάτω δένδρου συσκίου,
14 οὗ ἔδωκαν ἐκεῖ ὀσμὴν εὐωδίας πᾶσι τοῖς εἰδώλοις αὐτῶν. Καὶ
ἐκτενῶ τὴν χεῖρά μου ἐπ' αὐτούς, καὶ θήσομαι τὴν γῆν εἰς
ἀφανισμὸν καὶ εἰς ὄλεθρον ἀπὸ τῆς ἐρήμου Δεβλαθὰ ἐκ πάσης
τῆς κατοικεσίας αὐτῶν· ἐπιγνώσεσθε ὅτι ἐγὼ Κύριος.

7 Καὶ ἐγένετο λόγος Κυρίου πρὸς μέ, λέγων, καὶ σὺ υἱὲ
2 ἀνθρώπου εἰπόν, τάδε λέγει Κύριος,

[14] And I will make thee desolate, and thy daughters round about thee, in the sight of every one that passes through. [15] And thou shalt be mourned over and miserable among the nations round about thee, when I have executed judgments in thee in the vengeance of my wrath. I the Lord have spoken. [16] And when I have sent against them shafts of famine, then they shall be consumed, and I will break the strength of thy bread. [17] So I will send forth against thee famine and evil beasts, and I will take vengeance upon thee; and pestilence and blood shall pass through upon thee; and I will bring a sword upon thee round about. I the Lord have spoken.

And the word of the Lord came to me, saying, [2] Son of man, set thy face against the mountains of Israel, and prophesy against them; [3] and thou shalt say,

Ye mountains of Israel, hear the word of the Lord; thus saith the Lord to the mountains, and to the hills, and to the valleys, and to the forests; Behold, I bring a sword upon you, and your high places shall be utterly destroyed. [4] And your altars shall be broken to pieces, and your consecrated plats; and I will cast down your slain *men* before your idols. [5] And I will scatter your bones round about your altars, [6] and in all your habitations: the cities shall be made desolate, and the high places utterly laid waste; that your altars may be destroyed, and your idols be broken to pieces, and your consecrated plats be abolished. [7] And slain *men* shall fall in the midst of you, and ye shall know that I am the Lord.

[8] When there are *some* of you escaping from the sword among the Gentiles, and when ye are scattered in the countries; [9] then they of you that escape among the nations whither they were carried captive shall remember me; (I have sworn *an oath* against their heart that goes a-whoring from me, and their eyes that go a-whoring after their practices;) and they shall mourn over β themselves for all their abominations. [10] γ And they shall know that I the Lord have spoken.

[11] Thus saith the Lord; δ Clap with *thy* hand, and stamp with *thy* foot and say, ζ Aha, aha! for all the abominations of the house of Israel: they shall fall by the sword, and by pestilence, and by famine. [12] He that is near shall fall by the sword; and he that is far off shall die by the pestilence; and he that is in the siege shall be consumed with famine: and I will accomplish mine anger upon them. [13] Then ye shall know that I am the Lord, when your slain are in the midst of your idols round about your altars, on every high hill, and under *every* shady tree, where they offered a sweet savour to all their idols. [14] And I will stretch out my hand against them, and I will make the land desolate and ruined from the wilderness of Deblatha, in all their habitations: *and* ye shall know that I am the Lord.

Moreover the word of the Lord came to me, saying, Also, thou, son of man, say, [2] Thus saith the Lord;

β *Gr.* their faces, *or*, persons. γ *Heb.* and *Alex.* 'and they shall know that I the Lord have not said in vain that I would do all this evil to them.' δ *Or*, make a noise. ζ See Psalm 34. (35) 21.

An end is come to the land of Israel, the end is come on the four corners of the land. [3] The end is come on thee, [7] the inhabitant of the land: the time is come, the day has drawn nigh, not with tumult, nor with pangs.

[8] Now I will pour out mine anger upon thee near at hand, and I will accomplish my wrath on thee: and I will judge thee for thy ways, and recompense upon thee all thine abominations. [9] Mine eye shall not spare, nor will I have any mercy: for I will recompense thy ways upon thee, and thine abominations shall be in the midst of thee; and thou shalt know that I am the Lord that smite *thee*. [7] Now the end *is come* to thee, and I will send *judgment* upon thee: and I will take vengeance on thy ways, and will recompense all thine abominations upon thee. [4] Mine eye shall not spare, nor will I have any mercy: for I will recompense thy way upon thee, and thine abominations shall be in the midst of thee; and thou shalt know that I am the Lord.

[5] For thus saith the Lord; Behold, the end is come.

[10] Behold, the day of the Lord! although the rod has blossomed, [11] pride has sprung up, and will break the staff of the wicked one, and *that* not with tumult, nor with haste. [12] The time is come, behold the day: let not the buyer rejoice, and let not the seller mourn. [13] For the buyer shall never again return to the seller, neither shall a man cleave with the eye *of hope* to his life. [14] Sound ye the trumpet, and pass sentence on all together. [15] *There shall be* war with the sword without, and famine and pestilence within: he that is in the field shall die by the sword; and famine and pestilence shall destroy them that are in the city.

[16] But they that escape of them shall be delivered, and shall be upon the mountains: and I will slay all *the rest*, every one for his iniquities. [17] All hands shall be completely weakened, and all thighs shall be defiled with moisture. [18] And they shall gird themselves with sackcloth, and amazement shall cover them; and shame shall be upon them, *even* upon every face, and baldness upon every head. [19] Their silver shall be cast forth in the streets, and their gold shall be despised: their souls shall not be satisfied, and their bellies shall not be filled: for it was the β punishment of their iniquities. [20] *As for* their choice ornaments, they employed them for pride, and they made of them images of their abominations: therefore have I made them uncleanness to them. [21] And I will deliver them into the hands of strangers to γ make them a prey, and to the pests of the earth for a spoil; and they shall profane them. [22] And I will turn away my face from them, and they shall defile my charge, and shall go in to them unguardedly, and profane them. [23] And they shall work uncleanness: because the land is full of strange nations, and the city is full of iniquity. [24] And I will turn back the δ boasting of their strength; and their holy things shall be defiled. [25] And *though* propitiation shall come, and *one* shall seek peace, yet there shall be none. [26] There

Τῇ γῇ τοῦ Ἰσραὴλ πέρας ἥκει, τὸ πέρας ἥκει ἐπὶ τὰς τέσσαρας πτέρυγας τῆς γῆς. Ἥκει τὸ πέρας ἐπὶ σὲ 3 τὸν κατοικοῦντα τὴν γῆν· ἥκει ὁ καιρὸς, ἤγγικεν ἡ ἡμέρα, οὐ 7 μετὰ θορύβων, οὐδὲ μετὰ ὠδίνων.

Νῦν ἐγγύθεν ἐκχεῶ τὴν ὀργήν μου ἐπὶ σὲ, καὶ συντελέσω 8 τὸν θυμόν μου ἐν σοὶ, καὶ κρινῶ σε ἐν ταῖς ὁδοῖς σου, καὶ δώσω ἐπὶ σὲ πάντα τὰ βδελύγματά σου, οὐ φείσεται ὁ ὀφθαλ- 9 μός μου, οὐδὲ μὴ ἐλεήσω· διότι τὰς ὁδούς σου ἐπὶ σὲ δώσω, καὶ τὰ βδελύγματά σου ἐν μέσῳ σου ἔσονται, καὶ ἐπιγνώσῃ, διότι ἐγώ εἰμι Κύριος ὁ τύπτων. Νῦν τὸ πέρας πρὸς σὲ, καὶ 7 ἀποστελῶ ἐγὼ ἐπὶ σὲ, καὶ ἐκδικήσω ἐν ταῖς ὁδοῖς σου, καὶ δώσω ἐπὶ σὲ πάντα τὰ βδελύγματά σου, οὐ φείσεται ὁ ὀφθαλμός 4 μου, οὐδὲ μὴ ἐλεήσω· διότι τὴν ὁδόν σου ἐπὶ σὲ δώσω, καὶ τὰ βδελύγματά σου ἐν μέσῳ σου ἔσται, καὶ ἐπιγνώσῃ διότι ἐγὼ Κύριος.

Διότι τάδε λέγει Κύριος, ἰδοὺ τὸ πέρας ἥκει. 5

Ἰδοὺ ἡ ἡμέρα Κυρίου· εἰ καὶ ἡ ῥάβδος ἤνθηκεν, ἡ ὕβρις 10, 11 ἐξανέστηκε, καὶ συντρίψει στήριγμα ἀνόμου, καὶ οὐ μετὰ θορύβου, οὐδὲ μετὰ σπουδῆς. Ἥκει ὁ καιρὸς, ἰδοὺ ἡ ἡμέρα· 12 ὁ κτώμενος μὴ χαιρέτω, καὶ ὁ πωλῶν μὴ θρηνείτω· Διότι 13 ὁ κτώμενος πρὸς τὸν πωλοῦντα οὐκέτι μὴ ἐπιστρέψει, καὶ ἄνθρωπος ἐν ὀφθαλμῷ ζωῆς αὐτοῦ οὐ κρατήσει. Σαλπίσατε 14 ἐν σάλπιγγι, καὶ κρίνατε τὰ σύμπαντα. Ὁ πόλεμος ἐν ῥομ- 15 φαίᾳ ἔξωθεν, καὶ ὁ λιμὸς καὶ ὁ θάνατος ἔσωθεν· ὁ ἐν τῷ πεδίῳ ἐν ῥομφαίᾳ τελευτήσει, τοὺς δ᾽ ἐν τῇ πόλει λιμὸς καὶ θάνατος συντελέσει.

Καὶ ἀνασωθήσονται οἱ ἀνασωζόμενοι ἐξ αὐτῶν, καὶ ἔσονται 16 ἐπὶ τῶν ὀρέων· καὶ πάντας ἀποκτενῶ, ἕκαστον ἐν ταῖς ἀδικίαις αὐτοῦ. Πᾶσαι χεῖρες ἐκλυθήσονται, καὶ πάντες μηροὶ μολυν- 17 θήσονται ὑγρασίᾳ. Καὶ περιζώσονται σάκκους, καὶ καλύψει 18 αὐτοὺς θάμβος· καὶ ἐπὶ πᾶν πρόσωπον αἰσχύνη ἐπ᾽ αὐτοὺς, καὶ ἐπὶ πᾶσαν κεφαλὴν φαλάκρωμα. Τὸ ἀργύριον αὐτῶν 19 ῥιφήσεται ἐν ταῖς πλατείαις, καὶ τὸ χρυσίον αὐτῶν ὑπεροφθή- σεται· αἱ ψυχαὶ αὐτῶν οὐ μὴ ἐμπλησθῶσι, καὶ αἱ κοιλίαι αὐτῶν οὐ μὴ πληρωθῶσι, διότι βάσανος τῶν ἀδικιῶν αὐτῶν ἐγένετο. Ἐκλεκτὰ κόσμου εἰς ὑπερηφανίαν ἔθεντο αὐτὰ, καὶ 20 εἰκόνας τῶν βδελυγμάτων αὐτῶν ἐποίησαν ἐξ αὐτῶν· ἕνεκεν τούτου δέδωκα αὐτὰ αὐτοῖς εἰς ἀκαθαρσίαν.

Καὶ παραδώσω αὐτὰ εἰς χεῖρας ἀλλοτρίων, τοῦ διαρπάσαι 21 αὐτὰ, καὶ τοῖς λοιμοῖς τῆς γῆς εἰς σκῦλα, καὶ βεβηλώσουσιν αὐτά. Καὶ ἀποστρέψω τὸ πρόσωπόν μου ἀπ᾽ αὐτῶν, καὶ 22 μιανοῦσι τὴν ἐπισκοπήν μου, καὶ εἰσελεύσονται εἰς αὐτὰ ἀφυλάκτως, καὶ βεβηλώσουσιν αὐτά. Καὶ ποιήσουσι φυρμόν· 23 διότι ἡ γῆ πλήρης λαῶν, καὶ ἡ πόλις πλήρης ἀνομίας. Καὶ 24 ἀποστρέψω τὸ φρύαγμα τῆς ἰσχύος αὐτῶν, καὶ μιανθήσεται τὰ ἅγια αὐτῶν. Καὶ ἐξιλασμὸς ἥξει, καὶ ζητήσει εἰρήνην, καὶ 25 οὐκ ἔσται. Οὐαὶ ἐπὶ οὐαὶ ἔσται· καὶ ἀγγελία ἐπὶ ἀγγελίαν 26

β *Gr.* torment.　　　γ *Or*, tear asunder.　　　δ *Gr.* raging.

ἔσται· καὶ ζητηθήσεται ὅρασις ἐκ προφήτου, καὶ νόμος ἀπο-
27 λεῖται ἐξ ἱερέως, καὶ βουλὴ ἐκ πρεσβυτέρων. Ἄρχων ἐνδύ-
σεται ἀφανισμὸν, καὶ αἱ χεῖρες τοῦ λαοῦ τῆς γῆς παραλυθή-
σονται· κατὰ τὰς ὁδοὺς αὐτῶν ποιήσω αὐτοῖς, καὶ ἐν τοῖς
κρίμασιν αὐτῶν ἐκδικήσω αὐτούς, καὶ γνώσονται ὅτι ἐγὼ
Κύριος.

8 Καὶ ἐγένετο ἐν τῷ ἕκτῳ ἔτει ἐν τῷ πέμπτῳ μηνὶ, πέμπτῃ
τοῦ μηνὸς, ἐγὼ ἐκαθήμην ἐν τῷ οἴκῳ, καὶ οἱ πρεσβύτεροι Ἰούδα
2 ἐκάθηντο ἐνώπιόν μου· καὶ ἐγένετο ἐπ᾽ ἐμὲ χεὶρ Κυρίου. Καὶ
ἴδον, καὶ ἰδοὺ ὁμοίωμα ἀνδρὸς, ἀπὸ τῆς ὀσφύος αὐτοῦ καὶ ἕως
κάτω πῦρ, καὶ ἀπὸ τῆς ὀσφύος αὐτοῦ, ὑπεράνω αὐτοῦ ὡς ὅρασις
3 ἠλέκτρου. Καὶ ἐξέτεινεν ὁμοίωμα χειρὸς, καὶ ἀνέλαβέ με
τῆς κορυφῆς μου, καὶ ἀνέλαβέ με πνεῦμα ἀναμέσον τῆς γῆς
καὶ ἀναμέσον τοῦ οὐρανοῦ, καὶ ἤγαγέ με εἰς Ἰερουσαλὴμ ἐν
ὁράσει Θεοῦ ἐπὶ τὰ πρόθυρα τῆς πύλης τῆς βλεπούσης εἰς
4 Βορρᾶν, οὗ ἦν ἡ στήλη τοῦ κτωμένου· Καὶ ἰδοὺ ἦν ἐκεῖ δόξα
Κυρίου Θεοῦ Ἰσραὴλ κατὰ τὴν ὅρασιν ἣν ἴδον ἐν τῷ πεδίῳ.

5 Καὶ εἶπε πρὸς μὲ, υἱὲ ἀνθρώπου, ἀνάβλεψον τοῖς ὀφθαλμοῖς
σου πρὸς Βορρᾶν· καὶ ἀνέβλεψα τοῖς ὀφθαλμοῖς μου πρὸς
Βορρᾶν, καὶ ἰδοὺ ἀπὸ Βορρᾶ ἐπὶ τὴν πύλην τὴν πρὸς ἀνατολὰς,
6 Καὶ εἶπε πρὸς μὲ, υἱὲ ἀνθρώπου, ἑώρακας τί οὗτοι ποιοῦσιν·
ἀνομίας μεγάλας ποιοῦσιν ὧδε τοῦ ἀπέχεσθαι ἀπὸ τῶν ἁγίων
μου· καὶ ἔτι ὄψει ἀνομίας μείζονας.

7, 8 Καὶ εἰσήγαγέ με ἐπὶ τὰ πρόθυρα τῆς αὐλῆς. Καὶ εἶπε
πρὸς μὲ, υἱὲ ἀνθρώπου, ὄρυξον· καὶ ὤρυξα, καὶ ἰδοὺ θύρα.
9 Καὶ εἶπε πρὸς μὲ, εἴσελθε, καὶ ἴδε τὰς ἀνομίας ἃς οὗτοι
10 ποιοῦσιν ὧδε. Καὶ εἰσῆλθον, καὶ ἴδον, καὶ ἰδοὺ μάταια βδε-
λύγματα, καὶ πάντα τὰ εἴδωλα οἴκου Ἰσραὴλ διαγεγραμμένα
11 ἐπ᾽ αὐτοὺς κύκλῳ. Καὶ ἑβδομήκοντα ἄνδρες ἐκ τῶν πρεσ-
βυτέρων οἴκου Ἰσραὴλ, καὶ Ἰεχονίας ὁ τοῦ Σαφὰν ἐν μέσῳ
αὐτῶν εἱστήκει πρὸ προσώπου αὐτῶν, καὶ ἕκαστος θυμιατήριον
αὐτοῦ εἶχεν ἐν τῇ χειρὶ, καὶ ἡ ἀτμὶς τοῦ θυμιάματος ἀνέβαινε.
12 Καὶ εἶπε πρὸς μὲ, ἑώρακας, υἱὲ ἀνθρώπου, ἃ οἱ πρεσβύτεροι
οἴκου Ἰσραὴλ ποιοῦσιν, ἕκαστος αὐτῶν ἐν τῷ κοιτῶνι τῷ
κρυπτῷ αὐτῶν, διότι εἶπαν, οὐχ ὁρᾷ ὁ Κύριος, ἐγκατέλοιπε
Κύριος τὴν γῆν.

13 Καὶ εἶπε πρὸς μὲ, ἔτι ὄψει ἀνομίας μείζονας ἃς οὗτοι
14 ποιοῦσι. Καὶ εἰσήγαγέ με ἐπὶ τὰ πρόθυρα τῆς πύλης οἴκου
Κυρίου τῆς βλεπούσης πρὸς Βορρᾶν· καὶ ἰδοὺ ἐκεῖ γυναῖκες
15 καθήμεναι θρηνοῦσαι τὸν Θαμμούζ. Καὶ εἶπε πρὸς μὲ, υἱὲ
ἀνθρώπου ἑώρακας, καὶ ἔτι ὄψει ἐπιτηδεύματα μείζονα τούτων.

16 Καὶ εἰσήγαγέ με εἰς τὴν αὐλὴν οἴκου Κυρίου τὴν ἐσωτέραν,
καὶ ἐπὶ τῶν προθύρων τοῦ ναοῦ Κυρίου ἀναμέσον τῶν αἰλὰμ,
καὶ ἀναμέσον τοῦ θυσιαστηρίου, ὡς εἴκοσι ἄνδρες τὰ ὀπίσθια
17 αὐτῶν πρὸς τὸν ναὸν τοῦ Κυρίου, καὶ τὰ πρόσωπα αὐτῶν
ἀπέναντι, καὶ οὗτοι προσκυνοῦσι τῷ ἡλίῳ. Καὶ εἶπε πρὸς μὲ,

shall be woe upon woe, and there shall be
message upon message; and a vision shall
be sought from a prophet; but the law shall
perish from the priest, and counsel from the
elders. ²⁷The prince shall clothe himself
with desolation, and the hands of the people
of the land shall be made feeble: I will do
to them according to their ways, and accord-
ing to their judgments will I punish them;
and they shall know that I am the Lord.

And it came to pass in the sixth year, in
the fifth month, on the fifth *day* of the
month, I was sitting in the house, and the
elders of Juda were sitting before me: and
the hand of the Lord came upon me. ²And
I looked, and, behold, the likeness of a man:
from his loins and downwards *there was*
fire, and from his loins β upwards *there was*
as the appearance of amber. ³And he
stretched forth the likeness of a hand, and
took me up by the crown of my head; and
the Spirit lifted me up between the earth
and sky, and brought me to Jerusalem in a
vision of God, to the porch of the γ gate that
looks to the north, where was the pillar of
the δ Purchaser. ⁴And, behold, the glory
of the Lord God of Israel was there, accord-
ing to the vision which I saw in the plain.

⁵And he said to me, Son of man, lift up
thine eyes toward the north. So I lifted
up mine eyes toward the north, and, behold,
I looked from the north toward the eastern
gate. ⁶And he said to me, Son of man, hast
thou seen what these do? They commit
great abominations here so that I should
keep away from my sanctuary: and thou
shalt see yet greater iniquities.

⁷And he brought me to the porch of the
court. ⁸And he said to me, Son of man,
dig: so I dug, and behold a door. ⁹And he
said to me, Go in, and behold the iniquities
which they practise here. ¹⁰So I went in
and looked; and beheld vain abominations,
and all the idols of the house of Israel, por-
trayed upon ζthem round about. ¹¹And
seventy men of the elders of the house of
Israel, and Jechonias the son of Saphan
stood in their presence in the midst of them,
and each one held his censer in his hand;
and the smoke of the incense went up.
¹²And he said to me, Thou hast seen, son
of man, what the elders of the house of Is-
rael do, each one of them in their secret
chamber: because they have said, The Lord
sees not; The Lord has forsaken the earth.

¹³And he said to me, Thou shalt see yet
greater iniquities which these do. ¹⁴And
he brought me in to the porch of the house
of the Lord that looks to the north; and,
behold, *there were* women sitting there
lamenting for Thammuz. ¹⁵And he said to
me, Son of man, thou hast seen; but thou
shalt yet see *evil* practices greater than these.

¹⁶And he brought me into the inner court
of the house of the Lord, and at the
entrance of the temple of the Lord, between
the porch and the altar, were about twenty
men, with their back parts toward the tem-
ple of the Lord, and their faces *turned* the
δ opposite way; and these were worshipping
the sun. ¹⁷And he said to me, Son of man,

β *Gr.* above him.   γ *Heb.* and *Alex.* inner gate.   δ *Heb.* ambiguous.   ζ *Alex.* αὐτοῦ.

thou hast seen this. *Is it* a little thing to the house of Juda to practise the iniquities which they have practised here? for they have filled the land with iniquity: and, behold, these are as scorners. ¹⁸Therefore will I deal with them in wrath: mine eye shall not spare, nor will I have any mercy.

And he cried in mine ears with a loud voice, saying, The judgment of the city has drawn nigh; and each had the weapons of destruction in his hand. ²And, behold, six men came from the way of the high gate that looks toward the north, and each one's axe was in his hand; and there was one man in the midst of them clothed with a long robe down to the feet, and a sapphire girdle was on his loins: and they came in and stood near the brazen altar. ³And the glory of the God of Israel, that was upon them, went up β from the cherubs to the porch γ of the house.

And he called the man that was clothed with the long robe, who had the girdle on his loins; ⁴and said to him, Go through the midst of Jerusalem, and set a mark on the foreheads of the men that groan and that grieve for all the iniquities that are done in the midst of them. ⁵And he said to the first in my hearing, Go after him into the city, and smite: and let not your eyes spare, and have no mercy. ⁶Slay δ utterly old man and youth, and virgin, and infants, and women: but go ye not nigh any on whom is the mark: begin at my ς sanctuary. So they began with the elder men who were within in the house. ⁷And he said to them, Defile the house, and go out and fill the ways with dead bodies, and smite.

⁸And it came to pass as they were smiting, that I fell upon my face, and cried out, and said, Alas, O Lord! θ wilt thou destroy the remnant of Israel, in pouring out thy wrath upon Jerusalem? ⁹Then said he to me, The iniquity of the house of Israel and Juda is become very exceedingly great: for the land is filled with many nations, and the city is filled with iniquity and uncleanness: because they have said, The Lord has forsaken the earth, The Lord looks not upon *it.* ¹⁰Therefore mine eye shall not spare, neither will I have any mercy: I have recompensed their ways upon their heads.

¹¹And, behold, the man clothed with the long robe, and girt with the girdle about his loins, answered and said, I have done as thou didst command me.

Then I looked, and, behold, over the firmament that was above the head of the cherubs *there was* a likeness of a throne over them, as a sapphire stone. ²And he said to the man clothed with the *long* robe, Go in between the wheels that are under the cherubs, and fill thine hands with coals of fire from between the cherubs, and scatter *them* over the city. And he went in in my sight. ³And the cherubs stood on the right hand of the house, as the man went in; and the cloud filled the inner court. ⁴Then the glory of the Lord departed from the cherubs to the porch of the house; and the cloud filled the house, and the court was filled

ἑώρακας υἱὲ ἀνθρώπου· μὴ μικρα τῷ οἴκῳ Ἰούδα τοῦ ποιεῖν τὰς ἀνομίας ἃς πεποιήκασιν ὧδε; διότι ἔπλησαν τὴν γῆν ἀνομίας· 18 καὶ ἰδοὺ αὐτοὶ ὡς μυκτηρίζοντες. Καὶ ἐγὼ ποιήσω αὐτοῖς μετὰ θυμοῦ· οὐ φείσεται ὁ ὀφθαλμός μου, οὐδὲ μὴ ἐλεήσω.

Καὶ ἀνέκραγεν εἰς τὰ ὦτά μου φωνῇ μεγάλῃ, λέγων, ἤγγι- 9 κεν ἡ ἐκδίκησις τῆς πόλεως· καὶ ἕκαστος εἶχε τὰ σκεύη τῆς ἐξολοθρεύσεως ἐν χειρὶ αὐτοῦ. Καὶ ἰδοὺ ἓξ ἄνδρες ἤρχοντο 2 ἀπὸ τῆς ὁδοῦ τῆς πύλης τῆς ὑψηλῆς τῆς βλεπούσης πρὸς Βορρᾶν, καὶ ἑκάστου πέλυξ ἐν τῇ χειρὶ αὐτοῦ· καὶ εἷς ἀνὴρ ἐν μέσῳ αὐτῶν ἐνδεδυκὼς ποδήρη, καὶ ζώνη σαπφείρου ἐπὶ τῆς ὀσφύος αὐτοῦ, καὶ εἰσῆλθοσαν καὶ ἔστησαν ἐχόμενοι τοῦ θυσιαστηρίου τοῦ χαλκοῦ. Καὶ δόξα Θεοῦ τοῦ Ἰσραὴλ 3 ἀνέβη ἀπὸ τῶν χερουβὶμ, ἡ οὖσα ἐπ᾽ αὐτῶν, εἰς τὸ αἴθριον τοῦ οἴκου.

Καὶ ἐκάλεσε τὸν ἄνδρα τὸν ἐνδεδυκότα τὸν ποδήρη, ὃς εἶχεν ἐπὶ τῆς ὀσφύος αὐτοῦ τὴν ζώνην, καὶ εἶπε πρὸς αὐτὸν, δίελθε 4 μέσην Ἰερουσαλὴμ, καὶ δὸς σημεῖον ἐπὶ τὰ μέτωπα τῶν ἀνδρῶν τῶν καταστεναζόντων καὶ τῶν κατοδυνωμένων ἐπὶ πάσαις ταῖς ἀνομίαις ταῖς γινομέναις ἐν μέσῳ αὐτῶν. Καὶ τούτοις εἶπεν 5 ἀκούοντός μου, πορεύεσθε ὀπίσω αὐτοῦ εἰς τὴν πόλιν, καὶ κόπτετε, καὶ μὴ φείδεσθε τοῖς ὀφθαλμοῖς ὑμῶν, καὶ μὴ ἐλεή- σητε. Πρεσβύτερον καὶ νεανίσκον καὶ παρθένον καὶ νήπια καὶ 6 γυναῖκας ἀποκτείνατε εἰς ἐξάλειψιν· ἐπὶ δὲ πάντας ἐφ᾽ οὓς ἐστι τὸ σημεῖον, μὴ ἐγγίσητε· ἀπὸ τῶν ἁγίων μου ἄρξασθε.

Καὶ ἤρξαντο ἀπὸ τῶν ἀνδρῶν τῶν πρεσβυτέρων οἳ ἦσαν ἔσω ἐν τῷ οἴκῳ. Καὶ εἶπε πρὸς αὐτούς, μιάνατε τὸν οἶκον, καὶ 7 πλήσατε τὰς ὁδοὺς νεκρῶν ἐκπορευόμενοι, καὶ κόπτετε.

Καὶ ἐγένετο ἐν τῷ κόπτειν αὐτοὺς, καὶ πίπτω ἐπὶ πρόσωπόν 8 μου, καὶ ἀνεβόησα, καὶ εἶπα, οἴμοι Κύριε, ἐξαλείφεις σὺ τοὺς καταλοίπους τοῦ Ἰσραὴλ, ἐν τῷ ἐκχέαι σε τὸν θυμόν σου ἐπὶ Ἱερουσαλήμ; Καὶ εἶπε πρὸς μὲ, ἀδικία τοῦ οἴκου Ἰσραὴλ 9 καὶ Ἰούδα μεμεγάλυνται σφόδρα σφόδρα, ὅτι ἐπλήσθη ἡ γῆ λαῶν πολλῶν, καὶ ἡ πόλις ἐπλήσθη ἀδικίας καὶ ἀκαθαρσίας, ὅτι εἶπαν, ἐγκατέλιπε Κύριος τὴν γῆν, οὐκ ἐφορᾷ ὁ Κύριος. Καὶ οὐ φείσεταί μου ὁ ὀφθαλμὸς, οὐδὲ μὴ ἐλεήσω, τὰς ὁδοὺς 10 αὐτῶν εἰς κεφαλὰς αὐτῶν δέδωκα.

Καὶ ἰδοὺ ὁ ἀνὴρ ὁ ἐνδεδυκὼς τὸν ποδήρη, καὶ ἐζωσμένος τῇ 11 ζώνῃ τὴν ὀσφὺν αὐτοῦ, καὶ ἀπεκρίνατο λέγων, πεποίηκα καθὼς ἐνετείλω μοι.

Καὶ ἴδον, καὶ ἰδοὺ ἐπάνω τοῦ στερεώματος τοῦ ὑπὲρ κεφα- 10 λῆς τῶν χερουβὶμ, ὡς λίθος σαπφείρου ὁμοίωμα θρόνου ἐπ᾽ αὐτῶν. Καὶ εἶπε πρὸς τὸν ἄνδρα τὸν ἐνδεδυκότα τὴν στολὴν, 2 εἴσελθε εἰς τὸ μέσον τῶν τροχῶν, τῶν ὑποκάτω τῶν χερου- βὶμ, καὶ πλῆσον τὰς δράκας σου ἀνθράκων πυρὸς ἐκ μέσου τῶν χερουβὶμ, καὶ διασκόρπισον ἐπὶ τὴν πόλιν· καὶ εἰσῆλθεν ἐνώ- πιον ἐμοῦ.

Καὶ τὰ χερουβὶμ εἱστήκει ἐκ δεξιῶν τοῦ οἴκου ἐν τῷ εἰσπο- 3 ρεύεσθαι τὸν ἄνδρα, καὶ ἡ νεφέλη ἔπλησε τὴν αὐλὴν τὴν ἐσωτέραν. Καὶ ἀπῆρεν ἡ δόξα Κυρίου ἀπὸ τῶν χερουβὶμ εἰς 4

β *Alex.* on the cherubs.   γ See chap. 47.   δ *Gr.* to abolition.   ζ *Or,* holy things, *or,* persons.   θ *Gr.* art thou destroying.

τὸ αἴθριον τοῦ οἴκου, καὶ ἔπλησε τὸν οἶκον ἡ νεφέλη· καὶ ἡ
5 αὐλὴ ἐπλήσθη τοῦ φέγγους τῆς δόξης Κυρίου. Καὶ φωνὴ τῶν
πτερύγων τῶν χερουβὶμ ἠκούετο ἕως τῆς αὐλῆς τῆς ἐξωτέρας,
ὡς φωνὴ Θεοῦ σαδδαΐ λαλοῦντος.

6 Καὶ ἐγένετο ἐν τῷ ἐντέλλεσθαι αὐτὸν τῷ ἀνδρὶ τῷ ἐνδεδυκότι
τὴν στολὴν τὴν ἁγίαν, λέγων, λάβε πῦρ ἐκ μέσου τῶν τροχῶν
ἐκ μέσου τῶν χερουβὶμ, καὶ εἰσῆλθε καὶ ἔστη ἐχόμενος τῶν
7 τροχῶν. Καὶ ἐξέτεινε τὴν χεῖρα αὐτοῦ εἰς μέσον τοῦ πυρὸς
τοῦ ὄντος εἰς μέσον τῶν χερουβὶμ, καὶ ἔλαβε, καὶ ἔδωκεν εἰς
τὰς χεῖρας τοῦ ἐνδεδυκότος τὴν στολὴν τὴν ἁγίαν, καὶ ἔλαβε
καὶ ἐξῆλθε.

8 Καὶ ἴδον τὰ χερουβὶμ ὁμοίωμα χειρῶν ἀνθρώπων ὑποκάτω-
9 θεν τῶν πτερύγων αὐτῶν. Καὶ ἴδον, καὶ ἰδοὺ τροχοὶ τέσσαρες
εἱστήκεισαν ἐχόμενοι τῶν χερουβίμ· τροχὸς εἷς ἐχόμενος
χερούβ ἑνός· καὶ ἡ ὄψις τῶν τροχῶν, ὡς ὄψις λίθου ἄνθρακος.
10 Καὶ ὄψις αὐτῶν ὁμοίωμα ἐν τοῖς τέσσαρσιν, ὃν τρόπον ὅταν ᾖ
11 τροχὸς ἐν μέσῳ τροχοῦ. Ἐν τῷ πορεύεσθαι αὐτὰ, εἰς τὰ τέσ-
σαρα μέρη αὐτῶν ἐπορεύοντο, οὐκ ἐπέστρεφον ἐν τῷ πορεύεσθαι
αὐτά· ὅτι εἰς ὃν ἂν τόπον ἐπέβλεψεν ἡ ἀρχὴ ἡ μία, ἐπορεύοντο,
12 καὶ οὐκ ἐπέστρεφον ἐν τῷ πορεύεσθαι αὐτά. Καὶ οἱ νῶτοι
αὐτῶν, καὶ αἱ χεῖρες αὐτῶν, καὶ αἱ πτέρυγες αὐτῶν, καὶ οἱ τρο-
13 χοὶ πλήρεις ὀφθαλμῶν κυκλόθεν τοῖς τέσσαρσι τροχοῖς, τοῖς
15 δὲ τροχοῖς τούτοις ἐπεκλήθη Γελγὲλ ἀκούοντός μου. Καὶ
τὰ χερουβὶμ ἦσαν τοῦτο τὸ ζῶον ὃ ἴδον ἐπὶ τοῦ ποταμοῦ τοῦ
Χοβάρ.

16 Καὶ ἐν τῷ πορεύεσθαι τὰ χερουβὶμ, ἐπορεύοντο οἱ τροχοὶ,
καὶ οὗτοι ἐχόμενοι αὐτῶν· καὶ ἐν τῷ ἐξαίρειν τὰ χερουβὶμ τὰς
πτέρυγας αὐτῶν τοῦ μετεωρίζεσθαι ἀπὸ τῆς γῆς, οὐκ ἐπέστρε-
17 φον οἱ τροχοὶ αὐτῶν. Ἐν τῷ ἑστάναι αὐτὰ, εἱστήκεισαν· καὶ
ἐν τῷ μετεωρίζεσθαι αὐτὰ, μετεωρίζοντο μετ’ αὐτῶν· διότι
πνεῦμα ζωῆς ἐν αὐτοῖς ἦν.

18 Καὶ ἐξῆλθε δόξα Κυρίου ἀπὸ τοῦ οἴκου, καὶ ἐπέβη ἐπὶ τὰ
19 χερουβίμ. Καὶ ἀνέλαβον τὰ χερουβὶμ τὰς πτέρυγας αὐτῶν,
καὶ ἐμετεωρίσθησαν ἀπὸ τῆς γῆς ἐνώπιον ἐμοῦ· ἐν τῷ ἐξελθεῖν
αὐτὰ, καὶ οἱ τροχοὶ ἐχόμενοι αὐτῶν· καὶ ἔστησαν ἐπὶ τὰ πρό-
θυρα τῆς πύλης οἴκου Κυρίου τῆς ἀπέναντι, καὶ δόξα Θεοῦ
Ἰσραὴλ ἦν ἐπ’ αὐτῶν ὑπεράνω.

20 Τοῦτο τὸ ζῶόν ἐστιν ὃ ἴδον ὑποκάτω Θεοῦ Ἰσραὴλ ἐπὶ τοῦ
21 ποταμοῦ τοῦ Χοβὰρ, καὶ ἔγνων ὅτι χερουβίμ ἐστι. Τέσσαρα
πρόσωπα τῷ ἑνὶ, καὶ ὀκτὼ πτέρυγες τῷ ἑνὶ, καὶ ὁμοίωμα χειρῶν
22 ἀνθρώπων ὑποκάτωθεν τῶν πτερύγων αὐτῶν. Καὶ ὁμοίωσις
τῶν προσώπων αὐτῶν, ταῦτα τὰ πρόσωπά ἐστιν ἃ ἴδον ὑποκάτω
τῆς δόξης τοῦ Θεοῦ Ἰσραὴλ ἐπὶ τοῦ ποταμοῦ τοῦ Χοβάρ· καὶ
αὐτὰ ἕκαστον κατὰ πρόσωπον αὐτῶν ἐπορεύοντο.

11 Καὶ ἀνέλαβέ με πνεῦμα, καὶ ἤγαγέ με ἐπὶ τὴν πύλην τοῦ
οἴκου Κυρίου τὴν κατέναντι, τὴν βλέπουσαν κατὰ ἀνατολάς·
καὶ ἰδοὺ ἐπὶ τῶν προθύρων τῆς πύλης ὡς εἴκοσι καὶ πέντε
ἄνδρες, καὶ ἴδον ἐν μέσῳ αὐτῶν τὸν Ἰεχονίαν τὸν τοῦ Ἔζερ,
καὶ Φαλτίαν τὸν τοῦ Βαναίου, τοὺς ἀφηγουμένους τοῦ λαοῦ.
2 Καὶ εἶπε Κύριος πρὸς μὲ, υἱὲ ἀνθρώπου, οὗτοι οἱ ἄνδρες οἱ

with the brightness of the glory of the Lord.
⁵And the sound of the cherubs' wings was
heard as far as the outer court, as the voice
β of the Almighty God speaking.

⁶And it came to pass, when he gave a
charge to the man clothed with the sacred
robe, saying, Take fire from between the
wheels from between the cherubs, that he
went in, and stood near the wheels. ⁷And
he stretched forth his hand into the midst
of the fire that was between the cherubs,
and took *thereof*, and put *it* into the hands
of the man clothed with the sacred robe:
and he took *it*, and went out.

⁸And I saw the cherubs *having* the like-
ness of men's hands under their wings.
⁹And I saw, and behold, four wheels stood
by the cherubs, one wheel by each cherub:
and the appearance of the wheels was as the
appearance of a carbuncle stone. ¹⁰And *as
for* their appearance, *there was* one likeness
to the four, as if there should be a wheel in
the midst of a wheel. ¹¹When they went,
they went on their four γ sides; they turned
not when they went, for whichever way the
first head looked, they went; and they turn-
ed not as they went. ¹²And their backs, and
their hands, and their wings, and the wheels,
were full of eyes round about the four wheels.
¹³And these wheels were called Gelgel in
my hearing. ¹⁵And the cherubs were the
same living creature which I saw by the
river of Chobar.

¹⁶And when the cherubs went, the wheels
went, and they were close to them: and
when the cherubs lifted up their wings to
mount up from the earth, *the wheels*
turned not. ¹⁷When they stood, *the wheels*
stood; and when they mounted up, *the
wheels* mounted up with them: because the
spirit of life was in them.

¹⁸Then the glory of the Lord departed
from δ the house, and went up on the
cherubs. ¹⁹And the cherubs lifted up their
wings, and mounted up from the earth in
my sight: when they went forth, the wheels
were also ς beside them, and they stood at
the entrance of the θ front gate of the house
of the Lord; and the glory of the God of
Israel was upon them above.

²⁰This is the living creature which I saw
under the God of Israel by the river of
Chobar; and I knew that they were λ che-
rubs. ²¹Each one *had* four faces, and each
one *had* eight wings; and under their wings
was the likeness of men's hands. ²²And *as
for* the likeness of their faces, these are the
same faces which I saw under the glory of
the God of Israel by the river of Chobar:
and they went each straight forward.

Moreover the Spirit took me up, and
brought me to the front gate of the house
of the Lord, that looks eastward: and
behold at the entrance of the gate were
about five and twenty men; and I saw in
the midst of them Jechonias the son of
Ezer, and Phaltias the son of Banæas, the
leaders of the people.

²And the Lord said to me, Son of man,
these are the men that devise vanities, and

β Hebrew word in Greek letters.　γ Gr. parts.　δ Alex. the porch of the house.　ζ Or, joined to them.　θ Gr. opposite.
λ Or, the cherubs.

take evil counsel in this city: ³ who say,
Have not the houses been newly built?
This is the caldron, and wé are the flesh.
⁴ Therefore prophesy against them, prophesy,
son of man. ⁵ And the Spirit of the Lord
fell upon me, and said to me, say;

Thus saith the Lord; Thus have ye said,
O house of Israel: and I know the devices
of your spirit. ⁶ Ye have multiplied your
dead in this city, and ye have filled β your
ways with slain men. ⁷ Therefore thus
saith the Lord; Your dead whom ye have
smitten in the midst of it, these are the
flesh, and this *city* is the caldron: but I will
bring you forth out of the midst of it. ⁸ Ye
fear the sword; and I will bring a sword
upon you, saith the Lord. ⁹ And I will
bring you forth out of the midst of it, and
will deliver you into the hands of strangers,
and will execute judgments among you.
¹⁰ Ye shall fall by the sword; I will judge
you on the mountains of Israel; and ye
shall know that I am the Lord.

¹³ And it came to pass, while I was pro-
phesying, that Phaltias the son of Banæas
died. And I fell upon my face, and cried
with a loud voice, and said, Alas, alas, O
Lord! wilt thou utterly destroy the rem-
nant of Israel? ¹⁴ And the word of the
Lord came to me, saying, ¹⁵ Son of man, thy
brethren, and the men of thy captivity, and
all the house of Israel are come to the full,
to whom the inhabitants of Jerusalem said,
Keep ye far away from the Lord: the land
is given to us for an inheritance. ¹⁶ There-
fore say thou,

Thus saith the Lord; I will cast them off
among the nations, and will disperse them
into every land, yet will I be to them for a
little sanctuary in the countries which they
shall enter. ¹⁷ Therefore say thou, Thus
saith the Lord; I will also take them from
the heathen, and gather them out of the
lands wherein I have scattered them, and
will give them the land of Israel.

¹⁸ And they shall enter in there, and shall
remove all the abominations of it, and all
its iniquities from it. ¹⁹ And I will give
them another heart, and will put a new
spirit within them; and will extract the
heart of stone from their flesh, and give
them a heart of flesh: ²⁰ that they may
walk in my commandments, and keep mine
ordinances, and do them: and they shall be
to me a people, and I will be to them a God.

²¹ And as for the heart *set upon* their
abominations and their iniquities, as their
heart went *after them*, I have recompensed
their ways on their heads, saith the Lord.

²² Then the cherubs lifted up their wings,
and the wheels beside them; and the glory
of the God of Israel was over them above.
²³ And the glory of the Lord went up from
the midst of the city, and stood on the
mountain which was in front of the city.

²⁴ And the Spirit took me up, and brought
me to the land of the Chaldeans, to the
captivity, in a vision by the Spirit of God:
and I went up after the vision which I saw.
²⁵ And I spoke to the captivity all the words
of the Lord which he had shewed me.

λογιζόμενοι μάταια καὶ βουλευόμενοι βουλὴν πονηρὰν ἐν τῇ
πόλει ταύτῃ· Οἱ λέγοντες, οὐχὶ προσφάτως ᾠκοδόμηνται αἱ 3
οἰκίαι; αὕτη ἐστὶν ὁ λέβης, ἡμεῖς δὲ τὰ κρέα. Διατοῦτο προ- 4
φήτευσον ἐπ᾽ αὐτούς, προφήτευσον υἱὲ ἀνθρώπου. Καὶ ἔπεσεν 5
ἐπ᾽ ἐμὲ πνεῦμα Κυρίου, καὶ εἶπε πρὸς μὲ, λέγε,

Τάδε λέγει Κύριος, οὕτως εἴπατε οἶκος Ἰσραήλ, καὶ τὰ
διαβούλια τοῦ πνεύματος ὑμῶν ἐγὼ ἐπίσταμαι. Ἐπληθύνατε 6
νεκροὺς ὑμῶν ἐν τῇ πόλει ταύτῃ, καὶ ἐνεπλήσατε τὰς ὁδοὺς
αὐτῶν τραυματιῶν. Διατοῦτο τάδε λέγει Κύριος, τοὺς νεκροὺς 7
ὑμῶν οὓς ἐπατάξατε ἐν μέσῳ αὐτῆς, οὗτοί εἰσι τὰ κρέα, αὐτὴ
δὲ ὁ λέβης ἐστὶ, καὶ ὑμᾶς ἐξάξω ἐκ μέσου αὐτῆς. Ῥομφαίαν 8
φοβεῖσθε, καὶ ῥομφαίαν ἐπάξω ἐφ᾽ ὑμᾶς, λέγει Κύριος. Καὶ 9
ἐξάξω ὑμᾶς ἐκ μέσου αὐτῆς, καὶ παραδώσω ὑμᾶς εἰς χεῖρας
ἀλλοτρίων, καὶ ποιήσω ἐν ὑμῖν κρίματα, ἐν ῥομφαίᾳ πεσεῖσθε, 10
ἐπὶ τῶν ὀρέων τοῦ Ἰσραὴλ κρινῶ ὑμᾶς, καὶ ἐπιγνώσεσθε ὅτι
ἐγὼ Κύριος.

Καὶ ἐγένετο ἐν τῷ προφητεύειν με, καὶ Φαλτίας ὁ τοῦ Βα- 13
ναίου ἀπέθανε· καὶ πίπτω ἐπὶ πρόσωπόν μου, καὶ ἀνεβόησα
φωνῇ μεγάλῃ, καὶ εἶπα, οἴμοι οἴμοι Κύριε, εἰς συντέλειαν
ποιεῖς σὺ τοὺς καταλοίπους τοῦ Ἰσραήλ; Καὶ ἐγένετο λόγος 14
Κυρίου πρὸς μὲ, λέγων, υἱὲ ἀνθρώπου, οἱ ἀδελφοί σου καὶ οἱ 15
ἄνδρες τῆς αἰχμαλωσίας σου καὶ πᾶς ὁ οἶκος τοῦ Ἰσραὴλ
συντετέλεσται, οἷς εἶπαν αὐτοῖς οἱ κατοικοῦντες Ἱερουσαλὴμ,
μακρὰν ἀπέχετε ἀπὸ τοῦ Κυρίου, ἡμῖν δέδοται ἡ γῆ εἰς κληρονο-
μίαν. Διατοῦτο εἰπὸν, 16

Τάδε λέγει Κύριος, ὅτι ἀπώσομαι αὐτοὺς εἰς τὰ ἔθνη, καὶ
διασκορπιῶ αὐτοὺς εἰς πᾶσαν γῆν, καὶ ἔσομαι αὐτοῖς εἰς ἁγίασμα
μικρὸν ἐν ταῖς χώραις, οὗ ἐὰν εἰσέλθωσιν ἐκεῖ. Διατοῦτο 17
εἰπὸν, τάδε λέγει Κύριος, καὶ εἰσδέξομαι αὐτοὺς ἐκ τῶν ἐθνῶν,
καὶ συνάξω αὐτοὺς ἐκ τῶν χωρῶν οὗ διέσπειρα αὐτοὺς ἐν αὐταῖς·
καὶ δώσω αὐτοῖς τὴν γῆν τοῦ Ἰσραήλ.

Καὶ εἰσελεύσονται ἐκεῖ, καὶ ἐξαροῦσι πάντα τὰ βδελύγματα 18
αὐτῆς καὶ πάσας τὰς ἀνομίας αὐτῆς ἐξ αὐτῆς. Καὶ δώσω 19
αὐτοῖς καρδίαν ἑτέραν, καὶ πνεῦμα καινὸν δώσω ἐν αὐτοῖς, καὶ
ἐκσπάσω τὴν καρδίαν τὴν λιθίνην ἐκ τῆς σαρκὸς αὐτῶν, καὶ
δώσω αὐτοῖς καρδίαν σαρκίνην· Ὅπως ἐν τοῖς προστάγμασί 20
μου πορεύωνται, καὶ τὰ δικαιώματά μου φυλάσσωνται καὶ
ποιῶσιν αὐτά, καὶ ἔσονταί μοι εἰς λαόν, καὶ ἐγὼ ἔσομαι αὐτοῖς
εἰς Θεόν.

Καὶ εἰς τὴν καρδίαν τῶν βδελυγμάτων αὐτῶν καὶ τῶν ἀνο- 21
μιῶν αὐτῶν, ὡς ἡ καρδία αὐτῶν ἐπορεύετο, τὰς ὁδοὺς αὐτῶν εἰς
τὰς κεφαλὰς αὐτῶν δέδωκα, λέγει Κύριος.

Καὶ ἐξῆραν τὰ χερουβὶμ τὰς πτέρυγας αὐτῶν, καὶ οἱ τροχοὶ 22
ἐχόμενοι αὐτῶν, καὶ ἡ δόξα Θεοῦ Ἰσραὴλ ἐπ᾽ αὐτὰ ὑπεράνω
αὐτῶν. Καὶ ἀνέβη ἡ δόξα Κυρίου ἐκ μέσης τῆς πόλεως, καὶ 23
ἔστη ἐπὶ τοῦ ὄρους ὃ ἦν ἀπέναντι τῆς πόλεως.

Καὶ ἀνέλαβέ με πνεῦμα, καὶ ἤγαγέ με εἰς γῆν Χαλδαίων εἰς 24
τὴν αἰχμαλωσίαν ἐν ὁράσει ἐν πνεύματι Θεοῦ· καὶ ἀνέβην ἀπὸ
τῆς ὁράσεως ἧς ἴδον. Καὶ ἐλάλησα πρὸς τὴν αἰχμαλωσίαν 25
πάντας τοὺς λόγους τοῦ Κυρίου οὓς ἔδειξέ μοι.

β *Gr.* their, but *Alex.* αὐτῆς, sc. the city, αὐτῶν perhaps for ὑμῶν αὐτῶν.

12 Καὶ ἐγένετο λόγος Κυρίου πρὸς μὲ, λέγων, υἱὲ ἀνθρώπου,
2 ἐν μέσῳ τῶν ἀδικιῶν αὐτῶν σὺ κατοικεῖς, οἳ ἔχουσιν ὀφθαλ-
μοὺς τοῦ βλέπειν, καὶ οὐ βλέπουσι, καὶ ὦτα ἔχουσι τοῦ ἀκούειν,
καὶ οὐκ ἀκούουσι, διότι οἶκος παραπικραίνων ἐστί.

3 Καὶ σὺ, υἱὲ ἀνθρώπου, ποίησον σεαυτῷ σκεύη αἰχμαλωσίας
ἡμέρας ἐνώπιον αὐτῶν, καὶ αἰχμαλωτευθήσῃ ἐκ τοῦ τόπου σου
εἰς ἕτερον τόπον ἐνώπιον αὐτῶν, ὅπως ἴδωσι διότι οἶκος παρα-
4 πικραίνων ἐστί. Καὶ ἐξοίσεις τὰ σκεύη σου σκεύη αἰχμαλω-
σίας ἡμέρας κατ᾽ ὀφθαλμοὺς αὐτῶν, καὶ σὺ ἐξελεύσῃ ἑσπέρας
5 ὡς ἐκπορεύεται αἰχμάλωτος ἐνώπιον αὐτῶν. Διόρυξον σεαυτῷ
6 εἰς τὸν τοῖχον, καὶ διεξελεύσῃ δι᾽ αὐτοῦ ἐνώπιον αὐτῶν· ἐπ᾽
ὤμων ἀναληφθήσῃ, καὶ κεκρυμμένος ἐξελεύσῃ, τὸ πρόσωπόν
σου συγκαλύψεις, καὶ οὐ μὴ ἴδῃς τὴν γῆν, διότι τέρας δέδωκά
σε τῷ οἴκῳ Ἰσραήλ.

7 Καὶ ἐποίησα οὕτως κατὰ πάντα ὅσα ἐνετείλατό μοι· καὶ
σκεύη ἐξήνεγκα αἰχμαλωσίας ἡμέρας, καὶ ἑσπέρας διώρυξα
ἐμαυτῷ τὸν τοῖχον, καὶ κεκρυμμένος ἐξῆλθον, ἐπ᾽ ὤμων ἀνελή-
8 φθην ἐνώπιον αὐτῶν. Καὶ ἐγένετο λόγος Κυρίου τοπρωὶ πρὸς
9 μὲ, λέγων, υἱὲ ἀνθρώπου, οὐκ εἶπαν πρὸς σὲ ὁ οἶκος τοῦ Ἰσ-
10 ραήλ, οἶκος ὁ παραπικραίνων, τί σὺ ποιεῖς; Εἰπὸν πρὸς
αὐτούς,

Τάδε λέγει Κύριος Κύριος, ὁ ἄρχων καὶ ὁ ἀφηγούμενος ἐν
Ἱερουσαλὴμ, καὶ παντὶ οἴκῳ Ἰσραήλ, οἵ εἰσιν ἐν μέσῳ αὐτῶν,
11 εἰπὸν, ὅτι ἐγὼ τέρατα ποιῶ· ὃν τρόπον πεποίηκα, οὕτως ἔσται
12 αὐτῷ· ἐν μετοικεσίᾳ καὶ ἐν αἰχμαλωσίᾳ πορεύσονται. Καὶ
ὁ ἄρχων ἐν μέσῳ αὐτῶν ἐπ᾽ ὤμων ἀρθήσεται, καὶ κεκρυμμένος
ἐξελεύσεται διὰ τοῦ τοίχου, καὶ διορύξει τοῦ ἐξελθεῖν αὐτὸν δι᾽
αὐτοῦ, τὸ πρόσωπον αὐτοῦ συγκαλύψει, ὅπως μὴ ὁραθῇ
13 ὀφθαλμῷ, καὶ αὐτὸς τὴν γῆν οὐκ ὄψεται. Καὶ ἐκπετάσω τὸ
δίκτυόν μου ἐπ᾽ αὐτὸν, καὶ συλληφθήσεται ἐν τῇ περιοχῇ μου,
καὶ ἄξω αὐτὸν εἰς Βαβυλῶνα εἰς γῆν Χαλδαίων, καὶ αὐτὴν οὐκ
14 ὄψεται, καὶ ἐκεῖ τελευτήσει. Καὶ πάντας τοὺς κύκλῳ αὐτοῦ
τοὺς βοηθοὺς αὐτοῦ, καὶ πάντας τοὺς ἀντιλαμβανομένους
αὐτοῦ, διασπερῶ εἰς πάντα ἄνεμον, καὶ ῥομφαίαν ἐκκενώσω
15 ὀπίσω αὐτῶν. Καὶ γνώσονται διότι ἐγὼ Κύριος, ἐν τῷ δια-
σκορπίσαι με αὐτοὺς ἐν τοῖς ἔθνεσι, καὶ διασπερῶ αὐτοὺς ἐν
ταῖς χώραις.

16 Καὶ ὑπολείψομαι ἐξ αὐτῶν ἄνδρας ἀριθμῷ ἐκ ῥομφαίας, καὶ
ἐκ λιμοῦ, καὶ ἐκ θανάτου, ὅπως ἐκδιηγῶνται πάσας τὰς ἀνομίας
αὐτῶν ἐν τοῖς ἔθνεσιν οὗ εἰσήλθοσαν ἐκεῖ, καὶ γνώσονται ὅτι
ἐγὼ Κύριος.

17, 18 Καὶ ἐγένετο λόγος Κυρίου πρὸς μὲ, λέγων, υἱὲ ἀνθρώπου,
τὸν ἄρτον σου μετὰ ὀδύνης φάγεσαι, καὶ τὸ ὕδωρ μετὰ βασάνου
19 καὶ θλίψεως πίεσαι. Καὶ ἐρεῖς πρὸς τὸν λαὸν τῆς γῆς, τάδε
λέγει Κύριος τοῖς κατοικοῦσιν Ἱερουσαλὴμ ἐπὶ τῆς γῆς τοῦ
Ἰσραήλ, τοὺς ἄρτους αὐτῶν μετὰ ἐνδείας φάγονται, καὶ τὸ ὕδωρ
αὐτῶν μετὰ ἀφανισμοῦ πίονται, ὅπως ἀφανισθῇ ἡ γῆ σὺν
πληρώματι αὐτῆς· ἐν ἀσεβείᾳ γὰρ πάντες οἱ κατοικοῦντες ἐν

And the word of the Lord came to me, saying, [2] Son of man, thou dwellest in the midst of the iniquities of those, who have eyes to see, and see not; and have ears to hear, and hear not: because it is a provoking house.

[3] Thou therefore, son of man, prepare thyself baggage β for going into captivity by day in their sight; and thou shalt be led into captivity from thy place into another place in their sight; that they may see that it is a provoking house. [4] And thou shalt carry forth thy baggage, baggage for captivity, by day before their eyes: and thou shalt go forth at even, as a captive goes forth, in their sight. [5] Dig for thyself into the wall *of the house*, and thou shalt pass through it in their sight: [6] thou shalt be lifted up on *men's* shoulders, and shalt go forth γ in secret: thou shalt cover thy face, and shalt not see the ground: because I have made thee a sign to the house of Israel.

[7] And I did thus according to all that he commanded me; and I carried forth my baggage for captivity by day, and in the evening I dug through the wall for myself, and went out secretly; I was taken up on *men's* shoulders before them. [8] And the word of the Lord came to me in the morning, saying, [9] Son of man, have not the house of Israel, the provoking house, said to thee, What doest thou? [10] Say to them, Thus saith the Lord God, δ the Prince and the Ruler in Israel, even to all the house of Israel who are in the midst of them: [11] say, I am performing signs: as I have done, so shall it be to him: they shall go into banishment and captivity. [12] And the prince in the midst of them shall be borne upon shoulders, and shall go forth in secret through the wall, and shall dig so that he may go forth thereby: he shall cover his face, that he may not be seen by *any* eye, and he himself shall not see the ground. [13] And I will spread out my net upon him, and he shall be caught in my ζ toils: and I will bring him to Babylon to the land of the Chaldeans; but he shall not see it, though he shall die there. [14] And I will scatter to every wind all his assistants round about him, and all that help him; and I will draw out a sword after them. [15] And they shall know that I am the Lord, when I have scattered them among the nations; and I will disperse them in the countries.

[16] And I will leave of them *a few* men in number *spared* from the sword, and from famine, and from pestilence; that they may declare all their iniquities among the nations whither they have gone; and they shall know that I am the Lord.

[17] And the word of the Lord came to me, saying, [18] Son of man, eat thy bread with sorrow, and drink *thy* water with torment and affliction. [19] And thou shalt say to the people of the land, Thus saith the Lord to the inhabitants of Jerusalem on the land of Israel; They shall eat their bread in scarcity, and shall drink their water in desolation, that the land may be desolate with all that it contains: for all that dwell in it

---

β *Lit.* of captivity.   γ *Gr.* hidden.   δ *Alex.* Say to the prince and the ruler in Israel and to all the house, etc.
ζ *Lit.* siege, hemming in, etc.

are β ungodly. ²⁰ And their inhabited cities shall be laid utterly waste, and the land shall be desolate; and ye shall know that I am the Lord.

²¹ And the word of the Lord came to me, saying, ²² Son of man, what is your parable on the land of Israel, that ye say, The days are long, the vision has perished? ²³ Therefore say to them,

Thus saith the Lord; I will even set aside this parable, and the house of Israel shall no more at all use this parable: for thou shalt say to them, The days are at hand, and the import of every vision. ²⁴ For there shall no more be any false vision, nor any one prophesying flatteries in the midst of the children of Israel. ²⁵ For I the Lord will speak my words; I will speak and perform *them*, and will no more delay, for in your days, O provoking house, I will speak the word, and will perform *it*, saith the Lord.

²⁶ Moreover the word of the Lord came to me, saying, ²⁷ Son of man, behold, the provoking house of Israel boldly say, The vision which this man sees is for many days, and he prophesies for times afar off. ²⁸ Therefore say to them,

Thus saith the Lord; Henceforth none of my words shall linger, which I shall speak: I will speak and do, saith the Lord.

And the word of the Lord came to me, saying, ² Son of man, prophesy against the prophets of Israel,γ and thou shalt prophesy, and shalt say to them, Hear ye the word of the Lord:

³ Thus saith the Lord, Woe to them that prophesy out of their own heart, and who see nothing at all. ⁴ Thy prophets, O Israel, are like foxes in the deserts. ⁵ They have not continued steadfast, and they have gathered flocks against the house of Israel, they that say, ⁶ In the day of the Lord, have not δ stood, seeing false *visions*, prophesying vanities, who say, The Lord saith, and the Lord has not sent them, and they began *to try* to confirm the word. ⁷ Have ye not seen a false vision? and spoken vain prophecies? ⁸ And therefore say,

Thus saith the Lord; Because your words are false, and your prophecies are vain, therefore, behold, I am against you, saith the Lord. ⁹ And I will stretch forth my hand against the prophets that see false *visions*, and those that utter vanities: they shall not partake of the ζ instruction of my people, neither shall they be written in the roll of the house of Israel, and they shall not enter into the land of Israel; and they shall know that I am the Lord. ¹⁰ Because they have caused my people to err, saying, Peace; and there is no peace; and one builds a wall, and they plaster it,—it shall fall.

¹¹ Say to them that plaster *it*, It shall fall; and there shall be a flooding rain; and I will send great stones upon their joinings, and they shall fall; and there shall be a sweeping wind, and it shall be broken. ¹² And lo! the wall has fallen; and will they not say to you, θ Where is your plaster

αὐτῇ. Καὶ αἱ πόλεις αὐτῶν αἱ κατοικούμεναι ἐξερημωθήσον- 20 ται, καὶ ἡ γῆ εἰς ἀφανισμὸν ἔσται, καὶ ἐπιγνώσεσθε διότι ἐγὼ Κύριος.

Καὶ ἐγένετο λόγος Κυρίου πρὸς μὲ, λέγων, υἱὲ ἀνθρώπου, 21, 22 τίς ἡ παραβολὴ ὑμῖν ἐπὶ τῆς γῆς τοῦ Ἰσραὴλ, λέγοντες, μακραὶ αἱ ἡμέραι, ἀπόλωλεν ὅρασις; Διατοῦτο εἰπὸν πρὸς 23 αὐτοὺς,

Τάδε λέγει Κύριος, καὶ ἀποστρέψω τὴν παραβολὴν ταύτην, καὶ οὐκέτι μὴ εἴπωσι τὴν παραβολὴν ταύτην οἶκος τοῦ Ἰσραὴλ, ὅτι λαλήσεις πρὸς αὐτοὺς, ἠγγίκασιν αἱ ἡμέραι, καὶ λόγος πάσης ὁράσεως. Ὅτι οὐκ ἔσται ἔτι πᾶσα ὅρασις ψευδὴς, καὶ 24 μαντευόμενος τὰ πρὸς χάριν ἐν μέσῳ τῶν υἱῶν Ἰσραήλ. Διότι 25 ἐγὼ Κύριος λαλήσω τοὺς λόγους μου, λαλήσω καὶ ποιήσω, καὶ οὐ μὴ μηκύνω ἔτι· ὅτι ἐν ταῖς ἡμέραις ὑμῶν οἶκος ὁ παρα- πικραίνων, λαλήσω λόγον καὶ ποιήσω, λέγει Κύριος.

Καὶ ἐγένετο λόγος Κυρίου πρὸς μὲ, λέγων, υἱὲ ἀνθρώπου, 26, 27 ἰδοὺ ὁ οἶκος Ἰσραὴλ ὁ παραπικραίνων, λέγοντες λέγουσιν, ἡ ὅρασις ἣν οὗτος ὁρᾷ, εἰς ἡμέρας πολλὰς, καὶ εἰς καιροὺς μακ- ροὺς οὗτος προφητεύει. Διατοῦτο εἰπὸν πρὸς αὐτοὺς, 28

Τάδε λέγει Κύριος, οὐ μὴ μηκύνωσιν οὐκέτι πάντες οἱ λόγοι μου, οὓς ἂν λαλήσω· λαλήσω καὶ ποιήσω, λέγει Κύ- ριος.

Καὶ ἐγένετο λόγος Κυρίου πρὸς μὲ, λέγων, υἱὲ ἀνθρώπου, 13 προφήτευσον ἐπὶ τοὺς προφήτας τοῦ Ἰσραὴλ, καὶ προφητεύ- 2 σεις, καὶ ἐρεῖς πρὸς αὐτοὺς, ἀκούσατε λόγον Κυρίου·

Τάδε λέγει Κύριος, οὐαὶ τοῖς προφητεύουσιν ἀπὸ καρδίας 3 αὐτῶν, καὶ τὸ καθόλου μὴ βλέπουσιν. Ὡς ἀλώπεκες ἐν ταῖς 4 ἐρήμοις οἱ προφῆταί σου, Ἰσραήλ. Οὐκ ἔστησαν ἐν στερεώ- 5 ματι· καὶ συνήγαγον ποίμνια ἐπὶ τὸν οἶκον τοῦ Ἰσραήλ· οὐκ ἀνέστησαν οἱ λέγοντες, ἐν ἡμέρᾳ Κυρίου, βλέποντες ψευδῆ, 6 μαντευόμενοι μάταια, οἱ λέγοντες, λέγει Κύριος, καὶ Κύριος οὐκ ἀπέσταλκεν αὐτοὺς, καὶ ἤρξαντο τοῦ ἀναστῆσαι λόγον. Οὐχὶ ὅρασιν ψευδῆ ἑωράκατε; καὶ μαντείας ματαίας εἰρήκατε; 7 Καὶ διατοῦτο εἰπὸν,
8

Τάδε λέγει Κύριος, ἀνθ᾿ ὧν οἱ λόγοι ὑμῶν ψευδεῖς, καὶ αἱ μαντεῖαι ὑμῶν μάταιαι, διατοῦτο ἰδοὺ ἐγὼ ἐφ᾿ ὑμᾶς, λέγει Κύριος. Καὶ ἐκτενῶ τὴν χεῖρά μου ἐπὶ τοὺς προφήτας τοὺς 9 ὁρῶντας ψευδῆ, καὶ τοὺς ἀποφθεγγομένους μάταια· ἐν παιδείᾳ τοῦ λαοῦ μου οὐκ ἔσονται, οὐδὲ ἐν γραφῇ οἴκου Ἰσραὴλ οὐ γραφήσονται, καὶ εἰς τὴν γῆν τοῦ Ἰσραὴλ οὐκ εἰσελεύσονται, καὶ γνώσονται διότι ἐγὼ Κύριος· Ἀνθ᾿ ὧν ἐπλάνησαν τὸν 10 λαόν μου, λέγοντες, εἰρήνη, καὶ οὐκ ἔστιν εἰρήνη· καὶ οὗτος οἰκοδομεῖ τοῖχον, καὶ αὐτοὶ ἀλείφουσιν αὐτὸν, πεσεῖται.

Εἰπὸν πρὸς τοὺς ἀλείφοντας, πεσεῖται, καὶ ἔσται ὑετὸς κατα- 11 κλύζων, καὶ δώσω λίθους πετροβόλους εἰς τοὺς ἐνδέσμους αὐτῶν, καὶ πεσοῦνται, καὶ πνεῦμα ἐξαῖρον, καὶ ῥαγήσεται. Καὶ ἰδοὺ πέπτωκεν ὁ τοῖχος, καὶ οὐκ ἐροῦσι πρὸς ὑμᾶς, ποῦ 12

β *Gr.* in ungodliness.   γ *Alex.* + 'that prophesy, and thou shalt say to the prophets that prophesy out of their own heart.'
δ *Or,* stood up, *or,* risen up.   ζ *Or,* correction.   θ *Or,* What is become of?   See 2 Pet. 3. 4.

13 ἐστιν ἡ ἀλοιφὴ ὑμῶν ἣν ἠλείψατε; Διατοῦτο τάδε λέγει
Κύριος, καὶ ῥήξω πνοὴν ἐξαίρουσαν μετὰ θυμοῦ, καὶ ὑετὸς
κατακλύζων ἐν ὀργῇ μου ἔσται· καὶ τοὺς λίθους τοὺς πετρο-
14 βόλους ἐν θυμῷ ἐπάξω εἰς συντέλειαν· Καὶ κατασκάψω τὸν
τοῖχον ὃν ἠλείψατε, καὶ πεσεῖται· καὶ θήσω αὐτὸν ἐπὶ τὴν
γῆν, καὶ ἀποκαλυφθήσεται τὰ θεμέλια αὐτοῦ, καὶ πεσεῖται,
καὶ συντελεσθήσεσθε μετ᾽ ἐλέγχων, καὶ ἐπιγνώσεσθε διότι ἐγὼ
Κύριος.
15 Καὶ συντελέσω τὸν θυμόν μου ἐπὶ τὸν τοῖχον, καὶ ἐπὶ τοὺς
ἀλείφοντας αὐτόν, πεσεῖται· καὶ εἶπα πρὸς ὑμᾶς, οὐκ ἔστιν
16 ὁ τοῖχος, οὐδὲ οἱ ἀλείφοντες αὐτόν, προφῆται τοῦ Ἰσραὴλ, οἱ
προφητεύοντες ἐπὶ Ἰερουσαλὴμ, καὶ οἱ ὁρῶντες αὐτῇ εἰρήνην,
καὶ οὐκ ἔστιν εἰρήνη, λέγει Κύριος.
17 Καὶ σὺ, υἱὲ ἀνθρώπου, στήρισον τὸ πρόσωπόν σου ἐπὶ τὰς
θυγατέρας τοῦ λαοῦ σου, τὰς προφητευούσας ἀπὸ καρδίας
18 αὐτῶν, καὶ προφήτευσον ἐπ᾽ αὐτάς, καὶ ἐρεῖς, τάδε λέγει Κύριος,
οὐαὶ ταῖς συρραπτούσαις προσκεφάλαια ὑπὸ πάντα ἀγκῶνα
χειρός, καὶ ποιούσαις ἐπιβόλαια ἐπὶ πᾶσαν κεφαλὴν πάσης
ἡλικίας, τοῦ διαστρέφειν ψυχάς· αἱ ψυχαὶ διεστράφησαν τοῦ
19 λαοῦ μου· καὶ ψυχὰς περιεποιοῦντο. Καὶ ἐβεβήλουν με πρὸς
τὸν λαόν μου, ἕνεκεν δρακὸς κριθῶν, καὶ ἕνεκεν κλασμάτων
ἄρτων, τοῦ ἀποκτεῖναι ψυχὰς ἃς οὐκ ἔδει ἀποθανεῖν, καὶ τοῦ
περιποιήσασθαι ψυχὰς ἃς οὐκ ἔδει ζῆσαι, ἐν τῷ ἀποφθέγγεσθαι
ὑμᾶς λαῷ εἰσακούοντι μάταια ἀποφθέγματα.
20 Διατοῦτο τάδε λέγει Κύριος Κύριος, ἰδοὺ ἐγὼ ἐπὶ τὰ προσ-
κεφάλαια ὑμῶν, ἐφ᾽ ἃ ὑμεῖς ἐκεῖ συστρέφετε ψυχάς· καὶ διαρ-
ρήξω αὐτὰ ἀπὸ τῶν βραχιόνων ὑμῶν, καὶ ἐξαποστελῶ τὰς
ψυχὰς ἃς ὑμεῖς ἐκστρέφετε τὰς ψυχὰς αὐτῶν εἰς διασκορπισμόν.
21 Καὶ διαρρήξω τὰ ἐπιβόλαια ὑμῶν, καὶ ῥύσομαι τὸν λαόν μου
ἐκ χειρὸς ὑμῶν, καὶ οὐκέτι ἔσονται ἐν χερσὶν ὑμῶν εἰς συστρο-
φήν· καὶ ἐπιγνώσεσθε διότι ἐγὼ Κύριος.
22 Ἀνθ᾽ ὧν διεστρέφετε καρδίαν δικαίου, καὶ ἐγὼ οὐ διέστρε-
φον αὐτόν, καὶ τοῦ κατισχῦσαι χεῖρας ἀνόμου τὸ καθόλου μὴ
ἀποστρέψαι ἀπὸ τῆς ὁδοῦ αὐτοῦ τῆς πονηρᾶς, καὶ ζῆσαι αὐτόν·
23 Διατοῦτο ψευδῆ οὐ μὴ ἴδητε, καὶ μαντείας οὐ μὴ μαντεύσησθε
ἔτι· καὶ ῥύσομαι τὸν λαόν μου ἐκ χειρὸς ὑμῶν, καὶ γνώσεσθε
ὅτι ἐγὼ Κύριος.

14 Καὶ ἦλθον πρὸς μὲ ἐκ τῶν πρεσβυτέρων ἄνδρες τοῦ λαοῦ
2 Ἰσραὴλ καὶ ἐκάθισαν πρὸ προσώπου μου. Καὶ ἐγένετο πρὸς
3 μὲ λόγος Κυρίου, λέγων, υἱὲ ἀνθρώπου, οἱ ἄνδρες οὗτοι ἔθεντο
τὰ διανοήματα αὐτῶν ἐπὶ τὰς καρδίας αὐτῶν, καὶ τὴν κόλασιν
τῶν ἀδικιῶν αὐτῶν ἔθηκαν πρὸ προσώπου αὐτῶν· εἰ ἀποκρινό-
4 μενος ἀποκριθῶ αὐτοῖς; Διατοῦτο λάλησον αὐτοῖς, καὶ ἐρεῖς
πρὸς αὐτούς, τάδε λέγει Κύριος, ἄνθρωπος ἄνθρωπος ἐκ τοῦ
οἴκου Ἰσραὴλ, ὃς ἂν θῇ τὰ διανοήματα αὐτοῦ ἐπὶ τὴν καρδίαν
αὐτοῦ, καὶ τὴν κόλασιν τῆς ἀδικίας αὐτοῦ τάξῃ πρὸ προσώπου
αὐτοῦ, καὶ ἔλθῃ πρὸς τὸν προφήτην, ἐγὼ Κύριος ἀποκριθή-
5 σομαι αὐτῷ ἐν οἷς ἐνέχεται ἡ διάνοια αὐτοῦ, ὅπως πλαγιάσῃ
τὸν οἶκον τοῦ Ἰσραὴλ κατὰ τὰς καρδίας αὐτῶν τὰς ἀπηλλοτριω-
μένας ἀπ᾽ ἐμοῦ ἐν τοῖς ἐνθυμήμασιν αὐτῶν.

wherewith ye plastered *it?* [13]Therefore
thus saith the Lord; I will even cause to
burst forth a sweeping blast with fury, and
there shall be a flooding rain in my wrath;
and in *my* fury I will bring on great stones
for complete destruction. [14]And I will
break down the wall which ye have plas-
tered, and it shall fall; and I will lay it on
the ground, and its foundations shall be
discovered, and it shall fall; and ye shall be
consumed with rebukes: and ye shall know
that I am the Lord.

[15]And I will accomplish my wrath upon
the wall, and upon them that plaster it; it
shall fall: and I said to you, The wall is
not, nor they that plaster it, [16]even the
prophets of Israel, who prophesy concerning
Jerusalem, and who see *visions of* peace for
her, and there is no peace, saith the Lord.

[17]And thou, son of man, set thy face
firmly against the daughters of thy people,
that prophesy out of their own heart; and
prophesy against them. [18]And thou shalt
say, Thus saith the Lord, Woe to the *women*
that sew pillows under every elbow, and
make kerchiefs on the head of every stature
to pervert souls! The souls of my people
are perverted, and they have saved souls
alive. [19]And they have βdishonoured me
before my people for a handful of barley,
and for pieces of bread, to slay the souls
which should not die, and to save alive the
souls which should not live, while ye speak
to a people hearing vain speeches.

[20]Therefore thus saith the Lord God,
Behold, I am against your pillows, γwhereby
ye there confound souls, and I will tear
them away from your arms, and will set at
liberty their souls which ye pervert to
scatter them. [21]And I will tear your ker-
chiefs, and will rescue my people out of
your hand, and they shall no longer be in
your hands to be confounded; and ye shall
know that I am the Lord.

[22]Because ye have perverted the heart of
the righteous, whereas I perverted him not,
and *that* in order to strengthen the hands
of the wicked, that he should not at all
turn from his evil way and live: [23]therefore
ye shall not see false *visions*, and ye shall
no more utter prophecies: but I will deliver
my people out of your hand; and ye shall
know that I am the Lord.

And there came to me men of the people
of Israel, of the elders, and sat before me.
[2]And the word of the Lord came to me,
saying, [3]Son of man, these men have con-
ceived their devices in their hearts, and
have set before their faces the punishment
of their iniquities: shall I indeed answer
them? [4]Therefore speak to them, and thou
shalt say to them, Thus saith the Lord;
Any man of the house of Israel, who shall
conceive his devices in his heart, and shall
set the punishment of his iniquity before
his face, and shall come to the prophet; I
the Lord will answer him *according to the
things* in which his mind is entangled, [5]that
he should turn aside the house of Israel,
according to their hearts that are estranged
from me δin their thoughts.

β *Gr.* profaned.   γ *Or*, on which ye gather.   δ *Or*, through their devices.

⁶ Therefore say to the house of Israel, Thus saith the Lord God, Be converted, and turn from your *evil* practices, and from all your sins, and turn your faces back again. ⁷ For any man of the house of Israel, or of the strangers that sojourn in Israel, who shall β separate himself from me, and conceive his imaginations in his heart, and set before his face the punishment of his iniquity, and come to the prophet to enquire of him concerning me; I the Lord will answer him, *according to the things* wherein he is entangled. ⁸ And I will set my face against that man, and will make him desolate and ruined, and will cut him off from the midst of my people; and ye shall know that I am the Lord.

⁹ And if a prophet should cause to err and should speak, I the Lord have caused that prophet to err, and will stretch out my hand upon him, and will utterly destroy him from the midst of my people Israel. ¹⁰ And they shall bear their iniquity according to the trespass of him that asks; and it shall be in like manner to the prophet according to the trespass: ¹¹ that the house of Israel may no more go astray from me, and that they may no more defile themselves with any of their transgressions: so shall they be my people, and I will be their God, saith the Lord.

¹² And the word of the Lord came to me, saying, ¹³ Son of man, if a land shall sin against me by committing a trespass, then will I stretch out my hand upon it, and will break its staff of bread, and will send forth famine upon it, and cut off from it man and beast. ¹⁴ And though these three men should be in the midst of it, Noe, and Daniel, and Job, they *alone* should be delivered by their righteousness, saith the Lord.

¹⁵ If again I bring evil beasts upon the land, and take vengeance upon it, and it be ruined, and there be no one to pass through for fear of the wild beasts: ¹⁶ and *if* these three men should be in the midst of it, *as* I live, saith the Lord, neither sons nor daughters shall be saved, but these only shall be saved, and the land shall be destroyed. ¹⁷ Or again if I bring a sword upon that land, and say, Let the sword go through the land; and I cut off from them man and beast: ¹⁸ though these three men were in the midst of it, as I live, saith the Lord, they shall not deliver sons or daughters, but they only shall be saved themselves. ¹⁹ Or *if* again I send pestilence upon that land, and pour out my wrath upon it in blood, to destroy from off it man and beast: ²⁰ and should Noe, and Daniel, and Job, be in the midst of it, *as* I live, saith the Lord, there shall be left *them* neither sons nor daughters; *only* they by their righteousness shall deliver their souls.

²¹ Thus saith the Lord, And if I even send upon Jerusalem my four sore γ judgments, sword, and famine, and evil beasts, and pestilence, to destroy from out of it man and beast: ²² yet, behold, *there shall be* men left in it, the escaped thereof, who *shall* lead forth of it sons and daughters: behold, they *shall* go forth to you, and ye shall see

Διατοῦτο εἰπὸν εἰς τὸν οἶκον τοῦ Ἰσραὴλ, τάδε λέγει Κύριος **6** Κύριος, ἐπιστράφητε καὶ ἀποστρέψατε ἀπὸ τῶν ἐπιτηδευμάτων ὑμῶν, καὶ ἀπὸ πασῶν τῶν ἀσεβειῶν ὑμῶν, καὶ ἐπιστρέψατε τὰ πρόσωπα ὑμῶν. Διότι ἄνθρωπος ἄνθρωπος ἐκ τοῦ οἴκου **7** Ἰσραὴλ, καὶ ἐκ τῶν προσηλύτων τῶν προσηλυτευόντων ἐν τῷ Ἰσραὴλ, ὃς ἂν ἀπαλλοτριωθῇ ἀπ᾽ ἐμοῦ, καὶ θῆται τὰ ἐνθυμήματα αὐτοῦ ἐπὶ τὴν καρδίαν αὐτοῦ, καὶ τὴν κόλασιν τῆς ἀδικίας αὐτοῦ τάξῃ πρὸ προσώπου αὐτοῦ, καὶ ἔλθῃ πρὸς τὸν προφήτην τοῦ ἐπερωτῆσαι αὐτὸν ἐν ἐμοὶ, ἐγὼ Κύριος ἀποκριθήσομαι αὐτῷ, ἐν ᾧ ἐνέχεται ἐν αὐτῷ. Καὶ στηριῶ τὸ πρόσωπόν μου ἐπὶ τὸν **8** ἄνθρωπον ἐκεῖνον, καὶ θήσομαι αὐτὸν εἰς ἔρημον καὶ εἰς ἀφανισμὸν, καὶ ἐξαρῶ αὐτὸν ἐκ μέσου τοῦ λαοῦ μου, καὶ ἐπιγνώσεσθε ὅτι ἐγὼ Κύριος.

Καὶ ὁ προφήτης ἐὰν πλανήσῃ καὶ λαλήσῃ, ἐγὼ Κύριος **9** πεπλάνηκα τὸν προφήτην ἐκεῖνον, καὶ ἐκτενῶ τὴν χεῖρά μου ἐπ᾽ αὐτὸν, καὶ ἀφανιῶ αὐτὸν ἐκ μέσου τοῦ λαοῦ μου Ἰσραήλ. Καὶ **10** λήψονται τὴν ἀδικίαν αὐτῶν κατὰ τὸ ἀδίκημα τοῦ ἐπερωτῶντος, καὶ κατὰ τὸ ἀδίκημα ὁμοίως τῷ προφήτῃ ἔσται· Ὅπως μὴ **11** πλανᾶται ἔτι ὁ οἶκος τοῦ Ἰσραὴλ ἀπ᾽ ἐμοῦ, καὶ ἵνα μὴ μιαίνωνται ἔτι ἐν πᾶσι τοῖς παραπτώμασιν αὐτῶν· καὶ ἔσονταί μοι εἰς λαὸν, καὶ ἐγὼ ἔσομαι αὐτοῖς εἰς Θεὸν, λέγει Κύριος.

Καὶ ἐγένετο λόγος Κυρίου πρὸς μὲ, λέγων, υἱὲ ἀνθρώπου, **12, 13** γῆ ἢ ἐὰν ἁμάρτῃ μοι τοῦ παραπεσεῖν παράπτωμα, καὶ ἐκτενῶ τὴν χεῖρά μου ἐπ᾽ αὐτὴν, καὶ συντρίψω αὐτῆς στήριγμα ἄρτου, καὶ ἐξαποστελῶ ἐπ᾽ αὐτὴν λιμὸν, καὶ ἐξαρῶ ἐξ αὐτῆς ἄνθρωπον καὶ κτῆνος. Καὶ ἐὰν ὦσιν οἱ τρεῖς ἄνδρες οὗτοι ἐν μέσῳ αὐτῆς, **14** Νῶε καὶ Δανιὴλ καὶ Ἰὼβ, αὐτοὶ ἐν τῇ δικαιοσύνῃ αὐτῶν σωθήσονται, λέγει Κύριος.

Ἐὰν καὶ θηρία πονηρὰ ἐπάγω ἐπὶ τὴν γῆν, καὶ τιμωρήσομαι **15** αὐτὴν, καὶ ἔσται εἰς ἀφανισμὸν, οὐκ ἔσται ὁ διοδεύων ἀπὸ προσώπου τῶν θηρίων, καὶ οἱ τρεῖς ἄνδρες οὗτοι ἐν μέσῳ αὐτῆς **16** ὦσι, ζῶ ἐγὼ, λέγει Κύριος, εἰ υἱοὶ ἢ θυγατέρες σωθήσονται, ἀλλ᾽ ἢ αὐτοὶ μόνοι σωθήσονται, ἡ δὲ γῆ ἔσται εἰς ὄλεθρον. Ἢ καὶ ῥομφαίαν ἐὰν ἐπάγω ἐπὶ τὴν γῆν ἐκείνην, καὶ εἴπω, **17** ῥομφαία διελθάτω διὰ τῆς γῆς, καὶ ἐξαρῶ ἐξ αὐτῶν ἄνθρωπον καὶ κτῆνος, καὶ οἱ τρεῖς ἄνδρες οὗτοι ἐν μέσῳ αὐτῆς, ζῶ ἐγὼ **18** λέγει Κύριος, οὐ μὴ ῥύσονται υἱοὺς οὐδὲ θυγατέρας, ἀλλ᾽ ἢ αὐτοὶ μόνοι σωθήσονται.

Ἢ καὶ θάνατον ἐπαποστέλλω ἐπὶ τὴν γῆν ἐκείνην, καὶ ἐκχεῶ **19** τὸν θυμόν μου ἐπ᾽ αὐτὴν ἐν αἵματι τοῦ ἐξολοθρεῦσαι ἐξ αὐτῆς ἄνθρωπον καὶ κτῆνος, καὶ Νῶε καὶ Δανιὴλ καὶ Ἰὼβ ἐν μέσῳ **20** αὐτῆς, ζῶ ἐγὼ, λέγει Κύριος, ἐὰν υἱοὶ ἢ θυγατέρες ὑπολειφθῶσιν, αὐτοὶ ἐν τῇ δικαιοσύνῃ αὐτῶν ῥύσονται τὰς ψυχὰς αὐτῶν.

Τάδε λέγει Κύριος, ἐὰν δὲ καὶ τὰς τέσσαρας ἐκδικήσεις μου **21** τὰς πονηρὰς, ῥομφαίαν, καὶ λιμὸν, καὶ θηρία πονηρὰ, καὶ θάνατον ἐξαποστείλω ἐπὶ Ἰερουσαλὴμ, τοῦ ἐξολοθρεῦσαι ἐξ αὐτῆς ἄνθρωπον καὶ κτῆνος· Καὶ ἰδοὺ ὑπολελειμμένοι ἐν αὐτῇ, **22** οἱ ἀνασεσωσμένοι αὐτῆς, οἳ ἐξάγουσιν ἐξ αὐτῆς υἱοὺς καὶ θυγατέρας, ἰδοὺ ἐκπορεύονται πρὸς ὑμᾶς, καὶ ὄψεσθε τὰς ὁδοὺς

β *Gr.* have been alienated.   γ *Lit.* vengeances

αὐτῶν καὶ τὰ ἐνθυμήματα αὐτῶν, καὶ μεταμεληθήσεσθε ἐπὶ τὰ κακὰ ἃ ἐπήγαγον ἐπὶ Ἱερουσαλήμ, πάντα τὰ κακὰ ἃ ἐπή-
23 γαγον ἐπ᾽ αὐτήν. Καὶ παρακαλέσουσιν ὑμᾶς, διότι ὄψεσθε τὰς ὁδοὺς αὐτῶν καὶ τὰ ἐνθυμήματα αὐτῶν, καὶ ἐπιγνώσεσθε διότι οὐ μάτην πεποίηκα πάντα ὅσα ἐποίησα ἐν αὐτῇ, λέγει Κύριος.

15 Καὶ ἐγένετο λόγος Κυρίου πρὸς μὲ, λέγων,

2 Καὶ σὺ υἱὲ ἀνθρώπου, τί ἂν γένοιτο τὸ ξύλον τῆς ἀμπέλου ἐκ πάντων τῶν ξύλων τῶν κλημάτων τῶν ὄντων ἐν τοῖς ξύλοις
3 τοῦ δρυμοῦ; Εἰ λήψονται ἐξ αὐτῆς ξύλον τοῦ ποιῆσαι εἰς ἐργασίαν; εἰ λήψονται ἐξ αὐτῆς πάσσαλον τοῦ κρεμάσαι ἐπ᾽
4 αὐτὸν πᾶν σκεῦος; Πάρεξ ὃ πυρὶ δέδοται εἰς ἀνάλωσιν, τὴν κατ᾽ ἐνιαυτὸν κάθαρσιν ἀπ᾽ αὐτῆς ἀναλίσκει τὸ πῦρ, καὶ
5 ἐκλείπει εἰς τέλος· μὴ χρήσιμον ἔσται εἰς ἐργασίαν; Οὐδὲ ἔτι αὐτοῦ ὄντος ὁλοκλήρου οὐκ ἔσται εἰς ἐργασίαν· μὴ ὅτι ἐὰν καὶ πῦρ αὐτὸ ἀναλώσῃ εἰς τέλος, εἰ ἔτι ἔσται εἰς ἐργασίαν.
6 Διὰ τοῦτο εἰπὸν,

Τάδε λέγει Κύριος, ὃν τρόπον τὸ ξύλον τῆς ἀμπέλου ἐν τοῖς ξύλοις τοῦ δρυμοῦ ὃ δέδωκα αὐτὸ πυρὶ εἰς ἀνάλωσιν, οὕτως
7 δέδωκα τοὺς κατοικοῦντας Ἱερουσαλήμ. Καὶ δώσω τὸ πρόσω- πόν μου ἐπ᾽ αὐτούς· ἐκ τοῦ πυρὸς ἐξελεύσονται, καὶ πῦρ αὐτοὺς καταφάγεται, καὶ ἐπιγνώσονται ὅτι ἐγὼ Κύριος ἐν τῷ στη-
8 ρίσαι με τὸ πρόσωπόν μου ἐπ᾽ αὐτούς. Καὶ δώσω τὴν γῆν εἰς ἀφανισμὸν, ἀνθ᾽ ὧν παρέπεσον παραπτώματι, λέγει Κύριος.

16 Καὶ ἐγένετο λόγος Κυρίου πρὸς μὲ, λέγων, υἱὲ ἀνθρώπου,
2, 3 διαμάρτυραι τῇ Ἱερουσαλὴμ τὰς ἀνομίας αὐτῆς, καὶ ἐρεῖς,

Τάδε λέγει Κύριος τῇ Ἱερουσαλήμ, ἡ ῥίζα σου καὶ ἡ γένεσίς σου ἐκ γῆς Χαναάν· ὁ πατήρ σου Ἀμορραῖος, καὶ ἡ μήτηρ σου
4 Χετταία. Καὶ ἡ γένεσίς σου ἐν ᾗ ἡμέρᾳ ἐτέχθης, οὐκ ἔδησας τοὺς μαστούς σου, καὶ ἐν ὕδατι οὐκ ἐλούσθης, οὐδὲ ἁλὶ ἡλίσθης,
5 καὶ ἐν σπαργάνοις οὐκ ἐσπαργανώθης, οὐδὲ ἐφείσατο ὁ ὀφθαλ- μός μου ἐπὶ σοὶ, τοῦ ποιῆσαί σοι ἓν ἐκ πάντων τούτων, τοῦ παθεῖν τι ἐπὶ σοί· καὶ ἀπερρίφης ἐπὶ πρόσωπον τοῦ πεδίου τῇ σκολιότητι τῆς ψυχῆς σου ἐν ἡμέρᾳ ᾗ ἐτέχθης.
6 Καὶ διῆλθον ἐπὶ σὲ, καὶ ἴδον σε πεφυρμένην ἐν τῷ αἵματί
7 σου· καὶ εἶπά σοι, ἐκ τοῦ αἵματός σου ζωή, πληθύνου, καθὼς ἡ ἀνατολὴ τοῦ ἀγροῦ δέδωκά σε· καὶ ἐπληθύνθης καὶ ἐμεγα- λύνθης, καὶ εἰσῆλθες εἰς πόλεις πόλεων· οἱ μαστοί σου ἀνωρθώθησαν, καὶ ἡ θρίξ σου ἀνέτειλε· σὺ δὲ ἦσθα γυμνὴ καὶ ἀσχημονοῦσα.
8 Καὶ διῆλθον διὰ σοῦ, καὶ ἴδον σε· καὶ ἰδοὺ καιρός σου, καὶ καιρὸς καταλυόντων· καὶ διεπέτασα τὰς πτέρυγάς μου ἐπὶ σὲ, καὶ ἐκάλυψα τὴν ἀσχημοσύνην σου, καὶ ὤμοσά σοι· καὶ εἰσῆλ-
9 θον ἐν διαθήκῃ μετὰ σοῦ, λέγει Κύριος· καὶ ἐγένου μοι. Καὶ ἔλουσά σε ἐν ὕδατι, καὶ ἀπέπλυνα τὸ αἷμά σου ἀπὸ σοῦ, καὶ
10 ἔχρισά σε ἐν ἐλαίῳ. Καὶ ἐνέδυσά σε ποικίλα, καὶ ὑπέδυσά σε ὑάκινθον· καὶ ἔζωσά σε βύσσῳ καὶ περιέβαλόν σε τριχαπτῷ,
11 καὶ ἐκόσμησά σε κόσμῳ, καὶ περιέθηκα ψέλλια περὶ τὰς χεῖρας

their ways and their thoughts: and ye shall β mourn over the evils which I have brought upon Jerusalem, even all the evils which I have brought upon it. 23 And they shall comfort you, because ye shall see their ways and their thoughts: and ye shall know that I have not done in vain all that I have done in it, saith the Lord.

And the word of the Lord came to me, saying,

2 And thou, son of man—of all the wood of the branches that are among the trees of the forest, what shall be made of the wood of the vine? 3 Will they take wood of it to make it fit for work? will they take of it a peg to hang any vessel upon it? 4 It is only given to the fire to be consumed; the fire consumes that which is yearly pruned γ of it, and it is utterly gone. Will it be useful for any work? 5 Not even while it is yet whole will it be useful for any work: if the fire shall have utterly consumed it, will it still be fit for work? 6 Therefore say,

Thus saith the Lord, As the vine-tree among the trees of the forest, which I have given up to the fire to be consumed, so have I given up the inhabitants of Jerusalem. 7 And I will set my face against them; they shall go forth of the fire, and yet fire shall devour them; and they shall know that I am the Lord, when I have set my face against them. 8 And I will give up the land to ruin, because they have utterly transgressed, saith the Lord.

Moreover the word of the Lord came to me, saying, 2 Son of man, testify to Jerusalem of her iniquities; 3 and thou shalt say,

Thus saith the Lord to Jerusalem; Thy root and thy birth are of the land of Cha- naan: thy father was an Amorite, and thy mother a Chettite. 4 And as for thy birth in the day wherein thou wast born, thou didst not bind thy breasts, and thou wast not washed in water, neither wast thou salted with salt, neither wast thou swathed in swaddling-bands. 5 Nor did mine eye pity thee, to do for thee one of all these things, to feel at all for thee; but thou wast cast out on the face of the field, because of the deformity of thy person, in the day wherein thou wast born.

6 And I passed by to thee, and saw thee polluted in thy blood; and I said to thee, Let there be life out of thy blood: 7 in- crease; I have made thee as the springing grass of the field. So thou didst increase and grow, and didst enter into great cities: thy breasts were set, and thy hair grew, whereas thou wast naked and bare.

8 And I passed by thee and saw thee, and, behold, it was thy time and a time of rest- ing; and I spread my wings over thee, and covered thy shame, and sware to thee: and I entered into covenant with thee, saith the Lord, and thou becamest mine. 9 And I washed thee in water, and washed thy blood from thee, and anointed thee with oil. 10 And I clothed thee with embroidered garments, and δ clothed thee beneath with purple, and girded thee with fine linen, and clothed thee with silk, 11 and decked thee also with ornaments, and put bracelets on

---

thine hands, and a necklace on thy neck.
¹²And I put ᵝ a pendant on thy nostril, and rings in thine ears, and a crown of glory on thine head. ¹³So thou wast adorned with gold and silver; and thy raiment was of fine linen, and silk, and variegated work: thou didst eat fine flour, and oil, and honey, and didst become extremely beautiful. ¹⁴And thy name went forth among the nations for thy beauty: because it was perfected with elegance, and in the comeliness which I put upon thee, saith the Lord.

¹⁵Thou didst trust in thy beauty, and didst go a-whoring because of thy renown, and didst pour out thy fornication on every passer by. ¹⁶And thou didst take of thy garments, and madest to thyself idols of needlework, and didst go a-whoring after them; therefore thou shalt never come in, nor shall the like take place. ¹⁷And thou tookest γ thy fair ornaments of my gold and of my silver, of what I gave thee, and thou madest to thyself male images, and thou didst commit whoredom with them. ¹⁸And thou didst take thy variegated apparel and didst clothe them, and thou didst set before them mine oil and mine incense. ¹⁹And thou tookest my bread which I gave thee, (yea I fed thee with fine flour and oil and honey) and didst set them before them for a sweet-smelling savour: yea, it was so, saith the Lord.

²⁰And thou tookest thy sons and thy daughters, whom thou borest, and didst sacrifice these to them to be destroyed. ᵟThou didst go a-whoring as if that were little, ²¹and didst slay thy children, and gavest them up in offering ᶠthem to them for an expiation. ²²This is beyond all thy fornication, and thou didst not remember thine infancy, when thou wast naked and bare, and didst live though defiled in thy blood.

²³And it came to pass after all thy wickedness, saith the Lord, ²⁴that thou didst build thyself a house of fornication, and didst make thyself a public place in every street; ²⁵and on the head of every way thou didst set up thy fornications, and didst defile thy beauty, and didst open thy feet to every passer by, and didst multiply thy fornication. ²⁶And thou didst go a-whoring after the children of Egypt thy neighbours, great of flesh; and didst go a-whoring often to provoke me to anger.

²⁷And if I stretch out my hand against thee, then will I abolish thy θ statutes, and deliver thee up to the wills of them that hate thee, even to the daughters of the Philistines, that turned thee aside from the way wherein thou sinnedst.

²⁸And thou didst go a-whoring to the daughters of Assur, and not even thus wast thou satisfied; yea, thou didst go a-whoring, and wast not satisfied. ²⁹And thou didst multiply thy covenants with the land of the Chaldeans; and not even with these wast thou satisfied.

³⁰Why should I make a covenant with thy daughter, saith the Lord, while thou doest all these things, the works of a harlot? and thou hast gone a-whoring in a threefold degree with thy daughters. ³¹Thou hast built

σου, καὶ κάθεμα περὶ τὸν τράχηλόν σου· Καὶ ἔδωκα ἐνώτιον 12 περὶ τὸν μυκτῆρά σου, καὶ τροχίσκους ἐπὶ τὰ ὦτά σου, καὶ στέφανον καυχήσεως ἐπὶ τὴν κεφαλήν σου. Καὶ ἐκοσμήθης 13 χρυσίῳ καὶ ἀργυρίῳ, καὶ τὰ περιβόλαιά σου βύσσινα, καὶ τριχαπτὰ, καὶ ποικίλα· σεμίδαλιν καὶ ἔλαιον καὶ μέλι ἔφαγες, καὶ ἐγένου καλὴ σφόδρα. Καὶ ἐξῆλθέ σου ὄνομα ἐν τοῖς ἔθνεσιν 14 ἐν τῷ κάλλει σου, διότι συντετελεσμένον ἦν ἐν εὐπρεπείᾳ ἐν τῇ ὡραιότητι ᾗ ἔταξα ἐπὶ σέ, λέγει Κύριος.

Κατεπεποίθεις ἐν τῷ κάλλει σου, καὶ ἐπόρνευσας ἐπὶ τῷ 15 ὀνόματί σου, καὶ ἐξέχεας τὴν πορνείαν σου ἐπὶ πάντα πάροδον· Καὶ ἔλαβες ἐκ τῶν ἱματίων σου, καὶ ἐποίησας σεαυτῇ εἴδωλα 16 ῥαπτὰ, καὶ ἐξεπόρνευσας ἐπ' αὐτὰ, καὶ οὐ μὴ εἰσέλθῃς οὐδὲ μὴ γένηται. Καὶ ἔλαβες τὰ σκεύη τῆς καυχήσεώς σου ἐκ τοῦ 17 χρυσίου μου καὶ ἐκ τοῦ ἀργυρίου μου, ἐξ ὧν ἔδωκά σοι, καὶ ἐποίησας σεαυτῇ εἰκόνας ἀρσενικὰς, καὶ ἐξεπόρνευσας ἐν αὐταῖς. Καὶ ἔλαβες τὸν ἱματισμὸν τὸν ποικίλον σου, καὶ περιέβαλες 18 αὐτὰς, καὶ τὸ ἔλαιόν μου καὶ τὸ θυμίαμά μου ἔθηκας πρὸ προσώπου αὐτῶν. Καὶ τοὺς ἄρτους μου οὓς ἔδωκά σοι, 19 σεμίδαλιν καὶ ἔλαιον καὶ μέλι ἐψώμισά σε, καὶ ἔθηκας αὐτὰ πρὸ προσώπου αὐτῶν εἰς ὀσμὴν εὐωδίας· καὶ ἐγένετο, λέγει Κύριος.

Καὶ ἔλαβες τοὺς υἱούς σου καὶ τὰς θυγατέρας σου ἃς 20 ἐγέννησας, καὶ ἔθυσας αὐτοῖς εἰς ἀνάλωσιν· ὡς μικρὰ ἐξεπόρνευσας, καὶ ἔσφαξας τὰ τέκνα σου, καὶ ἔδωκας αὐτὰ ἐν τῷ 21 ἀποτροπιάζεσθαί σε αὐτὰ αὐτοῖς· Τοῦτο παρὰ πᾶσαν 22 τὴν πορνείαν σου, καὶ οὐκ ἐμνήσθης τῆς νηπιότητός σου, ὅτε ἦσθα γυμνὴ καὶ ἀσχημονοῦσα, πεφυρμένη ἐν τῷ αἵματί σου ἔζησας.

Καὶ ἐγένετο μετὰ πάσας τὰς κακίας σου, λέγει Κύριος, 23 καὶ ᾠκοδόμησας σεαυτῇ οἴκημα πορνικὸν, καὶ ἐποίησας σεαυτῇ 24 ἔκθεμα ἐν πάσῃ πλατείᾳ, καὶ ἐπ' ἀρχῆς πάσης ὁδοῦ ᾠκοδόμησας 25 τὰ πορνεῖά σου, καὶ ἐλυμήνω τὸ κάλλος σου· καὶ διήγαγες τὰ σκέλη σου παντὶ παρόδῳ, καὶ ἐπλήθυνας τὴν πορνείαν σου, καὶ 26 ἐξεπόρνευσας ἐπὶ τοὺς υἱοὺς Αἰγύπτου τοὺς ὁμοροῦντάς σοι τοὺς μεγαλοσάρκους, καὶ πολλαχῶς ἐξεπόρνευσας τοῦ παροργίσαι με.

Ἐὰν δὲ ἐκτείνω τὴν χεῖρά μου ἐπὶ σὲ, καὶ ἐξαρῶ τὰ νόμιμά 27 σου, καὶ παραδώσω εἰς ψυχὰς μισούντων σε, θυγατέρας ἀλλοφύλων τὰς ἐκκλινούσας σε ἐκ τῆς ὁδοῦ σου ἧς ἠσέβησας.

Καὶ ἐξεπόρνευσας ἐπὶ τὰς θυγατέρας Ἀσσοὺρ, καὶ οὐδ' οὕτως 28 ἐνεπλήσθης, καὶ ἐξεπόρνευσας καὶ οὐκ ἐνεπίπλω. Καὶ ἐπλή- 29 θυνας τὰς διαθήκας σου πρὸς γῆν Χαλδαίων, καὶ οὐδὲ ἐν τούτοις ἐνεπλήσθης.

Τί διαθῶ τὴν θυγατέρα σου, λέγει Κύριος, ἐν τῷ ποιῆσαί σε 30 πάντα ταῦτα ἔργα γυναικὸς πόρνης; καὶ ἐξεπόρνευσας τρισσῶς ἐν ταῖς θυγατράσι σου. Τὸ πορνεῖον ᾠκοδόμησας ἐν πάσῃ 31

β Lit. an earring.   γ Gr. the ornaments of thy boasting.   δ Or, as if thou hadst committed fornication but a little, thou didst also, etc.
ζ Alex. omits 'them.'   θ Perhaps ordinary food, as in A. V.

ἀρχῇ ὁδοῦ, καὶ τὴν βάσιν σου ἐποίησας ἐν πάσῃ πλατείᾳ· καὶ
32 ἐγένου ὡς πόρνη συνάγουσα μισθώματα. Ἡ γυνὴ ἡ μοιχωμένη
ὁμοία σοι, παρὰ τοῦ ἀνδρὸς αὐτῆς λαμβάνουσα μισθώματα,
33 πᾶσι τοῖς ἐκπορνεύσασιν αὐτὴν προσεδίδου μισθώματα· καὶ σὺ
δέδωκας μισθώματα πᾶσι τοῖς ἐρασταῖς σου, καὶ ἐφόρτιζες
αὐτοὺς τοῦ ἔρχεσθαι πρὸς σὲ κυκλόθεν ἐν τῇ πορνείᾳ σου.

34 Καὶ ἐγένετο ἐν σοὶ διεστραμμένον παρὰ τὰς γυναῖκας ἐν τῇ
πορνείᾳ σου, καὶ μετὰ σοῦ πεπορνεύκασιν, ἐν τῷ προσδιδόναι σε
μισθώματα, καὶ σοὶ μισθώματα οὐκ ἐδόθη, καὶ ἐγένετο ἐν σοὶ
διεστραμμένα.

35, 36 Διατοῦτο πόρνη ἄκουε λόγον Κυρίου. Τάδε λέγει Κύ-
ριος, ἀνθ᾽ ὧν ἐξέχεας τὸν χαλκόν σου, καὶ ἀποκαλυφθήσεται ἡ
αἰσχύνη σου ἐν τῇ πορνείᾳ σου πρὸς τοὺς ἐραστάς σου, καὶ εἰς
πάντα τὰ ἐνθυμήματα τῶν ἀνομιῶν σου, καὶ ἐν τοῖς αἵμασι τῶν
37 τέκνων σου ὧν ἔδωκας αὐτοῖς· Διατοῦτο ἰδοὺ ἐγὼ ἐπισυνάγω
πάντας τοὺς ἐραστάς σου ἐν οἷς ἐπεμίγης ἐν αὐτοῖς, καὶ πάντας
οὓς ἠγάπησας, σὺν πᾶσιν οἷς ἐμίσεις, καὶ συνάξω αὐτοὺς ἐπὶ
σὲ κυκλόθεν, καὶ ἀποκαλύψω τὰς κακίας σου πρὸς αὐτούς, καὶ
38 ὄψονται πᾶσαν τὴν αἰσχύνην σου, καὶ ἐκδικήσω σε ἐκδικήσει
39 μοιχαλίδος, καὶ θήσω σε ἐν αἵματι θυμοῦ καὶ ζήλου. Καὶ
παραδώσω σε εἰς χεῖρας αὐτῶν, καὶ κατασκάψουσι τὸ πορνεῖόν
σου, καὶ καθελοῦσι τὴν βάσιν σου, καὶ ἐκδύσουσί σε τὰ ἱμάτιά
σου, καὶ λήψονται τὰ σκεύη τῆς καυχήσεώς σου· καὶ ἀφήσουσί
40 σε γυμνὴν, καὶ ἀσχημονοῦσαν. Καὶ ἄξουσιν ἐπὶ σὲ ὄχλους,
καὶ λιθοβολήσουσί σε ἐν λίθοις, καὶ κατασφάξουσί σε ἐν
41 τοῖς ξίφεσιν αὐτῶν. Καὶ ἐμπρήσουσι τοὺς οἴκους σου πυρί,
καὶ ποιήσουσιν ἐν σοὶ ἐκδικήσεις ἐνώπιον γυναικῶν πολλῶν·
καὶ ἀποστρέψω σε ἐκ πορνείας, καὶ μισθώματα οὐ μὴ δώσω
οὐκέτι.

42 Καὶ ἐπαφήσω τὸν θυμόν μου ἐπὶ σέ, καὶ ἐξαρθήσεται ὁ
ζῆλός μου ἐκ σοῦ· καὶ ἀναπαύσομαι, καὶ οὐ μὴ μεριμνήσω
43 οὐκέτι. Ἀνθ᾽ ὧν οὐκ ἐμνήσθης τῆς νηπιότητός σου, καὶ ἐλύπεις
με ἐν πᾶσι τούτοις· καὶ ἰδοὺ ἐγὼ τὰς ὁδούς σου εἰς κεφαλήν
σου δέδωκα, λέγει Κύριος· καὶ οὕτως ἐποίησας τὴν ἀσέβειαν
ἐπὶ πάσαις ταῖς ἀνομίαις σου.

44 Ταῦτά ἐστι πάντα ὅσα εἶπαν κατὰ σοῦ ἐν παραβολῇ, λέγον-
45 τες, καθὼς ἡ μήτηρ, καὶ ἡ θυγάτηρ τῆς μητρός σου· σὺ εἶ ἡ
ἀπωσαμένη τὸν ἄνδρα αὐτῆς καὶ τὰ τέκνα αὐτῆς, καὶ ἀδελφαὶ
τῶν ἀδελφῶν σου αἱ ἀπωσάμεναι τοὺς ἄνδρας αὐτῶν καὶ τὰ
τέκνα αὐτῶν· ἡ μήτηρ ὑμῶν Χετταία, καὶ ὁ πατὴρ Ἀμόρραιος.
46 Ἡ ἀδελφὴ ὑμῶν ἡ πρεσβυτέρα Σαμάρεια, αὐτὴ καὶ αἱ θυγατέρες
αὐτῆς, ἡ κατοικοῦσα ἐξ εὐωνύμων σου· καὶ ἡ ἀδελφή σου
ἡ νεωτέρα σου, ἡ κατοικοῦσα ἐκ δεξιῶν σου, Σόδομα καὶ αἱ
47 θυγατέρες αὐτῆς. Καὶ οὐδ᾽ ὡς ἐν ταῖς ὁδοῖς αὐτῶν ἐπορεύθης,
οὐδὲ κατὰ τὰς ἀνομίας αὐτῶν ἐποίησας παρὰ μικρόν, καὶ ὑπέρ-
κεισαι αὐτὰς ἐν πάσαις ταῖς ὁδοῖς σου.

48 Ζῶ ἐγὼ, λέγει Κύριος, εἰ πεποίηκε Σόδομα αὕτη καὶ αἱ

---

a house of harlotry in every top of a way, and
hast set up thine high place in every street;
and thou didst become as a harlot gathering
hires. ³² An adulteress resembles thee,
taking rewards of her husband. ³³ She has
even given rewards to all that went
a-whoring after her, and thou hast given
rewards to all thy lovers, yea, thou didst load
them with rewards, that they should come
to thee from every side for thy fornication.
³⁴ And there has happened in thee per-
verseness in thy fornication beyond *other*
women, and they have committed fornication
with thee, in that thou givest hires over
and above, and hires were not given to thee;
and *thus* β perverseness happened in thee.
³⁵ Therefore, harlot, hear the word of the
Lord: ³⁶ Thus saith the Lord, Because thou
hast poured forth thy γ money, therefore
thy shame shall be discovered in thy har-
lotry with thy lovers, and *with* regard to all
the imaginations of thine iniquities, and for
the blood of thy children which thou hast
given to them. ³⁷ Therefore, behold, I *will*
gather all thy lovers with whom thou hast
consorted, and all whom thou hast loved,
with all whom thou didst hate; and I will
gather them against thee round about, and
will expose thy wickedness to them, and
they shall see all thy shame. ³⁸ And I will
be avenged on thee with the vengeance δ of
an adulteress, and I will ϛ bring upon thee
blood of fury and jealousy. ³⁹ And I will
deliver thee into their hands, and they shall
break down thy house of harlotry, and
destroy thine high place; and they shall
strip thee of thy garments, and shall take
θ thy proud ornaments, and leave thee
naked and bare. ⁴⁰ And they shall bring
multitudes upon thee, and they shall stone
thee with stones, and pierce thee with their
swords. ⁴¹ And they shall burn thine houses
with fire, and shall execute vengeance on
thee in the sight of many women: and I
will turn thee back from harlotry, and λ I
will no more give *thee* μ rewards.
⁴² So will I slacken my fury against thee,
and my jealousy shall be removed from thee,
and I will rest, and be no more careful *for
thee*. ⁴³ Because thou didst not remember
thine infancy, and thou didst grieve me in
all these things; therefore, behold, I have re-
compensed thy ways upon thine head, saith
the Lord: for thus hast thou wrought un-
godliness above all thine *other* iniquities.
⁴⁴ These are all the things they have
spoken against thee in a proverb, saying,
⁴⁵ As is the mother, so is thy mother's
daughter: thou art she that has rejected
her husband and her children; and the
sisters of thy sisters have rejected their
husbands and their children: your mother
was a Chettite, and *your* father an Amorite.
⁴⁶ Your elder sister who dwells on thy left
hand is Samaria, she and her daughters:
and thy younger sister, that dwells on thy
right hand, is Sodom and her daughters.
⁴⁷ Yet notwithstanding thou hast not walked
in their ways, neither hast thou done ac-
cording to their iniquities within a little, but
thou hast exceeded them in all thy ways.
⁴⁸ *As* I live, saith the Lord, this Sodom

β *Or*, was it contrary with thee.   γ *Gr.* brass.   δ *i. e.* due to.   ζ *lit.* lay thee in.   θ *Gr.* the vessels or articles of thy glory.
λ *Alex.* thou shalt no more give rewards.   μ *Or*, hires.

β and her daughters have not done as thou and thy daughters have done. ⁴⁹ Moreover this was the sin of thy sister Sodom, pride: she and her daughters γ lived in pleasure, in fulness of bread *and* in abundance: this belonged to her and her daughters, and they helped not the hand of the poor and needy. ⁵⁰ And they boasted, and wrought iniquities before me: so I cut them off as I saw *fit.*

⁵¹ Also Samaria has not sinned according to half of thy sins; but thou hast multiplied thine iniquities beyond them, and thou hast justified thy sisters in all thine iniquities which thou hast committed. ⁵² Thou therefore bear thy punishment, for that thou hast corrupted thy sisters by thy sins which thou hast committed beyond them; and thou hast made them *appear* more righteous than thyself: thou therefore be ashamed, and bear thy dishonour, in that thou hast justified thy sisters. ⁵³ And I will turn their captivity, *even* the captivity of Sodom and her daughters; and I will turn the captivity of Samaria and her daughters; and I will turn thy captivity in the midst of them: ⁵⁴ that thou mayest bear thy punishment, and be dishonoured δ for all that thou hast done in provoking me to anger.

⁵⁵ And thy sister Sodom and her daughters shall be restored as they were at the beginning, and thou and thy daughters shall be restored as ye were at the beginning.

⁵⁶ And surely thy sister Sodom was not mentioned by thy mouth in the days of thy pride: ⁵⁷ before thy wickedness was discovered, even now thou art the reproach of the daughters of Syria, and of all that are round about her, *even* of the daughters of the Philistines that compass thee round about. ⁵⁸ *As for* thine ungodliness and thine iniquities, thou hast borne them, saith the Lord.

⁵⁹ Thus saith the Lord; I will even do to thee as thou hast done, as thou hast dealt shamefully in these things to transgress my covenant. ⁶⁰ And I will remember my covenant *made* with thee in the days of thine infancy, and I will ζ establish to thee an everlasting covenant. ⁶¹ Then thou shalt remember thy way, and shalt be utterly dishonoured when thou receivest thine elder sisters with thy younger ones: and I will give them to thee for θ building up, but not by thy covenant. ⁶² And I will establish my covenant with thee; and thou shalt know that I am the Lord: ⁶³ that thou mayest remember, and be ashamed, and mayest no more be able to open thy mouth for thy shame, when I am reconciled to thee for all that thou hast done, saith the Lord.

And the word of the Lord came to me, saying, ²Son of man, relate a tale, and speak a parable to the house of Israel: ³and thou shalt say, Thus saith the Lord;

λ A great eagle with large wings, spreading them out very far, with many claws, which has the design of entering into Libanus—and he took the choice *branches* of the cedar: ⁴he cropped off the ends of the tender twigs, and brought them into the land of μ Chanaan; he laid them up in a walled city. ⁵ And he took of the seed of the land,

θυγατέρες αὐτῆς, ὃν τρόπον ἐποίησας σὺ καὶ αἱ θυγατέρες σου. Πλὴν τοῦτο τὸ ἀνόμημα Σοδόμων τῆς ἀδελφῆς σου, ὑπερηφανία, 49 ἐν πλησμονῇ ἄρτων καὶ ἐν εὐθηνίᾳ ἐσπατάλων αὕτη καὶ αἱ θυγατέρες αὐτῆς· τοῦτο ὑπῆρχεν αὐτῇ καὶ ταῖς θυγατράσιν αὐτῆς, καὶ χεῖρα πτωχοῦ καὶ πένητος οὐκ ἀντελαμβάνοντο. Καὶ ἐμεγαλαύχουν, καὶ ἐποίησαν ἀνομήματα ἐνώπιον ἐμοῦ· 50 καὶ ἐξῆρα αὐτὰς καθὼς ἴδον.

Καὶ Σαμάρεια κατὰ τὰς ἡμίσεις τῶν ἁμαρτιῶν σου οὐχ 51 ἥμαρτε· καὶ ἐπλήθυνας τὰς ἀνομίας σου ὑπὲρ αὐτὰς, καὶ ἐδικαίωσας τὰς ἀδελφάς σου ἐν πάσαις ταῖς ἀνομίαις σου αἷς ἐποίησας. Καὶ σὺ κόμισαι βάσανόν σου, ἐν ᾗ ἔφθειρας τὰς ἀδελφάς σου 52 ἐν ταῖς ἁμαρτίαις σου αἷς ἠνόμησας ὑπὲρ αὐτὰς, καὶ ἐδικαίωσας αὐτὰς ὑπὲρ σεαυτήν· καὶ σὺ αἰσχύνθητι, καὶ λάβε τὴν ἀτιμίαν σου ἐν τῷ δικαιῶσαί σε τὰς ἀδελφάς σου. Καὶ ἀποστρέψω 53 τὰς ἀποστροφὰς αὐτῶν, τὴν ἀποστροφὴν Σοδόμων καὶ τῶν θυγατέρων αὐτῆς· καὶ ἀποστρέψω τὴν ἀποστροφὴν Σαμαρείας καὶ τῶν θυγατέρων αὐτῆς· καὶ ἀποστρέψω τὴν ἀποστροφήν σου ἐν μέσῳ αὐτῶν· Ὅπως κομίσῃ τὴν βάσανόν σου, καὶ ἀτιμω- 54 θήσῃ ἐκ πάντων ὧν ἐποίησας ἐν τῷ παροργίσαι με.

Καὶ ἡ ἀδελφή σου Σόδομα καὶ αἱ θυγατέρες αὐτῆς ἀποκατα- 55 σταθήσονται καθὼς ἦσαν ἀπ᾽ ἀρχῆς· καὶ σὺ καὶ αἱ θυγατέρες σου ἀποκατασταθήσεσθε καθὼς ἀπ᾽ ἀρχῆς ἦτε.

Καὶ εἰ μὴ ἦν Σόδομα ἡ ἀδελφή σου εἰς ἀκοὴν ἐν τῷ στόματί 56 σου ἐν ταῖς ἡμέραις ὑπερηφανίας σου· πρὸ τοῦ ἀποκαλυφθῆναι 57 τὰς κακίας σου, ὃν τρόπον νῦν ὄνειδος εἶ θυγατέρων Συρίας, καὶ πάντων τῶν κύκλῳ αὐτῆς θυγατέρων ἀλλοφύλων τῶν περιεχουσῶν σε κύκλῳ. Τὰς ἀσεβείας σου καὶ τὰς ἀνομίας σου σὺ 58 κεκόμισαι αὐτὰς, λέγει Κύριος.

Τάδε λέγει Κύριος, καὶ ποιήσω ἐν σοὶ καθὼς ἐποίησας, ὡς 59 ἠτίμωσας ταῦτα τοῦ παραβῆναι τὴν διαθήκην μου. Καὶ μνησθή- 60 σομαι ἐγὼ τῆς διαθήκης μου τῆς μετὰ σοῦ ἐν ἡμέραις νηπιότητός σου, καὶ ἀναστήσω σοι διαθήκην αἰώνιον. Καὶ μνησθήσῃ τὴν 61 ὁδόν σου, καὶ ἐξατιμωθήσῃ ἐν τῷ ἀναλαβεῖν σε τὰς ἀδελφάς σου τὰς πρεσβυτέρας σου σὺν ταῖς νεωτέραις σου, καὶ δώσω αὐτάς σοι εἰς οἰκοδομήν, καὶ οὐκ ἐκ διαθήκης σου. Καὶ 62 ἀναστήσω ἐγὼ τὴν διαθήκην μου μετὰ σοῦ, καὶ ἐπιγνώσῃ ὅτι ἐγὼ Κύριος· Ὅπως μνησθῇς καὶ αἰσχυνθῇς, καὶ μὴ ᾖ σοι 63 ἔτι ἀνοῖξαι τὸ στόμα σου ἀπὸ προσώπου τῆς ἀτιμίας σου, ἐν τῷ ἐξιλάσκεσθαί με σοὶ κατὰ πάντα ὅσα ἐποίησας, λέγει Κύριος.

Καὶ ἐγένετο λόγος Κυρίου πρὸς μὲ, λέγων, υἱὲ ἀνθρώπου, 17 διήγησαι διήγημα καὶ εἰπὸν παραβολὴν πρὸς τὸν οἶκον τοῦ 2 Ἰσραὴλ, καὶ ἐρεῖς, τάδε λέγει Κύριος, 3

Ἀετὸς ὁ μέγας ὁ μεγαλοπτέρυγος, ὁ μακρὸς τῇ ἐκτάσει, πλήρης ὀνύχων, ὃς ἔχει τὸ ἥγημα εἰσελθεῖν εἰς τὸν Λίβανον, καὶ ἔλαβε τὰ ἐπίλεκτα τῆς κέδρου, τὰ ἄκρα τῆς ἁπαλότητος 4 ἀπέκνισε, καὶ ἤνεγκεν αὐτὰ εἰς γῆν Χαναὰν, εἰς πόλιν τετειχισμένην ἔθετο αὐτά. Καὶ ἔλαβεν ἀπὸ τοῦ σπέρματος τῆς γῆς, 5

β *Alex.* + thy sister.　　γ See 1 Tim. 5. 6.　　δ *Gr.* out of.　　ζ *Lit.* raise up.　　θ See *Heb.*　　λ *Gr.* the great eagle.
μ *Alex.* of the Chaldeans.

καὶ ἔδωκεν αὐτὸ εἰς τὸ πεδίον φυτὸν ἐφ' ὕδατι πολλῷ, ἐπιβλε-
6 πόμενον ἔταξεν αὐτό. Καὶ ἀνέτειλε, καὶ ἐγένετο εἰς ἄμπελον
ἀσθενοῦσαν καὶ μικρὰν, τοῦ ἐπιφαίνεσθαι αὐτὴν τὰ κλήματα
αὐτῆς ἐπ' αὐτό· καὶ ῥίζαι αὐτῆς ὑποκάτω αὐτῆς ἦσαν· καὶ
ἐγένετο εἰς ἄμπελον, καὶ ἐποίησεν ἀπώρυγας, καὶ ἐξέτεινε τὴν
ἀναδενδράδα αὐτῆς.

7 Καὶ ἐγένετο ἀετὸς ἕτερος μέγας, μεγαλοπτέρυγος πολὺς ὄνυξι·
καὶ ἰδοὺ ἡ ἄμπελος αὕτη περιπεπλεγμένη πρὸς αὐτὸν, καὶ ῥίζαι
αὐτῆς πρὸς αὐτὸν, καὶ τὰ κλήματα αὐτῆς ἐξαπέστειλεν αὐτῷ,
8 τοῦ ποτίσαι αὐτὴν σὺν τῷ βόλῳ τῆς φυτείας αὐτῆς. Εἰς
πεδίον καλὸν ἐφ' ὕδατι πολλῷ αὕτη πιαίνεται, τοῦ ποιεῖν
βλαστοὺς, καὶ φέρειν καρπὸν, τοῦ εἶναι εἰς ἄμπελον μεγάλην.

9 Διατοῦτο εἰπὸν, τάδε λέγει Κύριος, εἰ κατευθυνεῖ; οὐχὶ αἱ
ῥίζαι τῆς ἁπαλότητος αὐτῆς καὶ ὁ καρπὸς σαπήσεται; καὶ
ξηρανθήσεται πάντα τὰ προανατέλλοντα αὐτῆς, καὶ οὐκ ἐν
βραχίονι μεγάλῳ, οὐδὲ ἐν λαῷ πολλῷ, τοῦ ἐκσπᾶσαι αὐτὴν
10 ἐκ ῥιζῶν αὐτῆς. Καὶ ἰδοὺ πιαίνεται· μὴ κατευθυνεῖ; οὐχὶ ἅμα
τῷ ἅψεσθαι αὐτῆς ἄνεμον τὸν καύσωνα ξηρανθήσεται; σὺν τῷ
βόλῳ ἀνατολῆς αὐτῆς ξηρανθήσεται.

11, 12 Καὶ ἐγένετο λόγος Κυρίου πρὸς μὲ, λέγων, υἱὲ ἀνθρώπου,
εἰπὸν δὴ πρὸς τὸν οἶκον τὸν παραπικραίνοντα, οὐκ ἐπίστασθε τί
ἦν ταῦτα; εἰπὸν, ὅταν ἔλθῃ βασιλεὺς Βαβυλῶνος ἐπὶ Ἱερου-
σαλήμ, καὶ λήψεται τὸν βασιλέα αὐτῆς καὶ τοὺς ἄρχοντας
13 αὐτῆς, καὶ ἄξῃ αὐτοὺς πρὸς ἑαυτὸν εἰς Βαβυλῶνα. Καὶ λήψεται
ἐκ τοῦ σπέρματος τῆς βασιλείας, καὶ διαθήσεται πρὸς αὐτὸν
διαθήκην, καὶ εἰσάξει αὐτὸν ἐν ἀρᾷ καὶ τοὺς ἡγεμόνας τῆς γῆς
14 λήψεται, τοῦ γενέσθαι εἰς βασιλείαν ἀσθενῆ, τὸ καθόλου μὴ
ἐπαίρεσθαι, τοῦ φυλάσσειν τὴν διαθήκην αὐτοῦ, καὶ ἱστάνειν
15 αὐτήν. Καὶ ἀποστήσεται ἀπ' αὐτοῦ, τοῦ ἐξαποστέλλειν ἀγγέ-
λους ἑαυτοῦ εἰς Αἴγυπτον, τοῦ δοῦναι αὐτῷ ἵππους καὶ λαὸν
πολύν· εἰ κατευθυνεῖ, εἰ διασωθήσεται ὁ ποιῶν ἐναντία; καὶ
παραβαίνων διαθήκην εἰ διασωθήσεται;

16 Ζῶ ἐγὼ, λέγει Κύριος, ἐὰν μὴ ἐν τόπῳ ὁ βασιλεὺς ὁ βασι-
λεύσας αὐτὸν, ὃς ἠτίμωσε τὴν ἀράν μου, καὶ ὃς παρέβη τὴν
διαθήκην μου, μετ' αὐτοῦ ἐν μέσῳ Βαβυλῶνος τελευτήσει,
17 καὶ οὐκ ἐν δυνάμει μεγάλῃ οὐδὲ ἐν ὄχλῳ πολλῷ ποιήσει πρὸς
αὐτὸν Φαραὼ πόλεμον, ἐν χαρακοβολίᾳ καὶ ἐν οἰκοδομῇ βελο-
18 στάσεων, τοῦ ἐξᾶραι ψυχάς. Καὶ ἠτίμωσεν ὁρκωμοσίαν τοῦ
παραβῆναι διαθήκην· καὶ ἰδοὺ δέδωκα τὴν χεῖρα αὐτοῦ, καὶ
πάντα ταῦτα ἐποίησεν αὐτῷ, μὴ σωθήσεται.

19 Διατοῦτο εἰπὸν, τάδε λέγει Κύριος, ζῶ ἐγὼ, ἐὰν μὴ τὴν
ὁρκωμοσίαν μου ἣν ἠτίμωσε, καὶ τὴν διαθήκην μου ἣν παρέβη,
20 καὶ δώσω αὐτὴν εἰς κεφαλὴν αὐτοῦ. Καὶ ἐκπετάσω ἐπ' αὐτὸν
21 τὸ δίκτυον, καὶ ἁλώσεται ἐν τῇ περιοχῇ αὐτοῦ. Ἐν πάσῃ
παρατάξει αὐτοῦ ἐν ῥομφαίᾳ πεσοῦνται· καὶ τοὺς καταλοίπους
εἰς πάντα ἄνεμον διασπερῶ, καὶ ἐπιγνώσεσθε διότι ἐγὼ Κύριος
λελάληκα.

22 Διότι τάδε λέγει Κύριος, καὶ λήψομαι ἐγὼ ἐκ τῶν ἐκλεκτῶν

and sowed it in a field planted by much
water; he set it in a conspicuous place.
[6] And it sprang up, and became a [β] weak
and little vine, so that the branches thereof
appeared *upon* it, and its roots were under
it: and it became a vine, and put forth
shoots, and sent forth its tendrils.

[7] And there was another great eagle, with
great wings and many claws: and, behold,
this vine bent itself round toward him, and
her roots *were turned* towards him, and she
sent forth her branches towards him, that
he might water her together with the growth
of her plantation. [8] She thrives in a fair
field by much water, to produce shoots and
bear fruit, that she might become a great
vine.

[9] Therefore say, Thus saith the Lord;
Shall it prosper? shall not the roots of her
tender stem and her fruit be blighted? yea,
all her early shoots shall be dried up, and
that not by a mighty arm, nor by many
people, to tear her up from her roots. [10] And,
behold, it thrives: shall it prosper? shall it
not wither as soon as the east wind touches
it? it shall be withered together with the
growth of its shoots.

[11] Moreover the word of the Lord came
to me, saying, [12] Son of man, say now to the
provoking house, Know ye not what these
things were? say *to them*, Whenever the
king of Babylon shall come against Jerusa-
lem, then he shall take her king and her
princes, and shall take them [γ] home to Baby-
lon. [13] And he shall take of the seed royal,
and shall make a covenant with him, and
shall bind him with an oath: and he shall
take the princes of the land: [14] that it may
become a weak kingdom, so as never to lift
itself up, that he may keep his covenant,
and establish it. [15] And *if* he shall revolt
from him, to send his messengers into
Egypt, that *they* may give him horses and
much people; shall he prosper? shall he
that [δ] acts as an adversary be preserved?
and shall he that transgresses the covenant
be preserved?

[16] As I live, saith the Lord, verily in *the
same* place [ζ] where the king is that made
him king, who dishonoured my oath, and
who broke my covenant, shall he die with
him in the midst of Babylon. [17] And
Pharao shall make war upon him not with
a large force or great multitude, in throwing
up a mound, and in building of [θ] forts, to
cut off souls. [18] Whereas he has [λ] profaned
the oath so as to break the covenant, when,
behold, I engaged his hand, and he has done
all these things to him, he shall not escape.

[19] Therefore say, Thus saith the Lord;
As I live, surely mine oath which he has
profaned, and my covenant which he has
transgressed, I will even recompense it upon
his head. [20] And I will spread a net upon
him, and he shall be caught in its snare.
[21] [μ] In every battle of his they shall fall by
the sword, and I will scatter *his* remnant to
every wind: and ye shall know that I the
Lord have spoken it.

[22] For thus saith the Lord; I will even

---

take of the choice *branches* of the cedar from the top *thereof*, I will crop off their hearts, and I will plant it on a high mountain: [23] and I will hang it on a lofty mountain of Israel: yea, I will plant it, and it shall put forth shoots, and shall bear fruit, and it shall be a great cedar: and every bird shall rest beneath it, even every fowl shall rest under its shadow: its branches shall be restored. [24] And all the trees of the field shall know that I am the Lord that bring low the high tree, and exalt the low tree, and wither the green tree, and cause the dry tree to flourish : I the Lord have spoken, and will do *it*.

And the word of the Lord came to me, saying, [2] Son of man, what mean ye by this parable among the children of Israel, saying, The fathers have eaten unripe grapes, and the children's teeth have been set on edge?

[3] *As* I live, saith the Lord, surely this parable shall no more be spoken in Israel. [4] For all souls are mine ; as the soul of the father, so also the soul of the son, they are mine : the soul that sins, it shall die.

[5] But the man who shall be just, who executes judgment and righteousness, [6] who shall not eat upon the mountains, and shall not at all lift up his eyes to the devices of the house of Israel, and shall not defile his neighbour's wife, and shall not draw nigh to her that is removed, [7] and shall not oppress any man, *but* shall return the pledge of the debtor, and shall be guilty of no plunder, shall give his bread to the hungry, and clothe the naked ; [8] and shall not lend his money upon usury, and shall not receive usurious increase, and shall turn back his hand from injustice, shall execute righteous judgment between a man and his neighbour, [9] and has walked in my commandments and kept mine ordinances, to do them ; he is righteous, he shall surely live, saith the Lord.

[10] And if he beget a mischievous son, shedding blood and committing sins, [11] who has not walked in the way of his righteous father, but has even eaten upon the mountains, and has defiled his neighbour's wife, [12] and has oppressed the poor and needy, and has committed robbery, and not restored a pledge, and has set his eyes upon idols, has wrought iniquities, [13] has lent upon usury, and taken usurious increase ; he shall by no means live : he has wrought all these iniquities ; he shall surely die ; his blood shall be upon him.

[14] And if he beget a son, and *the son* see all his father's sins which he has wrought, and fear, and not do according to them, [15] and *if he* has not eaten on the mountains, and has not set his eyes on the devices of the house of Israel, and has not defiled his neighbour's wife, [16] and has not oppressed a man, and has not retained the pledge, nor committed robbery, has given his bread to the hungry, and has clothed the naked, [17] and has turned back his hand from unrighteousness, has not received interest or usurious increase, has wrought righteousness, and walked in mine ordinances ; he shall not die for the iniquities of his father, he shall surely live. [18] But if his father

τῆς κέδρου ἐκ κορυφῆς, καρδίας αὐτῶν ἀποκνιῶ, καὶ καταφυτεύσω ἐγὼ ἐπ᾽ ὄρος ὑψηλὸν, καὶ κρεμάσω αὐτὸν ἐν ὄρει μετεώρῳ 23 Ἰσραὴλ· καὶ καταφυτεύσω, καὶ ἐξοίσει βλαστὸν, καὶ ποιήσει καρπὸν, καὶ ἔσται εἰς κέδρον μεγάλην· καὶ ἀναπαύσεται ὑποκάτω αὐτοῦ πᾶν ὄρνεον, καὶ πᾶν πετεινὸν ὑπὸ τὴν σκιὰν αὐτοῦ ἀναπαύσεται· τὰ κλήματα αὐτοῦ ἀποκατασταθήσεται. Καὶ γνώσονται πάντα τὰ ξύλα τοῦ πεδίου, διότι ἐγὼ Κύριος 24 ὁ ταπεινῶν ξύλον ὑψηλὸν, καὶ ὑψῶν ξύλον ταπεινὸν, καὶ ξηραίνων ξύλον χλωρὸν, καὶ ἀναθάλλων ξύλον ξηρόν· ἐγὼ Κύριος λελάληκα, καὶ ποιήσω.

Καὶ ἐγένετο λόγος Κυρίου πρὸς μὲ, λέγων, υἱὲ ἀνθρώπου, 18 τί ὑμῖν ἡ παραβολὴ αὕτη ἐν τοῖς υἱοῖς Ἰσραὴλ, λέγοντες, οἱ 2 πατέρες ἔφαγον ὄμφακα, καὶ οἱ ὀδόντες τῶν τέκνων ἐγομφίασαν ;

Ζῶ ἐγὼ, λέγει Κύριος, ἐὰν γένηται ἔτι λεγομένη ἡ παραβολὴ 3 αὕτη ἐν τῷ Ἰσραήλ. Ὅτι πᾶσαι αἱ ψυχαὶ ἐμαί εἰσιν, ὃν τρό- 4 πον ἡ ψυχὴ τοῦ πατρὸς, οὕτως καὶ ἡ ψυχὴ τοῦ υἱοῦ, ἐμαί εἰσιν· ἡ ψυχὴ ἡ ἁμαρτάνουσα, αὕτη ἀποθανεῖται.

Ὁ δὲ ἄνθρωπος ὃς ἔσται δίκαιος, ὁ ποιῶν κρίμα καὶ δικαιο- 5 σύνην, ἐπὶ τῶν ὀρέων οὐ φάγεται, καὶ τοὺς ὀφθαλμοὺς αὐτοῦ 6 οὐ μὴ ἐπάρῃ πρὸς τὰ ἐνθυμήματα οἴκου Ἰσραὴλ, καὶ τὴν γυναῖκα τοῦ πλησίον αὐτοῦ οὐ μὴ μιάνῃ, καὶ πρὸς γυναῖκα ἐν ἀφέδρῳ οὖσαν οὐ προσεγγιεῖ, καὶ ἄνθρωπον οὐ μὴ καταδυναστεύσῃ, 7 ἐνεχυρασμὸν ὀφείλοντος ἀποδώσει, καὶ ἅρπαγμα οὐχ ἁρπᾶται, τὸν ἄρτον αὐτοῦ τῷ πεινῶντι δώσει, καὶ γυμνὸν περιβαλεῖ, καὶ 8 τὸ ἀργύριον αὐτοῦ ἐπὶ τόκῳ οὐ δώσει, καὶ πλεονασμὸν οὐ λήψεται, καὶ ἐξ ἀδικίας ἀποστρέψει τὴν χεῖρα αὐτοῦ, κρίμα δίκαιον ποιήσει ἀναμέσον ἀνδρὸς καὶ ἀναμέσον τοῦ πλησίον αὐτοῦ, καὶ τοῖς προστάγμασί μου πεπόρευται, καὶ τὰ δικαιώ- 9 ματά μου πεφύλακται, τοῦ ποιῆσαι αὐτά· δίκαιος οὗτός ἐστι, ζωῇ ζήσεται, λέγει Κύριος.

Καὶ ἐὰν γεννήσῃ υἱὸν λοιμὸν, ἐκχέοντα αἷμα καὶ ποιοῦντα 10 ἁμαρτήματα, ἐν τῇ ὁδῷ τοῦ πατρὸς αὐτοῦ τοῦ δικαίου οὐκ 11 ἐπορεύθη, ἀλλὰ καὶ ἐπὶ τῶν ὀρέων ἔφαγε, καὶ τὴν γυναῖκα τοῦ πλησίον αὐτοῦ ἐμίανε, καὶ πτωχὸν καὶ πένητα κατεδυνάστευσε, 12 καὶ ἅρπαγμα ἥρπασε, καὶ ἐνεχυρασμὸν οὐκ ἀπέδωκε, καὶ εἰς τὰ εἴδωλα ἔθετο τοὺς ὀφθαλμοὺς αὐτοῦ, ἀνομίαν πεποίηκε, μετὰ 13 τόκου ἔδωκε, καὶ πλεονασμὸν ἔλαβεν· οὗτος ζωῇ οὐ ζήσεται, πάσας τὰς ἀνομίας ταύτας ἐποίησε, θανάτῳ θανατωθήσεται· τὸ αἷμα αὐτοῦ ἐπ᾽ αὐτὸν ἔσται.

Ἐὰν δὲ γεννήσῃ υἱὸν, καὶ ἴδῃ πάσας τὰς ἁμαρτίας τοῦ 14 πατρὸς αὐτοῦ ἃς ἐποίησε, καὶ φοβηθῇ, καὶ μὴ ποιήσῃ κατ᾽ αὐτὰς, ἐπὶ τῶν ὀρέων οὐ βέβρωκε, καὶ τοὺς ὀφθαλμοὺς αὐτοῦ 15 οὐκ ἔθετο εἰς τὰ ἐνθυμήματα οἴκου Ἰσραὴλ, καὶ τὴν γυναῖκα τοῦ πλησίον αὐτοῦ οὐκ ἐμίανε, καὶ ἄνθρωπον οὐ κατεδυνάστευσε, 16 καὶ ἐνεχυρασμὸν οὐκ ἐνεχύρασε, καὶ ἅρπαγμα οὐχ ἥρπασε, τὸν ἄρτον αὐτοῦ τῷ πεινῶντι ἔδωκε, καὶ γυμνὸν περιέβαλε, καὶ ἀπὸ 17 ἀδικίας ἀπέστρεψε τὴν χεῖρα αὐτοῦ, τόκον οὐδὲ πλεονασμὸν οὐκ ἔλαβε, δικαιοσύνην ἐποίησε, καὶ ἐν τοῖς προστάγμασί μου ἐπορεύθη, οὐ τελευτήσει ἐν ἀδικίαις πατρὸς αὐτοῦ, ζωῇ ζήσεται. Ὁ δὲ πατὴρ αὐτοῦ ἐὰν θλίψει θλίψῃ καὶ ἁρπάσῃ ἅρπαγμα, 18

ἐναντία ἐποίησεν ἐν μέσῳ τοῦ λαοῦ μου, καὶ ἀποθανεῖται ἐν τῇ ἀδικίᾳ αὐτοῦ.

19 Καὶ ἐρεῖτε, τί ὅτι οὐκ ἔλαβε τὴν ἀδικίαν ὁ υἱὸς τοῦ πατρός; ὅτι ὁ υἱὸς δικαιοσύνην καὶ ἔλεος πεποίηκε, πάντα τὰ νόμιμά

20 μου συνετήρησε, καὶ ἐποίησεν αὐτά, ζωῇ ζήσεται. Ἡ δὲ ψυχὴ ἡ ἁμαρτάνουσα, ἀποθανεῖται· ὁ δὲ υἱὸς οὐ λήψεται τὴν ἀδικίαν τοῦ πατρός, οὐδὲ ὁ πατὴρ λήψεται τὴν ἀδικίαν τοῦ υἱοῦ· δικαιοσύνη δικαίῳ ἐπ᾽ αὐτὸν ἔσται, καὶ ἀνομία ἀνόμῳ ἐπ᾽ αὐτὸν ἔσται.

21 Καὶ ὁ ἄνομος ἐὰν ἀποστρέψῃ ἐκ πασῶν τῶν ἀνομιῶν αὐτοῦ ὧν ἐποίησε, καὶ φυλάξηται πάσας τὰς ἐντολάς μου, καὶ ποιήσῃ

22 δικαιοσύνην καὶ ἔλεος, ζωῇ ζήσεται, καὶ οὐ μὴ ἀποθάνῃ. Πάντα τὰ παραπτώματα αὐτοῦ ὅσα ἐποίησεν, οὐ μνησθήσονται· ἐν τῇ

23 δικαιοσύνῃ αὐτοῦ ᾗ ἐποίησε, ζήσεται. Μὴ θελήσει θελήσω τὸν θάνατον τοῦ ἀνόμου, λέγει Κύριος, ὡς τὸ ἀποστρέψαι αὐτὸν ἐκ τῆς ὁδοῦ τῆς πονηρᾶς, καὶ ζῆν αὐτόν;

24 Ἐν δὲ τῷ ἀποστρέψαι δίκαιον ἐκ τῆς δικαιοσύνης αὐτοῦ, καὶ ποιῆσαι ἀδικίαν κατὰ πάσας τὰς ἀνομίας ἃς ἐποίησεν ὁ ἄνομος, πᾶσαι αἱ δικαιοσύναι αὐτοῦ ἃς ἐποίησεν, οὐ μὴ μνησθῶσιν· ἐν τῷ παραπτώματι αὐτοῦ ᾧ παρέπεσε, καὶ ἐν ταῖς ἁμαρτίαις αὐτοῦ αἷς ἥμαρτεν, ἐν αὐταῖς ἀποθανεῖται.

25 Καὶ εἴπατε, οὐ κατευθύνει ἡ ὁδὸς Κυρίου· ἀκούσατε δὴ πᾶς ὁ οἶκος Ἰσραήλ· μὴ ἡ ὁδός μου οὐ κατευθυνεῖ; οὐχὶ ἡ ὁδὸς

26 ὑμῶν κατευθύνει; Ἐν τῷ ἀποστρέψαι τὸν δίκαιον ἐκ τῆς δικαιοσύνης αὐτοῦ, καὶ ποιήσει παράπτωμα, καὶ ἀποθάνῃ ἐν τῷ

27 παραπτώματι ᾧ ἐποίησεν, ἐν αὐτῷ ἀποθανεῖται. Καὶ ἐν τῷ ἀποστρέψαι ἄνομον ἀπὸ τῆς ἀνομίας αὐτοῦ ἧς ἐποίησε, καὶ ποιήσει κρίμα καὶ δικαιοσύνην, οὗτος τὴν ψυχὴν αὐτοῦ ἐφύλαξε,

28 καὶ ἀπέστρεψεν ἐκ πασῶν ἀσεβειῶν αὐτοῦ ὧν ἐποίησε, ζωῇ ζήσεται, οὐ μὴ ἀποθάνῃ.

29 Καὶ λέγουσιν ὁ οἶκος τοῦ Ἰσραήλ, οὐ κατορθοῖ ἡ ὁδὸς Κυρίου· μὴ ἡ ὁδός μου οὐ κατορθοῖ, οἶκος Ἰσραήλ; οὐχὶ ἡ

30 ὁδὸς ὑμῶν οὐ κατορθοῖ; Ἕκαστον κατὰ τὴν ὁδὸν αὐτοῦ κρινῶ ὑμᾶς οἶκος Ἰσραήλ, λέγει Κύριος· ἐπιστράφητε καὶ ἀποστρέψατε ἐκ πασῶν τῶν ἀσεβειῶν ὑμῶν, καὶ οὐκ ἔσονται ὑμῖν εἰς

31 κόλασιν ἀδικίας. Ἀπορρίψατε ἀφ᾽ ἑαυτῶν πάσας τὰς ἀσεβείας ὑμῶν ἃς ἠσεβήσατε εἰς ἐμέ, καὶ ποιήσατε ἑαυτοῖς καρδίαν καινὴν καὶ πνεῦμα καινόν· καὶ ἱνατί ἀποθνήσκετε, οἶκος

32 Ἰσραήλ; Διότι οὐ θέλω τὸν θάνατον τοῦ ἀποθνήσκοντος, λέγει Κύριος.

19 Καὶ σὺ λάβε θρῆνον ἐπὶ τὸν ἄρχοντα τοῦ Ἰσραήλ, καὶ ἐρεῖς,

2 τί ἡ μήτηρ σου σκύμνος ἐν μέσῳ λεόντων ἐγενήθη; ἐν μέσῳ

3 λεόντων ἐπλήθυνε σκύμνους αὐτῆς. Καὶ ἀπεπήδησεν εἰς τῶν σκύμνων αὐτῆς, λέων ἐγένετο, καὶ ἔμαθε τοῦ ἁρπάζειν ἁρπάγ-

4 ματα, ἀνθρώπους ἔφαγε. Καὶ ἤκουσαν κατ᾽ αὐτοῦ ἔθνη, ἐν τῇ διαφθορᾷ αὐτῶν συνελήφθη, καὶ ἤγαγον αὐτὸν ἐν κημῷ εἰς γῆν Αἰγύπτου.

5 Καὶ εἶδεν ὅτι ἀπῶσται ἀπ᾽ αὐτῆς, ἀπώλετο ἡ ὑπόστασις

---

grievously afflict, or plunder, he has wrought β enmity in the midst of my people, and shall die in his iniquity.

[19] But ye will say, Why has not the son borne the iniquity of the father? Because the son has wrought judgment and mercy, has kept all my statutes, and done them, he shall surely live. [20] But the soul that sins shall die: and the son shall not bear the iniquity of the father, nor shall the father bear the iniquity of the son: the righteousness of the righteous shall be upon him, and the iniquity of the transgressor shall be upon him.

[21] And if the transgressor turn away from all his iniquities which he has committed, and keep all my commandments, and do justice and mercy, he shall surely live, and shall by no means die. [22] None of his trespasses which he has committed shall be remembered: in his righteousness which he has done he shall live. [23] Shall I at all desire the death of the sinner, saith the Lord, as I *desire* that he should turn from *his* evil way, and live?

[24] But when the righteous man turns away from his righteousness, and commits iniquity, according to all the transgressions which the transgressor has wrought, none of his righteousness which he has wrought shall be at all remembered: in his trespass wherein he has trespassed, and in his sins wherein he has sinned, in them shall he die.

[25] Yet ye have said, The way of the Lord is not straight. Hear now, all the house of Israel; will not my way be straight? γ Is your way straight? [26] When the righteous turns away from his righteousness and commits a trespass, and dies in the trespass which he has committed, he shall *even* die in it. [27] And when the wicked man turns away from his wickedness that he has committed, and shall do judgment and justice, he has kept his soul, [28] and has turned away from all his ungodliness which he has committed: he shall surely live, he shall not die.

[29] Yet the house of Israel say, The way of the Lord is not right. Is not my way right, O house of Israel? is not your way wrong? [30] δ I will judge you, O house of Israel, saith the Lord, each one according to his way: be converted, and turn from all your ungodliness, and it shall not become to you the punishment of iniquity. [31] Cast away from yourselves all your ungodliness wherein ye have sinned against me; and make to yourselves a new heart and a new spirit: for why ζ should ye die, O house of Israel? [32] For I desire not the death of him that dies, saith the Lord.θ

Moreover do thou take up a lamentation for the prince of Israel, [2] and say, Why is thy mother become a whelp in the midst of lions? in the midst of lions she has multiplied her whelps. [3] And one of her whelps sprang forth; he became a lion, and learned to take prey, he devoured men. [4] And the nations heard a report λ of him; he was caught in their μ pit, and they brought him into the land of Egypt in chains.

[5] And she saw that he was driven away from her, *and* her ξ hope *of him* perished,

---

β Or, transgression.   γ Gr. is not, etc.   Alex. Will not your way be not straight?   δ Alex. +' therefore.'
ζ Gr. do ye die.   θ Alex. + ' therefore turn and live.'   λ Lit. against.   μ Lit. destruction.   ξ See Heb. 11. 1.

and she took another of her whelps; she made him a lion. ⁶ And he went up and down in the midst of lions, he became a lion, and learned to take prey, he devoured men. ⁷ And he prowled in his boldness and laid waste their cities, and made the land desolate, and the fulness of it, by the voice of his roaring.

⁸ Then the nations set upon him from the countries round about, and they spread their nets upon him: he was taken in their pit. ⁹ And they put him in chains and in a cage, *and* he came to the king of Babylon; and he cast him into prison, that his voice should not be heard on the mountains of Israel.

¹⁰ Thy mother was as a vine and as a blossom on a pomegranate tree, planted by water: her fruit and her shoots abounded by reason of much water. ¹¹ And she became ᵝ a rod for a tribe of princes, and was elevated in her bulk in the midst of *other* trees, and she saw her bulk in the multitude of her branches.

¹² But she was broken down in wrath, she was cast upon the ground, and the east wind dried up her choice *branches:* ᵞ vengeance came upon them, and the rod of her strength was withered; fire consumed it. ¹³ And now they have planted her in the wilderness, in a dry land. ¹⁴ And fire is gone out of a rod of her choice *boughs*, and has devoured her; and there was no rod of strength in her. Her ᵟ race is become a parable of lamentation, and it shall be for a lamentation.

And it came to pass in the seventh year, on the ᶻ fifteenth day of the month, there came men of the elders of the house of Israel to enquire of the Lord, and they sat before me. ² And the word of the Lord came to me, saying, ³ Son of man, speak to the elders of the house of Israel, and thou shalt say to them, Thus saith the Lord; Are ye come to enquire of me? *As* I live, I will not be enquired of by you, saith the Lord. ⁴ Shall I utterly take vengeance on them, son of man? testify to them of the iniquities of their fathers: ⁵ and thou shalt say to them, Thus saith the Lord;

From the day that I chose the house of Israel, and became known to the seed of the house of Jacob, and was known to them in the land of Egypt, and helped them with my hand, saying, I am the Lord your God; ⁶ in that day I helped them with my hand, to bring them out of the land of Egypt into the land which I ᶿ prepared for them, a land flowing with milk and honey, it is ᶦ abundant beyond every land. ⁷ And I said to them, Let every one cast away the abominations of his eyes, and defile not yourselves with the devices of Egypt: I am the Lord your God.

⁸ But they revolted from me, and would not hearken to me: they cast not away the abominations of their eyes, and forsook not the devices of Egypt: then I said that I would pour out my wrath upon them, to accomplish my wrath upon them in the midst of Egypt. ⁹ But I wrought *so* that my name should not be at all profaned in the sight of the Gentiles, in the midst of

αὐτῆς· καὶ ἔλαβεν ἄλλον ἐκ τῶν σκύμνων αὐτῆς· λέοντα ἔταξεν αὐτόν. Καὶ ἀνεστρέφετο ἐν μέσῳ λεόντων, λέων ἐγένετο, καὶ 6 ἔμαθεν ἁρπάζειν ἁρπάγματα, ἀνθρώπους ἔφαγε, καὶ ἐνέμετο τῷ 7 θράσει αὐτοῦ, καὶ τὰς πόλεις αὐτῶν ἐξηρήμωσε, καὶ ἠφάνισε γῆν, καὶ τὸ πλήρωμα αὐτῆς ἀπὸ φωνῆς ὠρυώματος αὐτοῦ.

Καὶ ἔδωκαν ἐπ᾽ αὐτὸν ἔθνη ἐκ χωρῶν κυκλόθεν, καὶ ἐξεπέ- 8 τασαν ἐπ᾽ αὐτὸν δίκτυα αὐτῶν, ἐν διαφθορᾷ αὐτῶν συνελήφθη. Καὶ ἔθεντο αὐτὸν ἐν κημῷ καὶ ἐν γαλεάγρᾳ, ἦλθε πρὸς βασιλέα 9 Βαβυλῶνος, καὶ εἰσήγαγεν αὐτὸν εἰς φυλακήν, ὅπως μὴ ἀκουσθῇ ἡ φωνὴ αὐτοῦ ἐπὶ τὰ ὄρη τοῦ Ἰσραήλ.

Ἡ μήτηρ σου ὡς ἄμπελος καὶ ὡς ἄνθος ἐν ῥοᾷ, ἐν ὕδατι 10 πεφυτευμένη, ὁ καρπὸς αὐτῆς καὶ ὁ βλαστὸς αὐτῆς ἐγένετο ἐξ ὕδατος πολλοῦ. Καὶ ἐγένετο αὕτη ῥάβδος ἐπὶ φυλὴν ἡγου- 11 μένων, καὶ ὑψώθη τῷ μεγέθει αὐτῆς ἐν μέσῳ στελεχῶν· καὶ εἶδε τὸ μέγεθος αὐτῆς ἐν πλήθει κλημάτων αὐτῆς.

Καὶ κατεκλάσθη ἐν θυμῷ, ἐπὶ γῆν ἐρρίφη, καὶ ἄνεμος ὁ καύ- 12 σων ἐξήρανε τὰ ἐκλεκτὰ αὐτῆς· ἐξεδικήθησαν, καὶ ἐξηράνθη ἡ ῥάβδος ἰσχύος αὐτῆς· πῦρ ἀνήλωσεν αὐτήν. Καὶ νῦν πεφύ- 13 τευκαν αὐτὴν ἐν τῇ ἐρήμῳ, ἐν γῇ ἀνύδρῳ. Καὶ ἐξῆλθε πῦρ ἐκ 14 ῥάβδου ἐκλεκτῶν αὐτῆς, καὶ κατέφαγεν αὐτήν, καὶ οὐκ ἦν ἐν αὐτῇ ῥάβδος ἰσχύος· φυλὴ εἰς παραβολὴν θρήνου ἐστί, καὶ ἔσται εἰς θρῆνον.

Καὶ ἐγένετο ἐν τῷ ἔτει τῷ ἑβδόμῳ τῇ πεντεκαιδεκάτῃ τοῦ 20 μηνός, ἦλθον ἄνδρες ἐκ τῶν πρεσβυτέρων οἴκου Ἰσραήλ, ἐπερω- τῆσαι τὸν Κύριον, καὶ ἐκάθισαν πρὸ προσώπου μου. Καὶ 2 ἐγένετο λόγος Κυρίου πρός μέ, λέγων, υἱὲ ἀνθρώπου, λάλησον 3 πρὸς τοὺς πρεσβυτέρους τοῦ οἴκου Ἰσραήλ, καὶ ἐρεῖς πρὸς αὐτούς, τάδε λέγει Κύριος, εἰ ἐπερωτῆσαί με ὑμεῖς ἔρχεσθε; ζῶ ἐγώ, εἰ ἀποκριθήσομαι ὑμῖν, λέγει Κύριος. Εἰ ἐκδικήσω 4 αὐτοὺς ἐκδικήσει, υἱὲ ἀνθρώπου; τὰς ἀνομίας τῶν πατέρων αὐτῶν διαμάρτυραι αὐτοῖς, καὶ ἐρεῖς πρὸς αὐτούς, τάδε λέγει 5 Κύριος,

Ἀφ᾽ ἧς ἡμέρας ἡρέτισα τὸν οἶκον Ἰσραήλ, καὶ ἐγνωρίσθην τῷ σπέρματι οἴκου Ἰακώβ, καὶ ἐγνώσθην αὐτοῖς ἐν γῇ Αἰγύπ- του, καὶ ἀντελαβόμην τῇ χειρί μου αὐτῶν, λέγων, ἐγὼ Κύριος ὁ Θεὸς ὑμῶν· Ἐν ἐκείνῃ τῇ ἡμέρᾳ ἀντελαβόμην τῇ χειρί μου 6 αὐτῶν, τοῦ ἐξαγαγεῖν αὐτοὺς ἐκ γῆς Αἰγύπτου εἰς τὴν γῆν ἣν ἡτοίμασα αὐτοῖς, γῆν ῥέουσαν γάλα καὶ μέλι, κηρίον ἐστὶ παρὰ πᾶσαν τὴν γῆν. Καὶ εἶπα πρὸς αὐτούς, ἕκαστος βδελύγματα 7 τῶν ὀφθαλμῶν αὐτοῦ ἀπορριψάτω, καὶ ἐν τοῖς ἐπιτηδεύμασιν Αἰγύπτου μὴ μιαίνεσθε, ἐγὼ Κύριος ὁ Θεὸς ὑμῶν.

Καὶ ἀπέστησαν ἀπ᾽ ἐμοῦ, καὶ οὐκ ἠθέλησαν εἰσακοῦσαί μου, 8 τὰ βδελύγματα τῶν ὀφθαλμῶν αὐτῶν οὐκ ἀπέρριψαν, καὶ τὰ ἐπιτηδεύματα Αἰγύπτου οὐκ ἐγκατέλιπον· καὶ εἶπα τοῦ ἐκχέαι τὸν θυμόν μου ἐπ᾽ αὐτούς, τοῦ συντελέσαι ὀργήν μου ἐν αὐτοῖς ἐν μέσῳ τῆς Αἰγύπτου. Καὶ ἐποίησα ὅπως τὸ ὄνομά μου τὸ 9 παράπαν μὴ βεβηλωθῇ ἐνώπιον τῶν ἐθνῶν, ὧν αὐτοί εἰσιν ἐν

ᵝ A rod of strength.　　ᵞ *Lit.* they were avenged.　　ᵟ See *Heb.*　　ᶻ *Alex.* 5th month, 10th day of the month.
ᶿ *Heb.* spied. *Alex.* sware.　　ᶦ *Gr.* a honeycomb.

μέσῳ αὐτῶν, ἐν οἷς ἐγνώσθην πρὸς αὐτοὺς ἐνώπιον αὐτῶν, τοῦ ἐξαγαγεῖν αὐτοὺς ἐκ γῆς Αἰγύπτου.

10, 11 Καὶ ἤγαγον αὐτοὺς εἰς τὴν ἔρημον, καὶ ἔδωκα αὐτοῖς τὰ προστάγματά μου, καὶ τὰ δικαιώματά μου ἐγνώρισα αὐτοῖς,

12 ὅσα ποιήσει αὐτὰ ἄνθρωπος, καὶ ζήσεται ἐν αὐτοῖς. Καὶ τὰ σάββατά μου ἔδωκα αὐτοῖς, τοῦ εἶναι εἰς σημεῖον ἀναμέσον ἐμοῦ καὶ ἀναμέσον αὐτῶν, τοῦ γνῶναι αὐτοὺς διότι ἐγὼ Κύριος ὁ ἁγιάζων αὐτούς.

13 Καὶ εἶπα πρὸς τὸν οἶκον τοῦ Ἰσραὴλ ἐν τῇ ἐρήμῳ, ἐν τοῖς προστάγμασί μου πορεύεσθε· καὶ οὐκ ἐπορεύθησαν· καὶ τὰ δικαιώματά μου ἀπώσαντο, ἃ ποιήσει αὐτὰ ἄνθρωπος καὶ ζήσεται ἐν αὐτοῖς· καὶ τὰ σάββατά μου ἐβεβήλωσαν σφόδρα· καὶ εἶπα τοῦ ἐκχέαι τὸν θυμόν μου ἐπ᾽ αὐτοὺς ἐν τῇ ἐρήμῳ, τοῦ ἐξανα-

14 λῶσαι αὐτούς. Καὶ ἐποίησα ὅπως τὸ ὄνομά μου τὸ παράπαν μὴ βεβηλωθῇ ἐνώπιον τῶν ἐθνῶν, ὧν ἐξήγαγον αὐτοὺς κατ᾽ ὀφθαλμοὺς αὐτῶν.

15 Καὶ ἐγὼ ἐξῆρα τὴν χεῖρά μου ἐπ᾽ αὐτοὺς ἐν τῇ ἐρήμῳ τὸ παράπαν, τοῦ μὴ εἰσαγαγεῖν αὐτοὺς εἰς τὴν γῆν ἣν ἔδωκα αὐτοῖς, γῆν ῥέουσαν γάλα καὶ μέλι· κηρίον ἐστὶ παρὰ πᾶσαν

16 τὴν γῆν. Ἀνθ᾽ ὧν τὰ δικαιώματά μου ἀπώσαντο, καὶ ἐν τοῖς προστάγμασί μου οὐκ ἐπορεύθησαν ἐν αὐτοῖς, καὶ τὰ σάββατά μου ἐβεβήλουν, καὶ ὀπίσω τῶν ἐνθυμημάτων καρδίας αὐτῶν ἐπορεύοντο.

17 Καὶ ἐφείσατο ὁ ὀφθαλμός μου ἐπ᾽ αὐτοὺς, τοῦ ἐξαλεῖψαι αὐτοὺς, καὶ οὐκ ἐποίησα αὐτοὺς εἰς συντέλειαν ἐν τῇ ἐρήμῳ.

18 Καὶ εἶπα πρὸς τὰ τέκνα αὐτῶν ἐν τῇ ἐρήμῳ, ἐν τοῖς νομίμοις τῶν πατέρων ὑμῶν μὴ πορεύεσθε, καὶ τὰ δικαιώματα αὐτῶν μὴ φυλάσσεσθε, καὶ ἐν τοῖς ἐπιτηδεύμασιν αὐτῶν μὴ συναναμίσ-

19 γεσθε, καὶ μὴ μιαίνεσθε. Ἐγὼ Κύριος ὁ Θεὸς ὑμῶν· ἐν τοῖς προστάγμασί μου πορεύεσθε, καὶ τὰ δικαιώματά μου φυλάσ-

20 σεσθε, καὶ ποιεῖτε αὐτά. Καὶ τὰ σάββατά μου ἁγιάζετε, καὶ ἔστω εἰς σημεῖον ἀναμέσον ἐμοῦ καὶ ὑμῶν, τοῦ γινώσκειν διότι ἐγὼ Κύριος ὁ Θεὸς ὑμῶν.

21 Καὶ παρεπίκρανάν με, καὶ τὰ τέκνα αὐτῶν ἐν τοῖς προστάγ-μασί μου οὐκ ἐπορεύθησαν, καὶ τὰ δικαιώματά μου οὐκ ἐφυλά-ξαντο τοῦ ποιεῖν αὐτά, ἃ ποιήσει ἄνθρωπος καὶ ζήσεται ἐν αὐτοῖς, καὶ τὰ σάββατά μου ἐβεβήλουν· καὶ εἶπα τοῦ ἐκχέαι τὸν θυμόν μου ἐπ᾽ αὐτοὺς ἐν τῇ ἐρήμῳ, τοῦ συντελέσαι τὴν

22 ὀργήν μου ἐπ᾽ αὐτούς. Καὶ ἐποίησα ὅπως τὸ ὄνομά μου τὸ παράπαν μὴ βεβηλωθῇ ἐνώπιον τῶν ἐθνῶν, καὶ ἐξήγαγον αὐτοὺς κατ᾽ ὀφθαλμοὺς αὐτῶν.

23 Ἐξῆρα τὴν χεῖρά μου ἐπ᾽ αὐτοὺς ἐν τῇ ἐρήμῳ τοῦ διασκορ-πίσαι αὐτοὺς ἐν τοῖς ἔθνεσι, διασπεῖραι αὐτοὺς ἐν ταῖς χώραις,

24 ἀνθ᾽ ὧν τὰ δικαιώματά μου οὐκ ἐποίησαν, καὶ τὰ προστάγματά μου ἀπώσαντο, καὶ τὰ σάββατά μου ἐβεβήλουν καὶ ὀπίσω τῶν ἐνθυμημάτων τῶν πατέρων αὐτῶν ἦσαν οἱ ὀφθαλμοὶ αὐτῶν.

25 Καὶ ἐγὼ ἔδωκα αὐτοῖς προστάγματα οὐ καλὰ, καὶ δικαιώ-

26 ματα ἐν οἷς οὐ ζήσονται ἐν αὐτοῖς. Καὶ μιανῶ αὐτοὺς ἐν τοῖς δόγμασιν αὐτῶν, ἐν τῷ διαπορεύεσθαί με πᾶν διανοῖγον μήτραν, ὅπως ἀφανίσω αὐτούς.

whom they are, among whom I was made known to them in their sight, to bring them out of the land of Egypt.β

10 And I brought them into the wilderness. 11 And I gave them my commandments, and made known to them mine ordinances, all which *if* a man shall do, he shall even live in them. 12 And I gave them my sabbaths, that they should be for a sign between me and them, that they should know that I am the Lord that sanctify them.

13 And I said to the house of Israel in the wilderness, Walk ye in my commandments: but they walked not *in* them, and they rejected mine ordinances, which *if* a man shall do, he shall even live in them; and they grievously profaned my sabbaths: and I said that I would pour out my wrath upon them in the wilderness, to consume them. 14 But I wrought *so* that my name should not be at all profaned before the Gentiles, before whose eyes I brought them out.

15 But I lifted up my hand against them in the wilderness once for all, that I would not bring them into the land which I gave them, a land flowing with milk and honey, it is γ sweeter than all lands: 16 because they rejected mine ordinances, and walked not in my commandments, but profaned my sabbaths, and went after the imaginations of their hearts.

17 Yet mine eyes spared them, so as *not* to destroy them utterly, and I did not make an end of them in the wilderness. 18 And I said to their children in the wilderness, Walk not ye in the customs of your fathers, and keep not their ordinances, and have no fellowship with their practices, nor defile yourselves *with them*. 19 I *am* the Lord your God; walk in my commandments, and keep mine ordinances, and do them; 20 and hallow my sabbaths, and let them be a sign between me and you, that ye may know that I am the Lord your God.

21 But they provoked me, and their children walked not in my commandments, and they took no heed to mine ordinances to do them, which *if* a man shall do, he shall 'even live in them, and they profaned my sabbaths: then I said that I would pour out my wrath upon them in the wilderness, to accomplish mine anger upon them. 22 But I wrought so that my name might not be at all profaned before the Gentiles; and I brought them out in their sight.

23 I lifted up my hand against them in the wilderness, that I would scatter them among the Gentiles, *and* disperse them in the countries; 24 because they kept not mine ordinances, and rejected my commandments, and profaned my sabbaths, and their eyes went after the imaginations of their fathers.

25 So I gave them commandments *that were* not good, and ordinances in which they should not live. 26 And I will defile them by their *own* δ decrees, when I pass through upon every one that opens the womb, that I may destroy them.

β *Alex.* + 'and I brought them out of the land of Egypt.'   γ *Gr.* a honeycomb.   δ *Alex.* gifts; so *Heb.*

²⁷ Therefore, son of man, speak to the house of Israel, and thou shalt say to them, Thus saith the Lord: Hitherto have your fathers provoked me in their trespasses in which they transgressed against me. ²⁸ Whereas I brought them into the land concerning which I lifted up mine hand to give it them; and they looked upon every high hill, and every shady tree, and they sacrificed there to their gods, and offered there a sweet-smelling savour, and there they poured out their drink-offerings. ²⁹ And I said to them, What is Abama, that ye go in thither? and they called its name Abama, until this day.

³⁰ Therefore say to the house of Israel, Thus saith the Lord, Do ye pollute yourselves with the iniquities of your fathers, and do ye go a-whoring after their abominations, ³¹ and *do ye pollute yourselves* with the first-fruits of your gifts, in the offerings wherewith ye pollute yourselves in all your imaginations, until this day; and shall I answer you, O house of Israel? *As* I live, saith the Lord, I will not answer you, neither shall this thing come upon your spirit. ³² And it shall not be as ye say, We will be as the nations, and as the tribes of the earth, to worship stocks and stones.

Therefore, *as* I live, saith the Lord, I will reign over you with a strong hand, and with a high arm, and with outpoured wrath; ³⁴ I will bring you out from the nations, and will take you out of the lands wherein ye were dispersed, with a strong hand, and with a high arm, and with outpoured wrath. ³⁵ And I will bring you into the wilderness of the nations, and will plead with you there face to face.

³⁶ As I pleaded with your fathers in the wilderness of the land of Egypt, so will I judge you, saith the Lord. ³⁷ And I will cause you to pass under my rod, and I will bring you in by number. ³⁸ And I will β separate from among you the ungodly and the revolters; for I will lead them forth out of their place of sojourning, and they shall not enter into the land of Israel: and ye shall know that I am the Lord, *even* the Lord.

³⁹ And *as to* you, O house of Israel, thus saith the Lord, *even* the Lord; Put away each one his *evil* practices, and hereafter if ye hearken to me, then shall ye no more profane my holy name by your gifts and by devices. ⁴⁰ For upon my holy mountain, on the high mountain, saith the Lord, *even* the Lord, there shall all the house of Israel serve me for ever: and there will I accept *you*, and there will I have respect to your first-fruits, and the first-fruits of your γ offerings, in all your holy things.

⁴¹ I will accept you with a sweet-smelling savour, when I bring you out from the nations, and take you out of the countries wherein ye have been dispersed; and I will be sanctified among you in the sight of the nations. ⁴² And ye shall know that I am the Lord, when I have brought you into the land of Israel, into the land concerning which I lifted up my hand to give it to your fathers. ⁴³ And ye shall there remember

Διατοῦτο λάλησον πρὸς τὸν οἶκον τοῦ Ἰσραὴλ, υἱὲ ἀνθρώ- 27 που, καὶ ἐρεῖς πρὸς αὐτοὺς, τάδε λέγει Κύριος, ἕως τούτου παρώργισάν με οἱ πατέρες ὑμῶν ἐν τοῖς παραπτώμασιν αὐτῶν ἐν οἷς παρέπεσον εἰς ἐμέ. Καὶ εἰσήγαγον αὐτοὺς εἰς τὴν γῆν 28 ἣν ἦρα τὴν χεῖρά μου δοῦναι αὐτὴν αὐτοῖς· καὶ ἴδον πάντα βουνὸν ὑψηλὸν, καὶ πᾶν ξύλον κατάσκιον, καὶ ἔθυσαν ἐκεῖ τοῖς θεοῖς αὐτῶν, καὶ ἔταξαν ἐκεῖ ὀσμὴν εὐωδίας, καὶ ἔσπεισαν ἐκεῖ τὰς σπονδὰς αὐτῶν. Καὶ εἶπον πρὸς αὐτοὺς, τί ἐστιν Ἀβαμὰ, 29 ὅτι ὑμεῖς εἰσπορεύεσθε ἐκεῖ; καὶ ἐπεκάλεσαν τὸ ὄνομα αὐτοῦ Ἀβαμὰ, ἕως τῆς σήμερον ἡμέρας·

Διατοῦτο εἶπον πρὸς τὸν οἶκον τοῦ Ἰσραὴλ, τάδε λέγει 30 Κύριος, εἰ ἐν ταῖς ἀνομίαις τῶν πατέρων ὑμῶν ὑμεῖς μιαίνεσθε, καὶ ὀπίσω τῶν βδελυγμάτων αὐτῶν ὑμεῖς ἐκπορνεύετε, καὶ ἐν 31 ταῖς ἀπαρχαῖς τῶν δομάτων ὑμῶν, ἐν τοῖς ἀφορισμοῖς οἷς ὑμεῖς μιαίνεσθε ἐν πᾶσι τοῖς ἐνθυμήμασιν ὑμῶν ἕως τῆς σήμερον ἡμέρας, καὶ ἐγὼ ἀποκριθῶ ὑμῖν οἶκος τοῦ Ἰσραήλ; Ζῶ ἐγὼ, λέγει Κύριος, εἰ ἀποκριθήσομαι ὑμῖν, καὶ εἰ ἀναβήσεται ἐπὶ τὸ πνεῦμα ὑμῶν τοῦτο. Καὶ οὐκ ἔσται ὃν τρόπον ὑμεῖς λέγετε, 32 ἐσόμεθα ὡς τὰ ἔθνη, καὶ ὡς αἱ φυλαὶ τῆς γῆς, τοῦ λατρεύειν ξύλοις καὶ λίθοις.

Διατοῦτο, ζῶ ἐγὼ, λέγει Κύριος, ἐν χειρὶ κραταιᾷ καὶ ἐν 33 βραχίονι ὑψηλῷ καὶ ἐν θυμῷ κεχυμένῳ βασιλεύσω ἐφ᾽ ὑμᾶς, καὶ ἐξάξω ὑμᾶς ἐκ τῶν λαῶν, καὶ εἰσδέξομαι ὑμᾶς ἐκ τῶν χωρῶν 34 οὗ διεσκορπίσθητε ἐν αὐταῖς, ἐν χειρὶ κραταιᾷ καὶ ἐν βραχίονι ὑψηλῷ καὶ ἐν θυμῷ κεχυμένῳ. Καὶ ἄξω ὑμᾶς εἰς τὴν ἔρημον 35 τῶν λαῶν, καὶ διακριθήσομαι πρὸς ὑμᾶς ἐκεῖ πρόσωπον κατὰ προσώπου.

Ὃν τρόπον διεκρίθην πρὸς τοὺς πατέρας ὑμῶν ἐν τῇ ἐρήμῳ 36 γῆς Αἰγύπτου, οὕτως κρινῶ ὑμᾶς, λέγει Κύριος. Καὶ διάξω 37 ὑμᾶς ὑπὸ τὴν ῥάβδον μου, καὶ εἰσάξω ὑμᾶς ἐν ἀριθμῷ. Καὶ 38 ἐκλέξω ἐξ ὑμῶν τοὺς ἀσεβεῖς καὶ τοὺς ἀφεστηκότας, διότι ἐκ τῆς παροικεσίας αὐτῶν ἐξάξω αὐτοὺς, καὶ εἰς τὴν γῆν τοῦ Ἰσραὴλ οὐκ εἰσελεύσονται· καὶ ἐπιγνώσεσθε διότι ἐγὼ Κύριος Κύριος.

Καὶ ὑμεῖς οἶκος Ἰσραὴλ, τάδε λέγει Κύριος Κύριος, ἕκαστος 39 τὰ ἐπιτηδεύματα αὐτοῦ ἐξάρατε, καὶ μετὰ ταῦτα εἰ ὑμεῖς εἰσ- ακούετέ μου, καὶ τὸ ὄνομά μου τὸ ἅγιον οὐ βεβηλώσετε οὐκέτι ἐν τοῖς δώροις ὑμῶν καὶ ἐν τοῖς ἐπιτηδεύμασιν ὑμῶν· Διότι ἔτι 40 τοῦ ὄρους τοῦ ἁγίου μου, ἐπ᾽ ὄρους ὑψηλοῦ, λέγει Κύριος Κύριος, ἐκεῖ δουλεύσουσί μοι πᾶς οἶκος Ἰσραὴλ εἰς τέλος· καὶ ἐκεῖ προσδέξομαι, καὶ ἐκεῖ ἐπισκέψομαι τὰς ἀπαρχὰς ὑμῶν, καὶ τὰς ἀπαρχὰς τῶν ἀφορισμῶν ὑμῶν, ἐν πᾶσι τοῖς ἁγιάσ- μασιν ὑμῶν.

Ἐν ὀσμῇ εὐωδίας προσδέξομαι ὑμᾶς, ἐν τῷ ἐξαγαγεῖν με 41 ὑμᾶς ἐκ τῶν λαῶν, καὶ εἰσδέχεσθαι ὑμᾶς ἐκ τῶν χωρῶν ἐν αἷς διεσκορπίσθητε ἐν αὐταῖς, καὶ ἁγιασθήσομαι ἐν ὑμῖν κατ᾽ ὀφθαλμοὺς τῶν λαῶν. Καὶ ἐπιγνώσεσθε διότι ἐγὼ Κύριος, 42 ἐν τῷ εἰσαγαγεῖν με ὑμᾶς εἰς τὴν γῆν τοῦ Ἰσραὴλ, εἰς τὴν γῆν εἰς ἣν ἦρα τὴν χεῖρά μου τοῦ δοῦναι αὐτὴν τοῖς πατράσιν ὑμῶν. Καὶ μνησθήσεσθε ἐκεῖ τὰς ὁδοὺς ὑμῶν, καὶ τὰ ἐπιτηδεύματα 43

β *Gr.* choose out from you.   γ Perhaps, wave-offerings.

ὑμῶν ἐν οἷς ἐμιαίνεσθε ἐν αὐτοῖς, καὶ κόψεσθε τὰ πρόσωπα
44 ὑμῶν ἐν πάσαις ταῖς κακίαις ὑμῶν. Καὶ ἐπιγνώσεσθε διότι
ἐγὼ Κύριος, ἐν τῷ ποιῆσαί με οὕτως ὑμῖν, ὅπως τὸ ὄνομά μου
μὴ βεβηλωθῇ κατὰ τὰς ὁδοὺς ὑμῶν τὰς κακάς, καὶ κατὰ τὰ
ἐπιτηδεύματα ὑμῶν τὰ διεφθαρμένα, λέγει Κύριος.

45, 46 Καὶ ἐγένετο λόγος Κυρίου πρὸς μὲ, λέγων, υἱὲ ἀνθρώπου,
στήρισον τὸ πρόσωπόν σου ἐπὶ θαιμὰν, καὶ ἐπίβλεψον ἐπὶ
47 Δαρὸμ, καὶ προφήτευσον ἐπὶ δρυμὸν ἡγούμενον Ναγὲβ, καὶ
ἐρεῖς τῷ δρυμῷ Ναγὲβ, ἄκουε λόγον Κυρίου· τάδε λέγει Κύριος
Κύριος, ἰδοὺ ἐγὼ ἀνάπτω ἐν σοὶ πῦρ, καὶ καταφάγεται ἐν σοὶ
πᾶν ξύλον χλωρὸν καὶ πᾶν ξύλον ξηρὸν, οὐ σβεσθήσεται ἡ
φλὸξ ἡ ἐξαφθεῖσα, καὶ κατακαυθήσεται ἐν αὐτῇ πᾶν πρόσωπον
48 ἀπὸ ἀπηλιώτου ἕως Βορρᾶ. Καὶ ἐπιγνώσεται πᾶσα σὰρξ, ὅτι
ἐγὼ Κύριος ἐξέκαυσα αὐτὸ, οὐ σβεσθήσεται.

49 Καὶ εἶπα, μηδαμῶς Κύριε Κύριε· αὐτοὶ λέγουσι πρὸς μὲ,
οὐχὶ παραβολή ἐστι λεγομένη αὕτη;

21 Καὶ ἐγένετο λόγος Κυρίου πρὸς μὲ, λέγων,

2 Διατοῦτο προφήτευσον υἱὲ ἀνθρώπου, στήρισον τὸ πρόσωπόν
3 σου ἐπὶ Ἱερουσαλὴμ, καὶ ἐπίβλεψον ἐπὶ τὰ ἅγια αὐτῶν, καὶ
προφητεύσεις ἐπὶ τὴν γῆν τοῦ Ἰσραὴλ, καὶ ἐρεῖς πρὸς τὴν γῆν
τοῦ Ἰσραὴλ, τάδε λέγει Κύριος, ἰδοὺ ἐγὼ πρὸς σὲ, καὶ ἐκσπάσω
4 τὸ ἐγχειρίδιόν μου ἐκ τοῦ κολεοῦ αὐτοῦ, καὶ ἐξολοθρεύσω ἐκ
σοῦ ἄνομον καὶ ἄδικον· Ἀνθ᾽ ὧν ἐξολοθρεύσω ἐκ σοῦ ἄδικον
5 καὶ ἄνομον, οὕτως ἐξελεύσεται τὸ ἐγχειρίδιόν μου ἐκ τοῦ κολεοῦ
αὐτοῦ ἐπὶ πᾶσαν σάρκα ἀπὸ ἀπηλιώτου ἕως Βορρᾶ, καὶ ἐπιγνώ-
σεται πᾶσα σὰρξ, διότι ἐγὼ Κύριος ἐξέσπασα τὸ ἐγχειρίδιόν
μου ἐκ τοῦ κολεοῦ αὐτοῦ, οὐκ ἀποστρέψει οὐκέτι.

6 Καὶ σὺ υἱὲ ἀνθρώπου καταστέναξον ἐν συντριβῇ ὀσφύος σου,
7 καὶ ἐν ὀδύναις στενάξεις κατ᾽ ὀφθαλμοὺς αὐτῶν. Καὶ ἔσται
ἐὰν εἴπωσι πρὸς σὲ, ἕνεκα τίνος σὺ στενάξεις; καὶ ἐρεῖς, ἐπὶ
τῇ ἀγγελίᾳ, διότι ἔρχεται, καὶ θραυσθήσεται πᾶσα καρδία, καὶ
πᾶσαι χεῖρες παραλυθήσονται, καὶ ἐκψύξει πᾶσα σὰρξ καὶ πᾶν
πνεῦμα, καὶ πάντες μηροὶ μολυνθήσονται ὑγρασίᾳ· ἰδοὺ ἔρχεται,
λέγει Κύριος.

8, 9 Καὶ ἐγένετο λόγος Κυρίου πρὸς μὲ, λέγων, υἱὲ ἀνθρώπου
προφήτευσον, καὶ ἐρεῖς, τάδε λέγει Κύριος, εἰπὸν, ῥομφαία
10 ῥομφαία ὀξύνου καὶ θυμώθητι, ὅπως σφάξῃς σφάγια, ὀξύνου
ὅπως γένῃ εἰς στίλβωσιν, ἑτοίμη εἰς παράλυσιν· σφάζε, ἐξου-
11 δένει, ἀπόθου πᾶν ξύλον. Καὶ ἔδωκεν αὐτὴν ἑτοίμην τοῦ
κρατεῖν χεῖρα αὐτοῦ· ἐξηκονήθη ἡ ῥομφαία, ἐστὶν ἑτοίμη τοῦ
δοῦναι αὐτὴν εἰς χεῖρα, ἀποκεντοῦντος.

12 Ἀνάκραγε καὶ ὀλύλυξον, υἱὲ ἀνθρώπου, ὅτι αὕτη ἐγένετο ἐν
τῷ λαῷ μου, αὕτη ἐν πᾶσι τοῖς ἀφηγουμένοις τοῦ Ἰσραὴλ·
παροικήσουσιν, ἐπὶ ῥομφαίᾳ ἐγένετο ἐν τῷ λαῷ μου· διατοῦτο
13 κρότησον ἐπὶ τὴν χεῖρά σου, ὅτι δεδικαίωται· καὶ τί εἰ καὶ
φυλὴ ἀπωσθῇ; οὐκ ἔσται, λέγει Κύριος Κύριος.

14 Καὶ σὺ υἱὲ ἀνθρώπου προφήτευσον, καὶ κρότησον χεῖρα ἐπὶ
χεῖρα, καὶ διπλασίασον ῥομφαίαν· ἡ τρίτη ῥομφαία τραυματιῶν

your ways, and your devices wherewith
ye defiled yourselves; and ye shall β bewail
yourselves for all your wickedness. 44 And
ye shall know that I am the Lord, when I
have done thus to you, that my name may
not be profaned in your evil ways, and in
your corrupt devices, saith the Lord.

45 And the word of the Lord came to me,
saying, 46 Son of man, set thy face against
γ Thæman, and look toward γ Darom, and
prophesy against the chief forest of Nageb,
47 and thou shalt say to the forest of Nageb,
Hear the word of the Lord; thus saith the
Lord, *even* the Lord; Behold, I *will* kindle
a fire in thee, and it shall devour in thee
every green tree, and every dry tree: the
flame that is kindled shall not be quenched,
and every face shall be scorched with it
from the south to the north. 48 And all
flesh shall know that I the Lord have
kindled it: it shall not be quenched.

49 And I said, δ Not so, O Lord God! they
say to me, Is not this that is spoken a
parable?

And the word of the Lord came to me,
saying,
2 Therefore prophesy, son of man, set thy
face steadfastly toward Jerusalem, and look
toward their holy places, and thou shalt
prophesy against the land of Israel, 3 and
thou shalt say to the land of Israel, Thus
saith the Lord; Behold, I am against thee,
and I will draw forth my ζ sword out of its
sheath, and I will destroy out of thee the
transgressor and unrighteous. 4 Because I
will destroy out of thee the unrighteous
and the transgressor, *therefore* so shall my
sword come forth out of its sheath against
all flesh from the south to the north: 5 and
all flesh shall know that I the Lord have
drawn forth my sword out of its sheath: it
shall not return any more.

6 And thou, son of man, groan with tne
breaking of thy loins; thou shalt even groan
heavily in their sight. 7 And it shall come
to pass, if they shall say to thee, Wherefore
dost thou groan? that thou shalt say, For
the report; because it comes: and every
heart shall break, and all hands shall become
feeble, and all flesh and every spirit shall
faint, and all thighs shall be defiled with
moisture: behold, it comes, saith the Lord.

8 And the word of the Lord came to me,
saying, 9 Son of man, prophesy, and thou
shalt say, Thus saith the Lord; Say, Sword,
sword, be sharpened and rage, 10 that thou
mayest slay victims; be sharpened that thou
mayest be bright, ready for θ slaughter, slay,
set at nought, despise every tree. 11 And he
made it ready for his hand to hold: the
sword is sharpened, it is ready to put into
the hand of the slayer.

12 Cry out and howl, son of man: for this
sword is come upon my people, this *sword*
is come upon all the princes of Israel: they
shall λ be as strangers: *judgment* with the
sword is come upon my people: therefore
clap thine hands, for μ sentence has been
passed: 13 and what if even the tribe be
rejected? it shall not be, saith the Lord God.

14 And thou, son of man, prophesy, and
clap thine hands, and take a second sword:

β *Lit.* beat your faces.   γ *Heb.* words.   δ See Acts 10. 14.   ζ *Gr.* dagger.   θ *Gr.* paralysing, *or*, weakening.
λ *Gr.* sojourn.   μ *Gr.* it has been justified

the third sword is *the sword* of the slain, the great sword of the slain : and thou shalt strike them with amazement, β lest the heart should faint [15]and the weak ones be multiplied at every gate—they are given up to the slaughter of the sword: it is well fitted for slaughter, γ it is well fitted for glittering. [16]And do thou go on, sharpen thyself on the right and on the left whithersoever thy face may δ set itself.

[17]And I also will clap my hands, and ς let loose my fury: I the Lord have spoken *it*.

[18]And the word of the Lord came to me, saying, [19]And thou, son of man, appoint thee two ways, that the sword of the king of Babylon may enter in : the two shall go forth of one country ; and *there shall be* a force at the top of the way of the city, thou shalt set *it* at the top of the way, [20]that the sword may enter in upon Rabbath of the children of Ammon, and upon Judea, and upon Jerusalem in the midst thereof.

[21]For the king of Babylon shall stand on the old way, at the head of the two ways, to use divination, to θ make bright the arrow, and to enquire of the graven images, and to examine *the victims*. [22]On his right was the divination against Jerusalem, to cast a mound, to open the mouth in shouting, to lift up the voice with crying, to cast a mound against her gates, to cast up a heap, and to λ build forts. [23]And he was to them as one using divination before them, and he himself recounting his iniquities, that they might be borne in mind.

[24]Therefore thus saith the Lord, Because ye have caused your iniquities to be remembered, in the discovery of your wickedness, so that your sins should be seen, in all your wickedness and in your *evil* practices; because ye have caused remembrance of *them*, in these shall ye be taken. [25]And thou profane wicked prince of Israel, whose day, *even* an end, is come in a season of iniquity, thus saith the Lord; [26]Thou hast taken off the mitre and put on the crown, it shall not have such *another* after it: thou hast abased that which was high, and exalted that which was low. [27]Injustice, injustice, injustice, will I make it: woe to it: such shall it be until he comes to whom it belongs; and I will deliver *it* to him.

[28]And thou, son of man, prophesy, and thou shalt say, Thus saith the Lord, concerning the children of Ammon, and concerning their reproach ; and thou shalt say, O sword, sword, drawn for μ slaughter, and drawn for destruction, awake, that thou mayest gleam. [29]ξ While thou art seeing vain *visions*, and while thou art prophesying falsehoods, to bring thyself upon the necks of ungodly transgressors, π the day is come, *even* an end, in a season of iniquity.

[30]Turn, rest not in this place wherein thou wert ρ born: in thine own land will I judge thee. [31]And I will pour out my wrath upon thee, I will blow upon thee with the fire of my wrath, and I will deliver thee into the hands of barbarians skilled in working destruction. [32]Thou shalt be fuel for fire ; thy blood shall be in the midst of thy land ; there shall be no remembrance at all of thee: for I the Lord have spoken *it*.

ἐστι, ῥομφαία τραυματιῶν ἡ μεγάλη· καὶ ἐκστήσεις αὐτοὺς, ὅπως μὴ θραυσθῇ ἡ καρδία, καὶ πληθυνθῶσιν οἱ ἀσθενοῦντες 15 ἐπὶ πᾶσαν πύλην, παραδέδονται εἰς σφάγια ῥομφαίας· εὖ γέγονεν εἰς σφαγὴν, εὖ γέγονεν εἰς στίλβωσιν. Καὶ διαπο- 16 ρεύου, ὀξύνου ἐκ δεξιῶν καὶ ἐξ εὐωνύμων, οὗ ἄν τὸ πρόσωπόν σου ἐξεγείρηται.

Καὶ ἐγὼ δὲ κροτήσω χεῖρά μου πρὸς χεῖρά μου, καὶ ἐναφήσω 17 θυμόν μου, ἐγὼ Κύριος λελάληκα.

Καὶ ἐγένετο λόγος Κυρίου πρὸς μὲ, λέγων, καὶ σὺ, υἱὲ 18, 19 ἀνθρώπου, διάταξον σεαυτῷ δύο ὁδοὺς, τοῦ εἰσελθεῖν ῥομφαίαν βασιλέως Βαβυλῶνος, ἐκ χώρας μιᾶς ἐξελεύσονται αἱ δύο, καὶ χεὶρ ἐν ἀρχῇ ὁδοῦ πόλεως, ἐπ᾽ ἀρχῆς ὁδοῦ διατάξεις, τοῦ εἰσελ- 20 θεῖν ῥομφαίαν ἐπὶ Ῥαββὰθ υἱῶν Ἀμμὼν, καὶ ἐπὶ τὴν Ἰουδαίαν, καὶ ἐπὶ Ἱερουσαλὴμ ἐν μέσῳ αὐτῆς.

Διότι στήσεται βασιλεὺς Βαβυλῶνος ἐπὶ τὴν ἀρχαίαν ὁδὸν, 21 ἐπ᾽ ἀρχῆς τῶν δύο ὁδῶν, τοῦ μαντεύσασθαι μαντείαν, τοῦ ἀναβράσαι ῥάβδον, καὶ ἐπερωτῆσαι ἐν τοῖς γλυπτοῖς, καὶ κατασκοπήσασθαι. Ἐκ δεξιῶν αὐτοῦ ἐγένετο τὸ μαντεῖον ἐπὶ 22 Ἱερουσαλὴμ, τοῦ βαλεῖν χάρακα, τοῦ διανοῖξαι στόμα ἐν βοῇ, ὑψῶσαι φωνὴν μετὰ κραυγῆς, τοῦ βαλεῖν χάρακα ἐπὶ τὰς πύλας αὐτῆς, καὶ βαλεῖν χῶμα, καὶ οἰκοδομῆσαι βελοστάσεις. Καὶ αὐτός αὐτοῖς ὡς μαντευόμενος μαντείαν ἐνώπιον αὐτῶν, καὶ 23 αὐτὸς ἀναμιμνήσκων ἀδικίας αὐτοῦ μνησθῆναι.

Διατοῦτο τάδε λέγει Κύριος, ἀνθ᾽ ὧν ἀνεμνήσατε τὰς 24 ἀδικίας ὑμῶν, ἐν τῷ ἀποκαλυφθῆναι τὰς ἀσεβείας ὑμῶν, τοῦ ὁραθῆναι ἁμαρτίας ὑμῶν, ἐν πάσαις ταῖς ἀσεβείαις ὑμῶν καὶ ἐν τοῖς ἐπιτηδεύμασιν ὑμῶν, ἀνθ᾽ ὧν ἀνεμνήσατε, ἐν τούτοις ἁλώσεσθε. Καὶ σὺ βέβηλε, ἄνομε, ἀφηγούμενε τοῦ Ἰσραὴλ, 25 οὗ ἥκει ἡ ἡμέρα ἐν καιρῷ ἀδικίας, πέρας, τάδε λέγει Κύριος, 26 ἀφείλου τὴν κίδαριν, καὶ ἐπέθου τὸν στέφανον, αὐτῇ οὐ τοιαύτη ἔσται· ἐταπείνωσας τὸ ὑψηλὸν, καὶ ὕψωσας τὸ ταπεινόν. Ἀδικίαν, ἀδικίαν, ἀδικίαν θήσομαι αὐτὴν, οὐαὶ αὐτῇ, 27 τοιαύτη ἔσται ἕως οὗ ἔλθῃ ᾧ καθήκει, καὶ παραδώσω αὐτῷ.

Καὶ σὺ υἱὲ ἀνθρώπου προφήτευσον, καὶ ἐρεῖς, τάδε λέγει 28 Κύριος πρὸς τοὺς υἱοὺς Ἀμμὼν καὶ πρὸς τὸν ὀνειδισμὸν αὐτῶν· καὶ ἐρεῖς, ῥομφαία ῥομφαία ἐσπασμένη εἰς σφάγια, καὶ ἐσπασμένη εἰς συντέλειαν, ἐγείρου ὅπως στίλβῃς· ἐν τῇ 29 ὁράσει σου τῇ ματαίᾳ, καὶ ἐν τῷ μαντεύεσθαί σε ψευδῆ, τοῦ παραδοῦναί σε ἐπὶ τραχήλους τραυματιῶν ἀνόμων, ἥκει ἡ ἡμέρα ἐν καιρῷ ἀδικίας, πέρας.

Ἀπόστρεφε, μὴ καταλύσῃς ἐν τῷ τόπῳ τούτῳ ᾧ γεγένησαι, 30 ἐν τῇ γῇ τῇ ἰδίᾳ σου κρινῶ σε. Καὶ ἐκχεῶ ἐπὶ σὲ ὀργήν μου, 31 ἐν πυρὶ ὀργῆς μου ἐμφυσήσω ἐπὶ σὲ, καὶ παραδώσω σε εἰς χεῖρας ἀνδρῶν βαρβάρων τεκταινόντων διαφθοράς. Ἐν πυρὶ 32 ἔσῃ κατάβρωμα, τὸ αἷμά σου ἔσται ἐν μέσῳ τῆς γῆς σου· οὐ μὴ γένηταί σου μνεία, διότι ἐγὼ Κύριος λελάληκα.

β *Alex.* that *their* heart should be broken.   γ *Lit.* it has happened well,   δ *Gr.* stir itself up.   ζ *Or*, relax.
θ **Perhaps,** send forth.   λ *Or*, set up engines.   μ *Gr.* victims.   ξ *Gr.* in thy vain vision.   π *Alex.* whose day.   ρ *Gr.* begotten.

22 Καὶ ἐγένετο λόγος Κυρίου πρὸς μὲ, λέγων, καὶ σὺ υἱὲ
2 ἀνθρώπου, εἰ κρινεῖς τὴν πόλιν τῶν αἱμάτων; καὶ παράδειξον
3 αὐτῇ πάσας τὰς ἀνομίας αὐτῆς, καὶ ἐρεῖς, τάδε λέγει Κύριος
Κύριος, ὦ πόλις ἐκχέουσα αἵματα ἐν μέσῳ αὐτῆς, τοῦ ἐλθεῖν
καιρὸν αὐτῆς, καὶ ποιοῦσα ἐνθυμήματα καθ᾽ ἑαυτῆς, τοῦ μιαί-
4 νειν αὐτὴν, ἐν τοῖς αἵμασιν αὐτῶν οἷς ἐξέχεας, παραπέπτωκας,
καὶ ἐν τοῖς ἐνθυμήμασί σου οἷς ἐποίεις, ἐμιαίνου· καὶ ἤγγισας
τὰς ἡμέρας σου, καὶ ἤγαγες καιρὸν ἐτῶν σου· διατοῦτο δέδωκά
σε εἰς ὀνειδισμὸν τοῖς ἔθνεσι, καὶ εἰς ἐμπαιγμὸν πάσαις ταῖς
5 χώραις ταῖς ἐγγιζούσαις πρὸς σὲ, καὶ ταῖς μακρὰν ἀπεχούσαις
ἀπὸ σοῦ, καὶ ἐμπαίξονται ἐν σοὶ ἀκάθαρτος ἡ ἀνομαστὴ, καὶ
πολλὴ ἐν ταῖς ἀνομίαις.

6 Ἰδοὺ οἱ ἀφηγούμενοι οἴκου Ἰσραὴλ, ἕκαστος πρὸς τοὺς
συγγενεῖς αὐτοῦ συνεφύροντο ἐν σοὶ, ὅπως ἐκχέωσιν αἷμα.
7 Πατέρα καὶ μητέρα ἐκακολόγουν ἐν σοὶ, καὶ πρὸς τὸν προσ-
ήλυτον ἀνεστρέφοντο ἐν ἀδικίαις ἐν σοὶ, ὀρφανὸν καὶ χήραν
8 κατεδυνάστευον. Καὶ τὰ ἅγιά μου ἐξουθένουν, καὶ τὰ σάβ-
9 βατά μου ἐβεβήλουν ἐν σοί. Ἄνδρες λῃσταὶ ἐν σοὶ, ὅπως
ἐκχέωσιν ἐν σοὶ αἷμα, καὶ ἐπὶ τῶν ὀρέων ἤσθιον ἐπὶ σοὶ, ἀνόσια
10 ἐποίουν ἐν μέσῳ σου. Αἰσχύνην πατρὸς ἀπεκάλυψαν ἐν σοὶ,
11 καὶ ἐν ἀκαθαρσίαις ἀποκαθημένην ἐταπείνουν ἐν σοί. Ἕκαστος
τὴν γυναῖκα τοῦ πλησίον αὐτοῦ ἠνομοῦσαν, καὶ ἕκαστος τὴν
νύμφην αὐτοῦ ἐμίαινεν ἐν ἀσεβείᾳ, καὶ ἕκαστος τὴν ἀδελφὴν
αὐτοῦ θυγατέρα τοῦ πατρὸς αὐτοῦ ἐταπείνουν ἐν σοί.

12 Δῶρα ἐλαμβάνοσαν ἐν σοὶ, ὅπως ἐκχέωσιν αἷμα, τόκον καὶ
πλεονασμὸν ἐλαμβάνοσαν ἐν σοὶ, καὶ συνετελέσω συντέλειαν
κακίας σου τὴν ἐν καταδυναστείᾳ, ἐμοῦ δὲ ἐπελάθου, λέγει
Κύριος.

13 Ἐὰν δὲ πατάξω χεῖρά μου ἐφ᾽ οἷς συντετέλεσαι οἷς ἐποίησας,
14 καὶ ἐπὶ τοῖς αἵμασί σου τοῖς γεγενημένοις ἐν μέσῳ σου, εἰ
ὑποστήσεται ἡ καρδία σου; εἰ κρατήσουσιν αἱ χεῖρές σου ἐν
ταῖς ἡμέραις αἷς ἐγὼ ποιῶ ἐν σοί; ἐγὼ Κύριος λελάληκα, καὶ
15 ποιήσω. Καὶ διασκορπιῶ σε ἐν τοῖς ἔθνεσι, καὶ διασπερῶ σε
16 ἐν ταῖς χώραις, καὶ ἐκλείψει ἡ ἀκαθαρσία σου ἐκ σοῦ. Καὶ
κατακληρονομήσω ἐν σοὶ κατ᾽ ὀφθαλμοὺς τῶν ἐθνῶν, καὶ
γνώσεσθε διότι ἐγὼ Κύριος.

17, 18 Καὶ ἐγένετο λόγος Κυρίου πρὸς μὲ, λέγων, υἱὲ ἀνθρώπου,
ἰδοὺ γεγόνασί μοι ὁ οἶκος Ἰσραὴλ ἀναμεμιγμένοι πάντες χαλκῷ,
καὶ σιδήρῳ, καὶ κασσιτέρῳ, καὶ μολίβῳ, ἐν μέσῳ ἀργυρίου
ἀναμεμιγμένος ἐστί.

19 Διατοῦτο εἰπὸν, τάδε λέγει Κύριος Κύριος, ἀνθ᾽ ὧν ἐγένεσθε
εἰς σύγκρασιν μίαν, διατοῦτο ἐγὼ εἰσδέχομαι ὑμᾶς εἰς μέσον
20 Ἱερουσαλήμ· Καθὼς εἰσδέχεται ἄργυρος, καὶ χαλκὸς, καὶ
σίδηρος, καὶ κασσίτερος, καὶ μόλιβος εἰς μέσον καμίνου, τοῦ
ἐκφυσῆσαι εἰς αὐτὸ πῦρ τοῦ χωνευθῆναι, οὕτως εἰσδέξομαι ἐν
21 ὀργῇ μου, καὶ συνάξω καὶ χωνεύσω ὑμᾶς, καὶ ἐκφυσήσω ἐφ᾽

And the word of the Lord came to me, saying, [2] And thou, son of man, wilt thou judge the bloody city? yea, declare thou to her all her iniquities. [3] And thou shalt say, Thus saith the Lord God: [β] O city that sheds blood in the midst of her, so that her time should come, and that forms devices against herself, to defile herself; [4] in their blood which thou hast shed, thou hast transgressed; and in thy devices which thou hast formed, thou hast polluted thyself; and thou hast brought nigh thy days, and hast brought on the time of thy years: therefore have I made thee a reproach to the Gentiles, and a mockery to all the countries, [5] to those near thee, and to those far distant from thee; and they shall mock thee, *thou that art* notoriously unclean, and abundant in iniquities.

[6] Behold, the princes of the house of Israel have conspired in thee each one with his kindred, that they might shed blood. [7] In thee they have reviled father and mother; and in thee they have behaved unjustly toward the stranger: they have oppressed the orphan and widow. [8] And they have set at nought my holy things, and in thee they have profaned my sabbaths. [9] *There are* robbers in thee, to shed blood in thee; and in thee they have eaten upon the mountains: they have wrought ungodliness in the midst of thee: [10] In thee they have uncovered the father's shame; and in thee they have humbled her that was set apart for uncleanness. [11] They have dealt unlawfully each one with his neighbour's wife; and each one in ungodliness has defiled his daughter-in-law: and in thee they have humbled each one his sister, the daughter of his father.

[12] In thee they have received gifts to shed blood; they have received in thee interest and usurious increase; and by oppression thou hast brought thy wickedness to the full, and hast forgotten me, saith the Lord. [13] And if I shall smite my hand at *thine iniquities* which thou hast accomplished, which thou hast wrought, and at thy blood that has been shed in the midst of thee, [14] shall thy heart endure? shall thine hands be strong in the days [γ] which I bring upon thee? I the Lord have spoken, and will do *it.* [15] And I will scatter thee among the nations, and disperse thee in the countries, and thy uncleanness shall be removed out of thee. [16] And I will give heritages in thee in the sight of the nations, and ye shall know that I am the Lord. [17] And the word of the Lord came to me, saying, [18] Son of man, behold, the house of Israel are all become to me *as it were* mixed with brass, and iron, and tin, and lead; they are mixed up in the midst of silver. [19] Therefore say, Thus saith the Lord God; Because ye have become one mixture, therefore I will gather you into the midst of Jerusalem. [20] As silver, and brass, and iron, and tin, and lead, are gathered into the midst of the furnace, to blow fire into it, that they may be melted: so will I take *you* in my wrath, and I will gather and melt you. [21] And I will blow upon you in the

---

β Or, Alas for. γ Or, wherein I deal with thee?

fire of my wrath, and ye shall be melted in the midst thereof. ²² As silver is melted in the midst of a furnace, so shall ye be melted in the midst thereof; and ye shall know that I the Lord have poured out my wrath upon you.

²³ And the word of the Lord came to me, saying, ²⁴ Son of man, say to her, Thou art the land that is not rained upon, neither has rain come upon thee in the day of wrath: ²⁵ whose princes in the midst of her are as roaring lions seizing prey, devouring souls by oppression, and taking bribes; and thy widows are multiplied in the midst of thee. ²⁶ Her priests also have set at nought my law, and profaned my holy things: they have not distinguished between the holy and profane, nor have they distinguished between the unclean and the clean, and have hid their eyes from my sabbaths, and I was profaned in the midst of them. ²⁷ Her princes in the midst of her are as wolves ravening to shed blood, that they may get dishonest gain. ²⁸ And her prophets that daub them shall fall, that see vanities, that prophesy falsehoods, saying, Thus saith the Lord, when the Lord has not spoken. ²⁹ That sorely oppress the people of the land with injustice, and commit robbery; oppressing the poor and needy, and not dealing justly with the stranger.

³⁰ And I sought from among them a man behaving uprightly, and standing before me perfectly in the time of wrath, so that I should not utterly destroy her: but I found *him* not. ³¹ So I have poured out my wrath upon her in the fury of mine anger, to accomplish *it*. I have recompensed their ways on their own heads, saith the Lord God.

And the word of the Lord came to me, saying, ² Son of man, there were two women, daughters of one mother: ³ and they went a-whoring in Egypt in their youth: there their breasts fell, there they lost their virginity. ⁴ And their names were Oola the elder, and Ooliba her sister: and they were β mine, and bore sons and daughters: and *as for* their names, Samaria was Oola, and Jerusalem was Ooliba.

⁵ And Oola went a-whoring from me, and doted on her lovers, on the Assyrians that were her neighbours, ⁶ clothed with purple, princes and captains; *they were* young men and choice, all horsemen riding on horses. ⁷ And she bestowed her fornication upon them; all were choice sons of the Assyrians: and on whomsoever she doted herself, with them she defiled herself in all *their* devices. ⁸ And she forsook not her fornication with the Egyptians: for in her youth they committed fornication with her, and they deflowered her, and poured out their fornication upon her. ⁹ Therefore I delivered her into the hands of her lovers, into the hands of the children of the Assyrians, on whom she doted. ¹⁰ They uncovered her shame: they took her sons and daughters, and slew her with the sword: and she became a byword among women; and they wrought vengeance in her for the sake of the daughters.

ὑμᾶς ἐν πυρὶ ὀργῆς μου, καὶ χωνευθήσεσθε ἐν μέσῳ αὐτῆς. Ὃν τρόπον χωνεύεται ἀργύριον ἐν μέσῳ καμίνου, οὕτως χωνευ- 22 θήσεσθε ἐν μέσῳ αὐτῆς, καὶ ἐπιγνώσεσθε διότι ἐγὼ Κύριος ἐξέχεα τὸν θυμόν μου ἐφ᾽ ὑμᾶς.

Καὶ ἐγένετο λόγος Κυρίου πρὸς μὲ, λέγων, υἱὲ ἀνθρώπου, 23, 24 εἰπὸν αὐτῇ, σὺ εἶ γῆ ἡ οὐ βρεχομένη, οὐδὲ ὑετὸς ἐγένετο ἐπὶ σὲ ἐν ἡμέρᾳ ὀργῆς. Ἧς οἱ ἀφηγούμενοι ἐν μέσῳ αὐτῆς 25 ὡς λέοντες ὠρυόμενοι ἁρπάζοντες ἁρπάγματα, ψυχὰς κατεσθίοντες ἐν δυναστείᾳ, καὶ τιμὰς λαμβάνοντες· καὶ χῆραί σου ἐπληθύνθησαν ἐν μέσῳ σου. Καὶ οἱ ἱερεῖς αὐτῆς ἠθέτησαν νόμον 26 μου, καὶ ἐβεβήλουν τὰ ἅγιά μου· ἀναμέσον ἁγίου καὶ βεβήλου οὐ διέστελλον, καὶ ἀναμέσον ἀκαθάρτου καὶ τοῦ καθαροῦ οὐ διέστελλον, καὶ ἀπὸ τῶν σαββάτων μου παρεκάλυπτον τοὺς ὀφθαλμοὺς αὐτῶν, καὶ ἐβεβηλούμην ἐν μέσῳ αὐτῶν. Οἱ 27 ἄρχοντες αὐτῆς ἐν μέσῳ αὐτῆς ὡς λύκοι ἁρπάζοντες ἁρπάγματα, τοῦ ἐκχέαι αἷμα, ὅπως πλεονεξίᾳ πλεονεκτῶσι. Καὶ οἱ προ- 28 φῆται αὐτῆς ἀλείφοντες αὐτοὺς πεσοῦνται, ὁρῶντες μάταια, μαντευόμενοι ψευδῆ, λέγοντες, τάδε λέγει Κύριος· καὶ Κύριος οὐκ ἐλάλησε. Λαὸν τῆς γῆς ἐκπιεζοῦντες ἀδικίᾳ, καὶ 29 διαρπάζοντες ἁρπάγματα, πτωχὸν καὶ πένητα καταδυναστεύοντες, καὶ πρὸς τὸν προσήλυτον οὐκ ἀναστρεφόμενοι μετὰ κρίματος.

Καὶ ἐζήτουν ἐξ αὐτῶν ἄνδρα ἀναστρεφόμενον ὀρθῶς, καὶ 30 ἑστῶτα πρὸ προσώπου μου ὁλοσχερῶς ἐν τῷ καιρῷ τῆς ὀργῆς, τοῦ μὴ εἰς τέλος ἐξαλεῖψαι αὐτὴν, καὶ οὐχ εὗρον. Καὶ ἐξέχεα 31 ἐπ᾽ αὐτὴν θυμόν μου ἐν πυρὶ ὀργῆς μου, τοῦ συντελέσαι· τὰς ὁδοὺς αὐτῶν εἰς κεφαλὰς αὐτῶν δέδωκα, λέγει Κύριος Κύριος.

Καὶ ἐγένετο λόγος Κυρίου πρὸς μὲ, λέγων, υἱὲ ἀνθρώπου, 23 δύο γυναῖκες ἦσαν θυγατέρες μητρὸς μιᾶς, καὶ ἐξεπόρνευσαν 2, 3 ἐν Αἰγύπτῳ ἐν τῇ νεότητι αὐτῶν, ἐκεῖ ἔπεσον οἱ μαστοὶ αὐτῶν, ἐκεῖ διεπαρθενεύθησαν. Καὶ τὰ ὀνόματα αὐτῶν ἦν Ὀολὰ ἡ 4 πρεσβυτέρα, καὶ Ὀολιβὰ ἡ ἀδελφὴ αὐτῆς· καὶ ἐγένοντό μοι, καὶ ἔτεκον υἱοὺς καὶ θυγατέρας, καὶ τὰ ὀνόματα αὐτῶν, Σαμάρεια ἦν Ὀολὰ, καὶ Ἱερουσαλὴμ ἦν Ὀολιβά.

Καὶ ἐξεπόρνευσεν ἡ Ὀολὰ ἀπ᾽ ἐμοῦ, καὶ ἐπέθετο ἐπὶ τοὺς 5 ἐραστὰς αὐτῆς, ἐπὶ τοὺς Ἀσσυρίους τοὺς ἐγγίζοντας αὐτῇ, ἐνδεδυκότας ὑακίνθινα, ἡγουμένους καὶ στρατηγούς· νεανίσκοι 6 καὶ ἐπίλεκτοι, πάντες ἱππεῖς ἱππαζόμενοι ἐφ᾽ ἵππων. Καὶ 7 ἔδωκε τὴν πορνείαν αὐτῆς ἐπ᾽ αὐτούς· ἐπίλεκτοι υἱοὶ Ἀσσυρίων πάντες· καὶ ἐπὶ πάντας οὓς ἐπέθετο, ἐν πᾶσι τοῖς ἐνθυμήμασιν αὐτοῖς ἐμιαίνετο. Καὶ τὴν πορνείαν αὐτῆς ἐξ Αἰγύπτου οὐκ 8 ἐγκατέλιπεν, ὅτι μετ᾽ αὐτῆς ἐκοιμῶντο ἐν νεότητι αὐτῆς, καὶ αὐτοὶ διεπαρθένευσαν αὐτὴν, καὶ ἐξέχεαν τὴν πορνείαν αὐτῶν ἐπ᾽ αὐτήν. Διατοῦτο παρέδωκα αὐτὴν εἰς χεῖρας τῶν ἐραστῶν 9 αὐτῆς, εἰς χεῖρας υἱῶν Ἀσσυρίων, ἐφ᾽ οὓς ἐπετίθετο. Αὐτοὶ 10 ἀπεκάλυψαν τὴν αἰσχύνην αὐτῆς, υἱοὺς καὶ θυγατέρας αὐτῆς ἔλαβον, καὶ αὐτὴν ἐν ῥομφαίᾳ ἀπέκτειναν· καὶ ἐγένετο λάλημα εἰς γυναῖκας, καὶ ἐποίησαν ἐκδικήσεις ἐν αὐτῇ εἰς τὰς θυγατέρας.

β Or, married to me.

11 Καὶ εἶδεν ἡ ἀδελφὴ αὐτῆς Ὀολιβὰ, καὶ διέφθειρε τὴν ἐπί-
θεσιν αὐτῆς ὑπὲρ αὐτὴν, καὶ τὴν πορνείαν αὐτῆς ὑπὲρ τὴν
12 πορνείαν τῆς ἀδελφῆς αὐτῆς. Ἐπὶ τοὺς υἱοὺς τῶν Ἀσσυρίων
ἐπέθετο, ἡγουμένους καὶ στρατηγοὺς, τοὺς ἐγγὺς αὐτῆς, ἐνδεδυ-
κότας εὐπάρυφα, ἱππεῖς ἱππαζομένους ἐφ᾽ ἵππων· νεανίσκοι
13 ἐπίλεκτοι πάντες· Καὶ ἴδον ὅτι μεμίανται ὁδὸς μία τῶν δύο.

14 Καὶ προσέθετο πρὸς τὴν πορνείαν αὐτῆς, καὶ εἶδεν ἄνδρας
ἐζωγραφημένους ἐπὶ τοῦ τοίχου, εἰκόνας Χαλδαίων ἐζωγραφη-
15 μένους ἐν γραφίδι, ἐζωσμένους ποικίλματα ἐπὶ τὰς ὀσφύας
αὐτῶν, παραβαπτὰ καὶ ἐπὶ τῶν κεφαλῶν αὐτῶν, ὄψις τρισσὴ
16 πάντων, ὁμοίωμα υἱῶν Χαλδαίων, γῆς πατρίδος αὐτοῦ· Καὶ
ἐπέθετο ἐπ᾽ αὐτοὺς τῇ ὁράσει ὀφθαλμῶν αὐτῆς· καὶ ἐξαπέστει-
17 λεν ἀγγέλους πρὸς αὐτοὺς εἰς γῆν Χαλδαίων. Καὶ ἤλθοσαν
πρὸς αὐτὴν υἱοὶ Βαβυλῶνος, εἰς κοίτην καταλυόντων, καὶ
ἐμίαινον αὐτὴν ἐν τῇ πορνείᾳ αὐτῆς, καὶ ἐμιάνθη ἐν αὐτοῖς,
18 καὶ ἀπέστη ἡ ψυχὴ αὐτῆς ἀπ᾽ αὐτῶν. Καὶ ἀπεκάλυψε τὴν
πορνείαν αὐτῆς, καὶ ἀπεκάλυψεν αἰσχύνην αὐτῆς· καὶ ἀπέστη
ἡ ψυχή μου ἀπ᾽ αὐτῆς, ὃν τρόπον ἀπέστη ἡ ψυχή μου ἀπὸ τῆς
ἀδελφῆς αὐτῆς.

19 Καὶ ἐπλήθυνας τὴν πορνείαν σου, τοῦ ἀναμνῆσαι ἡμέραν
20 νεότητός σου, ἐν αἷς ἐπόρνευσας ἐν Αἰγύπτῳ, καὶ ἐπέθου ἐπὶ
τοὺς Χαλδαίους, ὧν ὡς ὄνων αἱ σάρκες αὐτῶν, καὶ αἰδοῖα ἵππων
21 τὰ αἰδοῖα αὐτῶν, καὶ ἐπεσκέψω τὴν ἀνομίαν νεότητός σου, ἃ
ἐποίεις ἐν Αἰγύπτῳ ἐν τῷ καταλύματί σου, οὗ οἱ μαστοὶ νεό-
τητός σου.

22 Διατοῦτο, Ὀολιβὰ, τάδε λέγει Κύριος, ἰδοὺ ἐγὼ ἐξεγείρω
τοὺς ἐραστάς σου ἐπὶ σὲ, ἀφ᾽ ὧν ἀπέστη ἡ ψυχή σου ἀπ᾽
23 αὐτῶν, καὶ ἐπάξω αὐτοὺς ἐπὶ σὲ κυκλόθεν, υἱοὺς Βαβυλῶνος,
καὶ πάντας τοὺς Χαλδαίους, Φακοὺκ, καὶ Σουὲ, καὶ Ὑχουὲ, καὶ
πάντας υἱοὺς Ἀσσυρίων μετ᾽ αὐτῶν, νεανίσκους ἐπιλέκτους,
ἡγεμόνας καὶ στρατηγοὺς, πάντας τρισσοὺς καὶ ὀνομαστοὺς,
24 ἱππεύοντας ἐφ᾽ ἵππων. Καὶ πάντες ἥξουσιν ἐπὶ σὲ ἀπὸ Βορρᾶ,
ἅρματα καὶ τροχοὶ μετ᾽ ὄχλου λαῶν, θυρεοὶ καὶ πέλται, καὶ
βαλεῖ φυλακὴν ἐπὶ σὲ κύκλῳ· καὶ δώσω πρὸ προσώπου αὐτῶν
25 κρίμα, καὶ ἐκδικήσουσί σε ἐν τοῖς κρίμασιν αὐτῶν. Καὶ δώσω
τὸν ζῆλόν μου ἐν σοὶ, καὶ ποιήσουσι μετὰ σου ἐν ὀργῇ θυμοῦ·
μυκτηρά σου καὶ ὦτά σου ἀφελοῦσι, καὶ τοὺς καταλοίπους
σου ἐν ῥομφαίᾳ καταβαλοῦσιν· αὐτοὶ υἱούς σου καὶ θυγατέρας
σου λήψονται, καὶ τοὺς καταλοίπους σου πῦρ καταφάγεται.
26 Καὶ ἐκδύσουσί σε τὸν ἱματισμόν σου, καὶ λήψονται τὰ σκεύη
27 τῆς καυχήσεώς σου. Καὶ ἀποστρέψω τὰς ἀσεβείας σου ἐκ
σοῦ, καὶ τὴν πορνείαν σου ἐκ γῆς Αἰγύπτου· καὶ οὐ μὴ ἄρῃς
τοὺς ὀφθαλμούς σου ἐπ᾽ αὐτοὺς, καὶ Αἰγύπτου οὐ μὴ μνησθῇς
οὐκέτι.

28 Διότι τάδε λέγει Κύριος Κύριος, ἰδοὺ ἐγὼ παραδίδωμί σε
εἰς χεῖρας ὧν μισεῖς, ἀφ᾽ ὧν ἀπέστη ἡ ψυχή σου ἀπ᾽ αὐτῶν.
29 Καὶ ποιήσουσιν ἐν σοὶ ἐν μίσει, καὶ λήψονται πάντας τοὺς
πόνους σου καὶ τοὺς μόχθους σου, καὶ ἔσῃ γυμνὴ καὶ αἰσχύ-

[11] And her sister Ooliba saw *it*, and she indulged in her fondness more corruptly than she, and in her fornication more than the fornication of her sister. [12] She doted upon the sons of the Assyrians, princes and captains, her neighbours, clothed with fine linen, horsemen riding on horses; *they were* all choice young men. [13] And I saw that they were defiled, *that* the two *had* one way. [14] And she increased her fornication, and she saw men painted on the wall, likenesses of the Chaldeans painted with a pencil, [15] having variegated girdles on their loins, having richly dyed *attire* upon their heads; all had a β princely appearance, the likeness of the children of the Chaldeans, of their γ native land. [16] And she doted upon them δ as soon as she saw them, and sent forth messengers to them into the land of the Chaldeans. [17] And the sons of Babylon came to her, into the bed of rest, and they defiled her in her fornication, and she was defiled by them, and her soul was alienated from them. [18] And she exposed her fornication, and exposed her shame: and my soul was alienated from her, even as my soul was alienated from her sister.

[19] And thou didst multiply thy fornication, so as to call to remembrance the days of thy youth, wherein thou didst commit whoredom in Egypt, [20] and thou didst dote upon the Chaldeans, whose flesh is as the flesh of asses, and their members *as* the members of horses. [21] And thou didst look upon the iniquity of thy youth, *the things* which thou wroughtest in Egypt in thy lodging, where were the breasts of thy youth. [22] Therefore, Ooliba, thus saith the Lord; Behold, I *will* stir up thy lovers against thee, from whom thy soul is alienated, and I will bring them upon thee round about, [23] the children of Babylon, and all the Chaldeans, Phacuc, and Sue, and Hychue, and all the sons of the Assyrians with them; choice young men, governors and captains, all ζ princes and renowned, riding on horses. [24] And they all shall come upon thee from the north, chariots and wheels, with a multitude of nations, shields and targets: and *the enemy* shall set a watch against thee round about: and I will set judgment before them, and they shall take vengeance on thee with their judgments. [25] And I will bring upon thee my jealousy, and they shall deal with thee in great wrath: they shall take away thy nose and thine ears; and shall cast down thy remnant with the sword: they shall take thy sons and thy daughters; and thy remnant fire shall devour. [26] And they shall strip thee of thy raiment, and take *away* θ thine ornaments. [27] So I will turn back thine ungodliness from thee, and thy fornication from the land of Egypt: and thou shalt not lift up thine eyes upon them, and shalt no more remember Egypt. [28] Wherefore thus saith the Lord God; Behold, I *will* deliver thee into the hands of those whom thou hatest, from whom thy soul is alienated. [29] And they shall deal with thee in hatred, and shall take all *the fruits* of thy labours and thy toils, and thou shalt be naked and bare: and the shame of

---

β See *Heb.*   γ *Alex.* αὐτῶν.   δ *Gr.* in the sight of her eyes.   ζ See ver. 15.   θ *Gr.* the vessels of thy glory, *or*, boasting.

thy fornication shall be exposed: and thy ungodliness and thy fornication [30] brought this upon thee, in that thou wentest a-whoring after the nations, and didst defile thyself with their devices. [31] Thou didst walk in the way of thy sister; and I will put her cup into thine hands. [32] Thus saith the Lord; Drink thy sister's cup, deep and large,β and full, to cause complete drunkenness. [33] And thou shalt be thoroughly weakened; and the cup of destruction, the cup of thy sister Samaria, [34] drink thou it, and I will take away her feasts and her new moons: for I have spoken it, saith the Lord. [35] Therefore thus saith the Lord; Because thou hast forgotten me, and cast me behind thy back, therefore receive thou the reward of thine ungodliness and thy fornication. [36] And the Lord said to me; Son of man, wilt thou not judge Oola and Ooliba? and declare to them their iniquities? [37] For they have committed adultery, and blood was in their hands, they committed adultery with their γ devices, and they passed through the fire to them their children which they bore to me. [38] So long too as they did these things to me, they defiled my sanctuary, and profaned my sabbaths. [39] And when they δ sacrificed their children to their idols, they also went into my sanctuary to profane it: and whereas they did thus in the midst of my house; [40] and whereas they did thus to the men that came from afar, to whom they sent messengers, and as soon as they came, immediately thou didst wash thyself, and didst paint thine eyes and adorn thyself with ornaments, [41] and satest on a prepared bed, and before it there was a table set out, and as for mine incense and mine oil, they rejoiced in them, [42] and they raised a sound of music, and that with men coming from the wilderness out of a multitude of men,ζ and they put bracelets on their hands, and a crown of θ glory on their heads; [43] Therefore I said, Do they not commit adultery with these? and has she also gone a-whoring after the manner of a harlot? [44] And they went in to her, as men go in to a harlot; so they went in to Oola and Ooliba to work iniquity. [45] And they are just men, and shall take vengeance on them with the judgment of an adulteress and the judgment of blood: for they are adulteresses, and blood is in their hands. [46] Thus saith the Lord God, Bring up a multitude upon them, and send trouble and plunder into the midst of them. [47] And stone them with the stones of a multitude, and pierce them with their swords: they shall slay their sons and their daughters, and shall burn up their houses. [48] And I will remove ungodliness out of the land, and all the women shall be instructed, and shall not do according to their ungodliness. [49] And your ungodliness shall be recompensed upon you, and ye shall bear the guilt of your devices: and ye shall know that I am the Lord.

And the word of the Lord came to me, in the ninth year, in the tenth month, on the tenth day of the month, saying, [2] Son

νουσα, καὶ ἀποκαλυφθήσεται αἰσχύνη πορνείας σου· καὶ ἀσέβειά σου, καὶ ἡ πορνεία σου ἐποίησε ταῦτά σοι; ἐν τῷ 30 ἐκπορνεῦσαί σε ὀπίσω ἐθνῶν, καὶ ἐμιαίνου ἐν τοῖς ἐνθυμήμασιν αὐτῶν.

Ἐν τῇ ὁδῷ τῆς ἀδελφῆς σου ἐπορεύθης· καὶ δώσω τὸ 31 ποτήριον αὐτῆς εἰς χεῖράς σου. Τάδε λέγει Κύριος, τὸ ποτή- 32 ριον τῆς ἀδελφῆς σου πίεσαι, τὸ βαθὺ καὶ τὸ πλατὺ, καὶ τὸ πλεονάζον τοῦ συντελέσαι μέθην. Καὶ ἐκλύσεως πλησθήσῃ, 33 καὶ τὸ ποτήριον ἀφανισμοῦ, ποτήριον ἀδελφῆς σου Σαμαρείας, πίεσαι αὐτό· καὶ τὰς ἑορτὰς καὶ τὰς νουμηνίας αὐτῆς ἀπο- 34 στρέψω· διότι ἐγὼ λελάληκα, λέγει Κύριος. Διατοῦτο τάδε 35 λέγει Κύριος, ἀνθ᾽ ὧν ἐπελάθου μου, καὶ ἀπέῤῥιψάς με ὀπίσω τοῦ σώματός σου, καὶ σὺ λάβε τὴν ἀσέβειάν σου καὶ τὴν πορνείαν σου.

Καὶ εἶπε Κύριος πρὸς μὲ, υἱὲ ἀνθρώπου, οὐ κρινῦς τὴν 36 Ὀολὰν καὶ τὴν Ὀολιβὰν, καὶ ἀναγγελεῖς αὐταῖς τὰς ὀνομίας αὐτῶν; Ὅτι ἐμοιχῶντο, καὶ αἷμα ἐν χερσὶν αὐτῶν, τὰ ἐνθυ- 37 μήματα αὐτῶν ἐμοιχῶντο, καὶ τὰ τέκνα αὐτῶν ἃ ἐγέννησάν μοι, διήγαγον αὐτοῖς δι᾽ ἐμπύρων. Ἕως καὶ ταῦτα ἐποίησάν μοι, 38 τὰ ἅγιά μου ἐμίαινον, καὶ τὰ σάββατά μου ἐβεβήλουν, καὶ 39 ἐν τῷ σφάζειν αὐτοὺς τὰ τέκνα αὐτῶν τοῖς εἰδώλοις αὐτῶν, καὶ εἰσεπορεύοντο εἰς τὰ ἅγιά μου, τοῦ βεβηλοῦν αὐτά· καὶ ὅτι οὕτως ἐποίουν ἐν μέσῳ τοῦ οἴκου μου, καὶ ὅτι τοῖς ἀνδράσι 40 τοῖς ἐρχομένοις μακρόθεν, οἷς ἀγγέλους ἐξαπέστειλαν πρὸς αὐτοὺς, καὶ ἅμα τῷ ἔρχεσθαι αὐτοὺς, εὐθὺς ἐλούου, καὶ ἐστι- βίζου τοὺς ὀφθαλμούς σου, καὶ ἐκόσμου κόσμῳ, καὶ ἐκάθου 41 ἐπὶ κλίνης ἐστρωμένης, καὶ τράπεζα κεκοσμημένη πρὸ προσώ- που αὐτῆς, καὶ τὸ θυμίαμα καὶ τὸ ἔλαιόν μου εὐφραίνοντο ἐν αὐτοῖς, καὶ φωνὴν ἁρμονίας ἀνεκρούοντο, καὶ πρὸς ἄνδρας ἐκ 42 πλήθους ἀνθρώπων ἥκοντας ἐκ τῆς ἐρήμου· καὶ ἐδίδοσαν ψέλλια ἐπὶ τὰς χεῖρας αὐτῶν, καὶ στέφανον καυχήσεως ἐπὶ τὰς κεφα- λὰς αὐτῶν.

Καὶ εἶπα, οὐκ ἐν τούτοις μοιχεύουσι; καὶ ἔργα πόρνης καὶ 43 αὐτὴ ἐξεπόρνευσε; Καὶ εἰσεπορεύοντο πρὸς αὐτὴν, ὃν τρόπον 44 εἰσπορεύονται πρὸς γυναῖκα πόρνην, οὕτως εἰσεπορεύοντο πρὸς Ὀολὰν, καὶ πρὸς Ὀολιβὰν, τοῦ ποιῆσαι ἀνομίαν. Καὶ ἄνδρες 45 δίκαιοι αὐτοὶ καὶ ἐκδικήσουσιν αὐτὰς ἐκδικήσει μοιχαλίδος, καὶ ἐκδικήσει αἵματος, ὅτι μοιχαλίδες εἰσὶ, καὶ αἷμα ἐν χερσὶν αὐτῶν.

Τάδε λέγει Κύριος Κύριος, ἀνάγαγε ἐπ᾽ αὐτὰς ὄχλον, καὶ 46 δὸς ἐν αὐταῖς ταραχὴν καὶ διαρπαγὴν, καὶ λιθοβόλησον ἐπ᾽ 47 αὐτὰς λίθοις ὄχλων, καὶ κατακέντει αὐτὰς ἐν τοῖς ξίφεσιν αὐτῶν· υἱοὺς αὐτῶν καὶ θυγατέρας αὐτῶν ἀποκτενοῦσι, καὶ τοὺς οἴκους αὐτῶν ἐμπρήσουσι. Καὶ ἀποστρέψω ἀσέβειαν ἐκ τῆς γῆς, καὶ 48 παιδευθήσονται πᾶσαι αἱ γυναῖκες, καὶ οὐ μὴ ποιήσουσι κατὰ τὰς ἀσεβείας αὐτῶν· Καὶ δοθήσεται ἡ ἀσέβεια ὑμῶν ἐφ᾽ 49 ὑμᾶς, καὶ τὰς ἁμαρτίας τῶν ἐνθυμημάτων ὑμῶν λήψεσθε, καὶ γνώσεσθε διότι ἐγὼ Κύριος.

Καὶ ἐγένετο λόγος Κυρίου πρὸς μὲ, ἐν τῷ ἔτει τῷ ἐννάτῳ, 24 ἐν τῷ μηνὶ τῷ δεκάτῳ, δεκάτῃ τοῦ μηνὸς, λέγων, υἱὲ ἀνθρώπου 2

β Alex + 'it shall be for derision, or, scorn.'   γ i.e. idols.   δ Lit. slew.   ζ Alex.+ 'inflamed with wine.' See A.V. margin.
θ Gr. boasting.

γράψον σεαυτῷ εἰς ἡμέραν ἀπὸ τῆς ἡμέρας ταύτης, ἀφ᾽ ἧς ἀπη-
ρείσατο βασιλεὺς Βαβυλῶνος ἐπὶ Ἱερουσαλὴμ, ἀπὸ τῆς ἡμέρας
3 τῆς σήμερον· Καὶ εἰπὸν ἐπὶ τὸν οἶκον τὸν παραπικραίνοντα
παραβολὴν, καὶ ἐρεῖς πρὸς αὐτοὺς,

Τάδε λέγει Κύριος, ἐπίστησον τὸν λέβητα, καὶ ἔγχεον εἰς
4 αὐτὸν ὕδωρ, καὶ ἔμβαλε εἰς αὐτὸν τὰ διχοτομήματα, πᾶν
διχοτόμημα καλὸν, σκέλος καὶ ὦμον ἐκσεσαρκισμένα ἀπὸ τῶν
5 ὀστῶν, ἐξ ἐπιλέκτων κτηνῶν εἰλημμένων· καὶ ὑπόκαιε τὰ
ὀστᾶ ὑποκάτω αὐτῶν, ἔζεσε καὶ ἤψηται τὰ ὀστᾶ αὐτῆς ἐν μέσῳ
αὐτῆς.

6 Διατοῦτο τάδε λέγει Κύριος, ὦ πόλις αἱμάτων, λέβης, ἐν ᾧ
ἐστιν ἰὸς ἐν αὐτῷ, καὶ ὁ ἰὸς οὐκ ἐξῆλθεν ἐξ αὐτῆς, κατὰ μέλος
7 αὐτῆς ἐξήνεγκεν, οὐκ ἔπεσεν ἐπ᾽ αὐτὴν κλῆρος. Ὅτι αἷμα
αὐτῆς ἐν μέσῳ αὐτῆς ἐστιν, ἐπὶ λεωπετρίαν τέταχα αὐτό· οὐκ
8 ἐκκέχυκα αὐτὸ ἐπὶ τὴν γῆν, τοῦ καλύψαι ἐπ᾽ αὐτὸ γῆν, τοῦ
ἀναβῆναι θυμὸν εἰς ἐκδίκησιν ἐκδικηθῆναι· δέδωκα τὸ αἷμα
αὐτῆς ἐπὶ λεωπετρίαν, τοῦ μὴ καλύψαι αὐτό.

9 Διατοῦτο τάδε λέγει Κύριος, κἀγὼ μεγαλυνῶ τὸν δαλόν·
10 Καὶ πληθυνῶ τὰ ξύλα, καὶ ἀνακαύσω τὸ πῦρ, ὅπως τακῇ τὰ
11 κρέα, καὶ ἐλαττωθῇ ὁ ζωμὸς, καὶ στῇ ἐπὶ τοὺς ἄνθρακας, ὅπως
προσκαυθῇ καὶ θερμανθῇ ὁ χαλκὸς αὐτῆς, καὶ τακῇ ἐν μέσῳ
12 ἀκαθαρσίας αὐτῆς, καὶ ἐκλίπῃ ὁ ἰὸς αὐτῆς, καὶ οὐ μὴ ἐξέλθῃ
13 ἐξ αὐτῆς πολὺς ὁ ἰὸς αὐτῆς. Καταισχυνθήσεται ὁ ἰὸς αὐτῆς,
ἀνθ᾽ ὧν ἐμιαίνου σύ· καὶ τί ἐὰν μὴ καθαρισθῇς ἔτι ἕως οὗ
ἐμπλήσω τὸν θυμόν μου;

14 Ἐγὼ Κύριος λελάληκα, καὶ ἥξει, καὶ ποιήσω, οὐ διαστελῶ,
οὐδὲ μὴ ἐλεήσω· κατὰ τὰς ὁδούς σου, καὶ κατὰ τὰ ἐνθυμήματά
σου κρινῶ σε, λέγει Κύριος· διατοῦτο ἐγὼ κρινῶ σε κατὰ τὰ
αἵματά σου, καὶ κατὰ τὰ ἐνθυμήματά σου κρινῶ σε, ἡ ἀκάθαρ-
τος, ἡ ὀνομαστὴ, καὶ πολλὴ τοῦ παραπικραίνειν.

15, 16 Καὶ ἐγένετο λόγος Κυρίου πρὸς μὲ, λέγων, υἱὲ ἀνθρώπου,
ἰδοὺ ἐγὼ λαμβάνω ἐκ σοῦ τὰ ἐπιθυμήματα τῶν ὀφθαλμῶν σου
17 ἐν παρατάξει, οὐ μὴ κοπῇς, οὐδ᾽ οὐ μὴ κλαυσθῇς, στεναγμὸς
αἵματος, ὀσφύος πένθος ἔσῃ· οὐκ ἔσται τὸ τρίχωμά σου συμ-
πεπλεγμένον ἐπὶ σὲ, καὶ τὰ ὑποδήματά σου ἐν τοῖς ποσί σου·
οὐ μὴ παρακληθῇς ἐν χείλεσιν αὐτῶν, καὶ ἄρτον ἀνδρῶν οὐ μὴ
φάγῃς.

18 Καὶ ἐλάλησα πρὸς τὸν λαὸν τοπρωΐ, ὃν τρόπον ἐνετείλατό
μοι ἑσπέρας, καὶ ἐποίησα τοπρωῒ, ὃν τρόπον ἐπετάγη μοι.
19 Καὶ εἶπε πρὸς μὲ ὁ λαὸς, οὐκ ἀναγγέλλεις ἡμῖν τί ἐστι ταῦτα
20 ἃ σὺ ποιεῖς; Καὶ εἶπα πρὸς αὐτοὺς, λόγος Κυρίου ἐγένετο
21 πρὸς μὲ, λέγων, εἰπὸν πρὸς τὸν οἶκον τοῦ Ἰσραὴλ,

Τάδε λέγει Κύριος, ἰδοὺ ἐγὼ βεβηλῶ τὰ ἅγιά μου, φρύαγμα
ἰσχύος ὑμῶν, ἐπιθυμήματα ὀφθαλμῶν ὑμῶν, καὶ ὑπὲρ ὧν φεί-
δονται αἱ ψυχαὶ ὑμῶν· καὶ οἱ υἱοὶ ὑμῶν καὶ αἱ θυγατέρες ὑμῶν,
22 οὓς ἐγκατελίπετε, ἐν ῥομφαίᾳ πεσοῦνται. Καὶ ποιήσετε ὃν
τρόπον πεποίηκα· ἀπὸ στόματος αὐτῶν οὐ παρακληθήσεσθε,

of man, write for thyself daily from this
day, on which the king of Babylon set him-
self against Jerusalem, *even* from this day.
[3]And speak a parable to the provoking
house, and thou shalt say to them,

Thus saith the Lord ; Set on the caldron,
and pour water into it: [4]and put the pieces
into it, every prime piece, the leg and shoul-
der taken off from the bones, [5]*which are*
taken from choice cattle, and burn the
bones under them: her bones are boiled
and cooked in the midst of her.

[6]Therefore thus saith the Lord; O bloody
city, the caldron in which there is [β] scum,
and the scum has not gone out of, she has
brought it forth piece by piece, no lot has
fallen upon it. [7]For her blood is in the
midst of her ; I have set it upon a smooth
rock : I have not poured it out upon the
earth, so that the earth should cover it ;
[8]that my wrath should come up for com-
plete vengeance to be taken: I set her blood
upon a smooth rock, so as not to cover it.

[9]Therefore thus saith the Lord, I will
also make the firebrand great, [10]and I will
multiply the wood, and kindle the fire, that
the flesh may be consumed, and the liquor
boiled away ; [11]and that *it* may stand upon
the coals, that her brass may be [γ] thoroughly
heated, and be melted in the midst of her
filthiness, and her scum may be consumed,
[12]and her abundant scum may not come
forth of her. [13]Her scum shall become
shameful, because thou didst defile thyself :
and what if thou shalt be purged no more
until I have accomplished my wrath ?

[14]I the Lord have spoken ; and it shall
come, and I will do *it* ; I will not delay,
neither will I have any mercy : I will judge
thee, saith the Lord, according to thy ways,
and according to thy devices : therefore will
I judge thee according to thy bloodshed,
and according to thy devices will I judge
thee, thou unclean, notorious, and abun-
dantly provoking one.

[15]And the word of the Lord came to me,
saying, [16]Son of man, behold I take from
thee the desire of thine eyes [δ] by violence :
thou shalt not lament, neither shalt thou
weep. [17]Thou shalt groan for blood, and
have mourning upon thy loins ; thy hair
shall not be braided upon thee, and thy
sandals *shall be* on thy feet ; thou shalt in
no wise be comforted by their lips, and thou
shalt not eat the bread of men.

[18]And I spoke to the people in the morn-
ing, as he commanded me in the evening,
and I did in the morning as it was com-
manded me. [19]And the people said to me,
Wilt thou not tell us what these things are
that thou doest ? [20]Then I said to them,
The word of the Lord came to me, saying,
[21]Say to the house of Israel,

Thus saith the Lord ; Behold, I *will* pro-
fane my sanctuary, the boast of your
strength, the desire of your eyes, and for
which your souls [ς] are concerned ; and your
sons and your daughters, whom ye have
left, shall fall by the sword. [22]And ye
shall do as I have done : ye shall not be
comforted at their mouth, and ye shall not

β *Gr.* blight, *or,* rust.   γ *Gr.* burnt and heated.   δ *Lit.* in battle array.   ζ *Gr.* spare.

eat the bread of men. ²³ And your hair *shall be* upon your head, and your shoes on your feet: neither shall ye at all lament or weep; but ye shall pine away in your iniquities, and shall comfort every one his brother. ²⁴ And Jezekiel shall be for a sign to you: according to all that I have done shall ye do, when these things shall come; and ye shall know that I am the Lord.

And thou, son of man, *shall it* not *be* in the day when I take their strength from them, the pride of their boasting, the desires of their eyes, and the pride of their soul, their sons and their daughters, ²⁶ that in that day he that escapes shall come to thee, to tell *it* thee in thine ears? ²⁷ In that day thy mouth shall be opened to him that escapes; thou shalt speak, and shalt be no longer β dumb: and thou shalt be for a sign to them, and they shall know that I am the Lord.

And the word of the Lord came to me, saying, ² Son of man, set thy face stedfastly against the children of Ammon, and prophesy against them; ³ and thou shalt say to the children of Ammon,

Hear ye the word of the Lord; thus saith the Lord; Forasmuch as ye have rejoiced against my sanctuary, because it was profaned; and against the land of Israel, because it was laid waste; and against the house of Juda, because they went into captivity; ⁴ therefore, behold, I *will* deliver you to the children of γ Kedem for an inheritance, and they shall lodge in thee with their stuff, and they shall pitch their tents in thee: they shall eat thy fruits, and they shall drink thy δ milk. ⁵ And I will give up the city of Ammon for camels' pastures, and the children of Ammon for a pasture of sheep: and ye shall know that I am the Lord.

⁶ For thus saith the Lord; Because thou hast clapped thine hands, and stamped with thy foot, and heartily rejoiced against the land of Israel; ⁷ therefore I will stretch out my hand against thee, and I will make thee a spoil to the nations; and I will utterly destroy thee from among the peoples, and I will completely cut thee off from out of the countries: and thou shalt know that I am the Lord.

⁸ Thus saith the Lord; Because Moab has said, Behold, are not the house of Israel and Juda like all the *other* nations? ⁹ Therefore, behold, I will ϛ weaken the shoulder of Moab from his frontier cities, *even* the choice land, the house of Bethasimuth above the fountain of the city, by the sea-side. ¹⁰ I have given him the children of Kedem in addition to the children of Ammon for an inheritance, that there may be no remembrance of the children of Ammon.θ ¹¹ And I will execute vengeance on Moab; and they shall know that I am the Lord.

¹² Thus saith the Lord; Because of what λ the Idumeans have done in taking vengeance on the house of Juda, and *because they* have remembered injuries, and have exacted full recompence; ¹³ therefore thus saith the Lord; I will also stretch out my hand upon Idumea, and will utterly destroy out of it man and beast; and will make it

καὶ ἄρτον ἀνδρῶν οὐ φάγεσθε, καὶ αἱ κόμαι ὑμῶν ἐπὶ τῆς κεφα- 23 λῆς ὑμῶν, καὶ τὰ ὑποδήματα ὑμῶν ἐν τοῖς ποσὶν ὑμῶν· οὔτε μὲ κόψησθε, οὔτε μὴ κλαύσητε, καὶ ἐντακήσεσθε ἐν ταῖς ἀδικίαις ὑμῶν, καὶ παρακαλέσετε ἕκαστος τὸν ἀδελφὸν αὐτοῦ. Καὶ ἔσται Ἰεζεκιὴλ ὑμῖν εἰς τέρας, κατὰ πάντα ὅσα ἐποί- 24 ησα ποιήσετε, ὅταν ἔλθῃ ταῦτα, καὶ ἐπιγνώσεσθε διότι ἐγὼ Κύριος.

Καὶ σὺ, υἱὲ ἀνθρώπου, οὐχὶ ἐν τῇ ἡμέρᾳ ὅταν λαμβάνω τὴν 25 ἰσχὺν παρ᾿ αὐτῶν, τὴν ἔπαρσιν τῆς καυχήσεως αὐτῶν, τὰ ἐπι- θυμήματα ὀφθαλμῶν αὐτῶν, καὶ τὴν ἔπαρσιν ψυχῆς αὐτῶν, υἱοὺς αὐτῶν καὶ θυγατέρας αὐτῶν, ἐν τῇ ἡμέρᾳ ἐκείνῃ ἥξει 26 ὁ ἀνασωζόμενος πρὸς σὲ, τοῦ ἀναγγεῖλαί σοι εἰς τὰ ὦτα; Ἐν τῇ ἡμέρᾳ ἐκείνῃ διανοιχθήσεται τὸ στόμα σου πρὸς τὸν 27 ἀνασωζόμενον· λαλήσεις, καὶ οὐ μὴ ἀποκωφωθῇς οὐκέτι, καὶ ἔσῃ αὐτοῖς εἰς τέρας, καὶ ἐπιγνώσονται διότι ἐγὼ Κύριος.

Καὶ ἐγένετο λόγος Κυρίου πρὸς μὲ, λέγων, υἱὲ ἀνθρώπου, 25 στήρισον τὸ πρόσωπόν σου ἐπὶ τοὺς υἱοὺς Ἀμμὼν, καὶ προ- 2 φήτευσον ἐπ᾿ αὐτοὺς, καὶ ἐρεῖς τοῖς υἱοῖς Ἀμμὼν, 3

Ἀκούσατε λόγον Κυρίου· τάδε λέγει Κύριος, ἀνθ᾿ ὧν ἐπεχάρητε ἐπὶ τὰ ἅγιά μου, ὅτι ἐβεβηλώθη, καὶ ἐπὶ τὴν γῆν τοῦ Ἰσραὴλ, ὅτι ἠφανίσθη, καὶ ἐπὶ τὸν οἶκον τοῦ Ἰούδα, ὅτι ἐπορεύθησαν ἐν αἰχμαλωσίᾳ, διατοῦτο ἰδοὺ ἐγὼ παραδίδωμι 4 ὑμᾶς τοῖς υἱοῖς Κεδὲμ εἰς κληρονομίαν, καὶ κατασκηνώσουσιν ἐν τῇ ἀπαρτίᾳ αὐτῶν ἐν σοὶ, καὶ δώσουσιν ἐν σοὶ τὰ σκηνώματα αὐτῶν· αὐτοὶ φάγονται τοὺς καρπούς σου, καὶ αὐτοὶ πίονται τὴν πιότητά σου. Καὶ δώσω τὴν πόλιν τοῦ Ἀμμὼν εἰς νομὰς 5 καμήλων, καὶ τοὺς υἱοὺς Ἀμμὼν εἰς νομὴν προβάτων, καὶ ἐπιγνώσεσθε διότι ἐγὼ Κύριος.

Διότι τάδε λέγει Κύριος, ἀνθ᾿ ὧν ἐκρότησας τὴν χεῖρά σου, 6 καὶ ἐψόφησας τῷ ποδί σου, καὶ ἐπέχαρας ἐκ ψυχῆς σου ἐπὶ τὴν γῆν τοῦ Ἰσραὴλ, διατοῦτο ἐκτενῶ τὴν χεῖρά μου ἐπὶ σὲ, 7 καὶ δώσω σε εἰς διαρπαγὴν ἐν τοῖς ἔθνεσι, καὶ ἐξολοθρεύσω σε ἐκ τῶν λαῶν, καὶ ἀπολῶ σε ἐκ τῶν χωρῶν ἀπωλείᾳ, καὶ ἐπι- γνώσῃ διότι ἐγὼ Κύριος.

Τάδε λέγει Κύριος, ἀνθ᾿ ὧν εἶπε Μωὰβ, ἰδοὺ, οὐχ ὃν τρόπον 8 πάντα τὰ ἔθνη, οἶκος Ἰσραὴλ καὶ Ἰούδα; Διατοῦτο ἰδοὺ ἐγὼ 9 παραλύω τὸν ὦμον Μωὰβ ἀπὸ πόλεων ἀκρωτηρίων αὐτοῦ, ἐκλεκτὴν γῆν, οἶκον Βεθασιμοὺθ ἐπάνω πηγῆς πόλεως παρα- θαλασσίας, τοὺς υἱοὺς Κεδὲμ ἐπὶ τοὺς υἱοὺς Ἀμμὼν δέδωκα 10 αὐτῷ εἰς κληρονομίαν, ὅπως μὴ μνεία γένηται τῶν υἱῶν Ἀμμών. Καὶ εἰς Μωὰβ ποιήσω ἐκδίκησιν, καὶ ἐπιγνώσονται διότι ἐγὼ 11 Κύριος.

Τάδε λέγει Κύριος, ἀνθ᾿ ὧν ἐποίησεν ἡ Ἰδουμαία ἐν τῷ 12 ἐκδικῆσαι αὐτοὺς ἐκδίκησιν εἰς τὸν οἶκον Ἰούδα, καὶ ἐμνησι- κάκησαν, καὶ ἐξεδίκησαν δίκην, διατοῦτο τάδε λέγει Κύριος, 13 καὶ ἐκτενῶ τὴν χεῖρά μου ἐπὶ τὴν Ἰδουμαίαν, καὶ ἐξολοθρεύσω

β More *lit.* 'made dumb.' γ *i. e.* the east. δ *Gr.* fatness. ϛ *Gr.* paralyse. θ *Alex.* + 'among the nations.' λ *Gr.* Idumea.

ἐξ αὐτῆς ἄνθρωπον καὶ κτῆνος, καὶ θήσομαι αὐτὴν ἔρημον, καὶ
14 ἐκ Θαιμὰν διωκόμενοι ἐν ῥομφαίᾳ πεσοῦνται. Καὶ δώσω
ἐκδίκησίν μου ἐπὶ τὴν Ἰδουμαίαν ἐν χειρὶ λαοῦ μου Ἰσραήλ,
καὶ ποιήσουσιν ἐν τῇ Ἰδουμαίᾳ κατὰ τὴν ὀργήν μου καὶ
κατὰ τὸν θυμόν μου, καὶ ἐπιγνώσονται τὴν ἐκδίκησίν μου,
λέγει Κύριος.

15 Διατοῦτο τάδε λέγει Κύριος, ἀνθ᾽ ὧν ἐποίησαν οἱ ἀλλόφυλοι
ἐν ἐκδικήσει, καὶ ἐξανέστησαν ἐκδίκησιν ἐπιχαίροντες ἐκ ψυχῆς,
16 τοῦ ἐξαλεῖψαι ἕως ἑνός, διατοῦτο τάδε λέγει Κύριος, ἰδοὺ ἐγὼ
ἐκτείνω τὴν χεῖρά μου ἐπὶ τοὺς ἀλλοφύλους, καὶ ἐξολοθρεύσω
Κρῆτας, καὶ ἀπολῶ τοὺς καταλοίπους τοὺς κατοικοῦντας τὴν
17 παραλίαν. Καὶ ποιήσω ἐν αὐτοῖς ἐκδικήσεις μεγάλας, καὶ
ἐπιγνώσονται διότι ἐγὼ Κύριος, ἐν τῷ δοῦναι τὴν ἐκδίκησίν μου
ἐπ᾽ αὐτούς.

26 Καὶ ἐγενήθη ἐν τῷ ἑνδεκάτῳ ἔτει, μιᾷ τοῦ μηνὸς, ἐγένετο
λόγος Κυρίου πρὸς μὲ, λέγων,
2 Υἱὲ ἀνθρώπου, ἀνθ᾽ οὗ εἶπε Σὸρ ἐπὶ Ἱερουσαλήμ, εὖγε
συνετρίβη, ἀπόλωλε τὰ ἔθνη, ἐπεστράφη πρὸς μὲ, ἡ πλήρης
3 ἠρήμωται· Διατοῦτο τάδε λέγει Κύριος, ἰδοὺ ἐγὼ ἐπὶ σὲ Σὸρ,
καὶ ἀνάξω ἐπὶ σὲ ἔθνη πολλὰ, ὡς ἀναβαίνει ἡ θάλασσα τοῖς
4 κύμασιν αὐτῆς. Καὶ καταβαλοῦσι τὰ τείχη Σὸρ, καὶ κατα-
βαλοῦσι τοὺς πύργους σου, καὶ λικμήσω τὸν χοῦν αὐτῆς ἀπ᾽
5 αὐτῆς, καὶ δώσω αὐτὴν εἰς λεωπετρίαν. Ψυγμὸς σαγηνῶν
ἔσται ἐν μέσῳ θαλάσσης, ὅτι ἐγὼ λελάληκα, λέγει Κύριος·
6 καὶ ἔσται εἰς προνομὴν τοῖς ἔθνεσι. Καὶ αἱ θυγατέρες αὐτῆς
ἐν πεδίῳ μαχαίρᾳ ἀναιρεθήσονται, καὶ γνώσονται ὅτι ἐγὼ
Κύριος.
7 Ὅτι τάδε λέγει Κύριος, ἰδοὺ ἐγὼ ἐπάγω ἐπὶ σὲ Σὸρ τὸν
Ναβουχοδονόσορ βασιλέα Βαβυλῶνος ἀπὸ τοῦ Βορρᾶ, βασι-
λεὺς βασιλέων ἐστὶ, μεθ᾽ ἵππων καὶ ἁρμάτων καὶ ἱππέων καὶ
8 συναγωγῆς ἐθνῶν πολλῶν σφόδρα. Οὗτος τὰς θυγατέρας
σου τὰς ἐν τῷ πεδίῳ μαχαίρᾳ ἀνελεῖ, καὶ δώσει ἐπὶ σὲ προ-
φυλακὴν, καὶ περιοικοδομήσει, καὶ ποιήσει ἐπὶ σὲ κύκλῳ
χάρακα, καὶ περίστασιν ὅπλων, καὶ τὰς λόγχας αὐτοῦ ἀπέναντί
9 σου δώσει. Τὰ τείχη σου, καὶ τοὺς πύργους σου καταβαλεῖ
10 ἐν ταῖς μαχαίραις αὐτοῦ. Ἀπὸ τοῦ πλήθους τῶν ἵππων αὐτοῦ
κατακαλύψει σε ὁ κονιορτὸς αὐτῶν· καὶ ἀπὸ τῆς φωνῆς τῶν
ἱππέων αὐτοῦ καὶ τῶν τροχῶν τῶν ἁρμάτων αὐτοῦ σεισθή-
σεται τὰ τείχη σου, εἰσπορευομένου αὐτοῦ τὰς πύλας σου, ὡς
11 εἰσπορευόμενος εἰς πόλιν ἐκ πεδίου. Ἐν ταῖς ὁπλαῖς τῶν
ἵππων αὐτοῦ καταπατήσουσί σου πάσας τὰς πλατείας· τὸν
λαόν σου μαχαίρᾳ ἀνελεῖ, καὶ τὴν ὑπόστασιν τῆς ἰσχύος σου
ἐπὶ τὴν γῆν κατάξει.
12 Καὶ προνομεύσει τὴν δύναμίν σου, καὶ σκυλεύσει τὰ ὑπάρ-
χοντά σου, καὶ καταβαλεῖ τὰ τείχη σου, καὶ τοὺς οἴκους σου
τοὺς ἐπιθυμητοὺς καθελεῖ· καὶ τοὺς λίθους σου, καὶ τὰ ξύλα
σου, καὶ τὸν χοῦν σου εἰς μέσον τῆς θαλάσσης σου ἐμβαλεῖ.
13 Καὶ καταλύσει τὸ πλῆθος τῶν μουσικῶν σου, καὶ ἡ φωνὴ τῶν
14 ψαλτηρίων σου οὐ μὴ ἀκουσθῇ ἔτι. Καὶ δώσω σε λεωπετρίαν,

desolate; and they that are pursued out of Thæman shall fall by the sword. [14] And I will execute my vengeance on Idumea by the hand of my people Israel: and they shall deal in Idumea according to mine anger and according to my wrath, and they shall know my vengeance, saith the Lord.

[15] Therefore thus saith the Lord, Because the Philistines have wrought revengefully, and raised up vengeance rejoicing from their heart to destroy the Israelites β to a man; [16] therefore thus saith the Lord; Behold, I will stretch out my hand upon the Philistines, and will utterly destroy γ the Cretans, and will cut off the remnant that dwell by the sea-coast. [17] And I will execute great vengeance upon them; and they shall know that I am the Lord, when I have brought my vengeance upon them.

And it came to pass in the eleventh year, on the first day of the month, that the word of the Lord came to me, saying, [2] Son of man, because Sor has said against Jerusalem, Aha, she is crushed: the nations are destroyed: she is turned to me: she that was full is made desolate: [3] therefore thus saith the Lord; Behold, I am against thee, O Sor, and I will bring up many nations against thee, as the sea comes up with its waves. [4] And they shall cast down the walls of Sor, and cast down thy towers: and I will scrape her dust from off her, and make her a bare rock. [5] She shall be in the midst of the sea δ a place for repairing nets: for I have spoken it, saith the Lord: and it shall be a spoil for the nations. [6] And her daughters which are in the field shall be slain with the sword, and they shall know that I am the Lord.

[7] For thus saith the Lord; Behold, I will bring up against thee, O Sor, Nabuchodonosor king of Babylon from the north: he is a king of kings, with horses, and chariots, and horsemen, and a concourse of very many nations. [8] He shall slay thy daughters that are in the field with the sword, and shall set a watch against thee, and build forts around thee, and carry a rampart round against thee, and set up warlike works, and array his spears against thee. [9] He shall cast down with his swords thy walls and thy towers. [10] By reason of the multitude of his horses their dust shall cover thee, and by reason of the sound of his horsemen and the wheels of his chariots thy walls shall be shaken, when he enters into thy gates, as one entering into a city from the plain. [11] With the hoofs of his horses they shall trample all thy streets: he shall slay thy people with the sword, and shall bring down to the ground the support of thy strength.

[12] And he shall prey upon thy power, and plunder thy substance, and shall cast down thy walls, and break down thy pleasant houses: and he shall cast thy stones and thy timber and thy dust into the midst of thy sea. [13] And he shall destroy the multitude of thy musicians, and the sound of thy psalteries shall be heard no more. [14] And I will make thee a bare rock: thou shalt be a place to spread nets upon; thou shalt be

---

built no more : for I the Lord have spoken *it*, saith the Lord.

¹⁵ For thus saith the Lord God to Sor ; Shall not the isles shake at the sound of thy fall, while the wounded are groaning, while they have drawn a sword in the midst of thee? ¹⁶ And all the princes of the nations of the sea shall come down from their thrones, and shall take off their β crowns from their heads, and shall take off their embroidered raiment : they shall be utterly amazed ; they shall sit upon the ground, and fear their *own* destruction, and shall groan over thee. ¹⁷ And they shall take up a lamentation for thee, and shall say to thee, How art thou destroyed from out of the sea, the renowned city,γ that brought her terror upon all δ her inhabitants. ¹⁸ And the isles shall be alarmed at the day of thy fall.

¹⁹ For thus saith the Lord God ; When I shall make ζ the city desolate, as the cities that shall not be inhabited, when I have brought the deep up upon thee, ²⁰ and great waters shall cover thee ; and I shall bring thee down to them that go down to the pit; to the people of old time, and shall cause thee to dwell in the depths of the earth, as in everlasting desolation, with them that go down to the pit, that thou mayest not be inhabited, nor stand upon the land of life ; ²¹ I will make thee a destruction, and thou shalt be no more for ever, saith the Lord God.

And the word of the Lord came to me saying,

² And thou, son of man, take up a lamentation against Sor ; ³ and thou shalt say to Sor that dwells at the entrance of the sea, to the mart of the nations coming from many islands, Thus saith the Lord to Sor ; Thou hast said, I have clothed myself with my beauty. ⁴ In the heart of the sea thy sons have put beauty upon thee for Beelim. ⁵ Cedar in Senir was employed for thee in building : boards of cypress timber were taken out of Libanus, and wood to make thee masts of fir. ⁶ They made thine oars *of wood* out of the land of Basan ; thy sacred utensils they made of ivory, thy shady houses of wood from the isles of Chetim. ⁷ Fine linen with embroidery from Egypt supplied thy couch, to put honour upon thee, and to clothe thee with blue and purple from the isles of Elisai ; and they became thy coverings.

⁸ And thy princes were the dwellers in Sidon, and the Aradians were thy rowers : thy wise men, O Sor, who were in thee, these were thy pilots. ⁹ The elders of the Biblians, and their wise men, who were in thee, these helped thy counsel : and all the ships of the sea and their rowers traded for thee to the utmost west.

¹⁰ Persians and Lydians and Libyans were in thine army ; thy warriors hung in thee shields and helmets ; these gave *thee* thy glory. ¹¹ The sons of the Aradians and thine army were upon thy walls ; there were guards in thy towers : they hung their quivers on thy battlements round about ; these completed thy beauty.

ψυγμὸς σαγηνῶν ἔσῃ, οὐ μὴ οἰκοδομηθῇς ἔτι, ὅτι ἐγὼ Κύριος ἐλάλησα, λέγει Κύριος.

Διότι τάδε λέγει Κύριος Κύριος τῇ Σόρ, οὐκ ἀπὸ φωνῆς 15 τῆς πτώσεώς σου, ἐν τῷ στενάξαι τραυματίας, ἐν τῷ σπάσαι μάχαιραν ἐν μέσῳ σου, σεισθήσονται αἱ νῆσοι ; Καὶ κατα- 16 βήσονται ἀπὸ τῶν θρόνων αὐτῶν πάντες οἱ ἄρχοντες ἐκ τῶν ἐθνῶν τῆς θαλάσσης, καὶ ἀφελοῦνται τὰς μίτρας ἀπὸ τῶν κεφαλῶν αὐτῶν, καὶ τὸν ἱματισμὸν τὸν ποικίλον αὐτῶν ἐκ- δύσονται· ἐκστάσει ἐκστήσονται, ἐπὶ γῆν καθεδοῦνται, καὶ φοβηθήσονται τὴν ἀπώλειαν αὐτῶν, καὶ στενάξουσιν ἐπὶ σὲ, καὶ λήψονται ἐπὶ σὲ θρῆνον, καὶ ἐροῦσί σοι, πῶς κατελύθης ἐκ 17 θαλάσσης ἡ πόλις ἡ ἐπαινετὴ, ἡ δοῦσα τὸν φόβον αὐτῆς πᾶσι τοῖς κατοικοῦσιν αὐτήν ; Καὶ φοβηθήσονται αἱ νῆσοι ἀπὸ 18 ἡμέρας πτώσεώς σου·

Ὅτι τάδε λέγει Κύριος Κύριος, ὅταν δῶ πόλιν ἠρημωμένην 19 ὡς τὰς πόλεις τὰς μὴ κατοικισθησομένας, ἐν τῷ ἀναγαγεῖν με ἐπὶ σὲ τὴν ἄβυσσον, καὶ κατακαλύψει σε ὕδωρ πολὺ, καὶ 20 καταβιβάσω σε πρὸς τοὺς καταβαίνοντας εἰς βόθρον πρὸς λαὸν αἰῶνος, καὶ κατοικιῶ σε εἰς βάθη τῆς γῆς ὡς ἔρημον αἰώνιον μετὰ καταβαινόντων εἰς βόθρον, ὅπως μὴ κατοικηθῇς, μηδὲ ἀναστῇς ἐπὶ γῆς ζωῆς, ἀπώλειάν σε δώσω, καὶ οὐχ ὑπάρξεις 21 ἔτι εἰς τὸν αἰῶνα, λέγει Κύριος Κύριος.

Καὶ ἐγένετο λόγος Κυρίου πρὸς μὲ, λέγων, 27

Καὶ σὺ υἱὲ ἀνθρώπου λάβε ἐπὶ Σὸρ θρῆνον, καὶ ἐρεῖς τῇ 2, 3 Σὸρ τῇ κατοικούσῃ ἐπὶ τῆς εἰσόδου τῆς θαλάσσης, τῷ ἐμπορίῳ τῶν λαῶν, ἀπὸ νήσων πολλῶν, τάδε λέγει Κύριος τῇ Σὸρ,

Σὺ εἶπας, ἐγὼ περιέθηκα ἐμαυτῇ κάλλος μου, ἐν καρδίᾳ 4 θαλάσσης τῷ Βεελεὶμ υἱοί σου περιέθηκάν σοι κάλλος. Κέδρος ἐν Σενεὶρ ᾠκοδομήθη σοι, ταινίαι σανίδων κυπαρίσσου 5 ἐκ τοῦ Λιβάνου ἐλήφθησαν, τοῦ ποιῆσαί σοι ἱστοὺς ἐλατίνους, ἐκ τῆς Βασανίτιδος ἐποίησαν τὰς κώπας σου, τὰ ἱερά σου 6 ἐποίησαν ἐξ ἐλέφαντος, οἴκους ἀλσώδεις ἀπὸ νήσων τῶν Χετιείμ. Βύσσος μετὰ ποικιλίας ἐξ Αἰγύπτου ἐγένετό σοι 7 στρωμνὴ, τοῦ περιθεῖναί σοι δόξαν, καὶ περιβαλεῖν σε ὑάκινθον καὶ πορφύραν ἐκ τῶν νήσων Ἐλεισαὶ, καὶ ἐγένετο περιβό- λαιά σου.

Καὶ οἱ ἄρχοντές σου οἱ κατοικοῦντες Σιδῶνα, καὶ Ἀράδιοι 8 ἐγένοντο κωπηλάται σου· οἱ σοφοί σου Σὸρ οἳ ἦσαν ἐν σοὶ, οὗτοι κυβερνῆταί σου. Οἱ πρεσβύτεροι Βιβλίων, καὶ οἱ σοφοὶ 9 αὐτῶν, οἳ ἦσαν ἐν σοὶ, οὗτοι ἐνίσχυον τὴν βουλήν σου· καὶ πάντα τὰ πλοῖα τῆς θαλάσσης καὶ οἱ κωπηλάται αὐτῶν ἐγέ- νοντό σοι ἐπὶ δυσμὰς δυσμῶν.

Πέρσαι, καὶ Λυδοὶ, καὶ Λίβυες ἦσαν ἐν τῇ δυνάμει σου, 10 ἄνδρες πολεμισταί σου πέλτας καὶ περικεφαλαίας ἐκρέμασαν ἐν σοὶ, οὗτοι ἔδωκαν τὴν δόξαν σου. Υἱοὶ Ἀραδίων καὶ ἡ δύναμίς 11 σου ἐπὶ τῶν τειχέων σου· φύλακες ἐν τοῖς πύργοις σου ἦσαν, τὰς φαρέτρας αὐτῶν ἐκρέμασαν ἐπὶ τῶν ὅρμων σου κύκλῳ, οὗτοι ἐτελείωσάν σου τὸ κάλλος.

β *Lit.* mitres.   γ *Alex.* + ' which was strong in the sea, she and her inhabitants.'   δ *Or*, perhaps, her traders.
ζ *Alex.* thee a desolate city.

12 Καρχηδόνιοι ἔμποροί σου ἀπὸ πλήθους πάσης ἰσχύος σου, ἀργύριον καὶ χρυσίον καὶ σίδηρον καὶ κασσίτερον καὶ μόλιβον
13 ἔδωκαν τὴν ἀγοράν σου. Ἡ Ἑλλὰς, καὶ ἡ σύμπασα, καὶ τὰ παρατείνοντα, οὗτοι ἐνεπορεύοντό σοι ἐν ψυχαῖς ἀνθρώπων, καὶ σκεύη χαλκᾶ ἔδωκαν τὴν ἐμπορίαν σου.

14 Ἐξ οἴκου Θογαρμὰ ἵπποι καὶ ἱππεῖς ἔδωκαν τὴν ἀγορὰν
15 σου. Υἱοὶ Ῥοδίων ἔμποροί σου, ἀπὸ νήσων ἐπλήθυναν τὴν ἐμπορίαν σου ὀδόντας ἐλεφαντίνους, καὶ τοῖς εἰσαγομένοις
16 ἀντεδίδους τοὺς μισθούς σου, ἀνθρώπους ἐμπορίαν σου ἀπὸ πλήθους τοῦ συμμίκτου σου, στακτὴν καὶ ποικίλματα ἐκ Θαρ-
17 σὶς, καὶ Ῥαμὸθ, καὶ Χορχὸρ ἔδωκαν τὴν ἀγοράν σου. Ἰούδας καὶ οἱ υἱοὶ τοῦ Ἰσραὴλ, οὗτοι ἔμποροί σου, ἐν πράσει σίτου καὶ μύρων καὶ κασίας, καὶ πρῶτον μέλι καὶ ἔλαιον καὶ ῥητίνην
18 ἔδωκαν εἰς τὸν συμμίκτόν σου. Δαμασκὸς ἔμποροί σου, ἐκ πλήθους πάσης δυνάμεώς σου· οἶνος ἐκ Χελβῶν, καὶ ἔρια ἐκ Μιλήτου, καὶ οἶνον εἰς τὴν ἀγοράν σου ἔδωκαν.

19 Ἐξ Ἀσὴλ σίδηρος εἰργασμένος, καὶ τροχιὰς ἐν τῷ συμμίκτῳ
20 σου ἐστί. Δαιδὰν ἔμποροί σου, μετὰ κτηνῶν ἐκλεκτῶν εἰς
21 ἄρματα. Ἡ Ἀραβία καὶ πάντες οἱ ἄρχοντες Κηδὰρ, οὗτοι ἔμποροί σου διὰ χειρός σου, καμήλους καὶ ἀμνοὺς καὶ κριοὺς
22 ἐν οἷς ἐμπορεύονταί σε. Ἔμποροι Σαββὰ, καὶ Ῥαμμὰ, οὗτοι ἔμποροί σου, μετὰ πρώτων ἡδυσμάτων, καὶ λίθων χρηστῶν,
23 καὶ χρυσὸν ἔδωκαν τὴν ἀγοράν σου. Χαρρὰ, καὶ Χαναὰ, οὗτοι
24 ἔμποροί σου· Ἀσσοὺρ καὶ Χαρμὰν ἔμποροί σου, φέροντες ἐμπορίαν ὑάκινθον, καὶ θησαυροὺς ἐκλεκτοὺς δεδεμένους σχοι-
25 νίοις, καὶ κυπαρίσσινα. Πλοῖα ἔμποροί σου, ἐν τῷ πλήθει, ἐν τῷ συμμίκτῳ σου· καὶ ἐνεπλήσθης καὶ ἐβαρύνθης σφόδρα ἐν καρδίᾳ θαλάσσης.

26 Ἐν ὕδατι πολλῷ ἦγόν σε οἱ κωπηλάται σου, τὸ πνεῦμα
27 τοῦ Νότου συνέτριψέ σε ἐν καρδίᾳ θαλάσσης. Ἦσαν δυνά-μεις σου, καὶ ὁ μισθός σου, καὶ τῶν συμμίκτων σου, καὶ οἱ κωπηλάται σου, καὶ οἱ κυβερνῆταί σου, καὶ οἱ σύμβουλοί σου, καὶ οἱ σύμμικτοί σου ἐκ τῶν συμμίκτων σου, καὶ πάντες οἱ ἄνδρες οἱ πολεμισταί σου οἱ ἐν σοί· καὶ πᾶσα συναγωγή σου ἐν μέσῳ σου πεσοῦνται ἐν καρδίᾳ θαλάσσης, ἐν τῇ ἡμέρᾳ τῆς πτώσεώς σου.

28 Πρὸς τὴν κραυγὴν τῆς φωνῆς σου οἱ κυβερνῆταί σου φόβῳ
29 φοβηθήσονται. Καὶ καταβήσονται ἀπὸ τῶν πλοίων πάντες οἱ κωπηλάται, καὶ οἱ ἐπιβάται, καὶ οἱ πρωρεῖς τῆς θαλάσσης
30 ἐπὶ τὴν γῆν στήσονται. Καὶ ἀλαλάξουσιν ἐπὶ σὲ τῇ φωνῇ αὐτῶν, καὶ κεκράξονται πικρόν, καὶ ἐπιθήσουσι γῆν ἐπὶ τὴν κεφαλὴν αὐτῶν, καὶ σποδὸν στρώσονται.

32 Καὶ λήψονται οἱ υἱοὶ αὐτῶν ἐπὶ σὲ θρῆνον, θρήνημα Σόρ·
33 Πόσον τινὰ εὗρες μισθὸν ἀπὸ τῆς θαλάσσης; Ἐνέπλησας ἔθνη ἀπὸ τοῦ πλήθους σου, καὶ ἀπὸ τοῦ συμμίκτου σου ἐπλού-
34 τησας πάντας βασιλεῖς τῆς γῆς. Νῦν συνετρίβης ἐν θαλάσσῃ,

12 The Carthaginians were thy merchants because of the abundance of all thy strength; they furnished thy market with silver, and gold, and iron, and tin, and lead. 13 Greece, both β the whole *world*, and the adjacent coasts, these traded with thee in the γ persons of men, and they gave *as* thy merchandise vessels of brass.

14 Out 'of the house of Thogarma horses and horsemen furnished thy market. 15 The sons of the δ Rhodians were thy merchants; from the islands they multiplied thy merchandise, *even* elephants' teeth: and to them that came in thou didst return thy prices, 16 *even* men *as* thy merchandise, from the multitude of thy ⸤trading *population*, myrrh and embroidered works from Tharsis: Ramoth also and Chorchor furnished thy market. 17 Juda and the children of Israel, these were thy merchants; in the sale of corn and ointments and cassia: and they gave the best honey, and oil, and resin, to thy trading *population*. 18 *The people of* Damascus were thy merchants by reason of the abundance of all thy power; θ wine out of Chelbon, and wool from Miletus; and they brought wine into thy market.

19 Out of Asel *came* wrought iron, and there is the sound of wheels among thy trading *population*. 20 *The people of* Dædan were thy merchants, with choice cattle for chariots. 21 Arabia and all the princes of Kedar, these were thy traders with thee, *bringing* camels, and lambs, and rams, in which they trade with thee. 22 The merchants of Sabba and Ramma, these were thy merchants, with choice spices, and precious stones: and they brought gold to thy market. 23 Charra, and Chanaa, these were thy merchants: Assur, and Charman, were thy merchants: 24 bringing *for* merchandise blue, and choice stores bound with cords, and cypress wood. 25 Ships were thy merchants, in abundance, with thy trading *population*: and thou wast filled and very heavily loaded in the heart of the sea.

26 Thy rowers have brought thee into great waters: the south wind has broken thee in the heart of the sea. 27 Thy forces, and thy gain, and that of thy traders, and thy rowers, and thy pilots, and thy counsellors, and they that traffic with thee, and all thy warriors that are in thee: and all thy company in the midst of thee shall perish in the heart of the sea, in the day of thy fall.

28 At the cry of thy voice thy pilots shall be greatly terrified. 29 And all the rowers and the mariners shall come down from the ships, and the pilots of the sea shall stand on the land. 30 And they shall wail over thee with their voice, and cry bitterly, and put earth on their heads, and spread ashes under them.

32 And their sons shall take up a *lament* for thee, even a lamentation for Sor, *saying*, 33 How large a reward hast thou gained from the sea? thou hast filled nations out of thine abundance; and out of thy mixed merchandise thou hast enriched all the kings of the earth. 34 Now art thou broken in the sea, thy λ traders are in the deep

---

β תֻבַל 'Tubal' read for תֵבֵל 'world.'   γ See Rev. 18.   δ *Alex.* Aradians.   ζ *Gr.* mixed.   θ *Alex.* οἶνον.
λ *Gr.* mixed, *or,* foreign population.

water, and all thy company in the midst of thee: all thy rowers have fallen. ³⁵ All the dwellers in the islands have mourned over thee, and their kings have been utterly amazed, and their countenance has wept. ³⁶ Merchants from the nations have hissed at thee; thou art utterly destroyed, and shalt not be any more for ever.

And the word of the Lord came to me, saying,
² And thou, son of man, say to the prince of Tyrus, Thus saith the Lord; Because thine heart has been exalted, and thou hast said, I am God, I have inhabited the dwelling of God in the heart of the sea; yet thou art man and not God, though thou hast set thine heart as the heart of God: ³ art thou wiser than Daniel? or have not the wise instructed thee with their knowledge? ⁴ Hast thou gained power for thyself by thine *own* knowledge or thine *own* prudence, and *gotten* gold and silver in thy treasures? ⁵ By thy abundant knowledge and thy traffic thou hast multiplied thy power; thy heart has been lifted up by thy power.
⁶ Therefore thus saith the Lord; Since thou hast set thine heart as the heart of God; ⁷ because of this, behold, I *will* bring on thee strange plagues from the nations; and they shall draw their swords against thee, and against the beauty of thy knowledge, ⁸ and they shall bring down thy beauty to destruction. And they shall bring thee down; and thou shalt die the death of the slain in the heart of the sea. ⁹ Wilt thou indeed say, I am God, before them that slay thee? whereas thou art man, and not God.β ¹⁰ Thou shalt perish by the hands of strangers among the multitude of the uncircumcised: for I have spoken it, saith the Lord.
¹¹ And the word of the Lord came to me, saying, ¹² Son of man, take up a lamentation for the prince of Tyre, and say to him, Thus saith the Lord God; Thou art a seal of resemblance, and crown of beauty. ¹³ Thou wast γin the delight of the paradise of God; thou hast bound upon thee every precious stone, the sardius, and topaz, and emerald, and carbuncle, and sapphire, and jasper, and silver, and gold, and ligure, and agate, and amethyst, and chrysolite, and beryl, and onyx: and thou hast filled thy treasures and thy stores in thee with gold. ¹⁴ From the day that thou wast created thou *wast* with the cherub: I set thee on the holy mount of God; thou wast in the midst of the stones of fire. ¹⁵ Thou wast faultless in thy days, from the day that thou wast created, until δ iniquity was found in thee.
¹⁶ Of the abundance of thy merchandise thou hast filled thy storehouses with iniquity, and hast sinned: therefore thou hast been cast down wounded from the mount of God, and the cherub has brought thee out of the midst of the stones of fire. ¹⁷ Thy heart has been lifted up because of thy beauty; thy knowledge has been corrupted with thy beauty: because of the multitude of thy sins I have cast thee to the ground, I have caused thee to be put to

ἐν βάθει ὕδατος ὁ σύμμικτός σου, καὶ πᾶσα ἡ συναγωγή σου ἐν μέσῳ σου· ἔπεσον πάντες οἱ κωπηλάται σου. Πάντες οἱ 35 κατοικοῦντες τὰς νήσους ἐστύγνασαν ἐπὶ σὲ, καὶ οἱ βασιλεῖς αὐτῶν ἐκστάσει ἐξέστησαν, καὶ ἐδάκρυσε τὸ πρόσωπον αὐτῶν. Ἔμποροι ἀπὸ ἐθνῶν ἐσύρισάν σε, ἀπώλεια ἐγένου, καὶ οὐκέτι 36 ἔσῃ εἰς τὸν αἰῶνα.

Καὶ ἐγένετο λόγος Κυρίου πρὸς μὲ, λέγων,   28

Καὶ σὺ υἱὲ ἀνθρώπου εἰπὸν τῷ ἄρχοντι Τύρου, τάδε λέγει 2 Κύριος, ἀνθ᾽ οὗ ὑψώθη σου ἡ καρδία, καὶ εἶπας, Θεός εἰμι ἐγὼ, κατοικίαν Θεοῦ κατῴκηκα ἐν καρδίᾳ θαλάσσης, σὺ δὲ εἶ ἄνθρωπος καὶ οὐ Θεὸς, καὶ ἔδωκας τὴν καρδίαν σου ὡς καρδίαν Θεοῦ. Μὴ σοφώτερος εἶ σὺ τοῦ Δανιήλ; ἢ σοφοὶ οὐκ ἐπαί- 3 δευσάν σε τῇ ἐπιστήμῃ αὐτῶν; Μὴ ἐν τῇ ἐπιστήμῃ σου ἢ τῇ 4 φρονήσει σου ἐποίησας σεαυτῷ δύναμιν, καὶ χρυσίον καὶ ἀργύριον ἐν τοῖς θησαυροῖς σου; Ἐν τῇ πολλῇ ἐπιστήμῃ σου 5 καὶ ἐμπορίᾳ σου ἐπλήθυνας δύναμίν σου, ὑψώθη ἡ καρδία σου ἐν τῇ δυνάμει σου.

Διατοῦτο τάδε λέγει Κύριος, ἐπειδὴ δέδωκας τὴν καρδίαν 6 σου ὡς καρδίαν Θεοῦ, ἀντὶ τούτου ἰδοὺ ἐγὼ ἐπάγω ἐπὶ σὲ 7 ἀλλοτρίους λοιμοὺς ἀπὸ ἐθνῶν, καὶ ἐκκενώσουσι τὰς μαχαίρας αὐτῶν ἐπὶ σὲ, καὶ ἐπὶ τὸ κάλλος τῆς ἐπιστήμης σου, καὶ στρώσουσι τὸ κάλλος σου εἰς ἀπώλειαν, καὶ καταβιβάσουσί σε, 8 καὶ ἀποθανῇ θανάτῳ τραυματιῶν ἐν καρδίᾳ θαλάσσης. Μὴ 9 λέγων ἐρεῖς, Θεός εἰμι ἐγὼ, ἐνώπιον τῶν ἀναιρούντων σε; σὺ δὲ εἶ ἄνθρωπος, καὶ οὐ Θεός. Ἐν πλήθει ἀπεριτμή- 10 των ἀπολῇ ἐν χερσὶν ἀλλοτρίων, ὅτι ἐγὼ ἐλάλησα, λέγει Κύριος.

Καὶ ἐγένετο λόγος Κυρίου πρὸς μὲ, λέγων, υἱὲ ἀνθρώπου, 11, 12 λάβε θρῆνον ἐπὶ τὸν ἄρχοντα Τύρου, καὶ εἰπὸν αὐτῷ, τάδε λέγει Κύριος Κύριος, σὺ ἀποσφράγισμα ὁμοιώσεως, καὶ στέφανος κάλλους ἐν τῇ τρυφῇ τοῦ παραδείσου τοῦ Θεοῦ 13 ἐγενήθης· πάντα λίθον χρηστὸν ἐνδέδεσαι, σάρδιον καὶ τοπάζιον, καὶ σμάραγδον καὶ ἄνθρακα, καὶ σάπφειρον καὶ ἴασπιν, καὶ ἀργύριον καὶ χρυσίον, καὶ λιγύριον καὶ ἀχάτην, καὶ ἀμέθυστον καὶ χρυσόλιθον, καὶ βηρύλλιον καὶ ὀνύχιον, καὶ χρυσίου ἐνέπλησας τοὺς θησαυρούς σου καὶ τὰς ἀποθήκας σου ἐν σοί. Ἀφ᾽ ἧς ἡμέρας ἐκτίσθης σὺ μετὰ τοῦ χεροὺβ, ἔθηκά σε ἐν ὄρει 14 ἁγίῳ Θεοῦ, ἐγενήθης ἐν μέσῳ λίθων πυρίνων. Ἐγενήθης σὺ 15 ἄμωμος ἐν ταῖς ἡμέραις σου, ἀφ᾽ ἧς ἡμέρας σὺ ἐκτίσθης ἕως εὑρέθη τὰ ἀδικήματα ἐν σοί.

Ἀπὸ πλήθους τῆς ἐμπορίας σου ἔπλησας τὰ ταμεῖά σου 16 ἀνομίας, καὶ ἥμαρτες, καὶ ἐτραυματίσθης ἀπὸ ὄρους τοῦ Θεοῦ· καὶ ἤγαγέ σε τὸ χερουβ ἐκ μέσου λίθων πυρίνων. Ὑψώθη 17 ἡ καρδία σου ἐπὶ τῷ κάλλει σομ, διεφθάρη ἡ ἐπιστήμη σου μετὰ τοῦ κάλλους σου· διὰ πλῆθος ἁμαρτιῶν σου ἐπὶ τὴν γῆν ἔρριψά σε, ἐναντίον βασιλέων ἔδωκά σε παραδειγματισθῆναι.

β *Alex.* + 'in the multitude of them that wound thee.'   γ *Heb.* in Eden the garden of God.   δ *Gr.* the iniquities.

18 Διὰ τὸ πλῆθος τῶν ἁμαρτιῶν σου καὶ τῶν ἀδικιῶν τῆς ἐμπορίας σου, ἐβεβήλωσα τὰ ἱερά σου, καὶ ἐξάξω πῦρ ἐκ μέσου σου, τοῦτο καταφάγεταί σε· καὶ δώσω σε σποδὸν ἐπὶ τῆς γῆς σου

19 ἐναντίον πάντων τῶν ὁρώντων σε. Καὶ πάντες οἱ ἐπιστάμενοί σε ἐν τοῖς ἔθνεσι στενάξουσιν ἐπὶ σέ· ἀπώλεια ἐγένου, καὶ οὐχ ὑπάρξεις ἔτι εἰς τὸν αἰῶνα.

20, 21 Καὶ ἐγένετο λόγος Κυρίου πρὸς μέ, λέγων, υἱὲ ἀνθρώπου, στήρισον τὸ πρόσωπόν σου ἐπὶ Σιδῶνα, καὶ προφήτευσον ἐπ᾽

22 αὐτήν, καὶ εἰπόν,

Τάδε λέγει Κύριος, ἰδοὺ ἐγὼ ἐπὶ σὲ Σιδῶν, καὶ ἐνδοξασθήσομαι ἐν σοί, καὶ γνώσῃ ὅτι ἐγώ εἰμι Κύριος, ἐν τῷ ποιῆσαί

23 με ἐν σοὶ κρίματα, καὶ ἁγιασθήσομαι ἐν σοί. Αἷμα καὶ θάνατος ἐν ταῖς πλατείαις σου, καὶ πεσοῦνται τετραυματισμέμοι μαχαίραις ἐν σοὶ περικύκλῳ σου, καὶ γνώσονται διότι ἐγώ

24 εἰμι Κύριος. Καὶ οὐκ ἔσονται οὐκέτι ἐν τῷ οἴκῳ τοῦ Ἰσραὴλ σκόλοψ πικρίας καὶ ἄκανθα ὀδύνης ἀπὸ τῶν περικύκλῳ αὐτῶν, τῶν ἀτιμασάντων αὐτούς, καὶ γνώσονται ὅτι ἐγώ εἰμι Κύριος.

25 Τάδε λέγει Κύριος Κύριος, καὶ συνάξω τὸν Ἰσραὴλ ἐκ τῶν ἐθνῶν οὗ διεσκορπίσθησαν ἐκεῖ, καὶ ἁγιασθήσομαι ἐν αὐτοῖς, καὶ ἐνώπιον τῶν λαῶν καὶ τῶν ἐθνῶν· καὶ κατοικήσουσι ἐπὶ

26 τῆς γῆς αὐτῶν, ἣν δέδωκα τῷ δούλῳ μου Ἰακώβ, καὶ κατοικήσουσιν ἐπ᾽ αὐτῆς ἐν ἐλπίδι, καὶ οἰκοδομήσουσιν οἰκίας, καὶ φυτεύσουσιν ἀμπελῶνας, καὶ κατοικήσουσιν ἐν ἐλπίδι, ὅταν ποιήσω κρίμα ἐν πᾶσι τοῖς ἀτιμάσασιν αὐτοὺς ἐν τοῖς κύκλῳ αὐτῶν· καὶ γνώσονται ὅτι ἐγώ εἰμι Κύριος ὁ Θεὸς αὐτῶν καὶ ὁ Θεὸς τῶν πατέρων αὐτῶν.

29 Ἐν τῷ ἔτει τῷ δωδεκάτῳ, ἐν τῷ δεκάτῳ μηνὶ, μιᾷ τοῦ

2 μηνός, ἐγένετο λόγος Κυρίου πρὸς μέ, λέγων, υἱὲ ἀνθρώπου, στήρισον τὸ πρόσωπόν σου ἐπὶ Φαραὼ βασιλέα Αἰγύπτου,

3 καὶ προφήτευσον ἐπ᾽ αὐτὸν καὶ ἐπ᾽ Αἴγυπτον ὅλην, καὶ εἰπόν,

Τάδε λέγει Κύριος, ἰδοὺ ἐγὼ ἐπὶ Φαραώ, τὸν δράκοντα τὸν μέγαν τὸν ἐγκαθήμενον ἐν μέσῳ ποταμῶν αὐτοῦ, τὸν λέγοντα,

4 ἐμοί εἰσιν οἱ ποταμοί, καὶ ἐγὼ ἐποίησα αὐτούς. Καὶ ἐγὼ δώσω παγίδας εἰς τὰς σιαγόνας σου, καὶ προσκολλήσω τοὺς ἰχθύας τοῦ ποταμοῦ σου πρὸς τὰς πτέρυγάς σου, καὶ ἀνάξω

5 σε ἐκ μέσου τοῦ ποταμοῦ σου, καὶ καταβαλῶ σε ἐν τάχει καὶ πάντας τοὺς ἰχθύας τοῦ ποταμοῦ σου· ἐπὶ πρόσωπον τοῦ πεδίου πέσῃ, καὶ οὐ μὴ συναχθῇς, καὶ οὐ μὴ περισταλῇς, τοῖς θηρίοις τῆς γῆς καὶ τοῖς πετεινοῖς τοῦ οὐρανοῦ δέδωκά σε εἰς κατά-

6 βρωμα· Καὶ γνώσονται πάντες οἱ κατοικοῦντες Αἴγυπτον, ὅτι ἐγώ εἰμι Κύριος· ἀνθ᾽ ὧν ἐγενήθης ῥάβδος καλαμίνη τῷ

7 οἴκῳ Ἰσραὴλ, ὅτε ἐπελάβετό σου τῇ χειρὶ αὐτῶν, ἐθλάσθης· καὶ ὅτε ἐπεκρότησεν ἐπ᾽ αὐτοὺς πᾶσα χείρ, καὶ ὅτε ἐπανεπαύσαντο ἐπὶ σὲ, συνετρίβης, καὶ συνέκλασας αὐτῶν πᾶσαν ὀσφύν.

8 Διατοῦτο τάδε λέγει Κύριος, ἰδοὺ ἐγὼ ἐπάγω ἐπὶ σὲ ῥομ-

9 φαίαν, καὶ ἀπολῶ ἀπὸ σου ἀνθρώπους καὶ κτήνη, καὶ ἔσται ἡ γῆ

open shame before kings. 18 Because of the multitude of thy sins and the iniquities of thy merchandise, I have profaned thy sacred things; and I will bring fire out of the midst of thee, this shall devour thee; and I will make thee to be ashes upon thy land before all that see thee. 19 And all that know thee among the nations shall groan over thee: thou art gone to destruction, and thou shalt not exist any more.

20 And the word of the Lord came to me, saying, 21 Son of man, set thy face against Sidon, and prophesy against it, 22 and say, Thus saith the Lord; Behold, I am against thee, O Sidon; and I will be glorified in thee; and thou shalt know that I am the Lord, when I have wrought judgments in thee, and I will be sanctified in thee. 23 Blood and death shall be in thy streets; and men wounded with swords shall fall in thee and on every side of thee; and they shall know that I am the Lord. 24 And there shall no more be in the house of Israel a thorn of bitterness and a pricking briar proceeding from them that are round about them, who dishonoured them; and they shall know that I am the Lord.

25 Thus saith the Lord God; I will also gather Israel from the nations, among whom they have been scattered, and I will be sanctified among them, and before the peoples and nations: and they shall dwell upon their land, which I gave to my servant Jacob. 26 Yea, they shall dwell upon it β safely, and they shall build houses, and plant vineyards, and dwell securely, when I shall execute judgment on all that have dishonoured them, even on those that are round about them; and they shall know that I am the Lord their God, and the God of their fathers.

In the twelfth year, in the tenth month on the first day of the month, the word o the Lord came to me, saying, 2 Son of man, set thy face against Pharao king of Egypt, and prophesy against him, and against the whole of Egypt: 3 and say, Thus saith the Lord; Behold, I am against Pharao, the great dragon that lies in the midst of his rivers, that says, The rivers are mine, and I made them. 4 And I will put hooks in thy jaws, and I will cause the fish of thy river to stick to thy γ sides, and I will bring thee up out of the midst of thy river: 5 and I will quickly cast down thee and all the fish of thy river: thou shalt fall on the face of the plain, and shalt by no means be gathered, and shalt not be brought together: I have given thee for food to the wild beasts of the earth and to the fowls of the sky. 6 And all the dwellers in Egypt shall know that I am the Lord, because thou hast been a staff of reed to the house of Israel. 7 When they took hold of thee with their hand, thou didst break: and when every hand was clapped against them, and when they leaned on thee, thou wast utterly broken, and didst crush the loins of them all.

8 Therefore thus saith the Lord; Behold, I will bring a sword upon thee, and will cut off from thee man and beast; 9 and the

---

β Gr. in hope.   γ Gr. wings.

land of Egypt shall be ruined and desert; and they shall know that I am the Lord; because thou sayest, The rivers are mine, and I made them.

¹⁰ Therefore, behold, I am against thee, and against all thy rivers, and I will give up the land of Egypt to desolation, and the sword, and destruction, from Magdol and Syene even to the borders of the Ethiopians. ¹¹ No foot of man shall pass through it, and no foot of beast shall pass through it, and it shall not be inhabited for forty years.

¹² And I will cause her land to be utterly destroyed in the midst of a land that is desolate, and her cities shall be *desolate* forty years in the midst of cities that are desolate: and I will disperse Egypt among the nations, and will β utterly scatter them into the countries.

¹³ Thus saith the Lord; After forty years I will gather the Egyptians from the nations among whom they have been scattered; ¹⁴ and I will γ turn the captivity of the Egyptians, and will cause them to dwell in the land of Phathore, in the land whence they were taken; ¹⁵ and it shall be a base kingdom beyond all *other* kingdoms; it shall not any more be exalted over the nations; and I will make them few in number, that they may not be *great* among the nations. ¹⁶ And they shall no more be to the house of Israel a confidence bringing iniquity to remembrance, when they follow after them; and they shall know that I am the Lord.

¹⁷ And it came to pass in the twenty-seventh year, on the first *day* of the first month, the word of the Lord came to me, saying,

¹⁸ Son of man, Nabuchodonosor king of Babylon caused his army to serve a great service against Tyre; every head was bald, and every shoulder δ peeled; yet there was no reward to him or to his army *serving* against Tyre, nor for the service wherewith they served against it.

¹⁹ Thus saith the Lord God; Behold, I *will* give to Nabuchodonosor king of Babylon the land of Egypt, ζ and he shall take the plunder thereof, and seize the spoils thereof; and *it* shall be a reward for his army. ²⁰ In return for his service wherewith he served against Tyre, I have given him the land of Egypt; θ thus saith the Lord God:

²¹ In that day shall a horn spring forth for all the house of Israel, and I will give thee an λ open mouth in the midst of them; and they shall know that I am the Lord.

And the word of the Lord came to me, saying, ² Son of man, prophesy, and say, Thus saith the Lord; Woe, woe *worth* the day! ³ For the day of the Lord is nigh, a day of cloud; it shall be the end of the nations.

⁴ And a sword shall come upon the Egyptians, and there shall be tumult in Ethiopia, and in Egypt men shall fall down slain together, μ and her foundations shall fall. ⁵ Persians, and Cretans, and Lydians, and Libyans, and all the mixed multitude, and they of the children of my covenant, shall

Αἰγύπτου ἀπώλεια καὶ ἔρημος· καὶ γνώσονται ὅτι ἐγώ εἰμι Κύριος· ἀντὶ τοῦ λέγειν σε, οἱ ποταμοὶ ἐμοί εἰσι, καὶ ἐγὼ ἐποίησα αὐτούς,

Διατοῦτο ἰδοὺ ἐγὼ ἐπὶ σὲ, καὶ ἐπὶ πάντας τοὺς ποτα- 10 μούς σου, καὶ δώσω γῆν Αἰγύπτου εἰς ἔρημον καὶ ῥομφαίαν καὶ ἀπώλειαν ἀπὸ Μαγδωλοῦ καὶ Συήνης καὶ ἕως ὁρίων Αἰθιόπων. Οὐ μὴ διέλθη ἐν αὐτῇ ποὺς ἀνθρώπου, καὶ 11 ποὺς κτήνους οὐ μὴ διέλθη αὐτὴν, καὶ οὐ κατοικηθήσεται τεσσαράκοντα ἔτη.

Καὶ δώσω τὴν γῆν αὐτῆς ἀπώλειαν ἐν μέσῳ γῆς ἠρημωμένης, 12 καὶ αἱ πόλεις αὐτῆς ἐν μέσῳ πόλεων ἠρημωμένων ἔσονται τεσσαράκοντα ἔτη· καὶ διασπερῶ Αἴγυπτον ἐν τοῖς ἔθνεσι, καὶ λικμήσω αὐτοὺς εἰς τὰς χώρας.

Τάδε λέγει Κύριος, μετὰ τεσσαράκοντα ἔτη συνάξω Αἰγυπ- 13 τίους ἀπὸ τῶν ἐθνῶν οὗ διεσκορπίσθησαν ἐκεῖ, καὶ ἀποστρέψω 14 τὴν αἰχμαλωσίαν τῶν Αἰγυπτίων, καὶ κατοικίσω αὐτοὺς ἐν γῇ Φαθωρῆς, ἐν τῇ γῇ ὅθεν ἐλήφθησαν, καὶ ἔσται ἀρχὴ ταπεινὴ παρὰ πάσας τὰς ἀρχάς· οὐ μὴ ὑψωθῇ ἔτι ἐπὶ τὰ ἔθνη· καὶ 15 ὀλιγοστοὺς αὐτοὺς ποιήσω, τοῦ μὴ εἶναι αὐτοὺς πλείονας ἐν τοῖς ἔθνεσι. Καὶ οὐκέτι ἔσονται τῷ οἴκῳ Ἰσραὴλ εἰς ἐλπίδα 16 ἀναμιμνήσκουσαν ἀνομίαν, ἐν τῷ ἀκολουθῆσαι αὐτοὺς ὀπίσω αὐτῶν, καὶ γνώσονται ὅτι ἐγώ εἰμι Κύριος.

Καὶ ἐγένετο ἐν τῷ ἑβδόμῳ καὶ εἰκοστῷ ἔτει, μιᾷ τοῦ μηνὸς 17 τοῦ πρώτου, ἐγένετο λόγος Κυρίου πρὸς μὲ, λέγων,

Υἱὲ ἀνθρώπου, Ναβουχοδονόσορ βασιλεὺς Βαβυλῶνος 18 κατεδουλώσατο τὴν δύναμιν αὐτοῦ δουλείᾳ μεγάλῃ ἐπὶ Τύρου, πᾶσα κεφαλὴ φαλακρὰ, καὶ πᾶς ὦμος μαδῶν· καὶ μισθὸς οὐκ ἐγενήθη αὐτῷ καὶ τῇ δυνάμει αὐτοῦ ἐπὶ Τύρον, καὶ τῆς δουλείας ἧς ἐδούλευσαν ἐπ᾽ αὐτήν.

Τάδε λέγει Κύριος Κύριος, ἰδοὺ ἐγὼ δίδωμι τῷ Ναβουχοδο- 19 νόσορ βασιλεῖ Βαβυλῶνος γῆν Αἰγύπτου, καὶ προνομεύσει τὴν προνομὴν αὐτῆς, καὶ σκυλεύσει τὰ σκῦλα αὐτῆς· καὶ ἔσται μισθὸς τῇ δυνάμει αὐτοῦ, ἀντὶ τῆς λειτουργίας αὐτοῦ ἧς ἐδού- 20 λευσεν ἐπὶ Τύρον, δέδωκα αὐτῷ γῆν Αἰγύπτου· τάδε λέγει Κύριος Κύριος.

Ἐν τῇ ἡμέρᾳ ἐκείνῃ ἀνατελεῖ κέρας παντὶ τῷ οἴκῳ Ἰσραὴλ, 21 καὶ σοὶ δώσω στόμα ἐνεῳγμένον ἐν μέσῳ αὐτῶν, καὶ γνώσονται ὅτι ἐγώ εἰμι Κύριος.

Καὶ ἐγένετο λόγος Κυρίου πρὸς μὲ, λέγων, υἱὲ ἀνθρώπου, 30 προφήτευσον, καὶ εἰπὸν, τάδε λέγει Κύριος, ὦ ὦ ἡμέρα, 2 ὅτι ἐγγὺς ἡμέρα τοῦ Κυρίου, ἡμέρα νεφέλης, πέρας ἐθνῶν 3 ἔσται.

Καὶ ἥξει μάχαιρα ἐπ᾽ Αἰγυπτίους, καὶ ἔσται ταραχὴ ἐν γῇ 4 Αἰθιοπίᾳ, καὶ συμπεσοῦνται τετραυματισμένοι ἐν Αἰγύπτῳ, καὶ συμπεσεῖται τὰ θεμέλια αὐτῆς. Πέρσαι, καὶ Κρῆτες, καὶ 5 Λυδοὶ, καὶ Λίβυες, καὶ πάντες οἱ ἐπίμικτοι καὶ τῶν υἱῶν τῆς

---

6 διαθήκης μου, μαχαίρᾳ πεσοῦνται ἐν αὐτῇ. Καὶ πεσοῦνται τὰ ἀντιστηρίγματα Αἰγύπτου, καὶ καταβήσεται ἡ ὕβρις τῆς ἰσχύος αὐτῆς ἀπὸ Μαγδωλοῦ ἕως Συήνης, μαχαίρᾳ πεσοῦνται
7 ἐν αὐτῇ, λέγει Κύριος. Καὶ ἐρημωθήσεται ἐν μέσῳ χωρῶν ἐρημωμένων, καὶ αἱ πόλεις αὐτῶν ἐν μέσῳ πόλεων ἠρημωμένων
8 ἔσονται, καὶ γνώσονται ὅτι ἐγώ εἰμι Κύριος, ὅταν δῶ πῦρ ἐπ᾽
9 Αἴγυπτον, καὶ συντριβῶσι πάντες οἱ βοηθοῦντες αὐτῇ. Ἐν τῇ ἡμέρᾳ ἐκείνῃ ἐξελεύσονται ἄγγελοι σπεύδοντες ἀφανίσαι τὴν Αἰθιοπίαν, καὶ ἔσται ταραχὴ ἐν αὐτοῖς ἐν τῇ ἡμέρᾳ Αἰγύπτου, ὅτι ἰδοὺ ἥκει.

10 Τάδε λέγει Κύριος Κύριος, καὶ ἀπολῶ πλῆθος Αἰγυπτίων
11 διὰ χειρὸς Ναβουχοδονόσορ βασιλέως Βαβυλῶνος, αὐτοῦ καὶ τοῦ λαοῦ αὐτοῦ, λοιμοὶ ἀπὸ ἐθνῶν ἀπεσταλμένοι ἀπολέσαι γῆν· καὶ ἐκκενώσουσι πάντες τὰς μαχαίρας αὐτῶν ἐπ᾽ Αἴγυπτον,
12 καὶ πλησθήσεται ἡ γῆ τραυματιῶν, καὶ δώσω τοὺς ποταμοὺς αὐτῶν ἐρήμους, καὶ ἀπολῶ τὴν γῆν, καὶ τὸ πλήρωμα αὐτῆς ἐν χερσὶν ἀλλοτρίων, ἐγὼ Κύριος λελάληκα.

13 Ὅτι τάδε λέγει Κύριος Κύριος, καὶ ἀπολῶ μεγιστᾶνας ἀπὸ Μέμφεως, καὶ ἄρχοντας Μέμφεως ἐκ γῆς Αἰγύπτου, καὶ οὐκ
14 ἔσονται ἔτι. Καὶ ἀπολῶ γῆν Φαθωρῆς, καὶ δώσω πῦρ ἐπὶ
15 Τάνιν, καὶ ποιήσω ἐκδίκησιν ἐν Διοσπόλει. Καὶ ἐκχεῶ τὸν θυμόν μου ἐπὶ Σάϊν τὴν ἰσχὺν Αἰγύπτου, καὶ ἀπολῶ τὸ πλῆθος
16 Μέμφεως, καὶ δώσω πῦρ ἐπ᾽ Αἴγυπτον, καὶ ταραχὴ ταραχθήσεται ἡ Συήνη, καὶ ἐν Διοσπόλει ἔσται ἔκρηγμα, καὶ διαχυθή-
17 σεται ὕδατα. Νεανίσκοι Ἡλιουπόλεως καὶ Βουβάστου ἐν μαχαίρᾳ πεσοῦνται, καὶ αἱ γυναῖκες ἐν αἰχμαλωσίᾳ πορεύσον-
18 ται, καὶ ἐν Τάφναις συσκοτάσει ἡ ἡμέρα, ἐν τῷ συντρίψαι με ἐκεῖ τὰ σκῆπτρα Αἰγύπτου· καὶ ἀπολεῖται ἐκεῖ ἡ ὕβρις ἰσχύος αὐτῆς, καὶ ταύτην νεφέλη καλύψει, καὶ αἱ θυγατέρες
19 αὐτῆς αἰχμάλωτοι ἀρθήσονται. Καὶ ποιήσω κρίμα ἐν Αἰγύπτῳ, καὶ γνώσονται ὅτι ἐγώ εἰμι Κύριος.

20 Καὶ ἐγένετο ἐν τῷ ἑνδεκάτῳ ἔτει, ἐν τῷ πρώτῳ μηνὶ, ἑβδόμῃ
21 τοῦ μηνὸς, ἐγένετο λόγος Κυρίου πρὸς μὲ, λέγων, υἱὲ ἀνθρώπου, τοὺς βραχίονας Φαραὼ βασιλέως Αἰγύπτου συνέτριψα, καὶ ἰδοὺ οὐ κατεδέθη τοῦ δοθῆναι ἴασιν, τοῦ δοθῆναι ἐπ᾽ αὐτὸν
22 μάλαγμα, τοῦ δοθῆναι ἰσχὺν ἐπιλαβέσθαι μαχαίρας. Διατοῦτο τάδε λέγει Κύριος Κύριος, ἰδοὺ ἐγὼ ἐπὶ Φαραὼ βασιλέα Αἰγύπτου, καὶ συντρίψω τοὺς βραχίονας αὐτοῦ τοὺς ἰσχυροὺς, καὶ τοὺς τεταμένους, καὶ καταβαλῶ τὴν μάχαιραν αὐτοῦ ἐκ τῆς
23 χειρὸς αὐτοῦ, καὶ διασπερῶ Αἴγυπτον εἰς τὰ ἔθνη, καὶ λικμήσω αὐτοὺς εἰς τὰς χώρας.

24 Καὶ κατισχύσω τοὺς βραχίονας βασιλέως Βαβυλῶνος, καὶ δώσω τὴν ῥομφαίαν μου εἰς τὴν χεῖρα αὐτοῦ, καὶ ἐπάξει αὐτὴν ἐπ᾽ Αἴγυπτον, καὶ προνομεύσει τὴν προνομὴν αὐτῆς, καὶ σκυ-
25 λεύσει τὰ σκῦλα αὐτῆς. Καὶ ἐνισχύσω τοὺς βραχίονας βασιλέως Βαβυλῶνος, οἱ δὲ βραχίονες Φαραὼ πεσοῦνται· καὶ γνώσονται ὅτι ἐγώ εἰμι Κύριος, ἐν τῷ δοῦναι τὴν ῥομφαίαν μου

fall by the sword therein. [6]And the supports of Egypt shall fall; and the pride of her strength shall come down from Magdol to Syene: they shall fall by the sword in it, saith the Lord. [7]And it shall be made desolate in the midst of desolate countries, and their cities shall be *desolate* in the midst of the desolate cities: [8]and they shall know that I am the Lord, when I shall send fire upon Egypt, and *when* all that help her shall be broken. [9]In that day shall messengers go forth hasting to destroy Ethiopia utterly, and there shall be tumult among them in the day of Egypt: for, behold, it [β]comes.

[10]Thus saith the Lord God; I will also destroy the multitude of the Egyptians by the hand of Nabuchodonosor king of Babylon, [11]his *hand* and his people's; *they are* plagues sent forth from the nations to destroy the land : and they all shall unsheath their swords against Egypt, and the land shall be filled with slain. [12]And I will make their rivers desolate, [γ]and will destroy the land and the fulness of it by the hands of strangers : I the Lord have spoken.

[13]For thus saith the Lord God; I will also [δ]destroy the nobles from Memphis, and the princes of Memphis out of the land of Egypt; and they shall be no more.[ζ] [14]And I will destroy the land of Phathore, and will send fire upon Tanis, and will execute vengeance on Diospolis. [15]And I will pour out my wrath upon Sais the strength of Egypt, and will destroy the multitude of Memphis. [16]And I will send fire upon Egypt; and Syene shall be sorely troubled; and there shall be a breaking in Diospolis, and waters shall be poured out. [17]The youths of Heliopolis and Bubastum shall fall by the sword, and the women shall go into captivity. [18]And the day shall be darkened in Taphnæ, when I have broken there the sceptres of Egypt: and the pride of her strength shall perish there: and a cloud shall cover her, and her daughters shall be taken prisoners. [19]And I will execute judgment on Egypt; and they shall know that I am the Lord.

[20]And it came to pass in the eleventh year, in the first month, on the seventh *day* of the month, the word of the Lord came to me, saying, [21]Son of man, I have broken the arms of Pharao, king of Egypt; and, behold, it has not been bound up to be healed, to have a plaster put upon it, *or* to be strengthened to lay hold of the sword. [22]Therefore thus saith the Lord God; Behold, I am against Pharao king of Egypt, and I will break [θ]his strong and outstretched arms, and will smite down his sword out of his hand. [23]And I will disperse the Egyptians among the nations, and will utterly scatter them among the countries. [24]And I will strengthen the arms of the king of Babylon, and put my sword into his hand: and he shall bring it upon Egypt, and shall take her plunder and seize her spoils. [25]Yea, I will strengthen the arms of the king of Babylon, and the arms of Pharao shall fail: and they shall know that I am the Lord, when I have put my sword

---

β *Or*, is come.   γ *Alex.* + ' and I will sell the land into the hand of the wicked.'   δ *Alex.* destroy the idols, and put down the princes.
ζ *Alex.* + ' and I will put fear in the land of Egypt.'   ζ *Alex.* + ' his strong arms, both the outstretched and the broken.'

into the hands of the king of Babylon, and he shall stretch it out over the land of Egypt. ²⁶ And I will disperse the Egyptians among the nations, and utterly scatter them among the countries; and they all shall know that I am the Lord.

And it came to pass in the eleventh year, in the third month, on the first *day* of the month, the word of the Lord came to me, saying, ² Son of man, say to Pharao king of Egypt, and to his multitude;

To whom hast thou compared thyself in thy haughtiness? ³ Behold, the Assyrian was a cypress in Libanus, and was fair in shoots,β and high in stature: his top reached to the midst of the clouds. ⁴ The water nourished him, the depth made him grow tall; she led her rivers round about his plants, and she sent forth her streams to all the trees of the field. ⁵ Therefore was his stature exalted above all the trees of the field, and his branches spread far by the help of much water. ⁶ All the birds of the sky made their nests in his boughs, and under his branches all the wild beasts of the field bred; the whole multitude of nations dwelt under his shadow. ⁷ And he was fair in his height by reason of the multitude of his branches: for his roots were amidst much water. ⁸ And such cypresses *as this* were in the paradise of God; and there were no pines like his shoots, and there were no firs like his branches: no tree in the paradise of God was like him in his beauty, ⁹ because of the multitude of his branches: and the trees of God's paradise of delight envied him.

¹⁰ Therefore thus saith the Lord; Because thou art grown great, and hast set thy top in the midst of the clouds, and I saw when he was exalted; ¹¹ therefore I delivered him into the hands of the prince of the nations, and he wrought his destruction. ¹² And ravaging strangers from the nations have destroyed him, and have cast him down upon the mountains: his branches fell in all the valleys, and his boughs were broken in every field of the land; and all the people of the nations are gone down from their shelter, and have laid him low.

¹³ All the birds of the sky have settled on his γ fallen trunk, and all the wild beasts of the field came upon his boughs: ¹⁴ in order that none of the trees by the water should exalt themselves by reason of their size: whereas they set their top in the midst of the clouds, yet they continued not in their high state in their place, all that drank water, all were consigned to death, to the depth of the earth, in the midst of the children of men, with them that go down to the pit.

¹⁵ Thus saith the Lord God; In the day wherein he went down to Hades, the deep mourned for him: and I stayed her floods, and restrained her abundance of water: and Libanus saddened for him, all the trees of the field fainted for him. ¹⁶ At the sound of his fall the nations quaked, when I brought him down to Hades with them that go down to the pit: and all the trees

εἰς χεῖρας βασιλέως Βαβυλῶνος, καὶ ἐκτενεῖ αὐτὴν ἐπὶ γῆν Αἰγύπτου. Καὶ διασπερῶ Αἴγυπτον εἰς τὰ ἔθνη, καὶ λικ- 26 μήσω αὐτοὺς εἰς τὰς χώρας, καὶ γνώσονται πάντες ὅτι ἐγώ εἰμι Κύριος.

Καὶ ἐγένετο ἐν τῷ ἑνδεκάτῳ ἔτει, ἐν τῷ τρίτῳ μηνὶ, μιᾷ 31 τοῦ μηνὸς, ἐγένετο λόγος Κυρίου πρὸς μὲ, λέγων, υἱὲ ἀνθρώ- 2 που, εἰπὸν πρὸς Φαραὼ βασιλέα Αἰγύπτου καὶ τῷ πλήθει αὐτοῦ,

Τίνι ὡμοίωσας σεαυτὸν ἐν τῷ ὕψει σου; Ἰδοὺ Ἀσσοὺρ 3 κυπάρισσος ἐν τῷ Λιβάνῳ, καὶ καλὸς ταῖς παραφυάσι, καὶ ὑψηλὸς τῷ μεγέθει, εἰς μέσον νεφελῶν ἐγένετο ἡ ἀρχὴ αὐτοῦ. ὕδωρ ἐξέθρεψεν αὐτὸν, ἡ ἄβυσσος ὕψωσεν αὐτὸν, τοὺς ποταμοὺς 4 αὐτῆς ἤγαγε κύκλῳ τῶν φυτῶν αὐτοῦ, καὶ τὰ συστήματα αὐτῆς ἐξαπέστειλεν εἰς πάντα τὰ ξύλα τοῦ πεδίου. Ἕνεκεν τούτου 5 ὑψώθη τὸ μέγεθος αὐτοῦ παρὰ πάντα τὰ ξύλα τοῦ πεδίου, καὶ ἐπλατύνθησαν οἱ κλάδοι αὐτοῦ ἀφ' ὕδατος πολλοῦ. Ἐν ταῖς 6 παραφυάσιν αὐτοῦ ἐνόσσευσαν πάντα τὰ πετεινὰ τοῦ οὐρανοῦ, καὶ ὑποκάτω τῶν κλάδων αὐτοῦ ἐγεννῶσαν πάντα τὰ θηρία τοῦ πεδίου, ἐν τῇ σκιᾷ αὐτοῦ κατῴκησε πᾶν πλῆθος ἐθνῶν. Καὶ 7 ἐγένετο καλὸς ἐν τῷ ὕψει αὐτοῦ διὰ τὸ πλῆθος τῶν κλάδων αὐτοῦ, ὅτι ἐγενήθησαν αἱ ῥίζαι αὐτοῦ εἰς ὕδωρ πολύ. Καὶ 8 κυπάρισσοι τοιαῦται ἐν τῷ παραδείσῳ τοῦ Θεοῦ, καὶ αἱ πίτυες οὐχ ὅμοιαι ταῖς παραφυάσιν αὐτοῦ, καὶ ἐλάται οὐκ ἐγένοντο ὅμοιαι τοῖς κλάδοις αὐτοῦ· πᾶν ξύλον ἐν τῷ παραδείσῳ τοῦ Θεοῦ οὐχ ὡμοιώθη αὐτῷ ἐν τῷ κάλλει αὐτοῦ, διὰ τὸ πλῆθος 9 τῶν κλάδων αὐτοῦ· καὶ ἐζήλωσαν αὐτὸν τὰ ξύλα τοῦ παραδεί- σου τῆς τρυφῆς τοῦ Θεοῦ.

Διατοῦτο τάδε λέγει Κύριος, ἀνθ᾽ ὧν ἐγένου μέγας τῷ μεγέ- 10 θει, καὶ ἔδωκας τὴν ἀρχήν σου εἰς μέσον νεφελῶν, καὶ εἶδον ἐν τῷ ὑψωθῆναι αὐτόν· Καὶ παρέδωκα αὐτὸν εἰς χεῖρας ἄρχοντος 11 ἐθνῶν, καὶ ἐποίησε τὴν ἀπώλειαν αὐτοῦ. Καὶ ἐξωλόθρευσαν 12 αὐτὸν ἀλλότριοι λοιμοὶ ἀπὸ ἐθνῶν, καὶ κατέβαλον αὐτὸν ἐπὶ τῶν ὀρέων· ἐν πάσαις ταῖς φάραγξιν ἔπεσαν οἱ κλάδοι αὐτοῦ, καὶ συνετρίβη τὰ στελέχη αὐτοῦ ἐν παντὶ πεδίῳ τῆς γῆς, καὶ κατέβησαν ἀπὸ τῆς σκέπης αὐτῶν πάντες οἱ λαοὶ τῶν ἐθνῶν, καὶ ἠδάφισαν αὐτόν.

Ἐπὶ τὴν πτῶσιν αὐτοῦ ἀνεπαύσαντο πάντα τὰ πετεινὰ τοῦ 13 οὐρανοῦ, καὶ ἐπὶ τὰ στελέχη αὐτοῦ ἐγίνοντο πάντα τὰ θηρία τοῦ ἀγροῦ, ὅπως μὴ ὑψωθῶσιν ἐν τῷ μεγέθει αὐτῶν πάντα τὰ 14 ξύλα τὰ ἐν τῷ ὕδατι· καὶ ἔδωκαν τὴν ἀρχὴν αὐτῶν εἰς μέσον νεφελῶν, καὶ οὐκ ἔστησαν ἐν τῷ ὕψει αὐτῶν πρὸς αὐτά· πάντες οἱ πίνοντες ὕδωρ, πάντες ἐδόθησαν εἰς θάνατον, εἰς γῆς βά- θος, ἐν μέσῳ υἱῶν ἀνθρώπων πρὸς καταβαίνοντας εἰς βόθρον.

Τάδε λέγει Κύριος Κύριος, ἐν ᾗ ἡμέρᾳ κατέβη εἰς ᾅδου, 15 ἐπένθησεν αὐτὸν ἡ ἄβυσσος· καὶ ἐπέστησα τοὺς ποταμοὺς αὐτῆς, καὶ ἐκώλυσα πλῆθος ὕδατος, καὶ ἐσκότασεν ἐπ᾽ αὐτὸν ὁ Λίβανος, πάντα τὰ ξύλα τοῦ πεδίου ἐπ᾽ αὐτῷ ἐξελύθησαν. Ἀπὸ τῆς φωνῆς τῆς πτώσεως αὐτοῦ ἐσείσθησαν τὰ ἔθνη, ὅτε 16 κατεβίβαζον αὐτὸν εἰς ᾅδου μετὰ τῶν καταβαινόντων εἰς λάκκον,

---

β *Alex.* + 'and thick with shady leaves,' *lit.* shade.　　γ *Gr.* fall.

καὶ παρεκάλουν αὐτὸν ἐν γῇ πάντα τὰ ξύλα τῆς τρυφῆς, καὶ
17 τὰ ἐκλεκτὰ τοῦ Λιβάνου πάντα τὰ πίνοντα ὕδωρ. Καὶ γὰρ
αὐτοὶ κατέβησαν μετ᾽ αὐτοῦ εἰς ᾅδου ἐν τοῖς τραυματίαις ἀπὸ
μαχαίρας, καὶ τὸ σπέρμα αὐτοῦ οἱ κατοικοῦντες ὑπὸ τὴν σκέπην
αὐτοῦ ἐν μέσῳ τῆς ζωῆς αὐτῶν ἀπώλοντο.

18 Τίνι ὡμοιώθης; κατάβηθι, καὶ καταβιβάσθητι μετὰ τῶν
ξύλων τῆς τρυφῆς εἰς γῆς βάθος· ἐν μέσῳ ἀπεριτμήτων κοιμη-
θήσῃ μετὰ τραυματιῶν μαχαίρας· οὕτως Φαραὼ καὶ τὸ πλῆθος
τῆς ἰσχύος αὐτοῦ, λέγει Κύριος Κύριος.

32 Καὶ ἐγένετο ἐν τῷ δεκάτῳ ἔτει, ἐν τῷ δεκάτῳ μηνὶ, μιᾷ
2 τοῦ μηνὸς, ἐγένετο λόγος Κυρίου πρὸς μὲ, λέγων, υἱὲ ἀν-
θρώπου, λάβε θρῆνον ἐπὶ Φαραὼ βασιλέα Αἰγύπτου, καὶ ἐρεῖς
αὐτῷ,

Λέοντι ἐθνῶν ὡμοιώθης σὺ, καὶ ὡς δράκων ὁ ἐν τῇ θαλάσσῃ,
καὶ ἐκεράτιζες τοῖς ποταμοῖς σου, καὶ ἐτάρασσες ὕδωρ τοῖς ποσί
σου, καὶ κατεπάτεις τοὺς ποταμούς σου.

3 Τάδε λέγει Κύριος, καὶ περιβαλῶ ἐπὶ σὲ δίκτυα λαῶν
4 πολλῶν, καὶ ἀνάξω σε ἐν τῷ ἀγκίστρῳ μου, καὶ ἐκτενῶ σε ἐπὶ
τὴν γῆν· πεδία πλησθήσεται, καὶ ἐπικαθιῶ ἐπὶ σὲ πάντα τὰ
πετεινὰ τοῦ οὐρανοῦ, καὶ ἐμπλήσω πάντα τὰ θηρία πάσης τῆς
5 γῆς. Καὶ δώσω τὰς σάρκας σου ἐπὶ τὰ ὄρη, καὶ ἐμπλήσω
6 ἀπὸ τοῦ αἵματός σου. Καὶ ποτισθήσεται ἡ γῆ ἀπὸ τῶν προ-
χωρημάτων σου, ἀπὸ τοῦ πλήθους σου ἐπὶ τῶν ὀρέων· φάραγ-
7 γας ἐμπλήσω ἀπὸ σοῦ, καὶ κατακαλύψω ἐν τῷ σβεσθῆναί σε
οὐρανὸν, καὶ συσκοτάσω τὰ ἄστρα αὐτοῦ, ἥλιον ἐν νεφέλῃ
8 καλύψω, καὶ σελήνη οὐ μὴ φάνῃ τὸ φῶς αὐτῆς. Πάντα
τὰ φαίνοντα φῶς ἐν τῷ οὐρανῷ, συσκοτάσουσιν ἐπὶ σέ· καὶ
δώσω σκότος ἐπὶ τὴν γῆν, λέγει Κύριος Κύριος.

9 Καὶ παροργιῶ καρδίαν λαῶν πολλῶν, ἡνίκα ἂν ἄγω αἰχμα-
10 λωσίαν σου εἰς τὰ ἔθνη, εἰς γῆν ἣν οὐκ ἔγνως. Καὶ στυγνά-
σουσιν ἐπὶ σὲ ἔθνη πολλὰ, καὶ οἱ βασιλεῖς αὐτῶν ἐκστάσει
ἐκστήσονται, ἐν τῷ πέτασθαι τὴν ῥομφαίαν μου ἐπὶ
πρόσωπα αὐτῶν, προσδεχόμενοι τὴν πτῶσιν αὐτῶν ἀφ᾽ ἡμέρας
πτώσεώς σου.

11 Ὅτι τάδε λέγει Κύριος Κύριος, ῥομφαία βασιλέως Βαβυλῶ-
12 νος ἥξει σοι ἐν μαχαίραις γιγάντων, καὶ καταβαλῶ τὴν ἰσχύν
σου, λοιμοὶ ἀπὸ ἐθνῶν πάντες, καὶ ἀπολοῦσι τὴν ὕβριν Αἰγύπ-
13 του, καὶ συντριβήσεται πᾶσα ἡ ἰσχὺς αὐτῆς. Καὶ ἀπολῶ
πάντα τὰ κτήνη αὐτῆς ἀφ᾽ ὕδατος πολλοῦ, καὶ οὐ μὴ ταράξῃ
αὐτὸ ποὺς ἀνθρώπου ἔτι, καὶ ἴχνος κτηνῶν οὐ μὴ καταπατήσῃ
14 αὐτό. Οὕτως τότε ἡσυχάσει τὰ ὕδατα αὐτῶν, καὶ οἱ ποταμοὶ
15 αὐτῶν ὡς ἔλαιον πορεύσονται, λέγει Κύριος, ὅταν δῶ Αἴγυπτον
εἰς ἀπώλειαν, καὶ ἐρημωθῇ ἡ γῆ σὺν τῇ πληρώσει αὐτῆς, ὅταν
διασπερῶ πάντας τοὺς κατοικοῦντας ἐν αὐτῇ, καὶ γνώσονται
16 ὅτι ἐγώ εἰμι Κύριος. Θρῆνός ἐστι, καὶ θρηνήσεις αὐτὸν, καὶ
αἱ θυγατέρες τῶν ἐθνῶν θρηνήσουσιν αὐτὸν, ἐπ᾽ Αἴγυπτον, καὶ

of β Delight comforted him in the heart, and the choice *plants* of Libanus, all that drink water. [17] For they went down to hell with him among the slain with the sword; and his seed, *even* they that dwelt under his shadow, perished in the midst of their life. [18] To whom art thou compared? descend, and be thou debased with the trees of paradise to the depth of the earth: thou shalt lie in the midst of the uncircumcised with them that are slain by the sword. Thus shall Pharao be, and the multitude of his host, saith the Lord God.

And it came to pass in the twelfth year, in the γ tenth month, on the first *day* of the month, *that* the word of the Lord came to me, saying, [2] Son of man, take up a lamentation for Pharao king of Egypt, and say to him,

Thou art become like a lion of the nations, and as the serpent that is in the sea: and thou δ didst make assaults with thy rivers, and didst disturb the water with thy feet, and didst trample thy rivers.

[3] Thus saith the Lord; I will also cast over thee the nets of many nations, and will bring thee up with my hook: [4] and I will stretch thee upon the earth: the fields shall be ζ covered *with thee*, and I will cause all the birds of the sky to settle upon thee, and I will fill *with thee* all the wild beasts of the earth. [5] And I will cast thy flesh upon the mountains, and will saturate *them* with thy blood. [6] And the land shall be drenched with thy dung, because of thy multitude upon the mountains: I will fill the valleys θ with thee. [7] And I will veil the heavens when thou art extinguished, and will darken the stars thereof; I will cover the sun with a cloud, and the moon shall not give her light. [8] All the *bodies* that give light in the sky, shall be darkened over thee, and I will bring darkness upon the earth, saith the Lord God.

[9] And I will provoke to anger the heart of many people, when I shall lead thee captive among the nations, to a land which thou hast not known. [10] And many nations shall λ mourn over thee, and their kings shall be utterly amazed, when my sword flies in their faces, as they wait for their *own* fall from the

[11] For thus saith the Lord God; The sword of the king of Babylon shall come upon thee, [12] with the swords of mighty men; and I will cast down thy strength: *they are* all destroying ones from the nations, and they shall destroy the pride of Egypt, and all her strength shall be crushed. [13] And I will destroy all her cattle from *beside* the great water; and the foot of man shall not trouble it any more, and the step of cattle shall no more trample it. [14] Thus shall their waters then be at rest, and their rivers shall flow like oil, saith the Lord, [15] when I shall give up Egypt to destruction, and the land shall be made desolate with the fulness thereof; when I shall scatter all that dwell in it, and they shall know that I am the Lord. [16] There is a lamentation, and thou shalt utter it; and the daughters of the nations shall utter it, *even* for Egypt, and they shall mourn for it

---

β *Heb.* Eden.　γ *Heb.* and *Alex.* twelfth month.　δ *Lit.* butt, *or*, push with the horn.　ζ *Gr.* filled.　θ *Gr.* from thee.
λ *Or*, scowl at thee.

over all the strength thereof, saith the Lord God.

¹⁷ And it came to pass in the twelfth year, in the first month, on the fifteenth *day* of the month, the word of the Lord came to me, saying,

¹⁸ Son of man, lament over the strength of Egypt, for the nations shall bring down her daughters dead to the depth of the earth, to them that go down to the pit. ¹⁹ They shall fall with him in the midst of them *that are* slain with the sword, and all his strength shall perish: the giants also shall say to thee, ²⁰ Be thou in the depth of the pit: to whom art thou superior? yea, go down, and lie with the uncircumcised, ²¹ in the midst of them *that are* slain with the sword.

²² There are Assur and all his company: all *his* slain have been laid there: ²³ and their burial is in the depth of the pit, and his company are set round about his tomb: all the slain that fell by the sword, who had caused the fear of them *to be* upon the land of β the living.

²⁴ There is Ælam and all his host round about his tomb: all the slain that fell by the sword, and the uncircumcised that go down to the deep of the earth, who caused their fear to be upon the land of the living: and they have received their punishment with them that go down to the pit, ²⁵ in the midst of the slain.

²⁶ There were laid Mosoch, and Thobel, and all his strength round about his tomb: all his slain men, all the uncircumcised, slain with the sword, who caused their fear to be in the land of the living. ²⁷ And they are laid with the giants that fell of old, who went down to Hades with *their* weapons of war: and they laid their swords under their heads, but their iniquities were upon their bones, because they terrified all men during their life. ²⁸ And thou shalt lie in the midst of the uncircumcised, with them that have been slain by the sword.

²⁹ There are laid the princes of Assur, who yielded their strength to a wound of the sword: these are laid with the slain, with them that go down to the pit.

³⁰ There are the princes of the north, *even* all the captains of Assur, who go down slain *to Hades*: they lie uncircumcised among the slain with the sword together with their terror and their strength, and they have received their punishment with them that go down to the pit.

³¹ King Pharao shall see them, and shall be comforted over all their force, saith the Lord God. ³² For I have caused his fear to be upon the land of the living : yet he shall lie in the midst of the uncircumcised with them that are slain with the sword, *even* Pharao, and all his multitude with him, saith the Lord God.

And the word of the Lord came to me, saying, ² Son of man, speak to the children of thy people, and thou shalt say to them,

On whatsoever land I shall bring a sword, and the people of the land take one man of them, and set him for their watchman:

ἐπὶ πᾶσαν τὴν ἰσχὺν αὐτῆς θρηνήσουσιν αὐτήν, λέγει Κύριος Κύριος.

Καὶ ἐγενήθη ἐν τῷ δωδεκάτῳ ἔτει τοῦ πρώτου μηνός, πεν- 17 τεκαιδεκάτῃ τοῦ μηνός, ἐγένετο λόγος Κυρίου πρὸς μὲ, λέγων,

Υἱὲ ἀνθρώπου, θρήνησον ἐπὶ τὴν ἰσχὺν Αἰγύπτου, καὶ κατα- 18 βιβάσουσιν αὐτῆς τὰς θυγατέρας τὰ ἔθνη νεκρὰς εἰς τὸ βάθος τῆς γῆς, πρὸς τοὺς καταβαίνοντας εἰς βόθρον· Ἐν μέσῳ 19 μαχαίρας τραυματιῶν πεσοῦνται μετ᾽ αὐτοῦ, καὶ κοιμηθήσεται πᾶσα ἡ ἰσχὺς αὐτοῦ· καὶ ἐροῦσί σοι οἱ γίγαντες, ἐν βάθει 20 βόθρου γίνου, τίνος κρείττων εἶ; καὶ κατάβηθι, καὶ κοιμήθητι μετὰ ἀπεριτμήτων, ἐν μέσῳ τραυματιῶν μαχαίρας. 21

Ἐκεῖ Ἀσσοὺρ καὶ πᾶσα ἡ συναγωγὴ αὐτοῦ, πάντες τραυ- 22 ματίαι ἐκεῖ ἐδόθησαν, καὶ ἡ ταφὴ αὐτῶν ἐν βάθει βόθρου, καὶ 23 ἐγενήθη ἡ συναγωγὴ αὐτοῦ περικύκλῳ τοῦ μνήματος αὐτοῦ, πάντες οἱ τραυματίαι οἱ πεπτωκότες μαχαίρᾳ, οἱ δόντες τὸν φόβον αὐτῶν ἐπὶ γῆς ζωῆς.

Ἐκεῖ Αἰλὰμ καὶ πᾶσα ἡ δύναμις αὐτοῦ περικύκλῳ τοῦ μνή- 24 ματος αὐτοῦ, πάντες οἱ τραυματίαι οἱ πεπτωκότες μαχαίρᾳ, καὶ οἱ καταβαίνοντες ἀπερίτμητοι εἰς γῆς βάθος, οἱ δεδωκότες αὐτῶν φόβον ἐπὶ γῆς ζωῆς· καὶ ἐλάβοσαν τὴν βάσανον αὐτῶν μετὰ τῶν καταβαινόντων εἰς βόθρον, ἐν μέσῳ τραυματιῶν. 25

Ἐκεῖ ἐδόθησαν Μοσὸχ καὶ Θοβὲλ, καὶ πᾶσα ἡ ἰσχὺς αὐτοῦ 26 περικύκλῳ τοῦ μνήματος αὐτοῦ, πάντες τραυματίαι αὐτοῦ, πάντες ἀπερίτμητοι τραυματίαι ἀπὸ μαχαίρας, οἱ δεδωκότες τὸν φόβον αὐτῶν ἐπὶ γῆς ζωῆς. Καὶ ἐκοιμήθησαν μετὰ τῶν 27 γιγάντων τῶν πεπτωκότων ἀπ᾽ αἰῶνος, οἳ κατέβησαν εἰς ᾅδου ἐν ὅπλοις πολεμικοῖς, καὶ ἔθηκαν τὰς μαχαίρας αὐτῶν ὑπὸ τὰς κεφαλὰς αὐτῶν, καὶ ἐγενήθησαν αἱ ἀνομίαι αὐτῶν ἐπὶ τῶν ὀστέων αὐτῶν, ὅτι ἐξεφόβησαν πάντας ἐν τῇ ζωῇ αὐτῶν. Καὶ σὺ ἐν μέσῳ ἀπεριτμήτων κοιμηθήσῃ μετὰ τετραυματισμέ- 28 νων μαχαίρᾳ.

Ἐκεῖ ἐδόθησαν οἱ ἄρχοντες Ἀσσοὺρ, οἱ δόντες τὴν ἰσχὺν 29 αὐτοῦ εἰς τραῦμα μαχαίρας· οὗτοι μετὰ τραυματιῶν ἐκοιμήθη- σαν, μετὰ καταβαινόντων εἰς βόθρον.

Ἐκεῖ οἱ ἄρχοντες τοῦ Βοῤῥᾶ πάντες στρατηγοὶ Ἀσσοὺρ, οἱ 30 καταβαίνοντες τραυματίαι, σὺν τῷ φόβῳ αὐτῶν καὶ τῇ ἰσχύϊ αὐτῶν ἐκοιμήθησαν ἀπερίτμητοι μετὰ τραυματιῶν μαχαίρας, καὶ ἀπήνεγκαν τὴν βάσανον αὐτῶν μετὰ τῶν καταβαινόντων εἰς βόθρον.

Ἐκείνους ὄψεται βασιλεὺς Φαραὼ, καὶ παρακληθήσεται ἐπὶ 31 πᾶσαν τὴν ἰσχὺν αὐτῶν, λέγει Κύριος Κύριος. Ὅτι δέδωκα 32 τὸν φόβον αὐτοῦ ἐπὶ γῆς ζωῆς, καὶ κοιμηθήσεται ἐν μέσῳ ἀπεριτμήτων μετὰ τραυματιῶν μαχαίρας Φαραὼ, καὶ πᾶν τὸ πλῆθος αὐτοῦ μετ᾽ αὐτοῦ, λέγει Κύριος Κύριος.

Καὶ ἐγένετο λόγος Κυρίου πρὸς μὲ, λέγων, υἱὲ ἀνθρώ- 33 που, λάλησον τοῖς υἱοῖς τοῦ λαοῦ σου, καὶ ἐρεῖς πρὸς αὐτούς, 2

Γῆ ἐφ᾽ ἣν ἂν ἐπάγω ῥομφαίαν, καὶ λάβῃ ὁ λαὸς τῆς γῆς ἄνθρωπον ἕνα ἐξ αὐτῶν, καὶ δῶσιν αὐτὸν ἑαυτοῖς εἰς σκοπόν,

---

β Gr. life.

3 καὶ ἴδῃ τὴν ῥομφαίαν ἐρχομένην ἐπὶ τὴν γῆν, καὶ σαλπίσῃ τῇ
4 σάλπιγγι, καὶ σημάνῃ τῷ λαῷ, καὶ ἀκούσῃ ὁ ἀκούσας τῆς
φωνῆς τῆς σάλπιγγος, καὶ μὴ φυλάξηται, καὶ ἐπέλθῃ ἡ ῥομ-
φαία, καὶ καταλάβῃ αὐτόν, τὸ αἷμα αὐτοῦ ἐπὶ τῆς κεφαλῆς
5 αὐτοῦ ἔσται. Ὅτι τὴν φωνὴν τῆς σάλπιγγος ἀκούσας οὐκ
ἐφυλάξατο, τὸ αἷμα αὐτοῦ ἐπ᾽ αὐτοῦ ἔσται· καὶ οὗτος ὅτι ἐφυ-
λάξατο, τὴν ψυχὴν αὐτοῦ ἐξείλατο.

6 Καὶ ὁ σκοπὸς ἐὰν ἴδῃ τὴν ῥομφαίαν ἐρχομένην, καὶ μὴ
σημάνῃ τῇ σάλπιγγι, καὶ ὁ λαὸς μὴ φυλάξηται, καὶ ἐλθοῦσα
ἡ ῥομφαία λάβῃ ἐξ αὐτῶν ψυχήν, αὕτη διὰ τὴν αὐτῆς ἀνομίαν
ἐλήφθη, καὶ τὸ αἷμα ἐκ χειρὸς τοῦ σκοποῦ ἐκζητήσω.

7 Καὶ σὺ υἱὲ ἀνθρώπου, σκοπὸν δέδωκά σε τῷ οἴκῳ Ἰσραήλ,
8 καὶ ἀκούσῃ ἐκ στόματός μου λόγον. Ἐν τῷ εἰπεῖν με τῷ
ἁμαρτωλῷ, θανάτῳ θανατωθήσῃ, καὶ μὴ λαλήσῃς τοῦ φυλά-
ξασθαι τὸν ἀσεβῆ ἀπὸ τῆς ὁδοῦ αὐτοῦ, αὐτὸς ὁ ἄνομος τῇ
ἀνομίᾳ αὐτοῦ ἀποθανεῖται, τὸ δὲ αἷμα αὐτοῦ ἐκ τῆς χειρός
9 σου ἐκζητήσω. Σὺ δὲ ἐὰν προαπαγγείλῃς τῷ ἀσεβεῖ τὴν
ὁδὸν αὐτοῦ ἀποστρέψαι ἀπ᾽ αὐτῆς, καὶ μὴ ἀποστρέψῃ ἀπὸ τῆς
ὁδοῦ αὐτοῦ, οὗτος τῇ ἀσεβείᾳ αὐτοῦ ἀποθανεῖται, καὶ σὺ τὴν
ψυχὴν σαυτοῦ ἐξήρησαι.

10 Καὶ σὺ υἱὲ ἀνθρώπου, εἰπὸν τῷ οἴκῳ Ἰσραήλ, οὕτως ἐλαλή-
σατε λέγοντες, αἱ πλάναι ἡμῶν, καὶ αἱ ἀνομίαι ἡμῶν ἐφ᾽ ἡμῖν
εἰσι, καὶ ἐν αὐταῖς ἡμεῖς τηκόμεθα, καὶ πῶς ζησόμεθα;
11 Εἰπὸν αὐτοῖς, ζῶ ἐγώ, τάδε λέγει Κύριος, οὐ βούλομαι τὸν
θάνατον τοῦ ἀσεβοῦς, ὡς ἀποστρέψαι τὸν ἀσεβῆ ἀπὸ τῆς ὁδοῦ
αὐτοῦ, καὶ ζῆν αὐτόν· ἀποστροφῇ ἀποστρέψατε ἀπὸ τῆς ὁδοῦ
ὑμῶν· καὶ ἱνατί ἀποθνήσκετε οἶκος Ἰσραήλ;

12 Εἰπὸν πρὸς τοὺς υἱοὺς τοῦ λαοῦ σου, δικαιοσύνη δικαίου
οὐ μὴ ἐξελεῖται αὐτόν, ἐν ᾗ ἂν ἡμέρᾳ πλανηθῇ· καὶ ἀνομία
ἀσεβοῦς οὐ μὴ κακώσῃ αὐτόν, ἐν ᾗ ἂν ἡμέρᾳ ἀποστρέψῃ ἀπὸ
τῆς ἀνομίας αὐτοῦ· καὶ δίκαιος οὐ μὴ δύνηται σωθῆναι.

13 Ἐν τῷ εἰπεῖν με τῷ δικαίῳ, οὗτος πέποιθεν ἐπὶ τῇ δικαιο-
σύνῃ αὐτοῦ, καὶ ποιήσει ἀνομίαν, πᾶσαι αἱ δικαιοσύναι αὐτοῦ
οὐ μὴ ἀναμνησθῶσιν, ἐν τῇ ἀδικίᾳ αὐτοῦ ᾗ ἐποίησεν ἐν αὐτῇ
ἀποθανεῖται.

14 Καὶ ἐν τῷ εἰπεῖν με τῷ ἀσεβεῖ, θανάτῳ θανατωθήσῃ, καὶ
ἀποστρέψει ἀπὸ τῆς ἁμαρτίαις αὐτοῦ, καὶ ποιήσει κρίμα καὶ
15 δικαιοσύνην, καὶ ἐνεχύρασμα ἀποδοῖ, καὶ ἁρπάγματα ἀποτίσει,
ἐν προστάγμασι ζωῆς διαπορεύηται, τοῦ μὴ ποιῆσαι ἄδικον,
16 ζωῇ ζήσεται, καὶ οὐ μὴ ἀποθάνῃ. Πᾶσαι αἱ ἁμαρτίαι αὐτοῦ
ἃς ἥμαρτεν, οὐ μὴ ἀναμνησθῶσιν, ὅτι κρίμα καὶ δικαιοσύνην
ἐποίησεν, ἐν αὐταῖς ζήσεται.

17 Καὶ ἐροῦσιν οἱ υἱοὶ τοῦ λαοῦ σου, οὐκ εὐθεῖα ἡ ὁδὸς τοῦ
18 Κυρίου· καὶ αὕτη ἡ ὁδὸς αὐτῶν οὐκ εὐθεῖα. Ἐν τῷ ἀποστρέψαι
δίκαιον ἀπὸ τῆς δικαιοσύνης αὐτοῦ, καὶ ποιήσει ἀνομίας,
19 καὶ ἀποθανεῖται ἐν αὐταῖς. Καὶ ἐν τῷ ἀποστρέψαι τὸν ἁμαρτω-
λὸν ἀπὸ τῆς ἀνομίας αὐτοῦ, καὶ ποιήσει κρίμα καὶ δικαιοσύνην,
20 ἐν αὐτοῖς αὐτὸς ζήσεται. Καὶ τοῦτό ἐστιν ὃ εἴπατε, οὐκ

³ and he shall see the sword coming upon
the land, and blow the trumpet, and sound
an alarm to the people; ⁴ and he that hears
the sound of the trumpet shall hear *indeed*,
and *yet* not take heed, and the sword shall
come upon him, and overtake him, his blood
shall be upon his *own* head. ⁵ Because he
heard the sound of the trumpet, and took
no heed, his blood shall be upon him: but
the other, because he took heed, has de-
livered his soul.

⁶ But if the watchman see the sword
coming, and do not sound the trumpet, and
the people do not watch; and the sword
come, and take a soul from among them,
that *soul* is taken because of its iniquity;
but the blood *thereof* will I require at the
watchman's hand.

⁷ And thou, son of man, I have set thee
as a watchman to the house of Israel, and
thou shalt hear a word from my mouth.
⁸ When I say to the sinner, Thou shalt surely
die; *if* thou speak not to warn the wicked
from his way, the wicked himself shall die in
his iniquity; but his blood will I require at
thine hand. ⁹ But if thou forewarn the
wicked of his way to turn from it, and he turn
not from his way, he shall die in his ungodli-
ness; but thou hast delivered thine own
soul.

¹⁰ And thou, son of man, say to the house
of Israel; Thus have ye spoken, saying, Our
errors, and our iniquities weigh upon us,
and we pine away in them, and how then
shall we live? ¹¹ Say to them, Thus saith
the Lord; *As* I live, I desire not the death
of the ungodly, as that the ungodly should
turn from his way and live: turn ye
β heartily from your way; for why γ will ye
die, O house of Israel?

¹² Say to the children of thy people, The
righteousness of the righteous shall not
deliver him, in the day wherein he errs:
and the iniquity of the ungodly shall not
harm him, in the day wherein he turns
from his iniquity, but the righteous *erring*
shall not be able to deliver himself.

¹³ When I say to the righteous, δ *Thou
shalt live; and* he trusts in his righteous-
ness, and shall commit iniquity, none of his
righteousnesses shall be remembered; in
his unrighteousness which he has wrought,
in it shall he die.

¹⁴ And when I say to the ungodly, Thou
shalt surely die; and he shall turn from his
sin, and do judgment and justice, ¹⁵ and
return the pledge, and repay that which he
has robbed, *and* walk in the ordinances of
life, so as to do no wrong; he shall surely
live, and shall not die. ¹⁶ None of his sins
which he has committed shall be remem-
bered: because he has wrought judgment
and righteousness, ζ by them shall he live.

¹⁷ Yet the children of thy people will say,
The way of the Lord is not straight: whereas
this their way is not straight. ¹⁸ When the
righteous turns away from his righteousness,
and shall commit iniquities, then shall he
die in them. ¹⁹ And when the sinner turns
from his iniquity, and shall do judgment
and righteousness, he shall live by them.
²⁰ And this is that which ye said, The way

β *Gr.* with turning.   γ *Gr.* do ye die.   δ The words in italics are found in *Alex.*   ζ *Alex.* αὐτοῖς.

of the Lord is *not* straight. I will judge you, O house of Israel, every one for his ways. [21] And it came to pass in the β tenth year of our captivity, in the twelfth month, on the fifth *day* of the month, *that* one that had escaped from Jerusalem came to me, saying, The city is taken. [22] Now the hand of the Lord had come upon me in the evening, before he came; and he opened my mouth, when he came to me in the morning: and my mouth was open, it was no longer kept closed.

[23] And the word of the Lord came to me, saying, [24] Son of man, they that inhabit the desolate *places* on the land of Israel say, Abraam was one, and he possessed the land: and we are more numerous; to us the land is given for a possession.

[27] γ Therefore say to them, Thus saith the Lord God, *As* I live, surely they that are in the desolate places shall fall by swords, and they that are in the open plain shall be given for food to the wild beasts of the field, and them that are in the fortified *cities* and them that are in the caves I will slay with pestilence. [28] And I will make the land desert, and the pride of her strength shall perish; and the mountains of Israel shall be made desolate by reason of no man passing through. [29] And they shall know that I am the Lord; and I will make their land desert, and it shall be made desolate because of all their abominations which they have wrought.

[30] And *as for* thee, son of man, the children of thy people are they that speak concerning thee by the walls, and in the porches of the houses, and they talk δ one to another, saying, Let us come together, and let us hear the *words* that proceed from the Lord. [31] They approach thee as a people comes together, and sit before thee, and hear thy words, but they will not do them: for *there is* falsehood in their mouth, and their heart goes after their pollutions. [32] And thou art to them as the sound of a sweet, well-tuned psaltery, and they will hear thy words, but they will not do them. [33] But whenever it shall come *to pass*, they will say, Behold, it is come: and they shall know that there was a prophet in the midst of them.

And the word of the Lord came to me, saying, [2] Son of man, prophesy against the shepherds of Israel, prophesy, and say to the shepherds,

Thus saith the Lord God; O shepherds of Israel, do shepherds feed themselves? do not the shepherds feed the sheep? [3] Behold, ye feed on the milk, and clothe yourselves with the wool, and slay the fat: but ye feed not my sheep. [4] The weak one ye have not strengthened, and the sick ye have not cherished, and the bruised ye have not bound up, and the stray one ye have not turned back, and the lost ye have not sought; and the strong ye have wearied with labour. [5] And my sheep were scattered, because there were no shepherds: and they became meat to all the wild beasts of the field. [6] And my sheep were scattered

εὐθεῖα ἡ ὁδὸς Κυρίου· ἕκαστον ἐν ταῖς ὁδοῖς αὐτοῦ κρινῶ ὑμᾶς, οἶκος Ἰσραήλ.

Καὶ ἐγενήθη ἐν τῷ δεκάτῳ ἔτει, ἐν τῷ δωδεκάτῳ μηνὶ, πέμπτῃ [21] τοῦ μηνὸς τῆς αἰχμαλωσίας ἡμῶν, ἦλθε πρὸς μὲ ὁ ἀνασωθεὶς ἀπὸ Ἰερουσαλὴμ, λέγων, ἑάλω ἡ πόλις. Καὶ χεὶρ Κυρίου [22] ἐγενήθη ἐπ᾽ ἐμὲ ἑσπέρας πρὶν ἐλθεῖν αὐτὸν, καὶ ἤνοιξέ μου τὸ στόμα, ὡς ἦλθε πρὸς μὲ τὸ πρωΐ· καὶ ἀνοιχθὲν τὸ στόμα μου, οὐ συνεσχέθη ἔτι.

Καὶ ἐγενήθη λόγος Κυρίου πρὸς μὲ, λέγων, υἱὲ ἀνθρώπου, [23, 24] οἱ κατοικοῦντες τὰς ἠρημωμένας ἐπὶ τῆς γῆς τοῦ Ἰσραὴλ, λέγουσιν, εἰς ἦν Ἀβραὰμ, καὶ κατέσχε τὴν γῆν, καὶ ἡμεῖς πλείους ἐσμὲν, ἡμῖν δέδοται ἡ γῆ εἰς κατάσχεσιν.

Διατοῦτο εἰπὸν αὐτοῖς, τάδε λέγει Κύριος Κύριος, ζῶ ἐγὼ, [27] εἰ μὴν οἱ ἐν ταῖς ἠρημωμέναις μαχαίραις πεσοῦνται, καὶ οἱ ἐπὶ προσώπου τοῦ πεδίου τοῖς θηρίοις τοῦ ἀγροῦ δοθήσονται εἰς κατάβρωμα, καὶ τοὺς ἐν ταῖς τετειχισμέναις, καὶ τοὺς ἐν τοῖς σπηλαίοις θανάτῳ ἀποκτενῶ. Καὶ δώσω τὴν γῆν ἔρημον, [28] καὶ ἀπολεῖται ἡ ὕβρις τῆς ἰσχύος αὐτῆς, καὶ ἐρημωθήσεται τὰ ὄρη τοῦ Ἰσραὴλ διὰ τὸ μὴ εἶναι διαπορευόμενον. Καὶ [29] γνώσονται ὅτι ἐγώ εἰμι Κύριος· καὶ ποιήσω τὴν γῆν αὐτῶν ἔρημον, καὶ ἐρημωθήσεται διὰ πάντα τὰ βδελύγματα αὐτῶν ἃ ἐποίησαν.

Καὶ σὺ υἱὲ ἀνθρώπου, οἱ υἱοὶ τοῦ λαοῦ σου οἱ λαλοῦντες [30] περὶ σοῦ παρὰ τὰ τείχη καὶ ἐν τοῖς πυλῶσι τῶν οἰκιῶν, καὶ λαλοῦσιν ἄνθρωπος τῷ ἀδελφῷ αὐτοῦ, λέγοντες, συνέλθωμεν, καὶ ἀκούσωμεν τὰ ἐκπορευόμενα παρὰ Κυρίου. Ἔρχονται [31] πρὸς σὲ, ὡς συμπορεύεται λαὸς, καὶ κάθηνται ἐναντίον σου, καὶ ἀκούουσι τὰ ῥήματά σου, καὶ αὐτὰ οὐ μὴ ποιήσουσιν, ὅτι ψεῦδος ἐν τῷ στόματι αὐτῶν, καὶ ὀπίσω τῶν μιασμάτων ἡ καρδία αὐτῶν. Καὶ γίνῃ αὐτοῖς ὡς φωνὴ ψαλτηρίου ἡδυφώνου [32] εὐαρμόστου, καὶ ἀκούσονταί σου τὰ ῥήματα, καὶ οὐ μὴ ποιήσουσιν αὐτά. Καὶ ἡνίκα ἐὰν ἔλθῃ, ἐροῦσιν, ἰδοὺ ἥκει· καὶ [33] γνώσονται ὅτι προφήτης ἦν ἐν μέσῳ αὐτῶν.

Καὶ ἐγένετο λόγος Κυρίου πρὸς μὲ, λέγων, υἱὲ ἀνθρώπου, [34] προφήτευσον ἐπὶ τοὺς ποιμένας τοῦ Ἰσραὴλ, προφήτευσον, [2] καὶ εἰπὸν τοῖς ποιμέσι,

Τάδε λέγει Κύριος Κύριος, ὦ ποιμένες Ἰσραὴλ, μὴ βόσκουσι ποιμένες ἑαυτούς; οὐ τὰ πρόβατα βόσκουσιν οἱ ποιμένες; Ἰδοὺ τὸ γάλα κατέσθετε, καὶ τὰ ἔρια περιβάλλεσθε, καὶ τὸ [3] παχὺ σφάζετε, καὶ τὰ πρόβατά μου οὐ βόσκετε. Τὸ ἠσθενη- [4] κὸς οὐκ ἐνισχύσατε, καὶ τὸ κακῶς ἔχον οὐκ ἐσωματοποιήσατε, καὶ τὸ συντετριμμένον οὐ κατεδήσατε, καὶ τὸ πλανώμενον οὐκ ἀπεστρέψατε, καὶ τὸ ἀπολωλὸς οὐκ ἐζητήσατε, καὶ τὸ ἰσχυρὸν κατειργάσασθε μόχθῳ. Καὶ διεσπάρη τὰ πρόβατά μου, διὰ [5] τὸ μὴ εἶναι ποιμένας, καὶ ἐγενήθη εἰς κατάβρωμα πᾶσι τοῖς θηρίοις τοῦ ἀγροῦ. Καὶ διεσπάρη τὰ πρόβατά μου ἐν παντὶ [6]

β *Heb.* and *Alex.* twelfth year.   γ See *Appendix.*   δ *Gr.* a man to his brother.

ὄρει, καὶ ἐπὶ πᾶν βουνὸν ὑψηλὸν, καὶ ἐπὶ προσώπου τῆς γῆς διεσπάρη, καὶ οὐκ ἦν ὁ ἐκζητῶν οὐδὲ ὁ ἀποστρέφων.

7, 8 Διατοῦτο ποιμένες ἀκούσατε λόγον Κυρίου. Ζῶ ἐγὼ, λέγει Κύριος Κύριος, εἰ μὴν ἀντὶ τοῦ γενέσθαι τὰ πρόβατά μου εἰς προνομὴν, καὶ γενέσθαι τὰ πρόβατά μου εἰς κατάβρωμα πᾶσι τοῖς θηρίοις τοῦ πεδίου, παρὰ τὸ μὴ εἶναι ποιμένας, καὶ οὐκ ἐξεζήτησαν οἱ ποιμένες τὰ πρόβατά μου, καὶ ἐβόσκησαν οἱ ποιμένες ἑαυτούς, τὰ δὲ πρόβατά μου οὐκ ἐβόσκησαν·

9, 10 Ἀντὶ τούτου ποιμένες, τάδε λέγει Κύριος Κύριος, ἰδοὺ ἐγὼ ἐπὶ τοὺς ποιμένας, καὶ ἐκζητήσω τὰ πρόβατά μου ἐκ τῶν χειρῶν αὐτῶν, καὶ ἀποστρέψω αὐτοὺς τοῦ μὴ ποιμαίνειν τὰ πρόβατά μου, καὶ οὐ βοσκήσουσιν ἔτι οἱ· ποιμένες αὐτά· καὶ ἐξελοῦμαι τὰ πρόβατά μου ἐκ τοῦ στόματος αὐτῶν, καὶ οὐκ ἔσονται αὐτοῖς ἔτι εἰς κατάβρωμα.

11 Διότι τάδε λέγει Κύριος Κύριος, ἰδοὺ ἐγὼ ἐκζητήσω τὰ 12 πρόβατά μου, καὶ ἐπισκέψομαι αὐτά. Ὥσπερ ζητεῖ ὁ ποιμὴν τὸ ποίμνιον αὐτοῦ ἐν ἡμέρᾳ ὅτʼ ἂν ᾖ γνόφος καὶ νεφέλη ἐν μέσῳ προβάτων διακεχωρισμένων, οὕτως ἐκζητήσω τὰ πρόβατά μου, καὶ ἀπελάσω αὐτὰ ἀπὸ παντὸς τόπου οὗ διεσπάρησαν 13 ἐκεῖ ἐν ἡμέρᾳ νεφέλης καὶ γνόφου. Καὶ ἐξάξω αὐτοὺς ἐκ τῶν ἐθνῶν, καὶ συνάξω αὐτοὺς ἀπὸ τῶν χωρῶν, καὶ εἰσάξω αὐτοὺς εἰς τὴν γῆν αὐτῶν, καὶ βοσκήσω αὐτοὺς ἐπὶ τὰ ὄρη Ἰσραὴλ 14 καὶ ἐν ταῖς φάραγξι, καὶ ἐν πάσῃ κατοικίᾳ τῆς γῆς, ἐν νομῇ ἀγαθῇ βοσκήσω αὐτοὺς, ἐν τῷ ὄρει τῷ ὑψηλῷ Ἰσραήλ· καὶ ἔσονται αἱ μάνδραι αὐτῶν ἐκεῖ, καὶ κοιμηθήσονται, καὶ ἐκεῖ ἀναπαύσονται ἐν τρυφῇ ἀγαθῇ, καὶ ἐν νομῇ πίονι βοσκηθήσον- 15 ται ἐπὶ τῶν ὀρέων Ἰσραήλ. Ἐγὼ βοσκήσω τὰ πρόβατά μου, καὶ ἐγὼ ἀναπαύσω αὐτά, καὶ γνώσονται ὅτι ἐγώ εἰμι Κύριος· 16 τάδε λέγει Κύριος Κύριος. Τὸ ἀπολωλὸς ζητήσω, καὶ τὸ πλανώμενον ἀποστρέψω, καὶ τὸ συντετριμμένον καταδήσω, καὶ τὸ ἐκλεῖπον ἐνισχύσω, καὶ τὸ ἰσχυρὸν φυλάξω, καὶ βοσκήσω αὐτὰ μετὰ κρίματος.

17 Καὶ ὑμεῖς πρόβατα, τάδε λέγει Κύριος Κύριος, ἰδοὺ ἐγὼ διακρινῶ ἀναμέσον προβάτου καὶ προβάτου, κριῶν καὶ τράγων. 18 Καὶ οὐχ ἱκανὸν ὑμῖν, ὅτι τὴν καλὴν νομὴν ἐνέμεσθε, καὶ τὰ κατάλοιπα τῆς νομῆς ὑμῶν κατεπατεῖτε τοῖς ποσὶν ὑμῶν; καὶ τὸ καθεστηκὸς ὕδωρ ἐπίνετε, καὶ τὸ λοιπὸν τοῖς ποσὶν ὑμῶν 19 ἐταράσσετε; Καὶ τὰ πρόβατά μου τὰ πατήματα τῶν ποδῶν ὑμῶν ἐνέμοντο, καὶ τὸ τεταραγμένον ὕδωρ ὑπὸ τῶν ποδῶν ὑμῶν ἔπινον.

20 Διατοῦτο τάδε λέγει Κύριος Κύριος, ἰδοὺ ἐγὼ διακρινῶ ἀναμέσον προβάτου ἰσχυροῦ καὶ ἀναμέσον προβάτου ἀσθενοῦς· 21 Ἐπὶ ταῖς πλευραῖς καὶ τοῖς ὤμοις ὑμῶν διωθεῖσθε, καὶ τοῖς κέρασιν ὑμῶν ἐκερατίζετε, καὶ πᾶν τὸ ἐκλεῖπον ἐξεθλίβετε. 22 Καὶ σώσω τὰ πρόβατά μου, καὶ οὐ μὴ ὦσιν ἔτι εἰς προνομὴν, καὶ κρινῶ ἀναμέσον κριοῦ πρὸς κριόν.

23 Καὶ ἀναστήσω ἐπʼ αὐτοὺς ποιμένα ἕνα, καὶ ποιμανεῖ αὐτούς, 24 τὸν δοῦλόν μου Δαυὶδ, καὶ ἔσται αὐτῶν ποιμὴν, καὶ ἐγὼ Κύριος ἔσομαι αὐτοῖς εἰς Θεὸν, καὶ Δαυὶδ ἄρχων ἐν μέσῳ

on every mountain, and on every high hill: yea, they were scattered on the face of the earth, and there was none to seek them out, nor to bring them back.

[7] Therefore, ye shepherds, hear the word of the Lord. [8] As I live, saith the Lord God, surely because my sheep became a prey, and my sheep became meat to all the wild beasts of the field, because there were no shepherds, and the shepherds sought not out my sheep, and the shepherds fed themselves, but fed not my sheep. [9] For this cause, O shepherds, [10][β] thus saith the Lord God, Behold, I am against the shepherds; and I will require my sheep at their hands, and will turn them back that they shall not feed my sheep, and the shepherds shall no longer feed them; and I will deliver my sheep out of their mouth, and they shall no longer be meat for them.

[11] For thus saith the Lord God, Behold, I will seek out my sheep, and will visit them. [12] As the shepherd seeks his flock, in the day when there is darkness and cloud, in the midst of the sheep that are separated: so will I seek out my sheep, and will [γ] bring them back from every place where they were scattered in the day of cloud and darkness. [13] And I will bring them out from the Gentiles, and will gather them from the countries, and will bring them into their own land, and will feed them upon the mountains of Israel, and in the valleys, and in every inhabited place of the land. [14] I will feed them in a good pasture, on a high mountain of Israel: and their folds shall be there, and they shall lie down, and there shall they rest in perfect prosperity, and they shall feed in a fat pasture on the mountains of Israel. [15] I will feed my sheep, and I will cause them to rest; and they shall know that I am the Lord: thus saith the Lord God. [16] I will seek that which is lost, and I will recover the stray one, and will bind up that which was broken, and will strengthen the fainting, and will guard the strong, and will feed them with judgment.

[17] And as for you, ye sheep, thus saith the Lord God, Behold, I will distinguish between sheep and sheep, between rams and he-goats. [18] And is it not enough for you that ye fed on the good pasture, that ye trampled with your feet the remnant of your pasture? and that ye drank the standing water, that ye disturbed the residue with your feet? [19] So my sheep fed on that which ye had trampled with your feet; and they drank the water that had been disturbed by your feet.

[20] Therefore thus saith the Lord God; Behold, I will separate between the strong sheep and the weak sheep. [21] Ye did thrust with your sides and shoulders, and pushed with your horns, and ye cruelly treated all the [δ] sick. [22] Therefore I will save my sheep, and they shall not be any more for a prey; and will judge between ram and ram. [23] And I will raise up one shepherd over them, and he shall tend them, even my servant David, and he shall be their shepherd; [24] and I the Lord will be to them a God, and David a prince in the midst of

---

β *Alex.* + ' Hear the word of the Lord.'   γ *Lit.* drive them away. *Alex.* gather.   δ *Gr.* fainting.

them; I the Lord have spoken it. ²⁵And I will make with David a covenant of peace, and I will utterly destroy evil beasts from off the land; and they shall dwell in the wilderness, and sleep in the forests. ²⁶And I will settle them round about my mountain; and I will give you the rain, the rain of blessing. ²⁷And the trees that are in the field shall yield their fruit, and the earth shall yield her strength, and they shall dwell in the confidence of peace on their land, and they shall know that I am the Lord, when I have broken their yoke; and I will deliver them out of the hand of those that enslaved them. ²⁸And they shall no more be a spoil to the nations, and the wild beasts of the land shall no more at all devour them; and they shall dwell safely, and there shall be none to make them afraid. ²⁹And I will raise up for them a plant of peace, and they shall no more perish with hunger upon the land, and they shall no more bear the reproach of the nations.

³⁰And they shall know that I am the Lord their God, and they my people. O house of Israel, saith the Lord God, ³¹ye are my sheep, even the sheep of my flock, and I am the Lord your God, saith the Lord God.

And the word of the Lord came to me, saying, ²Son of man, set thy face against mount Seir, and prophesy against it, ³and say to it, Thus saith the Lord God; Behold, I am against thee, O mount Seir, and I will stretch out my hand against thee, and will make thee a waste, and thou shalt be made desolate. ⁴And I will cause desolation in thy cities, and thou shalt be desolate, and thou shalt know that I am the Lord. ⁵Because thou hast been a perpetual enemy, and hast laid wait craftily for the house of Israel, with the hand of enemies with a sword, in the time of injustice, at the last:

⁶Therefore, as I live, saith the Lord God, verily thou hast sinned even to blood, therefore blood shall pursue thee. ⁷And I will ᵝmake mount Seir a waste, and desolate, and I will destroy from off it men and cattle: ⁸and I will fill thy hills and thy valleys with slain men, and in all thy plains there shall fall in thee men slain with the sword. ⁹I will make thee a perpetual desolation, and thy cities shall not be inhabited any more: and thou shalt know that I am the Lord.

¹⁰Because thou saidst, The two nations and the two countries shall be mine, and I shall inherit them; whereas the Lord is there: ¹¹therefore, as I live, saith the Lord, I will even deal with thee according to thine enmity, ᵞand I will be made known to thee when I shall judge thee: ¹²and thou shalt know that I am the Lord. I have heard the voice of thy blasphemies, whereas thou hast said, The desert mountains of Israel are given to us for food; ¹³and thou hast spoken swelling words against me with thy mouth: I have heard them.

¹⁴Thus saith the Lord; ᵟWhen all the earth is rejoicing, I will make thee desert. ¹⁵Thou shalt be desert, O mount Seir, and all Idumea; and it shall be utterly consumed: and thou shalt know that I am the Lord their God.

αὐτῶν· ἐγὼ Κύριος ἐλάλησα. Καὶ διαθήσομαι τῷ Δαυὶδ 25 διαθήκην εἰρήνης, καὶ ἀφανιῶ θηρία πονηρὰ ἀπὸ τῆς γῆς, καὶ κατοικήσουσιν ἐν τῇ ἐρήμῳ, καὶ ὑπνώσουσιν ἐν τοῖς δρυμοῖς. Καὶ δώσω αὐτοὺς περικύκλῳ τοῦ ὄρους μου· καὶ δώσω τὸν 26 ὑετὸν ὑμῖν, ὑετὸν εὐλογίας. Καὶ τὰ ξύλα τὰ ἐν τῷ πεδίῳ 27 δώσει τὸν καρπὸν αὐτῶν, καὶ ἡ γῆ δώσει τὴν ἰσχὺν αὐτῆς, καὶ κατοικήσουσιν ἐπὶ τῆς γῆς αὐτῶν ἐν ἐλπίδι εἰρήνης, καὶ γνώσονται ὅτι ἐγώ εἰμι Κύριος, ἐν τῷ συντρίψαι με τὸν ζυγὸν αὐτῶν· καὶ ἐξελοῦμαι αὐτοὺς ἐκ χειρὸς τῶν καταδουλωσαμένων αὐτούς, καὶ οὐκ ἔσονται ἔτι ἐν προνομῇ τοῖς ἔθνεσι, καὶ τὰ 28 θηρία τῆς γῆς οὐκέτι μὴ φάγωσιν αὐτούς· καὶ κατοικήσουσιν ἐν ἐλπίδι, καὶ οὐκ ἔσται ὁ ἐκφοβῶν αὐτούς. Καὶ ἀναστήσω 29 αὐτοῖς φυτὸν εἰρήνης, καὶ οὐκέτι ἔσονται ἀπολλύμενοι λιμῷ ἐπὶ τῆς γῆς, καὶ ὀνειδισμὸν ἐθνῶν οὐ μὴ ἐνέγκωσιν ἔτι.

Καὶ γνώσονται ὅτι ἐγώ εἰμι Κύριος ὁ Θεὸς αὐτῶν, καὶ αὐτοὶ 30 λαός μου. Οἶκος Ἰσραὴλ, λέγει Κύριος Κύριος, πρόβατά μου καὶ πρόβατα ποιμνίου μου ἐστὲ, καὶ ἐγὼ Κύριος ὁ Θεὸς 31 ὑμῶν, λέγει Κύριος Κύριος.

Καὶ ἐγένετο λόγος Κυρίου πρὸς μὲ, λέγων, υἱὲ ἀνθρώπου, 35 ἐπίστρεψον τὸ πρόσωπόν σου ἐπ᾽ ὄρος Σηεὶρ, καὶ προφήτευσον 2 εἰς αὐτὸ, καὶ εἰπὸν αὐτῷ,   3

Τάδε λέγει Κύριος Κύριος, ἰδοὺ ἐγὼ ἐπὶ σὲ ὄρος Σηεὶρ, καὶ ἐκτενῶ τὴν χεῖρά μου ἐπὶ σὲ, καὶ δώσω σε εἰς ἔρημον, καὶ ἐρημωθήσῃ, καὶ ταῖς πόλεσί σου ἐρημίαν ποιήσω, καὶ σὺ 4 ἔρημος ἔσῃ, καὶ γνώσῃ ὅτι ἐγώ εἰμι Κύριος. Ἀντὶ τοῦ γενέ- 5 σθαι σε ἐχθρὰν αἰωνίαν, καὶ ἐνεκάθισας τῷ οἴκῳ Ἰσραὴλ δόλῳ, ἐν χειρὶ ἐχθρῶν μαχαίρᾳ ἐν καιρῷ ἀδικίας, ἐπ᾽ ἐσχάτων·

Διατοῦτο ζῶ ἐγώ, λέγει Κύριος Κύριος, εἰ μὴν εἰς αἷμα 6 ἥμαρτες, καὶ αἷμα διώξεταί σε. Καὶ δώσω ὄρος Σηεὶρ εἰς 7 ἔρημον, καὶ ἠρημωμένον, καὶ ἀπολῶ ἀπ᾽ αὐτοῦ ἀνθρώπους καὶ κτήνη, καὶ ἐμπλήσω τῶν τραυματιῶν βουνούς σου καὶ τὰς 8 φάραγγάς σου, καὶ ἐν πᾶσι τοῖς πεδίοις σου τετραυματισμένοι μαχαίρᾳ πεσοῦνται ἐν σοί. Ἐρημίαν αἰώνιον θήσομαί σε, καὶ 9 αἱ πόλεις σου οὐ μὴ κατοικηθῶσιν ἔτι, καὶ γνώσῃ ὅτι ἐγώ εἰμι Κύριος.

Διὰ τὸ εἰπεῖν σε, τὰ δύο ἔθνη, καὶ αἱ δύο χῶραι ἐμαὶ ἔσον- 10 ται, καὶ κληρονομήσω αὐτὰς, καὶ Κύριος ἐκεῖ ἐστι· Διατοῦτο 11 ζῶ ἐγώ, λέγει Κύριος, καὶ ποιήσω σοι κατὰ τὴν ἔχθραν σου, καὶ γνωσθήσομαί σοι ἡνίκα ἂν κρινῶ σε, καὶ γνώσῃ 12 ὅτι ἐγώ εἰμι Κύριος· ἤκουσα τῆς φωνῆς τῶν βλασφημιῶν σου, ὅτι εἶπας, τὰ ὄρη Ἰσραὴλ ἔρημα ἡμῖν δέδοται εἰς κατά- βρωμα, καὶ ἐμεγαλορρημόνησας ἐπ᾽ ἐμὲ τῷ στόματί σου, ἐγὼ 13 ἤκουσα.

Τάδε λέγει Κύριος, ἐν τῇ εὐφροσύνῃ πάσης τῆς γῆς ἔρημον 14 ποιήσω σε. Ἔρημον ἔσῃ ὄρος Σηεὶρ, καὶ πᾶσα ἡ Ἰδουμαία, 15 καὶ ἐξαναλωθήσεται, καὶ γνώσῃ ὅτι ἐγώ εἰμι Κύριος ὁ Θεὸς αὐτῶν.

ᵝ Gr. give.   ᵞ Alex. +' and according to thy jealousy which thou hast vented in thy hatred against them.'   ᵟ Lit. in the joy of, etc.

36 Καὶ σὺ υἱὲ ἀνθρώπου προφήτευσον ἐπὶ τὰ ὄρη Ἰσραὴλ, καὶ εἰπὸν τοῖς ὄρεσι τοῦ Ἰσραὴλ, ἀκούσατε λόγον Κυρίου.

2 Τάδε λέγει Κύριος Κύριος, ἀνθ᾽ οὗ εἶπεν ἐφ᾽ ὑμᾶς ὁ ἐχθρὸς,
3 εὖγε ἔρημα αἰώνια εἰς κατάσχεσιν ἡμῖν ἐγενήθη· Διατοῦτο προφήτευσον, καὶ εἰπὸν, τάδε λέγει Κύριος Κύριος, ἀντὶ τοῦ ἀτιμασθῆναι ὑμᾶς, καὶ μισηθῆναι ὑμᾶς ὑπὸ τῶν κύκλῳ ὑμῶν, τοῦ εἶναι ὑμᾶς εἰς κατάσχεσιν τοῖς καταλοίποις ἔθνεσι, καὶ
4 ἀνέβητε λάλημα γλώσσῃ, καὶ εἰς ὀνείδισμα ἔθνεσι, διατοῦτο ὄρη Ἰσραὴλ ἀκούσατε λόγον Κυρίου· τάδε λέγει Κύριος τοῖς ὄρεσι, καὶ τοῖς βουνοῖς, καὶ τοῖς χειμάρροις, καὶ ταῖς φάραγξι, καὶ τοῖς ἐξηρημωμένοις καὶ ἠφανισμένοις, καὶ ταῖς πόλεσι ταῖς ἐγκαταλελειμμέναις, καὶ ἐγένοντο εἰς προνομὴν, καὶ εἰς κατα-
5 πάτημα τοῖς καταλειφθεῖσιν ἔθνεσι περικύκλῳ. Διατοῦτο τάδε λέγει Κύριος Κύριος, εἰ μὴν ἐν πυρὶ θυμοῦ μου ἐλάλησα ἐπὶ τὰ λοιπὰ ἔθνη, καὶ ἐπὶ τὴν Ἰδουμαίαν πᾶσαν, ὅτι ἔδωκαν τὴν γῆν μου ἑαυτοῖς εἰς κατάσχεσιν μετ᾽ εὐφροσύνης, ἀτιμάσαντες
6 ψυχὰς, τοῦ ἀφανίσαι ἐν προνομῇ· Διατοῦτο προφήτευσον ἐπὶ τὴν γῆν τοῦ Ἰσραὴλ, καὶ εἰπὸν τοῖς ὄρεσι, καὶ τοῖς βουνοῖς, καὶ ταῖς φάραγξι, καὶ ταῖς νάπαις, τάδε λέγει Κύριος, ἰδοὺ ἐγὼ ἐν τῷ ζήλῳ μου, καὶ ἐν τῷ θυμῷ μου ἐλάλησα, ἀντὶ
7 τοῦ ὀνειδισμοὺς ἐθνῶν ἐνέγκαι ὑμᾶς. Διατοῦτο ἐγὼ ἀρῶ τὴν χεῖρά μου ἐπὶ τὰ ἔθνη τὰ περικύκλῳ ὑμῶν, οὗτοι τὴν ἀτιμίαν αὐτῶν λήψονται.

8 Ὑμῶν δὲ ὄρη Ἰσραὴλ τὴν σταφυλὴν καὶ τὸν καρπὸν ὑμῶν
9 καταφάγεται ὁ λαός μου, ὅτι ἐλπίζουσι τοῦ ἐλθεῖν· Ὅτι ἰδοὺ ἐγὼ ἐφ᾽ ὑμᾶς, καὶ ἐπιβλέψω ἐφ᾽ ὑμᾶς, καὶ κατεργασθήσεσθε,
10 καὶ σπαρήσεσθε, καὶ πληθυνῶ ἐφ᾽ ὑμᾶς ἀνθρώπους, πᾶν οἶκον Ἰσραὴλ εἰς τέλος, καὶ κατοικηθήσονται αἱ πόλεις, καὶ ἡ ἠρη-
11 μωμένη οἰκοδομηθήσεται. Καὶ πληθυνῶ ἐφ᾽ ὑμᾶς ἀνθρώπους, καὶ κτήνη, καὶ κατοικιῶ ὑμᾶς ὡς τὸ ἐν ἀρχῇ ὑμῶν, καὶ εὖ ποιήσω ὑμᾶς, ὥσπερ τὰ ἔμπροσθεν ὑμῶν, καὶ γνώσεσθε ὅτι
12 ἐγώ εἰμι Κύριος. Καὶ γεννήσω ἐφ᾽ ὑμᾶς ἀνθρώπους τὸν λαόν μου Ἰσραὴλ, καὶ κληρονομήσουσιν ὑμᾶς, καὶ ἔσεσθε αὐτοῖς εἰς κατάσχεσιν· καὶ οὐ μὴ προστεθῆτε ἔτι ἀτεκνωθῆναι ἀπ᾽ αὐτῶν.

13 Τάδε λέγει Κύριος Κύριος, ἀνθ᾽ ὧν εἶπάν σοι, κατέσθουσα ἀνθρώπους εἶ, καὶ ἠτεκνωμένη ὑπὸ τοῦ ἔθνους σου ἐγένου·
14 Διατοῦτο ἀνθρώπους οὐκέτι φάγεσαι, καὶ τὸ ἔθνος σου οὐκ
15 ἀτεκνώσεις ἔτι, λέγει Κύριος Κύριος. Καὶ οὐκ ἀκουσθήσεται οὐκέτι ἐφ᾽ ὑμᾶς ἀτιμία ἐθνῶν, καὶ ὀνειδισμοὺς λαῶν οὐ μὴ ἀνενέγκητε ἔτι, λέγει Κύριος Κύριος.

16, 17 Καὶ ἐγένετο λόγος Κυρίου πρὸς μὲ, λέγων, υἱὲ ἀνθρώπου, οἶκος Ἰσραὴλ κατῴκησεν ἐπὶ τῆς γῆς αὐτῶν, καὶ ἐμίαναν αὐτὴν ἐν τῇ ὁδῷ αὐτῶν, καὶ ἐν τοῖς εἰδώλοις αὐτῶν, καὶ ἐν ταῖς ἀκαθαρσίαις αὐτῶν, καὶ κατὰ τὴν ἀκαθαρσίαν τῆς ἀποκαθη-
18 μένης ἐγενήθη ἡ ὁδὸς αὐτῶν πρὸ προσώπου μου· Καὶ ἐξέχεα
19 τὸν θυμόν μου ἐπ᾽ αὐτοὺς, καὶ διέσπειρα αὐτοὺς εἰς τὰ ἔθνη, καὶ ἐλίκμησα αὐτοὺς εἰς τὰς χώρας, κατὰ τὴν ὁδὸν αὐτῶν, καὶ

And thou, son of man, prophesy to the mountains of Israel, and say to the mountains of Israel, Hear ye the word of the Lord:
[2] Thus saith the Lord God; Because the enemy has said against you, Aha, the old waste places are become a possession for us: [3] therefore prophesy, and say, Thus saith the Lord God; Because ye have been dishonoured, and hated by those round about you, that ye might be a possession to the remainder of the nations, and ye became a by-word, and a reproach to the nations: [4] therefore, ye mountains of Israel, hear the word of the Lord ; Thus saith the Lord to the mountains, and to the hills, and to the streams, and to the valleys, and to *the places* that have been made desolate and destroyed, and to the cities that have been deserted, and have become a spoil and a trampling to the nations that were left round about; [5] therefore thus saith the Lord ; Verily in the fire of my wrath have I spoken against the rest of the nations, and against all Idumea, because they have appropriated my land to themselves for a possession with joy, β disregarding the lives *of the inhabitants*, to destroy *it* by plunder: [6] therefore prophesy concerning the land of Israel, and say to the mountains, and to the hills, and to the valleys, and to the forests, Thus saith the Lord ; Behold, I have spoken in my jealousy and in my wrath, because ye have borne the reproaches of the heathen : [7] therefore I will lift up my hand against the nations that are round about you; they shall bear their reproach.

[8] But your grapes and your fruits, O mountains of Israel, shall my people eat; for they are hoping to come. [9] For, behold, I am toward you, and I will have respect to you, and ye shall be tilled and sown : [10] and I will multiply men upon you, *even* all the house of Israel to the end: and the cities shall be inhabited, and the desolate land shall be built upon. [11] And I will multiply men and cattle upon you; and I will cause you to dwell as at γ the beginning, and will treat you well, as in your former *times :* and ye shall know that I am the Lord. [12] And I will increase men upon you, *even* my people Israel; and they shall inherit you, and ye shall be to them for a possession ; and ye shall no more be bereaved of them.

[13] Thus saith the Lord God: Because they said to thee, Thou *land* devourest men, and hast been bereaved of thy nation ; [14] therefore thou shalt no more devour men, and thou shalt no more bereave thy nation, saith the Lord God. [15] And there shall no more be heard against you the reproach of the nations, and ye shall no more bear the revilings of the peoples, saith the Lord God.

[16] And the word of the Lord came to me, saying, [17] Son of man, the house of Israel dwelt upon their land, and defiled it by their way, and with their idols, and with their uncleannesses; and their way was before me like the uncleanness of a removed woman. [18] So I poured out my wrath upon them :δ [19] and I dispersed them among the nations, and utterly scattered them through the countries : I judged them according to

---

β *Lit.* having dishonoured.　γ *Lit.* your beginning.　δ *Alex.* + 'for the blood which they shed in the land, and they defiled it with their idols.'

their way and according to their sin. ²⁰And they went in among the nations, among which they went, and they profaned my holy name, while it was said of them, These are the people of the Lord, and they came forth out of his land. ²¹But I spared them for the sake of my holy name, which the house of Israel profaned among the nations, among whom they went.

²²Therefore say to the house of Israel, Thus saith the Lord; I do not this, O house of Israel, β for your sakes, but because of my holy name, which ye have profaned among the nations, among whom ye went. ²³And I will sanctify my great name, which was profaned among the nations, which ye profaned in the midst of them; and the nations shall know that I am the Lord, when I am sanctified among you before their eyes.

²⁴And I will take you out from the nations, and will gather you out of all the lands, and will bring you into your own land: ²⁵and I will sprinkle clean water upon you, and ye shall be purged from all your uncleannesses, and from all your idols, and I will cleanse you. ²⁶And I will give you a new heart, and will put a new spirit in you: and I will take away the heart of stone out of your flesh, and will give you a heart of flesh. ²⁷And I will put my Spirit in you, and will cause you to walk in mine ordinances, and to keep my judgments, and do them. ²⁸And ye shall dwell upon the land which I gave to your fathers; and ye shall be to me a people, and I will be to you a God. ²⁹And I will save you from all your uncleanness: and I will call for the corn, and multiply it, and will not bring famine upon you. ³⁰And I will multiply the fruit of the trees, and the produce of the field, that ye may not bear the reproach of famine among the nations.

³¹And ye shall remember your evil ways, and your practices that were not good, and ye shall be hateful in your own sight for your transgressions and for γ your abominations. ³²Not for your sakes do I this, saith the Lord God, δ as it is known to you: be ye ashamed and confounded for your ways, O house of Israel.

³³Thus saith the Lord God; In the day wherein I shall cleanse you from all your iniquities I will also cause the cities to be inhabited, and the waste places shall be built upon: ³⁴and the desolate land shall be cultivated, whereas it was desolate in the eyes of every one that passed by. ³⁵And they shall say, That desolate land is become like a garden of delight; and the waste and desolate and ruined cities are ζ inhabited. ³⁶And the nations, as many as shall have been left round about you, shall know that I the Lord have built the ruined cities and planted the waste lands: I the Lord have spoken.

³⁷Thus saith the Lord God; Yet θ for this will I be sought by the house of Israel, to establish them; I will multiply them even as men as sheep; ³⁸as holy sheep, as the sheep of Jerusalem in her feasts; thus shall the desert cities be full of flocks of men: and they shall know that I am the Lord.

κατὰ τὴν ἁμαρτίαν αὐτῶν ἔκρινα αὐτούς. Καὶ εἰσῆλθον εἰς 20 τὰ ἔθνη, οὗ εἰσῆλθον ἐκεῖ, καὶ ἐβεβήλωσαν τὸ ὄνομά μου τὸ ἅγιον ἐν τῷ λέγεσθαι αὐτούς, λαὸς Κυρίου οὗτοι, καὶ ἐκ τῆς γῆς αὐτοῦ ἐξεληλύθασι. Καὶ ἐπεισάμην αὐτῶν διὰ τὸ ὄνομά 21 μου τὸ ἅγιον, ὃ ἐβεβήλωσαν οἶκος Ἰσραὴλ ἐν τοῖς ἔθνεσιν, οὗ εἰσήλθοσαν ἐκεῖ.

Διατοῦτο εἰπὸν τῷ οἴκῳ Ἰσραὴλ, τάδε λέγει Κύριος, οὐχ 22 ὑμῖν ἐγὼ ποιῶ οἶκος Ἰσραὴλ, ἀλλ᾽ ἢ διὰ τὸ ὄνομά μου τὸ ἅγιον, ὃ ἐβεβηλώσατε ἐν τοῖς ἔθνεσιν, οὗ εἰσήλθετε ἐκεῖ. Καὶ 23 ἁγιάσω τὸ ὄνομά μου τὸ μέγα τὸ βεβηλωθὲν ἐν τοῖς ἔθνεσιν, ὃ ἐβεβηλώσατε ἐν μέσῳ αὐτῶν, καὶ γνώσονται τὰ ἔθνη ὅτι ἐγώ εἰμι Κύριος, ἐν τῷ ἁγιασθῆναί με ἐν ὑμῖν κατ᾽ ὀφθαλμοὺς αὐτῶν.

Καὶ λήψομαι ὑμᾶς ἐκ τῶν ἐθνῶν, καὶ ἀθροίσω ὑμᾶς ἐκ πασῶν 24 τῶν γαιῶν, καὶ εἰσάξω ὑμᾶς εἰς τὴν γῆν ὑμῶν, καὶ ῥανῶ ἐφ᾽ 25 ὑμᾶς καθαρὸν ὕδωρ, καὶ καθαρισθήσεσθε ἀπὸ πασῶν τῶν ἀκαθαρσιῶν ὑμῶν, καὶ ἀπὸ πάντων τῶν εἰδώλων ὑμῶν, καὶ καθαριῶ ὑμᾶς· Καὶ δώσω ὑμῖν καρδίαν καινὴν, καὶ πνεῦμα καινὸν 26 δώσω ἐν ὑμῖν, καὶ ἀφελῶ τὴν καρδίαν τὴν λιθίνην ἐκ τῆς σαρκὸς ὑμῶν, καὶ δώσω ὑμῖν καρδίαν σαρκίνην· Καὶ τὸ πνεῦμά 27 μου δώσω ἐν ὑμῖν, καὶ ποιήσω ἵνα ἐν τοῖς δικαιώμασί μου πορεύησθε, καὶ τὰ κρίματά μου φυλάξησθε, καὶ ποιήσητε· Καὶ κατοικήσετε ἐπὶ τῆς γῆς ἧς ἔδωκα τοῖς πατράσιν ὑμῶν, καὶ 28 ἔσεσθέ μοι εἰς λαὸν, καὶ ἐγὼ ἔσομαι ὑμῖν εἰς Θεόν. Καὶ 29 σώσω ὑμᾶς ἐκ πασῶν τῶν ἀκαθαρσιῶν ὑμῶν, καὶ καλέσω τὸν σῖτον, καὶ πληθυνῶ αὐτὸν, καὶ οὐ δώσω ἐφ᾽ ὑμᾶς λιμόν. Καὶ πληθυνῶ τὸν καρπὸν τοῦ ξύλου, καὶ τὰ γεννήματα τοῦ 30 ἀγροῦ, ὅπως ἂν μὴ λάβητε ὀνειδισμὸν λιμοῦ ἐν τοῖς ἔθνεσι.

Καὶ μνησθήσεσθε τὰς ὁδοὺς ὑμῶν τὰς πονηρὰς, καὶ τὰ 31 ἐπιτηδεύματα ὑμῶν τὰ μὴ ἀγαθὰ, καὶ προσοχθιεῖτε κατὰ πρόσωπον αὐτῶν ἐν ταῖς ἀνομίαις ὑμῶν, καὶ ἐπὶ τοῖς βδελύγμασιν αὐτῶν. Οὐ δι᾽ ὑμᾶς ἐγὼ ποιῶ, λέγει Κύριος Κύριος, γνωστόν 32 ἐστιν ὑμῖν· αἰσχύνθητε καὶ ἐντράπητε ἐκ τῶν ὁδῶν ὑμῶν οἶκος Ἰσραήλ.

Τάδε λέγει ἀδωναὶ Κύριος, ἐν ἡμέρᾳ ᾗ καθαριῶ ὑμᾶς ἐκ 33 πασῶν ἀνομιῶν ὑμῶν, καὶ κατοικιῶ τὰς πόλεις, καὶ οἰκοδομηθήσονται ἔρημοι, καὶ ἡ γῆ ἠφανισμένη ἐργασθήσεται ἀνθ᾽ ὧν 34 ὅτι ἠφανισμένη ἐγενήθη κατ᾽ ὀφθαλμοὺς παντὸς παροδεύοντος. Καὶ ἐροῦσιν, ἡ γῆ ἐκείνη ἠφανισμένη ἐγενήθη ὡς κῆπος τρυ- 35 φῆς, καὶ αἱ πόλεις αἱ ἔρημοι καὶ ἠφανισμέναι καὶ κατεσκαμμέναι ὀχυραὶ ἐκάθισαν. Καὶ γνώσονται τὰ ἔθνη, ὅσα ἂν κατα- 36 λειφθῶσι κύκλῳ ὑμῶν, ὅτι ἐγὼ Κύριος ᾠκοδόμησα τὰς καθηρημένας, καὶ κατεφύτευσα τὰς ἠφανισμένας· ἐγὼ Κύριος ἐλάλησα, καὶ ποιήσω.

Τάδε λέγει ἀδωναὶ Κύριος, ἔτι τοῦτο ζητηθήσομαι τῷ οἴκῳ 37 Ἰσραὴλ τοῦ ποιῆσαι αὐτούς· πληθυνῶ αὐτοὺς ὡς πρόβατα ἀνθρώπους, ὡς πρόβατα ἅγια, ὡς πρόβατα Ἱερουσαλὴμ ἐν ταῖς 38 ἑορταῖς αὐτῆς· οὕτως ἔσονται αἱ πόλεις αἱ ἔρημοι πλήρεις προβάτων ἀνθρώπων· καὶ γνώσονται ὅτι ἐγὼ Κύριος.

β Lit. for, or, to you.　γ Alex. ὑμῶν, your.　δ Alex. be it known to you.　ζ Lit. have sat.　θ Possibly, this time.

37 Καὶ ἐγένετο ἐπ᾽ ἐμὲ χεὶρ Κυρίου, καὶ ἐξήγαγέ με ἐν πνεύματι Κύριος, καὶ ἔθηκέ με ἐν μέσῳ τοῦ πεδίου, καὶ τοῦτο ἦν
2 μεστὸν ὀστέων ἀνθρωπίνων, καὶ περιήγαγέ με ἐπ᾽ αὐτὰ κυκλόθεν κύκλῳ, καὶ ἰδοὺ πολλὰ σφόδρα ἐπὶ προσώπου τοῦ πεδίου, ξηρὰ σφόδρα.

3 Καὶ εἶπε πρὸς μὲ, υἱὲ ἀνθρώπου, εἰ ζήσεται τὰ ὀστέα ταῦτα;
4 καὶ εἶπα, Κύριε Κύριε, σὺ ἐπίστῃ ταῦτα. Καὶ εἶπε πρὸς μὲ, προφήτευσον ἐπὶ τὰ ὀστᾶ ταῦτα, καὶ ἐρεῖς αὐτοῖς, τὰ ὀστᾶ
5 τὰ ξηρὰ, ἀκούσατε λόγον Κυρίου. Τάδε λέγει Κύριος τοῖς
6 ὀστέοις τούτοις, ἰδοὺ ἐγὼ φέρω ἐφ᾽ ὑμᾶς πνεῦμα ζωῆς, καὶ δώσω ἐφ᾽ ὑμᾶς νεῦρα, καὶ ἀνάξω ἐφ᾽ ὑμᾶς σάρκα, καὶ ἐκτενῶ ἐφ᾽ ὑμᾶς δέρμα, καὶ δώσω πνεῦμά μου εἰς ὑμᾶς, καὶ ζήσεσθε, καὶ γνώσεσθε ὅτι ἐγώ εἰμι Κύριος.

7 Καὶ προεφήτευσα, καθὼς ἐνετείλατό μοι· καὶ ἐγένετο ἐν τῷ ἐμὲ προφητεῦσαι, καὶ ἰδοὺ σεισμὸς, καὶ προσήγαγε τὰ ὀστᾶ
8 ἑκάτερον πρὸς τὴν ἁρμονίαν αὐτοῦ. Καὶ ἴδον, καὶ ἰδοὺ, ἐπ᾽ αὐτὰ νεῦρα καὶ σάρκες ἐφύοντο, καὶ ἀνέβαινεν ἐπ᾽ αὐτὰ δέρματα
9 ἐπάνω, καὶ πνεῦμα οὐκ ἦν ἐπ᾽ αὐτοῖς. Καὶ εἶπε πρὸς μὲ, προφήτευσον ἐπὶ τὸ πνεῦμα, προφήτευσον υἱὲ ἀνθρώπου, καὶ εἰπὸν τῷ πνεύματι, τάδε λέγει Κύριος, ἐκ τῶν τεσσάρων πνευμάτων ἐλθὲ, καὶ ἐμφύσησον εἰς τοὺς νεκροὺς τούτους, καὶ
10 ζησάτωσαν. Καὶ προεφήτευσα καθότι ἐνετείλατό μοι, καὶ εἰσῆλθεν εἰς αὐτοὺς τὸ πνεῦμα, καὶ ἔζησαν, καὶ ἔστησαν ἐπὶ τῶν ποδῶν αὐτῶν, συναγωγὴ πολλὴ σφόδρα.

11 Καὶ ἐλάλησε Κύριος πρὸς μὲ, λέγων, υἱὲ ἀνθρώπου, τὰ ὀστᾶ ταῦτα πᾶς οἶκος Ἰσραήλ ἐστι, καὶ αὐτοὶ λέγουσι, ξηρὰ γέγονε τὰ ὀστᾶ ἡμῶν, ἀπόλωλεν ἡ ἐλπὶς ἡμῶν, διαπεφωνήκαμεν.
12 Διατοῦτο προφήτευσον, καὶ εἰπὸν,

Τάδε λέγει Κύριος, ἰδοὺ ἐγὼ ἀνοίγω τὰ μνήματα ὑμῶν, καὶ ἀνάξω ὑμᾶς ἐκ τῶν μνημάτων ὑμῶν, καὶ εἰσάξω ὑμᾶς εἰς τὴν
13 γῆν τοῦ Ἰσραήλ· Καὶ γνώσεσθε ὅτι ἐγώ εἰμι Κύριος, ἐν τῷ ἀνοῖξαί με τοὺς τάφους ὑμῶν, τοῦ ἀναγαγεῖν με ἐκ τῶν τάφων
14 τὸν λαόν μου. Καὶ δώσω πνεῦμά μου εἰς ὑμᾶς, καὶ ζήσεσθε, καὶ θήσομαι ὑμᾶς ἐπὶ τὴν γῆν ὑμῶν, καὶ γνώσεσθε ὅτι ἐγὼ Κύριος· λελάληκα καὶ ποιήσω, λέγει Κύριος.

15, 16 Καὶ ἐγένετο λόγος Κυρίου πρὸς μὲ λέγων, υἱὲ ἀνθρώπου, λάβε σεαυτῷ ῥάβδον, καὶ γράψον ἐπ᾽ αὐτὴν τὸν Ἰουδαν, καὶ τοὺς υἱοὺς Ἰσραὴλ τοὺς προσκειμένους ἐπ᾽ αὐτόν· καὶ ῥάβδον δευτέραν λήψῃ σεαυτῷ, καὶ γράψεις αὐτὴν τῷ Ἰωσήφ, ῥάβδον Ἐφραὶμ, καὶ πάντας τοὺς υἱοὺς Ἰσραὴλ τοὺς προστεθέν-
17 τας πρὸς αὐτόν. Καὶ συνάψεις αὐτὰς προσαλλήλας σεαυτῷ, εἰς ῥάβδον μίαν τοῦ δῆσαι ἑαυτὰς, καὶ ἔσονται ἐν τῇ χειρί σου.

18 Καὶ ἔσται ὅταν λέγωσι πρὸς σὲ οἱ υἱοὶ τοῦ λαοῦ σου, οὐκ
19 ἀναγγέλλεις ἡμῖν, τί ἐστι ταῦτά σοι; Καὶ ἐρεῖς πρὸς αὐτοὺς, τάδε λέγει Κύριος, ἰδοὺ ἐγὼ λήψομαι τὴν φυλὴν Ἰωσήφ, τὴν διὰ χειρὸς Ἐφραὶμ, καὶ τὰς φυλὰς Ἰσραὴλ τὰς προσκειμένας πρὸς αὐτὸν, καὶ δώσω αὐτοὺς ἐπὶ τὴν φυλὴν Ἰουδα, καὶ ἔσονται
20 εἰς ῥάβδον μίαν τῇ χειρὶ Ἰουδα. Καὶ ἔσονται αἱ ῥάβδοι ἐφ᾽

And the hand of the Lord came upon me, and the Lord brought me forth by the Spirit, and set me in the midst of the plain, and it was full of human bones. [2]And he led me round about them β every way: and, behold, *there were* very many on the face of the plain, very dry.

[3]And he said to me, Son of man, will these bones live? and I said, O Lord God, thou knowest this. [4]And he said to me, Prophesy upon these bones, and thou shalt say to them, Ye dry bones, hear the word of the Lord. [5]Thus saith the Lord to these bones; Behold, I *will* bring upon you the breath of life: [6]and I will lay sinews upon you, and will bring up flesh upon you, and will spread skin upon you, and will put my Spirit into you, and ye shall live; and ye shall know that I am the Lord.

[7]So I prophesied as *the Lord* commanded me: and it came to pass while I was prophesying, that, behold, *there was* a shaking, and the bones approached each one to his joint. [8]And I looked, and, behold, sinews and flesh grew upon them, and γ skin came upon them above: but there was no breath in them. [9]And he said to me, Prophesy to the wind, prophesy, son of man, and say to the wind, Thus saith the Lord; Come from the four winds, and breathe upon these dead *men*, and let them live. [10]So I prophesied as he commanded me, and the breath entered into them, and they lived, and stood upon their feet, a very great congregation.

[11]And the Lord spoke to me, saying, Son of man, these bones are the whole house of Israel: and they say, Our bones are become dry, our hope has perished, we are quite [12]Therefore prophesy and say,

Thus saith the Lord; Behold, I *will* open your tombs, and will bring you up out of your tombs, and will bring you into the land of Israel. [13]And ye shall know that I am the Lord, when I have opened your graves, that I may bring up my people from *their* graves. [14]And I will put my Spirit within you, and ye shall live, and I will place you upon your own land: and ye shall know that I *am* the Lord; I have spoken, and will do *it*, saith the Lord.

[15]And the word of the Lord came to me, saying, [16]Son of man, take for thyself a rod, and write upon it, Juda, and the children of Israel his adherents; and thou shalt take for thyself another rod, and thou shalt inscribe it for Joseph, the rod of Ephraim, and all the children of Israel δ that belong to him. [17]And thou shalt join them together for thyself, so as that they should bind themselves into one stick; and they shall be in thine hand.

[18]And it shall come to pass, when the children of thy people shall say to thee, Wilt thou not tell us what thou meanest by these things? [19]Then shalt thou say to them, Thus saith the Lord; Behold, I will take the tribe of Joseph, which is in the hand of Ephraim, and the tribes of Israel that belong to him, and I will add them to the tribe of Juda, and they shall become one rod in the hand of Juda. [20]And the

---

β *Gr.* in a circle.   γ *Lit.* skins came up upon.   δ *Gr.* that are added to him.

rods on which thou didst write shall be in thine hand in their presence. 21 And thou shalt say to them,

Thus saith the Lord God; Behold, I *will* take the whole house of Israel out of the midst of the nations, among whom they have gone, and I will gather them from all that are round about them, and I will bring them into the land of Israel. 22 And I will make them a nation in my land, even on the mountains of Israel; and β they shall have one prince: and they shall be no more two nations, neither shall they be divided any more at all into two kingdoms: 23 that they may no more defile themselves with their idols; and I will deliver them from all their transgressions whereby they have sinned, and will cleanse them; and they shall be to me a people, and I the Lord will be to them a God.

24 And my servant David *shall be* a prince in the midst of them: there shall be one shepherd of *them* all; for they shall walk in mine ordinances, and keep my judgments, and do them. 25 And they shall dwell in their land, which I have given to my servant Jacob, where their fathers dwelt; and they shall dwell upon it : γ and David my servant *shall be their* prince for ever.

26 And I will make with them a covenant of peace; it shall be an everlasting covenant with them; and I will establish my sanctuary in the midst of them for ever. 27 δ And my tabernacle shall be among them; and I will be to them a God, and they shall be my people. 28 And the nations shall know that I am the Lord that sanctifies them, when my sanctuary is in the midst of them for ever.

And the word of the Lord came to me, saying, 2 Son of man, set thy face against Gog, and the land of Magog, Rhos, prince of Mesoch and Thobel, and prophesy against him, 3 and say to him, Thus saith the Lord God;

Behold, I am against thee, ζ Rhos prince of Mesoch and Thobel: 4 and I will gather thee, and all thine host, horses and horsemen, all wearing breast-plates, with a great multitude, shields and helmets and swords: 5 Persians, and Ethiopians, and Libyans; all with helmets and shields. 6 Gomer, and all belonging to him; the house of Thorgama, from the end of the north, and all belonging to him; and many nations with thee.

7 Be thou prepared, prepare thyself, thou, and all thy multitude that is assembled with thee, and thou shalt be to me for a guard. 8 He shall be prepared after many days, and he shall come at the end of years, and shall come to a land that is brought back from the sword, when the *people* are gathered from many nations against the land of Israel, which was entirely desolate: and he is come forth out of the nations, and they shall all dwell securely. 9 And thou shalt go up as rain, and shalt arrive as a cloud to cover the land, and θ there shall be thou, and all that are about thee, and many nations with thee.

10 Thus saith the Lord God; It shall also

αἷς σὺ ἔγραψας ἐπ᾽ αὐταῖς, ἐν τῇ χειρί σου ἐνώπιον αὐτῶν. Καὶ ἐρεῖς αὐτοῖς,   21

Τάδε λέγει Κύριος Κύριος, ἰδοὺ ἐγὼ λαμβάνω πάντα οἶκον Ἰσραὴλ ἐκ μέσου τῶν ἐθνῶν, οὗ εἰσήλθοσαν ἐκεῖ, καὶ συνάξω αὐτοὺς ἀπὸ πάντων τῶν περικύκλῳ αὐτῶν, καὶ εἰσάξω αὐτοὺς εἰς τὴν γῆν τοῦ Ἰσραήλ, καὶ δώσω αὐτοὺς εἰς ἔθνος ἐν τῇ γῇ 22 μου, καὶ ἐν τοῖς ὄρεσιν Ἰσραήλ· καὶ ἄρχων εἷς ἔσται αὐτῶν, καὶ οὐκ ἔσονται ἔτι εἰς δύο ἔθνη, οὐδὲ, μὴ διαιρεθῶσιν οὐκέτι εἰς δύο βασιλείας, ἵνα μὴ μιαίνωνται ἔτι ἐν τοῖς εἰδώλοις αὐτῶν· 23 καὶ ῥύσομαι αὐτοὺς ἀπὸ πασῶν τῶν ἀνομιῶν αὐτῶν, ὧν ἡμάρτοσαν ἐν αὐταῖς, καὶ καθαριῶ αὐτοὺς, καὶ ἔσονταί μοι εἰς λαὸν, καὶ ἐγὼ Κύριος ἔσομαι αὐτοῖς εἰς Θεόν.

Καὶ ὁ δοῦλός μου Δαυὶδ ἄρχων ἐν μέσῳ αὐτῶν, ἔσται 24 ποιμὴν εἰς πάντων, ὅτι ἐν τοῖς προστάγμασί μου πορεύσονται, καὶ τὰ κρίματά μου φυλάξονται, καὶ ποιήσουσιν αὐτά. Καὶ 25 κατοικήσουσιν ἐπὶ τῆς γῆς αὐτῶν, ἣν ἐγὼ δέδωκα τῷ δούλῳ μου Ἰακὼβ, οὗ κατῴκησαν ἐκεῖ οἱ πατέρες αὐτῶν, καὶ κατοικήσουσιν ἐπ᾽ αὐτῆς αὐτοί· καὶ Δαυὶδ ὁ δοῦλός μου ἄρχων εἰς τὸν αἰῶνα.

Καὶ διαθήσομαι αὐτοῖς διαθήκην εἰρήνης, διαθήκη αἰωνία 26 ἔσται μετ᾽ αὐτῶν, καὶ θήσω τὰ ἅγιά μου ἐν μέσῳ αὐτῶν εἰς τὸν αἰῶνα, καὶ ἔσται ἡ κατασκήνωσίς μου ἐν αὐτοῖς, καὶ ἔσο- 27 μαι αὐτοῖς Θεός, καὶ αὐτοί μου ἔσονται λαός· Καὶ γνώσονται 28 τὰ ἔθνη ὅτι ἐγώ εἰμι Κύριος ὁ ἁγιάζων αὐτοὺς, ἐν τῷ εἶναι τὰ ἅγιά μου ἐν μέσῳ αὐτῶν εἰς τὸν αἰῶνα.

Καὶ ἐγένετο λόγος Κυρίου πρὸς μὲ, λέγων, υἱὲ ἀνθρώπου, 38 στήρισον τὸ πρόσωπόν σου ἐπὶ Γὼγ, καὶ τὴν γῆν τοῦ Μαγὼγ, 2 ἄρχοντα Ῥὼς Μεσὸχ, καὶ Θοβὲλ, καὶ προφήτευσον ἐπ᾽ αὐτόν. Καὶ εἰπὸν αὐτῷ, τάδε λέγει Κύριος Κύριος,   3

Ἰδοὺ ἐγὼ ἐπὶ σὲ ἄρχοντα Ῥὼς Μεσὸχ, καὶ Θοβὲλ, καὶ 4 συνάξω σε, καὶ πᾶσαν τὴν δύναμίν σου, ἵππους καὶ ἱππεῖς ἐνδεδυμένους θώρακας πάντας συναγωγῇ πολλῇ, πέλται καὶ περικεφαλαίαι καὶ μάχαιραι· Πέρσαι, καὶ Αἰθίοπες, καὶ 5 Λίβυες, πάντες περικεφαλαίαις καὶ πέλταις, Γομὲρ, καὶ πάντες 6 οἱ περὶ αὐτὸν, οἶκος τοῦ Θοργαμὰ, ἀπ᾽ ἐσχάτου Βορρᾶ, καὶ πάντες οἱ περὶ αὐτὸν, καὶ ἔθνη πολλὰ μετὰ σοῦ.

Ἑτοιμάσθητι, ἑτοίμασον σεαυτὸν σὺ, καὶ πᾶσα ἡ συναγωγή 7 σου ἡ συνηγμένη μετὰ σοῦ, καὶ ἔσῃ μοι εἰς προφυλακήν. Ἀφ᾽ ἡμερῶν πλειόνων ἑτοιμασθήσεται, καὶ ἐπ᾽ ἐσχάτου ἐτῶν 8 ἐλεύσεται, καὶ ἥξει εἰς τὴν γῆν τὴν ἀπεστραμμένην ἀπὸ μαχαίρας, συνηγμένων ἀπὸ ἐθνῶν πολλῶν ἐπὶ γῆν Ἰσραὴλ, ἣ ἐγενήθη ἔρημος δι᾽ ὅλου· καὶ οὗτος ἐξ ἐθνῶν ἐξελήλυθε, καὶ κατοικήσουσιν ἐπ᾽ εἰρήνης ἅπαντες. Καὶ ἀναβήσῃ ὡς ὑετὸς, καὶ ἥξεις 9 ὡς νεφέλη κατακαλύψαι γῆν, καὶ ἔσῃ σὺ καὶ πάντες οἱ περὶ σὲ, καὶ ἔθνη πολλὰ μετὰ σοῦ.

Τάδε λέγει Κύριος Κύριος, καὶ ἔσται ἐν τῇ ἡμέρᾳ ἐκείνῃ, 10

β Gr. there shall be one prince of them.   γ *Alex.* + 'and their children and their children's children for ever.'   δ 2 Cor. 6. 16.
ζ Or, chief prince; *Alex.* Gog and the prince of Rhos, etc.   θ Gr. thou shalt be.

ἀναβήσεται ῥήματα ἐπὶ τὴν καρδίαν σου, καὶ λογιῇ λογισμοὺς
11 πονηροὺς, καὶ ἐρεῖς, ἀναβήσομαι ἐπὶ γῆν ἀπερριμμένην, ἥξω
ἐπὶ ἡσυχάζοντας ἐν τῇ ἡσυχίᾳ, καὶ οἰκοῦντας ἐπ᾽ εἰρήνης,
πάντας κατοικοῦντας γῆν, ἐν ᾗ οὐχ ὑπάρχει τεῖχος, οὐδὲ μοχ-
12 λοὶ, καὶ θύραι οὐκ εἰσὶν αὐτοῖς, προνομεῦσαι προνομὴν, καὶ
σκῦλα σκυλεῦσαι αὐτῶν, τοῦ ἐπιστρέψαι χεῖράς μου εἰς τὴν
ἠρημωμένην ἢ κατῳκίσθη, καὶ ἐπ᾽ ἔθνος συνηγμένον ἀπὸ ἐθνῶν
πολλῶν, πεποιηκότας κτήσεις, κατοικοῦντας ἐπὶ τὸν ὀμφαλὸν
13 τῆς γῆς. Σαββὰ, καὶ Δαιδὰν, καὶ ἔμποροι Καρχηδόνιοι, καὶ
πᾶσαι αἱ κῶμαι αὐτῶν ἐροῦσί σοι, εἰς προνομὴν τοῦ προνομεῦ-
σαι σὺ ἔρχῃ, καὶ σκυλεῦσαι σκῦλα, συνήγαγες συναγωγήν σου
λαβεῖν ἀργύριον καὶ χρυσίον, ἀπενέγκασθαι κτῆσιν, τοῦ σκυ-
λεῦσαι σκῦλα.

14 Διατοῦτο προφήτευσον υἱὲ ἀνθρώπου, καὶ εἰπὸν τῷ Γὼγ,
τάδε λέγει Κύριος, οὐκ ἐν τῇ ἡμέρᾳ ἐκείνῃ, ἐν τῷ κατοικισθῆ-
15 ναι τὸν λαόν μου Ἰσραὴλ ἐπ᾽ εἰρήνης, ἐγερθήσῃ, καὶ ἥξεις ἐκ
τοῦ τόπου σου ἀπ᾽ ἐσχάτου Βορρᾶ, καὶ ἔθνη πολλὰ μετὰ σοῦ;
ἀναβάται ἵππων πάντες, συναγωγὴ μεγάλη καὶ δύναμις πολλή.
16 Καὶ ἀναβήσῃ ἐπὶ τὸν λαόν μου Ἰσραὴλ ὡς νεφέλη καλύψαι
γῆν· ἐπ᾽ ἐσχάτων τῶν ἡμερῶν ἔσται, καὶ ἀνάξω σε ἐπὶ τὴν
γῆν μου, ἵνα γνῶσι πάντα τὰ ἔθνη ἐμὲ, ἐν τῷ ἁγιασθῆναί με
ἐν σοὶ ἐνώπιον αὐτῶν.

17 Τάδε λέγει Κύριος Κύριος τῷ Γὼγ, σὺ εἶ περὶ οὗ ἐλάλησα
πρὸ ἡμερῶν τῶν ἔμπροσθεν, διὰ χειρὸς τῶν δούλων μου τῶν
προφητῶν τοῦ Ἰσραὴλ, ἐν ταῖς ἡμέραις ἐκείναις καὶ ἔτεσι, τοῦ
18 ἀναγαγεῖν σε ἐπ᾽ αὐτούς. Καὶ ἔσται ἐν τῇ ἡμέρᾳ ἐκείνῃ, ἐν
ἡμέρᾳ ᾗ ἂν ἔλθῃ Γὼγ ἐπὶ τὴν γῆν Ἰσραὴλ, λέγει Κύριος
19 Κύριος, ἀναβήσεται ὁ θυμός μου, καὶ ὁ ζῆλός μου· ἐν πυρὶ
τῆς ὀργῆς μου ἐλάλησα, εἰ μὴν ἐν τῇ ἡμέρᾳ ἐκείνῃ ἔσται
20 σεισμὸς μέγας ἐπὶ γῆς Ἰσραήλ· Καὶ σεισθήσονται ἀπὸ προσ-
ώπου Κυρίου οἱ ἰχθύες τῆς θαλάσσης, καὶ τὰ πετεινὰ τοῦ
οὐρανοῦ, καὶ τὰ θηρία τοῦ πεδίου, καὶ πάντα τὰ ἑρπετὰ τὰ
ἕρποντα ἐπὶ τῆς γῆς, καὶ πάντες οἱ ἄνθρωποι οἱ ἐπὶ προσώπου
τῆς γῆς, καὶ ραγήσεται τὰ ὄρη, καὶ πεσοῦνται αἱ φάραγγες, καὶ
21 πᾶν τεῖχος ἐπὶ τὴν γῆν πεσεῖται. Καὶ καλέσω ἐπ᾽ αὐτὸ καὶ
πᾶν φόβον, λέγει Κύριος· μάχαιρα ἀνθρώπου ἐπὶ τὸν ἀδελφὸν
22 αὐτοῦ ἔσται. Καὶ κρινῶ αὐτὸν θανάτῳ, καὶ αἵματι, καὶ ὑετῷ
κατακλύζοντι, καὶ λίθοις χαλάζης, καὶ πῦρ καὶ θεῖον βρέξω ἐπ᾽
αὐτὸν, καὶ ἐπὶ πάντας τοὺς μετ᾽ αὐτοῦ, καὶ ἐπ᾽ ἔθνη πολλὰ μετ᾽
αὐτοῦ.

23 Καὶ μεγαλυνθήσομαι, καὶ ἁγιασθήσομαι, καὶ ἐνδοξασθήσο-
μαι, καὶ γνωσθήσομαι ἐναντίον ἐθνῶν πολλῶν, καὶ γνώσονται
ὅτι ἐγώ εἰμι Κύριος.

39 Καὶ σὺ υἱὲ ἀνθρώπου προφήτευσον ἐπὶ Γὼγ, καὶ εἰπὸν, τάδε
λέγει Κύριος, ἰδοὺ ἐγὼ ἐπὶ σὲ Γὼγ ἄρχοντα Ῥὼς, Μεσὸχ, καὶ
2 Θοβέλ. Καὶ συνάξω σε, καὶ καθοδηγήσω σε, καὶ ἀναβιβῶ σε
ἐπ᾽ ἐσχάτου τοῦ Βορρᾶ, καὶ ἀνάξω σε ἐπὶ τὰ ὄρη τῷ Ἰσραήλ.
3 Καὶ ἀπολῶ τὸ τόκον σου ἀπὸ τῆς χειρός σου τῆς ἀριστερᾶς,

come to pass in that day, that β thoughts shall come up into thine heart, and thou shalt devise evil devices. 11 And thou shalt say, I will go up to the rejected land; I will come upon them that are at ease in tranquillity, and dwelling in peace, all inhabiting a land in which there is no wall, nor bars, nor have they doors; 12 to seize plunder, and to take their spoil; to turn my hands against the desolate land that is now inhabited, and against a nation that is gathered from many nations, that have acquired property, dwelling in the midst of the land. 13 Sabba, and Dædan, and γ Carthaginian merchants, and all their villages shall say to thee, Thou art come for plunder to take a prey, and to get spoils: thou hast gathered thy multitude to take silver and gold, to carry off property, to take spoils.

14 Therefore prophesy, son of man, and say to Gog, Thus saith the Lord; Wilt thou not arise in that day, when my people Israel are dwelling securely, 15 and come out of thy place from the farthest north, and many nations with thee? all of them mounted on horses, a great gathering, and a large force? 16 And thou shalt come up upon my people Israel as a cloud to cover the land; it shall come to pass in the last days, that I will bring thee up upon my land, that all the nations may know me, when I am sanctified in thee before them.

17 Thus saith the Lord God, to Gog; Thou art he concerning whom I spoke δ in former times, by the hand of my servants the prophets of Israel, in those days and years, that I would bring thee up against them. 18 And it shall come to pass in that day, in the day when Gog shall come against the land of Israel, saith the Lord God, 19 that my wrath and my jealousy shall arise, I have spoken in the fire of mine anger, verily in that day there shall be a great ς shaking in the land of Israel; 20 and the fish of the sea shall quake at the presence of the Lord, and the birds of the sky and the wild beasts of the field, and all the reptiles that creep upon the earth, and all the men that are on the face of the θ earth; and the mountains shall be rent, and the valleys shall fall, and every wall on the land shall fall. 21 And I will summon against λ it even every fear, saith the Lord: the sword of every man shall be against his brother. 22 And I will judge him with pestilence, and blood, and sweeping rain, and hailstones; and I will rain upon him fire and brimstone, and upon all that are with him, and upon many nations with him.

23 And I will be magnified, and sanctified, and glorified; and I will be known in the presence of many nations, and they shall know that I am the Lord.

And thou, son of man, prophesy against Gog, and say, Thus saith the Lord; Behold, I am against thee, O Gog, Rhos prince of Mesoch and Thobel. 2 and I will assemble thee, and guide thee, and raise thee up on the extremity of the north, and I will bring thee up upon the mountains of Israel. 3 And I will destroy thy bow out of thy left hand, and thine arrows out of thy right

---

β Lit. words. i. e. things.   γ Heb. merchants of Tarshish; Alex. of Chalcedon.   δ Gr. before the former days.   ζ Or, earthquake.
θ Or, land.   λ i. e. the land.

hand, and I will cast thee down on the mountains of Israel ; [4] and thou and all that belong to thee shall fall, and the nations that are with thee shall be given to multitudes of birds, *even* to every fowl, and I have given thee to all the wild beasts of the field to be devoured. [5] Thou shalt fall on the face of the field : for I have spoken *it*, saith the Lord.

[6] And I will send a fire upon Gog, and the islands shall be securely inhabited : and they shall know that I am the Lord. [7] And my holy name shall be known in the midst of my people Israel ; and my holy name shall no more be profaned : and the nations shall know that I am the Lord, the Holy *One* in Israel. [8] Behold it is come, and thou shalt know that it shall be, saith the Lord God ; this is the day concerning which I have spoken.

[9] And they that inhabit the cities of Israel shall come forth, and make a fire with the arms, the shields and spears, and bows and arrows, and hand-staves, and lances, and they shall keep fire burning with them for seven years : [10] and they shall not take any wood out of the field, neither shall they cut any out of the forests, but they shall burn the weapons with fire : and they shall plunder those that plundered them, and spoil those that spoiled them, saith the Lord.

[11] And it shall come to pass that in that day I will give to Gog a place of renown, a tomb in Israel, the β burial-place of them that approach γ the sea : and they shall build round about the outlet of the valley, and there they shall bury Gog and all his multitude : and *the place* shall then be called the δ burial-place of Gog. [12] And the house of Israel shall bury them, that the land may be cleansed in the space of seven months. [13] Yea, all the people of the land shall bury them ; and it shall be to them a *place* of renown in the day wherein it was glorified, saith the Lord. [14] And they shall appoint men continually to go over the land, to bury them that have been left on the face of the earth, to cleanse it after the space of seven months, and they shall seek *them* out. [15] And every one that goes through the land, and sees a man's bone, shall set up a mark by it, until the buriers shall have buried it in the valley, the burial-place of Gog. [16] For the name of the city *shall be* Burial-place : so shall the land be cleansed.

[17] And thou, son of man, say, Thus saith the Lord ; Say to every winged bird, and to all the wild beasts of the field, Gather yourselves, and come ; gather yourselves from all *places* round about to my sacrifice, which I have made for you, *even* a great sacrifice on the mountains of Israel, and ye shall eat flesh, and drink blood. [18] Ye shall eat the flesh of ζ mighty men, and ye shall drink the blood of the princes of the earth, rams, and calves and goats, and they are all fatted calves. [19] And ye shall eat fat till ye are full, and shall drink wine till ye are drunken, of my sacrifice which I have prepared for you. [20] And ye shall be filled at my table, *eating* horse, and rider, and mighty man, and every warrior, saith the Lord.

καὶ τὰ τοξεύματά σου ἀπὸ τῆς χειρός σου τῆς δεξιᾶς, καὶ καταβαλῶ σε ἐπὶ τὰ ὄρη τὰ Ἰσραὴλ, καὶ πεσῇ σὺ καὶ πάντες 4 οἱ περὶ σὲ, καὶ τὰ ἔθνη τὰ μετὰ σοῦ δοθήσονται εἰς πλήθη ὀρνέων, παντὶ πετεινῷ, καὶ πᾶσι τοῖς θηρίοις τοῦ πεδίου δέδωκά σε καταβρωθῆναι. Ἐπὶ προσώπου τοῦ πεδίου πεσῇ, ὅτι ἐγὼ 5 ἐλάλησα, λέγει Κύριος.

Καὶ ἀποστελῶ πῦρ ἐπὶ Γὼγ, καὶ κατοικηθήσονται αἱ νῆσοι 6 ἐπ᾽ εἰρήνης, καὶ γνώσονται ὅτι ἐγὼ εἰμι Κύριος. Καὶ τὸ ὄνομά 7 μου τὸ ἅγιον γνωσθήσεται ἐν μέσῳ λαοῦ μου Ἰσραὴλ, καὶ οὐ βεβηλωθήσεται τὸ ὄνομά μου τὸ ἅγιον οὐκέτι. καὶ γνώσονται τὰ ἔθνη ὅτι ἐγὼ εἰμι Κύριος, ἅγιος ἐν Ἰσραήλ. Ἰδοὺ ἥκει, 8 καὶ γνώσῃ ὅτι ἔσται, λέγει Κύριος Κύριος· αὕτη ἐστὶν ἡ ἡμέρα ἐν ᾗ ἐλάλησα.

Καὶ ἐξελεύσονται οἱ κατοικοῦντες τὰς πόλεις Ἰσραὴλ, καὶ 9 καύσουσιν ἐν τοῖς ὅπλοις, πέλταις καὶ κοντοῖς, καὶ τόξοις καὶ τοξεύμασι, καὶ ῥάβδοις χειρῶν, καὶ λόγχαις, καὶ καύσουσιν ἐν αὐτοῖς πῦρ ἑπτὰ ἔτη· Καὶ οὐ μὴ λάβωσι ξύλα ἐκ τοῦ πεδίου, 10 οὐδὲ μὴ κόψωσιν ἐκ τῶν δρυμῶν, ἀλλ᾽ ἢ τὰ ὅπλα κατακαύσουσι πυρί· καὶ προνομεύσουσι τοὺς προνομεύσαντας αὐτοὺς, καὶ σκυλεύσουσι τοὺς σκυλεύσαντας αὐτοὺς, λέγει Κύριος.

Καὶ ἔσται, ἐν τῇ ἡμέρᾳ ἐκείνῃ δώσω τῷ Γὼγ τόπον ὀνο- 11 μαστὸν, μνημεῖον ἐν Ἰσραὴλ, τὸ πολυάνδριον τῶν ἐπελθόντων πρὸς τῇ θαλάσσῃ καὶ περιοικοδομήσουσι τὸ περιστόμιον τῆς φάραγγος, καὶ κατορύξουσιν ἐκεῖ τὸν Γὼγ καὶ πᾶν τὸ πλῆθος αὐτοῦ, καὶ κληθήσεται τότε Τὸ πολυάνδριον τοῦ Γώγ. Καὶ 12 κατορύξουσιν αὐτοὺς οἶκος Ἰσραὴλ, ἵνα καθαρισθῇ ἡ γῆ ἐν ἑπταμήνῳ. Καὶ κατορύξουσιν αὐτοὺς πᾶς ὁ λαὸς τῆς γῆς, 13 καὶ ἔσται αὐτοῖς ὀνομαστὸν, ᾗ ἡμέρᾳ ἐδοξάσθη, λέγει Κύριος. Καὶ ἄνδρας διαπαντὸς διαστελοῦσιν ἐπιπορευομένους τὴν γῆν, 14 θάψαι τοὺς καταλελειμμένους ἐπὶ προσώπου τῆς γῆς, καθαρίσαι αὐτὴν μετὰ τὴν ἑπτάμηνον, καὶ ἐκζητήσουσι. Καὶ πᾶς 15 ὁ διαπορευόμενος τὴν γῆν, καὶ ἰδὼν ὀστοῦν ἀνθρώπου, οἰκοδομήσει παρ᾽ αὐτῷ σημεῖον, ἕως ὅτου θάψωσιν αὐτὸ οἱ θάπτοντες εἰς γαὶ τὸ πολυάνδριον τοῦ Γώγ. Καὶ γὰρ τὸ ὄνομα τῆς 16 πόλεως, Πολυάνδριον· καθαρισθήσεται ἡ γῆ.

Καὶ σὺ υἱὲ ἀνθρώπου εἰπὸν, τάδε λέγει Κύριος, εἰπὸν 17 παντὶ ὀρνέῳ πετεινῷ, καὶ πρὸς πάντα τὰ θηρία τοῦ πεδίου,

Συνάχθητε καὶ ἔρχεσθε, συνάχθητε ἀπὸ πάντων τῶν περικύκλῳ ἐπὶ τὴν θυσίαν μου, ἣν τέθυκα ὑμῖν θυσίαν μεγάλην ἐπὶ τὰ ὄρη Ἰσραὴλ, καὶ φάγεσθε κρέα, καὶ πίεσθε αἷμα. Κρέα γιγάντων φάγεσθε, καὶ αἷμα ἀρχόντων τῆς γῆς πίεσθε· 18 κριοὺς καὶ μόσχους καὶ τράγους, καὶ οἱ μόσχοι ἐστεατωμένοι πάντες. Καὶ φάγεσθε στέαρ εἰς πλησμονὴν, καὶ πίεσθε αἷμα 19 εἰς μέθην ἀπὸ τῆς θυσίας μου, ἧς ἔθυσα ὑμῖν. Καὶ ἐμπλη- 20 σθήσεσθε ἐπὶ τῆς τραπέζης μου, ἵππον καὶ ἀναβάτην καὶ γίγαντα καὶ πάντα ἄνδρα πολεμιστὴν, λέγει Κύριος.

β See Jeremiah 2. 23.   γ *Alex.* τὴν θάλασσαν.   δ *Alex.* the valley, the burial-place, etc.   ζ *Lit.* giants.

21 Καὶ δώσω τὴν δόξαν μου ἐν ὑμῖν, καὶ ὄψονται πάντα τὰ ἔθνη τὴν κρίσιν μου ἣν ἐποίησα, καὶ τὴν χεῖρά μου ἣν ἐπήγα-
22 γον ἐπ᾽ αὐτούς. Καὶ γνώσονται οἶκος Ἰσραὴλ, ὅτι ἐγώ εἰμι Κύριος ὁ Θεὸς αὐτῶν, ἀπὸ τῆς ἡμέρας ταύτης καὶ ἐπέκεινα.

23 Καὶ γνώσονται πάντα τὰ ἔθνη, ὅτι διὰ τὰς ἁμαρτίας αὐτῶν ᾐχμαλωτεύθησαν οἶκος Ἰσραὴλ, ἀνθ᾽ ὧν ἠθέτησαν εἰς ἐμὲ, καὶ ἀπέστρεψα τὸ πρόσωπόν μου ἀπ᾽ αὐτῶν, καὶ παρέδωκα αὐτοὺς εἰς χεῖρας τῶν ἐχθρῶν αὐτῶν, καὶ ἔπεσαν πάντες μαχαίρᾳ.
24 Κατὰ τὰς ἀκαθαρσίας αὐτῶν, καὶ κατὰ τὰ ἀνομήματα αὐτῶν ἐποίησα αὐτοῖς, καὶ ἀπέστρεψα τὸ πρόσωπόν μου ἀπ᾽ αὐτῶν.

25 Διατοῦτο τάδε λέγει Κύριος Κύριος, νῦν ἀποστρέψω αἰχμαλωσίαν ἐν Ἰακὼβ, καὶ ἐλεήσω τὸν οἶκον Ἰσραὴλ, καὶ ζηλώσω
26 διὰ τὸ ὄνομα τὸ ἅγιόν μου. Καὶ λήψονται τὴν ἀτιμίαν αὐτῶν, καὶ τὴν ἀδικίαν ἣν ἠδίκησαν ἐν τῷ κατοικισθῆναι αὐτοὺς ἐπὶ
27 τὴν γῆν αὐτῶν ἐπ᾽ εἰρήνης· καὶ οὐκ ἔσται ὁ ἐκφοβῶν, ἐν τῷ ἀποστρέψαι με αὐτοὺς ἐκ τῶν ἐθνῶν, καὶ συναγαγεῖν με αὐτοὺς ἐκ τῶν χωρῶν τῶν ἐθνῶν· καὶ ἁγιασθήσομαι ἐν αὐτοῖς ἐνώπιον
28 τῶν ἐθνῶν. Καὶ γνώσονται ὅτι ἐγώ εἰμι Κύριος ὁ Θεὸς
29 αὐτῶν, ἐν τῷ ἐπιφανῆναί με αὐτοῖς ἐν τοῖς ἔθνεσι. Καὶ οὐκ ἀποστρέψω οὐκέτι τὸ πρόσωπόν μου ἀπ᾽ αὐτῶν, ἀνθ᾽ ὧν ἐξέχεα τὸν θυμόν μου ἐπὶ τὸν οἶκον Ἰσραήλ, λέγει Κύριος Κύριος.

40 Καὶ ἐγένετο ἐν τῷ πέμπτῳ καὶ εἰκοστῷ ἔτει τῆς αἰχμαλωσίας ἡμῶν, ἐν τῷ πρώτῳ μηνὶ, δεκάτῃ τοῦ μηνὸς, ἐν τῷ τεσσαρεσκαιδεκάτῳ ἔτει μετὰ τὸ ἁλῶναι τὴν πόλιν, ἐν τῇ ἡμέρᾳ ἐκείνῃ
2 ἐγένετο ἐπ᾽ ἐμὲ χεὶρ Κυρίου, καὶ ἤγαγέ με ἐν ὁράσει Θεοῦ εἰς τὴν γῆν Ἰσραὴλ, καὶ ἔθηκέ με ἐπ᾽ ὄρος ὑψηλὸν σφόδρα, καὶ ἐπ᾽ αὐτῷ ὡσεὶ οἰκοδομὴ πόλεως ἀπέναντι,

3 Καὶ εἰσήγαγέ με ἐκεῖ· καὶ ἰδοὺ ἀνὴρ, καὶ ἡ ὅρασις αὐτοῦ ἦν ὡσεὶ ὅρασις χαλκοῦ στίλβοντος, καὶ ἐν τῇ χειρὶ αὐτοῦ ἦν σπαρτίον οἰκοδόμων, καὶ κάλαμος μέτρον, καὶ αὐτὸς εἰστήκει
4 ἐπὶ τῆς πύλης. Καὶ εἶπε πρὸς μὲ ὁ ἀνὴρ,

Ὃν ἑώρακας υἱὲ ἀνθρώπου ἐν τοῖς ὀφθαλμοῖς σου ἴδε, καὶ ἐν τοῖς ὠσί σου ἄκουε, καὶ τάξον εἰς τὴν καρδίαν σου πάντα ὅσα ἐγὼ δεικνύω σοι, διότι ἕνεκα τοῦ δεῖξαί σοι εἰσελήλυθας ὧδε, καὶ δείξεις πάντα ὅσα σὺ ὁρᾷς τῷ οἴκῳ τοῦ Ἰσραήλ.

5 Καὶ ἰδοὺ περίβολος ἔξωθεν τοῦ οἴκου κύκλῳ, καὶ ἐν τῇ χειρὶ τοῦ ἀνδρὸς κάλαμος, τὸ μέτρον πηχῶν ἓξ ἐν πήχει καὶ παλαιστῆς· καὶ διεμέτρησε τὸ προτείχισμα, πλάτος ἴσον τῷ καλάμῳ, καὶ τὸ ὕψος αὐτοῦ ἴσον τῷ καλάμῳ.

6 Καὶ εἰσῆλθεν εἰς τὴν πύλην τὴν βλέπουσαν κατὰ ἀνατολὰς ἐν ἑπτὰ ἀναβαθμοῖς, καὶ διεμέτρησε τὸ αἰλὰμ τῆς πύλης ἴσον
7 τῷ καλάμῳ· Καὶ τὸ θεὲ ἴσον τῷ καλάμῳ τὸ μῆκος, καὶ ἴσον τῷ καλάμῳ τὸ πλάτος, καὶ τὸ αἰλὰμ ἀναμέσον τοῦ θεηλὰθ πηχῶν ἓξ· καὶ τὸ θεὲ τὸ δεύτερον, ἴσον τῷ καλάμῳ πλάτος, καὶ
8 ἴσον τῷ καλάμῳ μῆκος, καὶ τὸ αἰλὰμ πηχέων πέντε· Καὶ τὸ

21 And I will set my glory among you, and all the nations shall see my judgment which I have wrought, and my hand which I have brought upon them. 22 And the house of Israel shall know that I am the Lord their God, from this day and onwards. 23 And all the nations shall know that the house of Israel were led captive because of their sins, because they β rebelled against me, and I turned away my face from them, and delivered them into the hands of their enemies, and they all fell by the sword. 24 According to their uncleannesses and according to their transgressions did I deal with them, and I turned away my face from them. 25 Therefore thus saith the Lord God, Now will I turn back captivity in Jacob, and will have mercy on the house of Israel, and will be jealous for the sake of my holy name. 26 And they shall bear their reproach, and the iniquity which they committed, when they dwelt upon their land in peace. 27 when I have brought them back from the nations, and gathered them out of the countries of the nations: and I will be sanctified among them in the presence of the nations. 28 And they shall know that I am the Lord their God, when I have been manifested to them among the nations. 29 And I will no more turn away my face from them, because I have poured out my wrath upon the house of Israel, saith the Lord God.

And it came to pass in the twenty-fifth year of our captivity, in the first month, on the tenth day of the month, in the fourteenth year after the taking of the city, in that day the hand of the Lord was upon me, and brought me 2 in a vision of God into the land of Israel, and set me on a very high mountain, and upon it there was as it were the frame of a city before me. 3 And he brought me in thither, and, behold, there was a man, and the appearance of him was as the appearance of shining brass, and in his hand was a builder's line, and a measuring reed; and he stood at the gate. 4 And the man said to me, Look with thine eyes at him whom thou hast seen, son of man, and hear with thine ears, and lay up in thine heart all things that I show thee; for thou hast come in hither that I might show thee, and thou shalt show all things that thou seest to the house of Israel. 5 And behold a wall round about the house without, and in the man's hand a reed, the measure of it was six cubits by the cubit, and a span: and he measured across the γ front wall; the breadth was equal to the reed, and the length of it equal to the reed. 6 And he entered by seven steps into the gate that looks eastward, and he measured across the porch of the gate equal to the reed. 7 And the chamber was equal in length to the reed, and equal in breadth to the reed; and the porch between the chambers six cubits; and the second chamber equal in breadth to the reed, and equal in length to the reed, and the porch five cubits. 8 And the third chamber equal in length to

---

β *i. e.* treacherously.   γ *Or*, first or outer wall.

the reed, and equal in breadth to the reed.
⁹And the porch of the gateway (near the porch of the gate) eight cubits; and the posts thereof two cubits; and the porch of the gate was inward: ¹⁰and the chambers of the gate of the chamber in front *were* three on one side and three on the other, and *there was* one measure to the three: *there was* one measure to the porches on this side and on that. ¹¹And he measured the breadth of the door of the gateway, ten cubits; and the breadth of the gateway thirteen cubits. ¹²And the space before the chambers was narrowed to a cubit in front of the chambers on this side and on that side: and the chamber was six cubits this way, and six cubits that way.
¹³And he measured the gate from the wall of one chamber to the wall of the other chamber: the breadth was twenty-five cubits, the one gate over against the other gate. ¹⁴And the open space of the porch of the gate without, was twenty cubits to the chambers round about the gate. ¹⁵And the open space of the gate without to the open space of the porch of the gate within was fifty cubits.
¹⁶And *there were* secret windows to the β chambers, and to the porches within the gate of the court round about, and in the same manner windows to the porches round about within: and on the porch *there were* palm-trees on this side and on that side.
¹⁷And he brought me into the inner court, and, behold, *there were* chambers, and peristyles round about the court: thirty chambers within the ranges of columns. ¹⁸And the porticos were behind the gates; according to the length of the gates, was the lower peristyle. ¹⁹And he measured the breadth of the court, from the open space of the outer gate inwards to the open space of the gate looking outwards: a hundred cubits *was the distance to the place* of the gate looking eastward: and he brought me to the north; ²⁰and behold a gate looking northwards *belonging to* the outer court, and he measured it, both the length of it and the breadth; ²¹and the γ chambers, three on this side and three on that; and the posts, and the porches, and the palm-trees thereof: and they were according to the measures of the gate that looks eastward: the length thereof was fifty cubits, and the breadth thereof was twenty-five cubits. ²²And its windows, and its porches, and its palm-trees, were according to *the dimensions of* the gate looking eastward; and they went up δ to it by seven steps; and the porches were within. ²³And *there was* a gate to the inner court looking toward the north gate, after the manner of the gate looking toward the east; and he measured the court from gate to gate, a hundred cubits.
²⁴And he brought me to the south side, and behold a gate looking southwards: and he measured it, and its chambers, and its posts, and its porches, according to these dimensions. ²⁵And its windows and its porches round about were according to the windows of the porch: the length thereof was fifty cubits, and the breadth thereof was five and twenty cubits. ²⁶And it had

θεὲ τὸ τρίτον, ἴσον τῷ καλάμῳ μῆκος, καὶ ἴσον τῷ καλάμῳ πλάτος. Καὶ τὸ αἰλὰμ τοῦ πυλῶνος, πλησίον τοῦ αἰλὰμ τῆς **9** πύλης πηχῶν ὀκτὼ, καὶ τὰ αἰλεῦ πηχῶν δύο· καὶ τὰ αἰλὰμ τῆς πύλης ἔσωθεν, καὶ τὰ θεὲ τῆς πύλης τοῦ θεὲ κατέναντι, τρεῖς **10** ἔνθεν καὶ τρεῖς ἔνθεν, καὶ μέτρον ἐν τοῖς τρισί· μέτρον ἐν τοῖς αἰλὰμ ἔνθεν καὶ ἔνθεν. Καὶ διεμέτρησε τὸ πλάτος τῆς θύρας **11** τοῦ πυλῶνος πηχῶν δέκα, καὶ τὸ εὖρος τοῦ πυλῶνος πηχῶν δεκατριῶν. Καὶ πῆχυς ἐπισυναγόμενος ἐπὶ πρόσωπον τῶν **12** θεεὶμ ἔνθεν καὶ ἔνθεν, καὶ τὸ θεὲ πηχῶν ἓξ ἔνθεν καὶ πηχῶν ἓξ ἔνθεν.

Καὶ διεμέτρησε τὴν πύλην ἀπὸ τοῦ τοίχου τοῦ θεὲ **13** ἐπὶ τὸν τοῖχον τοῦ θεὲ, πλάτος πήχεις εἴκοσι καὶ πέντε· αὕτη πύλη ἐπὶ πύλην. Καὶ τὸ αἴθριον τοῦ αἰλὰμ τῆς πύλης ἔξωθεν, **14** πήχεις εἴκοσι θεεὶμ τῆς πύλης κύκλῳ. Καὶ τὸ αἴθριον τῆς **15** πύλης ἔξωθεν, εἰς τὸ αἴθριον αἰλὰμ τῆς πύλης ἔσωθεν πηχῶν πεντήκοντα.

Καὶ θυρίδες κρυπταὶ ἐπὶ τὸ θεεὶμ, καὶ ἐπὶ τὰ αἰλὰμ ἔσωθεν **16** τῆς πύλης τῆς αὐλῆς κυκλόθεν· καὶ ὡσαύτως τοῖς αἰλὰμ θυρίδας κύκλῳ ἔσωθεν, καὶ ἐπὶ τὸ αἰλὰμ φοίνικες ἔνθεν καὶ ἔνθεν.

Καὶ εἰσήγαγέ με εἰς τὴν αὐλὴν τὴν ἐσωτέραν, καὶ ἰδοὺ **17** παστοφόρια, καὶ περίστυλα κύκλῳ τῆς αὐλῆς, τριάκοντα παστοφόρια ἐν τοῖς περιστύλοις, καὶ αἱ στοαὶ κατὰ νώτου τῶν πυλῶν **18** κατὰ τὸ μῆκος τῶν πυλῶν τὸ περίστυλον τὸ ὑποκάτω. Καὶ **19** διεμέτρησε τὸ πλάτος τῆς αὐλῆς, ἀπὸ τοῦ αἰθρίου τῆς πύλης τῆς ἐξωτέρας ἔσωθεν ἐπὶ τὸ αἴθριον τῆς πύλης τῆς βλεπούσης ἔξω, πήχεις ἑκατὸν τῆς βλεπούσης κατὰ ἀνατολὰς· καὶ ἤγαγέ με ἐπὶ Βορρᾶν, καὶ ἰδοὺ πύλη βλέπουσα πρὸς Βορρᾶν τῇ αὐλῇ **20** τῇ ἐξωτέρᾳ, καὶ διεμέτρησεν αὐτὴν, τό, τε μῆκος αὐτῆς καὶ τὸ πλάτος, καὶ τὸ θεὲ τρεῖς ἔνθεν καὶ τρεῖς ἔνθεν, καὶ τὸ αἰλεῦ, **21** καὶ τὰ αἰλαμμὼν, καὶ τοὺς φοίνικας αὐτῆς· καὶ ἐγένετο κατὰ τὰ μέτρα τῆς πύλης τῆς βλεπούσης κατὰ ἀνατολὰς, πηχῶν πεντήκοντα τὸ μῆκος αὐτῆς, καὶ πηχῶν εἰκοσιπέντε τὸ εὖρος αὐτῆς· Καὶ αἱ θυρίδες αὐτῆς, καὶ τὰ αἰλαμμὼν, καὶ οἱ φοίνι- **22** κες αὐτῆς καθὼς ἡ πύλη ἡ βλέπουσα κατὰ ἀνατολάς· καὶ ἐν ἑπτὰ κλημακτῆρσιν ἀνέβαινον ἐπ᾽ αὐτὸν, καὶ τὰ αἰλαμμὼν ἔσωθεν· Καὶ πύλη τῇ αὐλῇ τῇ ἐσωτέρᾳ βλέπουσα ἐπὶ πύλην **23** τοῦ Βορρᾶ, ὃν τρόπον τῆς πύλης τῆς βλεπούσης κατὰ ἀνατο- λάς· καὶ διεμέτρησε τὴν αὐλὴν ἀπὸ πύλης ἐπὶ πύλην, πήχεις ἑκατόν.

Καὶ ἤγαγέ με κατὰ Νότον, καὶ ἰδοὺ πύλη βλέπουσα πρὸς **24** Νότον, καὶ διεμέτρησεν αὐτὴν, καὶ τὰ θεὲ, καὶ τὰ αἰλεῦ, καὶ τὰ αἰλαμμὼν, κατὰ τὰ μέτρα ταῦτα. Καὶ αἱ θυρίδες αὐτῆς, καὶ **25** τὰ αἰλαμμὼν κυκλόθεν, καθὼς αἱ θυρίδες τοῦ αἰλὰμ, πηχῶν πεντήκοντα τὸ μῆκος αὐτῆς, καὶ πηχῶν εἰκοσιπέντε τὸ εὖρος αὐτῆς, καὶ ἑπτὰ κλημακτῆρες αὐτῇ, καὶ αἰλαμμὼν ἔσωθεν, καὶ **26**

β *Gr.* singular. *Heb.* plural.   γ *Gr.* singular.   δ *i. e.* the gate.

27 φοίνικες αὐτῇ, εἶς ἔνθεν καὶ εἶς ἔνθεν ἐπὶ τὰ αἰλεῦ. Καὶ πύλη κατέναντι τῆς πύλης τῆς αὐλῆς τῆς ἐσωτέρας πρὸς Νότον, καὶ διεμέτρησε τὴν αὐλὴν ἀπὸ πύλης ἐπὶ πύλην, πήχεις ἑκατὸν τὸ εὖρος πρὸς Νότον.

28 Καὶ εἰσήγαγέ με εἰς τὴν αὐλὴν τὴν ἐσωτέραν τῆς πύλης τῆς πρὸς Νότον, καὶ διεμέτρησε τὴν πύλην κατὰ τὰ μέτρα ταῦτα,
29, 30 καὶ τὰ θεὲ, καὶ τὰ αἰλεῦ, καὶ τὰ αἰλαμμὼν κατὰ τὰ μέτρα ταῦτα, καὶ θυρίδες αὐτῇ, καὶ τῷ αἰλαμμὼν κύκλῳ, πήχεις πεντή-
31 κοντα τὸ μῆκος αὐτῆς, καὶ τὸ εὖρος πήχεις εἰκοσιπέντε τοῦ αἰλὰμ εἰς τὴν αὐλὴν τὴν ἐξωτέραν, καὶ φοίνικες τῷ αἰλεῦ, καὶ ὀκτὼ κλημακτῆρες.

32 Καὶ εἰσήγαγέ με εἰς τὴν πύλην τὴν βλέπουσαν κατὰ ἀνα-
33 τολὰς, καὶ διεμέτρησεν αὐτὴν κατὰ τὰ μέτρα ταῦτα, καὶ τὰ θεὲ, καὶ τὰ αἰλεῦ, καὶ τὰ αἰλαμμὼν κατὰ τὰ μέτρα ταῦτα, καὶ θυρίδες αὐτῇ καὶ αἰλαμμὼν κύκλῳ πήχεις πεντήκοντα μῆκος
34 αὐτῆς, καὶ εὖρος αὐτῆς πήχεις εἰκοσιπέντε· Καὶ αἰλαμμὼν εἰς τὴν αὐλὴν τὴν ἐσωτέραν, καὶ φοίνικες ἐπὶ τοῦ αἰλεῦ ἔνθεν καὶ ἔνθεν, καὶ ὀκτὼ κλημακτῆρες αὐτῇ.

35 Καὶ εἰσήγαγέ με εἰς τὴν πύλην τὴν πρὸς Βορρᾶν, καὶ διε-
36 μέτρησε κατὰ τὰ μέτρα ταῦτα, καὶ τὰ θεὲ, καὶ τὰ αἰλεῦ, καὶ τὰ αἰλαμμὼν, καὶ θυρίδες αὐτῇ κύκλῳ, καὶ τὸ αἰλαμμὼν αὐτῆς, πήχεις πεντήκοντα μῆκος αὐτῆς, καὶ εὖρος πήχεις εἰκοσιπέντε·
37 Καὶ τὰ αἰλαμμὼν εἰς τὴν αὐλὴν τὴν ἐξωτέραν, καὶ φοίνικες τῷ αἰλεῦ ἔνθεν καὶ ἔνθεν, καὶ ὀκτὼ κλημακτῆρες αὐτῇ.

38 Τὰ παστοφόρια αὐτῆς, καὶ τὰ θυρώματα αὐτῆς, καὶ τὰ
39 αἰλαμμὼν αὐτῆς ἐπὶ τῆς πύλης τῆς δευτέρας ἔκρυσις, ὅπως σφάζωσιν ἐν αὐτῇ τὰ ὑπὲρ ἁμαρτίας, καὶ τὰ ὑπὲρ ἀγνοίας.
40 Καὶ κατὰ νώτου τοῦ ῥύακος τῶν ὁλοκαυτωμάτων τῆς βλεπούσης πρὸς Βορρᾶν, δύο τράπεζαι πρὸς ἀνατολὰς κατὰ νώτου τῆς δευτέρας, καὶ τοῦ αἰλὰμ τῆς πύλης δύο τράπεζαι κατὰ ἀνατολάς.
41 Τέσσαρες ἔνθεν, καὶ τέσσαρες ἔνθεν κατὰ νώτου τῆς πύλης, ἐπ᾽ αὐτὰς σφάζουσι τὰ θύματα· κατέναντι τῶν ὀκτὼ τραπεζῶν τῶν
42 θυμάτων. Καὶ τέσσαρες τράπεζαι τῶν ὁλοκαυτωμάτων λίθιναι λελαξευμέναι, πήχεως καὶ ἡμίσους τὸ πλάτος, καὶ πήχεων δύο ἡμίσους τὸ μῆκος, καὶ ἐπὶ πῆχυν τὸ ὕψος· ἐπ᾽ αὐτὰ ἐπιθή-σουσι τὰ σκεύη, ἐν οἷς σφάζουσιν ἐκεῖ τὰ ὁλοκαυτώματα καὶ
43 τὰ θύματα. Καὶ παλαιστὴν ἕξουσι γεῖσος λελαξευμένον ἔσω-θεν κύκλῳ, καὶ ἐπὶ τὰς τραπέζας ἐπάνωθεν στέγας, τοῦ καλύπτε-σθαι ἀπὸ τοῦ ὑετοῦ, καὶ ἀπὸ τῆς ξηρασίας.

44 Καὶ εἰσήγαγέ με εἰς τὴν αὐλὴν τὴν ἐσωτέραν· καὶ ἰδοὺ δύο ἐξέδραι ἐν τῇ αὐλῇ τῇ ἐσωτέρᾳ, μία κατὰ νώτου τῆς πύλης τῆς βλεπούσης πρὸς Βορρᾶν, φέρουσα πρὸς Νότον, καὶ μία κατὰ νώτου τῆς πύλης τῆς πρὸς Νότον, βλεπούσης δὲ πρὸς Βορρᾶν.
45 Καὶ εἶπε πρὸς μὲ, ἡ ἐξέδρα αὕτη ἡ βλέπουσα πρὸς Νότον, τοῖς
46 ἱερεῦσι τοῖς φυλάσσουσι τὴν φυλακὴν τοῦ οἴκου, καὶ ἡ ἐξέδρα

seven steps, and porches within : and it had palm-trees on the posts, one on one side, and one on the other side. 27 And there was a gate opposite the gate of the inner court southward : and he measured the court from gate to gate, a hundred cubits in breadth β southward.

28 And he brought me into the inner court of the south gate : and he measured the gate according to these measures ; 29 and the chambers, and the posts, 30 and the porches, according to these measures : and there were windows to it and to the porches round about : its length was fifty cubits, γ and its breadth twenty-five cubits, 31 from the porch to the outer court : and there were palm-trees to the post thereof, and eight steps.

32 And he brought me in at the gate that looks eastward : and he measured it accord-ing to these measures : 33 and the chambers, and the posts, and the porches according to these measures : and there were windows to it, and porches round about : the length of it was fifty cubits, and the breadth twenty-five cubits. 34 And there were porches opening into the inner court, and palm-trees on the posts on this side and on that side : and it had eight steps.

35 And he brought me in at the northern gate, and measured it according to these measures ; 36 and the chambers, and the posts, and the porches : and it had windows round about, and it had its porches : the length of it was fifty cubits, and the breadth twenty-five cubits. 37 And its porches were toward the ·inner court ; and there were palm-trees to the posts on this side and on that side : and it had eight steps.

38 Its chambers and its door-ways, and its porches at the second gate served as a drain,δ 39 that they might slay in it the sin-offerings, and the ς trespass-offerings. 40 And behind the drain for the whole-burnt-offerings at the north gate, two tables eastward behind the second gate ; and behind the porch of the gate two tables eastward. 41 Four on one side and four on the other side behind the gate ; upon them they kill the victims, in front of the eight tables of sacrifices. 42 And there were four tables of hewn stone for whole-burnt-offerings, the breadth of them was a cubit and a half, and the length of them two cubits and a half, and their height was a cubit : on them they shall place the instruments with which they slay there the whole-burnt-offerings and the victims. 43 And they shall have within a border of hewn stone round about of a span broad, and over the tables above screens for covering them from the wet and from the heat.

44 And he brought me into the inner court, and behold there were two chambers in the inner court, one behind the gate looking to the north, turning southward, and one behind the southern gate, but which looks to the north. 45 And he said to me, This chamber that looks to the south, is for the priests that keep the charge of the house. 46 And the chamber that looks to the north

---

is for the priests that keep the charge of the altar: they are the sons of Sadduc, those of the tribe of Levi who draw near to the Lord to serve him.

⁴⁷ And he measured the court, the length *whereof was* a hundred cubits, and the breadth a hundred cubits, on its four sides; and the altar in front of the house. ⁴⁸ And he brought me into the porch of the house; and he measured the post of the porch, the breadth was five cubits on one side and five cubits on the other side; and the breadth of the door *was* fourteen cubits, and the side-pieces of the door of the porch *were* three cubits on one side, and three cubits on the other side. ⁴⁹ And the length of the porch was twenty cubits, and the breadth twelve cubits; and they went up to it by ten steps; and *there were* pillars to the porch, one on this side and one on that side.

And he brought me into the temple, the porch of which he measured, six cubits the breadth on one side, and six cubits the breadth of the porch on the other side. ² And the breadth of the gateway was ten cubits, and the side-pieces of the gateway were five cubits on this side, and five cubits on that side: and he measured the length of it, forty cubits, and the breadth, twenty cubits.

³ And he went into the inner court, and measured the post of the door, two cubits; and the door, six cubits; and the side-pieces of the door, seven cubits on one side, and seven cubits on the other side. ⁴ And he measured the length of the doors, forty cubits; and the breadth, twenty cubits, in front of the temple: and he said, ^β This is the holy of holies.

⁵ And he measured the wall of the house, six cubits: and the breadth of *each* side, four cubits round about. ⁶ And the sides were twice ninety, side against side; and *there was* a space in the wall of the house at the sides round about, that they should be for them that take hold of them to see, that they should not at all touch the walls of the house. ⁷ And the breadth of the upper side *was made* according to the projection out of the wall, against the upper one round about the house, that it might be enlarged above, and that *men* might go up to the upper chambers from those below, and from the ground-sills to the third story.

⁸ And as for the height of the house round about, *each* space between the sides was equal to a reed of six cubits; ⁹ and the breadth of the wall of each side without was five cubits; and the spaces that were left between the sides of the house, ¹⁰ and between the chambers, were a width of twenty cubits, the circumference of the house.

¹¹ And the doors of the chambers were toward the space left by the one door that looked nothward, and *there was* one door southward; and the breadth of the remaining ^γ open space *was* five cubits in extent round about.

¹² And the partition *wall* in front of the remaining space, toward the west, was seventy cubits in breadth; the breadth of the partition wall was five cubits round about, and the length of it ninety cubits.

ἡ βλέπουσα πρὸς Βορρᾶν, τοῖς ἱερεῦσι τοῖς φυλάσσουσι τὴν φυλακὴν τοῦ θυσιαστηρίου· ἐκεῖνοί εἰσιν οἱ υἱοὶ Σαδδοὺκ, οἱ ἐγγίζοντες ἐκ τοῦ Λευὶ πρὸς Κύριον, λειτουργεῖν αὐτῷ.

Καὶ διεμέτρησε τὴν αὐλὴν, μῆκος πηχῶν ἑκατὸν, καὶ εὖρος 47 πήχεις ἑκατὸν, ἐπὶ τὰ τέσσαρα μέρη αὐτῆς, καὶ τὸ θυσιαστή- ριον ἀπέναντι τοῦ οἴκου. Καὶ εἰσήγαγέ με εἰς τὸ αἰλὰμ τοῦ 48 οἴκου· καὶ διεμέτρησε τὸ αἰλ τοῦ αἰλὰμ πηχῶν πέντε τὸ πλάτος ἔνθεν, καὶ πηχῶν πέντε ἔνθεν, καὶ τὸ εὖρος τοῦ θυρώματος πηχῶν δεκατεσσάρων, καὶ ἐπωμίδες τῆς θύρας τοῦ αἰλὰμ πηχῶν τριῶν ἔνθεν, καὶ πηχῶν τριῶν ἔνθεν. Καὶ τὸ μῆκος τοῦ αἰλὰμ 49 πηχῶν εἴκοσι, καὶ τὸ εὖρος πηχῶν δώδεκα· καὶ ἐπὶ δέκα ἀνα- βαθμῶν ἀνέβαινον ἐπ᾽ αὐτὸ, καὶ στύλοι ἦσαν ἐπὶ τὸ αἰλὰμ, εἷς ἔνθεν καὶ εἷς ἔνθεν.

Καὶ εἰσήγαγέ με εἰς τὸν ναὸν, ᾧ διεμέτρησε τὸ αἰλὰμ 41 πηχῶν ἓξ τὸ πλάτος ἔνθεν, καὶ πηχῶν ἓξ τὸ εὖρος τοῦ αἰλὰμ ἔνθεν, καὶ τὸ εὖρος τοῦ πυλῶνος πηχῶν δέκα, καὶ ἐπωμίδες τοῦ 2 πυλῶνος πηχῶν πέντε ἔνθεν, καὶ πηχῶν πέντε ἔνθεν· καὶ διεμέτρησε τὸ μῆκος αὐτοῦ πηχῶν τεσσαράκοντα, καὶ τὸ εὖρος πηχῶν εἴκοσι.

Καὶ εἰσῆλθεν εἰς τὴν αὐλὴν τὴν ἐσωτέραν, καὶ διεμέτρησε 3 τὸ αἰλ τοῦ θυρώματος πηχῶν δύο, καὶ τὸ θύρωμα πηχῶν ἓξ, καὶ τὰς ἐπωμίδας τοῦ θυρώματος πηχῶν ἑπτὰ ἔνθεν, καὶ πηχῶν ἑπτὰ ἔνθεν. Καὶ διεμέτρησε τὸ μῆκος τῶν θυρῶν πηχῶν τεσσαρά- 4 κοντα, καὶ τὸ εὖρος πηχῶν εἴκοσι, κατὰ πρόσωπον τοῦ ναοῦ· καὶ εἶπε, τοῦτο τὸ ἅγιον τῶν ἁγίων.

Καὶ διεμέτρησε τὸν τοῖχον τοῦ οἴκου πηχῶν ἓξ, καὶ τὸ εὖρος 5 τῆς πλευρᾶς πηχῶν τεσσάρων κυκλόθεν, καὶ πλευρὰ πλευ- 6 ρὸν ἐπὶ πλευρὸν τριάκοντα τρὶς δίς· καὶ διάστημα ἐν τῷ τοίχῳ τοῦ οἴκου ἐν τοῖς πλευροῖς κύκλῳ, τοῦ εἶναι τοῖς ἐπιλαμβα- νομένοις ὁρᾶν, ὅπως τὸ παράπαν μὴ ἅπτωνται τῶν τοίχων τοῦ οἴκου. Καὶ τὸ εὖρος τῆς ἀνωτέρας τῶν πλευρῶν κατὰ τὸ 7 πρόσθεμα ἐκ τοῦ τοίχου, πρὸς τὴν ἀνωτέραν κύκλῳ τοῦ οἴκου, ὅπως διαπλατύνηται ἄνωθεν, καὶ ἐκ τῶν κάτωθεν ἀναβαίνωσιν ἐπὶ τὰ ὑπερῷα, καὶ ἐκ τῶν γεισῶν ἐπὶ τὰ τριώροφα,

Καὶ τὸ θραὲλ τοῦ οἴκου ὕψος κύκλῳ διάστημα τῶν πλευρῶν 8 ἴσον τῷ καλάμῳ πηχῶν ἓξ· διαστήματα καὶ εὖρος τοῦ τοίχου 9 τῆς πλευρᾶς ἔξωθεν πηχῶν πέντε, καὶ τὰ ἀπόλοιπα τὰ ἀναμέ- σον τῶν πλευρῶν τοῦ οἴκου, καὶ ἀναμέσον τῶν ἐξεδρῶν εὖρος 10 πηχῶν εἴκοσι, τὸ περιφερὲς τῷ οἴκῳ κύκλῳ.

Καὶ αἱ θύραι τῶν ἐξεδρῶν ἐπὶ τὸ ἀπόλοιπον τῆς θύρας τῆς 11 μιᾶς τῆς πρὸς Βορρᾶν· καὶ ἡ θύρα ἡ μία πρὸς Νότον· καὶ τὸ εὖρος τοῦ φωτὸς τοῦ ἀπολοίπου πηχῶν πέντε πλάτος κυκλόθεν.

Καὶ τὸ διορίζον κατὰ πρόσωπον τοῦ ἀπολοίπου, ὡς πρὸς 12 θάλασσαν πηχῶν ἑβδομήκοντα πλάτος, τοῦ τοίχου τοῦ διορί- ζοντος πηχῶν πέντε εὖρος κυκλόθεν, καὶ μῆκος αὐτοῦ πηχῶν

---

13 ἐννενήκοντα. Καὶ διεμέτρησε κατέναντι τοῦ οἴκου μῆκος πηχῶν ἑκατόν, καὶ τὰ ἀπόλοιπα καὶ τὰ διορίζοντα, καὶ οἱ
14 τοῖχοι αὐτῶν μῆκος πηχῶν ἑκατόν. Καὶ τὸ εὖρος κατὰ πρόσωπον τοῦ οἴκου, καὶ τὰ ἀπόλοιπα κατέναντι πηχῶν ἑκατόν.

15 Καὶ διεμέτρησε μῆκος τοῦ διορίζοντος κατὰ πρόσωπον τοῦ ἀπολοίπου τῶν κατόπισθεν τοῦ οἴκου ἐκείνου, καὶ τὰ ἀπόλοιπα ἔνθεν καὶ ἔνθεν πηχῶν ἑκατὸν τὸ μῆκος· καὶ ὁ ναός, καὶ αἱ
16 γωνίαι, καὶ τὸ αἰλὰμ τὸ ἐξώτερον, πεφατνωμένα. Καὶ αἱ θυρίδες δικτυωταί, ὑποφαύσεις κύκλῳ τοῖς τρισὶν, ὥστε διακύπτειν· καὶ ὁ οἶκος καὶ τὰ πλησίον ἐξυλωμένα κύκλῳ, καὶ τὸ ἔδαφος, καὶ ἐκ τοῦ ἐδάφους ἕως τῶν θυρίδων· καὶ αἱ θυρίδες
17 ἀναπτυσσόμεναι τρισσῶς εἰς τὸ διακύπτειν. Καὶ ἕως πλησίον τῆς ἐσωτέρας καὶ ἕως τῆς ἐξωτέρας, καὶ ἐφ᾽ ὅλον τὸν τοῖχον
18 κύκλῳ ἐν τῷ ἔσωθεν καὶ ἐν τῷ ἔξωθεν, γεγλυμμένα χερουβὶμ, καὶ φοίνικες ἀναμέσον χεροὺβ καὶ ἀναμέσον χεροὺβ· δύο πρόσ-
19 ωπα τῷ χερούβ· Πρόσωπον ἀνθρώπου πρὸς τὸν φοίνικα ἔνθεν καὶ ἔνθεν, καὶ πρόσωπον λέοντος πρὸς τὸν φοίνικα ἔνθεν καὶ
20 ἔνθεν· διαγεγλυμμένος ὁ οἶκος κυκλόθεν. Ἐκ τοῦ ἐδάφους ἕως τοῦ φατνώματος, τὰ χερουβὶμ καὶ οἱ φοίνικες διαγεγλυμμένοι.

21 Καὶ τὸ ἅγιον καὶ ὁ ναὸς ἀναπτυσσόμενος τετράγωνα, κατὰ
22 πρόσωπον τῶν ἁγίων ὅρασις ὡς ὄψις θυσιαστηρίου ξυλίνου, πηχῶν τριῶν τὸ ὕψος αὐτοῦ, καὶ τὸ μῆκος πηχῶν δύο, καὶ τὸ εὖρος πηχῶν δύο· καὶ κέρατα εἶχε, καὶ ἡ βάσις αὐτοῦ καὶ οἱ τοῖχοι αὐτοῦ ξύλινοι· καὶ εἶπε πρὸς μὲ, αὕτη ἡ τράπεζα, ἡ πρὸ προσώπου Κυρίου.

23 Καὶ δύο θυρώματα τῷ ναῷ, καὶ δύο θυρώματα τῷ ἁγίῳ,
24 τοῖς δυσὶ θυρώμασι τοῖς στροφωτοῖς· δύο θυρώματα τῷ ἑνὶ,
25 καὶ δύο θυρώματα τῇ θύρᾳ τῇ δευτέρᾳ. Καὶ γλυφὴ ἐπ᾽ αὐτῶν, καὶ ἐπὶ τὰ θυρώματα τοῦ ναοῦ χερουβὶμ· καὶ φοίνικες κατὰ τὴν γλυφὴν τῶν ἁγίων, καὶ σπουδαῖα ξύλα κατὰ πρόσωπον τοῦ αἰλὰμ ἔξωθεν,

26 Καὶ θυρίδες κρυπταί· καὶ διεμέτρησεν ἔνθεν καὶ ἔνθεν, εἰς τὰ ὀροφώματα τοῦ αἰλὰμ, καὶ τὰ πλευρὰ τοῦ οἴκου ἐζυγωμένα.

42 Καὶ εἰσήγαγέ με εἰς τὴν αὐλὴν τὴν ἐσωτέραν κατὰ ἀνατολὰς, κατέναντι τῆς πύλης τῆς πρὸς Βορρᾶν, καὶ εἰσήγαγέ με· καὶ ἰδοὺ ἐξέδραι πέντε, ἐχόμεναι τοῦ ἀπολοίπου, καὶ ἐχό-
2 μεναι τοῦ διορίζοντος πρὸς Βορρᾶν, ἐπὶ πήχεις ἑκατὸν μῆκος
3 πρὸς Βορρᾶν, καὶ τὸ πλάτος πεντήκοντα, διαγεγραμμέναι ὃν τρόπον αἱ πύλαι τῆς αὐλῆς τῆς ἐσωτέρας, καὶ ὃν τρόπον τὰ περίστυλα τῆς αὐλῆς τῆς ἐξωτέρας ἐστοιχισμέναι, ἀντιπρόσω-
4 ποι στοαὶ τρισσαί. Καὶ κατέναντι τῶν ἐξεδρῶν περίπατος πηχῶν δέκα τὸ πλάτος, ἐπὶ πήχεις ἑκατὸν τὸ μῆκος, καὶ τὰ
5 θυρώματα αὐτῶν πρὸς Βορρᾶν, καὶ οἱ περίπατοι οἱ ὑπερῷοι ὡσαύτως· ὅτι ἐξείχετο τὸ περίστυλον ἐξ αὐτοῦ, ἐκ τοῦ ὑποκάτωθεν περιστύλου, καὶ τὸ διάστημα· οὕτως περίστυλον καὶ
6 διάστημα, καὶ οὕτως στοαὶ δύο. Διότι τριπλαῖ ἦσαν, καὶ

---

13 And he measured in front of the house a length of a hundred cubits, and the remaining spaces and the partitions; and the walls thereof were in length a hundred cubits. 14 And the breadth in front of the house, and the remaining *spaces* before *it were* a hundred cubits. 15 And he measured the length of the partition in front of the space left by the back parts of that house; and the *spaces* left on this side and on that side were in length a hundred cubits: and the temple and the corners and the outer porch were β ceiled. 16 And the windows were latticed, *giving* light round about to the three *stories*, so as to look through: and the house and the parts adjoining were planked round about, and *so was* the floor, and from the floor up to the windows, and the window *shutters* folded back in three parts for one to look through. 17 And almost all the way to the inner, and close to the outer *side*, and upon all the wall round about within and without, 18 were carved cherubs and palm-trees between the cherubs, *and each cherub had* two faces. 19 The face of a man was toward one palm-tree on this side and on that side, and the face of a lion toward another palm-tree on this side and on that side: the house was carved all round. 20 From the floor to the ceiling were cherubs and palm-trees carved. 21 And the holy place and the temple opened on four sides; in front of the holy places the appearance was as the look of 22 a wooden altar, the height of it three cubits, and the length two cubits, and the breadth two cubits; and it had horns, and the base of it and the sides of it were of wood: and he said to me, This is the table, which is before the face of the Lord. 23 And the temple *had* two doors, and the sanctuary *had* two doors, with two turning leaves *apiece*; 24 two leaves to the one, and two leaves to the other door. 25 And *there was* carved work upon them, and cherubs on the doors of the temple, and palm-trees according to the carving of the γ sanctuary; and *there were* stout planks in front of the porch without. 26 And *there were* secret windows; and he measured from side to side, to the roofing of the porch; and the sides of the house were δ closely planked.

And he brought me into the ϛ inner court eastward, opposite the northern gate: and he brought me in, and behold five chambers near the vacant space, and near the northern partition, 2 a hundred cubits in length toward the north, and in breadth fifty, 3 θ ornamented accordingly as the gates of the inner court, and arranged accordingly as the peristyles of the outer court, *with* triple porticos fronting one another. 4 And in front of the chambers was a walk ten cubits in breadth, the length *reaching* to a hundred cubits; and their doors were northward. 5 And the upper walks were in like manner: for the peristyle projected from it, *even* from the range of columns below, and *there was* a space between; so *were there* a peristyle and a space between, and so *were there* two porticos. 6 For they were triple, and they had

---

β *Or*, wainscoted.   γ *Gr.* plural.   δ *Alex.* ἐξυλωμένα.   ζ *Heb.* and *Alex.* outer.   θ *Or*, sculptured.

not pillars like the pillars of the outer ones: therefore they projected from the lower ones and the middle ones from the ground.

7 And *there was* light without, corresponding to the chambers of the outer court looking toward the front of the northern chambers; the length *of them was* fifty cubits. 8 For the length of the chambers looking toward the inner court was fifty cubits, and these are the ones that front the others; the whole was a hundred cubits.

9 And *there were* doors of these chambers for an outlet towards the east, so that one should go through them out of the outer court, 10 by the opening of the walk at the β corner; and the south parts were toward the south, toward the remaining space, and toward the partition, and *so were* the chambers. 11 And the walk was in front of them, according to the measures of the chambers toward the north, both according to the length of them, and according to the breadth of them, and according to all their openings, and according to all their turnings, and according to their lights, and according to their doors. 12 *So were the measures* of the chambers toward the south, and according to the doors at the entrance of the walk, as it were the distance of a reed for light, and eastward as one went in by them.

13 And he said to me, The chambers toward the north, and the chambers toward the south, in front of the void spaces, these are the chambers of the sanctuary, wherein the priests the sons of Sadduc, who draw nigh to the Lord, shall eat the most holy things: and there shall lay the most holy things, and the meat-offering, and the sin-offerings, and the γ trespass-offerings; because the place is holy. 14 None shall go in thither except the priests, *and* they shall not go forth of the holy place into the outer court, that they that draw nigh *to me* may be continually holy, and may not touch their garments in which they minister, *with defilement*, for they are holy; and they shall put on other garments whenever they come in contact with the people.

15 So the measurement of the house within was accomplished: and he brought me forth by the way of the gate that looks eastward, and measured the plan of the house round about in order. 16 And he stood behind the gate looking eastward, and measured five hundred *cubits* with the measuring reed. 17 And he turned to the north and measured in front of the north *side* five hundred cubits with the measuring reed. 18 And he turned to the west, and measured in front δ of the west side, five hundred *cubits* with the measuring reed. 19 And he turned to the south, and measured in front of the south side, five hundred *cubits* by the measuring reed. 20 The *four sides he measured* by the same reed, and he marked out the house and the circumference of the parts round about, *a space* of five hundred *cubits* eastward, and a breadth of five hundred cubits, to make a division between the sanctuary and the outer wall, that *belonged to* the design of the house.

στύλους οὐκ εἶχον καθὼς οἱ στύλοι τῶν ἐξωτέρων· διατοῦτο ἐξείχοντο τῶν ὑποκάτωθεν καὶ τῶν μέσων ἀπὸ τῆς γῆς.

Καὶ φῶς ἔξωθεν, ὃν τρόπον αἱ ἐξέδραι τῆς αὐλῆς τῆς 7 ἐξωτέρας, αἱ βλέπουσαι ἀπέναντι τῶν ἐξεδρῶν τῶν πρὸς Βορρᾶν, μῆκος πηχῶν πεντήκοντα. Ὅτι τὸ μῆκος τῶν ἐξεδρῶν τῶν 8 βλεπουσῶν εἰς τὴν αὐλὴν τὴν ἐξωτέραν, ἦν πηχῶν πεντήκοντα, καὶ αὗταί εἰσιν αἱ ἀντιπρόσωποι ταύταις· τὸ πᾶν πηχῶν ἑκατόν.

Καὶ αἱ θύραι τῶν ἐξεδρῶν τούτων τῆς εἰσόδου τῆς πρὸς 9 ἀνατολὰς, τοῦ εἰσπορεύεσθαι δι᾿ αὐτῶν ἐκ τῆς αὐλῆς τῆς ἐξωτέρας, κατὰ τὸ φῶς τοῦ ἐν ἀρχῇ περιπάτου, καὶ τὰ πρὸς 10 Νότον κατὰ πρόσωπον τοῦ Νότου κατὰ πρόσωπον τοῦ ἀπολοίπου, καὶ κατὰ πρόσωπον τοῦ διορίζοντος, καὶ αἱ ἐξέδραι. Καὶ 11 ὁ περίπατος κατὰ πρόσωπον αὐτῶν, κατὰ τὰ μέτρα ἐξεδρῶν τῶν πρὸς Βορρᾶν, καὶ κατὰ τὸ μῆκος αὐτῶν, καὶ κατὰ τὸ εὖρος αὐτῶν, καὶ κατὰ πάσας τὰς ἐξόδους αὐτῶν, καὶ κατὰ πάσας τὰς ἐπιστροφὰς αὐτῶν, καὶ κατὰ τὰ φῶτα αὐτῶν, καὶ κατὰ τὰ θυρώματα αὐτῶν, τῶν ἐξεδρῶν τῶν πρὸς Νότον, καὶ κατὰ τὰ 12 θυρώματα ἀπ᾿ ἀρχῆς τοῦ περιπάτου, ὡς ἐπὶ φῶς διαστμήατος καλάμου, καὶ κατὰ ἀνατολὰς τοῦ εἰσπορεύεσθαι δι᾿ αὐτῶν.

Καὶ εἶπε πρὸς μὲ, αἱ ἐξέδραι αἱ πρὸς Βορρᾶν, καὶ αἱ ἐξέδραι 13 αἱ πρὸς Νότον, οὖσαι κατὰ πρόσωπον τῶν διαστημάτων, αὗταί εἰσιν αἱ ἐξέδραι τοῦ ἁγίου, ἐν αἷς φάγονται ἐκεῖ οἱ ἱερεῖς υἱοὶ Σαδδοὺκ, οἱ ἐγγίζοντες πρὸς Κύριον, τὰ ἅγια τῶν ἁγίων, καὶ ἐκεῖ θήσουσι τὰ ἅγια τῶν ἁγίων, καὶ τὴν θυσίαν, καὶ τὰ περὶ ἁμαρτίας, καὶ τὰ περὶ ἀγνοίας, διότι ὁ τόπος ἅγιος. Οὐκ εἰσελεύσονται ἐκεῖ πάρεξ τῶν ἱερέων, οὐκ ἐξελεύσονται 14 ἐκ τοῦ ἁγίου εἰς τὴν αὐλὴν τὴν ἐξωτέραν, ὅπως διαπαντὸς ἅγιοι ὦσιν οἱ προσάγοντες, καὶ μὴ ἅπτωνται τοῦ στολισμοῦ αὐτῶν, ἐν οἷς λειτουργοῦσιν ἐν αὐτοῖς, διότι ἅγιά ἐστι· καὶ ἐνδύσονται ἱμάτια ἕτερα, ὅταν ἅπτωνται τοῦ λαοῦ.

Καὶ συνετελέσθη ἡ διαμέτρησις τοῦ οἴκου ἔσωθεν· καὶ 15 ἐξήγαγέ με καθ᾿ ὁδὸν τῆς πύλης τῆς βλεπούσης πρὸς ἀνατολὰς, καὶ διεμέτρησε τὸ ὑπόδειγμα τοῦ οἴκου κυκλόθεν ἐν διατάξει.

Καὶ ἔστη κατὰ νώτου τῆς πύλης τῆς βλεπούσης κατὰ ἀνα- 16 τολὰς, καὶ διεμέτρησε πεντακοσίους ἐν τῷ καλάμῳ τοῦ μέτρου. Καὶ ἐπέστρεψε πρὸς Βορρᾶν, καὶ διεμέτρησε τὸ κατὰ πρόσωπον 17 τοῦ Βορρᾶ, πήχεις πεντακοσίους ἐν τῷ καλάμῳ τοῦ μέτρου. Καὶ ἐπέστρεψε πρὸς θάλασσαν, καὶ διεμέτρησε τὸ κατὰ πρόσ- 18 ωπον θαλάσσης, πεντακοσίους ἐν τῷ καλάμῳ τοῦ μέτρου. Καὶ ἐπέστρεψε πρὸς Νότον, καὶ διεμέτρησε κατέναντι τοῦ 19 Νότου, πεντακοσίους ἐν τῷ καλάμῳ τοῦ μέτρου, τὰ τέσσαρα 20 μέρη τοῦ αὐτοῦ καλάμου· καὶ διέταξεν αὐτὸν, καὶ περίβολον αὐτῶν κύκλῳ, πεντακοσίων πρὸς ἀνατολὰς, καὶ πεντακοσίων πηχῶν εὖρος, τοῦ διαστέλλειν ἀναμέσον τῶν ἁγίων, καὶ ἀναμέ-σον τοῦ προτειχίσματος, τοῦ ἐν διατάξει τοῦ οἴκου.

β *Or*, entrance. *Gr.* ἀρχή.   γ i. e. for sins of ignorance.   δ *Gr.* of the sea.

43 Καὶ ἤγαγέ με ἐπὶ τὴν πύλην τὴν βλέπουσαν κατὰ ἀνα-
2 τολὰς, καὶ ἐξήγαγέ με. Καὶ ἰδοὺ δόξα Θεοῦ Ἰσραὴλ ἤρχετο
κατὰ τὴν ὁδὸν τὴν πρὸς ἀνατολὰς, καὶ φωνὴ τῆς παρεμβολῆς,
ὡς φωνὴ διπλασιαζόντων πολλῶν· καὶ ἡ γῆ ἐξέλαμπεν ὡς
3 φέγγος ἀπὸ τῆς δόξης κυκλόθεν. Καὶ ἡ ὅρασις ἣν ἴδον, κατὰ
τὴν ὅρασιν ἣν ἴδον, ὅτε εἰσεπορευόμην τοῦ χρῖσαι τὴν πόλιν·
καὶ ἡ ὅρασις τοῦ ἅρματος οὗ ἴδον, κατὰ τὴν ὅρασιν ἣν ἴδον
ἐπὶ τοῦ ποταμοῦ τοῦ Χοβάρ· καὶ πίπτω ἐπὶ πρόσωπόν μου.

4 Καὶ δόξα Κυρίου εἰσῆλθεν εἰς τὸν οἶκον, κατὰ τὴν ὁδὸν
5 τῆς πύλης τῆς βλεπούσης κατὰ ἀνατολάς. Καὶ ἀνέλαβέ με
πνεῦμα, καὶ εἰσήγαγέ με εἰς τὴν αὐλὴν τὴν ἐσωτέραν· καὶ ἰδοὺ
6 πλήρης δόξης ὁ Κυρίου οἶκος. Καὶ ἔστην, καὶ ἰδοὺ φωνὴ ἐκ
τοῦ οἴκου λαλοῦντος πρός μὲ, καὶ ὁ ἀνὴρ εἰστήκει ἐχόμενός μου,
7 καὶ εἶπε πρὸς μὲ,

Υἱὲ ἀνθρώπου, ἑώρακας τὸν τόπον τοῦ θρόνου μου, καὶ τὸν
τόπον τοῦ ἴχνους τῶν ποδῶν μου, ἐν οἷς κατασκηνώσῃ τὸ ὄνομά
μου ἐν μέσῳ οἴκου Ἰσραὴλ τὸν αἰῶνα· καὶ οὐ βεβηλώσουσιν
οὐκέτι οἶκος Ἰσραὴλ τὸ ὄνομα τὸ ἅγιόν μου, αὐτοὶ καὶ οἱ
ἡγούμενοι αὐτῶν ἐν τῇ πορνείᾳ αὐτῶν, καὶ ἐν τοῖς φόνοις τῶν
8 ἡγουμένων ἐν μέσῳ αὐτῶν, ἐν τῷ τιθέναι αὐτοὺς τὸ πρόθυρόν
μου ἐν τοῖς προθύροις αὐτῶν, καὶ τὰς φλιάς μου ἐχομένας τῶν
φλιῶν αὐτῶν· καὶ ἔδωκαν τὸν τοῖχόν μου ὡς συνεχόμενον ἐμοῦ
καὶ αὐτῶν, καὶ ἐβεβήλωσαν τὸ ὄνομα τὸ ἅγιόν μου ἐν ταῖς
ἀνομίαις αὐτῶν αἷς ἐποίουν· καὶ ἐξέτριψα αὐτοὺς ἐν θυμῷ μου,
9 καὶ ἐν φόνῳ. Καὶ νῦν ἀπωσάσθωσαν τὴν πορνείαν αὐτῶν,
καὶ τοὺς φόνους τῶν ἡγουμένων αὐτῶν ἀπ᾽ ἐμοῦ, καὶ κατα-
σκηνώσω ἐν μέσῳ αὐτῶν τὸν αἰῶνα.

10 Καὶ σὺ, υἱὲ ἀνθρώπου, δεῖξον τῷ οἴκῳ Ἰσραὴλ τὸν οἶκον·
καὶ κοπάσουσιν ἀπὸ τῶν ἁμαρτιῶν αὐτῶν· καὶ τὴν ὅρασιν αὐτοῦ,
11 καὶ τὴν διάταξιν αὐτοῦ. Καὶ αὐτοὶ λήψονται τὴν κόλασιν
αὐτῶν περὶ πάντων ὧν ἐποίησαν· καὶ διαγράψεις τὸν οἶκον,
καὶ τὰς ἐξόδους αὐτοῦ, καὶ τὴν ὑπόστασιν αὐτοῦ, καὶ πάντα τὰ
προστάγματα αὐτοῦ, καὶ πάντα τὰ νόμιμα αὐτοῦ γνωριεῖς
αὐτοῖς, καὶ διαγράψεις ἐναντίον αὐτῶν· καὶ φυλάξονται πάντα
τὰ δικαιώματά μου, καὶ πάντα τὰ προστάγματά μου, καὶ
ποιήσουσιν αὐτά.

12 Καὶ τὴν διαγραφὴν τοῦ οἴκου ἐπὶ τῆς κορυφῆς τοῦ ὄρους,
πάντα τὰ ὅρια αὐτοῦ κυκλόθεν ἅγια ἁγίων.

13 Καὶ ταῦτα τὰ μέτρα τοῦ θυσιαστηρίου ἐν πήχει τοῦ πήχεως,
καὶ παλαιστῆς, κόλπωμα βάθους ἐπὶ πῆχυν, καὶ πῆχυς τὸ
εὖρος, καὶ γεῖσος ἐπὶ τὸ χεῖλος αὐτοῦ κυκλόθεν, σπιθαμῆς·
14 καὶ τοῦτο τὸ ὕψος τοῦ θυσιαστηρίου ἐκ βάθους τῆς ἀρχῆς
τοῦ κοιλώματος αὐτοῦ, πρὸς τὸ ἱλαστήριον τὸ μέγα τοῦτο,
ὑποκάτωθεν πηχῶν δύο, καὶ τὸ εὖρος πήχεως· καὶ ἀπὸ τοῦ
ἱλαστηρίου τοῦ μικροῦ ἐπὶ τὸ ἱλαστήριον τὸ μέγα, πήχεις
15 τέσσαρες, καὶ εὖρος πῆχυς. Καὶ τὸ ἀριὴλ πηχῶν τεσσάρων,
16 καὶ ἀπὸ τοῦ ἀριὴλ, καὶ ὑπεράνω τῶν κεράτων πῆχυς. Καὶ τὸ
ἀριὴλ πηχῶν δώδεκα μήκους, ἐπὶ πήχεις δώδεκα, τετράγωνον
ἐπὶ τὰ τέσσαρα μέρη αὐτοῦ.
17 Καὶ τὸ ἱλαστήριον πηχῶν δεκατεσσάρων τὸ μῆκος, ἐπὶ

Moreover he brought me to the gate look-ing eastward, and led me forth. [2]And, behold, the glory of the God of Israel came by the eastern way; and *there was* a voice of an army, as the sound of many redoubling *their shouts*, and the earth shone like light from the glory round about. [3]And the vision which I saw was like the vision which I saw when I went in to anoint *there was* the city: and the vision of the chariot which I saw was like the vision which I saw at the river Chobar; and I fell upon my face.

[4]And the glory of the Lord came into the house, by the way of the gate looking east-ward. [5]And the Spirit took me up, and brought me into the inner court; and, be-hold, the house of the Lord was full of glory. [6]And I stood, and behold *there was* a voice out of the house of one speaking to me, and a man stood near me, [7]and he said to me,

Son of man, thou hast seen the place of my throne, and the place of the β soles of my feet, in which my name γ shall dwell in the midst of the house of Israel for ever; and the house of Israel shall no more pro-fane my holy name, they and their princes, by their fornication, or by the murders of *their* princes in the midst of them; [8]when they set my door-way by their door-way, and my thresholds near to their thresholds: and they made my wall as it were joining δ myself and them, and they profaned my holy name with their iniquities which they wrought: and I destroyed them in my wrath and with slaughter. [9]And now let them put away from me their fornication, and the murders of their princes, and I will dwell in the midst of them for ever.

[10]And thou, son of man, shew the house to the house of Israel, that they may cease from their sins: and *shew* its aspect and the arrangement of it. [11]And they shall bear their punishment for all the things that they have done: and thou shalt de-scribe the house, and its ζ entrances, and the plan thereof, and all its ordinances, and thou shalt make known to them all the regulations of it, and describe *them* before them: and they shall keep all my com-mandments, and all my ordinances, and do them.

[12]And thou shalt shew the plan of the house on the top of the mountain: all its limits round about *shall be* most holy.

[13]θ And these are the measures of the altar by the cubit of a cubit and a span, the cavity *shall be* a cubit deep, and a cubit shall be the breadth, and the border on the rim of it round about shall be a span: and this *shall be* the height of the altar [14]from the bottom at the commencement of the hollow part to this great mercy-seat, from beneath was two cubits, and the breadth was a cubit; and from the little mercy-seat to the great mercy-seat, four cubits, and the breadth was a cubit. [15]And the λaltar *shall be* four cubits; and from the altar and above the horns a cubit. [16]And the altar *shall be* of the length of twelve cubits, by twelve cubits *in breadth*, square upon its four sides. [17]And the mercy-seat *shall be* fourteen

---

β *Gr.* footstep.   γ *Alex.* κατασκηνώσει.   δ *Lit.* itself to me and them.   ζ *Alex.* its goings out and its comings in.
θ *Alex.* + ' this is the law of the house.'   λ *Gr.* Ariel, *Heb.* Arcl, *i. e.* the mountain of God.

cubits in length, by fourteen cubits in breadth on its four sides; and *there shall be* a border to it carried round about it of half a cubit; and the rim of it *shall be* a cubit round about; and the steps thereof looking eastward.

¹⁸ And he said to me, Son of man, thus saith the Lord God of Israel; These are the ordinances of the altar in the day of its being made, to offer upon it whole-burnt-offerings, and to pour blood upon it. ¹⁹ And thou shalt appoint to the priests the Levites of the seed of Sadduc, that draw nigh to me, saith the Lord God, to minister to me, a calf of the herd β for a sin-offering. ²⁰ And they shall take of its blood, and shall put *it* on the four horns of the altar, and upon the four corners of the propitiatory, and upon the base round about, and they shall make atonement for it. ²¹ And they shall take the calf of the sin-offering, and it shall be consumed by fire in the separate place of the house, outside the sanctuary. ²² And on the second day they shall take two kids of the goats without blemish γ for a sin-offering; and they shall make atonement for the altar, as they made atonement with the calf. ²³ And after δ they have finished the atonement, they shall bring an un-blemished calf of the herd, and an unblem-ished ram of the flock. ²⁴ And ye shall offer *them* before the Lord, and the priests shall sprinkle salt upon them, and shall offer them up *as* whole-burnt-offerings to the Lord.

²⁵ Seven days shalt thou offer a kid daily for a sin-offering, and a calf of the herd, and a ram out of the flock: they shall sacri-fice them unblemished for seven days: ²⁶ and they shall make atonement for the altar, and shall purge it; and they shall ς consecrate themselves. ²⁷ And it shall come to pass from the eighth day and on-ward, *that* the priests shall offer your whole-burnt-offerings on the altar, and your peace-offerings; and I will accept you, saith the Lord.

Then he brought me back by the way of the outer gate of the sanctuary that looks eastward; and it was shut. ² And the Lord said to me, This gate shall be shut, it shall not be opened, and no one shall pass through it; for the Lord God of Israel shall enter by it, and it shall be shut. ³ For the prince, he shall sit in it, to eat bread before the Lord; he shall go in by the way of the porch of the gate, and shall go forth by the way of the same.

⁴ And he brought me in by the way of the gate that looks northward, in front of the house: and I looked, and, behold, the house was full of the glory of the Lord: and I fell upon my face. ⁵ And the Lord said to me, Son of man, attend with thine heart, and see with *thine* eyes, and hear with thine ears all that I say to thee, according to all the ordinances of the house of the Lord, and all the regulations thereof; and thou shalt attend well to the entrance of the house, according to all its outlets, in all the holy things. ⁶ And thou shalt say to the provoking house, *even* to the house of Israel,

πήχεις δεκατέσσαρας τὸ εὖρος ἐπὶ τέσσαρα μέρη αὐτοῦ, καὶ τὸ γεῖσος αὐτῷ κυκλόθεν κυκλούμενον αὐτῷ ἥμισυ πήχεως· καὶ τὸ κύκλωμα αὐτοῦ πῆχυς κυκλόθεν, καὶ οἱ κλημακτῆρες αὐτοῦ βλέποντες κατὰ ἀνατολάς.

Καὶ εἶπε πρὸς μὲ, υἱὲ ἀνθρώπου, τάδε λέγει Κύριος ὁ Θεὸς 18 Ἰσραὴλ, ταῦτα τὰ προστάγματα τοῦ θυσιαστηρίου ἐν ἡμέρᾳ ποιήσεως αὐτοῦ, τοῦ ἀναφέρειν ἐπ᾽ αὐτοῦ ὁλοκαυτώματα, καὶ προσχέειν πρὸς αὐτὸ αἷμα. Καὶ δώσεις τοῖς ἱερεῦσι τοῖς 19 Λευίταις τοῖς ἐκ τοῦ σπέρματος Σαδδοὺκ τοῖς ἐγγίζουσι πρὸς μὲ, λέγει Κύριος ὁ Θεὸς, τοῦ λειτουργεῖν μοι μόσχον ἐκ βοῶν περὶ ἁμαρτίας. Καὶ λήψονται ἐκ τοῦ αἵματος αὐτοῦ, καὶ 20 ἐπιθήσουσιν ἐπὶ τὰ τέσσαρα κέρατα τοῦ θυσιαστηρίου, καὶ ἐπὶ τὰς τέσσαρας γωνίας τοῦ ἱλαστηρίου, καὶ ἐπὶ τὴν βάσιν κύκλῳ, καὶ ἐξιλάσονται αὐτό. Καὶ λήψονται τὸν μόσχον τὸν 21 περὶ ἁμαρτίας, καὶ κατακαυθήσεται ἐν τῷ ἀποκεχωρισμένῳ τοῦ οἴκου, ἔξωθεν τῶν ἁγίων. Καὶ τῇ ἡμέρᾳ τῇ δευτέρᾳ λήψονται 22 ἐρίφους δύο αἰγῶν ἀμώμους ὑπὲρ ἁμαρτίας, καὶ ἐξιλάσονται τὸ θυσιαστήριον, καθότι ἐξιλάσαντο ἐν τῷ μόσχῳ. Καὶ μετὰ τὸ 23 συντελέσαι τὸν ἐξιλασμὸν, προσοίσουσι μόσχον ἐκ βοῶν ἄμω-μον, καὶ κριὸν ἐκ προβάτων ἄμωμον, καὶ προσοίσετε ἐναντίον 24 Κυρίου· καὶ ἐπιῤῥίψουσιν οἱ ἱερεῖς ἐπ᾽ αὐτὰ ἅλα, καὶ ἀνοίσου-σιν αὐτὰ ὁλοκαυτώματα τῷ Κυρίῳ.

Ἑπτὰ ἡμέρας ποιήσεις ἔριφον ὑπὲρ ἁμαρτίας καθ᾽ ἡμέραν, 25 καὶ μόσχον ἐκ βοῶν, καὶ κριὸν ἐκ προβάτων, ἄμωμα ποιήσου-σιν ἑπτὰ ἡμέρας· καὶ ἐξιλάσονται τὸ θυσιαστήριον, καὶ καθα- 26 ριοῦσιν αὐτό· καὶ πλήσουσι χεῖρας αὐτῶν. Καὶ ἔσται ἀπὸ 27 τῆς ἡμέρας τῆς ὀγδόης καὶ ἐπέκεινα, ποιήσουσιν οἱ ἱερεῖς ἐπὶ τὸ θυσιαστήριον τὰ ὁλοκαυτώματα ὑμῶν, καὶ τὰ τοῦ σωτηρίου ὑμῶν, καὶ προσδέξομαι ὑμᾶς, λέγει Κύριος.

Καὶ ἐπέστρεψέ με κατὰ τὴν ὁδὸν τῆς πύλης τῶν ἁγίων τῆς 44 ἐξωτέρας τῆς βλεπούσης κατὰ ἀνατολάς· καὶ αὕτη ἦν κεκλεισ-μένη. Καὶ εἶπε Κύριος πρὸς μὲ, ἡ πύλη αὕτη κεκλεισμένη 2 ἔσται, οὐκ ἀνοιχθήσεται, καὶ οὐδεὶς μὴ διέλθῃ δι᾽ αὐτῆς· ὅτι Κύριος ὁ Θεὸς Ἰσραὴλ εἰσελεύσεται δι᾽ αὐτῆς, καὶ ἔσται κεκλεισμένη. Διότι ὁ ἡγούμενος οὗτος καθήσεται ἐν αὐτῇ, 3 τοῦ φαγεῖν ἄρτον ἐναντίον Κυρίου· κατὰ τὴν ὁδὸν αἰλὰμ τῆς πύλης εἰσελεύσεται, καὶ κατὰ τὴν ὁδὸν αὐτοῦ ἐξελεύ-σεται.

Καὶ εἰσήγαγέ με κατὰ τὴν ὁδὸν τῆς πύλης τῆς πρὸς Βοῤῥᾶν, 4 κατέναντι τοῦ οἴκου· καὶ ἴδον, καὶ ἰδοὺ πλήρης δόξης ὁ οἶκος τοῦ Κυρίου· καὶ πίπτω ἐπὶ πρόσωπόν μου. Καὶ εἶπε Κύ- 5 ριος πρὸς μὲ, υἱὲ ἀνθρώπου, τάξον εἰς τὴν καρδίαν σου, καὶ ἴδε τοῖς ὀφθαλμοῖς, καὶ τοῖς ὠσί σου, ἄκουε πάντα ὅσα ἐγὼ λαλῶ μετὰ σοῦ, κατὰ πάντα τὰ προστάγματα τοῦ οἴκου Κυρίου, καὶ πάντα τὰ νόμιμα αὐτοῦ· καὶ τάξεις τὴν καρδίαν σου εἰς τὴν εἴσοδον τοῦ οἴκου, κατὰ πάσας τὰς ἐξόδους αὐτοῦ, ἐν πᾶσι τοῖς ἁγίοις. Καὶ ἐρεῖς πρὸς τὸν οἶκον τὸν παρα- 6 πικραίνοντα, πρὸς τὸν οἶκον τοῦ Ἰσραὴλ, τάδε λέγει Κύριος

β Lit. for sin.   γ Gr. for sin.   δ Alex. thou hast finished.   ζ Gr. fill their hands.

ὁ Θεὸς, ἱκανούσθω ὑμῖν ἀπὸ πασῶν τῶν ἀνομιῶν ὑμῶν, οἶκος

7 Ἰσραὴλ, τοῦ εἰσαγαγεῖν ὑμᾶς υἱοὺς ἀλλογενεῖς, ἀπεριτμήτους καρδίᾳ· καὶ ἀπεριτμήτους σαρκὶ, τοῦ γίνεσθαι ἐν τοῖς ἁγίοις μου, καὶ βεβηλοῦν αὐτὰ, ἐν τῷ προσφέρειν ὑμᾶς ἄρτους, σάρκας, καὶ αἷμα· καὶ παρεβαίνετε τὴν διαθήκην μου ἐν πάσαις

8 ταῖς ἀνομίαις ὑμῶν, καὶ διετάξατε τοῦ φυλάσσειν φυλακὰς ʼἐν τοῖς ἁγίοις μου.

9 Διατοῦτο τάδε λέγει Κύριος ὁ Θεὸς, πᾶς υἱὸς ἀλλογενὴς ἀπερίτμητος καρδίᾳ, καὶ ἀπερίτμητος σαρκὶ, οὐκ εἰσελεύσεται εἰς τὰ ἅγιά μου ἐν πᾶσιν υἱοῖς ἀλλογενῶν, τῶν ὄντων ἐν μέσῳ οἴκου Ἰσραήλ·

10 Ἀλλ' ἢ οἱ Λευῖται, οἵτινες ἀφήλαντο ἀπ' ἐμοῦ ἐν τῷ πλανᾶσθαι τὸν Ἰσραὴλ ἀπ' ἐμοῦ κατόπισθεν τῶν ἐνθυμημάτων

11 αὐτῶν· καὶ λήψονται ἀδικίαν αὐτῶν, καὶ ἔσονται ἐν τοῖς ἁγίοις μου λειτουργοῦντες, θυρωροὶ ἐπὶ τῶν πυλῶν τοῦ οἴκου, καὶ λειτουργοῦντες τῷ οἴκῳ· οὗτοι σφάξουσι τὰς θυσίας καὶ τὰ ὁλοκαυτώματα τῷ λαῷ, καὶ οὗτοι στήσονται ἐναντίον τοῦ λαοῦ,

12 τοῦ λειτουργεῖν αὐτοῖς. Ἀνθ' ὧν ἐλειτούργουν αὐτοῖς πρὸ προσώπου τῶν εἰδώλων αὐτῶν· καὶ ἐγένετο τῷ οἴκῳ Ἰσραὴλ εἰς κόλασιν ἀδικίας· ἕνεκα τούτου ἦρα τὴν χεῖρά μου ἐπ'

13 αὐτοὺς, λέγει Κύριος ὁ Θεὸς, καὶ οὐκ ἐγγιοῦσι πρὸς μὲ τοῦ ἱερατεύειν μοι, οὐδὲ τοῦ προσάγειν πρὸς τὰ ἅγια υἱῶν τοῦ Ἰσραὴλ, οὐδὲ πρὸς τὰ ἅγια τῶν ἁγίων μου· καὶ λήψονται

14 ἀτιμίαν αὐτῶν ἐν τῇ πλανήσει ᾗ ἐπλανήθησαν. Κατάξουσιν αὐτοὺς φυλάσσειν φυλακὰς τοῦ οἴκου εἰς πάντα τὰ ἔργα αὐτοῦ, καὶ εἰς πάντα ὅσα ἂν ποιήσωσιν.

15 Οἱ ἱερεῖς οἱ Λευῖται, οἱ υἱοὶ τοῦ Σαδδοὺκ, οἵτινες ἐφυλάξαντο τὰς φυλακὰς τῶν ἁγίων μου, ἐν τῷ πλανᾶσθαι οἶκον Ἰσραὴλ ἀπ' ἐμοῦ, οὗτοι προσάξουσι πρὸς μὲ, τοῦ λειτουργεῖν μοι, καὶ στήσονται πρὸ προσώπου μου, τοῦ προσφέρειν μοι

16 θυσίαν, στέαρ καὶ αἷμα, λέγει Κύριος ὁ Θεός. Οὗτοι εἰσελεύσονται εἰς τὰ ἅγιά μου, καὶ οὗτοι προσελεύσονται πρὸς τὴν τράπεζάν μου, τοῦ λειτουργεῖν μοι, καὶ φυλάξουσι τὰς φυλακάς μου.

17 Καὶ ἔσται ἐν τῷ εἰσπορεύεσθαι αὐτοὺς τὰς πύλας τῆς αὐλῆς τῆς ἐσωτέρας, στολὰς λινᾶς ἐνδύσονται, καὶ οὐκ ἐνδύσονται ἔρια ἐν τῷ λειτουργεῖν αὐτοὺς ἀπὸ τῆς πύλης τῆς ἐσωτέρας

18 αὐλῆς. Καὶ κιδάρεις λινᾶς ἕξουσιν ἐπὶ ταῖς κεφαλαῖς αὐτῶν, καὶ περισκελῆ λινᾶ ἕξουσιν ἐπὶ τὰς ὀσφύας αὐτῶν, καὶ οὐ

19 περιζώσονται βίᾳ. Καὶ ἐν τῷ ἐκπορεύεσθαι αὐτοὺς εἰς τὴν αὐλὴν τὴν ἐξωτέραν πρὸς τὸν λαὸν, ἐκδύσονται τὰς στολὰς αὐτῶν, ἐν αἷς αὐτοὶ λειτουργοῦσιν ἐν αὐταῖς· καὶ θήσουσιν αὐτὰς ἐν ταῖς ἐξέδραις τῶν ἁγίων, καὶ ἐνδύσονται στολὰς ἑτέρας, καὶ οὐ μὴ ἁγιάσωσι τὸν λαὸν ἐν ταῖς στολαῖς αὐτῶν.

20 Καὶ τὰς κεφαλὰς αὐτῶν οὐ ξυρήσονται, καὶ τὰς κόμας αὐτῶν οὐ ψιλώσουσι, καλύπτοντες καλύψουσι τὰς κεφαλὰς αὐτῶν.

21 Καὶ οἶνον οὐ μὴ πίωσι πᾶς ἱερεὺς, ἐν τῷ εἰσπορεύεσθαι

22 αὐτοὺς εἰς τὴν αὐλὴν τὴν ἐσωτέραν. Καὶ χήραν καὶ ἐκβεβλημένην οὐ λήψονται ἑαυτοῖς εἰς γυναῖκα, ἀλλ' ἢ παρθένον

Thus saith the Lord God; Let it suffice you *to have committed* all your iniquities, O house of Israel! [7] that ye have brought in aliens, uncircumcised in heart, and uncircumcised in flesh, to be in my β sanctuary, and to profane it, when ye offered γ bread, flesh, and blood; and ye transgressed my covenant by all your iniquities; [8] δ and ye appointed *others* to keep the charges in my sanctuary.

[9] Therefore thus saith the Lord God; No alien, uncircumcised in heart or uncircumcised in flesh, shall enter into my sanctuary, of all the children of strangers that are in the midst of the house of Israel.

[10] But as for the Levites who departed far from me when Israel went astray from me after their imaginations, they shall even bear their iniquity. [11] Yet they shall minister in my sanctuary, *being* porters at the gates of the house, and serving the house: they shall slay the victims and the wholeburnt-offerings for the people, and they shall stand before the people to minister to them. [12] Because they ministered to them before their idols, and it became to the house of Israel a punishment of iniquity; therefore have I lifted up my hand against them, saith the Lord God.ς [13] And they shall not draw nigh to me to minister to me in the priests' office, nor to approach the θ holy things of the children of Israel, nor *to approach* my holy of holies: but they shall bear their reproach for the error wherein they erred. [14] λ They shall bring them to keep the charges of the house, for all the service of it, and for all that they shall do.

[15] The priests the Levites, the sons of Sadduc, who kept the charges of my sanctuary when the house of Israel went astray from me, these shall draw nigh to me to minister to me, and shall stand before my face, to offer sacrifice to me, the fat and the blood, saith the Lord God. [16] These shall enter into my sanctuary, and these shall approach my table, to minister to me, and they shall keep my charges.

[17] And it shall come to pass when they enter the gates of the inner court, μ *that* they shall put on linen robes; and they shall not put on woollen garments when they minister at the gate of the inner court. [18] And they shall have linen mitres upon their heads, and shall have linen drawers upon their loins; and they shall not tightly gird themselves. [19] And when they go out into the outer court to the people, they shall put off their robes, in which they minister; and they shall lay them up in the chambers of the sanctuary, and shall put on other robes, and they shall not sanctify the people with their robes. [20] And they shall not shave their heads, nor shall they pluck off their hair; they shall carefully cover their heads. [21] And no priest shall drink any wine, when they go into the inner court. [22] Neither shall they take to themselves to wife a widow, or one that is put away, but a virgin of the seed of Israel: but if there

should happen to be a priest's widow, they shall take *her.*

²³ And they shall teach my people *to distinguish* between holy and profane, and they shall make known to them *the difference* between unclean and clean. ²⁴ And these shall attend at ᵝ a judgment of blood to decide it : they shall rightly observe my ordinances, and judge my judgments, and keep my statutes and my commandments in all my feasts ; and they shall hallow my sabbaths. ²⁵ And they shall not go in to the ᵞ dead body of a man to defile themselves : only *a priest* may defile himself for a father, or for a mother, or for a son, or for a daughter, or for a brother, or for his sister, who has not been married. ²⁶ And after he has been cleansed, let him number to himself seven days. ²⁷ And on whatsoever day they shall enter into the inner court to minister in the holy place, they shall bring a propitiation, saith the Lord God.

²⁸ And it shall be to them for an inheritance : I am their inheritance : and no possession shall be given them among the children of Israel ; for I am their possession. ²⁹ And these shall eat the meat-offerings, and the sin-offerings, and the trespassofferings ; and every special offering in Israel shall be theirs. ³⁰ *And* the first-fruits of all things, and the first-born of all *animals* and all offerings, of all your first-fruits there shall be *a share* for the priests ; and ye shall give your earliest produce to the priest, to bring your blessings upon your houses. ³¹ And the priests shall eat no bird or beast that dies of itself, or is taken of wild beasts.

And when ye measure the land for inheritance, ye shall set apart first-fruits to the Lord, a holy space of the land, in length twenty and five thousand *reeds,* and in breadth twenty thousand ; it shall be holy in all the borders thereof round about. ² And there shall be ᵟ a sanctuary out of this, five hundred *reeds in length* by five hundred in breadth, a square round about ; and *there shall be* a vacant space *beyond* this ζ of fifty cubits round about. ³ And out of this measurement shalt thou measure the length five and twenty thousand, and the breadth twenty thousand : and in it shall be the holy of holies. ⁴ Of the land shall be *a portion* for the priests that minister in the holy place, and it shall be for them that draw nigh to minister to the Lord : and it shall be to them a place for houses set apart for their θ sacred office ; ⁵ the length *shall be* twenty-five thousand, and the breadth twenty thousand : and the Levites that attend the house, they shall have cities to dwell in for a possession.

⁶ And ye shall appoint *for* the possession of the city five thousand in breadth, and in length twenty-five thousand : after the manner of the first-fruits of the holy portion, they shall be for all the house of Israel.

⁷ And the prince *shall have a portion* out of this, ᵗ and out of this *there shall be a portion* for the first-fruits of the sanctuary, *and* for the possession of the city, in front of the first-fruits of the sanctuary, and in front of the possession of the city ᵘ west-

ἐκ τοῦ σπέρματος Ἰσραήλ· καὶ χήρα ἐὰν γένηται ἐξ ἱερέως, λήψονται.

Καὶ τὸν λαόν μου διδάξουσιν ἀναμέσον ἁγίου καὶ βεβήλου, 23 καὶ ἀναμέσον ἀκαθάρτου καὶ καθαροῦ γνωριοῦσιν αὐτοῖς. Καὶ 24 ἐπὶ κρίσιν αἵματος οὗτοι ἐπιστήσονται τοῦ διακρίνειν· τὰ δικαιώματά μου δικαιώσουσι, καὶ τὰ κρίματά μου κρινοῦσι, καὶ τὰ νόμιμά μου καὶ τὰ προστάγματά μου ἐν πάσαις ταῖς ἑορταῖς μου φυλάξονται, καὶ τὰ σάββατά μου ἁγιάσουσι.

Καὶ ἐπὶ ψυχὴν ἀνθρώπου οὐκ εἰσελεύσονται τοῦ μιανθῆναι, 25 ἀλλ᾽ ἢ ἐπὶ πατρὶ, καὶ ἐπὶ μητρὶ, καὶ ἐπὶ υἱῷ, καὶ ἐπὶ θυγατρὶ, καὶ ἐπὶ ἀδελφῷ, καὶ ἐπὶ ἀδελφῇ αὐτοῦ, ἢ οὗ γέγονεν ἀνδρὶ, μιανθήσεται. Καὶ μετὰ τὸ καθαρισθῆναι αὐτὸν, ἑπτὰ ἡμέρας 26 ἐξαριθμήσῃ αὐτῷ. Καὶ ᾗ ἂν ἡμέρᾳ εἰσπορεύωνται εἰς τὴν 27 αὐλὴν τὴν ἐσωτέραν τοῦ λειτουργεῖν ἐν τῷ ἁγίῳ, προσοίσουσιν ἱλασμὸν, λέγει Κύριος ὁ Θεός·

Καὶ ἔσται αὐτοῖς εἰς κληρονομίαν· ἐγὼ κληρονομία αὐτοῖς, 28 καὶ κατάσχεσις αὐτοῖς οὐ δοθήσεται ἐν τοῖς υἱοῖς Ἰσραὴλ, ὅτι ἐγὼ κατάσχεσις αὐτῶν. Καὶ τὰς θυσίας, καὶ τὰ ὑπὲρ ἁμαρ- 29 τίας, καὶ τὰ ὑπὲρ ἀγνοίας, οὗτοι φάγονται· καὶ πᾶν ἀφόρισμα ἐν τῷ Ἰσραὴλ αὐτοῖς ἔσται, ἀπαρχαὶ πάντων, καὶ τὰ πρωτό- 30 τοκα πάντων, καὶ τὰ ἀφαιρέματα πάντα· ἐκ πάντων τῶν ἀπαρχῶν ὑμῶν, τοῖς ἱερεῦσιν ἔσται· καὶ τὰ πρωτογεννήματα ὑμῶν δώσετε τῷ ἱερεῖ, τοῦ θεῖναι εὐλογίας ὑμῶν ἐπὶ τοὺς οἴκους ὑμῶν. Καὶ πᾶν θνησιμαῖον καὶ θηριάλωτον ἐκ τῶν πετεινῶν, 31 καὶ ἐκ τῶν κτηνῶν, οὐ φάγονται οἱ ἱερεῖς.

Καὶ ἐν τῷ καταμετρεῖσθαι ὑμᾶς τὴν γῆν ἐν κληρονομίᾳ, 45 ἀφοριεῖτε ἀπαρχὴν τῷ Κυρίῳ, ἅγιον ἀπὸ τῆς γῆς πέντε καὶ εἴκοσι χιλιάδας μῆκος, καὶ εὖρος εἴκοσι χιλιάδας, ἅγιον ἔσται ἐν πᾶσι τοῖς ὁρίοις αὐτοῦ κυκλόθεν. Καὶ ἔσται ἐκ τούτου 2 ἁγιάσματα, πεντακόσιοι ἐπὶ πεντακοσίους, τετράγωνον κυκλόθεν, καὶ πεντήκοντα πήχεις διάστημα αὐτῶν κυκλόθεν. Καὶ 3 ἐκ ταύτης τῆς διαμετρήσεως διαμετρήσεις μῆκος πέντε καὶ εἴκοσι χιλιάδας, καὶ εὖρος εἴκοσι χιλιάδας· καὶ ἐν αὐτῇ ἔσται ἅγια τῶν ἁγίων· Ἀπὸ τῆς γῆς ἔσται τοῖς ἱερεῦσι τοῖς λει- 4 τουργοῦσιν ἐν τῷ ἁγίῳ, καὶ ἔσται τοῖς ἐγγίζουσι λειτουργεῖν τῷ Κυρίῳ· καὶ ἔσται αὐτοῖς τόπος εἰς οἴκους ἀφωρισμένους τῷ ἁγιασμῷ αὐτῶν, εἴκοσι καὶ πέντε χιλιάδας μῆκος, καὶ εὖρος 5 εἴκοσι χιλιάδας· καὶ τοῖς Λευίταις τοῖς λειτουργοῦσι τῷ οἴκῳ, αὐτοῖς εἰς κατάσχεσιν πόλεις τοῦ κατοικεῖν.

Καὶ τὴν κατάσχεσιν τῆς πόλεως δώσεις πέντε χιλιάδας εὖρος, 6 καὶ μῆκος πέντε καὶ εἴκοσι χιλιάδας, ὃν τρόπον ἡ ἀπαρχὴ τῶν ἁγίων παντὶ οἴκῳ Ἰσραὴλ ἔσονται.

Καὶ τῷ ἡγουμένῳ ἐκ τούτου, καὶ ἀπὸ τούτου εἰς τὰς ἀπαρ- 7 χὰς τῶν ἁγίων, εἰς κατάσχεσιν τῆς πόλεως, κατὰ πρόσωπον τῶν ἀπαρχῶν τῶν ἁγίων, καὶ κατὰ πρόσωπον τῆς κατασχέσεως τῆς πόλεως τὰ πρὸς θάλασσαν, καὶ ἀπὸ τῶν πρὸς θάλασσαν

ᵝ *Or,* capital cases.   ᵞ *Gr. lit.* soul.   ᵟ *Gr.* plural.   ζ *Gr.* them.   θ *Gr.* sanctification.
ᵗ *Gr.* perhaps, 'and from the part next to this.'   ᵘ *Lit.* seaward.

πρὸς ἀνατολάς· καὶ τὸ μῆκος ὡς μία τῶν μερίδων ἀπὸ τῶν
ὁρίων τῶν πρὸς θάλασσαν, καὶ τὸ μῆκος, ἐπὶ τὰ ὅρια τὰ πρὸς
8 ἀνατολὰς τῆς γῆς. Καὶ ἔσται αὐτῷ εἰς κατάσχεσιν ἐν τῷ
Ἰσραὴλ, καὶ οὐ καταδυναστεύσουσιν οὐκέτι οἱ ἀφηγούμενοι τοῦ
Ἰσραὴλ τὸν λαόν μου, καὶ τὴν γὴν κατακληρονομήσουσιν οἶκος
Ἰσραὴλ κατὰ φυλὰς αὐτῶν.

9 Τάδε λέγει Κύριος Θεός, ἱκανούσθω ὑμῖν οἱ ἀφηγούμενοι
τοῦ Ἰσραὴλ, ἀδικίαν καὶ ταλαιπωρίαν ἀφέλεσθε, κρίμα καὶ
δικαιοσύνην ποιήσατε· ἐξάρατε καταδυναστείαν ἀπὸ τοῦ λαοῦ
10 μου, λέγει Κύριος Θεός. Ζυγὸς δίκαιος, καὶ μέτρον δίκαιον,
11 καὶ χοῖνιξ δικαία ἔσται ὑμῖν τοῦ μέτρου, καὶ ἡ χοῖνιξ ὁμοίως
μία ἔσται τοῦ λαμβάνειν· τὸ δέκατον τοῦ γομόρ, χοῖνιξ, καὶ
12 τὸ δέκατον τοῦ γομόρ, πρὸς τὸ γομὸρ ἔσται τὸ ἴσον. Καὶ τὰ
στάθμια, εἴκοσι ὀβολοὶ, πέντε σίκλοι, πέντε καὶ σίκλοι δέκα,
καὶ πεντήκοντα σίκλοι ἡ μνᾶ ἔσται ὑμῖν.

13 Καὶ αὕτη ἡ ἀπαρχὴ ἣν ἀφοριεῖτε, ἕκτον μέτρου ἀπὸ τοῦ
γόμορ τοῦ πυροῦ, καὶ τὸ ἕκτον αὐτοῦ τοῦ οἰφι ἀπὸ τοῦ κόρου
14 τῶν κριθῶν. Καὶ τὸ πρόσταγμα τοῦ ἐλαίου κοτύλην ἐλαίου
15 ἀπὸ δέκα κοτύλων, ὅτι αἱ δέκα κοτύλαι εἰσὶ γομόρ. Καὶ
πρόβατον ἀπὸ τῶν προβάτων ἀπὸ δέκα ἀφαίρεμα ἐκ πασῶν
τῶν πατριῶν τοῦ Ἰσραὴλ, εἰς θυσίας, καὶ εἰς ὁλοκαυτώματα,
καὶ εἰς σωτηρίου, τοῦ ἐξιλάσκεσθαι περὶ ὑμῶν, λέγει Κύριος
16 Θεός. Καὶ πᾶς ὁ λαὸς δώσει τὴν ἀπαρχὴν ταύτην τῷ ἀφηγου-
μένῳ τοῦ Ἰσραήλ.

17 Καὶ διὰ τοῦ ἀφηγουμένου ἔσται τὰ ὁλοκαυτώματα, καὶ αἱ
θυσίαι, καὶ αἱ σπονδαὶ ἐν ταῖς ἑορταῖς, καὶ ἐν ταῖς νουμηνίαις,
καὶ ἐν τοῖς σαββάτοις, καὶ ἐν πάσαις ταῖς ἑορταῖς οἴκου Ἰσραήλ·
αὐτὸς ποιήσει τὰ ὑπὲρ ἁμαρτίας, καὶ τὴν θυσίαν, καὶ τὰ ὁλο-
καυτώματα, καὶ τὰ τοῦ σωτηρίου, τοῦ ἐξιλάσκεσθαι ὑπὲρ τοῦ
οἴκου Ἰσραήλ.

18 Τάδε λέγει Κύριος Θεός, ἐν τῷ πρώτῳ μηνὶ, μιᾷ τοῦ μηνὸς,
λήψεσθε μόσχον ἐκ βοῶν ἄμωμον, τοῦ ἐξιλάσασθαι τὸ ἅγιον.
19 Καὶ λήψεται ὁ ἱερεὺς ἀπὸ τοῦ αἵματος τοῦ ἐξιλασμοῦ, καὶ
δώσει ἐπὶ τὰς φλιὰς τοῦ οἴκου, καὶ ἐπὶ τὰς τέσσαρας γωνίας
τοῦ ἱεροῦ, καὶ ἐπὶ τὸ θυσιαστήριον, καὶ ἐπὶ τὰς φλιὰς τῆς
20 πύλης τῆς αὐλῆς τῆς ἐσωτέρας. Καὶ οὕτως ποιήσεις ἐν τῷ
μηνὶ τῷ ἑβδόμῳ· μιᾷ τοῦ μηνὸς λήψῃ παρ᾽ ἑκάστου ἀπόμοιραν·
καὶ ἐξιλάσεσθε τὸν οἶκον.

21 Καὶ ἐν τῷ πρώτῳ, τεσσαρεσκαιδεκάτῃ τοῦ μηνὸς, ἔσται
22 ὑμῖν τὸ πάσχα ἑορτή· ἑπτὰ ἡμέρας ἄζυμα ἔδεσθε. Καὶ ποιή-
σει ὁ ἀφηγούμενος ἐν ἐκείνῃ τῇ ἡμέρᾳ ὑπὲρ αὐτοῦ, καὶ τοῦ
οἴκου, καὶ ὑπὲρ παντὸς τοῦ λαοῦ τῆς γῆς, μόσχον ὑπὲρ ἁμαρ-
23 τίας. Καὶ τὰς ἑπτὰ ἡμέρας τῆς ἑορτῆς ποιήσει ὁλοκαυτώματα
τῷ Κυρίῳ ἑπτὰ μόσχους καὶ ἑπτὰ κριοὺς ἀμώμους καθ᾽ ἡμέραν,
τὰς ἑπτὰ ἡμέρας, καὶ ὑπὲρ ἁμαρτίας ἔριφον αἰγῶν καθ᾽ ἡμέραν,
24 καὶ θυσίαν. Καὶ πέμμα τῷ μόσχῳ, καὶ πέμματα τῷ κριῷ

ward, and from the western parts eastward:
and the length *shall be* equal to one of the
parts of the western borders, and the length
shall be to the eastern borders of the land.
⁸ And he shall have it for a possession in
Israel: and the princes of Israel shall no
more oppress my people; but the house of
Israel shall inherit the land according to
their tribes.
⁹ Thus saith the Lord God; Let it suffice
you, ye princes of Israel: remove injustice
and misery, execute judgment and justice;
take away oppression from my people, saith
the Lord God. ¹⁰ Ye shall have a just
balance, and a just measure, and a just
chœnix for measure. ¹¹ And in like manner
there shall be one chœnix as a measure of
capacity; the tenth of the gomor *shall be*
the chœnix, and the tenth of the gomor
shall be in fair proportion to the gomor.
¹² And the weights *shall be* twenty oboli,
your pound shall be five shekels, fifteen
shekels and fifty shekels.
¹³ And these are the first-fruits which ye
shall offer; a sixth part of a gomor of wheat,
and the sixth part of it *shall consist* of an
ephah of a cor of barley. ¹⁴ And *ye shall
give as* the β appointed measure of oil one
bath of oil out of ten baths; for ten baths
are a gomor. ¹⁵ And one sheep from the
flock out of ten, as an oblation from all the
tribes of Israel, for sacrifices, and for whole-
burnt-offerings, and for peace-offerings, to
make atonement for you, saith the Lord
God. ¹⁶ And all the people shall give these
first-fruits to the prince of Israel.
¹⁷ And through the prince shall be *offered*
the whole-burnt-offerings and the meat-
offerings, and the drink-offerings in the
feasts, and at the new moons, and on the
sabbaths; and in all the feasts of the house
of Israel: he shall offer the sin-offerings,
and the meat-offering, and the whole-burnt-
offerings, and the peace-offerings, to make
atonement for the house of Israel.
¹⁸ Thus saith the Lord God; In the first
month, on the first *day* of the month, ye
shall take a calf without blemish out of the
herd, to make atonement for the holy place.
¹⁹ And the priest shall take of the blood of
the atonement, and put it on the γ thresh-
olds of the house, and upon the four corners
of the temple, and upon the altar, and upon
the thresholds of the gate of the inner court.
²⁰ And thus shalt thou do in the seventh
month; on the first *day* of the month thou
shalt take a rate δ from each one; and ye
shall make atonement for the house.
²¹ And in the first *month*, on the four-
teenth *day* of the month, ye shall have ς the
feast of the passover; seven days shall ye
eat unleavened bread. ²² And the prince
shall offer in that day a calf for a sin-offering
for himself, and θ the house, and for all the
people of the land. ²³ And for the seven days
of the feast he shall offer as whole-burnt-
offerings to the Lord seven calves and seven
rams without blemish daily for the seven
days; and a kid of the goats daily for a sin-
offering, and a meat-offering. ²⁴ And thou
shalt prepare a cake for the calf, and λ cakes

β Gr. ordinance.　　γ Gr. posts, *or*, lintels.　　δ *Alex.* + 'from every one that errs (in ignorance) and from him that is simple.'
ζ *Lit.* the passover, a feast.　　θ *Or*, his house.　　λ *q. d.* a baked, *or*, cooked-offering.

for the ram, and a hin of oil for the cake.
²⁵ And in the seventh month, on the fifteenth *day* of the month, thou shalt sacrifice in the feast in the same way seven days, as *they sacrificed* the sin-offerings, and β the whole-burnt-offerings, and the freewill-offering, and the oil.

Thus saith the Lord God; The gate that is in the inner court, that looks eastward, shall be shut the six working days; *but let it* be opened on the sabbath-day, and it shall be opened on the day of the new moon. ² And the prince shall enter by the way of the porch of the γ inner gate, and shall stand at the entrance of the gate, and the priests shall prepare his whole-burnt-offerings and his peace-offerings, and he shall worship at the entrance of the gate: then shall he come forth; but the gate shall not be shut till evening. ³ And the people of the land shall worship at the entrance of that gate, both on the sabbaths and at the new moons, before the Lord.

⁴ And the prince shall offer whole-burnt-offerings to the Lord on the sabbath-day, six lambs without blemish, and a ram without blemish; ⁵ and a freewill-offering, a meat-offering for the ram, and a meat-offering for the lambs, the gift of his hand, and a hin of oil for the meat-offering. ⁶ And on the day of the new moon a calf without blemish, and six lambs, and there shall be a ram without blemish; ⁷ and a meat-offering for the ram, and there shall be a meat-offering for the calf as a freewill-offering, and for the lambs, according as his hand can furnish, and *there shall be* a hin of oil for the cake.

⁸ And when the prince goes in, he shall go in by the way of the porch of the gate, and he shall go forth by the way of the gate. ⁹ And whenever the people of the land shall go in before the Lord at the feasts, he that goes in by the way of the north gate to worship shall go forth by the way of the south gate; and he that goes in by the way of the south gate shall go forth by the way of the north gate: he shall not return by the gate by which he entered, but he shall go forth opposite it. ¹⁰ And the prince shall enter with them in the midst of them when they go in; and when they go forth, he shall go forth.

¹¹ And in the feasts and in the general assemblies the freewill oblation shall be a meat-offering for the calf, and a meat-offering for the ram, and for the lambs, as his hand can furnish, and a hin of oil for the meat-offering. ¹² And if the prince should prepare *as* a thanksgiving a whole-burnt-peace-offering to the Lord, and should open for himself the gate looking eastward, and offer his whole-burnt-offering, and his peace-offerings, as he does on the sabbath-day; then shall he go out, and shall shut the doors after he has gone out.

¹³ And he shall prepare daily as a whole-burnt-offering to the Lord a lamb of a year old without blemish: in the morning shall he prepare it. ¹⁴ And he shall prepare a freewill-offering for it in the morning, the sixth part of a measure *of flour*, and a third part

ποιήσεις, καὶ ἐλαίου τὸ εἲν τῷ πέμματι. Καὶ ἐν τῷ ἑβδόμῳ 25 μηνὶ, πεντεκαιδεκάτῃ τοῦ μηνὸς, ἐν τῇ ἑορτῇ ποιήσεις κατὰ τὰ αὐτὰ, ἑπτὰ ἡμέρας, καθὼς τὰ ὑπὲρ τῆς ἁμαρτίας, καὶ καθὼς τὰ ὁλοκαυτώματα, καὶ καθὼς τὸ μαναὰ, καὶ καθὼς τὸ ἔλαιον.

Τάδε λέγει Κύριος Θεὸς, ἡ πύλη ἡ ἐν τῇ αὐλῇ τῇ ἐσωτέρᾳ, 46 ἡ βλέπουσα πρὸς ἀνατολὰς, ἔσται κεκλεισμένη ἓξ ἡμέρας τὰς ἐνεργούς· ἐν τῇ ἡμέρᾳ τῶν σαββάτων ἀνοιχθῇ, καὶ ἐν τῇ ἡμέρᾳ τῆς νουμηνίας ἀνοιχθήσεται. Καὶ εἰσελεύσεται ὁ ἀφηγού- 2 μενος κατὰ τὴν ὁδὸν τοῦ αἰλὰμ τῆς πύλης τῆς ἔσωθεν, καὶ στήσεται ἐπὶ τὰ πρόθυρα τῆς πύλης, καὶ ποιήσουσιν οἱ ἱερεῖς τὰ ὁλοκαυτώματα αὐτοῦ, καὶ τὰ τοῦ σωτηρίου αὐτοῦ· καὶ προσκυνήσει ἐπὶ τοῦ προθύρου τῆς πύλης, καὶ ἐξελεύσε- ται, καὶ ἡ πύλη οὐ μὴ κλεισθῇ ἕως ἑσπέρας. Καὶ προσ- 3 κυνήσει ἡ λαὸς τῆς γῆς κατὰ τὰ πρόθυρα τῆς πύλης ἐκεί- νης, καὶ ἐν τοῖς σαββάτοις, καὶ ἐν ταῖς νουμηνίαις, ἐναντίον Κυρίου.

Καὶ τὰ ὁλοκαυτώματα προσοίσει ὁ ἀφηγούμενος τῷ Κυρίῳ 4 ἐν τῇ ἡμέρᾳ τῶν σαββάτων, ἓξ ἀμνοὺς ἀμώμους, καὶ κριὸν ἄμωμον, καὶ μαναὰ, πέμμα τῷ κριῷ, καὶ τοῖς ἀμνοῖς θυσίαν, 5 δόμα χειρὸς αὐτοῦ, καὶ ἐλαίου τὸ εἲν τῷ πέμματι. Καὶ ἐν 6 τῇ ἡμέρᾳ τῆς νουμηνίας μόσχον ἄμωμον, καὶ ἓξ ἀμνοὺς, καὶ κριὸς ἄμωμος ἔσται, καὶ πέμμα τῷ κριῷ, καὶ πέμμα τῷ μόσχῳ 7 ἔσται μαναὰ, καὶ τοῖς ἀμνοῖς, καθὼς ἂν ἐκποιῇ ἡ χεὶρ αὐτοῦ, καὶ ἐλαίου τὸ εἲν τῷ πέμματι.

Καὶ ἐν τῷ εἰσπορεύεσθαι τὸν ἀφηγούμενον, κατὰ τὴν ὁδὸν 8 τοῦ αἰλὰμ τῆς πύλης εἰσελεύσεται, καὶ κατὰ τὴν ὁδὸν τῆς πύλης ἐξελεύσεται. Καὶ ὅταν εἰσπορεύηται ὁ λαὸς τῆς γῆς 9 ἐναντίον Κυρίου ἐν ταῖς ἑορταῖς, ὁ εἰσπορευόμενος κατὰ τὴν ὁδὸν τῆς πύλης τῆς βλεπούσης πρὸς Βορρᾶν προσκυνεῖν, ἐξε- λεύσεται κατὰ τὴν ὁδὸν τῆς πύλης τῆς πρὸς Νότον· καὶ ὁ εἰσπορευόμενος κατὰ τὴν ὁδὸν τῆς πύλης τῆς πρὸς Νότον, ἐξελεύσεται κατὰ τὴν ὁδὸν τῆς πύλης τῆς πρὸς Βορρᾶν· οὐκ ἀναστρέψει κατὰ τὴν πύλην εἰς ἣν εἰσελήλυθεν, ἀλλ' ἢ κατ' εὐθὺ αὐτῆς ἐξελεύσεται. Καὶ ὁ ἀφηγούμενος ἐν μέσῳ αὐτῶν, 10 ἐν τῷ εἰσπορεύεσθαι αὐτοὺς εἰσελεύσεται μετ' αὐτῶν, καὶ ἐν τῷ ἐκπορεύεσθαι αὐτοὺς ἐξελεύσεται.

Καὶ ἐν ταῖς ἑορταῖς καὶ ἐν ταῖς πανηγύρεσιν ἔσται τὸ μαναὰ 11 πέμμα τῷ μόσχῳ, καὶ πέμμα τῷ κριῷ, καὶ τοῖς ἀμνοῖς, καθὼς ἂν ἐκποιῇ ἡ χεὶρ αὐτοῦ, καὶ ἐλαίου τὸ εἲν τῷ πέμματι. Ἐὰν 12 δὲ ποιήσῃ ὁ ἀφηγούμενος ὁμολογίαν ὁλοκαύτωμα σωτηρίου τῷ Κυρίῳ, καὶ ἀνοίξῃ ἑαυτῷ τὴν πύλην τὴν βλέπουσαν κατὰ ἀνατολὰς, καὶ ποιήσῃ τὸ ὁλοκαύτωμα αὐτοῦ, καὶ τὰ τοῦ σωτη- ρίου αὐτοῦ, ὃν τρόπον ποιεῖ ἐν τῇ ἡμέρᾳ τῶν σαββάτων· καὶ ἐξελεύσεται, καὶ κλείσει τὰς θύρας μετὰ τὸ ἐξελθεῖν αὐτόν·

Καὶ ἀμνὸν ἐνιαύσιον ἄμωμον ποιήσει εἰς ὁλοκαύτωμα καθ' 13 ἡμέραν τῷ Κυρίῳ, πρωὶ ποιήσει αὐτόν· Καὶ μαναὰ ποιήσει 14 ἐπ' αὐτῷ τοπρωὶ, ἕκτον τοῦ μέτρου, καὶ ἐλαίου τρίτον τοῦ εἲν

β *Gr.* 'as' repeated.   γ *Heb.* and *Alex.* 'outer.'

τοῦ ἀναμίξαι τὴν σεμίδαλιν μαναὰ τῷ Κυρίῳ, πρόσταγμα δια-
15 παντός. Ποιήσετε τὸν ἀμνὸν, καὶ τὸ μαναὰ, καὶ τὸ ἔλαιον
ποιήσετε τοπρωί, ὁλοκαύτωμα διαπαντός.

16 Τάδε λέγει Κύριος Θεὸς, ἐὰν δῷ ὁ ἀφηγούμενος δόμα ἑνὶ ἐκ
τῶν υἱῶν αὐτοῦ ἐκ τῆς κληρονομίας αὐτοῦ, τοῦτο τοῖς υἱοῖς
17 αὐτοῦ ἔσται κατάσχεσις κληρονομία· Ἐὰν δὲ δῷ δόμα ἑνὶ
τῶν παίδων αὐτοῦ, καὶ ἔσται αὐτῷ ἕως τοῦ ἔτους τῆς ἀφέσεως,
καὶ ἀποδώσει τῷ ἀφηγουμένῳ· πλὴν τῆς κληρονομίας τῶν υἱῶν
18 αὐτοῦ αὐτοῖς ἔσται. Καὶ οὐ μὴ λάβῃ ὁ ἀφηγούμενος ἐκ τῆς
κληρονομίας τοῦ λαοῦ, τοῦ καταδυναστεῦσαι αὐτοὺς, ἐκ τῆς
κατασχέσεως αὐτοῦ κατακληρονομήσει τοῖς υἱοῖς αὐτοῦ, ὅπως
μὴ διασκορπίζηται ὁ λαός μου, ἕκαστος ἐκ τῆς κατασχέσεως
αὐτοῦ.

19 Καὶ εἰσήγαγέ με εἰς τὴν εἴσοδον τῆς κατὰ νώτου τῆς πύλης,
εἰς τὴν ἐξέδραν τῶν ἁγίων τῶν ἱερέων, τὴν βλέπουσαν πρὸς
20 Βορρᾶν· καὶ ἰδοὺ ἐκεῖ τόπος κεχωρισμένος. Καὶ εἶπε πρὸς μὲ,
οὗτος ὁ τόπος ἐστὶν, οὗ ἑψήσουσιν ἐκεῖ οἱ ἱερεῖς τὰ ὑπὲρ ἀγ-
νοίας καὶ τὰ ὑπὲρ ἁμαρτίας, καὶ ἐκεῖ πέψουσι τὸ μαναὰ τὸ παρά-
παν, τοῦ μὴ ἐκφέρειν εἰς τὴν αὐλὴν τὴν ἐξωτέραν, τοῦ ἁγιάζειν
τὸν λαόν.

21 Καὶ ἐξήγαγέ με εἰς τὴν αὐλὴν τὴν ἐξωτέραν, καὶ περιήγαγέ
με ἐπὶ τὰ τέσσαρα μέρη τῆς αὐλῆς· καὶ ἰδοὺ αὐλὴ κατὰ τὰ
22 κλίτη τῆς αὐλῆς, κατὰ τὸ κλίτος αὐλὴ, αὐλὴ ἐπὶ τὰ τέσσαρα,
καὶ τῆς αὐλῆς αὐλὴ μικρὰ μήκους πηχῶν τεσσαράκοντα, καὶ
23 εὖρος πηχῶν τριάκοντα, μέτρον ἓν ταῖς τέσσαρσι. Καὶ ἐξέδραι
κύκλῳ ἐν αὐταῖς, κυκλῳ ταῖς τέσσαρσι· καὶ μαγειρεῖα γεγονότα
24 ὑποκάτω τῶν ἐξεδρῶν κύκλῳ. Καὶ εἶπε πρὸς μὲ, οὗτοι οἱ οἶκοι
τῶν μαγείρων, οὗ ἑψήσουσιν ἐκεῖ οἱ λειτουργοῦντες τῷ οἴκῳ τὰ
θύματα τοῦ λαοῦ.

47 Καὶ εἰσήγαγέ με ἐπὶ τὰ πρόθυρα τοῦ οἴκου· καὶ ἰδοὺ ὕδωρ
ἐξεπορεύετο ὑποκάτωθεν τοῦ αἰθρίου κατὰ ἀνατολὰς, ὅτι τὸ
πρόσωπον τοῦ οἴκου ἔβλεπε κατὰ ἀνατολὰς, καὶ τὸ ὕδωρ κατέ-
βαινεν ἀπὸ τοῦ κλίτους τοῦ δεξιοῦ, ἀπὸ Νότου ἐπὶ τὸ θυσιαστή-
2 ριον. Καὶ ἐξήγαγέ με κατὰ τὴν ὁδὸν τῆς πύλης τῆς πρὸς
Βορρᾶν, καὶ περιήγαγέ με τὴν ὁδὸν ἔξωθεν πρὸς τὴν πύλην τῆς
αὐλῆς τῆς βλεπούσης κατὰ ἀνατολάς· καὶ ἰδοὺ τὸ ὕδωρ κατε-
3 φέρετο ἀπὸ τοῦ κλίτους τοῦ δεξιοῦ, καθὼς ἔξοδος ἀνδρὸς
ἐξεναντίας· καὶ μέτρον ἐν τῇ χειρὶ αὐτοῦ· καὶ διεμέτρησε
4 χιλίους ἐν τῷ μετρῳ, καὶ διῆλθεν ἐν τῷ ὕδατι ὕδωρ ἀφέσεως·
καὶ διεμέτρησε χιλίους, καὶ διῆλθεν ἐν τῷ ὕδατι ὕδωρ ἕως τῶν
μηρῶν· καὶ διεμέτρησε χιλίους, καὶ διῆλθεν ὕδωρ ἕως ὀσφύος.
5 Καὶ διεμέτρησε χιλίους, καὶ οὐκ ἠδύνατο διελθεῖν, ὅτι ἐξύβριζεν
ὡς χειμάρρου ὃν οὐ διαβήσονται.

6 Καὶ εἶπε πρὸς μὲ, ἑώρακας υἱὲ ἀνθρώπου; καὶ ἤγαγέ με,
7 καὶ ἐπέστρεψέ με ἐπὶ τὸ χεῖλος τοῦ ποταμοῦ, ἐν τῇ ἐπιστροφῇ

of a hin of oil to mix *therewith* the fine flour, *as* a freewill-offering to the Lord, a perpetual ordinance. [15] Ye shall prepare the lamb, and the freewill-offering, and the oil in the morning, *for* a perpetual whole-burnt-sacrifice. [16] Thus saith the Lord God; If the prince shall give a gift to one of his sons out of his inheritance, this shall be to his sons a possession *as* an inheritance. [17] But if he give a gift to one of his servants, then it shall belong to him until the year of release; and *then* he shall restore *it* to the prince: but of the inheritance of his sons *the possession* shall continue to them. [18] And the prince shall by no means take of the inheritance of the people, to oppress them: he shall give an inheritance to his sons out of his *own* possession: that my people be not scattered, every one from his possession.

[19] And he brought me into the entrance of the *place* behind the gate, into the chamber of the sanctuary belonging to the priests, that looks toward the north: and, behold, there was a place set apart. [20] And he said to me, This is the place where the priests shall boil the trespass-offerings and the sin-offerings, and there shall they bake the meat-offering always; so as not to carry *them* out into the outer court, to sanctify the people.

[21] And he brought me into the outer court, and led me round upon the four sides of the court; and, behold, there was a court on *each of* the sides of the court, [22] on *every* side a court, *even* a court for all the four sides, and *each* little court belonging to the court was in length forty cubits, and *in* breadth thirty cubits, *there was* one measure to the four. [23] And *there were* chambers in them round about, round about the four, and cooking-places formed under the chambers round about. [24] And he said to me, These are the cooks' houses, where they that serve the house shall boil the sacrifices of the people.

And he brought me to the [β] entrance of the house; and, behold, water issued from under the porch eastward, for the front of the house looked eastward; and the water came down from the right side, from the south to the altar. [2] And he brought me out by the way of the northern gate, and he led me round by the way outside to the gate of the court that looks eastward; and, behold, water came down from the right side, [3] γ in the direction* in which a man went forth opposite; and *there was* a measuring line in his hand, and he measured a thousand *cubits* with the measure; [4] and he passed through the water; *it was* water [δ] of a fountain: and *again* he measured a thousand, and passed through the water; and the water was up to the thighs: and *again* he measured a thousand; and he passed through water up to the loins. [5] And *again* he measured a thousand; and he could not pass through: for *the water* [ζ] rose as of a torrent which *men* cannot pass over.

[6] And he said to me, Hast thou seen *this*, son of man? Then he brought me, and led me back to the brink of the river [7] as I

β *Gr.* plural.   γ *Or*, at the same time that.   δ *Heb.* of ancles, *q. d.* up to the ancles.   ζ *Lit.* acted proudly.

returned; and, behold, on the brink of the river *there were* very many trees on this side and on that side. ⁸And he said to me, This is the water that goes forth to Galilee that lies eastward, and it is gone down to Arabia, and has reached as far as to the sea to the outlet of the water: and it shall heal the waters. ⁹And it shall come to pass, *that* every animal of living *and* moving creatures, all on which the river shall come, shall live: and there shall be there very many fish; for this water ^βshall go thither, and it shall heal *them*, and they shall live: everything on which the river shall come shall live.

¹⁰And fishers shall stand there from In-gadin to Enagallim; it shall be a place to spread out nets upon; it shall be distinct; and the fishes thereof *shall be* as the fishes of the great sea, a very great multitude. ¹¹But at the outlet of the water, and the turn of it, and where it overflows *its banks*, they shall not heal at all; they are given to salt. ¹²And every fruit tree shall grow by the river, *even* on the bank of it on this side and on that side: ^γthey shall not decay upon it, neither shall their fruit fail: they shall bring forth the first-fruit ^δof their early crop, for these their waters come forth of the sanctuary: and their fruit shall be for meat, and their foliage for health.

¹³Thus saith the Lord God; Ye shall in-herit these borders of the land; ^ζ*they are* given by lot to the twelve tribes of the chil-dren of Israel. ¹⁴And ye shall inherit it, each according to his brother's portion, *even the land* concerning which I lifted up my hand to give *it* to your fathers: and this land shall fall to you by lot.

¹⁵And these are the borders of the land that lies northward, from the great sea that comes down, and divides the entrance of Emaseldam; ¹⁶Maabthera, Ebrameliam, be-tween the coasts of Damascus and the coasts of Emathi, the habitation of Saunan, which *places* are above the coasts of Auranitis. ¹⁷These are the borders from the sea, from the habitations of Ænan, the coasts of Da-mascus, and the northern *coasts*. ¹⁸And the eastern coasts between Loranitis, and Damascus, and the land of Galaad, and the land of Israel, ^θthe Jordan divides to the sea that is east of the city of palm-trees. These are the eastern *coasts*. ¹⁹And the southern and south-western *coasts are* from Thæman and the city of palm-trees, to the water of Marimoth Cadem, reaching forth to the great sea. This part is the south and south-west. ²⁰This part of the great sea forms a border, till *one comes* opposite the entrance of Emath, *even* as far as the en-trance thereof. These are the parts west of Emath.

²¹So ye shall divide this land to them, *even* to the tribes of Israel. ²²^λYe shall cast the lot upon it, for yourselves and the strangers that sojourn in the midst of you, who have begotten children in the midst of you: and they shall be to you as natives among the children of Israel; they shall eat with you in *their* inheritance in the midst of the tribes of Israel. ²³And they shall be in the tribe of proselytes among the proselytes that

μου· καὶ ἰδοὺ ἐπὶ τοῦ χείλους τοῦ ποταμοῦ δένδρα πολλὰ σφόδρα ἔνθεν καὶ ἔνθεν. Καὶ εἶπε πρὸς μὲ, τὸ ὕδωρ τοῦτο τὸ 8 ἐκπορευόμενον εἰς τὴν Γαλιλαίαν τὴν πρὸς ἀνατολὰς, καὶ κατέ-βαινεν ἐπὶ τὴν Ἀραβίαν, καὶ ἤρχετο ἕως ἐπὶ τὴν θάλασσαν ἐπὶ τὸ ὕδωρ τῆς διεκβολῆς, καὶ ὑγιάσει τὰ ὕδατα· Καὶ ἔσται 9 πᾶσα ψυχὴ τῶν ζώων τῶν ἐκζεόντων, ἐπὶ πάντα ἐφ᾽ ἃ ἂν ἐπέλθῃ ἐκεῖ ὁ ποταμὸς, ζήσεται· καὶ ἔσται ἐκεῖ ἰχθὺς πολὺς σφόδρα, ὅτι ἥκει ἐκεῖ τὸ ὕδωρ τοῦτο, καὶ ὑγιάσει, καὶ ζήσεται, πᾶν ἐφ᾽ ὃ ἂν ἔλθῃ ὁ ποταμὸς ἐκεῖ, ζήσεται.

Καὶ στήσονται ἐκεῖ ἁλιεῖς ἀπὸ Ἰνγαδεὶν ἕως Ἐναγαλλείμ· 10 ψυγμὸς σαγηνῶν ἔσται, καθ᾽ ἑαυτὴν ἔσται· καὶ οἱ ἰχθύες αὐτῆς, ὡς οἱ ἰχθύες τῆς θαλάσσης τῆς μεγάλης, πλῆθος πολὺ σφόδρα. Καὶ ἐν τῇ διεκβολῇ αὐτοῦ, καὶ ἐν τῇ ἐπιστροφῇ αὐτοῦ, καὶ ἐν 11 τῇ ὑπεράρσει αὐτοῦ, οὐ μὴ ὑγιάσωσιν, εἰς ἅλας δέδονται. Καὶ 12 ἐπὶ τοῦ ποταμοῦ ἀναβήσεται, ἐπὶ τοῦ χείλους αὐτοῦ ἔνθεν καὶ ἔνθεν, πᾶν ξύλον βρώσιμον, οὐ μὴ παλαιωθῇ ἐπ᾽ αὐτοῦ, οὐδὲ μὴ ἐκλείπῃ ὁ καρπὸς αὐτοῦ, τῆς καινότητος αὐτοῦ πρωτοβο-λήσει, ὅτι τὰ ὕδατα αὐτῶν ἐκ τῶν ἁγίων ταῦτα ἐκπορεύεται, καὶ ἔσται ὁ καρπὸς αὐτῶν εἰς βρῶσιν, καὶ ἀνάβασις αὐτῶν εἰς ὑγίειαν.

Τάδε λέγει Κύριος Θεὸς, ταῦτα τὰ ὅρια κατακληρονομήσετε 13 τῆς γῆς, ταῖς δώδεκα φυλαῖς τῶν υἱῶν Ἰσραὴλ πρόσθεσις σχοινίσματος. Καὶ κατακληρονομήσετε αὐτὴν ἕκαστος καθὼς 14 ὁ ἀδελφὸς αὐτοῦ, εἰς ἣν ἦρα τὴν χεῖρά μου, τοῦ δοῦναι τοῖς πατράσιν αὐτῶν, καὶ πεσεῖται ἡ γῆ αὕτη ὑμῖν ἐν κληρονομίᾳ.

Καὶ ταῦτα τὰ ὅρια τῆς γῆς τῆς πρὸς Βορρᾶν, ἀπὸ θαλάσσης 15 τῆς μεγάλης τῆς καταβαινούσης, καὶ περισχιζούσης τῆς εἰσ-όδου, Ἡμασελδὰμ, Μααβθηρὰς Ἐβραμηλιὰμ ἀναμέσον ὁρίων 16 Δαμασκοῦ καὶ ἀναμέσον ὁρίων Ἡμαθεὶ, αὐλὴ τοῦ Σαυνὰν, αἵ εἰσιν ἐπάνω τῶν ὁρίων Αὐρανίτιδος. Ταῦτα τὰ ὅρια ἀπὸ τῆς 17 θαλάσσης, ἀπὸ τῆς αὐλῆς τοῦ Αἰνὰν, ὅρια Δαμασκοῦ, καὶ τὰ πρὸς Βορρᾶν, καὶ τὰ πρὸς ἀνατολὰς ἀναμέσον τῆς Λωρανίτι- 18 δος, καὶ ἀναμέσον Δαμασκοῦ, καὶ ἀναμέσον τῆς Γαλααδίτιδος, καὶ ἀναμέσον τῆς γῆς τοῦ Ἰσραὴλ, ὁ Ἰορδάνης διορίζει ἐπὶ τὴν θάλασσαν, τὴν πρὸς ἀνατολὰς φοινικῶνος· ταῦτα τὰ πρὸς ἀνατολάς. Καὶ τὰ πρὸς Νότον καὶ Λίβα ἀπὸ Θαιμὰν καὶ 19 φοινικῶνος, ἕως ὕδατος Μαριμὼθ Καδὴμ, παρεκτείνον ἐπὶ τὴν θάλασσαν τὴν μεγάλην· τοῦτο τὸ μέρος Νότος καὶ Λίψ. Τοῦτο τὸ μέρος τῆς θαλάσσης τῆς μεγάλης ὁρίζει, ἕως κατέ- 20 ναντι τῆς εἰσόδου Ἡμὰθ, ἕως εἰσόδου αὐτοῦ· ταῦτά ἐστι τὰ πρὸς θάλασσαν Ἡμάθ.

Καὶ διαμερίσετε τὴν γῆν ταύτην αὐτοῖς, ταῖς φυλαῖς τοῦ 21 Ἰσραήλ. Βαλεῖτε αὐτὴν ἐν κλήρῳ, ὑμῖν καὶ τοῖς προσηλύτοις 22 τοῖς παροικοῦσιν ἐν μέσῳ ὑμῶν, οἵτινες ἐγέννησαν υἱοὺς ἐν μέσῳ ὑμῶν, καὶ ἔσονται ὑμῶν ὡς αὐτόχθονες ἐν τοῖς υἱοῖς τοῦ Ἰσ-ραήλ· μεθ᾽ ὑμῶν φάγονται ἐν κληρονομίᾳ ἐν μέσῳ τῶν φυλῶν τοῦ Ἰσραὴλ, καὶ ἔσονται ἐν φυλῇ προσηλύτων ἐν τοῖς προσ- 23

β *Gr.* comes, *or*, is come.   γ *Gr.* singular.   δ *Gr.* of its newness. See *Hebrew.*   ζ *Gr.* they *are* the addition of a line.
θ *Alex.* + 'and the border of Amath shall be the northern border.'   λ *Lit.* Ye shall cast it; *i. e.* measure it by lot.

ηλύτοις τοῖς μετ᾽ αὐτῶν·ἐκεῖ δώσετε κληρονομίαν αὐτοῖς, λέγει Κύριος Θεός.

48 Καὶ ταῦτα τὰ ὀνόματα τῶν φυλῶν ἀπὸ τῆς ἀρχῆς τῆς πρὸς Βορρᾶν, κατὰ τὸ μέρος τῆς καταβάσεως τοῦ περισχίζοντος ἐπὶ τὴν εἴσοδον τῆς Ἠμὰθ αὐλῆς τοῦ Αἰλὰμ, ὅριον Δαμασκοῦ πρὸς Βορρᾶν κατὰ μέρος Ἡμὰθ αὐλῆς· καὶ ἔσται αὐτοῖς τὰ

2 πρὸς ἀνατολὰς ἕως πρὸς θάλασσαν, Δὰν, μία. Καὶ ἀπὸ τῶν ὁρίων τοῦ Δὰν τὰ πρὸς ἀνατολὰς, ἕως τῶν πρὸς θάλασσαν,

3 Ἀσσὴρ, μία. Καὶ ἀπὸ τῶν ὁρίων Ἀσσὴρ, ἀπὸ τῶν πρὸς

4 ἀνατολὰς, ἕως τῶν πρὸς θάλασσαν, Νεφθαλείμ, μία. Καὶ ἀπὸ τῶν ὁρίων Νεφθαλείμ, ἀπὸ ἀνατολῶν, ἕως τῶν πρὸς θάλασσαν,

5 Μανασσῆ, μία· Καὶ ἀπὸ τῶν ὁρίων Μανασσῆ, ἀπὸ τῶν πρὸς

6 ἀνατολὰς, ἕως τῶν πρὸς θάλασσαν, Ἐφραὶμ, μία. Καὶ ἀπὸ τῶν ὁρίων Ἐφραὶμ, ἀπὸ τῶν πρὸς ἀνατολὰς, ἕως τῶν πρὸς

7 θάλασσαν, Ῥουβὴν, μία. Καὶ ἀπὸ τῶν ὁρίων Ῥουβὴν ἀπὸ τῶν πρὸς ἀνατολὰς, ἕως τῶν πρὸς θάλασσαν, Ἰούδα, μία.

8 Καὶ ἀπὸ τῶν ὁρίων Ἰούδα, ἀπὸ τῶν πρὸς ἀνατολὰς, ἔσται ἡ ἀπαρχὴ τοῦ ἀφορισμοῦ πέντε καὶ εἴκοσι χιλιάδες εὖρος, καὶ μῆκος, καθὼς μία τῶν μερίδων ἀπὸ τῶν πρὸς ἀνατολὰς, καὶ ἕως τῶν πρὸς θάλασσαν· καὶ ἔσται τὸ ἅγιον ἐν μέσῳ αὐτῶν.

9 Ἀπαρχὴν, ἣν ἀφοριοῦσι τῷ Κυρίῳ, μῆκος πέντε καὶ εἴκοσι

10 χιλιάδες, καὶ εὖρος εἴκοσι πέντε χιλιάδες. Τούτων ἔσται ἡ ἀπαρχὴ τῶν ἁγίων τοῖς ἱερεῦσι, πρὸς Βορρᾶν, πέντε καὶ εἴκοσι χιλιάδες· καὶ πρὸς θάλασσαν, δέκα χιλιάδες· καὶ πρὸς Νότον, εἴκοσι καὶ πέντε χιλιάδες· καὶ τὸ ὄρος τῶν ἁγίων ἔσται ἐν

11 μέσῳ αὐτοῦ τοῖς ἱερεῦσι, τοῖς ἡγιασμένοις υἱοῖς Σαδδούκ, τοῖς φυλάσσουσι τὰς φυλακὰς τοῦ οἴκου, οἵτινες οὐκ ἐπλανήθησαν ἐν τῇ πλανήσει υἱῶν Ἰσραὴλ, ὃν τρόπον ἐπλανήθησαν οἱ Λευῖ-

12 ται. Καὶ ἔσται αὐτοῖς ἡ ἀπαρχὴ δεδομένη ἐκ τῶν ἀπαρχῶν τῆς γῆς, ἅγιον ἁγίων ἀπὸ τῶν ὁρίων τῶν Λευιτῶν.

13 Τοῖς δὲ Λευίταις τὰ ἐχόμενα τῶν ὁρίων τῶν ἱερέων, μῆκος πέντε καὶ εἴκοσι χιλιάδες, καὶ εὖρος δέκα χιλιάδες· πᾶν τὸ μῆκος πέντε καὶ εἴκοσι χιλιάδες, καὶ εὖρος εἴκοσι χιλιάδες.

14 Οὐ πραθήσεται ἐξ αὐτοῦ, οὐδὲ καταμετρηθήσεται, οὐδὲ ἀφαιρεθήσεται τὰ πρωτογεννήματα τῆς γῆς, ὅτι ἅγιόν ἐστι τῷ Κυρίῳ.

15 Τὰς δὲ πέντε χιλιάδας τὰς περισσὰς ἐπὶ τῷ πλάτει ἐπὶ ταῖς πέντε καὶ εἴκοσι χιλιάσι, προτείχισμα ἔσται τῇ πόλει εἰς τὴν κατοικίαν, καὶ εἰς διάστημα αὐτοῦ· καὶ ἔσται ἡ πόλις ἐν μέσῳ

16 αὐτοῦ· Καὶ ταῦτα τὰ μέτρα αὐτῆς· ἀπὸ τῶν πρὸς Βορρᾶν, πεντακόσιοι καὶ τετρακισχίλιοι, καὶ ἀπὸ τῶν πρὸς Νότον πεντακόσιοι καὶ τέσσαρες χιλιάδες, καὶ ἀπὸ τῶν πρὸς ἀνατολὰς, πεντακόσιοι καὶ τέσσαρες χιλιάδες, καὶ ἀπὸ τῶν πρὸς θάλασ-

17 σαν, τετρακισχίλιους πεντακοσίους. Καὶ ἔσται διάστημα τῇ πόλει πρὸς Βορρᾶν διακόσιοι πεντήκοντα, καὶ πρὸς Νότον διακόσιοι καὶ πεντήκοντα, καὶ πρὸς ἀνατολὰς, διακόσιοι πεντήκοντα, καὶ πρὸς θάλασσαν διακόσιοι πεντήκοντα.

are with them: there shall ye give them an inheritance, saith the Lord God.

And these are the names of the tribes from the northern β corner, on the side of the descent that draws a line to the entrance of Emath the γ palace of Ælam, the border of Damascus northward on the side of Emath the palace; and they shall have the eastern parts as far as the sea, for Dan, one portion. [2] And from the borders of Dan eastward as far as the west sea-coast, for Asser, one. [3] And from the borders of Asser, from the eastern parts as far as the δ west coasts, for Nephthalim, one. [4] And from the borders of Nephthalim, from the east as far as the west coasts, for Manasse, one. [5] And from the borders of Manasse, from the eastern parts as far as the west coasts, for Ephraim, one. [6] And from the borders of Ephraim, from the eastern parts to the west coasts, for Ruben, one. [7] And from the borders of Ruben, from the eastern parts as far as the west coasts, for Juda, one.

[8] And from the borders of Juda, from the eastern parts shall be the offering of first-fruits, in breadth twenty-five thousand reeds, and in length as one of the portions measured from the east even to the western parts: and the sanctuary shall be in the midst of them. [9] As for the first-fruits which they shall ζ offer to the Lord, it shall be in length twenty-five thousand, and in breadth twenty-five thousand. [10] Out of this shall be the first-fruits of the holy things to the priests, northward, five and twenty-thousand, θ and towards the west, ten thousand, λ and southward, five and twenty thousand: and the mountain of the sanctuary, shall be in the midst of it, [11] for the priests, for the consecrated sons of Sadduc, who keep the charges of the house, who erred not in the error of the children of Israel, as the Levites erred. [12] And the first-fruits shall be given to them out of the first-fruits of the land, even a most holy portion from the borders of the Levites.

[13] And the Levites shall have the part, next to the borders of the priests, in length twenty-five thousand, and in breadth ten thousand: the whole length shall be five and twenty thousand, and the breadth twenty thousand. [14] No part of it shall be sold, nor measured as for sale, neither shall the first-fruits of the land be taken away: for they are holy to the Lord.

[15] But concerning the five thousand that remain in the breadth in the five and twenty thousand, they shall be μ a suburb to the city for dwelling, and for a space before it: and the city shall be in the midst thereof. [16] And these shall be its dimensions; from the northern side four thousand and five hundred, and from the southern side four thousand and five hundred, and from the eastern side four thousand and five hundred, and from the western side they shall measure four thousand five hundred. [17] And there shall be a space to the city northward two hundred and fifty, and southward two hundred and fifty, and eastward two hundred and fifty, and westward two hundred and fifty.

β Or, end.   γ Heb. Hazarenan.   Alex. the palace, or, court of Ænan.   δ Or, sea-coasts.   ζ Lit. separate.   θ Alex. + 'in length.'
     λ Alex. + 'in breadth.'   μ Lit. outwork of a wall.

18 And the remainder of the length that is next to the first-fruits of the holy βportion shall be ten thousand eastward, and ten thousand westward: and they shall be the first-fruits of the sanctuary; and the fruits γ thereof shall be for bread to them that labour for the city. 19 And they that labour for the city shall labour for it out of all the tribes of Israel.

20 The δ whole offering shall be a square of twenty-five thousand by twenty-five thousand: ye shall separate again part of it, the first-fruits of the sanctuary, from the possession of the city.

21 And the prince shall have the remainder on this side and on that side from the first-fruits of the sanctuary, and there shall be ςa possession of the city, for five and twenty thousand cubits in length, to the eastern and western borders, for five and twenty thousand to the western borders, next to the portions of the prince; and the first-fruits of the holy things and the sanctuary of the house shall be in the midst of it. 22 And there shall be a portion taken from the Levites, from the possession of the city in the midst of the princes between the borders of Juda and the borders of Benjamin, and it shall be the portion of the princes.

23 And as for the rest of the tribes, from the eastern parts as far as the western, Benjamin shall have one portion. 24 And from the borders of Benjamin, from the eastern parts to the western, Symeon, one. 25 And from the borders of Juda, from the eastern parts to the western, Issachar, one. 26 And from the borders of Issachar, from the eastern parts to the western, Zabulon, one. 27 And from the borders of Zabulon, from the east to the western parts, Gad, one. 28 And from the borders of Gad, θ from the eastern to the south-western parts; his coasts shall even be from Thæman, and the water of Barimoth Cades, λ for an inheritance, unto the great sea. 29 This is the land, which ye shall divide by lot to the tribes of Israel, and these are their portions, saith the Lord God.

30 And these are the goings out of the city northward, four thousand and five hundred by measure. 31 And the gates of the city shall be after the names of the tribes of Israel: three gates northward; the gate of Ruben, one, and the gate of Juda, one, and the gate of Levi, one. 32 And eastward four thousand and five hundred: and three gates; the gate of Joseph, one, and the gate of Benjamin, one, and the gate of Dan, one. 33 And southward, four thousand and five hundred by measure: and three gates; the gate of Symeon, one, and the gate of Issachar, one, and the gate of Zabulon, one. 34 And westward, four thousand and five hundred by measure: and three gates; the gate of Gad, one, and the gate of Asser, one, and the gate of Nephthalim, one.

35 The circumference, eighteen thousand μ measures: and the name of the city, from the day that it shall be finished, ξ shall be the name thereof.

Καὶ τὸ περισσὸν τοῦ μήκους τὸ ἐχόμενον τῶν ἀπαρχῶν τῶν 18 ἁγίων, δέκα χιλιάδες πρὸς ἀνατολὰς, καὶ δέκα χιλιάδες πρὸς θάλασσαν· καὶ ἔσονται αἱ ἀπαρχαὶ τοῦ ἁγίου, καὶ ἔσται τὰ γεννήματα αὐτῆς εἰς ἄρτους τοῖς ἐργαζομένοις τὴν πόλιν. Οἱ 19 δὲ ἐργαζόμενοι τὴν πόλιν ἐργῶνται αὐτὴν ἐκ πασῶν τῶν φυλῶν τοῦ Ἰσραήλ.

Πᾶσα ἡ ἀπαρχὴ, πέντε καὶ εἴκοσι χιλιάδες ἐπὶ πέντε καὶ 20 εἴκοσι χιλιάδας τετράγωνον· ἀφοριεῖτε αὐτοῦ τὴν ἀπαρχὴν τοῦ ἁγίου, ἀπὸ τῆς κατασχέσεως τῆς πόλεως.

Τὸ δὲ περισσὸν τῷ ἀφηγουμένῳ ἐκ τούτου καὶ ἐκ τούτου 21 ἀπὸ τῶν ἀπαρχῶν τοῦ ἁγίου, καὶ εἰς τὴν κατάσχεσιν τῆς πόλεως, ἐπὶ πέντε καὶ εἴκοσι χιλιάδας μῆκος, ἕως τῶν ὁρίων τῶν πρὸς ἀνατολὰς καὶ πρὸς θάλασσαν, ἐπὶ πέντε καὶ εἴκοσι χιλιάδας ἕως τῶν ὁρίων τῶν πρὸς θάλασσαν, ἐχόμενα τῶν μερίδων τοῦ ἀφηγουμένου· καὶ ἔσται ἡ ἀπαρχὴ τῶν ἁγίων καὶ τὸ ἁγίασμα τοῦ οἴκου ἐν μέσῳ αὐτῆς. Καὶ παρὰ τῶν Λευιτῶν, 22 ἀπὸ τῆς κατασχέσεως τῆς πόλεως ἐν μέσῳ τῶν ἀφηγουμένων ἔσται ἀναμέσον τῶν ὁρίων Ἰούδα, καὶ ἀναμέσον τῶν ὁρίων Βενιαμὶν, καὶ τῶν ἀφηγουμένων ἔσται.

Καὶ τὸ περισσὸν τῶν φυλῶν, ἀπὸ τῶν πρὸς ἀνατολὰς, ἕως 23 τῶν πρὸς θάλασσαν, Βενιαμὶν, μία. Καὶ ἀπὸ τῶν ὁρίων τῶν 24 Βενιαμὶν, ἀπὸ τῶν πρὸς ἀνατολὰς, ἕως τῶν πρὸς θάλασσαν, Συμεὼν, μία. Καὶ ἀπὸ τῶν ὁρίων τῶν Συμεὼν, ἀπὸ τῶν πρὸς 25 ἀνατολὰς, ἕως τῶν πρὸς θάλασσαν, Ἰσσάχαρ, μία. Καὶ ἀπὸ 26 τῶν ὁρίων τῶν Ἰσσάχαρ, ἀπὸ τῶν πρὸς ἀνατολὰς, ἕως τῶν πρὸς θάλασσαν, Ζαβουλὼν, μία. Καὶ ἀπὸ τῶν ὁρίων τῶν Ζαβου- 27 λὼν, ἀπὸ τῶν πρὸς ἀνατολὰς, ἕως τῶν πρὸς θάλασσαν, Γὰδ, μία, καὶ ἀπὸ τῶν ὁρίων τῶν Γὰδ, ἀπὸ τῶν πρὸς ἀνατολὰς, ἕως 28 τῶν πρὸς Λίβα· καὶ ἔσται τὰ ὅρια αὐτοῦ ἀπὸ Θαιμὰν, καὶ ὕδατος βαριμὼθ Κάδης, κληρονομίας, ἕως τῆς θαλάσσης τῆς μεγάλης. Αὕτη ἡ γῆ, ἣν βαλεῖτε ἐν κλήρῳ ταῖς φυλαῖς τοῦ 29 Ἰσραήλ· καὶ οὗτοι οἱ διαμερισμοὶ αὐτῶν, λέγει Κύριος Θεός.

Καὶ αὗται αἱ διεκβολαὶ τῆς πόλεως αἱ πρὸς Βορρᾶν, τετρα- 30 κισχίλιοι καὶ πεντακόσιοι μέτρῳ. Καὶ αἱ πύλαι τῆς πόλεως, 31 ἐπ' ὀνόμασι φυλῶν τοῦ Ἰσραήλ· πύλαι τρεῖς πρὸς Βορρᾶν, πύλη Ῥουβὴν μία, καὶ πύλη Ἰούδα, μία, καὶ πύλη Λευὶ, μία. Καὶ τὰ πρὸς ἀνατολὰς τετρακισχίλιοι καὶ πεντακόσιοι, καὶ 32 πύλαι τρεῖς, πύλη Ἰωσὴφ, μία, καὶ πύλη Βενιαμὶν, μία, καὶ πύλη Δὰν, μία. Καὶ τὰ πρὸς Νότον τετρακισχίλιοι καὶ 33 πεντακόσιοι μέτρῳ· καὶ πύλαι τρεῖς, πύλη Συμεὼν, μία, καὶ πύλη Ἰσσάχαρ, μία, καὶ πύλη Ζαβουλὼν, μία. Καὶ τὰ πρὸς 34 θάλασσαν τετρακισχίλιοι καὶ πεντακόσιοι μέτρῳ· πύλαι τρεῖς, πύλη Γὰδ, μία, καὶ πύλη Ἀσσὴρ, μία, καὶ πύλη Νεφθαλεὶμ, μία.

Κύκλωμα, δέκα καὶ ὀκτὼ χιλιάδες· καὶ τὸ ὄνομα τῆς πόλεως, 35 ἀφ' ἧς ἂν ἡμέρας γένηται, ἔσται τὸ ὄνομα αὐτῆς.

β Gr. plural. γ sc. the land. δ sc. of land. Gr. first-fruits. ζ Or, a space for a possession. θ Alex. — 'from the eastern.' λ Gr. of. μ Or, reeds. ξ Heb. Jehovah Shammah, 'the Lord is there.' Alex. gives both renderings.

ΔΑΝΙΗΛ.

ʼΕΝ ἔτει τρίτῳ τῆς βασιλείας Ἰωακεὶμ βασιλέως Ἰούδα, ἦλθε Ναβουχοδονόσορ ὁ βασιλεὺς Βαβυλῶνος εἰς Ἱερουσαλὴμ, καὶ 2 ἐπολιόρκει αὐτήν. Καὶ ἔδωκε Κύριος ἐν χειρὶ αὐτοῦ τὸν Ἰωακεὶμ βασιλέα Ἰούδα, καὶ ἀπὸ μέρους τῶν σκευῶν οἴκου τοῦ Θεοῦ· καὶ ἤνεγκεν αὐτὰ εἰς γῆν Σενναὰρ οἴκου τοῦ θεοῦ αὐτοῦ, καὶ τὰ σκεύη εἰσήνεγκεν εἰς τὸν οἶκον θησαυροῦ τοῦ 3 θεοῦ αὐτοῦ. Καὶ εἶπεν ὁ βασιλεὺς τῷ Ἀσφανὲζ τῷ ἀρχιευνούχῳ αὐτοῦ, εἰσαγαγεῖν ἀπὸ τῶν υἱῶν τῆς αἰχμαλωσίας Ἰσραὴλ, καὶ ἀπὸ τοῦ σπέρματος τῆς βασιλείας, καὶ ἀπὸ τῶν φορθομμὶν, 4 νεανίσκους, οἷς οὐκ ἔστιν ἐν αὐτοῖς μῶμος, καὶ καλοὺς τῇ ὄψει, καὶ συνιέντας ἐν πάσῃ σοφίᾳ, καὶ γινώσκοντας γνῶσιν, καὶ διανοουμένους φρόνησιν, καὶ οἷς ἐστιν ἰσχὺς ἐν αὐτοῖς ἑστάναι ἐν τῷ οἴκῳ ἐνώπιον τοῦ βασιλέως, καὶ διδάξαι αὐτοὺς γράμματα καὶ γλῶσσαν Χαλδαίων.

5 Καὶ διέταξεν αὐτοῖς ὁ βασιλεὺς τὸ τῆς ἡμέρας καθ᾽ ἡμέραν, ἀπὸ τῆς τραπέζης τοῦ βασιλέως, καὶ ἀπὸ τοῦ οἴνου τοῦ ποτοῦ αὐτοῦ, καὶ θρέψαι αὐτοὺς ἔτη τρία, καὶ μετὰ ταῦτα στῆναι ἐνώπιον τοῦ βασιλέως.

6 Καὶ ἐγένετο ἐν αὐτοῖς ἐκ τῶν υἱῶν Ἰούδα, Δανιὴλ, καὶ 7 Ἀνανίας, καὶ Ἀζαρίας, καὶ Μισαήλ. Καὶ ἐπέθηκεν αὐτοῖς ὁ ἀρχιευνοῦχος ὀνόματα· τῷ Δανιὴλ Βαλτάσαρ, καὶ τῷ Ἀνανίᾳ Σεδρὰχ, καὶ τῷ Μισαὴλ Μισὰχ, καὶ τῷ Ἀζαρίᾳ Ἀβδεναγώ. 8 Καὶ ἔθετο Δανιὴλ εἰς τὴν καρδίαν αὐτοῦ, ὡς οὐ μὴ ἀλισγηθῇ ἐν τῇ τραπέζῃ τοῦ βασιλέως, καὶ ἐν τῷ οἴνῳ ἀπὸ τοῦ ποτοῦ αὐτοῦ· καὶ ἠξίωσε τὸν ἀρχιευνοῦχον, ὡς οὐ μὴ ἀλισγηθῇ. 9 Καὶ ἔδωκεν ὁ Θεὸς τὸν Δανιὴλ εἰς ἔλεον καὶ οἰκτιρμὸν ἐνώπιον 10 τοῦ ἀρχιευνούχου. Καὶ εἶπεν ὁ ἀρχιευνοῦχος τῷ Δανιὴλ, φοβοῦμαι ἐγὼ τὸν κύριόν μου τὸν βασιλέα, τὸν ἐκτάξαντα τὴν βρῶσιν ὑμῶν καὶ τὴν πόσιν ὑμῶν, μήποτε ἴδῃ τὰ πρόσωπα ὑμῶν σκυθρωπὰ παρὰ τὰ παιδάρια τὰ συνήλικα ὑμῶν, καὶ 11 καταδικάσητε τὴν κεφαλήν μου τῷ βασιλεῖ. Καὶ εἶπε Δανιὴλ πρὸς Ἀμελσὰδ, ὃν κατέστησεν ὁ ἀρχιευνοῦχος ἐπὶ Δανιὴλ, 12 Ἀνανίαν, Μισαὴλ, Ἀζαρίαν, πείρασον δὴ τοὺς παῖδάς σου ἡμέρας δέκα, καὶ δότωσαν ἡμῖν ἀπὸ τῶν σπερμάτων, καὶ φα- 13 γώμεθα, καὶ ὕδωρ πιώμεθα, καὶ ὀφθήτωσαν ἐνώπιόν σου αἱ ἰδέαι ἡμῶν, καὶ αἱ ἰδέαι τῶν παιδαρίων τῶν ἐσθόντων τὴν τράπεζαν τοῦ βασιλέως, καὶ καθὼς ἐὰν ἴδῃς, ποίησον μετὰ τῶν παίδων σου.

14 Καὶ εἰσήκουσεν αὐτῶν, καὶ ἐπείρασεν αὐτοὺς ἡμέρας δέκα.

In the third year of the reign of Joakim king of Juda, came Nabuchodonosor king of Babylon to Jerusalem, and besieged it. [2] And the Lord gave into his hand Joakim king of Juda, and part of the vessels of the house of God: and he brought them into the land of Sennaar β to the house of his god; and he brought the vessels into the treasure-house of his god. [3] And the king told Asphanez his chief eunuch, to bring in *some* of the captive children of Israel, and of the seed of the kingdom, and of the γ princes ; [4] young men in whom was no blemish, and beautiful in appearance, and skilled in all wisdom, and possessing knowledge, and acquainted with prudence, and who had ability to stand in the house before the king, and *the king gave commandment* to teach them the learning and language of the Chaldeans.

[5] And the king appointed them a daily portion from the king's table, and from the wine which he drank ; and *gave orders* to nourish them three years, and *that* afterwards they should stand before the king.

[6] Now these were among them of the children of Juda, Daniel, and Ananias, and Azarias, and Misael. [7] And the chief of the eunuchs gave them names : to Daniel, Baltasar ; and to Ananias, Sedrach ; and to Misael, Misach ; and to Azarias, Abdenago. [8] And Daniel purposed in his heart, that he would not defile himself with the king's table, nor with the wine of his drink : and he intreated the chief of the eunuchs that he might not defile himself. [9] Now God *had* brought Daniel into favour and compassion with the chief of the eunuchs. [10] And the chief of the eunuchs said to Daniel, I fear my lord the king, who has appointed your meat and your drink, lest he see your countenances gloomy in comparison of the young men your equals ; so shall ye endanger my head to the king. [11] And Daniel said to Amelsad, whom the chief of the eunuchs had appointed over Daniel, Ananias, Misael, *and* Azarias, [12] Prove now thy servants ten days ; and let them give us δ pulse, and let us eat, and let us drink water : [13] and let our countenances be seen by thee, and the countenances of the children that eat *at* the king's table ; and deal with thy servants according as thou shalt see.

[14] And he hearkened to them, and proved

β *Gr.* of.   γ Hebrew word.   δ *Gr.* of seeds.

them ten days. ¹⁵ And at the end of the ten days their countenances appeared fairer and stouter in flesh than the children that fed at the king's table. ¹⁶ So Amelsad took away their supper and the wine of their drink, and gave them β pulse.

¹⁷ And γ *as for* these four children, God gave them understanding and prudence in all learning and wisdom: and Daniel had understanding in all visions and dreams. ¹⁸ And at the end of the days, *after which* the king had given orders to bring them in, then the chief of the eunuchs brought them in before Nabuchodonosor. ¹⁹ And the king spoke with them; and there were not found out of them all any like Daniel, and Ananias, and Misael, and Azarias: and they stood before the king. ²⁰ And in every matter of wisdom and knowledge wherein the king questioned them, he found them ten times wiser than all the enchanters and sorcerers that were in all his kingdom. ²¹ And Daniel continued till the first year of king Cyrus.

In the second year of *his* reign Nabuchodonosor dreamed a dream, and his spirit was amazed, and his sleep departed from him. ² And the king gave orders to call the enchanters, and the magicians, and the sorcerers, and the Chaldeans, to declare to the king his dreams. And they came and stood before the king.

³ And the king said to them, I have dreamed, and my spirit was δ troubled to know the dream. ⁴ And the Chaldeans spoke to the king in the Syrian language, *saying*, O king, live for ever: do thou tell the dream to thy servants, and we will declare the interpretation. ⁵ The king answered the Chaldeans, The thing has departed from me: if ye do not make known to me the dream and the interpretation, ye shall be destroyed, and your houses shall be spoiled. ⁶ But if ye make known to me the dream, and the interpretation thereof, ye shall receive of me gifts and presents and much honour: only tell me the dream, and the interpretation thereof. ⁷ They answered the second time, and said, Let the king tell the dream to his servants, and we will declare the interpretation.

⁸ And the king answered and said, I verily know that ye are ζ trying to gain time, because ye see that the thing has gone from me. ⁹ If then ye do not tell me the dream, I know that ye have concerted to utter before me a false and corrupt tale, until the time shall have past: tell me my dream, and I shall know that ye will also declare to me the interpretation thereof. ¹⁰ The Chaldeans answered before the king, and said, There is no man upon the earth, who shall be able to make known the king's matter: forasmuch as no great king or ruler asks such a question of an enchanter, magician, or Chaldean. ¹¹ For the question which the king asks is difficult, and there is no one else who shall answer it before the king, but the gods, whose dwelling is not with any flesh.

Καὶ μετὰ τὸ τέλος τῶν δέκα ἡμερῶν, ὡράθησαν αἱ ἰδέαι αὐτῶν 15 ἀγαθαὶ καὶ ἰσχυραὶ ταῖς σαρξὶν ὑπὲρ τὰ παιδάρια τὰ ἔσθοντα τὴν τράπεζαν τοῦ βασιλέως. Καὶ ἐγένετο Ἀμελσὰδ ἀναιρού- 16 μενος τὸ δεῖπνον αὐτῶν, καὶ τὸν οἶνον τοῦ πόματος αὐτῶν, καὶ ἐδίδου αὐτοῖς σπέρματα.

Καὶ τὰ παιδάρια ταῦτα οἱ τέσσαρες αὐτοὶ, ἔδωκεν αὐτοῖς 17 ὁ Θεὸς σύνεσιν καὶ φρόνησιν ἐν πάσῃ γραμματικῇ καὶ σοφίᾳ· καὶ Δανιὴλ συνῆκεν ἐν πάσῃ ὁράσει καὶ ἐνυπνίοις. Καὶ μετὰ 18 τὸ τέλος τῶν ἡμερῶν, ὧν εἶπεν ὁ βασιλεὺς εἰσαγαγεῖν αὐτοὺς, καὶ εἰσήγαγεν αὐτοὺς ὁ ἀρχιευνοῦχος ἐναντίον Ναβουχοδονόσορ. Καὶ ἐλάλησε μετ᾽ αὐτῶν ὁ βασιλεύς· καὶ οὐχ εὑρέθησαν ἐκ 19 πάντων αὐτῶν ὅμοιοι Δανιὴλ, καὶ Ἀνανίᾳ, καὶ Μισαὴλ, καὶ Ἀζαρίᾳ· καὶ ἔστησαν ἐνώπιον τοῦ βασιλέως. Καὶ ἐν παντὶ 20 ῥήματι σοφίας καὶ ἐπιστήμης ὧν ἐζήτησε παρ᾽ αὐτῶν ὁ βασιλεὺς, εὗρεν αὐτοὺς δεκαπλασίονας παρὰ πάντας τοὺς ἐπαοιδοὺς καὶ τοὺς μάγους τοὺς ὄντας ἐν πάσῃ τῇ βασιλείᾳ αὐτοῦ. Καὶ 21 ἐγένετο Δανιὴλ ἕως ἔτους ἑνὸς Κύρου τοῦ βασιλέως.

Ἐν τῷ ἔτει τῷ δευτέρῳ τῆς βασιλείας, ἐνυπνιάσθη Ναβου- 2 χοδονόσορ ἐνύπνιον, καὶ ἐξέστη τὸ πνεῦμα αὐτοῦ, καὶ ὁ ὕπνος αὐτοῦ ἐγένετο ἀπ᾽ αὐτοῦ. Καὶ εἶπεν ὁ βασιλεὺς καλέσαι τοὺς 2 ἐπαοιδοὺς, καὶ τοὺς μάγους, καὶ τοὺς φαρμακοὺς, καὶ τοὺς Χαλδαίους, τοῦ ἀναγγεῖλαι τῷ βασιλεῖ τὰ ἐνύπνια αὐτοῦ· καὶ ἦλθαν, καὶ ἔστησαν ἐνώπιον τοῦ βασιλέως.

Καὶ εἶπεν αὐτοῖς ὁ βασιλεὺς, ἐνυπνιάσθην, καὶ ἐξέστη τὸ 3 πνεῦμά μου, τοῦ γνῶναι τὸ ἐνύπνιον. Καὶ ἐλάλησαν οἱ Χαλ- 4 δαῖοι τῷ βασιλεῖ Συριστὶ, βασιλεῦ, εἰς τοὺς αἰῶνας ζῆθι· σὺ εἰπὸν τὸ ἐνύπνιον τοῖς παισί σου, καὶ τὴν σύγκρισιν ἀναγ- 5 γελοῦμεν. Ἀπεκρίθη ὁ βασιλεὺς τοῖς Χαλδαίοις, ὁ λόγος ἀπ᾽ ἐμοῦ ἀπέστη· ἐὰν μὴ γνωρίσητέ μοι τὸ ἐνύπνιον καὶ τὴν σύγκρισιν, εἰς ἀπώλειαν ἔσεσθε, καὶ οἱ οἶκοι ὑμῶν διαρπαγή- σονται. Ἐὰν δὲ τὸ ἐνύπνιον καὶ τὴν σύγκρισιν αὐτοῦ γνωρί- 6 σητέ μοι, δόματα καὶ δωρεὰς καὶ τιμὴν πολλὴν λήψεσθε παρ᾽ ἐμοῦ· πλὴν τὸ ἐνύπνιον καὶ τὴν σύγκρισιν αὐτοῦ ἀπαγγεί- λατέ μοι. Ἀπεκρίθησαν δεύτερον, καὶ εἶπαν, ὁ βασιλεὺς 7 εἰπάτω τὸ ἐνύπνιον τοῖς παισὶν αὐτοῦ, καὶ τὴν σύγκρισιν ἀναγ- γελοῦμεν.

Καὶ ἀπεκρίθη ὁ βασιλεὺς, καὶ εἶπεν, ἐπ᾽ ἀληθείας οἶδα ἐγὼ, 8 ὅτι καιρὸν ὑμεῖς ἐξαγοράζετε· καθότι ἴδετε, ὅτι ἀπέστη ἀπ᾽ ἐμοῦ τὸ ῥῆμα. Ἐὰν οὖν τὸ ἐνύπνιον μὴ ἀναγγείλητέ μοι, 9 οἶδα ὅτι ῥῆμα ψευδὲς καὶ διεφθαρμένον συνέθεσθε εἰπεῖν ἐνώπιόν μου, ἕως οὗ ὁ καιρὸς παρέλθῃ· τὸ ἐνύπνιόν μου εἴπατέ μοι, καὶ γνώσομαι ὅτι καὶ τὴν σύγκρισιν αὐτοῦ ἀναγγε- λεῖτέ μοι. Ἀπεκρίθησαν οἱ Χαλδαῖοι ἐνώπιον τοῦ βασιλέως, 10 καὶ λέγουσιν, οὐκ ἔστιν ἄνθρωπος ἐπὶ τῆς ξηρᾶς, ὅστις τὸ ῥῆμα τοῦ βασιλέως δυνήσεται γνωρίσαι, καθότι πᾶς βασιλεὺς μέγας καὶ ἄρχων ῥῆμα τοιοῦτον οὐκ ἐπερωτᾷ ἐπαοιδὸν μάγον καὶ Χαλδαῖον. Ὅτι ὁ λόγος ὃν ὁ βασιλεὺς ἐπερωτᾷ, βαρὺς, 11 καὶ ἕτερος οὐκ ἔστιν ὃς ἀναγγελεῖ αὐτὸν ἐνώπιον τοῦ βασι- λέως, ἀλλ᾽ οἱ θεοὶ, ὧν οὐκ ἔστιν ἡ κατοικία μετὰ πάσης σαρκός.

β *Gr.* seeds.　　γ *Alex.* to these four children.　　δ *Gr.* amazed.　　ζ *Gr.* redeeming time; or, watching to buy it. See Eph. 5. 16.

12 Τότε ὁ βασιλεὺς ἐν θυμῷ καὶ ὀργῇ εἶπεν ἀπολέσαι πάντας
13 τοὺς σοφοὺς Βαβυλῶνος. Καὶ τὸ δόγμα ἐξῆλθε, καὶ οἱ
σοφοὶ ἀπεκτέννοντο· καὶ ἐζήτησαν Δανιὴλ καὶ τοὺς φίλους
αὐτοῦ ἀνελεῖν.

14 Τότε Δανιὴλ ἀπεκρίθη βουλὴν καὶ γνώμην τῷ Ἀριὼχ τῷ
ἀρχιμαγείρῳ τοῦ βασιλέως, ὃς ἐξῆλθεν ἀναιρεῖν τοὺς σοφοὺς
15 Βαβυλῶνος, ἄρχων τοῦ βασιλέως, περὶ τίνος ἐξῆλθεν ἡ γνώμη
ἡ ἀναιδὴς ἐκ προσώπου τοῦ βασιλέως; ἐγνώρισε δὲ ὁ Ἀριὼχ
16 τὸ ῥῆμα τῷ Δανιήλ. Καὶ Δανιὴλ ἠξίωσε τὸν βασιλέα ὅπως
χρόνον δῷ αὐτῷ, καὶ τὴν σύγκρισιν αὐτοῦ ἀναγγελῇ τῷ βασι-
17 λεῖ. Καὶ εἰσῆλθε Δανιὴλ εἰς τὸν οἶκον αὐτοῦ καὶ τῷ Ἀνανίᾳ
καὶ τῷ Μισαὴλ καὶ τῷ Ἀζαρίᾳ τοῖς φίλοις αὐτοῦ τὸ ῥῆμα
18 ἐγνώρισε. Καὶ οἰκτιρμοὺς ἐζήτουν παρὰ τοῦ Θεοῦ τοῦ οὐρα-
νοῦ ὑπὲρ τοῦ μυστηρίου τούτου, ὅπως ἂν μὴ ἀπόλωνται
Δανιὴλ καὶ οἱ φίλοι αὐτοῦ μετὰ τῶν ἐπιλοίπων σοφῶν Βαβυ-
λῶνος.

19 Τότε τῷ Δανιὴλ ἐν ὁράματι τῆς νυκτὸς τὸ μυστήριον
20 ἀπεκαλύφθη· καὶ εὐλόγησε τὸν Θεὸν τοῦ οὐρανοῦ Δανιὴλ, καὶ
εἶπεν,

Εἴη τὸ ὄνομα τοῦ Θεοῦ εὐλογημένον ἀπὸ τοῦ αἰῶνος καὶ
21 ἕως τοῦ αἰῶνος, ὅτι ἡ σοφία καὶ ἡ σύνεσις αὐτοῦ ἐστι. Καὶ
αὐτὸς ἀλλοιοῖ καιροὺς καὶ χρόνους, καθιστᾷ βασιλεῖς, καὶ
μεθιστᾷ, διδοὺς σοφίαν τοῖς σοφοῖς, καὶ φρόνησιν τοῖς εἰδόσι
22 σύνεσιν, αὐτὸς ἀποκαλύπτει βαθέα καὶ ἀπόκρυφα, γινώσκων
23 τὰ ἐν τῷ σκότει, καὶ τὸ φῶς μετ᾽ αὐτοῦ ἐστι· Σοὶ ὁ Θεὸς τῶν
πατέρων μου ἐξομολογοῦμαι καὶ αἰνῶ, ὅτι σοφίαν καὶ δύναμιν
δέδωκάς μοι, καὶ ἐγνώρισάς μοι ἃ ἠξιώσαμεν παρὰ σοῦ, καὶ τὸ
ὅραμα τοῦ βασιλέως ἐγνώρισάς μοι.

24 Καὶ ἦλθε Δανιὴλ πρὸς Ἀριὼχ, ὃν κατέστησεν ὁ βασιλεὺς
ἀπολέσαι τοὺς σοφοὺς Βαβυλῶνος, καὶ εἶπεν αὐτῷ, τοὺς
σοφοὺς Βαβυλῶνος μὴ ἀπολέσῃς, εἰσάγαγε δέ με ἐνώπιον τοῦ
25 βασιλέως, καὶ τὴν σύγκρισιν τῷ βασιλεῖ ἀναγγελῶ. Τότε
Ἀριὼχ ἐν σπουδῇ εἰσήγαγε τὸν Δανιὴλ ἐνώπιον τοῦ βασιλέως,
καὶ εἶπεν αὐτῷ, εὕρηκα ἄνδρα ἐκ τῶν υἱῶν τῆς αἰχμαλωσίας τῆς
26 Ἰουδαίας, ὅστις τὸ σύγκριμα τῷ βασιλεῖ ἀναγγελεῖ. Καὶ
ἀπεκρίθη ὁ βασιλεύς, καὶ εἶπε τῷ Δανιήλ, οὗ τὸ ὄνομα
Βαλτάσαρ, εἰ δύνασαί μοι ἀναγγεῖλαι τὸ ἐνύπνιον ὃ ἴδον, καὶ
τὴν σύγκρισιν αὐτοῦ;

27 Καὶ ἀπεκρίθη Δανιὴλ ἐνώπιον τοῦ βασιλέως, καὶ εἶπε, τὸ
μυστήριον ὃ ὁ βασιλεὺς ἐπερωτᾷ, οὐκ ἔστι σοφῶν, μάγων,
28 ἐπαοιδῶν, γαζαρηνῶν ἀναγγεῖλαι τῷ βασιλεῖ· Ἀλλ᾽ ἢ ἔστι
Θεὸς ἐν οὐρανῷ ἀποκαλύπτων μυστήρια, καὶ ἐγνώρισε τῷ βασι-
λεῖ Ναβουχοδονόσορ, ἃ δεῖ γενέσθαι ἐπ᾽ ἐσχάτων τῶν ἡμερῶν·
τὸ ἐνύπνιόν σου καὶ αἱ ὁράσεις τῆς κεφαλῆς σου ἐπὶ τῆς κοίτης
29 σου, τοῦτό ἐστι, βασιλεῦ· οἱ διαλογισμοί σου ἐπὶ τῆς κοίτης
σου ἀνέβησαν τί δεῖ γενέσθαι μετὰ ταῦτα· καὶ ὁ ἀποκαλύπτων
30 μυστήρια ἐγνώρισέ σοι ἃ δεῖ γενέσθαι. Καὶ ἐμοὶ δὲ οὐκ ἐν
σοφίᾳ τῇ οὔσῃ ἐν ἐμοὶ παρὰ πάντας τοὺς ζῶντας τὸ μυστήριον

---

[12] Then the king in rage and anger commanded to destroy all the wise men of Babylon. [13] So the decree went forth, and they began to slay the wise men; and they sought Daniel and his fellows to slay *them*.

[14] Then Daniel answered *with* counsel and prudence to Arioch the [β]captain of the royal guard, who was gone forth to kill the wise men of Babylon; *saying*, [15] Chief magistrate of the king, wherefore has the peremptory command proceeded from the king? So Arioch made known the matter to Daniel. [16] And Daniel intreated the king to give him time, and that he might *thus* declare to the king the interpretation of it. [17] So Daniel went into his house, and made known the matter to Ananias, and Misael, and Azarias, his friends. [18] And they sought mercies from the God of heaven concerning this mystery; that Daniel and his friends might not perish with the rest of the wise men of Babylon.

[19] Then the mystery was revealed to Daniel in a vision of the night: and Daniel blessed the God of heaven, and said,

[20] May the name of God be blessed from everlasting and to everlasting: for wisdom and understanding are his. [21] And he changes times and seasons: he appoints kings, and removes *them*, giving wisdom to the wise, and prudence to them that have understanding: [22] he reveals deep and secret *matters*; knowing what is in darkness, and the light is with him. [23] I give thanks to thee, and praise *thee*, O God of my fathers, for thou hast given me wisdom and power, and hast made known to me the things which we asked of thee; and thou hast made known to me the king's vision.

[24] And Daniel came to Arioch, whom the king had appointed to destroy the wise men of Babylon, and said to him; Destroy not the wise men of Babylon, but bring me in before the king, and I will declare the interpretation to the king. [25] Then Arioch in haste brought in Daniel before the king, and said to him, I have found a man of the children of the captivity of Judea, who will declare the interpretation to the king. [26] And the king answered and said to Daniel, whose name was Baltasar, Canst thou declare to me the dream which I saw, and the interpretation thereof?

[27] And Daniel answered before the king, and said, The mystery which the king asks *the explanation of* is not *in the power of* the wise men, magicians, enchanters, *or* soothsayers to declare to the king. [28] But there is a God in heaven revealing mysteries, and he has made known to king Nabuchodonosor what things must come to pass in the last days. Thy dream, and the visions of thy head upon thy bed, are as follows. [29] O king: thy thoughts upon thy bed arose *as to* what must come to pass hereafter: and he that reveals mysteries has made known to thee what must come to pass. [30] Moreover, this mystery has not been revealed to me by reason of wisdom which is in me beyond all *others* living, but for the sake of

---

making known the interpretation to the king, that thou mightest know the thoughts of thine heart. [31] Thou, O king, sawest, and behold βan image: that image was great, and the appearance of it excellent, standing before thy face; and the form of it was terrible. [32] *It was* an image, the head of which was of fine gold, its hands and breast and arms of silver, *its* belly and thighs of brass, [33] its legs of iron, its feet, part of iron and part of earthenware. [34] Thou sawest until a stone was cut out of a mountain without hands, and it smote the image upon its feet of iron and earthenware, and utterly reduced them to powder. [35] Then once for all the earthenware, the iron, the brass, the silver, the gold, were ground to powder, and became as γchaff from the summer threshingfloor; and the violence of the wind carried them away, and no place was found for them: and the stone which had smitten the image became a great mountain, and filled all the earth. [36] This is the dream; and we will tell the interpretation thereof before the king. [37] Thou, O king, art a king of kings, to whom the God of heaven has given a powerful and strong and honourable kingdom, [38] in every place where the children of men dwell: and he has given into thine hand the wild beasts of the field, and the birds of the sky and the fish of the sea, and he has made thee lord of all. [39] Thou art the head of gold. And after thee shall arise another kingdom inferior to thee, and a third kingdom which is the brass, which shall have dominion over all the earth; [40] and a fourth kingdom, which shall be strong as iron: as iron beats to powder and subdues all things, so shall it beat to powder and subdue. [41] And whereas thou sawest the feet and the toes, part of earthenware and part of iron, the kingdom shall be divided; yet there shall be in it δof the strength of iron, as thou sawest the iron mixed with earthenware. [42] And *whereas* the toes of the feet were part of iron and part of earthenware, part of the kingdom shall be strong, and *part* of it shall be broken. [43] Whereas thou sawest the iron mixed with earthenware, they shall be mingled with the seed of men: but they shall not cleave together, as the iron does not mix itself with earthenware.

[44] And in the days of those kings the God of heaven shall set up a kingdom which shall never be destroyed: and his kingdom shall not be left to another people, *but* it shall beat to pieces and grind to powder all *other* kingdoms, and it shall stand for ever. [45] Whereas thou sawest that a stone was cut out of a mountain without hands, and it beat to pieces the earthenware, the iron, the brass, the silver, the gold; the great God has made known to the king what must happen hereafter: and the dream is true, and the interpretation thereof sure. [46] Then king Nabuchodonosor fell upon his face, and worshipped Daniel, and gave orders to offer to him gifts and incense. [47] And the king answered and said to Daniel, Of a truth your God is a God of gods, and

τοῦτο ἀπεκαλύφθη, ἀλλ' ἕνεκεν τοῦ τὴν σύγκρισιν τῷ βασιλεῖ γνωρίσαι, ἵνα τοὺς διαλογισμοὺς τῆς καρδίας σου γνῷς.

Σὺ βασιλεῦ ἐθεώρεις, καὶ ἰδοὺ εἰκὼν μία, μεγάλη ἡ εἰκὼν 31 ἐκείνη, καὶ ἡ πρόσοψις αὐτῆς ὑπερφερής, ἑστῶσα πρὸ προσώπου σου, καὶ ἡ ὅρασις αὐτῆς φοβερά. Εἰκών, ἧς ἡ κεφαλὴ χρυσίου 32 χρηστοῦ, αἱ χεῖρες καὶ τὸ στῆθος καὶ οἱ βραχίονες αὐτῆς ἀργυροῖ, ἡ κοιλία καὶ οἱ μηροὶ χαλκοῖ, αἱ κνῆμαι σιδηραῖ, οἱ πόδες 33 μέρος μέν τι σιδηροῦν, καὶ μέρος δέ τι ὀστράκινον. Ἐθεώρεις 34 ἕως ἀπεσχίσθη λίθος ἐξ ὄρους ἄνευ χειρῶν, καὶ ἐπάταξε τὴν εἰκόνα ἐπὶ τοὺς πόδας τοὺς σιδηροῦς καὶ ὀστρακίνους, καὶ ἐλέπτυνεν αὐτοὺς εἰς τέλος. Τότε ἐλεπτύνθησαν εἰσάπαξ τὸ 35 ὄστρακον, ὁ σίδηρος, ὁ χαλκὸς, ὁ ἄργυρος, ὁ χρυσός· καὶ ἐγένετο ὡσεὶ κονιορτὸς ἀπὸ ἅλωνος θερινῆς· καὶ ἐξῆρεν αὐτὰ τὸ πλῆθος τοῦ πνεύματος, καὶ τόπος οὐχ εὑρέθη αὐτοῖς· καὶ ὁ λίθος ὁ πατάξας τὴν εἰκόνα, ἐγενήθη ὄρος μέγα, καὶ ἐπλήρωσε πᾶσαν τὴν γῆν. Τοῦτό ἐστι τὸ ἐνύπνιον, καὶ τὴν 36 σύγκρισιν αὐτοῦ ἐροῦμεν ἐνώπιον τοῦ βασιλέως.

Σὺ βασιλεῦ βασιλεὺς βασιλέων, ᾧ ὁ Θεὸς τοῦ οὐρανοῦ 37 βασιλείαν ἰσχυρὰν καὶ κραταιὰν καὶ ἔντιμον ἔδωκεν ἐν παντὶ 38 τόπῳ, ὅπου κατοικοῦσιν οἱ υἱοὶ τῶν ἀνθρώπων· θηρία τε ἀγροῦ, καὶ πετεινὰ οὐρανοῦ, καὶ ἰχθύας τῆς θαλάσσης ἔδωκεν ἐν τῇ χειρί σου, καὶ κατέστησέ σε κύριον πάντων· σὺ εἶ ἡ κεφαλὴ ἡ χρυσῆ. Καὶ ὀπίσω σου ἀναστήσεται βασιλεία ἑτέρα ἥττων 39 σου, καὶ βασιλεία τρίτη, ἥτις ἐστὶν ὁ χαλκὸς, ἣ κυριεύσει πάσης τῆς γῆς, καὶ βασιλεία τετάρτη, ἥτις ἔσται ἰσχυρὰ ὡς 40 σίδηρος· ὃν τρόπον ὁ σίδηρος λεπτύνει καὶ δαμάζει πάντα, οὕτως πάντα λεπτυνεῖ καὶ δαμάσει. Καὶ ὅτι εἶδες τοὺς πόδας, 41 καὶ τοὺς δακτύλους, μέρος μέν τι ὀστράκινον, μέρος δέ τι σιδηροῦν, βασιλεία διῃρημένη ἔσται, καὶ ἀπὸ τῆς ῥίζης τῆς σιδηρᾶς ἔσται ἐν αὐτῇ, ὃν τρόπον εἶδες τὸν σίδηρον ἀναμεμιγμένον τῷ ὀστράκῳ. Καὶ οἱ δάκτυλοι τῶν ποδῶν μέρος μέν τι σιδηροῦν, 42 μέρος δέ τι ὀστράκινον, μέρος τι τῆς βασιλείας ἔσται ἰσχυρὸν, καὶ ἀπ' αὐτῆς ἔσται συντριβόμενον. Ὅτι εἶδες τὸν σίδηρον 43 ἀναμεμιγμένον τῷ ὀστράκῳ, συμμιγεῖς ἔσονται ἐν σπέρματι ἀνθρώπων, καὶ οὐκ ἔσονται προσκολλώμενοι οὗτος μετὰ τούτου, καθὼς ὁ σίδηρος οὐκ ἀναμίγνυται μετὰ τοῦ ὀστράκου.

Καὶ ἐν ταῖς ἡμέραις τῶν βασιλέων ἐκείνων, ἀναστήσει 44 ὁ Θεὸς τοῦ οὐρανοῦ βασιλείαν, ἥτις εἰς τοὺς αἰῶνας οὐ διαφθαρήσεται, καὶ ἡ βασιλεία αὐτοῦ λαῷ ἑτέρῳ οὐχ ὑπολειφθήσεται, λεπτυνεῖ καὶ λικμήσει πάσας τὰς βασιλείας, καὶ αὐτὴ ἀναστήσεται εἰς τοὺς αἰῶνας· Ὃν τρόπον εἶδες, ὅτι ἀπὸ ὄρους 45 ἐτμήθη λίθος ἄνευ χειρῶν, καὶ ἐλέπτυνε τὸ ὄστρακον, τὸν σίδηρον, τὸν χαλκὸν, τὸν ἄργυρον, τὸν χρυσόν· ὁ Θεὸς ὁ μέγας ἐγνώρισε τῷ βασιλεῖ ἃ δεῖ γενέσθαι μετὰ ταῦτα· καὶ ἀληθινὸν τὸ ἐνύπνιον, καὶ πιστὴ ἡ σύγκρισις αὐτοῦ.

Τότε ὁ βασιλεὺς Ναβουχοδονόσορ ἔπεσεν ἐπὶ πρόσωπον, 46 καὶ τῷ Δανιὴλ προσεκύνησε, καὶ μαναὰ καὶ εὐωδίας εἶπε σπεῖσαι αὐτῷ. Καὶ ἀποκριθεὶς ὁ βασιλεὺς, εἶπε τῷ Δανιὴλ, 47 ἐπ' ἀληθείας ὁ Θεὸς ὑμῶν, αὐτός ἐστι Θεὸς θεῶν, καὶ Κύριος

β Lit. one image.　　γ Or, dust, or, a cloud of dust.　　δ Gr. of the iron root.

τῶν βασιλέων, ὁ ἀποκαλύπτων μυστήρια, ὅτι ἠδυνάσθης ἀπο-
48 καλύψαι τὸ μυστήριον τοῦτο. Καὶ ἐμεγάλυνεν ὁ βασιλεὺς
τὸν Δανιὴλ, καὶ δόματα μεγάλα καὶ πολλὰ ἔδωκεν αὐτῷ, καὶ
κατέστησεν αὐτὸν ἐπὶ πάσης χώρας Βαβυλῶνος, καὶ ἄρχοντα
49 σατραπῶν ἐπὶ πάντας τοὺς σοφοὺς Βαβυλῶνος. Καὶ Δανιὴλ
ᾐτήσατο παρὰ τοῦ βασιλέως, καὶ κατέστησεν ἐπὶ τὰ ἔργα τῆς
χώρας Βαβυλῶνος τὸν Σεδρὰχ, Μισὰχ, καὶ Ἀβδεναγώ· καὶ
Δανιὴλ ἦν ἐν τῇ αὐλῇ τοῦ βασιλέως.

3 Ἔτους ὀκτωκαιδεκάτου Ναβουχοδονόσορ ὁ βασιλεὺς ἐποί-
ησεν εἰκόνα χρυσῆν, ὕψος αὐτῆς πήχεων ἑξήκοντα, εὖρος αὐτῆς
πήχεων ἕξ· καὶ ἔστησεν αὐτὴν ἐν πεδίῳ Δεειρᾷ, ἐν χώρᾳ Βα-
2 βυλῶνος. Καὶ ἀπέστειλε συναγαγεῖν τοὺς ὑπάτους, καὶ τοὺς
στρατηγοὺς, καὶ τοὺς τοπάρχας, ἡγουμένους, καὶ τυράννους, καὶ
τοὺς ἐπ᾽ ἐξουσιῶν, καὶ πάντας τοὺς ἄρχοντας τῶν χωρῶν, ἐλθεῖν
3 εἰς τὰ ἐγκαίνια τῆς εἰκόνος· Καὶ συνήχθησαν οἱ τοπάρχαι,
ὕπατοι, στρατηγοί, ἡγούμενοι, τύραννοι μεγάλοι, οἱ ἐπ᾽ ἐξου-
σιῶν, καὶ πάντες οἱ ἄρχοντες τῶν χωρῶν, εἰς τὸν ἐγκαινισμὸν
τῆς εἰκόνος, ἧς ἔστησε Ναβουχοδονόσορ ὁ βασιλεύς· καὶ
εἱστήκεισαν ἐνώπιον τῆς εἰκόνος.

4 Καὶ ὁ κῆρυξ ἐβόα ἐν ἰσχύϊ, ὑμῖν λέγεται λαοῖς, φυλαί,
5 γλῶσσαι, ᾗ ἂν ὥρᾳ ἀκούσητε φωνῆς σάλπιγγος, σύριγγός τε,
καὶ κιθάρας, σαμβύκης τε, καὶ ψαλτηρίου, καὶ παντὸς γένους
μουσικῶν, πίπτοντες προσκυνεῖτε τῇ εἰκόνι τῇ χρυσῇ ᾗ
6 ἔστησε Ναβουχοδονόσορ ὁ βασιλεύς. Καὶ ὃς ἂν μὴ πεσὼν
προσκυνήσῃ, αὐτῇ τῇ ὥρᾳ ἐμβληθήσεται εἰς τὴν κάμινον τοῦ
7 πυρὸς τὴν καιομένην. Καὶ ἐγένετο ὅταν ἤκουον οἱ λαοὶ τῆς
φωνῆς τῆς σάλπιγγος, σύριγγός τε, καὶ κιθάρας, σαμβύκης τε,
καὶ ψαλτηρίου, καὶ παντὸς γένους μουσικῶν, πίπτοντες πάντες
οἱ λαοὶ, φυλαὶ, γλῶσσαι, προσεκύνουν τῇ εἰκόνι τῇ χρυσῇ ἣν
ἔστησε Ναβουχοδονόσορ ὁ βασιλεύς.

8 Τότε προσῆλθοσαν ἄνδρες Χαλδαῖοι, καὶ διέβαλον τοὺς
9 Ἰουδαίους τῷ βασιλεῖ· βασιλεῦ, εἰς τοὺς αἰῶνας ζῆθι.
10 Σὺ βασιλεῦ ἔθηκας δόγμα, πάντα ἄνθρωπον ὃς ἂν ἀκούσῃ τῆς
φωνῆς τῆς σάλπιγγος, σύριγγός τε, καὶ κιθάρας, σαμβύκης,
11 καὶ ψαλτηρίου, καὶ παντὸς γένους μουσικῶν, καὶ μὴ πεσὼν
προσκυνήσῃ τῇ εἰκόνι τῇ χρυσῇ, ἐμβληθήσηται εἰς τὴν κάμινον
12 τοῦ πυρὸς τὴν καιομένην. Εἰσὶν ἄνδρες Ἰουδαῖοι, οὓς κατέστη-
σας ἐπὶ τὰ ἔργα τῆς χώρας Βαβυλῶνος, Σεδρὰχ, Μισὰχ,
Ἀβδεναγώ, οἳ οὐχ ὑπήκουσαν βασιλεῦ τῷ δόγματί σου, τοῖς
θεοῖς σου οὐ λατρεύουσι, καὶ τῇ εἰκόνι τῇ χρυσῇ ᾗ ἔστησας
οὐ προσκυνοῦσι.

13 Τότε Ναβουχοδονόσορ ἐν θυμῷ καὶ ὀργῇ εἶπεν ἀγαγεῖν τὸν
Σεδρὰχ, Μισὰχ, καὶ Ἀβδεναγώ· καὶ ἤχθησαν ἐνώπιον τοῦ
14 βασιλέως. Καὶ ἀπεκρίθη Ναβουχοδονόσορ, καὶ εἶπεν αὐτοῖς,
εἰ ἀληθῶς Σεδρὰχ, Μισὰχ, Ἀβδεναγώ, τοῖς θεοῖς μου οὐ
λατρεύετε, καὶ τῇ εἰκόνι τῇ χρυσῇ ᾗ ἔστησα οὐ προσκυνεῖτε;
15 Νῦν οὖν εἰ ἔχετε ἑτοίμως, ἵνα ὡς ἂν ἀκούσητε τῆς φωνῆς τῆς
σάλπιγγος, σύριγγός τε, καὶ κιθάρας, σαμβύκης τε, καὶ ψαλ-
τηρίου, καὶ συμφωνίας, καὶ παντὸς γένους μουσικῶν, πεσόντες
προσκυνήσητε τῇ εἰκόνι τῇ χρυσῇ ᾗ ἐποίησα· ἐὰν δὲ μὴ
προσκυνήσητε, αὐτῇ τῇ ὥρᾳ ἐμβληθήσεσθε εἰς τὴν κάμινον

Lord of kings, who reveals mysteries; for thou hast been able to reveal this mystery. [48] And the king promoted Daniel, and gave him great and abundant gifts, and set him over the whole province of Babylon, and *made him* chief satrap over all the wise men of Babylon. [49] And Daniel asked of the king, and he appointed Sedrach, Misach, and Abdenago, over the affairs of the province of Babylon: but Daniel was in the king's palace.

In *his* eighteenth year Nabuchodonosor the king made a golden image, its height was sixty cubits, its breadth six cubits: and he set it up in the plain of Deira, in the province of Babylon. [2] And he sent forth to gather the governors, and the captains, and the heads of provinces, chiefs, and princes, and those who were in authority, and all the rulers of districts, to come to the dedication of the image. [3] So the heads of provinces, the governors, the captains, the chiefs, the great princes, those who were in authority, and all the rulers of districts, were gathered to the dedication of the image which king Nabuchodonosor had set up; and they stood before the image.

[4] Then a herald cried aloud, To you it is commanded, ye peoples, tribes, *and* languages, [5] at what hour ye shall hear the sound of the trumpet, and pipe, and harp, and sackbut, and psaltery, and every kind of music, ye shall fall down and worship the golden image which king Nabuchodonosor has set up. [6] And whosoever shall not fall down and worship, in the same hour he shall be cast into the burning fiery furnace. [7] And it came to pass when the nations heard the sound of the trumpet, and pipe, and harp, and sackbut, and psaltery, and all kinds of music, all the nations, tribes, *and* languages, fell down and worshipped the golden image which king Nabuchodonosor had set up.

[8] Then came near *certain* Chaldeans, and accused the Jews to the king, *saying*, [9] O king, live for ever. [10] Thou, O king, hast made a decree, that every man who shall hear the sound of the trumpet, and pipe, and harp, sackbut, and psaltery, and all kinds of music, [11] and shall not fall down and worship the golden image, shall be cast into the burning fiery furnace. [12] There are *certain* Jews whom thou hast appointed over the affairs of the province of Babylon, Sedrach, Misach, *and* Abdenago, who have not obeyed thy decree, O king: they serve not thy gods, and worship not the golden image which thou hast set up.

[13] Then Nabuchodonosor in wrath and anger commanded to bring Sedrach, Misach, and Abdenago: and they were brought before the king. [14] And Nabuchodonosor answered and said to them, Is it true, Sedrach, Misach, *and* Abdenago, that ye serve not my gods, and worship not the golden image which I have set up? [15] Now then if ye be ready, whensoever ye shall hear the sound of the trumpet, and pipe and harp, and sackbut, and psaltery, and harmony, and every kind of music, to fall down and worship the golden image which I have made; *well*: but if ye worship not, in the same hour ye shall be cast into the burning

fiery furnace; and who is the God that shall deliver you out of my hand?

[16] Then answered Sedrach, Misach, *and* Abdenago, and said to king Nabuchodonosor, We have no need to answer thee concerning this matter. [17] For our God whom we serve is in the heavens, able to deliver us from the burning fiery furnace, and he will rescue us from thy hands, O king. [18] But if not, be it known to thee, O king, that we *will* not serve thy gods, nor worship the image which thou hast set up.

[19] Then Nabuchodonosor was filled with wrath, and the form of his countenance was changed toward Sedrach, Misach, and Abdenago: and he gave orders to heat the furnace seven times *more than usual*, until it should burn to the uttermost. [20] And he commanded mighty men to bind Sedrach, Misach, and Abdenago, and to cast *them* into the burning fiery furnace. [21] Then those men were bound with their β coats, and caps, and hose, and were cast into the midst of the burning fiery furnace, [22] forasmuch as the king's word prevailed; and the furnace was made exceeding hot. [23] Then these three men, Sedrach, Misach, and Abdenago, fell bound into the midst of the burning furnace, and walked in the midst of the flame, singing praise to God, and blessing the Lord.

[24] And Nabuchodonosor heard them singing praises; and he wondered, and rose up in haste, and said to his nobles, Did we not cast three men bound into the midst of the fire? and they said to the king, Yes, O king. [25] And the king said, But I see four men loose, and walking in the midst of the fire, and γ there has no harm happened to them; and the appearance of the fourth is like the Son of God. [26] Then Nabuchodonosor drew near to the door of the burning fiery furnace, and said, Sedrach, Misach, *and* Abdenago, ye servants of the most high God, proceed forth, and come hither. So Sedrach, Misach, *and* Abdenago, came forth out of the midst of the fire. [27] Then were assembled the satraps, and captains, and heads of provinces, and the royal princes; and they saw the men, *and perceived* that the fire had not had power against their δ bodies, and the hair of their head was not burnt, and their coats were not ς scorched, nor was the smell of fire upon them.

[28] And king Nabuchodonosor answered and said, Blessed be the God of Sedrach, Misach, *and* Abdenago, who has sent his angel, and delivered his servants, because they trusted in him; and they have changed the king's word, and delivered their bodies to be burnt, that they might not serve nor worship any god, except their own God. [29] Wherefore I publish a decree: Every people, tribe, *or* language, that shall speak reproachfully against the God of Sedrach, Misach, *and* Abdenago, shall be destroyed, and their houses shall be plundered: because there is no other God who shall be able to deliver thus. [30] Then the king promoted Sedrach, Misach, *and* Abdenago, in the province of Babylon, and advanced

τοῦ πυρὸς τὴν καιομένην· καὶ τίς ἐστι Θεὸς ὃς ἐξελεῖται ὑμᾶς ἐκ χειρός μου;

[16] Καὶ ἀπεκρίθησαν Σεδρὰχ, Μισὰχ, Ἀβδεναγώ, λέγοντες τῷ βασιλεῖ Ναβουχοδονόσορ, οὐ χρείαν ἔχομεν ἡμεῖς περὶ τοῦ ῥήματος τούτου ἀποκριθῆναί σοι. [17] Ἔστι γὰρ Θεὸς ἡμῶν ἐν οὐρανοῖς, ᾧ ἡμεῖς λατρεύομεν, δυνατὸς ἐξελέσθαι ἡμᾶς ἐκ τῆς καμίνου τοῦ πυρὸς τῆς καιομένης, καὶ ἐκ τῶν χειρῶν σου βασιλεῦ ῥύσεται ἡμᾶς. [18] Καὶ ἐὰν μὴ, γνωστὸν ἔστω σοι, βασιλεῦ, ὅτι τοῖς θεοῖς σου οὐ λατρεύομεν, καὶ τῇ εἰκόνι ᾗ ἔστησας οὐ προσκυνοῦμεν.

[19] Τότε Ναβουχοδονόσορ ἐπλήσθη θυμοῦ, καὶ ἡ ὄψις τοῦ προσώπου αὐτοῦ ἠλλοιώθη ἐπὶ Σεδρὰχ, Μισὰχ, καὶ Ἀβδεναγὼ, καὶ εἶπεν ἐκκαῦσαι τὴν κάμινον ἑπταπλασίως, ἕως οὗ εἰς τέλος ἐκκαῇ. [20] Καὶ ἄνδρας ἰσχυροὺς ἰσχύϊ εἶπε, πεδήσαντας τὸν Σεδρὰχ, Μισὰχ, καὶ Ἀβδεναγὼ, ἐμβαλεῖν εἰς τὴν κάμινον τοῦ πυρὸς τὴν καιομένην. [21] Τότε οἱ ἄνδρες ἐκεῖνοι ἐπεδήθησαν σὺν τοῖς σαραβάροις αὐτῶν, καὶ τιάραις, καὶ περικνημίσι, καὶ ἐβλήθησαν εἰς τὸ μέσον τῆς καμίνου τοῦ πυρὸς τῆς καιομένης, [22] ἐπεὶ τὸ ῥῆμα τοῦ βασιλέως ὑπερίσχυε· καὶ ἡ κάμινος ἐξεκαύθη ἐκ περισσοῦ. [23] Καὶ οἱ τρεῖς οὗτοι Σεδρὰχ, Μισὰχ, καὶ Ἀβδεναγὼ, ἔπεσον εἰς μέσον τῆς καμίνου τῆς καιομένης πεπεδημένοι, καὶ περιεπάτουν ἐν μέσῳ τῆς φλογὸς, ὑμνοῦντες τὸν Θεὸν, καὶ εὐλογοῦντες τὸν Κύριον.

[24] Καὶ Ναβουχοδονόσορ ἤκουσεν ὑμνούντων αὐτῶν, καὶ ἐθαύμασε, καὶ ἐξανέστη ἐν σπουδῇ, καὶ εἶπε τοῖς μεγιστᾶσιν αὐτοῦ, οὐχὶ ἄνδρας τρεῖς ἐβάλομεν εἰς τὸ μέσον τοῦ πυρὸς πεπεδημένους; καὶ εἶπον τῷ βασιλεῖ, ἀληθῶς βασιλεῦ. [25] Καὶ εἶπεν ὁ βασιλεὺς, ὁ δὲ ἐγὼ ὁρῶ ἄνδρας τέσσαρας λελυμένους, καὶ περιπατοῦντας ἐν μέσῳ τοῦ πυρὸς, καὶ διαφθορὰ οὐκ ἔστιν ἐν αὐτοῖς, καὶ ἡ ὅρασις τοῦ τετάρτου ὁμοία υἱῷ Θεοῦ. [26] Τότε προσῆλθε Ναβουχοδονόσορ πρὸς τὴν θύραν τῆς καμίνου τοῦ πυρὸς τῆς καιομένης, καὶ εἶπε, Σεδρὰχ, Μισὰχ, Ἀβδεναγὼ, οἱ δοῦλοι τοῦ Θεοῦ τοῦ ὑψίστου, ἐξέλθετε καὶ δεῦτε· καὶ ἐξῆλθον Σεδρὰχ, Μισὰχ, Ἀβδεναγὼ, ἐκ μέσου τοῦ πυρός. [27] Καὶ συνάγονται οἱ σατράπαι, καὶ οἱ στρατηγοὶ, καὶ οἱ τοπάρχαι, καὶ οἱ δυνάσται τοῦ βασιλέως, καὶ ἐθεώρουν τοὺς ἄνδρας, ὅτι οὐκ ἐκυρίευσε τὸ πῦρ τοῦ σώματος αὐτῶν, καὶ ἡ θρὶξ τῆς κεφαλῆς αὐτῶν οὐκ ἐφλογίσθη, καὶ τὰ σαράβαρα αὐτῶν οὐκ ἠλλοιώθη, καὶ ὀσμὴ πυρὸς οὐκ ἦν ἐν αὐτοῖς.

[28] Καὶ ἀπεκρίθη Ναβουχοδονόσορ ὁ βασιλεὺς, καὶ εἶπεν, εὐλογητὸς ὁ Θεὸς τοῦ Σεδρὰχ, Μισὰχ, Ἀβδεναγὼ, ὃς ἀπέστειλε τὸν ἄγγελον αὐτοῦ, καὶ ἐξείλατο τοὺς παῖδας αὐτοῦ, ὅτι ἐπεποίθεισαν ἐπ᾽ αὐτῷ· καὶ τὸ ῥῆμα τοῦ βασιλέως ἠλλοίωσαν, καὶ παρέδωκαν τὰ σώματα αὐτῶν εἰς πῦρ, ὅπως μὴ λατρεύσωσι μηδὲ προσκυνήσωσι παντὶ θεῷ, ἀλλ᾽ ἢ τῷ Θεῷ αὐτῶν. [29] Καὶ ἐγὼ ἐκτίθεμαι τὸ δόγμα· πᾶς λαὸς, φυλὴ, γλῶσσα, ἣ ἐὰν εἴπη βλασφημίαν κατὰ τοῦ Θεοῦ Σεδρὰχ, Μισὰχ, Ἀβδεναγὼ, εἰς ἀπώλειαν ἔσονται, κα᾽ οἱ οἶκοι αὐτῶν εἰς διαρπαγὴν, καθότι οὐκ ἔστι Θεὸς ἕτερος ὅστις δυνήσεται ῥύσασθαι οὕτως. [30] Τότε ὁ βασιλεὺς κατεύθυνε τὸν Σεδρὰχ, Μισὰχ, Ἀβδεναγὼ, ἐν τῇ

β *Chaldee word.*   γ *Lit.* there is no destruction in them.   δ *Gr.* singular; compare 1 Cor. 6. 19.   ς *Gr.* changed.

χώρα Βαβυλῶνος, καὶ ηὔξησεν αὐτοὺς, καὶ ἠξίωσεν αὐτοὺς ἡγεῖσθαι πάντων τῶν Ἰουδαίων, τῶν ἐν τῇ βασιλείᾳ αὐτοῦ.

31 Ναβουχοδονόσορ ὁ βασιλεὺς πᾶσι τοῖς λαοῖς, φυλαῖς, καὶ γλώσσαις, τοῖς οἰκοῦσιν ἐν πάσῃ τῇ γῇ, εἰρήνη ὑμῖν πλη-
32 θυνθείη. Τὰ σημεῖα καὶ τὰ τέρατα ἃ ἐποίησε μετ᾽ ἐμοῦ
33 ὁ Θεὸς ὁ ὕψιστος, ἤρεσεν ἐναντίον ἐμοῦ ἀναγγεῖλαι ὑμῖν, ὡς μεγάλα καὶ ἰσχυρά, ἡ βασιλεία αὐτοῦ βασιλεία αἰώνιος, καὶ ἡ ἐξουσία αὐτοῦ εἰς γενεὰν καὶ γενεάν.

4 Ἐγὼ Ναβουχοδονόσορ εὐθηνῶν ἤμην ἐν τῷ οἴκῳ μου, καὶ
2 εὐθαλῶν. Ἐνύπνιον ἴδον, καὶ ἐφοβέρισέ με, καὶ ἐταράχθην ἐπὶ τῆς κοίτης μου, καὶ αἱ ὁράσεις τῆς κεφαλῆς μου ἐτάραξάν
3 με. Καὶ δι᾽ ἐμοῦ ἐτέθη δόγμα τοῦ εἰσαγαγεῖν ἐνώπιόν μου παντας τοὺς σοφοὺς Βαβυλῶνος, ὅπως τὴν σύγκρισιν τοῦ ἐνυ-
4 πνίου γνωρίσωσί μοι. Καὶ εἰσεπορεύοντο οἱ ἐπαοιδοὶ, μάγοι, γαζαρηνοὶ, Χαλδαῖοι· καὶ τὸ ἐνύπνιον ἐγὼ εἶπα ἐνώπιον αὐτῶν·
5 καὶ τὴν σύγκρισιν αὐτοῦ οὐκ ἐγνώρισάν μοι, ἕως ἦλθε Δανιὴλ, οὗ τὸ ὄνομα Βαλτάσαρ κατὰ τὸ ὄνομα τοῦ θεοῦ μου, ὃς πνεῦμα Θεοῦ ἅγιον ἐν ἑαυτῷ ἔχει. ᾧ εἶπα,

6 Βαλτάσαρ ὁ ἄρχων τῶν ἐπαοιδῶν, ὃν ἐγὼ ἔγνων ὅτι πνεῦμα Θεοῦ ἅγιον ἐν σοὶ, καὶ πᾶν μυστήριον οὐκ ἀδυνατεῖ σε, ἄκουσον τὴν ὅρασιν τοῦ ἐνυπνίου μου, οὗ ἴδον, καὶ τὴν σύγκρισιν
7 αὐτοῦ εἰπόν μοι. Ἐπὶ τῆς κοίτης μου ἐθεώρουν, καὶ ἰδοὺ
8 δένδρον ἐν μέσῳ τῆς γῆς, καὶ τὸ ὕψος αὐτοῦ πολύ. Ἐμεγαλύνθη τὸ δένδρον καὶ ἴσχυσε, καὶ τὸ ὕψος αὐτοῦ ἔφθασεν ἕως τοῦ οὐρανοῦ, καὶ τὸ κῦτος αὐτοῦ εἰς τὸ πέρας ἁπάσης τῆς γῆς,
9 τὰ φύλλα αὐτοῦ ὡραῖα, καὶ ὁ καρπὸς αὐτοῦ πολὺς, καὶ τροφὴ πάντων ἐν αὐτῷ, καὶ ὑποκάτω αὐτοῦ κατεσκήνουν τὰ θηρία τὰ ἄγρια, καὶ ἐν τοῖς κλάδοις αὐτοῦ κατῴκουν τὰ ὄρνεα τοῦ οὐρανοῦ, καὶ ἐξ αὐτοῦ ἐτρέφετο πᾶσα σάρξ.

10 Ἐθεώρουν ἐν ὁράματι τῆς νυκτὸς ἐπὶ τῆς κοίτης μου, καὶ
11 ἰδοὺ εἰρ, καὶ ἅγιος ἀπ᾽ οὐρανοῦ κατέβη, καὶ ἐφώνησεν ἐν ἰσχύϊ, καὶ οὕτως εἶπεν, ἐκκόψατε τὸ δένδρον, καὶ ἐκτίλατε τοὺς κλάδους αὐτοῦ, καὶ ἐκτινάξατε τὰ φύλλα αὐτοῦ, καὶ διασκορπίσατε τὸν καρπὸν αὐτοῦ· σαλευθήτωσαν τὰ θηρία ὑποκάτωθεν
12 αὐτοῦ, καὶ τὰ ὄρνεα ἀπὸ τῶν κλάδων αὐτοῦ. Πλὴν τὴν φυὴν τῶν ῥιζῶν αὐτοῦ ἐν τῇ γῇ ἐάσατε, καὶ ἐν δεσμῷ σιδηρῷ καὶ χαλκῷ, καὶ ἐν τῇ χλόῃ τῇ ἔξω, καὶ ἐν τῇ δρόσῳ τοῦ οὐρανοῦ κοιτασθήσεται, καὶ μετὰ τῶν θηρίων ἡ μερὶς αὐτοῦ ἐν τῷ χόρτῳ
13 τῆς γῆς. Ἡ καρδία αὐτοῦ ἀπὸ τῶν ἀνθρώπων ἀλλοιωθήσεται, καὶ καρδία θηρίου δοθήσεται αὐτῷ, καὶ ἑπτὰ καιροὶ ἀλλαγήσον-
14 ται ἐπ᾽ αὐτόν. Διὰ συγκρίματος εἰρ ὁ λόγος, καὶ ῥῆμα ἁγίων τὸ ἐπερώτημα, ἵνα γνῶσιν οἱ ζῶντες, ὅτι Κύριός ἐστιν ὁ ὕψιστος τῆς βασιλείας τῶν ἀνθρώπων, καὶ ᾧ ἐὰν δόξῃ δώσει αὐτήν,
15 καὶ ἐξουδένωμα ἀνθρώπων ἀναστήσει ἐπ᾽ αὐτήν. Τοῦτο τὸ ἐνύπνιον ὃ ἴδον ἐγὼ Ναβουχοδονόσορ ὁ βασιλεὺς, καὶ σὺ Βαλτάσαρ τὸ σύγκριμα εἰπὸν, ὅτι πάντες οἱ σοφοὶ τῆς βασιλείας μου οὐ δύνανται τὸ σύγκριμα αὐτοῦ δηλῶσαί μοι· σὺ δὲ Δανιὴλ δύνασαι, ὅτι πνεῦμα Θεοῦ ἅγιον ἐν σοί.

16 Τότε Δανιὴλ, οὗ τὸ ὄνομα Βαλτάσαρ, ἀπηνεώθη ὡσεὶ ὥραν

them, and βgave them authority to rule over all the Jews who were in his kingdom. [31] King Nabuchodonosor to all nations, tribes, and tongues, who dwell in all the earth; Peace be multiplied to you. [32] It seemed good to me to declare to you the signs and wonders which the most high God has wrought with me, [33] how great and mighty *they are*: his kingdom is an everlasting kingdom, and his power to all generations.

I Nabuchodonosor was thriving in my house, and prospering. [2] I saw a vision, and it terrified me, and I was troubled on my bed, and the visions of my head troubled me. [3] And I made a decree to bring in before me all the wise men of Babylon, that they might make known to me the interpretation of the dream. [4] So the enchanters, magicians, soothsayers, *and* Chaldeans came in: and I told the dream before them; but they did not make known to me the interpretation thereof; [5] until Daniel came, whose name is Baltasar, according to the name of my God, who has within him the Holy Spirit of God ; to whom I said,

[6] O Baltasar, chief of the enchanters, of whom I know that the Holy Spirit of God is in thee, and no mystery is too hard for tnee, hear the vision of my dream which I had, and tell me the interpretation of it. [7] I had a vision upon my bed ; and behold a tree in the midst of the earth, and its height was great. [8] The tree grew large and strong, and its height reached to the sky, and its extent to the extremity of the whole earth ; [9] its leaves were fair, and its fruit abundant, and in it was meat for all ; and under it the wild beasts of the field took shelter, and the birds of the sky lodged in the branches of it, and all flesh was fed of it.

[10] I beheld in the night vision upon my bed, and, behold, a watcher and an holy one came down from heaven, and cried aloud, and thus he said, [11] Cut down the tree, and pluck off its branches, and shake off its leaves, and scatter its fruit : let the wild beasts be removed from under it, and the birds from its branches. [12] Only leave the stump of its roots in the earth, and *bind it* with an iron and brass band; and it shall lie in the grass that is without and in the dew of heaven, and its portion *shall be* with the wild beasts in the grass of the field. [13] His heart shall be changed from that of man, and the heart of a wild beast shall be given to him; and seven times shall pass over him. [14] The matter is by the decree of the watcher, and the demand is a word of the holy ones ; that the living may know that the Lord is most high *over* the kingdom of men, and he will give it to whomsoever he shall please, and will set up over it that which is set at nought of men. [15] This is the γ vision which I king Nabuchodonosor saw : and do thou, Baltasar, declare the interpretation, for none of the wise men of my kingdom are able to shew me the interpretation of it : but thou, Daniel, art able ; for the Holy Spirit of God is in thee. [16] Then Daniel, whose name is Baltasar

---

β *Or*, made, *or*, pronounced them worthy.   γ *Gr.* dream.

was amazed about one hour, and his thoughts troubled him. And Baltasar answered and said, *My* lord, let the dream be to them that hate thee, and the interpretation of it to thine enemies. [17] The tree which thou sawest, that grew large and strong, whose height reached to the sky and its extent to all the earth; [18] and whose leaves were flourishing, and its fruit abundant, (and it was meat for all; under it the wild beasts lodged, and the birds of the sky took shelter in its branches:) [19] is thyself, O king; for thou art grown great and powerful, and thy greatness has increased and reached to heaven, and thy dominion to the ends of the earth. [20] And whereas the king saw a watcher and a holy one coming down from heaven, and he said, Strip the tree, and destroy it; only leave the stump of its roots in the ground, and *bind it* with a band of iron and brass; and it shall lie in the grass that is without, and in the dew of heaven, and its portion shall be with wild beasts, until seven times have passed over it; [21] this is the interpretation of it, O king, and it is a decree of the Most High, which [β] has come upon my lord the king. [22] And they shall drive thee forth from men, and thy dwelling shall be with wild beasts, and they shall feed thee with grass as an ox, and thou shalt have thy lodging under the dew of heaven, and seven times shall pass over thee, until thou know that the Most High is Lord of the kingdom of men, and will give it to whom he shall please. [23] And whereas they said, Leave the stumps of the roots of the tree; thy kingdom abides *sure* to thee from the time that thou shalt know the power of the heavens. [24] Therefore, O king, let my counsel please thee, and atone for thy sins by alms, and *thine* iniquities by compassion on the poor: it may be God will be long-suffering to thy trespasses.

[25] All these things came upon king Nabuchodonosor. [26] After a twelvemonth, as he walked in his palace in Babylon, [27] the king answered and said, Is not this great Babylon, which I have built for [γ] a royal residence, by the might of my power, for the honour of my glory? [28] While the word was yet in the king's mouth, there came a voice from heaven, *saying*, To thee, king Nabuchodonosor, they say, The kingdom has departed from thee. [29] And they *shall* drive thee from men, and thy dwelling shall be with the wild beasts of the field, and they shall feed thee with grass as an ox: and seven times shall pass over thee, until thou know that the Most High is Lord of the kingdom of men, and he will give it to whomsoever he shall please.

[30] In the same hour the word was fulfilled upon Nabuchodonosor: and he was driven forth from men, and he ate grass as an ox, and his body was bathed with the dew of heaven, until his hairs were grown like lions' *hairs*, and his nails as birds' *claws*. [31] And at the end of the time I Nabuchodonosor lifted up mine eyes to heaven, and my reason returned to me, and I blessed the Most High, and praised him that lives for ever, and gave *him* glory; for his dominion

μίαν, καὶ οἱ διαλογισμοὶ αὐτοῦ συνετάρασσον αὐτόν· καὶ ἀπεκρίθη Βαλτάσαρ, καὶ εἶπε, κύριε, τὸ ἐνύπνιον ἔστω τοῖς μισοῦσί σε, καὶ ἡ σύγκρισις αὐτοῦ τοῖς ἐχθροῖς σου. Τὸ 17 δένδρον ὃ εἶδες τὸ μεγαλυνθὲν καὶ τὸ ἰσχυκός, οὗ τὸ ὕψος ἔφθανεν εἰς τὸν οὐρανόν, καὶ τὸ κύτος αὐτοῦ εἰς πᾶσαν τὴν γῆν, καὶ τὰ φύλλα αὐτοῦ εὐθαλῆ, καὶ ὁ καρπὸς αὐτοῦ πολὺς, καὶ 18 τροφὴ πᾶσιν ἐν αὐτῷ, ὑποκάτω αὐτοῦ κατῴκουν τὰ θηρία τὰ ἄγρια, καὶ ἐν τοῖς κλάδοις αὐτοῦ κατεσκήνουν τὰ ὄρνεα τοῦ οὐρανοῦ, σὺ εἶ, βασιλεῦ, ὅτι ἐμεγαλύνθης καὶ ἴσχυσας, καὶ ἡ 19 μεγαλωσύνη σου ἐμεγαλύνθη, καὶ ἔφθασεν εἰς τὸν οὐρανὸν, καὶ ἡ κυρεία σου εἰς τὰ πέρατα τῆς γῆς. Καὶ ὅτι εἶδεν ὁ βασι- 20 λεὺς εἴρ, καὶ ἅγιον καταβαίνοντα ἀπὸ τοῦ οὐρανοῦ, καὶ εἶπεν, ἐκτίλατε τὸ δένδρον, καὶ διαφθείρατε αὐτὸ, πλὴν τὴν φυὴν των ῥιζῶν αὐτοῦ ἐν τῇ γῇ ἐάσατε, καὶ ἐν δεσμῷ σιδηρῷ καὶ ἐν χαλκῷ, καὶ ἐν τῇ χλόῃ τῇ ἔξω, καὶ ἐν τῇ δρόσῳ τοῦ οὐρανοῦ αὐλισθήσεται, καὶ μετὰ θηρίων ἀγρίων ἡ μερὶς αὐτοῦ, ἕως οὗ ἑπτὰ καιροὶ ἀλλοιωθῶσιν ἐπ᾽ αὐτόν· Τοῦτο ἡ σύγκρισις αὐτοῦ 21 βασιλεῦ, καὶ σύγκριμα ὑψίστου ἐστὶν, ὃ ἔφθασεν ἐπὶ τὸν κύριόν μου τὸν βασιλέα, καὶ σὲ ἐκδιώξουσιν ἀπὸ τῶν ἀνθρώπων, 22 καὶ μετὰ θηρίων ἀγρίων ἔσται ἡ κατοικία σου, καὶ χόρτον ὡς βοῦν ψωμιοῦσί σε, καὶ ἀπὸ τῆς δρόσου τοῦ οὐρανοῦ αὐλισθήσῃ, καὶ ἑπτὰ καιροὶ ἀλλαγήσονται ἐπὶ σὲ, ἕως οὗ γνῷς ὅτι κυριεύει ὁ ὕψιστος τῆς βασιλείας τῶν ἀνθρώπων, καὶ ᾧ ἂν δόξῃ δώσει αὐτήν. Καὶ ὅτι εἶπαν, ἐάσατε τὴν φυὴν τῶν ῥιζῶν τοῦ 23 δένδρου· ἡ βασιλεία σου σοὶ μένει, ἀφ᾽ ἧς ἂν γνῷς τὴν ἐξουσίαν τὴν οὐράνιον. Διατοῦτο, βασιλεῦ, ἡ βουλή μου ἀρεσάτω 24 σοι, καὶ τὰς ἁμαρτίας σου ἐν ἐλεημοσύναις λύτρωσαι, καὶ τὰς ἀδικίας, ἐν οἰκτιρμοῖς πενήτων· ἴσως ἔσται μακρόθυμος τοῖς παραπτώμασί σου ὁ Θεός.

Ταῦτα πάντα ἔφθασεν ἐπὶ Ναβουχοδονόσορ τὸν βασιλέα. 25 Μετὰ δωδεκάμηνον, ἐπὶ τῷ ναῷ τῆς βασιλείας αὐτοῦ ἐν Βαβυ- 26 λῶνι περιπατῶν, ἀπεκρίθη ὁ βασιλεὺς, καὶ εἶπεν, οὐχ αὕτη 27 ἐστὶ Βαβυλὼν ἡ μεγάλη, ἣν ἐγὼ ᾠκοδόμησα εἰς οἶκον βασιλείας, ἐν τῷ κράτει τῆς ἰσχύος μου, εἰς τιμὴν τῆς δόξης μου; Ἔτι τοῦ λόγου ἐν τῷ στόματι τοῦ βασιλέως ὄντος, φωνὴ 28 ἀπ᾽ οὐρανοῦ ἐγένετο, σοὶ λέγουσι Ναβουχοδονόσορ βασιλεῦ, ἡ βασιλεία παρῆλθεν ἀπὸ σοῦ, καὶ ἀπὸ τῶν ἀνθρώπων σε ἐκδιώ- 29 κουσι, καὶ μετὰ θηρίων ἀγρίων ἡ κατοικία σου, καὶ χόρτον ὡς βοῦν ψωμιοῦσί σε, καὶ ἑπτὰ καιροὶ ἀλλαγήσονται ἐπὶ σὲ, ἕως γνῷς ὅτι κυριεύει ὁ ὕψιστος τῆς βασιλείας τῶν ἀνθρώπων, καὶ ᾧ ἂν δόξῃ δώσει αὐτήν. Αὐτῇ τῇ ὥρᾳ ὁ λόγος συνετελέσθη ἐπὶ Ναβουχοδονόσορ, 30 καὶ ἀπὸ τῶν ἀνθρώπων ἐξεδιώχθη, καὶ χόρτον ὡς βοῦς ἤσθιε, καὶ ἀπὸ τῆς δρόσου τοῦ οὐρανοῦ τὸ σῶμα αὐτοῦ ἐβάφη, ἕως αἱ τρίχες αὐτοῦ ὡς λεόντων ἐμεγαλύνθησαν, καὶ οἱ ὄνυχες αὐτοῦ ὡς ὀρνέων. Καὶ μετὰ τὸ τέλος τῶν ἡμερῶν ἐγὼ Ναβουχοδονόσορ τοὺς 31 ὀφθαλμούς μου εἰς τὸν οὐρανὸν ἀνέλαβον, καὶ αἱ φρένες μου ἐπ᾽ ἐμὲ ἐπεστράφησαν, καὶ τῷ ὑψίστῳ ηὐλόγησα, καὶ τῷ ζῶντι εἰς τὸν αἰῶνα ᾔνεσα, καὶ ἐδόξασα, ὅτι.ἡ ἐξουσία αὐτοῦ ἐξουσία

β *Gr.* come by anticipation.   γ *Gr.* a house of a kingdom.

32 αἰώνιος, καὶ ἡ βασιλεία αὐτοῦ εἰς γενεὰν καὶ γενεάν, καὶ πάντες
οἱ κατοικοῦντες τὴν γῆν ὡς οὐδὲν ἐλογίσθησαν· καὶ κατὰ τὸ
θέλημα αὐτοῦ ποιεῖ ἐν τῇ δυνάμει τοῦ οὐρανοῦ, καὶ ἐν τῇ
κατοικίᾳ τῆς γῆς· καὶ οὐκ ἔστιν ὃς ἀντιποιήσεται τῇ χειρὶ
33 αὐτοῦ, καὶ ἐρεῖ αὐτῷ, τί ἐποίησας; Αὐτῷ τῷ καιρῷ αἱ φρένες
μου ἐπεστράφησαν ἐπ᾽ ἐμέ, καὶ εἰς τὴν τιμὴν τῆς βασιλείας
μου ἦλθον· καὶ ἡ μορφή μου ἐπέστρεψεν ἐπ᾽ ἐμέ, καὶ οἱ
τύραννοί μου, καὶ οἱ μεγιστᾶνές μου ἐζήτουν με, καὶ ἐπὶ τὴν
βασιλείαν μου ἐκραταιώθην, καὶ μεγαλωσύνη περισσοτέρα
προσετέθη μοι.

34 Νῦν οὖν ἐγὼ Ναβουχοδονόσορ αἰνῶ καὶ ὑπερυψῶ καὶ δοξάζω
τὸν βασιλέα τοῦ οὐρανοῦ, ὅτι πάντα τὰ ἔργα αὐτοῦ ἀληθινά,
καὶ αἱ τρίβοι αὐτοῦ κρίσεις, καὶ πάντας τοὺς πορευομένους
ἐν ὑπερηφανίᾳ δύναται ταπεινῶσαι.

5 Βαλτάσαρ ὁ βασιλεὺς ἐποίησε δεῖπνον μέγα τοῖς μεγιστᾶσιν
2 αὐτοῦ χιλίοις, καὶ κατέναντι τῶν χιλίων ὁ οἶνος, καὶ πίνων
Βαλτάσαρ εἶπεν ἐν τῇ γεύσει τοῦ οἴνου, τοῦ ἐνεγκεῖν τὰ σκεύη
τὰ χρυσᾶ καὶ τὰ ἀργυρᾶ, ἃ ἐξήνεγκε Ναβουχοδονόσορ ὁ πατὴρ
αὐτοῦ ἐκ τοῦ ναοῦ τοῦ ἐν Ἱερουσαλήμ, καὶ πιέτωσαν ἐν αὐτοῖς
ὁ βασιλεύς, καὶ οἱ μεγιστᾶνες αὐτοῦ, καὶ αἱ παλλακαὶ αὐτοῦ,
3 καὶ αἱ παράκοιτοι αὐτοῦ. Καὶ ἠνέχθησαν τὰ σκεύη τὰ χρυσᾶ
καὶ τὰ ἀργυρᾶ, ἃ ἐξήνεγκεν ἐκ τοῦ ναοῦ τοῦ Θεοῦ τοῦ ἐν
Ἱερουσαλήμ, καὶ ἔπινον ἐν αὐτοῖς ὁ βασιλεύς, καὶ οἱ μεγιστᾶνες
4 αὐτοῦ, καὶ αἱ παλλακαὶ αὐτοῦ, καὶ αἱ παράκοιτοι αὐτοῦ. Ἔπι-
νον οἶνον· καὶ ᾔνεσαν τοὺς θεοὺς τοὺς χρυσοῦς, καὶ ἀργυροῦς,
καὶ χαλκοῦς, καὶ σιδηροῦς, καὶ ξυλίνους, καὶ λιθίνους.

5 Ἐν αὐτῇ τῇ ὥρᾳ ἐξῆλθον δάκτυλοι χειρὸς ἀνθρώπου, καὶ
ἔγραφον κατέναντι τῆς λαμπάδος ἐπὶ τὸ κονίαμα τοῦ τοίχου
τοῦ οἴκου τοῦ βασιλέως, καὶ ὁ βασιλεὺς ἐθεώρει τοὺς ἀστρα-
6 γάλους τῆς χειρὸς τῆς γραφούσης. Τότε τοῦ βασιλέως ἡ
μορφὴ ἠλλοιώθη, καὶ οἱ διαλογισμοὶ αὐτοῦ συνετάρασσον
αὐτόν, καὶ οἱ σύνδεσμοι τῆς ὀσφύος αὐτοῦ διελύοντο, καὶ τὰ
7 γόνατα αὐτοῦ συνεκροτοῦντο. Καὶ ἐβόησεν ὁ βασιλεὺς ἐν
ἰσχύϊ, τοῦ εἰσαγαγεῖν μάγους, Χαλδαίους, γαζαρηνούς· καὶ εἶπε
τοῖς σοφοῖς Βαβυλῶνος, ὃς ἂν ἀναγνῷ τὴν γραφὴν ταύτην, καὶ
τὴν σύγκρισιν γνωρίσῃ μοι, πορφύραν ἐνδύσεται, καὶ ὁ μανιά-
κης ὁ χρυσοῦς ἐπὶ τὸν τράχηλον αὐτοῦ, καὶ τρίτος ἐν τῇ
8 βασιλείᾳ μου ἄρξει. Καὶ εἰσεπορεύοντο πάντες οἱ σοφοὶ τοῦ
βασιλέως, καὶ οὐκ ἠδύναντο τὴν γραφὴν ἀναγνῶναι, οὐδὲ τὴν
9 σύγκρισιν γνωρίσαι τῷ βασιλεῖ. Καὶ ὁ βασιλεὺς Βαλτάσαρ
ἐταράχθη, καὶ ἡ μορφὴ αὐτοῦ ἠλλοιώθη ἐν αὐτῷ, καὶ οἱ μεγισ-
τᾶνες αὐτοῦ συνεταράσσοντο.
10 Καὶ εἰσῆλθεν ἡ βασίλισσα εἰς τὸν οἶκον τοῦ πότου, καὶ
εἶπε, βασιλεῦ, εἰς τὸν αἰῶνα ζῆθι· μὴ ταρασσέτωσάν σε οἱ
11 διαλογισμοί σου, καὶ ἡ μορφή σου μὴ ἀλλοιούσθω. Ἔστιν
ἀνὴρ ἐν τῇ βασιλείᾳ σου, ἐν ᾧ πνεῦμα Θεοῦ· καὶ ἐν ταῖς
ἡμέραις τοῦ πατρός σου, γρηγόρησις καὶ σύνεσις εὑρέθη ἐν
αὐτῷ, καὶ ὁ βασιλεὺς Ναβουχοδονόσορ ὁ πατήρ σου ἄρχοντα
ἐπαοιδῶν, μάγων, Χαλδαίων, γαζαρηνῶν, κατέστησεν αὐτόν,
2 ὅτι πνεῦμα περισσὸν ἐν αὐτῷ, καὶ φρόνησις καὶ σύνεσις ἐν

is an everlasting dominion, and his king-
dom *lasts* to all generations: [32]and all the
inhabitants of the earth are reputed as
nothing: and he does according to his will
in the βarmy of heaven, and γamong the
inhabitants of the earth: and there is none
who shall withstand his power, and say to
him, What hast thou done? [33]At the same
time my reason returned to me, and I came
to the honour of my kingdom; and my
natural form returned to me, and my
princes, and my nobles, sought me, and I
was established in my kingdom, and more
abundant majesty was added to me.

[34] Now therefore I Nabuchodonosor praise
and greatly exalt and glorify the King of
heaven; for all his works are true, and his
paths are judgment: and all that walk in
pride he is able to abase.

Baltasar the king made a great supper for
his thousand nobles, and *there was* wine
before the thousand. [2]And Baltasar drink-
ing gave orders as he tasted the wine that
they should bring the gold and silver vessels,
which Nabuchodonosor his father had
brought forth from the temple in Jeru-
salem; that the king, and his nobles, and
his mistresses, and his concubines, should
drink out of them. [3]So the gold and silver
vessels were brought which *Nabuchodonosor*
had taken out of the temple of God in
Jerusalem; and the king, and his nobles,
and his mistresses, and his concubines,
drank out of them. [4]They drank wine, and
praised the gods of gold, and of silver,
and of brass, and of iron, and of wood, and
of stone.

[5] In the same hour came forth fingers of
a man's hand, and wrote in front of the
lamp on the plaster of the wall of the king's
house: and the king saw the δknuckles of
the hand that wrote. [6]Then the king's
countenance changed, and his thoughts
troubled him, and the joints of his loins
were loosed, and his knees smote one another.
[7]And the king cried aloud to bring in the
magicians, Chaldeans, *and* soothsayers; and
he said to the wise men of Babylon, Who-
soever shall read this writing, and make
known to me the interpretation, shall be
clothed with scarlet, and *there shall be* a
golden chain upon his neck, and he shall be
the third ruler in my kingdom. [8]Then
came in all the king's wise men: but they
could not read the writing, nor make known
the interpretation to the king. [9]And king
Baltasar was troubled, and his countenance
changed upon him, and his nobles were
troubled with him.

[10]Then the queen came into the banquet
house, and said, O king, live for ever: let
not thy thoughts trouble thee, and let not
thy countenance be changed. [11]There is a
man in thy kingdom, in whom is the Spirit
of God; and in the days of thy father
watchfulness and understanding were found
in him; and king Nabuchodonosor thy
father made him chief of the enchanters,
magicians, Chaldeans, *and* soothsayers.
[12]For *there is* an excellent spirit in him, and

β *Lit.* force, or, power.   γ *Gr.* in the habitation of the earth.   δ *Or,* joints.

sense and understanding are in him, interpreting dreams *as he does*, and answering hard *questions*, and solving difficulties: *it is* Daniel, and the king gave him the name of Baltasar: now then let him be called, and he shall tell thee the interpretation β of the writing.

[13] Then Daniel was brought in before the king: and the king said to Daniel, Art thou Daniel, of the children of the captivity of Judea, which the king my father brought? [14] I have heard concerning thee, that the Spirit of God is in thee, and *that* watchfulness and understanding and excellent wisdom have been found in thee. [15] And now the wise men, magicians, *and* soothsayers have come in before me, to read the writing, and make known to me the interpretation: but they could not tell it me. [16] And I have heard concerning thee, that thou art able to make interpretations: now then if thou shalt be able to read the writing, and to make known to me the interpretation of it, thou shalt be clothed with purple, and there shall be a golden chain upon thy neck, and thou shalt be third ruler in my kingdom.

[17] And Daniel said before the king, Let thy gifts be to thyself, and give the present of thine house to another; but I will read the writing, and will make known to thee the interpretation of it. [18] O king, the most high God gave to thy father Nabuchodonosor a kingdom, and majesty, and honour, and glory: [19] and by reason of the majesty which he gave to him, all nations, tribes *and* languages trembled and feared before him: whom he would he slew; and whom he would he smote; and whom he would he exalted; and whom he would he abased. [20] But when his heart was lifted up, and his spirit was emboldened to act proudly, he was deposed from his royal throne, and *his* honour was taken from him. [21] And he was driven forth from men; and his heart was given him after the nature of wild beasts, and his dwelling was with the wild asses; and they fed him with grass as an ox, and his body was bathed with the dew of heaven; until he knew that the most high God is Lord of the kingdom of men, and will give it to whomsoever he shall please.

[22] And thou accordingly, his son, O Baltasar, hast not humbled thine heart before God: knowest thou not all this? [23] And thou hast been exalted against the Lord God of heaven; and they have brought before thee the vessels of his house, and thou, and thy nobles, and thy mistresses, and thy concubines, have drunk wine out of them; and thou hast praised the gods of gold, and silver, and brass, and iron, and wood, and stone, which see not, and which hear not, and know not: and the God in whose hand are thy breath and all thy ways hast thou not glorified. [24] Therefore from his presence has been sent forth the γ knuckle of a hand; and he has ordered this writing. [25] And this is the ordered writing, Mane, Thekel, Phares. [26] This is the interpretation of the δ sentence: Mane; God has measured thy kingdom, and ζ finished it. [27] Thekel;

αὐτῷ, συγκρίνων ἐνύπνια, καὶ ἀναγγέλλων κρατούμενα, καὶ λύων συνδέσμους, Δανιήλ· καὶ ὁ βασιλεὺς ἐπέθηκεν ὄνομα αὐτῷ, Βαλτάσαρ· νῦν οὖν κληθήτω, καὶ τὴν σύγκρισιν αὐτοῦ ἀναγγελεῖ σοι.

[13] Τότε Δανιὴλ εἰσήχθη ἐνώπιον τοῦ βασιλέως· καὶ εἶπεν ὁ βασιλεὺς τῷ Δανιήλ, σὺ εἶ Δανιήλ, ὁ ἀπὸ τῶν υἱῶν τῆς αἰχμαλωσίας τῆς Ἰουδαίας, ἧς ἤγαγεν ὁ βασιλεὺς ὁ πατήρ μου; [14] Ἤκουσα περὶ σοῦ ὅτι πνεῦμα Θεοῦ ἐν σοὶ, καὶ γρηγόρησις, καὶ σύνεσις, καὶ σοφία περισσὴ εὑρέθη ἐν σοί. [15] Καὶ νῦν εἰσῆλθον ἐνώπιόν μου οἱ σοφοὶ, μάγοι, γαζαρηνοὶ, ἵνα τὴν γραφὴν ταύτην ἀναγνῶσι, καὶ τὴν σύγκρισιν γνωρίσωσί μοι, καὶ οὐκ ἠδυνήθησαν ἀναγγεῖλαί μοι. [16] Καὶ ἐγὼ ἤκουσα περὶ σοῦ, ὅτι δύνασαι κρίματα συγκρῖναι· νῦν οὖν ἐὰν δυνηθῇς τὴν γραφὴν ἀναγνῶναι, καὶ τὴν σύγκρισιν αὐτῆς γνωρίσαι μοι, πορφύραν ἐνδύσῃ, καὶ ὁ μανιάκης ὁ χρυσοῦς ἔσται ἐπὶ τῷ τραχήλῳ σου, καὶ τρίτος ἐν τῇ βασιλείᾳ μου ἄρξεις.

[17] Καὶ εἶπε Δανιὴλ ἐνώπιον τοῦ βασιλέως, τὰ δόματά σου σοὶ ἔστω, καὶ τὴν δωρεὰν τῆς οἰκίας σου ἑτέρῳ δὸς, ἐγὼ δὲ τὴν γραφὴν ἀναγνώσομαι, καὶ τὴν σύγκρισιν αὐτῆς γνωρίσω σοι, βασιλεῦ· [18] ὁ Θεὸς ὁ ὕψιστος τὴν βασιλείαν, καὶ τὴν μεγαλωσύνην, καὶ τὴν τιμὴν, καὶ τὴν δόξαν ἔδωκε Ναβουχοδονόσορ τῷ πατρί σου. [19] Καὶ ἀπὸ τῆς μεγαλωσύνης ἧς ἔδωκεν αὐτῷ πάντες οἱ λαοὶ, φυλαὶ, γλῶσσαι ἦσαν τρέμοντες καὶ φοβούμενοι ἀπὸ προσώπου αὐτοῦ· οὓς ἠβούλετο αὐτὸς ἀνήρει, καὶ οὓς ἠβούλετο αὐτὸς ἔτυπτε, καὶ οὓς ἠβούλετο αὐτὸς ὕψου, καὶ οὓς ἠβούλετο αὐτὸς ἐταπείνου. [20] Καὶ ὅτε ὑψώθη ἡ καρδία αὐτοῦ, καὶ τὸ πνεῦμα αὐτοῦ ἐκραταιώθη τοῦ ὑπερηφανεύσασθαι, κατηνέχθη ἀπὸ τοῦ θρόνου τῆς βασιλείας, καὶ ἡ τιμὴ ἀφῃρέθη ἀπ᾽ αὐτοῦ, [21] καὶ ἀπὸ τῶν ἀνθρώπων ἐξεδιώχθη, καὶ ἡ καρδία αὐτοῦ μετὰ τῶν θηρίων ἐδόθη, καὶ μετὰ τῶν ὀνάγρων ἡ κατοικία αὐτοῦ, καὶ χόρτον ὡς βοῦν ἐψώμιζον αὐτὸν, καὶ ἀπὸ τῆς δρόσου τοῦ οὐρανοῦ τὸ σῶμα αὐτοῦ ἐβάφη, ἕως οὗ ἔγνω ὅτι κυριεύει ὁ Θεὸς ὕψιστος τῆς βασιλείας τῶν ἀνθρώπων, καὶ ᾧ ἂν δόξῃ δώσει αὐτήν.

[22] Καὶ σὺ οὖν ὁ υἱὸς αὐτοῦ Βαλτάσαρ οὐκ ἐταπείνωσας τὴν καρδίαν σου κατενώπιον τοῦ Θεοῦ· οὐ πάντα ταῦτα ἔγνως; [23] Καὶ ἐπὶ τὸν Κύριον Θεὸν τοῦ οὐρανοῦ ὑψώθης, καὶ τὰ σκεύη τοῦ οἴκου αὐτοῦ ἤνεγκαν ἐνώπιόν σου, καὶ σὺ καὶ οἱ μεγιστᾶνές σου, καὶ αἱ παλλακαί σου, καὶ αἱ παράκοιτοί σου οἶνον ἐπίνετε ἐν αὐτοῖς· καὶ τοὺς θεοὺς τοὺς χρυσοῦς, καὶ ἀργυροῦς, καὶ χαλκοῦς, καὶ σιδηροῦς, καὶ ξυλίνους, καὶ λιθίνους, οἳ οὐ βλέπουσι, καὶ οἳ οὐκ ἀκούουσι, καὶ οὐ γινώσκουσιν, ᾔνεσας, καὶ τὸν Θεὸν οὗ ἡ πνοή σου ἐν χειρὶ αὐτοῦ καὶ πᾶσαι αἱ ὁδοί σου, αὐτὸν οὐκ ἐδόξασας. [24] Διατοῦτο ἐκ προσώπου αὐτοῦ ἀπεστάλη ἀστράγαλος χειρὸς, καὶ τὴν γραφὴν ταύτην ἐνέταξε.

[25] Καὶ αὕτη ἡ γραφὴ ἐντεταγμένη, Μανὴ, Θεκὲλ, Φάρες. [26] Τοῦτο τὸ σύγκριμα τοῦ ῥήματος· Μανὴ, ἐμέτρησεν ὁ Θεὸς τὴν βασιλείαν σου, καὶ ἐπλήρωσεν αὐτήν. [27] Θεκὲλ, ἐστάθη ἐν

β *Gr.* of it, or, of him.   γ *Or*, joint.   δ *Gr.* word.   ζ *Gr.* fulfilled it.

28 ζυγῷ, καὶ εὑρέθη ὑστεροῦσα. Φάρες, διήρηται ἡ βασιλεία σου, καὶ ἐδόθη Μήδοις καὶ Πέρσαις.

29 Καὶ εἶπε Βαλτάσαρ, καὶ ἐνέδυσαν τον Δανιὴλ πορφύραν, καὶ τὸν μανιάκην τὸν χρυσοῦν περιέθηκαν περὶ τὸν τράχηλον αὐτοῦ, καὶ ἐκήρυξε περὶ αὐτοῦ, εἶναι αὐτὸν ἄρχοντα τρίτον ἐν

30 τῇ βασιλείᾳ. Ἐν αὐτῇ τῇ νυκτὶ ἀνῃρέθη Βαλτάσαρ ὁ βασι-

31 λεὺς ὁ Χαλδαῖος, καὶ Δαρεῖος ὁ Μῆδος παρέλαβε τὴν βασι-λείαν, ὢν ἐτῶν ἑξήκοντα δύο.

6 Καὶ ἤρεσεν ἐνώπιον Δαρείου, καὶ κατέστησεν ἐπὶ τῆς βασι-λείας σατράπας ἑκατὸν εἴκοσι, τοῦ εἶναι αὐτοὺς ἐν ὅλῃ τῇ

2 βασιλείᾳ αὐτοῦ, καὶ ἐπάνω αὐτῶν τακτικοὺς τρεῖς, ὃς ἦν Δανιὴλ εἷς ἐξ αὐτῶν, τοῦ ἀποδιδόναι αὐτοῖς τοὺς σατράπας

3 λόγον, ὅπως ὁ βασιλεὺς μὴ ἐνοχλῆται. Καὶ ἦν Δανιὴλ ὑπὲρ αὐτοὺς, ὅτι πνεῦμα περισσὸν ἐν αὐτῷ, καὶ ὁ βασιλεὺς κατ-έστησεν αὐτὸν ἐφ᾽ ὅλης τῆς βασιλείας αὐτοῦ.

4 Καὶ οἱ τακτικοὶ καὶ οἱ σατράπαι ἐζήτουν πρόφασιν εὑρεῖν κατὰ Δανιὴλ· καὶ πᾶσαν πρόφασιν καὶ παράπτωμα καὶ ἁμ-

5 πλάκημα οὐχ εὗρον κατ᾽ αὐτοῦ, ὅτι πιστὸς ἦν. Καὶ εἶπον οἱ τακτικοὶ, οὐχ εὑρήσομεν κατὰ Δανιὴλ πρόφασιν, εἰ μὴ ἐν νομίμοις Θεοῦ αὐτοῦ.

6 Τότε οἱ τακτικοὶ καὶ οἱ σατράπαι παρέστησαν τῷ βασιλεῖ,

7 καὶ εἶπαν αὐτῷ, Δαρεῖε βασιλεῦ, εἰς τοὺς αἰῶνας ζῆθι. Συνε-βουλεύσαντο πάντες οἱ ἐπὶ τῆς βασιλείας σου στρατηγοὶ καὶ σατράπαι, ὕπατοι καὶ τοπάρχαι, τοῦ στῆσαι στάσει βασιλικῇ, καὶ ἐνισχῦσαι ὁρισμόν, ὅπως ὃς ἂν αἰτήσῃ αἴτημα παρὰ παντὸς θεοῦ καὶ ἀνθρώπου, ἕως ἡμερῶν τριάκοντα, ἀλλ᾽ ἢ παρὰ

8 σοῦ βασιλεῦ, ἐμβληθήσεται εἰς τὸν λάκκον τῶν λεόντων. Νῦν οὖν βασιλεῦ στῆσον τὸν ὁρισμόν, καὶ ἔκθες γραφὴν, ὅπως μὴ

9 ἀλλοιωθῇ τὸ δόγμα Περσῶν καὶ Μήδων. Τότε ὁ βασιλεὺς Δαρεῖος ἐπέταξε γραφῆναι τὸ δόγμα.

10 Καὶ Δανιὴλ ἡνίκα ἔγνω ὅτι ἐνετάγη τὸ δόγμα, εἰσῆλθεν εἰς τὸν οἶκον αὐτοῦ· καὶ αἱ θυρίδες ἀνεῳγμέναι αὐτῷ ἐν τοῖς ὑπερῴοις αὐτοῦ κατέναντι Ἱερουσαλὴμ, καὶ καιροὺς τρεῖς τῆς ἡμέρας ἦν κάμπτων ἐπὶ τὰ γόνατα αὐτοῦ, καὶ προσευχόμενος καὶ ἐξομολογούμενος ἐναντίον τοῦ Θεοῦ αὐτοῦ, καθὼς ἦν ποιῶν ἔμπροσθεν.

11 Τότε οἱ ἄνδρες ἐκεῖνοι παρετήρησαν, καὶ εὗρον τὸν Δανιὴλ

12 ἀξιοῦντα καὶ δεόμενον τοῦ Θεοῦ αὐτοῦ. Καὶ προσελθόντες λέγουσι τῷ βασιλεῖ, βασιλεῦ, οὐχ ὁρισμὸν ἔταξας, ὅπως πᾶς ἄνθρωπος ὃς ἂν αἰτήσῃ παρὰ παντὸς θεοῦ καὶ ἀνθρώπου αἴτημα, ἕως ἡμερῶν τριάκοντα, ἀλλ᾽ ἢ παρὰ σοῦ βασιλεῦ, ἐμβληθήσεται εἰς τὸν λάκκον τῶν λεόντων; καὶ εἶπεν ὁ βασιλεὺς, ἀληθινὸς ὁ λόγος, καὶ τὸ δόγμα Μήδων καὶ Περσῶν οὐ παρελεύσεται.

13 Τότε ἀπεκρίθησαν καὶ λέγουσιν ἐνώπιον τοῦ βασιλέως, Δανιὴλ, ὁ ἀπὸ τῶν υἱῶν τῆς αἰχμαλωσίας τῆς Ἰουδαίας, οὐχ ὑπετάγη τῷ δόγματί σου· καὶ καιροὺς τρεῖς τῆς ἡμέρας αἰτεῖ παρὰ τοῦ

14 Θεοῦ αὐτοῦ τὰ αἰτήματα αὐτοῦ. Τότε ὁ βασιλεὺς, ὡς τὸ ῥῆμα ἤκουσε, πολὺ ἐλυπήθη ἐπ᾽ αὐτῷ, καὶ περὶ τοῦ Δανιὴλ ἠγωνί-σατο τοῦ ἐξελέσθαι αὐτὸν, καὶ ἕως ἑσπέρας ἦν ἀγωνιζόμενος τοῦ ἐξελέσθαι αὐτόν.

it has been weighed in the balance, and found wanting. 28 Phares; thy kingdom is divided, and given to the Medes and Persians.

29 Then Baltasar commanded, and they clothed Daniel with scarlet, and put the golden chain about his neck, and proclaimed concerning him that he was the third ruler in the kingdom. 30 In the same night was Baltasar the Chaldean king slain. 31 And Darius the Mede succeeded to the kingdom, being sixty-two years *old*.

And it pleased Darius, and he set over the kingdom a hundred and twenty satraps, to be in all his kingdom; 2 and over them three governors, of whom one was Daniel; for the satraps to give account to them, that the king should not be troubled. 3 And Daniel was over them, for *there was* an excellent spirit in him; and the king set him over all his kingdom.

4 Then the governors and satraps sought to find occasion against Daniel; but they found against him no occasion, nor trespass, nor error, because he was faithful. 5 And the governors said, We shall not find occasion against Daniel, except in the ordinances of his God.

6 Then the governors and satraps stood by the king, and said to him, King Darius, live for ever. 7 All who preside over thy kingdom, captains and satraps, chiefs and local governors, have taken counsel together, to establish by a royal statute and to con-firm a decree, that whosoever shall ask a petition of any god or man for thirty days, save of thee, O king, shall be cast into the βden of lions. 8 Now then, O king, establish the decree, and publish a writ, that the decree of the Persians and Medes be not changed. 9 Then king Darius commanded the decree to be written.

10 And when Daniel knew that the decree was ordered, he went into his house; and his windows were opened in his γ chambers toward Jerusalem, and three times in the day he knelt upon his knees, and prayed and gave thanks before his God, as he used to do before.

11 Then these men watched, and found Daniel praying and supplicating to his God. 12 And they came and said to the king, O king, hast thou not made a decree, that whatsoever man shall ask a petition of any god or man for thirty days, but of thee, O king, shall be cast into the den of lions? And the king said, The word is true, and the decree of the Medes and Persians shall not pass. 13 Then they answered and said before the king, Daniel of the children of the captivity of Judea, has not submitted to thy decree; and three times in the day he makes his requests of his God. 14 Then the king, when he heard the saying, was much grieved for δDaniel, and he greatly exerted himself for Daniel to deliver him: and he exerted himself till evening to deliver him.

15 Then those men said to the king, Know, O king, that the law of the Medes and Persians is, that we must not change any decree or statute which the king shall make. 16 Then the king commanded, and they brought Daniel, and cast him into the den of lions. But the king said to Daniel, Thy God whom thou servest continually, he will deliver thee. 17 And they brought a stone, and put it on the mouth of the den; and the king sealed *it* with his ring, and with the ring of his nobles; that the case might not be altered with regard to Daniel. 18 And the king departed to his house, and lay down fasting, and they brought him no food; and his sleep departed from him. But God shut the mouths of the lions, and they did not molest Daniel.

19 Then the king arose very early in the morning, and came in haste to the den of lions. 20 And when he drew near to the den, he cried with a loud voice, Daniel, servant of the living God, has thy God, whom thou servest continually, been able to deliver thee from the lion's mouth? 21 And Daniel said to the king, O king, live for ever. 22 My God has sent his angel, and stopped the lions' mouths, and they have not hurt me: for uprightness was found in me before him; and moreover before thee, O king, I have committed no trespass. 23 Then the king was very glad for him, and he commanded to bring Daniel out of the den. So Daniel was brought out of the den, and there was found no hurt upon him, because he believed in his God.

24 And the king commanded, and they brought the men that had accused Daniel, and they were cast into the den of lions, they, and their children, and their wives: and they reached not the bottom of the den before the lions had the mastery of them, and utterly broke to pieces all their bones.

25 Then king Darius wrote to all nations, tribes, *and* languages, who dwell in all the earth, *saying*, Peace be multiplied to you. 26 This decree has been set forth by me in every dominion of my kingdom, that *men* tremble and fear before the God of Daniel: for he is the living and eternal God, and his kingdom shall not be destroyed, and his dominion is for ever. 27 He helps and delivers, and works signs and wonders in the heaven and on the earth, who has rescued Daniel from the power of the lions. 28 And Daniel prospered in the reign of Darius, and in the reign of Cyrus the Persian.

In the first year of Baltasar king of the Chaldeans Daniel ^β had a dream, and ^γvisions of his head upon his bed: and he wrote his dream.

2 I Daniel beheld, and, lo, the four winds of heaven blew violently upon the great sea. 3 And there came up four great beasts out of the sea, differing from one another. 4 The first *was* as a lioness, and her wings as an eagle's: I beheld until her wings were plucked, and she was lifted off from the

Τότε οἱ ἄνδρες ἐκεῖνοι λέγουσι τῷ βασιλεῖ, γνῶθι βασιλεῦ, 15 ὅτι τὸ δόγμα Μήδοις καὶ Πέρσαις, τοῦ πᾶν ὁρισμὸν καὶ στάσιν ἣν ἂν ὁ βασιλεὺς στήσῃ, οὐ δεῖ παραλλάξαι. Τότε ὁ βασι- 16 λεὺς εἶπε· καὶ ἤγαγον τὸν Δανιὴλ, καὶ ἐνέβαλον αὐτὸν εἰς τὸν λάκκον τῶν λεόντων· καὶ εἶπεν ὁ βασιλεὺς τῷ Δανιὴλ, ὁ Θεός σου, ᾧ σὺ λατρεύεις ἐνδελεχῶς, αὐτὸς ἐξελεῖταί σε. Καὶ ἤνεγκαν λίθον, καὶ ἐπέθηκαν ἐπὶ τὸ στόμα τοῦ λάκκου, καὶ 17 ἐσφραγίσατο ὁ βασιλεὺς ἐν τῷ δακτυλίῳ αὐτοῦ, καὶ ἐν τῷ δακτυλίῳ τῶν μεγιστάνων αὐτοῦ, ὅπως μὴ ἀλλοιωθῇ πρᾶγμα ἐν τῷ Δανιήλ. Καὶ ἀπῆλθεν ὁ βασιλεὺς εἰς τὸν οἶκον αὐτοῦ, 18 καὶ ἐκοιμήθη ἄδειπνος, καὶ ἐδέσματα οὐκ εἰσήνεγκαν αὐτῷ· καὶ ὁ ὕπνος ἀπέστη ἀπ᾿ αὐτοῦ· καὶ ἔκλεισεν ὁ Θεὸς τὰ στόματα τῶν λεόντων, καὶ οὐ παρηνώχλησαν τῷ Δανιήλ.

Τότε ὁ βασιλεὺς ἀνέστη τὸ πρωὶ ἐν τῷ φωτὶ, καὶ ἐν σπουδῇ 19 ἦλθεν ἐπὶ τὸν λάκκον τῶν λεόντων. Καὶ ἐν τῷ ἐγγίζειν αὐτὸν 20 τῷ λάκκῳ, ἐβόησε φωνῇ ἰσχυρᾷ, Δανιὴλ, ὁ δοῦλος τοῦ Θεοῦ τοῦ ζῶντος, ὁ Θεός σου ᾧ σὺ λατρεύεις ἐνδελεχῶς, εἰ ἠδυνήθη ἐξελέσθαί σε ἐκ στόματος τῶν λεόντων; Καὶ εἶπε Δανιὴλ τῷ 21 βασιλεῖ, βασιλεῦ, εἰς τοὺς αἰῶνας ζῆθι. Ὁ Θεός μου ἀπέ- 22 στειλε τὸν ἄγγελον αὐτοῦ, καὶ ἐνέφραξε τὰ στόματα τῶν λεόντων, καὶ οὐκ ἐλυμήναντό με, ὅτι κατέναντι αὐτοῦ εὐθύτης εὑρέθη ἐμοὶ, καὶ ἐνώπιον δέ σου βασιλεῦ παράπτωμα οὐκ ἐποίησα. Τότε ὁ βασιλεὺς πολὺ ἠγαθύνθη ἐπ᾿ αὐτῷ, καὶ τὸν 23 Δανιὴλ εἶπεν ἀνενέγκαι ἐκ τοῦ λάκκου· καὶ ἀνηνέχθη Δανιὴλ ἐκ τοῦ λάκκου· καὶ πᾶσα διαφθορὰ οὐχ εὑρέθη ἐν αὐτῷ, ὅτι ἐπίστευσεν ἐν τῷ Θεῷ αὐτοῦ.

Καὶ εἶπεν ὁ βασιλεὺς, καὶ ἠγάγοσαν τοὺς ἄνδρας τοὺς δια- 24 βαλόντας τὸν Δανιὴλ, καὶ εἰς τὸν λάκκον τῶν λεόντων ἐνεβλή- θησαν αὐτοὶ, καὶ οἱ υἱοὶ αὐτῶν, καὶ αἱ γυναῖκες αὐτῶν· καὶ οὐκ ἔφθασαν εἰς τὸ ἔδαφος τοῦ λάκκου, ἕως οὗ ἐκυρίευσαν αὐτῶν οἱ λέοντες, καὶ πάντα τὰ ὀστᾶ αὐτῶν ἐλέπτυναν.

Τότε Δαρεῖος ὁ βασιλεὺς ἔγραψε πᾶσι τοῖς λαοῖς, φυλαῖς, 25 γλώσσαις, τοῖς οἰκοῦσιν ἐν πάσῃ τῇ γῇ· εἰρήνη ὑμῖν πληθυν- θείη. Ἐκ προσώπου μου ἐτέθη δόγμα τοῦτο ἐν πάσῃ ἀρχῇ 26 τῆς βασιλείας μου, εἶναι τρέμοντας καὶ φοβουμένους ἀπὸ προσ- ώπου τοῦ Θεοῦ Δανιὴλ, ὅτι αὐτός ἐστι Θεὸς ζῶν, καὶ μένων εἰς τοὺς αἰῶνας, καὶ ἡ βασιλεία αὐτοῦ οὐ διαφθαρήσεται, καὶ ἡ κυρεία αὐτοῦ ἕως τέλους. Ἀντιλαμβάνεται καὶ ῥύεται, καὶ 27 ποιεῖ σημεῖα καὶ τέρατα ἐν τῷ οὐρανῷ καὶ ἐπὶ τῆς γῆς, ὅστις ἐξείλατο τὸν Δανιὴλ ἐκ χειρὸς τῶν λεόντων. Καὶ Δανιὴλ 28 κατήθυνεν ἐν τῇ βασιλείᾳ Δαρείου, καὶ ἐν τῇ βασιλείᾳ Κύρου τοῦ Πέρσου.

Ἐν ἔτει πρώτῳ τῷ Βαλτάσαρ βασιλέως Χαλδαίων, Δανιὴλ 7 ἐνύπνιον εἶδε, καὶ αἱ ὁράσεις τῆς κεφαλῆς αὐτοῦ ἐπὶ τῆς κοίτης αὐτοῦ· καὶ τὸ ἐνύπνιον αὐτοῦ ἔγραψεν.

Ἐγὼ Δανιὴλ ἐθεώρουν· καὶ ἰδοὺ οἱ τέσσαρες ἄνεμοι τοῦ 2 οὐρανοῦ προσέβαλον εἰς τὴν θάλασσαν τὴν μεγάλην· Καὶ 3 τέσσαρα θηρία μεγάλα ἀνέβαινον ἐκ τῆς θαλάσσης, διαφέροντα ἀλλήλων. Τὸ πρῶτον ὡσεὶ λέαινα, καὶ πτερὰ αὐτῆς ὡς ἀετοῦ· 4 ἐθεώρουν ἕως οὗ ἐξετίλη τὰ πτερὰ αὐτῆς· καὶ ἐξήρθη ἀπὸ τῆς

β Gr. saw.　　γ Gr. there were, etc.

γῆς, καὶ ἐπὶ ποδῶν ἀνθρώπου ἐστάθη, καὶ καρδία ἀνθρώπου
5 ἐδόθη αὐτῇ. Καὶ ἰδοὺ θηρίον δεύτερον ὅμοιον ἄρκτῳ, καὶ εἰς
μέρος ἓν ἐστάθη, καὶ τρεῖς πλευραὶ ἐν τῷ στόματι αὐτῆς,
ἀναμέσον τῶν ὀδόντων αὐτῆς· καὶ οὕτως ἔλεγον αὐτῇ, ἀνά-
6 στηθι, φάγε σάρκας πολλάς. Ὀπίσω τούτου ἐθεώρουν, καὶ
ἰδοὺ θηρίον ἕτερον ὡσεὶ πάρδαλις· καὶ αὐτῇ πτερὰ τέσσαρα
πετεινοῦ ὑπεράνω αὐτῆς, καὶ τέσσαρες κεφαλαὶ τῷ θηρίῳ, καὶ
7 ἐξουσία ἐδόθη αὐτῇ· Ὀπίσω τούτου ἐθεώρουν, καὶ ἰδοὺ θηρίον
τέταρτον φοβερὸν καὶ ἔκθαμβον, καὶ ἰσχυρὸν περισσῶς, καὶ οἱ
ὀδόντες αὐτοῦ σιδηροῖ, ἐσθίον, καὶ λεπτύνον, καὶ τὰ ἐπίλοιπα
τοῖς ποσὶν αὐτοῦ συνεπάτει, καὶ αὐτὸ διάφορον περισσῶς
παρὰ πάντα τὰ θηρία τὰ ἔμπροσθεν αὐτοῦ· καὶ κέρατα δέκα
8 αὐτῷ. Προσενόουν τοῖς κέρασιν αὐτοῦ, καὶ ἰδοὺ κέρας ἕτερον
μικρὸν ἀνέβη ἐν μέσῳ αὐτῶν, καὶ τρία κέρατα τῶν ἔμπροσθεν
αὐτοῦ ἐξεῤῥιζώθη ἀπὸ προσώπου αὐτοῦ· καὶ ἰδοὺ ὀφθαλμοὶ,
ὡσεὶ ὀφθαλμοὶ ἀνθρώπου ἐν τῷ κέρατι τούτῳ, καὶ στόμα λαλοῦν
μεγάλα.
9 Ἐθεώρουν ἕως ὅτου οἱ θρόνοι ἐτέθησαν, καὶ παλαιὸς ἡμερῶν
ἐκάθητο, καὶ τὸ ἔνδυμα αὐτοῦ λευκὸν ὡσεὶ χιών, καὶ ἡ θρὶξ τῆς
κεφαλῆς αὐτοῦ ὡσεὶ ἔριον καθαρὸν, ὁ θρόνος αὐτοῦ φλὸξ πυρὸς,
10 οἱ τροχοὶ αὐτοῦ πῦρ φλέγον. Ποταμὸς πυρὸς εἷλκεν ἔμπρο-
σθεν αὐτοῦ· χίλιαι χιλιάδες ἐλειτούργουν αὐτῷ, καὶ μύριαι
μυριάδες παρειστήκεισαν αὐτῷ· κριτήριον ἐκάθισε, καὶ βίβλοι
11 ἠνεῴχθησαν. Ἐθεώρουν τότε ἀπὸ φωνῆς τῶν λόγων τῶν
μεγάλων, ὧν τὸ κέρας ἐκεῖνο ἐλάλει, ἕως ἀνῃρέθη τὸ θηρίον, καὶ
12 ἀπώλετο, καὶ τὸ σῶμα αὐτοῦ ἐδόθη εἰς καῦσιν πυρός. Καὶ
τῶν λοιπῶν θηρίων μετεστάθη ἡ ἀρχὴ, καὶ μακρότης ζωῆς ἐδόθη
αὐτοῖς ἕως καιροῦ καὶ καιροῦ.
13 Ἐθεώρουν ἐν ὁράματι τῆς νυκτὸς, καὶ ἰδοὺ μετὰ τῶν νεφε-
λῶν τοῦ οὐρανοῦ, ὡς υἱὸς ἀνθρώπου ἐρχόμενος, καὶ ἕως τοῦ
14 παλαιοῦ τῶν ἡμερῶν ἔφθασε, καὶ προσηνέχθη αὐτῷ. Καὶ
αὐτῷ ἐδόθη ἡ ἀρχὴ καὶ ἡ τιμὴ καὶ ἡ βασιλεία, καὶ πάντες οἱ
λαοὶ, φυλαὶ, καὶ γλῶσσαι αὐτῷ δουλεύσουσιν· ἡ ἐξουσία αὐτοῦ,
ἐξουσία αἰώνιος, ἥτις οὐ παρελεύσεται, καὶ ἡ βασιλεία αὐτοῦ
οὐ διαφθαρήσεται.
15 Ἔφριξε τὸ πνεῦμά μου ἐν τῇ ἕξει μου, ἐγὼ Δανιὴλ, καὶ αἱ
16 ὁράσεις τῆς κεφαλῆς μου ἐτάρασσόν με. Καὶ προσῆλθον ἑνὶ
τῶν ἑστηκότων, καὶ τὴν ἀκρίβειαν ἐζήτουν παρ᾽ αὐτοῦ μαθεῖν
περὶ πάντων τούτων· καὶ εἶπέ μοι τὴν ἀκρίβειαν, καὶ τὴν σύγ-
17 κρισιν τῶν λόγων ἐγνώρισέ μοι. Ταῦτα τὰ θηρία τὰ τέσσαρα,
18 τέσσαρες βασιλεῖαι ἀναστήσονται ἐπὶ τῆς γῆς, αἳ ἀρθήσονται·
καὶ παραλήψονται τὴν βασιλείαν ἅγιοι ὑψίστου, καὶ καθέξουσιν
αὐτὴν ἕως αἰῶνος τῶν αἰώνων.
19 Καὶ ἐζήτουν ἀκριβῶς περὶ τοῦ θηρίου τοῦ τετάρτου· ὅτι ἦν
διαφέρον παρὰ πᾶν θηρίον, φοβερὸν περισσῶς, οἱ ὀδόντες
αὐτοῦ σιδηροῖ, καὶ ὄνυχες αὐτοῦ χαλκοῖ, ἐσθίον, καὶ λεπτύνον,
20 καὶ τὰ ἐπίλοιπα τοῖς ποσὶν αὐτοῦ συνεπάτει· Καὶ περὶ τῶν
κεράτων αὐτοῦ τῶν δέκα τῶν ἐν τῇ κεφαλῇ αὐτοῦ, καὶ τοῦ
ἑτέρου τοῦ ἀναβάντος, καὶ ἐκτινάξαντος τῶν πρώτων, ᾧ οἱ
ὀφθαλμοὶ καὶ στόμα λαλοῦν μεγάλα, καὶ ἡ ὅρασις αὐτοῦ

earth, and she stood on βhuman feet, and a man's heart was given to her. 5And, behold, a second beast like a bear, and it supported itself on one side, and there were three ribs in its mouth, between its teeth: and thus they said to it, Arise, devour much flesh. 6After this one I looked, and behold another wild beast as a leopard, and it had four wings of a bird upon it: and the wild beast had four heads, and power was given to it. 7After this one I looked, and behold a fourth beast, dreadful and terrible, and exceedingly strong, and its teeth were of iron; devouring and crushing to atoms, and it trampled the remainder with its feet: and it was altogether different from all the beasts that were before it; and it had ten horns. 8I noticed his horns, and, behold, another little horn came up in the midst of them, and before it three of the former horns were rooted out: and, behold, there were eyes as the eyes of a man in this horn, and a mouth speaking great things. 9I beheld until the thrones were set, and the Ancient of days sat; and his raiment was white as snow, and the hair of his head as pure wool: his throne was a flame of fire, and his wheels burning fire. 10A stream of fire γrushed forth before him: thousand thousands ministered to him, and ten thousands of myriads attended upon him: the judgment sat, and the books were opened. 11I beheld then because of the voice of the great words which that horn spoke, until the wild beast was slain and destroyed, and his body given δto be burnt with fire. 12And the dominion of the rest of the wild beasts was taken away; and a prolonging of life was given them for ζcertain times. 13I beheld in the night vision, and, lo, one coming with the clouds of heaven as the Son of man, and he came on to the Ancient of days, and was brought near to him. 14And to him was given the dominion, and the honour, and the kingdom; and all nations, tribes, and languages, shall serve him: his dominion is an everlasting dominion, which shall not pass away, and his kingdom shall not be destroyed. 15As for me Daniel, my spirit in my body trembled, and the visions of my head troubled me. 16And I drew near to one of them that stood by, and I sought to learn of him the θtruth of all these things: and he told me the truth, and made known to me the interpretation of the things. 17These four beasts are four kingdoms that shall rise up on the earth: 18which shall be taken away; and the saints of the Most High shall take the kingdom, and possess it for ever and ever. 19Then I enquired carefully concerning the fourth beast; for it differed from every other beast, exceeding dreadful: its teeth were of iron, and its claws of brass, devouring, and utterly breaking to pieces, and it trampled the remainder with its feet: 20and concerning its ten horns that were in its head, and the other that came up, and rooted up λsome of the former, which had eyes, and a mouth speaking great things,

---

β Gr. feet of a man.   γ Lit. drew.   δ Gr. to the burning of fire.   ζ Lit. time and time.   θ Or, certainty.
λ Alex. three of the former, even that horn, etc.

and his look was β bolder than the rest. ²¹ I beheld, and that horn made war with the saints, and prevailed against them ; ²² until the Ancient of days came, and he gave judgment to the saints of the Most High ; and the time came on, and the saints possessed the kingdom. ²³ And he said, The fourth beast shall be the fourth kingdom on the earth, which shall excel all *other* kingdoms, and shall devour the whole earth, and trample and γ destroy it. ²⁴ And his ten horns are ten kings *that* shall arise: and after them shall arise another, who shall exceed all the former ones in δ wickedness, and he shall subdue three kings. ²⁵ And he shall speak words against the Most High, and shall wear out the saints of the Most High, and shall think to change times and law : and *power* shall be given into his hand for a time and times and half a time. ²⁶ And the judgment δ has sat, and they shall remove *his* dominion to abolish it, and to destroy it utterly. ²⁷ And the kingdom and the power and the greatness of the kings that are under the whole heaven were given to the saints of the Most High ; and his kingdom is an everlasting kingdom, and all powers shall serve and obey him. ²⁸ Hitherto is the end of the matter. As for me Daniel, my thoughts greatly troubled me, and my countenance was changed : but I kept the ζ matter in my heart.

In the third year of the reign of king Baltasar a vision appeared to me, *even* to me Daniel, after that which appeared to me at the first. ² And I was in Susa the palace, which is in the land of Ælam, and I was on the *bank of* Ubal. ³ And I lifted up mine eyes, and saw, and, behold, θ a ram standing in front of the Ubal; and he had high horns ; and one was higher than the other, and the high one came up λ last. ⁴ And I saw the ram butting westward, and northward, and southward; and no beast could stand before him, and there was none μ that could deliver out of his hand; and he did according to his will, and became great.

⁵ And I was considering, and, behold, a ξ he-goat came from the south-west on the face of the whole earth, and touched not the earth : and the goat *had* a π horn between his eyes. ⁶ And he came to the ram that had the horns, which I had seen standing in front of the Ubal, and he ran at him with the ρ violence of his strength. ⁷ And I saw him coming up close to the ram, and he was furiously enraged against him, and he smote the ram, and broke both his horns: and there was no strength in the ram to stand before him, but he cast him on the ground, and trampled on him; and there was none σ that could deliver the ram out of his hand.

⁸ And the he-goat grew exceedingly great : and when he was strong, his great horn was broken ; and four other *horns* rose up τ in its place toward the four winds of heaven. ⁹ And out of one of them came forth one strong horn, and it grew very great toward the south, and toward the host : ¹⁰ and it φ magnified itself to the host of heaven ;

μείζων τῶν λοιπῶν. Ἐθεώρουν, καὶ τὸ κέρας ἐκεῖνο ἐποίει 21 πόλεμον μετὰ τῶν ἁγίων, καὶ ἴσχυσε πρὸς αὐτούς, ἕως οὗ 22 ἦλθεν ὁ παλαιὸς ἡμερῶν, καὶ τὸ κρίμα ἔδωκεν ἁγίοις ὑψίστου· καὶ ὁ καιρὸς ἔφθασε, καὶ τὴν βασιλείαν κατέσχον οἱ ἅγιοι. Καὶ εἶπε, τὸ θηρίον τὸ τέταρτον, βασιλεία τετάρτη ἔσται ἐν τῇ 23 γῇ, ἥτις ὑπερέξει πάσας τὰς βασιλείας, καὶ καταφάγεται πᾶσαν τὴν γῆν, καὶ συμπατήσει αὐτὴν καὶ κατακόψει. Καὶ τὰ δέκα 24 κέρατα αὐτοῦ, δέκα βασιλεῖς ἀναστήσονται, καὶ ὀπίσω αὐτῶν ἀναστήσεται ἕτερος, ὃς ὑπεροίσει κακοῖς πάντας τοὺς ἔμπροσθεν, καὶ τρεῖς βασιλεῖς ταπεινώσει, καὶ λόγους πρὸς τὸν ὕψιστον 25 λαλήσει, καὶ τοὺς ἁγίους ὑψίστου παλαιώσει, καὶ ὑπονοήσει τοῦ ἀλλοιῶσαι καιροὺς καὶ νόμον, καὶ δοθήσεται ἐν χειρὶ αὐτοῦ ἕως καιροῦ καὶ καιρῶν καί γε ἥμισυ καιροῦ. Καὶ τὸ 26 κριτήριον ἐκάθισε, καὶ τὴν ἀρχὴν μεταστήσουσι τοῦ ἀφανίσαι, καὶ τοῦ ἀπολέσαι ἕως τέλους. Καὶ ἡ βασιλεία καὶ ἡ ἐξουσία 27 καὶ ἡ μεγαλωσύνη τῶν βασιλέων τῶν ὑποκάτω παντὸς τοῦ οὐρανοῦ, ἐδόθη ἁγίοις ὑψίστου· καὶ ἡ βασιλεία αὐτοῦ, βασιλεία αἰώνιος, καὶ πᾶσαι αἱ ἀρχαὶ αὐτῷ δουλεύσουσι καὶ ὑπακούσονται.

Ἕως ὧδε τὸ πέρας τοῦ λόγου. ἐγὼ Δανιήλ, οἱ διαλογισμοί 28 μου ἐπὶ πολὺ συνετάρασσόν με, καὶ ἡ μορφή μου ἠλλοιώθη, καὶ τὸ ῥῆμα ἐν τῇ καρδίᾳ μου διετήρησα.

Ἐν ἔτει τρίτῳ τῆς βασιλείας Βαλτάσαρ τοῦ βασιλέως ὅρασις 8 ὤφθη πρὸς μέ· ἐγὼ Δανιὴλ μετὰ τὴν ὀφθεῖσάν μοι τὴν ἀρχήν, καὶ ἤμην ἐν Σούσοις τῇ βάρει, ἥ ἐστιν ἐν χώρᾳ Αἰλάμ· καὶ ἤμην ἐπὶ τοῦ Οὐβάλ. Καὶ ἦρα τοὺς ὀφθαλμούς μου, καὶ 2 ἴδον· καὶ ἰδοὺ κριὸς εἷς ἑστηκὼς πρὸ τοῦ Οὐβάλ· καὶ αὐτῷ 3 κέρατα ὑψηλά· καὶ τὸ ἓν ὑψηλότερον τοῦ ἑτέρου, καὶ τὸ ὑψηλὸν ἀνέβαινεν ἐπ' ἐσχάτων. Καὶ ἴδον τὸν κριὸν κερατίζοντα κατὰ θάλασσαν, καὶ Βορρᾶν, καὶ Νότον· καὶ πάντα τὰ θηρία οὐ 4 στήσεται ἐνώπιον αὐτοῦ· καὶ οὐκ ἦν ὁ ἐξαιρούμενος ἐκ χειρὸς αὐτοῦ, καὶ ἐποίησε κατὰ τὸ θέλημα αὐτοῦ, καὶ ἐμεγαλύνθη.

Καὶ ἐγὼ ἤμην συνιῶν, καὶ ἰδοὺ τράγος αἰγῶν ἤρχετο ἀπὸ 5 Λιβὸς ἐπὶ πρόσωπον πάσης τῆς γῆς, καὶ οὐκ ἦν ἁπτόμενος τῆς γῆς· καὶ τῷ τράγῳ κέρας μέσον τῶν ὀφθαλμῶν αὐτοῦ. Καὶ 6 ἦλθεν ἕως τοῦ κριοῦ τοῦ τὰ κέρατα ἔχοντος, οὗ ἴδον ἑστὼς ἐνώπιον τοῦ Οὐβάλ, καὶ ἔδραμε πρὸς αὐτὸν ἐν ὁρμῇ τῆς ἰσχύος αὐτοῦ. Καὶ ἴδον αὐτὸν φθάνοντα ἕως τοῦ κριοῦ, καὶ ἐξη- 7 γριάνθη πρὸς αὐτόν, καὶ ἔπαισε τὸν κριόν, καὶ συνέτριψεν ἀμφότερα τὰ κέρατα αὐτοῦ· καὶ οὐκ ἦν ἰσχὺς τῷ κριῷ, τοῦ στῆναι ἐνώπιον αὐτοῦ· καὶ ἔῤῥιψεν αὐτὸν ἐπὶ τὴν γῆν, καὶ συνεπάτησεν αὐτόν, καὶ οὐκ ἦν ὁ ἐξαιρούμενος τὸν κριὸν ἐκ χειρὸς αὐτοῦ.

Καὶ ὁ τράγος τῶν αἰγῶν ἐμεγαλύνθη ἕως σφόδρα· καὶ ἐν τῷ 8 ἰσχῦσαι αὐτόν, συνετρίβη τὸ κέρας αὐτοῦ τὸ μέγα· καὶ ἀνέβη ἕτερα τέσσαρα ὑποκάτω αὐτοῦ εἰς τοὺς τέσσαρας ἀνέμους τοῦ οὐρανοῦ. Καὶ ἐκ τοῦ ἑνὸς αὐτῶν ἐξῆλθε κέρας ἓν ἰσχυρόν, 9 καὶ ἐμεγαλύνθη περισσῶς πρὸς τὸν Νότον, καὶ πρὸς τὴν δύναμιν, καὶ ἐμεγαλύνθη ἕως τῆς δυνάμεως τοῦ οὐρανοῦ· καὶ 10

β *Gr.* greater.　γ *Gr.* cut it in pieces.　δ *Gr.* evil.　δ *Alex.* shall sit.　ζ *Lit.* word.　θ *Gr.* one ram.　λ *Lit.* at the last place.
μ *Gr.* delivering.　ξ *Gr.* he-goat of the goats.　π *Alex.* notable horn.　ρ *Or,* impetus.　σ *Gr.* delivering.
τ *Gr.* under him, see 2 Ki. (2 Sam.) 2. 23.　φ *Or,* grew great.

ἔπεσεν ἐπὶ τὴν γῆν ἀπὸ τῆς δυνάμεως τοῦ οὐρανοῦ καὶ ἀπὸ τῶν
11 ἄστρων, καὶ συνεπάτησαν αὐτά. Καὶ ἕως οὗ ὁ ἀρχιστράτηγος
ῥύσηται τὴν αἰχμαλωσίαν, καὶ δι᾽ αὐτὸν θυσία ἐταράχθη, καὶ
12 κατευωδώθη αὐτῷ· καὶ τὸ ἅγιον ἐρημωθήσεται. Καὶ ἐδόθη ἐπὶ
τὴν θυσίαν ἁμαρτία, καὶ ἐρρίφη χαμαὶ ἡ δικαιοσύνη· καὶ
13 ἐποίησε, καὶ εὐωδώθη. Καὶ ἤκουσα ἑνὸς ἁγίου λαλοῦντος· καὶ
εἶπεν εἷς ἅγιος τῷ φελμουνὶ τῷ λαλοῦντι, ἕως πότε ἡ ὅρασις
στήσεται, ἡ θυσία ἡ ἀρθεῖσα, καὶ ἡ ἁμαρτία ἐρημώσεως ἡ
14 δοθεῖσα, καὶ τὸ ἅγιον καὶ ἡ δύναμις συμπατηθήσεται; Καὶ
εἶπεν αὐτῷ, ἕως ἑσπέρας καὶ πρωὶ ἡμέραι δισχίλιαι καὶ τετρα-
κόσιαι, καὶ καθαρισθήσεται τὸ ἅγιον.

15 Καὶ ἐγένετο ἐν τῷ ἰδεῖν με, ἐγὼ Δανιήλ, τὴν ὅρασιν, καὶ
ἐζήτουν σύνεσιν, καὶ ἰδοὺ ἔστη ἐνώπιον ἐμοῦ ὡς ὅρασις ἀνδρός.
16 Καὶ ἤκουσα φωνὴν ἀνδρὸς ἀναμέσον τοῦ Οὐβάλ, καὶ ἐκάλεσε,
17 καὶ εἶπε, Γαβριὴλ συνέτισον ἐκεῖνον τὴν ὅρασιν. Καὶ ἦλθε,
καὶ ἔστη ἐχόμενος τῆς στάσεώς μου· καὶ ἐν τῷ ἐλθεῖν αὐτὸν
ἐθαμβήθην, καὶ πίπτω ἐπὶ πρόσωπόν μου· καὶ εἶπε πρὸς μὲ,
18 σύνες υἱὲ ἀνθρώπου· ἔτι γὰρ εἰς καιροῦ πέρας ἡ ὅρασις· Καὶ
ἐν τῷ λαλεῖν αὐτὸν μετ᾽ ἐμοῦ, πίπτω ἐπὶ πρόσωπόν μου ἐπὶ
19 τὴν γῆν, καὶ ἥψατό μου, καὶ ἔστησέ με ἐπὶ πόδας, καὶ εἶπεν,
ἰδοὺ ἐγὼ γνωρίζω σοι τὰ ἐσόμενα ἐπ᾽ ἐσχάτων τῆς ὀργῆς· ἔτι
γὰρ εἰς καιροῦ πέρας ἡ ὅρασις.

20 Ὁ κριὸς ὃν εἶδες, ὁ ἔχων τὰ κέρατα, βασιλεὺς Μήδων καὶ
21 Περσῶν. Ὁ τράγος τῶν αἰγῶν, βασιλεὺς Ἑλλήνων· καὶ τὸ
κέρας τὸ μέγα ὃ ἦν ἀναμέσον τῶν ὀφθαλμῶν αὐτοῦ, αὐτός ἐστιν
22 ὁ βασιλεὺς ὁ πρῶτος. Καὶ τοῦ συντριβέντος οὗ ἔστησαν
τέσσαρα κέρατα ὑποκάτω, τέσσαρες βασιλεῖς ἐκ τοῦ ἔθνους
23 αὐτοῦ ἀναστήσονται, καὶ οὐκ ἐν τῇ ἰσχύϊ αὐτῶν. Καὶ ἐπ᾽
ἐσχάτων τῆς βασιλείας αὐτῶν, πληρουμένων τῶν ἁμαρτιῶν
αὐτῶν, ἀναστήσεται βασιλεὺς ἀναιδὴς προσώπῳ, καὶ συνιῶν
24 προβλήματα· καὶ κραταιὰ ἡ ἰσχὺς αὐτοῦ, καὶ θαυμαστὰ δια-
φθερεῖ, καὶ κατευθυνεῖ, καὶ ποιήσει, καὶ διαφθερεῖ ἰσχυροὺς,
25 καὶ λαὸν ἅγιον. Καὶ ζυγὸς τοῦ κλοιοῦ αὐτοῦ κατευθυνεῖ, δόλος
ἐν τῇ χειρὶ αὐτοῦ, καὶ ἐν καρδίᾳ αὐτοῦ μεγαλυνθήσεται, καὶ
δόλῳ διαφθερεῖ πολλοὺς, καὶ ἐπὶ ἀπωλείας πολλῶν στήσεται·
26 καὶ ὡς ὠὰ χειρὶ συντρίψει. Καὶ ἡ ὅρασις τῆς ἑσπέρας καὶ
τῆς πρωίας τῆς ῥηθείσης ἀληθῶς ἐστι· καὶ σὺ σφράγισον τὴν
ὅρασιν, ὅτι εἰς ἡμέρας πολλάς.

27 Καὶ ἐγὼ Δανιὴλ ἐκοιμήθην, καὶ ἐμαλακίσθην, καὶ ἀνέστην,
καὶ ἐποίουν τὰ ἔργα τοῦ βασιλέως, καὶ ἐθαύμαζον τὴν ὅρασιν,
καὶ οὐκ ἦν ὁ συνιῶν.

9 Ἐν τῷ πρώτῳ ἔτει Δαρείου τοῦ υἱοῦ Ἀσσουήρου, ἀπὸ τοῦ
σπέρματος τῶν Μήδων, ὃς ἐβασίλευσεν ἐπὶ βασιλείαν
2 Χαλδαίων, ἐγὼ Δανιὴλ συνῆκα ἐν ταῖς βίβλοις τὸν ἀριθμὸν
τῶν ἐτῶν, ὃς ἐγενήθη λόγος Κυρίου πρὸς Ἱερεμίαν τὸν

and there fell to the earth *some* of the host of heaven and of the stars, and they trampled on them. 11 And *this shall be* until the chief captain shall have delivered the captivity: and by reason of him the sacrifice was disturbed, and he prospered; and the holy place shall be made desolate. 12 And a sin-offering was given for the sacrifice, and righteousness was cast down to the ground; and β it practised, and prospered. 13 And I heard one saint speaking, and a saint said to γa certain one speaking, How long shall the vision δ continue, *even* the removal of the sacrifice, and the bringing in of the sin of desolation; and *how long* shall the sanctuary and host be trampled? 14 And he said to him, Evening and morning *there shall be* two thousand and ζ three hundred days; and *then* the sanctuary shall be cleansed.

15 And it came to pass, as I, *even* I Daniel, saw the vision, and sought to understand it, that, behold, there stood before me as the appearance of a man. 16 And I heard the voice of a man θ between *the banks of* the Ubal; and he called, and said, Gabriel, cause that man to understand the vision. 17 And he came and stood near where I stood: and when he came, I was struck with awe, and fell upon my face: but he said to me, Understand, son of man: for yet the vision is for λ an appointed time. 18 And while he spoke with me, I fell upon my face to the earth: and he touched me, and set me on my feet. 19 And he said, Behold, I make thee know the things that shall come to pass at the end of the wrath: for the vision *is* yet for an appointed time.

20 The ram which thou sawest that had the horns is the king of the Medes and Persians. 21 The he-goat is the king of the Greeks: and the great horn which was between his eyes, he is the first king. 22 And *as for* the one that was broken, in whose place there stood up four horns, four kings shall arise out of his nation, but not in their *own* strength. 23 And at the latter time of their kingdom, when their sins are coming to the full, there shall arise a king bold in countenance, and understanding riddles. 24 And his power *shall be* great, and he shall destroy wonderfully, and prosper, and practise, and shall destroy mighty men, and the holy people. 25 And the yoke of his chain shall prosper: *there is* craft in his hand; and he shall magnify himself in his heart, and by craft shall destroy many, and he shall stand up for the destruction of many, and shall crush them as eggs in his hand. 26 And the vision of the evening and morning that was mentioned is true: and do thou seal the vision; for *it is* for many days.

27 And I Daniel fell asleep, and was sick: then I arose, and did the king's business; and I wondered at the vision, and there was none that understood *it*.

In the first year of Darius the son of Assuerus, of the seed of the Medes, who reigned over the kingdom of the Chaldeans, 2 I Daniel understood by books the number of the years which was the word of the Lord to the prophet Jeremias, *even* seventy

years for the accomplishment of the desolation of Jerusalem.

³ And I set my face toward the Lord God, to seek *him* diligently by prayer and supplications, with fastings and sackcloth. ⁴ And I prayed to the Lord my God, and confessed, and said, O Lord, the great and wonderful God, keeping thy covenant and thy mercy to them that love thee, and to them that keep thy commandments; we have sinned, ⁵ we have done iniquity, we have transgressed, and we have departed and turned aside from thy commandments and from thy judgments: ⁶and we have not hearkened to thy servants the prophets, who spoke in thy name to our kings, and our princes, and our fathers, and to all the people of the land. ⁷ To thee, O Lord, *belongs* righteousness, and to us confusion of face, as at this day; to the men of Juda, and to the dwellers in Jerusalem, and to all Israel, to them that are near, and to them that are far off in all the earth, wherever thou hast scattered them, for the ^βsin which they committed. ⁸ In thee, O Lord, is our righteousness, and to us *belongs* confusion of face, and to our kings, and to our princes, and to our fathers, forasmuch as we have sinned. ⁹ To thee, the Lord our God, *belong* compassions and forgivenesses, whereas we have departed *from thee;* ¹⁰ neither have we hearkened to the voice of the Lord our God, to walk in his laws, which he set before us by the hands of his servants the prophets.

¹¹ Moreover all Israel have transgressed thy law, and have ^γrefused to hearken to thy voice; so the curse has come upon us, and the oath that is written in the law of Moses the servant of God, because we have sinned against him. ¹² And he has confirmed his words, which he spoke against us, and against our judges who judged us, *by* bringing upon us great evils, such as have not happened under the whole heaven, according to what has happened in Jerusalem. ¹³ As it is written in the law of Moses, all these evils have come upon us: yet we have not besought the Lord our God, that we might turn away from our iniquities, and have understanding in all thy truth. ¹⁴ The Lord also has watched, and brought ^δthe evils upon us: for the Lord our God is righteous ^ζin all his work which he has executed, but we have not hearkened to his voice. ¹⁵ And now, O Lord our God, who broughtest thy people out of the land of Egypt with a mighty hand, and madest to thyself a name, as *at* this day; we have sinned, we have transgressed.

¹⁶ O Lord, ^θ thy mercy is over all: let, I pray thee, thy wrath turn away, and thine anger from thy city Jerusalem, *even* thy holy mountain: for we have sinned, and because of our iniquities, and those of our fathers, Jerusalem and thy people are become a reproach among all that are round about us. ¹⁷ And now, O Lord our God, hearken to the prayer of thy servant, and his supplications, and cause thy face to shine on thy desolate sanctuary, for thine *own* sake, O Lord. ¹⁸ Incline thine ear, O my God, and hear; open thine eyes and behold our deso-

προφήτην, εἰς συμπλήρωσιν ἐρημώσεως Ἱερουσαλὴμ ἑβδομήκοντα ἔτη.

Καὶ ἔδωκα τὸ πρόσωπόν μου πρὸς Κύριον τὸν Θεὸν, τοῦ 3 ἐκζητῆσαι προσευχὴν καὶ δεήσεις ἐν νηστείαις καὶ σάκκῳ. Καὶ προσευξάμην πρὸς Κύριον τὸν Θεόν μου, καὶ ἐξωμολο- 4 γησάμην, καὶ εἶπα, Κύριε ὁ Θεὸς ὁ μέγας καὶ θαυμαστὸς, ὁ φυλάσσων τὴν διαθήκην σου, καὶ τὸ ἔλεός σου τοῖς ἀγαπῶσί σε, καὶ τοῖς φυλάσσουσι τὰς ἐντολάς σου, ἡμάρτομεν, ἠδική- 5 σαμεν, ἠνομήσαμεν, καὶ ἀπέστημεν καὶ ἐξεκλίναμεν ἀπὸ τῶν ἐντολῶν σου, καὶ ἀπὸ τῶν κριμάτων σου, καὶ οὐκ εἰσηκούσα- 6 μεν τῶν δούλων σου τῶν προφητῶν οἳ ἐλάλουν ἐν τῷ ὀνόματί σου πρὸς τοὺς βασιλεῖς ἡμῶν, καὶ ἄρχοντας ἡμῶν, καὶ πατέρας ἡμῶν, καὶ πρὸς πάντα τὸν λαὸν τῆς γῆς. Σοὶ Κύριε ἡ δικαιο- 7 σύνη καὶ ἡμῖν ἡ αἰσχύνη τοῦ προσώπου, ὡς ἡ ἡμέρα αὕτη, ἀνδρὶ Ἰούδα, καὶ τοῖς ἐνοικοῦσιν ἐν Ἱερουσαλὴμ, καὶ παντὶ Ἰσραὴλ, τοῖς ἐγγὺς καὶ τοῖς μακρὰν ἐν πάσῃ τῇ γῇ, οὗ διέ- σπειρας αὐτοὺς ἐκεῖ, ἐν ἀθεσίᾳ αὐτῶν ᾗ ἠθέτησαν. Ἐν σοὶ 8 Κύριέ ἐστιν ἡμῶν ἡ δικαιοσύνη, καὶ ἡμῖν ἡ αἰσχύνη τοῦ προσώπου, καὶ τοῖς βασιλεῦσιν ἡμῶν, καὶ τοῖς ἄρχουσιν ἡμῶν, καὶ τοῖς πατράσιν ἡμῶν, οἵτινες ἡμάρτομεν. Σοὶ Κυρίῳ τῷ 9 Θεῷ ἡμῶν οἱ οἰκτιρμοὶ καὶ οἱ ἱλασμοὶ, ὅτι ἀπέστημεν, καὶ οὐκ 10 εἰσηκούσαμεν τῆς φωνῆς Κυρίου τοῦ Θεοῦ ἡμῶν, πορεύεσθαι ἐν τοῖς νόμοις αὐτοῦ, οἷς ἔδωκε κατὰ πρόσωπον ἡμῶν ἐν χερσὶ τῶν δούλων αὐτοῦ τῶν προφητῶν.

Καὶ πᾶς Ἰσραὴλ παρέβησαν τὸν νόμον σου, καὶ ἐξέκλιναν 11 τοῦ μὴ ἀκοῦσαι τῆς φωνῆς σου· καὶ ἐπῆλθεν ἐφ' ἡμᾶς ἡ κατάρα, καὶ ὁ ὅρκος ὁ γεγραμμένος ἐν νόμῳ Μωυσέως δούλου τοῦ Θεοῦ, ὅτι ἡμάρτομεν αὐτῷ. Καὶ ἔστησε τοὺς λόγους αὐτοῦ οὓς 12 ἐλάλησεν ἐφ' ἡμᾶς, καὶ ἐπὶ τοὺς κριτὰς ἡμῶν, οἳ ἔκρινον ἡμᾶς, ἐπαγαγεῖν ἐφ' ἡμᾶς κακὰ μεγάλα, οἷα οὐ γέγονεν ὑποκάτω παντὸς τοῦ οὐρανοῦ, κατὰ τὰ γενόμενα ἐν Ἱερουσαλὴμ, καθὼς 13 γέγραπται ἐν τῷ νόμῳ Μωυσῇ· πάντα τὰ κακὰ ταῦτα ἦλθεν ἐφ' ἡμᾶς· καὶ οὐκ ἐδεήθημεν τοῦ προσώπου Κυρίου τοῦ Θεοῦ ἡμῶν, ἀποστρέψαι ἀπὸ τῶν ἀδικιῶν ἡμῶν, καὶ τοῦ συνιέναι ἐν πάσῃ ἀληθείᾳ σου. Καὶ ἐγρηγόρησε Κύριος, καὶ ἐπήγαγεν αὐτὰ ἐφ' 14 ἡμᾶς, ὅτι δίκαιος Κύριος ὁ Θεὸς ἡμῶν ἐπὶ πᾶσαν τὴν ποίησιν αὐτοῦ ἣν ἐποίησε, καὶ οὐκ εἰσηκούσαμεν τῆς φωνῆς αὐτοῦ. Καὶ νῦν Κύριε ὁ Θεὸς ἡμῶν, ὃς ἐξήγαγες τὸν λαόν σου ἐκ γῆς 15 Αἰγύπτου ἐν χειρὶ κραταιᾷ, καὶ ἐποίησας σεαυτῷ ὄνομα ὡς ἡ ἡμέρα αὕτη, ἡμάρτομεν, ἠνομήσαμεν.

Κύριε ἐν πάσῃ ἐλεημοσύνῃ σου, ἀποστραφήτω δὴ ὁ θυμός 16 σου, καὶ ἡ ὀργή σου ἀπὸ τῆς πόλεώς σου Ἱερουσαλὴμ ὄρους ἁγίου σου, ὅτι ἡμάρτομεν, καὶ ἐν ταῖς ἀδικίαις ἡμῶν, καὶ τῶν πατέρων ἡμῶν, Ἱερουσαλὴμ, καὶ ὁ λαός σου εἰς ὀνειδισμὸν ἐγένετο ἐν πᾶσι τοῖς περικύκλῳ ἡμῶν. Καὶ νῦν εἰσάκουσον 17 Κύριε ὁ Θεὸς ἡμῶν τῆς προσευχῆς τοῦ δούλου σου καὶ τῶν δεήσεων αὐτοῦ, καὶ ἐπίφανον τὸ πρόσωπόν σου ἐπὶ τὸ ἁγίασμά σου τὸ ἔρημον, ἕνεκέν σου Κύριε, κλῖνον ὁ Θεός μου τὸ οὖς 18 σου, καὶ ἄκουσον· ἄνοιξον τοὺς ὀφθαλμούς σου, καὶ ἴδε τὸν

β Or, perfidious action.   γ Gr. turned aside from hearkening.   δ Gr. them.   ζ Gr. over.   θ Compare *Heb.* and Hos. 6. 5.

ἀφανισμὸν ἡμῶν, καὶ τῆς πόλεώς σου ἐφ' ἧς ἐπικέκληται τὸ ὄνομά σου ἐπ' αὐτῆς· ὅτι οὐκ ἐπὶ ταῖς δικαιοσύναις ἡμῶν ῥιπτοῦμεν τὸν οἰκτιρμὸν ἡμῶν ἐνώπιόν σου, ἀλλ' ἐπὶ τοὺς 19 οἰκτιρμούς σου τοὺς πολλοὺς Κύριε. Εἰσάκουσον Κύριε, ἱλάσθητι Κύριε, πρόσχες Κύριε· μὴ χρονίσῃς ἕνεκέν σου ὁ Θεός μου, ὅτι τὸ ὄνομά σου ἐπικέκληται ἐπὶ τὴν πόλιν σου, καὶ ἐπὶ τὸν λαόν σου.

20 Καὶ ἔτι ἐμοῦ λαλοῦντος, καὶ προσευχομένου, καὶ ἐξαγορεύοντος τὰς ἁμαρτίας μου, καὶ τὰς ἁμαρτίας τοῦ λαοῦ μου Ἰσραὴλ, καὶ ῥιπτοῦντος τὸν ἔλεόν μου ἐναντίον τοῦ Κυρίου τοῦ Θεοῦ 21 μου περὶ τοῦ ὄρους τοῦ ἁγίου, καὶ ἔτι ἐμοῦ λαλοῦντος ἐν τῇ προσευχῇ, καὶ ἰδοὺ ἀνὴρ Γαβριὴλ, ὃν ἴδον ἐν τῇ ὁράσει ἐν τῇ ἀρχῇ, πετόμενος, καὶ ἥψατό μου, ὡσεὶ ὥραν θυσίας ἑσπερινῆς. 22 Καὶ συνέτισέ με, καὶ ἐλάλησε μετ' ἐμοῦ, καὶ εἶπε, Δανιὴλ, 23 νῦν ἐξῆλθον συμβιβάσαι σε σύνεσιν ἐν ἀρχῇ τῆς δεήσεώς σου, ἐξῆλθε λόγος, καὶ ἐγὼ ἦλθον τοῦ ἀναγγεῖλαί σοι, ὅτι ἀνὴρ ἐπιθυμιῶν εἶ σὺ, καὶ ἐννοήθητι ἐν τῷ ῥήματι, καὶ σύνες ἐν τῇ ὀπτασίᾳ.

24 Ἑβδομήκοντα ἑβδομάδες συνετμήθησαν ἐπὶ τὸν λαόν σου, καὶ ἐπὶ τὴν πόλιν τὴν ἁγίαν, τοῦ συντελεσθῆναι ἁμαρτίαν, καὶ τοῦ σφραγίσαι ἁμαρτίας, καὶ ἀπαλεῖψαι τὰς ἀδικίας, καὶ τοῦ ἐξιλάσασθαι ἀδικίας, καὶ τοῦ ἀγαγεῖν δικαιοσύνην αἰώνιον, καὶ τοῦ σφραγίσαι ὅρασιν καὶ προφήτην, καὶ τοῦ χρῖσαι ἅγιον ἁγίων.

25 Καὶ γνώσῃ καὶ συνήσεις ἀπὸ ἐξόδου λόγου τοῦ ἀποκριθῆναι, καὶ τοῦ οἰκοδομῆσαι Ἱερουσαλὴμ, ἕως Χριστοῦ ἡγουμένου ἑβδομάδες ἑπτὰ, καὶ ἑβδομάδες ἑξηκονταδύο· καὶ ἐπιστρέψει, καὶ οἰκοδομηθήσεται πλατεῖα, καὶ τεῖχος, καὶ ἐκκενωθήσονται οἱ καιροί.

26 Καὶ μετὰ τὰς ἑβδομάδας τὰς ἑξηκονταδύο, ἐξολοθρευθήσεται χρίσμα, καὶ κρίμα οὐκ ἔστιν ἐν αὐτῷ· καὶ τὴν πόλιν, καὶ τὸ ἅγιον διαφθερεῖ σὺν τῷ ἡγουμένῳ τῷ ἐρχομένῳ, ἐκκοπήσονται ἐν κατακλυσμῷ, καὶ ἕως τέλους πολέμου συντετμημένου τάξει, ἀφανισμοῖς.

27 Καὶ δυναμώσει διαθήκην πολλοῖς ἑβδομὰς μία· καὶ ἐν τῷ ἡμίσει τῆς ἑβδομάδος ἀρθήσεταί μου θυσία καὶ σπονδὴ, καὶ ἐπὶ τὸ ἱερὸν βδέλυγμα τῶν ἐρημώσεων, καὶ ἕως τῆς συντελείας καιροῦ συντέλεια δοθήσεται ἐπὶ τὴν ἐρήμωσιν.

10 Ἐν ἔτει τρίτῳ Κύρου βασιλέως Περσῶν λόγος ἀπεκαλύφθη τῷ Δανιὴλ, οὗ τὸ ὄνομα ἐπεκλήθη Βαλτάσαρ· καὶ ἀληθινὸς ὁ λόγος, καὶ δύναμις μεγάλη καὶ σύνεσις ἐδόθη αὐτῷ ἐν τῇ 2 ὀπτασίᾳ. Ἐν ταῖς ἡμέραις ἐκείναις ἐγὼ Δανιὴλ ἤμην πενθῶν 3 τρεῖς ἑβδομάδας ἡμερῶν, ἄρτον ἐπιθυμιῶν οὐκ ἔφαγον, καὶ κρέας καὶ οἶνος οὐκ εἰσῆλθεν εἰς τὸ στόμα μου, καὶ ἄλειμμα οὐκ ἠλειψάμην, ἕως πληρώσεως τριῶν ἑβδομάδων ἡμερῶν. 4 Ἐν ἡμέρᾳ εἰκοστῇ τετάρτῃ τοῦ μηνὸς τοῦ πρώτου, καὶ ἐγὼ ἤμην ἐχόμενα τοῦ ποταμοῦ τοῦ μεγάλου, αὐτός ἐστι Τίγρις· 5 Ἐδδεκέλ. Καὶ ἦρα τοὺς ὀφθαλμούς μου, καὶ ἴδον, καὶ ἰδοὺ ἀνὴρ εἷς ἐνδεδυμένος βαδδὶν, καὶ ἡ ὀσφὺς αὐτοῦ περιεζωσμένη 6 ἐν χρυσίῳ Ὠφὰζ, καὶ τὸ σῶμα αὐτοῦ ὡσεὶ Θαρσὶς, καὶ τὸ

lation, and that of thy city on which thy name is called: for we do not bring β our pitiful case before thee on *the ground of* our righteousness, but on *the ground of* thy manifold compassions, O Lord. 19 Hearken, O Lord; be propitious, O Lord; attend, O Lord; delay not, O my God, for thine own sake: for thy name is called upon thy city and upon thy people.

20 And while I was yet speaking, and praying, and confessing my sins and the sins of my people Israel, and bringing my pitiful case before the Lord my God concerning the holy mountain; 21 yea, while I was yet speaking in prayer, behold the man Gabriel, whom I had seen in the vision at the beginning, *came* flying, and he touched me about the hour of the evening sacrifice. 22 And he instructed me, and spoke with me, and said, O Daniel, I am now come forth to γ impart to thee understanding. 23 At the beginning of thy supplication the word came forth, and I am come to tell thee; for thou art a man much beloved: therefore consider the matter, understand the vision.

24 Seventy weeks have been determined upon thy people, and upon the holy city, for sin to be ended, and to seal up transgressions, and to blot out the iniquities, and to make atonement for iniquities, and to bring in everlasting righteousness, and to seal the vision and the prophet, and to anoint the Most Holy.

25 And thou shalt know and understand, that from the going forth of the command for the answer and for the building of Jerusalem until Christ the prince *there shall be* ζ seven weeks, and sixty-two weeks: and then *the time* shall return, and the street shall be built, and the wall, and the times shall be exhausted.

26 And after the sixty-two weeks, the θ anointed one shall be destroyed, and there is no judgment in him: and he shall destroy the city and the sanctuary with the prince that is coming: they shall be cut off with a flood, and to the end of the war which is rapidly completed he shall appoint *the city* to desolations.

27 And one week shall establish the covenant with many: and in the λ midst of the week my sacrifice and drink-offering shall be taken away: and on the temple *shall be* the abomination of desolations; and at the end of the time an end shall be put to the desolation.

In the third year of Cyrus king of the Persians a thing was revealed to Daniel, whose name was called Baltasar; and the thing was true, and great power and understanding was given to him. 2 In those days I Daniel was mourning three μ full weeks. 3 I ate no pleasant bread, and no flesh or wine entered into my mouth, neither did I anoint myself with oil, until three μ whole weeks were accomplished. 4 On the twenty-fourth day of the first month, I was near the great river, which is Tigris Eddekel. 5 And I lifted up mine eyes, and looked, and behold a man clothed in linen, and his loins were girt with gold of Ophaz: 6 and his body was as Tharsis, and

---

β *Gr.* our supplication.　γ *Gr.* instruct thee with.　δ *Or*, sevens.　ζ *Gr.* anointing.　θ *Gr.* half.　λ *Gr.* weeks of days.

his face was as the appearance of lightning, and his eyes as lamps of fire, and his arms and his legs as the appearance of shining brass, and the voice of his words as the voice of a multitude. ⁷ And I Daniel only saw the vision: and the men that were with me saw not the vision; but a great amazement fell upon them, and they fled in fear. ⁸ So I was left alone, and saw this great vision, and there was no strength left in me, and my glory was turned into corruption, and I retained no strength. ⁹ Yet I heard the voice of his words: and when I heard him I was pricked *in the heart*, and *I fell with* my face to the earth.

¹⁰ And, behold, a hand touched me, and it raised me on my knees. ¹¹ And he said to me, O Daniel, man greatly beloved, understand the words which I speak to thee, and stand upright: for I am now sent to thee. And when he had spoken to me this word, I stood trembling. ¹² And he said to me, Fear not, Daniel: for from the first day that thou didst set thine heart to understand, and to afflict thyself before the Lord thy God, thy words were heard, and I am come because of thy words. ¹³ But the prince of the kingdom of the Persians withstood me twenty-one days: and behold, Michael, one of the princes, came to help me; and I left him there with the chief of the kingdom of the Persians: ¹⁴ And I have come to inform thee of all that shall befal thy people in the last days: for the vision is yet for *many* days. ¹⁵ And when he had spoken with me according to these words, I turned my face to the ground, and was pricked *in the heart*.

¹⁶ And, behold, as it were the likeness of a son of man touched my lips; and I opened my mouth, and spoke, and said to him that stood before me, O *my* lord, at the sight of thee my bowels were turned within me, and I had no strength. ¹⁷ And how shall thy servant be able, O *my* lord, to speak with this my lord? and as for me, from henceforth strength will not remain in me, and there is no breath left in me. ¹⁸ And there touched me again as it were the appearance of a man, and he strengthened me, ¹⁹ and said to me, Fear not, man greatly beloved: peace be to thee, quit thyself like a man, and be strong. And when he had spoken with me, I received strength, and said, Let my lord speak; for thou hast strengthened me.

²⁰ And he said, Knowest thou, wherefore I am come to thee? and now I will return to fight with the prince of the Persians: and I was going in, and the prince of the Greeks came. ²¹ But I will tell thee that which is ordained in the scripture of truth: and there is no one that holds with me in these matters but Michael your prince.

And I in the first year of Cyrus stood β to strengthen and confirm *him*.

² And now I will tell thee the truth. Behold, there shall yet rise up three kings in Persia: and the fourth shall be very far richer than all: and after that he is master of his wealth, he shall rise up against all the kingdoms of the Greeks.

πρόσωπον αὐτοῦ ὡς ἡ ὅρασις ἀστραπῆς, καὶ οἱ ὀφθαλμοὶ αὐτοῦ ὡσεὶ λαμπάδες πυρός, καὶ οἱ βραχίονες αὐτοῦ καὶ τὰ σκέλη ὡς ὅρασις χαλκοῦ στίλβοντος, καὶ ἡ φωνὴ τῶν λόγων αὐτοῦ ὡς φωνὴ ὄχλου. Καὶ ἴδον ἐγὼ Δανιὴλ μόνος τὴν 7 ὀπτασίαν, καὶ οἱ ἄνδρες οἱ μετ᾽ ἐμοῦ οὐκ ἴδον τὴν ὀπτασίαν, ἀλλ᾽ ἡ ἔκστασις μεγάλη ἐπέπεσεν ἐπ᾽ αὐτούς, καὶ ἔφυγον ἐν φόβῳ. Καὶ ἐγὼ ὑπελείφθην μόνος, καὶ ἴδον τὴν ὀπτασίαν τὴν 8 μεγάλην ταύτην, καὶ οὐχ ὑπελείφθη ἐν ἐμοὶ ἰσχύς, καὶ ἡ δόξα μου μετεστράφη εἰς διαφθοράν· καὶ οὐκ ἐκράτησα ἰσχύος. Καὶ ἤκουσα τὴν φωνὴν τῶν λόγων αὐτοῦ· καὶ ἐν τῷ ἀκοῦσαί 9 με αὐτοῦ, ἤμην κατανενυγμένος, καὶ τὸ πρόσωπόν μου ἐπὶ τὴν γῆν.

Καὶ ἰδοὺ χεὶρ ἁπτομένη μου, καὶ ἤγειρέ με ἐπὶ τὰ γόνατά 10 μου. Καὶ εἶπε πρὸς μὲ, Δανιὴλ ἀνὴρ ἐπιθυμιῶν, σύνες ἐν τοῖς 11 λόγοις οἷς ἐγὼ λαλῶ πρὸς σὲ, καὶ στῆθι ἐπὶ τῇ στάσει σου, ὅτι νῦν ἀπεστάλην πρὸς σέ· καὶ ἐν τῷ λαλῆσαι αὐτὸν πρὸς μὲ τὸν λόγον τοῦτον, ἀνέστην ἔντρομος. Καὶ εἶπε πρὸς μὲ, μὴ 12 φοβοῦ Δανιήλ, ὅτι ἀπὸ τῆς πρώτης ἡμέρας ἧς ἔδωκας τὴν καρδίαν σου τοῦ συνεῖναι, καὶ κακωθῆναι ἐναντίον Κυρίου τοῦ Θεοῦ σου, ἠκούσθησαν οἱ λόγοι σου, καὶ ἐγὼ ἦλθον ἐν τοῖς λόγοις σου. Καὶ ὁ ἄρχων βασιλείας Περσῶν εἱστήκει ἐξε- 13 ναντίας μου εἴκοσι καὶ μίαν ἡμέραν· καὶ ἰδοὺ Μιχαὴλ εἷς τῶν ἀρχόντων ἦλθε βοηθῆσαί μοι, καὶ αὐτὸν κατέλιπον ἐκεῖ μετὰ τοῦ ἄρχοντος βασιλείας Περσῶν, καὶ ἦλθον συνετίσαι σε ὅσα 14 ἀπαντήσεται τῷ λαῷ σου ἐπ᾽ ἐσχάτων τῶν ἡμερῶν, ὅτι ἔτι ἡ ὅρασις εἰς ἡμέρας. Καὶ ἐν τῷ λαλῆσαι αὐτὸν μετ᾽ ἐμοῦ κατὰ 15 τοὺς λόγους τούτους, ἔδωκα τὸ πρόσωπόν μου ἐπὶ τὴν γῆν, καὶ κατενύγην.

Καὶ ἰδοὺ ὡς ὁμοίωσις υἱοῦ ἀνθρώπου ἥψατο τῶν χειλέων 16 μου· καὶ ἤνοιξα τὸ στόμα μου, καὶ ἐλάλησα, καὶ εἶπα πρὸς τὸν ἑστῶτα ἐναντίον μου, κύριε, ἐν τῇ ὀπτασίᾳ σου ἐστράφη τὰ ἐντός μου ἐν ἐμοί, καὶ οὐκ ἔσχον ἰσχύν. Καὶ πῶς δυνή- 17 σεται ὁ παῖς σου κύριε λαλῆσαι μετὰ τοῦ κυρίου μου τούτου; καὶ ἐγὼ, ἀπὸ τοῦ νῦν οὐ στήσεται ἐν ἐμοὶ ἰσχὺς, καὶ πνεῦμα οὐχ ὑπελείφθη ἐν ἐμοί. Καὶ προσέθετο, καὶ ἥψατό μου ὡς 18 ὅρασις ἀνθρώπου, καὶ ἐνίσχυσέ με, καὶ εἶπέ μοι, μὴ φοβοῦ 19 ἀνὴρ ἐπιθυμιῶν, εἰρήνη σοι· ἀνδρίζου καὶ ἴσχυε· καὶ ἐν τῷ λαλῆσαι αὐτὸν μετ᾽ ἐμοῦ, ἴσχυσα, καὶ εἶπα, λαλείτω ὁ κύριός μου, ὅτι ἐνίσχυσάς με.

Καὶ εἶπεν, εἰ οἶδας, ἱνατί ἦλθον πρὸς σέ; καὶ νῦν ἐπιστρέψω 20 τοῦ πολεμῆσαι μετὰ τοῦ ἄρχοντος Περσῶν· καὶ ἐγὼ εἰσε- πορευόμην, καὶ ὁ ἄρχων τῶν Ἑλλήνων ἤρχετο. Ἀλλ᾽ ἢ 21 ἀναγγελῶ σοι τὸ ἐντεταγμένον ἐν γραφῇ ἀληθείας, καὶ οὐκ ἔστιν εἷς ἀντεχόμενος μετ᾽ ἐμοῦ περὶ τούτων, ἀλλ᾽ ἢ Μιχαὴλ ὁ ἄρχων ὑμῶν.

Καὶ ἐγὼ ἐν ἔτει πρώτῳ Κύρου ἔστην εἰς κράτος καὶ ἰσχύν. 11

Καὶ νῦν ἀλήθειαν ἀναγγελῶ σοι· ἰδοὺ ἔτι τρεῖς βασιλεῖς 2 ἀναστήσονται ἐν τῇ Περσίδι, καὶ ὁ τέταρτος πλουτήσει πλοῦτον μέγαν παρὰ πάντας· καὶ μετὰ τὸ κρατῆσαι αὐτὸν τοῦ πλούτου αὐτοῦ, ἐπαναστήσεται πάσαις βασιλείαις Ἑλλήνων.

β *Gr.* for strength and power.

3 Καὶ ἀναστήσεται βασιλεὺς δυνατὸς, καὶ κυριεύσει κυρείας πολλῆς, καὶ ποιήσει κατὰ τὸ θέλημα αὐτοῦ.

4 Καὶ ὡς ἂν στῇ ἡ βασιλεία αὐτοῦ, συντριβήσεται, καὶ διαιρεθήσεται εἰς τοὺς τέσσαρας ἀνέμους τοῦ οὐρανοῦ, καὶ οὐκ εἰς τὰ ἔσχατα αὐτοῦ, οὐδὲ κατὰ τὴν κυρείαν αὐτοῦ, ἣν ἐκυρίευσεν, ὅτι ἐκτιλήσεται ἡ βασιλεία αὐτοῦ, καὶ ἑτέροις ἐκτὸς τούτων.

5 Καὶ ἐνισχύσει ὁ βασιλεὺς τοῦ Νότου· καὶ εἰς τῶν ἀρχόντων αὐτῶν ἐνισχύσει ἐπ᾽ αὐτὸν, καὶ κυριεύσει κυρείαν πολλήν.

6 Καὶ μετὰ τὰ ἔτη αὐτοῦ συμμιγήσονται, καὶ θυγάτηρ βασιλέως τοῦ Νότου εἰσελεύσεται πρὸς βασιλέα τοῦ Βορρᾶ, τοῦ ποιῆσαι συνθήκας μετ᾽ αὐτοῦ, καὶ οὐ κρατήσει ἰσχύος βραχίονος, καὶ οὐ στήσεται τὸ σπέρμα αὐτοῦ, καὶ παραδοθήσεται αὐτη, καὶ οἱ φέροντες αὐτὴν, καὶ ἡ νεάνις, καὶ ὁ κατισχύων αὐτὴν ἐν τοῖς καιροῖς.

7 Ἀναστήσεται ἐκ τοῦ ἄνθους τῆς ῥίζης αὐτῆς, τῆς ἑτοιμασίας αὐτοῦ, καὶ ἥξει πρὸς τὴν δύναμιν, καὶ εἰσελεύσεται εἰς τὰ ὑποστηρίγματα τοῦ βασιλέως τοῦ Βορρᾶ, καὶ ποιήσει ἐν αὐτοῖς,

8 καὶ κατισχύσει. Καί γε τοὺς θεοὺς αὐτῶν μετὰ τῶν χωνευτῶν αὐτῶν, πᾶν σκεῦος ἐπιθυμητὸν αὐτῶν, ἀργυρίου καὶ χρυσίου, μετὰ αἰχμαλωσίας οἴσει εἰς Αἴγυπτον, καὶ αὐτὸς στή-

9 σεται ὑπὲρ βασιλέα τοῦ Βορρᾶ. Καὶ εἰσελεύσεται εἰς τὴν βασιλείαν τοῦ βασιλέως τοῦ Νότου, καὶ ἀναστρέψει εἰς τὴν γῆν αὐτοῦ.

10 Καὶ οἱ υἱοὶ αὐτοῦ συνάξουσιν ὄχλον ἀναμέσον πολλῶν· καὶ ἐλεύσεται ἐρχόμενος καὶ κατακλύζων, καὶ παρελεύσεται, καὶ καθίεται, καὶ συμπροσπλακήσεται ἕως τῆς ἰσχύος αὐτοῦ.

11 Καὶ ἀγριανθήσεται βασιλεὺς τοῦ Νότου, καὶ ἐξελεύσεται, καὶ πολεμήσει μετὰ τοῦ βασιλέως τοῦ Βορρᾶ, καὶ στήσει ὄχλον

12 πολὺν, καὶ παραδοθήσεται ὁ ὄχλος ἐν χειρὶ αὐτοῦ, καὶ λήψεται τὸν ὄχλον, καὶ ὑψωθήσεται ἡ κερδία αὐτοῦ, καὶ καταβαλεῖ

13 μυριάδας, καὶ οὐ κατισχύσει. Καὶ ἐπιστρέψει ὁ βασιλεὺς τοῦ Βορρᾶ, καὶ ἄξει ὄχλον πολὺν ὑπὲρ τὸν πρότερον· καὶ εἰς τὸ τέλος τῶν καιρῶν ἐνιαυτῶν ἐπελεύσεται εἰσόδια ἐν δυνάμει μεγάλῃ, καὶ ἐν ὑπάρξει πολλῇ.

14 Καὶ ἐν τοῖς καιροῖς ἐκείνοις πολλοὶ ἐπαναστήσονται ἐπὶ βασιλέα τοῦ Νότου, καὶ οἱ υἱοὶ τῶν λοιμῶν τοῦ λαοῦ σου ἐπαρ-

15 θήσονται, τοῦ στῆσαι ὅρασιν, καὶ ἀσθενήσουσι. Καὶ εἰσελεύσεται βασιλεὺς τοῦ Βορρᾶ, καὶ ἐκχεεῖ πρόσχωμα, καὶ συλλήψεται πόλεις ὀχυρὰς, καὶ οἱ βραχίονες τοῦ βασιλέως τοῦ Νότου στήσονται, καὶ ἀναστήσονται οἱ ἐκλεκτοὶ αὐτοῦ,

16 καὶ οὐκ ἔσται ἰσχὺς τοῦ στῆναι. Καὶ ποιήσει ὁ εἰσπορευόμενος πρὸς αὐτὸν κατὰ τὸ θέλημα αὐτοῦ, καὶ οὐκ ἔστιν ἑστὼς κατὰ πρόσωπον αὐτοῦ· καὶ στήσεται ἐν τῇ γῇ τοῦ Σαβεὶ, καὶ τελεσθήσεται ἐν τῇ χειρὶ αὐτοῦ.

17 Καὶ τάξει τὸ πρόσωπον αὐτοῦ εἰσελθεῖν ἐν ἰσχύϊ πάσης τῆς βασιλείας αὐτοῦ, καὶ εὐθεῖα πάντα μετ᾽ αὐτοῦ ποιήσει· καὶ θυγατέρα τῶν γυναικῶν δώσει αὐτῷ διαφθεῖραι αὐτὴν, καὶ οὐ

18 μὴ παραμείνῃ, καὶ οὐκ αὐτῷ ἔσται. Καὶ ἐπιστρέψει τὸ πρόσωπον αὐτοῦ εἰς τὰς νήσους, καὶ συλλήψεται πολλὰς, καὶ

---

3 And there shall rise up a mighty king, and he shall be lord of a great empire, and shall do according to his will. 4 And when his kingdom shall stand up, it shall be broken, and shall be divided to the four winds of heaven; but not to his [β] posterity, nor according to his dominion which he ruled over: for his kingdom shall be plucked up, and *given* to others beside these. 5 And the king of the south shall be strong; and one of their princes shall prevail against him, and shall obtain a great dominion. 6 And after his years they shall associate; and the daughter of the king of the south shall come to the king of the north, to make agreements with him: but she shall not retain power of arm; neither shall his seed stand: and she shall be delivered up, and they that brought her, and the maiden, and he that strengthened her in these times. 7 But out of the flower of her root there shall arise one [γ] on his [δ] place, and shall come against the host, and shall enter into the strongholds of the king of the north, and shall fight against them, and prevail. 8 Yea, he shall carry with a body of captives into Egypt their gods with their molten *images, and* all their precious vessels of silver and gold; and he shall last longer than the king of the north. 9 And he shall enter into the kingdom of the king of the south, and shall return to his own land. 10 And his sons shall gather a multitude among many: and one shall certainly come, and overflow, and pass through, and he shall rest, and collect his strength. 11 And the king of the south shall be greatly enraged, and shall come forth, and shall war with the king of the north: and he shall raise a great multitude; but the multitude shall be delivered into his hand. 12 And he shall take the multitude, and his heart shall be exalted; and he shall cast down [ζ] many thousands; but he shall not prevail. 13 For the king of the north shall return, and bring a multitude greater than the former, and at the end of the times of years an invading army shall come with a great force, and with much substance. 14 And in those times many shall rise up against the king of the south; and the children of the [θ] spoilers of thy people shall exalt themselves to establish the vision; and they shall fail. 15 And the king of the north shall come in, and cast up a mound, and take strong cities: and the arms of the king of the south shall [λ] withstand, and his chosen ones shall rise up, but there shall be no strength to stand. 16 And he that comes in against him shall do according to his will, and there is no one to stand before him; and he shall stand in the land of [μ] beauty, and it shall be consumed by his hand. 17 And he shall set his face to come in with the force of his whole kingdom, and shall [ξ] cause everything to prosper with him: and he shall give him the daughter of women to corrupt her: but she shall not continue, neither be on his side. 18 And he shall turn his face to the islands, and shall take many

---

β *Lit.* latter end. See Ps. 37. (36) 37, 38.   γ *Alex.* + ἐπί.   δ *Or*, standing. *lit.* preparation.   ζ *Gr.* myriads.   θ *Lit.* pests.
λ *Gr.* stand. *Alex.* not stand.   μ *Heb.* word in *Gr.* letters.   ξ *Or*, do all things *that seemed* right with him.

and cause princes to cease from their reproach : nevertheless his own reproach shall return to him. ¹⁹ Then he shall turn back his face to the strength of his own land : but he shall become weak, and fall, and not be found.

²⁰ And there shall arise out of his root one that shall cause a plant of the kingdom to pass over his place, earning kingly glory : and yet in those days shall he be broken, yet not ᵝ openly, nor in war.

²¹ *One* shall stand on his place, *who* has been set at nought, and they have not put upon him the honour of the kingdom : but he shall come in prosperously, and obtain the kingdom by deceitful ways. ²² And the arms of him that overflows shall be washed away as with a flood from before him, and shall be broken, and *so shall be* the head of the covenant. ²³ And because of the leagues made with him he shall work deceit : and he shall come up, and overpower them with a small nation. ²⁴ And he shall enter with prosperity, and *that* into fertile districts ; and he shall do what his fathers and his fathers' fathers have not done ; he shall scatter among them plunder, and spoils, and wealth ; and he shall devise plans against Egypt, even for a time. ²⁵ And his strength and his heart shall be stirred up against the king of the south with a great force ; and the king of the south shall engage in war with a great and very strong force ; but *his forces* shall not stand, for they shall devise plans against him : ²⁶ and they shall eat his provisions, and shall crush him, and he shall carry away armies as with a flood, and many shall fall down slain.

²⁷ And *as for* both the kings, their hearts *are set* upon mischief, and they shall speak lies at one table ; but it shall not prosper ; for yet the end is for a *fixed* time. ²⁸ And he shall return to his land with much substance ; and his heart *shall be* against the holy covenant ; and he shall perform *great deeds*, and return to his own land.

²⁹ At the *set* time he shall return, and shall come into the south, but the last *expedition* shall *not* be as the first. ³⁰ For the Citians issuing forth shall come against him, and he shall be brought low, and shall return, and shall be incensed against the holy covenant : and he shall do *thus*, and shall return, and have intelligence with them that have forsaken the holy covenant.

³¹ And ᵞ seeds shall spring up out of him, and they shall profane the sanctuary of strength, and they shall remove the perpetual *sacrifice*, and make the abomination desolate. ³² And the transgressors shall bring about a covenant by deceitful ways : but a people knowing their God shall prevail, and do *valiantly*. ³³ And the intelligent of the people shall understand much : yet they shall ᵟ fall by the sword, and by flame, and by captivity, and by spoil of *many* days. ³⁴ And when they are weak they shall be helped with a little help : but many shall attach themselves to them with treachery.

³⁵ And *some* of them that understand shall fall, to try them as with fire, and to

καταπαύσει ἄρχοντας ὀνειδισμοῦ αὐτῶν, πλὴν ὀνειδισμὸς αὐτοῦ ἐπιστρέψει αὐτῷ. Καὶ ἐπιστρέψει τὸ πρόσωπον αὐτοῦ εἰς τὴν 19 ἰσχὺν τῆς γῆς αὐτοῦ, καὶ ἀσθενήσει, καὶ πεσεῖται, καὶ οὐκ εὑρεθήσεται.

Καὶ ἀναστήσεται ἐκ τῆς ῥίζης αὐτοῦ φυτὸν τῆς βασιλείας 20 ἐπὶ τὴν ἑτοιμασίαν αὐτοῦ παραβιβάζων, πράσσων δόξαν βασιλείας· καὶ ἐν ταῖς ἡμέραις ἐκείναις ἔτι συντριβήσεται, καὶ οὐκ ἐν προσώποις, οὐδὲ ἐν πολέμῳ.

Στήσεται ἐπὶ τὴν ἑτοιμασίαν αὐτοῦ, ἐξουδενώθη, καὶ οὐκ 21 ἔδωκαν ἐπ᾽ αὐτὸν δόξαν βασιλείας· καὶ ἥξει ἐν εὐθηνίᾳ, καὶ κατισχύσει βασιλείας ἐν ὀλισθήμασι, καὶ βραχίονες τοῦ κατα- 22 κλύζοντος κατακλυσθήσονται ἀπὸ προσώπου αὐτοῦ, καὶ συντριβήσονται, καὶ ἡγούμενος διαθήκης. Καὶ ἀπὸ τῶν συνανα- 23 μίξεων πρὸς αὐτὸν ποιήσει δόλον, καὶ ἀναβήσεται, καὶ ὑπερισχύσει αὐτοὺς ἐν ὀλίγῳ ἔθνει. Καὶ ἐν εὐθηνίᾳ, καὶ ἐν πίοσι 24 χώραις ἥξει, καὶ ποιήσει ἃ οὐκ ἐποίησαν οἱ πατέρες αὐτοῦ καὶ πατέρες τῶν πατέρων αὐτοῦ· προνομὴν καὶ σκῦλα καὶ ὕπαρξιν αὐτοῖς διασκορπιεῖ, καὶ ἐπ᾽ Αἴγυπτον λογιεῖται λογισμοὺς καὶ ἕως καιροῦ. Καὶ ἐξεγερθήσεται ἡ ἰσχὺς αὐτοῦ, καὶ ἡ καρδία 25 αὐτοῦ ἐπὶ βασιλέα τοῦ Νότου ἐν δυνάμει μεγάλῃ· καὶ ὁ βασιλεὺς τοῦ Νότου συνάψει πόλεμον ἐν δυνάμει μεγάλῃ καὶ ἰσχυρᾷ σφόδρα, καὶ οὐ στήσονται, ὅτι λογιοῦνται ἐπ᾽ αὐτὸν λογισμούς, καὶ φάγονται τὰ δέοντα αὐτοῦ, καὶ συντρίψουσιν 26 αὐτόν, καὶ δυνάμεις κατακλύσει, καὶ πεσοῦνται τραυματίαι πολλοί.

Καὶ ἀμφότεροι οἱ βασιλεῖς, αἱ καρδίαι αὐτῶν εἰς πονηρίαν, 27 καὶ ἐπὶ τραπέζῃ μιᾷ ψευδῆ λαλήσουσι, καὶ οὐ κατευθυνεῖ, ὅτι ἔτι πέρας εἰς καιρόν. Καὶ ἐπιστρέψει εἰς τὴν γῆν αὐτοῦ ἐν 28 ὑπάρξει πολλῇ, καὶ ἡ καρδία αὐτοῦ ἐπὶ διαθήκην ἁγίαν, καὶ ποιήσει, καὶ ἐπιστρέψει εἰς τὴν γῆν αὐτοῦ.

Εἰς τὸν καιρὸν ἐπιστρέψει, καὶ ἥξει ἐν τῷ Νότῳ, καὶ οὐκ 29 ἔσται ὡς ἡ πρώτη καὶ ἡ ἐσχάτη. Καὶ εἰσελεύσονται ἐν αὐτῷ 30 οἱ ἐκπορευόμενοι Κίτιοι, καὶ ταπεινωθήσεται, καὶ ἐπιστρέψει, καὶ θυμωθήσεται ἐπὶ διαθήκην ἁγίαν· καὶ ποιήσει, καὶ ἐπιστρέψει, καὶ συνήσει ἐπὶ τοὺς καταλιπόντας διαθήκην ἁγίαν.

Καὶ σπέρματα ἐξ αὐτοῦ ἀναστήσονται, καὶ βεβηλώσουσι 31 τὸ ἁγίασμα τῆς δυναστείας, καὶ μεταστήσουσι τὸν ἐνδελεχισμόν, καὶ δώσουσι βδέλυγμα ἠφανισμένον. Καὶ οἱ ἀνομοῦντες δια- 32 θήκην ἐπάξουσιν ἐν ὀλισθήμασι· καὶ λαὸς γινώσκοντες Θεὸν αὐτοῦ κατισχύσουσι, καὶ ποιήσουσι, καὶ οἱ συνετοὶ τοῦ λαοῦ 33 συνήσουσιν εἰς πολλά, καὶ ἀσθενήσουσιν ἐν ῥομφαίᾳ, καὶ ἐν φλογὶ, καὶ ἐν αἰχμαλωσίᾳ, καὶ ἐν διαρπαγῇ ἡμερῶν. Καὶ ἐν 34 τῷ ἀσθενῆσαι αὐτούς, βοηθηθήσονται βοήθειαν μικράν, καὶ προστεθήσονται πρὸς αὐτοὺς πολλοὶ ἐν ὀλισθήμασι.

Καὶ ἀπὸ τῶν συνιέντων ἀσθενήσουσι, τοῦ πυρῶσαι αὐτούς, καὶ 35

ᵝ *Lit.* in faces.　　　ᵞ See ver. 6.　　　ᵟ *Gr.* be weak.

τοῦ ἐκλέξασθαι, καὶ τοῦ ἀποκαλυφθῆναι ἕως καιροῦ πέρας, ὅτι ἔτι εἰς καιρόν.

36 Καὶ ποιήσει κατὰ τὸ θέλημα αὐτοῦ· καὶ ὁ βασιλεὺς ὑψωθήσεται καὶ μεγαλυνθήσεται ἐπὶ πάντα θεὸν, καὶ λαλήσει ὑπέρογκα, καὶ κατευθυνεῖ μέχρις οὗ συντελεσθῇ ἡ ὀργὴ, εἰς

37 γὰρ συντέλειαν γίνεται. Καὶ ἐπὶ πάντας θεοὺς τῶν πατέρων αὐτοῦ οὐ συνήσει, καὶ ἐπιθυμία γυναικῶν, καὶ ἐπὶ πᾶν θεὸν οὐ

38 συνήσει, ὅτι ἐπὶ πάντας μεγαλυνθήσεται. Καὶ θεὸν Μαωζεὶμ ἐπὶ τόπου αὐτοῦ δοξάσει, καὶ θεὸν ὃν οὐκ ἔγνωσαν οἱ πατέρες αὐτοῦ, δοξάσει ἐν χρυσῷ καὶ ἀργύρῳ καὶ λίθῳ τιμίῳ, καὶ ἐν

39 ἐπιθυμήμασι. Καὶ ποιήσει τοῖς ὀχυρώμασι τῶν καταφυγῶν μετὰ θεοῦ ἀλλοτρίου, καὶ πληθυνεῖ δόξαν, καὶ ὑποτάξει αὐτοῖς πολλοὺς, καὶ γῆν διελεῖ ἐν δώροις.

40 Καὶ ἐν καιροῦ πέρατι συγκερατισθήσεται μετὰ τοῦ βασιλέως τοῦ Νότου· καὶ συναχθήσεται ἐπ᾽ αὐτὸν βασιλεὺς τοῦ Βορρᾶ ἐν ἅρμασι καὶ ἐν ἱππεῦσι καὶ ἐν ναυσὶ πολλαῖς, καὶ εἰσελεύ-

41 σονται εἰς τὴν γῆν, καὶ συντρίψει, καὶ παρελεύσεται, καὶ εἰσελεύσεται εἰς τὴν γῆν τοῦ Σαβαεὶμ, καὶ πολλοὶ ἀσθενήσουσι· καὶ οὗτοι διασωθήσονται ἐκ χειρὸς αὐτοῦ, Ἐδὼμ, καὶ

42 Μωὰβ, καὶ ἀρχὴ υἱῶν Ἀμμών. Καὶ ἐκτενεῖ τὴν χεῖρα ἐπὶ τὴν

43 γῆν, καὶ γῆ Αἰγύπτου οὐκ ἔσται εἰς σωτηρίαν. Καὶ κυριεύσει ἐν τοῖς ἀποκρύφοις τοῦ χρυσοῦ καὶ τοῦ ἀργύρου, καὶ ἐν πᾶσιν ἐπιθυμητοῖς Αἰγύπτου, καὶ Λιβύων, καὶ Αἰθιόπων, ἐν τοῖς

44 ὀχυρώμασιν αὐτῶν. Καὶ ἀκοαὶ καὶ σπουδαὶ ταράξουσιν αὐτὸν ἐξ ἀνατολῶν καὶ ἀπὸ Βορρᾶ· καὶ ἥξει ἐν θυμῷ πολλῷ, τοῦ

45 ἀφανίσαι πολλούς. Καὶ πήξει τὴν σκηνὴν αὐτοῦ Ἐφαδανῶ, ἀναμέσον τῶν θαλασσῶν εἰς ὄρος Σαβαεὶν ἅγιον, ἥξει ἕως μέρους αὐτοῦ, καὶ οὐκ ἔστιν ὁ ῥυόμενος αὐτόν.

12 Καὶ ἐν τῷ καιρῷ ἐκείνῳ ἀναστήσεται Μιχαὴλ ὁ ἄρχων ὁ μέγας, ὁ ἑστηκὼς ἐπὶ τοὺς υἱοὺς τοῦ λαοῦ σου· καὶ ἔσται καιρὸς θλίψεως, θλίψις οἵα οὐ γέγονεν ἀφ᾽ οὗ γεγένηται ἔθνος ἐν τῇ γῇ, ἕως τοῦ καιροῦ ἐκείνου· ἐν τῷ καιρῷ ἐκείνῳ σωθή-

2 σεται ὁ λαός σου πᾶς ὁ γεγραμμένος ἐν τῇ βίβλῳ. Καὶ πολλοὶ τῶν καθευδόντων ἐν γῆς χώματι ἐξεγερθήσονται, οὗτοι εἰς ζωὴν αἰώνιον, καὶ οὗτοι εἰς ὀνειδισμὸν καὶ εἰς αἰσχύνην

3 αἰώνιον. Καὶ οἱ συνιέντες λάμψουσιν ὡς ἡ λαμπρότης τοῦ στερεώματος, καὶ ἀπὸ τῶν δικαίων τῶν πολλῶν ὡς οἱ ἀστέρες εἰς τοὺς αἰῶνας, καὶ ἔτι.

4 Καὶ σὺ Δανιὴλ ἔμφραξον τοὺς λόγους, καὶ σφράγισον τὸ βιβλίον ἕως καιροῦ συντελείας, ἕως διδαχθῶσι πολλοὶ καὶ πληθυνθῇ ἡ γνῶσις.

5 Καὶ ἴδον ἐγὼ Δανιὴλ, καὶ ἰδοὺ δύο ἕτεροι εἱστήκεισαν, εἷς ἐντεῦθεν τοῦ χείλους τοῦ ποταμοῦ, καὶ εἷς ἐντεῦθεν τοῦ χείλους

6 τοῦ ποταμοῦ. Καὶ εἶπε τῷ ἀνδρὶ τῷ ἐνδεδυμένῳ τὰ βαδδὶν, ὃς ἦν ἐπάνω τοῦ ὕδατος τοῦ ποταμοῦ, ἕως πότε τὸ πέρας ὧν

7 εἴρηκας τῶν θαυμασίων; Καὶ ἤκουσα τοῦ ἀνδρὸς τοῦ ἐνδεδυ-

test *them*, and that they may be manifested at the time of the end, for the matter *is* yet for a *set* time.

36 And he shall do according to his will, and the king shall β exalt and magnify himself against every god, and shall speak great swelling words, and shall prosper until the indignation shall be accomplished: for γ it is coming to an end. 37 And he shall not regard any gods of his fathers, nor the δ desire of women, neither shall he regard any deity: for he shall magnify himself above all. 38 And he shall honour the god of ζ forces on his place: and a god whom his fathers knew not he shall honour with gold, and silver, and precious stones, and desirable things. 39 And he shall do *thus* in the strong places of refuge with a strange god, and shall increase his glory: and he shall subject many to them, and shall distribute the land in gifts. 40 And at the end of the time he shall conflict with the king of the south: and the king of the north shall θ come against him with chariots, and with horsemen, and with many ships; and they shall enter into the land: and he shall break in pieces, and pass on: 41 and he shall enter into the land of λ beauty, and many shall fail: but these shall escape out of his hand, Edom, and, Moab, and the chief of the children of Ammon. 42 And he shall stretch forth *his* hand over the land; and the land of Egypt shall not μ escape. 43 And he shall have the mastery over the secret *treasures* of gold and silver, and over all the desirable *possessions* of Egypt, and the Libyans and Ethiopians in their strongholds. 44 But rumours and anxieties out of the east and from the north shall trouble him; and he shall come with great wrath to destroy many. 45 And he shall pitch the tabernacle of ξ his palace between the seas in the holy mountain of beauty: *but* he shall come to his portion, and there is none to deliver him.

And at that time Michael the great prince shall stand up, that stands π over the children of thy people: and there shall be a time of tribulation, such tribulation as has not been from the time that there was a nation on the earth until that time: at that time thy people shall be delivered, *even* every one that is written in the book. 2 And many of them that sleep in the dust of the earth shall ρ awake, some to everlasting life, and some to reproach and everlasting shame. 3 And the wise shall shine as the brightness of the firmament, and *some* of the many righteous as the stars σ for ever and ever. 4 And thou, Daniel, close the words, and seal the book to the time of the end; until many are taught, and knowledge is increased. 5 And I Daniel saw, and, behold, two others stood, one on one side of the bank of the river, and the other on the other side of the bank of the river. 6 And *one* said to the man clothed in linen, who was over the water of the river, τ When *will be* the end of the wonders which thou hast mentioned? 7 And I heard the man clothed in linen, who

β Gr. be exalted and magnified. γ Or, it is to be ended. δ Alex. ἐπιθυμίαν. ζ Gr. Maozim. θ Gr. be gathered against him.
λ The Gr. Sabaim, is the Heb. slightly altered. μ Lit. be for deliverance. ξ Heb. word. π Or, for. ρ Or, arise.
σ Lit. for the ages and yet *more*. τ Gr. until when.

was over the water of the river, and he lifted up his right hand and his left hand to heaven, and sware by him that lives for ever, that *it should be* for a time of times and half a time : when the dispersion is ended β they shall know all these things.

8 And I heard, but I understood not : and I said, O Lord, what *will be* the end of these things? 9 And he said, Go, Daniel : for the words are closed and sealed up to the time of the end. 10 Many must be γ tested, and thoroughly whitened, and tried with fire, and sanctified ; but the transgressors shall transgress : and none of the transgressors shall understand ; but the wise shall understand. 11 And from the time of the δ removal of the perpetual sacrifice, when the abomination of desolation shall be set up, *there shall be* a thousand two hundred and ninety days. 12 Blessed is he that waits, and comes to the thousand three hundred and thirty-five days. 13 But go thou, and rest ; for *there are* yet days and seasons to the fulfilment of the end ; and thou shalt stand in thy lot at the end of the days.

μένου τὰ βαδδὶν, ὃς ἦν ἐπάνω τοῦ ὕδατος τοῦ ποταμοῦ· καὶ ὕψωσε τὴν δεξιὰν αὐτοῦ καὶ τὴν ἀριστερὰν αὐτοῦ εἰς τὸν οὐρανόν, καὶ ὤμοσεν ἐν τῷ ζῶντι εἰς τὸν αἰῶνα, ὅτι εἰς καιρὸν καιρῶν καὶ ἥμισυ καιροῦ, ἐν τῷ συντελεσθῆναι διασκορπισμὸν γνώσονται πάντα ταῦτα.

Καὶ ἐγὼ ἤκουσα, καὶ οὐ συνῆκα· καὶ εἶπα, Κύριε, τί τὰ 8 ἔσχατα τούτων ; Καὶ εἶπε, δεῦρο Δανιὴλ, ὅτι ἐμπεφραγμένοι 9 καὶ ἐσφραγισμένοι οἱ λόγοι ἕως καιροῦ πέρας. Ἐκλεγῶσι, καὶ 10 ἐκλευκανθῶσι, καὶ πυρωθῶσι, καὶ ἁγιασθῶσι πολλοί· καὶ ἀνομήσωσιν ἄνομοι, καὶ οὐ συνήσουσι πάντες ἄνομοι, καὶ οἱ νοήμονες συνήσουσι. Καὶ ἀπὸ καιροῦ παραλλάξεως τοῦ ἐν- 11 δελεχισμοῦ, καὶ δοθήσεται τὸ βδέλυγμα ἐρημώσεως, ἡμέραι χίλιαι διακόσιαι ἐννενήκοντα. Μακάριος ὁ ὑπομένων καὶ 12 φθάσας εἰς ἡμέρας χιλίας τριακοσίας τριακονταπέντε. Καὶ σὺ 13 δεῦρο, καὶ ἀναπαύου· ἔτι γὰρ ἡμέραι καὶ ὧραι εἰς ἀναπλήρωσιν συντελείας, καὶ ἀναστήσῃ εἰς τὸν κλῆρόν σου εἰς συντέλειαν ἡμερῶν.

ΩΣΗΕ. Α΄.

The word of the Lord which came to Osee the son of Beeri, in the days of Ozias, and Joatham, and Achaz, and Ezekias, kings of Juda, and in the days of Jeroboam son of Joas, king of Israel.

2 The beginning of the word of the Lord by Osee. And the Lord said to Osee, Go, take to thyself a wife of fornication, and children of fornication : for the land will surely go a-whoring in departing from the Lord.

3 So he went and took Gomer, daughter of Debelaim ; and she conceived, and bore him a son. 4 And the Lord said to him, Call his name Jezrael ; for yet a little *while*, and I will avenge the blood of Jezrael on the house of Juda, and will make to cease the kingdom of the house of Israel. 5 And it shall be, in that day, *that* I will break the bow of Israel in the valley of Jezrael.

6 And she conceived again, and bore a daughter. And he said to him, Call her

ΛΟΓΟΣ Κυρίου, ὃς ἐγενήθη πρὸς Ὡσηὲ τὸν τοῦ Βεηρεὶ, ἐν ἡμέραις Ὀζίου, καὶ Ἰωάθαμ, καὶ Ἄχαζ, καὶ Ἐζεκίου βασιλέων Ἰούδα, καὶ ἐν ἡμέραις Ἱεροβοὰμ υἱοῦ Ἰωὰς βασιλέως Ἰσραήλ.

Ἀρχὴ λόγου Κυρίου ἐν Ὡσηέ· καὶ εἶπε Κύριος πρὸς Ὡσηὲ, 2 βάδιζε, λάβε σεαυτῷ γυναῖκα πορνείας, καὶ τέκνα πορνείας, διότι ἐκπορνεύουσα ἐκπορνεύσει ἡ γῆ ἀπὸ ὄπισθεν τοῦ Κυρίου.

Καὶ ἐπορεύθη, καὶ ἔλαβε τὴν Γόμερ, θυγατέρα Δεβηλαΐμ· 3 καὶ συνέλαβε καὶ ἔτεκεν αὐτῷ υἱόν. Καὶ εἶπε Κύριος πρὸς 4 αὐτὸν, κάλεσον τὸ ὄνομα αὐτοῦ Ἰεζραὲλ, διότι ἔτι μικρὸν, καὶ ἐκδικήσω τὸ αἷμα τοῦ Ἰεζραὲλ ἐπὶ τὸν οἶκον Ἰούδα, καὶ καταπαύσω βασιλείαν οἴκου Ἰσραήλ. Καὶ ἔσται, ἐν τῇ 5 ἡμέρᾳ ἐκείνῃ, συντρίψω τὸ τόξον τοῦ Ἰσραὴλ ἐν κοιλάδι τοῦ Ἰεζραέλ.

Καὶ συνέλαβεν ἔτι, καὶ ἔτεκε θυγατέρα· καὶ εἶπεν αὐτῷ, 6

β דיעם read as if one word.   γ Rather 'chosen out.'   δ Gr. change.

κάλεσον τὸ ὄνομα αὐτῆς, οὐκ ἠλεημένη· διότι οὐ μὴ προσθήσω
ἔτι ἐλεῆσαι τὸν οἶκον Ἰσραήλ, ἀλλ' ἢ ἀντιτασσόμενος ἀντι-
7 τάξομαι αὐτοῖς. Τοὺς δὲ υἱοὺς Ἰούδα ἐλεήσω, καὶ σώσω αὐτοὺς
ἐν Κυρίῳ Θεῷ αὐτῶν, καὶ οὐ σώσω αὐτοὺς ἐν τόξῳ, οὐδὲ ἐν
ῥομφαίᾳ, οὐδὲ ἐν πολέμῳ, οὐδὲ ἐν ἵπποις, οὐδὲ ἐν ἱππεῦσι.

8 Καὶ ἀπεγαλάκτισε τὴν οὐκ ἠλεημένην· καὶ συνέλαβεν ἔτι,
9 καὶ ἔτεκεν υἱόν. Καὶ εἶπε, κάλεσον τὸ ὄνομα αὐτοῦ, οὐ λαός
μου· διότι ὑμεῖς οὐ λαός μου, καὶ ἐγὼ οὐκ εἰμὶ ὑμῶν. Καὶ ἦν
10 ὁ ἀριθμὸς τῶν υἱῶν Ἰσραήλ, ὡς ἡ ἄμμος τῆς θαλάσσης, ἣ
οὐκ ἐκμετρηθήσεται, οὐδὲ ἐξαριθμηθήσεται· καὶ ἔσται, ἐν τῷ
τόπῳ, οὗ ἐρρέθη αὐτοῖς, οὐ λαός μου ὑμεῖς, κληθήσονται καὶ
11 αὐτοὶ υἱοὶ Θεοῦ ζῶντος. Καὶ συναχθήσονται υἱοὶ Ἰούδα,
καὶ οἱ υἱοὶ Ἰσραὴλ ἐπιτοαυτό, καὶ θήσονται ἑαυτοῖς ἀρχὴν
μίαν, καὶ ἀναβήσονται ἐκ τῆς γῆς, ὅτι μεγάλη ἡ ἡμέρα τοῦ
Ἰεζραέλ.

2 Εἴπατε τῷ ἀδελφῷ ὑμῶν, λαός μου, καὶ τῇ ἀδελφῇ ὑμῶν,
2 ἠλεημένη. Κρίθητε πρὸς τὴν μητέρα ὑμῶν, κρίθητε, ὅτι
αὕτη οὐ γυνή μου, καὶ ἐγὼ οὐκ ἀνὴρ αὐτῆς· καὶ ἐξαρῶ τὴν
πορνείαν αὐτῆς ἐκ προσώπου μου, καὶ τὴν μοιχείαν αὐτῆς ἐκ
3 μέσου μαστῶν αὐτῆς, ὅπως ἂν ἐκδύσω αὐτὴν γυμνήν, καὶ
ἀποκαταστήσω αὐτὴν καθὼς ἡμέρα γενέσεως αὐτῆς· καὶ θήσω
αὐτὴν ἔρημον, καὶ τάξω αὐτὴν ὡς γῆν ἄνυδρον, καὶ ἀποκτενῶ
4 αὐτὴν ἐν δίψει. Καὶ τὰ τέκνα αὐτῆς οὐ μὴ ἐλεήσω, ὅτι τέκνα
5 πορνείας ἐστίν. Ὅτι ἐξεπόρνευσεν ἡ μήτηρ αὐτῶν, κατήσχυ-
νεν ἡ τεκοῦσα αὐτά· ὅτι εἶπε, πορεύσομαι ὀπίσω τῶν ἐραστῶν
μου, τῶν διδόντων μοι τοὺς ἄρτους μου, καὶ τὸ ὕδωρ μου, καὶ
τὰ ἱμάτιά μου, καὶ τὰ ὀθόνιά μου, τὸ ἔλαιόν μου, καὶ πάντα
ὅσα μοι καθήκει.

6 Διὰ τοῦτο ἰδοὺ ἐγὼ φράσσω τὴν ὁδὸν αὐτῆς ἐν σκόλοψι,
καὶ ἀνοικοδομήσω τὰς ὁδούς, καὶ τὴν τρίβον αὐτῆς οὐ μὴ εὕρῃ.
7 Καὶ καταδιώξεται τοὺς ἐραστὰς αὐτῆς, καὶ οὐ μὴ καταλάβῃ
αὐτούς· καὶ ζητήσει αὐτούς, καὶ οὐ μὴ εὕρῃ αὐτούς· καὶ ἐρεῖ,
πορεύσομαι, καὶ ἐπιστρέψω πρὸς τὸν ἄνδρα μου τὸν πρότερον,
ὅτι καλῶς μοι ἦν τότε, ἢ νῦν.

8 Καὶ αὕτη οὐκ ἔγνω ὅτι ἐγὼ ἔδωκα αὐτῇ τὸν σῖτον, καὶ τὸν
οἶνον, καὶ τὸ ἔλαιον, καὶ ἀργύριον ἐπλήθυνα αὐτῇ· αὐτὴ δὲ
9 ἀργυρᾶ καὶ χρυσᾶ ἐποίησε τῇ Βάαλ. Διὰ τοῦτο ἐπιστρέψω,
καὶ κομιοῦμαι τὸν σῖτόν μου καθ' ὥραν αὐτοῦ, καὶ τὸν οἶνόν
μου ἐν καιρῷ αὐτοῦ· καὶ ἀφελοῦμαι τὰ ἱμάτιά μου, καὶ τὰ
10 ὀθόνιά μου, τοῦ μὴ καλύπτειν τὴν ἀσχημοσύνην αὐτῆς. Καὶ
νῦν ἀποκαλύψω τὴν ἀκαθαρσίαν αὐτῆς ἐνώπιον τῶν ἐραστῶν
11 αὐτῆς, καὶ οὐθεὶς οὐ μὴ ἐξέληται αὐτὴν ἐκ χειρός μου. Καὶ
ἀποστρέψω πάσας τὰς εὐφροσύνας αὐτῆς, ἑορτὰς αὐτῆς, καὶ
τὰς νουμηνίας αὐτῆς, καὶ τὰ σάββατα αὐτῆς, καὶ πάσας τὰς
12 πανηγύρεις αὐτῆς. Καὶ ἀφανιῶ ἄμπελον αὐτῆς, καὶ τὰς συκᾶς
αὐτῆς, ὅσα εἶπε, μισθώματά μου ταῦτά ἐστιν ἃ ἔδωκάν μοι
οἱ ἐρασταί μου· καὶ θήσομαι αὐτὰ εἰς μαρτύριον, καὶ κατα-
φάγεται αὐτὰ τὰ θηρία τοῦ ἀγροῦ, καὶ τὰ πετεινὰ τοῦ οὐρανοῦ,
13 καὶ τὸ ἑρπετὰ τῆς γῆς. Καὶ ἐκδικήσω ἐπ' αὐτὴν τὰς ἡμέρας
τῶν Βααλείμ, ἐν αἷς ἐπέθυεν αὐτοῖς· καὶ περιετίθετο τὰ ἐνώτια

name, Unpitied: for I will no more have
mercy on the house of Israel, but will surely
set myself in array against them. 7 But I
will have mercy on the house of Juda, and
will save them by the Lord their God, and
will not save them with bow, nor with sword
nor by war, nor by horses, nor by horsemen.

8 And she weaned Unpitied; and she con-
ceived again, and bore a son. 9 And he said,
Call his name, Not my people: for ye are
not my people, and I am not your *God*
10 Yet the number of the children of Israel
was as the sand of the sea, which shall not
be measured nor numbered; βand it shall
come to pass, *that* in the place where it was
said to them, Ye are not my people, even
they shall be called the sons of the living
God. 11 And the children of Juda shall be
gathered, and the children of Israel to-
gether, and shall appoint themselves one
head, and shall come up out of the land: for
great *shall be* the day of Jezrael.

Say to your brother, My people, and to
your sister, Pitied. 2 Plead with your mo-
ther, plead: for she is not my wife, and I am
not her husband: and I will remove her
fornication out of my presence, and her
adultery from between her breasts: 3 that I
may strip her naked, and make her again as
she was at the day of her birth: and I will
make her desolate, and make her as a dry
land, and will kill her with thirst. 4 And I
will not have mercy upon her children; for
they are children of fornication. 5 And
their mother went a-whoring: she that bore
them disgraced *them*: for she said, I will go
after my lovers, that give me my bread and
my water, and my garments, and my linen
clothes, my oil and all my necessaries.

6 Therefore, behold, I hedge up her way
with thorns, and will γ stop the ways, and
she shall not find her path. 7 And she shall
follow after her lovers, and shall not over-
take them; and she shall seek them, but
shall not find them: and she shall say, I
will go, and return to my former husband;
for it was δ better with me than now.

8 And she knew not that I gave her her corn,
and wine, and oil, and multiplied silver to
her: but she made silver and gold *images*
for Baal. 9 Therefore I will return, and take
away my corn in its season, and my wine in
its time; and I will take away my raiment
and my linen clothes, so that she shall not
cover her nakedness. 10 And now I will
expose her uncleanness before her lovers,
and no one shall by any means deliver her
out of my hand. 11 And I will take away all
her gladness, her feasts, and her festivals at
the new moon, and her sabbaths, and all
her solemn assemblies. 12 And I will utterly
destroy her vines, and her fig-trees, all things
of which she said, These are my hire which
my lovers have given me: and I will make
them a testimony, and the wild beasts of
the field, and the birds of the sky, and the
reptiles of the earth shall devour them.
13 And I will recompense on her the days of
Baalim, wherein she sacrificed to them, and
put on her ear-rings, and her necklaces, and

β Rom. 9. 26.   γ Gr. build up.   δ Gr. well for me.

went after her lovers, and forgot me, saith the Lord.

¹¹ Therefore, behold, I *will* cause her to err, and will make her as desolate, and will speak β comfortably to her. ¹⁵ And I will give her her possessions from thence, and the valley of Achor to open her understanding: and she shall be afflicted there according to the days of her infancy, and according to the days of her coming up out of the land of Egypt.

¹⁶ And it shall come to pass in that day, saith the Lord, *that* she shall call me, My husband, and shall no longer call me Baalim. ¹⁷ And I will take away the names of Baalim out of her mouth, and their names shall be remembered no more at all. ¹⁸ And I will make for them in that day a covenant with the wild beasts of the field, and with the birds of the sky, and with the reptiles of the earth: and I will break the bow and the sword and the battle from off the earth, and will cause thee to dwell γ safely. ¹⁹ And I will betroth thee to myself for ever; yea, I will betroth thee to myself in righteousness, and in judgment, and in mercy, and in tender compassions; ²⁰ and I will betroth thee to myself in faithfulness: and thou shalt know the Lord.

²¹ And it shall come to pass in that day, saith the Lord, I will hearken to the heaven, and it shall hearken to the earth; ²² and the earth shall hearken to the corn, and the wine, and the oil; and they shall hearken to Jezrael. ²³ And I will sow her to me on the earth; and will δ love her that was not loved, and will ζ say to that which was not my people, Thou art my people; and they shall say, Thou art the Lord my God.

And the Lord said to me, Go yet, and love a woman that loves evil things, and an adulteress, even as the Lord loves the children of Israel, and they have respect to strange gods, and love θ cakes of dried grapes. ² So I hired *her* to myself for fifteen *pieces* of silver, and a homer of barley, and a flagon of wine. ³ And I said unto her, Thou shalt wait for me many days; and thou shalt not commit fornication, neither shalt thou be for *another* man; and I *will* be for thee.

⁴ For the children of Israel shall abide many days without a king, and without a prince, and without a sacrifice, and without an altar, and without a priesthood, and without λ manifestations. ⁵ And afterward shall the children of Israel return, and shall seek the Lord their God, and David their king; and shall be amazed at the Lord and at his goodness in the latter days.

Hear the word of the Lord, ye children of Israel: for the Lord *has* a controversy with the inhabitants of the land, because there is no truth, nor mercy, nor knowledge of God in the land. ² Cursing, and lying, and murder, and theft, and adultery abound in the land, and they mingle blood with blood. ³ Therefore shall the land mourn, and shall be diminished with all that dwell in it, with the wild beasts of the field, and the reptiles of the earth, and with the birds of the sky, and the fish of the sea shall fail: ⁴ that

αὐτῆς, καὶ τὰ καθόρμια αὐτῆς, καὶ ἐπορεύετο ὀπίσω τῶν ἐραστῶν αὐτῆς, ἐμοῦ δὲ ἐπελάθετο, λέγει Κύριος.

Διὰ τοῦτο ἰδοὺ ἐγὼ πλανῶ αὐτὴν, καὶ τάξω αὐτὴν ὡς ἔρημον, 14 καὶ λαλήσω ἐπὶ τὴν καρδίαν αὐτῆς, καὶ δώσω αὐτῇ τὰ κτή- 15 ματα αὐτῆς ἐκεῖθεν, καὶ τὴν κοιλάδα Ἀχὼρ διανοῖξαι σύνεσιν αὐτῆς· καὶ ταπεινωθήσεται ἐκεῖ κατὰ τὰς ἡμέρας νηπιότη- τος αὐτῆς, καὶ κατὰ τὰς ἡμέρας ἀναβάσεως αὐτῆς ἐκ γῆς Αἰγύπτου.

Καὶ ἔσται ἐν τῇ ἡμέρᾳ ἐκείνῃ, λέγει Κύριος, καλέσει με 16 ὁ ἀνήρ μου, καὶ οὐ καλέσει με ἔτι Βααλείμ. Καὶ ἐξαρῶ τὰ 17 ὀνόματα τῶν Βααλείμ ἐκ στόματος αὐτῆς, καὶ οὐ μὴ μνησθῶ- σιν οὐκέτι τὰ ὀνόματα αὐτῶν. Καὶ διαθήσομαι αὐτοῖς δια- 18 θήκην ἐν τῇ ἡμέρᾳ ἐκείνῃ μετὰ τῶν θηρίων τοῦ ἀγροῦ, καὶ μετὰ τῶν πετεινῶν τοῦ οὐρανοῦ, καὶ τῶν ἑρπετῶν τῆς γῆς· καὶ τόξον, καὶ ῥομφαίαν, καὶ πόλεμον συντρίψω ἀπὸ τῆς γῆς, καὶ κατοικιῶ σε ἐπ' ἐλπίδι. Καὶ μνηστεύσομαί σε ἐμαυτῷ εἰς τὸν 19 αἰῶνα· καὶ μνηστεύσομαί σε ἐμαυτῷ ἐν δικαιοσύνῃ, καὶ ἐν κρίματι, καὶ ἐν ἐλέει, καὶ ἐν οἰκτιρμοῖς, καὶ μνηστεύσομαί σε 20 ἐμαυτῷ ἐν πίστει, καὶ ἐπιγνώσῃ τὸν Κύριον.

Καὶ ἔσται ἐν ἐκείνῃ τῇ ἡμέρᾳ, λέγει Κύριος, ἐπακούσομαι 21 τῷ οὐρανῷ, καὶ αὐτὸς ἐπακούσεται τῇ γῇ, καὶ ἡ γῆ ἐπακού- 22 σεται τὸν σῖτον, καὶ τὸν οἶνον, καὶ τὸ ἔλαιον, καὶ αὐτὰ ἐπακούσεται τῷ Ἰεζραέλ. Καὶ σπερῶ αὐτὴν ἐμαυτῷ ἐπὶ 23 τῆς γῆς, καὶ ἀγαπήσω τὴν οὐκ ἠγαπημένην, καὶ ἐρῶ τῷ οὐ λαῷ μου, λαός μου εἶ σύ· καὶ αὐτὸς ἐρεῖ, Κύριος ὁ Θεός μου εἶ σύ.

Καὶ εἶπε Κύριος πρὸς μὲ, ἔτι πορεύθητι, καὶ ἀγάπησον 3 γυναῖκα ἀγαπῶσαν πονηρὰ, καὶ μοιχαλὶν, καθὼς ἀγαπᾷ ὁ Θεὸς τοὺς υἱοὺς Ἰσραὴλ, καὶ αὐτοὶ ἐπιβλέπουσιν ἐπὶ θεοὺς ἀλλο- τρίους, καὶ φιλοῦσι πέμματα μετὰ σταφίδος. Καὶ ἐμισθω- 2 σάμην ἐμαυτῷ πεντεκαίδεκα ἀργυρίου, καὶ γομὸρ κριθῶν, καὶ νέβελ οἴνου. Καὶ εἶπα πρὸς αὐτὴν, ἡμέρας πολλὰς καθήσῃ 3 ἐπ' ἐμοὶ, καὶ οὐ μὴ πορνεύσῃς, οὐδὲ μὴ γένῃ ἀνδρὶ, καὶ ἐγὼ ἐπὶ σοί.

Διότι ἡμέρας πολλὰς καθήσονται οἱ υἱοὶ Ἰσραὴλ, οὐκ ὄντος 4 βασιλέως, οὐδὲ ὄντος ἄρχοντος, οὐδὲ οὔσης θυσίας, οὐδὲ ὄντος θυσιαστηρίου, οὐδὲ ἱερατείας, οὐδὲ δήλων. Καὶ μετὰ 5 ταῦτα ἐπιστρέψουσιν οἱ υἱοὶ Ἰσραὴλ, καὶ ἐπιζητήσουσι Κύριον τὸν Θεὸν αὐτῶν, καὶ Δαυὶδ τὸν βασιλέα αὐτῶν, καὶ ἐκστήσον- ται ἐπὶ τῷ Κυρίῳ, καὶ ἐπὶ τοῖς ἀγαθοῖς αὐτοῦ ἐπ' ἐσχάτων τῶν ἡμερῶν.

Ἀκούσατε λόγον Κυρίου υἱοὶ Ἰσραὴλ, ὅτι κρίσις τῷ Κυρίῳ 4 πρὸς τοὺς κατοικοῦντας τὴν γῆν, διότι οὐκ ἔστιν ἀλήθεια, οὐδὲ ἔλεος, οὐδὲ ἐπίγνωσις Θεοῦ ἐπὶ τῆς γῆς. Ἀρὰ, καὶ ψεῦδος, καὶ 2 φόνος καὶ κλοπὴ, καὶ μοιχεία κέχυται ἐπὶ τῆς γῆς, καὶ αἵματα ἐφ' αἵμασι μίσγουσι. Διὰ τοῦτο πενθήσει ἡ γῆ, καὶ σμικρυν- 3 θήσεται σὺν πᾶσι τοῖς κατοικοῦσιν αὐτὴν, σὺν τοῖς θηρίοις τοῦ ἀγροῦ, καὶ σὺν τοῖς ἑρπετοῖς τῆς γῆς, καὶ σὺν τοῖς πετεινοῖς τοῦ οὐρανοῦ, καὶ οἱ ἰχθύες τῆς θαλάσσης ἐκλείψουσιν, ὅπως 4

β *Gr.* to her heart. *Hebraism.*   γ *Gr.* in hope.   δ *Alex.* pity the unpitied one.   ζ Rom. 9. 25.
θ *Gr.* cooked meats with dried grapes.   λ *Gr.* δήλων, Urim and Thummim probably meant, or rather Urim only.

μηδεὶς μήτε δικάζηται, μήτε ἐλέγχῃ μηδείς· ὁ δὲ λαός μου
5 ὡς ἀντιλεγόμενος ἱερεύς. Καὶ ἀσθενήσει ἡμέρας, καὶ ἀσθενή-
σει ὁ προφήτης μετὰ σοῦ· νυκτὶ ὡμοίωσα τὴν μητέρα σου.

6 Ὡμοιώθη ὁ λαός μου, ὡς οὐκ ἔχων γνῶσιν· ὅτι σὺ ἐπίγνωσιν
ἀπώσω, κἀγὼ ἀπώσομαί σε, τοῦ μὴ ἱερατεύειν μοι· καὶ ἐπελά-
7 θου νόμον Θεοῦ σου, κἀγὼ ἐπιλήσομαι τέκνων σου. Κατὰ τὸ
πλῆθος αὐτῶν, οὕτως ἥμαρτόν μοι· τὴν δόξαν αὐτῶν εἰς
8 ἀτιμίαν θήσομαι. Ἁμαρτίας λαοῦ μου φάγονται· καὶ ἐν ταῖς
9 ἀδικίαις αὐτῶν λήψονται τὰς ψυχὰς αὐτῶν. Καὶ ἔσται καθὼς
ὁ λαός, οὕτως καὶ ὁ ἱερεύς· καὶ ἐκδικήσω ἐπ᾽ αὐτὸν τὰς ὁδοὺς
10 αὐτοῦ, καὶ τὰ διαβούλια αὐτοῦ ἀνταποδώσω αὐτῷ. Καὶ
φάγονται, καὶ οὐ μὴ ἐμπλησθῶσιν· ἐπόρνευσαν, καὶ οὐ μὴ
κατευθύνωσι· διότι τὸν Κύριον ἐγκατέλιπον τοῦ φυλάξαι.

11 Πορνείαν καὶ οἶνον καὶ μέθυσμα ἐδέξατο καρδία λαοῦ
12 μου· ἐν συμβόλοις ἐπηρώτων, καὶ ἐν ῥάβδοις αὐτοῦ ἀπήγγελλον
αὐτῷ· πνεύματι πορνείας ἐπλανήθησαν, καὶ ἐξεπόρνευσαν ἀπὸ
13 τοῦ Θεοῦ αὐτῶν. Ἐπὶ τὰς κορυφὰς τῶν ὀρέων ἐθυσίαζον, καὶ
ἐπὶ τοὺς βουνοὺς ἔθυον ὑποκάτω δρυὸς, καὶ λεύκης, καὶ δένδρου
συσκιάζοντος, ὅτι καλὸν σκέπη· διὰ τοῦτο ἐκπορνεύσουσιν αἱ
14 θυγατέρες ὑμῶν, καὶ αἱ νύμφαι ὑμῶν μοιχεύσουσι. Καὶ οὐ
μὴ ἐπισκέψωμαι ἐπὶ τὰς θυγατέρας ὑμῶν ὅταν πορνεύσωσι,
καὶ ἐπὶ τὰς νύμφας ὑμῶν ὅταν μοιχεύσωσιν· ὅτι αὐτοὶ μετὰ
τῶν πορνῶν συνεφύροντο, καὶ μετὰ τῶν τετελεσμένων ἔθυον,
καὶ ὁ λαὸς ὁ μὴ συνιῶν συνεπλέκετο μετὰ πόρνης.

15 Σὺ δὲ Ἰσραὴλ μὴ ἀγνόει, καὶ Ἰούδα μὴ εἰσπορεύεσθε εἰς
Γάλγαλα, καὶ μὴ ἀναβαίνετε εἰς τὸν οἶκον Ὢν, καὶ μὴ ὀμνύετε
16 ζῶντα Κύριον. Διότι ὡς δάμαλις παροιστρῶσα παροίστρησεν
Ἰσραήλ· νῦν νεμήσει αὐτοὺς Κύριος ὡς ἀμνὸν ἐν εὐρυχώρῳ.
17, 18 Μέτοχος εἰδώλων Ἐφραὶμ ἔθηκεν ἑαυτῷ σκάνδαλα, ᾑρέτισε
Χαναναίους· πορνεύοντες ἐξεπόρνευσαν, ἠγάπησαν ἀτιμίαν ἐκ
19 φρυάγματος αὐτῆς. Συστροφὴ πνεύματος σὺ εἶ ἐν ταῖς
πτέρυξιν αὐτῆς, καὶ καταισχυνθήσονται ἐκ τῶν θυσιαστηρίων
αὐτῶν.

5 Ἀκούσατε ταῦτα οἱ ἱερεῖς, καὶ προσέχετε οἶκος Ἰσραὴλ,
καὶ ὁ οἶκος τοῦ βασιλέως ἐνωτίζεσθε, διότι πρὸς ὑμᾶς ἐστι τὸ
κρίμα, ὅτι παγὶς ἐγενήθητε τῇ Σκοπιᾷ, καὶ ὡς δίκτυον ἐκτετα-
2 μένον ἐπὶ τὸ Ἰταβύριον, ὁ οἱ ἀγρεύοντες τὴν θήραν κατέπηξαν·
3 ἐγὼ δὲ παιδευτὴς ὑμῶν, ἐγὼ ἔγνων τὸν Ἐφραὶμ, καὶ Ἰσραὴλ
οὐκ ἀπέστη ἀπ᾽ ἐμοῦ· διότι νῦν ἐξεπόρνευσεν Ἐφραὶμ, ἐμιάνθη
4 Ἰσραήλ. Οὐκ ἔδωκαν τὰ διαβούλια αὐτῶν τοῦ ἐπιστρέψαι
πρὸς τὸν Θεὸν αὐτῶν, ὅτι πνεῦμα πορνείας ἐν αὐτοῖς ἐστι· τὸν
δὲ Κύριον οὐκ ἐπέγνωσαν.

5 Καὶ ταπεινωθήσεται ἡ ὕβρις τοῦ Ἰσραὴλ εἰς πρόσωπον
αὐτοῦ· καὶ Ἰσραὴλ καὶ Ἐφραὶμ ἀσθενήσουσιν ἐν ταῖς ἀδικίαις

neither any one may plead, nor any one reprove *another:* but my people are as a priest spoken against. 5 Therefore they shall fall βby day, and the prophet with thee shall fall: I have compared thy mother unto night. 6 My people are γlike as if they had no knowledge: because thou hast rejected knowledge, I will also reject thee, that thou shalt not minister as priest to me: and *as* thou hast forgotten the law of thy God, I also will forget thy children. 7 According to their multitude, so they sinned against me: I will turn their glory into shame. 8 They will devour the sins of my people, and will set their δhearts on their iniquities. 9 And the priest shall be as the people: and I will avenge on ϛthem their ways, and I will recompense to them their counsels. 10 And they shall eat, and shall not be satisfied: they have gone a-whoring, and shall by no means prosper: because they have left off to take heed to the Lord. 11 The heart of my people has gladly engaged in fornication and wine and strong drink. 12 They asked counsel by *means of* signs, and they reported answer to θthem by θtheir staves: they have gone astray in a spirit of whoredom, and gone grievously a-whoring from their God. 13 They have sacrificed on the tops of the mountains, and on the hills they have sacrificed under the oak and poplar, and under the shady tree, because the shade was good: therefore your daughters shall go a-whoring, and your daughters-in-law shall commit adultery. 14 And I will not visit upon your daughters when they shall commit fornication, nor your daughters-in-law when they shall commit adultery: for they themselves mingled themselves with harlots, and sacrificed with polluted ones, and the people that understood not entangled itself with a harlot. 15 But thou, Israel, λbe not ignorant, and go ye not, *men of* Juda, to Galgala; and go not up to the house of On, and swear not by the living Lord. 16 For Israel was maddened like a mad heifer: now the Lord will feed them as a lamb in a wide place. 17 Ephraim, μjoined with idols, has laid stumblingblocks in his own way. 18 He has chosen the Chananites: they have grievously gone a-whoring: they have loved dishonour through her insolence. 19 Thou art a blast of wind in her wings, and they shall be ashamed because of their altars.

Hear these things, ye priests; and attend, O house of Israel; and hearken, O house of the king; for the ξcontroversy is with you, because ye have been a snare in π Scopia, and as a net spread on Itabyrium, 2 which they that hunt the prey have fixed: but I ρwill correct you. 3 I know Ephraim, and Israel σis not far from me: for now Ephraim has gone grievously a-whoring, Israel is defiled. 4 They have not framed their counsels to return to their God, for the spirit of fornication is in them, and they have not known the Lord. 5 And the pride of Israel shall be brought low before his face; and Israel and Ephraim

---

β *Or,* certain days.   γ Gr. likened, Heb. דמה.   δ Gr. souls, see *A.V.* and margin.   ζ αὐτὸν, sc. the people, *or,* him the priest.
θ Gr. him, his, sc. the people.   λ *Or,* sin not, *i.e.* a sin of ignorance.   μ Gr. a partaker of idols.   ξ *Or,* judgment is toward you.
π *Or,* the watchtower.   ρ Gr. will be your corrector.   σ Lit. has not departed. *Alex.* ἄπεστιν.

shall βfall in their iniquities; and Judas also shall βfall with them. ⁶They shall go with sheep and calves diligently to seek the Lord; but they shall not find him, for he has withdrawn himself from them. ⁷For they have forsaken the Lord; for strange children have been born to them: now shall the cankerworm devour them and their heritages.

⁸Blow ye the trumpet on the hills, sound aloud on the heights: proclaim in the house of On, Benjamin is amazed. ⁹Ephraim has come to γnought in the days of reproof: in the tribes of Israel I have shown faithful *dealings.* ¹⁰The princes of Juda became as they that removed the bounds: I will pour out upon them my fury as water.

¹¹Ephraim altogether prevailed against his adversary, he trod judgment under foot, for he began to go after vanities. ¹²Therefore I *will be* as consternation to Ephraim, and as a goad to the house of Juda. ¹³And Ephraim saw his disease, and Judas his pain; then Ephraim went to the Assyrians, and sent ambassadors to king Jarim: but he could not heal you, and your pain shall in nowise cease from you. ¹⁴Wherefore I am as a panther to Ephraim, and as a lion to the house of Juda: and I will tear, and go away; and I will take, and there shall be none to deliver.

¹⁵I will go and return to my place, until they are brought to nought, and *then* shall they seek my face.

In their affliction they will seek me early, saying, Let us go, and return to the Lord our God; for he has torn, and will heal us; ²he will smite, and bind us up. ³After two days he will heal us: in the third day we shall arise, and live before him, and shall know *him*: ⁴let us follow on to know the Lord: we shall find him ready as the morning, and he will come to us as the early and latter rain to the earth.

⁵What shall I do unto thee, Ephraim? What shall I do to thee, Juda? whereas your δmercy is as a morning cloud, and as the early dew that goes away. ⁶Therefore have I mown down your prophets; I have slain them with the word of my mouth: and my judgment shall go forth as the light.

⁷ζFor I will *have* mercy rather than sacrifice, and the knowledge of God rather than whole-burnt-offerings. ⁸But they are as a man transgressing a covenant: ⁹there the city Galaad despised me, working vanity, troubling water. ¹⁰And thy strength *is that* of a robber: the priests have hid the way, they have murdered *the people of* Sicima; for they have wrought iniquity in the house of Israel. ¹¹I have seen horrible *things* there, *even* the fornication of Ephraim: Israel and Juda are defiled; ¹²begin to gather grapes for thyself, when I turn the captivity of my people.

When I have healed Israel, then shall the iniquity of Ephraim be revealed, and the wickedness of Samaria; for they have wrought falsehood: and a thief shall come in to him, *even* a robber θspoiling in his way; ²that they may concert together as *men* singing in their heart: I remember all

αὐτῶν· καὶ ἀσθενήσει καὶ Ἰούδας μετ᾽ αὐτῶν. Μετὰ προβάτων 6 καὶ μόσχων πορεύσονται τοῦ ἐκζητῆσαι τὸν Κύριον, καὶ οὐ μὴ εὕρωσιν αὐτόν· ὅτι ἐκκέκλικεν ἀπ᾽ αὐτῶν, ὅτι τὸν Κύριον 7 ἐγκατέλιπον, ὅτι τέκνα ἀλλότρια ἐγεννήθησαν αὐτοῖς· νῦν καταφάγεται αὐτοὺς ἡ ἐρυσίβη, καὶ τοὺς κλήρους αὐτῶν.

Σαλπίσατε σάλπιγγι ἐπὶ τοὺς βουνούς, ἠχήσατε ἐπὶ τῶν 8 ὑψηλῶν, κηρύξατε ἐν τῷ οἴκῳ Ὤν, ἐξέστη Βενιαμίν, Ἐφραὶμ 9 εἰς ἀφανισμὸν ἐγένετο ἐν ἡμέραις ἐλέγχου· ἐν ταῖς φυλαῖς τοῦ Ἰσραὴλ ἔδειξα πιστά. Ἐγένοντο οἱ ἄρχοντες Ἰούδα 10 ὡς μετατιθέντες ὅρια, ἐπ᾽ αὐτοὺς ἐκχεῶ ὡς ὕδωρ τὸ ὅρμημά μου.

Κατεδυνάστευσεν Ἐφραὶμ τὸν ἀντίδικον αὐτοῦ, κατεπάτησε 11 τὸ κρίμα, ὅτι ἤρξατο πορεύεσθαι ὀπίσω τῶν ματαίων. Καὶ 12 ἐγὼ ὡς ταραχὴ τῷ Ἐφραίμ, καὶ ὡς κέντρον τῷ οἴκῳ Ἰούδα. Καὶ εἶδεν Ἐφραὶμ τὴν νόσον αὐτοῦ, καὶ Ἰούδας τὴν ὀδύνην 13 αὐτοῦ· καὶ ἐπορεύθη Ἐφραὶμ πρὸς Ἀσσυρίους, καὶ ἀπέστειλε πρέσβεις πρὸς βασιλέα Ἰαρείμ· καὶ οὗτος οὐκ ἠδυνάσθη ἰάσασθαι ὑμᾶς, καὶ οὐ μὴ διαπαύσῃ ἐξ ὑμῶν ὀδύνη. Διότι 14 ἐγὼ εἰμι ὡς πανθὴρ τῷ Ἐφραίμ, καὶ ὡς λέων τῷ οἴκῳ Ἰούδα· καὶ ἐγὼ ἁρπῶμαι, καὶ πορεύσομαι, καὶ λήψομαι, καὶ οὐκ ἔσται ὁ ἐξαιρούμενος.

Πορεύσομαι καὶ ἐπιστρέψω εἰς τὸν τόπον μου, ἕως οὗ ἀφα- 15 νισθῶσι, καὶ ζητήσουσι τὸ πρόσωπόν μου.

Ἐν θλίψει αὐτῶν ὀρθριοῦσι πρὸς μέ, λέγοντες, πορευθῶμεν, καὶ ἐπιστρέψωμεν πρὸς Κύριον τὸν Θεὸν ἡμῶν, ὅτι αὐτὸς ἥρπακε, 2 καὶ ἰάσεται ἡμᾶς· πατάξει, καὶ μοτώσει ἡμᾶς, ὑγιάσει ἡμᾶς 3 μετὰ δύο ἡμέρας· ἐν τῇ ἡμέρᾳ τῇ τρίτῃ ἐξαναστησόμεθα, καὶ ζησόμεθα ἐνώπιον αὐτοῦ, καὶ γνωσόμεθα· διώξωμεν τοῦ γνῶναι 4 τὸν Κύριον· ὡς ὄρθρον ἕτοιμον εὑρήσομεν αὐτόν, καὶ ἥξει ὡς ὑετὸς ἡμῖν πρώϊμος καὶ ὄψιμος γῇ.

Τί σοι ποιήσω Ἐφραίμ; τί σοι ποιήσω Ἰούδα; τὸ δὲ ἔλεος 5 ὑμῶν ὡς νεφέλη πρωϊνή, καὶ ὡς δρόσος ὀρθρινὴ πορευομένη. Διὰ τοῦτο ἀπεθέρισα τοὺς προφήτας ὑμῶν· ἀπέκτεινα 6 αὐτοὺς ἐν ῥήματι στόματός μου· καὶ τὸ κρίμα μου ὡς φῶς ἐξελεύσεται.

Διότι ἔλεος θέλω ἢ θυσίαν, καὶ ἐπίγνωσιν Θεοῦ ἢ ὁλοκαυ- 7 τώματα. Αὐτοὶ δέ εἰσιν ὡς ἄνθρωπος παραβαίνων διαθήκην· 8 ἐκεῖ κατεφρόνησέ μου Γαλαὰδ πόλις, ἐργαζομένη μάταια, 9 ταράσσουσα ὕδωρ, καὶ ἡ ἰσχύς σου ἀνδρὸς πειρατοῦ· ἔκρυ- 10 ψαν ἱερεῖς ὁδόν, ἐφόνευσαν Σίκιμα, ὅτι ἀνομίαν ἐποίησαν ἐν τῷ οἴκῳ τοῦ Ἰσραήλ· εἶδον φρικώδη ἐκεῖ, πορνείαν τοῦ 11 Ἐφραίμ· ἐμιάνθη Ἰσραὴλ καὶ Ἰούδα· ἄρχου τρυγᾶν σεαυτῷ, 12 ἐν τῷ ἐπιστρέφειν με τὴν αἰχμαλωσίαν τοῦ λαοῦ μου.

Ἐν τῷ ἰάσασθαί με τὸν Ἰσραήλ, καὶ ἀποκαλυφθήσεται ἡ 7 ἀδικία Ἐφραίμ, καὶ ἡ κακία Σαμαρείας, ὅτι εἰργάσαντο ψευδῆ· καὶ κλέπτης πρὸς αὐτὸν εἰσελεύσεται, ἐκδιδύσκων λῃστὴς ἐν τῇ ὁδῷ αὐτοῦ, ὅπως συνᾴδωσιν ὡς ᾄδοντες τῇ καρδίᾳ αὐτῶν· 2

β *Gr.* be weak.   γ *Gr.* vanishing.   δ *Comp. Heb.* and *Dan.* 9. 16.   ζ *Mat.* 9. 13.   θ *Lit.* stripping.

πάσας τὰς κακίας αὐτῶν ἐμνήσθην· νῦν ἐκύκλωσαν αὐτοὺς τὰ
3 διαβούλια αὐτῶν, ἀπέναντι τοῦ προσώπου μου ἐγένοντο. Ἐν
ταῖς κακίαις αὐτῶν εὔφραναν βασιλεῖς, καὶ ἐν τοῖς ψεύδεσιν
4 αὐτῶν ἄρχοντας. Πάντες μοιχεύοντες ὡς κλίβανος καιόμενος
εἰς πέψιν κατακαύματος ἀπὸ τῆς φλογός, ἀπὸ φυράσεως
5 στέατος, ἕως τοῦ ζυμωθῆναι αὐτό. Ἡμέραι τῶν βασιλέων
ὑμῶν, ἤρξαντο οἱ ἄρχοντες θυμοῦσθαι ἐξ οἴνου, ἐξέτεινε τὴν
6 χεῖρα αὐτοῦ μετὰ λοιμῶν. Διότι ἀνεκαύθησαν ὡς κλίβανος
αἱ καρδίαι αὐτῶν, ἐν τῷ καταράσσειν αὐτοὺς ὅλην τὴν νύκτα·
ὕπνου Ἐφραὶμ ἐνεπλήσθη, πρωὶ ἐγενήθη, ἀνεκαύθη ὡς πυρὸς
7 φέγγος. Πάντες ἐθερμάνθησαν ὡς κλίβανος, καὶ κατέφαγον
τοὺς κριτὰς αὐτῶν· πάντες οἱ βασιλεῖς αὐτῶν ἔπεσαν, οὐκ ἦν
ἐν αὐτοῖς ὁ ἐπικαλούμενος πρός μέ.

8 Ἐφραὶμ ἐν τοῖς λαοῖς αὐτοῦ συνεμίγνυτο, Ἐφραὶμ ἐγένετο
9 ἐγκρυφίας, οὐ μεταστρεφόμενος. Κατέφαγον ἀλλότριοι τὴν
ἰσχὺν αὐτοῦ, αὐτὸς δὲ οὐκ ἔγνω· καὶ πολιαὶ ἐξήνθησαν αὐτῷ,
10 καὶ αὐτὸς οὐκ ἔγνω. Καὶ ταπεινωθήσεται ἡ ὕβρις Ἰσραὴλ
εἰς πρόσωπον αὐτοῦ· καὶ οὐκ ἐπέστρεψαν πρὸς Κύριον
τὸν Θεὸν αὐτῶν, καὶ οὐκ ἐξεζήτησαν αὐτὸν ἐν πᾶσι τούτοις.

11 Καὶ ἦν Ἐφραὶμ ὡς περιστερὰ ἄνους, οὐκ ἔχουσα καρδίαν·
12 Αἴγυπτον ἐπεκαλεῖτο, καὶ εἰς Ἀσσυρίους ἐπορεύθησαν· Καθὼς
ἂν πορεύωνται, ἐπιβαλῶ ἐπ᾽ αὐτοὺς τὸ δίκτυόν μου, καθὼς τὰ
πετεινὰ τοῦ οὐρανοῦ κατάξω αὐτούς, παιδεύσω αὐτοὺς ἐν τῇ
ἀκοῇ τῆς θλίψεως αὐτῶν.

13 Οὐαὶ αὐτοῖς, ὅτι ἀπεπήδησαν ἀπ᾽ ἐμοῦ· δείλαιοί εἰσιν, ὅτι
ἠσέβησαν εἰς ἐμέ· ἐγὼ δὲ ἐλυτρωσάμην αὐτούς, αὐτοὶ δὲ κατ-
14 ελάλησαν κατ᾽ ἐμοῦ ψευδῆ. Καὶ οὐκ ἐβόησαν πρὸς μὲ αἱ
καρδίαι αὐτῶν, ἀλλ᾽ ἢ ὠλόλυζον ἐν ταῖς κοίταις αὐτῶν· ἐπὶ
15 σίτῳ καὶ οἴνῳ κατετέμνοντο. Ἐπαιδεύθησαν ἐν ἐμοί, κἀγὼ
κατίσχυσα τοὺς βραχίονας αὐτῶν, καὶ εἰς ἐμὲ ἐλογίσαντο
16 πονηρά. Ἀπεστράφησαν εἰς οὐδέν, ἐγένοντο ὡς τόξον ἐν-
τεταμένον· πεσοῦνται ἐν ῥομφαίᾳ οἱ ἄρχοντες αὐτῶν δι᾽ ἀπαι-
δευσίαν γλώσσης αὐτῶν· οὗτος ὁ φαυλισμὸς αὐτῶν ἐν γῇ
Αἰγύπτῳ.

8 Εἰς κόλπον αὐτῶν, ὡς γῆ, ὡς ἀετὸς ἐπ᾽ οἶκον Κυρίου, ἀνθ᾽
ὧν παρέβησαν τὴν διαθήκην μου, καὶ κατὰ τοῦ νόμου μου
2, 3 ἠσέβησαν. Ἐμὲ κεκράξονται, ὁ Θεὸς ἐγνώκαμέν σε· Ὅτι
4 Ἰσραὴλ ἀπεστρέψατο ἀγαθά, ἐχθρὸν κατεδίωξαν. Ἑαυτοῖς
ἐβασίλευσαν, καὶ οὐ δι᾽ ἐμοῦ, ἦρξαν, καὶ οὐκ ἐγνώρισάν μοι·
τὸ ἀργύριον αὐτῶν καὶ τὸ χρυσίον αὐτῶν ἐποίησαν ἑαυτοῖς
εἴδωλα, ὅπως ἐξολοθρευθῶσιν.

5 Ἀπότριψαι τὸν μόσχον σου Σαμάρεια, παρωξύνθη ὁ θυμός
6 μου ἐπ᾽ αὐτούς· ἕως τίνος οὐ μὴ δύνωνται καθαρισθῆναι ἐν
τῷ Ἰσραήλ; καὶ αὐτὸ τέκτων ἐποίησε, καὶ οὐ Θεός ἐστι· διότι
7 πλανῶν ἦν ὁ μόσχος σου, Σαμάρεια. Ὅτι ἀνεμόφθορα ἔσπει-
ραν, καὶ ἡ καταστροφὴ αὐτῶν ἐκδέξεται αὐτά· δράγμα οὐκ
ἔχον ἰσχὺν τοῦ ποιῆσαι ἄλευρον· ἐὰν δὲ καὶ ποιήσῃ, ἀλλότριοι
8 καταφάγονται αὐτό. Κατεπόθη Ἰσραήλ, νῦν ἐγένετο ἐν

their wickedness: now have their own counsels compassed them about; they came before my face. ³They gladdened kings with their wickedness, and princes with their lies. ⁴They are all adulterers, as an oven glowing with flame for hot-baking, on account of the kneading of the βdough, until it is leavened. ⁵ *In* the days of our kings, the princes began to be inflamed with wine: he stretched out his hand with pestilent fellows. ⁶Wherefore their hearts are inflamed as an oven, while they rage all the night: Ephraim is satisfied with sleep; the morning is come; he is burnt up as a flame of fire. ⁷They are all heated like an oven, and have devoured their judges: all their kings are fallen; there was not among them one that called on me.

⁸ Ephraim is mixed among his people; Ephraim became a cake not turned. ⁹Strangers devoured his strength, and he knew *it* not; and grey hairs came upon him, and he knew *it* not. ¹⁰And the pride of Israel shall be brought down before his face: yet they have not returned to the Lord their God, neither have they diligently sought him for all this.

¹¹ And Ephraim was as a silly dove, not having a heart: he called to Egypt, and they went to the Assyrians. ¹²Whenever they shall go, I will cast my net upon them; I will bring them down as the birds of the sky, I will chasten them with the rumour of their *coming* affliction.

¹³ Woe to them! for they have started aside from me: they are cowards; for they have sinned against me: yet I redeemed them, but they spoke falsehoods against me. ¹⁴And their hearts did not cry to me, but they howled on their beds: they γpined for oil and wine. ¹⁵They were instructed by me, and I strengthened their arms; and they devised evils against me. ¹⁶They turned aside to δthat which is not, they became as a bent bow: their princes shall fall by the sword, by reason of the unbridled state of their tongue: this is their setting at nought in the land of Egypt.

He shall come into their ζmidst as the land, as an eagle against the house of the Lord, because they have transgressed my covenant, and have sinned against my law. ²They shall soon cry out to me, *saying*, O God, we know thee. ³ For Israel has turned away from good things; they have pursued an enemy. ⁴They have made kings for themselves, but not by me: they have ruled, but they did not make it known to me: *of* their silver and their gold they have made images to themselves, that they might be destroyed.

⁵ Cast off thy calf, O Samaria; mine anger is kindled against them: how long will they be unable to purge themselves in Israel? ⁶Whereas the workman made it, and it is not God; wherefore thy calf, Samaria, was a deceiver: ⁷for they sowed blighted *seed*, and their destruction shall await them, a sheaf of corn that avails not to make meal; and even if it should produce it, strangers shall devour it. ⁸ Israel is swallowed up: now is he become among the nations as a

---

β *Compl.* ζυμῆς, leaven. γ *Gr.* cut themselves. δ *Gr.* nothing. ζ *Gr.* bosom.

worthless vessel. ⁹ For they have gone up to the Assyrians: Ephraim has βbeen strengthened against himself; they loved gifts. ¹⁰ Therefore shall they be delivered to the nations: now I will receive them, and they shall cease a little to anoint a king and princes.

¹¹ Because Ephraim has multiplied altars, *his* beloved altars are become sins to him. ¹² I will write down a multitude *of commands* for him; but his statutes are accounted strange things, *even* the beloved altars. ¹³ For if they should offer a sacrifice, and eat flesh, the Lord will not accept them: now will he remember their iniquities, and will take vengeance on their sins: they have returned to Egypt, and they shall eat unclean things among the Assyrians. ¹⁴ And Israel has forgotten him that made him, and they have built γ fanes, and Juda has multiplied walled cities: but I will send fire on his cities, and it shall devour their foundations.

Rejoice not, O Israel, neither make merry, as *other* nations: for thou hast gone a-whoring from thy God; thou hast loved gifts upon every threshing-floor. ² The threshing-floor and wine-press knew them not, and the wine disappointed them. ³ They dwelt not in the Lord's land: Ephraim dwelt in Egypt, and they shall eat unclean things among the Assyrians. ⁴ They have not offered wine to the Lord, neither have their sacrifices been sweet to him, *but* as the bread of mourning to them; all that eat them shall be defiled; for their bread for their soul shall not enter into the house of the Lord.

⁵ What will ye do in the day of the general assembly, and in the day of the feast of the Lord? ⁶ Therefore, behold, they go forth from the trouble of Egypt, and Memphis shall receive them, and Machmas shall bury them: *as for* their silver, destruction shall inherit it; thorns *shall be* in their tents.

⁷ The days of vengeance are come, the days of thy recompense are come; and Israel shall be afflicted as the prophet that is mad, as a man δderanged: by reason of the multitude of thine iniquities thy madness has abounded. ⁸ The watchman of Ephraim *was* with God: the prophet is a crooked snare in all his ways: they have established madness in the house of God. ⁹ They ζhave corrupted themselves according to the days of the hill: he will remember their iniquities, he will take vengeance on their sins.

¹⁰ I found Israel as grapes in the wilderness, and I saw their fathers as an early watchman in a fig-tree: they went in to Beel-phegor, and were θshamefully estranged, and the λabominable became as the beloved. ¹¹ Ephraim has flown away as a bird; their glories from the birth, and the travail, and the conception. ¹² For even if they should rear their children, yet shall they be utterly bereaved: wherefore also there is woe to them, *though* my flesh is of them. ¹³ Ephraim, *even* as I saw, gave their children for a prey; yea, Ephraim *was ready* to bring out his children to slaughter.

τοῖς ἔθνεσιν ὡς σκεῦος ἄχρηστον, ὅτι αὐτοὶ ἀνέβησαν εἰς 9 Ἀσσυρίους· ἀνέθαλε καθ᾽ ἑαυτὸν Ἐφραΐμ· δῶρα ἠγάπησαν, διὰ 10 τοῦτο παραδοθήσονται ἐν τοῖς ἔθνεσι· νῦν εἰσδέξομαι αὐτοὺς, καὶ κοπάσουσι μικρὸν τοῦ χρίειν βασιλέα καὶ ἄρχοντας.

⁷Ότι ἐπλήθυνεν Ἐφραΐμ θυσιαστήρια, εἰς ἁμαρτίας ἐγέ- 11 νοντο αὐτῷ θυσιαστήρια ἠγαπημένα. Καταγράψω αὐτῷ πλῆθος, 12 καὶ τὰ νόμιμα αὐτοῦ εἰς ἀλλότρια ἐλογίσθησαν, θυσιαστήρια τὰ ἠγαπημένα. Διότι ἐὰν θύσωσι θυσίαν, καὶ φάγωσι κρέα, 13 Κύριος οὐ προσδέξεται αὐτά· νῦν μνησθήσεται τὰς ἀδικίας αὐτῶν, καὶ ἐκδικήσει τὰς ἁμαρτίας αὐτῶν· αὐτοὶ εἰς Αἴγυπτον ἀπέστρεψαν, καὶ ἐν Ἀσσυρίοις ἀκάθαρτα φάγονται. Καὶ 14 ἐπελάθετο Ἰσραὴλ τοῦ ποιήσαντος αὐτὸν, καὶ ᾠκοδόμησαν τεμένη· καὶ Ἰούδας ἐπλήθυνε πόλεις τετειχισμένας· καὶ ἐξαποστελῶ πῦρ εἰς τὰς πόλεις αὐτοῦ, καὶ καταφάγεται τὰ θεμέλια αὐτῶν.

Μὴ χαῖρε Ἰσραὴλ, μηδὲ εὐφραίνου καθὼς οἱ λαοὶ, διότι 9 ἐπόρνευσας ἀπὸ τοῦ Θεοῦ σου· ἠγάπησας δόματα ἐπὶ πάντα ἅλωνα σίτου. Ἅλων καὶ ληνὸς οὐκ ἔγνω αὐτούς, καὶ ὁ οἶνος 2 ἐψεύσατο αὐτούς. Οὐ κατῴκησαν ἐν τῇ γῇ τοῦ Κυρίου· 3 κατῴκησεν Ἐφραΐμ Αἴγυπτον, καὶ ἐν Ἀσσυρίοις ἀκάθαρτα φάγονται. Οὐκ ἔσπεισαν τῷ Κυρίῳ οἶνον, καὶ οὐχ ἥδυναν 4 αὐτῷ αἱ θυσίαι αὐτῶν, ὡς ἄρτος πένθους αὐτοῖς· πάντες οἱ ἐσθίοντες αὐτὰ μιανθήσονται, διότι οἱ ἄρτοι αὐτῶν ταῖς ψυχαῖς αὐτῶν οὐκ εἰσελεύσονται εἰς τὸν οἶκον Κυρίου.

Τί ποιήσετε ἐν ἡμέραις πανηγύρεως, καὶ ἐν ἡμέρᾳ ἑορτῆς 5 τοῦ Κυρίου; Διὰ τοῦτο ἰδοὺ πορεύονται ἐκ ταλαιπωρίας 6 Αἰγύπτου, καὶ ἐκδέξεται αὐτοὺς Μέμφις, καὶ θάψει αὐτοὺς Μαχμάς· τὸ ἀργύριον αὐτῶν ὄλεθρος κληρονομήσει αὐτό, ἄκανθαι ἐν τοῖς σκηνώμασιν αὐτῶν.

Ἥκασιν αἱ ἡμέραι τῆς ἐκδικήσεως, ἥκασιν αἱ ἡμέραι τῆς 7 ἀνταποδόσεώς σου, καὶ κακωθήσεται Ἰσραὴλ ὥσπερ ὁ προφήτης ὁ παρεξεστηκὼς, ἄνθρωπος ὁ πνευματοφόρος· ὑπὸ τοῦ πλήθους τῶν ἀδικιῶν σου ἐπληθύνθη μανία σου. Σκοπὸς 8 Ἐφραΐμ μετὰ Θεοῦ· προφήτης παγὶς σκολιὰ ἐπὶ πάσας τὰς ὁδοὺς αὐτοῦ, μανίαν ἐν οἴκῳ Θεοῦ κατέπηξαν. Ἐφθάρησαν 9 κατὰ τὰς ἡμέρας τοῦ βουνοῦ, μνησθήσεται ἀδικίας αὐτῶν, ἐκδικήσει ἁμαρτίας αὐτῶν.

Ὡς σταφυλὴν ἐν ἐρήμῳ εὗρον τὸν Ἰσραὴλ, καὶ ὡς σκοπὸν 10 ἐν συκῇ πρώϊμον πατέρας αὐτῶν εἶδον· αὐτοὶ εἰσῆλθον πρὸς τὸν Βεελφεγὼρ, καὶ ἀπηλλοτριώθησαν εἰς αἰσχύνην, καὶ ἐγένοντο οἱ ἐβδελυγμένοι ὡς οἱ ἠγαπημένοι. Ἐφραΐμ ὡς ὄρνεον 11 ἐξεπετάσθη, αἱ δόξαι αὐτῶν ἐκ τόκων καὶ ὠδίνων καὶ συλλήψεων. Διότι καὶ ἐὰν ἐκθρέψωσι τὰ τέκνα αὐτῶν, ἀτεκνωθή- 12 σονται ἐξ ἀνθρώπων· διότι καὶ οὐαὶ αὐτοῖς ἐστι· σάρξ μου ἐξ αὐτῶν. Ἐφραΐμ, ὃν τρόπον εἶδον, εἰς θήραν παρέστησαν τὰ 13 τέκνα αὐτῶν, καὶ Ἐφραΐμ, τοῦ ἐξαγαγεῖν εἰς ἀποκέντησιν τὰ τέκνα αὐτοῦ.

β *Gr.* flourished again. γ *Gr.* consecrated grounds. δ *Gr.* carried by the wind. ζ *Gr.* pass. θ *Gr.* estranged to shame.
λ *Or*, hated.

14 Δὸς αὐτοῖς Κύριε, τί δώσεις αὐτοῖς; μήτραν ἀτεκνοῦσαν,
15 καὶ μαστοὺς ξηρούς. Πᾶσαι αἱ κακίαι αὐτῶν ἐν Γαλγὰλ, ὅτι
ἐκεῖ ἐμίσησα αὐτούς· διὰ τὰς κακίας τῶν ἐπιτηδευμάτων αὐτῶν,
ἐκ τοῦ οἴκου μου ἐκβαλῶ αὐτούς, οὐ μὴ προσθήσω τοῦ ἀγαπῆσαι
16 αὐτούς· πάντες οἱ ἄρχοντες αὐτῶν ἀπειθοῦντες. Ἐπόνεσεν
Ἐφραίμ· τὰς ῥίζας αὐτοῦ ἐξηράνθη, καρπὸν οὐκ ἔτι μὴ ἐνέγκῃ·
διότι καὶ ἐὰν γεννήσωσιν, ἀποκτενῶ τὰ ἐπιθυμήματα κοιλίας
17 αὐτῶν. Ἀπώσεται αὐτοὺς ὁ Θεός, ὅτι οὐκ εἰσήκουσαν αὐτοῦ,
καὶ ἔσονται πλανῆται ἐν τοῖς ἔθνεσιν.

10 Ἄμπελος εὐκληματοῦσα Ἰσραήλ, ὁ καρπὸς εὐθηνῶν αὐτῆς·
κατὰ τὸ πλῆθος τῶν καρπῶν αὐτῆς, ἐπλήθυνε τὰ θυσιαστήρια·
2 κατὰ τὰ ἀγαθὰ τῆς γῆς αὐτοῦ, ᾠκοδόμησε στήλας. Ἐμέ-
ρισαν καρδίας αὐτῶν, νῦν ἀφανισθήσονται· αὐτὸς κατασκάψει
τὰ θυσιαστήρια αὐτῶν, ταλαιπωρήσουσιν αἱ στῆλαι αὐτῶν.

3 Διότι νῦν ἐροῦσιν, οὐκ ἔστι βασιλεὺς ἡμῖν, ὅτι οὐκ ἐφοβή-
4 θημεν τὸν Κύριον· ὁ δὲ βασιλεὺς τί ποιήσει ἡμῖν, λαλῶν
ῥήματα προφάσεις ψευδεῖς; διαθήσεται διαθήκην, ἀνατελεῖ ὡς
5 ἄγρωστις κρίμα ἐπὶ χέρσον ἀγροῦ. Τῷ μόσχῳ τοῦ οἴκου Ὤν
παροικήσουσιν οἱ κατοικοῦντες Σαμάρειαν, ὅτι ἐπένθησε λαὸς
αὐτοῦ ἐπ᾽ αὐτόν· καὶ καθὼς παρεπίκραναν αὐτόν, ἐπιχαροῦνται
6 ἐπὶ τὴν δόξαν αὐτοῦ, ὅτι μετῳκίσθη ἀπ᾽ αὐτοῦ. Καὶ αὐτὸν εἰς
Ἀσσυρίους δήσαντες, ἀπήνεγκαν ξένια τῷ βασιλεῖ Ἰαρείμ· ἐν
δόματι Ἐφραὶμ δέξεται, καὶ αἰσχυνθήσεται Ἰσραὴλ ἐν τῇ
7 βουλῇ αὐτοῦ. Ἀπέρριψε Σαμάρεια βασιλέα αὐτῆς ὡς φρύγανον
8 ἐπὶ προσώπου ὕδατος· Καὶ ἐξαρθήσονται βωμοὶ Ὤν ἁμαρτή-
ματα τοῦ Ἰσραήλ, ἄκανθαι καὶ τρίβολοι ἀναβήσονται ἐπὶ τὰ
θυσιαστήρια αὐτῶν· καὶ ἐροῦσι τοῖς ὄρεσι, καλύψατε ἡμᾶς, καὶ
τοῖς βουνοῖς, πέσατε ἐφ᾽ ἡμᾶς.

9 Ἀφ᾽ οὗ οἱ βουνοί, ἥμαρτεν Ἰσραήλ, ἐκεῖ ἔστησαν· οὐ μὴ
καταλάβῃ αὐτοὺς ἐν τῷ βουνῷ πόλεμος ἐπὶ τὰ τέκνα ἀδικίας
10 παιδεῦσαι αὐτούς· καὶ συναχθήσονται ἐπ᾽ αὐτοὺς λαοί, ἐν τῷ
11 παιδεύεσθαι αὐτοὺς ἐν ταῖς δυσὶν ἀδικίαις αὐτῶν. Ἐφραὶμ
δάμαλις δεδιδαγμένη ἀγαπᾶν νῖκος, ἐγὼ δὲ ἐπελεύσομαι ἐπὶ τὸ
κάλλιστον τοῦ τραχήλου αὐτῆς· ἐπιβιβῶ Ἐφραίμ, παρασιωπή-
σομαι Ἰούδαν, ἐνισχύσει αὐτῷ Ἰακώβ.

12 Σπείρατε ἑαυτοῖς εἰς δικαιοσύνην, τρυγήσατε εἰς καρπὸν ζωῆς,
φωτίσατε ἑαυτοῖς φῶς γνώσεως, ἐκζητήσατε τὸν Κύριον ἕως
13 τοῦ ἐλθεῖν γεννήματα δικαιοσύνης ὑμῖν. Ἱνατί παρεσιωπήσατε
ἀσέβειαν, καὶ τὰς ἀδικίας αὐτῆς ἐτρυγήσατε; ἐφάγετε καρπὸν
ψευδῆ, ὅτι ἤλπισας ἐν τοῖς ἁμαρτήμασί σου, ἐν πλήθει δυνά-
14 μεώς σου. Καὶ ἐξαναστήσεται ἀπώλεια ἐν τῷ λαῷ σου, καὶ
πάντα τὰ περιτετειχισμένα σου οἰχήσεται· ὡς ἄρχων Σαλαμὰν
ἐκ τοῦ οἴκου τοῦ Ἱεροβοάμ, ἐν ἡμέραις πολέμου μητέρα ἐπὶ
15 τέκνοις ἠδάφισαν, οὕτως ποιήσω ὑμῖν οἶκος τοῦ Ἰσραὴλ ἀπὸ
προσώπου ἀδικίας κακιῶν ὑμῶν.

11 Ὄρθρου ἀπερρίφησαν, ἀπερρίφη βασιλεὺς Ἰσραήλ· ὅτι

---

14 Give them, O Lord: what wilt thou
give them? a miscarrying womb, and dry
breasts. 15 All their wickedness is in Galgal:
for there I hated them: because of the
wickedness of their practices, I will cast
them out of my house, I will not love them
any more: all their princes are disobedient.
16 Ephraim is sick, he is dried up at his
roots, he shall in no wise any more bear
fruit: wherefore even if they should beget
children, I will kill the desired *fruit* of their
womb. 17 God shall reject them, because
they have not hearkened to him: and they
shall be wanderers among the nations.

Israel is a vine with goodly branches, her
fruit is abundant: according to the multi-
tude of her fruits she has multiplied *her*
altars; according to the wealth of his land,
he has set up pillars. 2 They have divided
their hearts; now shall they be utterly de-
stroyed: he shall dig down their altars, their
pillars shall mourn.

3 Because now they shall say, We have no
king, because we feared not the Lord: 4 and
what should a king do for us, speaking false
professions *as his* words? he will make a
covenant: judgment shall spring up as a
weed on the soil of the field. 5 The inhabi-
tants of Samaria shall dwell near the calf of
the house of On; for the people of it
mourned for it: and as they provoked him,
they shall rejoice at his glory, because he
has departed from β them. 6 And having
bound it for the Assyrians, they carried it
away as presents to king Jarim: Ephraim
shall receive a gift, and Israel shall be
ashamed γ of his counsel. 7 Samaria has
cast off her king as a twig on the surface of
the water. 8 And the altars of On, the sins
of Israel, shall be taken away: thorns and
thistles shall come up on their altars; and
they shall say to the mountains, Cover us;
and to the hills, Fall on us.

9 From the time the hills *existed* Israel
has sinned: there they stood: war *waged*
against the children of iniquity 10 to chastise
them shall not overtake them on the hill,
the nations shall be gathered against them,
when they are chastened for their two sins,
11 Ephraim is a heifer taught to love victory,
but I will come upon the fairest part of her
neck: I will mount Ephraim; I will pass
over Juda in silence; Jacob shall prevail
against him.

12 Sow to yourselves for righteousness,
gather in for the fruit of life: light ye for
yourselves the light of knowledge; seek the
Lord till the fruits of righteousness come
upon you. 13 Wherefore have ye passed over
ungodliness in silence, and reaped the sins
of it? ye have eaten false fruit; for thou
hast trusted in thy sins, in the abundance
of thy power. 14 Therefore shall destruction
rise up among thy people, and all thy strong
places shall be ruined: as prince Solomon
departed out of the house of Jeroboam, in
the days of battle they dashed the mother
to the ground upon the children, 15 thus
will I do to you, O house of Israel, because
of the unrighteousness of your sins.

Early in the morning were they cast off,
the king of Israel has been cast off: for

β *Gr.* him, *or,* it, *i. e.* the people.　　γ *Lit.* in.

Israel is a child, and I loved him, and ^βout of Egypt have I called his children. ² As I called them, so they departed from my presence: they sacrificed to Baalim, and burnt incense to graven images. ³ Yet I ^γbrought the feet of Ephraim, I took him on my arm; but they knew not that I healed them. ⁴ When men were destroyed, I drew them with the bands of my love: and I will be to them as a man smiting *another* on his cheek: and I will have respect to him, I will prevail with him.

⁵ Ephraim dwelt in Egypt; and *as for* the Assyrian, he was his king, because he would not return. ⁶ And in his cities he ^δprevailed not with the sword, and he ceased *to war* with his hands: and they shall eat *of the fruit* of their own devices: ⁷ and his people *shall* cleave fondly to their habitation; but God shall be angry with his precious things, and shall not at all exalt him.

⁸ How shall I deal with thee, Ephraim? *how* shall I protect thee, Israel? what shall I do with thee? ^ζI will make thee as Adama, and as Seboim; my heart is turned ^θat once, my repentance is powerfully excited. ⁹ I will not act according to the fury of my wrath, I will not abandon Ephraim to be utterly destroyed: for I am God, and not man; the Holy One within thee: and I will not enter into the city. ¹⁰ I will go after the Lord: he shall utter *his voice* as a lion: for he shall roar, and the children of the waters shall be amazed. ¹¹ They shall be amazed *and fly* as a bird out of Egypt, and as a dove out of the land of the Assyrians: and I will restore them to their houses, saith the Lord.

¹² Ephraim has compassed me with falsehood, and the house of Israel and Juda with ungodliness: *but* now God knows them, and they shall be called God's holy people.

But Ephraim is an evil spirit, he has chased the east wind all the day: he has multiplied empty and vain things, and made a covenant with the Assyrians, and oil has gone in the way of traffic into Egypt. ² And the Lord *has* a controversy with Juda, in order to punish Jacob: according to his ways and according to his practices will he recompense him.

³ He took his brother by the heel in the womb, and in his labours he had power with God. ⁴ And he prevailed with the angel and was strong: they wept, and intreated me: they found me in the house of On, and there *a word* was spoken to them. ⁵ But the Lord God Almighty shall be his memorial. ⁶ Thou therefore shalt return to thy God: keep thou mercy and judgment, and draw nigh to thy God continually.

⁷ *As for* Chanaan, in his hand is a balance of unrighteousness: he has loved to tyrannise. ⁸ And Ephraim said, Nevertheless I am rich, I have found refreshment to myself. None of his labours shall be found *available* to him, by reason of the sins which he has committed. ⁹ But I the Lord thy God brought thee up out of the land of Egypt: I will yet cause thee to dwell in

νήπιος Ἰσραήλ, καὶ ἐγὼ ἠγάπησα αὐτὸν, καὶ ἐξ Αἰγύπτου μετεκάλεσα τὰ τέκνα αὐτοῦ. Καθὼς μετεκάλεσα αὐτοὺς, οὕτως 2 ἀπῴχοντο ἐκ προσώπου μου· αὐτοὶ τοῖς Βααλεὶμ ἔθυον, καὶ τοῖς γλυπτοῖς ἐθυμίων. Καὶ ἐγὼ συνεπόδισα τὸν Ἐφραὶμ, 3 ἀνέλαβον αὐτὸν ἐπὶ τὸν βραχίονά μου, καὶ οὐκ ἔγνωσαν ὅτι ἴαμαι αὐτούς. Ἐν διαφθορᾷ ἀνθρώπων ἐξέτεινα αὐτοὺς ἐν 4 δεσμοῖς ἀγαπήσεώς μου, καὶ ἔσομαι αὐτοῖς ὡς ῥαπίζων ἄνθρωπος ἐπὶ τὰς σιαγόνας αὐτοῦ· καὶ ἐπιβλέψομαι πρὸς αὐτὸν, δυνήσομαι αὐτῷ.

Κατῴκησεν Ἐφραὶμ ἐν Αἰγύπτῳ, καὶ Ἀσσοὺρ αὐτὸς βασι- 5 λεὺς αὐτοῦ· ὅτι οὐκ ἠθέλησεν ἐπιστρέψαι, καὶ ἠσθένησεν 6 ἐν ῥομφαίᾳ ἐν ταῖς πόλεσιν αὐτοῦ· καὶ κατέπαυσεν ἐν ταῖς χερσὶν αὐτοῦ, καὶ φάγονται ἐκ τῶν διαβουλίων αὐτῶν, καὶ 7 ὁ λαὸς αὐτοῦ ἐπικρεμάμενος ἐκ τῆς κατοικίας αὐτοῦ· καὶ ὁ Θεὸς ἐπὶ τὰ τίμια αὐτοῦ θυμωθήσεται, καὶ οὐ μὴ ὑψώσῃ αὐτόν.

Τί σε διαθῶμαι Ἐφραίμ; ὑπερασπιῶ σου Ἰσραήλ; τί σε 8 διαθῶ· ὡς Ἀδάμα θήσομαί σε, καὶ ὡς Σεβοείμ· μετεστράφη ἡ καρδία μου ἐν τῷ αὐτῷ, συνεταράχθη ἡ μεταμέλειά μου. Οὐ μὴ ποιήσω κατὰ τὴν ὀργὴν τοῦ θυμοῦ μου· οὐ μὴ ἐγκατα- 9 λίπω τοῦ ἐξαλειφθῆναι τὸν Ἐφραίμ· διότι Θεὸς ἐγώ εἰμι, καὶ οὐκ ἄνθρωπος, ἐν σοὶ ἅγιος, καὶ οὐκ εἰσελεύσομαι εἰς πόλιν. Ὀπίσω Κυρίου πορεύσομαι· ὡς λέων ἐρεύξεται, ὅτι αὐτὸς 10 ὠρύσεται, καὶ ἐκστήσονται τέκνα ὑδάτων. Ἐκστήσονται 11 ὡς ὄρνεον ἐξ Αἰγύπτου, καὶ ὡς περιστερὰ ἐκ γῆς Ἀσσυρίων· καὶ ἀποκαταστήσω αὐτοὺς εἰς τοὺς οἴκους αὐτῶν, λέγει Κύριος.

Ἐκύκλωσέ με ἐν ψεύδει Ἐφραὶμ, καὶ ἐν ἀσεβείαις οἶκος 12 Ἰσραὴλ, καὶ Ἰούδα· νῦν ἔγνω αὐτοὺς ὁ Θεὸς, καὶ ὁ λαὸς ἅγιος κεκλήσεται Θεοῦ.

Ὁ δὲ Ἐφραὶμ πονηρὸν πνεῦμα, ἐδίωξε καύσωνα ὅλην τὴν 12 ἡμέραν· κενὰ καὶ μάταια ἐπλήθυνε, καὶ διαθήκην μετὰ Ἀσ- συρίων διέθετο, καὶ ἔλαιον εἰς Αἴγυπτον ἐνεπορεύετο. Καὶ 2 κρίσις τῷ Κυρίῳ πρὸς Ἰούδαν, τοῦ ἐκδικῆσαι τὸν Ἰακώβ· κατὰ τὰς ὁδοὺς αὐτοῦ καὶ κατὰ τὰ ἐπιτηδεύματα αὐτοῦ ἀποδώ- σει αὐτῷ.

Ἐν τῇ κοιλίᾳ ἐπτέρνισε τὸν ἀδελφὸν αὐτοῦ, καὶ ἐν κόποις 3 αὐτοῦ ἐνίσχυσε πρὸς Θεόν. Καὶ ἐνίσχυσε μετὰ ἀγγέλου, καὶ 4 ἠδυνάσθη· ἔκλαυσαν, καὶ ἐδεήθησάν μου· ἐν τῷ οἴκῳ Ὢν εὑρόσάν με, καὶ ἐκεῖ ἐλαλήθη πρὸς αὐτούς. Ὁ δὲ Κύριος 5 ὁ Θεὸς ὁ παντοκράτωρ ἔσται μνημόσυνον αὐτοῦ. Καὶ σὺ ἐν 6 Θεῷ σου ἐπιστρέψεις, ἔλεον καὶ κρίμα φυλάσσου, καὶ ἔγγιζε πρὸς τὸν Θεόν σου διαπαντός.

Χαναὰν, ἐν χειρὶ αὐτοῦ ζυγὸς ἀδικίας, καταδυναστεύειν 7 ἠγάπησε. Καὶ εἶπεν Ἐφραὶμ, πλὴν πεπλούτηκα, εὕρηκα 8 ἀναψυχὴν ἐμαυτῷ· πάντες οἱ πόνοι αὐτοῦ οὐχ εὑρεθήσονται αὐτῷ, δι᾽ ἀδικίας ἃς ἥμαρτεν. Ἐγὼ δὲ Κύριος ὁ Θεός σου 9 ἀνήγαγόν σε ἐκ γῆς Αἰγύπτου, ἔτι κατοικιῶ σε ἐν σκηναῖς,

---

10 καθὼς ἡμέραι ἑορτῆς. Καὶ λαλήσω πρὸς προφήτας, καὶ ἐγὼ
11 ὁράσεις ἐπλήθυνα, καὶ ἐν χερσὶ προφητῶν ὡμοιώθην. Εἰ
μὴ Γαλαὰδ ἐστιν, ἄρα ψευδεῖς ἦσαν ἐν Γαλαὰδ ἄρχοντες
θυσιάζοντες, καὶ τὰ θυσιαστήρια αὐτῶν, ὡς χελῶναι ἐπὶ χέρσον
ἀγροῦ.

12 Καὶ ἀνεχώρησεν Ἰακὼβ εἰς πεδίον Συρίας, καὶ ἐδούλευσεν
13 Ἰσραὴλ ἐν γυναικὶ, καὶ γυναικὶ ἐφυλάξατο. Καὶ ἐν προφήτῃ
ἀνήγαγε Κύριος τὸν Ἰσραὴλ ἐκ γῆς Αἰγύπτου, καὶ ἐν προφήτῃ
14 διεφυλάχθη. Ἐθύμωσεν Ἐφραὶμ, καὶ παρώργισε, καὶ τὸ
αἷμα αὐτοῦ ἐπ᾽ αὐτὸν ἐκχυθήσεται, καὶ τὸν ὀνειδισμὸν αὐτοῦ
ἀνταποδώσει Κύριος αὐτῷ.

13 Κατὰ τὸν λόγον Ἐφραὶμ δικαιώματα ἔλαβεν αὐτὸς ἐν τῷ
2 Ἰσραήλ, καὶ ἔθετο αὐτὰ τῇ Βάαλ καὶ ἀπέθανε. Καὶ νῦν προσ-
έθεντο τοῦ ἁμαρτάνειν, καὶ ἐποίησαν ἑαυτοῖς χώνευμα ἐκ τοῦ
ἀργυρίου αὐτῶν, κατ᾽ εἰκόνα εἰδώλων, ἔργα τεκτόνων συντετε-
λεσμένα αὐτοῖς· αὐτοὶ λέγουσι, θύσατε ἀνθρώπους, μόσχοι
3 γὰρ ἐκλελοίπασι. Διὰ τοῦτο ἔσονται ὡς νεφέλη πρωϊνὴ, καὶ
ὡς δρόσος ὀρθρινὴ πορευομένη, ὡς χνοῦς ἀποφυσώμενος ἀφ᾽
4 ἅλωνος, καὶ ὡς ἀτμὶς ἀπὸ δακρύων. Ἐγὼ δὲ Κύριος ὁ Θεός
σου ὁ στερεῶν τὸν οὐρανὸν, καὶ κτίζων γῆν, οὗ αἱ χεῖρες ἔκτι-
σαν πᾶσαν τὴν στρατιὰν τοῦ οὐρανοῦ, καὶ οὐ παρέδειξά σοι
αὐτὰ τοῦ πορεύεσθαι ὀπίσω αὐτῶν· καὶ ἐγὼ ἀνήγαγόν σε ἐκ
γῆς Αἰγύπτου, καὶ θεὸν πλὴν ἐμοῦ οὐ γνώσῃ, καὶ σώζων οὐκ
5 ἔστι πάρεξ ἐμοῦ. Ἐγὼ ἐποίμαινόν σε ἐν τῇ ἐρήμῳ, ἐν γῇ
6 ἀοικήτῳ κατὰ τὰς νομὰς αὐτῶν, καὶ ἐνεπλήσθησαν εἰς πλησμο-
νὴν, καὶ ὑψώθησαν αἱ καρδίαι αὐτῶν· ἕνεκα τούτου ἐπελάθοντό
7 μου. Καὶ ἔσομαι αὐτοῖς ὡς πανθήρ, καὶ ὡς πάρδαλις· κατὰ
8 τὴν ὁδὸν Ἀσσυρίων ἀπαντήσομαι αὐτοῖς ὡς ἄρκτος ἡ ἀπ-
ορουμένη, καὶ διαρρήξω συγκλεισμὸν καρδίας αὐτῶν, καὶ κατα-
φάγονται αὐτοὺς ἐκεῖ σκύμνοι δρυμοῦ, θηρία ἀγροῦ διασπάσει
αὐτούς.

9, 10 Τῇ διαφθορᾷ σου Ἰσραὴλ τίς βοηθήσει; Ποῦ ὁ βασι-
λεύς σου οὗτος; καὶ διασωσάτω σε ἐν πάσαις ταῖς πόλεσί
σου· κρινάτω σε ὃν εἶπας, δός μοι βασιλέα καὶ ἄρχοντα.
11 Καὶ ἔδωκά σοι βασιλέα ἐν ὀργῇ μου, καὶ ἔσχον ἐν τῷ θυμῷ
μου.

12 Συστροφὴν ἀδικίας Ἐφραὶμ, ἐγκεκρυμμένη ἡ ἁμαρτία αὐτοῦ,
13 ὠδῖνες ὡς τικτούσης ἥξουσιν αὐτῷ· οὗτος ὁ υἱός σου ὁ φρόνι-
14 μος, διότι οὐ μὴ ὑποστῇ ἐν συντριβῇ τέκνων. Ἐκ χειρὸς
ᾅδου ῥύσομαι, καὶ ἐκ θανάτου λυτρώσομαι αὐτούς· ποῦ ἡ δίκη
σου θάνατε; ποῦ τὸ κέντρον σου ᾅδη; παράκλησις κέκρυπται
ἀπὸ ὀφθαλμῶν μου.

15 Διότι οὗτος ἀναμέσον ἀδελφῶν διαστελεῖ, ἐπάξει καύσωνα
ἄνεμον Κύριος ἐκ τῆς ἐρήμου ἐπ᾽ αὐτόν, καὶ ἀναξηρανεῖ τὰς
φλέβας αὐτοῦ, ἐξερημώσει τὰς πηγὰς αὐτοῦ· αὐτὸς καταξηρανεῖ
τὴν γῆν αὐτοῦ, καὶ πάντα τὰ σκεύη τὰ ἐπιθυμητὰ αὐτοῦ.

tabernacles, according to the days of the feast. [10] And I will speak to the prophets, and I have multiplied visions, and by the means of the prophets I was represented. [11] β If Galaad exists not, then the chiefs in Galaad when they sacrificed were false, and their altars were as heaps on the ground of the field. [12] And Jacob retreated into the plain of Syria, and Israel served for a wife, and waited for a wife. [13] And the Lord brought Israel out of the land of Egypt by a prophet, and by a prophet was he preserved. [14] Ephraim was angry and γexcited, therefore his blood shall be poured out upon him, and the Lord shall recompense to him his reproach.

According to the word of Ephraim he adopted ordinances for himself in Israel; and he established them for Baal, and died. [2] And now they have sinned increasingly, and have made for themselves a molten image of their silver, according to the fashion of idols, the work of artificers accomplished for them: they say, Sacrifice men, for the calves have come to an end. [3] Therefore shall they be as a morning cloud, and as the early dew that passes away, as chaff blown away from the threshing-floor, and as a δvapour from tears. [4] But I am the Lord thy God that establishes the heaven, and creates the earth, whose hands have framed the whole host of heaven: but I shewed them not to thee that thou shouldest go after them: and I brought thee up out of the land of Egypt, and thou shalt know no God but me; and there is no Saviour beside me. [5] I tended thee as a shepherd in the wilderness, in an uninhabited land. [6] According to their pastures, so they were completely filled; and their hearts were exalted; therefore they forgot me. [7] And I will be to them as a panther, and as a leopard. [8] I will meet them by the way of the Assyrians, as a she-bear ζexcited, and I will rend the caul of their heart, and the lions' whelps of the thicket shall devour them there; the wild beasts of the field shall rend them in pieces.

[9] O Israel, who will aid thee in thy destruction? [10] Where is this thy king? let him even save thee in all thy cities: let him judge thee, of whom thou saidst, Give me a king and a prince. [11] And I gave thee a king in mine anger, and kept him back in my wrath. [12] Ephraim has framed a θconspiracy of unrighteousness, his sin is hidden. [13] Pains as of a woman in travail shall come upon him: he is thy wise son, because he shall not stay in the destruction of thy children. [14] I will deliver them out of the power of Hades, and will redeem them from death: where is thy λpenalty, O death? μO Hades, where is thy sting? comfort is hidden from mine eyes. [15] Forasmuch as he will cause a division among his brethren, the Lord shall bring upon him an east wind from the desert, and shall dry up his veins and quite drain his fountains: he shall dry up his land, and spoil all his precious vessels.

β See Heb.   γ Gr. excited himself to anger.   δ Alex. smoke out of the chimney. Or, cause.   μ 1 Cor. 15. 55.   ζ Or, perplexed.   θ Or, bundle of iniquity.

Samaria shall be utterly destroyed: for she has resisted her God; they shall fall by the sword, and their sucklings shall be dashed against the ground, and their women with child ripped up.

² Return, O Israel, to the Lord thy God; for the people have fallen through thine iniquities. ³ Take with you words, and turn to the Lord your God: speak to him, that ye may not receive *the reward of* unrighteousness, but that ye may receive good things: and we will render in return the fruit of our lips. ⁴ Assur shall never save us; we will not mount on horseback; we will no longer say to the works of our hands, Our gods. He who is in thee shall pity the orphan.

⁵ I will restore their dwellings, I will love them ^βtruly: for he has turned away my wrath from him. ⁶ I will be as dew to Israel: he shall bloom as the lily, and cast forth his roots as Libanus. ⁷ His branches shall spread, and he shall be as a fruitful olive, and his smell shall be as *the smell* of Libanus. ⁸ They shall return, and dwell under his shadow: they shall live and be satisfied with corn, and he shall flower as a vine: his memorial shall be to Ephraim as the wine of Libanus. ⁹ What *has* he to do any more with idols? I have afflicted him, and I will strengthen him: I am as a leafy juniper tree. From me is thy fruit found.

¹⁰ Who is wise, and will understand these things? or prudent, and will know them? for the ways of the Lord are straight, and the righteous shall walk in them: but the ungodly shall fall therein.

Ἀφανισθήσεται Σαμάρεια, ὅτι ἀντέστη πρὸς τὸν Θεὸν 14 αὐτῆς· ἐν ῥομφαίᾳ πεσοῦνται αὐτοὶ, καὶ τὰ ὑποτίτθια αὐτῶν ἐδαφισθήσονται, καὶ αἱ ἐν γαστρὶ ἔχουσαι αὐτῶν διαρραγήσονται.

Ἐπιστράφηθι Ἰσραὴλ πρὸς Κύριον τὸν Θεόν σου, διότι 2 ἠσθένησαν ἐν ταῖς ἀδικίαις σου. Λάβετε μεθ᾽ ἑαυτῶν λόγους, 3 καὶ ἐπιστράφητε πρὸς Κύριον τὸν Θεὸν ὑμῶν· εἴπατε αὐτῷ, ὅπως μὴ λάβητε ἀδικίαν, καὶ λάβητε ἀγαθὰ, καὶ ἀνταποδώσομεν καρπὸν χειλέων ἡμῶν. Ἀσσοὺρ οὐ μὴ σώσῃ ἡμᾶς, ἐφ᾽ ἵππον 4 οὐκ ἀναβησόμεθα· οὐκέτι μὴ εἴπωμεν, θεοὶ ἡμῶν, τοῖς ἔργοις τῶν χειρῶν ἡμῶν· ὁ ἐν σοὶ ἐλεήσει ὀρφανόν.

Ἰάσομαι τὰς κατοικίας αὐτῶν, ἀγαπήσω αὐτοὺς ὁμολόγως, 5 ὅτι ἀπέστρεψε τὴν ὀργήν μου ἀπ᾽ αὐτοῦ. Ἔσομαι ὡς δρόσος 6 τῷ Ἰσραὴλ, ἀνθήσει ὡς κρίνον, καὶ βαλεῖ τὰς ῥίζας αὐτοῦ ὡς ὁ Λίβανος. Πορεύσονται οἱ κλάδοι αὐτοῦ, καὶ ἔσται ὡς ἐλαία 7 κατάκαρπος, καὶ ἡ ὀσφρασία αὐτοῦ ὡς Λιβάνου, ἐπιστρέψουσι 8 καὶ καθιοῦνται ὑπὸ τὴν σκέπην αὐτοῦ, ζήσονται καὶ μεθυσθήσονται σίτῳ· καὶ ἐξανθήσει ὡς ἄμπελος· μνημόσυνον αὐτοῦ, ὡς οἶνος Λιβάνου τῷ Ἐφραίμ· τί αὐτῷ ἔτι καὶ εἰδώλοις; ἐγὼ 9 ἐταπείνωσα αὐτὸν, καὶ κατισχύσω αὐτόν· ἐγὼ ὡς ἄρκευθος πυκάζουσα, ἐξ ἐμοῦ ὁ καρπός σου εὕρηται.

Τίς σοφὸς καὶ συνήσει ταῦτα; ἢ συνετὸς καὶ ἐπιγνώσεται 10 αὐτά; ὅτι εὐθεῖαι αἱ ὁδοὶ τοῦ Κυρίου, καὶ δίκαιοι πορεύσονται ἐν αὐταῖς, οἱ δὲ ἀσεβεῖς ἀσθενήσουσιν ἐν αὐταῖς.

ΙΩΗΛ. Δ΄.

THE word of the Lord which came to Joel the son of Bathuel.

² Hear these *words*, ye elders, and hearken all ye that inhabit the land. ^γHave such things happened in your days, or in the days of your fathers? ³ Tell your children concerning them, and *let* your children *tell* their children, and their children another generation. ⁴ The leavings of the ^δ caterpillar has the locust eaten, and the leavings of the locust has the ^δ palmerworm eaten, and the leavings of the palmerworm has the ^δ cankerworm eaten.

⁵ Awake, ye drunkards, from ^ζyour wine,

ΛΟΓΟΣ Κυρίου, ὃς ἐγενήθη πρὸς Ἰωὴλ τὸν τοῦ Βαθουήλ.

Ἀκούσατε ταῦτα οἱ πρεσβύτεροι, καὶ ἐνωτίσασθε πάντες 2 οἱ κατοικοῦντες τὴν γῆν, εἰ γέγονε τοιαῦτα ἐν ταῖς ἡμέραις ὑμῶν, ἢ ἐν ταῖς ἡμέραις τῶν πατέρων ὑμῶν; Ὑπὲρ αὐτῶν 3 τοῖς τέκνοις ὑμῶν διηγήσασθε, καὶ τὰ τέκνα ὑμῶν τοῖς τέκνοις αὐτῶν, καὶ τὰ τέκνα αὐτῶν εἰς γενεὰν ἑτέραν. Τὰ κατάλοιπα 4 τῆς κάμπης κατέφαγεν ἡ ἀκρὶς, καὶ τὰ κατάλοιπα τῆς ἀκρίδος κατέφαγεν ὁ βροῦχος, καὶ τὰ κατάλοιπα τοῦ βρούχου κατέφαγεν ἡ ἐρυσίβη.

Ἐκνήψατε οἱ μεθύοντες ἐξ οἴνου αὐτῶν, καὶ κλαύσατε· 5

β *Gr.* manifestly.　　γ *Gr.* if.　　δ It is difficult to assign the exact meaning of the Greek.　　ζ *Gr.* their.

θρηνήσατε πάντες οἱ πίνοντες οἶνον εἰς μέθην, ὅτι ἐξῆρθη ἐκ
6 στόματος ὑμῶν εὐφροσύνη καὶ χαρά. Ὅτι ἔθνος ἀνέβη ἐπὶ
τὴν γῆν μου ἰσχυρὸν καὶ ἀναρίθμητον, οἱ ὀδόντες αὐτοῦ ὀδόντες
7 λέοντος, καὶ αἱ μύλαι αὐτοῦ σκύμνου. Ἔθετο τὴν ἄμπελόν
μου εἰς ἀφανισμόν, καὶ τὰς συκάς μου εἰς συγκλασμόν·
ἐρευνῶν ἐξηρεύνησεν αὐτήν, καὶ ἔρριψεν· ἐλεύκανε τὰ κλήματα
αὐτῆς.

8 Θρήνησον πρός με ὑπὲρ νύμφην περιεζωσμένην σάκκον,
9 ἐπὶ τὸν ἄνδρα αὐτῆς τὸν παρθενικόν. Ἐξῆρται θυσία καὶ
σπονδὴ ἐξ οἴκου Κυρίου· πενθεῖτε οἱ ἱερεῖς οἱ λειτουργοῦντες
10 θυσιαστηρίῳ Κυρίου, ὅτι τεταλαιπώρηκε τὰ πεδία· πενθείτω
ἡ γῆ, ὅτι τεταλαιπώρηκε σῖτος· ἐξηράνθη οἶνος, ὠλιγώθη ἔλαιον·
11 Ἐξηράνθησαν γεωργοί· θρηνεῖτε κτήματα ὑπὲρ πυροῦ καὶ
12 κριθῆς, ὅτι ἀπόλωλε τρυγητὸς ἐξ ἀγροῦ. Ἡ ἄμπελος ἐξη-
ράνθη, καὶ αἱ συκαῖ ὠλιγώθησαν· ῥοά, καὶ φοῖνιξ, καὶ μῆλον,
καὶ πάντα τὰ ξύλα τοῦ ἀγροῦ ἐξηράνθησαν, ὅτι ᾔσχυναν χαρὰν
οἱ υἱοὶ τῶν ἀνθρώπων.

13 Περιζώσασθε καὶ κόπτεσθε οἱ ἱερεῖς· θρηνεῖτε οἱ λειτουρ-
γοῦντες θυσιαστηρίῳ· εἰσέλθετε, ὑπνώσατε ἐν σάκκοις λει-
τουργοῦντες Θεῷ, ὅτι ἀπέσχηκεν ἐξ οἴκου Θεοῦ ὑμῶν θυσία καὶ
σπονδή.

14 Ἁγιάσατε νηστείαν, κηρύξατε θεραπείαν, συναγάγετε πρεσ-
βυτέρους, πάντας κατοικοῦντας γῆν εἰς οἶκον Θεοῦ ὑμῶν, καὶ
κεκράξετε πρὸς Κύριον ἐκτενῶς,

15 Οἴμοι, οἴμοι, οἴμοι εἰς ἡμέραν, ὅτι ἐγγὺς ἡ ἡμέρα Κυρίου,
16 καὶ ὡς ταλαιπωρία ἐκ ταλαιπωρίας ἥξει. Κατέναντι τῶν ὀφ-
θαλμῶν ὑμῶν βρώματα ἐξωλοθρεύθη, ἐξ οἴκου Θεοῦ ὑμῶν
17 εὐφροσύνη καὶ χαρά. Ἐσκίρτησαν δαμάλεις ἐπὶ ταῖς φάτναις
αὐτῶν, ἠφανίσθησαν θησαυροί, κατεσκάφησαν ληνοί, ὅτι
18 ἐξηράνθη σῖτος. Τί ἀποθήσομεν ἑαυτοῖς; ἔκλαυσαν βουκόλια
βοῶν, ὅτι οὐχ ὑπῆρχε νομὴ αὐτοῖς· καὶ τὰ ποίμνια τῶν προ-
19 βάτων ἠφανίσθησαν. Πρὸς σὲ Κύριε βοήσομαι, ὅτι πῦρ
ἀνήλωσε τὰ ὡραῖα τῆς ἐρήμου, καὶ φλὸξ ἀνῆψε πάντα τὰ
20 ξύλα τοῦ ἀγροῦ, καὶ τὰ κτήνη τοῦ πεδίου ἀνέβλεψαν πρὸς
σὲ, ὅτι ἐξηράνθησαν ἀφέσεις ὑδάτων, καὶ πῦρ κατέφαγε τὰ
ὡραῖα τῆς ἐρήμου.

2 Σαλπίσατε σάλπιγγι ἐν Σιὼν, κηρύξατε ἐν ὄρει ἁγίῳ μου,
καὶ συγχυθήτωσαν πάντες οἱ κατοικοῦντες τὴν γῆν, διότι
2 πάρεστιν ἡμέρα Κυρίου, ὅτι ἐγγὺς ἡμέρα σκότους καὶ γνόφου,
ἡμέρα νεφέλης καὶ ὁμίχλης· ὡς ὄρθρος χυθήσεται ἐπὶ τὰ ὄρη
λαὸς πολὺς καὶ ἰσχυρός, ὅμοιος αὐτῷ οὐ γέγονεν ἀπὸ τοῦ
αἰῶνος, καὶ μετ' αὐτὸν οὐ προστεθήσεται ἕως ἐτῶν εἰς γενεὰς
3 γενεῶν. Τὰ ἔμπροσθεν αὐτοῦ πῦρ ἀναλίσκον, καὶ τὰ ὀπίσω
αὐτοῦ ἀναπτομένη φλόξ· ὡς παράδεισος τρυφῆς ἡ γῆ πρὸ
προσώπου αὐτοῦ, καὶ τὰ ὄπισθεν αὐτοῦ πεδίον ἀφανισμοῦ, καὶ
ἀνασωζόμενος οὐκ ἔσται αὐτῷ.

and weep: mourn, all ye that drink wine to drunkenness: for joy and gladness are removed from your mouth. 6 For a strong and innumerable nation is come up against my land, their teeth are lion's teeth, and their back teeth those of a *lion's* whelp. 7 He has ruined my vine, and utterly broken my fig-trees: he has utterly searched *my vine*, and cast it down; he has β peeled its branches.

8 Lament to me more than a virgin girded with sackcloth for the γ husband of her youth. 9 The meat-offering and drink-offering are removed from the house of the Lord: mourn, ye priests that serve at the altar of the Lord. 10 For the plains languish: let the land mourn, for the corn languishes; the wine is dried up, the oil becomes scarce; 11 the husbandmen are consumed: mourn your property on account of the wheat and barley; for the δ harvest has perished from off the field. 12 The vine is dried up, and the fig-trees are become few; the pomegranate, and palm-tree, and apple, and all the trees of the field are dried up: for the sons of men ʃ have abolished joy.

13 Gird yourselves *with sackcloth*, and lament, ye priests: mourn, ye that serve at the altar: go in, sleep in sackcloths, ye that minister to God: for the meat-offering and drink-offering are withheld from the house of your God.

14 Sanctify a fast, proclaim a *solemn* service, gather the elders *and* all the inhabitants of the land into the house of your God, and cry earnestly to the Lord,

15 Alas, alas, alas for the day! for the day of the Lord is nigh, and it will come as trouble upon trouble. 16 *Your* meat has been destroyed before your eyes, joy and gladness from out of the house of your God. 17 The heifers have started at their mangers, the treasures are abolished, the wine-presses are broken down; for the corn is withered. 18 What shall we store up for ourselves? the herds of cattle have mourned, because they had no pasture; and the flocks of sheep have been utterly destroyed. 19 To thee, O Lord, will I cry: for fire has devoured the fair places of the wilderness, and a flame has burnt up all the trees of the field. 20 And the cattle of the field have looked up to thee: for the θ fountains of waters have been dried up, and fire has devoured the fair places of the wilderness.

Sound the trumpet in Sion, make a proclamation in my holy mountain, and let all the inhabitants of the land be confounded: for the day of the Lord is near: 2 for a day of darkness and gloominess is near, a day of cloud and mist: a numerous and strong people shall be spread upon the mountains as the morning; there has not been from the λ beginning one like it, and after it there shall not be again even to the years of many generations. 3 Before μ them is a consuming fire, and behind them is a flame kindled: the land before them is as a paradise of delight, and behind them a desolate plain: and there shall none ʃ of them escape.

β *Gr.* whitened, Gen. 30. 37.   γ *i. e.* one who married her as a virgin.   δ *Or,* vintage.   ζ *Gr.* disfigured, *or,* disgraced.
θ *Gr.* issues.   See 2 Ki. 22. 16. Ezek. 47. 4.   λ *Gr.* age.   μ *Gr.* it, *sc.* the people.
ξ *Lit.* to him, *sc.* the people.

4 Their appearance is as the appearance of horses; and as horsemen, so shall they pursue. 5 As the sound of chariots on the tops of mountains shall they leap, and as the sound of a flame of fire devouring stubble, and as a numerous and strong people setting themselves in array for battle. 6 Before them shall the people be crushed: every face *shall be* as the blackness of a [β] caldron. 7 As warriors shall they run, and as men of war shall they mount on the walls; and each shall move in his *right* path, and they shall not turn aside from their tracks: 8 and not one shall stand aloof from his brother: they shall go on weighed down with their arms, and they fall upon their weapons, yet shall they in no wise be destroyed. 9 They shall seize upon the city, and run upon the walls, and go up upon the houses, and enter in through the windows as thieves. 10 Before them the earth shall be confounded, and the sky shall be shaken: the sun and the moon shall be darkened, and the stars shall withdraw their light. 11 And the Lord shall utter his voice before his host: for his camp is very great: for the [γ] execution of his words is mighty: for the day of the Lord is great, very glorious, and who shall be [δ] able to *resist* it?

12 Now therefore, saith the Lord your God, turn to me with all your heart, and with fasting, and with weeping, and with lamentation: 13 and rend your hearts, and not your garments, and turn to the Lord your God: for he is merciful and compassionate, longsuffering, and plenteous in mercy, and repents of evils. 14 Who knows if he will return, and repent, and leave a blessing behind him, even a meat-offering and a drink-offering to the Lord your God?

15 Sound the trumpet in Sion, sanctify a fast, proclaim a [ζ] *solemn* service: 16 gather the people, sanctify the congregation, assemble the elders, gather the infants at the breast: let the bridegroom go forth of his chamber, and the bride out of her closet. 17 Between the [θ] porch and the altar let the priests that minister to the Lord weep, and say, Spare thy people, O Lord, and give not thine heritage to reproach, that the heathen should rule over them, lest they should say among the heathen, Where is their God?

18 But the Lord was jealous of his land, and spared his people. 19 And the Lord answered and said to his people, Behold, I *will* send you corn, and wine, and oil, and ye shall be satisfied with them: and I will no longer make you a reproach among the Gentiles. 20 And I will chase away from you the northern *adversary*, and will drive him away into a dry land, and I will [λ] sink his face in the former sea, and his back parts in the latter sea, and his [μ] ill savour shall come up, and his [ξ] stink shall come up, because he has [π] wrought great things.

21 Be of good courage, O land; rejoice and be glad: for the Lord has done great things. 22 Be of good courage, ye beasts of the plain, for the plains of the wilderness have budded, for the trees have borne their fruit, the fig-

Ὡς ὅρασις ἵππων ἡ ὅρασις αὐτῶν, καὶ ὡς ἱππεῖς οὕτως 4
καταδιώξονται. Ὡς φωνὴ ἁρμάτων ἐπὶ τὰς κορυφὰς τῶν ὀρέων 5
ἐξαλοῦνται, καὶ ὡς φωνὴ φλογὸς πυρὸς κατεσθιούσης καλάμην,
καὶ ὡς λαὸς πολὺς καὶ ἰσχυρὸς παρατασσόμενος εἰς πόλεμον.
Ἀπὸ προσώπου αὐτοῦ συντριβήσονται λαοὶ, πᾶν πρόσωπον 6
ὡς πρόσκαυμα χύτρας. Ὡς μαχηταὶ δραμοῦνται καὶ ὡς ἄνδρες 7
πολεμισταὶ ἀναβήσονται ἐπὶ τὰ τείχη, καὶ ἕκαστος ἐν τῇ ὁδῷ
αὐτοῦ πορεύσεται, καὶ οὐ μὴ ἐκκλίνωσι τὰς τρίβους αὐτῶν,
καὶ ἕκαστος ἀπὸ τοῦ ἀδελφοῦ αὐτοῦ οὐκ ἀφέξεται· καταβαρυ- 8
νόμενοι ἐν τοῖς ὅπλοις αὐτῶν πορεύσονται, καὶ ἐν τοῖς βέλεσιν
αὐτῶν πεσοῦνται, καὶ οὐ μὴ συντελεσθῶσι. Τῆς πόλεως 9
ἐπιλήψονται, καὶ ἐπὶ τῶν τειχέων δραμοῦνται, καὶ ἐπὶ ταῖς
οἰκίαις ἀναβήσονται, καὶ διὰ θυρίδων εἰσελεύσονται ὡς κλέπται.
Πρὸ προσώπου αὐτοῦ συγχυθήσεται ἡ γῆ, καὶ σεισθήσεται 10
ὁ οὐρανός· ὁ ἥλιος καὶ ἡ σελήνη συσκοτάσουσι, καὶ ἄστρα
δύσουσι τὸ φέγγος αὐτῶν. Καὶ Κύριος δώσει φωνὴν αὐτοῦ 11
πρὸ προσώπου δυνάμεως αὐτοῦ, ὅτι πολλή ἐστι σφόδρα ἡ
παρεμβολὴ αὐτοῦ, ὅτι ἰσχυρὰ ἔργα λόγων αὐτοῦ· διότι με-
γάλη ἡ ἡμέρα Κυρίου, ἐπιφανὴς σφόδρα, καὶ τίς ἔσται ἱκανὸς
αὐτῇ;

Καὶ νῦν λέγει Κύριος ὁ Θεὸς ὑμῶν, ἐπιστράφητε πρός μὲ 12
ἐξ ὅλης τῆς καρδίας ὑμῶν, καὶ ἐν νηστείᾳ, καὶ ἐν κλαυθμῷ, καὶ
ἐν κοπετῷ, καὶ διαῤῥήξατε τὰς καρδίας ὑμῶν, καὶ μὴ τὰ 13
ἱμάτια ὑμῶν· καὶ ἐπιστράφητε πρὸς Κύριον τὸν Θεὸν ὑμῶν,
ὅτι ἐλεήμων καὶ οἰκτίρμων ἐστὶ, μακρόθυμος καὶ πολυέλεος,
καὶ μετανοῶν ἐπὶ ταῖς κακίαις. Τίς οἶδεν εἰ ἐπιστρέψει, καὶ 14
μετανοήσει, καὶ ὑπολείψεται ὀπίσω αὐτοῦ εὐλογίαν, καὶ θυσίαν,
καὶ σπονδὴν Κυρίῳ τῷ Θεῷ ὑμῶν;

Σαλπίσατε σάλπιγγι ἐν Σιὼν, ἁγιάσατε νηστείαν. κηρύξατε 15
θεραπείαν, συναγάγετε λαὸν, ἁγιάσατε ἐκκλησίαν, ἐκλέξασθε 16
πρεσβυτέρους, συναγάγετε νήπια θηλάζοντα μαστοὺς, ἐξελθέτω
νυμφίος ἐκ τοῦ κοιτῶνος αὐτοῦ, καὶ νύμφη ἐκ τοῦ παστοῦ
αὐτῆς. Ἀναμέσον τῆς κρηπῖδος τοῦ θυσιαστηρίου, κλαύσονται 17
οἱ ἱερεῖς οἱ λειτουργοῦντες τῷ Κυρίῳ, καὶ ἐροῦσι, φεῖσαι Κύριε
τοῦ λαοῦ σου, καὶ μὴ δῷς τὴν κληρονομίαν σου εἰς ὄνειδος, τοῦ
κατάρξαι αὐτῶν ἔθνη, ὅπως μὴ εἴπωσιν ἐν τοῖς ἔθνεσι, ποῦ
ἐστιν ὁ Θεὸς αὐτῶν;

Καὶ ἐζήλωσε Κύριος τὴν γῆν αὐτοῦ, καὶ ἐφείσατο τοῦ λαοῦ 18
αὐτοῦ. Καὶ ἀπεκρίθη Κύριος, καὶ εἶπε τῷ λαῷ αὐτοῦ, ἰδοὺ 19
ἐγὼ ἐξαποστέλλω ὑμῖν τὸν σῖτον καὶ τὸν οἶνον καὶ τὸ ἔλαιον,
καὶ ἐμπλησθήσεσθε αὐτῶν, καὶ οὐ δώσω ὑμᾶς οὐκ ἔτι εἰς
ὀνειδισμὸν ἐν τοῖς ἔθνεσι. Καὶ τὸν ἀπὸ Βοῤῥᾶ ἐκδιώξω ἀφ' 20
ὑμῶν, καὶ ἐξώσω αὐτὸν εἰς γῆν ἄνυδρον, καὶ ἀφανιῶ τὸ πρόσ-
ωπον αὐτοῦ εἰς τὴν θάλασσαν τὴν πρώτην, καὶ τὰ ὀπίσω
αὐτοῦ εἰς τὴν θάλασσαν τὴν ἐσχάτην· καὶ ἀναβήσεται ἡ
σαπρία αὐτοῦ, καὶ ἀναβήσεται ὁ βρόμος αὐτοῦ, ὅτι ἐμεγάλυνε
τὰ ἔργα αὐτοῦ.

Θάρσει γῆ, χαῖρε καὶ εὐφραίνου, ὅτι ἐμεγάλυνε Κύριος τοῦ 21
ποιῆσαι. Θαρσεῖτε κτήνη τοῦ πεδίου, ὅτι βεβλάστηκε τὰ 22
πεδία τῆς ἐρήμου, ὅτι ξύλον ἤνεγκε τὸν καρπὸν αὐτοῦ, συκῆ

β *Or*, pot. γ *Gr.* works. δ *Gr.* sufficient for it? ζ See ch. 1. 14. θ *Gr.* base. λ *Gr.* cause to disappear. μ *Gr.* corruption. ξ See Job 6. 7. π *Gr.* magnified his works.

23 καὶ ἄμπελος ἔδωκαν τὴν ἰσχὺν αὐτῶν. Καὶ τὰ τέκνα Σιὼν χαίρετε καὶ εὐφραίνεσθε ἐπὶ τῷ Κυρίῳ Θεῷ ὑμῶν, διότι ἔδωκεν ὑμῖν τὰ βρώματα εἰς δικαιοσύνην, καὶ βρέξει ὑμῖν ὑετὸν πρώϊ-
24 μον καὶ ὄψιμον, καθὼς ἔμπροσθεν, καὶ πλησθήσονται αἱ ἅλωνες
25 σίτου, καὶ ὑπερχυθήσονται αἱ ληνοὶ οἴνου καὶ ἐλαίου. Καὶ ἀνταποδώσω ὑμῖν ἀντὶ τῶν ἐτῶν ὧν κατέφαγεν ἡ ἀκρὶς, καὶ ὁ βροῦχος, καὶ ἡ ἐρυσίβη, καὶ ἡ κάμπη, ἡ δύναμίς μου ἡ
26 μεγάλη, ἣν ἐξαπέστειλα εἰς ὑμᾶς. Καὶ φάγεσθε ἐσθίοντες, καὶ ἐμπλησθήσεσθε, καὶ αἰνέσετε τὸ ὄνομα Κυρίου τοῦ Θεοῦ ὑμῶν, ἃ ἐποίησε μεθ᾽ ὑμῶν εἰς θαυμάσια· καὶ οὐ μὴ κατ-
27 αισχυνθῇ ὁ λαός μου εἰς τὸν αἰῶνα. Καὶ ἐπιγνώσεσθε ὅτι ἐν μέσῳ τοῦ Ἰσραὴλ ἐγώ εἰμι, καὶ ἐγὼ Κύριος ὁ Θεὸς ὑμῶν, καὶ οὐκ ἔστιν ἔτι πλὴν ἐμοῦ· καὶ οὐ μὴ καταισχυνθῶσιν ἔτι ὁ λαός μου εἰς τὸν αἰῶνα.
28 Καὶ ἔσται μετὰ ταῦτα, καὶ ἐκχεῶ ἀπὸ τοῦ πνεύματός μου ἐπὶ πᾶσαν σάρκα, καὶ προφητεύσουσιν οἱ υἱοὶ ὑμῶν, καὶ αἱ θυγατέρες ὑμῶν, καὶ οἱ πρεσβύτεροι ὑμῶν ἐνύπνια ἐνυπνιασθή-
29 σονται, καὶ οἱ νεανίσκοι ὑμῶν ὁράσεις ὄψονται. Καὶ ἐπὶ τοὺς δούλους μου καὶ ἐπὶ τὰς δούλας ἐν ταῖς ἡμέραις ἐκείναις
30 ἐκχεῶ ἀπὸ τοῦ πνεύματός μου. Καὶ δώσω τέρατα ἐν οὐρανῷ,
31 καὶ ἐπὶ τῆς γῆς αἷμα καὶ πῦρ καὶ ἀτμίδα καπνοῦ. Ὁ ἥλιος μεταστραφήσεται εἰς σκότος, καὶ ἡ σελήνη εἰς αἷμα, πρὶν ἐλθεῖν τὴν ἡμέραν Κυρίου τὴν μεγάλην, καὶ ἐπιφανῆ.
32 Καὶ ἔσται πᾶς ὃς ἂν ἐπικαλέσηται τὸ ὄνομα Κυρίου, σωθή-σεται· ὅτι ἐν τῷ ὄρει Σιὼν καὶ ἐν Ἱερουσαλὴμ ἔσται ἀνασω-ζόμενος καθότι εἶπε Κύριος, καὶ εὐαγγελιζόμενοι οὓς Κύριος προσκέκληται.

3 Ὅτι ἰδοὺ ἐγὼ ἐν ταῖς ἡμέραις ἐκείναις καὶ ἐν τῷ καιρῷ ἐκείνῳ, ὅταν ἐπιστρέψω τὴν αἰχμαλωσίαν Ἰούδα καὶ Ἱερου-
2 σαλὴμ, καὶ συνάξω πάντα τὰ ἔθνη, καὶ κατάξω αὐτὰ εἰς τὴν κοιλάδα Ἰωσαφάτ, καὶ διακριθήσομαι πρὸς αὐτοὺς ἐκεῖ ὑπὲρ τοῦ λαοῦ μου καὶ τῆς κληρονομίας μου Ἰσραὴλ, οἳ διεσπάρησαν
3 ἐν τοῖς ἔθνεσι, καὶ τὴν γῆν μου κατεδιείλαντο, καὶ ἐπὶ τὸν λαόν μου ἔβαλον κλήρους, καὶ ἔδωκαν τὰ παιδάρια πόρναις, καὶ τὰ κοράσια ἐπώλουν ἀντὶ τοῦ οἴνου, καὶ ἔπινον.
4 Καὶ τί ὑμεῖς ἐμοὶ Τύρος, καὶ Σιδὼν, καὶ πᾶσα Γαλιλαία ἀλλοφύλων; μὴ ἀνταπόδομα ὑμεῖς ἀνταποδίδοτέ μοι; ἢ μνησικακεῖτε ὑμεῖς ἐπ᾽ ἐμοί; ὀξέως, καὶ ταχέως ἀνταποδώσω
5 τὸ ἀνταπόδομα ὑμῶν εἰς κεφαλὰς ὑμῶν, ἀνθ᾽ ὧν τὸ ἀργύριόν μου καὶ τὸ χρυσίον μου ἐλάβετε, καὶ τὰ ἐπίλεκτά μου τὰ καλὰ
6 εἰσηνέγκατε εἰς τοὺς ναοὺς ὑμῶν, καὶ τοὺς υἱοὺς Ἰούδα καὶ τοὺς υἱοὺς Ἱερουσαλὴμ ἀπέδοσθε τοῖς υἱοῖς τῶν Ἑλλήνων, ὅπως
7 ἐξώσητε αὐτοὺς ἐκ τῶν ὁρίων αὐτῶν. Καὶ ἰδοὺ ἐγὼ ἐξεγείρω αὐτοὺς ἐκ τοῦ τόπου οὗ ἀπέδοσθε αὐτοὺς ἐκεῖ, καὶ ἀνταποδώσω
8 τὸ ἀνταπόδομα ὑμῶν εἰς κεφαλὰς ὑμῶν, καὶ ἀποδώσομαι τοὺς υἱοὺς ὑμῶν καὶ τὰς θυγατέρας ὑμῶν εἰς χεῖρας τῶν υἱῶν Ἰούδα, καὶ ἀποδώσονται αὐτοὺς εἰς αἰχμαλωσίαν εἰς ἔθνος μακρὰν ἀπέχον, ὅτι Κύριος ἐλάλησε.
9 Κηρύξατε ταῦτα ἐν τοῖς ἔθνεσιν, ἁγιάσατε πόλεμον, ἐξεγεί-ρατε τοὺς μαχητὰς, προσαγάγετε καὶ ἀναβαίνετε πάντες ἄνδρες

---

tree and the vine have yielded their strength. [23] Rejoice then and be glad, ye children of Sion, in the Lord your God: for he has given you food β fully, and he will rain on you the early and the latter rain, as before. [24] And the floors shall be filled with corn, and the presses shall overflow with wine and oil. [25] And I will recompense you for the years which the locust, and the caterpillar, and the palmerworm, and the cankerworm have eaten, even my great army, which I sent against you. [26] And ye shall eat abundantly, and be satisfied, and shall praise the name of the Lord your God *for the things* which he has wrought wonderfully with you: and my people shall not be ashamed for ever. [27] And ye shall know that I am in the midst of Israel, and *that* I am the Lord your God, and *that* there is none else beside me; and my people shall no more be ashamed for ever.

[28] And it shall come to pass afterward, that I will pour out of my Spirit upon all flesh; and your sons and your daughters shall prophesy, and your old men shall dream dreams, and your young men shall see visions. [29] And on my servants and on *my* handmaids in those days will I pour out of my Spirit. [30] And I will shew wonders in heaven, and upon the earth, blood, and fire, and vapour of smoke. [31] The sun shall be turned into darkness, and the moon into blood, before the great and glorious day of the Lord come. [32] And it shall come to pass *that* whosoever shall call on the name of the Lord shall be saved: for in mount Sion and in Jerusalem shall the saved one be as the Lord has said, and they that have glad tidings preached to them, whom the Lord has called.

For, behold, in those days and at that time, when I shall have turned the captivity of Juda and Jerusalem, [2] I will also gather all the γ Gentiles, and bring them down to the valley of Josaphat, and will plead with them there for my people and my heritage Israel, who have been dispersed among the Gentiles; and *these Gentiles* have divided my land, [3] and cast lots over my people, and have given *their* boys to harlots, and sold *their* girls for wine, and have drunk. [4] And what have ye to do with me, O Tyre, and Sidon, and all Galilee of the δ Gentiles? do ye render me a recompense? or do ye bear malice against me? quickly and speedily will I return your recompense on your own heads: [5] because ye have taken my silver and my gold, and ye have brought my choice ornaments into your temples; [6] and ye have sold the children of Juda and the children of Jerusalem to the children of the Greeks, that ye might expel them from their coasts. [7] Therefore, behold, I *will* raise them up out of the place whither ye have sold them, and I will return your recompense on your own heads: [8] And I will sell your sons and your daughters into the hands of the children of Juda, and they shall sell them into captivity to a far distant nation: for the Lord has spoken *it*. [9] Proclaim these things among the Gentiles; ζ declare war, arouse the warriors, draw near and go up, all ye men of war.

β *Gr.* to exactness.   γ *Or*, nations. See Mat. 25. 31.   δ ἀλλοφύλων, usually Philistines.   ζ *Gr.* sanctify.

¹⁰ Beat your ploughshares into swords, and your sickles into βspears : let the weak say, I am strong. ¹¹ Gather yourselves together, and go in, all ye nations round about, and gather yourselves there : let the γtimid become a warrior. ¹² Let them be aroused, let all the nations go up to the valley of Josaphat : for there will I sit to judge all the Gentiles round about.

¹³ Bring forth the sickles, for the vintage is come : go in, tread *the grapes*, for the press is full : cause the vats to overflow ; for their wickedness is multiplied. ¹⁴ Noises have resounded in the valley of judgment : for the day of the Lord is near in the valley of judgment. ¹⁵ The sun and the moon shall be darkened, and the stars shall withdraw their light.

¹⁶ And the Lord shall cry out of Sion, and shall utter his voice from Jerusalem ; and the heaven and the earth shall be shaken, but the Lord shall spare his people, and shall strengthen the children of Israel. ¹⁷ And ye shall know that I am the Lord your God, who dwell in Sion my holy mountain : and Jerusalem shall be holy, and strangers shall not pass through her any more.

¹⁸ And it shall come to pass in that day *that* the mountains shall drop sweet wine, and the hills shall flow with milk, and all the δfountains of Juda shall flow with water, and a fountain shall go forth of the house of the Lord, and water the valley of flags.

¹⁹ Egypt shall be a desolation, and Idumea shall be a desolate plain, because of the wrongs of the children of Juda, because they have shed righteous blood in their land. ²⁰ But Judea shall be inhabited for ever, and Jerusalem to all generations. ²¹ And I will make inquisition for their blood, and will by no means leave it unavenged : and the Lord shall dwell in Sion.

πολεμισταί, συγκόψατε τὰ ἄροτρα ὑμῶν εἰς ῥομφαίας, καὶ τὰ 10 δρέπανα ὑμῶν εἰς σειρομάστας· ὁ ἀδύνατος λεγέτω, ὅτι ἰσχύω ἐγώ. Συναθροίζεσθε, καὶ εἰσπορεύεσθε πάντα τὰ ἔθνη κυκλό- 11 θεν, καὶ συνάχθητε ἐκεῖ· ὁ πραῢς ἔστω μαχητής. Ἐξεγει- 12 ρέσθωσαν, ἀναβαινέτωσαν πάντα τὰ ἔθνη εἰς τὴν κοιλάδα Ἰωσαφάτ, διότι ἐκεῖ καθιῶ τοῦ διακρῖναι πάντα τὰ ἔθνη κυκλόθεν.

Ἐξαποστείλατε δρέπανα, ὅτι παρέστηκεν ὁ τρυγητός· εἰσ- 13 πορεύεσθε, πατεῖτε, διότι πλήρης ἡ ληνός· ὑπερεκχεῖτε τὰ ὑπολήνια, ὅτι πεπλήθυνται τὰ κακὰ αὐτῶν. Ἦχοι ἐξήχησαν 14 ἐν τῇ κοιλάδι τῆς δίκης, ὅτι ἐγγὺς ἡμέρα Κυρίου ἐν τῇ κοιλάδι τῆς δίκης. Ὁ ἥλιος καὶ ἡ σελήνη συσκοτάσουσι, καὶ οἱ 15 ἀστέρες δύσουσι φέγγος αὐτῶν.

Ὁ δὲ Κύριος ἐκ Σιὼν ἀνακεκράξεται, καὶ ἐξ Ἱερουσαλὴμ 16 δώσει φωνὴν αὐτοῦ, καὶ σεισθήσεται ὁ οὐρανὸς καὶ ἡ γῆ· ὁ δὲ Κύριος φείσεται τοῦ λαοῦ αὐτοῦ, καὶ ἐνισχύσει τοὺς υἱοὺς Ἰσραήλ. Καὶ ἐπιγνώσεσθε διότι ἐγὼ Κύριος ὁ Θεὸς 17 ὑμῶν, ὁ κατασκηνῶν ἐν Σιὼν ὄρει ἁγίῳ μου· καὶ ἔσται Ἱερουσαλὴμ ἁγία, καὶ ἀλλογενεῖς οὐ διελεύσονται δι᾽ αὐτῆς οὐκέτι.

Καὶ ἔσται ἐν τῇ ἡμέρᾳ ἐκείνῃ, ἀποσταλάξει τὰ ὄρη γλυ- 18 κασμὸν, καὶ οἱ βουνοὶ ῥυήσονται γάλα, καὶ πᾶσαι αἱ ἀφέσεις Ἰούδα ῥυήσονται ὕδατα, καὶ πηγὴ ἐξ οἴκου Κυρίου ἐξελεύσεται, καὶ ποτιεῖ τὸν χειμάρρουν τῶν σχοίνων.

Αἴγυπτος εἰς ἀφανισμὸν ἔσται, καὶ ἡ Ἰδουμαία εἰς πεδίον 19 ἀφανισμοῦ ἔσται, ἐξ ἀδικιῶν υἱῶν Ἰούδα, ἀνθ᾽ ὧν ἐξέχεαν αἷμα δίκαιον ἐν τῇ γῇ αὐτῶν. Ἡ δὲ Ἰουδαία εἰς τὸν αἰῶνα κατοι- 20 κηθήσεται, καὶ Ἱερουσαλὴμ εἰς γενεὰς γενεῶν. Καὶ ἐκζητήσω 21 τὸ αἷμα αὐτῶν, καὶ οὐ μὴ ἀθωώσω, καὶ Κύριος κατασκηνώσει ἐν Σιών.

Α Μ Ω Σ.   Β΄.

THE words of Amos which came *to him* in Accarim out of Thecue, which he saw concerning Jerusalem, in the days of Ozias king of Juda, and in the days of Jeroboam the son of Joas king of Israel, two years before the earthquake.

² And he said, The Lord has spoken out of Sion, and has uttered his voice out of Jerusalem ; and the pastures of the shepherds have mourned, and the top of Carmel is dried up.

³ And the Lord said, For three sins of Damascus, and for four, I will not turn

ΛΟΓΟΙ Ἀμὼς οἳ ἐγένοντο ἐν Ἀκκαρεὶμ ἐκ Θεκουέ, οὓς εἶδεν ὑπὲρ Ἱερουσαλήμ, ἐν ἡμέραις Ὀζίου βασιλέως Ἰούδα, καὶ ἐν ἡμέραις Ἱεροβοὰμ τοῦ Ἰωὰς βασιλέως Ἰσραὴλ, πρὸ δύο ἐτῶν τοῦ σεισμοῦ.

Καὶ εἶπε, Κύριος ἐκ Σιὼν ἐφθέγξατο, καὶ ἐξ Ἱερουσαλὴμ 2 ἔδωκε φωνὴν αὐτοῦ· καὶ ἐπένθησαν αἱ νομαὶ τῶν ποιμένων, καὶ ἐξηράνθη ἡ κορυφὴ τοῦ Καρμήλου.

Καὶ εἶπε Κύριος, ἐπὶ ταῖς τρισὶν ἀσεβείαις Δαμασκοῦ, καὶ 3

β Or, daggers.   γ Gr. meek.   δ See chap. 1. 20.

ἐπὶ ταῖς τέσσαρσιν οὐκ ἀποστραφήσομαι αὐτὸν, ἀνθ᾽ ὧν ἔπρι-
ζον πριοσι σιδηροῖς τὰς ἐν γαστρὶ ἐχούσας τῶν ἐν Γαλαάδ.
4 Καὶ ἀποστελῶ πῦρ εἰς τὸν οἶκον Ἀζαὴλ, καὶ καταφάγεται τὰ
5 θεμέλια υἱοῦ Ἄδερ. Καὶ συντρίψω μοχλοὺς Δαμασκοῦ, καὶ
ἐξολοθρεύσω κατοικοῦντας ἐκ πεδίου Ὢν, καὶ κατακόψω φυλὴν
ἐξ ἀνδρῶν Χαῤῥὰν, καὶ αἰχμαλωτευθήσεται λαὸς Συρίας ἐπί-
κλητος, λέγει Κύριος.

6 Τάδε λέγει Κύριος, ἐπὶ ταῖς τρισὶν ἀσεβείαις Γάζης, καὶ ἐπὶ
ταῖς τέσσαρσιν οὐκ ἀποστραφήσομαι αὐτοὺς, ἕνεκεν τοῦ αἰχ-
μαλωτεῦσαι αὐτοὺς αἰχμαλωσίαν τοῦ Σαλωμὼν, τοῦ συγκλεῖσαι
7 εἰς τὴν Ἰδουμαίαν. Καὶ ἐξαποστελῶ πῦρ ἐπὶ τὰ τείχη Γάζης,
8 καὶ καταφάγεται τὰ θεμέλια αὐτῆς. Καὶ ἐξολοθρεύσω κατοι-
κοῦντας ἐξ Ἀζώτου, καὶ ἐξαρθήσεται φυλὴ ἐξ Ἀσκάλωνος, καὶ
ἐπάξω τὴν χεῖρά μου ἐπὶ Ἀκκάρων, καὶ ἀπολοῦνται οἱ κατά-
λοιποι τῶν ἀλλοφύλων, λέγει Κύριος.

9 Τάδε λέγει Κύριος, ἐπὶ ταῖς τρισὶν ἀσεβείαις Τύρου, καὶ ἐπὶ
ταῖς τέσσαρσιν οὐκ ἀποστραφήσομαι αὐτὴν, ἀνθ᾽ ὧν συνέκλει-
σαν αἰχμαλωσίαν τοῦ Σαλωμὼν εἰς τὴν Ἰδουμαίαν, καὶ οὐκ
10 ἐμνήσθησαν διαθήκης ἀδελφῶν. Καὶ ἐξαποστελῶ πῦρ ἐπὶ τὰ
τείχη Τύρου, καὶ καταφάγεται τὰ θεμέλια αὐτῆς.

11 Τάδε λέγει Κύριος, ἐπὶ ταῖς τρισὶν ἀσεβείαις τῆς Ἰδουμαίας,
καὶ ἐπὶ ταῖς τέσσαρσιν οὐκ ἀποστραφήσομαι αὐτοὺς, ἕνεκα
τοῦ διῶξαι αὐτοὺς ἐν ῥομφαίᾳ τὸν ἀδελφὸν αὐτοῦ, καὶ ἐλυμή-
νατο μητέρα ἐπὶ γῆς, καὶ ἥρπασεν εἰς μαρτύριον φρίκην αὐτοῦ,
12 καὶ τὸ ὅρμημα αὐτοῦ ἐφύλαξεν εἰς νῖκος. Καὶ ἐξαποστελῶ
πῦρ εἰς Θαμὰν, καὶ καταφάγεται θεμέλια τειχέων αὐτῆς.

13 Τάδε λέγει Κύριος, ἐπὶ ταῖς τρισὶν ἀσεβείαις υἱῶν Ἀμμὼν,
καὶ ἐπὶ ταῖς τέσσαρσιν οὐκ ἀποστραφήσομαι αὐτὸν, ἀνθ᾽ ὧν
ἀνέσχιζον τὰς ἐν γαστρὶ ἐχούσας τῶν Γαλααδιτῶν, ὅπως ἐμπλα-
14 τύνωσι τὰ ὅρια ἑαυτῶν. Καὶ ἀνάψω πῦρ ἐπὶ τείχη Ῥαββὰθ,
καὶ καταφάγεται θεμέλια αὐτῆς μετὰ κραυγῆς ἐν ἡμέρᾳ πολέ-
15 μου, καὶ σεισθήσεται ἐν ἡμέραις συντελείας αὐτῆς, καὶ πορεύ-
σονται οἱ βασιλεῖς αὐτῆς ἐν αἰχμαλωσίᾳ, οἱ ἱερεῖς αὐτῶν καὶ
οἱ ἄρχοντες αὐτῶν ἐπιτοαυτό, λέγει Κύριος.

2 Τάδε λέγει Κύριος, ἐπὶ ταῖς τρισὶν ἀσεβείαις Μωὰβ, καὶ
ἐπὶ ταῖς τέσσαρσιν οὐκ ἀποστραφήσομαι αὐτὸν, ἀνθ᾽ ὧν κατέ-
2 καυσαν τὰ ὀστᾶ βασιλέως τῆς Ἰδουμαίας εἰς κονίαν. Καὶ
ἐξαποστελῶ πῦρ εἰς Μωὰβ, καὶ καταφάγεται τὰ θεμέλια τῶν
πόλεων αὐτῆς, καὶ ἀποθανεῖται ἐν ἀδυναμίᾳ Μωὰβ μετὰ κραυ-
3 γῆς καὶ μετὰ φωνῆς σάλπιγγος. Καὶ ἐξολοθρεύσω κριτὴν ἐξ
αὐτῆς, καὶ πάντας [ἄρχοντας] αὐτῆς ἀποκτενῶ μετ᾽ αὐτοῦ,
λέγει Κύριος.

4 Τάδε λέγει Κύριος, ἐπὶ ταῖς τρισὶν ἀσεβείαις υἱῶν Ἰούδα,
καὶ ἐπὶ ταῖς τέσσαρσιν οὐκ ἀποστραφήσομαι αὐτὸν, ἕνεκα τοῦ
ἀπώσασθαι αὐτοὺς τὸν νόμον τοῦ Κυρίου, καὶ τὰ προστάγματα
αὐτοῦ οὐκ ἐφυλάξαντο, καὶ ἐπλάνησεν αὐτοὺς τὰ μάταια αὐτῶν
ἃ ἐποίησαν, οἷς ἐξηκολούθησαν οἱ πατέρες αὐτῶν ὀπίσω αὐτῶν.
5 Καὶ ἐξαποστελῶ πῦρ ἐπὶ Ἰούδαν, καὶ καταφάγεται θεμέλια
Ἱερουσαλήμ.

away from it; because they sawed with iron saws the women with child of the Galaadites. [4] And I will send a fire on the house of Azael, and it shall devour the foundations of the son of Ader. [5] And I will break to pieces the bars of Damascus, and will destroy the inhabitants out of the plain of On, and will cut in pieces βa tribe out of the men of Charrhan: and the famous people of Syria shall be led captive, saith the Lord.

[6] Thus saith the Lord; For three sins of Gaza, and for four, I will not turn away from them; because they took prisoners the captivity of Solomon, to shut them up into Idumea. [7] And I will send forth a fire on the walls of Gaza, and it shall devour its foundations. [8] And I will destroy the inhabitants out of Azotus, and a β tribe shall be cut off from Ascalon, and I will stretch out my hand upon Accaron: and the remnant of the Philistines shall perish, saith the Lord.

[9] Thus saith the Lord; For three transgressions of Tyre, and for four, I will not turn away from it; because they shut up the prisoners of Solomon into Idumea, and remembered not the covenant of brethren. [10] And I will send forth a fire on the walls of Tyre, and it shall devour the foundations of it.

[11] Thus saith the Lord; For three sins of Idumea, and for four, I will not turn away from them; because they pursued γtheir brother with the sword, and destroyed δ the mother upon the earth, and ς summoned up his anger for a θtestimony, and kept up his fury to the end. [12] And I will send forth a fire upon Thaman, and it shall devour the foundations of her walls.

[13] Thus saith the Lord; For three sins of the children of Ammon, and for four, I will not turn away from him; because they ripped up the women with child of the Galaadites, that they might widen their coasts. [14] And I will kindle a fire on the walls of Rabbath, and it shall devour her foundations with shouting in the day of war, and she shall be shaken in the days of her destruction: [15] and her kings shall go into captivity, their priests and their rulers together, saith the Lord.

Thus saith the Lord; For three sins of Moab, and for four, I will not turn away from it; because they burnt the bones of the king of Idumea to lime. [2] But I will send forth a fire on Moab, and it shall devour the foundations of its cities: and Moab shall perish in weakness, with a shout, and with the sound of a trumpet. [3] And I will destroy the judge out of her, and slay all her princes with him, saith the Lord.

[4] Thus saith the Lord; For three sins of the children of Juda, and for four, I will not turn away from him; because they have rejected the law of the Lord, and have not kept his ordinances, and their vain idols which they made, which their fathers followed, caused them to err. [5] And I will send a fire on Juda, and it shall devour the foundations of Jerusalem.

β ‎עמם ambiguous. γ Gr. his. δ Heb. ‎רחם Alex. μήτραν. ζ Heb. his anger tore for ever. θ Heb. ‎עד ambiguous; see Prov. 29. 14.

⁶ Thus saith the Lord; For three sins of Israel, and for four, I will not turn away from him; because they sold the righteous for silver, and the poor for sandals, ⁷ βwherewith to tread on the dust of the earth, and they have smitten upon the heads of the poor, and have perverted the way of the γlowly: and a son and his father have gone in to the same maid, that they might profane the name of their God. ⁸ And binding their clothes with cords they have made them curtains near the altar, and they have drunk δwine gained by extortion in the house of their God.

⁹ Nevertheless I cut off the Amorite from before them, whose height was as the height of a cedar, and he was strong as an oak; and I dried up his fruit from above, and his roots from beneath. ¹⁰ And I brought you up out of the land of Egypt, and led you about in the desert forty years, that you should inherit the land of the Amorites. ¹¹ And I took of your sons for prophets, and of your young men for consecration. Are not these things so, ye sons of Israel? saith the Lord. ¹² But ye gave the consecrated ones wine to drink; and ye commanded the prophets, saying, Prophesy not.

¹³ Therefore, behold, I roll under you, as a waggon full of straw is rolled. ¹⁴ And flight shall perish from the runner, and the strong shall not hold fast his strength, and the warrior shall not save his life: ¹⁵ and the archer shall not withstand, and he that is swift of foot shall in no wise escape; and the horseman shall not save his life. ¹⁶ And the strong shall find no confidence in power: the naked shall flee away in that day, saith the Lord.

Hear ye this word, O house of Israel, which the Lord has spoken concerning you, and against the whole family whom I brought up out of the land of Egypt, saying, ² You especially have I known out of all the families of the earth: therefore will I take vengeance upon you for all your sins.

³ Shall two walk together at all, if they do not know ζone another? ⁴ Will a lion roar out of his thicket if he has no prey? will a *lion's* whelp utter his voice at all out of his lair, if he have taken nothing? ⁵ Will a bird fall on the earth without a fowler? will a snare be taken up from the earth without having taken anything? ⁶ Shall the ʿrumpet sound in the city, and the people ιot be alarmed? shall there be evil in a city which the Lord has not wrought? ⁷ For the Lord God will do nothing, without revealing instruction to his servants the prophets. ⁸ A lion shall roar, and who will not be alarmed? the Lord God has spoken, and who will not prophesy?

⁹ Proclaim it to the regions among the Assyrians, and to the regions of Egypt, and say, Gather yourselves to the mountain of Samaria, and behold many wonderful things in the midst of it, and the oppression that is in it. ¹⁰ And she knew not what things ^θwould come against her, saith the Lord, *even* those that store up wrong and misery

Τάδε λέγει Κύριος, ἐπὶ ταῖς τρισὶν ἀσεβείαις Ἰσραὴλ, καὶ 6 ἐπὶ ταῖς τέσσαρσιν οὐκ ἀποστραφήσομαι αὐτὸν, ἀνθ᾽ ὧν ἀπέδοντο ἀργυρίου δίκαιον, καὶ πένητα ἕνεκεν ὑποδημάτων, τὰ 7 πατοῦντα ἐπὶ τὸν χοῦν τῆς γῆς, καὶ ἐκονδύλιζον εἰς κεφαλὰς πτωχῶν, καὶ ὁδὸν ταπεινῶν ἐξέκλιναν, καὶ υἱὸς καὶ πατὴρ αὐτοῦ εἰσεπορεύοντο πρὸς τὴν αὐτὴν παιδίσκην, ὅπως βεβηλῶσι τὸ ὄνομα τοῦ Θεοῦ αὐτῶν. Καὶ τὰ ἱμάτια αὐτῶν δεσμεύοντες 8 σχοινίοις, παραπετάσματα ἐποίουν ἐχόμενα τοῦ θυσιαστηρίου, καὶ οἶνον ἐκ συκοφαντιῶν ἔπινον ἐν τῷ οἴκῳ τοῦ Θεοῦ αὐτῶν.

Ἐγὼ δὲ ἐξῆρα τὸν Ἀμορραῖον ἐκ προσώπου αὐτῶν, οὗ ἦν, 9 καθὼς ὕψος κέδρου, τὸ ὕψος αὐτοῦ, καὶ ἰσχυρὸς ἦν ὡς δρῦς, καὶ ἐξήρανα τὸν καρπὸν αὐτοῦ ἐπάνωθεν, καὶ τὰς ῥίζας αὐτοῦ ὑποκάτωθεν. Καὶ ἐγὼ ἀνήγαγον ὑμᾶς ἐκ γῆς Αἰγύπτου, καὶ 10 περιήγαγον ὑμᾶς ἐν τῇ ἐρήμῳ τεσσαράκοντα ἔτη, τοῦ κατακληρονομῆσαι τὴν γῆν τῶν Ἀμορραίων. Καὶ ἔλαβον ἐκ τῶν 11 υἱῶν ὑμῶν εἰς προφήτας, καὶ ἐκ τῶν νεανίσκων ὑμῶν εἰς ἁγιασμόν· μὴ οὐκ ἔστι ταῦτα υἱοὶ Ἰσραήλ; λέγει Κύριος. Καὶ 12 ἐποτίζετε τοὺς ἡγιασμένους οἶνον, καὶ τοῖς προφήταις ἐνετέλλεσθε λέγοντες, οὐ μὴ προφητεύσητε.

Διατοῦτο ἰδοὺ ἐγὼ κυλίω ὑποκάτω ὑμῶν, ὃν τρόπον κυλίεται 13 ἡ ἅμαξα ἡ γέμουσα καλάμης. Καὶ ἀπολεῖται φυγὴ ἐκ δρομέως, 14 καὶ ὁ κραταιὸς οὐ μὴ κρατήσῃ τῆς ἰσχύος αὐτοῦ, καὶ ὁ μαχητὴς οὐ μὴ σώσῃ τὴν ψυχὴν αὐτοῦ. Καὶ ὁ τοξότης οὐ μὴ ὑποστῇ 15 καὶ ὁ ὀξὺς τοῖς ποσὶν αὐτοῦ οὐ μὴ διασωθῇ, καὶ ὁ ἱππεὺς οὐ μὴ σώσῃ τὴν ψυχὴν αὐτοῦ, καὶ ὁ κραταιὸς οὐ μὴ εὑρήσει τὴν 16 καρδίαν αὐτοῦ ἐν δυναστείαις, ὁ γυμνὸς διώξεται ἐν ἐκείνῃ τῇ ἡμέρᾳ, λέγει Κύριος.

Ἀκούσατε τὸν λόγον τοῦτον, ὃν ἐλάλησε Κύριος ἐφ᾽ ὑμᾶς, 3 οἶκος Ἰσραὴλ, καὶ κατὰ πάσης φυλῆς, ἧς ἀνήγαγον ἐκ γῆς Αἰγύπτου, λέγων, πλὴν ὑμᾶς ἔγνων ἐκ πασῶν τῶν φυλῶν 2 τῆς γῆς, διατοῦτο ἐκδικήσω ἐφ᾽ ὑμᾶς πάσας τὰς ἁμαρτίας ὑμῶν.

Εἰ πορεύσονται δύο ἐπιτοαυτὸ καθόλου, ἐὰν μὴ γνωρίσωσιν 3 ἑαυτούς; Εἰ ἐρεύξεται λέων ἐκ τοῦ δρυμοῦ αὐτοῦ θήραν οὐκ 4 ἔχων; εἰ δώσει σκύμνος φωνὴν αὐτοῦ ἐκ τῆς μάνδρας αὐτοῦ καθόλου, ἐὰν μὴ ἁρπάσῃ τί; Εἰ πεσεῖται ὄρνεον ἐπὶ τῆς γῆς 5 ἄνευ ἰξευτοῦ; εἰ σχασθήσεται παγὶς ἐπὶ τῆς γῆς ἄνευ τοῦ συλλαβεῖν τί; Εἰ φωνήσει σάλπιγξ ἐν πόλει, καὶ λαὸς οὐ 6 πτοηθήσεται; εἰ ἔσται κακία ἐν πόλει ἣν Κύριος οὐκ ἐποίησε; Διότι οὐ μὴ ποιήσῃ Κύριος ὁ Θεὸς πρᾶγμα ἐὰν μὴ ἀποκα- 7 λύψῃ παιδείαν πρὸς τοὺς δούλους αὐτοῦ τοὺς προφήτας. Λέων 8 ἐρεύξεται, καὶ τίς οὐ φοβηθήσεται; Κύριος ὁ Θεὸς ἐλάλησε, καὶ τίς οὐ προφητεύσει;

Ἀναγγείλατε χώραις ἐν Ἀσσυρίοις, καὶ ἐπὶ τὰς χώρας τῆς 9 Αἰγύπτου, καὶ εἴπατε, συνάχθητε ἐπὶ τὸ ὄρος Σαμαρείας, καὶ ἴδετε θαυμαστὰ πολλὰ ἐν μέσῳ αὐτῆς, καὶ καταδυναστείαν τὴν ἐν αὐτῇ. Καὶ οὐκ ἔγνω ἃ ἔσται ἐναντίον αὐτῆς, λέγει Κύριος, 10 οἱ θησαυρίζοντες ἀδικίαν καὶ ταλαιπωρίαν ἐν ταῖς χώραις αὐτῶν.

β Lit. ʿ the things that tread,ʾ etc. One reading is τῶν πατούντων.   γ Or, afflicted.   δ Gr. wine of false accusations.
ζ Gr. themselves.   θ Gr. shall be before her.

11 Διατοῦτο τάδε λέγει Κύριος ὁ Θεὸς, Τύρος κυκλόθεν ἡ γῆ σου ἐρημωθήσεται, καὶ κατάξει ἐκ σοῦ ἰσχύν σου, καὶ διαρπαγήσον-
12 ται αἱ χῶραί σου. Τάδε λέγει Κύριος, ὃν τρόπον ὅταν ἐκσπάσῃ ὁ ποιμὴν ἐκ στόματος τοῦ λέοντος δύο σκέλη ἢ λοβὸν ὠτίου, οὕτως ἐκσπασθήσονται οἱ υἱοὶ Ἰσραὴλ οἱ κατοικοῦντες ἐν Σαμαρείᾳ κατέναντι τῆς φυλῆς, καὶ ἐν Δαμασκῷ.

13 Ἱερεῖς ἀκούσατε, καὶ ἐπιμαρτύρασθε τῷ οἴκῳ Ἰακὼβ, λέγει
14 Κύριος ὁ Θεὸς ὁ παντοκράτωρ. Διότι ἐν τῇ ἡμέρᾳ ὅταν ἐκδικῶ ἀσεβείας τοῦ Ἰσραὴλ ἐπ' αὐτὸν, καὶ ἐκδικήσω ἐπὶ τὰ θυσιαστήρια Βαιθήλ· καὶ κατασκαφήσεται τὰ κέρατα τοῦ
15 θυσιαστηρίου, καὶ πεσοῦνται ἐπὶ τὴν γῆν. Συγχεῶ καὶ πατάξω τὸν οἶκον τὸν περίπτερον ἐπὶ τὸν οἶκον τὸν θερινόν, καὶ ἀπολοῦνται οἶκοι ἐλεφάντινοι, καὶ προστεθήσονται ἕτεροι οἶκοι πολλοὶ, λέγει Κύριος.

4 Ἀκούσατε τὸν λόγον τοῦτον δαμάλεις τῆς Βασανίτιδος, αἱ ἐν τῷ ὄρει τῆς Σαμαρείας, αἱ καταδυναστεύουσαι πτωχοὺς, καὶ καταπατοῦσαι πένητας, αἱ λέγουσαι τοῖς κυρίοις αὐτῶν, ἐπίδοτε ἡμῖν ὅπως πίωμεν.

2 Ὀμνύει Κύριος κατὰ τῶν ἁγίων αὐτοῦ, διότι ἰδοὺ ἡμέραι ἔρχονται ἐφ' ὑμᾶς, καὶ λήψονται ὑμᾶς ἐν ὅπλοις, καὶ τοὺς μεθ' ὑμῶν εἰς λέβητας ὑποκαιομένους ἐμβαλοῦσιν ἔμπυροι
3 λοιμοὶ, καὶ ἐξενεχθήσεσθε γυμναὶ κατέναντι ἀλλήλων, καὶ ἀπορριφήσεσθε εἰς τὸ ὄρος τὸ Ῥομμὰν, λέγει Κύριος.

4 Εἰσήλθατε εἰς Βαιθὴλ, καὶ ἠσεβήσατε, καὶ εἰς Γάλγαλα ἐπληθύνατε τοῦ ἀσεβῆσαι· καὶ ἠνέγκατε εἰς τοπρωὶ θυσίας
5 ὑμῶν, εἰς τὴν τριημερίαν τὰ ἐπιδέκατα ὑμῶν. Καὶ ἀνέγνωσαν ἔξω νόμον, καὶ ἐπεκαλέσαντο ὁμολογίας· ἀναγγείλατε ὅτι ταῦτα ἠγάπησαν οἱ υἱοὶ Ἰσραὴλ, λέγει Κύριος.

6 Καὶ ἐγὼ δώσω ὑμῖν γομφιασμὸν ὀδόντων ἐν πάσαις ταῖς πόλεσιν ὑμῶν, καὶ ἔνδειαν ἄρτων ἐν πᾶσι τοῖς τόποις ὑμῶν· καὶ
7 οὐκ ἐπεστρέψατε πρός μὲ, λέγει Κύριος. Καὶ ἐγὼ ἀνέσχον ἐξ ὑμῶν τὸν ὑετὸν πρὸ τριῶν μηνῶν τοῦ τρυγητοῦ, καὶ βρέξω ἐπὶ πόλιν μίαν, ἐπὶ δὲ πόλιν μίαν οὐ βρέξω· μερὶς μία βρα-
8 χήσεται, καὶ μερὶς, ἐφ' ἣν οὐ βρέξω, ξηρανθήσεται. Καὶ συναθροισθήσονται δύο καὶ τρεῖς πόλεις εἰς πόλιν μίαν τοῦ πιεῖν ὕδωρ, καὶ οὐ μὴ ἐμπλησθῶσι· καὶ οὐκ ἐπεστράφητε
9 πρὸς μὲ, λέγει Κύριος. Ἐπάταξα ὑμᾶς ἐν πυρώσει, καὶ ἐν ἰκτέρῳ· ἐπληθύνατε κήπους ὑμῶν, ἀμπελῶνας ὑμῶν, καὶ συκεῶνας ὑμῶν· καὶ ἐλαιῶνας ὑμῶν κατέφαγεν ἡ κάμπη· καὶ
10 οὐδ' ὡς ἐπεστρέψατε πρὸς μὲ, λέγει Κύριος. Ἐξαπέστειλα εἰς ὑμᾶς θάνατον ἐν ὁδῷ Αἰγύπτου, καὶ ἀπέκτεινα ἐν ῥομφαίᾳ τοὺς νεανίσκους ὑμῶν, μετὰ αἰχμαλωσίας ἵππων σου, καὶ ἀνήγαγον ἐν πυρὶ τὰς παρεμβολὰς ἐν τῇ ὀργῇ ὑμῶν· καὶ οὐδ' ὡς ἐπ-
11 εστρέψατε πρὸς μὲ, λέγει Κύριος. Κατέστρεψα ὑμᾶς, καθὼς κατέστρεψεν ὁ Θεὸς Σόδομα καὶ Γόμορρα, καὶ ἐγένεσθε ὡς δαλὸς ἐξεσπασμένος ἐκ πυρός· καὶ οὐδ' ὡς ἐπεστρέψατε πρὸς μὲ, λέγει Κύριος.

12 Διατοῦτο οὕτως ποιήσω σοι Ἰσραήλ· πλὴν ὅτι οὕτως

in their countries. [11] Therefore thus saith the Lord God; O Tyre, thy land shall be made desolate round about *thee*; and he shall bring down thy strength out of thee, and thy countries shall be spoiled. [12] Thus saith the Lord; As when a shepherd rescues from the mouth of a lion two legs or a piece of an ear, so shall be drawn forth the children of Israel who dwell in Samaria in the presence of *a foreign* tribe, and in Damascus. [13] Hear, O ye priests, and testify to the house of Jacob, saith the Lord God Almighty. [14] For in the day wherein I shall take vengeance of the sins of Israel upon him, I will also take vengeance on the altars of Bæthel: and the horns of the altar shall be broken down, and they shall fall upon the ground. [15] I will β crush and smite the turreted-house upon the summer-house; and the ivory-houses shall be destroyed, and many other houses also, saith the Lord.

Hear ye this word, ye heifers of the land of Basan that are in the mountain of Samaria, that oppress the poor, and trample on the needy, which say to their masters, Give us that we may drink. [2] The Lord swears by his γ holiness, that, behold, the days come upon you, when they shall take you with weapons, and fiery destroyers shall cast those with you into boiling caldrons. [3] And ye shall be brought forth naked in the presence of each other; and ye shall be cast forth on the mountain Romman, saith the Lord. [4] Ye went into Bæthel, and sinned, and ye multiplied sin at Galgala; and ye brought your meat-offerings in the morning, *and* your tithes every third day. [5] And they read the law without, and called for public professions: proclaim aloud that the children of Israel have loved these things, saith the Lord. [6] And I will give you δ dulness of teeth in all your cities, and want of bread in all your places: yet ye returned not to me, saith the Lord. [7] Also I withheld from you the rain three months before the harvest: and I will rain upon one city, and on another city I will not rain: one part shall be rained upon, and the part on which I shall not rain shall be dried up. [8] And *the inhabitants of* two or three cities shall be gathered to one city to drink water, and they shall not be satisfied: yet ye have not returned to me, saith the Lord. [9] I smote you with parching, and with blight: ye multiplied your gardens, your vineyards, and your fig-grounds, and the cankerworm devoured your olive-yards: yet not *even* thus did ye return to me, saith the Lord. [10] I sent pestilence among you by the way of Egypt, and slew your young men with the sword, together with thy horses that were taken captive; and in ζ my wrath against you I set fire to your camps: yet not even thus did ye return to me, saith the Lord. [11] I overthrew you, as God overthrew Sodoma and Gomorrha, and ye became as a brand plucked out of the fire: yet not even thus did ye return to me, saith the Lord. [12] Therefore thus will I do to thee, O Israel: nay because I will do thus to thee,

---

β Or, confound.   γ Or, holy things.   δ q. d. idleness of teeth.   ζ Lit. in the wrath of you.

prepare to call on thy God, O Israel. ¹³ For, behold, I am he that strengthens the thunder, and creates the wind, and proclaims to men his Christ, forming the morning and the β darkness, and mounting on the high places of the earth, The Lord God Almighty is his name.

Hear ye this word of the Lord, even a lamentation, which I take up against you. The house of Israel is fallen; it shall no more rise. ² The virgin of Israel has fallen upon his land; there is none that shall raise her up. ³ Therefore thus saith the Lord God; The city out of which there went forth a thousand, *in it* there shall be left a hundred, and *in that* out of which there went forth a hundred, there shall be left ten to the house of Israel.

⁴ Wherefore thus saith the Lord to the house of Israel, Seek ye me, and ye shall live. ⁵ But seek not Bæthel, and go not in to Galgala, and cross not over to the Well of the Oath: for Galgala shall surely go into captivity, and Bæthel shall be as that which is not. ⁶ Seek ye the Lord, and ye shall live; lest the house of Joseph blaze as fire, and it devour him, and there shall be none to quench it for the house of Israel.

⁷ *It is he* that executes judgment in the height *above*, and he has established justice on the earth: ⁸ who makes all things, and changes *them*, and turns darkness into the morning, and darkens the day into night: who calls for the water of the sea, and pours it out on the face of the earth: the Lord is his name: ⁹ who dispenses ruin to strength, and brings distress upon the fortress.

¹⁰ They hated him that reproved in the gates, and abhorred holy speech. ¹¹ Therefore because they have smitten the poor with their fists, and ye have received of them choice gifts; ye have built polished houses, but ye shall not dwell in them; ye have planted desirable vineyards, but ye shall not drink the wine of them. ¹² For I know your many transgressions, and your sins are great, trampling on the just, taking bribes, and turning aside *the judgment of* the poor in the gates.

¹³ Therefore the prudent shall be silent at that time; for it is a time γ of evils. ¹⁴ Seek good, and not evil, that ye may live: and so the Lord God Almighty shall be with you, as ye have said, ¹⁵ We have hated evil, and loved good: and restore ye judgment in the gates; that the Lord God Almighty may have mercy on the remnant of Joseph.

¹⁶ Therefore thus saith the Lord God Almighty; In all the streets *shall be* lamentations; and in all the ways shall it be said, Woe, woe! the husbandman shall be called to mourning and lamentation, and to them that are skilled in complaining. ¹⁷ And *there shall be* lamentation in all the ways; because I will pass through the midst of thee, saith the Lord.

¹⁸ Woe to you that desire the day of the Lord! δ what is this day of the Lord to you? whereas it is darkness, and not light. ¹⁹ As if a man should flee from the face of a lion, and a bear should meet him; and he should

ποιήσω σοι, ἑτοιμάζου τοῦ ἐπικαλεῖσθαι τὸν Θεόν σου Ἰσραήλ. Διότι ἰδοὺ ἐγὼ στερεῶν βροντὴν, καὶ κτίζων πνεῦμα, καὶ 13 ἀπαγγέλλων εἰς ἀνθρώπους τὸν χριστὸν αὐτοῦ, ποιῶν ὄρθρον καὶ ὁμίχλην, καὶ ἐπιβαίνων ἐπὶ τὰ ὑψηλὰ τῆς γῆς· Κύριος ὁ Θεὸς ὁ παντοκράτωρ ὄνομα αὐτῷ.

Ἀκούσατε τὸν λόγον Κυρίου τοῦτον, ὃν ἐγὼ λαμβάνω ἐφ᾽ 5 ὑμᾶς, θρῆνον. Οἶκος Ἰσραὴλ ἔπεσεν, οὐκέτι μὴ προσθήσει τοῦ ἀναστῆναι· Παρθένος τοῦ Ἰσραὴλ ἔσφαλεν ἐπὶ τῆς γῆς 2 αὐτοῦ, οὐκ ἔστιν ὁ ἀναστήσω᾽· αὐτήν. Διατοῦτο τάδε λέγει 3 Κύριος Κύριος, ἡ πόλις ἐξ ἧς ἐξεπορεύοντο χίλιοι, ὑπολειφθήσονται ἑκατόν· καὶ ἐξ ἧς ἐξεπορεύοντο ἑκατὸν, ὑπολειφθήσονται δέκα τῷ οἴκῳ Ἰσραήλ.

Διότι τάδε λέγει Κύριος πρὸς τὸν οἶκο. ᾽σαὴλ, ἐκζητήσατέ 4 με, καὶ ζήσεσθε. Καὶ μὴ ἐκζητεῖτε Βαιθὴλ, ᾽. εἰς Γάλγαλα 5 μὴ εἰσπορεύεσθε, καὶ ἐπὶ τὸ φρέαρ τοῦ ὅρκου μὴ διαβαίνετε, ὅτι Γάλγαλα αἰχμαλωτευομένη αἰχμαλωτευθήσεται, καὶ Βαιθὴλ ἔσται ὡς οὐχ ὑπάρχουσα. Ἐκζητήσατε τὸν Κύριον, καὶ 6 ζήσατε, ὅπως μὴ ἀναλάμψῃ ὡς πῦρ ὁ οἶκος Ἰωσὴφ, καὶ καταφάγῃ αὐτὸν, καὶ οὐκ ἔσται ὁ σβέσων τῷ οἴκῳ Ἰσραήλ.

Ὁ ποιῶν εἰς ὕψος κρίμα, καὶ δικαιοσύνην εἰς γῆν ἔθηκεν· 7 ὁ ποιῶν πάντα- καὶ μετασκευάζων, καὶ ἐκτρέπων εἰς τοπρωῒ 8 σκιὰν, καὶ ἡμέραν εἰς νύκτα συσκοτάζων, ὁ προσκαλούμενος τὸ ὕδωρ τῆς θαλάσσης, καὶ ἐκχέων αὐτὸ ἐπὶ πρόσωπον τῆς γῆς· Κύριος ὄνομα αὐτῷ· ὁ διαιρῶν συντριμμὸν ἐπὶ ἰσχὺν, καὶ 9 ταλαιπωρίαν ἐπὶ ὀχύρωμα ἐπάγων.

Ἐμίσησαν ἐν πύλαις ἐλέγχοντα, καὶ λόγον ὅσιον ἐβδελύ- 10 ξαντο. Διατοῦτο ἀνθ᾽ ὧν κατεκονδύλιζον πτωχοὺς, καὶ δῶρα 11 ἐκλεκτὰ ἐδέξασθε παρ᾽ αὐτῶν, οἴκους ξεστοὺς ᾠκοδομήσατε, καὶ οὐ μὴ κατοικήσητε ἐν αὐτοῖς· ἀμπελῶνας ἐπιθυμητοὺς ἐφυτεύσατε, καὶ οὐ μὴ πίητε τὸν οἶνον αὐτῶν. Ὅτι ἔγνων πολλὰς 12 ἀσεβείας ὑμῶν, καὶ ἰσχυραὶ αἱ ἁμαρτίαι ὑμῶν, καταπατοῦντες δίκαιον, λαμβάνοντες ἀλλάγματα, καὶ πένητας ἐν πύλαις ἐκκλίνοντες.

Διατοῦτο ὁ συνιῶν ἐν τῷ καιρῷ ἐκείνῳ σιωπήσεται, ὅτι καιρὸς 13 πονηρῶν ἐστιν. Ἐκζητήσατε τὸ καλὸν, καὶ μὴ πονηρὸν, ὅπως 14 ζήσητε, καὶ ἔσται οὕτως μεθ᾽ ὑμῶν Κύριος ὁ Θεὸς ὁ παντοκράτωρ, ὃν τρόπον εἴπατε, μεμισήκαμεν τὰ πονηρὰ, καὶ ἠγα- 15 πήσαμεν τὰ καλά· καὶ ἀποκαταστήσατε ἐν πύλαις κρίμα, ὅπως ἐλεήσῃ Κύριος ὁ Θεὸς ὁ παντοκράτωρ τοὺς περιλοίπους τοῦ Ἰωσήφ.

Διατοῦτο τάδε λέγει Κύριος ὁ Θεὸς ὁ παντοκράτωρ, ἐν 16 πάσαις ταῖς πλατείαις κοπετὸς, καὶ ἐν πάσαις ταῖς ὁδοῖς ῥηθήσεται, οὐαὶ, οὐαί· κληθήσεται γεωργὸς εἰς πένθος καὶ κοπετὸν, καὶ εἰς εἰδότας θρῆνον. Καὶ ἐν πάσαις ὁδοῖς κοπετὸς, διότι 17 ἐλεύσομαι διὰ μέσου σου, εἶπε Κύριος.

Οὐαὶ οἱ ἐπιθυμοῦντες τὴν ἡμέραν Κυρίου· ἱνατί αὕτη ὑμῖν 18 ἡ ἡμέρα τοῦ Κυρίου; καὶ αὕτη ἐστὶ σκότος καὶ οὐ φῶς. Ὃν 19 τρόπον ἐὰν φύγῃ ἄνθρωπος ἐκ προσώπου τοῦ λέοντος, καὶ ἐμπέσῃ αὐτῷ ἡ ἄρκτος, καὶ εἰσπηδήσῃ εἰς τὸν οἶκον αὐτοῦ, καὶ

β *Gr.* vapour. γ *Or*, of wicked *men*. δ *Lit.* wherefore is this day, etc.

ἀπερείσηται τὰς χεῖρας αὐτοῦ ἐπὶ τὸν τοῖχον, καὶ δάκῃ αὐτὸν
20 ὄφις. Οὐχὶ σκότος ἡ ἡμέρα τοῦ Κυρίου, καὶ οὐ φῶς, καὶ
γνόφος οὐκ ἔχων φέγγος αὐτῇ;

21 Μεμίσηκα, ἀπῶσμαι ἑορτὰς ὑμῶν, καὶ οὐ μὴ ὀσφρανθῶ
22 θυσίας ἐν ταῖς πανηγύρεσιν ὑμῶν. Διότι ἐὰν ἐνέγκητέ μοι
ὁλοκαυτώματα καὶ θυσίας ὑμῶν, οὐ προσδέξομαι, καὶ σωτηρίους
23 ἐπιφανείας ὑμῶν οὐκ ἐπιβλέψομαι. Μετάστησον ἀπ᾽ ἐμοῦ
ἦχον ᾠδῶν σου, καὶ ψαλμὸν ὀργάνων σου οὐκ ἀκούσομαι.
24 Καὶ κυλισθήσεται ὡς ὕδωρ κρίμα, καὶ δικαιοσύνη ὡς χειμάρρους
25 ἄβατος. Μὴ σφάγια καὶ θυσίας προσηνέγκατέ μοι οἶκος
26 Ἰσραὴλ τεσσαράκοντα ἔτη ἐν τῇ ἐρήμῳ; Καὶ ἀνελάβετε τὴν
σκηνὴν τοῦ Μολὸχ, καὶ τὸ ἄστρον τοῦ θεοῦ ὑμῶν Ῥαιφὰν,
27 τοὺς τύπους αὐτῶν οὓς ἐποιήσατε ἑαυτοῖς. Καὶ μετοικιῶ ὑμᾶς
ἐπέκεινα Δαμασκοῦ, λέγει Κύριος· ὁ Θεὸς ὁ παντοκράτωρ
ὄνομα αὐτῷ.

6 Οὐαὶ τοῖς ἐξουθενοῦσι Σιὼν, καὶ τοῖς πεποιθόσιν ἐπὶ τὸ ὄρος
Σαμαρείας, ἀπετρύγησαν ἀρχὰς ἐθνῶν, καὶ εἰσῆλθον αὐτοί·
2 οἶκος τοῦ Ἰσραὴλ διάβητε πάντες καὶ ἴδετε, καὶ διέλθατε ἐκεῖ-
θεν εἰς Ἐματραββὰ, καὶ κατάβητε ἐκεῖθεν εἰς Γὲθ ἀλλοφύλων,
τὰς κρατίστας ἐκ πασῶν τῶν βασιλειῶν τούτων, εἰ πλείονα τὰ
ὅρια αὐτῶν ἐστι τῶν ὑμετέρων ὁρίων.

3 Οἱ ἐρχόμενοι εἰς ἡμέραν κακὴν, οἱ ἐγγίζοντες καὶ ἐφαπτό-
4 μενοι σαββάτων ψευδῶν, οἱ καθεύδοντες ἐπὶ κλινῶν ἐλεφαντί-
νων, καὶ κατασπαταλῶντες ἐπὶ ταῖς στρωμναῖς αὐτῶν, καὶ
ἔσθοντες ἐρίφους ἐκ ποιμνίων, καὶ μοσχάρια ἐκ μέσου βουκο-
5 λίων γαλαθηνὰ, οἱ ἐπικρατοῦντες πρὸς τὴν φωνὴν τῶν ὀργάνων,
6 ὡς ἑστηκότα ἐλογίσαντο, καὶ οὐχ ὡς φεύγοντα, οἱ πίνοντες τὸν
διυλισμένον οἶνον, καὶ τὰ πρῶτα μύρα χριόμενοι, καὶ οὐκ
7 ἔπασχον οὐδὲν ἐπὶ τῇ συντριβῇ Ἰωσήφ. Διὰ τοῦτο νῦν αἰχ-
μάλωτοι ἔσονται ἀπ᾽ ἀρχῆς δυναστῶν, καὶ ἐξαρθήσεται χρεμε-
τισμὸς ἵππων ἐξ Ἐφραΐμ·

8 Ὅτι ὤμοσε Κύριος καθ᾽ ἑαυτοῦ, διότι βδελύσσομαι ἐγὼ
πᾶσαν τὴν ὕβριν Ἰακὼβ, καὶ τὰς χώρας αὐτοῦ μεμίσηκα, καὶ
ἐξαρῶ πόλιν σὺν πᾶσι τοῖς κατοικοῦσιν αὐτήν.

9 Καὶ ἔσται, ἐὰν ὑπολειφθῶσι δέκα ἄνδρες ἐν οἰκίᾳ μιᾷ, καὶ
10 ἀποθανοῦνται, καὶ ὑπολειφθήσονται οἱ κατάλοιποι, καὶ λήψον-
ται οἱ οἰκεῖοι αὐτῶν, καὶ παραβιῶνται τοῦ ἐξενέγκαι τὰ ὀστᾶ
αὐτῶν ἐκ τοῦ οἴκου· καὶ ἐρεῖ τοῖς προεστηκόσι τῆς οἰκίας, εἰ
11 ἔτι ὑπάρχει παρὰ σοί; Καὶ ἐρεῖ, οὐκ ἔτι· καὶ ἐρεῖ, σίγα ἕνεκα
τοῦ μὴ ὀνομάσαι τὸ ὄνομα Κυρίου.

12 Διότι ἰδοὺ Κύριος ἐντέλλεται, καὶ πατάξει τὸν οἶκον τὸν
μέγαν θλάσμασι, καὶ τὸν οἶκον τὸν μικρὸν ῥάγμασιν.

13 Εἰ διώξονται ἐν πέτραις ἵπποι; εἰ παρασιωπήσονται ἐν
θηλείαις; ὅτι ἐξεστρέψατε εἰς θυμὸν κρίμα, καὶ καρπὸν
14 δικαιοσύνης εἰς πικρίαν, οἱ εὐφραινόμενοι ἐπ᾽ οὐδενὶ λόγῳ, οἱ

spring into his house, and lean his hands upon the wall, and a serpent should bite him. [20] Is not the day of the Lord darkness, and not light? and is not this *day* gloom β without brightness?

[21] I hate, I reject your feasts, and I will not smell *your* meat-offerings in your general assemblies. [22] Wherefore if ye should bring me your whole-burnt-sacrifices and meat-offerings, I will not accept *them*: neither will I have respect to your γ grand peace-offerings. [23] Remove from me the sound of thy songs, and I will not hear the music of thine instruments. [24] But let judgment δ roll down as water, and righteousness as an impassable torrent. [25] ζ Have ye offered to me victims and sacrifices, O house of Israel, forty years in the wilderness? [26] Yea, ye took up the tabernacle of Moloch, and the star of your god Ræphan, the images of them which ye made for yourselves. [27] And I will carry you away beyond Damascus, saith the Lord, the Almighty God is his name.

Woe to them that set at nought Sion, and that trust in the mountain of Samaria: they have gathered *the harvest of* the heads of the nations, and they have gone in themselves. [2] O house of Israel, pass by all *of you*, and see; and pass by thence to Ematrabba; and thence descend to Geth of the Philistines, the chief of all these kingdoms, *see* if their coasts are greater than your coasts.

[3] Ye who are approaching the evil day, who are drawing near and adopting false sabbaths; [4] who sleep upon beds of ivory, and live delicately on their couches, and eat kids out of the flocks, and sucking calves out of the midst of the stalls; [5] who θ excel in the sound of musical instruments; they have regarded them as abiding, not as fleeting *pleasures*; [6] who drink strained wine, and anoint themselves with the best ointment: and have suffered nothing on occasion of the calamity of Joseph. [7] Therefore now shall they depart into captivity from the dominion of princes, and the neighing of horses shall be cut off from Ephraim.

[8] For the Lord has sworn by himself, *saying*, Because I abhor all the pride of Jacob, I do also hate his countries, and I will cut off *his* city with all who inhabit it.

[9] And it shall come to pass, if there be ten men left in one house, that they shall die. [10] But λ a remnant shall be left behind, and shall their relations shall take them, and shall strenuously endeavour to carry forth their bones from the house: and one shall say to the heads of the house, Is there yet *any one* else with thee? [11] And he shall say, No one else. And *the other* shall say, Be silent, that thou name not the name of the Lord.

[12] For, behold, the Lord commands, and he will smite the great house with breaches, and the little house with rents.

[13] Will horses run upon rocks? will they refrain from neighing at mares? for ye have turned judgment into poison, and the fruit of righteousness into bitterness: [14] ye who rejoice at μ vanity, who say, Have we not

---

β *Gr.* not having light.   γ See *Heb.*   δ *Gr.* fut.   ζ Acts 7. 42, 43.   θ *Alex.* ἐπικροτοῦντες, 'applauding.'
λ *Gr.* the remaining ones.   μ *Lit.* no word.

possessed horns by our own strength? ¹⁵ For behold, O house of Israel, I will raise up against you a nation, saith the Lord of hosts; and they shall afflict you so that ye shall not enter into Æmath, and as it were *from* the river of the β wilderness.

Thus has the Lord God shewed me; and, behold, a swarm of locusts coming from the east; and, behold, one caterpillar, king Gog. ² And it γ came to pass when he γ had finished devouring the grass of the land, that I said, Lord God, be merciful; who shall raise up Jacob? for he is small in number.' ³ Repent, O Lord, for this. And this shall not be, saith the Lord.

⁴ Thus has the Lord shewed me; and, behold, the Lord called for judgment by fire, and it devoured the great deep, and devoured the Lord's portion. ⁵ Then I said, O Lord, cease, I pray thee: who shall raise up Jacob? for he is small in number. Repent, O Lord, for this. ⁶ This also shall not be, saith the Lord.

⁷ Thus the Lord shewed me; and behold, he stood upon a wall of adamant, and in his hand *was* an adamant. ⁸ And the Lord said to me, What seest thou, Amos? And I said, An adamant. And the Lord said to me, Behold, I appoint an adamant in the midst of my people Israel: I will not pass by them any more. ⁹ And the δ joyful altars shall be abolished, and the sacrifices of Israel shall be ς set aside; and I will rise up against the house of Jeroboam with the sword.

¹⁰ Then Amasias the priest of Bæthel sent to Jeroboam king of Israel, saying, Amos is forming conspiracies against thee in the midst of the house of Israel: the land will be utterly unable to bear all his words. ¹¹ For thus says Amos, Jeroboam shall die by the sword, and Israel shall be led away captive from his land.

¹² And Amasias said to Amos, Go, seer, remove thou into the land of Juda, and live there, and there shalt thou prophesy there: ¹³ but thou shalt no longer prophesy at Bæthel: for it is the king's sanctuary, and it is the royal house.

¹⁴ And Amos answered, and said to Amasias, I was not a prophet, nor the son of a prophet; but I was a herdman, and a gatherer of sycamore fruits. ¹⁵ And the Lord took me from the sheep, and the Lord said to me, Go, and prophesy to my people Israel. ¹⁶ And now hear the word of the Lord: Thou sayest, Prophesy not to Israel, and raise not a tumult against the house of Jacob. ¹⁷ Therefore thus saith the Lord; Thy wife shall be a harlot in the city, and thy sons and thy daughters shall fall by the sword, and thy land shall be measured with the line; and thou shalt die in an unclean land; and Israel shall be led captive out of his land. Thus has the Lord God shewed me.

And behold a fowler's basket. ² And he said, What seest thou, Amos? And I said, A fowler's basket. And the Lord said to me, The end is come upon my people Israel; I will not pass by them any more. ³ And the ceilings of the temple shall howl in that day,

λέγοντες, οὐκ ἐν τῇ ἰσχῦϊ ἡμῶν ἔσχομεν κέρατα; Διότι ἰδοὺ 15 ἐγὼ ἐπεγερῶ ἐφ' ὑμᾶς οἶκος Ἰσραὴλ ἔθνος, λέγει Κύριος τῶν δυνάμεων, καὶ ἐκθλίψουσιν ὑμᾶς τοῦ μὴ εἰσελθεῖν εἰς Αἰμὰθ, καὶ ὡς τοῦ χειμάῤῥου τῶν δυσμῶν.

Οὕτως ἔδειξέ μοι Κύριος ὁ Θεός· καὶ ἰδοὺ ἐπιγονὴ ἀκρίδων 7 ἐρχομένη ἑωθινή, καὶ ἰδοὺ βροῦχος εἷς, Γὼγ ὁ βασιλεύς. Καὶ ἔσται ἐὰν συντελέσῃ τοῦ καταφαγεῖν τὸν χόρτον τῆς γῆς, 2 καὶ εἶπα, Κύριε Κύριε, ἵλεως γενοῦ· τίς ἀναστήσει τὸν Ἰακώβ; ὅτι ὀλιγοστός ἐστι. Μετανόησον Κύριε ἐπὶ τούτῳ. Καὶ τοῦτο 3 οὐκ ἔσται, λέγει Κύριος.

Οὕτως ἔδειξέ μοι Κύριος· καὶ ἰδοὺ ἐκάλεσε τὴν δίκην ἐν πυρὶ 4 Κύριος, καὶ κατέφαγε τὴν ἄβυσσον τὴν πολλὴν, καὶ κατέφαγε τὴν μερίδα Κυρίου. Καὶ εἶπα, Κύριε κόπασον δὴ, τίς ἀνα- 5 στήσει τὸν Ἰακώβ; ὅτι ὀλιγοστός ἐστι. Μετανόησον Κύριε ἐπὶ τούτῳ. Καὶ τοῦτο οὐ μὴ γένηται, λέγει Κύριος. 6

Οὕτως ἔδειξέ μοι Κύριος· καὶ ἰδοὺ ἑστηκὼς ἐπὶ τείχους 7 ἀδαμαντίνου, καὶ ἐν τῇ χειρὶ αὐτοῦ ἀδάμας. Καὶ εἶπε Κύριος 8 πρὸς μὲ, τί σὺ ὁρᾷς Ἀμώς; καὶ εἶπα, ἀδάμαντα· καὶ εἶπε Κύριος πρὸς μὲ, ἰδοὺ ἐγὼ ἐντάσσω ἀδάμαντα ἐν μέσῳ λαοῦ μου Ἰσραήλ, οὐκ ἔτι μὴ προσθῶ τοῦ παρελθεῖν αὐτόν. Καὶ 9 ἀφανισθήσονται βωμοὶ τοῦ γέλωτος, καὶ αἱ τελεταὶ τοῦ Ἰσραὴλ ἐρημωθήσονται, καὶ ἀναστήσομαι ἐπὶ τὸν οἶκον Ἱεροβοὰμ ἐν ῥομφαίᾳ.

Καὶ ἐξαπέστειλεν Ἀμασίας ὁ ἱερεὺς Βαιθὴλ πρὸς Ἱεροβοὰμ 10 βασιλέα Ἰσραὴλ, λέγων, συστροφὰς ποιεῖται κατὰ σοῦ Ἀμὼς ἐν μέσῳ οἴκου Ἰσραήλ, οὐ μὴ δύνηται ἡ γῆ ὑπενεγκεῖν πάντας τοὺς λόγους αὐτοῦ. Διότι τάδε λέγει Ἀμὼς, ἐν ῥομφαίᾳ 11 τελευτήσει Ἱεροβοὰμ, ὁ δὲ Ἰσραὴλ αἰχμάλωτος ἀχθήσεται ἀπὸ τῆς γῆς αὐτοῦ.

Καὶ εἶπεν Ἀμασίας πρὸς Ἀμὼς, ὁ ὁρῶν βάδιζε, ἐκχώρησον 12 σὺ εἰς γῆν Ἰούδα, καὶ ἐκεῖ καταβίου, καὶ ἐκεῖ προφητεύσεις, εἰς δὲ Βαιθὴλ οὐκ ἔτι προσθήσεις τοῦ προφητεῦσαι, ὅτι ἁγίασμα 13 βασιλέως ἐστὶ, καὶ οἶκος βασιλείας ἐστί.

Καὶ ἀπεκρίθη Ἀμὼς καὶ εἶπε πρὸς Ἀμασίαν, οὐκ ἤμην 14 προφήτης ἐγὼ, οὐδὲ υἱὸς προφήτου, ἀλλ' ἢ αἰπόλος ἤμην, καὶ κνίζων συκάμινα· καὶ ἀνέλαβέ με Κύριος ἐκ τῶν προβάτων, 15 καὶ εἶπε Κύριος πρὸς μὲ, βάδιζε, καὶ προφήτευσον ἐπὶ τὸν λαόν μου Ἰσραήλ. Καὶ νῦν ἄκουε λόγον Κυρίου· σὺ λέγεις, 16 μὴ προφήτευε ἐπὶ τὸν Ἰσραὴλ, καὶ οὐ μὴ ὀχλαγωγήσῃς ἐπὶ τὸν οἶκον Ἰακώβ. Διὰ τοῦτο τάδε λέγει Κύριος, ἡ γυνή σου 17 ἐν τῇ πόλει πορνεύσει, καὶ οἱ υἱοί σου καὶ αἱ θυγατέρες σου ἐν ῥομφαίᾳ πεσοῦνται, καὶ ἡ γῆ σου ἐν σχοινίῳ καταμετρηθή- σεται, καὶ σὺ ἐν γῇ ἀκαθάρτῳ τελευτήσεις, ὁ δὲ Ἰσραὴλ αἰχμάλωτος ἀχθήσεται ἀπὸ τῆς γῆς αὐτοῦ· οὕτως ἔδειξέ μοι Κύριος Κύριος.

Καὶ ἰδοὺ ἄγγος ἰξευτοῦ. Καὶ εἶπε, τί σὺ βλέπεις Ἀμώς; 8 καὶ εἶπα, ἄγγος ἰξευτοῦ· καὶ εἶπε Κύριος πρὸς μὲ, ἥκει τὸ 2 πέρας ἐπὶ τὸν λαόν μου Ἰσραήλ, οὐ προσθήσω ἔτι τοῦ παρελ- θεῖν αὐτόν. Καὶ ὀλολύξει τὰ φατνώματα τοῦ ναοῦ ἐν τῇ 3

β *Gr.* sunsets. γ *Gr.* fut. δ *Gr.* altars of laughter. ζ *Gr.* made desolate.

ἡμέρᾳ ἐκείνῃ, λέγει Κύριος Κύριος· πολὺς ὁ πεπτωκὼς ἐν παντὶ τόπῳ, ἐπιρρίψω σιωπήν.

4 Ἀκούσατε δὴ ταῦτα οἱ ἐκτρίβοντες εἰς τοπρωὶ πένητα, καὶ
5 καταδυναστεύοντες πτωχοὺς ἀπὸ τῆς γῆς, λέγοντες, πότε διελεύσεται ὁ μὴν, καὶ ἐμπολήσομεν, καὶ τὰ σάββατα, καὶ ἀνοίξομεν θησαυρὸν τοῦ ποιῆσαι μέτρον μικρὸν, καὶ τοῦ μεγαλῦναι
6 στάθμιον, καὶ ποιῆσαι ζυγὸν ἄδικον, τοῦ κτᾶσθαι ἐν ἀργυρίῳ καὶ πτωχοὺς, καὶ πένητα ἀντὶ ὑποδημάτων, καὶ ἀπὸ παντὸς
7 γεννήματος ἐμπορευσόμεθα. Ὀμνύει Κύριος κατὰ τῆς ὑπερηφανίας Ἰακὼβ, εἰ ἐπιλησθήσεται εἰς νῖκος πάντα τὰ ἔργα ὑμῶν.
8 Καὶ ἐπὶ τούτοις οὐ ταραχθήσεται ἡ γῆ, καὶ πενθήσει πᾶς ὁ κατοικῶν ἐν αὐτῇ; καὶ ἀναβήσεται ὡς ποταμὸς συντέλεια, καὶ καταβήσεται ὡς ποταμὸς Αἰγύπτου.

9 Καὶ ἔσται ἐν τῇ ἡμέρᾳ ἐκείνῃ, λέγει Κύριος Κύριος, δύσεται ὁ ἥλιος μεσημβρίας, καὶ συσκοτάσει ἐπὶ τῆς γῆς ἐν
10 ἡμέρᾳ τὸ φῶς, καὶ μεταστρέψω τὰς ἑορτὰς ὑμῶν εἰς πένθος, καὶ πάσας τὰς ᾠδὰς ὑμῶν εἰς θρῆνον, καὶ ἀναβιβῶ ἐπὶ πᾶσαν ὀσφὺν σάκκον, καὶ ἐπὶ πᾶσαν κεφαλὴν φαλάκρωμα· καὶ θήσομαι αὐτὸν ὡς πένθος ἀγαπητοῦ, καὶ τοὺς μετ᾽ αὐτοῦ ὡς ἡμέραν ὀδύνης.

11 Ἰδοὺ ἡμέραι ἔρχονται, λέγει Κύριος, καὶ ἐξαποστελῶ λιμὸν ἐπὶ τὴν γῆν, οὐ λιμὸν ἄρτων, οὐδὲ δίψαν ὕδατος, ἀλλὰ λιμὸν
12 τοῦ ἀκοῦσαι τὸν λόγον Κυρίου. Καὶ σαλευθήσονται ὕδατα ἀπὸ τῆς θαλάσσης ἕως θαλάσσης, καὶ ἀπὸ Βορρᾶ ἕως ἀνατολῶν περιδραμοῦνται ζητοῦντες τὸν λόγον τοῦ Κυρίου, καὶ οὐ
13 μὴ εὕρωσιν. Ἐν τῇ ἡμέρᾳ ἐκείνῃ ἐκλείψουσιν αἱ παρθένοι
14 αἱ καλαὶ, καὶ οἱ νεανίσκοι ἐν δίψει, οἱ ὀμνύοντες κατὰ τοῦ ἱλασμοῦ Σαμαρείας, καὶ οἱ λέγοντες, ζῇ ὁ θεός σου Δὰν, καὶ ζῇ ὁ θεός σου Βηρσαβεέ· καὶ πεσοῦνται, καὶ οὐ μὴ ἀναστῶσιν ἔτι.

9 Εἶδον τὸν Κύριον ἐφεστῶτα ἐπὶ τοῦ θυσιαστηρίου, καὶ εἶπε,

Πάταξον ἐπὶ τὸ ἱλαστήριον, καὶ σεισθήσεται τὰ πρόπυλα, καὶ διάκοψον εἰς κεφαλὰς πάντων· καὶ τοὺς καταλοίπους αὐτῶν ἐν ῥομφαίᾳ ἀποκτενῶ, οὐ μὴ διαφύγῃ ἐξ αὐτῶν φεύγων,
2 καὶ οὐ μὴ διασωθῇ ἐξ αὐτῶν ἀνασωζόμενος. Ἐὰν κατακρυβῶσιν εἰς ᾅδου, ἐκεῖθεν ἡ χείρ μου ἀνασπάσει αὐτούς· καὶ ἐὰν
3 ἀναβῶσιν εἰς τὸν οὐρανὸν, ἐκεῖθεν κατάξω αὐτούς. Ἐὰν ἐγκατακρυβῶσιν εἰς τὴν κορυφὴν τοῦ Καρμήλου, ἐκεῖθεν ἐξερευνήσω, καὶ λήψομαι αὐτούς· καὶ ἐὰν καταδύσωσιν ἐξ ὀφθαλμῶν μου εἰς τὰ βάθη τῆς θαλάσσης, ἐκεῖ ἐντελοῦμαι τῷ
4 δράκοντι, καὶ δήξεται αὐτούς. Καὶ ἐὰν πορευθῶσιν ἐν αἰχμαλωσίᾳ πρὸ προσώπου τῶν ἐχθρῶν αὐτῶν, ἐκεῖ ἐντελοῦμαι τῇ ῥομφαίᾳ, καὶ ἀποκτενεῖ αὐτούς· καὶ στηριῶ τοὺς ὀφθαλμούς μου ἐπ᾽ αὐτοὺς εἰς κακὰ, καὶ οὐκ εἰς ἀγαθά.

5 Καὶ Κύριος Κύριος ὁ Θεὸς ὁ παντοκράτωρ, ὁ ἐφαπτόμενος τῆς γῆς, καὶ σαλεύων αὐτὴν, καὶ πενθήσουσι πάντες οἱ κατοικοῦντες αὐτὴν, καὶ ἀναβήσεται ὡς ποταμὸς συντέλεια αὐτῆς,
6 καὶ καταβήσεται ὡς ποταμὸς Αἰγύπτου. Ὁ οἰκοδομῶν εἰς

saith the Lord God: *there shall be* many a fallen one in every place; I will bring silence upon *them*.

[4] Hear now this, ye that [β]oppress the poor in the morning, and drive the needy ones by tyranny from the earth, [5]saying, When will the month pass away, [γ]and we shall sell, and the sabbath, and we shall open the treasure, to make the measure small, and to enlarge the weight, and make the balance unfair? [6] That we may buy the poor for silver, and the needy for shoes; and we will trade in every kind of fruit. [7] The Lord swears against the pride of Jacob, None of your works shall ever be forgotten. [8]And shall not the land be troubled for these things, and shall not every one who dwells in it mourn? whereas destruction shall come up as a river, and shall descend as the river of Egypt.

[9]And it shall come to pass in that day, saith the Lord God, *that* the sun shall go down at noon, and the light shall be darkened on the earth by day: [10]and I will turn your feasts into mourning, and all your songs into lamentation; and I will bring up sackcloth on all loins, and baldness on every head; and I will make [δ] them as the mourning of a beloved *friend*, and those with [δ] them as a day of grief.

[11] Behold, the days come, saith the Lord, that I will send forth a famine on the land, not a famine of bread, nor a thirst for water, but a famine of hearing the word of the Lord. [12] And the waters shall be troubled from sea to sea, and from the north to the east shall *men* run hither and thither, seeking the word of the Lord, and they shall not find *it*. [13] In that day shall the fair virgins and the young men faint for thirst; [14] they who swear by the propitiation of Samaria, and who say, Thy god, O Dan, lives; and, Thy god, O Bersabee, lives; and they shall fall, and shall no more rise again.

I saw the Lord standing on the altar: and he said,

Smite the [ζ]mercy-seat, and the [θ] porch shall be shaken: and cut through into the heads of all; and I will slay the remnant of them with the sword: no one of them fleeing shall escape, and no one of them striving to save himself shall be delivered. [2]Though they hide themselves in hell, thence shall my hand drag them forth; and though they go up to heaven, thence will I bring them down. [3] If they hide themselves in the top of Carmel, thence will I search *them* out and take them; and if they should go down from my [λ] presence into the depths of the sea, there will I command the serpent, and he shall bite them. [4] And if they should go into captivity before the face of their enemies, there will I command the sword, and it shall slay them: and I will set mine eyes against them for evil, and not for good.

[5]And the Lord, the Lord God Almighty, *is he* that takes hold of the land, and causes it to shake, and all that inhabit it shall mourn; and its destruction shall go up as a river, and shall descend as the river of Egypt. [6] *It is he* that builds his ascent up

---

β *Gr.* wear away.　　γ *Or*, that we may, etc.　　δ *Gr.* him, *or* it.　　ζ *Alex.* altar.　　θ *Gr.* plural.　　λ *Gr.* eyes.

to the sky, and establishes his promise on the earth; who calls the water of the sea, and pours it out on the face of the earth; the Lord Almighty is his name.

7 Are not ye to me as the sons of the Ethiopians, O children of Israel? saith the Lord. Did I not bring Israel up out of the land of Egypt, and the Philistines from Cappadocia, and the Syrians out of the β deep? 8 Behold, the eyes of the Lord God are upon the kingdom of sinners, and I will cut it off from the face of the earth; only I will not utterly cut off the house of Jacob, saith the Lord. 9 For I *will* give commandment, and sift the house of Israel among all the Gentiles, as *corn* is sifted in a sieve, and *yet* γa fragment shall not in any wise fall upon the earth. 10 All the sinners of my people shall die by the sword, who say, Calamities shall certainly not draw near, nor come upon us.

11 δ In that day I will raise up the tabernacle of David that is fallen, and will rebuild the ruins of it, and will set up the parts thereof that have been broken down, and will build it up ζas in the ancient days: 12 that the remnant of men, and all the Gentiles upon whom my name is called, may earnestly seek *me*, saith the Lord who does all these things.

13 Behold, the days come, saith the Lord, when the harvest shall overtake the vintage, and the grapes shall ripen at seedtime; and the mountains shall drop sweet wine, and all the hills shall be planted. 14 And I will turn the captivity of my people Israel, and they shall rebuild the ruined cities, and shall inhabit *them*; and they shall plant vineyards, and shall drink the wine from them; and they shall form gardens, and eat the fruit of them. 15 And I will plant them on their land, and they shall no more be plucked up from the land which I have given them, saith the Lord God Almighty.

τὸν οὐρανὸν ἀνάβασιν αὐτοῦ, καὶ τὴν ἐπαγγελίαν αὐτοῦ ἐπὶ τῆς γῆς θεμελιῶν, ὁ προσκαλούμενος τὸ ὕδωρ τῆς θαλάσσης, καὶ ἐκχέων αὐτὸ ἐπὶ πρόσωπον τῆς γῆς· Κύριος παντοκράτωρ ὄνομα αὐτῷ.

Οὐχ ὡς υἱοὶ Αἰθιόπων ὑμεῖς ἐστε ἐμοί, υἱοὶ Ἰσραήλ; λέγει 7 Κύριος· οὐ τὸν Ἰσραὴλ ἀνήγαγον ἐκ γῆς Αἰγύπτου, καὶ τοὺς ἀλλοφύλους ἐκ Καππαδοκίας, καὶ τοὺς Σύρους ἐκ βόθρου; Ἰδοὺ οἱ ὀφθαλμοὶ Κυρίου τοῦ Θεοῦ ἐπὶ τὴν βασιλείαν τῶν 8 ἁμαρτωλῶν, καὶ ἐξαρῶ αὐτὴν ἀπὸ προσώπου τῆς γῆς· πλὴν ὅτι οὐκ εἰς τέλος ἐξαρῶ τὸν οἶκον Ἰακώβ, λέγει Κύριος. Διότι ἐγὼ ἐντέλλομαι, καὶ λικμήσω ἐν πᾶσι τοῖς ἔθνεσι τὸν 9 οἶκον Ἰσραήλ, ὃν τρόπον λικμᾶται ἐν τῷ λικμῷ, καὶ οὐ μὴ πέσῃ σύντριμμα ἐπὶ τὴν γῆν. Ἐν ῥομφαίᾳ τελευτήσουσι 10 πάντες ἁμαρτωλοὶ λαοῦ μου, οἱ λέγοντες, οὐ μὴ ἐγγίσῃ, οὐδὲ μὴ γένηται ἐφ᾽ ἡμᾶς» τὰ κακά.

Ἐν τῇ ἡμέρᾳ ἐκείνῃ ἀναστήσω τὴν σκηνὴν Δαυὶδ τὴν 11 πεπτωκυῖαν, καὶ ἀνοικοδομήσω τὰ πεπτωκότα αὐτῆς, καὶ τὰ κατεσκαμμένα αὐτῆς ἀναστήσω, καὶ ἀνοικοδομήσω αὐτὴν καθὼς αἱ ἡμέραι τοῦ αἰῶνος. Ὅπως ἐκζητήσωσιν οἱ κατά- 12 λοιποι τῶν ἀνθρώπων καὶ πάντα τὰ ἔθνη, ἐφ᾽ οὓς ἐπικέκληται τὸ ὄνομά μου ἐπ᾽ αὐτούς, λέγει Κύριος ὁ ποιῶν πάντα ταῦτα.

Ἰδοὺ ἡμέραι ἔρχονται, λέγει Κύριος, καὶ καταλήψεται 13 ὁ ἀμητὸς τὸν τρυγητόν, καὶ περκάσει ἡ σταφυλὴ ἐν τῷ σπόρῳ, καὶ ἀποσταλάξει τὰ ὄρη γλυκασμόν, καὶ πάντες οἱ βουνοὶ σύμφυτοι ἔσονται. Καὶ ἐπιστρέψω τὴν αἰχμαλωσίαν τοῦ λαοῦ 14 μου Ἰσραήλ, καὶ οἰκοδομήσουσι πόλεις τὰς ἠφανισμένας, καὶ κατοικήσουσι, καὶ φυτεύσουσιν ἀμπελῶνας, καὶ πίονται τὸν οἶνον αὐτῶν, καὶ ποιήσουσι κήπους, καὶ φάγονται τὸν καρπὸν αὐτῶν. Καὶ καταφυτεύσω αὐτοὺς ἐπὶ τῆς γῆς αὐτῶν, καὶ οὐ 15 μὴ ἐκσπασθῶσιν οὐκέτι ἀπὸ τῆς γῆς, ἧς ἔδωκα αὐτοῖς, λέγει Κύριος ὁ Θεὸς παντοκράτωρ.

ΟΒΔΙΟΥ. Ε΄.

The vision of Obdias. Thus saith the Lord God to Idumea; I have heard a report from the Lord, and he has sent forth a message to the nations.
2 Arise ye, and let us rise up against her to war. 3 Behold, I have made thee small among the Gentiles: thou art greatly dishonoured. The pride of thine heart has elated thee, dwelling *as thou dost* in the holes of the rocks, *as one that* exalts his habitation, saying in his heart, Who will

ΟΡΑΣΙΣ Ὀβδίου. Τάδε λέγει Κύριος ὁ Θεὸς τῇ Ἰδουμαίᾳ, ἀκοὴν ἤκουσα παρὰ Κυρίου, καὶ περιοχὴν εἰς τὰ ἔθνη ἐξαπέστειλεν· ἀνάστητε, καὶ ἐξαναστῶμεν ἐπ᾽ αὐτὴν εἰς πόλεμον.

Ἰδοὺ ὀλιγοστὸν δέδωκά σε ἐν τοῖς ἔθνεσιν, ἠτιμωμένος εἶ 2 σὺ σφόδρα. Ὑπερηφανία τῆς καρδίας σου ἐπῆρέ σε κατα- 3 σκηνοῦντα ἐν ταῖς ὀπαῖς τῶν πετρῶν· ὑψῶν κατοικίαν αὐτοῦ,

---

β *Gr.* ditch.   γ *Or*, particle.   δ Acts 15. 16, 17.   ζ *Gr.* as the days of the age.

4 λέγων ἐν καρδίᾳ αὐτοῦ, τίς κατάξει με ἐπὶ τὴν γῆν; Ἐὰν
μετεωρισθῇς, ὡς ἀετὸς, καὶ ἐὰν ἀναμέσον τῶν ἄστρων θῇς
5 νοσσιάν σου, ἐκεῖθεν κατάξω σε, λέγει Κύριος. Εἰ κλέπται
εἰσῆλθον πρὸς σὲ, ἢ λῃσταὶ νυκτὸς, ποῦ ἂν ἀπερρίφης; οὐκ
ἂν ἔκλεψαν τὰ ἱκανὰ ἑαυτοῖς; καὶ εἰ τρυγηταὶ εἰσῆλθον πρὸς
σὲ, οὐκ ἂν ἐπελείποντο ἐπιφυλλίδα;

6 Πῶς ἐξηρευνήθη Ἡσαῦ, καὶ κατελήφθη τὰ κεκρυμμένα
7 αὐτοῦ; Ἕως τῶν ὁρίων ἐξαπέστειλάν σε· πάντες οἱ ἄνδρες
τῆς διαθήκης σου ἀντέστησάν σοι, ἠδυνάσθησαν πρὸς σὲ ἄνδρες
εἰρηνικοί σου, ἔθηκαν ἔνεδρα ὑποκάτω σου, οὐκ ἔστι σύνεσις
αὐτοῖς.

8 Ἐν τῇ ἡμέρᾳ ἐκείνῃ, λέγει Κύριος, ἀπολῶ σοφοὺς ἐκ τῆς
9 Ἰδουμαίας, καὶ σύνεσιν ἐξ ὄρους Ἡσαῦ. Καὶ πτοηθήσονται
οἱ μαχηταί σου οἱ ἐκ Θαιμὰν, ὅπως ἐξαρθῇ ἄνθρωπος ἐξ ὄρους
10 Ἡσαῦ. Διὰ τὴν σφαγὴν, καὶ τὴν ἀσέβειαν ἀδελφοῦ σου
11 Ἰακὼβ, καλύψει σε αἰσχύνη, καὶ ἐξαρθήσῃ εἰς τὸν αἰῶνα. Ἀφ᾿
ἧς ἡμέρας ἀντέστης ἐξεναντίας, ἐν ἡμέραις αἰχμαλωτευόντων
ἀλλογενῶν δύναμιν αὐτοῦ, καὶ ἀλλότριοι εἰσῆλθον εἰς πύλας
αὐτοῦ, καὶ ἐπὶ Ἱερουσαλὴμ ἔβαλον κλήρους, καὶ σὺ ἦς ὡς εἷς
ἐξ αὐτῶν.

12 Καὶ μὴ ἐπίδῃς ἡμέραν ἀδελφοῦ σου ἐν ἡμέρᾳ ἀλλοτρίων, καὶ
μὴ ἐπιχαρῇς ἐπὶ τοὺς υἱοὺς Ἰούδα ἐν ἡμέρᾳ ἀπωλείας αὐτῶν,
13 καὶ μὴ μεγαλορρημονῇς ἐν ἡμέρᾳ θλίψεως, μηδὲ εἰσέλθῃς εἰς
πύλας λαῶν ἐν ἡμέρᾳ πόνων αὐτῶν, μηδὲ ἐπίδῃς καὶ σὺ τὴν
συναγωγὴν αὐτῶν ἐν ἡμέρᾳ ὀλέθρου αὐτῶν, καὶ μὴ συν-
14 επιθῇ ἐπὶ τὴν δύναμιν αὐτῶν ἐν ἡμέρᾳ ἀπωλείας αὐτῶν, μηδὲ
ἐπιστῇς ἐπὶ τὰς διεκβολὰς αὐτῶν, ἐξολοθρεῦσαι τοὺς ἀνασω-
ζομένους αὐτῶν, μηδὲ συγκλείσῃς τοὺς φεύγοντας αὐτοῦ ἐν
ἡμέρᾳ θλίψεως.

15 Διότι ἐγγὺς ἡμέρα Κυρίου ἐπὶ πάντα τὰ ἔθνη· ὃν τρόπον
ἐποίησας, οὕτως ἔσται σοι· τὸ ἀνταπόδομά σου ἀνταποδοθή-
16 σεται εἰς κεφαλήν σου. Διότι ὃν τρόπον ἔπιες ἐπὶ τὸ ὄρος τὸ
ἅγιόν μου, πίονται πάντα τὰ ἔθνη οἶνον, πίονται καὶ καταβή-
σονται, καὶ ἔσονται καθὼς οὐχ ὑπάρχοντες.

17 Ἐν δὲ τῷ ὄρει Σιὼν ἔσται σωτηρία, καὶ ἔσται ἅγιον· καὶ
κατακληρονομήσουσιν ὁ οἶκος Ἰακὼβ τοὺς κατακληρονομήσαν-
18 τας αὐτούς. Καὶ ἔσται ὁ οἶκος Ἰακὼβ πῦρ, ὁ δὲ οἶκος Ἰωσὴφ
φλόξ, ὁ δὲ οἶκος Ἡσαῦ εἰς καλάμην, καὶ ἐκκαυθήσονται εἰς
αὐτοὺς, καὶ καταφάγονται αὐτοὺς, καὶ οὐκ ἔσται πυροφόρος τῷ
19 οἴκῳ Ἡσαῦ, διότι Κύριος ἐλάλησε. Καὶ κατακληρονομήσου-
σιν οἱ ἐν ναγὲβ τὸ ὄρος τὸ Ἡσαῦ, καὶ οἱ ἐν τῇ σεφηλὰ τοὺς
ἀλλοφύλους· καὶ κατακληρονομήσουσι τὸ ὄρος Ἐφραὶμ, καὶ τὸ
πεδίον Σαμαρείας, καὶ Βενιαμὶν, καὶ τὴν Γαλααδῖτιν.

20 Καὶ τῆς μετοικεσίας ἡ ἀρχὴ αὕτη τοῖς υἱοῖς Ἰσραὴλ, γῆ τῶν

bring me down to the ground? ⁴ If thou
shouldest mount up as the eagle, and if thou
shouldest make thy nest among the stars,
thence will I bring thee down, saith the Lord.
⁵ If thieves came in to thee, or robbers by
night, where wouldest thou have been cast
away? would they not have stolen *just* enough
for themselves? and if grape-gatherers went
in to thee, would they not leave a gleaning?

⁶ How has Esau been searched out, and
how have his hidden things been detected?
⁷ They sent thee to thy coasts: all the men
of thy covenant have withstood thee; thine
allies have prevailed against thee, they have
set snares under thee: they have no under-
standing.

⁸ In that day, saith the Lord, I will de-
stroy the wise men out of Idumea, and
understanding out of the mount of Esau.
⁹ And thy warriors from Thæman shall be
dismayed, to the end that man may be cut
off from the mount of Esau. ¹⁰ Because of
the slaughter and the sin *committed against*
thy brother Jacob, shame shall cover thee,
and thou shalt be cut off for ever. ¹¹ From
the day that thou stoodest in opposition *to
him*, in the days when foreigners were taking
captive his forces, and strangers entered
into his gates, and cast lots on Jerusalem,
thou also wast as one of them.

¹² And βthou shouldest not have looked
on the day of thy brother in the day of
strangers; nor shouldest thou have rejoiced
against the children of Juda in the day
of their destruction; neither shouldest
thou have boasted in the day of *their*
affliction. ¹³ Neither shouldest thou have
gone into the gates of the people in the day
of their troubles; nor yet shouldest thou
have looked upon their gathering in the day
of their destruction, nor shouldest thou
have attacked their host in the day of their
perishing. ¹⁴ Neither shouldest thou have
stood at the opening of their passages, to
destroy utterly those of them that were
escaping; neither shouldest thou have shut
up his fugitives in the day of affliction.

¹⁵ For the day of the Lord is near upon
all the Gentiles: as thou hast done, so shall
it be *done* to thee: thy recompense shall be
returned on thine own head. ¹⁶ For as thou
hast drunk upon my holy mountain, *so* shall
all the nations drink wine; they shall drink,
and go down, and be as if they were not.

¹⁷ But on mount Sion there shall be de-
liverance, and there shall be a sanctuary;
and the house of Jacob shall take for an
inheritance those that took them for an
inheritance. ¹⁸ And the house of Jacob
shall be fire, and the house of Joseph a
flame, and the house of Esau *shall be* for
stubble; and *Israel* shall flame forth against
them, and shall devour them, and there
shall not be a corn-field *left* to the house of
Esau; because the Lord has spoken. ¹⁹ And
they *that dwell* in the γsouth shall inherit
the mount of Esau, and they in the γplain
the Philistines: and they shall inherit the
mount of Ephraim, and the plain of Sama-
ria, and Benjamin, and the land of Galaad.
²⁰ And this *shall be* the domain of the
captivity of the children of Israel, the land

β *Or*, look not thou, etc.   γ The *Gr.* is the Hebrew word.

of the Chananites as far as Sarepta; and the captives of Jerusalem *shall inherit* as far as Ephratha; they shall inherit the cities of the south.

²¹ And they that escape shall come up from mount Sion, to take vengeance on the mount of Esau; and the kingdom shall be the Lord's.

Χαναναίων ἕως Σαρεπτῶν· καὶ ἡ μετοικεσία Ἱερουσαλὴμ ἕως Ἐφραθά· κληρονομήσουσι τὰς πόλεις τοῦ ναγέβ.

Καὶ ἀναβήσονται ἀνασωζόμενοι ἐξ ὄρους Σιὼν, τοῦ ἐκδικῆσαι 21 τὸ ὄρος Ἡσαῦ, καὶ ἔσται τῷ Κυρίῳ ἡ βασιλεία.

ΙΩΝΑΣ. ϛ′.

Now the word of the Lord came to Jonas the son of Amathi, saying, ² Rise, and go to Nineve, the great city, and preach in it; for the cry of its wickedness is come up to me. ³ But Jonas rose up to flee to Tharsis from the presence of the Lord. And he went down to Joppa, and found a ship going to Tharsis: and he paid his fare, and went up into it, to sail with them to Tharsis from the presence of the Lord.

⁴ And the Lord raised up a wind on the sea; and there was a great storm on the sea, and the ship was in danger of being broken. ⁵ And the sailors were alarmed, and cried every one to his god, and cast out the wares that were in the ship into the sea, that it might be lightened of them. But Jonas was gone down into the βhold of the ship, and was asleep, and snored.

⁶ And the shipmaster came to him, and said to him, Why snorest thou? arise, and call upon thy God, that God may save us, and we perish not. ⁷ And each man said to his neighbour, Come, let us cast lots, and find out for whose sake this mischief is upon us. So they cast lots, and the lot fell upon Jonas.

⁸ And they said to him, Tell us γ what is thine occupation, and whence comest thou, and of what country and what people art thou? ⁹ And he said to them, I am a servant of the Lord; and I worship the Lord God of heaven, who made the sea, and the dry *land*. ¹⁰ Then the men feared exceedingly, and said to him, What is this *that* thou hast done? for the men knew that he was fleeing from the face of the Lord, because he had told them. ¹¹ And they said to him, What shall we do to thee, that the sea may be calm to us? for the sea δrose,

ΚΑΙ ἐγένετο λόγος Κυρίου πρὸς Ἰωνᾶν τὸν τοῦ Ἀμαθὶ, λέγων, ἀνάστηθι, καὶ πορεύθητι εἰς Νινευὴ τὴν πόλιν τὴν μεγάλην, 2 καὶ κήρυξον ἐν αὐτῇ, ὅτι ἀνέβη ἡ κραυγὴ τῆς κακίας αὐτῆς πρός με. Καὶ ἀνέστη Ἰωνᾶς τοῦ φυγεῖν εἰς Θαρσὶς ἐκ 3 προσώπου Κυρίου· καὶ κατέβη εἰς Ἰόππην, καὶ εὗρε πλοῖον βαδίζον εἰς Θαρσὶς, καὶ ἔδωκε τὸ ναῦλον αὐτοῦ, καὶ ἀνέβη εἰς αὐτὸ, τοῦ πλεῦσαι μετ᾽ αὐτῶν εἰς Θαρσὶς ἐκ προσώπου Κυρίου.

Καὶ Κύριος ἐξήγειρε πνεῦμα ἐπὶ τὴν θάλασσαν, καὶ ἐγένετο 4 κλύδων μέγας ἐν τῇ θαλάσσῃ, καὶ τὸ πλοῖον ἐκινδύνευε τοῦ συντριβῆναι. Καὶ ἐφοβήθησαν οἱ ναυτικοὶ, καὶ ἀνεβόησαν 5 ἕκαστος πρὸς τὸν θεὸν αὐτοῦ, καὶ ἐκβολὴν ἐποιήσαντο τῶν σκευῶν τῶν ἐν τῷ πλοίῳ εἰς τὴν θάλασσαν, τοῦ κουφισθῆναι ἀπ᾽ αὐτῶν· Ἰωνᾶς δὲ κατέβη εἰς τὴν κοίλην τοῦ πλοίου, καὶ ἐκάθευδε, καὶ ἔρεγχε.

Καὶ προσῆλθε πρὸς αὐτὸν ὁ πρωρεὺς, καὶ εἶπεν αὐτῷ, τί 6 σὺ ῥέγχεις; ἀνάστα, καὶ ἐπικαλοῦ τὸν Θεόν σου, ὅπως διασώσῃ ὁ Θεὸς ἡμᾶς, καὶ οὐ μὴ ἀπολώμεθα. Καὶ εἶπεν ἕκαστος πρὸς 7 τὸν πλησίον αὐτοῦ, δεῦτε βάλωμεν κλήρους, καὶ ἐπιγνῶμεν, τίνος ἕνεκεν ἡ κακία αὕτη ἐστὶν ἐν ἡμῖν· καὶ ἔβαλον κλήρους, καὶ ἔπεσεν ὁ κλῆρος ἐπὶ Ἰωνᾶν.

Καὶ εἶπον πρὸς αὐτὸν, ἀπάγγειλον ἡμῖν, τίς σου ἡ ἐργασία 8 ἐστὶ, καὶ πόθεν ἔρχῃ, καὶ ἐκ ποίας χώρας, καὶ ἐκ ποίου λαοῦ εἶ σύ; Καὶ εἶπε πρὸς αὐτοὺς, δοῦλος Κυρίου εἰμὶ ἐγὼ, καὶ 9 τὸν Κύριον Θεὸν τοῦ οὐρανοῦ ἐγὼ σέβομαι, ὃς ἐποίησε τὴν θάλασσαν καὶ τὴν ξηράν. Καὶ ἐφοβήθησαν οἱ ἄνδρες φόβον 10 μέγαν, καὶ εἶπον πρὸς αὐτὸν, τί τοῦτο ἐποίησας; διότι ἔγνωσαν οἱ ἄνδρες ὅτι ἐκ προσώπου Κυρίου ἦν φεύγων, ὅτι ἀπήγγειλεν αὐτοῖς· καὶ εἶπον πρὸς αὐτὸν, τί ποιήσομέν σοι, καὶ κοπάσει 11 ἡ θάλασσα ἀφ᾽ ἡμῶν; ὅτι ἡ θάλασσα ἐπορεύετο καὶ ἐξήγειρε

β *Lit.* hollow.　　γ *Alex.* + 'for whose cause this evil is upon us.'　　δ *Gr.* went.

12 μᾶλλον κλύδωνα. Καὶ εἶπεν Ἰωνᾶς πρὸς αὐτούς, ἄρατέ με, καὶ ἐμβάλετέ με εἰς τὴν θάλασσαν, καὶ κοπάσει ἡ θάλασσα ἀφ᾽ ὑμῶν· διότι ἔγνωκα ἐγώ, ὅτι δι᾽ ἐμὲ ὁ κλύδων ὁ μέγας οὗτος ἐφ᾽ ὑμᾶς ἐστι.

13 Καὶ παρεβιάζοντο οἱ ἄνδρες τοῦ ἐπιστρέψαι πρὸς τὴν γῆν, καὶ οὐκ ἠδύναντο, ὅτι ἡ θάλασσα ἐπορεύετο, καὶ ἐξηγείρετο

14 μᾶλλον ἐπ᾽ αὐτούς. Καὶ ἀνεβόησαν πρὸς Κύριον, καὶ εἶπαν, μηδαμῶς Κύριε· μὴ ἀπολώμεθα ἕνεκεν τῆς ψυχῆς τοῦ ἀνθρώπου τούτου, καὶ μὴ δῷς ἐφ᾽ ἡμᾶς αἷμα δίκαιον, διότι σὺ Κύριε, ὃν

15 τρόπον ἐβούλου, πεποίηκας. Καὶ ἔλαβον τὸν Ἰωνᾶν, καὶ ἐξέβαλον αὐτὸν εἰς τὴν θάλασσαν, καὶ ἔστη ἡ θάλασσα ἐκ

16 τοῦ σάλου αὐτῆς. Καὶ ἐφοβήθησαν οἱ ἄνδρες φόβῳ μεγάλῳ τὸν Κύριον, καὶ ἔθυσαν θυσίαν τῷ Κυρίῳ, καὶ ηὔξαντο τὰς εὐχάς.

2 Καὶ προσέταξε Κύριος κήτει μεγάλῳ καταπιεῖν τὸν Ἰωνᾶν· καὶ ἦν Ἰωνᾶς ἐν τῇ κοιλίᾳ τοῦ κήτους τρεῖς ἡμέρας καὶ τρεῖς νύκτας.

2 Καὶ προσηύξατο Ἰωνᾶς πρὸς Κύριον τὸν Θεὸν αὐτοῦ ἐκ τῆς
3 κοιλίας τοῦ κήτους, καὶ εἶπεν, Ἐβόησα ἐν θλίψει μου πρὸς Κύριον τὸν Θεόν μου, καὶ εἰσήκουσέ μου, ἐκ κοιλίας ᾅδου κραυγῆς μου, ἤκουσας φωνῆς
4 μου, ἀπέρριψάς με εἰς βάθη καρδίας θαλάσσης, καὶ ποταμοὶ ἐκύκλωσάν με, πάντες οἱ μετεωρισμοί σου καὶ τὰ κύματά σου
5 ἐπ᾽ ἐμὲ διῆλθον. Καὶ ἐγὼ εἶπα, ἀπῶσμαι ἐξ ὀφθαλμῶν σου· ἆρα προσθήσω τοῦ ἐπιβλέψαι με πρὸς ναὸν τὸν ἅγιόν σου;
6 Περιεχύθη μοι ὕδωρ ἕως ψυχῆς, ἄβυσσος ἐκύκλωσέ με ἐσχάτη,
7 ἔδυ ἡ κεφαλή μου εἰς σχισμὰς ὀρέων, κατέβην εἰς γῆν, ἧς οἱ μοχλοὶ αὐτῆς κάτοχοι αἰώνιοι· καὶ ἀναβήτω φθορὰ ζωῆς μου Κύριε ὁ Θεός μου.
8 Ἐν τῷ ἐκλείπειν ἀπ᾽ ἐμοῦ τὴν ψυχήν μου, τοῦ Κυρίου ἐμνήσθην, καὶ ἔλθοι πρὸς σὲ ἡ προσευχή μου εἰς ναὸν τὸν ἅγιόν
9 σου. Φυλασσόμενοι μάταια καὶ ψευδῆ, ἔλεος αὐτῶν ἐγκατέλι-
10 πον. Ἐγὼ δὲ μετὰ φωνῆς αἰνέσεως καὶ ἐξομολογήσεως θύσω σοι, ὅσα ηὐξάμην ἀποδώσω σοι σωτηρίου τῷ Κυρίῳ.
11 Καὶ προσετάγη ἀπὸ Κυρίου τῷ κήτει, καὶ ἐξέβαλε τὸν Ἰωνᾶν ἐπὶ τὴν ξηράν.

3 Καὶ ἐγένετο λόγος Κυρίου πρὸς Ἰωνᾶν ἐκ δευτέρου, λέγων,
2 ἀνάστηθι, πορεύθητι εἰς Νινευὴ τὴν πόλιν τὴν μεγάλην; καὶ κήρυξον ἐν αὐτῇ κατὰ τὸ κήρυγμα τὸ ἔμπροσθεν, ὃ ἐγὼ ἐλάλησα
3 πρὸς σέ. Καὶ ἀνέστη Ἰωνᾶς, καὶ ἐπορεύθη εἰς Νινευὴ, καθὰ ἐλάλησε Κύριος· ἡ δὲ Νινευὴ ἦν πόλις μεγάλη τῷ Θεῷ,
4 ὡσεὶ πορείας ὁδοῦ τριῶν ἡμερῶν· καὶ ἤρξατο Ἰωνᾶς τοῦ εἰσελθεῖν εἰς τὴν πόλιν, ὡσεὶ πορείαν ἡμέρας μιᾶς· καὶ ἐκήρυξε, καὶ εἶπεν, ἔτι τρεῖς ἡμέραι, καὶ Νινευὴ καταστραφή- σεται.
5 Καὶ ἐπίστευσαν οἱ ἄνδρες Νινευὴ τῷ Θεῷ, καὶ ἐκήρυξαν νηστείαν, καὶ ἐνεδύσαντο σάκκους ἀπὸ μεγάλου αὐτῶν ἕως
6 μικροῦ αὐτῶν. Καὶ ἤγγισεν ὁ λόγος πρὸς τὸν βασιλέα τῆς Νινευὴ, καὶ ἐξανέστη ἀπὸ τοῦ θρόνου αὐτοῦ, καὶ περιείλατο τὴν στολὴν αὐτοῦ ἀφ᾽ ἑαυτοῦ, καὶ περιεβάλετο σάκκον, καὶ ἐκάθισεν

and lifted its wave exceedingly. 12 And Jonas said to them, Take me up, and cast me into the sea, and the sea shall be calm to you: for I know that for my sake this great tempest is upon you.

13 And the men tried hard to return to the land, and were not able: for the sea β rose and grew more and more tempestuous against them. 14 And they cried to the Lord, and said, γ Forbid it, Lord: let us not perish for the sake of this man's life, and bring not righteous blood upon us: for thou, Lord, hast done as thou wouldest. 15 So they took Jonas, and cast him out into the sea: and the sea ceased from its raging. 16 And the men feared the Lord very greatly, and offered a sacrifice to the Lord, and vowed vows.

Now the Lord had commanded a great whale to swallow up Jonas: and Jonas was in the belly of the whale three days and three nights.

2 And Jonas prayed to the Lord his God out of the belly of the whale, 3 and said,

I cried in my affliction to the Lord my God, and he hearkened to me, even to my cry out of the belly of hell: thou heardest my voice. 4 Thou didst cast me into the depths of the heart of the sea, and the floods compassed me: all thy billows and thy waves have passed upon me. 5 And I said, I am cast out of thy presence: shall I indeed look again toward thy holy temple? 6 Water was poured around me to the soul: the ς lowest deep compassed me, my head went down 7 to the clefts of the mountains; I went down into the earth, whose bars are the everlasting barriers: yet, O Lord my God, let my ruined life be restored.

8 When my soul was failing θ me, I remembered the Lord; and may my prayer come to thee into thy holy temple. 9 They that observe λ vanities and lies have forsaken their own mercy. 10 But I will sacrifice to thee with the voice of praise and thanksgiving: all that I have vowed I will pay to thee, μ the Lord of my salvation.

11 And the whale was commanded by the Lord, and it cast up Jonas on the dry land.

And the word of the Lord came to Jonas the second time, saying, 2 Rise, go to Nineve, the great city, and preach in it according to the former preaching which I spoke to thee of. 3 And Jonas arose, and went to Nineve, as the Lord had spoken. Now Nineve was ξ an exceeding great city, of about three days' journey. 4 And Jonas began to enter into the city about a day's journey, and he proclaimed, and said, Yet three days, and Nineve shall be overthrown.

5 And the men of Nineve believed God, and proclaimed a fast, and put on sackcloths, from the greatest of them to the least of them. 6 And the word reached the king of Nineve, and he arose from off his throne, and took off his raiment from him, and put on sackcloth, and sat on ashes.

β Lit. went and rose up more. γ Gr. by no means. See Acts 10. 14. ζ Gr. last. θ Gr. from me.
λ Gr. vain and false things. μ Or, for a thank-offering to the Lord, ξ Lit. a great city to God. Acts 7. 20.

⁷ And proclamation was made, and it was commanded in Nineve by the king and by his great men, saying, Let not men, or cattle, or oxen, or sheep, taste *any thing*, nor feed, nor drink water. ⁸ So men and cattle were clothed with sackcloths, and cried earnestly to God; and they turned every one from their evil way, and from the iniquity that was in their hands, saying, ⁹ Who knows if God will repent, and turn from his fierce anger, and *so* we shall not perish?

¹⁰ And God saw their works, that they turned from their evil ways; and God repented of the evil which he had said he would do to them; and he did *it* not.

But Jonas was very deeply grieved, and he was confounded. ² And he prayed to the Lord, and said, O Lord, were not these my words when I was yet in my land? therefore I β made haste to flee to Tharsis; because I knew that thou art merciful and compassionate, long-suffering, and abundant in kindness, and repentest of evil. ³ And now, γ Lord God, take my life from me; for *it is* better for me to die than to live. ⁴ And the Lord said to Jonas, Art thou very much grieved?

⁵ And Jonas went out from the city, and sat over against the city; and he made for himself there a booth, and he sat under it, until he should perceive what would become of the city. ⁶ And the Lord God commanded a gourd, and it came up over the head of Jonas, to be a shadow over his head, to shade him from his calamities: and Jonas rejoiced with great joy for the gourd.

⁷ And God commanded a worm the next morning, and it smote the gourd, and it withered away. ⁸ And it came to pass at the rising of the sun, that God commanded a burning east wind; and the sun smote on the head of Jonas, and he fainted, and despaired of his life, and said, *It is* better for me to die than to live. ⁹ And God said to Jonas, Art thou very much grieved for the gourd? And he said, I am very much grieved, even to death.

¹⁰ And the Lord said, Thou hadst pity on the gourd, for which thou hast not suffered, neither didst thou rear it; which came up δ before night, and perished before *another* night: ¹¹ and shall not I spare Nineve, the great city, in which dwell more than twelve myriads of human beings, who do not know their right hand or their left hand; and *also* much cattle?

ἐπὶ σποδοῦ. Καὶ ἐκηρύχθη, καὶ ἐρρέθη ἐν τῇ Νινευῇ ⁷ παρὰ τοῦ βασιλέως καὶ παρὰ τῶν μεγιστάνων αὐτοῦ, λέγων, οἱ ἄνθρωποι, καὶ τὰ κτήνη, καὶ οἱ βόες, καὶ τὰ πρόβατα μὴ γευσάσθωσαν, μηδὲ νεμέσθωσαν, μηδὲ ὕδωρ πιέτωσαν. Καὶ ⁸ περιεβάλλοντο σάκκους οἱ ἄνθρωποι καὶ τὰ κτήνη, καὶ ἀνεβόησαν πρὸς τὸν Θεὸν ἐκτενῶς· καὶ ἀπέστρεψαν ἕκαστος ἀπὸ τῆς ὁδοῦ αὐτῶν τῆς πονηρᾶς, καὶ ἀπὸ τῆς ἀδικίας τῆς ἐν χερσὶν αὐτῶν, λέγοντες, τίς οἶδεν εἰ μετανοήσει ὁ Θεός, ⁹ καὶ ἀποστρέψει ἐξ ὀργῆς θυμοῦ αὐτοῦ, καὶ οὐ μὴ ἀπολώμεθα;

Καὶ εἶδεν ὁ Θεὸς τὰ ἔργα αὐτῶν, ὅτι ἀπέστρεψαν ἀπὸ τῶν 1C ὁδῶν αὐτῶν τῶν πονηρῶν, καὶ μετενόησεν ὁ Θεὸς ἐπὶ τῇ κακίᾳ, ᾗ ἐλάλησε τοῦ ποιῆσαι αὐτοῖς, καὶ οὐκ ἐποίησε.

Καὶ ἐλυπήθη Ἰωνᾶς λύπην μεγάλην· καὶ συνεχύθη, καὶ 4 προσεύξατο πρὸς Κύριον, καὶ εἶπεν, Κύριε, οὐχ οὗτοι οἱ λόγοι 2 μου, ἔτι ὄντος μου ἐν τῇ γῇ μου; διατοῦτο προέφθασα τοῦ φυγεῖν εἰς Θαρσὶς, διότι ἔγνων ὅτι σὺ ἐλεήμων καὶ οἰκτίρμων, μακρόθυμος καὶ πολυέλεος, καὶ μετανοῶν ἐπὶ ταῖς κακίαις. Καὶ νῦν, δέσποτα Κύριε, λάβε τὴν ψυχήν μου ἀπ᾽ ἐμοῦ, ὅτι 3 καλὸν τὸ ἀποθανεῖν με ἢ ζῆν με. Καὶ εἶπε Κύριος πρὸς 4 Ἰωνᾶν, εἰ σφόδρα λελύπησαι σύ;

Καὶ ἐξῆλθεν Ἰωνᾶς ἐκ τῆς πόλεως, καὶ ἐκάθισεν ἀπέναντι 5 τῆς πόλεως· καὶ ἐποίησεν αὐτῷ ἐκεῖ σκηνὴν, καὶ ἐκάθητο ὑποκάτω αὐτῆς, ἕως οὗ ἀπίδῃ τί ἔσται τῇ πόλει. Καὶ προσέ- 6 ταξε Κύριος ὁ Θεὸς κολοκύνθῃ, καὶ ἀνέβη ὑπὲρ κεφαλῆς τοῦ Ἰωνᾶ, τοῦ εἶναι σκιὰν ὑπεράνω τῆς κεφαλῆς αὐτοῦ, τοῦ σκιάζειν αὐτῷ ἀπὸ τῶν κακῶν αὐτοῦ· καὶ ἐχάρη Ἰωνᾶς ἐπὶ τῇ κολοκύνθῃ χαρὰν μεγάλην.

Καὶ προσέταξεν ὁ Θεὸς σκώληκι ἑωθινῇ τῇ ἐπαύριον, καὶ 7 ἐπάταξε τὴν κολόκυνθαν, καὶ ἀπεξηράνθη. Καὶ ἐγένετο ἅμα 8 τῷ ἀνατεῖλαι τὸν ἥλιον, καὶ προσέταξεν ὁ Θεὸς πνεύματι καύσωνι συγκαίοντι, καὶ ἐπάταξεν ὁ ἥλιος ἐπὶ τὴν κεφαλὴν τοῦ Ἰωνᾶ· καὶ ὠλιγοψύχησε, καὶ ἀπελέγετο τὴν ψυχὴν αὐτοῦ, καὶ εἶπε, καλόν μοι ἀποθανεῖν με ἢ ζῆν. Καὶ εἶπεν ὁ Θεὸς 9 πρὸς Ἰωνᾶν, εἰ σφόδρα λελύπησαι σὺ ἐπὶ τῇ κολοκύνθῃ; καὶ εἶπε, σφόδρα λελύπημαι ἐγὼ ἕως θανάτου.

Καὶ εἶπε Κύριος, σὺ ἐφείσω ὑπὲρ τῆς κολοκύνθης, ὑπὲρ ἧς 10 οὐκ ἐκακοπάθησας ἐπ᾽ αὐτὴν, καὶ οὐδὲ ἐξέθρεψας αὐτὴν, ἣ ἐγενήθη ὑπὸ νύκτα, καὶ ὑπὸ νύκτα ἀπώλετο· ἐγὼ δὲ οὐ 11 φείσομαι ὑπὲρ Νινευῇ τῆς πόλεως τῆς μεγάλης, ἐν ᾗ κατοικοῦσι πλείους ἢ δώδεκα μυριάδες ἀνθρώπων, οἵτινες οὐκ ἔγνωσαν δεξιὰν αὐτῶν ἢ ἀριστερὰν αὐτῶν, καὶ κτήνη πολλά;

β *Gr*. anticipated.　　　γ *Or*, sovereign Lord.　　　δ *Or*, little before.

ΜΙΧΑΙΑΣ. Γ'.

ΚΑΙ ἐγένετο λόγος Κυρίου πρὸς Μιχαίαν τὸν τοῦ Μωρασθεὶ, ἐν ἡμέραις Ἰωάθαμ, καὶ Ἄχαζ, καὶ Ἐζεκίου βασιλέων Ἰούδα. ὑπὲρ ὧν εἶδε περὶ Σαμαρείας καὶ περὶ Ἱερουσαλήμ.

2 Ἀκούσατε λαοὶ λόγους, καὶ προσεχέτω ἡ γῆ, καὶ πάντες οἱ ἐν αὐτῇ· καὶ ἔσται Κύριος Κύριος ἐν ὑμῖν εἰς μαρτύριον,
3 Κύριος ἐξ οἴκου ἁγίου αὐτοῦ. Διότι ἰδοὺ Κύριος ἐκπορεύεται ἐκ τοῦ τόπου αὐτοῦ, καὶ καταβήσεται, καὶ ἐπιβήσεται ἐπὶ τὰ
4 ὕψη τῆς γῆς, καὶ σαλευθήσεται τὰ ὄρη ὑποκάτωθεν αὐτοῦ, καὶ αἱ κοιλάδες τακήσονται ὡσεὶ κηρὸς ἀπὸ προσώπου πυρὸς, καὶ ὡς ὕδωρ καταφερόμενον ἐν καταβάσει.

5 Δι' ἀσέβειαν Ἰακὼβ πάντα ταῦτα, καὶ δι' ἁμαρτίαν οἴκου Ἰσραήλ. τίς ἡ ἀσέβεια τοῦ Ἰακὼβ; οὐχ ἡ Σαμάρεια; καὶ τίς
6 ἡ ἁμαρτία οἴκου Ἰούδα; οὐχὶ Ἱερουσαλήμ; Καὶ θήσομαι Σαμάρειαν εἰς ὀπωροφυλάκιον ἀγροῦ, καὶ εἰς φυτείαν ἀμπελῶνος, καὶ κατασπάσω εἰς χάος τοὺς λίθους αὐτῆς, καὶ τὰ
7 θεμέλια αὐτῆς ἀποκαλύψω. Καὶ πάντα τὰ γλυπτὰ αὐτῆς κατακόψουσι, καὶ πάντα τὰ μισθώματα αὐτῆς ἐμπρήσουσιν ἐν πυρὶ, καὶ πάντα τὰ εἴδωλα αὐτῆς θήσομαι εἰς ἀφανισμόν· διότι ἐκ μισθωμάτων πορνείας συνήγαγε, καὶ ἐκ μισθωμάτων πορνείας συνέστρεψεν.

8 Ἕνεκεν τούτου κόψεται, καὶ θρηνήσει, πορεύσεται ἀνυπόδετος, καὶ γυμνὴ ποιήσεται κοπετὸν ὡς δρακόντων, καὶ πένθος
9 ὡς θυγατέρων σειρήνων. Ὅτι κατεκράτησεν ἡ πληγὴ αὐτῆς, διότι ἦλθεν ἕως Ἰούδα, καὶ ἥψατο ἕως πύλης λαοῦ μου, ἕως Ἱερουσαλήμ.

10 Οἱ ἐν Γὲθ μὴ μεγαλύνεσθε, καὶ οἱ Ἐνακεὶμ μὴ ἀνοικοδομεῖτε ἐξ οἴκου κατὰ γέλωτα, γῆν καταπάσασθε καταγέλωτα ὑμῶν,
11 κατοικοῦσα καλῶς τὰς πόλεις αὐτῆς, οὐκ ἐξῆλθε κατοικοῦσα Σενναὰρ, κόψασθαι οἶκον ἐχόμενον αὐτῆς, λήψεται ἐξ ὑμῶν πληγὴν ὀδύνης.

12 Τίς ἤρξατο εἰς ἀγαθὰ κατοικούσῃ ὀδύνας; ὅτι κατέβη κακὰ
13 παρὰ Κυρίου ἐπὶ πύλας Ἱερουσαλήμ, ψόφος ἁρμάτων καὶ ἱππευόντων· κατοικοῦσα Λαχεὶς, ἀρχηγὸς ἁμαρτίας αὐτὴ ἐστι τῇ θυγατρὶ Σιών, ὅτι ἐν σοὶ εὑρέθησαν ἀσέβειαι τοῦ Ἰσραήλ.
14 Διατοῦτο δώσει ἐξαποστελλομένους ἕως κληρονομίας Γὲθ,

AND the word of the Lord came to Michæas the son of Morasthi, in the days of Joatham, and Achaz, and Ezekias, kings of Juda, concerning what he saw regarding Samaria and Jerusalem. [2] Hear *these* words, ye [β] people; and let the earth give heed, and all that are in it: and the Lord God shall be among you for a testimony, the Lord out of his holy habitation. [3] For, behold, the Lord comes forth out of his place, and will come down, and will go upon the high places of the earth. [4] And the mountains shall be shaken under him, and the valleys shall melt like wax before the fire, and as water rushing down a declivity. [5] All these *calamities are* for the transgression of Jacob, and for the sin of the house of Israel. What is the transgression of Jacob? *is it* not Samaria? and what is the sin of the house of Juda? *is it* not Jerusalem? [6] Therefore I will make Samaria *as* a store-house of the fruits of the field, and *as* a planting of a vineyard: and I will [γ] utterly demolish her stones, and I will expose her foundations. [7] And they shall cut in pieces all the graven images, and [δ] all that she has hired they shall burn with fire, and I will utterly destroy all her idols: because she has gathered of the hires of fornication, and of the hires of fornication has she amassed *wealth*. [8] Therefore shall she lament and wail, she shall go barefooted, and *being* naked she shall make lamentation as *that* of serpents, and mourning as of the daughters of sirens. [9] For her plague has become grievous; for it has come even to Juda; and has reached to the gate of my people, even to Jerusalem. [10] Ye that are in Geth, exalt not yourselves, and ye Enakim, do not rebuild from *the ruins of* the house in derision: sprinkle dust *in the place of* your laughter. [11] The inhabitant of Sennaar, fairly inhabiting her cities, came not forth to mourn for the house next to her: she shall receive of you the stroke of grief. [12] Who has begun *to act* for good to her that dwells in sorrow? for calamities have come down from the Lord upon the gates of Jerusalem, [13] even a sound of chariots and horsemen: the inhabitants of Lachis, she is the leader of sin to the daughter of Sion: for in thee were found the transgressions of Israel. [14] Therefore shall he cause men to be sent forth as far as the inheritance of

---

β Gr. plural.   γ Lit. tear down to confusion.   δ Or, all her hires.

Geth, *even* vain houses; they are become vanity to the kings of Israel; [15]until they bring the heirs, O inhabitant of Lachis: the inheritance shall reach to Odollam, *even* the glory of the daughter of Israel. [16]Shave thine hair, and βmake thyself bald for thy delicate children; increase thy widowhood as an eagle; for *thy people* are gone into captivity from thee.

They meditated troubles, and wrought γwickedness on their beds, and they put it in execution with the daylight; for they have not lifted up their hands to God. [2]And they desired fields, and plundered orphans, and oppressed families, and spoiled a man and his house, even a man and his inheritance.

[3]Therefore thus saith the Lord; Behold, I devise evils against this family, out of which ye shall not lift up your necks, neither shall ye walk upright δspeedily: for the time is evil.

[4]In that day shall a parable be taken up against you, and a ζplaintive lamentation shall be uttered, saying, We are thoroughly miserable: the portion of my people has been measured out with a line, and there was none to hinder him so as to turn him back; your fields have been divided. [5]Therefore thou shalt have no one to cast a line for the lot. [6]Weep not with tears in the assembly of the Lord, neither let *any* weep for these things; for he shall not remove the reproaches, [7]who says, The house of Jacob has provoked the Spirit of the Lord; are not these his practices? Are not θthe Lord's words right with him? and have they not proceeded correctly? [8]Even beforetime my people withstood *him* λas an enemy against his peace; they have stripped off his skin to remove hope *in* the conflict of war. [9]The leaders of my people shall be cast forth from their luxurious houses; they are rejected because of their evil practices; draw ye near to the everlasting mountains.

[10]Arise thou, and depart; for this is not thy rest because of uncleanness: ye have been utterly destroyed; [11]ye have fled, no one pursuing *you:* thy spirit has framed falsehood, it has dropped on thee for wine and strong drink. But it shall come to pass, *that* out of the dropping of this people, [12]Jacob shall be completely gathered with all *his people:* I will surely μreceive the remnant of Israel; I will cause them to return together, as sheep in trouble, as a flock in the midst of their fold: they shall rush forth from among men through the breach made before them; [13]they have broken through, and passed the gate, and gone out by it: and their king has gone out before them, and the Lord shall lead them.

And he shall say, Hear now these words, ye heads of the house of Jacob, and ye remnant of the house of Israel; is it not for you to know judgment? [2]*who* hate good, and seek evil; *who* tear their skins off them, and their flesh off their bones: [3]even as they devoured the flesh of my people, and stripped their skins off them, and broke their bones, and divided *them* as flesh for the caldron, and as meat for the ξpot, [4]thus

οἴκους ματαίους, εἰς κενὸν ἐγένοντο τοῖς βασιλεῦσι τοῦ Ἰσραὴλ, ἕως τοὺς κληρονόμους ἀγάγωσι, κατοικοῦσα Λαχείς· κληρονο- 15 μία ἕως Ὀδολλὰμ ἥξει, ἡ δόξα τῆς θυγατρὸς Ἰσραήλ. Ξύρη- 16 σαι, καὶ κεῖραι ἐπὶ τὰ τέκνα τὰ τρυφερά σου, ἐμπλάτυνον τὴν χηρείαν σου ὡς ἀετός, ὅτι ᾐχμαλωτεύθησαν ἀπὸ σοῦ.

Ἐγένοντο λογιζόμενοι κόπους, καὶ ἐργαζόμενοι κακὰ ἐν ταῖς 2 κοίταις αὐτῶν, καὶ ἅμα τῇ ἡμέρᾳ συνετέλουν αὐτά, διότι οὐκ ᾖραν πρὸς τὸν Θεὸν χεῖρας αὐτῶν. Καὶ ἐπεθύμουν ἀγρούς, καὶ 2 διήρπαζον ὀρφανούς, καὶ οἴκους κατεδυνάστευον, καὶ διήρ- παζον ἄνδρα καὶ τὸν οἶκον αὐτοῦ, καὶ ἄνδρα καὶ τὴν κληρονο- μίαν αὐτοῦ.

Διατοῦτο τάδε λέγει Κύριος, ἰδοὺ ἐγὼ λογίζομαι ἐπὶ τὴν 3 φυλὴν ταύτην κακά, ἐξ ὧν οὐ μὴ ἄρητε τοὺς τραχήλους ὑμῶν, καὶ οὐ μὴ πορευθῆτε ὀρθοὶ ἐξαίφνης, ὅτι καιρὸς πονηρός ἐστιν.

Ἐν τῇ ἡμέρᾳ ἐκείνῃ ληφθήσεται ἐφ᾽ ὑμᾶς παραβολή, καὶ 4 θρηνηθήσεται θρῆνος ἐν μέλει, λέγων, ταλαιπωρίᾳ ἐταλαιπωρή- σαμεν· μερὶς λαοῦ μου κατεμετρήθη ἐν σχοινίῳ, καὶ οὐκ ἦν ὁ κωλύων αὐτὸν τοῦ ἀποστρέψαι· οἱ ἀγροὶ ὑμῶν διεμερίσθη- σαν. Διατοῦτο οὐκ ἔσται σοι βάλλων σχοινίον ἐν κλήρῳ· ἐν 5 ἐκκλησίᾳ Κυρίου μὴ κλαίετε δάκρυσι, μηδὲ δακρυέτωσαν ἐπὶ 6 τούτοις· οὐδὲ γὰρ ἀπώσεται ὀνείδη, ὁ λέγων, οἶκος Ἰακὼβ 7 παρώργισε πνεῦμα Κυρίου· οὐ ταῦτα τὰ ἐπιτηδεύματα αὐτοῦ ἐστιν; οὐχ οἱ λόγοι αὐτοῦ εἰσι καλοὶ μετ᾽ αὐτοῦ; καὶ ὀρθοὶ πεπόρευνται; Καὶ ἔμπροσθεν ὁ λαός μου εἰς ἔχθραν ἀντέστη, 8 κατέναντι τῆς εἰρήνης αὐτοῦ· τὴν δορὰν αὐτοῦ ἐξέδειραν, τοῦ ἀφελέσθαι ἐλπίδας συντριμμὸν πολέμου. Ἡγούμενοι λαοῦ 9 μου ἀπορριφήσονται ἐκ τῶν οἰκιῶν τρυφῆς αὐτῶν, διὰ τὰ πονηρὰ ἐπιτηδεύματα αὐτῶν ἐξώσθησαν· ἐγγίσατε ὄρεσιν αἰωνίοις.

Ἀνάστηθι καὶ πορεύου, ὅτι οὐκ ἔστι σοι αὕτη ἀνάπαυσις 10 ἕνεκεν ἀκαθαρσίας· διεφθάρητε φθορᾷ, κατεδιώχθητε οὐδενὸς 11 διώκοντος· πνεῦμα ἔστησε ψεῦδος, ἐστάλαξέ σοι εἰς οἶνον καὶ μέθυσμα· καὶ ἔσται, ἐκ τῆς σταγόνος τοῦ λαοῦ τούτου συν- 12 αγόμενος συναχθήσεται Ἰακὼβ σὺν πᾶσιν· ἐκδεχόμενος ἐκδέ- ξομαι τοὺς καταλοίπους τοῦ Ἰσραήλ, ἐπιτοαυτὸ θήσομαι τὴν ἀποστροφὴν αὐτοῦ· ὡς πρόβατα ἐν θλίψει, ὡς ποίμνιον ἐν μέσῳ κοίτης αὐτῶν· ἐξαλοῦνται ἐξ ἀνθρώπων διὰ τῆς διακοπῆς 13 πρὸ προσώπου αὐτῶν· διέκοψαν, καὶ διῆλθον πύλην, καὶ ἐξῆλθον δι᾽ αὐτῆς, καὶ ἐξῆλθεν ὁ βασιλεὺς αὐτῶν πρὸ προσώπου αὐτῶν, ὁ δὲ Κύριος ἡγήσεται αὐτῶν.

Καὶ ἐρεῖ, ἀκούσατε δὴ ταῦτα αἱ ἀρχαὶ οἴκου Ἰακὼβ, καὶ οἱ 3 κατάλοιποι οἴκου Ἰσραήλ· οὐχ ὑμῖν ἐστι τοῦ γνῶναι τὸ κρίμα; μισοῦντες τὰ καλά, καὶ ζητοῦντες τὰ πονηρά, ἁρπάζοντες τὰ 2 δέρματα αὐτῶν ἀπ᾽ αὐτῶν, καὶ τὰς σάρκας αὐτῶν ἀπὸ τῶν ὀστέων αὐτῶν. Ὃν τρόπον κατέφαγον τὰς σάρκας τοῦ λαοῦ 3 μου, καὶ τὰ δέρματα αὐτῶν ἀπ᾽ αὐτῶν ἐξέδειραν, καὶ τὰ ὀστέα αὐτῶν συνέθλασαν, καὶ ἐμέλισαν ὡς σάρκας εἰς λέβητα, καὶ ὡς κρέα εἰς χύτραν, οὕτως κεκράξονται πρὸς τὸν Κύριον, καὶ 4

β *Gr.* shear thyself.   γ *Gr.* plural.   δ *Gr.* suddenly.   ζ *Or,* metrical, *or,* with a song.   θ *Gr.* his words.   λ *Gr.* for enmity.
     μ *Or,* wait for.   ξ *Or,* tub.

οὐκ εἰσακούσεται αὐτῶν· καὶ ἀποστρέψει τὸ πρόσωπον αὐτοῦ ἀπ᾽ αὐτῶν ἐν τῷ καιρῷ ἐκείνῳ, ἀνθ᾽ ὧν ἐπονηρεύσαντο ἐν τοῖς ἐπιτηδεύμασιν αὐτῶν ἐπ᾽ αὐτούς.

5 Τάδε λέγει Κύριος ἐπὶ τοὺς προφήτας τοὺς πλανῶντας τὸν λαόν μου, τοὺς δάκνοντας ἐν τοῖς ὀδοῦσιν αὐτῶν, καὶ κηρύσσοντας εἰρήνην ἐπ᾽ αὐτόν, καὶ οὐκ ἐδόθη εἰς τὸ στόμα αὐτῶν,
6 ἤγειραν ἐπ᾽ αὐτὸν πόλεμον· διατοῦτο νὺξ ὑμῖν ἔσται ἐξ ὁράσεως, καὶ σκοτία ἔσται ὑμῖν ἐκ μαντείας, καὶ δύσεται ὁ ἥλιος
7 ἐπὶ τοὺς προφήτας, καὶ συσκοτάσει ἐπ᾽ αὐτοὺς ἡ ἡμέρα. Καὶ καταισχυνθήσονται οἱ ὁρῶντες τὰ ἐνύπνια, καὶ καταγελασθήσονται οἱ μάντεις, καὶ καταλαλήσουσι κατ᾽ αὐτῶν πάντες αὐτοί,
8 διότι οὐκ ἔσται ὁ ἐπακούων αὐτῶν· ἐὰν μὴ ἐγὼ ἐμπλήσω ἰσχὺν ἐν πνεύματι Κυρίου καὶ κρίματος καὶ δυναστείας, τοῦ ἀπαγγεῖλαι τῷ Ἰακὼβ ἀσεβείας αὐτοῦ, καὶ τῷ Ἰσραὴλ ἁμαρτίας αὐτοῦ.

9 Ἀκούσατε δὴ ταῦτα οἱ ἡγούμενοι οἴκου Ἰακὼβ, καὶ οἱ κατάλοιποι οἴκου Ἰσραήλ, οἱ βδελυσσόμενοι κρίμα, καὶ πάντα τὰ
10 ὀρθὰ διαστρέφοντες, οἱ οἰκοδομοῦντες Σιὼν ἐν αἵμασι, καὶ
11 Ἱερουσαλὴμ ἐν ἀδικίαις, οἱ ἡγούμενοι αὐτῆς μετὰ δώρων ἔκρινον, καὶ οἱ ἱερεῖς αὐτῆς μετὰ μισθοῦ ἀπεκρίνοντο, καὶ οἱ προφῆται αὐτῆς μετὰ ἀργυρίου ἐμαντεύοντο, καὶ ἐπὶ τὸν Κύριον ἐπανεπαύοντο, λέγοντες, οὐχὶ ὁ Κύριος ἐν ἡμῖν ἐστιν;
12 οὐ μὴ ἐπέλθῃ ἐφ᾽ ἡμᾶς κακά. Διατοῦτο δι᾽ ὑμᾶς Σιὼν ὡς ἀγρὸς ἀροτριαθήσεται, καὶ Ἱερουσαλὴμ ὡς ὀπωροφυλάκιον ἔσται, καὶ τὸ ὄρος τοῦ οἴκου εἰς ἄλσος δρυμοῦ.

4 Καὶ ἔσται ἐπ᾽ ἐσχάτων τῶν ἡμερῶν ἐμφανὲς τὸ ὄρος Κυρίου, ἕτοιμον ἐπὶ τὰς κορυφὰς τῶν ὀρέων, καὶ μετεωρισθήσεται
2 ὑπεράνω τῶν βουνῶν· καὶ σπεύσουσι πρὸς αὐτὸ λαοί, καὶ πορεύσονται ἔθνη πολλὰ καὶ ἐροῦσι, δεῦτε, ἀναβῶμεν εἰς τὸ ὄρος Κυρίου, καὶ εἰς τὸν οἶκον τοῦ Θεοῦ Ἰακώβ· καὶ δείξουσιν ἡμῖν τὴν ὁδὸν αὐτοῦ, καὶ πορευσόμεθα ἐν ταῖς τρίβοις αὐτοῦ· ὅτι ἐκ Σιὼν ἐξελεύσεται νόμος, καὶ λόγος Κυρίου ἐξ Ἱερου-
3 σαλήμ. Καὶ κρινεῖ ἀναμέσον λαῶν πολλῶν, καὶ ἐξελέγξει ἔθνη ἰσχυρὰ ἕως εἰς μακράν· καὶ κατακόψουσι τὰς ῥομφαίας αὐτῶν εἰς ἄροτρα, καὶ τὰ δόρατα αὐτῶν εἰς δρέπανα, καὶ οὐκέτι μὴ ἀντάρῃ ἔθνος ἐπ᾽ ἔθνος ῥομφαίαν, καὶ οὐκέτι μὴ μάθωσι
4 πολεμεῖν. Καὶ ἀναπαύσεται ἕκαστος ὑποκάτω ἀμπέλου αὐτοῦ, καὶ ἕκαστος ὑποκάτω συκῆς αὐτοῦ, καὶ οὐκ ἔσται ὁ ἐκφοβῶν, διότι τὸ στόμα Κυρίου παντοκράτορος ἐλάλησε
5 ταῦτα. Ὅτι πάντες οἱ λαοὶ πορεύσονται ἕκαστος τὴν ὁδὸν αὐτοῦ, ἡμεῖς δὲ πορευσόμεθα ἐν ὀνόματι Κυρίου Θεοῦ ἡμῶν εἰς τὸν αἰῶνα, καὶ ἐπέκεινα.

6 Ἐν τῇ ἡμέρᾳ ἐκείνῃ, λέγει Κύριος, συνάξω τὴν συντετριμ-
7 μένην, καὶ τὴν ἐξωσμένην εἰσδέξομαι, καὶ οὓς ἀπωσάμην. Καὶ θήσομαι τὴν συντετριμμένην εἰς ὑπόλειμμα, καὶ τὴν ἀπωσμένην εἰς ἔθνος δυνατόν· καὶ βασιλεύσει Κύριος ἐπ᾽ αὐτοὺς ἐν ὄρει Σιὼν ἀπὸ τοῦ νῦν ἕως εἰς τὸν αἰῶνα.

they shall cry to the Lord, but he shall not hearken to them; and he shall turn away his face from them at that time, because they have done wickedly in their practices against themselves.

[5] Thus saith the Lord concerning the prophets that lead my people astray, that bite with their teeth, and proclaim peace to them; and *when* nothing was put into their mouth, they raised up war against them: [6] therefore there shall be night to you β instead of a vision, and there shall be to you darkness instead of prophecy; and the sun shall go down upon the prophets, and the day shall be dark upon them. [7] And the seers of night-visions shall be ashamed, and the prophets shall be laughed to scorn: and all γ the people shall speak against them, because there shall be none to hearken to them. [8] Surely I will strengthen myself with the Spirit of the Lord, and of judgment, and of power, to declare to Jacob his transgressions, and to Israel his sins.

[9] Hear now these words, ye chiefs of the house of Jacob, and the remnant of the house of Israel, who hate judgment, and pervert all righteousness; [10] who build up Sion with blood, and Jerusalem with iniquity. [11] The heads thereof have judged for gifts, and the priests thereof have answered for hire, and her prophets have divined for silver: and *yet* they have rested on the Lord, saying, Is not the Lord among us? no evil shall come upon us. [12] Therefore on your account Sion shall be ploughed as a field, and Jerusalem shall be as a storehouse of fruits, and the mountain of the house as a grove of the forest.

And at the last days the mountain of the Lord shall be manifest, δ established on the tops of the mountains, and it shall be exalted above the hills; and the peoples shall hasten to it. [2] And many nations shall go, and say, Come, let us go up to the mountain of the Lord, and to the house of the God of Jacob; and they shall shew us his way, and we will walk in his paths: for out of Sion shall go forth a law, and the word of the Lord from Jerusalem. [3] And he shall judge among many peoples, and shall rebuke strong nations ζ afar off; and they shall beat their swords into ploughshares, and their spears into sickles; and nation shall no more lift up sword against nation, neither shall they learn to war any more. [4] And every one shall rest under his vine, and every one under his fig-tree; and there shall be none to alarm *them*: for the mouth of the Lord Almighty has spoken these *words*. [5] For all *other* nations shall walk every one in his own way, but we will walk in the name of the Lord our God θ for ever and ever.

[6] In that day, saith the Lord, I will gather her that is bruised, and will receive her that is cast out, and those whom I rejected. [7] And I will make her that was bruised a remnant, and her that was rejected a mighty nation: and the Lord shall reign over them in mount Sion from henceforth, even for ever.

β *Gr.* out of. γ *Gr.* they. δ *Lit.* ready, *Hebraism.* ζ *Gr.* even to a distance. θ *Gr.* for the age and beyond.

8And thou,βdark tower of the flock,daughter of Sion, on thee the dominion shall come and enter in, even the first kingdom from Babylon to the daughter of Jerusalem. 9And now, why hast thou known calamities? was there not a king to thee? or has thy counsel perished that pangs as of a woman in travail have seized upon thee? 10Be in pain, and strengthen thyself, and γdraw near, O daughter of Sion, as a woman in travail: for now thou shalt go forth out of the city, and shalt lodge in the plain, and shalt reach even to Babylon: thence shall the Lord thy God deliver thee, and thence shall he redeem thee out of the hand of thine enemies.

11And now have many nations gathered against thee, saying, We will rejoice, and our eyes shall look upon Sion. 12But they know not the thought of the Lord, and have not understood his counsel: for he has gathered them as sheaves of the floor. 13Arise, and thresh them, O daughter of Sion: for I will make thine horns iron, and I will make thine hoofs brass: and thou shalt utterly destroy many nations, and shalt consecrate δtheir abundance to the Lord, and their strength to the Lord of all the earth.

Now shall the daughter of Sion be completely hedged in: he has laid siege against us: they shall smite the ζtribes of Israel with a rod upon the cheek.

2θAnd thou, Bethlehem, house of Ephratha, art few in number to be reckoned among the thousands of Juda; yet out of thee shall one come forth to me, to be a ruler of Israel; and his goings forth were from the beginning, even λfrom eternity. 3Therefore shall he appoint them to wait till the time of her that travails: she shall bring forth, and then the remnant of their brethren shall return to the children of Israel. 4And the Lord shall stand, and see, and feed his flock with power, and they shall dwell in the glory of the name of the Lord their God: for now shall they be magnified to the ends of the earth.

5And she shall have peace when Assur shall come into your land, and when he shall come up upon your country; and there shall be raised up against him seven shepherds, and eight attacks of men. 6And they shall tend the Assyrian with a sword, and the land of Nebrod with her trench: and he shall deliver you from the Assyrian, when he shall come upon your land, and when he shall invade your coasts.

7And the remnant of Jacob shall be among the Gentiles in the midst of many peoples, as dew falling from the Lord, and as lambs on the grass; that none may assemble nor resist among the sons of men. 8And the remnant of Jacob shall be among the Gentiles in the midst of many nations, as a lion in the forest among cattle, and as a lion's whelp among flocks of sheep, even as when he goes through, and selects, and carries off his prey, and there is none to deliver. 9Thine hand shall be lifted up against them that afflict thee, and all thine enemies shall be utterly destroyed.

Καὶ σὺ πύργος ποιμνίου αὐχμώδης, θυγάτηρ Σιὼν, ἐπὶ σὲ 8 ἥξει, καὶ εἰσελεύσεται ἡ ἀρχὴ, ἡ πρώτη βασιλεία ἐκ Βαβυλῶνος τῇ θυγατρὶ Ἰερουσαλήμ. Καὶ νῦν ἱνατί ἔγνως κακά; μὴ βασι- 9 λεὺς οὐκ ἦν σοι; ἢ ἡ βουλή σου ἀπώλετο, ὅτι κατεκράτησάν σου ὠδῖνες ὡς τικτούσης; Ὠδῖνε καὶ ἀνδρίζου, καὶ ἔγγιζε 10 θυγάτηρ Σιὼν ὡς τίκτουσα· διότι νῦν ἐξελεύσῃ ἐκ πόλεως, καὶ κατασκηνώσεις ἐν πεδίῳ, καὶ ἥξεις ἕως Βαβυλῶνος· ἐκεῖθεν ῥύσεταί σε, καὶ ἐκεῖθεν λυτρώσεταί σε Κύριος ὁ Θεός σου ἐκ χειρὸς ἐχθρῶν σου.

Καὶ νῦν ἐπισυνήχθησαν ἐπὶ σὲ ἔθνη πολλὰ, λέγοντες, ἐπι- 11 χαρούμεθα, καὶ ἐπόψονται ἐπὶ Σιὼν οἱ ὀφθαλμοὶ ἡμῶν. Αὐτοὶ 12 δὲ οὐκ ἔγνωσαν τὸν λογισμὸν Κυρίου, καὶ οὐ συνῆκαν τὴν βουλὴν αὐτοῦ, ὅτι συνήγαγεν αὐτοὺς ὡς δράγματα ἅλωνος. Ἀνάστηθι, καὶ ἀλόα αὐτοὺς θυγάτηρ Σιὼν, ὅτι τὰ κέρατά 13 σου θήσομαι σιδηρᾶ, καὶ τὰς ὁπλάς σου θήσομαι χαλκᾶς· καὶ κατατήξεις λαοὺς πολλοὺς, καὶ ἀναθήσεις τῷ Κυρίῳ τὸ πλῆθος αὐτῶν, καὶ τὴν ἰσχὺν αὐτῶν τῷ Κυρίῳ πάσης τῆς γῆς.

Νῦν ἐμφραχθήσεται θυγάτηρ ἐμφραγμῷ, συνοχὴν ἔταξεν 5 ἐφ᾽ ἡμᾶς, ἐν ῥάβδῳ πατάξουσιν ἐπὶ σιαγόνα τὰς φυλὰς τοῦ Ἰσραήλ.

Καὶ σὺ Βηθλεὲμ οἶκος Ἐφραθὰ, ὀλιγοστὸς εἶ τοῦ εἶναι 2 ἐν χιλιάσιν Ἰούδα· ἐκ σοῦ μοι ἐξελεύσεται, τοῦ εἶναι εἰς ἄρχοντα τοῦ Ἰσραὴλ, καὶ ἔξοδοι αὐτοῦ ἀπ᾽ ἀρχῆς ἐξ ἡμερῶν αἰῶνος.

Διατοῦτο δώσει αὐτοὺς ἕως καιροῦ τικτούσης, τέξεται, καὶ 3 οἱ ἐπίλοιποι τῶν ἀδελφῶν αὐτῶν ἐπιστρέψουσιν ἐπὶ τοὺς υἱοὺς Ἰσραήλ. Καὶ στήσεται καὶ ὄψεται, καὶ ποιμανεῖ τὸ ποίμ- 4 νιον αὐτοῦ ἐν ἰσχύϊ Κύριος, καὶ ἐν τῇ δόξῃ ὀνόματος Κυρίου Θεοῦ αὐτῶν ὑπάρξουσι, διότι νῦν μεγαλυνθήσονται ἕως ἄκρων τῆς γῆς.

Καὶ ἔσται αὐτῇ εἰρήνη, Ἀσσοὺρ ὅταν ἐπέλθῃ ἐπὶ τὴν γῆν 5 ὑμῶν, καὶ ὅταν ἐπιβῇ ἐπὶ τὴν χώραν ὑμῶν, καὶ ἐπεγερθήσονται ἐπ᾽ αὐτὸν ἑπτὰ ποιμένες, καὶ ὀκτὼ δήγματα ἀνθρώπων, καὶ 6 ποιμανοῦσι τὸν Ἀσσοὺρ ἐν ῥομφαίᾳ, καὶ τὴν γῆν τοῦ Νεβ- ρὼδ ἐν τῇ τάφρῳ αὐτῆς· καὶ ῥύσεται ἐκ τοῦ Ἀσσοὺρ ὅταν ἐπέλθῃ ἐπὶ τὴν γῆν ὑμῶν, καὶ ὅταν ἐπιβῇ ἐπὶ τὰ ὅρια ὑμῶν.

Καὶ ἔσται τὸ ὑπόλειμμα τοῦ Ἰακὼβ ἐν τοῖς ἔθνεσιν ἐν μέσῳ 7 λαῶν πολλῶν, ὡς δρόσος παρὰ Κυρίου πίπτουσα, καὶ ὡς ἄρνες ἐπὶ ἄγρωστιν, ὅπως μὴ συναχθῇ μηδεὶς, μηδὲ ὑποστῇ ἐν υἱοῖς ἀνθρώπων. Καὶ ἔσται τὸ ὑπόλειμμα Ἰακὼβ ἐν τοῖς ἔθνεσιν 8 ἐν μέσῳ λαῶν πολλῶν, ὡς λέων ἐν κτήνεσιν ἐν τῷ δρυμῷ, καὶ ὡς σκύμνος ἐν ποιμνίοις προβάτων, ὃν τρόπον ὅταν διέλθῃ, καὶ διαστείλας ἁρπάσῃ, καὶ μὴ ᾖ ὁ ἐξαιρούμενος. Ὑψωθήσεται 9 ἡ χείρ σου ἐπὶ τοὺς θλίβοντάς σε, καὶ πάντες οἱ ἐχθροί σου ἐξολοθρευθήσονται.

β Or, gloomy, or, foul.　　　γ sc. the time, but Alex. — ' draw near.'　　　δ Or, the multitude of them.　　　ζ See Heb.
θ Mat. 2. 6.　　　λ Gr. from days of the age.

10 Καὶ ἔσται ἐν τῇ ἡμέρᾳ ἐκείνῃ, λέγει Κύριος, ἐξολοθρεύσω
11 τοὺς ἵππους ἐκ μέσου σου, καὶ ἀπολῶ τὰ ἅρματά σου, καὶ
ἐξολοθρεύσω τὰς πόλεις τῆς γῆς σου, καὶ ἐξαρῶ πάντα τὰ
12 ὀχυρώματά σου· καὶ ἐξολοθρεύσω τὰ φάρμακά σου ἐκ τῶν
13 χειρῶν σου, καὶ ἀποφθεγγόμενοι οὐκ ἔσονται ἐν σοί· καὶ ἐξο-
λοθρεύσω τὰ γλυπτά σου, καὶ τὰς στηλάς σου ἐκ μέσου σου,
14 καὶ οὐκ ἔτι μὴ προσκυνήσεις τοῖς ἔργοις τῶν χειρῶν σου. Καὶ
ἐκκόψω τὰ ἄλση ἐκ μέσου σου, καὶ ἀφανιῶ τὰς πόλεις σου.
15 Καὶ ποιήσω ἐν ὀργῇ καὶ ἐν θυμῷ ἐκδίκησιν ἐν τοῖς ἔθνεσιν, ἀνθ᾽
ὧν οὐκ εἰσήκουσαν.

6 Ἀκούσατε δὴ λόγον· Κύριος Κύριος εἶπεν, ἀνάστηθι, κρίθητι
πρὸς τὰ ὄρη, καὶ ἀκουσάτωσαν βουνοὶ φωνήν σου.

2 Ἀκούσατε ὄρη τὴν κρίσιν τοῦ Κυρίου, καὶ αἱ φάραγγες
θεμέλια τῆς γῆς, ὅτι κρίσις τῷ Κυρίῳ πρὸς τὸν λαὸν αὐτοῦ,
3 καὶ μετὰ τοῦ Ἰσραὴλ διελεγχθήσεται. Λαός μου, τί ἐποίησά
σοι, ἢ τί ἐλύπησά σε, ἢ τί παρηνώχλησά σοι; ἀποκρίθητί
4 μοι. Διότι ἀνήγαγόν σε ἐκ γῆς Αἰγύπτου, καὶ ἐξ οἴκου δου-
λείας ἐλυτρωσάμην σε, καὶ ἐξαπέστειλα πρὸ προσώπου σου τὸν
Μωυσῆν, καὶ Ἀαρὼν, καὶ Μαριάμ.

5 Λαός μου μνήσθητι δὴ, τί ἐβουλεύσατο κατὰ σοῦ Βαλὰκ
βασιλεὺς Μωάβ, καὶ τί ἀπεκρίθη αὐτῷ Βαλαὰμ υἱὸς τοῦ Βεὼρ,
ἀπὸ τῶν σχοίνων ἕως τοῦ Γαλγὰλ, ὅπως γνωσθῇ ἡ δικαιοσύνη
τοῦ Κυρίου.

6 Ἐν τίνι καταλάβω τὸν Κύριον, ἀντιλήψομαι Θεοῦ μου
ὑψίστου; εἰ καταλήψομαι αὐτὸν ἐν ὁλοκαυτώμασιν, ἐν μόσχοις
7 ἐνιαυσίοις; Εἰ προσδέξεται Κύριος ἐν χιλιάσι κριῶν; ἢ ἐν
μυριάσι χιμάρων πιόνων; εἰ δῶ πρωτότοκά μου ὑπὲρ ἀσεβείας,
8 καρπὸν κοιλίας μου ὑπὲρ ἁμαρτίας ψυχῆς μου; Εἰ ἀνηγγέλη
σοι ἄνθρωπε τί καλόν; ἢ τί Κύριος ἐκζητεῖ παρὰ σοῦ, ἀλλ᾽ ἢ
τοῦ ποιεῖν κρίμα, καὶ ἀγαπᾶν ἔλεον, καὶ ἕτοιμον εἶναι τοῦ
πορεύεσθαι μετὰ Κυρίου Θεοῦ σου;

9 Φωνὴ Κυρίου τῇ πόλει ἐπικληθήσεται, καὶ σώσει φοβουμέ-
νους τὸ ὄνομα αὐτοῦ· ἄκουε φυλὴ, καὶ τίς κοσμήσει πόλιν;
10 Μὴ πῦρ καὶ οἶκος ἀνόμου θησαυρίζων θησαυροὺς ἀνόμους, καὶ
11 μετὰ ὕβρεως ἀδικίας; Εἰ δικαιωθήσεται ἐν ζυγῷ ἄνομος, καὶ
12 ἐν μαρσίππῳ στάθμια δόλου, ἐξ ὧν τὸν πλοῦτον αὐτῶν ἀσε-
βείας ἔπλησαν, καὶ οἱ κατοικοῦντες αὐτὴν ἐλάλουν ψεύδη, καὶ
ἡ γλῶσσα αὐτῶν ὑψώθη ἐν τῷ στόματι αὐτῶν;

13 Καὶ ἐγὼ ἄρξομαι τοῦ πατάξαι σε, ἀφανιῶ σε ἐν ταῖς ἁμαρ-
14 τίαις σου. Σὺ φάγεσαι, καὶ οὐ μὴ ἐμπλησθῇς, καὶ συσκοτά-
σει ἐν σοὶ, καὶ ἐκνεύσει, καὶ οὐ μὴ διασωθῇς, καὶ ὅσοι ἂν
15 διασωθῶσιν, εἰς ῥομφαίαν παραδοθήσονται. Σὺ σπερεῖς, καὶ
οὐ μὴ ἀμήσῃς, σὺ πιέσεις ἐλαίαν, καὶ οὐ μὴ ἀλείψῃ ἔλαιον,
καὶ οἶνον, καὶ οὐ μὴ πίητε, καὶ ἀφανισθήσεται νόμιμα λαοῦ
16 μου. Καὶ ἐφύλαξας τὰ δικαιώματα Ζαμβρὶ, καὶ πάντα τὰ

[10] And it shall come to pass in that day, saith the Lord, *that* I will utterly destroy the horses out of the midst of thee, and destroy thy chariots: [11] and I will utterly destroy the cities of thy land, and demolish all thy strong-holds: [12] and I will utterly destroy thy sorceries out of thine hands; and there shall be ⁿo soothsayers in thee. [13] And I utter₁ ᵈestroy thy graven images, and thy statues out of the midst of thee; and thou shalt never any more worship the works of thine hands. [14] And I will cut off the groves out of the midst of thee, and I will abolish thy cities. [15] And I will execute vengeance on the heathen in anger and wrath, because they hearkened not.

Hear now a word: the Lord God has said; Arise, plead with the mountains, and let the hills hear thy voice. [2] Hear ye, O mountains, the controversy of the Lord, and *ye* valleys *even* the foundations of the earth: for the Lord *has* a controversy with his people, and will plead with Israel. [3] O my people, what have I done to thee? or wherein have I grieved thee? or wherein have I troubled thee? answer me. [4] For I brought thee up out of the land of Egypt, and redeemed thee out of the house of bondage, and sent before thee Moses, and Aaron, and Mariam.

[5] O my people, remember now, what counsel Balac king of Moab took against thee, and what Balaam the son of Beor answered him, from the reeds to Galgal; that the righteousness of the Lord might be known. [6] Wherewithal shall I reach the Lord, *and* lay hold of my God most high? shall I reach him by whole-burnt-offerings, by calves of a year old? [7] Will the Lord accept thousands of rams, or ten thousands of fat goats? should I give my first-born for ungodliness, the fruit of my body for the sin of my soul? [8] Has it *not* been told thee, O man, what *is* good? or what does the Lord require of thee, but to do justice, and love mercy, and be ready to walk with the Lord thy God? [9] The Lord's voice shall be proclaimed in the city, and he shall save those that fear his name: hear, [β]O tribe; and who shall order the city? [10] *Is there* not fire, and the house of the wicked heaping up wicked treasures, and *that* with the pride of unrighteousness? [11] Shall the wicked be justified by the balance, or deceitful weights in the bag, [12] whereby they have accumulated their ungodly wealth, and they that dwell in [γ]the city have uttered falsehoods, and their tongue has been exalted in their mouth? [13] Therefore will I begin to smite thee; I will destroy thee in thy sins. [14] Thou shalt eat, and shalt not be satisfied; and there shall be darkness upon thee; and he shall depart from *thee*, and thou shalt not escape; and all that shall escape shall be delivered over to the sword. [15] Thou shalt sow, but thou shalt not reap; thou shalt press the olive, but thou shalt not anoint thyself with oil; and *shalt make* wine, but ye shall drink no wine: and the ordinances of my people shall be utterly abolished. [16] For thou hast kept the statutes of Zambri, and *done* all

---

β *Heb.* ׁשֵבֶט *ambiguous.* γ *Gr.* it.

the works of the house of Achaab; and ye have walked in their ways, that I might deliver thee to utter destruction, and those that inhabit the city to hissing: and ye shall bear the reproach of nations.

Alas for me! for I am become as one gathering straw in harvest, and as *one gathering* grape-gleanings in the vintage, when there is no cluster for me to eat the first-ripe fruit: alas my soul! ² For the godly is perished from the earth; and there is none among men that orders *his way* aright: they all quarrel even to blood: they grievously afflict every one his neighbour: ³ they prepare their hands for mischief, the prince asks *a reward*, and the judge speaks flattering words; it is the desire of their soul: ⁴ therefore I will take away their goods as a devouring moth, and as one who β acts by a *rigid* rule in a day of γ visitation. Woe, woe, thy times of vengeance are come; now shall be their lamentations. ⁵ Trust not in friends, and confide not in guides: beware of thy wife, so as not to commit anything to her. ⁶ For the son dishonours his father, the daughter will rise up against her mother, the daughter-in-law against her mother-in-law: those in his house *shall be* all a man's enemies.

⁷ But I will look to the Lord; I will wait upon God my Saviour: my God will hearken to me.

⁸ Rejoice not against me, mine enemy; for I have fallen *yet* shall arise; for though I should sit in darkness, the Lord shall be a light to me. ⁹ I will bear the indignation of the Lord, because I have sinned against him, until he make good my cause: he also shall δ maintain my right, and shall bring me out to the light, *and* I shall behold his righteousness. ¹⁰ And she that is mine enemy shall see it, and shall clothe herself with shame, who says, Where *is* the Lord thy God? mine eyes shall look upon her: now shall she be for trampling as mire in the ways.

¹¹ *It is* the day of ζ making of brick; that day shall be thine utter destruction, and that day shall utterly abolish thine ordinances. ¹² And thy cities shall be levelled, and parted among the Assyrians; and thy strong cities shall be parted from Tyre to the river, and from sea to sea, and from mountain to mountain. ¹³ And the land shall be utterly desolate together with them that inhabit it, because of the fruit of their doings.

¹⁴ Tend thy people with thy rod, the sheep of thine inheritance, those that inhabit by themselves the thicket in the midst of Carmel: they shall feed in the land of Basan, and in the land of Galaad, as in the days of old.

¹⁵ And according to the days of thy departure out of Egypt shall ye see marvellous *things.* ¹⁶ The nations shall see and be ashamed; and at all their might they shall lay their hands upon their mouth, their ears shall be deafened. ¹⁷ They shall lick the dust as serpents crawling on the earth, they shall be confounded in their θ holes; they shall be amazed at the Lord our God, and will be afraid of thee.

ἔργα οἴκου Ἀχαὰβ, καὶ ἐπορεύθητε ἐν ταῖς ὁδοῖς αὐτῶν, ὅπως παραδῶ σε εἰς ἀφανισμὸν, καὶ τοὺς κατοικοῦντας αὐτὴν εἰς συρισμὸν, καὶ ὀνείδη λαῶν λήψεσθε.

Οἴμοι, ὅτι ἐγενήθην ὡς συνάγων καλάμην ἐν ἀμητῷ, καὶ ὡς 7 ἐπιφυλλίδα ἐν τρυγητῷ, οὐχ ὑπάρχοντος βότρυος τοῦ φαγεῖν τὰ πρωτόγονα· οἴμοι ψυχὴ, ὅτι ἀπόλωλεν εὐσεβὴς ἀπὸ τῆς 2 γῆς, καὶ κατορθῶν ἐν ἀνθρώποις οὐχ ὑπάρχει· πάντες εἰς αἵματα δικάζονται, ἕκαστος τὸν πλησίον αὐτοῦ ἐκθλίβουσιν ἐκθλιβῇ, ἐπὶ τὸ κακὸν τὰς χεῖρας αὐτῶν ἑτοιμάζουσιν· ὁ ἄρχων αἰτεῖ, 3 καὶ ὁ κριτὴς εἰρηνικοὺς λόγους ἐλάλησε, καταθύμιον ψυχῆς αὐτοῦ ἐστιν· καὶ ἐξελοῦμαι τὰ ἀγαθὰ αὐτῶν ὡς σὴς ἐκτρώγων, 4 καὶ βαδίζων ἐπὶ κανόνος ἐν ἡμέρᾳ σκοπιᾶς· οὐαὶ οὐαὶ, αἱ ἐκδικήσεις σου ἥκασι, νῦν ἔσονται κλαθμοὶ αὐτῶν. Μὴ κατα- 5 πιστεύετε ἐν φίλοις, καὶ μὴ ἐλπίζετε ἐπὶ ἡγουμένοις· ἀπὸ τῆς συγκοίτου σου φύλαξαι, τοῦ ἀναθέσθαι τι αὐτῇ. Διότι υἱὸς 6 ἀτιμάζει πατέρα, θυγάτηρ ἐπαναστήσεται ἐπὶ τὴν μητέρα αὐτῆς, νύμφη ἐπὶ τὴν πενθερὰν αὐτῆς, ἐχθροὶ πάντες ἀνδρὸς οἱ ἐν τῷ οἴκῳ αὐτοῦ.

Ἐγὼ δὲ ἐπὶ τὸν Κύριον ἐπιβλέψομαι, ὑπομενῶ ἐπὶ τῷ Θεῷ 7 τῷ σωτῆρί μου, εἰσακούσεταί μου ὁ Θεός μου.

Μὴ ἐπίχαιρέ μοι ἡ ἐχθρά μου, ὅτι πέπτωκα, καὶ ἀναστή- 8 σομαι· διότι ἐὰν καθίσω ἐν τῷ σκότει, Κύριος φωτιεῖ μοι. Ὀργὴν Κυρίου ὑποίσω, ὅτι ἥμαρτον αὐτῷ, ἕως τοῦ δικαιῶσαι 9 αὐτὸν τὴν δίκην μου· καὶ ποιήσει τὸ κρίμα μου, καὶ ἐξάξει με εἰς τὸ φῶς· ὄψομαι τὴν δικαιοσύνην αὐτοῦ, καὶ ὄψεται ἡ ἐχθρά 10 μου, καὶ περιβαλεῖται αἰσχύνην, ἡ λέγουσα, ποῦ Κύριος ὁ Θεός σου; οἱ ὀφθαλμοί μου ἐπόψονται αὐτὴν, νῦν ἔσται εἰς καταπάτημα ὡς πηλὸς ἐν ταῖς ὁδοῖς.

Ἡμέρα ἀλοιφῆς πλίνθου, ἐξάλειψίς σου ἡ ἡμέρα ἐκείνη, καὶ 11 ἀποτρίψεται νόμιμά σου ἡ ἡμέρα ἐκείνη. Καὶ αἱ πόλεις σου 12 ἥξουσιν εἰς ὁμαλισμὸν, καὶ εἰς διαμερισμὸν Ἀσσυρίων, καὶ αἱ πόλεις σου αἱ ὀχυραὶ εἰς διαμερισμὸν ἀπὸ Τύρου ἕως τοῦ ποταμοῦ, καὶ ἀπὸ θαλάσσης ἕως θαλάσσης, καὶ ἀπὸ ὄρους ἕως τοῦ ὄρους. Καὶ ἔσται ἡ γῆ εἰς ἀφανισμὸν σὺν τοῖς κατοικοῦσιν 13 αὐτὴν, ἀπὸ καρπῶν ἐπιτηδευμάτων αὐτῶν.

Ποίμαινε λαόν σου ἐν ῥάβδῳ σου, πρόβατα κληρονομίας 14 σου, κατασκηνοῦντας καθ᾿ ἑαυτοὺς δρυμὸν ἐν μέσῳ τοῦ Καρμήλου, νεμήσονται τὴν Βασανίτιν, καὶ τὴν Γαλααδίτιν καθὼς αἱ ἡμέραι τοῦ αἰῶνος.

Καὶ κατὰ τὰς ἡμέρας ἐξοδίας σου ἐξ Αἰγύπτου, ὄψεσθε θαυ- 15 μαστά. Ὄψονται ἔθνη καὶ καταισχυνθήσονται, καὶ ἐκ πάσης 16 τῆς ἰσχύος αὐτῶν, ἐπιθήσουσι χεῖρας ἐπὶ τὸ στόμα αὐτῶν, τὰ ὦτα αὐτῶν ἀποκωφωθήσεται, λείξουσι χοῦν ὡς ὄφεις σύροντες 17 γῆν, συγχυθήσονται ἐν συγκλεισμῷ αὐτῶν· ἐπὶ τῷ Κυρίῳ Θεῷ ἡμῶν ἐκστήσονται, καὶ φοβηθήσονται ἀπὸ σοῦ.

β Gr. goes upon, etc.　　γ Lit. watching.　　δ Or, execute my judgment.　　ζ Or, plastering, or, anointing.　　θ Gr. confinement.

18 Τίς Θεὸς ὥσπερ σὺ, ἐξαίρων ἀνομίας, καὶ ὑπερβαίνων ἀσεβείας τοῖς καταλοίποις τῆς κληρονομίας αὐτοῦ; καὶ οὐ συνέσχεν
19 εἰς μαρτύριον ὀργὴν αὐτοῦ, ὅτι θελητὴς ἐλέους ἐστίν. Ἐπιστρέψει καὶ οἰκτειρήσει ἡμᾶς, καταδύσει τὰς ἀδικίας ἡμῶν, καὶ ἀπορριφήσονται εἰς τὰ βάθη τῆς θαλάσσης πάσας τὰς ἁμαρτίας
20 ἡμῶν. Δώσει εἰς ἀλήθειαν τῷ Ἰακὼβ, ἔλεον τῷ Ἀβραάμ, καθότι ὤμοσας τοῖς πατράσιν ἡμῶν, κατὰ τὰς ἡμέρας τὰς ἔμπροσθεν.

[18] Who is a God like thee, cancelling iniquities, and passing over the sins of the remnant of his inheritance? and he has not kept his anger βfor a testimony, for he delights in mercy. [19] He will return and have mercy upon us; he will sink our iniquities, and they shall be cast into the depths of the sea, *even* all our sins. [20] He shall give blessings truly to Jacob, and mercy to Abraam, as thou swarest to our fathers, according to the former days.

Ν Α Ο Υ Μ. Ζʹ.

ΛΗΜΜΑ Νινευὴ, βιβλίον ὁράσεως Ναοὺμ τοῦ Ἐλκεσαίου.
2 Θεὸς ζηλωτὴς, καὶ ἐκδικῶν Κύριος, ἐκδικῶν Κύριος μετὰ θυμοῦ, ἐκδικῶν Κύριος τοὺς ὑπεναντίους αὐτοῦ, καὶ ἐξαίρων
3 αὐτὸς τοὺς ἐχθροὺς αὐτοῦ. Κύριος μακρόθυμος, καὶ μεγάλη ἡ ἰσχὺς αὐτοῦ, καὶ ἀθῶον οὐκ ἀθωώσει Κύριος· ἐν συντελείᾳ, καὶ ἐν συσσεισμῷ ἡ ὁδὸς αὐτοῦ, καὶ νεφέλαι κονιορτὸς ποδῶν
4 αὐτοῦ. Ἀπειλῶν θαλάσσῃ, καὶ ξηραίνων αὐτὴν, καὶ πάντας τοὺς ποταμοὺς ἐξερημῶν· ὠλιγώθη ἡ Βασανῖτις, καὶ ὁ Κάρ-
5 μηλος, καὶ τὰ ἐξανθοῦντα τοῦ Λιβάνου ἐξέλιπε. Τὰ ὄρη ἐσείσθησαν ἀπ' αὐτοῦ, καὶ οἱ βουνοὶ ἐσαλεύθησαν· καὶ ἀνεστάλη ἡ γῆ ἀπὸ προσώπου αὐτοῦ, ἡ σύμπασα καὶ πάντες οἱ
6 κατοικοῦντες ἐν αὐτῇ. Ἀπὸ προσώπου ὀργῆς αὐτοῦ τίς ὑποστήσεται; καὶ τίς ἀντιστήσεται ἐν ὀργῇ θυμοῦ αὐτοῦ; ὁ θυμὸς αὐτοῦ τήκει ἀρχὰς, καὶ αἱ πέτραι διεθρύβησαν ἀπ' αὐτοῦ.
7 Χρηστὸς Κύριος τοῖς ὑπομένουσιν αὐτὸν ἐν ἡμέρᾳ θλίψεως,
8 καὶ γινώσκων τοὺς εὐλαβουμένους αὐτόν. Καὶ ἐν κατακλυσμῷ πορείας συντέλειαν ποιήσεται, τοὺς ἐπεγειρομένους καὶ τοὺς
9 ἐχθροὺς αὐτοῦ διώξεται σκότος. Τί λογίζεσθε ἐπὶ τὸν Κύριον; συντέλειαν αὐτὸς ποιήσεται, οὐκ ἐκδικήσει δὶς ἐπιτοαυτὸ ἐν
10 θλίψει. Ὅτι ἕως θεμελίου αὐτοῦ χερσωθήσεται· καὶ ὡς σμίλαξ περιπλεκομένη βρωθήσεται, καὶ ὡς καλάμη ξηρασίας μεστή.
11 Ἐκ σοῦ ἐξελεύσεται λογισμὸς κατὰ τοῦ Κυρίου, πονηρὰ βουλευόμενος ἐναντία.

The burden of Nineve: the book of the vision of Naum the Elkesite. [2] God is jealous, and the Lord avenges; the Lord avenges with wrath; the Lord takes vengeance on his adversaries, and he cuts off his enemies. [3] The Lord is long-suffering, and his power is great, and the Lord will not hold any guiltless: his way is in destruction and in the whirlwind, and the clouds are the dust of his feet. [4] He threatens the sea, and dries it up, and exhausts all the rivers: the land of Basan, and Carmel are brought low, and the flourishing *trees* of Libanus have come to nought. [5] The mountains quake γ at him, and the hills are shaken, and the earth recoils at his presence, *even* the world, and all that dwell in it. [6] Who shall stand before his anger? and who shall withstand in the anger of his wrath? his wrath brings to nought kingdoms, and the rocks are burst asunder by him. [7] The Lord is good to them that wait on him in the day of affliction; and he knows them that reverence him. [8] But with an overrunning flood he will make an utter end: darkness shall pursue those that rise up against *him* and his enemies. [9] What do ye devise against the Lord? he will make a complete end: he will not take vengeance by affliction twice at the same time. [10] For *the enemy* shall be laid bare even to the foundation, and shall be devoured as twisted yew, and as stubble fully dry. [11] Out of thee shall proceed a device against the Lord, counselling evil things hostile *to him*.

β *Vide supra*, Prov. 29. 14. Amos 1. 11.   γ *Gr.* by him.

¹² Thus saith the Lord who rules over many waters, Even thus shall they be sent away, and the report of thee shall not be heard any more. ¹³ And now will I break his rod from off thee, and will burst *thy* bonds.

¹⁴ And the Lord shall give a command concerning thee; there shall no more of thy name be scattered: I will utterly destroy the graven *images* out of the house of thy god, and the molten *images*: I will make thy grave; for *they are* swift.

¹⁵ Behold upon the mountains the feet of him that brings glad tidings, and publishes peace! O Juda, keep thy feasts, pay thy vows: for they shall no more pass through thee to ᵝ*thy* decay.

It is all over with him, he has been removed, *one* who has been delivered from affliction has come up panting into thy presence, watch the way, strengthen *thy* loins, be very valiant in *thy* strength.

² For the Lord has turned aside the pride of Jacob, as the pride of Israel: for they have utterly rejected them, and have destroyed their branches. ³ *They have destroyed* the arms of their power from among men, their mighty men sporting with fire: the reins of their chariots *shall be destroyed* in the day of his preparation, and the horsemen shall be thrown into confusion ⁴ in the ways, and the chariots shall clash together, and shall be entangled in each other in the broad ways: their appearance is as lamps of fire, and as gleaming lightnings.

⁵ And their mighty men shall ᵞ bethink themselves and flee by day; and they shall be weak as they go; and they shall hasten to her walls, and shall prepare their ᵟ defences. ⁶ The gates of the cities have been opened, and the palaces have fallen into ruin, ⁷ and the foundation has been exposed; and she has gone up, and her maid-servants were led *away* as doves moaning in their hearts. ⁸ And *as for* Nineve, her waters *shall be* as a pool of water: and they fled, and staid not, and there was none to look back.

⁹ They plundered the silver, they plundered the gold, and there was no end of their adorning; they were loaded *with it* upon all their pleasant vessels. ¹⁰ *There is* thrusting forth, and shaking, and tumult, and heart-breaking, and loosing of knees, and pangs on all loins; and the faces of all *are* as the blackening of a pot.

¹¹ Where is the dwelling-place of the lions, and the pasture that belonged to the whelps? where did the lion go, that the lion's whelp should enter in there, and there was none to scare *him* away? ¹² The lion seized enough prey for his whelps, and strangled for his *young* lions, and filled his lair with prey, and his dwelling-place with spoil.

¹³ Behold, I am against thee, saith the Lord Almighty, and I will burn up thy multitude in the smoke, and the sword shall devour thy lions; and I will utterly destroy thy prey from off the land, and thy deeds shall no more at all be heard of.

Τάδε λέγει Κύριος κατάρχων ὑδάτων πολλῶν, καὶ οὕτως 12 διασταλήσονται, καὶ ἡ ἀκοή σου οὐκ ἐνακουσθήσεται ἔτι. Καὶ νῦν συντρίψω τὴν ῥάβδον αὐτοῦ ἀπὸ σοῦ, καὶ τοὺς δεσμοὺς 13 διαρρήξω.

Καὶ ἐντελεῖται περὶ σοῦ Κύριος, οὐ σπαρήσεται ἐκ τοῦ 14 ὀνόματός σου ἔτι· ἐξ οἴκου θεοῦ σου ἐξολοθρεύσω τὰ γλυπτὰ, καὶ χωνευτὰ, θήσομαι ταφήν σου, ὅτι ταχεῖς.

Ἰδοὺ ἐπὶ τὰ ὄρη οἱ πόδες εὐαγγελιζομένου, καὶ ἀπαγγέλλον- 15 τος εἰρήνην· ἑόρταζε Ἰούδα τὰς ἑορτάς σου, ἀπόδος τὰς εὐχάς σου, διότι οὐ μὴ προσθήσωσιν ἔτι τοῦ διελθεῖν διὰ σοῦ εἰς παλαίωσιν.

Συντετέλεσται, ἐξῆρται· ἀνέβη ἐμφυσῶν εἰς πρόσωπόν σου, 2 ἐξαιρούμενος ἐκ θλίψεως· σκόπευσον ὁδὸν, κράτησον ὀσφύος, ἀνδρίσαι τῇ ἰσχύϊ σφόδρα.

Διότι ἀπέστρεψε Κύριος τὴν ὕβριν Ἰακὼβ, καθὼς ὕβριν 2 τοῦ Ἰσραὴλ, διότι ἐκτινάσσοντες ἐξετίναξαν αὐτοὺς, καὶ τὰ κλήματα αὐτῶν διέφθειραν. Ὅπλα δυναστείας αὐτῶν ἐξ ἀν- 3 θρώπων, ἄνδρας δυνατοὺς ἐμπαίζοντας ἐν πυρί· αἱ ἡνίαι τῶν ἁρμάτων αὐτῶν ἐν ἡμέρᾳ ἑτοιμασίας αὐτοῦ, καὶ οἱ ἱππεῖς θορυβηθήσονται ἐν ταῖς ὁδοῖς, καὶ συγχυθήσονται τὰ ἅρματα, καὶ 4 συμπλακήσονται ἐν ταῖς πλατείαις· ἡ ὅρασις αὐτῶν ὡς λαμπάδες πυρὸς, καὶ ὡς ἀστραπαὶ διατρέχουσαι.

Καὶ μνησθήσονται οἱ μεγιστᾶνες αὐτῶν, καὶ φεύξονται 5 ἡμέρας, καὶ ἀσθενήσουσιν ἐν τῇ πορείᾳ αὐτῶν, καὶ σπεύσουσιν ἐπὶ τὰ τείχη αὐτῆς, καὶ ἑτοιμάσουσι τὰς προφυλακὰς αὐτῶν. Πύλαι τῶν πόλεων διηνοίχθησαν, καὶ τὰ βασίλεια διέπεσε, 6 καὶ ἡ ὑπόστασις ἀπεκαλύφθη· καὶ αὕτη ἀνέβαινε, καὶ αἱ 7 δοῦλαι αὐτῆς ἤγοντο, καθὼς περιστεραὶ φθεγγόμεναι ἐν καρδίαις αὐτῶν. Καὶ Νινευὴ ὡς κολυμβήθρα ὕδατος τὰ ὕδατα 8 αὐτῆς, καὶ αὐτοὶ φεύγοντες οὐκ ἔστησαν, καὶ οὐκ ἦν ὁ ἐπιβλέπων.

Διήρπαζον τὸ ἀργύριον, διήρπαζον τὸ χρυσίον, καὶ οὐκ ἦν 9 πέρας τοῦ κόσμου αὐτῆς· βεβάρυνται ἐπὶ πάντα τὰ σκεύη τὰ ἐπιθυμητὰ αὐτῆς. Ἐκτιναγμὸς, καὶ ἀνατιναγμὸς, καὶ ἐκ- 10 βρασμὸς, καὶ καρδίας θραυσμὸς, καὶ ὑπόλυσις γονάτων, καὶ ὠδῖνες ἐπὶ πᾶσαν ὀσφύν· καὶ τὸ πρόσωπον πάντων ὡς πρόσκαυμα χύτρας.

Ποῦ ἐστι τὸ κατοικητήριον τῶν λεόντων, καὶ ἡ νομὴ ἡ οὖσα 11 τοῖς σκύμνοις; ποῦ ἐπορεύθη λέων, τοῦ εἰσελθεῖν ἐκεῖ σκύμνον λέοντος, καὶ οὐκ ἦν ὁ ἐκφοβῶν; Λέων ἥρπασε τὰ ἱκανὰ 12 τοῖς σκύμνοις αὐτοῦ, καὶ ἀπέπνιξε τοῖς λέουσιν αὐτοῦ, καὶ ἔπλησε θήρας νοσσιὰν αὐτοῦ, καὶ τὸ κατοικητήριον αὐτοῦ ἁρπαγῆς.

Ἰδοὺ ἐγὼ ἐπὶ σὲ, λέγει Κύριος παντοκράτωρ, καὶ ἐκκαύσω 13 ἐν καπνῷ πλῆθός σου, καὶ τοὺς λέοντάς σου καταφάγεται ῥομφαία, καὶ ἐξολοθρεύσω ἐκ τῆς γῆς τὴν θήραν σου, καὶ οὐ μὴ ἀκουσθῇ οὐκέτι τὰ ἔργα σου.

ᵝ Compare *Heb.*   ᵞ Or, be remembered.   ᵟ Or, watches.

3 Ὦ πόλις αἱμάτων, ὅλη ψευδὴς, ἀδικίας πλήρης, οὐ ψηλαφη-
2 θήσεται θήρα. Φωνὴ μαστίγων, καὶ φωνὴ σεισμοῦ τροχῶν,
3 καὶ ἵππου διώκοντος, καὶ ἅρματος ἀναβράσσοντος, καὶ ἱππέως
ἀναβαίνοντος, καὶ στιλβούσης ῥομφαίας, καὶ ἐξαστραπτόντων
ὅπλων, καὶ πλήθους τραυματιῶν, καὶ βαρείας πτώσεως, καὶ
οὐκ ἦν πέρας τοῖς ἔθνεσιν αὐτῆς· καὶ ἀσθενήσουσιν ἐν τοῖς
4 σώμασιν αὐτῶν ἀπὸ πλήθους πορνείας· πόρνη καλὴ, καὶ ἐπί-
χαρις ἡγουμένη φαρμάκων, ἡ πωλοῦσα ἔθνη ἐν τῇ πορνείᾳ
αὐτῆς, καὶ λαοὺς ἐν τοῖς φαρμάκοις αὐτῆς.

5 Ἰδοὺ ἐγὼ ἐπὶ σὲ, λέγει Κύριος ὁ Θεὸς ὁ παντοκράτωρ, καὶ
ἀποκαλύψω τὰ ὀπίσω σου ἐπὶ τὸ πρόσωπόν σου, καὶ δείξω
ἔθνεσι τὴν αἰσχύνην σου, καὶ βασιλείαις τὴν ἀτιμίαν σου.
6 Καὶ ἐπιρρίψω ἐπὶ σὲ βδελυγμὸν κατὰ τὰς ἀκαθαρσίας σου, καὶ
7 θήσομαί σε εἰς παράδειγμα. Καὶ ἔσται, πᾶς ὁ ὁρῶν σε κατα-
βήσεται ἀπὸ σοῦ, καὶ ἐρεῖ, δειλαία Νινευή· τίς στενάξει αὐτήν;
πόθεν ζητήσω παράκλησιν αὐτῇ;

8 Ἑτοιμάσαι μερίδα, ἁρμόσαι χορδὴν, ἑτοιμάσαι μερίδα
Ἀμμών· ἡ κατοικοῦσα ἐν ποταμοῖς, ὕδωρ κύκλῳ αὐτῆς, ἧς ἡ
9 ἀρχὴ θάλασσα, καὶ ὕδωρ τὰ τείχη αὐτῆς, καὶ Αἰθιοπία ἰσχὺς
αὐτῆς, καὶ Αἴγυπτος· καὶ οὐκ ἔστη πέρας τῆς φυγῆς· καὶ Λίβυες
10 ἐγένοντο βοηθοὶ αὐτῆς. Καὶ αὐτὴ εἰς μετοικεσίαν πορεύσεται
αἰχμάλωτος, καὶ τὰ νήπια αὐτῆς ἐδαφιοῦσιν ἐπ᾽ ἀρχὰς πασῶν
τῶν ὁδῶν αὐτῆς, καὶ ἐπὶ πάντα τὰ ἔνδοξα αὐτῆς βαλοῦσι
κλήρους· καὶ πάντες οἱ μεγιστᾶνες αὐτῆς δεθήσονται χειροπέ-
11 δαις. Καὶ σὺ μεθυσθήσῃ, καὶ ἔσῃ ὑπερεωραμένη, καὶ σὺ
12 ζητήσεις σεαυτῇ στάσιν ἐξ ἐχθρῶν. Πάντα τὰ ὀχυρώματά
σου συκαῖ σκοποὺς ἔχουσαι· ἐὰν σαλευθῶσι, πεσοῦνται εἰς
13 στόμα ἔσθοντος. Ἰδοὺ ὁ λαός σου ὡς γυναῖκες ἐν σοὶ, τοῖς
ἐχθροῖς σου ἀνοιγόμεναι ἀνοιχθήσονται πύλαι τῆς γῆς σου,
καταφάγεται πῦρ τοὺς μοχλούς σου.

14 Ὕδωρ περιοχῆς ἐπίσπασαι σεαυτῇ, καὶ κατακράτησον τῶν
ὀχυρωμάτων σου· ἔμβηθι εἰς πηλὸν, καὶ συμπατήθητι ἐν ἀχύ-
15 ροις, κατακράτησον ὑπὲρ πλίνθον. Ἐκεῖ καταφάγεταί σε πῦρ,
ἐξολοθρεύσει σε ῥομφαία, καταφάγεταί σε ὡς ἀκρὶς, καὶ
16 βαρυνθήσῃ ὡς βροῦχος. Ἐπλήθυνας τὰς ἐμπορίας σου ὑπὲρ
τὰ ἄστρα τοῦ οὐρανοῦ· βροῦχος ὥρμησε, καὶ ἐξεπετάσθη.
17 Ἐξήλατο ὡς ἀττέλεβος ὁ συμμικτός σου, ὡς ἀκρὶς ἐπιβεβηκυῖα
ἐπὶ φραγμὸν ἐν ἡμέρᾳ πάγους· ὁ ἥλιος ἀνέτειλε, καὶ ἀφήλατο,
καὶ οὐκ ἔγνω τὸν τόπον αὐτῆς· οὐαὶ αὐτοῖς.

18 Ἐνύσταξαν οἱ ποιμένες σου, βασιλεὺς Ἀσσύριος ἐκοίμισε
τοὺς δυνάστας σου, ἀπῆρεν ὁ λαός σου ἐπὶ τὰ ὄρη, καὶ οὐκ ἦν
ὁ ἐκδεχόμενος.

19 Οὐκ ἔστιν ἴασις τῇ συντριβῇ σου, ἐφλέγμανεν ἡ πληγή σου,
πάντες οἱ ἀκούοντες τὴν ἀγγελίαν σου κροτήσουσι χεῖρας ἐπὶ
σέ· διότι ἐπὶ τίνα οὐκ ἐπῆλθεν ἡ κακία σου διαπαντός;

O city of blood, wholly false, full of un-
righteousness; the prey shall not be β han-
dled. [2] The noise of whips, and the noise of
the rumbling of wheels, and of the pursuing
horse, and of the bounding chariot, [3] and of
the γ mounting rider, and of the glittering
sword, and of the gleaming arms, and of a
multitude of slain, and of heavy falling:
and there was no end to her nations, but
they shall be weak in their bodies [4] because
of the abundance of fornication: *she is* a
fair harlot, and well-favoured, skilled in
sorcery, that sells the nations by her forni-
cation, and peoples by her sorceries.

[5] Behold, I am against thee, saith the
Lord God Almighty, and I will uncover thy
skirts in thy presence, and I will shew the
nations thy shame, and the kingdoms thy
disgrace. [6] And I will cast abominable filth
upon thee according to thine unclean ways,
and will make thee a public example. [7] And
it shall be *that* every one that sees thee
shall go down from thee, and shall say,
Wretched Nineve! who shall lament for
her? whence shall I seek comfort for her?

[8] Prepare thee a portion, tune the chord,
prepare a portion for Ammon: she that
dwells among the rivers, water is round
about her, whose dominion is the sea, and
whose walls are water. [9] And Ethiopia is
her strength, and Egypt; and there was no
limit of the flight *of her enemies;* and the
Libyans became her helpers. [10] Yet she shall
go as a prisoner into captivity, and they
shall dash her infants against the ground at
the top of all her ways: and they shall cast
lots upon all her glorious *possessions,* and
all her nobles shall be bound in chains.
[11] And thou shalt be drunken, and shalt be
δ overlooked; and thou shalt seek for thy-
self ς strength because of *thine* enemies.
[12] All thy strong-holds are as fig-trees θ having
watchers: if they be shaken, they shall fall
into the mouth of the eater. [13] Behold, thy
people within thee are as women: the gates
of thy land shall surely be opened to thine
enemies: the fire shall devour thy bars.

[14] Draw thee water λ for a siege, and well
secure thy strong-holds: enter into the clay,
and μ be thou trodden in the chaff, make *the
fortifications* stronger than brick. [15] There
the fire shall devour thee; the sword shall
utterly destroy thee, it shall devour thee as
the locust, and thou shalt be pressed down
as a palmerworm. [16] Thou hast multiplied
thy merchandise beyond the stars of hea-
ven: the palmerworm has attacked *it,* and
has flown away. [17] Thy mixed *multitude*
has suddenly departed as the grasshopper,
as the locust perched on a hedge in a frosty
day; the sun arises, and it flies off, and
knows not its place: woe to them!

[18] Thy shepherds have slumbered, the As-
syrian king has laid low thy mighty men:
thy people departed to the mountains, and
there was none to ξ receive *them.*

[19] There is no healing for thy bruise; thy
wound has rankled: all that hear the report
of thee shall clap their hands against thee;
for upon whom has not thy wickedness
passed continually?

ΑΜΒΑΚΟΥΜ. Η'.

THE burden which the prophet Ambacum saw.
2 How long, O Lord, shall I cry out, and thou wilt not hearken? *how long* shall I cry out to thee being injured, and thou wilt not save? 3 Wherefore hast thou shewn me troubles and griefs to look upon, misery and ungodliness? judgment is before me, and the judge receives a reward. 4 Therefore the law is frustrated, and judgment proceeds not effectually, for the ungodly *man* prevails over the just; therefore perverse judgment will proceed.

β5 Behold, ye despisers, and look, and wonder marvellously, and vanish: for I work a work in your days, which ye will in no wise believe, though a man declare *it to you*. 6 Wherefore, behold, I stir up the Chaldeans, the bitter and hasty nation, that walks upon the breadth of the earth, to inherit tabernacles not his own. 7 He is terrible and famous; his judgment shall proceed of himself, and his γ dignity shall come out of himself. 8 And his horses shall bound *more swiftly* than leopards, and *they are* fiercer than the wolves of Arabia: and his horsemen shall ride forth, and shall rush from far; and they shall fly as an eagle hasting to eat. 9 Destruction shall come upon ungodly men, resisting with their adverse front, and he shall gather the captivity as the sand. 10 And he shall be at his ease with kings, and princes are his toys, and he shall mock at every strong-hold, and shall cast a mound, and take possession of it. 11 Then shall he change his spirit, and he shall pass through, and make an atonement, *saying*, This strength *belongs* to my god.
12 *Art* not thou from the beginning, O Lord God, my Holy One? and surely we shall not die. O Lord, thou hast established it for judgment, and he has formed me to chasten *with* his correction. 13 *His* eye is too pure to behold evil *doings*, and to look upon grievous afflictions: wherefore dost thou look upon despisers? wilt thou be silent when the ungodly swallows up the just? 14 And wilt thou make men as the fishes of the sea, and as the reptiles which have no guide? 15 He has brought up destruction with a hook, and drawn one with a casting net, and caught another in his drags: therefore shall his heart rejoice and be glad. 16 Therefore will he sacrifice to his drag, and burn incense to his casting-net, because by them he has made his portion fat, and his meats choice. 17 Therefore will he cast his net, and will not spare to slay the nations continually.

ΤΟ λῆμμα ὃ εἶδεν Ἀμβακοὺμ ὁ προφήτης.

Ἕως τίνος Κύριε κεκράξομαι, καὶ οὐ μὴ εἰσακούσεις; 2 βοήσομαι πρὸς σὲ ἀδικούμενος, καὶ οὐ σώσεις; Ἱνατί ἔδειξάς 3 μοι κόπους καὶ πόνους ἐπιβλέπειν, ταλαιπωρίαν καὶ ἀσέβειαν; ἐξεναντίας μου γέγονε κρίσις, καὶ ὁ κριτὴς λαμβάνει. Διατοῦτο 4 διεσκέδασται νόμος, καὶ οὐ διεξάγεται εἰς τέλος κρίμα, ὅτι ἀσεβὴς καταδυναστεύει τὸν δίκαιον, ἕνεκεν τούτου ἐξελεύσεται τὸ κρίμα διεστραμμένον.

Ἴδετε οἱ καταφρονηταὶ, καὶ ἐπιβλέψατε, καὶ θαυμάσατε 5 θαυμάσια, καὶ ἀφανίσθητε· διότι ἔργον ἐγὼ ἐργάζομαι ἐν ταῖς ἡμέραις ὑμῶν, ὃ οὐ μὴ πιστεύσητε, ἐάν τις ἐκδιηγῆται. Διότι 6 ἰδοὺ ἐγὼ ἐξεγείρω τοὺς Χαλδαίους, τὸ ἔθνος τὸ πικρὸν, καὶ τὸ ταχινὸν, τὸ πορευόμενον ἐπὶ τὰ πλάτη τῆς γῆς, τοῦ κατακληρονομῆσαι σκηνώματα οὐκ αὐτοῦ. Φοβερὸς καὶ ἐπιφανής 7 ἐστιν, ἐξ αὐτοῦ τὸ κρίμα αὐτοῦ ἔσται, καὶ τὸ λῆμμα αὐτοῦ ἐξ αὐτοῦ ἐξελεύσεται. Καὶ ἐξαλοῦνται ὑπὲρ παρδάλεις οἱ ἵπποι 8 αὐτοῦ, καὶ ὀξύτεροι ὑπὲρ τοὺς λύκους τῆς Ἀραβίας· καὶ ἐξιππάσονται οἱ ἱππεῖς αὐτοῦ, καὶ ὁρμήσουσι μακρόθεν, καὶ πετασθήσονται ὡς ἀετὸς· πρόθυμος εἰς τὸ φαγεῖν. Συντέλεια εἰς 9 ἀσεβεῖς ἥξει, ἀνθεστηκότας προσώποις αὐτῶν ἐξεναντίας, καὶ συνάξει ὡς ἄμμον αἰχμαλωσίαν· καὶ αὐτὸς ἐν βασιλεῦσιν 10 ἐντρυφήσει, καὶ τύραννοι παίγνια αὐτοῦ, καὶ αὐτὸς εἰς πᾶν ὀχύρωμα ἐμπαίξεται, καὶ βαλεῖ χῶμα, καὶ κρατήσει αὐτοῦ· τότε μεταβαλεῖ τὸ πνεῦμα, καὶ διελεύσεται, καὶ ἐξιλάσεται· 11 αὕτη ἡ ἰσχὺς τῷ θεῷ μου.

Οὐχὶ σὺ ἀπ' ἀρχῆς Κύριε ὁ Θεὸς ὁ ἅγιός μου; καὶ οὐ μὴ 12 ἀποθάνωμεν· Κύριε εἰς κρίμα τέταχας αὐτὸ, καὶ ἔπλασέ με τοῦ ἐλέγχειν παιδείαν αὐτοῦ. Καθαρὸς ὁ ὀφθαλμὸς τοῦ μὴ ὁρᾷν 13 πονηρὰ, καὶ ἐπιβλέπειν ἐπὶ πόνους ὀδύνης· ἱνατί ἐπιβλέπεις ἐπὶ καταφρονοῦντας; παρασιωπήσῃ ἐν τῷ καταπίνειν ἀσεβῆ τὸν δίκαιον; Καὶ ποιήσεις τοὺς ἀνθρώπους ὡς τοὺς ἰχθύας 14 τῆς θαλάσσης, καὶ ὡς τὰ ἑρπετὰ τὰ οὐκ ἔχοντα ἡγούμενον; Συντέλειαν ἐν ἀγκίστρῳ ἀνέσπασε, καὶ εἵλκυσεν αὐτὸν ἐν 15 ἀμφιβλήστρῳ, καὶ συνήγαγεν αὐτὸν ἐν ταῖς σαγήναις αὐτοῦ· ἕνεκεν τούτου εὐφρανθήσεται καὶ χαρήσεται ἡ καρδία αὐτοῦ. Ἕνεκεν τούτου θύσει τῇ σαγήνῃ αὐτοῦ, καὶ θυμιάσει τῷ 16 ἀμφιβλήστρῳ αὐτοῦ, ὅτι ἐν αὐτοῖς ἐλίπανε μερίδα αὐτοῦ, καὶ τὰ βρώματα αὐτοῦ ἐκλεκτά. Διατοῦτο ἀμφιβαλεῖ τὸ 17 ἀμφίβληστρον αὐτοῦ, καὶ διαπαντὸς ἀποκτέννειν ἔθνη οὐ φείσεται.

β Acts 13. 41.   γ Lit. burden.

2 Ἐπὶ τῆς φυλακῆς μου στήσομαι, καὶ ἐπιβήσομαι ἐπὶ πέτραν, καὶ ἀποσκοπεύσω τοῦ ἰδεῖν τί λαλήσει ἐν ἐμοὶ, καὶ τί ἀποκριθῶ ἐπὶ τὸν ἔλεγχόν μου.

2 Καὶ ἀπεκρίθη πρὸς μὲ Κύριος, καὶ εἶπε, γράψον ὅρασιν, καὶ
3 σαφῶς εἰς πυξίον, ὅπως διώκῃ ὁ ἀναγινώσκων αὐτά. Διότι ἔτι ὅρασις εἰς καιρὸν, καὶ ἀνατελεῖ εἰς πέρας, καὶ οὐκ εἰς κενόν· ἐὰν ὑστερήσῃ, ὑπόμεινον αὐτὸν, ὅτι ἐρχόμενος ἥξει, καὶ οὐ μὴ χρονίσῃ.

4 Ἐὰν ὑποστείληται, οὐκ εὐδοκεῖ ἡ ψυχή μου ἐν αὐτῷ· ὁ δὲ
5 δίκαιος ἐκ πίστεώς μου ζήσεται. Ὁ δὲ κατοιόμενος, καὶ κατα-φρονητὴς, ἀνὴρ ἀλαζὼν, οὐθὲν μὴ περάνῃ· ὃς ἐπλάτυνε καθὼς ᾄδης τὴν ψυχὴν αὐτοῦ, καὶ οὗτος ὡς θάνατος οὐκ ἐμπιπλάμενος, καὶ ἐπισυνάξει ἐπ᾽ αὐτὸν πάντα τὰ ἔθνη, καὶ εἰσδέξεται πρὸς
6 αὐτὸν πάντας τοὺς λαούς. Οὐχὶ ταῦτα πάντα κατ᾽ αὐτοῦ παραβολὴν λήψονται, καὶ πρόβλημα εἰς διήγησιν αὐτοῦ; καὶ ἐροῦσιν, οὐαὶ ὁ πληθύνων ἑαυτῷ τὰ οὐκ ὄντα αὐτοῦ ἕως τίνος,
7 καὶ βαρύνων τὸν κλοιὸν αὐτοῦ στιβαρῶς. Ὅτι ἐξαίφνης ἀνα-στήσονται δάκνοντες αὐτὸν, καὶ ἐκνήψουσιν οἱ ἐπίβουλοί σου,
8 καὶ ἔσῃ εἰς διαρπαγὴν αὐτοῖς, διότι ἐσκύλευσας ἔθνη πολλὰ, σκυλεύσουσι πάντες οἱ ὑπολελειμμένοι λαοὶ, δι᾽ αἵματα ἀνθρώ-πων, καὶ ἀσεβείας γῆς καὶ πόλεως, καὶ πάντων τῶν κατοικούν-των αὐτήν.

9 Ὦ, ὁ πλεονεκτῶν πλεονεξίαν κακὴν τῷ οἴκῳ αὐτοῦ, τοῦ τάξαι εἰς ὕψος νοσσιὰν αὐτοῦ, τοῦ ἐκσπασθῆναι ἐκ χειρὸς κακῶν.
10 Ἐβουλεύσω αἰσχύνην τῷ οἴκῳ σου, συνεπέρανας πολλοὺς
11 λαοὺς, καὶ ἐξήμαρτεν ἡ ψυχή σου. Διότι λίθος ἐκ τοίχου βοήσεται, καὶ κάνθαρος ἐκ ξύλου φθέγξεται αὐτά.

12 Οὐαὶ ὁ οἰκοδομῶν πόλιν ἐν αἵμασι, καὶ ἑτοιμάζων πόλιν ἐν
13 ἀδικίαις. Οὐ ταῦτά ἐστι παρὰ Κυρίου παντοκράτορος; καὶ ἐξέλιπον λαοὶ ἱκανοὶ ἐν πυρὶ, καὶ ἔθνη πολλὰ ὠλιγοψύχησαν.
14 Ὅτι ἐμπλησθήσεται ἡ γῆ τοῦ γνῶναι τὴν δόξαν Κυρίου, ὡς ὕδωρ κατακαλύψει αὐτούς.

15 Ὦ ὁ ποτίζων τὸν πλησίον αὐτοῦ ἀνατροπῇ θολερᾷ, καὶ
16 μεθύσκων ὅπως ἐπιβλέπῃ ἐπὶ τὰ σπήλαια αὐτῶν. Πλησμονὴν ἀτιμίας ἐκ δόξης πίε καὶ σύ· καρδία σαλεύθητι, καὶ σείσθητι· ἐκύκλωσεν ἐπὶ σὲ ποτήριον δεξιᾶς Κυρίου, καὶ συνήχθη ἀτιμία
17 ἐπὶ τὴν δόξαν σου. Διότι ἀσέβεια τοῦ Λιβάνου καλύψει σε, καὶ ταλαιπωρία θηρίων πτοήσει σε, δι᾽ αἵματα ἀνθρώπων, καὶ ἀσεβείας γῆς καὶ πόλεως, καὶ πάντων τῶν κατοικούντων αὐτήν.

18 Τί ὠφελεῖ γλυπτὸν, ὅτι ἔγλυψαν αὐτό; ἔπλασεν αὐτὸ χώνευμα, φαντασίαν ψευδῆ, ὅτι πέποιθεν ὁ πλάσας ἐπὶ τὸ πλάσμα αὐτοῦ, τοῦ ποιῆσαι εἴδωλα κωφά.

19 Οὐαὶ ὁ λέγων τῷ ξύλῳ, ἔκνηψον, ἐξεγέρθητι· καὶ τῷ λίθῳ, ὑψώθητι· καὶ αὐτό ἐστι φαντασία· τοῦτο δέ ἐστιν ἔλασμα
20 χρυσίου καὶ ἀργυρίου, καὶ πᾶν πνεῦμα οὐκ ἔστιν ἐν αὐτῷ. Ὁ δὲ Κύριος ἐν ναῷ ἁγίῳ αὐτοῦ· εὐλαβείσθω ἀπὸ προσώπου αὐτοῦ πᾶσα ἡ γῆ.

I will stand upon my watch, and mount upon the rock, and watch to see what he will say β by me, and what I shall answer when I am reproved. ² And the Lord answered me and said, Write the vision, and *that* plainly on a tablet, that he that reads it may run. ³ For the vision *is* yet for a time, and it shall shoot forth at the end, and not in vain: though he should tarry, wait for him; γ for he will surely come, and will not tarry. ⁴ If δ he should draw back, my soul has no pleasure in him: but ζ the just shall live by θ my faith. ⁵ But the arrogant man and the scorner, the boastful man, shall not finish anything; who has enlarged his de-sire as the grave, and like death he is never satisfied, and he will gather to himself all the nations, and will receive to himself all the peoples. ⁶ Shall not all these take up a parable against him? and a proverb to tell against him? and they shall say, Woe to him that multiplies to himself the posses-sions which are not his! λ how long? and who heavily loads his yoke. ⁷ For suddenly there shall arise up those that bite him, and they that plot against thee shall awake, and thou shalt be a plunder to them. ⁸ Because thou hast spoiled many nations, all the nations that are left shall spoil *thee*, because of the blood of men, and the sins of the land and city, and of all that dwell in it.

⁹ Woe to him that covets an evil covetous-ness to his house, that he may set his nest on high, that he may be delivered from the power of evils. ¹⁰ Thou hast devised shame to thy house, thou hast utterly destroyed many nations, and thy soul has sinned. ¹¹ For the stone shall cry out of the wall, and the μ beetle out of the timber shall speak. ¹² Woe to him that builds a city with blood, and ξ establishes a city by unright-eousness. ¹³ Are not these things of the Lord Almighty? surely many people have been exhausted in the fire, and many nations have fainted. ¹⁴ For the earth shall be filled with the knowledge of the glory of the Lord; it shall cover them as water. ¹⁵ Woe to him that gives his neighbour to drink the thick lees *of wine*, and intoxicates *him*, that he may look upon their secret parts. ¹⁶ Drink thou also *thy* fill of dis-grace instead of glory: shake, O heart, and quake, the cup of the right hand of the Lord has come round upon thee, and dishonour has gathered upon thy glory. ¹⁷ For the ungodliness of Libanus shall cover thee, and distress because of wild beasts shall dismay thee, because of the blood of men, and the sins of the land and city, and of all that dwell in it.

¹⁸ What profits it the graven image, that they have graven it? *one* has made it a molten work, a false image; for the maker has trusted in his work, to make dumb idols. ¹⁹ Woe to him that says to the wood, Awake, arise; and to the stone, Be thou exalted! whereas it is an image, and this is a π casting of gold and silver, and there is no breath in it. ²⁰ But the Lord is in his holy temple: let all the earth fear be-fore him.

β Or, in. γ Heb. 10. 37—39. δ Or, any man. See Heb. 10. 38. ζ Rom. 1. 17. θ Or, faith in me.
λ Or, for a long while. μ Possibly, 'knot.' ξ Gr. prepares. π Gr. forging.

A PRAYER OF THE PROPHET AMBACUM, WITH A SONG.

² O Lord, I have heard thy report, and was afraid: I considered thy works, and was amazed: thou shalt be known between the two living creatures, thou shalt be acknowledged when the years draw nigh; thou shalt be manifested when the time is come; when my soul is troubled, thou wilt in wrath remember mercy.

³ God shall come from Thæman, and the Holy One from the dark shady mount Pharan. β Pause. ⁴ His excellence covered the heavens, and the earth was full of his praise. And his brightness shall be as light; *there were* horns in his hands, and he caused a mighty love of his strength. ⁵ Before his face shall go a report, and it shall go forth into the plains, ⁶ the earth stood at his feet and trembled: he beheld, and the nations melted away: the mountains were violently burst through, the everlasting hills melted at his everlasting going forth. ⁷ Because of troubles I looked upon the tents of the Ethiopians: the tabernacles also of the land of Madiam shall be dismayed.

⁸ Wast thou angry, O Lord, with the rivers? or *was* thy wrath against the rivers, or thine γ anger against the sea? for thou wilt mount on thine horses, and thy chariots are salvation. ⁹ Surely thou didst bend thy bow at sceptres, saith the Lord. Pause. The land of rivers shall be torn asunder. ¹⁰ The nations shall see thee and be in pain, *as thou dost* divide the δ moving waters: the deep uttered her voice, and raised ζ her form on high. ¹¹ The sun was exalted, and the moon stood still in her course: thy darts shall go forth at the light, at the brightness of the gleaming of thine arms. ¹² Thou wilt bring low the land with threatening, and in wrath thou wilt break down the nations. ¹³ Thou wentest forth for the salvation of thy people, to save thine anointed: thou shalt bring death on the heads of transgressors; thou hast brought bands upon *their* neck. Pause. ¹⁴ Thou didst cut asunder the heads of princes with amazement, they shall tremble in it; they shall burst their bridles, *they shall be* as a poor man devouring in secret. ¹⁵ And thou dost cause thine horses to enter the sea, disturbing much water.

¹⁶ I watched, and my belly trembled at the sound of the prayer of my lips, and trembling entered into my bones, and my frame was troubled θ within me; I will rest in the day of affliction, from going up to the people of my sojourning.

¹⁷ For *though* the fig-tree shall bear no fruit, and there shall be no produce on the vines; the labour of the olive shall λ fail, and the fields shall produce no food: the sheep have failed from the pasture, and there are no oxen at the cribs; ¹⁸ yet I will exult in the Lord, I will joy in God my Saviour. ¹⁹ The Lord God is my strength, and he will perfectly strengthen my feet; he mounts me upon high places, that I may conquer by his song.

ΠΡΟΣΕΥΧΗ ᾿ΑΜΒΑΚΟΥΜ ΤΟΥ ΠΡΟΦΗΤΟΥ, 3 ΜΕΤΑ ᾿ΩΔΗΣ.

Κύριε εἰσακήκοα τὴν ἀκοήν σου, καὶ ἐφοβήθην· κατενόησα 2 τὰ ἔργα σου, καὶ ἐξέστην· ἐν μέσῳ δύο ζώων γνωσθήσῃ, ἐν τῷ ἐγγίζειν τὰ ἔτη ἐπιγνωσθήσῃ· ἐν τῷ παρεῖναι τὸν καιρὸν ἀναδειχθήσῃ· ἐν τῷ ταραχθῆναι τὴν ψυχήν μου, ἐν ὀργῇ ἐλέους μνησθήσῃ.

῾Ο Θεὸς ἐκ Θαιμὰν ἥξει, καὶ ὁ ἅγιος ἐξ ὄρους Φαρὰν 3 κατασκίου δασέος· διάψαλμα· ἐκάλυψεν οὐρανοὺς ἡ ἀρετὴ αὐτοῦ, καὶ αἰνέσεως αὐτοῦ πλήρης ἡ γῆ. Καὶ φέγγος αὐτοῦ 4 ὡς φῶς ἔσται· κέρατα ἐν χερσὶν αὐτοῦ, καὶ ἔθετο ἀγάπησιν κραταιὰν ἰσχύος αὐτοῦ. Πρὸ προσώπου αὐτοῦ πορεύσεται 5 λόγος, καὶ ἐξελεύσεται εἰς πεδία· κατὰ πόδας αὐτοῦ ἔστη, καὶ 6 ἐσαλεύθη ἡ γῆ· ἐπέβλεψε, καὶ διετάκη ἔθνη· διεθρύβη τὰ ὄρη βίᾳ, ἐτάκησαν βουνοὶ αἰώνιοι πορείας αἰωνίας αὐτοῦ. ᾿Αντὶ 7 κόπων εἶδον σκηνώματα Αἰθιόπων, πτοηθήσονται καὶ αἱ σκηναὶ γῆς Μαδιάμ.

Μὴ ἐν ποταμοῖς ὠργίσθης Κύριε; ἢ ἐν ποταμοῖς ὁ θυμός 8 σου; ἢ ἐν θαλάσσῃ τὸ ὅρμημά σου; ὅτι ἐπιβήσῃ ἐπὶ τοὺς ἵππους σου, καὶ ἡ ἱππασία σου σωτηρία. ᾿Εντείνων ἐνέτεινας 9 τόξον σου ἐπὶ σκῆπτρα, λέγει Κύριος· διάψαλμα· ποταμῶν ῥαγήσεται γῆ. ῎Οψονταί σε, καὶ ὠδινήσουσι λαοί, σκορπίζων 10 ὕδατα πορείας· ἔδωκεν ἡ ἄβυσσος φωνὴν αὐτῆς, ὕψος φαντασίας αὐτῆς. ᾿Επήρθη ὁ ἥλιος, καὶ ἡ σελήνη ἔστη ἐν τῇ τάξει 11 αὐτῆς· εἰς φῶς βολίδες σου πορεύσονται, εἰς φέγγος ἀστραπῆς ὅπλων σου. ᾿Εν ἀπειλῇ ὀλιγώσεις γῆν, καὶ ἐν θυμῷ κατάξεις 12 ἔθνη, ἐξῆλθες εἰς σωτηρίαν λαοῦ σου, τοῦ σῶσαι τὸν χριστόν 13 σου· βαλεῖς εἰς κεφαλὰς ἀνόμων θάνατον, ἐξήγειρας δεσμοὺς ἕως τραχήλου· διάψαλμα. Διέκοψας ἐν ἐκστάσει κεφαλὰς 14 δυναστῶν, σεισθήσονται ἐν αὐτῇ· διανοίξουσι χαλινοὺς αὐτῶν, ὡς ἔσθων πτωχὸς λάθρα. Καὶ ἐπιβιβᾷς εἰς θάλασσαν τοὺς 15 ἵππους σου, ταράσσοντας ὕδωρ πολύ.

᾿Εφυλαξάμην, καὶ ἐπτοήθη ἡ κοιλία μου ἀπὸ φωνῆς προσ- 16 ευχῆς χειλέων μου, καὶ εἰσῆλθε τρόμος εἰς τὰ ὀστᾶ μου, καὶ ὑποκάτωθέν μου ἐταράχθη ἡ ἕξις μου· ἀναπαύσομαι ἐν ἡμέρᾳ θλίψεως, τοῦ ἀναβῆναι εἰς λαὸν παροικίας μου.

Διότι συκῆ οὐ καρποφορήσει, καὶ οὐκ ἔσται γεννήματα ἐν 17 ταῖς ἀμπέλοις· ψεύσεται ἔργον ἐλαίας, καὶ τὰ πεδία οὐ ποιήσει βρῶσιν· ἐξέλιπεν ἀπὸ βρώσεως πρόβατα, καὶ οὐχ ὑπάρχουσι βόες ἐπὶ φάτναις· ἐγὼ δὲ ἐν τῷ Κυρίῳ ἀγαλλιάσομαι, χαρή- 18 σομαι ἐπὶ τῷ Θεῷ τῷ σωτῆρί μου. Κύριος ὁ Θεὸς δύναμίς 19 μου, καὶ τάξει τοὺς πόδας μου εἰς συντέλειαν· ἐπὶ τὰ ὑψηλὰ ἐπιβιβᾷ με, τοῦ νικῆσαι ἐν τῇ ᾠδῇ αὐτοῦ.

β See *note* on Psalm 3. 2.   γ *Or*, attack.   δ *Gr.* waters of going. See Nahum 1. 8.   ζ *Lit.* the height of her form.
θ *Lit.* under me.   λ *Lit.* deceive.

ΣΟΦΟΝΙΑΣ. Θ´.

ΛΟΓΟΣ Κυρίου, ὃς ἐγενήθη πρὸς Σοφονίαν τὸν τοῦ Χουσὶ, υἱὸν Γοδολίου, τοῦ Ἀμορίου τοῦ Ἐζεκίου, ἐν ἡμέραις Ἰωσίου υἱοῦ Ἀμὼν βασιλέως Ἰούδα.

2 Ἐκλείψει ἐκλιπέτω ἀπὸ προσώπου τῆς γῆς, λέγει Κύριος. 3 Ἐκλιπέτω ἄνθρωπος καὶ κτήνη, ἐκλιπέτω τὰ πετεινὰ τοῦ οὐρανοῦ καὶ οἱ ἰχθύες τῆς θαλάσσης· καὶ ἀσθενήσουσιν οἱ ἀσεβεῖς, καὶ ἐξαρῶ τοὺς ἀνόμους ἀπὸ προσώπου τῆς γῆς, λέγει Κύριος. 4 Καὶ ἐκτενῶ τὴν χεῖρά μου ἐπὶ Ἰούδα, καὶ ἐπὶ πάντας τοὺς κατοικοῦντας Ἱερουσαλήμ· καὶ ἐξαρῶ ἐκ τοῦ τόπου τούτου τὰ 5 ὀνόματα τῆς Βάαλ, καὶ τὰ ὀνόματα τῶν ἱερέων, καὶ τοὺς προσκυνοῦντας ἐπὶ τὰ δώματα τῇ στρατιᾷ τοῦ οὐρανοῦ, καὶ τοὺς προσκυνοῦντας καὶ τοὺς ὀμνύοντας κατὰ τοῦ Κυρίου, καὶ 6 τοὺς ὀμνύοντας κατὰ τοῦ βασιλέως αὐτῶν, καὶ τοὺς ἐκκλίνοντας ἀπὸ τοῦ Κυρίου, καὶ τοὺς μὴ ζητοῦντας τὸν Κύριον, καὶ τοὺς μὴ ἀντεχομένους τοῦ Κυρίου.

7 Εὐλαβεῖσθε ἀπὸ προσώπου Κυρίου τοῦ Θεοῦ· διότι ἐγγὺς ἡμέρα τοῦ Κυρίου, ὅτι ἡτοίμακε Κύριος τὴν θυσίαν αὐτοῦ, καὶ 8 ἡγίακε τοὺς κλητοὺς αὐτοῦ. Καὶ ἔσται, ἐν ἡμέρᾳ θυσίας Κυρίου, καὶ ἐκδικήσω ἐπὶ τοὺς ἄρχοντας, καὶ ἐπὶ τὸν οἶκον τοῦ βασιλέως, καὶ ἐπὶ πάντας τοὺς ἐνδεδυμένους ἐνδύματα ἀλλό- 9 τρια. Καὶ ἐκδικήσω ἐμφανῶς ἐπὶ τὰ πρόπυλα ἐν ἐκείνῃ τῇ ἡμέρᾳ, τοὺς πληροῦντας τὸν οἶκον Κυρίου Θεοῦ αὐτῶν ἀσεβείας καὶ δόλου.

10 Καὶ ἔσται ἐν τῇ ἡμέρᾳ ἐκείνῃ, λέγει Κύριος, φωνὴ κραυγῆς ἀπὸ πύλης ἀποκεντούντων, καὶ ὀλολυγμὸς ἀπὸ τῆς δευτέρας, 11 καὶ συντριμμὸς μέγας ἀπὸ τῶν βουνῶν. Θρηνήσατε οἱ κατοικοῦντες τὴν κατακεκομμένην, ὅτι ὡμοιώθη πᾶς ὁ λαὸς Χαναὰν, καὶ ἐξωλοθρεύθησαν πάντες οἱ ἐπηρμένοι ἀργυρίῳ.

12 Καὶ ἔσται ἐν τῇ ἡμέρᾳ ἐκείνῃ, ἐξερευνήσω τὴν Ἱερουσαλὴμ μετὰ λύχνου, καὶ ἐκδικήσω ἐπὶ τοὺς ἄνδρας τοὺς καταφρονοῦντας ἐπὶ τὰ φυλάγματα αὐτῶν· οἱ δὲ λέγοντες ἐν ταῖς καρδίαις αὐτῶν, οὐ μὴ ἀγαθοποιήσῃ Κύριος, οὐδὲ μὴ κακώσῃ· 13 καὶ ἔσται ἡ δύναμις αὐτῶν εἰς διαρπαγὴν, καὶ οἱ οἶκοι αὐτῶν εἰς ἀφανισμόν· καὶ οἰκοδομήσουσιν οἰκίας, καὶ οὐ μὴ κατοικήσουσιν ἐν αὐταῖς· καὶ καταφυτεύσουσιν ἀμπελῶνας, καὶ οὐ μὴ πίωσι τὸν οἶνον αὐτῶν.

14 Ὅτι ἐγγὺς ἡμέρα Κυρίου ἡ μεγάλη, ἐγγὺς καὶ ταχεῖα σφόδρα·

THE word of the Lord which came to Sophonias the son of Chusi, the son of Godolias, the son of Amorias, the son of Ezekias, in the days of Josias son of Amon, king of Juda.

[2] Let there be an utter cutting off from the face of the land, saith the Lord. [3] Let man and cattle be cut off; let the birds of the air and the fishes of the sea be cut off; and the ungodly shall fail, and I will take away the transgressors from the face of the land, saith the Lord. [4] And I will stretch out mine hand upon Juda, and upon all the inhabitants of Jerusalem; and I will remove the names of Baal out of this place, and the names of the priests; [5] and them that worship the host of heaven upon the housetops; and them that worship and swear by the Lord, and them that swear by their king; [6] and them that turn aside from the Lord, and them that seek not the Lord, and them that cleave not to the Lord.

[7] Fear ye before the Lord God; for the day of the Lord is near; for the Lord has prepared his sacrifice, and has sanctified his guests. [8] And it shall come to pass in the day of the Lord's sacrifice, that I will take vengeance on the princes, and on the king's house, and upon all that wear strange apparel. [9] And I will openly take vengeance [β]on the porches in that day, *on the men* that fill the house of the Lord their God with ungodliness and deceit.

[10] And there shall be in that day, saith the Lord, the sound of a cry from the gate of men slaying, and a howling from the second *gate*, and a great crashing from the hills. [11] Lament, ye that inhabit the *city* that has been broken down, for all the people has become like Chanaan; and all that were exalted by silver have been utterly destroyed.

[12] And it shall come to pass in that day, *that* I will search Jerusalem with a candle, and will take vengeance on the men that despise the things committed to them; but they say in their hearts, The Lord will not do any good, neither will he do any evil. [13] And their power shall be for a spoil, and their houses for utter desolation; and they shall build houses, but shall not dwell in them; and they shall plant vineyards, but shall not drink the wine of them. [14] For the great day of the Lord *is* near, *it is* near, and very speedy; the sound of

---

β Or, in.

the day of the Lord is made bitter and harsh. [15] A mighty day of wrath is that day, a day of affliction and distress, a day of β desolation and destruction, a day of gloominess and darkness, a day of cloud and vapour, [16] a day of the trumpet and cry against the strong cities, and against the high γ towers. [17] And I will greatly afflict the men, and they shall walk as blind men, because they have sinned against the Lord; therefore he shall pour out their blood as dust, and their flesh as dung. [18] And their silver and their gold shall in nowise be able to rescue them in the day of the Lord's wrath; but the whole land shall be devoured by the fire of his jealousy; for he will bring a speedy destruction on all them that inhabit the land.

Be ye gathered and closely joined together, O unchastened nation; [2] before ye become as the flower that passes away, before the anger of the Lord come upon you, before the day of the wrath of the Lord come upon you. [3] Seek ye the Lord, all ye meek of the earth; do judgment, and seek justice, and answer δ accordingly; that ye may be hid in the day of the wrath of the Lord.

[4] For Gaza shall be utterly spoiled, and Ascalon shall be destroyed; and Azotus shall be cast forth at noon-day, and Accaron shall be rooted up. [5] Woe to them that dwell on the border of the sea, neighbours of the Cretans! the word of the Lord is against you, O Chanaan, land of the Philistines, and I will destroy you out of your dwelling-place. [6] And Crete shall be a pasture of flocks, and a fold of sheep. [7] And the sea coast shall be for the remnant of the house of Juda; they shall pasture upon them in the houses of Ascalon; they shall rest in the evening because of the children of Juda; for the Lord their God has visited them, and he will turn away their captivity.

[8] I have heard the revilings of Moab, and the insults of the children of Ammon, wherewith they have reviled my people, and magnified themselves against my coasts. [9] Therefore, as I live, saith the Lord of hosts, the God of Israel, Moab shall be as Sodoma, and the children of Ammon as Gomorrha; and Damascus shall be left as a heap of the threshing-floor, and desolate for ever: and the remnant of my people shall plunder them, and the remnant of my nation shall inherit them. [10] ζ This is their punishment in return for their haughtiness, because they have reproached and magnified themselves against the Lord Almighty. [11] The Lord shall appear against them, and shall utterly destroy all the gods of the nations of the earth; and they shall worship him every one from his place, even all the islands of the nations.

[12] Ye Ethiopians also are the slain of my sword.

[13] And he shall stretch forth his hand against the north and destroy the Assyrian, and make Nineve a dry wilderness, even as a desert. [14] And flocks, and all the wild beasts of the land, and chameleons shall feed in the midst thereof: and hedgehogs shall lodge in the ceilings thereof; and wild

φωνὴ ἡμέρας Κυρίου πικρὰ καὶ σκληρὰ τέτακται· δυνατὴ 15 ἡμέρα ὀργῆς, ἡ ἡμέρα ἐκείνη, ἡμέρα θλίψεως καὶ ἀνάγκης, ἡμέρα ἀωρίας καὶ ἀφανισμοῦ, ἡμέρα γνόφου καὶ σκότους, ἡμέρα νεφέλης καὶ ὁμίχλης, ἡμέρα σάλπιγγος καὶ κραυγῆς 16 ἐπὶ τὰς πόλεις τὰς ὀχυρὰς, καὶ ἐπὶ τὰς γωνίας τὰς ὑψηλάς. Καὶ ἐκθλίψω τοὺς ἀνθρώπους, καὶ πορεύσονται ὡς τυφλοὶ, ὅτι 17 τῷ Κυρίῳ ἐξήμαρτον· καὶ ἐκχεεῖ τὸ αἷμα αὐτῶν ὡς χοῦν, καὶ τὰς σάρκας αὐτῶν ὡς βόλβιτα. Καὶ τὸ ἀργύριον αὐτῶν καὶ 18 τὸ χρυσίον αὐτῶν οὐ μὴ δύναται ἐξελέσθαι αὐτοὺς ἐν ἡμέρᾳ ὀργῆς Κυρίου· καὶ ἐν πυρὶ ζήλου αὐτοῦ καταναλωθήσεται πᾶσα ἡ γῆ, διότι συντέλειαν καὶ σπουδὴν ποιήσει ἐπὶ πάντας τοὺς κατοικοῦντας τὴν γῆν.

Συνάχθητε, καὶ συνδέθητε τὸ ἔθνος τὸ ἀπαίδευτον, πρὸ τοῦ 2 γενέσθαι ὑμᾶς ὡς ἄνθος παραπορευόμενον, πρὸ τοῦ ἐπελθεῖν 2 ἐφ' ὑμᾶς ὀργὴν Κυρίου, πρὸ τοῦ ἐπελθεῖν ἐφ' ὑμᾶς ἡμέραν θυμοῦ Κυρίου. Ζητήσατε τὸν Κύριον πάντες ταπεινοὶ γῆς, 3 κρίμα ἐργάζεσθε, καὶ δικαιοσύνην ζητήσατε, καὶ ἀποκρίνασθε αὐτὰ, ὅπως σκεπασθῆτε ἐν ἡμέρᾳ ὀργῆς Κυρίου.

Διότι Γάζα διηρπασμένη ἔσται, καὶ Ἀσκάλων εἰς ἀφανισ- 4 μὸν, καὶ Ἄζωτος μεσημβρίας ἐκριφθήσεται, καὶ Ἀκκαρὼν ἐκρι- ζωθήσεται. Οὐαὶ οἱ κατοικοῦντες τὸ σχοίνισμα τῆς θαλάσσης, 5 πάροικοι Κρητῶν· λόγος Κυρίου ἐφ' ὑμᾶς Χαναὰν, γῆ ἀλλο- φύλων, καὶ ἀπολῶ ὑμᾶς ἐκ κατοικίας. Καὶ ἔσται Κρήτη νομὴ 6 ποιμνίων, καὶ μάνδρα προβάτων. Καὶ ἔσται τὸ σχοίνισμα 7 τῆς θαλάσσης τοῖς καταλοίποις οἴκου Ἰούδα, ἐπ' αὐτοὺς νεμή- σονται ἐν τοῖς οἴκοις Ἀσκάλωνος, δείλης καταλύσουσιν ἀπὸ προσώπου υἱῶν Ἰούδα, ὅτι ἐπέσκεπται αὐτοὺς Κύριος ὁ Θεὸς αὐτῶν, καὶ ἀποστρέψει τὴν αἰχμαλωσίαν αὐτῶν.

Ἤκουσα ὀνειδισμοὺς Μωὰβ, καὶ κονδυλισμοὺς υἱῶν Ἀμμὼν, 8 ἐν οἷς ὠνείδιζον τὸν λαόν μου, καὶ ἐμεγαλύνοντο ἐπὶ τὰ ὅριά μου. Διατοῦτο, ζῶ ἐγὼ, λέγει Κύριος τῶν δυνάμεων ὁ Θεὸς 9 Ἰσραὴλ, διότι Μωὰβ ὡς Σόδομα ἔσται, καὶ υἱοὶ Ἀμμὼν ὡς Γόμορρα, καὶ Δαμασκὸς ἐκλελειμμένη ὡς θιμωνία ἅλωνος, καὶ ἠφανισμένη εἰς τὸν αἰῶνα· καὶ οἱ κατάλοιποι λαοῦ μου διαρπῶνται αὐτοὺς, καὶ οἱ κατάλοιποι ἔθνους μου κληρονομή- σουσιν αὐτούς. Αὕτη αὐτοῖς ἀντὶ τῆς ὕβρεως αὐτῶν, διότι 10 ὠνείδισαν, καὶ ἐμεγαλύνθησαν ἐπὶ τὸν Κύριον τὸν παντοκρά- τορα. Ἐπιφανήσεται Κύριος ἐπ' αὐτοὺς, καὶ ἐξολοθρεύσει 11 πάντας τοὺς θεοὺς τῶν ἐθνῶν τῆς γῆς, καὶ προσκυνήσουσιν αὐτῷ ἕκαστος ἐκ τοῦ τόπου αὐτοῦ, πᾶσαι αἱ νῆσοι τῶν ἐθνῶν.

Καὶ ὑμεῖς Αἰθίοπες τραυματίαι ῥομφαίας μου ἐστέ. 12

Καὶ ἐκτενεῖ τὴν χεῖρα αὐτοῦ ἐπὶ Βορρᾶν, καὶ ἀπολεῖ τὸν 13 Ἀσσύριον, καὶ θήσει τὴν Νινευῆ εἰς ἀφανισμὸν ἄνυδρον, ὡς ἔρημον. Καὶ νεμήσονται ἐν μέσῳ αὐτῆς ποίμνια, καὶ πάντα 14 τὰ θηρία τῆς γῆς, καὶ χαμαιλέοντες, καὶ ἐχῖνοι ἐν τοῖς φατνώ- μασιν αὐτῆς κοιτασθήσονται· καὶ θηρία φωνήσει ἐν τοῖς

β Lit. unseasonableness.   γ Gr. corners.   δ Gr. them.   ζ Gr. this to them.

διορύγμασιν αὐτῆς καὶ κόρακες ἐν τοῖς πυλῶσιν αὐτῆς, διότι κέδρος τὸ ἀνάστημα αὐτῆς.

3 Αὕτη ἡ πόλις ἡ φαυλίστρια, ἡ κατοικοῦσα ἐπ᾽ ἐλπίδι, ἡ λέγουσα ἐν καρδίᾳ αὐτῆς, ἐγώ εἰμι, καὶ οὐκ ἔστι μετ᾽ ἐμὲ ἔτι· πῶς ἐγενήθη εἰς ἀφανισμὸν, νομὴ θηρίων; πᾶς ὁ διαπορευόμενος δι᾽ αὐτῆς συριεῖ, καὶ κινήσει τὰς χεῖρας αὐτοῦ.

Ὦ ἡ ἐπιφανὴς καὶ ἀπολελυτρωμένη πόλις, ἡ περιστερὰ
2 οὐκ εἰσήκουσε φωνῆς· οὐκ ἐδέξατο παιδείαν, ἐπὶ τῷ Κυρίῳ οὐκ
3 ἐπεποίθει, καὶ πρὸς τὸν Θεὸν αὐτῆς οὐκ ἤγγισεν. Οἱ ἄρχοντες αὐτῆς ἐν αὐτῇ ὡς λέοντες ὠρυόμενοι, οἱ κριταὶ αὐτῆς ὡς λύκοι
4 τῆς Ἀραβίας, οὐχ ὑπελίποντο εἰς τοπρωΐ. Οἱ προφῆται αὐτῆς πνευματοφόροι, ἄνδρες καταφρονηταί· ἱερεῖς αὐτῆς βεβηλοῦσι τὰ ἅγια, καὶ ἀσεβοῦσι νόμον.

5 Ὁ δὲ Κύριος δίκαιος ἐν μέσῳ αὐτῆς, καὶ οὐ μὴ ποιήσῃ ἄδικον· πρωῒ πρωῒ δώσει κρίμα αὐτοῦ εἰς φῶς, καὶ οὐκ ἀπεκρύβη, καὶ οὐκ ἔγνω ἀδικίαν ἐν ἀπαιτήσει, καὶ οὐκ εἰς νεῖκος
6 ἀδικίαν. Ἐν διαφθορᾷ κατέσπασα ὑπερηφάνους, ἠφανίσθησαν γωνίαι αὐτῶν· ἐξερημώσω τὰς ὁδοὺς αὐτῶν τοπαράπαν, τοῦ μὴ διοδεύειν· ἐξέλιπον αἱ πόλεις αὐτῶν, παρὰ τὸ μηδένα
7 ὑπάρχειν, μηδὲ κατοικεῖν. Εἶπα, πλὴν φοβεῖσθέ με, καὶ δέξασθε παιδείαν, καὶ οὐ μὴ ἐξολοθρευθῆτε ἐξ ὀφθαλμῶν αὐτῆς πάντα ὅσα ἐξεδίκησα ἐπ᾽ αὐτήν· ἑτοιμάζου, ὄρθρισον, ἔφθαρται πᾶσα ἡ ἐπιφυλλὶς αὐτῶν.

8 Διατοῦτο ὑπόμεινόν με, λέγει Κύριος, εἰς ἡμέραν ἀναστάσεώς μου εἰς μαρτύριον· διὸ τὸ κρίμα μου εἰς συναγωγὰς ἐθνῶν, τοῦ εἰσδέξασθαι βασιλεῖς, τοῦ ἐκχέαι ἐπ᾽ αὐτοὺς πᾶσαν ὀργὴν θυμοῦ· διότι ἐν πυρὶ ζήλου μου καταναλωθήσεται πᾶσα ἡ γῆ.

9 Ὅτι τότε μεταστρέψω ἐπὶ λαοὺς γλῶσσαν εἰς γενεὰν αὐτῆς, τοῦ ἐπικαλεῖσθαι πάντας τὸ ὄνομα Κυρίου, τοῦ δουλεύειν αὐτῷ
10 ὑπὸ ζυγὸν ἕνα. Ἐκ περάτων ποταμῶν Αἰθιοπίας· προσδέξο-
11 μαι ἐν διεσπαρμένοις μου, οἴσουσι θυσίας μοι. Ἐν τῇ ἡμέρᾳ ἐκείνῃ, οὐ μὴ καταισχυνθῇς ἐκ πάντων τῶν ἐπιτηδευμάτων σου, ὧν ἠσέβησας εἰς ἐμέ· ὅτι τότε περιελῶ ἀπὸ σοῦ τὰ φαυλίσματα τῆς ὕβρεώς σου, καὶ οὐκ ἔτι μὴ προσθῇς, τοῦ μεγαλαυ-
12 χῆσαι ἐπὶ τὸ ὄρος τὸ ἅγιόν μου. Καὶ ὑπολήψομαι ἐν σοὶ λαὸν πραῢν καὶ ταπεινὸν, καὶ εὐλαβηθήσονται ἀπὸ τοῦ ὀνό-
13 ματος Κυρίου οἱ κατάλοιποι τοῦ Ἰσραὴλ, καὶ οὐ ποιήσουσιν ἀδικίαν, καὶ οὐ λαλήσουσι μάταια, καὶ οὐ μὴ εὑρεθῇ ἐν τῷ στόματι αὐτῶν γλῶσσα δολία· διότι αὐτοὶ νεμήσονται, καὶ κοιτασθήσονται, καὶ οὐκ ἔσται ὁ ἐκφοβῶν αὐτούς.

14 Χαῖρε θύγατερ Σιών, κήρυσσε θύγατερ Ἱερουσαλήμ· εὐφραίνου καὶ κατατέρπου ἐξ ὅλης τῆς καρδίας σου θύγατερ Ἱερουσα-
15 λήμ. Περιεῖλε Κύριος τὰ ἀδικήματά σου, λελύτρωταί σε ἐκ χειρὸς ἐχθρῶν σου· βασιλεὺς Ἰσραὴλ Κύριος ἐν μέσῳ σου, οὐκ ὄψῃ κακὰ οὐκέτι.

16 Ἐν τῷ καιρῷ ἐκείνῳ ἐρεῖ Κύριος τῇ Ἱερουσαλήμ, θάρσει

beasts shall cry in the breaches thereof, and ravens in her porches, whereas her loftiness was *as* a cedar.

This is the scornful city that dwells securely, that says in her heart, I am, and there is no longer any *to be* after me: how is she become desolate, a habitation of wild beasts! every one that passes through her shall hiss, and shake his hands.

Alas the glorious and ransomed city. ² The dove hearkened not to the voice; she received not correction; she trusted not in the Lord, and she drew not near to her God. ³ Her princes within her were as roaring lions, her judges as the wolves of Arabia; they remained not till the morrow. ⁴ Her prophets are ᵝlight *and* scornful men: her priests profane the holy things, and sinfully transgress the law.

⁵ But the just Lord is in the midst of her, and he will never do an unjust thing: morning by morning he will bring out his judgment to the light, and it is not hidden, and he knows not injustice by extortion, nor injustice in strife. ⁶ I have brought down the proud with destruction; their corners are destroyed: I will make their ways completely waste, so that none shall go through: their cities are come to an end, ᵞby reason of no man living or dwelling *in them*. ⁷ I said, But do ye fear me, and ᵟreceive instruction, and ye shall not be cut off from the face of the land *for* all the vengeance I have brought upon her: prepare thou, rise early: all their produce is spoilt.

⁸ Therefore wait upon me, saith the Lord, until the day when I rise up for a witness: because my judgment *shall be* on the gatherings of the nations, to draw to me kings, to pour out upon them all *my* fierce anger: for the whole earth shall be consumed with the fire of my jealousy.

⁹ For then will I turn to the peoples a tongue ᶻfor her generation, that all may call on the name of the Lord, to serve him under one yoke. ¹⁰ From the boundaries of the rivers of Ethiopia will I receive my dispersed ones; they shall offer sacrifices to me. ¹¹ In that day thou shalt not be ashamed of all thy practices, wherein thou hast transgressed against me: for then will I take away from thee thy disdainful pride, and thou shalt no more magnify thyself upon my holy mountain. ¹²And I will leave in thee a meek and lowly people; ¹³and the remnant of Israel shall fear the name of the Lord, and shall do no iniquity, neither shall they speak vanity; neither shall a deceitful tongue be found in their mouth: for they shall feed, and lie down, and there shall be none to terrify them.

¹⁴ Rejoice, O daughter of Sion; ᶿcry aloud, O daughter of Jerusalem; rejoice and delight thyself with all thine heart, O daughter of Jerusalem. ¹⁵ The Lord has taken away thine iniquities, he has ransomed thee from the hand of thine enemies: the Lord, the King of Israel, is in the midst of thee: thou shalt not see evil any more. ¹⁶At that time the Lord shall say to Jerusalem, Be of good courage, Sion; let not

---

β Gr. borne of the wind.　γ See use of παρὰ, 1 Cor. 12. 15, 16.　δ See Ps. 2. ult.　ζ ברורה read as בדורה.　θ Gr. proclaim, or, preach.

thine hands be slack. [17] The Lord thy God is in thee; the Mighty One shall save thee: he shall bring joy upon thee, and shall [β]refresh thee with his love; and he shall rejoice over thee with delight as in a day of feasting. [18] And I will gather thine afflicted ones. Alas! who has taken up a reproach against her?

[19] Behold, I *will* work in thee for thy sake at that time, saith the Lord: and I will save her that was oppressed, and receive her that was rejected; and I will make them a praise, and honoured in all the earth. [20] And *their* enemies shall be ashamed at that time, when I shall deal well with you, and at the time when I shall receive you: for I will make you honoured and a praise among all the nations of the earth, when I turn back your captivity before you, saith the Lord.

Σιών, μὴ παρείσθωσαν αἱ χεῖρές σου. Κύριος ὁ Θεός σου ἐν 17 σοί, ὁ δυνατὸς σώσει σε, ἐπάξει ἐπὶ σὲ εὐφροσύνην, καὶ καινιεῖ σε ἐν τῇ ἀγαπήσει αὐτοῦ· καὶ εὐφρανθήσεται ἐπὶ σὲ ἐν τέρψει ὡς ἐν ἡμέρᾳ ἑορτῆς. Καὶ συνάξω τοὺς συντετριμμένους 18 σου· οὐαί, τίς ἔλαβεν ἐπ᾽ αὐτὴν ὀνειδισμόν;

Ἰδοὺ ἐγὼ ποιῶ ἐν σοὶ ἕνεκέν σου ἐν τῷ καιρῷ ἐκείνῳ, λέγει 19 Κύριος, καὶ σώσω τὴν ἐκπεπιεσμένην, καὶ τὴν ἀπωσμένην εἰσδέξομαι, καὶ θήσομαι αὐτοὺς εἰς καύχημα, καὶ ὀνομαστοὺς ἐν πάσῃ τῇ γῇ· καὶ καταισχυνθήσονται ἐν τῷ καιρῷ ἐκείνῳ, 20 ὅταν καλῶς ὑμῖν ποιήσω, καὶ ἐν τῷ καιρῷ, ὅταν εἰσδέξωμαι ὑμᾶς· διότι δώσω ὑμᾶς ὀνομαστοὺς, καὶ εἰς καύχημα ἐν πᾶσι τοῖς λαοῖς τῆς γῆς, ἐν τῷ ἐπιστρέφειν με τὴν αἰχμαλωσίαν ὑμῶν ἐνώπιον ὑμῶν, λέγει Κύριος.

ΑΓΓΑΙΟΣ. Ι´.

In the second year of Darius the king, in the sixth month, on the first *day* of the month, the word of the Lord came by the hand of the prophet Aggæus, saying, Speak to Zorobabel the son of Salathiel, of the tribe of Juda, and to [γ]Jesus the son of Josedec, the high priest, saying, [2] Thus saith the Lord Almighty, saying, This people say, The time is not come to build the house of the Lord. [3] And the word of the Lord came by the hand of the prophet Aggæus, saying,

[4] Is it time for you to dwell in your ceiled houses, whereas our house is desolate?

[5] And now thus saith the Lord Almighty; Consider your ways, I pray you. [6] Ye have sown much, but brought in little; ye have eaten, and are not satisfied; ye have drunk, and are not satisfied with drink, ye have clothed yourselves, and have not become warm [δ]thereby: and he that earns wages has gathered *them* into a bag full of holes.

[7] Thus saith the Lord Almighty; Consider your ways. [8] Go up to the mountain, and cut timber; build the house, and I will take pleasure in it, and be glorified, saith the Lord. [9] Ye looked for much, and there came little, and it was brought into the house, and I blew it away. Therefore thus saith the Lord Almighty, Because my house is desolate, and ye run every one into his own house; [10] therefore shall the sky withhold dew, and the earth shall keep back her produce. [11] And I will bring a sword upon

ἘΝ τῷ δευτέρῳ ἔτει ἐπὶ Δαρείου τοῦ βασιλέως, ἐν τῷ μηνὶ τῷ ἕκτῳ, μιᾷ τοῦ μηνὸς, ἐγένετο λόγος Κυρίου ἐν χειρὶ Ἀγγαίου τοῦ προφήτου, λέγων, εἰπὸν πρὸς Ζοροβάβελ τὸν τοῦ Σαλαθιὴλ ἐκ φυλῆς Ἰούδα, καὶ πρὸς Ἰησοῦν τὸν τοῦ Ἰωσεδὲκ τὸν ἱερέα τὸν μέγαν, λέγων, τάδε λέγει Κύριος παντοκράτωρ, λέγων, 2 ὁ λαὸς οὗτος λέγουσιν, οὐκ ἥκεν ὁ καιρὸς τοῦ οἰκοδομῆσαι τὸν οἶκον Κυρίου. Καὶ ἐγένετο λόγος Κυρίου ἐν χειρὶ Ἀγγαίου 3 τοῦ προφήτου, λέγων,

Εἰ καιρὸς μὲν ὑμῖν ἐστι τοῦ οἰκεῖν ἐν οἴκοις ὑμῶν κοιλοστάθ- 4 μοις, ὁ δὲ οἶκος ἡμῶν ἐξηρήμωται;

Καὶ νῦν τάδε λέγει Κύριος παντοκράτωρ, τάξατε δὴ καρδίας 5 ὑμῶν εἰς τὰς ὁδοὺς ὑμῶν. Ἐσπείρατε πολλὰ καὶ εἰσηνέγκατε 6 ὀλίγα, ἐφάγετε καὶ οὐκ εἰς πλησμονὴν, ἐπίετε καὶ οὐκ εἰς μέθην, περιεβάλεσθε καὶ οὐκ ἐθερμάνθητε ἐν αὐτοῖς, καὶ ὁ τοὺς μισθοὺς συνάγων, συνήγαγεν εἰς δεσμὸν τετρυπημένον.

Τάδε λέγει Κύριος παντοκράτωρ, θέσθε τὰς καρδίας ὑμῶν εἰς 7 τὰς ὁδοὺς ὑμῶν. Ἀνάβητε εἰς τὸ ὄρος, καὶ κόψατε ξύλα, 8 οἰκοδομήσατε τὸν οἶκον, καὶ εὐδοκήσω ἐν αὐτῷ, καὶ ἐνδοξασθή- σομαι, εἶπε Κύριος. Ἐπεβλέψατε εἰς πολλὰ, καὶ ἐγένετο 9 ὀλίγα· καὶ εἰσηνέχθη εἰς τὸν οἶκον, καὶ ἐξεφύσησα αὐτά· διὰ τοῦτο τάδε λέγει Κύριος παντοκράτωρ, ἀνθ᾽ ὧν ὁ οἶκός μου ἐστὶν ἔρημος, ὑμεῖς δὲ διώκετε ἕκαστος εἰς τὸν οἶκον αὐτοῦ, διατοῦτο ἀνέξει ὁ οὐρανὸς ἀπὸ δρόσου, καὶ ἡ γῆ ὑποστελεῖται 10 τὰ ἐκφόρια αὐτῆς. Καὶ ἐπάξω ῥομφαίαν ἐπὶ τὴν γῆν, καὶ ἐπὶ 11

β *Lit.* renew.   γ *Or,* Joshua.   δ *Gr.* in them.

τὰ ὄρη, καὶ ἐπὶ τὸν σῖτον, καὶ ἐπὶ τὸν οἶνον, καὶ ἐπὶ τὸ ἔλαιον, καὶ ὅσα ἐκφέρει ἡ γῆ, καὶ ἐπὶ τοὺς ἀνθρώπους, καὶ ἐπὶ τὰ κτήνη, καὶ ἐπὶ πάντας τοὺς πόνους τῶν χειρῶν αὐτῶν.

12 Καὶ ἤκουσε Ζοροβάβελ ὁ τοῦ Σαλαθιὴλ ἐκ φυλῆς Ἰούδα, καὶ Ἰησοῦς ὁ τοῦ Ἰωσεδὲκ ὁ ἱερεὺς ὁ μέγας, καὶ πάντες οἱ κατάλοιποι τοῦ λαοῦ τῆς φωνῆς Κυρίου τοῦ Θεοῦ αὐτῶν, καὶ τῶν λόγων τοῦ Ἀγγαίου τοῦ προφήτου, καθότι ἐξαπέστειλεν αὐτὸν Κύριος ὁ Θεὸς αὐτῶν πρὸς αὐτούς, καὶ ἐφοβήθη ὁ λαὸς

13 ἀπὸ προσώπου Κυρίου. Καὶ εἶπεν Ἀγγαῖος ἄγγελος Κυρίου ἐν ἀγγέλοις Κυρίου τῷ λαῷ, ἐγώ εἰμι μεθ᾽ ὑμῶν, λέγει Κύριος.

14 Καὶ ἐξήγειρε Κύριος τὸ πνεῦμα Ζοροβάβελ τοῦ Σαλαθιὴλ ἐκ φυλῆς Ἰούδα, καὶ τὸ πνεῦμα Ἰησοῦ τοῦ Ἰωσεδὲκ τοῦ ἱερέως τοῦ μεγάλου, καὶ τὸ πνεῦμα τῶν καταλοίπων παντὸς τοῦ λαοῦ, καὶ εἰσῆλθον, καὶ ἐποίουν ἔργα ἐν τῷ οἴκῳ Κυρίου παντοκράτορος Θεοῦ αὐτῶν.

2 Τῇ τετράδι καὶ εἰκάδι τοῦ μηνὸς τοῦ ἕκτου, τῷ δευτέρῳ ἔτει,

2 ἐπὶ Δαρείου τοῦ βασιλέως. Τῷ μηνὶ τῷ ἑβδόμῳ, μιᾷ καὶ εἰκάδι τοῦ μηνὸς, ἐλάλησε Κύριος ἐν χειρὶ Ἀγγαίου τοῦ προφήτου,

3 λέγων, εἰπὸν δὴ πρὸς Ζοροβάβελ τὸν τοῦ Σαλαθιὴλ ἐκ φυλῆς Ἰούδα, καὶ πρὸς Ἰησοῦν τοῦ Ἰωσεδὲκ τὸν ἱερέα τὸν μέγαν, καὶ πρὸς πάντας τοὺς καταλοίπους τοῦ λαοῦ, λέγων,

4 Τίς ἐξ ὑμῶν, ὃς εἶδε τὸν οἶκον τοῦτον ἐν τῇ δόξῃ αὐτοῦ τῇ ἔμπροσθεν; καὶ πῶς ὑμεῖς βλέπετε αὐτὸν νῦν καθὼς οὐχ ὑπάρ-

5 χοντα ἐνώπιον ὑμῶν; Καὶ νῦν κατίσχυε Ζοροβάβελ, λέγει Κύριος, καὶ κατίσχυε Ἰησοῦ ὁ τοῦ Ἰωσεδὲκ ὁ ἱερεὺς ὁ μέγας, καὶ κατισχυέτω πᾶς ὁ λαὸς τῆς γῆς, λέγει Κύριος, καὶ ποιεῖτε,

6 διότι μεθ᾽ ὑμῶν ἐγώ εἰμι, λέγει Κύριος ὁ παντοκράτωρ, καὶ τὸ πνεῦμά μου ἐφέστηκεν ἐν μέσῳ ὑμῶν· θαρσεῖτε,

7 Διότι τάδε λέγει Κύριος παντοκράτωρ, ἔτι ἅπαξ ἐγὼ σείσω τὸν οὐρανὸν καὶ τὴν γῆν, καὶ τὴν θάλασσαν καὶ τὴν ξηράν,

8 καὶ συσσείσω πάντα τὰ ἔθνη, καὶ ἥξει τὰ ἐκλεκτὰ πάντων τῶν ἐθνῶν· καὶ πλήσω τὸν οἶκον τοῦτον δόξης, λέγει Κύριος παν-

9 τοκράτωρ. Ἐμὸν τὸ ἀργύριον, καὶ ἐμὸν τὸ χρυσίον, λέγει

10 Κύριος παντοκράτωρ. Διότι μεγάλη ἔσται ἡ δόξα τοῦ οἴκου τούτου, ἡ ἐσχάτη ὑπὲρ τὴν πρώτην, λέγει Κύριος παντοκράτωρ· καὶ ἐν τῷ τόπῳ τούτῳ δώσω εἰρήνην, λέγει Κύριος παντοκράτωρ, καὶ εἰρήνην ψυχῆς εἰς περιποίησιν παντὶ τῷ κτίζοντι, τοῦ ἀναστῆσαι τὸν ναὸν τοῦτον.

11 Τετράδι καὶ εἰκάδι τοῦ ἐννάτου μηνὸς, ἔτους δευτέρου, ἐπὶ Δαρείου, ἐγένετο λόγος Κυρίου πρὸς Ἀγγαῖον τὸν προφήτην,

12 λέγων, τάδε λέγει Κύριος παντοκράτωρ, ἐπερώτησον δὴ τοὺς

13 ἱερεῖς νόμον, λέγων, ἐὰν λάβῃ ἄνθρωπος κρέας ἅγιον ἐν τῷ ἄκρῳ τοῦ ἱματίου αὐτοῦ, καὶ ἅψηται τὸ ἄκρον τοῦ ἱματίου αὐτοῦ ἄρτου, ἢ ἑψήματος, ἢ οἴνου, ἢ ἐλαίου, ἢ παντὸς βρώματος, εἰ ἁγιασθήσεται; καὶ ἀπεκρίθησαν οἱ ἱερεῖς, καὶ εἶπαν,

14 οὔ. Καὶ εἶπεν Ἀγγαῖος, ἐὰν ἅψηται μεμιασμένος ἀκάθαρτος ἐπὶ ψυχῇ ἐπὶ παντὸς τούτων, εἰ μιανθήσεται; καὶ ἀπεκρίθησαν οἱ

15 ἱερεῖς, καὶ εἶπαν, μιανθήσεται. Καὶ ἀπεκρίθη Ἀγγαῖος, καὶ εἶπεν,

the land, and upon the mountains, and upon the corn, and upon the wine, and upon the oil, and all that the earth produces, and upon the men, and upon the cattle, and upon all the labours of their hands. [12] And Zorobabel the son of Salathiel, of the tribe of Juda, and β Jesus the son of Josedec, the high priest, and all the remnant of the people, hearkened to the voice of the Lord their God, and the words of the prophet Aggæus, according as the Lord their God had sent him to them, and the people feared before the Lord. [13] And Aggæus the Lord's messenger spoke among the messengers of the Lord to the people, *saying*, I am with you, saith the Lord.

[14] And the Lord stirred up the spirit of Zorobabel the son of Salathiel, of the tribe of Juda, and the spirit of Jesus the son of Josedec, the high priest, and the spirit of the remnant of all the people; and they went in, and wrought in the house of the Lord Almighty their God, on the four and twentieth *day* of the sixth month, in the second year of Darius the king. [2] In the seventh month, on the twenty-first *day* of the month, the Lord spoke by Aggæus the prophet, saying, [3] Speak now to Zorobabel the son of Salathiel, of the tribe of Juda, and to Jesus the son of Josedec, the high priest, and to all the remnant of the people, saying, [4] Who *is there* of you that saw this house in her former glory? and how do ye now look upon it, as it were γ nothing before your eyes? [5] Yet now be strong, O Zorobabel, saith the Lord; and strengthen thyself, O Jesus the high priest, the son of Josedec; and let all the people of the land strengthen themselves, saith the Lord, and work, for I am with you, saith the Lord Almighty; [6] and my Spirit remains in the midst of you; be of good courage. [7] For thus saith the Lord Almighty; δ Yet once I will shake the heaven, and the earth, and the sea, and the dry *land*; [8] and I will shake all nations, and the choice ζ portions of all the nations shall come: and I will fill this house with glory, saith the Lord Almighty. [9] Mine is the silver, and mine the gold, saith the Lord Almighty. [10] For the glory of this house shall be great, the latter more than the former, saith the Lord Almighty: and in this place will I give peace, saith the Lord Almighty, even peace of soul for θ a possession to every one that builds, to raise up this temple.

[11] On the four and twentieth *day* of the ninth month, in the second year of Darius, the word of the Lord came to Aggæus the prophet, saying, [12] Thus saith the Lord Almighty; Inquire now of the priests *concerning* the law, saying, [13] If a man should take holy flesh in the skirt of his garment, and the skirt of his garment should touch bread, or pottage, or wine, or oil, or any meat, shall it be λ holy? And the priests answered and said, No. [14] And Aggæus said, If a defiled person who is unclean by reason of a dead body, touch any of these, shall it be defiled? And the priests answered and said, It shall be defiled. [15] And Aggæus answered and said,

---

β Or, Joshua.   γ Gr. not existing.   δ Heb. 12. 26.   ζ Or, objects.   θ Or, salvation.   λ Gr. sanctified.

So is this people, and so is this nation before me, saith the Lord; and so are all the works of their hands: and whosoever shall approach them, shall be defiled β [because of their early burdens: they shall be pained because of their toils; and ye have hated him that reproved in the gates]. ¹⁶ And now consider, I pray you, from this day and beforetime, before they laid a stone on a stone in the temple of the Lord, what manner of men ye were. ¹⁷ When ye cast into the corn-bin twenty measures of barley, and there were *only* ten measures of barley: and ye went γ to the vat to draw out fifty measures, and there were *but* twenty. ¹⁸ I smote you with barrenness; and with blasting, and all the works of your hands with hail; yet ye returned not to me, saith the Lord.

¹⁹ Set your hearts now *to think* from this day and upward, from the four and twentieth *day* of the ninth month, even from the day when the foundation of the temple of the Lord was laid; ²⁰ consider in your hearts, whether *this* shall be known on the corn-floor, and whether yet the vine, and the fig-tree, and the pomegranate, and the olive-trees that bear no fruit *are with you*: from this day will I bless *you*.

²¹ And the word of the Lord came the second time to Aggæus the prophet, on the four and twentieth *day* of the month, saying, ²² Speak to Zorobabel the son of Salathiel, of the tribe of Juda, saying,

I shake the heaven, and the earth, and the sea, and the dry *land;* ²³ and I will overthrow the thrones of kings, and I will destroy the power of the kings of the nations; and I will overthrow chariots and riders; and the horses and their riders shall come down, every one by the sword striving against his brother. ²⁴ In that day, saith the Lord Almighty, I will take thee, O Zorobabel, the son of Salathiel, my servant, saith the Lord, and will make thee as a seal: for I have chosen thee, saith the Lord Almighty.

οὕτως ὁ λαὸς οὗτος. καὶ οὕτως τὸ ἔθνος τοῦτο ἐνώπιον ἐμοῦ, λέγει Κύριος, καὶ οὕτως πάντα τὰ ἔργα τῶν χειρῶν αὐτῶν· καὶ ὃς ἐὰν ἐγγίσῃ ἐκεῖ, μιανθήσεται ἕνεκεν τῶν λημμάτων αὐτῶν τῶν ὀρθρινῶν, ὀδυνηθήσονται ἀπὸ προσώπου πόνων αὐτῶν, καὶ ἐμισεῖτε ἐν πύλαις ἐλέγχοντα. Καὶ νῦν θέσθε δὴ εἰς τὰς καρ- 16 δίας ὑμῶν ἀπὸ τῆς ἡμέρας ταύτης καὶ ὑπεράνω, πρὸ τοῦ θεῖναι λίθον ἐπὶ λίθον ἐν τῷ ναῷ Κυρίου τίνες ἦτε, ὅτε ἐνεβάλλετε 17 εἰς κυψέλην κριθῆς εἴκοσι σάτα, καὶ ἐγένετο κριθῆς δέκα σάτα· καὶ εἰσεπορεύεσθε εἰς τὸ ὑπολήνιον ἐξαντλῆσαι πεντήκοντα μετρητὰς καὶ ἐγένοντο εἴκοσι. Ἐπάταξα ὑμᾶς ἐν ἀφορίᾳ, καὶ 18 ἐν ἀνεμοφθορίᾳ, καὶ ἐν χαλάζῃ πάντα τὰ ἔργα τῶν χειρῶν ὑμῶν, καὶ οὐκ ἐπεστρέψατε πρὸς μὲ, λέγει Κύριος.

Ὑποτάξατε δὴ τὰς καρδίας ὑμῶν ἀπὸ τῆς ἡμέρας ταύτης, 19 καὶ ἐπέκεινα, ἀπὸ τῆς τετράδος καὶ εἰκάδος τοῦ ἐννάτου μηνὸς, καὶ ἀπὸ τῆς ἡμέρας ἧς τεθεμελίωται ὁ ναὸς Κυρίου· θέσθε ἐν ταῖς καρδίαις ὑμῶν, εἰ ἐπιγνωσθήσεται ἐπὶ τῆς ἅλω, καὶ εἰ 20 ἔτι ἡ ἄμπελος, καὶ ἡ συκῆ, καὶ ἡ ῥοὰ, καὶ τὰ ξύλα τῆς ἐλαίας τὰ οὐ φέροντα καρπὸν, ἀπὸ τῆς ἡμέρας ταύτης εὐλογήσω.

Καὶ ἐγένετο λόγος Κυρίου ἐκ δευτέρου πρὸς Ἀγγαῖον τὸν 21 προφήτην, τετράδι καὶ εἰκάδι τοῦ μηνὸς, λέγων, εἰπὸν πρὸς 22 Ζοροβάβελ τὸν τοῦ Σαλαθιὴλ ἐκ φυλῆς Ἰούδα, λέγων,

Ἐγὼ σείω τὸν οὐρανὸν καὶ τὴν γῆν, καὶ τὴν θάλασσαν καὶ τὴν ξηρὰν, καὶ καταστρέψω θρόνους βασιλέων, καὶ ὀλοθρεύσω 23 δύναμιν βασιλέων τῶν ἐθνῶν, καὶ καταστρέψω ἅρματα καὶ ἀναβάτας, καὶ καταβήσονται ἵπποι καὶ ἀναβάται αὐτῶν, ἕκαστος ἐν ῥομφαίᾳ πρὸς τὸν ἀδελφὸν αὐτοῦ. Ἐν τῇ ἡμέρᾳ 24 ἐκείνῃ, λέγει Κύριος παντοκράτωρ, λήψομαί σε Ζοροβάβελ τὸν τοῦ Σαλαθιὴλ, τὸν δοῦλόν μου, λέγει Κύριος, καὶ θήσομαί σε ὡς σφραγίδα, διότι σὲ ᾑρέτισα, λέγει Κύριος παντοκράτωρ.

ΖΑΧΑΡΙΑΣ. ΙΑ´.

In the eighth month, in the second year of *the reign of* Darius, the word of the Lord came to Zacharias, the son of Barachias, the son of Addo, the prophet, saying,

² The Lord has been very angry with your fathers. ³ And thou shalt say to them, Thus saith the Lord Almighty; Turn to me, saith the Lord of hosts, and I will turn to you, saith the Lord of hosts. ⁴ And be ye not as your fathers, whom the prophets

ἘΝ τῷ ὀγδόῳ μηνὶ, ἔτους δευτέρου ἐπὶ Δαρείου, ἐγένετο λόγος Κυρίου πρὸς Ζαχαρίαν τὸν τοῦ Βαραχίου υἱὸν Ἀδδὼ τὸν προφήτην, λέγων,

Ὠργίσθη Κύριος ἐπὶ τοὺς πατέρας ὑμῶν ὀργὴν μεγάλην· 2 καὶ ἐρεῖς πρὸς αὐτοὺς, τάδε λέγει Κύριος παντοκράτωρ, ἐπι- 3 στρέψατε πρὸς μὲ, λέγει Κύριος τῶν δυνάμεων, καὶ ἐπιστραφή- σομαι πρὸς ὑμᾶς, λέγει Κύριος τῶν δυνάμεων. Καὶ μὴ 4 γίνεσθε καθὼς οἱ πατέρες ὑμῶν, οἷς ἐνεκάλεσαν αὐτοῖς οἱ

β Not in *Hebrew.* γ Gr. into.

προφῆται ἔμπροσθεν λέγοντες, τάδε λέγει Κύριος παντοκράτωρ,
ἀποστρέψατε ἀπὸ τῶν ὁδῶν ὑμῶν τῶν πονηρῶν, καὶ ἀπὸ τῶν
ἐπιτηδευμάτων ὑμῶν τῶν πονηρῶν· καὶ οὐκ εἰσήκουσαν, καὶ οὐ
προσέσχον τοῦ εἰσακοῦσαί μου, λέγει Κύριος.

5 Οἱ πατέρες ὑμῶν ποῦ εἰσι καὶ οἱ προφῆται; μὴ τὸν αἰῶνα
6 ζήσονται; Πλὴν τοὺς λόγους μου καὶ τὰ νόμιμά μου δέχεσθε,
ὅσα ἐγὼ ἐντέλλομαι ἐν πνεύματί μου τοῖς δούλοις μου τοῖς
προφήταις, οἳ κατελάβοσαν τοὺς πατέρας ὑμῶν· καὶ ἀπεκρί-
θησαν, καὶ εἶπαν, καθὼς παρατέτακται Κύριος παντοκράτωρ τοῦ
ποιῆσαι ἡμῖν κατὰ τὰς ὁδοὺς ἡμῶν καὶ κατὰ τὰ ἐπιτηδεύματα
ἡμῶν, οὕτως ἐποίησεν ἡμῖν.

7 Τῇ τετράδι καὶ εἰκάδι, τῷ ἑνδεκάτῳ μηνὶ, οὗτός ἐστιν ὁ μὴν
Σαβὰτ, ἐν τῷ δευτέρῳ ἔτει, ἐπὶ Δαρείου, ἐγένετο λόγος Κυ-
ρίου πρὸς Ζαχαρίαν τὸν τοῦ Βαραχίου υἱὸν Ἀδδὼ τὸν προφή-
την, λέγων,

8 Ἑώρακα τὴν νύκτα, καὶ ἰδοὺ ἀνὴρ ἐπιβεβηκὼς ἐπὶ ἵππον
πυρρὸν, καὶ οὗτος εἱστήκει ἀναμέσον τῶν ὀρέων τῶν κατασκίων,
καὶ ὀπίσω αὐτοῦ ἵπποι πυρροὶ, καὶ ψαροὶ, καὶ ποικίλοι, καὶ
9 λευκοί. Καὶ εἶπα, τί οὗτοι κύριε; καὶ εἶπε πρὸς μὲ ὁ ἄγγε-
10 λος ὁ λαλῶν ἐν ἐμοὶ, ἐγὼ δείξω σοι τί ἐστι ταῦτα. Καὶ
ἀπεκρίθη ὁ ἀνὴρ ὁ ἐφεστηκὼς ἀναμέσον τῶν ὀρέων, καὶ εἶπε
πρὸς μὲ, οὗτοί εἰσιν οὓς ἐξαπέστειλε Κύριος, περιοδεῦσαι τὴν
11 γῆν· καὶ ἀπεκρίθησαν τῷ ἀγγέλῳ Κυρίου τῷ ἐφεστῶτι ἀνα-
μέσον τῶν ὀρέων, καὶ εἶπον, περιωδεύσαμεν πᾶσαν τὴν γῆν, καὶ
ἰδοὺ πᾶσα ἡ γῆ κατοικεῖται, καὶ ἡσυχάζει.

12 Καὶ ἀπεκρίθη ὁ ἄγγελος Κυρίου, καὶ εἶπε, Κύριε παντοκρά-
τωρ· ἕως τίνος οὐ μὴ ἐλεήσῃς τὴν Ἱερουσαλὴμ, καὶ τὰς πόλεις
13 Ἰούδα, ἃς ὑπερεῖδες, τοῦτο ἑβδομηκοστὸν ἔτος; Καὶ ἀπεκρίθη
Κύριος παντοκράτωρ τῷ ἀγγέλῳ λαλοῦντι ἐν ἐμοὶ, ῥήματα
14 καλὰ καὶ λόγους παρακλητικούς. Καὶ εἶπε πρὸς μὲ ὁ ἄγγελος
ὁ λαλῶν ἐν ἐμοὶ, ἀνάκραγε λέγων,

Τάδε λέγει Κύριος παντοκράτωρ, ἐξήλωκα τὴν Ἱερουσαλὴμ
15 καὶ τὴν Σιὼν ζῆλον μέγαν, καὶ ὀργὴν μεγάλην ἐγὼ ὀργίζομαι
ἐπὶ τὰ ἔθνη τὰ συνεπιτιθέμενα, ἀνθ᾽ ὧν μὲν ἐγὼ ὠργίσθην ὀλίγα,
16 αὐτοὶ δὲ συνεπέθεντο εἰς κακά. Διατοῦτο τάδε λέγει Κύριος,
ἐπιστρέψω ἐπὶ Ἱερουσαλὴμ ἐν οἰκτιρμῷ, καὶ ὁ οἶκός μου ἀνοι-
κοδομηθήσεται ἐν αὐτῇ, λέγει Κύριος παντοκράτωρ, καὶ μέτρον
17 ἐκταθήσεται ἐπὶ Ἱερουσαλὴμ ἔτι· καὶ εἶπε πρὸς μὲ ὁ ἄγ-
γελος ὁ λαλῶν ἐν ἐμοὶ, ἔτι ἀνάκραγε λέγων, τάδε λέγει
Κύριος παντοκράτωρ, ἔτι διαχυθήσονται πόλεις ἐν ἀγαθοῖς,
καὶ ἐλεήσει Κύριος ἔτι τὴν Σιὼν, καὶ αἱρετιεῖ τὴν Ἱερου-
σαλήμ.

18 Καὶ ἦρα τοὺς ὀφθαλμούς μου, καὶ ἴδον, καὶ ἰδοὺ τέσσαρα
19 κέρατα. Καὶ εἶπα πρὸς τὸν ἄγγελον τὸν λαλοῦντα ἐν ἐμοὶ, τί
ἐστι ταῦτα κύριε; καὶ εἶπε πρὸς μὲ, ταῦτα τὰ κέρατα τὰ
διασκορπίσαντα τὸν Ἰούδαν, καὶ τὸν Ἰσραὴλ, καὶ Ἱερουσαλήμ.
20, 21 Καὶ ἔδειξέ μοι Κύριος τέσσαρας τέκτονας. Καὶ εἶπα, τί
οὗτοι ἔρχονται ποιῆσαι; καὶ εἶπε, ταῦτα τὰ κέρατα τὰ δια-
σκορπίσαντα τὸν Ἰούδα καὶ τὸν Ἰσραὴλ κατέαξαν, καὶ οὐδεὶς
αὐτῶν ἦρε κεφαλήν· καὶ ἐξῆλθοσαν οὗτοι τοῦ ὀξῦναι αὐτὰ εἰς

before charged, saying, Thus saith the Lord
Almighty; Turn ye from your evil ways,
and from your evil practices: but they
hearkened not, and attended not to hearken
to me, saith the Lord.

⁵ Where are your fathers, and the pro-
phets? Will they live for ever? ⁶ But do
ye receive my words and mine ordinances,
all that I command by my Spirit to my ser-
vants the prophets, who lived in the days of
your fathers; and they answered and said,
As the Lord Almighty determined to do to
us, according to our ways, and according to
our practices, so has he done to us.

⁷ On the twenty-fourth *day* in the eleventh
month, this is the month Sabat, in the
second year of *the reign of* Darius, the word
of the Lord came to Zacharias, the son of
Barachias, the son of Addo, the prophet,
saying,

⁸ I saw by night, and behold a man
mounted on a red horse, and he stood be-
tween the shady mountains; and behind
him were red horses, and grey, and piebald,
and white. ⁹ And I said, What are these,
my lord? And the angel that spoke with
me said to me, I will shew thee what these
things are. ¹⁰ And the man that stood be-
tween the mountains answered, and said to
me, These are *they* whom the Lord has sent
forth to go round the earth. ¹¹ And they
answered the angel of the Lord that stood
between the mountains, and said, We have
gone round all the earth, and, behold, all
the earth is inhabited, and is at rest.

¹² Then the angel of the Lord answered
and said, O Lord Almighty, how long wilt
thou have no mercy on Jerusalem, and the
cities of Juda, which thou hast disregarded
ᵝ these seventy years? ¹³ And the Lord
Almighty answered the angel that spoke
with me good words and consolatory say-
ings. ¹⁴ And the angel that spoke with me
said to me, Cry out and say,

Thus saith the Lord Almighty; I have
been jealous for Jerusalem and Sion with
great jealousy. ¹⁵ And I am very angry with
the heathen that combine to attack *her:*
forasmuch as I indeed was a little angry,
but they combined to attack *her* for evil.
¹⁶ Therefore thus saith the Lord: I will re-
turn to Jerusalem with compassion; and my
house shall be rebuilt in her, saith the Lord
Almighty, and a measuring line shall yet be
stretched out over Jerusalem. ¹⁷ And the
angel that spoke with me said to me, Cry
yet, and say, Thus saith the Lord Almighty;
Yet shall cities be spread abroad through
prosperity; and the Lord shall yet have
mercy upon Sion, and shall choose Jerusalem.

¹⁸ And I lifted up mine eyes and looked,
and behold four horns. ¹⁹ And I said to
the angel that spoke with me, What are
these things, *my lord?* And he said to me,
These are the horns that have scattered
Juda, and Israel, and Jerusalem. ²⁰ And
the Lord shewed me four artificers. ²¹ And
I said, What are these coming to do? And
he said, These are the horns that scattered
Juda, and they broke Israel in pieces, and
none of them lifted up his head: and these
are come forth to sharpen them for their

β *Gr.* this seventieth year.

hands, *even* the four horns, the nations that lifted up the horn against the land of the Lord to scatter it.

And I lifted up mine eyes, and looked, and behold a man, and in his hand a measuring line. ² And I said to him, Whither goest thou? And he said to me, To measure Jerusalem, to see what is the breadth of it, and what is the length of it. ³ And, behold, the angel that spoke with me stood *by*, and another angel went forth to meet him, ⁴ and spoke to him, saying, Run and speak to that young man, saying,

Jerusalem shall be fully inhabited by reason of the abundance of men and cattle in the midst of her. ⁵ And I will be to her, saith the Lord, a wall of fire round about, and I will be for a glory in the midst of her.

⁶ Ho, ho, flee from the land of the north, saith the Lord: for I will gather you from the four winds of heaven, saith the Lord, ⁷ *even* to Sion: deliver yourselves, ye that dwell *with* the daughter of Babylon. ⁸ For thus saith the Lord Almighty; After the glory has he sent me to the nations that spoiled you: for he that touches you is as one that touches the apple of his eye. ⁹ For, behold, I bring my hand upon them, and they shall be a spoil to them that serve them: and ye shall know that the Lord Almighty has sent me.

¹⁰ Rejoice and be glad, O daughter of Sion: for, behold, I come, and will dwell in the midst of thee, saith the Lord. ¹¹ And many nations shall flee for refuge to the Lord in that day, and they shall be for a people to him, and they shall dwell in the midst of thee: and thou shalt know that the Lord Almighty has sent me to thee. ¹² And the Lord shall inherit Juda his portion in the holy *land*, and he will yet choose Jerusalem. ¹³ Let all flesh fear before the Lord: for he has risen up from his holy clouds.

And the Lord shewed me Jesus the high priest standing before the angel of the Lord, and the β Devil stood on his right hand to resist him. ² And the Lord said to the Devil,

³ γ The Lord rebuke thee, O Devil, even the Lord that has chosen Jerusalem rebuke thee: behold! is not this as a brand plucked from the fire?

⁴ Now Jesus was clothed in δ filthy raiment, and stood before the angel. ⁵ And *the Lord* answered and spoke to those who stood before him, saying, Take away the filthy raiment from him: and he said to him, Behold, I have taken away thine iniquities: and clothe ye him with a ς long robe, ⁶ and place a pure mitre upon his head. So they placed a pure mitre upon his head, and clothed him with garments: and the angel of the Lord stood *by*. ⁷ And the angel of the Lord testified to Jesus, saying, ⁸ Thus saith the Lord Almighty;

If thou wilt walk in my ways, and take heed to my charges, then shalt thou judge my house: and if thou wilt diligently keep

χεῖρας αὐτῶν, τὰ τέσσαρα κέρατα, τὰ ἔθνη τὰ ἐπαιρόμενα κέρας ἐπὶ τὴν γῆν Κυρίου, τοῦ διασκορπίσαι αὐτήν.

Καὶ ἦρα τοὺς ὀφθαλμούς μου, καὶ ἴδον, καὶ ἰδοὺ ἀνήρ, καὶ 2 ἐν τῇ χειρὶ αὐτοῦ σχοινίον γεωμετρικόν. Καὶ εἶπα πρὸς αὐτὸν, 2 ποῦ σὺ πορεύῃ; καὶ εἶπε πρὸς μὲ, διαμετρῆσαι τὴν Ἰερουσαλὴμ, τοῦ ἰδεῖν πηλίκον τὸ πλάτος αὐτῆς ἐστι, καὶ πηλίκον τὸ μῆκος. Καὶ ἰδοὺ ὁ ἄγγελος ὁ λαλῶν ἐν ἐμοὶ εἰστήκει, καὶ 3 ἄγγελος ἕτερος ἐξεπορεύετο εἰς συνάντησιν αὐτῷ, καὶ εἶπε πρὸς 4 αὐτὸν, λέγων, δράμε, καὶ λάλησον πρὸς τὸν νεανίαν ἐκεῖνον, λέγων,

Κατακάρπως κατοικηθήσεται Ἰερουσαλὴμ ἀπὸ πλήθους ἀνθρώπων καὶ κτηνῶν ἐν μέσῳ αὐτῆς· καὶ ἐγὼ ἔσομαι αὐτῇ, 5 λέγει Κύριος, τεῖχος πυρὸς κυκλόθεν, καὶ εἰς δόξαν ἔσομαι ἐν μέσῳ αὐτῆς.

Ὢ ὢ φεύγετε ἀπὸ γῆς Βορρᾶ, λέγει Κύριος· διότι ἐκ τῶν 6 τεσσάρων ἀνέμων τοῦ οὐρανοῦ συνάξω ὑμᾶς, λέγει Κύριος, εἰς 7 Σιὼν, ἀνασώζεσθε οἱ κατοικοῦντες θυγατέρα Βαβυλῶνος. Διότι τάδε λέγει Κύριος παντοκράτωρ, ὀπίσω δόξης ἀπέσταλκέ 8 με ἐπὶ τὰ ἔθνη τὰ σκυλεύσαντα ὑμᾶς, διότι ὁ ἁπτόμενος ὑμῶν ὡς ὁ ἁπτόμενος τῆς κόρης τοῦ ὀφθαλμοῦ αὐτοῦ. Διότι ἰδοὺ 9 ἐγὼ ἐπιφέρω τὴν χεῖρά μου ἐπ᾽ αὐτοὺς, καὶ ἔσονται σκῦλα τοῖς δουλεύουσιν αὐτοῖς, καὶ γνώσεσθε ὅτι Κύριος παντοκράτωρ ἀπέσταλκέ με.

Τέρπου καὶ εὐφραίνου θύγατερ Σιὼν, διότι ἰδοὺ ἐγὼ ἔρχομαι, 10 καὶ κατασκηνώσω ἐν μέσῳ σου, λέγει Κύριος. Καὶ καταφεύ- 11 ξονται ἔθνη πολλὰ ἐπὶ τὸν Κύριον ἐν τῇ ἡμέρᾳ ἐκείνῃ, καὶ ἔσονται αὐτῷ εἰς λαὸν, καὶ κατασκηνώσουσιν ἐν μέσῳ σου, καὶ ἐπιγνώσῃ ὅτι Κύριος παντοκράτωρ ἐξαπέσταλκέ με πρὸς σέ. Καὶ κατακληρονομήσει Κύριος τὸν Ἰούδαν τὴν μερίδα αὐτοῦ 12 ἐπὶ τὴν ἁγίαν· καὶ αἱρετιεῖ ἔτι τὴν Ἰερουσαλήμ. Εὐλαβείσθω 13 πᾶσα σὰρξ ἀπὸ προσώπου Κυρίου, ὅτι ἐξεγήγερται ἐκ νεφελῶν ἁγίων αὐτοῦ.

Καὶ ἔδειξέ μοι Κύριος τὸν Ἰησοῦν τὸν ἱερέα τὸν μέγαν, 3 ἑστῶτα πρὸ προσώπου ἀγγέλου Κυρίου, καὶ ὁ διάβολος εἰστήκει ἐκ δεξιῶν αὐτοῦ, τοῦ ἀντικεῖσθαι αὐτῷ. Καὶ εἶπε Κύριος πρὸς 2 τὸν διάβολον,

Ἐπιτιμήσαι Κύριος ἐν σοὶ διάβολε, καὶ ἐπιτιμήσαι Κύριος 3 ἐν σοὶ ὁ ἐκλεξάμενος τὴν Ἰερουσαλήμ· οὐκ ἰδοὺ τοῦτο ὡς δαλὸς ἐξεσπασμένος ἐκ πυρός;

Καὶ Ἰησοῦς ἦν ἐνδεδυμένος ἱμάτια ῥυπαρὰ, καὶ εἱστήκει πρὸ 4 προσώπου τοῦ ἀγγέλου. Καὶ ἀπεκρίθη καὶ εἶπε πρὸς τοὺς ἑστη- 5 κότας πρὸ προσώπου αὐτοῦ, λέγων, ἀφέλετε τὰ ἱμάτια τὰ ῥυπαρὰ ἀπ᾽ αὐτοῦ· καὶ εἶπε πρὸς αὐτὸν, ἰδοὺ ἀφήρηκα τὰς ἀνομίας σου· καὶ ἐνδύσατε αὐτὸν ποδήρη, καὶ ἐπίθετε κίδαριν 6 καθαρὰν ἐπὶ τὴν κεφαλὴν αὐτοῦ· καὶ ἐπέθηκαν κίδαριν καθαρὰν ἐπὶ τὴν κεφαλὴν αὐτοῦ, καὶ περιέβαλον αὐτὸν ἱμάτια· καὶ ὁ ἄγγελος Κυρίου εἱστήκει. Καὶ διεμαρτύρατο ὁ ἄγγελος 7 Κυρίου πρὸς Ἰησοῦν, λέγων, τάδε λέγει Κύριος παντοκράτωρ, 8

Ἐὰν ταῖς ὁδοῖς μου πορεύῃ, καὶ ἐν τοῖς προστάγμασί μου φυλάξῃ, καὶ σὺ διακρινεῖς τὸν οἶκόν μου· καὶ ἐὰν διαφυλάσσῃς

β Or, Accuser. γ Jude 9. δ Or, vile, see James 2. 2. ζ Or, full length.

τὴν αὐλήν μου, καὶ δώσω σοι ἀναστρεφομένους ἐν μέσῳ τῶν
9 ἑστηκότων τούτων. Ἄκουε δὴ Ἰησοῦ ὁ ἱερεὺς ὁ μέγας, σὺ
καὶ οἱ πλησίον σου οἱ καθήμενοι πρὸ προσώπου, διότι ἄνδρες
τερατοσκόποι εἰσὶ, διότι ἰδοὺ ἐγὼ ἄγω τὸν δοῦλόν μου Ἀνατο-
10 λήν. Διότι ὁ λίθος ὃν ἔδωκα πρὸ προσώπου τοῦ Ἰησοῦ, ἐπὶ
τὸν λίθον τὸν ἕνα ἑπτὰ ὀφθαλμοί εἰσιν· ἰδοὺ ἐγὼ ὀρύσσω
βόθρον, λέγει Κύριος παντοκράτωρ, καὶ ψηλαφήσω πᾶσαν τὴν
11 ἀδικίαν τῆς γῆς ἐκείνης ἐν ἡμέρᾳ μιᾷ. Ἐν τῇ ἡμέρᾳ ἐκείνῃ,
λέγει Κύριος παντοκράτωρ, συγκαλέσετε ἕκαστος τὸν πλησίον
αὐτοῦ ὑποκάτω ἀμπέλου, καὶ ὑποκάτω συκῆς.

4 Καὶ ἐπέστρεψεν ὁ ἄγγελος ὁ λαλῶν ἐν ἐμοὶ, καὶ ἐξήγειρέ
με ὃν τρόπον ὅταν ἐξεγερθῇ ἄνθρωπος ἐξ ὕπνου αὐτοῦ.

2 Καὶ εἶπε πρὸς μὲ, τί σὺ βλέπεις; καὶ εἶπα, ἑώρακα, καὶ
ἰδοὺ λυχνία χρυσῆ ὅλη, καὶ τὸ λαμπάδιον ἐπάνω αὐτῆς, καὶ
ἑπτὰ λύχνοι ἐπάνω αὐτῆς, καὶ ἑπτὰ ἐπαρυστρίδες τοῖς λύχνοις
3 τοῖς ἐπάνω αὐτῆς, καὶ δύο ἐλαῖαι ἐπάνω αὐτῆς, μία ἐκ δεξιῶν
4 τοῦ λαμπαδίου αὐτῆς, καὶ μία ἐξ εὐωνύμων. Καὶ ἐπηρώτησα,
καὶ εἶπα πρὸς τὸν ἄγγελον τὸν λαλοῦντα ἐν ἐμοὶ, λέγων, τί
5 ἐστι ταῦτα κύριε; Καὶ ἀπεκρίθη ὁ ἄγγελος ὁ λαλῶν ἐν ἐμοὶ,
καὶ εἶπε πρὸς μὲ, λέγων, οὐ γινώσκεις τί ἐστι ταῦτα; καὶ εἶπα,
6 οὐχὶ κύριε. Καὶ ἀπεκρίθη, καὶ εἶπε πρὸς μὲ, λέγων, οὗτος
ὁ λόγος Κυρίου πρὸς Ζοροβάβελ, λέγων,

Οὐκ ἐν δυνάμει μεγάλῃ, οὐδὲ ἐν ἰσχύϊ, ἀλλὰ ἐν πνεύματί
7 μου, λέγει Κύριος παντοκράτωρ. Τίς εἶ σὺ τὸ ὄρος τὸ μέγα
τὸ πρὸ προσώπου Ζοροβάβελ τοῦ κατορθῶσαι; καὶ ἐξοίσω τὸν
λίθον τῆς κληρονομίας, ἰσότητα χάριτος χάριτα αὐτῆς.

8, 9 Καὶ ἐγένετο λόγος Κυρίου πρὸς μὲ, λέγων, αἱ χεῖρες
Ζοροβάβελ ἐθεμελίωσαν τὸν οἶκον τοῦτον, καὶ αἱ χεῖρες αὐτοῦ
ἐπιτελέσουσιν αὐτόν· καὶ ἐπιγνώσῃ διότι Κύριος παντοκράτωρ
10 ἐξαπέσταλκέ με πρὸς σέ. Διότι τίς ἐξουδένωσεν εἰς ἡμέρας
μικράς; καὶ χαροῦνται, καὶ ὄψονται τὸν λίθον τὸν κασσιτέρινον
ἐν χειρὶ Ζοροβάβελ· ἑπτὰ οὗτοι ὀφθαλμοί εἰσιν οἱ ἐπιβλέπον-
τες ἐπὶ πᾶσαν τὴν γῆν.

11 Καὶ ἀπεκρίθην, καὶ εἶπα πρὸς αὐτὸν, τί αἱ δύο ἐλαῖαι αὗται,
12 αἱ ἐκ δεξιῶν τῆς λυχνίας καὶ ἐξ εὐωνύμων; Καὶ ἐπηρώτησα
ἐκ δευτέρου, καὶ εἶπα πρὸς αὐτὸν, τί οἱ δύο κλάδοι τῶν ἐλαιῶν
οἱ ἐν ταῖς χερσὶ τῶν δύο μυξωτήρων τῶν χρυσῶν τῶν ἐπιχεόν-
13 των, καὶ ἐπαναγόντων τὰς ἐπαρυστρίδας τὰς χρυσᾶς; Καὶ
εἶπε πρὸς μὲ, οὐκ οἶδας τί ἐστι ταῦτα; καὶ εἶπα, οὐχὶ κύριε.
14 Καὶ εἶπεν, οὗτοι οἱ δύο υἱοὶ τῆς πιότητος παρεστήκασι Κυρίῳ
πάσης τῆς γῆς.

5 Καὶ ἐπέστρεψα, καὶ ἦρα τοὺς ὀφθαλμούς μου, καὶ ἴδον, καὶ
2 ἰδοὺ δρέπανον πετόμενον. Καὶ εἶπε πρὸς μὲ, τί σὺ βλέπεις;
καὶ εἶπα, ἐγὼ ὁρῶ δρέπανον πετόμενον μήκους πήχεων εἴκοσι,
3 καὶ πλάτους πήχεων δέκα. Καὶ εἶπε πρὸς μὲ,

Αὕτη ἡ ἀρὰ ἡ ἐκπορευομένη ἐπὶ πρόσωπον πάσης τῆς γῆς·
διότι πᾶς ὁ κλέπτης ἐκ τούτου ἕως θανάτου ἐκδικηθήσεται, καὶ
4 πᾶς ὁ ἐπίορκος ἐκ τούτου ἐκδικηθήσεται. Καὶ ἐξοίσω αὐτό,

my court, then will I give thee men to walk in the midst of these that stand *here*. [9] Hear now, Jesus the high priest, thou, and thy neighbours that are sitting before *thee*: for they are diviners, for, behold, I bring forth my servant The [β] Branch. [10] For *as* *for* the stone which I have set before the face of Jesus, on the one stone are seven eyes: behold, I am digging a trench, saith the Lord Almighty, and I will search out all the iniquity of that land in one day. [11] In that day, saith the Lord Almighty, ye shall call together every man his neighbour under the vine and under the fig-tree.

And the angel that talked with me returned, and awakened me, as when a man is awakened out of his sleep. [2] And he said to me, What seest thou? And I said, I have seen, and behold a candlestick all of gold, and its bowl upon it, and seven lamps upon it, and seven oil funnels to the lamps upon it: [3] and two olive-trees above it, one on the right of the bowl, and one on the left. [4] And I inquired, and spoke to the angel that talked with me, saying, What are these things, *my lord?* [5] And the angel that talked with me answered, and spoke to me, saying, Knowest thou not what these things are? And I said, No, *my* lord. [6] And he answered and spoke to me, saying, This is the word of the Lord to Zorobabel, saying,

Not by mighty power, nor by strength, but by my Spirit, saith the Lord Almighty. [7] Who art thou, the great mountain before Zorobabel, that thou shouldest prosper? whereas I will bring out the stone of the inheritance, the grace of it the [γ] equal of *my* grace.

[8] And the word of the Lord came to me, saying, [9] The hands of Zorobabel have laid the foundation of this house, and his hands shall finish it: and thou shalt know that the Lord Almighty has sent me to thee. [10] For who has despised the small days? surely they shall rejoice, and shall see the plummet of tin in the hand of Zorobabel: these are the seven eyes [δ]that look upon all the earth.

[11] And I answered, and said to him, What are these two olive-trees, which are on the right and left hand of the candlestick? [12] And I asked the second time, and said to him, What are the two branches of the olive-trees that are by the side of the two golden [ζ] pipes that pour into and communicate with the golden oil funnels? [13] And he said to me, Knowest thou not what these are? and I said, No, *my* lord. [14] And he said, These are the two [θ] anointed ones *that* stand by the Lord of the whole earth.

And I turned, and lifted up mine eyes, and looked and behold a flying sickle. [2] And he said to me, What seest thou? And I said, I see a flying sickle, of the length of twenty cubits, and of the breadth of ten cubits. [3] And he said to me,

This is the curse that goes forth over the face of the whole earth: for every thief shall be punished with death on this side, and every false swearer shall be punished on that side. [4] And I will bring it forth, saith

---

β See Lu. 1. 78. γ *Gr.* equality, see Jno. 1. 16. δ *Alex.* + ‘ of the Lord.’ ζ *Gr.* nostrils. θ *Gr.* sons of fatness. Rev. 11. 4.

the Lord Almighty, and it shall enter into the house of the thief, and into the house of him that swears falsely by my name: and it shall rest in the midst of his house, and shall consume it, and the timber of it, and the stones of it.

⁵ And the angel that talked with me went forth, and said to me, Lift up thine eyes, and see this that goes forth. ⁶ And I said, What is it? And he said, This is the measure that goes forth. And he said, This is their iniquity in all the earth. ⁷ And behold a talent of lead lifted up: and behold β a woman sat in the midst of the measure. ⁸ And he said, This is iniquity. And he cast it into the midst of the measure, and cast the weight of lead on the mouth of it. ⁹ And I lifted up mine eyes, and saw, and, behold, two women coming forth, and the wind was in their wings; and they had stork's wings: and they lifted up the measure between the earth and the sky. ¹⁰ And I said to the angel that spoke with me, Whither do these carry away the measure? ¹¹ And he said to me, To build it a house in the land of Babylon, and to prepare a place for it; and they shall set it there on its own γ base.

And I turned, and lifted up mine eyes, and looked, and, behold, four chariots coming out from between two mountains; and the mountains were brazen mountains. ² In the first chariot were red horses; and in the second chariot black horses; ³ and in the third chariot white horses; and in the fourth chariot piebald and ash-coloured horses. ⁴ And I answered and said to the angel that talked with me, What are these, my lord?

⁵ And the angel that talked with me answered and said, These are the four winds of heaven, and they are going forth to stand before the Lord of all the earth. ⁶ As for the chariot in which were the black horses, they went out to the land of the north; and the white went out after them; and the piebald went out to the land of the south. ⁷ And the ash-coloured went out, and looked to go and compass the earth: and δ he said, Go, and compass the earth. And they compassed the earth.

⁸ And he cried out and spoke to me, saying, Behold, these go out to the land of the north, and they have quieted mine anger in the land of the north.

⁹ And the word of the Lord came to me, saying, ¹⁰ Take the things of the captivity from ζ the chief men, and from the useful men of it, and from them that have understood it; and thou shalt enter in that day into the house of Josias the son of Sophonias that came out of Babylon. ¹¹ And thou shalt take silver and gold, and make crowns, and thou shalt put them upon the head of Jesus the son of Josedec the high priest; ¹² and thou shalt say to him, Thus saith the Lord Almighty;

Behold the man whose name is The Branch; and he shall spring up θ from his stem, and build the house of the Lord. ¹³ And he shall receive λ power, and shall sit and rule upon his throne; and there shall be a priest on his right hand, and a peaceable counsel shall be between them both.

λέγει Κύριος παντοκράτωρ, καὶ εἰσελεύσεται εἰς τὸν οἶκον τοῦ κλέπτου, καὶ εἰς τὸν οἶκον τοῦ ὀμνύοντος τῷ ὀνόματί μου ἐπὶ ψεύδει, καὶ καταλύσει ἐν μέσῳ τοῦ οἴκου αὐτοῦ, καὶ συντελέσει αὐτὸν, καὶ τὰ ξύλα αὐτοῦ, καὶ τοὺς λίθους αὐτοῦ.

Καὶ ἐξῆλθεν ὁ ἄγγελος ὁ λαλῶν ἐν ἐμοὶ, καὶ εἶπε πρὸς μὲ, 5 ἀνάβλεψον τοῖς ὀφθαλμοῖς σου, καὶ ἴδε τὸ ἐκπορευόμενον τοῦτο. Καὶ εἶπα, τί ἐστι; καὶ εἶπε, τοῦτο τὸ μέτρον τὸ ἐκπο- 6 ρευόμενον· καὶ εἶπεν, αὕτη ἡ ἀδικία αὐτῶν ἐν πάσῃ τῇ γῇ. Καὶ ἰδοὺ τάλαντον μολίβδου ἐξαιρόμενον· καὶ ἰδοὺ γυνὴ μία 7 ἐκάθητο ἐν μέσῳ τοῦ μέτρου. Καὶ εἶπεν, αὕτη ἐστὶν ἡ ἀνομία· 8 καὶ ἔρριψεν αὐτὴν εἰς μέσον τοῦ μέτρου, καὶ ἔρριψε τὸν λίθον τοῦ μολίβδου εἰς τὸ στόμα αὐτῆς. Καὶ ἦρα τοὺς ὀφθαλμούς 9 μου, καὶ ἴδον, καὶ ἰδοὺ δύο γυναῖκες ἐκπορευόμεναι, καὶ πνεῦμα ἐν ταῖς πτέρυξιν αὐτῶν, καὶ αὗται εἶχον πτέρυγας ἔποπος· καὶ ἀνέλαβον τὸ μέτρον ἀναμέσον τῆς γῆς, καὶ ἀναμέσον τοῦ οὐρανοῦ. Καὶ εἶπα πρὸς τὸν ἄγγελον τὸν λαλοῦντα ἐν ἐμοὶ, ποῦ 10 αὗται ἀποφέρουσι τὸ μέτρον; Καὶ εἶπε πρὸς μὲ, οἰκοδομῆσαι 11 αὐτῷ οἰκίαν ἐν γῇ Βαβυλῶνος, καὶ ἑτοιμάσαι, καὶ θήσουσιν αὐτὸ ἐκεῖ ἐπὶ τὴν ἑτοιμασίαν αὐτοῦ.

Καὶ ἐπέστρεψα, καὶ ἦρα τοὺς ὀφθαλμούς μου, καὶ ἴδον, καὶ 6 ἰδοὺ τέσσαρα ἅρματα ἐκπορευόμενα ἐκ μέσου δύο ὀρέων, καὶ τὰ ὄρη ἦν ὄρη χαλκᾶ. Ἐν τῷ ἅρματι τῷ πρώτῳ ἵπποι πυρροὶ, 2 καὶ ἐν τῷ ἅρματι τῷ δευτέρῳ ἵπποι μέλανες, καὶ ἐν τῷ ἅρματι 3 τῷ τρίτῳ ἵπποι λευκοὶ, καὶ ἐν τῷ ἅρματι τῷ τετάρτῳ ἵπποι ποικίλοι ψαροί. Καὶ ἀπεκρίθην, καὶ εἶπα πρὸς τὸν ἄγγελον τὸν 4 λαλοῦντα ἐν ἐμοὶ, τί ἐστι ταῦτα κύριε;

Καὶ ἀπεκρίθη ὁ ἄγγελος ὁ λαλῶν ἐν ἐμοὶ, καὶ εἶπε, ταῦτά 5 ἐστιν οἱ τέσσαρες ἄνεμοι τοῦ οὐρανοῦ, ἐκπορεύονται παραστῆναι τῷ Κυρίῳ πάσης τῆς γῆς. Ἐν ᾧ ἦσαν ἵπποι οἱ μέλανες, 6 ἐξεπορεύοντο ἐπὶ γῆν Βορρᾶ, καὶ οἱ λευκοὶ ἐξεπορεύοντο κατόπισθεν αὐτῶν, καὶ οἱ ποικίλοι ἐξεπορεύοντο ἐπὶ γῆν Νότου, καὶ οἱ ψαροὶ ἐξεπορεύοντο, καὶ ἐπέβλεπον τοῦ πορεύεσθαι τοῦ 7 περιοδεῦσαι τὴν γῆν, καὶ εἶπε, πορεύεσθε, καὶ περιοδεύσατε τὴν γῆν· καὶ περιώδευσαν τὴν γῆν.

Καὶ ἀνεβόησε, καὶ ἐλάλησε πρὸς μὲ, λέγων, ἰδοὺ οἱ ἐκπο- 8 ρευόμενοι ἐπὶ γῆν Βορρᾶ, καὶ ἀνέπαυσαν τὸν θυμόν μου ἐν γῇ Βορρᾶ.

Καὶ ἐγένετο λόγος Κυρίου πρὸς μὲ, λέγων, λάβε τὰ ἐκ 9, 10 τῆς αἰχμαλωσίας παρὰ τῶν ἀρχόντων, καὶ παρὰ τῶν χρησίμων αὐτῆς, καὶ παρὰ τῶν ἐπεγνωκότων αὐτὴν, καὶ εἰσελεύσῃ σὺ ἐν τῇ ἡμέρᾳ ἐκείνῃ εἰς τὸν οἶκον Ἰωσίου τοῦ Σοφονίου τοῦ ἥκοντος ἐκ Βαβυλῶνος, καὶ λήψῃ ἀργύριον καὶ χρυσίον, καὶ ποιή- 11 σεις στεφάνους, καὶ ἐπιθήσεις ἐπὶ τὴν κεφαλὴν Ἰησοῦ τοῦ Ἰωσεδὲκ τοῦ ἱερέως τοῦ μεγάλου. Καὶ ἐρεῖς πρὸς αὐτὸν, τάδε 12 λέγει Κύριος παντοκράτωρ,

Ἰδοὺ ἀνὴρ, Ἀνατολὴ ὄνομα αὐτῷ· καὶ ὑποκάτωθεν αὐτοῦ ἀνατελεῖ, καὶ οἰκοδομήσει τὸν οἶκον Κυρίου, καὶ αὐτὸς λήψεται 13 ἀρετὴν, καὶ καθιεῖται, καὶ κατάρξει ἐπὶ τοῦ θρόνου αὐτοῦ, καὶ ἔσται ἱερεὺς ἐκ δεξιῶν αὐτοῦ, καὶ βουλὴ εἰρηνικὴ ἔσται ἀναμέσον ἀμφοτέρων·

β Heb. and Gr. one woman. See ver. 9.   γ Gr. preparation.   δ Or, one said.   ζ Heb. proper names. See A. V.
θ Gr. from beneath him.   λ Lit. virtue.

14 Ὁ δὲ στέφανος ἔσται τοῖς ὑπομένουσι, καὶ τοῖς χρησίμοις
αὐτῆς, καὶ τοῖς ἐπεγνωκόσιν αὐτὴν, καὶ εἰς χάριτα υἱοῦ Σοφο-
15 νίου, καὶ εἰς ψαλμὸν ἐν οἴκῳ Κυρίου. Καὶ οἱ μακρὰν ἀπ᾽
αὐτῶν ἥξουσι, καὶ οἰκοδομήσουσιν ἐν τῷ οἴκῳ Κυρίου, καὶ
γνώσεσθε διότι Κύριος παντοκράτωρ ἀπέσταλκέ με πρὸς ὑμᾶς·
καὶ ἔσται, ἐὰν εἰσακούοντες εἰσακούσητε τῆς φωνῆς Κυρίου τοῦ
Θεοῦ ὑμῶν.

7 Καὶ ἐγένετο ἐν τῷ τετάρτῳ ἔτει ἐπὶ Δαρείου τοῦ βασιλέως,
ἐγένετο λόγος Κυρίου πρὸς Ζαχαρίαν τετράδι τοῦ μηνὸς τοῦ
2 ἐννάτου, ὅς ἐστι Χασελεῦ. Καὶ ἐξαπέστειλεν εἰς Βαιθὴλ,
Σαρασὰρ· καὶ Ἀρβεσεὲρ ὁ βασιλεὺς, καὶ οἱ ἄνδρες αὐτοῦ, καὶ
3 ἐξιλάσασθαι τὸν Κύριον, λέγων πρὸς τοὺς ἱερεῖς τοὺς ἐν τῷ
οἴκῳ Κυρίου παντοκράτορος, καὶ πρὸς τοὺς προφήτας, λέγων,
εἰσελήλυθεν ὧδε ἐν τῷ μηνὶ τῷ πέμπτῳ τὸ ἁγίασμα, καθότι
ἐποίησεν ἤδη ἱκανὰ ἔτη.

4 Καὶ ἐγένετο λόγος Κυρίου τῶν δυνάμεων πρὸς ἐμέ, λέγων,
5 εἰπὸν πρὸς ἅπαντα τὸν λαὸν τῆς γῆς, καὶ πρὸς τοὺς ἱερεῖς,
λέγων, ἐὰν νηστεύσητε ἢ κόψησθε ἐν ταῖς πέμπταις ἢ ἐν ταῖς
ἑβδόμαις, καὶ ἰδοὺ ἑβδομήκοντα ἔτη, μὴ νηστείαν νενηστεύκατέ
6 μοι; Καὶ ἐὰν φάγητε ἢ πίητε, οὐκ ὑμεῖς ἔσθετε καὶ πίνετε·
7 Οὐχ οὗτοι οἱ λόγοι, οὓς ἐλάλησε Κύριος ἐν χερσὶ τῶν προφη-
τῶν τῶν ἔμπροσθεν, ὅτε ἦν Ἱερουσαλὴμ κατοικουμένη, καὶ
εὐθηνοῦσα, καὶ αἱ πόλεις κυκλόθεν αὐτῆς, καὶ ἡ ὀρεινὴ καὶ ἡ
πεδινὴ κατῳκεῖτο;

8, 9 Καὶ ἐγένετο λόγος Κυρίου πρὸς Ζαχαρίαν, λέγων, τάδε
λέγει Κύριος παντοκράτωρ,

Κρίμα δίκαιον κρίνετε, καὶ ἔλεος καὶ οἰκτιρμὸν ποιεῖτε
10 ἕκαστος πρὸς τὸν ἀδελφὸν αὐτοῦ, καὶ χήραν, καὶ ὀρφανὸν,
καὶ προσήλυτον, καὶ πένητα μὴ καταδυναστεύετε, καὶ κακίαν
ἕκαστος τοῦ ἀδελφοῦ αὐτοῦ μὴ μνησικακείτω ἐν ταῖς καρδίαις
ὑμῶν.

11 Καὶ ἠπείθησαν τοῦ προσέχειν, καὶ ἔδωκαν νῶτον παραφρο-
12 νοῦντα, καὶ τὰ ὦτα αὐτῶν ἐβάρυναν τοῦ μὴ εἰσακούειν. Καὶ
τὴν καρδίαν αὐτῶν ἔταξαν ἀπειθῆ τοῦ μὴ εἰσακούειν τοῦ νόμου
μου, καὶ τοὺς λόγους, οὓς ἐξαπέστειλε Κύριος παντοκράτωρ ἐν
πνεύματι αὐτοῦ ἐν χερσὶ τῶν προφητῶν τῶν ἔμπροσθεν· καὶ
13 ἐγένετο ὀργὴ μεγάλη παρὰ Κυρίου παντοκράτορος. Καὶ
ἔσται, ὃν τρόπον εἶπε, καὶ οὐκ εἰσήκουσαν, οὕτως κεκράξονται,
14 καὶ οὐ μὴ εἰσακούσω, λέγει Κύριος παντοκράτωρ. Καὶ ἐκβαλῶ
αὐτοὺς εἰς πάντα τὰ ἔθνη, ἃ οὐκ ἔγνωσαν· καὶ ἡ γῆ ἀφανισθή-
σεται κατόπισθεν αὐτῶν ἐκ διοδεύοντος καὶ ἐξ ἀναστρέφοντος·
καὶ ἔταξαν γῆν ἐκλεκτὴν εἰς ἀφανισμόν.

8 Καὶ ἐγένετο λόγος Κυρίου παντοκράτορος, λέγων, τάδε
2 λέγει Κύριος παντοκράτωρ, ἐζήλωκα τὴν Ἱερουσαλήμ, καὶ
τὴν Σιὼν ζῆλον μέγαν, καὶ θυμῷ μεγάλῳ ἐζήλωκα αὐτήν.

3 Τάδε λέγει Κύριος, ἐπιστρέψω ἐπὶ Σιὼν, καὶ κατασκηνώσω
ἐν μέσῳ Ἱερουσαλήμ, καὶ κληθήσεται ἡ Ἱερουσαλὴμ πόλις
ἀληθινὴ, καὶ τὸ ὄρος Κυρίου παντοκράτορος, ὄρος ἅγιον.

4 Τάδε λέγει Κύριος παντοκράτωρ, ἔτι καθήσονται πρεσβύτε-
ροι καὶ πρεσβύτεραι ἐν ταῖς πλατείαις Ἱερουσαλήμ, ἕκαστος

[14] And the crown shall be to them that wait patiently, and to the useful men β of the captivity, and to them that have known it, and for the favour of the son of Sophonias, and for a psalm in the house of the Lord. [15] And they *that are* far from them shall come and build in the house of the Lord, and ye shall know that the Lord Almighty has sent me to you: and *this* shall come to pass, if ye will diligently hearken to the voice of the Lord your God.

And it came to pass in the fourth year of Darius the king, *that* the word of the Lord came to Zacharias on the fourth *day* of the ninth month, which is Chaseleu. [2] And Sarasar and Arbeseer the king and his men sent to Bæthel, and *that* to propitiate the Lord, [3] speaking to the priests that were in the house of the Lord Almighty, and to the prophets, saying, The holy offering has come in hither in the fifth month, as it has done already many years.

[4] And the word of the Lord of hosts came to me, saying, [5] Speak to the whole people of the land, and to the priests, saying, Though ye fasted or lamented in the fifth or seventh *months* (yea, behold, these seventy years) have ye at all fasted to me? [6] And if ye eat or drink, do ye not eat and drink for yourselves? [7] Are not these the words which the Lord spoke by the former prophets, when Jerusalem was inhabited and in prosperity, and her cities round about her, and the hill country and the low country was inhabited?

[8] And the word of the Lord came to Zacharias, saying, [9] Thus saith the Lord Almighty;

Judge righteous judgment, and deal mercifully and compassionately every one with his brother: [10] and oppress not the widow, or the fatherless, or the stranger, or the poor; and let not one of you remember in his heart the injury of his brother.

[11] But they refused to attend, and madly turned their back, and made their ears heavy, so that they should not hear. [12] And they made their heart disobedient, so as not to hearken to my law, and the words which the Lord Almighty sent forth by his Spirit by the former prophets: so there was great wrath from the Lord Almighty. [13] And it shall come to pass, *that* as he spoke, and they hearkened not, so they shall cry, and I will not hearken, saith the Lord Almighty. [14] And I will cast them out among all the nations, whom they know not; and the land behind them shall be made utterly destitute of any going through or returning: yea they have made the choice land a desolation.

And the word of the Lord Almighty came, saying, [2] Thus saith the Lord Almighty; I have been jealous for Jerusalem and for Sion with great jealousy, and I have been jealous for her with great fury.

[3] Thus saith the Lord; I will return to Sion, and dwell in the midst of Jerusalem: and Jerusalem shall be called a true city, and the mountain of the Lord Almighty a holy mountain.

[4] Thus saith the Lord Almighty; There shall yet dwell old men and old women in the streets of Jerusalem, every one holding

his staff in his hand for age. ⁵ And the broad places of the city shall be filled with boys and girls playing in the streets thereof.

⁶ Thus saith the Lord Almighty; If it shall be impossible in the sight of the remnant of this people in those days, shall 'it also be impossible in my sight?' saith the Lord Almighty.

⁷ Thus saith the Lord Almighty; Behold, I *will* save my people from the east country, and the west country; ⁸ and I will bring them in, and cause *them* to dwell in the midst of Jerusalem: and they shall be to me a people, and I will be to them a God, in truth and in righteousness.

⁹ Thus saith the Lord Almighty; Let your hands be strong, *ye that* hear in these days these words out of the mouth of the prophets, from the day that the house of the Lord Almighty was founded, and from the time that the temple was built. ¹⁰ For before those days the wages of men could not be profitable, and there could be no hire of cattle, and there could be no peace by reason of the affliction to him that went out or to him that came in: for I would have let loose all men, every one against his neighbour. ¹¹ But now I *will* not do to the remnant of this people according to the former days, saith the Lord Almighty. ¹² But I will shew peace: the vine shall yield her fruit, and the land shall yield her produce, and the heaven shall give its dew: and I will give as an inheritance all these things to the remnant of my people. ¹³ And it shall come to pass, as ye were a curse among the nations, O house of Juda, and house of Israel; so will I save you, and ye shall be a blessing: be of good courage, and strengthen your hands.

¹⁴ For thus saith the Lord Almighty; As I took counsel to afflict you when your fathers provoked me, saith the Lord Almighty, and I repented not: ¹⁵ so have I prepared and taken counsel in these days to do good to Jerusalem and to the house of Juda: be ye of good courage. ¹⁶ These *are* the things which ye shall do; speak truth every one with his neighbour; judge truth and peaceable judgment in your gates: ¹⁷ and let none of you devise evil in his heart against his neighbour; and love not a false oath: for all these things I hate, saith the Lord Almighty.

¹⁸ And the word of the Lord Almighty came to me, saying,

¹⁹ Thus saith the Lord Almighty, The fourth fast, and the fifth fast, and the seventh fast, and the tenth fast, shall be to the house of Juda for joy and gladness, and for good feasts; and ye shall rejoice; and love ye the truth and peace.

²⁰ Thus saith the Lord Almighty; Yet shall many peoples come, and the inhabitants of many cities; ²¹ and the inhabitants of five cities shall come together to one city, saying, Let us go to make supplication to the Lord, and to seek the face of the Lord Almighty; I will go also. ²² And many peoples and many nations shall come to seek earnestly the face of the Lord Al-

τὴν ῥάβδον αὐτοῦ ἔχων ἐν τῇ χειρὶ αὐτοῦ, ἀπὸ πλήθους ἡμερῶν. Καὶ αἱ πλατεῖαι τῆς πόλεως πλησθήσονται παιδαρίων καὶ 5 κορασίων παιζόντων ἐν ταῖς πλατείαις αὐτῆς.

Τάδε λέγει Κύριος παντοκράτωρ, εἰ ἀδυνατήσει ἐνώπιον τῶν 6 καταλοίπων τοῦ λαοῦ τούτου ἐν ταῖς ἡμέραις ἐκείναις, μὴ καὶ ἐνώπιόν μου ἀδυνατήσει; λέγει Κύριος παντοκράτωρ.

Τάδε λέγει Κύριος παντοκράτωρ, ἰδοὺ ἐγὼ σώζω τὸν λαόν 7 μου ἀπὸ γῆς ἀνατολῶν καὶ ἀπὸ γῆς δυσμῶν, καὶ εἰσάξω αὐ- 8 τοὺς, καὶ κατασκηνώσω ἐν μέσῳ Ἱερουσαλὴμ, καὶ ἔσονται ἐμοὶ εἰς λαὸν, κἀγὼ ἔσομαι αὐτοῖς εἰς Θεὸν ἐν ἀληθείᾳ καὶ ἐν δικαιοσύνῃ.

Τάδε λέγει Κύριος παντοκράτωρ, κατισχυέτωσαν αἱ χεῖρες 9 ὑμῶν τῶν ἀκουόντων ἐν ταῖς ἡμέραις ταύταις τοὺς λόγους τού- τους ἐκ στόματος τῶν προφητῶν, ἀφ᾽ ἧς ἡμέρας τεθεμελίωται ὁ οἶκος Κυρίου παντοκράτορος, καὶ ὁ ναὸς ἀφ᾽ οὗ ᾠκοδόμηται. Διότι πρὸ τῶν ἡμερῶν ἐκείνων ὁ μισθὸς τῶν ἀνθρώπων οὐκ 10 ἔσται εἰς ὄνησιν, καὶ ὁ μισθὸς τῶν κτηνῶν οὐχ ὑπάρξει, καὶ τῷ ἐκπορευομένῳ καὶ τῷ εἰσπορευομένῳ οὐκ ἔσται εἰρήνη ἀπὸ τῆς θλίψεως· καὶ ἐξαποστελῶ πάντας τοὺς ἀνθρώπους, ἕκαστον ἐπὶ τὸν πλησίον αὐτοῦ. Καὶ νῦν, οὐ κατὰ τὰς ἡμέρας τὰς ἔμπρο- 11 σθεν ἐγὼ ποιῶ τοῖς καταλοίποις τοῦ λαοῦ τούτου, λέγει Κύριος παντοκράτωρ, ἀλλ᾽ ἢ δείξω εἰρήνην· ἡ ἄμπελος δώσει τὸν 12 καρπὸν αὐτῆς, καὶ ἡ γῆ δώσει τὰ γεννήματα αὐτῆς, καὶ ὁ οὐ- ρανὸς δώσει τὴν δρόσον αὐτοῦ, καὶ κατακληρονομήσω τοῖς καταλοίποις τοῦ λαοῦ μου τούτου ταῦτα πάντα. Καὶ ἔσται 13 ὃν τρόπον ἦτε ἐν κατάρᾳ ἐν τοῖς ἔθνεσιν ὁ οἶκος Ἰούδα καὶ οἶκος Ἰσραὴλ, οὕτως διασώσω ὑμᾶς, καὶ ἔσεσθε ἐν εὐλογίᾳ· θαρσεῖτε, καὶ κατισχύετε ἐν ταῖς χερσὶν ὑμῶν.

Διότι τάδε λέγει Κύριος παντοκράτωρ, ὃν τρόπον διενοήθην 14 τοῦ κακῶσαι ὑμᾶς ἐν τῷ παροργίσαι με τοὺς πατέρας ὑμῶν, λέγει Κύριος παντοκράτωρ, καὶ οὐ μετενόησα· οὕτως παρα- 15 τέταγμαι, καὶ διανενόημαι ἐν ταῖς ἡμέραις ταύταις, τοῦ καλῶς ποιῆσαι τὴν Ἱερουσαλὴμ, καὶ τὸν οἶκον Ἰούδα· θαρσεῖτε. Οὗτοι οἱ λόγοι οὓς ποιήσετε· λαλεῖτε ἀλήθειαν ἕκαστος πρὸς 16 τὸν πλησίον αὐτοῦ, ἀλήθειαν καὶ κρίμα εἰρηνικὸν κρίνατε ἐν ταῖς πύλαις ὑμῶν, καὶ ἕκαστος τὴν κακίαν τοῦ πλησίον 17 αὐτοῦ μὴ λογίζεσθε ἐν ταῖς καρδίαις ὑμῶν, καὶ ὅρκον ψευδῆ μὴ ἀγαπᾶτε· διότι ταῦτα πάντα ἐμίσησα, λέγει Κύριος παντο- κράτωρ.

Καὶ ἐγένετο λόγος Κυρίου παντοκράτορος πρὸς μὲ, λέγων, 18

Τάδε λέγει Κύριος παντοκράτωρ, νηστεία ἡ τετρὰς, καὶ 19 νηστεία ἡ πέμπτη, καὶ νηστεία ἡ ἑβδόμη, καὶ νηστεία ἡ δεκάτη ἔσονται τῷ οἴκῳ Ἰούδα εἰς χαρὰν καὶ εὐφροσύνην, καὶ εἰς ἑορτὰς ἀγαθάς· καὶ εὐφρανθήσεσθε, καὶ τὴν ἀλήθειαν καὶ τὴν εἰρήνην ἀγαπήσατε.

Τάδε λέγει Κύριος παντοκράτωρ, ἔτι ἥξουσι λαοὶ πολλοὶ, 20 καὶ κατοικοῦντες πόλεις πολλάς, καὶ συνελεύσονται κατοι- 21 κοῦντες πέντε πόλεις εἰς μίαν πόλιν, λέγοντες, πορευθῶμεν δεηθῆναι τοῦ προσώπου Κυρίου, καὶ ἐκζητῆσαι τὸ πρόσωπον Κυρίου παντοκράτορος· πορεύσομαι κἀγώ. Καὶ ἥξουσι λαοὶ 22 πολλοὶ καὶ ἔθνη πολλὰ ἐκζητῆσαι τὸ πρόσωπον Κυρίου

παντοκράτορος ἐν Ἱερουσαλήμ, καὶ ἐξιλάσασθαι τὸ πρόσωπον Κυρίου.

23 Τάδε λέγει Κύριος παντοκράτωρ, ἐν ταῖς ἡμέραις ἐκείναις, ἐὰν ἐπιλάβωνται δέκα ἄνδρες ἐκ πασῶν τῶν γλωσσῶν τῶν ἐθνῶν, καὶ ἐπιλάβωνται τοῦ κρασπέδου ἀνδρὸς Ἰουδαίου, λέγοντες, πορευσόμεθα μετὰ σοῦ, διότι ἀκηκόαμεν ὅτι ὁ Θεὸς μεθ' ὑμῶν ἐστι.

9 Λῆμμα λόγου Κυρίου ἐν γῇ Σεδρὰχ, καὶ Δαμασκοῦ θυσία αὐτοῦ, διότι Κύριος ἐφορᾷ ἀνθρώπους, καὶ πάσας φυλὰς τοῦ 2 Ἰσραήλ. Καὶ ἐν Ἡμὰθ ἐν τοῖς ὁρίοις αὐτῆς Τύρος καὶ Σιδὼν, 3 διότι ἐφρόνησαν σφόδρα. Καὶ ᾠκοδόμησε Τύρος ὀχυρώματα αὑτῇ, καὶ ἐθησαύρισεν ἀργύριον ὡς χοῦν, καὶ συνήγαγε χρυσίον ὡς πηλὸν ὁδῶν.

4 Καὶ διατοῦτο Κύριος κληρονομήσει αὐτοὺς, καὶ πατάξει εἰς θάλασσαν δύναμιν αὐτῆς, καὶ αὕτη ἐν πυρὶ καταναλωθήσε- 5 ται. Ὄψεται Ἀσκάλων, καὶ φοβηθήσεται, καὶ Γάζα, καὶ ὀδυνηθήσεται σφόδρα, καὶ Ἀκκάρων, ὅτι ᾐσχύνθη ἐπὶ τῷ παραπτώματι αὐτῆς· καὶ ἀπολεῖται βασιλεὺς ἐκ Γάζης, καὶ Ἀσκά- 6 λων οὐ μὴ κατοικηθῇ. Καὶ κατοικήσουσιν ἀλλογενεῖς ἐν 7 Ἀζώτῳ, καὶ καθελῶ ὕβριν ἀλλοφύλων, καὶ ἐξαρῶ τὸ αἷμα αὐτῶν ἐκ στόματος αὐτῶν, καὶ τὰ βδελύγματα αὐτῶν ἐκ μέσου ὀδόντων αὐτῶν· καὶ ὑπολειφθήσονται καὶ οὗτοι τῷ Θεῷ ἡμῶν, καὶ ἔσονται ὡς χιλίαρχος ἐν Ἰούδᾳ, καὶ Ἀκκάρων ὡς ὁ Ἰεβου- 8 σαῖος. Καὶ ὑποστήσομαι τῷ οἴκῳ μου ἀνάστημα, τοῦ μὴ διαπορεύεσθαι, μηδὲ ἀνακάμπτειν, καὶ οὐ μὴ ἐπέλθῃ ἐπ' αὐτοὺς οὐκέτι ἐξελαύνων, διότι νῦν ἑώρακα ἐν τοῖς ὀφθαλμοῖς μου.

9 Χαῖρε σφόδρα θύγατερ Σιὼν, κήρυσσε θύγατερ Ἱερουσαλήμ· ἰδοὺ ὁ βασιλεὺς ἔρχεταί σοι δίκαιος καὶ σώζων, αὐτὸς πραῢς, 10 καὶ ἐπιβεβηκὼς ἐπὶ ὑποζύγιον καὶ πῶλον νέον. Καὶ ἐξολοθρεύσει ἅρματα ἐξ Ἐφραὶμ, καὶ ἵππον ἐξ Ἱερουσαλὴμ, καὶ ἐξολοθρεύσεται τόξον πολεμικὸν, καὶ πλῆθος καὶ εἰρήνη ἐξ ἐθνῶν, καὶ κατάρξει ὑδάτων ἕως θαλάσσης, καὶ ποταμῶν διεκβολὰς γῆς.

11 Καὶ σὺ ἐν αἵματι διαθήκης σου ἐξαπέστειλας δεσμίους σοι 12 ἐκ λάκκου οὐκ ἔχοντος ὕδωρ. Καθήσεσθε ἐν ὀχυρώμασι δέσμιοι τῆς συναγωγῆς, καὶ ἀντὶ μιᾶς ἡμέρας παροικεσίας σου 13 διπλᾶ ἀνταποδώσω σοι, διότι ἐνέτεινά σε Ἰούδα ἐμαυτῷ τόξον, ἔπλησα τὸν Ἐφραὶμ, καὶ ἐξεγερῶ τὰ τέκνα σου Σιὼν ἐπὶ τὰ τέκνα τῶν Ἑλλήνων, καὶ ψηλαφήσω σε ὡς ῥομφαίαν μαχητοῦ, 14 καὶ Κύριος ἔσται ἐπ' αὐτοὺς, καὶ ἐξελεύσεται ὡς ἀστραπὴ βολὶς, καὶ Κύριος παντοκράτωρ ἐν σάλπιγγι σαλπιεῖ, καὶ 15 πορεύσεται ἐν σάλῳ ἀπειλῆς αὐτοῦ. Κύριος παντοκράτωρ ὑπερασπιεῖ αὐτούς· καὶ καταναλώσουσιν αὐτοὺς, καὶ καταχώσουσιν αὐτοὺς ἐν λίθοις σφενδόνης, καὶ ἐκπίονται αὐτοὺς ὡς 16 οἶνον, καὶ πλήσουσι τὰς φιάλας ὡς θυσιαστήριον. Καὶ σώσει αὐτοὺς Κύριος ὁ Θεὸς αὐτῶν ἐν τῇ ἡμέρᾳ ἐκείνῃ, ὡς πρόβατα

---

mighty in Jerusalem, and to β obtain favour of the Lord.

23 Thus saith the Lord Almighty; In those days *my word shall be fulfilled* if ten men of all the languages of the nations should take hold—even take hold of the hem of a Jew, saying, We will go with thee; for we have heard that God is with you.

The burden of the word of the Lord in the ʼand of Sedrach, and his γ sacrifice *shall be* in Damascus; for the Lord looks upon men, and upon all the tribes of Israel. ² And in Emath, *even* in her coasts, *are* Tyre and Sidon, because they were very wise. ³ And Tyrus built strong-holds for herself, and heaped up silver as dust, and gathered gold as the mire of the ways. ⁴ And therefore the Lord will take them for a possession, and will smite her power in the sea; and she shall be consumed with fire. ⁵ Ascalon shall see, and fear; Gaza also, and shall be greatly pained, and Accaron; for she is ashamed δ at her trespass; and the king shall perish from Gaza, and Ascalon shall not be inhabited. ⁶ And aliens shall dwell in Azotus, and I will bring down the pride of the Philistines. ⁷ And I will take their blood out of their mouth, and their abominations from between their teeth; and these also shall be left to our God, and they shall be as a captain of a thousand in Juda, and Accaron as a Jebusite. ⁸ And I will set up a ζ defence for my house, that they may not pass through, nor turn back, neither shall there any more come upon them one to drive them away: for now have I seen with mine eyes.

⁹ Rejoice greatly, O daughter of Sion; proclaim *it* aloud, O daughter of Jerusalem; θ behold, the King is coming to thee, just, and λ a Saviour; he is meek and riding on an ass, and a young foal. ¹⁰ And he shall destroy the chariots out of Ephraim, and the horse out of Jerusalem, and the bow of war shall be utterly destroyed; and *there shall be* abundance and peace out of the nations; and he shall rule over the waters as far as the sea, and the rivers *to* the ends of the earth.

¹¹ And thou by the blood of thy covenant hast sent forth thy prisoners out of the pit that has no water. ¹² Ye shall dwell in strongholds, ye prisoners of the congregation: and for one day of thy μ captivity I will recompense thee double. ¹³ For I have bent thee, O Juda, for myself *as* a bow, I have filled ξ Ephraim; and I will raise up thy children, O Sion, against the children of the Greeks, and I will handle thee as the sword of a warrior. ¹⁴ And the Lord shall be over them, and *his* arrow shall go forth as lightning: and the Lord Almighty shall blow with the trumpet; and shall proceed with the tumult of his threatening. ¹⁵ The Lord Almighty shall protect them, and they shall destroy them, and overwhelm them with sling-stones; and they shall swallow them down as wine, and fill π the bowls as the altar. ¹⁶ And the Lord their God shall save them in that day, *even* his

---

β Gr. conciliate the face of the Lord.   γ מנחה ambiguous.   δ *Alex.* of her hope.   ζ Or, bulwark. See Zeph. 2. 14.
θ Mat. 21. 5. Jno. 12. 15.   λ *Gr.* saving.   μ Or, sojourning.   ξ Or, *it with* Ephraim.   π *Alex.* the altar as bowls.

people as a flock; for holy stones are rolled upon his land. [17] For if he has anything good, and if he has anything fair, the young *men shall have* corn, and *there shall be* fragrant wine to the virgins.

Ask ye of the Lord rain in season, the early and the latter: the Lord has given bright signs, and will give them β abundant rain, to every one grass in the field. [2] For the speakers have uttered grievous things, and the diviners *have* γ *seen* false visions, and they have spoken false dreams, they have given vain comfort: therefore have they δ fallen away like sheep, and been afflicted, because there was no healing.

[3] Mine anger was kindled against the shepherds, and I will ζ visit the lambs; and the Lord God Almighty shall ζ visit his flock, the house of Juda, and he shall make them as his goodly horse in war. [4] And from him he θ looked, and from him he set *the battle in order*, and from him *came* the bow in anger, *and* from him shall come forth every λ oppressor together. [5] And they shall be as warriors treading clay in the ways in war; and they shall set the battle in array, because the Lord is with them, and the riders on horses shall be put to shame.

[6] And I will strengthen the house of Juda, and save the house of Joseph, and I will settle them; because I have loved them: and they shall be as *if* I had not cast them off: for I am the Lord their God, and I will hear them. [7] And they shall be as the warriors of Ephraim, and their heart shall rejoice as with wine: and their children also shall see *it*, and be glad; and their heart shall rejoice in the Lord. [8] I will make a sign to them, and gather them in; for I will redeem them, and they shall be multiplied according to their number before.

[9] And I will sow them among the people; and they that are afar off shall remember me: they shall nourish their children, and they shall return. [10] And I will bring them again from the land of Egypt, and I will gather them in from among the Assyrians; and I will bring them into the land of Galaad and to Libanus; and there shall not even one of them be left behind. [11] And they shall pass through a narrow sea, they shall smite the waves in the sea, and all the deep places of the rivers shall be dried up: and all the pride of the Assyrians shall be taken away, and the sceptre of Egypt shall be removed. [12] And I will strengthen them in the Lord their God; and they shall boast in his name, saith the Lord.

Open thy doors, O Libanus, and let the fire devour thy cedars. [2] Let the pine howl, because the cedar has fallen; for the mighty men have been greatly afflicted: howl, ye oaks of the land of Basan; for the thickly planted forest has been torn down.

[3] *There is* a voice of the shepherds mourning; for their greatness is μ brought low: a voice of roaring lions; for the ξ pride of Jordan is brought down.

λαὸν αὐτοῦ, διότι λίθοι ἅγιοι κυλίονται ἐπὶ γῆς αὐτοῦ. Ὅτι εἴ 17 τι ἀγαθὸν αὐτοῦ, καὶ εἴ τι καλὸν αὐτοῦ, σῖτος νεανίσκοις, καὶ οἶνος εὐωδιάζων εἰς παρθένους.

Αἰτεῖσθε παρὰ Κυρίου ὑετὸν καθ' ὥραν, πρώϊμον καὶ ὄψιμον· 10 Κύριος ἐποίησε φαντασίας, καὶ ὑετὸν χειμερινὸν δώσει αὐτοῖς, ἑκάστῳ βοτάνην ἐν ἀγρῷ. Διότι οἱ ἀποφθεγγόμενοι ἐλάλη- 2 σαν κόπους, καὶ οἱ μάντεις ὁράσεις ψευδεῖς, καὶ τὰ ἐνύπνια ψευδῆ ἐλάλουν, μάταια παρεκάλουν· διατοῦτο ἐξηράνθησαν ὡς πρόβατα, καὶ ἐκακώθησαν, διότι οὐκ ἦν ἴασις.

Ἐπὶ τοὺς ποιμένας παρωξύνθη ὁ θυμός μου, καὶ ἐπὶ τοὺς 3 ἀμνοὺς ἐπισκέψομαι· καὶ ἐπισκέψεται Κύριος ὁ Θεὸς ὁ παντοκράτωρ τὸ ποίμνιον αὐτοῦ, τὸν οἶκον Ἰούδα, καὶ τάξει αὐτοὺς ὡς ἵππον εὐπρεπῆ αὐτοῦ ἐν πολέμῳ, καὶ ἀπ' αὐτοῦ ἐπέβλεψε, 4 καὶ ἀπ' αὐτοῦ ἔταξε, καὶ ἀπ' αὐτοῦ τόξον ἐν θυμῷ, ἀπ' αὐτοῦ ἐξελεύσεται πᾶς ὁ ἐξελαύνων ἐν τῷ αὐτῷ. Καὶ ἔσονται ὡς 5 μαχηταὶ πατοῦντες πηλὸν ἐν ταῖς ὁδοῖς ἐν πολέμῳ, καὶ παρατάξονται, διότι Κύριος μετ' αὐτῶν· καὶ καταισχυνθήσονται ἀναβάται ἵππων.

Καὶ κατισχύσω τὸν οἶκον Ἰούδα, καὶ τὸν οἶκον Ἰωσὴφ σώσω, 6 καὶ κατοικιῶ αὐτοὺς, ὅτι ἠγάπησα αὐτοὺς, καὶ ἔσονται, ὃν τρόπον οὐκ ἀπεστρεψάμην αὐτούς· διότι ἐγὼ Κύριος ὁ Θεὸς αὐτῶν· καὶ ἐπακούσομαι αὐτοῖς, καὶ ἔσονται ὡς μαχηταὶ τοῦ 7 Ἐφραὶμ, καὶ χαρήσεται ἡ καρδία αὐτῶν ὡς ἐν οἴνῳ· καὶ τὰ τέκνα αὐτῶν ὄψονται, καὶ εὐφρανθήσονται, καὶ χαρεῖται ἡ καρδία αὐτῶν ἐπὶ τῷ Κυρίῳ. Σημανῶ αὐτοῖς, καὶ εἰσδέξομαι 8 αὐτοὺς, διότι λυτρώσομαι αὐτοὺς, καὶ πληθυνθήσονται καθότι ἦσαν πολλοί.

Καὶ σπερῶ αὐτοὺς ἐν λαοῖς, καὶ οἱ μακρὰν μνησθήσονταί 9 μου, ἐκθρέψουσι τὰ τέκνα αὐτῶν, καὶ ἐπιστρέψουσι. Καὶ 10 ἐπιστρέψω αὐτοὺς ἐκ γῆς Αἰγύπτου, καὶ ἐξ Ἀσσυρίων εἰσδέξομαι αὐτοὺς, καὶ εἰς τὴν Γαλααδῖτιν, καὶ εἰς τὸν Λίβανον εἰσάξω αὐτοὺς, καὶ οὐ μὴ ὑπολειφθῇ ἐξ αὐτῶν οὐδὲ εἷς. Καὶ διελεύ- 11 σονται ἐν θαλάσσῃ στενῇ, πατάξουσιν ἐν θαλάσσῃ κύματα, καὶ ξηρανθήσεται πάντα τὰ βάθη ποταμῶν, καὶ ἀφαιρεθήσεται πᾶσα ὕβρις Ἀσσυρίων, καὶ σκῆπτρον Αἰγύπτου περιαιρεθήσεται. Καὶ κατισχύσω αὐτοὺς ἐν Κυρίῳ Θεῷ αὐτῶν, καὶ ἐν τῷ 12 ὀνόματι αὐτοῦ κατακαυχήσονται, λέγει Κύριος.

Διάνοιξον ὁ Λίβανος τὰς θύρας σου, καὶ καταφαγέτω πῦρ 11 τὰς κέδρους σου. Ὀλολυξάτω πίτυς, διότι πέπτωκε κέδρος, 2 ὅτι μεγάλως μεγιστᾶνες ἐταλαιπώρησαν· ὀλολύξατε δρύες τῆς Βασανίτιδος, ὅτι κατεσπάσθη ὁ δρυμὸς ὁ σύμφυτος.

Φωνὴ θρηνούντων ποιμένων, ὅτι τεταλαιπώρηκεν ἡ μεγαλω- 3 σύνη αὐτῶν· φωνὴ ὠρυομένων λεόντων, ὅτι τεταλαιπώρηκε τὸ φρύαγμα τοῦ Ἰορδάνου.

β *Gr.* stormy.　　γ *Or,* related.　　δ *Gr.* been dried up.　　ζ *Or,* oversee, *or,* look upon.　　θ פָּנָה ambiguous.
λ *Lit.* he that expels.　　μ *Gr.* distressed.　　ξ *Or,* roaring.

4 Τάδε λέγει Κύριος παντοκράτωρ, ποιμαίνετε τὰ πρόβατα
5 τῆς σφαγῆς, ἃ οἱ κτησάμενοι κατέσφαζον, καὶ οὐ μετεμέλοντο,
καὶ οἱ πωλοῦντες αὐτὰ ἔλεγον, εὐλογητὸς Κύριος, καὶ πεπλου-
τήκαμεν· καὶ οἱ ποιμένες αὐτῶν οὐκ ἔπασχον οὐδὲν ἐπ᾽ αὐτοῖς.
6 Διατοῦτο οὐ φείσομαι οὐκέτι ἐπὶ τοὺς κατοικοῦντας τὴν γῆν,
λέγει Κύριος· καὶ ἰδοὺ ἐγὼ παραδίδωμι τοὺς ἀνθρώπους,
ἕκαστον εἰς χεῖρα τοῦ πλησίον αὐτοῦ, καὶ εἰς χεῖρα βασιλέως
αὐτοῦ, καὶ κατακόψουσι τὴν γῆν, καὶ οὐ μὴ ἐξέλωμαι ἐκ χειρὸς
αὐτῶν·
7 Καὶ ποιμανῶ τὰ πρόβατα τῆς σφαγῆς εἰς τὴν Χαναανῖτιν·
καὶ λήψομαι ἐμαυτῷ δύο ῥάβδους, τὴν μὲν μίαν ἐκάλεσα Κάλ-
λος, καὶ τὴν ἑτέραν ἐκάλεσα Σχοίνισμα, καὶ ποιμανῶ τὰ πρό-
8 βατα. Καὶ ἐξαρῶ τοὺς τρεῖς ποιμένας ἐν μηνὶ ἑνί, καὶ βαρυν-
θήσεται ἡ ψυχή μου ἐπ᾽ αὐτούς, καὶ γὰρ αἱ ψυχαὶ αὐτῶν
9 ἐπωρύοντο ἐπ᾽ ἐμέ. Καὶ εἶπα, οὐ ποιμανῶ ὑμᾶς· τὸ ἀπο-
θνῆσκον ἀποθνησκέτω, καὶ τὸ ἐκλεῖπον ἐκλιπέτω, καὶ τὰ
κατάλοιπα κατεσθιέτωσαν ἕκαστος τὰς σάρκας τοῦ πλησίον
αὐτοῦ.
10 Καὶ λήψομαι τὴν ῥάβδον μου τὴν καλὴν, καὶ ἀπορρίψω
αὐτὴν, τοῦ διασκεδάσαι τὴν διαθήκην μου, ἣν διεθέμην πρὸς
11 πάντας τοὺς λαούς, καὶ διασκεδασθήσεται ἐν τῇ ἡμέρᾳ ἐκείνῃ,
καὶ γνώσονται οἱ Χαναναῖοι τὰ πρόβατα τὰ φυλασσόμενά μοι,
12 διότι λόγος Κυρίου ἐστί. Καὶ ἐρῶ πρὸς αὐτούς, εἰ καλὸν
ἐνώπιον ὑμῶν ἐστι, δότε τὸν μισθόν μου, ἢ ἀπείπασθε· καὶ
13 ἔστησαν τὸν μισθόν μου τριάκοντα ἀργυροῦς. Καὶ εἶπε Κύ-
ριος πρὸς μέ, κάθες αὐτοὺς εἰς τὸ χωνευτήριον, καὶ σκέψομαι εἰ
δόκιμόν ἐστιν, ὃν τρόπον ἐδοκιμάσθην ὑπὲρ αὐτῶν, καὶ ἔλαβον
τοὺς τριάκοντα ἀργυροῦς, καὶ ἐνέβαλον αὐτοὺς εἰς τὸν οἶκον
Κυρίου εἰς τὸ χωνευτήριον.
14 Καὶ ἀπέρριψα τὴν ῥάβδον τὴν δευτέραν τὸ Σχοίνισμα, τοῦ
διασκεδάσαι τὴν κατάσχεσιν ἀναμέσον Ἰούδα, καὶ ἀναμέσον
Ἰσραήλ.
15 Καὶ εἶπε Κύριος πρὸς μέ, ἔτι λάβε σεαυτῷ σκεύη ποιμενικὰ
16 ποιμένος ἀπείρου· διότι ἰδοὺ ἐγὼ ἐξεγείρω ποιμένα ἐπὶ τὴν
γῆν, τὸ ἐκλιμπάνον οὐ μὴ ἐπισκέψηται, καὶ τὸ ἐσκορπισμένον
οὐ μὴ ζητήσῃ, καὶ τὸ συντετριμμένον οὐ μὴ ἰάσηται, καὶ τὸ
ὁλόκληρον οὐ μὴ κατευθύνῃ, καὶ τὰ κρέα τῶν ἐκλεκτῶν κατα-
φάγεται, καὶ τοὺς ἀστραγάλους αὐτῶν ἐκστρέψει.
17 Ὢ οἱ ποιμαίνοντες τὰ μάταια, καταλελοιπότες τὰ πρόβατα,
μάχαιρα ἐπὶ τοὺς βραχίονας αὐτοῦ, καὶ ἐπὶ τὸν ὀφθαλμὸν
τὸν δεξιὸν αὐτοῦ, ὁ βραχίων αὐτοῦ ξηραινόμενος ξηρανθήσεται,
καὶ ὁ ὀφθαλμὸς ὁ δεξιὸς αὐτοῦ ἐκτυφλούμενος ἐκτυφλωθήσεται.

12 Λῆμμα λόγου Κυρίου ἐπὶ τὸν Ἰσραήλ· λέγει Κύριος, ἐκτεί-
νων οὐρανὸν, καὶ θεμελιῶν γῆν, καὶ πλάσσων πνεῦμα ἀνθρώπου
2 ἐν αὐτῷ, ἰδοὺ ἐγὼ τίθημι τὴν Ἱερουσαλὴμ ὡς πρόθυρα σαλευό-
μενα πᾶσι τοῖς λαοῖς κύκλῳ, καὶ ἐν τῇ Ἰουδαίᾳ ἔσται περιοχὴ
3 ἐπὶ Ἱερουσαλήμ. Καὶ ἔσται ἐν τῇ ἡμέρᾳ ἐκείνῃ θήσομαι τὴν
Ἱερουσαλὴμ λίθον καταπατούμενον πᾶσι τοῖς ἔθνεσι· πᾶς
ὁ καταπατῶν αὐτὴν ἐμπαίζων ἐμπαίξεται, καὶ ἐπισυναχθήσονται

[4] Thus saith the Lord Almighty, Feed the sheep of the slaughter; [5] which their possessors have slain, and have not repented: and they that sold them said, Blessed be the Lord; for we have become rich: and their shepherds have suffered no sorrow for them. [6] Therefore I will no longer have mercy upon the inhabitants of the land, saith the Lord: but, behold, I will deliver up the men every one into the hand of his neighbour, and into the hand of his king; and they shall destroy the land, and I will not rescue out of their hand.

[7] And I will tend the flock of slaughter in the land of Chanaan: and I will take for myself two rods; the one I called Beauty, and the other I called Line; and I will tend the flock. [8] And I will cut off three shepherds in one month; and my soul shall β grieve over them, for their souls cried out against me. [9] And I said, I will not tend you: that which dies, let it die; and that which γ falls off, let it fall off; and let the rest eat every one the flesh of his neighbour.

[10] And I will take my beautiful staff, and cast it away, that I may break my covenant which I made with all the people. [11] And it shall be broken in that day; and the Chananites, the sheep that are kept for me, shall know that it is the word of the Lord. [12] And I will say to them, If it be good in your eyes, give me my price, or refuse it. And they weighed for my price thirty pieces of silver. [13] And the Lord said to me, Drop them into the furnace, and I will see if it is good metal, as I was proved for their sakes. δ And I took the thirty pieces of silver, and cast them into the furnace in the house of the Lord.

[14] And I cast away my second rod, even Line, that I might break the ζ possession between Juda and Israel.

[15] And the Lord said to me, Take yet to thee shepherd's implements belonging to an unskilful shepherd. [16] For, behold, I will raise up a shepherd against the land: he shall not visit that which is perishing, and he shall not seek that which is scattered, and he shall not heal that which is bruised, nor guide that which is whole: but he shall devour the flesh of the choice ones, and shall θ dislocate the joints of their necks. [17] Alas for the vain shepherds that have forsaken the sheep! the sword shall be upon λ the arms of such a one, and upon his right eye: his arm shall be completely withered, and his right eye shall be utterly darkened.

The burden of the word of the Lord for Israel; saith the Lord, that stretches out the sky, and lays the foundation of the earth, and forms the spirit of man within him. [2] Behold, I will make Jerusalem as trembling μ door-posts to all the nations round about, and in Judea there shall be a siege against Jerusalem. [3] And it shall come to pass in that day that I will make Jerusalem a ξ trodden stone to all the nations: every one that tramples on it shall utterly mock at it, and all the nations

---

β Or, be sorely displeased with them. Or. be weighed down upon them.   γ Or, fails.   δ Mat. 27. 9, 10.
ζ Compare Heb. Alex. διαθήκην, covenant.   θ Or, wring their necks.   λ Gr. his arms.   μ Or, porches, or, door-posts shaken by, etc.
ξ Or, a stone trodden by all, etc.

of the earth shall be gathered together against it. ⁴ In that day, saith the Lord Almighty, I will smite every horse with amazement, and his rider with madness: but I will open mine eyes upon the house of Juda, and I will smite all the horses of the nations with blindness.

⁵ And the captains of thousands of Juda shall say in their hearts, We shall find for ourselves the inhabitants of Jerusalem in the Lord Almighty their God. ⁶ In that day I will make the captains of thousands of Juda as a firebrand among wood, and as a torch of fire in stubble; and they shall devour on the right hand and on the left all the nations round about: and Jerusalem shall dwell again by herself, *even* in Jerusalem. ⁷ And the Lord shall save the tabernacles of Juda as at the beginning, that the boast of the house of David, and the pride of the inhabitants of Jerusalem, may not magnify themselves against Juda. ⁸ And it shall come to pass in that day, *that* the Lord shall defend the inhabitants of Jerusalem; and the weak one among them in that day shall be as David, and the house of David as the house of God, as the angel of the Lord before them. ⁹ And it shall come to pass in that day, *that* I will seek to destroy all the nations that come against Jerusalem. ¹⁰ And I will pour upon the house of David, and upon the inhabitants of Jerusalem, the spirit of grace and compassion: and β they shall look upon me, because they have mocked *me*, and they shall make lamentation for him, as for a beloved *friend*, and they shall grieve intensely, as for a firstborn *son*. ¹¹ In that day the lamentation in Jerusalem shall be very great, as the mourning for the pomegranate grove cut down in the plain. ¹² And the land shall lament in γ separate families, the family of the house of David by itself, and their wives by themselves; the family of the house of Nathan by itself, and their wives by themselves; ¹³ the family of the house of Levi by itself, and their wives by themselves; the family of Symeon by itself, and their wives by themselves; ¹⁴ all the families that are left, each family by itself, and their wives by themselves.

In that day every place shall be opened to the house of David and to the inhabitants of Jerusalem for removal and for δ separation. ² And it shall come to pass in that day, saith the Lord of hosts, *that* I will utterly destroy the names of the idols from off the land, and there shall be no longer *any* remembrance of them: and I will cut off the false prophets and the evil spirit from the land. ³ And it shall come to pass, if a man will yet prophesy, that his father and his mother which gave birth to him shall say to him, Thou shalt not live; for thou hast spoken lies in the name of the Lord: and his father and his mother who gave him birth shall bind him as he is prophesying. ⁴ And it shall come to pass in that day, *that* the prophets shall be ashamed every one of his vision when he prophesies; and

ἐπ᾽ αὐτὴν πάντα τὰ ἔθνη τῆς γῆς. Ἐν τῇ ἡμέρᾳ ἐκείνῃ, λέγει 4 Κύριος παντοκράτωρ, πατάξω πάντα ἵππον ἐν ἐκστάσει, καὶ τὸν ἀναβάτην αὐτοῦ ἐν παραφρονήσει, ἐπὶ δὲ τὸν οἶκον Ἰούδα διανοίξω τοὺς ὀφθαλμούς μου, καὶ πάντας τοὺς ἵππους τῶν λαῶν πατάξω ἐν ἀποτυφλώσει.

Καὶ ἐροῦσιν οἱ χιλίαρχοι Ἰούδα ἐν ταῖς καρδίαις αὐτῶν, 5 εὑρήσομεν ἑαυτοῖς τοὺς κατοικοῦντας Ἱερουσαλὴμ ἐν Κυρίῳ παντοκράτορι Θεῷ αὐτῶν. Ἐν τῇ ἡμέρᾳ ἐκείνῃ θήσομαι τοὺς 6 χιλιάρχους Ἰούδα ὡς δαλὸν πυρὸς ἐν ξύλοις, καὶ ὡς λαμπάδα πυρὸς ἐν καλάμῃ, καὶ καταφάγονται ἐκ δεξιῶν, καὶ ἐξ εὐωνύμων πάντας τοὺς λαοὺς κυκλόθεν, καὶ κατοικήσει Ἱερουσαλὴμ ἔτι καθ᾽ ἑαυτὴν ἐν Ἱερουσαλήμ. Καὶ σώσει Κύριος τὰ σκηνώματα 7 Ἰούδα, καθὼς ἀπ᾽ ἀρχῆς, ὅπως μὴ μεγαλύνηται καύχημα οἴκου Δαυὶδ, καὶ ἔπαρσις τῶν κατοικούντων Ἱερουσαλὴμ ἐπὶ τὸν Ἰούδα. Καὶ ἔσται ἐν τῇ ἡμέρᾳ ἐκείνῃ ὑπερασπιεῖ Κύριος 8 ὑπὲρ τῶν κατοικούντων Ἱερουσαλήμ, καὶ ἔσται ὁ ἀσθενῶν ἐν αὐτοῖς ἐν ἐκείνῃ τῇ ἡμέρᾳ ὡς Δαυίδ, ὁ δὲ οἶκος Δαυὶδ ὡς οἶκος Θεοῦ, ὡς ἄγγελος Κυρίου ἐνώπιον αὐτῶν. Καὶ ἔσται ἐν τῇ 9 ἡμέρᾳ ἐκείνῃ, ζητήσω ἐξᾶραι πάντα τὰ ἔθνη τὰ ἐρχόμενα ἐπὶ Ἱερουσαλήμ. Καὶ ἐκχεῶ ἐπὶ τὸν οἶκον Δαυὶδ, καὶ ἐπὶ τοὺς 10 κατοικοῦντας Ἱερουσαλὴμ πνεῦμα χάριτος καὶ οἰκτιρμοῦ· καὶ ἐπιβλέψονται πρὸς μὲ, ἀνθ᾽ ὧν κατωρχήσαντο· καὶ κόψονται ἐπ᾽ αὐτὸν κοπετὸν, ὡς ἐπ᾽ ἀγαπητῷ, καὶ ὀδυνηθήσονται ὀδύνην, ὡς ἐπὶ τῷ πρωτοτόκῳ.

Ἐν τῇ ἡμέρᾳ ἐκείνῃ μεγαλυνθήσεται ὁ κοπετὸς ἐν Ἱερουσα- 11 λήμ, ὡς κοπετὸς ῥοῶνος ἐν πεδίῳ ἐκκοπτομένου. Καὶ κόψεται 12 ἡ γῆ κατὰ φυλὰς φυλάς· φυλὴ οἴκου Δαυὶδ καθ᾽ ἑαυτὴν, καὶ αἱ γυναῖκες αὐτῶν καθ᾽ ἑαυτάς· φυλὴ οἴκου Νάθαν καθ᾽ ἑαυ- τὴν, καὶ αἱ γυναῖκες αὐτῶν καθ᾽ ἑαυτάς· φυλὴ οἴκου Λευὶ καθ᾽ 13 ἑαυτὴν, καὶ αἱ γυναῖκες αὐτῶν καθ᾽ ἑαυτάς· φυλὴ τοῦ Συμεὼν καθ᾽ ἑαυτὴν, καὶ αἱ γυναῖκες αὐτῶν καθ᾽ ἑαυτάς. Πᾶσαι αἱ 14 ὑπολελειμμέναι φυλαὶ, φυλὴ καθ᾽ ἑαυτὴν, καὶ γυναῖκες αὐτῶν καθ᾽ ἑαυτάς.

Ἐν τῇ ἡμέρᾳ ἐκείνῃ ἔσται πᾶς τόπος διανοιγόμενος τῷ οἴκῳ 13 Δαυὶδ, καὶ τοῖς κατοικοῦσιν Ἱερουσαλὴμ εἰς τὴν μετακίνησιν, καὶ εἰς τὸν χωρισμόν. Καὶ ἔσται ἐν τῇ ἡμέρᾳ ἐκείνῃ, λέγει 2 Κύριος σαβαὼθ, ἐξολοθρεύσω τὰ ὀνόματα τῶν εἰδώλων ἀπὸ τῆς γῆς, καὶ οὐκ ἔτι αὐτῶν ἔσται μνεία· καὶ τοὺς ψευδοπροφή- τας, καὶ τὸ πνεῦμα τὸ ἀκάθαρτον ἐξαρῶ ἀπὸ τῆς γῆς. Καὶ 3 ἔσται ἐὰν προφητεύσῃ ἄνθρωπος ἔτι, καὶ ἐρεῖ πρὸς αὐτὸν ὁ πατὴρ αὐτοῦ, καὶ ἡ μήτηρ αὐτοῦ, οἱ γεννήσαντες αὐτὸν, οὐ ζήσῃ, ὅτι ψευδῆ ἐλάλησας ἐπ᾽ ὀνόματι Κυρίου· καὶ συμποδιοῦ- σιν αὐτὸν ὁ πατὴρ αὐτοῦ, καὶ ἡ μήτηρ αὐτοῦ, οἱ γεννήσαντες αὐτὸν, ἐν τῷ προφητεύειν αὐτόν.

Καὶ ἔσται ἐν τῇ ἡμέρᾳ ἐκείνῃ καταισχυνθήσονται οἱ προφῆ- 4 ται, ἕκαστος ἐκ τῆς ὁράσεως αὐτοῦ, ἐν τῷ προφητεύειν αὐτὸν,

---

β John 19. 37.   γ See a similar construction, Mark 6. 39, 40.   δ Or, departure.

5 καὶ ἐνδύσονται δέρριν τριχίνην, ἀνθ᾽ ὧν ἐψεύσαντο. Καὶ ἐρεῖ,
οὐκ εἰμὶ προφήτης ἐγώ, διότι ἄνθρωπος ἐργαζόμενος τὴν γῆν
6 ἐγώ εἰμι, ὅτι ἄνθρωπος ἐγέννησέ με ἐκ νεότητός μου. Καὶ
ἐρῶ πρὸς αὐτὸν, τί αἱ πληγαὶ αὗται ἀναμέσον τῶν χειρῶν σου;
καὶ ἐρεῖ, ἃς ἐπλήγην ἐν τῷ οἴκῳ τῷ ἀγαπητῷ μου.

7 Ῥομφαία ἐξεγέρθητι ἐπὶ τοὺς ποιμένας μου, καὶ ἐπὶ ἄνδρα
πολίτην μου, λέγει Κύριος παντοκράτωρ, πατάξατε τοὺς ποι-
μένας, καὶ ἐκσπάσατε τὰ πρόβατα· καὶ ἐπάξω τὴν χεῖρά μου
8 ἐπὶ τοὺς μικρούς. Καὶ ἔσται ἐν πάσῃ τῇ γῇ, λέγει Κύριος,
τὰ δύο μέρη αὐτῆς ἐξολοθρευθήσεται, καὶ ἐκλείψει, τὸ δὲ τρίτον
9 ὑπολειφθήσεται ἐν αὐτῇ. Καὶ διάξω τὸ τρίτον διὰ πυρὸς, καὶ
πυρώσω αὐτοὺς, ὡς πυροῦται τὸ ἀργύριον, καὶ δοκιμῶ αὐτοὺς,
ὡς δοκιμάζεται τὸ χρυσίον· αὐτὸς ἐπικαλέσεται τὸ ὄνομά μου,
κᾀγὼ ἐπακούσομαι αὐτῷ, καὶ ἐρῶ, λαός μου οὗτός ἐστι· καὶ
αὐτὸς ἐρεῖ, Κύριος ὁ Θεός μου.

14 Ἰδοὺ ἡμέραι ἔρχονται Κυρίου, καὶ διαμερισθήσονται τὰ
2 σκῦλά σου ἐν σοί· καὶ ἐπισυνάξω πάντα τὰ ἔθνη ἐπὶ Ἱερου-
σαλὴμ εἰς πόλεμον, καὶ ἁλώσεται ἡ πόλις, καὶ διαρπαγήσονται
αἱ οἰκίαι, καὶ αἱ γυναῖκες μολυνθήσονται, καὶ ἐξελεύσεται τὸ
ἥμισυ τῆς πόλεως ἐν αἰχμαλωσίᾳ, οἱ δὲ κατάλοιποι τοῦ λαοῦ
μου οὐ μὴ ἐξολοθρευθῶσιν ἐκ τῆς πόλεως.

3 Καὶ ἐξελεύσεται Κύριος, καὶ παρατάξεται ἐν τοῖς ἔθνεσιν
ἐκείνοις, καθὼς ἡμέρα παρατάξεως αὐτοῦ ἐν ἡμέρᾳ πολέμου.
4 Καὶ στήσονται οἱ πόδες αὐτοῦ ἐν τῇ ἡμέρᾳ ἐκείνῃ ἐπὶ τὸ ὄρος
τῶν ἐλαιῶν, τὸ κατέναντι Ἱερουσαλὴμ ἐξ ἀνατολῶν· καὶ
σχισθήσεται τὸ ὄρος τῶν ἐλαιῶν, τὸ ἥμισυ αὐτοῦ πρὸς ἀνατο-
λὰς καὶ θάλασσαν, χάος μέγα σφόδρα· καὶ κλινεῖ τὸ ἥμισυ
τοῦ ὄρους πρὸς τὸν Βορρᾶν, καὶ τὸ ἥμισυ αὐτοῦ πρὸς Νότον.
5 Καὶ φραχθήσεται ἡ φάραγξ τῶν ὀρέων μου, καὶ ἐγκολληθήσεται
φάραγξ ὀρέων ἕως Ἰασόδ, καὶ ἐμφραχθήσεται καθὼς ἐνεφράγη
ἐν ταῖς ἡμέραις τοῦ συσσεισμοῦ, ἐν ἡμέραις Ὀζίου βασιλέως
Ἰούδα· καὶ ἥξει Κύριος ὁ Θεός μου, καὶ πάντες οἱ ἅγιοι μετ᾽
6 αὐτοῦ. Καὶ ἔσται ἐν ἐκείνῃ τῇ ἡμέρᾳ οὐκ ἔσται φῶς, καὶ
7 ψύχη καὶ πάγος ἔσται μίαν ἡμέραν, καὶ ἡ ἡμέρα ἐκείνη
γνωστὴ τῷ Κυρίῳ, καὶ οὐκ ἡμέρα, καὶ οὐ νύξ, καὶ πρὸς ἑσπέραν
ἔσται φῶς.

8 Καὶ ἐν τῇ ἡμέρᾳ ἐκείνῃ ἐξελεύσεται ὕδωρ ζῶν ἐξ Ἱερουσα-
λήμ, τὸ ἥμισυ αὐτοῦ εἰς τὴν θάλασσαν τὴν πρώτην, καὶ τὸ
ἥμισυ αὐτοῦ εἰς τὴν θάλασσαν τὴν ἐσχάτην· καὶ ἐν θέρει καὶ
9 ἐν ἔαρι ἔσται οὕτως. Καὶ ἔσται Κύριος εἰς βασιλέα ἐπὶ πᾶσαν
τὴν γῆν· ἐν τῇ ἡμέρᾳ ἐκείνῃ ἔσται Κύριος εἷς, καὶ τὸ ὄνομα
10 αὐτοῦ ἕν, κυκλῶν πᾶσαν τὴν γῆν, καὶ τὴν ἔρημον ἀπὸ Γαβὲ
ἕως Ῥεμμὼν κατὰ Νότον Ἱερουσαλήμ. Ῥαμὰ δὲ ἐπὶ τόπου
μενεῖ· ἀπὸ τῆς πύλης Βενιαμὶν ἕως τοῦ τόπου τῆς πύλης τῆς
πρώτης, ἕως τῆς πύλης τῶν γωνιῶν, καὶ ἕως τοῦ πύργου
11 Ἀναμεήλ, ἕως τῶν ὑποληνίων τοῦ βασιλέως κατοικήσουσιν ἐν
αὐτῇ, καὶ ἀνάθεμα οὐκ ἔσται ἔτι, καὶ κατοικήσει Ἱερουσαλὴμ
πεποιθότως.

they shall clothe themselves with a garment
of hair, because they have lied. [5] And *one*
shall say, I am not a prophet, for I am a
tiller of the ground, for a man brought me
up *thus* from my youth. [6] And I will say
to him, What are these wounds between
thine hands? and he shall say, *Those* with
which I was wounded in βmy beloved
house.

[7] Awake, O sword, against my γ shepherds,
and against the man *who is* my citizen,
saith the Lord Almighty: δ smite the shep-
herds, and draw out the sheep: and I will
bring mine hand upon the little ones. [8] And
it shall come to pass, *that* in all the land,
saith the Lord, two parts thereof shall be
cut off and perish; but the third shall be
left therein. [9] And I will bring the third
part through the fire, and I will try them
as silver is tried, and I will prove them as
gold is proved: they shall call upon my
name, and I will hear them, and say, This
is my people: and they shall say, The Lord
is my God.

Behold, the days of the Lord come, and
thy spoils shall be divided in thee. [2] And
I will gather all the Gentiles to Jerusalem
to war, and the city shall be taken, and the
houses plundered, and the women ravished;
and half of the city shall go forth into cap-
tivity, but the rest of my people shall not
be utterly cut off from the city.

[3] And the Lord shall go forth, and fight
with those Gentiles as when he fought in
the day of war. [4] And his feet shall stand
in that day on the mount of Olives, which
is before Jerusalem on the east, and the
mount of Olives shall cleave asunder, half
of it toward the east and the west, a very
great division; and half the mountain shall
lean to the north, and half of it to the south.
[5] And the valley of my mountains shall be
closed up, and the valley of the mountains
shall be joined on to Jasod, and shall be
blocked up as it was blocked up in the days
of the earthquake, in the days of Ozias king
of Juda; and the Lord my God shall come,
and all the saints with him. [6] And it shall
come to pass in that day that there shall be
no light, ζ and there shall be for one day
ζ cold and frost, and that day *shall be* known
to the Lord, and *it shall* not *be* day nor
night: but towards evening it shall be
light.

[8] And in that day living water shall come
forth out of Jerusalem; half of it toward
the former sea, and half of it toward the
latter sea: and so shall it be in summer and
spring. [9] And the Lord shall be king over
all the earth: in that day there shall be one
Lord, and his name one, [10] compassing all
the earth, and the wilderness from Gabe
unto Remmon south of Jerusalem. And
Rama shall remain in its place. From the
gate of Benjamin to the place of the first
gate, to the gate of the corners, and to the
tower of Anameel, as far as the king's wine-
presses, [11] they shall dwell θ in the city; and
there shall be no more any curse, and Jeru-
salem shall dwell securely.

β *Alex.* the house of my beloved.   γ *Alex.* shepherd.   δ Mat. 26. 31.   ζ *Alex.* ψύχος, cold, probably the right reading.   θ *Gr.* in it.

¹² And this shall be the overtnrow with which the Lord will smite all the nations, as many as have fought against Jerusalem; their flesh shall consume away while they are standing upon their feet, and their eyes shall melt out of their holes, and their tongue shall consume away in their mouth. ¹³ And there shall be in that day a great β panic from the Lord upon them; and they shall lay hold every man of the hand of his neighbour, and his hand shall be clasped with the hand of his neighbour. ¹⁴ Juda also shall fight in Jerusalem; and *God* shall gather the strength of all the nations round about, gold, and silver, and apparel, in great abundance. ¹⁵ And this shall be the overthrow of the horses, and mules, and camels, and asses, and all the beasts that are in those camps, according to this overthrow.

¹⁶ And it shall come to pass, *that* whosoever shall be left of all the nations that came against Jerusalem, shall even come up every year to worship the king, the Lord Almighty, and to keep the feast of γ tabernacles. ¹⁷ And it shall come to pass, *that* whosoever of all the families of the earth shall not come up to Jerusalem to worship the king, the Lord Almighty, even these shall be added to the others. ¹⁸ And if the family of Egypt shall not go up, nor come; then upon them shall be the overthrow with which the Lord shall smite all the nations, whichever of them shall not come up to keep the feast of tabernacles. ¹⁹ This shall be the sin of Egypt, and the sin of all the nations, whosoever shall not come up to keep the feast of tabernacles.

²⁰ In that day there shall be upon the bridle of every horse Holiness to the Lord Almighty; and the caldrons in the house of the Lord shall be as bowls before the altar. ²¹ And every pot in Jerusalem and in Juda shall be holy to the Lord Almighty: and all that sacrifice shall come and take of them, and shall seethe *meat* in them: and in that day there shall be no more the Chananite in the house of the Lord Almighty.

Καὶ αὕτη ἔσται ἡ πτῶσις ἣν κόψει Κύριος πάντας τοὺς 12 λαοὺς, ὅσοι ἐπεστράτευσαν ἐπὶ Ἱερουσαλήμ· τακήσονται αἱ σάρκες αὐτῶν, ἑστηκότων ἐπὶ τοὺς πόδας αὐτῶν, καὶ οἱ ὀφθαλμοὶ αὐτῶν ῥυήσονται ἐκ τῶν ὀπῶν αὐτῶν, καὶ ἡ γλῶσσα αὐτῶν τακήσεται ἐν τῷ στόματι αὐτῶν. Καὶ ἔσται ἐν τῇ ἡμέρᾳ 13 ἐκείνῃ ἔκστασις Κυρίου μεγάλη ἐπ᾽ αὐτούς· καὶ ἐπιλήψονται ἕκαστος τῆς χειρὸς τοῦ πλησίον αὐτοῦ, καὶ συμπλακήσεται ἡ χεὶρ αὐτοῦ πρὸς τὴν χεῖρα τοῦ πλησίον αὐτοῦ. Καὶ Ἰούδας 14 παρατάξεται ἐν Ἱερουσαλήμ, καὶ συνάξει τὴν ἰσχὺν πάντων τῶν λαῶν κυκλόθεν, χρυσίον καὶ ἀργύριον καὶ ἱματισμὸν εἰς πλῆθος σφόδρα. Καὶ αὕτη ἔσται ἡ πτῶσις τῶν ἵππων, καὶ 15 τῶν ἡμιόνων, καὶ τῶν καμήλων, καὶ τῶν ὄνων, καὶ πάντων τῶν κτηνῶν τῶν ὄντων ἐν ταῖς παρεμβολαῖς ἐκείναις, κατὰ τὴν πτῶσιν ταύτην.

Καὶ ἔσται, ὅσοι ἐὰν καταλειφθῶσιν ἐκ πάντων τῶν ἐθνῶν 16 τῶν ἐλθόντων ἐπ᾽ Ἱερουσαλήμ, καὶ ἀναβήσονται κατ᾽ ἐνιαυτὸν, τοῦ προσκυνῆσαι τῷ βασιλεῖ Κυρίῳ παντοκράτορι, καὶ τοῦ ἑορτάσαι τὴν ἑορτὴν τῆς σκηνοπηγίας. Καὶ ἔσται, ὅσοι ἐὰν 17 μὴ ἀναβῶσιν ἐκ πασῶν τῶν φυλῶν τῆς γῆς εἰς Ἱερουσαλήμ, τοῦ προσκυνῆσαι τῷ βασιλεῖ Κυρίῳ παντοκράτορι, καὶ οὗτοι ἐκείνοις προστεθήσονται. Ἐὰν δὲ φυλὴ Αἰγύπτου μὴ ἀναβῇ, 18 μηδὲ ἔλθῃ, καὶ ἐπὶ τούτους ἔσται ἡ πτῶσις, ἣν πατάξει Κύριος πάντα τὰ ἔθνη, ὅσα ἂν μὴ ἀναβῇ, τοῦ ἑορτάσαι τὴν ἑορτὴν τῆς σκηνοπηγίας. Αὕτη ἔσται ἡ ἁμαρτία Αἰγύπτου, καὶ ἡ ἁμαρ- 19 τία πάντων τῶν ἐθνῶν, ὃς ἂν μὴ ἀναβῇ ἑορτάσαι τὴν ἑορτὴν τῆς σκηνοπηγίας.

Ἐν τῇ ἡμέρᾳ ἐκείνῃ ἔσται τὸ ἐπὶ τὸν χαλινὸν τοῦ ἵππου 20 ἅγιον τῷ Κυρίῳ παντοκράτορι· καὶ ἔσονται οἱ λέβητες ἐν τῷ οἴκῳ Κυρίου ὡς φιάλαι πρὸ προσώπου τοῦ θυσιαστηρίου. Καὶ 21 ἔσται πᾶς λέβης ἐν Ἱερουσαλὴμ καὶ ἐν τῷ Ἰουδα ἅγιος τῷ Κυρίῳ παντοκράτορι· καὶ ἥξουσι πάντες οἱ θυσιάζοντες, καὶ λήψονται ἐξ αὐτῶν, καὶ ἑψήσουσιν ἐν αὐτοῖς· καὶ οὐκ ἔσται Χαναναῖος ἔτι ἐν τῷ οἴκῳ Κυρίου παντοκράτορος ἐν τῇ ἡμέρᾳ ἐκείνῃ.

β *Or*, astonishment.   γ *Lit.* tent-pitching.

ΜΑΛΑΧΙΑΣ. ΙΒ΄.

ΛΗΜΜΑ λόγου Κυρίου ἐπὶ τὸν Ἰσραὴλ ἐν χειρὶ ἀγγέλου αὐτοῦ, θέσθε δὴ ἐπὶ τὰς καρδίας ὑμῶν.

2 Ἠγάπησα ὑμᾶς, λέγει Κύριος· καὶ εἴπατε, ἐν τίνι ἠγάπησας ἡμᾶς; οὐκ ἀδελφὸς ἦν Ἡσαῦ τοῦ Ἰακὼβ, λέγει Κύριος, καὶ
3 ἠγάπησα τὸν Ἰακὼβ, τὸν δὲ Ἡσαῦ ἐμίσησα, καὶ ἔταξα τὰ ὅρια αὐτοῦ εἰς ἀφανισμὸν, καὶ τὴν κληρονομίαν αὐτοῦ εἰς
4 δώματα ἐρήμου; Διότι ἐρεῖ, ἡ Ἰδουμαία κατέστραπται, καὶ ἐπιστρέψωμεν, καὶ ἀνοικοδομήσωμεν τὰς ἐρήμους· τάδε λέγει Κύριος παντοκράτωρ, αὐτοὶ οἰκοδομήσουσι, καὶ ἐγὼ καταστρέψω· καὶ ἐπικληθήσεται αὐτοῖς ὅρια ἀνομίας, καὶ λαὸς ἐφ᾽ ὃν παρα-
5 τέτακται Κύριος ἕως αἰῶνος. Καὶ οἱ ὀφθαλμοὶ ὑμῶν ὄψονται, καὶ ὑμεῖς ἐρεῖτε, ἐμεγαλύνθη Κύριος ὑπεράνω τῶν ὁρίων τοῦ Ἰσραήλ.

6 Υἱὸς δοξάζει πατέρα, καὶ δοῦλος τὸν κύριον ἑαυτοῦ· καὶ εἰ πατήρ εἰμι ἐγὼ, ποῦ ἐστιν ἡ δόξα μου; καὶ εἰ Κύριός εἰμι ἐγὼ, ποῦ ἐστιν ὁ φόβος μου; λέγει Κύριος παντοκράτωρ· ὑμεῖς οἱ ἱερεῖς οἱ φαυλίζοντες τὸ ὄνομά μου, καὶ εἴπατε, ἐν τίνι ἐφαυ-
7 λίσαμεν τὸ ὄνομά σου; Προσάγοντες πρὸς τὸ θυσιαστήριόν μου ἄρτους ἠλισγημένους, καὶ εἴπατε, ἐν τίνι ἠλισγήσαμεν αὐτούς; ἐν τῷ λέγειν ὑμᾶς, τράπεζα Κυρίου ἠλισγημένη ἐστὶ,
8 καὶ τὰ ἐπιτιθέμενα ἐξουδενώσατε. Διότι ἐὰν προσαγάγητε τυφλὸν εἰς θυσίας, οὐ κακόν; καὶ ἐὰν προσαγάγητε χωλὸν ἢ ἄρρωστον, οὐ κακόν; προσάγαγε δὴ αὐτὸ τῷ ἡγουμένῳ σου, εἰ προσδέξεταί σε, εἰ λήψεται πρόσωπόν σου, λέγει Κύριος παντο-
κράτωρ.

9 Καὶ νῦν ἐξιλάσκεσθε τὸ πρόσωπον τοῦ Θεοῦ ὑμῶν, καὶ δεήθητε αὐτοῦ. Ἐν χερσὶν ὑμῶν γέγονε ταῦτα, εἰ λήψομαι ἐξ
10 ὑμῶν πρόσωπα ὑμῶν; λέγει Κύριος παντοκράτωρ. Διότι καὶ ἐν ὑμῖν συγκλεισθήσονται θύραι, καὶ οὐκ ἀνάψεται τὸ θυσια-στήριόν μου δωρεάν· οὐκ ἔστι μου θέλημα ἐν ὑμῖν, λέγει Κύριος παντοκράτωρ, καὶ θυσίαν οὐ προσδέξομαι ἐκ τῶν χειρῶν
11 ὑμῶν. Διότι ἀπὸ ἀνατολῶν ἡλίου καὶ ἕως δυσμῶν τὸ ὄνομά μου δεδόξασται ἐν τοῖς ἔθνεσι, καὶ ἐν παντὶ τόπῳ θυμίαμα προσάγεται τῷ ὀνόματί μου, καὶ θυσία καθαρά· διότι μέγα τὸ ὄνομά μου ἐν τοῖς ἔθνεσι, λέγει Κύριος παντοκράτωρ.

The burden of the word of the Lord to Israel by the hand of his messenger. Lay it, I pray you, to heart.

2 I have loved you, saith the Lord. And ye said, Wherein hast thou loved us? Was not Esau Jacob's brother? saith the Lord: yet β I loved Jacob, 3 and hated Esau, and γ laid waste his borders, and made his heritage as dwellings of the wilderness? 4 Because one will say, Idumea has been overthrown, but let us return and rebuild the desolate places; thus saith the Lord Almighty, They shall build, but I will throw down; and they shall be called The borders of wickedness, and, The people against whom the Lord has set himself for ever. 5 And your eyes shall see, and ye shall say, The Lord has been magnified δ upon the borders of Israel.

6 A son honours his father, and a servant his master: if then I am a father, where is mine honour? and if I am a master, where is my fear? saith the Lord Almighty. Ye the priests are they that despise my name: yet ye said, Wherein have we despised thy name? 7 In that ye bring to mine altar polluted bread; and ye said, Wherein have ye polluted it? In that ye say, The table of the Lord is polluted, and that which was set thereon ye have despised. 8 For if ye bring a blind victim for sacrifices, is it not evil? and if ye bring the lame or the sick, is it not evil? offer it now to thy ruler, and see if he will receive thee, if he will accept thy person, saith the Lord Almighty.

9 And now ζ intreat the face of your God, and make supplication to him. These things have been done by your hands; shall I accept you? saith the Lord Almighty. 10 Because even among you the doors shall be shut, and one will not kindle the fire of mine altar for nothing, I have no pleasure in you, saith the Lord Almighty, and I will not accept a sacrifice at your hands. 11 For from the rising of the sun even to the going down thereof my name has been glorified among the Gentiles; and in every place incense is offered to my name, and a pure offering: for my name is great among the Gentiles, saith the Lord Almighty.

β Rom. 9. 13.   γ Lit. appointed them for desolation.   δ Gr. above.   ζ Lit. propitiate.

¹² But ye profane it, in that ye say, The table of the Lord is polluted, and his meats set thereon are despised. ¹³ And ye said, These *services* are troublesome: therefore I have βutterly rejected them with scorn, saith the Lord Almighty: and ye brought in torn victims, and lame, and sick: if then ye should bring an offering, shall I accept them at your hands? saith the Lord Almighty. ¹⁴ And cursed *is the man* who had the power, and possessed a male in his flock, and whose vow is upon him, and who sacrifices a corrupt thing to the Lord: for I am a great King, saith the Lord Almighty, and my name is glorious among the nations.

And now, O priests, this commandment is to you. ² If ye will not hearken, and if ye will not lay *it* to heart, to give glory to my name, saith the Lord Almighty, then I will send forth the curse upon you, and I will bring a curse upon your blessing: yea, I will curse it, and I will scatter your blessing, and it shall not exist among you, because ye lay not this to heart. ³ Behold, γI turn my back upon you, and I will scatter dung upon your faces, the dung of your feasts, and I will carry you away at the same time. ⁴ And ye shall know that I have sent this commandment to you, that my covenant might be with the sons of Levi, saith the Lord Almighty.

⁵ My covenant of life and peace was with him, and I gave δit him that he might reverently fear me, and that he might be ζawe-struck at my name. ⁶ The law of truth was in his mouth, and iniquity was not found in his lips: he walked before me directing *his way* in peace, and he turned many from unrighteousness. ⁷ For the priest's lips θshould keep knowledge, and they should seek the law at his mouth: for he is the messenger of the Lord Almighty.

⁸ But ye have turned aside from the way, and caused many to fail in *following* the law: ye have corrupted the covenant of Levi, saith the Lord Almighty. ⁹ And I have made you despised and cast out among all the people, because ye have not kept my ways, but have λbeen partial in the law.

¹⁰ Have ye not all one father? Did not one God create you? why have ye forsaken every man his brother, to profane the covenant of your fathers?

¹¹ Juda has been forsaken, and an abomination has been committed in Israel and in Jerusalem; for Juda has profaned the holy things of the Lord, which he delighted in, and has gone after other gods. ¹² The Lord will utterly destroy the man that does these things, until he be even cast down from out of the tabernacles of Jacob, and from among them that offer sacrifice to the Lord Almighty. ¹³ And these things which I hated, ye did: ye covered with tears the altar of the Lord, and with weeping and groaning because of troubles: *is it* meet *for me* to have respect to your sacrifice, or to receive *anything* from your hands *as* welcome?

Ὑμεῖς δὲ βεβηλοῦτε αὐτὸ ἐν τῷ λέγειν ὑμᾶς, τράπεζα Κυρίου 12 ἠλισγημένη ἐστὶ, καὶ τὰ ἐπιτιθέμενα ἐξουδένωται βρώματα αὐτοῦ· Καὶ εἴπατε, ταῦτα ἐκ κακοπαθείας ἐστί· καὶ ἐξεφύ- 13 σησα αὐτὰ, λέγει Κύριος παντοκράτωρ· καὶ εἰσεφέρετε ἁρπάγματα, καὶ τὰ χωλὰ, καὶ τὰ ἐνοχλούμενα· καὶ ἐὰν φέρητε τὴν θυσίαν, εἰ προσδέξομαι αὐτὰ ἐκ τῶν χειρῶν ὑμῶν; λέγει Κύριος παντοκράτωρ. Καὶ ἐπικατάρατος, ὃς ἦν δυνατὸς, καὶ 14 ὑπῆρχεν ἐν τῷ ποιμνίῳ αὐτοῦ ἄρσεν, καὶ εὐχὴ αὐτοῦ ἐπ᾽ αὐτῷ, καὶ θύει διεφθαρμένον τῷ Κυρίῳ· διότι βασιλεὺς μέγας ἐγώ εἰμι, λέγει Κύριος παντοκράτωρ, καὶ τὸ ὄνομά μου ἐπιφανὲς ἐν τοῖς ἔθνεσι.

Καὶ νῦν ἡ ἐντολὴ αὕτη πρὸς ὑμᾶς οἱ ἱερεῖς. Ἐὰν μὴ 2 ἀκούσητε, καὶ ἐὰν μὴ θῆσθε εἰς τὴν καρδίαν ὑμῶν, τοῦ δοῦναι 2 δόξαν τῷ ὀνόματί μου, λέγει Κύριος παντοκράτωρ· καὶ ἐξαποστελῶ ἐφ᾽ ὑμᾶς τὴν κατάραν, καὶ ἐπικαταράσομαι τὴν εὐλογίαν ὑμῶν, καὶ καταράσομαι αὐτήν· καὶ διασκεδάσω τὴν εὐλογίαν ὑμῶν, καὶ οὐκ ἔσται ἐν ὑμῖν, ὅτι ὑμεῖς οὐ τίθεσθε εἰς τὴν καρδίαν ὑμῶν. Ἰδοὺ ἐγὼ ἀφορίζω ὑμῖν τὸν ὦμον, καὶ σκορπιῶ 3 ἔνυστρον ἐπὶ τὰ πρόσωπα ὑμῶν, ἔνυστρον ἑορτῶν ὑμῶν, καὶ λήψομαι ὑμᾶς εἰς τὸ αὐτό. Καὶ ἐπιγνώσεσθε διότι ἐγὼ ἐξα- 4 πέσταλκα πρὸς ὑμᾶς τὴν ἐντολὴν ταύτην, τοῦ εἶναι τὴν διαθήκην μου πρὸς τοὺς Λευίτας, λέγει Κύριος παντοκράτωρ.

Ἡ διαθήκη μου ἦν μετ᾽ αὐτοῦ τῆς ζωῆς καὶ τῆς εἰρήνης, καὶ 5 ἔδωκα αὐτῷ ἐν φόβῳ φοβεῖσθαί με, καὶ ἀπὸ προσώπου ὀνόματός μου στέλλεσθαι αὐτόν· νόμος ἀληθείας ἦν ἐν τῷ στόματι 6 αὐτοῦ, καὶ ἀδικία οὐχ εὑρέθη ἐν χείλεσιν αὐτοῦ· ἐν εἰρήνῃ κατευθύνων ἐπορεύθη μετ᾽ ἐμοῦ, καὶ πολλοὺς ἐπέστρεψεν ἀπὸ ἀδικίας. Ὅτι χείλη ἱερέως φυλάξεται γνῶσιν, καὶ νόμον 7 ἐκζητήσουσιν ἐκ στόματος αὐτοῦ, διότι ἄγγελος Κυρίου παντοκράτορός ἐστιν.

Ὑμεῖς δὲ ἐξεκλίνατε ἐκ τῆς ὁδοῦ, καὶ ἠσθενήσατε πολλοὺς 8 ἐν νόμῳ, διεφθείρατε τὴν διαθήκην τοῦ Λευὶ, λέγει Κύριος παντοκράτωρ. Κἀγὼ δέδωκα ὑμᾶς ἐξουδενωμένους καὶ ἀπερριμ- 9 μένους εἰς πάντα τὰ ἔθνη, ἀνθ᾽ ὧν ὑμεῖς οὐκ ἐφυλάξασθε τὰς ὁδούς μου, ἀλλὰ ἐλαμβάνετε πρόσωπα ἐν νόμῳ.

Οὐχὶ πατὴρ εἷς πάντων ὑμῶν; οὐχὶ Θεὸς εἷς ἔκτισεν ὑμᾶς; 10 τί ὅτι ἐγκατελίπετε ἕκαστος τὸν ἀδελφὸν αὐτοῦ, τοῦ βεβηλῶσαι τὴν διαθήκην τῶν πατέρων ὑμῶν;

Ἐγκατελείφθη Ἰούδας, καὶ βδέλυγμα ἐγένετο ἐν τῷ Ἰσραὴλ 11 καὶ ἐν Ἱερουσαλὴμ, διότι ἐβεβήλωσεν Ἰούδας τὰ ἅγια Κυρίου, ἐν οἷς ἠγάπησε, καὶ ἐπετήδευσεν εἰς θεοὺς ἀλλοτρίους. Ἐξο- 12 λοθρεύσει Κύριος τὸν ἄνθρωπον τὸν ποιοῦντα ταῦτα, ἕως καὶ ταπεινωθῇ ἐκ σκηνωμάτων Ἰακὼβ, καὶ ἐκ προσαγόντων θυσίαν τῷ Κυρίῳ παντοκράτορι. Καὶ ταῦτα, ἃ ἐμίσουν, ἐποιεῖτε· 13 ἐκαλύπτετε δάκρυσι τὸ θυσιαστήριον Κυρίου, καὶ κλαυθμῷ καὶ στεναγμῷ ἐκ κόπων· ἔτι ἄξιον ἐπιβλέψαι εἰς θυσίαν, ἢ λαβεῖν δεκτὸν ἐκ τῶν χειρῶν ὑμῶν;

β Gr. puffed at them.   γ Gr. separate the shoulder from you.   δ Or, power, or, charge to fear me, etc.   ζ See 2 Cor. 8. 20.
θ Gr. shall.   λ Gr. accepted persons.

14 Καὶ εἴπατε, ἕνεκεν τίνος; ὅτι Κύριος διεμαρτύρατο ἀναμέσον σου, καὶ ἀναμέσον γυναικὸς νεότητός σου, ἣν ἐγκατέλιπες,
15 καὶ αὕτη κοινωνός σου, καὶ γυνὴ διαθήκης σου. Καὶ οὐ καλὸν ἐποίησε; καὶ ὑπόλειμμα πνεύματος αὐτοῦ· καὶ εἴπατε, τί ἄλλο ἢ σπέρμα ζητεῖ ὁ Θεός; καὶ φυλάξασθε ἐν τῷ πνεύματι ὑμῶν,
16 καὶ γυναῖκα νεότητός σου μὴ ἐγκαταλίπῃς. Ἀλλὰ ἐὰν μισήσας ἐξαποστείλῃς, λέγει Κύριος ὁ Θεὸς τοῦ Ἰσραὴλ, καὶ καλύψει ἀσέβεια ἐπὶ τὰ ἐνθυμήματά σου, λέγει Κύριος παντοκράτωρ· καὶ φυλάξασθε ἐν τῷ πνεύματι ὑμῶν, καὶ οὐ μὴ
17 ἐγκαταλίπητε οἱ παροξύναντες τὸν Θεὸν ἐν τοῖς λόγοις ὑμῶν· καὶ εἴπατε, ἐν τίνι παρωξύναμεν αὐτόν; ἐν τῷ λέγειν ὑμᾶς, πᾶς ποιῶν πονηρὸν, καλὸν ἐνώπιον Κυρίου, καὶ ἐν αὐτοῖς αὐτὸς εὐδόκησε, καὶ ποῦ ἐστιν ὁ Θεὸς τῆς δικαιοσύνης;

3 Ἰδοὺ ἐξαποστέλλω τὸν ἄγγελόν μου, καὶ ἐπιβλέψεται ὁδὸν πρὸ προσώπου μου, καὶ ἐξαίφνης ἥξει εἰς τὸν ναὸν ἑαυτοῦ Κύριος, ὃν ὑμεῖς ζητεῖτε, καὶ ὁ ἄγγελος τῆς διαθήκης, ὃν ὑμεῖς
2 θέλετε· ἰδοὺ ἔρχεται, λέγει Κύριος παντοκράτωρ, καὶ τίς ὑπομενεῖ ἡμέραν εἰσόδου αὐτοῦ; ἢ τίς ὑποστήσεται ἐν τῇ ὀπτασίᾳ αὐτοῦ; διότι αὐτὸς εἰσπορεύεται ὡς πῦρ χωνευτηρίου,
3 καὶ ὡς ποιὰ πλυνόντων. Καθιεῖται χωνεύων καὶ καθαρίζων ὡς τὸ ἀργύριον, καὶ ὡς τὸ χρυσίον, καὶ καθαρίσει τοὺς υἱοὺς Λευὶ, καὶ χεεῖ αὐτοὺς ὥσπερ τὸ χρυσίον καὶ τὸ ἀργύριον· καὶ ἔσονται τῷ Κυρίῳ προσάγοντες θυσίαν ἐν δικαιοσύνῃ.

4 Καὶ ἀρέσει τῷ Κυρίῳ θυσία Ἰούδα καὶ Ἱερουσαλὴμ, καθὼς
5 αἱ ἡμέραι τοῦ αἰῶνος, καὶ καθὼς τὰ ἔτη τὰ ἔμπροσθεν. Καὶ προσάξω πρὸς ὑμᾶς ἐν κρίσει, καὶ ἔσομαι μάρτυς ταχὺς ἐπὶ τὰς φαρμακοὺς, καὶ ἐπὶ τὰς μοιχαλίδας, καὶ ἐπὶ τοὺς ὀμνύοντας τῷ ὀνόματί μου ἐπὶ ψεύδει, καὶ ἐπὶ τοὺς ἀποστεροῦντας μισθὸν μισθωτοῦ, καὶ τοὺς καταδυναστεύοντας χήραν, καὶ τοὺς κονδυλίζοντας ὀρφανοὺς, καὶ τοὺς ἐκκλίνοντας κρίσιν προσηλύτου, καὶ τοὺς μὴ φοβουμένους με, λέγει Κύριος παντοκρά-
6 τωρ. Διότι ἐγὼ Κύριος ὁ Θεὸς ὑμῶν, καὶ οὐκ ἠλλοίωμαι·
7 καὶ ὑμεῖς οἱ υἱοὶ Ἰακὼβ οὐκ ἀπέχεσθε ἀπὸ τῶν ἀδικιῶν τῶν πατέρων ὑμῶν, ἐξεκλίνατε νόμιμά μου, καὶ οὐκ ἐφυλάξασθε.

Ἐπιστρέψατε πρὸς μὲ, καὶ ἐπιστραφήσομαι πρὸς ὑμᾶς, λέγει Κύριος παντοκράτωρ· καὶ εἴπατε, ἐν τίνι ἐπιστρέψομεν;
8 Μήτι πτερνιεῖ ἄνθρωπος Θεόν; διότι ὑμεῖς πτερνίζετέ με· καὶ ἐρεῖτε, ἐν τίνι ἐπτερνίσαμέν σε; ὅτι τὰ ἐπιδέκατα, καὶ αἱ
9 ἀπαρχαὶ μεθ᾽ ὑμῶν εἰσι. Καὶ ἀποβλέποντες ὑμεῖς ἀποβλέπετε, καὶ ἐμὲ ὑμεῖς πτερνίζετε.

10 Τὸ ἔτος συνετελέσθη, καὶ εἰσηνέγκατε πάντα τὰ ἐκφόρια εἰς τοὺς θησαυροὺς, καὶ ἔσται ἡ διαρπαγὴ αὐτοῦ ἐν τῷ οἴκῳ αὐτοῦ· ἐπιστρέψατε δὴ ἐν τούτῳ, λέγει Κύριος παντοκράτωρ· ἐὰν μὴ ἀνοίξω ὑμῖν τοὺς καταρράκτας τοῦ οὐρανοῦ, καὶ ἐκχεῶ
11 τὴν εὐλογίαν μου ὑμῖν, ἕως τοῦ ἱκανωθῆναι. Καὶ διαστελῶ ὑμῖν εἰς βρῶσιν, καὶ οὐ μὴ διαφθείρω ὑμῶν τὸν καρπὸν τῆς γῆς, καὶ οὐ μὴ ἀσθενήσῃ ὑμῶν ἡ ἄμπελος ἡ ἐν τῷ ἀγρῷ, λέγει

14 Yet ye said, Wherefore? Because the Lord has borne witness between thee and the wife of thy youth, whom thou hast forsaken, and *yet* she was thy partner, and the wife of thy covenant. 15 And did he not do well? and *there was* the residue of his spirit. But ye said, What does God seek but a seed? But take ye heed to your spirit, and forsake not the wife of thy youth. 16 But if thou shouldest hate *thy wife* and put her away, saith the Lord God of Israel, then ungodliness shall cover thy thoughts, saith the Lord Almighty: therefore take ye heed to your spirit, and forsake *them* not, 17 ye that have provoked God with your words. But ye said, Wherein have we provoked him? In that ye say, Every one that does evil *is* a pleasing *object* in the sight of the Lord, and he takes pleasure in such; βand where is the God of justice?

γBehold, I send forth my messenger, and he shall survey the way before me: and the Lord, whom ye seek, shall suddenly come into his temple, even the angel of the covenant, whom ye take pleasure in: behold, he is coming, saith the Lord Almighty. 2 And who will δabide the day of his coming? or who will withstand at his appearing? for he is coming in as the fire of a furnace and as the herb of ζfullers. 3 He shall sit to melt and purify as it were silver, and as it were gold: and he shall purify the sons of Levi, and θrefine them as gold and silver, and they shall offer to the Lord an offering in righteousness.

4 And the sacrifice of Juda and Jerusalem shall be pleasing to the Lord, according to the former days, and according to the former years. 5 And I will draw near to you in judgment; and I will be a swift witness against the witches, and against the adulteresses, and against them that swear falsely by my name, and against them that keep back the hireling's wages, and them that oppress the widow, and λafflict orphans, and that wrest the judgment of the stranger, and fear not me, saith the Lord Almighty. 6 For I am the Lord your God, and I am not changed: 7 but ye, the sons of Jacob, have not refrained from the iniquities of your fathers: ye have perverted my statutes, and have not kept them.

Return to me, and I will return to you, saith the Lord Almighty. But ye said, Wherein shall we return? 8 Will a man insult God? for ye insult me. But ye say, Wherein have we insulted thee? In that the tithes and first-fruits are with you *still*. 9 And ye do surely look off from me, and ye insult me.

10 The year is completed, and ye have brought all the produce into the storehouses; but there shall be the plunder thereof in its house: return now on this behalf, saith the Lord Almighty, *see* if I will not open to you the μtorrents of heaven, and pour out my blessing upon you, until ye are satisfied. 11 And I will ξappoint food for you, and I will not destroy the fruit of your land; and your vine in the field shall not fail, saith the Lord Almighty.

β *Or*, and, Where, etc.   γ *Gr.* Matt. 11. 10.   δ *Or*, wait for.   ζ *Gr.* them that wash.   θ *Gr.* pour.   λ *Gr.* beat with the fist.
μ *Or*, windows, see Gen. 7. 11, there rendered 'flood-gates.'   ξ *Or*, give a charge for you to be fed.   *Alex.* τὴν βρῶσιν.

¹² And all nations shall call you blessed: for ye shall be a desirable land, saith the Lord Almighty. ¹³ Ye have spoken grievous words against me, saith the Lord. Yet ye said, Wherein have we spoken against thee? ¹⁴ Ye said, He that serves God ^β labours in vain: and what have we gained in that we have kept his ordinances, and in that we have walked as suppliants before the face of the Lord Almighty? ¹⁵ And now we pronounce strangers blessed; and all they who act unlawfully are built up; and they have resisted God, and *yet* have been delivered. ¹⁶ Thus spoke they that feared the Lord, every one to his neighbour: and the Lord gave heed, and hearkened, and he wrote a book of remembrance before him for them that feared the Lord and reverenced his name. ¹⁷ And they shall be ^γ mine, saith the Lord Almighty, in the day which I appoint for a peculiar possession; and I will make choice of them, as a man makes choice of his son that serves him. ¹⁸ Then shall ye return, and discern between the righteous and the wicked, and between him that serves God, and him that serves *him* not.

For, behold, a day comes burning as an oven, and it shall consume them; and all the aliens, and all that do wickedly, shall be stubble: and the day that is coming shall set them on fire, saith the Lord Almighty, and there shall not be left of them root or branch. ² But to you that fear my name shall the Sun of righteousness arise, and healing *shall be* in his wings: and ye shall go forth, and bound as young calves let loose from bonds. ³ And ye shall trample the wicked; for they shall be ashes underneath your feet in the day which I appoint, saith the Lord Almighty. ⁵ And, behold, I will send to you Elias the Thesbite, before the great and glorious day of the Lord comes; ⁶δ who shall turn again the heart of the father to the son, and the heart of a man to his neighbour, lest I come and smite the earth grievously. ⁴ Remember the law of my servant Moses, accordingly as I charged him *with it* in Choreb for all Israel, *even* the commandments and ordinances.

Κύριος παντοκράτωρ. Καὶ μακαριοῦσιν ὑμᾶς πάντα τὰ ἔθνη, 12 διότι ἔσεσθε ὑμεῖς γῆ θελητὴ, λέγει Κύριος παντοκράτωρ.

Ἐβαρύνατε ἐπ᾽ ἐμὲ τοὺς λόγους ὑμῶν, λέγει Κύριος· καὶ 13 εἴπατε, ἐν τίνι κατελαλήσαμεν κατὰ σοῦ; Εἴπατε, μάταιος 14 ὁ δουλεύων Θεῷ, καὶ τί πλέον, ὅτι ἐφυλάξαμεν τὰ φυλάγματα αὐτοῦ, καὶ διότι ἐπορεύθημεν ἱκέται πρὸ προσώπου Κυρίου παντοκράτορος; Καὶ νῦν ἡμεῖς μακαρίζομεν ἀλλοτρίους, καὶ 15 ἀνοικοδομοῦνται πάντες ποιοῦντες ἄνομα, καὶ ἀντέστησαν τῷ Θεῷ, καὶ ἐσώθησαν.

Ταῦτα κατελάλησαν οἱ φοβούμενοι τὸν Κύριον, ἕκαστος 16 πρὸς τὸν πλησίον αὐτοῦ· καὶ προσέσχε Κύριος, καὶ εἰσήκουσε, καὶ ἔγραψε βιβλίον μνημοσύνου ἐνώπιον αὐτοῦ τοῖς φοβουμένοις τὸν Κύριον, καὶ εὐλαβουμένοις τὸ ὄνομα αὐτοῦ. Καὶ ἔσονταί μοι, λέγει Κύριος παντοκράτωρ, εἰς 17 ἡμέραν, ἣν ἐγὼ ποιῶ, εἰς περιποίησιν, καὶ αἱρετιῶ αὐτούς, ὃν τρόπον αἱρετίζει ἄνθρωπος τὸν υἱὸν αὐτοῦ, τὸν δουλεύοντα αὐτῷ. Καὶ ἐπιστραφήσεσθε, καὶ ὄψεσθε ἀναμέσον δικαίου, καὶ 18 ἀναμέσον ἀνόμου, καὶ ἀναμέσον τοῦ δουλεύοντος Θεῷ, καὶ τοῦ μὴ δουλεύοντος.

Διότι ἰδοὺ ἡμέρα ἔρχεται καιομένη ὡς κλίβανος καὶ φλέξει 4 αὐτούς, καὶ ἔσονται πάντες οἱ ἀλλογενεῖς, καὶ πάντες οἱ ποιοῦντες ἄνομα, καλάμη, καὶ ἀνάψει αὐτοὺς ἡ ἡμέρα ἡ ἐρχομένη, λέγει Κύριος παντοκράτωρ, καὶ οὐ μὴ ὑπολειφθῇ ἐξ αὐτῶν ῥίζα οὐδὲ κλῆμα.

Καὶ ἀνατελεῖ ὑμῖν τοῖς φοβουμένοις τὸ ὄνομά μου ἥλιος 2 δικαιοσύνης, καὶ ἴασις ἐν ταῖς πτέρυξιν αὐτοῦ· καὶ ἐξελεύσεσθε, καὶ σκιρτήσετε ὡς μοσχάρια ἐκ δεσμῶν ἀνειμένα. Καὶ κατα- 3 πατήσετε ἀνόμους, διότι ἔσονται σποδὸς ὑποκάτω τῶν ποδῶν ὑμῶν ἐν τῇ ἡμέρᾳ ᾗ ἐγὼ ποιῶ, λέγει Κύριος παντοκράτωρ. Καὶ ἰδοὺ ἐγὼ ἀποστελῶ ὑμῖν Ἠλίαν τὸν Θεσβίτην, πρὶν 5 ἐλθεῖν τὴν ἡμέραν Κυρίου τὴν μεγάλην καὶ ἐπιφανῆ, ὃς 6 ἀποκαταστήσει καρδίαν πατρὸς πρὸς υἱὸν, καὶ καρδίαν ἀνθρώπου πρὸς τὸν πλησίον αὐτοῦ, μὴ ἔλθω καὶ πατάξω τὴν γῆν ἄρδην.

Μνήσθητε νόμου Μωυσῆ τοῦ δούλου μου, καθότι ἐνετειλάμην 4 αὐτῷ ἐν Χωρὴβ πρὸς πάντα τὸν Ἰσραὴλ, προστάγματα καὶ δικαιώματα.

APPENDIX.

II. KINGS (II. SAM.) 5. 18.—Giants. *Heb.* רפאים. For some interesting remarks on this word, see the conclusion of Govett's work on the book of the prophet Isaiah.

JOB 25. 2.—In the New Testament παροιμία is almost always translated *proverb*, but in John 10. 6 it is rendered *parable,* which seems to be the sense intended here. Probably προοίμιον is a mistake of the transcriber.

JOB 39. 13.—τερπομένων. The LXX. seem to have caught at the meaning of רנן *jubilavit,* from which comes the word here used רננים *struthiones.* νεέλασσα—*Hebrew* נעלסה, part. niph. fem. of עלס *lætatus est.* ἀσίδα חסדה *ciconia* νεσσα נוצה *penna* (*qy.* item struthiocamelus). "The peacock's wing is proudly spread. Is the ostrich also, if it conceive, like the stork? For," &c. The stork according to tradition being the *pious* bird, the ostrich the contrary. —*C. Pridham.*

PSALM 41. (42) 4.—There are several difficulties connected with this passage. In the first place it seems evident that the LXX. read בסך, and the English translators בסר, or something similar. The Hebrew Text (to which no קרי is appended) thus far favours the LXX.; who, however, appear to have read אדדם as a part of אדר, and made an adjective of it. Again, τόπῳ has nothing immediately answering it in the Hebrew, and may be accounted for on the principle so often referred to of *double translation.*

PROVERBS 8. 5.—It is frequently the case in Proverbs that ἄκακος is used in a bad sense, and πανοῦργος in a good one. For ἄκακος see chap. 1. 4, 22; 8. 5; 14. 15; 21. 11. For πανοῦργος, 12. 16; 13. 1, 16; 14. 8, 15, 18; 15. 5; 21. 11; 22. 3; 27. 12; 28. 2.

ISAIAH 2. 6.—Philistines. The LXX. generally render פלשתים by Φυλιστιείμ or Φυλιστιίμ till about the middle of Judges, after which the word almost always used is ἀλλόφυλοι. In this there was probably some accommodation of sound to sense.

JEZEKIEL 16. 44.—The most obvious meaning of παραβολὴ seems to be *comparison.* The word is so translated, Mark 4. 30; in Heb. 9. 9 and 11. 19 it is rendered *figure;* in Luke 4. 23, *proverb,* which is the word employed by the English translators in this passage of Ezekiel. In the other passages of the New Testament, amounting to upwards of forty, it is uniformly rendered *parable.* See note on Job 25. 2, above. For the more classical use of the word, see Aristotle's Rhetoric, book 3.

EXODUS 28. The following verses are found neither in the Vatican nor Alexandrine copies, but appear thus in the Complutensian text:

23 And thou shalt make upon the oracle two golden rings, and thou shalt put the two golden rings on both the *upper* corners of the oracle. 24 And thou shalt put the fringes and the chains of gold on the two rings on both the sides of the oracle. 25 And thou shalt put two sides of the two fringes on the two hems, and thou shalt put the shoulders of the ephod opposite in front. 26 And thou shalt make two golden rings, and shalt put them on the two edges of the oracle

on the top from the top of the back of the ephod within. ²⁷ And thou shalt make two golden rings, and shalt put *them* on both the shoulders of the ephod beneath it in front, *to meet* the coupling above of the woven work of the ephod.

²⁸ And thou shalt fasten the oracle by the rings upon it to the rings of the ephod joined with blue *lace* and attached to the woven work of the ephod, that the oracle may not be loosed from the ephod.

THE FOLLOWING PASSAGES ARE SUPPLIED FROM THE ALEXANDRINE TEXT.

KINGS I. (Sam. I.)

17. ¹² And David son of an Ephrathite said, this *Ephrathite* was of Bethleem Juda, and his name was Jessæ, and he had eight sons. And the man passed for an old man among men in the days of Saul. ¹³ And the three elder sons of Jessæ went and followed Saul to the war, and the ᵝ names of his sons that went to the war were, Eliab his first-born, and his second Aminadab, and his third *son* Samma. ¹⁴ And David himself ᵞ was the younger *son*, and the three elder followed Saul. ¹⁵ And David departed and returned from Saul, ᵟ to feed his father's sheep in Bethleem. ¹⁶ And the Philistine advanced morning and evening, and stood up forty days. ¹⁷ And Jessæ said to David, Take now to thy brethren an ephah of this *meal*, and these ten loaves, and run to the camp and give them to thy brothers. ¹⁸ And thou shalt carry to the captain of the thousand ᶻ these ten cheeses of milk, and thou shalt see how thy brethren fare, and learn what they want. ¹⁹ And Saul himself and all the men of Israel were in the valley of the Oak, warring with the Philistines. ²⁰ And David rose early in the morning, and left the sheep to a keeper, and took and went as Jessæ commanded him, and he came to the trench and to the army as it was going out to fight, and they shouted for the battle. ²¹ And Israel and the Philistines formed their lines one opposite the other. ²² And David deposited his burden in the hand of a keeper, and ran to the line, and went and asked his brethren how they were.

²³ And while he was speaking with them, behold the Amessæan advanced, Goliath by name, the Philistine of Geth, of the armies of the Philistines, and he spoke ᶿ as before, and David heard. ²⁴ And all the men of Israel when they saw the man fled from before him, and they were greatly terrified. ²⁵ And the men of Israel said, Have ye seen this man that comes up? for he has reproached Israel *and* has come up; and it shall be that the man who shall smite him, the king shall enrich him with great wealth, and shall give him his daughter, and shall make his father's house free in Israel. ²⁶ And David spoke to the men who stood with him, saying, Shall it *indeed* be done *thus* to the man who shall smite that Philistine, and take away reproach from Israel? for who is this uncircumcised Philistine that he has defied the army of the living God? ²⁷ And the people spoke to him according to this word, saying, Thus shall it be done to the man who shall smite him. ²⁸ And Eliab his elder brother heard as he spoke to the men, and Eliab was very angry with David and said, Why hast thou thus come down, and with whom hast thou left those few sheep in the wilderness? I know thy pride and the naughtiness of thine heart, for thou art come down to see the battle. ²⁹ And David said, What have I done now? ᵗ Have I no business *here?* ³⁰ And he turned from him toward another, and he spoke after the same manner; and the people answered him ᵘ after the former manner. ³¹ And the words which David spoke were heard, and were reported ᶲ to Saul. And he took him to himself.

β *Gr.* name.   γ *Gr.* is.   δ *Gr.* feeding.   ζ *Lit.* the ten cheeses of this milk.   θ *Gr.* according to these words. See ver. 8.
λ *Gr.* is there not a word?   μ *Lit.* according to the word of the first.   ξ *Gr.* behind Saul.

Verse 41. And the Philistine advanced and drew nigh to David, and a man bearing his shield *went* before him, and the Philistine looked on.

Verse 50. So David prevailed over the Philistine with a sling and a stone, and smote the Philistine and slew him, and there was no sword in the hand of David.

Verse 55. And when Saul saw David going out to meet the Philistine, he said to Abener the captain of the host, Whose son is this youth? and Abener said, As thy soul lives, O king, I know not. [56] And the king said, Do thou ask whose son this youth is. [57] And as David returned from the slaughter of the Philistine, Abener took him and brought him in before Saul, and the head of the Philistine was in his hand. [58] And Saul said to him, Whose son art thou, young man? and David said, The son of thy servant Jessæ the Bethleemite.

18. And it came to pass when he had finished speaking to Saul, that the soul of Jonathan was knit to the soul of David, and Jonathan loved him [β] as his own soul. [2] And Saul took him in that day, and did not suffer him to return to his father's house. [3] And Jonathan and David made a covenant because he loved him as his own soul. [4] And Jonathan stripped himself of his [γ] upper garment, and gave it to David, and his mantle and *all he had upon him*, even to his sword and to his bow, and to his girdle. [6] And David went out whithersoever Saul sent him, and [δ] acted wisely, and Saul set him over the men of war, and he was pleasing in the eyes of all the people, and also in the eyes of the servants of Saul.

Verse 8. (*last part.*) And what more can he have but the kingdom? [9] And Saul eyed David from that day and onward. [10] And it came to pass [ζ] on the morrow that an evil spirit from God fell upon Saul, and he prophesied in the midst of his house. And David was playing on the harp with his hand, according to his daily

custom. And Saul's spear was in his hand. [11] And Saul took his spear and said, I will smite David even to the wall. But David escaped twice from his presence.

[17] And Saul said to David, Behold my elder daughter Merob, I will give her to thee to wife, only be thou to me a mighty man and fight the wars of the Lord. And Saul said, Let not my hand be upon him, but the hand of the Philistines shall be upon him. [18] And David said to Saul, Who am I, and what is the life of my father's family in Israel, that I should be the king's son-in-law? [19] But it came to pass at the time when Merob Saul's daughter should have been given to David, that she was given to Israel the Mothulathite to wife.

Verse 30. And the chief of the Philistines went forth; and it came to pass that from [θ] the sufficiency of their expedition David acted wisely above all the servants of Saul; and his name was honoured exceedingly.

KINGS III. (KINGS I.)

2 *ult.* 3. *verse* 1. Considerable variation here rather than omission.

5. [17] And the king commanded and they [λ] brought great stones, precious stones for the foundation of the house, and unhewn stones.

6. [11] And the word of the Lord came to Solomon, saying, [12] *As for* this house which thou art building, if thou wilt walk in my ordinances and execute my judgments, and keep all my commandments to walk in them, I will establish my word with thee which I spoke to David thy father. [13] And I will dwell in the midst of the children of Israel, and will not forsake my people Israel. [14] So Solomon built the house, and finished it. [22] And all inside the oracle he overlaid with gold.

7. *Verse* 1, etc. See the first 12 verses of this chapter placed at the end of it in the Vatican copy.

β *Gr.* according to. γ See Jno. 21. δ *Gr.* understood ; *or*, was wise. ζ *Or*, after; *Gr.* from. θ *Gr.* their sufficient expedition. λ *Gr.* bring.

13. [27] And he spoke to his sons, saying, Saddle me the ass, and they saddled *it*.

14. *Verses* 1 to 20. The substance of these verses is found in the Vatican copy after *v.* 24, *chap.* 12.

15. [32] And there was war between Asa and Baasa king of Israel all their days.

CHRONICLES I.

1. [11] And Mesraim *β* was father of the Lodiim, and the Anamiim, and the Labin, and the Nephthalim, [12] and the Patrosoniim, and the Chasloniim, whence went forth Philistiim, and the Chaphoriim. [13] And Chanaan was father of Sidon, his first-born, and the Chettite, and the Jebusite, [14] and the Amorrhæan, and the Gergesite, [15] and the Evite, and the Arucæan, and the Asennæan, [16] and the Aradian, and the Samaræan, and the Amathite, [17] and Arphaxad, and Lud and Aram. And the sons of Aram: Os and Ul, and Gather, and Mosoch. [18] And Arphaxad begot Cainan, and Cainan begot Sala, and Sala begot Eber. [19] And to Eber were born two sons, the name of the one Phalec, for in his days the earth was divided, and the name of his brother was Jectan. [20] And Jectan begot Elmodad and Saleph and Aramoth, [21] and Keduran, and Æxe, and Declam, [22] and Gemian, and Abimeel, and Saban, [23] and Uphir, and Evi, and Oram; all these were the sons of Jectan.

CHRONICLES II.

3. [12] And the wing of one cherub was five cubits touching the wall of the house, and the other wing was five cubits touching the wing of the other cherub.

27. [8] And he reigned twenty-five years, and sixteen years he reigned in Jerusalem.

PROVERBS.

1. [16] For their feet run to do evil, and are swift to shed blood.

4. [5] Get wisdom, get understanding, forget not, nor decline from the words of my mouth.

8. [29] When he set to the sea its bound, and the waters shall not pass his *γ* decree. [32] And blessed are they that keep my ways. [33] Hear wisdom and be wise, and *δ* be not strangers to it.

11. [3] The integrity of the upright shall guide them, but the overthrow of the rebellious shall spoil them. [4] Possessions will not profit in a day of wrath, but righteousness will deliver from death.

Part of verses 10, 11.—but at the destruction of the wicked there is exultation. [11] At the blessing of the upright a city shall be exalted.

13. [6] Righteousness preserves the simple in the way, but sin makes worthless the ungodly.

16. (*Alex.* 15.) [33] The humble advances in glory.

21. *Verses* 16, 17, see *Appendix*, page 1131. Note on II. Kings (II. Sam.) 5. 18.

JEZEKIEL.

33. [25] Therefore say to them, Thus saith the Lord God: Ye will eat with the blood, and ye will lift up your eyes to your idols, and ye shed blood, and shall ye inherit the land? [26] Ye stand upon your sword, ye have wrought abomination, and have defiled every one his neighbour, and shall ye inherit the land?

β Gr. begot. *γ Gr.* mouth. *δ* More *lit.*, do not separate yourselves from **it**.

THE

APOCRYPHA

GREEK AND ENGLISH

THE

APOCRYPHA

GREEK AND ENGLISH

IN PARALLEL COLUMNS

THE BOOKS OF THE APOCRYPHA

THE Alexandrian Jews possessed a sacred literature in the Septuagint translation, and where other works of the same national character were either written in Greek or translated from the Hebrew, these also were appended to the sacred books which they before possessed. But the New Testament writers never quote these additional writings as Scripture. The writers of the early Church, however, while expressly declaring their preference for the Hebrew Canon, quote the books of the "Apocrypha" as of equal authority with the Old Testament. And in this wise the Church popularly regarded them, and consequently made a free use of them. The influence of such writers as Origen, Cyril of Jerusalem, Athanasius, and Augustine, in favour of the "Apocrypha," was very great; and Jerome's view, as quoted in the sixth Article of the Anglican Church ("the other books which the Church doth read for example of life and instruction of manners; but yet doth it not apply them to establish any doctrine") and his strictures on some of the books were apt to be forgotten.

During the Reformation period, the Church of Rome decreed her adherence to the popular view of the Apocrypha held in the main by the early Church, and definitely accepted all the "other books" as canonical, save I. and II. Esdras and the Prayer of Manasseh. The Church of England, on the other hand, formally adopted the more critical view of Jerome, and while retaining the Apocrypha in her Bible gave it not canonical but deutero-canonical rank.

In more recent times it has been the unfortunate custom of English-speaking people to neglect or despise the Apocrypha: yet it forms a portion of the Bible of Christendom; it supplies the blank leaf between Nehemiah and the New Testament; and it comprises some of the literature of that period, which well illustrates the development and transition of Jewish religious thought generally.

ESDRAS.

The first book of Esdras, which the sixth Article of Religion styles the third book, was written some time within the first century B.C., and is chiefly made up of an independent and somewhat free version (not without value) of portions of II. Chronicles and Ezra-Nehemiah. It is possibly based upon a Greek, but emended from a Hebrew source. The one portion peculiar to the book (iii.–v. 6), commonly called "The Three Wise Sayings," has been thought to be the nucleus of the whole book round which the rest is grouped.

The second book of Esdras is not included in this volume, as although it was probably composed in Greek, no Greek version has as yet been found. The book consists of three distinct works, and its most important portion (iii.–xiv.) is known as "The Apocalypse of Esdras." It contains seven visions, written probably in Domitian's reign (A.D. 81-96); and in recent years the Apocalypse has been amplified by the discovery of a lost portion of the Latin translation.

TOBIT.

The book of Tobit is one of the most perfect of Hebrew idylls. It was probably written within the second century B.C. It has been transmitted in various forms, all of which are considered to have sprung from a Hebrew or an Aramaic original.

JUDITH.

The story of Judith is a contribution to the literature of Jewish patriotism. It is a sacred historical-novel. The story is laid in the period just after the return from the Captivity. The book itself was written in the Maccabean age; and in "Nebuchadrezzar" is the probable figure of Antiochus Epiphanes. The Aramaic and Greek versions were probably derived from a Hebrew original.

ADDITIONS TO ESTHER.

These additions to the Canonical Esther supply it with a preface and a conclusion, and expand the narrative in three places. They were probably written to give a more definite religious character to the book. The writer of the additional chapters was probably an Egyptian Jew, who wrote in Greek, in the first or second century B.C.

THE BOOK OF WISDOM.

This book is one of the most beautiful and important in the Apocrypha. Its first portion (i.–xi. 4) is distinguished for the singular beauty of its style, its noble teaching on immortality, and its panegyric on Wisdom. The second portion of the book is very inferior to the first, from a literary point of view. It contains a pictorial commentary on the story of the Exodus.

The book was, without doubt, written in Greek by an Alexandrian Jew, probably a short while before the Christian era.

ECCLESIASTICUS,

OR THE WISDOM OF THE SON OF SIRACH.

This book was originally written in Hebrew by Joshua Ben Sira of Jerusalem a few years before the outbreak of the Maccabean persecution. It was translated by his grandson into Greek, and until recently the book was known only in its Greek form, but by a surprising series of discoveries nearly the whole of the work is now extant in a Hebrew text.

The book falls into two distinct and unequal divisions. The first forty-three chapters comprise, in the main, a text-book of morals, which is of great value as reflecting the manners and customs of the age. The last eight chapters are occupied chiefly with the beautiful prose-hymn known as "The Praise of Famous Men."

The title "Ecclesiasticus" marks the book as the most important or the most popular of the Ecclesiastical Books.

BARUCH.

This book contains several minor writings, probably of the first century B.C., having no connection with each other, but joined together in the first century A.D. by a compiler who prefixed an historical introduction (I. i.–14), attributing the whole work to Baruch the prophet. The first portion of the book, ending at iii. 8, was in all probability originally written in Hebrew; the second portion (iii. 9–iv. 4) in Aramaic; the third portion (iv. 5–v. 9) in Greek. The book of Baruch is the only work in the Apocrypha modelled on the prophetic utterances of the Old Testament.

THE EPISTLE OF JEREMIAH.

This pseudepigraphal epistle, containing a denunciation of idolatry, forms the last chapter of Baruch. It was written in Greek, probably by a Jew of Alexandria in the first century B.C.

ADDITIONS TO DANIEL.

THE SONG OF THE THREE CHILDREN, SUSANNA, AND BEL AND THE DRAGON.

These three additions to the Canonical Daniel were probably composed in the Maccabean age. Their original language is a matter of much dispute.

The Song of the Three Children contains, for the most part, a prayer put into the mouth of Azarias (Abed-Nego), and the song which purports to have been sung by the three Jewish youths in the midst of the burning fiery furnace. This stirring psalm of thanksgiving (the "Benedicite") is well known, owing to its being included among the canticles of the Church.

The History of Susanna, and Bel and the Dragon, contain several anecdotes related of Daniel, which, although of a simple character, are not without interest as historical-parables.

MACCABEES.

There are four books of the Maccabees extant in Greek, of which the Western Church receives only the first two as canonical.

The *first* book of the Maccabees contains a trustworthy history of the Maccabean revolt. It was originally written in Hebrew by an orthodox Jew, probably during the first or second decade of the first century B.C. It is a record of priceless and sterling worth.

The *second* book of the Maccabees is, in the main, an abridgment of a larger history of the Maccabees in five volumes written by Jason of Cyrene. The epitomiser was perhaps an Alexandrian Jew, of the first century B.C., who wrote in Greek. The historical value of the book is much inferior to that of the first book.

The *third* book of the Maccabees contains no reference to the Maccabees, and the events recorded in it, which may rest upon some historical basis, are placed at an earlier date (B.C. 217–209). The author was an Alexandrian Jew, who wrote in Greek, perhaps in the first century B.C., although a much later date is given to the book by some scholars.

The *fourth* book of the Maccabees contains in an expanded form the story of the Maccabean martyrs, which is used as a basis of a philosophical treatise on the triumph of reason over the passions. Eusebius and Jerome attributed this book to Josephus, but it does not resemble his style, and it is more probably the work of an Alexandrian Jew written during the century before the fall of Jerusalem.

The third and fourth books of the Maccabees have been translated for this edition of the Apocrypha.

THE PRAYER OF MANASSEH.

This purports to be the penitential prayer of Manasseh, King of Judah, mentioned in II. Chronicles xxxiii. 18. Its eloquent phraseology is largely derived from the Old Testament. In MSS. of the Septuagint the Prayer finds a place only among the Ecclesiastical Canticles.

H. P.

ORDER OF BOOKS

ΕΣΔΡΑΣ. Α΄.

ΚΑΙ ἤγαγεν Ἰωσίας τὸ πάσχα ἐν Ἰερουσαλὴμ τῷ Κυρίῳ αὐτοῦ, καὶ ἔθυσε τὸ πάσχα τῇ τεσσαρεσκαιδεκάτῃ ἡμέρᾳ τοῦ μηνὸς 2 τοῦ πρώτου· στήσας τοὺς ἱερεῖς κατ᾽ ἐφημερίας ἐστολισμένους ἐν τῷ ἱερῷ τοῦ Κυρίου.

3 Καὶ εἶπε τοῖς Λευίταις ἱεροδούλοις τοῦ Ἰσραήλ, ἁγιάσαι ἑαυτοὺς τῷ Κυρίῳ ἐν τῇ θέσει τῆς ἁγίας κιβωτοῦ τοῦ Κυρίου ἐν 4 τῷ οἴκῳ ᾧ ᾠκοδόμησε Σαλωμὼν ὁ τοῦ Δαυὶδ ὁ βασιλεύς· οὐκ ἔσται ὑμῖν ἆραι ἐπ᾽ ὤμων αὐτήν· καὶ νῦν λατρεύετε τῷ Κυρίῳ Θεῷ ὑμῶν, καὶ θεραπεύετε τὸ ἔθνος αὐτοῦ Ἰσραὴλ, καὶ 5 ἑτοιμάσατε κατὰ τὰς πατριὰς καὶ τὰς φυλὰς ὑμῶν, κατὰ τὴν γραφὴν Δαυὶδ βασιλέως Ἰσραὴλ, καὶ κατὰ τὴν μεγαλειότητα Σαλωμὼν τοῦ υἱοῦ αὐτοῦ· καὶ στάντες ἐν τῷ ἁγίῳ κατὰ τὴν μεριδαρχίαν τὴν πατρικὴν ὑμῶν τῶν Λευιτῶν, τῶν ἔμπρο- 6 σθεν τῶν ἀδελφῶν ὑμῶν υἱῶν Ἰσραὴλ, ἐν τάξει θύσατε τὸ πάσχα, καὶ τὰς θυσίας ἑτοιμάσατε τοῖς ἀδελφοῖς ὑμῶν, καὶ ποιήσατε τὸ πάσχα κατὰ τὸ πρόσταγμα τοῦ Κυρίου τὸ δοθὲν τῷ Μωυσῇ.

7 Καὶ ἐδωρήσατο Ἰωσίας τῷ λαῷ τῷ εὑρεθέντι ἀρνῶν καὶ ἐρίφων τριάκοντα χιλιάδας, μόσχους τρισχιλίους· ταῦτα ἐκ τῶν βασιλικῶν ἐδόθη κατ᾽ ἐπαγγελίαν τῷ λαῷ, καὶ τοῖς ἱερεῦσι, καὶ 8 Λευίταις. Καὶ ἔδωκε Χελκίας, καὶ Ζαχαρίας, καὶ Σύηλος οἱ ἐπιστάται τοῦ ἱεροῦ τοῖς ἱερεῦσιν εἰς πάσχα πρόβατα δισχίλια 9 ἑξακόσια, μόσχους τριακοσίους. Καὶ Ἰεχονίας, καὶ Σαμαίας, καὶ Ναθαναὴλ ὁ ἀδελφὸς, καὶ Ἀσαβίας, καὶ Ὀχιῆλος, καὶ Ἰωρὰμ χιλίαρχοι ἔδωκαν τοῖς Λευίταις εἰς πάσχα πρόβατα πεντακισχίλια, μόσχους ἑπτακοσίους.

10 Καὶ ταῦτα τὰ γενόμενα, εὐπρεπῶς ἔστησαν οἱ ἱερεῖς καὶ 11 οἱ Λευῖται, ἔχοντες τὰ ἄζυμα κατὰ τὰς φυλὰς καὶ κατὰ τὰς μεριδαρχίας τῶν πατέρων ἔμπροσθεν τοῦ λαοῦ, προσενεγ- κεῖν τῷ Κυρίῳ κατὰ τὰ γεγραμμένα ἐν βιβλίῳ Μωυσῇ· 12 καὶ οὕτως τὸ πρωϊνόν. Καὶ ὤπτησαν τὸ πάσχα πυρὶ ὡς καθῆκε, καὶ τὰς θυσίας ἥψησαν ἐν τοῖς χαλκείοις καὶ λέβησι 13 μετ᾽ εὐωδίας, καὶ ἀπήνεγκαν πᾶσι τοῖς ἐκ τοῦ λαοῦ· μετὰ δὲ ταῦτα ἡτοίμασαν ἑαυτοῖς τε καὶ τοῖς ἱερεῦσιν ἀδελφοῖς 14 αὐτῶν υἱοῖς Ἀαρών· οἱ γὰρ ἱερεῖς ἀνέφερον τὰ στέατα ἕως ἀωρίας· καὶ οἱ Λευῖται ἡτοίμασαν ἑαυτοῖς καὶ τοῖς ἱερεῦσιν 15 ἀδελφοῖς αὐτῶν υἱοῖς Ἀαρών. Καὶ οἱ ἱεροψάλται υἱοὶ

AND Josias held the feast of the passover in Jerusalem unto his Lord, and offered the passover the fourteenth day of the first month; [2] having set the priests according to their daily courses, being arrayed in long garments, in the temple of the Lord.

[3] And he spake unto the Levites, the holy ministers of Israel, that they should hallow themselves unto the Lord, to set the holy ark of the Lord in the house that king Solomon the *son* of David had built: [4] *and said*, Ye shall no more bear the ark upon your shoulders: now therefore serve the Lord your God, and minister unto his people Israel, and prepare you after your families and kindreds, [5] according as David the king of Israel prescribed, and according to the magnificence of Solomon his son: and standing in the temple according to the several dignity of the families of you the Levites, who minister in the presence of your brethren the children of Israel, [6] offer the passover in order, and make ready the sacrifices for your brethren, and keep the passover according to the commandment of the Lord, which was given unto Moses.

[7] And unto the people that was found *there* Josias gave thirty thousand lambs and kids, and three thousand calves: these things were given of the king's allowance, according as he promised, to the people, to the priests and to the Levites. [8] And Helkias, Zacharias, and Syelus, the governors of the temple, gave to the priests for the passover two thousand and six hundred sheep, and three hundred calves. [9] And Jeconias, and Samaias, and Nathanael his brother, and Assabias, and Ochiel, and Joram, captains over thousands, gave to the Levites for the passover five thousand sheep, *and* seven hundred calves.

[10] And when these things were done, the priests and Levites, having the unleavened bread, stood in very comely order according to the kindreds, [11] and according to the several dignities of the fathers, before the people, to offer to the Lord, as it is written in the book of Moses: and thus *did they* in the morning. [12] And they roasted the passover with fire, as appertaineth: as for the sacrifices, they sod them in brass pots and pans with a good savour, [13] and set them before all the people: and afterward they prepared for themselves, and for the priests their brethren, the sons of Aaron. [14] For the priests offered the fat until night: and the Levites prepared for themselves, and the priests their brethren, the sons of Aaron. [15] The holy singers also, the sons of

Asaph, were in their order, according to the appointment of David, to wit, Asaph, Zacharias, and Jeduthun, who was of the king's retinue. ¹⁶ Moreover the porters *were* at every gate; it was not lawful for any to go from his ordinary service: for their brethren the Levites prepared for them. ¹⁷ Thus were the things that belonged to the sacrifices of the Lord accomplished in that day, that they might hold the passover, ¹⁸ and offer sacrifices upon the altar of the Lord, according to the commandment of king Josias.

¹⁹ So the children of Israel which were present held the passover at that time, and the feast of sweet bread seven days. ²⁰ And such a passover was not kept in Israel since the time of the prophet Samuel. ²¹ Yea, all the kings of Israel held not such a passover as Josias, and the priests, and the Levites, and the Jews, held with all Israel that were found dwelling at Jerusalem. ²² In the eighteenth year of the reign of Josias was this passover kept.

²³ And the works of Josias were upright before his Lord with an heart full of godliness. ²⁴ As for the things that came to pass in his time, they were written in former times, concerning those that sinned, and did wickedly against the Lord above all people and kingdoms, and how they grieved him exceedingly, so that the words of the Lord rose up against Israel.

²⁵ Now after all these acts of Josias it came to pass that Pharaoh the king of Egypt came to raise war at Carcamys upon Euphrates: and Josias went out against him. ²⁶ But the king of Egypt sent to him, saying, What have I to do with thee, O king of Judea? ²⁷ I am not sent out from the Lord God against thee; for my war is upon Euphrates: and now the Lord is with me, yea the Lord is with me hasting me forward: depart from me, and be not against the Lord.

²⁸ Howbeit Josias did not turn back his chariot from him, but undertook to fight with him, not regarding the words of the prophet Jeremy spoken by the mouth of the Lord: ²⁹ but joined battle with him in the plain of Mageddo, and the princes came against king Josias. ³⁰ Then said the king unto his servants, Carry me away out of the battle; for I am very weak. And immediately his servants took him away out of the battle. ³¹ Then gat he up upon his second chariot; and being brought back to Jerusalem died, and was buried in his father's sepulchre. ³² And in all Jewry they mourned for Josias, yea, Jeremy the prophet lamented for Josias, and the chief men with the women made lamentation for him unto this day: and this was given out for an ordinance to be done continually in all the nation of Israel.

³³ These things are written in the book of the stories of the kings of Judah, and every one of the acts that Josias did, and his glory, and his understanding in the law of the Lord; and the things that he had done before, and the things now recited, are reported in the book of the kings of Israel and Judea.

³⁴ And the people took Joachaz the son of Josias, and made *him* king instead of Josias his father when he was twenty and three

Ἀσάφ ἦσαν ἐπὶ τῆς τάξεως αὐτῶν, κατὰ τὰ ὑπὸ Δαυὶδ τεταγμένα, καὶ Ἀσάφ, καὶ Ζαχαρίας, καὶ Ἑδδινοὺς ὁ παρὰ τοῦ βασιλέως. Καὶ οἱ θυρωροὶ ἐφ' ἑκάστου πυλῶνος· οὐκ ἔστι παρα- 16 βῆναι ἕκαστον τὴν ἑαυτοῦ ἐφημερίαν· οἱ γὰρ ἀδελφοὶ αὐτῶν οἱ Λευῖται ἡτοίμασαν αὐτοῖς, καὶ συνετελέσθη τὰ τῆς θυσίας 17 τοῦ Κυρίου ἐν ἐκείνῃ τῇ ἡμέρᾳ ἀχθῆναι τὸ πάσχα, καὶ προσ- 18 αχθῆναι τὰς θυσίας ἐπὶ τὸ τοῦ Κυρίου θυσιαστήριον, κατὰ τὴν ἐπιταγὴν τοῦ βασιλέως Ἰωσίου.

Καὶ ἠγάγοσαν οἱ υἱοὶ Ἰσραὴλ οἱ εὑρεθέντες ἐν τῷ καιρῷ 19 τούτῳ τὸ πάσχα καὶ τὴν ἑορτὴν τῶν ἀζύμων ἡμέρας ἑπτά. Καὶ 20 οὐκ ἤχθη τὸ πάσχα τοιοῦτον ἐν τῷ Ἰσραὴλ ἀπὸ τῶν χρόνων Σαμουὴλ τοῦ προφήτου. Καὶ πάντες οἱ βασιλεῖς οἱ Ἰσραὴλ 21 οὐκ ἠγάγοσαν πάσχα τοιοῦτον, οἷον ἤγαγεν Ἰωσίας, καὶ οἱ ἱερεῖς, καὶ οἱ Λευῖται, καὶ οἱ Ἰουδαῖοι, καὶ πᾶς Ἰσραὴλ ὁ εὑρεθεὶς ἐν τῇ κατοικήσει αὐτῶν ἐν Ἱερουσαλήμ. Ὀκτωκαιδεκάτῳ ἔτει 22 βασιλεύοντος Ἰωσίου ἤχθη τὸ πάσχα τοῦτο.

Καὶ ὠρθώθη τὰ ἔργα Ἰωσίου ἐνώπιον τοῦ Κυρίου αὐτοῦ ἐν 23 καρδίᾳ πλήρει εὐσεβείας. Καὶ τὰ κατ' αὐτὸν δὲ ἀναγέγραπται 24 ἐν τοῖς ἔμπροσθεν χρόνοις, περὶ τῶν ἡμαρτηκότων καὶ ἠσεβηκότων εἰς τὸν Κύριον παρὰ πᾶν ἔθνος καὶ βασιλείαν, καὶ ἃ ἐλύπησαν αὐτὸν, ἔστι, καὶ οἱ λόγοι τοῦ Κυρίου ἀνέστησαν ἐπὶ Ἰσραήλ.

Καὶ μετὰ πᾶσαν τὴν πρᾶξιν ταύτην Ἰωσίου, συνέβη Φαραὼ 25 βασιλέα Αἰγύπτου ἐλθόντα πόλεμον ἐγεῖραι ἐν Χαρκαμὺς ἐπὶ τοῦ Εὐφράτου· καὶ ἐξῆλθεν εἰς ἀπάντησιν αὐτῷ Ἰωσίας. Καὶ 26 διεπέμψατο πρὸς αὐτὸν βασιλεὺς Αἰγύπτου, λέγων, τί ἐμοὶ καὶ σοί ἐστι, βασιλεῦ τῆς Ἰουδαίας; Οὐχὶ πρὸς σὲ ἐξαπέσταλμαι 27 ὑπὸ Κυρίου τοῦ Θεοῦ· ἐπὶ γὰρ τοῦ Εὐφράτου ὁ πόλεμός μου ἐστί· καὶ νῦν Κύριος μετ' ἐμοῦ ἐστι, καὶ Κύριος μετ' ἐμοῦ ἐπισπεύδων ἐστίν· ἀπόστηθι, καὶ μὴ ἐναντιοῦ τῷ Κυρίῳ.

Καὶ οὐκ ἀπέστρεψεν ἑαυτὸν Ἰωσίας ἐπὶ τὸ ἅρμα αὐτοῦ, ἀλλὰ 28 πολεμεῖν αὐτὸν ἐπεχείρει, οὐ προσέχων ῥήμασιν Ἱερεμίου προφήτου ἐκ στόματος Κυρίου. Ἀλλὰ συνεστήσατο πρὸς αὐτὸν 29 πόλεμον ἐν τῷ πεδίῳ Μαγεδδώ· καὶ κατέβησαν οἱ ἄρχοντες πρὸς τὸν βασιλέα Ἰωσίαν. Καὶ εἶπεν ὁ βασιλεὺς τοῖς παισὶν 30 ἑαυτοῦ, ἀποστήσατέ με ἀπὸ τῆς μάχης, ἠσθένησα γὰρ λίαν· καὶ εὐθέως ἀπέστησαν αὐτὸν οἱ παῖδες αὐτοῦ ἀπὸ τῆς παρατάξεως. Καὶ ἀνέβη ἐπὶ τὸ ἅρμα τὸ δευτέριον αὐτοῦ, καὶ ἀποκατασταθεὶς 31 εἰς Ἱερουσαλὴμ, μετήλλαξε τὸν βίον αὐτοῦ, καὶ ἐτάφη ἐν τῷ πατρικῷ τάφῳ. Καὶ ἐν ὅλῃ τῇ Ἰουδαίᾳ ἐπένθησαν τὸν Ἰωσίαν, 32 καὶ ἐθρήνησεν Ἱερεμίας ὁ προφήτης ὑπὲρ Ἰωσίου, ι αἱ οἱ προκαθήμενοι σὺν γυναιξὶν ἐθρηνοῦσαν αὐτὸν ἕως τῆς ἡμέρας ταύτης· καὶ ἐξεδόθη τοῦτο γίνεσθαι ἀεὶ εἰς ἅπαν τὸ γένος Ἰσραήλ.

Ταῦτα δὲ ἀναγέγραπται ἐν τῇ βίβλῳ τῶν ἱστορουμένων περὶ 33 τῶν βασιλέ·ν τῆς Ἰουδαίας, καὶ τὸ καθ' ἓν πραχθὲν τῆς πράξεως Ἰωσίου, καὶ τῆς δόξης αὐτοῦ, καὶ τῆς συνέσεως αὐτοῦ ἐν τῷ νόμῳ Κυρίου· τά τε προπραχθέντα ὑπ' αὐτοῦ καὶ τὰ νῦν, ἱστόρηται ἐν τῷ βιβλίῳ τῶν βασιλέων Ἰσραὴλ καὶ Ἰούδα.

Καὶ ἀναλαβόντες οἱ ἐκ τοῦ ἔθνους τὸν Ἰεχονίαν υἱὸν Ἰωσίου, 34 ἀνέδειξαν βασιλέα ἀντὶ Ἰωσίου τοῦ πατρὸς αὐτοῦ, ὄντα ἐτῶν

35 εἴκοσι τριῶν. Καὶ ἐβασίλευσεν ἐν Ἰσραὴλ καὶ Ἱερουσαλὴμ
μῆνας τρεῖς· καὶ ἀπέστησεν αὐτὸν βασιλεὺς Αἰγύπτου τοῦ μὴ
36 βασιλεύειν ἐν Ἱερουσαλήμ, καὶ ἐζημίωσε τὸ ἔθνος ἀργυρίου
ταλάντοις ἑκατὸν καὶ χρυσίου ταλάντῳ ἑνί.

37 Καὶ ἀνέδειξε βασιλεὺς Αἰγύπτου βασιλέα Ἰωακὶμ τὸν ἀδελ-
38 φὸν αὐτοῦ βασιλέα τῆς Ἰουδαίας καὶ Ἱερουσαλήμ. Καὶ ἔδησεν
Ἰωακὶμ τοὺς μεγιστᾶνας, Ζαράκην δὲ τὸν ἀδελφὸν αὐτοῦ συλ-
39 λαβὼν ἀνήγαγεν ἐξ Αἰγύπτου. Ἐτῶν δὲ ἦν εἰκοσιπέντε
Ἰωακὶμ ὅτε ἐβασίλευσε τῆς Ἰουδαίας καὶ Ἱερουσαλήμ· καὶ
40 ἐποίησε τὸ πονηρὸν ἐνώπιον Κυρίου. Μετ' αὐτὸν δὲ ἀνέβη
Ναβουχοδονόσορ ὁ βαοιλεὺς Βαβυλῶνος, καὶ ἔδησεν αὐτὸν ἐν
41 χαλκείῳ δεσμῷ, καὶ ἀπήγαγεν εἰς Βαβυλῶνα. Καὶ ἀπὸ τῶν
ἱερῶν σκευῶν τοῦ Κυρίου λαβὼν Ναβουχοδονόσορ καὶ ἀπενέγ-
42 κας, ἀπηρείσατο ἐν τῷ ναῷ αὐτοῦ ἐν Βαβυλῶνι. Τὰ δὲ ἱστο-
ρηθέντα περὶ αὐτοῦ, καὶ τῆς ἀκαθαρσίας αὐτοῦ καὶ δυσσεβείας,
ἀναγέγραπται ἐν τῇ βίβλῳ τῶν χρόνων τῶν βασιλέων.

43 Καὶ ἐβασίλευσεν ἀντ' αὐτοῦ Ἰωακὶμ ὁ υἱὸς αὐτοῦ· ὅτε
44 γὰρ ἀνεδείχθη, ἦν ἐτῶν ὀκτώ. Βασιλεύει δὲ μῆνας τρεῖς καὶ
ἡμέρας δέκα ἐν Ἱερουσαλήμ, καὶ ἐποίησε τὸ πονηρὸν ἔναντι
Κυρίου.

45 Καὶ μετ' ἐνιαυτὸν ἀποστείλας Ναβουχοδονόσορ μετήγαγεν
46 αὐτὸν εἰς Βαβυλῶνα, ἅμα τοῖς ἱεροῖς σκεύεσι τοῦ Κυρίου, καὶ
ἀνέδειξε Σεδεκίαν βασιλέα τῆς Ἰουδαίας καὶ Ἱερουσαλήμ, ὄντα
47 ἐτῶν εἴκοσι ἑνός· βασιλεύει δὲ ἔτη ἕνδεκα, καὶ ἐποίησε τὸ
πονηρὸν ἐνώπιον Κυρίου, καὶ οὐκ ἐνετράπη ἀπὸ τῶν ῥηθέντων
λόγων ὑπὸ Ἰερεμίου τοῦ προφήτου ἐκ στόματος τοῦ Κυρίου.
48 Καὶ ὁρκισθεὶς ἀπὸ τοῦ βασιλέως Ναβουχοδονόσορ τῷ ὀνόματι
Κυρίου, ἐπιορκήσας ἀπέστη· καὶ σκληρύνας αὐτοῦ τὸν τράχηλον
καὶ τὴν καρδίαν αὐτοῦ, παρέβη τὰ νόμιμα Κυρίου Θεοῦ Ἰσραήλ.
49 Καὶ οἱ ἡγούμενοι δὲ τοῦ λαοῦ καὶ τῶν ἱερέων πολλὰ ἠσέβησαν
καὶ ὑπὲρ πάσας τὰς ἀκαθαρσίας πάντων τῶν ἐθνῶν, καὶ ἐμίαναν
τὸ ἱερὸν τοῦ Κυρίου τὸ ἁγιαζόμενον ἐν Ἱερουσαλήμ.

50 Καὶ ἀπέστειλεν ὁ Θεὸς τῶν πατέρων αὐτῶν διὰ τοῦ ἀγγέλου
αὐτοῦ μετακαλέσαι αὐτούς, καθότι ἐφείδετο αὐτῶν καὶ τοῦ
51 σκηνώματος αὐτοῦ· Αὐτοὶ δὲ ἐμυκτήρισαν ἐν τοῖς ἀγγέλοις
αὐτοῦ· καὶ ᾗ ἡμέρᾳ ἐλάλησε Κύριος, ἦσαν ἐκπαίζοντες τοὺς
52 προφήτας αὐτοῦ, ἕως οὗ θυμωντα αὐτὸν ἐπὶ τῷ ἔθνει αὐτοῦ
διὰ τὰ δυσσεβήματα, προστάξαι ἀναβιβάσαι ἐπ' αὐτοὺς τοὺς
53 βασιλεῖς τῶν Χαλδαίων. Οὗτοι ἀπέκτειναν τοὺς νεανίσκους
αὐτῶν ἐν ῥομφαίᾳ, περικύκλῳ τοῦ ἁγίου αὐτῶν ἱεροῦ· καὶ οὐκ
ἐφείσαντο νεανίσκου καὶ παρθένου, καὶ πρεσβύτου καὶ νεωτέρου,
54 ἀλλὰ πάντας παρέδωκαν εἰς τὰς χεῖρας αὐτῶν. Καὶ πάντα τὰ
ἱερὰ σκεύη τοῦ Κυρίου τὰ μεγάλα καὶ τὰ μικρά, καὶ τὰς κιβω-
τοὺς τοῦ Κυρίου, καὶ τὰς βασιλικὰς ἀποθήκας ἀναλαβόντες
55 ἀπήνεγκαν εἰς Βαβυλῶνα. Καὶ ἐνεπύρισαν τὸν οἶκον τοῦ
Κυρίου, καὶ ἔλυσαν τὰ τείχη Ἱερουσαλήμ, καὶ τοὺς πύργους
56 αὐτῆς ἐνεπύρισαν ἐν πυρί, καὶ συνετέλεσαν πάντα τὰ ἔνδοξα
αὐτῆς ἀχρειῶσαι, καὶ τοὺς ἐπιλοίπους ἀπήγαγε μετὰ ῥομφαίας
57 εἰς Βαβυλῶνα. Καὶ ἦσαν παῖδες αὐτῷ καὶ τοῖς υἱοῖς αὐτοῦ,

years old. ³⁵ And he reigned in Judea and in Jerusalem three months: and then the king of Egypt deposed him from reigning in Jerusalem. ³⁶ And he set a tax upon the land of an hundred talents of silver and one talent of gold.

³⁷ The king of Egypt also made king Joacim his brother king of Judea and Jerusalem. ³⁸ And he bound Joacim and the nobles: but Zaraces his brother he apprehended, and brought him out of Egypt. ³⁹ Five and twenty years old was Joacim when he was made king in the land of Judea and Jerusalem; and he did evil before the Lord. ⁴⁰ Wherefore against him Nabuchodonosor the king of Babylon came up, and bound him with a chain of brass, and carried him into Babylon. ⁴¹ Nabuchodonosor also took of the holy vessels of the Lord, and carried them away, and set them in his own temple at Babylon. ⁴² But those things that are recorded of him, and of his uncleanness and impiety, are written in the chronicles of the kings.

⁴³ And Joacim his son reigned in his stead: he was made king being eighteen years old; ⁴⁴ and reigned but three months and ten days in Jerusalem; and did evil before the Lord.

⁴⁵ So after a year Nabuchodonosor sent and caused him to be brought into Babylon with the holy vessels of the Lord. ⁴⁶ And made Sedecias king of Judea and Jerusalem, when he was one and twenty years old; and he reigned eleven years: ⁴⁷ and he did evil also in the sight of the Lord, and cared not for the words that were spoken unto him by the prophet Jeremy from the mouth of the Lord. ⁴⁸ And after that king Nabuchodonosor had made him to swear by the name of the Lord, he forswore himself, and rebelled; and hardening his neck, and his heart, he transgressed the laws of the Lord God of Israel. ⁴⁹ The governors also of the people and of the priests did many things against the laws, and passed all the pollutions of all nations, and defiled the temple of the Lord, which was sanctified in Jerusalem.

⁵⁰ Nevertheless the God of their fathers sent by his messenger to call them back, because he spared them and his tabernacle also. ⁵¹ But they had his messengers in derision; and, in the day that the Lord spake unto them, they made a sport of his prophets: ⁵² so far forth, that he, being wroth with his people for their great ungodliness, commanded the kings of the Chaldees to come up against them; ⁵³ who slew their young men with the sword, yea, even within the compass of their holy temple, and spared neither young man nor maid, old man nor child, among them; for he delivered all into their hands. ⁵⁴ And they took all the holy vessels of the Lord, both great and small, with the vessels of the ark of God, and the king's treasures, and carried them away into Babylon. ⁵⁵ As for the house of the Lord, they burnt it, and brake down the walls of Jerusalem, and set fire upon her towers: ⁵⁶ and as for her glorious things, they never ceased till they had consumed and brought them all to nought; and the people that were not slain with the sword he carried into Babylon: ⁵⁷ who became servants to

him and his children, till the **Persians** reigned, to fulfil the word of the Lord spoken by the mouth of Jeremy: [58] until the land had enjoyed her sabbaths, the whole time of her desolation shall she rest, until the full term of seventy years.

In the first year of Cyrus king of the Persians, that the word of the Lord might be accomplished, that he had promised by the mouth of Jeremy; [2] the Lord raised up the spirit of Cyrus the king of the Persians, and he made proclamation through all his kingdom, and also by writing, [3] saying, Thus saith Cyrus king of the Persians; The Lord of Israel, the most high Lord, hath made me king of the whole world, [4] and commanded me to build him an house at Jerusalem in Jewry.

[5] If therefore there be any of you that are of his people, let his Lord be with him, and let him go up to Jerusalem that is in Judea, and build the house of the Lord of Israel: for he is the Lord that dwelleth in Jerusalem. [6] Whosoever then dwell in the places about, let them help him, those, I say, that are his neighbours, with gold, and with silver, [7] with gifts, with horses, and with cattle, and other things, which have been set forth by vow, for the temple of the Lord at Jerusalem.

[8] Then the chief of the families of Judea and of the tribe of Benjamin stood up; the priests also, and the Levites, and all they whose mind the Lord had moved to go up, and to build an house for the Lord at Jerusalem, [9] and they that dwelt round about them, and helped them in all things with silver and gold, with horses and cattle, and with very many free gifts of a great number whose minds were stirred up thereto. [10] King Cyrus also brought forth the holy vessels which Nabuchodonosor had carried away from Jerusalem, and had set up in his temple of idols.

[11] Now when Cyrus king of the Persians had brought them forth, he delivered them to Mithridates his treasurer: [12] and by him they were delivered to Sanabassar the governor of Judea. [13] And this was the number of them; A thousand golden cups, and a thousand of silver, censers of silver twenty-nine, vials of gold thirty, and of silver two thousand four hundred and ten, and a thousand other vessels. [14] So all the vessels of gold and of silver, which were carried away, were five thousand four hundred threescore and nine. [15] These were brought back by Sanabassar, together with them of the captivity, from Babylon to Jerusalem.

[16] But in the time of Artaxerxes king of the Persians Belemus, and Mithridates, and Tabellius, and Rathumus, and Beeltethmus, and Samellius the secretary, with the rest that were in commission with them, dwelling in Samaria and other places, wrote unto him against them that dwelt in Judea and Jerusalem this letter following; [17] To king Artaxerxes our lord, Thy servants, Rathumus the storywriter, and Samellius the scribe, and the rest of their council, and the judges that are in Celosyria and Phenice. [18] Be it now known to the lord the king, that the Jews that are come up from you to us, being come into Jerusalem, that

μέχρις οὗ βασιλεῦσαι Πέρσας, εἰς ἀναπλήρωσιν ῥήματος τοῦ Κυρίου ἐν στόματι Ἱερεμίου· ἕως τοῦ εὐδοκῆσαι τὴν γῆν τὰ 58 σάββατα αὐτῆς, πάντα τὸν χρόνον τῆς ἐρημώσεως αὐτῆς, σαββατιεῖ εἰς συμπλήρωσιν· ἐτῶν ἑβδομήκοντα.

Βασιλεύοντος Κύρου Περσῶν ἔτους πρώτου, εἰς συντέλειαν 2 ῥήματος Κυρίου ἐν στόματι Ἱερεμίου, ἤγειρε Κύριος τὸ πνεῦμα 2 Κύρου βασιλέως Περσῶν, καὶ ἐκήρυξεν ἐν ὅλῃ τῇ βασιλείᾳ αὐτοῦ, καὶ ἅμα διὰ γραπτῶν, λέγων, τάδε λέγει ὁ βασιλεὺς 3 Περσῶν Κύρος, ἐμὲ ἀνέδειξε βασιλέα τῆς οἰκουμένης ὁ Κύριος τοῦ Ἰσραὴλ, Κύριος ὁ ὕψιστος. Καὶ ἐσήμηνέ μοι 4 οἰκοδομῆσαι αὐτῷ οἶκον ἐν Ἱερουσαλὴμ, τῇ ἐν τῇ Ἰουδαίᾳ.

Εἴ τις ἐστὶν οὖν ὑμῶν ἐκ τοῦ ἔθνους αὐτοῦ, ἔστω ὁ Κύριος 5 αὐτοῦ μετ᾽ αὐτοῦ, καὶ ἀναβὰς εἰς τὴν Ἱερουσαλὴμ τὴν ἐν τῇ Ἰουδαίᾳ, οἰκοδομείτω τὸν οἶκον τοῦ Κυρίου τοῦ Ἰσραήλ· οὗτος ὁ Κύριος, ὁ κατασκηνώσας ἐν Ἱερουσαλήμ. Ὅσοι οὖν κατὰ 6 τοὺς τόπους οἰκοῦσι, βοηθείτωσαν αὐτῷ οἱ ἐν τῷ τόπῳ αὐτοῦ, ἐν χρυσίῳ καὶ ἐν ἀργυρίῳ, ἐν δόσεσι, μεθ᾽ ἵππων καὶ κτηνῶν, σὺν 7 τοῖς ἄλλοις τοῖς κατ᾽ εὐχὰς προστεθειμένοις εἰς τὸ ἱερὸν τοῦ Κυρίου τὸ ἐν Ἱερουσαλήμ.

Καὶ καταστήσαντες οἱ ἀρχίφυλοι τῶν πατριῶν τῆς Ἰούδα 8 καὶ Βενιαμὶν φυλῆς, καὶ οἱ ἱερεῖς καὶ οἱ Λευῖται, καὶ πάντων ὧν ἤγειρε Κύριος. τὸ πνεῦμα, ἀναβῆναι οἰκοδομῆσαι οἶκον τῷ Κυρίῳ τὸν ἐν Ἱερουσαλήμ· καὶ οἱ περικύκλῳ αὐτῶν ἐβοή- 9 θησαν ἐν πᾶσιν, ἐν ἀργυρίῳ καὶ χρυσίῳ, ἵπποις, κτήνεσι, καὶ εὐχαῖς ὡς πλείσταις πολλῶν, ὧν ὁ νοῦς ἠγέρθη. Καὶ ὁ βασι- 10 λεὺς Κύρος ἐξήνεγκε τὰ ἱερὰ σκεύη τοῦ Κυρίου, ἃ μετήνεγκε Ναβουχοδονόσορ ἐξ Ἱερουσαλήμ, καὶ ἀπηρείσατο αὐτὰ ἐν τῷ εἰδωλείῳ αὐτοῦ.

Ἐξενέγκας δὲ αὐτὰ Κύρος ὁ βασιλεὺς Περσῶν παρέδωκεν 11 αὐτὰ Μιθραδάτῃ τῷ ἑαυτοῦ γαζοφύλακι. Διὰ δὲ τούτου παρε- 12 δόθησαν Σαμανασσάρῳ προστάτῃ τῆς Ἰουδαίας. Ὁ δὲ τούτων 13 ἀριθμὸς ἦν, σπονδεῖα χρυσᾶ χίλια, σπονδεῖα ἀργυρᾶ χίλια, θυΐσκαι ἀργυραῖ εἰκοσιεννέα, φιάλαι χρυσαῖ τριάκοντα, ἀργυραῖ δισχίλιαι τετρακόσιαι δέκα, καὶ ἄλλα σκεύη χίλια. Τὰ δὲ 14 πάντα σκεύη ἐκομίσθη χρυσᾶ καὶ ἀργυρᾶ πεντακισχίλια τετρακόσια ἑξηκονταεννέα. Ἀνηνέχθη δὲ ὑπὸ Σαμανασσά- 15 ρου ἅμα τοῖς ἐκ τῆς αἰχμαλωσίας ἐκ Βαβυλῶνος εἰς Ἱερουσαλήμ.

Ἐν δὲ τοῖς ἐπὶ Ἀρταξέρξου τῶν Περσῶν βασιλέως χρόνοις 16 κατέγραψαν αὐτῷ κατὰ τῶν κατοικούντων ἐν τῇ Ἰουδαίᾳ καὶ Ἱερουσαλὴμ, Βήλεμος, καὶ Μιθραδάτης, καὶ Ταβέλλιος, καὶ Ῥάθυμος, καὶ Βεέλτεθμος, καὶ Σαμέλλιος ὁ γραμματεὺς, καὶ οἱ λοιποὶ οἱ τούτοις συντασσόμενοι, οἰκοῦντες δὲ ἐν Σαμαρείᾳ καὶ τοῖς ἄλλοις τόποις, τὴν ὑπογεγραμμένην ἐπιστολήν· Βασιλεῖ Ἀρταξέρξῃ κυρίῳ οἱ παῖδές σου, Ῥάθυμος ὁ τὰ προσ- 17 πίπτοντα, καὶ Σαμέλλιος ὁ γραμματεὺς, καὶ οἱ ἐπίλοιποι τῆς βουλῆς αὐτῶν, καὶ κριταὶ οἱ ἐν κοίλῃ Συρίᾳ καὶ Φοινίκῃ. Καὶ νῦν γνωστὸν ἔστω τῷ κυρίῳ βασιλεῖ, ὅτι οἱ Ἰουδαῖοι ἀνα- 18 βάντες παρ᾽ ὑμῶν πρὸς ἡμᾶς ἐλθόντες εἰς Ἱερουσαλὴμ, τὴν

πόλιν τὴν ἀποστάτιν καὶ πονηρὰν, οἰκοδομοῦσι τάς τε ἀγορὰς αὐτῆς, καὶ τὰ τείχη θεραπεύουσι, καὶ ναὸν ὑποβάλλονται.

19 Ἐὰν οὖν ἡ πόλις αὕτη οἰκοδομηθῇ, καὶ τὰ τείχη συντελεσθῇ, φορολογίαν οὐ μὴ ὑπομείνωσι δοῦναι, ἀλλὰ καὶ βασιλεῦσιν ἀντιστήσονται.

20 Καὶ ἐπεὶ ἐνεργεῖται τὰ κατὰ τὸν ναὸν, καλῶς ἔχειν ὑπολαμ-
21 βάνομεν μὴ ὑπεριδεῖν τὸ τοιοῦτο, ἀλλὰ προσφωνῆσαι τῷ κυρίῳ βασιλεῖ, ὅπως ἂν φαίνηταί σοι, ἐπισκεφθῇ ἐν τοῖς ἀπὸ τῶν
22 πατέρων σου βιβλίοις. Καὶ εὑρήσεις ἐν τοῖς ὑπομνηματισ-μοῖς γεγραμμένα περὶ τούτων, καὶ γνώσῃ ὅτι ἡ πόλις ἐκείνη
23 ἦν ἀποστάτις, καὶ βασιλεῖς καὶ πόλεις ἐνοχλοῦσα, καὶ οἱ Ἰουδαῖοι ἀποστάται καὶ πολιορκίας συνιστάμενοι ἐν αὐτῇ ἔτι
24 ἐξ αἰῶνος, δι' ἣν αἰτίαν καὶ ἡ πόλις αὕτη ἠρημώθη. Νῦν οὖν ὑποδεικνύομέν σοι, κύριε βασιλεῦ, ὅτι ἐὰν ἡ πόλις αὕτη οἰκοδο-μηθῇ, καὶ τὰ ταύτης τείχη ἀνασταθῇ, κάθοδος οὐκ ἔτι σοι ἔσται εἰς κοίλην Συρίαν καὶ Φοινίκην.

25 Τότε ἀντέγραψεν ὁ βασιλεὺς Ῥαθύμῳ τῷ γράφοντι τὰ προσπίπτοντα, καὶ Βεελτέθμῳ, καὶ Σαμελλίῳ γραμματεῖ, καὶ τοῖς λοιποῖς τοῖς συντασσομένοις καὶ οἰκοῦσιν ἐν τῇ Σαμαρείᾳ,
26 καὶ Συρίᾳ, καὶ Φοινίκῃ, τὰ ὑπογεγραμμένα. Ἀνέγνων τὴν ἐπιστολὴν ἣν πεπόμφατε πρός μέ· ἐπέταξα οὖν ἐπισκέψασθαι· καὶ εὑρέθη ὅτι ἡ πόλις ἐκείνη ἐστὶν ἐξ αἰῶνος βασιλεῦσιν
27 ἀντιπαρατάσσουσα, καὶ οἱ ἄνθρωποι ἀποστάσεις καὶ πολέμους ἐν αὐτῇ συντελοῦντες, καὶ βασιλεῖς ἰσχυροὶ καὶ σκληροὶ ἦσαν ἐν Ἱερουσαλὴμ κυριεύοντες καὶ φορολογοῦντες κοίλην Συρίαν
28 καὶ Φοινίκην. Νῦν οὖν ἐπέταξα ἀποκωλῦσαι τοὺς ἀνθρώπους ἐκείνους τοῦ οἰκοδομῆσαι τὴν πόλιν, καὶ προνοηθῆναι ὅπως
29 μηδὲν παρὰ ταῦτα γένηται. Καὶ μὴ προβῇ ἐπὶ πλεῖον τὰ τῆς κακίας εἰς τὸ βασιλεῖς ἐνοχλῆσαι.

30 Τότε ἀναγνωσθέντων τῶν παρὰ τοῦ βασιλέως Ἀρταξέρξου γραφέντων, Ῥάθυμος, καὶ Σαμέλλιος ὁ γραμματεὺς, καὶ οἱ τούτοις συντασσόμενοι, ἀναζεύξαντες εἰς Ἱερουσαλὴμ κατὰ σπουδὴν μεθ' ἵππου καὶ ὄχλου παρατάξεως, ἤρξαντο κωλύειν τοὺς οἰκοδομοῦντας, καὶ ἤργει ἡ οἰκοδομὴ τοῦ ἱεροῦ τοῦ ἐν Ἱερουσαλὴμ μέχρι τοῦ δευτέρου ἔτους τῆς βασιλείας Δαρείου τοῦ Περσῶν βασιλέως.

3 Καὶ βασιλεὺς Δαρεῖος ἐποίησε δοχὴν μεγάλην πᾶσι τοῖς ὑπ' αὐτὸν, καὶ πᾶσι τοῖς οἰκογενέσιν αὐτοῦ, καὶ πᾶσι τοῖς
2 μεγιστᾶσι τῆς Μηδίας καὶ τῆς Περσίδος, καὶ πᾶσι τοῖς σατράπαις καὶ στρατηγοῖς καὶ τοπάρχαις τοῖς ὑπ' αὐτὸν, ἀπὸ τῆς Ἰνδικῆς μέχρις Αἰθιοπίας, ἐν ταῖς ἑκατὸν εἰκοσιεπτὰ σατρα-
3 πείαις. Καὶ ἐφάγοσαν καὶ ἐπίοσαν, καὶ ἐμπλησθέντες ἀνέλυσαν· ὁ δὲ Δαρεῖος ὁ βασιλεὺς ἀνέλυσεν εἰς τὸν κοιτῶνα ἑαυτοῦ, καὶ ἐκοιμήθη, καὶ ἔξυπνος ἐγένετο.

4 Τότε οἱ τρεῖς νεανίσκοι οἱ σωματοφύλακες οἱ φυλάσσοντες
5 τὸ σῶμα τοῦ βασιλέως, εἶπαν ἕτερος πρὸς τὸν ἕτερον, εἴπωμεν ἕκαστος ἡμῶν ἕνα λόγον, ὃς ὑπερισχύσει· καὶ οὗ ἐὰν φανῇ τὸ ῥῆμα αὐτοῦ σοφώτερον τοῦ ἑτέρου, δώσει αὐτῷ Δαρεῖος ὁ βασι-
6 λεὺς δωρεὰς μεγάλας, καὶ ἐπινίκια μεγάλα, καὶ πορφύραν περιβαλέσθαι, καὶ ἐν χρυσώμασι πίνειν, καὶ ἐπὶ χρυσῷ καθεύδειν, καὶ ἅρμα χρυσοχάλινον, καὶ κίδαριν βυσσίνην,
7 καὶ μανιάκην περὶ τὸν τράχηλον, καὶ δεύτερος καθιεῖται

rebellious and wicked city, do build the marketplaces, and repair the walls of it, and do lay the foundation of the temple. [19] Now if this city and the walls thereof be made up again, they will not only refuse to give tribute, but also rebel against kings. [20] And forasmuch as the things pertaining to the temple are now in hand, we think it meet not to neglect such a matter, [21] but to speak unto our lord the king, to the intent that, if it be thy pleasure, it may be sought out in the books of thy fathers: [22] and thou shalt find in the chronicles what is written concerning these things, and shalt understand that that city was rebellious, troubling both kings and cities: [23] and that the Jews were rebellious, and raised always wars therein; for the which cause even this city was made desolate. [24] Wherefore now we do declare unto thee, O lord the king, that if this city be built again, and the walls thereof set up anew, thou shalt from henceforth have no passage into Celosyria and Phenice. [25] Then the king wrote back again to Rathumus the storywriter, to Beeltethmus, to Semellius the scribe, and to the rest that were in commission, and dwellers in Samaria and Syria and Phenice, after this manner; [26] I have read the epistle which ye have sent unto me: therefore I commanded to make diligent search, and it hath been found that that city was from the beginning practising against kings; [27] and the men therein were given to rebellion and war: and that mighty kings and fierce were in Jerusalem, who reigned and exacted tributes in Celosyria and Phenice. [28] Now therefore I have commanded to hinder those men from building the city, and heed to be taken that there be no more done in it; [29] and that those wicked workers proceed no further to the annoyance of kings. [30] Then king Artaxerxes his letters being read, Rathumus, and Semellius the scribe, and the rest that were in commission with them, removing in haste toward Jerusalem with a troop of horsemen and a multitude of people in battle array, began to hinder the builders; and the building of the temple in Jerusalem ceased until the second year of the reign of Darius king of the Persians.

Now when Darius reigned, he made a great feast unto all his subjects, and unto all his household, and unto all the princes of Media and Persia, [2] and to all the governors and captains and lieutenants that were under him, from India unto Ethiopia, in the hundred twenty and seven provinces. [3] And when they had eaten and drunken, and being satisfied were gone home, then Darius the king went into his bedchamber, and slept, and soon after awaked.

[4] Then three young men, that were of the guard that kept the king's body, spake one to another; [5] Let every one of us speak a sentence: he that shall overcome, and whose sentence shall seem wiser than the others, unto him shall the king Darius give great gifts, and great things in token of victory: [6] as to be clothed in purple, to drink in gold, and to sleep upon gold, and a chariot with bridles of gold, and an headtire of fine linen, and a chain about his neck: [7] and he

shall sit next to Darius because of his wisdom, and shall be called Darius's cousin.

8 And then every one wrote his sentence, sealed it, and laid it under the pillow of king Darius; **9** and said that, when the king is risen, *some* will give him the writing; and of whose side the king and the three princes of Persia shall judge that his sentence is the wisest, to him shall the victory be given, as was appointed. **10** The first wrote, Wine is the strongest. **11** The second wrote, The king is strongest. **12** The third wrote, Women are strongest: but above all things Truth beareth away the victory.

13 Now when the king was risen up, they took their writings, and delivereu *them* unto him, and *so* he read *them:* **14** and sending forth he called all the princes of Persia and Media, and the governors, and the captains, and the lieutenants, and the chief officers; **15** and sat him down in the royal seat of judgment; and the writing was read before them. **16** And he said, Call the young men, and they shall declare their own sentences. So they were called, and came in. **17** And he said unto them, Declare unto us your mind concerning the writings.

Then began the first, who had spoken of the strength of wine; **18** and he said thus, O ye men, how exceeding strong is wine! it causeth all men to err that drink it: **19** it maketh the mind of the king and of the fatherless child to be all one; of the bondman and of the freeman, of the poor man and of the rich: **20** it turneth also every thought into jollity and mirth, so that a man remembereth neither sorrow nor debt: **21** and it maketh every heart rich, so that a man remembereth neither king nor governor; and it maketh to speak all things by talents: **22** and when they are in their cups, they forget their love both to friends and brethren, and a little after draw out swords: **23** but when they are from the wine, they remember not what they have done. **24** O ye men, is not wine the strongest, that enforceth to do thus? And when he had so spoken, he held his peace.

Then the second, that had spoken of the strength of the king, began to say, **2** O ye men, do not men excel in strength, that bear rule over sea and land, and all things in them? **3** But yet the king is more mighty: for he is lord of all these things, and hath dominion over them; and whatsoever he commandeth them they do. **4** If he bid them make war the one against the other, they do it: if he send them out against the enemies, they go, and break down mountains, walls, and towers. **5** They slay and are slain, and transgress not the king's commandment: if they get the victory, they bring all to the king, as well the spoil, as all things else. **6** Likewise for those that are no soldiers, and have not to do with wars, but use husbandry, when they have reaped again that which they had sown, they bring it to the king, and compel one another to pay tribute unto the king. **7** And yet he is but one man: if he command to kill, they kill; if he command to spare, they spare; **8** if he command to smite, they smite; if he command to make desolate, they make desolate; if he

Δαρείου διὰ τὴν σοφίαν αὐτοῦ, καὶ συγγενὴς Δαρείου κληθή-σεται.

Καὶ τότε γράψαντες ἕκαστος τὸν ἑαυτοῦ λόγον, ἐσφαγίσαντο 8 καὶ ἔθηκαν ὑπὸ τὸ προσκεφάλαιον Δαρείου τοῦ βασιλέως, καὶ 9 εἶπαν, ὅταν ἐγερθῇ ὁ βασιλεὺς, δώσουσιν αὐτῷ τὸ γράμμα, καὶ ὃν ἂν κρίνῃ ὁ βασιλεὺς καὶ οἱ τρεῖς μεγιστᾶνες τῆς Περσίδος, ὅτι οὗ ὁ λόγος αὐτοῦ σοφώτερος, αὐτῷ δοθήσεται τὸ νῖκος καθὼς γέγραπται. Ὁ εἷς ἔγραψεν, ὑπερισχύει ὁ οἶνος. 10 Ὁ ἕτερος ἔγραψεν, ὑπερισχύει ὁ βασιλεύς. Ὁ τρίτος 11, 12 ἔγραψεν, ὑπερισχύουσιν αἱ γυναῖκες, ὑπὲρ δὲ πάντα νικᾷ ἡ ἀλήθεια.

Καὶ ὅτε ἐξηγέρθη ὁ βασιλεὺς, λαβόντες τὸ γράμμα ἔδωκαν 13 αὐτῷ, καὶ ἀνέγνω. Καὶ ἐξαποστείλας ἐκάλεσε πάντας τοὺς 14 μεγιστᾶνας τῆς Περσίδος καὶ τῆς Μηδείας, καὶ τοὺς σατράπας καὶ στρατηγοὺς, καὶ τοπάρχας καὶ ὑπάτους, καὶ ἐκάθισεν ἐν τῷ 15 χρηματιστηρίῳ, καὶ ἀνεγνώσθη τὸ γράμμα ἐνώπιον αὐτῶν. Καὶ εἶπε, καλέσατε τοὺς νεανίσκους, καὶ αὐτοὶ δηλώσουσι 16 τοὺς λόγους ἑαυτῶν· καὶ ἐκλήθησαν, καὶ εἰσῆλθοσαν. Καὶ 17 εἶπαν αὐτοῖς, ἀπαγγείλατε ἡμῖν περὶ τῶν γεγραμμένων.

Καὶ ἤρξατο ὁ πρῶτος ὁ εἴπας περὶ τῆς ἰσχύος τοῦ οἴνου, καὶ ἔφη οὕτως, ἄνδρες, πῶς ὑπερισχύει ὁ οἶνος; πάντας τοὺς 18 ἀνθρώπους τοὺς πίοντας αὐτὸν πλανᾷ. τὴν διάνοιαν τοῦ τε 19 βασιλέως καὶ τοῦ ὀρφανοῦ ποιεῖ τὴν διάνοιαν μίαν, τήν τε τοῦ οἰκέτου καὶ τὴν τοῦ ἐλευθέρου, τήν τε τοῦ πένητος καὶ τὴν τοῦ πλουσίου· καὶ πᾶσαν διάνοιαν μεταστρέφει εἰς εὐωχίαν 20 καὶ εὐφροσύνην, καὶ οὐ μέμνηται πᾶσαν λύπην καὶ πᾶν ὀφείλημα· καὶ πάσας καρδίας ποιεῖ πλουσίας, καὶ οὐ μέμνηται 21 βασιλέα οὐδὲ σατράπην· καὶ πάντα διὰ ταλάντων ποιεῖ λαλεῖν. Καὶ οὐ μέμνηται, ὅταν πίνωσι, φιλιάζειν φίλοις καὶ ἀδελφοῖς, 22 καὶ μετ᾽ οὐ πολὺ σπῶνται τὰς μαχαίρας. Καὶ ὅταν ἀπὸ τοῦ 23 οἴνου ἐγερθῶσιν, οὐ μέμνηνται ἃ ἔπραξαν. Ὦ ἄνδρες, οὐχ 24 ὑπερισχύει ὁ οἶνος, ὅτι οὕτως ἀναγκάζει ποιεῖν; καὶ ἐσίγησεν οὕτως εἴπας.

Καὶ ἤρξατο ὁ δεύτερος λαλεῖν, ὁ εἴπας περὶ τῆς ἰσχύος τοῦ 4 βασιλέως. Ὦ ἄνδρες, οὐχ ὑπερισχύουσιν οἱ ἄνθρωποι, τὴν 2 γῆν καὶ τὴν θάλασσαν κατακρατοῦντες καὶ πάντα τὰ ἐν αὐτοῖς; Ὁ δὲ βασιλεὺς ὑπερισχύει, καὶ κυριεύει αὐτῶν καὶ δεσπόζει 3 αὐτῶν, καὶ πᾶν ὃ ἐὰν εἴπῃ αὐτοῖς, ἐνακούουσιν. Ἐὰν εἴπῃ 4 αὐτοῖς ποιῆσαι πόλεμον ἕτερος πρὸς τὸν ἕτερον, ποιοῦσιν· ἐὰν δὲ ἐξαποστείλῃ αὐτοὺς πρὸς τοὺς πολεμίους, βαδίζουσι καὶ κατεργάζονται τὰ ὄρη καὶ τὰ τείχη καὶ τοὺς πύργους, φονεύ- 5 ουσι καὶ φονεύονται, καὶ τὸν λόγον τοῦ βασιλέως οὐ παραβαίνουσιν· ἐὰν δὲ νικήσωσι, τῷ βασιλεῖ κομίζουσι πάντα, καὶ ἐὰν προνομεύσωσι, καὶ τὰ ἄλλα πάντα.

Καὶ ὅσοι οὐ στρατεύονται οὐδὲ πολεμοῦσιν, ἀλλὰ γεωργοῦσι 6 τὴν γῆν, πάλιν ὅταν σπείρωσι θερίσαντες ἀναφέρουσι τῷ βασιλεῖ· καὶ ἕτερος τὸν ἕτερον ἀναγκάζοντες, ἀναφέρουσι τοὺς φόρους τῷ βασιλεῖ. Καὶ αὐτὸς εἷς μόνος ἐστίν· ἐὰν εἴπῃ 7 ἀποκτεῖναι, ἀποκτέννουσιν· ἐὰν εἴπῃ ἀφεῖναι, ἀφίουσιν· Εἴπε 8 πατάξαι, τύπτουσιν· εἴπεν ἐρημῶσαι, ἐρημοῦσιν· εἴπεν οἰκο-

9 δομῆσαι, οἰκοδομοῦσιν· εἶπεν ἐκκόψαι, ἐκκόπτουσιν· εἶπε
10 φυτεῦσαι, φυτεύουσι. Καὶ πᾶς ὁ λαὸς αὐτοῦ καὶ αἱ δυνάμεις
    αὐτοῦ ἐνακούουσι· πρὸς δὲ τούτοις αὐτὸς ἀνάκειται, ἐσθίει καὶ
11 πίνει καὶ καθεύδει, αὐτοὶ δὲ τηροῦσι κύκλῳ περὶ αὐτόν·
    καὶ οὐ δύνανται ἕκαστος ἀπελθεῖν, καὶ ποιεῖν τὰ ἔργα αὐτοῦ,
12 οὐδὲ παρακούουσιν αὐτοῦ. Ὦ ἄνδρες, πῶς οὐχ ὑπερισχύει
    ὁ βασιλεύς, ὅτι οὕτως ἐπάκουστός ἐστι; καὶ ἐσίγησεν.

13 Ὁ δὲ τρίτος ὁ εἴπας περὶ τῶν γυναικῶν καὶ τῆς ἀληθείας,
14 οὗτός ἐστι Ζοροβάβελ, ἤρξατο λαλεῖν· Ἄνδρες, οὐ μέγας
    ὁ βασιλεύς, καὶ πολλοὶ οἱ ἄνθρωποι, καὶ ὁ οἶνος ἰσχύει; τίς
    οὖν ὁ δεσπόζων αὐτῶν, ἢ τίς ὁ κυριεύων αὐτῶν; οὐχ αἱ γυναῖ-
15 κες; Αἱ γυναῖκες ἐγέννησαν τὸν βασιλέα καὶ πάντα τὸν λαὸν
16 ὃς κυριεύει τῆς θαλάσσης καὶ τῆς γῆς, καὶ ἐξ αὐτῶν ἐγένοντο·
    καὶ αὗται ἐξέθρεψαν αὐτοὺς τοὺς φυτεύσαντας τοὺς ἀμπελῶνας
17 ἐξ ὧν ὁ οἶνος γίνεται. Καὶ αὗται ποιοῦσι τὰς στολὰς τῶν
    ἀνθρώπων, καὶ αὗται ποιοῦσι δόξαν τοῖς ἀνθρώποις, καὶ οὐ
18 δύνανται οἱ ἄνθρωποι χωρὶς τῶν γυναικῶν εἶναι. Ἐὰν δὲ
    συναγάγωσι χρυσίον καὶ ἀργύριον καὶ πᾶν πρᾶγμα ὡραῖον,
19 καὶ ἴδωσι γυναῖκα μίαν καλὴν τῷ εἴδει καὶ τῷ κάλλει, ταῦτα
    πάντα ἀφέντες, εἰς αὐτὴν ἐκκέχηναν, καὶ χάσκοντες τὸ στόμα
    θεωροῦσιν αὐτήν, καὶ πάντες αὐτὴν αἱρετίζουσι μᾶλλον ἢ τὸ
    χρυσίον καὶ τὸ ἀργύριον καὶ πᾶν πρᾶγμα ὡραῖον.

20 Ἄνθρωπος τὸν ἑαυτοῦ πατέρα ἐγκαταλείπει ὃς ἐξέθρεψεν
    αὐτόν, καὶ τὴν ἰδίαν χώραν, καὶ πρὸς τὴν ἰδίαν γυναῖκα κολλᾶ-
21 ται, καὶ μετὰ τῆς γυναικὸς ἀφίησι τὴν ψυχήν, καὶ οὔτε τὸν
22 πατέρα μέμνηται, οὔτε τὴν μητέρα, οὔτε τὴν χώραν. Καὶ
    ἐντεῦθεν δεῖ ὑμᾶς γνῶναι ὅτι αἱ γυναῖκες κυριεύουσιν ὑμῶν·
    οὐχὶ πονεῖτε, καὶ μοχθεῖτε, καὶ πάντα ταῖς γυναιξὶ δίδοτε, καὶ
23 φέρετε; Καὶ λαμβάνει ὁ ἄνθρωπος τὴν ῥομφαίαν αὐτοῦ, καὶ
    ἐκπορεύεται ἐξοδεύειν καὶ ληστεύειν καὶ κλέπτειν, καὶ εἰς τὴν
24 θάλασσαν πλεῖν, καὶ ποταμοὺς, καὶ τὸν λέοντα θεωρεῖ, καὶ ἐν
    σκότει βαδίζει· καὶ ὅταν κλέψῃ καὶ ἁρπάσῃ καὶ λωποδυτήσῃ,
25 τῇ ἐρωμένῃ ἀποφέρει. Καὶ πλεῖον ἀγαπᾷ ἄνθρωπος τὴν ἰδίαν
26 γυναῖκα μᾶλλον ἢ τὸν πατέρα καὶ τὴν μητέρα. Καὶ πολλοὶ
    ἀπενοήθησαν ταῖς ἰδίαις διανοίαις διὰ τὰς γυναῖκας, καὶ δοῦλοι
27 ἐγένοντο δι᾽ αὐτάς· καὶ πολλοὶ ἀπώλοντο καὶ ἐσφάλησαν
    καὶ ἡμάρτοσαν διὰ τὰς γυναῖκας.

28 Καὶ νῦν οὐ πιστεύετέ μοι; οὐχὶ μέγας ὁ βασιλεὺς τῇ
    ἐξουσίᾳ αὐτοῦ; οὐχὶ πᾶσαι αἱ χῶραι εὐλαβοῦνται ἅψασθαι
29 αὐτοῦ; Ἐθεώρουν αὐτόν, καὶ Ἀπάμην τὴν θυγατέρα Βαρτάκου
    τοῦ θαυμαστοῦ, τὴν παλλακὴν τοῦ βασιλέως, καθημένην ἐν
30 δεξιᾷ τοῦ βασιλέως, καὶ ἀφαιροῦσαν τὸ διάδημα ἀπὸ τῆς
    κεφαλῆς τοῦ βασιλέως, καὶ ἐπιτιθοῦσαν ἑαυτῇ· καὶ ἐρράπιζε
31 τὸν βασιλέα τῇ ἀριστερᾷ. Καὶ πρὸς τούτοις ὁ βασιλεὺς
    χάσκων τὸ στόμα ἐθεώρει αὐτήν· καὶ ἐὰν προσγελάσῃ αὐτῷ,
    γελᾷ· ἐὰν δὲ πικρανθῇ ἐπ᾽ αὐτόν, κολακεύει αὐτήν, ὅπως
32 διαλλαγῇ αὐτῷ. Ὦ ἄνδρες, πῶς οὐχὶ ἰσχυραὶ αἱ γυναῖκες, ὅτι
    οὕτως πράσσουσι;

33 Καὶ τότε ὁ βασιλεὺς καὶ οἱ μεγιστᾶνες ἔβλεπον εἰς τὸν
34 ἕτερον· καὶ ἤρξατο λαλεῖν περὶ τῆς ἀληθείας· Ἄνδρες, οὐχὶ
    ἰσχυραὶ αἱ γυναῖκες; μεγάλη ἡ γῆ, καὶ ὑψηλὸς ὁ οὐρανός, καὶ

command to build, they build; ⁹if he command to cut down, they cut down; if he command to plant, they plant. ¹⁰So all his people and his armies obey him: furthermore he lieth down, he eateth and drinketh, and taketh his rest: ¹¹and these keep watch round about him, neither may any one depart, and do his own business, neither disobey they him in any thing. ¹²O ye men, how should not the king be mightiest, when in such sort he is obeyed? And he held his tongue.

¹³Then the third, who had spoken of women, and of the truth, (this was Zorobabel) began to speak. ¹⁴O ye men, it is not the great king, nor the multitude of men, neither is it wine, that excelleth: who is it then that ruleth them, or hath the lordship over them? are they not women? ¹⁵Women have borne the king and all the people that bear rule by sea and land. ¹⁶Even of them came they: and they nourished them up that planted the vineyards, from whence the wine cometh. ¹⁷These also make garments for men; these bring glory unto men; and without women cannot men be. ¹⁸Yea, and if men have gathered together gold and silver, or any other goodly thing, do they not love a woman which is comely in favour and beauty? ¹⁹And letting all those things go, do they not gape, and even with open mouth fix their eyes fast on her; and have not all men more desire unto her than unto silver or gold, or any goodly thing whatsoever?

²⁰A man leaveth his own father that brought him up, and his own country, and cleaveth unto his wife. ²¹He sticketh not to spend his life with his wife, and remembereth neither father, nor mother, nor country. ²²By this also ye must know that women have dominion over you: do ye not labour and toil, and give and bring all to the woman? ²³Yea, a man taketh his sword, and goeth his way to rob and to steal, to sail upon the sea and upon rivers; ²⁴and looketh upon a lion, and goeth in the darkness; and when he hath stolen, spoiled, and robbed, he bringeth it to his love. ²⁵Wherefore a man loveth his wife better than father or mother. ²⁶Yea, many there be that have run out of their wits for women, and become servants for their sakes. ²⁷Many also have perished, have erred, and sinned, for women.

²⁸And now do ye not believe me? is not the king great in his power? do not all regions fear to touch him? ²⁹Yet did I see him and Apame the king's concubine, the daughter of the admirable Bartacus, sitting at the right hand of the king, ³⁰and taking the crown from the king's head, and setting it upon her own head; she also struck the king with her left hand. ³¹And yet for all this the king gaped and gazed upon her with open mouth: if she laughed upon him, he laughed also: but if she took any displeasure at him, the king was fain to flatter, that she might be reconciled to him again. ³²O ye men, how can it be but women should be strong, seeing they do thus?

³³Then the king and the princes looked one upon another: so he began to speak of the truth. ³⁴O ye men, are not women strong? great is the earth, high is the heaven,

swift is the sun in his course, for he compasseth the heavens round about, and fetcheth his course again to his own place in one day. ³⁵ Is he not great that maketh these things? therefore great is the truth, and stronger than all things. ³⁶ All the earth calleth upon the truth, and the heaven blesseth it: all works shake and tremble at it, and with it is no unrighteous thing. ³⁷ Wine is wicked, the king is wicked, women are wicked, all the children of men are wicked; and such are all their wicked works, and there is no truth in them; in their unrighteousness also they shall perish.

³⁸ As for the truth, it endureth, and is always strong; it liveth and conquereth for evermore. ³⁹ With her there is no accepting of persons or rewards: but she doeth the things that are just, and refraineth from all unjust and wicked things; and all men do well like of her works. ⁴⁰ Neither in her judgment is any unrighteousness; and she is the strength, kingdom, power, and majesty of all ages. Blessed be the God of truth.

⁴¹ And with that he held his peace. And all the people then shouted, and said, Great is Truth, and mighty above all things. ⁴² Then said the king unto him, Ask what thou wilt more than is appointed in the writings, and we will give it thee, because thou art found wisest; and thou shalt sit next me, and shalt be called my cousin. ⁴³ Then said he unto the king, Remember thy vow, which thou hast vowed to build Jerusalem, in the day when thou camest to thy kingdom, ⁴⁴ and to send away all the vessels that were taken away out of Jerusalem, which Cyrus set apart, when he vowed to destroy Babylon, and to send them again thither. ⁴⁵ Thou also hast vowed to build up the temple, which the Edomites burned when Judea was made desolate by the Chaldees. ⁴⁶ And now, O lord the king, this is that which I require, and which I desire of thee, and this is the princely liberality proceeding from thyself: I desire therefore that thou make good the vow, the performance whereof with thine own mouth thou hast vowed to the King of heaven.

⁴⁷ Then Darius the king stood up, and kissed him, and wrote letters for him unto all the treasurers and lieutenants and captains and governors, that they should safely convey on their way both him, and all those that go up with him to build Jerusalem. ⁴⁸ He wrote letters also unto the lieutenants that were in Celosyria and Phenice, and unto them in Libanus, that they should bring cedar wood from Libanus unto Jerusalem, and that they should build the city with him.

⁴⁹ Moreover he wrote for all the Jews that went out of his realm up into Jewry, concerning their freedom, that no officer, no ruler, no lieutenant, nor treasurer, should forcibly enter into their doors; ⁵⁰ and that all the country which they hold should be free without tribute; and that the Edomites should give over the villages of the Jews which then they held: ⁵¹ yea, that there should be yearly given twenty talents to the building of the temple, until the time that it were built; ⁵² and other ten talents yearly, to maintain the burnt offerings upon the

ταχὺς τῷ δρόμῳ ὁ ἥλιος, ὅτι στρέφεται ἐν τῷ κύκλῳ τοῦ οὐρανοῦ, καὶ πάλιν ἀποτρέχει εἰς τὸν ἑαυτοῦ τόπον ἐν μιᾷ ἡμέρᾳ. Οὐχὶ μέγας ὃς ταῦτα ποιεῖ; καὶ ἡ ἀλήθεια μεγάλη 35 καὶ ἰσχυροτέρα παρὰ πάντα. Πᾶσα ἡ γῆ τὴν ἀλήθειαν καλεῖ, 36 καὶ ὁ οὐρανὸς αὐτὴν εὐλογεῖ, καὶ πάντα τὰ ἔργα σείεται καὶ τρέμει, καὶ οὐκ ἔστι μετ' αὐτῆς ἄδικον οὐδέν. Ἄδικος ὁ οἶνος, 37 ἄδικος ὁ βασιλεύς, ἄδικοι αἱ γυναῖκες, ἄδικοι πάντες οἱ υἱοὶ τῶν ἀνθρώπων, καὶ ἄδικα πάντα τὰ ἔργα αὐτῶν τὰ τοιαῦτα, καὶ οὐκ ἔστιν ἐν αὐτοῖς ἀλήθεια, καὶ ἐν τῇ ἀδικίᾳ αὐτῶν ἀπολοῦνται.

Καὶ ἡ ἀλήθεια μένει καὶ ἰσχύει εἰς τὸν αἰῶνα, καὶ ζῇ καὶ 38 κρατεῖ εἰς τὸν αἰῶνα τοῦ αἰῶνος. Καὶ οὐκ ἔστι παρ' αὐτὴν 39 λαμβάνειν πρόσωπα, οὐδὲ διάφορα, ἀλλὰ τὰ δίκαια ποιεῖ ἀπὸ πάντων τῶν ἀδίκων καὶ πονηρῶν· καὶ πάντες εὐδοκοῦσι τοῖς ἔργοις αὐτῆς, καὶ οὐκ ἔστιν ἐν τῇ κρίσει αὐτῆς οὐδὲν ἄδικον· 40 καὶ αὕτη, ἡ ἰσχύς, καὶ τὸ βασίλειον, καὶ ἡ ἐξουσία, καὶ ἡ μεγαλειότης τῶν πάντων αἰώνων· εὐλογητὸς ὁ Θεὸς τῆς ἀληθείας.

Καὶ ἐσιώπησε τοῦ λαλεῖν· καὶ πᾶς ὁ λαὸς τότε ἐφώνησε· 41 καὶ τότε εἶπον, μεγάλη ἡ ἀλήθεια, καὶ ὑπερισχύει· τότε 42 ὁ βασιλεὺς εἶπεν αὐτῷ, αἴτησαι ὃ θέλεις πλείω τῶν γεγραμμένων, καὶ δώσομέν σοι ὃν τρόπον εὑρέθης σοφώτερος, καὶ ἐχόμενός μου καθήσῃ, καὶ συγγενής μου κληθήσῃ. Τότε 43 εἶπε τῷ βασιλεῖ, μνήσθητι τὴν εὐχήν, ἣν ηὔξω, οἰκοδομῆσαι τὴν Ἰερουσαλὴμ ἐν τῇ ἡμέρᾳ ᾗ τὸ βασίλειόν σου παρέλαβες, 44 καὶ πάντα τὰ σκεύη τὰ ληφθέντα ἐξ Ἰερουσαλήμ, καὶ ἐκπέμψαι ἃ ἐχώρισε Κύρος, ὅτε ηὔξατο ἐκκόψαι Βαβυλῶνα, καὶ ηὔξατο ἐξαποστεῖλαι ἐκεῖ. Καὶ σὺ ηὔξω οἰκοδομῆσαι 45 τὸν ναὸν ὃν ἐνέπυρησαν οἱ Ἰδουμαῖοι, ὅτε ἠρημώθη ἡ Ἰουδαία ὑπὸ τῶν Χαλδαίων. Καὶ νῦν τοῦτό ἐστιν ὅ σε 46 ἀξιῶ, κύριε βασιλεῦ, καὶ ὃ αἰτοῦμαί σε, καὶ αὕτη ἐστὶν ἡ μεγαλωσύνη ἡ παρὰ σοῦ· δέομαι οὖν ἵνα ποιήσῃς τὴν εὐχήν, ἣν ηὔξω τῷ βασιλεῖ τοῦ οὐρανοῦ, ποιῆσαι ἐκ στόματός σου.

Τότε ἀναστὰς Δαρεῖος ὁ βασιλεὺς κατεφίλησεν αὐτόν, καὶ 47 ἔγραψεν αὐτῷ τὰς ἐπιστολὰς πρὸς πάντας τοὺς οἰκονόμους, καὶ τοπάρχας, καὶ στρατηγούς, καὶ σατράπας, ἵνα προπέμψωσιν αὐτὸν καὶ τοὺς μετ' αὐτοῦ πάντας ἀναβαίνοντας οἰκοδομῆσαι τὴν Ἰερουσαλήμ. Καὶ πᾶσι τοῖς τοπάρχαις ἐν κοίλῃ Συρίᾳ, 48 καὶ Φοινίκῃ, καὶ τοῖς ἐν τῷ Λιβάνῳ ἔγραψεν ἐπιστολάς, μεταφέρειν ξύλα κέδρινα ἀπὸ τοῦ Λιβάνου εἰς Ἰερουσαλήμ, καὶ ὅπως οἰκοδομήσωσι μετ' αὐτοῦ τὴν πόλιν.

Καὶ ἔγραψε πᾶσι τοῖς Ἰουδαίοις τοῖς ἀναβαίνουσιν ἀπὸ 49 τῆς βασιλείας εἰς τὴν Ἰουδαίαν ὑπὲρ τῆς ἐλευθερίας, πάντα δυνατόν, καὶ τοπάρχην, καὶ σατράπην, καὶ οἰκονόμον μὴ ἐπελεύσεσθαι ἐπὶ τὰς θύρας αὐτῶν, καὶ πᾶσαν τὴν χώραν ἣν 50 κρατοῦσιν, ἀφορολόγητον αὐτοῖς ὑπάρχειν· καὶ ἵνα οἱ Ἰδουμαῖοι ἀφίωσι τὰς κώμας ἃς διακρατοῦσι τῶν Ἰουδαίων· καὶ 51 εἰς τὴν οἰκοδομὴν τοῦ ἱεροῦ δοθῆναι κατ' ἐνιαυτὸν τάλαντα εἴκοσι, μέχρι τοῦ οἰκοδομηθῆναι· καὶ ἐπὶ τὸ θυσιαστήριον 52 ὁλοκαυτώματα καρποῦσθαι καθ' ἡμέραν, καθὰ ἔχουσιν ἐντολήν,

ἑπτακαίδεκα προσφέρειν ἄλλα τάλαντα, δέκα κατ᾽ ἐνιαυτόν·
53 καὶ πᾶσι τοῖς προσβαίνουσιν ἀπὸ τῆς Βαβυλωνίας κτίσαι τὴν
πόλιν, ὑπάρχειν τὴν ἐλευθερίαν αὐτοῖς τε καὶ τοῖς ἐκγόνοις
54 αὐτῶν, καὶ πᾶσι τοῖς ἱερεῦσι τοῖς προσβαίνουσιν. Ἔγραψε
δὲ καὶ τὴν χορηγίαν καὶ τὴν ἱερατικὴν στολὴν ἐν τίνι λατρεύ-
55 ουσιν ἐν αὐτῇ. Καὶ τοῖς Λευίταις ἔγραψε δοῦναι τὴν χορηγίαν,
ἕως τῆς ἡμέρας ἧς ἐπιτελεσθῇ ὁ οἶκος καὶ Ἰερουσαλὴμ οἰκοδο-
56 μηθῆναι. Καὶ πᾶσι τοῖς φρουροῦσι τὴν πόλιν ἔγραψε δοῦναι
57 αὐτοῖς κλήρους καὶ ὀψώνια. Καὶ ἐξαπέστειλε πάντα τὰ σκεύη
ἃ ἐχώρισε Κύρος ἀπὸ Βαβυλῶνος· καὶ πάντα ὅσα εἶπε Κύρος
ποιῆσαι, καὶ αὐτὸς ἐπέταξε ποιῆσαι, καὶ ἐξαποστεῖλαι εἰς
Ἰερουσαλήμ.
58 Καὶ ὅτε ἐξῆλθεν ὁ νεανίσκος, ἄρας τὸ πρόσωπον εἰς τὸν
οὐρανὸν ἐναντίον Ἰερουσαλήμ, εὐλόγησε τῷ βασιλεῖ τοῦ
59 οὐρανοῦ, λέγων, παρὰ σοῦ νίκη, καὶ παρὰ σοῦ ἡ σοφία,
60 καὶ σὴ ἡ δόξα, καὶ ἐγὼ σὸς οἰκέτης. Εὐλογητὸς εἶ, ὃς
ἔδωκάς μοι σοφίαν, καὶ σοὶ ὁμολογῶ, δέσποτα τῶν πατέρων.
61 Καὶ ἔλαβε τὰς ἐπιστολάς, καὶ ἐξῆλθε, καὶ ἦλθεν εἰς
62 Βαβυλῶνα, καὶ ἀπήγγειλε τοῖς ἀδελφοῖς αὐτοῦ πᾶσι. Καὶ
εὐλόγησαν τὸν Θεὸν τῶν πατέρων αὐτῶν, ὅτι ἔδωκεν
63 αὐτοῖς ἄνεσιν καὶ ἄφεσιν, ἀναβῆναι καὶ οἰκοδομῆσαι τὴν
Ἰερουσαλὴμ καὶ τὸ ἱερόν, οὗ ὠνομάσθη τὸ ὄνομα αὐτοῦ
ἐπ᾽ αὐτῷ· καὶ ἐκωθωνίζοντο μετὰ μουσικῶν καὶ χαρᾶς
ἡμέρας ἑπτά.
5 Μετὰ δὲ ταῦτα ἐξελέγησαν ἀναβῆναι ἀρχηγοὶ οἴκου πατριῶν
κατὰ φυλὰς αὐτῶν, καὶ αἱ γυναῖκες αὐτῶν, καὶ οἱ υἱοὶ αὐτῶν,
καὶ αἱ θυγατέρες, καὶ οἱ παῖδες αὐτῶν, καὶ αἱ παιδίσκαι, καὶ
2 τὰ κτήνη αὐτῶν. Καὶ Δαρεῖος συναπέστειλε μετ᾽ αὐτῶν ἱππεῖς
χιλίους, ἕως τοῦ ἀποκαταστῆσαι αὐτοὺς εἰς Ἰερουσαλὴμ μετ᾽
3 εἰρήνης, καὶ μετὰ μουσικῶν, τυμπάνων, καὶ αὐλῶν. Καὶ
πάντες οἱ ἀδελφοὶ αὐτῶν παίζοντες, καὶ ἐποίησεν αὐτοὺς συν-
αναβῆναι μετ᾽ ἐκείνων.
4 Καὶ ταῦτα τὰ ὀνόματα τῶν ἀνδρῶν τῶν ἀναβαινόντων κατὰ
πατριὰς αὐτῶν εἰς τὰς φυλάς, ἐπὶ τὴν μεριδαρχίαν αὐτῶν.
5 Οἱ ἱερεῖς υἱοὶ Φινεὲς, υἱοὶ Ἀαρών, Ἰησοῦς ὁ τοῦ Ἰωσεδὲκ τοῦ
Σαραίου, καὶ Ἰωακὶμ ὁ τοῦ Ζοροβάβελ τοῦ Σαλαθιὴλ ἐκ τοῦ
6 οἴκου τοῦ Δαυίδ, ἐκ τῆς γενεᾶς Φαρές, φυλῆς δὲ Ἰούδα, ὃς
ἐλάλησεν ἐπὶ Δαρείου τοῦ βασιλέως Περσῶν λόγους σοφοὺς
ἐν τῷ δευτέρῳ ἔτει τῆς βασιλείας αὐτοῦ, μηνὶ Νισὰν τοῦ πρώ-
7 του μηνός. Εἰσὶ δὲ οὗτοι οἱ ἐκ τῆς γῆς Ἰουδαίας ἀναβάντες
ἐκ τῆς αἰχμαλωσίας τῆς παροικίας, οὓς μετῴκισε Ναβουχοδο-
8 νόσορ βασιλεὺς Βαβυλῶνος εἰς Βαβυλῶνα. Καὶ ἐπέστρεψαν
εἰς Ἰερουσαλὴμ καὶ τὴν λοιπὴν Ἰουδαίαν ἕκαστος εἰς τὴν
ἰδίαν πόλιν, οἱ ἐλθόντες μετὰ Ζοροβάβελ, καὶ Ἰησοῦ,
Νεεμίου, Ζαραίου, Ῥησαίου, Ἐνηνέος, Μαρδοχαίου, Βεελσά-
ρου, Ἀσφαράσου, Ῥεελίου, Ῥοΐμου, Βαανά, τῶν προηγουμέ-
νων αὐτῶν.
9 Ἀριθμὸς τῶν ἀπὸ τοῦ ἔθνους καὶ οἱ προηγούμενοι αὐτῶν· υἱοὶ
Φόρος, δύο χιλιάδες καὶ ἑκατὸν ἑβδομηκονταδύο· υἱοὶ Σαφάτ,
τετρακόσιοι ἑβδομηκονταδύο.
10 Υἱοὶ Ἀρές, ἑπτακόσιοι πεντηκονταέξ.

altar every day, as they had a command-ment to offer seventeen : [53] and that all they that went from Babylon to build the city should have free liberty, as well they as their posterity, and all the priests that went away. [54] He wrote also concerning the charges, and the priests' vestments where-in they minister; [55] and likewise for the charges of the Levites, to be given them until the day that the house were finished, and Jerusalem builded up. [56] And he com-manded to give to all that kept the city pensions and wages. [57] He sent away also all the vessels from Babylon, that Cyrus had set apart; and all that Cyrus had given in commandment, the same charged he also to be done, and sent unto Jerusalem.

[58] Now when this young man was gone forth, he lifted up his face to heaven toward Jerusalem, and praised the King of heaven, [59] and said, From thee cometh victory, from thee cometh wisdom, and thine is the glory, and I am thy servant. [60] Blessed art thou, who hast given me wisdom: and to thee I give thanks, O Lord of our fathers. [61] And so he took the letters, and went out, and came unto Babylon, and told it all his brethren. [62] And they praised the God of their fathers, because he had given them freedom and liberty [63] to go up, and to build Jerusalem, and the temple which is called by his name: and they feasted with instruments of musick and gladness seven days.

After this were the principal men of the families chosen according to their tribes, to go up with their wives and sons and daughters, with their menservants and maidservants, and their cattle. [2] And Darius sent with them a thousand horsemen, till they had brought them back to Jerusalem safely, and with musical instruments, tabrets and flutes. [3] And all their brethren played, and he made them go up together with them.

[4] And these are the names of the men which went up, according to their families, among their tribes, after their several heads. [5] The priests, the sons of Phinees, the sons of Aaron: Jesus the son of Josedec, the son of Saraias, and Joacim the son of Zorobabel, the son of Salathiel, of the house of David, out of the kindred of Phares, of the tribe of Judah; [6] who spake wise sentences before Darius the king of Persia in the second year of his reign, in the month Nisan, which is the first month. [7] And these are they of Jewry that came up from the captivity, where they dwelt as strangers, whom Nabu-chodonosor the king of Babylon had carried away unto Babylon. [8] And they returned unto Jerusalem, and to the other parts of Jewry, every man to his own city, who came with Zorobabel, and Jesus, Nehemias, Zaraias, Reesaias, Enenius, Mardocheus, Beelsarus, Aspharasus, Reelius, Roimus, and Baana, their guides.

[9] The number of them of the nation, and their governors : the sons of Phoros, two thousand an hundred seventy and two: the sons of Saphat, four hundred seventy and two:
[10] The sons of Ares, seven hundred fifty and six:

¹¹ The sons of Phaath Moab, among the sons of Jesus and Joab, two thousand eight hundred and twelve:

¹² The sons of Elam, a thousand two hundred fifty and four: the sons of Zathui, nine hundred seventy and five: the sons of Corbe, seven hundred and five: the sons of Bani, six hundred forty and eight:

¹³ The sons of Bebai, six hundred thirty and three: the sons of Argai, one thousand three hundred twenty and two:

¹⁴ The sons of Adonikan, six hundred thirty and seven: the sons of Bagoi, two thousand six hundred and six: the sons of Adin, four hundred fifty and four:

¹⁵ The sons of Ater, *son* of Ezekias, ninety and two: the sons of Cilan and Azenan, threescore and seven: the sons of Azarus, four hundred thirty and two:

¹⁶ The sons of Annis, an hundred and one: the sons of Arom, thirty-two: the sons of Bassai, three hundred twenty and three: the sons of Arsiphurith, an hundred and two:

¹⁷ The sons of Beterus, three thousand and five: the sons of Bethlomon, an hundred twenty and three:

¹⁸ They of Netophah, fifty and five: they of Anathoth, an hundred fifty and eight: they of Bethsamos, forty and two:

¹⁹ They of Kiriathiarius, twenty and five: they of Caphira and Beroth, seven hundred forty and three.

²⁰ They of Chadias and Ammidoi, four hundred twenty and two: they of Cirama and Gabbes, six hundred twenty and one:

²¹ They of Macalon, an hundred twenty and two: they of Betolius, fifty and two: the sons of Nephis, an hundred fifty and six:

²² The sons of Calamolalus and Onus, seven hundred twenty and five: the sons of Jerechus, two hundred forty and five:

²³ The sons of Sanaas, three thousand three hundred and one.

²⁴ The priests: the sons of Jeddu, the son of Jesus, among the sons of Sanasib, eight hundred seventy and two: the sons of Emmeruth, two hundred fifty and two:

²⁵ The sons of Phassaron, a thousand forty and seven: the sons of Carme, two hundred and seventeen.

²⁶ The Levites: the sons of Jessue, and Cadmiel, and Banuas, and Sudias, seventy and four.

²⁷ The holy singers: the sons of Asaph, an hundred twenty and eight.

²⁸ The porters: the sons of Salum, the sons of Atar, the sons of Tolman, the sons of Dacobi, the sons of Ateta, the sons of Tobis, in all an hundred thirty and nine.

²⁹ The servants of the temple: the sons of Esau, the sons of Asipha, the sons of Tabaoth, the sons of Ceras, the sons of Sud, the sons of Phaleas, the sons of Labana, the sons of Agraba,

³⁰ The sons of Acud, the sons of Uta, the sons of Cetab, the sons of Agaba, the sons of Subai, the sons of Anan, the sons of Cathua, the sons of Geddur,

³¹ The sons of Jairus, the sons of Daisan, the sons of Noeba, the sons of Chaseba, the sons of Cazera, the sons of Ozia, the sons of Phinees, the sons of Azara, the sons of Bastai, the sons of Assana, the sons of Mani, the sons of Naphisi, the sons of Acuph, the sons of Achiba, the sons of Asub, the sons of Pharacim, the sons of Basalem,

Υἱοὶ Φαὰθ Μωὰβ εἰς τοὺς υἱοὺς Ἰησοῦ καὶ Ἰωάβ, δισχίλιοι 11 ὀκτακόσιοι δεκαδύο.

Υἱοὶ Ἠλάμ, χίλιοι διακόσιοι πεντηκοντατέσσαρες· υἱοὶ 12 Ζαθουΐ, ἐννακόσιοι ἑβδομηκονταπέντε· υἱοὶ Χορβὲ, ἑπτακόσιοι πέντε· υἱοὶ Βανὶ, ἑξακόσιοι τεσσαρακονταοκτώ.

Υἱοὶ Βηβαὶ, ἑξακόσιοι τριακοντατρεῖς· υἱοὶ Ἀργαὶ, χίλιοι 13 τριακόσιοι εἰκοσιδύο.

Υἱοὶ Ἀδωνικὰν, ἑξακόσιοι τριακονταεπτά· υἱοὶ Βαγοῖ, 14 δισχίλιοι ἑξακόσιοι ἕξ· υἱοὶ Ἀδινοὺ, τετρακόσιοι πεντηκοντατέσσαρες·

Υἱοὶ Ἀτὴρ Ἐζεκίου, ἐννενηκονταδύο· υἱοὶ Κιλὰν, καὶ 15 Ἀζηνὰν, ἑξηκονταεπτά· υἱοὶ Ἀζαροὺ, τετρακόσιοι τριακονταδύο.

Υἱοὶ Ἀννὶς, ἑκατὸν εἷς· υἱοὶ Ἀρὸμ, τριακονταδύο· υἱοὶ 16 Βασσαὶ, τριακόσιοι εἰκοσιτρεῖς· υἱοὶ Ἀρσιφουρὶθ, ἑκατὸν δύο.

Υἱοὶ Βαιτηροὺς, τρισχίλιοι πέντε· υἱοὶ ἐκ Βαιθλωμῶν, ἑκατὸν 17 εἰκοσιτρεῖς·

Οἱ ἐκ Νετωφὰς, πεντηκονταπέντε· οἱ ἐξ Ἀναθὼθ, ἑκατὸν 18 πεντηκονταοκτώ· οἱ ἐκ Βαιθασμῶν, τεσσαρακονταδύο·

Οἱ ἐκ Καριαθιρὶ, εἰκοσιπέντε· οἱ ἐκ Καφείρας, καὶ Βηρὼγ, 19 ἑπτακόσιοι τεσσαρακοντατρεῖς·

Οἱ Χαδιασαὶ καὶ Ἀμμίδιοι, τετρακόσιοι εἰκοσιδύο· οἱ ἐκ 20 Κιραμᾶς καὶ Γαββῆς, ἑξακόσιοι εἴκοσι εἷς·

Οἱ ἐκ Μακαλὼν, ἑκατὸν εἰκοσιδύο· οἱ ἐκ Βετολίῳ, πεντη- 21 κονταδύο· υἱοὶ Νιφὶς, ἑκατὸν πεντηκονταέξ·

Υἱοὶ Καλαμωλάλου, καὶ Ὠνοὺς, ἑπτακόσιοι εἰκοσιπέντε· υἱοὶ 22 Ἱερεχοῦ, διακόσιοι τεσσαρακονταπέντε.

Υἱοὶ Σαναὰς, τρισχίλιοι τριακόσιοι εἷς. 23

Οἱ ἱερεῖς οἱ υἱοὶ Ἰεδδοὺ τοῦ Ἰησοῦ εἰς τοὺς υἱοὺς Σανασὶβ, 24 ὀκτακόσιοι ἑβδομηκονταδύο· υἱοὶ Ἐμμηροὺθ, διακόσιοι πεντηκονταδύο.

Υἱοὶ Φασσούρου, χίλιοι τεσσαρακονταεπτά· υἱοὶ Χαρμι, δια- 25 κόσιοι δεκαεπτά.

Οἱ Λευῖται οἱ υἱοὶ Ἰησοῦ, καὶ Καδοήλου, καὶ Βάννου, καὶ 26 Σουδίου, ἑβδομηκοντατέσσαρες.

Οἱ ἱεροψάλται υἱοὶ Ἀσὰρ, ἑκατὸν εἰκοσιοκτώ. 27

Οἱ θυρωροὶ υἱοὶ Σαλούμ, υἱοὶ Ἀτὰρ, υἱοὶ Τολμὰν, υἱοὶ 28 Δακοὺβ, υἱοὶ Ἀτητὰ, υἱοὶ Τωβὶς, πάντες ἑκατὸν τριακονταεννέα.

Οἱ ἱερόδουλοι, υἱοὶ Ἡσαῦ, υἱοὶ Ἀσιφὰ, υἱοὶ Ταβαὼθ, 29 υἱοὶ Κηρὰς, υἱοὶ Σουδὰ, υἱοὶ Φαλαίου, υἱοὶ Λαβανὰ, υἱοὶ Ἀγραβὰ,

Υἱοὶ Ἀκοὺδ, υἱοὶ Οὐτὰ, υἱοὶ Κηταβ, υἱοὶ Ἀκκαβὰ, υἱοὶ Συβαῖ, 30 υἱοὶ Ἀνὰν, υἱοὶ Καθουὰ, υἱοὶ Γεδδοὺρ,

Υἱοὶ Ἰαίρου, υἱοὶ Δαισὰν, υἱοὶ Νοεβὰ, υἱοὶ Χασεβὰ, υἱοὶ 31 Καζηρὰ, υἱοὶ Ὀζίου, υἱοὶ Φινοὲ, υἱοὶ Ἀσαρὰ, υἱοὶ Βασθαὶ, υἱοὶ Ἀσσανὰ, υἱοὶ Μανὶ, υἱοὶ Ναφισὶ, υἱοὶ Ἀκοὺφ, υἱοὶ Ἀχιβὰ, υἱοὶ Ἀσοὺβ, υἱοὶ Φαρακὲμ, υἱοὶ Βασαλὲμ,

32 Υἱοὶ Μεεδδὰ, υἱοὶ Κουθὰ, υἱοὶ Χαρέα, υἱοὶ Βαρχουὲ, υἱοὶ Σερὰρ, υἱοὶ Θομοὶ, υἱοὶ Νασὶ, υἱοὶ Ἀτεφά·

33 Υἱοὶ παίδων Σαλωμὼν, υἱοὶ Ἀσσαφιὼθ, υἱοὶ Φαριρὰ, υἱοὶ Ἰειηλὶ, υἱοὶ Λοζῶν, υἱοὶ Ἰσδαὴλ, υἱοὶ Σαφυΐ,

34 Υἱοὶ Ἀγιὰ, υἱοὶ Φαχαρὲθ, υἱοὶ Σαβιὴ, υἱοὶ Σαρωθὶ, υἱοὶ Μισαίας, υἱοὶ Γὰς, υἱοὶ Ἀδδοὺς, υἱοὶ Σουβὰ, υἱοὶ Ἀφερρὰ, υἱοὶ Βαρωδὶς, υἱοὶ Σαφὰγ, υἱοὶ Ἀλλώμ·

35 Πάντες οἱ ἱερόδουλοι, καὶ οἱ υἱοὶ τῶν παίδων Σαλωμὼν τριακόσιοι ἑβδομηκονταδύο.

36 Οὗτοι ἀναβάντες ἀπὸ Θερμελὲθ, καὶ Θελερσὰς, ἡγούμενος
37 αὐτῶν Χαρααθαλὰν. καὶ Ἀαλάρ. Καὶ οὐκ ἠδύναντο ἀπαγγεῖλαι τὰς πατριὰς αὐτῶν καὶ γενεὰς, ὡς ἐκ τοῦ Ἰσραὴλ εἰσιν· υἱοὶ Δαλὰν τοῦ υἱοῦ τοῦ Βαενὰν, υἱοὶ Νεκωδὰν, ἑξακόσιοι πεντηκονταδύο.

38 Καὶ ἐκ τῶν ἱερέων οἱ ἐμποιούμενοι ἱερωσύνης, καὶ οὐχ εὑρέθησαν, υἱοὶ Ὀβδία, υἱοὶ Ἀκβὼς, υἱοὶ Ἰαδδοὺ τοῦ λαβόντος Αὐγίαν γυναῖκα τῶν θυγατέρων Φαηζελδαίου, καὶ ἐκλήθη ἐπὶ τῷ ὀνόματι αὐτοῦ.

39 Καὶ τούτων ζητηθείσης τῆς γενικῆς γραφῆς ἐν τῷ καταλοχισμῷ καὶ μὴ εὑρεθείσης, ἐχωρίσθησαν τοῦ ἱερατεύειν.
40 Καὶ εἶπεν αὐτοῖς Νεεμίας καὶ Ἀθαρίας, μὴ μετέχειν τῶν ἁγίων ἕως ἀναστῇ ἀρχιερεὺς ἐνδεδυμένος τὴν δήλωσιν καὶ τὴν ἀλήθειαν.

41 Οἱ δὲ πάντες Ἰσραὴλ ἦσαν ἀπὸ δωδεκαετοῦς καὶ ἐπάνω χωρὶς παίδων καὶ παιδισκῶν, μυριάδες τέσσαρες δισχίλιοι
42 τριακόσιοι ἑξήκοντα. Παῖδες τούτων καὶ παιδίσκαι, ἑπτακισχίλιοι τριακόσιοι τριακονταεπτά· ψάλται καὶ ψαλτῳδοὶ
43 διακόσιοι τεσσαρακονταπέντε· Κάμηλοι τετρακόσιοι τριακονταπέντε, καὶ ἵπποι ἑπτακισχίλιοι τριακονταὲξ, ἡμίονοι διακόσιοι τεσσαρωνταπέντε, ὑποζύγια πεντακισχίλια πεντακόσια εἰκοσιπέντε.

44 Καὶ ἐκ τῶν ἡγουμένων κατὰ τὰς πατριὰς ἐν τῷ παραγίνεσθαι αὐτοὺς εἰς τὸ ἱερὸν τοῦ Θεοῦ τὸ ἐν Ἰερουσαλὴμ, ηὔξαντο ἐγεῖραι
45 τὸν οἶκον ἐπὶ τοῦ τόπου αὐτοῦ κατὰ τὴν αὐτῶν δύναμιν, καὶ δοῦναι εἰς τὸ ἱερὸν γαζοφυλάκιον τῶν ἔργων, χρυσίου μνᾶς χιλίας καὶ ἀργυρίου μνᾶς πεντακισχιλίας, καὶ στολὰς ἱερατικὰς ἑκατόν.

46 Καὶ κατῳκίσθησαν οἱ ἱερεῖς, καὶ οἱ Λευῖται, καὶ οἱ ἐκ τοῦ λαοῦ αὐτοῦ ἐν Ἰερουσαλὴμ καὶ τῇ χώρᾳ, οἵ τε ἱεροψάλται, καὶ οἱ θυρωροὶ, καὶ πᾶς Ἰσραὴλ ἐν ταῖς κώμαις αὐτῶν.

47 Ἐνστάντος δὲ τοῦ ἑβδόμου μηνὸς, καὶ ὄντων τῶν υἱῶν Ἰσραὴλ ἑκάστου ἐν τοῖς ἰδίοις, συνήχθησαν ὁμοθυμαδὸν εἰς τὸ εὐρύχωρον τοῦ πρώτου πυλῶνος τοῦ πρὸς τῇ
48 ἀνατολῇ. Καὶ καταστὰς Ἰησοῦς ὁ τοῦ Ἰωσεδὲκ καὶ οἱ ἀδελφοὶ αὐτοῦ οἱ ἱερεῖς, καὶ Ζοροβάβελ ὁ τοῦ Σαλαθιὴλ καὶ οἱ τούτου ἀδελφοὶ, ἡτοίμασαν τὸ θυσιαστήριον τοῦ
49 Θεοῦ Ἰσραὴλ, προσενέγκαι ἐπ’ αὐτοῦ ὁλοκαυτώσεις, ἀκολούθως τοῖς ἐν τῇ Μωσέως βίβλῳ τοῦ ἀνθρώπου τοῦ Θεοῦ διηγορευμένοις.

50 Καὶ ἐπισυνήχθησαν αὐτοῖς ἐκ τῶν ἄλλων ἐθνῶν τῆς γῆς,

32 The sons of Meedda, the sons of Coutha, the sons of Charea, the sons of Barcue, the sons of Serar, the sons of Thomoi, the sons of Nasith, the sons of Atipha.
33 The sons of the servants of Solomon: the sons of Azaphioth, the sons of Pharira, the sons of Jeieli, the sons of Lozon, the sons of Isdael, the sons of Saphui,
34 The sons of Hagia, the sons of Phacareth, the sons of Sabi, the sons of Sarothi, the sons of Misaias, the sons of Gas, the sons of Addus, the sons of Suba, the sons of Apherra, the sons of Barodis, the sons of Saphag, the sons of Allom.
35 All the ministers of the temple, and the sons of the servants of Solomon, were three hundred seventy and two.
36 These came up from Thermeleth and Thelersas, Charaathalan leading them, and Aalar; **37** they could not shew their families or their stock, how they were of Israel: the sons of Dalan, the son of Baenan, the sons of Necodan, six hundred fifty and two.
38 And of the priests that usurped the office of the priesthood, and were not found: the sons of Obdia, the sons of Acbos, the sons of Jaddus, who married Augia one of the daughters of Phaezeldæus, and was named after his name.
39 And when the description of the kindred of these men was sought in the register, and was not found, they were removed from executing the office of the priesthood: **40** for unto them said Nehemias and Attharias, that they should not be partakers of the holy things, till there arose up an high priest clothed with doctrine and truth.
41 So of Israel, from them of twelve years old and upward, beside menservants and womenservants, they were all in number forty thousand, two thousand three hundred and sixty. **42** Their menservants and handmaids were seven thousand three hundred thirty and seven: the singing men and singing women, two hundred forty and five: **43** four hundred thirty and five camels, seven thousand thirty and six horses, two hundred forty and five mules, five thousand five hundred twenty and five beasts used to the yoke:
44 And certain of the chief of their families, when they came to the temple of God that is in Jerusalem, vowed to set up the house again in his own place according to their ability, **45** and to give into the holy treasury of the works a thousand pounds of gold, five thousand of silver, and an hundred priestly vestments. **46** And so dwelt the priests and the Levites and the people in Jerusalem, and in the country, the singers also and the porters; and all Israel in their villages.
47 But when the seventh month was at hand, and when the children of Israel were every man in his own place, they came altogether with one consent into the open place of the first gate which is toward the east. **48** Then stood up Jesus the son of Josedec, and his brethren the priests, and Zorobabel the son of Salathiel, and his brethren, and made ready the altar of the God of Israel, **49** to offer burnt sacrifices upon it, according as it is expressly commanded in the book of Moses the man of God.
50 And there were gathered unto them out of the other nations of the land, and they

erected the altar upon his own place, because all the nations of the land were at enmity with them, and oppressed them; and they offered sacrifices according to the time, and burnt offerings to the Lord both morning and evening. ⁵¹ Also they held the feast of tabernacles, as it is commanded in the law, and *offered* sacrifices daily, as was meet : ⁵² and after that, the continual oblations, and the sacrifice of the sabbaths, and of the new moons, and of all holy feasts.

⁵³ And all they that had made any vow to God began to offer sacrifices to God from the first day of the seventh month, although the temple of the Lord was not yet built.

⁵⁴ And they gave unto the masons and carpenters money, meat, and drink, with cheerfulness. ⁵⁵ Unto them of Zidon also and Tyre they gave carrs, that they should bring cedar trees from Libanus, which should be brought by floats to the haven of Joppe, according as it was commanded them by Cyrus king of the Persians.

⁵⁶ And in the second year and second month after his coming to the temple of God at Jerusalem began Zorobabel the son of Salathiel, and Jesus the son of Josedec, and their brethren, and the priests, and the Levites, and all they that were come unto Jerusalem out of the captivity: ⁵⁷ and they laid the foundation of the house of God in the first day of the second month, in the second year after they were come to Jewry and Jerusalem. ⁵⁸ And they appointed the Levites from twenty years old over the works of the Lord. Then stood up Jesus, and his sons and brethren, and Cadmiel his brother, and the sons of Emadabun, with the sons of Joda the son of Eliadud, with their sons and brethren, all Levites, with one accord setters forward of the business, labouring to advance the works in the house of the Lord. So the builders built the temple of the Lord.

⁵⁹ And the priests stood arrayed in their vestments with musical instruments and trumpets; and the Levites the sons of Asaph had cymbals, ⁶⁰ singing songs of thanksgiving, and praising the Lord, according as David the king of Israel had ordained.

⁶¹ And they sung *with* loud voices songs to the praise of the Lord, because his mercy and glory is for ever in all Israel. ⁶² And all the people sounded trumpets, and shouted with a loud voice, singing songs of thanksgiving unto the Lord for the rearing up of the house of the Lord.

⁶³ Also of the priests and Levites, and of the chief of their families, the ancients who had seen the former house came to the building of this with weeping and great crying. ⁶⁴ But many with trumpets and joy shouted with loud voice, ⁶⁵ insomuch that the trumpets might not be heard for the weeping of the people; yet the multitude sounded marvellously, so that it was heard afar off.

⁶⁶ Wherefore when the enemies of the tribe of Juda and Benjamin heard it, they came to know what the noise of trumpets *should mean.* ⁶⁷ And they perceived that they that were of the captivity did build the temple unto the Lord God of Israel. ⁶⁸ So they went to Zorobabel and Jesus, and to the chief of the families, and said unto

καὶ κατώρθωσαν τὸ θυσιαστήριον ἐπὶ τοῦ τόπου αὐτῶν, ὅτι ἐν ἔχθρα ἦσαν αὐτοῖς, καὶ κατίσχυσαν αὐτοὺς πάντα τὰ ἔθνη τὰ ἐπὶ τῆς γῆς· καὶ ἀνέφερον θυσίας κατὰ τὸν καιρὸν, καὶ ὁλοκαυτώματα Κυρίῳ τὸ πρωϊνὸν καὶ τὸ δειλινόν. Καὶ ἐγάγοσαν τὴν τῆς σκηνοπηγίας ἑορτὴν, ὡς ἐπιτέτακται 51 ἐν τῷ νόμῳ, καὶ θυσίας καθ᾽ ἡμέραν, ὡς προσῆκον ἦν· καὶ 52 μετὰ ταῦτα προσφορὰς ἐνδελεχισμοῦ, καὶ θυσίας σαββάτων καὶ νουμηνιῶν καὶ ἑορτῶν πασῶν ἡγιασμένων.

Καὶ ὅσοι ηὔξαντο εὐχὴν τῷ Θεῷ ἀπὸ τῆς νουμηνίας τοῦ 53 ἑβδόμου μηνὸς, ἤρξαντο προσφέρειν θυσίας τῷ Θεῷ, καὶ ὁ ναὸς τοῦ Θεοῦ οὔπω ᾠκοδόμητο.

Καὶ ἔδωκαν ἀργύριον τοῖς λατόμοις καὶ τέκτοσι, καὶ ποτὰ 54 καὶ βρωτὰ, καὶ χάῤῥα τοῖς Σιδωνίοις καὶ Τυρίοις εἰς τὸ παρ- 55 άγειν αὐτοὺς ἐκ τοῦ Λιβάνου ξύλα κέδρινα, διαφέρειν σχεδίας εἰς τὸν Ἰόππης λιμένα, κατὰ τὸ πρόσταγμα τὸ γραφὲν αὐτοῖς παρὰ Κύρου τοῦ Περσῶν βασιλέως.

Καὶ τῷ δευτέρῳ ἔτει παραγενόμενος εἰς τὸ ἱερὸν τοῦ Θεοῦ εἰς 56 Ἱερουσαλὴμ μηνὸς δευτέρου, ἤρξατο Ζοροβάβελ ὁ τοῦ Σαλαθιήλ, καὶ Ἰησοῦς ὁ τοῦ Ἰωσεδὲκ, καὶ οἱ ἀδελφοὶ αὐτῶν, καὶ οἱ ἱερεῖς οἱ Λευῖται, καὶ πάντες οἱ παραγενόμενοι ἐκ τῆς αἰχμαλωσίας εἰς Ἱερουσαλὴμ, καὶ ἐθεμελίωσαν τὸν ναὸν τοῦ Θεοῦ 57 τῇ νουμηνίᾳ τοῦ δευτέρου μηνὸς τοῦ δευτέρου ἔτους, ἐν τῷ ἐλθεῖν εἰς τὴν Ἰουδαίαν καὶ Ἱερουσαλήμ. Καὶ ἔστησαν τοὺς Λευίτας 58 ἀπὸ εἰκοσαετοὺς ἐπὶ τῶν ἔργων τοῦ Κυρίου· καὶ ἔστη Ἰησοῦς, καὶ οἱ υἱοὶ, καὶ οἱ ἀδελφοὶ, καὶ Καδμιὴλ ὁ ἀδελφὸς, καὶ οἱ υἱοὶ Ἡμαδαβοὺν, καὶ οἱ υἱοὶ Ἰωδὰ τοῦ Ἡλιαδοὺδ σὺν τοῖς υἱοῖς καὶ ἀδελφοῖς, πάντες οἱ Λευῖται ὁμοθυμαδὸν ἐργοδιῶκται, ποιοῦντες εἰς τὰ ἔργα ἐν τῷ οἴκῳ τοῦ Κυρίου· καὶ ᾠκοδόμησαν οἱ οἰκοδόμοι τὸν ναὸν τοῦ Κυρίου.

Καὶ ἔστησαν οἱ ἱερεῖς ἐστολισμενοι μετὰ μουσικῶν καὶ 59 σαλπίγγων, καὶ οἱ Λευῖται υἱοὶ Ἀσὰφ ἔχοντες τὰ κύμβαλα 60 ὑμνοῦντες τῷ Κυρίῳ, καὶ εὐλογοῦντες κατὰ Δαυὶδ βασιλέα τοῦ Ἰσραήλ.

Καὶ ἐφώνησαν δι᾽ ὕμνων εὐλογοῦντες τῷ Κυρίῳ, ὅτι ἡ 61 χρηστότης αὐτοῦ καὶ ἡ δόξα εἰς τοὺς αἰῶνας ἐν παντὶ Ἰσραήλ. Καὶ πᾶς ὁ λαὸς ἐσάλπισαν καὶ ἐβόησαν φωνῇ μεγάλῃ, ὑμνοῦν- 62 τες τῷ Κυρίῳ ἐπὶ τῇ ἐγέρσει τοῦ οἴκου Κυρίου.

Καὶ ἤλθοσαν ἐκ τῶν ἱερεων τῶν Λευιτῶν καὶ τῶν προκαθη- 63 μένων κατὰ τὰς πατριὰς αὐτῶν, οἱ πρεσβύτεροι οἱ ἑωρακότες τὸν πρὸ τούτου οἶκον, πρὸς τὴν τούτου οἰκοδομὴν μετὰ κλαυθμοῦ καὶ κραυγῆς μεγάλης, καὶ πολλοὶ διὰ σαλπίγγων καὶ χαρᾶς 64 μεγάλῃ τῇ φωνῇ, ὥστε τὸν λαὸν μὴ ἀκούειν τῶν σαλπίγγων 65 διὰ τὸν κλαυθμὸν τοῦ λαοῦ· ὁ γὰρ ὄχλος ἦν ὁ σαλπίζων μεγάλως, ὥστε μακρόθεν ἀκούεσθαι.

Καὶ ἀκούσαντες οἱ ἐχθροὶ τῆς φυλῆς Ἰούδα καὶ Βενιαμὶν, ἤλ- 66 θοσαν ἐπιγνῶναι τίς ἡ φωνὴ τῶν σαλπίγγων. Καὶ ἐπέγνωσαν 67 ὅτι οἱ ἐκ τῆς αἰχμαλωσίας οἰκοδομοῦσι τὸν ναὸν τῷ Κυρίῳ Θεῷ Ἰσραήλ. Καὶ προσελθόντες τῷ Ζοροβάβελ, καὶ Ἰησοῦ, καὶ 68 τοῖς ἡγουμένοις τῶν πατριῶν, λέγουσιν αὐτοῖς, συνοικοδομή-

69 σωμεν ὑμῖν. Ὁμοίως ‚ὰρ ὑμῖν ἀκούομεν τοῦ Κυρίου ὑμῶν, καὶ αὐτῷ ἐπιθύομεν ἀφ᾽ ἡμερῶν Ἀσβακαφὰς βασιλέως Ἀσσυρίων, ὃς μετήγαγεν ἡμᾶς ἐνταῦθα.

70 Καὶ εἶπεν αὐτοῖς Ζοροβάβελ καὶ Ἰησοῦς καὶ οἱ ἡγούμενοι τῶν πατριῶν τοῦ Ἰσραὴλ, οὐχ ἡμῖν καὶ ὑμῖν τοῦ οἰκοδομῆσαι **71** τὸν οἶκον Κυρίῳ Θεῷ ἡμῶν. Ἡμεῖς γὰρ μόνοι οἰκοδομήσωμεν τῷ Κυρίῳ τοῦ Ἰσραηλ, ἀκολούθως οἷς προσέταξεν ἡμῖν Κύρος **72** ὁ βασιλεὺς Περσῶν. Τὰ δὲ ἔθνη τῆς γῆς ἐπικοιμώμενα τοῖς ἐν **73** τῇ Ἰουδαίᾳ καὶ πολιορκοῦντες, εἶργον τοῦ οἰκοδομεῖν, καὶ βουλὰς δημαγωγοῦντες, καὶ συστάσεις ποιούμενοι, ἀπεκώλυσαν τοῦ ἀποτελεσθῆναι τὴν οἰκοδομὴν πάντα τὸν χρόνον τῆς ζωῆς τοῦ βασιλέως Κύρου· καὶ εἴρχθησαν τῆς οἰκοδομῆς ἔτη δύο ἕως τῆς Δαρείου βασιλείας.

6 Ἐν δὲ τῷ δευτέρῳ ἔτει τῆς Δαρείου βασιλείας, ἐπροφήτευσεν Ἀγγαῖος καὶ Ζαχαρίας ὁ τοῦ Ἀδδὼ οἱ προφῆται ἐπὶ τοὺς Ἰουδαίους τοὺς ἐν τῇ Ἰουδαίᾳ καὶ Ἰερουσαλήμ, ἐπὶ τῷ ὀνόματι Κυρίου Θεοῦ Ἰσραὴλ ἐπ᾽ αὐτούς.

2 Τότε στὰς Ζοροβάβελ ὁ τοῦ Σαλαθιὴλ καὶ Ἰησοῦς ὁ τοῦ Ἰωσεδὲκ, ἤρξαντο οἰκοδομεῖν τὸν οἶκον τοῦ Κυρίου τὸν ἐν Ἰερουσαλήμ, συνόντων τῶν προφητῶν τοῦ Κυρίου, βοηθούντων **3** αὐτοῖς. Ἐν αὐτῷ τῷ χρόνῳ παρῆν πρὸς αὐτοὺς Σισίννης ὁ ἔπαρχος Συρίας καὶ Φοινίκης, καὶ Σαθραβουζάνης καὶ οἱ **4** συνεταῖροι, καὶ εἶπαν αὐτοῖς, τίνος ὑμῖν συντάξαντος τὸν οἶκον τοῦτον οἰκοδομεῖτε, καὶ τὴν στέγην ταύτην καὶ τὰ ἄλλα πάντα ἐπιτελεῖτε; καὶ τίνες εἰσὶν οἰκοδόμοι οἱ ταῦτα ἐπιτελοῦντες;

5 Καὶ ἔσχοσαν χάριν, ἐπισκοπῆς γενομένης ἐπὶ τὴν αἰχμαλω**6**σίαν, παρὰ τοῦ Κυρίου οἱ πρεσβύτεροι τῶν Ἰουδαίων, καὶ οὐκ ἐκωλύθησαν τῆς οἰκοδομῆς, μέχρις οὗ ἀποσημανθῆναι Δαρείῳ περὶ αὐτῶν, καὶ προσφωνηθῆναι.

7 ΑΝΤΙΓΡΑΦΟΝ ΕΠΙΣΤΟΛΗΣ ʻΗΣ ʼΕΓΡΑΨΕ ΔΑΡΕΙΩ, ΚΑΙ ΑΠΕΣΤΕΙΛΑΝ. Σισίννης ὁ ἔπαρχος Συρίας καὶ Φοινίκης, καὶ Σαθραβουζάνης, καὶ οἱ συνεταῖροι οἱ ἐν Συρίᾳ καὶ **8** Φοινίκῃ ἡγεμόνες, βασιλεῖ Δαρείῳ χαίρειν. Πάντα γνωστὰ ἔστω τῷ κυρίῳ ἡμῶν τῷ βασιλεῖ, ὅτι παραγενόμενοι εἰς τὴν χώραν τῆς Ἰουδαίας, καὶ ἐλθόντες εἰς Ἰερουσαλὴμ τὴν πόλιν, κατελάβομεν τῆς αἰχμαλωσίας τοὺς πρεσβυτέρους τῶν Ἰου**9**δαίων ἐν Ἰερουσαλὴμ τῇ πόλει οἰκοδομοῦντας οἶκον τῷ Κυρίῳ μέγαν, καινὸν διὰ λίθων ξυστῶν πολυτελῶν, ξύλων τιθεμένων ἐν **10** τοῖς τοίχοις, καὶ τὰ ἔργα ἐκεῖνα ἐπὶ σπουδῆς γινόμενα, καὶ εὐοδούμενον τὸ ἔργον ἐν ταῖς χερσὶν αὐτῶν, καὶ ἐν πάσῃ δόξῃ καὶ ἐπιμελείᾳ συντελούμενον.

11 Τότε ἐπυνθανόμεθα τῶν πρεσβυτέρων τούτων, λέγοντες, τίνος ὑμῖν προστάξαντος οἰκοδομεῖτε τὸν οἶκον τοῦτον, καὶ τὰ ἔργα **12** ταῦτα θεμελιοῦτε; Ἐπηρωτήσαμεν οὖν αὐτούς, εἵνεκεν τοῦ γνωρίσαι σοι, καὶ γράψαι σοι τοὺς ἀνθρώπους τοὺς ἀφηγουμένους, καὶ τὴν ὀνοματογραφίαν ᾐτούμεθα αὐτοὺς τῶν προ**13**καθηγουμένων. Οἱ δὲ ἀπεκρίθησαν ἡμῖν, λέγοντες, ἐσμὲν παῖδες τοῦ Κυρίου τοῦ κτίσαντος τὸν οὐρανὸν καὶ τὴν γῆν· **14** καὶ ᾠκοδόμητο οἶκος ἔμπροσθεν ἐτῶν πλειόνων διὰ βασιλέως

[69] For we likewise, as ye, do obey your Lord, and do sacrifice unto him from the days of Azbazareth the king of the Assyrians, who brought us hither.

[70] Then Zorobabel and Jesus and the chief of the families of Israel said unto them, It is not for us and you to build together an house unto the Lord our God. [71] We ourselves alone will build unto the Lord of Israel, according as Cyrus the king of the Persians hath commanded us. [72] But the heathen of the land lying heavy upon the inhabitants of Judea, and holding them strait, hindered their building; [73] and by their secret plots, and popular persuasions and commotions, they hindered the finishing of the building all the time that king Cyrus lived: so they were hindered from building for the space of two years, until the reign of Darius.

Now in the second year of the reign of Darius, Aggeus and Zacharias the son of Addo, the prophets, prophesied unto the Jews in Jewry and Jerusalem in the name of the Lord God of Israel, which was upon them.

[2] Then stood up Zorobabel the son of Salathiel, and Jesus the son of Josedec, and began to build the house of the Lord at Jerusalem, the prophets of the Lord being with them, and helping them. [3] At the same time came unto them Sisinnes the governor of Syria and Phenice, with Sathrabuzanes and his companions, and said unto them, [4] By whose appointment do ye build this house and this roof, and perform all the other things? and who are the workmen that perform these things?

[5] Nevertheless the elders of the Jews obtained favour, because the Lord had visited the captivity; [6] and they were not hindered from building, until such time as signification was given unto Darius concerning them, and an answer received.

[7] The copy of the letters which Sisinnes, governor of Syria and Phenice, and Sathrabuzanes, with their companions, rulers in Syria and Phenice, wrote and sent unto Darius; To king Darius, greeting: [8] Let all things be known unto our lord the king, that being come into the country of Judea, and entered into the city of Jerusalem, we found in the city of Jerusalem the ancients of the Jews that were of the captivity [9] building an house unto the Lord, great and new, of hewn and costly stones, and the timber already laid upon the walls. [10] And those works are done with great speed, and the work goeth on prosperously in their hands, and with all glory and diligence is it made.

[11] Then asked we these elders, saying, By whose commandment build ye this house, and lay the foundations of these works? [12] Therefore to the intent that we might give knowledge unto thee by writing, we demanded of them who were the chief doers, and we required of them the names in writing of their principal men. [13] So they gave us this answer, We are the servants of the Lord which made heaven and earth. [14] And as for this house, it was builded many years

ago by a king of Israel great and strong, and was finished. ¹⁵But when our fathers provoked God unto wrath, and sinned against the Lord of Israel which is in heaven, he gave them over into the power of Nabuchodonosor king of Babylon, king of the Chaldees; ¹⁶who pulled down the house, and captives it, and carried away the people burned unto Babylon.

¹⁷But in the first year that king Cyrus reigned over the country of Babylon, Cyrus the king wrote to build this house. ¹⁸And the holy vessels of gold and of silver, that Nabuchodonosor had carried away out of the house at Jerusalem, and had set them in his own temple, those Cyrus the king brought forth again out of the temple at Babylon, and they were delivered to Zorobabel, *that is*, to Sanabassarus the ruler, ¹⁹with commandment that he should carry away the same vessels, and put them in the temple at Jerusalem; and that the temple of the Lord should be built in that place. ²⁰Then the same Sanabassarus, being come hither, laid the foundations of the house of the Lord at Jerusalem; and from that time to this being still building, it is not yet finished. ²¹Now therefore, if it seem good unto the king, let search be made among the records of king Cyrus: ²²and if it be found that the building of the house of the Lord at Jerusalem hath been done with the consent of king Cyrus, and if our lord the king be so minded, let him signify unto us thereof. ²³Then commanded king Darius to seek among the records at Babylon: and so at Ecbatana the palace, which is in the country of Media, there was found a roll wherein these things were recorded. ²⁴In the first year of the reign of Cyrus, king Cyrus commanded that the house of the Lord at Jerusalem should be built again, where they do sacrifice with continual fire: ²⁵whose height shall be sixty cubits, and the breadth sixty cubits, with three rows of hewn stones, and one row of new wood of that country; and the expences thereof to be given out of the house of king Cyrus: ²⁶and that the holy vessels of the house of the Lord, both of gold and silver, that Nabuchodonosor took out of the house at Jerusalem, and brought to Babylon, should be restored to the house at Jerusalem, and be set in the place where they were before.

²⁷And also he commanded that Sisinnes the governor of Syria and Phenice, and Sathrabuzanes, and their companions, and those which were appointed rulers in Syria and Phenice, should be careful not to meddle with the place, but suffer Zorobabel the servant of the Lord, and governor of Judea, and the elders of the Jews, to build the house of the Lord in that place. ²⁸I have commanded also to have it built up whole again; and that they look diligently to help those that be of the captivity of the Jews, till the house of the Lord be finished: ²⁹and out of the tribute of Celosyria and Phenice, a portion carefully to be given these men for the sacrifices of the Lord, *that is*, to Zorobabel the governor, for bullocks, and rams, and lambs; ³⁰and also corn, salt, wine, and oil, and that continually every year without further question, according as the priests that be in Jerusalem shall

τοῦ Ἰσραὴλ μεγάλου καὶ ἰσχυροῦ, καὶ ἐπετελέσθη. Καὶ ἐπεὶ 15 οἱ πατέρες ἡμῶν παραπικράναντες ἥμαρτον εἰς τὸν Κύριον τοῦ Ἰσραὴλ τὸν οὐράνιον, παρέδωκεν αὐτοὺς εἰς χεῖρας Ναβουχοδονόσορ βασιλέως Βαβυλῶνος βασιλέως τῶν Χαλδαίων. Τόν τε 16 οἶκον καθελόντες ἐνεπύρισαν, καὶ τὸν λαὸν ᾐχμαλώτευσαν εἰς Βαβυλῶνα.

Ἐν δὲ τῷ πρώτῳ ἔτει βασιλεύοντος Κύρου χώρας Βαβυλω- 17 νίας, ἔγραψεν ὁ βασιλεὺς Κύρος τὸν οἶκον τοῦτον οἰκοδομῆσαι· Καὶ τὰ ἱερὰ σκεύη τὰ χρυσᾶ καὶ τὰ ἀργυρᾶ, ἃ ἐξήνεγκε Ναβου- 18 χοδονόσορ ἐκ τοῦ οἴκου τοῦ ἐν Ἰερουσαλήμ, καὶ ἀπηρείσατο αὐτὰ ἐν τῷ αὑτοῦ ναῷ, πάλιν ἐξήνεγκεν αὐτὰ Κῦρος ὁ βασιλεὺς ἐκ τοῦ ναοῦ τοῦ ἐν Βαβυλωνίᾳ, καὶ παρεδόθη Σαβανασσάρῳ Ζοροβάβελ τῷ ἐπάρχῳ, καὶ ἐπετάγη αὐτῷ, καὶ ἀπήνεγκε 19 πάντα τὰ σκεύη ταῦτα ἀποθεῖναι ἐν τῷ ναῷ τῷ ἐν Ἰερουσαλήμ, καὶ τὸν ναὸν τοῦ Κυρίου οἰκοδομηθῆναι ἐπὶ τοῦ τόπου. Τότε 20 ὁ Σαβανάσσαρος παραγενόμενος ἐνεβάλετο τοὺς θεμελίους τοῦ οἴκου Κυρίου τοῦ ἐν Ἰερουσαλήμ, καὶ ἀπ᾽ ἐκείνου μέχρι τοῦ νῦν οἰκοδομούμενος οὐκ ἔλαβε συντέλειαν.

Νῦν οὖν εἰ κρίνεται, βασιλεῦ, ἐπισκεπήτω ἐν τοῖς βασι- 21 λικοῖς βιβλιοφυλακίοις τοῦ Κύρου, καὶ ἐὰν εὑρίσκητε; μετὰ 22 τῆς γνώμης Κύρου τοῦ βασιλέως γενομένην τὴν οἰκοδομὴν τοῦ οἴκου Κυρίου τοῦ ἐν Ἰερουσαλήμ, καὶ κρίνηται τῷ κυρίῳ βασιλεῖ ἡμῶν, προσφωνησάτω ἡμῖν περὶ τούτων.

Τότε ὁ βασιλεὺς Δαρεῖος προσέταξεν ἐπισκέψασθαι ἐν τοῖς 23 βιβλιοφυλακίοις τοῖς κειμένοις ἐν Βαβυλῶνι· καὶ εὑρέθη ἐν Ἐκβατάνοις τῇ βάρει τῇ ἐν Μηδίᾳ χώρᾳ τόπος εἷς, ἐν ᾧ ὑπομνημάτιστο τάδε. Ἔτους πρώτου βασιλεύοντος Κύρου, 24 βασιλεὺς Κῦρος προσέταξε τὸν οἶκον τοῦ Κυρίου τὸν ἐν Ἰερουσαλὴμ οἰκοδομῆσαι, ὅπου ἐπιθύουσι διὰ πυρὸς ἐνδελεχοῦς, οὗ τὸ ὕψος πηχῶν ἑξήκοντα, πλάτος πηχῶν ἑξήκοντα διὰ 25 δόμων λιθίνων ξυστῶν τριῶν, καὶ δόμου ξυλίνου ἐγχωρίου καινοῦ ἑνός, καὶ τὸ δαπάνημα δοθῆναι ἐκ τοῦ οἴκου Κύρου τοῦ βασιλέως. Καὶ τὰ ἱερὰ σκεύη τοῦ οἴκου Κυρίου τά τε 26 χρυσᾶ καὶ ἀργυρᾶ, ἃ ἐξήνεγκε Ναβουχοδονόσορ ἐκ τοῦ οἴκου τοῦ ἐν Ἰερουσαλήμ, καὶ ἀπήνεγκεν εἰς Βαβυλῶνα, ἀποκατασταθῆναι εἰς τὸν οἶκον τὸν ἐν Ἰερουσαλήμ, οὗ ἦν κείμενα, ὅπως τεθῇ ἐκεῖ.

Προσέταξε δὲ ἐπιμεληθῆναι Σισίννῃ ἐπάρχῳ Συρίας καὶ 27 Φοινίκης, καὶ Σαθραβουζάνῃ, καὶ τοῖς συνεταίροις, καὶ τοῖς ἀποτεταγμένοις ἐν Συρίᾳ καὶ Φοινίκῃ ἡγεμόσιν ἀπέχεσθαι τοῦ τόπου, ἐᾶσαι δὲ τὸν παῖδα Κυρίου Ζοροβάβελ, ἔπαρχον δὲ τῆς Ἰουδαίας, καὶ τοὺς πρεσβυτέρους τῶν Ἰουδαίων, τὸν οἶκον τοῦ Κυρίου ἐκεῖνον οἰκοδομεῖν ἐπὶ τοῦ τόπου. Καὶ ἐγὼ δὲ ἐπέταξα 28 ὁλοσχερῶς οἰκοδομῆσαι, καὶ ἀτενίσαι ἵνα συμποιῶσι τοῖς ἐκ τῆς αἰχμαλωσίας τῆς Ἰουδαίας, μέχρι τοῦ ἐπιτελεσθῆναι τὸν οἶκον τοῦ Κυρίου· καὶ ἀπὸ τῆς φορολογίας κοίλης Συρίας καὶ 29 Φοινίκης ἐπιμελῶς σύνταξιν δίδοσθαι τούτοις τοῖς ἀνθρώποις εἰς θυσίαν τῷ Κυρίῳ, Ζοροβάβελ ἐπάρχῳ εἰς ταύρους, καὶ κριοὺς καὶ ἄρνας, ὁμοίως δὲ καὶ πυρὸν, καὶ ἅλα, καὶ οἶνον, καὶ 30 ἔλαιον ἐνδελεχῶς κατ᾽ ἐνιαυτὸν, καθὼς ἂν οἱ ἱερεῖς οἱ ἐν Ἰερουσαλὴμ ὑπαγορεύσωσιν ἀναλίσκεσθαι καθ᾽ ἡμέραν, ἀναμφισβη-

31 τήτως, ὅπως προσφέρωνται σπονδαὶ τῷ Θεῷ τῷ ὑψίστῳ ὑπὲρ
τοῦ βασιλέως καὶ τῶν παίδων, καὶ προσεύχωνται περὶ τῆς
32 αὐτῶν ζωῆς· καὶ προστάξαι ἵνα ὅσοι ἐὰν παραβῶσί τι τῶν
γεγραμμένων καὶ ἀκυρώσωσι, ληφθῆναι ξύλον ἐκ τῶν ἰδίων
αὐτοῦ, καὶ ἐπ' αὐτοῦ κρεμασθῆναι, καὶ τὰ ὑπάρχοντα αὐτοῦ
εἶναι βασιλικά.

33 Διὰ ταῦτα καὶ ὁ Κύριος, οὗ τὸ ὄνομα αὐτοῦ ἐπικέκληται
ἐκεῖ, ἀφανίσαι πάντα βασιλέα καὶ ἔθνος, ὃς ἐκτενεῖ τὴν χεῖρα
αὐτοῦ κωλῦσαι ἢ κακοποιῆσαι τὸν οἶκον Κυρίου ἐκεῖνον τὸν ἐν
34 Ἰερουσαλήμ. Ἐγὼ βασιλεὺς Δαρεῖος δεδογμάτικα ἐπιμελῶς
κατὰ ταῦτα γίνεσθαι.

7 Τότε Σισίννης ἔπαρχος κοίλης Συρίας καὶ Φοινίκης, καὶ
Σαθραβουζάνης, καὶ οἱ συνεταῖροι κατακολουθήσαντες τοῖς ὑπὸ
2 τοῦ βασιλέως Δαρείου προσταγεῖσιν, ἐπεστάτουν τῶν ἱερῶν
ἔργων ἐπιμελέστερον συνεργοῦντες τοῖς πρεσβυτέροις τῶν
3 Ἰουδαίων καὶ ἱεροστάταις. Καὶ εὔοδα ἐγίνετο τὰ ἱερὰ ἔργα,
προφητευόντων Ἀγγαίου καὶ Ζαχαρίου τῶν προφητῶν.

4 Καὶ συνετέλεσαν ταῦτα διὰ προστάγματος Κυρίου Θεοῦ
Ἰσραήλ· καὶ μετὰ τῆς γνώμης τοῦ Κύρου καὶ Δαρείου καὶ
5 Ἀρταξέρξου βασιλέων Περσῶν, συνετελέσθη ὁ οἶκος ὁ ἅγιος
ἕως τρίτης καὶ εἰκάδος μηνὸς Ἀδαρ, τοῦ ἕκτου ἔτους βασιλέως
Δαρείου.

6 Καὶ ἐποίησαν οἱ υἱοὶ Ἰσραήλ, καὶ οἱ ἱερεῖς καὶ οἱ Λευῖται
καὶ οἱ λοιποὶ οἱ ἐκ τῆς αἰχμαλωσίας οἱ προστεθέντες, ἀκο-
7 λούθως τοῖς ἐν τῇ Μωυσέως βίβλῳ. Καὶ προσήνεγκαν εἰς
τὸν ἐγκαινισμὸν τοῦ ἱεροῦ τοῦ Κυρίου ταύρους ἑκατὸν, κριοὺς
8 διακοσίους, ἄρνας τετρακοσίους, χιμάρους ὑπὲρ ἁμαρτίας παντὸς
τοῦ Ἰσραήλ δώδεκα πρὸς ἀριθμὸν, ἐκ τῶν φυλάρχων τοῦ
9 Ἰσραήλ δώδεκα. Καὶ ἔστησαν οἱ ἱερεῖς καὶ οἱ Λευῖται κατὰ
φυλὰς ἐστολισμένοι ἐπὶ τῶν ἔργων Κυρίου Θεοῦ Ἰσραήλ ἀκο-
λούθως τῇ Μωυσέως βίβλῳ, καὶ οἱ θυρωροὶ ἐφ' ἑκάστου
πυλῶνος.

10 Καὶ ἠγάγοσαν οἱ υἱοὶ Ἰσραήλ τῶν ἐκ τῆς αἰχμαλωσίας τὸ
πάσχα ἐν τῇ τεσσαρεσκαιδεκάτῃ τοῦ πρώτου μηνὸς, ὅτε ἡγνί-
11 σθησαν οἱ ἱερεῖς καὶ οἱ Λευῖται, ἅμα καὶ πάντες οἱ υἱοὶ τῆς
αἰχμαλωσίας, ὅτι ἡγνίσθησαν· ὅτι οἱ Λευῖται ἅμα πάντες
ἡγνίσθησαν.

12 Καὶ ἔθυσαν τὸ πάσχα πᾶσι τοῖς υἱοῖς τοῖς αἰχμαλωσίας, καὶ
13 τοῖς ἀδελφοῖς αὐτῶν τοῖς ἱερεῦσι, καὶ ἑαυτοῖς. Καὶ ἐφάγοσαν
οἱ υἱοὶ Ἰσραήλ οἱ ἐκ τῆς αἰχμαλωσίας, πάντες οἱ χωρισθέντες
ἀπὸ τῶν βδελυγμάτων τῶν ἐθνῶν τῆς γῆς, ζητοῦντες τὸν Κύριον.
14 Καὶ ἠγάγοσαν τὴν ἑορτὴν τῶν ἀζύμων ἑπτὰ ἡμέρας εὐφραινό-
15 μενοι ἔναντι Κυρίου, ὅτι μετέστρεψε τὴν βουλὴν τοῦ βασιλέως
Ἀσσυρίων ἐπ' αὐτούς, κατισχῦσαι τὰς χεῖρας αὐτῶν ἐπὶ τὰ
ἔργα Κυρίου Θεοῦ Ἰσραήλ.

8 Καὶ μεταγενέστερος τούτων ἐστί, βασιλεύοντος Ἀρταξέρξου
τοῦ Περσῶν βασιλέως, προσέβη Ἔσδρας Ἀζαραίου, τοῦ Ζεχρίου,
2 τοῦ Χελκίου, τοῦ Σαλήμου, τοῦ Σαδδούκου, τοῦ Ἀχιτώβ, τοῦ
Ἀμαρίου, τοῦ Ὀζίου, τοῦ Βοκκὰ, τοῦ Ἀβισαΐ, τοῦ Φινεὲς, τοῦ
3 Ἐλεάζαρ, τοῦ Ἀαρὼν, τοῦ ἱερέως τοῦ πρώτου· οὗτος Ἔσδρας

signify to be daily spent: [31] that offerings
may be made to the most high God for the
king and for his children, and that they
may pray for their lives. [32] And he com-
manded that whosoever should transgress,
yea, or make light of any thing *herein*
written, out of his own house should a
tree be taken, and he thereon be hanged,
and all his goods seized for the king.

[33] The Lord therefore, whose name is
there called upon, utterly destroy every
king and nation, that stretcheth out his
hand to hinder or endamage that house
of the Lord in Jerusalem. [34] I Darius the
king have ordained that according unto
these things it be done with diligence.

Then Sisinnes the governor of Celosyria
and Phenice, and Sathrabuzanes, with their
companions, following the commandments
of king Darius, [2] did very carefully oversee
the holy works, assisting the ancients of the
Jews and governors of the temple. [3] And
so the holy works prospered, when Aggeus
and Zacharias the prophets prophesied.

[4] And they finished these things by the
commandment of the Lord God of Israel;
and with the consent of Cyrus, Darius, and
Artaxerxes, kings of Persia, [5] the holy house
was finished in the three and twentieth
day of the month Adar, in the sixth year
of king Darius.

[6] And the children of Israel, the priests,
and the Levites, and others that were of the
captivity, that were added unto them, did
according to the things *written* in the book
of Moses. [7] And to the dedication of the
temple of the Lord they offered an hundred
bullocks, two hundred rams, four hundred
lambs; [8] and twelve goats for the sin of all
Israel, according to the number of the chief
of the tribes of Israel. [9] The priests also and
the Levites stood arrayed in their vestments,
according to their kindreds, in the service
of the Lord God of Israel, according to the
book of Moses: and the porters at every gate.

[10] And the children of Israel that were of
the captivity held the passover the four-
teenth day of the first month, after that the
priests and the Levites were sanctified, [11] together with all the children of the cap-
tivity; for they were sanctified, because the
Levites were all sanctified together.

[12] And so they offered the passover for all
them of the captivity, and for their brethren
the priests, and for themselves. [13] And the
children of Israel that came out of the cap-
tivity did eat, even all they that had sepa-
rated themselves from the abominations of
the people of the land, and sought the Lord.
[14] And they kept the feast of unleavened
bread seven days, making merry before the
Lord, [15] for that he had turned the counsel
of the king of Assyria toward them, to
strengthen their hands in the works of the
Lord God of Israel.

And after these things, when Artaxerxes
the king of the Persians reigned, came
Esdras *the son* of Azaraias, the son of
Zechrias, the son of Helchias, the son of
Salum, [2] the son of Sadduc, the son of
Achitob, the son of Amarias, the son of
Ozias, the son of Boccas, the son of Abisai,
the son of Phinees, the son of Eleazar, the
son of Aaron the chief priest. [3] This Esdras

went up from Babylon, as a scribe, being very ready in the law of Moses, that was given by the God of Israel. ⁴ And the king did him honour: for he found grace in his sight in all his requests.

⁵ There went up with him also certain of the children of Israel, of the priests, of the Levites, of the holy singers, porters, and ministers of the temple, unto Jerusalem, ⁶ in the seventh year of the reign of Artaxerxes, in the fifth month, this was the king's seventh year ; for they went from Babylon in the first day of the first month, and came to Jerusalem, according to the prosperous journey which the Lord gave to him. ⁷ For Esdras had very great skill, so that he omitted nothing of the law and commandments of the Lord, but taught all Israel the ordinances and judgments.

⁸ Now the copy of the commission, which was written from Artaxerxes the king, and came to Esdras the priest and reader of the law of the Lord, is that followeth ;

⁹ King Artaxerxes unto Esdras the priest and reader of the law of the Lord sendeth greeting: ¹⁰ Having determined to deal graciously, I have given order, that such of the nation of the Jews, and of the priests and Levites, being within our realm, as are willing and desirous, should go with thee unto Jerusalem. ¹¹ As many therefore as have a mind thereunto, let them depart with thee, as it hath seemed good both to me and my seven friends the counsellors ; ¹² that they may look unto the affairs of Judea and Jerusalem, agreeably to that which is in the law of the Lord ; ¹³ and carry the gifts unto the Lord of Israel to Jerusalem, which I and my friends have vowed, and all the gold and silver that in the country of Babylon can be found, to the Lord in Jerusalem, ¹⁴ with that also which is given of the people for the temple of the Lord their God at Jerusalem: and that silver and gold may be collected for bullocks, rams, and lambs, and things thereunto appertaining ; ¹⁵ to the end that they may offer sacrifices unto the Lord upon the altar of the Lord their God, which is in Jerusalem.

¹⁶ And whatsoever thou and thy brethren will do with the silver and gold, that do, according to the will of thy God. ¹⁷ And the holy vessels of the Lord, which are given thee for the use of the temple of thy God, which is in Jerusalem, thou shalt set before thy God in Jerusalem. ¹⁸ And whatsoever thing else thou shalt remember for the use of the temple of thy God, thou shalt give it out of the king's treasury.

¹⁹ And I king Artaxerxes have also commanded the keepers of the treasures in Syria and Phenice, that whatsoever Esdras the priest and the reader of the law of the most high God shall send for, they should give it him with speed, ²⁰ to the sum of an hundred talents of silver, likewise also of wheat even to an hundred cors, and an hundred pieces of wine, and other things in abundance. ²¹ Let all things be performed after the law of God diligently unto the most high God, that wrath come not upon the kingdom of the king and his sons. ²² I command you also, that ye require no tax, nor any other imposition, of any of the priests, or Levites, or holy singers, or

ἀνέβη ἐκ Βαβυλῶνος ὡς γραμματεὺς εὐφυὴς ὢν ἐν τῷ Μωυσέως νόμῳ τῷ ἐκδεδομένῳ ὑπὸ τοῦ Θεοῦ τοῦ Ἰσραήλ. Καὶ ἔδωκεν 4 αὐτῷ ὁ βασιλεὺς δόξαν, εὑρόντος χάριν ἐνώπιον αὐτοῦ ἐπὶ πάντα τὰ ἀξιώματα αὐτοῦ.

Καὶ συνανέβησαν ἐκ τῶν υἱῶν Ἰσραήλ, καὶ τῶν ἱερέων, καὶ 5 Λευιτῶν, καὶ ἱεροψαλτῶν, καὶ θυρωρῶν, καὶ ἱεροδούλων εἰς Ἱερουσαλήμ, ἔτους ἑβδόμου βασιλεύοντος Ἀρταξέρξου ἐν τῷ 6 πέμπτῳ μηνί· οὗτος ἐνιαυτὸς ἕβδομος τῷ βασιλεῖ· ἐξελθόντες γὰρ ἐκ Βαβυλῶνος τῇ νουμηνίᾳ τοῦ πρώτου μηνὸς, παρεγένοντο εἰς Ἱερουσαλὴμ κατὰ τὴν δοθεῖσαν αὐτοῖς εὐοδίαν παρὰ τοῦ Κυρίου ἐπ᾽ αὐτῷ. Ὁ γὰρ Ἔσδρας πολλὴν ἐπι- 7 στήμην περιεῖχεν εἰς τὸ μηδὲν παραλιπεῖν τῶν ἐκ τοῦ νόμου Κυρίου καὶ ἐκ τῶν ἐντολῶν, διδάξαι πάντα τὸν Ἰσραὴλ δικαιώματα καὶ κρίματα.

Προσπεσόντος δὲ τοῦ γραφέντος προστάγματος παρὰ Ἀρτα- 8 ξέρξου βασιλέως πρὸς Ἔσδραν τὸν ἱερέα καὶ ἀναγνώστην τοῦ νόμου Κυρίου, οὗ ἐστιν ἀντίγραφον τὸ ὑποκείμενον·

Βασιλεὺς Ἀρταξέρξης Ἔσδρᾳ τῷ ἱερεῖ καὶ ἀναγνώστῃ τοῦ 9 νόμου Κυρίου χαίρειν. Καὶ τὰ φιλάνθρωπα ἐγὼ κρίνας προσ- 10 έταξα τοὺς βουλομένους ἐκ τοῦ ἔθνους τῶν Ἰουδαίων αἱρετίζοντας, καὶ τῶν ἱερέων καὶ τῶν Λευιτῶν, καὶ τῶνδε ἐν τῇ ἡμετέρᾳ βασιλείᾳ, συμπορεύεσθαί σοι εἰς Ἱερουσαλήμ. Ὅσοι 11 οὖν ἐνθυμοῦνται, συνεξορμάσθωσαν καθάπερ δέδοκται ἐμοί τε, καὶ τοῖς ἑπτὰ φίλοις συμβουλευταῖς, ὅπως ἐπισκέψωνται τὰ 12 κατὰ τὴν Ἰουδαίαν καὶ Ἱερουσαλὴμ ἀκολούθως ᾧ ἔχει ἐν τῷ νόμῳ Κυρίου, καὶ ἀπενεγκεῖν δῶρα τῷ Κυρίῳ τοῦ Ἰσραήλ, ἃ 13 ηὐξάμην ἐγώ τε καὶ οἱ φίλοι, εἰς Ἱερουσαλήμ· καὶ πᾶν χρυσίον καὶ ἀργύριον ὃ ἐὰν εὑρεθῇ ἐν τῇ χώρᾳ τῆς Βαβυλωνίας τῷ Κυρίῳ εἰς Ἱερουσαλήμ, σὺν τῷ δεδωρημένῳ ὑπὸ τοῦ ἔθνους εἰς 14 τὸ ἱερὸν τοῦ Κυρίου Θεοῦ αὐτῶν τὸ ἐν Ἱερουσαλήμ, συναχθῆναι τό, τε χρυσίον καὶ τὸ ἀργύριον εἰς ταύρους καὶ κριοὺς καὶ ἄρνας, καὶ τὰ τούτοις ἀκόλουθα, ὥστε προσενεγκεῖν θυσίας 15 τῷ Κυρίῳ ἐπὶ τὸ θυσιαστήριον τοῦ Κυρίου Θεοῦ αὐτῶν τὸ ἐν Ἱερουσαλήμ.

Καὶ πάντα ὅσα ἐὰν βούλῃ μετὰ τῶν ἀδελφῶν σου ποιῆσαι 16 χρυσίῳ καὶ ἀργυρίῳ, ἐπιτέλει κατὰ τὸ θέλημα τοῦ Θεοῦ σου. Καὶ τὰ ἱερὰ σκεύη τοῦ Κυρίου τὰ διδόμενά σοι εἰς τὴν 17 χρείαν τοῦ ἱεροῦ τοῦ Θεοῦ σου, δώσεις ἐκ τοῦ βασιλικοῦ 18 γαζοφυλακίου.

Κἀγὼ ἰδοὺ Ἀρταξέρξης βασιλεὺς προσέταξα τοῖς γαζοφύ- 19 λαξι Συρίας καὶ Φοινίκης, ἵνα ὅσα ἐὰν ἀποστείλῃ Ἔσδρας ὁ ἱερεὺς καὶ ἀναγνώστης τοῦ νόμου τοῦ Θεοῦ τοῦ ὑψίστου, ἐπιμελῶς διδῶσιν αὐτῷ ἕως ἀργυρίου ταλάντων ἑκατόν, ὁμοίως 20 δὲ καὶ ἕως πυροῦ κόρων ἑκατόν, καὶ οἴνου μετρητῶν ἑκατόν· καὶ ἄλλα ἐκ πλήθους πάντα κατὰ τὸν τοῦ Θεοῦ νόμον ἐπιτελεσθήτω 21 ἐπιμελῶς τῷ Θεῷ τῷ ὑψίστῳ, ἕνεκεν τοῦ μὴ γενέσθαι ὀργὴν εἰς τὴν βασιλείαν τοῦ βασιλέως καὶ τῶν υἱῶν αὐτοῦ. Καὶ ὑμῖν δὲ 22 λέγεται ὅπως πᾶσι τοῖς ἱερεῦσι, καὶ τοῖς Λευίταις, καὶ ἱεροψάλταις, καὶ θυρωροῖς, καὶ ἱεροδούλοις, καὶ πραγματικοῖς τοῦ ἱεροῦ

τούτου μηδὲ μία φορολογία, μηδὲ ἄλλη ἐπιβουλὴ γίνηται, καὶ
μηδένα ἔχειν ἐξουσίαν ἐπιβαλεῖν τι τούτοις.

23 Καὶ σύ, Ἔσδρα, κατὰ τὴν σοφίαν τοῦ Θεοῦ, ἀνάδειξον
κριτὰς καὶ δικαστάς, ὅπως δικάζωσιν ἐν ὅλῃ Συρίᾳ καὶ Φοινίκῃ
πάντας τοὺς ἐπισταμένους τὸν νόμον τοῦ Θεοῦ σου, καὶ τοὺς μὴ
24 ἐπισταμένους διδάξεις. Καὶ πάντες ὅσοι ἂν παραβαίνωσι τὸν
νόμον τοῦ Θεοῦ σου καὶ τὸν βασιλικόν, ἐπιμελῶς κολασθή-
σονται, ἐάν τε καὶ θανάτῳ, ἐάν τε καὶ τιμωρίᾳ ἢ ἀργυρικῇ ζημίᾳ,
ἢ ἀπαγωγῇ.

25 Καὶ εἶπεν Ἔσδρας ὁ γραμματεύς, εὐλογητὸς μόνος Κύριος
ὁ Θεὸς τῶν πατέρων μου, ὁ δοὺς ταῦτα εἰς τὴν καρδίαν τοῦ
26 βασιλέως, δοξάσαι τὸν οἶκον αὐτοῦ τὸν ἐν Ἱερουσαλήμ, καὶ
ἐμὲ ἐτίμησεν ἐναντίον τοῦ βασιλέως, καὶ τῶν συμβουλευόντων,
27 καὶ πάντων τῶν φίλων, καὶ μεγιστάνων αὐτοῦ. Καὶ ἐγὼ
εὐθαρσὴς ἐγενόμην κατὰ τὴν ἀντίληψιν Κυρίου τοῦ Θεοῦ μου,
καὶ συνήγαγον ἄνδρας ἐκ τοῦ Ἰσραὴλ ὥστε συναναβῆναί μοι.

28 Καὶ οὗτοι οἱ προηγούμενοι κατὰ τὰς πατριὰς αὐτῶν καὶ
τὰς μεριδαρχίας, οἱ ἀναβάντες μετ' ἐμοῦ ἐκ Βαβυλῶνος ἐν
29 τῇ βασιλείᾳ Ἀρταξέρξου τοῦ βασιλέως. Ἐκ τῶν υἱῶν
Φινεές, Γηρσών· ἐκ τῶν υἱῶν Ἰαθαμάρου, Γαμαλιήλ· ἐκ
30 τῶν υἱῶν Λαυίδ, Λαττοὺς ὁ Σεχενίου· ἐκ τῶν υἱῶν Φόρος,
Ζαχαρίας, καὶ μετ' αὐτοῦ ἀπεγράφησαν ἄνδρες ἑκατὸν
31 πεντήκοντα· ἐκ τῶν υἱῶν Φαὰθ Μωάβ, Ἐλιαωνίας Ζαραίου,
32 καὶ μετ' αὐτοῦ ἄνδρες διακόσιοι· ἐκ τῶν υἱῶν Ζαθόης,
Ζεχενίας Ἰεζήλου, καὶ μετ' αὐτοῦ ἄνδρες τριακόσιοι· ἐκ τῶν
υἱῶν Ἀδίν, Ὠβήθ Ἰωνάθου, καὶ μετ' αὐτοῦ ἄνδρες διακόσιοι
33 πεντήκοντα· ἐκ τῶν υἱῶν Ἠλάμ, Ἰεσίας Γοθολίου, καὶ μετ'
34 αὐτοῦ ἄνδρες ἑβδομήκοντα· ἐκ τῶν υἱῶν Σαφατίου, Ζαραίας
35 Μιχαήλου, καὶ μετ' αὐτοῦ ἄνδρες ἑβδομήκοντα· ἐκ τῶν υἱῶν
Ἰωάβ, Ἀβαδίας Ἰεζήλου, καὶ μετ' αὐτοῦ ἄνδρες διακόσιοι
36 δεκαδύο. Ἐκ τῶν υἱῶν Βανίας, Σαλιμὼθ Ἰωσαφίου, καὶ μετ'
37 αὐτοῦ ἄνδρες ἑξήκοντα καὶ ἑκατόν· ἐκ τῶν υἱῶν Βαβί, Ζαχαρίας
38 Βηβαΐ, καὶ μετ' αὐτοῦ ἄνδρες εἰκοσιοκτώ· ἐκ τῶν υἱῶν Ἀστάθ,
39 Ἰωάννης Ἀκατάν, καὶ μετ' αὐτοῦ ἄνδρες ἑκατὸν δέκα· ἐκ τῶν
υἱῶν Ἀδωνικάμ, οἱ ἔσχατοι· καὶ ταῦτα τὰ ὀνόματα αὐτῶν·
Ἐλιφαλὰ τοῦ Γεουήλ, καὶ Σαμαίας, καὶ μετ' αὐτῶν ἄνδρες
40 ἑβδομήκοντα· ἐκ τῶν υἱῶν Βαγώ, Οὐθὶ ὁ τοῦ Ἰσταλκούρου, καὶ
μετ' αὐτοῦ ἄνδρες ἑβδομήκοντα.

41 Καὶ συνήγαγον αὐτοὺς ἐπὶ τὸν λεγόμενον Θερὰν ποταμόν,
καὶ παρενεβάλομεν ἡμέρας τρεῖς αὐτόθι, καὶ κατέμαθον αὐτούς.
42, 43 Καὶ ἐκ τῶν ἱερέων καὶ ἐκ τῶν Λευιτῶν οὐχ εὑρὼν ἐκεῖ, ἀπέ-
στειλα πρὸς Ἐλεάζαρον, καὶ Ἰδουῆλον, καὶ Μαιά, καὶ Μασμάν,
44 καὶ Ἀλναθάν, καὶ Σαμαίαν, καὶ Ἰώριβον, Νάθαν, Ἐννατάν,
Ζαχαρίαν, καὶ Μοσόλλαμον τοὺς ἡγουμένους καὶ ἐπιστήμονας,
45 καὶ εἶπα αὐτοῖς ἐλθεῖν πρὸς Λοδδαῖον τὸν ἡγούμενον τὸν ἐν τῷ
46 τόπῳ τοῦ γαζοφυλακίου, ἐντειλάμενος αὐτοῖς διαλεχθῆναι Λοδ-
δαίῳ, καὶ τοῖς ἀδελφοῖς αὐτοῦ, καὶ τοῖς ἐν τῷ τόπῳ γαζοφύ-
λαξιν, ἀποστεῖλαι ἡμῖν τοὺς ἱερατεύσοντας ἐν τῷ οἴκῳ τοῦ
Κυρίου ἡμῶν.

47 Καὶ ἤγαγον ἡμῖν κατὰ τὴν κραταιὰν χεῖρα τοῦ Κυρίου ἡμῶν
ἄνδρας ἐπιστήμονας τῶν υἱῶν Μοολὶ τοῦ Λευὶ τοῦ Ἰσραήλ,
Ἀσεβηβίαν, καὶ τοὺς υἱοὺς αὐτοῦ, καὶ τοὺς ἀδελφοὺς, ὄντας

---

porters, or ministers of the temple, or of
any that have doings in this temple, and that
man have authority to impose any thing
upon them. [23] And thou, Esdras, according to the wis-
dom of God ordain judges and justices, that
they may judge in all Syria and Phenice all
those that know the law of thy God; and
those that know it not thou shalt teach.
[24] And whosoever shall transgress the law of
thy God, and of the king, shall be punished
diligently, whether it be by death, or other
punishment, by penalty of money, or by im-
prisonment.
[25] Then said Esdras the scribe, Blessed be
the only Lord God of my fathers, who hath
put these things into the heart of the king,
to glorify his house that is in Jerusalem:
[26] and hath honoured me in the sight of the
king, and his counsellors, and all his friends
and nobles. [27] Therefore was I encouraged by
the help of the Lord my God, and gathered
together men of Israel to go up with me.
[28] And these are the chief according to
their families and several dignities, that
went up with me from Babylon in the reign
of king Artaxerxes: [29] of the sons of Phinees,
Gerson: of the sons of Ithamar, Gamaliel:
of the sons of David, Lettus the son of
Sechenias: [30] of the sons of Pharez, Zacha-
rias; and with him were counted an hun-
dred and fifty men: [31] of the sons of Pahath
Moab, Eliaonias, the son of Zaraias, and
with him two hundred men: [32] of the sons
of Zathoe, Sechenias the son of Jezelus, and
with him three hundred men: of the sons
of Adin, Obeth the son of Jonathan, and
with him two hundred and fifty men: [33] of
the sons of Elam, Josias son of Gotholias,
and with him seventy men: [34] of the sons of
Saphatias, Zaraias son of Michael, and with
him threescore and ten men: [35] of the sons
of Joab, Abadias son of Jezelus, and with
him two hundred and twelve men: [36] of the
sons of Bania, Salimoth son of Josaphias,
and with him an hundred and threescore
men: [37] of the sons of Babi, Zacharias son of
Bebai, and with him twenty and eight men:
[38] of the sons of Astath, Johannes son of
Acatan, and with him an hundred and ten
men: [39] of the sons of Adonikam the last,
and these are the names of them, Eliphalet,
son of Geuel, and Samaias, and with them
seventy men: [40] of the sons of Bago, Uthi the
son of Istalcurus, and with him seventy men.
[41] And these I gathered together to the
river called Theras, where we pitched our
tents three days: and then I surveyed them.
[42] But when I had found there none of the
priests and Levites, [43] then sent I unto Elea-
zar, and Iduel, and Mæa, and Masman, [44] and
Alnathan, and Samaias, and Joribas, and
Nathan, Ennatan, Zacharias, and Mosolla-
mus, principal men and learned. [45] And I
bade them that they should go unto Loddeus
the captain, who was in the place of the
treasury: [46] and commanded them that they
should speak unto Loddeus, and to his
brethren, and to the treasurers in that
place, to send us such men as might execute
the priests' office in the house of the Lord.
[47] And by the mighty hand of our Lord
they brought unto us skilful men of the
sons of Mooli the son of Levi, the son of
Israel, Asebebia, and his sons, and his

brethren, who were eighteen. ⁴⁸And Asebia, and Annuus, and Osaias his brother, of the sons of Chanuneus, and their sons, were twenty men. ⁴⁹And of the servants of the temple whom David had ordained, and the principal men for the service of the Levites, to wit, the servants of the temple, two hundred and twenty, the catalogue of whose names were shewed.

⁵⁰And there I vowed a fast unto the young men before our Lord, to desire of him a prosperous journey both for us and them that were with us, for our children, and for the cattle: ⁵¹for I was ashamed to ask the king footmen, and horsemen, and conduct for safeguard against our adversaries. ⁵²For we had said unto the king, that the power of the Lord our God should be with them that seek him, to support them in all ways. ⁵³And again we besought our Lord as touching these things, and found him favourable unto us.

⁵⁴Then I separated twelve of the chief of the priests, Esebrias, and Samias, and ten men of their brethren with them: ⁵⁵and I weighed them the gold, and the silver, and the holy vessels of the house of our Lord, which the king, and his council, and the princes, and all Israel, had given. ⁵⁶And when I had weighed it, I delivered unto them six hundred and sixty talents of silver, and silver vessels of an hundred talents, and an hundred talents of gold, ⁵⁷and twenty golden vessels, and twelve vessels of brass, even of fine brass, glittering like gold.

⁵⁸And I said unto them, Both ye are holy unto the Lord, and the vessels are holy, and the gold and the silver is a vow unto the Lord, the Lord of our fathers. ⁵⁹Watch ye, and keep them till ye deliver them to the chief of the priests and Levites, and to the principal men of the families of Israel, in Jerusalem, into the chambers of the house of our God. ⁶⁰So the priests and the Levites, who had received the silver and the gold and the vessels that were in Jerusalem, brought them into the temple of the Lord.

⁶¹And from the river Theras we departed the twelfth day of the first month, and came to Jerusalem by the mighty hand of our Lord, which was with us: and from the beginning of our journey the Lord delivered us from every enemy, and so we came to Jerusalem. ⁶²And when we had been there three days, the gold and silver that was weighed was delivered in the house of our Lord on the fourth day unto Marmothi the priest the son of Uria. ⁶³And with him was Eleazar the son of Phinees, and with them were Josabad the son of Jesu and Moeth the son of Sabban, Levites: all was delivered them by number and weight. ⁶⁴And all the weight of them was written up the same hour.

⁶⁵Moreover they that were come out of the captivity offered sacrifice unto the Lord God of Israel, even twelve bullocks for all Israel, fourscore and sixteen rams, ⁶⁶threescore and twelve lambs, goats for a peace-offering, twelve; all of them a sacrifice to the Lord. ⁶⁷And they delivered the king's commandments unto the king's stewards, and to the governors of Celosyria and Phenice; and they honoured the people and the temple of God.

δέκα καὶ ὀκτώ· καὶ Ἀσεβίαν, καὶ Ἄννουον, καὶ Ὠσαίαν 48 ἀδελφὸν ἐκ τῶν υἱῶν Χανουναίου, καὶ οἱ υἱοὶ αὐτῶν εἴκοσι ἄνδρες· καὶ ἐκ τῶν ἱεροδούλων ὧν ἔδωκε Δαυὶδ, καὶ οἱ ἡγού- 49 μενοι εἰς τὴν ἐργασίαν τῶν Λευιτῶν, ἱεροδούλους διακοσίους καὶ εἴκοσι· πάντων ἐσημάνθη ἡ ὀνοματογραφία.

Καὶ ηὐξάμην ἐκεῖ νηστείαν τοῖς νεανίσκοις ἔναντι Κυρίου 50 ἡμῶν, ζητῆσαι παρ' αὐτοῦ εὐοδίαν ἡμῖν τε καὶ τοῖς συνοῦσιν ἡμῖν, τέκνοις ἡμῶν, καὶ κτήνεσιν. Ἐνετράπην γὰρ αἰτῆσαι 51 τὸν βασιλέα, πεζούς τε καὶ ἱππεῖς, καὶ προπομπὴν ἕνεκεν ἀσφαλείας τῆς πρὸς τοὺς ἐναντιουμένους ἡμῖν. Εἴπαμεν γὰρ 52 τῷ βασιλεῖ, ὅτι ἡ ἰσχὺς τοῦ Κυρίου ἡμῶν ἔσται μετὰ τῶν ἐπιζητούντων· αὐτὸν εἰς πᾶσαν ἐπανόρθωσιν. Καὶ πάλιν 53 ἐδεήθημεν τοῦ Κυρίου ἡμῶν πάντα ταῦτα, καὶ ἐτύχομεν εὐιλάτου.

Καὶ ἐχώρισα τῶν φυλάρχων τῶν ἱερέων ἄνδρας δεκαδύο, καὶ 54 Ἐσερεβίαν καὶ Σαμίαν, καὶ μετ' αὐτῶν ἐκ τῶν ἀδελφῶν αὐτῶν ἄνδρας δώδεκα. Καὶ ἔστησα αὐτοῖς τὸ ἀργύριον, καὶ τὸ χρυ- 55 σίον, καὶ τὰ ἱερὰ σκεύη τοῦ οἴκου τοῦ Κυρίου ἡμῶν, ἃ ἐδωρή- σατο ὁ βασιλεὺς, καὶ οἱ σύμβουλοι αὐτοῦ, καὶ οἱ μεγιστᾶνες, καὶ πᾶς Ἰσραήλ. Καὶ στήσας παρέδωκα αὐτοῖς ἀργυρίου 56 τάλαντα ἑξακόσια πεντήκοντα, καὶ σκεύη ἀργυρᾶ ταλάντων ἑκατὸν, καὶ χρυσίου τάλαντα ἑκατὸν, καὶ χρυσώματα εἴκοσι, 57 καὶ σκεύη χάλκεα ἀπὸ χρηστοῦ χαλκοῦ στίλβοντα χρυσοειδῆ σκεύη δώδεκα.

Καὶ εἶπα αὐτοῖς, καὶ ὑμεῖς ἅγιοι ἐστὲ τῷ Κυρίῳ, καὶ τὰ 58 σκεύη τὰ ἅγια, καὶ τὸ χρυσίον, καὶ τὸ ἀργύριον, εὐχὴ τῷ Κυρίῳ, Κυρίῳ τῶν πατέρων ἡμῶν. Ἀγρυπνεῖτε, καὶ φυλάσ- 59 σετε ἕως τοῦ παραδοῦναι ὑμᾶς αὐτὰ τοῖς φυλάρχοις τῶν ἱερέων καὶ τῶν Λευιτῶν, καὶ τοῖς ἡγουμένοις τῶν πατριῶν τοῦ Ἰσραὴλ ἐν Ἱερουσαλὴμ, ἐν τοῖς παστοφορίοις τοῦ οἴκου τοῦ Θεοῦ ἡμῶν. Καὶ οἱ παραλαβόντες οἱ ἱερεῖς καὶ οἱ Λευῖται τὸ ἀργύριον, καὶ 60 τὸ χρυσίον, καὶ τὰ σκεύη τὰ ἐν Ἱερουσαλὴμ, εἰσήνεγκαν εἰς τὸ ἱερὸν τοῦ Κυρίου.

Καὶ ἀναζεύξαντες ἀπὸ τοῦ ποταμοῦ Θερὰ τῇ δωδεκάτῃ τοῦ 61 πρώτου μηνὸς, ἕως εἰσήλθομεν εἰς Ἱερουσαλὴμ κατὰ τὴν κρα- ταιὰν χεῖρα τοῦ Κυρίου ἡμῶν τὴν ἐφ' ἡμῖν· καὶ ἐρρύσατο ἡμᾶς ἀπὸ τῆς εἰσόδου ἀπὸ παντὸς ἐχθροῦ, καὶ ἤλθομεν εἰς Ἱερου- σαλήμ. Καὶ γενομένης αὐτόθι ἡμέρας τρίτης, τῇ ἡμέρᾳ τῇ 62 τετάρτῃ σταθὲν τὸ ἀργύριον καὶ τὸ χρυσίον παρεδόθη ἐν τῷ οἴκῳ Κυρίου ἡμῶν Μαρμωθὶ Οὐρία ἱερεῖ. Καὶ μετ' αὐτοῦ 63 Ἐλεάζαρ ὁ τοῦ Φινεὲς, καὶ ἦσαν μετ' αὐτοῦ Ἰωσαβδὸς Ἰησοῦ, καὶ Μωὲθ Σαβάννου· οἱ δὲ Λευῖται, πρὸς ἀριθμὸν καὶ ὁλκὴν ἅπαντα. Καὶ ἐγράφη πᾶσα ἡ ὁλκὴ αὐτῶν αὐτῇ τῇ ὥρᾳ.   64

Οἱ δὲ παραγενόμενοι ἐκ τῆς αἰχμαλωσίας προσήνεγκαν 65 θυσίας τῷ Θεῷ τοῦ Ἰσραὴλ Κυρίῳ, ταύρους δώδεκα ὑπὲρ παντὸς Ἰσραὴλ, κριοὺς ἐνενηκονταὲξ, ἄρνας ἑβδομηκονταδύο, 66 τράγους ὑπὲρ σωτηρίου δώδεκα, ἅπαντα θυσίαν τῷ Κυρίῳ. Καὶ ἀπέδωκαν τὰ προστάγματα τοῦ βασιλέως τοῖς βασιλικοῖς 67 οἰκονόμοις καὶ τοῖς ἐπάρχοις κοίλης Συρίας καὶ Φοινίκης, καὶ ἐδόξασαν τὸ ἔθνος, καὶ τὸ ἱερὸν τοῦ Κυρίου.

68 Καὶ τούτων τελεσθέντων, προσήλθοσάν μοι οἱ ἡγούμενοι,
69 λέγοντες, οὐκ ἐχώρισαν τὸ ἔθνος τοῦ Ἰσραὴλ καὶ οἱ ἄρχοντες
καὶ οἱ ἱερεῖς καὶ οἱ Λευῖται τὰ ἀλλογενῆ ἔθνη τῆς γῆς καὶ τὰς
ἀκαθαρσίας αὐτῶν ἀπὸ τῶν ἐθνῶν τῶν Χαναναίων, καὶ Χετταίων,
καὶ Φερεζαίων, καὶ Ἰεβουσαίων, καὶ Μωαβιτῶν, καὶ Αἰγυπτίων,
70 καὶ Ἰδουμαίων. Συνῴκησαν γὰρ μετὰ τῶν θυγατέρων αὐτῶν
καὶ αὐτοὶ καὶ οἱ υἱοὶ αὐτῶν, καὶ ἐπεμίγη τὸ σπέρμα τὸ ἅγιον
εἰς τὰ ἀλλογενῆ ἔθνη τῆς γῆς, καὶ μετεῖχον οἱ προηγούμενοι
καὶ οἱ μεγιστᾶνες τῆς ἀνομίας ταύτης ἀπὸ τῆς ἀρχῆς τοῦ
πράγματος.

71 Καὶ ἅμα τῷ ἀκοῦσαί με ταῦτα, διέρρηξα τὰ ἱμάτια καὶ τὴν
ἱερὰν ἐσθῆτα, καὶ κατέτιλα τοῦ τριχώματος τῆς κεφαλῆς καὶ
72 τοῦ πώγωνος, καὶ ἐκάθισα σύννους καὶ περίλυπος. Καὶ
ἐπισυνήχθησαν πρὸς μὲ ὅσοι ποτὲ ἐπεκινοῦντο ἐπὶ τῷ ῥήματι
Κυρίου Θεοῦ τοῦ Ἰσραήλ, ἐμοῦ πενθοῦντος ἐπὶ τῇ ἀνομίᾳ· καὶ
ἐκαθήμην περίλυπος ἕως τῆς δειλινῆς θυσίας.

73 Καὶ ἐξεγερθεὶς ἐκ τῆς νηστείας διερρηγμένα ἔχων τὰ ἱμάτια
καὶ τὴν ἱερὰν ἐσθῆτα, κάμψας τὰ γόνατα, καὶ ἐκτείνας τὰς
74 χεῖρας πρὸς τὸν Κύριον· ἔλεγον, Κύριε, ᾔσχυμμαι καὶ ἐντέ-
75 τραμμαι κατὰ πρόσωπόν σου. Αἱ γὰρ ἁμαρτίαι ἡμῶν ἐπλεόνα-
σαν ὑπὲρ τὰς κεφαλὰς ἡμῶν, καὶ αἱ ἄγνοιαι ἡμῶν ὑπερήνεγκαν
76 ἕως τοῦ οὐρανοῦ, ἔτι ἀπὸ τῶν χρόνων τῶν πατέρων ἡμῶν, καὶ
77 ἐσμὲν ἐν μεγάλῃ ἁμαρτίᾳ ἕως τῆς ἡμέρας ταύτης. Καὶ διὰ
τὰς ἁμαρτίας ἡμῶν καὶ τῶν πατέρων ἡμῶν παρεδόθημεν σὺν
τοῖς ἀδελφοῖς ἡμῶν, καὶ σὺν τοῖς βασιλεῦσιν ἡμῶν, καὶ σὺν
τοῖς ἱερεῦσιν ἡμῶν, τοῖς βασιλεῦσι τῆς γῆς εἰς ῥομφαίαν καὶ
αἰχμαλωσίαν καὶ προνομὴν μετὰ αἰσχύνης μέχρι τῆς σήμερον
ἡμέρας.

78 Καὶ νῦν κατὰ πόσον τι ἐγενήθη ἡμῖν ἔλεος παρὰ τοῦ Κυρίου
Κυρίου, καταλειφθῆναι ἡμῖν ῥίζαν καὶ ὄνομα ἐν τῷ τόπῳ
79 ἁγιάσματός σου, καὶ τοῦ ἀνακαλύψαι φωστῆρα ἡμῖν ἐν τῷ οἴκῳ
Κυρίου τοῦ Θεοῦ ἡμῶν, δοῦναι ἡμῖν τροφὴν ἐν τῷ καιρῷ τῆς
80 δουλείας ἡμῶν; Καὶ ἐν τῷ δουλεύειν ἡμᾶς οὐκ ἐγκατελείφθη-
μεν ὑπὸ τοῦ Κυρίου ἡμῶν, ἀλλὰ ἐποίησεν ἡμᾶς ἐν χάριτι
81 ἐνώπιον τῶν βασιλέων Περσῶν, δοῦναι ἡμῖν τροφήν, καὶ
δοξάσαι τὸ ἱερὸν τοῦ Κυρίου ἡμῶν, καὶ ἐγεῖραι τὴν ἔρημον
Σιών, δοῦναι ἡμῖν στερέωμα ἐν τῇ Ἰουδαίᾳ καὶ Ἱερουσαλήμ.

82 Καὶ νῦν τί ἐροῦμεν, Κύριε, ἔχοντες ταῦτα; παρέβημεν γὰρ
τὰ προστάγματά σου, ἃ ἔδωκας ἐν χειρὶ τῶν παίδων σου τῶν
83 προφητῶν, λέγων, ὅτι ἡ γῆ, εἰς ἣν εἰσέρχεσθε κληρονομῆσαι,
ἔστι γῆ μεμολυσμένη μολυσμῷ τῶν ἀλλογενῶν τῆς γῆς, καὶ
84 τῆς ἀκαθαρσίας αὐτῶν ἐνέπλησαν αὐτήν. Καὶ νῦν τὰς θυγα-
τέρας ὑμῶν μὴ συνοικήσητε τοῖς υἱοῖς αὐτῶν, καὶ τὰς θυγατέρας
85 αὐτῶν μὴ λάβητε τοῖς υἱοῖς ὑμῶν, καὶ οὐ ζητήσετε εἰρηνεῦσαι
τὰ πρὸς αὐτοὺς τὸν ἅπαντα χρόνον, ἵνα ἰσχύσαντες φάγητε τὰ
ἀγαθὰ τῆς γῆς, καὶ κατακληρονομήσητε τοῖς τέκνοις ὑμῶν ἕως
αἰῶνος.

86 Καὶ τὰ συμβαίνοντα πάντα ἡμῖν γίνεται διὰ τὰ ἔργα ἡμῶν
τὰ πονηρά, καὶ τὰς μεγάλας ἁμαρτίας ἡμῶν· σὺ γὰρ Κύριε
87 ὁ κουφίσας τὰς ἁμαρτίας ἡμῶν, ἔδωκας ἡμῖν τοιαύτην ῥίζαν·
πάλιν ἀνεκάμψαμεν παραβῆναι τὸν νόμον σου εἰς τὸ ἐπιμιγη-

[68] Now when these things were done, the rulers came unto me, and said, [69] The nation of Israel, the princes, the priests and the Levites, have not put away from them the strange people of the land, nor their pollutions from the Gentiles, *to wit*, the Canaanites, Hittites, Pheresites, Jebusites, and the Moabites, Egyptians, and Edomites. [70] For both they and their sons have married with their daughters, and the holy seed is mixed with the strange people of the land; and from the beginning of this matter the rulers and the great men have been partakers of this iniquity. [71] And as soon as I had heard these things, I rent my clothes, and the holy garment, and pulled off the hair from off my head and beard, and sat me down sad and very heavy. [72] So all they that were then moved at the word of the Lord God of Israel assembled unto me, whilst I mourned for the iniquity: but I sat still full of heaviness until the evening sacrifice. [73] Then rising up from the fast with my clothes and the holy garment rent, and bowing my knees, and stretching forth my hands unto the Lord, [74] I said, O Lord, I am confounded and ashamed before thy face; [75] for our sins are multiplied above our heads, and our ignorances have reached up unto heaven. [76] For ever since the time of our fathers we *have been* and are in great sin, even unto this day. [77] And for our sins and our fathers' we with our brethren and our kings and our priests were given up unto the kings of the earth, to the sword, and to captivity, and for a prey with shame, unto this day. [78] And now in some measure hath mercy been shewed unto us from thee, O Lord, that there should be left us a root and a name in the place of thy sanctuary; [79] and to discover unto us a light in the house of the Lord our God, and to give us food in the time of our servitude. [80] Yea, when we were in bondage, we were not forsaken of our Lord; but he made us favoured before the kings of Persia, so that they gave us food; [81] yea, and honoured the temple of our Lord, and raised up the desolate Sion, so that they have given us a sure abiding in Jewry and Jerusalem. [82] And now, O Lord, what shall we say, having these things? for we have transgressed thy commandments, which thou gavest by the hand of thy servants the prophets, saying, [83] That the land, which ye enter into to possess as an heritage, is a land polluted with the pollutions of the strangers of the land, and they have filled it with their uncleanness. [84] Therefore now shall ye not join your daughters unto their sons, neither shall ye take their daughters unto your sons. [85] Moreover ye shall never seek to have peace with them, that ye may be strong, and eat the good things of the land, and that ye may leave the inheritance of the land unto your children for evermore. [86] And all that is befallen is done unto us for our wicked works and great sins: for thou, O Lord, didst make our sins light, [87] and didst give unto us such a root: but we have turned back again to transgress thy law, and to mingle ourselves with the

uncleanness of the nations of the land.
⁸⁸Mightest not thou be angry with us to
destroy us, till thou hadst left us neither
root, seed, nor name?

⁸⁹O Lord of Israel, thou art true: for we
are left a root this day. ⁹⁰Behold, now are
we before thee in our iniquities, for we can-
not stand any longer by reason of these
things before thee. ⁹¹And as Esdras in his
prayer made his confession, weeping, and
lying flat upon the ground before the tem-
ple, there gathered unto him from Jerusalem
a very great multitude of men and women
and children: for there was great weeping
among the multitude.

⁹²Then Jechonias the son of Jeelus, one of
the children of Israel, called out and said,
O Esdras, we have sinned against the Lord;
we have married strange women of the na-
tions of the land, and now is all Israel aloft.
⁹³Let us make an oath to the Lord, that we
will put away all our wives, which we have
taken of the heathen, with their children,
⁹⁴like as thou hast decreed, and as many as
do obey the law of the Lord. ⁹⁵Arise, and
put into execution: for to thee doth this
matter appertain, and we will be with thee:
do valiantly. ⁹⁶So Esdras arose, and took an
oath of the chief of the priests and Levites
of all Israel to do after these things; and so
they sware.

Then Esdras rising from the court of the
temple went to the chamber of Joanan the
son of Eliasib, ²and remained there, and did
eat no meat nor drink water, mourning for
the great iniquities of the multitude. ³And
there was a proclamation in all Jewry and
Jerusalem to all them that were of the cap-
tivity, that they should be gathered together
at Jerusalem: ⁴and that whosoever met not
there within two or three days, according as
the elders that bare rule appointed, their
cattle should be seized to the use of the
temple, and himself cast out from them
that were of the captivity.

⁵And in three days were all they of the
tribe of Juda and Benjamin gathered toge-
ther at Jerusalem the twentieth day of the
ninth month. ⁶And all the multitude sat
in the broad court of the temple, trembling
because of the present foul weather.

⁷So Esdras arose up, and said unto them;
Ye have transgressed the law in marrying
strange wives, thereby to increase the sins of
Israel. ⁸And now by confessing give glory
unto the Lord God of our fathers, ⁹and do
his will, and separate yourselves from the
heathen of the land, and from the strange
women.

¹⁰Then cried the whole multitude, and
said with a loud voice, Like as thou hast spo-
ken, so will we do. ¹¹But forasmuch as the
people are many, and it is foul weather, so
that we cannot stand without, and this is
not a work of a day or two, seeing our sin
in these things is spread far: ¹²therefore let
the rulers of the multitude stay, and let all
them of our habitations that have strange
wives come at the time appointed, ¹³and with
them the rulers and judges of every place,
till we turn away the wrath of the Lord from
us for this matter.

¹⁴Then Jonathan the son of Azael and
Ezechias the son of Theocanus accordingly

ναι τῇ ἀκαθαρσίᾳ τῶν ἐθνῶν τῆς γῆς. Οὐχὶ ὠργίσθης ἡμῖν 88
ἀπολέσαι ἡμᾶς, ἕως τοῦ μὴ καταλιπεῖν ῥίζαν καὶ σπέρμα καὶ
ὄνομα ἡμῶν;

Κύριε τοῦ Ἰσραὴλ, ἀληθινὸς εἶ· κατελείφθημεν γὰρ ῥίζα 89
ἐν τῇ σήμερον. Ἰδοὺ νῦν ἐσμὲν ἐνώπιόν σου ἐν ταῖς ἀνομίαις 90
ἡμῶν· οὐ γάρ ἐστι στῆναι ἔτι ἔμπροσθέν σου ἐπὶ τούτοις.
Καὶ ὅτε προσευχόμενος Ἐσδρας ἀνθωμολογεῖτο κλαίων χαμαι- 91
πετὴς ἔμπροσθεν τοῦ ἱεροῦ, ἐπισυνήχθησαν πρὸς αὐτὸν ἀπὸ
Ἱερουσαλὴμ ὄχλος πολὺς σφόδρα, ἄνδρες, καὶ γυναῖκες, καὶ
νεανίαι· κλαυθμὸς γὰρ ἦν μέγας ἐν τῷ πλήθει.

Καὶ φωνήσας Ἰεχονίας Ἰεήλου τῶν υἱῶν Ἰσραὴλ, εἶπεν, 92
Ἐσδρα, ἡμεῖς ἡμάρτομεν εἰς τὸν Κύριον· συνῳκίσαμεν γυναῖ-
κας ἀλλογενεῖς ἐκ τῶν ἐθνῶν τῆς γῆς· καὶ νῦν ἐστιν ἐπάνω
πᾶς Ἰσραήλ. Ἐν τούτῳ γινέσθω ἡμῖν ὁρκωμοσία πρὸς τὸν 93
Κύριον, ἐκβαλεῖν πάσας τὰς γυναῖκας ἡμῶν τὰς ἐκ τῶν ἀλλο-
γενῶν σὺν τοῖς τέκνοις αὐτῶν, ὡς ἐκρίθη σοι, καὶ ὅσοι πειθ- 94
αρχοῦσι τοῦ νόμου Κυρίου. Ἀναστὰς ἐπιτέλει· πρὸς σὲ 95
γὰρ τὸ πρᾶγμα, καὶ ἡμεῖς μετὰ σοῦ ἰσχὺν ποιεῖν. Καὶ 96
ἀναστὰς Ἐσδρας ὥρκισε τοὺς φυλάρχους τῶν ἱερέων καὶ
Λευιτῶν παντὸς τοῦ Ἰσραήλ, ποιῆσαι κατὰ ταῦτα· καὶ
ὤμοσαν.

Καὶ ἀναστὰς Ἐσδρας ἀπὸ τῆς αὐλῆς τοῦ ἱεροῦ, ἐπορεύθη 9
εἰς τὸ παστοφόριον Ἰωνὰν τοῦ Ἐλιασίβου. Καὶ αὐλισθεὶς 2
ἐκεῖ, ἄρτου οὐκ ἐγεύσατο οὐδὲ ὕδωρ ἔπιε, πενθῶν ἐπὶ τῶν
ἀνομιῶν τῶν μεγάλων τοῦ πλήθους. Καὶ ἐγένετο κήρυγμα ἐν 3
ὅλῃ τῇ Ἰουδαίᾳ καὶ Ἱερουσαλὴμ πᾶσι τοῖς ἐκ τῆς αἰχμαλω-
σίας, συναχθῆναι εἰς Ἱερουσαλήμ. Καὶ ὅσοι ἂν μὴ ἀπαντήσω- 4
σιν ἐν δυσὶν ἢ τρισὶν ἡμέραις, κατὰ τὸ κρίμα τῶν προκαθημέ-
νων πρεσβυτέρων, ἀνιερωθήσονται τὰ κτήνη αὐτῶν, καὶ αὐτὸς
ἀλλοτριωθήσεται ἀπὸ τοῦ πλήθους τῆς αἰχμαλωσίας.

Καὶ ἐπισυνήχθησαν πάντες οἱ ἐκ τῆς φυλῆς Ἰούδα καὶ 5
Βενιαμὶν ἐν τρισὶν ἡμέραις εἰς Ἱερουσαλήμ· οὗτος ὁ μὴν
ἔννατος, τῇ εἰκάδι τοῦ μηνός. Καὶ συνεκάθισαν πᾶν τὸ 6
πλῆθος ἐν τῷ εὐρυχώρῳ τοῦ ἱεροῦ, τρέμοντες διὰ τὸν ἐνεστῶτα
χειμῶνα.

Καὶ ἀναστὰς Ἐσδρας εἶπεν αὐτοῖς, ὑμεῖς ἠνομήσατε καὶ 7
συνῳκίσατε γυναιξὶν ἀλλογενέσι, τοῦ προσθεῖναι ἁμαρτίας τῷ
Ἰσραήλ. Καὶ νῦν δότε ὁμολογίαν δόξαν τῷ Κυρίῳ Θεῷ 8
τῶν πατέρων ἡμῶν, καὶ ποιήσατε τὸ θέλημα αὐτοῦ, καὶ 9
χωρίσθητε ἀπὸ τῶν ἐθνῶν τῆς γῆς, καὶ ἀπὸ τῶν γυναικῶν τῶν
ἀλλογενῶν.

Καὶ ἐφώνησεν ἅπαν τὸ πλῆθος, καὶ εἶπον μεγάλῃ τῇ 10
φωνῇ, οὕτως ὡς εἴρηκας, ποιήσομεν. Ἀλλὰ τὸ πλῆθος πολὺ 11
καὶ ὥρα χειμερινὴ, καὶ οὐκ ἰσχύομεν στῆναι αἴθριοι· καὶ τὸ
ἔργον οὐκ ἔστιν ἡμῖν ἡμέρας μιᾶς οὐδὲ δύο, ἐπὶ πλεῖον γὰρ
ἡμάρτομεν ἐν τούτοις. Στήτωσαν δὲ οἱ προηγούμενοι τοῦ 12
πλήθους, καὶ πάντες οἱ ἐκ τῶν κατοικιῶν ἡμῶν ὅσοι ἔχουσι
γυναῖκας ἀλλογενεῖς, παραγενηθήτωσαν λαβόντες χρόνον,
ἑκάστου δὲ τόπου τοὺς πρεσβυτέρους καὶ τοὺς κριτὰς, ἕως 13
τοῦ λῦσαι τὴν ὀργὴν Κυρίου ἀφ᾽ ἡμῶν τοῦ πράγματος τούτου.

Ἰωνάθας Ἀζαήλου, καὶ Ἐζεκίας Θεωκανοῦ ἐπεδέξαντο κατὰ 14

ταῦτα· καὶ Μοσόλλαμος, καὶ Λευὶς, καὶ Σαββαταῖος συν-
15 εβράβευσαν αὐτοῖς. Καὶ ἐποίησαν κατὰ πάντα ταῦτα οἱ ἐκ
16 τῆς αἰχμαλωσίας· καὶ ἐπελέξατο αὐτῷ Ἔσδρας ὁ ἱερεὺς
ἄνδρας ἡγουμένους τῶν πατριῶν αὐτῶν πάντας κατ᾽ ὄνομα, καὶ
συνεκλείσθησαν τῇ νουμηνίᾳ τοῦ μηνὸς τοῦ δεκάτου, ἐτάσαι
17 τὸ πρᾶγμα. Καὶ ἤχθη ἐπὶ πέρας τὰ κατὰ τοὺς ἄνδρας τοὺς
ἐπισυνέχοντας γυναῖκας ἀλλογενεῖς, ἕως τῆς νουμηνίας τοῦ
πρώτου μηνός.

18 Καὶ εὑρέθησαν τῶν ἱερέων οἱ ἐπισυναχθέντες ἀλλογενεῖς
19 γυναῖκας ἔχοντες, ἐκ τῶν υἱῶν Ἰησοῦ τοῦ Ἰωσεδὲκ, καὶ τῶν
ἀδελφῶν αὐτοῦ, Μαθήλας, καὶ Ἐλεάζαρος, καὶ Ἰώριβος, καὶ
20 Ἰωαδάνος. Καὶ ἐπέβαλον τὰς χεῖρας ἐκβαλεῖν τὰς γυναῖκας
αὐτῶν· καὶ εἰς ἐξιλασμὸν κριοὺς ὑπὲρ τῆς ἀγνοίας αὐτῶν.
21 Καὶ ἐκ τῶν υἱῶν Ἐμμήρ, Ἀνανίας, καὶ Ζαβδαῖος, καὶ Μάνης,
22 καὶ Σαμαῖος, καὶ Ἱερεὴλ, καὶ Ἀζαρίας· καὶ ἐκ τῶν υἱῶν
Φαισοὺρ, Ἐλιωναὶς, Μασσίας, Ἰσμαῆλος, καὶ Ναθαναῆλος,
καὶ Ὠκόδηλος, καὶ Σαλόας.
23 Καὶ ἐκ τῶν Λευιτῶν, Ἰωζαβάδος, καὶ Σεμεῖς, καὶ Κώϊος
(οὗτός ἐστι Καλιτὰς), καὶ Παθαῖος, καὶ Ἰούδας, καὶ Ἰωνάς.
24, 25 Ἐκ τῶν ἱεροψαλτῶν, Ἐλιάσαβος, Βακχοῦρος. Ἐκ τῶν
θυρωρῶν, Σαλοῦμος, καὶ Τολβάνης.
26 Ἐκ τοῦ Ἰσραὴλ ἐκ τῶν υἱῶν Φόρος, Ἱερμὰς, καὶ Ἰεζίας,
καὶ Μελχίας, καὶ Μαῆλος, καὶ Ἐλεάζαρος, καὶ Ἀσεβίας, καὶ
27 Βαναίας. Ἐκ τῶν υἱῶν Ἠλὰ, Ματθανίας, Ζαχαρίας, καὶ
28 Ἰεζρίηλος, καὶ Ἰωαβδίος, καὶ Ἱερεμὼθ, καὶ Ἀΐδίας. Καὶ ἐκ
τῶν υἱῶν Ζαμώθ, Ἐλιαδὰς, Ἐλιάσιμος, Ὀθονίας, Ἰαριμὼθ,
29 καὶ Σάβαθος, καὶ Ζεραλίας. Καὶ ἐκ τῶν υἱῶν Βηβαῒ, Ἰωάν-
30 νης, καὶ Ἀνανίας, καὶ Ἰωζάβδος, καὶ Ἀμαθίας. Ἐκ τῶν υἱῶν
Μανὶ, Ὤλαμος, Μαμούχος, Ἰεδαῖος, Ἰασούβος, καὶ Ἰασαῆλος,
31 καὶ Ἱερεμώθ. Καὶ ἐξ υἱῶν Ἀδδὶ, Νάαθος, καὶ Μοοσίας,
Λακκοῦνος, καὶ Ναΐδος, Ματθανίας, καὶ Σεσθὴλ, καὶ Βαλνοὺς,
32 καὶ Μανασσίας. Καὶ ἐκ τῶν υἱῶν Ἀνὰν, Ἐλιωνὰς, καὶ Ἀσαΐας,
33 καὶ Μελχίας, καὶ Σαββαῖος, καὶ Σίμων Χοσαμαῖος. Καὶ ἐκ
τῶν υἱῶν Ἀσὸμ, Ἀλταναῖος, καὶ Ματταθίας, καὶ Σαβανναῖος,
34 καὶ Ἐλιφαλὰτ, καὶ Μανασσῆς, καὶ Σεμεΐ. Καὶ ἐκ τῶν υἱῶν
Βαανὶ, Ἱερεμίας, Μομδίος, Ἰσμαῆρος, Ἰουῆλ, Μαβδαῒ, καὶ
Πεδίας, καὶ Ἄνως, Ῥαβασίων, καὶ Ἐνάσιβος, καὶ Μαμνιτά-
ναιμος, Ἐλίασις, Βαννοὺς, Ἐλιαλὶ, Σομεῒς, Σελεμίας, Ναθα-
νίας· καὶ ἐκ τῶν υἱῶν Ἐζωρὰ, Σεσὶς, Ἐσρὶλ, Ἀζαῆλος,
35 Σαματὸς, Ζαμβρὶ, Ἰώσηφος. Καὶ ἐκ τῶν υἱῶν Ἐθμὰ, Μαζι-
τίας, Ζαβαδαίας, Ἠδαῒς, Ἰουῆλ, Βαναίας.
36 Πάντες οὗτοι συνῴκισαν γυναῖκας ἀλλογενεῖς, καὶ ἀπέλυσαν
αὐτὰς σὺν τέκνοις.

37 Καὶ κατῴκησαν οἱ ἱερεῖς, καὶ οἱ Λευῖται, καὶ οἱ ἐκ τοῦ Ἰσ-
ραὴλ ἐν Ἱερουσαλὴμ καὶ ἐν τῇ χώρᾳ τῇ νουμηνίᾳ τοῦ μηνὸς
τοῦ ἑβδόμου, καὶ οἱ υἱοὶ Ἰσραὴλ ἐν ταῖς κατοικίαις αὐτῶν.
38 Καὶ συνήχθη πᾶν τὸ πλῆθος ὁμοθυμαδὸν ἐπὶ τὸ εὐρύχωρον
39 τοῦ πρὸς ἀνατολὰς τοῦ ἱεροῦ πυλῶνος, καὶ εἶπεν Ἔσδρᾳ τῷ
ἱερεῖ καὶ ἀναγνώστῃ, κόμισαι τὸν νόμον Μωυσῆ, τὸν παρα-
40 δοθέντα ὑπὸ Κυρίου Θεοῦ Ἰσραήλ. Καὶ ἐκόμισεν Ἔσδρας
ὁ ἀρχιερεὺς τὸν νόμον παντὶ τῷ πλήθει ἀπὸ ἀνθρώπου ἕως
γυναικὸς, καὶ πᾶσι τοῖς ἱερεῦσιν, ἀκοῦσαι τοῦ νόμου νουμηνίᾳ

took this matter upon them: and Mosollam and Levis and Sabbatheus helped them. [15] And they that were of the captivity did according to all these things. [16] And Esdras the priest chose unto him the principal men of their families, all by name: and in the first day of the tenth month they sat together to examine the matter. [17] So their cause that held strange wives was brought to an end in the first day of the first month. [18] And of the priests that were come together, and had strange wives, there were found; [19] of the sons of Jesus the son of Josedec, and his brethren; Matthelas, and Eleazar, and Joribus, and Joadanus. [20] And they gave their hands to put away their wives, and to offer rams to make reconcilement for their errors. [21] And of the sons of Emmer: Ananias, and Zabdeus, and Manes, and Samæus, and Hiereel, and Azarias. [22] And of the sons of Phaisur; Elionais, Massias, Ismael, and Nathanael, and Ocodelus, and Saloas. [23] And of the Levites; Jozabad, and Semis, and Coïus, who was called Calitas, and Patheus, and Judas, and Jonas. [24] Of the holy singers: Eleasabus, Bacchurus. [25] Of the porters; Salumus, and Tolbanes. [26] Of them of Israel, of the sons of Phoros; Hiermas, and Jezias, and Melchias, and Maelus, and Eleazar, and Asebias, and Banæas. [27] Of the sons of Ela; Matthanias, Zacharias, and Jezrielus, and Joabdius, and Hieremoth, and Aïdias. [28] And of the sons of Zamoth; Eliadas, Eliasimus, Othonias, Jarimoth, and Sabatus, and Zeralias. [29] Of the sons of Bebai; Joannes, and Ananias, and Josabad, and Amatheis. [30] Of the sons of Mani; Olamus, Mamuchus, Jedeus, Jasubus, Jasael, and Hieremoth. [31] And of the sons of Addi; Naathus, and Moosias, Lacunus, and Naidus, Matthanias, and Sesthel, Balnuus, and Manasseas. [32] And of the sons of Annas; Elionas, and Asaias, and Melchias, and Sabbeus, and Simon Chosameus. [33] And of the sons of Asom; Altaneus, and Mattathias, and Sabanneus, Eliphalat, and Manasses, and Semei. [34] And of the sons of Baani: Jeremias, Momdis, Ismaerus, Juel, Mabdai, and Pedias, and Anos, Rabasion, and Enasibus, and Mamnitanaimus, Eliasis, Bannus, Eliali, Samis, Selemias, Nathanias: and of the sons of Ezora; Sesis, Esril, Azaelus, Samatus, Zambri, Josephus. [35] And of the sons of Ethma; Mazitias, Zabadaias, Edaïs, Juel, Banaias. [36] All these had taken strange wives, and they put them away with their children. [37] And the priests and Levites, and they that were of Israel, dwelt in Jerusalem, and in the country, in the first day of the seventh month: so the children of Israel were in their habitations. [38] And the whole multitude came together with one accord into the broad place of the holy porch toward the east: [39] and they spake unto Esdras the priest and reader, that he would bring the law of Moses, that was given of the Lord God of Israel. [40] So Esdras the chief priest brought the law to the whole multitude from man to woman, and to all the priests, to hear the law in the

first day of the seventh month. ⁴¹And he read in the broad court before the holy porch from morning unto midday, before both men and women; and all the multitude gave heed unto the law.

⁴²And Esdras the priest and reader of the law stood up upon a pulpit of wood which was made *for that purpose.* ⁴³And there stood up by him Mattathias, Sammus, Ananias, Azarias, Urias, Ezecias, Baalsamus, upon the right hand : ⁴⁴and upon his left hand Phaldaius, and Misael, Melchias, Lothasubus. Nabarias, Zacharias.

⁴⁵Then took Esdras the book of the law before the multitude : for he sat honourably in the first place in the sight of them all. ⁴⁶And when he opened the law, they stood all straight up. So Esdras blessed the Lord God most High, the God of hosts, Almighty. ⁴⁷And all the people answered, Amen; and lifting up their hands they fell to the ground, and worshipped the Lord.

⁴⁸Also Jesus, Anniuth, Sarabias, Adinus, Jacubus, Sabateas, Auteas, Maiannas, and Calitas, Azarias, and Joazabdus, and Ananias, Phalias, the Levites, taught the law of the Lord, and read the law of the Lord to the ·multitude, making them withal to understand it.

⁴⁹Then spake Attharates unto Esdras the chief priest and reader, and to the Levites that taught the multitude, even to all, saying, ⁵⁰This day is holy unto the Lord ; (for they all wept when they heard the law :) ⁵¹go then, and eat the fat, and drink the sweet, and send part to them that have nothing : ⁵²for this day is holy unto the Lord : and be not sorrowful ; for the Lord will bring you to honour.

⁵³So the Levites published all things to the people, saying, This day is holy to the Lord ; be not sorrowful. ⁵⁴Then went they their way, every one to eat and drink and make merry, and to give part to them that had nothing, and to make great cheer ; ⁵⁵because they understood the words wherein they were instructed, and for the which they had been assembled.

τοῦ ἑβδόμου μηνός. Καὶ ἀνεγίνωσκεν ἐν τῷ πρὸ τοῦ ἱεροῦ 41 πυλῶνος εὐρυχώρῳ, ἐξ ὄρθρου ἕως μέσης ἡμέρας, ἐνώπιον ἀνδρῶν τε καὶ γυναικῶν· καὶ ἐπέδωκαν πᾶν τὸ πλῆθος τὸν νοῦν εἰς τὸν νόμον.

Καὶ ἔστη Ἔσδρας ὁ ἱερεὺς καὶ ἀναγνώστης τοῦ νόμου ἐπὶ 42 τοῦ ξυλίνου βήματος τοῦ κατασκευασθέντος. Καὶ ἔστησαν 43 παρ᾽ αὐτῷ Ματταθίας, Σαμμοὺς, Ἀνανίας, Ἀζαρίας, Οὐρίας, Ἐζεκίας, Βαάλσαμος, ἐκ δεξιῶν· καὶ ἐξ εὐωνύμων Φαλδαῖος, 44 καὶ Μισαὴλ, Μελχίας, Λωθάσουβος, Ναβαρίας, Ζαχαρίας.

Καὶ ἀναλαβὼν Ἔσδρας τὸ βιβλίον ἐνώπιον τοῦ πλήθους, 45 προεκάθητο ἐπιδόξως ἐνώπιον πάντων. Καὶ ἐν τῷ λῦσαι τὸν 46 νόμον, πάντες ὀρθοὶ ἔστησαν· καὶ εὐλόγησεν Ἔσδρας τῷ Κυρίῳ Θεῷ ὑψίστῳ Θεῷ σαβαὼθ παντοκράτορι. Καὶ ἐπε- 47 φώνησε πᾶν τὸ πλῆθος, ἀμήν· καὶ ἄραντες ἄνω τὰς χεῖρας, προσπεσόντες ἐπὶ τὴν γῆν, προσεκύνησαν τῷ Κυρίῳ.

Ἰησοῦς, καὶ Ἀννιοὺθ, καὶ Σαραβίας, καὶ Ἰαδινὸς, καὶ Ἰά- 48 κουβος, Σαβαταῖος, Αὐταίας, Μαιάννας, καὶ Καλίτας, Ἀζαρίας, καὶ Ἰώζαβδος, καὶ Ἀνανίας, Φαλίας, οἱ Λευῖται, ἐδίδασκον τὸν νόμον τοῦ Κυρίου, καὶ πρὸς τὸ πλῆθος ἀνεγίνωσκον τὸν νόμον τοῦ Κυρίου, ἐμφυσιοῦντες ἅμα τὴν ἀνάγνωσιν.

Καὶ εἶπεν Ἀθαράτης Ἔσδρᾳ τῷ ἀρχιερεῖ καὶ ἀναγνώστῃ, 49 καὶ τοῖς Λευίταις τοῖς διδάσκουσι τὸ πλῆθος ἐπὶ πάντας, ἡ 50 ἡμέρα αὕτη ἐστὶν ἁγία τῷ Κυρίῳ· καὶ πάντες ἔκλαιον ἐν τῷ ἀκοῦσαι τοῦ νόμου· βαδίσαντες οὖν φάγετε λιπάσματα, καὶ 51 πίετε γλυκάσματα, καὶ ἀποστείλατε ἀποστολὰς τοῖς μὴ ἔχουσιν· ἁγία γὰρ ἡ ἡμέρα τῷ Κυρίῳ· καὶ μὴ λυπεῖσθε, ὁ γὰρ 52 Κύριος δοξάσει ὑμᾶς.

Καὶ οἱ Λευῖται ἐκέλευον παντὶ τῷ δήμῳ, λέγοντες, ἡ ἡμέρα 53 αὕτη ἁγία, μὴ λυπεῖσθε. Καὶ ᾤχοντο πάντες φαγεῖν καὶ πιεῖν 54 καὶ εὐφραίνεσθαι, καὶ δοῦναι ἀποστολὰς τοῖς μὴ ἔχουσι, καὶ εὐφρανθῆναι μεγάλως, ὅτι γὰρ ἐνεφυσιώθησαν ἐν τοῖς ῥήμασιν 55 οἷς ἐδιδάχθησαν, καὶ ἐπισυνήχθησαν.

Τ Ω Β Ι Τ.

ΒΙΒΛΟΣ λόγων Τωβὶτ, τοῦ Τωβιὴλ, τοῦ Ανανιὴλ, τοῦ Ἀδουὴλ, τοῦ Γαβαὴλ, ἐκ τοῦ σπέρματος Ἀσιὴλ, ἐκ τῆς φυλῆς 2 Νεφθαλὶ, ὃς ἠχμαλωτεύθη ἐν ἡμέραις Ἐνεμεσσάρου τοῦ βασιλέως Ἀσσυρίων ἐκ Θίσβης, ἥ ἐστιν ἐκ δεξιῶν κυδίως τῆς Νεφθαλὶ ἐν τῇ Γαλιλαίᾳ ὑπεράνω Ἀσήρ. 3 Ἐγὼ Τωβὶτ ὁδοῖς ἀληθείας ἐπορευόμην καὶ δικαιοσύνης πάσας τὰς ἡμέρας τῆς ζωῆς μου· καὶ ἐλεημοσύνας πολλὰς ἐποίησα τοῖς ἀδελφοῖς μου, καὶ τῷ ἔθνει, τοῖς προπορευθεῖσι 4 μετ' ἐμοῦ εἰς χώραν Ἀσσυρίων εἰς Νινευή. Καὶ ὅτι ἤμην ἐν τῇ χώρᾳ μου ἐν τῇ γῇ Ἰσραὴλ, νεωτέρου μου ὄντος, πᾶσα φυλὴ τοῦ Νεφθαλὶ τοῦ πατρός μου ἀπέστη ἀπὸ τοῦ οἴκου Ἱεροσολύμων, τῆς ἐκλεγείσης ἀπὸ πασῶν τῶν φυλῶν Ἰσραὴλ, εἰς τὸ θυσιάζειν πάσας τὰς φυλάς· καὶ ἡγιάσθη ὁ ναὸς τῆς κατασκηνώσεως τοῦ ὑψίστου, καὶ ᾠκοδομήθη εἰς πάσας τὰς γενεὰς τοῦ αἰῶνος. 5 Καὶ πᾶσαι αἱ φυλαὶ αἱ συναποστᾶσαι ἔθυον τῇ Βάαλ τῇ 6 δαμάλει, καὶ ὁ οἶκος Νεφθαλὶ τοῦ πατρός μου. Κἀγὼ μόνος ἐπορευόμην πλεονάκις εἰς Ἱεροσόλυμα ἐν ταῖς ἑορταῖς, καθὼς γέγραπται παντὶ τῷ Ἰσραὴλ, ἐν προστάγματι αἰωνίῳ, τὰς ἀπαρχὰς, καὶ τὰς δεκάτας τῶν γεννημάτων, καὶ τὰς πρωτοκουρίας ἔχων, καὶ ἐδίδουν αὐτὰς τοῖς ἱερεῦσι τοῖς υἱοῖς Ἀαρὼν 7 πρὸς τὸ θυσιαστήριον πάντων τῶν γεννημάτων. Τὴν δεκάτην ἐδίδουν τοῖς υἱοῖς Λευὶ τοῖς θεραπεύουσιν εἰς Ἱερουσαλὴμ, καὶ τὴν δευτέραν δεκάτην ἀπεπρατιζόμην, καὶ ἐπορευόμην καὶ 8 ἐδαπάνων · αὐτὰ ἐν Ἱεροσολύμοις καθ' ἕκαστον ἐνιαυτὸν, καὶ τὴν τρίτην ἐδίδουν οἷς καθήκει, καθὼς ἐνετείλατο Δεββωρὰ ἡ μήτηρ τοῦ πατρός μου, διότι ὀρφανὸς κατελείφθην ὑπὸ τοῦ πατρός μου. 9 Καὶ ὅτε ἐγενόμην ἀνὴρ, ἔλαβον Ἄνναν γυναῖκα ἐκ τοῦ σπέρματος τῆς πατριᾶς ἡμῶν· καὶ ἐγέννησα ἐξ αὐτῆς Τωβίαν. 10 Καὶ ὅτε ἠχμαλωτίσθημεν εἰς Νινευή, πάντες οἱ ἀδελφοί μου, κ:ὶ οἱ ἐκ τοῦ γένους μου ἤσθιον ἐκ τῶν ἄρτων τῶν ἐθνῶν· 11, 12 ἐγὼ δὲ συνετήρησα τὴν ψυχήν μου μὴ φαγεῖν, καθότι 13 ἐμεμνήμην τοῦ Θεοῦ ἐν ὅλῃ τῇ ψυχῇ μου. Καὶ ἔδωκεν ὁ ὕψιστος χάριν καὶ μορφὴν ἐνώπιον Ἐνεμεσσάρου, καὶ ἤμην αὐτοῦ ἀγοραστής. 14 Καὶ ἐπορευόμην εἰς τὴν Μηδίαν, καὶ παρεθέμην Γαβαήλῳ τῷ ἀδελφῷ Γαβρία ἐν Ῥάγοις τῆς Μηδίας, ἀργυρίου τάλαντα 15 δέκα. Καὶ ὅτε ἀπέθανεν Ἐνεμεσσὰρ, ἐβασίλευσε Σενναχηρὶμ ὁ υἱὸς αὐτοῦ ἀντ' αὐτοῦ, καὶ αἱ ὁδοὶ αὐτοῦ ἠκαταστάθησαν, καὶ οὐκ ἔτι ἠδυνάσθην πορευθῆναι εἰς τὴν Μηδίαν.

THE book of the words of Tobit, the *son of* Tobiel, the son of Ananiel, the son of Aduel, the son of Gabael, of the seed of Asael, of the tribe of Nephthali; [2] who in the time of Enemessar king of the Assyrians was led captive out of Thisbe, which is at the right hand of that city, which is called properly Nephthali in Galilee above Aser.

[3] I Tobit have walked all the days of my life in the way of truth and justice, and I did many alms-deeds to my brethren, and my nation, who came with me to Nineve, into the land of the Assyrians. [4] And when I was in mine own country, in the land of Israel, being but young, all the tribe of Nephthali my father fell from the house of Jerusalem, which was chosen out of all the tribes of Israel, that all the tribes should sacrifice *there*, and *where* the temple of the habitation of the most High was consecrated and built for all ages.

[5] Now all the tribes which together revolted, and the house of my father Nephthali, sacrificed unto the heifer Baal. [6] But I alone went often to Jerusalem at the feasts, as it was ordained unto all the people of Israel by an everlasting decree, having the first-fruits and tenths of increase, with that which was first shorn; and them gave I at the altar to the priests the children of Aaron. [7] The first tenth part of all increase I gave to the sons of Aaron, who ministered at Jerusalem: another tenth part I sold away, and went, and spent it every year at Jerusalem: [8] and the third I gave unto them to whom it was meet, as Debora my father's mother had commanded me, because I was left an orphan by my father.

[9] Furthermore, when I was come to the age of a man, I married Anna of mine own kindred, and of her I begat Tobias. [10] And when we were carried away captives to Nineve, all my brethren and those that were of my kindred did eat of the bread of the Gentiles. [11] But I kept myself from eating; [12] because I remembered God with all my heart. [13] And the most High gave me grace and favour before Enemessar, so that I was his purveyor.

[14] And I went into Media, and left in trust with Gabael, the brother of Gabrias, at Rages a city of Media, ten talents of silver. [15] Now when Enemessar was dead, Sennacherib his son reigned in his stead; whose estate was troubled, that I could not go into Media.

¹⁶ And in the time of Enemessar I gave many alms to my brethren, and gave my bread to the hungry, ¹⁷ and my clothes to the naked: and if I saw any of my nation dead, or cast about the walls of Nineve, I buried him. ¹⁸ And if the king Sennacherib had slain any, when he was come, and fled from Judea, I buried them privily; for in his wrath he killed many; but the bodies were not found, when they were sought for of the king.

¹⁹ And when one of the Ninevites went and complained of me to the king, that I buried them, and hid myself; understanding that I was sought for to be put to death, I withdrew myself for fear. ²⁰ Then all my goods were forcibly taken away, neither was there any thing left me, beside my wife Anna and my son Tobias. ²¹ And there passed not fifty days, before two of his sons killed him, and they fled into the mountains of Ararath; and Sarchedonus his son reigned in his stead; who appointed over his father's accounts, and over all his affairs, Achiacharus my brother Anael's son.

²² And Achiacharus intreating for me, I returned to Nineve. Now Achiacharus was cupbearer, and keeper of the signet, and steward, and overseer of the accounts: and Sarchedonus appointed him next unto him: and he was my brother's son.

Now when I was come home again, and my wife Anna was restored unto me, with my son Tobias, in the feast of Pentecost, which is the holy feast of the seven weeks, there was a good dinner prepared me; and I sat down to eat. ² And when I saw abundance of meat, I said to my son, Go and bring what poor man soever thou shalt find out of our brethren, who is mindful of the Lord; and, lo, I tarry for thee.

³ But he came again, and said, Father, one of our nation is strangled, and is cast out in the marketplace. ⁴ Then before I had tasted any meat, I started up, and took him up into a room until the going down of the sun. ⁵ Then I returned, and washed myself, and ate my meat in heaviness, ⁶ remembering that prophecy of Amos, as he said, Your feasts shall be turned into mourning, and all your mirth into lamentation. ⁷ Therefore I wept: and after the going down of the sun I went and made a grave, and buried him. ⁸ But my neighbours mocked me, and said, This man is not yet afraid to be put to death for this matter: who fled away; and yet, lo, he burieth the dead again.

⁹ The same night also I returned from the burial, and slept by the wall of my courtyard, being polluted, and my face was uncovered: ¹⁰ and I knew not that there were sparrows in the wall, and mine eyes being open, the sparrows muted warm dung into mine eyes, and a whiteness came in mine eyes; and I went to the physicians, but they helped me not: moreover Achiacharus did nourish me, until I went into Elymais.

¹¹ And my wife Anna did take women's works to do. ¹² And when she had sent them home to the owners, they paid her wages, giving *her* also besides a kid. ¹³ And when it was in my house, and began to cry, I said unto her, From whence is this kid? is it not stolen? render it to the owners; for it is not lawful to eat any thing that is stolen.

Καὶ ἐν ταῖς ἡμέραις Ἐνεμεσσάρου ἐλεημοσύνας πολλὰς 16 ἐποίουν τοῖς ἀδελφοῖς μου· τοὺς ἄρτους μου ἐδίδουν τοῖς πεινῶσι, καὶ ἱμάτια τοῖς γυμνοῖς· καὶ εἴ τινα ἐκ τοῦ γένους μου 17 ἐθεώρουν τεθνηκότα καὶ ἐρριμμένον ὀπίσω τοῦ τείχους Νινευῆ, ἔθαπτον αὐτόν. Καὶ εἴ τινα ἀπέκτεννε Σενναχηρὶμ ὁ βασι- 18 λεὺς, ὅτε ἦλθε φεύγων ἐκ τῆς Ἰουδαίας, ἔθαψα αὐτοὺς κλέπτων· πολλοὺς γὰρ ἀπέκτεινεν ἐν τῷ θυμῷ αὐτοῦ· καὶ ἐζητήθη ὑπὸ τοῦ βασιλέως τὰ σώματα, καὶ οὐχ εὑρέθη.

Πορευθεὶς δὲ εἷς τῶν ἐν Νινευῆ, ὑπέδειξε τῷ βασιλεῖ περὶ 19 ἐμοῦ ὅτι θάπτω αὐτοὺς, καὶ ἐκρύβην· ἐπιγνοὺς δὲ ὅτι ζητοῦμαι ἀποθανεῖν, φοβηθεὶς ἀνεχώρησα. Καὶ διηρπάγη πάντα τὰ 20 ὑπάρχοντά μου, καὶ οὐ κατελείφθη μοι οὐδὲν, πλὴν Ἄννας τῆς γυναικός μου, καὶ Τωβίου τοῦ υἱοῦ μου. Καὶ οὐ διῆλθον 21 ἡμέρας πεντήκοντα, ἕως οὗ ἀπέκτειναν αὐτὸν οἱ δύο υἱοὶ αὐτοῦ· καὶ ἔφυγον εἰς τὰ ὄρη Ἀραράθ· καὶ ἐβασίλευσε Σαχερδονὸς υἱὸς αὐτοῦ ἀντ᾽ αὐτοῦ, καὶ ἔταξε Ἀχιάχαρον τὸν Ἀναὴλ υἱὸν τοῦ ἀδελφοῦ μου ἐπὶ πᾶσαν τὴν ἐκλογιστίαν τῆς βασιλείας αὐτοῦ, καὶ ἐπὶ πᾶσαν τὴν διοίκησιν.

Καὶ ἠξίωσεν Ἀχιάχαρος περὶ ἐμοῦ, καὶ ἦλθον εἰς Νινευῆ. 22 Ἀχιάχαρος δὲ ἦν ὁ οἰνοχόος, καὶ ἐπὶ τοῦ δακτυλίου, καὶ διοικητὴς, καὶ ἐκλογιστὴς, καὶ κατέστησεν αὐτὸν ὁ Σαχερδονὸς ἐκ δευτέρας, ἦν δὲ ἐξάδελφός μου.

Ὅτε δὲ κατῆλθον εἰς τὸν οἶκόν μου, καὶ ἀπεδόθη μοι Ἄννα 2 ἡ γυνή μου, καὶ Τωβίας ὁ υἱός μου, ἐν τῇ πεντηκοστῇ ἑορτῇ, ἥν ἐστιν ἁγία ἑπτὰ ἑβδομάδων, ἐγενήθη ἄριστον καλόν μοι, καὶ ἀνέπεσα τοῦ φαγεῖν. Καὶ ἐθεασάμην ὄψα πολλὰ, καὶ 2 εἶπα τῷ υἱῷ μου, βάδισον καὶ ἄγαγε ὃν ἂν εὕρῃς τῶν ἀδελφῶν ἡμῶν ἐνδεῆ, ὃς μέμνηται τοῦ Κυρίου, καὶ ἰδοὺ μένω σε.

Καὶ ἐλθὼν εἶπε, πάτερ, εἷς ἐκ τοῦ γένους ἡμῶν ἐστραγγαλω- 3 μένος ἔρριπται ἐν τῇ ἀγορᾷ. Κἀγὼ πρινὴ γεύσασθαί με, 4 ἀναπηδήσας ἀνειλόμην αὐτὸν εἴς τι οἴκημα ἕως οὗ ἔδυ ὁ ἥλιος. Καὶ ἐπιστρέψας ἐλουσάμην, καὶ ἤσθιον τὸν ἄρτον μου ἐν 5 λύπῃ. Καὶ ἐμνήσθην τῆς προφητείας Ἀμὼς, καθὼς εἶπε, 6 στραφήσονται αἱ ἑορταὶ ὑμῶν εἰς πένθος, καὶ πᾶσαι αἱ εὐφροσύναι ὑμῶν εἰς θρῆνον. Καὶ ἔκλαυσα· καὶ ὅτε ἔδυ ὁ ἥλιος, 7 ᾠχόμην, καὶ ὀρύξας ἔθαψα αὐτόν. Καὶ οἱ πλησίον ἐπε- 8 γέλων, λέγοντες, οὐκ ἔτι φοβεῖται φονευθῆναι περὶ τοῦ πράγματος τούτου, καὶ ἀπέδρα, καὶ ἰδοὺ πάλιν θάπτει τοὺς νεκρούς.

Καὶ ἐν αὐτῇ τῇ νυκτὶ ἀνέλυσα θάψας, καὶ ἐκοιμήθην μεμιαμ- 9 μένος παρὰ τὸν τοῖχον τῆς αὐλῆς, καὶ τὸ πρόσωπόν μου ἀκάλυπτον ἦν. Καὶ οὐκ ᾔδειν ὅτι στρουθία ἐν τῷ τοίχῳ ἐστί· 10 καὶ τῶν ὀφθαλμῶν μου ἀνεῳγότων, ἀφώδευσαν τὰ στρουθία θερμὸν εἰς τοὺς ὀφθαλμούς μου, καὶ ἐγενήθη λευκώματα ἐν τοῖς ὀφθαλμοῖς μου, καὶ ἐπορεύθην πρὸς ἰατροὺς, καὶ οὐκ ὠφέλησάν με· Ἀχιάχαρος δὲ ἔτρεφέ με ἕως οὗ ἐπορεύθην εἰς τὴν Ἐλυμαΐδα.

Καὶ ἡ γυνή μου Ἄννα ἠριθεύετο ἐν τοῖς γυναικείοις, καὶ 11 ἀπέστελλε τοῖς κυρίοις. Καὶ ἀπέδωκαν αὐτῇ καὶ αὐτοὶ τὸν 12 μισθὸν, προσδόντες καὶ ἔριφον. Ὅτε δὲ ἦλθε πρὸς μὲ, ἤρξατο 13 κράζειν· καὶ εἶπα αὐτῇ, πόθεν τὸ ἐρίφιον; μὴ κλεψιμαῖόν ἐστιν; ἀπόδος αὐτὸ τοῖς κυρίοις· οὐ γὰρ θεμιτόν ἐστι φαγεῖν

14 κλεψιμαῖον. Ἡ δὲ εἶπε, δῶρον δέδοταί μοι ἐπὶ τῷ μισθῷ·
καὶ οὐκ ἐπίστευον αὐτῇ· καὶ ἔλεγον ἀποδιδόναι αὐτὸ τοῖς
κυρίοις, καὶ ἠρυθρίων πρὸς αὐτήν· ἡ δὲ ἀποκριθεῖσα εἶπέ μοι,
ποῦ εἰσιν αἱ ἐλεημοσύναι σου, καὶ αἱ δικαιοσύναι σου; ἰδοὺ
γνωστὰ πάντα μετὰ σοῦ.

3 Καὶ λυπηθεὶς ἔκλαυσα, καὶ προσευξάμην μετ᾽ ὀδύνης, λέγων,
2 Δίκαιος εἶ Κύριε, καὶ πάντα τὰ ἔργα σου, καὶ πᾶσαι αἱ ὁδοί σου
ἐλεημοσύναι καὶ ἀλήθεια, καὶ κρίσιν ἀληθινὴν καὶ δικαίαν σὺ
3 κρίνεις εἰς τὸν αἰῶνα. Μνήσθητί μου, καὶ ἐπίβλεψον ἐπ᾽ ἐμέ·
μή με ἐκδικῇς ταῖς ἁμαρτίαις μου καὶ τοῖς ἀγνοήμασί μου, καὶ
4 τῶν πατέρων μου, ἃ ἥμαρτον ἐνώπιόν σου. Παρήκουσαν γὰρ
τῶν ἐντολῶν σου, καὶ ἔδωκας ἡμᾶς εἰς διαρπαγὴν καὶ αἰχμαλω-
σίαν καὶ θάνατον καὶ παραβολὴν ὀνειδισμοῦ πᾶσι τοῖς ἔθνεσιν
ἐν οἷς ἐσκορπίσμεθα.

5 Καὶ νῦν πολλαὶ αἱ κρίσεις σου εἰσὶ καὶ ἀληθιναί, ἐξ ἐμοῦ
ποιῆσαι περὶ τῶν ἁμαρτιῶν μου καὶ τῶν πατέρων μου, ὅτι οὐκ
ἐποιήσαμεν τὰς ἐντολάς σου, οὐ γὰρ ἐπορεύθημεν ἐν ἀληθείᾳ
6 ἐνώπιόν σου. Καὶ νῦν κατὰ τὸ ἀρεστὸν ἐνώπιόν σου ποίησον
μετ᾽ ἐμοῦ· ἐπίταξον ἀναλαβεῖν τὸ πνεῦμά μου, ὅπως ἀπολυθῶ,
καὶ γένωμαι γῆ, διότι λυσιτελεῖ μοι ἀποθανεῖν, ἢ ζῆν· ὅτι ὀνει-
δισμοὺς ψευδεῖς ἤκουσα, καὶ λύπη ἐστὶ πολλὴ ἐν ἐμοί· ἐπίταξον
ἀπολυθῆναί με τῆς ἀνάγκης ἤδη εἰς τὸν αἰώνιον τόπον, μὴ ἀπο-
στρέψῃς τὸ πρόσωπόν σου ἀπ᾽ ἐμοῦ.

7 Ἐν τῇ αὐτῇ ἡμέρᾳ συνέβη τῇ θυγατρὶ Ῥαγουὴλ Σάρρᾳ ἐν
Ἐκβατάνοις τῆς Μηδίας, καὶ ταύτην ὀνειδισθῆναι ὑπὸ παιδισκῶν
8 πατρὸς αὐτῆς, ὅτι ἦν δεδομένη ἀνδράσιν ἑπτά, καὶ Ἀσμοδαῖος
τὸ πονηρὸν δαιμόνιον ἀπέκτεινεν αὐτούς, πρινὴ γενέσθαι αὐτοὺς
μετ᾽ αὐτῆς ὡς ἐν γυναικί· καὶ εἶπαν αὐτῇ, οὐ συνιεῖς ἀποπνί-
γουσά σου τοὺς ἄνδρας; ἤδη ἑπτὰ ἔσχες, καὶ ἑνὸς αὐτῶν οὐκ
9 ὠνομάσθης. Τί ἡμᾶς μαστιγοῖς; εἰ ἀπέθαναν, βάδιζε μετ᾽
10 αὐτῶν, μὴ ἰδοιμέν σου υἱὸν ἢ θυγατέρα εἰς τὸν αἰῶνα. Ταῦτα
ἀκούσασα ἐλυπήθη σφόδρα, ὥστε ἀπάγξασθαι· καὶ εἶπε, μία
μέν εἰμι τῷ πατρί μου· ἐὰν ποιήσω τοῦτο, ὄνειδος αὐτῷ ἔσται,
καὶ τὸ γῆρας αὐτοῦ κατάξω μετ᾽ ὀδύνης εἰς ᾅδου.

11 Καὶ ἐδεήθη πρὸς τῇ θυρίδι, καὶ εἶπεν, εὐλογητὸς εἶ Κύριε ὁ
Θεός μου, καὶ εὐλογητὸν τὸ ὄνομά σου τὸ ἅγιον καὶ ἔντιμον εἰς
τοὺς αἰῶνας· εὐλογήσαισάν σε πάντα τὰ ἔργα σου εἰς τὸν αἰῶνα.
12 Καὶ νῦν, Κύριε, τοὺς ὀφθαλμούς μου καὶ τὸ πρόσωπόν μου εἰς
13 σὲ δέδωκα. Εἶπον, ἀπολῦσαί με ἀπὸ τῆς γῆς, καὶ μὴ ἀκοῦσαί
14 με μηκέτι ὀνειδισμόν. Σὺ γινώσκεις, Κύριε, ὅτι καθαρά εἰμι
15 ἀπὸ πάσης ἁμαρτίας ἀνδρός, καὶ οὐκ ἐμόλυνα τὸ ὄνομά μου
οὐδὲ τὸ ὄνομα τοῦ πατρός μου ἐν τῇ γῇ τῆς αἰχμαλωσίας μου·
μονογενής εἰμι τῷ πατρί μου, καὶ οὐχ ὑπάρχει αὐτῷ παιδίον ὃ
κληρονομήσει αὐτόν, οὐδὲ ἀδελφὸς ἐγγύς, οὐδὲ ὑπάρχων αὐτῷ
υἱός, ἵνα συντηρήσω ἐμαυτὴν αὐτῷ γυναῖκα, ἤδη ἀπώλοντό μοι
ἑπτά· ἱνατί μοι ζῆν; καὶ εἰ μὴ δοκεῖ σοι ἀποκτεῖναί με, ἐπί-
ταξον ἐπιβλέψαι ἐπ᾽ ἐμέ, καὶ μηκέτι ἐλεῆσαί με, καὶ ἀκοῦσαί
με ὀνειδισμόν.

16 Καὶ εἰσηκούσθη προσευχὴ ἀμφοτέρων ἐνώπιον τῆς δόξης τοῦ
17 μεγάλου, Ῥαφαὴλ καὶ ἀπεστάλη ἰάσασθαι τοὺς δύο, τοῦ Τωβὶτ

[14] But she replied upon me, It was given for a gift more than the wages. Howbeit I did not believe her, but bade her render it to the owners: and I was abashed at her. But she replied upon me, Where are thine alms and thy righteous deeds? behold, thou and all thy works are known.

Then I being grieved did weep, and in my sorrow prayed, saying, [2] O Lord, thou art just, and all thy works and all thy ways are mercy and truth, and thou judgest truly and justly for ever. [3] Remember me, and look on me; punish me not for my sins and ignorances, and the sins of my fathers, who have sinned before thee: [4] for they obeyed not thy commandments: wherefore thou hast delivered us for a spoil, and unto captivity, and unto death, and for a proverb of reproach to all the nations among whom we are dispersed.

[5] And now thy judgments are many and true: deal with me according to my sins and my fathers'; because we have not kept thy commandments, neither have walked in truth before thee. [6] Now therefore deal with me as seemeth best unto thee, and command my spirit to be taken from me, that I may be dissolved, and become earth: for it is profitable for me to die rather than to live, because I have heard false reproaches, and have much sorrow: command therefore that I may now be delivered out of this distress, and go into the everlasting place: turn not thy face away from me.

[7] It came to pass the same day, that in Ecbatane a city of Media, Sara the daughter of Raguel was also reproached by her father's maids; [8] because that she had been married to seven husbands, whom Asmodeus the evil spirit had killed, before they had lain with her. Dost thou not know, said they, that thou hast strangled thine husbands? thou hast had already seven husbands, neither wast thou named after any of them. [9] Wherefore dost thou beat us for them? if they be dead, go thy ways after them, let us never see of thee either son or daughter. [10] When she heard these things she was very sorrowful, so that she thought to have strangled herself; and she said, I am the only daughter of my father, and if I do this, it shall be a reproach unto him, and I shall bring his old age with sorrow unto the grave.

[11] Then she prayed toward the window, and said, Blessed art thou, O Lord my God, and thine holy and glorious name is blessed and honourable for ever: let all thy works praise thee for ever. [12] And now, O Lord, I set mine eyes and my face toward thee, [13] and say, Take me out of the earth, that I may hear no more reproach. [14] Thou knowest, Lord, that I am pure from all sin with man, [15] and that I never polluted my name, nor the name of my father, in the land of my captivity: I am the only daughter of my father, neither hath he any child to be his heir, neither any near kinsman, nor any son of his alive, to whom I may keep myself for a wife: my seven husbands are already dead; and why should I live? but if it please not thee that I should die, command some regard to be had of me, and pity taken of me, that I hear no more reproach.

[16] So the prayers of them both were heard before the majesty of the great God. [17] And Raphael was sent to heal them both, that is,

to scale away the whiteness of Tobit's eyes, and to give Sara the *daughter* of Raguel *for* a wife to Tobias the son of Tobit: and to bind Asmodeus the evil spirit; because she belonged to Tobias by right of inheritance. The self-same time came Tobit home, and entered into his house, and Sara the daughter of Raguel came down from her upper chamber.

In that day Tobit remembered the money which he had committed to Gabael in Rages of Media, ²and said with himself, I have wished for death; wherefore do I not call for my son Tobias, that I may signify to him *of the money* before I die?

³And when he had called him, he said, My son, when I am dead, bury me; and despise not thy mother, but honour her all the days of her life, and do that which shall please her, and grieve her not. ⁴Remember, my son, that she saw many dangers for thee, *when thou wast* in her womb; and when she is dead, bury her by me in one grave.

⁵My son, be mindful of the Lord our God all thy days, and let not thy will be set to sin, or to transgress his commandments: do uprightly all thy life long, and follow not the ways of unrighteousness. ⁶For if thou deal truly, thy doings shall prosperously succeed to thee, and to all them that live justly. ⁷Give alms of thy substance; and when thou givest alms, let not thine eye be envious, neither turn thy face from any poor, and the face of God shall not be turned away from thee. ⁸If thou hast abundance, give alms accordingly: if thou have but a little, be not afraid to give according to that little: ⁹for thou layest up a good treasure for thyself against the day of necessity. ¹⁰Because that alms do deliver from death, and suffereth not to come into darkness. ¹¹For alms is a good gift unto all that give it in the sight of the most High.

¹²Beware of all whoredom, my son, and chiefly take a wife of the seed of thy fathers, and take not a strange woman to wife, which is not of thy father's tribe: for we are the children of the prophets, Noe, Abraham, Isaac, and Jacob. Remember, my son, that our fathers from the beginning, even that they all married wives of their own kindred, and were blessed in their children, and their seed shall inherit the land.

¹³Now therefore, my son, love thy brethren, and despise not in thy heart thy brethren, the sons and daughters of thy people, in *not* taking a wife of them: for in pride is destruction and much trouble, and in lewdness is decay and great want: for lewdness is the mother of famine. ¹⁴Let not the wages of any man, which hath wrought for thee, tarry with thee, but give him it out of hand: for if thou serve God, he will also repay thee: be circumspect, my son, in all things thou doest, and be wise in all thy conversation. ¹⁵Do that to no man which thou hatest: drink not wine to make thee drunken: neither let drunkenness go with thee in thy journey.

¹⁶Give of thy bread to the hungry, and of thy garments to them that are naked; and according to thine abundance give alms; and let not thine eye be envious, when thou givest alms. ¹⁷Pour out thy bread on the burial of the just, but give nothing to the

λεπίσαι τὰ λευκώματα, καὶ Σάρραν τὴν τοῦ Ῥαγουὴλ δοῦναι Τωβίᾳ τῷ υἱῷ Τωβὶτ γυναῖκα, καὶ δῆσαι Ἀσμοδαῖον τὸ πονηρὸν δαιμόνιον, διότι Τωβίᾳ ἐπιβάλλει κληρονομῆσαι αὐτήν. Ἐν αὐτῷ τῷ καιρῷ ἐπιστρέψας Τωβὶτ εἰσῆλθεν εἰς τὸν οἶκον αὐτοῦ, καὶ Σάρρα ἡ τοῦ Ῥαγουὴλ κατέβη ἐκ τοῦ ὑπερῴου αὐτῆς.

Ἐν τῇ ἡμέρᾳ ἐκείνῃ ἐμνήσθη Τωβὶτ περὶ τοῦ ἀργυρίου, οὗ 4 παρέθετο Γαβαὴλ ἐν Ῥάγοις τῆς Μηδίας. Καὶ εἶπεν ἐν ἑαυτῷ, 2 ἐγὼ ᾐτησάμην θάνατον, τί οὐ καλῶ Τωβίαν τὸν υἱόν μου, ἵνα αὐτῷ ὑποδείξω, πρὶν ἀποθανεῖν με;

Καὶ καλέσας αὐτὸν, εἶπε, παιδίον, ἐὰν ἀποθάνω, θάψον με, 3 καὶ μὴ ὑπερίδῃς τὴν μητέρα σου· τίμα αὐτὴν πάσας τὰς ἡμέρας τῆς ζωῆς σου, καὶ ποίει τὸ ἀρεστὸν αὐτῇ, καὶ μὴ λυπήσῃς αὐτήν. Μνήσθητι, παιδίον, ὅτι πολλοὺς κινδύνους ἑώρακεν ἐπὶ σοὶ ἐν 4 τῇ κοιλίᾳ· ὅταν ἀποθάνῃ, θάψον αὐτὴν παρ' ἐμοὶ ἐν ἑνὶ τάφῳ.

Πάσας τὰς ἡμέρας, παιδίον, Κυρίου τοῦ Θεοῦ ἡμῶν μνη- 5 μόνευε, καὶ μὴ θελήσῃς ἁμαρτάνειν καὶ παραβῆναι τὰς ἐντολὰς αὐτοῦ· δικαιοσύνην ποίει πάσας τὰς ἡμέρας τῆς ζωῆς σου, καὶ μὴ πορευθῇς ταῖς ὁδοῖς τῆς ἀδικίας. Διότι ποιοῦντός σου τὴν 6 ἀλήθειαν, εὐοδίαι ἔσονται ἐν τοῖς ἔργοις σου, καὶ πᾶσι τοῖς ποιοῦσι τὴν δικαιοσύνην. Ἐκ τῶν ὑπαρχόντων σοι ποίει ἐλεη- 7 μοσύνην, καὶ μὴ φθονεσάτω σου ὁ ὀφθαλμὸς ἐν τῷ ποιεῖν σε ἐλεημοσύνην· μὴ ἀποστρέψῃς τὸ πρόσωπόν σου ἀπὸ παντὸς πτωχοῦ, καὶ ἀπὸ σοῦ οὐ μὴ ἀποστραφῇ τὸ πρόσωπον τοῦ Θεοῦ. 8 Ὡς σοὶ ὑπάρχοι κατὰ τὸ πλῆθος, ποίησον ἐξ αὐτῶν ἐλεημο- σύνην· ἐὰν ὀλίγον σοι ὑπάρχῃ, κατὰ τὸ ὀλίγον μὴ φοβοῦ ποιεῖν ἐλεημοσύνην. Θέμα γὰρ ἀγαθὸν θησαυρίζεις σεαυτῷ εἰς ἡμέραν 9 ἀνάγκης. Διότι ἐλεημοσύνη ἐκ θανάτου ῥύεται, καὶ οὐκ ἐᾷ 10 εἰσελθεῖν εἰς τὸ σκότος. Δῶρον γὰρ ἀγαθόν ἐστιν ἐλεημοσύνη 11 πᾶσι τοῖς ποιοῦσιν αὐτὴν ἐνώπιον τοῦ ὑψίστου.

Πρόσεχε σεαυτῷ, παιδίον, ἀπὸ πάσης πορνείας, καὶ γυναῖκα 12 πρῶτον λάβε ἀπὸ τοῦ σπέρματος τῶν πατέρων σου· μὴ λάβῃς γυναῖκα ἀλλοτρίαν, ἣ οὐκ ἔστιν ἐκ τῆς φυλῆς τοῦ πατέρος σου, διότι υἱοὶ προφητῶν ἐσμέν, Νῶε, Ἀβραάμ, Ἰσαάκ, Ἰακώβ. Οἱ πατέρες ἡμῶν ἀπὸ τοῦ αἰῶνος, μνήσθητι, παιδίον, ὅτι αὐτοὶ πάντες ἔλαβον γυναῖκας ἐκ τῶν ἀδελφῶν αὐτῶν, καὶ εὐλογήθη- σαν ἐν τοῖς τέκνοις αὐτῶν, καὶ τὸ σπέρμα αὐτῶν κληρονομήσει γῆν.

Καὶ νῦν, παιδίον, ἀγάπα τοὺς ἀδελφούς σου, καὶ μὴ ὑπερ- 13 ηφανεύου τῇ καρδίᾳ σου ἀπὸ τῶν ἀδελφῶν σου, καὶ τῶν υἱῶν καὶ θυγατέρων τοῦ λαοῦ σου, λαβεῖν σεαυτῷ ἐξ αὐτῶν γυναῖκα· διότι ἐν τῇ ὑπερηφανίᾳ ἀπώλεια καὶ ἀκαταστασία πολλὴ, καὶ ἐν τῇ ἀχρειότητι ἐλάττωσις καὶ ἔνδεια μεγάλη· ἡ γὰρ ἀχρειότης μήτηρ ἐστὶ τοῦ λιμοῦ. Μισθὸς παντὸς ἀνθρώπου ὃς ἐὰν ἐργά- 14 σηται, παρὰ σοὶ μὴ αὐλισθήτω, ἀλλ' ἀπόδος αὐτῷ παρ' αὐτίκα· ἐὰν δουλεύσῃς τῷ Θεῷ, ἀποδοθήσεταί σοι· πρόσεχε σεαυτῷ, παιδίον, ἐν πᾶσι τοῖς ἔργοις σου, καὶ ἴσθι πεπαιδευμένος ἐν πάσῃ ἀναστροφῇ σου. Καὶ ὃ μισεῖς, μηδενὶ ποιήσῃς· οἶνον εἰς μέθην 15 μὴ πίῃς, καὶ μὴ πορευθήτω μετὰ σοῦ μέθη ἐν τῇ ὁδῷ σου.

Ἐκ τοῦ ἄρτου σου δίδου πεινῶντι, καὶ ἐκ τῶν ἱματίων σου 16 τοῖς γυμνοῖς· πᾶν ὃ ἐὰν περισσεύσῃ σοι, ποίει ἐλεημοσύνην, καὶ μὴ φθονεσάτω σου ὁ ὀφθαλμὸς ἐν τῷ ποιεῖν σε ἐλεημοσύνην.

Ἔκχεον τοὺς ἄρτους σου ἐπὶ τὸν τάφον τῶν δικαίων, καὶ μὴ 17

18 δῶς τοῖς ἁμαρτωλοῖς. Συμβουλίαν παρὰ παντὸς φρονίμου ζή-
τησον, καὶ μὴ καταφρονήσῃς ἐπὶ πάσης συμβουλίας χρησίμης.

19 Καὶ ἐν παντὶ καιρῷ εὐλόγει Κύριον τὸν Θεὸν, καὶ παρ' αὐτοῦ
αἴτησον, ὅπως αἱ ὁδοί σου εὐθεῖαι γένωνται, καὶ πᾶσαι αἱ τρίβοι
καὶ βουλαί σου εὐοδωθῶσι· διότι πᾶν ἔθνος οὐκ ἔχει βουλὴν,
ἀλλ' αὐτὸς ὁ Κύριος δίδωσι πάντα τὰ ἀγαθὰ, καὶ ὃν ἐὰν θέλῃ,
ταπεινοῖ καθὼς βούλεται· καὶ νῦν, παιδίον, μνημόνευε τῶν ἐν-
τολῶν μου, καὶ μὴ ἐξαλειφθήτωσαν ἐκ τῆς καρδίας σου.

20 Καὶ νῦν ὑποδεικνύω σοι τὰ δέκα τάλαντα τοῦ ἀργυρίου, ἃ
παρεθέμην Γαβαήλῳ τῷ τοῦ Γαβρία ἐν Ῥάγοις τῆς Μηδίας.

21 Καὶ μὴ φοβοῦ, παιδίον, ὅτι ἐπτωχεύσαμεν· ὑπάρχει σοι πολλὰ,
ἐὰν φοβηθῇς τὸν Θεὸν, καὶ ἀποστῇς ἀπὸ πάσης ἁμαρτίας, καὶ
ποιήσῃς τὸ ἀρεστὸν ἐνώπιον αὐτοῦ.

5 Καὶ ἀποκριθεὶς Τωβίας εἶπεν αὐτῷ, πάτερ, ποιήσω πάντα
2 ὅσα ἐντέταλσαί μοι. Ἀλλὰ πῶς δυνήσομαι λαβεῖν τὸ ἀργύ-
3 ριον, καὶ οὐ γινώσκω αὐτόν; Καὶ ἔδωκεν αὐτῷ τὸ χειρόγραφον,
καὶ εἶπεν αὐτῷ, ζήτησον σεαυτῷ ἄνθρωπον ὃς συμπορεύσεται
σοι, καὶ δώσω αὐτῷ μισθὸν ἕως ζῶ, καὶ λάβε πορευθεὶς τὸ
ἀργύριον.

4 Καὶ ἐπορεύθη ζητῆσαι ἄνθρωπον, καὶ εὗρε Ῥαφαὴλ, ὃς ἦν
5 ἄγγελος, καὶ οὐκ ᾔδει· καὶ εἶπεν αὐτῷ, εἰ δύναμαι πορευθῆναι
μετὰ σοῦ ἐν Ῥάγοις τῆς Μηδίας, καὶ εἰ ἔμπειρος εἶ τῶν τόπων.

6 Καὶ εἶπεν αὐτῷ ὁ ἄγγελος, πορεύσομαι μετὰ σοῦ, καὶ τῆς ὁδοῦ
ἐμπειρῶ, καὶ παρὰ Γαβαὴλ τὸν ἀδελφὸν ἡμῶν ηὐλίσθην.

7 Καὶ εἶπεν αὐτῷ Τωβίας ὑπόμεινόν με, καὶ ἐρῶ τῷ πατρί.

8 Καὶ εἶπεν αὐτῷ, πορεύου, καὶ μὴ χρονίσῃς· καὶ εἰσελθὼν, εἶπε
τῷ πατρὶ, ἰδοὺ εὕρηκα ὃς συμπορεύσεταί μοι· ὁ δὲ εἶπε, φώνησον
αὐτὸν πρὸς μὲ, ἵνα ἐπιγνῶ ποίας φυλῆς ἐστι, καὶ εἰ πιστὸς τοῦ
9 πορευθῆναι μετὰ σοῦ. Καὶ ἐκάλεσεν αὐτόν· καὶ εἰσῆλθε, καὶ
ἠσπάσαντο ἀλλήλους.

10 Καὶ εἶπεν αὐτῷ Τωβὶτ, ἀδελφὲ, ἐκ ποίας φυλῆς καὶ ἐκ ποίας
11 πατριᾶς εἶ σύ; ὑπόδειξόν μοι. Καὶ εἶπεν αὐτῷ, φυλὴν καὶ
πατριὰν σὺ ζητεῖς; ἢ μίσθιον, ὃς συμπορεύσεται μετὰ τοῦ υἱοῦ
σου; καὶ εἶπεν αὐτῷ Τωβὶτ, βούλομαι, ἀδελφὲ, ἐπιγνῶναι τὸ
12 γένος σου, καὶ τὸ ὄνομα. Ὃς δὲ εἶπεν, ἐγὼ Ἀζαρίας Ἀνανίου τοῦ μεγάλου, τῶν ἀδελ-
13 φῶν σου. Καὶ εἶπεν αὐτῷ, ὑγιαίνων ἔλθοις, ἀδελφέ· καὶ μή
μοι ὀργισθῇς, ὅτι ἐζήτησα τὴν φυλήν σου, καὶ τὴν πατριάν σου
ἐπιγνῶναι· καὶ σὺ τυγχάνεις ἀδελφός μου ἐκ τῆς καλῆς καὶ
ἀγαθῆς γενεᾶς· ἐπεγίνωσκον γὰρ ἐγὼ Ἀνανίαν καὶ Ἰωνάθαν
τοὺς υἱοὺς Σεμεΐ τοῦ μεγάλου, ὡς ἐπορευόμεθα κοινῶς εἰς Ἱερο-
σόλυμα προσκυνεῖν, ἀναφέροντες τὰ πρωτότοκα, καὶ τὰς δεκά-
τας τῶν γεννημάτων, καὶ οὐκ ἐπλανήθησαν ἐν τῇ πλάνῃ τῶν
14 ἀδελφῶν ἡμῶν· ἐκ ῥίζης καλῆς εἶ, ἀδελφέ. Ἀλλὰ εἰπόν μοι
τίνα σοι ἔσομαι μισθὸν διδόναι; δραχμὴν τῆς ἡμέρας, καὶ τὰ
15 δέοντά σοι ὡς καὶ τῷ υἱῷ μου, καὶ ἔτι προσθήσω σοι ἐπὶ τὸν
μισθὸν, ἐὰν ὑγιαίνοντες ἐπιστρέψητε.

16 Καὶ εὐδόκησαν οὕτως· καὶ εἶπε πρὸς Τωβίαν, ἕτοιμος γίνου
πρὸς τὴν ὁδὸν, καὶ εὐοδωθείητε· καὶ ἡτοίμασεν ὁ υἱὸς αὐτοῦ
τὰ πρὸς τὴν ὁδόν· καὶ εἶπεν αὐτῷ ὁ πατὴρ αὐτοῦ, πορεύου μετὰ
τοῦ ἀνθρώπου τούτου, ὁ δὲ ἐν τῷ οὐρανῷ οἰκῶν Θεὸς εὐοδώσει
τὴν ὁδὸν ὑμῶν, καὶ ὁ ἄγγελος αὐτοῦ συμπορευθήτω ὑμῖν· καὶ

wicked. ¹⁸ Ask counsel of all that are wise,
and despise not any counsel that is pro-
fitable.
¹⁹ Bless the Lord thy God alway, and de-
sire of him that thy ways may be directed,
and that all thy paths and counsels may
prosper: for every nation hath not counsel;
but the Lord himself giveth all good things,
and he humbleth whom he will, as he will;
now therefore, my son, remember my com-
mandments, neither let them be put out of
thy mind.
²⁰ And now I signify this to thee, that I
committed ten talents to Gabael the *son* of
Gabrias at Rages in Media. ²¹ And fear
not, my son, that we are made poor: for
thou hast much wealth, if thou fear God,
and depart from all sin, and do that which
is pleasing in his sight.
Tobias then answered and said, Father, I
will do all things which thou hast com-
manded me: ² but how can I receive the
money, seeing I know him not? ³ Then he
gave him the handwriting, and said unto
him, Seek thee a man which may go with
thee, and I will give him wages whiles I
yet live: and go and receive the money.
⁴ Therefore when he went to seek a man,
he found Raphael that was an angel. ⁵ But
he knew not; and he said unto him, Canst
thou go with me to Rages? and knowest
thou those places well? ⁶ To whom the
angel said, I will go with thee, and I know
the way well: for I have lodged with our
brother Gabael.
⁷ Then Tobias said unto him, Tarry for
me, till I tell my father. ⁸ Then he said
unto him, Go, and tarry not. So he went
in and said to his father, Behold, I have
found one which will go with me. Then
he said, Call him unto me, that I may know
of what tribe he is, and whether he be a
trusty man to go with thee. ⁹ So he called
him, and he came in, and they saluted one
another.
¹⁰ Then Tobit said unto him, Brother,
shew me of what tribe and family thou art.
¹¹ To whom he said, Dost thou seek for a
tribe or family, or an hired man to go
with thy son? Then Tobit said unto him, I
would know, brother, thy kindred and name.
¹² Then he said, I am Azarias, *the son* of
Ananias the great, and of thy brethren.
¹³ Then Tobit said, Thou art welcome,
brother; be not now angry with me, because
have enquired to know thy tribe and thy
family; for thou art my brother, of an
honest and good stock: for I know Ananias
and Jonathas, sons of that great Samaias, as
we went together to Jerusalem to worship,
and offered the firstborn, and the tenths of
the fruits; and they were not seduced with
the error of our brethren: my brother, thou
art of a good stock. ¹⁴ But tell me, what
wages shall I give thee? *wilt thou* a drachm
a day, and things necessary, as to mine own
son? ¹⁵ Yea, moreover, if ye return safe, I
will add something to thy wages.
¹⁶ So they were well pleased. Then said
he to Tobias, Prepare thyself for the jour-
ney, and God send you a good journey. And
when his son had prepared all things for
the journey, his father said, Go thou with
this man, and God, which dwelleth in
heaven, prosper your journey, and the **angel**

of God keep you company. So they went forth both, and the young man's dog with them.

¹⁷ But Anna his mother wept, and said to Tobit, Why hast thou sent away our son? is he not the staff of our hand, in going in and out before us? ¹⁸ Be not greedy to add money to money: but let it be as refuse in respect of our child. ¹⁹ For that which the Lord hath given us to live with doth suffice us. ²⁰ Then said Tobit to her, Take no care, my sister; he shall return in safety, and thine eyes shall see him. ²¹ For the good angel will keep him company, and his journey shall be prosperous, and he shall return safe. ²² Then she made an end of weeping.

And as they went on their journey, they came in the evening to the river Tigris, and they lodged there. ² And when the young man went down to wash himself, a fish leaped out of the river, and would have devoured him. ³ Then the angel said unto him, Take the fish. And the young man laid hold of the fish, and drew it to land. ⁴ To whom the angel said, Open the fish, and take the heart and the liver and the gall, and put them up safely. ⁵ So the young man did as the angel commanded him; and when they had roasted the fish, they did eat it: then they both went on their way, till they drew near to Ecbatane.

⁶ Then the young man said to the angel, Brother Azarias, to what use is the heart and the liver and the gall of the fish? ⁷ And he said unto him, Touching the heart and the liver, if a devil or an evil spirit trouble any, we must make a smoke thereof before the man or the woman, and the party shall be no more vexed. ⁸ As for the gall, it is good to anoint a man that hath whiteness in his eyes, and he shall be healed.

⁹ And when they were come near to Rages, ¹⁰ the angel said to the young man, Brother, to day we shall lodge with Raguel, who is thy cousin; he also hath one only daughter, named Sara; I will speak for her, that she may be given thee for a wife. ¹¹ For to thee doth the right of her appertain, seeing thou only art of her kindred. ¹² And the maid is fair and wise: now therefore hear me, and I will speak to her father; and when we return from Rages we will celebrate the marriage: for I know that Raguel cannot marry her to another according to the law of Moses, but he shall be guilty of death, because the right of inheritance doth rather appertain to thee than to any other.

¹³ Then the young man answered the angel, I have heard, brother Azarias, that this maid hath been given to seven men, who all died in the marriage chamber. ¹⁴ And now I am the only son of my father, and I am afraid, lest, if I go in unto her, I die, as the others before: for a wicked spirit loveth her, which hurteth no one except those which come unto her: wherefore I also fear lest I die, and bring my father's and my mother's life because of me to the grave with sorrow: for they have no other son to bury them.

¹⁵ Then the angel said to him, Dost thou not remember the precepts that thy father gave thee, that thou shouldest marry a wife

ἐξῆλθαν ἀμφότεροι ἀπελθεῖν, καὶ ὁ κύων τοῦ παιδαρίου μετ' αὐτῶν.

Ἔκλαυσε δὲ Ἄννα ἡ μήτηρ αὐτοῦ, καὶ εἶπε πρὸς Τωβὶτ, τί 17 ἐξαπέστειλας τὸ παιδίον ἡμῶν; ἢ οὐχὶ ἡ ῥάβδος τῆς χειρὸς ἡμῶν ἐστιν ἐν τῷ εἰσπορεύεσθαι αὐτὸν καὶ ἐκπορεύεσθαι ἐνώπιον ἡμῶν; Ἀργύριον τῷ ἀργυρίῳ μὴ φθάσαι, ἀλλὰ περί- 18 ψημα τοῦ παιδίου ἡμῶν γένοιτο. Ὡς γὰρ δέδοται ἡμῖν ζῇν 19 παρὰ τοῦ Κυρίου, τοῦτο ἱκανὸν ἡμῖν ὑπάρχει. Καὶ εἶπεν αὐτῇ 20 Τωβὶτ, μὴ λόγον ἔχε ἀδελφή, ὑγιαίνων ἐλεύσεται, καὶ οἱ ὀφθαλμοί σου ὄψονται αὐτόν. Ἄγγελος γὰρ ἀγαθὸς συμπορεύ- 21 σεται αὐτῷ, καὶ εὐοδωθήσεται ἡ ὁδὸς αὐτοῦ, καὶ ὑποστρέψει ὑγιαίνων. Καὶ ἐπαύσατο κλαίουσα. 22

Οἱ δὲ πορευόμενοι τὴν ὁδὸν, ἦλθον ἑσπέρας ἐπὶ τὸν Τίγριν 6 ποταμὸν, καὶ ηὐλίζοντο ἐκεῖ. Τὸ δὲ παιδάριον κατέβη περι- 2 κλύσασθαι, καὶ ἀνεπήδησεν ἰχθὺς ἀπὸ τοῦ ποταμοῦ, καὶ ἐβουλήθη καταπιεῖν τὸ παιδάριον. Ὁ δὲ ἄγγελος εἶπεν αὐτῷ, 3 ἐπιλαβοῦ τοῦ ἰχθύος· καὶ ἐκράτησε τὸν ἰχθὺν τὸ παιδάριον, καὶ ἀνέβαλεν αὐτὸν ἐπὶ τὴν γῆν. Καὶ εἶπεν αὐτῷ ὁ ἄγγελος, 4 ἀνάτεμε τὸν ἰχθῦν, καὶ λαβὼν τὴν καρδίαν καὶ τὸ ἧπαρ καὶ τὴν χολήν, θὲς ἀσφαλῶς. Καὶ ἐποίησε τὸ παιδάριον ὡς εἶπεν 5 αὐτῷ ὁ ἄγγελος· τὸν δὲ ἰχθῦν ὀπτήσαντες, ἔφαγον· καὶ ὤδευον ἀμφότεροι, ἕως οὗ ἤγγισαν ἐν Ἐκβατάνοις.

Καὶ εἶπε τὸ παιδάριον τῷ ἀγγέλῳ, Ἀζαρία ἀδελφέ, τί ἐστιν 6 ἡ καρδία καὶ τὸ ἧπαρ καὶ ἡ χολὴ τοῦ ἰχθύος; Καὶ εἶπεν αὐτῷ, 7 ἡ καρδία καὶ τὸ ἧπαρ, ἐάν τινα ὀχλῇ δαιμόνιον ἢ πνεῦμα πονηρὸν, ταῦτα δεῖ καπνίσαι ἐνώπιον ἀνθρώπου, ἢ γυναικὸς, καὶ μηκέτι ὀχληθῇ. Ἡ δὲ χολὴ, ἔγχρισαι ἄνθρωπον ὃς ἔχει λευ- 8 κώματα ἐν τοῖς ὀφθαλμοῖς, καὶ ἰαθήσεται.

Ὡς δὲ προσήγγισαν τῇ Ῥάγῃ, εἶπεν ὁ ἄγγελος τῷ παι- 9, 10 δαρίῳ, ἀδελφέ, σήμερον αὐλισθησόμεθα παρὰ Ῥαγουήλ, καὶ αὐτὸς συγγενής σου ἐστὶ, καὶ ἔστιν αὐτῷ θυγατὴρ ὀνόματι Σάρρα· λαλήσω περὶ αὐτῆς, τοῦ δοθῆναί σοι αὐτὴν εἰς γυναῖκα, 11 καὶ ὅτι σοι ἐπιβάλλει ἡ κληρονομία αὐτῆς, καὶ σὺ μόνος εἶ ἐκ τοῦ γένους αὐτῆς· Καὶ τὸ κοράσιον καλὸν καὶ φρόνιμόν ἐστι· 12 καὶ νῦν ἄκουσόν μου, καὶ λαλήσω τῷ πατρὶ αὐτῆς, καὶ ὅταν ὑποστρέψωμεν ἐκ Ῥαγῶν, ποιήσομεν τὸν γάμον· διότι ἐπίσταμαι Ῥαγουὴλ ὅτι οὐ μὴ δῷ αὐτὴν ἀνδρὶ ἑτέρῳ κατὰ τὸν νόμον Μωυσῆ, ἢ ὀφειλήσει θάνατον, ὅτι τὴν κληρονομίαν σοι καθήκει λαβεῖν, ἢ πάντα ἄνθρωπον.

Τότε εἶπε τὸ παιδάριον τῷ ἀγγέλῳ, Ἀζαρία ἀδελφέ, ἀκήκοα 13 ἐγὼ τὸ κοράσιον δεδόσθαι ἑπτὰ ἀνδράσι, καὶ πάντας ἐν τῷ νυμφῶνι ἀπολωλότας· καὶ νῦν ἐγὼ μόνος εἰμὶ τῷ πατρὶ, καὶ 14 φοβοῦμαι μὴ εἰσελθὼν ἀποθάνω καθὼς καὶ οἱ πρότεροι, ὅτι δαιμόνιον φιλεῖ αὐτὴν, ὃ οὐκ ἀδικεῖ οὐδένα πλὴν τῶν προσαγόντων αὐτῇ· καὶ νῦν ἐγὼ φοβοῦμαι μὴ ἀποθάνω, καὶ κατάξω τὴν ζωὴν τοῦ πατρός μου καὶ τῆς μητρός μου μετ' ὀδύνης ἐπ' ἐμοὶ εἰς τὸν τάφον αὐτῶν, καὶ υἱὸς ἕτερος οὐχ ὑπάρχει αὐτοῖς ὃς θάψει αὐτούς.

Εἶπε δὲ αὐτῷ ὁ ἄγγελος, οὐ μέμνησαι τῶν λόγων ὧν ἐνε- 15 τείλατό σοι ὁ πατήρ σου, ὑπὲρ τοῦ λαβεῖν σε γυναῖκα ἐκ τοῦ

γένους σου; καὶ νῦν ἄκουσόν μου, ἀδελφέ, διότι σοι ἔσται εἰς
γυναῖκα, καὶ τοῦ δαιμονίου μηδένα λόγον ἔχε, ὅτι τὴν νύκτα
16 ταύτην δοθήσεταί σοι αὕτη εἰς γυναῖκα. Καὶ ἐὰν εἰσέλθῃς εἰς
τὸν νυμφῶνα, λήψῃ τέφραν θυμιαμάτων, καὶ ἐπιθήσεις ἀπὸ
17 τῆς καρδίας καὶ τοῦ ἥπατος τοῦ ἰχθύος, καὶ καπνίσεις, καὶ
ὀσφρανθήσεται τὸ δαιμόνιον, καὶ φεύξεται, καὶ οὐκ ἐπανελεύ-
σεται εἰς τὸν αἰῶνα τοῦ αἰῶνος· ὅταν δὲ προσπορεύῃ αὐτῇ,
ἐγέρθητε ἀμφότεροι, καὶ βοήσατε πρὸς τὸν ἐλεήμονα Θεὸν,
καὶ σώσει ὑμᾶς, καὶ ἐλεήσει· μὴ φοβοῦ, ὅτι σοὶ αὕτη ἡτοι-
μασμένη ἦν ἀπὸ τοῦ αἰῶνος, καὶ σὺ αὐτὴν σώσεις, καὶ πορεύ-
σεται μετὰ σοῦ, καὶ ὑπολαμβάνω ὅτι σοὶ ἔσται ἐξ αὐτῆς παιδία·
καὶ ὡς ἤκουσε Τωβίας ταῦτα, ἐφίλησεν αὐτήν, καὶ ἡ ψυχὴ
αὐτοῦ ἐκολλήθη σφόδρα αὐτῇ· καὶ ἦλθεν εἰς Ἐκβάτανα.

7 Καὶ παρεγένετο εἰς τὴν οἰκίαν Ῥαγουήλ· καὶ Σάρρα δὲ
ὑπήντησεν αὐτῷ, καὶ ἐχαιρέτισεν αὐτόν, καὶ αὐτὸς αὐτούς·
2 καὶ εἰσήγαγεν αὐτοὺς εἰς τὴν οἰκίαν. Καὶ εἶπε Ῥαγουὴλ
Ἔδνα τῇ γυναικὶ αὐτοῦ, ὡς ὅμοιος ὁ νεανίσκος Τωβὶτ τῷ
ἀνεψιῷ μου;

3 Καὶ ἠρώτησεν αὐτοὺς Ῥαγουήλ, πόθεν ἐστέ, ἀδελφοί· καὶ
εἶπον αὐτῷ, ἐκ τῶν υἱῶν Νεφθαλὶ τῶν αἰχμαλώτων ἐν Νινευῇ.
4 Καὶ εἶπεν αὐτοῖς, γινώσκετε Τωβὶτ τὸν ἀδελφὸν ἡμῶν; οἱ δὲ
5 εἶπον, γινώσκομεν· καὶ εἶπεν αὐτοῖς, ὑγιαίνει; Οἱ δὲ εἶπαν,
6 καὶ ζῇ, καὶ ὑγιαίνει· καὶ εἶπε Τωβίας, πατήρ μου ἐστί. Καὶ
ἀνεπήδησε Ῥαγουήλ, καὶ κατεφίλησεν αὐτόν, καὶ ἔκλαυσε,
7 καὶ εὐλόγησεν αὐτόν, καὶ εἶπεν αὐτῷ, ὁ τοῦ καλοῦ καὶ ἀγαθοῦ
ἀνθρώπου υἱός· καὶ ἀκούσας ὅτι Τωβὶτ ἀπώλεσε τοὺς ὀφθαλ-
μοὺς ἑαυτοῦ, ἐλυπήθη καὶ ἔκλαυσε.

8 Καὶ Ἔδνα ἡ γυνὴ αὐτοῦ καὶ Σάρρα ἡ θυγάτηρ αὐτοῦ ἔκλαυ-
σαν, καὶ ὑπεδέξαντο αὐτοὺς προθύμως· καὶ ἔθυσαν κριὸν προ-
βάτων, καὶ παρέθηκαν ὄψα πλείονα· εἶπε δὲ Τωβίας τῷ Ῥα-
φαήλ, Ἀζαρία ἀδελφέ, λάλησον ὑπὲρ ὧν ἔλεγες ἐν τῇ πορείᾳ,
καὶ τελεσθήτω τὸ πρᾶγμα.

9 Καὶ μετέδωκε τὸν λόγον τῷ Ῥαγουήλ· καὶ εἶπε Ῥαγουὴλ
10 πρὸς Τωβίαν, φάγε, πίε, καὶ ἡδέως γίνου, σοὶ γὰρ καθήκει
τὸ παιδίον μου λαβεῖν· πλὴν ὑποδείξω σοι τὴν ἀλήθειαν.
11 Ἔδωκα τὸ παιδίον μου ἑπτὰ ἀνδράσι, καὶ ὁπότε ἐὰν εἰσεπο-
ρεύοντο πρὸς αὐτήν, ἀπέθνησκον ὑπὸ τὴν νύκτα· ἀλλὰ τὸ νῦν
ἔχον, ἡδέως γίνου· καὶ εἶπε Τωβίας, οὐ γεύομαι οὐδὲν ὧδε, ἕως
12 ἂν στήσητε καὶ σταθῆτε πρός μέ. Καὶ εἶπε Ῥαγουήλ, κομίζου
αὐτὴν ἀπὸ τοῦ νῦν κατὰ τὴν κρίσιν· σὺ δὲ ἀδελφὸς εἶ αὐτῆς,
καὶ αὐτή σου ἐστίν· ὁ δὲ ἐλεήμων Θεὸς εὐοδώσει ὑμῖν τὰ
κάλλιστα.

13 Καὶ ἐκάλεσε Σάρραν τὴν θυγατέρα αὐτοῦ, καὶ λαβὼν τῆς
χειρὸς αὐτῆς, παρέδωκεν αὐτὴν Τωβίᾳ γυναῖκα, καὶ εἶπεν, ἰδοὺ
κατὰ τὸν νόμον Μωυσέως κομίζου αὐτήν, καὶ ἄπαγε πρὸς τὸν
14 πατέρα σου· καὶ εὐλόγησεν αὐτούς. Καὶ ἐκάλεσεν Ἔδναν τὴν
γυναῖκα αὐτοῦ· καὶ λαβὼν βιβλίον, ἔγραψε συγγραφήν, καὶ
15 ἐσφραγίσατο. Καὶ ἤρξαντο ἐσθίειν.

16 Καὶ ἐκάλεσε Ῥαγουὴλ Ἔδναν τὴν γυναῖκα αὐτοῦ, καὶ εἶπεν

of thine own kindred? wherefore hear me,
O my brother; for she shall be given thee
to wife; and make thou no reckoning of the
evil spirit; for this same night shall she be
given thee in marriage. [16] And when thou
shalt come into the marriage chamber, thou
shalt take the ashes of perfume, and shalt
lay upon them some of the heart and liver
of the fish, and shalt make a smoke with it:
[17] and the devil shall smell it, and flee away,
and never come again any more: but when
thou shalt come to her, rise up both of you,
and pray to God which is merciful, who will
have pity on you, and save you: fear not,
for she is appointed unto thee from the
beginning; and thou shalt preserve her,
and she shall go with thee. Moreover I
suppose that she shall bear thee children.
Now when Tobias had heard these things,
he loved her, and his heart was effectually
joined to her. And he came to Ecbatane.

And he came to the house of Raguel;
and Sara met him: and saluted him, and
he them; and she brought them into the
house. [2] Then said Raguel to Edna his
wife, How like is this young man to Tobit
my cousin!

[3] And Raguel asked them, From whence
are ye, brethren? To whom they said, We
are of the sons of Nephthali, which are
captives in Nineve. [4] Then he said to them,
Do ye know Tobit our kinsman? And they
said, We know him. Then said he, Is he in
good health? [5] And they said, He is both
alive, and in good health: and Tobias said,
He is my father. [6] Then Raguel leaped up,
and kissed him, and wept, [7] and blessed him,
and said unto him, *Thou art* the son of an
honest and good man. But when he had
heard that Tobit was blind, he was sorrow-
ful, and wept.

[8] And likewise Edna his wife and Sara his
daughter wept. Moreover they entertained
them cheerfully; and after that they had
killed a ram of the flock, they set store of
meat on the table. Then said Tobias to
Raphael, Brother Azarias, speak of those
things of which thou didst talk in the way,
and let this business be dispatched.

[9] So he communicated the matter with
Raguel: and Raguel said to Tobias, Eat
and drink, and make merry: [10] for it is
meet that thou shouldest marry my daugh-
ter: nevertheless I will declare unto thee
the truth. [11] I have given my daughter in
marriage to seven men, who died that night
they came in unto her: nevertheless for the
present be merry. But Tobias said, I will
eat nothing here, till we agree and swear
one to another. [12] And Raguel said, Then
take her from henceforth according to the
manner, for thou art her cousin, and she
is thine, and the merciful God give you
good success in all things.

[13] Then he called his daughter Sara, and
she came to her father, and he took her by
the hand, and gave her to be wife to Tobias,
saying, Behold, take her after the law of
Moses, and lead her away to thy father.
And he blessed them; [14] and called Edna
his wife, and took paper, and did write an
instrument *of covenants*, and sealed it.
[15] Then they began to eat.

[16] After Raguel called his wife Edna, and

said unto her, Sister, prepare another chamber, and bring her in thither. [17]Which when she had done as he had bidden her, she brought her thither: and she wept, and she received the tears of her daughter, and said unto her, [18]Be of good comfort, my daughter; the Lord of heaven and earth give thee joy for this thy sorrow: be of good comfort, my daughter.

And when they had supped, they brought Tobias in unto her. [2]And as he went, he remembered the words of Raphael, and took the ashes of the perfumes, and put the heart and the liver of the fish thereupon, and made a smoke *therewith*. [2]The which smell when the evil spirit had smelled, he fled into the utmost parts of Egypt, and the angel bound him.

[4]And after that they were both shut in together, Tobias rose out of the bed, and said, Sister, arise, and let us pray that God would have pity on us. [5]Then began Tobias to say, Blessed art thou, O God of our fathers, and blessed *is* thy holy and glorious name for ever; let the heavens bless thee, and all thy creatures. [6]Thou madest Adam, and gavest him Eve his wife for an helper and stay: of them came mankind: thou hast said, It is not good that man should be alone; let us make unto him an aid like unto himself. [7]And now, O Lord, I take not this my sister for lust, but uprightly: *therefore* mercifully ordain that we may become aged together. [8]And she said with him, Amen.

[9]So they slept both that night. And Raguel arose, and went and made a grave, [10]saying, *I fear* lest he also be dead. [11]But when Raguel was come into his house, [12]he said unto his wife Edna, Send one of the maids, and let her see whether he be alive: if *he be* not, that we may bury him, and no man know it. [13]So the maid opened the door, and went in, and found them both asleep, [14]and came forth, and told them that he was alive.

[15]Then Raguel praised God, and said, O God, thou art worthy to be praised with all pure and holy praise: therefore let thy saints praise thee with all thy creatures: and let all thine angels and thine elect praise thee for ever. [16]Thou art to be praised, for thou hast made me joyful; and that is not come to me which I suspected; but thou hast dealt with us according to thy great mercy. [17]Thou art to be praised, because thou hast had mercy of two that were the only begotten children of their fathers: grant them mercy, O Lord, and finish their life in health with joy and mercy. [18]Then Raguel bade his servants to fill the grave.

[19]And he kept the wedding feast fourteen days. [20]For before the days of the marriage were finished, Raguel had said unto him by an oath, that he should not depart till the fourteen days of the marriage were expired; [21]and then he should take the half of his goods, and go in safety to his father; and should have the rest when I and my wife be dead.

Then Tobias called Raphael, and said unto him, [2]Brother Azarias, take with thee a servant, and two camels, and go to Rages of Media to Gabael, and bring me the

αὐτῇ, ἀδελφὴ ἐτοίμασον τὸ ἕτερον ταμεῖον, καὶ εἰσάγαγε αὐτήν. Καὶ ἐποίησεν ὡς εἶπε· καὶ εἰσήγαγεν αὐτὴν ἐκεῖ, καὶ 17 ἔκλαυσε· καὶ ἀπεδέξατο τὰ δάκρυα τῆς θυγατρὸς αὐτῆς, καὶ εἶπεν αὐτῇ, θάρσει τέκνον, ὁ Κύριος τοῦ οὐρανοῦ καὶ τῆς 18 γῆς δῴη σοι χάριν ἀντὶ τῆς λύπης σου ταύτης, θάρσει θύγατερ.

Ὅτε δὲ συνετέλεσαν δειπνοῦντες, εἰσήγαγον Τωβίαν πρὸς 8 αὐτήν. Ὁ δὲ πορευόμενος ἐμνήσθη τῶν λόγων Ῥαφαὴλ, καὶ 2 ἔλαβε τὴν τέφραν τῶν θυμιαμάτων, καὶ ἐπέθηκε τὴν καρδίαν τοῦ ἰχθύος καὶ τὸ ἧπαρ, καὶ ἐκάπνισεν. Ὅτε δὲ ὠσφράνθη τὸ 3 δαιμόνιον τῆς ὀσμῆς, ἔφυγεν εἰς τὰ ἀνώτατα Αἰγύπτου, καὶ ἔδησεν αὐτὸ ὁ ἄγγελος.

Ὡς δὲ συνεκλείσθησαν ἀμφότεροι, ἀνέστη Τωβίας ἀπὸ τῆς 4 κλίνης, καὶ εἶπεν, ἀνάστηθι ἀδελφὴ, καὶ προσευξώμεθα ἵνα ἐλεήσῃ ἡμᾶς ὁ Κύριος. Καὶ ἤρξατο Τωβίας λέγειν, εὐλογη- 5 τὸς εἶ ὁ Θεὸς τῶν πατέρων ἡμῶν, καὶ εὐλογητὸν τὸ ὄνομά σου τὸ ἅγιον καὶ ἔνδοξον εἰς τοὺς αἰῶνας· εὐλογησάτωσάν σε οἱ οὐρανοὶ, καὶ πᾶσαι αἱ κτίσεις σου. Σὺ ἐποίησας Ἀδὰμ, καὶ 6 ἔδωκας αὐτῷ βοηθὸν Εὔαν στήριγμα τὴν γυναῖκα αὐτοῦ· ἐκ τούτων ἐγενήθη τὸ ἀνθρώπων σπέρμα· σὺ εἶπας, οὐ καλὸν εἶναι τὸν ἄνθρωπον μόνον, ποιήσωμεν αὐτῷ βοηθὸν ὅμοιον αὐτῷ. Καὶ νῦν, Κύριε, οὐ διὰ πορνείαν ἐγὼ λαμβάνω τὴν 7 ἀδελφήν μου ταύτην, ἀλλὰ ἐπʼ ἀληθείας ἐπίταξον ἐλεῆσαί με, καὶ αὐτῇ συγκαταγηρᾶσαι. Καὶ εἶπε μετʼ αὐτοῦ, ἀμήν. 8

Καὶ ἐκοιμήθησαν ἀμφότεροι τὴν νύκτα· καὶ ἀναστὰς Ῥα- 9 γουὴλ ἐπορεύθη, καὶ ὤρυξε τάφον, λέγων· μὴ καὶ οὗτος ἀπο- 10 θάνῃ; Καὶ ἦλθε Ῥαγουὴλ εἰς τὴν οἰκίαν ἑαυτοῦ, καὶ 11, 12 εἶπεν Ἔδνᾳ τῇ γυναικὶ αὐτοῦ, ἀπόστειλον μίαν τῶν παιδισκῶν, καὶ ἰδέτωσαν εἰ ζῇ. εἰ δὲ μὴ, ἵνα θάψωμεν αὐτὸν, καὶ μηδεὶς γνῷ. Καὶ εἰσῆλθεν ἡ παιδίσκη ἀνοίξασα τὴν θύραν, καὶ 13 εὗρε τοὺς δύο καθεύδοντας, καὶ ἐξελθοῦσα ἀπήγγειλεν αὐτοῖς, 14 ὅτι ζῇ.

Καὶ εὐλόγησε Ῥαγουὴλ τὸν Θεὸν, λέγων, εὐλογητὸς εἶ σὺ 15 ὁ Θεὸς ἐν πάσῃ εὐλογίᾳ καθαρᾷ καὶ ἁγίᾳ· καὶ εὐλογείτωσάν σε οἱ ἅγιοί σου, καὶ πᾶσαι αἱ κτίσεις σου, καὶ πάντες οἱ ἄγγε- λοί σου, καὶ οἱ ἐκλεκτοί σου· εὐλογείτωσάν σε εἰς τοὺς αἰῶνας. Εὐλογητὸς εἶ, ὅτι ηὔφρανάς με, καὶ οὐκ ἐγένετό 16 μοι καθὼς ὑπενόουν, ἀλλὰ κατὰ τὸ πολὺ ἔλεός σου ἐποίησας μεθʼ ἡμῶν. Εὐλογητὸς εἶ, ὅτι ἠλέησας δύο μονογενεῖς· ποί- 17 ησον αὐτοῖς, δέσποτα, ἔλεος, συντέλεσον τὴν ζωὴν αὐτῶν ἐν ὑγιείᾳ μετʼ εὐφροσύνης καὶ ἐλέους. Ἐκέλευσε δὲ τοῖς οἰκέταις 18 χῶσαι τὸν τάφον.

Καὶ ἐποίησεν αὐτοῖς γάμον ἡμερῶν δεκατεσσάρων. Καὶ 19, 20 εἶπεν αὐτῷ Ῥαγουὴλ, πρινὴ συντελεσθῆναι τὰς ἡμέρας τοῦ γάμου, ἐνόρκως, μὴ ἐξελθεῖν αὐτὸν ἐὰν μὴ πληρωθῶσιν αἱ δεκατέσσαρες ἡμέραι τοῦ γάμου, καὶ τότε λαβόντα τὸ ἥμισυ 21 τῶν ὑπαρχόντων αὐτοῦ πορεύεσθαι μεθʼ ὑγιείας πρὸς τὸν πατέρα, καὶ τὰ λοιπὰ ὅταν ἀποθάνω, καὶ ἡ γυνή μου.

Καὶ ἐκάλεσε Τωβίας τὸν Ῥαφαὴλ, καὶ εἶπεν αὐτῷ, 9 Ἀζαρία ἀδελφὲ, λάβε μετὰ σεαυτοῦ παῖδα καὶ δύο καμήλους, 2 καὶ πορεύθητι ἐν Ῥάγοις τῆς Μηδίας παρὰ Γαβαὴλ, καὶ κόμι-

3 σαί μοι τὸ ἀργύριον, καὶ αὐτὸν ἄγε μοι εἰς τόν γάμον, διότι
4 ὀμώμοκε Ῥαγουὴλ, μὴ ἐξελθεῖν με. Καὶ ὁ πατήρ μου ἀριθμεῖ
5 τὰς ἡμέρας, καὶ ἐὰν χρονίσω μέγα, ὀδυνηθήσεται λίαν. Καὶ
ἐπορεύθη Ῥαφαὴλ, καὶ ηὐλίσθη παρὰ Γαβαὴλ, καὶ ἔδωκεν
αὐτῷ τὸ χειρόγραφον· ὃς δὲ προήνεγκε τὰ θυλάκια ἐν ταῖς
σφραγίσι, καὶ ἔδωκεν αὐτῷ.
6 Καὶ ὤρθρευσαν κοινῶς, καὶ ἦλθον εἰς τὸν γάμον· καὶ εὐλό-
γησε Τωβίας τὴν γυναῖκα αὐτοῦ.

10 Καὶ Τωβὶτ ὁ πατὴρ αὐτοῦ ἐλογίσατο ἐκάστης ἡμέρας· καὶ
2 ὡς ἐπληρώθησαν αἱ ἡμέραι τῆς πορείας, καὶ οὐκ ἤρχετο, εἶπε
μήποτε κατῄσχυνται; ἢ μήποτε ἀπέθανε Γαβαὴλ, καὶ οὐδεὶς
3, 4 αὐτῷ δίδωσι τὸ ἀργύριον; Καὶ ἐλυπεῖτο λίαν. Εἶπε δὲ
αὐτῷ ἡ γυνὴ, ἀπώλετο τὸ παιδίον, διότι κεχρόνικε· καὶ ἤρξατο
5 θρηνεῖν αὐτὸν, καὶ εἶπεν, οὐ μέλει μοι, τέκνον, ὅτι ἀφῆκά σε
τὸ φῶς τῶν ὀφθαλμῶν μου.
6 Καὶ Τωβὶτ λέγει αὐτῇ, σίγα, μὴ λόγον ἔχε, ὑγιαίνει.
7 Καὶ εἶπεν αὐτῷ, σίγα, μὴ πλάνα με, ἀπώλετο τὸ παιδίον μου·
καὶ ἐπορεύετο καθ᾽ ἡμέραν εἰς τὴν ὁδὸν ἔξω, οἵας ἀπῆλθεν·
ἡμέρας τε ἄρτον οὐκ ἤσθιε, τὰς δὲ νύκτας οὐ διελίμπανε θρη-
νοῦσα Τωβίαν τὸν υἱὸν αὐτῆς, ἕως οὗ συνετελέσθησαν αἱ
δεκατέσσαρες ἡμέραι τοῦ γάμου, ἃς ὤμοσε Ῥαγουὴλ ποιῆσαι
8 αὐτὸν ἐκεῖ· εἶπε δὲ Τωβίας τῷ Ῥαγουὴλ, ἐξαπόστειλόν με,
ὅτι ὁ πατήρ μου καὶ ἡ μήτηρ μου οὐκέτι ἐλπίζουσιν ὄψεσθαί
9 με. Εἶπε δὲ αὐτῷ ὁ πενθερὸς, μεῖνον παρ᾽ ἐμοὶ, κἀγὼ ἐξαπο-
στελῶ πρὸς τὸν πατέρα σου, καὶ δηλώσουσιν αὐτῷ τὰ κατὰ
10 σε. Καὶ Τωβίας λέγει, ἐξαπόστειλόν με πρὸς τὸν πατέρα
μου.
11 Ἀναστὰς δὲ Ῥαγουὴλ, ἔδωκεν αὐτῷ Σάῤῥαν τὴν γυναῖκα
αὐτοῦ, καὶ τὸ ἥμισυ τῶν ὑπαρχόντων, σώματα καὶ κτήνη καὶ
12 ἀργύριον, καὶ εὐλογήσας αὐτοὺς ἐξαπέστειλε, λέγων, εὐοδώσει
13 ὑμᾶς τέκνα ὁ Θεὸς τοῦ οὐρανοῦ πρὸ τοῦ με ἀποθανεῖν. Καὶ
εἶπε τῇ θυγατρὶ αὐτοῦ, τίμα τοὺς πενθερούς σου, αὐτοὶ νῦν
γονεῖς σου εἰσὶν, ἀκούσαιμί σου ἀκοὴν καλήν· καὶ ἐφίλησεν
αὐτήν· καὶ Ἔδνα εἶπε πρὸς Τωβίαν, ἀδελφὲ ἀγαπητὲ, ἀπο-
καταστήσαι σε ὁ Κύριος τοῦ οὐρανοῦ, καὶ δῴη μοι ἰδεῖν σου
παιδία ἐκ Σάῤῥας τῆς θυγατρός μου, ἵνα εὐφρανθῶ ἐνώπιον
τοῦ Κυρίου· καὶ ἰδοὺ παρατίθεμαί σοι τὴν θυγατέρα μου ἐν
παρακαταθήκῃ, καὶ μὴ λυπήσῃς αὐτήν.
1 Μετὰ ταῦτα ἐπορεύετο καὶ Τωβίας εὐλογῶν τὸν Θεὸν, ὅτι
εὐώδωσε τὴν ὁδὸν αὐτοῦ· καὶ κατευλόγει Ῥαγουὴλ, καὶ Ἔδναν
τὴν γυναῖκα αὐτοῦ· καὶ ἐπορεύετο μέχρις οὗ ἐγγίσαι αὐτοὺς εἰς
Νινευή.
11 Καὶ εἶπε Ῥαφαὴλ πρὸς Τωβίαν, οὐ γινώσκεις, ἀδελφὲ,
2, 3 πῶς ἀφῆκας τὸν πατέρα σου; Προδράμωμεν ἔμπροσθεν τῆς
4 γυναικός σου, καὶ ἑτοιμάσωμεν τὴν οἰκίαν· λάβε δὲ παρὰ
χεῖρα τὴν χολὴν τοῦ ἰχθύος· καὶ ἐπορεύθησαν, καὶ συνῆλθεν
5 ὁ κύων ὄπισθεν αὐτῶν. Καὶ Ἄννα ἐκάθητο περιβλεπομένη εἰς
6 τὴν ὁδὸν τὸν παῖδα αὐτῆς. Καὶ προσενόησεν αὐτὸν ἐρχό-
μενον, καὶ εἶπε τῷ πατρὶ αὐτοῦ, ἰδοὺ ὁ υἱός μου ἔρχεται, καὶ
ὁ ἄνθρωπος ὁ πορευθεὶς μετ᾽ αὐτοῦ.
7 Καὶ Ῥαφαὴλ εἶπεν, ἐπίσταμαι ἐγὼ, ὅτι ἀνοίξει τοὺς ὀφ-
8 θαλμοὺς ὁ πατήρ σου. Σὺ ἔγχρισον τὴν χολὴν εἰς τοὺς ὀφθαλ-

money, and bring him to the wedding.
³ For Raguel hath sworn that I shall not
depart. ⁴ But my father counteth the days;
and if I tarry long, he will be very sorry.
⁵ So Raphael went out, and lodged with
Gabael, and gave him the handwriting: who
brought forth bags which were sealed up,
and gave them to them.

⁶ And early in the morning they went
forth both together, and came to the wed-
ding: and Tobias blessed his wife.

Now Tobit his father counted every day:
and when the days of the journey were ex-
pired, and they came not, ² then Tobit said,
Are they detained? or is Gabael dead, and
there is no man to give him the money?
³ Therefore he was very sorry. ⁴ Then his
wife said unto him, My son is dead, seeing
he stayeth long; and she began to bewail
him, and said, ⁵ Now I care for nothing, my
son, since I have let thee go, the light of
mine eyes.
⁶ To whom Tobit said, Hold thy peace,
take no care, for he is safe. ⁷ But she said,
Hold thy peace, and deceive me not; my son
is dead. And she went out every day into
the way which they went, and did eat no
meat in the daytime, and ceased not whole
nights to bewail her son Tobias, until the
fourteen days of the wedding were expired,
which Raguel had sworn that he should
spend there. Then Tobias said to Raguel,
⁸ Let me go, for my father and my mother
look no more to see me. ⁹ But his father
in law said unto him, Tarry with me, and I
will send to thy father, and they shall de-
clare unto him how things go with thee.
¹⁰ But Tobias said, No; but let me go to my
father.
¹¹ Then Raguel arose, and gave him Sara
his wife, and half his goods, servants, and
cattle, and money: ¹² and he blessed them,
and sent them away, saying, The God of
heaven give you a prosperous journey, my
children. ¹³ And he said to his daughter,
Honour thy father and thy mother in law,
which are now thy parents, that I may hear
good report of thee. And he kissed her.
Edna also said to Tobias, The Lord of
heaven restore thee, my dear brother, and
grant that I may see thy children of my
daughter Sara before I die, that I may
rejoice before the Lord: behold, I commit
my daughter unto thee, of special trust;
wherefore do not entreat her evil.

¹ After these things Tobias went his way,
praising God that he had given him a pros-
perous journey, and blessed Raguel and
Edna his wife, and went on his way till they
drew near unto Nineve.

² Then Raphael said to Tobias, Dost thou
not know, brother, how thou didst leave
thy father? ³ let us haste before thy wife,
and prepare the house; ⁴ and take in thine
hand the gall of the fish. So they went
their way, and the dog went after them.
⁵ Now Anna sat looking about toward the
way for her son. ⁶ And when she espied
him coming, she said to his father, Behold,
thy son cometh, and the man that went
with him.

⁷ Then said Raphael, I know, Tobias, that
thy father will open his eyes. ⁸ Therefore
anoint thou his eyes with the gall, and

being pricked therewith, he shall rub, and the whiteness shall fall away, and he shall see thee.

⁹ Then Anna ran forth, and fell upon the neck of her son, and said unto him, Seeing I have seen thee, my son, from henceforth I am content to die. And they wept both. ¹⁰ Tobit also went forth toward the door, and stumbled: but his son ran unto him, ¹¹ and took hold of his father: and he strake of the gall on his father's eyes, saying, Be of good hope, my father. ¹² And when his eyes began to smart, he rubbed them; ¹³ and the whiteness pilled away from the corners of his eyes: and when he saw his son, he fell upon his neck.

¹⁴ And he wept, and said, Blessed art thou, O God, and blessed is thy name for ever; and blessed are all thine holy angels: ¹⁵ for thou hast scourged, and hast taken pity on me: for, behold, I see my son Tobias. And his son went in rejoicing, and told his father the great things that had happened to him in Media.

¹⁶ Then Tobit went out to meet his daughter in law at the gate of Nineve, rejoicing, and praising God: and they which saw him go marvelled, because he had received his sight. ¹⁷ But Tobit gave thanks before them, because God had mercy on him. And when he came near to Sara his daughter in law, he blessed her, saying, Thou art welcome, daughter: God be blessed, which hath brought thee unto us, and blessed be thy father and thy mother. And there was joy among all his brethren which were at Nineve. ¹⁸ And Achiacharus, and Nasbas his brother's son, came: ¹⁹ and Tobias' wedding was kept seven days with great joy.

Then Tobit called his son Tobias, and said unto him, My son, see that the man have his wages, which went with thee, and thou must give him more. ² And Tobias said unto him, O father, it is no harm to me to give him half of those things which I have brought: ³ for he hath brought me again to thee in safety, and made whole my wife, and brought me the money, and likewise healed thee.

⁴ Then the old man said, It is due unto him. ⁵ So he called the angel, and he said unto him, Take half of all that ye have brought, and go away in safety. ⁶ Then he took them both apart, and said unto them, Bless God, praise him, and magnify him, and praise him for the things which he hath done unto you in the sight of all that live. It is good to praise God, and exalt his name, and honourably to shew forth the works of God; therefore be not slack to praise him. ⁷ It is good to keep close the secret of a king, but it is honourable to reveal the works of God. Do that which is good, and no evil shall touch you. ⁸ Prayer is good with fasting and alms and righteousness. A little with righteousness is better than much with unrighteousness. It is better to give alms than to lay up gold: ⁹ for alms doth deliver from death, and shall purge away all sin. Those that exercise alms and righteousness shall be filled with life: ¹⁰ but they that sin are enemies to their own life.

¹¹ Surely I will keep close nothing from you. For I said, It was good to keep close

μοὺς αὐτοῦ, καὶ δηχθεὶς διατρίψει, καὶ ἀποβαλεῖται τὰ λευκώματα, καὶ ὄψεταί σε.

Καὶ προσδραμοῦσα Ἄννα ἐπέπεσεν ἐπὶ τὸν τράχηλον τοῦ 9 υἱοῦ αὐτῆς, καὶ εἶπεν αὐτῷ, εἶδόν σε παιδίον, ἀπὸ τοῦ νῦν ἀποθανοῦμαι· καὶ ἔκλαυσαν ἀμφότεροι. Καὶ Τωβὶτ ἐξήρχετο 10 πρὸς τὴν θύραν, καὶ προσέκοπτεν· ὁ δὲ υἱὸς αὐτοῦ προσέδραμεν αὐτῷ, καὶ ἐπελάβετο τοῦ πατρὸς αὐτοῦ, καὶ προσέπασε τὴν 11 χολὴν ἐπὶ τοὺς ὀφθαλμοὺς τοῦ πατρὸς αὐτοῦ, λέγων, θάρσει πάτερ. Ὡς δὲ συνεδήχθησαν, διέτριψε τοὺς ὀφθαλμοὺς αὐτοῦ, 12 καὶ ἐλεπίσθη ἀπὸ τῶν κάνθων τῶν ὀφθαλμῶν αὐτοῦ τὰ λευ- 13 κώματα· καὶ ἰδὼν τὸν υἱὸν αὐτοῦ ἐπέπεσεν ἐπὶ τὸν τράχηλον αὐτοῦ,

Καὶ ἔκλαυσε, καὶ εἶπεν, εὐλογητὸς εἶ ὁ Θεὸς, καὶ εὐλογητὸν 14 τὸ ὄνομά σου εἰς τοὺς αἰῶνας, καὶ εὐλογημένοι πάντες οἱ ἅγιοί σου ἄγγελοι, ὅτι ἐμαστίγωσας καὶ ἠλέησάς με· ἰδοὺ βλέπω 15 Τωβίαν τὸν υἱόν μου· καὶ εἰσῆλθεν ὁ υἱὸς αὐτοῦ χαίρων, καὶ ἀπήγγειλε τῷ πατρὶ αὐτοῦ τὰ μεγαλεῖα τὰ γενόμενα αὐτῷ ἐν τῇ Μηδίᾳ.

Καὶ ἐξῆλθε Τωβὶτ εἰς συνάντησιν τῇ νύμφῃ αὐτοῦ χαίρων 16 καὶ εὐλογῶν τὸν Θεὸν πρὸς τῇ πύλῃ Νινευή· καὶ ἐθαύμαζον οἱ θεωροῦντες αὐτὸν πορευόμενον, ὅτι ἔβλεψε. Καὶ Τωβὶτ ἐξ- 17 ωμολογεῖτο ἐνώπιον αὐτοῦ, ὅτι ἠλέησεν αὐτοὺς ὁ Θεός· καὶ ὡς ἤγγισε Τωβὶτ Σάρρᾳ τῇ νύμφῃ αὐτοῦ, κατευλόγησεν αὐτὴν, λέγων, ἔλθοις ὑγιαίνουσα θύγατερ· εὐλογητὸς ὁ Θεὸς, ὃς ἤγαγέ σε πρὸς ἡμᾶς, καὶ ὁ πατήρ σου καὶ ἡ μήτηρ σου· καὶ ἐγένετο χαρὰ πᾶσι τοῖς ἐν Νινευῇ ἀδελφοῖς αὐτοῦ. Καὶ παρεγένετο 18 Ἀχιάχαρος, καὶ Νασβὰς ὁ ἐξάδελφος αὐτοῦ, καὶ ἤχθη ὁ γάμος 19 Τωβία μετ' εὐφροσύνης ἡμέρας ἑπτά.

Καὶ ἐκάλεσε Τωβὶτ Τωβίαν τὸν υἱὸν αὐτοῦ, καὶ εἶπεν αὐτῷ· 12 ὅρα, τέκνον, μισθὸν τῷ ἀνθρώπῳ τῷ συνελθόντι σοι· καὶ προσθεῖναι αὐτῷ δεῖ. Καὶ εἶπε, πάτερ, οὐ βλάπτομαι δοὺς αὐτῷ 2 τὸ ἥμισυ ὧν ἐνήνοχα, ὅτι με ἀγήοχέ σοι ὑγιῆ, καὶ τὴν γυναῖκά 3 μου ἐθεράπευσε, καὶ τὸ ἀργύριόν μου ἤνεγκε, καὶ σὲ ὁμοίως ἐθεράπευσε.

Καὶ εἶπεν ὁ πρεσβύτης, δικαιοῦται αὐτῷ. Καὶ ἐκάλεσε 4, 5 τὸν ἄγγελον, καὶ εἶπεν αὐτῷ, λάβε τὸ ἥμισυ πάντων ὧν ἐνηνόχατε, καὶ ὕπαγε ὑγιαίνων. Τότε καλέσας τοὺς δύο κρυπτῶς, 6 εἶπεν αὐτοῖς, εὐλογεῖτε τὸν Θεὸν, καὶ αὐτῷ ἐξομολογεῖσθε, καὶ μεγαλωσύνην δίδοτε αὐτῷ, καὶ ἐξομολογεῖσθε αὐτῷ ἐνώπιον πάντων τῶν ζώντων περὶ ὧν ἐποίησε μεθ' ὑμῶν· ἀγαθὸν τὸ εὐλογεῖν τὸν Θεὸν, καὶ ὑψοῦν τὸ ὄνομα αὐτοῦ, τοὺς λόγους τῶν ἔργων τοῦ Θεοῦ ἐντίμως ὑποδεικνύοντες· καὶ μὴ ὀκνεῖτε ἐξομολογεῖσθαι αὐτῷ. Μυστήριον βασιλέως καλὸν κρύψαι, τὰ 7 δὲ ἔργα τοῦ Θεοῦ ἀνακαλύπτειν ἐνδόξως· ἀγαθὸν ποιήσατε, καὶ κακὸν οὐχ εὑρήσει ὑμᾶς. Ἀγαθὸν προσευχὴ μετὰ νηστείας 8 καὶ ἐλεημοσύνης καὶ δικαιοσύνης· ἀγαθὸν τὸ ὀλίγον μετὰ δικαιοσύνης, ἢ πολὺ μετὰ ἀδικίας· καλὸν ποιῆσαι ἐλεημοσύνην ἢ θησαυρίσαι χρυσίον. Ἐλεημοσύνη γὰρ ἐκ θανάτου ῥύεται, 9 καὶ αὕτη ἀποκαθαριεῖ πᾶσαν ἁμαρτίαν· οἱ ποιοῦντες ἐλεημοσύνας καὶ δικαιοσύνας πλησθήσονται ζωῆς. Οἱ δὲ ἁμαρτάνοντες 10 πολέμιοί εἰσι τῆς ἑαυτῶν ζωῆς.

Οὐ μὴ κρύψω ἀφ' ὑμῶν πᾶν ῥῆμα· εἴρηκα δὴ, μυστήριον 11

βασιλέως κρύψαι καλόν, τὰ δὲ ἔργα τοῦ Θεοῦ ἀνακαλύπτειν
12 ἐνδόξως. Καὶ νῦν ὅτε προσηύξω σὺ καὶ ἡ νύμφη σου Σάρρα,
ἐγὼ προσήγαγον τὸ μνημόσυνον τῆς προσευχῆς ὑμῶν ἐνώπιον
τοῦ ἁγίου· καὶ ὅτε ἔθαπτες τοὺς νεκροὺς, ὡσαύτως συμπαρ-
13 ήγμην σοι. Καὶ ὅτε οὐκ ὤκνησας ἀναστῆναι καὶ καταλιπεῖν
τὸ ἄριστόν σου, ὅπως ἀπελθὼν περιστείλῃς τὸν νεκρὸν. οὐκ
14 ἔλαθές με ἀγαθοποιῶν, ἀλλὰ σὺν σοὶ ἤμην. Καὶ νῦν ἀπέ-
στειλέ με ὁ Θεὸς ἰάσασθαί σε καὶ τὴν νύμφην σου Σάρραν.
15 Ἐγώ εἰμι Ῥαφαὴλ, εἷς ἐκ τῶν ἑπτὰ ἁγίων ἀγγέλων οἳ προσ-
αναφέρουσι τὰς προσευχὰς τῶν ἁγίων, καὶ εἰσπορεύονται
ἐνώπιον τῆς δόξης τοῦ ἁγίου.

16 Καὶ ἐταράχθησαν οἱ δύο, καὶ ἔπεσον ἐπὶ πρόσωπον, ὅτι
17 ἐφοβήθησαν. Καὶ εἶπεν αὐτοῖς, μὴ φοβεῖσθε, εἰρήνη ὑμῖν
18 ἔσται· τὸν δὲ Θεὸν εὐλογεῖτε εἰς τὸν αἰῶνα, ὅτι οὐ τῇ ἐμαυτοῦ
χάριτι, ἀλλὰ τῇ θελήσει τοῦ Θεοῦ ἡμῶν ἦλθον, ὅθεν εὐλογεῖτε
19 αὐτὸν εἰς τὸν αἰῶνα. Πάσας τὰς ἡμέρας ὠπτανόμην ὑμῖν, καὶ
20 οὐκ ἔφαγον οὐδὲ ἔπιον, ἀλλὰ ὅρασιν ὑμεῖς ἐθεωρεῖτε. Καὶ
νῦν ἐξομολογεῖσθε τῷ Θεῷ, διότι ἀναβαίνω πρὸς τὸν ἀποστεί-
λαντά με, καὶ γράψατε πάντα τὰ συντελεσθέντα εἰς βιβλίον.
21, 22 Καὶ ἀνέστησαν, καὶ οὐκ ἔτι εἶδον αὐτόν. Καὶ ἐξωμολο-
γοῦντο τὰ ἔργα τὰ μεγάλα καὶ θαυμαστὰ αὐτοῦ, ὡς ὤφθη
αὐτοῖς ὁ ἄγγελος Κυρίου.

13 Καὶ Τωβὶτ ἔγραψε προσευχὴν εἰς ἀγαλλίασιν, καὶ εἶπεν,
Εὐλογητὸς ὁ Θεὸς ὁ ζῶν εἰς τοὺς αἰῶνας, καὶ ἡ βασιλεία
2 αὐτοῦ, ὅτι αὐτὸς μαστιγοῖ καὶ ἐλεεῖ, κατάγει εἰς ᾅδην καὶ
3 ἀνάγει, καὶ οὐκ ἔστιν ὃς ἐκφεύξεται τὴν χεῖρα αὐτοῦ. Ἐξομο-
λογεῖσθε αὐτῷ οἱ υἱοὶ Ἰσραὴλ ἐνώπιον τῶν ἐθνῶν, ὅτι αὐτὸς
4 διέσπειρεν ἡμᾶς ἐν αὐτοῖς. Ἐκεῖ ὑποδείξατε τὴν μεγαλωσύνην
αὐτοῦ, ὑψοῦτε αὐτὸν ἐνώπιον παντὸς ζῶντος, καθότι αὐτὸς
Κύριος ἡμῶν, καὶ Θεὸς αὐτὸς πατὴρ ἡμῶν εἰς πάντας τοὺς
5 αἰῶνας. Καὶ μαστιγώσει ἡμᾶς ἐν ταῖς ἀδικίαις ἡμῶν, καὶ
πάλιν ἐλεήσει, καὶ συνάξει ἡμᾶς ἐκ πάντων τῶν ἐθνῶν, οὗ ἐὰν
σκορπισθῆτε ἐν αὐτοῖς.

6 Ἐὰν ἐπιστρέψητε πρὸς αὐτὸν ἐν ὅλῃ τῇ καρδίᾳ ὑμῶν, καὶ ἐν
ὅλῃ τῇ ψυχῇ ὑμῶν, ποιῆσαι ἐνώπιον αὐτοῦ ἀλήθειαν, τότε
ἐπιστρέψει πρὸς ὑμᾶς, καὶ οὐ μὴ κρύψει τὸ πρόσωπον αὐτοῦ
ἀφ᾽ ὑμῶν· καὶ θεάσασθε ἃ ποιήσει μεθ᾽ ὑμῶν, καὶ ἐξομολογή-
σασθε αὐτῷ ἐν ὅλῳ τῷ στόματι ὑμῶν, καὶ εὐλογήσατε τὸν
Κύριον τῆς δικαιοσύνης, καὶ ὑψώσατε τὸν βασιλέα τῶν αἰώνων·
ἐγὼ ἐν τῇ γῇ τῆς αἰχμαλωσίας μου ἐξομολογοῦμαι αὐτῷ, καὶ
δεικνύω τὴν ἰσχὺν καὶ τὴν μεγαλωσύνην αὐτοῦ ἔθνει ἁμαρτωλῶν·
ἐπιστρέψατε ἁμαρτωλοί, καὶ ποιήσατε δικαιοσύνην ἐνώπιον
αὐτοῦ· τίς γινώσκει εἰ θελήσει ὑμᾶς, καὶ ποιήσει ἐλεημοσύ-
νην ὑμῖν;

7 Τὸν Θεόν μου ὑψῶ, καὶ ἡ ψυχή μου τῷ βασιλεῖ τοῦ οὐρανοῦ,
8 καὶ ἀγαλλιάσεται τὴν μεγαλωσύνην αὐτοῦ. Λεγέτωσαν πάντες,
καὶ ἐξομολογείσθωσαν αὐτῷ ἐν Ἱεροσολύμοις.

9 Ἱεροσόλυμα πόλις ἁγίου, μαστιγώσει ἐπὶ τὰ ἔργα τῶν υἱῶν
10 σου, καὶ πάλιν ἐλεήσει τοὺς υἱοὺς τῶν δικαίων. Ἐξομολογοῦ
τῷ Κυρίῳ ἀγαθῶς, καὶ εὐλόγει τὸν βασιλέα τῶν αἰώνων, ἵνα
πάλιν ἡ σκηνὴ αὐτοῦ οἰκοδομηθῇ ἐν σοὶ μετὰ χαρᾶς· καὶ

the secret of a king, but that it was honour-
able to reveal the works of God. [12] Now
therefore, when thou didst pray, and Sara
thy daughter in law, I did bring the remem-
brance of your prayers before the Holy
One: and when thou didst bury the dead,
I was with thee likewise. [13] And when
thou didst not delay to rise up, and leave
thy dinner, to go and cover the dead, thy
good deed was not hid from me: but I was
with thee. [14] And now God hath sent me
to heal thee and Sara thy daughter in law.
[15] I am Raphael, one of the seven holy
angels, which present the prayers of the
saints, and which go in and out before the
glory of the Holy One.

[16] Then they were both troubled, and fell
upon their faces: for they feared. [17] But
he said unto them, Fear not, for it shall go
well with you; praise God therefore. [18] For
not of any favour of mine, but by the will
of our God I came; wherefore praise him
for ever. [19] All these days I did appear
unto you; but I did neither eat nor drink,
but ye did see a vision. [20] Now therefore
give God thanks: for I go up to him that
sent me; but write all things which are
done in a book. [21] And when they arose,
they saw him no more. [22] Then they con-
fessed the great and wonderful works of
God, and how the angel of the Lord had
appeared unto them.

Then Tobit wrote a prayer of rejoicing,
and said,

Blessed be God that liveth for ever, and
blessed be his kingdom. [2] For he doth
scourge, and hath mercy: he leadeth down
to hell, and bringeth up again: neither is
there any that can avoid his hand. [3] Con-
fess him before the Gentiles, ye children of
Israel: for he hath scattered us among
them. [4] There declare his greatness, and
extol him before all the living: for he is
our Lord, and he is the God our Father for
ever. [5] And he will scourge us for our ini-
quities, and will have mercy again, and will
gather us out of all nations, among whom
he hath scattered us.

[6] If ye turn to him with your whole heart,
and with your whole mind, and deal upright-
ly before him, then will he turn unto you,
and will not hide his face from you. There-
fore see what he will do with you, and con-
fess him with your whole mouth, and praise
the Lord of might, and extol the everlasting
King. In the land of my captivity do I
praise him, and declare his might and ma-
jesty to a sinful nation. O ye sinners, turn
and do justice before him: who can tell if
he will accept you, and have mercy on you?

[7] I will extol my God, and my soul shall
praise the King of heaven, and shall rejoice
in his greatness. [8] Let all men speak, and
let all praise him for *his* righteousness.

[9] O Jerusalem, the holy city, he will scourge
thee for thy children's works, and will have
mercy again on the sons of the righteous.
[10] Give praise to the Lord, *for he is* good:
and praise the everlasting King, that his ta-
bernacle may be builded in thee again with

joy, and let him make joyful there in thee those that are captives, and love in thee for ever those that are miserable.

11 Many nations shall come from far to the name of the Lord God with gifts in their hands, even gifts to the King of heaven; all generations shall praise thee with great joy.
12 Cursed *are* all they which hate thee, and blessed shall all be which love thee for ever.
13 Rejoice and be glad for the children of the just: for they shall be gathered together, and shall bless the Lord of the just. 14 O blessed *are* they which love thee, *for* they shall rejoice in thy peace: blessed *are* they which have been sorrowful for all thy scourges; for they shall rejoice for thee, when they have seen all thy glory, and shall be glad for ever.
15 Let my soul bless God the great King.
16 For Jerusalem shall be built up with sapphire, and emerald, and precious stone: thy walls and towers and battlements with pure gold. 17 And the streets of Jerusalem shall be paved with beryl and carbuncle and stone of Ophir. 18 And all her streets shall say, Alleluia; and they shall praise him, saying, Blessed be God, which hath extolled *it* for ever.

So Tobit made an end of praising God.
2 And he was eight and fifty years old when he lost his sight, which was restored to him after eight years: and he gave alms, and he increased in the fear of the Lord God, and praised him.
3 And when he was very aged, he called his son, and the sons of his son, and said to him, My son, take thy children; for, behold, I am aged, and am ready to depart out of this life. 4 Go into Media, my son, for I surely believe those things which Jonas the prophet spake of Nineve, that it shall be overthrown; and that for a time peace shall rather be in Media; and that our brethren shall lie scattered in the earth from that good land: and Jerusalem shall be desolate, and the house of God in it shall be burned, and shall be desolate for a time; 5 and that again God will have mercy on them, and bring them again into the land, where they shall build a temple, but not like to the first, until the time of that age be fulfilled; and afterward they shall return from *all* places of their captivity, and build up Jerusalem gloriously, and the house of God shall be built in it with a glorious building, as the prophets have spoken thereof.
6 And all nations shall turn, and fear the Lord God truly, and shall bury their idols.
7 So shall all nations praise the Lord, and his people shall confess God, and the Lord shall exalt his people; and all those which love the Lord God in truth and justice shall rejoice, shewing mercy to our brethren.
8 And now, my son, depart out of Nineve, because that those things which the prophet Jonas spake shall surely come to pass. 9 But keep thou the law and the commandments, and shew thyself merciful and just, that it may go well with thee. 10 And bury me decently, and thy mother with me; but tarry no longer at Nineve. Remember, my son, how Aman handled Achiacharus that brought him up, how out of light he brought him into darkness, and how he rewarded him again: yet Achiacharus was saved, but

εὐφράναι ἐν σοὶ τοὺς αἰχμαλώτους, καὶ ἀγαπῆσαι ἐν σοὶ τοὺς ταλαιπώρους, εἰς πάσας τὰς γενεὰς τοῦ αἰῶνος.

Ἔθνη πολλὰ μακρόθεν ἥξει πρὸς τὸ ὄνομα Κυρίου τοῦ Θεοῦ, 11 δῶρα ἐν χερσὶν ἔχοντες, καὶ δῶρα τῷ βασιλεῖ τοῦ οὐρανοῦ· γενεαὶ γενεῶν δώσουσί σοι ἀγαλλίαμα. Ἐπικατάρατοι πάντες 12 οἱ μισοῦντές σε, εὐλογημένοι ἔσονται πάντες οἱ ἀγαπῶντές σε εἰς τὸν αἰῶνα. Χάρηθι καὶ ἀγαλλίασαι ἐπὶ τοῖς υἱοῖς τῶν 13 δικαίων, ὅτι συναχθήσονται καὶ εὐλογήσουσι τὸν Κύριον τῶν δικαίων. Ὦ μακάριοι οἱ ἀγαπῶντές σε, χαρήσονται ἐπὶ τῇ 14 εἰρήνῃ σου· μακάριοι ὅσοι ἐλυπήθησαν ἐπὶ πάσαις ταῖς μάστιξί σου, ὅτι ἐπὶ σοὶ χαρήσονται θεασάμενοι πᾶσαν τὴν δόξαν σου, καὶ εὐφρανθήσονται εἰς τὸν αἰῶνα.

Ἡ ψυχή μου εὐλογείτω τὸν Θεὸν τὸν βασιλέα τὸν μέγαν, 15 ὅτι οἰκοδομηθήσεται Ἱερουσαλὴμ σαπφείρῳ καὶ σμαράγδῳ, 16 καὶ λίθῳ ἐντίμῳ τὰ τείχη σου, καὶ οἱ πύργοι, καὶ οἱ προμαχῶνες ἐν χρυσίῳ καθαρῷ, καὶ αἱ πλατεῖαι Ἱερουσαλὴμ ἐν βηρύλλῳ, 17 καὶ ἄνθρακι, καὶ λίθῳ ἐκ Σουφεὶρ ψηφολογηθήσονται. Καὶ 18 ἐροῦσι πᾶσαι αἱ ρύμαι αὐτῆς ἀλληλούϊα καὶ αἴνεσιν, λέγοντες, εὐλογητὸς ὁ Θεός, ὃς ὕψωσε πάντας τοὺς αἰῶνας.

Καὶ ἐπαύσατο ἐξομολογούμενος Τωβίτ. Καὶ ἦν ἐτῶν πεντη- 14 κονταοκτώ, ὅτε ἀπώλεσε τὰς ὄψεις, καὶ μετὰ ἔτη ὀκτὼ ἀνέβλεψε· 2 καὶ ἐποίει ἐλεημοσύνας· καὶ προσέθετο φοβεῖσθαι Κύριον τὸν Θεόν, καὶ ἐξωμολογεῖτο αὐτῷ.

Μεγάλως δὲ ἐγήρασε· καὶ ἐκάλεσε τὸν υἱὸν αὐτοῦ, καὶ τοὺς 3 υἱοὺς αὐτοῦ, καὶ εἶπεν αὐτῷ, τέκνον, λάβε τοὺς υἱούς σου, ἰδοὺ γεγήρακα, καὶ πρὸς τὸ ἀποτρέχειν ἐκ τοῦ ζῆν εἰμι. Ἄπελθε 4 εἰς τὴν Μηδίαν, τέκνον, ὅτι πέπεισμαι ὅσα ἐλάλησεν Ἰωνᾶς ὁ προφήτης περὶ Νινευῆ, ὅτι καταστραφήσεται· ἐν δὲ τῇ Μηδίᾳ ἔσται εἰρήνη μᾶλλον ἕως καιροῦ· καὶ ὅτι οἱ ἀδελφοὶ ἡμῶν ἐν τῇ γῇ σκορπισθήσονται ἀπὸ τῆς ἀγαθῆς γῆς· καὶ Ἱεροσόλυμα ἔσται ἔρημος, καὶ ὁ οἶκος τοῦ Θεοῦ ἐν αὐτῇ κατακαήσεται, καὶ ἔρημος ἔσται μέχρι χρόνου. Καὶ πάλιν ἐλεήσει αὐτοὺς ὁ Θεός, 5 καὶ ἐπιστρέψει αὐτοὺς εἰς τὴν γῆν, καὶ οἰκοδομήσουσι τὸν οἶκον, οὐχ οἷος ὁ πρότερος, ἕως πληρωθῶσι καιροὶ τοῦ αἰῶνος· καὶ μετὰ ταῦτα ἐπιστρέψουσιν ἐκ τῶν αἰχμαλωσιῶν, καὶ οἰκοδο- μήσουσιν Ἱερουσαλὴμ ἐντίμως· καὶ ὁ οἶκος τοῦ Θεοῦ ἐν αὐτῇ οἰκοδομηθήσεται ἐνδόξως, καθὼς ἐλάλησαν περὶ αὐτῆς οἱ προφῆται.

Καὶ πάντα τὰ ἔθνη ἐπιστρέψουσιν ἀληθινῶς φοβεῖσθαι 6 Κύριον τὸν Θεόν, καὶ κατορύξουσι τὰ εἴδωλα αὐτῶν, καὶ 7 εὐλογήσουσι πάντα τὰ ἔθνη Κύριον· καὶ ὁ λαὸς αὐτοῦ ἐξομο- λογήσεται τῷ Θεῷ· καὶ ὑψώσει Κύριον τὸν λαὸν αὐτοῦ, καὶ χαρήσονται πάντες οἱ ἀγαπῶντες Κύριον τὸν Θεὸν ἐν ἀληθείᾳ καὶ δικαιοσύνῃ, ποιοῦντες ἔλεος τοῖς ἀδελφοῖς ἡμῶν.

Καὶ νῦν, τέκνον, ἄπελθε ἀπὸ Νινευῆ, ὅτι πάντως ἔσται ἃ 8 ἐλάλησεν ὁ προφήτης Ἰωνᾶς. Σὺ δὲ τήρησον τὸν νόμον καὶ 9 τὰ προστάγματα, καὶ γενοῦ φιλελεήμων καὶ δίκαιος, ἵνα σοι καλῶς ᾖ. Καὶ θάψον με καλῶς, καὶ τὴν μητέρα σου μετ' 10 ἐμοῦ, καὶ μηκέτι αὐλισθῆτε εἰς Νινευῆ· τεκνον, ἴδε τί ἐποίησεν Ἀμὰν Ἀχιαχάρῳ τῷ θρέψαντι αὐτόν, ὡς ἐκ τοῦ φωτὸς ἤγαγεν αὐτὸν εἰς τὸ σκότος, καὶ ὅσα ἀνταπέδωκεν αὐτῷ· καὶ Ἀχία- χαρον μὲν ἔσωσεν, ἐκείνῳ δὲ τὸ ἀνταπόδομα ἀπεδόθη, καὶ αὐτὸς

κατέβη εἰς τὸ σκότος. Μανασσῆς ἐποίησεν ἐλεημοσύνην, καὶ ἐσώθη ἐκ παγίδος θανάτου ἧς ἔπηξεν αὐτῷ· Ἀμὰν δὲ ἐνέπεσεν εἰς τὴν παγίδα, καὶ ἀπώλετο.

11 Καὶ νῦν, παιδία, ἴδετε τί ἐλεημοσύνη ποιεῖ, καὶ δικαιοσύνη ῥύεται· καὶ ταῦτα αὐτοῦ λέγοντος, ἐξέλιπεν ἡ ψυχὴ αὐτοῦ ἐπὶ τῆς κλίνης· ἦν δὲ ἐτῶν ἑκατὸν πεντηκονταοκτώ· καὶ ἔθαψαν 12 αὐτὸν ἐνδόξως. Καὶ ὅτε ἀπέθανεν Ἄννα, ἔθαψεν αὐτὴν μετὰ τοῦ πατρὸς αὐτοῦ.

Ἀπῆλθε δὲ Τωβίας μετὰ τῆς γυναικὸς αὐτοῦ καὶ τῶν υἱῶν 13 αὐτοῦ εἰς Ἐκβάτανα πρὸς Ῥαγουὴλ τὸν πενθερὸν αὐτοῦ, καὶ ἐγήρασεν ἐντίμως· καὶ ἔθαψε τοὺς πενθεροὺς αὐτοῦ ἐνδόξως, καὶ ἐκληρονόμησε τὴν οὐσίαν αὐτῶν, καὶ Τωβὶτ τοῦ πατρὸς αὐτοῦ· 14 Καὶ ἀπέθανεν ἐτῶν ἑκατὸν εἰκοσιεπτὰ ἐν Ἐκβατάνοις τῆς 15 Μηδίας. Καὶ ἤκουσε πρινὴ ἀποθανεῖν αὐτὸν, τὴν ἀπώλειαν Νινευὴ, ἣν ἠχμαλώτισε Ναβουχοδονόσορ, καὶ Ἀσύηρος, καὶ ἐχάρη πρὸ τοῦ ἀποθανεῖν ἐπὶ Νινευή.

the other had his reward: for he went down into darkness. Manasses gave alms, and escaped the snares of death which they had set for him: but Aman fell into the snare, and perished. [11] Wherefore now, my son, consider what alms doeth, and how righteousness doth deliver. When he had said these things, he gave up the ghost in the bed, being an hundred and eight and fifty years old; and he buried him honourably. [12] And when Anna his mother was dead, he buried her with his father.

But Tobias departed with his wife and children to Ecbatane to Raguel his father in law, [13] where he became old with honour; and he buried his father and mother in law honourably, and he inherited their substance, and his father Tobit's. [14] And he died at Ecbatane in Media, being an hundred and seven and twenty years old. [15] But before he died he heard of the destruction of Nineve, which was taken by Nabuchodonosor and Assuerus: and before his death he rejoiced over Nineve.

ΙΟΥΔΙΘ.

ΈΤΟΥΣ δωδεκάτου τῆς βασιλείας Ναβουχοδονόσορ, ὃς ἐβασί-λευσεν Ἀσσυρίων ἐν Νινευὴ τῇ πόλει τῇ μεγάλῃ, ἐν ταῖς 2 ἡμέραις Ἀρφαξάδ, ὃς ἐβασίλευσε Μήδων ἐν Ἐκβατάνοις, καὶ ᾠκοδόμησεν ἐπ' Ἐκβατάνων, καὶ κύκλῳ τείχη ἐκ λίθων λελα-ξευμένων, εἰς πλάτος πηχῶν τριῶν, καὶ εἰς μῆκος πηχῶν ἕξ, καὶ ἐποίησε τὸ ὕψος τοῦ τείχους πηχῶν ἑβδομήκοντα, καὶ τὸ πλάτος 3 αὐτοῦ πηχῶν πεντήκοντα, καὶ τοὺς πύργους αὐτοῦ ἔστησεν ἐπὶ ταῖς πύλαις αὐτῆς πηχῶν ἑκατὸν, καὶ τὸ πλάτος αὐτῆς 4 ἐθεμελίωσεν εἰς πήχεις ἑξήκοντα. Καὶ ἐποίησε τὰς πύλας αὐτῆς πύλας διεγειρομένας εἰς ὕψος πηχῶν ἑβδομήκοντα, καὶ τὸ πλάτος αὐτῶν πήχεις τεσσαράκοντα εἰς ἐξόδους δυνάμεως δυνα-τῶν αὐτοῦ, καὶ διατάξεις τῶν πεζῶν αὐτοῦ. 5 Καὶ ἐποίησε πόλεμον ἐν ταῖς ἡμέραις ἐκείναις ὁ βασιλεὺς Ναβουχοδονόσορ πρὸς βασιλέα Ἀρφαξὰδ ἐν τῷ πεδίῳ τῷ 6 μεγάλῳ, τοῦτό ἐστιν ἐν τοῖς ὁρίοις Ῥαγαῦ. Καὶ συνήντησαν πρὸς αὐτὸν πάντες οἱ κατοικοῦντες τὴν ὀρεινὴν, καὶ πάντες οἱ κατοικοῦντες τὸν Εὐφράτην, καὶ τὸν Τίγριν, καὶ τὸν Ὑδάσπην, καὶ πεδίῳ Εἰριὼχ ὁ βασιλεὺς Ἐλυμαίων· καὶ συνῆλθον ἔθνη πολλὰ σφόδρα εἰς παράταξιν υἱῶν Χελεούλ. 7 Καὶ ἀπέστειλε Ναβουχοδονόσορ ὁ βασιλεὺς Ἀσσυρίων ἐπὶ πάντας τοὺς κατοικοῦντας τὴν Περσίδα, καὶ ἐπὶ πάντας τοὺς

In the twelfth year of the reign of Nabu-chodonosor, who reigned in Nineve, the great city; in the days of Arphaxad, which reigned over the Medes in Ecbatane, [2] and built in Ecbatane walls round about of stones hewn three cubits broad and six cubits long, and made the height of the wall seventy cubits, and the breadth thereof fifty cubits: [3] and set the towers thereof upon the gates of it, an hundred cubits *high*, and the breadth thereof in the foundation three-score cubits: [4] and he made the gates thereof, even gates that were raised to the height of seventy cubits, and the breadth of them was forty cubits, for the going forth of his mighty armies, and for the setting in array of his footmen: [5] Even in those days king Nabuchodonosor made war with king Arphaxad in the great plain, which is the plain in the borders of Ragau. [6] And there came unto him all they that dwelt in the hill country, and all that dwelt by Euphrates, and Tigris, and Hy-daspes, and the plain of Arioch the king of the Elymeans, and very many nations of the sons of Cheleul, assembled themselves to the battle. [7] Then Nabuchodonosor king of the Assy-rians sent unto all that dwelt in Persia, and to all that dwelt westward, and to those

that dwelt in Cilicia, and Damascus, and Libanus, and Antilibanus, and to all that dwelt upon the sea coast, **8** and to those among the nations that were of Carmel, and Galaad, and the higher Galilee, and the great plain of Esdrelom, **9** and to all that were in Samaria and the cities thereof, and beyond Jordan unto Jerusalem, and Betane, and Chellus, and Kades, and the river of Egypt, and Taphnes, and Ramesse, and all the land of Gesem, **10** until ye come beyond Tanis and Memphis, and to all the inhabitants of Egypt, until ye come to the borders of Ethiopia.

11 But all the inhabitants of the land made light of the commandment of Nabuchodonosor king of the Assyrians, neither went they with him to the battle; for they were not afraid of him: yea, he was before them as one man, and they sent away his ambassadors from them without effect, and with disgrace. **12** Therefore Nabuchodonosor was very angry with all this country, and sware by his throne and kingdom, that he would surely be avenged upon all those coasts of Cilicia, and Damascus, and Syria, and that he would slay with the sword all the inhabitants of the land of Moab, and the children of Ammon, and all Judea, and all that were in Egypt, till ye come to the borders of the two seas.

13 Then he marched in battle array with his power against king Arphaxad in the seventeenth year, and he prevailed in his battle: for he overthrew all the power of Arphaxad, and all his horsemen, and all his chariots, **14** and became lord of his cities, and came unto Ecbatane, and took the towers, and spoiled the streets thereof, and turned the beauty thereof into shame. **15** He took also Arphaxad in the mountains of Ragau, and smote him through with his darts, and destroyed him utterly that day.

16 So he returned afterward to Nineve, both he and all his company of sundry nations, being a very great multitude of men of war, and there he took his ease, and banqueted, both he and his army, an hundred and twenty days.

And in the eighteenth year, the two and twentieth day of the first month, there was talk in the house of Nabuchodonosor king of the Assyrians, that he should, as he said, avenge himself on all the earth. **2** So he called unto him all his officers, and all his nobles, and communicated with them his secret counsel, and concluded the afflicting of the whole earth out of his own mouth. **3** Then they decreed to destroy all flesh, that did not obey the commandment of his mouth.

4 And when he had ended his counsel, Nabuchodonosor king of the Assyrians called Holofernes the chief captain of his army, which was next unto him, and said unto him, **5** Thus saith the great king, the lord of the whole earth, Behold, thou shalt go forth from my presence, and take with thee men that trust in their own strength, of footmen an hundred and twenty thousand; and the number of horses with their riders twelve thousand. **6** And thou shalt go against all the west country, because they disobeyed my commandment: **7** and thou shalt declare unto them, that they prepare for me earth

κατοικοῦντας πρὸς δυσμαῖς, τοὺς κατοικοῦντας Κιλικίαν καὶ Δαμασκὸν, τὸν Λίβανον καὶ ᾿Αντιλίβανον, καὶ πάντας τοὺς κατοικοῦντας κατὰ πρόσωπον παραλίας, καὶ τοὺς ἐν τοῖς ἔθνεσι **8** τοῦ Καρμήλου, καὶ Γαλαὰδ, καὶ τὴν ἄνω Γαλιλαίαν, καὶ τὸ μέγα πεδίον ᾿Εσδρηλὼμ, καὶ πάντας τοὺς ἐν Σαμαρείᾳ καὶ ταῖς **9** πόλεσιν αὐτῆς, καὶ πέραν τοῦ ᾿Ιορδάνου ἕως ᾿Ιερουσαλὴμ, καὶ Βετάνη, καὶ Χελλοὺς, καὶ Κάδης, καὶ τοῦ ποταμοῦ Αἰγύπτου, καὶ Ταφνὰς, καὶ ῾Ραμεσσὴ, καὶ πᾶσαν γῆν Γεσὲμ ἕως τοῦ **10** ἐλθεῖν ἐπάνω Τάνεως καὶ Μέμφεως, καὶ πάντας τοὺς κατοικοῦντας τὴν Αἴγυπτον ἕως τοῦ ἐλθεῖν ἐπὶ τὰ ὅρια τῆς Αἰθιοπίας.

Καὶ ἐφαύλισαν πάντες οἱ κατοικοῦντες πᾶσαν τὴν γῆν τὸ **11** ῥῆμα Ναβουχοδονόσορ τοῦ βασιλέως ᾿Ασσυρίων, καὶ οὐ συνῆλθον αὐτῷ εἰς τὸν πόλεμον, ὅτι οὐκ ἐφοβήθησαν αὐτὸν, ἀλλ᾿ ἦν ἐναντίον αὐτῶν ὡς ἀνὴρ ἴσος· καὶ ἀνέστρεψαν τοὺς ἀγγέλους αὐτοῦ κενοὺς ἐν ἀτιμίᾳ πρὸ προσώπου αὐτῶν. Καὶ ἐθυμώθη **12** Ναβουχοδονόσορ ἐπὶ πᾶσαν τὴν γῆν ταύτην σφόδρα, καὶ ὤμοσε κατὰ τοῦ θρόνου καὶ τῆς βασιλείας αὐτοῦ, εἰ μὴν ἐκδικήσειν πάντα τὰ ὅρια τῆς Κιλικίας καὶ Δαμασκηνῆς καὶ Συρίας, ἀνελεῖν τῇ ῥομφαίᾳ αὐτοῦ καὶ πάντας τοὺς κατοικοῦντας ἐν γῇ Μωὰβ, καὶ τοὺς υἱοὺς ᾿Αμμὼν, καὶ πᾶσαν τὴν ᾿Ιουδαίαν, καὶ πάντας τοὺς ἐν Αἰγύπτῳ ἕως τοῦ ἐλθεῖν ἐπὶ τὰ ὅρια τῶν δύο θαλασσῶν.

Καὶ παρετάξατο ἐν τῇ δυνάμει αὐτοῦ πρὸς ᾿Αρφαξὰδ βασιλέα **13** ἐν τῷ ἔτει τῷ ἑπτακαιδεκάτῳ, καὶ ἐκραταιώθη ἐν τῷ πολέμῳ αὐτοῦ, καὶ ἀνέστρεψε πᾶσαν τὴν δύναμιν ᾿Αρφαξὰδ, καὶ πᾶσαν τὴν ἵππον αὐτοῦ, καὶ πάντα τὰ ἅρματα αὐτοῦ, καὶ ἐκυρίευσε **14** τῶν πόλεων αὐτοῦ· καὶ ἀφίκετο ἕως ᾿Εκβατάνων, καὶ ἐκράτησε τῶν πύργων, καὶ ἐπρονόμευσε τὰς πλατείας αὐτῆς, καὶ τὸν κόσμον αὐτῆς ἔθηκεν εἰς ὄνειδος αὐτης. Καὶ ἔλαβε τὸν ᾿Αρ- **15** φαξὰδ ἐν τοῖς ὄρεσι ῾Ραγαῦ, καὶ κατηκόντισεν αὐτὸν ἐν ταῖς ζιβύναις αὐτοῦ, καὶ ἐξωλόθρευσεν αὐτὸν ἕως τῆς ἡμέρας ἐκείνης.

Καὶ ἀνέστρεψε μετ᾿ αὐτῶν αὐτὸς καὶ πᾶς ὁ σύμμικτος **16** αὐτοῦ, πλῆθος ἀνδρῶν πολεμιστῶν πολὺ σφόδρα· καὶ ἦν ἐκεῖ ῥαθυμῶν καὶ εὐωχούμενος αὐτὸς καὶ ἡ δύναμις αὐτοῦ ἐφ᾿ ἡμέρας ἑκατὸν εἴκοσι.

Καὶ ἐν τῷ ἔτει τῷ ὀκτωκαιδεκάτῳ, δευτέρᾳ καὶ εἰκάδι τοῦ **2** πρώτου μηνὸς, ἐγένετο λόγος ἐν οἴκῳ Ναβουχοδονόσορ βασιλέως ᾿Ασσυρίων, ἐκδικῆσαι πᾶσαν τὴν γῆν καθὼς ἐλάλησε. Καὶ συνεκάλεσε πάντας τοὺς θεράποντας αὐτοῦ, καὶ πάντας **2** τοὺς μεγιστᾶνας αὐτοῦ, καὶ ἔθετο μετ᾿ αὐτῶν τὸ μυστήριον τῆς βουλῆς αὐτοῦ· καὶ συνετέλεσε πᾶσαν τὴν κακίαν τῆς γῆς ἐκ τοῦ στόματος αὐτοῦ· καὶ αὐτοὶ ἔκριναν ὀλοθρεῦσαι πᾶσαν **3** σάρκα, οἳ οὐκ ἠκολούθησαν τῷ λόγῳ τοῦ στόματος αὐτοῦ.

Καὶ ἐγένετο ὡς συνετέλεσε τὴν βουλὴν αὐτοῦ, ἐκάλεσε **4** Ναβουχοδονόσορ βασιλεὺς ᾿Ασσυρίων τὸν ᾿Ολοφέρνην ἀρχιστράτηγον τῆς δυνάμεως αὐτοῦ, δεύτερον ὄντα μετ᾿ αὐτὸν, καὶ εἶπε πρὸς αὐτὸν, τάδε λέγει ὁ βασιλεὺς ὁ μέγας, ὁ κύριος **5** πάσης τῆς γῆς, ἰδοὺ σὺ ἐξελεύσῃ ἐκ τοῦ προσώπου μου, καὶ λήψῃ μετὰ σεαυτοῦ ἄνδρας πεποιθότας ἐν ἰσχύϊ αὐτῶν, πεζῶν εἰς χιλιάδας ἑκατὸν εἴκοσι, καὶ πλῆθος ἵππων σὺν ἀναβάταις μυριάδων δεκαδύο, καὶ ἐξελεύσῃ εἰς συνάντησιν πάσῃ τῇ γῇ **6** ἐπὶ δυσμὰς, ὅτι ἠπείθησαν τῷ ῥήματι τοῦ στόματός μου· καὶ **7** ἀπαγγελεῖς αὐτοῖς ἑτοιμάζειν γῆν καὶ ὕδωρ, ὅτι ἐξελεύσομαι ἐν

θυμῷ μου ἐπ' αὐτοὺς, καὶ καλύψω πᾶν τὸ πρόσωπον τῆς γῆς ἐν
τοῖς ποσὶ τῆς δυνάμεώς μου· καὶ δώσω αὐτοὺς εἰς διαρπαγὴν
8 αὐτοῖς, καὶ οἱ τραυματίαι αὐτῶν πληρώσουσι τὰς φάραγγας
καὶ τοὺς χειμάρρους αὐτῶν, καὶ ποταμὸς ἐπικλύζων τοῖς νεκροῖς
9 αὐτῶν πληρωθήσεται· καὶ ἄξω τὴν αἰχμαλωσίαν αὐτῶν ἐπὶ τὰ
10 ἄκρα πάσης τῆς γῆς. Σὺ δὲ ἐξελθὼν προκαταλήψῃ μοι πᾶν
ὅριον αὐτῶν, καὶ ἐκδώσουσί σοι ἑαυτοὺς, καὶ διατηρήσεις ἐμοὶ
αὐτοὺς εἰς ἡμέραν ἐλεγμοῦ αὐτῶν.
11 Ἐπὶ δὲ τοὺς ἀπειθοῦντας οὐ φείσεται ὁ ὀφθαλμός σου,
δοῦναι αὐτοὺς εἰς φόνον καὶ ἁρπαγὴν ἐν πάσῃ τῇ γῇ σου.
12 Ὅτι ζῶν ἐγὼ, καὶ τὸ κράτος τῆς βασιλείας μου, λελάληκα, καὶ
13 ποιήσω ταῦτα ἐν χειρί μου. Καὶ σὺ δὲ οὐ παραβήσῃ ἕν τι
τῶν ῥημάτων τοῦ κυρίου σου, ἀλλ' ἐπιτελῶν ἐπιτελέσεις, καθότι
προστέταχά σοι, καὶ οὐ μακρυνεῖς τοῦ ποιῆσαι αὐτά.
14 Καὶ ἐξῆλθεν Ὀλοφέρνης ἀπὸ προσώπου τοῦ κυρίου αὐτοῦ,
καὶ ἐκάλεσε πάντας τοὺς δυνάστας, καὶ τοὺς στρατηγοὺς, καὶ
15 ἐπιστάτας τῆς δυνάμεως Ἀσσοὺρ, καὶ ἠρίθμησεν ἐκλεκτοὺς
ἄνδρας εἰς παράταξιν, καθότι ἐκέλευσεν αὐτῷ ὁ κύριος αὐτοῦ,
εἰς μυριάδας δεκαδύο, καὶ ἱππεῖς τοξότας μυρίους δισχιλίους,
16 καὶ διέταξεν αὐτοὺς ὃν τρόπον πολέμου πλῆθος συντάσσεται.
17 Καὶ ἔλαβε καμήλους καὶ ὄνους καὶ ἡμιόνους εἰς τὴν ἀπαρτίαν
αὐτῶν, πλῆθος πολὺ σφόδρα, καὶ πρόβατα καὶ βόας καὶ αἶγας
18 εἰς τὴν παρασκευὴν αὐτῶν, ὧν οὐκ ἦν ἀριθμὸς, καὶ ἐπισιτισμὸν
παντὶ ἀνδρὶ εἰς πλῆθος, καὶ χρυσίον καὶ ἀργύριον ἐξ οἴκου
βασιλέως πολὺ σφόδρα.
19 Καὶ ἐξῆλθεν αὐτὸς καὶ πᾶσα ἡ δύναμις αὐτοῦ εἰς πορείαν
τοῦ προελθεῖν βασιλέως Ναβουχοδονόσορ, καὶ καλύψαι πᾶν τὸ
πρόσωπον τῆς γῆς πρὸς δυσμαῖς ἐν ἅρμασι καὶ ἱππεῦσι καὶ
20 πεζοῖς ἐπιλέκτοις αὐτῶν. Καὶ πολὺς ὁ ἐπίμικτος ὡς ἀκρὶς
συνεξῆλθον αὐτοῖς, καὶ ὡς ἡ ἄμμος τῆς γῆς· οὐ νὰυ ἦν ἀριθμὸς
ἀπὸ πλήθους αὐτῶν.
21 Καὶ ἀπῆλθον ἐκ Νινευὴ ὁδὸν τριῶν ἡμερῶν ἐπὶ πρόσωπον
τοῦ πεδίου Βαικτιλαὶθ, καὶ ἐπεστρατοπέδευσεν ἀπὸ Βαικτιλαὶθ
22 πλησίον τοῦ ὄρους τοῦ ἐπ' ἀριστερᾷ τῆς ἄνω Κιλικίας. Καὶ
ἔλαβε πᾶσαν τὴν δύναμιν αὐτοῦ, τοὺς πεζοὺς, καὶ τοὺς ἱππεῖς,
καὶ τὰ ἅρματα αὐτοῦ, καὶ ἀπῆλθεν ἐκεῖθεν εἰς τὴν ὀρεινήν.
23 Καὶ διέκοψε τὸ Φοὺδ καὶ Λοὺδ, καὶ ἐπρονόμευσαν πάντας υἱοὺς
Ῥασσὶς, καὶ υἱοὺς Ἰσμαὴλ τοὺς κατὰ πρόσωπον τῆς ἐρήμου
πρὸς Νότον τῆς Χελλαίων.
24 Καὶ παρῆλθε τὸν Εὐφράτην, καὶ διῆλθε τὴν Μεσοποταμίαν,
καὶ διέσκαψε πάσας τὰς πόλεις τὰς ὑψηλὰς τὰς ἐπὶ τοῦ χειμάρ-
ρου Ἀβρωνᾶ ἕως τοῦ ἐλθεῖν ἐπὶ θάλασσαν.
25 Καὶ κατελάβετο τὰ ὅρια τῆς Κιλικίας, καὶ κατέκοψε πάντας
τοὺς ἀντιστάντας αὐτῷ· καὶ ἦλθεν ἕως ὁρίων Ἰάφεθ, τὰ πρὸς
Νότον κατὰ πρόσωπον τῆς Ἀραβίας.
26 Καὶ ἐκύκλωσε πάντας τοὺς υἱοὺς Μαδιὰν, καὶ ἐνέπρησε τὰ
σκηνώματα αὐτῶν, καὶ ἐπρονόμευσε τὰς μάνδρας αὐτῶν.
27 Καὶ κατέβη εἰς πεδίον Δαμασκοῦ ἐν ἡμέραις θερισμοῦ
πυρῶν, καὶ ἐνέπρησε πάντας τοὺς ἀγροὺς αὐτῶν· καὶ τὰ ποίμνια
καὶ τὰ βουκόλια ἔδωκεν εἰς ἀφανισμὸν, καὶ τὰς πόλεις αὐτῶν
ἐσκύλευσε, καὶ τὰ πεδία αὐτῶν ἐξελίκμησε, καὶ ἐπάταξε πάντας
τοὺς νεανίσκους αὐτῶν ἐν στόματι ῥομφαίας.

and water: for I will go forth in my wrath
against them, and will cover the whole face
of the earth with the feet of mine army, and
I will give them for a spoil unto them: [8] so
that their slain shall fill their valleys and
brooks, and the river shall be filled with
their dead, till it overflow: [9] and I will lead
them captives to the utmost parts of all the
earth. [10] Thou therefore shalt go forth, and
take beforehand for me all their coasts: and
if they will yield themselves unto thee, thou
shalt reserve them for me till the day of
their punishment.

[11] But concerning them that rebel, let not
thine eye spare them; but put them to the
slaughter, and spoil them wheresoever thou
goest. [12] For as I live, and by the power of
my kingdom, whatsoever I have spoken,
that will I do by mine hand. [13] And take
thou heed that thou transgress none of the
commandments of thy lord, but accomplish
them fully, as I have commanded thee, and
defer not to do them.

[14] Then Holofernes went forth from the
presence of his lord, and called all the
governors and captains, and the officers of
the army of Assur; [15] and he mustered the
chosen men for the battle, as his lord had
commanded him, unto an hundred and
twenty thousand, and twelve thousand
archers on horseback; [16] and he ranged
them, as a great army is ordered for the
war. [17] And he took camels and asses for
their carriages, a very great number; and
sheep and oxen and goats without number
for their provision: [18] and plenty of victual
for every man of the army, and very much
gold and silver out of the king's house.

[19] Then he went forth and all his power
to go before king Nabuchodonosor in the
voyage, and to cover all the face of the earth
westward with their chariots, and horsemen
and their chosen footmen. [20] A great num-
ber also of sundry countries came with them
like locusts, and like the sand of the earth:
for the multitude was without number.

[21] And they went forth of Nineve three
days' journey toward the plain of Bectileth,
and pitched from Bectileth near the moun-
tain which is at the left hand of the upper
Cilicia. [22] Then he took all his army, his
footmen, and horsemen, and chariots, and
went from thence into the hill country;
[23] and destroyed Phud and Lud, and spoiled
all the children of Rasses, and the children
of Ismael, which were toward the wilder-
ness at the south of the *land of the* Chellians.

[24] Then he went over Euphrates, and went
through Mesopotamia, and destroyed all the
high cities that were upon the river Arbo-
nai, till ye come to the sea.

[25] And he took the borders of Cilicia, and
killed all that resisted him, and came to the
borders of Japheth, which were toward the
south, over against Arabia.

[26] He compassed also all the children of
Madian, and burned up their tabernacles,
and spoiled their sheepcotes.

[27] Then he went down into the plain of
Damascus in the time of wheat harvest, and
burnt up all their fields, and destroyed their
flocks and herds, also he spoiled their cities,
and utterly wasted their countries, and
smote all their young men with the edge of
the sword.

²⁸ Therefore the fear and dread of him fell upon all the inhabitants of the sea coasts, which were in Sidon and Tyrus, and them that dwelt in Sur and Ocina, and all that dwelt in Jemnaan; and they that dwelt in Azotus and Ascalon feared him greatly.

So they sent ambassadors unto him to treat of peace, saying, ² Behold, we the servants of Nabuchodonosor the great king lie before thee; use us as shall be good in thy sight. ³ Behold, our houses, and all our places, and all our fields of wheat, and flocks, and herds, and all the lodges of our tents, lie before thy face; use them as it pleaseth thee. ⁴ Behold, even our cities and the inhabitants thereof are thy servants; come and deal with them as seemeth good unto thee.

⁵ So the men came to Holofernes, and declared unto him after this manner. ⁶ Then came he down toward the sea coast, both he and his army, and set garrisons in the high cities, and took out of them chosen men for aid. ⁷ So they and all the country round about received him with garlands, with dances, and with timbrels. ⁸ Yet he did cast down their frontiers, and cut down their groves: for he had decreed to destroy all the gods of the land, that all nations should worship Nabuchodonosor only, and that all tongues and tribes should call upon him as a god.

⁹ Also he came over against Esdraelon near unto Judea, over against the great strait of Judea. ¹⁰ And he pitched between Geba and Scythopolis, and there he tarried a whole month, that he might gather together all the carriages of his army.

Now the children of Israel, that dwelt in Judea, heard all that Holofernes the chief captain of Nabuchodonosor king of the Assyrians had done to the nations, and after what manner he had spoiled all their temples, and brought them to nought. ² Therefore they were exceedingly afraid of him, and were troubled for Jerusalem, and for the temple of the Lord their God: ³ for they were newly returned from the captivity, and all the people of Judea were lately gathered together: and the vessels, and the altar, and the house, were sanctified after the profanation. ⁴ Therefore they sent into all the coasts of Samaria, and the villages, and to Bethoron, and Belmen, and Jericho, and to Choba, and Esora, and to the valley of Salem: ⁵ and possessed themselves beforehand of all the tops of the high mountains, and fortified the villages that were in them, and laid up victuals for the provision of war: for their fields were of late reaped.

⁶ Also Joacim the high priest, which was in those days in Jerusalem, wrote to them that dwelt in Bethulia, and Betomestham, which is over against Esdraelon toward the open country, near to Dothaim, ⁷ charging them to keep the passages of the hill country: for by them there was an entrance into Judea, and it was easy to stop them that would come up, because the passage was strait, for two men at the most. ⁸ And the children of Israel did as Joacim the high priest had commanded them, with the

Καὶ ἐπέπεσεν ὁ φόβος καὶ ὁ τρόμος αὐτοῦ ἐπὶ τοὺς κατοι- 28 κοῦντας τὴν παραλίαν, τοὺς ὄντας ἐν Σιδῶνι καὶ Τύρῳ, καὶ τοὺς κατοικοῦντας Σοὺρ, καὶ Ὀκινᾶ, καὶ πάντας τοὺς κατοικοῦν- τας Ἰεμναάν· καὶ οἱ κατοικοῦντες ἐν Ἀζώτῳ καὶ Ἀσκάλωνι ἐφοβήθησαν αὐτὸν σφόδρα.

Καὶ ἀπέστειλαν πρὸς αὐτὸν ἀγγέλους λόγοις εἰρηνικοῖς, 3 λέγοντες, ἰδοὺ ἡμεῖς οἱ παῖδες Ναβουχοδονόσορ βασιλέως 2 μεγάλου παρακείμεθα ἐνώπιόν σου, χρῆσαι ἡμῖν καθὼς ἀρεστόν ἐστι τῷ προσώπῳ σου. Ἰδοὺ αἱ ἐπαύλεις ἡμῶν, καὶ πᾶν 3 πεδίον πυρῶν, καὶ τὰ ποίμνια καὶ τὰ βουκόλια, καὶ πᾶσαι αἱ μάνδραι τῶν σκηνῶν ἡμῶν παράκεινται πρὸ προσώπου σου· χρῆσαι καθ᾽ ὃ ἂν ἀρέσκῃ σοι. Ἰδοὺ καὶ αἱ πόλεις ἡμῶν, καὶ 4 οἱ κατοικοῦντες ἐν αὐταῖς δοῦλοί σου εἰσίν· ἐλθὼν ἀπάντησον αὐταῖς ὡς ἐστιν ἀγαθὸν ἐν ὀφθαλμοῖς σου.

Καὶ παρεγένοντο οἱ ἄνδρες πρὸς Ὀλοφέρνην, καὶ ἀπήγγειλαν 5 αὐτῷ κατὰ τὰ ῥήματα ταῦτα. Καὶ κατέβη ἐπὶ τὴν παραλίαν 6 αὐτὸς καὶ ἡ δύναμις αὐτοῦ, καὶ ἐφρούρησε τὰς πόλεις τὰς ὑψηλάς· καὶ ἔλαβεν ἐξ αὐτῶν εἰς συμμαχίαν ἄνδρας ἐπιλέκτους. Καὶ ἐδέξαντο αὐτὸν αὐτοὶ, καὶ πᾶσα ἡ περίχωρος αὐτῶν μετὰ 7 στεφάνων καὶ χορῶν καὶ τυμπάνων. Καὶ κατέσκαψε πάντα τὰ 8 ὅρια αὐτῶν, καὶ τὰ ἄλση αὐτῶν ἐξέκοψε· καὶ ἦν δεδογμένον αὐτῷ ἐξολοθρεῦσαι πάντας τοὺς θεοὺς τῆς γῆς, ὅπως αὐτῷ μόνῳ τῷ Ναβουχοδονόσορ λατρεύσωσι πάντα τὰ ἔθνη, καὶ πᾶσαι αἱ γλῶσ- σαι καὶ πᾶσαι αἱ φυλαὶ αὐτῶν ἐπικαλέσωνται αὐτὸν εἰς θεόν.

Καὶ ἦλθε κατὰ πρόσωπον Ἐσδρηλὼν πλησίον τῆς Δωταίας, 9 ἥ ἐστιν ἀπέναντι τοῦ πρίονος τοῦ μεγάλου τῆς Ἰουδαίας. Καὶ 10 κατεστρατοπέδευσεν ἀναμέσον Γαιβαὶ καὶ Σκυθῶν πόλεως, καὶ ἦν ἐκεῖ μῆνα ἡμερῶν εἰς τὸ συλλέξαι πᾶσαν τὴν ἀπαρτίαν τῆς δυνάμεως αὐτοῦ.

Καὶ ἤκουσαν οἱ υἱοὶ Ἰσραὴλ οἱ κατοικοῦντες ἐν τῇ Ἰουδαίᾳ 4 πάντα ὅσα ἐποίησεν Ὀλοφέρνης τοῖς ἔθνεσιν, ὁ ἀρχιστράτηγος Ναβουχοδονόσορ βασιλέως Ἀσσυρίων, καὶ ὃν τρόπον ἐσκύ- λευσε πάντα τὰ ἱερὰ αὐτῶν, καὶ ἔδωκεν αὐτὰ εἰς ἀφανισμόν, καὶ ἐφοβήθησαν σφόδρα σφόδρα ἀπὸ προσώπου αὐτοῦ, καὶ 2 περὶ Ἰερουσαλὴμ καὶ τοῦ ναοῦ Κυρίου Θεοῦ αὐτῶν ἐταράχ- θησαν· ὅτι προσφάτως ἦσαν ἀναβεβηκότες ἐκ τῆς αἰχμαλω- 3 σίας, καὶ νεωστὶ πᾶς ὁ λαὸς συνελέλεκτο τῆς Ἰουδαίας, καὶ τὰ σκεύη, καὶ τὸ θυσιαστήριον, καὶ ὁ οἶκος, ἐκ τῆς βεβηλώσεως ἡγιασμένα ἦν, καὶ ἀπέστειλαν εἰς πᾶν ὅριον Σαμαρείας, καὶ 4 Κωνὰς, καὶ Βαιθωρὼν, καὶ Βελμὲν, καὶ Ἰεριχὼ, καὶ εἰς Χωβὰ, καὶ Αἰσωρὰ, καὶ τὸν αὐλῶνα Σαλὴμ, καὶ προκατελάβοντο πάσας 5 τὰς κορυφὰς τῶν ὀρέων τῶν ὑψηλῶν, καὶ ἐτείχισαν τὰς ἐν αὐτοῖς κώμας, καὶ παρέθεντο εἰς ἐπισιτισμον εἰς παρασκευὴν πολέμου, ὅτι προσφάτως ἦν τὰ πεδία αὐτῶν τεθερισμένα.

Καὶ ἔγραψεν Ἰωακὶμ ὁ ἱερεὺς ὁ μέγας, ὃς ἦν ἐν ταῖς ἡμέραις 6 ἐκείναις ἐν Ἰερουσαλὴμ, τοῖς κατοικοῦσι Βετυλούα, καὶ Βετο- μεσθαὶμ, ἥ ἐστιν ἀπέναντι Ἐσδρηλὼν, κατὰ πρόσωπον τοῦ πεδίου τοῦ πλησίον Δωταὶμ, λέγων, διακατασχεῖν τὰς ἀνα- 7 βάσεις τῆς ὀρεινῆς, ὅτι δι᾽ αὐτῶν ἦν ἡ εἴσοδος εἰς τὴν Ἰουδαίαν· καὶ ἦν εὐχερῶς διακωλῦσαι αὐτοὺς προσβαίνοντας, στενῆς τῆς προσβάσεως οὔσης, ἐπ᾽ ἄνδρας τοὺς πάντας δύο. Καὶ ἐποίη- 8 σαν οἱ υἱοὶ Ἰσραὴλ καθὰ συνέταξεν αὐτοῖς Ἰωακὶμ ὁ ἱερεὺς

ὁ μέγας, καὶ ἡ γερουσία παντὸς δήμου Ἰσραὴλ, οἳ ἐκάθηντο ἐν Ἱερουσαλήμ.

9 Καὶ ἀνεβόησαν πᾶς ἀνὴρ Ἰσραὴλ πρὸς τὸν Θεὸν ἐν ἐκτενίᾳ μεγάλῃ, καὶ ἐταπεινοῦσαν τὰς ψυχὰς αὐτῶν ἐν ἐκτενίᾳ μεγάλῃ, 10 αὐτοὶ καὶ αἱ γυναῖκες αὐτῶν, καὶ τὰ νήπια αὐτῶν, καὶ τὰ κτήνη αὐτῶν· καὶ πᾶς πάροικος ἢ μισθωτός, καὶ ἀργυρώνητος αὐτῶν, ἐπέθεντο σάκκους ἐπὶ τὰς ὀσφύας αὐτῶν.

11 Καὶ πᾶς ἀνὴρ Ἰσραὴλ καὶ γυνή, τὰ παιδία, καὶ οἱ κατοικοῦντες ἐν Ἱερουσαλὴμ ἔπεσον κατὰ πρόσωπον τοῦ ναοῦ, καὶ ἐσποδώσαντο τὰς κεφαλὰς αὐτῶν, καὶ ἐξέτειναν τοὺς σάκκους αὐτῶν κατὰ πρόσωπον Κυρίου· καὶ τὸ θυσιαστήριον σάκκῳ 12 περιέβαλον, καὶ ἐβόησαν πρὸς τὸν Θεὸν Ἰσραὴλ ὁμοθυμαδὸν ἐκτενῶς, τοῦ μὴ δοῦναι εἰς διαρπαγὴν τὰ νήπια αὐτῶν, καὶ τὰς γυναῖκας εἰς προνομήν, καὶ τὰς πόλεις τῆς κληρονομίας αὐτῶν εἰς ἀφανισμόν, καὶ τὰ ἅγια εἰς βεβήλωσιν καὶ ὀνειδισμόν, ἐπίχαρμα τοῖς ἔθνεσι.

13 Καὶ εἰσήκουσε Κύριος τῆς φωνῆς αὐτῶν, καὶ εἰσεῖδε τὴν θλίψιν αὐτῶν· καὶ ἦν ὁ λαὸς νηστεύων ἡμέρας πλείους ἐν πάσῃ τῇ Ἰουδαίᾳ καὶ Ἱερουσαλήμ, κατὰ πρόσωπον τῶν ἁγίων Κυρίου παντοκράτορος.

14 Καὶ Ἰωακὶμ ὁ ἱερεὺς ὁ μέγας, καὶ πάντες οἱ παρεστηκότες ἐνώπιον Κυρίου, ἱερεῖς καὶ οἱ λειτουργοῦντες Κυρίῳ, σάκκους περιεζωσμένοι τὰς ὀσφύας αὐτῶν, προσέφερον τὴν ὁλοκαύτωσιν τοῦ ἐνδελεχισμοῦ, καὶ τὰς εὐχάς, καὶ τὰ ἑκούσια δόματα 15 τοῦ λαοῦ, καὶ ἦν σποδὸς ἐπὶ τὰς κιδάρεις αὐτῶν, καὶ ἐβόων πρὸς Κύριον ἐκ πάσης δυνάμεως εἰς ἀγαθὸν ἐπισκέψασθαι πάντα οἶκον Ἰσραήλ.

5 Καὶ ἀνηγγέλλη Ὀλοφέρνῃ ἀρχιστρατήγῳ δυνάμεως Ἀσσοὺρ, διότι οἱ υἱοὶ Ἰσραὴλ παρεσκευάσαντο εἰς πόλεμον, καὶ τὰς διόδους τῆς ὀρεινῆς συνέκλεισαν, καὶ ἐτείχισαν πᾶσαν κορυφὴν 2 ὄρους ὑψηλοῦ, καὶ ἔθηκαν ἐν τοῖς πεδίοις σκάνδαλα. Καὶ ὠργίσθη θυμῷ σφόδρα, καὶ ἐκάλεσε πάντας τοὺς ἄρχοντας Μωάβ, καὶ τοὺς στρατηγοὺς Ἀμμών, καὶ πάντας σατράπας τῆς παρα- 3 λίας, καὶ εἶπεν αὐτοῖς, ἀναγγείλατε δή μοι, υἱοὶ Χαναάν, τίς ὁ λαὸς οὗτος ὁ καθήμενος ἐν τῇ ὀρεινῇ, καὶ τίνες ἃς κατοικοῦσι πόλεις; καὶ τὸ πλῆθος τῆς δυνάμεως αὐτῶν, καὶ ἐν τίνι τὸ κράτος αὐτῶν, καὶ ἡ ἰσχὺς αὐτῶν, καὶ τίς ἀνέστηκεν ἐπ᾽ αὐτῶν 4 βασιλεὺς ἡγούμενος στρατηγίας αὐτῶν; Καὶ διὰ τί κατενωτίσαντο τοῦ μὴ ἐλθεῖν εἰς ἀπάντησίν μοι παρὰ πάντας τοὺς κατοικοῦντας ἐν δυσμαῖς;

5 Καὶ εἶπε πρὸς αὐτὸν Ἀχιὼρ ὁ ἡγούμενος πάντων υἱῶν Ἀμμών, ἀκουσάτω δὴ ὁ κύριός μου λόγον ἐκ στόματος τοῦ δούλου σου, καὶ ἀναγγελῶ σοι τὴν ἀλήθειαν περὶ τοῦ λαοῦ, ὃς κατοικεῖ τὴν ὀρεινὴν ταύτην, πλησίον σοι οἰκοῦντος, καὶ οὐκ ἐξελεύσεται 6 ψεῦδος ἐκ τοῦ στόματος τοῦ δούλου σου. Ὁ λαὸς οὗτός εἰσιν 7 ἀπόγονοι Χαλδαίων, καὶ παρῴκησαν τὸ πρότερον ἐν τῇ Μεσοποταμίᾳ, ὅτι οὐκ ἐβουλήθησαν ἀκολουθῆσαι τοῖς θεοῖς τῶν πατέ- 8 ρων αὐτῶν, οἳ ἐγένοντο ἐν γῇ Χαλδαίων· καὶ ἐξέβησαν ἐξ ὁδοῦ τῶν γονέων αὐτῶν, καὶ προσεκύνησαν τῷ Θεῷ τοῦ οὐρανοῦ, Θεῷ ᾧ ἐπέγνωσαν· καὶ ἐξέβαλον αὐτοὺς ἀπὸ προσώπου τῶν θεῶν αὐτῶν, καὶ ἔφυγον εἰς Μεσοποταμίαν, καὶ παρῴκησαν ἐκεῖ ἡμέρας πολλάς.

ancients of all the people of Israel, which dwelt at Jerusalem.

9 Then every man of Israel cried to God with great fervency, and with great vehemency did they humble their souls: 10 both they, and their wives, and their children, and their cattle, and every stranger and hireling, and their servants bought with money, put sackcloth upon their loins.

11 Thus every man and woman, and the little children, and the inhabitants of Jerusalem, fell before the temple, and cast ashes upon their heads, and spread out their sackcloth before the face of the Lord: also they put sackcloth about the altar, 12 and cried to the God of Israel all with one consent earnestly, that he would not give their children for a prey, and their wives for a spoil, and the cities of their inheritance to destruction, and the sanctuary to profanation and reproach, and for the nations to rejoice at.

13 So God heard their prayers, and looked upon their afflictions: for the people fasted many days in all Judea and Jerusalem before the sanctuary of the Lord Almighty.

14 And Joacim the high priest, and all the priests that stood before the Lord, and they which ministered unto the Lord, had their loins girt with sackcloth, and offered the daily burnt offerings, with the vows and free gifts of the people, 15 and had ashes on their mitres, and cried unto the Lord with all their power, that he would look upon all the house of Israel graciously.

Then was it declared to Holofernes, the chief captain of the army of Assur, that the children of Israel had prepared for war, and had shut up the passages of the hill country, and had fortified all the tops of the high hills, and had laid impediments in the champaign countries: 2 wherewith he was very angry, and called all the princes of Moab, and the captains of Ammon, and all the governors of the sea coast, 3 and he said unto them, Tell me now, ye sons of Chanaan, who this people is, that dwelleth in the hill country, and what are the cities that they inhabit, and what is the multitude of their army, and wherein is their power and strength, and what king is set over them, or captain of their army; 4 and why have they determined not to come and meet me, more than all the inhabitants of the west?

5 Then said Achior, the captain of all the sons of Ammon, Let my lord now hear a word from the mouth of thy servant, and I will declare unto thee the truth concerning this people, which dwelleth near thee, and inhabiteth the hill countries: and there shall no lie come out of the mouth of thy servant. 6 This people are descended of the Chaldeans: 7 and they sojourned heretofore in Mesopotamia, because they would not follow the gods of their fathers, which were in the land of Chaldea. 8 For they left the way of their ancestors, and worshipped the God of heaven, the God whom they knew: so they cast them out from the face of their gods, and they fled into Mesopotamia, and sojourned there many days.

⁹Then their God commanded them to depart from the place where they sojourned, and to go into the land of Chanaan: where they dwelt, and were increased with gold and silver, and with very much cattle. ¹⁰But when a famine covered all the land of Chanaan, they went down into Egypt, and sojourned there, while they were nourished, and became there a great multitude, so that one could not number their nation. ¹¹Therefore the king of Egypt rose up against them, and dealt subtilly with them, and brought them low with labouring in brick, and made them slaves.

¹²Then they cried unto their God, and he smote all the land of Egypt with incurable plagues: so the Egyptians cast them out of their sight. ¹³And God dried the Red sea before them, ¹⁴and brought them to mount Sina, and Cades-Barne, and cast forth all that dwelt in the wilderness.

¹⁵So they dwelt in the land of the Amorites, and they destroyed by their strength all them of Esebon, and passing over Jordan they possessed all the hill country. ¹⁶And they cast forth before them the Chanaanite, the Pherezite, the Jebusite, and the Sychemite, and all the Gergesites, and they dwelt in that country many days.

¹⁷And whilst they sinned not before their God, they prospered, because the God that hateth iniquity was with them. ¹⁸But when they departed from the way which he appointed them, they were destroyed in many battles very sore, and were led captives into a land that was not their's, and the temple of their God was cast to the ground, and their cities were taken by the enemies.

¹⁹But now are they returned to their God, and are come up from the places where they were scattered, and have possessed Jerusalem, where their sanctuary is, and are seated in the hill country; for it was desolate. ²⁰Now therefore, my lord and governor, if there be any error in this people, and they sin against their God, let us consider that this shall be their ruin, and let us go up, and we shall overcome them. ²¹But if there be no iniquity in their nation, let my lord now pass by, lest their Lord defend them, and their God be for them, and we become a reproach before all the world.

²²And when Achior had finished these sayings, all the people standing round about the tent murmured, and the chief men of Holofernes, and all that dwelt by the sea side, and in Moab, spake that he should kill him. ²³For, say they, we will not be afraid of the face of the children of Israel: for, lo, it is a people that have no strength nor power for a strong battle.

²⁴Now therefore, lord Holofernes, we will go up, and they shall be a prey to be devoured of all thine army.

And when the tumult of men that were about the council was ceased, Holofernes the chief captain of the army of Assur said unto Achior and all the Moabites before all the company of other nations, ²And who art thou, Achior, and the hirelings of Ephraim, that thou hast prophesied among us as to day, and hast said, that we should not make war with the people of Israel, because their God will defend them? and who is God

Καὶ εἶπεν ὁ Θεὸς αὐτῶν ἐξελθεῖν ἐκ τῆς παροικίας αὐτῶν, καὶ 9 πορευθῆναι εἰς γῆν Χαναάν· καὶ κατῴκησαν ἐκεῖ, καὶ ἐπληθύνθησαν χρυσίῳ καὶ ἀργυρίῳ καὶ ἐν κτήνεσι πολλοῖς σφόδρα. Καὶ κατέβησαν εἰς Αἴγυπτον, ἐκάλυψε γὰρ τὸ πρόσωπον τῆς 10 γῆς Χαναὰν λιμός, καὶ παρῴκησαν ἐκεῖ μέχρις οὗ διετράφησαν· καὶ ἐγένοντο ἐκεῖ εἰς πλῆθος πολύ, καὶ οὐκ ἦν ἀριθμὸς τοῦ γένους αὐτῶν. Καὶ ἐπανέστη αὐτοῖς ὁ βασιλεὺς Αἰγύπτου, καὶ 11 κατεσοφίσαντο αὐτοὺς ἐν πόνῳ καὶ ἐν πλίνθῳ, καὶ ἐταπείνωσαν αὐτοὺς, καὶ ἔθεντο αὐτοὺς εἰς δούλους.

Καὶ ἀνεβόησαν πρὸς τὸν Θεὸν αὐτῶν, καὶ ἐπάταξε πᾶσαν τὴν 12 γῆν Αἰγύπτου πληγαῖς, ἐν αἷς οὐκ ἦν ἴασις· καὶ ἐξέβαλον αὐτοὺς οἱ Αἰγύπτιοι ἀπὸ προσώπου αὐτῶν. Καὶ κατεξήρανεν 13 ὁ Θεὸς τὴν ἐρυθρὰν θάλασσαν ἔμπροσθεν αὐτῶν, καὶ ἤγαγεν 14 αὐτοὺς εἰς ὁδὸν τοῦ Σινὰ, καὶ Κάδης Βαρνὴ, καὶ ἐξέβαλον πάντας τοὺς κατοικοῦντας ἐν τῇ ἐρήμῳ.

Καὶ ᾤκησαν ἐν γῇ Ἀμορραίων, καὶ πάντας τοὺς Ἐσεβωνίτας 15 ἐξωλόθρευσαν ἐν τῇ ἰσχύϊ αὐτῶν· καὶ διαβάντες τὸν Ἰορδάνην ἐκληρονόμησαν πᾶσαν τὴν ὀρεινήν. Καὶ ἐξέβαλον ἐκ προσ- 16 ώπου αὐτῶν τὸν Χαναναῖον, καὶ τὸν Φερεζαῖον, καὶ τὸν Ἰεβουσαῖον, καὶ τὸν Συχὲμ, καὶ πάντας τοὺς Γεργεσαίους, καὶ κατῴκησαν ἐν αὐτῇ ἡμέρας πολλάς.

Καὶ ἕως οὐχ ἥμαρτον ἐνώπιον τοῦ Θεοῦ αὐτῶν, ἦν τὰ ἀγαθὰ 17 μετ᾽ αὐτῶν, ὅτι Θεὸς μισῶν ἀδικίαν μετ᾽ αὐτῶν ἐστίν. Ὅτε δὲ 18 ἀπέστησαν ἀπὸ τῆς ὁδοῦ ἧς διέθετο αὐτοῖς, ἐξωλοθρεύθησαν ἐν πολλοῖς πολέμοις ἐπὶ πολὺ σφόδρα, καὶ ᾐχμαλωτεύθησαν εἰς γῆν οὐκ ἰδίαν, καὶ ὁ ναὸς τοῦ Θεοῦ αὐτῶν ἐγενήθη εἰς ἔδαφος, καὶ αἱ πόλεις αὐτῶν ἐκρατήθησαν ὑπὸ τῶν ὑπεναντίων.

Καὶ νῦν ἐπιστρέψαντες ἐπὶ τὸν Θεὸν αὐτῶν, ἀνέβησαν ἐκ τῆς 19 διασπορᾶς οὗ διεσπάρησαν ἐκεῖ, καὶ κατέσχον τὴν Ἰερουσαλὴμ, οὗ τὸ ἁγίασμα αὐτῶν, καὶ κατῳκίσθησαν ἐν τῇ ὀρεινῇ, ὅτι ἦν ἔρημος, καὶ νῦν, δέσποτα κύριε, εἰ μέν ἐστιν ἀγνόημα ἐν τῷ 20 λαῷ τούτῳ, καὶ ἁμαρτάνουσιν εἰς τὸν Θεὸν αὐτῶν, καὶ ἐπισκεψόμεθα ὅ, τι ἐστὶν ἐν αὐτοῖς σκάνδαλον τοῦτο, καὶ ἀναβησόμεθα, καὶ ἐκπολεμήσομεν αὐτούς. Εἰ δὲ οὐκ ἔστιν ἀνομία ἐν τῷ 21 ἔθνει αὐτῶν, παρελθέτω δὴ ὁ κύριός μου, μήποτε ὑπερασπίσῃ ὁ Κύριος αὐτῶν καὶ ὁ Θεὸς αὐτῶν ὑπὲρ αὐτῶν, καὶ ἐσόμεθα εἰς ὀνειδισμὸν ἐναντίον πάσης τῆς γῆς.

Καὶ ἐγένετο ὡς ἐπαύσατο Ἀχιὼρ λαλῶν τοὺς λόγους τούτους, 22 καὶ ἐγόγγυσε πᾶς ὁ λαὸς ὁ κυκλῶν τὴν σκηνὴν καὶ περιεστώς· καὶ εἶπαν οἱ μεγιστᾶνες Ὀλοφέρνου, καὶ πάντες οἱ κατοικοῦντες τὴν παραλίαν καὶ τὴν Μωὰβ, συγκόψαι αὐτὸν, οὐ γὰρ φοβηθη- 23 σόμεθα ἀπὸ υἱῶν Ἰσραήλ· ἰδοὺ γὰρ λαὸς ἐν ᾧ οὐκ ἔστι δύναμις, οὐδὲ κράτος εἰς παράταξιν ἰσχυράν.

Διὸ δὴ ἀναβησόμεθα, καὶ ἔσονται εἰς κατάβρωμα πάσῃ τῆς 24 στρατιᾶς σου, δέσποτα Ὀλοφέρνη.

Καὶ ὡς κατέπαυσεν ὁ θόρυβος τῶν ἀνδρῶν τῶν κύκλῳ τῆς 6 συνεδρείας, καὶ εἶπεν Ὀλοφέρνης ὁ ἀρχιστράτηγος δυνάμεως Ἀσσοὺρ πρὸς Ἀχιὼρ ἐναντίον παντὸς τοῦ δήμου ἀλλοφύλων, καὶ πρὸς πάντας υἱοὺς Μωὰβ, καὶ τίς εἶ σύ, Ἀχιὼρ, καὶ οἱ 2 μισθωτοὶ τοῦ Ἐφραὶμ, ὅτι προεφήτευσας ἐν ἡμῖν καθὼς σήμερον, καὶ εἶπας τὸ γένος Ἰσραὴλ μὴ πολεμῆσαι, ὅτι ὁ Θεὸς αὐτῶν ὑπερασπιεῖ αὐτῶν; καὶ τίς ὁ Θεὸς εἰ μὴ Ναβουχοδο-

3 νόσορ; Οὗτος ἀποστελεῖ τὸ κράτος αὐτοῦ, καὶ ἐξολοθρεύσει αὐτοὺς ἀπὸ προσώπου τῆς γῆς, καὶ οὐ ῥύσεται αὐτοὺς ὁ Θεὸς αὐτῶν· ἀλλ᾽ ἡμεῖς οἱ δοῦλοι αὐτοῦ πατάξομεν αὐτοὺς ὡς ἄνθρωπον ἕνα, καὶ οὐχ ὑποστήσονται τὸ κράτος τῶν ἵππων ἡμῶν.

4 Κατακαύσομεν γὰρ αὐτοὺς ἐν αὐτοῖς, καὶ τὰ ὄρη αὐτῶν μεθυσθήσεται ἐν τῷ αἵματι αὐτῶν, καὶ τὰ πεδία αὐτῶν πληρωθήσεται νεκρῶν αὐτῶν· καὶ οὐκ ἀντιστήσεται τὸ ἴχνος τῶν ποδῶν αὐτῶν κατὰ πρόσωπον ἡμῶν, ἀλλὰ ἀπωλείᾳ ἀπολοῦνται, λάλει ὁ βασιλεὺς Ναβουχοδονόσορ ὁ κύριος πάσης τῆς γῆς· εἶπε γὰρ, οὐ ματαιωθήσεται τὰ ῥήματα τῶν λόγων αὐτοῦ.

5 Σὺ δὲ Ἀχιὼρ μισθωτὲ τοῦ Ἀμμῶν, ὃς ἐλάλησας τοὺς λόγους τούτους ἐν ἡμέρᾳ ἀδικίας σου, οὐκ ὄψει ἔτι τὸ πρόσωπόν μου ἀπὸ τῆς ἡμέρας ταύτης, ἕως οὗ ἐκδικήσω τὸ γένος τῶν ἐκ Αἰ-

6 γύπτου. Καὶ τότε διελεύσεται ὁ σίδηρος τῆς στρατιᾶς μου, καὶ ὁ λαὸς τῶν θεραπόντων μου τὰς πλευράς σου, καὶ πεσῇ ἐν τοῖς

7 τραυματίαις αὐτῶν, ὅταν ἐπιστρέψω. Καὶ ἀποκαταστήσουσί σε οἱ δοῦλοί μου εἰς τὴν ὀρεινήν, καὶ θήσουσί σε ἐν μιᾷ τῶν

8 πόλεων τῶν ἀναβάσεων, καὶ οὐκ ἀπολῇ ἕως οὗ ἐξολοθρευθῇς

9 μετ᾽ αὐτῶν. Καὶ εἴπερ ἐλπίζεις τῇ καρδίᾳ σου ὅτι οὐ ληφθήσονται, μὴ συμπεσέτω σου τὸ πρόσωπον· ἐλάλησα, καὶ οὐδὲν διαπεσεῖται τῶν ῥημάτων μου.

10 Καὶ προσέταξεν Ὀλοφέρνης τοῖς δούλοις αὐτοῦ, οἳ ἦσαν παρεστηκότες ἐν τῇ σκηνῇ αὐτοῦ, συλλαβεῖν τὸν Ἀχιὼρ, καὶ ἀποκαταστῆσαι αὐτὸν εἰς Βετυλούα, καὶ παραδοῦναι εἰς χεῖρας

11 υἱῶν Ἰσραήλ. Καὶ συνέλαβον αὐτὸν οἱ δοῦλοι αὐτοῦ, καὶ ἤγαγον αὐτὸν ἔξω τῆς παρεμβολῆς εἰς τὸ πεδίον, καὶ ἀπῆραν ἐκ μέσου τῆς πεδινῆς εἰς τὴν ὀρεινήν, καὶ παρεγένοντο ἐπὶ τὰς πη-

12 γὰς αἳ ἦσαν ὑποκάτω Βετυλούα. Καὶ ὡς εἶδαν αὐτοὺς οἱ ἄνδρες τῆς πόλεως ἐπὶ τὴν κορυφὴν τοῦ ὄρους, ἀνέλαβον τὰ ὅπλα αὐτῶν, καὶ ἀπῆλθον ἔξω τῆς πόλεως ἐπὶ τὴν κορυφὴν τοῦ ὄρους· καὶ πᾶς ἀνὴρ σφενδονήτης διεκράτησαν τὴν ἀνάβασιν αὐτῶν,

13 καὶ ἔβαλον ἐν λίθοις ἐπ᾽ αὐτούς. Καὶ ὑποδύσαντες ὑποκάτω τοῦ ὄρους, ἔδησαν τὸν Ἀχιὼρ, καὶ ἀφῆκαν ἐρριμμένον ὑπὸ τὴν ῥίζαν τοῦ ὄρους, καὶ ἀπώχοντο πρὸς τὸν κύριον αὐτῶν.

14 Καταβάντες δὲ υἱοὶ Ἰσραὴλ ἐκ τῆς πόλεως αὐτῶν ἐπέστησαν αὐτῷ, καὶ λύσαντες αὐτὸν ἀπήγαγον εἰς τὴν Βετυλούα, καὶ

15 κατέστησαν αὐτὸν ἐπὶ τοὺς ἄρχοντας τῆς πόλεως αὐτῶν, οἳ ἦσαν ἐν ταῖς ἡμέραις ἐκείναις, Ὀζίας ὁ τοῦ Μιχὰ ἐκ τῆς φυλῆς Συμεὼν, καὶ Ἀβρὶς ὁ τοῦ Γοθονιὴλ, καὶ Χαρμὶς υἱὸς Μελχιήλ.

16 Καὶ συνεκάλεσαν πάντας τοὺς πρεσβυτέρους τῆς πόλεως· καὶ συνέδραμον πᾶς νεανίσκος αὐτῶν καὶ αἱ γυναῖκες εἰς τὴν ἐκκλησίαν· καὶ ἔστησαν τὸν Ἀχιὼρ ἐν μέσῳ παντὸς τοῦ λαοῦ

17 αὐτῶν· καὶ ἐπηρώτησεν αὐτὸν Ὀζίας τὸ συμβεβηκός. Καὶ ἀποκριθεὶς ἀπήγγειλεν αὐτοῖς τὰ ῥήματα τῆς συνεδρίας Ὀλοφέρνου, καὶ πάντα τὰ ῥήματα ὅσα ἐλάλησεν ἐν μέσῳ τῶν ἀρχόντων υἱῶν Ἀσσοὺρ, καὶ ὅσα ἐμεγαλορρημόνησεν Ὀλοφέρνης εἰς τὸν οἶκον Ἰσραήλ.

18 Καὶ πεσόντες ὁ λαὸς προσεκύνησαν τῷ Θεῷ, καὶ ἐβόησαν

19 λέγοντες, κύριε ὁ Θεὸς τοῦ οὐρανοῦ, κάτιδε ἐπὶ τὰς ὑπερηφανείας αὐτῶν, καὶ ἐλέησον τὴν ταπείνωσιν τοῦ γένους ἡμῶν, καὶ ἐπίβλεψον ἐπὶ τὸ πρόσωπον τῶν ἡγιασμένων σοι ἐν τῇ ἡμέρᾳ ταύτῃ.

---

but Nabuchodonosor? [3] He will send his power, and will destroy them from the face of the earth, and their God shall not deliver them: but we his servants will destroy them as one man; for they are not able to sustain the power of our horses. [4] For with them we will tread them under foot, and their mountains shall be drunken with their blood, and their fields shall be filled with their dead bodies, and their footsteps shall not be able to stand before us, for they shall utterly perish, saith king Nabuchodonosor, lord of all the earth: for he said, None of my words shall be in vain.

[5] And thou, Achior, an hireling of Ammon, which hast spoken these words in the day of thine iniquity, shalt see my face no more from this day, until I take vengeance of this nation that came out of Egypt. [6] And then shall the sword of mine army, and the multitude of them that serve me, pass through thy sides, and thou shalt fall among their slain, when I return. [7] Now therefore my servants shall bring thee back into the hill country, and shall set thee in one of the cities of the passages: [8] and thou shalt not perish, till thou be destroyed with them. [9] And if thou persuade thyself in thy mind that they shall not be taken, let not thy countenance fall: I have spoken it, and none of my words shall be in vain.

[10] Then Holofernes commanded his servants, that waited in his tent, to take Achior, and bring him to Bethulia, and deliver him into the hands of the children of Israel. [11] So his servants took him, and brought him out of the camp into the plain, and they went from the midst of the plain into the hill country, and came unto the fountains that were under Bethulia. [12] And when the men of the city saw them, they took up their weapons, and went out of the city to the top of the hill: and every man that used a sling kept them from coming up by casting of stones against them. [13] Nevertheless having gotten privily under the hill, they bound Achior, and cast him down, and left him at the foot of the hill, and returned to their lord.

[14] But the Israelites descended from their city, and came unto him, and loosed him, and brought him into Bethulia, and presented him to the governors of the city: [15] which were in those days Ozias the son of Micha, of the tribe of Simeon, and Chabris the son of Gothoniel, and Charmis the son of Melchiel.

[16] And they called together all the ancients of the city, and all their youth ran together, and their women, to the assembly, and they set Achior in the midst of all their people. Then Ozias asked him of that which was done. [17] And he answered and declared unto them the words of the council of Holofernes, and all the words that he had spoken in the midst of the princes of Assur, and whatsoever Holofernes had spoken proudly against the house of Israel.

[18] Then the people fell down and worshipped God, and cried unto God, saying, [19] O Lord God of heaven, behold their pride, and pity the low estate of our nation, and look upon the face of those that are sanctified unto thee this day.

²⁰And they comforted Achior, and praised him greatly. ²¹ And Ozias took him out of the assembly unto his house, and made a feast to the elders; and they called on the God of Israel all that night for help.

The next day Holofernes commanded all his army, and all his people which were come to take his part, that they should remove their camp against Bethulia, to take aforehand the ascents of the hill country, and to make war against the children of Israel. ² Then their strong men removed their camps in that day, and the army of the men of war was an hundred and seventy thousand footmen, and twelve thousand horsemen, beside the baggage, and other men that were afoot among them, a very great multitude. ³ And they camped in the valley near unto Bethulia, by the fountain, and they spread themselves in breadth over Dothaim even to Belthem, and in length from Bethulia unto Cyamon, which is over against Esdraelom.

⁴ Now the children of Israel, when they saw the multitude of them, were greatly troubled, and said every one to his neighbour, Now will these men lick up the face of the earth; for neither the high mountains, nor the valleys, nor the hills, are able to bear their weight. ⁵ Then every man took up his weapons of war, and when they had kindled fires upon their towers, they remained and watched all that night. ⁶ But in the second day Holofernes brought forth all his horsemen in the sight of the children of Israel which were in Bethulia, ⁷ and viewed the passages up to the city, and came to the fountains of their waters, and took them, and set garrisons of men of war over them, and he himself removed toward his people.

⁸ Then came unto him all the chief of the children of Esau, and all the governors of the people of Moab, and the captains of the sea coast, and said, ⁹ Let our lord now hear a word, that there be not an overthrow in thine army. ¹⁰ For this people of the children of Israel do not trust in their spears, but in the height of the mountains wherein they dwell, because it is not easy to come up to the tops of their mountains.

¹¹ Now therefore, my lord, fight not against them in battle array, and there shall not so much as one man of thy people perish. ¹² Remain in thy camp, and keep all the men of thine army, and let thy servants get into their hands the fountain of water, which issueth forth of the foot of the mountain: ¹³ for all the inhabitants of Bethulia have their water thence; so shall thirst kill them, and they shall give up their city, and we and our people shall go up to the tops of the mountains that are near, and will camp upon them, to watch that none go out of the city. ¹⁴ So they and their wives and their children shall be consumed with famine, and before the sword come against them, they shall be overthrown in the streets where they dwell. ¹⁵ Thus shalt thou render them an evil reward; because they rebelled, and met not thy person peaceably.

Καὶ παρεκάλεσαν τὸν Ἀχιώρ, καὶ ἐπῄνεσαν αὐτὸν σφόδρα. **20** Καὶ παρέλαβεν αὐτὸν Ὀζίας ἐκ τῆς ἐκκλησίας εἰς οἶκον αὐτοῦ, 21 καὶ ἐποίησε πότον τοῖς πρεσβυτέροις· καὶ ἐπεκαλέσαντο τὸν Θεὸν Ἰσραὴλ εἰς βοήθειαν ὅλην τὴν νύκτα ἐκείνην.

Τῇ δ᾽ ἐπαύριον παρήγγειλεν Ὀλοφέρνης πάσῃ τῇ στρατιᾷ 7 αὐτοῦ, καὶ παντὶ τῷ λαῷ αὐτοῦ, οἳ παρεγένοντο ἐπὶ τὴν συμμαχίαν αὐτοῦ, ἀναζευγνύειν ἐπὶ Βετυλούα, καὶ τὰς ἀναβάσεις τῆς ὀρεινῆς προκαταλαμβάνεσθαι, καὶ ποιεῖν πόλεμον πρὸς τοὺς υἱοὺς Ἰσραήλ. Καὶ ἀνέζευξεν ἐν τῇ ἡμέρᾳ ἐκείνῃ πᾶς 2 ἀνὴρ δυνατὸς αὐτῶν· καὶ ἡ δύναμις αὐτῶν ἀνδρῶν πολεμιστῶν, χιλιάδες ἀνδρῶν πεζῶν ἑκατὸν ἑβδομήκοντα, καὶ ἱππέων χιλιάδες δεκαδύο, χωρὶς τῆς ἀποσκευῆς, καὶ τῶν ἀνδρῶν οἳ ἦσαν πεζοὶ ἐν αὐτοῖς, πλῆθος πολὺ σφόδρα. Καὶ παρεν- 3 έβαλον ἐν τῷ αὐλῶνι πλησίον Βετυλούα ἐπὶ τῆς πηγῆς, καὶ παρέτειναν εἰς εὖρος ἐπὶ Δωθαῒμ καὶ ἕως Βελθὲμ, καὶ εἰς μῆκος ἀπὸ Βετυλούα ἕως Κυαμῶνος, ἥ ἐστιν ἀπέναντι Ἐσδρηλώμ.

Οἱ δὲ υἱοὶ Ἰσραὴλ, ὡς εἶδον αὐτῶν τὸ πλῆθος, ἐταράχθησαν 4 σφόδρα· καὶ εἶπεν ἕκαστος πρὸς τὸν πλησίον αὐτοῦ, νῦν ἐκλείξουσιν οὗτοι τὸ πρόσωπον τῆς γῆς πάσης, καὶ οὔτε τὰ ὄρη τὰ ὑψηλὰ, οὔτε αἱ φάραγγες, οὔτε οἱ βουνοὶ ὑποστήσονται τὸ βάρος αὐτῶν. Καὶ ἀναλαβόντες ἕκαστος τὰ σκεύη τὰ 5 πολεμικὰ αὐτῶν, καὶ ἀνακαύσαντες πυρὰς ἐπὶ τοὺς πύργους αὐτῶν, ἔμενον φυλάσσοντες ὅλην τὴν νύκτα ἐκείνην. Τῇ δὲ 6 ἡμέρᾳ τῇ δευτέρᾳ ἐξήγαγεν Ὀλοφέρνης πᾶσαν τὴν ἵππον αὐτοῦ κατὰ πρόσωπον τῶν υἱῶν Ἰσραὴλ οἳ ἦσαν ἐν Βετυλούα, καὶ 7 ἐπεσκέψατο τὰς ἀναβάσεις τῆς πόλεως αὐτῶν, καὶ τὰς πηγὰς τῶν ὑδάτων αὐτῶν ἐφώδευσε, καὶ προκατελάβετο αὐτὰς, καὶ ἐπέστησεν αὐταῖς παρεμβολὰς ἀνδρῶν πολεμιστῶν, καὶ αὐτὸς ἀνέζευξεν εἰς τὸν λαὸν αὐτοῦ.

Καὶ προσελθόντες αὐτῷ πάντες οἱ ἄρχοντες τῶν υἱῶν Ἡσαῦ, 8 καὶ πάντες οἱ ἡγούμενοι τοῦ λαοῦ Μωὰβ, καὶ οἱ στρατηγοὶ τῆς παραλίας, εἶπαν, ἀκουσάτω δὴ λόγον ὁ δεσπότης ἡμῶν, ἵνα 9 μὴ γένηται θραῦσμα ἐν τῇ δυνάμει σου. Ὁ γὰρ λαὸς οὗτος 10 τῶν υἱῶν Ἰσραὴλ οὐ πέποιθαν ἐπὶ τοῖς δόρασιν αὐτῶν, ἀλλ᾽ ἐπὶ τοῖς ὕψεσι τῶν ὀρέων αὐτῶν, ἐν οἷς αὐτοὶ ἐνοικοῦσιν ἐν αὐτοῖς· οὐ γάρ ἐστιν εὐχερὲς προσβῆναι ταῖς κορυφαῖς τῶν ὀρέων αὐτῶν.

Καὶ νῦν, δέσποτα, μὴ πολέμει πρὸς αὐτοὺς, καθὼς γίνεται 11 πόλεμος παρατάξεως, καὶ οὐ πεσεῖται ἐκ τοῦ λαοῦ σου ἀνὴρ εἷς. Ἀνάμεινον ἐπὶ τῆς παρεμβολῆς σου, διαφυλάσσων πάντα 12 ἄνδρα ἐκ τῆς δυνάμεώς σου, καὶ ἐπικρατησάτωσαν οἱ παῖδές σου τῆς πηγῆς τοῦ ὕδατος, ἢ ἐκπορεύεται ἐκ τῆς ῥίζης τοῦ ὄρους, διότι ἐκεῖθεν ὑδρεύονται πάντες οἱ κατοικοῦντες Βετυ- 13 λούα, καὶ ἀνελεῖ αὐτοὺς ἡ δίψα, καὶ ἐκδώσουσι τὴν πόλιν ἑαυτῶν· καὶ ἡμεῖς καὶ ὁ λαὸς ἡμῶν ἀναβησόμεθα ἐπὶ τὰς πλησίον κορυφὰς τῶν ὀρέων, καὶ παρεμβαλοῦμεν ἐπ᾽ αὐταῖς εἰς προφυλακὴν, τοῦ μὴ ἐξελθεῖν ἐκ τῆς πόλεως ἄνδρα ἕνα. Καὶ 14 τακήσονται ἐν τῷ λιμῷ αὐτοὶ, καὶ αἱ γυναῖκες αὐτῶν, καὶ τὰ τέκνα αὐτῶν· καὶ πρὶν ἐλθεῖν τὴν ῥομφαίαν ἐπ᾽ αὐτοὺς, καταστρωθήσονται ἐν ταῖς πλατείαις τῆς οἰκήσεως αὐτῶν, καὶ 15 ἀνταποδώσεις αὐτοῖς ἀνταπόδομα πονηρὸν, ἀνθ᾽ ὧν ἐστασίασαν, καὶ οὐκ ἀπήντησαν τῷ προσώπῳ σου ἐν εἰρήνῃ.

16 Καὶ ἤρεσαν οἱ λόγοι αὐτῶν ἐνώπιον Ὀλοφέρνου, καὶ ἐνώπιον πάντων τῶν θεραπόντων αὐτοῦ, καὶ συνέταξαν ποιεῖν καθὼς

17 ἐλάλησαν. Καὶ ἀπῆρε παρεμβολὴ υἱῶν Ἀμμὼν, καὶ μετ' αὐτῶν χιλιάδες πέντε υἱῶν Ἀσσούρ· καὶ παρενέβαλον ἐν τῷ αὐλῶνι, καὶ προκατελάβοντο τὰ ὕδατα, καὶ τὰς πηγὰς τῶν ὑδάτων τῶν υἱῶν Ἰσραήλ.

18 Καὶ ἀνέβησαν υἱοὶ Ἡσαῦ, καὶ οἱ υἱοὶ Ἀμμὼν, καὶ παρενέβαλον ἐν τῇ ὀρεινῇ ἀπέναντι Δωθαῒμ, καὶ ἀπέστειλαν ἐξ αὐτῶν πρὸς Νότον καὶ ἀπηλιώτην ἀπέναντι Ἐκρεβὴλ, ἥ ἐστι πλησίον Χοὺς, ἥ ἐστιν ἐπὶ τοῦ χειμάρρου Μοχμούρ· καὶ ἡ λοιπὴ στρατιὰ τῶν Ἀσσυρίων παρενέβαλον ἐν τῷ πεδίῳ, καὶ ἐκάλυψαν πᾶν τὸ πρόσωπον τῆς γῆς· καὶ αἱ σκηναὶ καὶ αἱ ἀπαρτίαι αὐτῶν κατεστρατοπέδευσαν ἐν ὄχλῳ πολλῷ, καὶ ἦσαν εἰς πλῆθος πολὺ σφόδρα.

19 Καὶ οἱ υἱοὶ Ἰσραὴλ ἀνεβόησαν πρὸς Κύριον Θεὸν αὐτῶν, ὅτι ὠλιγοψύχησε τὸ πνεῦμα αὐτῶν, ὅτι ἐκύκλωσαν πάντες οἱ

20 ἐχθροὶ αὐτῶν, καὶ οὐκ ἦν διαφυγεῖν ἐκ μέσου αὐτῶν. Καὶ ἔμεινε κύκλῳ αὐτῶν πᾶσα παρεμβολὴ Ἀσσούρ, οἱ πεζοὶ καὶ τὰ ἅρματα καὶ οἱ ἱππεῖς αὐτῶν, ἡμέρας τριακοντατέσσαρας· καὶ ἐξέλιπε πάντας τοὺς κατοικοῦντας Βετυλούα πάντα τὰ ἀγγεῖα

21 αὐτῶν τῶν ὑδάτων. Καὶ οἱ λάκκοι ἐξεκενοῦντο, καὶ οὐκ εἶχον πιεῖν εἰς πλησμονὴν ὕδωρ ἡμέραν μίαν, ὅτι ἐν μέτρῳ ἐδίδοσαν

22 αὐτοῖς πιεῖν. Καὶ ἠθύμησαν τὰ νήπια αὐτῶν, καὶ αἱ γυναῖκες αὐτῶν καὶ οἱ νεανίσκοι ἐξέλιπον ἀπὸ τῆς δίψης· καὶ ἔπιπτον ἐν ταῖς πλατείαις τῆς πόλεως, καὶ ἐν ταῖς διόδοις τῶν πυλῶν, καὶ οὐκ ἦν κραταίωσις ἔτι ἐν αὐτοῖς.

23 Καὶ ἐπισυνήχθησαν πᾶς ὁ λαὸς ἐπὶ Ὀζίαν καὶ τοὺς ἄρχοντας τῆς πόλεως, οἱ νεανίσκοι καὶ αἱ γυναῖκες καὶ τὰ παιδία, καὶ ἀνεβόησαν φωνῇ μεγάλῃ, καὶ εἶπαν ἐναντίον πάντων τῶν

24 πρεσβυτέρων, κρίναι ὁ Θεὸς ἀναμέσον ἡμῶν καὶ ὑμῶν, ὅτι ἐποιήσατε ἐν ἡμῖν ἀδικίαν· μεγάλην, οὐ λαλήσαντες εἰρηνικὰ

25 μετὰ τῶν υἱῶν Ἀσσούρ. Καὶ νῦν οὐκ ἔστι βοηθὸς ἡμῶν, ἀλλὰ πέπρακεν ἡμᾶς ὁ Θεὸς εἰς τὰς χεῖρας αὐτῶν, τοῦ καταστρωθῆναι ἐναντίον αὐτῶν ἐν δίψῃ καὶ ἀπωλείᾳ μεγάλῃ.

26 Καὶ νῦν ἐπικαλέσασθε αὐτοὺς, καὶ ἔκδοσθε τὴν πόλιν πᾶσαν εἰς προνομὴν τῷ λαῷ Ὀλοφέρνου, καὶ πάσῃ τῇ δυνάμει αὐτοῦ.

27 Κρεῖσσον γὰρ ἡμῖν γενηθῆναι αὐτοῖς εἰς διαρπαγήν· ἐσόμεθα γὰρ εἰς δούλους, καὶ ζήσεται ἡ ψυχὴ ἡμῶν, καὶ οὐκ ὀψόμεθα τὸν θάνατον τῶν νηπίων ἡμῶν ἐν ὀφθαλμοῖς ἡμῶν, καὶ τὰς γυναῖκας καὶ τὰ τέκνα ἡμῶν ἐκλειπούσας τὰς ψυχὰς αὐτῶν.

28 Μαρτυρόμεθα ὑμῖν τὸν οὐρανὸν καὶ τὴν γῆν καὶ τὸν Θεὸν ἡμῶν, καὶ Κύριον τῶν πατέρων ἡμῶν, ὃς ἐκδικεῖ ἡμᾶς κατὰ τὰς ἁμαρτίας ἡμῶν, καὶ κατὰ τὰ ἁμαρτήματα τῶν πατέρων ἡμῶν, ἵνα μὴ

29 ποιήσῃ κατὰ τὰ ῥήματα ταῦτα ἐν τῇ ἡμέρᾳ τῇ σήμερον· καὶ ἐγένετο κλαυθμὸς μέγας ἐν μέσῳ τῆς ἐκκλησίας πάντων ὁμοθυμαδόν, καὶ ἐβόησαν πρὸς Κύριον τὸν Θεὸν φωνῇ μεγάλῃ.

30 Καὶ εἶπε πρὸς αὐτοὺς Ὀζίας, θαρσεῖτε ἀδελφοὶ, διακαρτερήσωμεν ἔτι πέντε ἡμέρας, ἐν αἷς ἐπιστρέψει Κύριος ὁ Θεὸς ἡμῶν τὸ ἔλεος αὐτοῦ ἐφ' ἡμᾶς· οὐ γὰρ ἐγκαταλείψει ἡμᾶς εἰς τέλος.

31 Ἐὰν δὲ διέλθωσιν αὗται, καὶ μὴ ἔλθῃ ἐφ' ἡμᾶς βοήθεια, ποιήσω

32 κατὰ τὰ ῥήματα ὑμῶν. Καὶ ἐσκόρπισε τὸν λαὸν εἰς τὴν ἑαυτοῦ παρεμβολήν· καὶ ἐπὶ τὰ τείχη καὶ τοὺς πύργους τῆς

16 And these words pleased Holofernes and all his servants, and he appointed to do as they had spoken. 17 So the camp of the children of Ammon departed, and with them five thousand of the Assyrians, and they pitched in the valley, and took the waters, and the fountains of the waters of the children of Israel. 18 Then the children of Esau went up with the children of Ammon, and camped in the hill country over against Dothaim: and they sent some of them toward the south, and toward the east, over against Ekrebel, which is near unto Chusi, that is upon the brook Mochmur; and the rest of the army of the Assyrians camped in the plain, and covered the face of the whole land; and their tents and carriages were pitched to a very great multitude. 19 Then the children of Israel cried unto the Lord their God, because their heart failed, for all their enemies had compassed them round about, and there was no way to escape out from among them. 20 Thus all the company of Assur remained about them, both their footmen, chariots, and horsemen, four and thirty days, so that all their vessels of water failed all the inhabitants of Bethulia. 21 And the cisterns were emptied, and they had not water to drink their fill for one day; for they gave them drink by measure. 22 Therefore their young children were out of heart, and their women and young men fainted for thirst, and fell down in the streets of the city, and by the passages of the gates, and there was no longer any strength in them. 23 Then all the people assembled to Ozias, and to the chief of the city, both young men, and women, and children, and cried with a loud voice, and said before all the elders, 24 God be judge between us and you: for ye have done us great injury, in that ye have not required peace of the children of Assur. 25 For now we have no helper: but God hath sold us into their hands, that we should be thrown down before them with thirst and great destruction. 26 Now therefore call them unto you, and deliver the whole city for a spoil to the people of Holofernes, and to all his army. 27 For it is better for us to be made a spoil unto them, than to die for thirst: for we will be his servants, that our souls may live, and not see the death of our infants before our eyes, nor our wives nor our children to die. 28 We take to witness against you the heaven and the earth, and our God and Lord of our fathers, which punisheth us according to our sins and the sins of our fathers, that he do not according as we have said this day. 29 Then there was great weeping with one consent in the midst of the assembly; and they cried unto the Lord God with a loud voice. 30 Then said Ozias to them, Brethren, be of good courage, let us yet endure five days, in the which space the Lord our God may turn his mercy toward us; for he will not forsake us utterly. 31 And if these days pass, and there come no help unto us, I will do according to your word. 32 And he dispersed the people, every one to their own charge; and they went unto the walls and towers of

their city, and sent the women and children into their houses; and they were brought very low in the city.

Now at that time Judith heard thereof, which was the daughter of Merari, the son of Ox, the son of Joseph, the son of Oziel, the son of Elcia, the son of Eliu, the son of Chelcias, the son of Eliab, the son of Nathanael, the son of Salamiel, the son of Sarasadai, the son of Israel.

² And Manasses was her husband, of her tribe and kindred, who died in the barley harvest. ² For as he stood overseeing them that bound sheaves in the field, the heat came upon his head, and he fell on his bed, and died in his city of Bethulia: and they buried him with his fathers in the field between Dothaim and Balamo.

⁴ So Judith was a widow in her house three years and four months. ⁵ And she made her a tent upon the top of her house, and put on sackcloth upon her loins, and ware her widow's apparel. ⁶ And she fasted all the days of her widowhood, save the eves of the sabbaths, and the sabbaths, and the eves of the new moons, and the new moons, and the feasts and solemn days of the house of Israel. ⁷ She was also of a goodly countenance, and very beautiful to behold: and her husband Manasses had left her gold, and silver, and menservants, and maidservants, and cattle, and lands; and she remained upon them. ⁸ And there was none that gave her an ill word; for she feared God greatly.

⁹ Now when she heard the evil words of the people against the governor, that they fainted for lack of water; for Judith had heard all the words that Ozias had spoken unto them, and that he had sworn to deliver the city unto the Assyrians after five days; ¹⁰ then she sent her waiting-woman, that had the government of all things that she had, to call Ozias and Chabris and Charmis, the ancients of the city. ¹¹ And they came unto her, and she said unto them, Hear me now, O ye governors of the inhabitants of Bethulia: for your words that ye have spoken before the people this day are not right, touching this oath which ye made and pronounced between God and you, and have promised to deliver the city to our enemies, unless within these days the Lord turn to help you. ¹² And now who are ye that have tempted God this day, and stand instead of God among the children of men?

¹³ And now try the Lord Almighty, but ye shall never know any thing. ¹⁴ For ye cannot find the depth of the heart of man, neither can ye perceive the things that he thinketh: then how can ye search out God, that hath made all these things, and know his mind, or comprehend his purpose? Nay, my brethren, provoke not the Lord our God to anger. ¹⁵ For if he will not help us within these five days, he hath power to defend us when he will, even every day, or to destroy us before our enemies.

¹⁶ Do not bind the counsels of the Lord our God: for God is not as man, that he may be threatened; neither is he as the son of man, that he should be wavering.

¹⁷ Therefore let us wait for salvation of him,

πόλεως αὐτῶν ἀπῆλθον, καὶ τὰς γυναῖκας καὶ τὰ τέκνα εἰς τοὺς οἴκους αὐτῶν ἐξαπέστειλε· καὶ ἦσαν ἐν ταπεινώσει πολλῇ ἐν τῇ πόλει.

Καὶ ἤκουσεν ἐν ἐκείναις ταῖς ἡμέραις Ἰουδὶθ, θυγάτηρ 8 Μεραρὶ, υἱοῦ Ὢξ, υἱοῦ Ἰωσήφ, υἱοῦ Ὀζιὴλ, υἱοῦ Ἐλκία, υἱοῦ Ἡλιοῦ, υἱοῦ Χελκίου, υἱοῦ Ἐλιὰβ, υἱοῦ Ναθαναήλ, υἱοῦ Σαλαμιήλ, υἱοῦ Σαρασαδαί, υἱοῦ Ἰσραήλ.

Καὶ ὁ ἀνὴρ αὐτῆς Μανασσῆς, τῆς φυλῆς αὐτῆς, καὶ τῆς 2 πατριᾶς αὐτῆς, καὶ ἀπέθανεν ἐν ἡμέραις θερισμοῦ κριθῶν· ἐπέστη γὰρ ἐπὶ τοῦ δεσμεύοντος τὸ δράγμα ἐν τῷ πεδίῳ, καὶ 3 ὁ καύσων ἦλθεν ἐπὶ τὴν κεφαλὴν αὐτοῦ, καὶ ἔπεσεν ἐπὶ τὴν κλίνην, καὶ ἐτελεύτησεν ἐν Βετυλούᾳ τῇ πόλει αὐτοῦ, καὶ ἔθαψαν αὐτὸν μετὰ τῶν πατέρων αὐτοῦ ἐν τῷ ἀγρῷ τῷ ἀναμέσον Δωθαὶμ καὶ Βελαμών.

Καὶ ἦν Ἰουδὶθ ἐν τῷ οἴκῳ αὐτῆς χηρεύουσα ἔτη τρία καὶ 4 μῆνας τέσσαρας. Καὶ ἐποίησεν ἑαυτῇ σκηνὴν ἐπὶ τοῦ δώματος 5 τοῦ οἴκου αὐτῆς, καὶ ἐπέθηκεν ἐπὶ τὴν ὀσφὺν αὐτῆς σάκκον· καὶ ἦν ἐπ᾽ αὐτῆς τὰ ἱμάτια τῆς χηρεύσεως αὐτῆς. Καὶ ἐνήστευε 6 πάσας τὰς ἡμέρας χηρεύσεως αὐτῆς χωρὶς προσαββάτων, καὶ σαββάτων, καὶ προνουμηνιῶν, καὶ νουμηνιῶν, καὶ ἑορτῶν, καὶ χαρμοσυνῶν οἴκου Ἰσραήλ. Καὶ ἦν καλὴ τῷ εἴδει, καὶ ὡραία 7 τῇ ὄψει σφόδρα· καὶ ὑπελείπετο αὐτῇ Μανασσῆς ὁ ἀνὴρ αὐτῆς χρυσίον καὶ ἀργύριον, καὶ παῖδας καὶ παιδίσκας, καὶ κτήνη καὶ ἀγρούς, καὶ ἔμενεν ἐπ᾽ αὐτῶν. Καὶ οὐκ ἦν ὃς ἐπήνεγκεν αὐτῇ 8 ῥῆμα πονηρόν, ὅτι ἐφοβεῖτο τὸν Θεὸν σφόδρα.

Καὶ ἤκουσε τὰ ῥήματα τοῦ λαοῦ τὰ πονηρὰ ἐπὶ τὸν ἄρχοντα, 9 ὅτι ὠλιγοψύχησαν ἐπὶ τῇ σπάνει τῶν ὑδάτων· καὶ ἤκουσε πάντας τοὺς λόγους Ἰουδὶθ οὓς ἐλάλησε πρὸς αὐτοὺς Ὀζίας, ὡς ὤμοσεν αὐτοῖς παραδώσειν τὴν πόλιν μετὰ ἡμέρας πέντε τοῖς Ἀσσυρίοις. Καὶ ἀποστείλασα τὴν ἄβραν αὐτῆς τὴν 10 ἐφεστῶσαν πᾶσι τοῖς ὑπάρχουσιν αὐτῆς, ἐκάλεσεν Ὀζίαν καὶ Χαβρὶν καὶ Χαρμὶν τοὺς πρεσβυτέρους τῆς πόλεως αὐτῆς. Καὶ ἦλθον πρὸς αὐτὴν, καὶ εἶπε πρὸς αὐτούς, ἀκούσατε δή μου 11 ἄρχοντες τῶν κατοικούντων ἐν Βετυλούᾳ· ὅτι οὐκ εὐθὴς ὁ λόγος ὑμῶν ὃν ἐλαλήσατε ἐναντίον τοῦ λαοῦ ἐν τῇ ἡμέρᾳ ταύτῃ, καὶ ἐστήσατε τὸν ὅρκον ὃν ἐλαλήσατε ἀναμέσον τοῦ Θεοῦ καὶ ὑμῶν, καὶ εἴπατε ἐκδώσειν τὴν πόλιν τοῖς ἐχθροῖς ὑμῶν, ἐὰν μὴ ἐν αὐταῖς ἐπιστρέψῃ ὁ Κύριος βοηθῆσαι ἡμῖν. Καὶ νῦν 12 τίνες ἐστὲ ὑμεῖς οἳ ἐπειράσατε τὸν Θεὸν ἐν τῇ ἡμέρᾳ τῇ σήμερον, καὶ ἵστασθε ὑπὲρ τοῦ Θεοῦ ἐν μέσῳ υἱῶν ἀνθρώπων;

Καὶ νῦν Κύριον παντοκράτορα ἐξετάζετε, καὶ οὐθὲν ἐπι- 13 γνώσεσθε ἕως τοῦ αἰῶνος· ὅτι βάθος καρδίας ἀνθρώπου οὐχ 14 εὑρήσετε, καὶ λόγους τῆς διανοίας αὐτοῦ οὐ λήψεσθε, καὶ πῶς τὸν Θεὸν ὃς ἐποίησε τὰ πάντα ταῦτα, ἐρευνήσετε, καὶ τὸν νοῦν αὐτοῦ ἐπιγνώσεσθε, καὶ τὸν λογισμὸν αὐτοῦ κατανοήσετε; μηδαμῶς, ἀδελφοί, μὴ παροργίζετε Κύριον τὸν Θεὸν ἡμῶν, ὅτι 15 ἐὰν μὴ βούληται ἐν ταῖς πέντε ἡμέραις βοηθῆσαι ἡμῖν, αὐτὸς ἔχει τὴν ἐξουσίαν ἐν αἷς θέλει σκεπάσαι ἡμέραις, ἢ καὶ ὀλοθρεῦσαι ἡμᾶς πρὸ προσώπου τῶν ἐχθρῶν ἡμῶν.

Ὑμεῖς δὲ μὴ ἐνεχυράζετε τὰς βουλὰς Κυρίου τοῦ Θεοῦ ἡμῶν, 16 ὅτι οὐχ ὡς ἄνθρωπος ὁ Θεὸς ἀπειληθῆναι, οὐδὲ ὡς υἱὸς ἀνθρώπου διαιτηθῆναι. Διόπερ ἀναμένοντες τὴν παρ᾽ αὐτοῦ σωτη- 17

ρίαν, ἐπικαλεσώμεθα αὐτὸν εἰς βοήθειαν ἡμῶν, καὶ εἰσακού
σεται τῆς φωνῆς ἡμῶν, ἐὰν ᾖ αὐτῷ ἀρεστόν.

18 Ὅτι οὐκ ἀνέστη ἐν ταῖς γενεαῖς ἡμῶν, οὐδὲ ἐστὶν ἐν τῇ
ἡμέρᾳ τῇ σήμερον οὔτε φυλὴ, οὔτε πατριὰ, οὔτε δῆμος, οὔτε
πόλις ἐξ ἡμῶν, οἳ προσκυνοῦσι θεοῖς χειροποιήτοις, καθάπερ

19 ἐγένετο ἐν ταῖς πρότερον ἡμέραις, ὧν χάριν ἐδόθησαν εἰς ῥομ
φαίαν καὶ εἰς διαρπαγὴν οἱ πατέρες ἡμῶν, καὶ ἔπεσον πτῶμα

20 μέγα ἐνώπιον τῶν ἐχθρῶν ἡμῶν. Ἡμεῖς δὲ ἕτερον θεὸν οὐκ
ἐπέγνωμεν πλὴν αὐτοῦ· ὅθεν ἐλπίζομεν ὅτι οὐχ ὑπερόψεται
ἡμᾶς, οὐδ᾽ ἀπὸ τοῦ γένους ἡμῶν.

21 Ὅτι ἐν τῷ ληφθῆναι ἡμᾶς, οὕτως καθήσεται πᾶσα ἡ Ἰουδαία,
καὶ προνομευθήσεται τὰ ἅγια ἡμῶν, καὶ ζητήσει τὴν βεβήλωσιν

22 αὐτῶν ἐκ τοῦ στόματος ἡμῶν, καὶ τὸν φόνον τῶν ἀδελφῶν
ἡμῶν, καὶ τὴν αἰχμαλωσίαν τῆς γῆς, καὶ τὴν ἐρήμωσιν τῆς
κληρονομίας ἡμῶν ἐπιστρέψει εἰς κεφαλὴν ἡμῶν ἐν τοῖς ἔθνεσιν,
οὗ ἐὰν δουλεύσωμεν ἐκεῖ, καὶ ἐσόμεθα εἰς πρόσκομμα καὶ εἰς

23 ὄνειδος ἐναντίον τῶν κτωμένων ἡμᾶς· ὅτι οὐ κατευθυνθήσεται
ἡ δουλεία ἡμῶν εἰς χάριν. ἀλλ᾽ εἰς ἀτιμίαν θήσει αὐτὴν Κύριος
ὁ Θεὸς ἡμῶν.

24 Καὶ νῦν ἀδελφοὶ ἐπιδειξώμεθα τοῖς ἀδελφοῖς ἡμῶν, ὅτι
ἐξ ἡμῶν κρέμαται ἡ ψυχὴ αὐτῶν, καὶ τὰ ἅγια καὶ ὁ οἶκος καὶ
τὸ θυσιαστήριον ἐπεστήρικται ἐφ᾽ ἡμῖν.

25 Παρὰ ταῦτα πάντα εὐχαριστήσωμεν Κυρίῳ τῷ Θεῷ ἡμῶν,

26 ὃς πειράζει ἡμᾶς καθὰ καὶ τοὺς πατέρας ἡμῶν. Μνήσθητε ὅσα
ἐποίησε μετὰ Ἀβραὰμ, καὶ ὅσα ἐπείρασε τὸν Ἰσαὰκ, καὶ ὅσα
ἐγένετο τῷ Ἰακὼβ ἐν Μεσοποταμίᾳ τῆς Συρίας ποιμαίνοντι τὰ

27 πρόβατα Λάβαν τοῦ ἀδελφοῦ τῆς μητρὸς αὐτοῦ· ὅτι οὐ
καθὼς ἐκείνους ἐπύρωσεν εἰς ἐτασμὸν τῆς καρδίας αὐτῶν, καὶ
ἡμᾶς οὐκ ἐξεδίκησεν, ἀλλ᾽ εἰς νουθέτησιν μαστιγοῖ Κύριος τοὺς
ἐγγίζοντας αὐτῷ.

28 Καὶ εἶπε πρὸς αὐτὴν Ὀζίας, πάντα ὅσα εἶπας, ἀγαθῇ καρδίᾳ
ἐλάλησας, καὶ οὐκ ἔστιν ὃς ἀντιστήσεται τοῖς λόγοις σου.

29 Ὅτι οὐκ ἐν τῇ σήμερον ἡ σοφία σου πρόδηλός ἐστιν, ἀλλὰ
ἀπ᾽ ἀρχῆς ἡμερῶν σου ἔγνω πᾶς ὁ λαὸς τὴν σύνεσίν σου,

30 καθότι ἀγαθόν ἐστι τὸ πλάσμα τῆς καρδίας σου. Ἀλλ᾽ ὁ λαὸς
ἐδίψησε σφόδρα, καὶ ἠνάγκασαν ποιῆσαι ἡμᾶς καθὰ ἐλαλήσα
μεν αὐτοῖς, καὶ ἀπαγαγεῖν ὅρκον ἐφ᾽ ἡμᾶς, ὃν οὐ παραβησόμεθα.

31 Καὶ νῦν δεήθητι περὶ ἡμῶν, ὅτι γυνὴ εὐσεβὴς εἶ, καὶ ἀποστελεῖ
Κύριος τὸν ὑετὸν εἰς πλήρωσιν τῶν λάκκων ἡμῶν, καὶ οὐκ
ἐκλείψομεν ἔτι.

32 Καὶ εἶπε πρὸς αὐτοὺς Ἰουδὶθ, ἀκούσατέ μου, καὶ ποιήσω
πρᾶγμα ὃ ἀφίξεται εἰς γενεὰς γενεῶν υἱοῖς τοῦ γένους ἡμῶν.

33 Ὑμεῖς στήσεσθε ἐπὶ τῆς πύλης τὴν νύκτα ταύτην, καὶ ἐξελεύ
σομαι ἐγὼ μετὰ τῆς ἅβρας μου, καὶ ἐν ταῖς ἡμέραις μεθ᾽ ἃς
εἴπατε παραδώσειν τὴν πόλιν τοῖς ἐχθροῖς ἡμῶν, ἐπισκέψεται

34 Κύριος τὸν Ἰσραὴλ ἐν χειρί μου. Ὑμεῖς δὲ οὐκ ἐξερευνήσετε
τὴν πρᾶξίν μου, οὐ γὰρ ἐρῶ ὑμῖν, ἕως τοῦ τελεσθῆναι ἃ ἐγὼ
ποιῶ.

35 Καὶ εἶπεν Ὀζίας καὶ οἱ ἄρχοντες πρὸς αὐτὴν, πορεύου εἰς
εἰρήνην, καὶ Κύριος ὁ Θεὸς ἔμπροσθέν σου εἰς ἐκδίκησιν τῶν

36 ἐχθρῶν ἡμῶν. Καὶ ἀποστρέψαντες ἐκ τῆς σκηνῆς, ἐπορεύθη
σαν ἐπὶ τὰς διατάξεις αὐτῶν.

and call upon him to help us, and he will
hear our voice, if it please him.

18 For there arose none in our age, neither
is there any now in these days, neither
tribe, nor family, nor people, nor city,
among us, which worship gods made with
hands, as hath been aforetime. 19 For the
which cause our fathers were given to the
sword, and for a spoil, and had a great fall
before our enemies. 20 But we know none
other God, therefore we trust that he will
not despise us, nor any of our nation.

21 For if we be taken so, all Judea shall
lie waste, and our sanctuary shall be spoiled;
and he will require the profanation thereof
at our mouth. 22 And the slaughter of our
brethren, and the captivity of the country,
and the desolation of our inheritance, will
he turn upon our heads among the Gentiles,
wheresoever we shall be in bondage; and
we shall be an offence and a reproach to all
them that possess us. 23 For our servitude
shall not be directed to favour; but the
Lord our God shall turn it to dishonour.

24 Now therefore, O brethren, let us shew
an example to our brethren, because their
hearts depend upon us, and the sanctuary,
and the house, and the altar, rest upon us.

25 Moreover let us give thanks to the
Lord our God, which trieth us, even as he
did our fathers. 26 Remember what things
he did to Abraham, and how he tried Isaac,
and what happened to Jacob in Mesopotamia of Syria, when he kept the sheep of
Laban his mother's brother. 27 For he hath
not tried us in the fire, as he did them,
for the examination of their hearts, neither
hath he taken vengeance on us: but the
Lord doth scourge them that come near
unto him, to admonish them.

28 Then said Ozias to her, All that thou
hast spoken hast thou spoken with a good
heart, and there is none that may gainsay
thy words. 29 For this is not the first day
wherein thy wisdom is manifested; but
from the beginning of thy days all the people have known thy understanding, because
the disposition of thine heart is good. 30 But
the people were very thirsty, and compelled
us to do unto them as we have spoken, and
to bring an oath upon ourselves, which we
will not break. 31 Therefore now pray thou
for us, because thou art a godly woman,
and the Lord will send us rain to fill our
cisterns, and we shall faint no more.

32 Then said Judith unto them, Hear me,
and I will do a thing, which shall go
throughout all generations to the children
of our nation. 33 Ye shall stand this night
in the gate, and I will go forth with my
waitingwoman: and within the days that
ye have promised to deliver the city to our
enemies the Lord will visit Israel by mine
hand. 34 But enquire not ye of mine act:
for I will not declare it unto you, till the
things be finished that I do.

35 Then said Ozias and the princes unto
her, Go in peace, and the Lord God be
before thee, to take vengeance on our
enemies. 36 So they returned from the tent,
and went to their wards.

Then Judith fell upon her face, and put ashes upon her head, and uncovered the sackcloth wherewith she was clothed; and about the time that the incense of that evening was offered in Jerusalem in the house of the Lord, Judith cried with a loud voice, and said, ² O Lord God of my father Simeon, to whom thou gavest a sword to take vengeance of the strangers, who loosened the girdle of a maid to defile her, and discovered the thigh to her shame, and polluted her virginity to her reproach; for thou saidst, It shall not be so; and yet they did so: ³ wherefore thou gavest their rulers to be slain, so that they dyed their bed in blood, being deceived, and smotest the servants with their lords, and the lords upon their thrones; ⁴ and hast given their wives for a prey, and their daughters to be captives, and all their spoils to be divided among thy dear children; which were moved with thy zeal, and abhorred the pollution of their blood, and called upon thee for aid: O God, O my God, hear me also a widow.

⁵ For thou hast wrought not only those things, but also the things which fell out before, and which ensued after; thou hast thought upon the things which are now, and which are to come. ⁶ Yea, what things thou didst determine were ready at hand, and said, Lo, we are here: for all thy ways are prepared, and thy judgments are in thy foreknowledge.

⁷ For, behold, the Assyrians are multiplied in their power; they are exalted with horse and man; they glory in the strength of their footmen; they trust in shield, and spear, and bow, and sling; and know not that thou art the Lord that breakest the battles: the Lord is thy name. ⁸ Throw down their strength in thy power, and bring down their force in thy wrath: for they have purposed to defile thy sanctuary, and to pollute the tabernacle where thy glorious name resteth, and to cast down with sword the horn of thy altar.

⁹ Behold their pride, and send thy wrath upon their heads: give into mine hand, which am a widow, the power that I have conceived. ¹⁰ Smite by the deceit of my lips the servant with the prince, and the prince with the servant: break down their stateliness by the hand of a woman. ¹¹ For thy power standeth not in multitude, nor thy might in strong men: for thou art a God of the afflicted, thou art an helper of the oppressed, an upholder of the weak, a protector of the forlorn, a saviour of them that are without hope.

¹² I pray thee, I pray thee, O God of my father, and God of the inheritance of Israel, Lord of the heavens and earth, Creator of the waters, King of every creature, hear thou my prayer: ¹³ and make my speech and deceit to be their wound and stripe, who have purposed cruel things against thy covenant, and thy hallowed house, and against the top of Sion, and against the house of the possession of thy children.

¹⁴ And make every nation and tribe to acknowledge that thou art the God of all power and might, and that there is none other that protecteth the people of Israel but thou.

Ἰουδὶθ δὲ ἔπεσεν ἐπὶ πρόσωπον, καὶ ἐπέθετο σποδὸν ἐπὶ τὴν 9 κεφαλὴν αὐτῆς, καὶ ἐγύμνωσεν ὃν ἐνεδιδύσκετο σάκκον· καὶ ἦν ἄρτι προσφερόμενον ἐν Ἱερουσαλὴμ εἰς τὸν οἶκον τοῦ Θεοῦ τὸ θυμίαμα τῆς ἑσπέρας ἐκείνης· καὶ ἐβόησε φωνῇ μεγάλῃ Ἰου- δὶθ πρὸς Κύριον, καὶ εἶπε, κύριε ὁ Θεὸς τοῦ πατρός μου 2 Συμεὼν, ᾧ ἔδωκας ἐν χειρὶ ῥομφαίαν εἰς ἐκδίκησιν ἀλλογενῶν, οἳ ἔλυσαν μήτραν παρθένου εἰς μίασμα, καὶ ἐγύμνωσαν μηρὸν εἰς αἰσχύνην, καὶ ἐβεβήλωσαν μήτραν εἰς ὄνειδος· εἶπας γὰρ, οὐχ οὕτως ἔσται, καὶ ἐποίησαν· ἀνθ᾽ ὧν ἔδωκας ἄρχοντας 3 αὐτῶν εἰς φόνον, καὶ τὴν στρωμνὴν αὐτῶν ἣ ᾐδέσατο τὴν ἀπάτην αὐτῶν, εἰς αἷμα, καὶ ἐπάταξας δούλους ἐπὶ δυνάσταις, καὶ δυνάστας ἐπὶ θρόνους αὐτῶν· καὶ ἔδωκας γυναῖκας αὐτῶν 4 εἰς προνομὴν, καὶ θυγατέρας εἰς αἰχμαλωσίαν, καὶ πάντα τὰ σκῦλα εἰς διαίρεσιν υἱῶν ἠγαπημένων ὑπὸ σοῦ, οἳ καὶ ἐζήλω- σαν τὸν ζῆλόν σου, καὶ ἐβδελύξαντο μίασμα αἵματος αὐτῶν, καὶ ἐπεκαλέσαντό σε εἰς βοηθόν· ὁ Θεὸς ὁ Θεὸς ὁ ἐμὸς, καὶ εἰσάκουσον ἐμοῦ τῆς χήρας.

Σὺ γὰρ ἐποίησας τὰ πρότερα ἐκείνων, καὶ ἐκεῖνα, καὶ τὰ 5 μετέπειτα, καὶ τὰ νῦν, καὶ τὰ ἐπερχόμενα διενοήθης, καὶ ἐγενή- θησαν ἃ ἐνενοήθης, καὶ παρέστησαν ἃ ἐβουλεύσω, καὶ εἶπαν, 6 ἰδοὺ πάρεσμεν· πᾶσαι γὰρ αἱ ὁδοί σου ἕτοιμοι, καὶ ἡ κρίσις σου ἐν προγνώσει.

Ἰδοὺ γὰρ Ἀσσύριοι ἐπληθύνθησαν ἐν δυνάμει αὐτῶν, ὑψώθη- 7 σαν ἐφ᾽ ἵππῳ καὶ ἀναβάτῃ, ἐγαυρίασαν ἐν βραχίονι πεζῶν, ἤλπισαν ἐν ἀσπίδι καὶ ἐν γαισῷ καὶ τόξῳ καὶ σφενδόνῃ, καὶ οὐκ ἔγνωσαν ὅτι σὺ εἶ Κύριος συντρίβων πολέμους· Κύριος ὄνομά σοι. Σὺ ῥάξον αὐτῶν τὴν ἰσχὺν ἐν δυνάμει σου, καὶ κάταξον 8 τὸ κράτος αὐτῶν ἐν τῷ θυμῷ σου· ἐβουλεύσαντο γὰρ βεβηλῶ- σαι τὰ ἅγιά σου, μιᾶναι τὸ σκήνωμα τῆς καταπαύσεως τοῦ ὀνόματος τῆς δόξης σου, καὶ καταβαλεῖν σιδήρῳ κέρας θυσια- στηρίου σου.

Βλέψον εἰς ὑπερηφανίαν αὐτῶν, ἀπόστειλον τὴν ὀργήν σου 9 εἰς κεφαλὰς αὐτῶν· δὸς ἐν χειρί μου τῆς χήρας ὃ διενοήθην κράτος, πάταξον δοῦλον ἐκ χειλέων ἀπάτης μου ἐπ᾽ ἄρχοντι, 10 καὶ ἄρχοντα ἐπὶ θεράποντι αὐτοῦ, θραῦσον αὐτῶν τὸ ἀνάστεμα ἐν χειρὶ θηλείας. Οὐ γὰρ ἐν πλήθει τὸ κράτος σου, οὐδὲ ἡ 11 δυναστεία σου ἐν ἰσχύουσιν, ἀλλὰ ταπεινῶν εἶ Θεὸς, ἐλαττόνων εἶ βοηθὸς, ἀντιλήπτωρ ἀσθενούντων, ἀπεγνωσμένων σκεπαστὴς, ἀπηλπισμένων σωτήρ.

Ναὶ ναὶ ὁ Θεὸς τοῦ πατρὸς μού, καὶ Θεὸς κληρονομίας Ἰσ- 12 ραήλ, δέσποτα τῶν οὐρανῶν καὶ τῆς γῆς, κτίστα τῶν ὑδάτων, βασιλεῦ πάσης κτίσεώς σου, σὺ εἰσάκουσον τῆς δεήσεώς μου, καὶ δὸς λόγον μου καὶ ἀπάτην εἰς τραῦμα καὶ μώλωπα αὐτῶν, 13 οἳ κατὰ τῆς διαθήκης σου, καὶ οἴκου ἡγιασμένου σου, καὶ κορυφῆς Σιὼν, καὶ οἴκου κατασχέσεως υἱῶν σου ἐβουλεύσαντο σκληρά.

Καὶ ποίησον ἐπὶ πᾶν τὸ ἔθνος σου, καὶ πάσης φυλῆς 14 ἐπίγνωσιν, τοῦ εἰδῆσαι ὅτι σὺ εἶ ὁ Θεὸς πάσης δυνάμεως καὶ κράτους, καὶ οὐκ ἔστιν ἄλλος ὑπερασπίζων τοῦ γένους Ἰσραὴλ, εἰ μὴ σύ.

10 Καὶ ἐγένετο ὡς ἐπαύσατο βοῶσα πρὸς τὸν Θεὸν Ἰσραὴλ,
2 καὶ συνετέλεσε πάντα τὰ ῥήματα ταῦτα, καὶ ἀνέστη ἀπὸ τῆς
πτώσεως καὶ ἐκάλεσε τὴν ἅβραν αὐτῆς, καὶ κατέβη εἰς τὸν
οἶκον ἐν ᾧ διέτριβεν ἐν αὐτῷ ἐν ταῖς ἡμέραις τῶν σαββάτων,
3 καὶ ἐν ταῖς ἑορταῖς αὐτῆς, καὶ περιείλατο τὸν σάκκον ὃν ἐν-
εδεδύκει, καὶ ἐξεδύσατο τὰ ἱμάτια τῆς χηρεύσεως αὐτῆς, καὶ
περιεκλύσατο τὸ σῶμα ὕδατι, καὶ ἐχρίσατο μύρῳ παχεῖ, καὶ
διέταξε τὰς τρίχας τῆς κεφαλῆς αὐτῆς, καὶ ἐπέθετο μίτραν ἐπʼ
αὐτῆς, καὶ ἐνεδύσατο τὰ ἱμάτια τῆς εὐφροσύνης αὐτῆς, ἐν οἷς
ἐστολίζετο ἐν ταῖς ἡμέραις τῆς ζωῆς τοῦ ἀνδρὸς αὐτῆς Μα-
4 νασσῆ· καὶ ἔλαβε σανδάλια εἰς τοὺς πόδας αὐτῆς, καὶ περιέθετο
τοὺς χλιδῶνας, καὶ τὰ ψέλλια, καὶ τοὺς δακτυλίους, καὶ τὰ
ἐνώτια, καὶ πάντα τὸν κόσμον αὐτῆς· καὶ ἐκαλλωπίσατο
σφόδρα εἰς ἀπάτησιν ὀφθαλμῶν ἀνδρῶν, ὅσοι ἂν ἴδωσιν
αὐτήν.
5 Καὶ ἔδωκε τῇ ἅβρᾳ αὐτῆς ἀσκοπυτίνην οἴνου, καὶ καμψάκην
ἐλαίου, καὶ πήραν ἐπλήρωσεν ἀλφίτων καὶ παλάθης καὶ ἄρτων
καθαρῶν, καὶ περιεδίπλωσε πάντα τὰ ἀγγεῖα αὐτῆς, καὶ ἐπέθη-
6 κεν ἐπʼ αὐτῇ. Καὶ ἐξῆλθοσαν ἐπὶ τὴν πύλην τῆς πόλεως
Βετυλούα, καὶ εὕροσαν ἐφεστῶτας ἐπʼ αὐτῆς Ὀζίαν, καὶ τοὺς
πρεσβυτέρους τῆς πόλεως Χαβρὶν καὶ Χαρμίν.
7 Ὡς δὲ εἶδον αὐτὴν, καὶ ἦν ἠλλοιωμένον τὸ πρόσωπον αὐτῆς,
καὶ τὴν στολὴν μεταβεβληκυῖαν αὐτῆς, καὶ ἐθαύμασαν ἐπὶ τῷ
8 κάλλει αὐτῆς ἐπὶ πολὺ σφόδρα, καὶ εἶπαν αὐτῇ, ὁ Θεὸς ὁ Θεὸς
τῶν πατέρων ἡμῶν δῴη σε εἰς χάριν, καὶ τελειῶσαι τὰ ἐπιτηδεύ-
ματά σου εἰς γαυρίαμα υἱῶν Ἰσραὴλ, καὶ ὕψωμα Ἱερουσαλήμ·
καὶ προσεκύνησε τῷ Θεῷ,
9 Καὶ εἶπε πρὸς αὐτοὺς, ἐπιτάξατε ἀνοῖξαί μοι τὴν πύλην τῆς
πόλεως, καὶ ἐξελεύσομαι εἰς τελείωσιν τῶν λόγων, ὧν ἐλαλή-
σατε μετʼ ἐμοῦ· καὶ συνέταξαν τοῖς νεανίσκοις ἀνοῖξαι αὐτῇ
καθότι ἐλάλησαν.
10 Καὶ ἐποίησαν οὕτως· καὶ ἐξῆλθεν Ἰουδὶθ, αὐτὴ καὶ ἡ παι-
δίσκη αὐτῆς μετʼ αὐτῆς· ἀπεσκόπευον δὲ αὐτὴν οἱ ἄνδρες τῆς
πόλεως ἕως οὗ κατέβη τὸ ὄρος, ἕως διῆλθε τὸν αὐλῶνα, καὶ οὐκ
11 ἔτι ἐθεώρουν αὐτήν. Καὶ ἐπορεύοντο ἐν τῷ αὐλῶνι εἰς εὐθεῖαν,
12 καὶ συνήντησεν αὐτῇ προφυλακὴ τῶν Ἀσσυρίων. Καὶ συνέ-
λαβον αὐτὴν, καὶ ἐπηρώτησαν, τίνων εἶ; καὶ πόθεν ἔρχῃ; καὶ
ποῦ πορεύῃ; καὶ εἶπε, θυγάτηρ εἰμὶ τῶν Ἑβραίων, καὶ ἀπο-
διδράσκω ἀπὸ προσώπου αὐτῶν, ὅτι μέλλουσι δίδοσθαι ὑμῖν
13 εἰς κατάβρωμα. Κἀγὼ ἔρχομαι εἰς τὸ πρόσωπον Ὀλοφέρνου
ἀρχιστρατήγου δυνάμεως ὑμῶν, τοῦ ἀναγγεῖλαι ῥήματα ἀλη-
θείας, καὶ δείξω πρὸ προσώπου αὐτοῦ ὁδὸν καθʼ ἣν πορεύσεται,
καὶ κυριεύσει πάσης τῆς ὀρεινῆς, καὶ οὐ διαφωνήσει τῶν ἀνδρῶν
αὐτοῦ σὰρξ μία, οὐδὲ πνεῦμα ζωῆς.
14 Ὡς δὲ ἤκουσαν οἱ ἄνδρες τὰ ῥήματα αὐτῆς, καὶ κατενόησαν
τὸ πρόσωπον αὐτῆς, καὶ ἦν ἐναντίον αὐτῶν θαυμάσιον τῷ κάλλει
15 σφόδρα, καὶ εἶπαν πρὸς αὐτὴν, σέσωκας τὴν ψυχήν σου, σπεύ-
σασα καταβῆναι εἰς πρόσωπον τοῦ κυρίου ἡμῶν· καὶ νῦν
πρόσελθε ἐπὶ τὴν σκηνὴν αὐτοῦ, καὶ ἀφʼ ἡμῶν προπέμψουσί
6 σε ἕως παραδώσουσί σε εἰς τὰς χεῖρας αὐτοῦ. Ἐὰν δὲ στῇς
ἐναντίον αὐτοῦ, μὴ φοβηθῇς τῇ καρδίᾳ σου, ἀλλὰ ἀνάγγειλον
κατὰ τὰ ῥήματά σου, καὶ εὖ σε ποιήσει.

Now after that she had ceased to cry unto the God of Israel, and had made an end of all these words, [2] she rose where she had fallen down, and called her maid, and went down into the house, in the which she abode in the sabbath days, and in her feast days, [3] and pulled off the sackcloth which she had on, and put off the garments of her widowhood, and washed her body all over with water, and anointed herself with precious ointment, and braided the hair of her head, and put on a tire upon it, and put on her garments of gladness, wherewith she was clad during the life of Manasses her husband. [4] And she took sandals upon her feet, and put about her her bracelets, and her chains, and her rings, and her earrings, and all her ornaments, and decked herself bravely, to allure the eyes of all men that should see her.

[5] Then she gave her maid a bottle of wine, and a cruse of oil, and filled a bag with parched corn, and lumps of figs, and with fine bread; so she folded all these things together, and laid them upon her. [6] Thus they went forth to the gate of the city of Bethulia, and found standing there Ozias, and the ancients of the city, Chabris and Charmis.

[7] And when they saw her, that her countenance was altered, and her apparel was changed, they wondered at her beauty very greatly, and said unto her, [8] The God, the God of our fathers, give thee favour, and accomplish thine enterprizes to the glory of the children of Israel, and to the exaltation of Jerusalem. Then they worshipped God.

[9] And she said unto them, Command the gates of the city to be opened unto me, that I may go forth to accomplish the things whereof ye have spoken with me. So they commanded the young men to open unto her, as she had spoken.

[10] And when they had done so, Judith went out, she, and her maid with her; and the men of the city looked after her, until she was gone down the mountain, and till she had passed the valley, and could see her no more. [11] Thus they went straight forth in the valley: and the first watch of the Assyrians met her; [12] and they took her, and asked her, Of what people art thou? and whence comest thou? and whither goest thou? And she said, I am a woman of the Hebrews, and am fled from them: for they shall be given you to be consumed: [13] and I am coming before Holofernes the chief captain of your army, to declare words of truth; and I will shew him a way, whereby he shall go, and win all the hill country, without losing the body or life of any one of his men.

[14] Now when the men heard her words, and beheld her countenance, they wondered greatly at her beauty, and said unto her, [15] Thou hast saved thy life, in that thou hast hasted to come down to the presence of our lord: now therefore come to his tent, and some of us shall conduct thee, until they have delivered thee to his hands. [16] And when thou standest before him, be not afraid in thine heart, but shew unto him according to thy word; and he will entreat thee well.

¹⁷ Then they chose out of them an hundred men to accompany her and her maid; and they brought her to the tent of Holofernes. ¹⁸ Then was there a concourse throughout all the camp: for her coming was noised among the tents, and they came about her, as she stood without the tent of Holofernes, till they told him of her. ¹⁹ And they wondered at her beauty, and admired the children of Israel because of her, and every one said to his neighbour, Who would despise this people, that have among them such women? surely it is not good that one man of them be left, who being let go might deceive the whole earth. ²⁰ And they that lay near Holofernes went out, and all his servants, and they brought her into the tent.

²¹ Now Holofernes rested upon his bed under a canopy, which was woven with purple, and gold, and emeralds, and precious stones. ²² So they shewed him of her; and he came out before his tent with silver lamps going before him. ²³ And when Judith was come before him and his servants, they all marvelled at the beauty of her countenance; and she fell down upon her face, and did reverence unto him: and his servants took her up.

Then said Holofernes unto her, Woman, be of good comfort, fear not in thine heart: for I never hurt any that was willing to serve Nabuchodonosor, the king of all the earth. ² Now therefore, if thy people that dwelleth in the mountains had not set light by me, I would not have lifted up my spear against them: but they have done these things to themselves. ³ But now tell me wherefore thou art fled from them, and art come unto us: for thou art come for safeguard; be of good comfort, thou shalt live this night, and hereafter: ⁴ for none shall hurt thee, but entreat thee well, as they do the servants of king Nabuchodonosor my lord.

⁵ Then Judith said unto him, Receive the words of thy servant, and suffer thine handmaid to speak in thy presence, and I will declare no lie to my lord this night. ⁶ And if thou wilt follow the words of thine handmaid, God will bring the thing perfectly to pass by thee; and my lord shall not fail of his purposes.

⁷ As Nabuchodonosor king of all the earth liveth, and as his power liveth, who hath sent thee for the upholding of every living thing: for not only men shall serve him by thee, but also the beasts of the field, and the cattle, and the fowls of the air, shall live by thy power under Nabuchodonosor and all his house. ⁸ For we have heard of thy wisdom and thy policies, and it is reported in all the earth, that thou only art excellent in all the kingdom, and mighty in knowledge, and wonderful in feats of war.

⁹ Now as concerning the matter, which Achior did speak in thy council, we have heard his words; for the men of Bethulia saved him, and he declared unto them all that he had spoken unto thee. ¹⁰ Therefore, O lord and governor, reject not his word; but lay it up in thine heart, for it is true: for our nation shall not be punished, neither can the sword prevail against them, except they sin against their God.

Καὶ ἐπέλεξαν ἐξ αὐτῶν ἄνδρας ἑκατὸν, καὶ παρέζευξαν αὐτῇ 11 καὶ **τῇ** ἄβρα αὐτῆς, καὶ ἤγαγον αὐτὰς ἐπὶ τὴν σκηνὴν Ὀλοφέρνου. Καὶ ἐγένετο συνδρομὴ ἐν πάσῃ τῇ παρεμβολῇ· διεβοήθη 18 γὰρ εἰς τὰ σκηνώματα ἡ παρουσία αὐτῆς· καὶ ἐλθόντες ἐκύκλουν αὐτὴν ὡς εἱστήκει ἔξω τῆς σκηνῆς Ὀλοφέρνου, ἕως προσήγγειλαν αὐτῷ περὶ αὐτῆς. Καὶ ἐθαύμαζον ἐπὶ τῷ κάλλει 19 αὐτῆς, καὶ ἐθαύμαζον τοὺς υἱοὺς Ἰσραὴλ ἀπ᾿ αὐτῆς· καὶ εἶπεν ἕκαστος πρὸς τὸν πλησίον αὐτοῦ, τίς καταφρονήσει τοῦ λαοῦ τούτου, ὃς ἔχει ἐν ἑαυτῷ γυναῖκας τοιαύτας; ὅτι οὐ καλόν ἐστιν ὑπολείπεσθαι ἐξ αὐτῶν ἄνδρα ἕνα, οἳ ἀφεθέντες δυνήσονται κατασοφίσασθαι πᾶσαν τὴν γῆν· καὶ ἐξῆλθον οἱ παρα- 20 καθεύδοντες Ὀλοφέρνῃ, καὶ πάντες οἱ θεράποντες αὐτοῦ, καὶ εἰσήγαγον αὐτὴν εἰς τὴν σκηνήν.

Καὶ ἦν Ὀλοφέρνης ἀναπαυόμενος ἐπὶ τῆς κλίνης αὐτοῦ ἐν 21 τῷ κωνωπείῳ, ὃ ἦν ἐκ πορφύρας καὶ χρυσίου καὶ σμαράγδου καὶ λίθων πολυτελῶν καθυφασμένων. Καὶ ἀνήγγειλαν αὐτῷ 22 περὶ αὐτῆς, καὶ ἐξῆλθεν εἰς τὸ προσκήνιον, καὶ λαμπάδες ἀργυραῖ προάγουσαι αὐτοῦ. Ὡς δὲ ἦλθε κατὰ πρόσωπον αὐτοῦ 23 Ἰουδὶθ, καὶ τῶν θεραπόντων αὐτοῦ, ἐθαύμασαν πάντες ἐπὶ τῷ κάλλει τοῦ προσώπου αὐτῆς· καὶ πεσοῦσα ἐπὶ πρόσωπον προσεκύνησεν αὐτῷ, καὶ ἤγειραν αὐτὴν οἱ δοῦλοι αὐτοῦ.

Καὶ εἶπε πρὸς αὐτὴν Ὀλοφέρνης, θάρσησον γύναι, μὴ φοβη- 11 θῇς τῇ καρδίᾳ σου, ὅτι ἐγὼ οὐκ ἐκάκωσα ἄνθρωπον ὅστις ᾑρέτικε δουλεύειν βασιλεῖ Ναβουχοδονόσορ πάσης τῆς γῆς. Καὶ νῦν ὁ 2 λαός σου ὁ κατοικῶν τὴν ὀρεινὴν, εἰ μὴ ἐφαύλισάν με, οὐκ ἂν ἦρα τὸ δόρυ μου ἐπ᾿ αὐτούς, ἀλλ᾿ αὐτοὶ ἑαυτοῖς ἐποίησαν ταῦτα. Καὶ 3 νῦν λέγε μοι, τίνος ἕνεκεν ἀπέδρας ἀπ᾿ αὐτῶν, καὶ ἦλθες πρὸς ἡμᾶς; ἥκεις γὰρ εἰς σωτηρίαν· θάρσει, ἐν τῇ νυκτὶ ταύτῃ ζήσῃ, καὶ εἰς τὸ λοιπόν. Οὐ γάρ ἐστιν ὃς ἀδικήσει σε, ἀλλ᾿ εὖ σε ποιήσει, καθὰ 4 γίνεται τοῖς δούλοις τοῦ κυρίου μου βασιλέως Ναβουχοδονόσορ.

Καὶ εἶπε πρὸς αὐτὸν Ἰουδὶθ, δέξαι τὰ ῥήματα τῆς δούλης 5 σου, καὶ λαλησάτω ἡ παιδίσκη σου κατὰ πρόσωπόν σου, καὶ οὐκ ἀναγγελῶ ψεῦδος τῷ κυρίῳ μου ἐν τῇ νυκτὶ ταύτῃ. Καὶ 6 ἐὰν κατακολουθήσῃς τοῖς λόγοις τῆς παιδίσκης σου, τελείως πρᾶγμα ποιήσει μετὰ σοῦ ὁ Θεός, καὶ οὐκ ἀποπεσεῖται ὁ κύριός μου τῶν ἐπιτηδευμάτων αὐτοῦ.

Ζῇ γὰρ βασιλεὺς Ναβουχοδονόσορ πάσης τῆς γῆς, καὶ ζῇ 7 τὸ κράτος αὐτοῦ, ὃς ἀπέστειλέ σε εἰς κατόρθωσιν πάσης ψυχῆς, ὅτι οὐ μόνον ἄνθρωποι διὰ σὲ δουλεύουσιν αὐτῷ, ἀλλὰ καὶ τὰ θηρία τοῦ ἀγροῦ, καὶ τὰ κτήνη, καὶ τὰ πετεινὰ τοῦ οὐρανοῦ διὰ τῆς ἰσχύος σου ζήσονται ἐπὶ Ναβουχοδονόσορ, καὶ πάντα τὸν οἶκον αὐτοῦ. Ἠκούσαμεν γὰρ τὴν σοφίαν σου, καὶ τὰ 8 πανουργεύματα τῆς ψυχῆς σου, καὶ ἀνηγγέλη πάσῃ τῇ γῇ, ὅτι σὺ μόνος ἀγαθὸς ἐν πάσῃ βασιλείᾳ, καὶ δυνατὸς ἐν ἐπιστήμῃ, καὶ θαυμαστὸς ἐν στρατεύμασι πολέμου.

Καὶ νῦν ὁ λόγος ὃν ἐλάλησεν Ἀχιὼρ ἐν τῇ συνεδρείᾳ σου, 9 ἠκούσαμεν τὰ ῥήματα αὐτοῦ, ὅτι περιεποιήσαντο αὐτὸν οἱ ἄνδρες Βετυλούα, καὶ ἀνήγγειλεν αὐτοῖς πάντα ὅσα ἐξελάλησε παρὰ σοί. Διὸ, δέσποτα κύριε, μὴ παρέλθῃς τὸν λόγον αὐτοῦ, 10 ἀλλὰ κατάθου αὐτὸν ἐν τῇ καρδίᾳ σου, ὅτι ἀληθής ἐστιν· οὐ γὰρ ἐκδικᾶται τὸ γένος ἡμῶν, οὐ κατισχύει ῥομφαία ἐπ᾿ αὐτούς, ἐὰν μὴ ἁμάρτωσιν εἰς τὸν Θεὸν αὐτῶν.

11 Καὶ νῦν ἵνα μὴ γένηται ὁ κύριός μου εκβολος καὶ ἄπρακτος, καὶ ἐπιπεσεῖται θάνατος ἐπὶ πρόσωπον αὐτῶν, καὶ κατελάβετο αὐτοὺς ἁμάρτημα ἐν ᾧ παροργιοῦσι τὸν Θεὸν αὐτῶν, ὁπηνίκα
12 ἂν ποιήσωσιν ἀτοπίαν. Ἐπεὶ γὰρ ἐξέλιπεν αὐτοὺς τὰ βρώματα, καὶ ἐσπανίσθη πᾶν ὕδωρ, ἐβουλεύσαντο ἐπιβαλεῖν τοῖς κτήνεσιν αὐτῶν, καὶ πάντα ὅσα διεστείλατο αὐτοῖς ὁ Θεὸς ἐν
13 τοῖς νόμοις αὐτοῦ μὴ φαγεῖν, διέγνωσαν δαπανῆσαι. Καὶ τὰς ἀπαρχὰς τοῦ σίτου, καὶ τὰς δεκάτας τοῦ οἴνου καὶ τοῦ ἐλαίου, ἃ διεφύλαξαν ἁγιάσαντες τοῖς ἱερεῦσι τοῖς παρεστηκόσιν ἐν Ἰερουσαλὴμ ἀπέναντι τοῦ προσώπου τοῦ Θεοῦ ἡμῶν, κεκρίκασιν ἐξαναλῶσαι, ὧν οὐδὲ ταῖς χερσὶ καθῆκεν
14 ἅψασθαι οὐδένα τῶν ἐκ τοῦ λαοῦ. Καὶ ἀπεστάλκασιν εἰς Ἰερουσαλήμ, ὅτι καὶ οἱ ἐκεῖ κατοικοῦντες ἐποίησαν ταῦτα, τοὺς
15 μετοικίσαντας αὐτοῖς τὴν ἄφεσιν παρὰ τῆς γερουσίας. Καὶ ἔσται ὡς ἂν ἀναγγείλῃ αὐτοῖς καὶ ποιήσωσι, δοθήσονταί σοι εἰς ὄλεθρον ἐν τῇ ἡμέρᾳ ἐκείνῃ.

16 Ὅθεν ἐγὼ ἡ δούλη σου ἐπιγνοῦσα ταῦτα πάντα, ἀπέδρων ἀπὸ προσώπου αὐτῶν· καὶ ἀπέστειλέ με ὁ Θεὸς ποιῆσαι μετὰ σοῦ πράγματα, ἐφ᾽ οἷς ἐκστήσεται πᾶσα ἡ γῆ ὅσοι ἐὰν ἀκού-
17 σωσιν αὐτά. Ὅτι ἡ δούλη σου θεοσεβής ἐστι, καὶ θεραπεύουσα νυκτὸς καὶ ἡμέρας τὸν Θεὸν τοῦ οὐρανοῦ· καὶ νῦν μενῶ παρὰ σοί, κύριέ μου, καὶ ἐξελεύσεται ἡ δούλη σου κατὰ νύκτα εἰς τὴν φάραγγα, καὶ προσεύξομαι πρὸς τὸν Θεόν· καὶ ἐρεῖ μοι πότε
18 ἐποίησαν τὰ ἁμαρτήματα αὐτῶν· καὶ ἐλθοῦσα προσανοίσω σοι· ἐξελεύσῃ σὺν πάσῃ τῇ δυνάμει σου, καὶ οὐκ ἔστιν ὃς ἀντιστή-
19 σεταί σοι ἐξ αὐτῶν. Καὶ ἄξω σε διὰ μέσου τῆς Ἰουδαίας, ἕως τοῦ ἐλθεῖν ἀπέναντι Ἰερουσαλήμ· καὶ θήσω τὸν δίφρον σου ἐν μέσῳ αὐτῆς, καὶ ἄξεις αὐτοὺς ὡς πρόβατα οἷς οὐκ ἔστι ποιμήν· καὶ οὐ γρύξει κύων τῇ γλώσσῃ αὐτοῦ ἀπέναντί σου· ὅτι ταῦτα ἐλαλήθη μοι κατὰ πρόγνωσίν μου, καὶ ἀπηγγέλη μοι, καὶ ἀπεστάλην ἀναγγεῖλαί σοι.

20 Καὶ ἤρεσαν οἱ λόγοι αὐτῆς ἐναντίον Ὀλοφέρνου, καὶ ἐναντίον πάντων τῶν θεραπόντων αὐτοῦ, καὶ ἐθαύμασαν
21 ἐπὶ τῇ σοφίᾳ αὐτῆς, καὶ εἶπαν, οὐκ ἔστι τοιαύτη γυνὴ ἀπ᾽ ἄκρου ἕως ἄκρου τῆς γῆς, καλῷ προσώπῳ καὶ συνέσει λόγων.
22 Καὶ εἶπε πρὸς αὐτὴν Ὀλοφέρνης, εὖ ἐποίησεν ὁ Θεὸς ἀποστείλας σε ἔμπροσθεν τοῦ λαοῦ, τοῦ γενηθῆναι ἐν χερσὶν ἡμῶν
23 κράτος· ἐν δὲ τοῖς φαυλίσασι τὸν κύριόν μου, ἀπώλειαν. Καὶ νῦν ἀστεία εἶ σὺ ἐν τῷ εἴδει σου, καὶ ἀγαθὴ ἐν τοῖς λόγοις σου· ὅτι ἐὰν ποιήσῃς καθὰ ἐλάλησας, ὁ Θεός σου ἔσται μου Θεός, καὶ σὺ ἐν οἴκῳ βασιλέως Ναβουχοδονόσορ καθήσῃ, καὶ ἔσῃ ὀνομαστὴ παρὰ πᾶσαν τὴν γῆν.

12 Καὶ ἐκέλευσεν εἰσαγαγεῖν αὐτὴν οὗ ἐτίθετο τὰ ἀργυρώματα, καὶ αὐτοῦ συνέταξε καταστρῶσαι αὐτῇ ἀπὸ τῶν ὀψοποιημάτων αὐτοῦ, καὶ τοῦ οἴνου αὐτοῦ πίνειν.

2 Καὶ εἶπεν Ἰουδίθ, οὐ φάγομαι ἐξ αὐτῶν, ἵνα μὴ γένηται σκάνδαλον, ἀλλ᾽ ἐκ τῶν ἠκολουθηκότων μοι χορηγηθήσεται.
3 Καὶ εἶπε πρὸς αὐτὴν Ὀλοφέρνης, ἐὰν δὲ ἐκλίπῃ τὰ ὄντα μετὰ σοῦ, πόθεν ἐξοίσομέν σοι δοῦναι ὅμοια αὐτοῖς; οὐ γάρ ἐστι μεθ᾽ ἡμῶν ἐκ τοῦ ἔθνους σου.

11 And now, that my lord be not defeated and frustrate of his purpose, even death is now fallen upon them, and their sin hath overtaken them, wherewith they will provoke their God to anger, whensoever they shall do that which is not fit to be done: 12 for their victuals fail them, and all their water is scant, and they have determined to lay hands upon their cattle, and purposed to consume all those things, that God hath forbidden them to eat by his laws: 13 and are resolved to spend the firstfruits of the corn, and the tenths of wine and oil, which they had sanctified, and reserved for the priests that serve in Jerusalem before the face of our God; the which things it is not lawful for any of the people so much as to touch with their hands. 14 For they have sent some to Jerusalem, because they also that dwell there have done the like, to bring them a licence from the senate. 15 Now when they shall bring them word, they will forthwith do it, and they shall be given thee to be destroyed the same day. 16 Wherefore I thine handmaid, knowing all this, am fled from their presence; and God hath sent me to work things with thee, whereat all the earth shall be astonished, and whosoever shall hear it. 17 For thy servant is religious, and serveth the God of heaven day and night: now therefore, my lord, I will remain with thee, and thy servant will go out by night into the valley, and I will pray unto God, and he will tell me when they have committed their sins: 18 and I will come and shew it unto thee: then thou shalt go forth with all thine army, and there shall be none of them that shall resist thee. 19 And I will lead thee through the midst of Judea, until thou come before Jerusalem; and I will set thy throne in the midst thereof; and thou shalt drive them as sheep that have no shepherd, and a dog shall not so much as open his mouth at thee: for these things were told me according to my foreknowledge, and they were declared unto me, and I am sent to tell thee.
20 Then her words pleased Holofernes and all his servants; and they marvelled at her wisdom, and said, 21 There is not such a woman from one end of the earth to the other, both for beauty of face, and wisdom of words. 22 Likewise Holofernes said unto her, God hath done well to send thee before the people, that strength might be in our hands, and destruction upon them that lightly regard my lord. 23 And now thou art both beautiful in thy countenance, and witty in thy words: surely if thou do as thou hast spoken, thy God shall be my God, and thou shalt dwell in the house of king Nabuchodonosor, and shalt be renowned through the whole earth.
Then he commanded to bring her in where his plate was set; and bade that they should prepare for her of his own meats, and that she should drink of his own wine.
2 And Judith said, I will not eat thereof, lest there be an offence: but provision shall be made for me of the things that I have brought. 3 Then Holofernes said unto her, If thy provision should fail, how should we give thee the like? for there be none with us of thy nation.

4 Then said Judith unto him, As thy soul liveth, my lord, thine handmaid shall not spend those things that I have, before the Lord work by mine hand the things that he hath determined

5 Then the servants of Holofernes brought her into the tent, and she slept till midnight, and she arose when it was toward the morning watch, 6 and sent to Holofernes, saying, Let my lord now command that thine handmaid may go forth unto prayer.

7 Then Holofernes commanded his guard that they should not stay her: thus she abode in the camp three days, and went out in the night into the valley of Bethulia, and washed herself in a fountain of water by the camp. 8 And when she came out, she besought the Lord God of Israel to direct her way to the raising up of the children of her people. 9 So she came in clean, and remained in the tent, until she did eat her meat at evening.

10 And in the fourth day Holofernes made a feast to his own servants only, and called none of the officers to the banquet. 11 Then said he to Bagoas the eunuch, who had charge over all that he had, Go now, and persuade this Hebrew woman which is with thee, that she come unto us, and eat and drink with us. 12 For, lo, it will be a shame for our person, if we shall let such a woman go, not having had her company; for if we draw her not unto us, she will laugh us to scorn.

13 Then went Bagoas from the presence of Holofernes, and came to her, and he said, Let not this fair damsel fear to come to my lord, and to be honoured in his presence, and drink wine, and be merry with us, and be made this day as one of the daughters of the Assyrians, which serve in the house of Nabuchodonosor.

14 Then said Judith unto him, Who am I now, that I should gainsay my lord? surely whatsoever pleaseth him I will do speedily, and it shall be my joy unto the day of my death. 15 So she arose, and decked herself with her apparel and all her woman's attire, and her maid went and laid soft skins on the ground for her over against Holofernes, which she had received of Bagoas for her daily use, that she might sit and eat upon them.

16 Now when Judith came in and sat down, Holofernes his heart was ravished with her, and his mind was moved, and he desired greatly her company: for he waited a time to deceive her, from the day that he had seen her.

17 Then said Holofernes unto her, Drink now, and be merry with us. 18 So Judith said, I will drink now, my lord, because my life is magnified in me this day more than all the days since I was born. 19 Then she took and ate and drank before him what her maid had prepared.

20 And Holofernes took great delight in her, and drank much more wine than he had drunk at any time in one day since he was born.

Καὶ εἶπεν Ἰουδὶθ πρὸς αὐτόν, ζῇ ἡ ψυχή σου, κύριέ μου, ὅτι 4 οὐ δαπανήσαι ἡ δούλη σου τὰ ὄντα μετ᾽ ἐμοῦ, ἕως ἂν ποιήσῃ Κύριος ἐν χειρί μου ἃ ἐβουλεύσατο.

Καὶ ἠγάγοσαν αὐτὴν οἱ θεράποντες Ὀλοφέρνου εἰς τὴν 5 σκηνήν, καὶ ὕπνωσε μέχρι μεσούσης τῆς νυκτός· καὶ ἀνέστη πρὸς τὴν ἑωθινὴν φυλακήν, καὶ ἀπέστειλε πρὸς Ὀλοφέρνην, 6 λέγουσα, ἐπιταξάτω δὴ ὁ κύριός μου, ἐᾶσαι τὴν δούλην σου ἐπὶ προσευχὴν ἐξελθεῖν.

Καὶ προσέταξεν Ὀλοφέρνης τοῖς σωματοφύλαξι μὴ δια- 7 κωλύειν αὐτήν· καὶ παρέμεινεν ἐν τῇ παρεμβολῇ ἡμέρας τρεῖς, καὶ ἐξεπορεύετο κατὰ νύκτα εἰς τὴν φάραγγα Βετυλούα, καὶ ἐβαπτίζετο ἐν τῇ παρεμβολῇ ἐπὶ τῆς πηγῆς τοῦ ὕδατος. Καὶ 8 ὡς ἀνέβη, ἐδέετο τοῦ Κυρίου Θεοῦ Ἰσραὴλ κατευθῦναι τὴν ὁδὸν αὐτῆς εἰς ἀνάστεμα τῶν υἱῶν τοῦ λαοῦ αὐτοῦ. Καὶ 9 εἰσπορευομένη καθαρὰ παρέμενε τῇ σκηνῇ, μέχρις οὗ προσ- ηνέγκατο τὴν τροφὴν αὐτῆς πρὸς ἑσπέραν.

Καὶ ἐγένετο ἐν τῇ ἡμέρᾳ τῇ τετάρτῃ, ἐποίησεν Ὀλοφέρνης 10 πότον τοῖς δούλοις αὐτοῦ μόνοις, καὶ οὐκ ἐκάλεσεν εἰς τὴν χρῆσιν οὐδένα τῶν πρὸς ταῖς χρείαις. Καὶ εἶπε Βαγώᾳ τῷ 11 εὐνούχῳ, ὃς ἦν ἀφεστηκὼς ἐπὶ πάντων τῶν αὐτοῦ, πεῖσον δὴ πορευθεὶς τὴν γυναῖκα τὴν Ἑβραίαν ἥ ἐστι παρὰ σοί, τοῦ ἐλθεῖν πρὸς ἡμᾶς, καὶ φαγεῖν καὶ πιεῖν μεθ᾽ ἡμῶν. Ἰδοὺ γὰρ 12 αἰσχρὸν τῷ προσώπῳ ἡμῶν, εἰ γυναῖκα τοιαύτην παρήσομεν οὐχ ὁμιλήσαντες αὐτῇ, ὅτι ἐὰν ταύτην μὴ ἐπισπασώμεθα, κατα- γελάσεται ἡμῶν.

Καὶ ἐξῆλθε Βαγώας ἀπὸ προσώπου Ὀλοφέρνου, καὶ εἰσῆλθε 13 πρὸς αὐτήν, καὶ εἶπε, μὴ ὀκνησάτω δὴ ἡ παιδίσκη ἡ καλὴ αὕτη ἐλθοῦσα πρὸς τὸν κύριόν μου, δοξασθῆναι κατὰ πρόσωπον αὐτοῦ, καὶ πίεσαι μεθ᾽ ἡμῶν εἰς εὐφροσύνην οἶνον, καὶ γενηθῆ- ναι ἐν τῇ ἡμέρᾳ ταύτῃ ὡς θυγάτηρ μία τῶν υἱῶν Ἀσσούρ, αἳ παρεστήκασιν ἐν οἴκῳ Ναβουχοδονόσορ.

Καὶ εἶπε πρὸς αὐτὸν Ἰουδίθ, καὶ τίς εἰμι ἐγὼ ἀντεροῦσα τῷ 14 κυρίῳ μου; ὅτι πᾶν ὃ ἔσται ἐν τοῖς ὀφθαλμοῖς αὐτοῦ ἀρεστόν, σπεύσασα ποιήσω, καὶ ἔσται τοῦτο ἀγαλλίαμα ἕως ἡμέρας θανάτου μου. Καὶ διαναστᾶσα ἐκοσμήθη τῷ ἱματισμῷ καὶ 15 παντὶ τῷ κόσμῳ τῷ γυναικείῳ· καὶ προσῆλθεν ἡ δούλη αὐτῆς, καὶ ἔστρωσεν αὐτῇ κατέναντι Ὀλοφέρνου χαμαὶ τὰ κώδια, ἃ ἔλαβε παρὰ Βαγώου εἰς τὴν καθημερινὴν δίαιταν αὐτῆς, εἰς τὸ ἐσθίειν κατακλινομένην ἐπ᾽ αὐτῶν.

Καὶ εἰσελθοῦσα ἀνέπεσεν Ἰουδίθ, καὶ ἐξέστη ἡ καρδία 16 Ὀλοφέρνου ἐπ᾽ αὐτήν, καὶ ἐσαλεύθη ἡ ψυχὴ αὐτοῦ· καὶ ἦν κατεπίθυμος σφόδρα τοῦ συγγενέσθαι μετ᾽ αὐτῆς· καὶ ἐτήρει καιρὸν τοῦ ἀπατῆσαι αὐτήν, ἀφ᾽ ἧς ἡμέρας εἶδεν αὐτήν.

Καὶ εἶπε πρὸς αὐτὴν Ὀλοφέρνης, πίε δή, καὶ γενήθητι μεθ᾽ 17 ἡμῶν εἰς εὐφροσύνην. Καὶ εἶπεν Ἰουδίθ, πίομαι δή, κύριε, 18 ὅτι ἐμεγαλύνθη τὸ ζῆν μου ἐν ἐμοὶ σήμερον παρὰ πάσας τὰς ἡμέρας τῆς γενέσεώς μου. Καὶ λαβοῦσα ἔφαγε καὶ ἔπιε κατ- 19 έναντι ἀ τοῦ ἃ ἡτοίμασεν ἡ δούλη αὐτῆς.

Καὶ ηὐφράνθη Ὀλοφέρνης ἀπ᾽ αὐτῆς, καὶ ἔπιεν οἶνον 20 πολὺν σφόδρα ὅσον οὐκ ἔπιε πώποτε ἐν ἡμέρᾳ μιᾷ ἀφ᾽ οὗ ἐγεννήθη.

13 Ὡς δὲ ὀψία ἐγένετο, ἐσπούδασαν οἱ δοῦλοι αὐτοῦ ἀναλύειν· καὶ Βαγώας συνέκλεισε τὴν σκηνὴν ἔξωθεν, καὶ ἀπέκλεισε τοὺς παρεστῶτας ἐκ προσώπου τοῦ κυρίου αὐτοῦ, καὶ ἀπῴχοντο εἰς τὰς κοίτας αὐτῶν· ἦσαν γὰρ πάντες κεκοπωμένοι, διὰ τὸ ἐπὶ
2 πλεῖον γεγονέναι τὸν πότον. Ὑπελείφθη δὲ Ἰουδὶθ μόνη ἐν τῇ σκηνῇ, καὶ Ὀλοφέρνης προπεπτωκὼς ἐπὶ τὴν κλίνην αὐτοῦ· ἦν γὰρ περικεχυμένος αὐτῷ ὁ οἶνος.

3 Καὶ εἶπεν Ἰουδὶθ τῇ δούλῃ αὐτῆς στῆναι ἔξω τοῦ κοιτῶνος αὐτῆς, καὶ ἐπιτηρεῖν τὴν ἔξοδον αὐτῆς καθάπερ καθ᾽ ἡμέραν, ἐξελεύσεσθαι γὰρ ἔφη ἐπὶ τὴν προσευχὴν αὐτῆς· καὶ τῷ Βαγώᾳ ἐλάλησε κατὰ τὰ ῥήματα ταῦτα.

4 Καὶ ἀπῆλθοσαν πάντες ἐκ προσώπου, καὶ οὐδεὶς κατελείφθη ἐν τῷ κοιτῶνι ἀπὸ μικροῦ ἕως μεγάλου· καὶ στᾶσα Ἰουδὶθ παρὰ τὴν κλίνην αὐτοῦ, εἶπεν ἐν τῇ καρδίᾳ αὐτῆς, Κύριε ὁ Θεὸς πάσης δυνάμεως, ἐπίβλεψον ἐν τῇ ὥρᾳ ταύτῃ ἐπὶ τὰ
5 ἔργα τῶν χειρῶν μου, εἰς ὕψωμα Ἰερουσαλήμ· ὅτι νῦν καιρὸς ἀντιλαβέσθαι τῆς κληρονομίας σου, καὶ ποιῆσαι τὸ ἐπιτήδευμά μου, εἰς θραῦμα ἐχθρῶν οἳ ἐπανέστησαν ἡμῖν.

6 Καὶ προσελθοῦσα τῷ κανόνι τῆς κλίνης ὃς ἦν πρὸς κεφαλῆς
7 Ὀλοφέρνου, καθεῖλε τὸν ἀκινάκην αὐτοῦ ἀπ᾽ αὐτοῦ. Καὶ ἐγγίσασα τῆς κλίνης, ἐδράξατο τῆς κόμης τῆς κεφαλῆς αὐτοῦ, καὶ εἶπε, κραταίωσόν με ὁ Θεὸς Ἰσραὴλ ἐν τῇ ἡμέρᾳ ταύτῃ.

8 Καὶ ἐπάταξεν εἰς τὸν τράχηλον αὐτοῦ δὶς ἐν τῇ ἰσχύϊ αὐτῆς,
9 καὶ ἀφεῖλε τὴν κεφαλὴν αὐτοῦ ἀπ᾽ αὐτοῦ, καὶ ἀπεκύλισε τὸ σῶμα αὐτοῦ ἀπὸ τῆς στρωμνῆς, καὶ ἀφεῖλε τὸ κωνωπεῖον ἀπὸ τῶν στύλων· καὶ μετ᾽ ὀλίγον ἐξῆλθε, καὶ παρέδωκε τῇ ἄβρᾳ
10 αὐτῆς τὴν κεφαλὴν Ὀλοφέρνου. Καὶ ἐνέβαλεν αὐτὴν εἰς τὴν πήραν τῶν βρωμάτων αὐτῆς, καὶ ἐξῆλθον αἱ δύο ἅμα κατὰ τὸν ἐθισμὸν αὐτῶν· καὶ διελθοῦσαι τὴν παρεμβολὴν, ἐκύκλωσαν τὴν φάραγγα ἐκείνην, καὶ προσανέβησαν τὸ ὄρος Βετυλούα, καὶ ἤλθοσαν πρὸς τὰς πύλας αὐτῆς.

11 Καὶ εἶπεν Ἰουδὶθ μακρόθεν τοῖς φυλάσσουσιν ἐπὶ τῶν πυλῶν, ἀνοίξατε, ἀνοίξατε δὴ τὴν πύλην, μεθ᾽ ἡμῶν ὁ Θεὸς ὁ Θεὸς ἡμῶν, ποιῆσαι ἔτι ἰσχὺν ἐν Ἰσραὴλ καὶ κράτος κατὰ τῶν ἐχθρῶν, καθὰ καὶ σήμερον ἐποίησεν.

12 Καὶ ἐγένετο ὡς ἤκουσαν οἱ ἄνδρες τῆς πόλεως αὐτῆς τὴν φωνὴν αὐτῆς, ἐσπούδασαν τοῦ καταβῆναι εἰς τὴν πύλην τῆς πόλεως αὐτῶν· καὶ συνεκάλεσαν τοὺς πρεσβυτέρους τῆς πόλεως.

13 Καὶ συνέδραμον πάντες ἀπὸ μικροῦ ἕως μεγάλου, ὅτι παράδοξον ἦν αὐτοῖς τὸ ἐλθεῖν αὐτὴν, καὶ ἤνοιξαν τὴν πύλην, καὶ ὑπεδέξαντο αὐτάς· καὶ ἅψαντες πῦρ εἰς φαῦσιν, περιεκύκλωσαν αὐτάς.

14 Ἡ δὲ εἶπε πρὸς αὐτοὺς φωνῇ μεγάλῃ, αἰνεῖτε τὸν Θεὸν, αἰνεῖτε· αἰνεῖτε τὸν Θεὸν, ὃς οὐκ ἀπέστησε τὸ ἔλεος αὐτοῦ ἀπὸ τοῦ οἴκου Ἰσραὴλ, ἀλλ᾽ ἔθραυσε τοὺς ἐχθροὺς ἡμῶν διὰ
15 χειρός μου ἐν τῇ νυκτὶ ταύτῃ. Καὶ προελοῦσα τὴν κεφαλὴν ἐκ τῆς πήρας, ἔδειξε, καὶ εἶπεν αὐτοῖς, ἰδοὺ ἡ κεφαλὴ Ὀλοφέρνου ἀρχιστρατήγου δυνάμεως Ἀσσούρ, καὶ ἰδοὺ τὸ κωνωπεῖον ἐν ᾧ κατέκειτο ἐν ταῖς μέθαις αὐτοῦ, καὶ ἐπάταξεν αὐτὸν ὁ Κύ-
16 ριος ἐν χειρὶ θηλείας. Καὶ ζῇ Κύριος ὃς διεφύλαξέ με ἐν τῇ ὁδῷ μου ᾗ ἐπορεύθην, ὅτι ἠπάτησεν αὐτὸν τὸ πρόσωπόν μου εἰς ἀπώλειαν αὐτοῦ, καὶ οὐκ ἐποίησεν ἁμάρτημα μετ᾽ ἐμοῦ εἰς μίασμα καὶ αἰσχύνην.

Now when the evening was come, his servants made haste to depart, and Bagoas shut his tent without, and dismissed the waiters from the presence of his lord; and they went to their beds: for they were all weary, because the feast had been long. 2 And Judith was left alone in the tent, and Holofernes lying along on his bed: for he was filled with wine.

3 Now Judith had commanded her maid to stand without her bedchamber, and to wait for her coming forth, as she did daily: for she said she would go forth to her prayers, and she spake to Bagoas according to the same purpose. 4 So all went forth, and none was left in the bedchamber, neither little nor great. Then Judith, standing by his bed, said in her heart, O Lord God of all power, look at this present upon the work of mine hands for the exaltation of Jerusalem. 5 For now is the time to help thine inheritance, and to execute my enterprise to the destruction of the enemies which are risen against us. 6 Then she came to the pillar of the bed, which was at Holofernes' head, and took down his fauchion from thence, 7 and approached to his bed, and took hold of the hair of his head, and said, Strengthen me, O Lord God of Israel, this day. 8 And she smote twice upon his neck with all her might, and she took away his head from him, 9 and tumbled his body down from the bed, and pulled down the canopy from the pillars; and anon after she went forth, and gave Holofernes his head to her maid; 10 and she put it in her bag of meat: so they twain went together according to their custom unto prayer: and when they passed the camp, they compassed the valley, and went up the mountain of Bethulia, and came to the gates thereof.

11 Then said Judith afar off to the watchmen at the gate, Open, open now the gate: God, even our God, is with us, to shew his power yet in Israel, and his strength against the enemy, as he hath even done this day. 12 Now when the men of her city heard her voice, they made haste to go down to the gate of their city, and they called the elders of the city. 13 And then they ran all together, both small and great, for it was strange unto them that she was come: so they opened the gate, and received them, and made a fire for a light, and stood round about them. 14 Then she said to them with a loud voice, Praise, praise God, praise God, I say, for he hath not taken away his mercy from the house of Israel, but hath destroyed our enemies by mine hands this night. 15 So she took the head out of the bag, and shewed it, and said unto them, Behold the head of Holofernes, the chief captain of the army of Assur, and behold the canopy, wherein he did lie in his drunkenness; and the Lord hath smitten him by the hand of a woman. 16 As the Lord liveth, who hath kept me in my way that I went, my countenance hath deceived him to his destruction, and yet hath he not committed sin with me, to defile and shame me.

¹⁷ Then all the people were wonderfully astonished, and bowed themselves, and worshipped God, and said with one accord, Blessed be thou, O our God, which hast this day brought to nought the enemies of thy people. ¹⁸ Then said Ozias unto her, O daughter, blessed art thou of the most high God above all the women upon the earth; and blessed be the Lord God, which hath created the heavens and the earth, which hath directed thee to the cutting off of the head of the chief of our enemies. ¹⁹ For this thy confidence shall not depart from the heart of men, which remember the power of God for ever. ²⁰ And God turn these things to thee for a perpetual praise, to visit thee in good things, because thou hast not spared thy life for the affliction of our nation, but hast revenged our ruin, walking a straight way before our God. And all the people said, So be it, so be it.

Then said Judith unto them, Hear me now, my brethren, and take this head, and hang it upon the highest place of your walls. ² And so soon as the morning shall appear, and the sun shall come forth upon the earth, take ye every one his weapons, and go forth every valiant man out of the city, and set ye a captain over them, as though ye would go down into the field toward the watch of the Assyrians; but go not down. ³ Then they shall take their armour, and shall go into their camp, and raise up the captains of the army of Assur, and they shall run to the tent of Holofernes, but shall not find him: then fear shall fall upon them, and they shall flee before your face. ⁴ So ye, and all that inherit the coast of Israel, shall pursue them, and overthrow them as they go. ⁵ But before ye do these things, call me Achior the Ammonite, that he may see and know him that despised the house of Israel, and that sent him to us, as it were to his death.

⁶ Then they called Achior out of the house of Ozias; and when he was come, and saw the head of Holofernes in a man's hand in the assembly of the people, he fell down on his face, and his spirit failed. ⁷ But when they had recovered him, he fell at Judith's feet, and reverenced her, and said, Blessed art thou in all the tabernacle of Juda, and in all nations, which hearing thy name shall be astonished. ⁸ Now therefore tell me all the things that thou hast done in these days. Then Judith declared unto him in the midst of the people all that she had done, from the day that she went forth until that hour she spake unto them. ⁹ And when she had left off speaking, the people shouted with a loud voice, and made a joyful noise in their city.

¹⁰ And when Achior had seen all that the God of Israel had done, he believed in God greatly, and circumcised the flesh of his foreskin, and was joined unto the house of Israel unto this day.

¹¹ And as soon as the morning arose, they hanged the head of Holofernes upon the wall, and every man took his weapons, and they went forth by bands unto the straits of the mountain.

Καὶ ἐξέστη πᾶς ὁ λαὸς σφόδρα, καὶ κύψαντες προσεκύνησαν 17 τῷ Θεῷ, καὶ εἶπαν ὁμοθυμαδόν, εὐλογητὸς εἶ ὁ Θεὸς ἡμῶν, ὁ ἐξουδενώσας ἐν τῇ ἡμέρᾳ τῇ σήμερον τοὺς ἐχθροὺς τοῦ λαοῦ σου. Καὶ εἶπεν αὐτῇ Ὀζίας, εὐλογητὴ σὺ θυγάτηρ τῷ Θεῷ τῷ 18 ὑψίστῳ παρὰ πάσας τὰς γυναῖκας τὰς ἐπὶ τῆς γῆς, καὶ εὐλογημένος Κύριος ὁ Θεός, ὃς ἔκτισε τοὺς οὐρανοὺς καὶ τὴν γῆν, ὃς κατεύθυνέ σε εἰς τραῦμα κεφαλῆς ἄρχοντος ἐχθρῶν ἡμῶν, ὅτι 19 οὐκ ἀποστήσεται ἡ ἐλπίς σου ἀπὸ καρδίας ἀνθρώπων μνημονευόντων ἰσχὺν Θεοῦ ἕως αἰῶνος. Καὶ ποιήσαι σοι αὐτὰ 20 ὁ Θεὸς εἰς ὕψος αἰώνιον, τοῦ ἐπισκέψασθαί σε ἐν ἀγαθοῖς, ἀνθ᾽ ὧν οὐκ ἐφείσω τῆς ψυχῆς σου διὰ τὴν ταπείνωσιν τοῦ γένους ἡμῶν, ἀλλ᾽ ἐπεξῆλθες πτώματι ἡμῶν, ἐπ᾽ εὐθεῖαν πορευθεῖσα ἐνώπιον τοῦ Θεοῦ ἡμῶν· καὶ εἶπαν πᾶς ὁ λαός, γένοιτο, γένοιτο.

Καὶ εἶπε πρὸς αὐτοὺς Ἰουδίθ, ἀκούσατε δή μου, ἀδελφοί, 14 καὶ λαβόντες τὴν κεφαλὴν ταύτην, κρεμάσατε αὐτὴν ἐπὶ τῆς ἐπάλξεως τοῦ τείχους ὑμῶν. Καὶ ἔσται ἡνίκα ἂν διαφαύσῃ ὁ ὄρθρος, καὶ ἐξέλθῃ ὁ ἥλιος 2 ἐπὶ τὴν γῆν, ἀναλήψεσθε ἕκαστος τὰ σκεύη τὰ πολεμικὰ ὑμῶν, καὶ ἐξελεύσεσθε πᾶς ἀνὴρ ἰσχύων ἔξω τῆς πόλεως, καὶ δώσετε ἀρχηγὸν εἰς αὐτούς, ὡς καταβαίνοντες ἐπὶ τὸ πεδίον εἰς τὴν προφυλακὴν υἱῶν Ἀσσούρ, καὶ οὐ καταβήσεσθε. Καὶ ἀνα- 3 λαβόντες οὗτοι τὰς πανοπλίας αὐτῶν, πορεύσονται εἰς τὴν παρεμβολὴν αὐτῶν, καὶ ἐγεροῦσι τοὺς στρατηγοὺς τῆς δυνάμεως Ἀσσούρ, καὶ συνδραμοῦνται ἐπὶ τὴν σκηνὴν Ὀλοφέρνου, καὶ οὐχ εὑρήσουσιν αὐτόν, καὶ ἐπιπεσεῖται ἐπ᾽ αὐτοὺς φόβος, καὶ φεύξονται ἀπὸ προσώπου ὑμῶν. Καὶ ἐπακολουθήσαντες 4 ὑμεῖς, καὶ πάντες οἱ κατοικοῦντες πᾶν ὅριον Ἰσραήλ, καταστρώσατε αὐτοὺς ἐν ταῖς ὁδοῖς αὐτῶν. Πρὸ δὲ τοῦ ποιῆσαι 5 ταῦτα, καλέσατέ μοι Ἀχιὼρ τὸν Ἀμμανίτην, ἵνα ἰδὼν ἐπιγνῷ τὸν ἐκφαυλίσαντα τὸν οἶκον τοῦ Ἰσραήλ, καὶ αὐτὸν ὡς εἰς θάνατον ἀποστείλαντα εἰς ἡμᾶς.

Καὶ ἐκάλεσαν τὸν Ἀχιὼρ ἐκ τοῦ οἴκου Ὀζία· ὡς δὲ ἦλθε, 6 καὶ εἶδε τὴν κεφαλὴν Ὀλοφέρνου ἐν χειρὶ ἀνδρὸς ἑνὸς ἐν τῇ ἐκκλησίᾳ τοῦ λαοῦ, ἔπεσεν ἐπὶ πρόσωπον, καὶ ἐξελύθη τὸ πνεῦμα αὐτοῦ. Ὡς δὲ ἀνέλαβον αὐτόν, προσέπεσε τοῖς ποσὶν Ἰουδίθ, καὶ 7 προσεκύνησε τῷ προσώπῳ αὐτῆς, καὶ εἶπεν, εὐλογημένη σὺ ἐν παντὶ σκηνώματι Ἰούδα, καὶ ἐν παντὶ ἔθνει, οἵτινες ἀκούσαντες τὸ ὄνομά σου ταραχθήσονται. Καὶ νῦν ἀνάγγειλόν μοι ὅσα 8 ἐποίησας ἐν ταῖς ἡμέραις ταύταις· καὶ ἀπήγγειλεν αὐτῷ Ἰουδίθ ἐν μέσῳ τοῦ λαοῦ πάντα ὅσα ἦν πεποιηκυῖα, ἀφ᾽ ἧς ἡμέρας ἐξῆλθεν ἕως οὗ ἐλάλει αὐτοῖς. Ὡς δὲ ἐπαύσατο λαλοῦσα, 9 ἠλάλαξεν ὁ λαὸς φωνῇ μεγάλῃ, καὶ ἔδωκε φωνὴν εὐφρόσυνον ἐν τῇ πόλει αὐτῶν.

Ἰδὼν δὲ Ἀχιὼρ πάντα ὅσα ἐποίησεν ὁ Θεὸς τοῦ Ἰσραήλ, 10 ἐπίστευσε τῷ Θεῷ σφόδρα, καὶ περιετέμετο τὴν σάρκα τῆς ἀκροβυστίας αὐτοῦ, καὶ προσετέθη πρὸς τὸν οἶκον Ἰσραὴλ ἕως τῆς ἡμέρας ταύτης.

Ἡνίκα δὲ ὁ ὄρθρος ἀνέβη, καὶ ἐκρέμασαν τὴν κεφαλὴν Ὀλο- 11 φέρνου ἐκ τοῦ τείχους, καὶ ἀνέλαβε πᾶς ἀνὴρ Ἰσραὴλ τὰ ὅπλα αὐτοῦ, καὶ ἐξῆλθοσαν κατὰ σπείρας ἐπὶ τὰς ἀναβάσεις τοῦ ὄρους.

12 Οἱ δὲ υἱοὶ Ἀσσοὺρ, ὡς εἶδον αὐτούς, διέπεμψαν ἐπὶ τοὺς ἡγουμένους αὐτῶν· οἱ δὲ ἦλθον ἐπὶ στρατηγοὺς καὶ χιλιάρχους καὶ ἐπὶ πάντα ἄρχοντα αὐτῶν·

13 Καὶ παρεγένοντο ἐπὶ τὴν σκηνὴν Ὀλοφέρνου, καὶ εἶπαν τῷ ὄντι ἐπὶ πάντων τῶν αὐτοῦ, ἔγειρον δὴ τὸν κύριον ἡμῶν, ὅτι ἐτόλμησαν οἱ δοῦλοι καταβαίνειν ἐφ᾽ ἡμᾶς εἰς πόλεμον, ἵνα ἐξολοθρευθῶσιν εἰς τέλος.

14 Καὶ εἰσῆλθε Βαγώας, καὶ ἔκρουσε τὴν αὐλαίαν τῆς σκηνῆς·
15 ὑπενοεῖτο γὰρ καθεύδειν αὐτὸν μετὰ Ἰουδίθ. Ὡς δὲ οὐδεὶς ἐπήκουσε, διαστείλας εἰσῆλθεν εἰς τὸν κοιτῶνα, καὶ εὗρεν αὐτὸν ἐπὶ τῆς χελωνίδος ἐρριμμένον νεκρόν, καὶ ἡ κεφαλὴ αὐτοῦ
16 ἀφῄρητο ἀπ᾽ αὐτοῦ. Καὶ ἐβόησε φωνῇ μεγάλῃ μετὰ κλαυθμοῦ καὶ στεναγμοῦ καὶ βοῆς ἰσχυρᾶς, καὶ διέρρηξε τὰ ἱμάτια αὐτοῦ.

17 Καὶ εἰσῆλθεν εἰς τὴν σκηνὴν οὗ ἦν Ἰουδίθ καταλύουσα, καὶ
18 οὐχ εὗρεν αὐτήν· καὶ ἐξεπήδησεν εἰς τὸν λαόν, κράζων, ἠθέτησαν οἱ δοῦλοι, ἐποίησεν αἰσχύνην μία γυνὴ τῶν Ἑβραίων, εἰς τὸν οἶκον τοῦ βασιλέως Ναβουχοδονόσορ, ὅτι ἰδοὺ Ὀλοφέρνης
19 χαμαί, καὶ ἡ κεφαλὴ οὐκ ἔστιν ἐπ᾽ αὐτῷ. Ὡς δὲ ἤκουσαν ταῦτα τὰ ῥήματα οἱ ἄρχοντες τῆς δυνάμεως Ἀσσούρ, τοὺς χιτῶνας αὐτῶν διέρρηξαν, καὶ ἐταράχθη ἡ ψυχὴ αὐτῶν σφόδρα, καὶ ἐγένετο αὐτῶν κραυγὴ καὶ βοὴ μεγάλη σφόδρα ἐν μέσῳ τῆς παρεμβολῆς.

15 Καὶ ὡς ἤκουσαν οἱ ἐν τοῖς σκηνώμασιν ὄντες, ἐξέστησαν ἐπὶ
2 τὸ γεγονός· καὶ ἐπέπεσεν ἐπ᾽ αὐτοὺς φόβος καὶ τρόμος, καὶ οὐκ ἦν ἄνθρωπος μένων κατὰ πρόσωπον τοῦ πλησίον ἔτι, ἀλλ᾽ ἐκχυθέντες ὁμοθυμαδὸν ἔφευγον ἐπὶ πᾶσαν ὁδὸν τοῦ πεδίου καὶ
3 τῆς ὀρεινῆς. Καὶ οἱ παρεμβεβληκότες ἐν τῇ ὀρεινῇ κύκλῳ Βετυλούα καὶ ἐτράπησαν εἰς φυγήν· καὶ τότε οἱ υἱοὶ Ἰσραὴλ πᾶς ἀνὴρ πολεμιστὴς ἐξ αὐτῶν ἐξεχύθησαν ἐπ᾽ αὐτούς.

4 Καὶ ἀπέστειλεν Ὀζίας εἰς Βαιτομασθαίμ, καὶ Χωβαί, καὶ Χωλά, καὶ εἰς πᾶν ὅριον Ἰσραήλ, τοὺς ἀπαγγέλλοντας ὑπὲρ τῶν συντετελεσμένων, καὶ ἵνα πάντες ἐπεκχυθῶσι τοῖς πολε-
5 μίοις εἰς τὴν ἀναίρεσιν αὐτῶν. Ὡς δὲ ἤκουσαν οἱ υἱοὶ Ἰσραήλ, πάντες ὁμοθυμαδὸν ἐπέπεσον ἐπ᾽ αὐτούς, καὶ ἔκοπτον αὐτοὺς ἕως Χωβά· ὡσαύτως δὲ καὶ οἱ ἐξ Ἱερουσαλὴμ παρεγενήθησαν καὶ ἐκ πάσης τῆς ὀρεινῆς· ἀνήγγειλαν γὰρ αὐτοῖς τὰ γεγονότα τῇ παρεμβολῇ τῶν ἐχθρῶν αὐτῶν· καὶ οἱ ἐν Γαλαὰδ καὶ οἱ ἐν τῇ Γαλιλαίᾳ ὑπερεκέρασαν αὐτοὺς πληγῇ μεγάλῃ, ἕως οὗ παρῆλθον Δαμασκόν, καὶ τὰ ὅρια αὐτῆς.

6 Οἱ δὲ λοιποὶ οἱ κατοικοῦντες Βετυλούα, ἐπέπεσαν τῇ παρεμβολῇ Ἀσσούρ, καὶ ἐπρονόμευσαν αὐτούς, καὶ ἐπλούτησαν
7 σφόδρα. Οἱ δὲ υἱοὶ Ἰσραὴλ ἀναστρέψαντες ἀπὸ τῆς κοπῆς, ἐκυρίευσαν τῶν λοιπῶν, καὶ αἱ κῶμαι καὶ ἐπαύλεις ἐν τῇ ὀρεινῇ καὶ πεδινῇ ἐκράτησαν πολλῶν λαφύρων· ἦν γὰρ πλῆθος πολὺ σφόδρα.

8 Καὶ Ἰωακὶμ ὁ ἱερεὺς ὁ μέγας καὶ ἡ γερουσία τῶν υἱῶν Ἰσραὴλ οἱ κατοικοῦντες ἐν Ἱερουσαλὴμ ἦλθον τοῦ θεάσασθαι τὰ ἀγαθὰ ἃ ἐποίησε Κύριος τῷ Ἰσραήλ, καὶ τοῦ ἰδεῖν τὴν
9 Ἰουδίθ, καὶ λαλῆσαι μετ᾽ αὐτῆς εἰρήνην. Ὡς δὲ εἰσῆλθον πρὸς αὐτήν, εὐλόγησαν αὐτὴν πάντες ὁμοθυμαδόν, καὶ εἶπαν πρὸς αὐτήν, σὺ ὕψωμα Ἰσραήλ, σὺ γαυρίαμα μέγα τοῦ Ἰσραήλ,

[12] But when the Assyrians saw them, they sent to their leaders, which came to their captains and tribunes, and to every one of their rulers. [13] So they came to Holofernes' tent, and said to him that had the charge of all his things, Waken now our lord: for the slaves have been bold to come down upon us to battle, that they may be utterly destroyed. [14] Then went in Bagoas, and knocked at the door of the tent; for he thought that he had slept with Judith. [15] But because none answered, he opened it, and went into the bedchamber, and found him cast upon the floor dead, and his head was taken from him. [16] Therefore he cried with a loud voice, with weeping, and sighing, and a mighty cry, and rent his garments. [17] After he went into the tent where Judith lodged: and when he found her not, he leaped out to the people, and cried [18] These slaves have dealt treacherously; one woman of the Hebrews hath brought shame upon the house of king Nabuchodonosor: for, behold, Holofernes *lieth* upon the ground without a head. [19] When the captains of the Assyrians' army heard these words, they rent their coats, and their minds were wonderfully troubled, and there was a cry and a very great noise throughout the camp.

And when they that were in the tents heard, they were astonished at the thing that was done. [2] And fear and trembling fell upon them, so that there was no man that durst abide in the sight of his neighbour, but rushing out all together, they fled into every way of the plain, and of the hill country. [3] They also that had camped in the mountains round about Bethulia fled away. Then the children of Israel, every one that was a warrior among them, rushed out upon them. [4] Then sent Ozias to Betomasthem, and to Chobai, and Chola, and to all the coasts of Israel, such as should tell the things that were done, and that all should rush forth upon their enemies to destroy them. [5] Now when the children of Israel heard it, they all fell upon them with one consent, and slew them unto Chobai: likewise also they that came from Jerusalem, and from all the hill country, (for men had told them what things were done in the camp of their enemies,) and they that were in Galaad, and in Galilee, chased them with a great slaughter, until they were past Damascus and the borders thereof. [6] And the residue, that dwelt at Bethulia, fell upon the camp of Assur, and spoiled them, and were greatly enriched. [7] And the children of Israel that returned from the slaughter had that which remained; and the villages and the cities, that were in the mountains and in the plain, gat many spoils: for the multitude was very great. [8] Then Joacim the high priest, and the ancients of the children of Israel that dwelt in Jerusalem, came to behold the good things that God had shewed to Israel, and to see Judith, and to salute her. [9] And when they came unto her, they blessed her with one accord, and said unto her, Thou art the exaltation of Israel, thou art

the great glory of Israel, thou art the great rejoicing of our nation: ¹⁰thou hast done all these things by thine hand: thou hast done much good to Israel, and God is pleased therewith: blessed be thou of the Almighty Lord for evermore. And all the people said, So be it.

¹¹And the people spoiled the camp the space of thirty days: and they gave unto Judith Holofernes his tent, and all his plate, and beds, and vessels, and all his stuff: and she took it, and laid it on her mule; and made ready her carts, and laid them thereon.

¹²Then all the women of Israel ran together to see her, and blessed her, and made a dance among them for her: and she took branches in her hand, and gave also to the women that were with her. ¹³And they put a garland of olive upon her and her maid that was with her, and she went before all the people in the dance, leading all the women: and all the men of Israel followed in their armour with garlands, and with songs in their mouths.

¹Then Judith began to sing this thanksgiving in all Israel, and all the people sang after her this song of praise.

²And Judith said,
Begin unto my God with timbrels, sing unto my Lord with cymbals: tune unto him a new psalm: exalt him, and call upon his name. ³For God breaketh the battles: for among the camps in the midst of the people he hath delivered me out of the hands of them that persecuted me.

⁴Assur came out of the mountains from the north, he came with ten thousands of his army, the multitude whereof stopped the torrents, and their horsemen have covered the hills. ⁵He bragged that he would burn up my borders, and kill my young men with the sword, and dash the sucking children against the ground, and make mine infants as a prey, and my virgins as a spoil.

⁶But the Almighty Lord hath disappointed them by the hand of a woman. ⁷For the mighty one did not fall by the young men, neither did the sons of the Titans smite him, nor high giants set upon him: but Judith the daughter of Merari weakened him with the beauty of her countenance. ⁸For she put off the garment of her widowhood for the exaltation of those that were oppressed in Israel, and anointed her face with ointment, and bound her hair in a tire, and took a linen garment to deceive him. ⁹Her sandals ravished his eyes, her beauty took his mind prisoner, and the fauchion passed through his neck.

¹⁰The Persians quaked at her boldness, and the Medes were daunted at her hardiness. ¹¹Then my afflicted shouted for joy, and my weak ones cried aloud; but they were astonished: these lifted up their voices, but they were overthrown. ¹²The sons of the damsels have pierced them through, and wounded them as fugitives' children: they perished by the battle of my Lord.

¹³I will sing unto my God a new song: O Lord, thou art great and glorious, wonderful in strength, and invincible. ¹⁴Let all creatures serve thee: for thou spakest,

σὺ καύχημα μέγα τοῦ γένους ἡμῶν. Ἐποίησας πάντα ταῦτα 10 ἐν χειρί σου, ἐποίησας τὰ ἀγαθὰ μετὰ Ἰσραήλ· καὶ εὐδοκῆσαι ἐπ' αὐτοῖς ὁ Θεός· εὐλογημένη γίνου παρὰ τῷ παντοκράτορι Κυρίῳ εἰς τὸν αἰῶνα χρόνον· καὶ εἶπε πᾶς ὁ λαός, γένοιτο.

Καὶ ἐλαφύρευσε πᾶς ὁ λαὸς τὴν παρεμβολὴν ἐφ' ἡμέρας 11 τριάκοντα, καὶ ἔδωκαν τῇ Ἰουδὶθ τὴν σκηνὴν Ὀλοφέρνου, καὶ πάντα τὰ ἀργυρώματα, καὶ τὰς κλίνας, καὶ τὰ ὅλκια. καὶ πάντα τὰ σκευάσματα αὐτοῦ· καὶ λαβοῦσα αὐτὴ ἐπέθηκεν ἐπὶ τὴν ἡμίονον αὐτῆς, καὶ ἔζευξε τὰς ἁμάξας αὐτῆς, καὶ ἐσώρευσεν αὐτὰ ἐπ' αὐτῶν.

Καὶ συνέδραμε πᾶσα γυνὴ Ἰσραὴλ τοῦ ἰδεῖν αὐτὴν, καὶ 12 εὐλόγησαν αὐτήν· καὶ ἐποίησαν αὐτῇ χορὸν ἐξ αὐτῶν· καὶ ἔλαβε θύρσους ἐν ταῖς χερσὶν αὐτῆς, καὶ ἔδωκε ταῖς γυναιξὶ ταῖς μετ' αὐτῆς, καὶ ἐστεφανώσαντο τὴν ἐλαίαν αὐτὴ καὶ αἱ 13 μετ' αὐτῆς· καὶ προῆλθε παντὸς τοῦ λαοῦ ἐν χορείᾳ ἡγουμένη πασῶν τῶν γυναικῶν, καὶ ἠκολούθει πᾶς ἀνὴρ Ἰσραὴλ ἐνωπλισμένοι μετὰ στεφάνων καὶ ὕμνων ἐν τῷ στόματι αὐτῶν.

Καὶ ἐξῆρχεν Ἰουδὶθ τὴν ἐξομολόγησιν ταύτην ἐν παντὶ 1 Ἰσραήλ, καὶ ὑπεφώνει πᾶς ὁ λαὸς τὴν αἴνεσιν ταύτην.

Καὶ εἶπεν Ἰουδὶθ,   16

Ἐξάρχετε τῷ Θεῷ μου ἐν τυμπάνοις, ᾄσατε τῷ Κυρίῳ μου 2 ἐν κυμβάλοις, ἐναρμόσασθε αὐτῷ ψαλμὸν καινὸν, ὑψοῦτε καὶ ἐπικαλέσασθε τὸ ὄνομα αὐτοῦ· ὅτι Θεὸς συντρίβων πολέμους 3 Κύριος, ὅτι εἰς παρεμβολὰς αὐτοῦ ἐν μέσῳ λαοῦ ἐξείλατό με ἐκ χειρὸς τῶν καταδιωκόντων με.

Ἦλθεν Ἀσσοὺρ ἐξ ὀρέων ἀπὸ Βορρᾶ, ἦλθεν ἐν μυριάσι 4 δυνάμεως αὐτοῦ, ὧν τὸ πλῆθος αὐτῶν ἐνέφραξε χειμάρρους, καὶ ἡ ἵππος αὐτῶν ἐκάλυψε βουνούς. Εἶπεν ἐμπρήσειν τὰ ὅριά 5 μου, καὶ τοὺς νεανίσκους μου ἀνελεῖν ἐν ῥομφαίᾳ, καὶ τὰ θηλάζοντά μου θήσειν εἰς ἔδαφος, καὶ τὰ νήπιά μου δώσειν εἰς προνομὴν, καὶ τὰς παρθένους μου σκυλεῦσαι.

Κύριος παντοκράτωρ ἠθέτησεν αὐτοὺς ἐν χειρὶ θηλείας. 6 Οὐ γὰρ ὑπέπεσεν ὁ δυνατὸς αὐτῶν ὑπὸ νεανίσκων, οὐδὲ υἱοὶ 7 Τιτάνων ἐπάταξαν αὐτὸν, οὐδὲ ὑψηλοὶ γίγαντες ἐπέθεντο αὐτῷ, ἀλλὰ Ἰουδὶθ θυγάτηρ Μεραρὶ ἐν κάλλει προσώπου αὐτῆς παρέλυσεν αὐτόν. Ἐξεδύσατο γὰρ στολὴν χηρεύσεως αὐτῆς 8 εἰς ὕψος τῶν πονούντων ἐν Ἰσραήλ, ἠλείψατο τὸ πρόσωπον αὐτῆς ἐν μυρισμῷ, καὶ ἐδήσατο τὰς τρίχας αὐτῆς ἐν μίτρᾳ, καὶ ἔλαβε στολὴν λινῆν εἰς ἀπάτην αὐτοῦ. Τὸ σανδάλιον 9 αὐτῆς ἥρπασεν ὀφθαλμὸν αὐτοῦ, καὶ τὸ κάλλος αὐτῆς ἠχμαλώτισε ψυχὴν αὐτοῦ· διῆλθεν ὁ ἀκινάκης τὸν τράχηλον αὐτοῦ.

Ἔφριξαν Πέρσαι τὴν τόλμαν αὐτῆς, καὶ Μῆδοι τὸ θράσος 10 αὐτῆς ἐρράχθησαν. Τότε ἠλάλαξαν οἱ ταπεινοί μου, καὶ ἐφο- 11 βήθησαν οἱ ἀσθενοῦντές μου, καὶ ἐπτοήθησαν· ὕψωσαν τὴν φωνὴν αὐτῶν, καὶ ἀνετράπησαν. Υἱοὶ κορασίων κατεκέντη- 12 σαν αὐτοὺς, καὶ ὡς παῖδας αὐτομολούντων ἐτίτρωσκον αὐτούς· ἀπώλοντο ἐκ παρατάξεως Κυρίου μου.

Ὑμνήσω τῷ Θεῷ μου ὕμνον καινόν· Κύριε, μέγας εἶ, καὶ 13 ἔνδοξος, θαυμαστὸς ἐν ἰσχύϊ, ἀνυπέρβλητος. Σοὶ δουλευσάτω 14 πᾶσα ἡ κτίσις σου, ὅτι εἶπας, καὶ ἐγενήθησαν· ἀπέστειλας τὸ

πνεῦμά σου, καὶ ᾠκοδόμησε· καὶ οὐκ ἔστιν ὃς ἀντιστήσεται τῇ
15 φωνῇ σου. Ὄρη γὰρ ἐκ θεμελίων σὺν ὕδασι σαλευθήσεται,
πέτραι δὲ ἀπὸ προσώπου σου ὡς κηρὸς τακήσονται, ἐπὶ δὲ
16 τοῖς φοβουμένοις σε σὺ εὐιλατεύεις αὐτοῖς. Ὅτι μικρὸν
πᾶσα θυσία εἰς ὀσμὴν εὐωδίας, καὶ ἐλάχιστον πᾶν στέαρ
εἰς ὁλοκαύτωμά σοι· ὁ δὲ φοβούμενος τὸν Κύριον, μέγας
διαπαντός.
17 Οὐαὶ ἔθνεσιν ἐπανισταμένοις τῷ γένει μου· Κύριος παν-
τοκράτωρ ἐκδικήσει αὐτοὺς ἐν ἡμέρᾳ κρίσεως, δοῦναι πῦρ καὶ
σκώληκας εἰς σάρκας αὐτῶν, καὶ κλαύσονται ἐν αἰσθήσει ἕως
αἰῶνος.
18 Ὡς δὲ ἤλθοσαν εἰς Ἱερουσαλήμ, προσεκύνησαν τῷ Θεῷ· καὶ
ἡνίκα ἐκαθαρίσθη ὁ λαός, ἀνήνεγκαν τὰ ὁλοκαυτώματα αὐτῶν,
καὶ τὰ ἑκουσία αὐτῶν, καὶ τὰ δόματα.
19 Καὶ ἀνέθηκεν Ἰουδὶθ πάντα τὰ σκεύη Ὀλοφέρνου ὅσα ἔδω-
κεν ὁ λαὸς αὐτῇ, καὶ τὸ κωνωπεῖον ὃ ἔλαβεν αὐτὴ ἐκ τοῦ
κοιτῶνος αὐτοῦ, εἰς ἀνάθημα τῷ Θεῷ ἔδωκε.
20 Καὶ ἦν ὁ λαὸς εὐφραινόμενος ἐν Ἱερουσαλὴμ κατὰ πρόσ-
ωπον τῶν ἁγίων ἐπὶ μῆνας τρεῖς, καὶ Ἰουδὶθ μετ᾽ αὐτῶν κατέ-
μεινε.
21 Μετὰ δὲ τὰς ἡμέρας ταύτας ἀνέζευξεν ἕκαστος εἰς τὴν κλη-
ρονομίαν αὐτοῦ· καὶ Ἰουδὶθ ἀπῆλθεν εἰς Βετυλούα, καὶ κατέ-
μεινεν ἐπὶ τῆς ὑπάρξεως αὐτῆς· καὶ ἐγένετο κατὰ τὸν καιρὸν
22 αὐτῆς ἔνδοξος ἐν πάσῃ τῇ γῇ. Καὶ πολλοὶ ἐπεθύμησαν αὐτήν,
καὶ οὐκ ἔγνω ἀνὴρ αὐτὴν πάσας τὰς ἡμέρας τῆς ζωῆς αὐτῆς,
ἀφ᾽ ἧς ἡμέρας ἀπέθανε Μανασσῆς ὁ ἀνὴρ αὐτῆς, καὶ προσετέθη
πρὸς τὸν λαὸν αὐτοῦ.
23 Καὶ ἦν προβαίνουσα μεγάλη σφόδρα· καὶ ἐγήρασεν ἐν τῷ
οἴκῳ τοῦ ἀνδρὸς αὐτῆς ἔτη ἑκατὸν πέντε, καὶ ἀφῆκε τὴν ἅβραν
αὐτῆς ἐλευθέραν, καὶ ἀπέθανεν εἰς Βετυλούα, καὶ ἔθαψαν αὐτὴν
24 ἐν τῷ σπηλαίῳ τοῦ ἀνδρὸς αὐτῆς Μανασσῆ, καὶ ἐπένθησεν
αὐτὴν οἶκος Ἰσραὴλ ἡμέρας ἑπτά· καὶ διεῖλε τὰ ὑπάρχοντα
αὐτῆς πρὸ τοῦ ἀποθανεῖν αὐτήν, πᾶσι τοῖς ἔγγιστα Μανασσῆ
25 τοῦ ἀνδρὸς αὐτῆς, καὶ τοῖς ἔγγιστα τοῦ γένους αὐτῆς. Καὶ
οὐκ ἦν ἔτι ὁ ἐκφοβῶν τοὺς υἱοὺς Ἰσραὴλ ἐν ταῖς ἡμέραις Ἰουδίθ,
καὶ μετὰ τὸ ἀποθανεῖν αὐτήν, ἡμέρας πολλάς.

and they were made: thou didst send forth thy spirit, and it created them, and there is none that can resist thy voice. [15] For the mountains shall be moved from their foundations with the waters, the rocks shall melt as wax at thy presence: yet thou art merciful to them that fear thee. [16] For all sacrifice is too little for a sweet savour unto thee, and all the fat is not sufficient for thy burnt offering: but he that feareth the Lord is great at all times. [17] Woe to the nations that rise up against my kindred! the Lord Almighty will take vengeance of them in the day of judgment, in putting fire and worms in their flesh; and they shall feel them, and weep for ever. [18] Now as soon as they entered into Jerusalem, they worshipped the Lord; and as soon as the people were purified, they offered their burnt offerings, and their free offerings, and their gifts. [19] Judith also dedicated all the stuff of Holofernes, which the people had given her, and gave the canopy which she had taken out of his bedchamber, for a gift unto God. [20] So the people continued feasting in Jerusalem before the sanctuary for the space of three months, and Judith remained with them. [21] After this time every one returned to his own inheritance, and Judith went to Bethulia, and remained in her own possession, and was in her time honourable in all the country. [22] And many desired her, but none knew her all the days of her life, after that Manasses her husband was dead, and was gathered to his people. [23] But she increased more and more in honour, and waxed old in her husband's house, being an hundred and five years old, and made her maid free; so she died in Bethulia: and they buried her in the cave of her husband Manasses. [24] And the house of Israel lamented her seven days: and before she died, she did distribute her goods to all them that were nearest of kindred to Manasses her husband, and to them that were the nearest of her kindred. [25] And there was none that made the children of Israel any more afraid in the days of Judith nor a long time after her death.

ΣΟΦΙΑ ΣΑΛΩΜΩΝ.

LOVE righteousness, ye that be judges of the earth: think of the Lord with a good (heart,) and in simplicity of heart seek him. ² For he will be found of them that tempt him not; and sheweth himself unto such as do not distrust him. ³ For froward thoughts separate from God: and his power, when it is tried, reproveth the unwise.

⁴ For into a malicious soul wisdom shall not enter: nor dwell in the body that is subject unto sin. ⁵ For the holy spirit of discipline will flee deceit, and remove from thoughts that are without understanding, and will not abide when unrighteousness cometh in.

⁶ For wisdom is a loving spirit; and will not acquit a blasphemer of his words: for God is witness of his reins, and a true beholder of his heart, and a hearer of his tongue. ⁷ For the Spirit of the Lord filleth the world: and that which containeth all things hath knowledge of the voice.

⁸ Therefore he that speaketh unrighteous things cannot be hidden: neither shall vengeance, when it punisheth, pass by him. ⁹ For inquisition shall be made into the counsels of the ungodly: and the sound of his words shall come unto the Lord for the manifestation of his wicked deeds. ¹⁰ For the ear of jealousy heareth all things: and the noise of murmurings is not hid.

¹¹ Therefore beware of murmuring, which is unprofitable; and refrain your tongue from backbiting: for there is no word so secret, that shall go for nought: and the mouth that belieth slayeth the soul.

¹² Seek not death in the error of your life: and pull not upon yourselves destruction with the works of your hands. ¹³ For God made not death: neither hath he pleasure in the destruction of the living. ¹⁴ For he created all things, that they might have their being: and the generations of the world were healthful; and there is no poison of destruction in them, nor the kingdom of death upon the earth: ¹⁵ (for righteousness is immortal:) ¹⁶ but ungodly men with their works and words called it to them: for when they thought to have it their friend, they consumed to nought, and made a covenant with it, because they are worthy to take part with it.

For *the ungodly* said, reasoning with themselves, *but* not aright, Our life is short and tedious, and in the death of a man there is no remedy: neither was there any man known to have returned from the grave. ² For we are born at all adventure: and we shall be hereafter as though we had never been: for the breath in our nostrils is as smoke, and a little spark in the moving of our heart: ³ which being extinguished, our body shall be turned to ashes, and our spirit shall vanish as the soft air, ⁴ and our name shall be forgotten in time, and no man shall have our works in remembrance, and our life shall pass away as the trace of

ἈΓΑΠΗΣΑΤΕ δικαιοσύνην οἱ κρίνοντες τὴν γῆν, φρονήσατε περὶ τοῦ Κυρίου ἐν ἀγαθότητι, καὶ ἐν ἁπλότητι καρδίας ζητήσατε αὐτόν. Ὅτι εὑρίσκεται τοῖς μὴ 2 πειράζουσιν αὐτόν, ἐμφανίζεται δὲ τοῖς μὴ ἀπιστοῦσιν αὐτῷ. Σκολιοὶ γὰρ λογισμοὶ χωρίζουσιν ἀπὸ Θεοῦ, δοκι- 3 μαζομένη τε ἡ δύναμις ἐλέγχει τοὺς ἄφρονας.

Ὅτι εἰς κακότεχνον ψυχὴν οὐκ εἰσελεύσεται σοφία, οὐδὲ 4 κατοικήσει ἐν σώματι κατάχρεῳ ἁμαρτίας. Ἅγιον γὰρ 5 πνεῦμα παιδείας φεύξεται δόλον, καὶ ἀπαναστήσεται ἀπὸ λογισμῶν ἀσυνέτων, καὶ ἐλεγχθήσεται ἐπελθούσης ἀδικίας.

Φιλάνθρωπον γὰρ πνεῦμα σοφία, καὶ οὐκ ἀθῳώσει 6 βλάσφημον ἀπὸ χειλέων αὐτοῦ, ὅτι τῶν νεφρῶν αὐτοῦ μάρτυς ὁ Θεός, καὶ τῆς καρδίας αὐτοῦ ἐπίσκοπος ἀληθής, καὶ τῆς γλώσσης ἀκουστής· ὅτι πνεῦμα Κυρίου πεπλή- 7 ρωκε τὴν οἰκουμένην, καὶ τὸ συνέχον τὰ πάντα γνῶσιν ἔχει φωνῆς.

Διὰ τοῦτο φθεγγόμενος ἄδικα οὐδεὶς μὴ λάθῃ, οὐδὲ μὴν 8 παροδεύσῃ αὐτὸν ἐλέγχουσα ἡ δίκη. Ἐν γὰρ διαβουλίοις 9 ἀσεβοῦς ἐξέτασις ἔσται, λόγων δὲ αὐτοῦ ἀκοὴ πρὸς Κύριον ἥξει εἰς ἔλεγχον ἀνομημάτων αὐτοῦ. Ὅτι οὖς ζηλώσεως 10 ἀκροᾶται τὰ πάντα, καὶ θροῦς γογγυσμῶν οὐκ ἀποκρύπτεται.

Φυλάξασθε τοίνυν γογγυσμὸν ἀνωφελῆ, καὶ ἀπὸ κατα- 11 λαλιᾶς φείσασθε γλώσσης· ὅτι φθέγμα λαθραῖον κενὸν οὐ πορεύσεται, στόμα δὲ καταψευδόμενον ἀναιρεῖ ψυχήν.

Μὴ ζηλοῦτε θάνατον ἐν πλάνῃ ζωῆς ὑμῶν, μηδὲ ἐπισπᾶ- 12 σθε ὄλεθρον ἔργοις χειρῶν ὑμῶν· ὅτι ὁ Θεὸς θάνατον οὐκ 13 ἐποίησεν, οὐδὲ τέρπεται ἐπ᾽ ἀπωλείᾳ ζώντων. Ἔκτισε γὰρ 14 εἰς τὸ εἶναι τὰ πάντα, καὶ σωτήριοι αἱ γενέσεις τοῦ κόσμου, καὶ οὐκ ἔστιν ἐν αὐταῖς φάρμακον ὀλέθρου, οὔτε ᾅδου βασίλειον ἐπὶ γῆς. Δικαιοσύνη γὰρ ἀθάνατός ἐστιν· 15 ἀσεβεῖς δὲ ταῖς χερσὶ καὶ τοῖς λόγοις προσεκαλέσαντο 16 αὐτόν, φίλον ἡγησάμενοι αὐτὸν ἐτάκησαν, καὶ συνθήκην ἔθεντο πρὸς αὐτόν, ὅτι ἄξιοί εἰσι τῆς ἐκείνου μερίδος εἶναι.

Εἶπον γὰρ ἑαυτοῖς λογισάμενοι οὐκ ὀρθῶς, ὀλίγος ἐστὶ 2 καὶ λυπηρὸς ὁ βίος ἡμῶν, καὶ οὐκ ἔστιν ἴασις ἐν τελευτῇ ἀνθρώπου, καὶ οὐκ ἐγνώσθη ὁ ἀναλύσας ἐξ ᾅδου. Ὅτι 2 αὐτοσχεδίως ἐγεννήθημεν, καὶ μετὰ τοῦτο ἐσόμεθα ὡς οὐχ ὑπάρξαντες, ὅτι καπνὸς ἡ πνοὴ ἐν ῥισὶν ἡμῶν, καὶ ὁ λόγος σπινθὴρ ἐν κινήσει καρδίας ἡμῶν, οὗ σβεσθέντος τέφρα 3 ἀποβήσεται τὸ σῶμα, καὶ τὸ πνεῦμα διαχυθήσεται ὡς χαῦνος ἀήρ. Καὶ τὸ ὄνομα ἡμῶν ἐπιλησθήσεται ἐν 4 χρόνῳ, καὶ οὐθεὶς μνημονεύσει τῶν ἔργων ἡμῶν· καὶ

παρελεύσεται ὁ βίος ἡμῶν ὡς ἴχνη νεφέλης, καὶ ὡς ὁμίχλη διασκεδασθήσεται διωχθεῖσα ὑπὸ ἀκτίνων ἡλίου, καὶ ὑπὸ θερμότητος αὐτοῦ βαρυνθεῖσα.

5 Σκιᾶς γὰρ πάροδος ὁ βίος ἡμῶν, καὶ οὐκ ἔστιν ἀναποδισμὸς τῆς τελευτῆς ἡμῶν, ὅτι κατεσφραγίσθη, καὶ οὐδεὶς ἀναστρέφει.

6 Δεῦτε οὖν καὶ ἀπολαύσωμεν τῶν ὄντων ἀγαθῶν, καὶ
7 χρησώμεθα τῇ κτίσει ὡς νεότητι σπουδαίως. Οἴνου πολυτελοῦς καὶ μύρων πλησθῶμεν, καὶ μὴ παροδευσάτω
8 ἡμᾶς ἄνθος ἀέρος. Στεψώμεθα ῥόδων κάλυξι πρινὴ
9 μαρανθῆναι. Μηδεὶς ἡμῶν ἄμοιρος ἔστω τῆς ἡμετέρας ἀγερωχίας, πανταχῇ καταλίπωμεν σύμβολα τῆς εὐφροσύνης, ὅτι αὕτη ἡ μερὶς ἡμῶν καὶ ὁ κλῆρος οὗτος.
10 Καταδυναστεύσωμεν πένητα δίκαιον, μὴ φεισώμεθα χήρας, μηδὲ πρεσβύτου ἐντραπῶμεν πολιὰς πολυχρονίους.
11 Ἔστω δὲ ἡμῶν ἡ ἰσχὺς νόμος τῆς δικαιοσύνης, τὸ γὰρ ἀσθενὲς ἄχρηστον ἐλέγχεται.
12 Ἐνεδρεύσωμεν δὲ τὸν δίκαιον, ὅτι δύσχρηστος ἡμῖν ἐστι καὶ ἐναντιοῦται τοῖς ἔργοις ἡμῶν, καὶ ὀνειδίζει ἡμῖν ἁμαρτήματα νόμου, καὶ ἐπιφημίζει ἡμῖν ἁμαρτήματα παιδείας
13 ἡμῶν. Ἐπαγγέλλεται γνῶσιν ἔχειν Θεοῦ, καὶ παῖδα
14 Κυρίου ἑαυτὸν ὀνομάζει. Ἐγένετο ἡμῖν εἰς ἔλεγχον
15 ἐννοιῶν ἡμῶν. Βαρύς ἐστιν ἡμῖν καὶ βλεπόμενος, ὅτι ἀνόμοιος τοῖς ἄλλοις ὁ βίος αὐτοῦ, καὶ ἐξηλλαγμέναι αἱ
16 τρίβοι αὐτοῦ. Εἰς κίβδηλον ἐλογίσθημεν αὐτῷ, καὶ ἀπέχεται τῶν ὁδῶν ἡμῶν ὡς ἀπὸ ἀκαθαρσιῶν· μακαρίζει ἔσχατα δικαίων, καὶ ἀλαζονεύεται πατέρα Θεόν.
17 Ἴδωμεν εἰ οἱ λόγοι αὐτοῦ ἀληθεῖς, καὶ πειράσωμεν τὰ
18 ἐν ἐκβάσει αὐτοῦ. Εἰ γάρ ἐστιν ὁ δίκαιος υἱὸς Θεοῦ, ἀντιλήψεται αὐτοῦ, καὶ ῥύσεται αὐτὸν ἐκ χειρὸς ἀνθεστη-
19 κότων. Ὕβρει καὶ βασάνῳ ἐτάσωμεν αὐτόν, ἵνα γνῶμεν τὴν ἐπιείκειαν αὐτοῦ, καὶ δοκιμάσωμεν τὴν ἀνεξικακίαν
20 αὐτοῦ. Θανάτῳ ἀσχήμονι καταδικάσωμεν αὐτόν· ἔσται γὰρ αὐτοῦ ἐπισκοπὴ ἐκ λόγων αὐτοῦ.
21 Ταῦτα ἐλογίσαντο, καὶ ἐπλανήθησαν· ἀπετύφλωσε γὰρ
22 αὐτοὺς ἡ κακία αὐτῶν, καὶ οὐκ ἔγνωσαν μυστήρια Θεοῦ, οὐδὲ μισθὸν ἤλπισαν ὁσιότητος, οὐδὲ ἔκριναν γέρας ψυχῶν ἀμώμων.
23 Ὅτι ὁ Θεὸς ἔκτισε τὸν ἄνθρωπον ἐπ᾽ ἀφθαρσίᾳ, καὶ
24 εἰκόνα τῆς ἰδίας ἰδιότητος ἐποίησεν αὐτόν. Φθόνῳ δὲ διαβόλου θάνατος εἰσῆλθεν εἰς τὸν κόσμον· πειράζουσι δὲ αὐτὸν οἱ τῆς ἐκείνου μερίδος ὄντες.
3 Δικαίων δὲ ψυχαὶ ἐν χειρὶ Θεοῦ, καὶ οὐ μὴ ἅψηται
2 αὐτῶν βάσανος. Ἔδοξαν ἐν ὀφθαλμοῖς ἀφρόνων τεθνά-
3 ναι, καὶ ἐλογίσθη κάκωσις ἡ ἔξοδος αὐτῶν, καὶ ἡ ἀφ᾽ ἡμῶν
4 πορεία σύντριμμα· οἱ δὲ εἰσιν ἐν εἰρήνῃ. Καὶ γὰρ ἐν ὄψει ἀνθρώπων ἐὰν κολασθῶσιν, ἡ ἐλπὶς αὐτῶν ἀθανασίας πλήρης.
5 Καὶ ὀλίγα παιδευθέντες μεγάλα εὐεργετηθήσονται, ὅτι ὁ Θεὸς ἐπείρασεν αὐτοὺς, καὶ εὗρεν αὐτοὺς ἀξίους ἑαυτοῦ.
6 Ὡς χρυσὸν ἐν χωνευτηρίῳ ἐδοκίμασεν αὐτοὺς, καὶ ὡς ὁλοκάρπωμα θυσίας προσεδέξατο αὐτούς.

5 For our time is a very shadow that passeth away; and after our end there is no returning: for it is fast sealed, so that no man cometh again.

6 Come on therefore, let us enjoy the good things that are present: and let us speedily use the creatures like as in youth. 7 Let us fill ourselves with costly wine and ointments: and let no flower of the spring pass by us. 8 Let us crown ourselves with rosebuds, before they be withered: 9 let none of us go without his part of our voluptuousness: let us leave tokens of our joyfulness in every place: for this is our portion, and our lot is this. 10 Let us oppress the poor righteous man, let us not spare the widow, nor reverence the ancient grey hairs of the aged. 11 Let our strength be the law of justice: for that which is feeble is found to be nothing worth.

12 Therefore let us lie in wait for the righteous; because he is not for our turn, and he is clean contrary to our doings: he upbraideth us with our offending the law, and objecteth to our infamy the transgressions of our education. 13 He professeth to have the knowledge of God: and he calleth himself the child of the Lord. 14 He was made to reprove our thoughts. 15 He is grievous unto us even to behold: for his life is not like other men's, his ways are of another fashion. 16 We are esteemed of him as counterfeits: he abstaineth from our ways as from filthiness: he pronounceth the end of the just to be blessed, and maketh his boast that God is his father. 17 Let us see if his words be true: and let us prove what shall happen in the end of him. 18 For if the just man be the son of God, he will help him, and deliver him from the hand of his enemies. 19 Let us examine him with despitefulness and torture, that we may know his meekness, and prove his patience. 20 Let us condemn him with a shameful death: for by his own saying he shall be respected.

21 Such things they did imagine, and were deceived: for their own wickedness hath blinded them. 22 As for the mysteries of God, they knew them not: neither hoped they for the wages of righteousness, nor discerned a reward for blameless souls.

23 For God created man to be immortal, and made him to be an image of his own eternity. 24 Nevertheless through envy of the devil came death into the world: and they that are of his side do find it.

But the souls of the righteous are in the hand of God, and there shall no torment touch them. 2 In the sight of the unwise they seemed to die: and their departure is taken for misery, 3 and their going from us to be utter destruction: but they are in peace. 4 For though they be punished in the sight of men, yet is their hope full of immortality.

5 And having been a little chastised, they shall be greatly rewarded: for God proved them, and found them worthy for himself. 6 As gold in the furnace hath he tried them and received them as a burnt offering.

⁷And in the time of their visitation they shall shine, and run to and fro like sparks among the stubble. ⁸They shall judge the nations, and have dominion over the people, and their Lord shall reign for ever. ⁹They that put their trust in him shall understand the truth: and such as be faithful in love shall abide with him: for grace and mercy is to his saints, and he hath care for his elect. ¹⁰But the ungodly shall be punished according to their own imaginations, which have neglected the righteous, and forsaken the Lord.

¹¹For whoso despiseth wisdom and nurture, he is miserable, and their hope is vain, their labours unfruitful, and their works unprofitable: ¹²their wives are foolish, and their children wicked:

¹³Their offspring is cursed. Wherefore blessed is the barren that is undefiled, which hath not known the sinful bed: she shall have fruit in the visitation of souls.

¹⁴And *blessed is* the eunuch, which with his hands hath wrought no iniquity, nor imagined wicked things against God: for unto him shall be given the special gift of faith, and an inheritance in the temple of the Lord more acceptable to his mind. ¹⁵For glorious is the fruit of good labours: and the root of wisdom shall never fall away.

¹⁶As for the children of adulterers, they shall not come to their perfection, and the seed of an unrighteous bed shall be rooted out. ¹⁷For though they live long, yet shall they be nothing regarded: and their last age shall be without honour. ¹⁸Or, if they die quickly, they have no hope, neither comfort in the day of trial. ¹⁹For horrible is the end of the unrighteous generation.

Better it is to have no children, and to have virtue: for the memorial thereof is immortal: because it is known with God, and with men. ²When it is present, men take example at it; and when it is gone, they desire it: it weareth a crown, and triumpheth for ever, having gotten the victory, striving for undefiled rewards.

³But the multiplying brood of the ungodly shall not thrive, nor take deep rooting from bastard slips, nor lay any fast foundation. ⁴For though they flourish in branches for a time; yet standing not fast, they shall be shaken with the wind, and through the force of winds they shall be rooted out. ⁵The imperfect branches shall be broken off, their fruit unprofitable, not ripe to eat, yea, meet for nothing. ⁶For children begotten of unlawful beds are witnesses of wickedness against their parents in their trial. ⁷But though the righteous be prevented with death, yet shall he be in rest.

⁸For honourable age is not that which standeth in length of time, nor that is measured by number of years. ⁹But wisdom is the grey hair unto men, and an unspotted life is old age. ¹⁰He pleased God, and was beloved of him: so that living among sinners he was translated. ¹¹Yea, speedily was he taken away, lest that wickedness should alter his understanding, or deceit beguile his soul. ¹²For the bewitching of naughtiness doth obscure things that are honest; and the wandering of concupiscence doth undermine the simple mind. ¹³He, being made perfect in a short time, fulfilled a long time: ¹⁴for his soul pleased the Lord: therefore hasted he *to take him away* from among the wicked. ¹⁵This the people saw, and understood not, neither laid they up this in their minds, That his

Καὶ ἐν καιρῷ ἐπισκοπῆς αὐτῶν ἀναλάμψουσι, καὶ ὡς ⁷ σπινθῆρες ἐν καλάμῃ διαδραμοῦνται. Κρινοῦσιν ἔθνη καὶ 8 κρατήσουσι λαῶν, καὶ βασιλεύσει αὐτῶν Κύριος εἰς τοὺς αἰῶνας. Οἱ πεποιθότες ἐπ᾿ αὐτῷ συνήσουσιν ἀλήθειαν, 9 καὶ οἱ πιστοὶ ἐν ἀγάπῃ προσμενοῦσιν αὐτῷ, ὅτι χάρις καὶ ἔλεος τοῖς ἐκλεκτοῖς αὐτοῦ. Οἱ δὲ ἀσεβεῖς καθὰ 10 ἐλογίσαντο ἕξουσιν ἐπιτιμίαν, οἱ ἀμελήσαντες τοῦ δικαίου καὶ τοῦ Κυρίου ἀποστάντες.

Σοφίαν γὰρ καὶ παιδείαν ὁ ἐξουθενῶν ταλαίπωρος, καὶ 11 κενὴ ἡ ἐλπὶς αὐτῶν, καὶ οἱ κόποι ἀνόνητοι, καὶ ἄχρηστα τὰ ἔργα αὐτῶν. Αἱ γυναῖκες αὐτῶν ἄφρονες, καὶ πονηρὰ 12 τὰ τέκνα αὐτῶν.

Ἐπικατάρατος ἡ γένεσις αὐτῶν, ὅτι μακαρία στεῖρα ἡ 13 ἀμίαντος, ἥτις οὐκ ἔγνω κοίτην ἐν παραπτώματι, ἕξει καρπὸν ἐν ἐπισκοπῇ ψυχῶν.

Καὶ εὐνοῦχος ὁ μὴ ἐργασάμενος ἐν χειρὶ ἀνόμημα, 14 μηδὲ ἐνθυμηθεὶς κατὰ τοῦ Κυρίου πονηρά· δοθήσεται γὰρ αὐτῷ τῆς πίστεως χάρις ἐκλεκτή, καὶ κλῆρος ἐν ναῷ Κυρίου θυμηρέστερος· Ἀγαθῶν γὰρ πόνων καρπὸς εὐ- 15 κλεής, καὶ ἀδιάπτωτος ἡ ῥίζα τῆς φρονήσεως.

Τέκνα δὲ μοιχῶν ἀτέλεστα ἔσται, καὶ ἐκ παρανόμου 16 κοίτης σπέρμα ἀφανισθήσεται. Ἐάν τε γὰρ μακρόβιοι 17 γένωνται, εἰς οὐθὲν λογισθήσονται, καὶ ἄτιμον ἐπ᾿ ἐσχάτῳ τὸ γῆρας αὐτῶν. Ἐάν τε ὀξέως τελευτήσωσιν, οὐχ 18 ἕξουσιν ἐλπίδα, οὐδὲ ἐν ἡμέρᾳ διαγνώσεως παραμύθιον· γενεᾶς γὰρ ἀδίκου χαλεπὰ τὰ τέλη. 19

Κρείσσων ἀτεκνία μετὰ ἀρετῆς, ἀθανασία γάρ ἐστιν ἐν 4 μνήμῃ αὐτῆς, ὅτι καὶ παρὰ Θεῷ γινώσκεται καὶ παρὰ ἀνθρώποις· παροῦσάν τε μιμοῦνται αὐτήν, καὶ ποθοῦσιν 2 ἀπελθοῦσαν καὶ ἐν τῷ αἰῶνι στεφανηφοροῦσα πομπεύει, τὸν τῶν ἀμιάντων ἄθλων ἀγῶνα νικήσασα.

Πολύγονον δὲ ἀσεβῶν πλῆθος οὐ χρησιμεύσει, καὶ ἐκ 3 νόθων μοσχευμάτων οὐ δώσει ῥίζαν εἰς βάθος, οὐδὲ ἀσφαλῆ βάσιν ἑδράσει. Κἂν γὰρ ἐν κλάδοις πρὸς καιρὸν 4 ἀναθάλῃ, ἐπισφαλῶς βεβηκότα ὑπὸ ἀνέμου σαλευθήσεται, καὶ ὑπὸ βίας ἀνέμων ἐκριζωθήσεται. Περικλασθήσονται 5 κλῶνες ἀτέλεστοι, καὶ ὁ καρπὸς αὐτῶν ἄχρηστος, ἄωρος εἰς βρῶσιν, καὶ εἰς οὐθὲν ἐπιτήδειος. Ἐκ γὰρ ἀνόμων 6 ὕπνων τέκνα γεννώμενα μάρτυρές εἰσι πονηρίας κατὰ γονέων ἐν ἐξετασμῷ αὐτῶν. Δίκαιος δὲ ἐὰν φθάσῃ τελευ- 7 τῆσαι, ἐν ἀναπαύσει ἔσται.

Γῆρας γὰρ τίμιον οὐ τὸ πολυχρόνιον, οὐδὲ ἀριθμῷ ἐτῶν 8 μεμέτρηται. Πολιὰ δέ ἐστιν φρόνησις ἀνθρώποις, καὶ 9 ἡλικία γήρως βίος ἀκηλίδωτος. Εὐάρεστος τῷ Θεῷ γενό- 10 μενος ἠγαπήθη, καὶ ζῶν μεταξὺ ἁμαρτωλῶν μετετέθη. Ἡρπάγη μὴ κακία ἀλλάξῃ σύνεσιν αὐτοῦ, ἢ δόλος 11 ἀπατήσῃ ψυχὴν αὐτοῦ. Βασκανία γὰρ φαυλότητος ἀμαυ- 12 ροῖ τὰ καλά, καὶ ῥεμβασμὸς ἐπιθυμίας μεταλλεύει νοῦν ἄκακον. Τελειωθεὶς ἐν ὀλίγῳ ἐπλήρωσε χρόνους μακρούς. 13 Ἀρεστὴ γὰρ ἦν Κυρίῳ ἡ ψυχὴ αὐτοῦ· διὰ τοῦτο ἔσπευ- 14 σεν ἐκ μέσου πονηρίας. Οἱ δὲ λαοὶ ἰδόντες καὶ μὴ 15 νοήσαντες, μηδὲ θέντες ἐπὶ διανοίᾳ τὸ τοιοῦτο, ὅτι

χάρις καὶ ἔλεος ἐν τοῖς ἐκλεκτοῖς αὐτοῦ, καὶ ἐπισκοπὴ ἐν τοῖς ὁσίοις αὐτοῦ.

16 Κατακρινεῖ δὲ δίκαιος καμὼν τοὺς ζῶντας·ἀσεβεῖς, καὶ νεότης τελεσθεῖσα ταχέως πολυετὲς γῆρας ἀδίκου.

17 Ὄψονται γὰρ τελευτὴν σοφοῦ, καὶ οὐ νοήσουσι τί ἐβουλεύσατο περὶ αὐτοῦ, καὶ εἰς τί ἠσφαλίσατο αὐτὸν

18 ὁ Κύριος. Ὄψονται καὶ ἐξουθενήσουσιν, αὐτοὺς δὲ ὁ Κύριος ἐκγελάσεται· καὶ ἔσονται μετὰ τοῦτο εἰς πτῶμα ἄτιμον, καὶ εἰς ὕβριν ἐν νεκροῖς δι' αἰῶνος·

19 Ὅτι ῥήξει αὐτοὺς ἀφώνους πρηνεῖς, καὶ σαλεύσει αὐτοὺς ἐκ θεμελίων, καὶ ἕως ἐσχάτου χερσωθήσονται, καὶ ἔσονται ἐν ὀδύνῃ, καὶ ἡ μνήμη αὐτῶν ἀπολεῖται.

20 Ἐλεύσονται ἐν συλλογισμῷ ἁμαρτημάτων αὐτῶν δειλοὶ, καὶ ἐλέγξει αὐτοὺς ἐξεναντίας τὰ ἀνομήματα αὐτῶν.

5 Τότε στήσεται ἐν παρρησίᾳ πολλῇ ὁ δίκαιος κατὰ πρόσωπον τῶν θλιψάντων αὐτὸν, καὶ τῶν ἀθετούντων

2 τοὺς πόνους αὐτοῦ. Ἰδόντες ταραχθήσονται φόβῳ δεινῷ καὶ ἐκστήσονται ἐπὶ τῷ παραδόξῳ τῆς σωτηρίας.

3 Ἐροῦσιν ἑαυτοῖς μετανοοῦντες, καὶ διὰ στενοχωρίαν πνεύματος στενάζοντες,

Οὗτος ἦν ὃν ἔσχομέν ποτε εἰς γέλωτα καὶ εἰς

4 παραβολὴν ὀνειδισμοῦ. Οἱ ἄφρονες τὸν βίον αὐτοῦ ἐλογισάμεθα μανίαν, καὶ τὴν τελευτὴν αὐτοῦ ἄτιμον.

5 Πῶς κατελογίσθη ἐν υἱοῖς Θεοῦ, καὶ ἐν ἁγίοις ὁ κλῆρος

6 αὐτοῦ ἐστιν; Ἄρα ἐπλανήθημεν ἀπὸ ὁδοῦ ἀληθείας, καὶ τὸ τῆς δικαιοσύνης φῶς οὐκ ἔλαμψεν ἡμῖν, καὶ

7 ὁ ἥλιος οὐκ ἀνέτειλεν ἡμῖν. Ἀνομίας ἐνεπλήσθημεν τρίβοις καὶ ἀπωλείας, καὶ διωδεύσαμεν ἐρήμους ἀβάτους, τὴν δὲ ὁδὸν Κυρίου οὐκ ἔγνωμεν.

8 Τί ὠφέλησεν ἡμᾶς ἡ ὑπερηφανία; καὶ τί πλοῦτος

9 μετὰ ἀλαζονείας συμβέβληται ἡμῖν; Παρῆλθεν ἐκεῖνα

10 πάντα ὡς σκιὰ, καὶ ὡς ἀγγελία παρατρέχουσα· ὡς ναῦς διερχομένη κυμαινόμενον ὕδωρ, ἧς διαβάσης οὐκ ἔστιν ἴχνος εὑρεῖν, οὐδὲ ἀτραπὸν τρόπιος αὐτῆς ἐν κύμασιν·

11 ἢ ὡς ὀρνέου διιπτάντος ἀέρα, οὐθὲν εὑρίσκεται τεκμήριον πορείας, πληγῇ δὲ ταρσῶν μαστιζόμενον πνεῦμα κοῦφον καὶ σχιζόμενον βίᾳ ῥοίζου, κινουμένων πτερύγων διωδεύθη, καὶ μετὰ τοῦτο οὐχ εὑρέθη σημεῖον ἐπιβάσεως

12 ἐν αὐτῷ. ἢ ὡς βέλους βληθέντος ἐπὶ σκοπὸν, τμηθεὶς ὁ ἀὴρ εὐθέως εἰς ἑαυτὸν ἀνελύθη, ὡς ἀγνοῆσαι τὴν δίοδον

13 αὐτοῦ· οὕτως καὶ ἡμεῖς γεννηθέντες ἐξελίπομεν· καὶ ἀρετῆς μὲν σημεῖον οὐδὲν ἔσχομεν δεῖξαι, ἐν δὲ τῇ κακίᾳ ἡμῶν κατεδαπανήθημεν.

14 Ὅτι ἐλπὶς ἀσεβοῦς ὡς φερόμενος χοῦς ὑπὸ ἀνέμου, καὶ ὡς πάχνη ὑπὸ λαίλαπος διωχθεῖσα λεπτὴ, καὶ ὡς καπνὸς ὑπὸ ἀνέμου διεχύθη, καὶ ὡς μνεία καταλύτου μονοημέρου παρώδευσε.

15 Δίκαιοι δὲ εἰς τὸν αἰῶνα ζῶσι, καὶ ἐν Κυρίῳ ὁ μισθὸς

16 αὐτῶν, καὶ ἡ φροντὶς αὐτῶν παρὰ ὑψίστῳ. Διὰ τοῦτο λήψονται τὸ βασίλειον τῆς εὐπρεπείας, καὶ τὸ διάδημα τοῦ κάλλους ἐκ χειρὸς Κυρίου, ὅτι τῇ δεξιᾷ σκεπάσει αὐτοὺς, καὶ τῷ βραχίονι ὑπερασπιεῖ αὐτῶν.

grace and mercy is with his saints, and that he hath respect unto his chosen.

16 Thus the righteous that is dead shall condemn the ungodly which are living; and youth that is soon perfected the many years and old age of the unrighteous. 17 For they shall see the end of the wise, and shall not understand what God in his counsel hath decreed of him, and to what end the Lord hath set him in safety. 18 They shall see him, and despise him; but God shall laugh them to scorn; and they shall hereafter be a vile carcase, and a reproach among the dead for evermore. 19 For he shall rend them, and cast them down headlong, that they shall be speechless; and he shall shake them from the foundation; and they shall be utterly laid waste, and be in sorrow; and their memorial shall perish. 20 And when they cast up the account of their sins, they shall come with fear: and their own iniquities shall convince them to their face.

Then shall the righteous man stand in great boldness before the face of such as have afflicted him, and made no account of his labours. 2 When they see it, they shall be troubled with terrible fear, and shall be amazed at the strangeness of his salvation, so far beyond all that they looked for. 3 And they repenting and groaning for anguish of spirit shall say within themselves,

This was he, whom we had sometimes in derision, and a proverb of reproach: 4 we fools accounted his life madness, and his end to be without honour: 5 how is he numbered among the children of God, and his lot is among the saints! 6 Therefore have we erred from the way of truth, and the light of righteousness hath not shined unto us, and the sun of righteousness rose not upon us. 7 We wearied ourselves in the way of wickedness and destruction: yea, we have gone through deserts, where there lay no way: but as for the way of the Lord, we have not known it.

8 What hath pride profited us? or what good hath riches with *our* vaunting brought us? 9 All those things are passed away like a shadow, and as a post that hasted by; 10 and as a ship that passeth over the waves of the water, which when it is gone by, the trace thereof cannot be found, neither the pathway of the keel in the waves: 11 or as when a bird hath flown through the air, there is no token of her way to be found, but the light air being beaten with the stroke of her wings, and parted with the violent noise and motion of them, is passed through, and therein afterwards no sign where she went is to be found; 12 or like as when an arrow is shot at a mark, it parteth the air, which immediately cometh together again, so that a man cannot know where it went through: 13 even so we in like manner, as soon as we were born, began to draw to our end, and had no sign of virtue to shew; but were consumed in our own wickedness.

14 For the hope of the ungodly is like dust that is blown away with the wind; like a thin froth that is driven away with the storm; like as the smoke which is dispersed here and there with a tempest, and passeth away as the remembrance of a guest that tarrieth but a day.

15 But the righteous live for evermore; their reward also is with the Lord, and the care of them is with the most High. 16 Therefore shall they receive a glorious kingdom, and a beautiful crown from the Lord's hand: for with his right hand shall he cover them, and with his arm shall he protect them.

¹⁷ He shall take to him his jealousy for complete armour, and make the creature his weapon for the revenge of *his* enemies. ¹⁸ He shall put on righteousness as a breastplate, and true judgment instead of an helmet. ¹⁹ He shall take holiness for an invincible shield. ²⁰ His severe wrath shall he sharpen for a sword, and the world shall fight with him against the unwise.

²¹ Then shall the right aiming thunderbolts go abroad; and from the clouds, as from a well drawn bow, shall they fly to the mark. ²² And hailstones full of wrath shall be cast *as* out of a stone bow, and the water of the sea shall rage against them, and the floods shall cruelly drown them.

²³ Yea, a mighty wind shall stand up against them, and like a storm shall blow them away: thus iniquity shall lay waste the whole earth, and ill dealing shall overthrow the thrones of the mighty.

Hear therefore, O ye kings, and understand; learn, ye that be judges of the ends of the earth. ² Give ear, ye that rule the people, and glory in the multitude of nations. ³ For power is given you of the Lord, and sovereignty from the Highest, who shall try your works, and search out your counsels. ⁴ Because, being ministers of his kingdom, ye have not judged aright, nor kept the law, nor walked after the counsel of God; ⁵ horribly and speedily shall he come upon you: for a sharp judgment shall be to them that be in high places. ⁶ For mercy will soon pardon the meanest: but mighty men shall be mightily tormented. ⁷ For he which is Lord over all shall fear no man's person, neither shall he stand in awe of any man's greatness: for he hath made the small and great, and careth for all alike. ⁸ But a sore trial shall come upon the mighty.

⁹ Unto you therefore, O kings, do I speak, that ye may learn wisdom, and not fall away. ¹⁰ For they that keep holiness holily shall be judged holy: and they that have learned such things shall find what to answer. ¹¹ Wherefore set your affection upon my words; desire them, and ye shall be instructed.

¹² Wisdom is glorious, and never fadeth away: yea, she is easily seen of them that love her, and found of such as seek her.

¹³ She preventeth them that desire her, in making herself first known unto them. ¹⁴ Whoso seeketh her early shall have no great travail: for he shall find her sitting at his doors. ¹⁵ To think therefore upon her is the perfection of wisdom: and whoso watcheth for her shall quickly be without care. ¹⁶ For she goeth about seeking such as are worthy of her, sheweth herself favourably unto them in the ways, and meeteth them in every thought. ¹⁷ For the very true beginning of her is the desire of discipline; and the care of discipline is love; ¹⁸ and love is the keeping of her laws; and the giving heed unto her laws is the assurance of incorruption; ¹⁹ and incorruption maketh us near unto God: ²⁰ therefore the desire of wisdom bringeth to a kingdom.

²¹ If your delight be then in thrones and sceptres, O ye kings of the people, honour wisdom, that ye may reign for evermore. ²² As for wisdom, what she is, and how she came up, I will tell you, and will not hide mysteries from you: but will seek her out from the beginning of her nativity, and bring the knowledge of her into light, and

Λήψεται πανοπλίαν τὸν ζῆλον αὐτοῦ, καὶ ὁπλοποιήσει 17 τὴν κτίσιν εἰς ἄμυναν ἐχθρῶν. Ἐνδύσεται θώρακα 18 δικαιοσύνην, καὶ περιθήσεται κόρυθα κρίσιν ἀνυπόκριτον. Λήψεται ἀσπίδα ἀκαταμάχητον ὁσιότητα, ὀξυνεῖ δὲ 19, 20 ἀπότομον ὀργὴν εἰς ῥομφαίαν, συνεκπολεμήσει δὲ αὐτῷ ὁ κόσμος ἐπὶ τοὺς παράφρονας.

Πορεύσονται εὔστοχοι βολίδες ἀστραπῶν, καὶ ὡς ἀπὸ 21 εὐκύκλου τόξου τῶν νεφῶν ἐπὶ σκοπὸν ἁλοῦνται. Καὶ 22 ἐκ πετροβόλου θυμοῦ πλήρεις ῥιφήσονται χάλαζαι· ἀγανακτήσει κατ' αὐτῶν ὕδωρ θαλάσσης, ποταμοὶ δὲ συγκλύσουσιν ἀποτόμως.

Ἀντιστήσεται αὐτοῖς πνεῦμα δυνάμεως, καὶ ὡς λαῖλαψ 23 ἐκλικμήσει αὐτούς· καὶ ἐρημώσει πᾶσαν τὴν γῆν ἀνομία, καὶ ἡ κακοπραγία περιτρέψει θρόνους δυναστῶν.

Ἀκούσατε οὖν βασιλεῖς καὶ σύνετε, μάθετε δικασταὶ 6 περάτων γῆς. Ἐνωτίσασθε οἱ κρατοῦντες πλήθους, καὶ 2 γεγαυρωμένοι ἐπὶ ὄχλοις ἐθνῶν. Ὅτι ἐδόθη παρὰ τοῦ 3 Κυρίου ἡ κράτησις ὑμῖν, καὶ ἡ δυναστεία παρὰ ὑψίστου, ὃς ἐξετάσει ὑμῶν τὰ ἔργα, καὶ τὰς βουλὰς διερευνήσει. Ὅτι ὑπηρέται ὄντες τῆς αὐτοῦ βασιλείας οὐκ ἐκρίνατε 4 ὀρθῶς, οὐδὲ ἐφυλάξατε νόμον, οὐδὲ κατὰ τὴν βουλὴν τοῦ Θεοῦ ἐπορεύθητε· φρικτῶς καὶ ταχέως ἐπιστήσεται ὑμῖν, 5 ὅτι κρίσις ἀπότομος ἐν τοῖς ὑπερέχουσιν γίνεται. Ὁ γὰρ 6 ἐλάχιστος συγγνωστός ἐστιν ἐλέους, δυνατοὶ δὲ δυνατῶς ἐτασθήσονται· οὐ γὰρ ὑποστελεῖται πρόσωπον ὁ πάντων 7 δεσπότης, οὐδὲ ἐντραπήσεται μέγεθος· ὅτι μικρὸν καὶ μέγαν αὐτὸς ἐποίησεν, ὁμοίως τε προνοεῖ περὶ πάντων. Τοῖς δὲ κραταιοῖς ἰσχυρὰ ἐφίσταται ἔρευνα.   8

Πρὸς ὑμᾶς οὖν ὦ τύραννοι οἱ λόγοι μου, ἵνα μάθητε 9 σοφίαν καὶ μὴ παραπέσητε. Οἱ γὰρ φυλάξαντες ὁσίως 10 τὰ ὅσια ὁσιωθήσονται, καὶ οἱ διδαχθέντες αὐτὰ εὑρήσουσιν ἀπολογίαν. Ἐπιθυμήσατε οὖν τῶν λόγων μου, ποθήσατε 11 καὶ παιδευθήσεσθε.

Λαμπρὰ καὶ ἀμάραντός ἐστιν ἡ σοφία, καὶ εὐχερῶς 12 θεωρεῖται ὑπὸ τῶν ἀγαπώντων αὐτὴν, καὶ εὑρίσκεται ὑπὸ τῶν ζητούντων αὐτήν.

Φθάνει τοὺς ἐπιθυμοῦντας προγνωσθῆναι. Ὁ ὀρθρί- 13, 14 σας ἐπ' αὐτὴν οὐ κοπιάσει, πάρεδρον γὰρ εὑρήσει τῶν πυλῶν αὐτοῦ. Τὸ γὰρ ἐνθυμηθῆναι περὶ αὐτῆς φρονήσεως 15 τελειότης, καὶ ὁ ἀγρυπνήσας δι' αὐτὴν ταχέως ἀμέριμνος ἔσται. Ὅτι τοὺς ἀξίους αὐτῆς αὐτὴ περιέρχεται ζητοῦσα, 16 καὶ ἐν ταῖς τρίβοις φαντάζεται αὐτοῖς εὐμενῶς, καὶ ἐν πάσῃ ἐπινοίᾳ ὑπαντᾷ αὐτοῖς. Ἀρχὴ γὰρ αὐτῆς ἡ ἀλη- 17 θεστάτη παιδείας ἐπιθυμία, φροντὶς δὲ παιδείας ἀγάπη, ἀγάπη δὲ τήρησις νόμων αὐτῆς, προσοχὴ δὲ νόμων βεβαί- 18 ωσις ἀφθαρσίας, ἀφθαρσία δὲ ἐγγὺς εἶναι ποιεῖ Θεοῦ. 19 Ἐπιθυμία ἄρα σοφίας ἀνάγει ἐπὶ βασιλείαν.   20

Εἰ οὖν ἥδεσθε ἐπὶ θρόνοις καὶ σκήπτροις τύραννοι 21 λαῶν, τιμήσατε σοφίαν, ἵνα εἰς τὸν αἰῶνα βασιλεύσητε· Τί δέ· ἐστι σοφία καὶ πῶς ἐγένετο, ἀπαγγελῶ, καὶ οὐκ 22 ἀποκρύψω ὑμῖν μυστήρια, ἀλλ' ἀπ' ἀρχῆς γενέσεως ἐξιχνιάσω, καὶ θήσω εἰς τὸ ἐμφανὲς τὴν γνῶσιν αὐτῆς,

23 καὶ οὐ μὴ παροδεύσω τὴν ἀλήθειαν· οὔτε μὴν φθόνῳ τετηκότι συνοδεύσω, ὅτι οὗτος οὐ κοινωνήσει σοφίᾳ.
24 Πλῆθος δὲ σοφῶν σωτηρία κόσμου, καὶ βασιλεὺς φρόνι-
25 μος εὐστάθεια δήμου. Ὥστε παιδεύεσθε τοῖς ῥήμασί μου, καὶ ὠφεληθήσεσθε.

7 Εἰμὶ μὲν κἀγὼ θνητὸς ἄνθρωπος, ἴσος ἅπασι, καὶ
2 γηγενοῦς ἀπόγονος πρωτοπλάστου. Καὶ ἐν κοιλίᾳ μητρὸς ἐγλύφην σὰρξ δεκαμηνιαίῳ χρόνῳ, παγεὶς ἐν αἵματι ἐκ
3 σπέρματος ἀνδρὸς καὶ ἡδονῆς ὕπνῳ συνελθούσης. Καὶ ἐγὼ δὲ γενόμενος ἔσπασα τὸν κοινὸν ἀέρα, καὶ ἐπὶ τὴν ὁμοιοπαθῆ κατέπεσον γῆν, πρώτην φωνὴν τὴν ὁμοίαν
4 πᾶσιν ἴσα κλαίων. Ἐν σπαργάνοις ἀνετράφην, καὶ ἐν
5 φροντίσιν. Οὐδεὶς γὰρ βασιλεὺς ἑτέραν ἔσχε γενέσεως
6 ἀρχήν. Μία δὲ πάντων εἴσοδος εἰς τὸν βίον, ἔξοδός τε ἴση.
7 Διὰ τοῦτο ηὐξάμην, καὶ φρόνησις ἐδόθη μοι, ἐπεκα-
8 λεσάμην, καὶ ἦλθέ μοι πνεῦμα σοφίας. Προέκρινα αὐτὴν σκήπτρων καὶ θρόνων, καὶ πλοῦτον οὐδὲν ἡγησάμην ἐν
9 συγκρίσει αὐτῆς. Οὐδὲ ὡμοίωσα αὐτῇ λίθον ἀτίμητον, ὅτι ὁ πᾶς χρυσὸς ἐν ὄψει αὐτῆς ψάμμος ὀλίγη, καὶ ὡς
10 πηλὸς λογισθήσεται ἄργυρος ἐναντίον αὐτῆς. Ὑπὲρ ὑγίειαν καὶ εὐμορφίαν ἠγάπησα αὐτὴν, καὶ προειλόμην αὐτὴν ἀντὶ φωτὸς ἔχειν, ὅτι ἀκοίμητον τὸ ἐκ ταύτης φέγγος.
11 Ἦλθε δέ μοι τὰ ἀγαθὰ ὁμοῦ πάντα μετ᾽ αὐτῆς, καὶ
12 ἀναρίθμητος πλοῦτος ἐν χερσὶν αὐτῆς. Εὐφράνθην δὲ ἐπὶ πάντων, ὅτι αὐτῶν ἡγεῖται σοφία, ἠγνόουν δὲ αὐτὴν γενέτιν εἶναι τούτων.
13 Ἀδόλως τε ἔμαθον, ἀφθόνως τε μεταδίδωμι, τὸν πλοῦ-
14 τον αὐτῆς οὐκ ἀποκρύπτομαι. Ἀνεκλιπὴς γὰρ θησαυρός ἐστιν ἀνθρώποις, ὃν οἱ χρησάμενοι πρὸς Θεὸν ἐστείλαντο φιλίαν, διὰ τὰς ἐκ παιδείας δωρεὰς συσταθέντες.
15 Ἐμοὶ δὲ δῴη ὁ Θεὸς εἰπεῖν κατὰ γνώμην, καὶ ἐνθυμη-θῆναι ἀξίως τῶν δεδομένων, ὅτι αὐτὸς καὶ τῆς σοφίας
16 ὁδηγός ἐστι, καὶ τῶν σοφῶν διορθωτής. Ἐν γὰρ χειρὶ αὐτοῦ καὶ ἡμεῖς καὶ οἱ λόγοι ἡμῶν, πᾶσά τε φρόνησις
17 καὶ ἐργατειῶν ἐπιστήμη. Αὐτὸς γάρ μοι ἔδωκε τῶν ὄντων γνῶσιν ἀψευδῆ, εἰδέναι σύστασιν κόσμου καὶ
18 ἐνέργειαν στοιχείων, ἀρχὴν καὶ τέλος καὶ μεσότητα χρό-
19 νων, τροπῶν ἀλλαγὰς καὶ μεταβολὰς καιρῶν, ἐνιαυτῶν
20 κύκλους καὶ ἀστέρων θέσεις, φύσεις ζώων καὶ θυμοὺς θηρίων, πνευμάτων βίας καὶ διαλογισμοὺς ἀνθρώπων,
21 διαφορὰς φυτῶν καὶ δυνάμεις ῥιζῶν, ὅσα τέ ἐστι κρυπτὰ καὶ ἐμφανῆ ἔγνων.
22 Ἡ γὰρ πάντων τεχνῖτις ἐδίδαξέ με σοφία· ἔστι γὰρ ἐν αὐτῇ πνεῦμα νοερόν, ἅγιον, μονογενές, πολυμερές, λεπτόν, εὐκίνητον, τρανόν, ἀμόλυντον, σαφές, ἀπήμαντον, φιλάγα-
23 θον, ὀξύ, ἀκώλυτον, εὐεργετικόν, φιλάνθρωπον, βέβαιον, ἀσφαλές, ἀμέριμνον, παντοδύναμον, πανεπίσκοπον, καὶ διὰ πάντων χωροῦν πνευμάτων νοερῶν, καθαρῶν, λεπτοτάτων.
24 Πάσης γὰρ κινήσεως κινητικώτερον σοφία, διήκει δὲ
25 καὶ χωρεῖ διὰ πάντων διὰ τὴν καθαρότητα. Ἀτμὶς γάρ ἐστι τῆς τοῦ Θεοῦ δυνάμεως, καὶ ἀπόρροια τῆς τοῦ

will not pass over the truth. [23] Neither will I go with consuming envy; for such a man shall have no fellowship with wisdom. [24] But the multitude of the wise is the welfare of the world: and a wise king is the upholding of the people. [25] Receive therefore instruction through my words, and it shall do you good.

I myself also am a mortal man, like to all, and the offspring of him that was first made of the earth, [2] and in my mother's womb was fashioned to be flesh in the time of ten months, being compacted in blood, of the seed of man, and the pleasure that came with sleep. [3] And when I was born, I drew in the common air, and fell upon the earth, which is of like nature, and the first voice which I uttered was crying, as all others do. [4] I was nursed in swaddling clothes, and that with cares. [5] For there is no king that had any other beginning of birth. [6] For all men have one entrance into life, and the like going out.

[7] Wherefore I prayed, and understanding was given me: I called upon God, and the spirit of wisdom came to me. [8] I preferred her before sceptres and thrones, and esteemed riches nothing in comparison of her. [9] Neither compared I unto her any precious stone, because all gold in respect of her is as a little sand, and silver shall be counted as clay before her. [10] I loved her above health and beauty, and chose to have her instead of light: for the light that cometh from her never goeth out.

[11] All good things together came to me with her, and innumerable riches in her hands. [12] And I rejoiced in them all, because wisdom goeth before them: and I knew not that she was the mother of them.

[13] I learned diligently, and do communicate her liberally: I do not hide her riches. [14] For she is a treasure unto men that never faileth: which they that use become the friends of God, being commended for the gifts that come from learning.

[15] God hath granted me to speak as I would, and to conceive as is meet for the things that are given me: because it is he that leadeth unto wisdom, and directeth the wise. [16] For in his hand are both we and our words; all wisdom also, and knowledge of workmanship. [17] For he hath given me certain knowledge of the things that are, namely, to know how the world was made, and the operation of the elements: [18] the beginning, ending, and midst of the times: the alterations of the turning of the sun, and change of seasons: [19] the circuits of years, and positions of stars: [20] the natures of living creatures, and the furies of wild beasts: the violence of winds, and the reasonings of men: the diversities of plants, and the virtues of roots: [21] and all such things as are either secret or manifest, them I know.

[22] For wisdom, which is the worker of all things, taught me: for in her is an understanding spirit, holy, one only, manifold, subtil, lively, clear, undefiled, plain, not subject to hurt, loving the thing that is good, quick, which cannot be letted, ready to do good, [23] kind to man, stedfast, sure, free from care, having all power, overseeing all things, and going through all understanding, pure, and most subtil, spirits.

[24] For wisdom is more moving than any motion: she passeth and goeth through all things by reason of her pureness. [25] For she is the breath of the power of God, and a pure influence flowing from

the glory of the Almighty: therefore can no defiled thing fall into her. [26] For she is the brightness of the everlasting light, the unspotted mirror of the power of God, and the image of his goodness. [27] And being but one, she can do all things: and remaining in herself, she maketh all things new: and in all ages entering into holy souls, she maketh them friends of God, and prophets.

[28] For God loveth none but him that dwelleth with wisdom. [29] For she is more beautiful than the sun, and above all the order of stars: being compared with the light, she is found before it. [30] For after this cometh night: but vice shall not prevail against wisdom.

Wisdom reacheth from one end to another mightily; and sweetly doth she order all things.

[2] I loved her, and sought *her* out from my youth, I desired to make *her* my spouse, and I was a lover of her beauty. [3] In that she is conversant with God, she magnifieth her nobility: yea, the Lord of all things himself loved her. [4] For she is privy to the mysteries of the knowledge of God, and a lover of his works.

[5] If riches be a possession to be desired in this life; what is richer than wisdom, that worketh all things? [6] And if prudence work; who of all that are is a more cunning workman than she? [7] And if a man love righteousness, her labours are virtues: for she teacheth temperance and prudence, justice and fortitude: which are such things, as men can have nothing more profitable in their life. [8] If a man desire much experience, she knoweth things of old, and conjectureth *aright* what is to come: she knoweth the subtilties of speeches, and can expound dark sentences: she foreseeth signs and wonders, and the events of seasons and times.

[9] Therefore I purposed to take her to me to live with me, knowing that she would be a counsellor of good things, and a comfort in cares and grief. [10] For her sake I shall have estimation among the multitude, and honour with the elders, though I be young. [11] I shall be found of a quick conceit in judgment, and shall be admired in the sight of great men. [12] When I hold my tongue, they shall bide my leisure, and when I speak, they shall give good ear unto me: if I talk much, they shall lay their hands upon their mouth.

[13] Moreover by the means of her I shall obtain immortality, and leave behind me an everlasting memorial to them that come after me. [14] I shall set the people in order, and the nations shall be subject unto me. [15] Horrible tyrants shall be afraid when they do but hear of me; I shall be found good among the multitude, and valiant in war. [16] After I am come into mine house, I will repose myself with her: for her conversation hath no bitterness; and to live with her hath no sorrow, but mirth and joy.

[17] Now when I considered these things in myself, and pondered them in my heart, how that to be allied unto wisdom is immortality; [18] and great pleasure it is to have her friendship; and in the works of her hands are infinite riches; and in the exercise of conference with her, prudence; and in talking with her, a good report; I went about seeking how to take her to me.

[19] For I was a witty child, and had a good spirit. [20] Yea rather, being good, I came into a body undefiled. [21] Nevertheless, when I perceived that

παντοκράτορος δόξης εἰλικρινής· διὰ τοῦτο οὐδὲν μεμιαμμένον εἰς αὐτὴν παρεμπίπτει. Ἀπαύγασμα γάρ ἐστι 26 φωτὸς ἀϊδίου, καὶ ἔσοπτρον ἀκηλίδωτον τῆς τοῦ Θεοῦ ἐνεργείας, καὶ εἰκὼν τῆς ἀγαθότητος αὐτοῦ. Μία δὲ οὖσα 27 πάντα δύναται, καὶ μένουσα ἐν αὐτῇ τὰ πάντα καινίζει, καὶ κατὰ γενεὰς εἰς ψυχὰς ὁσίας μεταβαίνουσα, φίλους Θεοῦ καὶ προφήτας κατασκευάζει.

Οὐθὲν γὰρ ἀγαπᾷ ὁ Θεός, εἰ μὴ τὸν σοφίᾳ συνοικοῦντα. 28 Ἔστι γὰρ αὕτη εὐπρεπεστέρα ἡλίου, καὶ ὑπὲρ πᾶσαν ἄσ- 29 τρων θέσιν, φωτὶ συγκρινομένη εὑρίσκεται προτέρα. Τοῦτο 30 μὲν γὰρ διαδέχεται νύξ, σοφίας δὲ οὐκ ἀντισχύει κακία.

Διατείνει δὲ ἀπὸ πέρατος εἰς πέρας εὐρώστως, καὶ 8 διοικεῖ τὰ πάντα χρηστῶς.

Ταύτην ἐφίλησα καὶ ἐξεζήτησα ἐκ νεότητός μου, καὶ 2 ἐζήτησα νύμφην ἀγαγέσθαι ἐμαυτῷ, καὶ ἐραστὴς ἐγενόμην τοῦ κάλλους αὐτῆς. Εὐγένειαν δοξάζει συμβίωσιν Θεοῦ 3 ἔχουσα, καὶ ὁ πάντων δεσπότης ἠγάπησεν αὐτήν. Μύστις 4 γάρ ἐστι τῆς τοῦ Θεοῦ ἐπιστήμης, καὶ αἱρετὶς τῶν ἔργων αὐτοῦ.

Εἰ δὲ πλοῦτός ἐστιν ἐπιθυμητὸν κτῆμα ἐν βίῳ, τί σοφίας 5 πλουσιώτερον τῆς τὰ πάντα ἐργαζομένης; Εἰ δὲ φρόνησις 6 ἐργάζεται, τίς αὐτῆς τῶν ὄντων μᾶλλόν ἐστι τεχνίτης; Καὶ εἰ δικαιοσύνην ἀγαπᾷ τις, οἱ πόνοι ταύτης εἰσὶν ἀρεταί· 7 σωφροσύνην γὰρ καὶ φρόνησιν ἐκδιδάσκει, δικαιοσύνην καὶ ἀνδρίαν, ὧν χρησιμώτερον οὐδέν ἐστιν ἐν βίῳ ἀνθρώποις. Εἰ δὲ καὶ πολυπειρίαν ποθεῖ τις, οἶδε τὰ ἀρχαῖα 8 καὶ τὰ μέλλοντα εἰκάζειν, ἐπίσταται στροφὰς λόγων καὶ λύσεις αἰνιγμάτων, σημεῖα καὶ τέρατα προγινώσκει, καὶ ἐκβάσεις καιρῶν καὶ χρόνων.

Ἔκρινα τοίνυν ταύτην ἀγαγέσθαι πρὸς συμβίωσιν, εἰδὼς 9 ὅτι ἔσται μοι σύμβουλος ἀγαθῶν, καὶ παραίνεσις φροντίδων καὶ λύπης. Ἔξω δι' αὐτὴν δόξαν ἐν ὄχλοις, καὶ 10 τιμὴν παρὰ πρεσβυτέροις ὁ νέος. Ὀξὺς εὑρεθήσομαι ἐν 11 κρίσει, καὶ ἐν ὄψει δυναστῶν θαυμασθήσομαι. Σιγῶντά 12 με περιμενοῦσι, καὶ φθεγγομένῳ προσέξουσι, καὶ λαλοῦντος ἐπὶ πλεῖον, χεῖρα ἐπιθήσουσιν ἐπὶ στόμα αὐτῶν.

Ἕξω δι' αὐτὴν ἀθανασίαν, καὶ μνήμην αἰώνιον τοῖς μετ' 13 ἐμὲ ἀπολείψω. Διοικήσω λαούς, καὶ ἔθνη ὑποταγήσεταί 14 μοι. Φοβηθήσονταί με ἀκούσαντες τύραννοι φρικτοί, ἐν 15 πλήθει φανοῦμαι ἀγαθός, καὶ ἐν πολέμῳ ἀνδρεῖος. Εἰσ- 16 ελθὼν εἰς τὸν οἶκόν μου προσαναπαύσομαι αὐτῇ· οὐ γὰρ ἔχει πικρίαν ἡ συναναστροφὴ αὐτῆς, οὐδὲ ὀδύνην ἡ συμβίωσις αὐτῆς, ἀλλὰ εὐφροσύνην καὶ χαράν.

Ταῦτα λογισάμενος ἐν ἐμαυτῷ, καὶ φροντίσας ἐν καρδίᾳ 17 μου, ὅτι ἐστὶν ἀθανασία ἐν συγγενείᾳ σοφίας, καὶ ἐν 18 φιλίᾳ αὐτῆς τέρψις ἀγαθή, καὶ ἐν πόνοις χειρῶν αὐτῆς πλοῦτος ἀνεκλιπής, καὶ ἐν συγγυμνασίᾳ ὁμιλίας αὐτῆς φρόνησις, καὶ εὔκλεια ἐν κοινωνίᾳ λόγων αὐτῆς, περιῄειν ζητῶν ὅπως λάβω αὐτὴν εἰς ἐμαυτόν.

Παῖς δὲ ἤμην εὐφυής, ψυχῆς τε ἔλαχον ἀγαθῆς, 19 μᾶλλον δὲ ἀγαθὸς ὢν ἦλθον εἰς σῶμα ἀμίαντον. 20 Γνοὺς δὲ ὅτι οὐκ ἄλλως ἔσομαι ἐγκρατής, ἐὰν μὴ ὁ Θεὸς 21

δῶ, καὶ τοῦτο δ᾽ ἦν φρονήσεως τὸ εἰδέναι τίνος ἡ χάρις, ἐνέτυχον τῷ Κυρίῳ, καὶ ἐδεήθην αὐτοῦ, καὶ εἶπον ἐξ ὅλης τῆς καρδίας μου,

9 Θεὲ πατέρων καὶ Κύριε τοῦ ἐλέους σου, ὁ ποιήσας τὰ

2 πάντα ἐν λόγῳ σου, καὶ τῇ σοφίᾳ σου κατεσκεύασας ἄνθρωπον, ἵνα δεσπόζῃ τῶν ὑπὸ σοῦ γενομένων κτισμάτων,

3 καὶ διέπῃ τὸν κόσμον ἐν ὁσιότητι καὶ δικαιοσύνῃ, καὶ ἐν

4 εὐθύτητι ψυχῆς κρίσιν κρίνῃ· δός μοι τὴν τῶν σῶν θρόνων πάρεδρον σοφίαν, καὶ μή με ἀποδοκιμάσῃς ἐκ παίδων σου.

5 Ὅτι ἐγὼ δοῦλος σὸς καὶ υἱὸς τῆς παιδίσκης σου, ἄνθρωπος ἀσθενὴς καὶ ὀλιγοχρόνιος καὶ ἐλάσσων ἐν συνέσει κρίσεως καὶ νόμων.

6 Κἂν γάρ τις ᾖ τέλειος ἐν υἱοῖς ἀνθρώπων, τῆς ἀπὸ σοῦ σοφίας ἀπούσης, εἰς οὐδὲν λογισθήσεται.

7 Σύ με προείλω βασιλέα λαοῦ σου, καὶ δικαστὴν υἱῶν

8 σου καὶ θυγατέρων. Εἶπας οἰκοδομῆσαι ναὸν ἐν ὄρει ἁγίῳ σου, καὶ ἐν πόλει κατασκηνώσεώς σου θυσιαστήριον,

9 μίμημα σκηνῆς ἁγίας ἣν προητοίμασας ἀπ᾽ ἀρχῆς. Καὶ μετὰ σοῦ ἡ σοφία ἡ εἰδυῖα τὰ ἔργα σου, καὶ παροῦσα ὅτε ἐποίεις τὸν κόσμον, καὶ ἐπισταμένη τί ἀρεστὸν ἐν ὀφθαλ-

10 μοῖς σου, καὶ τί εὐθὲς ἐν ἐντολαῖς σου. Ἐξαπόστειλον αὐτὴν ἐξ ἁγίων οὐρανῶν, καὶ ἀπὸ θρόνου δόξης σου πέμψον αὐτήν, ἵνα συμπαροῦσά μοι κοπιάσῃ, καὶ γνῶ τί

11 εὐάρεστόν ἐστι παρὰ σοί. Οἶδε γὰρ ἐκείνη πάντα καὶ συνιεῖ, καὶ ὁδηγήσει με ἐν ταῖς πράξεσί μου σωφρόνως,

12 καὶ φυλάξει με ἐν τῇ δόξῃ αὐτῆς. Καὶ ἔσται προσδεκτὰ τὰ ἔργα μου, καὶ διακρινῶ τὸν λαόν σου δικαίως, καὶ ἔσομαι ἄξιος θρόνων πατρός μου.

13 Τίς γὰρ ἄνθρωπος γνώσεται βουλὴν Θεοῦ; ἢ τίς ἐν-

14 θυμηθήσεται τί θέλει ὁ Κύριος; Λογισμοὶ γὰρ θνητῶν

15 δειλοὶ, καὶ ἐπισφαλεῖς αἱ ἐπίνοιαι ἡμῶν. Φθαρτὸν γὰρ σῶμα βαρύνει ψυχὴν, καὶ βρίθει τὸ γεῶδες σκῆνος νοῦν

16 πολυφροντίδα. Καὶ μόλις εἰκάζομεν τὰ ἐπὶ γῆς, καὶ τὰ ἐν χερσὶν εὑρίσκομεν μετὰ πόνου· τὰ δὲ ἐν οὐρανοῖς τίς

17 ἐξιχνίασε; Βουλὴν δέ σου τίς ἔγνω, εἰ μὴ σὺ ἔδωκας σοφίαν, καὶ ἔπεμψας τὸ ἅγιόν σου πνεῦμα ἀπὸ ὑψίστων;

18 Καὶ οὕτως διωρθώθησαν αἱ τρίβοι τῶν ἐπὶ γῆς, καὶ τὰ ἀρεστά σου ἐδιδάχθησαν ἄνθρωποι, καὶ τῇ σοφίᾳ ἐσώθησαν.

10 Αὕτη πρωτόπλαστον πατέρα κόσμου μόνον κτισθέντα διεφύλαξε, καὶ ἐξείλατο αὐτὸν ἐκ παραπτώματος ἰδίου,

2 ἔδωκέ τε αὐτῷ ἰσχὺν κρατῆσαι ἁπάντων.

3 Ἀποστὰς δὲ ἀπ᾽ αὐτῆς ἄδικος ἐν ὀργῇ αὐτοῦ, ἀδελφο-

4 κτόνοις συναπώλετο θυμοῖς, δι᾽ ὃν κατακλυζομένην γῆν πάλιν διέσωσε σοφία, δι᾽ εὐτελοῦς ξύλου τὸν δίκαιον

5 κυβερνήσασα. Αὕτη καὶ ἐν ὁμονοίᾳ πονηρίας ἐθνῶν συγχυθέντων εὗρε τὸν δίκαιον, καὶ ἐτήρησεν αὐτὸν ἄμεμπτον Θεῷ, καὶ ἐπὶ τέκνου σπλάγχνοις ἰσχυρὸν ἐφύλαξεν.

6 Αὕτη δίκαιον, ἐξαπολλυμένων ἀσεβῶν, ἐρρύσατο

7 φυγόντα πῦρ καταβάσιον Πενταπόλεως· οἷς ἐπὶ μαρτύριον τῆς πονηρίας καπνιζομένη καθέστηκε χέρσος, καὶ ἀτε-

I could not otherwise obtain her, except God gave me her; and that was a point of wisdom also to know whose gift she was; I prayed unto the Lord, and besought him, and with my whole heart I said,

O God of my fathers, and Lord of mercy, who hast made all things with thy word, [2] and ordained man through thy wisdom, that he should have dominion over the creatures which thou hast made, [3] and order the world according to equity and righteousness, and execute judgment with an upright heart: [4] give me wisdom, that sitteth by thy throne; and reject me not from among thy children: [5] for I thy servant and son of thine handmaid am a feeble person, and of a short time, and too young for the understanding of judgment and laws.

[6] For though a man be never so perfect among the children of men, yet if thy wisdom be not with him, he shall be nothing regarded.

[7] Thou hast chosen me to be a king of thy people, and a judge of thy sons and daughters: [8] thou hast commanded me to build a temple upon thy holy mount, and an altar in the city wherein thou dwellest, a resemblance of the holy tabernacle, which thou hast prepared from the beginning. [9] And wisdom was with thee: which knoweth thy works, and was present when thou madest the world, and knew what was acceptable in thy sight, and right in thy commandments. [10] O send her out of thy holy heavens, and from the throne of thy glory, that being present she may labour with me, that I may know what is pleasing unto thee. [11] For she knoweth and understandeth all things, and she shall lead me soberly in my doings, and preserve me in her power. [12] So shall my works be acceptable, and then shall I judge thy people righteously, and be worthy to sit in my father's seat.

[13] For what man is he that can know the counsel of God? or who can think what the will of the Lord is? [14] For the thoughts of mortal men are miserable, and our devices are but uncertain. [15] For the corruptible body presseth down the soul, and the earthy tabernacle weigheth down the mind that museth upon many things. [16] And hardly do we guess aright at things that are upon earth, and with labour do we find the things that are before us: but the things that are in heaven who hath searched out? [17] And thy counsel who hath known, except thou give wisdom, and send thy Holy Spirit from above? [18] For so the ways of them which lived on the earth were reformed, and men were taught the things that are pleasing unto thee, and were saved through wisdom.

She preserved the first formed father of the world, that was created alone, and brought him out of his fall, [2] and gave him power to rule all things.

[3] But when the unrighteous went away from her in his anger, he perished also in the fury wherewith he murdered his brother. [4] For whose cause the earth being drowned with the flood, wisdom again preserved it, and directed the course of the righteous in a piece of wood of small value. [5] Moreover, the nations in their wicked conspiracy being confounded, she found out the righteous, and preserved him blameless unto God, and kept him strong against his tender compassion toward his son.

[6] When the ungodly perished, she delivered the righteous man, who fled from the fire which fell down upon the five cities. [7] Of whose wickedness, even to this day the waste land that smoketh is a testimony, and plants bearing fruit that never

come to ripeness: and a standing pillar of salt is a monument of an unbelieving soul. [8] For regarding not wisdom, they gat not only this hurt, that they knew not the things which were good; but also left behind them to the world a memorial of their foolishness: so that in the things wherein they offended they could not so much as be hid. [9] But wisdom delivered from pain those that attended upon her.

[10] When the righteous fled from his brother's wrath, she guided him in right paths, shewed him the kingdom of God, and gave him knowledge of holy things, made him rich in his travels, and multiplied *the fruit of* his labours. [11] In the covetousness of such as oppressed him she stood by him, and made him rich. [12] She defended him from his enemies, and kept him safe from those that lay in wait, and in a sore conflict she gave him the victory; that he might know that godliness is stronger than all.

[13] When the righteous was sold, she forsook him not, but delivered him from sin: she went down with him into the pit, [14] and left him not in bonds, till she brought him the sceptre of the kingdom, and power against those that oppressed him: as for them that had accused him, she shewed them to be liars, and gave him perpetual glory.

[15] She delivered the righteous people and blameless seed from the nation that oppressed them.

[16] She entered into the soul of the servant of the Lord, and withstood dreadful kings in wonders and signs; [17] rendered to the righteous a reward of their labours, guided them in a marvellous way, and was unto them for a cover by day, and a light of stars in the night season; [18] brought them through the Red sea, and led them through much water: [19] but she drowned their enemies, and cast them up out of the bottom of the deep. [20] Therefore the righteous spoiled the ungodly, and praised thy holy name, O Lord, and magnified with one accord thine hand, that fought for them. [21] For wisdom opened the mouth of the dumb, and made the tongues of them that cannot speak eloquent.

She prospered their works in the hand of the holy prophet. [2] They went through the wilderness that was not inhabited, and pitched tents in places where there lay no way. [3] They stood against their enemies, and were avenged of their adversaries. [4] When they were thirsty, they called upon thee, and water was given them out of the flinty rock, and their thirst was quenched out of the hard stone. [5] For by what things their enemies were punished, by the same they in their need were benefited. [6] For instead of a fountain of a perpetual running river troubled with foul blood, [7] for a manifest reproof of that commandment, whereby the infants were slain, thou gavest unto them abundance of water by a means which they hoped not for: [8] declaring by that thirst then how thou hadst punished their adversaries.

[9] For when they were tried, albeit but in mercy chastised, they knew how the ungodly were judged in wrath and tormented, β thirsting in another manner than the just. [10] For these thou didst admonish and try, as a father: but the others, as a severe king, thou didst condemn and punish. [11] Whether they were absent or present, they were vexed alike. [12] For a double grief came upon them, and a groaning for the remembrance of things past. [13] For when they heard by their own punishments the other to be benefited,

λέσιν ὥραις καρποφοροῦντα φυτά· ἀπιστούσης ψυχῆς μνημεῖον ἑστηκυῖα στήλη ἁλός. Σοφίαν γὰρ παροδεύ- [8] σαντες οὐ μόνον ἐβλάβησαν τοῦ μὴ γνῶναι τὰ καλὰ, ἀλλὰ καὶ τῆς ἀφροσύνης ἀπέλιπον τῷ βίῳ μνημόσυνον, ἵνα ἐν οἷς ἐσφάλησαν μηδὲ λαθεῖν δυνηθῶσι. Σοφία δὲ [9] τοὺς θεραπεύσαντας αὐτὴν ἐκ πόνων ἐρρύσατο.

Αὕτη φυγάδα ὀργῆς ἀδελφοῦ δίκαιον ὡδήγησεν ἐν [10] τρίβοις εὐθείαις, ἔδειξεν αὐτῷ βασιλείαν Θεοῦ, καὶ ἔδωκεν αὐτῷ γνῶσιν ἁγίων, εὐπόρησεν αὐτὸν ἐν μόχθοις, καὶ ἐπλή- θυνε τοὺς πόνους αὐτοῦ. Ἐν πλεονεξίᾳ κατισχυόντων [11] αὐτὸν παρέστη, καὶ ἐπλούτισεν αὐτόν. Διεφύλαξεν αὐτὸν [12] ἀπὸ ἐχθρῶν, καὶ ἀπὸ ἐνεδρευόντων ἠσφαλίσατο, καὶ ἀγῶνα ἰσχυρὸν ἐβράβευσεν αὐτῷ, ἵνα γνῷ, ὅτι παντὸς δυνατωτέρα ἐστὶν εὐσέβεια.

Αὕτη πραθέντα δίκαιον οὐκ ἐγκατέλιπεν, ἀλλὰ ἐξ ἁμαρ- [13] τίας ἐρρύσατο αὐτόν· συγκατέβη αὐτῷ εἰς λάκκον, καὶ ἐν [14] δεσμοῖς οὐκ ἀφῆκεν αὐτὸν, ἕως ἤνεγκεν αὐτῷ σκῆπτρα βα- σιλείας καὶ ἐξουσίαν τυραννούντων αὐτοῦ· ψευδεῖς τε ἔδειξε τοὺς μωμησαμένους αὐτὸν, καὶ ἔδωκεν αὐτῷ δόξαν αἰώνιον.

Αὕτη λαὸν ὅσιον καὶ σπέρμα ἄμεμπτον ἐρρύσατο ἐξ [15] ἔθνους θλιβόντων.

Εἰσῆλθεν εἰς ψυχὴν θεράποντος Κυρίου, καὶ ἀντέστη [16] βασιλεῦσι φοβεροῖς ἐν τέρασι καὶ σημείοις. Ἀπέδωκεν [17] ὁσίοις μισθὸν κόπων αὐτῶν, ὡδήγησεν αὐτοὺς ἐν ὁδῷ θαυμαστῇ, καὶ ἐγένετο αὐτοῖς εἰς σκέπην ἡμέρας, καὶ εἰς φλόγα ἄστρων τὴν νύκτα. Διεβίβασεν αὐτοὺς θάλασσαν [18] ἐρυθρὰν, καὶ διήγαγεν αὐτοὺς δι᾽ ὕδατος πολλοῦ. Τοὺς [19] δὲ ἐχθροὺς αὐτῶν κατέκλυσε, καὶ ἐκ βάθους ἀβύσσου ἀνέ- βρασεν αὐτούς. Διὰ τοῦτο δίκαιοι ἐσκύλευσαν ἀσεβεῖς, [20] καὶ ὕμνησαν Κύριε τὸ ὄνομα τὸ ἅγιόν σου, τήν τε ὑπέρ- μαχόν σου χεῖρα ᾔνεσαν ὁμοθυμαδόν. Ὅτι ἡ σοφία [21] ἤνοιξε στόμα κωφῶν, καὶ γλώσσας νηπίων ἔθηκε τρανάς.

Εὐωδῶσε τὰ ἔργα αὐτῶν ἐν χειρὶ προφήτου ἁγίου. [11] Διώδευσαν ἔρημον ἀοίκητον, καὶ ἐν ἀβάτοις ἔπηξαν σκη- [2] νάς. Ἀντέστησαν πολεμίοις, καὶ ἠμύναντο ἐχθρούς. [3] Ἐδίψησαν καὶ ἐπεκαλέσαντό σε, καὶ ἐδόθη αὐτοῖς ἐκ [4] πέτρας ἀκροτόμου ὕδωρ, καὶ ἴαμα δίψης ἐκ λίθου σκλη- ροῦ. Δι᾽ ὧν γὰρ ἐκολάσθησαν οἱ ἐχθροὶ αὐτῶν, διὰ [5] τούτων αὐτοὶ ἀποροῦντες εὐεργετήθησαν. Ἀντὶ μὲν [6] πηγῆς ἀεννάου ποταμοῦ αἵματι λυθρώδει ταραχθέντες εἰς [7] ἔλεγχον νηπιοκτόνου διατάγματος, ἔδωκας αὐτοῖς δαψιλὲς ὕδωρ ἀνελπίστως· δείξας διὰ τοῦ τότε δίψους πῶς τοὺς [8] ὑπεναντίους ἐκόλασας.

Ὅτε γὰρ ἐπειράσθησαν, καίπερ ἐν ἐλέει παιδευόμενοι, [9] ἔγνωσαν πῶς ἐν ὀργῇ κρινόμενοι ἀσεβεῖς ἐβασανίζοντο. Τούτους μὲν γὰρ ὡς πατὴρ νουθετῶν ἐδοκίμασας, ἐκείνους [10] δὲ ὡς ἀπότομος βασιλεὺς καταδικάζων ἐξήτασας. Καὶ [11] ἀπόντες δὲ καὶ παρόντες ὁμοίως ἐτρύχοντο. Διπλῆ γὰρ [12] αὐτοὺς ἔλαβε λύπη, καὶ στεναγμὸς μνημῶν τῶν παρελ- θουσῶν. Ὅτε γὰρ ἤκουσαν διὰ τῶν ἰδίων κολάσεων [13]

β For Greek, see ver. 14.

14 εὐεργετουμένους αὐτούς, ἤσθοντο τοῦ Κυρίου.   Τὸν γὰρ
ἐν ἐκθέσει πάλαι ῥιφέντα ἀπεῖπον χλευάζοντες, ἐπὶ τέλει
τῶν ἐκβάσεων ἐθαύμασαν, οὐχ ὅμοια δικαίοις διψήσαντες.

15 Ἀντὶ δὲ λογισμῶν ἀσυνέτων ἀδικίας αὐτῶν, ἐν οἷς πλα-
νηθέντες ἐθρήσκευον ἄλογα ἑρπετὰ καὶ κνώδαλα εὐτελῆ,
ἐπαπέστειλας αὐτοῖς πλῆθος ἀλόγων ζώων εἰς ἐκδίκησιν,

16 ἵνα γνῶσιν ὅτι δι' ὧν τις ἁμαρτάνει, διὰ τούτων κολάζεται.

17 Οὐ γὰρ ἠπόρει ἡ παντοδύναμός σου χεὶρ κτίσασα τὸν
κόσμον ἐξ ἀμόρφου ὕλης, ἐπιπέμψαι αὐτοῖς πλῆθος

18 ἄρκων, ἢ θρασεῖς λέοντας, ἢ νεοκτίστους θυμοῦ πλήρεις
θῆρας ἀγνώστους, ἤτοι πυρπνόον φυσῶντας ἆσθμα, ἢ βρό-
μους λικμωμένους καπνοῦ, ἢ δεινοὺς ἀπ' ὀμμάτων σπιν-

19 θῆρας ἀστράπτοντας· ὧν οὐ μόνον ἡ βλάβη ἠδύνατο
συνεκτρίψαι αὐτούς, ἀλλὰ καὶ ἡ ὄψις ἐκφοβήσασα διολέ-

20 σαι.   Καὶ χωρὶς δὲ τούτων, ἑνὶ πνεύματι πεσεῖν ἐδύναντο
ὑπὸ τῆς δίκης διωχθέντες, καὶ λικμηθέντες ὑπὸ πνεύματος
δυνάμεώς σου· ἀλλὰ πάντα μέτρῳ καὶ ἀριθμῷ καὶ σταθμῷ

21 διέταξας.   Τὸ γὰρ μεγάλως ἰσχύειν πάρεστί σοι πάντοτε,

22 καὶ κράτει βραχίονός σου τίς ἀντιστήσεται;   Ὅτι ὡς
ῥοπὴ ἐκ πλαστίγγων ὅλος ὁ κόσμος ἐναντίον σου, καὶ
ὡς ῥανὶς δρόσου ὀρθρινὴ κατελθοῦσα ἐπὶ γῆν.

23 Ἐλεεῖς δὲ πάντας, ὅτι πάντα δύνασαι, καὶ παρορᾷς

24 ἁμαρτήματα ἀνθρώπων εἰς μετάνοιαν.   Ἀγαπᾷς γὰρ τὰ
ὄντα πάντα, καὶ οὐδὲν βδελύσσῃ ὧν ἐποίησας, οὐδὲ γὰρ

25 ἂν μισῶν τι κατεσκεύασας.   Πῶς δὲ ἔμεινεν ἄν τι εἰ μὴ

26 σὺ ἐθέλησας; ἢ τὸ μὴ κληθὲν ὑπὸ σοῦ διετηρήθη;   Φείδῃ
δὲ πάντων, ὅτι σά ἐστι, δέσποτα φιλόψυχε.

12 Τὸ γὰρ ἄφθαρτόν σου πνεῦμά ἐστιν ἐν πᾶσι.   Διὸ

2 τοὺς παραπίπτοντας κατ' ὀλίγον ἐλέγχεις, καὶ ἐν οἷς
ἁμαρτάνουσιν ὑπομιμνήσκων νουθετεῖς, ἵνα ἀπαλλαγέντες

3 τῆς κακίας πιστεύσωσιν ἐπὶ σὲ Κύριε.   Καὶ γὰρ τοὺς

4 παλαιοὺς οἰκήτορας τῆς ἁγίας σου γῆς μισήσας, ἐπὶ τῷ
ἔχθιστα πράσσειν ἔργα φαρμακειῶν, καὶ τελετὰς ἀνοσίους,

5 τέκνων τε φονέας ἀνελεήμονας, καὶ σπλαγχνοφάγων

6 ἀνθρωπίνων σαρκῶν θοίναν, καὶ αἵματος ἐκ μέσου μυστα-
θείας σου, καὶ αὐθέντας γονεῖς ψυχῶν ἀβοηθήτων, ἐβου-

7 λήθης ἀπολέσαι διὰ χειρῶν πατέρων ἡμῶν· ἵνα ἀξίαν
ἀποικίαν δέξηται Θεοῦ παίδων ἡ παρὰ σοὶ πασῶν τιμιω-
τάτη γῆ.

8 Ἀλλὰ καὶ τούτων ὡς ἀνθρώπων ἐφείσω, ἀπέστειλάς τε
προδρόμους τοῦ στρατοπέδου σου σφῆκας, ἵνα αὐτοὺς

9 καταβραχὺ ἐξολοθρεύσωσιν.   Οὐκ ἀδυνατῶν ἐν παρατάξει
ἀσεβεῖς δικαίοις ὑποχειρίους δοῦναι, ἢ θηρίοις δεινοῖς

10 ἢ λόγῳ ἀποτόμῳ ὑφ' ἓν ἐκτρίψαι· κρίνων δὲ καταβραχὺ
ἐδίδους τόπον μετανοίας, οὐκ ἀγνοῶν, ὅτι πονηρὰ ἡ
γένεσις αὐτῶν, καὶ ἔμφυτος ἡ κακία αὐτῶν, καὶ ὅτι οὐ

11 μὴ ἀλλαγῇ ὁ λογισμὸς αὐτῶν εἰς τὸν αἰῶνα· σπέρμα γὰρ
ἦν κατηραμένον ἀπ' ἀρχῆς· οὐδὲ εὐλαβούμενός τινα, ἐφ'

12 οἷς ἡμάρτανον ἄδειαν ἐδίδους.   Τίς γὰρ ἐρεῖ, τί ἐποίη-
σας; ἢ τίς ἀντιστήσεται τῷ κρίματί σου; τίς δὲ ἐγκαλέσει
σοι κατὰ ἐθνῶν ἀπολωλότων, ἃ σὺ ἐποίησας; ἢ τίς εἰς
κατάστασίν σοι ἐλεύσεται ἔκδικος κατὰ ἀδίκων ἀνθρώπων;

they had some feeling of the Lord.   14 For whom
they rejected with scorn, when he was long before
thrown out at the casting forth *of the infants*, him
in the end, when they saw what came to pass, they
admired.

15 But for the foolish devices of their wickedness,
wherewith being deceived they worshipped serpents
void of reason, and vile beasts, thou didst send a
multitude of unreasonable beasts upon them for ven-
geance: 16 that they might know, that wherewithal
a man sinneth, by the same shall he be punished.

17 For thy Almighty hand, that made the world
of matter without form, wanted not means to send
among them a multitude of bears, or fierce lions,
18 or unknown wild beasts, full of rage, newly
created, breathing out either a fiery vapour, or
filthy scents of scattered smoke, or shooting
horrible sparkles out of their eyes: 19 whereof
not only the harm might dispatch them at once,
but also the terrible sight utterly destroy them.
20 Yea, and without these might they have fallen
down with one blast, being persecuted of venge-
ance, and scattered abroad through the breath of
thy power: but thou hast ordered all things in
measure and number and weight.   21 For thou
canst shew thy great strength at all times when
thou wilt; and who may withstand the power of
thine arm? 22 For the whole world before thee is
as a little grain of the balance, yea, as a drop of the
morning dew that falleth down upon the earth.

23 But thou hast mercy upon all; for thou canst
do all things, and winkest at the sins of men,
because they should amend.   24 For thou lovest all
the things that are, and abhorrest nothing which
thou hast made: for never wouldest thou have
made any thing, if thou hadst hated it.   25 And
how could any thing have endured, if it had not
been thy will? or been preserved, if not called
by thee? 26 But thou sparest all: for they are
thine, O Lord, thou lover of souls.
For thine incorruptible Spirit is in all things.
2 Therefore chastenest thou them by little and
little that offend, and warnest them by putting
them in remembrance wherein they have offended,
that leaving their wickedness they may believe on
thee, O Lord.   3 For it was thy will to destroy
by the hands of our fathers both those old inhabit-
ants of thy holy land, 4 whom thou hatedst for
doing most odious works of witchcrafts, and
wicked sacrifices; 5 and also those merciless mur-
derers of children, and devourers of man's flesh, and
the feasts of blood, 6 with their priests out of the
midst of their idolatrous crew, and the parents,
that killed with their own hands souls destitute
of help: 7 that the land, which thou esteemedst
above all other, might receive a worthy colony
of God's children.

8 Nevertheless even those thou sparedst as men,
and didst send wasps, forerunners of thine host,
to destroy them by little and little. 9 Not that thou
wast unable to bring the ungodly under the hand of
the righteous in battle, or to destroy them at once
with cruel beasts, or with one rough word: 10 but
executing thy judgments upon them by little and
little, thou gavest them place of repentance, not
being ignorant that they were a naughty generation,
and that their malice was bred in them, and that
their cogitation would never be changed.   11 For
it was a cursed seed from the beginning; neither
didst thou for fear of any man give them pardon
for those things wherein they sinned. 12 For who
shall say, What hast thou done? or who shall
withstand thy judgment? or who shall accuse thee
for the nations that perish, whom thou hast made?
or who shall come to stand against thee, to be

revenged for the unrighteous men? ¹³ For neither is there any God but thou that careth for all, to whom thou mightest shew that thy judgment is not unright. ¹⁴ Neither shall king or tyrant be able to set his face against thee for any whom thou hast punished. ¹⁵ Forsomuch then as thou art righteous thyself, thou orderest all things righteously: thinking it not agreeable with thy power to condemn him that hath not deserved to be punished. ¹⁶ For thy power is the beginning of righteousness, and because thou art the Lord of all, it maketh thee to be gracious unto all. ¹⁷ For when men will not believe that thou art of a full power, thou shewest thy strength, and among them that know it thou makest their boldness manifest. ¹⁸ But thou, mastering thy power, judgest with equity, and orderest us with great favour: for thou mayest use power when thou wilt. ¹⁹ But by such works hast thou taught thy people that the just man should be merciful, and hast made thy children to be of a good hope that thou givest repentance for sins. ²⁰ For if thou didst punish the enemies of thy children, and the condemned to death, with such deliberation, giving them time and place whereby they might be delivered from their malice: ²¹ with how great circumspection didst thou judge thine own sons, unto whose fathers thou hast sworn, and made covenants of good promises? ²² Therefore, whereas thou dost chasten us, thou scourgest our enemies a thousand times more, to the intent that, when we judge, we should carefully think of thy goodness, and when we ourselves are judged, we should look for mercy. ²³ Wherefore, whereas men have lived dissolutely and unrighteously, thou hast tormented them with their own abominations. ²⁴ For they went astray very far in the ways of error, and held them for gods, which even among the beasts of their enemies were despised, being deceived, as children of no understanding. ²⁵ Therefore unto them, as to children without the use of reason, thou didst send a judgment to mock them. ²⁶ But they that would not be reformed by that correction, wherein he dallied with them, shall feel a judgment worthy of God. ²⁷ For, look, for what things they grudged, when they were punished, that is, for them whom they thought to be gods; [now] being punished in them, when they saw it, they acknowledged him to be the true God, whom before they denied to know; and therefore came extreme damnation upon them.

Surely vain are all men by nature, who are ignorant of God, and could not out of the good things that are seen know him that is: neither by considering the works did they acknowledge the workmaster; ² but deemed either fire, or wind, or the swift air, or the circle of the stars, or the violent water, or the lights of heaven, to be the gods which govern the world. ³ With whose beauty if they being delighted took them to be gods; let them know how much better the Lord of them is: for the first author of beauty hath created them. ⁴ But if they were astonished at their power and virtue, let them understand by them, how much mightier he is that made them. ⁵ For by the greatness and beauty of the creatures proportionably the maker of them is seen. ⁶ But yet for this they are the less to be blamed: for they peradventure err, seeking God, and desirous to find him. ⁷ For being conversant in his works they search *him* diligently, and believe their sight: because the things are beautiful that are seen. ⁸ Howbeit neither are they to be

Οὔτε γὰρ Θεός ἐστι πλὴν σοῦ, ᾧ μέλει περὶ πάντων, 13 ἵνα δείξῃς ὅτι οὐκ ἀδίκως ἔκρινας.

Οὔτε βασιλεὺς ἢ τύραννος ἀντοφθαλμῆσαι δυνήσεταί 14 σοι περὶ ὧν ἀπώλεσας. Δίκαιος δὲ ὢν δικαίως τὰ πάντα 15 διέπεις, αὐτὸν τὸν μὴ ὀφείλοντα κολασθῆναι καταδικάσαι ἀλλότριαν ἡγούμενος τῆς σῆς δυνάμεως. Ἡ γὰρ ἰσχύς 16 σου δικαιοσύνης ἀρχή, καὶ τὸ πάντων σε δεσπόζειν, πάντων φείδεσθαι ποιεῖ. Ἰσχὺν γὰρ ἐνδείκνυσαι ἀπιστού- 17 μενος ἐπὶ δυνάμεως τελειότητι, καὶ ἐν τοῖς εἰδόσι τὸ θράσος ἐξελέγχεις. Σὺ δὲ δεσπόζων ἰσχύος ἐν ἐπιεικείᾳ κρίνεις 18 καὶ μετὰ πολλῆς φειδοῦς διοικεῖς ἡμᾶς· πάρεστι γάρ σοι ὅταν θέλῃς τὸ δύνασθαι.

Ἐδίδαξας δέ σου τὸν λαὸν διὰ τῶν τοιούτων ἔργων, 19 ὅτι δεῖ τὸν δίκαιον εἶναι φιλάνθρωπον· καὶ εὐέλπιδας ἐποίησας τοὺς υἱούς σου, ὅτι δίδως ἐπὶ ἁμαρτήμασι μετά- νοιαν. Εἰ γὰρ ἐχθροὺς παίδων σου καὶ ὀφειλομένους 20 θανάτῳ μετὰ τοσαύτης ἐτιμώρησας προσοχῆς καὶ δεήσεως, δοὺς χρόνους καὶ τόπον δι᾽ ὧν ἀπαλλαγῶσι τῆς κακίας· μετὰ πόσης ἀκριβείας ἔκρινας τοὺς υἱούς σου ὧν τοῖς 21 πατράσιν ὅρκους καὶ συνθήκας ἔδωκας ἀγαθῶν ὑπο- σχέσεων; Ἡμᾶς οὖν παιδεύων, τοὺς ἐχθροὺς ἡμῶν ἐν 22 μυριότητι μαστιγοῖς, ἵνα σου τὴν ἀγαθότητα μεριμνῶμεν κρίνοντες, κρινόμενοι δὲ προσδοκῶμεν ἔλεος.

Ὅθεν καὶ τοὺς ἐν ἀφροσύνῃ ζωῆς βιώσαντας ἀδίκους, 23 διὰ τῶν ἰδίων ἐβασάνισας βδελυγμάτων. Καὶ γὰρ τῶν 24 πλάνης ὁδῶν μακρότερον ἐπλανήθησαν, θεοὺς ὑπολαμβά- νοντες τὰ καὶ ἐν ζῴοις τῶν ἐχθρῶν ἄτιμα, νηπίων δίκην ἀφρόνων ψευσθέντες. Διὰ τοῦτο ὡς παισὶν ἀλογίστοις 25 τὴν κρίσιν εἰς ἐμπαιγμὸν ἔπεμψας. Οἱ δὲ παιγνίοις 26 ἐπιτιμήσεως μὴ νουθετηθέντες, ἀξίαν Θεοῦ κρίσιν πειρά- σουσιν. Ἐφ᾽ οἷς γὰρ αὐτοὶ πάσχοντες ἠγανάκτουν, ἐπὶ 27 τούτοις οὓς ἐδόκουν θεούς, ἐν αὐτοῖς κολαζόμενοι, ἰδόντες ὃν πάλαι ἠρνοῦντο εἰδέναι, Θεὸν ἐπέγνωσαν ἀληθῆ· διὸ καὶ τὸ τέρμα τῆς καταδίκης ἐπ᾽ αὐτοὺς ἐπῆλθε.

Μάταιοι μὲν γὰρ πάντες ἄνθρωποι φύσει, οἷς παρῆν 13 Θεοῦ ἀγνωσία, καὶ ἐκ τῶν ὁρομένων ἀγαθῶν οὐκ ἴσχυσαν εἰδέναι τὸν ὄντα, οὔτε τοῖς ἔργοις προσχόντες ἐπέγνωσαν τὸν τεχνίτην. Ἀλλ᾽ ἢ πῦρ, ἢ πνεῦμα, ἢ ταχινὸν ἀέρα, 2 ἢ κύκλον ἄστρων, ἢ βίαιον ὕδωρ, ἢ φωστῆρας οὐρανοῦ, πρυτάνεις κόσμου θεοὺς ἐνόμισαν. Ὧν εἰ μὲν τῇ καλ- 3 λονῇ τερπόμενοι, θεοὺς ὑπελάμβανον, γνώτωσαν πόσῳ τούτων ὁ δεσπότης ἐστὶ βελτίων· ὁ γὰρ τοῦ κάλλους γενεσιάρχης ἔκτισεν αὐτά. Εἰ δὲ δύναμιν καὶ ἐνέργειαν 4 ἐκπλαγέντες, νοησάτωσαν ἀπ᾽ αὐτῶν πόσῳ ὁ κατα- σκευάσας αὐτὰ δυνατώτερός ἐστιν.

Ἐκ γὰρ μεγέθους καλλονῆς κτισμάτων ἀναλόγως ὁ 5 γενεσιουργὸς αὐτῶν θεωρεῖται. Ἀλλ᾽ ὅμως ἐπὶ τούτοις 6 ἐστὶ μέμψις ὀλίγη, καὶ γὰρ αὐτοὶ τάχα πλανῶνται Θεὸν ζητοῦντες, καὶ θέλοντες εὑρεῖν. Ἐν γὰρ τοῖς ἔργοις 7 αὐτοῦ ἀναστρεφόμενοι διερευνῶσι, καὶ πείθονται τῇ ὄψει· ὅτι καλὰ τὰ βλεπόμενα. Πάλιν δὲ οὐδ᾽ αὐτοὶ συγγνωστοί, 8

9 Εἰ γὰρ τοσοῦτον ἴσχυσαν εἰδέναι, ἵνα δύνωνται στοχά-
σασθαι τὸν αἰῶνα, τὸν τούτων δεσπότην πῶς τάχιον οὐχ
εὗρον;

10 Ταλαίπωροι δὲ καὶ ἐν νεκροῖς αἱ ἐλπίδες αὐτῶν, οἵτινες
ἐκάλεσαν θεοὺς ἔργα χειρῶν ἀνθρώπων, χρυσὸν καὶ ἄργυ-
ρον τέχνης ἐμμελέτημα, καὶ ἀπεικάσματα ζώων, ἢ λίθον

11 ἄχρηστον χειρὸς ἔργον ἀρχαίας. Εἰ δὲ καί τις ὑλοτόμος
τέκτων εὐκίνητον φυτὸν ἐκπρίσας, περιέξυσεν εὐμαθῶς
πάντα τὸν φλοιὸν αὐτοῦ, καὶ τεχνησάμενος εὐπρεπῶς

12 κατεσκεύασε χρήσιμον σκεῦος εἰς ὑπηρεσίαν ζωῆς, τὰ δὲ
ἀποβλήματα τῆς ἐργασίας εἰς ἑτοιμασίαν τροφῆς ἀνα-

13 λώσας ἐνεπλήσθη, τὸ δὲ ἐξ αὐτῶν ἀπόβλημα εἰς οὐθὲν
εὔχρηστον, ξύλον σκολιὸν, καὶ ὄζοις συμπεφυκὸς, λαβὼν
ἔγλυψεν ἐν ἐπιμελείᾳ ἀργίας αὐτοῦ, καὶ ἐμπειρίᾳ συνέσεως

14 ἐτύπωσεν αὐτὸ, ἀπείκασεν αὐτὸ εἰκόνι ἀνθρώπου, ἢ ζώῳ
τινὶ εὐτελεῖ ὡμοίωσεν αὐτὸ, καταχρίσας μίλτῳ, καὶ φύκει
ἐρυθήνας χρόαν αὐτοῦ, καὶ πᾶσαν κηλίδα τὴν ἐν αὐτῷ

15 καταχρίσας. Καὶ ποιήσας αὐτῷ αὐτοῦ ἄξιον οἴκημα, ἐν

16 τοίχῳ ἔθηκεν αὐτὸ ἀσφαλισάμενος σιδήρῳ· ἵνα μὲν οὖν
μὴ καταπέσῃ, προενόησεν αὐτοῦ, εἰδὼς ὅτι ἀδυνατεῖ ἑαυτῷ
βοηθῆσαι, καὶ γάρ ἐστιν εἰκὼν, καὶ χρείαν ἔχει βοηθείας.

17 Περὶ δὲ κτημάτων καὶ γάμων αὐτοῦ καὶ τέκνων
προσευχόμενος, οὐκ αἰσχύνεται τῷ ἀψύχῳ προσλαλῶν.

18 Καὶ περὶ μὲν ὑγιείας τὸ ἀσθενὲς ἐπικαλεῖται, περὶ δὲ
ζωῆς τὸν νεκρὸν ἀξιοῖ, περὶ δὲ ἐπικουρίας τὸν ἀπειρότατον
ἱκετεύει, περὶ δὲ ὁδοιπορίας τὸ μηδὲ βάσει χρῆσθαι δυνά-

19 μενον, περὶ δὲ πορισμοῦ καὶ ἐργασίας καὶ χειρῶν ἐπιτυχίας
τὸ ἀδρανέστατον ταῖς χερσὶν εὐδράνειαν αἰτεῖται.

14 Πλοῦν τις πάλιν στελλόμενος, καὶ ἄγρια μέλλων
διοδεύειν κύματα, τοῦ φέροντος αὐτὸν πλοίου σαθρό-

2 τερον ξύλον ἐπιβοᾶται. Ἐκεῖνο μὲν γὰρ ὄρεξις πορισ-

3 μῶν ἐπενόησε, τεχνίτης δὲ σοφίᾳ κατεσκεύασεν· ἡ δὲ σὴ,
Πάτερ, διακυβερνᾷ πρόνοια, ὅτι ἔδωκας καὶ ἐν θαλάσσῃ

4 ὁδὸν καὶ ἐν κύμασι τρίβον ἀσφαλῆ· δεικνὺς ὅτι δύνασαι

5 ἐκ παντὸς σώζειν, ἵνα κᾂν ἄνευ τέχνης τις ἐπιβῇ. Θέλεις
δὲ μὴ ἀργὰ εἶναι τὰ τῆς σοφίας σου ἔργα, διὰ τοῦτο καὶ
ἐλαχίστῳ ξύλῳ πιστεύουσιν ἄνθρωποι ψυχὰς, καὶ διελ-
θόντες κλύδωνα σχεδίᾳ διεσώθησαν.

6 Καὶ ἀρχῆς γὰρ ἀπολλυμένων ὑπερηφάνων γιγάντων, ἡ
ἐλπὶς τοῦ κόσμου ἐπὶ σχεδίας καταφυγοῦσα, ἀπέλιπεν

7 αἰῶνι σπέρμα γενέσεως τῇ σῇ κυβερνηθεῖσα χειρί. Εὐ-
λόγηται γὰρ ξύλον δι᾽ οὗ γίνεται δικαιοσύνη.

8 Τὸ χειροποίητον δὲ ἐπικατάρατον αὐτὸ, καὶ ὁ ποιήσας
αὐτὸ, ὅτι ὁ μὲν εἰργάζετο, τὸ δὲ φθαρτὸν θεὸς ὠνομάσθη.

9 Ἐν ἴσῳ γὰρ μισητὰ Θεῷ καὶ ὁ ἀσεβὴς καὶ ἡ ἀσέβεια

10 αὐτοῦ. Καὶ γὰρ τὸ πραχθὲν σὺν τῷ δράσαντι κολασθή-

11 σεται. Διὰ τοῦτο καὶ ἐν εἰδώλοις ἐθνῶν ἐπισκοπὴ ἔσται,
ὅτι ἐν κτίσματι Θεοῦ εἰς βδέλυγμα ἐγενήθησαν, καὶ εἰς
σκάνδαλα ψυχαῖς ἀνθρώπων, καὶ εἰς παγίδα ποσὶν ἀφρόνων.

12 Ἀρχὴ γὰρ πορνείας ἐπίνοια εἰδώλων, εὕρεσις δὲ αὐτῶν

13 φθορὰ ζωῆς. Οὔτε γὰρ ἦν ἀπ᾽ ἀρχῆς, οὔτε εἰς τὸν

14 αἰῶνα ἔσται. Κενοδοξίᾳ γὰρ ἀνθρώπων εἰσῆλθεν εἰς

---

pardoned. 9 For if they were able to know so
much, that they could aim at the world; how did
they not sooner find out the Lord thereof?

10 But miserable are they, and in dead things
is their hope, who called them gods, which are
the works of men's hands, gold and silver, to shew
art in, and resemblances of beasts, or a stone good
for nothing, the work of an ancient hand. 11 Now
a carpenter that felleth timber, after he hath sawn
down a tree meet for the purpose, and taken off all
the bark skilfully round about, and hath wrought
it handsomely, and made a vessel thereof fit for
the service of man's life; 12 and after spending the
refuse of his work to dress his meat, hath filled
himself; 13 and taking the very refuse among those
which served to no use, being a crooked piece
of wood, and full of knots, hath carved it diligently
when he had nothing else to do, and formed it by
the skill of his understanding, and fashioned it to
the image of a man; 14 or made it like some vile
beast, laying it over with vermilion, and with
paint colouring it red, and colouring every spot
therein; 15 and when he had made a convenient
room for it, set it in a wall, and made it fast with
iron: 16 for he provided for it that it might not
fall, knowing that it was unable to help itself;
for it is an image, and hath need of help.

17 Then maketh he prayer for his goods, for
his wife and children, and is not ashamed to speak
to that which hath no life. 18 For health he calleth
upon that which is weak: for life prayeth to that
which is dead: for aid humbly beseecheth that
which hath least means to help: and for a good
journey he asketh of that which cannot set a foot
forward: 19 and for gaining and getting, and for
good success of his hands, asketh ability to do of
him, that is most unable to any thing.

Again, one preparing himself to sail, and about
to pass through the raging waves, calleth upon
a piece of wood more rotten than the vessel that
carrieth him. 2 For verily desire of gain devised
that, and the workman built it by his skill. 3 But
thy providence, O Father, governeth it: for thou
hast made a way in the sea, and a safe path in
the waves; 4 shewing that thou canst save from all
danger: yea, though a man went to sea without
art. 5 Nevertheless thou wouldest not that the
works of thy wisdom should be idle, and there-
fore do men commit their lives to a small piece of
wood, and passing the rough sea in a weak vessel
are saved.

6 For in the old time also, when the proud giants
perished, the hope of the world governed by thy
hand escaped in a weak vessel, and left to all ages
a seed of generation. 7 For blessed is the wood
whereby righteousness cometh.

8 But that which is made with hands is cursed,
as well it, as he that made it: he, because he
made it: and it, because, being corruptible, it was
called God. 9 For the ungodly and his ungodliness
are both alike hateful unto God. 10 For that
which is made shall be punished together with
him that made it. 11 Therefore even upon the
idols of the Gentiles shall there be a visitation:
because in the creature of God they are become
an abomination, and stumblingblocks to the
souls of men, and a snare to the feet of the un-
wise.

12 For the devising of idols was the beginning
of *spiritual* fornication, and the invention of them
the corruption of life. 13 For neither were they
from the beginning, neither shall they be for ever.
14 For by the vain glory of men they entered into

the world, and therefore shall they come shortly to an end. ¹⁵ For a father afflicted with untimely mourning, when he hath made an image of his child soon taken away, now honoured him as a god, which was then a dead man, and delivered to those that were under him ceremonies and sacrifices. ¹⁶ Thus in process of time an ungodly custom grown strong was kept as a law, and graven images were worshipped by the commandments of kings. ¹⁷ Whom men could not honour in presence, because they dwelt far off, they took the counterfeit of his visage from far, and made an express image of a king whom they honoured, to the end that by this their forwardness they might flatter him that was absent, as if he were present.

¹⁸ Also the singular diligence of the artificer did help to set forward the ignorant to more superstition. ¹⁹ For he, peradventure willing to please one in authority, forced all his skill to make the resemblance of the best fashion. ²⁰ And so the multitude, allured by the grace of the work, took him now for a god, which a little before was but honoured as a man. ²¹ And this was an occasion to deceive the world: for men, serving either calamity or tyranny, did ascribe unto stones and stocks the incommunicable name.

²² Moreover this was not enough for them, that they erred in the knowledge of God; but whereas they lived in the great war of ignorance, those so great plagues called they peace. ²³ For whilst they slew their children in sacrifices, or used secret ceremonies, or made revellings of strange rites; ²⁴ they kept neither lives nor marriages any longer undefiled: but either one slew another traiterously or grieved him by adultery. ²⁵ So that there reigned in all men without exception, blood, manslaughter, theft, and dissimulation, corruption, unfaithfulness, tumults, perjury, ²⁶ disquieting of good men, forgetfulness of good turns, defiling of souls, changing of kind, disorder in marriages, adultery, and shameless uncleanness. ²⁷ For the worshipping of idols not to be named is the beginning, the cause, and the end, of all evil. ²⁸ For either they are mad when they be merry, or prophesy lies, or live unjustly, or else lightly forswear themselves. ²⁹ For insomuch as their trust is in idols which have no life, though they swear falsely, yet they look not to be hurt.

³⁰ Howbeit for both causes shall they be justly punished: both because they thought not well of God, giving heed unto idols, and also unjustly swore in deceit, despising holiness. ³¹ For it is not the power of them by whom they swear: but it is the just vengeance of sinners, that punisheth always the offence of the ungodly.

But thou, our God, art gracious and true, longsuffering, and in mercy ordering all things. ² For if we sin, we are thine, knowing thy power: but we will not sin, knowing that we are counted thine. ³ For to know thee is perfect righteousness: yea, to know thy power is the root of immortality. ⁴ For neither did the mischievous invention of men deceive us, nor an image spotted with divers colours, the painter's fruitless labour; ⁵ the sight whereof enticeth fools to lust after it, and so they desire the form of a dead image, that hath no breath.

⁶ Both they that make them, they that desire them, and they that worship them, are lovers of evil things, and are worthy to have such things to trust upon. ⁷ For the potter, tempering soft earth, fashioneth every vessel with much labour for our service: yea, of the same clay he maketh

κόσμον, καὶ διὰ τοῦτο σύντομον αὐτῶν τέλος ἐπενοήθη. Ἀώρῳ γὰρ πένθει τρυχόμενος πατὴρ, τοῦ ταχέως ἀφαιρε- 15 θέντος τέκνου εἰκόνα ποιήσας, τὸν τότε νεκρὸν ἄνθρωπον, νῦν ὡς θεὸν ἐτίμησε, καὶ παρέδωκε τοῖς ὑποχειρίοις μυστήρια καὶ τελετάς. Εἶτα ἐν χρόνῳ κρατυνθὲν τὸ ἀσεβὲς 16 ἔθος ὡς νόμος ἐφυλάχθη, καὶ τυράννων ἐπιταγαῖς ἐθρησκεύετο τὰ γλυπτά· οὓς ἐν ὄψει μὴ δυνάμενοι τιμᾶν ἄνθρω- 17 ποι διὰ τὸ μακρὰν οἰκεῖν, τὴν πόρρωθεν ὄψιν ἀνατυπωσάμενοι, ἐμφανῆ εἰκόνα τοῦ τιμωμένου βασιλέως ἐποίησαν, ἵνα τὸν ἀπόντα ὡς παρόντα κολακεύωσι διὰ τῆς σπουδῆς.

Εἰς ἐπίτασιν δὲ θρησκείας καὶ τοὺς ἀγνοοῦντας ἡ τοῦ 18 τεχνίτου προετρέψατο φιλοτιμία. Ὁ μὲν γὰρ τάχα τῷ 19 κρατοῦντι βουλόμενος ἀρέσαι, ἐξεβιάσατο τῇ τέχνῃ τὴν ὁμοιότητα ἐπὶ τὸ κάλλιον. Τὸ δὲ πλῆθος ἐφελκόμενον 20 διὰ τὸ εὔχαρι τῆς ἐργασίας, τὸν πρὸ ὀλίγου τιμηθέντα ἄνθρωπον, νῦν σέβασμα ἐλογίσαντο. Καὶ τοῦτο ἐγένετο 21 τῷ βίῳ εἰς ἔνεδρον, ὅτι ἢ συμφορᾷ ἢ τυραννίδι δουλεύσαντες ἄνθρωποι, τὸ ἀκοινώνητον ὄνομα λίθοις καὶ ξύλοις περιέθεσαν.

Εἶτ᾽ οὐκ ἤρκεσε τὸ πλανᾶσθαι περὶ τὴν τοῦ Θεοῦ 22 γνῶσιν, ἀλλὰ καὶ μεγάλῳ ζῶντες ἀγνοίας πολέμῳ, τὰ τοσαῦτα κακὰ εἰρήνην προσαγορεύουσιν. Ἢ γὰρ τεκνο- 23 φόνους τελετὰς, ἢ κρύφια μυστήρια, ἢ ἐμμανεῖς ἐξ ἄλλων θεσμῶν κώμους ἄγοντες, οὔτε βίους οὔτε γάμους καθαροὺς 24 ἔτι φυλάσσουσιν, ἕτερος δ᾽ ἕτερον ἢ λοχῶν ἀναιρεῖ, ἢ νοθεύων ὀδυνᾷ. Πάντας δ᾽ ἐπιμὶξ ἔχει αἷμα καὶ φόνος, 25 κλοπὴ καὶ δόλος, φθορὰ, ἀπιστία, ταραχὴ, ἐπιορκία, θόρυβος ἀγαθῶν, χάριτος ἀμνησία, ψυχῶν μιασμὸς, γενέ- 26 σεως ἐναλλαγὴ, γάμων ἀταξία, μοιχεία, καὶ ἀσέλγεια. Ἡ γὰρ τῶν ἀνωνύμων εἰδώλων θρησκεία παντὸς ἀρχὴ 27 κακοῦ καὶ αἰτία καὶ πέρας ἐστίν. Ἢ γὰρ εὐφραινόμενοι 28 μεμήνασιν, ἢ προφητεύουσι ψευδῆ, ἢ ζῶσιν ἀδίκως, ἢ ἐπιορκοῦσι ταχέως. Ἀψύχοις γὰρ πεποιθότες εἰδώλοις, 29 κακῶς ὀμόσαντες, ἀδικηθῆναι οὐ προσδέχονται.

Ἀμφότερα δὲ αὐτοὺς μετελεύσεται τὰ δίκαια, ὅτι 30 κακῶς ἐφρόνησαν περὶ Θεοῦ προσχόντες εἰδώλοις, καὶ ἀδίκως ὤμοσαν ἐν δόλῳ καταφρονήσαντες ὁσιότητος. Οὐ 31 γὰρ ἡ τῶν ὀμνυμένων δύναμις, ἀλλ᾽ ἡ τῶν ἁμαρτανόντων δίκη ἐπεξέρχεται ἀεὶ τὴν τῶν ἀδίκων παράβασιν.

Σὺ δὲ ὁ Θεὸς ἡμῶν χρηστὸς καὶ ἀληθής, μακρόθυμος 15 καὶ ἐν ἐλέει διοικῶν τὰ πάντα. Καὶ γὰρ ἐὰν ἁμάρτωμεν, 2 σοί ἐσμεν, εἰδότες σου τὸ κράτος· οὐχ ἁμαρτησόμεθα δὲ, εἰδότες ὅτι σοὶ λελογίσμεθα. Τὸ γὰρ ἐπίστασθαί 3 σε ὁλόκληρος δικαιοσύνη, καὶ εἰδέναι τὸ κράτος σου ῥίζα ἀθανασίας. Οὔτε γὰρ ἐπλάνησεν ἡμᾶς ἀνθρώπων κακό- 4 τεχνος ἐπίνοια, οὐδὲ σκιαγράφων πόνος ἄκαρπος, εἶδος σπιλωθὲν χρώμασι διηλλαγμένοις· ὧν ὄψις ἄφροσιν εἰς 5 ὄνειδος ἔρχεται, ποθεῖ, τε νεκρᾶς εἰκόνος εἶδος ἄπνουν.

Κακῶν ἐρασταὶ ἄξιοί τε τοιούτων ἐλπίδων, καὶ οἱ 6 δρῶντες, καὶ οἱ ποθοῦντες, καὶ οἱ σεβόμενοι. Καὶ γὰρ 7 κεραμεὺς ἁπαλὴν γῆν θλίβων ἐπίμοχθον, πλάσσει πρὸς ὑπηρεσίαν ἡμῶν ἕκαστον. ἀλλ᾽ ἐκ τοῦ αὐτοῦ πηλοῦ ἀνε-

πλάσατο τά τε τῶν καθαρῶν ἔργων δοῦλα σκεύη, τά τε
ἐναντία, πάνθ᾽ ὁμοίως· τούτων δὲ ἑκατέρου τίς ἑκάστου
8 ἐστιν ἡ χρῆσις, κριτὴς ὁ πηλουργός. Καὶ κακόμοχθος
θεὸν μάταιον ἐκ τοῦ αὐτοῦ πλάσσει πηλοῦ, ὃς πρὸ
μικροῦ ἐκ γῆς γεννηθεὶς μετ᾽ ὀλίγον πορεύεται ἐξ ἧς
ἐλήφθη, τὸ τῆς ψυχῆς ἀπαιτηθεὶς χρέος.

9 Ἀλλ᾽ ἔστιν αὐτῷ φροντὶς οὐχ ὅτι μέλλει κάμνειν,
οὐδ᾽ ὅτι βραχυτελῆ βίον ἔχει, ἀλλ᾽ ἀντερείδεται μὲν
χρυσουργοῖς καὶ ἀργυροχόοις, χαλκοπλάστας τε μιμεῖ-
10 ται, καὶ δόξαν ἡγεῖται ὅτι κίβδηλα πλάσσει. Σποδὸς ἡ
καρδία αὐτοῦ, καὶ γῆς εὐτελεστέρα ἡ ἐλπὶς αὐτοῦ, πηλοῦ
11 τε ἀτιμότερος ὁ βίος αὐτοῦ· ὅτι ἠγνόησε τὸν πλάσαντα
αὐτόν, καὶ τὸν ἐμπνεύσαντα αὐτῷ ψυχὴν ἐνεργοῦσαν,
12 καὶ ἐμφυσήσαντα πνεῦμα ζωτικόν. Ἀλλ᾽ ἐλογίσαντο
παίγνιον εἶναι τὴν ζωὴν ἡμῶν, καὶ τὸν βίον πανηγυρισμὸν
ἐπικερδῆ· δεῖν γάρ φησιν ὅθεν δὴ κἂν ἐκ κακοῦ πορί-
13 ζειν. Οὗτος γὰρ παρὰ πάντας οἶδεν ὅτι ἁμαρτάνει, ὕλης
γεώδους εὔθραυστα σκεύη καὶ γλυπτὰ δημιουργῶν.
14 Πάντες δ᾽ ἀφρονέστατοι καὶ τάλανες ὑπὲρ ψυχὴν
νηπίου, οἱ ἐχθροὶ τοῦ λαοῦ σου καταδυναστεύσαντες
15 αὐτόν. Ὅτι καὶ πάντα εἴδωλα τῶν ἐθνῶν ἐλογίσαντο
θεούς, οἷς οὔτε ὀμμάτων χρῆσις εἰς ὅρασιν, οὔτε ῥῖνες
εἰς συνολκὴν ἀέρος, οὔτε ὦτα ἀκούειν, οὔτε δάκτυλοι χειρῶν
εἰς ψηλάφησιν, καὶ οἱ πόδες αὐτῶν ἀργοὶ πρὸς ἐπίβασιν.
16 Ἄνθρωπος γὰρ ἐποίησεν αὐτούς, καὶ τὸ πνεῦμα δεδανεισ-
μένος ἔπλασεν αὐτούς· οὐδεὶς γὰρ αὐτῷ ὅμοιον ἄνθρωπος
17 ἰσχύει πλάσαι θεόν· θνητὸς δὲ ὢν νεκρὸν ἐργάζεται
χερσὶν ἀνόμοις· κρείττων γάρ ἐστι τῶν σεβασμάτων
18 αὐτοῦ, ὧν αὐτὸς μὲν ἔζησεν, ἐκεῖνα δὲ οὐδέποτε. Καὶ
τὰ ζῷα δὲ τὰ ἔχθιστα σέβονται, ἄνοια γὰρ συγκρινό-
19 μενα τῶν ἄλλων ἐστὶ χείρονα. Οὐδ᾽ ὅσον ἐπιποθῆσαι
ὡς ἐν ζώων ὄψει καλὰ τυγχάνει, ἐκπέφευγε δὲ καὶ τὸν τοῦ
Θεοῦ ἔπαινον καὶ τὴν εὐλογίαν αὐτοῦ.

16 Διὰ τοῦτο δι᾽ ὁμοίων ἐκολάσθησαν ἀξίως, καὶ διὰ
2 πλήθους κνωδάλων ἐβασανίσθησαν. Ἀνθ᾽ ἧς κολάσεως
εὐεργετήσας τὸν λαόν σου, εἰς ἐπιθυμίαν ὀρέξεως ξένην
3 γεῦσιν, τροφὴν ἡτοίμασας ὀρτυγομήτραν, ἵνα ἐκεῖνοι
μὲν ἐπιθυμοῦντες τροφήν, διὰ τὴν εἰδέχθειαν τῶν ἐπαπ-
εσταλμένων καὶ τὴν ἀναγκαίαν ὄρεξιν ἀποστρέφωνται,
αὐτοὶ δὲ ἐπ᾽ ὀλίγον ἐνδεεῖς γενόμενοι καὶ ξένης μετάσχωσι
4 γεύσεως. Ἔδει γὰρ ἐκείνοις μὲν ἀπαραίτητον ἔνδειαν
ἐπελθεῖν τυραννοῦσι, τούτοις δὲ μόνον δειχθῆναι πῶς οἱ
5 ἐχθροὶ αὐτῶν ἐβασανίζοντο. Καὶ γὰρ ὅτε αὐτοῖς δεινὸς
ἐπῆλθε θηρίων θυμός, δήγμασί τε σκολιῶν διεφθείροντο
ὄφεων, οὐ μέχρι τέλους ἔμεινεν ἡ ὀργή σου.
6 Εἰς νουθεσίαν δὲ πρὸς ὀλίγον ἐταράχθησαν, σύμβολον
7 ἔχοντες σωτηρίας, εἰς ἀνάμνησιν ἐντολῆς νόμου σου. Ὁ
γὰρ ἐπιστραφεὶς οὐ διὰ τὸ θεωρούμενον ἐσῴζετο, ἀλλὰ
8 διὰ σὲ τὸν πάντων σωτῆρα. Καὶ ἐν τούτῳ δὲ ἔπεισας
τοὺς ἐχθροὺς ἡμῶν, ὅτι σὺ εἶ ὁ ῥυόμενος ἐκ παντὸς κακοῦ.
9 Οὓς μὲν γὰρ ἀκρίδων καὶ μυιῶν ἀπέκτεινε δήγματα, καὶ
οὐχ εὑρέθη ἴαμα τῇ ψυχῇ αὐτῶν, ὅτι ἄξιοι ἦσαν ὑπὸ

both the vessels that serve for clean uses, and
likewise also all such as serve to the contrary: but
what is the use of either sort, the potter himself
is the judge. [8] And employing his labours lewdly,
he maketh a vain god of the same clay, even he
which a little before was made of earth himself,
and within a little while after returneth to the
same, out of the which he was taken, when his
life which was lent him shall be demanded.

[9] Notwithstanding his care is, not that he shall
have much labour, nor that his life is short: but
striveth to excel goldsmiths and silversmiths, and
endeavoureth to do like the workers in brass, and
counteth it his glory to make counterfeit things.
[10] His heart is ashes, his hope is more vile than
earth, and his life of less value than clay: [11] for-
asmuch as he knew not his Maker, and him that
inspired into him an active soul, and breathed
in a living spirit. [12] But they counted our life a
pastime, and our time here a market for gain:
for, say they, we must be getting every way,
though it be by evil means. [13] For this man, that
of earthly matter maketh brittle vessels and
graven images, knoweth himself to offend above
all others.

[14] And all the enemies of thy people, that hold
them in subjection, are most foolish, and are more
miserable than very babes. [15] For they counted
all the idols of the heathen to be gods: which
neither have the use of eyes to see, nor noses to
draw breath, nor ears to hear, nor fingers of
hands to handle; and as for their feet, they are
slow to go. [16] For man made them, and he that
borrowed his own spirit fashioned them: but no
man can make a god like unto himself. [17] For
being mortal, he worketh a dead thing with
wicked hands: for he himself is better than the
things which he worshippeth: whereas *he* lived
once, but they never. [18] Yea, they worshipped
those beasts also that are most hateful: for being
compared together, some are worse than others.
[19] Neither are they beautiful, so much as to be de-
sired in respect of beasts: but they went without
the praise of God and his blessing.

Therefore by the like were they punished wor-
thily, and by the multitude of beasts tormented.
[2] Instead of which punishment, dealing graciously
with thine own people, thou preparedst for them
meat of a strange taste, even quails to stir up their
appetite: [3] to the end that they, desiring food,
might for the ugly sight of the beasts sent among
them lothe even that, which they must needs
desire; but these, suffering penury for a short
space, might be made partakers of a strange taste.
[4] For it was requisite, that upon them exercising
tyranny should come penury, which they could
not avoid: but to these it should only be shewed
how their enemies were tormented. [5] For when
the horrible fierceness of beasts came upon these,
and they perished with the stings of crooked ser-
pents, thy wrath endured not for ever:

[6] But they were troubled for a small season,
that they might be admonished, having a sign
of salvation, to put them in remembrance of the
commandment of thy law. [7] For he that turned
himself toward it was not saved by the thing that
he saw, but by thee, that art the Saviour of all.
[8] And in this thou madest thine enemies confess,
that it is thou who deliverest from all evil: [9] for
them the bitings of grasshoppers and flies killed,
neither was there found any remedy for their
life: for they were worthy to be punished by such.

¹⁰ But thy sons not the very teeth of venomous dragons overcame: for thy mercy was by them, and healed them. ¹¹ For they were pricked, that they should remember thy words; and were quickly saved, that not falling into deep forgetfulness, they might be continually mindful of thy goodness.

¹² For it was neither herb, nor mollifying plaister, that restored them to health: but thy word, O Lord, which healeth all things. ¹³ For thou hast power of life and death: thou leadest to the gates of hell, and bringest up again. ¹⁴ A man indeed killeth through his malice: and the spirit, when it is gone forth, returneth not; neither the soul received up cometh again. ¹⁵ But it is not possible to escape thine hand.

¹⁶ For the ungodly, that denied to know thee, were scourged by the strength of thine arm: with strange rains, hails, and showers, were they persecuted, that they could not avoid, and through fire were they consumed.

¹⁷ For, which is most to be wondered at, the fire had more force in the water, that quencheth all things: for the world fighteth for the righteous. ¹⁸ For sometime the flame was mitigated, that it might not burn up the beasts that were sent against the ungodly; but themselves might see and perceive that they were persecuted with the judgment of God. ¹⁹ And at another time it burneth even in the midst of water above the power of fire, that it might destroy the fruits of an unjust land. ²⁰ Instead whereof thou feddest thine own people with angels' food, and didst send them from heaven bread prepared without their labour, able to content every man's delight, and agreeing to every taste. ²¹ For thy sustenance declared thy sweetness unto thy children, and serving to the appetite of the eater, tempered itself to every man's liking. ²² But snow and ice endured the fire, and melted not, that they might know that fire burning in the hail, and sparkling in the rain, did destroy the fruits of the enemies.

²³ But this again did even forget his own strength, that the righteous might be nourished. ²⁴ For the creature that serveth thee, who art the Maker, increaseth his strength against the unrighteous for their punishment, and abateth his strength for the benefit of such as put their trust in thee.

²⁵ Therefore even then was it altered into all fashions, and was obedient to thy grace, that nourisheth all things, according to the desire of them that had need: ²⁶ that thy children, O Lord, whom thou lovest, might know, that it is not the growing of fruits that nourisheth man: but that it is thy word, which preserveth them that put their trust in thee.

²⁷ For that which was not destroyed of the fire, being warmed with a little sunbeam, soon melted away: ²⁸ that it might be known, that we must prevent the sun to give thee thanks, and at the dayspring pray unto thee. ²⁹ For the hope of the unthankful shall melt away as the winter's hoar frost, and shall run away as unprofitable water.

For great are thy judgments, and cannot be expressed: therefore unnurtured souls have erred. ² For when unrighteous men thought to oppress the holy nation; they being shut up in their houses, the prisoners of darkness, and fettered with the bonds of a long night, lay [there] exiled from

τοιούτων κολασθῆναι. Τοὺς δὲ υἱούς σου οὐδὲ ἰοβόλων 10 δρακόντων ἐνίκησαν ὀδόντες, τὸ ἔλεος γάρ σου ἀντιπαρῆλθε καὶ ἰάσατο αὐτούς. Εἰς γὰρ ὑπόμνησιν τῶν λογίων σου 11 ἐνεκεντρίζοντο, καὶ ὀξέως διεσώζοντο, ἵνα μὴ εἰς βαθεῖαν ἐμπεσόντες λήθην, ἀπερίσπαστοι γένωνται τῆς σῆς εὐεργεσίας.

Καὶ γὰρ οὔτε βοτάνη οὔτε μάλαγμα ἐθεράπευσεν 12 αὐτούς, ἀλλὰ ὁ σὸς Κύριε λόγος ὁ πάντα ἰώμενος. Σὺ 13 γὰρ ζωῆς καὶ θανάτου ἐξουσίαν ἔχεις, καὶ κατάγεις εἰς πύλας ᾅδου καὶ ἀνάγεις. Ἄνθρωπος δὲ ἀποκτέννει μὲν 14 τῇ κακίᾳ αὐτοῦ, ἐξελθὸν δὲ πνεῦμα οὐκ ἀναστρέφει, οὐδὲ ἀναλύει ψυχὴν παραληφθεῖσαν. Τὴν δὲ σὴν χεῖρα φυγεῖν 15 ἀδύνατόν ἐστιν.

Ἀρνούμενοι γάρ σε εἰδέναι ἀσεβεῖς, ἐν ἰσχύϊ βραχίονός 16 σου ἐμαστιγώθησαν, ξένοις ὑετοῖς καὶ χαλάζαις καὶ ὄμβροις διωκόμενοι ἀπαραιτήτοις, καὶ πυρὶ καταναλισκόμενοι.

Τὸ γὰρ παραδοξότατον, ἐν τῷ πάντα σβεννῦντι ὕδατι 17 πλεῖον ἐνήργει τὸ πῦρ· ὑπέρμαχος γὰρ ὁ κόσμος ἐστὶ δικαίων. Ποτὲ μὲν γὰρ ἡμεροῦτο φλόξ, ἵνα μὴ κατα- 18 φλέξῃ τὰ ἐπ' ἀσεβεῖς ἀπεσταλμένα ζῶα, ἀλλ' αὐτοὶ βλέποντες ἴδωσιν, ὅτι Θεοῦ κρίσει ἐλαύνονται. Ποτὲ δὲ 19 καὶ μεταξὺ ὕδατος ὑπὲρ τὴν πυρὸς δύναμιν φλέγει, ἵνα ἀδίκου γῆς γεννήματα διαφθείρῃ. Ἀνθ' ὧν ἀγγέλων 20 τροφὴν ἐψώμισας τὸ λαόν σου, καὶ ἕτοιμον ἄρτον αὐτοῖς ἀπ' οὐρανοῦ ἔπεμψας ἀκοπιάτως, πᾶσαν ἡδονὴν ἰσχύοντα καὶ πρὸς πᾶσαν ἁρμόνιον γεῦσιν. Ἡ μὲν γὰρ 21 ὑπόστασίς σου τὴν σὴν γλυκύτητα πρὸς τέκνα ἐνεφάνισε, τῇ δὲ τοῦ προσφερομένου ἐπιθυμίᾳ ὑπηρετῶν, πρὸς ὅ τις ἐβούλετο μετεκιρνᾶτο. Χιὼν δὲ καὶ κρύσταλλος ὑπέμεινε 22 πῦρ, καὶ οὐκ ἐτήκετο, ἵνα γνῶσιν ὅτι τοὺς τῶν ἐχθρῶν καρποὺς κατέφθειρε πῦρ φλεγόμενον, ἐν τῇ χαλάζῃ καὶ ἐν τοῖς ὑετοῖς διαστράπτον.

Τοῦτο πάλιν δ' ἵνα τραφῶσι δίκαιοι, καὶ τῆς ἰδίας 23 ἐπιλελῆσθαι δυνάμεως. Ἡ γὰρ κτίσις σοι τῷ ποιήσαντι 24 ὑπηρετοῦσα, ἐπιτείνεται εἰς κόλασιν κατὰ τῶν ἀδίκων, καὶ ἀνίεται εἰς εὐεργεσίαν ὑπὲρ τῶν εἰς σὲ πεποιθότων.

Διὰ τοῦτο καὶ τότε εἰς πάντα μεταλλευομένη, τῇ παν- 25 τοτρόφῳ σου δωρεᾷ ὑπηρετεῖ, πρὸς τὴν τῶν δεομένων θέλησιν· ἵνα μάθωσιν οἱ υἱοί σου, οὓς ἠγάπησας, Κύριε, 26 ὅτι οὐχ αἱ γενέσεις τῶν καρπῶν τρέφουσιν ἄνθρωπον, ἀλλὰ τὸ ῥῆμά σου τοὺς σοι πιστεύοντας διατηρεῖ.

Τὸ γὰρ ὑπὸ πυρὸς μὴ φθειρόμενον, ἁπλῶς ὑπὸ 27 βραχείας ἀκτῖνος ἡλίου θερμαινόμενον ἐτήκετο· ὅπως 28 γνωστὸν ᾖ, ὅτι δεῖ φθάνειν τὸν ἥλιον ἐπ' εὐχαριστίαν σου, καὶ πρὸς ἀνατολὴν φωτὸς ἐντυγχάνειν σοι. Ἀχάρισ- 29 του γὰρ ἐλπὶς ὡς χειμέριος πάχνη τακήσεται, καὶ ῥυήσεται ὡς ὕδωρ ἄχρηστον.

Μεγάλαι γάρ σου αἱ κρίσεις καὶ δυσδιήγητοι· διὰ 17 τοῦτο ἀπαίδευτοι ψυχαὶ ἐπλανήθησαν. Ὑπειληφότες 2 γὰρ καταδυναστεύειν ἔθνος ἅγιον ἄνομοι, δέσμιοι σκότους καὶ μακρᾶς πεδῆται νυκτός, κατακλεισθέντες ὀρόφοις,

3 φυγάδες τῆς αἰωνίου προνοίας ἔκειντο. Λανθάνειν γὰρ
νομίζοντες ἐπὶ κρυφαίοις ἁμαρτήμασιν, ἀφεγγεῖ λήθης
παρακαλύμματι ἐσκορπίσθησαν, θαμβούμενοι δεινῶς καὶ
4 ἰνδάλμασιν ἐκταρασσόμενοι. Οὐδὲ γὰρ ὁ κατέχων
αὐτοὺς μυχὸς ἀφόβως διεφύλασσεν, ἤχοι δὲ κατα-
ράσσοντες αὐτοὺς περιεκόμπουν, καὶ φάσματα ἀμειδή-
τοις κατηφῆ προσώποις ἐνεφανίζετο.

5 Καὶ πυρὸς μὲν οὐδεμία βία κατίσχυε φωτίζειν, οὔτε
ἄστρων ἔκλαμπροι φλόγες καταυγάζειν ὑπέμενον τὴν
6 στυγνὴν ἐκείνην νύκτα. Διεφαίνετο δ᾽ αὐτοῖς μόνον
αὐτομάτη πυρὰ φόβου πλήρης, ἐκδειματούμενοι δὲ τῆς
μὴ θεωρουμένης ἐκείνης ὄψεως, ἡγοῦντο χείρω τὰ βλεπό-
7 μενα. Μαγικῆς δὲ ἐμπαίγματα κατέκειτο τέχνης, καὶ
8 τῆς ἐπὶ φρονήσει ἀλαζονείας ἔλεγχος ἐφύβριστος. Οἱ
γὰρ ὑπισχνούμενοι δείματα καὶ ταραχὰς ἀπελαύνειν
ψυχῆς νοσούσης, οὗτοι καταγέλαστον εὐλάβειαν ἐνόσουν.

9 Καὶ γὰρ εἰ μηδὲν αὐτοὺς ταραχῶδες ἐφόβει, κνω-
δάλων παρόδοις καὶ ἑρπετῶν συριγμοῖς ἐκσεσοβημένοι,
10 διώλλυντο ἔντρομοι καὶ τὸν μηδαμόθεν φευκτὸν ἀέρα
προσιδεῖν ἀρνούμενοι.

11 Δειλὸν γὰρ ἰδίως πονηρία μαρτυρεῖ καταδικαζομένη,
ἀεὶ δὲ προσείληφε τὰ χαλεπὰ συνεχομένη τῇ συνειδήσει.
12 Οὐθὲν γάρ ἐστι φόβος, εἰ μὴ προδοσία τῶν ἀπὸ
13 λογισμοῦ βοηθημάτων. Ἔνδοθεν δὲ οὖσα ἥττων ἡ
προσδοκία, πλείονα λογίζεται τὴν ἄγνοιαν τῆς παρεχού-
14 σης τὴν βάσανον αἰτίας. Οἱ δὲ τὴν ἀδύνατον ὄντως
νύκτα καὶ ἐξ ἀδυνάτου ᾅδου μυχῶν ἐπελθοῦσαν, τὸν αὐτὸν
15 ὕπνον κοιμώμενοι, τὰ μὲν τέρασιν ἠλαύνοντο φαντα-
σμάτων, τὰ δὲ τῆς ψυχῆς παρελύοντο προδοσίᾳ· αἰφνίδιος
16 γὰρ αὐτοῖς καὶ ἀπροσδόκητος φόβος ἐπῆλθεν. Εἶθ᾽
οὕτως, ὃς δήποτ᾽ οὖν ἦν ἐκεῖ καταπίπτων, ἐφρουρεῖτο
17 εἰς τὴν ἀσίδηρον εἱρκτὴν κατακλεισθείς. Εἴτε γὰρ
γεωργὸς ἦν τις, ἢ ποιμήν, ἢ τῶν κατ᾽ ἐρημίαν ἐργάτης
μόχθων, προληφθεὶς τὴν δυσάλυκτον ἔμενεν ἀνάγκην·
μιᾷ γὰρ ἁλύσει σκότους πάντες ἐδέθησαν.

18 Εἴτε πνεῦμα συρίζον, ἢ περὶ ἀμφιλαφεῖς κλάδους
ὀρνέων ἦχος εὐμελής, ἢ ῥυθμὸς ὕδατος πορευομένου
19 βίᾳ, ἢ κτύπος ἀπηνὴς καταρριπτομένων πετρῶν, ἢ
σκιρτώντων ζώων δρόμος ἀθεώρητος, ἢ ὠρυομένων ἀπηνε-
στάτων θηρίων φωνή, ἢ ἀντανακλωμένη ἐκ κοιλοτάτων
ὀρέων ἠχώ, παρέλυεν αὐτοὺς ἐκφοβοῦντα. Ὅλος γὰρ
20 ὁ κόσμος λαμπρῷ κατελάμπετο φωτί, καὶ ἀνεμποδίστοις
21 συνείχετο ἔργοις. Μόνοις δὲ ἐκείνοις ἐπετέτατο βαρεῖα
νύξ, εἰκὼν τοῦ μέλλοντος αὐτοὺς διαδέχεσθαι σκότους,
ἑαυτοῖς δὲ ἦσαν βαρύτεροι σκότους.

18 Τοῖς δὲ ὁσίοις σου μέγιστον ἦν φῶς, ὧν φωνὴν μὲν
ἀκούοντες, μορφὴν δὲ οὐχ ὁρῶντες, ὅτι μὲν οὖν κἀκεῖνοι
2 ἐπεπόνθεισαν, ἐμακάριζον, ὅτι δὲ οὐ βλάπτουσι προ-
ηδικημένοι, εὐχαριστοῦσι, καὶ τοῦ διενεχθῆναι χάριν
3 ἐδέοντο. Ἀνθ᾽ ὧν πυριφλεγῆ στῦλον, ὁδηγὸν μὲν
ἀγνώστου ὁδοιπορίας, ἥλιον δὲ ἀβλαβῆ φιλοτίμου ξενι-
4 τείας παρέσχες. Ἄξιοι μὲν γὰρ ἐκεῖνοι στερηθῆναι

the eternal providence. [3] For while they supposed to lie hid in their secret sins, they were scattered under a dark veil of forgetfulness, being horribly astonished, and troubled with [strange] apparitions. [4] For neither might the corner that held them keep them from fear: but noises [as of waters] falling down sounded about them, and sad visions appeared unto them with heavy countenances.

[5] No power of the fire might give them light: neither could the bright flames of the stars endure to lighten that horrible night. [6] Only there appeared unto them a fire kindled of itself, very dreadful: for being much terrified, they thought the things which they saw to be worse than the sight they saw not. [7] As for the illusions of art magic, they were put down, and their vaunting in wisdom was reproved with disgrace. [8] For they, that promised to drive away terrors and troubles from a sick soul, were sick themselves of fear, worthy to be laughed at.

[9] For though no terrible thing did fear them; yet being scared with beasts that passed by, and hissing of serpents, [10] they died for fear, denying that they saw the air, which could of no side be avoided.

[11] For wickedness, condemned by her own witness, is very timorous, and being pressed with conscience, always forecasteth grievous things. [12] For fear is nothing else but a betraying of the succours which reason offereth. [13] And the expectation from within, being less, counteth the ignorance more than the cause which bringeth the torment. [14] But they sleeping the same sleep that night, which was indeed intolerable, and which came upon them out of the bottoms of inevitable hell, [15] were partly vexed with monstrous apparitions, and partly fainted, their heart failing them: for a sudden fear, and not looked for, came upon them. [16] So then whosoever there fell down was straitly kept, shut up in a prison without iron bars. [17] For whether he were husbandman, or shepherd, or a labourer in the field, he was overtaken, and endured that necessity, which could not be avoided: for they were all bound with one chain of darkness.

[18] Whether it were a whistling wind, or a melodious noise of birds among the spreading branches, or a pleasing fall of water running violently, [19] or a terrible sound of stones cast down, or a running that could not be seen of skipping beasts, or a roaring voice of most savage wild beasts, or a rebounding echo from the hollow mountains: these things made them to swoon for fear. [20] For the whole world shined with clear light, and none were hindered in their labour: [21] over them only was spread a heavy night, an image of that darkness which should afterward receive them: but yet were they unto themselves more grievous than the darkness.

Nevertheless thy saints had a very great light, whose voice they hearing, and not seeing their shape, because they also had not suffered the same things, they counted them happy. [2] But for that they did not hurt them now, of whom they had been wronged before, they thanked them, and besought them pardon for that they had been enemies. [3] Instead whereof thou gavest them a burning pillar of fire, both to be a guide of the unknown journey, and a harmless sun to entertain them honourably. [4] For they were worthy to

be deprived of light, and imprisoned in darkness, who had kept thy sons shut up, by whom the uncorrupt light of the law was to be given unto the world.

5 And when they had determined to slay the babes of the saints, one child being cast forth, and saved, to reprove them, thou tookest away the multitude of their children, and destroyedst them all together in a mighty water. 6 Of that night were our fathers certified afore, that assuredly knowing unto what oaths they had given credence they might afterwards be of good cheer.

7 So of thy people was accepted both the salvation of the righteous, and destruction of the enemies. 8 For wherewith thou didst punish our adversaries, by the same thou didst glorify us, whom thou hadst called. 9 For the righteous children of good men did sacrifice secretly, and with one consent made a holy law, that the saints should be like partakers of the same good and evil, the fathers now singing out the songs of praise.

10 But on the other side there sounded an ill according cry of the enemies, and a lamentable noise was carried abroad for children that were bewailed. 11 The master and the servant were punished after one manner; and like as the king, so suffered the common person.

12 So they all together had innumerable dead with one kind of death; neither were the living sufficient to bury them: for in one moment the noblest offspring of them was destroyed. 13 For whereas they would not believe any thing by reason of the enchantments; upon the destruction of the firstborn, they acknowledged this people to be the sons of God. 14 For while all things were in quiet silence, and that night was in the midst of her swift course, 15 thine Almighty word leaped from heaven out of thy royal throne, as a fierce man of war into the midst of a land of destruction, 16 and brought thine unfeigned commandment as a sharp sword, and standing up filled all things with death; and it touched the heaven, but it stood upon the earth. 17 Then suddenly visions of horrible dreams troubled them sore, and terrors came upon them unlooked for. 18 And one thrown here, and another there, half dead, shewed the cause of his death. 19 For the dreams that troubled them did foreshew this, lest they should perish, and not know why they were afflicted.

20 Yea, the tasting of death touched the righteous also, and there was a destruction of the multitude in the wilderness: but the wrath endured not long. 21 For then the blameless man made haste, and stood forth to defend them; and bringing the shield of his proper ministry, even prayer, and the propitiation of incense, set himself against the wrath, and so brought the calamity to an end, declaring that he was thy servant.

22 So he overcame the destroyer, not with might of body, nor force of arms, but with a word subdued him that punished, alleging the oaths and covenants made with the fathers. 23 For when the dead were now fallen down by heaps one upon another, standing between, he stayed the wrath, and parted the way to the living. 24 For in the long garment was the whole world, and in the four rows of the stones was the glory of the fathers graven, and thy Majesty upon the diadem of his head. 25 Unto these the destroyer gave place, and they were afraid of them: for it was enough that they only tasted of the wrath.

φωτὸς, καὶ φυλακισθῆναι ἐν σκότει, οἱ κατακλείστους φυλάξαντες τοὺς υἱούς σου, δι᾽ ὧν ἤμελλε τὸ ἄφθαρτον νόμου φῶς τῷ αἰῶνι δίδοσθαι.

Βουλευσαμένους δ᾽ αὐτοὺς τὰ τῶν ὁσίων ἀποκτεῖναι 5 νήπια, καὶ ἑνὸς ἐκτεθέντος τέκνου, καὶ σωθέντος, εἰς ἔλεγχον τὸ αὐτῶν ἀφεῖλω πλῆθος τέκνων, καὶ ὁμοθυμαδὸν ἀπώλεσας ἐν ὕδατι σφοδρῷ. Ἐκείνη ἡ νὺξ 6 προεγνώσθη πατράσιν ἡμῶν, ἵνα ἀσφαλῶς εἰδότες οἷς ἐπίστευσαν ὅρκοις, ἐπευθυμήσωσι.

Προσεδέχθη δὲ ὑπὸ λαοῦ σου σωτηρία μὲν δικαίωι, 7 ἐχθρῶν δὲ ἀπώλεια. Ὦ γὰρ ἐτιμωρήσω τοὺς ὑπεναντίους, 8 τούτῳ ἡμᾶς προσκαλεσάμενος ἐδόξασας. Κρυφῇ γὰρ 9 ἐθυσίαζον ὅσιοι παῖδες ἀγαθῶν, καὶ τὸν τῆς θειότητος νόμον ἐν ὁμονοίᾳ διέθεντο, τῶν αὐτῶν ὁμοίως καὶ ἀγαθῶν καὶ κινδύνων μεταλήψεσθαι τοὺς ἁγίους, πατέρων ἤδη προαναμελπόντων αἴνους.

Ἀντήχει δ᾽ ἀσύμφωνος ἐχθρῶν βοὴ, καὶ οἰκτρὰ διεφέ- 10 ρετο θρηνουμένων παίδων. Ὁμοίᾳ δὲ δίκῃ δοῦλος ἅμα 11 δεσπότῃ κολασθεὶς, καὶ δημότης βασιλεῖ τὰ αὐτὰ πάσχων.

Ὁμοθυμαδὸν δὲ πάντες ἐν ἑνὶ ὀνόματι θανάτου νεκροὺς 12 εἶχον ἀναριθμήτους, οὐδὲ γὰρ πρὸς τὸ θάψαι οἱ ζῶντες ἦσαν ἱκανοὶ, ἐπεὶ πρὸς μίαν ῥοπὴν ἡ ἐντιμοτέρα γένεσις αὐτῶν διεφθάρη. Πάντα γὰρ ἀπιστοῦντες διὰ τὰς 13 φαρμακίας, ἐπὶ τῷ τῶν πρωτοτόκων ὀλέθρῳ, ὡμολόγησαν Θεοῦ υἱὸν λαὸν εἶναι. Ἡσύχου γὰρ σιγῆς περιεχούσης 14 τὰ πάντα, καὶ νυκτὸς ἐν ἰδίῳ τάχει μεσαζούσης, ὁ παντο- 15 δύναμός σου λόγος ἀπ᾽ οὐρανῶν ἐκ θρόνων βασιλείων, ἀπότομος πολεμιστὴς, εἰς μέσον τῆς ὀλεθρίας ἥλατο γῆς, ξίφος ὀξὺ τὴν ἀνυπόκριτον ἐπιταγήν σου φέρων, 16 καὶ στὰς ἐπλήρωσε τὰ πάντα θανάτου· καὶ οὐρανοῦ μὲν ἥπτετο, βεβήκει δ᾽ ἐπὶ γῆς. Τότε παραχρῆμα φαντασίαι 17 μὲν ὀνείρων δεινῶς ἐξετάραξαν αὐτοὺς, φόβοι δὲ ἐπέστησαν ἀδόκητοι· καὶ ἄλλος ἀλλαχῇ ῥιφεὶς ἡμίθνητος, δι᾽ 18 ἣν ἔθνησκεν αἰτίαν ἐνεφάνιζεν. Οἱ γὰρ ὄνειροι θορυβή- 19 σαντες αὐτοὺς, τοῦτο προεμήνυσαν, ἵνα μὴ ἀγνοοῦντες δι᾽ ὃ κακῶς πάσχουσιν, ἀπόλωνται.

Ἥψατο δὲ καὶ δικαίων πεῖρα θανάτου, καὶ θραῦσις ἐν 20 ἐρήμῳ ἐγένετο πλήθους· ἀλλ᾽ οὐκ ἐπὶ πολὺ ἔμεινεν ἡ ὀργή. Σπεύσας γὰρ ἀνὴρ ἄμεμπτος προεμάχησε· τὸ 21 τῆς ἰδίας λειτουργίας ὅπλον, προσευχὴν καὶ θυμιάματος ἐξιλασμὸν κομίσας, ἀντέστη τῷ θυμῷ, καὶ πέρας ἐπέθηκε τῇ συμφορᾷ, δεικνὺς ὅτι σός ἐστι θεράπων.

Ἐνίκησε δὲ τὸν ὄχλον οὐκ ἰσχύϊ τοῦ σώματος, οὐχ 22 ὅπλων ἐνεργείᾳ, ἀλλὰ λόγῳ τὸν κολάζοντα ὑπέταξεν, ὅρκους πατέρων καὶ διαθήκας ὑπομνήσας. Σωρηδὸν γὰρ 23 ἤδη πεπτωκότων ἐπ᾽ ἀλλήλων νεκρῶν, μεταξὺ στὰς, ἀνέκοψε τὴν ὀργὴν, καὶ διέσχισε τὴν πρὸς τοὺς ζῶντας ὁδόν. Ἐπὶ γὰρ ποδήρους ἐνδύματος ἦν ὅλος ὁ κόσμος, 24 καὶ πατέρων δόξαι ἐπὶ τετραστίχου λίθου γλυφῆς, καὶ μεγαλωσύνη σου ἐπὶ διαδήματος κεφαλῆς αὐτοῦ. Τούτοις εἶξεν ὁ ὀλοθρεύων, ταῦτα δὲ ἐφοβήθησαν· ἦν 25 γὰρ μόνη ἡ πεῖρα τῆς ὀργῆς ἱκανή.

19 Τοῖς δὲ ἀσεβέσι μέχρι τέλους ἀνελεήμων θυμὸς
2 ἐπέστη. προῄδει γὰρ αὐτῶν καὶ τὰ μέλλοντα, ὅτι αὐτοὶ
ἐπιστρέψαντες τοῦ ἀφεῖναι, καὶ μετὰ σπουδῆς προ-
3 πέμψαντες αὐτοὺς, διώξουσι μεταμεληθέντες. Ἔτι γὰρ
ἐν χερσὶν ἔχοντες τὰ πένθη, καὶ προσοδυρόμενοι τάφοις
νεκρῶν, ἕτερον ἐπεσπάσαντο λογισμὸν ἀνοίας, καὶ οὓς
ἱκετεύοντες ἐξέβαλον, τούτους ὡς φυγάδας ἐδίωκον.
4 Εἷλκε γὰρ αὐτοὺς ἡ ἀξία ἐπὶ τοῦτο τὸ πέρας ἀνάγκη,
καὶ τῶν συμβεβηκότων ἀμνηστίαν ἐνέβαλεν, ἵνα τὴν
λείπουσαν ταῖς βασάνοις προαναπληρώσωσιν κόλασιν·
5 καὶ ὁ μὲν λαός σου παράδοξον ὁδοιπορίαν περάσῃ,
ἐκεῖνοι δὲ ξένον εὕρωσι θάνατον.
6 Ὅλη γὰρ ἡ κτίσις ἐν ἰδίῳ γένει πάλιν ἄνωθεν διε-
τυποῦτο, ὑπηρετοῦσα ταῖς ἰδίαις ἐπιταγαῖς, ἵνα οἱ σοὶ
7 παῖδες φυλαχθῶσιν ἀβλαβεῖς. Ἡ τὴν παρεμβολὴν σκιά-
ζουσα νεφέλη, ἐκ δὲ προϋφεστῶτος ὕδατος ξηρᾶς ἀνά-
δυσις γῆς ἐθεωρήθη, ἐξ ἐρυθρᾶς θαλάσσης ὁδὸς ἀνεμπό-
8 διστος, καὶ χλοηφόρον πεδίον ἐκ κλύδωνος βιαίου, δι᾽ οὗ
πανεθνὶ διῆλθον οἱ τῇ σῇ σκεπαζόμενοι χειρὶ, θεωρή-
9 σαντες θαυμαστὰ τέρατα. Ὡς γὰρ ἵπποι ἐνεμήθησαν,
καὶ ὡς ἀμνοὶ διεσκίρτησαν, αἰνοῦντές σε, Κύριε, τὸν
10 ῥυόμενον αὐτούς. Ἐμέμνηντο γὰρ ἔτι τῶν ἐν τῇ
παροικίᾳ αὐτῶν, πῶς ἀντὶ μὲν γενέσεως ζώων ἐξήγαγεν
ἡ γῆ σκνῖπα, ἀντὶ δὲ ἐνύδρων ἐξηρεύξατο ὁ ποταμὸς
πλῆθος βατράχων.
11 Ἐφ᾽ ὑστέρῳ δὲ εἶδον καὶ νέαν γένεσιν ὀρνέων, ὅτι
12 ἐπιθυμίᾳ προαχθέντες ᾐτήσαντο ἐδέσματα τρυφῆς. Εἰς
γὰρ παραμυθίαν ἀνέβη αὐτοῖς ἀπὸ θαλάσσης ὀρτυγο-
13 μήτρα, καὶ αἱ τιμωρίαι τοῖς ἁμαρτωλοῖς ἐπῆλθον, οὐκ
ἄνευ τῶν γεγονότων τεκμηρίων τῇ βίᾳ τῶν κεραυνῶν·
δικαίως γὰρ ἔπασχον ταῖς ἰδίαις αὐτῶν πονηρίαις· καὶ
14 γὰρ χαλεπωτέραν μισοξενίαν ἐπετήδευσαν. Οἱ μὲν γὰρ
τοὺς ἀγνοοῦντας οὐκ ἐδέχοντο παρόντας, οὗτοι δὲ εὐ-
15 εργέτας ξένους ἐδουλοῦντο. Καὶ οὐ μόνον, ἀλλ᾽ ἥτις
ἐπισκοπὴ ἔσται αὐτῶν, ἐπεὶ ἀπεχθῶς προσεδέχοντο τοὺς
16 ἀλλοτρίους· οἱ δὲ μετὰ ἑορτασμάτων εἰσδεξάμενοι τοὺς
ἤδη τῶν αὐτῶν μετεσχηκότας δικαίων δεινοῖς ἐκάκωσαν
17 πόνοις. Ἐπλήγησαν δὲ καὶ ἀορασίᾳ, ὥσπερ ἐκεῖνοι ἐπὶ
ταῖς τοῦ δικαίου θύραις, ὅτε ἀχανεῖ περιβληθέντες σκότει,
ἕκαστος τῶν αὐτοῦ θυρῶν τὴν δίοδον ἐζήτει.
18 Δι᾽ ἑαυτῶν γὰρ τὰ στοιχεῖα μεθαρμοζόμενα, ὥσπερ ἐν
ψαλτηρίῳ φθόγγοι τοῦ ῥυθμοῦ τὸ ὄνομα διαλλάσσουσι,
πάντοτε μένοντα ἤχῳ, ὅπερ ἐστὶν εἰκάσαι ἐκ τῆς τῶν
19 γεγονότων ὄψεως ἀκριβῶς. Χερσαῖα γὰρ εἰς ἔνυδρα
20 μετεβάλλετο, καὶ νηκτὰ μετέβαινεν ἐπὶ γῆς. Πῦρ
ἴσχυσεν ἐν ὕδατι τῆς ἰδίας δυνάμεως, καὶ ὕδωρ τῆς
21 σβεστικῆς δυνάμεως ἐπελανθάνετο. Φλόγες ἀνάπαλιν
εὐφθάρτων ζώων οὐκ ἐμάραναν σάρκας ἐμπεριπατούν-
των, οὐδὲ τηκτὸν εὐτηκτον κρυσταλλοειδὲς γένος ἀμβρο-
22 σίας τροφῆς. Κατὰ πάντα γὰρ, Κύριε, ἐμεγάλυνας
τὸν λαόν σου, καὶ ἐδόξασας, καὶ οὐχ ὑπερεῖδες, ἐν παντὶ
καιρῷ καὶ τόπῳ παριστάμενος.

As for the ungodly, wrath came upon them without mercy unto the end: for he knew before what they would do; [2] how that having given them leave to depart, and sent them hastily away, they would repent and pursue them. [3] For whilst they were yet mourning and making lamentation at the graves of the dead, they added another foolish device, and pursued them as fugitives, whom they had intreated to be gone. [4] For the destiny, whereof they were worthy, drew them unto this end, and made them forget the things that had already happened, that they might fulfil the punishment which was wanting to their torments: [5] and that thy people might pass through a wonderful way: but they might find a strange death.

[6] For the whole creature in his proper kind was fashioned again anew, serving the peculiar commandments that were given unto them, that thy children might be kept without hurt: [7] as namely, a cloud shadowing the camp; and where water stood before, dry land appeared; and out of the Red sea a way without impediment; and out of the violent stream a green field: [8] through which all the people went that were defended with thy hand, seeing thy marvellous strange wonders. [9] For they went at large like horses, and leaped like lambs, praising thee, O Lord, who hadst delivered them. [10] For they were yet mindful of the things that were done while they sojourned in the strange land, how the ground brought forth flies instead of cattle, and how the river cast up a multitude of frogs instead of fishes.

[11] But afterward they saw a new generation of fowls, when, being led with their appetite, they asked delicate meats. [12] For quails came up unto them from the sea for their contentment. [13] And punishments came upon the sinners not without former signs by the force of thunders: for they suffered justly according to their own wickedness, insomuch as they used a more hard and hateful behaviour toward strangers. [14] For the Sodomites did not receive those, whom they knew not when they came: but these brought friends into bondage, that had well deserved of them. [15] And not only so, but peradventure some respect shall be had of those, because they used strangers not friendly: [16] but these very grievously afflicted them, whom they had received with feastings, and were already made partakers of the same laws with them. [17] Therefore even with blindness were these stricken, as those were at the doors of the righteous man: when, being compassed about with horrible great darkness, every one sought the passage of his own doors.

[18] For the elements were changed in themselves by a kind of harmony, like as in a psaltery notes change the name of the tune, and yet are always sounds; which may well be perceived by the sight of the things that have been done. [19] For earthly things were turned into watery, and the things, that before swam in the water, now went upon the ground. [20] The fire had power in the water, forgetting his own virtue: and the water forgat his own quenching nature. [21] On the other side, the flames wasted not the flesh of the corruptible living things, though they walked therein; neither melted they the icy kind of heavenly meat, that was of nature apt to melt. [22] For in all things, O Lord, thou didst magnify thy people, and glorify them, neither didst thou lightly regard them: but didst assist them in every time and place.

ΣΟΦΙΑ ΣΕΙΡΑΧ.

*The **Prologue** to the **Wisdom** of* Jesus *the son of* Sirach.

WHEREAS many and great things have been delivered unto us by the law and the prophets, and by others that have followed their steps, for the which things Israel ought to be commended for learning and wisdom: and whereof not only the readers must needs become skilful themselves, but also they that desire to learn be able to profit them which are without, both by speaking and by writing: my grandfather Jesus, when he had much given himself to the reading of the law, and the prophets, and other books of our fathers, and had gotten therein good judgment, was drawn on also himself to write something pertaining to learning and wisdom; to the intent that those which are desirous to learn, and are addicted to these things, might profit much more in living according to the law.

Wherefore let me intreat you to read it with favour and attention, and to pardon us, wherein we may seem to come short of some words, which we have laboured to interpret; for the same things uttered in Hebrew, and translated into another tongue, have not the same force in them. And not only these things, but the law itself, and the prophets, and the rest of the books, have no small difference, when they are spoken in their own language. For in the eight and thirtieth year coming into Egypt, when Euergetes was king, and continuing there some time, I found a book of no small learning: therefore I thought it most necessary for me to bestow some diligence and travail to interpret it: using great watchfulness and skill in that space to bring the book to an end, and set it forth for them also, which in a strange country are willing to learn, being prepared before in manners to live after the law.

ALL wisdom *cometh* from the Lord, and is with him for ever. [2] Who can number the sand of the sea, and the drops of rain, and the days of eternity? [3] Who can find out the height of heaven, and the breadth of the earth, and the deep, and wisdom?

[4] Wisdom hath been created before all things, and the understanding of prudence from everlasting. [6] To whom hath the root of wisdom been revealed? or who hath known her wise counsels?

ΠΡΟΛΟΓΟΣ.

ΠΟΛΛΩΝ καὶ μεγάλων ἡμῖν διὰ τοῦ νόμου καὶ τῶν προφητῶν καὶ τῶν ἄλλων τῶν κατ᾽ αὐτοὺς ἠκολουθηκότων δεδομένων, ὑπὲρ ὧν δέον ἐστὶν ἐπαινεῖν τὸν Ἰσραὴλ παιδείας καὶ σοφίας, καὶ ὡς οὐ μόνον αὐτοὺς τοὺς ἀναγινώσκοντας δέον ἐστὶν ἐπιστήμονας γίνεσθαι, ἀλλὰ καὶ τοῖς ἐκτὸς δύνασθαι τοὺς φιλομαθοῦντας χρησίμους εἶναι καὶ λέγοντας καὶ γράφοντας· ὁ πάππος μου Ἰησοῦς ἐπὶ πλεῖον ἑαυτὸν δοὺς εἴς τε τὴν τοῦ νόμου καὶ τῶν προφητῶν καὶ τῶν ἄλλων πατρίων βιβλίων ἀνάγνωσιν, καὶ ἐν τούτοις ἱκανὴν ἕξιν περιποιησάμενος, προήχθη καὶ αὐτὸς συγγράψαι τι τῶν εἰς παιδείαν καὶ σοφίαν ἀνηκόντων, ὅπως οἱ φιλομαθεῖς, καὶ τούτων ἔνοχοι γενόμενοι, πολλῷ μᾶλλον ἐπιπροσθῶσι διὰ τῆς ἐννόμου βιώσεως.

Παρακέκλησθε οὖν μετ᾽ εὐνοίας καὶ προσοχῆς τὴν ἀνάγνωσιν ποιεῖσθαι, καὶ συγγνώμην ἔχειν ἐφ᾽ οἷς ἂν δοκῶμεν τῶν κατὰ τὴν ἑρμηνείαν πεφιλοπονημένων τισὶ τῶν λέξεων ἀδυναμεῖν· οὐ γὰρ ἰσοδυναμεῖ αὐτὰ ἐν ἑαυτοῖς Ἑβραϊστὶ λεγόμενα, καὶ ὅταν μεταχθῇ εἰς ἑτέραν γλῶσσαν. Οὐ μόνον δὲ ταῦτα, ἀλλὰ καὶ αὐτὸς ὁ νόμος, καὶ αἱ προφητεῖαι, καὶ τὰ λοιπὰ τῶν βιβλίων οὐ μικρὰν ἔχει τὴν διαφορὰν ἐν ἑαυτοῖς λεγόμενα. Ἐν γὰρ τῷ ὀγδόῳ καὶ τριακοστῷ ἔτει ἐπὶ τοῦ Εὐεργέτου βασιλέως παραγενηθεὶς εἰς Αἴγυπτον καὶ συγχρονίσας, εὗρον οὐ μικρᾶς παιδείας ἀφόμοιον· ἀναγκαιότατον ἐθέμην αὐτὸς προσενέγκασθαί τινα σπουδὴν καὶ φιλοπονίαν τοῦ μεθερμηνεῦσαι τήνδε τὴν βίβλον· πολλὴν γὰρ ἀγρυπνίαν καὶ ἐπιστήμην προσενεγκάμενος ἐν τῷ διαστήματι τοῦ χρόνου, πρὸς τὸ ἐπὶ πέρας ἄγοντα τὸ βιβλίον ἐκδόσθαι, καὶ τοῖς ἐν τῇ παροικίᾳ βουλομένοις φιλομαθεῖν, προκατασκευαζομένοις τὰ ἤθη ἐν νόμῳ βιοτεύειν.

ΣΟΦΙΑ ΣΕΙΡΑΧ.

ΠΑΣΑ σοφία παρὰ Κυρίου, καὶ μετ᾽ αὐτοῦ ἐστιν εἰς τὸν αἰῶνα. 1 Ἄμμον θαλασσῶν καὶ σταγόνας ὑετοῦ καὶ ἡμέρας αἰῶνος τίς 2 ἐξαριθμήσει; Ὕψος οὐρανοῦ καὶ πλάτος γῆς καὶ ἄβυσσον καὶ 3 σοφίαν τίς ἐξιχνιάσει;

Προτέρα πάντων ἔκτισται σοφία, καὶ σύνεσις φρονήσεως ἐξ 4 αἰῶνος. Ῥίζα σοφίας τίνι ἀπεκαλύφθη; καὶ τὰ πανουργεύματα 6 αὐτῆς τίς ἔγνω;

8 Εἷς ἐστι σοφὸς φοβερὸς σφόδρα καθήμενος ἐπὶ τοῦ θρόνου
9 αὐτοῦ· Κύριος αὐτὸς ἔκτισεν αὐτὴν, καὶ εἶδε καὶ ἐξηρίθμησεν
10 αὐτὴν, καὶ ἐξέχεεν αὐτὴν ἐπὶ πάντα τὰ ἔργα αὐτοῦ. Μετὰ
πάσης σαρκὸς κατὰ τὴν δόσιν αὐτοῦ, καὶ ἐχορήγησεν αὐτὴν
τοῖς ἀγαπῶσιν αὐτόν·

11 Φόβος Κυρίου δόξα καὶ καύχημα καὶ εὐφροσύνη καὶ στέ-
12 φανος ἀγαλλιάματος. Φόβος Κυρίου τέρψει καρδίαν, καὶ
13 δώσει εὐφροσύνην καὶ χαρὰν καὶ μακροημέρευσιν. Τῷ φοβου-
μένῳ τὸν Κύριον εὖ ἔσται ἐπ᾽ ἐσχάτων, καὶ ἐν ἡμέρᾳ τελευτῆς
αὐτοῦ εὑρήσει χάριν.

14 Αρχὴ σοφίας φοβεῖσθαι τὸν Θεὸν, καὶ μετὰ πιστῶν ἐν
15 μήτρᾳ συνεκτίσθη αὐτοῖς. Καὶ μετὰ ἀνθρώπων θεμέλιον
αἰῶνος ἐνόσσευσε, καὶ μετὰ τοῦ σπέρματος αὐτῶν ἐμπιστευθή-
16 σεται. Πλησμονὴ σοφίας φοβεῖσθαι τὸν Κύριον, καὶ μεθύσκει
17 αὐτοὺς ἀπὸ τῶν καρπῶν αὐτῆς. Πάντα τὸν οἶκον αὐτῆς ἐμ-
πλήσει ἐπιθυμημάτων, καὶ τὰ ἀποδοχεῖα ἀπὸ τῶν γεννημάτων
18 αὐτῆς. Στέφανος σοφίας φόβος Κυρίου, ἀναθάλλων εἰρήνην
19 καὶ ὑγίειαν ἰάσεως· ἐπιστήμην καὶ γνῶσιν συνέσεως ἐξώμβρησε,
καὶ δόξαν κρατούντων αὐτῆς ἀνύψωσε.

20 Ῥίζα σοφίας φοβεῖσθαι τὸν Κύριον, καὶ οἱ κλάδοι αὐτῆς
21 μακροημέρευσις. Οὐ δυνήσεται θυμὸς ἄδικος δικαιωθῆναι·
22 ἡ γὰρ ῥοπὴ τοῦ θυμοῦ αὐτοῦ πτῶσις αὐτῷ. Ἕως καιροῦ ἀνθ-
έξεται μακρόθυμος, καὶ ὕστερον αὐτῷ ἀναδώσει εὐφροσύνη.
23 Ἕως καιροῦ κρύψει τοὺς λόγους αὐτοῦ, καὶ χείλη πιστῶν
24 ἐκδιηγήσεται σύνεσιν αὐτοῦ. Ἐν θησαυροῖς σοφίας παρα-
25 βολὴ ἐπιστήμης, βδέλυγμα δὲ ἁμαρτωλῷ θεοσέβεια. Ἐπε-
θύμησας σοφίαν, διατήρησον ἐντολὰς, καὶ Κύριος χορηγήσει
26 σοι αὐτήν. Σοφία γὰρ καὶ παιδεία φόβος Κυρίου, καὶ ἡ
εὐδοκία αὐτοῦ πίστις καὶ πραότης.

27 Μὴ ἀπειθήσῃς φόβῳ Κυρίου, καὶ μὴ προσέλθῃς αὐτῷ ἐν
29 καρδίᾳ δισσῇ. Μὴ ὑποκριθῇς ἐν στόμασιν ἀνθρώπων, καὶ ἐν
30 τοῖς χείλεσί σου πρόσεχε. Μὴ ἐξύψου σεαυτὸν, ἵνα μὴ
πέσῃς, καὶ ἐπαγάγῃς τῇ ψυχῇ σου ἀτιμίαν· καὶ ἀποκαλύψῃ
Κύριος τὰ κρυπτά σου, καὶ ἐν μέσῳ συναγωγῆς καταβαλεῖ σε·
ὅτι οὐ προσῆλθες φόβῳ Κυρίου, καὶ ἡ καρδία σου πλήρης
δόλου.

2 Τεκνὸν εἰ προσέρχῃ δουλεύειν Κυρίῳ Θεῷ, ἑτοίμασον τὴν
2 ψυχήν σου εἰς πειρασμόν. Εὔθυνον τὴν καρδίαν σου καὶ καρ-
3 τέρησον, καὶ μὴ σπεύσῃς ἐν καιρῷ ἐπαγωγῆς. Κολλήθητι
4 αὐτῷ καὶ μὴ ἀποστῇς, ἵνα αὐξηθῇς ἐπ᾽ ἐσχάτων σου. Πᾶν ὃ
ἐὰν ἐπαχθῇ σοι, δέξαι, καὶ ἐν ἀλλάγμασι ταπεινώσεώς σου
5 μακροθύμησον. Ὅτι ἐν πυρὶ δοκιμάζεται χρυσὸς, καὶ ἄνθρωποι
6 δεκτοὶ ἐν καμίνῳ ταπεινώσεως. Πίστευσον αὐτῷ καὶ ἀντι-
7 λήψεταί σου, εὔθυνον τὰς ὁδούς σου καὶ ἔλπισον ἐπ᾽ αὐτόν. Οἱ
8 φοβούμενοι τὸν Κύριον, ἀναμείνατε τὸ ἔλεος αὐτοῦ, καὶ μὴ
ἐκκλίνητε ἵνα μὴ πέσητε. Οἱ φοβούμενοι Κύριον πιστεύ-
9 σατε αὐτῷ, καὶ οὐ μὴ πταίσῃ ὁ μισθὸς ὑμῶν. Οἱ φοβού-
μενοι Κύριον ἐλπίσατε εἰς ἀγαθὰ, καὶ εἰς εὐφροσύνην αἰῶνος
καὶ ἐλέους.

[8] There is one wise and greatly to be feared, the Lord sitting upon his throne. [9] He created her, and saw her, and numbered her, and poured her out upon all his works. [10] She is with all flesh according to his gift, and he hath given her to them that love him.

[11] The fear of the Lord is honour, and glory, and gladness, and a crown of rejoicing. [12] The fear of the Lord maketh a merry heart, and giveth joy, and gladness, and long life. [13] Whoso feareth the Lord, it shall go well with him at the last, and he shall find favour in the day of his death.

[14] To fear the Lord is the beginning of wisdom: and it was created with the faithful in the womb. [15] She hath built an everlasting foundation with men, and she shall continue with their seed. [16] To fear the Lord is fulness of wisdom, and filleth men with her fruits. [17] She filleth all their house with things desirable, and the garners with her increase. [18] The fear of the Lord is a crown of wisdom, making peace and perfect health to flourish. [19] Wisdom raineth down skill and knowledge of understanding, and exalteth them to honour that hold her fast.

[20] The root of wisdom is to fear the Lord, and the branches thereof are long life. [21] A furious man cannot be justified; for the sway of his fury shall be his destruction. [22] A patient man will bear for a time, and afterward joy shall spring up unto him. [23] He will hide his words for a time, and the lips of many shall declare his wisdom. [24] The parables of knowledge are in the treasures of wisdom: but godliness is an abomination to a sinner. [25] If thou desire wisdom, keep the commandments, and the Lord shall give her unto thee. [26] For the fear of the Lord is wisdom and instruction: and faith and meekness are his delight.

[27] Distrust not the fear of the Lord when thou art poor; and come not unto him with a double heart. [29] Be not a hypocrite in the sight of men, and take good heed what thou speakest. [30] Exalt not thyself, lest thou fall, and bring dishonour upon thy soul, and so the Lord discover thy secrets, and cast thee down in the midst of the congregation, because thou camest not in truth to the fear of the Lord, but thy heart is full of deceit.

My son, if thou come to serve the Lord God, prepare thy soul for temptation. [2] Set thy heart aright, and constantly endure, and make not haste in time of trouble. [3] Cleave unto him, and depart not away, that thou mayest be increased at thy last end. [4] Whatsoever is brought upon thee take cheerfully, and be patient when thou art changed to a low estate. [5] For gold is tried in the fire, and acceptable men in the furnace of adversity. [6] Believe in him, and he will help thee; order thy way aright, and trust in him. [7] Ye that fear the Lord, wait for his mercy; and go not aside, lest ye fall. [8] Ye that fear the Lord, believe him; and your reward shall not fail. [9] Ye that fear the Lord, hope for good, and for everlasting joy and mercy.

¹⁰ Look at the generations of old, and see; did ever any trust in the Lord, and was confounded? or did any abide in his fear, and was forsaken? or whom did he ever despise, that called upon him? ¹¹ For the Lord is full of compassion and mercy, long-suffering, and very pitiful, and forgiveth sins, and saveth in time of affliction. ¹²Woe be to fearful hearts, and faint hands, and the sinner that goeth two ways!

¹³ Woe unto him that is fainthearted! for he believeth not; therefore shall he not be defended. ¹⁴ Woe unto you that have lost patience! and what will ye do when the Lord shall visit you?

¹⁵ They that fear the Lord will not disobey his word; and they that love him will keep his ways. ¹⁶ They that fear the Lord will seek that which is wellpleasing unto him; and they that love him shall be filled with the law. ¹⁷ They that fear the Lord will prepare their hearts, and humble their souls in his sight, ¹⁸ saying, We will fall into the hands of the Lord, and not into the hands of men: for as his majesty is, so is his mercy.

Hear me your father, O children, and do thereafter, that ye may be safe. ² For the Lord hath given the father honour over the children, and hath confirmed the authority of the mother over the sons. ³ Whoso honoureth his father maketh an atonement for his sins: ⁴ and he that honoureth his mother is as one that layeth up treasure.

⁵ Whoso honoureth his father shall have joy of *his own* children; and when he maketh his prayer, he shall be heard. ⁶ He that honoureth his father shall have a long life; and he that is obedient unto the Lord shall be a comfort to his mother, ⁷ and will do service unto his parents, as to his masters.

⁸ Honour thy father and mother both in word and deed, that a blessing may come upon thee from them. ⁹ For the blessing of the father establisheth the houses of children; but the curse of the mother rooteth out foundations. ¹⁰ Glory not in the dishonour of thy father; for thy father's dishonour is no glory unto thee. ¹¹ For the glory of a man is from the honour of his father; and a mother in dishonour is a reproach to the children.

¹² My son, help thy father in his age, and grieve him not as long as he liveth. ¹³ And if his understanding fail, have patience with him; and despise him not when thou art in thy full strength. ¹⁴ For the relieving of thy father shall not be forgotten: and instead of sins it shall be added to build thee up. ¹⁵ In the day of thine affliction it shall be remembered; thy sins also shall melt away, as the ice in the fair warm weather.

¹⁶ He that forsaketh his father is as a blasphemer; and he that angereth his mother is cursed of God.

¹⁷ My son, go on with thy business in meekness; so shalt thou be beloved of him that is approved. ¹⁸ The greater thou art, the more humble thyself, and thou shalt find favour before the Lord. ²⁰ For the power of the Lord is great, and he is honoured of the lowly.

Ἐμβλέψατε εἰς ἀρχαίας γενεὰς καὶ ἴδετε, τίς ἐνεπίστευσε 10 Κυρίῳ καὶ κατῃσχύνθη; ἢ τίς ἐνέμεινε τῷ φόβῳ αὐτοῦ καὶ ἐγκατελείφθη; ἢ τίς ἐπεκαλέσατο αὐτόν, καὶ ὑπερεῖδεν αὐτόν; Διότι οἰκτίρμων καὶ ἐλεήμων ὁ Κύριος, καὶ ἀφίησιν 11 ἁμαρτίας, καὶ σώζει ἐν καιρῷ θλίψεως. Οὐαὶ καρδίαις 12 δειλαῖς, καὶ χερσὶ παρειμέναις, καὶ ἁμαρτωλῷ ἐπιβαίνοντι ἐπὶ δύο τρίβους.

Οὐαὶ καρδίᾳ παρειμένῃ, ὅτι οὐ πιστεύει, διὰ τοῦτο οὐ σκε- 13 πασθήσεται. Οὐαὶ ὑμῖν τοῖς ἀπολωλεκόσι τὴν ὑπομονήν, 14 καὶ τί ποιήσετε ὅταν ἐπισκέπτηται ὁ Κύριος;

Οἱ φοβούμενοι Κύριον οὐκ ἀπειθήσουσι ῥημάτων αὐτοῦ, καὶ 15 οἱ ἀγαπῶντες αὐτὸν συντηρήσουσι τὰς ὁδοὺς αὐτοῦ. Οἱ φοβού- 16 μενοι Κύριον ζητήσουσιν εὐδοκίαν αὐτοῦ, καὶ οἱ ἀγαπῶντες αὐτὸν ἐμπλησθήσονται τοῦ νόμου. Οἱ φοβούμενοι Κύριον 17 ἑτοιμάσουσι καρδίας αὐτῶν, καὶ ἐνώπιον αὐτοῦ ταπεινώσουσι τὰς ψυχὰς αὐτῶν. Ἐμπεσούμεθα εἰς χεῖρας Κυρίου, καὶ οὐκ 18 εἰς χεῖρας ἀνθρώπων· ὡς γὰρ ἡ μεγαλωσύνη αὐτοῦ, οὕτως καὶ τὸ ἔλεος αὐτοῦ.

Ἐμοῦ τοῦ πατρὸς ἀκούσατε τέκνα, καὶ οὕτως ποιήσατε, ἵνα 3 σωθῆτε. Ὁ γὰρ Κύριος ἐδόξασε πατέρα ἐπὶ τέκνοις, καὶ κρίσιν 2 μητρὸς ἐστερέωσεν ἐφ' υἱοῖς. Ὁ τιμῶν πατέρα ἐξιλάσεται 3 ἁμαρτίας. Καὶ ὡς ὁ ἀποθησαυρίζων, ὁ δοξάζων μητέρα 4 αὐτοῦ.

Ὁ τιμῶν πατέρα εὐφρανθήσεται ὑπὸ τέκνων, καὶ ἐν ἡμέρᾳ 5 προσευχῆς αὐτοῦ εἰσακουσθήσεται. Ὁ δοξάζων πατέρα 6 μακροημερεύσει, καὶ ὁ εἰσακούων Κυρίου ἀναπαύσει μητέρα αὐτοῦ, καὶ ὡς δεσπόταις δουλεύσει ἐν τοῖς γεννήσασιν 7 αὐτόν.

Ἐν ἔργῳ καὶ λόγῳ τίμα τὸν πατέρα σου, ἵνα ἐπέλθῃ σοι 8 εὐλογία παρ' αὐτοῦ. Εὐλογία γὰρ πατρὸς στηρίζει οἴκους 9 τέκνων, κατάρα δὲ μητρὸς ἐκριζοῖ θεμέλια. Μὴ δοξάζου ἐν 10 ἀτιμίᾳ πατρός σου, οὐ γάρ ἐστί σοι δόξα πατρὸς ἀτιμία. Ἡ 11 γὰρ δόξα ἀνθρώπου ἐκ τιμῆς πατρὸς αὐτοῦ, καὶ ὄνειδος τέκνοις μήτηρ ἐν ἀδοξίᾳ.

Τέκνον, ἀντιλαβοῦ ἐν γήρᾳ πατρός σου, καὶ μὴ λυπήσῃς 12 αὐτὸν ἐν τῇ ζωῇ αὐτοῦ. Κἂν ἀπολείπῃ σύνεσιν, συγγνώμην 13 ἔχε, καὶ μὴ ἀτιμάσῃς αὐτὸν ἐν πάσῃ ἰσχύϊ σου. Ἐλεημο- 14 σύνη γὰρ πατρὸς οὐκ ἐπιλησθήσεται, καὶ ἀντὶ ἁμαρτιῶν προσανοικοδομηθήσεταί σοι. Ἐν ἡμέρᾳ θλίψεώς σου ἀναμνη- 15 σθήσεταί σου· ὡς εὐδία ἐπὶ παγετῷ, οὕτως ἀναλυθήσονταί σου αἱ ἁμαρτίαι.

Ὡς βλάσφημος ὁ ἐγκαταλιπὼν πατέρα, καὶ κεκατηραμένος 16 ὑπὸ Κυρίου ὁ παροργίζων μητέρα αὐτοῦ.

Τέκνον, ἐν πραΰτητι τὰ ἔργα σου διέξαγε, καὶ ὑπὸ ἀνθρώ- 17 που δεκτοῦ ἀγαπηθήσῃ. Ὅσῳ μέγας εἶ, τοσούτῳ ταπει- 18 νοῦ σεαυτόν, καὶ ἔναντι Κυρίου εὑρήσεις χάριν. Ὅτι 20 μεγάλη ἡ δυναστεία τοῦ Κυρίου, καὶ ὑπὸ τῶν ταπεινῶν δοξά- ζεται.

21 Χαλεπώτερά σου μὴ ζήτει, καὶ ἰσχυρότερά σου μὴ
22 ἐξέταζε, ἃ προσετάγη σοι, ταῦτα διανοοῦ· οὐ γάρ ἐστί
23 σοι χρεία τῶν κρυπτῶν. Ἐν τοῖς περισσοῖς τῶν ἔργων
σου μὴ περιεργάζου· πλείονα γὰρ συνέσεως ἀνθρώπων
24 ὑπεδείχθη σοι. Πολλοὺς γὰρ ἐπλάνησεν ἡ ὑπόληψις
αὐτῶν, καὶ ὑπόνοια πονηρὰ ὠλίσθησε διανοίας αὐτῶν.
26 Καὶ ὁ ἀγαπῶν κίνδυνον, ἐν αὐτῷ ἐμπεσεῖται· καρδία
27 σκληρὰ κακωθήσεται ἐπ' ἐσχάτων. Καρδία σκληρὰ
βαρυνθήσεται πόνοις, καὶ ὁ ἁμαρτωλὸς προσθήσει ἁμαρ-
28 τίαν ἐφ' ἁμαρτίαις. Ἐπαγωγὴ ὑπερηφάνου οὐκ ἔστιν
29 ἴασις, φυτὸν γὰρ πονηρίας ἐρρίζωκεν ἐν αὐτῷ· καρδία
συνετοῦ διανοηθήσεται παραβολὴν, καὶ οὖς ἀκροατοῦ
ἐπιθυμία σοφοῦ.
30 Πῦρ φλογιζόμενον ἀποσβέσει ὕδωρ, καὶ ἐλεημοσύνη
31 ἐξιλάσεται ἁμαρτίας. Ὁ ἀνταποδιδοὺς χάριτας μέμνηται
εἰς τὰ μετὰ ταῦτα, καὶ ἐν καιρῷ πτώσεως εὑρήσει στήριγμα.
4 Τέκνον, τὴν ζωὴν τοῦ πτωχοῦ μὴ ἀποστερήσῃς, καὶ
2 μὴ παρελκύσῃς ὀφθαλμοὺς ἐπιδεεῖς. Ψυχὴν πεινῶσαν μὴ
λυπήσῃς, καὶ μὴ παροργίσῃς ἄνδρα ἐν ἀπορίᾳ αὐτοῦ.
3 Καρδίαν παροργισμένην μὴ προσταράξῃς, καὶ μὴ παρ-
4 ελκύσῃς δόσιν προσδεομένου. Ἱκέτην θλιβόμενον μὴ
ἀπαναίνου, καὶ μὴ ἀποστρέψῃς τὸ πρόσωπόν σου ἀπὸ
5 πτωχοῦ. Ἀπὸ δεομένου μὴ ἀποστρέψῃς ὀφθαλμὸν, καὶ
6 μὴ δῷς τόπον ἀνθρώπῳ καταράσασθαί σε. Καταρωμένου
γάρ σε ἐν πικρίᾳ ψυχῆς αὐτοῦ, τῆς δεήσεως αὐτοῦ ἐπακού-
7 σεται ὁ ποιήσας αὐτόν. Προσφιλῆ συναγωγῇ σεαυτὸν
8 ποίει, καὶ μεγιστᾶνι ταπεινοῦ τὴν κεφαλήν σου. Κλῖνον
πτωχῷ τὸ οὖς σου, καὶ ἀποκρίθητι αὐτῷ εἰρηνικὰ ἐν
πραΰτητι.
9 Ἐξελοῦ ἀδικούμενον ἐκ χειρὸς ἀδικοῦντος, καὶ μὴ
10 ὀλιγοψυχήσῃς ἐν τῷ κρίνειν σε. Γίνου ὀρφανοῖς ὡς
πατὴρ, καὶ ἀντὶ ἀνδρὸς τῇ μητρὶ αὐτῶν· καὶ ἔσῃ ὡς
υἱὸς ὑψίστου, καὶ ἀγαπήσει σε μᾶλλον ἢ μήτηρ σου.
11 Ἡ σοφία υἱοὺς ἑαυτῇ ἀνύψωσε, καὶ ἐπιλαμβάνεται
12 τῶν ζητούντων αὐτήν· ὁ ἀγαπῶν αὐτὴν ἀγαπᾷ ζωὴν, καὶ οἱ
ὀρθρίζοντες πρὸς αὐτὴν ἐμπλησθήσονται εὐφροσύνης.
13 Ὁ κρατῶν αὐτῆς κληρονομήσει δόξαν, καὶ οὗ εἰσπο-
14 ρεύεται εὐλογήσει Κύριος. Οἱ λατρεύοντες αὐτῇ λειτουρ-
γήσουσιν Ἁγίῳ, καὶ τοὺς ἀγαπῶντας αὐτὴν ἀγαπᾷ ὁ Κύριος.
15 Ὁ ὑπακούων αὐτῆς κρινεῖ ἔθνη, καὶ ὁ προσελθὼν αὐτῇ
16 κατασκηνώσει πεποιθώς. Ἐὰν ἐμπιστεύσῃς, κατακληρονο-
μήσεις αὐτὴν, καὶ ἐν κατασχέσει ἔσονται αἱ γενεαὶ αὐτοῦ.
17 Ὅτι διεστραμμένως πορεύεται μετ' αὐτοῦ ἐν πρώτοις· φόβον
δὲ καὶ δειλίαν ἐπάξει ἐπ' αὐτὸν, καὶ βασανίσει αὐτὸν ἐν
παιδίᾳ αὐτῆς, ἕως οὗ ἐμπιστεύσῃ τῇ ψυχῇ αὐτοῦ, καὶ
18 πειράσῃ αὐτὸν ἐν τοῖς δικαιώμασιν αὐτῆς. Καὶ πάλιν
ἐπανήξει κατ' εὐθεῖαν πρὸς αὐτὸν, καὶ εὐφρανεῖ αὐτὸν,
19 καὶ ἀποκαλύψει αὐτῷ τὰ κρυπτὰ αὐτῆς. Ἐὰν ἀποπλανηθῇ,
ἐγκαταλείψει αὐτὸν, καὶ παραδώσει αὐτὸν εἰς χεῖρας πτώσεως
αὐτοῦ.
20 Συντήρησον καιρὸν καὶ φύλαξαι ἀπὸ πονηροῦ, καὶ περὶ
21 τῆς ψυχῆς σου μὴ αἰσχυνθῇς. Ἔστι γὰρ αἰσχύνη

21 Seek not out the things that are too hard for thee, neither search the things that are above thy strength. 22 But what is commanded thee, think thereupon *with reverence*; for it is not needful for thee *to see with thine eyes* the things that are in secret. 23 Be not curious in unnecessary matters; for more things are shewed unto thee than men understand. 24 For many are deceived by their own vain opinion; and an evil suspicion hath overthrown their judgment.

26 A stubborn heart shall fare evil at the last; and he that loveth danger shall perish therein. 27 An obstinate heart shall be laden with sorrows; and the wicked man shall heap sin upon sin. 28 In the punishment of the proud there is no remedy; for the plant of wickedness hath taken root in him. 29 The heart of the prudent will understand a parable; and an attentive ear is the desire of a wise man.

30 Water will quench a flaming fire; and alms maketh an atonement for sins. 31 And he that requiteth good turns is mindful of that which may come hereafter; and when he falleth, he shall find a stay.

My son, defraud not the poor of his living, and make not the needy eyes to wait long. 2 Make not a hungry soul sorrowful; neither provoke a man in his distress. 3 Add not more trouble to a heart that is vexed; and defer not to give to him that is in need. 4 Reject not the supplication of the afflicted; neither turn away thy face from a poor man. 5 Turn not away thine eye from the needy, and give him none occasion to curse thee: 6 for if he curse thee in the bitterness of his soul, his prayer shall be heard of him that made him. 7 Get thyself the love of the congregation, and bow thy head to a great man. 8 Let it not grieve thee to bow down thine ear to the poor, and give him a friendly answer with meekness.

9 Deliver him that suffereth wrong from the hand of the oppressor; and be not fainthearted when thou sittest in judgment. 10 Be as a father to the fatherless, and instead of a husband unto their mother: so shalt thou be as the son of the most High, and he shall love thee more than thy mother doth.

11 Wisdom exalteth her children, and layeth hold of them that seek her. 12 He that loveth her loveth life; and they that seek to her early shall be filled with joy. 13 He that holdeth her fast shall inherit glory; and wheresoever she entereth, the Lord will bless. 14 They that serve her shall minister to the Holy One: and them that love her the Lord doth love. 15 Whoso giveth ear unto her shall judge the nations: and he that attendeth unto her shall dwell securely. 16 If man commit himself unto her, he shall inherit her; and his generation shall hold her in possession. 17 For at the first she will walk with him by crooked ways, and bring fear and dread upon him, and torment him with her discipline, until she may trust his soul, and try him by her laws. 18 Then will she return the straight way unto him, and comfort him, and shew him her secrets. 19 But if he go wrong, she will forsake him, and give him over to his own ruin.

20 Observe the opportunity, and beware of evil; and be not ashamed when it concerneth thy soul. 21 For there is a shame that bringeth

sin; and there is a shame which is glory and grace. ²² Accept no person against thy soul, and let not the reverence of any man cause thee to fall. ²³ And refrain not to speak, when there is occasion to do good, and hide not thy wisdom in her beauty. ²⁴ For by speech wisdom shall be known: and learning by the word of the tongue. ²⁵ In no wise speak against the truth; but be abashed of the error of thine ignorance. ²⁶ Be not ashamed to confess thy sins; and force not the course of the river. ²⁷ Make not thyself an underling to a foolish man; neither accept the person of the mighty. ²⁸ Strive for the truth unto death, and the Lord shall fight for thee.

²⁹ Be not hasty in thy tongue, and in thy deeds slack and remiss. ³⁰ Be not as a lion in thy house, nor frantic among thy servants. ³¹ Let not thine hand be stretched out to receive, and shut when thou shouldest repay.

Set not thy heart upon thy goods; and say not, I have enough for my life. ² Follow not thine own mind and thy strength, to walk in the ways of thy heart: ³ and say not, Who shall control me for my works? for the Lord will surely revenge thy pride. ⁴ Say not, I have sinned, and what harm hath happened unto me? for the Lord is longsuffering, he will in no wise let thee go. ⁵ Concerning propitiation, be not without fear to add sin unto sin: ⁶ and say not, His mercy is great; he will be pacified for the multitude of my sins: for mercy and wrath come from him, and his indignation resteth upon sinners.

⁷ Make no tarrying to turn to the Lord, and put not off from day to day: for suddenly shall the wrath of the Lord come forth, and in thy security thou shalt be destroyed, and perish in the day of vengeance. ⁸ Set not thine heart upon goods unjustly gotten; for they shall not profit thee in the day of calamity.

⁹ Winnow not with every wind, and go not into every way: for so doth the sinner that hath a double tongue. ¹⁰ Be stedfast in thy understanding; and let thy word be the same. ¹¹ Be swift to hear; and let thy life be sincere; and with patience give answer. ¹² If thou hast understanding, answer thy neighbour; if not, lay thy hand upon thy mouth. ¹³ Honour and shame is in talk: and the tongue of man is his fall. ¹⁴ Be not called a whisperer, and lie not in wait with thy tongue: for a foul shame is upon the thief, and an evil condemnation upon the double tongue. ¹⁵ Be not ignorant of any thing in a great matter or a small.

Instead of a friend become not an enemy; for [thereby] thou shalt inherit an ill name, shame, and reproach: even so shall a sinner that hath a double tongue. ² Extol not thyself in the counsel of thine own heart: that thy soul be not torn in pieces as a bull [straying alone]. ³ Thou shalt eat up thy leaves, and lose thy fruit, and leave thyself as a dry tree.

⁴ A wicked soul shall destroy him that hath it, and shall make him to be laughed to scorn of his enemies. ⁵ Sweet language will multiply friends: and a fairspeaking tongue will increase kind greetings. ⁶ Be in peace with many: nevertheless have but one counsellor of a thousand.

⁷ If thou wouldest get a friend, prove him

ἐπάγουσα ἁμαρτίαν, καὶ ἔστιν αἰσχύνη δόξα καὶ χάρις.
Μὴ λάβῃς πρόσωπον κατὰ τῆς ψυχῆς σου, καὶ μὴ ἐντραπῇς 22 εἰς πτῶσίν σου. Μὴ κωλύσῃς λόγον ἐν καιρῷ σωτηρίας, 23 ἐν γὰρ λόγῳ γνωσθήσεται σοφία, καὶ παιδεία ἐν ῥήματι 24 γλώσσης. Μὴ ἀντίλεγε τῇ ἀληθείᾳ, καὶ περὶ τῆς ἀπαι- 25 δευσίας σου ἐντράπηθι. Μὴ αἰσχυνθῇς ὁμολογῆσαι ἐφ' 26 ἁμαρτίαις σου, καὶ μὴ βιάζου ῥοῦν ποταμοῦ. Καὶ μὴ 27 ὑποστρώσῃς σεαυτὸν ἀνθρώπῳ μωρῷ, καὶ μὴ λάβῃς πρόσ- ωπον δυνάστου. Ἕως τοῦ θανάτου ἀγώνισαι περὶ τῆς 28 ἀληθείας, καὶ Κύριος ὁ Θεὸς πολεμήσει ὑπὲρ σοῦ.

Μὴ γίνου τραχὺς ἐν γλώσσῃ σου, καὶ νωθρὸς καὶ παρει- 29 μένος ἐν τοῖς ἔργοις σου. Μὴ ἴσθι ὡς λέων ἐν τῷ οἴκῳ 30 σου, καὶ φαντασιοκοπῶν ἐν τοῖς οἰκέταις σου. Μὴ ἔστω 31 ἡ χείρ σου ἐκτεταμένη εἰς τὸ λαβεῖν, καὶ ἐν τῷ ἀποδιδόναι συνεσταλμένη.

Μὴ ἔπεχε ἐπὶ τοῖς χρήμασί σου, καὶ μὴ εἴπῃς, αὐτάρκη 5 μοί ἐστι. Μὴ ἐξακολούθει τῇ ψυχῇ σου καὶ τῇ ἰσχύϊ 2 σου, τοῦ πορεύεσθαι ἐν ἐπιθυμίαις καρδίας σου. Καὶ μὴ 3 εἴπῃς, τίς με δυναστεύσει; ὁ γὰρ Κύριος ἐκδικῶν ἐκδικήσει σε. Μὴ εἴπῃς, ἥμαρτον, καὶ τί μοι ἐγένετο; ὁ γὰρ Κυ- 4 ριός ἐστι μακρόθυμος. Περὶ ἐξιλασμοῦ μὴ ἄφοβος γίνου 5 προσθεῖναι ἁμαρτίαν ἐφ' ἁμαρτίαις. Καὶ μὴ εἴπῃς, ὁ 6 οἰκτιρμὸς αὐτοῦ πολὺς, τὸ πλῆθος τῶν ἁμαρτιῶν μου ἐξιλά- σεται· ἔλεος γὰρ καὶ ὀργὴ παρ' αὐτοῦ, καὶ ἐπὶ ἁμαρτωλοὺς καταπαύσει ὁ θυμὸς αὐτοῦ.

Μὴ ἀνάμενε ἐπιστρέψαι πρὸς Κύριον, καὶ μὴ ὑπερ- 7 βάλλου ἡμέραν ἐξ ἡμέρας· ἐξάπινα γὰρ ἐξελεύσεται ὀργὴ Κυρίου, καὶ ἐν καιρῷ ἐκδικήσεως ἐξολῇ. Μὴ ἔπεχε ἐπὶ 8 χρήμασιν ἀδίκοις, οὐδὲν γὰρ ὠφελήσεις ἐν ἡμέρᾳ ἐπαγωγῆς.

Μὴ λίκμα ἐν παντὶ ἀνέμῳ, καὶ μὴ πορεύου ἐν πάσῃ 9 ἀτραπῷ· οὕτως ὁ ἁμαρτωλὸς ὁ δίγλωσσος. Ἴσθι ἐστη- 10 ριγμένος ἐν συνέσει σου, καὶ εἷς ἔστω σου ὁ λόγος. Γίνου 11 ταχὺς ἐν ἀκροάσει σου, καὶ ἐν μακροθυμίᾳ φθέγγου ἀπό- κρισιν. Εἰ ἔστι σοι σύνεσις, ἀποκρίθητι τῷ πλησίον· εἰ δὲ 12 μὴ, ἡ χείρ σου ἔστω ἐπὶ στόματί σου. Δόξα καὶ ἀτιμία ἐν 13 λαλιᾷ, καὶ γλῶσσα ἀνθρώπου πτῶσις αὐτῷ. Μὴ κληθῇς 14 ψίθυρος, καὶ τῇ γλώσσῃ σου μὴ ἐνέδρευε· ἐπὶ γὰρ τῷ κλέπτῃ ἐστὶν αἰσχύνη, καὶ κατάγνωσις πονηρὰ ἐπὶ διγλώσ- σου. Ἐν μεγάλῳ καὶ ἐν μικρῷ μὴ ἀγνόει. 15

Καὶ ἀντὶ φίλου μὴ γίνου ἐχθρός· ὄνομα γὰρ πονηρὸν 6 αἰσχύνην καὶ ὄνειδος κληρονομήσει· οὕτως ὁ ἁμαρτωλὸς ὁ δίγλωσσος. Μὴ ἐπάρῃς σεαυτὸν ἐν βουλῇ ψυχῆς σου, 2 ἵνα μὴ διαρπαγῇ ὡς ταῦρος ἡ ψυχή σου. Τὰ φύλλα σου 3 καταφάγεσαι, καὶ τοὺς καρπούς σου ἀπολέσεις, καὶ ἀφήσεις σεαυτὸν ὡς ξύλον ξηρόν.

Ψυχὴ πονηρὰ ἀπολεῖ τὸν κτησάμενον αὐτὴν, καὶ ἐπίχαρμα 4 ἐχθρῶν ποιήσει αὐτόν. Λάρυγξ γλυκὺς πληθυνεῖ φίλους 5 αὐτοῦ, καὶ γλῶσσα εὔλαλος πληθυνεῖ εὐπροσήγορα. Οἱ 6 εἰρηνεύοντές σοι ἔστωσαν πολλοὶ, οἱ δὲ σύμβουλοί σου εἷς ἀπὸ χιλίων.

Εἰ κτᾶσαι φίλον, ἐν πειρασμῷ κτῆσαι αὐτὸν, καὶ μὴ 7

8 ταχὺ ἐμπιστεύσῃς αὐτῷ. Ἔστι γὰρ φίλος ἐν καιρῷ αὐτοῦ,
9 καὶ οὐ μὴ παραμείνῃ ἐν ἡμέρᾳ θλίψεώς σου. Καὶ ἔστι
φίλος μετατιθέμενος εἰς ἔχθραν, καὶ μάχην ὀνειδισμοῦ σου
10 ἀποκαλύψει. Καὶ ἔστι φίλος κοινωνὸς τραπεζῶν, καὶ οὐ
11 μὴ παραμείνῃ ἐν ἡμέρᾳ θλίψεώς σου. Καὶ ἐν τοῖς ἀγαθοῖς
σου ἔσται ὡς σὺ, καὶ ἐπὶ τοὺς οἰκέτας σου παρρησιάσεται.
12 Ἐὰν ταπεινωθῇς, ἔσται κατὰ σοῦ, καὶ ἀπὸ τοῦ προσώπου
σου κρυβήσεται.
13 Ἀπὸ τῶν ἐχθρῶν σου διαχωρίσθητι, καὶ ἀπὸ τῶν φίλων
14 σου πρόσεχε. Φίλος πιστὸς σκέπη κραταιά, ὁ δὲ εὑρὼν
15 αὐτὸν εὗρε θησαυρόν. Φίλου πιστοῦ οὐκ ἔστιν ἀντάλ-
16 λαγμα, καὶ οὐκ ἔστι σταθμὸς τῆς καλλονῆς αὐτοῦ. Φίλος
πιστὸς φάρμακον ζωῆς, καὶ οἱ φοβούμενοι Κύριον εὑρήσου-
17 σιν αὐτόν. Ὁ φοβούμενος Κύριον εὐθύνει φιλίαν αὐτοῦ,
ὅτι κατ' αὐτὸν οὕτως καὶ ὁ πλησίον αὐτοῦ.
18 Τέκνον, ἐκ νεότητός σου ἐπίλεξαι παιδείαν, καὶ ἕως
19 πολιῶν εὑρήσεις σοφίαν. Ὡς ὁ ἀροτριῶν καὶ ὁ σπείρων
πρόσελθε αὐτῇ, καὶ ἀνάμενε τοὺς ἀγαθοὺς καρποὺς αὐτῆς·
ἐν γὰρ τῇ ἐργασίᾳ αὐτῆς ὀλίγον κοπιάσεις, καὶ ταχὺ φάγεσαι
20 γεννημάτων αὐτῆς. Ὡς τραχεῖά ἐστι σφόδρα τοῖς ἀπαιδεύ-
21 τοις, καὶ οὐκ ἐμμενεῖ ἐν αὐτῇ ἀκάρδιος. Ὡς λίθος δοκιμα-
σίας ἰσχυρὸς ἔσται ἐπ' αὐτῷ, καὶ οὐ χρονιεῖ ἀπορρίψαι
22 αὐτήν. Σοφία γὰρ κατὰ τὸ ὄνομα αὐτῆς ἐστι, καὶ οὐ πολ-
λοῖς ἐστι φανερά.
23 Ἄκουσον, τέκνον, καὶ δέξαι γνώμην μου, καὶ μὴ ἀποναί-
24 νου τὴν συμβουλίαν μου. Καὶ εἰσένεγκον τοὺς πόδας σου
εἰς τὰς πέδας αὐτῆς, καὶ εἰς τὸν κλοιὸν αὐτῆς τὸν τράχηλόν
25 σου. Ὑπόθες τὸν ὦμόν σου, καὶ βάσταξον αὐτὴν, καὶ μὴ
26 προσοχθίσῃς τοῖς δεσμοῖς αὐτῆς. Ἐν πάσῃ ψυχῇ σου
πρόσελθε αὐτῇ, καὶ ἐν ὅλῃ δυνάμει σου συντήρησον τὰς
27 ὁδοὺς αὐτῆς. Ἐξιχνεύσον καὶ ζήτησον, καὶ γνωσθήσεται
28 σοι, καὶ ἐγκρατὴς γενόμενος μὴ ἀφῇς αὐτήν. Ἐπ' ἐσχάτων
γὰρ εὑρήσεις τὴν ἀνάπαυσιν αὐτῆς, καὶ στραφήσεταί σοι εἰς
29 εὐφροσύνην. Καὶ ἔσονταί σοι αἱ πέδαι εἰς σκέπην ἰσχύος,
30 καὶ οἱ κλοιοὶ αὐτῆς εἰς στολὴν δόξης. Κόσμος γὰρ χρύσεός
ἐστιν ἐπ' αὐτῆς, καὶ οἱ δεσμοὶ αὐτῆς κλῶσμα ὑακίνθινον.
31 Στολὴν δόξης ἐνδύσῃ αὐτὴν, καὶ στέφανον ἀγαλλιάματος
περιθήσεις σεαυτῷ.
32 Ἐὰν θέλῃς, τέκνον, παιδευθήσῃ, καὶ ἐὰν δῷς τὴν ψυχήν
33 σου, πανοῦργος ἔσῃ. Ἐὰν ἀγαπήσῃς ἀκούειν ἐκδέξῃ, καὶ
34 ἐὰν κλίνῃς τὸ οὖς σου σοφὸς ἔσῃ. Ἐν πλήθει πρεσβυτέρων
35 στῆθι, καὶ, τίς σοφός; αὐτῷ προσκολλήθητι. Πᾶσαν
διήγησιν θείαν θέλε ἀκούειν, καὶ παροιμίαι συνέσεως μὴ
36 ἐκφευγέτωσάν σε. Ἐὰν ἴδῃς συνετὸν, ὄρθριζε πρὸς αὐτὸν,
37 καὶ βαθμοὺς θυρῶν αὐτοῦ ἐκτριβέτω ὁ πούς σου. Διανοοῦ
ἐν τοῖς προστάγμασιν Κυρίου, καὶ ἐν ταῖς ἐντολαῖς αὐτοῦ
μελέτα διαπαντός· αὐτὸς στηριεῖ τὴν καρδίαν σου, καὶ ἡ
ἐπιθυμία τῆς σοφίας σου δοθήσεταί σοι.
7 Μὴ ποίει κακὰ, καὶ οὐ μή σε καταλάβῃ κακόν. Ἀπό-
2 στηθι ἀπὸ ἀδίκου, καὶ ἐκκλινεῖ ἀπὸ σοῦ.
3 Υἱὲ μὴ σπεῖρε ἐπ' αὔλακας ἀδικίας, καὶ οὐ μὴ θερίσῃς
4 αὐτὰς ἑπταπλασίως. Μὴ ζήτει παρὰ Κυρίου ἡγεμονίαν,

first, and be not hasty to credit him. ⁸ For some man is a friend for his own occasion, and will not abide in the day of thy trouble. ⁹ And there is a friend, who being turned to enmity and strife will discover thy reproach. ¹⁰ Again, some friend is a companion at the table, and will not continue in the day of thy affliction. ¹¹ But in thy prosperity he will be as thyself, and will be bold over thy servants. ¹² If thou be brought low, he will be against thee, and will hide himself from thy face.

¹³ Separate thyself from thine enemies, and take heed of thy friends. ¹⁴ A faithful friend is a strong defence: and he that hath found such an one hath found a treasure. ¹⁵ Nothing doth countervail a faithful friend, and his excellency is invaluable. ¹⁶ A faithful friend is the medicine of life; and they that fear the Lord shall find him. ¹⁷ Whoso feareth the Lord shall direct his friendship aright: for as he is, so shall his neighbour be also.

¹⁸ My son, gather instruction from thy youth up: so shalt thou find wisdom till thine old age. ¹⁹ Come unto her as one that ploweth and soweth, and wait for her good fruits: for thou shalt not toil much in labouring about her, but thou shalt eat of her fruits right soon. ²⁰ She is very unpleasant to the unlearned: he that is without understanding will not remain with her. ²¹ She will lie upon him as a mighty stone of trial; and he will cast her from him ere it be long. ²² For wisdom is according to her name, and she is not manifest unto many.

²³ Give ear, my son, receive my advice, and refuse not my counsel, ²⁴ and put thy feet into her fetters, and thy neck into her chain. ²⁵ Bow down thy shoulder, and bear her, and be not grieved with her bonds. ²⁶ Come unto her with thy whole heart, and keep her ways with all thy power. ²⁷ Search, and seek, and she shall be made known unto thee: and when thou hast got hold of her, let her not go. ²⁸ For at the last thou shalt find her rest, and that shall be turned to thy joy. ²⁹ Then shall her fetters be a strong defence for thee, and her chains a robe of glory. ³⁰ For there is a golden ornament upon her, and her bands are purple lace. ³¹ Thou shalt put her on as a robe of honour, and shalt put her about thee as a crown of joy.

³² My son, if thou wilt, thou shalt be taught: and if thou wilt apply thy mind, thou shalt be prudent. ³³ If thou love to hear, thou shalt receive understanding: and if thou bow thine ear, thou shalt be wise. ³⁴ Stand in the multitude of the elders; and cleave unto him that is wise. ³⁵ Be willing to hear every godly discourse: and let not the parables of understanding escape thee. ³⁶ And if thou seest a man of understanding, get thee betimes unto him, and let thy foot wear the steps of his door. ³⁷ Let thy mind be upon the ordinances of the Lord, and meditate continually in his commandments: he shall establish thine heart, and give thee wisdom at thine own desire.

Do no evil, so shall no harm come unto thee. ² Depart from the unjust, and iniquity shall turn away from thee.

³ My son, sow not upon the furrows of unrighteousness, and thou shalt not reap them sevenfold. ⁴ Seek not of the Lord preeminence,

neither of the king the seat of honour. ⁵ Justify not thyself before the Lord; and boast not of thy wisdom before the king. ⁶ Seek not to be judge, being not able to take away iniquity; lest at any time thou fear the person of the mighty, and lay a stumblingblock in the way of thy uprightness. ⁷ Offend not against the multitude of a city, and then thou shalt not cast thyself down among the people. ⁸ Bind not one sin upon another; for in one thou shalt not be unpunished. ⁹ Say not, God will look upon the multitude of my oblations, and when I offer to the most high God, he will accept it. ¹⁰ Be not fainthearted when thou makest thy prayer, and neglect not to give alms.

¹¹ Laugh no man to scorn in the bitterness of his soul: for there is one which humbleth and exalteth. ¹² Devise not a lie against thy brother; neither do the like to thy friend. ¹³ Use not to make any manner of lie: for the custom thereof is not good. ¹⁴ Use not many words in a multitude of elders, and make not much babbling when thou prayest. ¹⁵ Hate not laborious work, neither husbandry, which the most High hath ordained. ¹⁶ Number not thyself among the multitude of sinners, but remember that wrath will not tarry long. ¹⁷ Humble thy soul greatly: ¹⁸ for the vengeance of the ungodly is fire and worms. ¹⁸ Change not a friend for any good by no means; neither a faithful brother for the gold of Suphir. ¹⁹ Forego not a wise and good woman: for her grace is above gold. ²⁰ Whereas thy servant worketh truly, entreat him not evil, nor the hireling that bestoweth himself wholly for thee.

²¹ Let thy soul love a good servant, and defraud him not of liberty. ²² Hast thou cattle? have an eye to them: and if they be for thy profit, keep them with thee. ²³ Hast thou children? instruct them, and bow down their neck from their youth. ²⁴ Hast thou daughters? have a care of their body, and shew not thyself cheerful toward them. ²⁵ Marry thy daughter, and so shalt thou have performed a weighty matter: but give her to a man of understanding. ²⁶ Hast thou a wife after thy mind? forsake her not.

²⁷ Honour thy father with thy whole heart, and forget not the sorrows of thy mother. ²⁸ Remember that thou wast begotten of them; and how canst thou recompense them the things that they have done for thee? ²⁹ Fear the Lord with all thy soul, and reverence his priests. ³⁰ Love him that made thee with all thy strength, and forsake not his ministers. ³¹ Fear the Lord, and honour the priest: and give him his portion, as it is commanded thee: the firstfruits, and the trespass offering, and the gift of the shoulders, and the sacrifice of sanctification, and the firstfruits of the holy things. ³² And stretch thine hand unto the poor, that thy blessing may be perfected. ³³ A gift hath grace in the sight of every man living; and for the dead detain it not. ³⁴ Fail not to be with them that weep, and mourn with them that mourn. ³⁵ Be not slow to visit the sick: for that shall make thee to be beloved. ³⁶ Whatsoever thou takest in hand, remember the end, and thou shalt never do amiss.

Strive not with a mighty man, lest thou fall into his hands. ² Be not at variance with a

μηδὲ παρὰ βασιλέως καθέδραν δόξης. Μὴ δικαιοῦ ἔναντι 5 Κυρίου, καὶ παρὰ βασιλεῖ μὴ σοφίζου· μὴ ζήτει γενέσθαι 6 κριτής, μὴ οὐκ ἐξισχύσεις ἐξάραι ἀδικίας. μήποτε εὐλαβηθῇς ἀπὸ προσώπου δυνάστου, καὶ θήσεις σκάνδαλον ἐν εὐθύτητί σου. Μὴ ἁμάρτανε εἰς πλῆθος πόλεως, καὶ μὴ 7 καταβάλῃς σεαυτὸν ἐν ὄχλῳ. Μὴ καταδεσμεύσῃς δὶς 8 ἁμαρτίαν, ἐν γὰρ τῇ μιᾷ οὐκ ἀθῷος ἔσῃ. Μὴ εἴπῃς, τῷ 9 πλήθει τῶν δώρων μου ἐπόψεται, καὶ ἐν τῷ προσενέγκαι με Θεῷ ὑψίστῳ προσδέξεται. Μὴ ὀλιγοψυχήσῃς ἐν τῇ προσ- 10 ευχῇ σου, καὶ ἐλεημοσύνην ποιῆσαι μὴ παρίδῃς.

Μὴ καταγέλα ἄνθρωπον ὄντα ἐν πικρίᾳ ψυχῆς αὐτοῦ, 11 ἔστι γὰρ ὁ ταπεινῶν καὶ ἀνυψῶν. Μὴ ἀροτρία ψεῦδος ἐπ' 12 ἀδελφῷ σου, μηδὲ φίλῳ τὸ ὅμοιον ποίει. Μὴ θέλε ψεύ- 13 δεσθαι πᾶν ψεῦδος, ὁ γὰρ ἐνδελεχισμὸς αὐτοῦ οὐκ εἰς ἀγαθόν. Μὴ ἀδολέσχει ἐν πλήθει πρεσβυτέρων, καὶ μὴ 14 δευτερώσῃς λόγον ἐν προσευχῇ σου. Μὴ μισήσῃς ἐπί- 15 πονον ἐργασίαν, καὶ γεωργίαν ὑπὸ ὑψίστου ἐκτισμένην. Μὴ προσλογίζου σεαυτὸν ἐν πλήθει ἁμαρτωλῶν. Ταπεί- 16, 17 νωσον σφόδρα τὴν ψυχήν σου. Μνήσθητι ὅτι ὀργὴ οὐ 16 χρονιεῖ, ὅτι ἐκδίκησις ἀσεβοῦς πῦρ καὶ σκώληξ. Μὴ 17, 18 ἀλλάξῃς φίλον ἕνεκεν ἀδιαφόρου, μηδ' ἀδελφὸν γνήσιον ἐν χρυσίῳ Σουφείρ. Μὴ ἀστόχει γυναικὸς σοφῆς καὶ ἀγαθῆς, 19 καὶ γὰρ χάρις αὐτῆς ὑπὲρ τὸ χρυσίον. Μὴ κακώσῃς 20 οἰκέτην ἐργαζόμενον ἐν ἀληθείᾳ, μηδὲ μίσθιον διδόντα ψυχὴν αὐτοῦ.

Οἰκέτην συνετὸν ἀγαπάτω σου ἡ ψυχή, μὴ στερήσῃς 21 αὐτὸν ἐλευθερίας. Κτήνη σοί ἐστιν; ἐπισκέπτου αὐτά· 22 καὶ εἰ ἔστι σοι χρήσιμα, ἐμμενέτω σοι. Τέκνα σοί ἐστι, 23 παίδευσον αὐτά, καὶ κάμψον ἐκ νεότητος τὸν τράχηλον αὐτῶν. Θυγατέρες σοί εἰσι; πρόσεχε τῷ σώματι αὐτῶν, 24 καὶ μὴ ἱλαρώσῃς πρὸς αὐτὰς τὸ πρόσωπόν σου. Ἔκδου 25 θυγατέρα, καὶ ἔσῃ τετελεκὼς ἔργον μέγα, καὶ ἀνδρὶ συνετῷ δώρησαι αὐτήν. Γυνή σοι ἐστὶ κατὰ ψυχήν; μὴ ἐκβάλῃς 26 αὐτήν.

Ἐν ὅλῃ καρδίᾳ δόξασον τὸν πατέρα σου, καὶ μητρὸς 27 ὠδῖνας μὴ ἐπιλάθῃ. Μνήσθητι ὅτι δι' αὐτῶν ἐγενήθης, καὶ 28 τί ἀνταποδώσεις αὐτοῖς καθὼς αὐτοὶ σοί; Ἐν ὅλῃ ψυχῇ 29 σου εὐλαβοῦ τὸν Κύριον, καὶ τοὺς ἱερεῖς αὐτοῦ θαύμαζε. Ἐν ὅλῃ δυνάμει ἀγάπησον τὸν ποιήσαντά σε, καὶ τοὺς 30 λειτουργοὺς αὐτοῦ μὴ ἐγκαταλίπῃς. Φοβοῦ τὸν Κύριον, καὶ 31 δόξασον ἱερέα, καὶ δὸς τὴν μερίδα αὐτῷ, καθὼς ἐντέταλταί σοι, ἀπαρχὴν, καὶ περὶ πλημμελείας, καὶ δόσιν βραχιόνων, καὶ θυσίαν ἁγιασμοῦ, καὶ ἀπαρχὴν ἁγίων. Καὶ πτωχῷ 32 ἔκτεινον τὴν χεῖρά σου, ἵνα τελειωθῇ ἡ εὐλογία σου. Χάρις 33 δόματος ἔναντι παντὸς ζῶντος, καὶ ἐπὶ νεκρῷ μὴ ἀποκωλύσῃς χάριν. Μὴ ὑστέρει ἀπὸ κλαιόντων, καὶ μετὰ πεν- 34 θούντων πένθησον. Μὴ ὄκνει ἐπισκέπτεσθαι ἄρρωστον, ἐκ 35 γὰρ τῶν τοιούτων ἀγαπηθήσῃ. Ἐν πᾶσι τοῖς λόγοις σου 36 μιμνήσκου τὰ ἔσχατά σου, καὶ εἰς τὸν αἰῶνα οὐχ ἁμαρτήσεις.

Μὴ διαμάχου μετὰ ἀνθρώπου δυνάστου, μήποτε ἐμπέσῃς 8 εἰς τὰς χεῖρας αὐτοῦ. Μὴ ἔριζε μετὰ ἀνθρώπου πλουσίου, 2

μήποτε ἀντιστήσῃ σου τὴν ὁλκήν· πολλοὺς γὰρ ἀπώλεσε
3 τὸ χρυσίον, καὶ καρδίας βασιλέων ἐξέκλινε. Μὴ διαμάχου
μετὰ ἀνθρώπου γλωσσώδους, καὶ μὴ ἐπιστοιβάσῃς ἐπὶ τὸ
4 πῦρ αὐτοῦ ξύλα. Μὴ πρόσπαιζε ἀπαιδεύτῳ, ἵνα μὴ ἀτιμά-
5 ζωνται οἱ πρόγονοί σου. Μὴ ὀνείδιζε ἄνθρωπον ἀποστρέ-
φοντα ἀπὸ ἁμαρτίας, μνήσθητι ὅτι πάντες ἐσμὲν ἐν ἐπιτι-
6 μίοις. Μὴ ἀτιμάσῃς ἄνθρωπον ἐν γήρει αὐτοῦ, καὶ γὰρ ἐξ
7 ἡμῶν γηράσκουσι. Μὴ ἐπίχαιρε ἐπὶ νεκρῷ, μνήσθητι ὅτι
8 πάντες τελευτῶμεν. Μὴ παρίδῃς διήγημα σοφῶν, καὶ ἐν
ταῖς παροιμίαις αὐτῶν ἀναστρέφου, ὅτι παρ᾽ αὐτῶν μαθήσῃ
παιδείαν, καὶ λειτουργῆσαι μεγιστᾶσι.

9 Μὴ ἀστόχει διηγήματος γερόντων, καὶ γὰρ αὐτοὶ ἔμαθον
παρὰ τῶν πατέρων αὐτῶν· ὅτι παρ᾽ αὐτῶν μαθήσῃ σύνεσιν,
10 καὶ ἐν καιρῷ χρείας δοῦναι ἀπόκρισιν. Μὴ ἔκκαιε ἄνθρακας
11 ἁμαρτωλοῦ, μὴ ἐμπυρισθῇς ἐν πυρὶ φλογὸς αὐτοῦ. Μὴ
ἐξαναστῇς ἀπὸ προσώπου ὑβριστοῦ, ἵνα μὴ ἐγκαθίσῃ ὡς
12 ἔνεδρον τῷ στόματί σου. Μὴ δανείσῃς ἀνθρώπῳ ἰσχυρο-
13 τέρῳ σου, καὶ ἐὰν δανείσῃς, ὡς ἀπολωλεκὼς γίνου. Μὴ
ἐγγυήσῃ ὑπὲρ δυναμίν σου, καὶ ἐὰν ἐγγυήσῃς, ὡς ἀποτίσων
14 φρόντιζε. Μὴ δικάζου μετὰ κριτοῦ, κατὰ γὰρ τὴν δόξαν
15 αὐτοῦ κρινοῦσιν αὐτῷ. Μετὰ τολμηροῦ μὴ πορεύου ἐν
ὁδῷ, ἵνα μὴ βαρύνηται κατὰ σοῦ· αὐτὸς γὰρ κατὰ τὸ θέλημα
αὐτοῦ ποιήσει, καὶ τῇ ἀφροσύνῃ αὐτοῦ συναπολῇ.

16 Μετὰ θυμώδους μὴ ποιήσῃς μάχην, καὶ μὴ διαπορεύου
μετ᾽ αὐτοῦ τὴν ἔρημον, ὅτι ὡς οὐδὲν ἐν ὀφθαλμοῖς αὐτοῦ
17 αἷμα, καὶ ὅπου οὐκ ἔστι βοήθεια, καταβαλεῖ σε. Μετὰ
μωροῦ μὴ συμβουλεύου, οὐ γὰρ δυνήσεται λόγον στέξαι.
18 Ἐνώπιον ἀλλοτρίου μὴ ποιήσῃς κρυπτόν, οὐ γὰρ γινώσκεις
19 τί τέξεται. Παντὶ ἀνθρώπῳ μὴ ἔκφαινε σὴν καρδίαν, καὶ
μὴ ἀναφερέτω σοι χάριν.

9 Μὴ ζήλου γυναῖκα τοῦ κόλπου σου, μηδὲ διδάξῃς ἐπὶ
2 σεαυτὸν παιδείαν πονηράν. Μὴ δῷς γυναικὶ τὴν ψυχήν
3 σου, ἐπιβῆναι αὐτὴν ἐπὶ τὴν ἰσχύν σου. Μὴ ὑπάντα
γυναικὶ ἑταιριζομένῃ, μήποτε ἐμπέσῃς εἰς τὰς παγίδας
4 αὐτῆς. Μετὰ ψαλλούσης μὴ ἐνδελέχιζε, μήποτε ἁλῷς ἐν
5 τοῖς ἐπιχειρήμασιν αὐτῆς. Παρθένον μὴ καταμάνθανε,
6 μήποτε σκανδαλισθῇς ἐν τοῖς ἐπιτιμίοις αὐτῆς. Μὴ δῷς
πόρναις τὴν ψυχήν σου, ἵνα μὴ ἀπολέσῃς τὴν κληρονομίαν
7 σου. Μὴ περιβλέπου ἐν ῥύμαις πόλεως, καὶ ἐν ταῖς ἐρή-
8 μοις αὐτῆς μὴ πλανῶ. Ἀπόστρεψον ὀφθαλμὸν ἀπὸ γυναι-
κὸς εὐμόρφου, καὶ μὴ καταμάνθανε κάλλος ἀλλότριον· ἐν
κάλλει γυναικὸς πολλοὶ ἐπλανήθησαν, καὶ ἐκ τούτου φιλία
ὡς πῦρ ἀνακαίεται.

9 Μετὰ ὑπάνδρου γυναικὸς μὴ κάθου τὸ σύνολον, καὶ μὴ
συμβολοκοπήσῃς μετ᾽ αὐτῆς ἐν οἴνῳ, μήποτε ἐκκλίνῃ ἡ
ψυχή σου ἐπ᾽ αὐτήν, καὶ τῷ πνεύματί σου ὀλισθήσῃς εἰς
10 ἀπώλειαν. Μὴ ἐγκαταλίπῃς φίλον ἀρχαῖον, ὁ γὰρ πρόσ-
φατος οὐκ ἔστιν ἔφισος αὐτῷ· οἶνος νέος, φίλος νέος, ἐὰν
11 παλαιωθῇ, μετ᾽ εὐφροσύνης πίεσαι αὐτόν. Μὴ ζηλώσῃς
δόξαν ἁμαρτωλοῦ, οὐ γὰρ οἶδας τί ἔσται ἡ καταστροφὴ
12 αὐτοῦ. Μὴ εὐδοκήσῃς ἐν εὐδοκίᾳ ἀσεβῶν, μνήσθητι ὅτι
13 ἕως ᾅδου οὐ μὴ δικαιωθῶσι. Μακρὰν ἄπεχε ἀπὸ ἀνθρώπου

rich man, lest he overweigh thee: for gold hath destroyed many, and perverted the hearts of kings. [3] Strive not with a man that is full of tongue, and heap not wood upon his fire. [4] Jest not with a rude man, lest thy ancestors be disgraced. [5] Reproach not a man that turneth from sin, but remember that we are all worthy of punishment. [6] Dishonour not a man in his old age: for even some of us wax old. [7] Rejoice not over thy greatest enemy being dead, but remember that we die all. [8] Despise not the discourse of the wise, but acquaint thyself with their proverbs: for of them thou shalt learn instruction, and how to serve great men with ease.

[9] Miss not the discourse of the elders: for they also learned of their fathers, and of them thou shalt learn understanding, and to give answer as need requireth. [10] Kindle not the coals of a sinner, lest thou be burnt with the flame of his fire. [11] Rise not up [in anger] at the presence of an injurious person, lest he lie in wait to entrap thee in thy words. [12] Lend not unto him that is mightier than thyself; for if thou lendest him, count it but lost. [13] Be not surety above thy power: for if thou be surety, take care to pay it. [14] Go not to law with a judge; for they will judge for him according to his honour. [15] Travel not by the way with a bold fellow, lest he become grievous unto thee: for he will do according to his own will, and thou shalt perish with him through his folly.

[16] Strive not with an angry man, and go not with him into a solitary place: for blood is as nothing in his sight; and where there is no help, he will overthrow thee. [17] Consult not with a fool; for he cannot keep counsel. [18] Do no secret thing before a stranger: for thou knowest not what he will bring forth. [19] Open not thine heart to every man, lest he requite thee with a shrewd turn.

Be not jealous over the wife of thy bosom, and teach her not an evil lesson against thyself. [2] Give not thy soul unto a woman to set her foot upon thy substance. [3] Meet not with an harlot, lest thou fall into her snares. [4] Use not much the company of a woman that is a singer, lest thou be taken with her attempts. [5] Gaze not on a maid, that thou fall not by those things that are precious in her. [6] Give not thy soul unto harlots, that thou lose not thine inheritance. [7] Look not round about thee in the streets of the city, neither wander thou in the solitary places thereof. [8] Turn away thine eye from a beautiful woman, and look not upon another's beauty; for many have been deceived by the beauty of a woman; for herewith love is kindled as a fire.

[9] Sit not at all with another man's wife, nor sit down with her in thine arms, and spend not thy money with her at the wine; lest thine heart incline unto her, and so through thy desire thou fall into destruction. [10] Forsake not an old friend; for the new is not comparable to him: a new friend is as new wine; when it is old, thou shalt drink it with pleasure. [11] Envy not the glory of a sinner: for thou knowest not what shall be his end. [12] Delight not in the thing that the ungodly have pleasure in; but remember they shall not go unpunished unto their grave. [13] Keep thee far from the man that

hath power to kill: so shalt thou not doubt the fear of death: and if thou come unto him, make no fault, lest he take away thy life presently: remember that thou goest in the midst of snares, and that thou walkest upon the battlements of the city.
¹⁴ As near as thou canst, guess at thy neighbour, and consult with the wise. ¹⁵ Let thy talk be with the wise, and all thy communication in the law of the most High. ¹⁶ And let just men eat and drink with thee; and let thy glorying be in the fear of the Lord. ¹⁷ For the hand of the artificer the work shall be commended; and the wise ruler of the people for his speech. ¹⁸ A man of an ill tongue is dangerous in his city; and he that is rash in his talk shall be hated.

A wise judge will instruct his people; and the government of a prudent man is well ordered. ² As the judge of the people is himself, so are his officers; and what manner of man the ruler of the city is, such are all they that dwell therein. ³ An unwise king destroyeth his people; but through the prudence of them which are in authority the city shall be inhabited. ⁴ The power of the earth is in the hand of the Lord, and in due time he will set over it one that is profitable. ⁵ In the hand of God is the prosperity of man: and upon the person of the scribe shall he lay his honour.
⁶ Bear not hatred to thy neighbour for every wrong; and do nothing at all by injurious practices. ⁷ Pride is hateful before God and man: and by both doth one commit iniquity. ⁸ Because of unrighteous dealings, injuries, and riches got by deceit, the kingdom is translated from one people to another.
⁹ Why is earth and ashes proud? There is not a more wicked thing than a covetous man: for such an one setteth his own soul to sale; because while he liveth he casteth away his bowels. ¹⁰ The physician cutteth off a long disease: and he that is to day a king to morrow shall die. ¹¹ For when a man is dead, he shall inherit creeping things, beasts, and worms. ¹² The beginning of pride is when one departeth from God, and his heart is turned away from his Maker. ¹³ For pride is the beginning of sin, and he that hath it shall pour out abomination: and therefore the Lord brought upon them strange calamities, and overthrew them utterly.
¹⁴ The Lord hath cast down the thrones of proud princes, and set up the meek in their stead. ¹⁵ The Lord hath plucked up the roots of the proud nations, and planted the lowly in their place. ¹⁶ The Lord overthrew countries of the heathen, and destroyed them to the foundations of the earth. ¹⁷ He took some of them away, and destroyed them, and hath made their memorial to cease from the earth. ¹⁸ Pride was not made for men, nor furious anger for them that are born of a woman. ¹⁹ They that fear the Lord are a sure seed, and they that love him an honourable plant: they that regard not the law are a dishonourable seed; they that transgress the commandments are a deceivable seed. ²⁰ Among brethren he that is chief is honourable; so are they that fear the Lord in his eyes. ²² Whether he be rich, noble or poor, their glory is the fear of the Lord.
²³ It is not meet to despise the poor man that hath understanding: neither is it convenient to magnify a sinful man. ²⁴ Great men, and judges, and potentates, shall be honoured; yet is there none of them greater than he that

ὃς ἔχει ἐξουσιαν τοῦ φονεύειν, καὶ οὐ μὴ ὑποπτεύσῃς φόβον θανάτου· κἂν προσέλθῃς, μὴ πλημμελήσῃς, ἵνα μὴ ἀφέληται τὴν ζωήν σου· ἐπίγνωθι ὅτι ἐν μέσῳ παγίδων διαβαίνεις, καὶ ἐπὶ ἐπάλξεων πόλεων περιπατεῖς.

Κατὰ τὴν ἰσχύν σου στόχασαι τοὺς πλησίον, καὶ μετὰ 14 σοφῶν συμβουλεύου. Καὶ μετὰ συνετῶν ἔστω ὁ διαλογι- 15 σμός σου, καὶ πᾶσα διήγησίς σου ἐν νόμῳ ὑψίστου. Ἄνδρες 16 δίκαιοι ἔστωσαν σύνδειπνοί σου, καὶ ἐν φόβῳ Κυρίου ἔστω τὸ καύχημά σου. Ἐν χειρὶ τεχνιτῶν ἔργον ἐπαινεθήσεται, 17 καὶ ὁ ἡγούμενος λαοῦ σοφὸς ἐν λόγῳ αὐτοῦ. Φοβερὸς ἐν 18 πόλει αὐτοῦ ἀνὴρ γλωσσώδης, καὶ ὁ προπετὴς ἐν λόγῳ αὐτοῦ μισηθήσεται.

Κριτὴς σοφὸς παιδεύσει τὸν λαὸν αὐτοῦ, καὶ ἡγεμονία 10 συνετοῦ τεταγμένη ἔσται. Κατὰ τὸν κριτὴν τοῦ λαοῦ αὐτοῦ 2 οὕτως καὶ οἱ λειτουργοὶ αὐτοῦ, καὶ κατὰ τὸν ἡγούμενον τῆς πόλεως πάντες οἱ κατοικοῦντες αὐτήν. Βασιλεὺς ἀπαί- 3 δευτος ἀπολεῖ τὸν λαὸν αὐτοῦ, καὶ πόλις οἰκισθήσεται ἐν συνέσει δυναστῶν. Ἐν χειρὶ Κυρίου ἐξουσία τῆς γῆς, καὶ 4 τὸν χρήσιμον ἐγερεῖ εἰς καιρὸν ἐπ᾽ αὐτῆς. Ἐν χειρὶ Κυρίου 5 εὐοδία ἀνδρός, καὶ προσώπῳ γραμματέως ἐπιθήσει δόξαν αὐτοῦ.

Ἐπὶ παντὶ ἀδικήματι μὴ μηνιάσῃς τῷ πλησίον, καὶ μὴ 6 πράσσε μηδὲν ἐν ἔργοις ὕβρεως. Μισητὴ ἔναντι Κυρίου 7 καὶ ἀνθρώπων ὑπερηφανία, καὶ ἐξ ἀμφοτέρων πλημμελήσει ἄδικα. Βασιλεία ἀπὸ ἔθνους εἰς ἔθνος μετάγεται, διὰ ἀδικίας 8 καὶ ὕβρεις καὶ χρήματα.

Τί ὑπερηφανεύεται γῆ καὶ σποδός; ὅτι ἐν ζωῇ ἔρριψα 9 τὰ ἐνδόσθια αὐτοῦ. Μακρὸν ἀρρώστημα σκώπτει ἰατρός, 10 καὶ βασιλεὺς σήμερον, καὶ αὔριον τελευτήσει. Ἐν γὰρ 11 τῷ ἀποθανεῖν ἄνθρωπον, κληρονομήσει ἑρπετὰ καὶ θηρία καὶ σκώληκας. Ἀρχὴ ὑπερηφανίας, ἀνθρώπου ἀφιστα- 12 μένου ἀπὸ Κυρίου, καὶ ἀπὸ τοῦ ποιήσαντος αὐτὸν ἀπέστη ἡ καρδία αὐτοῦ. Ὅτι ἀρχὴ ὑπερηφανίας ἁμαρτία, καὶ 13 ὁ κρατῶν αὐτῆς ἐξομβρήσει βδέλυγμα· διὰ τοῦτο παρεδόξασε Κύριος τὰς ἐπαγωγάς, καὶ κατέστρεψεν εἰς τέλος αὐτούς.

Θρόνους ἀρχόντων καθεῖλεν ὁ Κύριος, καὶ ἐκάθισε πραεῖς 14 ἀντ᾽ αὐτῶν. Ῥίζας ἐθνῶν ἐξέτιλεν ὁ Κύριος, καὶ ἐφύτευσε 15 ταπεινοὺς ἀντ᾽ αὐτῶν. Χώρας ἐθνῶν κατέστρεψεν ὁ Κύριος, 16 καὶ ἀπώλεσεν αὐτὰς ἕως θεμελίων γῆς. Ἐξήρανεν ἐξ αὐτῶν 17 καὶ ἀπώλεσεν αὐτούς, καὶ κατέπαυσεν ἀπὸ γῆς τὸ μνημόσυνον αὐτῶν. Οὐκ ἔκτισται ἀνθρώποις ὑπερηφανία, οὐδὲ 18 ὀργὴ θυμοῦ γεννήμασι γυναικῶν. Σπέρμα ἔντιμον ποῖον; 19 σπέρμα ἀνθρώπου· σπέρμα ἔντιμον ποῖον; οἱ φοβούμενοι τὸν Κύριον· σπέρμα ἄτιμον ποῖον; σπέρμα ἀνθρώπου· σπέρμα ἄτιμον ποῖον; οἱ παραβαίνοντες ἐντολάς. Ἐν 20 μέσῳ ἀδελφῶν ὁ ἡγούμενος αὐτῶν ἔντιμος, καὶ οἱ φοβούμενοι Κύριον ἐν ὀφθαλμοῖς αὐτοῦ. Πλούσιος καὶ ἔνδοξος 22 καὶ πτωχός, τὸ καύχημα αὐτῶν φόβος Κυρίου.

Οὐ δίκαιον ἀτιμάσαι πτωχὸν συνετόν, καὶ οὐ καθήκει 23 δοξάσαι ἄνδρα ἁμαρτωλόν. Μεγιστὰν καὶ κριτὴς καὶ δυνά- 24 στης δοξασθήσεται, καὶ οὐκ ἔστιν αὐτῶν τις μείζων τοῦ

25 φοβουμένου τὸν Κύριον.   Οἰκέτῃ σοφῷ ἐλεύθεροι λειτουρ-
26 γήσουσι, καὶ ἀνὴρ ἐπιστήμων οὐ γογγύσει.   Μὴ σοφίζου
ποιῆσαι τὸ ἔργον σου, καὶ μὴ δοξάζου ἐν καιρῷ στενοχωρίας
27 σου.   Κρείσσων ἐργαζόμενος ἐν πᾶσιν, ἢ περιπατῶν, ἢ δοξα-
ζόμενος καὶ ἀπορῶν ἄρτων.

28 Τέκνον, ἐν πραΰτητι δόξασον τὴν ψυχήν σου, καὶ δὸς
29 αὐτῇ τιμὴν κατὰ τὴν ἀξίαν αὐτῆς.   Τὸν ἁμαρτάνοντα εἰς
τὴν ψυχὴν αὐτοῦ τίς δικαιώσει; καὶ τίς δοξάσει τὸν ἀτιμά-
30 ζοντα τὴν ζωὴν αὐτοῦ; Πτωχὸς δοξάζεται δι᾽ ἐπιστήμην
31 αὐτοῦ, καὶ πλούσιος δοξάζεται διὰ τὸν πλοῦτον αὐτοῦ. Ὁ
δὲ δοξαζόμενος ἐν πτωχείᾳ, καὶ ἐν πλούτῳ ποσαχῶς; καὶ
ὁ ἄδοξος ἐν πλούτῳ, καὶ ἐν πτωχείᾳ ποσαχῶς;

11 Σοφία ταπεινοῦ ἀνύψωσε κεφαλὴν, καὶ ἐν μέσῳ μεγι-
2 στάνων καθίσει αὐτόν.   Μὴ αἰνέσεις ἄνδρα ἐν κάλλει αὐτοῦ,
3 καὶ μὴ βδελύξῃ ἄνθρωπον ἐν ὁράσει αὐτοῦ.   Μικρὰ ἐν
πετεινοῖς μέλισσα, καὶ ἀρχὴ γλυκασμάτων ὁ καρπὸς αὐτῆς.
4 Ἐν περιβολῇ ἱματίων μὴ καυχήσῃ, καὶ ἐν ἡμέρᾳ δόξης μὴ
ἐπαίρου, ὅτι θαυμαστὰ τὰ ἔργα Κυρίου, καὶ κρυπτὰ τὰ ἔργα
5 αὐτοῦ ἐν ἀνθρώποις.   Πολλοὶ τύραννοι ἐκάθισαν ἐπὶ ἐδά-
6 φους, ὁ δὲ ἀνυπονόητος ἐφόρεσε διάδημα.   Πολλοὶ δυνά-
σται ἠτιμάσθησαν σφόδρα, καὶ ἔνδοξοι παρεδόθησαν εἰς
7 χεῖρας ἑτέρων.   Πρὶν ἐξετάσῃς μὴ μέμψῃ· νόησον πρῶτον
8 καὶ τότε ἐπιτίμα.   Πρὶν ἢ ἀκοῦσαι μὴ ἀποκρίνου, καὶ ἐν
9 μέσῳ λόγων μὴ παρεμβάλλου.   Περὶ πράγματος οὗ οὐκ
ἔστι σοι χρεία, μὴ ἔριζε, καὶ ἐν κρίσει ἁμαρτωλῶν μὴ
συνέδρευε.

10 Τέκνον, μὴ περὶ πολλὰ ἔστωσαν αἱ πράξεις σου· ἐὰν
πληθύνῃς, οὐκ ἀθωωθήσῃ· καὶ ἐὰν διώκῃς, οὐ μὴ κατα-
11 λάβῃς, καὶ οὐ μὴ ἐκφύγῃς διαδράς.   Ἔστι κοπιῶν καὶ
12 πονῶν καὶ σπεύδων, καὶ τόσῳ μᾶλλον ὑστερεῖται.   Ἔστι
νωθρὸς καὶ προσδεόμενος ἀντιλήψεως, ὑστερῶν ἰσχύι, καὶ
πτωχείᾳ περισσεύει, καὶ οἱ ὀφθαλμοὶ Κυρίου ἐπέβλεψαν
αὐτῷ εἰς ἀγαθά, καὶ ἀνώρθωσεν αὐτὸν ἐκ ταπεινώσεως αὐτοῦ.
13 Καὶ ἀνύψωσε κεφαλὴν αὐτοῦ, καὶ ἀπεθαύμασαν ἐπ᾽ αὐτῷ
πολλοί.

14 Ἀγαθὰ καὶ κακά, ζωὴ καὶ θάνατος, πτωχεία καὶ πλοῦτος
17 παρὰ Κυρίου ἐστί.   Δόσις Κυρίου παραμένει εὐσεβέσι,
18 καὶ ἡ εὐδοκία αὐτοῦ εἰς τὸν αἰῶνα εὐοδωθήσεται.   Ἔστι
πλουτῶν ἀπὸ προσοχῆς καὶ σφιγγίας αὐτοῦ, καὶ αὕτη ἡ
19 μερὶς τοῦ μισθοῦ αὐτοῦ.   Ἐν τῷ εἰπεῖν αὐτόν, εὗρον
ἀνάπαυσιν, καὶ νῦν φάγωμαι ἐκ τῶν ἀγαθῶν μου, καὶ οὐκ
οἶδε τίς καιρὸς παρελεύσεται, καὶ καταλείψει αὐτὰ ἑτέροις,
20 καὶ ἀποθανεῖται.   Στῆθι ἐν διαθήκῃ σου καὶ ὁμίλει ἐν
21 αὐτῇ, καὶ ἐν τῷ ἔργῳ σου παλαιώθητι.   Μὴ θαύμαζε ἐν
ἔργοις ἁμαρτωλοῦ, πίστευε τῷ Κυρίῳ καὶ ἔμμενε τῷ πόνῳ
σου· ὅτι κοῦφον ἐν ὀφθαλμοῖς Κυρίου διὰ τάχους ἐξάπινα
πλουτίσαι πένητα.

22 Εὐλογία Κυρίου ἐν μισθῷ εὐσεβοῦς, καὶ ἐν ὥρᾳ ταχινῇ
23 ἀναθάλλει εὐλογίαν αὐτοῦ.   Μὴ εἴπῃς, τίς ἐστί μου χρεία;
24 καὶ τίνα ἀπὸ τοῦ νῦν ἔσται μου τὰ ἀγαθά; Μὴ εἴπῃς,
25 αὐτάρκη μοι ἐστί, καὶ τί ἀπὸ τοῦ νῦν κακωθήσομαι; Ἐν
ἡμέρᾳ ἀγαθῶν ἀμνησία κακῶν, καὶ ἐν ἡμέρᾳ κακῶν οὐ

feareth the Lord. ²⁵ Unto the servant that is
wise shall they that are free do service : and he
that hath knowledge will not grudge when he
is reformed. ²⁶ Be not overwise in doing thy
business; and boast not thyself in the time of
thy distress. ²⁷ Better is he that laboureth, and
aboundeth in all things, than he that boasteth
himself, and wanteth bread.
²⁸ My son, glorify thy soul in meekness, and
give it honour according to the dignity thereof.
²⁹ Who will justify him that sinneth against his
own soul? and who will honour him that dis-
honoureth his own life? ³⁰ The poor man is
honoured for his skill, and the rich man is
honoured for his riches. ³¹ He that is honoured
in poverty, how much more in riches? and he
that is dishonourable in riches, how much more
in poverty?
Wisdom lifteth up the head of him that is of
low degree, and maketh him to sit among great
men. ² Commend not a man for his beauty;
neither abhor a man for his outward appear-
ance. ³ The bee is little among such as fly; but
her fruit is the chief of sweet things. ⁴ Boast
not of thy clothing and raiment, and exalt not
thyself in the day of honour : for the works of
the Lord are wonderful, and his works among
men are hidden. ⁵ Many kings have sat down
upon the ground ; and one that was never
thought of hath worn the crown. ⁶ Many
mighty men have been greatly disgraced ; and
the honourable delivered into other men's
hands. ⁷ Blame not before thou hast examined
the truth : understand first, and then rebuke.
⁸ Answer not before thou hast heard the cause:
neither interrupt men in the midst of their
talk. ⁹ Strive not in a matter that concerneth
thee not; and sit not in judgment with sinners.
¹⁰ My son, meddle not with many matters :
for if thou meddle much, thou shalt not be
innocent ; and if thou follow after, thou shalt
not obtain, neither shalt thou escape by fleeing.
¹¹ There is one that laboureth, and taketh pains,
and maketh haste, and is so much the more be-
hind. ¹² Again, there is another that is slow,
and hath need of help, wanting ability, and full
of poverty; yet the eye of the Lord looked upon
him for good, and set him up from his low
estate, ¹³ and lifted up his head from misery; so
that many that saw it marvelled at him.
¹⁴ Prosperity and adversity, life and death,
poverty and riches, come of the Lord. ¹⁷ The
gift of the Lord remaineth with the godly, and
his favour bringeth prosperity for ever. ¹⁸ There
is that waxeth rich by his wariness and pinch-
ing, and this is the portion of his reward :
¹⁹ whereas he saith, I have found rest, and now
will eat continually of my goods ; and yet he
knoweth not what time shall come upon him,
and that he must leave those things to others,
and die. ²⁰ Be stedfast in thy covenant, and
be conversant therein, and wax old in thy work.
²¹ Marvel not at the works of sinners; but trust
in the Lord, and abide in thy labour : for it is
an easy thing in the sight of the Lord on the
sudden to make a poor man rich.
²² The blessing of the Lord is in the reward
of the godly, and suddenly he maketh his bless-
ing to flourish. ²³ Say not, What profit is there
of my service? and what good things shall I
have hereafter? ²⁴ Again, say not, I have enough,
and possess many things, and what evil can
come to me hereafter? ²⁵ In the day of pros-
perity there is a forgetfulness of affliction : and
in the day of affliction there is no more remem-

brance of prosperity. ²⁶ For it is an easy thing unto the Lord in the day of death to reward a man according to his ways. ²⁷ The affliction of an hour maketh a man forget pleasure : and in his end his deeds shall be discovered. ²⁸ Judge none blessed before his death : for a man shall be known in his children.

²⁹ Bring not every man into thine house : for the deceitful man hath many trains. ³⁰ Like as a partridge taken [and kept] in a cage, so is the heart of the proud : and like as a spy, watcheth he for thy fall : ³¹ for he lieth in wait, and turneth good into evil, and in things worthy praise will lay blame upon thee. ³² Of a spark of fire a heap of coals is kindled : and a sinful man layeth wait for blood. ³³ Take heed of a mischievous man, for he worketh wickedness : lest he bring upon thee a perpetual blot. ³⁴ Receive a stranger into thine house, and he will disturb thee, and turn thee out of thine own.

When thou wilt do good, know to whom thou doest it ; so shalt thou be thanked for thy benefits. ² Do good to the godly man, and thou shalt find a recompence ; and if not from him, yet from the most High. ³ There can no good come to him that is always occupied in evil, nor to him that giveth no alms. ⁴ Give to the godly man, and help not a sinner. ⁵ Do well unto him that is lowly, but give not to the ungodly : hold back thy bread, and give it not unto him, lest he overmaster thee thereby : for [else] thou shalt receive twice as much evil for all the good thou shalt have done unto him. ⁶ For the most High hateth sinners, and will repay vengeance unto the ungodly, and keepeth them against the mighty day of their punishment.

⁷ Give unto the good, and help not the sinner. ⁸ A friend cannot be known in prosperity : and an enemy cannot be hidden in adversity. ⁹ In the prosperity of a man enemies will be grieved : but in his adversity even a friend will depart. ¹⁰ Never trust thine enemy : for like as iron rusteth, so is his wickedness. ¹¹ Though he humble himself, and go crouching, yet take good heed and beware of him, and thou shalt be unto him as if thou hadst wiped a looking-glass, and thou shalt know that his rust hath not been altogether wiped away. ¹² Set him not by thee, lest, when he hath overthrown thee, he stand up in thy place ; neither let him sit at thy right hand, lest he seek to take thy seat, and thou at the last remember my words, and be pricked therewith.

¹³ Who will pity a charmer that is bitten with a serpent, or any such as come nigh wild beasts? ¹⁴ So one that goeth to a sinner, and is defiled with him in his sins, who will pity ? ¹⁵ For awhile he will abide with thee, but if thou begin to fall, he will not tarry. ¹⁶ An enemy speaketh sweetly with his lips, but in his heart he imagineth how to throw thee into a pit : he will weep with his eyes, but if he find opportunity, he will not be satisfied with blood. ¹⁷ If adversity come upon thee, thou shalt find him there first ; and though he pretend to help thee, yet shall he undermine thee. ¹⁸ He will shake his head, and clap his hands, and whisper much, and change his countenance,

He that toucheth pitch shall be defiled therewith ; and he that hath fellowship with a proud man shall be like unto him. ² Burden not thyself above thy power while thou livest ; and have no fellowship with one that is mightier and richer than thyself : for how agree the

μνησθήσεται ἀγαθῶν· ὅτι κοῦφον ἔναντι Κυρίου ἐν ἡμέρᾳ 26 τελευτῆς ἀποδοῦναι ἀνθρώπῳ κατὰ τὰς ὁδοὺς αὐτοῦ. Κά- 27 κωσις ὥρας ἐπιλησμονὴν ποιεῖ τρυφῆς, καὶ ἐν συντελείᾳ ἀνθρώπου ἀποκάλυψις ἔργων αὐτοῦ. Πρὸ τελευτῆς μὴ 28 μακάριζε μηδένα, καὶ ἐν τέκνοις αὐτῶν γνωσθήσεται ἀνήρ.

Μὴ πάντα ἄνθρωπον εἴσαγε εἰς τὸν οἶκόν σου, πολλὰ 29 γὰρ τὰ ἔνεδρα τοῦ δολίου. Πέρδιξ θηρευτὴς ἐν καρτάλλῳ, 30 οὕτως καρδία ὑπερηφάνου, καὶ ὡς ὁ κατάσκοπος ἐπιβλέπει πτῶσιν. Τὰ γὰρ ἀγαθὰ εἰς κακὰ μεταστρέφων ἐνεδρεύει, 31 καὶ ἐν τοῖς αἱρετοῖς ἐπιθήσει μῶμον. Ἀπὸ σπινθῆρος 32 πυρὸς πληθύνεται ἀνθρακιά, καὶ ἄνθρωπος ἁμαρτωλὸς εἰς αἷμα ἐνεδρεύει. Πρόσεχε ἀπὸ κακούργου, πονηρὰ γὰρ 33 τεκταίνει, μήποτε μῶμον εἰς τὸν αἰῶνα δῷ σοι. Ἐνοίκισον 34 ἀλλότριον, καὶ διαστρέψει σε ἐν ταραχαῖς, καὶ ἀπαλλοτρι-ώσει σε τῶν ἰδίων σου.

Ἐὰν εὖ ποιῇς, γνῶθι τίνι ποιεῖς, καὶ ἔσται χάρις τοῖς 12 ἀγαθοῖς σου. Εὐποίησον εὐσεβεῖ, καὶ εὑρήσεις ἀνταπόδομα, 2 καὶ εἰ μὴ παρ᾽ αὐτοῦ, ἀλλὰ παρὰ ὑψίστου. Οὐκ ἔστιν ἀγαθὰ 3 τῷ ἐνελεχίζοντι εἰς κακά, καὶ τῷ ἐλεημοσύνην μὴ χαρι-ζομένῳ. Δὸς τῷ εὐσεβεῖ, καὶ μὴ ἀντιλάβῃ τοῦ ἁμαρτωλοῦ. 4 Εὐποίησον τῷ ταπεινῷ, καὶ μὴ δῷς ἀσεβεῖ· ἐμπόδισον τοὺς 5 ἄρτους αὐτοῦ, καὶ μὴ δῷς αὐτῷ ἵνα μὴ ἐν αὐτοῖς σε δυναστεύσῃ· διπλάσια γὰρ κακὰ εὑρήσεις ἐν πᾶσιν ἀγαθοῖς οἷς ἂν ποιήσῃς αὐτῷ. Ὅτι καὶ ὁ ὕψιστος ἐμίσησεν ἁμαρ- 6 τωλοὺς, καὶ τοῖς ἀσεβέσιν ἀποδώσει ἐκδίκησιν.

Δὸς τῷ ἀγαθῷ, καὶ μὴ ἀντιλάβῃ τοῦ ἁμαρτωλοῦ. Οὐκ 7, 8 ἐκδικηθήσεται ἐν ἀγαθοῖς ὁ φίλος, καὶ οὐ κρυβήσεται ἐν κακοῖς ὁ ἐχθρός. Ἐν ἀγαθοῖς ἀνδρὸς οἱ ἐχθροὶ αὐτοῦ ἐν λύπῃ, καὶ 9 ἐν τοῖς κακοῖς αὐτοῦ καὶ ὁ φίλος διαχωρισθήσεται. Μὴ 10 πιστεύσῃς τῷ ἐχθρῷ σου εἰς τὸν αἰῶνα· ὡς γὰρ ὁ χαλκὸς ἰοῦται, οὕτως ἡ πονηρία αὐτοῦ. Καὶ ἐὰν ταπεινωθῇ καὶ 11 πορεύηται συγκεκυφώς, ἐπίστησον τὴν ψυχήν σου καὶ φύλαξε ἀπ᾽ αὐτοῦ, καὶ ἔσῃ αὐτῷ ὡς ἐκμεμαχὼς ἔσοπτρον, καὶ γνώσῃ ὅτι οὐκ εἰς τέλος κατίωσε. Μὴ στήσῃς αὐτὸν 12 παρὰ σεαυτόν, μὴ ἀνατρέψας σε στῇ ἐπὶ τὸν τόπον σου· μὴ καθίσῃς αὐτὸν ἐκ δεξιῶν σου, μήποτε ζητήσῃ τὴν καθέ-δραν σου, καὶ ἐπ᾽ ἐσχάτῳ ἐπιγνώσῃ τοὺς λόγους μου, καὶ ἐπὶ τῶν ῥημάτων μου κατανυγῇσῃ.

Τίς ἐλεήσει ἐπαοιδὸν ὀφιόδηκτον, καὶ πάντας τοὺς προσ- 13 άγοντας θηρίοις ; Οὕτως τὸν προσπορευόμενον ἀνδρὶ ἁμαρ- 14 τωλῷ καὶ συμφυρόμενον ἐν ταῖς ἁμαρτίαις αὐτοῦ. Ὥραν μετὰ 15 σοῦ διαμενεῖ, καὶ ἐὰν ἐκκλίνῃς, οὐ μὴ καρτερήσῃ. Καὶ ἐν 16 τοῖς χείλεσιν αὐτοῦ γλυκανεῖ ὁ ἐχθρός, καὶ ἐν τῇ καρδίᾳ αὐτοῦ βουλεύσεται ἀνατρέψαι σε εἰς βόθρον· ἐν ὀφθαλμοῖς αὐτοῦ δακρύσει ὁ ἐχθρός, καὶ ἐὰν εὕρῃ καιρόν, οὐκ ἐμπλησθή-σεται ἀφ᾽ αἵματος. Κακὰ ἂν ὑπαντήσῃ σοι, εὑρήσεις αὐτὸν 17 ἐκεῖ πρότερόν σου, καὶ ὡς βοηθῶν ὑποσχάσει πτέρναν σου. Κινήσει τὴν κεφαλὴν αὐτοῦ, καὶ ἐπικροτήσει ταῖς χερσὶν αὐτοῦ, 18 καὶ πολλὰ διαψιθυρίσει, καὶ ἀλλοιώσει τὸ πρόσωπον αὐτοῦ.

Ὁ ἁπτόμενος πίσσης μολυνθήσεται, καὶ ὁ κοινωνῶν 13 ὑπερηφάνῳ ὁμοιωθήσεται αὐτῷ. Βάρος ὑπὲρ σὲ μὴ ἄρῃς, 2 καὶ ἰσχυροτέρῳ σου καὶ πλουσιωτέρῳ μὴ κοινώνει τί

κοινωνήσει χύτρα πρὸς λέβητα; αὕτη προσκρούσει, καὶ
αὕτη συντριβήσεται.

3 Πλούσιος ἠδίκησε, καὶ αὐτὸς προσενεβριμήσατο· πτωχὸς
4 ἠδίκηται, καὶ αὐτὸς προσδεηθήσεται. Ἐὰν χρησιμεύσῃς,
5 ἐργᾶται ἐν σοί· καὶ ἐὰν ὑστερήσῃς, καταλείψει σε. Ἐὰν
ἔχῃς, συμβιώσεταί σοι, καὶ ἀποκενώσει σε, καὶ αὐτὸς οὐ
6 πονέσει. Χρείαν ἔσχηκέ σου, καὶ ἀποπλανήσει σε, καὶ
προσγελάσεταί σοι, καὶ δώσει σοι ἐλπίδα· λαλήσει σοι
7 καλὰ, καὶ ἐρεῖ, τίς ἡ χρεία σου; Καὶ αἰσχυνεῖ σε ἐν τοῖς
βρώμασιν αὐτοῦ, ἕως οὗ ἀποκενώσῃ σε δὶς ἢ τρὶς, καὶ ἐπ'
ἐσχάτῳ καταμωκήσεταί σου· μετὰ ταῦτα ὄψεταί σε, καὶ
καταλείψει σε, καὶ τὴν κεφαλὴν αὐτοῦ κινήσει ἐπὶ σοί.
8 Πρόσεχε μὴ ἀποπλανηθῇς, καὶ μὴ ταπεινωθῇς ἐν εὐφρο-
σύνῃ σου.

9 Προσκαλεσαμένου σε δυνάστου, ὑποχωρῶν γίνου, καὶ
10 τόσῳ μᾶλλον προσκαλέσεταί σε. Μὴ ἔμπιπτε ἵνα μὴ
11 ἀπωσθῇς, καὶ μὴ μακρὰν ἀφιστῶ ἵνα μὴ ἐπιλησθῇς. Μὴ
ἔπεχε εἰσηγορεῖσθαι μετ' αὐτοῦ, καὶ μὴ πίστευε τοῖς πλείοσι
λόγοις αὐτοῦ· ἐκ πολλῆς γὰρ λαλιᾶς πειράσει σε, καὶ ὡς
12 προσγελῶν ἐξετάσει. Ἀνελεήμων ὁ μὴ συντηρῶν λόγους,
13 καὶ οὐ μὴ φείσηται περὶ κακώσεως καὶ δεσμῶν. Συντή-
ρησον καὶ πρόσεχε σφοδρῶς, ὅτι μετὰ τῆς πτώσεώς σου
περιπατεῖς.

15 Πᾶν ζῶον ἀγαπᾷ τὸ ὅμοιον αὐτῷ, καὶ πᾶς ἄνθρωπος τὸν
16 πλησίον αὐτοῦ. Πᾶσα σὰρξ κατὰ γένος συνάγεται, καὶ τῷ
17 ὁμοίῳ αὐτοῦ προσκολληθήσεται ἀνήρ. Τί κοινωνήσει λύκος
18 ἀμνῷ; οὕτως ἁμαρτωλὸς πρὸς εὐσεβῆ. Τίς εἰρήνη ὑαίνῃ
19 πρὸς κύνα; καὶ τίς εἰρήνη πλουσίῳ πρὸς πένητα; Κυνήγια
λεόντων ὄναγροι ἐν ἐρήμῳ, οὕτως νομαὶ πλουσίων πτωχοί.
20 Βδέλυγμα ὑπερηφάνῳ ταπεινότης, οὕτως βδέλυγμα πλουσίῳ
πτωχός.

21 Πλούσιος σαλευόμενος στηρίζεται ὑπὸ φίλων, ταπεινὸς δὲ
22 πεσὼν προσαπωθεῖται ὑπὸ φίλων. Πλουσίου σφαλέντος
πολλοὶ ἀντιλήπτορες, ἐλάλησεν ἀπόρρητα καὶ ἐδικαίωσαν
αὐτόν· ταπεινὸς ἔσφαλε καὶ προσεπετίμησαν αὐτῷ, ἐφθέγ-
23 ξατο σύνεσιν καὶ οὐκ ἐδόθη αὐτῷ τόπος. Πλούσιος ἐλά-
λησε καὶ πάντες ἐσίγησαν, καὶ τὸν λόγον αὐτοῦ ἀνύψωσαν
ἕως τῶν νεφελῶν· πτωχὸς ἐλάλησε, καὶ εἶπαν, τίς οὗτος;
24 κἂν προσκόψῃ, προσανατρέψουσιν αὐτόν. Ἀγαθὸς ὁ
πλοῦτος ᾧ μὴ ἔστιν ἁμαρτία, καὶ πονηρὰ ἡ πτωχεία ἐν
στόμασιν ἀσεβοῦς.

25 Καρδία ἀνθρώπου ἀλλοιοῖ τὸ πρόσωπον αὐτοῦ, ἐὰν εἰς
26 ἀγαθὰ ἐάν τε εἰς κακά. Ἴχνος καρδίας ἐν ἀγαθοῖς πρόσ-
ωπον ἱλαρὸν, καὶ εὕρεσις παραβολῶν διαλογισμοὶ μετὰ
κόπου.

14 Μακάριος ἀνὴρ ὃς οὐκ ὠλίσθησεν ἐν στόματι αὐτοῦ, καὶ
2 οὐ κατενύγη ἐν λύπῃ ἁμαρτίας. Μακάριος οὗ οὐ κατέγνω
ἡ ψυχὴ αὐτοῦ, καὶ ὃς οὐκ ἔπεσεν ἀπὸ τῆς ἐλπίδος αὐτοῦ.
3 Ἀνδρὶ μικρολόγῳ οὐ καλὸς ὁ πλοῦτος, καὶ ἀνθρώπῳ
4 βασκάνῳ ἱνατί χρήματα; Ὁ συνάγων ἀπὸ τῆς ψυχῆς
αὐτοῦ, συνάγει ἄλλοις, καὶ ἐν τοῖς ἀγαθοῖς αὐτοῦ τρυφή-
5 σουσιν ἕτεροι. Ὁ πονηρὸς ἑαυτῷ, τίνι ἀγαθὸς ἔσται; καὶ

---

kettle and the earthen pot together? for if
the one be smitten against the other, it shall be
broken.
[3] The rich man hath done wrong, and yet he
threateneth withal: the poor is wronged, and
he must intreat also. [4] If thou be for his pro-
fit, he will use thee; but if thou have nothing,
he will forsake thee. [5] If thou have any thing,
he will live with thee: yea, he will make thee
bare, and will not be sorry for it. [6] If he have
need of thee, he will deceive thee, and smile
upon thee, and put thee in hope; he will speak
thee fair, and say, What wantest thou? [7] And
he will shame thee by his meats, until he have
drawn thee dry twice or thrice, and at the last
he will laugh thee to scorn: afterward, when
he seeth thee, he will forsake thee, and shake
his head at thee. [8] Beware that thou be not
deceived, and brought down in thy jollity.

[9] If thou be invited of a mighty man, with-
draw thyself, and so much the more will he
invite thee. [10] Press thou not upon him, lest
thou be put back; stand not far off, lest thou
be forgotten. [11] Affect not to be made equal un-
to him in talk, and believe not his many words:
for with much communication will he tempt
thee, and smiling upon thee will get out thy
secrets: [12] but cruelly he will lay up thy words,
and will not spare to do thee hurt, and to put
thee in prison. [13] Observe, and take good heed,
for thou walkest in peril of thy overthrowing:
when thou hearest these things, awake in thy
sleep.

[15] Every beast loveth his like, and every man
loveth his neighbour. [16] All flesh consorteth
according to kind, and a man will cleave to his
like. [17] What fellowship hath the wolf with
the lamb? so the sinner with the godly. [18] What
agreement is there between the hyena and a
dog? and what peace between the rich and the
poor? [19] As the wild ass is the lion's prey in
the wilderness: so the rich eat up the poor.
[20] As the proud hate humility: so doth the rich
abhor the poor.

[21] A rich man beginning to fall is held up of
his friends: but a poor man being down is
thrust also away by his friends. [22] When a
rich man is fallen, he hath many helpers: he
speaketh things not to be spoken, and yet men
justify him: the poor man slipped, and yet they
rebuked him too; he spake wisely, and could
have no place. [23] When a rich man speaketh,
every man holdeth his tongue, and, look, what
he saith, they extol it to the clouds: but if the
poor man speak, they say, What fellow is this?
and if he stumble, they will help to overthrow
him. [24] Riches are good unto him that hath
no sin, and poverty is evil in the mouth of the
ungodly.

[25] The heart of a man changeth his counte-
nance, whether it be for good or evil. [26] A
cheerful countenance is a token of a heart
that is in prosperity; and the finding out of
parables is a wearisome labour of the mind.

Blessed is the man that hath not slipped
with his mouth, and is not pricked with the
multitude of sins. [2] Blessed is he whose con-
science hath not condemned him, and who is
not fallen from his hope in the Lord.

[3] Riches are not comely for a niggard: and
what should an envious man do with money?
[4] He that gathereth by defrauding his own
soul gathereth for others that shall spend his
goods riotously. [5] He that is evil to himself,

to whom will he be good? he shall not take pleasure in his goods. [6] There is none worse than he that envieth himself; and this is a recompence of his wickedness. [7] And if he doeth good, he doeth it unwillingly; and at the last he will declare his wickedness. [8] The envious man hath a wicked eye; he turneth away his face, and despiseth men. [9] A covetous man's eye is not satisfied with his portion; and the iniquity of the wicked drieth up his soul. [10] A wicked eye envieth [his] bread, and he is a niggard at his table.

[11] My son, according to thy ability do good to thyself, and give the Lord his due offering. [12] Remember that death will not be long in coming, and that the covenant of the grave is not shewed unto thee. [13] Do good unto thy friend before thou die, and according to thy ability stretch out thy hand and give to him. [14] Defraud not thyself of the good day, and let not the part of a good desire overpass thee. [15] Shalt thou not leave thy travails unto another? and thy labours to be divided by lot? [16] Give, and take, and sanctify thy soul; for there is no seeking of dainties in the grave. [17] All flesh waxeth old as a garment: for the covenant from the beginning is, Thou shalt die the death. [18] As of the green leaves on a thick tree, some fall, and some grow: so is the generation of flesh and blood, one cometh to an end, and another is born. [19] Every work rotteth and consumeth away, and the worker thereof shall go withal.

[20] Blessed is the man that doth meditate good things in wisdom, and that reasoneth of holy things by his understanding. [21] He that considereth her ways in his heart shall also have understanding in her secrets. [22] Go after her as one that traceth, and lie in wait in her ways. [23] He that prieth in at her windows shall also hearken at her doors. [24] He that doth lodge near her house shall also fasten a pin in her walls. [25] He shall pitch his tent nigh unto her, and shall lodge in a lodging where good things are. [26] He shall set his children under her shelter, and shall lodge under her branches. [27] By her he shall be covered from heat, and in her glory shall he dwell.

He that feareth the Lord will do good; and he that hath the knowledge of the law shall obtain her; [2] and as a mother shall she meet him, and receive him as a wife married of a virgin. [3] With the bread of understanding shall she feed him, and give him the water of wisdom to drink. [4] He shall be stayed upon her, and shall not be moved; and shall rely upon her, and shall not be confounded. [5] She shall exalt him above his neighbours, and in the midst of the congregation shall she open his mouth. [6] He shall find joy and a crown of gladness, and she shall cause him to inherit an everlasting name. [7] But foolish men shall not attain unto her, and sinners shall not see her. [8] For she is far from pride, and men that are liars cannot remember her.

[9] Praise is not seemly in the mouth of a sinner, for it was not sent him of the Lord. [10] For praise shall be uttered in wisdom, and the Lord will prosper it. [11] Say not thou, It is through the Lord that I fell away: for thou oughtest not to do the things that he hateth. [12] Say not thou, He hath caused me to err: for he hath no need of the sinful man.

ού μὴ εὐφρανθήσεται ἐν τοῖς χρήμασιν αὐτοῦ. Τοῦ βασκαί- 6 νοντος ἑαυτὸν οὐκ ἔστι πονηρότερος, καὶ τοῦτο ἀνταπόδομα τῆς κακίας αὐτοῦ· κἂν εὐποιῇ, ἐν λήθῃ ποιεῖ, καὶ ἐπ᾽ ἐσχά- 7 των ἐκφαίνει τὴν κακίαν αὐτοῦ. Πονηρὸς ὁ βασκαίνων 8· ὀφθαλμῷ, ἀποστρέφων πρόσωπον καὶ ὁ ὑπερορῶν ψυχάς. Πλεονέκτου ὀφθαλμὸς οὐκ ἐμπίπλαται μερίδι, καὶ ἀδικία 9 πονηρὰ ἀναξηραίνει ψυχήν. Ὀφθαλμὸς πονηρὸς φθονερὸς 10 ἐπ᾽ ἄρτῳ, καὶ ἐλλιπὴς ἐπὶ τῆς τραπέζης αὐτοῦ.

Τέκνον, καθὼς ἐὰν ἔχεις εὐποίει σεαυτόν, καὶ προσφορὰς 11 Κυρίῳ ἀξίως πρόσαγε. Μνήσθητι ὅτι θάνατος οὐ χρονιεῖ, 12 καὶ διαθήκη ᾄδου οὐχ ὑπεδείχθη σοι. Πρίν σε τελευτῆσαι 13 εὐποίει φίλῳ, καὶ κατὰ τὴν ἰσχύν σου ἔκτεινον καὶ δὸς αὐτῷ. Μὴ ἀφυστερήσῃς ἀπὸ ἀγαθῆς ἡμέρας, καὶ μερὶς ἐπιθυμίας 14 ἀγαθῆς μή σε παρελθάτω. Οὐχὶ ἑτέρῳ καταλείψεις τοὺς 15 πόνους σου, καὶ τοὺς κόπους σου εἰς διαίρεσιν κλήρου; Δὸς καὶ λάβε, καὶ ἀπάτησον τὴν ψυχήν σου, ὅτι οὐκ ἔστιν 16 ἐν ᾅδου ζητῆσαι τρυφήν. Πᾶσα σὰρξ ὡς ἱμάτιον παλαιοῦ- 17 ται, ἡ γὰρ διαθήκη ἀπ᾽ αἰῶνος θανάτῳ ἀποθανῇ. Ὡς φύλ- 18 λον θάλλον ἐπὶ δένδρου δασέος, τὰ μὲν καταβάλλει, ἄλλα δὲ φύει· οὕτως γενεὰ σαρκὸς καὶ αἵματος, ἡ μὲν τελευτᾷ, ἑτέρα δὲ γεννᾶται. Πᾶν ἔργον σηπόμενον ἐκλείπει, καὶ 19 ὁ ἐργαζόμενος αὐτὸ μετ᾽ αὐτοῦ ἀπελεύσεται.

Μακάριος ἀνὴρ ὃς ἐν σοφίᾳ τελευτήσει, καὶ ὃς ἐν συνέσει 20 αὐτοῦ διαλεχθήσεται· ᾧ διανοούμενος τὰς ὁδοὺς αὐτῆς ἐν 21 καρδίᾳ αὐτοῦ, καὶ ἐν τοῖς ἀποκρύφοις αὐτῆς νοηθήσεται. Ἔξελθε ὀπίσω αὐτῆς ὡς ἰχνευτής, καὶ ἐν ταῖς εἰσόδοις αὐτῆς 22 ἐνέδρευε. Ὁ παρακύπτων διὰ τῶν θυρίδων αὐτῆς, καὶ ἐπὶ 23 τῶν θυρωμάτων αὐτῆς ἀκροάσεται· ὁ καταλύων σύνεγγυς 24 τοῦ οἴκου αὐτῆς, καὶ πήξει πάσσαλον ἐν τοῖς τοίχοις αὐτῆς. Στήσει τὴν σκηνὴν αὐτοῦ κατὰ χεῖρας αὐτῆς, καὶ καταλύσει 25 ἐν καταλύματι ἀγαθῶν. Θήσει τὰ τέκνα αὐτοῦ ἐν τῇ σκέπῃ 26 αὐτῆς, καὶ ὑπὸ τοὺς κλάδους αὐτῆς αὐλισθήσεται. Σκεπα- 27 σθήσεται ὑπ᾽ αὐτῆς ἀπὸ καύματος, καὶ ἐν τῇ δόξῃ αὐτῆς καταλύσει.

Ὁ φοβούμενος Κύριον ποιήσει αὐτό, καὶ ὁ ἐγκρατὴς τοῦ 15 νόμου καταλήψεται αὐτήν· καὶ ὑπαντήσεται αὐτῷ ὡς μήτηρ, 2 καὶ ὡς γυνὴ παρθενίας προσδέξεται αὐτόν· ψωμιεῖ αὐτὸν 3 ἄρτον συνέσεως, καὶ ὕδωρ σοφίας ποτίσει αὐτόν. Στηριχ- 4 θήσεται ἐπ᾽ αὐτὴν καὶ οὐ μὴ κλιθῇ, καὶ ἐπ᾽ αὐτῆς ἐφέξει καὶ οὐ μὴ καταισχυνθῇ. Καὶ ὑψώσει αὐτὸν παρὰ τοὺς 5 πλησίον αὐτοῦ, καὶ ἐν μέσῳ ἐκκλησίας ἀνοίξει στόμα αὐτοῦ. Εὐφροσύνην καὶ στέφανον ἀγαλλιάματος καὶ ὄνομα αἰώνιον 6 κατακληρονομήσει. Οὐ μὴ καταλήψονται αὐτὴν ἄνθρωποι 7 ἀσύνετοι, καὶ ἄνδρες ἁμαρτωλοὶ οὐ μὴ ἴδωσιν αὐτήν. Μακράν ἐστιν ὑπερηφανίας, καὶ ἄνδρες ψεῦσται οὐ μὴ μνη- 8 σθήσονται αὐτῆς.

Οὐχ ὡραῖος αἶνος ἐν στόματι ἁμαρτωλοῦ, ὅτι οὐ παρὰ 9 Κυρίου ἀπεστάλη. Ἐν γὰρ σοφίᾳ ῥηθήσεται αἶνος, καὶ 10 ὁ Κύριος εὐοδώσει αὐτόν. Μὴ εἴπῃς, ὅτι διὰ Κύριον 11 ἀπέστην· ἃ γὰρ ἐμίσησεν, οὐ ποιήσεις. Μὴ εἴπῃς, ὅτι 12 αὐτός με ἐπλάνησεν· οὐ γὰρ χρείαν ἔχει ἀνδρὸς ἁμαρτωλοῦ.

13 Πᾶν βδέλυγμα ἐμίσησε Κύριος, καὶ οὐκ ἔστιν ἀγαπητὸν
14 τοῖς φοβουμένοις αὐτόν. Αὐτὸς ἐξ ἀρχῆς ἐποίησεν ἄνθρω-
15 πον, καὶ ἀφῆκεν αὐτὸν ἐν χειρὶ διαβουλίου αὐτοῦ. Ἐὰν
θέλῃς, συντηρήσεις ἐντολὰς, καὶ πίστιν ποιῆσαι εὐδοκίας.
16 Παρέθηκέ σοι πῦρ καὶ ὕδωρ, οὗ ἐὰν θέλῃς ἐκτενεῖς τὴν
17 χεῖρά σου. Ἔναντι ἀνθρώπων ἡ ζωὴ καὶ ὁ θάνατος, καὶ ὁ
18 ἐὰν εὐδοκήσῃ δοθήσεται αὐτῷ. Ὅτι πολλὴ σοφία τοῦ
19 Κυρίου, ἰσχυρὸς ἐν δυναστείᾳ καὶ βλέπων τὰ πάντα. Καὶ
οἱ ὀφθαλμοὶ αὐτοῦ ἐπὶ τοὺς φοβουμένους αὐτὸν, καὶ αὐτὸς
20 ἐπιγνώσεται πᾶν ἔργον ἀνθρώπου. Καὶ οὐκ ἐνετείλατο
οὐδενὶ ἀσεβεῖν, καὶ οὐκ ἔδωκεν ἄνεσιν οὐδενὶ ἁμαρτάνειν.

16 Μὴ ἐπιθύμει τέκνων πλῆθος ἀχρήστων, μὴ εὐφραίνου ἐπὶ
2 υἱοῖς ἀσεβέσιν. Ἐὰν πληθύνωσι, μὴ εὐφραίνου ἐπ᾽ αὐτοῖς,
3 εἰ μή ἐστι φόβος Κυρίου μετ᾽ αὐτῶν. Μὴ ἐμπιστεύσῃς τῇ
ζωῇ αὐτῶν, καὶ μὴ ἔπεχε ἐπὶ τὸν τόπον αὐτῶν· κρείσσων
γὰρ εἷς ἢ χίλιοι, καὶ ἀποθανεῖν ἄτεκνον ἢ ἔχειν τέκνα ἀσεβῆ·
4 ἀπὸ γὰρ ἑνὸς συνετοῦ συνοικισθήσεται πόλις, φυλὴ δὲ ἀνό-
5 μων ἐρημωθήσεται. Πολλὰ τοιαῦτα ἑώρακα ἐν ὀφθαλμοῖς
μου, καὶ ἰσχυρότερα τούτων ἀκήκοε τὸ οὖς μου.

6 Ἐν συναγωγῇ ἁμαρτωλῶν ἐκκαυθήσεται πῦρ, καὶ ἐν ἔθνει
7 ἀπειθεῖ ἐξεκαύθη ὀργή. Οὐκ ἐξιλάσατο περὶ τῶν ἀρχαίων
8 γιγάντων, οἳ ἀπέστησαν τῇ ἰσχύϊ αὐτῶν. Οὐκ ἐφείσατο
περὶ τῆς παροικίας Λὼτ, οὓς ἐβδελύξατο διὰ τὴν ὑπερηφα-
9 νίαν αὐτῶν. Οὐκ ἠλέησεν ἔθνος ἀπωλείας, τοὺς ἐξηρμένους
10 ἐν ἁμαρτίαις αὐτῶν· καὶ οὕτως ἑξακοσίας χιλιάδας πεζῶν
11 τοὺς ἐπισυναχθέντας ἐν σκληροκαρδίᾳ αὐτῶν. Κἂν ᾖ εἷς
σκληροτράχηλος, θαυμαστὸν, τοῦτο εἰ ἀθωωθήσεται, ἔλεος
γὰρ καὶ ὀργὴ παρ᾽ αὐτοῦ· δυνάστης ἐξιλασμῶν· καὶ ἐκχέων
ὀργήν.

12 Κατὰ τὸ πολὺ ἔλεος αὐτοῦ, οὕτως καὶ πολὺς ὁ ἔλεγχος
13 αὐτοῦ· ἄνδρα κατὰ τὰ ἔργα αὐτοῦ κρίνει. Οὐκ ἐκφεύξεται
ἐν ἁρπάγμασιν ἁμαρτωλὸς, καὶ οὐ μὴ καθυστερήσει ὑπο-
14 μονὴν εὐσεβοῦς. Πάσῃ ἐλεημοσύνῃ ποιήσει τόπον, ἕκα-
στος κατὰ τὰ ἔργα αὐτοῦ εὑρήσει.

17 Μὴ εἴπῃς, ὅτι ἀπὸ Κυρίου κρυβήσομαι, μὴ ἐξ ὕψους τίς
μου μνησθήσεται; ἐν λαῷ πλείονι οὐ μὴ μνησθῶ, τίς γὰρ
18 ἡ ψυχή μου ἐν ἀμετρήτῳ κτίσει; Ἰδοὺ ὁ οὐρανὸς καὶ ὁ
οὐρανὸς τοῦ οὐρανοῦ τοῦ Θεοῦ, ἄβυσσος καὶ γῆ σαλευθή-
19 σονται ἐν τῇ ἐπισκοπῇ αὐτοῦ· ἅμα τὰ ὄρη καὶ τὰ θεμέλια
20 τῆς γῆς, ἐν τῷ ἐπιβλέψαι εἰς αὐτὰ, τρόμῳ συσσείονται, καὶ
ἐπ᾽ αὐτοῖς οὐ διανοηθήσεται καρδία· καὶ τὰς ὁδοὺς αὐτοῦ τίς
21 ἐνθυμηθήσεται; Καὶ καταιγὶς, ἣν οὐκ ὄψεται ἄνθρωπος,
22 τὰ δὲ πλείονα τῶν ἔργων αὐτοῦ ἐν ἀποκρύφοις. Ἔργα
δικαιοσύνης τίς ἀναγγελεῖ, ἢ τίς ὑπομενεῖ; μακρὰν γὰρ ἡ
23 διαθήκη. Ἐλαττούμενος καρδίᾳ διανοεῖται ταῦτα, καὶ ἀνὴρ
ἄφρων καὶ πλανώμενος διανοεῖται μωρά.

24 Ἄκουσόν μου, τέκνον, καὶ μάθε ἐπιστήμην, καὶ ἐπὶ τῶν
25 λόγων μου πρόσεχε τῇ καρδίᾳ σου. Ἐκφαίνω ἐν σταθμῷ
26 παιδείαν, καὶ ἐν ἀκριβείᾳ ἀπαγγέλλω ἐπιστήμην. Ἐν

[13] The Lord hateth all abomination; and they that fear God love it not. [14] He himself made man from the beginning, and left him in the hand of his counsel; [15] if thou wilt, to keep the commandments, and to perform acceptable faithfulness. [16] He hath set fire and water before thee: stretch forth thy hand unto whether thou wilt. [17] Before man is life and death; and whether he liketh shall be given him. [18] For the wisdom of the Lord is great, and he is mighty in power, and beholdeth all things: [19] and his eyes are upon them that fear him, and he knoweth every work of man. [20] He hath commanded no man to do wickedly, neither hath he given any man licence to sin.

Desire not a multitude of unprofitable children, neither delight in ungodly sons. [2] Though they multiply, rejoice not in them, except the fear of the Lord be with them. [3] Trust not thou in their life, neither respect their multitude: for one that is just is better than a thousand; and better it is to die without children, than to have them that are ungodly. [4] For by one that hath understanding shall the city be replenished: but the kindred of the wicked shall speedily become desolate. [5] Many such things have I seen with mine eyes, and mine ear hath heard greater things than these.

[6] In the congregation of the ungodly shall a fire be kindled; and in a rebellious nation wrath is set on fire. [7] He was not pacified toward the old giants, who fell away in the strength of their foolishness. [8] Neither spared he the place where Lot sojourned, but abhorred them for their pride. [9] He pitied not the people of perdition, who were taken away in their sins: [10] nor the six hundred thousand footmen, who were gathered together in the hardness of their hearts. [11] And if there be one stiffnecked among the people, it is marvel if he escape unpunished: for mercy and wrath are with him; he is mighty to forgive and to pour out displeasure.

[12] As his mercy is great, so is his correction also: he judgeth a man according to his works. [13] The sinner shall not escape with his spoils: and the patience of the godly shall not be frustrate. [14] Make way for every work of mercy: for every man shall find according to his works.

[17] Say not thou, I will hide myself from the Lord: shall any remember me from above? I shall not be remembered among so many people: for what is my soul among such an infinite number of creatures? [18] Behold, the heaven, and the heaven of heavens, the deep, and the earth, and all that therein is, shall be moved when he shall visit. [19] The mountains also and foundations of the earth shall be shaken with trembling, when he looketh upon them. [20] No heart can think upon these things worthily: and who is able to conceive his ways? [21] It is a tempest which no man can see: for the most part of his works are hid. [22] Who can declare the works of his justice? or who can endure them? for his covenant is afar off. [23] He that wanteth understanding will think upon vain things: and a foolish man erring imagineth follies.

[24] My son, hearken unto me, and learn knowledge, and mark my words with thy heart. [25] I will shew forth doctrine in weight, and declare his knowledge exactly. [26] The works of the

Lord are done in judgment from the beginning: and from the time he made them he disposed the parts thereof. ²⁷ He garnished his works for ever, and the chief of them unto all generations: they neither labour, nor are weary, nor cease from their works. ²⁸ None of them hindereth another, and they shall never disobey his word. ²⁹ After this the Lord looked upon the earth, and filled it with his blessings. ³⁰ With all manner of living things hath he covered the face thereof; and they shall return into it again.

The Lord created man of the earth, and turned him into it again. ² He gave them few days, and a short time, and power also over the things therein. ³ He endued them with strength by themselves, and made them according to his image, ⁴ and put the fear of man upon all flesh, and gave him dominion over beasts and fowls. ⁶ Counsel, and a tongue, and eyes, ears, and a heart, gave he them to understand. ⁷ Withal he filled them with the knowledge of understanding, and shewed them good and evil. ⁸ He set his eye upon their hearts, that he might shew them the greatness of his works; ⁹ and they shall praise his holy name, that they may search out his marvellous works.

¹¹ Beside this he gave them knowledge, and the law of life for an heritage. ¹² He made an everlasting covenant with them, and shewed them his judgments. ¹³ Their eyes saw the majesty of his glory, and their ears heard his glorious voice. ¹⁴ And he said unto them, Beware of all unrighteousness; and he gave every man commandment concerning his neighbour. ¹⁵ Their ways are ever before him, and shall not be hid from his eyes. ¹⁷ For in the division of the nations of the whole earth he set a ruler over every people; but Israel is the Lord's portion: ¹⁹ Therefore all their works are as the sun before him, and his eyes are continually upon their ways. ²⁰ None of their unrighteous deeds are hid from him, but all their sins are before the Lord.

²² The alms of a man is as a signet with him, and he will keep the good deeds of man as the apple of the eye, and give repentance to his sons and daughters. ²³ Afterwards he will rise up and reward them, and render their recompence upon their heads. ²⁴ But unto them that repent, he granted them return, and comforted those that failed in patience.

²⁵ Return unto the Lord, and forsake thy sins, make thy prayer before his face, and offend less. ²⁶ Turn again to the most High, and turn away from iniquity: for he will lead thee out of darkness into the light of health, and hate thou abomination vehemently. ²⁷ Who shall praise the most High in the grave, instead of them which live and give thanks? ²⁸ Thanksgiving perisheth from the dead, as from one that is not: the living and sound in heart shall praise the Lord. ²⁹ How great is the lovingkindness of the Lord our God, and his compassion unto such as turn unto him in holiness! ³⁰ For all things cannot be in men, because the son of man is not immortal.

³¹ What is brighter than the sun? yet the light thereof faileth: and flesh and blood will imagine evil. ³² He vieweth the power of the height of heaven; and all men are but earth and ashes.

κρίσει Κυρίου τὰ ἔργα αὐτοῦ ἀπ᾽ ἀρχῆς, καὶ ἀπὸ ποιήσεως αὐτῶν διέστειλε μερίδας αὐτῶν. Ἐκόσμησεν εἰς αἰῶνα τὰ 2⁷ ἔργα αὐτοῦ, καὶ τὰς ἀρχὰς αὐτῶν εἰς γενεὰς αὐτῶν· οὔτε ἐπείνασαν, οὔτε ἐκοπίασαν, καὶ οὐκ ἐξέλιπον ἀπὸ τῶν ἔργων αὐτῶν. Ἕκαστος τὸν πλησίον αὐτοῦ οὐκ ἔθλιψε, καὶ ἕως 28 αἰῶνος οὐκ ἀπειθήσουσι τοῦ ῥήματος αὐτοῦ· καὶ μετὰ ταῦτα 29 Κύριος εἰς τὴν γῆν ἐπέβλεψε, καὶ ἐνέπλησεν αὐτὴν τῶν ἀγαθῶν αὐτοῦ. Ψυχὴν παντὸς ζώου ἐκάλυψε τὸ πρόσωπον 30 αὐτῆς, καὶ εἰς αὐτὴν ἡ ἀποστροφὴ αὐτῶν.

Κύριος ἔκτισεν ἐκ γῆς ἄνθρωπον, καὶ πάλιν ἀπέστρεψεν 17 αὐτὸν εἰς αὐτήν. Ἡμέρας ἀριθμοῦ καὶ καιρὸν ἔδωκεν 2 αὐτοῖς, καὶ ἔδωκεν αὐτοῖς ἐξουσίαν τῶν ἐπ᾽ αὐτῆς. Καθ᾽ 3 ἑαυτοὺς ἐνέδυσεν αὐτοὺς ἰσχὺν, καὶ κατ᾽ εἰκόνα αὐτοῦ ἐποίησεν αὐτούς. Καὶ ἔθηκε τὸν φόβον αὐτοῦ ἐπὶ πάσης σαρκὸς, 4 καὶ κατακυριεύειν θηρίων καὶ πετεινῶν. Διαβούλιον καὶ 6 γλῶσσαν καὶ ὀφθαλμοὺς, ὦτα καὶ καρδίαν ἔδωκε διανοεῖσθαι αὐτοῖς. Ἐπιστήμην συνέσεως ἐνέπλησεν αὐτοὺς, καὶ ἀγαθὰ 7 καὶ κακὰ ὑπέδειξεν αὐτοῖς. Ἔθηκε τὸν ὀφθαλμὸν αὐτοῦ 8 ἐπὶ τὰς καρδίας αὐτῶν, δεῖξαι αὐτοῖς τὸ μεγαλεῖον τῶν ἔργων αὐτοῦ· καὶ ὄνομα ἁγιασμοῦ αἰνέσουσιν, ἵνα διηγῶνται τὰ 9 μεγαλεῖα τῶν ἔργων αὐτοῦ.

Προσέθηκεν αὐτοῖς ἐπιστήμην, καὶ νόμον ζωῆς ἐκληροδό- 11 τησεν αὐτοῖς. Διαθήκην αἰῶνος ἔστησε μετ᾽ αὐτῶν, καὶ τὰ 12 κρίματα αὐτοῦ ὑπέδειξεν αὐτοῖς. Μεγαλεῖον δόξης εἶδον οἱ 13 ὀφθαλμοὶ αὐτῶν, καὶ δόξαν φωνῆς αὐτῶν ἤκουσε τὸ οὖς αὐτῶν. Καὶ εἶπεν αὐτοῖς, προσέχετε ἀπὸ παντὸς ἀδίκου· 14 καὶ ἐνετείλατο αὐτοῖς ἑκάστῳ περὶ τοῦ πλησίον. Αἱ ὁδοὶ 15 αὐτῶν ἐναντίον αὐτοῦ διαπαντός, οὐ κρυβήσονται ἀπὸ τῶν ὀφθαλμῶν αὐτοῦ. Ἑκάστῳ ἔθνει κατέστησεν ἡγούμενον, 17 καὶ μερὶς Κυρίου Ἰσραήλ ἐστιν. Ἅπαντα τὰ ἔργα αὐτῶν 19 ὡς ὁ ἥλιος ἐναντίον αὐτοῦ, καὶ οἱ ὀφθαλμοὶ αὐτοῦ ἐνδελεχεῖς ἐπὶ τὰς ὁδοὺς αὐτῶν. Οὐκ ἐκρύβησαν αἱ ἀδικίαι αὐτῶν ἀπ᾽ 20 αὐτοῦ, καὶ πᾶσαι αἱ ἁμαρτίαι αὐτῶν ἔναντι Κυρίου.

Ἐλεημοσύνη ἀνδρὸς ὡς σφραγὶς μετ᾽ αὐτοῦ, καὶ χάριν 22 ἀνθρώπου ὡς κόρην συντηρήσει. Μετὰ ταῦτα ἐξαναστή- 23 σεται καὶ ἀνταποδώσει αὐτοῖς, καὶ τὸ ἀνταπόδομα αὐτῶν εἰς κεφαλὴν αὐτῶν ἀποδώσει. Πλὴν μετανοοῦσιν ἔδωκεν ἐπά- 24 νοδον, καὶ παρεκάλεσεν ἐκλείποντας ὑπομονήν.

Ἐπίστρεφε ἐπὶ Κύριον καὶ ἀπόλειπε ἁμαρτίας, δεήθητι 25 κατὰ πρόσωπον καὶ σμίκρυνον πρόσκομμα. Ἐπάναγε ἐπὶ 26 ὕψιστον, καὶ ἀπόστρεφε ἀπὸ ἀδικίας, καὶ σφόδρα μίσησον βδέλυγμα. Ὑψίστῳ τίς αἰνέσει ἐν ᾅδου; ἀντὶ ζώντων 27 καὶ ζώντων καὶ διδόντων ἀνθομολόγησιν. Ἀπὸ νεκροῦ ὡς 28 μηδὲ ὄντος ἀπόλλυται ἐξομολόγησις· ζῶν καὶ ὑγιὴς αἰνέσει τὸν Κύριον. Ὡς μεγάλη ἡ ἐλεημοσύνη τοῦ Κυρίου, καὶ 29 ἐξιλασμὸς τοῖς ἐπιστρέφουσιν ἐπ᾽ αὐτόν· οὐ γὰρ δύνα- 30 ται πάντα εἶναι ἐν ἀνθρώποις, ὅτι οὐκ ἀθάνατος υἱὸς ἀνθρώπου.

Τί φωτεινότερον ἡλίου; καὶ τοῦτο ἐκλείπει, καὶ πονηρὸς 31 ἐνθυμηθήσεται σάρκα καὶ αἷμα. Δύναμιν ὕψους οὐρανοῦ 32 αὐτὸς ἐπισκέπτεται, καὶ οἱ ἄνθρωποι πάντες γῆ καὶ σποδός.

18 Ὁ ζῶν εἰς τὸν αἰῶνα ἔκτισε τὰ πάντα κοινῇ. Κυριος
2, 4 μόνος δικαιωθήσεται. Οὐθενὶ ἐξεποίησεν ἐξαγγεῖλαι τὰ
5 ἔργα αὐτοῦ· καὶ τίς ἐξιχνιάσει τὰ μεγαλεῖα αὐτοῦ; Κράτος
μεγαλωσύνης αὐτοῦ τίς ἐξαριθμήσεται; καὶ τίς προσθήσει
ἐκδιηγήσασθαι τὰ ἐλέη αὐτοῦ;
6 Οὐκ ἔστιν ἐλαττῶσαι οὐδὲ προσθεῖναι, καὶ οὐκ ἔστιν
7 ἐξιχνιάσαι τὰ θαυμάσια τοῦ Κυρίου. Ὅταν συντελέσῃ
ἄνθρωπος τότε ἄρχεται, καὶ ὅταν παύσηται τότε ἀπορηθή-
8 σεται. Τί ἄνθρωπος, καὶ τί ἡ χρῆσις αὐτοῦ; τί τὸ
9 ἀγαθὸν αὐτοῦ, καὶ τί τὸ κακὸν αὐτοῦ; Ἀριθμὸς ἡμερῶν
10 ἀνθρώπου πολλὰ ἔτη ἑκατόν. Ὡς σταγὼν ὕδατος ἀπὸ
θαλάσσης καὶ ψῆφος ἄμμου, οὕτως ὀλίγα ἔτη ἐν ἡμέρᾳ
11 αἰῶνος. Διὰ τοῦτο ἐμακροθύμησε Κύριος ἐπ᾽ αὐτοῖς, καὶ
12 ἐξέχεεν ἐπ᾽ αὐτοὺς τὸ ἔλεος αὐτοῦ. Εἶδε καὶ ἐπέγνω τὴν
καταστροφὴν αὐτῶν ὅτι πονηρά, διὰ τοῦτο ἐπλήθυνε τὸν
13 ἐξιλασμὸν αὐτοῦ. Ἔλεος ἀνθρώπου ἐπὶ τὸν πλησίον αὐτοῦ,
ἔλεος δὲ Κυρίου ἐπὶ πᾶσαν σάρκα, ἐλέγχων καὶ παιδεύων
καὶ διδάσκων καὶ ἐπιστρέφων ὡς ποιμὴν τὸ ποίμνιον αὐτοῦ.
14 Τοὺς ἐκδεχομένους παιδείαν ἐλεεῖ, καὶ τοὺς κατασπεύδοντας
ἐπὶ τὰ κρίματα αὐτοῦ.

15 Τέκνον, ἐν ἀγαθοῖς μὴ δῷς μῶμον, καὶ ἐν πάσῃ δόσει
16 λύπην λόγων. Οὐχὶ καύσωνα ἀναπαύσει δρόσος; οὕτως
17 κρείσσων λόγος ἢ δόσις. Οὐκ ἰδοὺ λόγος ὑπὲρ δόμα
18 ἀγαθόν; καὶ ἀμφότερα παρὰ ἀνδρὶ κεχαριτωμένῳ. Μωρὸς
ἀχαρίστως ὀνειδιεῖ, καὶ δόσις βασκάνου ἐκτήκει ὀφθαλμούς.
19 Πρὶν ἢ λαλῆσαι μάνθανε, καὶ πρὸ ἀρρωστίας θεραπεύου.
20 Πρὸ κρίσεως ἐξέταζε σεαυτόν, καὶ ἐν ὥρᾳ ἐπισκοπῆς
21 εὑρήσεις ἐξιλασμόν. Πρὶν ἀρρωστῆσαί σε ταπεινώθητι,
καὶ ἐν καιρῷ ἁμαρτημάτων δεῖξον ἐπιστροφήν.
22 Μὴ ἐμποδισθῇς τοῦ ἀποδοῦναι εὐχὴν εὐκαίρως, καὶ μὴ
23 μείνῃς ἕως θανάτου δικαιωθῆναι. Πρὶν εὔξασθαι ἑτοίμασον
σεαυτόν, καὶ μὴ γίνου ὡς ἄνθρωπος πειράζων τὸν Κύριον.
24 Μνήσθητι θυμοῦ ἐν ἡμέραις τελευτῆς, καὶ καιρὸν ἐκδικήσεως
25 ἐν ἀποστροφῇ προσώπου. Μνήσθητι καιρὸν λιμοῦ ἐν
καιρῷ πλησμονῆς, πτωχείαν καὶ ἔνδειαν ἐν ἡμέραις πλούτου.
26 Ἀπὸ πρωΐθεν ἕως ἑσπέρας μεταβάλλει καιρός, καὶ πάντα
ἐστὶ ταχινὰ ἔναντι Κυρίου.
27 Ἄνθρωπος σοφὸς ἐν παντὶ εὐλαβηθήσεται, καὶ ἐν ἡμέραις
28 ἁμαρτιῶν προσέξει ἀπὸ πλημμελείας· πᾶς συνετὸς ἔγνω
29 σοφίαν, καὶ τῷ εὑρόντι αὐτὴν δώσει ἐξομολόγησιν. Συνετοὶ
ἐν λόγοις καὶ αὐτοὶ ἐσοφίσαντο, καὶ ἀνώμβρησαν παροιμίας
ἀκριβεῖς.

ΕΓΚΡΑΤΕΙΑ ΨΥΧΗΣ.

30 Ὀπίσω τῶν ἐπιθυμιῶν σου μὴ πορεύου, καὶ ἀπὸ τῶν
31 ὀρέξεών σου κωλύου. Ἐὰν χορηγήσῃς τῇ ψυχῇ σου εὐδο-
32 κίαν ἐπιθυμίας, ποιήσει σε ἐπίχαρμα τῶν ἐχθρῶν σου. Μὴ
εὐφραίνου ἐπὶ πολλῇ τρυφῇ, μηδὲ προσδεθῇς συμβολῇ
33 αὐτῆς. Μὴ γίνου πτωχὸς συμβολοκοπῶν ἐκ δανεισμοῦ,
καὶ οὐδέν σοι ἐστὶν ἐν μαρσυπίῳ.
19 Ἐργάτης μέθυσος οὐ πλουτισθήσεται, ὁ ἐξουθενῶν τὰ
2 ὀλίγα κατὰ μικρὸν πεσεῖται. Οἶνος καὶ γυναῖκες ἀποστή-
σουσι συνετούς, καὶ ὁ κολλώμενος πόρναις τολμηρότερος

He that liveth for ever created all things in general. [2] The Lord only is righteous. [4] To none hath he given power to declare his works; and who shall find out his noble acts? [5] Who shall number the strength of his majesty? and who shall also tell out his mercies?

[6] As for the wondrous works of the Lord, there may nothing be taken from them, neither may any thing be put unto them, neither can the ground of them be found out. [7] When a man hath done, then he beginneth; and when he leaveth off, then he shall be doubtful. [8] What is man, and whereto serveth he; what is his good, and what is his evil? [9] The number of a man's days at the most is an hundred years. [10] As a drop of water unto the sea, and a gravel-stone in comparison of the sand; so are a thousand years to the days of eternity. [11] Therefore is God patient with them, and poureth forth his mercy upon them. [12] He saw and perceived their end to be evil; therefore he multiplied his compassion. [13] The mercy of man is toward his neighbour; but the mercy of the Lord is upon all flesh: he reproveth, and nurtureth, and teacheth, and bringeth again, as a shepherd his flock. [14] He hath mercy on them that receive discipline, and that diligently seek after his judgments.

[15] My son, blemish not thy good deeds, neither use uncomfortable words when thou givest any thing. [16] Shall not the dew assuage the heat? so is a word better than a gift. [17] Lo, is not a word better than a gift? but both are with a gracious man. [18] A fool will upbraid churlishly, and a gift of the envious consumeth the eyes. [19] Learn before thou speak, and use physic or ever thou be sick. [20] Before judgment examine thyself, and in the day of visitation thou shalt find mercy. [21] Humble thyself before thou be sick, and in the time of sins shew repentance. [22] Let nothing hinder thee to pay thy vow in due time, and defer not until death to be justified. [23] Before thou prayest, prepare thyself; and be not as one that tempteth the Lord. [24] Think upon the wrath that shall be at the end, and the time of vengeance, when he shall turn away his face. [25] When thou hast enough, remember the time of hunger: and when thou art rich, think upon poverty and need. [26] From the morning until the evening the time is changed, and all things are soon done before the Lord.

[27] A wise man will fear in every thing, and in the day of sinning he will beware of offence: but a fool will not observe time. [28] Every man of understanding knoweth wisdom, and will give praise unto him that found her. [29] They that had understanding in sayings became also wise themselves, and poured forth exquisite parables.

[30] Go not after thy lusts, but refrain thyself from thine appetites. [31] If thou givest thy soul the desires that please her, she will make thee a laughingstock to thine enemies that malign thee. [32] Take not pleasure in much good cheer, neither be tied to the expence thereof. [33] Be not made a beggar by banqueting upon borrowing, when thou hast nothing in thy purse.

A labouring man that is given to drunkenness shall not be rich: and he that contemneth small things shall fall by little and little. [2] Wine and women will make men of understanding to fall away: and he that cleaveth to

harlots will become impudent. ³ Moths and worms shall have him to heritage, and a bold man shall be taken away.
⁴ He that is hasty to give credit is light-minded; and he that sinneth shall offend against his own soul. ⁵ Whoso taketh pleasure in wickedness shall be condemned: but he that hateth babbling hath less of evil.
⁷ Rehearse not unto another that which is told unto thee, and thou shalt fare never the worse. ⁸ Whether it be to friend or foe, talk not of other men's lives; and if thou canst not without offence, reveal them not. ⁹ For he heard and observed thee, and when time cometh he will hate thee. ¹⁰ If thou hast heard a word, let it die with thee; and be bold, it will not burst thee. ¹¹ A fool travaileth with a word, as a woman in labour of a child. ¹² As an arrow that sticketh in a man's thigh, so is a word within a fool's belly. ¹³ Admonish a friend, it may be he hath not done it: and if he have done it, that he do it no more. ¹⁴ Admonish thy friend, it may be he hath not said it: and if he have, that he speak it not again. ¹⁵ Admonish a friend: for many times it is a slander, and believe not every tale.
¹⁶ There is one that slippeth in his speech, but not from his heart; and who is he that hath not offended with his tongue?
¹⁷ Admonish thy neighbour before thou threaten him; and give place to the law of the most High. ²⁰ The fear of the Lord is all wisdom; and in all wisdom is the performance of the law. ²² The knowledge of wickedness is not wisdom, neither at any time the counsel of sinners prudence. ²³ There is a wickedness, and the same an abomination; and there is a fool wanting in wisdom.
²⁴ He that hath small understanding, and feareth God, is better than one that hath much wisdom, and transgresseth the law of the most High. ²⁵ There is an exquisite subtilty, and the same is unjust; and there is one that turneth aside to make judgment appear. ²⁶ There is a wicked man that hangeth down his head sadly; but inwardly he is full of deceit, ²⁷ casting down his countenance, and making as if he heard not: where he is not known, he will do thee a mischief before thou be aware. ²⁸ And if for want of power he be hindered from sinning, yet when he findeth opportunity he will do evil. ²⁹ A man may be known by his look, and one that hath understanding by his countenance, when thou meetest him. ³⁰ A man's attire, and excessive laughter, and gait, shew what he is. ³¹ There is a reproof that is not comely: again, some man holdeth his tongue, and he is wise.
It is much better to reprove, than to be angry secretly: and he that confesseth his fault shall be preserved from hurt. ⁴ As is the lust of an eunuch to deflower a virgin; so is he that executeth judgment with violence.
⁵ There is one that keepeth silence, and is found wise: and another by much babbling becometh hateful. ⁶ Some man holdeth his tongue, because he hath not to answer: and some keepeth silence, knowing his time. ⁷ A wise man will hold his tongue till he see opportunity: but a babbler and a fool will regard no time. ⁸ He that useth many words shall be abhorred; and he that taketh to himself authority therein shall be hated. ⁹ There is a sinner that hath good success in evil things; and there is a gain that turneth to loss. ¹⁰ There

ἔσται. Σῆτες καὶ σκώληκες κληρονομήσουσιν αὐτὸν, καὶ 3 ψυχὴ τολμηρὰ ἐξαρθήσεται.

Ὁ ταχὺ ἐμπιστεύων, κοῦφος καρδία, καὶ ὁ ἁμαρτάνων εἰς 4 ψυχὴν αὐτοῦ πλημμελήσει. Ὁ εὐφραινόμενος καρδία κατα- 5 γνωσθήσεται, καὶ ὁ μισῶν λαλιὰν ἐλαττονοῦται κακία.

Μηδέποτε δευτερώσῃς λόγον, καὶ οὐθέν σοι οὐ μὴ ἐλατ- 7 τονωθῇ. Ἐν φίλῳ καὶ ἐν ἐχθρῷ μὴ διηγοῦ, καὶ εἰ μή ἐστί 8 σοι ἁμαρτία, μὴ ἀποκάλυπτε. Ἀκήκοε γάρ σου καὶ ἐφυ- 9 λάξατό σε, καὶ ἐν καιρῷ μισήσει σε. Ἀκήκοας λόγον; 10 συναποθανέτω σοι, θάρσει, οὐ μή σε ῥήξει. Ἀπὸ προσώ- 11 που λόγου ὠδινήσει μωρὸς, ὡς ἀπὸ προσώπου βρέφους ἡ τίκτουσα. Βέλος πεπηγὸς ἐν μηρῷ σαρκὸς, οὕτως λόγος 12 ἐν κοιλίᾳ μωροῦ. Ἔλεγξον φίλον, μήποτε οὐκ ἐποίησε, 13 καὶ εἴ τι ἐποίησε, μήποτε προσθῇ. Ἔλεγξον τὸν φίλον, 14 μήποτε οὐκ εἶπε, καὶ εἰ εἴρηκεν, ἵνα μὴ δευτερώσῃ. Ἔλε- 15 γξον φίλον, πολλάκις γὰρ γίνεται διαβολὴ, καὶ μὴ παντὶ λόγῳ πίστευε.

Ἔστιν ὀλισθαίνων καὶ οὐκ ἀπὸ ψυχῆς· καὶ τίς οὐχ ἡμάρ- 16 τησεν ἐν τῇ γλώσσῃ αὐτοῦ;

Ἔλεγξον τὸν πλησίον σου πρινὴ ἀπειλῆσαι, καὶ δὸς 17 τόπον νόμῳ ὑψίστου. Πᾶσα σοφία φόβος Κυρίου, καὶ ἐν 20 πάσῃ σοφίᾳ ποίησις νόμου. Καὶ οὐκ ἔστι σοφία πονηρίας 22 ἐπιστήμη, καὶ οὐκ ἔστιν, ὅπου βουλὴ ἁμαρτωλῶν, φρόνη- σις. Ἔστι πονηρία καὶ αὕτη βδέλυγμα, καὶ ἔστιν ἄφρων 23 ἐλαττούμενος σοφίᾳ.

Κρείττων ἡττώμενος ἐν συνέσει ἔμφοβος, ἢ περισσεύων 24 ἐν φρονήσει καὶ παραβαίνων νόμον. Ἔστι πανουργία 25 ἀκριβὴς καὶ αὕτη ἄδικος, καὶ ἔστι διαστρέφων χάριν τοῦ ἐκφᾶναι κρίμα. Ἔστι πονηρευόμενος συγκεκυφὼς μελανίᾳ, 26 καὶ τὰ ἐντὸς αὐτοῦ πλήρης δόλου. Συγκύφων πρόσωπον 27 καὶ ἑτεροκωφῶν, ὅπου οὐκ ἐπεγνώσθη, προφθάσει σε. Καὶ 28 ἐὰν ὑπὸ ἐλαττώματος ἰσχύος κωλυθῇ ἁμαρτεῖν, ἐὰν εὕρῃ 29 καιρόν, κακοποιήσει. Ἀπὸ ὁράσεως ἐπιγνωσθήσεται ἀνὴρ, 30 καὶ ἀπὸ ἀπαντήσεως προσώπου ἐπιγνωσθήσεται νοήμων. Στολισμὸς ἀνδρὸς καὶ γέλως ὀδόντων καὶ βήματα ἀνθρώπου ἀναγγέλλει τὰ περὶ αὐτοῦ. Ἔστιν ἔλεγχος ὃς οὐκ ἔστιν 31 ὡραῖος, καὶ ἔστι σιωπῶν καὶ αὐτὸς φρόνιμος.

Ὡς καλὸν ἐλέγξαι ἢ θυμοῦσθαι, καὶ ὁ ἀνθομολογούμενος 20 ἀπὸ ἐλαττώσεως κωλυθήσεται. Ἐπιθυμία εὐνούχου ἀπο- 4 παρθενῶσαι νεανίδα, οὕτως ὁ ποιῶν ἐν βίᾳ κρίματα.

Ἔστι σιωπῶν εὑρισκόμενος σοφὸς, καὶ ἔστι μισητὸς ἀπὸ 5 πολλῆς λαλιᾶς. Ἔστι σιωπῶν, οὐ γὰρ ἔχει ἀπόκρισιν, καὶ 6 ἔστι σιωπῶν εἰδὼς καιρόν. Ἄνθρωπος σοφὸς σιγήσει ἕως 7 καιροῦ, ὁ δὲ λαπιστὴς καὶ ἄφρων ὑπερβήσεται καιρόν. Ὁ πλεονάζων λόγῳ βδελυχθήσεται, καὶ ὁ ἐνεξουσιαζόμενος 8 μισηθήσεται. Ἔστιν εὐοδία ἐν κακοῖς ἀνδρὶ, καὶ ἔστιν 9 εὕρεμα εἰς ἐλάττωσιν. Ἔστι δόσις ἣ οὐ λυσιτελήσει σοι, 10

11 καὶ ἔστι δόσις ἧς τὸ ἀνταπόδομα διπλοῦν. Ἔστιν ἐλάτ-
τωσις ἕνεκεν δόξης, καὶ ἔστιν ὃς ἀπὸ ταπεινώσεως ἦρε
12 κεφαλήν. Ἔστιν ἀγοράζων πολλὰ ὀλίγου, καὶ ἀποτιννύων
αὐτὰ ἑπταπλάσιον.

13 Ὁ σοφὸς ἐν λόγῳ ἑαυτὸν προσφιλῆ ποιήσει, χάριτες δὲ
14 μωρῶν ἐκχυθήσονται. Δόσις ἄφρονος οὐ λυσιτελήσει σοι,
15 οἱ γὰρ ὀφθαλμοὶ αὐτοῦ ἀνθ᾽ ἑνὸς πολλοί. Ὀλίγα δώσει καὶ
πολλὰ ὀνειδίσει, καὶ ἀνοίξει τὸ στόμα αὐτοῦ ὡς κήρυξ·
σήμερον δανειεῖ καὶ αὔριον ἀπαιτήσει· μισητὸς ἄνθρωπος
16 ὁ τοιοῦτος. Μωρὸς ἐρεῖ, οὐχ ὑπάρχει μοι φίλος, καὶ οὐκ
ἔστι χάρις τοῖς ἀγαθοῖς μου· οἱ ἔσθοντες τὸν ἄρτον μου,
17 φαῦλοι γλώσσῃ. Ποσάκις, καὶ ὅσοι καταγελάσονται
αὐτοῦ;

18 Ὀλίσθημα ἀπὸ ἐδάφους μᾶλλον ἢ ἀπὸ γλώσσης, οὕτως
19 πτῶσις κακῶν κατὰ σπουδὴν ἥξει. Ἄνθρωπος ἄχαρις,
μῦθος ἄκαιρος, ἐν στόματι ἀπαιδεύτων ἐνδελεχισθήσεται.
20 Ἀπὸ στόματος μωροῦ ἀποδοκιμασθήσεται παραβολή, οὐ
21 γὰρ μὴ εἴπῃ αὐτὴν ἐν καιρῷ αὐτῆς. Ἔστι κωλυόμενος
ἁμαρτάνειν ἀπὸ ἐνδείας, καὶ ἐν τῇ ἀναπαύσει αὐτοῦ οὐ
22 κατανυγήσεται. Ἔστιν ἀπολλύων τὴν ψυχὴν αὐτοῦ δι᾽
αἰσχύνην, καὶ ἀπὸ ἄφρονος προσώπου ἀπολεῖ αὐτήν.
23 Ἔστι χάριν αἰσχύνης ἐπαγγελλόμενος φίλῳ, καὶ ἐκτήσατο
24 αὐτὸν ἐχθρὸν δωρεάν. Μῶμος πονηρὸς ἐν ἀνθρώπῳ ψεῦδος,
ἐν στόματι ἀπαιδεύτων ἐνδελεχισθήσεται.

25 Αἱρετὸν κλέπτης, ἢ ὁ ἐνδελεχίζων ψεύδει, ἀμφότεροι δὲ
26 ἀπώλειαν κληρονομήσουσιν. Ἦθος ἀνθρώπου ψευδοῦς
ἀτιμία, καὶ ἡ αἰσχύνη αὐτοῦ μετ᾽ αὐτοῦ ἐνδελεχῶς.

ΛΟΓΟΙ ΠΑΡΑΒΟΛΩΝ.

27 Ὁ σοφὸς ἐν λόγοις προάξει ἑαυτόν, καὶ ἄνθρωπος φρό-
28 νιμος ἀρέσει μεγιστᾶσιν. Ὁ ἐργαζόμενος γῆν ἀνυψώσει
θημωνίαν αὐτοῦ, καὶ ὁ ἀρέσκων μεγιστᾶσιν ἐξιλάσεται
29 ἀδικίαν. Ξένια καὶ δῶρα ἀποτυφλοῖ ὀφθαλμοὺς σοφῶν,
30 καὶ ὡς φιμὸς ἐν στόματι ἀποτρέπει ἐλεγμούς. Σοφία
κεκρυμμένη καὶ θησαυρὸς ἀφανής, τίς ὠφέλεια ἐν ἀμφοτέ-
31 ροις; Κρείσσων ἄνθρωπος ἀποκρύπτων τὴν μωρίαν αὐτοῦ,
ἢ ἄνθρωπος ἀποκρύπτων τὴν σοφίαν αὐτοῦ.

21 Τέκνον, ἥμαρτες; μὴ προσθῇς μηκέτι, καὶ περὶ τῶν
2 προτέρων σου δεήθητι. Ὡς ἀπὸ προσώπου ὄφεως, φεῦγε
ἀπὸ ἁμαρτίας, ἐὰν γὰρ προσέλθῃς, δήξεταί σε· ὀδόντες
λέοντος οἱ ὀδόντες αὐτῆς, ἀναιροῦντες ψυχὰς ἀνθρώπων.
3 Ὡς ῥομφαία δίστομος πᾶσα ἀνομία, τῇ πληγῇ αὐτῆς οὐκ
4 ἔστιν ἴασις. Καταπληγμὸς καὶ ὕβρις ἐρημώσουσι πλοῦτον,
5 οὕτως οἶκος ὑπερηφάνου ἐρημωθήσεται. Δέησις πτωχοῦ
ἐκ στόματος ἕως ὠτίων αὐτοῦ, καὶ τὸ κρίμα αὐτοῦ κατὰ
6 σπουδὴν ἔρχεται. Μισῶν ἐλεγμὸν, ἐν ἴχνει ἁμαρτωλοῦ,
καὶ ὁ φοβούμενος Κύριον ἐπιστρέφει ἐν καρδίᾳ.

7 Γνωστὸς μακρόθεν ὁ δυνατὸς ἐν γλώσσῃ, ὁ δὲ νοήμων
8 οἶδεν ἐν τῷ ὀλισθαίνειν αὐτόν. Ὁ οἰκοδομῶν τὴν οἰκίαν
αὐτοῦ ἐν χρήμασιν ἀλλοτρίοις, ὡς ὁ συνάγων αὐτοῦ τοὺς

---

is a gift that shall not profit thee; and there is a gift whose recompence is double. [11] There is an abasement because of glory; and there is that lifteth up his head from a low estate. [12] There is that buyeth much for a little, and repayeth it sevenfold.

[13] A wise man by his words maketh himself beloved: but the graces of fools shall be poured out. [14] The gift of a fool shall do thee no good when thou hast it; neither yet of the envious for his necessity: for he looketh to receive many things for one. [15] He giveth little, and upbraideth much; he openeth his mouth like a crier; to-day he lendeth, and to-morrow will he ask it again: such an one is to be hated of God and man. [16] The fool saith, I have no friends, I have no thank for all my good deeds, and they that eat my bread speak evil of me. [17] How oft, and of how many shall he be laughed to scorn!

[18] To slip upon a pavement is better than to slip with the tongue: so the fall of the wicked shall come speedily. [19] An unseasonable tale will always be in the mouth of the unwise. [20] A wise sentence shall be rejected when it cometh out of a fool's mouth; for he will not speak it in due season. [21] There is that is hindered from sinning through want: and when he taketh rest, he shall not be troubled. [22] There is that destroyeth his own soul through bashfulness, and by accepting of persons overthroweth himself. [23] There is that for bashfulness promiseth to his friend, and maketh him his enemy for nothing. [24] A lie is a foul blot in a man, yet it is continually in the mouth of the untaught.

[25] A thief is better than a man that is accustomed to lie: but they both shall have destruction to heritage. [26] The disposition of a liar is dishonourable, and his shame is ever with him.

[27] A wise man shall promote himself to honour with his words: and he that hath understanding will please great men. [28] He that tilleth his land shall increase his heap: and he that pleaseth great men shall get pardon for iniquity. [29] Presents and gifts blind the eyes of the wise, and stop up his mouth that he cannot reprove. [30] Wisdom that is hid, and treasure that is hoarded up, what profit is in them both? [31] Better is he that hideth his folly than a man that hideth his wisdom.

My son, hast thou sinned? do so no more, but ask pardon for thy former sins. [2] Flee from sin as from the face of a serpent: for if thou comest too near it, it will bite thee: the teeth thereof are as the teeth of a lion, slaying the souls of men. [3] All iniquity is as a two edged sword, the wounds whereof cannot be healed. [4] To terrify and do wrong will waste riches: thus the house of proud men shall be made desolate. [5] A prayer out of a poor man's mouth reacheth to the ears of God, and his judgment cometh speedily. [6] He that hateth reproof is in the way of sinners: but he that feareth the Lord will repent from his heart.

[7] An eloquent man is known far and near; but a man of understanding knoweth when he slippeth. [8] He that buildeth his house with other men's money is like one that gathereth

himself stones for the tomb of his burial.
⁹ The congregation of the wicked is like tow
wrapped together: and the end of them is a
flame of fire to destroy them. ¹⁰ The way of
sinners is made plain with stones, but at the
end thereof is the pit of hell. ¹¹ He that keep-
eth the law of the Lord getteth the under-
standing thereof: and the perfection of the
fear of the Lord is wisdom. ¹² He that is not
wise will not be taught: but there is a wisdom
which multiplieth bitterness. ¹³ The know-
ledge of a wise man shall abound like a flood:
and his counsel is like a pure fountain of life.
¹⁴ The inner parts of a fool are like a broken
vessel, and he will hold no knowledge as long
as he liveth.
¹⁵ If a skilful man hear a wise word, he will
commend it, and add unto it: but when one
of no understanding heareth it, it displeaseth
him, and he casteth it behind his back. ¹⁶ The
talking of a fool is like a burden in the way:
but grace shall be found in the lips of the wise.
¹⁷ They enquire at the mouth of the wise man
in the congregation, and they shall ponder his
words in their heart. ¹⁸ As a house that is de-
stroyed, so is wisdom to a fool: and the know-
ledge of the unwise is as talk without sense.
¹⁹ Doctrine unto fools is as fetters on the feet,
and like manacles on the right hand. ²⁰ A fool
lifteth up his voice with laughter: but a wise
man doth scarce smile a little. ²¹ Learning is
unto a wise man as an ornament of gold, and
like a bracelet upon his right arm.
²² A foolish man's foot is soon in [his neigh-
bour's] house: but a man of experience is
ashamed of him. ²³ A fool will peep in at the
door into the house: but he that is well nur-
tured will stand without. ²⁴ It is the rudeness
of a man to hearken at the door: but a wise
man will be grieved with the disgrace. ²⁵ The
lips of talkers will be telling such things as per-
tain not unto them: but the words of such as
have understanding are weighed in the balance.
²⁶ The heart of fools is in their mouth: but the
mouth of the wise is in their heart. ²⁷ When the
ungodly curseth Satan, he curseth his own soul.
²⁸ A whisperer defileth his own soul, and is
hated wheresoever he dwelleth.
A slothful man is compared to a filthy stone,
and every one will hiss him out to his disgrace.
² A slothful man is compared to the filth of a
dunghill: every man that takes it up will shake
his hand. ³ An evil-nurtured son is the dis-
honour of his father that begat him: and a
[foolish] daughter is born to his loss. ⁴ A wise
daughter shall bring an inheritance to her hus-
band: but she that liveth dishonestly is her
father's heaviness. ⁵ She that is bold dishon-
oureth both her father and her husband, and
they both shall despise her.
⁶ A tale out of season [is as] music in mourn-
ing: but stripes and correction of wisdom are
never out of time. ⁷ Whoso teacheth a fool is
as one that glueth a potsherd together, and as
he that waketh one from a sound sleep. ⁸ He
that telleth a tale to a fool speaketh to one in a
slumber: when he hath told his tale, he will
say, What is the matter? ¹¹ Weep for the dead,
for he hath lost the light: and weep for the
fool, for he wanteth understanding: make lit-
tle weeping for the dead, for he is at rest: but
the life of the fool is worse than death. ¹² Seven
days do men mourn for him that is dead: but for
a fool and an ungodly man all the days of his life.

λίθους εἰς χειμῶνα. Στυππεῖον συνηγμένον συναγωγὴ 9
ἀνόμων, καὶ ἡ συντέλεια αὐτῶν φλὸξ πυρός. Ὁδὸς ἁμαρ- 10
τωλῶν ὡμαλισμένη ἐκ λίθων, καὶ ἐπ᾽ ἐσχάτῳ αὐτῆς βόθρος
ᾅδου. Ὁ φυλάσσων νόμον κατακρατεῖ τοῦ ἐννοήματος 11
αὐτοῦ, καὶ συντέλεια τοῦ φόβου Κυρίου σοφία. Οὐ παι- 12
δευθήσεται ὃς οὐκ ἔστι πανοῦργος· ἔστι πανουργία πληθύ-
νουσα πικρίαν. Γνῶσις σοφοῦ ὡς κατακλυσμὸς πληθυνθή- 13
σεται, καὶ ἡ βουλὴ αὐτοῦ ὡς πηγὴ ζωῆς. Ἔγκατα μωροῦ 14
ὡς ἀγγεῖον συντετριμμένον, καὶ πᾶσαν γνῶσιν οὐ κρατήσει.

Λόγον σοφὸν ἐὰν ἀκούσῃ ἐπιστήμων, αἰνέσει αὐτὸν, καὶ 15
ἐπ᾽ αὐτὸν προσθήσει· ἤκουσεν ὁ σπαταλῶν καὶ ἀπήρεσεν
αὐτῷ, καὶ ἀπέστρεψεν αὐτὸν ὀπίσω τοῦ νώτου αὐτοῦ. Ἐξ- 16
ήγησις μωροῦ ὡς ἐν ὁδῷ φορτίον, ἐπὶ δὲ χείλους συνετοῦ
εὑρεθήσεται χάρις. Στόμα φρονίμου ζητηθήσεται ἐν ἐκ- 17
κλησίᾳ, καὶ τοὺς λόγους αὐτοῦ διανοηθήσεται ἐν καρδίᾳ.
Ὡς οἶκος ἠφανισμένος, οὕτως μωρῷ σοφία· καὶ γνῶσις 18
ἀσυνέτου, ἀδιεξέταστοι λόγοι. Πέδαι ἐν ποσὶν ἀνοήτοις 19
παιδεία, καὶ ὡς χειροπέδαι ἐπὶ χειρὸς δεξιᾶς. Μωρὸς ἐν 20
γέλωτι ἀνυψοῖ φωνὴν αὐτοῦ, ἀνὴρ δὲ πανοῦργος μόλις ἡσυχῇ
μειδιάσει. Ὡς κόσμος χρυσοῦ φρονίμῳ παιδεία, καὶ ὡς 21
χλιδὼν ἐπὶ βραχίονι δεξιῷ.

Ποὺς μωροῦ ταχὺς εἰς οἰκίαν, ἄνθρωπος δὲ πολύπειρος 22
αἰσχυνθήσεται ἀπὸ προσώπου. Ἄφρων ἀπὸ θύρας παρα- 23
κύπτει εἰς οἰκίαν, ἀνὴρ δὲ πεπαιδευμένος ἔξω στήσεται.
Ἀπαιδευσία ἀνθρώπου ἀκροᾶσθαι παρὰ θύραν, ὁ δὲ φρόνι- 24
μος βαρυνθήσεται ἀτιμίᾳ. Χείλη ἀλλοτρίων ἐν τούτοις 25
βαρυνθήσεται, λόγοι δὲ φρονίμων ἐν ζυγῷ σταθήσονται.
Ἐν στόματι μωρῶν ἡ καρδία αὐτῶν, καρδία δὲ σοφῶν στόμα 26
αὐτῶν. Ἐν τῷ καταρᾶσθαι ἀσεβῆ τὸν Σατανᾶν, αὐτὸς 27
καταρᾶται τὴν ἑαυτοῦ ψυχήν.

Μολύνει τὴν ἑαυτοῦ ψυχὴν ὁ ψιθυρίζων, καὶ ἐν παροικήσει 28
μισηθήσεται.

Λίθῳ ἠρδαλωμένῳ συνεβλήθη ὀκνηρός, καὶ πᾶς ἐκσυριεῖ 22
ἐπὶ τῇ ἀτιμίᾳ αὐτοῦ. Βολβίτῳ κοπρίων συνεβλήθη ὀκνη- 2
ρός, πᾶς ὁ ἀναιρούμενος αὐτὸν ἐκτινάξει χεῖρα. Αἰσχύνη 3
πατρὸς ἐν γεννήσει ἀπαιδεύτου, θυγάτηρ δὲ ἐπ᾽ ἐλαττώσει
γίνεται. Θυγάτηρ φρονίμη κληρονομήσει ἄνδρα αὐτῆς, 4
καὶ ἡ καταισχύνουσα, εἰς λύπην γεννήσαντος. Πατέρα καὶ 5
ἄνδρα καταισχύνει ἡ θρασεῖα, καὶ ὑπὸ ἀμφοτέρων ἀτιμασθή-
σεται.

Μουσικὰ ἐν πένθει ἄκαιρος διήγησις, μάστιγες καὶ 6
παιδεία ἐν παντὶ καιρῷ σοφίας. Συγκολλῶν ὄστρακον ὁ 7
διδάσκων μωρὸν, ἐξεγείρων καθεύδοντα ἐκ βαθέως ὕπνου.
Διηγούμενος νυστάζοντι ὁ διηγούμενος μωρῷ, καὶ ἐπὶ 8
συντελείᾳ ἐρεῖ, τί ἐστιν; Ἐπὶ νεκρῷ κλαῦσον, ἐξέλιπε 11
γὰρ φῶς· καὶ ἐπὶ μωρῷ κλαῦσον, ἐξέλιπε γὰρ σύνεσις·
ἥδιον κλαῦσον ἐπὶ νεκρῷ, ὅτι ἀνεπαύσατο, τοῦ δὲ μωροῦ
ὑπὲρ θάνατον ἡ ζωὴ πονηρά. Πένθος νεκροῦ ἑπτὰ ἡμέραι, 12
μωροῦ δὲ καὶ ἀσεβοῦς πᾶσαι αἱ ἡμέραι τῆς ζωῆς αὐτοῦ.

13 Μετὰ ἄφρονος μὴ πληθύνῃς λόγον, καὶ πρὸς ἀσύνετον μὴ
πορεύου· φύλαξον ἀπ᾽ αὐτοῦ ἵνα μὴ κόπον ἔχῃς, καὶ οὐ μὴ
μολυνθῇς ἐν τῷ ἐντιναγμῷ αὐτοῦ· ἔκκλινον ἀπ᾽ αὐτοῦ καὶ
εὑρήσεις ἀνάπαυσιν, καὶ οὐ μὴ ἀκηδιάσῃς ἐν τῇ ἀπονοίᾳ
14 αὐτοῦ. Ὑπὲρ μόλυβδον τί βαρυνθήσεται; καὶ τί αὐτῷ ὄνομα,
15 ἀλλ᾽ ἢ μωρός; Ἄμμον καὶ ἅλα καὶ βῶλον σιδήρου
εὔκοπον ὑπενεγκεῖν, ἢ ἄνθρωπον ἀσύνετον.

16 Ἱμάντωσις ξυλίνη ἐνδεδεμένη εἰς οἰκοδομὴν ἐν συσσεισμῷ
οὐ διαλυθήσεται, οὕτως καρδία ἐστηριγμένη ἐπὶ διανοήματος
17 βουλῆς ἐν καιρῷ οὐ δειλιάσει. Καρδία ἡδρασμένη ἐπὶ
διανοίας συνέσεως, ὡς κόσμος ψαμμωτὸς τοίχου ξυστοῦ.
18 Χάρακες ἐπὶ μετεώρου κείμενοι κατέναντι ἀνέμου οὐ μὴ
ὑπομείνωσιν, οὕτως καρδία δειλὴ ἐπὶ διανοήματος μωροῦ
κατέναντι παντὸς φόβου οὐ μὴ ὑπομείνῃ.

19 Ὁ νύσσων ὀφθαλμὸν κατάξει δάκρυα, καὶ ὁ νύσσων
20 καρδίαν ἐκφαίνει αἴσθησιν. Βάλλων λίθον ἐπὶ πετεινὰ
ἀποσοβεῖ αὐτά, καὶ ὁ ὀνειδίζων φίλον διαλύσει φιλίαν.
21 Ἐπὶ φίλον ἐὰν σπάσῃς ῥομφαίαν, μὴ ἀπελπίσῃς, ἔστι γὰρ
22 ἐπάνοδος. Ἐπὶ φίλον ἐὰν ἀνοίξῃς στόμα, μὴ εὐλαβηθῇς,
ἔστι γὰρ διαλλαγή· πλὴν ὀνειδισμοῦ, καὶ ὑπερηφανίας, καὶ
μυστηρίου ἀποκαλύψεως, καὶ πληγῆς δολίας, ἐν τούτοις
ἀποφεύξεται πᾶς φίλος.

23 Πίστιν κτῆσαι ἐν πτωχείᾳ μετὰ τοῦ πλησίον, ἵνα ἐν τοῖς
ἀγαθοῖς αὐτοῦ ὁμοῦ πλησθῇς· ἐν καιρῷ θλίψεως διάμενε
24 αὐτῷ, ἵνα ἐν τῇ κληρονομίᾳ αὐτοῦ συγκληρονομήσῃς. Πρὸ
πυρὸς ἀτμὶς καμίνου καὶ καπνός, οὕτως πρὸ αἱμάτων λοιδο-
25 ρίαι. Φίλον σκεπάσαι οὐκ αἰσχυνθήσομαι, καὶ ἀπὸ προσώ-
26 που αὐτοῦ οὐ μὴ κρυβῶ, καὶ εἰ κακά μοι συμβῇ δι᾽ αὐτόν,
27 πᾶς ὁ ἀκούων φυλάξεται ἀπ᾽ αὐτοῦ. Τίς δώσει μοι ἐπὶ
στόμα μου φυλακήν, καὶ ἐπὶ τῶν χειλέων μου σφραγῖδα
πανοῦργον, ἵνα μὴ πέσω ἀπ᾽ αὐτῆς, καὶ ἡ γλῶσσά μου
ἀπολέσῃ με;

23 Κύριε πάτερ καὶ δέσποτα ζωῆς μου, μὴ ἐγκαταλίπῃς με
2 ἐν βουλῇ αὐτῶν, μὴ ἀφῇς με πεσεῖν ἐν αὐτοῖς. Τίς ἐπι-
στήσει ἐπὶ τοῦ διανοήματός μου μάστιγας, καὶ ἐπὶ τῆς
καρδίας μου παιδείαν σοφίας; ἵνα ἐπὶ τοῖς ἀγνοήμασί μου
μὴ φείσωνται, καὶ οὐ μὴ παρῇ τὰ ἁμαρτήματα αὐτῶν,
3 ὅπως μὴ πληθύνωσιν αἱ ἄγνοιαί μου, καὶ αἱ ἁμαρτίαι μου
πλεονάσωσι, καὶ πεσοῦμαι ἔναντι τῶν ὑπεναντίων, καὶ ἐπι-
χαρεῖταί μοι ὁ ἐχθρός μου.

4 Κύριε πάτερ καὶ Θεὲ ζωῆς μου, μετεωρισμὸν ὀφθαλμῶν
5,6 μὴ δῷς μοι, καὶ ἐπιθυμίαν ἀπόστρεψον ἀπ᾽ ἐμοῦ. Κοι-
λίας ὄρεξις καὶ συνουσιασμὸς μὴ καταλαβέτωσάν με, καὶ
ψυχῇ ἀναιδεῖ μὴ παραδῷς με.

ΠΑΙΔΕΙΑ ΣΤΟΜΑΤΟΣ.

7 Παιδείαν στόματος ἀκούσατε τέκνα, καὶ ὁ φυλάσσων οὐ
8 μὴ ἁλῷ ἐν τοῖς χείλεσιν αὐτοῦ. Καταλειφθήσεται ἁμαρ-
τωλὸς, καὶ λοίδορος καὶ ὑπερήφανος σκανδαλισθήσονται ἐν
9 αὐτοῖς. Ὅρκῳ μὴ ἐθίσῃς τὸ στόμα σου, καὶ ὀνομασίᾳ τοῦ
10 ἁγίου μὴ συνεθισθῇς. Ὥσπερ γὰρ οἰκέτης ἐξεταζόμενος
ἐνδελεχῶς ἀπὸ μώλωπος οὐκ ἐλαττωθήσεται, οὕτως ὁ καὶ

13 Talk not much with a fool, and go not to him
that hath no understanding: beware of him,
lest thou have trouble, and thou shalt never be
defiled with his fooleries: depart from him,
and thou shalt find rest, and never be disquieted
with madness. 14 What is heavier than lead?
and what is the name thereof, but a fool?
15 Sand, and salt, and a mass of iron, are easier
to bear, than a man without understanding.

16 As timber girt and bound together in a
building cannot be loosed with shaking: so the
heart that is stablished by advised counsel
shall fear at no time. 17 A heart settled upon
a thought of understanding is as a fair plais-
tering on the wall of a gallery. 18 Pales set on
an high place will never stand against the
wind: so a fearful heart in the imagination of
a fool cannot stand against any fear.

19 He that pricketh the eye will make tears
to fall: and he that pricketh the heart maketh
it to shew her knowledge. 20 Whoso casteth a
stone at the birds frayeth them away: and
he that upbraideth his friend breaketh friend-
ship. 21 Though thou drewest a sword at thy
friend, yet despair not: for there may be a
returning [to favour]. 22 If thou hast opened
thy mouth against thy friend, fear not; for
there may be a reconciliation: except for up-
braiding, or pride, or disclosing of secrets, or a
treacherous wound: for for these things every
friend will depart.

23 Be faithful to thy neighbour in his poverty,
that thou mayest rejoice in his prosperity:
abide steadfast unto him in the time of his
trouble, that thou mayest be heir with him
in his heritage. 24 As the vapour and smoke of
a furnace goeth before the fire; so reviling be-
fore blood. 25 I will not be ashamed to defend
a friend; neither will I hide myself from him,
26and if any evil happen unto me by him, every
one that heareth it will beware of him. 27 Who
shall set a watch before my mouth, and a seal
of wisdom upon my lips, that I fall not sud-
denly by them, and that my tongue destroy
me not?

O Lord, Father and Governor of my life,
leave me not to their counsels, and let me
not fall by them. 2 Who will set scourges
over my thoughts, and the discipline of wis-
dom over mine heart? that they spare me
not for mine ignorances, and it pass not by
my sins: 3 lest mine ignorances increase, and
my sins abound to my destruction, and I fall
before mine adversaries, and mine enemy re-
joice over me, whose hope is far from thy
mercy.

4 O Lord, Father and God of my life, give
me not a proud look. 5 Turn away concu-
piscence from me. 6 Let not the greediness of
the belly nor lust of the flesh take hold of
me; and give me not over into an impudent
mind.

7 Hear, O ye children, the discipline of the
mouth: he that keepeth it shall never be taken
in his lips. 8 The sinner shall be left in his
foolishness: both the evil speaker and the
proud shall fall thereby. 9 Accustom not thy
mouth to swearing; neither use thyself to the
naming of the Holy One. 10 For as a servant
that is continually beaten shall not be without

a blue mark: so he that sweareth and nameth God continually shall not be faultless. ¹¹ A man that useth much swearing shall be filled with iniquity, and the plague shall never depart from his house: if he shall offend, his sin shall be upon him: and if he acknowledge not his sin, he maketh a double offence: and if he swear in vain, he shall not be innocent, but his house shall be full of calamities. ¹² There is a word that is clothed about with death: God grant that it be not found in the heritage of Jacob; for all such things shall be far from the godly, and they shall not wallow in their sins. ¹³ Use not thy mouth to intemperate swearing, for therein is the word of sin.

¹⁴ Remember thy father and thy mother, when thou sittest among great men. Be not forgetful before them, and so thou by thy custom become a fool, and wish that thou hadst not been born, and curse the day of thy nativity. ¹⁵ The man that is accustomed to opprobrious words will never be reformed all the days of his life.

¹⁶ Two sorts of men multiply sin, and the third will bring wrath: a hot mind is as a burning fire, it will never be quenched till it be consumed: a fornicator in the body of his flesh will never cease till he hath kindled a fire. ¹⁷ All bread is sweet to a whoremonger, he will not leave off till he die.

¹⁸ A man that breaketh wedlock, saying thus in his heart, Who seeth me? I am compassed about with darkness, the walls cover me, and no body seeth me; what need I to fear? the most High will not remember my sins: ¹⁹ such a man only feareth the eyes of men, and knoweth not that the eyes of the Lord are ten thousand times brighter than the sun, beholding all the ways of men, and considering the most secret parts. ²⁰ He knew all things ere ever they were created; so also after they were perfected he looked upon them all. ²¹ This man shall be punished in the streets of the city, and where he suspecteth not he shall be taken.

²² Thus shall it go also with the wife that leaveth her husband, and bringeth in an heir by another. ²³ For first, she hath disobeyed the law of the most High; and secondly, she hath trespassed against her own husband; and thirdly, she hath played the whore in adultery, and brought children by another man. ²⁴ She shall be brought out into the congregation, and inquisition shall be made of her children. ²⁵ Her children shall not take root, and her branches shall bring forth no fruit. ²⁶ She shall leave her memory to be cursed, and her reproach shall not be blotted out. ²⁷ And they that remain shall know that there is nothing better than the fear of the Lord, and that there is nothing sweeter than to take heed unto the commandments of the Lord.

Wisdom shall praise herself, and shall glory in the midst of her people. ² In the congregation of the most High shall she open her mouth, and triumph before his power. ³ I came out of the mouth of the most High, and covered the earth as a cloud. ⁴ I dwelt in high places, and my throne is in a cloudy pillar. ⁵ I alone compassed the circuit of heaven, and walked in the bottom of the deep. ⁶ In the waves of the sea, and in all the earth, and in every people and nation, I got a possession.

ὀμνύων καὶ ὀνομάζων διαπαντὸς ἀπὸ ἁμαρτίας οὐ μὴ καθαρισθῇ. Ἀνὴρ πολύορκος πλησθήσεται ἀνομίας, καὶ οὐκ 11 ἀποστήσεται ἀπὸ τοῦ οἴκου αὐτοῦ μάστιξ· ἐὰν πλημμελήσῃ, ἁμαρτία αὐτοῦ ἐπ' αὐτῷ, κἂν ὑπερίδῃ, ἥμαρτε δισσῶς· καὶ εἰ διακενῆς ὤμοσεν, οὐ δικαιωθήσεται, πλησθήσεται γὰρ ἐπαγωγῶν ὁ οἶκος αὐτοῦ. Ἔστι λέξις ἀντιπεριβεβλημένη 12 θανάτῳ, μὴ εὑρεθήτω ἐν κληρονομίᾳ Ἰακώβ· ἀπὸ γὰρ εὐσεβῶν ταῦτα πάντα ἀποστήσεται, καὶ ἐν ἁμαρτίαις οὐκ ἐγκυλισθήσονται. Ἀπαιδευσίαν ἀσυρῆ μὴ συνεθίσῃς τὸ 13 στόμα σου, ἔστι γὰρ ἐν αὐτῇ λόγος ἁμαρτίας.

Μνήσθητι πατρὸς καὶ μητρός σου, ἀναμέσον γὰρ μεγι- 14 στάνων συνεδρεύεις· μήποτ' ἐπιλάθῃ ἐνώπιον αὐτῶν, καὶ τῷ ἐθισμῷ σου μωρανθῇς, καὶ θελήσεις εἰ μὴ ἐγεννήθης, καὶ τὴν ἡμέραν τοῦ τοκετοῦ σου καταράσῃ. Ἄνθρωπος συνεθι- 15 ζόμενος λόγοις ὀνειδισμοῦ, ἐν πάσαις ταῖς ἡμέραις αὐτοῦ οὐ μὴ παιδευθῇ.

Δύο εἴδη πληθύνουσιν ἁμαρτίας, καὶ τὸ τρίτον ἐπάξει 16 ὀργήν· ψυχὴ θερμὴ ὡς πῦρ καιόμενον, οὐ μὴ σβεσθῇ ἕως ἂν καταποθῇ· ἄνθρωπος πόρνος ἐν σώματι σαρκὸς αὐτοῦ, οὐ μὴ παύσηται ἕως ἂν ἐκκαύσῃ πῦρ. Ἀνθρώπῳ πόρνῳ πᾶς 17 ἄρτος ἡδύς, οὐ μὴ κοπάσῃ ἕως ἂν τελευτήσῃ.

Ἄνθρωπος παραβαίνων ἀπὸ τῆς κλίνης αὐτοῦ, λέγων ἐν 18 τῇ ψυχῇ αὐτοῦ, τίς μὲ ὁρᾷ; σκότος κύκλῳ μου, καὶ οἱ τοῖχοί με καλύπτουσι, καὶ οὐθείς με ὁρᾷ, τί εὐλαβοῦμαι; τῶν ἁμαρτιῶν μου οὐ μὴ μνησθήσεται ὁ ὕψιστος· καὶ 19 ὀφθαλμοὶ ἀνθρώπων ὁ φόβος αὐτοῦ· καὶ οὐκ ἔγνω ὅτι ὀφθαλμοὶ Κυρίου μυριοπλασίως ἡλίου φωτεινότεροι, ἐπιβλέποντες πάσας ὁδοὺς ἀνθρώπων, καὶ κατανοοῦντες εἰς ἀπόκρυφα μέρη. Πρινὴ κτισθῆναι τὰ πάντα ἔγνωσται αὐτῷ, 20 οὕτως καὶ μετὰ τὸ συντελεσθῆναι. Οὗτος ἐν πλατείαις 21 πόλεως ἐκδικηθήσεται, καὶ οὗ οὐχ ὑπενόησε πιασθήσεται.

Οὕτως καὶ γυνὴ καταλιποῦσα τὸν ἄνδρα, καὶ παριστῶσα 22 κληρονόμον ἐξ ἀλλοτρίου. Πρῶτον μὲν γὰρ ἐν νόμῳ 23 ὑψίστου ἠπείθησε, καὶ δεύτερον εἰς ἄνδρα ἑαυτῆς ἐπλημμέλησε, καὶ τὸ τρίτον ἐν πορνείᾳ ἐμοιχεύθη, ἐξ ἀλλοτρίου ἀνδρὸς τέκνα παρέστησεν. Αὕτη εἰς ἐκκλησίαν ἐξαχθή- 24 σεται, καὶ ἐπὶ τὰ τέκνα αὐτῆς ἐπισκοπὴ ἔσται. Οὐ δια- 25 δώσουσι τὰ τέκνα αὐτῆς εἰς ῥίζαν, καὶ οἱ κλάδοι αὐτῆς οὐ δώσουσι καρπόν. Καταλείψει εἰς κατάραν τὸ μνημόσυνον 26 αὐτῆς, καὶ τὸ ὄνειδος αὐτῆς οὐκ ἐξαλειφθήσεται. Καὶ 27 ἐπιγνώσονται οἱ καταλειφθέντες, ὅτι οὐθὲν κρεῖττον φόβου Κυρίου, καὶ οὐθὲν γλυκύτερον τοῦ προσέχειν ἐντολαῖς Κυρίου.

ΑΙΝΕΣΙΣ ΣΟΦΙΑΣ.

Ἡ σοφία αἰνέσει ψυχὴν αὐτῆς, καὶ ἐν μέσῳ λαοῦ αὐτῆς 24 καυχήσεται. Ἐν ἐκκλησίᾳ ὑψίστου στόμα αὐτῆς ἀνοίξει, 2 καὶ ἔναντι δυνάμεως αὐτοῦ καυχήσεται. Ἐγὼ ἀπὸ στόματος 3 ὑψίστου ἐξῆλθον, καὶ ὡς ὁμίχλη κατεκάλυψα γῆν. Ἐγὼ 4 ἐν ὑψηλοῖς κατεσκήνωσα, καὶ ὁ θρόνος μου ἐν στύλῳ νεφέλης. Γῦρον οὐρανοῦ ἐκύκλωσα μόνη, καὶ ἐν βάθει 5 ἀβύσσων περιεπάτησα. Ἐν κύμασι θαλάσσης καὶ ἐν πάσῃ 6 τῇ γῇ, καὶ ἐν παντὶ λαῷ καὶ ἔθνει ἐκτησάμην.

7 Μετὰ τούτων πάντων ἀνάπαυσιν ἐζήτησα, καὶ ἐν κληρο-
8 νομίᾳ τίνος αὐλισθήσομαι. Τότε ἐνετείλατό μοι ὁ κτίστης
ἀπάντων, καὶ ὁ κτίσας με κατέπαυσε τὴν σκηνήν μου, καὶ
εἶπεν, ἐν Ἰακὼβ κατασκήνωσον, καὶ ἐν Ἰσραὴλ κατακληρο-
9 νομήθητι. Πρὸ τοῦ αἰῶνος ἀπ' ἀρχῆς ἔκτισέ με, καὶ ἕως
αἰῶνος οὐ μὴ ἐκλίπω.
10 Ἐν σκηνῇ ἁγίᾳ ἐνώπιον αὐτοῦ ἐλειτούργησα, καὶ οὕτως
11 ἐν Σιὼν ἐστηρίχθην. Ἐν πόλει ἠγαπημένῃ ὁμοίως με
12 κατέπαυσε, καὶ ἐν Ἰερουσαλὴμ ἡ ἐξουσία μου. Καὶ ἐρρί-
ζωσα ἐν λαῷ δεδοξασμένῳ, ἐν μερίδι Κυρίου κληρονομίας
13 αὐτοῦ. Ὡς κέδρος ἀνυψώθην ἐν Λιβάνῳ, καὶ ὡς κυπάρισ-
14 σος ἐν ὄρεσιν Ἀερμών. Ὡς φοῖνιξ ἀνυψώθην ἐν αἰγιαλοῖς,
καὶ ὡς φυτὰ ῥόδου ἐν Ἱεριχῶ· ὡς ἐλαία εὐπρεπὴς ἐν πεδίῳ,
15 καὶ ἀνυψώθην ὡς πλάτανος. Ὡς κιννάμωμον καὶ ἀσπάλαθος
ἀρωμάτων δέδωκα ὀσμήν, καὶ ὡς σμύρνα ἐκλεκτὴ διέδωκα
εὐωδίαν· ὡς χαλβάνη καὶ ὄνυξ καὶ στακτὴ, καὶ ὡς λιβάνου
16 ἀτμὶς ἐν σκηνῇ. Ἐγὼ ὡς τερέμινθος ἐξέτεινα κλάδους μου,
17 καὶ οἱ κλάδοι μου κλάδοι δόξης καὶ χάριτος. Ἐγὼ ὡς
ἄμπελος βλαστήσασα χάριν, καὶ τὰ ἄνθη μου καρπὸς
19 δόξης καὶ πλούτου. Προσέλθετε πρὸς μὲ οἱ ἐπιθυμοῦντές
20 μου, καὶ ἀπὸ τῶν γεννημάτων μου ἐμπλήσθητε. Τὸ γὰρ
μνημόσυνόν μου ὑπὲρ μέλι γλυκὺ, καὶ ἡ κληρονομία μου
21 ὑπὲρ μέλιτος κηροῦ. Οἱ ἐσθίοντές με ἔτι πεινάσουσι, καὶ
22 οἱ πίνοντές με ἔτι διψήσουσιν. Ὁ ὑπακούων μου οὐκ
αἰσχυνθήσεται, καὶ οἱ ἐργαζόμενοι ἐν ἐμοὶ οὐχ ἁμαρτή-
σουσι.
23 Ταῦτα πάντα βίβλος διαθήκης Θεοῦ ὑψίστου, νόμον ὃν
25 ἐνετείλατο Μωυσῆς, κληρονομίαν συναγωγαῖς Ἰακώβ. Ὁ
πιμπλῶν ὡς Φεισῶν σοφίαν, καὶ ὡς Τίγρις ἐν ἡμέραις νέων·
26 ὁ ἀναπληρῶν ὡς Εὐφράτης σύνεσιν, καὶ ὡς Ἰορδάνης ἐν
27 ἡμέραις θερισμοῦ· ὁ ἐκφαίνων ὡς φῶς παιδείαν, ὡς Γηὼν ἐν
ἡμέραις τρυγητοῦ.
28 Οὐ συνετέλεσεν ὁ πρῶτος γνῶναι αὐτὴν, καὶ οὕτως ὁ
29 ἔσχατος οὐκ ἐξιχνίασεν αὐτήν. Ἀπὸ γὰρ θαλάσσης ἐπλη-
θύνθη διανόημα αὐτῆς, καὶ ἡ βουλὴ αὐτῆς ἀπὸ ἀβύσσου
30 μεγάλης. Κἀγὼ ὡς διῶρυξ ἀπὸ ποταμοῦ, καὶ ὡς ὑδραγωγὸς
31 ἐξῆλθον εἰς παράδεισον. Εἶπα, ποτιῶ μου τὸν κῆπον, καὶ
μεθύσω μου τὴν πρασιάν· καὶ ἰδοὺ ἐγένετό μοι ἡ διῶρυξ εἰς
32 ποταμὸν, καὶ ὁ ποταμός μου ἐγένετο εἰς θάλασσαν. Ἔτι
παιδείαν ὡς ὄρθρον φωτιῶ, καὶ ἐκφανῶ αὐτὰ ἕως εἰς μακράν.
33 Ἔτι διδασκαλίαν ὡς προφητείαν ἐκχεῶ, καὶ καταλείψω
34 αὐτὴν εἰς γενεὰς αἰώνων. Ἴδετε ὅτι οὐκ ἐμοὶ μόνῳ ἐκοπίασα,
ἀλλὰ πᾶσι τοῖς ἐκζητοῦσιν αὐτήν.
25 Ἐν τρισὶν ὡραΐσθην, καὶ ἀνέστην ὡραία ἔναντι Κυρίου
καὶ ἀνθρώπων· ὁμόνοια ἀδελφῶν, καὶ φιλία τῶν πλησίον,
καὶ γυνὴ καὶ ἀνὴρ ἑαυτοῖς συμπεριφερόμενοι.
2 Τρία δὲ εἴδη ἐμίσησεν ἡ ψυχή μου, καὶ προσώχθισα
σφόδρα τῇ ζωῇ αὐτῶν· πτωχὸν ὑπερήφανον, καὶ πλούσιον
ψεύστην, γέροντα μοιχὸν ἐλαττούμενον συνέσει.
3 Ἐν νεότητι οὐ συναγήοχας, καὶ πῶς ἂν εὕροις ἐν τῷ
γήρᾳ σου ;
4 Ὡς ὡραῖον πολιαῖς κρίσις, καὶ πρεσβυτέροις ἐπιγνῶναι

7 With all these I sought rest: and in whose inheritance shall I abide? **8** So the Creator of all things gave me a commandment, and he that made me caused my tabernacle to rest, and said, Let thy dwelling be in Jacob, and thine inheritance in Israel. **9** He created me from the beginning before the world, and I shall never fail. **10** In the holy tabernacle I served before him; and so was I established in Sion. **11** Likewise in the beloved city he gave me rest, and in Jerusalem was my power. **12** And I took root in an honourable people, even in the portion of the Lord's inheritance. **13** I was exalted like a cedar in Libanus, and as a cypress tree upon the mountains of Hermon. **14** I was exalted like a palm tree on the sea shore, and as a rose plant in Jericho, as a fair olive tree in a plain, and grew up as a plane tree. **15** I gave a sweet smell like cinnamon and aspalathus, and I yielded a pleasant odour like the best myrrh, as galbanum, and onyx, and sweet storax, and as the fume of frankincense in the tabernacle. **16** As the turpentine tree I stretched out my branches, and my branches are the branches of honour and grace. **17** As the vine brought I forth pleasant savour, and my flowers are the fruit of honour and riches. **19** Come unto me, all ye that be desirous of me, and fill yourselves with my fruits. **20** For my memorial is sweeter than honey, and mine inheritance than the honeycomb. **21** They that eat me shall yet be hungry, and they that drink me shall yet be thirsty. **22** He that obeyeth me shall never be confounded, and they that work by me shall not do amiss.

23 All these things are the book of the covenant of the most high God, even the law which Moses commanded for an heritage unto the congregations of Jacob. **25** He filleth all things with his wisdom, as Phison and as Tigris in the time of the new fruits. **26** He maketh the understanding to abound like Euphrates, and as Jordan in the time of the harvest. **27** He maketh the doctrine of knowledge appear as the light, and as Geon in the time of vintage. **28** The first man knew her not perfectly: no more shall the last find her out. **29** For her thoughts are more then the sea, and her counsels profounder than the great deep. **30** I also came out as a brook from a river, and as a conduit into a garden. **31** I said, I will water my best garden, and will water abundantly my garden bed: and, lo, my brook became a river, and my river became a sea. **32** I will yet make doctrine to shine as the morning, and will send forth her light afar off. **33** I will yet pour out doctrine as prophecy, and leave it to all ages for ever. **34** Behold that I have not laboured for myself only, but for all them that seek wisdom.

In three things I was beautified, and stood up beautiful both before God and men: the unity of brethren, the love of neighbours, a man and a wife that agree together. **2** Three sorts of men my soul hateth, and I am greatly offended at their life: a poor man that is proud, a rich man that is a liar, and an old adulterer that doateth. **3** If thou hast gathered nothing in thy youth, how canst thou find any thing in thine age? **4** O how comely a thing is judgment for grey hairs, and for ancient men to know counsel!

5 O how comely is the wisdom of old men, and understanding and counsel to men of honour! 6 Much experience is the crown of old men, and the fear of God is their glory.

7 There be nine things which I have judged in mine heart to be happy, and the tenth I will utter with my tongue: A man that hath joy of his children; and he that liveth to see the fall of his enemy. 8 Well is he that dwelleth with a wife of understanding, and that hath not slipped with his tongue, and that hath not served a man more unworthy than himself. 9 Well is he that hath found prudence, and he that speaketh in the ears of them that will hear: 10 O how great is he that findeth wisdom! yet there is none above him that feareth the Lord. 11 But the love of the Lord passeth all things for illumination: he that holdeth it, whereto shall he be likened?

13 [Give me] any plague, but the plague of the heart: and any wickedness, but the wickedness of a woman: 14 and any affliction, but the affliction from them that hate me: and any revenge, but the revenge of enemies. 15 There is no head above the head of a serpent; and there is no wrath above the wrath of an enemy.

16 I had rather dwell with a lion and a dragon, than to keep house with a wicked woman. 17 The wickedness of a woman changeth her face, and darkeneth her countenance like sackcloth. 18 Her husband shall sit among his neighbours; and when he heareth it shall sigh bitterly. 19 All wickedness is but little to the wickedness of a woman; let the portion of a sinner fall upon her.

20 As the climbing up a sandy way is to the feet of the aged, so is a wife full of words to a quiet man. 21 Stumble not at the beauty of a woman, and desire her not for pleasure. 22 A woman, if she maintain her husband, is full of anger, impudence, and much reproach. 23 A wicked woman abateth the courage, maketh an heavy countenance and a wounded heart: a woman that will not comfort her husband in distress maketh weak hands and feeble knees. 24 Of the woman came the beginning of sin, and through her we all die. 25 Give the water no passage; neither a wicked woman liberty to gad abroad. 26 If she go not as thou wouldest have her, cut her off from thy flesh, and give her a bill of divorce, and let her go.

Blessed is the man that hath a virtuous wife, for the number of his days shall be double. 2 A virtuous woman rejoiceth her husband, and he shall fulfil the years of his life in peace. 3 A good wife is a good portion, which shall be given in the portion of them that fear the Lord. 4 Whether a man be rich or poor, if he have a good heart toward the Lord, he shall at all times rejoice with a cheerful countenance.

5 There be three things that mine heart feareth; and for the fourth I was sore afraid: the slander of a city, the gathering together of an unruly multitude, and a false accusation: all these are worse than death. 6 But a grief of heart and sorrow is a woman that is jealous over another woman, and a scourge of the tongue which communicateth with all. 7 An evil wife is a yoke shaken to and fro: he that hath hold of her is as though he held a scorpion. 8 A drunken woman and a gadder abroad causeth great anger, and she will not cover her own shame. 9 The whoredom of a

βουλήν; Ὡς ὡραία γερόντων σοφία, καὶ δεδοξασμένοις 5 διανόημα καὶ βουλή. Στέφανος γερόντων πολυπειρία, καὶ 6 τὸ καύχημα αὐτῶν φόβος Κυρίου.

Ἐννέα ὑπονοήματα ἐμακάρισα ἐν καρδίᾳ, καὶ τὸ δέκατον 7 ἐρῶ ἐπὶ γλώσσης· ἄνθρωπος εὐφραινόμενος ἐπὶ τέκνοις, ζῶν καὶ βλέπων ἐπὶ πτώσει ἐχθρῶν. Μακάριος ὁ συνοικῶν 8 γυναικὶ συνετῇ, καὶ ὃς ἐν γλώσσῃ οὐκ ὠλίσθησε, καὶ ὃς οὐκ ἐδούλευσεν ἀναξίῳ αὐτοῦ. Μακάριος ὃς εὗρε φρόνησιν, 9 καὶ ὁ διηγούμενος εἰς ὦτα ἀκουόντων. Ὡς μέγας ὁ εὑρὼν 10 σοφίαν, ἀλλ᾽ οὐκ ἔστιν ὑπὲρ τὸν φοβούμενον τὸν Κύριον. Φόβος Κυρίου ὑπὲρ πᾶν ὑπερέβαλεν, ὁ κρατῶν αὐτοῦ τίνι 11 ὁμοιωθήσεται;

Πᾶσαν πληγὴν καὶ μὴ πληγὴν καρδίας, καὶ πᾶσαν πονη- 13 ρίαν καὶ μὴ πονηρίαν γυναικός· πᾶσαν ἐπαγωγὴν καὶ μὴ 14 ἐπαγωγὴν μισούντων, καὶ πᾶσαν ἐκδίκησιν καὶ μὴ ἐκδίκησιν ἐχθρῶν. Οὐκ ἔστι κεφαλὴ ὑπὲρ κεφαλὴν ὄφεως, καὶ οὐκ 15 ἔστι θυμὸς ὑπὲρ θυμὸν ἐχθροῦ.

Συνοικῆσαι λέοντι καὶ δράκοντι εὐδοκήσω, ἢ ἐνοικῆσαι 16 μετὰ γυναικὸς πονηρᾶς. Πονηρία γυναικὸς ἀλλοιοῖ τὴν 17 ὅρασιν αὐτῆς, καὶ σκοτοῖ τὸ πρόσωπον αὐτῆς ὡς σάκκον. Ἀναμέσον τοῦ πλησίον αὐτοῦ ἀναπεσεῖται ὁ ἀνὴρ αὐτῆς, 18 καὶ ἀκούσας ἀνεστέναξε πικρά. Μικρὰ πᾶσα κακία πρὸς 19 κακίαν γυναικός· κλῆρος ἁμαρτωλοῦ ἐπιπέσοι αὐτῇ.

Ἀνάβασις ἀμμώδης ἐν ποσὶ πρεσβυτέρου· οὕτως γυνὴ 20 γλωσσώδης ἀνδρὶ ἡσύχῳ. Μὴ προσπέσῃς ἐπὶ κάλλος 21 γυναικός, καὶ γυναῖκα μὴ ἐπιποθήσῃς. Ὀργὴ καὶ ἀναίδεια 22 καὶ αἰσχύνη μεγάλη, γυνὴ ἐὰν ἐπιχορηγῇ τῷ ἀνδρὶ αὐτῆς. Καρδία ταπεινὴ καὶ πρόσωπον σκυθρωπὸν καὶ πληγὴ 23 καρδίας γυνὴ πονηρά· χεῖρες παρειμέναι καὶ γόνατα παραλελυμένα, ἥτις οὐ μακαριεῖ τὸν ἄνδρα αὐτῆς. Ἀπὸ γυναι- 24 κὸς ἀρχὴ ἁμαρτίας, καὶ δι᾽ αὐτὴν ἀποθνήσκομεν πάντες. Μὴ δῷς ὕδατι διέξοδον, μηδὲ γυναικὶ πονηρᾷ ἐξουσίαν. 25 Εἰ μὴ πορεύεται κατὰ χεῖρά σου, ἀπὸ τῶν σαρκῶν σου 26 ἀπότεμε αὐτήν.

Γυναικὸς ἀγαθῆς μακάριος ὁ ἀνήρ, καὶ ἀριθμὸς τῶν 26 ἡμερῶν αὐτοῦ διπλάσιος. Γυνὴ ἀνδρεία εὐφραίνει τὸν ἄνδρα 2 αὐτῆς, καὶ τὰ ἔτη αὐτοῦ πληρώσει ἐν εἰρήνῃ. Γυνὴ ἀγαθὴ 3 μερὶς ἀγαθή, ἐν μερίδι φοβουμένων Κύριον δοθήσεται. Πλουσίου δὲ καὶ πτωχοῦ καρδία ἀγαθή, ἐν παντὶ καιρῷ 4 πρόσωπον ἱλαρόν.

Ἀπὸ τριῶν εὐλαβήθη ἡ καρδία μου, καὶ ἐπὶ τῷ τετάρτῳ 5 προσώπῳ ἐδεήθην· διαβολὴν πόλεως, καὶ ἐκκλησίαν ὄχλου, καὶ καταψευσμὸν ὑπὲρ θάνατον, πάντα μοχθηρά. Ἄλγος 6 καρδίας καὶ πένθος γυνὴ ἀντίζηλος ἐπὶ γυναικί, καὶ μάστιξ γλώσσης πᾶσιν ἐπικοινωνοῦσα. Βοοζύγιον σαλευόμενον 7 γυνὴ πονηρά, ὁ κρατῶν αὐτῆς ὡς ὁ δρασσόμενος σκορπίου. Ὀργὴ μεγάλη γυνὴ μέθυσος, καὶ ἀσχημοσύνην αὐτῆς οὐ 8 συγκαλύψει. Πορνεία γυναικὸς ἐν μετεωρισμοῖς ὀφθαλμῶν, 9

10 καὶ ἐν τοῖς βλεφάροις αὐτῆς γνωσθήσεται. Ἐπὶ θυγατρὶ
ἀδιατρέπτῳ στερέωσον φυλακήν, ἵνα μὴ εὑροῦσα ἄνεσιν
11 ἑαυτῇ χρήσηται. Ὀπίσω ἀναιδοῦς ὀφθαλμοῦ φύλαξαι, καὶ
12 μὴ θαυμάσῃς ἐὰν εἰς σὲ πλημμελήσῃ. Ὡς διψῶν ὁδοιπόρος
τὸ στόμα ἀνοίγει, καὶ ἀπὸ παντὸς ὕδατος τοῦ σύνεγγυς
πίεται, κατέναντι παντὸς πασσάλου καθήσεται, καὶ ἔναντι
βέλους ἀνοίξει φαρέτραν.
13 Χάρις γυναικὸς τέρψει τὸν ἄνδρα αὐτῆς, καὶ τὰ ὀστᾶ
14 αὐτοῦ πιανεῖ ἡ ἐπιστήμη αὐτῆς. Δόσις Κυρίου γυνὴ
σιγηρά, καὶ οὐκ ἔστιν ἀντάλλαγμα πεπαιδευμένης ψυχῆς.
15 Χάρις ἐπὶ χάριτι γυνὴ αἰσχυντηρά, καὶ οὐκ ἔστι σταθμὸς
16 πᾶς ἄξιος ἐγκρατοῦς ψυχῆς. Ἥλιος ἀνατέλλων ἐν ὑψίστοις
Κυρίου, καὶ κάλλος ἀγαθῆς γυναικὸς ἐν κόσμῳ οἰκίας αὐτοῦ.
17 Λύχνος ἐκλάμπων ἐπὶ λυχνίας ἁγίας, καὶ κάλλος προσώπου
18 ἐπὶ ἡλικίᾳ στασίμῃ. Στύλοι χρύσεοι ἐπὶ βάσεως ἀργυρᾶς,
καὶ πόδες ὡραῖοι ἐπὶ στέρνοις εὐσταθοῦς.
28 Ἐπὶ δυσὶ λελύπηται ἡ καρδία μου, καὶ ἐπὶ τῷ τρίτῳ
θυμός μοι ἐπῆλθεν· ἀνὴρ πολεμιστὴς ὑστερῶν δι᾽ ἔνδειαν,
καὶ ἄνδρες συνετοὶ ἐὰν σκυβαλισθῶσιν· ἐπανάγων ἀπὸ
δικαιοσύνης ἐπὶ ἁμαρτίαν, ὁ Κύριος ἑτοιμάσει εἰς ῥομφαίαν
29 αὐτόν. Μόλις ἐξελεῖται ἔμπορος ἀπὸ πλημμελείας, καὶ οὐ
δικαιωθήσεται κάπηλος ἀπὸ ἁμαρτίας.
27 Χάριν ἀδιαφόρου πολλοὶ ἥμαρτον, καὶ ὁ ζητῶν πληθῦναι
2 ἀποστρέψει ὀφθαλμόν. Ἀναμέσον ἁρμῶν λίθων παγήσεται
πάσσαλος, καὶ ἀναμέσον πράσεως καὶ ἀγορασμοῦ συντριβή-
3 σεται ἁμαρτία. Ἐὰν μὴ ἐν φόβῳ Κυρίου κρατήσῃ κατὰ
4 σπουδήν, ἐν τάχει καταστραφήσεται αὐτοῦ ὁ οἶκος. Ἐν
σείσματι κοσκίνου διαμένει κοπρία, οὕτως σκύβαλα ἀνθρώ-
5 που ἐν λογισμῷ αὐτοῦ. Σκεύη κεραμέως δοκιμάζει κάμινος,
6 καὶ πειρασμὸς ἀνθρώπου ἐν διαλογισμῷ αὐτοῦ. Γεώργιον
ξύλου ἐκφαίνει ὁ καρπὸς αὐτοῦ, οὕτως λόγος ἐνθυμήματος
καρδίας ἀνθρώπου.
7 Πρὸ λογισμοῦ μὴ ἐπαινέσῃς ἄνδρα, οὗτος γὰρ πειρασμὸς
8 ἀνθρώπων. Ἐὰν διώκῃς τὸ δίκαιον, καταλήψῃ, καὶ ἐνδύσῃ
9 αὐτὸ ὡς ποδήρη δόξης. Πετεινὰ πρὸς τὰ ὅμοια αὐτοῖς κατα-
λύσει, καὶ ἀλήθεια πρὸς τοὺς ἐργαζομένους αὐτὴν ἐπανήξει.
10 Λέων θήραν ἐνεδρεύει, οὕτως ἁμαρτίαι ἐργαζομένους ἄδικα.
11 Διήγησις εὐσεβοῦς διαπαντὸς σοφία, ὁ δὲ ἄφρων ὡς σελήνη
12 ἀλλοιοῦται. Εἰς μέσον ἀσυνέτων συντήρησον καιρόν, εἰς
13 μέσον δὲ διανοουμένων ἐνδελέχιζε. Διήγησις μωρῶν προσ-
14 όχθισμα, καὶ ὁ γέλως αὐτῶν ἐν σπατάλῃ ἁμαρτίας. Λαλιὰ
πολυόρκου ὀρθώσει τρίχας, καὶ ἡ μάχη αὐτῶν ἐμφραγμὸς
15 ὠτίων. Ἔκχυσις αἵματος μάχη ὑπερηφάνων, καὶ ἡ διαλοι-
δόρησις αὐτῶν ἀκοὴ μοχθηρά.
16 Ὁ ἀποκαλύπτων μυστήρια ἀπώλεσε πίστιν, καὶ οὐ μὴ
17 εὕρῃ φίλον πρὸς τὴν ψυχὴν αὐτοῦ. Στέρξον φίλον, καὶ
πιστώθητι μετ᾽ αὐτοῦ· ἐὰν δὲ ἀποκαλύψῃς τὰ μυστήρια
18 αὐτοῦ, οὐ μὴ καταδιώξῃς ὀπίσω αὐτοῦ. Καθὼς γὰρ ἀπώ-
λεσεν ἄνθρωπος τὸν ἐχθρὸν αὐτοῦ, οὕτως ἀπώλεσας τὴν
19 φιλίαν τοῦ πλησίον· καὶ ὡς πετεινὸν ἐκ χειρός σου ἀπελύ-
σας, οὕτως ἀφῆκας τὸν πλησίον, καὶ οὐ θηρεύσεις αὐτόν.
20 Μὴ αὐτὸν διώξῃς, ὅτι μακρὰν ἀπέστη, καὶ ἐξέφυγεν ὡς

woman may be known in her haughty looks and eyelids. ¹⁰ If thy daughter be shameless, keep her in straitly, lest she abuse herself through overmuch liberty. ¹¹ Watch over an impudent eye : and marvel not if she trespass against thee. ¹² She will open her mouth, as a thirsty traveller when he hath found a fountain, and drink of every water near her : by every hedge will she sit down, and open her quiver against every arrow.

¹³ The grace of a wife delighteth her husband, and her discretion will fatten his bones. ¹⁴ A silent and loving woman is a gift of the Lord ; and there is nothing so much worth as a mind well instructed. ¹⁵ A shamefaced and faithful woman is a double grace, and her continent mind cannot be valued. ¹⁶ As the sun when it ariseth in the high heaven ; so is the beauty of a good wife in the ordering of her house. ¹⁷ As the clear light is upon the holy candlestick : so is the beauty of the face in ripe age. ¹⁸ As the golden pillars are upon the sockets of silver ; so are the fair feet with a constant heart.

²⁸ There be two things that grieve my heart ; and the third maketh me angry : a man of war that suffereth poverty ; and men of understanding that are not set by : and one that returneth from righteousness to sin ; the Lord prepareth such an one for the sword. ²⁹ A merchant shall hardly keep himself from doing wrong ; and an huckster shall not be freed from sin.

Many have sinned for a small matter ; and he that seeketh for abundance will turn his eyes away. ² As a nail sticketh fast between the joinings of the stones ; so doth sin stick close between buying and selling. ³ Unless a man hold himself diligently in the fear of the Lord, his house shall soon be overthrown. ⁴ As when one sifteth with a sieve, the refuse remaineth ; so the filth of man in his talk. ⁵ The furnace proveth the potter's vessels ; so the trial of man is in his reasoning. ⁶ The fruit declareth if the tree have been dressed ; so is the utterance of a conceit in the heart of man.

⁷ Praise no man before thou hearest him speak ; for this is the trial of men. ⁸ If thou followest righteousness, thou shalt obtain her, and put her on, as a glorious long robe. ⁹ The birds will resort unto their like ; so will truth return unto them that practise in her. ¹⁰ As the lion lieth in wait for the prey ; so sin for them that work iniquity. ¹¹ The discourse of a godly man is always with wisdom ; but a fool changeth as the moon. ¹² If thou be among the indiscreet, observe the time ; but be continually among men of understanding. ¹³ The discourse of fools is irksome, and their sport is the wantonness of sin. ¹⁴ The talk of him that sweareth much maketh the hair stand upright ; and their brawls make one stop his ears. ¹⁵ The strife of the proud is bloodshedding, and their revilings are grievous to the ear.

¹⁶ Whoso discovereth secrets loseth his credit ; and shall never find friend to his mind. ¹⁷ Love thy friend, and be faithful unto him : but if thou bewrayest his secrets, follow no more after him. ¹⁸ For as a man hath destroyed his enemy ; so hast thou lost the love of thy neighbour. ¹⁹ As one that letteth a bird go out of his hand, so hast thou let thy neighbour go, and shalt not get him again. ²⁰ Follow after him no more, for he is too far off ; he is as a roe

escaped out of the snare. ²¹ As for a wound, it may be bound up; and after reviling there may be reconcilement: but he that bewrayeth secrets is without hope. ²² He that winketh with the eyes worketh evil: and he that knoweth him will depart from him. ²³ When thou art present, he will speak sweetly, and will admire thy words: but at the last he will writhe his mouth, and slander thy sayings. ²⁴ I have hated many things, but nothing like him; for the Lord will hate him.

²⁵ Whoso casteth a stone on high casteth it on his own head; and a deceitful stroke shall make wounds. ²⁶ Whoso diggeth a pit shall fall therein: and he that setteth a trap shall be taken therein. ²⁷ He that worketh mischief, it shall fall upon him, and he shall not know whence it cometh. ²⁸ Mockery and reproach are from the proud; but vengeance, as a lion, shall lie in wait for him. ²⁹ They that rejoice at the fall of the righteous shall be taken in the snare; and anguish shall consume them before they die. ³⁰ Malice and wrath, even these are abominations; and the sinful man shall have them both.

He that revengeth shall find vengeance from the Lord, and he will surely keep his sins [in remembrance]. ² Forgive thy neighbour the hurt that he hath done unto thee, so shall thy sins also be forgiven when thou prayest. ³ One man beareth hatred against another, and doth he seek pardon from the Lord? ⁴ He sheweth no mercy to a man, which is like himself: and doth he ask forgiveness of his own sins? ⁵ If he that is but flesh nourish hatred, who will intreat for pardon of his sins? ⁶ Remember thy end, and let thy enmity cease; [remember] corruption and death, and abide in the commandments. ⁷ Remember the commandments, and bear no malice to thy neighbour: [remember] the covenant of the Highest, and wink at ignorance. ⁸ Abstain from strife, and thou shalt diminish thy sins: for a furious man will kindle strife.

⁹ A sinful man disquieteth friends, and maketh debate among them that be at peace. ¹⁰ As the matter of the fire is, so it burneth: and as a man's strength is, so is his wrath; and according to his riches his anger riseth; and the stronger they are which contend, the more they will be inflamed. ¹¹ An hasty contention kindleth a fire: and an hasty fighting sheddeth blood. ¹² If thou blow the spark, it shall burn: if thou spit upon it, it shall be quenched: and both these come out of thy mouth.

¹³ Curse the whisperer and double-tongued: for such have destroyed many that were at peace. ¹⁴ A backbiting tongue hath disquieted many, and driven them from nation to nation: strong cities hath it pulled down, and overthrown the houses of great men. ¹⁵ A backbiting tongue hath cast out virtuous women, and deprived them of their labours. ¹⁶ Whoso hearkeneth unto it shall never find rest, and never dwell quietly.

¹⁷ The stroke of the whip maketh marks in the flesh: but the stroke of the tongue breaketh the bones. ¹⁸ Many have fallen by the edge of the sword: but not so many as have fallen by the tongue. ¹⁹ Well is he that is defended from it, and hath not passed through the venom thereof, who hath not drawn the yoke thereof, nor hath been bound in her bands. ²⁰ For the yoke thereof is a yoke of iron, and

δορκὰς ἐκ παγίδος. Ὅτι θραῦσμά ἐστι καταδῆσαι, καὶ 21 λοιδορίας ἐστὶ διαλλαγή· ὁ δὲ ἀποκαλύψας μυστήρια ἀπήλπισε. Διανεύων ὀφθαλμῷ τεκταίνει κακά, καὶ οὐδεὶς αὐτὸν 22 ἀποστήσει ἀπ' αὐτοῦ. Ἀπέναντι τῶν ὀφθαλμῶν σου γλυ- 23 κανεῖ στόμα σου, καὶ ἐπὶ τῶν λόγων σου ἐκθαυμάσει, ὕστερον δὲ διαστρέψει τὸ στόμα αὐτοῦ, καὶ ἐν τοῖς λόγοις σου δώσει σκάνδαλον. Πολλὰ ἐμίσησα καὶ οὐχ ὡμοίωσα 24 αὐτῷ, καὶ ὁ Κύριος μισήσει αὐτόν.

Ὁ βάλλων λίθον εἰς ὕψος ἐπὶ κεφαλὴν αὐτοῦ βάλλει, καὶ 25 πληγὴ δολία διελεῖ τραύματα. Ὁ ὀρύσσων βόθρον εἰς 26 αὐτὸν ἐμπεσεῖται, καὶ ὁ ἱστῶν παγίδα ἐν αὐτῇ ἁλώσεται. Ὁ ποιῶν πονηρὰ εἰς αὐτὸν κυλισθήσεται, καὶ οὐ μὴ ἐπιγνῷ 27 πόθεν ἥκει αὐτῷ. Ἐμπαιγμὸς καὶ ὀνειδισμὸς ὑπερηφάνων, 28 καὶ ἡ ἐκδίκησις ὡς λέων ἐνεδρεύσει αὐτόν. Παγίδι ἁλώ- 29 σονται οἱ εὐφραινόμενοι πτώσει εὐσεβῶν, καὶ ὀδύνη καταναλώσει αὐτοὺς πρὸ τοῦ θανάτου αὐτῶν. Μῆνις καὶ ὀργὴ, 30 καὶ ταῦτά ἐστι βδελύγματα, καὶ ἀνὴρ ἁμαρτωλὸς ἐγκρατὴς ἔσται αὐτῶν.

Ὁ ἐκδίκων παρὰ Κυρίου εὑρήσει ἐκδίκησιν, καὶ τὰς 28 ἁμαρτίας αὐτοῦ διατηρῶν διατηρήσει. Ἄφες ἀδίκημα τῷ 2 πλησίον σου, καὶ τότε δεηθέντος σου αἱ ἁμαρτίαι σου λυθήσονται. Ἄνθρωπος ἀνθρώπῳ συντηρεῖ ὀργήν, καὶ παρὰ 3 Κυρίου ζητεῖ ἴασιν. Ἐπ' ἄνθρωπον ὅμοιον αὐτῷ οὐκ ἔχει 4 ἔλεος, καὶ περὶ τῶν ἁμαρτιῶν αὐτοῦ δεῖται. Αὐτὸς σὰρξ ὢν 5 διατηρεῖ μῆνιν, τίς ἐξιλάσεται τὰς ἁμαρτίας αὐτοῦ; Μνή- 6 σθητι τὰ ἔσχατα, καὶ παῦσαι ἐχθραίνων· καταφθορὰν καὶ θάνατον, καὶ ἔμμενε ἐντολαῖς. Μνήσθητι ἐντολῶν, καὶ μὴ 7 μηνίσῃς τῷ πλησίον· καὶ διαθήκην ὑψίστου, καὶ πάριδε ἄγνοιαν. Ἀπόσχου ἀπὸ μάχης, καὶ ἐλαττώσεις ἁμαρτίας· 8 ἄνθρωπος γὰρ θυμώδης ἐκκαύσει μάχην.

Καὶ ἀνὴρ ἁμαρτωλὸς ταράξει φίλους, καὶ ἀναμέσον 9 εἰρηνευόντων ἐμβάλλει διαβολήν. Κατὰ τὴν ὕλην πυρὸς 10 οὕτως ἐκκαυθήσεται, κατὰ τὴν ἰσχὺν τοῦ ἀνθρώπου ὁ θυμὸς αὐτοῦ ἔσται, καὶ κατὰ τὸν πλοῦτον ἀνυψώσει ὀργὴν αὐτοῦ, καὶ κατὰ τὴν στερέωσιν τῆς μάχης ἐκκαυθήσεται. Ἔρις 11 κατασπευδομένη ἐκκαίει πῦρ, καὶ μάχη κατασπεύδουσα ἐκχέει αἷμα. Ἐὰν φυσήσῃς σπινθῆρα ἐκκαήσεται, καὶ ἐὰν 12 πτύσῃς ἐπ' αὐτὸν σβεσθήσεται· καὶ ἀμφότερα ἐκ τοῦ στόματός σου ἐκπορεύεται.

Ψίθυρον καὶ δίγλωσσον καταράσθαι, πολλοὺς γὰρ εἰρη- 13 νεύοντας ἀπώλεσαν. Γλῶσσα τρίτη πολλοὺς ἐσάλευσε, καὶ 14 διέστησεν αὐτοὺς ἀπὸ ἔθνους εἰς ἔθνος, καὶ πόλεις ὀχυρὰς καθεῖλε, καὶ οἰκίας μεγιστάνων κατέστρεψε. Γλῶσσα τρίτη 15 γυναῖκας ἀνδρείας ἐξέβαλε, καὶ ἐστέρησεν αὐτὰς τῶν πόνων αὐτῶν. Ὁ προσέχων αὐτῇ οὐ μὴ εὕρῃ ἀνάπαυσιν, οὐδὲ 16 κατασκηνώσει μεθ' ἡσυχίας.

Πληγὴ μάστιγος ποιεῖ μώλωπας, πληγὴ δὲ γλώσσης 17 συγκλάσει ὀστᾶ. Πολλοὶ ἔπεσαν ἐν στόματι μαχαίρας, 18 καὶ οὐχ ὡς οἱ πεπτωκότες διὰ γλῶσσαν. Μακάριος ὁ 19 σκεπασθεὶς ἀπ' αὐτῆς, ὃς οὐ διῆλθεν ἐν τῷ θυμῷ αὐτῆς, ὃς οὐχ εἵλκυσε τὸν ζυγὸν αὐτῆς, καὶ ἐν τοῖς δεσμοῖς αὐτῆς οὐκ ἐδέθη. Ὁ γὰρ ζυγὸς αὐτῆς ζυγὸς σιδηροῦς, καὶ οἱ δεσμοὶ 20

21 αὐτῆς δεσμοὶ χάλκεοι.   Θάνατος πονηρὸς ὁ θάνατος αὐτῆς,
22 καὶ λυσιτελὴς μᾶλλον ὁ ᾅδης αὐτῆς.   Οὐ μὴ κρατήσῃ εὐσε-
23 βῶν, καὶ ἐν τῇ φλογὶ αὐτῆς οὐ καήσονται.   Οἱ καταλείποντες
   Κύριον ἐμπεσοῦνται εἰς αὐτήν, καὶ ἐν αὐτοῖς ἐκκαήσεται,
   καὶ οὐ μὴ σβεσθῇ· ἐξαποσταλήσεται ἐπ᾽ αὐτοῖς ὡς λέων,
   καὶ ὡς πάρδαλις λυμανεῖται αὐτούς.

24 Ἴδε περίφραξον τὸ κτῆμά σου ἀκάνθαις, τὸ ἀργύριόν σου
25 καὶ τὸ χρυσίον κατάδησον· καὶ τοῖς λόγοις σου ποίησον
   ζυγὸν καὶ σταθμόν, καὶ τῷ στόματί σου ποίησον θύραν καὶ
26 μοχλόν.   Πρόσεχε μήπως ὀλισθήσῃς ἐν αὐτῇ, μὴ πέσῃς
   κατέναντι ἐνεδρεύοντος.

29 Ὁ ποιῶν ἔλεος δανειεῖ τῷ πλησίον, καὶ ὁ ἐπισχύων τῇ
2 χειρὶ αὐτοῦ τηρεῖ ἐντολάς.   Δάνεισον τῷ πλησίον ἐν καιρῷ
   χρείας αὐτοῦ, καὶ πάλιν ἀπόδος τῷ πλησίον εἰς τὸν καιρόν.
3 Στερέωσον λόγον, καὶ πιστώθητι μετ᾽ αὐτοῦ, καὶ ἐν παντὶ
4 καιρῷ εὑρήσεις τὴν χρείαν σου.   Πολλοὶ ὡς εὕρεμα ἐνόμισαν
5 δάνος, καὶ παρέσχον πόνον τοῖς βοηθήσασιν αὐτοῖς.   Ἕως
   οὗ λάβῃ, καταφιλήσει χεῖρα αὐτοῦ, καὶ ἐπὶ τῶν χρημάτων
   τοῦ πλησίον ταπεινώσει φωνήν· καὶ ἐν καιρῷ ἀποδόσεως
   παρελκύσει χρόνον, καὶ ἀποδώσει λόγους ἀκηδίας, καὶ τὸν
6 καιρὸν αἰτιάσεται.   Ἐὰν ἰσχύσῃ, μόλις κομίσεται τὸ ἥμισυ,
   καὶ λογιεῖται αὐτὸ ὡς εὕρεμα· εἰ δὲ μή, ἀπεστέρησεν αὐτὸν
   τῶν χρημάτων αὐτοῦ, καὶ ἐκτήσατο αὐτὸν ἐχθρὸν δωρεάν·
   κατάρας καὶ λοιδορίας ἀποδώσει αὐτῷ, καὶ ἀντὶ δόξης ἀπο-
7 δώσει αὐτῷ ἀτιμίαν.   Πολλοὶ χάριν πονηρίας ἀπέστρεψαν,
8 ἀποστερηθῆναι δωρεὰν εὐλαβήθησαν.   Πλὴν ἐπὶ ταπεινῷ
   μακροθύμησον, καὶ ἐπ᾽ ἐλεημοσύνην μὴ παρελκύσῃς αὐτόν.
9 Χάριν ἐντολῆς ἀντιλαβοῦ πένητος, καὶ κατὰ τὴν ἔνδειαν
   αὐτοῦ μὴ ἀποστρέψῃς αὐτὸν κενόν.

10 Ἀπόλεσον ἀργύριον δι᾽ ἀδελφὸν καὶ φίλον, καὶ μὴ ἰωθήτω
11 ὑπὸ τὸν λίθον εἰς ἀπώλειαν.   Θὲς τὸν θησαυρόν σου κατ᾽
   ἐντολὰς ὑψίστου, καὶ λυσιτελήσει σοι μᾶλλον ἢ τὸ χρυσίον.
12 Σύγκλεισον ἐλεημοσύνην ἐν τοῖς ταμείοις σου, καὶ αὕτη
13 ἐξελεῖταί σε ἐκ πάσης κακώσεως.   Ὑπὲρ ἀσπίδα κράτους,
   καὶ ὑπὲρ δόρυ ἀλκῆς κατέναντι ἐχθροῦ πολεμήσει ὑπὲρ σοῦ.
14 Ἀνὴρ ἀγαθὸς ἐγγυήσεται τὸν πλησίον, καὶ ὁ ἀπολωλεκὼς
15 αἰσχύνην καταλείψει αὐτόν.   Χάριτας ἐγγύου μὴ ἐπιλάθῃ,
16 ἔδωκε γὰρ τὴν ψυχὴν αὐτοῦ ὑπὲρ σοῦ.   Ἀγαθὰ ἐγγύου
17 ἀνατρέψει ἁμαρτωλός, καὶ ἀχάριστος ἐν διανοίᾳ ἐγκατα-
   λείψει ῥυσάμενον.

18 Ἐγγύη πολλοὺς ἀπώλεσε κατευθύνοντας, καὶ ἐσάλευσεν
   αὐτοὺς ὡς κῦμα θαλάσσης· ἄνδρας δυνατοὺς ἀπῴκισε, καὶ
19 ἐπλανήθησαν ἐν ἔθνεσιν ἀλλοτρίοις.   Ἁμαρτωλὸς ἐμπεσὼν
   εἰς ἐγγύην, καὶ διώκων ἐργολαβείας ἐμπεσεῖται εἰς κρίσεις.
20 Ἀντιλαβοῦ τοῦ πλησίον κατὰ δύναμίν σου, καὶ πρόσεχε
   σεαυτῷ μὴ ἐμπέσῃς.

21 Ἀρχὴ ζωῆς ὕδωρ, καὶ ἄρτος, καὶ ἱμάτιον, καὶ οἶκος
22 καλύπτων ἀσχημοσύνην.   Κρείσσων βίος πτωχοῦ ὑπὸ
23 σκέπην δοκῶν, ἢ ἐδέσματα λαμπρὰ ἐν ἀλλοτρίοις.   Ἐπὶ
24 μικρῷ καὶ μεγάλῳ εὐδοκίαν ἔχε.   Ζωὴ πονηρὰ ἐξ οἰκίας εἰς

the bands thereof are bands of brass. 21 The death thereof is an evil death, the grave were better than it. 22 It shall not have rule over them that fear God, neither shall they be burned with the flame thereof. 23 Such as forsake the Lord shall fall into it; and it shall burn in them, and not be quenched; it shall be sent upon them as a lion, and devour them as a leopard. 24 Look that thou hedge thy possession about with thorns, and bind up thy silver and gold, 25 and weigh thy words in a balance, and make a door and bar for thy mouth. 26 Beware thou slide not by it, lest thou fall before him that lieth in wait.

He that is merciful will lend unto his neighbour; and he that strengtheneth his hand keepeth the commandments. 2 Lend to thy neighbour in time of his need, and pay thou thy neighbour again in due season. 3 Keep thy word, and deal faithfully with him, and thou shalt always find the thing that is necessary for thee. 4 Many, when a thing was lent them, reckoned it to be found, and put them to trouble that helped them. 5 Till he hath received, he will kiss a man's hand; and for his neighbour's money he will speak submissively: but when he should repay, he will prolong the time, and return words of grief, and complain of the time. 6 If he prevail, he shall hardly receive the half, and he will count as if he had found it: if not, he hath deprived him of his money, and he hath gotten him an enemy without cause: he payeth him with cursings and railings; and for honour he will pay him disgrace. 7 Many therefore have refused to lend for other men's ill dealing, fearing to be defrauded. 8 Yet have thou patience with a man in poor estate, and delay not to shew him mercy. 9 Help the poor for the commandment's sake, and turn him not away because of his poverty.

10 Lose thy money for thy brother and thy friend, and let it not rust under a stone to be lost. 11 Lay up thy treasure according to the commandments of the most High, and it shall bring thee more profit than gold. 12 Shut up alms in thy storehouses: and it shall deliver thee from all affliction. 13 It shall fight for thee against thine enemies better than a mighty shield and strong spear. 14 An honest man is surety for his neighbour: but he that is impudent will forsake him. 15 Forget not the friendship of thy surety, for he hath given his life for thee. 16 A sinner will overthrow the good estate of his surety: 17 and he that is of an unthankful mind will leave him [in danger] that delivered him.

18 Suretyship hath undone many of good estate, and shaken them as a wave of the sea: mighty men hath it driven from their houses, so that they wandered among strange nations. 19 A wicked man transgressing the commandments of the Lord shall fall into suretyship: and he that undertaketh and followeth other men's business for gain shall fall into suits. 20 Help thy neighbour according to thy power, and beware that thou thyself fall not into the same.

21 The chief thing for life is water, and bread, and clothing, and a house to cover shame. 22 Better is the life of a poor man in a mean cottage, than delicate fare in another man's house. 23 Be it little or much, hold thee contented, 24 for it is a miserable life to go from

house to house: for where thou art a stranger, thou darest not open thy mouth. ²⁵ Thou shalt entertain, and feast, and have no thanks: moreover thou shalt hear bitter words: ²⁶ Come, thou stranger, and furnish a table, and feed me of that thou hast ready. ²⁷ Give place, thou stranger, to an honourable man; my brother cometh to be lodged, and I have need of mine house. These things are grievous to a man of understanding; the upbraiding of houseroom, and reproaching of the lender.

He that loveth his son causeth him oft to feel the rod, that he may have joy of him in the end. ³ He that chastiseth his son shall have joy in him, and shall rejoice of him among his acquaintance. ³ He that teacheth his son grieveth the enemy: and before his friends he shall rejoice of him. ⁴ Though his father die, yet he is as though he were not dead: for he hath left one behind him that is like himself. ⁵ While he lived, he saw and rejoiced in him: and when he died, he was not sorrowful. ⁶ He left behind him an avenger against his enemies, and one that shall requite kindness to his friends.

⁷ He that maketh too much of his son shall bind up his wounds; and his bowels will be troubled at every cry. ⁸ An horse not broken becometh headstrong: and a child left to himself will be wilful. ⁹ Cocker thy child, and he shall make thee afraid: play with him, and he will bring thee to heaviness. ¹⁰ Laugh not with him, lest thou have sorrow with him, and lest thou gnash thy teeth in the end. ¹¹ Give him not liberty in youth. ¹² Beat his sides while he is still young, lest becoming stubborn, he disobey thee. ¹³ Train up thy son, and exercise him with work, lest by thy looseness thou stumble. ¹¹ And overlook not his ignorance. ¹² Bow down his neck in his youth.

¹⁴ Better is the poor, being sound and strong of constitution, than a rich man that is afflicted in his body. ¹⁵ Health and good estate of body are above all gold, and a strong body above infinite wealth. ¹⁶ There is no riches above a sound body, and no joy above the joy of the heart. ¹⁷ Death is better than a bitter life or continual sickness. ¹⁸ Delicacies poured upon a mouth shut up are as messes of meat set upon a grave.

¹⁹ What good doeth the offering unto an idol? for neither can it eat nor smell: so is he that is persecuted of the Lord. ²⁰ He seeth with his eyes and groaneth, as an eunuch that embraceth a virgin and sigheth. ²¹ Give not over thy mind to heaviness, and afflict not thyself in thine own counsel. ²² The gladness of the heart is the life of man, and the joyfulness of a man prolongeth his days. ²³ Love thine own soul, and comfort thy heart, remove sorrow far from thee: for sorrow hath killed many, and there is no profit therein. ²⁴ Envy and wrath shorten the life, and carefulness bringeth age before the time.

¹⁶ I awaked up last of all, as one that gathereth after the grape-gatherers: by the blessing of the Lord I profited, and filled my winepress like a gatherer of grapes. ¹⁷ Consider that I laboured not for myself only, but for all them

οἰκίαν, καὶ οὗ παροικήσει, οὐκ ἀνοίξει στόμα. Ξενιεῖς καὶ 25
ποτιεῖς εἰς ἀχάριστα, καὶ πρὸς ἐπὶ τούτοις πικρὰ ἀκούσῃ·
πάρελθε πάροικε, κόσμησον τράπεζαν, καὶ εἴτι ἐν τῇ χειρί 26
σου ψώμισόν με· ἔξελθε πάροικε ἀπὸ προσώπου δόξης, 27
ἐπεξένωταί μοι ὁ ἀδελφὸς, χρεία τῆς οἰκίας. Βαρέα ταῦτα 28
ἀνθρώπῳ ἔχοντι φρόνησιν, ἐπιτίμησις οἰκίας καὶ ὀνειδισμὸς
δανειστοῦ.

ΠΕΡΙ ΤΕΚΝΩΝ.

Ὁ ἀγαπῶν τὸν υἱὸν αὐτοῦ, ἐνδελεχήσει μάστιγας αὐτῷ, 30
ἵνα εὐφρανθῇ ἐπ' ἐσχάτῳ αὐτοῦ. Ὁ παιδεύων τὸν υἱὸν 2
αὐτοῦ ὀνήσεται ἐπ' αὐτῷ, καὶ ἀναμέσον γνωρίμων ἐπ' αὐτῷ
καυχήσεται. Ὁ διδάσκων τὸν υἱὸν αὐτοῦ παραζηλώσει τὸν 3
ἐχθρὸν, καὶ ἔναντι φίλων ἐπ' αὐτῷ ἀγαλλιάσεται. Ἐτελεύ- 4
τησεν αὐτοῦ ὁ πατὴρ, καὶ ὡς οὐκ ἀπέθανεν, ὅμοιον γὰρ
αὐτῷ κατέλιπε μετ' αὐτόν. Ἐν τῇ ζωῇ αὐτοῦ εἶδε καὶ 5
εὐφράνθη, καὶ ἐν τῇ τελευτῇ αὐτοῦ οὐκ ἐλυπήθη. Ἐναντίον 6
ἐχθρῶν κατέλιπεν ἔκδικον, καὶ τοῖς φίλοις ἀνταποδιδόντα
χάριν.

Περιψύχων υἱὸν καταδεσμεύσει τραύματα αὐτοῦ, καὶ ἐπὶ 7
πάσῃ βοῇ ταραχθήσεται σπλάγχνα αὐτοῦ. Ἵππος ἀδά- 8
μαστος ἀποβαίνει σκληρὸς, καὶ υἱὸς ἀνειμένος ἐκβαίνει
προαλής. Τιθήνησον τέκνον καὶ ἐκθαμβήσει σε, σύμπαιζον 9
αὐτῷ καὶ λυπήσει σε. Μὴ συγγελάσῃς αὐτῷ ἵνα μὴ συνο- 10
δυνηθῇς, καὶ ἐπ' ἐσχάτῳ γομφιάσεις τοὺς ὀδόντας σου. Μὴ 11
δῷς αὐτῷ ἐξουσίαν ἐν νεότητι. Θλάσον τὰς πλευρὰς αὐτοῦ, 12
ὡς ἐστι νήπιος, μήποτε σκληρυνθεὶς ἀπειθήσῃ σοι. Παίδευ- 13
σον τὸν υἱόν σου, καὶ ἔργασαι ἐναυτῷ, ἵνα μὴ ἐν τῇ
ἀσχημοσύνῃ σου προσκόψῃ. Καὶ μὴ παρίδῃς τὰς ἀγνοίας 1.
αὐτοῦ. Κάμψον τὸν τράχηλον αὐτοῦ ἐν νεότητι. 12

ΠΕΡΙ ΥΓΙΕΙΑΣ.

Κρείσσων πτωχὸς ὑγιὴς καὶ ἰσχύων τῇ ἔξει, ἢ πλούσιος 14
μεμαστιγωμένος εἰς σῶμα αὐτοῦ. Ὑγιεία καὶ εὐεξία βέλτιον 15
παντὸς χρυσίου, καὶ σῶμα εὔρωστον ἢ ὄλβος ἀμέτρητος.
Οὐκ ἔστι πλοῦτος βελτίων ὑγιείας σώματος, καὶ οὐκ ἔστιν 16
εὐφροσύνη ὑπὲρ χαρὰν καρδίας. Κρείσσων θάνατος ὑπὲρ 17
ζωὴν πικρὰν, ἢ ἀρρώστημα ἔμμονον. Ἀγαθὰ ἐκκεχυμένα 18
ἐπὶ στόματι κεκλεισμένῳ, θέματα βρωμάτων παρακείμενα
ἐπὶ τάφῳ.

Τί συμφέρει κάρπωσις εἰδώλῳ; οὔτε γὰρ ἔδεται οὔτε μὴ 19
ὀσφρανθῇ· οὕτως ὁ ἐκδιωκόμενος ὑπὸ Κυρίου. Βλέπων ἐν 20
ἐν ὀφθαλμοῖς καὶ στενάζων, ὥσπερ εὐνοῦχος περιλαμβάνων
παρθένον καὶ στενάζων. Μὴ δῷς εἰς λύπην τὴν ψυχήν σου, 21
καὶ μὴ θλίψῃς σεαυτὸν ἐν βουλῇ σου. Εὐφροσύνη καρδίας 22
ζωὴ ἀνθρώπου, καὶ ἀγαλλίαμα ἀνδρὸς μακροημέρευσις.
Ἀγάπα τὴν ψυχήν σου, καὶ παρακάλει τὴν καρδίαν σου, 23
καὶ λύπην μακρὰν ἀπόστησον ἀπὸ σοῦ· πολλοὺς γὰρ
ἀπέκτεινεν ἡ λύπη, καὶ οὐκ ἔσιν ὠφέλεια ἐν αὐτῇ. Ζῆλος 24
καὶ θυμὸς ἐλαττοῦσιν ἡμέρας, καὶ πρὸ καιροῦ γῆρας ἄγει
μέριμνα.

Ὡς καλαμώμενος ὀπίσω τρυγητῶν, ἐν εὐλογίᾳ Κυρίου 16
ἔφθασα, καὶ ὡς τρυγῶν ἐπλήρωσα ληνόν. Κατανοήσατε 17
ὅτι οὐκ ἐμοὶ μόνῳ ἐκοπίασα, ἀλλὰ πᾶσι τοῖς ζητοῦσι

18 παιδείαν. Ἀκούσατέ μου μεγιστᾶνες λαοῦ, καὶ οἱ ἡγού-
19 μενοι ἐκκλησίας ἐνωτίσασθε. Υἱῷ καὶ γυναικὶ, ἀδελφῷ
καὶ φίλῳ μὴ δῷς ἐξουσίαν ἐπὶ σὲ ἐν ζωῇ σου, καὶ μὴ δῷς
ἑτέρῳ τὰ χρήματά σου, ἵνα μὴ μεταμεληθεὶς δέῃ περὶ
20 αὐτῶν. Ἕως ἔτι ζῇς καὶ πνοὴ ἐν σοὶ, μὴ ἀλλάξῃς σεαυτὸν
21 πάσῃ σαρκί· κρεῖσσον γάρ ἐστι τὰ τέκνα δεηθῆναί σου, ἢ
22 σὲ ἐμβλέπειν εἰς χεῖρας υἱῶν σου. Ἐν πᾶσι τοῖς ἔργοις
23 σου γίνου ὑπεράγων· μὴ δῷς μῶμον ἐν τῇ δόξῃ σου. Ἐν
ἡμέρᾳ συντελείας ἡμερῶν ζωῆς σου καὶ ἐν καιρῷ τελευτῆς
διάδος κληρονομίαν.

ΠΕΡΙ ΔΟΥΛΩΝ.

24 Χορτάσματα καὶ ῥάβδος καὶ φορτία ὄνῳ, ἄρτος καὶ παι-
25 δεία καὶ ἔργον οἰκέτῃ. Ἔργασαι ἐν παιδὶ καὶ εὑρήσεις
26 ἀνάπαυσιν, ἄνες χεῖρας αὐτῷ καὶ ζητήσει ἐλευθερίαν. Ζυγὸς
καὶ ἱμὰς κάμψουσι τράχηλον, καὶ οἰκέτῃ κακούργῳ στρέβλαι
27 καὶ βάσανοι. Ἔμβαλε αὐτὸν εἰς ἐργασίαν, ἵνα μὴ ἀργῇ,
28 πολλὴν γὰρ κακίαν ἐδίδαξεν ἡ ἀργία. Εἰς ἔργα κατάστη-
σον καθὼς πρέπει αὐτῷ, κἂν μὴ πειθαρχῇ, βάρυνον τὰς
πέδας αὐτοῦ.

29 Καὶ μὴ περισσεύσῃς ἐν πάσῃ σαρκὶ, καὶ ἄνευ κρίσεως
30 μὴ ποιήσῃς μηδέν. Εἰ ἔστι σοι οἰκέτης, ἔστω ὡς σὺ, ὅτι
31 ἐν αἵματι ἐκτήσω αὐτόν. Εἰ ἔστι σοι οἰκέτης, ἄγε αὐτὸν
ὡς σεαυτὸν, ὅτι ὡς ἡ ψυχή σου ἐπιδεήσεις αὐτοῦ· ἐὰν
κακώσῃς αὐτὸν, καὶ ἀπάρας ἀποδρᾷ, ἐν ποίᾳ ὁδῷ ζητήσεις
αὐτόν;

31 Κέναι ἐλπίδες καὶ ψευδεῖς ἀσυνέτῳ ἀνδρὶ, καὶ ἐνύπνια
2 ἀναπτεροῦσιν ἄφρονας. Ὡς δρασσόμενος σκιᾶς καὶ διώκων
3 ἄνεμον, οὕτως ὁ ἐπέχων ἐνυπνίοις. Τοῦτο κατὰ τούτου
ὅρασις ἐνυπνίων, κατέναντι προσώπου ὁμοίωμα προσώπου.
4 Ἀπὸ ἀκαθάρτου τί καθαρισθήσεται; καὶ ἀπὸ ψευδοῦς τί
5 ἀληθεύσει; Μαντεῖαι καὶ οἰωνισμοὶ καὶ ἐνύπνια, μάταιά
6 ἐστι, καὶ ὡς ὠδινούσης φαντάζεται καρδία. Ἐὰν μὴ παρὰ
ὑψίστου ἀποσταλῇ ἐν ἐπισκοπῇ, μὴ δῷς εἰς αὐτὰ τὴν καρ-
7 δίαν σου. Πολλοὺς ἐπλάνησε τὰ ἐνύπνια, καὶ ἐξέπεσον
ἐλπίζοντες ἐπ᾽ αὐτοῖς.

8 Ἄνευ ψεύδους συντελεσθήσεται νόμος, καὶ σοφία στόματι
9 πιστῷ τελείωσις. Ἀνὴρ πεπαιδευμένος ἔγνω πολλὰ, καὶ
10 ὁ πολύπειρος ἐκδιηγήσεται σύνεσιν. Ὃς οὐκ ἐπειράθη
ὀλίγα οἶδεν, ὁ δὲ πεπλανημένος πληθυνεῖ πανουργίαν.
11 Πολλὰ ἑώρακα ἐν τῇ ἀποπλανήσει μου, καὶ πλείονα τῶν
12 λόγων μου, σύνεσίς μου. Πλεονάκις ἕως θανάτου ἐκινδύ-
νευσα, καὶ διεσώθην τούτων χάριν.

13 Πνεῦμα φοβουμένων Κύριον ζήσεται, ἡ γὰρ ἐλπὶς αὐτῶν
14 ἐπὶ τὸν σώζοντα αὐτούς. Ὁ φοβούμενος Κύριον οὐ μὴ
εὐλαβηθήσεται, καὶ οὐ μὴ δειλιάσῃ, ὅτι αὐτὸς ἐλπὶς αὐτοῦ.
15 Φοβουμένου τὸν Κύριον μακαρία ἡ ψυχή· τίνι ἐπέχει, καὶ
16 τίς ἀντιστήριγμα αὐτοῦ; Οἱ ὀφθαλμοὶ Κυρίου ἐπὶ τοὺς
ἀγαπῶντας αὐτὸν, ὑπερασπισμὸς δυναστείας καὶ στήριγμα
ἰσχύος, σκέπη ἀπὸ καύσωνος καὶ σκέπη ἀπὸ μεσημβρίας,
φυλακὴ ἀπὸ προσκόμματος καὶ βοήθεια ἀπὸ πτώματος,
17 ἀνυψῶν ψυχὴν καὶ φωτίζων ὀφθαλμοὺς, ἴασιν διδοὺς, ζωὴν
καὶ εὐλογίαν.

---

that seek learning. 18 Hear me, O ye great men of the people, and hearken with your ears, ye rulers of the congregation. 19 Give not thy son and wife, thy brother and friend, power over thee while thou livest, and give not thy goods to another, lest it repent thee, and thou intreat for the same again. 20 As long as thou livest and hast breath in thee, give not thyself over to any. 21 For better it is that thy children should seek to thee, than that thou shouldest stand to their courtesy. 22 In all thy works keep to thyself the preeminence; leave not a stain in thine honour. 23 At the time when thou shalt end thy days, and finish thy life, distribute thine inheritance.

24 Fodder, a stick, and burdens, *are* for the ass; and bread, correction, and work, for a servant. 25 If thou set thy servant to labour, thou shalt find rest: but if thou let him go idle, he will seek liberty. 26 A yoke and a collar do bow the neck: so are tortures and torments for an evil servant. 27 Send him to labour, that he be not idle; for idleness teacheth much evil. 28 Set him to work, as is fit for him: if he be not obedient, put on more heavy fetters.

29 But be not excessive toward any; and without discretion do nothing. 30 If thou have a servant, let him be unto thee as thyself, because thou hast bought him with a price. 31 If thou have a servant, entreat him as a brother: for thou hast need of him, as of thine own soul: if thou entreat him evil, and he run from thee, which way wilt thou go to seek him?

The hopes of a man void of understanding are vain and false: and dreams lift up fools. 2 Whoso regardeth dreams is like him that catcheth at a shadow, and followeth after the wind. 3 The vision of dreams is the resemblance of one thing to another, even as the likeness of a face to a face. 4 Of an unclean thing what can be cleansed? and from that thing which is false what truth can come? 5 Divinations, and soothsayings, and dreams, are vain: and the heart fancieth, as a woman's heart in travail. 6 If they be not sent from the most High in thy visitation, set not thy heart upon them. 7 For dreams have deceived many, and they have failed that put their trust in them. 8 The law shall be found perfect without lies: and wisdom is perfection to a faithful mouth. 9 A man that hath travelled knoweth many things: and he that hath much experience will declare wisdom. 10 He that hath no experience knoweth little: but he that hath travelled is full of prudence. 11 When I travelled, I saw many things; and I understand more than I can express. 12 I was ofttimes in danger of death: yet I was delivered because of these things.

13 The spirit of those that fear the Lord shall live; for their hope is in him that saveth them. 14 Whoso feareth the Lord shall not fear nor be afraid; for he is his hope. 15 Blessed is the soul of him that feareth the Lord: to whom doth he look? and who is his strength? 16 For the eyes of the Lord are upon them that love him, he is their mighty protection and strong stay, a defence from heat, and a cover from the sun at noon, a preservation from stumbling, and an help from falling; 17 he raiseth up the soul, and lighteneth the eyes: he giveth health, life, and blessing.

¹⁸ He that sacrificeth of a thing wrongfully gotten, his offering is ridiculous; and the gifts of unjust men are not accepted. ¹⁹ The most High is not pleased with the offerings of the wicked; neither is he pacified for sin by the multitude of sacrifices. ²⁰ Whoso bringeth an offering of the goods of the poor doeth as one that killeth the son before his father's eyes. ²¹ The bread of the needy is their life: he that defraudeth him thereof is a man of blood. ²² He that taketh away his neighbour's living slayeth him; and he that defraudeth the labourer his hire is a bloodshedder.

²³ When one buildeth, and another pulleth down, what profit have they then but labour? ²⁴ When one prayeth, and another curseth, whose voice will the Lord hear? ²⁵ He that washeth himself after the touching of a dead body, if he touch it again, what availeth his washing? ²⁶ So is it with a man that fasteth for his sins, and goeth again, and doeth the same: who will hear his prayer? or what doth his humbling profit him?

He that keepeth the law bringeth offerings enough: he that taketh heed to the commandment offereth a peace offering. ² He that requiteth a good turn offereth fine flour; and he that giveth alms sacrificeth praise. ³ To depart from wickedness is a thing pleasing to the Lord; and to forsake unrighteousness is a propitiation.

⁴ Thou shalt not appear empty before the Lord. ⁵ For all these things [are to be done] because of the commandment. ⁶ The offering of the righteous maketh the altar fat, and the sweet savour thereof is before the most High. ⁷ The sacrifice of a just man is acceptable, and the memorial thereof shall never be forgotten.

⁸ Give the Lord his honour with a good eye, and diminish not the firstfruits of thine hands. ⁹ In all thy gifts shew a cheerful countenance, and dedicate thy tithes with gladness. ¹⁰ Give unto the most High according as he hath enriched thee; and as thou hast gotten, give with a cheerful eye. ¹¹ For the Lord recompenseth, and will give thee seven times as much. ¹² Do not think to corrupt with gifts: for such he will not receive: and trust not to unrighteous sacrifices; for the Lord is judge, and with him is no respect of persons. ¹³ He will not accept any person against a poor man, but will hear the prayer of the oppressed. ¹⁴ He will not despise the supplication of the fatherless; nor the widow, when she poureth out her complaint. ¹⁵ Do not the tears run down the widow's cheeks? and is not her cry against him that causeth them to fall?

¹⁶ He that serveth the Lord shall be accepted with favour, and his prayer shall reach unto the clouds. ¹⁷ The prayer of the humble pierceth the clouds: and till it come nigh, he will not be comforted; and will not depart, till the most High shall behold to judge righteously, and execute judgment. ¹⁸ For the Lord will not be slack, neither will the Mighty be patient toward them, till he have smitten in sunder the loins of the unmerciful, and repayed vengeance to the heathen; till he have taken away the multitude of the proud, and broken the sceptre of the unrighteous; ¹⁹ till he have rendered to every man according to his deeds, and to the works of men according to their devices; till he have judged the cause of his people, and made them to rejoice in his mercy. ²⁰ Mercy is seasonable in the time of affliction, as clouds of rain in the time of drought.

Θυσιάζων ἐξ ἀδίκου, προσφορὰ μεμωκημένη, καὶ οὐκ εἰς 18 εὐδοκίαν μωκήματα ἀνόμων. Οὐκ εὐδοκεῖ ὁ ὕψιστος ἐν 19 προσφοραῖς ἀσεβῶν, οὐδὲ ἐν πλήθει θυσιῶν ἐξιλάσκεται ἁμαρτίας. Θύων · ὃν ἔναντι τοῦ πατρὸς αὐτοῦ, ὁ προσάγων 20 θυσίαν ἐκ χρημάτων πενήτων. Ἄρτος ἐπιδεομένων, ζωὴ 21 πτωχῶν, ὁ ἀποστερῶν αὐτὴν ἄνθρωπος αἱμάτων. Φονεύων 22 τὸν πλησίον ὁ ἀφαιρούμενος συμβίωσιν, καὶ ἐκχέων αἷμα ὁ ἀποστερῶν μισθὸν μισθίου.

Εἷς οἰκοδομῶν, καὶ εἷς καθαιρῶν, τί ὠφέλησαν πλεῖον 23 ἢ κόπους; Εἷς εὐχόμενος, καὶ εἷς καταρώμενος, τίνος φωνῆς 24 εἰσακούσεται ὁ δεσπότης; Βαπτιζόμενος ἀπὸ νεκροῦ, καὶ 25 πάλιν ἁπτόμενος αὐτοῦ, τί ὠφέλησε τῷ λουτρῷ αὐτοῦ; Οὕτως ἄνθρωπος νηστεύων ἐπὶ τῶν ἁμαρτιῶν αὐτοῦ, καὶ 26 πάλιν πορευόμενος, καὶ τὰ αὐτὰ ποιῶν· τῆς προσευχῆς αὐτοῦ τίς εἰσακούσεται; καὶ τί ὠφέλησεν ἐν τῷ ταπεινωθῆναι αὐτόν;

Ὁ συντηρῶν νόμον πλεονάζει προσφοράς· θυσιάζων 32 σωτηρίου ὁ προσέχων ἐντολαῖς. Ἀνταποδιδοὺς χάριν 2 προσφέρων σεμίδαλιν, καὶ ὁ ποιῶν ἐλεημοσύνην θυσιάζων αἰνέσεως. Εὐδοκία Κυρίου ἀποστῆναι ἀπὸ πονηρίας, καὶ 3 ἐξιλασμὸς ἀποστῆναι ἀπὸ ἀδικίας.

Μὴ ὀφθῆς ἐν προσώπῳ Κυρίου κενός, πάντα γὰρ ταῦτα 4, 5 χάριν ἐντολῆς. Προσφορὰ δικαίου λιπαίνει θυσιαστήριον, 6 καὶ ἡ εὐωδία αὐτῆς ἔναντι ὑψίστου. Θυσία ἀνδρὸς δικαίου 7 δεκτὴ, καὶ τὸ μνημόσυνον αὐτῆς οὐκ ἐπιλησθήσεται.

Ἐν ἀγαθῷ ὀφθαλμῷ δόξασον τὸν Κύριον, καὶ μὴ σμικ- 8 ρύνῃς ἀπαρχὴν χειρῶν σου. Ἐν πάσῃ δόσει ἱλάρωσον τὸ 9 πρόσωπόν σου, καὶ ἐν εὐφροσύνῃ ἁγίασον δεκάτην. Δὸς 10 ὑψίστῳ κατὰ τὴν δόσιν αὐτοῦ, καὶ ἐν ἀγαθῷ ὀφθαλμῷ καθεύρεμα χειρός. Ὅτι Κύριος ἀνταποδιδούς ἐστι, καὶ 11 ἑπταπλάσια ἀνταποδώσει σοι. Μὴ δωροκόπει, οὐ γὰρ 12 προσδέξεται· καὶ μὴ ἔπεχε θυσίᾳ ἀδίκῳ, ὅτι Κύριος κριτής ἐστι, καὶ οὐκ ἔστι παρ' αὐτῷ δόξα προσώπου. Οὐ λήψεται 13 πρόσωπον ἐπὶ πτωχοῦ, καὶ δέησιν ἠδικημένου εἰσακούσεται. Οὐ μὴ ὑπερίδῃ ἱκετείαν ὀρφανοῦ, καὶ χήραν ἐὰν ἐκχέῃ 14 λαλιάν. Οὐχὶ δάκρυα χήρας ἐπὶ σιαγόνα καταβαίνει, καὶ 15 ἡ καταβόησις ἐπὶ τῷ καταγαγόντι αὐτά;

Θεραπεύων ἐν εὐδοκίᾳ δεχθήσεται, καὶ ἡ δέησις αὐτοῦ ἕως 16 νεφελῶν συνάψει. Προσευχὴ ταπεινοῦ νεφέλας διῆλθε, καὶ 17 ἕως συνεγγίσῃ οὐ μὴ παρακληθῇ, καὶ οὐ μὴ ἀποστῇ ἕως ἐπισκέψηται ὁ ὕψιστος· καὶ κρινεῖ δικαίως, καὶ ποιήσει κρίσιν. Καὶ ὁ Κύριος οὐ μὴ βραδύνῃ, οὐδὲ μὴ μακροθυ- 18 μήσει ἐπ' αὐτοῖς ἕως ἂν συντρίψῃ ὀσφὺν ἀνελεημόνων· καὶ τοῖς ἔθνεσιν ἀνταποδώσει ἐκδίκησιν, ἕως ἐξάρῃ πλῆθος ὑβριστῶν, καὶ σκῆπτρα ἀδίκων συντρίψῃ, ἕως ἀνταποδῷ 19 ἀνθρώπῳ κατὰ τὰς πράξεις αὐτοῦ, καὶ τὰ ἔργα τῶν ἀνθρώ- πων κατὰ τὰ ἐνθυμήματα αὐτῶν, ἕως κρινῇ τὴν κρίσιν τοῦ λαοῦ αὐτοῦ, καὶ εὐφρανεῖ αὐτοὺς ἐν τῷ ἐλέει αὐτοῦ. Ὡραῖον 20 ἔλεος ἐν καιρῷ θλίψεως αὐτοῦ, ὡς νεφέλαι ὑετοῦ ἐν καιρῷ ἀβροχίας.

33 Ἐλέησον ἡμᾶς, δέσποτα ὁ Θεὸς πάντων, καὶ ἐπίβλεψον·
2,3 καὶ ἐπίβαλε τὸν φόβον σου ἐπὶ πάντα τὰ ἔθνη. Ἔπαρον τὴν
χεῖρά σου ἐπὶ ἔθνη ἀλλότρια, καὶ ἰδέτωσαν τὴν δυναστείαν
4 σου. Ὥσπερ ἐνώπιον αὐτῶν ἡγιάσθης ἐν ἡμῖν, οὕτως ἐνώπιον
5 ἡμῶν μεγαλυνθείης ἐν αὐτοῖς· Καὶ ἐπιγνώτωσάν σε καθάπερ
καὶ ἡμεῖς ἐπέγνωμεν, ὅτι οὐκ ἔστι Θεὸς πλήν σου Κύριε.
6 Ἐγκαίνισον σημεῖα, καὶ ἀλλοίωσον θαυμάσια· δόξασον
7 χεῖρα καὶ βραχίονα δεξιόν· ἔγειρον θυμὸν, καὶ ἔκχεον ὀργήν·
8 ἔξαρον ἀντίδικον, καὶ ἔκτριψον ἐχθρόν. Σπεῦσον καιρὸν,
καὶ μνήσθητι ὁρκισμοῦ, καὶ ἐκδιηγησάσθωσαν τὰ μεγαλεῖά
9 σου. Ἐν ὀργῇ πυρὸς καταβρωθήτω ὁ σωζόμενος, καὶ οἱ
10 κακοῦντες τὸν λαόν σου εὕροισαν ἀπώλειαν. Σύντριψον
κεφαλὰς ἀρχόντων ἐχθρῶν λεγόντων, οὐκ ἔστι πλὴν ἡμῶν.
11 Σύναγε πάσας φυλὰς Ἰακώβ.
13 Λαμπρὰ καρδία καὶ ἀγαθὴ ἐπὶ ἐδέσμασιν τῶν βρωμάτων
αὐτῆς ἐπιμελήσεται.
34 Ἀγρυπνία πλούτου ἐκτήκει σάρκας, καὶ ἡ μέριμνα αὐτοῦ
2 ἀφιστᾷ ὕπνον. Μέριμνα ἀγρυπνίας ἀπαιτήσει νυσταγμὸν,
3 καὶ ἀρρώστημα βαρὺ ἐκνήψει ὕπνος. Ἐκοπίασε πλούσιος
ἐν συναγωγῇ χρημάτων, καὶ ἐν τῇ ἀναπαύσει ἐμπίπλαται
4 τῶν τρυφημάτων αὐτοῦ· ἐκοπίασε πτωχὸς ἐν ἐλαττώσει βίου,
καὶ ἐν τῇ ἀναπαύσει ἐπιδεὴς γίνεται.
5 Ὁ ἀγαπῶν χρυσίον οὐ δικαιωθήσεται, καὶ ὁ διώκων
6 διαφθορὰν, αὐτὸς πλησθήσεται. Πολλοὶ ἐδόθησαν εἰς
πτῶμα χάριν χρυσίου, καὶ ἐγενήθη ἀπώλεια αὐτῶν κατὰ
7 πρόσωπον αὐτῶν. Ξύλον προσκόμματός ἐστι τοῖς ἐνθυσιά-
8 ζουσιν αὐτῷ, καὶ πᾶς ἄφρων ἁλώσεται ἐν αὐτῷ. Μακάριος
πλούσιος ὃς εὑρέθη ἄμωμος, καὶ ὃς ὀπίσω χρυσίου οὐκ
9 ἐπορεύθη. Τίς ἐστι καὶ μακαριοῦμεν αὐτόν; ἐποίησε γὰρ
10 θαυμάσια ἐν λαῷ αὐτοῦ. Τίς ἐδοκιμάσθη ἐν αὐτῷ καὶ
ἐτελειώθη, καὶ ἔστω εἰς καύχησιν; τίς ἐδύνατο παραβῆναι,
11 καὶ οὐ παρέβη, καὶ ποιῆσαι κακὰ, καὶ οὐκ ἐποίησε; Στε-
ρεωθήσεται τὰ ἀγαθὰ αὐτοῦ, καὶ τὰς ἐλεημοσύνας αὐτοῦ
ἐκδιηγήσεται ἐκκλησία.
12 Ἐπὶ τραπέζης μεγάλης ἐκάθισας; μὴ ἀνοίξῃς ἐπ' αὐτῆς
φάρυγγά σου· καὶ μὴ εἴπῃς, πολλά γε τὰ ἐπ' αὐτῆς.
13 Μνήσθητι ὅτι κακὸν ὀφθαλμὸς πονηρὸς, πονηρότερον
ὀφθαλμοῦ τί ἔκτισται; διὰ τοῦτο ἀπὸ παντὸς προσώπου
14 δακρύει. Οὗ ἐὰν ἐπιβλέψῃ, μὴ ἐκτείνῃς χεῖρα, καὶ μὴ
15 συνθλίβου αὐτῷ ἐν τρυβλίῳ. Νόει τὰ τοῦ πλησίον ἐκ
16 σεαυτοῦ, καὶ ἐπὶ παντὶ πράγματι διανοοῦ. Φάγε ὡς ἄνθρω-
πος τὰ παρακείμενά σοι, καὶ μὴ διαμασῶ, μὴ μισηθῇς.
17 Παῦσαι πρῶτος χάριν παιδείας, καὶ μὴ ἀπληστεύου, μήποτε
18 προσκόψῃς. Καὶ εἰ ἀναμέσον πλειόνων ἐκάθισας, πρότερος
19 αὐτῶν μὴ ἐκτείνῃς τὴν χεῖρά σου. Ὡς ἱκανὸν ἀνθρώπῳ
πεπαιδευμένῳ τὸ ὀλίγον, καὶ ἐπὶ τῆς κοίτης αὐτοῦ οὐκ
20 ἀσθμαίνει. Ὕπνος ὑγιείας ἐπὶ ἐντέρῳ μετρίῳ, ἀνέστη πρωΐ,
καὶ ἡ ψυχὴ αὐτοῦ μετ' αὐτοῦ· πόνος ἀγρυπνίας καὶ χολέρας
21 καὶ στρόφος μετὰ ἀνδρὸς ἀπλήστου. Καὶ εἰ ἐβιάσθης ἐν
ἐδέσμασιν, ἀνάστα μεσοπωρῶν καὶ ἀναπαύσῃ.
22 Ἄκουσόν μου τέκνον καὶ μὴ ἐξουδενώσῃς με, καὶ ἐπ'
ἐσχάτῳ εὑρήσεις τοὺς λόγους μου· ἐν πᾶσι τοῖς ἔργοις σου

Have mercy upon us, O Lord God of all, and behold us : [2] and send thy fear upon all the nations that seek not after thee. [3] Lift up thy hand against the strange nations, and let them see thy power. [4] As thou wast sanctified in us before them : so be thou magnified among them before us. [5] And let them know thee, as we have known thee, that there is no God but only thou, O God.

[6] Shew new signs, and make other strange wonders : glorify thy hand and thy right arm, that they may set forth thy wondrous works. [7] Raise up indignation, and pour out wrath : take away the adversary, and destroy the enemy. [8] Make the time short, remember the covenant, and let them declare thy wonderful works. [9] Let him that escapeth be consumed by the rage of the fire; and let them perish that oppress the people. [10] Smite in sunder the heads of the rulers of the heathen, that say, There is none other but we. [11] Gather all the tribes of Jacob together.

[13] A cheerful and good heart will have a care of his meat and diet.

Watching for riches consumeth the flesh, and the care thereof driveth away sleep. [2] Watching care will not let a man slumber, as a sore disease breaketh sleep. [3] The rich hath great labour in gathering riches together ; and when he resteth, he is filled with his delicacies. [4] The poor laboureth in his poor estate; and when he leaveth off, he is still needy.

[5] He that loveth gold shall not be justified, and he that followeth corruption shall have enough thereof. [6] Gold hath been the ruin of many, and their destruction was present. [7] It is a stumblingblock unto them that sacrifice unto it, and every fool shall be taken therewith. [8] Blessed is the rich that is found without blemish, and hath not gone after gold. [9] Who is he? and we will call him blessed : for wonderful things hath he done among his people. [10] Who hath been tried thereby, and found perfect? then let him glory. Who might offend, and hath not offended? or done evil, and hath not done it? [11] His goods shall be established, and the congregation shall declare his alms.

[12] If thou sit at a bountiful table, be not greedy upon it, and say not, There is much meat on it. [13] Remember that a wicked eye is an evil thing : and what is created more wicked than an eye? therefore it weepeth upon every occasion. [14] Stretch not thine hand whithersoever it looketh, and thrust it not with him into the dish. [15] Judge of thy neighbour by thyself : and be discreet in every point. [16] Eat, as it becometh a man, those things which are set before thee ; and devour not, lest thou be hated. [17] Leave off first for manners' sake; and be not unsatiable, lest thou offend. [18] When thou sittest among many, reach not thine hand out first of all. [19] A very little is sufficient for a man well nurtured, and he fetcheth not his wind short upon his bed. [20] Sound sleep cometh of moderate eating : he riseth early, and his wits are with him : but the pain of watching, and choler, and pangs of the belly, are with an unsatiable man. [21] And if thou hast been forced to eat, arise, go forth, vomit, and thou shalt have rest.

[22] My son, hear me, and despise me not, and at the last thou shalt find as I told thee : in all thy works be quick, so shall there no sickness

come unto thee. ²³ Whoso is liberal of his meat, men shall speak well of him; and the report of his good housekeeping will be believed. ²⁴ But against him that is a niggard of his meat the whole city shall murmur; and the testimonies of his niggardness shall not be doubted of.

²⁵ Shew not thy valiantness in wine; for wine hath destroyed many. ²⁶ The furnace proveth the edge by dipping: so doth wine the hearts of the proud by drunkenness. ²⁷ Wine is as good as life to a man, if it be drunk moderately: what life is then to a man that is without wine? for it was made to make men glad. ²⁸ Wine measurably drunk and in season bringeth gladness of the heart, and cheerfulness of the mind: ²⁹ but wine drunken with excess maketh bitterness of the mind, with brawling and quarrelling. ³⁰ Drunkenness increaseth the rage of a fool till he offend: it diminisheth strength, and maketh wounds. ³¹ Rebuke not thy neighbour at the wine, and despise him not in his mirth: give him no despiteful words, and press not upon him with urging him [to drink].

If thou be made the master [of a feast], lift not thyself up, but be among them as one of the rest; take diligent care for them, and so sit down. ² And when thou hast done all thy office, take thy place, that thou mayest be merry with them, and receive a crown for thy well ordering of the feast. ³ Speak, thou that art the elder, for it becometh thee, but with sound judgment; and hinder not music. ⁴ Pour not out words where there is a musician, and shew not forth wisdom out of time. ⁵ A concert of music in a banquet of wine is as a signet of carbuncle set in gold. ⁶ As a signet of an emerald set in a work of gold, so is the melody of music with pleasant wine.

⁷ Speak, young man, if there be need of thee: and yet scarcely when thou art twice asked. ⁸ Let thy speech be short, comprehending much in few words; be as one that knoweth and yet holdeth his tongue. ⁹ If thou be among great men, make not thyself equal with them; and when ancient men are in place, use not many words. ¹⁰ Before the thunder goeth lightning; and before a shamefaced man shall go favour. ¹¹ Rise up betimes, and be not the last; but get thee home without delay. ¹² There take thy pastime, and do what thou wilt: but sin not by proud speech. ¹³ And for these things bless him that made thee, and hath replenished thee with his good things.

¹⁴ Whoso feareth the Lord will receive his discipline; and they that seek him early shall find favour. ¹⁵ He that seeketh the law shall be filled therewith: but the hypocrite will be offended thereat. ¹⁶ They that fear the Lord shall find judgment, and shall kindle justice as a light. ¹⁷ A sinful man will not be reproved, but findeth an excuse according to his will. ¹⁸ A man of counsel will be considerate; but a strange and proud man is not daunted with fear, even when of himself he hath done without counsel. ¹⁹ Do nothing without advice; and when thou hast once done, repent not.

²⁰ Go not in a way wherein thou mayest fall, and stumble not among the stones. ²¹ Be not confident in a plain way. ²² And beware of thine own children. ²³ In every good work trust thy own soul; for this is the keeping of the commandments. ²⁴ He that believeth in the Lord

γίνου ἐντρεχής, καὶ πᾶν ἀρρώστημα οὐ μή σοι ἀπαντήσῃ. Λαμπρὸν ἐπ᾽ ἄρτοις εὐλογήσει χείλη, καὶ μαρτυρία τῆς 23 καλλονῆς αὐτοῦ πιστή. Πονηρῷ ἐπ᾽ ἄρτῳ διαγογγύσει 24 πόλις, καὶ ἡ μαρτυρία τῆς πονηρίας αὐτοῦ ἐκριβής.

Ἐν οἴνῳ μὴ ἀνδρίζου, πολλοὺς γὰρ ἀπώλεσεν ὁ οἶνος. 25 Κάμινος δοκιμάζει στόμωμα ἐν βαφῇ, οὕτως οἶνος καρδίας 26 ἐν μάχῃ ὑπερηφάνων. Ἐπίσον ζωῆς οἶνος ἀνθρώπῳ, ἐὰν 27 πίνῃς αὐτὸν μέτρῳ αὐτοῦ· τίς ζωὴ ἐλασσουμένῳ οἴνῳ; καὶ αὐτὸς ἔκτισται εἰς εὐφροσύνην ἀνθρώποις. Ἀγαλλίαμα 28 καρδίας καὶ εὐφροσύνη ψυχῆς οἶνος πινόμενος ἐν καιρῷ αὐτάρκης· πικρία ψυχῆς οἶνος πινόμενος πολὺς, ἐν ὀρεθισμῷ 29 καὶ ἀντιπτώματι. Πληθύνει μέθη θυμὸν ἄφρονος εἰς πρόσ- 30 κομμα, ἐλαττῶν ἰσχὺν καὶ προσποιῶν τραύματα. Ἐν συμ- 31 ποσίῳ οἴνου μὴ ἐλέγξῃς τὸν πλησίον, καὶ μὴ ἐξουδενώσῃς αὐτὸν ἐν εὐφροσύνῃ αὐτοῦ· λόγον ὀνειδισμοῦ μὴ εἴπῃς αὐτῷ, καὶ μὴ αὐτὸν θλίψῃς ἐν ἀπαιτήσει.

ΠΕΡΙ ΉΓΟΥΜΕΝΩΝ.

Ἡγούμενων σε κατέστησαν; μὴ ἐπαίρου, γίνου ἐν αὐτοῖς 35 ὡς εἷς ἐξ αὐτῶν· φρόντισον αὐτῶν, καὶ οὕτω κάθισον, καὶ 2 πᾶσαν τὴν χρείαν σου ποιήσας ἀνάπεσε, ἵνα εὐφρανθῇς δι᾽ αὐτούς, καὶ εὐκοσμίας χάριν λάβῃς στέφανον. Λάλησον 3 πρεσβύτερε, πρέπει γάρ σοι, ἐν ἀκριβεῖ ἐπιστήμῃ, καὶ μὴ ἐμποδίσῃς μουσικά. Ὅπου ἀκρόαμα, μὴ ἐκχέῃς λαλιὰν, 4 καὶ ἀκαίρως μὴ σοφίζου. Σφραγὶς ἄνθρακος ἐπὶ κόσμῳ 5 χρυσῷ, σύγκριμα μουσικῶν ἐν συμποσίῳ οἴνου. Ἐν κατα- 6 σκευάσματι χρυσῷ σφραγὶς σμαράγδου μέλος μουσικῶν ἐφ᾽ ἡδεῖ οἴνῳ.

Λάλησον νεανίσκε εἰ χρεία σου, μόλις δὶς ἐὰν ἐπερωτηθῇς. 7 Κεφαλαίωσον λόγον, ἐν ὀλίγοις πολλὰ, γίνου ὡς γινώσκων 8 καὶ ἅμα σιωπῶν. Ἐν μέσῳ μεγιστάνων μὴ ἐξισάζου, καὶ 9 ἑτέρου λέγοντος μὴ πολλὰ ἀδολέσχει. Πρὸ βροντῆς κατα- 10 σπεύδει ἀστραπὴ, καὶ πρὸ αἰσχυντηροῦ προελεύσεται χάρις. Ἐν ὥρᾳ ἐξεγείρου καὶ μὴ οὐράγει, ἀπότρεχε εἰς οἶκον καὶ 11 μὴ ῥαθύμει. Ἐκεῖ παῖζε καὶ ποίει τὰ ἐνθυμήματά σου, καὶ 12 μὴ ἁμάρτῃς λόγῳ ὑπερηφάνῳ. Καὶ ἐπὶ τούτοις εὐλόγησον 13 τὸν ποιήσαντά σε, καὶ μεθύσκοντά σε ἀπὸ τῶν ἀγαθῶν αὐτοῦ.

Ὁ φοβούμενος Κύριον ἐκδέξεται παιδείαν, καὶ οἱ ὀρθρί- 14 ζοντες εὑρήσουσιν εὐδοκίαν. Ὁ ζητῶν νόμον ἐμπλησθήσε- 15 ται αὐτοῦ, καὶ ὁ ὑποκρινόμενος σκανδαλισθήσεται ἐν αὐτῷ. Οἱ φοβούμενοι Κύριον εὑρήσουσι κρίμα, καὶ δικαιώματα ὡς 16 φῶς ἐξάψουσιν. Ἄνθρωπος ἁμαρτωλὸς ἐκκλίνει ἐλεγμὸν, 17 καὶ κατὰ τὸ θέλημα αὐτοῦ εὑρήσει σύγκριμα. Ἀνὴρ βουλῆς 18 οὐ μὴ παρίδῃ διανόημα, ἀλλότριος καὶ ὑπερήφανος οὐ κατα- πτήξει φόβον, καὶ μετὰ τὸ ποιῆσαι μετ᾽ αὐτοῦ ἄνευ βουλῆς. Ἄνευ βουλῆς μηθὲν ποιήσῃς, καὶ ἐν τῷ ποιῆσαί σε μὴ 19 μεταμελοῦ.

Ἐν ὁδῷ ἀντιπτώματος μὴ πορεύου, καὶ μὴ προσκόψῃς ἐν 20 λιθώδεσι. Μὴ πιστεύσῃς ἐν ὁδῷ ἀπροσκόπῳ, καὶ ἀπὸ 21, 22 τῶν τέκνων σου φύλαξαι. Ἐν παντὶ ἔργῳ πίστευε τῇ 23 ψυχῇ σου, καὶ γὰρ τοῦτό ἐστι τήρησις ἐντολῶν. Ὁ 24

πιστεύων νόμῳ προσέχει ἐντολαῖς, καὶ ὁ πεποιθὼς Κυρίῳ οὐκ ἐλαττωθήσεται.

36 Τῷ φοβουμένῳ Κύριον οὐκ ἀπαντήσει κακὸν, ἀλλ' ἐν
2 πειρασμῷ καὶ πάλιν ἐξελεῖται. Ἀνὴρ σοφὸς οὐ μισήσει νόμον, ὁ δὲ ὑποκρινόμενος ἐν αὐτῷ, ὡς ἐν καταιγίδι πλοῖον.
3 Ἄνθρωπος συνετὸς ἐμπιστεύσει νόμῳ, καὶ ὁ νόμος αὐτῷ
4 πιστὸς ὡς ἐρώτημα δικαίων. Ἑτοίμασον λόγον, καὶ οὕτως
5 ἀκουσθήσῃ, σύνδησον παιδείαν καὶ ἀποκρίθητι. Τροχὸς ἀμάξης σπλάγχνα μωροῦ, καὶ ὡς ἄξων στρεφόμενος ὁ
6 διαλογισμὸς αὐτοῦ. Ἵππος εἰς ὀχείαν ὡς φίλος μῶκος, ὑποκάτω παντὸς ἐπικαθημένου χρεμετίζει.

7 Διατί ἡμέρα ἡμέρας ὑπερέχει, καὶ πᾶν φῶς ἡμέρας
8 ἐνιαυτοῦ ἀφ' ἡλίου; Ἐν γνώσει Κυρίου διεχωρίσθησαν,
9 καὶ ἠλλοίωσε καιροὺς καὶ ἑορτάς· ἀπ' αὐτῶν ἀνύψωσε καὶ ἡγίασε, καὶ ἐξ αὐτῶν ἔθηκεν εἰς ἀριθμὸν ἡμερῶν.

10 Καὶ ἄνθρωποι πάντες ἀπὸ ἐδάφους, καὶ ἐκ γῆς ἐκτίσθη
11 Ἀδάμ. Ἐν πλήθει ἐπιστήμης Κύριος διεχώρισεν αὐτοὺς
12 καὶ ἠλλοίωσε τὰς ὁδοὺς αὐτῶν. Ἐξ αὐτῶν εὐλόγησε καὶ ἀνύψωσε, καὶ ἐξ αὐτῶν ἡγίασε, καὶ πρὸς αὐτὸν ἤγγισεν· ἀπ' αὐτῶν κατηράσατο, καὶ ἐταπείνωσε, καὶ ἀνέστρεψεν αὐτοὺς
13 ἀπὸ στάσεως αὐτῶν. Ὡς πηλὸς κεραμέως ἐν χειρὶ αὐτοῦ, πᾶσαι αἱ ὁδοὶ αὐτοῦ κατὰ τὴν εὐδοκίαν αὐτοῦ· οὕτως ἄνθρωποι ἐν χειρὶ τοῦ ποιήσαντος αὐτοὺς, ἀποδοῦναι αὐτοῖς κατὰ
14 τὴν κρίσιν αὐτοῦ. Ἀπέναντι τοῦ κακοῦ τὸ ἀγαθὸν, καὶ ἀπέναντι τοῦ θανάτου ἡ ζωὴ, οὕτως ἀπέναντι εὐσεβοῦς
15 ἁμαρτωλός. Καὶ οὕτως ἔμβλεψον εἰς πάντα τὰ ἔργα τοῦ ὑψίστου, δύο δύο ἓν κατέναντι τοῦ ἑνός.

11 Κἀγὼ ἔσχατος ἠγρύπνησα, καὶ κατεκληρονόμησα αὐτοὺς
12 καθὼς ἀπ' ἀρχῆς. Ἐλέησον λαὸν, Κύριε, κεκλημένον ἐπ'
13 ὀνόματί σου, καὶ Ἰσραὴλ ὃν πρωτογόνῳ ὡμοίωσας. Οἰκτείρησον πόλιν ἁγιάσματός σου Ἱερουσαλὴμ, πόλιν κατα-
14 παύματός σου. Πλῆσον Σιὼν ἆραι τὰ λόγιά σου, καὶ ἀπὸ
15 τῆς δόξης σου τὸν λαόν σου. Δὸς μαρτύριον τοῖς ἐν ἀρχῇ κτίσμασί σου, καὶ ἔγειρον προφητείας τὰς ἐπ' ὀνόματί σου·
16 δὸς μισθὸν τοῖς ὑπομένουσί σε, καὶ οἱ προφῆταί σου ἐμπιστευθήτωσαν.

17 Εἰσάκουσον, Κύριε, δεήσεως τῶν ἱκετῶν σου, κατὰ τὴν εὐλογίαν Ἀαρὼν περὶ τοῦ λαοῦ σου, καὶ γνώσονται πάντες
18 οἱ ἐπὶ τῆς γῆς, ὅτι σὺ Κύριος εἶ ὁ Θεὸς τῶν αἰώνων. Πᾶν βρῶμα φάγεται κοιλία, ἔστι δὲ βρῶμα βρώματος κάλλιον.
19 Φάρυγξ γεύεται βρώματα θήρας, οὕτως καρδία συνετὴ
20 λόγους ψευδεῖς. Καρδία στρεβλὴ δώσει λύπην, καὶ ἄνθρωπος πολύπειρος ἀνταποδώσει αὐτῷ.
21 Πάντα ἄρρενα ἐπιδέξεται γυνή, ἔστι δὲ θυγάτηρ θυγατρὸς
22 κρείσσων. Κάλλος γυναικὸς ἱλαρύνει πρόσωπον, καὶ ὑπὲρ
23 πᾶσαν ἐπιθυμίαν ἀνθρώπου ὑπεράγει. Εἰ ἔστιν ἐπὶ γλώσσης αὐτῆς ἔλεος καὶ πραΰτης, οὐκ ἔστιν ὁ ἀνὴρ αὐτῆς καθ' υἱοὺς ἀνθρώπων.
24 Ὁ κτώμενος γυναῖκα ἐνάρχεται κτήσεως, βοηθὸν κατ'
25 αὐτὸν καὶ στῦλον ἀναπαύσεων. Οὗ οὐκ ἔστι φραγμὸς, διαρπαγήσεται κτῆμα, καὶ οὗ οὐκ ἔστι γυνή, στενάξει
26 πλανώμενος. Τίς γὰρ πιστεύσει εὐζώνῳ λῃστῇ σφαλλομένῳ

---

taketh heed to the commandment; and he that trusteth in him shall fare never the worse.

There shall no evil happen unto him that feareth the Lord; but in temptation even again he will deliver him. [2] A wise man hateth not the law; but he that is an hypocrite therein is as a ship in a storm. [3] A man of understanding trusteth in the law; and the law is faithful unto him, as an oracle. [4] Prepare what to say, and so thou shalt be heard: and bind up instruction, and then make answer. [5] The heart of the foolish is like a cart-wheel; and his thoughts are like a rolling axle-tree. [6] A stallion horse is as a mocking friend, he neigheth under every one that sitteth upon him.

[7] Why doth one day excel another, when as all the light of every day in the year is of the sun? [8] By the knowledge of the Lord they were distinguished: and he altered seasons and feasts. [9] Some of them hath he made high days, and hallowed them, and some of them hath he made ordinary days.

[10] And all men are from the ground, and Adam was created of earth. [11] In much knowledge the Lord hath divided them, and made their ways diverse. [12] Some of them hath he blessed and exalted, and some of them hath he sanctified, and set near himself: but some of them hath he cursed and brought low, and turned out of their places. [13] As the clay is in the potter's hand, to fashion it at his pleasure: so man is in the hand of him that made him, to render to them as liketh him best. [14] Good is set against evil, and life against death: so is the godly against the sinner, and the sinner against the godly. [15] So look upon all the works of the most High; and there are two and two, one against another.

[11] Though I was the last to wake up, yet I received their inheritance as from the beginning. [12] O Lord have mercy upon the people that is called by thy name, and upon Israel, whom thou hast named thy firstborn. [13] O be merciful unto Jerusalem, thy holy city, the place of thy rest. [14] Fill Sion with thine unspeakable oracles, and thy people with thy glory. [15] Give testimony unto those that thou hast possessed from the beginning, and raise up prophets that have been in thy name. [16] Reward them that wait for thee, and let thy prophets be found faithful.

[17] O Lord, hear the prayer of thy servants, according to the blessing of Aaron over thy people, that all they which dwell upon the earth may know that thou art the Lord, the eternal God. [18] The belly devoureth all meats, yet is one meat better than another. [19] As the palate tasteth divers kinds of venison: so doth an heart of understanding false speeches. [20] A froward heart causeth heaviness: but a man of experience will recompense him.

[21] A woman will receive every man, yet is one daughter better than another. [22] The beauty of a woman cheereth the countenance, and a man loveth nothing better. [23] If there be kindness, meekness, and comfort in her tongue, then is not her husband like other men. [24] He that getteth a wife beginneth a possession, a help like unto himself, and a pillar of rest. [25] Where no hedge is, there the possession is spoiled: and he that hath no wife will wander up and down mourning. [26] Who will trust a thief well appointed, that skippeth

from city to city? so [who will believe] a man that hath no house, and lodgeth wheresoever the night taketh him?

Every friend saith, I am his friend also: but there is a friend, which is only a friend in name. ³ Is it not a grief unto death, when a companion and friend is turned to an enemy? ³ O wicked imagination, whence camest thou in to cover the earth with deceit? ⁴ There is a companion, which rejoiceth in the prosperity of a friend, but in the time of trouble will be against him. ⁵ There is a companion, which helpeth his friend for the belly, and taketh up the buckler against the enemy. ⁶ Forget not thy friend in thy mind, and be not unmindful of him in thy riches.

⁷ Every counsellor extolleth counsel; but there is some that counselleth for himself. ⁸ Beware of a counsellor, and know before what need he hath; for he will counsel for himself; lest he cast the lot upon thee, ⁹ and say unto thee, Thy way is good: and afterward he stand on the other side, to see what shall befall thee. ¹⁰ Consult not with one that suspecteth thee: and hide thy counsel from such as envy thee. ¹¹ Neither consult with a woman touching her of whom she is jealous; neither with a coward in matters of war; nor with a merchant concerning exchange; nor with a buyer of selling; nor with an envious man of thankfulness; nor with an unmerciful man touching kindness; nor with the slothful for any work; nor with an hireling for a year of finishing work; nor with an idle servant of much business: hearken not unto these in any matter of counsel.

¹² But be continually with a godly man, whom thou knowest to keep the commandments of the Lord, whose mind is according to thy mind, and will sorrow with thee, if thou shalt miscarry. ¹³ And let the counsel of thine own heart stand: for there is no man more faithful unto thee than it; ¹⁴ for a man's mind is sometime wont to tell him more than seven watchmen, that sit above in an high tower. ¹⁵ And above all this pray to the most High, that he will direct thy way in truth. ¹⁶ Let reason go before every enterprize, and counsel before every action.

¹⁷ The countenance is a sign of changing of the heart. ¹⁸ Four manners of things appear: good and evil, life and death: but the tongue ruleth over them continually. ¹⁹ There is one that is wise and teacheth many, and yet is unprofitable to himself. ²⁰ There is one that sheweth wisdom in words, and is hated: he shall be destitute of all food. ²¹ For grace is not given him from the Lord; because he is deprived of all wisdom. ²² Another is wise to himself; and the fruits of understanding are commendable in his mouth.

²³ A wise man instructeth his people; and the fruits of his understanding fail not. ²⁴ A wise man shall be filled with blessing; and all they that see him shall count him happy. ²⁵ The days of the life of man may be numbered; but the days of Israel are innumerable. ²⁶ A wise man shall inherit glory among his people, and his name shall be perpetual.

²⁷ My son, prove thy soul in thy life, and see what is evil for it, and give not that unto it. ²⁸ For all things are not profitable for all men, neither hath every soul pleasure in every thing. ²⁹ Be not insatiable in any dainty thing, nor too greedy upon meats: ³⁰ for excess of meats

ἐκ πόλεως εἰς πόλιν; οὕτως ἀνθρώπῳ μὴ ἔχοντι νοσσιὰν καὶ καταλύοντι οὗ ἐὰν ὀψισῃ.

Πᾶς φίλος ἐρεῖ, ἐφίλασα αὐτῷ κἀγώ· ἀλλ᾽ ἔστι φίλος 37 ὀνόματι μόνον φίλος. Οὐχὶ λύπη ἔνι ἕως θανάτου, ἑταῖρος 2 καὶ φίλος τρεπόμενος εἰς ἔχθραν; Ὦ πονηρὸν ἐνθύμημα, 3 πόθεν ἐνεκυλίσθης καλύψαι τὴν ξηρὰν ἐν δολιότητι; Ἑταῖ- 4 ρος φίλου ἐν εὐφροσύνῃ ἥδεται, καὶ ἐν καιρῷ θλίψεως ἔσται ἀπέναντι. Ἑταῖρος φίλῳ συμπονεῖ χάριν γαστρὸς, ἔναντι 5 πολέμου λήψεται ἀσπίδα. Μὴ ἐπιλάθῃ φίλου ἐν τῇ ψυχῇ 6 σου, καὶ μὴ ἀμνημονήσῃς αὐτοῦ ἐν χρήμασί σου.

Πᾶς σύμβουλος ἐξαίρει βουλὴν, ἀλλ᾽ ἔστι συμβουλεύων 7 εἰς ἑαυτόν. Ἀπὸ συμβούλου φύλαξον τὴν ψυχήν σου, καὶ 8 γνῶθι πρότερον τίς αὐτοῦ χρεία· καὶ γὰρ αὐτὸς ἑαυτῷ βουλεύσεται· μήποτε βάλῃ ἐπὶ σοὶ κλῆρον, καὶ εἴπῃ σοι, 9 καλὴ ἡ ὁδός σου· καὶ στήσεται ἐξ ἐναντίας ἰδεῖν τὸ συμβησόμενόν σοι. Μὴ βουλεύου μετὰ τοῦ ὑποβλεπομένου σε, 10 καὶ ἀπὸ τῶν ζηλούντων σε κρύψον βουλήν. Μετὰ γυναικὸς 11 περὶ ἀντιζήλου αὐτῆς, καὶ μετὰ δειλοῦ περὶ πολέμου· μετὰ ἐμπόρου περὶ μεταβολίας, καὶ μετὰ ἀγοράζοντος περὶ πράσεως· μετὰ βασκάνου περὶ εὐχαριστίας, καὶ μετὰ ἀνελεήμονος περὶ χρηστοηθείας· μετὰ ὀκνηροῦ περὶ παντὸς ἔργου, καὶ μετὰ μισθίου ἐφεστίου περὶ συντελείας, οἰκέτῃ ἀργῷ περὶ πολλῆς ἐργασίας· μὴ ἔπεχε ἐπὶ τούτοις περὶ πάσης συμβουλίας.

Ἀλλ᾽ ἢ μετὰ ἀνδρὸς εὐσεβοῦς ἐνδελέχιζε, ὃν ἂν ἐπιγνῷς 12 συντηροῦντα ἐντολάς· ὃς ἐν τῇ ψυχῇ αὐτοῦ κατὰ τὴν ψυχήν σου, καὶ ἐὰν πταίσῃς, συναλγήσει σοι. Καὶ βουλὴν 13 καρδίας στῆσον, οὐ γάρ ἐστί σοι πιστότερος αὐτῆς· ψυχὴ 14 γὰρ ἀνδρὸς ἀπαγγέλλειν ἐνίοτε εἴωθεν, ἢ ἑπτὰ σκοποὶ ἐπὶ μετεώρου καθήμενοι ἐπὶ σκοπῆς. Καὶ ἐπὶ πᾶσι τούτοις 15 δεήθητι ὑψίστου, ἵνα εὐθύνῃ ἐν ἀληθείᾳ τὴν ὁδόν σου. Ἀρχὴ παντὸς ἔργου λόγος, καὶ πρὸ πάσης πράξεως 16 βουλή.

Ἴχνος ἀλλοιώσεως καρδίας. Τέσσαρα μέρη ἀνατέλλει, 17, 18 ἀγαθὸν καὶ κακὸν, ζωὴ καὶ θάνατος, καὶ κυριεύουσα ἐνδελεχῶς αὐτῶν γλῶσσά ἐστιν. Ἔστιν ἀνὴρ πανοῦργος καὶ 19 πολλῶν παιδευτὴς, καὶ τῇ ἰδίᾳ ψυχῇ ἄχρηστός ἐστιν. Ἔστι 20 σοφιζόμενος ἐν λόγοις μισητὸς, οὗτος πάσης τροφῆς καθυστερήσει, οὐ γὰρ ἐδόθη αὐτῷ παρὰ Κυρίου χάρις, ὅτι πάσης 21 σοφίας ἐστερήθη. Ἔστι σοφὸς τῇ ἰδίᾳ ψυχῇ, καὶ οἱ 22 καρποὶ τῆς συνέσεως αὐτοῦ ἐπὶ στόματος πιστοί.

Ἀνὴρ σοφὸς τὸν ἑαυτοῦ λαὸν παιδεύσει, καὶ οἱ καρποὶ 23 τῆς συνέσεως αὐτοῦ πιστοί. Ἀνὴρ σοφὸς πλησθήσεται 24 εὐλογίας, καὶ μακαριοῦσιν αὐτὸν πάντες οἱ ὁρῶντες. Ζωὴ 25 ἀνδρὸς ἐν ἀριθμῷ ἡμερῶν, καὶ αἱ ἡμέραι τοῦ Ἰσραὴλ ἀναρίθμητοι. Ὁ σοφὸς ἐν τῷ λαῷ αὐτοῦ κληρονομήσει πίστιν, 26 καὶ τὸ ὄνομα αὐτοῦ ζήσεται εἰς τὸν αἰῶνα.

Τέκνον, ἐν τῇ ζωῇ σου πείρασον τὴν ψυχήν σου, καὶ ἴδε 27 τί πονηρὸν αὐτῇ, καὶ μὴ δῷς αὐτῇ. Οὐ γὰρ πάντα πᾶσι 28 συμφέρει, καὶ οὐ πᾶσα ψυχὴ ἐν παντὶ εὐδοκεῖ. Μὴ ἀπλη- 29 στεύου ἐν πάσῃ τρυφῇ, καὶ μὴ ἐκχυθῇς ἐπὶ ἐδεσμάτων· ἐν πολλοῖς γὰρ βρώμασιν ἔσται πόνος, καὶ ἡ ἀπληστία 30

31 ἐγγιεῖ ἕως χολέρας. Δι' ἀπληστίαν πολλοὶ ἐτελεύτησαν, ὁ δὲ προσέχων προσθήσει ζωήν.

38 Τίμα ἰατρὸν πρὸς τὰς χρείας τιμαῖς αὐτοῦ, καὶ γὰρ αὐτὸν
2 ἔκτισε Κύριος. Παρὰ γὰρ ὑψίστου ἐστὶν ἴασις, καὶ παρὰ
3 βασιλέως λήψεται δόμα. Ἐπιστήμη ἰατροῦ ἀνυψώσει κεφαλὴν αὐτοῦ, καὶ ἔναντι μεγιστάνων θαυμασθήσεται.
4 Κύριος ἔκτισεν ἐκ γῆς φάρμακα, καὶ ἀνὴρ φρόνιμος οὐ
5 προσοχθιεῖ αὐτοῖς. Οὐκ ἀπὸ ξύλου ἐγλυκάνθη ὕδωρ, εἰς τὸ
6 γνωσθῆναι τὴν ἰσχὺν αὐτοῦ; Καὶ αὐτὸς ἔδωκεν ἀνθρώποις
7 ἐπιστήμην ἐνδοξάζεσθαι ἐν τοῖς θαυμασίοις αὐτοῦ. Ἐν
8 αὐτοῖς ἐθεράπευσε, καὶ ἦρε τὸν πόνον αὐτοῦ. Μυρεψὸς ἐν τούτοις ποιήσει μίγμα, καὶ οὐ μὴ συντελέσῃ ἔργα αὐτοῦ, καὶ εἰρήνη παρ' αὐτοῦ ἐστιν ἐπὶ προσώπου τῆς γῆς.

9 Τέκνον, ἐν ἀρρωστήματί σου μὴ παράβλεπε, ἀλλ' εὖξαι
10 Κυρίῳ, καὶ αὐτὸς ἰάσεταί σε. Ἀπόστησον πλημμέλειαν, καὶ εὔθυνον χεῖρας, καὶ ἀπὸ πάσης ἁμαρτίας καθάρισον
11 καρδίαν. Δὸς εὐωδίαν, καὶ μνημόσυνον σεμιδάλεως, καὶ
12 λίπανον προσφοράν, ὡς μὴ ὑπάρχων. Καὶ ἰατρῷ δὸς τόπον, καὶ γὰρ αὐτὸν ἔκτισε Κύριος· καὶ μὴ ἀποστήτω σου, καὶ
13 γὰρ αὐτοῦ χρεία. Ἔστι καιρὸς ὅτε καὶ ἐν χερσὶν αὐτῶν
14 εὐωδία. Καὶ γὰρ αὐτοὶ Κυρίου δεηθήσονται, ἵνα εὐοδώσῃ
15 αὐτοῖς ἀνάπαυσιν καὶ ἴασιν χάριν ἐμβιώσεως. Ὁ ἁμαρτάνων ἔναντι τοῦ ποιήσαντος αὐτὸν, ἐμπέσοι εἰς χεῖρας ἰατροῦ.

16 Τέκνον, ἐπὶ νεκρῷ κατάγαγε δάκρυα, καὶ ὡς δεινὰ πάσχων ἔναρξε θρήνου· κατὰ δὲ τὴν κρίσιν αὐτοῦ περίστειλον τὸ
17 σῶμα αὐτοῦ, καὶ μὴ ὑπερίδῃς τὴν ταφὴν αὐτοῦ. Πίκρανον κλαυθμὸν, καὶ θέρμανον κοπετὸν, καὶ ποίησον τὸ πένθος κατὰ τὴν ἀξίαν αὐτοῦ ἡμέραν μίαν καὶ δύο χάριν διαβολῆς,
18 καὶ παρακλήθητι λύπης ἕνεκα· ἀπὸ λύπης γὰρ ἐκβαίνει
19 θάνατος, καὶ λύπη καρδίας κάμψει ἰσχύν. Ἐν ἀπαγωγῇ
20 παραβαίνει καὶ λύπη, καὶ βίος πτωχοῦ κατὰ καρδίας. Μὴ δῷς εἰς λύπην τὴν καρδίαν σου, ἀπόστησον αὐτὴν μνησθεὶς
21 τὰ ἔσχατα. Μὴ ἐπιλάθῃ, οὐ γάρ ἐστιν ἐπάνοδος, καὶ
22 τοῦτον οὐκ ὠφελήσεις, καὶ σεαυτὸν κακώσεις. Μνήσθητι τὸ κρίμα αὐτοῦ, ὅτι οὕτω ὡς καὶ τὸ σόν· ἐμοὶ χθὲς, καὶ σοὶ
23 σήμερον. Ἐν ἀναπαύσει νεκροῦ κατάπαυσον τὸ μνημόσυνον αὐτοῦ, καὶ παρακλήθητι ἐν αὐτῷ ἐν ἐξόδῳ πνεύματος αὐτοῦ.

24 Σοφία γραμματέως ἐν εὐκαιρίᾳ σχολῆς, καὶ ὁ ἐλασσού-
25 μενος πράξει αὐτοῦ σοφισθήσεται. Τί σοφισθήσεται ὁ κρατῶν ἀρότρου, καὶ καυχώμενος ἐν δόρατι κέντρου, βόας ἐλαύνων καὶ ἀναστρεφόμενος ἐν ἔργοις αὐτῶν, καὶ ἡ διήγησις
26 αὐτοῦ ἐν υἱοῖς ταύρων; Καρδίαν αὐτοῦ δώσει ἐκδοῦναι αὔλακας, καὶ ἡ ἀγρυπνία αὐτοῦ εἰς χορτάσματα δαμάλεων.
27 Οὕτως πᾶς τέκτων καὶ ἀρχιτέκτων, ὅστις νύκτωρ ὡς ἡμέρα διάγει· οἱ γλύφοντες γλύμματα σφραγίδων, καὶ ἡ ὑπομονὴ αὐτοῦ ἀλλοιῶσαι ποικιλίαν· καρδίαν αὐτοῦ δώσει εἰς τὸ ὁμοιῶσαι ζωγραφίαν, καὶ ἡ ἀγρυπνία αὐτοῦ τελέσαι ἔργον.
28 Οὕτως χαλκεὺς καθήμενος ἐγγὺς ἄκμονος, καὶ καταμανθάνων ἀργῷ σιδήρῳ· ἀτμὶς πυρὸς πήξει σάρκας αὐτοῦ, καὶ

---

bringeth sickness, and surfeiting will turn into choler. 31 By surfeiting have many perished; but he that taketh heed prolongeth his life.

Honour a physician with the honour due unto him for the uses which ye may have of him: for the Lord hath created him. 2 For of the most High cometh healing, and he shall receive honour of the king. 3 The skill of the physician shall lift up his head: and in the sight of great men he shall be in admiration. 4 The Lord hath created medicines out of the earth; and he that is wise will not abhor them. 5 Was not the water made sweet with wood, that the virtue thereof might be known? 6 And he hath given men skill, that he might be honoured in his marvellous works. 7 With such doth he heal [men,] and taketh away their pains. 8 Of such doth the apothecary make a confection; and of his works there is no end; and from him is peace over all the earth.

9 My son, in thy sickness be not negligent: but pray unto the Lord, and he will make thee whole. 10 Leave off from sin, and order thine hands aright, and cleanse thy heart from all wickedness. 11 Give a sweet savour, and a memorial of fine flour; and make a fat offering, as not being. 12 Then give place to the physician, for the Lord hath created him: let him not go from thee, for thou hast need of him. 13 There is a time when in their hands there is good success. 14 For they shall also pray unto the Lord, that he would prosper that which they give for ease and remedy to prolong life. 15 He that sinneth before his Maker, let him fall into the hand of the physician.

16 My son, let tears fall down over the dead, and begin to lament, as if thou hadst suffered great harm thyself; and then cover his body according to the custom, and neglect not his burial. 17 Weep bitterly, and make great moan, and use lamentation, as he is worthy, and that a day or two, lest thou be evil spoken of: and then comfort thyself for thy heaviness; 18 for of heaviness cometh death, and the heaviness of the heart breaketh strength. 19 In affliction also sorrow remaineth: and the life of the poor is the curse of the heart. 20 Take no heaviness to heart: drive it away, and remember the last end. 21 Forget him not, for there is no turning again: thou shalt not do him good, but hurt thyself. 22 Remember his judgment: for thine also shall be so; yesterday for me, and to day for thee. 23 When the dead is at rest, let his remembrance rest; and be comforted for him when his spirit is departed from him.

24 The wisdom of a learned man cometh by opportunity of leisure: and he that hath little business shall become wise. 25 How can he get wisdom that holdeth the plough, and that glorieth in the goad, that driveth oxen, and is occupied in their labours, and whose talk is of bullocks? 26 He giveth his mind to make furrows; and is diligent to give the kine fodder. 27 So every carpenter and workmaster, that laboureth night and day: and they that cut and grave seals, and are diligent to make great variety, and give themselves to counterfeit imagery, and watch to finish a work: 28 The smith also sitting by the anvil, and considering the iron work, the vapour of the fire

wasteth his flesh, and he fighteth with the heat of the furnace : the noise of the hammer and the anvil is ever in his ears, and his eyes look still upon the pattern of the thing that he maketh ; he setteth his mind to finish his work, and watcheth to polish it perfectly :

²⁹ So doth the potter sitting at his work, and turning the wheel about with his feet, who is alway carefully set at his work, and maketh all his work by number ; ³⁰ he fashioneth the clay with his arm, and boweth down his strength before his feet ; he applieth himself to lead it over ; and he is diligent to make clean the furnace : ³¹ all these trust to their hands ; and every one is wise in his work. ³² Without these cannot a city be inhabited : and they shall not dwell where they will, nor go up and down : ³³ they shall not be sought for in public counsel, nor sit high in the congregation : they shall not sit on the judges' seat, nor understand the sentence of judgment : they cannot declare justice and judgment ; and they shall not be found where parables are spoken. ³⁴ But they will maintain the state of the world, and [all] their desire is in the work of their craft.

But he that giveth his mind to the law of the most High, and is occupied in the meditation thereof, will seek out the wisdom of all the ancients, and be occupied in prophecies. ² He will keep the sayings of the renowned men : and where subtil parables are, he will be there also. ³ He will seek out the secrets of grave sentences, and be conversant in dark parables. ⁴ He shall serve among great men, and appear before princes : he will travel through strange countries ; for he hath tried the good and the evil among men. ⁵ He will give his heart to resort early to the Lord that made him, and will pray before the most High, and will open his mouth in prayer, and make supplication for his sins.

⁶ When the great Lord will, he shall be filled with the spirit of understanding : he shall pour out wise sentences, and give thanks unto the Lord in his prayer. ⁷ He shall direct his counsel and knowledge, and on his secrets shall he meditate. ⁸ He shall shew forth that which he hath learned, and shall glory in the law of the covenant of the Lord. ⁹ Many shall commend his understanding ; and so long as the world endureth, it shall not be blotted out ; his memorial shall not depart away, and his name shall live from generation to generation. ¹⁰ Nations shall shew forth his wisdom, and the congregation shall declare his praise. ¹¹ If he die, he shall leave a greater name than a thousand : and if he live, he shall increase it. ¹² Yet have I more to say, which I have thought upon ; for I am filled as the moon at the full.

¹³ Hearken unto me, ye holy children, and bud forth as a rose growing by the brook of the field : ¹⁴ and give ye a sweet savour as frankincense, and flourish as a lily, send forth a smell, and sing a song of praise, bless the Lord in all his works. ¹⁵ Magnify his name, and shew forth his praise with the songs of your lips, and with harps, and in praising him ye shall say after this manner : ¹⁶ All the works of the Lord are exceeding good, and whatsoever he commandeth shall be *accomplished* in due season. ¹⁷ For at time convenient they shall all be sought out : at his commandment the waters stood as an heap, and at the words of his mouth, the receptacles

ἐν θέρμῃ καμίνου διαμαχήσεται· φωνὴ σφύρης καινιεῖ τὸ οὖς αὐτοῦ, καὶ κατέναντι ὁμοιώματος σκεύους οἱ ὀφθαλμοὶ αὐτοῦ· καρδίαν αὐτοῦ δώσει εἰς συντέλειαν ἔργων, καὶ ἡ ἀγρυπνία αὐτοῦ κοσμῆσαι ἐπὶ συντελείας.

Οὗτω κεραμεὺς καθήμενος ἐν ἔργῳ αὐτοῦ, καὶ συστρέφων 29 ἐν ποσὶν αὐτοῦ τροχὸν, ὃς ἐν μερίμνῃ κεῖται διαπαντὸς ἐπὶ τὸ ἔργον αὐτοῦ, καὶ ἐναρίθμιος πᾶσα ἡ ἐργασία αὐτοῦ. Ἐν βραχίονι αὐτοῦ τυπώσει πηλὸν, καὶ πρὸ ποδῶν κάμψει 30 ἰσχὺν αὐτοῦ· καρδίαν ἐπιδώσει συντελέσαι τὸ χρῖσμα, καὶ ἡ ἀγρυπνία αὐτοῦ καθαρίσαι κάμινον. Πάντες οὗτοι εἰς 31 χεῖρας αὐτῶν ἐνεπίστευσαν, καὶ ἕκαστος ἐν τῷ ἔργῳ αὐτοῦ σοφίζεται. Ἄνευ αὐτῶν οὐκ οἰκισθήσεται πόλις, καὶ οὐ 32 παροικήσουσιν, οὐδὲ περιπατήσουσι· καὶ ἐν ἐκκλησίᾳ οὐχ 33 ὑπεραλοῦνται· ἐπὶ δίφρον δικαστοῦ οὐ καθιοῦνται, καὶ διαθήκην κρίματος οὐ διανοηθήσονται, οὐδὲ μὴ ἐκφάνωσι δικαιοσύνην καὶ κρίμα· καὶ ἐν παραβολαῖς οὐχ εὑρεθήσονται. Ἀλλὰ κτίσμα αἰῶνος στηρίσουσι· καὶ ἡ δέησις αὐτῶν 34 ἐν ἐργασίᾳ τέχνης.

Πλὴν τοῦ ἐπιδόντος τὴν ψυχὴν αὐτοῦ, καὶ διανοουμένου ἐν νόμῳ ὑψίστου, σοφίαν πάντων ἀρχαίων ἐκζητήσει, καὶ ἐν προ- 39 φητείαις ἀσχοληθήσεται. Διηγήσεις ἀνδρῶν ὀνομαστῶν συν- 2 τηρήσει, καὶ ἐν στροφαῖς παραβολῶν συνεισελεύσεται. Ἀπό- 3 κρυφα παροιμιῶν ἐκζητήσει, καὶ ἐν αἰνίγμασι παραβολῶν ἀναστραφήσεται. Ἀναμέσον μεγιστάνων ὑπηρετήσει, καὶ 4 ἔναντι ἡγουμένων ὀφθήσεται· ἐν γῇ ἀλλοτρίων ἐθνῶν διελεύ- σεται, ἀγαθὰ γὰρ καὶ κακὰ ἐν ἀνθρώποις ἐπείρασε. Τὴν 5 καρδίαν αὐτοῦ ἐπιδώσει ὀρθρίσαι πρὸς Κύριον τὸν ποιήσαντα αὐτὸν, καὶ ἔναντι ὑψίστου δεηθήσεται· καὶ ἀνοίξει τὸ στόμα αὐτοῦ ἐν προσευχῇ, καὶ περὶ τῶν ἁμαρτιῶν αὐτοῦ δεηθήσεται.

Ἐὰν Κύριος ὁ μέγας θελήσῃ, πνεύματι συνέσεως ἐμπλη- 6 σθήσεται· αὐτὸς ἀνομβρήσει ῥήματα σοφίας αὐτοῦ, καὶ ἐν προσευχῇ ἐξομολογήσεται Κυρίῳ. Αὐτὸς κατευθύνει βου- 7 λὴν αὐτοῦ καὶ ἐπιστήμην, καὶ ἐν τοῖς ἀποκρύφοις αὐτοῦ διανοηθήσεται. Αὐτὸς ἐκφανεῖ παιδείαν διδασκαλίας αὐτοῦ, 8 καὶ ἐν νόμῳ διαθήκης Κυρίου καυχήσεται. Αἰνέσουσι τὴν 9 σύνεσιν αὐτοῦ πολλοὶ, ἕως τοῦ αἰῶνος οὐκ ἐξαλειφθήσεται· οὐκ ἀποστήσεται τὸ μνημόσυνον αὐτοῦ, καὶ ὄνομα αὐτοῦ ζήσεται εἰς γενεὰς γενεῶν. Τὴν σοφίαν αὐτοῦ διηγήσονται 10 ἔθνη, καὶ τὸν ἔπαινον αὐτοῦ ἐξαγγελεῖ ἐκκλησία. Ἐὰν 11 ἐμμείνῃ ὄνομα καταλείψει ἢ χίλιοι, καὶ ἐὰν ἀναπαύσηται ἐμποιεῖ αὐτῷ. Ἔτι διανοηθεὶς ἐκδιηγήσομαι, καὶ ὡς διχο- 12 μηνία ἐπληρώθην.

Εἰσακούσατέ μου υἱοὶ ὅσιοι, καὶ βλαστήσατε ὡς ῥόδον 13 φυόμενον ἐπὶ ῥεύματος ἀγροῦ· καὶ ὡς λίβανος εὐωδιάσατε 14 ὀσμὴν, καὶ ἀνθήσατε ἄνθος ὡς κρίνον· διάδοτε ὀσμὴν καὶ αἰνέσατε ᾆσμα· εὐλογήσατε Κύριον ἐπὶ πᾶσι τοῖς ἔργοις. Δότε τῷ ὀνόματι αὐτοῦ μεγαλωσύνην, καὶ ἐξομολογήσασθε 15 ἐν αἰνέσει αὐτοῦ, ἐν ᾠδαῖς χειλέων καὶ ἐν κινύραις, καὶ οὕτως ἐρεῖτε ἐν ἐξομολογήσει, Τὰ ἔργα Κυρίου πάντα ὅτι καλὰ 16 σφόδρα, καὶ πᾶν πρόσταγμα ἐν καιρῷ αὐτοῦ ἔσται. Πάντα 17 γὰρ ἐν καιρῷ αὐτοῦ ζητηθήσεται· ἐν λόγῳ αὐτοῦ ἔστη ὡς θημωνία ὕδωρ, καὶ ἐν ῥήματι στόματος αὐτοῦ ἀποδοχεῖα

18 ὑδάτων. Ἐν προστάγματι αὐτοῦ πᾶσα ἡ εὐδοκία, καὶ οὐκ
19 ἔστιν ὃς ἐλαττώσει τὸ σωτήριον αὐτοῦ. Ἔργα πάσης
σαρκὸς ἐνώπιον αὐτοῦ, καὶ οὐκ ἔστι κρυβῆναι ἀπὸ τῶν
20 ὀφθαλμῶν αὐτοῦ. Ἀπὸ τοῦ αἰῶνος εἰς τὸν αἰῶνα ἐπέβλεψε,
καὶ οὐθέν ἐστι θαυμάσιον ἐναντίον αὐτοῦ.
21 Οὐκ ἔστιν εἰπεῖν, τί τοῦτο; εἰς τί τοῦτο; πάντα γὰρ εἰς
22 χρείας αὐτῶν ἔκτισται. Ἡ εὐλογία αὐτοῦ ὡς ποταμὸς
23 ἐπεκάλυψε, καὶ ὡς κατακλυσμὸς ξηρὰν ἐμέθυσεν. Οὕτως
ὀργὴν αὐτοῦ ἔθνη κληρονομήσει, ὡς μετέστρεψεν ὕδατα εἰς
ἅλμην.
24 Αἱ ὁδοὶ αὐτοῦ τοῖς ὁσίοις εὐθεῖαι, οὕτως τοῖς ἀνόμοις
25 προσκόμματα. Ἀγαθὰ τοῖς ἀγαθοῖς ἔκτισται ἀπ᾽ ἀρχῆς,
26 οὕτως τοῖς ἁμαρτωλοῖς κακά. Ἀρχὴ πάσης χρείας εἰς ζωὴν
ἀνθρώπου, ὕδωρ, πῦρ, καὶ σίδηρος, καὶ ἅλα, καὶ σεμίδαλις
πυροῦ, καὶ μέλι, καὶ γάλα, αἷμα σταφυλῆς, καὶ ἔλαιον, καὶ
27 ἱμάτιον. Ταῦτα πάντα τοῖς εὐσεβέσιν εἰς ἀγαθά, οὕτως τοῖς
ἁμαρτωλοῖς τραπήσεται εἰς κακά.
28 Ἔστι πνεύματα ἃ εἰς ἐκδίκησιν ἔκτισται, καὶ ἐν θυμῷ
αὐτῶν ἐστερέωσαν μάστιγας αὐτῶν· καὶ ἐν καιρῷ συντελείας
ἰσχὺν ἐκχέουσι, καὶ τὸν θυμὸν τοῦ ποιήσαντος αὐτοὺς κοπά-
29 σουσι. Πῦρ καὶ χάλαζα καὶ λιμὸς καὶ θάνατος, πάντα
30 ταῦτα εἰς ἐκδίκησιν ἔκτισται. Θηρίων ὀδόντες καὶ σκορπίοι
31 καὶ ἔχεις καὶ ῥομφαία ἐκδικοῦσα εἰς ὄλεθρον ἀσεβεῖς, ἐν τῇ
ἐντολῇ αὐτοῦ εὐφρανθήσονται, καὶ ἐπὶ τῆς γῆς εἰς χρείας
ἑτοιμασθήσονται, καὶ ἐν τοῖς καιροῖς αὐτῶν οὐ παραβή-
σονται λόγον.
32 Διὰ τοῦτο ἐξ ἀρχῆς ἐστηρίχθην, καὶ διενοήθην, καὶ ἐν
33 γραφῇ ἀφῆκα. Τὰ ἔργα Κυρίου πάντα ἀγαθά, καὶ πᾶσαν
34 χρείαν ἐν ὥρᾳ αὐτῆς χορηγήσει. Καὶ οὐκ ἔστιν εἰπεῖν,
τοῦτο τούτου πονηρότερον, πάντα γὰρ ἐν καιρῷ εὐδοκιμηθή-
35 σεται. Καὶ νῦν ἐν πάσῃ καρδίᾳ καὶ στόματι ὑμνήσατε,
καὶ εὐλογήσατε τὸ ὄνομα Κυρίου.
40 Ἀσχολία μεγάλη ἔκτισται παντὶ ἀνθρώπῳ, καὶ ζυγὸς
βαρὺς ἐπὶ υἱοὺς Ἀδάμ, ἀφ᾽ ἡμέρας ἐξόδου ἐκ γαστρὸς μητρὸς
2 αὐτῶν ἕως ἡμέρας ἐπὶ ταφῇ εἰς μητέρα πάντων. Τοὺς
διαλογισμοὺς αὐτῶν καὶ φόβον καρδίας, ἐπίνοια προσδοκίας,
3 ἡμέρα τελευτῆς· ἀπὸ καθημένου ἐπὶ θρόνου ἐν δόξῃ, καὶ ἕως
4 τεταπεινωμένου ἐν γῇ καὶ σποδῷ· ἀπὸ φοροῦντος ὑάκινθον
5 καὶ στέφανον, καὶ ἕως περιβαλλομένου ὠμόλινον· θυμὸς
καὶ ζῆλος καὶ ταραχὴ καὶ σάλος καὶ φόβος θανάτου καὶ
μηνίαμα καὶ ἔρις, καὶ ἐν καιρῷ ἀναπαύσεως ἐπὶ κοίτης ὕπνος
6 νυκτὸς ἀλλοιοῖ γνῶσιν αὐτοῦ. Ὀλίγον ὡς οὐδὲν ἐν ἀνα-
παύσει, καὶ ἀπ᾽ ἐκείνου ἐν ὕπνοις ὡς ἐν ἡμέρᾳ σκοπιᾶς,
τεθορυβημένος ἐν ὁράσει καρδίας αὐτοῦ, ὡς ἐκπεφευγὼς ἀπὸ
7 προσώπου πολέμου. Ἐν καιρῷ σωτηρίας αὐτοῦ ἐξηγέρθη,
καὶ ἀποθαυμάζων εἰς οὐδένα φόβον.
8 Μετὰ πάσης σαρκὸς ἀπὸ ἀνθρώπου ἕως κτήνους, καὶ
9 ἐπὶ ἁμαρτωλῶν ἑπταπλάσια πρὸς ταῦτα. Θάνατος
καὶ αἷμα καὶ ἔρις καὶ ῥομφαία, ἐπαγωγαί, λιμὸς καὶ
10 σύντριμμα καὶ μάστιξ, ἐπὶ τοὺς ἀνόμους ἐκτίσθη ταῦτα
11 πάντα, καὶ δι᾽ αὐτοὺς ἐγένετο ὁ κατακλυσμός. Πάντα ὅσα
ἀπὸ γῆς εἰς γῆν ἀναστρέφει, καὶ ἀπὸ ὑδάτων εἰς θάλασ-

of waters. **18** At his commandment is done whatsoever pleaseth him; and none can hinder, when he will save. **19** The works of all flesh are before him, and nothing can be hid from his eyes. **20** He seeth from everlasting to everlasting; and there is nothing wonderful before him.

21 A man need not to say, What is this? wherefore is that? for he hath made all things for their uses. **22** His blessing covered the dry land as a river, and watered it as a flood. **23** As he hath turned the waters into saltness: so shall the heathen inherit his wrath.

24 As his ways are plain unto the holy; so are they stumbling-blocks unto the wicked. **25** For the good are good things created from the beginning: so evil things for sinners. **26** The principal things for the whole use of man's life are water, fire, iron, and salt, flour of wheat, honey, milk, and the blood of the grape, and oil, and clothing. **27** All these things are for good to the godly: so to the sinners they are turned into evil.

28 There be spirits that are created for vengeance, which in their fury lay on sore strokes; in the time of destruction they pour out their force, and appease the wrath of him that made them. **29** Fire, and hail, and famine, and death, all these were created for vengeance; **30** teeth of wild beasts, and scorpions, serpents, and the sword, punishing the wicked to destruction, **31** shall rejoice in his commandment, and they shall be ready upon earth, when need is; and when their time is come, they shall not go beyond his word.

32 Therefore from the beginning I was resolved, and thought upon these things, and have left them in writing. **33** All the works of the Lord are good: and he will give every needful thing in due season. **34** So that a man cannot say, This is worse than that: for in time they shall all be well approved. **35** And therefore praise ye the Lord with the whole heart and mouth, and bless the name of the Lord.

Great travail is created for every man, and an heavy yoke is upon the sons of Adam, from the day that they go out of their mother's womb, till the day that they return to the mother of all things. **2** Their imagination of things to come, and the day of death, [trouble] their thoughts, and [cause] fear of heart; **3** from him that sitteth on a throne of glory, unto him that is humbled in earth and ashes; **4** from him that weareth purple and a crown, unto *him that is clothed with a linen frock.* **5** Wrath, and envy, trouble, and unquietness, fear of death, and anger, and strife, and in the time of rest upon his bed his night sleep, do change his knowledge. **6** Little or nothing is his rest, and afterward he is in his sleep as in a day of keeping watch, troubled in the vision of his heart, as if he were escaped out of a battle. **7** When all is safe, he awaketh, and marvelleth that the fear was nothing.

8 [Such things happen] unto all flesh, both man and beast, and sevenfold more upon sinners. **9** Death, and bloodshed, strife, and sword, calamities, famine, tribulation, and the scourge; **10** these things are created for the wicked, and through them came the flood. **11** All things that are of the earth do turn to the earth again: and that which is of the

waters doth return into the sea. ¹² All bribery and injustice shall be blotted out: but true dealing shall endure for ever. ¹³ The goods of the unjust shall be dried up like a river, and shall vanish with noise, like a great thunder in rain.
¹⁴ While he openeth his hand he shall rejoice: so shall transgressors come to nought. ¹⁵ The children of the ungodly shall not bring forth many branches: but are as unclean roots upon a hard rock. ¹⁶ The weed growing upon every water and bank of a river shall be pulled up before all grass.
¹⁷ Bountifulness is as a most fruitful garden, and mercifulness endureth for ever. ¹⁸ To labour, and to be content with that a man hath, is a sweet life: but he that findeth a treasure is above them both. ¹⁹ Children and the building of a city continue a man's name: but a blameless wife is counted above them both. ²⁰ Wine and music rejoice the heart: but the love of wisdom is above them both.
²¹ The pipe and the psaltery make sweet melody: but a pleasant tongue is above them both. ²² Thine eye desireth favour and beauty: but more than both the first sprouting of corn. ²³ A friend and companion never meet amiss: but above both is a wife with her husband. ²⁴ Brethren and help are against time of trouble: but alms shall deliver more than them both. ²⁵ Gold and silver make the foot stand sure; but counsel is esteemed above them both. ²⁶ Riches and strength lift up the heart: but the fear of the Lord is above them both: there is no want in the fear of the Lord, and it needeth not to seek help. ²⁷ The fear of the Lord is a fruitful garden, and covereth him above all glory.
²⁸ My son, lead not a beggar's life; for better it is to die than to beg. ²⁹ The life of him that dependeth on another man's table is not to be counted for a life; for he polluteth himself with other men's meat: but a wise man well nurtured will beware thereof. ³⁰ Begging is sweet in the mouth of the shameless: but in his belly there shall burn a fire.
O death, how bitter is the remembrance of thee to a man that liveth at rest in his possessions, unto the man that hath nothing to vex him, and that hath prosperity in all things: yea, unto him that is yet able to receive meat! ² O death, acceptable is thy sentence unto the needy, and unto him whose strength faileth, that is now in the last age, and is vexed with all things, and to him that despaireth, and hath lost patience! ³ Fear not the sentence of death, remember them that have been before thee, and that come after; for this is the sentence of the Lord over all flesh. ⁴ And why art thou against the pleasure of the most High? there is no inquisition in the grave, whether thou have lived ten, or an hundred, or a thousand years.
⁵ The children of sinners are abominable children, and they that are conversant in the dwelling of the ungodly. ⁶ The inheritance of sinners' children shall perish, and from their posterity shall be a perpetual reproach. ⁷ The children will complain of an ungodly father, because they will be reproached for his sake. ⁸ Who be unto you, ungodly men, which have forsaken the law of the most high God! for if ye increase, it shall be to your destruction: ⁹ and if ye be born, ye shall be born to a curse: and if ye die, a curse shall be your portion.

σαν ἀνακάμπτει. Πᾶν δῶρον καὶ ἀδικία ἐξαλειφθήσεται, 12 καὶ πίστις εἰς τὸν αἰῶνα στήσεται. Χρήματα ἀδίκων ὡς 13 ποταμὸς ξηρανθήσεται, καὶ ὡς βροντὴ μεγάλη ἐν ὑετῷ ἐξηχήσει.

Ἐν τῷ ἀνοῖξαι αὐτὸν χεῖρας, εὐφρανθήσεται, οὕτως οἱ 14 παραβαίνοντες εἰς συντέλειαν ἐκλείψουσιν. Ἔκγονα ἀσεβῶν 15 οὐ πληθύνει κλάδους, καὶ ῥίζαι ἀκάθαρτοι ἐπ' ἀκροτόμου πέτρας. Ἄχει ἐπὶ παντὸς ὕδατος καὶ χείλους ποταμοῦ πρὸ 16 παντὸς χόρτου ἐκτιλήσεται.

Χάρις ὡς παράδεισος ἐν εὐλογίαις, καὶ ἐλεημοσύνη εἰς τὸν 17 αἰῶνα διαμένει. Ζωὴ αὐτάρκους ἐργάτου γλυκανθήσεται, 18 καὶ ὑπὲρ ἀμφότερα ὁ εὑρίσκων θησαυρόν. Τέκνα καὶ οἰκο- 19 δομὴ πόλεως στηρίζουσιν ὄνομα, καὶ ὑπὲρ ἀμφότερα γυνὴ ἄμωμος λογίζεται. Οἶνος καὶ μουσικὰ εὐφραίνουσι καρδίαν, 20 καὶ ὑπὲρ ἀμφότερα ἀγάπησις σοφίας.

Αὐλὸς καὶ ψαλτήριον ἡδύνουσι μέλι, καὶ ὑπὲρ ἀμφότερα 21 γλῶσσα ἡδεῖα. Χάριν καὶ κάλλος ἐπιθυμήσει ὁ ὀφθαλμός 22 σου, καὶ ὑπὲρ ἀμφότερα χλόην σπόρου. Φίλος καὶ ἑταῖρος 23 εἰς καιρὸν ἀπαντῶντες, καὶ ὑπὲρ ἀμφότερα γυνὴ μετὰ ἀνδρός. Ἀδελφοὶ καὶ βοήθεια εἰς καιρὸν θλίψεως, καὶ ὑπὲρ ἀμφότερα 24 ἐλεημοσύνη ῥύσεται. Χρυσίον καὶ ἀργύριον ἐπιστήσουσι 25 πόδα, καὶ ὑπὲρ ἀμφότερα βουλὴ εὐδοκιμεῖται. Χρήματα 26 καὶ ἰσχὺς ἀνυψώσουσι καρδίαν, καὶ ὑπὲρ ἀμφότερα φόβος Κυρίου· οὐκ ἔστι φόβῳ Κυρίου ἐλάττωσις, καὶ οὐκ ἔστιν ἐπιζητῆσαι ἐν αὐτῷ βοήθειαν. Φόβος Κυρίου ὡς παρά- 27 δεισος εὐλογίας, καὶ ὑπὲρ πᾶσαν δόξαν ἐκάλυψαν αὐτόν.

Τέκνον, ζωὴν ἐπαιτήσεως μὴ βιώσῃς, κρεῖσσον ἀποθανεῖν 28 ἢ ἐπαιτεῖν. Ἀνὴρ βλέπων εἰς τράπεζαν ἀλλοτρίαν, οὐκ 29 ἔστιν αὐτοῦ ὁ βίος ἐν λογισμῷ ζωῆς, ἀλισγήσει τὴν ψυχὴν αὐτοῦ ἐν ἐδέσμασιν ἀλλοτρίοις· ἀνὴρ δὲ ἐπιστήμων καὶ πεπαιδευμένος φυλάξεται. Ἐν στόματι ἀναιδοῦς γλυκαν- 30 θήσεται ἐπαίτησις, καὶ ἐν κοιλίᾳ αὐτοῦ πῦρ καήσεται.

Ὦ θάνατε, ὡς πικρόν σου τὸ μνημόσυνόν ἐστιν ἀνθρώπῳ 41 εἰρηνεύοντι ἐν τοῖς ὑπάρχουσιν αὐτοῦ, ἀνδρὶ ἀπερισπάστῳ, καὶ εὐοδουμένῳ ἐν πᾶσι, καὶ ἔτι ἰσχύοντι ἐπιδέξασθαι τροφήν· Ὦ θάνατε, καλόν σου τὸ κρίμα ἐστὶν ἀνθρώπῳ ἐπιδεομένῳ καὶ ἐλασσουμένῳ ἰσχύϊ, ἐσχατογήρῳ, καὶ περισπωμένῳ περὶ πάντων, καὶ ἀπειθοῦντι, καὶ ἀπολωλεκότι ὑπομονήν. Μὴ 3 εὐλαβοῦ κρίμα θανάτου· μνήσθητι προτέρων σου καὶ ἐσχάτων, τοῦτο τὸ κρίμα παρὰ Κυρίου πάσῃ σαρκί. Καὶ τί ἀπαναίνῃ 4 ἐν εὐδοκίᾳ ὑψίστου; εἴτε δέκα, εἴτε ἑκατὸν, εἴτε χίλια ἔτη· οὐκ ἔστιν ἐν ᾅδου ἐλεγμὸς ζωῆς.

Τέκνα βδελυκτὰ γίνεται τέκνα ἁμαρτωλῶν, καὶ συνανα- 5 στρεφόμενα παροικίαις ἀσεβῶν. Τέκνων ἁμαρτωλῶν ἀπο- 6 λεῖται κληρονομία, καὶ μετὰ τοῦ σπέρματος αὐτῶν ἐνδελεχιεῖ ὄνειδος. Πατρὶ ἀσεβεῖ μέμψεται τέκνα, ὅτι δι' αὐτὸν 7 ὀνειδισθήσονται. Οὐαὶ ὑμῖν ἄνδρες ἀσεβεῖς, οἵτινες ἐγκατε- 8 λίπετε νόμον Θεοῦ ὑψίστου. Καὶ ἐὰν γεννηθῆτε, εἰς κατά- 9 ραν γεννηθήσεσθε· καὶ ἐὰν ἀποθάνητε, εἰς κατάραν μερισ- θήσεσθε.

10 Πάντα ὅσα ἐκ γῆς, εἰς γῆν ἀπελεύσεται· οὕτως ἀσεβεῖς
11 ἀπὸ κατάρας εἰς ἀπώλειαν. Πένθος ἀνθρώπων ἐν σώμασιν
αὐτῶν, ὄνομα δὲ ἁμαρτωλῶν οὐκ ἀγαθὸν, ἐξαλειφθήσεται.
12 Φρόντισον περὶ ὀνόματος, αὐτὸ γάρ σοι διαμενεῖ, ἢ χίλιοι
13 μεγάλοι θησαυροὶ χρυσίου. Ἀγαθῆς ζωῆς ἀριθμὸς ἡμερῶν,
καὶ ἀγαθὸν ὄνομα εἰς αἰῶνα διαμένει.
14 Παιδείαν ἐν εἰρήνῃ συντηρήσατε τέκνα, σοφία δὲ κεκρυμ-
μένη καὶ θησαυρὸς ἀφανὴς, τίς ὠφέλεια ἐν ἀμφοτέροις;
15 Κρείσσων ἄνθρωπος ἀποκρύπτων τὴν μωρίαν αὐτοῦ, ἢ
16 ἄνθρωπος ἀποκρύπτων τὴν σοφίαν αὐτοῦ. Τοιγαροῦν
ἐντράπητε ἐπὶ τῷ ῥήματί μου· οὐ γάρ ἐστι πᾶσαν αἰσχύνην
διαφυλάξαι καλὸν, καὶ οὐ πάντα πᾶσιν ἐν πίστει εὐδοκι-
μεῖται.
17 Αἰσχύνεσθε ἀπὸ πατρὸς καὶ μητρὸς περὶ πορνείας, καὶ
18 ἀπὸ ἡγουμένου καὶ δυνάστου περὶ ψεύδους· ἀπὸ κριτοῦ
καὶ ἄρχοντος περὶ πλημμελείας, ἀπὸ συναγωγῆς καὶ λαοῦ
περὶ ἀνομίας· ἀπὸ κοινωνοῦ καὶ φίλου περὶ ἀδικίας, καὶ
19 ἀπὸ τόπου οὗ παροικεῖς περὶ κλοπῆς· καὶ ἀπὸ ἀληθείας
Θεοῦ καὶ διαθήκης, καὶ ἀπὸ πήξεως ἀγκῶνος ἐπ᾽ ἄρτοις· ἀπὸ
20 σκορακισμοῦ λήψεως καὶ δόσεως, καὶ ἀπὸ ἀσπαζομένων
21 περὶ σιωπῆς· ἀπὸ ὁράσεως γυναικὸς ἑταίρας, καὶ ἀπὸ
ἀποστροφῆς προσώπου συγγενοῦς· ἀπὸ ἀφαιρέσεως μερίδος
22 καὶ δόσεως, καὶ ἀπὸ κατανοήσεως γυναικὸς ὑπάνδρου, ἀπὸ
περιεργείας παιδίσκης αὐτοῦ, καὶ μὴ ἐπιστῇς ἐπὶ τὴν κοίτην
αὐτῆς, ἀπὸ φίλων περὶ λόγων ὀνειδισμοῦ, καὶ μετὰ τὸ δοῦναι,
μὴ ὀνείδιζε.
42 Ἀπὸ δευτερώσεως καὶ λόγου ἀκοῆς, καὶ ἀπὸ ἀποκαλύ-
ψεων λόγων κρυφίων· καὶ ἔσῃ αἰσχυντηρὸς ἀληθινῶς, καὶ
εὑρίσκων χάριν ἔναντι παντὸς ἀνθρώπου· μὴ περὶ τούτων
2 αἰσχυνθῇς, καὶ μὴ λάβῃς πρόσωπον τοῦ ἁμαρτάνειν· περὶ
νόμου ὑψίστου καὶ διαθήκης, καὶ περὶ κρίματος δικαιῶσαι
3 τὸν ἀσεβῆ· περὶ λόγου κοινωνοῦ καὶ ὁδοιπόρων, καὶ περὶ
4 δόσεως κληρονομίας ἑταίρων· περὶ ἀκριβείας ζυγοῦ καὶ
5 σταθμῶν, περὶ κτήσεως πολλῶν καὶ ὀλίγων· περὶ ἀδιαφόρου
πράσεως, καὶ ἐμπόρων, καὶ περὶ παιδείας τέκνων πολλῆς,
καὶ οἰκέτῃ πονηρῷ πλευρὰν αἱμάξαι.
6 Ἐπὶ γυναικὶ πονηρᾷ καλὸν σφραγίς· καὶ ὅπου χεῖρες
7 πολλαὶ, κλεῖσον. Ὃ ἐὰν παραδίδως, ἐν ἀριθμῷ καὶ σταθμῷ,
8 καὶ δόσις καὶ λῆψις παντὶ ἐν γραφῇ. Περὶ παιδείας
ἀνοήτου καὶ μωροῦ καὶ ἐσχατογήρου κρινομένου πρὸς νέους,
καὶ ἔσῃ πεπαιδευμένος ἀληθινῶς, καὶ δεδοκιμασμένος ἔναντι
παντὸς ζῶντος.
9 Θυγάτηρ πατρὶ ἀπόκρυφος ἀγρυπνία, καὶ ἡ μέριμνα
αὐτῆς ἀφιστᾷ ὕπνον· ἐν νεότητι αὐτῆς μήποτε παρακμάσῃ,
10 καὶ συνῳκηκυῖα μήποτε μισηθῇ. Ἐν παρθενίᾳ μήποτε
βεβηλωθῇ, καὶ ἐν τοῖς πατρικοῖς αὐτῆς ἔγκυος γένηται·
μετὰ ἀνδρὸς οὖσα μήποτε παραβῇ, καὶ συνῳκηκυῖα μήποτε
11 στειρώσῃ. Ἐπὶ θυγατρὶ ἀδιατρέπτῳ στερέωσον φυλακὴν,
μήποτε ποιήσῃ σε ἐπίχαρμα ἐχθροῖς, λαλιὰν ἐν πόλει, καὶ
ἔκκλητον λαοῦ, καὶ καταισχύνῃ σε ἐν πλήθει πολλῶν.
12 Παντὶ ἀνθρώπῳ μὴ ἔμβλεπε ἐν κάλλει, καὶ ἐν μέσῳ γυναικῶν
13 μὴ συνέδρευε· ἀπὸ γὰρ ἱματίων ἐκπορεύεται σὴς, καὶ ἀπὸ

10 All that are of the earth shall turn to earth again: so the ungodly shall go from a curse to destruction. 11 The mourning of men is about their bodies: but an ill name of sinners shall be blotted out. 12 Have regard to thy name; for that shall continue with thee above a thousand great treasures of gold. 13 A good life hath but few days: but a good name endureth for ever.

14 My children, keep discipline in peace: for wisdom that is hid, and a treasure that is not seen, what profit is in them both? 15 A man that hideth his foolishness is better than a man that hideth his wisdom. 16 Therefore be shamefaced according to my word: for it is not good to retain all shamefacedness; neither is it altogether approved in every thing.

17 Be ashamed of whoredom before father and mother: and of a lie before a prince and a mighty man; 18 of an offence before a judge and ruler; of iniquity before a congregation and people; of unjust dealing before thy partner and friend; 19 and of theft in regard of the place where thou sojournest, and in regard of the truth of God and his covenant; and to lean with thine elbow upon the meat; and of scorning to give and take; 20 and of silence before them that salute thee; and to look upon an harlot; 21 and to turn away thy face from thy kinsman; or to take away a portion or a gift; or to gaze upon another man's wife; 22 or to be overbusy with his maid, and come not near her bed; or of upbraiding speeches before friends; and after thou hast given, upbraid not;

Or of iterating and speaking again that which thou hast heard; and of revealing of secrets; so shalt thou be truly shamefaced, and find favour before all men. Of these things be not thou ashamed, and accept no person to sin thereby: 2 of the law of the most High, and his covenant; and of judgment to justify the ungodly; 3 of reckoning with thy partners and travellers; or of the gift of the heritage of friends; 4 of exactness of balance and weights; or of getting much or little; 5 and of merchants' indifferent selling; of much correction of children; and to make the side of an evil servant to bleed.

6 Sure keeping is good, where an evil wife is; and locked up, where many hands are. 7 Deliver all things in number and weight; and put all in writing that thou givest out, or receivest in. 8 Be not ashamed to inform the unwise and foolish, and the extreme aged that contendeth with those that are young: thus shalt thou be truly learned, and approved of all men living.

9 A daughter is a wakeful care to a father; and the care for her taketh away sleep: when she is young, lest she pass away the flower of her age; and being married, lest she should be hated: 10 in her virginity, lest she should be defiled and gotten with child in her father's house; and having an husband, lest she should misbehave herself; and when she is married, lest she should be barren. 11 Keep a sure watch over a shameless daughter, lest she make thee a laughingstock to thine enemies, and a byword in the city, and a reproach among the people, and make thee ashamed before the multitude. 12 Behold not everybody's beauty, and sit not in the midst of women. 13 For from garments cometh a moth,

and from women wickedness. ¹⁴ Better is the churlishness of a man than a courteous woman, a woman, *I say*, which bringeth shame and reproach.
¹⁵ I will now remember the works of the Lord, and declare the things that I have seen: In the words of the Lord are his works. ¹⁶ The sun that giveth light looketh upon all things, and the work thereof *is* full of the glory of the Lord.
¹⁷ The Lord hath not given power to the saints to declare all his marvellous works, which the Almighty Lord firmly settled, that whatsoever is might be established for his glory. ¹⁸ He seeketh out the deep, and the heart, and considereth their crafty devices: for the Lord knoweth all that can be known, and he beholdeth the signs of the world, ¹⁹ declaring the things that are past, and for to come, and revealing the steps of hidden things. ²⁰ No thought escapeth him, neither any word is hidden from him.
²¹ He hath garnished the excellent works of his wisdom, and he is from everlasting to everlasting: unto him may nothing be added, neither can he be diminished, and he hath no need of any counsellor. ²² Oh how desirable are all his works! and that a man may see even to a spark. ²³ All these things live and remain for ever for all uses, and they are all obedient. ²⁴ All things are double one against another: and he hath made nothing imperfect. ²⁵ One thing establisheth the good of another: and who shall be filled with beholding his glory?
The pride of the height, the clear firmament, the beauty of heaven, with his glorious shew; ² the sun when it appeareth, declaring at his rising a marvellous instrument, the work of the most High: ³ at noon it parcheth the country, and who can abide the burning heat thereof? ⁴ A man blowing a furnace is in works of heat, but the sun burneth the mountains three times more; breathing out fiery vapours, and sending forth bright beams, it dimmeth the eyes. ⁵ Great is the Lord that made it; and at his commandment it runneth hastily. ⁶ He made the moon also to serve in her season for a declaration of times, and a sign of the world. ⁷ From the moon is the sign of feasts, a light that decreaseth in her perfection. ⁸ The month is called after her name, increasing wonderfully in her changing, being an instrument of the armies above, shining in the firmament of heaven; ⁹ the beauty of heaven, the glory of the stars, an ornament giving light in the highest places of the Lord. ¹⁰ At the commandment of the Holy One they will stand in their order, and never faint in their watches. ¹¹ Look upon the rainbow, and praise him that made it; very beautiful it is in the brightness thereof. ¹² It compasseth the heaven about with a glorious circle, and the hands of the most High have bended it. ¹³ By his commandment he maketh the snow to fall apace, and sendeth swiftly the lightnings of his judgment. ¹⁴ Through this the treasures are opened: and clouds fly forth as fowls. ¹⁵ By his great power he maketh the clouds firm, and the hailstones are broken small.
¹⁶ At his sight the mountains are shaken, and at his will the south wind bloweth. ¹⁷ The noise of the thunder maketh the earth to tremble: so doth the northern storm and the whirlwind: as birds flying he scattereth the

γυναικὸς πονηρία γυναικός. Κρείσσων πονηρία ἀνδρὸς ἢ 14 ἀγαθοποιὸς γυνή, καὶ γυνὴ καταισχύνουσα εἰς ὀνειδισμόν.

Μνησθήσομαι δὴ τὰ ἔργα Κυρίου, καὶ ἃ ἑώρακα ἐκδιηγή- 15 σομαι· ἐν λόγοις Κυρίου τὰ ἔργα αὐτοῦ. Ἥλιος φωτίζων 16 κατὰ πᾶν ἐπέβλεψε, καὶ τῆς δόξης αὐτοῦ πλῆρες τὸ ἔργον αὐτοῦ.

Οὐκ ἐνεποίησε τοῖς ἁγίοις Κύριος ἐκδιηγήσασθαι πάντα 17 τὰ θαυμάσια αὐτοῦ, ἃ ἐστερέωσε Κύριος ὁ παντοκράτωρ, στηριχθῆναι ἐν δόξῃ αὐτοῦ τὸ πᾶν. Ἄβυσσον καὶ καρδίαν 18 ἐξίχνευσε, καὶ ἐν πανουργεύμασιν αὐτῶν διενοήθη· ἔγνω γὰρ ὁ Κύριος πᾶσαν εἴδησιν, καὶ ἐνέβλεψεν εἰς σημεῖον αἰῶνος· ἀπαγγέλλων τὰ παρεληλυθότα καὶ ἐπεσόμενα, καὶ ἀποκα- 19 λύπτων ἴχνη ἀποκρύφων. Οὐ παρῆλθεν αὐτὸν πᾶν διανόημα, 20 οὐκ ἐκρύβη ἀπ' αὐτοῦ οὐδὲ εἷς λόγος.

Τὰ μεγαλεῖα τῆς σοφίας αὐτοῦ ἐκόσμησε, καὶ ἕως ἐστὶ 21 πρὸ τοῦ αἰῶνος καὶ εἰς τὸν αἰῶνα, οὔτε προσετέθη οὔτε ἠλαττώθη, καὶ οὐδὲ προσεδεήθη οὐδενὸς συμβούλου. Ὡς 22 πάντα τὰ ἔργα αὐτοῦ ἐπιθυμητά, καὶ ὡς σπινθῆρός ἐστι θεωρῆσαι. Πάντα ταῦτα ζῇ καὶ μένει εἰς τὸν αἰῶνα ἐν 23 πάσαις χρείαις, καὶ πάντα ὑπακούει. Πάντα δισσὰ ἓν 24 κατέναντι τοῦ ἑνός, καὶ οὐκ ἐποίησεν οὐδὲν ἐκλεῖπον. Ἐν 25 τοῦ ἑνὸς ἐστερέωσε τὰ ἀγαθά, καὶ τίς πλησθήσεται ὁρῶν δόξαν αὐτοῦ;

Γαυρίαμα ὕψους, στερέωμα καθαριότητος, εἶδος οὐρανοῦ 43 ἐν ὁράματι δόξης. Ἥλιος ἐν ὀπτασίᾳ διαγγέλλων ἐ ἐξόδῳ, 2 σκεῦος θαυμαστόν, ἔργον ὑψίστου. Ἐν μεσημβρίᾳ αὐτοῦ 3 ἀναξηραίνει χώραν, καὶ ἐναντίον καύματος αὐτοῦ τίς ὑποστή- σεται; Κάμινον φυσῶν ἐν ἔργοις καύματος, τριπλασίως 4 ἥλιος ἐκκαίων ὄρη· ἀτμίδας πυρώδεις ἐμφυσῶν, καὶ ἐκλάμπων ἀκτίνας ἀμαυροῖ ὀφθαλμούς. Μέγας Κύριος ὁ ποιήσας 5 αὐτόν, καὶ ἐν λόγοις αὐτοῦ κατέσπευσε πορείαν. Καὶ ἡ 6 σελήνη ἐν πᾶσιν εἰς καιρὸν αὐτῆς, ἀνάδειξιν χρόνων, καὶ σημεῖον αἰῶνος. Ἀπὸ σελήνης σημεῖον ἑορτῆς, φωστὴρ 7 μειούμενος ἐπὶ συντελείας. Μὴν κατὰ τὸ ὄνομα αὐτῆς 8 ἐστιν, αὐξανομένη θαυμαστῶς ἐν ἀλλοιώσει· σκεῦος παρεμ- βολῶν ἐν ὕψει, ἐν στερεώματι οὐρανοῦ ἐκλάμπων· κάλλος 9 οὐρανοῦ, δόξα ἄστρων, κόσμος φωτίζων, ἐν ὑψίστοις Κύριος. Ἐν λόγοις ἁγίου στήσονται κατὰ κρίμα, καὶ 10 οὐ μὴ ἐκλυθῶσιν ἐν φυλακαῖς αὐτῶν. Ἴδε τόξον, καὶ 11 εὐλόγησον τὸν ποιήσαντα αὐτό, σφόδρα ὡραῖον ἐν τῷ αὐγάσ- ματι αὐτοῦ. Ἐγύρωσεν οὐρανὸν ἐν κυκλώσει δόξης, χεῖρες 12 ὑψίστου ἐτάννυσαν αὐτό. Προστάγματι αὐτοῦ κατέσπευσε 13 χιόνα, καὶ ταχύνει ἀστραπὰς κρίματος αὐτοῦ. Διὰ τοῦτο 14 ἠνεῴχθησαν θησαυροί, καὶ ἐξέπτησαν νεφέλαι ὡς πετεινά. Ἐν μεγαλείῳ αὐτοῦ ἴσχυσε νεφέλας, καὶ διεθρύβησαν λίθοι 15 χαλάζης.

Καὶ ἐν ὀπτασίαις αὐτοῦ σαλευθήσεται ὄρη, ἐν θελήματι 16 πνεύσεται νότος. Φωνὴ βροντῆς αὐτοῦ ὠδίνησε γῆν, καὶ 17 καταιγὶς Βορέου καὶ συστροφὴ πνεύματος· ὡς πετεινὰ καθιπτάμενα πάσσει χιόνα, καὶ ὡς ἀκρὶς καταλύουσα ἡ

18 κατάβασις αὐτῆς. Κάλλος λευκότητος αὐτῆς ἐκθαυμάσει ὀφθαλμός, καὶ ἐπὶ τοῦ ὑετοῦ αὐτῆς ἐκστήσεται καρδία.

19 Καὶ πάχνην ὡς ἅλα ἐπὶ γῆς χέει, καὶ παγεῖσα γίνεται σκολόπων ἄκρα.

20 Ψυχρὸς ἄνεμος Βορέης πνεύσει, καὶ παγήσεται κρύσταλλος ἀφ᾽ ὕδατος· ἐπὶ πᾶσαν συναγωγὴν ὕδατος κατα-

21 λύσει, καὶ ὡς θώρακα ἐνδύσεται τὸ ὕδωρ. Καταφάγεται ὄρη, καὶ ἔρημον ἐκκαύσει, καὶ ἀποσβέσει χλόην ὡς πῦρ.

22 Ἴασις πάντων κατὰ σπουδὴν ὁμίχλη, δρόσος ἀπαντῶσα ἀπὸ καύσωνος ἱλαρώσει.

23 Λογισμῷ αὐτοῦ ἐκόπασεν ἄβυσσον, καὶ ἐφύτευσεν αὐτὴν

24 Ἰησοῦς. Οἱ πλέοντες τὴν θάλασσαν διηγοῦνται τὸν κίν-

25 δυνον αὐτῆς, καὶ ἀκοαῖς ὠτίων ἡμῶν θαυμάζομεν. Καὶ ἐκεῖ τὰ παράδοξα καὶ θαυμάσια ἔργα, ποικιλία παντὸς ζῴου,

26 κτίσις κητῶν. Δι᾽ αὐτὸν εὐοδία τέλος αὐτοῦ, καὶ ἐν λόγῳ αὐτοῦ σύγκειται πάντα.

27 Πολλὰ ἐροῦμεν καὶ οὐ μὴ ἐφικώμεθα, καὶ συντέλεια

28 λόγων τὸ πᾶν ἐστιν αὐτός. Δοξάζοντες ποῦ ἰσχύσωμεν;

29 αὐτὸς γὰρ ὁ μέγας παρὰ πάντα τὰ ἔργα αὐτοῦ. Φοβερὸς Κύριος καὶ σφόδρα μέγας, καὶ θαυμαστὴ ἡ δυναστεία αὐτοῦ.

30 Δοξάζοντες Κύριον ὑψώσατε καθόσον ἂν δύνησθε, ὑπερέξει γὰρ καὶ ἔτι· καὶ ὑψοῦντες αὐτὸν πληθύνατε ἐν ἰσχύι, μὴ

31 κοπιᾶτε, οὐ γὰρ μὴ ἐφίκησθε. Τίς ἑώρακεν αὐτὸν καὶ

32 ἐκδιηγήσεται; καὶ τίς μεγαλύνει αὐτὸν καθώς ἐστι; Πολλὰ ἀπόκρυφά ἐστι μείζονα τούτων, ὀλίγα γὰρ ἑωράκαμεν τῶν

33 ἔργων αὐτοῦ. Πάντα γὰρ ἐποίησεν ὁ Κύριος, καὶ τοῖς εὐσεβέσιν ἔδωκε σοφίαν.

ΠΑΤΕΡΩΝ ΎΜΝΟΣ.

44 Αἰνέσωμεν δὴ ἄνδρας ἐνδόξους, καὶ τοὺς πατέρας ἡμῶν τῇ

2 γενέσει. Πολλὴν δόξαν ἔκτισεν ὁ Κύριος, τὴν μεγαλω-

3 σύνην αὐτοῦ ἀπ᾽ αἰῶνος. Κυριεύοντες ἐν ταῖς βασιλείαις αὐτῶν, καὶ ἄνδρες ὀνομαστοὶ ἐν δυνάμει· βουλεύσονται ἐν

4 συνέσει αὐτῶν, ἀπηγγελκότες ἐν προφητείαις· ἡγούμενοι λαοῦ ἐν διαβουλίοις, καὶ συνέσει γραμματείας λαοῦ· σοφοὶ

5 λόγοι ἐν παιδείᾳ αὐτῶν· ἐκζητοῦντες μέλη μουσικῶν,

6 διηγούμενοι ἔπη ἐν γραφῇ· ἄνδρες πλούσιοι κεχορηγημένοι

7 ἰσχύι, εἰρηνεύοντες ἐν παροικίαις αὐτῶν· πάντες οὗτοι ἐν γενεαῖς ἐδοξάσθησαν, καὶ ἐν ταῖς ἡμέραις αὐτῶν καύχημα.

8 Εἰσὶν αὐτῶν οἳ κατέλιπον ὄνομα τοῦ ἐκδιηγήσασθαι

9 ἐπαίνους· καὶ εἰσὶν ὧν οὐκ ἔστι μνημόσυνον, καὶ ἀπώλοντο ὡς οὐχ ὑπάρξαντες, καὶ ἐγένοντο ὡς οὐ γεγονότες, καὶ τὰ τέκνα αὐτῶν μετ᾽ αὐτούς.

10 Ἀλλ᾽ ἢ οὗτοι ἄνδρες ἐλέους, ὧν αἱ δικαιοσύναι οὐκ ἐπελήσ-

11 θησαν. Μετὰ τοῦ σπέρματος αὐτῶν διαμενεῖ ἀγαθὴ

12 κληρονομία, ἔκγονα αὐτῶν ἐν ταῖς διαθήκαις. Ἔστη

13 σπέρμα αὐτῶν καὶ τέκνα αὐτῶν δι᾽ αὐτούς· ἕως αἰῶνος μενεῖ σπέρμα αὐτῶν, καὶ ἡ δόξα αὐτῶν οὐκ.ἐξαλειφθήσεται.

14 Τὸ σῶμα αὐτῶν ἐν εἰρήνῃ ἐτάφη, καὶ τὸ ὄνομα αὐτῶν ζῇ εἰς

15 γενεάς. Σοφίαν αὐτῶν διηγήσονται λαοί, καὶ τὸν ἔπαινον ἐξαγγέλλει ἐκκλησία.

16 Ἐνὼχ εὐηρέστησε Κυρίῳ, καὶ μετετέθη ὑπόδειγμα

17 μετανοίας ταῖς γενεαῖς. Νῶε εὑρέθη τέλειος δίκαιος, ἐν

snow, and the **falling** down thereof is as the lighting of grasshoppers : [18] the eye marvelleth at the beauty of the whiteness thereof, and the heart is astonished at the raining of it. [19] The hoarfrost also as salt he poureth on the earth, and being congealed, it becometh sharp peaks. [20] When the cold north wind bloweth, and the water is congealed into ice, it abideth upon every gathering together of water, and clotheth the water as with a breastplate. [21] It devoureth the mountains, and burneth the wilderness, and consumeth the grass as fire. [22] A present remedy of all is a mist coming speedily : a dew coming after heat refresheth. [23] By his counsel he appeaseth the deep, and planteth islands therein. [24] They that sail on the sea tell of the danger thereof ; and when we hear it with our ears, we marvel thereat. [25] For therein be strange and wondrous works, variety of all kinds of beasts, the race of whales. [26] By him the end of them hath prosperous success, and by his word all things consist.

[27] We may speak much, and yet come short ; wherefore in sum, he is all. [28] How shall we be able to magnify him? for he is great above all his works. [29] The Lord is terrible and very great, and marvellous is his power. [30] When ye glorify the Lord, exalt him as much as ye can; for even yet will he far exceed : and when ye exalt him, put forth all your strength, and be not weary; for ye can never go far enough. [31] Who hath seen him, that he might tell us? and who can magnify him as he is? [32] There are yet hid greater things than these be, for we have seen but a few of his works. [33] For the Lord hath made all things; and to the godly hath he given wisdom.

Let us now praise famous men, and our fathers that begat us. [2] The Lord hath wrought great glory by them through his great power from the beginning. [3] Such as did bear rule in their kingdoms, men renowned for their power, giving counsel by their understanding, and declaring prophecies : [4] leaders of the people by their counsels, and by their knowledge of learning meet for the people, wise and eloquent in their instruction : [5] such as found out musical tunes, and recited verses in writing : [6] rich men furnished with ability, living peaceably in their habitations : [7] all these were honoured in their generations, and were the glory of their times. [8] There be of them that have left a name behind them, that their praises might be reported. [9] And some there be, which have no memorial ; who are perished, as though they had never been ; and are become as though they had never been born ; and their children after them.

[10] But these were merciful men, whose righteousness hath not been forgotten. [11] With their seed shall continually remain a good inheritance, and their children are within the covenant. [12] Their seed standeth fast, and their children for their sakes. [13] Their seed shall remain for ever, and their glory shall not be blotted out. [14] Their bodies are buried in peace ; but their name liveth for evermore. [15] The people will tell of their wisdom, and the congregation will shew forth their praise.

[16] Enoch pleased the Lord, and was translated, being an example of repentance to all generations. [17] Noah was found perfect and righteous;

in the time of wrath he was taken in exchange [for the world;] therefore was he left as a remnant unto the earth, when the flood came. [18] An everlasting covenant was made with him, that all flesh shall perish no more by the flood.

[19] Abraham was a great father of many people: in glory was there none like unto him; [20] who kept the law of the most High, and was in covenant with him: he established the covenant in his flesh; and when he was proved, he was found faithful. [21] Therefore he assured him by an oath, that he would bless the nations in his seed, and that he would multiply him as the dust of the earth, and exalt his seed as the stars, and cause them to inherit from sea to sea, and from the river unto the utmost part of the land.

[22] With Isaac did he establish likewise, for Abraham his father's sake, the blessing of all men, and the covenant, [23] and made it rest upon the head of Jacob. He acknowledged him in his blessing, and gave him an heritage, and divided his portions; among the twelve tribes did he part them. [24] And he brought out of him a merciful man, which found favour in the sight of all flesh; even Moses, beloved of God and men, whose memorial is blessed. [2] He made him like to the glorious saints, and magnified him, so that his enemies stood in fear of him. [3] By his words he caused the wonders to cease, and he made him glorious in the sight of kings, and gave him a commandment for his people, and shewed him part of his glory. [4] He sanctified him in his faithfulness and meekness, and chose him out of all men. [5] He made him to hear his voice, and brought him into the dark cloud, and gave him commandments before his face, even the law of life and knowledge, that he might teach Jacob his covenants, and Israel his judgments.

[6] He exalted Aaron, an holy man like unto him, even his brother, of the tribe of Levi. [7] An everlasting covenant he made with him, and gave him the priesthood among the people; he beautified him with comely ornaments, and clothed him with a robe of glory. [8] He put upon him perfect glory; and strengthened him with rich garments, with breeches, with a long robe, and the ephod. [9] And he compassed him with pomegranates, and with many golden bells round about, that as he went there might be a sound, and a noise made that might be heard in the temple for a memorial to the children of his people; [10] with a holy garment, with gold, and blue silk, and purple, the work of the embroiderer, with a breastplate of judgment, with the revealers of truth; [11] with twisted scarlet, the work of the cunning workman, with precious stones graven like seals, and set in gold, the work of the jeweller, with a writing engraved for a memorial, after the number of the tribes of Israel. [12] He set a crown of gold upon the mitre, wherein was engraven Holiness, an ornament of honour, a costly work, the desires of the eyes, goodly and beautiful.

[13] Before him there were none such, neither did ever any stranger put them on, but only his children and his children's children perpetually. [14] Their sacrifices shall be wholly consumed every day twice continually.

[1] Moses consecrated him, and anointed him

καιρῷ ὀργῆς ἐγένετο ἀντάλλαγμα· διὰ τοῦτο ἐγενήθη κατάλειμμα τῇ γῇ, διὰ τοῦτο ἐγένετο κατακλυσμός. Διαθῆκαι [18] αἰῶνος ἐτέθησαν πρὸς αὐτόν, ἵνα μὴ ἐξαλειφθῇ κατακλυσμῷ πᾶσα σάρξ.

Ἀβραὰμ μέγας πατὴρ πλήθους ἐθνῶν, καὶ οὐχ εὑρέθη [19] ὅμοιος ἐν τῇ δόξῃ, ὃς συνετήρησε νόμον ὑψίστου, καὶ [20] ἐγένετο ἐν διαθήκῃ μετ' αὐτοῦ· καὶ ἐν σαρκὶ αὐτοῦ ἔστησε διαθήκην, καὶ ἐν πειρασμῷ εὑρέθη πιστός. Διὰ τοῦτο [21] ἐν ὅρκῳ ἔστησεν αὐτῷ, ἐνευλογηθῆναι ἔθνη ἐν τῷ σπέρματι αὐτοῦ, πληθύναι αὐτὸν ὡς χοῦν τῆς γῆς, καὶ ὡς ἄστρα ἀνυψῶσαι τὸ σπέρμα αὐτοῦ, καὶ κατακληρονομῆσαι αὐτοὺς ἀπὸ θαλάσσης ἕως θαλάσσης, καὶ ἀπὸ ποταμοῦ ἕως ἄκρου γῆς.

Καὶ ἐν τῷ Ἰσαὰκ ἔστησεν οὕτως διὰ Ἀβραὰμ τὸν πατέρα [22] αὐτοῦ, εὐλογίαν πάντων ἀνθρώπων καὶ διαθήκην. Καὶ [23] κατέπαυσεν ἐπὶ κεφαλὴν Ἰακώβ· ἐπέγνω αὐτὸν ἐν εὐλογίαις αὐτοῦ, καὶ ἔδωκεν αὐτῷ ἐν κληρονομίᾳ· καὶ διέστειλε μερίδας αὐτοῦ, ἐν φυλαῖς ἐμέρισε δεκαδύο. Καὶ ἐξήγαγεν ἐξ [24] αὐτοῦ ἄνδρα ἐλέους, εὑρίσκοντα χάριν ἐν ὀφθαλμοῖς πάσης σαρκός· ἐγαπημένον ὑπὸ Θεοῦ καὶ ἀνθρώπων Μωυσῆν, οὗ τὸ [45] μνημόσυνον ἐν εὐλογίαις. Ὡμοίωσεν αὐτὸν δόξῃ ἁγίων, [2] καὶ ἐμεγάλυνεν αὐτὸν ἐν φόβοις ἐχθρῶν. Ἐν λόγοις αὐτοῦ [3] σημεῖα κατέπαυσεν, ἐδόξασεν αὐτὸν κατὰ πρόσωπον βασιλέων· ἐνετείλατο αὐτῷ πρὸς λαὸν αὐτοῦ, καὶ ἔδειξεν αὐτῷ τῆς δόξης αὐτοῦ. Ἐν πίστει καὶ πραΰτητι αὐτοῦ ἡγίασεν, [4] ἐξελέξατο αὐτὸν ἐκ πάσης σαρκός. Ἠκούτισεν αὐτὸν τῆς [5] φωνῆς αὐτοῦ, καὶ εἰσήγαγεν αὐτὸν εἰς τὸν γνόφον· καὶ ἔδωκεν αὐτῷ κατὰ πρόσωπον ἐντολάς, νόμον ζωῆς καὶ ἐπιστήμης, διδάξαι τὸν Ἰακὼβ διαθήκην, καὶ κρίματα αὐτοῦ τὸν Ἰσραήλ.

Ἀαρὼν ὕψωσεν ἅγιον ὅμοιον αὐτῷ, ἀδελφὸν αὐτοῦ, ἐκ [6] φυλῆς Λευί. Ἔστησεν αὐτῷ διαθήκην αἰῶνος, καὶ ἔδωκεν [7] αὐτῷ ἱερατείαν λαοῦ· ἐμακάρισεν αὐτὸν ἐν εὐκοσμίᾳ, καὶ περιέζωσεν αὐτὸν στολὴν δόξης. Ἐνέδυσεν αὐτὸν συντέ- [8] λειαν καυχήματος, καὶ ἐστερέωσεν αὐτὸν σκεύεσιν ἰσχύος, περισκελῆ καὶ ποδήρη καὶ ἐπωμίδα, καὶ ἐκύκλωσεν αὐτὸν [9] ῥοΐσκοις χρυσοῖς, κώδωσι πλείστοις κυκλόθεν, ἠχῆσαι φωνὴν ἐν βήμασιν αὐτοῦ, ἀκουστὸν ποιῆσαι ἦχον ἐν ναῷ εἰς μνημόσυνον υἱοῖς λαοῦ αὐτοῦ, στολῇ ἁγίᾳ, χρυσῷ, καὶ [10] ὑακίνθῳ, καὶ πορφύρᾳ, ἔργῳ ποικιλτοῦ, λογείῳ κρίσεως, δήλοις ἀληθείας, κεκλωσμένῃ κόκκῳ, ἔργῳ τεχνίτου, λίθοις [11] πολυτελέσι γλύμματος σφραγῖδος, ἐν δέσει χρυσίου, ἔργῳ λιθουργοῦ, εἰς μνημόσυνον ἐν γραφῇ κεκολαμμένῃ κατ' ἀριθμὸν φυλῶν Ἰσραήλ· στέφανον χρυσοῦν ἐπάνω κιδάρεως, [12] ἐκτύπωμα σφραγῖδος ἁγιάσματος, καύχημα τιμῆς, ἔργον ἰσχύος, ἐπιθυμήματα ὀφθαλμῶν κοσμούμενα ὡραῖα.

Πρὸ αὐτοῦ οὐ γέγονε τοιαῦτα ἕως αἰῶνος, οὐκ ἐνεδύσατο [13] ἀλλογενής, πλὴν τῶν υἱῶν αὐτοῦ μόνον, καὶ τὰ ἔκγονα αὐτοῦ διαπαντός. Θυσίαι αὐτοῦ ὁλοκαρπωθήσονται καθημέραν [14] ἐνδελεχῶς δίς.

Ἐπλήρωσε Μωυσῆς τὰς χεῖρας, καὶ ἔχρισεν αὐτὸν ἐν [15]

ἐλαίῳ ἁγίῳ· ἐγενήθη αὐτῷ εἰς διαθήκην αἰώνιον, καὶ ἐν τῷ σπέρματι αὐτοῦ ἐν ἡμέραις οὐρανοῦ, λειτουργεῖν αὐτῷ ἅμα καὶ ἱερατεύειν, καὶ εὐλογεῖν τὸν λαὸν αὐτοῦ ἐν τῷ ὀνόματι αὐτοῦ.

16 Ἐξελέξατο αὐτὸν ἀπὸ παντὸς ζῶντος, προσαγαγεῖν κάρπωσιν Κυρίῳ, θυμίαμα καὶ εὐωδίαν εἰς μνημόσυνον, ἐξιλάσκεσθαι
17 περὶ τοῦ λαοῦ σου. Ἔδωκεν αὐτὸν ἐν ἐντολαῖς αὐτοῦ, ἐξουσίαν ἐν διαθήκαις κριμάτων, διδάξαι τὸν Ἰακὼβ τὰ μαρτύρια, καὶ ἐν νόμῳ αὐτοῦ φωτίσαι Ἰσραήλ.

18 Ἐπισυνέστησαν αὐτῷ ἀλλότριοι, καὶ ἐζήλωσαν αὐτὸν ἐν τῇ ἐρήμῳ, ἄνδρες οἱ περὶ Δαθὰν καὶ Ἀβειρών, καὶ ἡ συναγωγὴ Κορὲ ἐν θυμῷ καὶ ὀργῇ.

19 Εἶδε Κύριος καὶ οὐκ εὐδόκησε, καὶ συνετελέσθησαν ἐν θυμῷ ὀργῆς· ἐποίησεν αὐτοῖς τέρατα, καταναλῶσαι ἐν πυρὶ
20 φλογὸς αὐτοῦ. Καὶ προσέθηκεν Ἀαρὼν δόξαν, καὶ ἔδωκεν αὐτῷ κληρονομίαν· ἀπαρχὰς πρωτογεννημάτων ἐμέρισεν
21 αὐτοῖς· ἄρτον ἐν πρώτοις ἡτοίμασε πλησμονήν. Καὶ γὰρ θυσίας Κυρίου φάγονται, ἃς ἔδωκεν αὐτῷ τε καὶ τῷ σπέρματι
22 αὐτοῦ. Πλὴν ἐν γῇ λαοῦ οὐ κληρονομήσει, καὶ μερὶς οὐκ ἔστιν αὐτῷ ἐν λαῷ, αὐτὸς γὰρ μερίς σου, κληρονομία.

23 Καὶ Φινεὲς υἱὸς Ἐλεάζαρ τρίτος εἰς δόξαν, ἐν τῷ ζηλῶσαι αὐτὸν ἐν φόβῳ Κυρίου, καὶ στῆσαι αὐτὸν ἐν τροπῇ λαοῦ, ἐν ἀγαθότητι προθυμίας ψυχῆς αὐτοῦ, καὶ ἐξιλάσατο περὶ τοῦ
24 Ἰσραήλ. Διὰ τοῦτο ἐστάθη αὐτῷ διαθήκη εἰρήνης, προστάτην ἁγίων καὶ λαῷ αὐτοῦ, ἵνα αὐτῷ ᾖ καὶ τῷ σπέρματι
25 αὐτοῦ ἱερωσύνης μεγαλεῖον εἰς τοὺς αἰῶνας· καὶ διαθήκη τῷ Δαυὶδ υἱῷ ἐκ φυλῆς Ἰούδα, κληρονομία βασιλέως υἱοῦ ἐξ υἱοῦ μόνου, κληρονομία Ἀαρὼν καὶ τῷ σπέρματι αὐτοῦ.
26 Δῴη ὑμῖν σοφίαν ἐν καρδίᾳ ὑμῶν, κρίνειν τὸν λαὸν αὐτοῦ ἐν δικαιοσύνῃ, ἵνα μὴ ἀφανισθῇ τὰ ἀγαθὰ αὐτῶν, καὶ τὴν δόξαν αὐτῶν εἰς γενεὰς αὐτῶν.

46 Κράταιος ἐν πολέμοις Ἰησοῦς Ναυῆ, καὶ διάδοχος Μωυσῆ ἐν προφητείαις· ὃς ἐγένετο κατὰ τὸ ὄνομα αὐτοῦ μέγας ἐπὶ σωτηρίᾳ ἐκλεκτῶν αὐτοῦ, ἐκδικῆσαι ἐπεγειρομένους ἐχθρούς,
2 ὅπως κληρονομήσῃ τὸν Ἰσραήλ. Ὡς ἐδοξάσθη ἐν τῷ ἐπᾶραι
3 χεῖρας αὐτοῦ, καὶ τῷ ἐκκλῖναι ῥομφαίαν ἐπὶ πόλεις; Τίς πρότερον αὐτοῦ οὕτως ἔστη; τοὺς γὰρ πολεμίους Κύριος
4 αὐτὸς ἐπήγαγεν. Οὐχὶ ἐν χειρὶ αὐτοῦ ἀνεπόδισεν ὁ ἥλιος,
5 καὶ μία ἡμέρα ἐγενήθη πρὸς δύο; Ἐπεκαλέσατο τὸν ὕψιστον δυνάστην, ἐν τῷ θλῖψαι αὐτὸν ἐχθροὺς κυκλόθεν·
6 καὶ ἐπήκουσεν αὐτῶν μέγας Κύριος. Ἐν λίθοις χαλάζης δυνάμεως κραταιᾶς· κατέρραξεν ἐπ' ἔθνος πόλεμον, καὶ ἐν καταβάσει ἀπώλεσεν ἀνθεστηκότας· ἵνα γνῶσιν ἔθνη πανοπλίαν αὐτῶν, ὅτι ἐναντίον Κυρίου ὁ πόλεμος αὐτοῦ, καὶ γὰρ ἐπηκολούθησεν ὀπίσω δυνάστου.

7 Καὶ ἐν ἡμέραις Μωυσέως ἐποίησεν ἔλεος, αὐτὸς καὶ Χαλὲβ υἱὸς Ἰεφοννῆ, ἀντιστῆναι ἔναντι ἐχθροῦ, κωλῦσαι λαὸν ἀπὸ ἁμαρτίας, καὶ κοπάσαι γογγυσμὸν πονηρίας.
8 Καὶ αὐτοὶ δύο ὄντες διεσώθησαν ἀπὸ ἑξακοσίων χιλιάδων

with holy oil; this was appointed unto him by an everlasting covenant, and to his seed, so long as the heavens should remain, that they should minister unto him, and execute the office of the priesthood, and bless the people in his name.
16 He chose him out of all men living to offer sacrifices to the Lord, incense, and a sweet savour, for a memorial, to make reconciliation for his people. 17 He gave unto him his commandments, and authority in the statutes of judgments, that he should teach Jacob the testimonies, and inform Israel in his laws.
18 Strangers conspired together against him, and maligned him in the wilderness, even the men that were of Dathan's and Abiron's side, and the congregation of Core, with fury and wrath.
19 This the Lord saw, and it displeased him, and in his wrathful indignation were they consumed: he did wonders upon them, to consume them with the fiery flame. 20 But he made Aaron more honourable, and gave him an heritage, and divided unto him the firstfruits of the increase: especially he prepared bread in abundance: 21 for they eat of the sacrifices of the Lord, which he gave unto him and his seed. 22 Howbeit in the land of the people he had no inheritance, neither had he any portion among the people: for the Lord himself is his portion and inheritance.
23 The third in glory is Phinees the son of Eleazar, because he had zeal in the fear of the Lord, and stood up with good courage of heart when the people were turned back, and made reconciliation for Israel. 24 Therefore was there a covenant of peace made with him, that he should be the chief of the sanctuary and of his people, and that he and his posterity should have the dignity of the priesthood for ever: 25 according to the covenant made with David son of Jesse, of the tribe of Juda, that the inheritance of the king should be to his posterity alone: so the inheritance of Aaron should also be unto his seed. 26 God give you wisdom in your heart to judge his people in righteousness, that their good things be not abolished, and that their glory may endure for ever.
Jesus the son of Nave was valiant in the wars, and was the successor of Moses in prophecies, who according to his name was made great for the saving of the elect of God, and taking vengeance of the enemies that rose up against them, that he might set Israel in their inheritance. 2 How great glory gat he, when he did lift up his hands, and stretched out his sword against the cities! 3 Who before him has so stood? for the Lord himself brought his enemies over to him. 4 Did not the sun go back by his means? and was not one day as long as two? 5 He called upon the most high Lord, when the enemies pressed upon him on every side; and the great Lord heard him. 6 And with hailstones of mighty power he made the battle to fall violently upon the nations, and by their falling he destroyed them that resisted, that the nations might know all their strength, because he fought in the sight of the Lord, and he followed the Mighty One.
7 In the time of Moses also he did a work of mercy, he and Caleb the son of Jephunne, in that they withstood the enemy, and withheld the people from sin, and appeased the wicked murmuring. 8 And of six hundred thousand people on foot, they two alone were pre-

served to bring them into the heritage, even unto the land that floweth with milk and honey.

⁹ The Lord gave strength also unto Caleb, which remained with him unto his old age: so that he entered upon the high places of the land, and his seed obtained it for an heritage: ¹⁰ that all the children of Israel might see that it is good to follow the Lord. ¹¹ And concerning the judges, every one by name, whose heart went not a whoring, nor departed from the Lord, let their memory be blessed. ¹² Let their bones flourish out of their place, and let the name of them that were honoured be continued upon their children.

¹³ Samuel, the prophet of the Lord, beloved of his Lord, established a kingdom, and anointed princes over his people. ¹⁴ By the law of the Lord he judged the congregation, and the Lord had respect unto Jacob. ¹⁵ By his faithfulness he was found a true prophet, and by his word he was known to be faithful in vision. ¹⁶ He called upon the mighty Lord, when his enemies pressed upon him on every side, when he offered the sucking lamb. ¹⁷ And the Lord thundered from heaven, and with a great noise made his voice to be heard. ¹⁸ And he destroyed the rulers of the Tyrians, and all the princes of the Philistines.

¹⁹ And before his long sleep he made protestation in the sight of the Lord and his anointed, I have not taken any man's goods, so much as a shoe: and no man did accuse him. ²⁰ And after his death he prophesied, and shewed the king his end, and lifted up his voice from the earth in prophecy, to blot out the wickedness of the people.

And after him rose up Nathan to prophesy in the time of David.

² As is the fat taken away from the peace offering, so was David chosen out of the children of Israel. ³ He played with lions as with kids, and with bears as with lambs. ⁴ Slew he not a giant, when he was yet but young? and did he not take away reproach from the people, when he lifted up his hand with the stone in the sling, and beat down the boasting of Goliath? ⁵ for he called upon the most high Lord; and he gave him strength in his right hand to slay that mighty warrior, and set up the horn of his people.

⁶ So the people honoured him with ten thousands, and praised him in the blessings of the Lord in that he gave him a crown of glory. ⁷ For he destroyed the enemies on every side, and brought to nought the Philistines his adversaries, and brake their horn in sunder unto this day. ⁸ In all his works he praised the Holy One most high with words of glory: with his whole heart he sang songs, and loved him that made him. ⁹ He set singers also before the altar, that by their voices they might make sweet melody, and daily sing praises in their songs. ¹⁰ He beautified their feasts, and set in order the solemn times until the end, that they might praise his holy name, and that the temple might sound from morning.

¹¹ The Lord took away his sins, and exalted his horn for ever: he gave him a covenant of kings, and a throne of glory in Israel. ¹² After him rose up a wise son, and for his sake he dwelt at large ¹³ Solomon reigned in a peace-

πεζῶν, εἰσαγαγεῖν αὐτοὺς εἰς κληρονομίαν, εἰς γῆν ῥέουσαν γάλα καὶ μέλι.

Καὶ ἔδωκεν ὁ Κύριος τῷ Χαλὲβ ἰσχὺν, καὶ ἕως γήρους 9 διέμεινεν αὐτῷ, ἐπιβῆναι αὐτὸν ἐπὶ ὕψος τῆς γῆς, καὶ τὸ σπέρμα αὐτοῦ κατέσχε κληρονομίαν· ὅπως ἴδωσι πάντες οἱ 10 υἱοὶ Ἰσραὴλ, ὅτι καλὸν τὸ πορεύεσθαι ὀπίσω Κυρίου. Καὶ 11 οἱ κριταὶ ἕκαστος τῷ αὐτοῦ ὀνόματι, ὅσων οὐκ ἐξεπόρνευσεν ἡ καρδία, καὶ ὅσοι οὐκ ἀπεστράφησαν ἀπὸ Κυρίου, εἴη τὸ μνημόσυνον αὐτῶν ἐν εὐλογίαις· τὰ ὀστᾶ αὐτῶν ἀναθάλοι 12 ἐκ τοῦ τόπου αὐτῶν, καὶ τὸ ὄνομα αὐτῶν ἀντικαταλλασσόμενον ἐφ᾽ υἱοῖς δεδοξασμένων αὐτῶν.

Ἠγαπημένος ὑπὸ Κυρίου αὐτοῦ Σαμουὴλ προφήτης 13 Κυρίου κατέστησε βασιλείαν, καὶ ἔχρισεν ἄρχοντας ἐπὶ τὸν λαὸν αὐτοῦ. Ἐν νόμῳ Κυρίου ἔκρινε συναγωγὴν, καὶ 14 ἐπεσκέψατο Κύριος τὸν Ἰακώβ. Ἐν πίστει αὐτοῦ ἠκρι- 15 βάσθη προφήτης, καὶ ἐγνώσθη ἐν πίστει αὐτοῦ πιστὸς ὁράσεως. Καὶ ἐπεκαλέσατο τὸν Κύριον δυνάστην, ἐν τῷ 16 θλίψαι ἐχθροὺς αὐτοῦ κυκλόθεν, ἐν προσφορᾷ ἀρνὸς γαλαθηνοῦ. Καὶ ἐβρόντησεν ἀπ᾽ οὐρανοῦ Κύριος, καὶ ἐν ἤχῳ 17 μεγάλῳ ἀκουστὴν ἐποίησε τὴν φωνὴν αὐτοῦ. Καὶ ἐξέτριψεν 18 ἡγουμένους Τυρίων, καὶ πάντας ἄρχοντας Φυλιστιείμ.

Καὶ πρὸ καιροῦ κοιμήσεως αἰῶνος ἐπεμαρτύρατο ἔναντι 19 Κυρίου καὶ χριστοῦ, χρήματα καὶ ἕως ὑποδημάτων ἀπὸ πάσης σαρκὸς οὐκ εἴληφα· καὶ οὐκ ἐνεκάλεσεν αὐτῷ ἄνθρωπος. Καὶ μετὰ τὸ ὑπνῶσαι αὐτὸν προεφήτευσε, καὶ 20 ὑπέδειξε βασιλεῖ τὴν τελευτὴν αὐτοῦ, καὶ ἀνύψωσεν ἐκ γῆς τὴν φωνὴν αὐτοῦ, ἐν προφητείᾳ ἐξαλεῖψαι ἀνομίαν λαοῦ.

Καὶ μετὰ τοῦτο ἀνέστη Νάθαν προφητεύειν ἐν ἡμέραις 47 Δαυίδ.

Ὥσπερ στέαρ ἀφωρισμένον ἀπὸ σωτηρίου, οὕτως Δαυὶδ 2 ἀπὸ τῶν υἱῶν Ἰσραήλ. Ἐν λέουσιν ἔπαισεν ὡς ἐν ἐρίφοις, 3 καὶ ἐν ἄρκοις ὡς ἐν ἄρνασι προβάτων. Ἐν νεότητι αὐτοῦ 4 οὐχὶ ἀπέκτεινε γίγαντα, καὶ ἐξῆρεν ὀνειδισμὸν ἐκ λαοῦ, ἐν τῷ ἐπᾶραι χεῖρα ἐν λίθῳ σφενδόνης, καὶ καταβαλεῖν γαυρίαμα τοῦ Γολιάθ; Ἐπεκαλέσατο γὰρ Κύριον τὸν ὕψιστον, 5 καὶ ἔδωκεν ἐν τῇ δεξιᾷ αὐτοῦ κράτος ἐξᾶραι ἄνθρωπον δυνατὸν ἐν πολέμῳ, ἀνυψῶσαι κέρας λαοῦ αὐτοῦ.

Οὕτως ἐν μυριάσιν ἐδόξασεν αὐτὸν, καὶ ᾔνεσεν αὐτὸν ἐν 6 εὐλογίαις Κυρίου, ἐν τῷ φέρεσθαι αὐτῷ διάδημα δόξης. Ἐξέτριψε γὰρ ἐχθροὺς κυκλόθεν, καὶ ἐξουδένωσε Φυλιστιεὶμ 7 τοὺς ὑπεναντίους· ἕως σήμερον συνέτριψεν αὐτῶν κέρας. Ἐν παντὶ ἔργῳ αὐτοῦ ἔδωκεν ἐξομολόγησιν· ἁγίῳ ὑψίστῳ 8 ῥήματι δόξης ἐν πάσῃ καρδίᾳ αὐτοῦ ὕμνησε, καὶ ἠγάπησε τὸν ποιήσαντα αὐτόν. Καὶ ἔστησε ψαλτῳδοὺς κατέναντι 9 τοῦ θυσιαστηρίου, καὶ ἐξ ἤχου αὐτῶν γλυκαίνει μέλη. Ἔδωκεν ἐν ἑορταῖς εὐπρέπειαν, καὶ ἐκόσμησε καιροὺς μέχρι 10 συντελείας· ἐν τῷ αἰνεῖν αὐτοὺς τὸ ἅγιον ὄνομα αὐτοῦ, καὶ ἀπὸ πρωῒ ἠχεῖν τὸ ἁγίασμα.

Κύριος ἀφεῖλε τὰς ἁμαρτίας αὐτοῦ, καὶ ἀνύψωσεν εἰς 11 αἰῶνα τὸ κέρας αὐτοῦ, καὶ ἔδωκεν αὐτῷ διαθήκην βασιλέων καὶ θρόνον δόξης ἐν τῷ Ἰσραήλ. Μετὰ τούτου ἀνέστη υἱὸς 12 ἐπιστήμων, καὶ δι᾽ αὐτὸν κατέλυσεν ἐν πλατυσμῷ. Σαλω- 13

μῶν ἐβασίλευσεν ἐν ἡμέραις εἰρήνης, ᾧ ὁ Θεὸς κατέπαυσε
κυκλόθεν, ἵνα στήσῃ οἶκον ἐπ᾽ ὀνόματι αὐτοῦ, καὶ ἑτοιμάσῃ
14 ἁγίασμα εἰς τὸν αἰῶνα. Ὡς ἐσοφίσθης ἐν νεότητί σου, καὶ
15 ἐνεπλήσθης ὡς ποταμὸς συνέσεως. Γῆν ἐπεκάλυψεν ἡ ψυχή
σου, καὶ ἐνέπλησας ἐν παραβολαῖς αἰνιγμάτων.
16 Εἰς νήσους πόρρω ἀφίκετο τὸ ὄνομά σου, καὶ ἠγαπήθης
17 ἐν τῇ εἰρήνῃ σου. Ἐν ᾠδαῖς καὶ παροιμίαις καὶ παραβο-
18 λαῖς, καὶ ἐν ἑρμηνείαις ἀπεθαύμασάν σε χῶραι. Ἐν ὀνόματι
Κυρίου τοῦ Θεοῦ τοῦ ἐπικεκλημένου Θεοῦ Ἰσραὴλ, συνή-
γαγες ὡς κασσίτερον τὸ χρυσίον, καὶ ὡς μόλιβδον ἐπλήθυνας
19 ἀργύριον. Παρενέκλινας τὰς λαγόνας σου γυναιξὶ, καὶ
20 ἐνεξουσιάσθης ἐν τῷ σώματί σου. Ἔδωκας μῶμον ἐν τῇ
δόξῃ σου, καὶ ἐβεβήλωσας τὸ σπέρμα σου, ἐπαγαγεῖν
ὀργὴν ἐπὶ τὰ τέκνα σου, καὶ κατενύγην ἐπὶ τῇ ἀφροσύνῃ
21 σου, γενέσθαι δίχα τυραννίδα, καὶ ἐξ Ἐφραὶμ ἄρξαι βασι-
λείαν ἀπειθῆ.
22 Ὁ δὲ Κύριος οὐ μὴ καταλίπῃ τὸ ἔλεος αὐτοῦ, καὶ οὐ μὴ
διαφθαρῇ ἀπὸ τῶν ἔργων αὐτοῦ· οὐδὲ μὴ ἐξαλείψῃ ἐκλεκτοῦ
ἔκγονα, καὶ σπέρμα τοῦ ἀγαπήσαντος αὐτὸν οὐ μὴ ἐξάρῃ·
καὶ τῷ Ἰακὼβ ἔδωκε κατάλειμμα, καὶ τῷ Δαυὶδ ἐξ αὐτοῦ
ῥίζαν.
23 Καὶ ἀνεπαύσατο Σαλωμὼν μετὰ τῶν πατέρων· καὶ κατέ-
λιπε μετ᾽ αὐτὸν ἐκ τοῦ σπέρματος αὐτοῦ, λαοῦ ἀφροσύνην
καὶ ἐλασσούμενον συνέσει, Ῥοβοάμ, ὃς ἀπέστησε λαὸν ἐκ
βουλῆς αὐτοῦ· καὶ Ἱεροβοὰμ υἱὸν Ναβάτ, ὃς ἐξήμαρτε τὸν
24 Ἰσραὴλ, καὶ ἔδωκε τῷ Ἐφραὶμ ὁδὸν ἁμαρτίας. Καὶ ἐπλη-
θύνθησαν αἱ ἁμαρτίαι αὐτῶν σφόδρα, ἀποστῆσαι αὐτοὺς ἀπὸ
25 τῆς γῆς αὐτῶν. Καὶ πᾶσαν πονηρίαν ἐξεζήτησαν, ἕως ἐκδί-
κησις ἔλθῃ ἐπ᾽ αὐτούς.
48 Καὶ ἀνέστη Ἠλίας προφήτης ὡς πῦρ, καὶ ὁ λόγος αὐτοῦ
2 ὡς λαμπὰς ἐκαίετο· ὃς ἐπήγαγεν ἐπ᾽ αὐτοὺς λιμὸν, καὶ τῷ
3 ζήλῳ αὐτοῦ ὠλιγοποίησεν αὐτούς. Ἐν λόγῳ Κυρίου
4 ἀνέσχεν οὐρανὸν, κατήγαγεν οὕτως τρὶς πῦρ. Ὡς ἐδοξάσθης
Ἠλία ἐν τοῖς θαυμασίοις σου; καὶ τίς ὅμοιός σοι καυ-
5 χᾶσθαι; Ὁ ἐγείρας νεκρὸν ἐκ θανάτου καὶ ἐξ ᾅδου ἐν λόγῳ
6 ὑψίστου· ὁ καταγαγὼν βασιλεῖς εἰς ἀπώλειαν, καὶ δεδοξα-
7 σμένους ἀπὸ κλίνης αὐτῶν· ὁ ἀκούων ἐν Σινᾷ ἐλεγμὸν, καὶ ἐν
8 Χωρὴβ κρίματα ἐκδικήσεως· ὁ χρίων βασιλεῖς εἰς ἀνταπό-
9 δομα, καὶ προφήτας διαδόχους μετ᾽ αὐτόν· ὁ ἀναληφθεὶς ἐν
10 λαίλαπι πυρὸς ἐν ἅρματι ἵππων πυρίνων· ὁ καταγραφεὶς ἐν
ἐλεγμοῖς εἰς καιροὺς, κοπάσαι ὀργὴν πρὸ θυμοῦ, καὶ ἐπι-
στρέψαι καρδίαν πατρὸς πρὸς υἱὸν, καὶ καταστῆσαι φυλὰς
11 Ἰακώβ. Μακάριοι οἱ ἰδόντες σε, καὶ οἱ ἐν ἀγαπήσει κεκοσ-
μημένοι· καὶ γὰρ ἡμεῖς ζωῇ ζησόμεθα.
12 Ἠλίας, ὃς ἐν λαίλαπι ἐσκεπάσθη· καὶ Ἐλισαιὲ ἐνεπλήσθη
πνεύματος αὐτοῦ· καὶ ἐν ἡμέραις αὐτοῦ οὐκ ἐσαλεύθη ὑπὸ
13 ἄρχοντος, καὶ οὐ κατεδυνάστευσεν αὐτὸν οὐδείς. Πᾶς λόγος
οὐχ ὑπερῆρεν αὐτὸν, καὶ ἐν κοιμήσει ἐπροφήτευσε τὸ σῶμα
14 αὐτοῦ. Καὶ ἐν ζωῇ αὐτοῦ ἐποίησε τέρατα, καὶ ἐν τελευτῇ
θαυμάσια τὰ ἔργα αὐτοῦ.
15 Ἐν πᾶσι τούτοις οὐ μετενόησεν ὁ λαὸς, καὶ οὐκ ἀπέστη-
σαν ἀπὸ τῶν ἁμαρτιῶν, ἕως ἐπρονομεύθησαν ἀπὸ τῆς γῆς

able time, and was honoured; for God made all quiet round about him, that he might build an house in his name, and prepare his sanctuary for ever. [14] How wise wast thou in thy youth, and, as a flood, filled with understanding! [15] Thy soul covered the whole earth, and thou filledst it with dark parables.

[16] Thy name went far unto the islands; and for thy peace thou wast beloved. [17] The countries marvelled at thee for thy songs, and proverbs, and parables, and interpretations. [18] By the name of the Lord God, which is called the Lord God of Israel, thou didst gather gold as tin, and didst multiply silver as lead. [19] Thou didst bow thy loins unto women, and by thy body thou wast brought into subjection. [20] Thou didst stain thine honour, and pollute thy seed: so that thou broughtest wrath upon thy children, and wast grieved for thy folly. [21] So the kingdom was divided, and out of Ephraim ruled a rebellious kingdom.

[22] But the Lord will never leave off his mercy, neither shall any of his works perish, neither will he abolish the posterity of his elect, and the seed of him that loveth him he will not take away: wherefore he gave a remnant unto Jacob, and out of him a root unto David.

[23] Thus rested Solomon with his fathers, and of his seed he left behind him Roboam, even the foolishness of the people, and one that had no understanding, who turned away the people through his counsel. There was also Jeroboam the son of Nebat, who caused Israel to sin, and shewed Ephraim the way of sin: [24] and their sins were multiplied exceedingly, that they were driven out of the land. [25] For they sought out all wickedness, till the vengeance came upon them.

Then stood up Elias the prophet as fire, and his word burned like a lamp. [2] He brought a sore famine upon them, and by his zeal he diminished their number. [3] By the word of the Lord he shut up the heaven, and also three times brought down fire. [4] O Elias, how wast thou honoured in thy wondrous deeds! and who may glory like unto thee! [5] Who didst raise up a dead man from death, and his soul from the place of the dead, by the word of the most High: [6] who broughtest kings to destruction, and honourable men from their bed: [7] who heardest the rebuke of the Lord in Sinai, and in Horeb the judgment of vengeance: [8] who anointedst kings to take revenge, and prophets to succeed after him: [9] who wast taken up in a whirlwind of fire, and in a chariot of fiery horses: [10] who wast ordained for reproofs in their times, to pacify the wrath of the Lord's judgment, before it brake forth into fury, and to turn the heart of the father unto the son, and to restore the tribes of Jacob. [11] Blessed are they that saw thee, and slept in love; for we shall surely live.

[12] Elias it was, who was covered with a whirlwind; and Eliseus was filled with his spirit: whilst he lived, he was not moved with *the* *presence* of any prince, neither could any bring him into subjection. [13] No word could overcome him; and after his death his body prophesied. [14] He did wonders in his life, and at his death were his works marvellous.

[15] For all this the people repented not, neither departed they from their sins, till they were

spoiled and carried out of their land, and were scattered through all the earth: yet there remained a small people, and a ruler in the house of David: [16] of whom some did that which was pleasing to God, and some multiplied sins.

[17] Ezekias fortified his city, and brought in water into the midst thereof: he digged the hard rock with iron, and made wells for waters. [18] In his time Sennacherib came up, and sent Rabsaces, and lifted-up his hand against Sion, and boasted proudly. [19] Then trembled their hearts and hands, and they were in pain, as women in travail. [20] But they called upon the Lord who is merciful, and stretched out their hands toward him: and immediately the Holy One heard them out of heaven, and delivered them by the ministry of Esay. [21] He smote the host of the Assyrians, and his angel destroyed them. [22] For Ezekias had done the thing that pleased the Lord, and was strong in the ways of David his father, as Esay the prophet, who was great and faithful in his vision, had commanded him. [23] In his time the sun went backward, and he lengthened the king's life. [24] He saw by an excellent spirit what should come to pass at the last, and he comforted them that mourned in Sion. [25] He shewed what should come to pass for ever, and secret things or ever they came.

The remembrance of Josias is like the composition of the perfume that is made by the art of the apothecary: it is sweet as honey in all mouths, and as music at a banquet of wine. [2] He behaved himself uprightly in the conversion of the people, and took away the abominations of iniquity. [3] He directed his heart unto the Lord, and in the time of the ungodly he established the worship of God. [4] All, except David and Ezekias and Josias, were defective: for they forsook the law of the most High, even the kings of Juda failed; [5] for they gave their power unto others, and their glory to a strange nation. [6] They burnt the chosen city of the sanctuary, and made the streets desolate, according to the prophecy of Jeremias. [7] For they entreated him evil, who nevertheless was a prophet, sanctified in his mother's womb, that he might root out, and afflict, and destroy; and that he might build up also, and plant. [8] It was Ezekiel who saw the glorious vision, which was shewed him upon the chariot of the cherubim. [9] For he made mention of the enemies under the figure of the rain, and directed them that went right. [10] And of the twelve prophets let the memorial be blessed, and let their bones flourish again out of their place: for they comforted Jacob, and delivered them by assured hope. [11] How shall we magnify Zorobabel? he was even as a signet on the right hand: [12] So was Jesus the son of Josedec: who in their time builded the house, and set up an holy temple to the Lord, which was prepared for everlasting glory. [13] And among the elect was Neemias, whose renown is great, who raised up for us the walls that were fallen, and set up the gates and the bars, and raised up our ruins again. [14] But upon the earth was no man created like Enoch; for he was taken from the earth. [15] Neither was there a man born like unto Joseph, a governor of his brethren, a stay of the people, whose bones were regarded of the Lord. [16] Sem and Seth were in great honour among men, and so was Adam above every living thing in the creation.

αὐτῶν, καὶ ἐσκορπίσθησαν ἐν πάσῃ τῇ γῇ· καὶ κατελείφθη ὁ λαὸς ὀλιγοστὸς, καὶ ἄρχων τῷ οἴκῳ Δαυίδ. Τινὲς μὲν 16 αὐτῶν ἐποίησαν τὸ ἀρεστὸν, τινὲς δὲ ἐπλήθυναν ἁμαρτίας.

Ἐζεκίας ὠχύρωσε τὴν πόλιν αὐτοῦ, καὶ εἰσήγαγεν εἰς μέσον 17 αὐτῶν τὸν Γώγ· ὤρυξε σιδήρῳ ἀκρότομον, καὶ ᾠκοδόμησε κρήνας εἰς ὕδατα. Ἐν ἡμέραις αὐτοῦ ἀνέβη Σενναχηρὶμ, 18 καὶ ἀπέστειλε Ῥαψάκην, καὶ ἀπῆρε· καὶ ἐπῆρεν ἡ χεὶρ αὐτοῦ ἐπὶ Σιὼν, καὶ ἐμεγαλαύχησεν ὑπερηφανίᾳ αὐτοῦ. Τότε ἐσαλεύ- 19 θησαν καρδίαι καὶ χεῖρες αὐτῶν, καὶ ὠδίνησαν ὡς αἱ τίκτουσαι.

Καὶ ἐπεκαλέσαντο τὸν Κύριον τὸν ἐλεήμονα, ἐκπετάσαντες 20 τὰς χεῖρας αὐτῶν πρὸς αὐτόν· καὶ ὁ ἅγιος ἐξ οὐρανοῦ ταχὺ ἐπήκουσεν αὐτῶν, καὶ ἐλυτρώσατο αὐτοὺς ἐν χειρὶ Ἡσαΐου. Ἐπάταξε τὴν παρεμβολὴν τῶν Ἀσσυρίων, καὶ ἐξέτριψεν 21 αὐτοὺς ὁ ἄγγελος αὐτοῦ. Ἐποίησε γὰρ Ἐζεκίας τὸ ἀρεστὸν 22 Κυρίῳ, καὶ ἐνίσχυσεν ἐν ὁδοῖς Δαυὶδ τοῦ πατρὸς αὐτοῦ, ἃς ἐνετείλατο Ἡσαΐας ὁ προφήτης ὁ μέγας, καὶ πιστὸς ἐν ὁράσει αὐτοῦ. Ἐν ταῖς ἡμέραις αὐτοῦ ἀνεπόδισεν ὁ ἥλιος, 23 καὶ προσέθηκε ζωὴν βασιλεῖ. Πνεύματι μεγάλῳ εἶδε τὰ 24 ἔσχατα, καὶ παρεκάλεσε τοὺς πενθοῦντας ἐν Σιών. Ἕως 25 τοῦ αἰῶνος ὑπέδειξε τὰ ἐσόμενα, καὶ τὰ ἀπόκρυφα πρινὴ παραγενέσθαι αὐτά.

Μνημόσυνον Ἰωσίου εἰς σύνθεσιν θυμιάματος, ἐσκευασ- 49 μένον ἔργῳ μυρεψοῦ, ἐν παντὶ στόματι ὡς μέλι γλυκανθή- σεται, καὶ ὡς μουσικὰ ἐν συμποσίῳ οἴνου. Αὐτὸς κατευ- 2 θύνθη ἐν ἐπιστροφῇ λαοῦ, καὶ ἐξῆρε βδελύγματα ἀνομίας. Κατεύθυνε πρὸς Κύριον τὴν καρδίαν αὐτοῦ, ἐν ἡμέραις 3 ἀνόμων κατίσχυσε τὴν εὐσέβειαν. Πάρεξ Δαυὶδ, καὶ Ἐζε- 4 κίου, καὶ Ἰωσίου, πάντες πλημμέλειαν ἐπλημμέλησαν· κατέλιπον γὰρ τὸν νόμον τοῦ ὑψίστου, οἱ βασιλεῖς Ἰούδα ἐξέλιπον. Ἔδωκαν γὰρ τὸ κέρας αὐτῶν ἑτέροις, καὶ τὴν 5 δόξαν αὐτῶν ἔθνει ἀλλοτρίῳ.

Ἐνεπύρισαν ἐκλεκτὴν πόλιν ἁγιάσματος, καὶ ἠρήμωσαν 6 τὰς ὁδοὺς αὐτῆς ἐν χειρὶ Ἱερεμίου. Ἐκάκωσαν γὰρ αὐτὸν, 7 καὶ αὐτὸς ἐν μήτρᾳ ἡγιάσθη προφήτης ἐκριζοῦν καὶ κακοῦν καὶ ἀπολλύειν, ὡσαύτως οἰκοδομεῖν καὶ καταφυτεύειν. Ἰεζεκιὴλ ὃς εἶδεν ὅρασιν δόξης, ἣν ὑπέδειξεν αὐτῷ ἐπὶ 8 ἅρματος χερουβίμ. Καὶ γὰρ ἐμνήσθη τῶν ἐχθρῶν ἐν 9 ὄμβρῳ, καὶ ἀγαθῶσαι τοὺς εὐθύνοντας ὁδούς. Καὶ τῶν 10 δώδεκα προφητῶν τὰ ὀστᾶ ἀναθάλοι ἐκ τοῦ τόπου αὐτῶν· παρεκάλεσε δὲ τὸν Ἰακὼβ, καὶ ἐλυτρώσατο αὐτοὺς ἐν πίστει ἐλπίδος. Πῶς μεγαλύνωμεν τὸν Ζοροβάβελ; καὶ αὐτὸς ὡς 11 σφραγὶς ἐπὶ δεξιᾶς χειρός.

Οὕτως Ἰησοῦς υἱὸς Ἰωσεδέκ· οἳ ἐν ἡμέραις αὐτῶν ᾠκοδό- 12 μησαν οἶκον, καὶ ἀνύψωσαν λαὸν ἅγιον Κυρίῳ ἡτοιμασ- μένον εἰς δόξαν αἰῶνος. Καὶ Νεεμίου ἐπὶ πολὺ τὸ μνημό- 13 συνον, τοῦ ἐγείραντος ἡμῖν τείχη πεπτωκότα, καὶ στήσαντος πύλας καὶ μοχλοὺς, καὶ ἀνεγείραντος τὰ οἰκόπεδα ἡμῶν. Οὐδὲ εἷς ἐκτίσθη οἷος Ἐνὼχ τοιοῦτος ἐπὶ τῆς γῆς, καὶ γὰρ 14 αὐτὸς ἀνελήφθη ἀπὸ τῆς γῆς. Οὐδὲ ὡς Ἰωσὴφ ἐγεννήθη 15 ἀνὴρ, ἡγούμενος ἀδελφῶν, στήριγμα λαοῦ, καὶ τὰ ὀστᾶ αὐτοῦ ἐπεσκέπησαν. Σὴμ καὶ Σὴθ ἐν ἀνθρώποις ἐδοξάσ- 16 θησαν, καὶ ὑπὲρ πᾶν ζῶον ἐν τῇ κτίσει Ἀδάμ.

50 Σίμων Ὀνίου υἱὸς ἱερεὺς ὁ μέγας, ὃς ἐν ζωῇ αὐτοῦ ὑπέρ-
2 ραψεν οἶκον, καὶ ἐν ἡμέραις αὐτοῦ ἐστερέωσε τὸν ναόν· καὶ
ὑπ᾿ αὐτοῦ ἐθεμελιώθη ὕψος διπλῆς ἀνάλημμα ὑψηλὸν περι-
3 βόλου ἱεροῦ. Ἐν ἡμέραις αὐτοῦ ἠλαττώθη ἀποδοχεῖον
4 ὑδάτων, χαλκὸς ὡσεὶ θαλάσσης τὸ περίμετρον· ὁ φροντίζων
τοῦ λαοῦ αὐτοῦ ἀπὸ πτώσεως, καὶ ἐνισχύσας πόλιν ἐμπολιορ-
5 κῆσαι, ὡς ἐδοξάσθη ἐν περιστροφῇ λαοῦ, ἐν ἐξόδῳ οἴκου
6 καταπετάσματος· ὡς ἀστὴρ ἑωθινὸς ἐν μέσῳ νεφέλης, ὡς
7 σελήνη πλήρης ἐν ἡμέραις· ὡς ἥλιος ἐκλάμπων ἐπὶ ναὸν
8 ὑψίστου, καὶ ὡς τόξον φωτίζον ἐν νεφέλαις δόξης· ὡς ἄνθος
ῥόδων ἐν ἡμέραις νέων, ὡς κρίνα ἐπ᾿ ἐξόδων ὕδατος· ὡς
9 βλαστὸς Λιβάνου ἐν ἡμέραις θέρους, ὡς πῦρ καὶ λίβανος
ἐπὶ πυρείου· ὡς σκεῦος χρυσίου ὁλοσφύρητον κεκοσμημένον
10 παντὶ λίθῳ πολυτελεῖ· ὡς ἐλαία ἀναθάλλουσα καρπούς, καὶ
ὡς κυπάρισσος ὑψουμένη ἐν νεφέλαις.
11   Ἐν τῷ ἀναλαμβάνειν αὐτὸν στολὴν δόξης, καὶ ἐνδιδύ-
σκεσθαι αὐτὸν συντέλειαν καυχήματος, ἐν ἀναβάσει θυσιασ-
12 τηρίου ἁγίου ἐδόξασε περιβολὴν ἁγιάσματος. Ἐν δὲ τῷ
δέχεσθαι μέλη ἐκ χειρῶν ἱερέων, καὶ αὐτὸς ἑστὼς παρ᾿
ἐσχάρα βωμοῦ, κυκλόθεν αὐτοῦ στέφανος ἀδελφῶν, ὡς
βλάστημα κέδρου ἐν τῷ λιβάνῳ· καὶ ἐκύκλωσαν αὐτὸν ὡς
13 στελέχη φοινίκων, καὶ πάντες οἱ υἱοὶ Ἀαρὼν ἐν δόξῃ αὐτῶν·
καὶ προσφορὰ Κυρίου ἐν χερσὶν αὐτῶν ἔναντι πάσης ἐκκλη-
14 σίας Ἰσραήλ. Καὶ συντέλειαν λειτουργῶν ἐπὶ βωμῶν,
15 κοσμῆσαι προσφορὰν ὑψίστου παντοκράτορος, ἐξέτεινεν ἐπὶ
σπονδείου χεῖρα αὐτοῦ, καὶ ἔσπεισεν ἐξ αἵματος σταφυλῆς·
ἐξέχεεν εἰς θεμέλια θυσιαστηρίου ὀσμὴν εὐωδίας ὑψίστῳ
παμβασιλεῖ.
16   Τότε ἀνέκραγον υἱοὶ Ἀαρών, ἐν σάλπιγξιν ἐλαταῖς
ἤχησαν· ἀκουστὴν ἐποίησαν φωνὴν μεγάλην εἰς μνημό-
17 συνον ἔναντι ὑψίστου. Τότε πᾶς ὁ λαὸς κοινῇ κατέσπευσε,
καὶ ἔπεσαν ἐπὶ πρόσωπον ἐπὶ τὴν γῆν, προσκυνῆσαι τῷ
18 Κυρίῳ αὐτῶν παντοκράτορι Θεῷ τῷ ὑψίστῳ. Καὶ ᾔνεσαν
οἱ ψαλμῳδοὶ ἐν φωναῖς αὐτῶν, ἐν πλείστῳ οἴκῳ ἐγλυκάνθη
19 μέλος. Καὶ ἐδεήθη ὁ λαὸς Κυρίου ὑψίστου ἐν προσευχῇ
κατέναντι ἐλεήμονος, ἕως συντελεσθῇ κόσμος Κυρίου, καὶ
τὴν λειτουργίαν αὐτοῦ ἐτελείωσαν.
20   Τότε καταβὰς ἐπῆρε χεῖρας αὐτοῦ ἐπὶ πᾶσαν ἐκκλησίαν
υἱῶν Ἰσραήλ, δοῦναι εὐλογίαν Κυρίῳ ἐν χειλέων αὐτοῦ, καὶ
21 ἐν ὀνόματι αὐτοῦ καυχᾶσθαι. Καὶ ἐδευτέρωσεν ἐν προσκυ-
22 νήσει ἐπιδείξασθαι τὴν εὐλογίαν παρὰ ὑψίστου. Καὶ νῦν
εὐλογήσατε τῷ Θεῷ πάντες τῷ μεγαλοποιοῦντι πάντῃ, τὸν
ὑψοῦντα ἡμέρας ἡμῶν ἐκ μήτρας, καὶ ποιοῦντα μεθ᾿ ἡμῶν
23 κατὰ τὸ ἔλεος αὐτοῦ. Δῴη ἡμῖν εὐφροσύνην καρδίας, καὶ
γενέσθαι εἰρήνην ἐν ἡμέραις ἡμῶν ἐν Ἰσραὴλ κατὰ τὰς
24 ἡμέρας τοῦ αἰῶνος, ἐμπιστεῦσαι μεθ᾿ ἡμῶν τὸ ἔλεος αὐτοῦ,
καὶ ἐν ταῖς ἡμέραις αὐτοῦ λυτρωσάσθω ἡμᾶς.
25   Ἐν δυσὶν ἔθνεσι προσώχθισεν ἡ ψυχή μου, καὶ τὸ τρίτον
26 οὐκ ἔστιν ἔθνος. Οἱ καθήμενοι ἐν ὄρει Σαμαρείας, Φυλισ-
τιεὶμ καὶ ὁ λαὸς μωρὸς ὁ κατοικῶν ἐν Σικίμοις.
27   Παιδείαν συνέσεως καὶ ἐπιστήμης ἐχάραξεν ἐν τῷ βιβλίῳ
τούτῳ, Ἰησοῦς υἱὸς Σειρὰχ Ἱεροσολυμίτης, ὃς ἀνώμβρησε

Simon the high priest, the son of Onias, whó in his life repaired the house again, and in his days fortified the temple: [2] and by him was built from the foundation the double height, the high fortress of the wall about the temple: [3] in his days the cistern to receive water, being in compass as the sea, was covered with plates of brass: [4] he took care of the temple that it should not fall, and fortified the city against besieging: [5] how was he honoured in the midst of the people in his coming out of the sanctuary! [6] He was as the morning star in the midst of a cloud, and as the moon at the full: [7] as the sun shining upon the temple of the most High, and as the rainbow giving light in the bright clouds: [8] and as the flower of roses in the spring of the year, as lilies by the rivers of waters, and as the branches of the frankincense tree in the time of summer: [9] as fire and incense in the censer, and as a vessel of beaten gold set with all manner of precious stones: [10] and as a fair olive tree budding forth fruit, and as a cypress tree which groweth up to the clouds.

[11] When he put on the robe of honour, and was clothed with the perfection of glory, when he went up to the holy altar, he made the garment of holiness honourable. [12] When he took the portions out of the priests' hands, he himself stood by the hearth of the altar, compassed with his brethren round about, as a young cedar in Libanus; and as palm trees compassed they him round about. [13] So were all the sons of Aaron in their glory, and the oblations of the Lord in their hands, before all the congregation of Israel. [14] And finishing the service at the altar, that he might adorn the offering of the most high Almighty, he stretched out his hand to the cup, and poured of the blood of the grape, he poured out at the foot of the altar a sweet-smelling savour unto the most high King of all.

[16] Then shouted the sons of Aaron, and sounded the silver trumpets, and made a great noise to be heard, for a remembrance before the most High. [17] Then all the people together hasted, and fell down to the earth upon their faces to worship their Lord God Almighty, the most High. [18] The singers also sang praises with their voices, with great variety of sounds was there made sweet melody. [19] And the people besought the Lord, the most High, by prayer before him that is merciful, till the solemnity of the Lord was ended, and they had finished his service.

[20] Then he went down, and lifted up his hands over the whole congregation of the children of Israel, to give the blessing of the Lord with his lips, and to rejoice in his name. [21] And they bowed themselves down to worship the second time, that they might receive a blessing from the most High. [22] Now therefore bless ye the God of all, which only doeth wondrous things every where, which exalteth our days from the womb, and dealeth with us according to his mercy. [23] He grant us joyfulness of heart, and that peace may be in our days in Israel for ever: [24] that he would confirm his mercy with us, and deliver us at his time!

[25] There be two manner of nations which my heart abhorreth, and the third is no nation: [26] they that sit upon the mountain of Samaria, and they that dwell among the Philistines, and that foolish people that dwell in Sichem.

[27] Jesus the son of Sirach of Jerusalem hath written in this book the instruction of under-

standing and knowledge, who out of his heart poured forth wisdom. ²⁸Blessed is he that shall be exercised in these things: and he that layeth them up in his heart shall become wise. ²⁹For if he do them, he shall be strong to all things: for the light of the Lord is his path.

I will thank thee, O Lord and King, and praise thee, O God my Saviour: I do give praise unto thy name: ²for thou art my defender and helper, and hast preserved my body from destruction, and from the snare of the slanderous tongue, and from the lips that forge lies, and hast been mine helper against mine adversaries: ³and hast delivered me, according to the multitude of thy mercies and greatness of thy name, from the teeth of them that were ready to devour me, and out of the hands of such as sought after my life, and from the manifold afflictions which I had; ⁴from the choking of fire on every side, and from the midst of the fire which I kindled not; ⁵from the depth of the belly of hell, from an unclean tongue, and from lying words.

⁶By an accusation to the king from an unrighteous tongue my soul drew near even unto death, my life was near to the hell beneath. ⁷They compassed me on every side, and there was no man to help me: I looked for the succour of men, but there was none. ⁸Then thought I upon thy mercy, O Lord, and upon thy acts of old, how thou deliverest such as wait for thee, and savest them out of the hands of the enemies. ⁹Then lifted I up my supplication from the earth, and prayed for deliverance from death. ¹⁰I called upon the Lord, the Father of my Lord, that he would not leave me in the days of my trouble, and in the time of the proud, when there was no help. ¹¹I will praise thy name continually, and will sing praise with thanksgiving; and so my prayer was heard: ¹²for thou savedst me from destruction, and deliveredst me from the evil time: therefore will I give thanks, and praise thee, and bless thy name, O Lord.

¹³When I was yet young, or ever I went abroad, I desired wisdom openly in my prayer. ¹⁴I prayed for her before the temple, and will seek her out even to the end. ¹⁵Even from the flower till the grape was ripe hath my heart delighted in her: my foot went the right way, from my youth up sought I after her. ¹⁶I bowed down mine ear a little, and received her, and gat much learning. ¹⁷I profited therein, *therefore* will I ascribe the glory unto him that giveth me wisdom. ¹⁸For I purposed to do after her, and earnestly I followed that which is good; so shall I not be confounded.

¹⁹My soul hath wrestled with her, and in my doings I was exact: I stretched forth my hands to the heaven above, and bewailed my ignorances of her. ²⁰I directed my soul unto her, and I found her in pureness: I have had my heart joined with her from the beginning, therefore shall I not be forsaken. ²¹My heart was troubled in seeking her: therefore have I gotten a good possession. ²²The Lord hath given me a tongue for my reward, and I will praise him therewith.

²³Draw near unto me, ye unlearned, and dwell in the house of learning. ²⁴Wherefore are ye slow, and what say ye of these things, seeing your souls are very thirsty? ²⁵I opened

σοφίαν ἀπὸ καρδίας αὐτοῦ. Μακάριος ὃς ἐν τούτοις ἀνα- 28 στραφήσεται, καὶ ὁ θεὶς αὐτὰ ἐπὶ καρδίαν αὐτοῦ σοφισθή- σεται. Ἐὰν γὰρ αὐτὰ ποιήσῃ, πρὸς πάντα ἰσχύσει, ὅτι 29 φῶς Κυρίου τὸ ἴχνος αὐτοῦ.

ΠΡΟΣΕΥΧΗ ΊΗΣΟΥ ΥΙΟΥ ΣΕΙΡΑΧ.

Ἐξομολογήσομαί σοι Κύριε βασιλεῦ, καὶ αἰνέσω σε Θεὸν 51 τὸν σωτῆρά μου· ἐξομολογοῦμαι τῷ ὀνόματί σου, ὅτι 2 σκεπαστὴς καὶ βοηθὸς ἐγένου μοι, καὶ ἐλυτρώσω τὸ σῶμά μου ἐξ ἀπωλείας, καὶ ἐκ παγίδος διαβολῆς γλώσσης· ἀπὸ χειλέων ἐργαζομένων ψεῦδος, καὶ ἔναντι τῶν παρεστηκότων ἐγένου μοι βοηθὸς, καὶ ἐλυτρώσω με, κατὰ τὸ πλῆθος ἐλέους 3 καὶ ὀνόματός σου, ἐκ βρυγμῶν ἑτοίμων εἰς βρῶμα, ἐκ χειρὸς ζητούντων τὴν ψυχήν μου, ἐκ πλειόνων θλίψεων ὧν ἔσχον, ἀπὸ πνιγμοῦ πυρὸς κυκλόθεν, καὶ ἐκ μέσου πυρὸς οὗ οὐκ 4 ἐξέκαυσα, ἐκ βάθους κοιλίας ᾅδου, καὶ ἀπὸ γλώσσης ἀκα- 5 θάρτου, καὶ λόγου ψευδοῦς.

Βασιλεῖ διαβολὴ γλώσσης ἀδίκου· ἤγγισεν ἕως θανάτου 6 ἡ ψυχή μου, καὶ ἡ ζωή μου ἦν σύνεγγυς ᾅδου κάτω. Περιέσχον με πάντοθεν, καὶ οὐκ ἦν ὁ βοηθῶν· ἐμβλέπων 7 εἰς ἀντίληψιν ἀνθρώπων, καὶ οὐκ ἦν. Καὶ ἐμνήσθην τοῦ 8 ἐλέους σου Κύριε, καὶ τῆς ἐργασίας σου τῆς ἀπ᾽ αἰῶνος· ὅτι ἐξελῇ τοὺς ὑπομένοντάς σε, καὶ σώζεις αὐτοὺς ἐκ χειρὸς ἐθνῶν. Καὶ ἀνύψωσα ἐπὶ γῆς ἱκετείαν μου, καὶ ὑπὲρ θανά- 9 του ῥύσεως ἐδεήθην. Ἐπεκαλεσάμην Κύριον πατέρα Κυ- 10 ρίου μου, μή με ἐγκαταλιπεῖν ἐν ἡμέραις θλίψεως, ἐν καιρῷ ὑπερηφάνων ἀβοηθησίας. Αἰνέσω τὸ ὄνομά σου ἐνδελεχῶς, 11 καὶ ὑμνήσω ἐν ἐξομολογήσει· καὶ εἰσηκούσθη ἡ δέησίς μου. Ἔσωσας γάρ με ἐξ ἀπωλείας, καὶ ἐξείλου με ἐκ καιροῦ 12 πονηροῦ· διὰ τοῦτο ἐξομολογήσομαι καὶ αἰνέσω σοι, καὶ εὐλογήσω τῷ ὀνόματι Κυρίου·

Ἔτι ὢν νεώτερος, πρινὴ πλανηθῆναί με, ἐζήτησα σοφίαν 13 προφανῶς ἐν προσευχῇ μου. Ἔναντι ναοῦ ἠξίουν περὶ 14 αὐτῆς, καὶ ἕως ἐσχάτων ἐκζητήσω αὐτήν, ἐξ ἄνθους ὡς 15 περκαζούσης σταφυλῆς· εὐφράνθη ἡ καρδία μου ἐν αὐτῇ, ἐπέβη ὁ πούς μου ἐν εὐθύτητι, ἐκ νεότητός μου ἴχνευσα αὐτήν. Ἔκλινα ὀλίγον τὸ οὖς μου, καὶ ἐδεξάμην, καὶ 16 πολλὴν εὗρον ἐμαυτῷ παιδείαν. Προκοπὴ ἐγένετό μοι ἐν 17 αὐτῇ· τῷ διδόντι μοι σοφίαν, δώσω δόξαν. Διενοήθην γὰρ 18 τοῦ ποιῆσαι αὐτήν, καὶ ἐζήλωσα τὸ ἀγαθὸν, καὶ οὐ μὴ αἰσχυνθῶ.

Διαμεμάχηται ἡ ψυχή μου ἐν αὐτῇ, καὶ ἐν ποιήσει λιμοῦ 19 διηκριβωσάμην· τὰς χεῖράς μου ἐξεπέτασα πρὸς ὕψος, καὶ τὰ ἀγνοήματα αὐτῆς ἐπένθησα, τὴν ψυχήν μου κατεύθυνα 20 εἰς αὐτήν, καρδίαν ἐκτησάμην μετ᾽ αὐτῶν ἀπ᾽ ἀρχῆς, καὶ ἐν καθαρισμῷ εὗρον αὐτήν· διὰ τοῦτο οὐ μὴ ἐγκαταλειφθῶ. Καὶ ἡ κοιλία μου ἐταράχθη ἐκζητῆσαι αὐτήν· διὰ τοῦτο 21 ἐκτησάμην ἀγαθὸν κτῆμα. Ἔδωκε Κύριος γλῶσσάν μοι 22 μισθόν μου, καὶ ἐν αὐτῇ αἰνέσω αὐτόν.

Ἐγγίσατε πρὸς μὲ ἀπαίδευτοι, καὶ αὐλίσθητε ἐν οἴκῳ 23 παιδείας. Διότι ὑστερεῖτε ἐν τούτοις, καὶ αἱ ψυχαὶ ὑμῶν 24 διψῶσι σφόδρα; Ἤνοιξα τὸ στόμα μου, καὶ ἐλάλησα. 25

26 κτήσασθε ἑαυτοῖς ἄνευ ἀργυρίου. Τὸν τράχηλον ὑμῶν ὑπόθετε ὑπὸ ζυγόν, καὶ ἐπιδεξάσθω ἡ ψυχὴ ὑμῶν παιδείαν,
27 ἐγγύς ἐστιν εὑρεῖν αὐτήν. Ἴδετε ἐν ὀφθαλμοῖς ὑμῶν ὅτι ὀλίγον ἐκοπίασα, καὶ εὗρον ἐμαυτῷ πολλὴν ἀνάπαυσιν.
28 Μετάσχετε παιδείας ἐν πολλῷ ἀριθμῷ ἀργυρίου, καὶ πολὺν χρυσὸν κτήσασθε ἐν αὐτῇ.
29 Εὐφρανθείη ἡ ψυχὴ ὑμῶν ἐν τῷ ἐλέει αὐτοῦ, καὶ μὴ
30 αἰσχυνθείητε ἐν αἰνέσει αὐτοῦ. Ἐργάζεσθε τὸ ἔργον ὑμῶν πρὸ καιροῦ, καὶ δώσει τὸν μισθὸν ὑμῶν ἐν καιρῷ αὐτοῦ.

my mouth, and said, Buy her for yourselves without money. 26 Put your neck under the yoke, and let your soul receive instruction: she is hard at hand to find. 27 Behold with your eyes, how that I have had but little labour, and have gotten unto me much rest. 28 Get learning with a great sum of money, and get much gold by her.

29 Let your soul rejoice in his mercy, and be not ashamed of his praise. 30 Work your work betimes, and in his time he will give you your reward.

ΒΑΡΟΥΧ.

KAI οὗτοι οἱ λόγοι τοῦ βιβλίου, οὓς ἔγραψε Βαροὺχ υἱὸς Νηρίου, υἱοῦ Μαασαίου, υἱοῦ Σεδεκίου, υἱοῦ Ἀσαδίου, υἱοῦ
2 Χελκίου ἐν Βαβυλῶνι, ἐν τῷ ἔτει τῷ πέμπτῳ, ἐν ἑβδόμῃ τοῦ μηνός, ἐν τῷ καιρῷ ᾧ ἔλαβον οἱ Χαλδαῖοι τὴν Ἰερου-
σαλήμ, καὶ ἐνέπρησαν αὐτὴν ἐν πυρί.
3 Καὶ ἀνέγνω Βαροὺχ τοὺς λόγους τοῦ βιβλίου τούτου ἐν ὠσὶν Ἰεχονίου υἱοῦ Ἰωακεὶμ βασιλέως Ἰούδα, καὶ ἐν ὠσὶ
4 παντὸς τοῦ λαοῦ τῶν ἐρχομένων πρὸς τὴν βίβλον, καὶ ἐν ὠσὶ τῶν δυνατῶν, καὶ υἱῶν τῶν βασιλέων, καὶ ἐν ὠσὶ τῶν πρεσβυτέρων, καὶ ἐν ὠσὶ παντὸς τοῦ λαοῦ, ἀπὸ μικροῦ ἕως μεγάλου, πάντων τῶν κατοικούντων ἐν Βαβυλῶνι ἐπὶ ποτα-
5 μοῦ Σούδ. Καὶ ἔκλαιον, καὶ ἐνήστευον, καὶ ηὔχοντο ἐναντίον Κυρίου.
6 Καὶ συνήγαγον ἀργύριον, καθὸ ἑκάστου ἠδύνατο ἡ χείρ,
7 καὶ ἀπέστειλαν εἰς Ἰερουσαλὴμ πρὸς Ἰωακεὶμ υἱὸν Χελκίου, υἱοῦ Σαλώμ, τὸν ἱερέα, καὶ πρὸς τοὺς ἱερεῖς, καὶ πρὸς πάντα
8 τὸν λαόν, τοὺς εὑρεθέντας μετ' αὐτοῦ ἐν Ἰερουσαλήμ, ἐν τῷ λαβεῖν αὐτὸν τὰ σκεύη οἴκου Κυρίου, τὰ ἐξενεχθέντα ἐκ τοῦ ναοῦ, ἀποστρέψαι εἰς γῆν Ἰούδα, τῇ δεκάτῃ τοῦ Σειουάλ, σκεύη ἀργυρᾶ, ἃ ἐποίησε Σεδεκίας υἱὸς Ἰωσία βασιλεὺς
9 Ἰούδα, μετὰ τὸ ἀποικίσαι Ναβουχοδονόσορ βασιλέα Βαβυλῶνος τὸν Ἰεχονίαν, καὶ τοὺς ἄρχοντας, καὶ τοὺς δεσμώτας, καὶ τοὺς δυνατούς, καὶ τὸν λαὸν τῆς γῆς ἀπὸ Ἰερουσαλήμ, καὶ ἤγαγεν αὐτὸν εἰς Βαβυλῶνα.
10 Καὶ εἶπαν, ἰδοὺ ἀπεστείλαμεν πρὸς ὑμᾶς ἀργύριον, καὶ ἀγοράσατε τοῦ ἀργυρίου ὁλοκαυτώματα, καὶ περὶ ἁμαρτίας, καὶ λίβανον, καὶ ποιήσατε μάννα, καὶ ἀνοίσατε ἐπὶ τὸ
11 θυσιαστήριον Κυρίου τοῦ Θεοῦ ἡμῶν, καὶ προσεύξασθε περὶ τῆς ζωῆς Ναβουχοδονόσορ βασιλέως Βαβυλῶνος, καὶ εἰς ζωὴν Βαλτάσαρ υἱοῦ αὐτοῦ, ἵνα ὦσιν αἱ ἡμέραι αὐτῶν ὡς

AND these are the words of the book, which Baruch the son of Nerias, the son of Maasias, the son of Sedecias, the son of Asadias, the son of Chelcias, wrote in Babylon, 2 in the fifth year, and in the seventh day of the month, what time as the Chaldeans took Jerusalem, and burnt it with fire.

3 And Baruch did read the words of this book in the hearing of Jechonias the son of Joachim king of Juda, and in the ears of all the people that came to hear the book, 4 and in the hearing of the nobles, and of the king's sons, and in the hearing of the elders, and of all the people, from the lowest unto the highest, even of all them that dwelt at Babylon by the river Sud. 5 Whereupon they wept, fasted, and prayed before the Lord.

6 They made also a collection of money according to every man's power: 7 and they sent it to Jerusalem unto Joachim the high priest, the son of Chelcias, son of Salom, and to the priests, and to all the people which were found with him at Jerusalem, 8 at the same time when he received the vessels of the house of the Lord, that were carried out of the temple, to return them into the land of Juda, the tenth day of *the month* Sivan, *namely,* silver vessels, which Sedecias the son of Josias king of Juda had made, 9 after that Nabuchodonosor king of Babylon had carried away Jechonias, and the princes, and the captives, and the mighty men, and the people of the land, from Jerusalem, and brought them unto Babylon.

10 And they said, Behold, we have sent you money to buy you burnt offerings, and sin offerings, and incense, and prepare ye manna, and offer upon the altar of the Lord our God; 11 and pray for the life of Nabuchodonosor king of Babylon, and for the life of Balthasar his son, that their days may be upon earth as

the days of heaven: [12] and the Lord will give us strength, and lighten our eyes, and we shall live under the shadow of Nabuchodonosor king of Babylon, and under the shadow of Balthasar his son, and we shall serve them many days, and find favour in their sight.

[13] Pray for us also unto the Lord our God, for we have sinned against the Lord our God; and unto this day the fury of the Lord and his wrath is not turned from us. [14] And ye shall read this book which we have sent unto you, to make confession in the house of the Lord, upon the feasts and solemn days.

[15] And ye shall say, To the Lord our God *belongeth* righteousness, but unto us the confusion of faces, as *it is come to pass* this day, unto them of Juda, and to the inhabitants of Jerusalem, [16] and to our kings, and to our princes, and to our priests, and to our prophets, and to our fathers: [17] for we have sinned before the Lord, [18] and disobeyed him, and have not hearkened unto the voice of the Lord our God, to walk in the commandments that he gave us openly: [19] since the day that the Lord brought our forefathers out of the land of Egypt, unto this present day, we have been disobedient unto the Lord our God, and we have been negligent in not hearing his voice.

[20] Wherefore the evils cleaved unto us, and the curse, which the Lord appointed by Moses his servant at the time that he brought our fathers out of the land of Egypt, to give us a land that floweth with milk and honey, like as *it is to see* this day. [21] Nevertheless we have not hearkened unto the voice of the Lord our God, according unto all the words of the prophets, whom he sent unto us: [22] but every man followed the imagination of his own wicked heart, to serve strange gods, and to do evil in the sight of the Lord our God.

Therefore the Lord hath made good his word, which he pronounced against us, and against our judges that judged Israel, and against our kings, and against our princes, and against the men of Israel and Juda, [2] to bring upon us great plagues, such as never happened under the whole heaven, as it came to pass in Jerusalem, according to the things that were written in the law of Moses; [3] that a man should eat the flesh of his own son, and the flesh of his own daughter. [4] Moreover he hath delivered them to be in subjection to all the kingdoms that are round about us, to be as a reproach and desolation among all the people round about, where the Lord hath scattered them.

[5] Thus we were cast down, and not exalted, because we have sinned against the Lord our God, and have not been obedient unto his voice.

[6] To the Lord our God *appertaineth* righteousness: but unto us and to our fathers open shame, as *appeareth* this day. [7] For all these plagues are come upon us, which the Lord hath pronounced against us. [8] Yet have we not prayed before the Lord, that we might turn every one from the imaginations of his wicked heart. [9] Wherefore the Lord watched over us for evil, and the Lord hath brought it upon us: for the Lord is righteous in all his works which he hath commanded us. [10] Yet we have not

αἱ ἡμέραι τοῦ οὐρανοῦ ἐπὶ τῆς γῆς. Καὶ δώσει Κύριος 12 ἰσχὺν ἡμῖν, καὶ φωτίσει τοὺς ὀφθαλμοὺς ἡμῶν, καὶ ζησό- μεθα ὑπὸ τὴν σκιὰν Ναβουχοδονόσορ βασιλέως Βαβυλῶνος, καὶ ὑπὸ τὴν σκιὰν Βαλτάσαρ υἱοῦ αὐτοῦ, καὶ δουλεύσομεν αὐτοῖς ἡμέρας πολλὰς, καὶ εὑρήσομεν χάριν ἐναντίον αὐτῶν.

Καὶ προσεύξασθε περὶ ἡμῶν πρὸς Κύριον τὸν Θεὸν ἡμῶν, 13 ὅτι ἡμάρτομεν τῷ Κυρίῳ Θεῷ ἡμῶν, καὶ οὐκ ἀπέστρεψεν ὁ θυμὸς Κυρίου καὶ ἡ ὀργὴ αὐτοῦ ἀφ᾽ ἡμῶν, ἕως τῆς ἡμέρας ταύτης. Καὶ ἀναγνώσεσθε τὸ βιβλίον τοῦτο ὃ ἀπεστεί- 14 λαμεν πρὸς ὑμᾶς, ἐξαγορεῦσαι ἐν οἴκῳ Κυρίου, ἐν ἡμέρᾳ ἑορτῆς, καὶ ἐν ἡμέραις καιροῦ,

Καὶ ἐρεῖτε, τῷ Κυρίῳ Θεῷ ἡμῶν ἡ δικαιοσύνη, ἡμῖν δὲ 15 αἰσχύνη τῶν προσώπων, ὡς ἡ ἡμέρα αὕτη, ἀνθρώπῳ Ἰούδα, καὶ τοῖς κατοικοῦσιν Ἱερουσαλὴμ, καὶ τοῖς βασιλεῦσιν 16 ἡμῶν, καὶ τοῖς ἄρχουσιν ἡμῶν, καὶ τοῖς ἱερεῦσιν ἡμῶν, καὶ τοῖς προφήταις ἡμῶν, καὶ τοῖς πατράσιν ἡμῶν, ὧν ἡμάρ- 17 τομεν ἔναντι Κυρίου, καὶ ἠπειθήσαμεν αὐτῷ, καὶ οὐκ 18 ἠκούσαμεν τῆς φωνῆς Κυρίου Θεοῦ ἡμῶν, πορεύεσθαι τοῖς προστάγμασι Κυρίου, οἷς ἔδωκε κατὰ πρόσωπον ἡμῶν, ἀπὸ τῆς ἡμέρας ἧς ἐξήγαγε Κύριος τοὺς πατέρας ἡμῶν ἐκ 19 γῆς Αἰγύπτου· καὶ ἕως τῆς ἡμέρας ταύτης ἤμεθα ἀπειθοῦντες πρὸς Κύριον Θεὸν ἡμῶν, καὶ ἐσχεδιάζομεν πρὸς τὸ μὴ ἀκούειν τῆς φωνῆς αὐτοῦ.

Καὶ ἐκολλήθη εἰς ἡμᾶς τὰ κακὰ, καὶ ἡ ἀρὰ ἣν συνέταξε 20 Κύριος τῷ Μωυσῇ παιδὶ αὐτοῦ, ἐν ἡμέρᾳ ᾗ ἐξήγαγε τοὺς πατέρας ἡμῶν ἐκ γῆς Αἰγύπτου, δοῦναι ἡμῖν γῆν ῥέουσαν γάλα καὶ μέλι, ὡς ἡ ἡμέρα αὕτη. Καὶ οὐκ ἠκούσαμεν τῆς 21 φωνῆς Κυρίου τοῦ Θεοῦ ἡμῶν, κατὰ πάντας τοὺς λόγους τῶν προφητῶν, ὧν ἀπέστειλε πρὸς ἡμᾶς. Καὶ ᾠχόμεθα ἕκαστος 22 ἐν διανοίᾳ καρδίας αὐτοῦ τῆς πονηρᾶς, ἐργάζεσθαι θεοῖς ἑτέροις ποιῆσαι τὰ κακὰ κατ᾽ ὀφθαλμοὺς Κυρίου Θεοῦ ἡμῶν.

Καὶ ἔστησε Κύριος τὸν λόγον αὐτοῦ, ὃν ἐλάλησεν ἐφ᾽ 2 ἡμᾶς, καὶ ἐπὶ τοὺς δικαστὰς ἡμῶν, τοὺς δικάσαντας τὸν Ἰσραὴλ, καὶ ἐπὶ τοὺς βασιλεῖς ἡμῶν, καὶ ἐπὶ τοὺς ἄρχοντας ἡμῶν, καὶ ἐπὶ ἄνθρωπον Ἰσραὴλ καὶ Ἰούδα, τοῦ ἀγαγεῖν 2 ἐφ᾽ ἡμᾶς κακὰ μεγάλα, ἃ οὐκ ἐποιήθη ὑποκάτω παντὸς τοῦ οὐρανοῦ, καθὰ ἐποίησεν ἐν Ἱερουσαλὴμ, κατὰ τὰ γεγραμ- μένα ἐν τῷ νόμῳ Μωυσῆ, τοῦ φαγεῖν ἡμᾶς, ἄνθρωπον 3 σάρκας υἱοῦ αὐτοῦ, καὶ ἄνθρωπον σάρκας θυγατρὸς αὐτοῦ. Καὶ ἔδωκεν αὐτοὺς ὑποχειρίους πάσαις ταῖς βασιλείαις ταῖς 4 κύκλῳ ἡμῶν, εἰς ὀνειδισμὸν, καὶ ἄβατον ἐν πᾶσι τοῖς λαοῖς τοῖς κύκλῳ, οὗ διέσπειρεν αὐτοὺς Κύριος ἐκεῖ.

Καὶ ἐγενήθησαν ὑποκάτω καὶ οὐκ ἐπάνω, ὅτι ἡμάρτομεν 5 Κυρίῳ Θεῷ ἡμῶν, πρὸς τὸ μὴ ἀκούειν τῆς φωνῆς αὐτοῦ.

Τῷ Κυρίῳ Θεῷ ἡμῶν ἡ δικαιοσύνη, ἡμῖν δὲ καὶ τοῖς 6 πατράσιν ἡμῶν ἡ αἰσχύνη τῶν προσώπων, ὡς ἡ ἡμέρα αὕτη. Ἃ ἐλάλησε Κύριος ἐφ᾽ ἡμᾶς, πάντα τὰ κακὰ ταῦτα ἃ ἦλθεν 7 ἐφ᾽ ἡμᾶς, καὶ οὐκ ἐδεήθημεν τοῦ προσώπου Κυρίου, τοῦ 8 ἀποστρέψαι ἕκαστον ἀπὸ τῶν νοημάτων τῆς καρδίας αὐτῶν τῆς πονηρᾶς. Καὶ ἐγρηγόρησε Κύριος ἐπὶ τοῖς κακοῖς, καὶ 9 ἐπήγαγε Κύριος ἐφ᾽ ἡμᾶς, ὅτι δίκαιος ὁ Κύριος ἐπὶ πάντα τὰ ἔργα αὐτοῦ, ἃ ἐνετείλατο ἡμῖν. Καὶ οὐκ ἠκούσαμεν τῆς 10

φωνῆς αὐτοῦ, πορεύεσθαι τοῖς προστάγμασι Κυρίου, οἷς ἔδωκε κατὰ πρόσωπον ἡμῶν·

11 Καὶ νῦν Κύριε ὁ Θεὸς Ἰσραὴλ, ὃς ἐξήγαγες τὸν λαόν σου ἐκ γῆς Αἰγύπτου, ἐν χειρὶ κραταιᾷ, καὶ ἐν σημείοις, καὶ ἐν τέρασι, καὶ ἐν δυνάμει μεγάλῃ, καὶ ἐν βραχίονι ὑψηλῷ,

12 καὶ ἐποίησας σεαυτῷ ὄνομα, ὡς ἡ ἡμέρα αὕτη, ἡμάρτομεν, ἠσεβήσαμεν, ἠδικήσαμεν, Κύριε ὁ Θεὸς ἡμῶν, ἐπὶ πᾶσι τοῖς δικαιώμασί σου.

13 Ἀποστραφήτω ὁ θυμός σου ἀφ' ἡμῶν, ὅτι κατελείφθημεν ὀλίγοι ἐν τοῖς ἔθνεσιν οὗ διέσπειρας ἡμᾶς ἐκεῖ.

14 Εἰσάκουσον Κύριε τῆς προσευχῆς ἡμῶν καὶ τῆς δεήσεως ἡμῶν, καὶ ἐξελοῦ ἡμᾶς ἕνεκέν σου, καὶ δὸς ἡμῖν χάριν κατὰ

15 πρόσωπον τῶν ἀποικισάντων ἡμᾶς, ἵνα γνῷ πᾶσα ἡ γῆ, ὅτι σὺ Κύριος ὁ Θεὸς ἡμῶν, ὅτι τὸ ὄνομά σου ἐπεκλήθη ἐπὶ Ἰσραὴλ, καὶ ἐπὶ τὸ γένος αὐτοῦ.

16 Κύριε κάτιδε ἐκ τοῦ οἴκου τοῦ ἁγίου σου, καὶ ἐννόησον εἰς ἡμᾶς, καὶ κλῖνον Κύριε τὸ οὖς σου, καὶ ἄκουσον.

17 Ἄνοιξον ὀφθαλμούς σου, καὶ ἴδε, ὅτι οὐχ οἱ τεθνηκότες ἐν τῷ ᾅδῃ, ὧν ἐλήφθη τὸ πνεῦμα αὐτῶν ἀπὸ τῶν σπλάγχνων

18 αὐτῶν, δώσουσι δόξαν καὶ δικαίωμα τῷ Κυρίῳ· ἀλλὰ ἡ ψυχὴ ἡ λυπουμένη ἐπὶ τὸ μέγεθος, ὃ βαδίζει κύπτον καὶ ἀσθενοῦν, καὶ οἱ ὀφθαλμοὶ οἱ ἐκλείποντες, καὶ ἡ ψυχὴ ἡ πεινῶσα, δώσουσί σοι δόξαν, καὶ δικαιοσύνην, Κύριε.

19 Ὅτι οὐκ ἐπὶ τὰ δικαιώματα τῶν πατέρων ἡμῶν καὶ τῶν βασιλέων ἡμῶν ἡμεῖς καταβάλλομεν τὸν ἔλεον κατὰ πρόσ-

20 ωπόν σου, Κύριε ὁ Θεὸς ἡμῶν· ὅτι ἐνῆκας τὸν θυμόν σου καὶ τὴν ὀργήν σου εἰς ἡμᾶς, καθάπερ ἐλάλησας ἐν χειρὶ τῶν παίδων σου τῶν προφητῶν·

21 Οὕτως εἶπε Κύριος, κλίνατε τὸν ὦμον ὑμῶν, καὶ ἐργά-σασθε τῷ βασιλεῖ Βαβυλῶνος, καὶ καθίσατε ἐπὶ τὴν γῆν, ἣν

22 δέδωκα τοῖς πατράσιν ὑμῶν. Καὶ ἐὰν μὴ ἀκούσητε τῆς

23 φωνῆς Κυρίου, ἐργάσασθαι τῷ βασιλεῖ Βαβυλῶνος, ἐκλεί-ψειν ποιήσω ἐκ πόλεων Ἰούδα καὶ ἔξωθεν Ἱερουσαλὴμ φωνὴν εὐφροσύνης, καὶ φωνὴν χαρμοσύνης, φωνὴν νυμφίου, καὶ φωνὴν νύμφης, καὶ ἔσται πᾶσα ἡ γῆ εἰς ἄβατον ἀπὸ

24 ἐνοικούντων. Καὶ οὐκ ἠκούσαμεν τῆς φωνῆς σου, ἐργά-σασθαι τῷ βασιλεῖ Βαβυλῶνος· καὶ ἔστησας τοὺς λόγους σου, οὓς ἐλάλησας ἐν χερσὶ τῶν παίδων σου τῶν προφητῶν, τοῦ ἐξενεχθῆναι τὰ ὀστᾶ βασιλέων ἡμῶν καὶ τὰ ὀστᾶ τῶν πατέρων ἡμῶν ἐκ τοῦ τόπου αὐτῶν.

25 Καὶ ἰδού ἐστιν ἐξερριμμένα τῷ καύματι τῆς ἡμέρας, καὶ τῷ παγετῷ τῆς νυκτός· καὶ ἀπέθανοσαν ἐν πόνοις πονηροῖς,

26 ἐν λιμῷ, καὶ ἐν ῥομφαίᾳ, καὶ ἐν ἀποστολῇ. Καὶ ἔθηκας τὸν οἶκον, οὗ ἐπεκλήθη τὸ ὄνομά σου ἐπ' αὐτῷ, ὡς ἡ ἡμέρα αὕτη, διὰ πονηρίαν οἴκου Ἰσραὴλ καὶ οἴκου Ἰούδα.

27 Καὶ ἐποίησας εἰς ἡμᾶς, Κύριε ὁ Θεὸς ἡμῶν, κατὰ πᾶσαν ἐπιείκειάν σου, καὶ κατὰ πάντα οἰκτιρμόν σου τὸν μέγαν,

28 καθὰ ἐλάλησας ἐν χειρὶ παιδός σου Μωυσῆ, ἐν ἡμέρᾳ ἐντειλαμένου σου αὐτῷ γράψαι τὸν νόμον σου ἐναντίον υἱῶν Ἰσραὴλ, λέγων.

29 Ἐὰν μὴ ἀκούσητε τῆς φωνῆς μου, ἦ μὴν ἡ βόμβησις ἡ

hearkened unto his voice, to walk in the commandments of the Lord, that he hath set before us.

[11] And now, O Lord God of Israel, that hast brought thy people out of the land of Egypt with a mighty hand, and high arm, and with signs, and with wonders, and with great power, and hast gotten thyself a name, as *appeareth* this day: [12] O Lord our God, we have sinned, we have done ungodly, we have dealt unrighteously in all thine ordinances.

[13] Let thy wrath turn from us: for we are but a few left among the heathen, where thou hast scattered us.

[14] Hear our prayers, O Lord, and our petitions, and deliver us for thine own sake, and give us favour in the sight of them which have led us away: [15] that all the earth may know that thou art the Lord our God, because Israel and his posterity is called by thy name.

[16] O Lord, look down from thine holy house, and consider us: bow down thine ear, O Lord, to hear us.

[17] Open thine eyes, and behold; for the dead that are in the graves, whose souls are taken from their bodies, will give unto the Lord neither praise nor righteousness: [18] but the soul that is greatly vexed, which goeth stooping and feeble, and the eyes that fail, and the hungry soul, will give thee praise and righteousness, O Lord.

[19] Therefore we do not make our humble supplication before thee, O Lord our God, for the righteousness of our fathers, and of our kings, [20] for thou hast sent out thy wrath and indignation upon us, as thou hast spoken by thy servants the prophets, *saying*,

[21] Thus saith the Lord, Bow down your shoulders to serve the king of Babylon: so shall ye remain in the land that I gave unto your fathers. [22] But if ye will not hear the voice of the Lord, to serve the king of Babylon, [23] I will cause to cease out of the cities of Juda, and from without Jerusalem, the voice of mirth, and the voice of joy, the voice of the bridegroom, and the voice of the bride: and the whole land shall be desolate of inhabitants. [24] But we would not hearken unto thy voice, to serve the king of Babylon: therefore hast thou made good the words that thou spakest by thy servants the prophets, namely, that the bones of our kings, and the bones of our fathers, should be taken out of their places.

[25] And lo, they are cast out to the heat of the day, and to the frost of the night, and they died in great miseries by famine, by sword, and by pestilence. [26] And the house which is called by thy name hast thou laid waste, as *it is to be seen* this day, for the wickedness of the house of Israel and the house of Juda.

[27] O Lord our God, thou hast dealt with us after all thy goodness, and according to all that great mercy of thine, [28] as thou spakest by thy servant Moses in the day when thou didst command him to write thy law before the children of Israel, saying,

[29] If ye will not hear my voice, surely this

very great multitude shall be turned into a small *number* among the nations, where I will scatter them.

30 For I knew that they would not hear me, because it is a stiffnecked people : but in the land of their captivities they shall remember themselves, **31** and shall know that I am the Lord their God : for I will give them an heart, and ears to ear : **32** and they shall praise me in the land of their captivity, and think upon my name, **33** and return from their stiff neck, and from their wicked deeds : for they shall remember the way of their fathers, which sinned before the Lord.

34 And I will bring them again into the land which I promised with an oath unto their fathers, Abraham, Isaac, and Jacob, and they shall be lords of it : and I will increase them, and they shall not be diminished. **35** And I will make an everlasting covenant with them to be their God, and they shall be my people : and I will no more drive my people of Israel out of the land that I have given them.

O Lord Almighty, God of Israel, the soul in anguish, the troubled spirit, crieth unto thee. **2** Hear, O Lord, and have mercy ; for thou art merciful : and have pity upon us, because we have sinned before thee. **3** For thou endurest for ever, and we perish utterly.

4 O Lord Almighty, thou God of Israel, hear now the prayers of the dead Israelites, and of their children, which have sinned before thee, and not hearkened unto the voice of thee their God : for the which cause these plagues cleave unto us. **5** Remember not the iniquities of our forefathers : but think upon thy power and thy name now at this time. **6** For thou art the Lord our God, and thee, O Lord, will we praise.

7 And for this cause thou hast put thy fear in our hearts, to the intent that we should call upon thy name, and praise thee in our captivity : for we have called to mind all the iniquity of our forefathers, that sinned before thee.

8 Behold, we are yet this day in our captivity, where thou hast scattered us, for a reproach and a curse, and to be subject to payments, according to all the iniquities of our fathers, which departed from the Lord our God.

9 Hear, Israel, the commandments of life : give ear to understand wisdom. **10** How happeneth it, Israel, that thou art in thine enemies' land, that thou art waxen old in a strange country, that thou art defiled with the dead, **11** that thou art counted with them that go down into the grave ? **12** Thou hast forsaken the fountain of wisdom. **13** For if thou hadst walked in the way of God, thou shouldest have dwelled in peace for ever.

14 Learn where is wisdom, where is strength, where is understanding ; that thou mayest know also where is length of days, and life, where is the light of the eyes, and peace. **15** Who hath found out her place ? or who hath come into her treasures ?

16 Where are the princes of the heathen, and such as ruled the beasts upon the earth ; **17** they that had their pastime with the fowls of the air, and they that hoarded up silver and gold, wherein men trust, and made no end of their getting ? **18** For they that

μεγάλη ἡ πολλὴ αὕτη ἀποστρέψει εἰς μικρὰν ἐν τοῖς ἔθνεσιν, οὗ διασπερῶ αὐτοὺς ἐκεῖ·

30 Ὅτι ἔγνων ὅτι οὐ μὴ ἀκούσωσί μου, ὅτι λαὸς σκληροτράχηλός ἐστι· καὶ ἐπιστρέψουσιν ἐπὶ καρδίαν αὐτῶν ἐν γῇ **31** ἀποικισμοῦ αὐτῶν, καὶ γνώσονται ὅτι ἐγὼ Κύριος ὁ Θεὸς αὐτῶν· καὶ δώσω αὐτοῖς καρδίαν καὶ ὦτα ἀκούοντα, καὶ **32** αἰνέσουσί με ἐν γῇ ἀποικισμοῦ αὐτῶν· καὶ μνησθήσονται τοῦ ὀνόματός μου, καὶ ἀποστρέψουσιν ἀπὸ τοῦ νώτου αὐτῶν **33** τοῦ σκληροῦ, καὶ ἀπὸ πονηρῶν προσπαγμάτων αὐτῶν, ὅτι μνησθήσονται τῆς ὁδοῦ πατέρων αὐτῶν τῶν ἁμαρτόντων ἔναντι Κυρίου.

34 Καὶ ἀποστρέψω αὐτοὺς εἰς τὴν γῆν, ἣν ὤμοσα τοῖς πατράσιν αὐτῶν, τῷ Ἀβραὰμ, καὶ τῷ Ἰσαὰκ, καὶ τῷ Ἰακὼβ, καὶ κυριεύσουσιν αὐτῆς· καὶ πληθυνῶ αὐτοὺς, καὶ οὐ μὴ **35** σμικρυνθῶσι. Καὶ στήσω αὐτοῖς διαθήκην αἰώνιον, τοῦ εἶναί με αὐτοῖς εἰς Θεὸν, καὶ αὐτοὶ ἔσονταί μοι εἰς λαόν· καὶ οὐ κινήσω ἔτι τὸν λαόν μου Ἰσραὴλ ἀπὸ τῆς γῆς, ἧς ἔδωκα αὐτοῖς.

Κύριε παντοκράτωρ ὁ Θεὸς Ἰσραὴλ, ψυχὴ ἐν στενοῖς καὶ **2** πνεῦμα ἀκηδιῶν κέκραγε πρὸς σέ. Ἄκουσον, Κύριε, καὶ **3** ἐλέησον, ὅτι ἡμάρτομεν ἐναντίον σου· ὅτι σὺ καθήμενος τὸν αἰῶνα, καὶ ἡμεῖς ἀπολλύμενοι τὸν αἰῶνα.

4 Κύριε παντοκράτωρ ὁ Θεὸς Ἰσραὴλ, ἄκουσον δὴ τῆς προσευχῆς τῶν τεθνηκότων Ἰσραὴλ, καὶ υἱῶν τῶν ἁμαρτανόντων ἐναντίον σου, οἳ οὐκ ἤκουσαν τῆς φωνῆς σου Θεοῦ αὐτῶν, καὶ ἐκολλήθη ἡμῖν τὰ κακά. Μὴ μνησθῇς ἀδικιῶν **5** πατέρων ἡμῶν, ἀλλὰ μνήσθητι χειρός σου καὶ ὀνόματός σου ἐν τῷ καιρῷ τούτῳ· ὅτι σὺ Κύριος ὁ Θεὸς ἡμῶν, καὶ αἰνέσο- **6** μέν σε Κύριε·

7 Ὅτι διὰ τοῦτο ἔδωκας τὸν φόβον σου ἐπὶ καρδίαν ἡμῶν, καὶ ἐπικαλεῖσθαι τὸ ὄνομά σου· καὶ αἰνέσομέν σε ἐν τῇ ἀποικίᾳ ἡμῶν, ὅτι ἀπεστρέψαμεν ἀπὸ καρδίας ἡμῶν πᾶσαν ἀδικίαν πατέρων ἡμῶν, τῶν ἡμαρτηκότων ἐναντίον σου.

8 Ἰδοὺ ἡμεῖς σήμερον ἐν τῇ ἀποικίᾳ ἡμῶν, οὗ διέσπειρας ἡμᾶς ἐκεῖ εἰς ὀνειδισμὸν, καὶ εἰς ἀρὰν, καὶ εἰς ὄφλησιν κατὰ πάσας τὰς ἀδικίας πατέρων ἡμῶν, οἳ ἀπέστησαν ἀπὸ Κυρίου Θεοῦ ἡμῶν.

9 Ἄκουε Ἰσραὴλ ἐντολὰς ζωῆς, ἐνωτίσασθε γνῶναι φρόνη- **10** σιν. Τί ἐστιν Ἰσραήλ ; τί ὅτι ἐν γῇ τῶν ἐχθρῶν εἶ ; ἐπαλαιώθης ἐν γῇ ἀλλοτρίᾳ, συνεμιάνθης τοῖς νεκροῖς, **11, 12** προσελογίσθης μετὰ τῶν εἰς ᾅδου, ἐγκατέλιπες τὴν πηγὴν τῆς σοφίας. **13** Τῇ ὁδῷ τοῦ Θεοῦ εἰ ἐπορεύθης, κατῴκεις ἂν ἐν εἰρήνῃ τὸν αἰῶνα.

14 Μάθε ποῦ ἐστι φρόνησις, ποῦ ἐστιν ἰσχὺς, ποῦ ἐστιν σύνεσις, τοῦ γνῶναι ἅμα ποῦ ἐστι μακροβίωσις καὶ ζωὴ, ποῦ ἐστι φῶς ὀφθαλμῶν καὶ εἰρήνη. **15** Τίς εὗρε τὸν τόπον αὐτῆς, καὶ τίς εἰσῆλθεν εἰς τοὺς θησαυροὺς αὐτῆς ;

16 Ποῦ εἰσιν οἱ ἄρχοντες τῶν ἐθνῶν, καὶ οἱ κυριεύοντες τῶν **17** θηρίων τῶν ἐπὶ τῆς γῆς, οἱ ἐν τοῖς ὀρνέοις τοῦ οὐρανοῦ ἐμπαίζοντες, καὶ τὸ ἀργύριον θησαυρίζοντες, καὶ τὸ χρυσίον ᾧ ἐπεποίθεισαν ἄνθρωποι, καὶ οὐκ ἔστι τέλος τῆς κτήσεως αὐτῶν ; **18** Ὅτι οἱ τὸ ἀργύριον τεκταίνοντες καὶ μεριμνῶντες,

19 καὶ οὐκ ἔστιν ἐξεύρεσις τῶν ἔργων αὐτῶν. Ἠφανίσθησαν, καὶ εἰς ᾅδου κατέβησαν, καὶ ἄλλοι ἀνέστησαν ἀντ᾽ αὐτῶν.

20 Νεώτεροι εἶδον φῶς, καὶ κατῴκησαν ἐπὶ τῆς γῆς, ὁδὸν δὲ

21 ἐπιστήμης οὐκ ἔγνωσαν, οὐδὲ συνῆκαν τρίβους αὐτῆς, οὐδὲ ἀντελάβοντο αὐτῆς· οἱ υἱοὶ αὐτῶν ἀπὸ τῆς ὁδοῦ αὐτῶν

22 πόρρω ἐγενήθησαν. Οὐδὲ ἠκούσθη ἐν Χαναὰν, οὐδὲ ὤφθη ἐν Θαιμάν.

23 Οἵτε υἱοὶ Ἄγαρ οἱ ἐκζητοῦντες τὴν σύνεσιν οἱ ἐπὶ τῆς γῆς, οἱ ἔμποροι τῆς Μερρὰν, καὶ Θαιμὰν, καὶ οἱ μυθολόγοι, καὶ οἱ ἐκζητηταὶ τῆς συνέσεως, ὁδὸν δὲ σοφίας οὐκ ἔγνωσαν, οὐδὲ ἐμνήσθησαν τὰς τρίβους αὐτῆς.

24 Ὦ Ἰσραὴλ, ὡς μέγας ὁ οἶκος τοῦ Θεοῦ; καὶ ἐπιμήκης ὁ

25 τόπος τῆς κτήσεως αὐτοῦ; Μέγας, καὶ οὐκ ἔχει τελευτὴν·

26 ὑψηλὸς καὶ ἀμέτρητος. Ἐκεῖ ἐγεννήθησαν οἱ γίγαντες οἱ ὀνομαστοὶ, ἀπ᾽ ἀρχῆς γενόμενοι εὐμεγέθεις, ἐπιστάμενοι

27 πόλεμον. Οὐ τούτους ἐξελέξατο ὁ Θεὸς, οὐδὲ ὁδὸν ἐπι-

28 στήμης ἔδωκεν αὐτοῖς. Καὶ ἀπώλοντο παρὰ τὸ μὴ ἔχειν φρόνησιν, ἀπώλοντο διὰ τὴν ἀβουλίαν αὐτῶν.

29 Τίς ἀνέβη εἰς τὸν οὐρανὸν, καὶ ἔλαβεν αὐτὴν, καὶ κατε-

30 βίβασεν αὐτὴν ἐκ τῶν νεφελῶν; Τίς διέβη πέραν τῆς θαλάσσης, καὶ εὗρεν αὐτὴν, καὶ οἴσει αὐτὴν χρυσίου ἐκλεκ-

31 τοῦ; Οὐκ ἔστιν ὁ γινώσκων τὴν ὁδὸν αὐτῆς, οὐδὲ ὁ ἐνθυ-μούμενος τὴν τρίβον αὐτῆς.

32 Ἀλλ᾽ ὁ εἰδὼς τὰ πάντα γινώσκει αὐτὴν, ἐξεῦρεν αὐτὴν τῇ συνέσει αὐτοῦ· ὁ κατασκευάσας τὴν γῆν εἰς τὸν αἰῶνα

33 χρόνον, ἐνέπλησεν αὐτὴν κτηνῶν τετραπόδων. Ὁ ἀπο-στέλλων τὸ φῶς καὶ πορεύεται, ἐκάλεσεν αὐτὸ, καὶ ὑπή-

34 κουσεν αὐτῷ τρόμῳ. Οἱ δὲ ἀστέρες ἔλαμψαν ἐν ταῖς φυλακαῖς αὐτῶν, καὶ εὐφράνθησαν· ἐκάλεσεν αὐτούς, καὶ εἶπον, πάρεσμεν· ἔλαμψαν μετ᾽ εὐφροσύνης τῷ ποιήσαντι αὐτούς.

35 Οὗτος ὁ Θεὸς ἡμῶν, οὐ λογισθήσεται ἕτερος πρὸς αὐτόν.

36 Ἐξεῦρε πᾶσαν ὁδὸν ἐπιστήμης, καὶ ἔδωκεν αὐτὴν Ἰακὼβ τῷ

37 παιδὶ αὐτοῦ, καὶ Ἰσραὴλ τῷ ἠγαπημένῳ ὑπ᾽ αὐτοῦ. Μετὰ τοῦτο ἐπὶ τῆς γῆς ὤφθη, καὶ ἐν τοῖς ἀνθρώποις συνανε-στράφη.

4 Αὕτη ἡ βίβλος τῶν προσταγμάτων τοῦ Θεοῦ, καὶ ὁ νόμος ὁ ὑπάρχων εἰς τὸν αἰῶνα· πάντες οἱ κρατοῦντες αὐτὴν, εἰς

2 ζωήν· οἱ δὲ καταλείποντες αὐτὴν, ἀποθανοῦνται. Ἐπι-στρέφου Ἰακὼβ, καὶ ἐπιλαβοῦ αὐτῆς, διόδευσον πρὸς τὴν

3 λάμψιν κατέναντι τοῦ φωτὸς αὐτῆς. Μὴ δῷς ἑτέρῳ τὴν δόξαν σου, καὶ τὰ συμφέροντά σοι ἔθνει ἀλλοτρίῳ.

4 Μακάριοί ἐσμὲν Ἰσραὴλ, ὅτι τὰ ἀρεστὰ τοῦ Θεοῦ ἡμῖν

5 γνωστά ἐστι. Θαρσεῖτε λαός μου, μνημόσυνον Ἰσραήλ.

6 Ἐπράθητε τοῖς ἔθνεσιν οὐκ εἰς ἀπώλειαν, διὰ τὸ παροργίσαι

7 ὑμᾶς τὸν Θεόν· παρεδόθητε τοῖς ὑπεναντίοις. Παρωξύνατε γὰρ τὸν ποιήσαντα ὑμᾶς, θύσαντες δαιμονίοις, καὶ οὐ Θεῷ.

8 Ἐπελάθεσθε τὸν τροφεύσαντα ὑμᾶς Θεὸν αἰώνιον, ἐλυπή-σατε δὲ καὶ τὴν ἐκθρέψασαν ἡμᾶς Ἱερουσαλήμ.

9 Εἶδε γὰρ τὴν ἐπελθοῦσαν ὑμῖν ὀργὴν παρὰ τοῦ Θεοῦ, καὶ εἶπεν, ἀκούσατε αἱ πάροικοι Σιὼν, ἐπήγαγέ μοι ὁ Θεὸς

wrought in silver, and were so careful, and whose works are unsearchable, [19] they are vanished and gone down to the grave, and others are come up in their stead.

[20] Young men have seen light, and dwelt upon the earth; but the way of knowledge have they not known, [21] nor understood the paths thereof, nor laid hold of it: their children were far off from that way. [22] It hath not been heard of in Chanaan, neither hath it been seen in Theman.

[23] The Agarenes that seek wisdom upon earth, the merchants of Meran and of Theman, the authors of fables, and searchers out of understanding; none of these have known the way of wisdom, or remembered her paths.

[24] O Israel, how great is the house of God! and how large is the place of his possession! [25] Great, and hath none end; high, and unmeasurable. [26] There were the giants famous from the beginning, that were of so great stature, and so expert in war. [27] Those did not the Lord choose, neither gave he the way of knowledge unto them: [28] but they were destroyed, because they had no wisdom, and perished through their own foolishness.

[29] Who hath gone up into heaven, and taken her, and brought her down from the clouds? [30] Who hath gone over the sea, and found her, and will bring her for pure gold? [31] No man knoweth her way, nor thinketh of her path.

[32] But he that knoweth all things knoweth her, and hath found her out with his understanding: he that prepared the earth for evermore hath filled it with fourfooted beasts: [33] he that sendeth forth light, and it goeth, calleth it again, and it obeyeth him with fear. [34] The stars shined in their watches, and rejoiced: when he calleth them, they say, Here we be; and so with cheerfulness they shewed light unto him that made them.

[35] This is our God, and there shall none other be accounted of in comparison of him. [36] He hath found out all the way of knowledge, and hath given it unto Jacob his servant, and to Israel his beloved. [37] Afterward did he shew himself upon earth, and conversed with men.

This is the book of the commandments of God, and the law that endureth for ever: all they that keep it shall come to life; but such as leave it shall die. [2] Turn thee, O Jacob, and take hold of it: walk in the presence of the light thereof, that thou mayest be illuminated. [3] Give not thine honour to another, nor the things that are profitable unto thee to a strange nation.

[4] O Israel, happy are we: for things that are pleasing to God are made known unto us. [5] Be of good cheer, my people, the memorial of Israel. [6] Ye were sold to the nations, not for [your] destruction: but because ye moved God to wrath, ye were delivered unto the enemies. [7] For ye provoked him that made you by sacrificing unto devils, and not to God. [8] Ye have forgotten the everlasting God, that brought you up; and ye have grieved Jerusalem, that nursed you.

[9] For when she saw the wrath of God coming upon you, she said, Hearken, O ye that dwell about Sion: God hath brought upon me

great mourning; ¹⁰ for I saw the captivity of my sons and daughters, which the Everlasting brought upon them. ¹¹ With joy did I nourish them; but sent them away with weeping and mourning.

¹² Let no man rejoice over me, a widow, and forsaken of many, who for the sins of my children am left desolate; because they departed from the law of God. ¹³ They knew not his statutes, nor walked in the ways of his commandments, nor trod in the paths of discipline in his righteousness.

¹⁴ Let them that dwell about Sion come, and remember ye the captivity of my sons and daughters, which the Everlasting hath brought upon them. ¹⁵ For he hath brought a nation upon them from far, a shameless nation, and of a strange language, who neither reverenced old man, nor pitied child, ¹⁶ and they have carried away the dear beloved children of the widow, and left her that was alone desolate without daughters. ¹⁷ But what can I help you? ¹⁸ For he that brought these plagues upon you will deliver you from the hands of your enemies. ¹⁹ Go your way, O my children, go your way: for I am left desolate. ²⁰ I have put off the clothing of peace, and put upon me the sackcloth of my prayer: I will cry unto the Everlasting in my days.

²¹ Be of good cheer, O my children, cry unto the Lord, and he shall deliver you from the power and hand of the enemies.

²² For my hope is in the Everlasting, that he will save you: and joy is come unto me from the Holy One, because of the mercy which shall soon come unto you from the Everlasting your Saviour.

²³ For I sent you out with mourning and weeping: but God will give you to me again with joy and gladness for ever. ²⁴ Like as now the neighbours of Sion have seen your captivity: so shall they see shortly your salvation from your God, which shall come upon you with great glory, and brightness of the Everlasting.

²⁵ My children, suffer patiently the wrath that is come upon you from God: for thine enemy hath persecuted thee; but shortly thou shalt see his destruction, and shalt tread upon his neck. ²⁶ My delicate ones have gone rough ways, and were taken away as a flock caught of the enemies.

²⁷ Be of good comfort, O my children, and cry unto God: for ye shall be remembered of him that brought these things upon you. ²⁸ For as it was your mind to go astray from God: so, being returned, seek him ten times more. ²⁹ For he that hath brought these plagues upon you shall bring you everlasting joy again with your salvation.

³⁰ Take a good heart, O Jerusalem: for he that gave thee that name will comfort thee. ³¹ Miserable are they that afflicted thee, and rejoiced at thy fall. ³² Miserable are the cities which thy children served: miserable is she that received thy sons. ³³ For as she rejoiced at thy ruin, and was glad of thy fall: so shall she be grieved for her own desolation. ³⁴ For I will take away the rejoicing of her great multitude, and her pride shall be turned into mourning. ³⁵ For fire shall come upon her from the

πένθος μέγα. Εἶδον γὰρ τὴν αἰχμαλωσίαν τῶν υἱῶν μου 10 καὶ τῶν θυγατέρων, ἣν ἐπήγαγεν αὐτοῖς ὁ αἰώνιος. Ἔθρεψα 11 γὰρ αὐτοὺς μετ᾽ εὐφροσύνης, ἐξαπέστειλα δὲ μετὰ κλαυθμοῦ καὶ πένθους.

Μηδεὶς ἐπιχαιρέτω μοι τῇ χήρᾳ καὶ καταλειφθήσῃ ὑπὸ 12 πολλῶν, ἠρημώθην διὰ τὰς ἁμαρτίας τῶν τέκνων μου, διότι ἐξέκλιναν ἐκ νόμου Θεοῦ, καὶ δικαιώματα αὐτοῦ οὐκ ἔγνωσαν, 13 οὐδὲ ἐπορεύθησαν ὁδοῖς ἐντολῶν Θεοῦ, οὐδὲ τρίβους παιδείας ἐν δικαιοσύνῃ αὐτοῦ ἐπέβησαν.

Ἐλθέτωσαν αἱ πάροικοι Σιών, καὶ μνήσθητε τὴν αἰχμα- 14 λωσίαν τῶν υἱῶν μου καὶ θυγατέρων, ἣν ἐπήγαγεν αὐτοῖς ὁ αἰώνιος. Ἐπήγαγε γὰρ ἐπ᾽ αὐτοὺς ἔθνος μακρόθεν, ἔθνος 15 ἀναιδὲς καὶ ἀλλόγλωσσον· ὅτι οὐκ ᾐσχύνθησαν πρεσβύτην, οὐδὲ παιδίον ἠλέησαν, καὶ ἀπήγαγον τοὺς ἀγαπητοὺς 16 τῆς χήρας, καὶ ἀπὸ τῶν θυγατέρων τὴν μόνην ἠρήμωσαν. Ἐγὼ δὲ τί δυνατὴ βοηθῆσαι ὑμῖν; Ὁ γὰρ ἐπαγαγὼν 17 τὰ κακά, ἐξελεῖται ὑμᾶς ἐκ χειρὸς ἐχθρῶν ὑμῶν. Βαδίζετε 18 τέκνα, βαδίζετε, ἐγὼ γὰρ κατελείφθην ἔρημος. Ἐξεδυ- 19 σάμην τὴν στολὴν τῆς εἰρήνης, ἐνεδυσάμην δὲ σάκκον τῆς 20 δεήσεώς μου· κεκράξομαι πρὸς τὸν αἰώνιον ἐν ταῖς ἡμέραις μου.

Θαρρεῖτε τέκνα, βοήσατε πρὸς τὸν Θεόν, καὶ ἐξελεῖται 21 ὑμᾶς ἐκ δυναστείας, ἐκ χειρὸς ἐχθρῶν.

Ἐγὼ γὰρ ἤλπισα ἐπὶ τῷ αἰωνίῳ τὴν σωτηρίαν ὑμῶν· 22 καὶ ἦλθέ μοι χαρὰ παρὰ τοῦ ἁγίου ἐπὶ τῇ ἐλεημοσύνῃ, ἣ ἥξει ὑμῖν ἐν τάχει παρὰ τοῦ αἰωνίου σωτῆρος ὑμῶν.

Ἐξέπεμψα γὰρ ὑμᾶς μετὰ κλαυθμοῦ καὶ πένθους, ἀπο- 23 δώσει δέ μοι ὁ Θεὸς ὑμᾶς μετὰ χαρμοσύνης καὶ εὐφροσύνης εἰς τὸν αἰῶνα. Ὥσπερ γὰρ νῦν ἑωράκασιν αἱ πάροικοι Σιὼν 24 τὴν ὑμετέραν αἰχμαλωσίαν, οὕτως ὄψονται ἐν τάχει τὴν παρὰ τοῦ Θεοῦ ὑμῶν σωτηρίαν, ἣ ἐπελεύσεται ὑμῖν μετὰ δόξης μεγάλης καὶ λαμπρότητος τοῦ αἰωνίου.

Τέκνα μακροθυμήσατε τὴν παρὰ τοῦ Θεοῦ ἐπελθοῦσαν 25 ὑμῖν ὀργήν, κατεδίωξέ σε ὁ ἐχθρός, καὶ ὄψει αὐτοῦ τὴν ἀπώλειαν ἐν τάχει, καὶ ἐπὶ τραχήλους αὐτῶν ἐπιβήσῃ. Οἱ 26 τρυφεροί μου ἐπορεύθησαν ὁδοὺς τραχείας, ἤρθησαν ὡς ποίμνιον ἡρπασμένον ὑπὸ ἐχθρῶν.

Θαρσήσατε τέκνα καὶ βοήσατε πρὸς τὸν Θεόν, ἔσται γὰρ 27 ὑμῶν ὑπὸ τοῦ ἐπάγοντος μνεία. Ὥσπερ γὰρ ἐγένετο ἡ 28 διάνοια ὑμῶν εἰς τὸ πλανηθῆναι ἀπὸ τοῦ Θεοῦ, δεκαπλασιά- σατε ἐπιστραφέντες ζητῆσαι αὐτόν. Ὁ γὰρ ἐπαγαγὼν 29 ὑμῖν τὰ κακά, ἐπάξει ὑμῖν τὴν αἰώνιον εὐφροσύνην μετὰ τῆς σωτηρίας ὑμῶν.

Θάρσει Ἱερουσαλήμ, παρακαλέσει σε ὁ ὀνομάσας σε. 30 Δείλαιοι οἱ σὲ κακώσαντες, καὶ ἐπιχαρέντες τῇ σῇ πτώσει· 31 Δείλαιαι αἱ πόλεις αἷς ἐδούλευσαν τὰ τέκνα σου, δειλαία ἡ 32 δεξαμένη τοὺς υἱούς σου. Ὥσπερ γὰρ ἐχάρη ἐπὶ τῇ σῇ 33 πτώσει, καὶ εὐφράνθη ἐπὶ τῷ πτώματί σου, οὕτως λυπηθή- σεται ἐπὶ τῇ ἑαυτῆς ἐρημίᾳ. Καὶ περιελῶ αὐτῆς τὸ ἀγαλ- 34 λίαμα τῆς πολυοχλίας καὶ τὸ γαυρίαμα αὐτῆς εἰς πένθος. Πῦρ γὰρ ἐπελεύσεται αὐτῇ παρὰ τοῦ αἰωνίου εἰς ἡμέρας 35

μακρὰς, καὶ κατοικηθήσεται ὑπὸ δαιμονίων τὸν πλείονα χρόνον.

36 Περίβλεψον πρὸς ἀνατολὰς Ἰερουσαλήμ, καὶ ἴδε τὴν
37 εὐφροσύνην τὴν παρὰ τοῦ Θεοῦ σοι ἐρχομένην. Ἰδοὺ ἔρχονται οἱ υἱοί σου οὓς ἐξαπέστειλας, ἔρχονται συνηγμένοι ἀπὸ ἀνατολῶν ἕως δυσμῶν τῷ ῥήματι τοῦ ἁγίου, χαίροντες τῇ τοῦ Θεοῦ δόξῃ.

5 Ἔκδυσαι Ἰερουσαλὴμ τὴν στολὴν τοῦ πένθους καὶ τῆς κακώσεώς σου, καὶ ἔνδυσαι τὴν εὐπρέπειαν τῆς παρὰ τοῦ Θεοῦ δόξης εἰς τὸν αἰῶνα.

2 Περιβαλοῦ τὴν διπλοΐδα τῆς παρὰ τοῦ Θεοῦ δικαιοσύνης, ἐπίθου τὴν μίτραν ἐπὶ τὴν κεφαλήν σου τῆς δόξης τοῦ
3 αἰωνίου. Ὁ γὰρ Θεὸς δείξει τῇ ὑπ᾽ οὐρανὸν πάσῃ τὴν σὴν
4 λαμπρότητα. Κληθήσεται γάρ σου τὸ ὄνομα παρὰ τοῦ Θεοῦ εἰς τὸν αἰῶνα, εἰρήνη δικαιοσύνης, καὶ δόξα θεοσεβείας.

5 Ἀνάστηθι Ἰερουσαλήμ, καὶ στῆθι ἐπὶ τοῦ ὑψηλοῦ, καὶ περίβλεψαι πρὸς ἀνατολὰς, καὶ ἴδε συνηγμένα τὰ τέκνα σου ἀπὸ ἡλίου δυσμῶν ἕως ἀνατολῶν τῷ ῥήματι τοῦ ἁγίου,
6 χαίροντας τῇ τοῦ Θεοῦ μνείᾳ. Ἐξῆλθον γὰρ παρὰ σοῦ πεζοὶ ἀγόμενοι ὑπὸ ἐχθρῶν, εἰσάγει δὲ αὐτοὺς ὁ Θεὸς πρὸς σὲ αἰρομένους μετὰ δόξης ὡς θρόνον βασιλείας.

7 Συνέταξε γὰρ ὁ Θεὸς ταπεινοῦσθαι πᾶν ὄρος ὑψηλὸν, καὶ θῖνας ἀενάους, καὶ φάραγγας πληροῦσθαι εἰς ὁμαλισμὸν τῆς γῆς, ἵνα βαδίσῃ Ἰσραὴλ ἀσφαλῶς τῇ τοῦ Θεοῦ δόξῃ.
8 Ἐσκίασαν δὲ καὶ οἱ δρυμοὶ καὶ πᾶν ξύλον εὐωδίας τῷ
9 Ἰσραὴλ προστάγματι τοῦ Θεοῦ. Ἡγήσεται γὰρ ὁ Θεὸς Ἰσραὴλ μετ᾽ εὐφροσύνης τῷ φωτὶ τῆς δόξης αὐτοῦ, σὺν ἐλεημοσύνῃ καὶ δικαιοσύνῃ τῇ παρ᾽ αὐτοῦ.

Everlasting, long to endure; and she shall be inhabited of devils for a great time.

[36] O Jerusalem, look about thee toward the east, and behold the joy that cometh unto thee from God. [37] Lo, thy sons come, whom thou sentest away, they come gathered together from the east to the west by the word of the Holy One, rejoicing in the glory of God.

Put off, O Jerusalem, the garment of thy mourning and affliction, and put on the comeliness of the glory that cometh from God for ever.

[2] Cast about thee a double garment of the righteousness which cometh from God; and set a diadem on thine head of the glory of the Everlasting. [3] For God will shew thy brightness unto every country under heaven. [4] For thy name shall be called of God for ever The peace of righteousness, and The glory of God's worship.

[5] Arise, O Jerusalem, and stand on high, and look about toward the east, and behold thy children gathered from the west unto the east by the word of the Holy One, rejoicing in the remembrance of God. [6] For they departed from thee on foot, and were led away of their enemies: but God bringeth them unto thee exalted with glory, as children of the kingdom.

[7] For God hath appointed that every high hill, and banks of long continuance, should be cast down, and vallies filled up, to make even the ground, that Israel may go safely in the glory of God. [8] Moreover even the woods and every sweetsmelling tree shall overshadow Israel by the commandment† of God. [9] For God shall lead Israel with joy in the light of his glory with the mercy and righteousness that cometh from him.

ΕΠΙΣΤΟΛΗ ΙΕΡΕΜΙΟΥ

ΑΝΤΙΓΡΑΦΟΝ ἐπιστολῆς ἧς ἀπέστειλεν Ἰερεμίας πρὸς τοὺς ἀχθησομένους αἰχμαλώτους εἰς Βαβυλῶνα ὑπὸ τοῦ βασιλέως τῶν Βαβυλωνίων, ἀναγγεῖλαι αὐτοῖς καθότι ἐπετάγη αὐτῷ ὑπὸ τοῦ Θεοῦ.

2 Διὰ τὰς ἁμαρτίας ἃς ἡμαρτήκατε ἐναντίον τοῦ Θεοῦ, ἀχθήσεσθε εἰς Βαβυλῶνα αἰχμάλωτοι ὑπὸ Ναβουχοδονόσορ
3 βασιλέως τῶν Βαβυλωνίων. Εἰσελθόντες οὖν εἰς Βαβυλῶνα, ἔσεσθε ἐκεῖ ἔτη πλείονα καὶ χρόνον μακρὸν, ἕως γενεῶν ἑπτά· μετὰ τοῦτο δὲ ἐξάξω ὑμᾶς ἐκεῖθεν μετ᾽ εἰρήνης.

A COPY of an epistle, which Jeremy sent unto them which were to be led captives into Babylon by the king of the Babylonians, to certify them, as it was commanded him of God.

[2] Because of the sins which ye have committed before God, ye shall be led away captives into Babylon by Nabuchodonosor king of the Babylonians. [3] So when ye be come unto Babylon, ye shall remain there many years, and for a long season, namely, seven generations: and after that I will bring you away peaceably from thence.

⁴Now shall ye see in Babylon gods of silver, and of gold, and of wood, borne upon shoulders, which cause the nations to fear. ⁵Beware therefore that ye in no wise be like to strangers, neither be ye afraid of them, when ye see the multitude before them and behind them, worshipping them. ⁶But say ye in your hearts, O Lord, we must worship thee. ⁷For mine angel is with you, and I myself caring for your souls.

⁸As for their tongue, it is polished by the workman, and they themselves are gilded and laid over with gold; yet are they but false, and cannot speak. ⁹And taking gold, as it were for a virgin that loveth to go gay, they make crowns for the heads of their gods. ¹⁰Sometimes also the priests convey from their gods gold and silver, and bestow it upon themselves. ¹¹Yea, they will give thereof to the common harlots, and deck them as men with garments, [being] gods of silver, and gods of gold, and wood.

¹²Yet cannot these gods save themselves from rust and moths, though they be covered with purple raiment. ¹³They wipe their faces because of the dust of the temple, when there is much upon them. ¹⁴And he that cannot put to death one that offendeth him holdeth a sceptre, as though he were a judge of the country. ¹⁵He hath also in his right hand a dagger and an axe: but cannot deliver himself from war and thieves. ¹⁶Whereby they are known not to be gods: therefore fear them not.

¹⁷For like as a vessel that a man useth is nothing worth when it is broken; even so it is with their gods: when they be set up in the temple, their eyes be full of dust through the feet of them that come in. ¹⁸And as the doors are made sure on every side upon him that offendeth the king, as being committed to suffer death; even so the priests make fast their temples with doors, with locks, and bars, lest *their gods* be spoiled with robbers.

¹⁹They light them candles, yea, more than for themselves, whereof they cannot see one. ²⁰They are as one of the beams of the temple, yet they say their hearts are gnawed upon by things creeping out of the earth; and when they eat them and their clothes, they feel it not. ²¹Their faces are blacked through the smoke that cometh out of the temple. ²²Upon their bodies and heads sit bats, swallows, and birds, and the cats also. ²³By this ye may know that they are no gods: therefore fear them not.

²⁴Notwithstanding the gold that is about them to make them beautiful, except they wipe off the rust, they will not shine: for neither when they were molten did they feel it. ²⁵The things wherein there is no breath are bought for a most high price. ²⁶They are borne upon shoulders, having no feet, whereby they declare unto men that they be nothing worth.

²⁷They also that serve them are ashamed: for if they fall to the ground at any time, they cannot rise up again of themselves: neither, if one set them upright, can they move of themselves: neither, if they be bowed down, can they make themselves straight: but they set gifts before them, as unto dead men.

Νυνὶ δὲ ὄψεσθε ἐν Βαβυλῶνι θεοὺς ἀργυροῦς καὶ χρυσοῦς 4 καὶ ξυλίνους ἐπ' ὤμοις αἱρομένους, δεικνύντας φόβον τοῖς ἔθνεσιν. Εὐλαβήθητε οὖν μὴ καὶ ὑμεῖς ἀφομοιωθέντες 5 τοῖς ἀλλοφύλοις ἀφομοιωθῆτε, καὶ φόβος ὑμᾶς λάβῃ ἐπ' αὐτοῖς, ἰδόντας ὄχλον ἔμπροσθεν καὶ ὄπισθεν αὐτῶν προσκυνοῦντας αὐτά. Εἴπατε δὲ τῇ διανοίᾳ, σοὶ δεῖ προσκυνεῖν, 6 δέσποτα. Ὁ γὰρ ἄγγελός μου μεθ' ὑμῶν ἐστιν, αὐτός τε 7 ἐκζητῶν τὰς ψυχὰς ὑμῶν.

Γλῶσσα γὰρ αὐτῶν ἐστι κατεξυσμένη ὑπὸ τέκτονος, αὐτά 8 τε περίχρυσα καὶ περιάργυρα, ψευδῆ δ' ἐστὶ, καὶ οὐ δύνανται λαλεῖν. Καὶ ὥσπερ παρθένῳ φιλοκόσμῳ λαμβάνοντες 9 χρυσίον, κατασκευάζουσι στεφάνους ἐπὶ τὰς κεφαλὰς τῶν θεῶν αὐτῶν. Ἔστι δὲ καὶ ὅτε ὑφαιρούμενοι οἱ ἱερεῖς ἀπὸ 10 τῶν θεῶν αὐτῶν χρυσίον καὶ ἀργύριον εἰς ἑαυτοὺς καταναλοῦσι. Δώσουσι δὲ ἀπ' αὐτῶν καὶ ταῖς ἐπὶ τοῦ στέγους 11 πόρναις· κοσμοῦσί τε αὐτοὺς, ὡς ἀνθρώπους, τοῖς ἐνδύμασι, θεοὺς ἀργυροῦς, καὶ θεοὺς χρυσοῦς, καὶ ξυλίνους.

Οὗτοι δὲ οὐ διασώζονται ἀπὸ ἰοῦ καὶ βρωμάτων, περιβε- 12 βλημένων αὐτῶν ἱματισμὸν πορφυροῦν. Ἐκμάσσονται τὸ 13 πρόσωπον αὐτῶν διὰ τὸν ἐκ τῆς οἰκίας κονιορτὸν, ὅς ἐστι πλείων ἐπ' αὐτοῖς. Καὶ σκῆπτρον ἔχει ὡς ἄνθρωπος κριτὴς 14 χώρας, ὃς τὸν εἰς αὐτὸν ἁμαρτάνοντα οὐκ ἀνελεῖ. Ἔχει δὲ 15 ἐγχειρίδιον δεξιᾷ, καὶ πέλεκυν· ἑαυτὸν δὲ ἐκ πολέμου καὶ λῃστῶν οὐκ ἐξελεῖται. Ὅθεν γνώριμοί εἰσιν οὐκ ὄντες θεοί· 16 μὴ οὖν φοβηθῆτε αὐτούς.

Ὥσπερ γὰρ σκεῦος ἀνθρώπου συντριβὲν ἀχρεῖον γίνεται, 17 τοιοῦτοι ὑπάρχουσιν οἱ θεοὶ αὐτῶν, καθιδρυμένων αὐτῶν ἐν τοῖς οἴκοις· οἱ ὀφθαλμοὶ αὐτῶν πλήρεις εἰσὶ κονιορτοῦ ἀπὸ τῶν ποδῶν τῶν εἰσπορευομένων. Καὶ ὥσπερ τινὶ ἠδικηκότι 18 βασιλέα, περιπεφραγμέναι εἰσὶν αἱ αὐλαὶ, ὡς ἐπὶ θανάτῳ ἀπηγμένῳ· τοὺς οἴκους αὐτῶν ὀχυροῦσιν οἱ ἱερεῖς θυρώμασί τε καὶ κλείθροις καὶ μοχλοῖς, ὅπως ὑπὸ τῶν λῃστῶν μὴ συληθῶσι.

Λύχνους καίουσι, καὶ πλείους ἢ ἑαυτοῖς, ὧν οὐδένα δύ- 19 νανται ἰδεῖν. Ἔστι μὲν ὥσπερ δοκὸς τῶν ἐκ τῆς οἰκίας, 20 τὰς δὲ καρδίας αὐτῶν φασιν ἐκλείχεσθαι τῶν ἀπὸ τῆς γῆς ἑρπετῶν, κατεσθόντων αὐτούς τε καὶ τὸν ἱματισμὸν αὐτῶν οὐκ αἰσθάνονται. Μεμελανωμένοι τὸ πρόσωπον αὐτῶν ἀπὸ 21 τοῦ καπνοῦ τοῦ ἐκ τῆς οἰκίας. Ἐπὶ τὸ σῶμα αὐτῶν καὶ 22 ἐπὶ τὴν κεφαλὴν αὐτῶν ἐφίπτανται νυκτερίδες, χελιδόνες, καὶ τὰ ὄρνεα, ὡσαύτως δὲ καὶ οἱ αἴλουροι. Ὅθεν γνώσεσθε 23 ὅτι οὐκ εἰσὶ θεοί· μὴ οὖν φοβεῖσθε αὐτά.

Τὸ γὰρ χρυσίον ὃ περίκεινται εἰς κάλλος, ἐὰν μή τις 24 ἐκμάξῃ τὸν ἰὸν, οὐ μὴ στίλψωσιν, οὐδὲ γὰρ ὅτε ἐχωνεύοντο, ᾐσθάνοντο. Ἐκ πάσης τιμῆς ἠγορασμένα ἐστὶν, ἐν οἷς 25 οὐκ ἔστι πνεῦμα. Ἄνευ ποδῶν ἐπ' ὤμοις φέρονται, ἐνδεικ- 26 νύμενοι τὴν ἑαυτῶν ἀτιμίαν τοῖς ἀνθρώποις.

Αἰσχύνονταί τε καὶ οἱ θεραπεύοντες αὐτὰ, διὰ τὸ, εἴποτε 27 ἐπὶ τὴν γῆν πέσῃ, μὴ δι' αὐτῶν ἀνίστασθαι, μήτε ἐάν τις αὐτὸ ὀρθὸν στήσῃ, δι' ἑαυτοῦ κινηθήσεται, μήτε ἐὰν κλιθῇ, οὐ μὴ ὀρθωθῇ, ἀλλ' ὥσπερ νεκροῖς τὰ δῶρα αὐτοῖς παρατίθεται.

28 Τὰς δὲ θυσίας αὐτῶν ἀποδόμενοι οἱ ἱερεῖς αὐτῶν καταχρῶνται· ὡσαύτως δὲ καὶ αἱ γυναῖκες ἀπ᾽ αὐτῶν ταριχεύουσαι,
29 οὔτε πτωχῷ οὔτε ἀδυνάτῳ μὴ μεταδῶσι. Τῶν θυσιῶν αὐτῶν ἀποκαθημένη καὶ λεχὼ ἅπτονται· γνόντες οὖν ἀπὸ τούτων
30 ὅτι οὐκ εἰσὶ θεοί, μὴ φοβηθῆτε αὐτούς. Πόθεν γὰρ κληθείησαν θεοί; ὅτι γυναῖκες παρατιθέασι θεοῖς ἀργυροῖς καὶ
31 χρυσοῖς καὶ ξυλίνοις. Καὶ ἐν τοῖς οἴκοις αὐτῶν οἱ ἱερεῖς διφρεύουσιν, ἔχοντες τοὺς χιτῶνας διερρωγότας, καὶ τὰς κεφαλὰς καὶ τοὺς πώγωνας ἐξυρημένους, ὧν αἱ κεφαλαὶ
32 ἀκάλυπτοί εἰσιν. Ὠρύονται δὲ βοῶντες ἐναντίον τῶν θεῶν αὐτῶν, ὥσπερ τινὲς ἐν περιδείπνῳ νεκροῦ.
33 Ἀπὸ τοῦ ἱματισμοῦ αὐτῶν ἀφελόμενοι οἱ ἱερεῖς, ἐνδύ-
34 σουσι τὰς γυναῖκας αὐτῶν καὶ τὰ παιδία. Οὔτε ἐὰν κακὸν πάθωσιν ὑπό τινος, οὔτε ἐὰν ἀγαθὸν, δυνήσονται ἀνταποδοῦναι· οὔτε καταστῆσαι βασιλέα δύνανται, οὔτε ἀφελέσθαι.
35 Ὡσαύτως οὔτε πλοῦτον οὔτε χαλκὸν οὐ μὴ δύνανται διδόναι· ἐάν τις εὐχὴν αὐτοῖς εὐξάμενος μὴ ἀποδῷ, οὐ μὴ ἐπιζητήσω-
36 σιν. Ἐκ θανάτου ἄνθρωπον οὐ μὴ ῥύσωνται, οὔτε ἥττονα
37 ἀπὸ ἰσχυροῦ μὴ ἐξέλωνται. Ἄνθρωπον τυφλὸν εἰς ὅρασιν οὐ μὴ περιστήσωσιν, ἐν ἀνάγκῃ ἄνθρωπον ὄντα οὐ μὴ
38 ἐξέλωνται. Χήραν οὐ μὴ ἐλεήσωσιν, οὔτε ὀρφανὸν εὖ ποιήσωσι.
39 Τοῖς ἀπὸ τοῦ ὄρους λίθοις ὡμοιωμένοι εἰσὶ τὰ ξύλινα, καὶ τὰ περίχρυσα, καὶ τὰ περιάργυρα, οἱ δὲ θεραπεύοντες αὐτὰ καταισχυνθήσονται.
40 Πῶς οὖν νομιστέον ἢ κλητέον ὑπάρχειν αὐτοὺς θεοὺς, ἔτι
41 δὲ καὶ αὐτῶν τῶν Χαλδαίων ἀτιμαζόντων αὐτά; Οἳ ὅταν ἴδωσιν ἐνεὸν μὴ δυνάμενον λαλῆσαι, προσενεγκάμενοι τὸν Βῆλον, ἀξιοῦσι φωνῆσαι, ὡς δυνατοῦ ὄντος αὐτοῦ αἰσθέσθαι.
42 Καὶ οὐ δύνανται αὐτοὶ νοήσαντες καταλιπεῖν αὐτὰ, αἴσθησιν γὰρ οὐκ ἔχουσιν.
43 Αἱ δὲ γυναῖκες περιθέμεναι σχοινία, ἐν ταῖς ὁδοῖς ἐγκάθηνται, θυμιῶσαι τὰ πίτυρα· ὅταν δέ τις αὐτῶν ἐφελκυσθεῖσα ὑπό τινος τῶν παραπορευομένων κοιμηθῇ, τὴν πλησίον ὀνειδίζει, ὅτι οὐκ ἠξίωται ὥσπερ καὶ αὐτὴ, οὔτε τὸ σχοινίον
44 αὐτῆς διερράγη. Πάντα τὰ γενόμενα ἐν αὐτοῖς ἐστι ψευδῆ· πῶς οὖν νομιστέον ἢ κλητέον ὡς θεοὺς αὐτοὺς ὑπάρχειν;
45 Ὑπὸ τεκτόνων καὶ χρυσοχόων κατεσκευασμένα εἰσίν· οὐθὲν ἄλλο μὴ γένηται, ἢ ὃ βούλονται οἱ τεχνῖται αὐτὰ
46 γενέσθαι. Αὐτοί τε οἱ κατασκευάζοντες αὐτὰ οὐ μὴ γένωνται πολυχρόνιοι· πῶς τε δὴ μέλλει τὰ ὑπ᾽ αὐτῶν κατασκευασθέντα;
47 Κατέλιπον γὰρ ψεύδη καὶ ὄνειδος τοῖς ἐπιγινομένοις.
48 Ὅταν γὰρ ἐπέλθῃ ἐπ᾽ αὐτὰ πόλεμος καὶ κακὰ, βουλεύονται πρὸς ἑαυτοὺς οἱ ἱερεῖς, ποῦ συναποκρυβῶσι μετ᾽ αὐτῶν.
49 Πῶς οὖν οὐκ ἔστιν αἰσθέσθαι ὅτι οὐκ εἰσί θεοί, οἳ οὔτε
50 σώζουσιν ἑαυτοὺς ἐκ πολέμου, οὔτε ἐκ κακῶν; Ὑπάρχοντα γὰρ ξύλινα καὶ περίχρυσα καὶ περιάργυρα, γνωσθήσεται
51 μετὰ ταῦτα ὅτι ἐστὶ ψευδῆ. Τοῖς ἔθνεσι πᾶσι τοῖς τε βασιλεῦσι φανερὸν ἔσται ὅτι οὐκ εἰσὶ θεοί, ἀλλὰ ἔργα χειρῶν ἀνθρώπων, καὶ οὐδὲν Θεοῦ ἔργον ἐν αὐτοῖς ἐστι.
52, 53 Τίνι οὖν γνωστέον ἐστὶν ὅτι οὐκ εἰσὶ θεοί; Βασιλέα

[28] As for the things that are sacrificed unto them, their priests sell and abuse; in like manner their wives lay up part thereof in salt; but unto the poor and impotent they give nothing of it. [29] Menstruous women and women in childbed eat their sacrifices: by these things ye may know that they are no gods: fear them not. [30] For how can they be called gods? because women set meat before the gods of silver, gold, and wood. [31] And the priests sit in their temples, having their clothes rent, and their heads and beards shaven, and nothing upon their heads. [32] They roar and cry before their gods, as men do at the feast when one is dead.

[33] The priests also take off their garments, and clothe their wives and children. [34] Whether it be evil that one doeth unto them, or good, they are not able to recompense it: they can neither set up a king, nor put him down. [35] In like manner, they can neither give riches nor money: though a man make a vow unto them, and keep it not, they will not require it. [36] They can save no man from death, neither deliver the weak from the mighty. [37] They cannot restore a blind man to his sight, nor help any man in his distress. [38] They can shew no mercy to the widow, nor do good to the fatherless.

[39] Their gods of wood, and which are overlaid with gold and silver, are like the stones that be hewn out of the mountain: they that worship them shall be confounded.

[40] How should a man then think and say that they are gods, when even the Chaldeans themselves dishonour them? [41] Who if they shall see one dumb that cannot speak, they bring him, and intreat Bel that he may speak, as though he were able to understand. [42] Yet they cannot understand this themselves, and leave them: for they have no knowledge.

[43] The women also with cords about them, sitting in the ways, burn bran for perfume: but if any of them, drawn by some that passeth by, lie with him, she reproacheth her fellow, that she was not thought as worthy as herself, nor her cord broken. [44] Whatsoever is done among them is false: how may it then be thought or said that they are gods?

[45] They are made of carpenters and goldsmiths: they can be nothing else than the workmen will have them to be. [46] And they themselves that made them can never continue long; how should then the things that are made of them be gods?

[47] For they left lies and reproaches to them that come after. [48] For when there cometh any war or plague upon them, the priests consult with themselves, where they may be hidden with them. [49] How then cannot men perceive that they be no gods, which can neither save themselves from war, nor from plague? [50] For seeing they be but of wood, and overlaid with silver and gold, it shall be known hereafter that they are false: [51] and it shall manifestly appear to all nations and kings that they are no gods, but the works of men's hands, and that there is no work of God in them.

[52] Who then may not know that they are no gods? [53] For neither can they set up a king in

the land, nor give rain unto men. ⁵⁴Neither can they judge their own cause, nor redress a wrong, being unable : for they are as crows between heaven and earth.

⁵⁵Whereupon when fire falleth upon the house of gods of wood, or laid over with gold or silver, their priests will flee away, and escape : but they themselves shall be burned asunder like beams. ⁵⁶Moreover they cannot withstand any king or enemies : how can it then be thought or said that they be gods? ⁵⁷Neither are those gods of wood, and laid over with silver and gold, able to escape either from thieves or robbers. ⁵⁸Whose gold, and silver, and garments wherewith they are clothed, they that are strong do take, and go away withal : neither are they able to help themselves.

⁵⁹Therefore it is better to be a king that sheweth his power, or else a profitable vessel in an house, which the owner shall have use of, than such false gods ; or to be a door in an house, to keep such things safe as be therein, than such false gods ; or a pillar of wood in a palace, than such false gods.

⁶⁰For sun, moon, and stars, being bright, and sent to do their offices, are obedient. ⁶¹In like manner the lightning when it breaketh forth is easy to be seen : and after the same manner the wind bloweth in every country. ⁶²And when God commandeth the clouds to go over the whole world, they do as they are bidden. ⁶³And the fire sent from above to consume hills and woods doeth as it is commanded : but these are like unto them neither in shew nor power.

⁶⁴Wherefore it is neither to be supposed nor said that they are gods, seeing they are able neither to judge causes, nor to do good unto men. ⁶⁵Knowing therefore that they are no gods, fear them not.

⁶⁶For they can neither curse nor bless kings : ⁶⁷neither can they shew signs in the heavens among the heathen, nor shine as the sun, nor give light as the moon. ⁶⁸The beasts are better than they : for they can get under a covert, and help themselves. ⁶⁹It is then by no means manifest unto us that they are gods : therefore fear them not.

⁷⁰For as a scarecrow in a garden of cucumbers keepeth nothing : so are their gods of wood, and laid over with silver and gold. ⁷¹And likewise their gods of wood, and laid over with silver and gold, are like to a white thorn in an orchard, that every bird sitteth upon ; as also to a dead body, that is cast into the dark. ⁷²And ye shall know them to be no gods by the bright purple that rotteth upon them : and they themselves afterward shall be eaten, and shall be a reproach in the country.

⁷³Better therefore is the just man that hath no idols · for he shall be far from reproach.

γὰρ χώρας οὐ μὴ ἀναστήσωσιν, οὔτε ὑετὸν ἀνθρώποις οὐ μὴ δῶσι. Κρίσιν τε οὐ μὴ διακρίνωσιν ἑαυτῶν, οὐδὲ μὴ ῥύσων- 54 ται ἀδίκημα, ἀδύνατοι ὄντες· ὥσπερ γὰρ κορῶναι ἀναμέσον τοῦ οὐρανοῦ καὶ τῆς γῆς.

Καὶ γὰρ ὅταν ἐμπέσῃ εἰς οἰκίαν θεῶν ξυλίνων ἢ περι- 55 χρύσων ἢ περιαργύρων πῦρ, οἱ μὲν ἱερεῖς αὐτῶν φεύξονται καὶ διασωθήσονται, αὐτοὶ δὲ ὥσπερ δοκοὶ μέσοι κατακαυθή- σονται. Βασιλεῖ δὲ καὶ πολεμίοις οὐ μὴ ἀντιστῶσι· πῶς 56 οὖν ἐκδεκτέον ἢ νομιστέον ὅτι εἰσὶ θεοί; Οὔτε ἀπὸ κλεπτῶν, 57 οὔτε ἀπὸ λῃστῶν οὐ μὴ διασωθῶσι θεοὶ ξύλινοι, καὶ περιάρ- γυροι, καὶ περίχρυσοι· ὧν οἱ ἰσχύοντες περιελοῦνται τὸ 58 χρυσίον καὶ τὸ ἀργύριον, καὶ τὸν ἱματισμὸν τὸν περικείμενον αὐτοῖς ἀπελεύσονται ἔχοντες, οὔτε ἑαυτοῖς οὐ μὴ βοηθή- σωσιν.

Ὥστε κρεῖσσον εἶναι βασιλέα ἐπιδεικνύμενον τὴν ἑαυτοῦ 59 ἀνδρείαν, ἢ σκεῦος ἐν οἰκίᾳ χρήσιμον ἐφ᾽ ᾧ κεχρήσεται ὁ κεκτημένος, ἢ οἱ ψευδεῖς θεοί· ἢ καὶ θύρα ἐν οἰκίᾳ διασώ- ζουσα τὰ ἐν αὐτῇ ὄντα, ἢ οἱ ψευδεῖς θεοί· καὶ ξύλινος στύλος ἐν βασιλείοις, ἢ οἱ ψευδεῖς θεοί.

Ἥλιος μὲν γὰρ καὶ σελήνη καὶ ἄστρα ὄντα λαμπρὰ, καὶ 60 ἀποστελλόμενα ἐπὶ χρείας, εὐήκοά εἰσιν. Ὡσαύτως καὶ 61 ἀστραπὴ ὅταν ἐπιφανῇ, εὔοπτός ἐστι· τὸ δ᾽ αὐτὸ καὶ πνεῦμα ἐν πάσῃ χώρᾳ πνεῖ. Καὶ νεφέλαις ὅταν ἐπιταγῇ 62 ὑπὸ τοῦ Θεοῦ ἐπιπορεύεσθαι ἐφ᾽ ὅλην τὴν οἰκουμένην, συν- τελοῦσι τὸ ταχθέν. Τό, τε πῦρ ἐξαποσταλὲν ἄνωθεν ἐξανα- 6 λῶσαι ὄρη καὶ δρυμοὺς, ποιεῖ τὸ συνταχθέν· ταῦτα δὲ οὔτε ταῖς εἰδέαις οὔτε ταῖς δυνάμεσιν αὐτῶν ἀφωμοιωμένα ἐστίν.

Ὅθεν οὔτε νομιστέον οὔτε κλητέον ὑπάρχειν αὐτοὺς 6 θεοὺς, οὐ δυνατῶν ὄντων αὐτῶν οὔτε κρίσιν κρῖναι, οὔτε εὖ ποιῆσαι ἀνθρώποις. Γνόντες οὖν ὅτι οὐκ εἰσὶ θεοί, μὴ 65 φοβηθῆτε αὐτούς·

Οὔτε γὰρ βασιλεῦσιν οὐ μὴ καταράσωνται, οὔτε μὴ 66 εὐλογήσωσι. Σημεῖά τε ἐν ἔθνεσιν ἐν οὐρανῷ οὐ μὴ δεί- 67 ξωσιν, οὐδὲ ὡς ὁ ἥλιος λάμψουσιν, οὔτε φωτιοῦσιν ὡς ἡ σελήνη. Τὰ θηρία αὐτῶν ἐστι κρείττω, ἃ δύνανται ἐκφυ- 68 γόντα εἰς σκέπην ἑαυτὰ ὠφελῆσαι. Κατ᾽ οὐδένα οὖν 69 τρόπον ἡμῖν ἐστι φανερὸν ὅτι εἰσὶ θεοί· διὸ μὴ φοβηθῆτε αὐτούς.

Ὥσπερ γὰρ ἐν σικυηράτῳ προβασκάνιον οὐδὲν φυλάσσον, 70 οὕτως οἱ θεοὶ αὐτῶν εἰσι ξύλινοι καὶ περίχρυσοι καὶ περιάρ- γυροι. Τὸν αὐτὸν τρόπον καὶ τῇ ἐν κήπῳ ῥάμνῳ, ἐφ᾽ ἧς 71 πᾶν ὄρνεον ἐπικάθηται, ὡσαύτως δὲ καὶ νεκρῷ ἐρριμμένῳ ἐν σκότει ἀφωμοίωνται οἱ θεοὶ αὐτῶν ξύλινοι καὶ περίχρυσοι καὶ περιάργυροι. Ἀπό τε τῆς πορφύρας καὶ τῆς μαρμάρου 72 τῆς ἐπ᾽ αὐτοὺς σηπομένης γνωσθήσονται ὅτι οὐκ εἰσὶ θεοί· αὐτά τε ἐξ ὑστέρου βρωθήσονται, καὶ ἔσται ὄνειδος ἐν τῇ χώρᾳ.

Κρεῖσσον οὖν ἄνθρωπος δίκαιος οὐκ ἔχων εἴδωλα, ἔσται 73 γὰρ μακρὰν ἀπὸ ὀνειδισμοῦ.

ΤΩΝ ΤΡΙΩΝ ΠΑΙΔΩΝ ΑΙΝΕΣΙΣ.

ΚΑΙ συστὰς Ἀζαρίας προσηύξατο οὕτως· καὶ ἀνοίξας τὸ στόμα αὐτοῦ ἐν μέσῳ τοῦ πυρός, εἶπεν,

2 Εὐλογητὸς εἶ Κύριε ὁ Θεὸς τῶν πατέρων ἡμῶν, καὶ αἰνετὸς, καὶ δεδοξασμένον τὸ ὄνομά σου εἰς τοὺς αἰῶνας.

3 Ὅτι δίκαιος εἶ ἐπὶ πᾶσιν οἷς ἐποίησας, καὶ πάντα τὰ ἔργα σου ἀληθινὰ, καὶ εὐθεῖαι αἱ ὁδοί σου, καὶ πᾶσαι αἱ κρίσεις σου ἀλήθεια.

4 Καὶ κρίματα ἀληθείας ἐποίησας κατὰ πάντα ἃ ἐπήγαγες ἡμῖν, καὶ ἐπὶ τὴν πόλιν τὴν ἁγίαν τὴν τῶν πατέρων ἡμῶν Ἰερουσαλήμ· ὅτι ἐν ἀληθείᾳ καὶ κρίσει ἐπήγαγες ταῦτα

5 πάντα διὰ τὰς ἁμαρτίας ἡμῶν. Ὅτι ἡμάρτομεν καὶ ἠνομή-

6 σαμεν ἀποστῆναι ἀπὸ σοῦ, καὶ ἐξημάρτομεν ἐν πᾶσι, καὶ τῶν ἐντολῶν σου οὐκ ἠκούσαμεν, οὐδὲ συνετηρήσαμεν, οὐδὲ

7 ἐποιήσαμεν καθὼς ἐνετείλω ἡμῖν, ἵνα εὖ ἡμῖν γένηται. Καὶ πάντα ὅσα ἐπήγαγες ἡμῖν, καὶ πάντα ὅσα ἐποίησας ἡμῖν, ἐν ἀληθινῇ κρίσει ἐποίησας.

8 Καὶ παρέδωκας ἡμᾶς εἰς χεῖρας ἐχθρῶν ἀνόμων, καὶ ἐχθίστων ἀποστατῶν, καὶ βασιλεῖ ἀδίκῳ καὶ πονηροτάτῳ

9 παρὰ πᾶσαν τὴν γῆν. Καὶ νῦν οὐκ ἔστιν ἡμῖν ἀνοῖξαι τὸ στόμα ἡμῶν· αἰσχύνη καὶ ὄνειδος ἐγενήθημεν τοῖς δούλοις σου, καὶ τοῖς σεβομένοις σε.

10 Μὴ δὴ παραδῴης ἡμᾶς εἰς τέλος διὰ τὸ ὄνομά σου, καὶ

11 μὴ διασκεδάσῃς τὴν διαθήκην σου, καὶ μὴ ἀποστήσῃς τὸ ἔλεός σου ἀφ᾿ ἡμῶν, διὰ Ἀβραὰμ τὸν ἠγαπημένον ὑπὸ σοῦ, καὶ διὰ Ἰσαὰκ τὸν δοῦλόν σου, καὶ Ἰσραὴλ τὸν ἅγιόν σου,

12 οἷς ἐλάλησας πληθῦναι τὸ σπέρμα αὐτῶν, ὡς τὰ ἄστρα τοῦ οὐρανοῦ, καὶ ὡς τὴν ἄμμον τὴν παρὰ τὸ χεῖλος τῆς θα-

13 λάσσης. Ὅτι, δέσποτα, ἐσμικρύνθημεν παρὰ πάντα τὰ ἔθνη, καὶ ἐσμὲν ταπεινοὶ ἐν πάσῃ τῇ γῇ σήμερον, διὰ τὰς

14 ἁμαρτίας ἡμῶν. Καὶ οὐκ ἔστιν ἐν τῷ καιρῷ τούτῳ ἄρχων καὶ προφήτης καὶ ἡγούμενος, οὐδὲ ὁλοκαύτωσις, οὐδὲ θυσία, οὐδὲ προσφορά, οὐδὲ θυμίαμα, οὐδὲ τόπος τοῦ καρπῶσαι ἐναντίον σου, καὶ εὑρεῖν ἔλεος.

15 Ἀλλ᾿ ἐν ψυχῇ συντετριμμένῃ, καὶ πνεύματι ταπεινώσεως

16 προσδεχθείημεν, ὡς ἐν ὁλοκαυτώσει κριῶν καὶ ταύρων, καὶ ἐν μυριάσιν ἀρνῶν πιόνων, οὕτως γενέσθω ἡ θυσία ἡμῶν ἐνώπιόν σου σήμερον, καὶ ἐκτελέσαι ὄπισθέν σου· ὅτι οὐκ ἔσται αἰσχύνη τοῖς πεποιθόσιν ἐπὶ σοί.

17 Καὶ νῦν ἐξακολουθοῦμεν ἐν ὅλῃ καρδίᾳ, καὶ φοβούμεθά

18 σε, καὶ ζητοῦμεν τὸ πρόσωπόν σου. Μὴ καταισχύνῃς ἡμᾶς,

Then Azarias stood up, and prayed on this manner; and opening his mouth in the midst of the fire said,

2 Blessed art thou, O Lord God of our fathers: thy name is worthy to be praised and glorified for evermore: 3 for thou art righteous in all the things that thou hast done to us: yea, true are all thy works, thy ways are right, and all thy judgments truth.

4 In all the things that thou hast brought upon us, and upon the holy city of our fathers, even Jerusalem, thou hast executed true judgment: for according to truth and judgment didst thou bring all these things upon us because of our sins. 5 For we have sinned and committed iniquity, departing from thee. 6 In all things have we trespassed, and not obeyed thy commandments, nor kept them, neither done as thou hast commanded us, that it might go well with us. 7 Wherefore all that thou hast brought upon us, and every thing that thou hast done to us, thou hast done in true judgment.

8 And thou didst deliver us into the hands of lawless enemies, most hateful forsakers of God, and to an unjust king, and the most wicked in all the world. 9 And now we cannot open our mouths, we are become a shame and reproach to thy servants, and to them that worship thee.

10 Yet deliver us not up wholly, for thy name's sake, neither disannul thou thy covenant: 11 and cause not thy mercy to depart from us, for thy beloved Abraham's sake, for thy servant Isaac's sake, and for thy holy Israel's sake; 12 to whom thou hast spoken and promised, that thou wouldest multiply their seed as the stars of heaven, and as the sand that lieth upon the seashore. 13 For we, O Lord, are become less than any nation, and be kept under this day in all the world because of our sins. 14 Neither is there at this time prince, or prophet, or leader, or burnt offering, or sacrifice, or oblation, or incense, or place to sacrifice before thee, and to find mercy.

15 Nevertheless in a contrite heart and an humble spirit let us be accepted. 16 Like as in the burnt offerings of rams and bullocks, and like as in ten thousands of fat lambs: so let our sacrifice be in thy sight this day, and grant that we may wholly go after thee: for they shall not be confounded that put their trust in thee.

17 And now we follow thee with all our heart, we fear thee, and seek thy face. 18 Put

us not to shame: but deal with us after thy lovingkindness, and according to the multitude of thy mercies.

¹⁹ Deliver us also according to thy marvellous works, and give glory to thy name, O Lord: and let all them that do thy servants hurt be ashamed; ²⁰ and let them be confounded in all their power and might, and let their strength be broken; ²¹ and let them know that thou art Lord, the only God, and glorious over the whole world.

²² And the king's servants, that put them in, ceased not to make the oven hot with rosin, pitch, tow, and small wood; ²³ so that the flame streamed forth above the furnace forty and nine cubits. ²⁴ And it passed through, and burned those Chaldeans it found about the furnace.

²⁵ But the angel of the Lord came down into the oven together with Azarias and his fellows, and smote the flame of the fire out of the oven; ²⁶ and made the midst of the furnace as it had been a moist whistling wind, so that the fire touched them not at all, neither hurt nor troubled them.

²⁷ Then the three, as out of one mouth, praised, glorified, and blessed, God in the furnace, saying,

²⁸ Blessed art thou, O Lord God of our fathers: and to be praised and exalted above all for ever. ²⁹ And blessed is thy glorious and holy name: and to be praised and exalted above all for ever.

³⁰ Blessed art thou in the temple of thy holy glory: and to be praised and glorified above all for ever. ³¹ Blessed art thou that beholdest the depths, and sittest upon the cherubim: and to be praised and exalted above all for ever. ³² Blessed art thou on the glorious throne of thy kingdom: and to be praised and glorified above all for ever. ³³ Blessed art thou in the firmament of heaven: and above all to be praised and glorified for ever.

³⁴ O all ye works of the Lord, bless ye the Lord: praise and exalt him above all for ever. ³⁵ O ye heavens, bless ye the Lord: praise and exalt him above all for ever. ³⁶ O ye angels of the Lord, bless ye the Lord: praise and exalt him above all for ever. ³⁷ O all ye waters that be above the heaven, bless ye the Lord: praise and exalt him above all for ever. ³⁸ O all ye powers of the Lord, bless ye the Lord: praise and exalt him above all for ever.

³⁹ O ye sun and moon, bless ye the Lord: praise and exalt him above all for ever. ⁴⁰ O ye stars of heaven, bless ye the Lord: praise and exalt him above all for ever. ⁴¹ O every shower and dew, bless ye the Lord: praise and exalt him above all for ever. ⁴² O all ye winds, bless ye the Lord: praise and exalt him above all for ever. ⁴³ O ye fire and heat, bless ye the Lord: praise and exalt him above all for ever.

⁴⁶ O ye nights and days, bless ye the Lord: praise and exalt him above all for ever. ⁴⁷ O ye light and darkness, bless ye the Lord: praise and exalt him above all for ever. ⁴⁴ O ye frost and heat, bless ye the Lord: praise and exalt

ἀλλὰ ποίησον μεθ' ἡμῶν κατὰ τὴν ἐπιείκειάν σου, καὶ κατὰ τὸ πλῆθος τοῦ ἐλέους σου.

Καὶ ἐξελοῦ ἡμᾶς κατὰ τὰ θαυμάσιά σου, καὶ δὸς δόξαν 19 τῷ ὀνόματί σου, Κύριε· καὶ ἐντραπείησαν πάντες οἱ ἐνδεικ- νύμενοι τοῖς δούλοις σου κακά, καὶ καταισχυνθείησαν ἀπὸ 20 πάσης τῆς δυναστείας, καὶ ἡ ἰσχὺς αὐτῶν συντριβείη, καὶ 21 γνώτωσαν ὅτι σὺ εἶ Κύριος, Θεὸς μόνος, καὶ ἔνδοξος ἐφ' ὅλην τὴν οἰκουμένην.

Καὶ οὐ διέλιπον οἱ ἐμβάλλοντες αὐτοὺς ὑπηρέται τοῦ 22 βασιλέως, καίοντες τὴν κάμινον νάφθαν καὶ πίσσαν καὶ στιππύον καὶ κληματίδα. Καὶ διεχεῖτο ἡ φλὸξ ἐπάνω τῆς 23 καμίνου ἐπὶ πήχεις τεσσαρακονταεννέα. Καὶ διώδευσε, 24 καὶ ἐνεπύρισεν οὓς εὗρε περὶ τὴν κάμινον τῶν Χαλδαίων.

Ὁ δὲ ἄγγελος Κυρίου συγκατέβη ἅμα τοῖς περὶ τὸν 25 Ἀζαρίαν εἰς τὴν κάμινον, καὶ ἐξετίναξε τὴν φλόγα τοῦ πυρὸς ἐκ τῆς καμίνου, καὶ ἐποίησε τὸ μέσον τῆς καμίνου, 26 ὡς πνεῦμα δρόσου διασυρίζον· καὶ οὐχ ἥψατο αὐτῶν τὸ καθόλου τὸ πῦρ; καὶ οὐκ ἐλύπησεν, οὐδὲ παρηνώχλησεν αὐτοῖς.

Τότε οἱ τρεῖς ὡς ἐξ ἑνὸς στόματος ὕμνουν, καὶ ἐδόξαζον, 27 καὶ ηὐλόγουν τὸν Θεὸν ἐν τῇ καμίνῳ, λέγοντες,

Εὐλογητὸς εἶ Κύριε ὁ Θεὸς τῶν πατέρων ἡμῶν, καὶ 28 αἰνετός, καὶ ὑπερυψούμενος εἰς τοὺς αἰῶνας. Καὶ εὐλογη- 29 μένον τὸ ὄνομα τῆς δόξης σου τὸ ἅγιον, καὶ ὑπεραινετὸν καὶ ὑπερυψούμενον εἰς πάντας τοὺς αἰῶνας.

Εὐλογημένος εἶ ἐν τῷ ναῷ τῆς ἁγίας δόξης σου, καὶ ὑπερ- 30 ὑμνητὸς καὶ ὑπερένδοξος εἰς τοὺς αἰῶνας. Εὐλογημένος εἶ 31 ὁ ἐπιβλέπων ἀβύσσους, καθήμενος ἐπὶ χερουβίμ, καὶ αἰνετὸς καὶ ὑπερυψούμενος εἰς τοὺς αἰῶνας. Εὐλογημένος εἶ ἐπὶ 32 θρόνου τῆς βασιλείας σου, καὶ ὑπερυμνητὸς καὶ ὑπερυμνού- μενος εἰς τοὺς αἰῶνας. Εὐλογητὸς εἶ ἐν τῷ στερεώματι 33 τοῦ οὐρανοῦ, καὶ ὑμνητὸς καὶ δεδοξασμένος εἰς τοὺς αἰῶνας.

Εὐλογεῖτε πάντα τὰ ἔργα Κυρίου τὸν Κύριον, ὑμνεῖτε 34 καὶ ὑπερυψοῦτε αὐτὸν εἰς τοὺς αἰῶνας. Εὐλογεῖτε οὐρανοὶ 35 τὸν Κύριον, ὑμνεῖτε καὶ ὑπερυψοῦτε αὐτὸν εἰς τοὺς αἰῶνας. Εὐλογεῖτε ἄγγελοι Κυρίου τὸν Κύριον, ὑμνεῖτε καὶ ὑπερ- 36 υψοῦτε αὐτὸν εἰς τοὺς αἰῶνας. Εὐλογεῖτε ὕδατα καὶ πάντα 37 τὰ ὑπεράνω τοῦ οὐρανοῦ τὸν Κύριον, ὑμνεῖτε καὶ ὑπερυψοῦτε αὐτὸν εἰς τοὺς αἰῶνας. Εὐλογείτω πᾶσα ἡ δύναμις Κυρίου 38 τὸν Κύριον, ὑμνεῖτε καὶ ὑπερυψοῦτε αὐτὸν εἰς τοὺς αἰῶνας.

Εὐλογεῖτε ἥλιος καὶ σελήνη τὸν Κύριον, ὑμνεῖτε καὶ 39 ὑπερυψοῦτε αὐτὸν εἰς τοὺς αἰῶνας. Εὐλογεῖτε ἄστρα τοῦ 40 οὐρανοῦ τὸν Κύριον, ὑμνεῖτε καὶ ὑπερυψοῦτε αὐτὸν εἰς τοὺς αἰῶνας. Εὐλογείτω πᾶς ὄμβρος καὶ δρόσος τὸν Κύριον, 41 ὑμνεῖτε καὶ ὑπερυψοῦτε αὐτὸν εἰς τοὺς αἰῶνας. Εὐλογεῖτε 42 πάντα τὰ πνεύματα τὸν Κύριον, ὑμνεῖτε καὶ ὑπερυψοῦτε αὐτὸν εἰς τοὺς αἰῶνας. Εὐλογεῖτε πῦρ καὶ καῦμα τὸν 43 Κύριον, ὑμνεῖτε καὶ ὑπερυψοῦτε αὐτὸν εἰς τοὺς αἰῶνας.

Εὐλογεῖτε νύκτες καὶ ἡμέραι τὸν Κύριον, ὑμνεῖτε, καὶ 46 ὑπερυψοῦτε αὐτὸν εἰς τοὺς αἰῶνας. Εὐλογεῖτε φῶς καὶ 47 σκότος τὸν Κύριον, ὑμνεῖτε καὶ ὑπερυψοῦτε αὐτὸν εἰς τοὺς αἰῶνας. Εὐλογεῖτε ψύχος καὶ καῦμα τὸν Κύριον, ὑμνεῖτε 44

49 καὶ ὑπερυψοῦτε αὐτὸν εἰς τοὺς αἰῶνας. Εὐλογεῖτε πάχναι καὶ χιόνες τὸν Κύριον, ὑμνεῖτε καὶ ὑπερυψοῦτε αὐτὸν εἰς 50 τοὺς αἰῶνας. Εὐλογεῖτε ἀστραπαὶ καὶ νεφέλαι τὸν Κύριον, ὑμνεῖτε καὶ ὑπερυψοῦτε αὐτὸν εἰς τοὺς αἰῶνας.

51 Εὐλογείτω ἡ γῆ τὸν Κύριον, ὑμνείτω καὶ ὑπερυψούτω 52 αὐτὸν εἰς τοὺς αἰῶνας. Εὐλογεῖτε ὄρη καὶ βουνοὶ τὸν Κύριον, ὑμνεῖτε καὶ ὑπερυψοῦτε αὐτὸν εἰς τοὺς αἰῶνας.

53 Εὐλογεῖτε πάντα τὰ φυόμενα ἐν τῇ γῇ τὸν Κύριον, ὑμνεῖτε καὶ ὑπερυψοῦτε αὐτὸν εἰς τοὺς αἰῶνας.

55 Εὐλογεῖτε θάλασσα καὶ ποταμοὶ τὸν Κύριον, ὑμνεῖτε καὶ 54 ὑπερυψοῦτε αὐτὸν εἰς τοὺς αἰῶνας. Εὐλογεῖτε αἱ πηγαὶ τὸν Κύριον, ὑμνεῖτε καὶ ὑπερυψοῦτε αὐτὸν εἰς τοὺς αἰῶνας.

56 Εὐλογεῖτε κήτη καὶ πάντα τὰ κινούμενα ἐν τοῖς ὕδασι τὸν Κύριον, ὑμνεῖτε καὶ ὑπερυψοῦτε αὐτὸν εἰς τοὺς αἰῶνας.

57 Εὐλογεῖτε πάντα τὰ πετεινὰ τοῦ οὐρανοῦ τὸν Κύριον, 58 ὑμνεῖτε καὶ ὑπερυψοῦτε αὐτὸν εἰς τοὺς αἰῶνας. Εὐλογεῖτε πάντα τὰ θηρία καὶ τὰ κτήνη τὸν Κύριον, ὑμνεῖτε καὶ ὑπερυψοῦτε αὐτὸν εἰς τοὺς αἰῶνας.

59 Εὐλογεῖτε υἱοὶ τῶν ἀνθρώπων τὸν Κύριον, ὑμνεῖτε καὶ 60 ὑπερυψοῦτε αὐτὸν εἰς τοὺς αἰῶνας. Εὐλογεῖτε Ἰσραὴλ τὸν Κύριον, ὑμνεῖτε καὶ ὑπερυψοῦτε αὐτὸν εἰς τοὺς αἰῶνας.

61 Εὐλογεῖτε ἱερεῖς τὸν Κύριον, ὑμνεῖτε καὶ ὑπερυψοῦτε 62 αὐτὸν εἰς τοὺς αἰῶνας. Εὐλογεῖτε δοῦλοι τὸν Κύριον, 63 ὑμνεῖτε καὶ ὑπερυψοῦτε αὐτὸν εἰς τοὺς αἰῶνας. Εὐλογεῖτε πνεύματα καὶ ψυχαὶ δικαίων τὸν Κύριον, ὑμνεῖτε καὶ ὑπερ- 64 υψοῦτε αὐτὸν εἰς τοὺς αἰῶνας. Εὐλογεῖτε ὅσιοι καὶ ταπεινοὶ τῇ καρδίᾳ τὸν Κύριον, ὑμνεῖτε καὶ ὑπερυψοῦτε αὐτὸν εἰς τοὺς αἰῶνας.

65 Εὐλογεῖτε Ἀνανία, Ἀζαρία, Μισαὴλ τὸν Κύριον, ὑμνεῖτε καὶ ὑπερυψοῦτε αὐτὸν εἰς τοὺς αἰῶνας· ὅτι ἐξείλετο ἡμᾶς ἐξ ᾅδου, καὶ ἐκ χειρὸς θανάτου ἔσωσεν ἡμᾶς· καὶ ἐρρύσατο ἡμᾶς ἐκ μέσου καμίνου καιομένης φλογός, καὶ ἐκ μέσου 66 πυρὸς ἐρρύσατο ἡμᾶς. Ἐξομολογεῖσθε τῷ Κυρίῳ ὅτι χρηστός, ὅτι εἰς τὸν αἰῶνα τὸ ἔλεος αὐτοῦ.

67 Εὐλογεῖτε πάντες οἱ σεβόμενοι τὸν Κύριον τὸν Θεὸν τῶν θεῶν, ὑμνεῖτε καὶ ἐξομολογεῖσθε, ὅτι εἰς τὸν αἰῶνα τὸ ἔλεος αὐτοῦ.

him above all for ever. ⁴⁹ O ye frost and snow, bless ye the Lord: praise and exalt him above all for ever. ⁵⁰ O ye lightnings and clouds, bless ye the Lord: praise and exalt him above all for ever.

⁵¹ O let the earth bless the Lord: praise and exalt him above all for ever. ⁵² O ye mountains and little hills, bless ye the Lord: praise and exalt him above all for ever. ⁵³ O all ye things that grow on the earth, bless ye the Lord: praise and exalt him above all for ever.

⁵⁵ O ye seas and rivers, bless ye the Lord: praise and exalt him above all for ever. ⁵⁴ O ye fountains, bless ye the Lord: praise and exalt him above all for ever. ⁵⁶ O ye whales, and all that move in the waters, bless ye the Lord: praise and exalt him above all for ever. ⁵⁷ O all ye fowls of the air, bless ye the Lord: praise and exalt him above all for ever. ⁵⁸ O all ye beasts and cattle, bless ye the Lord: praise and exalt him above all for ever.

⁵⁹ O ye children of men, bless ye the Lord: praise and exalt him above all for ever. ⁶⁰ O Israel, bless ye the Lord: praise and exalt him above all for ever.

⁶¹ O ye priests of the Lord, bless ye the Lord: praise and exalt him above all for ever. ⁶² O ye servants of the Lord, bless ye the Lord: praise and exalt him above all for ever. ⁶³ O ye spirits and souls of the righteous, bless ye the Lord: praise and exalt him above all for ever. ⁶⁴ O ye holy and humble men of heart, bless ye the Lord: praise and exalt him above all for ever.

⁶⁵ O Ananias, Azarias, and Misael, bless ye the Lord: praise and exalt him above all for ever: for he hath delivered us from hell, and saved us from the hand of death, and delivered us out of the midst of the furnace *and* burning flame: even out of the midst of the fire hath he delivered us. ⁶⁶ O give thanks unto the Lord, because he is gracious: for his mercy *endureth* for ever.

⁶⁷ O all ye that worship the Lord, bless the God of gods, praise him and give him thanks: for his mercy *endureth* for ever.

ΣΩΣΑΝΝΑ.

THERE dwelt a man in Babylon, called Joacim: ² and he took a wife, whose name was Susanna, the daughter of Chelcias, a very fair woman, and one that feared the Lord. ³ Her parents also were righteous, and taught their daughter according to the law of Moses. ⁴ Now Joacim was a very rich man, and had a fair garden joining unto his house; and to him resorted the Jews; because he was more honourable than all others.

⁵ The same year were appointed two of the ancients of the people to be judges, such as the Lord spake of, that wickedness came from Babylon from ancient judges, who seemed to govern the people. ⁶ These kept much at Joacim's house, and all that had any suits in law came unto them.

⁷ Now when the people departed away at noon, Susanna went into her husband's garden to walk. ⁸ And the two elders saw her going in every day, and walking; so that their lust was inflamed toward her. ⁹ And they perverted their own mind, and turned away their eyes, that they might not look unto heaven, nor remember just judgments. ¹⁰ And albeit they both were wounded with her love, yet durst not one shew another his grief. ¹¹ For they were ashamed to declare their lust, that they desired to have to do with her. ¹² Yet they watched diligently from day to day to see her.

¹³ And the one said to the other, Let us now go home: for it is dinner time. ¹⁴ So when they were gone out, they parted the one from the other, and turning back again they came to the same place; and after that they had asked one another the cause, they acknowledged their lust: then appointed they a time both together, when they might find her alone.

¹⁵ And it fell out, as they watched a fit time, she went in as before with two maids only, and she was desirous to wash herself in the garden: for it was hot. ¹⁶ And there was nobody there save the two elders, that had hid themselves, and watched her. ¹⁷ Then she said to her maids, Bring me oil and washing balls, and shut the garden doors, that I may wash.

¹⁸ And they did as she bade them, and shut the garden doors, and went out themselves at private doors to fetch the things that she had commanded them: but they saw not the elders, because they were hid.

ΚΑΙ ἦν ἀνὴρ οἰκῶν ἐν Βαβυλῶνι, καὶ ὄνομα αὐτῷ Ἰωακείμ. Καὶ ἔλαβε γυναῖκα ᾗ ὄνομα Σωσάννα, θυγάτηρ Χελκίου, 2 καλὴ σφόδρα, καὶ φοβουμένη τὸν Κύριον. Καὶ οἱ γονεῖς αὐ- 3 τῆς δίκαιοι, καὶ ἐδίδαξαν τὴν θυγατέρα αὐτῶν κατὰ τὸν νόμον Μωυσῆ. Καὶ ἦν Ἰωακεὶμ πλούσιος σφόδρα, καὶ ἦν αὐτῷ 4 παράδεισος γειτνιῶν τῷ οἴκῳ αὐτοῦ· καὶ πρὸς αὐτὸν προσή- γοντο οἱ Ἰουδαῖοι, διὰ τὸ εἶναι αὐτὸν ἐνδοξότερον πάντων.

Καὶ ἀπεδείχθησαν δύο πρεσβύτεροι ἐκ τοῦ λαοῦ κριταὶ 5 ἐν τῷ ἐνιαυτῷ ἐκείνῳ, περὶ ὧν ἐλάλησεν ὁ δεσπότης, ὅτι ἐξῆλθεν ἀνομία ἐκ Βαβυλῶνος ἐκ πρεσβυτέρων κριτῶν, οἳ ἐδόκουν κυβερνᾷν τὸν λαόν. Οὗτοι προσεκαρτέρουν ἐν τῇ οἰκίᾳ 6 Ἰωακείμ, καὶ ἤρχοντο πρὸς αὐτοὺς πάντες οἱ κρινόμενοι.

Καὶ ἐγένετο ἡνίκα ἀπέτρεχεν ὁ λαὸς μέσον ἡμέρας, εἰσε- 7 πορεύετο Σωσάννα, καὶ περιεπάτει ἐν τῷ παραδείσῳ τοῦ ἀνδρὸς αὐτῆς. Καὶ ἐθεώρουν αὐτὴν οἱ δύο πρεσβύτεροι 8 καθ᾽ ἡμέραν εἰσπορευομένην, καὶ περιπατοῦσαν, καὶ ἐγένοντο ἐν ἐπιθυμίᾳ αὐτῆς, καὶ διέστρεψαν τὸν ἑαυτῶν νοῦν, καὶ 9 ἐξέκλιναν τοὺς ὀφθαλμοὺς αὐτῶν, τοῦ μὴ βλέπειν εἰς τὸν οὐρανόν, μηδὲ μνημονεύειν κριμάτων δικαίων. Καὶ ἦσαν 10 ἀμφότεροι κατανενυγμένοι περὶ αὐτῆς, καὶ οὐκ ἀνήγγειλαν ἀλλήλοις τὴν ὀδύνην ἑαυτῶν· Ὅτι ᾐσχύνοντο ἀναγγεῖλαι 11 τὴν ἐπιθυμίαν αὐτῶν, ὅτι ἤθελον συγγενέσθαι αὐτῇ. Καὶ 12 παρετηροῦσαν φιλοτίμως καθ᾽ ἡμέραν ὁρᾷν αὐτήν.

Καὶ εἶπαν ἕτερος τῷ ἑτέρῳ, πορευθῶμεν δὴ εἰς οἶκον, 13 ὅτι ἀρίστου ὥρα ἐστί. Καὶ ἐξελθόντες διεχωρίσθησαν ἀπ᾽ 14 ἀλλήλων, καὶ ἀνακάμψαντες ἦλθον ἐπιτοαυτό, καὶ ἀνετά- ζοντες ἀλλήλους τὴν αἰτίαν, ὡμολόγησαν τὴν ἐπιθυμίαν αὐτῶν· καὶ τότε κοινῇ συνετάξαντο καιρόν, ὅτε αὐτὴν δυνή- σονται εὑρεῖν μόνην.

Καὶ ἐγένετο ἐν τῷ παρατηρεῖν αὐτοὺς ἡμέραν εὔθετον, 15 εἰσῆλθέ ποτε καθὼς χθὲς καὶ τρίτης ἡμέρας μετὰ δύο μόνων κορασίων, καὶ ἐπεθύμησε λούσασθαι ἐν τῷ παραδείσῳ, ὅτι καῦμα ἦν. Καὶ οὐκ ἦν οὐδεὶς ἐκεῖ πλὴν οἱ δύο πρεσβύτε- 16 ροι κεκρυμμένοι, καὶ παρατηροῦντες αὐτήν. Καὶ εἶπε τοῖς 17 κορασίοις, ἐνέγκατε δή μοι ἔλαιον καὶ σμήγματα, καὶ τὰς θύρας τοῦ παραδείσου κλείσατε, ὅπως λούσωμαι.

Καὶ ἐποίησαν καθὼς εἶπε, καὶ ἀπέκλεισαν τὰς θύρας τοῦ 18 παραδείσου, καὶ ἐξῆλθαν κατὰ τὰς πλαγίας θύρας, ἐνέγκαι τὰ προστεταγμένα αὐταῖς, καὶ οὐκ εἴδοσαν τοὺς πρεσβυτέρους· ὅτι ἦσαν κεκρυμμένοι.

19 Καὶ ἐγένετο ὡς ἐξήλθοσαν τὰ κοράσια, καὶ ἀνέστησαν
20 οἱ δύο πρεσβύται, καὶ ἐπέδραμον αὐτῇ, καὶ εἶπον, ἰδοὺ αἱ
θύραι τοῦ παραδείσου κέκλεινται, καὶ οὐδεὶς θεωρεῖ ἡμᾶς, καὶ
ἐν ἐπιθυμίᾳ σου ἐσμέν· διὸ συγκατάθου ἡμῖν, καὶ γενοῦ μεθ'
21 ἡμῶν. Εἰ δὲ μὴ, καταμαρτυρήσομέν σου, ὅτι ἦν μετὰ σοῦ
νεανίσκος, καὶ διὰ τοῦτο ἐξαπέστειλας τὰ κοράσια ἀπὸ σοῦ.
22 Καὶ ἀνεστέναξε Σωσάννα, καὶ εἶπε, στενά μοι πάντοθεν·
ἐάν τε γὰρ τοῦτο πράξω, θάνατός μοι ἐστίν· ἐάν τε μὴ
23 πράξω, οὐκ ἐκφεύξομαι τὰς χεῖρας ὑμῶν. Αἱρετώτερόν μοι
ἐστὶ μὴ πράξασαν ἐμπεσεῖν εἰς τὰς χεῖρας ὑμῶν, ἢ ἁμαρτεῖν
24 ἐνώπιον Κυρίου. Καὶ ἀνεβόησε φωνῇ μεγάλῃ Σωσάννα·
ἐβόησαν δὲ καὶ οἱ δύο πρεσβύται κατέναντι αὐτῆς.
25 Καὶ δραμων ὁ εἷς, ἤνοιξε τὰς θύρας τοῦ παραδείσου.
26 Ὡς δὲ ἤκουσαν τὴν κραυγὴν ἐν τῷ παραδεισῳ οἱ ἐκ τῆς
οἰκίας, εἰσεπήδησαν διὰ τῆς πλαγίας θύρας ἰδεῖν τὸ συμβε-
27 βηκὸς αὐτῇ. Ἡνίκα δὲ εἶπαν οἱ πρεσβύται τοὺς λόγους
αὐτῶν, κατησχύνθησαν οἱ δοῦλοι σφόδρα, ὅτι πώποτε οὐκ
ἐρρήθη λόγος τοιοῦτος περὶ Σωσάννης.
28 Καὶ ἐγένετο τῇ ἐπαύριον, ὡς συνῆλθεν ὁ λαὸς πρὸς τὸν
ἄνδρα αὐτῆς Ἰωακείμ, ἦλθον οἱ δύο πρεσβύται πλήρεις τῆς
29 ἀνόμου ἐννοίας κατὰ Σωσάννης, τοῦ θανατῶσαι αὐτὴν, καὶ
εἶπαν ἔμπροσθεν τοῦ λαοῦ, ἀποστείλατε ἐπὶ Σωσάνναν
θυγατέρα Χελκίου, ἥ ἐστι γυνὴ Ἰωακείμ· οἱ δὲ ἀπέστειλαν.
30 Καὶ ἦλθεν αὐτὴ, καὶ οἱ γονεῖς αὐτῆς, καὶ τὰ τέκνα αὐτῆς,
καὶ πάντες οἱ συγγενεῖς αὐτῆς.
31 Ἡ δὲ Σωσάννα ἦν τρυφερὰ σφόδρα, καὶ καλὴ τῷ εἴδει.
32 Οἱ δὲ παράνομοι ἐκέλευσαν ἀποκαλυφθῆναι αὐτὴν, ἦν γὰρ
κατακεκαλυμμένη, ὅπως ἐμπλησθῶσι τοῦ κάλλους αὐτῆς.
33 Ἔκλαιον δὲ οἱ παρ' αὐτῆς, καὶ πάντες οἱ ἰδόντες αὐτήν.
34 Ἀναστάντες δὲ οἱ δύο πρεσβύται ἐν μέσῳ τῷ λαῷ, ἔθηκαν
35 τὰς χεῖρας ἐπὶ τὴν κεφαλὴν αὐτῆς. Ἡ δὲ κλαίουσα ἀνέ-
βλεψεν εἰς τὸν οὐρανὸν, ὅτι ἦν ἡ καρδία αὐτῆς πεποιθυῖα
ἐπὶ Κυρίῳ.
36 Εἶπον δὲ οἱ πρεσβύται, περιπατούντων ἡμῶν ἐν τῷ
παραδείσῳ μόνων, εἰσῆλθεν αὕτη μετὰ δύο παιδισκῶν, καὶ
ἀπέκλεισε τὰς θύρας τοῦ παραδείσου, καὶ ἀπέλυσε τὰς
37 παιδίσκας. Καὶ ἦλθε πρὸς αὐτὴν νεανίσκος ὃς ἦν κεκρυμ-
38 μένος, καὶ ἀνέπεσε μετ' αὐτῆς. Ἡμεῖς δὲ ὄντες ἐν τῇ γωνίᾳ
τοῦ παραδείσου, ἰδόντες τὴν ἀνομίαν, ἐδράμομεν ἐπ' αὐτούς.
39 Καὶ ἰδόντες συγγινομένους αὐτοὺς, ἐκείνου μὲν οὐκ
ἠδυνήθημεν ἐγκρατεῖς γενέσθαι, διὰ τὸ ἰσχύειν αὐτὸν ὑπὲρ
40 ἡμᾶς, καὶ ἀνοίξαντα τὰς θύρας ἐκπεπηδηκέναι. Ταύτης δὲ
ἐπιλαβόμενοι, ἐπηρωτῶμεν, τίς ἦν ὁ νεανίσκος· καὶ οὐκ
41 ἠθέλησεν ἀγγεῖλαι ἡμῖν· ταῦτα μαρτυροῦμεν. Καὶ ἐπί-
στευσεν αὐτοῖς ἡ συναγωγὴ ὡς πρεσβυτέροις τοῦ λαοῦ καὶ
κριταῖς· καὶ κατέκριναν αὐτὴν ἀποθανεῖν.
42 Ἀνεβόησε δὲ φωνῇ μεγάλῃ Σωσάννα, καὶ εἶπεν, ὁ Θεὸς
ὁ αἰώνιος, ὁ τῶν κρυπτῶν γνώστης, ὁ εἰδὼς τὰ πάντα πρὶν
43 γενέσεως αὐτῶν, σὺ ἐπίστασαι ὅτι ψευδῆ μου κατεμαρ-
τύρησαν· καὶ ἰδοὺ ἀποθνήσκω μὴ ποιήσασα μηδὲν ὧν οὗτοι
44 ἐπονηρεύσαντο κατ' ἐμοῦ. Καὶ εἰσήκουσε Κύριος τῆς
φωνῆς αὐτῆς.

[19] Now when the maids were gone forth, the two elders rose up, and ran unto her, saying [20] Behold, the garden doors are shut, that no man can see us, and we are in love with thee; therefore consent unto us, and lie with us. [21] If thou wilt not, we will bear witness against thee, that a young man was with thee: and therefore thou didst send away thy maids from thee.

[22] Then Susanna sighed, and said, I am straitened on every side: for if I do this thing, it is death unto me: and if I do it not, I cannot escape your hands. [23] It is better for me to fall into your hands, and not do it, than to sin in the sight of the Lord. [24] With that Susanna cried with a loud voice: and the two elders cried out against her.

[25] Then ran the one, and opened the garden door. [26] So when the servants of the house heard the cry in the garden, they rushed in at a private door, to see what was done unto her. [27] But when the elders had declared their matter, the servants were greatly ashamed: for there was never such a report made of Susanna.

[28] And it came to pass the next day, when the people were assembled to her husband Joacim, the two elders came also full of mischievous imagination against Susanna to put her to death; [29] and said before the people, Send for Susanna, the daughter of Chelcias, Joacim's wife. And so they sent. [30] So she came with her father and mother, her children, and all her kindred.

[31] Now Susanna was a very delicate woman, and beauteous to behold. [32] And these wicked men commanded to uncover her *face* (for she was covered), that they might be filled with her beauty. [33] Therefore her friends and all that saw her wept.

[34] Then the two elders stood up in the midst of the people, and laid their hands upon her head. [35] And she weeping looked up toward heaven: for her heart trusted in the Lord.

[36] And the elders said, As we walked in the garden alone, this woman came in with two maids, and shut the garden doors, and sent the maids away. [37] Then a young man, who there was hid, came unto her, and lay with her. [38] Then we that stood in a corner of the garden, seeing this wickedness, ran unto them.

[39] And when we saw them together, the man we could not hold: for he was stronger than we, and opened the door, and leaped out. [40] But having taken this woman, we asked who the young man was, but she would not tell us: these things do we testify. [41] Then the assembly believed them, as those that were the elders and judges of the people: so they condemned her to death.

[42] Then Susanna cried out with a loud voice, and said, O everlasting God, that knowest the secrets, and knowest all things before they be: [43] thou knowest that they have borne false witness against me, and, behold, I must die; whereas I never did such things as these men have maliciously invented against me. [44] **And** the Lord heard her voice.

⁴⁵ Therefore when she was led to be put to death, the Lord raised up the holy spirit of a young youth, whose name was Daniel: ⁴⁶ who cried with a loud voice, I am clear from the blood of this woman.
⁴⁷ Then all the people turned them toward him, and said, What mean these words that thou hast spoken? ⁴⁸ So he standing in the midst of them said, Are ye such fools, ye sons of Israel, that without examination or knowledge of the truth ye have condemned a daughter of Israel? ⁴⁹ Return again to the place of judgment: for they have borne false witness against her.
⁵⁰ Wherefore all the people turned again in haste, and the elders said unto him, Come, sit down among us, and shew it us, seeing God hath given thee the honour of an elder. ⁵¹ Then said Daniel unto them, Put these two aside one far from another, and I will examine them.
⁵² So when they were put asunder one from another, he called one of them, and said unto him, O thou that art waxen old in wickedness, now thy sins which thou hast committed aforetime are come *to light*: ⁵³ for thou hast pronounced false judgment, and hast condemned the innocent, and hast let the guilty go free; albeit the Lord saith, The innocent and righteous shalt thou not slay. ⁵⁴ Now then, if thou hast seen her, tell me, Under what tree sawest thou them companying together? And he said, Under a mastick tree.
⁵⁵ And Daniel said, Very well; thou hast lied against thine own head ; for even now the angel of God ·hath received the sentence of God to cut thee in two. ⁵⁶ So he put him aside, and commanded to bring the other, and said unto him, O thou seed of Chanaan, and not of Juda, beauty hath deceived thee, and lust hath perverted thine heart. ⁵⁷ Thus have ye dealt with the daughters of Israel, and they for fear companied with you: but the daughter of Juda would not abide your wickedness. ⁵⁸ Now therefore tell me, Under what tree didst thou take them companying together? And he said, Under a holm tree.
⁵⁹ Then said Daniel unto him, Well; thou hast also lied against thine own head : for the angel of God waiteth with the sword to cut thee in two, that he may destroy you.
⁶⁰ With that all the assembly cried out with a loud voice, and praised God, who saveth them that trust in him. ⁶¹ And they arose against the two elders, for Daniel had convicted them of false witness by their own mouth : ⁶² and according to the law of Moses they did unto them in such sort as they maliciously intended to do to their neighbour: and they put them to death. Thus the innocent blood was saved the same day.
⁶³ Therefore Chelcias and his wife praised God for their daughter Susanna, with Joacim her husband, and all their kindred, because there was no dishonesty found in her. ⁶⁴ From that day forth was Daniel had in great reputation in the sight of the people.

Καὶ ἀπαγομένης αὐτῆς ἀπολέσθαι, ὁ Θεὸς ἐξήγειρε τὸ 45 πνεῦμα τὸ ἅγιον παιδαρίου νεωτέρου ᾧ ὄνομα Δανιήλ. Καὶ 46 ἐβόησε φωνῇ μεγάλῃ, ἀθῶος ἐγὼ ἀπὸ τοῦ αἵματος ταύτης.

Ἐπέστρεψε δὲ πᾶς ὁ λαὸς πρὸς αὐτὸν, καὶ εἶπαν, τίς ὁ 47 λόγος οὗτος, ὃν σὺ λελάληκας; Ὁ δὲ στὰς ἐν μέσῳ 48 αὐτῶν, εἶπεν, οὕτως μωροὶ οἱ υἱοὶ Ἰσραήλ; οὐκ ἀνακρίναντες, οὐδὲ τὸ σαφὲς ἐπιγνόντες, κατεκρίνατε θυγατέρα Ἰσραήλ; Ἀναστρέψατε εἰς τὸ κριτήριον, ψευδῆ γὰρ οὗτοι 49 κατεμαρτύρησαν αὐτῆς.

Καὶ ἀνέστρεψε πᾶς ὁ λαὸς μετὰ σπουδῆς· καὶ εἶπαν 50 αὐτῷ οἱ πρεσβύτεροι, δεῦρο κάθισον ἐν μέσῳ ἡμῶν, καὶ ἀνάγγειλον ἡμῖν, ὅτι σοὶ δέδωκεν ὁ Θεὸς τὸ πρεσβεῖον. Καὶ εἶπε πρὸς αὐτοὺς Δανιήλ, διαχωρίσατε αὐτοὺς ἀπ' 51 ἀλλήλων μακρὰν, καὶ ἀνακρινῶ αὐτούς.

Ὡς δὲ διεχωρίσθησαν εἷς ἀπὸ τοῦ ἑνὸς, ἐκάλεσε τὸν ἕνα 52 αὐτῶν, καὶ εἶπε πρὸς αὐτὸν, πεπαλαιωμένε ἡμερῶν κακῶν, νῦν ἥκασιν αἱ ἁμαρτίαι σου, ἃς ἐποίεις τὸ πρότερον, κρίνων 53 κρίσεις ἀδίκους· καὶ τοὺς μὲν ἀθώους κατακρίνων, ἀπολύων δὲ τοὺς αἰτίους, λέγοντος τοῦ Θεοῦ, ἀθῶον καὶ δίκαιον οὐκ ἀποκτενεῖς. Νῦν οὖν ταύτην εἴπερ εἶδες, εἰπὸν, ὑπὸ τί 54 δένδρον εἶδες αὐτοὺς ὁμιλοῦντας ἀλλήλοις; ὁ δὲ εἶπεν, ὑπὸ σχῖνον.

Εἶπε δὲ Δανιήλ, ὀρθῶς ἔψευσαι εἰς τὴν σεαυτοῦ κεφα- 55 λήν· ἤδη γὰρ ἄγγελος φάσιν Θεοῦ λαβὼν παρὰ τοῦ Θεοῦ, σχίσει σε μέσον. Καὶ μεταστήσας αὐτὸν, ἐκέλευσε προσ- 56 αγαγεῖν τὸν ἕτερον, καὶ εἶπεν αὐτῷ, σπέρμα Χαναὰν, καὶ οὐκ Ἰούδα, τὸ κάλλος ἐξηπάτησέ σε, καὶ ἐπιθυμία διέστρεψε τὴν καρδίαν σου. Οὕτως ἐποιεῖτε θυγατράσιν Ἰσραὴλ, 57 καὶ ἐκεῖναι φοβούμεναι ὡμίλουν ὑμῖν· ἀλλ' οὐ θυγάτηρ Ἰούδα ὑπέμεινε τὴν ἀνομίαν ὑμῶν. Νῦν οὖν λέγε μοι, ὑπὸ 58 τί δένδρον κατέλαβες αὐτοὺς ὁμιλοῦντας ἀλλήλοις; ὁ δὲ εἶπεν, ὑπὸ πρίνον.

Εἶπε δὲ αὐτῷ Δανιήλ, ὀρθῶς ἔψευσαι καὶ σὺ εἰς τὴν 59 σεαυτοῦ κεφαλήν· μένει γὰρ ὁ ἄγγελος τοῦ Θεοῦ, τὴν ῥομφαίαν ἔχων πρίσαι σε μέσον, ὅπως ἐξολοθρεύσῃ ὑμᾶς.

Καὶ ἀνεβόησε πᾶσα ἡ συναγωγὴ φωνῇ μεγάλῃ, καὶ 60 εὐλόγησαν τῷ Θεῷ τῷ σώζοντι τοὺς ἐλπίζοντας ἐπ' αὐτόν. Καὶ ἀνέστησαν ἐπὶ τοὺς δύο πρεσβύτας, ὅτι συνέστησεν 61 αὐτοὺς Δανιὴλ ἐκ τοῦ στόματος αὐτῶν ψευδομαρτυρήσαντας. Καὶ ἐποίησαν αὐτοῖς ὃν τρόπον ἐπονηρεύσαντο τῷ 62 πλησίον· ποιῆσαι κατὰ τὸν νόμον Μωυσῆ· καὶ ἀπέκτειναν αὐτοὺς, καὶ ἐσώθη αἷμα ἀναίτιον ἐν τῇ ἡμέρᾳ ἐκείνῃ.

Χελκίας δὲ καὶ ἡ γυνὴ αὐτοῦ ᾔνεσαν περὶ τῆς θυγατρὸς 63 αὐτῶν μετὰ Ἰωακεὶμ τοῦ ἀνδρὸς αὐτῆς καὶ τῶν συγγενῶν αὐτῶν, ὅτι οὐχ εὑρέθη ἐν αὐτῇ ἄσχημον πρᾶγμα. Καὶ 64 Δανιὴλ ἐγένετο μέγας ἐνώπιον τοῦ λαοῦ ἀπὸ τῆς ἡμέρας ἐκείνης, καὶ ἐπέκεινα.

BHΛ KAI ΔPAKΩN.

ΚΑΙ ὁ βασιλεὺς Ἀστυάγης προσετέθη πρὸς τοὺς πατέρας αὐτοῦ· καὶ παρέλαβε Κύρος ὁ Πέρσης τὴν βασιλείαν αὐτοῦ. 2 Καὶ ἦν Δανιὴλ συμβιωτὴς τοῦ βασιλέως, καὶ ἔνδοξος ὑπὲρ πάντας τοὺς φίλους αὐτοῦ.

3   Καὶ ἦν εἴδωλον τοῖς Βαβυλωνίοις ᾧ ὄνομα Βὴλ, καὶ ἐδαπανῶντο εἰς αὐτὸν ἑκάστης ἡμέρας σεμιδάλεως ἀρτάβαι δώδεκα, καὶ πρόβατα τεσσαράκοντα, καὶ οἴνου μετρηταὶ ἕξ. 4 Καὶ ὁ βασιλεὺς ἐσέβετο αὐτὸν, καὶ ἐπορεύετο καθ᾽ ἑκάστην ἡμέραν προσκυνεῖν αὐτῷ. Δανιὴλ δὲ προσεκύνει τῷ Θεῷ αὐτοῦ· καὶ εἶπεν αὐτῷ ὁ βασιλεύς, διατί οὐ προσκυνεῖς τῷ 5 Βὴλ; Ὁ δὲ εἶπεν, ὅτι οὐ σέβομαι εἴδωλα χειροποίητα, ἀλλὰ τὸν ζῶντα Θεὸν, τὸν κτίσαντα τὸν οὐρανὸν καὶ τὴν γῆν, καὶ ἔχοντα πάσης σαρκὸς κυρείαν.

6   Καὶ εἶπεν αὐτῷ ὁ βασιλεύς, οὐ δοκεῖ σοι Βὴλ εἶναι ζῶν θεός; ἢ οὐχ ὁρᾷς ὅσα ἐσθίει καὶ πίνει καθ᾽ ἑκάστην ἡμέραν; 7 Καὶ εἶπε Δανιὴλ γελάσας, μὴ πλανῶ, βασιλεῦ, οὗτος γὰρ ἔσωθεν μέν ἐστι πηλὸς, ἔξωθεν δὲ χαλκὸς, καὶ οὐ βέβρωκεν οὐδέποτε.

8   Θυμωθεὶς δὲ ὁ βασιλεὺς ἐκάλεσε τοὺς ἱερεῖς αὐτοῦ· καὶ εἶπεν αὐτοῖς, ἐὰν μὴ εἴποιτέ μοι τίς ὁ κατέσθων τὴν 9 δαπάνην ταύτην, ἀποθανεῖσθε. Ἐὰν δὲ δείξητε ὅτι Βὴλ κατεσθίει αὐτὰ, ὁ Δανιὴλ ἀποθανεῖται, ὅτι ἐβλασφήμησεν εἰς τὸν Βήλ· καὶ εἶπε Δανιὴλ τῷ βασιλεῖ, γινέσθω κατὰ τὸ ῥῆμά σου.

10   Καὶ ἦσαν ἱερεῖς τοῦ Βὴλ ἑβδομήκοντα ἐκτὸς γυναικῶν καὶ τέκνων· καὶ ἦλθεν ὁ βασιλεὺς μετὰ Δανιὴλ εἰς τὸν 11 οἶκον τοῦ Βήλ. Καὶ εἶπαν οἱ ἱερεῖς τοῦ Βὴλ, ἰδοὺ ἡμεῖς ἀποτρέχομεν ἔξω, σὺ δὲ, βασιλεῦ, παράθες τὰ βρώματα, καὶ τὸν οἶνον κεράσας θὲς, καὶ ἀπόκλεισον τὴν θύραν, καὶ 12 σφράγισον τῷ δακτυλίῳ σου. Καὶ ἐλθὼν πρωὶ, ἐὰν μὴ εὕρῃς πάντα βεβρωμένα ὑπὸ τοῦ Βὴλ, ἀποθανούμεθα· ἢ 13 Δανιὴλ ὁ ψευδόμενος καθ᾽ ἡμῶν. Αὐτοὶ δὲ κατεφρόνουν, ὅτι πεποιήκεισαν ὑπὸ τὴν τράπεζαν κεκρυμμένην εἴσοδον, καὶ δι᾽ αὐτῆς εἰσεπορεύοντο διόλου, καὶ ἀνήλουν αὐτά.

14   Καὶ ἐγένετο ὡς ἐξῆλθοσαν ἐκεῖνοι, καὶ ὁ βασιλεὺς παρέθηκε τὰ βρώματα τῷ Βήλ· καὶ ἐπέταξε Δανιὴλ τοῖς παιδαρίοις αὐτοῦ, καὶ ἤνεγκαν τέφραν· καὶ κατέσεισαν ὅλον τὸν ναὸν ἐνώπιον τοῦ βασιλέως μόνου· καὶ ἐξελθόντες ἔκλεισαν τὴν θύραν, καὶ ἐσφραγίσαντο ἐν τῷ δακτυλίῳ τοῦ 15 βασιλέως, καὶ ἀπῆλθον. Οἱ δὲ ἱερεῖς ἦλθον τὴν νύκτα

And king Astyages was gathered to his fathers, and Cyrus of Persia received his kingdom. [2]And Daniel conversed with the king, and was honoured above all his friends.

[3]Now the Babylonians had an idol, called Bel, and there were spent upon him every day twelve great measures of fine flour, and forty sheep, and six vessels of wine. [4]And the king worshipped it, and went daily to adore it: but Daniel worshipped his own God. And the king said unto him, Why dost not thou worship Bel? [5]Who answered and said, Because I may not worship idols made with hands, but the living God, who hath created the heaven and the earth, and hath sovereignty over all flesh.

[6]Then said the king unto him, Thinkest thou not that Bel is a living god? seest thou not how much he eateth and drinketh every day? [7]Then Daniel smiled, and said, O king, be not deceived: for this is but clay within, and brass without, and did never eat or drink any thing.

[8]So the king was wroth, and called for his priests, and said unto them, If ye tell me not who this is that devoureth these expences, ye shall die. [9]But if ye can certify me that Bel devoureth them, then Daniel shall die: for he hath spoken blasphemy against Bel. And Daniel said unto the king, Let it be according to thy word.

[10]Now the priests of Bel were threescore and ten, beside their wives and children. And the king went with Daniel into the temple of Bel. [11]So Bel's priests said, Lo, we go out: but thou, O king, set on the meat, and make ready the wine, and shut the door fast, and seal it with thine own signet; [12]and to-morrow when thou comest in, if thou findest not that Bel hath eaten up all, we will suffer death: or else Daniel, that speaketh falsely against us. [13]And they little regarded it: for under the table they had made a privy entrance, whereby they entered in continually, and consumed those things.

[14]So when they were gone forth, the king set meats before Bel. Now Daniel had commanded his servants to bring ashes, and those they strewed throughout all the temple in the presence of the king alone: then went they out, and shut the door, and sealed it with the king's signet, and so departed. [15]Now in the night

came the priests with their wives and children, as they were wont to do, and did eat and drink up all.

16 In the morning betime the king arose, and Daniel with him. 17 And the king said, Daniel, are the seals whole? And he said, Yea, O king, they be whole. 18 And as soon as he had opened the door, the king looked upon the table, and cried with a loud voice, Great art thou, O Bel, and with thee is no deceit at all.

19 Then laughed Daniel, and held the king that he should not go in, and said, Behold now the pavement, and mark well whose footsteps are these. 20 And the king said, I see the footsteps of men, women, and children. And then the king was angry, 21 and took the priests with their wives and children, who shewed him the private doors, where they came in, and consumed such things as were upon the table. 22 Therefore the king slew them, and delivered Bel into Daniel's power, who destroyed him and his temple.

23 And in that same place there was a great dragon, which they of Babylon worshipped. 24 And the king said unto Daniel, Wilt thou also say that this is of brass? lo, he liveth, he eateth and drinketh; thou canst not say that he is no living god: therefore worship him.

25 Then said Daniel unto the king, I will worship the Lord my God: for he is the living God. 26 But give me leave, O king, and I shall slay this dragon without sword or staff. The king said, I give thee leave. 27 Then Daniel took pitch, and fat, and hair, and did seethe them together, and made lumps thereof: this he put in the dragon's mouth, and so the dragon burst in sunder: and Daniel said, Lo, these are the gods ye worship.

28 When they of Babylon heard that, they took great indignation, and conspired against the king, saying, The king is become a Jew, and he hath destroyed Bel, he hath slain the dragon, and put the priests to death. 29 So they came to the king, and said, Deliver us Daniel, or else we will destroy thee and thine house.

30 Now when the king saw that they pressed him sore, being constrained, he delivered Daniel unto tnem; 31 who cast him into the lions' den: where he was six days. 32 And in the den there were seven lions, and they had given them every day two carcases, and two sheep: which then were not given to them, to the intent they might devour Daniel.

33 Now there was in Jewry a prophet, called Habbacuc, who had made pottage, and had broken bread in a bowl, and was going into the field, for to bring it to the reapers. 34 But the angel of the Lord said unto Habbacuc, Go, carry the dinner that thou hast into Babylon unto Daniel, who is in the lions' den.

35 And Habbacuc said, Lord, I never saw Babylon; neither do I know where the den is. 36 Then the angel of the Lord took him by the crown, and bare him by the hair of his head, and through the vehemency of his spirit set him in Babylon over the den. 37 And Habbacuc cried, saying, O Daniel, Daniel, take the dinner which God hath sent thee.

38 And Daniel said, Thou hast remembered me, O God: neither hast thou forsaken them

κατὰ τὸ ἔθος αὐτῶν, καὶ αἱ γυναῖκες αὐτῶν, καὶ τὰ τέκνα αὐτῶν, καὶ κατέφαγον πάντα, καὶ ἐξέπιον.

Καὶ ὤρθρισεν ὁ βασιλεὺς τὸ πρωΐ, καὶ Δανιὴλ μετ' αὐτοῦ. 16 Καὶ εἶπε, σῶοι αἱ σφραγίδες Δανιήλ; ὁ δὲ εἶπε, σῶοι, 17 βασιλεῦ. Καὶ ἐγένετο ἅμα τῷ ἀνοῖξαι τὰς θύρας, ἐπιβλέψας 18 ἐπὶ τὴν τράπεζαν ὁ βασιλεὺς, ἐβόησε φωνῇ μεγάλῃ, μέγας εἶ Βὴλ, καὶ οὐκ ἔστι παρὰ σοὶ δόλος οὐδὲ εἷς.

Καὶ ἐγέλασε Δανιὴλ, καὶ ἐκράτησε τὸν βασιλέα, τοῦ 19 μὴ εἰσελθεῖν αὐτὸν ἔσω· καὶ εἶπεν, ἴδε δὴ τὸ ἔδαφος, καὶ γνῶθι τίνος τὰ ἴχνη ταῦτα. Καὶ εἶπεν ὁ βασιλεὺς, ὁρῶ τὰ 20 ἴχνη ἀνδρῶν, καὶ γυναικῶν, καὶ παιδίων· καὶ ὀργισθεὶς ὁ βασιλεὺς τότε συνέλαβε τοὺς ἱερεῖς, καὶ τὰς γυναῖκας, καὶ 21 τὰ τέκνα αὐτῶν, καὶ ἔδειξαν αὐτῷ τὰς κρυπτὰς θύρας, δι' ὧν εἰσεπορεύοντο, καὶ ἐδαπάνων τὰ ἐπὶ τῆς τραπέζης. Καὶ 22 ἀπέκτεινεν αὐτοὺς ὁ βασιλεὺς, καὶ ἔδωκε τὸν Βὴλ ἔκδοτον τῷ Δανιήλ· καὶ κατέστρεψεν αὐτὸν καὶ τὸ ἱερὸν αὐτοῦ.

Καὶ ἦν Δράκων μέγας, καὶ ἐσέβοντο αὐτὸν οἱ Βαβυλώνιοι. 23 Καὶ εἶπεν ὁ βασιλεὺς τῷ Δανιὴλ, μὴ καὶ τοῦτον ἐρεῖς ὅτι 24 χαλκοῦς ἐστιν; ἰδοὺ ζῇ, καὶ ἐσθίει, καὶ πίνει· οὐ δύνασαι εἰπεῖν, ὅτι οὐκ ἔστιν οὗτος θεὸς ζῶν· καὶ προσκύνησον αὐτῷ.

Καὶ εἶπε Δανιὴλ, Κυρίῳ τῷ Θεῷ μου προσκυνήσω, ὅτι 25 οὗτός ἐστι Θεὸς ζῶν. Σὺ δὲ, βασιλεῦ, δός μοι ἐξουσίαν, 26 καὶ ἀποκτενῶ τὸν δράκοντα ἄνευ μαχαίρας καὶ ῥάβδου· καὶ εἶπεν ὁ βασιλεὺς δίδωμί σοι. Καὶ ἔλαβεν ὁ Δανιὴλ πίσσαν 27 καὶ στέαρ καὶ τρίχας, καὶ ἥψησεν ἐπιτοαυτό· καὶ ἐποίησε μάζας, καὶ ἔδωκεν εἰς τὸ στόμα τοῦ δράκοντος, καὶ φαγὼν διερράγη ὁ δράκων· καὶ εἶπεν, ἴδετε τὰ σεβάσματα ὑμῶν.

Καὶ ἐγένετο, ὡς ἤκουσαν οἱ Βαβυλώνιοι, ἠγανάκτησαν 28 λίαν, καὶ συνεστράφησαν ἐπὶ τὸν βασιλέα, καὶ εἶπαν, Ἰουδαῖος γέγονεν ὁ βασιλεὺς, τὸν Βὴλ κατέσπασε, καὶ τὸν δράκοντα ἀπέκτεινε, καὶ τοὺς ἱερεῖς κατέσφαξε. Καὶ εἶπαν 29 ἐλθόντες πρὸς τὸν βασιλέα, παράδος ἡμῖν τὸν Δανιήλ· εἰ δὲ μὴ, ἀποκτενοῦμέν σε, καὶ τὸν οἶκόν σου.

Καὶ εἶδεν ὁ βασιλεὺς ὅτι ἐπείγουσιν αὐτὸν σφόδρα, καὶ 30 ἀναγκασθεὶς ὁ βασιλεὺς παρέδωκεν αὐτοῖς τὸν Δανιήλ. Οἱ δὲ ἔβαλον αὐτὸν εἰς τὸν λάκκον τῶν λεόντων, καὶ ἦν 31 ἐκεῖ ἡμέρας ἕξ. Ἦσαν δὲ ἐν τῷ λάκκῳ ἑπτὰ λέοντες, καὶ 32 ἐδίδοτο αὐτοῖς τὴν ἡμέραν δύο σώματα καὶ δύο πρόβατα· τότε δὲ οὐκ ἐδόθη αὐτοῖς, ἵνα καταφάγωσι τὸν Δανιήλ.

Καὶ ἦν Ἀμβακοὺμ ὁ προφήτης ἐν τῇ Ἰουδαίᾳ, καὶ αὐτὸς 33 ἥψησεν ἕψεμα, καὶ ἐνέθρυψεν ἄρτους εἰς σκάφην, καὶ ἐπορεύετο εἰς τὸ πεδίον ἀπενέγκαι τοῖς θερισταῖς. Καὶ εἶπεν 34 ὁ ἄγγελος Κυρίου τῷ Ἀμβακοὺμ, ἀπένεγκε τὸ ἄριστον ὃ ἔχεις εἰς Βαβυλῶνα τῷ Δανιὴλ εἰς τὸν λάκκον τῶν λεόντων.

Καὶ εἶπεν Ἀμβακοὺμ, Κύριε, Βαβυλῶνα οὐχ ἑώρακα, 35 καὶ τὸν λάκκον οὐ γινώσκω. Καὶ ἐπελάβετο ὁ ἄγγελος 36 Κυρίου τῆς κορυφῆς αὐτοῦ, καὶ βαστάσας τῆς κόμης τῆς κεφαλῆς αὐτοῦ, ἔθηκεν αὐτὸν εἰς Βαβυλῶνα ἐπάνω τοῦ λάκκου, ἐν τῷ ῥοίζῳ τοῦ πνεύματος αὐτοῦ. Καὶ ἐβόησεν 37 Ἀμβακοὺμ, λέγων, Δανιὴλ, Δανιὴλ, λάβε τὸ ἄριστον ὃ ἀπέστειλέ σοι ὁ Θεός.

Καὶ εἶπε Δανιὴλ, ἐμνήσθης γάρ μου ὁ Θεὸς, καὶ οὐκ 38

39 ἐγκατέλιπες τοὺς ἀγαπῶντάς σε. Καὶ ἀναστὰς Δανιὴλ,
ἔφαγεν· ὁ δὲ ἄγγελος τοῦ Θεοῦ ἀπεκατέστησε τὸν Ἀμβα-
κοὺμ παραχρῆμα εἰς τὸν τόπον αὐτοῦ.

40 Ὁ δὲ βασιλεὺς ἦλθε τῇ ἡμέρᾳ τῇ ἑβδόμῃ πενθῆσαι τὸν
Δανιήλ, καὶ ἦλθεν ἐπὶ τὸν λάκκον, καὶ ἐνέβλεψε, καὶ ἰδοὺ,

41 Δανιὴλ καθήμενος. Καὶ ἀναβοήσας φωνῇ μεγάλῃ, εἶπε,
μέγας εἶ, Κύριε ὁ Θεὸς τοῦ Δανιὴλ, καὶ οὐκ ἔστιν ἄλλος

42 πλὴν σοῦ. Καὶ ἀνέσπασεν αὐτόν· τοὺς δὲ αἰτίους τῆς
ἀπωλείας αὐτοῦ ἐνέβαλεν εἰς τὸν λάκκον· καὶ κατεβρώθη-
σαν παραχρῆμα ἐνώπιον αὐτοῦ.

that seek thee and love thee. ³⁹ So Daniel arose,
and did eat: and the angel of the Lord set
Habbacuc in his own place again immediately.

⁴⁰ Upon the seventh day the king went to be-
wail Daniel: and when he came to the den, he
looked in, and, behold, Daniel was sitting.
⁴¹ Then cried the king with a loud voice, saying,
Great art thou, O Lord God of Daniel, and
there is none other beside thee. ⁴² And he drew
him out, and cast those that were the cause of
his destruction into the den: and they were de-
voured in a moment before his face.

ΜΑΚΚΑΒΑΙΩΝ Α´.

¹ΚΑΙ ἐγένετο μετὰ τὸ πατάξαι Ἀλέξανδρον τὸν Φιλίππου
τὸν Μακεδόνα, ὃς ἐξῆλθεν ἐν τῆς γῆς Χεττειείμ, καὶ ἐπάταξε
τὸν Δαρεῖον βασιλέα Περσῶν καὶ Μήδων, καὶ ἐβασίλευσεν

2 ἀντ᾽ αὐτοῦ πρότερος ἐπὶ τὴν Ἑλλάδα. Καὶ συνεστήσατο
πολέμους πολλούς, καὶ ἐκράτησεν ὀχυρωμάτων πολλῶν,

3 καὶ ἔσφαξε βασιλεῖς τῆς γῆς. Καὶ διῆλθεν ἕως ἄκρων τῆς
γῆς, καὶ ἔλαβε σκῦλα πλήθους ἐθνῶν· καὶ ἡσύχασεν ἡ γῆ
ἐνώπιον αὐτοῦ· καὶ ὑψώθη, καὶ ἐπήρθη ἡ καρδία αὐτοῦ.

4 Καὶ συνήγαγε δύναμιν ἰσχυρὰν σφόδρα, καὶ ἦρξε χωρῶν,
καὶ ἐθνῶν, καὶ τυράννων, καὶ ἐγένοντο αὐτῷ εἰς φόρον.

5 Καὶ μετὰ ταῦτα ἔπεσεν ἐπὶ τὴν κοίτην, καὶ ἔγνω ὅτι ἀπο-

6 θνήσκει. Καὶ ἐκάλεσε τοὺς παῖδας αὐτοῦ τοὺς ἐνδόξους
τοὺς συντρόφους αὐτοῦ ἀπὸ νεότητος, καὶ διεῖλεν αὐτοῖς

7 τὴν βασιλείαν αὐτοῦ ἔτι ζῶντος αὐτοῦ. Καὶ ἐβασίλευσεν

8 Ἀλέξανδρος ἔτη δώδεκα, καὶ ἀπέθανε. Καὶ ἐπεκράτησαν οἱ

9 παῖδες αὐτοῦ ἕκαστος ἐν τῷ τόπῳ αὐτοῦ. Καὶ ἐπέθεντο
πάντες διαδήματα μετὰ τὸ ἀποθανεῖν αὐτὸν, καὶ οἱ υἱοὶ
αὐτῶν ὀπίσω αὐτῶν ἔτη πολλὰ, καὶ ἐπλήθυναν κακὰ ἐν
τῇ γῇ.

10 Καὶ ἐξῆλθεν ἐξ αὐτῶν ῥίζα ἁμαρτωλὸς Ἀντίοχος Ἐπι-
φανὴς, υἱὸς Ἀντιόχου βασιλέως, ὃς ἦν ὅμηρα ἐν τῇ Ῥώμῃ·
καὶ ἐβασίλευσεν ἐν ἔτει ἑκατοστῷ καὶ τριακοστῷ καὶ ἑβδόμῳ
βασιλείας Ἑλλήνων.

11 Ἐν ταῖς ἡμέραις ἐκείναις ἐξῆλθον ἐξ Ἰσραὴλ υἱοὶ παρά-
νομοι, καὶ ἀνέπεισαν πολλούς, λέγοντες, πορευθῶμεν, καὶ
διαθώμεθα διαθήκην μετὰ τῶν ἐθνῶν τῶν κύκλῳ ἡμῶν, ὅτι
ἀφ᾽ ἧς ἐχωρίσθημεν ἀπ᾽ αὐτῶν, εὗρεν ἡμᾶς κακὰ πολλά.

12 Καὶ ἠγαθύνθη ὁ λόγος ἐν ὀφθαλμοῖς αὐτῶν.

AND it happened, after that Alexander *son of*
Philip, the Macedonian, who came out of the land
of Chettiim, had smitten Darius king of the
Persians and Medes, that he reigned in his
stead, the first over Greece, ² and made many
wars, and won many strong holds, and slew the
kings of the earth, ³ and went through to the
ends of the earth, and took spoils of many na-
tions, insomuch that the earth was quiet before
him; whereupon he was exalted, and his heart
was lifted up. ⁴ And he gathered a mighty
strong host, and ruled over countries, and na-
tions, and kings, who became tributaries unto
him.

⁵ And after these things he fell sick, and per-
ceived that he should die. ⁶ Wherefore he
called his servants, such as were honourable,
and had been brought up with him from his
youth, and parted his kingdom among them,
while he was yet alive. ⁷ So Alexander reigned
twelve years, and *then* died. ⁸ And his servants
bare rule every one in his place. ⁹ And after
his death they all put crowns *upon themselves;*
so did their sons after them many years: and
evils were multiplied in the earth.

¹⁰ And there came out of them a wicked root,
Antiochus *surnamed* Epiphanes, son of Anti-
ochus the king, who had been an hostage at
Rome, and he reigned in the hundred and
thirty and seventh year of the kingdom of the
Greeks.

¹¹ In those days went there out of Israel
wicked men, who persuaded many, saying, Let
us go and make a covenant with the heathen
that are round about us: for since we departed
from them we have had much sorrow. ¹² So this
device pleased them well.

¹³ Then certain of the people were so forward herein, that they went to the king, who gave them licence to do after the ordinances of the heathen: ¹⁴ whereupon they built a place of exercise at Jerusalem according to the customs of the heathen: ¹⁵ and made themselves uncircumcised, and forsook the holy covenant, and joined themselves to the heathen, and were sold to do mischief.

¹⁶ Now when the kingdom was established before Antiochus, he thought to reign over Egypt, that he might have the dominion of two realms. ¹⁷ Wherefore he entered into Egypt with a great multitude, with chariots, and elephants, and horsemen, and a great navy, ¹⁸ and made war against Ptolemee king of Egypt: but Ptolemee was afraid of him, and fled, and many were wounded to death. ¹⁹ Thus they got the strong cities in the land of Egypt, and he took the spoils thereof.

²⁰ And after that Antiochus had smitten Egypt, he returned again in the hundred forty and third year, and went up against Israel and Jerusalem with a great multitude, ²¹ and entered proudly into the sanctuary, and took away the golden altar, and the candlestick of light, and all the vessels thereof, ²² and the table of the shewbread, and the pouring vessels, and the vials, and the censers of gold, and the veil, and the crowns, and the golden ornaments that were before the temple, all which he pulled off. ²³ He took also the silver and the gold, and the precious vessels: also he took the hidden treasures which he found.

²⁴ And when he had taken all away, he went into his own land, having made a great massacre, and spoken very proudly. ²⁵ Therefore there was great mourning in Israel, in every place where they were; ²⁶ so that the princes and elders mourned, the virgins and young men were made feeble, and the beauty of women was changed. ²⁷ Every bridegroom took up lamentation, and she that sat in the marriage chamber was in heaviness. ²⁸ The land also was moved for the inhabitants thereof, and all the house of Jacob was covered with confusion.

²⁹ And after two years fully expired, the king sent his chief collector of tribute unto the cities of Juda, who came unto Jerusalem with a great multitude, ³⁰ and spake peaceable words unto them, *but all* was deceit: for when they had given him credence, he fell suddenly upon the city, and smote it very sore, and destroyed much people of Israel. ³¹ And when he had taken the spoils of the city, he set it on fire, and pulled down the houses and walls thereof on every side. ³² But the women and children took they captive, and possessed the cattle.

³³ Then builded they the city of David with a great and strong wall, *and* with mighty towers, and made it a stronghold for them. ³⁴ And they put therein a sinful nation, wicked men, and fortified *themselves* therein. ³⁵ They stored it also with armour and victuals, and when they had gathered together the spoils of Jerusalem, they laid them up there, and so they became a sore snare: ³⁶ for it was a place to lie in wait against the sanctuary, and an evil adversary to Israel.

Καὶ προεθυμήθησάν τινες ἀπὸ τοῦ λαοῦ, καὶ ἐπορεύθησαν 13 πρὸς τὸν βασιλέα· καὶ ἔδωκεν αὐτοῖς ἐξουσίαν ποιῆσαι τὰ δικαιώματα τῶν ἐθνῶν. Καὶ ᾠκοδόμησαν γυμνάσιον ἐν 14 Ἱεροσολύμοις κατὰ τὰ νόμιμα τῶν ἐθνῶν. Καὶ ἐποίησαν 15 ἑαυτοῖς ἀκροβυστίας, καὶ ἀπέστησαν ἀπὸ διαθήκης ἁγίας· καὶ ἐζεύχθησαν τοῖς ἔθνεσι, καὶ ἐπράθησαν τοῦ ποιῆσαι τὸ πονηρόν.

Καὶ ἡτοιμάσθη ἡ βασιλεία ἐναντίον Ἀντιόχου· καὶ 16 ὑπέλαβε βασιλεῦσαι τῆς Αἰγύπτου, ὅπως βασιλεύσῃ ἐπὶ τὰς δύο βασιλείας. Καὶ εἰσῆλθεν εἰς Αἴγυπτον ἐν ὄχλῳ 17 βαρεῖ, ἐν ἅρμασι, καὶ ἐν ἐλέφασι, καὶ ἐν ἱππεῦσι, καὶ ἐν στόλῳ μεγάλῳ. Καὶ συνεστήσατο πόλεμον πρὸς Πτολε- 18 μαῖον βασιλέα Αἰγύπτου· καὶ ἐνετράπη Πτολεμαῖος ἀπὸ προσώπου αὐτοῦ, καὶ ἔφυγε· καὶ ἔπεσον τραυματίαι πολλοί.

Καὶ κατελάβοντο τὰς πόλεις τὰς ὀχυρὰς ἐν γῇ Αἰγύπτῳ· 19 καὶ ἔλαβε τὰ σκῦλα γῆς Αἰγύπτου.

Καὶ ἐπέστρεψεν Ἀντίοχος μετὰ τὸ πατάξαι Αἴγυπτον ἐν 20 τῷ ἑκατοστῷ καὶ τεσσαρακοστῷ καὶ τρίτῳ ἔτει· καὶ ἀνέβη ἐπὶ Ἰσραήλ, καὶ ἀνέβη εἰς Ἱερουσαλὴμ ἐν ὄχλῳ βαρεῖ. Καὶ εἰσῆλθεν εἰς τὸ ἁγίασμα ἐν ὑπερηφανείᾳ, καὶ ἔλαβε τὸ 21 θυσιαστήριον τὸ χρυσοῦν, καὶ τὴν λυχνίαν τοῦ φωτὸς, καὶ πάντα τὰ σκεύη αὐτῆς, καὶ τὴν τράπεζαν τῆς προθέσεως, 22 καὶ τὰ σπονδεῖα, καὶ τὰς φιάλας, καὶ τὰς θυΐσκας τὰς χρυσᾶς, καὶ τὸ καταπέτασμα, καὶ τοὺς στεφάνους, καὶ τὸν κόσμον τὸν χρυσοῦν τὸν κατὰ πρόσωπον τοῦ ναοῦ, καὶ ἐλέπισε πάντα. Καὶ ἔλαβε τὸ ἀργύριον, καὶ τὸ χρυσίον, 23 καὶ τὰ σκεύη τὰ ἐπιθυμητά· καὶ ἔλαβε τοὺς θησαυροὺς τοὺς ἀποκρύφους οὓς εὗρε.

Καὶ λαβὼν πάντα ἀπῆλθεν εἰς τὴν γῆν αὐτοῦ· καὶ 24 ἐποίησε φονοκτονίαν, καὶ ἐλάλησεν ὑπερηφανείαν μεγάλην. Καὶ ἐγένετο πένθος μέγα ἐπὶ Ἰσραὴλ ἐν παντὶ τόπῳ αὐτῶν. 25 Καὶ ἐστέναξαν ἄρχοντες καὶ πρεσβύτεροι, παρθένοι καὶ 26 νεανίσκοι ἠσθένησαν, καὶ τὸ κάλλος τῶν γυναικῶν ἠλλοιώθη. Πᾶς νυμφίος ἀνέλαβε θρῆνον, καὶ καθημένη ἐν παστῷ 27 ἐγένετο ἐν πένθει. Καὶ ἐσείσθη ἡ γῆ ἐπὶ τοὺς κατοικοῦντας 28 αὐτήν· καὶ πᾶς ὁ οἶκος Ἰακὼβ ἐνεδύσατο αἰσχύνην.

Καὶ μετὰ δύο ἔτη ἡμερῶν ἀπέστειλεν ὁ βασιλεὺς ἄρχοντα 29 φορολογίας εἰς τὰς πόλεις Ἰούδα· καὶ ἦλθεν εἰς Ἱερουσαλὴμ ἐν ὄχλῳ βαρεῖ. Καὶ ἐλάλησεν αὐτοῖς λόγους εἰρηνικοὺς 30 ἐν δόλῳ· καὶ ἐνεπίστευσαν αὐτῷ· καὶ ἐπέπεσεν ἐπὶ τὴν πόλιν ἐξάπινα, καὶ ἐπάταξεν αὐτὴν πληγὴν μεγάλην, καὶ ἀπώλεσε λαὸν πολὺν ἐξ Ἰσραήλ. Καὶ ἔλαβε τὰ σκῦλα τῆς 31 πόλεως, καὶ ἐνεπύρισεν αὐτὴν πυρί, καὶ καθεῖλε τοὺς οἴκους αὐτῆς καὶ τὰ τείχη αὐτῆς κύκλῳ. Καὶ ᾐχμαλώτευσαν τὰς 32 γυναῖκας καὶ τὰ τέκνα, καὶ τὰ κτήνη ἐκληρονόμησαν.

Καὶ ᾠκοδόμησαν τὴν πόλιν Δαυὶδ τείχει μεγάλῳ καὶ 33 ἰσχυρῷ, πύργοις ὀχυροῖς, καὶ ἐγένετο αὐτοῖς εἰς ἄκραν. Καὶ 34 ἔθηκαν ἐκεῖ ἔθνος ἁμαρτωλὸν, ἄνδρας παρανόμους, καὶ ἐνίσχυσαν ἐν αὐτῇ. Καὶ παρέθεντο ὅπλα καὶ τροφὰς, καὶ 35 συναγαγόντες τὰ σκῦλα Ἱερουσαλὴμ ἀπέθεντο ἐκεῖ· καὶ ἐγένοντο εἰς μεγάλην παγίδα. Καὶ ἐγένετο εἰς ἔνεδρον τῷ 36 ἁγιάσματι, καὶ εἰς διάβολον πονηρὸν τῷ Ἰσραὴλ διαπαντός.

37 Καὶ ἐξέχεαν αἷμα ἀθῶον κύκλῳ τοῦ ἁγιάσματος, καὶ
38 ἐμόλυναν τὸ ἁγίασμα. Καὶ ἔφυγον οἱ κάτοικοι Ἱερουσαλὴμ
δι᾽ αὐτούς, καὶ ἐγένετο κατοικία ἀλλοτρίων· καὶ ἐγένετο
ἀλλοτρία τοῖς γεννήμασιν αὐτῆς, καὶ τὰ τέκνα αὐτῆς ἐγκατέ-
39 λιπον αὐτήν. Τὸ ἁγίασμα αὐτῆς ἠρημώθη ὡς ἔρημος, αἱ
ἑορταὶ αὐτῆς ἐστράφησαν εἰς πένθος, τὰ σάββατα αὐτῆς εἰς
40 ὀνειδισμόν, ἡ τιμὴ αὐτῆς εἰς ἐξουδένωσιν. Κατὰ τὴν δόξαν
αὐτῆς ἐπληθύνθη ἡ ἀτιμία αὐτῆς, καὶ τὸ ὕψος αὐτῆς ἐστράφη
εἰς πένθος.

41 Καὶ ἔγραψεν ὁ βασιλεὺς Ἀντίοχος πάσῃ τῇ βασιλείᾳ
42 αὐτοῦ εἶναι πάντας λαὸν ἕνα, καὶ ἐγκαταλιπεῖν ἕκαστον τὰ
νόμιμα αὐτοῦ· καὶ ἐπεδέξαντο πάντα τὰ ἔθνη κατὰ τὸν λόγον
43 τοῦ βασιλέως. Καὶ πολλοὶ ἀπὸ Ἰσραὴλ εὐδόκησαν τῇ
λατρείᾳ αὐτοῦ, καὶ ἔθυσαν τοῖς εἰδώλοις, καὶ ἐβεβήλωσαν
τὸ σάββατον.

44 Καὶ ἀπέστειλεν ὁ βασιλεὺς βιβλία ἐν χειρὶ ἀγγέλων εἰς
Ἱερουσαλὴμ καὶ τὰς πόλεις Ἰούδα, πορευθῆναι ὀπίσω νομί-
45 μων ἀλλοτρίων τῆς γῆς, καὶ κωλῦσαι ὁλοκαυτώματα καὶ
θυσίαν καὶ σπονδὴν ἐκ τοῦ ἁγιάσματος, καὶ βεβηλῶσαι
46 σάββατα καὶ ἑορτάς, καὶ μιᾶναι ἁγίασμα καὶ ἁγίους·
47 οἰκοδομῆσαι βωμούς, καὶ τεμένη, καὶ εἰδωλεῖα, καὶ θύειν
48 ὕεια, καὶ κτήνη κοινά, καὶ ἀφιέναι τοὺς υἱοὺς αὐτῶν ἀπερι-
τμήτους, βδελύξαι τὰς ψυχὰς αὐτῶν ἐν παντὶ ἀκαθάρτῳ καὶ
49 βεβηλώσει, ὥστε ἐπιλαθέσθαι τοῦ νόμου, καὶ ἀλλάξαι
πάντα τὰ δικαιώματα.

50 Καὶ ὃς ἂν μὴ ποιήσῃ κατὰ τὸ ῥῆμα τοῦ βασιλέως, ἀπο-
51 θανεῖται. Κατὰ πάντας τοὺς λόγους τούτους ἔγραψε πάσῃ
τῇ βασιλείᾳ αὐτοῦ, καὶ ἐποίησεν ἐπισκόπους ἐπὶ πάντα τὸν
λαόν· καὶ ἐνετείλατο ταῖς πόλεσιν Ἰούδα θυσιάζειν κατὰ
52 πόλιν καὶ πόλιν. Καὶ συνηθροίσθησαν ἀπὸ τοῦ λαοῦ πρὸς
αὐτοὺς πολλοί, πᾶς ὁ ἐγκαταλιπὼν τὸν νόμον· καὶ ἐποίησαν
53 κακὰ ἐν τῇ γῇ. Καὶ ἔθεντο τὸν Ἰσραὴλ ἐν κρύφοις ἐν
παντὶ φυγαδευτηρίῳ αὐτῶν.

54 Καὶ τῇ πεντεκαιδεκάτῃ ἡμέρᾳ Χασελεῦ, τῷ πέμπτῳ καὶ
τεσσαρακοστῷ καὶ ἑκατοστῷ ἔτει, ᾠκοδόμησαν βδέλυγμα
ἐρημώσεως ἐπὶ τὸ θυσιαστήριον, καὶ ἐν πόλεσιν Ἰούδα κύκλῳ
55 ᾠκοδόμησαν βωμούς. Καὶ ἐπὶ τῶν θυρῶν τῶν οἰκιῶν, καὶ
ἐν ταῖς πλατείαις ἐθυμίων.

56 Καὶ τὰ βιβλία τοῦ νόμου ἃ εὗρον, ἐνεπύρισαν πυρὶ κατα-
57 σχίσαντες. Καὶ ὅπου εὑρίσκετο παρά τινι βιβλίον διαθή-
κης, καὶ εἴ τις συνευδόκει τῷ νόμῳ, τὸ σύγκριμα τοῦ
58 βασιλέως ἐθανάτου αὐτόν. Ἐν ἰσχύϊ αὐτῶν ἐποίουν οὕτως
τῷ Ἰσραὴλ τοῖς εὑρισκομένοις ἐν παντὶ μηνὶ καὶ μηνὶ ἐν
59 ταῖς πόλεσι. Καὶ τῇ πέμπτῃ καὶ εἰκάδι τοῦ μηνὸς θυσιά-
ζοντες ἐπὶ τὸν βωμὸν ὃς ἦν ἐπὶ τοῦ θυσιαστηρίου.

60 Καὶ τὰς γυναῖκας τὰς περιτετμηκυίας τὰ τέκνα αὐτῶν
61 ἐθανάτωσαν, κατὰ τὸ πρόσταγμα. Καὶ ἐκρέμασαν τὰ
βρέφη ἐκ τῶν τραχήλων αὐτῶν, καὶ τοὺς οἴκους αὐτῶν
προενόμευσαν, καὶ τοὺς περιτετμηκότας αὐτοὺς ἐθανάτωσαν.
62 Καὶ πολλοὶ ἐν Ἰσραὴλ ἐκραταιώθησαν, καὶ ὠχυρώθησαν ἐν
63 ἑαυτοῖς τοῦ μὴ φαγεῖν κοινά. Καὶ ἐπελέξαντο ἀποθανεῖν,
ἵνα μὴ μιανθῶσι τοῖς βρώμασι, καὶ μὴ βεβηλώσωσι διαθή-

[37] Thus they shed innocent blood on every side of the sanctuary, and defiled it: [38] insomuch that the inhabitants of Jerusalem fled because of them: whereupon *the city* was made an habitation of strangers, and became strange to those that were born in her; and her own children left her. [39] Her sanctuary was laid waste like a wilderness, her feasts were turned into mourning, her sabbaths into reproach, her honour into contempt. [40] As had been her glory, so was her dishonour increased, and her excellency was turned into mourning.

[41] Moreover king Antiochus wrote to his whole kingdom, that all should be one people, [42] and every one should leave his laws: so all the heathen agreed according to the commandment of the king. [43] Yea, many also of the Israelites consented to his religion, and sacrificed unto idols, and profaned the sabbath.

[44] For the king had sent letters by messengers unto Jerusalem and the cities of Juda, that they should follow the strange laws of the land, [45] and forbid burnt offerings, and sacrifice, and drink offerings, in the temple; and that they should profane the sabbaths and festival days: [46] and pollute the sanctuary and holy people: [47] set up altars, and groves, and chapels of idols, and sacrifice swine's flesh, and unclean beasts: [48] that they should also leave their children uncircumcised, and make their souls abominable with all manner of uncleanness and profanation: [49] to the end they might forget the law, and change all the ordinances.

[50] And whosoever would not do according to the commandment of the king, he said, he should die. [51] In the selfsame manner wrote he to his whole kingdom, and appointed overseers over all the people, commanding the cities of Juda to sacrifice, city by city. [52] Then many of the people were gathered unto them, to wit, every one that forsook the law; and so they committed evils in the land; [53] and drove the Israelites into secret places, even wheresoever they could flee for succour.

[54] Now the fifteenth day of *the month* Casleu, in the hundred forty and fifth year, they set up the abomination of desolation upon the altar, and builded idol altars throughout the cities of Juda on every side: [55] and burnt incense at the doors of their houses, and in the streets.

[56] And when they had rent in pieces the books of the law which they found, they burnt them with fire. [57] And wheresoever was found with any the book of the testament, or if any consented to the law, the king's commandment was, that they should put him to death. [58] Thus did they by their authority unto the Israelites every month, to as many as were found in the cities. [59] Now the five and twentieth day of the month they did sacrifice upon the idol altar, which was upon the altar of God. [60] At which time according to the commandment they put to death certain women, that had caused their children to be circumcised. [61] And they hanged the infants about their necks, and rifled their houses, and slew them that had circumcised them. [62] Howbeit many in Israel were fully resolved and confirmed in themselves not to eat any unclean thing. [63] Wherefore they chose rather to die, that they might not be defiled with meats, and that they

might not profane the holy covenant: so then they died. [64] And there was very great wrath upon Israel.

In those days arose Mattathias *the son* of John, *the son* of Simeon, a priest of the sons of Joarib, from Jerusalem, and dwelt in Modin. [2] And he had five sons, Joannan, called Caddis: [3] Simon, called Thassi: [4] Judas, who was called Maccabeus: [5] Eleazar, called Avaran: and Jonathan, whose surname was Apphus.

[6] And when he saw the blasphemies that were committed in Juda and Jerusalem, [7] he said, Woe is me! wherefore was I born to see this misery of my people, and of the holy city, and to dwell there, when it was delivered into the hand of the enemy, and the sanctuary into the hand of strangers?

[8] Her temple is become as a man without glory. [9] Her glorious vessels are carried away into captivity, her infants are slain in the streets, her young men with the sword of the enemy. [10] What nation hath not had a part in *her* kingdom, and gotten of *her* spoils? [11] All her ornaments are taken away; of a free woman she has become a bondslave. [12] And, behold, our sanctuary, even our beauty and our glory, is laid waste, and the Gentiles have profaned it. [13] To what end therefore shall we live any longer?

[14] Then Mattathias and his sons rent their clothes, and put on sackcloth, and mourned very sore.

[15] In the mean while the king's officers, such as compelled the people to revolt, came into the city Modin, to make them sacrifice. [16] And when many of Israel came unto them, Mattathias also and his sons came together.

[17] Then answered the king's officers, and said to Mattathias on this wise, Thou art a ruler, and an honourable and great man in this city, and strengthened with sons and brethren: [18] now therefore come thou first, and fulfil the king's commandment, like as all the nations have done, yea, and the men of Juda also, and such as remain at Jerusalem: so shalt thou and thy house be in the number of the king's friends, and thou and thy children shall be honoured with silver and gold, and many rewards.

[19] Then Mattathias answered and spake with a loud voice, Though all the nations that are under the king's dominion obey him, and fall away every one from the religion of their fathers, and give consent to his commandments: [20] yet will I and my sons and my brethren walk in the covenant of our fathers. [21] God forbid that we should forsake the law and the ordinances. [22] We will not hearken to the king's words, to go from our religion, either on the right hand, or the left.

[23] Now when he had left speaking these words, there came one of the Jews in the sight of all to sacrifice on the altar which was at Modin, according to the king's commandment. [24] Which thing when Matthias saw, he was inflamed with zeal, and his reins trembled, neither could he forbear to shew his anger according to judgment: wherefore he ran, and slew him upon the altar.

[25] Also the king's commissioner, who com-

κην ἁγίαν· καὶ ἀπέθανον. Καὶ ἐγένετο ὀργὴ μεγάλη ἐπὶ [64] Ἰσραὴλ σφόδρα.

Ἐν ταῖς ἡμέραις ἐκείναις ἀνέστη Ματταθίας Ἰωάννου τοῦ [2] Συμεών, ἱερεὺς τῶν υἱῶν Ἰωαρὶβ ἀπὸ Ἱερουσαλήμ, καὶ ἐκάθισεν ἐν Μωδεΐν. Καὶ αὐτῷ υἱοὶ πέντε, Ἰωαννὰν ὁ ἐπικα- [2] λούμενος Καδδὶς, Σίμων ὁ καλούμενος Θασσι, Ἰούδας ὁ [3, 4] ἐπικαλούμενος Μακκαβαῖος, Ἐλεάζαρ ὁ ἐπικαλούμενος [5] Αὐαρὰν, Ἰωνάθαν ὁ ἐπικαλούμενος Ἀπφοῦς.

Καὶ εἶδε τὰς βλασφημίας τὰς γινομένας ἐν Ἰουδᾷ καὶ ἐν [6] Ἱερουσαλήμ, καὶ εἶπεν, οἴμοι, ἱνατί τοῦτο ἐγεννήθην ἰδεῖν [7] τὸ σύντριμμα τοῦ λαοῦ μου, καὶ τὸ σύντριμμα τῆς πόλεως τῆς ἁγίας, καὶ καθίσαι ἐκεῖ ἐν τῷ δοθῆναι αὐτὴν ἐν χειρὶ ἐχθρῶν, καὶ τὸ ἁγίασμα ἐν χειρὶ ἀλλοτρίων;

Ἐγένετο ὁ ναὸς αὐτῆς ὡς ἀνὴρ ἄδοξος, τὰ σκεύη τῆς [8, 9] δόξης αὐτῆς αἰχμάλωτα ἀπήχθη, ἀπεκτάνθη τὰ νήπια αὐτῆς ἐν ταῖς πλατείαις, οἱ νεανίσκοι αὐτῆς ἐν ῥομφαίᾳ ἐχθροῦ. Ποῖον ἔθνος οὐκ ἐκληρονόμησε βασιλείαν αὐτῆς, καὶ οὐκ [10] ἐκράτησε τῶν σκύλων αὐτῆς; Πᾶς ὁ κόσμος αὐτῆς ἀφῃρέθη, [11] ἀντὶ ἐλευθέρας ἐγένετο εἰς δούλην. Καὶ ἰδοὺ τὰ ἅγια [12] ἡμῶν καὶ ἡ καλλονὴ ἡμῶν καὶ ἡ δόξα ἡμῶν ἠρημώθη, καὶ ἐβεβήλωσαν αὐτὰ τὰ ἔθνη. Ἱνατί ἡμῖν ἔτι ζῆν; [13]

Καὶ διέρρηξε Ματταθίας καὶ υἱοὶ αὐτοῦ τὰ ἱμάτια αὐτῶν, [14] καὶ περιεβάλοντο σάκκους, καὶ ἐπένθησαν σφόδρα.

Καὶ ἦλθον οἱ παρὰ τοῦ βασιλέως οἱ καταναγκάζοντες [15] τὴν ἀποστασίαν εἰς Μωδεΐν τὴν πόλιν, ἵνα θυσιάσωσι. Καὶ [16] πολλοὶ ἀπὸ Ἰσραὴλ πρὸς αὐτοὺς προσῆλθον· καὶ Ματταθίας καὶ οἱ υἱοὶ αὐτοῦ συνήχθησαν.

Καὶ ἀπεκρίθησαν οἱ παρὰ τοῦ βασιλέως, καὶ εἶπον τῷ [17] Ματταθίᾳ, λέγοντες, ἄρχων καὶ ἔνδοξος καὶ μέγας εἶ ἐν τῇ πόλει ταύτῃ, καὶ ἐστηριγμένος ἐν υἱοῖς καὶ ἀδελφοῖς. Νῦν [18] οὖν πρόσελθε πρῶτος, καὶ ποίησον τὸ πρόσταγμα τοῦ βασιλέως, ὡς ἐποίησαν πάντα τὰ ἔθνη, καὶ οἱ ἄνδρες Ἰούδα, καὶ οἱ καταλειφθέντες ἐν Ἱερουσαλήμ· καὶ ἔσῃ σὺ καὶ ὁ οἶκός σου τῶν φίλων τοῦ βασιλέως, καὶ σὺ καὶ οἱ υἱοί σου δοξασθήσεσθε ἀργυρίῳ, καὶ χρυσίῳ, καὶ ἀποστολαῖς πολλαῖς.

Καὶ ἀπεκρίθη Ματταθίας, καὶ εἶπε φωνῇ μεγάλῃ, εἰ [19] πάντα τὰ ἔθνη τὰ ἐν οἴκῳ τῆς βασιλείας τοῦ βασιλέως ἀκούουσιν αὐτοῦ, ἀποστῆναι ἕκαστος ἀπὸ λατρείας πατέρων αὐτοῦ, καὶ ἡρετίσαντο ἐν ταῖς ἐντολαῖς αὐτοῦ, ἀλλ' ἐγὼ καὶ [20] οἱ υἱοί μου καὶ οἱ ἀδελφοί μου πορευσόμεθα ἐν διαθήκῃ πατέρων ἡμῶν. Ἵλεως ἡμῖν καταλιπεῖν νόμον καὶ δικαιώ- [21] ματα. Τῶν λόγων τοῦ βασιλέως οὐκ ἀκουσόμεθα, τοῦ [22] παρελθεῖν τὴν λατρείαν ἡμῶν, δεξιὰν ἢ ἀριστεράν.

Καὶ ὡς ἐπαύσατο λαλῶν τοὺς λόγους τούτους, προσῆλθεν [23] ἀνὴρ Ἰουδαῖος ἐν ὀφθαλμοῖς πάντων, θυσιάσαι ἐπὶ τοῦ βωμοῦ τοῦ ἐν Μωδεΐν κατὰ τὸ πρόσταγμα τοῦ βασιλέως. Καὶ εἶδε Ματταθίας καὶ ἐζήλωσε, καὶ ἐτρόμησαν οἱ νεφροὶ [24] αὐτοῦ, καὶ ἀνήνεγκε θυμὸν κατὰ τὸ κρίμα, καὶ δραμὼν ἔσφαξεν αὐτὸν ἐπὶ τὸν βωμόν.

Καὶ τὸν ἄνδρα τοῦ βασιλέως τὸν ἀναγκάζοντα θύειν, [25]

ἀπέκτεινεν ἐν τῷ καιρῷ ἐκείνῳ, καὶ τὸν βωμὸν καθεῖλε.

26 Καὶ ἐζήλωσε τῷ νόμῳ καθὼς ἐποίησε Φινεὲς τῷ Ζαμβρὶ υἱῷ Σαλώμ.

27 Καὶ ἀνέκραξε Ματταθίας ἐν τῇ πόλει φωνῇ μεγάλῃ, λέγων, πᾶς ὁ ζηλῶν τῷ νόμῳ καὶ ἱστῶν διαθήκην, ἐξελθέτω

28 ὀπίσω μου. Καὶ ἔφυγον αὐτὸς καὶ οἱ υἱοὶ αὐτοῦ εἰς τὰ ὄρη, καὶ ἐγκατέλιπον ὅσα εἶχον ἐν τῇ πόλει.

29 Τότε κατέβησαν πολλοὶ ζητοῦντες δικαιοσύνην καὶ κρίμα,

30 εἰς τὴν ἔρημον, καθίσαι ἐκεῖ, αὐτοὶ καὶ οἱ υἱοὶ αὐτῶν καὶ αἱ γυναῖκες αὐτῶν καὶ τὰ κτήνη αὐτῶν, ὅτι ἐπληθύνθη ἐπ' αὐτοὺς τὰ κακά.

31 Καὶ ἀνηγγέλη τοῖς ἀνδράσι τοῦ βασιλέως καὶ ταῖς δυνάμεσιν αἳ ἦσαν ἐν Ἱερουσαλὴμ πόλει Δαυὶδ, ὅτι κατέβησαν ἄνδρες, οἵτινες διεσκέδασαν τὴν ἐντολὴν τοῦ βασιλέως, εἰς

32 τοὺς κρύφους ἐν τῇ ἐρήμῳ. Καὶ ἔδραμον ὀπίσω αὐτῶν πολλοί· καὶ καταλαβόντες αὐτοὺς παρενέβαλον ἐπ' αὐτοὺς, καὶ συνεστήσαντο πρὸς αὐτοὺς πόλεμον ἐν τῇ ἡμέρᾳ τῶν

33 σαββάτων, καὶ εἶπον πρὸς αὐτοὺς, ἕως τοῦ νῦν ἱκανόν· ἐξέλθετε καὶ ποιήσατε κατὰ τὸν λόγον τοῦ βασιλέως, καὶ ζήσεσθε.

34 Καὶ εἶπον, οὐκ ἐξελευσόμεθα, οὐδὲ ποιήσομεν τὸν λόγον τοῦ βασιλέως, τοῦ βεβηλῶσαι τὴν ἡμέραν τῶν σαββάτων.

35, 36 Καὶ ἐτάχυναν ἐπ' αὐτοὺς πόλεμον. Καὶ οὐκ ἀπεκρίθησαν αὐτοῖς, οὐδὲ λίθον ἐνετίναξαν αὐτοῖς, οὐδὲ ἐνέφραξαν

37 τοὺς κρύφους, λέγοντες, ἀποθάνωμεν πάντες ἐν τῇ ἁπλότητι ἡμῶν· μαρτυρεῖ ἐφ' ἡμᾶς ὁ οὐρανὸς καὶ ἡ γῆ, ὅτι ἀκρίτως

38 ἀπόλλυτε ἡμᾶς. Καὶ ἀνέστησαν ἐπ' αὐτοὺς ἐν τῷ πολέμῳ τοῖς σάββασι, καὶ ἀπέθανον αὐτοὶ καὶ αἱ γυναῖκες αὐτῶν, καὶ τὰ τέκνα αὐτῶν, καὶ τὰ κτήνη αὐτῶν, ἕως χιλίων ψυχῶν ἀνθρώπων.

39 Καὶ ἔγνω Ματταθίας καὶ οἱ φίλοι αὐτοῦ, καὶ ἐπένθησαν

40 ἐπ' αὐτοὺς ἕως σφόδρα. Καὶ εἶπεν ἀνὴρ τῷ πλησίον αὐτοῦ, ἐὰν πάντες ποιήσωμεν ὡς οἱ ἀδελφοὶ ἡμῶν ἐποίησαν, καὶ μὴ πολεμήσωμεν πρὸς τὰ ἔθνη ὑπὲρ τῶν ψυχῶν ἡμῶν καὶ τῶν δικαιωμάτων ἡμῶν, νῦν τάχιον ἡμᾶς ἐξολοθρεύσουσιν ἀπὸ τῆς γῆς.

41 Καὶ ἐβουλεύσαντο τῇ ἡμέρᾳ ἐκείνῃ, λέγοντες, πᾶς ἄνθρωπος ὃς ἐὰν ἔλθῃ πρὸς ἡμᾶς εἰς πόλεμον τῇ ἡμέρᾳ τῶν σαββάτων, πολεμήσωμεν κατέναντι αὐτοῦ, καὶ οὐ μὴ ἀποθάνωμεν πάντες καθὼς ἀπέθανον οἱ ἀδελφοὶ ἡμῶν ἐν τοῖς κρύφοις.

42 Τότε συνήχθησαν πρὸς αὐτοὺς συναγωγὴ Ἰουδαίων, ἰσχυροὶ δυνάμει ἀπὸ Ἰσραὴλ, πᾶς ὁ ἑκουσιαζόμενος τῷ νόμῳ.

43 Καὶ πάντες οἱ φυγαδεύοντες ἀπὸ τῶν κακῶν προσετέθησαν

44 αὐτοῖς, καὶ ἐγένοντο αὐτοῖς εἰς στήριγμα. Καὶ συνεστήσαντο δύναμιν, καὶ ἐπάταξαν ἁμαρτωλοὺς ἐν ὀργῇ αὐτῶν, καὶ ἄνδρας ἀνόμους ἐν θυμῷ αὐτῶν· καὶ οἱ λοιποὶ ἔφυγον εἰς τὰ ἔθνη σωθῆναι.

45 Καὶ ἐκύκλωσε Ματταθίας καὶ οἱ φίλοι αὐτοῦ, καὶ καθεῖλον

46 τοὺς βωμούς. Καὶ περιέτεμον τὰ παιδάρια τὰ ἀπερίτμητα

47 ὅσα εὗρον ἐν ὁρίοις Ἰσραὴλ ἐν ἰσχύι. Καὶ ἐδίωξαν τοὺς υἱοὺς τῆς ὑπερηφανίας, καὶ κατευωδώθη τὸ ἔργον ἐν χειρὶ

48 αὐτῶν. Καὶ ἀντελάβοντο τοῦ νόμου ἐκ χειρὸς τῶν ἐθνῶν

pelled men to sacrifice, he killed at that time, and the altar he pulled down. 26 Thus dealt he zealously for the law of God, like as Phinees did unto Zambri the son of Salom.

27 And Mattathias cried throughout the city with a loud voice, saying, Whosoever is zealous of the law, and maintaineth the covenant, let him follow me. 28 So he and his sons fled into the mountains, and left all that ever they had in the city.

29 Then many that sought after justice and judgment went down into the wilderness, to dwell there: 30 both they and their children, and their wives, and their cattle; because afflictions increased sore upon them.

31 Now when it was told the king's servants, and the host that was at Jerusalem, in the city of David, that certain men, who had broken the king's commandment, were gone down into the secret places in the wilderness, 32 they pursued after them a great number, and having overtaken them, they camped against them, and made war against them on the sabbath day. 33 And they said unto them, Let that which ye have done hitherto suffice; come forth, and do according to the commandment of the king, and ye shall live.

34 But they said, We will not come forth, neither will we do the king's commandment, to profane the sabbath day. 35 So then they gave them the battle with all speed. 36 Howbeit they answered them not, neither cast they a stone at them, nor stopped the places where they lay hid; 37 but said, Let us die all in our innocency: heaven and earth shall testify for us, that ye put us to death wrongfully. 38 So they rose up against them in battle on the sabbath, and they slew them, with their wives and children, and their cattle, to the number of a thousand people.

39 Now when Mattathias and his friends understood hereof, they mourned for them right sore. 40 And one of them said to another, If we all do as our brethren have done, and fight not for our lives and laws against the heathen, they will now quickly root us out of the earth.

41 At that time therefore they decreed, saying, Whosoever shall come to make battle with us on the sabbath day, we will fight against him: neither will we die all, as our brethren that were murdered in the secret places.

42 Then came there unto him a company of Assideans, who were mighty men of Israel, even all such as were voluntarily devoted unto the law. 43 Also all they that fled for persecution joined themselves unto them, and were a stay unto them. 44 So they joined their forces, and smote sinful men in their anger, and wicked men in their wrath: but the rest fled to the heathen for succour.

45 Then Mattathias and his friends went round about, and pulled down the altars: 46 and what children soever they found within the coast of Israel uncircumcised, those they circumcised valiantly. 47 They pursued also after the proud men, and the work prospered in their hand. 48 So they recovered the law out of the hand of the Gentiles, and out of the

hand of kings, neither suffered they the sinner to triumph.

⁴⁹Now when the time drew near that Mattathias should die, he said unto his sons, Now have pride and rebuke gotten strength, and the time of destruction, and the wrath of indignation: ⁵⁰ now therefore, my sons, be ye zealous for the law, and give your lives for the covenant of your fathers. ⁵¹ Call to remembrance what acts our fathers did in their time; so shall ye receive great honour and an everlasting name. ⁵² Was not Abraham found faithful in temptation, and it was imputed unto him for righteousness? ⁵³ Joseph in the time of his distress kept the commandment, and was made lord of Egypt; ⁵⁴ Phinees our father in being zealous and fervent obtained the covenant of an everlasting priesthood.

⁵⁵ Jesus for fulfilling the word was made a judge in Israel. ⁵⁶ Caleb for bearing witness before the congregation received the heritage of the land. ⁵⁷ David for being merciful possessed the throne of an everlasting kingdom. ⁵⁸ Elias for being zealous and fervent for the law was taken up into heaven. ⁵⁹ Ananias, Azarias, and Misael, by believing were saved out of the flame. ⁶⁰ Daniel for his innocency was delivered from the mouth of lions. ⁶¹ And thus consider ye throughout all ages, that none that put their trust in him shall be overcome. ⁶² Fear not then the words of a sinful man: for his glory shall be dung and worms. ⁶³ To day he shall be lifted up, and to morrow he shall not be found, because he is returned into his dust, and his thought is come to nothing.

⁶⁴ Wherefore, ye my sons, be valiant, and shew yourselves men in the behalf of the law; for by it shall ye obtain glory. ⁶⁵ And, behold, I know that your brother Simon is a man of counsel, give ear unto him alway: he shall be a father unto you. ⁶⁶ As for Judas Maccabeus, he hath been mighty and strong, even from his youth up: let him be your captain, and fight the battle of the people.

⁶⁷ Take also unto you all those that observe the law, and avenge ye the wrong of your people. ⁶⁸ Recompense fully the heathen, and take heed to the commandments of the law. ⁶⁹ So he blessed them, and was gathered to his fathers. ⁷⁰ And he died in the hundred forty and sixth year, and his sons buried him in the sepulchres of his fathers at Modin, and all Israel made great lamentation for him.

Then his son Judas, called Maccabeus, rose up in his stead. ² And all his brethren helped him, and so did all they that held with his father, and they fought with cheerfulness the battle of Israel. ³ So he gat his people great honour, and put on a breastplate as a giant, and girt his warlike harness about him, and he made battles, protecting the host with his sword.

⁴ In his acts he was like a lion, and like a lion's whelp roaring for his prey. ⁵ For he pursued the wicked, and sought them out, and burnt up those that vexed his people. ⁶ Wherefore the wicked shrunk for fear of him, and all the workers of iniquity were troubled, because salvation prospered in his hand.

⁷ He grieved also many kings, and made

καὶ ἐκ χειρὸς τῶν βασιλέων· καὶ οὐκ ἔδωκαν κέρας τῷ ἁμαρτωλῷ.

Καὶ ἤγγισαν αἱ ἡμέραι τοῦ Ματταθίου ἀποθανεῖν, καὶ εἶπε 49 τοῖς υἱοῖς αὐτοῦ, νῦν ἐστηρίχθη ὑπερηφανία καὶ ἐλεγμὸς καὶ καιρὸς καταστροφῆς καὶ ὀργὴ θυμοῦ. Καὶ νῦν, τέκνα, ζηλώσατε 50 τῷ νόμῳ, καὶ δότε τὰς ψυχὰς ὑμῶν ὑπὲρ διαθήκης πατέρων ἡμῶν. Μνήσθητε τῶν πατέρων ἡμῶν τὰ ἔργα ἃ ἐποίησαν ἐν ταῖς γενεαῖς 51 αὐτῶν, καὶ δέξασθε δόξαν μεγάλην καὶ ὄνομα αἰώνιον. Ἀβραὰμ 52 οὐχὶ ἐν πειρασμῷ εὑρέθη πιστός, καὶ ἐλογίσθη αὐτῷ εἰς δικαιοσύνην; Ἰωσὴφ ἐν καιρῷ στενοχωρίας αὐτοῦ ἐφύλαξεν ἐντολήν, 53 καὶ ἐγένετο κύριος Αἰγύπτου. Φινεὲς ὁ πατὴρ ἡμῶν ἐν τῷ 54 ζηλῶσαι ζῆλον, ἔλαβε διαθήκην ἱερωσύνης αἰωνίας.

Ἰησοῦς ἐν τῷ πληρῶσαι λόγον, ἐγένετο κριτὴς ἐν Ἰσραήλ. 55 Χαλὲβ ἐν τῷ ἐπιμαρτύρασθαι ἐν τῇ ἐκκλησίᾳ, ἔλαβε γῆς 56 κληρονομίαν. Δαυὶδ ἐν τῷ ἐλέῳ αὐτοῦ, ἐκληρονόμησε θρόνον 57 βασιλείας εἰς αἰῶνα αἰῶνος. Ἡλίας ἐν τῷ ζηλῶσαι ζῆλον 58 νόμου, ἀνελήφθη ἕως εἰς τὸν οὐρανόν. Ἀνανίας, Ἀζαρίας, 59 Μισαήλ, πιστεύσαντες ἐσώθησαν ἐκ φλογός. Δανιὴλ ἐν τῇ 60 ἁπλότητι αὐτοῦ ἐρρύσθη ἐκ στόματος λεόντων. Καὶ οὕτως 61 ἐννοήθητε κατὰ γενεὰν καὶ γενεάν, ὅτι πάντες οἱ ἐλπίζοντες ἐπ᾽ αὐτὸν οὐκ ἀσθενήσουσι. Καὶ ἀπὸ λόγων ἀνδρὸς ἁμαρτωλοῦ 62 μὴ φοβηθῆτε, ὅτι ἡ δόξα αὐτοῦ εἰς κοπρίαν καὶ εἰς σκώληκας. Σήμερον ἐπαρθήσεται, καὶ αὔριον οὐ μὴ εὑρεθῇ, ὅτι ἔστρεψεν 63 εἰς τὸν χοῦν αὐτοῦ, καὶ ὁ διαλογισμὸς αὐτοῦ ἀπώλετο.

Καὶ ὑμεῖς, τέκνα, ἰσχύσατε καὶ ἀνδρίζεσθε ἐν τῷ νόμῳ, ὅτι ἐν 64 αὐτῷ δοξασθήσεσθε. Καὶ ἰδοὺ Συμεὼν ὁ ἀδελφὸς ὑμῶν, οἶδα 65 ὅτι ἀνὴρ βουλῆς ἐστιν, αὐτοῦ ἀκούετε πάσας τὰς ἡμέρας, αὐτὸς ὑμῖν ἔσται εἰς πατέρα. Καὶ Ἰούδας Μακκαβαῖος ἰσχυρὸς 66 δυνάμει ἐκ νεότητος αὐτοῦ, οὗτος ὑμῖν ἔσται ἄρχων στρατιᾶς, καὶ πολεμήσει πόλεμον λαῶν.

Καὶ ὑμεῖς προσάξατε πρὸς ὑμᾶς πάντας τοὺς ποιητὰς τοῦ 67 νόμου, καὶ ἐκδικήσατε ἐκδίκησιν τοῦ λαοῦ ὑμῶν. Ἀνταπόδοτε 68 ἀνταπόδομα τοῖς ἔθνεσι, καὶ προσέχετε εἰς τὰ προστάγματα τοῦ νόμου. Καὶ εὐλόγησεν αὐτούς· καὶ προσετέθη πρὸς τοὺς 69 πατέρας αὐτοῦ. Καὶ ἀπέθανεν ἐν τῷ ἕκτῳ καὶ τεσσαρακοστῷ 70 καὶ ἑκατοστῷ ἔτει· καὶ ἔθαψαν αὐτὸν οἱ υἱοὶ αὐτοῦ ἐν τάφοις πατέρων αὐτῶν ἐν Μωδεΐν, καὶ ἐκόψαντο αὐτὸν πᾶς Ἰσραὴλ κοπετὸν μέγαν.

Καὶ ἀνέστη Ἰούδας ὁ καλούμενος Μακκαβαῖος υἱὸς αὐτοῦ 3 ἀντ᾽ αὐτοῦ. Καὶ ἐβοήθουν αὐτῷ πάντες οἱ ἀδελφοὶ αὐτοῦ, καὶ 2 πάντες ὅσοι ἐκολλήθησαν τῷ πατρὶ αὐτοῦ, καὶ ἐπολέμουν τὸν πόλεμον Ἰσραὴλ μετ᾽ εὐφροσύνης. Καὶ ἐπλάτυνε δόξαν τῷ 3 λαῷ αὐτοῦ, καὶ ἐνεδύσατο θώρακα ὡς γίγας, καὶ συνεζώσατο τὰ σκεύη αὐτοῦ τὰ πολεμικά· καὶ συνεστήσατο πολέμους σκεπάζων παρεμβολὴν ἐν ῥομφαίᾳ.

Καὶ ὡμοιώθη λέοντι ἐν τοῖς ἔργοις αὐτοῦ, καὶ ὡς σκύμνος 4 ἐρευγόμενος εἰς θήραν. Καὶ ἐδίωξεν ἀνόμους ἐξερευνῶν, καὶ 5 τοὺς ταράσσοντας τὸν λαὸν αὐτοῦ ἐφλόγισε. Καὶ συνεστά- 6 λησαν οἱ ἄνομοι ἀπὸ τοῦ φόβου αὐτοῦ, καὶ πάντες οἱ ἐργάται τῆς ἀνομίας συνεταράχθησαν, καὶ εὐωδώθη σωτηρία ἐν χειρὶ αὐτοῦ.

Καὶ ἐπίκρανε βασιλεῖς πολλούς, καὶ εὔφρανε τὸν Ἰακὼβ ἐν 7

τοῖς ἔργοις αὐτοῦ, καὶ ἕως τοῦ αἰῶνος τὸ μνημόσυνον αὐτοῦ εἰς
8 εὐλογίαν. Καὶ διῆλθεν ἐν πόλεσιν Ἰουδα, καὶ ἐξωλόθρευσεν
9 ἀσεβεῖς ἐξ αὐτῆς, καὶ ἀπέστρεψεν ὀργὴν ἀπὸ Ἰσραήλ. Καὶ
ὠνομάσθη ἕως ἐσχάτου τῆς γῆς, καὶ συνήγαγεν ἀπολλυμέ-
νους.

10 Καὶ συνήγαγεν Ἀπολλώνιος ἔθνη, καὶ ἀπὸ Σαμαρείας δύναμιν
11 μεγάλην, τοῦ πολεμῆσαι πρὸς Ἰσραήλ. Καὶ ἔγνω Ἰουδας, καὶ
ἐξῆλθεν εἰς συνάντησιν αὐτῷ, καὶ ἐπάταξεν αὐτὸν, καὶ ἀπέκτεινεν
αὐτόν· καὶ ἔπεσον τραυματίαι πολλοὶ, καὶ οἱ ἐπίλοιποι ἔφυγον.
12 Καὶ ἔλαβε τὰ σκῦλα αὐτῶν, καὶ τὴν μάχαιραν Ἀπολλω-
νίου ἔλαβεν Ἰουδας, καὶ ἦν πολεμῶν ἐν αὐτῇ πάσας τὰς
ἡμέρας.

13 Καὶ ἤκουσε Σήρων ὁ ἄρχων τῆς δυνάμεως Συρίας, ὅτι ἤθροισεν
Ἰουδας ἄθροισμα, καὶ ἐκκλησίαν πιστῶν μετ᾽ αὐτοῦ ἐκπορευο-
14 μένων εἰς πόλεμον· Καὶ εἶπε, ποιήσω ἐμαυτῷ ὄνομα καὶ
δοξασθήσομαι ἐν τῇ βασιλείᾳ, καὶ πολεμήσω τὸν Ἰουδαν καὶ
τοὺς σὺν αὐτῷ, τοὺς ἐξουδενοῦντας τὸν λόγον τοῦ βασιλέως.
15 Καὶ προσέθετο τοῦ ἀναβῆναι· καὶ ἀνέβη μετ᾽ αὐτοῦ παρεμβολὴ
ἀσεβῶν ἰσχυρὰ βοηθῆσαι αὐτῷ, καὶ ποιῆσαι τὴν ἐκδίκησιν ἐν
υἱοῖς Ἰσραήλ.

16 Καὶ ἤγγισαν ἕως ἀναβάσεως Βαιθωρών· καὶ ἐξῆλθεν Ἰουδας
17 εἰς συνάντησιν αὐτῷ ὀλιγοστός. Ὡς δὲ ἴδον τὴν παρεμβολὴν
ἐρχομένην εἰς συνάντησιν αὐτοῖς, εἶπον τῷ Ἰουδα, πῶς δυνησό-
μεθα ὀλιγοστοὶ ὄντες πολεμῆσαι πρὸς πλῆθος τοσοῦτον ἰσχυρόν;
18 καὶ ἡμεῖς ἐκλελύμεθα ἀσιτοῦντες σήμερον. Καὶ εἶπεν Ἰουδας,
εὔκοπόν ἐστι συγκλεισθῆναι πολλοὺς ἐν χερσὶν ὀλίγων· καὶ
οὐκ ἔστι διαφορὰ ἐναντίον τοῦ Θεοῦ τοῦ οὐρανοῦ σώζειν ἐν
19 πολλοῖς ἢ ἐν ὀλίγοις. Ὅτι οὐκ ἐν πλήθει δυνάμεως νίκη
20 πολέμου ἐστὶν, ἀλλ᾽ ἢ ἐκ τοῦ οὐρανοῦ ἡ ἰσχύς. Αὐτοὶ ἔρχονται
πρὸς ἡμᾶς ἐν πλήθει ὕβρεως καὶ ἀνομίας, τοῦ ἐξᾶραι ἡμᾶς καὶ
τὰς γυναῖκας ἡμῶν, καὶ τὰ τέκνα ἡμῶν, τοῦ σκυλεῦσαι ἡμᾶς.
21 Ἡμεῖς δὲ πολεμοῦμεν περὶ τῶν ψυχῶν ἡμῶν καὶ τῶν νομίμων
22 ἡμῶν. Καὶ αὐτὸς συντρίψει αὐτοὺς πρὸ προσώπου ἡμῶν·
ὑμεῖς δὲ μὴ φοβηθῆτε ἀπ᾽ αὐτῶν.

23 Ὡς δὲ ἐπαύσατο λαλῶν, ἐνήλατο εἰς αὐτοὺς ἄφνω, καὶ
24 συνετρίβη Σήρων καὶ ἡ παρεμβολὴ αὐτοῦ ἐνώπιον αὐτοῦ. Καὶ
ἐδίωκον αὐτὸν ἐν τῇ καταβάσει Βαιθωρὼν ἕως τοῦ πεδίου· καὶ
ἔπεσον ἀπ᾽ αὐτῶν εἰς ἄνδρας ὀκτακοσίους· οἱ δὲ λοιποὶ ἔφυγον
25 εἰς γῆν Φυλιστιείμ. Καὶ ἤρξατο ὁ φόβος Ἰουδα καὶ τῶν
ἀδελφῶν αὐτοῦ καὶ ἡ πτόησις ἐπιπίπτειν ἐπὶ τὰ ἔθνη τὰ κύκλῳ
26 αὐτῶν. Καὶ ἤγγισεν ἕως τοῦ βασιλέως τὸ ὄνομα αὐτοῦ, καὶ
ὑπὲρ τῶν παρατάξεων Ἰουδα ἐξηγεῖτο πᾶν ἔθνος.

27 Ὡς δὲ ἤκουσεν Ἀντίοχος ὁ βασιλεὺς τοὺς λόγους τούτους,
ὠργίσθη θυμῷ· καὶ ἀπέστειλε καὶ συνήγαγε τὰς δυνάμεις
28 πάσας τῆς βασιλείας αὐτοῦ, παρεμβολὴν ἰσχυρὰν σφόδρα. Καὶ
ἤνοιξε τὸ γαζοφυλάκιον αὐτοῦ, καὶ ἔδωκεν ὀψώνια ταῖς δυνά-
μεσιν αὐτοῦ εἰς ἐνιαυτόν· καὶ ἐνετείλατο εἶναι αὐτοὺς ἑτοίμους
εἰς πᾶσαν χρείαν.

29 Καὶ εἶδεν ὅτι ἐξέλιπε τὸ ἀργύριον ἀπὸ τῶν θησαυρῶν, καὶ οἱ
φορολόγοι τῆς χώρας ὀλίγοι, χάριν τῆς διχοστασίας καὶ πληγῆς
ἧς κατεσκεύασεν ἐν τῇ γῇ, τοῦ ἆραι τὰ νόμιμα ἃ ἦσαν ἀφ᾽

Jacob glad with his acts, and his memorial
is blessed for ever. ⁸ Moreover he went
through the cities of Juda, destroying the
ungodly out of them, and turning away
wrath from Israel: ⁹ so that he was renowned
unto the utmost part of the earth, and he
received unto him such as were ready to
perish.
¹⁰ Then Apollonius gathered the Gentiles
together, and a great host out of Samaria, to
fight against Israel. ¹¹ Which thing when
Judas perceived, he went forth to meet
him, and so he smote him, and slew him:
many also fell down slain, but the rest fled.
¹² Wherefore Judas took their spoils, and
Apollonius' sword also, and therewith he
fought all his life long.
¹³ Now when Seron, a prince of the army
of Syria, heard say that Judas had gathered
unto him a multitude and company of the
faithful to go out with him to war; ¹⁴ he
said, I will get me a name and honour in the
kingdom; for I will go fight with Judas and
them that are with him, who despise the
king's commandment. ¹⁵ So he made him
ready to go up, and there went with him a
mighty host of the ungodly to help him, and
to be avenged of the children of Israel.
¹⁶ And when he came near to the going
up of Bethhoron, Judas went forth to meet
him with a small company: ¹⁷ who, when
they saw the host coming to meet them,
said unto Judas, How shall we be able, being
so few, to fight against so great a multitude
and so strong, seeing we are ready to faint
with fasting all this day? ¹⁸ Unto whom
Judas answered, It is no hard matter for
many to be shut up in the hands of a few;
and with *the* God *of* heaven it is all one, to
deliver with a great multitude, or a small
company; ¹⁹ for the victory of battle
standeth not in the multitude of an host;
but strength cometh from heaven. ²⁰ They
come against us in much pride and iniquity
to destroy us, and our wives and children,
and to spoil us: ²¹ but we fight for our lives
and our laws. ²² Wherefore the Lord him-
self will overthrow them before our face:
and as for you, be ye not afraid of them.
²³ Now as soon as he had left off speaking,
he leaped suddenly upon them, and so Seron
and his host were overthrown before him.
²⁴ And they pursued them from the going
down of Bethhoron unto the plain, where
were slain about eight hundred men of
them; and the residue fled into the land
of the Philistines. ²⁵ Then began the fear
of Judas and his brethren, and exceeding
great dread, to fall upon the nations round
about them: ²⁶ insomuch as his fame came
unto the king, and all nations talked of the
battles of Judas.
²⁷ Now when king Antiochus heard these
things, he was full of indignation: where-
fore he sent and gathered together all the
forces of his realm, *even* a very strong army.
²⁸ He opened also his treasure, and gave his
soldiers pay for a year, commanding them to
be ready whensoever he should need them.
²⁹ Nevertheless, when he saw that the
money of his treasures failed, and that the
tributes in the country were small, because
of the dissension and plague, which he had
brought upon the land in taking away the

laws which had been of old time; 30 he feared that he should not be able to bear the charges any longer, nor to have such gifts to give so liberally as he did before: for he had abounded above the kings that were before him.

31 Wherefore, being greatly perplexed in his mind, he determined to go into Persia, there to take the tributes of the countries, and to gather much money. 32 So he left Lysias, a nobleman, and one of the blood royal, to oversee the affairs of the king from the river Euphrates unto the borders of Egypt: 33 and to bring up his son Antiochus, until he came again.

34 Moreover he delivered unto him the half of his forces, and the elephants, and gave him charge of all things that he would have done, as also concerning them that dwelt in Juda and Jerusalem; 35 to wit, that he should send an army against them, to destroy and root out the strength of Israel, and the remnant of Jerusalem, and to take away their memorial from that place; 36 and that he should place strangers in all their quarters, and divide their land by lot. 37 So the king took the half of the forces that remained, and departed from Antioch, his royal city, the hundred forty and seventh year; and he passed the river Euphrates, and went through the high countries.

38 Then Lysias chose Ptolemee the son of Dorymenes, and Nicanor, and Gorgias, mighty men of the king's friends: 39 and with them he sent forty thousand footmen, and seven thousand horsemen, to go into the land of Juda, and to destroy it, as the king commanded. 40 So they went forth with all their power, and came and pitched by Emmaus in the plain country.

41 And the merchants of the country, hearing the fame of them, took silver and gold very much, with servants, and came into the camp to buy the children of Israel for slaves: a power also of Syria and of the land of the Philistines joined themselves unto them.

42 Now when Judas and his brethren saw that miseries were multiplied, and that the forces did encamp themselves in their borders; for they knew how the king had given commandment to destroy the people, and utterly abolish them; 43 they said one to another, Let us restore the decayed estate of our people, and let us fight for our people and the sanctuary.

44 Then the congregation gathered together, that they might be ready for battle, and that they might pray, and ask mercy and compassion.

45 Now Jerusalem was laid void as a wilderness, there was none of her children that went in or out: the sanctuary also was trodden down, and aliens kept the strong hold; the heathen had their habitation in that place; and joy was taken from Jacob, and the pipe with the harp ceased. 46 Wherefore the Israelites assembled themselves together, and came to Maspha, over against Jerusalem; for in Maspha was the place where they prayed aforetime in Israel.

47 Then they fasted that day, and put on sackcloth, and cast ashes upon their heads, and rent their clothes, 48 and laid open the book of the law, wherein the heathen had

ἡμερῶν τῶν πρώτων. Καὶ εὐλαβήθη μὴ οὐκ ἔχῃ ὡς ἅπαξ καὶ 30 δὶς εἰς τὰς δαπάνας καὶ τὰ δόματα ἃ ἐδίδου ἔμπροσθεν δαψιλεῖ χειρὶ, καὶ ἐπερίσσευσεν ὑπὲρ τοὺς βασιλεῖς τοὺς ἔμπροσθεν.

Καὶ ἠπορεῖτο τῇ ψυχῇ αὐτοῦ σφόδρα, καὶ ἐβουλεύσατο τοῦ 31 πορευθῆναι εἰς τὴν Περσίδα, καὶ λαβεῖν τοὺς φόρους τῶν χωρῶν, καὶ συναγαγεῖν ἀργύριον πολύ. Καὶ κατέλιπε Λυσίαν ἄνθρωπον 32 ἔνδοξον καὶ ἀπὸ γένους τῆς βασιλείας, ἐπὶ τῶν πραγμάτων τοῦ βασιλέως ἀπὸ τοῦ ποταμοῦ Εὐφράτου ἕως τῶν ὁρίων Αἰγύπτου, 33 καὶ τρέφειν Ἀντίοχον τὸν υἱὸν αὐτοῦ ἕως τοῦ ἐπιστρέψαι αὐτόν.

Καὶ παρέδωκεν αὐτῷ τὰς ἡμίσεις τῶν δυνάμεων καὶ τοὺς 34 ἐλέφαντας· καὶ ἐνετείλατο αὐτῷ περὶ πάντων ὧν ἐβούλετο, καὶ περὶ τῶν κατοικούντων τὴν Ἰουδαίαν καὶ Ἰερουσαλήμ, ἀποστεῖλαι 35 ἐπ' αὐτοὺς δύναμιν, τοῦ ἐκτρῖψαι καὶ ἐξᾶραι τὴν ἰσχὺν Ἰσραήλ, καὶ τὸ κατάλειμμα Ἰερουσαλὴμ, καὶ ἆραι τὸ μνημόσυνον αὐτῶν ἀπὸ τοῦ τόπου, καὶ κατοικῆσαι υἱοὺς ἀλλογενεῖς ἐν πᾶσι τοῖς 36 ὁρίοις αὐτῶν, καὶ κατακληροδοτῆσαι τὴν γῆν αὐτῶν. Καὶ ὁ 37 βασιλεὺς παρέλαβε τὰς ἡμίσεις τῶν δυνάμεων τὰς καταλειφθείσας, καὶ ἀπῆρεν ἀπὸ Ἀντιοχείας ἀπὸ πόλεως βασιλείας αὐτοῦ, ἔτους ἑβδόμου καὶ τεσσαρακοστοῦ καὶ ἑκατοστοῦ· καὶ διεπέρασε τὸν Εὐφράτην ποταμόν, καὶ διεπορεύετο τὰς ἐπάνω χώρας.

Καὶ ἐπέλεξε Λυσίας Πτολεμαῖον τὸν Δορυμένους, καὶ Νικά- 38 νορα, καὶ Γοργίαν, ἄνδρας δυνατοὺς τῶν φίλων τοῦ βασιλέως. Καὶ ἀπέστειλε μετ' αὐτῶν τεσσαράκοντα χιλιάδας ἀνδρῶν καὶ 39 ἑπτακισχιλίαν ἵππον, τοῦ ἐλθεῖν εἰς γῆν Ἰούδα, καὶ καταφθεῖραι αὐτὴν, κατὰ τὸν λόγον τοῦ βασιλέως. Καὶ ἀπῆραν σὺν πάσῃ 40 τῇ δυνάμει αὐτῶν, καὶ ἦλθον, καὶ παρενέβαλον πλησίον Ἐμμαοὺμ ἐν τῇ γῇ τῇ πεδινῇ.

Καὶ ἤκουσαν οἱ ἔμποροι τῆς χώρας τὸ ὄνομα αὐτῶν, καὶ 41 ἔλαβον ἀργύριον καὶ χρυσίον πολὺ σφόδρα καὶ παῖδας, καὶ ἦλθον εἰς τὴν παρεμβολὴν τοῦ λαβεῖν τοὺς υἱοὺς Ἰσραὴλ εἰς παῖδας· καὶ προσετέθησαν πρὸς αὐτοὺς δύναμις Συρίας καὶ γῆς ἀλλοφύλων.

Καὶ εἶδεν Ἰούδας καὶ οἱ ἀδελφοὶ αὐτοῦ ὅτι ἐπληθύνθη τὰ 42 κακὰ, καὶ αἱ δυνάμεις παρεμβάλλουσιν ἐν τοῖς ὁρίοις αὐτῶν· καὶ ἐπέγνωσαν τοὺς λόγους τοῦ βασιλέως οὓς ἐνετείλατο ποιῆσαι τῷ λαῷ εἰς ἀπώλειαν καὶ συντέλειαν· καὶ εἶπεν ἕκαστος 43 πρὸς τὸν πλησίον αὐτοῦ, ἀναστήσωμεν τὴν καθαίρεσιν τοῦ λαοῦ ἡμῶν, καὶ πολεμήσωμεν περὶ τοῦ λαοῦ ἡμῶν καὶ τῶν ἁγίων.

Καὶ συνηθροίσθη ἡ συναγωγὴ τοῦ εἶναι ἑτοίμους εἰς πόλεμον, 44 καὶ τοῦ προσεύξασθαι, καὶ αἰτῆσαι ἔλεον καὶ οἰκτιρμούς.

Καὶ Ἰερουσαλὴμ ἦν ἀοίκητος ὡς ἔρημος, οὐκ ἦν ὁ εἰσπο- 45 ρευόμενος καὶ ἐκπορευόμενος ἐκ τῶν γεννημάτων αὐτῆς· καὶ τὸ ἁγίασμα καταπατούμενον, καὶ υἱοὶ ἀλλογενῶν ἐν τῇ ἄκρᾳ, κατάλυμα τοῖς ἔθνεσι· καὶ ἐξήρθη τέρψις ἐξ Ἰακὼβ, καὶ ἐξέλιπεν αὐλὸς καὶ κινύρα. Καὶ συνήχθησαν, καὶ ἤλθοσαν εἰς 46 Μασσηφὰ κατέναντι Ἰερουσαλήμ, ὅτι τόπος προσευχῆς εἰς Μασσηφὰ τὸ πρότερον τῷ Ἰσραήλ.

Καὶ ἐνήστευσαν τῇ ἡμέρᾳ ἐκείνῃ, καὶ περιεβάλοντο σάκκους 47 καὶ σποδὸν ἐπὶ τὰς κεφαλὰς αὐτῶν, καὶ διέρρηξαν τὰ ἱμάτια αὐτῶν. Καὶ ἐξεπέτασαν τὸ βιβλίον τοῦ νόμου, περὶ ὧν 48

49 ἐξηρεύνων τὰ ἔθνη τὰ ὁμοιώματα τῶν εἰδώλων αὐτῶν. Καὶ ἤνεγκαν τὰ ἱμάτια τῆς ἱερωσύνης, καὶ τὰ πρωτογεννήματα, καὶ τὰς δεκάτας· καὶ ἤγειραν τοὺς Ναζαραίους, οἳ ἐπλήρωσαν τὰς ἡμέρας.

50 Καὶ ἐβόησαν φωνῇ εἰς τὸν οὐρανὸν, λέγοντες, τί ποιήσωμεν 51 τούτοις, καὶ ποῦ αὐτοὺς ἀπαγάγωμεν; Καὶ τὰ ἅγιά σου καταπεπάτηται, καὶ βεβήλωται· καὶ οἱ ἱερεῖς σου ἐν πένθει καὶ 52 ταπεινώσει. Καὶ ἰδοὺ τὰ ἔθνη συνῆκται ἐφ᾽ ἡμᾶς τοῦ ἐξᾶραι 53 ἡμᾶς· σὺ οἶδας ἃ λογίζονται ἐφ᾽ ἡμᾶς. Πῶς δυνησόμεθα ὑποστῆναι κατὰ πρόσωπον αὐτῶν, ἐὰν μὴ σὺ βοηθήσῃς 54 ἡμῖν; Καὶ ἐσάλπισαν ταῖς σάλπιγξι, καὶ ἐβόησαν φωνῇ μεγάλῃ.

55 Καὶ μετὰ τοῦτο κατέστησεν Ἰούδας ἡγουμένους τοῦ λαοῦ, χιλιάρχους, καὶ ἑκατοντάρχους, καὶ πεντηκοντάρχους, καὶ δεκ- 56 άρχους. Καὶ εἶπον τοῖς οἰκοδομοῦσιν οἰκίας, καὶ μνηστευομέ- νους γυναῖκας, καὶ φυτεύουσιν ἀμπελῶνας, καὶ δειλοῖς, ἀπο- στρέφειν ἕκαστον εἰς τὸν οἶκον αὐτοῦ, κατὰ τὸν νόμον.

57 Καὶ ἀπῆρεν ἡ παρεμβολὴ, καὶ παρενέβαλε κατὰ Νότον 58 Ἐμμαούμ. Καὶ εἶπεν Ἰούδας, περιζώσασθε, καὶ γίνεσθε εἰς υἱοὺς δυνατοὺς, καὶ γίνεσθε ἕτοιμοι εἰς τοπρωὶ τοῦ πολεμῆσαι ἐν τοῖς ἔθνεσι τούτοις, τοῖς ἐπισυνηγμένοις ἐφ᾽ ἡμᾶς ἐξᾶραι ἡμᾶς 59 καὶ τὰ ἅγια ἡμῶν. Ὅτι κρεῖσσον ἡμᾶς ἀποθανεῖν ἐν τῷ πολέμῳ, ἢ ἐπιδεῖν ἐπὶ τὰ κακὰ τοῦ ἔθνους ἡμῶν καὶ τῶν ἁγίων· 60 Ὡς δ᾽ ἂν ᾖ θέλημα ἐν οὐρανῷ, οὕτω ποιήσει.

4 Καὶ παρέλαβε Γοργίας πεντακισχιλίους ἄνδρας καὶ χιλίαν 2 ἵππον ἐκλεκτὴν, καὶ ἀπῆρεν ἡ παρεμβολὴ νυκτὸς, ὥστε ἐπι- βαλεῖν ἐπὶ τὴν παρεμβολὴν τῶν Ἰουδαίων, καὶ πατάξαι αὐτοὺς 3 ἄφνω· καὶ οἱ υἱοὶ τῆς ἄκρας ἦσαν αὐτῷ ὁδηγοί. Καὶ ἤκουσεν Ἰούδας, καὶ ἀπῆρεν αὐτὸς καὶ οἱ δυνατοὶ πατάξαι τὴν δύναμιν 4 τοῦ βασιλέως τὴν ἐν Ἐμμαούμ, ἕως ἔτι αἱ δυνάμεις ἐσκορ- πισμέναι ἦσαν ἀπὸ τῆς παρεμβολῆς.

5 Καὶ ἦλθε Γοργίας εἰς τὴν παρεμβολὴν Ἰούδα νυκτὸς, καὶ οὐδένα εὗρε· καὶ ἐζήτει αὐτοὺς ἐν τοῖς ὄρεσιν, ὅτι εἶπε, φεύγουσιν οὗτοι ἀφ᾽ ἡμῶν.

6 Καὶ ἅμα τῇ ἡμέρᾳ, ὤφθη Ἰούδας ἐν τῷ πεδίῳ ἐν τρισχιλίοις ἀνδράσι· πλὴν καλύμματα καὶ μαχαίρας οὐκ εἶχον καθὼς 7 ἠβούλοντο. Καὶ εἶδον παρεμβολὴν ἐθνῶν ἰσχυρὰν, τεθωρακισ- μένην, καὶ ἵππον κυκλοῦσαν αὐτὴν, καὶ οὗτοι διδακτοὶ πολέμου.

8 Καὶ εἶπεν Ἰούδας τοῖς ἀνδράσι τοῖς μετ᾽ αὐτοῦ, μὴ φοβεῖσθε τὸ πλῆθος αὐτῶν, καὶ τὸ ὅρμημα αὐτῶν μὴ δειλωθῆτε. 9 Μνήσθητε πῶς ἐσώθησαν οἱ πατέρες ἡμῶν ἐν θαλάσσῃ ἐρυθρᾷ, 10 ὅτε ἐδίωξεν αὐτοὺς Φαραὼ ἐν δυνάμει. Καὶ νῦν βοήσωμεν εἰς τὸν οὐρανὸν, εἴπως ἐλεήσει ἡμᾶς, καὶ μνησθήσεται διαθήκης πατέρων ἡμῶν, καὶ συντρίψει τὴν παρεμβολὴν ταύτην κατὰ 11 πρόσωπον ἡμῶν σήμερον. Καὶ γνώσεται πάντα τὰ ἔθνη, ὅτι ἐστὶν ὁ λυτρούμενος καὶ σώζων τὸν Ἰσραήλ.

12 Καὶ ἦραν οἱ ἀλλόφυλοι τοὺς ὀφθαλμοὺς αὐτῶν, καὶ ἴδον

sought to paint the likeness of their images. 49 They brought also the priest's garments, and the firstfruits, and the tithes : and the Nazarites they stirred up, who had accomplished their days.

50 Then cried they with a loud voice toward heaven, saying, What shall we do with these, and whither shall we carry them away? 51 For thy sanctuary is trodden down and profaned, and thy priests are in heaviness, and brought low. 52 And, lo, the heathen are assembled together against us to destroy us : what things they imagine against us, thou knowest. 53 How shall we be able to stand against them, except thou, O God, be our help? 54 Then sounded they with trumpets, and cried with a loud voice.

55 And after this Judas ordained captains over the people, even captains over thousands, and over hundreds, and over fifties, and over tens. 56 But as for such as were building houses, or had betrothed wives, or were planting vineyards, or were fearful, those he commanded that they should return, every man to his own house, according to the law.

57 So the camp removed, and pitched upon the south side of Emmaus. 58 And Judas said, Arm yourselves, and be valiant men, and see that ye be in readiness against the morning, that ye may fight with these nations, that are assembled together against us to destroy us and our sanctuary : 59 for it is better for us to die in battle, than to behold the calamities of our people and our sanctuary. 60 Nevertheless, as the will of God is in heaven, so let him do.

Then took Gorgias five thousand footmen, and a thousand of the best horsemen, and removed out of the camp by night ; 2 to the end he might rush in upon the camp of the Jews, and smite them suddenly. And the men of the fortress were his guides. 3 Now when Judas heard thereof, he himself removed, and the valiant men with him, that he might smite the king's army which was at Emmaus, 4 while as yet the forces were dispersed from the camp.

5 In the mean season came Gorgias by night into the camp of Judas : and when he found no man there, he sought them in the mountains : for he said, These fellows flee from us.

6 But as soon as it was day, Judas shewed himself in the plain with three thousand men, who nevertheless had neither armour nor swords to their minds. 7 And they saw the camp of the heathen, that it was strong and well harnessed, and compassed round about with horsemen ; and these were expert of war.

8 Then said Judas to the men that were with him, Fear ye not their multitude, neither be ye afraid of their assault. 9 Remember how our fathers were delivered in the Red sea, when Pharaoh pursued them with an army. 10 Now therefore let us cry unto heaven, if peradventure the Lord will have mercy upon us, and remember the covenant of our fathers, and destroy this host before our face this day : 11 that so all the heathen may know that there is one who delivereth and saveth Israel.

12 Then the strangers lifted up their eyes, and saw them coming over against them.

¹³ Wherefore they went out of the camp to battle; but they that were with Judas sounded their trumpets. ¹⁴ So they joined battle, and the heathen being discomfited, fled into the plain. ¹⁵ Howbeit all the hindmost of them were slain with the sword: for they pursued them unto Gazera, and unto the plains of Idumea, and Azotus, and Jamnia, so that there were slain of them as many as three thousand men.

¹⁶ This done, Judas returned again with his host from pursuing them, ¹⁷ and said to the people, Be not greedy of the spoils, inasmuch as there is a battle before us, ¹⁸ and Gorgias and his host are here by us in the mountain: but stand ye now against our enemies, and overcome them, and after this ye may boldly take the spoils.

¹⁹ As Judas was yet speaking these words, there appeared a part of them looking out of the mountain: ²⁰ who when they perceived that the Jews had put their host to flight, and were burning the tents; for the smoke that was seen declared what was done: ²¹ when therefore they perceived these things, they were sore afraid, and seeing also the host of Judas in the plain ready to fight, ²² they fled every one into the land of strangers. ²³ Then Judas returned to spoil the tents, where they got much gold, and silver, and blue silk, and purple of the sea, and great riches. ²⁴ After this they went home, and sung a song of thanksgiving, and praised the Lord in heaven: because it is good, because his mercy *endureth* for ever. ²⁵ Thus Israel had a great deliverance that day.

²⁶ Now all the strangers that had escaped came and told Lysias what had happened: ²⁷ who, when he heard thereof, was confounded and discouraged, because neither such things as he would were done unto Israel, nor such things as the king commanded him were come to pass.

²⁸ In the following year therefore, Lysias gathered together threescore thousand choice men *of foot*, and five thousand horsemen, that he might subdue them. ²⁹ So they came into Idumea, and pitched their tents at Bethsura, and Judas met them with ten thousand men.

³⁰ And when he saw that mighty army, he prayed and said, Blessed art thou, O Saviour of Israel, who didst quell the violence of the mighty man by the hand of thy servant David, and gavest the host of strangers into the hands of Jonathan the son of Saul, and his armour-bearer; ³¹ shut up this army in the hand of thy people Israel, and let them be confounded in their power and horsemen: ³² make them to be of no courage, and cause the boldness of their strength to fall away, and let them quake at their destruction: ³³ cast them down with the sword of them that love thee, and let all those that know thy name praise thee with thanksgiving.

³⁴ So they joined battle; and there were slain of the host of Lysias about five thousand men, even before them were they slain.

³⁵ Now when Lysias saw his army put to flight, and the manliness of Judas' soldiers, and how they were ready either to live or die valiantly, he went into Antiochia, and gathered together a company of strangers,

αὐτοὺς ἐρχομένους ἐξεναντίας, καὶ ἐξῆλθον ἐκ τῆς παρεμβολῆς 13 εἰς πόλεμον· καὶ ἐσάλπισαν οἱ μετὰ Ἰούδα. Καὶ συνῆψαν, 14 καὶ συνετρίβησαν τὰ ἔθνη, καὶ ἔφυγον εἰς τὸ πεδίον. Οἱ δὲ 15 ἔσχατοι πάντες ἔπεσον ἐν ῥομφαίᾳ· καὶ ἐδίωξαν αὐτοὺς ἕως Γαζηρὼν καὶ ἕως τῶν πεδίων τῆς Ἰδουμαίας καὶ Ἀζώτου καὶ Ἰαμνίας, καὶ ἔπεσον ἐξ αὐτῶν εἰς ἄνδρας τρισχιλίους.

Καὶ ἐπέστρεψεν Ἰούδας καὶ ἡ δύναμις ἀπὸ τοῦ διώκειν 16 ὄπισθεν αὐτῶν, καὶ εἶπε πρὸς τὸν λαόν, μὴ ἐπιθυμήσητε τῶν 17 σκύλων, ὅτι πόλεμος ἐξεναντίας ἡμῶν, καὶ Γοργίας καὶ ἡ 18 δύναμις ἐν τῷ ὄρει ἐγγὺς ἡμῶν· ἀλλὰ στῆτε νῦν ἐναντίον τῶν ἐχθρῶν ἡμῶν, καὶ πολεμήσατε αὐτούς, καὶ μετὰ ταῦτα λήψετε τὰ σκῦλα μετὰ παρρησίας.

Ἔτι λαλοῦντος Ἰούδα ταῦτα, ὤφθη μέρος τι ἐκκύπτον ἐκ 19 τοῦ ὄρους. Καὶ εἶδεν ὅτι τετρόπωνται, καὶ ἐμπυρίζουσι τὴν 20 παρεμβολήν, ὁ γὰρ καπνὸς θεωρούμενος ἐνεφάνιζε τὸ γεγονός. Οἱ δὲ ταῦτα συνιδόντες ἐδειλώθησαν σφόδρα· συνιδόντες δὲ καὶ 21 τὴν Ἰούδα παρεμβολὴν ἐν τῷ πεδίῳ ἑτοίμην εἰς παράταξιν, 22 ἔφυγον πάντες εἰς γῆν ἀλλοφύλων. Καὶ ἀνέστρεψεν Ἰούδας 23 ἐπὶ τὴν σκυλείαν τῆς παρεμβολῆς· καὶ ἔλαβον χρυσίον πολὺ καὶ ἀργύριον καὶ ὑάκινθον καὶ πορφύραν θαλασσίαν καὶ πλοῦτον μέγαν. Καὶ ἐπιστραφέντες ὕμνουν καὶ εὐλόγουν 24 εἰς οὐρανὸν τὸν Κύριον, ὅτι καλόν, ὅτι εἰς τὸν αἰῶνα τὸ ἔλεος 25 αὐτοῦ. Καὶ ἐγένετο σωτηρία μεγάλη τῷ Ἰσραὴλ ἐν τῇ ἡμέρᾳ ἐκείνῃ.

Ὅσοι δὲ τῶν ἀλλοφύλων διεσώθησαν, παραγενηθέντες 26 ἀπήγγειλαν τῷ Λυσίᾳ πάντα τὰ συμβεβηκότα. Ὁ δὲ ἀκούσας 27 συνεχύθη καὶ ἠθύμει, ὅτι οὐχ οἷα ἤθελε, τοιαῦτα γεγόνει τῷ Ἰσραήλ, καὶ οὐχ οἷα ἐνετείλατο αὐτῷ ὁ βασιλεύς, τοιαῦτα ἐξέβη.

Καὶ ἐν τῷ ἐχομένῳ ἐνιαυτῷ συνελόχησεν ὁ Λυσίας ἀνδρῶν 28 ἐπιλέκτων ἑξήκοντα χιλιάδας καὶ πεντακισχιλίαν ἵππον, ὥστε ἐκπολεμῆσαι αὐτούς. Καὶ ἦλθον εἰς τὴν Ἰδουμαίαν, καὶ παρεν- 29 έβαλον ἐν Βαιθσούροις, καὶ συνήντησεν αὐτοῖς Ἰούδας ἐν δέκα χιλιάσιν ἀνδρῶν.

Καὶ εἶδε τὴν παρεμβολὴν ἰσχυράν, καὶ προσηύξατο, καὶ 30 εἶπεν, εὐλογητὸς εἶ, ὁ σωτὴρ τοῦ Ἰσραήλ, ὁ συντρίψας τὸ ὄρμημα τοῦ δυνατοῦ ἐν χειρὶ τοῦ δούλου σου Δαυίδ, καὶ παρ- έδωκας τὴν παρεμβολὴν τῶν ἀλλοφύλων εἰς χεῖρας Ἰωνάθαν υἱοῦ Σαούλ, καὶ τοῦ αἴροντος τὰ σκεύη αὐτοῦ. Σύγκλεισον 31 τὴν παρεμβολὴν ταύτην ἐν χειρὶ λαοῦ σου Ἰσραήλ, καὶ αἰσχυν- θήτωσαν ἐπὶ τῇ δυνάμει καὶ τῇ ἵππῳ αὐτῶν. Δὸς αὐτοῖς 32 δειλίαν, καὶ τῆξον θράσος ἰσχύος αὐτῶν, καὶ σαλευθήτωσαν τῇ συντριβῇ αὐτῶν. Κατάβαλε αὐτοὺς ῥομφαίᾳ ἀγαπώντων σε, 33 καὶ αἰνεσάτωσάν σε πάντες οἱ εἰδότες τὸ ὄνομά σου ἐν ὕμνοις.

Καὶ συνέβαλον ἀλλήλοις, καὶ ἔπεσον ἐκ τῆς παρεμβολῆς 34 Λυσίου εἰς πεντακισχιλίους ἄνδρας, καὶ ἔπεσον ἐξ ἐναντίας αὐτῶν.

Ἰδὼν δὲ Λυσίας τὴν γενομένην τροπήν, τῆς αὐτοῦ συντάξεως, 35 τῆς δὲ Ἰούδα τὸ γεγενημένον θάρσος, καὶ ὡς ἕτοιμοί εἰσιν ἢ ζῆν ἢ τεθνάναι γενναίως, ἀπῆρεν εἰς Ἀντιόχειαν, καὶ ἐξενολόγει·

καὶ πλεονάσας τὸν γενηθέντα στρατὸν, ἐλογίζετο πάλιν παρα-
γενέσθαι εἰς τὴν Ἰουδαίαν.

36 Εἶπε δὲ Ἰούδας καὶ οἱ ἀδελφοὶ αὐτοῦ, Ἰδοὺ συνετρίβησαν οἱ
37 ἐχθροὶ ἡμῶν, ἀναβῶμεν καθαρίσαι τὰ ἅγια καὶ ἐγκαινίσαι. Καὶ
38 συνήχθη ἡ παρεμβολὴ πᾶσα, καὶ ἀνέβησαν εἰς ὄρος Σιών. Καὶ
ἴδον τὸ ἁγίασμα ἠρημωμένον, καὶ τὸ θυσιαστήριον βεβηλω-
μένον, καὶ τὰς πύλας κατακεκαυμένας, καὶ ἐν ταῖς αὐλαῖς φυτὰ
πεφυκότα ὡς ἐν δρυμῷ ἢ ὡς ἐν ἑνὶ τῶν ὀρέων, καὶ τὰ παστοφόρια
39 καθηρημένα. Καὶ διέρρηξαν τὰ ἱμάτια αὐτῶν, καὶ ἐκόψαντο
κοπετὸν μέγαν, καὶ ἐπέθεντο σποδὸν ἐπὶ τὴν κεφαλὴν αὐτῶν.
40 Καὶ ἔπεσον ἐπὶ πρόσωπον ἐπὶ τὴν γῆν, καὶ ἐσάλπισαν ταῖς
σάλπιγξι τῶν σημασιῶν, καὶ ἐβόησαν εἰς τὸν οὐρανόν.

41 Τότε ἐπέταξεν Ἰούδας ἄνδρας πολεμεῖν τοὺς ἐν τῇ ἄκρα, ἕως
42 ἂν καθαρίσῃ τὰ ἅγια. Καὶ ἐπέλεξεν ἱερεῖς ἀμώμους, θελητὰς
43 νόμου. Καὶ ἐκαθάρισαν τὰ ἅγια, καὶ ἦραν τοὺς λίθους τοῦ
44 μιασμοῦ εἰς τόπον ἀκάθαρτον. Καὶ ἐβουλεύσαντο περὶ τοῦ
θυσιαστηρίου τῆς ὁλοκαυτώσεως τοῦ βεβηλωμένου, τί αὐτῷ
45 ποιήσωσι. Καὶ ἐπέπεσεν αὐτοῖς βουλὴ ἀγαθὴ, καθελεῖν αὐτὸ,
μήποτε γένηται αὐτοῖς εἰς ὄνειδος, ὅτι ἐμίαναν τὰ ἔθνη αὐτό·
46 καὶ καθεῖλον τὸ θυσιαστήριον, καὶ ἀπέθεντο τοὺς λίθους ἐν τῷ
ὄρει τοῦ οἴκου, ἐν τόπῳ ἐπιτηδείῳ, μέχρι τοῦ παραγενηθῆναι
προφήτην τοῦ ἀποκριθῆναι περὶ αὐτῶν.

47 Καὶ ἔλαβον λίθους ὁλοκλήρους κατὰ τὸν νόμον, καὶ ᾠκοδό-
48 μησαν τὸ θυσιαστήριον καινὸν κατὰ τὸ πρότερον. Καὶ ᾠκοδό-
μησαν τὰ ἅγια καὶ τὰ ἐντὸς τοῦ οἴκου, καὶ τὰς αὐλὰς ἡγίασαν.
49 Καὶ ἐποίησαν σκεύη ἅγια καινὰ, καὶ εἰσήνεγκαν τὴν λυχνίαν
καὶ τὸ θυσιαστήριον τῶν θυμιαμάτων καὶ τὴν τράπεζαν εἰς τὸν
ναόν.
50 Καὶ ἐθυμίασαν ἐπὶ τὸ θυσιαστήριον, καὶ ἐξῆψαν τοὺς
51 λύχνους τοὺς ἐπὶ τῆς λυχνίας, καὶ ἐφαίνοσαν ἐν τῷ ναῷ. Καὶ
ἐπέθηκαν ἐπὶ τὴν τράπεζαν ἄρτους, καὶ ἐξεπέτασαν τὰ κατα-
πετάσματα· καὶ ἐτέλεσαν πάντα τὰ ἔργα ἃ ἐποίησαν.

52 Καὶ ὤρθρισαν τοπρωὶ τῇ πέμπτῃ καὶ εἰκάδι τοῦ μηνὸς τοῦ
ἐννάτου· οὗτος ὁ μὴν Χασελεῦ τοῦ ὀγδόου καὶ τεσσαρακοστοῦ
53 καὶ ἑκατοστοῦ ἔτους. Καὶ ἀνήνεγκαν θυσίαν κατὰ τὸν νόμον
ἐπὶ τὸ θυσιαστήριον τῶν ὁλοκαυτωμάτων τὸ καινὸν ὃ ἐποίησαν.
54 Κατὰ τὸν καιρὸν καὶ κατὰ τὴν ἡμέραν ἐν ᾗ ἐβεβήλωσαν αὐτὸ
τὰ ἔθνη, ἐν ἐκείνῃ ἐνεκαινίσθη ἐν ᾠδαῖς καὶ κιθάραις καὶ
55 κινύραις, καὶ ἐν κυμβάλοις. Καὶ ἔπεσον πᾶς ὁ λαὸς ἐπὶ
πρόσωπον, καὶ προσεκύνησαν, καὶ εὐλόγησαν εἰς οὐρανὸν τὸν
εὐοδώσαντα αὐτοῖς.

56 Καὶ ἐποίησαν τὸν ἐγκαινισμὸν τοῦ θυσιαστηρίου ἡμέρας
ὀκτὼ, καὶ προσήνεγκαν ὁλοκαυτώματα μετ᾽ εὐφροσύνης, καὶ
57 ἔθυσαν θυσίαν σωτηρίου καὶ αἰνέσεως. Καὶ κατεκόσμησαν τὸ
κατὰ πρόσωπον τοῦ ναοῦ στεφάνοις χρυσοῖς καὶ ἀσπιδίσκαις,
καὶ ἐνεκαίνισαν τὰς πύλας καὶ τὰ παστοφόρια, καὶ ἐθύρωσαν
58 αὐτά. Καὶ ἐγενήθη εὐφροσύνη μεγάλη ἐν τῷ λαῷ σφόδρα,
καὶ ἀπεστράφη ὄνειδος ἐθνῶν.

59 Καὶ ἔστησεν Ἰούδας καὶ οἱ ἀδελφοὶ αὐτοῦ καὶ πᾶσα ἡ
ἐκκλησία Ἰσραὴλ, ἵνα ἄγωνται αἱ ἡμέραι ἐγκαινισμοῦ τοῦ

and having made his army greater than it was, he purposed to come again into Judea. 36 Then said Judas and his brethren, Behold, our enemies are discomfited: let us go up to cleanse and dedicate the sanctuary. 37 Upon this all the host assembled themselves together, and went up into mount Sion. 38 And when they saw the sanctuary desolate, and the altar profaned, and the gates burned up, and shrubs growing in the courts as in a forest, or in one of the mountains, yea, and the priests' chambers pulled down; 39 they rent their clothes, and made great lamentation, and cast ashes upon their heads, 40 and fell down flat to the ground upon their faces, and blew an alarm with the trumpets, and cried toward heaven.

41 Then Judas appointed certain men to fight against those that were in the fortress, until he had cleansed the sanctuary. 42 So he chose priests of blameless conversation, such as had pleasure in the law: 43 who cleansed the sanctuary, and bare out the defiled stones into an unclean place. 44 And when as they consulted what to do with the altar of burnt offerings, which was profaned; 45 they thought it best to pull it down, lest it should be a reproach to them, because the heathen had defiled it: wherefore they pulled it down, 46 and laid up the stones in the mountain of the temple in a convenient place, until there should come a prophet to shew what should be done with them.

47 Then they took whole stones according to the law, and built a new altar according to the former; 48 and made up the sanctuary, and the things that were within the temple, and hallowed the courts. 49 They made also new holy vessels, and into the temple they brought the candlestick, and the altar of incense, and the table.

50 And upon the altar they burned incense, and the lamps that were upon the candlestick they lighted, that they might give light in the temple. 51 Furthermore they set the loaves upon the table, and spread out the veils, and finished all the works which they had begun to make.

52 Now on the five and twentieth day of the ninth month, which is called the month Casleu, in the hundred forty and eighth year, they rose up betimes in the morning, 53 and offered sacrifice according to the law upon the new altar of burnt offerings, which they had made. 54 At what time and day the heathen had profaned it, even in that was it dedicated with songs, and citherns, and harps, and cymbals. 55 Then all the people fell upon their faces, worshipping and praising the God of heaven, who had given them good success.

56 And so they kept the dedication of the altar eight days, and offered burnt offerings with gladness, and sacrificed the sacrifice of deliverance and praise. 57 They decked also the forefront of the temple with crowns of gold and with shields; and the gates and the chambers they renewed, and hanged doors upon them. 58 Thus was there very great gladness among the people, for that the reproach of the heathen was put away. 59 Moreover Judas and his brethren with the whole congregation of Israel ordained,

that the days of the dedication of the altar should be kept in their season from year to year by the space of eight days, from the five and twentieth day of the month Casleu, with mirth and gladness. [60] At that time also they builded up the mount Sion with high walls and strong towers round about, lest the Gentiles should come and tread it down, as they had done before. [61] And they set there a garrison to keep it, and fortified Bethsura to preserve it; that the people might have a defence against Idumea.

Now when the nations round about heard that the altar was built, and the sanctuary renewed as before, it displeased them very much. [2] Wherefore they thought to destroy the generation of Jacob that was among them, and thereupon they began to slay and destroy the people.

[3] Then Judas fought against the children of Esau in Idumea at Acrabattine, because they besieged Israel: and he gave them a great overthrow, and abated their courage, and took their spoils. [4] Also he remembered the injury of the children of Bæan, who had been a snare and an offence unto the people, in that they lay in wait for them in the ways. [5] He shut them up therefore in the towers, and encamped against them, and destroyed them utterly, and burned the towers of that *place* with fire, and all that were therein.

[6] Afterward he passed over to the children of Ammon, where he found a mighty power, and much people, with Timotheus their captain. [7] So he fought many battles with them, till at length they were discomfited before him; and he smote them. [8] And when he had taken Jazer, with the towns belonging thereto, he returned into Judea.

[9] Then the heathen that were at Galaad assembled themselves together against the Israelites that were in their quarters, to destroy them: but they fled to the fortress of Dathema, [10] and sent letters unto Judas and his brethren, saying, The heathen that are round about us are assembled together against us to destroy us: [11] and they are preparing to come and take the fortress whereunto we are fled, Timotheus being captain of their host.

[12] Come now therefore, and deliver us from their hands, for many of us are slain: [13] yea, all our brethren that were in the places of Tobie are put to death: their wives and their children also they have carried away captives, and borne away their stuff; and they have destroyed there about a thousand men.

[14] While these letters were yet being read, behold, there came other messengers from Galilee with their clothes rent, who reported on this wise, [15] saying that they of Ptolemais, and of Tyrus, and Sidon, and all Galilee of the Gentiles, were assembled together against them to consume us.

[16] Now when Judas and the people heard these words, there assembled a great congregation together, to consult what they should do for their brethren, that were in trouble, and assaulted of them. [17] Then said Judas to Simon his brother, Choose thee out men, and go and deliver thy brethren that are in Galilee, for I and Jonathan my brother will go into the country of

θυσιαστηρίου ἐν τοῖς καιροῖς αὐτῶν ἐνιαυτὸν κατ' ἐνιαυτὸν ἡμέρας ὀκτὼ, ἀπὸ τῆς πέμπτης καὶ εἰκάδος τοῦ μηνὸς Χασελεῦ, μετ' εὐφροσύνης καὶ χαρᾶς. Καὶ ᾠκοδόμησαν ἐν τῷ καιρῷ 6 ἐκείνῳ τὸ ὄρος Σιὼν, κυκλόθεν τείχη ὑψηλὰ καὶ πύργους ὀχυροὺς, μήποτε παραγενηθέντα τὰ ἔθνη καταπατήσωσιν αὐτὰ, ὡς ἐποίησαν τοπρότερον. Καὶ ἐπέταξεν ἐκεῖ δύναμιν τηρεῖν 6 αὐτὸ, καὶ ὠχύρωσαν αὐτὸ τηρεῖν τὴν Βαιθσούραν, τοῦ ἔχειν τὸν λαὸν ὀχύρωμα κατὰ πρόσωπον τῆς Ἰδουμαίας.

Καὶ ἐγένετο ὅτε ἤκουσαν τὰ ἔθνη κυκλόθεν ὅτι ᾠκοδομήθη 5 τὸ θυσιαστήριον, καὶ ἐνεκαινίσθη τὸ ἁγίασμα ὡς τοπρότερον, καὶ ὠργίσθησαν σφόδρα. Καὶ ἐβουλεύσαντο τοῦ ἆραι τὸ 2 γένος Ἰακὼβ τοὺς ὄντας ἐν μέσῳ αὐτῶν, καὶ ἤρξαντο τοῦ θανατοῦν ἐν τῷ λαῷ καὶ ἐξαίρειν.

Καὶ ἐπολέμει Ἰούδας πρὸς τοὺς υἱοὺς Ἡσαῦ ἐν τῇ Ἰδουμαίᾳ 3 τὴν Ἀκραβαττίνην, ὅτι περιεκάθηντο τὸν Ἰσραὴλ, καὶ ἐπάταξεν αὐτοὺς πληγὴν μεγάλην, καὶ συνέστειλεν αὐτοὺς, καὶ ἔλαβε τὰ σκῦλα αὐτῶν. Καὶ ἐμνήσθη τῆς κακίας υἱῶν Βαιὰν, οἳ ἦσαν 4 τῷ λαῷ εἰς παγίδα καὶ εἰς σκάνδαλον ἐν τῷ ἐνεδρεύειν αὐτοὺς ἐν ταῖς ὁδοῖς. Καὶ συνεκλείσθησαν ὑπ' αὐτοῦ ἐν τοῖς 5 πύργοις, καὶ παρενέβαλεν ἐπ' αὐτοὺς, καὶ ἀνεθεμάτισεν αὐτοὺς, καὶ ἐνεπύρισε τοὺς πύργους αὐτῆς ἐν πυρὶ σὺν πᾶσι τοῖς ἐνοῦσι.

Καὶ διεπέρασεν ἐπὶ τοὺς υἱοὺς Ἀμμὼν, καὶ εὗρε χεῖρα 6 κραταιὰν καὶ λαὸν πολὺν, καὶ Τιμόθεον ἡγούμενον αὐτῶν. Καὶ συνῆψε πρὸς αὐτοὺς πολέμους πολλοὺς, καὶ συνετρί- 7 βησαν πρὸ προσώπου αὐτοῦ, καὶ ἐπάταξεν αὐτούς. Καὶ 8 προκατελάβετο τὴν Ἰαζὴρ καὶ τὰς θυγατέρας αὐτῆς, καὶ ἀνέ- στρεψεν εἰς τὴν Ἰουδαίαν.

Καὶ ἐπισυνήχθησαν τὰ ἔθνη τὰ ἐν τῇ Γαλαὰδ ἐπὶ τὸν 9 Ἰσραὴλ τοὺς ὄντας ἐπὶ τοῖς ὁρίοις αὐτῶν τοῦ ἐξᾶραι αὐτούς· καὶ ἔφυγον εἰς Δάθεμα τὸ ὀχύρωμα. Καὶ ἀπέστειλαν γράμ- 10 ματα πρὸς Ἰούδαν καὶ τοὺς ἀδελφοὺς αὐτοῦ, λέγοντες, ἐπισυνηγμένα ἐστὶν ἐφ' ἡμᾶς τὰ ἔθνη τὰ κύκλῳ ἡμῶν τοῦ ἐξᾶραι ἡμᾶς. Καὶ ἑτοιμάζονται ἐλθεῖν καὶ προκαταλαβέσθαι 11 τὸ ὀχύρωμα εἰς ὃ κατεφύγομεν, καὶ Τιμόθεος ἡγεῖται τῆς δυνάμεως αὐτῶν.

Νῦν οὖν ἐλθὼν ἐξελοῦ ἡμᾶς ἐκ χειρὸς αὐτῶν, ὅτι πέπτω- 12 κεν ἐξ ἡμῶν πλῆθος. Καὶ πάντες οἱ ἀδελφοὶ ἡμῶν οἱ ὄντες 13 ἐν τοῖς Τωβίου τεθανάτωνται, καὶ ἠχμαλωτίκασι τὰς γυναῖκας αὐτῶν καὶ τὰ τέκνα αὐτῶν καὶ τὴν ἀποσκευὴν, καὶ ἀπώλεσαν ἐκεῖ ὡς μίαν χιλιαρχίαν ἀνδρῶν.

Ἔτι αἱ ἐπιστολαὶ ἀνεγινώσκοντο, καὶ ἰδοὺ ἄγγελοι ἕτεροι 14 παρεγένοντο ἐκ τῆς Γαλιλαίας διερρηχότες τὰ ἱμάτια, ἀπαγ- γέλλοντες κατὰ τὰ ῥήματα ταῦτα, λέγοντες ἐπισυνῆχθαι ἐπ' 15 αὐτοὺς ἐκ Πτολεμαΐδος καὶ Τύρου καὶ Σιδῶνος καὶ πάσης Γαλιλαίας ἀλλοφύλων, τοῦ ἐξαναλῶσαι ἡμᾶς.

Ὡς δὲ ἤκουσεν Ἰούδας καὶ ὁ λαὸς τοὺς λόγους τούτους, 16 ἐπισυνήχθη ἐκκλησία μεγάλη, βουλεύσασθαι τί ποιήσωσι τοῖς ἀδελφοῖς αὐτῶν τοῖς οὖσιν ἐν θλίψει, καὶ πολεμουμένοις ὑπ' αὐτῶν. Καὶ εἶπεν Ἰούδας Σίμωνι τῷ ἀδελφῷ αὐτοῦ, ἐπίλεξον 17 σεαυτῷ ἄνδρας, καὶ πορεύου καὶ ῥῦσαι τοὺς ἀδελφούς σου τοὺς ἐν τῇ Γαλιλαίᾳ· ἐγὼ δὲ καὶ Ἰωνάθαν ὁ ἀδελφός μου πορευσό-

18 μεθα εἰς τὴν Γαλααδῖτιν. Καὶ κατέλιπεν Ἰώσηφον τὸν τοῦ Ζαχαρίου, καὶ Ἀζαρίαν, ἡγουμένους τοῦ λαοῦ, μετὰ τῶν

19 ἐπιλοίπων τῆς δυνάμεως, ἐν τῇ Ἰουδαίᾳ εἰς τήρησιν. Καὶ ἐνετείλατο αὐτοῖς, λέγων, πρόστητε τοῦ λαοῦ τρύτου, καὶ μὴ συνάψητε πόλεμον πρὸς τὰ ἔθνη ἕως τοῦ ἐπιστρέψαι ἡμᾶς.

20 Καὶ ἐμερίσθησαν Σίμωνι ἄνδρες τρισχίλιοι τοῦ πορευθῆναι εἰς τὴν Γαλιλαίαν, Ἰούδᾳ δὲ ἄνδρες ὀκτακισχίλιοι εἰς τὴν Γαλααδῖτιν.

21 Καὶ ἐπορεύθη Σίμων εἰς τὴν Γαλιλαίαν, καὶ συνῆψε πολέμους πολλοὺς πρὸς τὰ ἔθνη, καὶ συνετρίβη τὰ ἔθνη ἀπὸ

22 προσώπου αὐτοῦ, καὶ ἐδίωξεν αὐτοὺς ἕως τῆς πύλης Πτολεμαΐδος· καὶ ἔπεσον ἐκ τῶν ἐθνῶν εἰς τρισχιλίους ἄνδρας, καὶ

23 ἔλαβε τὰ σκῦλα αὐτῶν. Καὶ παρέλαβε τοὺς ἐν τῇ Γαλιλαίᾳ καὶ ἐν Ἀρβάττοις σὺν ταῖς γυναιξὶ καὶ τοῖς τέκνοις, καὶ πάντα ὅσα ἦν αὐτοῖς, καὶ ἤγαγεν εἰς τὴν Ἰουδαίαν μετ' εὐφροσύνης μεγάλης.

24 Καὶ Ἰούδας ὁ Μακκαβαῖος καὶ Ἰωνάθαν ὁ ἀδελφὸς αὐτοῦ διέβησαν τὸν Ἰορδάνην, καὶ ἐπορεύθησαν ὁδὸν τριῶν ἡμερῶν

25 ἐν τῷ ἐρήμῳ. Καὶ συνήντησαν τοῖς Ναβαταίοις, καὶ ἀπήντησαν αὐτοῖς εἰρηνικῶς, καὶ διηγήσαντο αὐτοῖς ἅπαντα

26 τὰ συμβάντα τοῖς ἀδελφοῖς αὐτῶν ἐν τῇ Γαλααδίτιδι. Καὶ ὅτι πολλοὶ ἐξ αὐτῶν συνειλημμένοι εἰσὶν εἰς Βόσσορα, καὶ Βοσόρ, ἐν Ἀλέμοις, Χασφώρ, Μακέδ, καὶ Καρναΐν· πᾶσαι

27 αἱ πόλεις αὗται ὀχυραὶ καὶ μεγάλαι· καὶ ἐν ταῖς λοιπαῖς πόλεσι τῆς Γαλααδίτιδός εἰσι συνειλημμένοι, καὶ εἰς αὔριον τάσσονται παρεμβάλλειν ἐπὶ τὰ ὀχυρώματα, καὶ καταλαβέσθαι, καὶ ἐξᾶραι πάντας τούτους ἐν ἡμέρᾳ μιᾷ.

28 Καὶ ἀπέστρεψεν Ἰούδας καὶ ἡ παρεμβολὴ αὐτοῦ ὁδὸν εἰς τὴν ἔρημον εἰς Βοσόρ, ἄφνω· καὶ κατελάβετο τὴν πόλιν, καὶ ἀπέκτεινε πᾶν ἀρσενικὸν ἐν στόματι ῥομφαίας, καὶ ἔλαβε

29 πάντα τὰ σκῦλα αὐτῶν, καὶ ἐνέπρησεν αὐτὴν πυρί. Καὶ ἀπῆρεν ἐκεῖθεν νυκτός, καὶ ἐπορεύετο ἕως ἐπὶ τὸ ὀχύρωμα.

30 Καὶ ἐγένετο ἑωθινὴ, καὶ ἦραν τοὺς ὀφθαλμοὺς αὐτῶν, καὶ ἰδοὺ λαὸς πολὺς οὗ οὐκ ἦν ἀριθμός, αἴροντες κλίμακας καὶ μηχανὰς καταλαβέσθαι τὸ ὀχύρωμα, καὶ ἐπολέμουν αὐτούς.

31 Καὶ εἶδεν Ἰούδας ὅτι ἤρκται ὁ πόλεμος, καὶ ἡ κραυγὴ τῆς πόλεως ἀνέβη εἰς τὸν οὐρανὸν σάλπιγξι καὶ φωνῇ μεγάλη.

32 Καὶ εἶπε τοῖς ἀνδράσι τῆς δυνάμεως, πολεμήσατε σήμερον

33 ὑπὲρ τῶν ἀδελφῶν ὑμῶν. Καὶ ἐξῆλθεν ἐν τρισὶν ἀρχαῖς ἐξ ὄπισθεν αὐτῶν· καὶ ἐσάλπισαν ταῖς σάλπιγξι, καὶ ἐβόησαν ἐν προσευχῇ.

34 Καὶ ἐπέγνω ἡ παρεμβολὴ Τιμοθέου ὅτι Μακκαβαῖός ἐστι, καὶ ἔφυγον ἀπὸ προσώπου αὐτοῦ, καὶ ἐπάταξεν αὐτοὺς πληγὴν μεγάλην, καὶ ἔπεσον ἐξ αὐτῶν ἐν ἐκείνῃ τῇ ἡμέρᾳ εἰς ὀκτακισχιλίους ἄνδρας.

35 Καὶ ἀπέκλινεν εἰς Μασφὰ, καὶ ἐπολέμησεν αὐτὴν, καὶ προκατελάβετο αὐτὴν, καὶ ἀπέκτεινε πᾶν ἀρσενικὸν αὐτῆς, καὶ

36 ἔλαβε τὰ σκῦλα αὐτῆς, καὶ ἐνέπρησεν αὐτὴν πυρί. Ἐκεῖθεν ἀπῆρε, καὶ προκατελάβετο τὴν Χασφών, Μακέδ, Βοσόρ, καὶ τὰς λοιπὰς πόλεις τῆς Γαλααδίτιδος.

37 Μετὰ δὲ τὰ ῥήματα ταῦτα συνήγαγε Τιμόθεος παρεμβολὴν ἄλλην, καὶ παρενέβαλε κατὰ πρόσωπον Ῥαφὼν ἐκ πέραν τοῦ

Galaad. [18] So he left Joseph the *son* of Zacharias, and Azarias, captains of the people, with the remnant of the host in Judea to keep it. [19] Unto whom he gave commandment, saying, Take ye the charge of this people, and see that ye make not war against the heathen until the time that we come again. [20] Now unto Simon were given three thousand men to go into Galilee, and unto Judas eight thousand men for the country of Galaad.

[21] Then went Simon into Galilee, where he fought many battles with the heathen, so that the heathen were discomfited by him. [22] And he pursued them unto the gate of Ptolemais; and there were slain of the heathen about three thousand men, whose spoils he took. [23] And those that were in Galilee, and in Arbattis, with their wives and their children, and all that they had, took he away *with him*, and brought them into Judea with great joy.

[24] Judas Maccabeus also and his brother Jonathan went over Jordan, and travelled three days' journey in the wilderness, [25] where they met with the Nabathites, who came unto them in a peaceable manner, and told them every thing that had happened to their brethren in the land of Galaad: [26] and how that many of them were shut up in Bosora, and Bosor, and Alema, Casphor, Maked, and Carnaim; all these cities are strong and great: [27] and that they were shut up in the rest of the cities of the country of Galaad, and that against to morrow they had appointed to bring their host against the forts, and to take them, and to destroy them all in one day.

[28] Hereupon Judas and his host turned suddenly by the way of the wilderness unto Bosora; and when he had won the city, he slew all the males with the edge of the sword, and took all their spoils, and burned the city with fire. [29] From whence he removed by night, and went till he came to the fortress.

[30] And betimes in the morning they looked up, and, behold, there was an innumerable people bearing ladders and other engines of war, to take the fortress: for they assaulted them. [31] When Judas therefore saw that the battle was begun, and that the cry of the city went up to heaven, with trumpets, and a great sound, [32] he said unto his host, Fight this day for your brethren. [33] So he went forth behind them in three companies, who sounded their trumpets, and cried with prayer.

[34] Then the host of Timotheus, knowing that it was Maccabeus, fled from him: wherefore he smote them with a great slaughter; so that there were killed of them that day about eight thousand men. [35] This done, Judas turned aside to Maspha; and after he had assaulted it, he took it, and slew all the males therein, and received the spoils thereof, and burnt it with fire. [36] From thence went he, and took Casphon, Maged, Bosor, and the other cities of the country of Galaad.

[37] After these things gathered Timotheus another host, and encamped against Raphon

beyond the brook. ³⁸ So Judas sent *men* to espy the host, who brought him word, saying, All the heathen that be round abo·t us are assembled unto them, even a very great host. ³⁹ He hath also hired the Arabians to help them, and they have pitched their tents beyond the brook, ready to come and fight against thee. Upon this Judas went to meet them.

⁴⁰ Then Timotheus said unto the captains of his host, When Judas and his host come near the brook, if he pass over first unto us, we shall not be able to withstand him; for he will mightily prevail against us: ⁴¹ but if he be afraid, and camp beyond the river, we shall go over unto him, and prevail against him.

⁴² Now when Judas came near the brook, he caused the scribes of the people to remain by the brook: unto whom he gave commandment, saying, Suffer no man to remain in the camp, but let all come to the battle. ⁴³ So he went first over unto them, and all the people after him: then all the heathen, being discomfited before him, cast away their weapons, and fled unto the temple that was at Carnaim. ⁴⁴ But they took the city, and burned the temple with all that were therein. Thus was Carnaim subdued, neither could they stand any longer before Judas.

⁴⁵ Then Judas gathered together all the Israelites that were in the country of Galaad, from the least unto the greatest, even their wives, and their children, and their stuff, a very great host, to the end they might come into the land of Judea. ⁴⁶ Now when they came unto Ephron.(this was a great city in the way as they should go, very well fortified) they could not turn from it, either on the right hand or the left, but must needs pass through the midst of it. ⁴⁷ Then they of the city shut them out, and stopped up the gates with stones. ⁴⁸ Whereupon Judas sent unto them in peaceable manner, saying, Let us pass through your land to go into our own country, and none shall do you any hurt; we will only pass through on foot: howbeit they would not open unto him.

⁴⁹ Wherefore Judas commanded a proclamation to be made throughout the host, that every man should pitch his tent in the place where he was. ⁵⁰ So the soldiers pitched, and assaulted the city all that day and all that night, till at the length the city was delivered into his hands: ⁵¹ who then slew all the males with the edge of the sword, and rased the city, and took the spoils thereof, and passed through the city over them that were slain.

⁵² After this went they over Jordan into the great plain before Bethsan. ⁵³ And Judas gathered together those that came behind, and exhorted the people all the way through, till they came into the land of Judea. ⁵⁴ So they went up to mount Sion with joy and gladness, where they offered burnt offerings, because not one of them was slain until they had returned in peace.

⁵⁵ Now what time as Judas and Jonathan were in the land of Galaad, and Simon his brother in Galilee before Ptolemais,

χειμάρρου. Καὶ ἀπέστειλεν Ἰούδας κατασκοπεῦσαι τὴν **38** παρεμβολήν, καὶ ἀπήγγειλαν αὐτῷ, λέγοντες, ἐπισυνηγμένα εἰσὶ πρὸς αὐτοὺς πάντα τὰ ἔθνη τὰ κύκλῳ ἡμῶν, δύναμις πολλὴ σφόδρα. Καὶ Ἄραβας μεμίσθωται εἰς βοήθειαν **39** αὐτοῖς, καὶ παρενέβαλον πέραν τοῦ χειμάρρου ἕτοιμοι τοῦ ἐλθεῖν ἐπὶ σὲ εἰς πόλεμον· καὶ ἐπορεύθη Ἰούδας εἰς συνάντησιν αὐτῶν.

Καὶ εἶπε Τιμόθεος τοῖς ἄρχουσι τῆς δυνάμεως αὐτοῦ, ἐν τῷ **40** ἐγγίζειν Ἰούδαν καὶ τὴν παρεμβολὴν αὐτοῦ ἐπὶ τὸν χειμάρρουν τοῦ ὕδατος, ἐὰν διαβῇ πρὸς ἡμᾶς πρότερος, οὐ δυνησόμεθα ὑποστῆναι αὐτόν, ὅτι δυνάμενος δυνήσεται πρὸς ἡμᾶς. Ἐὰν δὲ **41** δειλωθῇ, καὶ παρεμβάλῃ πέραν τοῦ ποταμοῦ, διαπεράσομεν πρὸς αὐτόν, καὶ δυνησόμεθα πρὸς αὐτόν.

Ὡς δὲ ἤγγισεν Ἰούδας ἐπὶ τὸν χειμάρρουν τοῦ ὕδατος, **42** ἔστησε τοὺς γραμματεῖς τοῦ λαοῦ ἐπὶ τοῦ χειμάρρου, καὶ ἐνετείλατο αὐτοῖς, λέγων, μὴ ἀφῆτε πάντα ἄνθρωπον παρεμβαλεῖν, ἀλλ' ἐρχέσθωσαν πάντες εἰς τὸν πόλεμον. Καὶ **43** διεπέρασεν ἐπ' αὐτοὺς πρότερος, καὶ πᾶς ὁ λαὸς ὄπισθεν αὐτοῦ· καὶ συνετρίβησαν πρὸ προσώπου αὐτοῦ πάντα τὰ ἔθνη, καὶ ἔρριψαν τὰ ὅπλα αὐτῶν, καὶ ἔφυγον εἰς τὸ τέμενος ἐν Καρναΐν. Καὶ προκατελάβοντο τὴν πόλιν, καὶ τὸ τέμε- **44** νος ἐνεπύρισαν ἐν πυρὶ σὺν πᾶσι τοῖς ἐν αὐτῷ· καὶ ἐτροπώθη ἡ Καρναΐν, καὶ οὐκ ἐδύναντο ἔτι ὑποστῆναι κατὰ πρόσωπον Ἰούδα.

Καὶ συνήγαγεν Ἰούδας πάντα Ἰσραὴλ τοὺς ἐν τῇ Γαλααδί- **45** τιδι ἀπὸ μικροῦ ἕως μεγάλου, καὶ τὰς γυναῖκας αὐτῶν, καὶ τὰ τέκνα αὐτῶν, καὶ τὴν ἀποσκευήν, παρεμβολὴν μεγάλην σφόδρα, ἐλθεῖν εἰς γῆν Ἰούδα. Καὶ ἦλθον ἕως Ἐφρών· καὶ αὕτη ἡ **46** πόλις μεγάλη ἐπὶ τῆς εἰσόδου ὀχυρὰ σφόδρα· οὐκ ἦν ἐκκλῖναι ἀπ' αὐτῆς δεξιὰν ἢ ἀριστεράν, ἀλλ' ἢ διὰ μέσου αὐτῆς πορεύεσθαι. Καὶ ἀπέκλεισαν αὐτοὺς οἱ ἐκ τῆς πόλεως, καὶ **47** ἐνέφραξαν τὰς πύλας λίθοις. Καὶ ἀπέστειλε πρὸς αὐτοὺς **48** Ἰούδας λόγοις εἰρηνικοῖς, λέγων, διελευσόμεθα διὰ τῆς γῆς σου τοῦ ἀπελθεῖν εἰς τὴν γῆν ἡμῶν, και οὐδεὶς κακοποιήσει ὑμᾶς, πλὴν τοῖς ποσὶ παρελευσόμεʦα· καὶ οὐκ ἠβούλοντο ἀνοῖξαι αὐτῷ.

Καὶ ἐπέταξεν Ἰούδας κηρύξαι ἐν τῇ παρεμβολῇ, τοῦ **49** παρεμβαλεῖν ἕκαστον ἐν ᾧ ἐστι τόπῳ. Καὶ παρενέβαλον **50** οἱ ἄνδρες τῆς δυνάμεως, καὶ ἐπολέμησαν τὴν πόλιν ὅλην τὴν ἡμέραν ἐκείνην καὶ ὅλην τὴν νύκτα, καὶ παρεδόθη ἡ πόλις ἐν χερσὶν αὐτοῦ. Καὶ ἀπώλεσε πᾶν ἀρσενικὸν ἐν στόματι **51** ῥομφαίας, καὶ ἐξερρίζωσεν αὐτήν, καὶ ἔλαβε τὰ σκῦλα αὐτῆς, καὶ διῆλθε διὰ τῆς πόλεως ἐπάνω τῶν ἀπεκταμμένων.

Καὶ διέβησαν τὸν Ἰορδάνην εἰς τὸ πεδίον τὸ μέγα κατὰ **52** πρόσωπον Βαιθσάν. Καὶ ἦν Ἰούδας ἐπισυνάγων τοὺς ἐσχα- **53** τίζοντας, καὶ παρακαλῶν τὸν λαὸν κατὰ πᾶσαν τὴν ὁδόν, ἕως οὗ ἦλθον εἰς γῆν Ἰούδα. Καὶ ἀνέβησαν εἰς τὸ ὄρος **54** Σιὼν ἐν εὐφροσύνῃ καὶ χαρᾷ· καὶ προσήγαγον ὁλοκαυτώματα, ὅτι οὐκ ἔπεσεν ἐξ αὐτῶν οὐθεὶς ἕως τοῦ ἐπιστρέψαι ἐν εἰρήνῃ.

Καὶ ἐν ταῖς ἡμέραις αἷς ἦν Ἰούδας καὶ Ἰωνάθαν ἐν τῇ **55** Γαλαάδ, καὶ Σίμων ὁ ἀδελφὸς αὐτοῦ ἐν τῇ Γαλιλαίᾳ κατὰ

56 πρόσωπον Πτολεμαίδος, ἤκουσεν Ἰωσὴφ ὁ τοῦ Ζαχαρίου, καὶ Ἀζαρίας, ἄρχοντες τῆς δυνάμεως, τῶν ἀνδραγαθιῶν καὶ
57 τοῦ πολέμου οἷα ἐποίησαν, καὶ εἶπε, ποιήσωμεν καὶ αὐτοὶ ἑαυτοῖς ὄνομα, καὶ πορευθῶμεν πολεμῆσαι πρὸς τὰ ἔθνη τὰ κύκλῳ ἡμῶν.
58 Καὶ παρήγγειλαν τοῖς ἀπὸ τῆς δυνάμεως τῆς μετ᾽ αὐτῶν,
59 καὶ ἐπορεύθησαν ἐπὶ Ἰάμνειαν. Καὶ ἐξῆλθε Γοργίας ἐκ τῆς πόλεως, καὶ οἱ ἄνδρες αὐτοῦ, εἰς συνάντησιν αὐτοῖς εἰς πόλεμον.
60 Καὶ ἐτροπώθη Ἰώσηφος καὶ Ἀζαρίας, καὶ ἐδιώχθησαν ἕως τῶν ὁρίων τῆς Ἰουδαίας· καὶ ἔπεσον ἐν τῇ ἡμέρᾳ ἐκείνῃ ἐκ τοῦ
61 λαοῦ τοῦ Ἰσραὴλ εἰς δισχιλίους ἄνδρας. Καὶ ἐγενήθη τροπὴ μεγάλη ἐν τῷ λαῷ Ἰσραὴλ, ὅτι οὐκ ἤκουσαν Ἰούδα καὶ τῶν
62 ἀδελφῶν αὐτοῦ, οἰόμενοι ἀνδραγαθῆσαι. Αὐτοὶ δὲ οὐκ ἦσαν ἐκ τοῦ σπέρματος τῶν ἀνδρῶν ἐκείνων, οἷς ἐδόθη σωτηρία
63 Ἰσραὴλ διὰ χειρὸς αὐτῶν. Καὶ ὁ ἀνὴρ Ἰούδας καὶ οἱ ἀδελφοὶ αὐτοῦ ἐδοξάσθησαν σφόδρα ἐναντίον παντὸς Ἰσραὴλ, καὶ τῶν
64 ἐθνῶν πάντων, οὗ ἠκούετο τὸ ὄνομα αὐτῶν. Καὶ ἐπισυνήγοντο πρὸς αὐτοὺς εὐφημοῦντες.
65 Καὶ ἐξῆλθεν Ἰούδας καὶ οἱ ἀδελφοὶ αὐτοῦ, καὶ ἐπολέμουν τοὺς υἱοὺς Ἡσαῦ ἐν τῇ γῇ πρὸς Νότον, καὶ ἐπάταξε τὴν Χεβρὼν καὶ τὰς θυγατέρας αὐτῆς, καὶ καθεῖλε τὸ ὀχύρωμα
66 αὐτῆς, καὶ τοὺς πύργους αὐτῆς ἐνέπρησε κυκλόθεν. Καὶ ἀπῆρε τοῦ πορευθῆναι εἰς γῆν ἀλλοφύλων, καὶ διεπορεύετο τὴν Σαμάρειαν.
67 Ἐν τῇ ἡμέρᾳ ἐκείνῃ ἔπεσον ἱερεῖς ἐν πολέμῳ βουλόμενοι ἀνδραγαθῆσαι, ἐν τῷ αὐτοὺς ἐξελθεῖν εἰς πόλεμον ἀβουλεύτως.
68 Καὶ ἐξέκλινεν Ἰούδας εἰς Ἄζωτον γῆν ἀλλοφύλων, καὶ καθεῖλε τοὺς βωμοὺς αὐτῶν, καὶ τὰ γλυπτὰ τῶν θεῶν αὐτῶν κατέκαυσε πυρί, καὶ ἐσκύλευσε τὰ σκῦλα τῶν πόλεων, καὶ ἐπέστρεψεν εἰς τὴν γῆν Ἰούδα.
6 Καὶ ὁ βασιλεὺς Ἀντίοχος διεπορεύετο τὰς ἐπάνω χώρας, καὶ ἤκουσεν ὅτι ἐστὶν Ἐλυμαῒς ἐν τῇ Περσίδι πόλις ἔνδοξος
2 πλούτῳ, ἀργυρίῳ τε καὶ χρυσίῳ, καὶ τὸ ἱερὸν τὸ ἐν αὐτῇ πλούσιον σφόδρα, καὶ ἐκεῖ καλύμματα χρυσᾶ, καὶ θώρακες, καὶ ὅπλα ἃ κατέλιπεν ἐκεῖ Ἀλέξανδρος ὁ Φιλίππου, βασιλεὺς ὁ Μακεδῶν, ὃς ἐβασίλευσε πρῶτος ἐν τοῖς Ἕλλησι. Καὶ
3 ἦλθε καὶ ἐζήτει καταλαβέσθαι τὴν πόλιν, καὶ προνομεῦσαι αὐτὴν, καὶ οὐκ ἠδυνάσθη, ὅτι ἐγνώσθη ὁ λόγος τοῖς ἐκ τῆς
4 πόλεως. Καὶ ἀνέστησαν αὐτῷ εἰς πόλεμον, καὶ ἔφυγε καὶ ἀπῆρεν ἐκεῖθεν μετὰ λύπης μεγάλης, ἀποστρέψαι εἰς Βαβυλῶνα.
5 Καὶ ἦλθεν ἀπαγγέλλων τις αὐτῷ εἰς τὴν Περσίδα, ὅτι τετρόπωνται αἱ παρεμβολαὶ αἱ πορευθεῖσαι εἰς γῆν Ἰούδα.
6 Καὶ ἐπορεύθη Λυσίας δυνάμει ἰσχυρᾷ ἐν πρώτοις, καὶ ἀνετράπη ἀπὸ προσώπου αὐτῶν, καὶ ἐπίσχυσαν ὅπλοις καὶ δυνάμει καὶ σκύλοις πολλοῖς οἷς ἔλαβον ἀπὸ τῶν παρεμβολῶν ὧν
7 ἐξέκοψαν. Καὶ καθεῖλον τὸ βδέλυγμα ὃ ᾠκοδόμησεν ἐπὶ τὸ θυσιαστήριον τὸ ἐν Ἱερουσαλήμ, καὶ τὸ ἁγίασμα καθὼς τὸ πρότερον ἐκύκλωσαν τείχεσιν ὑψηλοῖς, καὶ τὴν Βαιθσούραν πόλιν αὐτοῦ.
8 Καὶ ἐγένετο ὡς ἤκουσεν ὁ βασιλεὺς τοὺς λόγους τούτους, ἐθαμβήθη καὶ ἐσαλεύθη σφόδρα· καὶ ἔπεσεν ἐπὶ τὴν κοίτην,

---

56 Joseph the *son* of Zacharias, and Azarias, captains of the garrisons, heard of the valiant acts and warlike deeds which they had done. **57** Wherefore they said, Let us also get us a name, and go fight against the heathen that are round about us. **58** So when they had given charge unto the garrison that was with them, they went toward Jamnia. **59** Then came Gorgias and his men out of the city to fight against them. **60** And so it was, that Joseph and Azarias were put to flight, and pursued unto the borders of Judea: and there were slain that day of the people of Israel about two thousand men. **61** Thus was there a great overthrow among the children of Israel, because they were not obedient unto Judas and his brethren, but thought to do some valiant act. **62** Moreover these men came not of the seed of those, by whose hand deliverance was given unto Israel. **63** Howbeit the man Judas and his brethren were greatly renowned in the sight of all Israel, and of all the heathen, wheresoever their name was heard of: **64** insomuch as the people assembled unto them with joyful acclamations. **65** Afterward went Judas forth with his brethren, and fought against the children of Esau in the land toward the south, where he smote Hebron, and the towns thereof, and pulled down the fortress of it, and burned the towers thereof round about. **66** From thence he removed to go into the land of the Philistines, and passed through Samaria. **67** At that time certain priests, desirous to shew their valour, were slain in battle, for that they went out to fight unadvisedly. **68** So Judas turned to Azotus in the land of the Philistines, and when he had pulled down their altars, and burned their carved images with fire, and spoiled their cities, he returned into the land of Judea.

About that time king Antiochus travelling through the high countries heard say, that Elymais in the country of Persia was a city greatly renowned for riches, silver, and gold; **2** and that there was in it a very rich temple, wherein were coverings of gold, and breastplates, and shields, which Alexander, *son of* Philip, the Macedonian king, who reigned first among the Grecians, had left there: **3** wherefore he came and sought to take the city, and to spoil it; but he was not able, because they of the city, having had warning thereof, **4** rose up against him in battle: so he fled, and departed thence with great heaviness, and returned to Babylon. **5** Moreover there came one who brought him tidings into Persia, that the armies, which went against the land of Judea, were put to flight: **6** and that Lysias, who went forth first with a great power, was driven away of the Jews; and that they were made strong by the armour, and power, and store of spoils, which they had gotten of the armies, whom they had destroyed: **7** also that they had pulled down the abomination, which he had set up upon the altar in Jerusalem, and that they had compassed about the sanctuary with high walls, as before, and his city Bethsura. **8** Now when the king heard these words, he was astonished and sore moved: whereupon he laid him down upon his bed, and

fell sick for grief, because it had not befallen him as he looked for. ⁹ And there he continued many days: for his grief was ever more and more, and he made account that he should die. ¹⁰ Wherefore he called for all his friends, and said unto them, The sleep is gone from mine eyes, and my heart faileth for very care. ¹¹ And I thought with myself, Into what tribulation am I come, and how great a flood *of misery* is it wherein now I am! for I was bountiful and beloved in my power. ¹² But now I remember the evils that I did at Jerusalem, and that I took all the vessels of gold and silver that were therein, and sent to destroy the inhabitants of Judea without a cause. ¹³ I perceive therefore that for this cause these troubles are come upon me, and, behold, I perish through great grief in a strange land.

¹⁴ Then called he for Philip, one of his friends, whom he made ruler over all his realm. ¹⁵ And gave him the crown, and his robe, and his signet, to the end he should bring up his son Antiochus, and nourish him up for the kingdom. ¹⁶ So king Antiochus died there in the hundred forty and ninth year. ¹⁷ Now when Lysias knew that the king was dead, he set up Antiochus his son, whom he had brought up being young, to reign in his stead, and his name he called Eupator.

¹⁸ About this time they that were in the tower shut up the Israelites round about the sanctuary, and sought always their hurt, and the strengthening of the heathen. ¹⁹ Wherefore Judas, purposing to destroy them, called all the people together to besiege them. ²⁰ So they came together, and besieged them in the hundred and fiftieth year, and he made mounts for shot against them, and *other* engines.

²¹ Howbeit certain of them that were besieged got forth, unto whom some ungodly men of Israel joined themselves: ²²and they went unto the king, and said, How long will it be ere thou execute judgment, and avenge our brethren? ²³ We have been willing to serve thy father, and to do as he would have us, and to obey his commandments; ²⁴for which cause they of our nation besiege the tower, and are alienated from us: moreover as many of us as they could light on they slew, and spoiled our inheritance.

²⁵ Neither have they stretched out their hand against us only, but also against all their borders. ²⁶ And, behold, this day are they besieging the tower at Jerusalem, to take it: the sanctuary also and Bethsura have they fortified. ²⁷ Wherefore if thou dost not prevent them quickly, they will do greater things than these, neither shalt thou be able to rule them.

²⁸ Now when the king heard this, he was angry, and gathered together all his friends, and the captains of his army, and those that had charge of the horse. ²⁹ There came also unto him from other kingdoms, and from isles of the sea, bands of hired soldiers. ³⁰ So that the number of his army was an hundred thousand footmen, and twenty thousand horsemen, and two and thirty elephants exercised in battle. ³¹ These went through Idumea, and pitched against Beth-

καὶ ἐνέπεσεν εἰς ἀρρωστίαν ἀπὸ τῆς λύπης, ὅτι οὐκ ἐγένετο αὐτῷ καθὼς ἐνεθυμεῖτο. Καὶ ἦν ἐκεῖ ἡμέρας πλείους, ὅτι ἀνεκαινίσθη 9 ἐπ' αὐτὸν λύπη μεγάλη, καὶ ἐλογίσατο ὅτι ἀποθνήσκει. Καὶ 10 ἐκάλεσε πάντας τοὺς φίλους αὐτοῦ, καὶ εἶπε πρὸς αὐτούς, ἀφίσταται ὁ ὕπνος ἀπὸ τῶν ὀφθαλμῶν μου, καὶ συμπέπτωκα τῇ καρδίᾳ ἀπὸ τῆς μερίμνης. Καὶ εἶπα τῇ καρδίᾳ μου, ἕως 11 τίνος θλίψεως ἦλθον καὶ κλύδωνος μεγάλου, ἐν ᾧ νῦν εἰμι; ὅτι χρηστὸς καὶ ἀγαπώμενος ἤμην ἐν τῇ ἐξουσίᾳ μου. Νῦν 12 δὲ μιμνήσκομαι τῶν κακῶν ὧν ἐποίησα ἐν Ἰερουσαλήμ, καὶ ἔλαβον πάντα τὰ σκεύη τὰ χρυσᾶ καὶ τὰ ἀργυρᾶ τὰ ἐν αὐτῇ, καὶ ἐξαπέστειλα ἐξᾶραι τοὺς κατοικοῦντας Ἰούδα διακενῆς. Ἔγνων οὖν ὅτι χάριν τούτων εὗρόν με τὰ κακὰ ταῦτα· καὶ 13 ἰδοὺ ἀπόλλυμαι λύπῃ μεγάλῃ ἐν γῇ ἀλλοτρίᾳ.

Καὶ ἐκάλεσε Φίλιππον ἕνα τῶν φίλων αὐτοῦ, καὶ κατέ- 14 στησεν αὐτὸν ἐπὶ πάσης τῆς βασιλείας αὐτοῦ. Καὶ ἔδωκεν 15 αὐτῷ τὸ διάδημα καὶ τὴν στολὴν αὐτοῦ καὶ τὸν δακτύλιον, τοῦ ἀγαγεῖν Ἀντίοχον τὸν υἱὸν αὐτοῦ, καὶ ἐκθρέψαι αὐτὸν τοῦ βασιλεύειν. Καὶ ἀπέθανεν ἐκεῖ Ἀντίοχος ὁ βασιλεὺς ἔτους 16 ἐννάτου καὶ τεσσαρακοστοῦ καὶ ἑκατοστοῦ. Καὶ ἐπέγνω 17 Λυσίας ὅτι τέθνηκεν ὁ βασιλεύς, καὶ κατέστησε βασιλεύειν Ἀντίοχον τὸν υἱὸν αὐτοῦ ἀντ' αὐτοῦ, ὃν ἐξέθρεψε νεώτερον, καὶ ἐκάλεσε τὸ ὄνομα αὐτοῦ Εὐπάτορα.

Καὶ οἱ ἐκ τῆς ἄκρας ἦσαν συγκλείοντες τὸν Ἰσραὴλ κύκλῳ 18 τῶν ἁγίων, καὶ ζητοῦντες τὰ κακὰ δι' ὅλου, καὶ στήριγμα τοῖς ἔθνεσι Καὶ ἐλογίσατο Ἰούδας ἐξᾶραι αὐτούς· καὶ ἐξεκκλησίασε 19 πάντα τὸν λαὸν τοῦ περικαθίσαι ἐπ' αὐτούς. Καὶ συνήχ- 20 θησαν ἅμα, καὶ περιεκάθισαν ἐπ' αὐτοὺς ἔτους πεντηκοστοῦ καὶ ἑκατοστοῦ, καὶ ἐποίησεν ἐπ' αὐτοὺς βελοστάσεις καὶ μηχανάς.

Καὶ ἐξῆλθον ἐξ αὐτῶν ἐκ τοῦ συγκλεισμοῦ, καὶ ἐκολλή- 21 θησαν αὐτοῖς τινὲς τῶν ἀσεβῶν ἐξ Ἰσραήλ, καὶ ἐπορεύθησαν 22 πρὸς τὸν βασιλέα, καὶ εἶπον, ἕως πότε οὐ ποιήσῃ κρίσιν, καὶ ἐκδικήσεις τοὺς ἀδελφοὺς ἡμῶν; Ἡμεῖς εὐδοκοῦμεν δουλεύειν 23 τῷ πατρί σου, καὶ πορεύεσθαι τοῖς ὑπ' αὐτοῦ λεγομένοις, καὶ κατακολουθεῖν τοῖς προστάγμασιν αὐτοῦ. Καὶ περικάθηνται 24 εἰς τὴν ἄκραν υἱοὶ τοῦ λαοῦ ἡμῶν, χάριν τούτου καὶ ἀλλοτριοῦνται ἀφ' ἡμῶν· πλὴν ὅσοι εὑρίσκοντο ἀφ' ἡμῶν ἐθανατοῦντο, καὶ αἱ κληρονομίαι ἡμῶν διηρπάζοντο.

Καὶ οὐκ ἐφ' ἡμᾶς μόνον ἐξέτειναν χεῖρα, ἀλλὰ καὶ ἐπὶ 25 πάντα τὰ ὅρια αὐτῶν. Καὶ ἰδοὺ παρεμβεβλήκασι σήμερον 26 ἐπὶ τὴν ἄκραν ἐν Ἰερουσαλήμ, τοῦ καταλαβέσθαι αὐτήν, καὶ τὸ ἁγίασμα, καὶ τὴν Βαιθσούραν ὠχύρωσαν. Καὶ ἐὰν μὴ 27 προκαταλάβῃ αὐτοὺς διατάχους, μείζονα τούτων ποιήσουσι, καὶ οὐ δυνήσῃ τοῦ κατασχεῖν αὐτῶν.

Καὶ ὠργίσθη ὁ βασιλεὺς ὅτε ἤκουσε, καὶ συνήγαγε πάντας 28 τοὺς φίλους αὐτοῦ, καὶ τοὺς ἄρχοντας τῆς δυνάμεως αὐτοῦ, καὶ τοὺς ἐπὶ τῶν ἡνίων. Καὶ ἀπὸ βασιλειῶν ἑτέρων καὶ ἀπὸ 29 νήσων θαλασσῶν ἦλθον πρὸς αὐτὸν δυνάμεις μισθωταί. Καὶ 30 ἦν ὁ ἀριθμὸς τῶν δυνάμεων αὐτοῦ ἑκατὸν χιλιάδες τῶν πεζῶν, καὶ εἴκοσι χιλιάδες ἵππων, καὶ ἐλέφαντες δύο καὶ τριάκοντα εἰδότες πόλεμον. Καὶ ἤλθοσαν διὰ τῆς Ἰδουμαίας, καὶ παρ- 31 ενεβάλοσαν ἐπὶ Βαιθσούραν, καὶ ἐπολέμησαν ἡμέρας πολλάς.

καὶ ἐποίησαν μηχανάς· καὶ ἐξῆλθον, καὶ ἐνεπύρισαν αὐτὰς ἐν πυρί, καὶ ἐπολέμησαν ἀνδρωδῶς.

32 Καὶ ἀπῆρεν Ἰούδας ἀπὸ τῆς ἄκρας, καὶ παρενέβαλεν εἰς
33 Βαιθζαχαρία ἀπέναντι τῆς παρεμβολῆς τοῦ βασιλέως. Καὶ ὤρθρισεν ὁ βασιλεὺς τοπρωΐ, καὶ ἀπῆρε τὴν παρεμβολὴν ἐν ὁρμήματι αὐτῆς κατὰ τὴν ὁδὸν Βαιθζαχαρία, καὶ διεσκευάσθησαν αἱ δυνάμεις εἰς τὸν πόλεμον, καὶ ἐσάλπισαν ταῖς σάλπιγξι.

34 Καὶ τοῖς ἐλέφασιν ἔδειξαν αἷμα σταφυλῆς καὶ μόρων, τοῦ
35 παραστῆσαι αὐτοὺς εἰς τὸν πόλεμον. Καὶ διεῖλον τὰ θηρία εἰς τὰς φάλαγγας, καὶ παρέστησαν ἑκάστῳ ἐλέφαντι χιλίους ἄνδρας τεθωρακισμένους ἐν ἀλυσιδωτοῖς, καὶ περικεφαλαίαι χαλκαῖ ἐπὶ τῶν κεφαλῶν αὐτῶν, καὶ πεντακόσιοι ἵπποι δια-
36 τεταγμένοι ἑκάστῳ θηρίῳ ἐκλελεγμένοι. Οὗτοι πρὸ καιροῦ, οὗ ἐὰν ἦν τὸ θηρίον, ἦσαν, καὶ οὗ ἐὰν ἐπορεύετο, ἐπορεύοντο
37 ἅμα, οὐκ ἀφίσταντο ἀπ᾽ αὐτοῦ. Καὶ πύργοι ξύλινοι ἐπ᾽ αὐτοὺς ὀχυροὶ σκεπαζόμενοι ἐφ᾽ ἑκάστου θηρίου, ἐζωσμένοι ἐπ᾽ αὐτοῦ μηχαναῖς· καὶ ἐφ᾽ ἑκάστου ἄνδρες δυνάμεως δύο καὶ τριάκοντα οἱ πολεμοῦντες ἐπ᾽ αὐτοῖς, καὶ ὁ Ἰνδὸς αὐτοῦ.

38 Καὶ τὴν ἐπίλοιπον ἵππον ἔνθεν καὶ ἔνθεν ἔστησαν ἐπὶ τὰ δύο μέρη τῆς παρεμβολῆς, κατασείοντες καὶ καταφρασσόμενοι
39 ἐν ταῖς φάραγξιν. Ὡς δὲ ἔστιλβεν ὁ ἥλιος ἐπὶ τὰς χρυσᾶς καὶ χαλκᾶς ἀσπίδας, ἔστιλβε τὰ ὄρη ἀπ᾽ αὐτῶν, καὶ κατηύγαζεν ὡς
40 λαμπάδες πυρός. Καὶ ἐξετάθη μέρος τι τῆς παρεμβολῆς τοῦ βασιλέως ἐπὶ τὰ ὑψηλὰ ὄρη, καί τινες ἐπὶ ταπεινά· καὶ ἤρχοντο
41 ἀσφαλῶς καὶ τεταγμένως. Καὶ ἐσαλεύοντο πάντες οἱ ἀκούοντες φωνῆς πλήθους αὐτῶν, καὶ ὁδοιπαρίας τοῦ πλήθους, καὶ συγκρουσμοῦ τῶν ὅπλων· ἦν γὰρ ἡ παρεμβολὴ μεγάλη σφόδρα καὶ ἰσχυρά.

42 Καὶ ἤγγισεν Ἰούδας καὶ ἡ παρεμβολὴ αὐτοῦ εἰς παράταξιν· καὶ ἔπεσον ἀπὸ τῆς παρεμβολῆς τοῦ βασιλέως ἑξακόσιοι
43 ἄνδρες. Καὶ εἶδεν Ἐλεάζαρ ὁ Σαυαρὰν ἓν τῶν θηρίων τεθωρακισμένον θώρακι βασιλικῷ, καὶ ἦν ὑπεράγον πάντα τὰ
44 θηρία, καὶ ὤφθη ὅτι ἐν αὐτῷ ἐστιν ὁ βασιλεύς. Καὶ ἔδωκεν ἑαυτὸν τοῦ σῶσαι τὸν λαὸν αὐτοῦ, καὶ περιποιῆσαι ἑαυτῷ
45 ὄνομα αἰώνιον. Καὶ ἐπέδραμεν αὐτῷ θράσει εἰς μέσον τῆς φάλαγγος, καὶ ἐθανάτου δεξιὰ καὶ εὐώνυμα καὶ ἐσχίζοντο ἀπ᾽
46 αὐτοῦ ἔνθα καὶ ἔνθα. Καὶ εἰσέδυ ὑπὸ τὸν ἐλέφαντα, καὶ ὑπέθηκεν αὐτῷ, καὶ ἀνεῖλεν αὐτόν, καὶ ἔπεσεν ἐπὶ τὴν γῆν ἐπάνω
47 αὐτοῦ, καὶ ἀπέθανεν ἐκεῖ. Καὶ ἴδον τὴν ἰσχὺν τῆς βασιλείας καὶ τὸ ὅρμημα τῶν δυνάμεων, καὶ ἐξέκλιναν ἀπ᾽ αὐτῶν.

48 Οἱ δὲ ἐκ τῆς παρεμβολῆς τοῦ βασιλέως ἀνέβαινον εἰς συνάντησιν αὐτῶν εἰς Ἱερουσαλήμ· καὶ παρενέβαλεν ὁ βασιλεὺς εἰς
49 τὴν Ἰουδαίαν καὶ εἰς τὸ ὄρος Σιών, καὶ ἐποίησεν εἰρήνην μετὰ τῶν ἐκ Βαιθσούρων· καὶ ἐξῆλθον ἐκ τῆς πόλεως, ὅτι οὐκ ἦν αὐτοῖς ἐκεῖ διατροφὴ τοῦ συγκεκλεῖσθαι ἐν αὐτῇ, ὅτι σάββατον ἦν τῇ γῇ.

50 Καὶ κατελάβετο βασιλεὺς τὴν Βαιθσούραν, καὶ ἀπέταξεν
51 ἐκεῖ φρουρὰν τηρεῖν αὐτήν, καὶ παρενέβαλεν ἐπὶ τὸ ἁγίασμα

sura, which they assaulted many days, making engines; but they *of Bethsura* came out, and burned them with fire, and fought valiantly.

[32] Upon this Judas removed from the tower, and pitched in Bethzacharias, over against the king's camp. [33] Then the king rising very early marched fiercely with his host toward Bethzacharias, where his armies made them ready to battle, and sounded the trumpets.

[34] And to the end they might provoke the elephants to fight, they shewed them the blood of grapes and mulberries. [35] Moreover they divided the beasts among the armies, and for every elephant they appointed a thousand men, armed with coats of mail, and with helmets of brass on their heads; and beside this, for every beast were ordained five hundred horsemen of the best. [36] These were ready at every occasion: wheresoever the beast was, and whithersoever the beast went, they went also, neither departed they from him. [37] And upon the beasts were there strong towers of wood, which covered every one of them, and were girt fast unto them with devices: there were also upon every one two and thirty strong men, that fought upon them, beside the Indian that ruled him.

[38] As for the remnant of the horsemen, they set them on this side and that side at the two parts of the host, giving them signs what to do, and being harnessed all over amidst the ranks. [39] Now when the sun shone upon the shields of gold and brass, the mountains glistered therewith, and shined like lamps of fire. [40] So part of the king's army being spread upon the high mountains, and part on the valleys below, they marched on safely and in order. [41] Wherefore all that heard the noise of their multitude, and the marching of the company, and the rattling of the harness, were moved: for the army was very great and mighty.

[42] Then Judas and his host drew near, and entered into battle, and there were slain of the king's army six hundred men. [43] Eleazar also, *surnamed* Savaran, perceiving that one of the beasts, armed with royal harness, was higher than all the rest, and supposing that the king was upon him, [44] put himself in jeopardy, to the end he might deliver his people, and get him a perpetual name: [45] wherefore he ran upon him courageously through the midst of the battle, slaying on the right hand and on the left, so that they were divided from him on both sides. [46] Which done, he crept under the elephant, and thrust him under, and slew him: whereupon the elephant fell down upon him, and there he died. [47] Howbeit *the rest of the Jews* seeing the strength of the king, and the violence of his forces, turned away from them.

[48] Then the king's army went up to Jerusalem to meet them, and the king pitched his tents against Judea, and against mount Sion. [49] But with them that were in Bethsura he made peace: for they came out of the city, because they had no victuals there to endure the siege, it being a year of rest to the land.

[50] So the king took Bethsura, and set a garrison there to keep it. [51] As for the

sanctuary, he besieged it many days: and set there artillery with engines and instruments to cast fire and stones, and pieces to cast darts and slings. ⁵² Whereupon they also made engines against their engines, and held them battle a long season. ⁵³ Yet at the last, their vessels being without victuals, (for that it was the seventh year, and they in Judea, that were delivered from the Gentiles, had eaten up the residue of the store;) ⁵⁴ there were but a few left in the sanctuary, because the famine did so prevail against them, that they were fain to disperse themselves, every man to his own place.

⁵⁵ At that time Lysias heard say, that Philip, whom Antiochus the king, whiles he lived, had appointed to bring up his son Antiochus, that he might be king, ⁵⁶ was returned out of Persia and Media, and the king's host also that went with him, and that he sought to take unto him the ruling of affairs. ⁵⁷ Wherefore he went in all haste, and said to the king and the captains of the host and the company, We decay daily, and our victuals are but small, and the place we lay siege unto is strong, and the affairs of the kingdom lie upon us: ⁵⁸ now therefore let us be friends with these men, and make peace with them, and with all their nation; ⁵⁹ and covenant with them, that they shall live after their laws, as they did before: for they are therefore displeased, and have done all these things, because we abolished their laws.

⁶⁰ So the king and the princes were content: wherefore he sent unto them to make peace; and they accepted thereof. ⁶¹ Also the king and the princes made an oath unto them: whereupon they went out of the strong hold. ⁶² Then the king entered into mount Sion: but when he saw the strength of the place, he brake his oath that he had made, and gave commandment to pull down the wall round about. ⁶³ Afterward departed he in all haste, and returned unto Antiochia, where he found Philip to be master of the city: so he fought against him, and took the city by force.

In the hundred and one and fiftieth year Demetrius the *son* of Seleucus departed from Rome, and came up with a few men unto a city of the sea coast, and reigned there.

² And as he entered into the palace of his ancestors, so it was, that his forces had taken Antiochus and Lysias, to bring them unto him. ³ Wherefore, when he knew it, he said, Let me not see their faces. ⁴ So his host slew them. Now when Demetrius was set upon the throne of his kingdom, ⁵ there came unto him all the wicked and ungodly men of Israel, having Alcimus, who was desirous to be high priest, for their captain: ⁶ and they accused the people to the king, saying, Judas and his brethren have slain all thy friends, and driven us out of our own land. ⁷ Now therefore send some man whom thou trustest, and let him go and see what havock he hath made among us, and in the king's land, and let him punish them with all them that aid them.

⁸ Then the king chose Bacchides, a friend of the king, who ruled beyond the river, and was a great man in the kingdom, and faithful to the king. ⁹ And him he sent

ἡμέρας πολλὰς, καὶ ἔστησεν ἐκεῖ βελοστάσεις καὶ μηχανὰς καὶ πυρόβολα καὶ λιθόβολα καὶ σκορπίδια εἰς τὸ βάλλεσθαι βέλη, καὶ σφενδόνας. Καὶ ἐποίησαν καὶ αὐτοὶ μηχανὰς πρὸς τὰς 52 μηχανὰς αὐτῶν, καὶ ἐπολέμησαν ἡμέρας πολλάς. Βρώματα 53 δὲ οὐκ ἦν ἐν τοῖς ἀγγείοις, διὰ τὸ ἕβδομον ἔτος εἶναι, καὶ οἱ ἀνασωζόμενοι εἰς τὴν Ἰουδαίαν ἀπὸ τῶν ἐθνῶν κατέφαγον τὸ ὑπόλειμμα τῆς παραθέσεως. Καὶ ὑπελείφθησαν ἐν τοῖς ἁγίοις 54 ἄνδρες ὀλίγοι, ὅτι κατεκράτησεν αὐτῶν ὁ λιμός· καὶ ἐσκορπίσθησαν ἕκαστος εἰς τὸν τόπον αὐτοῦ.

Καὶ ἤκουσε Λυσίας, ὅτι Φίλιππος, ὃν κατέστησεν ὁ βασιλεὺς 55 Ἀντίοχος ἔτι ζῶν, ἐκθρέψαι Ἀντίοχον τὸν υἱὸν αὐτοῦ εἰς τὸ βασιλεῦσαι αὐτὸν, ἀπέστρεψεν ἀπὸ τῆς Περσίδος καὶ Μηδείας, 56 καὶ αἱ δυνάμεις αἱ πορευθεῖσαι τοῦ βασιλέως μετ᾽ αὐτοῦ, καὶ ὅτι ζητεῖ παραλαβεῖν τὰ πράγματα. Καὶ κατέσπευσε τοῦ 57 ἀπελθεῖν, καὶ εἰπεῖν πρὸς τὸν βασιλέα καὶ τοὺς ἡγεμόνας τῆς δυνάμεως καὶ τοὺς ἄνδρας, ἐκλείπομεν καθ᾽ ἡμέραν, καὶ ἡ, τροφὴ ἡμῖν ὀλίγη, καὶ ὁ τόπος οὗ παρεμβάλλομεν ἐστιν· ὀχυρὸς, καὶ ἐπίκειται ἡμῖν τὰ τῆς βασιλείας. Νῦν οὖν δῶμεν 58 δεξιὰν τοῖς ἀνθρώποις τούτοις, καὶ ποιήσωμεν μετ᾽ αὐτῶν εἰρήνην καὶ μετὰ παντὸς ἔθνους αὐτῶν, καὶ στήσωμεν αὐτοῖς 59 τοῦ πορεύεσθαι τοῖς νομίμοις αὐτῶν, ὡς τοπρότερον· χάριν γὰρ τῶν νομίμων αὐτῶν ὧν διεσκεδάσαμεν, ὠργίσθησαν, καὶ ἐποίησαν ταῦτα πάντα.

Καὶ ἤρεσεν ὁ λόγος ἐναντίον τοῦ βασιλέως καὶ τῶν ἀρχόν- 60 των, καὶ ἀπέστειλε πρὸς αὐτοὺς εἰρηνεῦσαι, καὶ ἐπεδέξαντο. Καὶ ὤμοσεν αὐτοῖς ὁ βασιλεὺς καὶ οἱ ἄρχοντες· ἐπὶ τούτοις 61 ἐξῆλθον ἐκ τοῦ ὀχυρώματος. Καὶ εἰσῆλθεν ὁ βασιλεὺς εἰς τὸ 62 ὄρος Σιὼν, καὶ εἶδε τὸ ὀχύρωμα τοῦ τόπου· καὶ ἠθέτησε τὸν ὁρκισμὸν ὃν ὤμοσε, καὶ ἐνετείλατο καθελεῖν τὸ τεῖχος κυκλόθεν. Καὶ ἀπῆρε κατὰ σπουδὴν, καὶ ἀπέστρεψεν εἰς Ἀντιόχειαν, καὶ 63 εὗρε Φίλιππον κυριεύοντα τῆς πόλεως, καὶ ἐπολέμησε πρὸς αὐτὸν, καὶ κατελάβετο τὴν πόλιν βίᾳ.

Ἔτους ἑνὸς καὶ πεντηκοστοῦ καὶ ἑκατοστοῦ ἐξῆλθε Δημή- 7 τριος ὁ τοῦ Σελεύκου ἐκ Ῥώμης, καὶ ἀνέβη σὺν ἀνδράσιν ὀλίγοις εἰς πόλιν παραθαλασσίαν, καὶ ἐβασίλευσεν ἐκεῖ.

Καὶ ἐγένετο ὡς εἰσεπορεύετο εἰς οἶκον βασιλείας πατέρων 2 αὐτοῦ, συνέλαβον αἱ δυνάμεις τὸν Ἀντίοχον καὶ τὸν Λυσίαν ἄγειν αὐτοὺς αὐτῷ. Καὶ ἐγνώσθη αὐτῷ τὸ πρᾶγμα, καὶ εἶπε, 3 μή μοι δείξητε τὰ πρόσωπα αὐτῶν. Καὶ ἀπέκτειναν αὐτοὺς 4 αἱ δυνάμεις, καὶ ἐκάθισε Δημήτριος ἐπὶ θρόνου βασιλείας αὐτοῦ. Καὶ ἦλθον πρὸς αὐτὸν πάντες ἄνδρες ἄνομοι καὶ 5 ἀσεβεῖς ἐξ Ἰσραὴλ, καὶ Ἄλκιμος ἡγεῖτο αὐτῶν, βουλόμενος ἱερατεύειν. Καὶ κατηγόρησαν τοῦ λαοῦ πρὸς τὸν βασιλέα, 6 λέγοντες, ἀπώλεσεν Ἰούδας καὶ οἱ ἀδελφοὶ αὐτοῦ τοὺς φίλους σου, καὶ ἡμᾶς ἐσκόρπισαν ἀπὸ τῆς γῆς ἡμῶν. Νῦν οὖν 7 ἀπόστειλον ἄνδρα ᾧ πιστεύεις, καὶ πορευθεὶς ἰδέτω τὴν ἐξολόθρευσιν πᾶσαν ἣν ἐποίησεν ἡμῖν καὶ τῇ χώρᾳ τοῦ βασιλέως, καὶ κολασάτω αὐτοὺς καὶ πάντας τοὺς ἐπιβοηθοῦντας αὐτοῖς.

Καὶ ἐπέλεξεν ὁ βασιλεὺς τὸν Βακχίδην τῶν φίλων τοῦ 8 βασιλέως, κυριεύοντα ἐν τῷ πέραν τοῦ ποταμοῦ, καὶ μέγαν ἐν τῇ βασιλείᾳ, καὶ πιστὸν τῷ βασιλεῖ. Καὶ ἀπέστειλεν αὐτὸν 9

καὶ Ἄλκιμον τὸν ἀσεβῆ, καὶ ἔστησεν αὐτῷ τὴν ἱερωσύνην, καὶ
ἐνετείλατο αὐτῷ ποιῆσαι τὴν ἐκδίκησιν ἐν τοῖς υἱοῖς Ἰσραήλ.
10 Καὶ ἀπῆραν, καὶ ἦλθον μετὰ δυνάμεως πολλῆς εἰς γῆν Ἰούδα·
καὶ ἀπέστειλεν ἀγγέλους πρὸς Ἰούδαν, καὶ τοὺς ἀδελφοὺς
11 αὐτοῦ, λόγοις εἰρηνικοῖς μετὰ δόλου. Καὶ οὐ προσέσχον τοῖς
λόγοις αὐτῶν, ἴδον γὰρ ὅτι ἦλθον μετὰ δυνάμεως πολλῆς.

12 Καὶ ἐπισυνήχθησαν πρὸς Ἄλκιμον καὶ Βακχίδην συναγωγὴ
13 γραμματέων ἐκζητῆσαι δίκαια. Καὶ πρῶτοι οἱ Ἀσιδαῖοι ἦσαν
14 ἐν υἱοῖς Ἰσραήλ, καὶ ἐπεζήτουν παρ' αὐτῶν εἰρήνην· Εἶπαν
γὰρ, ἄνθρωπος ἱερεὺς ἐκ τοῦ σπέρματος Ἀαρὼν ἦλθεν ἐν ταῖς
15 δυνάμεσι, καὶ οὐκ ἀδικήσει ἡμᾶς. Καὶ ἐλάλησε μετ' αὐτῶν
λόγους εἰρηνικοὺς, καὶ ὤμοσεν αὐτοῖς, λέγων, οὐκ ἐκζητήσομεν
16 ὑμῖν κακὸν, καὶ τοῦ φίλοις ὑμῶν. Καὶ ἐνεπίστευσαν αὐτῷ·
καὶ συνέλαβεν ἐξ αὐτῶν ἐξήκοντα ἄνδρας, καὶ ἀπέκτεινεν
17 αὐτοὺς ἐν ἡμέρᾳ μιᾷ, κατὰ τὸν λόγον ὃν ἔγραψε, σάρκας ὁσίων
σου καὶ αἵματα αὐτῶν ἐξέχεαν κύκλῳ Ἱερουσαλὴμ, καὶ οὐκ ἦν
18 αὐτοῖς ὁ θάπτων. Καὶ ἐπέπεσεν αὐτῶν ὁ φόβος καὶ ὁ τρόμος
ἐπὶ πάντα τὸν λαὸν, ὅτι εἶπαν, οὐκ ἔστιν ἐν αὐτοῖς ἀλήθεια
καὶ κρίσις· παρέβησαν γὰρ τὴν στάσιν καὶ τὸν ὅρκον ὃν
ὤμοσαν.

19 Καὶ ἀπῆρε Βακχίδης ἀπὸ Ἱερουσαλὴμ, καὶ παρενέβαλεν ἐν
Βηζὲθ, καὶ ἀπέστειλε καὶ συνέλαβε πολλοὺς ἀπὸ τῶν ἀπ' αὐτοῦ
αὐτομολησάντων ἀνδρῶν, καί τινας τοῦ λαοῦ, καὶ ἔθυσεν αὐτοὺς
20 εἰς τὸ φρέαρ τὸ μέγα. Καὶ κατέστησε τὴν χώραν τῷ Ἀλκίμῳ,
καὶ ἀφῆκε μετ' αὐτοῦ δύναμιν τοῦ βοηθεῖν αὐτῷ· καὶ ἀπῆλθε
21 Βακχίδης πρὸς τὸν βασιλέα. Καὶ ἠγωνίσατο Ἄλκιμος περὶ
22 τῆς ἀρχιερωσύνης. Καὶ συνήχθησαν πρὸς αὐτὸν πάντες οἱ
ταράσσοντες τὸν λαὸν αὐτῶν, καὶ κατεκράτησαν γῆν Ἰούδα, καὶ
ἐποίησαν πληγὴν μεγάλην ἐν Ἰσραήλ.

23 Καὶ εἶδεν Ἰούδας πᾶσαν τὴν κακίαν ἣν ἐποίησεν Ἄλκιμος
24 καὶ οἱ μετ' αὐτοῦ ἐν υἱοῖς Ἰσραὴλ ὑπὲρ τὰ ἔθνη· καὶ ἐξῆλθεν
εἰς πάντα τὰ ὅρια τῆς Ἰουδαίας κυκλόθεν, καὶ ἐποίησεν ἐκδί-
κησιν ἐν τοῖς ἀνδράσι τοῖς αὐτομολήσασι, καὶ ἀνεστάλησαν
τοῦ πορεύεσθαι εἰς τὴν χώραν.

25 Ὡς δὲ εἶδεν Ἄλκιμος ὅτι ἐνίσχυσεν Ἰούδας καὶ οἱ μετ'
αὐτοῦ, καὶ ἔγνω ὅτι οὐ δύναται ὑποστῆναι αὐτοὺς, καὶ ἐπέ-
στρεψε πρὸς τὸν βασιλέα, καὶ κατηγόρησεν αὐτῶν πονηρά.

26 Καὶ ἀπέστειλεν ὁ βασιλεὺς Νικάνορα, ἕνα τῶν ἀρχόντων
αὐτοῦ τῶν ἐνδόξων, καὶ μισοῦντα καὶ ἐχθραίνοντα τῷ Ἰσραὴλ,
27 καὶ ἐνετείλατο αὐτῷ ἐξᾶραι τὸν λαόν. Καὶ ἦλθε Νικάνωρ εἰς
Ἱερουσαλὴμ δυνάμει πολλῇ, καὶ ἀπέστειλε πρὸς Ἰούδαν καὶ
28 τοὺς ἀδελφοὺς αὐτοῦ μετὰ δόλου λόγοις εἰρηνικοῖς, λέγων, μὴ
ἔστω μάχη ἀναμέσον ἐμοῦ καὶ ὑμῶν· ἥξω ἐν ἀνδράσιν ὀλίγοις,
29 ἵνα ὑμῶν ἴδω τὰ πρόσωπα μετ' εἰρήνης. Καὶ ἦλθε πρὸς
Ἰούδαν, καὶ ἠσπάσαντο ἀλλήλους εἰρηνικῶς· καὶ οἱ πολέμιοι
30 ἦσαν ἕτοιμοι ἐξαρπάσαι τὸν Ἰούδαν. Καὶ ἐγνώσθη ὁ λόγος
τῷ Ἰούδᾳ, ὅτι μετὰ δόλου ἦλθεν ἐπ' αὐτόν· καὶ ἐπτοήθη ἀπ'
αὐτοῦ, καὶ οὐκ ἐβουλήθη ἔτι ἰδεῖν τὸ πρόσωπον αὐτοῦ.

31 Καὶ ἔγνω Νικάνωρ ὅτι ἀπεκαλύφθη ἡ βουλὴ αὐτοῦ, καὶ
ἐξῆλθεν εἰς συνάντησιν τῷ Ἰούδᾳ ἐν πολέμῳ κατὰ Χαφαρσα-

with that wicked Alcimus, whom he made
high priest, and commanded that he should
take vengeance of the children of Israel.
[10] So they departed, and came with a great
power into the land of Juda, where they
sent messengers to Judas and his brethren
with peaceable words deceitfully. [11] But
they gave no heed to their words; for they
saw that they were come with great power.
[12] Then did there assemble unto Alcimus
and Bacchides a company of scribes, to re-
quire justice. [13] Now the Assideans were
the first among the children of Israel that
sought peace of them: [14] for said they, One
that is a priest of the seed of Aaron is come
with this army, and he will do us no wrong.
[15] So he spake unto them peaceably, and
sware unto them, saying, We will procure
the harm neither of you nor your friends.
[16] Whereupon they believed him: howbeit
he took of them threescore men, and slew
them in one day, according to the words
which he wrote, [17] The flesh of thy saints
have they cast out, and their blood have
they shed round about Jerusalem, and there
was none to bury them. [18] Wherefore the
fear and dread of them fell upon all the
people, who said, There is neither truth nor
righteousness in them; for they have broken
the covenant and oath that they made.
[19] After this removed Bacchides from
Jerusalem, and pitched his tents in Bezeth,
where he sent and took many of the men
that had forsaken him, and certain of the
people also, and when he had slain them, *he
cast them* into the great pit. [20] Then com-
mitted he the country to Alcimus, and left
with him a power to aid him: so Bacchides
went to the king. [21] But Alcimus contended
for the high priesthood. [22] And unto him
resorted all such as troubled the people,
who, after they had gotten the land of
Juda into their power, did much hurt in
Israel.
[23] Now when Judas saw all the mischief
that Alcimus and his company had done
among the Israelites, even above the hea-
then, [24] he went out into all the coasts of
Judea round about, and took vengeance of
them that had revolted from him, so that
they durst no more go forth into the country.
[25] On the other side, when Alcimus saw
that Judas and his company had gotten the
upper hand, and knew that he was not able
to abide their force, he went again to the
king, and said evil things against them.
[26] Then the king sent Nicanor, one of his
honourable princes, a man that bare deadly
hate unto Israel, with commandment to
destroy the people. [27] So Nicanor came to
Jerusalem with a great force: and sent unto
Judas and his brethren deceitfully with
friendly words, saying, [28] Let there be no
battle between me and you; I will come
with a few men, that I may see you in peace.
[29] He came therefore to Judas, and they
saluted one another peaceably. Howbeit
the enemies were prepared to take away
Judas by violence. [30] Which thing after it
was known to Judas, *to wit*, that he came
unto him with deceit, he was sore afraid of
him, and would see his face no more.
[31] Nicanor also, when he saw that his
counsel was discovered, went out to fight

against Judas beside Capharsalama: ³²and there were slain of Nicanor's side about five thousand men, and *the rest* fled into the city of David.

³³ After this went Nicanor up to mount Sion, and there came out of the sanctuary certain of the priests and certain of the elders of the people, to salute him peaceably, and to shew him the burnt sacrifice that was offered for the king. ³⁴ But he mocked them, and laughed at them, and abused them shamefully, and spake proudly, ³⁵ and sware in his wrath, saying, Unless Judas and his host be now delivered into my hands, if ever I come again in safety, I will burn up this house: and with that he went out in a great rage.

³⁶ Then the priests entered in, and stood before the altar and the temple, weeping, and saying, ³⁷ Thou, O Lord, didst choose this house to be called by thy name, and to be a house of prayer and petition for thy people: ³⁸ be avenged of this man and his host, and let them fall by the sword: remember their blasphemies, and suffer them not to continue any longer.

³⁹ So Nicanor went out of Jerusalem, and pitched his tents in Bethhoron, where a host out of Syria met him. ⁴⁰ But Judas pitched in Adasa with three thousand men, and there he prayed, saying, ⁴¹ O Lord, when they that were sent from the king of the Assyrians blasphemed, thine angel went out, and smote an hundred fourscore and five thousand of them. ⁴² Even so destroy thou this host before us this day, that the rest may know that he hath spoken blasphemously against thy sanctuary, and judge thou him according to his wickedness.

⁴³ So the thirteenth day of the month Adar the hosts joined battle: but Nicanor's host was discomfited, and he himself was first slain in the battle.

⁴⁴ Now when Nicanor's host saw that he was slain, they cast away their weapons, and fled. ⁴⁵ Then they pursued after them a day's journey, from Adasa unto Gazera, sounding an alarm after them with their trumpets. ⁴⁶ Whereupon they came forth out of all the towns of Judea round about, and closed them in; so that they, turning back upon them that pursued them, were all slain with the sword, and not one of them was left.

⁴⁷ Afterwards they took the spoils, and the prey, and smote off Nicanor's head, and his right hand, which he stretched out so proudly, and brought them away, and hanged them up toward Jerusalem. ⁴⁸ For this cause the people rejoiced greatly, and kept that day *as* a day of great gladness. ⁴⁹ Moreover they ordained to keep yearly this day, being the thirteenth of Adar. ⁵⁰ Thus the land of Juda was in rest a little while.

Now Judas had heard of the fame of the Romans, that they were mighty and valiant men, and such as would lovingly accept all that joined themselves unto them, and make a league of amity with all that came unto them; ² and that they were men of great valour. It was told him also of their wars and noble acts which they had done among the Galatians, and how they had conquered them, and brought them under

λαμά. Καὶ ἔπεσον τῶν παρὰ Νικάνορος ὡσεὶ πεντακισχίλιοι ³² ἄνδρες, καὶ ἔφυγον εἰς τὴν πόλιν Δαυίδ.

Καὶ μετὰ τοὺς λόγους τούτους ἀνέβη Νικάνωρ εἰς τὸ ὄρος ³³ Σιών· καὶ ἐξῆλθον ἀπὸ τῶν ἱερέων ἐκ τῶν ἁγίων καὶ ἀπὸ τῶν πρεσβυτέρων τοῦ λαοῦ ἀσπάσασθαι αὐτὸν εἰρηνικῶς, καὶ δεῖξαι αὐτῷ τὴν ὁλοκαύτωσιν τὴν προσφερομένην ὑπὲρ τοῦ βασιλέως. Καὶ ἐμυκτήρισεν αὐτοὺς, καὶ κατεγέλασεν αὐτῶν, ³⁴ καὶ ἐμίανεν αὐτοὺς, καὶ ἐλάλησεν ὑπερηφάνως. Καὶ ὤμοσε ³⁵ μετὰ θυμοῦ, λέγων, ἐὰν μὴ παραδοθῇ Ἰούδας καὶ ἡ παρεμβολὴ αὐτοῦ εἰς χεῖράς μου τὸ νῦν, καὶ ἔσται ἐὰν ἐπιστρέψω ἐν εἰρήνῃ, ἐμπυριῶ τὸν οἶκον τοῦτον· καὶ ἐξῆλθε μετὰ θυμοῦ μεγάλου.

Καὶ εἰσῆλθον οἱ ἱερεῖς, καὶ ἔστησαν κατὰ πρόσωπον τοῦ ³⁶ θυσιαστηρίου καὶ τοῦ ναοῦ, καὶ ἔκλαυσαν, καὶ εἶπον, σὺ, Κύριε, ³⁷ ἐξελέξω τὸν οἶκον τοῦτον ἐπικληθῆναι τὸ ὄνομά σου ἐπ᾽ αὐτῷ, εἶναι οἶκον προσευχῆς καὶ δεήσεως τῷ λαῷ σου. Ποίησον ³⁸ ἐκδίκησιν ἐν τῷ ἀνθρώπῳ τούτῳ καὶ ἐν τῇ παρεμβολῇ αὐτοῦ, καὶ πεσέτωσαν ἐν ῥομφαίᾳ· μνήσθητι τῶν δυσφημιῶν αὐτῶν, καὶ μὴ δῷς αὐτοῖς μονήν.

Καὶ ἐξῆλθε Νικάνωρ ἐξ Ἱερουσαλὴμ, καὶ παρενέβαλεν ἐν ³⁹ Βαιθωρὼν, καὶ συνήντησεν αὐτῷ δύναμις Συρίας. Καὶ Ἰούδας ⁴⁰ παρενέβαλεν ἐν Ἀδασὰ ἐν τρισχιλίοις ἀνδράσι· καὶ προσηύξατο Ἰούδας, καὶ εἶπεν, οἱ παρὰ τοῦ βασιλέως Ἀσσυρίων ὅτε ἐδυσ- ⁴¹ φήμησαν, ἐξῆλθεν ὁ ἄγγελός σου, Κύριε, καὶ ἐπάταξεν ἐν αὐτοῖς ἑκατὸν ὀγδοηκονταπέντε χιλιάδας. Οὕτω σύντριψον τὴν ⁴² παρεμβολὴν ταύτην ἐνώπιον ἡμῶν σήμερον, καὶ γνώτωσαν οἱ ἐπίλοιποι, ὅτι κακῶς ἐλάλησαν ἐπὶ τὰ ἅγιά σου, καὶ κρῖνον αὐτὸν κατὰ τὴν κακίαν αὐτοῦ.

Καὶ συνῆψαν αἱ παρεμβολαὶ εἰς πόλεμον τῇ τρισκαιδε- ⁴³ κάτῃ τοῦ μηνὸς Ἄδαρ, καὶ συνετρίβη ἡ παρεμβολὴ Νικά- νορος, καὶ ἔπεσεν αὐτὸς πρῶτος ἐν τῷ πολέμῳ.

Ὡς δὲ εἶδεν ἡ παρεμβολὴ αὐτοῦ ὅτι ἔπεσε Νικάνωρ, ῥίψαντες ⁴⁴ τὰ ὅπλα αὐτῶν ἔφυγον. Καὶ κατεδίωκον αὐτοὺς ὁδὸν ἡμέρας ⁴⁵ μιᾶς ἀπὸ Ἀδασὰ ἕως τοῦ ἐλθεῖν εἰς Γάζηρα, καὶ ἐσάλπισαν ὀπίσω αὐτῶν ταῖς σάλπιγξι τῶν σημασιῶν. Καὶ ἐξῆλθον ἐκ ⁴⁶ πασῶν τῶν κωμῶν τῆς Ἰουδαίας κυκλόθεν, καὶ ὑπερεκέρων αὐτοὺς, καὶ ἀνέστρεφον οὗτοι πρὸς τούτους· καὶ ἔπεσον πάντες ῥομφαίᾳ, καὶ οὐ κατελείφθη ἐξ αὐτῶν οὐδὲ εἷς.

Καὶ ἔλαβον τὰ σκῦλα καὶ τὴν προνομὴν, καὶ τὴν κεφαλὴν ⁴⁷ Νικάνορος ἀφεῖλον, καὶ τὴν δεξιὰν αὐτοῦ ἣν ἐξέτεινεν ὑπερη- φάνως, καὶ ἤνεγκαν, καὶ ἐξέτειναν παρὰ τὴν Ἱερουσαλήμ. Καὶ ⁴⁸ εὐφράνθη ὁ λαὸς σφόδρα, καὶ ἤγαγον τὴν ἡμέραν ἐκείνην ἡμέραν εὐφροσύνης μεγάλης. Καὶ ἔστησαν τοῦ ἄγειν κατὰ ⁴⁹ ἐνιαυτὸν τὴν ἡμέραν ταύτην τὴν τρισκαιδεκάτην τοῦ Ἄδαρ. Καὶ ἡσύχασεν ἡ γῆ Ἰούδα ἡμέρας ὀλίγας. ⁵⁰

Καὶ ἤκουσεν Ἰούδας τὸ ὄνομα τῶν Ῥωμαίων, ὅτι εἰσὶ δυνατοὶ ⁸ ἰσχύϊ· καὶ αὐτοὶ εὐδοκοῦσιν ἐν πᾶσι τοῖς προστιθεμένοις αὐτοῖς, καὶ ὅσοι ἂν προσέλθωσιν αὐτοῖς, ἱστῶσιν αὐτοῖς φιλίαν, καὶ ὅτι εἰσὶ δυνατοὶ ἰσχύϊ· καὶ διηγήσαντο αὐτῷ τοὺς πολέμους ² αὐτῶν, καὶ τὰς ἀνδραγαθίας ἃς ποιοῦσιν ἐν τοῖς Γαλάταις, καὶ ὅτι κατεκράτησαν αὐτῶν καὶ ἤγαγον αὐτοὺς ὑπὸ φόρον,

3 καὶ ὅσα ἐποίησαν ἐν χώρᾳ Ἰσπανίας, τοῦ κατακρατῆσαι τῶν
4 μετάλλων τοῦ ἀργυρίου καὶ τοῦ χρυσίου τοῦ ἐκεῖ· καὶ κατεκρά
τησαν τοῦ τόπου παντὸς τῇ βουλῇ αὐτῶν καὶ τῇ μακροθυμίᾳ,
καὶ ὁ τόπος ἦν μακρὰν ἀπέχων ἀπ᾽ αὐτῶν σφόδρα· καὶ τῶν
βασιλέων τῶν ἐπελθόντων ἐπ᾽ αὐτοὺς ἀπ᾽ ἄκρου τῆς γῆς ἕως
συνέτριψαν αὐτούς, καὶ ἐπάταξαν ἐν αὐτοῖς πληγὴν μεγάλην,
καὶ οἱ ἐπίλοιποι διδόασιν αὐτοῖς φόρον κατ᾽ ἐνιαυτόν·

5 Καὶ τὸν Φίλιππον καὶ τὸν Περσέα Κιτιέων βασιλέα, καὶ
τοὺς ἐπηρμένους ἐπ᾽ αὐτούς, συνέτριψαν αὐτοὺς ἐν πολέμῳ, καὶ
6 κατεκράτησαν αὐτῶν· καὶ Ἀντίοχον τὸν μέγαν βασιλέα τῆς
Ἀσίας, τὸν πορευθέντα ἐπ᾽ αὐτοὺς εἰς πόλεμον ἔχοντα ἑκατὸν
εἴκοσι ἐλέφαντας καὶ ἵππον καὶ ἅρματα καὶ δύναμιν πολλὴν
7 σφόδρα, καὶ συνετρίβη ἀπ᾽ αὐτῶν· καὶ ἔλαβον αὐτὸν ζῶντα,
καὶ ἔστησαν αὐτοῖς διδόναι αὐτόν τε καὶ τοὺς βασιλεύοντας
8 μετ᾽ αὐτὸν φόρον μέγαν, διδόναι ὅμηρα καὶ διαστολὴν, καὶ
χώραν τὴν Ἰνδικήν, καὶ Μήδειαν, καὶ Λυδίαν, καὶ ἀπὸ τῶν
καλλίστων χωρῶν αὐτῶν, καὶ λαβόντες αὐτὰς παρ᾽ αὐτοῦ
ἔδωκαν αὐτὰς Εὐμένει τῷ βασιλεῖ.

9 Καὶ ὅτι οἱ ἐκ τῆς Ἑλλάδος ἐβουλεύσαντο ἐλθεῖν καὶ
10 ἐξᾶραι αὐτούς, καὶ ἐγνώσθη ὁ λόγος αὐτοῖς, καὶ ἀπέστειλαν
ἐπ᾽ αὐτοὺς στρατηγὸν ἕνα, καὶ ἐπολέμησαν πρὸς αὐτούς,
καὶ ἔπεσον ἐξ αὐτῶν τραυματίαι πολλοί, καὶ ἠχμαλώτευσαν
τὰς γυναῖκας αὐτῶν καὶ τὰ τέκνα αὐτῶν, καὶ προενόμευσαν
αὐτούς, καὶ κατεκράτησαν τῆς γῆς αὐτῶν, καὶ καθεῖλον τὰ
ὀχυρώματα αὐτῶν, καὶ κατεδουλώσαντο αὐτοὺς ἕως τῆς ἡμέρας
ταύτης.

11 Καὶ τὰς ἐπιλοίπους βασιλείας, καὶ τὰς νήσους, ὅσοι ποτὲ
12 ἀντέστησαν αὐτοῖς, κατέφθειραν, καὶ ἐδούλωσαν αὐτούς· μετὰ
δὲ τῶν φίλων αὐτῶν καὶ τῶν ἐπαναπαυομένων αὐτοῖς συνετή
ρησαν φιλίαν, καὶ κατεκράτησαν τῶν βασιλειῶν τῶν ἐγγὺς καὶ
τῶν μακράν, καὶ ὅσοι ἤκουον τὸ ὄνομα αὐτῶν ἐφοβοῦντο ἀπ᾽
13 αὐτῶν· ὅσοις δ᾽ ἂν βούλωνται βοηθεῖν καὶ βασιλεύειν, βασι
λεύουσιν· οὓς δ᾽ ἂν βούλωνται, μεθιστῶσι, καὶ ὑψώθησαν
14 σφόδρα· καὶ ἐν πᾶσι τούτοις οὐκ ἐπέθετο οὐδεὶς αὐτῶν
διάδημα, καὶ οὐ περιεβάλοντο πορφύραν, ὥστε ἁδρυνθῆναι ἐν
15 αὐτῇ. Καὶ βουλευτήριον ἐποίησαν ἑαυτοῖς, καὶ καθ᾽ ἡμέραν
ἐβουλεύοντο τριακόσιοι καὶ εἴκοσι βουλευόμενοι διαπαντὸς περὶ
16 τοῦ πλήθους, τοῦ εὐκοσμεῖν αὐτούς· καὶ πιστεύουσιν ἑνὶ ἀν
θρώπῳ τὴν ἀρχὴν αὐτῶν κατ᾽ ἐνιαυτόν, καὶ κυριεύειν πάσης τῆς
γῆς αὐτῶν, καὶ πάντες ἀκούουσι τοῦ ἑνός, καὶ οὐκ ἔστι φθόνος
οὐδὲ ζῆλος ἐν αὐτοῖς·

17 Καὶ ἐπέλεξεν Ἰούδας τὸν Εὐπόλεμον υἱὸν Ἰωάννου τοῦ
Ἀκκὼς, καὶ Ἰάσονα υἱὸν Ἐλεαζάρου, καὶ ἀπέστειλεν αὐτοὺς
18 εἰς Ῥώμην, στῆσαι αὐτοῖς φιλίαν καὶ συμμαχίαν, καὶ τοῦ ἆραι
τὸν ζυγὸν ἀπ᾽ αὐτῶν, ὅτι ἴδον τὴν βασιλείαν τῶν Ἑλλήνων
καταδουλουμένους τὸν Ἰσραὴλ δουλείαν.

19 Καὶ ἐπορεύθησαν εἰς Ῥώμην, καὶ ἡ ὁδὸς πολλὴ σφόδρα, καὶ
εἰσῆλθον εἰς τὸ βουλευτήριον, καὶ ἀπεκρίθησαν καὶ εἶπον,
20 Ἰούδας ὁ Μακκαβαῖος καὶ οἱ ἀδελφοὶ αὐτοῦ καὶ τὸ πλῆθος τῶν
Ἰουδαίων ἀπέστειλαν ἡμᾶς πρὸς ὑμᾶς, στῆσαι μεθ᾽ ὑμῶν συμ

tribute; [3] and what they had done in the country of Spain, for the winning of the mines of the silver and gold which is there; [4] and that by their policy and patience they had conquered all the place, though it were very far from them; and the kings also that came against them from the uttermost part of the earth, till they had discomfited them, and given them a great overthrow, so that the rest did give them tribute every year:

[5] Beside this, how they had discomfited in battle Philip, and Perseus, king of the Citims, with others that lifted up themselves against them, and had overcome them: [6] how also Antiochus the great king of Asia, that came against them in battle, having an hundred and twenty elephants, with horsemen, and chariots, and a very great army, was discomfited by them; [7] and how they took him alive, and covenanted that he and such as reigned after him should pay a great tribute, and give hostages, and that which was agreed upon, [8] and the country of India, and Media, and Lydia, and of the goodliest countries, which they took of him, and gave to king Eumenes.

[9] Moreover how the Grecians had determined to come and destroy them; [10] and that they, having knowledge thereof, sent against them a certain captain, and fighting with them slew many of them, and carried away captives their wives and their children, and spoiled them, and took possession of their lands, and pulled down their strong holds, and brought them to be their servants unto this day.

[11] It was told him besides, how they destroyed and brought under their dominion all other kingdoms and isles that at any time resisted them; [12] but with their friends and such as relied upon them they kept amity: and that they had conquered kingdoms both far and nigh, insomuch as all that heard of their name were afraid of them: [13] also that, whom they would help to a kingdom, those reign; and whom again they would, they displace: finally, that they were greatly exalted: [14] yet for all this none of them wore a crown, or was clothed in purple, to be magnified thereby: [15] moreover how they had made for themselves a senate house, wherein three hundred and twenty men sat in council daily, consulting alway for the people, to the end they might be well ordered: [16] and that they committed their government to one man every year, who ruled over all their country, and that all were obedient to that one, and that there was neither envy nor emulation among them.

[17] In consideration of these things, Judas chose Eupolemus the son of John, the son of Accos, and Jason the son of Eleazar, and sent them to Rome, to make a league of amity and confederacy with them, [18] and to intreat them that they would take the yoke from them; for they saw that the kingdom of the Grecians did oppress Israel with servitude.

[19] They went therefore to Rome, which was a very great journey, and came into the senate, where they spake and said, [20] Judas Maccabeus with his brethren, and the people of the Jews, have sent us unto you, to make a confederacy and peace with you, and that

we might be registered your confederates and friends. ²¹ So that matter pleased the Romans well.

²² And this is the copy of the epistle which *the senate* wrote back again in tables of brass, and sent to Jerusalem, that there they might have by them a memorial of peace and confederacy : ²³ Good success be to the Romans, and to the people of the Jews, by sea and by land for ever : the sword also and enemy be far from them. ²⁴ If there come first any war upon the Romans or any of their confederates throughout all their dominion, ²⁵ the people of the Jews shall help them, as the time shall be appointed, with all their heart : ²⁶ neither shall they give any thing unto them that make war upon them, or aid them with victuals, weapons, money, or ships, as it hath seemed good unto the Romans : but they shall keep their covenants without taking any thing therefore. ²⁷ In the same manner also, if war come first upon the nation of the Jews, the Romans shall help them with all their heart, according as the time shall be appointed them : ²⁸ neither shall victuals be given to them that take part against them, or weapons, or money, or ships, as it hath seemed good to the Romans ; but they shall keep their covenants, and that without deceit. ²⁹ According to these articles did the Romans make a covenant with the people of the Jews. ³⁰ Howbeit if hereafter the one party or the other shall think meet to add or diminish any thing, they may do it at their pleasures, and whatsoever they shall add or take away shall be ratified. ³¹ And as touching the evils that king Demetrius doeth to the Jews, we have written unto him, saying, Wherefore hast thou made thy yoke heavy upon our friends and confederates the Jews ? ³² If therefore they complain any more against thee, we will do them justice, and fight with thee by sea and by land.

Furthermore when Demetrius heard that Nicanor and his host were slain in battle, he sent Bacchides and Alcimus into the land of Judea the second time, and with them the chief strength of his host : ² who went forth by the way that leadeth to Galgala, and pitched their tents before Masaloth, which is in Arbela, and after they had won it, they slew much people. ³ Also the first month of the hundred fifty and second year they encamped before Jerusalem : ⁴ from whence they removed, and went to Berea, with twenty thousand footmen and two thousand horsemen. ⁵ Now Judas had pitched his tents at Eleasa, and three thousand chosen men with him : ⁶ who seeing the multitude of the other army to be so great, were sore afraid ; whereupon many conveyed themselves out of the host, insomuch as there abode of them no more but eight hundred men. ⁷ When Judas therefore saw that his host slipt away, and that the battle pressed upon him, he was sore troubled in mind, and much distressed, for that he had no time to gather them together. ⁸ Nevertheless unto them that remained he said, Let us arise and go up against our enemies, if peradventure we may be able to fight with them. ⁹ But

μαχίαν καὶ εἰρήνην, κ. γραφῆναι ἡμᾶς συμμάχους καὶ φίλους ὑμῶν. Καὶ ἤρεσεν ὁ λόγος ἐνώπιον αὐτῶν.   21

Καὶ τοῦτο τὸ ἀντίγραφον τῆς ἐπιστολῆς ἧς ἀντέγραψεν ἐπὶ 22 δέλτοις χαλκαῖς, καὶ ἀπέστειλεν εἰς Ἱερουσαλὴμ εἶναι παρ' αὐτοῖς ἐκεῖ μνημόσυνον εἰρήνης καὶ συμμαχίας· καλῶς γένοιτο 23 Ῥωμαίοις καὶ τῷ ἔθνει Ἰουδαίων ἐν τῇ θαλάσσῃ καὶ ἐπὶ τῆς ξηρᾶς εἰς τὸν αἰῶνα, καὶ ῥομφαία καὶ ἐχθρὸς μακρυνθείη ἀπ' αὐτῶν.

Ἐὰν δὲ ἐνστῇ πόλεμος ἐν Ῥώμῃ προτέρᾳ ἢ πᾶσι τοῖς συμ- 24 μάχοις αὐτῶν ἐν πάσῃ κυρείᾳ αὐτῶν, συμμαχήσει τὸ ἔθνος τῶν 25 Ἰουδαίων, ὡς ἂν ὁ καιρὸς ὑπογραφῇ αὐτοῖς, καρδίᾳ πλήρει. Καὶ τοῖς πολεμοῦσιν οὐ δώσουσιν οὐδὲ ἐπαρκέσουσι σῖτον, 26 ὅπλα, ἀργύριον, πλοῖα, ὡς ἔδοξε Ῥωμαίοις· καὶ φυλάξονται τὰ φυλάγματα αὐτῶν οὐθὲν λαβόντες· κατὰ τὰ αὐτὰ δὲ ἐὰν 27 ἔθνει Ἰουδαίων συμβῇ προτέροις πόλεμος, συμμαχήσουσιν οἱ Ῥωμαῖοι ἐκ ψυχῆς, ὡς ἂν αὐτοῖς ὁ καιρὸς ὑπογραφῇ. Καὶ 28 τοῖς συμμαχοῦσιν οὐ δοθήσεται σῖτος, ὅπλα, ἀργύριον, πλοῖα, ὡς ἔδοξε Ῥώμῃ· καὶ φυλάξονται τὰ φυλάγματα αὐτῶν, καὶ οὐ μετὰ δόλου.

Κατὰ τοὺς λόγους τούτους ἔστησαν Ῥωμαῖοι τῷ δήμῳ 29 τῶν Ἰουδαίων. Ἐὰν δὲ μετὰ τοὺς λόγους τούτους βου- 30 λεύσωνται οὗτοι καὶ οὗτοι προσθεῖναι ἢ ἀφελεῖν, ποιήσονται ἐξ αἱρέσεως αὐτῶν, καὶ ὃ ἐὰν προσθῶσιν ἢ ἀφέλωσιν, ἔσται κύρια.

Καὶ περὶ τῶν κακῶν ὧν ὁ βασιλεὺς Δημήτριος συντελεῖται 31 εἰς αὐτούς, ἐγράψαμεν αὐτῷ, λέγοντες, διατί ἐβάρυνας τὸν ζυγόν σου ἐπὶ τοὺς φίλους ἡμῶν τοὺς συμμάχους Ἰου- δαίους ; Ἐὰν οὖν ἔτι ἐντύχωσι κατὰ σοῦ, ποιήσομεν αὐτοῖς 32 τὴν κρίσιν, καὶ πολεμήσομέν σε διὰ τῆς θαλάσσης καὶ διὰ τῆς ξηρᾶς.

Καὶ ἤκουσε Δημήτριος ὅτι ἔπεσε Νικάνωρ καὶ αἱ δυνάμεις 9 αὐτοῦ ἐν πολέμῳ, καὶ προσέθετο τὸν Βακχίδην καὶ τὸν Ἄλ- κιμον ἐκ δευτέρου ἀποστεῖλαι εἰς γῆν Ἰούδα, καὶ τὸ δεξιὸν κέρας μετ' αὐτῶν. Καὶ ἐπορεύθησαν ὁδὸν τὴν εἰς Γάλγαλα, καὶ 2 παρενέβαλον ἐπὶ Μαισαλὼθ τὴν ἐν Ἀρβήλοις, καὶ προκατε- λάβοντο αὐτήν, καὶ ἀπώλεσαν ψυχὰς ἀνθρώπων πολλάς. Καὶ 3 τοῦ μηνὸς τοῦ πρώτου ἔτους τοῦ δευτέρου καὶ πεντηκοστοῦ καὶ ἑκατοστοῦ παρενέβαλον ἐπὶ Ἱερουσαλήμ. Καὶ ἀπῆραν 4 καὶ ἐπορεύθησαν εἰς Βερέαν ἐν εἴκοσι χιλιάσιν ἀνδρῶν καὶ δισχιλία ἵππῳ.

Καὶ Ἰούδας ἦν παρεμβεβληκὼς ἐν Ἐλεασὰ, καὶ τρισχίλιοι 5 ἄνδρες ἐκλεκτοὶ μετ' αὐτοῦ. Καὶ ἴδον τὸ πλῆθος τῶν δυνάμεων 6 ὅτι πολλοί εἰσι, καὶ ἐφοβήθησαν σφόδρα· καὶ ἐξερρύησαν πολλοὶ ἀπὸ τῆς παρεμβολῆς, οὐ κατελείφθησαν ἐξ αὐτῶν ἀλλ' ἢ ὀκτακόσιοι ἄνδρες.

Καὶ εἶδεν Ἰούδας ὅτι ἀπερρύη ἡ παρεμβολὴ αὐτοῦ, καὶ ὁ 7 πόλεμος ἔθλιβεν αὐτόν· καὶ συνετρίβη τῇ καρδίᾳ, ὅτι οὐκ εἶχε καιρὸν συναγαγεῖν αὐτούς. Καὶ ἐξελύθη, καὶ εἶπε τοῖς κατα- 8 λειφθεῖσιν, ἀναστῶμεν καὶ ἀναβῶμεν ἐπὶ τοὺς ὑπεναντίους ἡμῶν, ἐὰν ἄρα δυνώμεθα πολεμῆσαι αὐτούς. Καὶ ἀπέστρεψαν 9

αὐτὸν, λέγοντες, οὐ **μὴ** δυνώμεθα, ἀλλ' ἢ σώζωμεν τὰς ἑαυτῶν ψυχὰς τὸ νῦν, καὶ ἐπιστρέψωμεν μετὰ τῶν ἀδελφῶν ἡμῶν, καὶ πολεμήσωμεν πρὸς αὐτούς, ἡμεῖς δὲ ὀλίγοι.

10 Καὶ εἶπεν Ἰούδας, μή μοι γένοιτο ποιῆσαι τὸ πρᾶγμα τοῦτο, φυγεῖν ἀπ' αὐτῶν, καὶ εἰ ἤγγικεν ὁ καιρὸς ἡμῶν, καὶ ἀποθάνωμεν ἐν ἀνδρείᾳ χάριν τῶν ἀδελφῶν ἡμῶν, καὶ
11 μὴ καταλίπωμεν αἰτίαν τῇ δόξῃ ἡμῶν. Καὶ ἀπῆρεν ἡ δύναμις ἀπὸ τῆς παρεμβολῆς, καὶ ἔστησαν εἰς συνάντησιν αὐτοῖς, καὶ ἐμερίσθη ἡ ἵππος εἰς δύο μέρη, καὶ οἱ σφενδονηταὶ καὶ οἱ τοξόται προεπορεύοντο τῆς δυνάμεως, καὶ οἱ πρωταγωνισταὶ πάντες οἱ δυνατοί.

12 Βακχίδης δὲ ἦν ἐν τῷ δεξιῷ κέρατι, καὶ ἤγγισεν ἡ φάλαγξ
13 ἐκ τῶν δύο μερῶν, καὶ ἐφώνουν ταῖς σάλπιγξι. Καὶ ἐσάλπισαν οἱ παρὰ Ἰούδα καὶ αὐτοὶ ταῖς σάλπιγξι, καὶ ἐσαλεύθη ἡ γῆ ἀπὸ τῆς φωνῆς τῶν παρεμβολῶν· καὶ ἐγένετο ὁ πόλεμος συνημμένος ἀπὸ πρωίθεν ἕως ἑσπέρας.

14 Καὶ εἶδεν Ἰούδας ὅτι Βακχίδης καὶ τὸ στερέωμα τῆς παρεμβολῆς ἐν τοῖς δεξιοῖς, καὶ συνῆλθον αὐτῷ πάντες οἱ εὔψυχοι
15 τῇ καρδίᾳ. Καὶ συνετρίβη τὸ δεξιὸν κέρας ἀπ' αὐτῶν, καὶ
16 ἐδίωκον ὀπίσω αὐτῶν ἕως Ἀζώτου ὄρους. Καὶ οἱ εἰς τὸ ἀριστερὸν κέρας ἴδον ὅτι συνετρίβη τὸ δεξιὸν κέρας, καὶ ἐπέστρεψαν
17 κατὰ πόδας Ἰούδι καὶ τῶν μετ' αὐτοῦ ἐκ τῶν ὄπισθεν. Καὶ ἐβαρύνθη ὁ πόλεμος, καὶ ἔπεσον τραυματίαι πολλοὶ ἐκ τούτων
18 καὶ ἐκ τούτων. Καὶ Ἰούδας ἔπεσε, καὶ οἱ λοιποὶ ἔφυγον.

19 Καὶ ἦραν Ἰωνάθαν καὶ Σίμων Ἰούδαν τὸν ἀδελφὸν αὐτῶν, καὶ ἔθαψαν αὐτὸν ἐν τῷ τάφῳ τῶν πατέρων αὐτοῦ ἐν Μωδεείμ.
20 Καὶ ἔκλαυσαν αὐτόν, καὶ ἐκόψαντο αὐτὸν πᾶς Ἰσραὴλ κοπετὸν
21 μέγαν, καὶ ἐπένθουν ἡμέρας πολλάς, καὶ εἶπον, πῶς ἔπεσε
22 δυνατός, σώζων τὸν Ἰσραήλ; Καὶ τὰ περισσὰ τῶν λόγων Ἰούδα, καὶ τῶν πολέμων, καὶ τῶν ἀνδραγαθιῶν ὧν ἐποίησε, καὶ τῆς μεγαλωσύνης αὐτῶν, οὐ κατεγράφη, πολλὰ γὰρ ἦν σφόδρα.

23 Καὶ ἐγένετο μετὰ τὴν τελευτὴν Ἰούδα, ἐξέκυψαν οἱ ἄνομοι ἐν πᾶσι τοῖς ὁρίοις Ἰσραήλ, καὶ ἀνέτειλαν πάντες οἱ ἐργα-
24 ζόμενοι τὴν ἀδικίαν. Ἐν ταῖς ἡμέραις ἐκείναις ἐγενήθη λιμὸς μέγας σφόδρα, καὶ ηὐτομόλησεν ἡ χώρα μετ' αὐτῶν.

25 Καὶ ἐξέλεξε Βακχίδης τοὺς ἀσεβεῖς ἄνδρας, καὶ κατέστησεν
26 αὐτοὺς κυρίους τῆς χώρας. Καὶ ἐξεζήτουν καὶ ἐξηρεύνων τοὺς φίλους Ἰούδα, καὶ ἦγον αὐτοὺς πρὸς Βακχίδην· καὶ ἐξεδίκει ἐν
27 αὐτοῖς, καὶ ἐνέπαιζεν αὐτοῖς. Καὶ ἐγένετο θλῖψις μεγάλη ἐν τῷ Ἰσραήλ, ἥτις οὐκ ἐγένετο ἀφ' ἧς ἡμέρας οὐκ ὤφθη προφήτης ἐν αὐτοῖς.

28 Καὶ ἠθροίσθησαν πάντες οἱ φίλοι Ἰούδα, καὶ εἶπον τῷ
29 Ἰωνάθαν, ἀφ' οὗ ὁ ἀδελφός σου Ἰούδας τετελεύτηκε, καὶ ἀνὴρ ὅμοιος αὐτῷ οὐκ ἔστιν ἐξελθεῖν πρὸς τοὺς ἐχθροὺς καὶ Βακ-
30 χίδην, καὶ ἐν τοῖς ἐχθραίνουσι τοῦ ἔθνους ἡμῶν. Νῦν οὖν σε ᾑρετισάμεθα σήμερον, τοῦ εἶναι ἀντ' αὐτοῦ ἡμῖν εἰς ἄρχοντα
31 καὶ ἡγούμενον, τοῦ πολεμῆσαι τὸν πόλεμον ἡμῶν. Καὶ ἐπεδέξατο Ἰωνάθαν ἐν τῷ καιρῷ ἐκείνῳ τὴν ἡγησιν, καὶ ἀνέστη
32 ἀντὶ Ἰούδα τοῦ ἀδελφοῦ αὐτοῦ, Καὶ ἔγνω Βακχίδης, καὶ ἐζήτει αὐτὸν ἀποκτεῖναι.

they dehorted him, saying, We shall never be able: let us now rather save our lives and hereafter we will return with our brethren, and fight against them: for we are but few. [10] Then Judas said, God forbid that I should do this thing, and flee away from them: if our time be come, let us die manfully for our brethren, and let us not stain our honour. [11] With that the host of *Bacchides* removed out of their tents, and stood over against them, their horsemen being divided into two troops, and their slingers and archers going before the host, and they that marched in the foreward were all mighty men. [12] As for Bacchides, he was in the right wing: so the host drew near on the two parts, and sounded their trumpets. [13] They also of Judas' side, even they sounded their trumpets also, so that the earth shook at the noise of the armies, and the battle continued from morning till night. [14] Now when Judas perceived that Bacchides and the strength of his army were on the right side, he took with him all the hardy men, [15] who discomfited the right wing, and pursued them unto the mount Azotus. [16] But when they of the left wing saw that they of the right wing were discomfited, they followed upon Judas and those that were with him hard at the heels from behind; [17] whereupon there was a sore battle, insomuch as many were slain on both parts. [18] Judas also was killed, and the remnant fled. [19] Then Jonathan and Simon took Judas their brother, and buried him in the sepulchre of his fathers in Modin. [20] Moreover they bewailed him, and all Israel made great lamentation for him, and mourned many days, saying, [21] How is the valiant man fallen, that delivered Israel! [22] As for the other things concerning Judas and his wars, and the noble acts which he did, and his greatness, they are not written, for they were very many. [23] Now after the death of Judas the wicked began to put forth their heads in all the coasts of Israel, and there arose up all such as wrought iniquity. [24] In those days also was there a very great famine, by reason whereof the country revolted, and went with them. [25] Then Bacchides chose the wicked men, and made them lords of the country. [26] And they made enquiry and search for Judas' friends, and brought them unto Bacchides, who took vengeance of them, and used them despitefully. [27] So was there a great affliction in Israel, the like whereof was not since the time that a prophet was not seen among them. [28] For this cause all Judas' friends came together, and said unto Jonathan, [29] Since thy brother Judas died, we have no man like him to go forth against our enemies, and Bacchides, and against them of our nation that are adversaries to us. [30] Now therefore we have chosen thee this day to be our prince and captain in his stead, that thou mayest fight our battles. [31] Upon this Jonathan took the governance upon him at that time, and rose up instead of his brother Judas. [32] But when Bacchides gat knowledge thereof, he sought for to slay him,

³³ Then Jonathan, and Simon his brother, and all that were with him, perceiving that, fled into the wilderness of Thecoe, and pitched their tents by the water of the pool Asphar. ³⁴ Which when Bacchides understood, he came near to Jordan with all his host upon the sabbath day. ³⁵ Now Jonathan had sent his brother *John*, a captain of the people, to pray his friends the Nabathites, that they might leave with them their carriage, which was much. ³⁶ But the children of Jambri came out of Medaba, and took John, and all that he had, and went their way with it.

³⁷ After this came word to Jonathan and Simon his brother, that the children of Jambri made a great marriage, and were bringing the bride from Nadabatha with a great train, as being the daughter of one of the great princes of Chanaan. ³⁸ Therefore they remembered John their brother, and went up, and hid themselves under the covert of the mountain: ³⁹ where they lifted up their eyes, and looked, and, behold, there was much ado and great carriage: and the bridegroom came forth, and his friends and brethren, to meet them with drums, and instruments of music, and many weapons.

⁴⁰ Then Jonathan and they that were with him rose up against them from the place where they lay in ambush, and made a slaughter of them in such sort, as many fell down dead, and the remnant fled into the mountain, and they took all their spoils. ⁴¹ Thus was the marriage turned into mourning, and the noise of their melody into lamentation. ⁴² So when they had avenged fully the blood of their brother, they turned again to the marsh of Jordan.

⁴³ Now when Bacchides heard hereof, he came on the sabbath day unto the banks of Jordan with a great power. ⁴⁴ Then Jonathan said to his company, Let us go up now and fight for our lives, for it standeth not with us to day, as in time past: ⁴⁵ for, behold, the battle is before us and behind us, and the water of Jordan on this side and that side, the marsh likewise and wood, neither is there place for us to turn aside. ⁴⁶ Wherefore cry ye now unto heaven, that ye may be delivered from the hand of your enemies. ⁴⁷ With that they joined battle, and Jonathan stretched forth his hand to smite Bacchides, but he turned back from him. ⁴⁸ Then Jonathan and they that were him leapt into Jordan, and swam over unto the farther bank: howbeit the other passed not over Jordan unto them. ⁴⁹ So there were slain of Bacchides' side that day about a thousand men.

⁵⁰ Afterward returned *Bacchides* to Jerusalem, and repaired the strong cities in Judea; the fort in Jericho, and Emmaus, and Bethhoron, and Bethel, and Thamnatha, Pharathoni, and Taphon, *these did he strengthen* with high walls, with gates, and with bars. ⁵¹ And in them he set a garrison, that they might work malice upon Israel. ⁵² He fortified also the city Bethsura, and Gazara, and the tower, and put forces in them, and provision of victuals. ⁵³ Besides, he took the chief men's sons in the country for hostages, and put them into the tower at Jerusalem to be kept.

Καὶ ἔγνω Ἰωνάθαν, καὶ Σίμων ὁ ἀδελφὸς αὐτοῦ, καὶ πάντες **33** οἱ μετ' αὐτοῦ, καὶ ἔφυγον εἰς τὴν ἔρημον Θεκωὲ, καὶ παρενέβαλον ἐπὶ τὸ ὕδωρ λάκκου Ἀσφάρ. Καὶ ἔγνω Βακχίδης τῇ **34** ἡμέρᾳ τῶν σαββάτων, καὶ ἦλθεν αὐτὸς καὶ πᾶν τὸ στράτευμα αὐτοῦ πέραν τοῦ Ἰορδάνου. Καὶ ἀπέστειλεν Ἰωνάθαν τὸν **35** ἀδελφὸν αὐτοῦ ἡγούμενον τοῦ ὄχλου, καὶ παρεκάλεσε τοὺς Ναναταίους φίλους αὐτοῦ παραθέσθαι αὐτοῖς τὴν ἀποσκευὴν αὐτῶν τὴν πολλήν. Καὶ ἐξῆλθον υἱοὶ Ἰαμβρὶ ἐκ Μηδαβὰ, **36** καὶ συνέλαβον Ἰωάννην, καὶ πάντα ὅσα εἶχε, καὶ ἀπῆλθον ἔχοντες.

Μετὰ δὲ τοὺς λόγους τούτους ἀπήγγειλαν τῷ Ἰωνάθαν **37** καὶ Σίμωνι τῷ ἀδελφῷ αὐτοῦ, ὅτι οἱ υἱοὶ Ἰαμβρὶ ποιοῦσι γάμον μέγαν, καὶ ἄγουσι τὴν νύμφην ἀπὸ Ναδαβὰθ, θυγατέρα ἑνὸς τῶν μεγιστάνων μεγάλων τῶν Χαναὰν, μετὰ παραπομπῆς μεγάλης. Καὶ ἐμνήσθησαν Ἰωάννου τοῦ ἀδελφοῦ αὐτῶν, καὶ **38** ἀνέβησαν, καὶ ἐκρύβησαν ὑπὸ τὴν σκέπην τοῦ ὄρους. Καὶ **39** ἦραν τοὺς ὀφθαλμοὺς αὐτῶν, καὶ ἴδον, καὶ ἰδοὺ θροῦς, καὶ ἀποσκευὴ πολλὴ, καὶ ὁ νυμφίος ἐξῆλθε καὶ οἱ φίλοι αὐτοῦ καὶ οἱ ἀδελφοὶ αὐτοῦ εἰς συνάντησιν αὐτῶν μετὰ τυμπάνων, καὶ μουσικῶν, καὶ ὅπλων πολλῶν.

Καὶ ἐξανέστησαν ἐπ' αὐτοὺς ἀπὸ τοῦ ἐνέδρου οἱ περὶ τὸν **40** Ἰωνάθαν, καὶ ἀπέκτειναν αὐτοὺς, καὶ ἔπεσον τραυματίαι πολλοὶ, καὶ οἱ ἐπίλοιποι ἔφυγον εἰς τὸ ὄρος· καὶ ἔλαβον πάντα τὰ σκῦλα αὐτῶν. Καὶ μετεστράφη ὁ γάμος εἰς πένθος, καὶ **41** ἡ φωνὴ μουσικῶν αὐτῶν εἰς θρῆνον. Καὶ ἐξεδίκησαν τὴν **42** ἐκδίκησιν αἵματος ἀδελφοῦ αὐτῶν, καὶ ἀπέστρεψαν εἰς τὸ ἕλος τοῦ Ἰορδάνου.

Καὶ ἤκουσε Βακχίδης, καὶ ἦλθε τῇ ἡμέρᾳ τῶν σαββάτων **43** ἕως τῶν κρηπίδων τοῦ Ἰορδάνου ἐν δυνάμει πολλῇ. Καὶ εἶπεν **44** Ἰωνάθαν τοῖς παρ' αὐτοῦ, ἀναστῶμεν νῦν καὶ πολεμήσωμεν ὑπὲρ τῶν ψυχῶν ἡμῶν, οὐ γὰρ ἐστι σήμερον ὡς ἐχθὲς καὶ τρίτην ἡμέραν. Ἰδοὺ γὰρ ὁ πόλεμος ἐξεναντίας ἡμῶν καὶ **45** ἐξόπισθεν ἡμῶν· τὸ δὲ ὕδωρ τοῦ Ἰορδάνου ἔνθεν καὶ ἔνθεν, καὶ ἕλος καὶ δρυμὸς, οὐκ ἔστι τόπος τοῦ ἐκκλῖναι. Νῦν **46** οὖν κεκράξατε εἰς οὐρανὸν, ὅπως διασωθῆτε ἐκ χειρὸς ἐχθρῶν ὑμῶν. Καὶ συνῆψεν ὁ πόλεμος· καὶ ἐξέτεινεν Ἰωνάθαν τὴν **47** χεῖρα αὐτοῦ πατάξαι τὸν Βακχίδην, καὶ ἐξέκλινεν ἀπ' αὐτοῦ εἰς τὰ ὀπίσω. Καὶ ἐνεπήδησεν Ἰωνάθαν καὶ οἱ μετ' αὐτοῦ εἰς τὸν **48** Ἰορδάνην, καὶ διεκολύμβησαν εἰς τὸ πέραν· καὶ οὐ διέβησαν ἐπ' αὐτοὺς τὸν Ἰορδάνην. Καὶ διέπεσον παρὰ Βακχίδου τῇ **49** ἡμέρᾳ ἐκείνῃ εἰς χιλίους ἄνδρας.

Καὶ ἐπέστρεψεν εἰς Ἱερουσαλὴμ, καὶ ᾠκοδόμησε πόλεις **50** ὀχυρὰς ἐν τῇ Ἰουδαίᾳ, τὸ ὀχύρωμα τὸ ἐν Ἱεριχὼ, καὶ τὴν Ἐμμαοὺμ, καὶ τὴν Βαιθωρὼν, καὶ τὴν Βαιθὴλ, καὶ τὴν Θαμναθὰ, Φαραθωνὶ, καὶ τὴν Τεφὼν ἐν τείχεσιν ὑψηλοῖς καὶ πύλαις καὶ μοχλοῖς. Καὶ ἔθετο φρουρὰν ἐν αὐτοῖς τοῦ ἐχθραίνειν τῷ **51** Ἰσραήλ. Καὶ ὠχύρωσε τὴν πόλιν τὴν ἐν Βαιθσούρᾳ, καὶ τὴν **52** Γάζαρα, καὶ τὴν ἄκραν, καὶ ἔθετο ἐν αὐταῖς δυνάμεις καὶ παραθέσεις βρωμάτων. Καὶ ἔλαβε τοὺς υἱοὺς τῶν ἡγουμένων τῆς **53** χώρας ὅμηρα, καὶ ἔθετο αὐτοὺς ἐν τῇ ἄκρᾳ ἐν Ἱερουσαλὴμ ἐν φυλακῇ.

54 Καὶ ἐν ἔτει τρίτῳ καὶ πεντηκοστῷ καὶ ἑκατοστῷ, μηνι τῷ δευτέρῳ, ἐπέταξεν Ἄλκιμος καθαιρεῖν τὸ τεῖχος τῆς αὐλῆς τῶν ἁγίων τῆς ἐσωτέρας, καὶ καθεῖλε τὰ ἔργα τῶν προφητῶν, καὶ
55 ἐνήρξατο τοῦ καθαιρεῖν. Ἐν τῷ καιρῷ ἐκείνῳ ἐπλήγη Ἄλκιμος, καὶ ἐνεποδίσθη τὰ ἔργα αὐτοῦ, καὶ ἀπεφράγη τὸ στόμα αὐτοῦ, καὶ παρελύθη, καὶ οὐκ ἐδύνατο ἔτι λαλῆσαι λόγον καὶ
56 ἐντείλασθαι περὶ τοῦ οἴκου αὐτοῦ. Καὶ ἀπέθανεν Ἄλκιμος ἐν τῷ καιρῷ ἐκείνῳ μετὰ βασάνου μεγάλης.

57 Καὶ εἶδε Βακχίδης ὅτι ἀπέθανεν Ἄλκιμος, καὶ ἀπέστρεψε
58 πρὸς τὸν βασιλέα· καὶ ἡσύχασεν ἡ γῆ Ἰούδα ἔτη δύο. Καὶ ἐβουλεύσαντο πάντες οἱ ἄνομοι, λέγοντες, ἰδοὺ Ἰωνάθαν καὶ οἱ παρ' αὐτοῦ ἐν ἡσυχίᾳ κατοικοῦσι πεποιθότες· νῦν οὖν ἄξομεν τὸν Βακχίδην, καὶ συλλήψεται αὐτοὺς πάντας ἐν νυκτὶ μιᾷ.
59, 60 Καὶ πορευθέντες συνεβουλεύσαντο αὐτῷ. Καὶ ἀπῆρε τοῦ ἐλθεῖν μετὰ δυνάμεως πολλῆς, καὶ ἀπέστειλεν ἐπιστολὰς λάθρα πᾶσι τοῖς συμμάχοις αὐτοῦ τοῖς ἐν τῇ Ἰουδαίᾳ, ὅπως συλλά-βωσι τὸν Ἰωνάθαν, καὶ τοὺς μετ' αὐτοῦ· καὶ οὐκ ἐδύναντο, ὅτι
61 ἐγνώσθη αὐτοῖς ἡ βουλὴ αὐτῶν. Καὶ συνελάβοντο ἀπὸ τῶν ἀνδρῶν τῆς χώρας τῶν ἀρχηγῶν τῆς κακίας εἰς πεντήκοντα ἄνδρας, καὶ ἀπέκτειναν αὐτούς.

62 Καὶ ἐξεχώρησεν Ἰωνάθαν, καὶ Σίμων, καὶ οἱ μετ' αὐτοῦ εἰς Βαιθβασὶ τὴν ἐν τῇ ἐρήμῳ, καὶ ᾠκοδόμησε τὰ καθῃρημένα
63 αὐτῆς, καὶ ἐστερέωσαν αὐτήν. Καὶ ἔγνω Βακχίδης, καὶ συνήγαγε πᾶν τὸ πλῆθος αὐτοῦ, καὶ τοῖς ἐκ τῆς Ἰουδαίας παρήγγειλε.

64 Καὶ ἐλθὼν παρενέβαλεν ἐπὶ Βαιθβασὶ, καὶ ἐπολέμησεν
65 αὐτὴν ἡμέρας πολλὰς, καὶ ἐποίησε μηχανάς. Καὶ ἀπέλιπεν Ἰωνάθαν Σίμωνα τὸν ἀδελφὸν αὐτοῦ ἐν τῇ πόλει, καὶ ἐξῆλθεν
66 εἰς τὴν χώραν, καὶ ἐξῆλθεν ἐν ἀριθμῷ. Καὶ ἐπάταξεν Ὀδοαρ-ρὴν, καὶ τοὺς ἀδελφοὺς αὐτοῦ, καὶ τοὺς υἱοὺς Φασιρὼν ἐν τῷ
67 σκηνώματι αὐτῶν, καὶ ἐξήρξατο τύπτειν, καὶ ἀναβαίνειν ἐν δυνάμεσι· καὶ Σίμων, καὶ οἱ μετ' αὐτοῦ ἐξῆλθον ἐκ τῆς πόλεως,
68 καὶ ἐνεπύρισαν τὰς μηχανάς. Καὶ ἐπολέμησαν πρὸς τὸν Βακ-χίδην, καὶ συνετρίβη ὑπ' αὐτῶν, καὶ ἔθλιβον αὐτὸν σφόδρα,
69 ὅτι ἦν ἡ βουλὴ αὐτοῦ καὶ ἡ ἔφοδος αὐτοῦ κενή. Καὶ ὠργίσθη θυμῷ τοῖς ἀνδράσι τοῖς ἀνόμοις τοῖς συμβουλεύσασιν αὐτῷ ἐλθεῖν εἰς τὴν χώραν, καὶ ἀπέκτειναν ἐξ αὐτῶν πολλοὺς, καὶ ἐβουλεύσατο τοῦ ἀπελθεῖν εἰς τὴν γῆν αὐτοῦ.

70 Καὶ ἐπέγνω Ἰωνάθαν, καὶ ἀπέστειλε πρὸς αὐτὸν πρέσβεις, τοῦ συνθέσθαι πρὸς αὐτὸν εἰρήνην, καὶ ἀποδοῦναι αὐτοῖς τὴν
71 αἰχμαλωσίαν. Καὶ ἀπεδέξατο, καὶ ἐποίησε κατὰ τοὺς λόγους αὐτοῦ, καὶ ὤμοσεν αὐτῷ μὴ ἐκζητῆσαι αὐτῷ κακὸν πάσας τὰς
72 ἡμέρας τῆς ζωῆς αὐτοῦ. Καὶ ἀπέδωκεν αὐτῷ τὴν αἰχμαλωσίαν ἣν ἠχμαλώτευσε τὸ πρότερον ἐκ γῆς Ἰούδα· καὶ ἀποστρέψας ἀπῆλθεν εἰς τὴν γῆν αὐτοῦ, καὶ οὐ προσέθετο ἔτι ἐλθεῖν εἰς τὰ
73 ὅρια αὐτῶν. Καὶ κατέπαυσε ῥομφαία ἐξ Ἰσραήλ· καὶ ᾤκησεν Ἰωνάθαν ἐν Μαχμάς· καὶ ἤρξατο Ἰωνάθαν κρίνειν τὸν λαὸν, καὶ ἠφάνισε τοὺς ἀσεβεῖς ἐξ Ἰσραήλ.

10 Καὶ ἐν ἔτει ἑξηκοστῷ καὶ ἑκατοστῷ ἀνέβη Ἀλέξανδρος ὁ τοῦ Ἀντιόχου ὁ Ἐπιφανὴς, καὶ κατελάβετο Πτολεμαΐδα, καὶ

[51] Moreover in the hundred fifty and third year, in the second month, Alcimus commanded that the wall of the inner court of the sanctuary should be pulled down; he pulled down also the works of the prophets. [55] And as he began to pull down, even at that time was Alcimus plagued, and his enterprizes hindered : for his mouth was stopped, and he was taken with a palsy, so that he could no more speak any thing, nor give order concerning his house. [56] So Alcimus died at that time with great torment. [57] Now when Bacchides saw that Alcimus was dead, he returned to the king : whereupon the land of Juda was in rest two years. [58] Then all the ungodly men held a council, saying, Behold, Jonathan and his company are at ease, and dwell without care : now therefore we will bring Bacchides hither, who shall take them all in one night. [59] So they went and consulted with him. [60] Then removed he, and came with a great host, and sent letters privily to his adherents in Judea, that they should take Jonathan and those that were with him : howbeit they could not, because their counsel was known unto them. [61] Wherefore they took of the men of the country, that were authors of that mischief, about fifty persons, and slew them. [62] Afterward Jonathan, and Simon, and they that were with him, got them away to Bethbasi, which is in the wilderness, and they repaired the decays thereof, and made it strong. [63] Which thing when Bacchides knew, he gathered together all his host, and sent word to them that were of Judea. [64] Then went he and laid siege against Bethbasi; and they fought against it a long season, and made engines of war. [65] But Jonathan left his brother Simon in the city, and went forth himself into the country, and with a certain number went he forth. [66] And he smote Odonarres and his brethren, and the children of Phasiron in their tent. [67] And when he began to smite them, and came up with his forces, Simon and his company went out of the city, and burned up the engines of war, [68] and fought against Bacchides, who was discomfited by them, and they afflicted him sore : for his counsel and travail was in vain. [69] Wherefore he was very wroth at the wicked men that gave him counsel to come into the country, insomuch as he slew many of them, and purposed to return into his own country. [70] Whereof when Jonathan had knowledge, he sent ambassadors unto him, to the end he should make peace with him, and deliver them the prisoners. [71] Which thing he accepted, and did according to his demands, and sware unto him that he would never do him harm all the days of his life. [72] When therefore he had restored unto him the prisoners that he had taken aforetime out of the land of Judea, he returned and went his way into his own land, neither came he any more into their borders. [73] Thus the sword ceased from Israel : but Jonathan dwelt at Machmas, and began to govern the people; and he destroyed the ungodly men out of Israel.

In the hundred and sixtieth year Alexander, the *son* of Antiochus *surnamed* Epiphanes, went up and took Ptolemais :

for the people had received him, by means whereof he reigned there. ² Now when king Demetrius heard thereof, he gathered together an exceeding great host, and went forth against him to fight. ³ Moreover Demetrius sent letters unto Jonathan with loving words, so as he magnified him. ⁴ For said he, Let us first make peace with him, before he join with Alexander against us: ⁵ else he will remember all the evils that we have done against him, and against his brethren and his people. ⁶ Wherefore he gave him authority to gather together an host, and to provide weapons, that he might aid him in battle: he commanded also that the hostages that were in the tower should be delivered him.

⁷ Then came Jonathan to Jerusalem, and read the letters in the audience of all the people, and of them that were in the tower: ⁸ who were sore afraid, when they heard that the king had given him authority to gather together an host. ⁹ Whereupon they of the tower delivered their hostages unto Jonathan, and he delivered them unto their parents.

¹⁰ This done, Jonathan settled himself in Jerusalem, and began to build and repair the city. ¹¹ And he commanded the workmen to build the walls and the mount Sion round about with square stones for fortification; and they did so.

¹² Then the strangers, that were in the fortresses which Bacchides had built, fled away; ¹³ insomuch as every man left his place, and went into his own country. ¹⁴ Only at Bethsura certain of those that had forsaken the law and the commandments remained still: for it was their place of refuge.

¹⁵ Now when king Alexander had heard what promises Demetrius had sent unto Jonathan: when also it was told him of the battles and noble acts which he and his brethren had done, and of the pains that they had endured, ¹⁶ he said, Shall we find such another man? now therefore we will make him our friend and confederate.

¹⁷ Upon this he wrote a letter, and sent it unto him, according to these words, saying, ¹⁸ King Alexander to his brother Jonathan sendeth greeting: ¹⁹ We have heard of thee, that thou art a man of great power, and meet to be our friend. ²⁰ Wherefore now this day we ordain thee to be the high priest of thy nation, and to be called the king's friend; (and therewithal he sent him a purple robe and a crown of gold:) and *require thee* to take our part, and keep friendship with us. ²¹ So in the seventh month of the hundred and sixtieth year, at the feast of the tabernacles, Jonathan put on the holy robe, and gathered together forces, and provided much armour.

²² Whereof when Demetrius heard, he was very sorry, and said, ²³ What have we done, that Alexander hath prevented us in making amity with the Jews to strengthen himself? ²⁴ I also will write unto them words of encouragement, *and promise them* dignities and gifts, that I may have their aid. ²⁵ He sent unto them therefore to this effect: King Demetrius unto the people of the Jews sendeth greeting: ²⁶ Whereas ye have kept covenants with us, and continued in our friendship, not joining yourselves with our

ἐπεδέξαντο αὐτόν, καὶ ἐβασίλευσεν ἐκεῖ. Καὶ ἤκουσε Δημήτριος 2 ὁ βασιλεὺς, καὶ συνήγαγε δυνάμεις πολλὰς σφόδρα, καὶ ἐξῆλθεν εἰς συνάντησιν αὐτῷ εἰς πόλεμον. Καὶ ἀπέστειλε 3 Δημήτριος πρὸς Ἰωνάθαν ἐπιστολὰς λόγοις εἰρηνικοῖς ὥστε μεγαλῦναι αὐτόν. Εἶπε γὰρ, προφθάσωμεν τοῦ εἰρήνην θεῖναι 4 μετ' αὐτοῦ, πρινὴ θεῖναι αὐτὸν μετὰ Ἀλεξάνδρου καθ' ἡμῶν. Μνησθήσεται γὰρ πάντων τῶν κακῶν ὧν συνετελέσαμεν πρὸς 5 αὐτὸν, καὶ εἰς τοὺς ἀδελφοὺς αὐτοῦ, καὶ εἰς τὸ ἔθνος αὐτοῦ. Καὶ ἔδωκεν αὐτῷ ἐξουσίαν συναγαγεῖν δυνάμεις, καὶ κατασκευά- 6 ζειν ὅπλα, καὶ εἶναι αὐτὸν σύμμαχον αὐτοῦ, καὶ τὰ ὅμηρα τὰ ἐν τῇ ἄκρᾳ εἶπε παραδοῦναι αὐτῷ.

Καὶ ἦλθεν Ἰωνάθαν εἰς Ἱερουσαλὴμ, καὶ ἀνέγνω τὰς ἐπιστο- 7 λὰς εἰς τὰ ὦτα παντὸς τοῦ λαοῦ, καὶ τῶν ἐκ τῆς ἄκρας. Καὶ 8 ἐφοβήθησα φόβον μέγαν ὅτε ἤκουσαν ὅτι ἔδωκεν αὐτῷ ὁ βασι- λεὺς ἐξουσίαν συναγαγεῖν δυνάμεις. Καὶ παρέδωκαν οἱ ἐκ τῆς 9 ἄκρας Ἰωνάθαν τὰ ὅμηρα, καὶ ἀπέδωκεν αὐτοὺς τοῖς γονεῦσιν αὐτῶν.

Καὶ ᾤκησεν Ἰωνάθαν ἐν Ἱερουσαλὴμ, καὶ ἤρξατο οἰκοδομεῖν 10 καὶ καινίζειν τὴν πόλιν. Καὶ εἶπε πρὸς τοὺς ποιοῦντας τὰ 11 ἔργα, οἰκοδομεῖν τὰ τείχη, καὶ τὸ ὄρος Σιὼν κυκλόθεν ἐκ λίθων τετραγώνων εἰς ὀχύρωσιν· καὶ ἐποίησαν οὕτως.

Καὶ ἔφυγον οἱ ἀλλογενεῖς οἱ ὄντες ἐν τοῖς ὀχυρώμασιν οἷς 12 ᾠκοδόμησε Βακχίδης. Καὶ κατέλιπεν ἕκαστος τὸν τόπον αὐ- 13 τοῦ, καὶ ἀπῆλθεν εἰς τὴν γῆν αὐτοῦ. Πλὴν ἐν Βαιθσούρα 14 ὑπελείφθησάν τινες τῶν καταλιπόντων τὸν νόμον καὶ τὰ προσ- τάγματα, ἦν γὰρ αὐτοῖς φυγαδευτήριον.

Καὶ ἤκουσεν Ἀλέξανδρος ὁ βασιλεὺς τὰς ἐπαγγελίας ὅσας 15 ἀπέστειλε Δημήτριος τῷ Ἰωνάθαν, καὶ διηγήσαντο αὐτῷ τοὺς πολέμους καὶ τὰς ἀνδραγαθίας ἃς ἐποίησεν αὐτὸς καὶ οἱ ἀδελφοὶ αὐτοῦ, καὶ τοὺς κόπους οὓς ἔσχον, καὶ εἶπε, μὴ εὑρή- 16 σομεν ἄνδρα τοιοῦτον ἕνα; καὶ νῦν ποιήσομεν αὐτὸν φίλον, καὶ σύμμαχον ἡμῶν.

Καὶ ἔγραψεν ἐπιστολὰς, καὶ ἀπέστειλεν αὐτῷ κατὰ τοὺς 17 λόγους τούτους, λέγων, βασιλεὺς Ἀλέξανδρος τῷ ἀδελφῷ 18 Ἰωνάθαν χαίρειν. Ἀκηκόαμεν περὶ σοῦ, ὅτι ἀνὴρ δυνατὸς 19 ἰσχύϊ, καὶ ἐπιτήδειος εἶ τοῦ εἶναι ἡμῖν φίλος. Καὶ νῦν καθεσ- 20 τάκαμέν σε σήμερον ἀρχιερέα τοῦ ἔθνους σου, καὶ φίλον βασιλέως καλεῖσθαι· καὶ ἀπέστειλεν αὐτῷ πορφύραν καὶ στέ- φανον χρυσοῦν· καὶ φρονεῖν τὰ ἡμῶν, καὶ συντηρεῖν φιλίαν πρὸς ἡμᾶς. Καὶ ἐνεδύσατο Ἰωνάθαν τὴν ἁγίαν στολὴν 21 τῷ ἑβδόμῳ μηνὶ ἔτους ἑξηκοστοῦ καὶ ἑκατοστοῦ ἐν ἑορτῇ σκηνοπηγίας, καὶ συνήγαγε δυνάμεις, καὶ κατεσκεύασεν ὅπλα πολλά.

Καὶ ἤκουσε Δημήτριος τοὺς λόγους τούτους, καὶ ἐλυπήθη, 22 καὶ εἶπε, τί τοῦτο ἐποιήσαμεν, ὅτι προέφθακεν ἡμᾶς ὁ 23 Ἀλέξανδρος τοῦ φιλίαν καταθέσθαι τοῖς Ἰουδαίοις εἰς στή- ριγμα; Γράψω αὐτοῖς κἀγὼ λόγους παρακλήσεως, καὶ ὕψους, 24 καὶ δομάτων, ὅπως ὦσι σὺν ἐμοὶ εἰς βοήθειαν. Καὶ ἀπέστειλεν 25 αὐτοῖς κατὰ τοὺς λόγους τούτους· βασιλεὺς Δημήτριος τῷ ἔθνει τῶν Ἰουδαίων χαίρειν. Ἐπεὶ συνετηρήσατε τὰς πρὸς ἡμᾶς 26 συνθήκας, καὶ ἐνεμείνατε τῇ φιλίᾳ ἡμῶν, καὶ οὐ προσεχωρήσατε

27 τοῖς ἐχθροῖς ἡμῶν, ἠκούσαμεν, καὶ ἐχάρημεν. Καὶ νῦν ἐμμείνατε ἔτι τοῦ συντηρῆσαι πρὸς ἡμᾶς πίστιν, καὶ ἀντ-
28 αποδώσομεν ὑμῖν ἀγαθὰ, ἀνθ' ὧν ποιεῖτε μεθ' ἡμῶν. Καὶ ἀφήσομεν ὑμῖν ἀφέματα πολλὰ, καὶ δώσομεν ὑμῖν δόματα.

29 Καὶ νῦν ἀπολύω ὑμᾶς, καὶ ἀφίημι πάντας τοὺς Ἰουδαίους ἀπὸ τῶν φόρων, καὶ τῆς τιμῆς τοῦ ἁλὸς, καὶ ἀπὸ τῶν στε-
30 φάνων, καὶ ἀντὶ τοῦ τρίτου τῆς σπορᾶς, καὶ ἀντὶ τοῦ ἡμίσους τοῦ καρποῦ τοῦ ξυλίνου τοῦ ἐπιβάλλοντός μοι λαβεῖν ἀφίημι ἀπὸ τῆς σήμερον καὶ ἐπέκεινα τοῦ λαβεῖν ἀπὸ τῆς γῆς Ἰούδα, καὶ ἀπὸ τῶν τριῶν νομῶν τῶν προστιθεμένων αὐτῇ ἀπὸ τῆς Σαμαρείτιδος καὶ Γαλιλαίας, καὶ ἀπὸ τῆς σήμερον ἡμέρας καὶ εἰς τὸν αἰῶνα χρόνον.

31 Καὶ Ἰερουσαλὴμ ἤτω ἁγία καὶ ἀφειμένη, καὶ τὰ ὅρια
32 αὐτῆς, αἱ δεκάται καὶ τὰ τέλη. Ἀφίημι καὶ τὴν ἐξουσίαν τῆς ἄκρας τῆς ἐν Ἰερουσαλήμ, καὶ δίδωμι τῷ ἀρχιερεῖ, ὅπως ἂν καταστήσῃ ἐν αὐτῇ ἄνδρας οὓς ἂν ἐκλέξηται αὐτὸς τοῦ φυλάσσειν αὐτήν.

33 Καὶ πᾶσαν ψυχὴν Ἰουδαίων τὴν αἰχμαλωτισθεῖσαν ἀπὸ γῆς Ἰούδα εἰς πᾶσαν βασιλείαν μου ἀφίημι ἐλευθέραν δωρεάν· καὶ πάντες ἀφιέτωσαν τοὺς φόρους καὶ τῶν κτηνῶν αὐτῶν.
34 Καὶ πᾶσαι αἱ ἑορταὶ καὶ τὰ σάββατα καὶ νουμηνίαι, καὶ ἡμέραι ἀποδεδειγμέναι, καὶ τρεῖς ἡμέραι πρὸ ἑορτῆς καὶ τρεῖς ἡμέραι μετὰ ἑορτὴν, ἔστωσαν πᾶσαι αἱ ἡμέραι ἀτελείας καὶ ἀφέσεως πᾶσι τοῖς Ἰουδαίοις τοῖς οὖσιν ἐν τῇ βασιλείᾳ μου.
35 Καὶ οὐχ ἕξει ἐξουσίαν οὐδεὶς πράσσειν καὶ παρενοχλεῖν τινα αὐτῶν περὶ παντὸς πράγματος.

36 Καὶ προγραφήτωσαν τῶν Ἰουδαίων εἰς τὰς δυνάμεις τοῦ βασιλέως εἰς τριάκοντα χιλιάδας ἀνδρῶν, καὶ δοθήσεται αὐτοῖς
37 ξένια ὡς καθήκει πάσαις ταῖς δυνάμεσι τοῦ βασιλέως. Καὶ κατασταθήσεται ἐξ αὐτῶν ἐν τοῖς ὀχυρώμασι τοῦ βασιλέως τοῖς μεγάλοις, καὶ ἐκ τούτων κατασταθήσεται ἐπὶ χρειῶν τῆς βασιλείας τῶν οὐσῶν εἰς πίστιν· καὶ οἱ ἐπ' αὐτῶν καὶ οἱ ἄρχοντες ἔστωσαν ἐξ αὐτῶν· καὶ πορευέσθωσαν τοῖς νόμοις αὐτῶν, καθὰ καὶ προσέταξεν ὁ βασιλεὺς ἐν γῇ Ἰούδα.

38 Καὶ τοὺς τρεῖς νομοὺς τοὺς προστεθέντας τῇ Ἰουδαίᾳ ἀπὸ τῆς χώρας Σαμαρείας, προστεθήτω τῇ Ἰουδαίᾳ πρὸς τὸ λογισθῆναι τοῦ γενέσθαι ὑφ' ἕνα, τοῦ μὴ ὑπακοῦσαι ἄλλης ἐξουσίας ἀλλ' ἢ τοῦ ἀρχιερέως.

39 Πτολεμαΐδα καὶ τὴν προσκυροῦσαν αὐτῇ δέδωκα δόμα τοῖς ἁγίοις τοῖς ἐν Ἰερουσαλὴμ εἰς τὴν προσήκουσαν δαπάνην τοῖς
40 ἁγίοις. Κἀγὼ δίδωμι κατ' ἐνιαυτὸν δεκαπέντε χιλιάδας σίκλους ἀργυρίου ἀπὸ τῶν λόγων τοῦ βασιλέως, ἀπὸ τῶν τόπων τῶν
41 ἀνηκόντων. Καὶ πᾶν τὸ πλεονάζον ὃ οὐκ ἀπεδίδοσαν οἱ ἀπὸ τῶν χρειῶν, ὡς ἐν τοῖς πρώτοις ἔτεσιν, ἀπὸ τοῦ νῦν δώσουσιν εἰς τὰ ἔργα τοῦ οἴκου.

42 Καὶ ἐπὶ τούτοις, πεντακισχιλίους σίκλους ἀργυρίου, οὓς ἐλάμβανον ἀπὸ τῶν χρειῶν τοῦ ἁγίου ἀπὸ τοῦ λόγου κατ' ἐνιαυτὸν, καὶ ταῦτα ἀφίεται διὰ τὸ ἀνήκειν αὐτὰ τοῖς ἱερεῦσι
43 τοῖς λειτουργοῦσι. Καὶ ὅσοι ἐὰν φύγωσιν εἰς τὸ ἱερὸν τὸ ἐν Ἱεροσολύμοις καὶ ἐν πᾶσι τοῖς ὁρίοις αὐτοῦ, ὀφείλοντες βασιλικὰ

---

enemies, we have heard hereof, and are glad.
27 Wherefore now continue ye still to be faithful unto us, and we will well recompense you for the things ye do in our behalf, 28 and will grant you many immunities, and give you rewards.

29 And now do I free you, and *for your sake* I release all the Jews, from tributes, and from the customs of salt, and from crown taxes, 30 and from that which appertaineth unto me to receive for the third part of the seed, and the half of the fruit of the trees, I release it from this day forth, so that they shall not be taken of the land of Juda, nor of the three governments which are added thereunto out of the country of Samaria and Galilee, from this day forth for evermore.
31 Let Jerusalem also be holy and free, with the borders thereof, both from tenths and tributes. 32 And as for the tower which is at Jerusalem, I yield up my authority over it, and give it to the high priest, that he may set in it such men as he shall choose to keep it.
33 Moreover I freely set at liberty every one of the Jews, that were carried captives out of the land of Juda into any part of my kingdom, and *I will* that all my officers remit the tributes even of their cattle. 34 Furthermore *I will* that all the feasts, and sabbaths, and new moons, and solemn days, and the three days before the feast, and the three days after the feast, shall be all days of immunity and freedom for all the Jews in my realm. 35 Also no man shall have authority to meddle *with them*, or to molest any of them in any matter.
36 *I will* further, that there be enrolled among the king's forces about thirty thousand men of the Jews, unto whom pay shall be given, as belongeth to all the king's forces. 37 And of them *some* shall be placed in the king's strong holds, of whom also *some* shall be set over the affairs of the kingdom, which are of trust: and *I will* that their overseers and governors be of themselves, and that they live after their own laws, even as the king hath commanded in the land of Judea.
38 And concerning the three governments that are added to Judea from the country of Samaria, let them be joined with Judea, that they may be reckoned to be under one, nor bound to obey other authority than the high priest's.
39 *As for* Ptolemais, and the land pertaining thereto, I give *it* as a free gift to the sanctuary at Jerusalem for the necessary expences of the sanctuary. 40 Moreover I give every year fifteen thousand shekels of silver out of the king's accounts from the places appertaining. 41 And all the overplus, which the officers paid not in as in former time, from henceforth shall be given toward the works of the temple.
42 And beside this, the five thousand shekels of silver, which they took from the uses of the temple out of the accounts year by year, even those things shall be released, because they appertain to the priests that minister. 43 And whosoever they be that flee unto the temple at Jerusalem, or be within the liberties thereof, being indebted unto the king, or for any other matter, let

them be at liberty, and all that they have in my realm. ⁴⁴ For the building also and repairing of the works of the sanctuary, expences shall be given out of the king's accounts. ⁴⁵ Yea, and for the building of the walls of Jerusalem, and the fortifying thereof round about, expences shall be given out of the king's accounts, as also for the building of the walls in Judea.
⁴⁶ Now when Jonathan and the people heard these words, they gave no credit unto them, nor received them, because they remembered the great evil that he had done in Israel ; for he had afflicted them very sore. ⁴⁷ But with Alexander they were well pleased, because he was the first that entreated of true peace with them, and they were confederate with him always.
⁴⁸ Then gathered king Alexander great forces, and camped over against Demetrius. ⁴⁹ And after the two kings had joined battle, Demetrius' host fled : but Alexander followed after him, and prevailed against them. ⁵⁰ And he continued the battle very sore until the sun went down : and that day was Demetrius slain.
⁵¹ Afterward Alexander sent ambassadors to Ptolemee king of Egypt with a message to this effect : ⁵² Forasmuch as I am come again to my realm, and am set in the throne of my progenitors, and have gotten the dominion, and overthrown Demetrius, and recovered our country ; ⁵³ for after I had joined battle with him, both he and his host was discomfited by us, so that we sit in the throne of his kingdom : ⁵⁴ now therefore let us make a league of amity together, and give me now thy daughter to wife : and I will be thy son in law, and will give both thee and her gifts according to thy dignity.
⁵⁵ Then Ptolemee the king gave answer, saying, Happy be the day wherein thou didst return into the land of thy fathers, and satest in the throne of their kingdom. ⁵⁶ And now will I do to thee, as thou hast written : meet me therefore at Ptolemais, that we may see one another ; for I will marry my daughter to thee according to thy desire.
⁵⁷ So Ptolemee went out of Egypt with his daughter Cleopatra, and they came unto Ptolemais in the hundred threescore and second year : ⁵⁸ where king Alexander meeting him, he gave unto him his daughter Cleopatra, and celebrated her marriage at Ptolemais with great glory, as the manner of kings is.
⁵⁹ Now king Alexander had written unto Jonathan, that he should come and meet him. ⁶⁰ Who thereupon went honourably to Ptolemais, where he met the two kings, and gave them and their friends silver and gold, and many presents, and found favour in their sight.
⁶¹ At that time certain pestilent fellows of Israel, men of a wicked life, assembled themselves against him, to accuse him : but the king would not hear them. ⁶² Yea more than that, the king commanded to take off his garments, and clothe him in purple : and they did so. ⁶³ Also he made him sit by himself, and said unto his princes, Go with him into the midst of the city,

καὶ πᾶν πρᾶγμα, ἀπολελύσθωσαν, καὶ πάντα ὅσα ἐστὶν αὐτοῖς ἐν τῇ βασιλείᾳ μου. Καὶ τοῦ οἰκοδομηθῆναι καὶ τοῦ ἐπι- 44 καινισθῆναι τὰ ἔργα τῶν ἁγίων, καὶ ἡ δαπάνη δοθήσεται ἐκ τοῦ λόγου τοῦ βασιλέως. Καὶ τοῦ οἰκοδομηθῆναι τὰ τείχη 45 Ἱερουσαλὴμ καὶ ὀχυρῶσαι κυκλόθεν, καὶ ἡ δαπάνη δοθήσεται ἐκ τοῦ λόγου τοῦ βασιλέως, καὶ τοῦ οἰκοδομηθῆναι τὰ τείχη τὰ ἐν τῇ Ἰουδαίᾳ.

Ὡς δὲ ἤκουσεν Ἰωνάθαν καὶ ὁ λαὸς τοὺς λόγους τούτους, οὐκ 46 ἐπίστευσαν αὐτοῖς οὐδὲ ἐπεδέξαντο, ὅτι ἐπεμνήσθησαν τῆς κακίας τῆς μεγάλης ἧς ἐποίησεν ἐν Ἰσραὴλ, καὶ ἔθλιψεν αὐτοὺς σφόδρα. Καὶ εὐδόκησαν ἐν Ἀλεξάνδρῳ, ὅτι αὐτὸς ἐγένετο 47 αὐτοῖς ἀρχηγὸς λόγων εἰρηνικῶν, καὶ συνεμάχουν αὐτῷ πάσας τὰς ἡμέρας.

Καὶ συνήγαγεν Ἀλέξανδρος ὁ βασιλεὺς δυνάμεις μεγάλας, 48 καὶ παρενέβαλεν ἐξεναντίας Δημητρίου. Καὶ συνῆψαν πόλεμον 49 οἱ δύο βασιλεῖς, καὶ ἔφυγεν ἡ παρεμβολὴ Δημητρίου, καὶ ἐδίωξεν αὐτὸν ὁ Ἀλέξανδρος, καὶ ἴσχυσεν ἐπ᾽ αὐτούς. Καὶ 50 ἐστερέωσε τὸν πόλεμον σφόδρα ἕως ἔδυ ὁ ἥλιος, καὶ ἔπεσεν ὁ Δημήτριος ἐν τῇ ἡμέρᾳ ἐκείνῃ.

Καὶ ἀπέστειλεν Ἀλέξανδρος πρὸς Πτολεμαῖον βασιλέα 51 Αἰγύπτου πρέσβεις κατὰ τοὺς λόγους τούτους, λέγων, ἐπεὶ 52 ἀνέστρεψα εἰς γῆν βασιλείας μου, καὶ ἐκάθισα ἐπὶ θρόνου πατέρων μου, καὶ ἐκράτησα τῆς ἀρχῆς, καὶ συνέτριψα τὸν Δημήτριον, καὶ ἐπεκράτησα τῆς χώρας ἡμῶν· καὶ συνῆψα πρὸς αὐτὸν μάχην, 53 καὶ συνετρίβη αὐτὸς καὶ ἡ παρεμβολὴ αὐτοῦ ὑφ᾽ ἡμῶν, καὶ ἐκαθίσαμεν ἐπὶ θρόνου βασιλείας αὐτοῦ· καὶ νῦν στήσωμεν πρὸς 54 ἑαυτοὺς φιλίαν, καὶ νῦν δός μοι τὴν θυγατέρα σου εἰς γυναῖκα, καὶ ἐπιγαμβρεύσω σοι, καὶ δώσω σοι δόματα, καὶ αὐτῇ ἀξιά σου.

Καὶ ἀπεκρίθη Πτολεμαῖος ὁ βασιλεὺς, λέγων, ἀγαθὴ ἡμέρα 55 ἐν ᾗ ἀνέστρεψας εἰς γῆν πατέρων σου, καὶ ἐκάθισας ἐπὶ θρόνου βασιλείας αὐτῶν. Καὶ νῦν ποιήσω σοι ἃ ἔγραψας, ἀλλ᾽ ἀπάντη- 56 σον εἰς Πτολεμαΐδα, ὅπως ἴδωμεν ἀλλήλους, καὶ ἐπιγαμβρεύσω σοι καθὼς εἴρηκας.

Καὶ ἐξῆλθε Πτολεμαῖος ἐξ Αἰγύπτου αὐτὸς καὶ Κλεοπάτρα 57 ἡ θυγάτηρ αὐτοῦ, καὶ εἰσῆλθον εἰς Πτολεμαΐδα ἔτους δευτέρου καὶ ἑξηκοστοῦ καὶ ἑκατοστοῦ. Καὶ ἀπήντησεν αὐτῷ Ἀλέξανδρος 58 ὁ βασιλεὺς, καὶ ἐξέδοτο αὐτῷ Κλεοπάτραν τὴν θυγατέρα αὐτοῦ, καὶ ἐποίησε τὸν γάμον αὐτῆς ἐν Πτολεμαΐδι, καθὼς οἱ βασιλεῖς, ἐν δόξῃ μεγάλῃ.

Καὶ ἔγραψεν Ἀλέξανδρος ὁ βασιλεὺς τῷ Ἰωνάθαν ἐλθεῖν εἰς 59 συνάντησιν αὐτῷ. Καὶ ἐπορεύθη μετὰ δόξης εἰς Πτολεμαΐδα, 60 καὶ ἀπήντησε τοῖς δυσὶ βασιλεῦσι· καὶ ἔδωκεν αὐτοῖς ἀργύριον καὶ χρυσίον, καὶ τοῖς φίλοις αὐτῶν, καὶ δόματα πολλὰ, καὶ εὗρε χάριν ἐναντίον αὐτῶν.

Καὶ ἐπισυνήχθησαν πρὸς αὐτὸν ἄνδρες λοιμοὶ ἐξ Ἰσραὴλ, 61 ἄνδρες παράνομοι, ἐντυχεῖν κατ᾽ αὐτοῦ, καὶ οὐ προσέσχεν αὐτοῖς ὁ βασιλεύς. Καὶ προσέταξεν ὁ βασιλεὺς, καὶ ἐξέδυσαν Ἰωνά- 62 θαν τὰ ἱμάτια αὐτοῦ, καὶ ἐνέδυσαν αὐτὸν πορφύραν, καὶ ἐποίησαν οὕτως. Καὶ ἐκάθισεν αὐτὸν ὁ βασιλεὺς μετ᾽ αὐτοῦ, καὶ εἶπε 63 τοῖς ἄρχουσιν αὐτοῦ, ἐξέλθετε μετ᾽ αὐτοῦ εἰς μέσον τῆς πόλεως,

καὶ κηρύξατε τοῦ μηδένα ἐντυγχάνειν κατ᾽ αὐτοῦ περὶ μηδενὸς πράγματος, καὶ μηδεὶς αὐτῷ παρενοχλείτω περὶ παντὸς λόγου.

64 Καὶ ἐγένετο ὡς ἴδον οἱ ἐντυγχάνοντες τὴν δόξαν αὐτοῦ καθὼς ἐκήρυξαν, καὶ περιβεβλημένον αὐτὸν πορφύραν, καὶ ἔφυγον
65 πάντες. Καὶ ἐδόξασεν αὐτὸν ὁ βασιλεὺς, καὶ ἔγραψεν αὐτὸν τῶν πρώτων φίλων, καὶ ἔθετο αὐτὸν στρατηγὸν καὶ μεριδάρχην.
66 Καὶ ἐπέστρεψεν Ἰωνάθαν εἰς Ἱερουσαλὴμ μετ᾽ εἰρήνης καὶ εὐφροσύνης.

67 Καὶ ἐν ἔτει πέμπτῳ καὶ ἑξηκοστῷ καὶ ἑκατοστῷ ἦλθε Δημήτριος υἱὸς Δημητρίου ἐκ Κρήτης εἰς τὴν γῆν τῶν πατέρων
68 αὐτοῦ. Καὶ ἤκουσεν Ἀλέξανδρος ὁ βασιλεὺς, καὶ ἐλυπήθη σφόδρα, καὶ ἀπέστρεψεν εἰς Ἀντιόχειαν.

69 Καὶ κατέστησε Δημήτριος Ἀπολλώνιον τὸν ὄντα ἐπὶ κοίλης Συρίας, καὶ συνήγαγε δύναμιν μεγάλην, καὶ παρενέβαλεν ἐν
70 Ἰαμνείᾳ· καὶ ἀπέστειλε πρὸς Ἰωνάθαν τὸν ἀρχιερέα, λέγων, σὺ μονώτατος ἐπαίρῃ ἐφ᾽ ἡμᾶς, ἐγὼ δὲ ἐγενήθην εἰς καταγέλωτα καὶ εἰς ὀνειδισμὸν διὰ σέ· καὶ διατί σὺ ἐξουσιάζῃ ἐφ᾽ ἡμᾶς ἐν τοῖς ὄρεσι;

71 Νῦν οὖν εἰ πέποιθας ἐπὶ ταῖς δυνάμεσί σου, κατάβηθι πρὸς ἡμᾶς εἰς τὸ πεδίον, καὶ συγκριθῶμεν εὐτοῖς ἐκεῖ, ὅτι μετ᾽ ἐμοῦ
72 ἐστι δύναμις τῶν πόλεων. Ἐρώτησον καὶ μάθε τίς εἰμι καὶ οἱ λοιποὶ οἱ βοηθοῦντες ἡμῖν, καὶ λέγουσιν, οὐκ ἔστιν ὑμῖν στάσις ποδὸς κατὰ πρόσωπον ἡμῶν· ὅτι δὶς ἐτροπώθησαν οἱ πατέρες
73 σου ἐν τῇ γῇ αὐτῶν. Καὶ νῦν οὐ δυνήσῃ ὑποστῆναι τὴν ἵππον καὶ δύναμιν τοιαύτην ἐν τῷ πεδίῳ, ὅπου οὐκ ἔστι λίθος οὐδὲ κόχλαξ οὐδὲ τόπος τοῦ φυγεῖν.

74 Ὡς δὲ ἤκουσεν Ἰωνάθαν τῶν λόγων Ἀπολλωνίου, ἐκινήθη τῇ διανοίᾳ, καὶ ἐπέλεξε δέκα χιλιάδας ἀνδρῶν, καὶ ἐξῆλθεν ἐξ Ἱερουσαλὴμ, καὶ συνήντησεν αὐτῷ Σίμων ὁ ἀδελφὸς αὐτοῦ ἐπὶ
75 βοήθειαν αὐτοῦ. Καὶ παρενέβαλεν ἐπὶ Ἰόππην, καὶ ἀπέκλεισαν αὐτὸν ἐκ τῆς πόλεως, ὅτι φρουρὰ Ἀπολλωνίου ἐν Ἰόππῃ, καὶ ἐπολέμησαν αὐτήν.

76 Καὶ φοβηθέντες ἤνοιξαν οἱ ἐκ τῆς πόλεως, καὶ ἐκυρίευσεν
77 Ἰωνάθαν Ἰόππης. Καὶ ἤκουσεν Ἀπολλώνιος, καὶ παρενέβαλε τρισχιλίαν ἵππον, καὶ δύναμιν πολλήν· καὶ ἐπορεύθη εἰς Ἄζωτον ὡς διοδεύων, καὶ ἅμα προῆγεν εἰς τὸ πεδίον, διὰ τὸ ἔχειν αὐτὸν πλῆθος ἵππου καὶ πεποιθέναι ἐπ᾽ αὐτῇ.

78 Καὶ κατεδίωξεν Ἰωνάθαν ὀπίσω αὐτοῦ εἰς Ἄζωτον, καὶ
79 συνῆψαν αἱ παρεμβολαὶ εἰς πόλεμον. Καὶ ἀπέλιπεν Ἀπολ-
80 λώνιος χιλίαν ἵππον ἐν κρυπτῷ κατόπισθεν αὐτῶν. Καὶ ἔγνω Ἰωνάθαν ὅτι ἐστὶν ἔνεδρον κατόπισθεν αὐτοῦ, καὶ ἐκύκλωσαν αὐτοῦ τὴν παρεμβολὴν, καὶ ἐξετίναξαν τὰς σχίζας εἰς τὸν λαὸν ἐκ πρωΐθεν ἕως ἑσπέρας.

81 Ὁ δὲ λαὸς εἱστήκει, καθὼς ἐπέταξεν Ἰωνάθαν, καὶ ἐκοπίασαν
82 οἱ ἵπποι αὐτῶν. Καὶ εἵλκυσε Σίμων τὴν δύναμιν αὐτοῦ, καὶ συνῆψε πρὸς τὴν φάραγγα· ἡ γὰρ ἵππος ἐξελύθη· καὶ συνετρί-
83 βησαν ὑπ᾽ αὐτοῦ, καὶ ἔφυγον. Καὶ ἡ ἵππος ἐσκορπίσθη ἐν τῷ πεδίῳ, καὶ ἔφυγον εἰς Ἄζωτον, καὶ εἰσῆλθον εἰς Βηθδαγὼν τὸ εἰδωλεῖον αὐτῶν, τοῦ σωθῆναι.

and make proclamation, that no man complain against him of any matter, and that no man trouble him for any manner of cause.

[64] Now when his accusers saw that he was honoured according to the proclamation, and clothed in purple, they fled all away. [65] So the king honoured him, and wrote him among his chief friends, and made him a duke, and partaker of his dominion. [66] Afterward Jonathan returned to Jerusalem with peace and gladness.

[67] Furthermore in the hundred threescore and fifth year came Demetrius son of Demetrius out of Crete into the land of his fathers: [68] whereof when king Alexander heard tell, he was right sorry, and returned into Antioch.

[69] Then Demetrius made Apollonius the governor of Celosyria his general, who gathered together a great host, and camped in Jamnia, and sent unto Jonathan the high priest, saying, [70] Thou alone liftest up thyself against us, and I am laughed to scorn for thy sake, and reproached: and why dost thou vaunt thy power against us in the mountains?

[71] Now therefore, if thou trustest in thine own strength, come down to us into the plain field, and there let us try the matter together: for with me is the power of the cities. [72] Ask and learn who I am, and the rest that take our part, and they shall tell thee that thy foot is not able to stand before our face; for thy fathers have been twice put to flight in their own land. [73] Wherefore now thou shalt not be able to abide the horsemen and so great a power in the plain, where is neither stone nor flint, nor place to flee unto.

[74] So when Jonathan heard these words of Apollonius, he was moved in his mind, and choosing ten thousand men he went out of Jerusalem, where Simon his brother met him for to help him. [75] And he pitched his tents against Joppe: but they shut him out of the city, because Apollonius had a garrison in Joppe.

[76] Then Jonathan laid siege unto it: whereupon they of the city let him in for fear: and so Jonathan won Joppe. [77] Whereof when Apollonius heard, he took three thousand horsemen, with a great host of footmen, and went to Azotus as one that journeyed, and therewithal drew him forth into the plain, because he had a great number of horsemen, in whom he put his trust.

[78] Then Jonathan followed after him to Azotus, where the armies joined battle. [79] Now Apollonius had left a thousand horsemen in ambush. [80] And Jonathan knew that there was an ambushment behind him; for they had compassed in his host, and cast darts at the people, from morning till evening. [81] But the people stood still, as Jonathan had commanded them: and so the enemies' horses were tired. [82] Then brought Simon forth his host, and set them against the footmen, (for the horsemen were spent,) who were discomfited by him, and fled. [83] The horsemen also, being scattered in the field, fled to Azotus, and went into Beth-dagon, their idol's temple, for safety.

⁸⁴ But Jonathan set fire on Azotus, and the cities round about it, and took their spoils; and the temple of Dagon, with them that were fled into it, he burned with fire. ⁸⁵ Thus there were burned and slain with the sword well nigh eight thousand men. ⁸⁶ And from thence Jonathan removed his host, and camped against Ascalon, where the men of the city came forth, and met him with great pomp. ⁸⁷ After this returned Jonathan and his host unto Jerusalem, having many spoils.

⁸⁸ Now when king Alexander heard these things, he honoured Jonathan yet more, ⁸⁹ and sent him a buckle of gold, as the use is to be given to such as are of the king's blood: he gave him also Accaron with the borders thereof in possession.

And the king of Egypt gathered together a great host, like the sand that lieth upon the sea shore, and many ships, and went about through deceit to get Alexander's kingdom, and join it to his own. ² Whereupon he took his journey into Syria in peaceable manner, so as they of the cities opened unto him, and met him: for king Alexander had commanded them so to do, because he was his father in law.

³ Now as Ptolemee entered into the cities, he set in every one of them a garrison of soldiers to keep it. ⁴ And when he came near to Azotus, they shewed him the temple of Dagon that was burnt, and Azotus and the suburbs thereof that were destroyed, and the bodies that were cast abroad, and them that he had burnt in the battle: for they had made heaps of them by the way where he should pass. ⁵ Also they told the king whatsoever Jonathan had done, to the intent he might blame him: but the king held his peace.

⁶ Then Jonathan met the king with great pomp at Joppe, where they saluted one another, and lodged. ⁷ Afterward Jonathan, when he had gone with the king to the river called Eleutherus, returned again to Jerusalem.

⁸ King Ptolemee therefore, having gotten the dominion of the cities by the sea unto Seleucia upon the sea coast, imagined wicked counsels against Alexander. ⁹ Whereupon he sent ambassadors unto king Demetrius, saying, Come, let us make a league betwixt us, and I will give thee my daughter whom Alexander hath, and thou shalt reign in thy father's kingdom: ¹⁰ for I repent that I gave my daughter unto him, for he sought to slay me. ¹¹ Thus did he slander him, because he was desirous of his kingdom.

¹² Wherefore he took his daughter from him, and gave her to Demetrius, and forsook Alexander, so that their hatred was openly known. ¹³ Then Ptolemee entered into Antioch, where he set two crowns upon his head, the crown of Asia, and of Egypt.

¹⁴ In the mean season was king Alexander in Cilicia, because those that dwelt in those parts had revolted from him. ¹⁵ But when Alexander heard of this, he came to war against him: whereupon king Ptolemee brought forth his host, and met him with a mighty power, and put him to flight.

¹⁶ So Alexander fled into Arabia, there to be defended; but king Ptolemee was

Καὶ ἐνεπύρισεν Ἰωνάθαν τὴν Ἄζωτον καὶ τὰς πόλεις τὰς 84 κύκλῳ αὐτῆς, καὶ ἔλαβε τὰ σκῦλα αὐτῶν, καὶ τὸ ἱερὸν Δαγὼν καὶ τοὺς συμφυγόντας εἰς αὐτὸ ἐνεπύρισε πυρί. Καὶ ἐγένοντο 85 οἱ πεπτωκότες μαχαίρᾳ σὺν τοῖς ἐμπυρισθεῖσιν εἰς ἄνδρας ὀκτακισχιλίους. Καὶ ἀπῆρεν ἐκεῖθεν Ἰωνάθαν, καὶ παρενέβαλεν 86 ἐπὶ Ἀσκάλωνα, καὶ ἐξῆλθον οἱ ἐκ τῆς πόλεως εἰς συνάντησιν αὐτῷ ἐν δόξῃ μεγάλῃ. Καὶ ἐπέστρεψεν Ἰωνάθαν εἰς Ἱερουσα- 87 λὴμ σὺν τοῖς παρ' αὐτοῦ, ἔχοντες σκῦλα πολλά.

Καὶ ἐγένετο ὡς ἤκουσεν Ἀλέξανδρος ὁ βασιλεὺς τοὺς λόγους 88 τούτους, καὶ προσέθετο δοξάσαι τὸν Ἰωνάθαν. Καὶ ἀπέστειλεν 89 αὐτῷ πόρπην χρυσῆν, ὡς ἔθος ἐστὶ δίδοσθαι τοῖς συγγενέσι τῶν βασιλέων· καὶ ἔδωκεν αὐτῷ τὴν Ἀκκαρὼν καὶ πάντα τὰ ὅρια αὐτῆς εἰς κληροδοσίαν.

Καὶ ὁ βασιλεὺς Αἰγύπτου ἤθροισε δυνάμεις πολλὰς, ὡς τὴν 11 ἄμμον τὴν περὶ τὸ χεῖλος τῆς θαλάσσης, καὶ πλοῖα πολλά· καὶ ἐζήτησε κατακρατῆσαι τῆς βασιλείας Ἀλεξάνδρου δόλῳ, καὶ προσθεῖναι αὐτὴν τῇ βασιλείᾳ αὐτοῦ. Καὶ ἐξῆλθεν εἰς 2 Συρίαν λόγοις εἰρηνικοῖς, καὶ ἤνοιγον αὐτῷ οἱ ἀπὸ τῶν πόλεων, καὶ συνήντων αὐτῷ, ὅτι ἐντολὴ ἦν Ἀλεξάνδρου τοῦ βασιλέως συναντᾷν αὐτῷ, διὰ τὸ πενθερὸν αὐτοῦ εἶναι.

Ὡς δὲ εἰσεπορεύετο εἰς τὰς πόλεις ὁ Πτολεμαῖος, ἀπέτασσε 3 τὰς δυνάμεις φρουρὰν ἐν ἑκάστῃ πόλει. Ὡς δὲ ἤγγισεν Ἀζώτου, 4 ἔδειξαν αὐτῷ τὸ ἱερὸν Δαγὼν ἐμπεπυρισμένον, καὶ Ἄζωτον, καὶ τὰ περιπόλια αὐτῆς καθῃρημένα, καὶ τὰ σώματα ἐρριμμένα, καὶ τοὺς ἐμπεπυρισμένους οὓς ἐνεπύρισεν ἐν τῷ πολέμῳ· ἐποί- ησαν γὰρ θημωνίας αὐτῶν ἐν τῇ ὁδῷ αὐτοῦ. Καὶ διηγήσαντο 5 τῷ βασιλεῖ ἃ ἐποίησεν Ἰωνάθαν, εἰς τὸ ψογῆσαι αὐτόν· καὶ ἐσίγησεν ὁ βασιλεύς.

Καὶ συνήντησεν Ἰωνάθαν τῷ βασιλεῖ εἰς Ἰόππην μετὰ 6 δόξης, καὶ ἠσπάσαντο ἀλλήλους, καὶ ἐκοιμήθησαν ἐκεῖ. Καὶ 7 ἐπορεύθη Ἰωνάθαν μετὰ τοῦ βασιλέως ἕως τοῦ ποταμοῦ τοῦ καλουμένου Ἐλευθέρου, καὶ ἐπέστρεψεν εἰς Ἱερουσαλήμ.

Ὁ δὲ βασιλεὺς Πτολεμαῖος ἐκυρίευσε τῶν πόλεων τῆς παρα- 8 λίας ἕως Σελευκείας τῆς παραθαλασσίας, καὶ διελογίζετο περὶ Ἀλεξάνδρου λογισμοὺς πονηρούς. Καὶ ἀπέστειλε πρέσβεις πρὸς 9 Δημήτριον τὸν βασιλέα, λέγων, δεῦρο συνθώμεθα πρὸς ἑαυτοὺς διαθήκην, καὶ δώσω σοι τὴν θυγατέρα μου ἣν ἔχει Ἀλέξανδρος, καὶ βασιλεύσεις τῆς βασιλείας τοῦ πατρός σου. Μεταμεμέλη- 10 μαι γὰρ δοὺς αὐτῷ τὴν θυγατέρα μου, ἐζήτησε γὰρ ἀποκτεῖναί με. Καὶ ἐψόγησεν αὐτὸν χάριν τοῦ ἐπιθυμῆσαι αὐτὸν τῆς 11 βασιλείας αὐτοῦ·

Καὶ ἀφελόμενος αὐτοῦ τὴν θυγατέρα, ἔδωκεν αὐτὴν τῷ Δημη- 12 τρίῳ, καὶ ἠλλοιώθη τοῦ Ἀλεξάνδρου, καὶ ἐφάνη ἡ ἔχθρα αὐτῶν. Καὶ εἰσῆλθε Πτολεμαῖος εἰς Ἀντιόχειαν, καὶ περιέθετο δύο 13 διαδήματα περὶ τὴν κεφαλὴν αὐτοῦ, τὸ τῆς Ἀσίας καὶ Αἰγύπτου.

Ἀλέξανδρος δὲ ὁ βασιλεὺς ἦν ἐν Κιλικίᾳ κατὰ τοὺς καιροὺς 14 ἐκείνους, ὅτι ἀπεστάτουν οἱ ἀπὸ τῶν τόπων ἐκείνων. Καὶ 15 ἤκουσεν Ἀλέξανδρος, καὶ ἦλθεν ἐπ' αὐτὸν πολέμῳ· καὶ ἐξήγαγε Πτολεμαῖος τὴν δύναμιν, καὶ ἀπήντησεν αὐτῷ ἐν χειρὶ ἰσχυρᾷ, καὶ ἐτροπώσατο αὐτόν.

Καὶ ἔφυγεν Ἀλέξανδρος εἰς τὴν Ἀραβίαν, τοῦ σκεπασθῆναι 16

17 αὐτὸν ἐκεῖ· ὁ δὲ βασιλεὺς Πτολεμαῖος ὑψώθη. Καὶ ἀφεῖλε Ζαβδιὴλ ὁ Ἄραψ τὴν κεφαλὴν Ἀλεξάνδρου, καὶ ἀπέστειλε τῷ Πτολεμαίῳ.

18 Καὶ ὁ βασιλεὺς Πτολεμαῖος ἀπέθανεν ἐν τῇ ἡμέρᾳ τῇ τρίτῃ, καὶ οἱ ὄντες ἐν τοῖς ὀχυρώμασιν ἀπώλοντο ὑπὸ τῶν ἐν τοῖς

19 ὀχυρώμασι. Καὶ ἐβασίλευσε Δημήτριος ἔτους ἑβδόμου καὶ ἑξηκοστοῦ καὶ ἑκατοστοῦ.

20 Ἐν ταῖς ἡμέραις ἐκείναις συνήγαγεν Ἰωνάθαν τοὺς ἐκ τῆς Ἰουδαίας, τοῦ ἐκπολεμῆσαι τὴν ἄκραν τὴν ἐν Ἱερουσαλημ, καὶ

21 ἐποίησεν ἐπ᾽ αὐτὴν μηχανὰς πολλάς. Καὶ ἐπορεύθησάν τινες μισοῦντες τὸ ἔθνος αὐτῶν, ἄνδρες παράνομοι, πρὸς τὸν βασιλέα, καὶ ἀπήγγειλαν αὐτῷ ὅτι Ἰωνάθαν περικάθηται τὴν ἄκραν.

22 Καὶ ἀκούσας ὠργίσθη· ὡς δὲ ἤκουσεν, εὐθέως ἀναζεύξας ἦλθεν εἰς Πτολεμαΐδα, καὶ ἔγραψεν Ἰωνάθαν, τοῦ μὴ περικαθῆσθαι τῇ ἄκρᾳ, καὶ τοῦ ἀπαντῆσαι αὐτὸν αὐτῷ συμμίσγειν εἰς Πτολεμαΐδα τὴν ταχίστην.

23 Ὡς δὲ ἤκουσεν Ἰωνάθαν, ἐκέλευσε περικαθῆσθαι, καὶ ἐπέλεξε τῶν πρεσβυτέρων Ἰσραὴλ καὶ τῶν ἱερέων, καὶ ἔδωκεν ἑαυτὸν τῷ

24 κινδύνῳ. Καὶ λαβὼν ἀργύριον, καὶ χρυσίον, καὶ ἱματισμὸν, καὶ ἕτερα ξένια πλείονα, ἐπορεύθη πρὸς τὸν βασιλέα εἰς Πτολεμαΐδα, καὶ εὗρε χάριν ἐνώπιον αὐτοῦ.

25 Καὶ ἐνετύγχανον κατ᾽ αὐτοῦ τινες ἄνομοι τῆς ἐκ τοῦ ἔθνους.

26 Καὶ ἐποίησεν αὐτῷ ὁ βασιλεὺς καθὼς ἐποίησαν αὐτῷ οἱ πρὸ αὐτοῦ, καὶ ὕψωσεν αὐτὸν ἐναντίον πάντων τῶν φίλων αὐτοῦ.

27 Καὶ ἔστησεν αὐτῷ τὴν ἀρχιερωσύνην, καὶ ὅσα ἄλλα εἶχε τίμια τοπρότερον, καὶ ἐποίησεν αὐτὸν τῶν πρώτων φίλων ἡγεῖσθαι.

28 Καὶ ἠξίωσεν Ἰωνάθαν τὸν βασιλέα ποιῆσαι τὴν Ἰουδαίαν ἀφορολόγητον, καὶ τὰς τρεῖς τοπαρχίας, καὶ τὴν Σαμαρεῖτιν, καὶ

29 ἐπηγγείλατο αὐτῷ τάλαντα τριακόσια. Καὶ εὐδόκησεν ὁ βασιλεύς, καὶ ἔγραψε τῷ Ἰωνάθαν ἐπιστολὰς περὶ πάντων τούτων ἐχούσας τὸν τρόπον τοῦτον·

30 Βασιλεὺς Δημήτριος Ἰωνάθαν τῷ ἀδελφῷ χαίρειν, καὶ ἔθνει

31 Ἰουδαίων. Τὸ ἀντίγραφον τῆς ἐπιστολῆς ἧς ἐγράψαμεν Λασθένει τῷ συγγενεῖ ἡμῶν περὶ ὑμῶν, γεγράφαμεν καὶ πρὸς ὑμᾶς, ὅπως εἰδῆτε.

32, 33 Βασιλεὺς Δημήτριος Λασθένει τῷ πατρὶ χαίρειν. Τῷ ἔθνει τῶν Ἰουδαίων φίλοις ἡμῶν καὶ συντηροῦσι τὰ πρὸς ἡμᾶς δίκαια ἐκρίναμεν ἀγαθοποιῆσαι, χάριν τῆς ἐξ αὐτῶν εὐνοίας

34 πρὸς ἡμᾶς. Ἑστάκαμεν οὖν αὐτοῖς τά τε ὅρια τῆς Ἰουδαίας, καὶ τοὺς τρεῖς νομούς, Ἀφαίρεμα, καὶ Λύδδαν, καὶ Ῥαμαθὲμ, αἵτινες προσετέθησαν τῇ Ἰουδαίᾳ ἀπὸ τῆς Σαμαρείτιδος, καὶ πάντα τὰ συγκυροῦντα αὐτοῖς πᾶσι τοῖς θυσιάζουσιν εἰς Ἱεροσόλυμα, ἀντὶ τῶν βασιλικῶν ὧν ἐλάμβανεν ὁ βασιλεὺς παρ᾽ αὐτῶν τοπρότερον κατ᾽ ἐνιαυτὸν ἀπὸ τῶν γεννημάτων τῆς γῆς, καὶ ἀπὸ τῶν ἀκροδρύων.

35 Καὶ τὰ ἄλλα τὰ ἀνήκοντα ἡμῖν ἀπὸ τοῦ νῦν τῶν δεκατῶν, καὶ τῶν τελῶν τῶν ἀνηκόντων ἡμῖν, καὶ τὰς τοῦ ἁλὸς λίμνας, καὶ τοὺς ἀνήκοντας ἡμῖν στεφάνους, πάντα ἐπαρκῶς παρίεμεν

36 αὐτοῖς. Καὶ οὐκ ἀθετηθήσεται οὐδὲ ἓν τούτων ἀπὸ τοῦ νῦν καὶ εἰς τὸν ἅπαντα χρόνον.

37 Νῦν οὖν ἐπιμέλεσθε τοῦ ποιῆσαι τούτων ἀντίγραφον· καὶ

exalted : [17] for Zabdiel the Arabian took off Alexander's head, and sent it unto Ptolemee. [18] King Ptolemee also died the third day after, and they that were in the strong holds were slain one of another. [19] By this means Demetrius reigned in the hundred threescore and seventh year. [20] At the same time Jonathan gathered together them that were in Judea, to take the tower that was in Jerusalem : and he made many engines of war against it. [21] Then certain ungodly persons, who hated their own people, went unto the king, and told him that Jonathan besieged the tower. [22] Whereof when he heard, he was angry, and immediately removing, he came to Ptolemais, and wrote unto Jonathan, that he should not lay siege to the tower, but come and speak with him at Ptolemais in great haste. [23] Nevertheless Jonathan, when he heard this, commanded to besiege it *still :* and he chose certain of the elders of Israel and the priests, and put himself in peril ; [24] and took silver and gold, and raiment, and divers presents besides, and went to Ptolemais unto the king, where he found favour in his sight. [25] And though certain ungodly men of the people had made complaints against him, [26] yet the king entreated him as his predecessors had done before, and promoted him in the sight of all his friends, [27] and confirmed him in the high priesthood, and in all the honours that he had before, and gave him pre-eminence among his chief friends. [28] Then Jonathan desired the king, that he would make Judea free from tribute, as also the three governments, with the country of Samaria ; and he promised him three hundred talents. [29] So the king consented, and wrote letters unto Jonathan of all these things after this manner : [30] King Demetrius unto his brother Jonathan, and unto the nation of the Jews, sendeth greeting : [31] We send you here a copy of the letter which we did write unto our cousin Lasthenes concerning you, that ye might see it. [32] King Demetrius unto his father Lasthenes sendeth greeting : [33] We are determined to do good to the people of the Jews, who are our friends, and keep covenants with us, because of their good will toward us. [34] Wherefore we have ratified unto them the borders of Judea, with the three governments of Apherema and Lydda and Ramathem, that are added unto Judea from the country of Samaria, and all things appertaining unto them, for all such as do sacrifice in Jerusalem, instead of the payments which the king received of them yearly aforetime out of the fruits of the earth and of trees. [35] And as for other things that belong unto us, of the tithes and customs pertaining unto us, as also the saltpits, and the crown taxes, which are due unto us, we discharge them of them all for their relief. [36] And nothing hereof shall be revoked from this time forth for ever. [37] Now therefore see that thou make a copy of these things, and let it be delivered

unto Jonathan, and set upon the holy mount in a conspicuous place.

38 After this, when king Demetrius saw that the land was quiet before him, and that no resistance was made against him, he sent away all his forces, every one to his own place, except certain bands of strangers, whom he had gathered from the isles of the heathen: wherefore all the forces of his fathers hated him.

39 Moreover there was one Tryphon, that had been of Alexander's part afore, who, seeing that all the host murmured against Demetrius, went to Simalcue the Arabian, that brought up Antiochus the young son of Alexander, 40 and lay sore upon him to deliver him *this young Antiochus*, that he might reign in his father's stead: he told him therefore all that Demetrius had done, and how his men of war were at enmity with him, and there he remained a long season.

41 In the mean time Jonathan sent unto king Demetrius, that he would cast those of the tower out of Jerusalem, and those also in the fortresses: for they fought against Israel. 42 So Demetrius sent unto Jonathan, saying, I will not only do this for thee and thy people, but I will greatly honour thee and thy nation, if opportunity serve. 43 Now therefore thou shalt do well, if thou send me men to help me; for all my forces are gone from me.

44 Upon this Jonathan sent him three thousand strong men unto Antioch: and when they came to the king, the king was very glad of their coming. 45 Howbeit they that were of the city gathered themselves together into the midst of the city, to the number of an hundred and twenty thousand men, and would have slain the king. 46 Wherefore the king fled into the court, but they of the city kept the passages of the city, and began to fight.

47 Then the king called to the Jews for help, who came unto him all at once, and dispersing themselves through the city slew that day in the city to the number of an hundred thousand. 48 Also they set fire on the city, and gat many spoils that day, and delivered the king.

49 So when they of the city saw that the Jews had got the city as they would, their courage was abated: wherefore they made supplication to the king, and cried, saying, 50 Grant us peace, and let the Jews cease from assaulting us and the city. 51 With that they cast away their weapons, and made peace; and the Jews were honoured in the sight of the king, and in the sight of all that were in his realm; and they returned to Jerusalem, having great spoils.

52 So king Demetrius sat on the throne of his kingdom, and the land was quiet before him. 53 Nevertheless he dissembled in all that ever he spake, and estranged himself from Jonathan, neither rewarded he him according to the benefits which he had received of him, but troubled him very sore.

54 After this returned Tryphon, and with him the young child Antiochus, who reigned, and was crowned. 55 Then there gathered unto him all the men of war, whom Demetrius had put away, and they fought against Demetrius, who turned his back and fled.

δοθήτω Ἰωνάθαν, καὶ τεθήτω ἐν τῷ ὄρει τῷ ἁγίῳ ἐν τόπῳ ἐπισήμῳ.

Καὶ εἶδε Δημήτριος ὁ βασιλεὺς ὅτι ἡσύχασεν ἡ γῆ ἐνώπιον 38 αὐτοῦ, καὶ οὐδὲν αὐτῷ ἀνθειστήκει, καὶ ἀπέλυσε πάσας τὰς δυνάμεις αὐτοῦ ἕκαστον εἰς τὸν ἴδιον τόπον, πλὴν τῶν ξένων δυνάμεων ὧν ἐξενολόγησεν ἀπὸ τῶν νήσων τῶν ἐθνῶν· καὶ ἤχθραναν αὐτῷ πᾶσαι αἱ δυνάμεις τῶν πατέρων αὐτοῦ.

Τρύφων δὲ ἦν τῶν παρὰ Ἀλεξάνδρου τοπρότερον, καὶ εἶδεν 39 ὅτι πᾶσαι αἱ δυνάμεις καταγογγύζουσι τοῦ Δημητρίου, καὶ ἐπορεύθη πρὸς Εἰμαλκουαὶ τὸν Ἄραβα, ὃς ἔτρεφε τὸν Ἀντίοχον τὸ παιδάριον τὸ τοῦ Ἀλεξάνδρου· καὶ προσήδρευεν αὐτῷ, 40 ὅπως παραδοῖ αὐτὸν αὐτῷ, ὅπως βασιλεύσῃ ἀντὶ τοῦ πατρὸς αὐτοῦ· καὶ ἀπήγγειλεν αὐτῷ ὅσα συνετέλεσε Δημήτριος, καὶ τὴν ἔχθραν ἣν ἐχθραίνουσιν αὐτῷ αἱ δυνάμεις αὐτοῦ· καὶ ἔμεινεν ἐκεῖ ἡμέρας πολλάς.

Καὶ ἀπέστειλεν Ἰωνάθαν πρὸς Δημήτριον τὸν βασιλέα, ἵνα 41 ἐκβάλῃ τοὺς ἐκ τῆς ἄκρας ἐξ Ἱερουσαλήμ, καὶ τοὺς ἐν τοῖς ὀχυρώμασιν, ἦσαν γὰρ πολεμοῦντες τὸν Ἰσραήλ. Καὶ ἀπέστειλε 42 Δημήτριος πρὸς Ἰωνάθαν, λέγων, οὐ μόνον ταῦτα ποιήσω σοι καὶ τῷ ἔθνει σου, ἀλλὰ δόξῃ δοξάσω σε καὶ τὸ ἔθνος σου, ἐὰν εὐκαιρίας τύχω. Νῦν οὖν ὀρθῶς ποιήσεις ἀποστείλας μοι 43 ἄνδρας οἳ συμμαχήσουσιν, ὅτι ἀπέστησαν πᾶσαι αἱ δυνάμεις μου.

Καὶ ἀπέστειλεν Ἰωνάθαν ἄνδρας τρισχιλίους δυνατοὺς ἰσχύϊ 44 αὐτῷ εἰς Ἀντιόχειαν, καὶ ἦλθοσαν πρὸς τὸν βασιλέα, καὶ εὐφράνθη ὁ βασιλεὺς ἐπὶ τῇ ἐφόδῳ αὐτῶν. Καὶ ἐπισυνήχθη- 45 σαν οἱ ἐκ τῆς πόλεως εἰς μέσον τῆς πόλεως εἰς ἀνδρῶν δώδεκα μυριάδας, καὶ ἠβούλοντο ἀνελεῖν τὸν βασιλέα. Καὶ ἔφυγεν 46 ὁ βασιλεὺς εἰς τὴν αὐλήν, καὶ κατελάβοντο οἱ ἐκ τῆς πόλεως τὰς διόδους τῆς πόλεως, καὶ ἤρξαντο πολεμεῖν.

Καὶ ἐκάλεσεν ὁ βασιλεὺς τοὺς Ἰουδαίους ἐπὶ βοήθειαν, καὶ 47 ἐπισυνήχθησαν πρὸς αὐτὸν πάντες ἅμα· καὶ διεσπάρησαν ἐν τῇ πόλει πάντες ἅμα· καὶ ἀπέκτειναν ἐν τῇ πόλει τῇ ἡμέρᾳ ἐκείνῃ εἰς μυριάδας δέκα. Καὶ ἐνεπύρισαν τὴν πόλιν, καὶ ἐλάβοσαν 48 σκῦλα πολλὰ ἐν ἐκείνῃ τῇ ἡμέρᾳ, καὶ ἔσωσαν τὸν βασιλέα.

Καὶ ἴδον οἱ ἀπὸ τῆς πόλεως ὅτι κατεκράτησαν οἱ Ἰουδαῖοι τῆς 49 πόλεως, ὡς ἠβούλοντο, καὶ ἠσθένησαν ταῖς διανοίαις αὐτῶν, καὶ ἐκέκραξαν πρὸς τὸν βασιλέα μετὰ δεήσεως, λέγοντες, δὸς 50 ἡμῖν δεξιὰς, καὶ παυσάσθωσαν οἱ Ἰουδαῖοι πολεμοῦντες ἡμᾶς καὶ τὴν πόλιν. Καὶ ἔρριψαν τὰ ὅπλα, καὶ ἐποίησαν εἰρήνην· 51 καὶ ἐδοξάσθησαν οἱ Ἰουδαῖοι ἐναντίον τοῦ βασιλέως, καὶ ἐνώ- πιον πάντων τῶν ἐν τῇ βασιλείᾳ αὐτοῦ, καὶ ἐπέστρεψαν εἰς Ἱερουσαλὴμ ἔχοντες σκῦλα πολλά.

Καὶ ἐκάθισε Δημήτριος ὁ βασιλεὺς ἐπὶ θρόνου τῆς βασιλείας 52 αὐτοῦ, καὶ ἡσύχασεν ἡ γῆ ἐνώπιον αὐτοῦ. Καὶ ἐψεύσατο πάντα 53 ὅσα εἶπε, καὶ ἠλλοτριώθη τῷ Ἰωνάθαν, καὶ οὐκ ἀνταπέδωκε κατὰ τὰς εὐνοίας ἃς ἀνταπέδωκεν αὐτῷ, καὶ ἔθλιβεν αὐτὸν σφόδρα.

Μετὰ δὲ ταῦτα ἀπέστρεψε Τρύφων καὶ Ἀντίοχος μετ' αὐτοῦ 54 παιδάριον νεώτερον· καὶ ἐβασίλευσε καὶ ἐπέθετο διάδημα. Καὶ ἐπισυνήχθησαν πρὸς αὐτὸν πᾶσαι αἱ δυνάμεις ἃς ἀπεσκόρ- 55 πισε Δημήτριος, καὶ ἐπολέμησαν πρὸς αὐτὸν, καὶ ἔφυγε καὶ

56 ἐτροπώθη. Καὶ ἔλαβε Τρύφων τὰ θηρία, καὶ κατεκράτησεν
Ἀντιοχείας

57 Καὶ ἔγραψεν Ἀντίοχος ὁ νεώτερος τῷ Ἰωνάθαν, λέγων.
ἵστημί σοι τὴν ἀρχιερωσύνην, καὶ καθίστημί σε ἐπὶ τῶν τεσσά-
58 ρων νομῶν, καὶ εἶναί σε τῶν φίλων τοῦ βασιλέως. Καὶ ἀπέσ-
τειλεν αὐτῷ χρυσώματα καὶ διακονίαν, καὶ ἔδωκεν αὐτῷ ἐξουσίαν
πίνειν ἐν χρυσώμασι, καὶ εἶναι ἐν πορφύρᾳ, καὶ ἔχειν πόρπην
59 χρυσῆν. Καὶ Σίμωνα τὸν ἀδελφὸν αὐτοῦ κατέστησε στρατη-
γὸν ἀπὸ τῆς κλίμακος Τύρου ἕως τῶν ὁρίων Αἰγύπτου.

60 Καὶ ἐξῆλθεν Ἰωνάθαν, καὶ διεπορεύετο πέραν τοῦ ποταμοῦ,
καὶ ἐν ταῖς πόλεσι, καὶ ἠθροίσθησαν πρὸς αὐτὸν πᾶσαι αἱ
δυνάμεις Συρίας εἰς συμμαχίαν, καὶ ἦλθεν εἰς Ἀσκάλωνα, καὶ
ἀπήντησαν αὐτῷ οἱ ἐκ τῆς πόλεως ἐνδόξως.

61 Καὶ ἀπῆλθεν ἐκεῖθεν εἰς Γάζαν, καὶ ἀπέκλεισαν οἱ ἀπὸ Γάζης,
καὶ περιεκάθισε περὶ αὐτήν, καὶ ἐνεπύρισε τὰ περιπόλια αὐτῆς
62 πυρὶ, καὶ ἐσκύλευσεν αὐτά. Καὶ ἠξίωσαν οἱ ἀπὸ Γάζης τὸν
Ἰωνάθαν, καὶ ἔδωκεν αὐτοῖς δεξιὰς, καὶ ἔλαβε τοὺς υἱοὺς ἀρχόν-
των αὐτῶν εἰς ὅμηρα, καὶ ἐξαπέστειλεν αὐτοὺς εἰς Ἱερουσαλήμ,
καὶ διῆλθε τὴν χώραν ἕως Δαμασκοῦ.

63 Καὶ ἤκουσεν Ἰωνάθαν ὅτι παρῆσαν οἱ ἄρχοντες Δημητρίου
εἰς Κάδης τὴν ἐν τῇ Γαλιλαίᾳ, μετὰ δυνάμεως πολλῆς,
64 βουλόμενοι μεταστῆσαι αὐτὸν τῆς χρείας. Καὶ συνήν-
τησεν αὐτοῖς, τὸν δὲ ἀδελφὸν αὐτοῦ Σίμωνα κατέλιπεν ἐν τῇ
65 χώρᾳ. Καὶ παρενέβαλε Σίμων ἐπὶ Βαιθσούρα, καὶ ἐπολέμει
66 αὐτὴν ἡμέρας πολλὰς, καὶ συνέκλεισεν αὐτήν. Καὶ ἠξίωσαν
αὐτὸν τοῦ δεξιὰς λαβεῖν, καὶ ἔδωκεν αὐτοῖς, καὶ ἐξέβαλεν
αὐτοὺς ἐκεῖθεν, καὶ κατελάβετο τὴν πόλιν, καὶ ἔθετο ἐπ' αὐτῇ
φρουράν.

67 Καὶ Ἰωνάθαν καὶ ἡ παρεμβολὴ αὐτοῦ παρενέβαλον ἐπὶ τὸ
ὕδωρ Γεννησὰρ, καὶ ὤρθρισαν τοπρωὶ εἰς τὸ πεδίον Νασώρ.
68 Καὶ ἰδοὺ παρεμβολὴ ἀλλοφύλων ἀπήντα αὐτῷ ἐν τῷ πεδίῳ,
καὶ ἐξέβαλον ἔνεδρον ἐπ' αὐτὸν ἐν τοῖς ὄρεσιν, αὐτοὶ δὲ ἀπήντη-
σαν ἐξεναντίας.

69 Τὰ δὲ ἔνεδρα ἐξανέστησαν ἐκ τῶν τόπων αὐτῶν, καὶ συνῆψαν
70 πόλεμον· καὶ ἔφυγον οἱ παρὰ Ἰωνάθαν πάντες, οὐδὲ εἷς κατε-
λείφθη ἀπ' αὐτῶν, πλὴν Ματταθίας ὁ τοῦ Ἀβεσσαλώμου, καὶ
Ἰούδας ὁ τοῦ Χαλφὶ, ἄρχοντες τῆς στρατιᾶς τῶν δυνάμεων.

71 Καὶ διέρρηξεν Ἰωνάθαν τὰ ἱμάτια αὐτοῦ, καὶ ἐπέθηκε γῆν
72 ἐπὶ τὴν κεφαλὴν αὐτοῦ, καὶ προσηύξατο. Καὶ ὑπέστρεψε πρὸς
73 αὐτοὺς πολέμῳ, καὶ ἐτροπώσατο αὐτοὺς, καὶ ἔφυγον. Καὶ
ἴδον οἱ φεύγοντες οἱ παρ' αὐτοῦ, καὶ ἐπέστρεψαν πρὸς αὐτὸν,
καὶ ἐδίωκον μετ' αὐτοῦ ἕως Κάδης ἕως τῆς παρεμβολῆς αὐτῶν,
καὶ παρενέβαλον ἐκεῖ.

74 Καὶ ἔπεσον ἐκ τῶν ἀλλοφύλων ἐν τῇ ἡμέρᾳ ἐκείνῃ εἰς ἄνδρας
τρισχιλίους· καὶ ἐπέστρεψεν Ἰωνάθαν εἰς Ἱερουσαλήμ.

12 Καὶ εἶδεν Ἰωνάθαν ὅτι ὁ καιρὸς αὐτῷ συνεργεῖ, καὶ ἐπέλεξεν
ἄνδρας, καὶ ἀπέστειλεν εἰς Ῥώμην, στῆσαι καὶ ἀνανεώσασθαι
2 τὴν πρὸς αὐτοὺς φιλίαν. Καὶ πρὸς Σπαρτιάτας, καὶ τόπους
ἑτέρους ἀπέστειλεν ἐπιστολὰς κατὰ τὰ αὐτά.

56 Moreover Tryphon took the elephants, and won Antioch.

57 At that time young Antiochus wrote unto Jonathan, saying, I confirm thee in the high priesthood, and appoint thee ruler over the four governments, and to be one of the king's friends. 58 Upon this he sent him golden vessels to be served in, and gave him leave to drink in gold, and to be clothed in purple, and to wear a golden buckle. 59 His brother Simon also he made captain from the place called The ladder of Tyrus unto the borders of Egypt.

60 Then Jonathan went forth, and passed through the cities beyond the water, and all the forces of Syria gathered themselves unto him for to help him: and when he came to Ascalon, they of the city met him honourably.

61 From whence he went to Gaza, but they of Gaza shut him out; wherefore he laid siege unto it, and burned the suburbs thereof with fire, and spoiled them. 62 Afterward, when they of Gaza made supplication unto Jonathan, he made peace with them, and took the sons of their chief men for hostages, and sent them to Jerusalem, and passed through the country unto Damascus.

63 Now when Jonathan heard that Demetrius' princes were come to Cades, which is in Galilee, with a great power, purposing to remove him out of the country, 64 he went to meet them, and left Simon his brother in the country. 65 Then Simon encamped against Bethsura, and fought against it a long season, and shut it up: 66 but they desired to have peace with him, which he granted them, and then put them out from thence, and took the city, and set a garrison in it.

67 As for Jonathan and his host, they pitched at the water of Gennesar, from whence betimes in the morning they gat them to the plain of Nasor. 68 And, behold, the host of strangers met them in the plain, who, having laid men in ambush for him in the mountains, came themselves over against him.

69 So when they that lay in ambush rose out of their places, and joined battle, all that were of Jonathan's side fled; 70 insomuch as there was not one of them left, except Mattathias the son of Absalom, and Judas the son of Calphi, the captains of the host.

71 Then Jonathan rent his clothes, and cast earth upon his head, and prayed. 72 Afterwards turning again to battle, he put them to flight, and so they ran away. 73 Now when his own men that were fled saw this, they turned again unto him, and with him pursued them to Cades, even unto their own tents, and there they camped.

74 So there were slain of the heathen that day about three thousand men: but Jonathan returned to Jerusalem.

Now when Jonathan saw that the time served him, he chose certain men, and sent them to Rome, for to confirm and renew the friendship that they had with them. 2 He sent letters also to the Lacedemonians, and to other places, for the same purpose.

³ So they went unto Rome, and entered into the senate, and said, Jonathan the high priest, and the people of the Jews, sent us unto you, to the end ye should renew the friendship, which ye had with them, and league, as in former time. ⁴ Upon this *the Romans* gave them letters unto the governors of every place, that they should bring them into the land of Judea peaceably. ⁵ And this is the copy of the letters which Jonathan wrote to the Lacedemonians:

⁶ Jonathan the high priest, and the elders of the nation, and the priests, and the other people of the Jews, unto the Lacedemonians their brethren send greeting:

⁷ There were letters sent in times past unto Onias the high priest from Darius, who reigned then among you, to signify that ye are our brethren, as the copy here underwritten doth specify. ⁸ At which time Onias entreated the ambassador that was sent honourably, and received the letters, wherein declaration was made of the league and friendship.

⁹ Therefore we also, albeit we need none of these things, for that we have the holy books of scripture in our hands to comfort us, ¹⁰ have nevertheless attempted to send unto you for the renewing of brotherhood and friendship, lest we should become strangers unto you altogether: for there is a long time passed since ye sent unto us.

¹¹ We therefore at all times without ceasing, both in our feasts, and other convenient days, do remember you in the sacrifices which we offer, and in our prayers, as reason is, and as it becometh us to think upon our brethren: ¹² and we are right glad of your honour.

¹³ As for ourselves, we have had great troubles and wars on every side, forsomuch as the kings that are round about us have fought against us. ¹⁴ Howbeit we would not be troublesome unto you, nor to others of our confederates and friends, in these wars: ¹⁵ for we have help from heaven that succoureth us, so as we are delivered from our enemies, and our enemies are brought under foot. ¹⁶ For this cause we chose Numenius *the son* of Antiochus, and Antipater *the son* of Jason, and sent them unto the Romans, to renew the amity that we had with them, and the former league. ¹⁷ We commanded them also to go unto you, and to salute you, and to deliver you our letters concerning the renewing of our brotherhood. ¹⁸ Wherefore now ye shall do well to give us an answer thereto.

¹⁹ And this is the copy of the letters which Oniares sent. ²⁰ Areus king of the Lacedemonians to Onias the high priest, greeting:

²¹ It is found in writing, that the Lacedemonians and Jews are brethren, and that they are of the stock of Abraham: ²² now therefore, since this is come to our knowledge, ye shall do well to write unto us of your prosperity. ²³ We do write back again to you, that your cattle and goods are our's, and our's are your's. We do command therefore our ambassadors to make report unto you on this wise.

²⁴ Now when Jonathan heard that Demetrius' princes were come to fight against

Καὶ ἐπορεύθησαν εἰς Ῥώμην, καὶ εἰσῆλθον εἰς τὸ βουλευ- 3 τήριον, καὶ εἶπον, Ἰωνάθαν ὁ ἀρχιερεὺς καὶ τὸ ἔθνος τῶν Ἰουδαίων ἀπέστειλεν ἡμᾶς ἀνανεώσασθαι τὴν φιλίαν αὐτοῖς, καὶ τὴν συμμαχίαν κατὰ τὸ πρότερον. Καὶ ἔδωκαν ἐπιστολὰς αὐτοῖς 4 πρὸς αὐτοὺς κατὰ τόπον, ὅπως προπέμπωσιν αὐτοὺς εἰς γῆν Ἰούδα μετ᾽ εἰρήνης. Καὶ τοῦτο τὸ ἀντίγραφον τῶν ἐπιστολῶν 5 ὧν ἔγραψεν Ἰωνάθαν τοῖς Σπαρτιάταις·

Ἰωνάθαν ἀρχιερεὺς, καὶ ἡ γερουσία τοῦ ἔθνους, καὶ οἱ ἱερεῖς, 6 καὶ ὁ λοιπὸς δῆμος τῶν Ἰουδαίων, Σπαρτιάταις τοῖς ἀδελφοῖς χαίρειν.

Ἔτι πρότερον ἀπεστάλησαν ἐπιστολαὶ πρὸς Ὀνίαν τὸν ἀρχιε- 7 ρέα παρὰ Δαρείου τοῦ βασιλεύοντος ἐν ὑμῖν, ὅτι ἐστὲ ἀδελφοὶ ἡμῶν, ὡς τὸ ἀντίγραφον ὑπόκειται. Καὶ ἐπεδέξατο Ὀνίας τὸν 8 ἄνδρα τὸν ἀπεσταλμένον ἐνδόξως, καὶ ἔλαβε τὰς ἐπιστολὰς ἐν αἷς διεσαφεῖτο περὶ συμμαχίας καὶ φιλίας.

Καὶ ἡμεῖς οὖν ἀπροσδεεῖς τούτων ὄντες, παράκλησιν ἔχοντες 9 τὰ βιβλία τὰ ἅγια τὰ ἐν ταῖς χερσὶν ἡμῶν, ἐπειράθημεν ἀποστεῖ- 10 λαι τὴν πρὸς ὑμᾶς ἀδελφότητα καὶ φιλίαν ἀνανεώσασθαι, πρὸς τὸ μὴ ἐξαλλοτριωθῆναι ὑμῶν· πολλοὶ γὰρ καιροὶ διῆλθον ἀφ᾽ οὗ ἀπεστείλατε πρὸς ἡμᾶς.

Ἡμεῖς οὖν ἐν παντὶ καιρῷ ἀδιαλείπτως ἔν τε ταῖς ἑορταῖς καὶ 11 ταῖς λοιπαῖς καθηκούσαις ἡμέραις μιμνησκόμεθα ὑμῶν, ἐφ᾽ ὧν προσφέρομεν θυσιῶν, καὶ ἐν ταῖς προσευχαῖς, ὡς δέον ἐστὶ καὶ πρέπον μνημονεύειν ἀδελφῶν. Εὐφραινόμεθα δὲ ἐπὶ τῇ 12 δόξῃ ὑμῶν.

Ἡμᾶς δὲ ἐκύκλωσαν πολλαὶ θλίψεις, καὶ πόλεμοι πολλοί, 13 καὶ ἐπολέμησαν ἡμᾶς οἱ βασιλεῖς οἱ κύκλῳ ἡμῶν. Καὶ οὐκ 14 ἠβουλόμεθα οὖν παρενοχλεῖν ὑμῖν, καὶ τοῖς λοιποῖς συμμάχοις, καὶ φίλοις ἡμῶν, ἐν τοῖς πολέμοις τούτοις. Ἔχομεν γὰρ 15 τὴν ἐξ οὐρανοῦ βοήθειαν βοηθοῦσαν ἡμῖν, καὶ ἐρρύσθημεν ἀπὸ τῶν ἐχθρῶν ἡμῶν, καὶ ἐταπεινώθησαν οἱ ἐχθροὶ ἡμῶν. Ἐπελέξαμεν οὖν Νουμήνιον Ἀντιόχου καὶ Ἀντίπατρον 16 Ἰάσονος, καὶ ἀπεστάλκαμεν πρὸς Ῥωμαίους ἀνανεώσασθαι τὴν πρὸς αὐτοὺς φιλίαν καὶ συμμαχίαν τὴν προτέραν. Ἐνετειλάμεθα 17 οὖν αὐτοῖς καὶ πρὸς ὑμᾶς πορευθῆναι, καὶ ἀσπάσασθαι ὑμᾶς, καὶ ἀποδοῦναι ὑμῖν τὰς παρ᾽ ἡμῶν ἐπιστολὰς περὶ τῆς ἀνανεώ- σεως καὶ τῆς ἀδελφότητος ἡμῶν. Καὶ νῦν καλῶς ποιήσετε 18 ἀντιφωνήσαντες ἡμῖν πρὸς ταῦτα.

Καὶ τοῦτο τὸ ἀντίγραφον τῶν ἐπιστολῶν ὧν ἀπέστειλεν. 19 Ὀνιάρης βασιλεὺς Σπαρτιατῶν Ὀνίᾳ ἱερεῖ μεγάλῳ χαίρειν. 20

Εὑρέθη ἐν γραφῇ περί τε τῶν Σπαρτιατῶν καὶ Ἰουδαίων 21 ὅτι εἰσὶν ἀδελφοὶ, καὶ ὅτι εἰσὶν ἐκ γένους Ἀβραάμ. Καὶ 22 νῦν ἀφ᾽ οὗ ἔγνωμεν ταῦτα, καλῶς ποιήσετε γράφοντες ἡμῖν περὶ τῆς εἰρήνης ὑμῶν. Καὶ ἡμεῖς δὲ ἀντιγράφομεν ὑμῖν, 23 τὰ κτήνη ὑμῶν καὶ ἡ ὕπαρξις ὑμῶν ἡμῖν ἐστι, καὶ τὰ ἡμῶν ὑμῖν ἐστιν· ἐντελλόμεθα οὖν ὅπως ἀπαγγείλωσιν ὑμῖν κατὰ ταῦτα.

Καὶ ἤκουσεν Ἰωνάθαν ὅτι ἐπέστρεψαν οἱ ἄρχοντες Δημητρίου 24 μετὰ δυνάμεως πολλῆς ὑπὲρ τὸ πρότερον τοῦ πολεμῆσαι πρὸς

25 αὐτόν. Καὶ ἀπῆρεν ἐξ Ἱερουσαλὴμ, καὶ ἀπήντησεν αὐτοῖς εἰς τὴν Ἀμαθῖτιν χώραν· οὐ γὰρ ἔδωκεν αὐτοῖς ἀνοχὴν ἐμβατεῦσαι εἰς τὴν χώραν αὐτοῦ.

26 Καὶ ἀπέστειλε κατασκόπους εἰς τὴν παρεμβολὴν αὐτῶν, καὶ ἀπέστρεψαν, καὶ ἀπήγγειλαν αὐτῷ, ὅτι οὕτω τάσσονται ἐπιπεσεῖν

27 ἐπ' αὐτοὺς τὴν νύκτα. Ὡς δὲ ἔδυ ὁ ἥλιος, ἐπέταξεν Ἰωνάθαν τοῖς παρ' αὐτοῦ γρηγορεῖν, καὶ εἶναι ἐπὶ τοῖς ὅπλοις, καὶ ἑτοιμά ζεσθαι εἰς πόλεμον δι' ὅλης τῆς νυκτὸς, καὶ ἐξέβαλε προφύλακας κύκλῳ τῆς παρεμβολῆς.

28 Καὶ ἤκουσαν οἱ ὑπεναντίοι ὅτι ἡτοίμασται Ἰωνάθαν καὶ οἱ παρ' αὐτοῦ εἰς πόλεμον, καὶ ἐφοβήθησαν καὶ ἔπτηξαν τῇ καρδίᾳ

29 αὐτῶν, καὶ ἀνέκαυσαν πυρὰς ἐν τῇ παρεμβολῇ αὐτῶν. Ἰωνάθαν δὲ καὶ οἱ παρ' αὐτοῦ οὐκ ἔγνωσαν ἕως πρωΐ, ἔβλεπον γὰρ τὰ

30 φῶτα καιόμενα. Καὶ κατεδίωξεν Ἰωνάθαν ὀπίσω αὐτῶν, καὶ οὐ κατέλαβεν αὐτοὺς, διέβησαν γὰρ τὸν Ἐλεύθερον ποταμόν.

31 Καὶ ἐξέκλινεν Ἰωνάθαν ἐπὶ τοὺς Ἄραβας τοὺς καλουμένους Ζαβεδαίους, καὶ ἐπάταξεν αὐτοὺς, καὶ ἔλαβε τὰ σκῦλα αὐτῶν.

32 Καὶ ἀναζεύξας ἦλθεν εἰς Δαμασκὸν, καὶ διώδευσεν ἐν πάσῃ τῇ χώρᾳ.

33 Καὶ Σίμων ἐξῆλθε, καὶ διώδευσεν ἕως Ἀσκάλωνος, καὶ τῶν πλησίων ὀχυρωμάτων, καὶ ἐξέκλινεν εἰς Ἰόππην, καὶ προκατελά

34 βετο αὐτήν. Ἤκουσε γὰρ ὅτι βούλονται τὸ ὀχύρωμα παραδοῦναι τοῖς παρὰ Δημητρίου, καὶ ἔθετο ἐκεῖ φρουρὰν ὅπως φυλάσσω σιν αὐτήν.

35 Καὶ ἐπέστρεψεν Ἰωνάθαν, καὶ ἐξεκκλησίασε τοὺς πρεσβυτέ ρους τοῦ λαοῦ, καὶ ἐβουλεύσατο μετ' αὐτῶν τοῦ οἰκοδομῆσαι

36 ὀχυρώματα ἐν τῇ Ἰουδαίᾳ, καὶ προσυψῶσαι τὰ τείχη Ἱερουσα λὴμ, καὶ ὑψῶσαι ὕψος μέγα ἀναμέσον τῆς ἄκρας καὶ τῆς πόλεως, εἰς τὸ διαχωρίζειν αὐτὴν τῆς πόλεως, ἵνα ᾖ αὕτη κατὰ

37 μόνας, ὅπως μήτε ἀγοράζωσι μήτε πωλῶσι. Καὶ συνήχθησαν τοῦ οἰκοδομεῖν τὴν πόλιν, καὶ ἤγγισε τοῦ τείχους τοῦ χειμάρρου τοῦ ἐξ ἀπηλιώτου, καὶ ἐπεσκεύασαν τὸ καλούμενον Χαφεναθά.

38 Καὶ Σίμων ᾠκοδόμησε τὴν Ἀδιδὰ ἐν τῇ Σεφήλᾳ, καὶ ὠχύρωσε θύρας καὶ μοχλούς.

39 Καὶ ἐζήτησε Τρύφων βασιλεῦσαι τῆς Ἀσίας, καὶ περιθέσθαι τὸ διάδημα, καὶ ἐκτεῖναι χεῖρα ἐπὶ Ἀντίοχον τὸν βασιλέα.

40 Καὶ ἐφοβήθη μήποτε οὐκ ἐάσῃ αὐτὸν Ἰωνάθαν, καὶ μήποτε πολεμήσῃ πρὸς αὐτὸν, καὶ ἐζήτει πόρον τοῦ συλλαβεῖν τὸν Ἰωνάθαν τοῦ ἀπολύσαι αὐτὸν, καὶ ἀπάρας ἦλθεν εἰς Βαιθσάν.

41 Καὶ ἐξῆλθεν Ἰωνάθαν εἰς ἀπάντησιν αὐτῷ ἐν τεσσαράκοντα χιλιάσιν ἀνδρῶν ἐπιλελεγμέναις εἰς παράταξιν, καὶ ἦλθεν εἰς Βαιθσάν.

42 Καὶ εἶδε Τρύφων ὅτι πάρεστιν Ἰωνάθαν μετὰ δυνάμεως πολ

43 λῆς, καὶ ἐκτεῖναι χεῖρας ἐπ' αὐτὸν εὐλαβήθη. Καὶ ἐπεδέξατο αὐτὸν ἐνδόξως, καὶ συνέστησεν αὐτὸν πᾶσι τοῖς φίλοις αὐτοῦ, καὶ ἔδωκεν αὐτῷ δόματα, καὶ ἐπέταξε ταῖς δυνάμεσιν αὐτοῦ ὑπακούειν αὐτῷ ὡς ἑαυτῷ.

44 Καὶ εἶπε τῷ Ἰωνάθαν, ἱνατί ἔκοψας πάντα τὸν λαὸν τοῦτον,

45 πολέμου μὴ ἐνεστηκότος ἡμῖν; Καὶ νῦν ἀπόστειλον αὐτοὺς εἰς τοὺς οἴκους αὐτῶν, ἐπίλεξαι δὲ σεαυτῷ ἄνδρας ὀλίγους οἵτινες ἔσονται μετὰ σοῦ, καὶ δεῦρο μετ' ἐμοῦ εἰς Πτολεμαΐδα, καὶ παραδώσω σοι αὐτὴν καὶ τὰ λοιπὰ ὀχυρώματα καὶ τὰς δυνάμεις

---

him with a greater host than afore, 25 he removed from Jerusalem, and met them in the land of Amathis: for he gave them no respite to enter his country. 26 He sent spies also unto their tents, who came again, and told him that they were appointed to come upon them in the night season. 27 Wherefore so soon as the sun was down, Jonathan commanded his men to watch, and to be in arms, that all the night long they might be ready to fight: also he sent forth centinels round about the host. 28 But when the adversaries heard that Jonathan and his men were ready for battle, they feared, and trembled in their hearts, and they kindled fires in their camp. 29 Howbeit Jonathan and his company knew it not till the morning: for they saw the lights burning. 30 Then Jonathan pursued after them, but overtook them not: for they were gone over the river Eleutherus. 31 Wherefore Jonathan turned to the Arabians, who were called Zabadeans, and smote them, and took their spoils. 32 And removing thence, he came to Damascus, and so passed through all the country.

33 Simon also went forth, and passed through the country unto Ascalon, and the holds there adjoining, from whence he turned aside to Joppe, and won it. 34 For he had heard that they would deliver the hold unto them that took Demetrius' part: wherefore he set a garrison there to keep it.

35 After this came Jonathan home again, and calling the elders of the people together, he consulted with them about building strong holds in Judea, 36 and making the walls of Jerusalem higher, and raising a great mount between the tower and the city, for to separate it from the city, that so it might be alone, that men might neither sell nor buy in it. 37 Upon this they came together to build up the city, forasmuch as *part of* the wall toward the brook on the east side was fallen down, and they repaired that which was called Caphenatha. 38 Simon also set up Adida in Sephela, and made it strong with gates and bars.

39 Now Tryphon went about to get the kingdom of Asia, and to kill Antiochus the king, that he might set the crown upon his own head. 40 Howbeit he was afraid that Jonathan would not suffer him, and that he would fight against him; wherefore he sought a way how to take Jonathan, that he might kill him. So he removed, and came to Bethsan. 41 Then Jonathan went out to meet him with forty thousand men chosen for the battle, and came to Bethsan. 42 Now when Tryphon saw that Jonathan came with so great a force, he durst not stretch his hand against him; 43 but received him honourably, and commended him unto all his friends, and gave him gifts, and commanded his men of war to be as obedient unto him, as to himself. 44 Unto Jonathan also he said, Why hast thou put all this people to so great trouble, seeing there is no war betwixt us? 45 Therefore send them now home again, and choose a few men to wait on thee, and come thou with me to Ptolemais, for I will give it thee, and the rest of the strong holds and forces,

and all that have any charge: as for me, I will return and depart: for this is the cause of my coming. ⁴⁶ So Jonathan believing him did as he bade him, and sent away his host, who went into the land of Judea. ⁴⁷ And with himself he retained but three thousand men, of whom he sent two thousand into Galilee, and one thousand went with him. ⁴⁸ Now as soon as Jonathan entered into Ptolemais, they of Ptolemais shut the gates, and took him, and all them that came with him they slew with the sword. ⁴⁹ Then sent Tryphon an host of footmen and horsemen into Galilee, and into the great plain, to destroy all Jonathan's company. ⁵⁰ But when they knew that Jonathan and they that were with him were taken and slain, they encouraged one another, and went close together, prepared to fight. ⁵¹ They therefore that followed upon them, perceiving that they were ready to fight for their lives, turned back again. ⁵² Whereupon they all came into the land of Judea peaceably, and there they bewailed Jonathan, and them that were with him, and they were sore afraid; wherefore all Israel made great lamentation. ⁵³ Then all the heathen that were round about them sought to destroy them: for said they, They have no captain, nor any to help them: now therefore let us make war upon them, and take away their memorial from among men.

Now when Simon heard that Tryphon had gathered together a great host to invade the land of Judea, and destroy it, ² and saw that the people was in great trembling and fear, he went up to Jerusalem, and gathered the people together, ³ and gave them exhortation, saying, Ye yourselves know what great things I, and my brethren, and my father's house, have done for the laws and the sanctuary, the battles also and troubles which we have seen, ⁴ by reason whereof all my brethren are slain for Israel's sake, and I am left alone. ⁵ Now therefore be it far from me, that I should spare mine own life in any time of trouble: for I am no better than my brethren. ⁶ Doubtless I will avenge my nation, and the sanctuary, and our wives, and our children: for all the heathen are gathered to destroy us of very malice. ⁷ Now as soon as the people heard these words, their spirit revived. ⁸ And they answered with a loud voice, saying, Thou shalt be our leader instead of Judas and Jonathan thy brother. ⁹ Fight thou our battles, and whatsoever thou commandest us, that will we do. ¹⁰ So then he gathered together all the men of war, and made haste to finish the walls of Jerusalem, and he fortified it round about. ¹¹ Also he sent Jonathan the *son* of Absalom, and with him a great power, to Joppe: who casting out them that were therein remained there in it. ¹² So Tryphon removed from Ptolemais with a great power to invade the land of Judea, and Jonathan was with him in ward. ¹³ But Simon pitched his tents at Adida, over against the plain. ¹⁴ Now when Tryphon knew that Simon

τὰς λοιπὰς καὶ πάντας τοὺς ἐπὶ τῶν χειρῶν, καὶ ἐπιστρέψας ἀπελεύσομαι, τούτου γὰρ χάριν πάρειμι.

Καὶ ἐμπιστεύσας αὐτῷ ἐποίησε καθὼς εἶπε, καὶ ἐξαπέστειλε 46 τὰς δυνάμεις, καὶ ἀπῆλθον εἰς γῆν Ἰούδα. Κατέλιπε δὲ μεθ᾽ 47 ἑαυτοῦ ἄνδρας τρισχιλίους, ὧν δισχιλίους ἀφῆκεν ἐν τῇ Γαλιλαίᾳ, χίλιοι δὲ συνῆλθον αὐτῷ.

Ὡς δὲ εἰσῆλθεν Ἰωνάθαν εἰς Πτολεμαΐδα, ἀπέκλεισαν οἱ 48 Πτολεμαεῖς τὰς πύλας, καὶ συνέλαβον αὐτὸν, καὶ πάντας τοὺς εἰσελθόντας μετ᾽ αὐτοῦ ἀπέκτειναν ἐν ῥομφαίᾳ. Καὶ ἀπέστειλε 49 Τρύφων δυνάμεις, καὶ ἵππον εἰς τὴν Γαλιλαίαν, καὶ τὸ πεδίον τὸ μέγα, τοῦ ἀπολέσαι πάντας τοὺς παρὰ Ἰωνάθαν. Καὶ ἐπέγνωσαν ὅτι συνελήφθη Ἰωνάθαν καὶ ἀπόλωλε, 50 καὶ οἱ μετ᾽ αὐτοῦ, καὶ παρεκάλεσαν ἑαυτοὺς, καὶ ἐπορεύοντο συνεστραμμένοι ἕτοιμοι εἰς πόλεμον.

Καὶ ἴδον οἱ διώκοντες ὅτι περὶ ψυχῆς αὐτοῖς ἐστι, καὶ ἐπέ- 51 στρεψαν. Καὶ ἦλθον πάντες μετ᾽ εἰρήνης εἰς γῆν Ἰούδα, καὶ 52 ἐπένθησαν τὸν Ἰωνάθαν, καὶ τοὺς μετ᾽ αὐτοῦ, καὶ ἐφοβήθησαν σφόδρα, καὶ ἐπένθησε πᾶς Ἰσραὴλ πένθος μέγα.

Καὶ ἐζήτησαν πάντα τὰ ἔθνη τὰ κύκλῳ αὐτῶν ἐκτρῖψαι 53 αὐτούς· εἶπαν γὰρ, οὐκ ἔχουσιν ἄρχοντα καὶ βοηθοῦντα· νῦν οὖν πολεμήσωμεν αὐτοὺς, καὶ ἐξάρωμεν ἐξ ἀνθρώπων τὸ μνημόσυνον αὐτῶν.

Καὶ ἤκουσε Σίμων ὅτι συνήγαγε Τρύφων δύναμιν πολλὴν 13 τοῦ ἐλθεῖν εἰς γῆν Ἰούδα, καὶ ἐκ. ρίψαι αὐτήν. Καὶ εἶδε τὸν 2 λαὸν ὅτι ἐστὶν ἔντρομος, καὶ ἔμφοβος, καὶ ἀνέβη εἰς Ἱερουσαλὴμ, καὶ ἤθροισε τὸν λαόν. Καὶ παρεκάλεσεν αὐτοὺς, καὶ 3 εἶπεν αὐτοῖς, αὐτοὶ οἴδατε ὅσα ἐγὼ, καὶ οἱ ἀδελφοί μου, καὶ ὁ οἶκος τοῦ πατρός μου, ἐποιήσαμεν περὶ τῶν νόμων, καὶ τῶν ἁγίων, καὶ τοὺς πολέμους, καὶ τὰς στενοχωρίας ἃς εἴδομεν. Τούτου χάριν ἀπώλοντο οἱ ἀδελφοί μου πάντες χάριν τοῦ 4 Ἰσραὴλ, καὶ κατελείφθην ἐγὼ μόνος.

Καὶ νῦν μή μοι γένοιτο φείσασθαί μου τῆς ψυχῆς ἐν παντὶ 5 καιρῷ θλίψεως, οὐ γάρ εἰμι κρείσσων τῶν ἀδελφῶν μου. Πλὴν 6 ἐκδικήσω περὶ τοῦ ἔθνους μου, καὶ περὶ τῶν ἁγίων, καὶ περὶ τῶν γυναικῶν καὶ τῶν τέκνων ἡμῶν, ὅτι συνήχθησαν πάντα τὰ ἔθνη ἐκτρῖψαι ἡμᾶς ἔχθρας χάριν.

Καὶ ἀνεζωοπύρησε τὸ πνεῦμα τοῦ λαοῦ ἅμα τῷ ἀκοῦσαι τῶν 7 λόγων τούτων, καὶ ἀπεκρίθησαν φωνῇ μεγάλῃ, λέγοντες, σὺ εἶ 8 ἡμῶν ἡγούμενος ἀντὶ Ἰούδα, καὶ Ἰωνάθαν τοῦ ἀδελφοῦ σου. Πολέμησον τὸν πόλεμον ἡμῶν, καὶ πάντα ὅσα ἂν εἴπῃς ἡμῖν, 9 ποιήσομεν.

Καὶ συνήγαγε πάντας τοὺς ἄνδρας τοὺς πολεμιστὰς, καὶ 10 ἐτάχυνε τοῦ τελέσαι τὰ τείχη Ἱερουσαλὴμ, καὶ ὠχύρωσεν αὐτὴν κυκλόθεν. Καὶ ἀπέστειλεν Ἰωνάθαν τὸν τοῦ Ἀβεσσαλώμου 11 καὶ μετ᾽ αὐτοῦ δύναμιν ἱκανὴν εἰς Ἰόππην, καὶ ἐξέβαλε τοὺς ὄντας ἐν αὐτῇ, καὶ ἔμεινεν ἐκεῖ ἐν αὐτῇ.

Καὶ ἀπῆρε Τρύφων ἀπὸ Πτολεμαΐδος μετὰ δυνάμεως πολλῆς 12 εἰσελθεῖν εἰς γῆν Ἰούδα, καὶ Ἰωνάθαν μετ᾽ αὐτοῦ ἐν φυλακῇ. Σίμων δὲ παρενέβαλεν ἐν Ἀδιδὰ κατὰ πρόσωπον τοῦ πεδίου. 13

Καὶ ἐπέγνω Τρύφων ὅτι ἀνέστη Σίμων ἀντὶ Ἰωνάθαν τοῦ 14

ἀδελφοῦ αὐτοῦ, καὶ ὅτι συνάπτειν αὐτῷ μέλλει πόλεμον, καὶ
15 ἀπέστειλε πρὸς αὐτὸν πρέσβεις, λέγων, περὶ ἀργυρίου οὗ
ὤφειλεν Ἰωνάθαν ὁ ἀδελφός σου εἰς τὸ βασιλικὸν δι’ ἃς εἶχε
16 χρείας συνέχομεν αὐτόν. Καὶ νῦν ἀπόστειλον ἀργυρίου τάλαντα
ἑκατὸν, καὶ δύο τῶν υἱῶν αὐτοῦ ὅμηρα, ὅπως μὴ ἀφεθεὶς ἀπο-
στατήσῃ ἀφ’ ἡμῶν, καὶ ἀφήσομεν αὐτόν.

17 Καὶ ἔγνω Σίμων ὅτι δόλῳ λαλοῦσι πρὸς αὐτὸν, καὶ πέμπει
τὸ ἀργύριον, καὶ τὰ παιδάρια, μήποτε ἔχθραν ἄρῃ μεγάλην πρὸς
18 τὸν λαὸν, λέγων, ὅτι οὐκ ἀπέστειλα αὐτῷ τὸ ἀργύριον καὶ τὰ
19 παιδάρια, καὶ ἀπώλετο. Καὶ ἀπέστειλε τὰ παιδάρια, καὶ τὰ
ἑκατὸν τάλαντα· καὶ διεψεύσατο, καὶ οὐκ ἀφῆκε τὸν Ἰωνάθαν.

20 Καὶ μετὰ ταῦτα ἦλθε Τρύφων τοῦ ἐμβατεῦσαι εἰς τὴν
χώραν, καὶ ἐκτρίψαι αὐτὴν, καὶ ἐκύκλωσεν ὁδὸν τὴν εἰς Ἄδωρα·
καὶ Σίμων καὶ ἡ παρεμβολὴ αὐτοῦ ἀντιπαρῆγεν αὐτῷ εἰς πάντα
τόπον οὗ ἂν ἐπορεύετο.

21 Οἱ δὲ ἐκ τῆς ἄκρας ἀπέστελλον πρὸς Τρύφωνα πρεσβευτὰς
κατασπεύδοντας αὐτὸν τοῦ ἐλθεῖν πρὸς αὐτοὺς διὰ τῆς ἐρήμου,
22 καὶ ἀποστεῖλαι αὐτοῖς τροφάς. Καὶ ἡτοίμασε Τρύφων πᾶσαν
τὴν ἵππον αὐτοῦ ἐλθεῖν ἐν τῇ νυκτὶ ἐκείνῃ· καὶ ἦν χιὼν πολλὴ
σφόδρα, καὶ οὐκ ἦλθε διὰ τὴν χιόνα, καὶ ἀπῆρε, καὶ ἦλθεν εἰς
23 τὴν Γαλααδῖτιν. Ὡς δὲ ἤγγισε τῇ Βασκαμᾷ, ἀπέκτεινε τὸν
24 Ἰωνάθαν, καὶ ἐτάφη ἐκεῖ. Καὶ ἐπέστρεψε Τρύφων, καὶ ἀπῆλ-
θεν εἰς τὴν γῆν αὐτοῦ.

25 Καὶ ἀπέστειλε Σίμων, καὶ ἔλαβε τὰ ὀστᾶ Ἰωνάθαν τοῦ
ἀδελφοῦ αὐτοῦ, καὶ ἔθαψεν αὐτὰ ἐν Μωδεὶν πόλει τῶν πατέρων
26 αὐτοῦ. Καὶ ἐκόψαντο αὐτὸν πᾶς Ἰσραὴλ κοπετὸν μέγαν, καὶ
ἐπένθησαν αὐτὸν ἡμέρας πολλάς.

27 Καὶ ᾠκοδόμησε Σίμων ἐπὶ τὸν τάφον τοῦ πατρὸς αὐτοῦ καὶ
τῶν ἀδελφῶν αὐτοῦ, καὶ ὕψωσεν αὐτὸν τῇ ὁράσει λίθῳ ξεστῷ
28 ἐκ τῶν ὄπισθεν καὶ ἐκ τῶν ἔμπροσθεν. Καὶ ἔστησεν ἐπ’ αὐτὰ
ἑπτὰ πυραμίδας, μίαν κατέναντι τῆς μιᾶς, τῷ πατρὶ καὶ τῇ
29 μητρὶ καὶ τοῖς τέσσαρσιν ἀδελφοῖς. Καὶ ταύταις ἐποίησε μη-
χανήματα, περιθεὶς στύλους μεγάλους, καὶ ἐποίησεν ἐπὶ τοῖς
στύλοις πανοπλίας εἰς ὄνομα αἰώνιον, καὶ παρὰ ταῖς πανοπλίαις
πλοῖα ἐπιγεγλυμμένα, εἰς τὸ θεωρεῖσθαι ὑπὸ πάντων τῶν
30 πλεόντων τὴν θάλασσαν. Οὗτος ὁ τάφος ὃν ἐποίησεν ἐν
Μωδεὶν, ἕως τῆς ἡμέρας ταύτης.

31 Ὁ δὲ Τρύφων ἐπορεύετο δόλῳ μετὰ Ἀντιόχου τοῦ βασιλέως
32 τοῦ νεωτέρου, καὶ ἀπέκτεινεν αὐτὸν, καὶ ἐβασίλευσεν ἀντ’
αὐτοῦ, καὶ περιέθετο διάδημα τῆς Ἀσίας, καὶ ἐποίησε πληγὴν
μεγάλην ἐπὶ τῆς γῆς.

33 Καὶ ᾠκοδόμησε Σίμων τὰ ὀχυρώματα τῆς Ἰουδαίας, καὶ
περιετείχισε πύργοις ὑψηλοῖς, καὶ τείχεσι μεγάλοις, καὶ πύλαις,
34 καὶ μοχλοῖς, καὶ ἔθετο βρώματα ἐν τοῖς ὀχυρώμασι. Καὶ
ἐπέλεξε Σίμων ἄνδρας, καὶ ἀπέστειλε πρὸς Δημήτριον τὸν
βασιλέα τοῦ ποιῆσαι ἄφεσιν τῇ χώρᾳ, ὅτι πᾶσαι αἱ πράξεις
Τρύφωνος ἦσαν ἁρπαγαί.

35 Καὶ ἀπέστειλεν αὐτῷ Δημήτριος ὁ βασιλεὺς κατὰ τοὺς
λόγους τούτους· καὶ ἀπεκρίθη αὐτῷ, καὶ ἔγραψεν αὐτῷ ἐπιστο-
36 λὴν τοιαύτην· Βασιλεὺς Δημήτριος Σίμωνι ἀρχιερεῖ καὶ φίλῳ

---

was risen up instead of his brother Jona-
than, and meant to join battle with him,
he sent messengers unto him, saying,
[15] Whereas we have Jonathan thy brother
in hold, it is for money that he is owing
unto the king's treasure, concerning the
business that was committed unto him.
[16] Wherefore now send an hundred talents
of silver, and two of his sons for hostages,
that when he is at liberty he may not revolt
from us, and we will let him go.
[17] Hereupon Simon, albeit he perceived
that they spake deceitfully unto him, yet
sent he the money and the children, lest
peradventure he should procure to himself
great hatred of the people: [18] who might
have said, Because I sent him not the
money and the children, therefore is Jona-
than dead. [19] So he sent them the children
and the hundred talents: howbeit Tryphon
dissembled, neither would he let Jona-
than go.
[20] And after this came Tryphon to invade
the land, and destroy it, going round about
by the way that leadeth unto Adora: but
Simon and his host marched against him in
every place, wheresoever he went.
[21] Now they that were in the tower sent
messengers unto Tryphon, to the end that
he should hasten his coming unto them by
the wilderness, and send them victuals.
[22] Wherefore Tryphon made ready all his
horsemen to come that night: but there
fell a very great snow, by reason whereof
he came not. So he departed, and came
into the country of Galaad. [23] And when
he came near to Bascama, he slew Jona-
than, who was buried there. [24] After-
ward Tryphon returned and went into his
own land.
[25] Then sent Simon, and took the bones of
Jonathan his brother, and buried them in
Modin, the city of his fathers. [26] And all
Israel made great lamentation for him, and
bewailed him many days.
[27] Simon also built a monument upon the
sepulchre of his father and his brethren,
and raised it aloft to the sight, with hewn
stone behind and before. [28] Moreover he
set up seven pyramids, one against another,
for his father, and his mother, and his four
brethren. [29] And in these he made cunning
devices, about the which he set great pillars,
and upon the pillars he made all their
armour for a perpetual memory, and by the
armour ships carved, that they might be
seen of all that sail on the sea. [30] This is
the sepulchre which he made at Modin,
and it standeth yet unto this day.
[31] Now Tryphon dealt deceitfully with the
young king Antiochus, and slew him. [32] And
he reigned in his stead, and crowned him-
self king of Asia, and brought a great
calamity upon the land.
[33] Then Simon built up the strong holds
in Judea, and fenced them about with high
towers, and great walls, and gates, and bars,
and laid up victuals therein. [34] Moreover
Simon chose men, and sent to king Deme-
trius, to the end he should give the land
an immunity, because all that Tryphon did
was to spoil.
[35] Unto whom king Demetrius answered
and wrote after this manner: [36] King De-
metrius unto Simon the high priest, and

friend of kings, as also unto the elders and nation of the Jews, sendeth greeting: ³⁷The golden crown, and the scarlet robe, which ye sent unto us, we have received: and we are ready to make a stedfast peace with you, yea, and to write unto our officers, to confirm the immunities which we have granted. ³⁸And whatsoever covenants we have made with you shall stand; and the strong holds, which ye have builded, shall be your own. ³⁹As for any oversight or fault committed unto this day, we forgive it, and the crown tax also, which ye owe us: and if there were any other tribute paid in Jerusalem, it shall no more be paid. ⁴⁰And look who are meet among you to be in our court, let them be enrolled, and let there be peace betwixt us.

⁴¹Thus the yoke of the heathen was taken away from Israel in the hundred and seventieth year. ⁴²Then the people of Israel began to write in their instruments and contracts, In the first year of Simon the high priest, the governor and leader of the Jews.

⁴³In those days Simon camped against Gaza, and besieged it round about; he made also an engine of war, and set it by the city, and battered a certain tower, and took it. ⁴⁴And they that were in the engine leaped into the city; whereupon there was a great uproar in the city: ⁴⁵insomuch as the people of the city rent their clothes, and climbed upon the walls with their wives and children, and cried with a loud voice, beseeching Simon to grant them peace. ⁴⁶And they said, Deal not with us according to our wickedness, but according to thy mercy.

⁴⁷So Simon was appeased toward them, and fought no more against them, but put them out of the city, and cleansed the houses wherein the idols were, and so entered into it with songs and thanksgiving. ⁴⁸Yea, he put all uncleanness out of it, and placed such men there as would keep the law, and made it stronger than it was before, and built therein a dwelling place for himself.

⁴⁹They also of the tower in Jerusalem were kept so strait, that they could neither come forth, nor go into the country, nor buy, nor sell: wherefore they were in great distress for want of victuals, and a great number of them perished through famine. ⁵⁰Then cried they to Simon, beseeching him to be at one with them: which thing he granted them; and when he had put them out from thence, he cleansed the tower from pollutions; ⁵¹and entered into it the three and twentieth day of the second month, in the hundred seventy and first year, with thanksgiving, and branches of palm trees, and with harps, and cymbals, and with viols, and hymns, and songs: because there was destroyed a great enemy out of Israel.

⁵²He ordained also that that day should be kept every year with gladness. Moreover the hill of the temple that was by the tower he made stronger than it was, and there he dwelt himself with his company. ⁵³And when Simon saw that John his son was a valiant man, he made him captain of all the hosts; and he dwelt in Gazara.

Now in the hundred threescore and twelfth year king Demetrius gathered his forces together, and went into Media, to get him help to fight against Tryphon.

βασιλέων, καὶ πρεσβυτέροις, καὶ ἔθνει Ἰουδαίων χαίρειν. Τὸν 37 στέφανον τὸν χρυσοῦν, καὶ τὴν βαΐνην ἣν ἀπεστείλατε, κεκομίσμεθα, καὶ ἕτοιμοί ἐσμεν τοῦ ποιεῖν ὑμῖν εἰρήνην μεγάλην, καὶ γράφειν τοῖς ἐπὶ τῶν χρειῶν τοῦ ἀφιέναι ὑμῖν ἀφέματα. Καὶ ὅσα ἐστήκαμεν πρὸς ὑμᾶς ἕστηκε, καὶ τὰ ὀχυρώματα ἃ 38 ᾠκοδομήκατε ὑπαρχέτω ὑμῖν. Ἀφίεμεν δὲ ἀγνοήματα καὶ τὰ 39 ἁμαρτήματα ἕως τῆς σήμερον ἡμέρας, καὶ τὸν στέφανον ὃν ὠφείλετε, καὶ εἴ τι ἄλλο ἐτελωνεῖτο ἐν Ἰερουσαλήμ, μηκέτι τελωνείσθω. Καὶ εἴ τινες ἐπιτήδειοι ὑμῶν γραφῆναι εἰς τοὺς 40 περὶ ἡμᾶς, ἐγγραφέσθωσαν, καὶ γινέσθω ἀναμέσον ἡμῶν εἰρήνη.

Ἔτους ἑβδομηκοστοῦ καὶ ἑκατοστοῦ ἤρθη ὁ ζυγὸς τῶν ἐθνῶν 41 ἀπὸ τοῦ Ἰσραήλ. Καὶ ἤρξατο ὁ λαὸς Ἰσραὴλ γράφειν ἐν ταῖς 42 συγγραφαῖς καὶ συναλλάγμασιν, ἔτους πρώτου ἐπὶ Σίμωνος ἀρχιερέως μεγάλου καὶ στρατηγοῦ καὶ ἡγουμένου Ἰουδαίων.

Ἐν ταῖς ἡμέραις ἐκείναις παρενέβαλε Σίμων ἐπὶ Γάζαν, καὶ 43 ἐκύκλωσεν αὐτὴν παρεμβολαῖς, καὶ ἐποίησεν ἑλεπόλεις καὶ προσήγαγε τῇ πόλει, καὶ ἐπάταξε πύργον ἕνα καὶ κατελάβετο. Καὶ ἐξήλλοντο οἱ ἐν τῇ ἑλεπόλει εἰς τὴν πόλιν, καὶ ἐγένετο 44 κίνημα μέγα ἐν τῇ πόλει. Καὶ ἀνέβησαν οἱ ἐν τῇ πόλει σὺν 45 ταῖς γυναιξὶ καὶ τοῖς τέκνοις ἐπὶ τὸ τεῖχος διερρηχότες τὰ ἱμάτια αὐτῶν, καὶ ἐβόησαν φωνῇ μεγάλῃ ἀξιοῦντες Σίμωνα δεξιὰς αὐτοῖς δοῦναι, καὶ εἶπον, μὴ ἡμῖν χρήσῃ κατὰ τὰς πονηρίας 46 ἡμῶν, ἀλλὰ κατὰ τὸ ἔλεός σου.

Καὶ συνελύθη Σίμων αὐτοῖς, καὶ οὐκ ἐπολέμησεν αὐτούς· 47 καὶ ἐξέβαλεν αὐτοὺς ἐκ τῆς πόλεως, καὶ ἐκαθάρισε τὰς οἰκίας ἐν αἷς ἦν τὰ εἴδωλα, καὶ οὕτως εἰσῆλθεν εἰς αὐτὴν ὑμνῶν καὶ εὐλογῶν. Καὶ ἐξέβαλεν ἐξ αὐτῆς πᾶσαν ἀκαθαρσίαν, καὶ 48 κατῴκισεν ἐκεῖ ἄνδρας οἵτινες τὸν νόμον ποιοῦσι, καὶ προσωχύρωσεν αὐτὴν, καὶ ᾠκοδόμησεν ἑαυτῷ ἐν αὐτῇ οἴκησιν.

Οἱ δὲ ἐκ τῆς ἄκρας ἐν Ἰερουσαλὴμ ἐκωλύοντο ἐκπορεύεσθαι 49 καὶ εἰσπορεύεσθαι εἰς τὴν χώραν, καὶ ἀγοράζειν καὶ πωλεῖν, καὶ ἐπείνασαν σφόδρα, καὶ ἀπώλοντο ἐξ αὐτῶν ἱκανοὶ τῇ λιμῷ. Καὶ ἐβόησαν πρὸς Σίμωνα δεξιὰς λαβεῖν, καὶ ἔδωκεν αὐτοῖς, 50 καὶ ἐξέβαλεν αὐτοὺς ἐκεῖθεν, καὶ ἐκαθάρισε τὴν ἄκραν ἀπὸ τῶν μιασμάτων. Καὶ εἰσῆλθεν εἰς αὐτὴν τῇ τρίτῃ καὶ εἰκάδι τοῦ 51 δευτέρου μηνὸς ἔτους ἑνὸς καὶ ἑβδομηκοστοῦ καὶ ἑκατοστοῦ μετὰ αἰνέσεως καὶ βαΐων, καὶ ἐν κινύραις, καὶ ἐν κυμβάλοις, καὶ ἐν νάβλαις, καὶ ἐν ὕμνοις, καὶ ἐν ᾠδαῖς, ὅτι συνετρίβη ἐχθρὸς μέγας ἐξ Ἰσραήλ.

Καὶ ἔστησε κατ᾽ ἐνιαυτὸν τοῦ ἄγειν τὴν ἡμέραν ταύτην μετ᾽ 52 εὐφροσύνης· καὶ προσωχύρωσε τὸ ὄρος τοῦ ἱεροῦ τὸ παρὰ τὴν ἄκραν, καὶ ᾤκει ἐκεῖ αὐτὸς καὶ οἱ παρ᾽ αὐτοῦ. Καὶ εἶδε Σίμων 53 τὸν Ἰωάννην υἱὸν αὐτοῦ, ὅτι ἀνήρ ἐστι, καὶ ἔθετο αὐτὸν ἡγούμενον τῶν δυνάμεων πασῶν, καὶ ᾤκει ἐν Γαζάροις.

Καὶ ἐν ἔτει δευτέρῳ καὶ ἑβδομηκοστῷ καὶ ἑκατοστῷ συνή- 14 γαγε Δημήτριος ὁ βασιλεὺς τὰς δυνάμεις αὐτοῦ· καὶ ἐπορεύθη εἰς Μηδείαν τοῦ ἐπισπάσασθαι βοήθειαν αὐτῷ, ὅπως πολεμήσῃ τὸν Τρύφωνα.

2 Καὶ ἤκουσεν Ἀρσάκης ὁ βασιλεὺς τῆς Περσίδος καὶ Μηδείας ὅτι ἦλθε Δημήτριος εἰς τὰ ὅρια αὐτοῦ, καὶ ἀπέστειλεν ἕνα τῶν
3 ἀρχόντων αὐτοῦ συλλαβεῖν αὐτὸν ζῶντα. Καὶ ἐπορεύθη καὶ ἐπάταξε τὴν παρεμβολὴν Δημητρίου, καὶ συνέλαβεν αὐτὸν, καὶ ἤγαγεν αὐτὸν πρὸς Ἀρσάκην, καὶ ἔθετο αὐτὸν ἐν φυλακῇ.

4 Καὶ ἡσύχασεν ἡ γῆ Ἰούδα πάσας τὰς ἡμέρας Σίμωνος· καὶ ἐζήτησεν ἀγαθὰ τῷ ἔθνει αὐτοῦ, καὶ ἤρεσεν αὐτοῖς ἡ ἐξουσία
5 αὐτοῦ καὶ ἡ δόξα αὐτοῦ πάσας τὰς ἡμέρας. Καὶ μετὰ πάσης τῆς δόξης αὐτοῦ ἔλαβε τὴν Ἰόππην εἰς λιμένα, καὶ ἐποίησεν
6 εἴσοδον ταῖς νήσοις τῆς θαλάσσης. Καὶ ἐπλάτυνε τὰ ὅρια τῷ
7 ἔθνει αὐτοῦ, καὶ ἐκράτησε τῆς χώρας. Καὶ συνήγαγεν αἰχμαλωσίαν πολλὴν, καὶ ἐκυρίευσε Γαζαρῶν καὶ Βαιθσούρων καὶ τῆς ἄκρας· καὶ ἐξῆρε τὰς ἀκαθαρσίας ἐξ αὐτῆς, καὶ οὐκ ἦν ὁ ἀντικείμενος αὐτῷ.

8 Καὶ ἦσαν γεωργοῦντες τὴν γῆν αὐτῶν μετ᾽ εἰρήνης, καὶ ἡ γῆ ἐδίδου τὰ γεννήματα αὐτῆς, καὶ τὰ ξύλα τῶν πεδίων τὸν καρπὸν
9 αὐτῶν. Πρεσβύτεροι ἐν ταῖς πλατείαις ἐκάθηντο, πάντες περὶ ἀγαθῶν ἐκοινολογοῦντο, καὶ οἱ νεανίσκοι ἐνεδύσαντο δόξας
10 στολὰς πολέμου. Ταῖς πόλεσιν ἐχορήγησε βρώματα, καὶ ἔταξεν αὐτὰς ἐν σκεύεσιν ὀχυρώσεως, ἕως ὅτου ὠνομάσθη τὸ ὄνομα τῆς δόξης αὐτοῦ ἕως ἄκρου τῆς γῆς.

11 Ἐποίησε τὴν εἰρήνην ἐπὶ τῆς γῆς, καὶ εὐφράνθη Ἰσραὴλ
12 εὐφροσύνην μεγάλην. Καὶ ἐκάθισεν ἕκαστος ὑπὸ τὴν ἄμπελον αὐτοῦ καὶ τὴν συκῆν αὐτοῦ, καὶ οὐκ ἦν ὁ ἐκφοβῶν αὐτούς.
13 Καὶ ἐξέλιπεν ὁ πολεμῶν αὐτοὺς ἐπὶ τῆς γῆς, καὶ οἱ βασιλεῖς
14 συνετρίβησαν ἐν ταῖς ἡμέραις ἐκείναις. Καὶ ἐστήρισε πάντας τοὺς ταπεινοὺς τοῦ λαοῦ αὐτοῦ· τὸν νόμον ἐξεζήτησε, καὶ ἐξῆρε
15 πάντα ἄνομον καὶ πονηρόν. Τὰ ἅγια ἐδόξασε, καὶ ἐπλήθυνε τὰ σκεύη τῶν ἁγίων.

16 Καὶ ἠκούσθη ἐν Ῥώμῃ ὅτι ἀπέθανεν Ἰωνάθαν, καὶ ἕως
17 Σπάρτης, καὶ ἐλυπήθησαν σφόδρα. Ὡς δὲ ἤκουσαν ὅτι Σίμων ὁ ἀδελφὸς αὐτοῦ γέγονεν ἀντ᾽ αὐτοῦ ἀρχιερεὺς, καὶ ἐπικρατεῖ
18 τῆς χώρας καὶ τῶν πόλεων τῶν ἐν αὐτῇ. Ἔγραψαν πρὸς αὐτὸν δέλτοις χαλκαῖς, τοῦ ἀνανεώσασθαι πρὸς αὐτὸν φιλίαν καὶ τὴν συμμαχίαν ἣν ἔστησαν πρὸς Ἰούδαν καὶ Ἰωνάθαν τοὺς ἀδελφοὺς
19 αὐτοῦ. Καὶ ἀνεγνώσθησαν ἐνώπιον τῆς ἐκκλησίας ἐν Ἰερουσαλήμ.

20 Καὶ τοῦτο τὸ ἀντίγραφον τῶν ἐπιστολῶν ὧν ἀπέστειλαν οἱ Σπαρτιᾶται· Σπαρτιατῶν ἄρχοντες καὶ ἡ πόλις Σίμωνι ἱερεῖ μεγάλῳ, καὶ τοῖς πρεσβυτέροις, καὶ τοῖς ἱερεῦσι, καὶ τῷ λοιπῷ
21 δήμῳ τῶν Ἰουδαίων ἀδελφοῖς χαίρειν. Οἱ πρεσβεύται οἱ ἀποσταλέντες πρὸς τὸν δῆμον ἡμῶν ἀπήγγειλαν ἡμῖν περὶ τῆς δόξης ὑμῶν καὶ τιμῆς, καὶ εὐφράνθημεν ἐπὶ τῇ ἐφόδῳ αὐτῶν.
22 Καὶ ἀνεγράψαμεν τὰ ὑπ᾽ αὐτῶν εἰρημένα ἐν ταῖς βουλαῖς τοῦ δήμου οὕτως, Νουμήνιος Ἀντιόχου καὶ Ἀντίπατρος Ἰάσωνος πρεσβευταὶ Ἰουδαίων ἦλθοσαν πρὸς ἡμᾶς ἀνανεούμενοι τὴν πρὸς ἡμᾶς φιλίαν.
23 Καὶ ἤρεσε τῷ δήμῳ ἐπιδέξασθαι τοὺς ἄνδρας ἐνδόξως, καὶ τοῦ θέσθαι τὸ ἀντίγραφον τῶν λόγων αὐτῶν ἐν τοῖς ἀποδεδειγμένοις τοῦ δήμου βιβλίοις, τοῦ ἔχειν μνημόσυνον τὸν δῆμον τῶν Σπαρτιατῶν· τὸ δὲ ἀντίγραφον τούτων ἐγράψαμεν Σίμωνι τῷ ἀρχιερεῖ.

2 But when Arsaces, the king of Persia and Media, heard that Demetrius was entered within his borders, he sent one of his princes to take him alive: 3 who went and smote the host of Demetrius, and took him, and brought him to Arsaces, by whom he was put in ward.

4 As for the land *of Judea*, that was quiet all the days of Simon; for he sought the good of his nation in such wise, as that evermore his authority and honour pleased them well. 5 And as he was honourable in all his acts, so in this, that he took Joppe for an haven, and made an entrance to the isles of the sea, 6 and enlarged the bounds of his nation, and recovered the country, 7 and gathered together a great number of captives, and had the dominion of Gazara, and Bethsura, and the tower, out of the which he took all uncleanness, neither was there any that resisted him.

8 Then did they till their ground in peace, and the earth gave her increase, and the trees of the field their fruit. 9 The ancient men sat all in the streets, communing together of good things, and the young men put on glorious and warlike apparel. 10 He provided victuals for the cities, and set in them all manner of munition, so that his honourable name was renowned unto the end of the world.

11 He made peace in the land, and Israel rejoiced with great joy: 12 for every man sat under his vine and his fig tree, and there was none to fray them: 13 neither was there any left in the land to fight against them: yea, the kings themselves were overthrown in those days. 14 Moreover he strengthened all those of his people that were brought low: the law he searched out; and every contemner of the law and wicked person he took away. 15 He beautified the sanctuary, and multiplied the vessels of the temple.

16 Now when it was heard at Rome, and as far as Sparta, that Jonathan was dead, they were very sorry. 17 But as soon as they heard that his brother Simon was made high priest in his stead, and ruled the country, and the cities therein: 18 they wrote unto him in tables of brass, to renew the friendship and league which they had made with Judas and Jonathan his brethren: 19 which writings were read before the congregation at Jerusalem.

20 And this is the copy of the letters that the Lacedemonians sent; The rulers of the Lacedemonians, with the city, unto Simon the high priest, and the elders, and priests, and residue of the people of the Jews, our brethren, *send* greeting: 21 The ambassadors that were sent unto our people certified us of your glory and honour: wherefore we were glad of their coming, 22 and did register the things that they spake in the council of the people in this manner; Numenius *son* of Antiochus, and Antipater *son* of Jason, the Jews' ambassadors, came unto us, to renew the friendship they had with us.

23 And it pleased the people to entertain the men honourably, and to put the copy of their ambassage in public records, to the end the people of the Lacedemonians might have a memorial thereof: furthermore we have written a copy thereof unto Simon the high priest.

²⁴ After this Simon sent Numenius to Rome with a great shield of gold of a thousand pound weight, to confirm the league with them. ²⁵ Whereof when the people heard, they said, What thanks shall we give to Simon and his sons? ²⁶ For he and his brethren and the house of his father have established Israel, and chased away in fight their enemies from them, and confirmed their liberty.

²⁷ So then they wrote it in tables of brass, which they set upon pillars in mount Sion: and this is the copy of the writing; The eighteenth day of the month Elul, in the hundred threescore and twelfth year, being the third year of Simon the high priest, ²⁸ at Saramel in the great congregation of the priests, and people, and rulers of the nation, and elders of the country, were these things notified unto us.

²⁹ Forasmuch as oftentimes there have been wars in the country, wherein for the maintenance of their sanctuary, and the law, Simon the son of Mattathias, of the posterity of Jarib, together with his brethren, put themselves in jeopardy, and resisting the enemies of their nation did their nation great honour:

³⁰ (For after that Jonathan, having gathered his nation together, and been their high priest, was added to his people, ³¹ their enemies purposed to invade their country, that they might destroy it, and lay hands on the sanctuary: ³² at which time Simon rose up, and fought for his nation, and spent much of his own substance, and armed the valiant men of his nation, and gave them wages, ³³ and fortified the cities of Judea, together with Bethsura, that lieth upon the borders of Judea, where the armour of the enemies had been before; but he set a garrison of Jews there: ³⁴ moreover he fortified Joppe, which lieth upon the sea, and Gazara, that bordereth upon Azotus, where the enemies had dwelt before: but he placed Jews there, and furnished them with all things convenient for the reparation thereof.)

³⁵ The people therefore, seeing the acts of Simon, and unto what glory he thought to bring his nation, made him their governor and chief priest, because he had done all these things, and for the justice and faith which he kept to his nation, and for that he sought by all means to exalt his people.

³⁶ For in his time things prospered in his hands, so that the heathen were taken out of their country, and they also that were in the city of David in Jerusalem, who had made themselves a tower, out of which they issued, and polluted all about the sanctuary, and did much hurt in the holy place: ³⁷ but he placed Jews therein, and fortified it for the safety of the country and the city, and raised up the walls of Jerusalem.

³⁸ King Demetrius also confirmed him in the high priesthood according to those things, ³⁹ and made him one of his friends, and honoured him with great honour.

⁴⁰ For he had heard say, that the Romans had called the Jews their friends and confederates and brethren; and that they had entertained the ambassadors of Simon honourably: ⁴¹ also that the Jews and priests were well pleased that Simon should be their governor and high priest for ever,

Μετὰ ταῦτα ἀπέστειλε Σίμων τὸν Νουμήνιον εἰς Ῥώμην 24 ἔχοντα ἀσπίδα χρυσῆν μεγάλην ὁλκῆς μνῶν χιλιων, εἰς τὸ στῆσαι πρὸς αὐτοὺς τὴν συμμαχίαν. Ὡς δὲ ἤκουσεν ὁ δῆμος 25 τῶν λόγων τούτων, εἶπον, τίνα χάριν ἀποδώσομεν Σίμωνι καὶ τοῖς υἱοῖς αὐτοῦ; Ἐστήρισε γὰρ αὐτὸς καὶ οἱ ἀδελφοὶ αὐτοῦ, 26 καὶ ὁ οἶκος τοῦ πατρὸς αὐτοῦ, καὶ ἐπολέμησαν τοὺς ἐχθροὺς Ἰσραὴλ ἀπ᾽ αὐτῶν, καὶ ἔστησαν αὐτῷ ἐλευθερίαν.

Καὶ κατέγραψαν ἐν δέλτοις χαλκαῖς, καὶ ἔθεντο ἐν στήλαις 27 ἐν ὄρει Σιών· καὶ τοῦτο τὸ ἀντίγραφον τῆς γραφῆς· ὀκτωκαιδεκάτη Ἐλοὺλ, ἔτους δευτέρου καὶ ἑβδομηκοστοῦ καὶ ἑκατοστοῦ· καὶ τοῦτο τρίτον ἔτος ἐπὶ Σίμωνος ἀρχιερέως· ἐν Σαραμὲλ, ἐπὶ 28 συναγωγῆς μεγάλης ἱερέων, καὶ λαοῦ, καὶ ἀρχόντων ἔθνους, καὶ τῶν πρεσβυτέρων τῆς χώρας ἐγνώρισεν ἡμῖν.

Ἐπεὶ πολλάκις ἐγενήθησαν πόλεμοι ἐν τῇ χώρᾳ· Σίμων δὲ ὁ 29 υἱὸς Ματταθίου ὁ υἱὸς τῶν υἱῶν Ἰαρὶβ καὶ οἱ ἀδελφοὶ αὐτοῦ ἔδωκαν ἑαυτοὺς τῷ κινδύνῳ, καὶ ἀντέστησαν τοῖς ὑπεναντίοις τοῦ ἔθνους αὐτῶν, ὅπως σταθῇ τὰ ἅγια αὐτῶν καὶ ὁ νόμος, καὶ δόξῃ μεγάλῃ ἐδόξασαν τὸ ἔθνος αὐτῶν·

Καὶ ἤθροισεν Ἰωνάθαν τὸ ἔθνος αὐτῶν, καὶ ἐγενήθη αὐτοῖς 30 ἀρχιερεὺς, καὶ προσετέθη πρὸς τὸν λαὸν αὐτοῦ. Καὶ ἐβουλή- 31 θησαν οἱ ἐχθροὶ αὐτῶν ἐμβατεῦσαι εἰς τὴν χώραν αὐτῶν, τοῦ ἐκτρίψαι τὴν χώραν αὐτῶν, καὶ ἐκτεῖναι χεῖρας ἐπὶ τὰ ἅγια αὐτῶν· τότε ἀνέστη Σίμων, καὶ ἐπολέμησε περὶ τοῦ ἔθνους 32 αὐτοῦ, καὶ ἐδαπάνησε χρήματα πολλὰ τῶν ἑαυτοῦ, καὶ ὡπλοδό- τησε τοὺς ἄνδρας τῆς δυνάμεως τοῦ ἔθνους αὐτοῦ, καὶ ἔδωκεν αὐτοῖς ὀψώνια, καὶ ὠχύρωσε τὰς πόλεις τῆς Ἰουδαίας, καὶ τὴν 33 Βαιθσούραν τὴν ἐπὶ τῶν ὁρίων τῆς Ἰουδαίας, οὗ ἦν τὰ ὅπλα τῶν πολεμίων τοπρότερον, καὶ ἔθετο ἐκεῖ φρουρὰν ἄνδρας Ἰουδαίους. Καὶ Ἰόππην ὠχύρωσε τὴν ἐπὶ τῆς θαλάσσης, 34 καὶ τὴν Γάζαρα τὴν ἐπὶ τῶν ὁρίων Ἀζώτου, ἐν ᾗ ᾤκουν οἱ πολέμιοι τοπρότερον ἐκεῖ, καὶ κατῴκισεν ἐκεῖ Ἰουδαίους, καὶ ὅσα ἐπιτήδεια ἦν πρὸς τὴν τούτων ἐπανόρθωσιν ἔθετο ἐν αὐτοῖς.

Καὶ εἶδεν ὁ λαὸς τὴν πρᾶξιν τοῦ Σίμωνος, καὶ τὴν δόξαν ἣν 35 ἐβουλεύσατο ποιῆσαι τῷ ἔθνει αὐτοῦ, καὶ ἔθεντο αὐτὸν ἡγού- μενον αὐτῶν καὶ ἀρχιερέα, διὰ τὸ αὐτὸν πεποιηκέναι πάντα ταῦτα, καὶ τὴν δικαιοσύνην, καὶ τὴν πίστιν ἣν συνετήρησε τῷ ἔθνει αὐτοῦ, καὶ ἐζήτησε παντὶ τρόπῳ ὑψῶσαι τὸν λαὸν αὐτοῦ.

Καὶ ἐν ταῖς ἡμέραις αὐτοῦ εὐωδώθη ἐν ταῖς χερσὶν αὐτοῦ, 36 τοῦ ἐξαρθῆναι τὰ ἔθνη ἐκ τῆς χώρας αὐτῶν, καὶ τοὺς ἐν τῇ πόλει Δαυὶδ τοὺς ἐν Ἰερουσαλὴμ, οἳ ἐποίησαν ἑαυτοῖς ἄκραν, ἐξ ἧς ἐξεπορεύοντο καὶ ἐμίαινον κύκλῳ τῶν ἁγίων, καὶ ἐποίουν πλη- γὴν μεγάλην ἐν τῇ ἁγνείᾳ. Καὶ κατῴκισεν ἐν αὐτῇ ἄνδρας 37 Ἰουδαίους, καὶ ὠχύρωσεν αὐτὴν πρὸς ἀσφάλειαν τῆς χώρας καὶ τῆς πόλεως, καὶ ὕψωσε τὰ τείχη Ἰερουσαλήμ.

Καὶ ὁ βασιλεὺς Δημήτριος ἔστησεν αὐτῷ τὴν ἀρχιερωσύνην 38 κατὰ ταῦτα, καὶ ἐποίησεν αὐτὸν τῶν φίλων αὐτοῦ, καὶ ἐδόξασεν 39 αὐτὸν δόξῃ μεγάλῃ.

Ἤκουσε γὰρ ὅτι προσηγόρευνται οἱ Ἰουδαῖοι ὑπὸ Ῥωμαίων 40 φίλοι καὶ σύμμαχοι καὶ ἀδελφοὶ, καὶ ὅτι ἀπήντησαν τοῖς πρεσ- βευταῖς Σίμωνος ἐνδόξως· καὶ ὅτι εὐδόκησαν οἱ Ἰουδαῖοι, καὶ 41 οἱ ἱερεῖς, τοῦ εἶναι Σίμωνα ἡγούμενον καὶ ἀρχιερέα, εἰς τὸν

42 αἰῶνα, ἕως τοῦ ἀναστῆναι προφήτην πιστόν· καὶ τοῦ εἶναι ἐπ’ αὐτῶν στρατηγόν, καὶ ὅπως μέλοι αὐτῷ περὶ τῶν ἁγίων καθιστάναι αὐτοὺς ἐπὶ τῶν ἔργων αὐτῶν καὶ ἐπὶ τῆς χώρας, καὶ ἐπὶ

43 τῶν ὅπλων, καὶ ἐπὶ τῶν ὀχυρωμάτων· καὶ ὅπως μέλοι αὐτῷ περὶ τῶν ἁγίων, καὶ ὅπως ἀκούηται ὑπὸ πάντων, καὶ ὅπως γράφωνται ἐπὶ τῷ ὀνόματι αὐτοῦ πᾶσαι συγγραφαὶ ἐν τῇ χώρᾳ, καὶ ὅπως περιβάληται πορφύραν, καὶ χρυσοφορῇ.

44 Καὶ οὐκ ἐξέσται οὐδενὶ τοῦ λαοῦ καὶ τῶν ἱερέων ἀθετῆσαί τι τούτων, καὶ ἀντειπεῖν τοῖς ὑπ’ αὐτοῦ ῥηθησομένοις, καὶ ἐπισυστρέψαι συστροφὴν ἐν τῇ χώρᾳ ἄνευ αὐτοῦ, καὶ περιβάλλεσθαι

45 πορφύραν, καὶ ἐμπορποῦσθαι πόρπην χρυσῆν. Ὃς δ’ ἂν παρὰ

46 ταῦτα ποιήσῃ ἢ ἀθετήσῃ τι τούτων, ἔνοχος ἔσται. Καὶ εὐδόκησε πᾶς ὁ λαὸς θέσθαι Σίμωνι, καὶ ποιῆσαι κατὰ τοὺς λόγους

47 τούτους. Καὶ ἐπεδέξατο Σίμων, καὶ εὐδόκησεν ἀρχιερατεύειν, καὶ εἶναι στρατηγὸς καὶ ἐθνάρχης τῶν Ἰουδαίων, καὶ ἱερέων, καὶ τοῦ προστατῆσαι πάντων.

48 Καὶ τὴν γραφὴν ταύτην εἶπον θέσθαι ἐν δέλτοις χαλκαῖς,

49 καὶ στῆσαι αὐτὰς ἐν περιβόλῳ τῶν ἁγίων ἐν τόπῳ ἐπισήμῳ, τὰ δὲ ἀντίγραφα αὐτῶν θέσθαι ἐν τῷ γαζοφυλακίῳ, ὅπως ἔχῃ Σίμων, καὶ οἱ υἱοὶ αὐτοῦ.

15 Καὶ ἀπέστειλεν ὁ Ἀντίοχος υἱὸς Δημητρίου τοῦ βασιλέως ἐπιστολὰς ἀπὸ τῶν νήσων τῆς θαλάσσης Σίμωνι ἱερεῖ καὶ

2 ἐθνάρχῃ τῶν Ἰουδαίων, καὶ παντὶ τῷ ἔθνει. Καὶ ἦσαν περιέχουσαι τὸν τρόπον τοῦτον· βασιλεὺς Ἀντίοχος Σίμωνι ἱερεῖ μεγάλῳ, καὶ ἐθνάρχῃ, καὶ ἔθνει Ἰουδαίων χαίρειν.

3 Ἐπειδὴ ἄνδρες λοιμοὶ κατεκράτησαν τῆς βασιλείας τῶν πατέρων ἡμῶν, βούλομαι δὲ ἀντιποιήσασθαι τῆς βασιλείας, ὅπως ἀποκαταστήσω αὐτὴν ὡς ἦν πρότερον, ἐξενολόγησα δὲ

4 πλῆθος δυνάμεων, καὶ κατεσκεύασα πλοῖα πολεμικά, βούλομαι δὲ ἐκβῆναι κατὰ τὴν χώραν, ὅπως μετέλθω τοὺς κατεφθαρκότας τὴν χώραν ἡμῶν, καὶ τοὺς ἠρημωκότας πόλεις πολλὰς

5 ἐν τῇ βασιλείᾳ· νῦν οὖν ἵστημί σοι πάντα τὰ ἀφαιρέματα ἃ ἀφῆκάν σοι οἱ πρὸ ἐμοῦ βασιλεῖς, καὶ ὅσα ἄλλα δόματα ἀφῆκάν σοι.

6 Καὶ ἐπέτρεψά σοι ποιῆσαι κόμμα ἴδιον νόμισμα τῇ χώρᾳ

7 σου, Ἱερουσαλὴμ δὲ καὶ τὰ ἅγια εἶναι ἐλεύθερα· καὶ πάντα τὰ ὅπλα ὅσα κατεσκεύασας, καὶ τὰ ὀχυρώματα ἃ ᾠκοδόμησας, ὧν

8 κρατεῖς, μενέτω σοι. Καὶ πᾶν ὀφείλημα βασιλικόν, καὶ τὸν ἐσόμενα βασιλικὰ, ἀπὸ τοῦ νῦν καὶ εἰς τὸν ἅπαντα χρόνον

9 ἀφιέσθω σοι· ὡς δ’ ἂν κρατήσωμεν τῆς βασιλείας ἡμῶν, δοξάσομέν σε, καὶ τὸ ἔθνος σου, καὶ τὸ ἱερὸν δόξῃ μεγάλῃ, ὥστε φανερὰν γενέσθαι τὴν δόξαν ὑμῶν ἐν πάσῃ τῇ γῇ.

10 Ἔτους τετάρτου καὶ ἑβδομηκοστοῦ καὶ ἑκατοστοῦ ἐξῆλθεν Ἀντίοχος εἰς τὴν γῆν πατέρων αὐτοῦ, καὶ συνῆλθον πρὸς αὐτὸν πᾶσαι αἱ δυνάσεις, ὥστε ὀλίγους εἶναι τοὺς καταλειφθέντας σὺν Τρύφωνι.

11 Καὶ ἐδίωξεν αὐτὸν Ἀντίοχος ὁ βασιλεύς, καὶ ἦλθε φεύγων

12 εἰς Δωρὰ τὴν ἐπὶ τῆς θαλάσσης. Εἶδε γὰρ ὅτι συνῆκται ἐπ’ αὐτὸν τὰ κακά, καὶ ἀφῆκαν αὐτὸν αἱ δυνάμεις.

until there should arise a faithful prophet; [42] moreover that he should be their captain, and should take charge of the sanctuary, to set them over their works, and over the country, and over the armour, and over the fortresses, that, I say, he should take charge of the sanctuary; [43] beside this, that he should be obeyed of every man, and that all the writings in the country should be made in his name, and that he should be clothed in purple, and wear gold: [44] Also that it should be lawful for none of the people or priests to break any of these things, or to gainsay his words, or to gather an assembly in the country without him, or to be clothed in purple, or wear a buckle of gold: [45] and whosoever should do otherwise, or break any of these things, he should be punished. [46] Thus it liked all the people to deal with Simon, and to do as hath been said. [47] Then Simon accepted hereof, and was well pleased to be high priest, and captain and governor of the Jews and priests, and to defend them all. [48] So they commanded that this writing should be put in tables of brass, and that they should be set up within the compass of the sanctuary in a conspicuous place: [49] also that the copies thereof should be laid up in the treasury, to the end that Simon and his sons might have them.

Moreover Antiochus son of Demetrius the king sent letters from the isles of the sea unto Simon the priest and prince of the Jews, and to all the people; [2] the contents whereof were these: King Antiochus to Simon the high priest and prince of his nation, and to the people of the Jews, greeting: [3] Forasmuch as certain pestilent men have usurped the kingdom of our fathers, and my purpose is to challenge it again, that I may restore it to the old estate, and to that end have gathered a multitude of foreign soldiers together, and prepared ships of war; [4] my meaning also being to go through the country, that I may be avenged of them that have destroyed it, and made many cities in the kingdom desolate: [5] now therefore I confirm unto thee all the oblations which the kings before me granted thee, and whatsoever gifts besides they granted. [6] I give thee leave also to coin money for thy country with thine own stamp. [7] And as concerning Jerusalem and the sanctuary, let them be free; and all the armour that thou hast made, and fortresses that thou hast built, and keepest in thine hands, let them remain unto thee. [8] And if any thing be, or shall be, owing to the king, let it be forgiven thee from this time forth for evermore. [9] Furthermore, when we have obtained our kingdom, we will honour thee, and thy nation, and thy temple, with great honour, so that your honour shall be known throughout the world. [10] In the hundred threescore and fourteenth year went Antiochus into the land of his fathers: at which time all the forces came together unto him, so that few were left with Tryphon. [11] Wherefore being pursued by king Antiochus, he fled unto Dora, which lieth by the sea side: [12] for he saw that troubles came upon him all at once, and that his forces had forsaken him.

¹³ Then camped Antiochus against Dora, having with him an hundred and twenty thousand men of war, and eight thousand horsemen. ¹⁴ And when he had compassed the city round about, and joined ships close to the town on the sea side, he vexed the city by land and by sea, neither suffered he any to go out or in.

¹⁵ In the mean season came Numenius and his company from Rome, having letters to the kings and countries; wherein were written these things:

¹⁶ Lucius, consul of the Romans unto king Ptolemee, greeting: ¹⁷ The Jews' ambassadors, our friends and confederates, came unto us to renew the old friendship and league, being sent from Simon the high priest, and from the people of the Jews: ¹⁸ and they brought a shield of gold of a thousand pound. ¹⁹ We thought it good therefore to write unto the kings and countries, that they should do them no harm, nor fight against them, their cities, or countries, nor yet aid their enemies against them. ²⁰ It seemed also good to us to receive the shield of them. ²¹ If therefore there be any pestilent fellows, that have fled from their country unto you, deliver them unto Simon the high priest, that he may punish them according to their own law.

²² The same things wrote he likewise unto Demetrius the king, and Attalus, to Ariarathes, and Arsaces, ²³ and to all the countries, and to Sampsames, and the Lacedemonians, and to Delus, and Myndus, and Sicyon, and Caria, and Samos, and Pamphylia, and Lycia, and Halicarnassus, and Rhodus, and Phaselis, and Cos, and Side, and Aradus, and Gortyna, and Cnidus, and Cyprus, and Cyrene. ²⁴ And the copy hereof they wrote to Simon the high priest.

²⁵ So Antiochus the king camped against Dora the second *day*, assaulting it continually, and making engines, by which means he shut up Tryphon, that he could neither go out nor in.

²⁶ At that time Simon sent him two thousand chosen men to aid him; silver also, and gold, and much armour. ²⁷ Nevertheless he would not receive them, but brake all the covenants which he had made with him afore, and became strange unto him.

²⁸ Furthermore he sent unto him Athenobius, one of his friends, to commune with him, and say, Ye withhold Joppe and Gazara, with the tower that is in Jerusalem, which are cities of my realm. ²⁹ The borders thereof ye have wasted, and done great hurt in the land, and got the dominion of many places within my kingdom. ³⁰ Now therefore deliver the cities which ye have taken, and the tributes of the places whereof ye have gotten dominion without the borders of Judea: ³¹ or else give me for them five hundred talents of silver; and for the harm that ye have done, and the tributes of the cities, other five hundred talents: if not, we will come and fight against you.

³² So Athenobius the king's friend came to Jerusalem: and when he saw the glory of Simon, and the cupboard of gold and silver plate, and his great attendance, he was astonished, and told him the king's message.

Καὶ παρενέβαλεν Ἀντίοχος ἐπὶ Δωρᾶ, καὶ σὺν αὐτῷ δώδεκα 13 μυριάδες ἀνδρῶν πολεμιστῶν, καὶ ὀκτακισχιλία ἵππος. Καὶ 14 ἐκύκλωσε τὴν πόλιν, καὶ τὰ πλοῖα ἀπὸ θαλάσσης συνῆψαν, καὶ ἔθλιβε τὴν πόλιν ἀπὸ τῆς γῆς, καὶ τῆς θαλάσσης, καὶ οὐκ εἴασεν οὐδένα ἐκπορεύεσθαι καὶ εἰσπορεύεσθαι.

Καὶ ἦλθε Νουμήνιος, καὶ οἱ παρ᾽ αὐτοῦ, ἐκ Ῥώμης, ἔχοντες 15 ἐπιστολὰς τοῖς βασιλεῦσι, καὶ ταῖς χώραις ἐν αἷς ἐγέγραπτο τάδε·

Λεύκιος ὕπατος Ῥωμαίων Πτολεμαίῳ βασιλεῖ χαίρειν. 16 Οἱ πρεσβευταὶ τῶν Ἰουδαίων ἦλθον πρὸς ἡμᾶς φίλοι ἡμῶν, καὶ 17 σύμμαχοι, ἀνανεούμενοι τὴν ἐξ ἀρχῆς φιλίαν καὶ συμμαχίαν, ἀπεσταλμένοι ἀπὸ Σίμωνος τοῦ ἀρχιερέως, καὶ τοῦ δήμου τῶν Ἰουδαίων. Ἤνεγκαν δὲ ἀσπίδα χρυσῆν ἀπὸ μνῶν χιλίων. 18 Ἤρεσεν οὖν ἡμῖν γράψαι τοῖς βασιλεῦσι, καὶ ταῖς χώραις, 19 ὅπως μὴ ἐκζητήσωσιν αὐτοῖς, κακὰ καὶ μὴ πολεμήσωσιν αὐτούς, καὶ τὰς πόλεις αὐτῶν, καὶ τὴν χώραν αὐτῶν, καὶ ἵνα μὴ συμμαχήσωσι τοῖς πολεμοῦσιν αὐτούς. Ἔδοξε δὲ ἡμῖν δέξασθαι 20 τὴν ἀσπίδα παρ᾽ αὐτῶν. Εἴ τινες οὖν λοιμοὶ διαπεφεύγασιν 21 ἐκ τῆς χώρας αὐτῶν πρὸς ὑμᾶς, παράδοτε αὐτοὺς Σίμωνι τῷ ἀρχιερεῖ, ὅπως ἐκδικήσῃ ἐν αὐτοῖς κατὰ τὸν νόμον αὐτῶν.

Καὶ τὰ αὐτὰ ἔγραψε Δημητρίῳ τῷ βασιλεῖ, καὶ Ἀττάλῳ, 22 Ἀριαράθῃ, καὶ Ἀρσάκῃ. Καὶ εἰς πάσας τὰς χώρας, καὶ 23 Σαμψάμῃ, καὶ Σπαρτιάταις, καὶ εἰς Δῆλον, καὶ εἰς Μύνδον, καὶ εἰς Σικύωνα, καὶ εἰς τὴν Καρίαν, καὶ εἰς Σάμον, καὶ εἰς τὴν Παμφυλίαν, καὶ εἰς τὴν Λυκίαν, καὶ εἰς Ἁλικαρνασσόν, καὶ εἰς Ῥόδον, καὶ εἰς Φασηλίδα, καὶ εἰς Κῶ, καὶ εἰς Σίδην, καὶ εἰς Ἄραδον, καὶ εἰς Γόρτυναν, καὶ Κνίδον, καὶ Κύπρον, καὶ Κυρήνην. Τὸ δὲ ἀντίγραφον αὐτῶν ἔγραψαν Σίμωνι τῷ ἀρχιερεῖ. 24

Ἀντίοχος δὲ ὁ βασιλεὺς παρενέβαλεν ἐπὶ Δωρᾶ ἐν τῇ δευ- 25 τέρᾳ, προσάγων διαπαντὸς αὐτῇ τὰς χεῖρας, καὶ μηχανὰς ποιούμενος, καὶ συνέκλεισε τὸν Τρύφωνα τοῦ μὴ εἰσπορεύεσθαι καὶ ἐκπορεύεσθαι.

Καὶ ἀπέστειλεν αὐτῷ Σίμων δισχιλίους ἄνδρας ἐκλεκτοὺς 26 συμμαχῆσαι αὐτῷ, καὶ ἀργύριον καὶ χρυσίον, καὶ σκεύη ἱκανά. Καὶ οὐκ ἠβούλετο αὐτὰ δέξασθαι, ἀλλ᾽ ἠθέτησε πάντα ὅσα 27 συνέθετο αὐτῷ τοπρότερον, καὶ ἠλλοτριοῦτο αὐτῷ.

Καὶ ἀπέστειλε πρὸς αὐτὸν Ἀθηνόβιον ἕνα τῶν φίλων αὐτοῦ 28 κοινολογησάμενον αὐτῷ λέγων, ὑμεῖς κατακρατεῖτε τῆς Ἰόππης καὶ Γαζάρων καὶ τῆς ἄκρας τῆς ἐν Ἰερουσαλήμ, πόλεις τῆς βασιλείας μου. Τὰ ὅρια αὐτῶν ἠρημώσατε, καὶ ἐποιήσατε 29 πληγὴν μεγάλην ἐπὶ τῆς γῆς, καὶ ἐκυριεύσατε τόπων πολλῶν ἐν τῇ βασιλείᾳ μου. Νῦν οὖν παράδοτε τὰς πόλεις ἃς 30 κατελάβεσθε, καὶ τοὺς φόρους τῶν τόπων ὧν κατεκυριεύσατε ἐκτὸς τῶν ὁρίων τῆς Ἰουδαίας. Εἰ δὲ μή, δότε ἀντ᾽ αὐτῶν 31 πεντακόσια τάλαντα ἀργυρίου, καὶ τῆς καταφθορᾶς ἧς κατεφθάρκατε, καὶ τῶν φόρων τῶν πόλεων ἄλλα τάλαντα πεντακόσια· εἰ δὲ δή, παραγενόμενοι ἐκπολεμήσομεν ὑμᾶς.

Καὶ ἦλθεν Ἀθηνόβιος φίλος τοῦ βασιλέως εἰς Ἰερουσαλήμ, 32 καὶ εἶδε τὴν δόξαν Σίμωνος, καὶ κυλικεῖον μετὰ χρυσωμάτων, καὶ ἀργυρωμάτων, καὶ παράστασιν ἱκανήν, καὶ ἐξίστατο, καὶ ἀπήγγειλεν αὐτῷ τοὺς λόγους τοῦ βασιλέως.

33 Καὶ ἀποκριθεὶς Σίμων εἶπεν αὐτῷ, οὔτε γῆν ἀλλοτρίαν εἰλή-
φαμεν, οὔτε ἀλλοτρίων κεκρατήκαμεν, ἀλλὰ τῆς κληρονομίας
τῶν πατέρων ἡμῶν, ὑπὸ δὲ ἐχθρῶν ἡμῶν ἔν τινι καιρῷ ἀκρίτως
34 κατεκρατήθη. Ἡμεῖς δὲ καιρὸν ἔχοντες ἀντεχόμεθα τῆς κληρο-
35 νομίας τῶν πατέρων ἡμῶν. Περὶ δὲ Ἰόππης καὶ Γαζάρων ὧν
αἰτεῖς, αὗται ἐποίουν ἐν τῷ λαῷ πληγὴν μεγάλην κατὰ τὴν
χώραν ἡμῶν, τούτων δώσομεν τάλαντα ἑκατόν·

36 Καὶ οὐκ ἀπεκρίθη αὐτῷ Ἀθηνόβιος λόγον. Ἀπέστρεψε δὲ
μετὰ θυμοῦ πρὸς τὸν βασιλέα, καὶ ἀπήγγειλεν αὐτῷ τοὺς
λόγους τούτους, καὶ τὴν δόξαν Σίμωνος, καὶ πάντα ὅσα εἶδε·
37 καὶ ὠργίσθη ὁ βασιλεὺς ὀργὴν μεγάλην. Τρύφων δὲ ἐμβὰς
εἰς πλοῖον ἔφυγεν εἰς Ὀρθωσιάδα.

38 Καὶ κατέστησεν ὁ βασιλεὺς τὸν Κενδεβαῖον στρατηγὸν τῆς
39 παραλίας, καὶ δυνάμεις πεζικὰς καὶ ἱππικὰς ἔδωκεν αὐτῷ. Καὶ
ἐνετείλατο αὐτῷ παρεμβαλεῖν κατὰ πρόσωπον τῆς Ἰουδαίας·
καὶ ἐνετείλατο αὐτῷ οἰκοδομῆσαι τὴν Κεδρών, καὶ ὀχυρῶσαι τὰς
πύλας, καὶ ὅπως πολεμήσῃ τὸν λαόν· ὁ δὲ βασιλεὺς ἐδίωκε τὸν
Τρύφωνα.

40 Καὶ παρεγενήθη Κενδεβαῖος εἰς Ἰάμνειαν, καὶ ἤρξατο τοῦ
ἐρεθίζειν τὸν λαόν, καὶ ἐμβατεύειν εἰς τὴν Ἰουδαίαν, καὶ
41 αἰχμαλωτίζειν τὸν λαὸν καὶ φονεύειν. Καὶ ᾠκοδόμησε τὴν
Κεδρών· καὶ ἔταξεν ἐκεῖ ἱππεῖς καὶ δυνάμεις, ὅπως ἐκπορευό-
μενοι ἐξοδεύωσι τὰς ὁδοὺς τῆς Ἰουδαίας, καθὰ συνέταξεν αὐτῷ
ὁ βασιλεύς.

16 Καὶ ἀνέβη Ἰωάννης ἐκ Γαζάρων, καὶ ἀπήγγειλε Σίμωνι τῷ
πατρὶ αὐτοῦ ἃ συνετέλει Κενδεβαῖος.

2 Καὶ ἐκάλεσε Σίμων τοὺς δύο υἱοὺς αὐτοῦ τοὺς πρεσβυτέρους
Ἰούδαν καὶ Ἰωάννην, καὶ εἶπεν αὐτοῖς, ἐγὼ καὶ οἱ ἀδελφοί μου,
καὶ ὁ οἶκος τοῦ πατρός μου, ἐπολεμήσαμεν τοὺς πολεμίους
Ἰσραὴλ ἀπὸ νεότητος ἕως τῆς σήμερον ἡμέρας, καὶ εὐωδώθη ἐν
3 ταῖς χερσὶν ἡμῶν ῥύσασθαι τὸν Ἰσραὴλ πλεονάκις. Νῦν δὲ
γεγήρακα, καὶ ὑμεῖς δὲ ἐν τῷ ἐλέει ἱκανοί ἐστε ἐν τοῖς ἔτεσι·
γίνεσθε ἀντ' ἐμοῦ, καὶ τοῦ ἀδελφοῦ μου, καὶ ἐξελθόντες ὑπερ-
μαχεῖτε ὑπὲρ τοῦ ἔθνους ἡμῶν, ἡ δὲ ἐκ τοῦ οὐρανοῦ βοήθεια
ἔστω μεθ' ὑμῶν.

4 Καὶ ἐπέλεξεν ἐκ τῆς χώρας εἴκοσι χιλιάδας ἀνδρῶν πολε-
μιστῶν, καὶ ἱππεῖς, καὶ ἐπορεύθησαν ἐπὶ τὸν Κενδεβαῖον, καὶ
ἐκοιμήθησαν ἐν Μωδείν.

5 Καὶ ἀναστάντες τοπρωῒ ἐπορεύοντο εἰς τὸ πεδίον, καὶ ἰδοὺ
δύναμις πολλὴ εἰς συνάντησιν αὐτοῖς πεζικὴ, καὶ ἱππεῖς, καὶ ἦν
6 χειμάρρους ἀναμέσον αὐτῶν. Καὶ παρενέβαλε κατὰ πρόσω-
πον αὐτῶν αὐτός, καὶ ὁ λαὸς αὐτοῦ· καὶ εἶδε τὸν λαὸν δειλού-
μενον διαπερᾶσαι τὸν χειμάρρουν, καὶ διεπέρασε πρῶτος, καὶ
7 ἴδον αὐτὸν οἱ ἄνδρες, καὶ διεπέρασαν κατόπισθεν αὐτοῦ. Καὶ
διεῖλε τὸν λαόν, καὶ τοὺς ἱππεῖς ἐν μέσῳ τῶν πεζῶν· ἡ δὲ ἵππος
τῶν ὑπεναντίων πολλὴ σφόδρα.

8 Καὶ ἐσάλπισαν ταῖς ἱεραῖς σάλπιγξι, καὶ ἐτροπώθη Κενδε-
βαῖος καὶ ἡ παρεμβολὴ αὐτοῦ, καὶ ἔπεσον ἐξ αὐτῶν τραυματίαι
πολλοί· οἱ δὲ καταλειφθέντες ἔφυγον εἰς τὸ ὀχύρωμα.

9 Τότε ἐτραυματίσθη Ἰούδας ὁ ἀδελφὸς Ἰωάννου· Ἰωάννης
δὲ κατεδίωξεν αὐτοὺς ἕως ἦλθεν εἰς Κεδρών, ἣν ᾠκοδόμησε.

---

[33] Then answered Simon, and said unto him, We have neither taken other men's land, nor holden that which appertaineth to others, but the inheritance of our fathers, which our enemies had wrongfully in possession a certain time. [34] Wherefore we, having opportunity, hold the inheritance of our fathers. [35] And whereas thou demandest Joppe and Gazara, albeit they did great harm unto the people in our country, yet will we give an hundred talents for them.

Hereunto Athenobius answered him not a word; [36] but returned in a rage to the king, and made report unto him of these speeches, and of the glory of Simon, and of all that he had seen: whereupon the king was exceeding wroth. [37] In the mean time fled Tryphon by ship unto Orthosias.

[38] Then the king made Cendebeus captain of the sea coast, and gave him an host of footmen and horsemen, [39] and commanded him to remove his host toward Judea: also he commanded him to build up Cedron, and to fortify the gates, and to war against the people; but as for the king *himself*, he pursued Tryphon.

[40] So Cendebeus came to Jamnia, and began to provoke the people, and to invade Judea, and to take the people prisoners, and slay them. [41] And when he had built up Cedron, he set horsemen there, and an host *of footmen*, to the end that issuing out they might make outroads upon the ways of Judea, as the king had commanded him.

Then came up John from Gazara, and told Simon his father what Cendebeus had done. [2] Wherefore Simon called his two eldest sons, Judas and John, and said unto them, I, and my brethren, and my father's house, have ever from our youth unto this day fought against the enemies of Israel; and things have prospered so well in our hands, that we have delivered Israel oftentimes. [3] But now I am old, and ye, by *God's* mercy, are of a sufficient age: be ye instead of me and my brother, and go and fight for our nation, and the help from heaven be with you.

[4] So he chose out of the country twenty thousand men of war with horsemen, who went out against Cendebeus, and rested that night at Modin.

[5] And when as they rose in the morning, and went into the plain, behold, a mighty great host both of footmen and horsemen came against them: howbeit there was a water brook betwixt them. [6] So he and his people pitched over against them: and when he saw that the people were afraid to go over the water brook, he went first over himself, and then the men seeing him passed through after him. [7] *That done*, he divided his men, and set the horsemen in the midst of the footmen: for the enemies' horsemen were very many.

[8] Then sounded they with the holy trumpets: whereupon Cendebeus and his host were put to flight, so that many of them were slain, and the remnant gat them to the strong hold.

[9] At that time was Judas John's brother wounded; but John still followed after them, until he came to Cedron, which

Cendebeus had built. ¹⁰ So they fled even unto the towers in the fields of Azotus; wherefore he burned it with fire: so that there were slain of them about two thousand men. Afterward he returned into the land of Judea in peace.

¹¹ Moreover in the plain of Jericho was Ptolemeus the *son* of Abubus made captain, and he had abundance of silver and gold: ¹² for he was the high priest's son in law. ¹³ Wherefore his heart being lifted up, he thought to get the country to himself, and thereupon consulted deceitfully against Simon and his sons to destroy them.

¹⁴ Now Simon was visiting the cities that were in the country, and taking care for the good ordering of them; at which time he came down himself to Jericho with his sons, Mattathias and Judas, in the hundred threescore and seventeenth year, in the eleventh month, called Sabat: ¹⁵ where the *son* of Abubus receiving them deceitfully into a little hold, called Docus, which he had built, made them a great banquet: howbeit he had hid men there.

¹⁶ So when Simon and his sons had drunk largely, Ptolemee and his men rose up, and took their weapons, and came upon Simon into the banqueting place, and slew him, and his two sons, and certain of his servants. ¹⁷ In which doing he committed a great treachery, and recompensed evil for good.

¹⁸ Then Ptolemee wrote these things, and sent to the king, that he should send him an host to aid him, and he would deliver him the country and cities.

¹⁹ He sent others also to Gazara to kill John: and unto the tribunes he sent letters to come unto him, that he might give them silver, and gold, and rewards. ²⁰ And others he sent to take Jerusalem, and the mountain of the temple.

²¹ Now one had run afore to Gazara, and told John that his father and brethren were slain, and, *quoth he, Ptolemee* hath sent to slay thee also. ²² Hereof when he heard, he was sore astonished: so he laid hands on them that were come to destroy him, and slew them; for he knew that they sought to make him away.

²³ As concerning the rest of the acts of John, and his wars, and worthy deeds which he did, and the building of the walls which he made, and his doings, ²⁴ behold, these are written in the chronicles of his priesthood, from the time he was made high priest after his father.

Καὶ ἔφυγον ἕως εἰς τοὺς πύργους τοὺς ἐν τοῖς ἀγροῖς Ἀζώτου, 10 καὶ ἐνεπύρισεν αὐτὴν ἐν πυρί, καὶ ἔπεσον ἐξ αὐτῶν εἰς ἄνδρας δισχιλίους· καὶ ἀπέστρεψεν εἰς γῆν Ἰούδα μετ᾽ εἰρήνης.

Καὶ Πτολεμαῖος ὁ τοῦ Ἀβούβου ἦν καθεσταμένος στρατη- 11 γὸς εἰς τὸ πεδίον Ἰεριχώ, καὶ ἔσχεν ἀργύριον καὶ χρυσίον πολύ· ἦν γὰρ γαμβρὸς τοῦ ἀρχιερέως. Καὶ ὑψώθη ἡ καρ- 12, 13 δία αὐτοῦ, καὶ ἠβουλήθη κατακρατῆσαι τῆς χώρας, καὶ ἐβουλεύετο δόλῳ κατὰ Σίμωνος, καὶ τῶν υἱῶν αὐτοῦ, ἆραι αὐτούς.

Σίμων δὲ ἦν ἐφοδεύων τὰς πόλεις τὰς ἐν τῇ χώρᾳ, καὶ 14 φροντίζων τῆς ἐπιμελείας αὐτῶν, καὶ κατέβη εἰς Ἰεριχὼ αὐτὸς, καὶ Ματταθίας καὶ Ἰούδας οἱ υἱοὶ αὐτοῦ, ἔτους ἑβδόμου καὶ ἑβδομηκοστοῦ καὶ ἑκατοστοῦ, ἐν μηνὶ ἑνδεκάτῳ, οὗτος ὁ μὴν Σαβάτ. Καὶ ὑπεδέξατο αὐτοὺς ὁ τοῦ Ἀβούβου εἰς τὸ ὀχυρω- 15 μάτιον τὸ καλούμενον Δώκ, μετὰ δόλου, ὃ ᾠκοδόμησε, καὶ ἐποίησεν αὐτοῖς πότον μέγαν, καὶ ἐνέκρυψεν ἐκεῖ ἄνδρας.

Καὶ ὅτε ἐμεθύσθη Σίμων καὶ οἱ υἱοὶ αὐτοῦ, ἐξανέστη Πτολε- 16 μαῖος καὶ οἱ παρ᾽ αὐτοῦ, καὶ ἔλαβοσαν τὰ ὅπλα αὐτῶν, καὶ ἐπεισῆλθοσαν τῷ Σίμωνι εἰς τὸ συμπόσιον, καὶ ἀπέκτειναν αὐτὸν καὶ τοὺς δύο υἱοὺς αὐτοῦ, καί τινας τῶν παιδαρίων αὐτοῦ. Καὶ ἐποίησεν ἀθεσίαν μεγάλην, καὶ ἀπέδωκε κατὰ ἀντὶ ἀγαθῶν· 17

Καὶ ἔγραψε ταῦτα Πτολεμαῖος, καὶ ἀπέστειλε τῷ βασιλεῖ 18 ὅπως ἀποστείλῃ αὐτῷ δυνάμεις εἰς βοήθειαν, καὶ παραδῷ αὐτῷ τὴν χώραν αὐτῶν, καὶ τὰς πόλεις.

Καὶ ἀπέστειλεν ἑτέρους εἰς Γάζαρα ἆραι τὸν Ἰωάννην, καὶ 19 τοῖς χιλιάρχοις ἀπέστειλεν ἐπιστολὰς παραγενέσθαι πρὸς αὐτὸν, ὅπως δῷ αὐτοῖς ἀργύριον καὶ χρυσίον καὶ δόματα. Καὶ 20 ἑτέρους ἀπέστειλε καταλαβέσθαι τὴν Ἰερουσαλήμ, καὶ τὸ ὄρος τοῦ ἱεροῦ.

Καὶ προδραμών τις ἀπήγγειλεν Ἰωάννῃ εἰς Γάζαρα, ὅτι ἀπώ- 21 λετο ὁ πατὴρ αὐτοῦ καὶ οἱ ἀδελφοὶ αὐτοῦ, καὶ ὅτι ἀπέσταλκε καὶ σὲ ἀποκτεῖναι. Καὶ ἀκούσας ἐξέστη σφόδρα· καὶ συνέλαβε 22 τοὺς ἄνδρας τοὺς ἐλθόντας ἀπολέσαι αὐτὸν, καὶ ἀπέκτεινεν αὐτούς, ἐπέγνω γὰρ ὅτι ἐζήτουν αὐτὸν ἀπολέσαι.

Καὶ τὰ λοιπὰ τῶν λόγων Ἰωάννου, καὶ τῶν πολέμων αὐτοῦ, 23 καὶ τῶν ἀνδραγαθιῶν αὐτοῦ ὧν ἠνδραγάθησε, καὶ τῆς οἰκοδομῆς τῶν τειχέων ὧν ᾠκοδόμησε, καὶ τῶν πράξεων αὐτοῦ, ἰδοὺ ταῦτα 24 γέγραπται ἐπὶ βιβλίῳ ἡμερῶν ἀρχιερωσύνης αὐτοῦ, ἀφ᾽ οὗ ἐγενήθη ἀρχιερεὺς μετὰ τὸν πατέρα αὐτοῦ.

ΜΑΚΚΑΒΑΙΩΝ Β'.

ΤΟΙΣ ἀδελφοῖς τοῖς κατ' Αἴγυπτον Ἰουδαίοις χαίρειν· οἱ ἀδελφοὶ οἱ ἐν Ἱεροσολύμοις Ἰουδαῖοι, καὶ οἱ ἐν τῇ χώρᾳ τῆς Ἰουδαίας, εἰρήνην ἀγαθήν.

2 Καὶ ἀγαθοποιήσαι ὑμῖν ὁ Θεὸς, καὶ μνησθείη τῆς διαθήκης αὐτοῦ τῆς πρὸς Ἀβραὰμ, καὶ Ἰσαὰκ, καὶ Ἰακὼβ τῶν δούλων 3 αὐτοῦ τῶν πιστῶν. Καὶ δῴη ὑμῖν καρδίαν πᾶσιν εἰς τὸ σέβεσθαι αὐτὸν, καὶ ποιεῖν αὐτοῦ τὰ θελήματα καρδίᾳ μεγάλῃ, καὶ 4 ψυχῇ βουλομένῃ. Καὶ διανοίξαι τὴν καρδίαν ὑμῶν ἐν τῷ νόμῳ 5 αὐτοῦ, καὶ ἐν τοῖς προστάγμασι, καὶ εἰρήνην ποιῆσαι, καὶ ἐπακούσαι ὑμῶν τῶν δεήσεων, καὶ καταλλαγείη ὑμῖν, καὶ μὴ 6 ὑμᾶς ἐγκαταλίποι ἐν καιρῷ πονηρῷ. Καὶ νῦν ὧδέ ἐσμεν προσευχόμενοι περὶ ὑμῶν.

7 Βασιλεύοντος Δημητρίου ἔτους ἑκατοστοῦ ἑξηκοστοῦ ἐννάτου, ἡμεῖς οἱ Ἰουδαῖοι γεγραφήκαμεν ὑμῖν ἐν τῇ θλίψει, καὶ ἐν τῇ ἀκμῇ τῇ ἐπελθούσῃ ἡμῖν ἐν τοῖς ἔτεσι τούτοις, ἀφ' οὗ ἀπέστη Ἰάσων καὶ οἱ μετ' αὐτοῦ ἀπὸ τῆς ἁγίας γῆς, καὶ τῆς βασιλείας· 8 καὶ ἐνεπύρισαν τὸν πυλῶνα, καὶ ἐξέχεαν αἷμα ἀθῶον· καὶ ἐδεήθημεν τοῦ Κυρίου, καὶ εἰσηκούσθημεν, καὶ προσηνέγκαμεν θυσίαν, καὶ σεμίδαλιν, καὶ ἐξήψαμεν τοὺς λύχνους, καὶ προεθή9 καμεν τοὺς ἄρτους. Καὶ νῦν ἵνα ἄγητε τὰς ἡμέρας τῆς σκηνοπηγίας τοῦ Χασελεῦ μηνός.

10 Ἔτους ἑκατοστοῦ ὀγδοηκοστοῦ καὶ ὀγδόου οἱ ἐν Ἱεροσολύμοις, καὶ οἱ ἐν τῇ Ἰουδαίᾳ, καὶ ἡ γερουσία, καὶ Ἰούδας Ἀριστοβούλῳ διδασκάλῳ Πτολεμαίου τοῦ βασιλέως, ὄντι δὲ ἀπὸ τοῦ τῶν χριστῶν ἱερέων γένους, καὶ τοῖς ἐν Αἰγύπτῳ Ἰουδαίοις, χαίρειν καὶ ὑγιαίνειν.

11 Ἐκ μεγάλων κινδύνων ὑπὸ τοῦ Θεοῦ σεσωσμένοι, μεγάλως εὐχαριστοῦμεν αὐτῷ, ὡς ἂν πρὸς βασιλέα παρατασσόμενοι. 12 Αὐτὸς γὰρ ἐξέβρασε τοὺς παραταξαμένους ἐν τῇ ἁγίᾳ πόλει. 13 Εἰς γὰρ τὴν Περσίδα γενόμενος ὁ ἡγεμὼν, καὶ ἡ περὶ αὐτὸν ἀνυπόστατος δοκοῦσα εἶναι δύναμις, κατεκόπησαν ἐν τῷ τῆς Ναναίας ἱερῷ, παραλογισμῷ χρησαμένων τῶν περὶ τὴν Ναναίαν 14 ἱερέων. Ὡς γὰρ συνοικήσων αὐτῇ παρεγένετο εἰς τὸν τόπον ὅ, τε Ἀντίοχος, καὶ οἱ σὺν αὐτῷ φίλοι, χάριν τοῦ λαβεῖν τὰ 15 χρήματα εἰς φερνῆς λόγον. Καὶ προθέντων αὐτὰ τῶν ἱερέων τῆς Ναναίας, κἀκείνου προσελθόντος μετ' ὀλίγων εἰς τὸν περίβολον τοῦ τεμένους, συγκλείσαντες τὸ ἱερὸν, ὡς εἰσῆλθεν Ἀντίοχος, 16 ἀνοίξαντες τὴν τοῦ φατνώματος κρυπτὴν θύραν, βάλλοντες πέτρους συνεκεραύνωσαν τὸν ἡγεμόνα, καὶ μέλη ποιήσαντες, καὶ τὰς κεφαλὰς ἀφελόντες, τοῖς ἔξω παρέρριψαν.

THE brethren, the Jews that be at Jerusalem and in the land of Judea, wish unto the brethren, the Jews that are throughout Egypt, health and peace:

2 God be gracious unto you, and remember his covenant that he made with Abraham, Isaac, and Jacob, his faithful servants; 3 and give you all an heart to serve him, and to do his will, with a good courage and a willing mind; 4 and open your hearts in his law and commandments, and send you peace, 5 and hear your prayers, and be at one with you, and never forsake you in time of trouble. 6 And now we be here praying for you.

7 What time as Demetrius reigned, in the hundred threescore and ninth year, we the Jews wrote unto you in the extremity of trouble that came upon us in those years, from the time that Jason and his company revolted from the holy land and kingdom, 8 and burned the porch, and shed innocent blood: then we prayed unto the Lord, and were heard; we offered also sacrifices and fine flour, and lighted the lamps, and set forth the loaves. 9 And now see that ye keep the feast of tabernacles in the month Casleu.

10 In the hundred fourscore and eighth year, the people that were at Jerusalem and in Judea, and the council, and Judas, sent greeting and health unto Aristobulus, king Ptolemeus' master, who was of the stock of the anointed priests, and to the Jews that were in Egypt:

11 Insomuch as God hath delivered us from great perils, we thank him highly, as having been in battle against a king. 12 For he cast them out that fought within the holy city.

13 For when the leader was come into Persia, and the army with him that seemed invincible, they were slain in the temple of Nanea by the deceit of Nanea's priests. 14 For Antiochus, as though he would marry her, came into the place, and his friends that were with him, to receive money in name of a dowry. 15 Which when the priests of Nanea had set forth, and he was entered with a small company into the compass of the temple, they shut the temple as soon as Antiochus was come in: 16 and opening a privy door of the roof, they threw stones like thunderbolts, and struck down the captain, hewed them in pieces, smote off their heads, and cast them to those that were without.

¹⁷ Blessed be our God in all things, who hath delivered up the ungodly.

¹⁸ Therefore whereas we are now purposed to keep the purification of the temple upon the five and twentieth day of *the month* Casleu, we thought it necessary to certify you thereof, that ye also might keep *it, as the feast* of the tabernacles, and of the fire, *which was given us* when Neemias offered sacrifice, after that he had builded the temple and the altar. ¹⁹ For when our fathers were led into Persia, the priests that were then devout took the fire of the altar privily, and hid it in an hollow place of a pit without water, where they kept *it* sure, so that the place was unknown to all men.

²⁰ Now after many years, when it pleased God, Neemias, being sent from the king of Persia, did send of the posterity of those priests that had hid it to the fire: but when they told us they found no fire, but thick water; ²¹ then commanded he them to draw it up, and to bring it; and when the sacrifices were laid on, Neemias commanded the priests to sprinkle the wood and the things laid thereupon with the water. ²² When this was done, and the time came that the sun shone, which afore was hid in the cloud, there was a great fire kindled, so that every man marvelled.

²³ And the priests made a prayer whilst the sacrifice was consuming, *I say*, both the priests, and all *the rest*, Jonathan beginning, and the rest answering thereunto, as Neemias did.

²⁴ And the prayer was after this manner: O Lord, Lord God, Creator of all things, who art fearful and strong, and righteous, and merciful, and the only and gracious King, ²⁵ the only giver of all things, the only just, almighty, and everlasting, thou that deliverest Israel from all trouble, and didst choose the fathers, and sanctify them: ²⁶ receive the sacrifice for thy whole people Israel, and preserve thine own portion, and sanctify it. ²⁷ Gather those together that are scattered from us, deliver them that serve among the heathen, look upon them that are despised and abhorred, and let the heathen know that thou art our God. ²⁸ Punish them that oppress us, and with pride do us wrong. ²⁹ Plant thy people again in thy holy place, as Moses hath spoken. ³⁰ And the priests sung psalms of thanksgiving.

³¹ Now when the sacrifice was consumed, Neemias commanded the water that was left to be poured on the great stones. ³² When this was done, there was kindled a flame: but it was consumed by the light that shined from the altar. ³³ So when this matter was known, it was told the king of Persia, that in the place, where the priests that were led away had hid the fire, there appeared water, and that Neemias had purified the sacrifices therewith. ³⁴ Then the king, inclosing the place, made it holy, after he had tried the matter. ³⁵ And the king took many gifts, and bestowed thereof on those whom he would gratify. ³⁶ And Neemias called this thing Naphthar, which is as much as to say, a cleansing: but many men call it Nephi.

Κατὰ πάντα εὐλογητὸς ἡμῶν ὁ Θεὸς, ὃς παρέδωκε τοὺς 17 ἀσεβήσαντας.

Μέλλοντες οὖν ἄγειν ἐν τῷ Χασελεῦ πέμπτῃ καὶ εἰκάδι τὸν 18 καθαρισμὸν τοῦ ἱεροῦ, δέον ἡγησάμεθα διασαφῆσαι ὑμῖν, ἵνα καὶ αὐτοὶ ἄγητε τῆς σκηνοπηγίας καὶ τοῦ πυρὸς, ὅτε Νεεμίας οἰκοδομήσας τό, τε ἱερὸν καὶ τὸ θυσιαστήριον, ἀνήνεγκε θυσίαν. Καὶ γὰρ ὅτε εἰς τὴν Περσικὴν ἤγοντο οἱ πατέρες ἡμῶν, οἱ τότε 19 εὐσεβεῖς ἱερεῖς λαβόντες ἀπὸ τοῦ πυρὸς τοῦ θυσιαστηρίου λαθραίως, κατέκρυψαν ἐν κοιλώματι φρέατος τάξιν ἔχοντος ἀνύδρου, ἐν ᾧ κατησφαλίσαντο, ὥστε πᾶσιν ἄγνωστον εἶναι τὸν τόπον.

Διελθόντων δὲ ἐτῶν ἱκανῶν, ὅτε ἔδοξε τῷ Θεῷ, ἀποσταλεὶς 20 Νεεμίας ὑπὸ τοῦ βασιλέως τῆς Περσίδος, τοὺς ἐκγόνους τῶν ἱερέων τῶν ἀποκρυψάντων ἔπεμψεν ἐπὶ τὸ πῦρ· ὡς δὲ διεσάφησαν ἡμῖν μὴ εὑρηκέναι πῦρ, ἀλλὰ ὕδωρ παχὺ, ἐκέλευσεν αὐτοὺς 21 ἀποβάψαντας φέρειν· ὡς δὲ ἀνηνέχθη τὰ τῶν θυσιῶν, ἐκέλευσε τοὺς ἱερεῖς Νεεμίας ἐπιρρᾶναι τῷ ὕδατι τά τε ξύλα, καὶ τὰ ἐπικείμενα. Ὡς δὲ ἐγένετο τοῦτο, καὶ χρόνος διῆλθεν ὅτε ἥλιος 22 ἀνέλαμψε πρότερον ἐπινεφὴς ὢν, ἀνήφθη πυρὰ μεγάλη, ὥστε θαυμάσαι πάντας.

Προσευχὴν δὲ ἐποιήσαντο οἱ ἱερεῖς δαπανωμένης τῆς θυσίας, 23 οἵ τε ἱερεῖς, καὶ πάντες, καταρχομένου Ἰωνάθου, τῶν δὲ λοιπῶν ἐπιφωνούντων, ὡς Νεεμίου.

Ἦν δὲ ἡ προσευχὴ τὸν τρόπον ἔχουσα τοῦτον· Κύριε Κύριε 24 ὁ Θεὸς ὁ πάντων κτίστης, ὁ φοβερὸς, καὶ ἰσχυρὸς, καὶ δίκαιος, καὶ ἐλεήμων, ὁ **μονος** βασιλεὺς καὶ χρηστὸς, ὁ μόνος χορηγὸς, 25 ὁ μόνος δίκαιος, **καὶ** παντοκράτωρ, καὶ αἰώνιος, ὁ διασώζων τὸν Ἰσραὴλ ἐκ παντος κικοῦ, ὁ ποιήσας τοὺς πατέρας ἐκλεκτοὺς, καὶ ἁγιάσας αὐτοὺς, πρόσδεξαι τὴν θυσίαν ὑπὲρ παντὸς τοῦ 26 λαοῦ σου Ἰσραὴλ, καὶ διαφύλαξον τὴν μερίδα σου καὶ καθαγίασον. Ἐπισυνάγαγε τὴν διασπορὰν ἡμῶν, ἐλευθέρωσον 27 τοὺς δουλεύοντας ἐν τοῖς ἔθνεσι, τοὺς ἐξουθενημένους καὶ βδελυκτοὺς ἔπιδε, καὶ γνώτωσαν τὰ ἔθνη ὅτι σὺ εἶ ὁ Θεὸς ἡμῶν. Βασάνισον τοὺς καταδυναστεύοντας, καὶ ἐξυβρίζοντας ἐν ὑπερ- 28 ηφανίᾳ. Καταφύτευσον τὸν λαόν σου εἰς τὸν τόπον τὸν 29 ἅγιόν σου, καθὼς εἶπε Μωυσῆς. Οἱ δὲ ἱερεῖς ἐπέψαλλον τοὺς 30 ὕμνους.

Καθὼς δὲ ἀνηλώθη τὰ τῆς θυσίας, καὶ τὸ περιλειπόμενον 31 ὕδωρ, ὁ Νεεμίας ἐκέλευσε λίθους μείζονας κατασχεῖν. Ὡς δὲ 32 τοῦτο ἐγενήθη, φλὸξ ἀνήφθη· τοῦ δὲ ἀπὸ τοῦ θυσιαστηρίου ἀντιλάμψαντος φωτὸς ἐδαπανήθη.

Ὡς δὲ φανερὸν ἐγενήθη τὸ πρᾶγμα, καὶ διηγγέλη τῷ βασιλεῖ 33 τῶν Περσῶν, ὅτι εἰς τὸν τόπον οὗ τὸ πῦρ ἀπέκρυψαν οἱ μεταχθέντες ἱερεῖς, τὸ ὕδωρ ἐφάνη, ἀφ᾽ οὗ καὶ οἱ περὶ τὸν Νεεμίαν ἥγνισαν τὰ τῆς θυσίας. Περιφράξας δὲ ὁ βασιλεὺς ἱερὸν 34 ἐποίησε, δοκιμάσας τὸ πρᾶγμα.

Καὶ οἷς ἐχαρίζετο ὁ βασιλεὺς πολλὰ διάφορα ἐλάμβανε καὶ 35 μετεδίδου. Προσηγόρευσαν δὲ οἱ περὶ τὸν Νεεμίαν τοῦτο 36 Νέφθαρ, ὃ διερμηνεύεται Καθαρισμός· καλεῖται δὲ **παρὰ τοῖς** πολλοῖς Νεφθαεί.

2 Εὑρίσκεται δὲ ἐν ταῖς ἀπογραφαῖς Ἱερεμίας ὁ προφήτης, ὅτι ἐκέλευσε τοῦ πυρὸς λαβεῖν τοὺς μεταγινομένους, ὡς σεσή-
2 μανται, καὶ ὡς ἐνετείλατο τοῖς μεταγενομένοις ὁ προφήτης, δοὺς αὐτοῖς τὸν νόμον, ἵνα μὴ ἐπιλάθωνται τῶν προσταγμάτων τοῦ Κυρίου, καὶ ἵνα μὴ ἀποπλανηθῶσι ταῖς διανοίαις, βλέποντες
3 ἀγάλματα χρυσᾶ καὶ ἀργυρᾶ, καὶ τὸν περὶ αὐτὰ κόσμον. Καὶ ἕτερα τοιαῦτα λέγων, παρεκάλει μὴ ἀποστῆναι τὸν νόμον ἀπὸ τῆς καρδίας αὐτῶν.

4 Ἦν δὲ ἐν τῇ γραφῇ, ὡς τὴν σκηνὴν καὶ τὴν κιβωτὸν ἐκέλευ- σεν ὁ προφήτης, χρηματισμοῦ γενηθέντος, αὐτῷ συνακολουθεῖν, ὡς δὲ ἐξῆλθεν εἰς τὸ ὄρος οὗ ὁ Μωυσῆς ἀναβὰς ἐθεάσατο τὴν
5 τοῦ Θεοῦ κληρονομίαν. Καὶ ἐλθὼν ὁ Ἱερεμίας εὗρεν οἶκον ἀντρώδη, καὶ τὴν σκηνὴν, καὶ τὴν κιβωτὸν, καὶ τὸ θυσιαστή- ριον τοῦ θυμιάματος εἰσήνεγκεν ἐκεῖ, καὶ τὴν θύραν ἐνέφραξε.

6 Καὶ προσελθόντες τινὲς τῶν συνακολουθούντων ὥστε ἐπιση-
7 μήνασθαι τὴν ὁδὸν, καὶ οὐκ ἠδυνήθησαν εὑρεῖν. Ὡς δὲ ὁ Ἱερε- μίας ἔγνω, μεμψάμενος αὐτοῖς εἶπεν, ὅτι καὶ ἄγνωστος ὁ τόπος ἔσται ἕως ἂν συναγάγῃ ὁ Θεὸς ἐπισυναγωγὴν τοῦ λαοῦ, καὶ
8 ἵλεως γένηται. Καὶ τότε ὁ Κύριος ἀναδείξει ταῦτα, καὶ ὀφθή- σεται ἡ δόξα τοῦ Κυρίου καὶ ἡ νεφέλη, ὡς καὶ ἐπὶ Μωυσῇ ἐδη- λοῦτο, ὡς καὶ ὁ Σαλωμὼν ἠξίωσεν ἵνα ὁ τόπος καθαγιασθῇ μεγάλως.

9 Διεσαφεῖτο δὲ καὶ ὡς σοφίαν ἔχων ἀνήνεγκε θυσίαν ἐγκαι-
10 νισμοῦ, καὶ τῆς τελειώσεως τοῦ ἱεροῦ. Καθὼς καὶ Μωυσῆς προσηύξατο πρὸς Κύριον, καὶ κατέβη πῦρ ἐκ τοῦ οὐρανοῦ, καὶ τὰ τῆς θυσίας ἐδαπάνησεν· οὕτως καὶ Σαλωμὼν προσηύξατο,
11 καὶ καταβὰν τὸ πῦρ ἀνήλωσε τὰ ὁλοκαυτώματα. Καὶ εἶπε Μωυσῆς, διὰ τὸ μὴ βεβρῶσθαι τὸ περὶ τῆς ἁμαρτίας, ἀνηλώθη.
12 Ὡσαύτως καὶ ὁ Σαλωμὼν τὰς ὀκτὼ ἡμέρας ἤγαγεν.

13 Ἐξηγοῦντο δὲ καὶ ἐν ταῖς ἀναγραφαῖς, καὶ ἐν τοῖς ὑπομνη- ματισμοῖς τοῖς κατὰ τὸν Νεεμίαν τὰ αὐτὰ, καὶ ὡς καταβαλλό- μενος βιβλιοθήκην, ἐπισυνήγαγε τὰ περὶ τῶν βασιλέων καὶ προφητῶν, καὶ τὰ τοῦ Δαυὶδ, καὶ ἐπιστολὰς βασιλέων περὶ
14 ἀναθημάτων. Ὡσαύτως δὲ καὶ Ἰούδας, τὰ διαπεπτωκότα διὰ τὸν πόλεμον τὸν γεγονότα ἡμῖν ἐπισυνήγαγε πάντα, καὶ ἔστι
15 παρ᾽ ἡμῖν. Ὧν οὖν ἐὰν χρείαν ἔχητε, τοὺς ἀποκομιοῦντας ὑμῖν ἀποστέλλετε.

16 Μέλλοντες οὖν ἄγειν τὸν καθαρισμὸν, ἐγράψαμεν ὑμῖν·
17 καλῶς οὖν ποιήσετε ἄγοντες τὰς ἡμέρας. Ὁ δὲ Θεὸς ὁ σώσας τὸν πάντα λαὸν αὐτοῦ, καὶ ἀποδοὺς τὴν κληρονομίαν πᾶσι, καὶ
18 τὸ βασίλειον, καὶ τὸ ἱεράτευμα, καὶ τὸν ἁγιασμόν. Καθὼς ἐπηγγείλατο διὰ τοῦ νόμου ἐλπίζομεν γὰρ ἐπὶ τῷ Θεῷ ὅτι ταχέως ἡμᾶς ἐλεήσει, καὶ ἐπισυνάξει ἐκ τῆς ὑπὸ τὸν οὐρανὸν εἰς τὸν ἅγιον τόπον· ἐξείλετο γὰρ ἡμᾶς ἐκ μεγάλων κακῶν, καὶ τὸν τόπον ἐκαθάρισε.

19 Τὰ δὲ κατὰ τὸν Ἰούδαν τὸν Μακκαβαῖον, καὶ τοὺς τούτου ἀδελφοὺς, καὶ τὸν τοῦ ἱεροῦ τοῦ μεγάλου καθαρισμὸν, καὶ τὸν
20 τοῦ βωμοῦ ἐγκαινισμὸν, ἔτι τε τοὺς πρὸς Ἀντίοχον τὸν
21 Ἐπιφανῆ, καὶ τὸν τούτου υἱὸν Εὐπάτορα πολέμους, καὶ τὰς ἐξ οὐρανοῦ γενομένας ἐπιφανείας τοῖς ὑπὲρ τοῦ Ἰουδαϊσμοῦ

It is also found in the records, that Jeremy the prophet commanded them that were carried away to take of the fire, as it hath been signified: [2] and how that the prophet, having given them the law, charged them not to forget the commandments of the Lord, and that they should not err in their minds, when they see images of silver and gold, with their ornaments. [3] And with other such speeches exhorted he them, that the law should not depart from their hearts.

[4] It was also contained in the same writing, that the prophet, being warned of God, commanded the tabernacle and the ark to go with him, as he went forth into the mountain, where Moses climbed up, and saw the heritage of God. [5] And when Jeremy came thither, he found an hollow cave, wherein he laid the tabernacle, and the ark, and the altar of incense, and so stopped the door.

[6] And some of those that followed him came to mark the way, but they could not find it. [7] Which when Jeremy perceived, he blamed them, saying, As for that place, it shall be unknown until the time that God gather his people again together, and receive them unto mercy. [8] Then shall the Lord shew them these things, and the glory of the Lord shall appear, and the cloud also, as it was shewed under Moses, and as when Solomon desired that the place might be honourably sanctified.

[9] It was also declared, that he being wise offered the sacrifice of dedication, and of the finishing of the temple. [10] And as when Moses prayed unto the Lord, the fire came down from heaven, and consumed the sacrifices: even so prayed Solomon also, and the fire came down from heaven, and consumed the burnt offerings. [11] And Moses said, Because the sin offering was not to be eaten, it was consumed. [12] So Solomon kept those eight days.

[13] The same things also were reported in the writings and commentaries of Neemias; and how he founding a library gathered together the acts of the kings, and the prophets, and of David, and the epistles of the kings concerning the holy gifts. [14] In like manner also Judas gathered together all those things that were lost by reason of the war we had, and they remain with us. [15] Wherefore if ye have need thereof, send some to fetch them unto you.

[16] Whereas we then are about to celebrate the purification, we have written unto you, and ye shall do well, if ye keep the same days. [17] We hope also, that the God, that delivered all his people, and gave them all an heritage, and the kingdom, and the priesthood, and the sanctuary, [18] as he promised in the law, will shortly have mercy upon us, and gather us together out of every land under heaven into the holy place: for he hath delivered us out of great troubles, and hath purified the place.

[19] Now as concerning Judas Maccabeus, and his brethren, and the purification of the great temple, and the dedication of the altar, [20] and the wars against Antiochus Epiphanes, and Eupator his son, [21] and the manifest signs that came from heaven unto those that behaved themselves manfully to their honour for Judaism: so that, being

but a few, they overcame the whole country, and chased barbarous multitudes, **22** and recovered again the temple renowned all the world over, and freed the city, and upheld the laws which were going down, the Lord being gracious unto them with all favour: **23** *all these things, I say*, being declared by Jason of Cyrene in five books, we will assay to abridge in one volume.

24 For considering the infinite number, and the difficulty which they find that desire to look into the narrations of the story, for the variety of the matter, **25** we have been careful, that they that will read may have delight, and that they that are desirous to commit to memory might have ease, and that all into whose hands it comes might have profit.

26 Therefore to us, that have taken upon us this painful labour of abridging, it was not easy, but a matter of sweat and watching; **27** even as it is no ease unto him that prepareth a banquet, and seeketh the benefit of others: yet for the pleasuring of many we will undertake gladly this great pains; **28** leaving to the author the exact handling of every particular, and labouring to follow the rules of an abridgement. **29** For as the master builder of a new house must care for the whole building: but he that undertaketh to set it out, and paint it, must seek out fit things for the adorning thereof: even so I think it is with us. **30** To stand upon every point, and go over things at large, and to be curious in particulars, belongeth to the first author of the story: **31** but to use brevity, and avoid much labouring of the work, is to be granted to him that will make an abridgement. **32** Here then will we begin the story: only adding thus much to that which hath been said, that it is a foolish thing to make a long prologue, and to be short in the story itself.

Now when the holy city was inhabited with all peace, and the laws were kept very well, because of the godliness of Onias the high priest, and his hatred of wickedness, **2** it came to pass that even the kings themselves did honour the place, and magnify the temple with their best gifts; **3** insomuch that Seleucus king of Asia of his own revenues bare all the costs belonging to the service of the sacrifices.

4 But one Simon of the tribe of Benjamin, who was made governor of the temple, fell out with the high priest about disorder in the city. **5** And when he could not overcome Onias, he gat him to Apollonius *the son* of Thraseas, who then was governor of Celosyria and Phenice, **6** and told him that the treasury in Jerusalem was full of infinite sums of money, so that the multitude of their riches, which did not pertain to the account of the sacrifices, was innumerable, and that it was possible to bring all into the king's hand.

7 Now when Apollonius came to the king, and had shewed him of the money whereof he was told, the king chose out Heliodorus his treasurer, and sent him with a commandment to bring him the foresaid money. **8** So forthwith Heliodorus took his journey, under a colour of visiting the cities of Celosyria and Phenice, but indeed to fulfil the king's purpose.

φιλοτίμως ἀνδραγαθήσασιν, ὥστε τὴν ὅλην χώραν ὀλίγους ὄντας λεηλατεῖν, καὶ τὰ βάρβαρα πλήθη διώκειν. Καὶ τὸ περιβόη- **22** τον καθ᾽ ὅλην τὴν οἰκουμένην ἱερὸν ἀνακομίσασθαι, καὶ τὴν πόλιν ἐλευθερῶσαι, καὶ τοὺς μέλλοντας καταλύεσθαι νόμους ἐπανορθῶσαι, τοῦ Κυρίου μετὰ πάσης ἐπιεικείας ἵλεω γενομένου αὐτοῖς, τὰ ὑπὸ Ἰάσωνος τοῦ Κυρηναίου δεδηλωμένα διὰ πέντε **23** βιβλίων, πειρασόμεθα δι᾽ ἑνὸς συντάγματος ἐπιτεμεῖν.

Συνορῶντες γὰρ τὸ χύμα τῶν ἀριθμῶν, καὶ τὴν οὖσαν δυσχέ- **24** ρειαν τοῖς θέλουσιν εἰσκυκλεῖσθαι τοῖς τῆς ἱστορίας διηγήμασι διὰ τὸ πλῆθος τῆς ὕλης, ἐφροντίσαμεν τοῖς μὲν βουλομένοις ἀνα- **25** γινώσκειν ψυχαγωγίαν, τοῖς δὲ φιλοφρονοῦσιν εἰς τὸ διὰ μνήμης ἀναλαβεῖν εὐκοπίαν, πᾶσι δὲ τοῖς ἐντυγχάνουσιν ὠφέλειαν.

Καὶ ἡμῖν μὲν τοῖς τὴν κακοπάθειαν ἐπιδεδεγμένοις τῆς ἐπι- **26** τομῆς οὐ ῥάδιον, ἱδρῶτος δὲ καὶ ἀγρυπνίας τὸ πρᾶγμα· καθάπερ **27** τῷ παρασκευάζοντι συμπόσιον, καὶ ζητοῦντι τὴν ἑτέρων λυσιτέ- λειαν οὐκ εὐχερὲς μέν, ὅμως διὰ τὴν τῶν πολλῶν εὐχαριστίαν, ἡδέως τὴν κακοπάθειαν ὑποίσομεν, τὸ μὲν διακριβοῦν περὶ **28** ἑκάστων τῷ συγγραφεῖ παραχωρήσαντες, τὸ δὲ ἐπιπορεύεσθαι τοῖς ὑπογραμμοῖς τῆς ἐπιτομῆς διαπονοῦντες. Καθάπερ γὰρ τῆς **29** καινῆς οἰκίας ἀρχιτέκτονι τῆς ὅλης καταβολῆς φροντιστέον, τῷ δὲ ἐγκαίειν καὶ ζωγραφεῖν ἐπιχειροῦντι, τὰ ἐπιτήδεια πρὸς δια- κόσμησιν ἐξεταστέον· οὕτω δοκῶ καὶ ἐπὶ ἡμῖν. Τὸ μὲν ἐμβα- **30** τεύειν, καὶ περὶ πάντων ποιεῖσθαι λόγον, καὶ πολυπραγμονεῖν ἐν τοῖς **καταμέρος**, τῷ τῆς ἱστορίας ἀρχηγέτῃ καθήκει. Τὸ δὲ **31** σύντομον τῆς λέξεως μεταδιώκειν, καὶ τὸ ἐξεργαστικὸν τῆς πραγματείας παραιτεῖσθαι, τῷ τὴν μετάφρασιν ποιουμένῳ συγχωρητέον. Ἐντεῦθεν οὖν ἀρξώμεθα τῆς διηγήσεως, τοῖς **32** προειρημένοις τοσοῦτον ἐπιζεύξαντες· εὔηθες γὰρ τὸ μὲν πρὸ τῆς ἱστορίας πλεονάζειν, τὴν δὲ ἱστορίαν ἐπιτεμεῖν.

Τῆς ἁγίας τοίνυν πόλεως κατοικουμένης μετὰ πάσης εἰρήνης, **3** καὶ τῶν νόμων ἔτι κάλλιστα συντηρουμένων διὰ τὴν Ὀνίου τοῦ ἀρχιερέως εὐσέβειάν τε καὶ μισοπονηρίαν, συνέβαινε καὶ αὐτοὺς **2** τοὺς βασιλεῖς τιμᾶν τὸν τόπον, καὶ τὸ ἱερὸν ἀποστολαῖς ταῖς κρατίσταις δοξάζειν, ὥστε καὶ Σέλευκον τὸν τῆς Ἀσίας βασιλέα **3** χορηγεῖν ἐκ τῶν ἰδίων προσόδων πάντα τὰ πρὸς τὰς λειτουργίας τῶν θυσιῶν ἐπιβάλλοντα δαπανήματα.

Σίμων δέ τις ἐκ τῆς Βενιαμὶν φυλῆς προστάτης τοῦ ἱεροῦ **4** καθεσταμένος, διηνέχθη τῷ ἀρχιερεῖ περὶ τῆς κατὰ τὴν πόλιν παρανομίας· καὶ νικῆσαι τὸν Ὀνίαν μὴ δυνάμενος, ἦλθε πρὸς **5** Ἀπολλώνιον Θρασαίου, τὸν κατ᾽ ἐκεῖνον τὸν καιρὸν κοίλης Συρίας καὶ Φοινίκης στρατηγόν. Καὶ προσήγγειλε περὶ τοῦ **6** χρημάτων ἀμυθήτων γέμειν τὸ ἐν Ἱεροσολύμοις γαζοφυλάκιον, ὥστε τὸ πλῆθος τῶν διαφόρων ἐναρίθμητον εἶναι, καὶ μὴ προσ- ήκειν αὐτὰ πρὸς τὸν τῶν θυσιῶν λόγον, εἶναι δὲ δυνατὸν ὑπὸ τὴν τοῦ βασιλέως ἐξουσίαν πεσεῖν ἅπαντα ταῦτα.

Συμμίξας δὲ ὁ Ἀπολλώνιος τῷ βασιλεῖ, περὶ τῶν μηνυθέντων **7** αὐτῷ χρημάτων ἐνεφάνισεν· ὁ δὲ προχειρισάμενος Ἡλιόδωρον τὸν ἐπὶ τῶν πραγμάτων, ἀπέστειλε δοὺς ἐντολάς, τὴν τῶν προει- ρημένων χρημάτων ἐκκομιδὴν ποιήσασθαι. Εὐθέως δὲ ὁ Ἡλιό- **8** δωρος ἐποιεῖτο τὴν πορείαν, τῇ μὲν ἐμφάσει ὡς τὰς κατὰ κοίλην Συρίαν καὶ Φοινίκην πόλεις ἐφοδεύσων, τῷ πράγματι δὲ τὴν τοῦ βασιλέως πρόθεσιν ἐπιτελέσων.

9 Παραγενηθεὶς δὲ εἰς Ἱεροσόλυμα, καὶ φιλοφρόνως ὑπὸ τοῦ ἀρχιερέως τῆς πόλεως ἀποδεχθεὶς, ἀνέθετο περὶ τοῦ γεγονότος ἐμφανισμοῦ, καὶ τίνος ἕνεκεν πάρεστι διεσάφησεν· ἐπυνθάνετο δὲ εἰ ταῖς ἀληθείαις ταῦτα οὕτως ἔχοντα τυγχάνει.

10 Τοῦ δὲ ἀρχιερέως ὑποδείξαντος παραθήκας εἶναι χηρῶν τε καὶ
11 ὀρφανῶν, τινὰ δὲ καὶ Ὑρκανοῦ τοῦ Τωβίου σφόδρα ἀνδρὸς ἐν ὑπεροχῇ κειμένου, οὐχ ὥσπερ ἦν διαβάλλων ὁ δυσσεβὴς Σίμων, τὰ δὲ πάντα ἀργυρίου τετρακόσια τάλαντα, χρυσίου δὲ διακόσια·
12 ἀδικηθῆναι δὲ τοὺς πεπιστευκότας τῇ τοῦ τόπου ἁγιωσύνῃ, καὶ τῇ τοῦ τετιμημένου κατὰ τὸν σύμπαντα κόσμον ἱεροῦ σεμνότητι καὶ ἀσυλίᾳ, παντελῶς ἀμήχανον εἶναι.

13 Ὁ δὲ Ἡλιόδωρος δι᾽ ἃς εἶχε βασιλικὰς ἐντολὰς, πάντως
14 ἔλεγεν εἰς τὸ βασιλικὸν ἀναληπτέα ταῦτα εἶναι. Ταξάμενος δὲ ἡμέραν εἰσῄει τὴν περὶ τούτων ἐπίσκεψιν οἰκονομήσων· ἦν δὲ
15 οὐ μικρὰ καθ᾽ ὅλην τὴν πόλιν ἀγωνία. Οἱ δὲ ἱερεῖς πρὸ τοῦ θυσιαστηρίου ἐν ταῖς ἱερατικαῖς στολαῖς ῥίψαντες ἑαυτοὺς, ἐπεκαλοῦντο εἰς οὐρανὸν τὸν περὶ παραθήκης νομοθετήσαντα τοῖς παρακαταθεμένοις ταῦτα σῶα διαφυλάξαι.

16 Ἦν δὲ ὁρῶντα τὴν τοῦ ἀρχιερέως ἰδέαν, τιτρώσκεσθαι τὴν διάνοιαν· ἡ γὰρ ὄψις καὶ τὸ τῆς χρόας παρηλλαγμένον ἐνέφαινε
17 τὴν κατὰ ψυχὴν ἀγωνίαν. Περιεκέχυτο γὰρ περὶ τὸν ἄνδρα δέος τι καὶ φρικασμὸς σώματος, δι᾽ ὧν πρόδηλον ἐγένετο τοῖς θεωροῦσι τὸ κατὰ καρδίαν ἐνεστὸς ἄλγος.

18 Οἱ δὲ ἐκ τῶν οἰκιῶν ἀγεληδὸν ἐξεπήδων ἐπὶ πάνδημον ἱκετείαν, διὰ τὸ μέλλειν εἰς καταφρόνησιν ἔρχεσθαι τὸν τόπον.
19 Ὑπεζωσμέναι δὲ ὑπὸ τοὺς μαστοὺς αἱ γυναῖκες σάκκους κατὰ τὰς ὁδοὺς ἐπλήθυνον· αἱ δὲ κατάκλειστοι τῶν παρθένων, αἱ μὲν συνέτρεχον ἐπὶ τοὺς πυλῶνας, αἱ δὲ ἐπὶ τὰ τείχη, τινὲς δὲ διὰ
20 τῶν θυρίδων διεξέκυπτον. Πᾶσαι δὲ προτείνουσαι τὰς χεῖρας εἰς τὸν οὐρανὸν, ἐποιοῦντο τὴν λιτανείαν.

21 Ἐλεεῖν δ᾽ ἦν τὴν τοῦ πλήθους παμμιγῆ πρόπτωσιν, τήν τε
22 τοῦ μεγάλως διαγωνιῶντος ἀρχιερέως προσδοκίαν. Οἱ μὲν οὖν ἐπεκαλοῦντο τὸν παντοκράτορα Θεὸν τὰ πεπιστευμένα τοῖς πεπιστευκόσι σῶα διαφυλάγγειν μετὰ πάσης ἀσφαλείας.

23 Ὁ δὲ Ἡλιόδωρος τὸ διεγνωσμένον ἐπετέλει.

24 Αὐτόθι δὲ αὐτοῦ σὺν τοῖς δορυφόροις κατὰ τὸ γαζοφυλάκιον ἤδη παρόντος, ὁ τῶν πατέρων Κύριος καὶ πάσης ἐξουσίας δυνάστης ἐπιφάνειαν μεγάλην ἐποίησεν, ὥστε πάντας τοὺς κατατολμήσαντας συνελθεῖν, καταπλαγέντας τὴν τοῦ Θεοῦ δύναμιν, εἰς
25 ἔκλυσιν καὶ δειλίαν τραπῆναι. Ὤφθη γάρ τις ἵππος αὐτοῖς φοβερὸν ἔχων τὸν ἐπιβάτην, καὶ καλλίστῃ σαγῇ διακεκοσμημένος, φερόμενος δὲ ῥύδην ἐνέσεισε τῷ Ἡλιοδώρῳ τὰς ἐμπροσθίους ὁπλάς· ὁ δὲ ἐπικαθήμενος ἐφαίνετο χρυσῆν πανοπλίαν ἔχων.

26 Ἕτεροι δὲ δύο προεφάνησαν αὐτῷ νεανίαι, τῇ ῥώμῃ μὲν ἐκπρεπεῖς, κάλλιστοι δὲ τῇ δόξῃ, διαπρεπεῖς δὲ τὴν περιβολήν·

9 And when he was come to Jerusalem, and had been courteously received of the high priest of the city, he told him what intelligence was given of the money, and declared wherefore he came, and asked if these things were so indeed.
10 Then the high priest told him that there was such money laid up for the relief of widows and fatherless children: 11 and that some of it belonged to Hircanus *son* of Tobias, a man of great dignity, and not as that wicked Simon had misinformed: the sum whereof in all was four hundred talents of silver, and two hundred of gold: 12 and that it was altogether impossible that such wrongs should be done unto them, that had committed it to the holiness of the place, and to the majesty and inviolable sanctity of the temple, honoured over all the world.
13 But Heliodorus, because of the king's commandment given him, said, That in any wise it must be brought into the king's treasury. 14 So at the day which he appointed he entered in to order this matter: wherefore there was no small agony throughout the whole city. 15 But the priests, prostrating themselves before the altar in their priests' vestments, called unto heaven upon him that made a law concerning things given to be kept, that they should safely be preserved for such as had committed them to be kept.
16 Then whoso had looked the high priest in the face, it would have wounded his heart: for his countenance and the changing of his colour declared the inward agony of his mind. 17 For the man was so compassed with fear and horror of the body, that it was manifest to them that looked upon him, what sorrow he had now in his heart.
18 Others ran flocking out of their houses to the general supplication, because the place was like to come into contempt. 19 And the women, girt with sackcloth under their breasts, abounded in the streets, and the virgins that were kept in ran, some to the gates, and some to the walls, and others looked out of the windows. 20 And all, holding their hands toward heaven, made supplication.
21 Then it would have pitied a man to see the falling down of the multitude of all sorts, and the fear of the high priest, being in such an agony. 22 They then called upon the Almighty Lord to keep the things committed of trust safe and sure for those that had committed them.
23 Nevertheless Heliodorus executed that which was decreed.
24 Now as he was there present himself with his guard about the treasury, the Lord of spirits, and the Prince of all power, caused a great apparition, so that all that presumed to come in with him were astonished at the power of God, and fainted, and were sore afraid. 25 For there appeared unto them an horse with a terrible rider upon him, and adorned with a very fair covering, and he ran fiercely, and smote at Heliodorus with his forefeet, and it seemed that he that sat upon the horse had complete harness of gold.
26 Moreover two other young men appeared before him, notable in strength, excellent in beauty, and comely in apparel,

who stood by him on either side, and scourged him continually, and gave him many sore stripes.

27 And Heliodorus fell suddenly unto the ground, and was compassed with great darkness: but they that were with him took him up, and put him into a litter. 28 Thus him, that lately came with a great train and with all his guard into the said treasury, they carried out, being unable to help himself with his weapons: and manifestly they acknowledged the power of God: 29 for he by the hand of God was cast down, and lay speechless without all hope of life. 30 But they praised the Lord, that had miraculously honoured his own place: for the temple, which a little afore was full of fear and trouble, when the Almighty Lord appeared, was filled with joy and gladness. 31 Then straightways certain of Heliodorus' friends prayed Onias, that he would call upon the most High to grant him his life, who lay ready to give up the ghost. 32 So the high priest, suspecting lest the king should misconceive that some treachery had been done to Heliodorus by the Jews, offered a sacrifice for the health of the man. 33 Now as the high priest was making an atonement, the same young men in the same clothing appeared and stood beside Heliodorus, saying, give Onias the high priest great thanks, insomuch as for his sake the Lord hath granted thee life: 34 and seeing that thou hast been scourged from heaven, declare unto all men the mighty power of God. And when they had spoken these words, they appeared no more. 35 So Heliodorus, after he had offered sacrifice unto the Lord, and made great vows unto him that had saved his life, and saluted Onias, returned with his host to the king. 36 Then testified he to all men the works of the great God, which he had seen with his eyes. 37 And when the king asked Heliodorus, who might be a fit man to be sent yet once again to Jerusalem, he said, 38 If thou hast any enemy or traitor, send him thither, and thou shalt receive him well scourged, if he escape with his life: for in that place, no doubt, there is an especial power of God. 39 For he that dwelleth in heaven hath his eye on that place, and defendeth it; and he beateth and destroyeth them that come to hurt it. 40 And the things concerning Heliodorus, and the keeping of the treasury, fell out on this sort.

This Simon now, of whom we spake afore, having been a bewrayer of the money, and of his country, slandered Onias, as if he had terrified Heliodorus, and been the worker of these evils. 2 Thus was he bold to call him a traitor, that had deserved well of the city, and tendered his own nation, and was so zealous of the laws. 3 But when their hatred went so far, that by one of Simon's faction murders were committed, 4 Onias seeing the danger of this contention, and that Apollonius, as being the governor of Celosyria and Phenice, did rage, and increase Simon's malice. 5 he went to the king, not to be an accuser of his countrymen, but seeking the good of all, both public and private: 6 for he saw

οἳ καὶ παραστάντες ἐξ ἑκατέρου μέρους, ἐμαστίγουν αὐτὸν ἀδιαλείπτως, πολλὰς ἐπιρρίπτουντες αὐτῷ πληγάς.

Ἄφνω δὲ πεσόντα πρὸς τὴν γῆν, καὶ πολλῷ σκότει περιχυ- 27 θέντα, συναρπάσαντες, καὶ εἰς φορεῖον ἐνθέντες, τὸν ἄρτι μετὰ 28 πολλῆς παραδρομῆς καὶ πάσης δορυφορίας εἰς τὸ προειρημένον εἰσελθόντα γαζοφυλάκιον, ἔφερον ἀβοήθητον ἑαυτῷ καθεστῶτα, φανερῶς τὴν τοῦ Θεοῦ δυναστείαν ἐπεγνωκότες. Καὶ ὁ μὲν διὰ 29 τὴν θείαν ἐνέργειαν ἄφωνος καὶ πάσης ἐστερημένος ἐλπίδος καὶ σωτηρίας ἔρριπτο. Οἱ δὲ τὸν Κύριον εὐλόγουν τὸν παρα- 30 δοξάζοντα τὸν ἑαυτοῦ τόπον· καὶ τὸ μικρῷ πρότερον δέους καὶ ταραχῆς γέμον ἱερόν, τοῦ παντοκράτορος ἐπιφανέντος Κυρίου, χαρᾶς καὶ εὐφροσύνης ἐπεπλήρωτο.

Ταχὺ δέ τινες τῶν τοῦ Ἡλιοδώρου συνήθων ἠξίουν τὸν 31 Ὀνίαν ἐπικαλέσασθαι τὸν ὕψιστον, καὶ τὸ ζῆν χαρίσασθαι τῷ παντελῶς ἐν ἐσχάτῃ πνοῇ κειμένῳ. Ὕποπτος δὲ γενόμενος ὁ 32 ἀρχιερεύς, μήποτε διάληψιν ὁ βασιλεὺς σχῇ, κακουργίαν τινὰ περὶ τὸν Ἡλιόδωρον ὑπὸ τῶν Ἰουδαίων συντετελέσθαι, προσ- ήγαγε θυσίαν ὑπὲρ τῆς τοῦ ἀνδρὸς σωτηρίας.

Ποιουμένου δὲ τοῦ ἀρχιερέως τὸν ἱλασμόν, οἱ αὐτοὶ νεανίαι 33 πάλιν ἐφάνησαν τῷ Ἡλιοδώρῳ ἐν ταῖς αὐταῖς ἐσθήσεσιν ἐστο- λισμένοι, καὶ στάντες εἶπον, πολλὰς τῷ Ὀνίᾳ τῷ ἀρχιερεῖ χάριτας ἔχε, διὰ γὰρ αὐτόν σοι κεχάρισται τὸ ζῆν ὁ Κύριος. Σὺ δὲ ὑπ' αὐτοῦ μεμαστιγωμένος διάγγελε πᾶσι τὸ μεγαλεῖον 34 τοῦ Θεοῦ κράτος· ταῦτα δὲ εἰπόντες ἀφανεῖς ἐγένοντο.

Ὁ δὲ Ἡλιόδωρος θυσίαν ἀνενέγκας τῷ Κυρίῳ, καὶ εὐχὰς 35 μεγίστας εὐξάμενος τῷ τὸ ζῆν περιποιήσαντι, καὶ τὸν Ὀνίαν ἀποδεξάμενος, ἀνεστρατοπέδευσε πρὸς τὸν βασιλέα. Ἐξεμαρ- 36 τύρει δὲ πᾶσιν ἅπερ ἦν ὑπ' ὄψιν τεθεαμένος ἔργα τοῦ μεγίστου Θεοῦ.

Τοῦ δὲ βασιλέως ἐπερωτήσαντος τὸν Ἡλιόδωρον, ποῖός τις 37 εἴη ἐπιτήδειος ἔτι ἅπαξ διαπεμφθῆναι εἰς Ἱεροσόλυμα, ἔφησεν, εἴ τινα ἔχεις πολέμιον ἢ πραγμάτων ἐπίβουλον, πέμψον αὐτὸν 38 ἐκεῖ, καὶ μεμαστιγωμένον αὐτὸν προσδέξῃ, ἐάνπερ καὶ διασω- θείη, διὰ τὸ περὶ τὸν τόπον ἀληθῶς εἶναί τινα Θεοῦ δύναμιν. Αὐτὸς γὰρ ὁ τὴν κατοικίαν ἐπουράνιον ἔχων, ἐπόπτης ἐστὶ καὶ 39 βοηθὸς ἐκείνου τοῦ τόπου, καὶ τοὺς παραγινομένους ἐπὶ κακώσει, τύπτων ἀπόλλυσι.

Καὶ τὰ μὲν κατὰ Ἡλιόδωρον, καὶ τὴν τοῦ γαζοφυλακίου 40 τήρησιν οὕτως ἐχώρησεν.

Ὁ δὲ προειρημένος Σίμων ὁ τῶν χρημάτων καὶ τῆς πατρίδος 4 ἐνδείκτης γεγονώς, ἐκακολόγει τὸν Ὀνίαν, ὡς αὐτός τε εἴη τὸν Ἡλιόδωρον ἐπισεσεικώς, καὶ τῶν κακῶν δημιουργὸς καθεστηκώς. Καὶ τὸν εὐεργέτην τῆς πόλεως, καὶ τὸν κηδεμόνα τῶν ὁμοεθνῶν, καὶ 2 ζηλωτὴν τῶν νόμων, ἐπίβουλον τῶν πραγμάτων ἐτόλμα λέγειν.

Τῆς δὲ ἔχθρας ἐπὶ τοσοῦτον προβαινούσης, ὥστε καὶ διά 3 τινος τῶν ὑπὸ τοῦ Σίμωνος δεδοκιμασμένων φόνους συντε- λεῖσθαι, συνορῶν ὁ Ὀνίας τὸ χαλεπὸν τῆς φιλονεικίας, καὶ 4 Ἀπολλώνιον μαίνεσθαι, ὡς τὸν κοίλης Συρίας καὶ Φοινίκης στρατηγόν, συναύξοντα τὴν κακίαν τοῦ Σίμωνος, ὡς τὸν βασι- 5 λέα διεκομίσθη, οὐ γινόμενος τῶν πολιτῶν κατήγορος, τὸ δὲ συμφέρον κοινῇ κατ' ἰδίαν παντὶ τῷ πλήθει σκοπῶν. Ἑώρα 6

γὰρ ἄνευ βασιλικῆς προνοίας ἀδύνατον εἶναι τυχεῖν εἰρήνης ἔτι τὰ πράγματα, καὶ τὸν Σίμωνα παῦλαν οὐ ληψόμενον τῆς ἀνοίας.

7 Μεταλλάξαντος δὲ τὸν βίον Σελεύκου, καὶ παραλαβόντος τὴν βασιλείαν Ἀντιόχου τοῦ προσαγορευθέντος Ἐπιφανοῦς,
8 ὑπενόθευσεν Ἰάσων ὁ ἀδελφὸς Ὀνίου τὴν ἀρχιερωσύνην, ἐπαγγειλάμενος τῷ βασιλεῖ δι᾽ ἐντεύξεως ἀργυρίου τάλαντα ἑξήκοντα πρὸς τοῖς τριακοσίοις, καὶ προσόδου τινὸς ἄλλης τάλαντα
9 ὀγδοήκοντα, πρὸς δὲ τούτοις ὑπισχνεῖτο καὶ ἕτερα διαγράψαι πεντήκοντα πρὸς τοῖς ἑκατόν, ἐὰν συγχωρηθῇ διὰ τῆς ἐξουσίας αὐτοῦ, γυμνάσιον καὶ ἐφηβίαν αὐτῷ συστήσασθαι, καὶ τοὺς ἐν
10 Ἱεροσολύμοις Ἀντιοχεῖς ἀναγράψαι. Ἐπινεύσαντος δὲ τοῦ βασιλέως, καὶ τῆς ἀρχῆς κρατήσας, εὐθέως ἐπὶ τὸν Ἑλληνικὸν χαρακτῆρα τοὺς ὁμοφύλους μετῆγε.
11 Καὶ τὰ κείμενα τοῖς Ἰουδαίοις φιλάνθρωπα βασιλικὰ διὰ Ἰωάννου τοῦ πατρὸς Εὐπολέμου, τοῦ ποιησαμένου τὴν πρεσβείαν ὑπὲρ φιλίας καὶ συμμαχίας πρὸς τοὺς Ῥωμαίους, παρώσατο· καὶ τὰς μὲν νομίμους καταλύων πολιτείας, παρανόμους
12 ἐθισμοὺς ἐκαίνιζεν. Ἀσμένως γὰρ ὑπ᾽ αὐτὴν τὴν ἀκρόπολιν γυμνάσιον καθίδρυσε, καὶ τοὺς κρατίστους τῶν ἐφήβων ὑποτάσσων, ὑπὸ πέτασον ἦγεν.
13 Ἦν δ᾽ οὕτως ἀκμή τις Ἑλληνισμοῦ, καὶ πρόσβασις ἀλλοφυλισμοῦ διὰ τὴν τοῦ ἀσεβοῦς καὶ οὐκ ἀρχιερέως Ἰάσονος
14 ὑπερβάλλουσαν ἀναγνείαν, ὥστε μηκέτι περὶ τὰς τοῦ θυσιαστηρίου λειτουργίας προθύμους εἶναι τοὺς ἱερεῖς, ἀλλὰ τοῦ μὲν ναοῦ καταφρονοῦντες, καὶ τῶν θυσιῶν ἀμελοῦντες ἔσπευδον μετέχειν τῆς ἐν παλαίστρᾳ παρανόμου χορηγίας, μετὰ τὴν τοῦ
15 δίσκου πρόκλησιν. Καὶ τὰς μὲν πατρῴους τιμὰς ἐν οὐδενὶ τιθέμενοι, τὰς δὲ Ἑλληνικὰς δόξας καλλίστας ἡγούμενοι.
16 Ὧν χάριν περιέσχεν αὐτοὺς χαλεπὴ περίστασις, καὶ ὧν ἐζήλουν τὰς ἀγωγὰς, καὶ καθάπαν ἤθελον ἐξομοιοῦσθαι, τού-
17 τους πολεμίους καὶ τιμωρητὰς ἔσχον. Ἀσεβεῖν γὰρ εἰς τοὺς θείους νόμους οὐ ῥᾴδιον, ἀλλὰ ταῦτα ὁ ἀκόλουθος καιρὸς δηλώσει.
18 Ἀγομένου δὲ πενταετηρικοῦ ἀγῶνος ἐν Τύρῳ, καὶ τοῦ βασι-
19 λέως παρόντος, ἀπέστειλεν Ἰάσων ὁ μιαρὸς θεωροὺς ἀπὸ Ἱεροσολύμων Ἀντιοχεῖς ὄντας, παρακομίζοντας ἀργυρίου δραχμὰς τριακοσίας εἰς τὴν τοῦ Ἡρακλέους θυσίαν· ἃς καὶ ἠξίωσαν οἱ παρακομίσαντες μὴ χρῆσθαι πρὸς θυσίαν διὰ τὸ μὴ καθῆκειν,
20 εἰς ἑτέραν δὲ καταθέσθαι δαπάνην. Ἔπεμψεν οὖν ταῦτα, διὰ μὲν τὸν ἀποστείλαντα εἰς τὴν τοῦ Ἡρακλέους θυσίαν, ἕνεκεν δὲ τῶν παρακομιζόντων, εἰς τὰς τῶν τριήρων κατασκευάς.
21 Ἀποσταλέντος δὲ εἰς Αἴγυπτον Ἀπολλωνίου τοῦ Μενεσθέως διὰ τὰ πρωτοκλίσια Πτολεμαίου τοῦ Φιλομήτορος βασιλέως, μεταλαβὼν Ἀντίοχος ἀλλότριον αὐτὸν τῶν αὐτοῦ γεγονέναι πραγμάτων, τῆς κατ᾽ αὐτὸν ἀσφαλείας ἐφρόντιζεν· ὅθεν εἰς
22 Ἰόππην παραγενόμενος, κατήντησεν εἰς Ἱεροσόλυμα. Μεγαλοπρεπῶς δὲ ὑπὸ τοῦ Ἰάσωνος καὶ τῆς πόλεως παραδεχθεὶς, μετὰ δᾳδουχίας καὶ Βοῶν εἰσεπορεύεται, εἶθ᾽ οὕτως εἰς τὴν Φοινίκην κατεστρατοπέδευσε.
23 Μετὰ δὲ τριετῆ χρόνον ἀπέστειλεν Ἰάσων Μενέλαον τὸν

---

that it was impossible that the state should continue quiet, and Simon leave his folly, unless the king did look thereunto.

7 But after the death of Seleucus, when Antiochus, called Epiphanes, took the kingdom, Jason the brother of Onias laboured underhand to be high priest, 8 promising unto the king by intercession three hundred and threescore talents of silver, and of another revenue eighty talents: 9 beside this, he promised to assign an hundred and fifty more, if he might have licence to set him up a place for exercise, and for the training up of youth in the fashione of the heathen, and to write them of Jerusalem *by the name of* Antiochians. 10 Which when the king had granted, and he had gotten into his hand the rule, he forthwith brought his own nation to the Greekish fashion.

11 And the royal privileges granted of special favour to the Jews by the means of John the father of Eupolemus, who went ambassador to Rome for amity and aid, he took away; and putting down the governments which were according to the law, he brought up new customs against the law: 12 for he built gladly a place of exercise under the tower itself, and brought the chief young men under his subjection, and made them wear a hat.

13 Now such was the height of Greek fashions, and increase of heathenish manners, through the exceeding profaneness of Jason, that ungodly wretch, and no high priest; 14 that the priests had no courage to serve any more at the altar, but despising the temple, and neglecting the sacrifices, hastened to be partakers of the unlawful allowance in the place of exercise, after the game of Discus called them forth; 15 not setting by the honours of their fathers, but liking the glory of the Grecians best of all.

16 By reason whereof sore calamity came upon them: for they had them to be their enemies and avengers, whose custom they followed so earnestly, and unto whom they desired to be like in all things. 17 For it is not a light thing to do wickedly against the laws of God; but the time following shall declare these things.

18 Now when the game that was used every fifth year was kept at Tyrus, the king being present, 19 this ungracious Jason sent special messengers from Jerusalem, who were Antiochians, to carry three hundred drachms of silver to the sacrifice of Hercules, which even the bearers thereof thought fit not to bestow upon the sacrifice, because it was not convenient, but to be reserved for other charges. 20 This money then, in regard of the sender, was appointed to Hercules' sacrifice; but because of the bearers thereof it was employed to the making of gallies.

21 Now when Apollonius the *son* of Menestheus was sent into Egypt for the coronation of king Ptolemeus Philometor, Antiochus, understanding him not to be well affected to his affairs, provided for his own safety: whereupon he came to Joppe, and from thence to Jerusalem: 22 where he was honourably received of Jason, and of the city, and was brought in with torch light, and with great shoutings: and so afterward went with his host unto Phenice.

23 Three years afterward Jason sent

Menelaus, the aforesaid Simon's brother, to bear the money unto the king, and to put him in mind of certain necessary matters. ²⁴But he being brought to the presence of the king, when he had magnified him for the glorious appearance of his power, got the priesthood to himself, offering more than Jason by three hundred talents of silver. ²⁵So he came with the king's mandate, bringing nothing worthy the high priesthood, but having the fury of a cruel tyrant, and the rage of a savage beast. ²⁶Then Jason, who had undermined his own brother, being undermined by another, was compelled to flee into the country of the Ammonites. ²⁷So Menelaus got the principality: but as for the money that he had promised unto the king, he took no good order for it, albeit Sostratus the ruler of the castle required it: ²⁸for unto him appertained the gathering of the customs. Wherefore they were both called before the king. ²⁹Now Menelaus left his brother Lysimachus in his stead in the priesthood: and Sostratus *left* Crates, who was governor of the Cyprians. ³⁰While those things were in doing, they of Tarsus and Mallos made insurrection, because they were given to the king's concubine, called Antiochis. ³¹Then came the king in all haste to appease matters, leaving Andronicus, a man in authority, for his deputy. ³²Now Menelaus, supposing that he had gotten a convenient time, stole certain vessels of gold out of the temple, and gave some of them to Andronicus, and some he sold into Tyrus and the cities round about. ³³Which when Onias knew of a surety, he reproved him, and withdrew himself into a sanctuary at Daphne, that lieth by Antiochia. ³⁴Wherefore Menelaus, taking Andronicus apart, prayed him to get Onias into his hands; who being persuaded thereunto, and coming to Onias in deceit, gave him his right hand with oaths; and though he were suspected *by him*, yet persuaded he him to come forth of the sanctuary: whom forthwith he shut up without regard to justice. ³⁵For the which cause not only the Jews, but many also of other nations, took great indignation, and were much grieved for the unjust murder of the man. ³⁶And when the king was come again from the places about Cilicia, the Jews that were in the city, and certain of the Greeks that abhorred the fact also, complained because Onias was slain without cause. ³⁷Therefore Antiochus was heartily sorry, and moved to pity, and wept, because of the sober and modest behaviour of him that was dead. ³⁸And being kindled with anger, forthwith he took away Andronicus his purple, and rent off his clothes, and leading him through the whole city unto that very place, where he had committed impiety against Onias, there slew he the cursed murderer. Thus the Lord rewarded him his punishment, as he had deserved. ³⁹Now when many sacrileges had been committed in the city by Lysimachus with the consent of Menelaus, and the bruit thereof was spread abroad, the multitude gathered themselves together against Lysi-

τοῦ προσημαινομένου Σίμωνος ἀδελφὸν, παρακομίζοντα τὰ χρήματα τῷ βασιλεῖ, καὶ περὶ πραγμάτων ἀναγκαίων ὑπομνηματισμοὺς τελέσοντα. Ὁ δὲ συσταθεὶς τῷ βασιλεῖ, καὶ δοξάσας 24 αὐτὸν τῷ προσώπῳ τῆς ἐξουσίας, εἰς ἑαυτὸν κατήντησε τὴν ἀρχιερωσύνην, ὑπερβαλὼν τὸν Ἰάσωνα τάλαντα ἀργυρίου τριακόσια. Λαβὼν δὲ τὰς βασιλικὰς ἐντολὰς παρεγένετο, τῆς μὲν 25 ἀρχιερωσύνης οὐδὲν ἄξιον φέρων, θυμοὺς δὲ ὠμοῦ τυράννου, καὶ θηρὸς βαρβάρου ὀργὰς ἔχων.

Καὶ ὁ μὲν Ἰάσων ὁ τὸν ἴδιον ἀδελφὸν ὑπονοθεύσας, ὑπονο- 26 θευθεὶς ὑφ᾽ ἑτέρου φυγὰς εἰς τὴν Ἀμμανίτιν χώραν συνήλαστο. Ὁ δὲ Μενέλαος τῆς μὲν ἀρχῆς ἐκράτει, τῶν δὲ ἐπηγγελμένων 27 τῷ βασιλεῖ χρημάτων οὐδὲν εὐτάκτει, ποιουμένου δὲ τὴν ἀπαίτησιν Σωστράτου τοῦ τῆς ἀκροπόλεως ἐπάρχου· πρὸς τοῦτον 28 γὰρ ἦν ἡ τῶν φόρων πρᾶξις· δι᾽ ἣν αἰτίαν οἱ δύο ὑπὸ τοῦ βασιλέως προσεκλήθησαν.

Καὶ ὁ μὲν Μενέλαος ἀπέλιπε τῆς ἀρχιερωσύνης διάδοχον 29 Λυσίμαχον τὸν ἑαυτοῦ ἀδελφὸν, Σώστρατος δὲ, Κράτητα τὸν ἐπὶ τῶν Κυπρίων.

Τοιούτων δὲ συνεστηκότων, συνέβη Ταρσεῖς, καὶ Μαλλώτας 30 στασιάζειν, διὰ τὸ Ἀντιοχίδι τῇ παλλακῇ τοῦ βασιλέως ἐν δωρεᾷ δεδόσθαι. Θᾶττον οὖν ὁ βασιλεὺς ἧκε καταστεῖλαι τὰ 31 πράγματα, καταλιπὼν τὸν διαδεχόμενον Ἀνδρόνικον, τῶν ἐν ἀξιώματι κειμένων.

Νομίσας δὲ ὁ Μενέλαος εἰληφέναι καιρὸν εὐφυῆ, χρυσώ- 32 ματά τινα τῶν τοῦ ἱεροῦ νοσφισάμενος ἐχαρίσατο τῷ Ἀνδρονίκῳ, καὶ ἕτερα ἐτύγχανε πεπρακὼς εἴς τε Τύρον καὶ τὰς κύκλῳ πόλεις. Ἃ καὶ σαφῶς ἐπεγνωκὼς ὁ Ὀνίας, παρήλεγχεν ἀποκε- 33 χωρηκὼς εἰς ἄσυλον τόπον, ἐπὶ Δάφνης τῆς πρὸς Ἀντιόχειαν κειμένης.

Ὅθεν ὁ Μενέλαος λαβὼν ἰδίᾳ τὸν Ἀνδρόνικον, παρεκάλει 34 χειρώσασθαι τὸν Ὀνίαν· ὁ δὲ παραγενόμενος ἐπὶ τὸν Ὀνίαν, καὶ πεισθεὶς ἐπὶ δόλῳ, καὶ δεξιὰς μεθ᾽ ὅρκων δοὺς, καίπερ ἐν ὑποψίᾳ κείμενος ἔπεισεν ἐκ τοῦ ἀσύλου προελθεῖν, ὃν καὶ παραχρῆμα παρέκλεισεν, οὐκ αἰδεσθεὶς τὸ δίκαιον. Δι᾽ ἣν 35 αἰτίαν οὐ μόνον Ἰουδαῖοι, πολλοὶ δὲ καὶ τῶν ἄλλων ἐθνῶν ἐδείναζον, καὶ ἐδυσφόρουν ἐπὶ τῷ τοῦ ἀνδρὸς ἀδίκῳ φόνῳ.

Τοῦ δὲ βασιλέως ἐπανελθόντος ἀπὸ τῶν κατὰ Κιλικίαν τόπων, 36 ἐνετύγχανον οἱ κατὰ πόλιν Ἰουδαῖοι συμμισοπονηρούντων καὶ τῶν Ἑλλήνων, ὑπὲρ τοῦ παρὰ λόγον τὸν Ὀνίαν ἀπεκτάνθαι. Ψυχικῶς οὖν ὁ Ἀντίοχος ἐπιλυπηθεὶς, καὶ τραπεὶς εἰς ἔλεον, καὶ 37 δακρύσας διὰ τὴν τοῦ μετηλλαχότος σωφροσύνην, καὶ πολλὴν εὐταξίαν, καὶ πυρωθεὶς τοῖς θυμοῖς, παραχρῆμα τὴν τοῦ Ἀν- 38 δρονίκου πορφύραν περιελόμενος, καὶ τοὺς χιτῶνας περιρρήξας, περιαγαγὼν καθ᾽ ὅλην τὴν πόλιν, ἐπ᾽ αὐτὸν τὸν τόπον οὗπερ εἰς τὸν Ὀνίαν ἠσέβησεν, ἐκεῖ τὸν μιαιφόνον ἀπεκόσμησε, τοῦ Κυρίου τὴν ἀξίαν αὐτῷ κόλασιν ἀποδόντος.

Γενομένων δὲ πολλῶν ἱεροσυλημάτων κατὰ τὴν πόλιν ὑπὸ 39 τοῦ Λυσιμάχου μετὰ τῆς Μενελάου γνώμης, καὶ διαδοθείσης ἔξω τῆς φήμης, ἐπισυνήχθη τὸ πλῆθος ἐπὶ τὸν Λυσίμαχον,

40 χρυσωμάτων ἤδη πολλῶν διενηνεγμένων. Ἐπεγειρομένων δὲ τῶν ὄχλων, καὶ ταῖς ὀργαῖς διεμπιμπλαμένων, καθοπλίσας ὁ Λυσίμαχος πρὸς τρισχιλίους, κατήρξατο χειρῶν ἀδίκων, προηγησαμένου τινὸς Τυράννου προβεβηκότος τὴν ἡλικίαν, οὐδὲν δὲ ἧττον καὶ τὴν ἄνοιαν.

41 Συνιδόντες δὲ καὶ τὴν ἐπίθεσιν τοῦ Λυσιμάχου, συναρπάσαντες οἱ μὲν πέτρους, οἱ δὲ ξύλων πάχη, τινὲς δὲ ἐκ τῆς παρακειμένης σποδοῦ δρασσόμενοι, φύρδην ἐνετίνασσον εἰς τοὺς περὶ **42** τὸν Λυσίμαχον. Δι᾽ ἣν αἰτίαν πολλοὺς μὲν αὐτῶν τραυματίας ἐποίησαν, τινὰς δὲ καὶ κατέβαλον, πάντας δὲ εἰς φυγὴν συνήλασαν, αὐτὸν δὲ τὸν ἱερόσυλον παρὰ τὸ γαζοφυλάκιον ἐχειρώσαντο.

43, 44 Περὶ δὲ τούτων ἐνέστη κρίσις πρὸς τὸν Μενέλαον. Καταντήσαντος δὲ τοῦ βασιλέως εἰς Τύρον, ἐπ᾽ αὐτοῦ τὴν δικαιολογίαν ἐποιήσαντο οἱ πεμφθέντες ἄνδρες τρεῖς ὑπὸ τῆς γερου- **45** σίας. Ἤδη δὲ λελειμμένος ὁ Μενέλαος ἐπηγγείλατο χρήματα ἱκανὰ τῷ Πτολεμαίῳ τῷ Δορυμένους πρὸς τὸ πεῖσαι τὸν βασιλέα.

46 Ὅθεν ἀπολαβὼν ὁ Πτολεμαῖος εἴς τι περίστυλον ὡς ἀναψύ- **47** ξοντα τὸν βασιλέα, μετέθηκε. Καὶ τὸν μὲν τῆς ὅλης κακίας αἴτιον Μενέλαον ἀπέλυσε τῶν κατηγορημάτων, τοῖς δὲ ταλαιπώροις, οἵτινες εἰ καὶ ἐπὶ Σκυθῶν ἔλεγον, ἀπελύθησαν ἂν ἀκατάγνωστοι, τούτοις θάνατον ἐπέκρινε.

48 Ταχέως οὖν τὴν ἄδικον ζημίαν ὑπέσχον οἱ ὑπὲρ πόλεως καὶ **49** δήμων καὶ τῶν ἱερῶν σκευῶν προαγορεύσαντες. Δι᾽ ἣν αἰτίαν καὶ Τύριοι μισοπονηρήσαντες τὰ πρὸς τὴν κηδείαν αὐτῶν μεγα- **50** λοπρεπῶς ἐχορήγησαν. Ὁ δὲ Μενέλαος διὰ τὰς τῶν κρατούντων πλεονεξίας, ἔμενεν ἐπὶ τῆς ἀρχῆς, ἐπιφυόμενος τῇ κακίᾳ, μέγας τῶν πολιτῶν ἐπίβουλος καθεστώς.

5 Περὶ δὲ τὸν καιρὸν τοῦτον τὴν δευτέραν ἔφοδον ὁ Ἀντίοχος **2** εἰς Αἴγυπτον ἐστείλατο. Συνέβη δὲ καθ᾽ ὅλην τὴν πόλιν σχεδὸν ἐφ᾽ ἡμέρας τεσσαράκοντα φαίνεσθαι διὰ τοῦ ἀέρος τρέχοντας ἱππεῖς διαχρύσους στολὰς ἔχοντας, καὶ λόγχας σπει- **3** ρηδὸν ἐξωπλισμένους, καὶ ἴλας ἵππων διατεταγμένας, καὶ προσβολὰς γινομένας, καὶ καταδρομὰς ἑκατέρων, καὶ ἀσπίδων κινήσεις, καὶ καμάκων πλήθη, καὶ μαχαιρῶν σπασμούς, καὶ βελῶν βολάς, καὶ χρυσῶν κόσμων ἐκλάμψεις, καὶ παντοίους **4** θωρακισμούς. Διὸ πάντες ἠξίουν ἐπ᾽ ἀγαθῷ τὴν ἐπιφάνειαν γενέσθαι.

5 Γενομένης δὲ λαλιᾶς ψευδοῦς, ὡς μετηλλαχότος τὸν βίον Ἀντιόχου, παραλαβὼν ὁ Ἰάσων οὐκ ἐλάττους τῶν χιλίων, αἰφνιδίως ἐπὶ τὴν πόλιν συνετελέσατο ἐπίθεσιν· τῶν δὲ ἐπὶ τῷ τείχει συνελασθέντων, καὶ τέλος ἤδη καταλαμβανομένης τῆς **6** πόλεως, ὁ Μενέλαος εἰς τὴν ἀκρόπολιν ἐφυγάδευσεν. Ὁ δὲ Ἰάσων ἐποιεῖτο σφαγὰς τῶν πολιτῶν τῶν ἰδίων ἀφειδῶς, οὐ συννοῶν τὴν εἰς τοὺς συγγενεῖς εὐημερίαν, δυσημερίαν εἶναι τὴν μεγίστην· δοκῶν δὲ πολεμίων καὶ οὐχ ὁμοεθνῶν τρόπαια κατα- **7** βάλλεσθαι, τῆς μὲν ἀρχῆς οὐκ ἐκράτησε, τὸ δὲ τέλος τῆς ἐπιβουλῆς αἰσχύνην λαβών, φυγὰς πάλιν εἰς τὴν Ἀμμανίτιν ἀπῆλθε.

---

machus, many vessels of gold being already carried away. [40] Whereupon the common people rising, and being filled with rage, Lysimachus armed about three thousand men, and began first to offer violence; one Auranus being the leader, a man far gone in years, and no less in folly. [41] They then seeing the attempt of Lysimachus, some of them caught stones, some clubs, others taking handfuls of dust, that was next at hand, cast them all together upon Lysimachus, and those that set upon them. [42] Thus many of them they wounded, and some they struck to the ground, and all of them they forced to flee: but as for the churchrobber himself, him they killed beside the treasury. [43] Of these matters therefore there was an accusation laid against Menelaus. [44] Now when the king came to Tyrus, three men that were sent from the senate pleaded the cause before him: [45] but Menelaus, being now convicted, promised Ptolemee the son of Dorymenes to give him much money, if he would pacify the king toward him. [46] Whereupon Ptolemee taking the king aside into a certain gallery, as it were to take the air, brought him to be of another mind: [47] insomuch that he discharged Menelaus from the accusations, who notwithstanding was cause of all the mischief: and those poor men, who, if they had told their cause, yea, before the Scythians, should have been judged innocent, them he condemned to death. [48] Thus they that followed the matter for the city, and for the people, and for the holy vessels, did soon suffer unjust punishment. [49] Wherefore even they of Tyrus, moved with hatred of that wicked deed, caused them to be honourably buried. [50] And so through the covetousness of them that were of power Menelaus remained still in authority, increasing in malice, and being a great traitor to the citizens.

About the same time Antiochus prepared his second voyage into Egypt: [2] and then it happened, that through all the city, for the space almost of forty days, there were seen horsemen running in the air, in cloth of gold, and armed with lances, like a band of soldiers, [3] and troops of horsemen in array, encountering and running one against another, with shaking of shields, and multitude of pikes, and drawing of swords, and casting of darts, and glittering of golden ornaments, and harness of all sorts. [4] Wherefore every man prayed that that apparition might turn to good. [5] Now when there was gone forth a false rumour, as though Antiochus had been dead, Jason took at the least a thousand men, and suddenly made an assault upon the city; and they that were upon the walls being put back, and the city at length taken, Menelaus fled into the castle: [6] but Jason slew his own citizens without mercy, not considering that to get the day of them of his own nation would be a most unhappy day for him; but thinking they had been his enemies, and not his countrymen, whom he conquered. [7] Howbeit for all this he obtained not the principality, but at the last received shame for the reward of his treason, and fled again into the country of the Ammonites.

⁸ In the end therefore he had an unhappy return, being accused before Aretas the king of the Arabians, fleeing from city to city, pursued of all men, hated as a forsaker of the laws, and being had in abomination as an open enemy of his country and countrymen, he was cast out into Egypt. ⁹ Thus he that had driven many out of their country perished in a strange land, retiring to the Lacedemonians, and thinking *there* to find succour by reason of his kindred: ¹⁰ and he that had cast out many unburied had none to mourn for him, nor any solemn funerals at all, nor sepulchre with his fathers.

¹¹ Now when this that was done came to the king's ear, he thought that Judea had revolted: whereupon removing out of Egypt in a furious mind, he took the city by force of arms, ¹² and commanded his men of war not to spare such as they met, and to slay such as went up upon the houses. ¹³ Thus there was killing of young and old, making away of men, women, and children, slaying of virgins and infants. ¹⁴ And there were destroyed within the space of three whole days fourscore thousand, whereof forty thousand were slain in the conflict; and no fewer sold than slain.

¹⁵ Yet was he not content with this, but presumed to go into the most holy temple of all the world; Menelaus, that traitor to the laws, and to his own country, being his guide: ¹⁶ and taking the holy vessels with polluted hands, and with profane hands pulling down the things that were dedicated by other kings to the augmentation and glory and honour of the place, he gave them away

¹⁷ And so haughty was Antiochus in mind, that he considered not that the Lord was angry for a while for the sins of them that dwelt in the city, and therefore his eye was not upon the place. ¹⁸ For had they not been formerly wrapped in many sins, this man, as soon as he had come, had forthwith been scourged, and put back from his presumption, as Heliodorus was, whom Seleucus the king sent to view the treasury.

¹⁹ Nevertheless God did not choose the people for the place's sake, but the place for the people's sake. ²⁰ And therefore the place itself, that was partaker with them of the adversity that happened to the nation, did afterward communicate in the benefits sent from the Lord: and as it was forsaken in the wrath of the Almighty, so again, the great Lord being reconciled, it was set up with all glory.

²¹ So when Antiochus had carried out of the temple a thousand and eight hundred talents, he departed in all haste unto Antiochia, weening in his pride to make the land navigable, and the sea passable by foot: such was the haughtiness of his mind.

²² And he left governors to vex the nation: at Jerusalem, Philip, for his country a Phrygian, and for manners more barbarous than he that set him there; ²³ and at Garizim, Andronicus; and besides, Menelaus, who worse than all the rest bare an heavy hand over the citizens, having a malicious mind against his countrymen the Jews.

²⁴ He sent also that detestable ringleader Apollonius with an army of two and twenty thousand, commanding him to slay all those that were in their best age, and to sell the

Πέρας οὖν κακῆς ἀναστροφῆς ἔτυχεν ἐγκλεισθεὶς πρὸς 8 Ἀρέταν τὸν τῶν Ἀράβων τύραννον, πόλιν ἐκ πόλεως φεύγων, διωκόμενος ὑπὸ πάντων, καὶ στυγούμενος ὡς τῶν νόμων ἀποστάτης, καὶ βδελυσσόμενος ὡς πατρίδος καὶ πολιτῶν δήμιος, εἰς Αἴγυπτον συνεβράσθη. Καὶ ὁ συχνοὺς τῆς πατρίδος ἀπο- 9 ξενώσας, ἐπὶ ξένης ἀπώλετο πρὸς Λακεδαιμονίους ἀναχθεὶς, ὡς διὰ τὴν συγγένειαν τευξόμενος σκέπης. Καὶ ὁ πλῆθος ἀτάφων 10 ἐκρίψας ἀπένθητος ἐγενήθη, καὶ κηδείας οὐδ᾽ ἡστινοσοῦν οὔτε πατρῴου τάφου μετέσχε.

Προσπεσόντων δὲ τῷ βασιλεῖ περὶ τῶν γεγονότων, διέλαβεν 11 ἀποστατεῖν τὴν Ἰουδαίαν· ὅθεν ἀναζεύξας ἐξ Αἰγύπτου τεθηριωμένος τῇ ψυχῇ, ἔλαβε τὴν μὲν πόλιν δορυάλωτον. Καὶ 12 ἐκέλευσε τοῖς στρατιώταις κόπτειν ἀφειδῶς τοὺς ἐμπίπτοντας, καὶ τοὺς εἰς τὰς οἰκίας ἀναβαίνοντας κατασφάζειν. Ἐγίνοντο 13 δὲ νέων καὶ πρεσβυτέρων ἀναιρέσεις, ἀνδρῶν τε καὶ γυναικῶν καὶ τέκνων ἀφανισμὸς, παρθένων τε καὶ νηπίων σφαγαί. Ὀκτὼ 14 δὲ μυριάδες ἐν ταῖς πάσαις ἡμέραις τρισὶ κατεφθάρησαν, τέσσαρες μὲν ἐν χειρῶν νομαῖς, οὐκ ἧττον δὲ τῶν ἐσφαγμένων ἐπράθησαν.

Καὶ οὐκ ἀρκεσθεὶς δὲ τούτοις, κατετόλμησεν εἰς τὸ πάσης 15 τῆς γῆς ἁγιώτατον ἱερὸν εἰσελθεῖν, ὁδηγὸν ἔχων τὸν Μενέλαον, τὸν καὶ τῶν νόμων καὶ τῆς πατρίδος προδότην γεγονότα. Καὶ 16 ταῖς μιαραῖς χερσὶ τὰ ἱερὰ σκεύη λαμβάνων, καὶ τὰ ὑπ᾽ ἄλλων βασιλέων ἀνατεθέντα πρὸς αὔξησιν καὶ δόξαν τοῦ τόπου καὶ τιμὴν, ταῖς βεβήλοις χερσὶ συσσύρων ἐπεδίδου.

Καὶ ἐμετεωρίζετο τὴν διάνοιαν ὁ Ἀντίοχος, οὐ συνορῶν ὅτι 17 διὰ τὰς ἁμαρτίας τῶν τὴν πόλιν οἰκούντων ἀπώργισται βραχέως ὁ Δεσπότης, διὸ γέγονε περὶ τὸν τόπον παρόρασις. Εἰ δὲ μὴ 18 συνέβαινε προενέχεσθαι πολλοῖς ἁμαρτήμασι, καθάπερ ἦν Ἡλιόδωρος ὁ πεμφθεὶς ὑπὸ Σελεύκου τοῦ βασιλέως ἐπὶ τὴν ἐπίσκεψιν τοῦ γαζοφυλακίου, οὗτος προαχθεὶς παραχρῆμα μαστιγωθεὶς ἀνετράπη τοῦ θράσους.

Ἀλλ᾽ οὐ διὰ τὸν τόπον τὸ ἔθνος, ἀλλὰ διὰ τὸ ἔθνος τὸν τόπον 19 ὁ Κύριος ἐξελέξατο. Διόπερ καὶ αὐτὸς ὁ τόπος συμμετασχὼν 20 τῶν τοῦ ἔθνους δυσπετημάτων γενομένων, ὕστερον εὐεργετημάτων ὑπὸ τοῦ Κυρίου ἐκοινώνησε· καὶ ὁ καταλειφθεὶς ἐν τῇ τοῦ παντοκράτορος ὀργῇ, πάλιν ἐν τῇ τοῦ μεγάλου Δεσπότου καταλλαγῇ μετὰ πάσης δόξης ἐπανωρθώθη.

Ὁ γοῦν Ἀντίοχος ὀκτακόσια πρὸς τοῖς χιλίοις ἀπενεγκάμενος 21 ἐκ τοῦ ἱεροῦ τάλαντα, θᾶττον εἰς Ἀντιόχειαν ἐχωρίσθη, οἰόμενος ἀπὸ τῆς ὑπερηφανίας τὴν μὲν γῆν πλωτὴν, καὶ τὸ πέλαγος πορευτὸν θέσθαι διὰ τὸν μετεωρισμὸν τῆς καρδίας.

Κατέλιπε δὲ καὶ ἐπιστάτας τοῦ κακοῦν τὸ γένος, ἐν μὲν 22 Ἱεροσολύμοις Φίλιππον, τὸ μὲν γένος Φρύγα, τὸν δὲ τρόπον βαρβαρώτερον ἔχοντα τοῦ καταστήσαντος· ἐν δὲ Γαριζὶν Ἀν- 23 δρόνικον, πρὸς δὲ τούτοις Μενέλαον, ὃς χείριστα τῶν ἄλλων ὑπερήρετο τοῖς πολίταις, ἀπεχθῆ δὲ πρὸς τοὺς πολίτας Ἰουδαίους ἔχων διάθεσιν.

Ἔπεμψε δὲ τὸν μυσάρχην Ἀπολλώνιον μετὰ στρατεύματος 24 δισμυρίων πρὸς τοῖς δισχιλίοις, προστάξας τοὺς ἐν ἡλικίᾳ πάν-

25 τὰς κατασφάξαι, τὰς δὲ γυναῖκας καὶ νεωτέρους πωλεῖν. Οὗτος δὲ παραγενόμενος εἰς Ἱεροσόλυμα, καὶ τὸν εἰρηνικὸν ὑποκριθεὶς, ἐπέσχεν ἕως τῆς ἁγίας ἡμέρας τοῦ σαββάτου· καὶ λαβὼν ἀργοῦντας τοὺς Ἰουδαίους, τοῖς ὑφ᾽ ἑαυτὸν ἐξοπλησίαν παρήγ-
26 γειλε. Καὶ τοὺς ἐξελθόντας πάντας ἐπὶ τὴν θεωρίαν συνεξεκέντησε, καὶ εἰς τὴν πόλιν σὺν τοῖς ὅπλοις εἰσδραμὼν ἱκανὰ κατέστρωσε πλήθη.
27 Ἰούδας δὲ ὁ Μακκαβαῖος δέκατός που γενηθεὶς, καὶ ἀναχωρήσας εἰς τὴν ἔρημον, θηρίων τρόπον ἐν τοῖς ὄρεσι διέζη σὺν τοῖς μετ᾽ αὐτοῦ, καὶ τὴν χορτώδη τροφὴν σιτούμενοι διατέλουν, πρὸς τὸ μὴ μετασχεῖν τοῦ μολυσμοῦ.

6 Μετ᾽ οὐ πολὺν δὲ χρόνον ἐξαπέστειλεν ὁ βασιλεὺς γέροντα Ἀθηναῖον, ἀναγκάζειν τοὺς Ἰουδαίους μεταβαίνειν ἐκ τῶν πατ-
2 ρώων νόμων, καὶ τοῖς τοῦ Θεοῦ νόμοις μὴ πολιτεύεσθαι, μολῦναι δὲ καὶ τὸν ἐν Ἱεροσολύμοις νεών, καὶ προσονομάσαι Διὸς Ὀλυμπίου, καὶ τὸν ἐν Γαριζὶν, καθὼς ἐτύγχανον οἱ τὸν τόπον οἰκοῦντες, Διὸς Ξενίου.
3 Χαλεπὴ δὲ καὶ τοῖς ὄχλοις ἦν καὶ δυσχερὴς ἡ ἐπίστασις τῆς
4 κακίας. Τὸ μὲν γὰρ ἱερὸν ἀσωτίας καὶ κώμων ἐπεπλήρωτο ὑπὸ τῶν ἐθνῶν ῥαθυμούντων μεθ᾽ ἑταίρων, καὶ ἐν τοῖς ἱεροῖς περιβόλοις γυναιξὶ πλησιαζόντων, ἔτι δὲ τὰ μὴ καθήκοντα ἔνδον
5 φερόντων. Τὸ δὲ θυσιαστήριον τοῖς ἀποδιεσταλμένοις ἀπὸ
6 τῶν νόμων ἀθεμίτοις ἐπεπλήρωτο. Ἦν δ᾽ οὔτε σαββατίζειν, οὔτε πατρῴους ἑορτὰς διαφυλάττειν, οὔτε ἁπλῶς Ἰουδαῖον ὁμολογεῖν εἶναι.
7 Ἤγοντο δὲ μετὰ πικρᾶς ἀνάγκης εἰς τὴν κατὰ μῆνα τοῦ βασιλέως γενέθλιον ἡμέραν ἐπὶ σπλαγχνισμόν· γενομένης δὲ Διονυσίων ἑορτῆς, ἠναγκάζοντο οἱ Ἰουδαῖοι κισσοὺς ἔχοντες πομπεύειν τῷ Διονύσῳ.
8 Ψήφισμα δὲ ἐξέπεσεν εἰς τὰς ἀστυγείτονας πόλεις Ἑλληνίδας, Πτολεμαίων ὑποτιθεμένων τὴν αὐτὴν ἀγωγὴν κατὰ τῶν
9 Ἰουδαίων, ἄγειν καὶ σπλαγχνίζειν· τοὺς δὲ μὴ προαιρουμένους μεταβαίνειν ἐπὶ τὰ Ἑλληνικὰ, κατασφάζειν· παρῆν οὖν ὁρᾶν τὴν ἐνεστῶσαν ταλαιπωρίαν.
10 Δύο γὰρ γυναῖκες ἀνηνέχθησαν περιτετμηκυῖαι τὰ τέκνα αὐτῶν· τούτων δὲ ἐκ τῶν μαστῶν κρεμάσαντες τὰ βρέφη, καὶ δημοσίᾳ περιαγαγόντες αὐτὰς τὴν πόλιν, κατὰ τοῦ τείχους
11 ἐκρήμνισαν. Ἕτεροι δὲ πλησίον συνδραμόντες εἰς τὰ σπήλαια, λεληθότως ἄγειν τὴν ἑβδομάδα, μηνυθέντες τῷ Φιλίππῳ συνεφλογίσθησαν, διὰ τὸ εὐλαβῶς ἔχειν βοηθῆσαι ἑαυτοῖς κατὰ τὴν δόξαν τῆς σεμνοτάτης ἡμέρας.
12 Παρακαλῶ οὖν τοὺς ἐντυγχάνοντας τῇδε τῇ βίβλῳ, μὴ συστέλλεσθαι διὰ τὰς συμφοράς, λογίζεσθαι δὲ τὰς τιμωρίας μὴ πρὸς ὄλεθρον, ἀλλὰ πρὸς παιδείαν τοῦ γένους ἡμῶν εἶναι.
13 Καὶ τὸ μὴ πολὺν χρόνον ἐᾶσθαι τοὺς δυσσεβοῦντας, ἀλλ᾽ εὐθέως περιπίπτειν ἐπιτιμίοις, μεγάλης εὐεργεσίας σημεῖόν ἐστιν.
14 Οὐ γὰρ, καθάπερ καὶ ἐπὶ τῶν ἄλλων ἐθνῶν ἀναμένει μακροθυμῶν ὁ Δεσπότης, μέχρι τοῦ καταντήσαντας αὐτοὺς πρὸς ἐκπλήρωσιν ἁμαρτιῶν, κολάσαι, οὕτω καὶ ἐφ᾽ ἡμῶν ἔκρινεν
15 εἶναι, ἵνα μὴ πρὸς τέλος ἀφικομένων ἡμῶν τῶν ἁμαρτιῶν,
16 ὕστερον ἡμᾶς ἐκδικᾷ. Διόπερ οὐδέ ποτε μὲν τὸν ἔλεον αὐτοῦ ἀφ᾽ ἡμῶν ἀφίστησι· παιδεύων δὲ μετὰ συμφορᾶς, οὐκ ἐγκατα-

---

women and the younger sort: [25] who coming to Jerusalem, and pretending peace, did forbear till the holy day of the sabbath, when taking the Jews keeping holy day, he commanded his men to arm themselves. [26] And so he slew all them that were gone to the celebrating of the sabbath, and running through the city with weapons slew great multitudes.

[27] But Judas Maccabeus with nine others, or thereabout, withdrew himself into the wilderness, and lived in the mountains after the manner of beasts, with his company, who fed on herbs continually, lest they should be partakers of the pollution.

Not long after this the king sent an old man of Athens to compel the Jews to depart from the laws of their fathers, and not to live after the laws of God: [2] and to pollute also the temple in Jerusalem, and to call it the temple of Jupiter Olympius; and that in Garizim, of Jupiter the defender of strangers, as they did desire that dwelt in the place.

[3] The coming in of this mischief was sore and grievous to the people: [4] for the temple was filled with riot and revelling by the Gentiles, who dallied with harlots, and had to do with women within the circuit of the holy places, and besides that brought in things that were not lawful. [5] The altar also was filled with profane things, which the law forbiddeth. [6] Neither was it lawful for a man to keep sabbath days or ancient feasts, or to profess himself at all to be a Jew.

[7] And in the day of the king's birth every month they were brought by bitter constraint to eat of the sacrifices; and when the feast of Bacchus was kept, the Jews were compelled to go in procession to Bacchus, carrying ivy.

[8] Moreover there went out a decree to the neighbour cities of the heathen, by the suggestion of Ptolemee, against the Jews, that they should observe the same fashions, and be partakers of their sacrifices: [9] and whoso would not conform themselves to the manners of the Gentiles should be put to death. Then might a man have seen the present misery.

[10] For there were two women brought, who had circumcised their children; whom when they had openly led round about the city, the babes hanging at their breasts, they cast them down headlong from the wall. [11] And others, that had run together into caves near by, to keep the sabbath day secretly, being discovered to Philip, were all burnt together, because they made a conscience to help themselves for the honour of the most sacred day.

[12] Now I beseech those that read this book, that they be not discouraged for these calamities, but that they judge those punishments not to be for destruction, but for a chastening of our nation. [13] For it is a token of his great goodness, when wicked doers are not suffered any longer time, but forthwith punished.

[14] For not as with other nations, whom the Lord patiently forbeareth to punish, till they be come to the fulness of their sins, so dealeth he with us, [15] lest that, being come to the height of sin, afterwards he should take vengeance of us. [16] And therefore he never withdraweth his mercy from us: and though he punish with adversity, yet doth he never for-

sake his people. ¹⁷ But let this that we have spoken be for a warning unto us. And now will we come to the declaring of the matter in a few words.

¹⁸ Eleazar, one of the principal scribes, an aged man, and of a well-favoured countenance, was constrained to open his mouth, and to eat swine's flesh. ¹⁹ But he, choosing rather to die gloriously, than to live stained with such an abomination, spit it forth, and came of his own accord to the torment. ²⁰ As it behoved them to come, that are resolute to stand out against such things as are not lawful for love or life to be tasted.

²¹ But they that had the charge of that wicked feast, for the old acquaintance they had with the man, taking him aside, besought him to bring flesh of his own provision, such as was lawful for him to use, and make as if he did eat of the flesh taken from the sacrifice commanded by the king; ²² that in so doing he might be delivered from death, and for the old friendship with them find favour.

²³ But he began to consider discreetly, and as became his age, and the excellency of his ancient years, and the honour of his gray head, whereunto he was come, and his most honest education from a child, or rather the holy law made and given by God: therefore he answered accordingly, and willed them straightways to send him to the grave.

²⁴ For it becometh not our age, said he, in any wise to dissemble, whereby many young persons might think that Eleazar, being fourscore years old and ten, were now gone to a strange religion; ²⁵ and so they through mine hypocrisy, and desire to live a little time and a moment longer, should be deceived by me, and I get a stain to mine old age, and make it abominable. ²⁶ For though for the present time I should be delivered from the punishment of men: yet should I not escape the hand of the Almighty, neither alive, nor dead.

²⁷ Wherefore now, manfully changing this life, I will shew myself such an one as mine age requireth, ²⁸ and leave a notable example to such as be young to die willingly and courageously for the honourable and holy laws. And when he had said these words, immediately he went to the torment: ²⁹ they that led him changing the good will they bare him a little before into hatred, because the foresaid speeches proceeded, as they thought, from a desperate mind.

³⁰ But when he was ready to die with stripes, he groaned, and said, It is manifest unto the Lord, that hath the holy knowledge, that whereas I might have been delivered from death, I now endure sore pains in body by being beaten: but in soul am well content to suffer these things, because I fear him. ³¹ And thus this man died, leaving his death for an example of a noble courage, and a memorial of virtue, not only unto young men but unto all his nation.

It came to pass also, that seven brethren with their mother were taken, and compelled by the king against the law to taste swine's flesh, and were tormented with scourges and whips.

² But one of them that spake first said thus, What wouldest thou ask or learn of us? we are ready to die, rather than to transgress the laws of our fathers.

λείπει τὸν ἑαυτοῦ λαόν. Πλὴν ἕως ὑπομνήσεως ταῦθ' ἡμῖν 17 εἰρήσθω· δι' ὀλίγων δ' ἐλευστέον ἐπὶ τὴν διήγησιν.

Ἐλεάζαρός τις τῶν πρωτευόντων γραμματέων, ἀνὴρ ἤδη 18 προβεβηκὼς τὴν ἡλικίαν, καὶ τὴν πρόσοψιν τοῦ προσώπου κάλλιστος τυγχάνων, ἀναχανὼν ἠναγκάζετο φαγεῖν ὕειον κρέας. Ὁ δὲ τὸν μετ' εὐκλείας θάνατον μᾶλλον ἢ τὸν μετὰ μύσους 19 βίον ἀναδεξάμενος, αὐθαιρέτως ἐπὶ τὸ τύμπανον προσῆγε· προπτύσας δὲ, καθ' ὃν ἔδει τρόπον προσέρχεσθαι τοὺς ὑπομένοντας 20 ἀμύνεσθαι, ὧν οὐ θέμις γεύσασθαι διὰ τὴν πρὸς τὸ ζῆν φιλοστοργίαν.

Οἱ δὲ πρὸς τῷ παρανόμῳ σπλαγχνισμῷ τεταγμένοι, διὰ τὴν 21 ἐκ τῶν παλαιῶν χρόνων πρὸς τὸν ἄνδρα γνῶσιν, ἀπολαβόντες αὐτὸν κατιδίαν παρεκάλουν, ἐνέγκαντα κρέα οἷς καθῆκον αὐτῷ χρήσασθαι δι' αὐτοῦ παρασκευασθέντα, ὑποκριθῆναι δὲ ὡς ἐσθίοντα τὰ ὑπὸ τοῦ βασιλέως προστεταγμένα τῶν ἀπὸ τῆς θυσίας κρεῶν, ἵνα τοῦτο πράξας ἀπολυθῇ τοῦ θανάτου, καὶ 22 διὰ τὴν ἀρχαίαν πρὸς αὐτοὺς φιλίαν τύχῃ φιλανθρωπίας.

Ὁ δὲ λογισμὸν ἀστεῖον ἀναλαβὼν καὶ ἄξιον τῆς ἡλικίας, 23 καὶ τῆς τοῦ γήρως ὑπεροχῆς, καὶ τῆς ἐπικτήτου καὶ ἐπιφανοῦς πολιᾶς, καὶ τῆς ἐκ παιδὸς καλλίστης ἀνατροφῆς, μᾶλλον δὲ τῆς ἁγίας καὶ θεοκτίστου νομοθεσίας, ἀκολούθως ἀπεφήνατο, ταχέως λέγων προπέμπειν εἰς τὸν ᾅδην.

Οὐ γὰρ τῆς ἡμετέρας ἡλικίας ἄξιόν ἐστιν ὑποκριθῆναι, ἵνα 24 πολλοὶ τῶν νέων ὑπολαβόντες Ἐλεάζαρον τὸν ἐννενηκονταετῆ μεταβεβηκέναι εἰς ἀλλοφυλισμόν, καὶ αὐτοὶ διὰ τὴν ἐμὴν 25 ὑπόκρισιν, καὶ διὰ τὸ μικρὸν καὶ ἀκαριαῖον ζῆν πλανηθῶσι δι' ἐμὲ, καὶ μύσος καὶ κηλίδα τοῦ γήρως κατακτήσομαι. Εἰ γὰρ 26 καὶ ἐπὶ τοῦ παρόντος ἐξελοῦμαι τὴν ἐξ ἀνθρώπων τιμωρίαν, ἀλλὰ τὰς τοῦ παντοκράτορος χεῖρας οὔτε ζῶν οὔτε ἀποθανὼν ἐκφεύξομαι.

Διόπερ ἀνδρείως μὲν νῦν διαλλάξας τὸν βίον, τοῦ μὲν γήρως 27 ἄξιος φανήσομαι, τοῖς δὲ νέοις ὑπόδειγμα γενναῖον καταλε- 28 λοιπὼς, εἰς τὸ προθύμως καὶ γενναίως ὑπὲρ τῶν σεμνῶν καὶ ἁγίων νόμων ἀπευθανατίζειν· τοσαῦτα δὲ εἰπών. ἐπὶ τὸ τύμπανον εὐθέως ἦλθε. Τῶν δὲ ἀγόντων τὴν μικρῷ πρότερον 29 εὐμένειαν πρὸς αὐτὸν εἰς δυσμένειαν μεταβαλόντων διὰ τὸ τοὺς προειρημένους λόγους, ὡς αὐτοὶ διελάμβανον, ἀπόνοιαν εἶναι·

Μέλλων δὲ ταῖς πληγαῖς τελευτᾶν, ἀναστενάξας εἶπε, τῷ 30 Κυρίῳ τῷ τὴν ἁγίαν γνῶσιν ἔχοντι φανερόν ἐστιν, ὅτι δυνάμενος ἀπολυθῆναι τοῦ θανάτου, σκληρὰς ὑποφέρω κατὰ τὸ σῶμα ἀλγηδόνας μαστιγούμενος, κατὰ ψυχὴν δὲ ἡδέως διὰ τὸν αὐτοῦ φόβον ταῦτα πάσχω. Καὶ οὗτος οὖν τοῦτον τὸν τρόπον 31 μετήλλαξεν, οὐ μόνον τοῖς νέοις, ἀλλὰ καὶ τοῖς πλείστοις τοῦ ἔθνους τὸν ἑαυτοῦ θάνατον ὑπόδειγμα γενναιότητος καὶ μνημόσυνον ἀρετῆς καταλιπών.

Συνέβη δὲ καὶ ἑπτὰ ἀδελφοὺς μετὰ τῆς μητρὸς συλληφθέντας 7 ἀναγκάζεσθαι ὑπὸ τοῦ βασιλέως ἀπὸ τῶν ἀθεμίτων ὑείων κρεῶν ἐφάπτεσθαι, μάστιξι καὶ νευραῖς αἰκιζομένους.

Εἷς δὲ αὐτῶν γενόμενος προήγορος, οὕτως ἔφη, τί μέλλεις 2 ἐρωτᾶν, καὶ μανθάνειν παρ' ἡμῶν; ἕτοιμοι γὰρ ἀποθνήσκειν ἐσμὲν ἢ παραβαίνειν τοὺς πατρίους νόμους.

3 Ἔκθυμος δὲ γενόμενος ὁ βασιλεὺς, προσέταξε τήγανα, καὶ
4 λέβητας ἐκπυροῦν. Τῶν δὲ ἐκπυρωθέντων, παραχρῆμα τὸν
γενόμενον αὐτῶν προήγορον προσέταξε γλωσσοτομεῖν, καὶ
περισκυθίσαντας ἀκρωτηριάζειν, τῶν λοιπῶν ἀδελφῶν, καὶ τῆς
μητρὸς, συνορώντων.

5 Ἄχρηστον δὲ αὐτὸν τοῖς ὅλοις γενόμενον, ἐκέλευσε τῇ πυρᾷ
προσάγειν ἔμπνουν, καὶ τηγανίζειν· τῆς δὲ ἀτμίδος ἐφ' ἱκανὸν
διαδιδούσης, τοῦ τηγάνου, ἀλλήλους παρεκάλουν σὺν τῇ μητρὶ
6 γενναίως τελευτᾷν, λέγοντες οὕτως. Ὁ Κύριος ὁ Θεὸς ἐφορᾷ,
καὶ ταῖς ἀληθείαις ἐφ' ἡμῖν παρακαλεῖται, καθάπερ διὰ τῆς
κατὰ πρόσωπον ἀντιμαρτυρούσης ᾠδῆς διεσάφησε Μωυσῆς,
λέγων, καὶ ἐπὶ τοῖς δούλοις αὐτοῦ παρακληθήσεται.

7 Μεταλλάξαντος δὲ τοῦ πρώτου τὸν τρόπον τοῦτον, τὸν δεύτε-
ρον ἦγον ἐπὶ τὸν ἐμπαιγμόν· καὶ τὸ τῆς κεφαλῆς δέρμα σὺν
ταῖς θριξὶ περισύραντες, ἐπηρώτων, εἰ φάγεσαι πρὸ τοῦ τιμωρη-
θῆναι τὸ σῶμα κατὰ μέλος;
8 Ὁ δὲ ἀποκριθεὶς τῇ πατρίῳ φωνῇ εἶπεν, οὐχί. διόπερ καὶ
9 οὗτος τὴν ἑξῆς ἔλαβε βάσανον, ὡς ὁ πρῶτος. Ἐν ἐσχάτῃ δὲ
πνοῇ γενόμενος, εἶπε, σὺ μὲν ἀλάστωρ ἐκ τοῦ παρόντος ἡμᾶς
ζῆν ἀπολύεις, ὁ δὲ τοῦ κόσμου βασιλεὺς ἀποθανόντας ἡμᾶς
ὑπὲρ τῶν αὐτοῦ νόμων εἰς αἰώνιον ἀναβίωσιν ζωῆς ἡμᾶς ἀνα-
στήσει.

10 Μετὰ δὲ τοῦτον ὁ τρίτος ἐνεπαίζετο, καὶ τὴν γλῶσσαν αἰτη-
11 θεὶς ταχέως προέβαλε, καὶ τὰς χεῖρας εὐθαρσῶς προέτεινε, καὶ
γενναίως εἶπεν, ἐξ οὐρανοῦ ταῦτα κέκτημαι, καὶ διὰ τοὺς αὐτοῦ
νόμους ὑπερορῶ ταῦτα, καὶ παρ' αὐτοῦ ταῦτα πάλιν ἐλπίζω
12 κομίσασθαι. Ὥστε αὐτὸν τὸν βασιλέα καὶ τοὺς σὺν αὐτῷ
ἐκπλήσσεσθαι τὴν τοῦ νεανίσκου ψυχὴν, ὡς ἐν οὐδενὶ τὰς ἀλγη-
δόνας ἐτίθετο.

13 Καὶ τούτου δὲ μεταλλάξαντος, τὸν τέταρτον ὡσαύτως ἐβασά-
14 νιζον αἰκιζόμενοι. Καὶ γεννόμενος πρὸς τὸ τελευτᾷν, οὕτως
ἔφη, αἱρετὸν μεταλλάσσοντας ὑπ' ἀνθρώπων τὰς ὑπὸ τοῦ Θεοῦ
προσδοκᾷν ἐλπίδας, πάλιν ἀναστήσεσθαι ὑπ' αὐτοῦ· σοὶ μὲν
γὰρ ἀνάστασις εἰς ζωὴν οὐκ ἔσται.

15, 16 Ἐχομένως δὲ τὸν πέμπτον προσάγοντες ἠκίζοντο. Ὁ δὲ
πρὸς αὐτὸν ἰδὼν, εἶπεν, ἐξουσίαν ἐν ἀνθρώποις ἔχων φθαρτὸς
ὢν, ὃ θέλεις ποιεῖς· μὴ δόκει δὲ τὸ γένος ἡμῶν ὑπὸ τοῦ Θεοῦ
17 καταλελεῖφθαι. Σὺ δὲ καρτέρει, καὶ θεώρει τὸ μεγαλεῖον
αὐτοῦ κράτος, ὡς σὲ καὶ τὸ σπέρμα σου βασανίσει.

18 Μετὰ δὲ τοῦτον ἦγον τὸν ἕκτον, καὶ μέλλων ἀποθνήσκειν,
ἔφη, μὴ πλανῶ μάτην, ἡμεῖς γὰρ δι' ἑαυτοὺς ταῦτα πάσχομεν
ἁμαρτάνοντες εἰς τὸν ἑαυτῶν Θεὸν, διὸ ἄξια θαυμασμοῦ γέγονε.
19 Σὺ δὲ μὴ νομίσῃς ἀθῷος ἔσεσθαι, θεομαχεῖν ἐπιχειρήσας.

20 Ὑπεραγόντως δὲ ἡ μήτηρ θαυμαστὴ καὶ μνήμης ἀγαθῆς
ἀξία, ἥτις ἀπολλυμένους υἱοὺς ἑπτὰ συνορῶσα μιᾶς ὑπὸ καιρὸν
21 ἡμέρας, εὐψύχως ἔφερε διὰ τὰς ἐπὶ Κύριον ἐλπίδας. Ἕκαστον
δὲ αὐτῶν παρεκάλει τῇ πατρίῳ φωνῇ, γενναίῳ πεπληρωμένη
φρονήματι, καὶ τὸν θῆλυν λογισμὸν ἄρσενι θυμῷ διεγείρασα,
22 λέγουσα πρὸς αὐτοὺς, οὐδ' οἶδ' ὅπως εἰς τὴν ἐμὴν ἐφάνητε

---

³ Then the king, being in a rage, commanded pans and caldrons to be made hot: ⁴ which forthwith being heated, he commanded to cut out the tongue of him that spake first, and to cut off the utmost parts of his body, the rest of his brethren and his mother looking on. ⁵ Now when he was thus maimed in all his members, he commanded him being yet alive to be brought to the fire, and to be fried in the pan: and as the vapour of the pan was for a good space dispersed, they exhorted one another with the mother to die manfully, saying thus, ⁶ The Lord God looketh upon us, and in truth hath comfort in us, as Moses in his song, which witnessed to their faces, declared, saying, And he shall be comforted in his servants.

⁷ So when the first was dead after this manner, they brought the second to make him a mocking stock: and when they had pulled off the skin of his head with the hair, they asked him, Wilt thou eat, before thou be punished throughout every member of thy body? ⁸ But he answered in his own language, and said, No. Wherefore he also received the next torment in order, as the former did. ⁹ And when he was at the last gasp, he said, Thou like a fury takest us out of this present life, but the King of the world shall raise us up, who have died for his laws, unto everlasting life.

¹⁰ After him was the third made a mocking stock: and when he was required he put out his tongue, and that right soon, holding forth his hands manfully, ¹¹ and said courageously, These I had from heaven; and for his laws I despise them; and from him I hope to receive them again. ¹² Insomuch that the king, and they that were with him, marvelled at the young man's courage, for that he nothing regarded the pains.

¹³ Now when this man was dead also, they tormented and mangled the fourth in like manner. ¹⁴ So when he was ready to die he said thus, It is good, being put to death by men, to look for hope from God to be raised up again by him: as for thee, thou shalt have no resurrection to life.

¹⁵ Afterward they brought the fifth also, and mangled him. ¹⁶ Then looked he unto the king, and said, Thou hast power over men, thou art corruptible, thou doest what thou wilt; yet think not that our nation is forsaken of God; ¹⁷ but abide a while, and behold his great power, how he will torment thee and thy seed.

¹⁸ After him also they brought the sixth, who being ready to die said, Be not deceived without cause: for we suffer these things for ourselves, having sinned against our God: therefore marvellous things are done unto us. ¹⁹ But think not thou, that takest in hand to strive against God, that thou shall escape unpunished.

²⁰ But the mother was marvellous above all, and worthy of honourable memory: for when she saw her seven sons slain within the space of one day, she bare it with a good courage, because of the hope she had in the Lord. ²¹ Yea, she exhorted every one of them in her own language, filled with courageous spirits; and stirring up her womanish thoughts with a manly stomach, she said unto them, ²² I cannot tell how ye

came into my womb; for I neither gave you breath nor life, neither was it I that formed the members of every one of you; ²³ but doubtless the Creator of the world, who formed the generation of man, and found out the beginning of all things, will also of his own mercy give you breath and life again, as ye now regard not your own selves for his laws' sake.

²⁴ Now Antiochus, thinking himself despised, and suspecting it to be a reproachful speech, whilst the youngest was yet alive, did not only exhort him by words, but also assured him with oaths, that he would make him both a rich and a happy man, if he would turn from the laws of his fathers; and that also he would take him for his friend, and trust him with affairs.
²⁵ But when the young man would in no case hearken unto him, the king called his mother, and exhorted her that she would counsel the young man to save his life.
²⁶ And when he had exhorted her with many words, she promised him that she would counsel her son.

²⁷ But she bowing herself toward him, laughing the cruel tyrant to scorn, spake in her country language on this manner; O my son, have pity upon me that bare thee nine months in my womb, and gave thee suck three years, and nourished thee, and brought thee up unto this age, and endured the troubles of education. ²⁸ I beseech thee, my son, look upon the heaven and the earth, and all that is therein, and consider that God made them of things that were not; and so was mankind made likewise. ²⁹ Fear not this tormentor, but, being worthy of thy brethren, take thy death, that I may receive thee again in mercy with thy brethren.
³⁰ Whiles she was yet speaking these words, the young man said, Whom wait ye for? I will not obey the king's commandment: but I will obey the commandment of the law that was given unto our fathers by Moses. ³¹ But thou, that hast been the author of all mischief against the Hebrews, shalt not escape the hands of God.
³² For we suffer because of our sins. ³³ And though the living Lord be angry with us a little while for our chastening and correction, yet shall he be at one again with his servants. ³⁴ But thou, O godless man, and of all other most wicked, be not lifted up without a cause, nor puffed up with uncertain hopes, lifting up thy hand against the servants of God: ³⁵ for thou hast not yet escaped the judgment of Almighty God, who seeth all things.
³⁶ For our brethren, who now have suffered a short pain, are dead under God's covenant of everlasting life: but thou, through the judgment of God, shalt receive just punishment for thy pride. ³⁷ But I, as my brethren, offer up my body and life for the laws of our fathers, beseeching God that he would speedily be merciful unto our nation; and that thou by torments and plagues mayest confess, that he alone is God; ³⁸ and that in me and my brethren the wrath of the Almighty, which is justly brought upon all our nation, may cease.
³⁹ Then the king, being in a rage, handled him worse than all the rest, and took it grievously that he was mocked. ⁴⁰ So this

κοιλίαν, οὐδὲ ἐγὼ τὸ πνεῦμα καὶ τὴν ζωὴν ὑμῖν ἐχαρισάμην, καὶ τὴν ἑκάστου στοιχείωσιν οὐκ ἐγὼ διερύθμισα. Τοιγαροῦν 23 ὁ τοῦ κόσμου κτίστης ὁ πλάσας ἀνθρώπου γένεσιν, καὶ πάντων ἐξευρὼν γένεσιν, καὶ τὸ πνεῦμα καὶ τὴν ζωὴν ὑμῖν πάλιν ἀποδώσει μετ' ἐλέους, ὡς νῦν ὑπεροράτε ἑαυτοὺς διὰ τοὺς αὐτοῦ νόμους.

Ὁ δὲ Ἀντίοχος οἰόμενος καταφρονεῖσθαι, καὶ τὴν ὀνειδίζου- 24 σαν ὑφορώμενος φωνήν, ἔτι τοῦ νεωτέρου περιόντος, οὐ μόνον διὰ λόγων ἐποιεῖτο τὴν παράκλησιν, ἀλλὰ καὶ δι' ὅρκων ἐπίστου, ἅμα πλουτιεῖν καὶ μακαριστὸν ποιήσειν μεταθέμενον ἀπὸ τῶν πατρίων νόμων, καὶ φίλον ἕξειν, καὶ χρείας ἐμπιστεύσειν.

Τοῦ δὲ νεανίου μηδαμῶς προσέχοντος, προσκαλεσάμενος ὁ 25 βασιλεὺς τὴν μητέρα, παρῄνει τοῦ μειρακίου γενέσθαι σύμβουλον ἐπὶ σωτηρίᾳ. Πολλὰ δὲ αὐτοῦ παραινέσαντος, ἐπεδέ- 26 ξατο πείσειν τὸν υἱόν.

Προσκύψασα δὲ αὐτῷ, χλευάσασα τὸν ὠμὸν τύραννον, οὕτως 27 ἔφησε τῇ πατρῴᾳ φωνῇ, υἱέ, ἐλέησόν με τὴν ἐν γαστρὶ περιενέγκασάν σε μῆνας ἐννέα, καὶ θηλάσασάν σε ἔτη τρία, καὶ ἐκθρέψασάν σε καὶ ἀγαγοῦσαν εἰς τὴν ἡλικίαν ταύτην, καὶ τροφοφορήσασαν. Ἀξιῶ σε, τέκνον, ἀναβλέψαντα εἰς τὸν 28 οὐρανὸν καὶ τὴν γῆν, καὶ τὰ ἐν αὐτοῖς πάντα ἰδόντα, γνῶναι ὅτι ἐξ οὐκ ὄντων ἐποίησεν αὐτὰ ὁ Θεός, καὶ τὸ τῶν ἀνθρώπων γένος οὕτως γεγένηται, μὴ φοβηθῇς τὸν δήμιον τοῦτον, ἀλλὰ τῶν 29 ἀδελφῶν ἄξιος γενόμενος, ἐπίδεξαι τὸν θάνατον, ἵνα ἐν τῷ ἐλέει σὺν τοῖς ἀδελφοῖς σου κομίσωμαί σε.

Ἔτι δὲ ταύτης καταλεγούσης ὁ νεανίας εἶπε, τίνα μένετε; 30 οὐχ ὑπακούω τοῦ προστάγματος τοῦ βασιλέως· τοῦ δὲ προστάγματος ἀκούω τοῦ νόμου τοῦ δοθέντος τοῖς πατράσιν ἡμῶν διὰ Μωυσέως. Σὺ δὲ πάσης κακίας εὑρετὴς γενόμενος εἰς τοὺς 31 Ἑβραίους, οὐ μὴ διαφύγῃς τὰς χεῖρας τοῦ Θεοῦ.

Ἡμεῖς γὰρ διὰ τὰς ἑαυτῶν ἁμαρτίας πάσχομεν. Εἰ δὲ 32, 33 χάριν ἐπιπλήξεως καὶ παιδείας ὁ ζῶν Κύριος ἡμῶν βραχέως ἐπώργισται, καὶ πάλιν καταλλαγήσεται τοῖς ἑαυτοῦ δούλοις. Σὺ δὲ ὦ ἀνόσιε, καὶ πάντων ἀνθρώπων μιαρώτατε, μὴ μάτην 34 μετεωρίζου φρυαττόμενος ἀδήλοις ἐλπίσιν, ἐπὶ τοὺς δούλους αὐτοῦ ἐπαιρόμενος χεῖρα. Οὔπω γὰρ τὴν τοῦ παντοκράτορος 35 ἐπόπτου Θεοῦ κρίσιν ἐκπέφευγας.

Οἱ μὲν γὰρ νῦν ἡμέτεροι ἀδελφοὶ βραχὺν ὑπενέγκαντες 36 πόνον, ἀεννάου ζωῆς ὑπὸ διαθήκην Θεοῦ πεπτώκασι· σὺ δὲ τῇ τοῦ Θεοῦ κρίσει δίκαια τὰ πρόστιμα τῆς ὑπερηφανίας ἀποίσῃ. Ἐγὼ δὲ καθάπερ οἱ ἀδελφοί μου, καὶ σῶμα καὶ ψυχὴν προ- 37 δίδωμι περὶ τῶν πατρίων νόμων, ἐπικαλούμενος τὸν Θεὸν ἵλεων ταχὺ τῷ ἔθνει γενέσθαι, καὶ σὲ μετὰ ἐτασμῶν καὶ μαστίγων ἐξομολογήσασθαι, διότι μόνος αὐτὸς Θεός ἐστιν, ἐν ἐμοὶ δὲ 38 καὶ τοῖς ἀδελφοῖς μου στῆναι τὴν τοῦ παντοκράτορος ὀργὴν τὴν ἐπὶ τὸ σύμπαν ἡμῶν γένος δικαίως ἐπηγμένην.

Ἔκθυμος δὲ γενόμενος ὁ βασιλεύς, τούτῳ παρὰ τοὺς ἄλλους 39 χειρίστως ἀπήντησε, πικρῶς φέρων ἐπὶ τῷ μυκτηρισμῷ. Καὶ 40

οὗτος οὖν καθαρὸς τὸν βίον μετήλλαξε, παντελῶς ἐπὶ τῷ Κυρίῳ πεποιθώς.

41 Ἐσχάτη δὲ τῶν υἱῶν ἡ μήτηρ ἐτελεύτησε.

42 Τὰ μὲν οὖν περὶ σπλαγχνισμοὺς, καὶ τὰς ὑπερβαλλούσας αἰκίας ἐπὶ τοσοῦτον δεδηλώσθω.

8 Ἰούδας δὲ ὁ Μακκαβαῖος καὶ οἱ σὺν αὐτῷ, παρεισπορευόμενοι λεληθότως εἰς τὰς κώμας, προσεκαλοῦντο τοὺς συγγενεῖς, καὶ τοὺς μεμενηκότας ἐν τῷ Ἰουδαϊσμῷ προσλαβόμενοι, συνήγαγον εἰς ἑξακισχιλίους.

2 Καὶ ἐπεκαλοῦντο τὸν Κύριον ἐπιδεῖν ἐπὶ τὸν ὑπὸ πάντων καταπατούμενον λαὸν, οἰκτεῖραι δὲ καὶ τὸν ναὸν, τὸν ὑπὸ τῶν

3 ἀσεβῶν ἀνθρώπων βεβηλωθέντα, ἐλεῆσαι δὲ καὶ τὴν καταφθειρομένην πόλιν καὶ μέλλουσαν ἰσόπεδον γίνεσθαι, καὶ τῶν

4 καταβοώντων πρὸς αὐτὸν αἱμάτων εἰσακοῦσαι, μνησθῆναι δὲ καὶ τῆς τῶν ἀναμαρτήτων νηπίων παρανόμου ἀπωλείας, καὶ περὶ τῶν γενομένων εἰς τὸ ὄνομα αὐτοῦ βλασφημιῶν, καὶ μισοπονηρῆσαι.

5 Γενόμενος δὲ ἐν συστήματι ὁ Μακκαβαῖος, ἀνυπόστατος ἤδη τοῖς ἔθνεσιν ἐγίνετο, τῆς ὀργῆς τοῦ Κυρίου εἰς ἔλεον

6 τραπείσης. Πόλεις δὲ καὶ κώμας ἀπροσδοκήτως ἐρχόμενος ἐνεπίμπρα, καὶ τοὺς ἐπικαίρους τόπους ἀπολαμβάνων, οὐκ

7 ὀλίγους τῶν πολεμίων ἐνίκα τροπούμενος. Μάλιστα τὰς νύκτας πρὸς τὰς τοιαύτας ἐπιβουλὰς συνεργοὺς ἐλάμβανε· καὶ λαλιά τις τῆς εὐανδρίας αὐτοῦ διεχεῖτο πανταχῆ.

8 Συνορῶν δὲ ὁ Φίλιππος κατὰ μικρὸν εἰς προκοπὴν ἐρχόμενον τὸν ἄνδρα πυκνότερον δὲ ἐν ταῖς εὐημερίαις προβαίνοντα, πρὸς Πτολεμαῖον τὸν κοίλης Συρίας καὶ Φοινίκης στρατηγὸν ἔγραψεν ἐπιβοηθεῖν τοῖς τοῦ βασιλέως πράγμασιν.

9 Ὁ δὲ ταχέως προχειρισάμενος, Νικάνορα τὸν τοῦ Πατρόκλου, τῶν πρώτων φίλων, ἀπέστειλεν, ὑποτάξας παμφύλων ἔθνη οὐκ ἐλάττους τῶν δισμυρίων, τὸ σύμπαν τῶν Ἰουδαίων ἐξᾶραι γένος· συνέστησε δὲ αὐτῷ καὶ Γοργίαν ἄνδρα στρατηγὸν, καὶ ἐν πολεμικαῖς χρείαις πεῖραν ἔχοντα.

10 Διεστήσατο δὲ ὁ Νικάνωρ τὸν φόρον τῷ βασιλεῖ τοῖς Ῥωμαίοις ὄντα ταλάντων δισχιλίων ἐκ τῆς τῶν Ἰουδαίων αἰχμαλω

11 σίας ἐκπληρώσειν. Εὐθέως δὲ εἰς τὰς παραθαλασσίους πόλεις ἀπέστειλε προσκαλούμενος ἐπ᾽ ἀγορασμὸν Ἰουδαϊκῶν σωμάτων, ὑπισχνούμενον ἐννενήκοντα σώματα ταλάντου παραχωρήσειν· οὐ προσδεχόμενος τὴν παρὰ τοῦ παντοκράτορος μέλλουσαν περακολουθήσειν ἐπ᾽ αὐτῷ δίκην.

12 Τῷ δὲ Ἰούδα προσέπεσε περὶ τῆς τοῦ Νικάνορος ἐφόδου· καὶ μεταδόντος αὐτοῦ τοῖς σὺν αὐτῷ τὴν παρουσίαν τοῦ στρατο

13 πέδου, οἱ δειλανδροῦντες καὶ ἀπιστοῦντες τὴν τοῦ Θεοῦ δίκην, διεδίδρασκον, καὶ ἐξετόπιζον ἑαυτούς.

14 Οἱ δὲ τὰ περιλελειμμένα πάντα ἐπώλουν, ὁμοῦ δὲ τὸν Κύριον ἠξίουν ῥύσασθαι τοὺς ὑπὸ τοῦ δυσσεβοῦς Νικάνορος

15 πρὶν συντυχεῖν πεπραμένους. Καὶ εἰ μὴ δι᾽ αὐτοὺς, ἀλλὰ διὰ τὰς πρὸς τοὺς πατέρας αὐτῶν διαθήκας, καὶ ἕνεκεν τῆς ἐπ᾽ αὐτοὺς ἐπικλήσεως τοῦ σεμνοῦ καὶ μεγαλοπρεποῦς ὀνόματος αὐτοῦ.

16 Συναγαγὼν δὲ ὁ Μακκαβαῖος τοὺς περὶ αὐτὸν ὄντας τὸν

man died undefiled, and put his whole trust in the Lord.

41 Last of all after the sons the mother died.

42 Let this be enough now to have spoken concerning the idolatrous feasts, and the extreme tortures.

Then Judas Maccabeus, and they that were with him, went privily into the towns, and called their kinsfolks together, and took unto them all such as continued in the Jews' religion, and assembled about six thousand men. 2 And they called upon the Lord, that he would look upon the people that was trodden down of all ; and also pity the temple profaned of ungodly men ; 3 and that he would have compassion upon the city, sore defaced, and ready to be made even with the ground ; and hear the blood that cried unto him, 4 and remember the wicked slaughter of harmless infants, and the blasphemies committed against his name ; and that he would shew his hatred against the wicked. 5 Now when Maccabeus had his company about him, he could not be withstood by the heathen : for the wrath of the Lord was turned into mercy. 6 Therefore he came at unawares, and burnt up towns and cities, and got into his hands the most commodious places, and overcame and put to flight no small number of his enemies. 7 But specially took he advantage of the night for such privy attempts, insomuch that the bruit of his manliness was spread every where.

8 So when Philip saw that this man increased by little and little, and that things prospered with him still more and more, he wrote unto Ptolemeus, the governor of Celosyria and Phenice, to yield more aid to the king's affairs. 9 Then forthwith choosing Nicanor the son of Patroclus, one of his special friends, he sent him with no fewer than twenty thousand of all nations under him, to root out the whole generation of the Jews ; and with him he joined also Gorgias a captain, who in matters of war had great experience. 10 So Nicanor undertook to make so much money of the captive Jews, as should defray the tribute of two thousand talents, which the king was to pay to the Romans. 11 Wherefore immediately he sent to the cities upon the sea coast, proclaiming a sale of the captive Jews, and promising that they should have fourscore and ten bodies for one talent, not expecting the vengeance that was to follow upon him from the Almighty God.

12 Now when word was brought unto Judas of Nicanor's coming, and he had imparted unto those that were with him that the army was at hand, 13 they that were fearful, and distrusted the justice of God, fled, and conveyed themselves away. 14 Others sold all that they had left, and withal besought the Lord to deliver them, being sold by the wicked Nicanor before they met together : 15 and if not for their own sakes, yet for the covenants he had made with their fathers, and for his holy and glorious name's sake, by which they were called. 16 So Maccabeus called his men together

unto the number of six thousand, and exhorted them not to be stricken with terror of the enemy, nor to fear the great multitude of the heathen, who came wrongfully against them; but to fight manfully, [17] and to set before their eyes the injury that they had unjustly done to the holy place, and the cruel handling of the city whereof they made a mockery, and also the taking away of the government of their forefathers: [18] For they, said he, trust in their weapons and boldness; but our confidence is in the Almighty God, who at a beck can cast down both them that come against us, and also all the world.

[19] Moreover he recounted unto them what helps their forefathers had found, and how they were delivered, when under Sennacherib an hundred fourscore and five thousand perished. [20] And he told them of the battle that they had in Babylon with the Galatians, how they came but eight thousand in all to the business, with four thousand Macedonians, and that the Macedonians being perplexed, the eight thousand destroyed an hundred and twenty thousand because of the help that they had from heaven, and so received a great booty.

[21] Thus when he had made them bold with these words, and ready to die for the laws and the country, he divided his army into four parts; [22] and joined with himself his own brethren, leaders of each band, to wit, Simon, and Joseph, and Jonathan, giving each one fifteen hundred men. [23] Also he appointed Eleazar to read the holy book: and when he had given them this watchword, The help of God: himself leading the first band, he joined battle with Nicanor.

[24] And by the help of the Almighty they slew above nine thousand of their enemies, and wounded and maimed the most part of Nicanor's host, and so put all to flight; [25] and took their money that came to buy them, and pursued them far: but lacking time they returned: [26] for it was the day before the sabbath, and therefore they would no longer pursue them.

[27] So when they had gathered their armour together, and spoiled their enemies, they occupied themselves about the sabbath, yielding exceeding praise and thanks to the Lord, who had preserved them unto that day, which was the beginning of mercy distilling upon them.

[28] And after the sabbath, when they had given part of the spoils to the maimed, and the widows, and orphans, the residue they divided among themselves and their servants. [29] When this was done, and they had made a common supplication, they besought the merciful Lord to be reconciled with his servants for ever.

[30] Moreover of those that were with Timotheus and Bacchides, who fought against them, they slew above twenty thousand, and very easily got high and strong holds, and divided among themselves many spoils more, and made the maimed, orphans, widows, yea, and the aged also, equal in spoils with themselves. [31] And when they had gathered their armour together, they laid them up all carefully in convenient places, and the remnant of the spoils they brought to Jerusalem.

ἀριθμὸν ἑξακισχιλίους, παρεκάλει μὴ καταπλαγῆναι τοὺς πολεμίους, μηδὲ εὐλαβεῖσθαι τὴν τῶν ἀδίκως παραγινομένων ἐπ' αὐτοὺς ἐθνῶν πολυπληθίαν, ἀγωνίσασθαι δὲ γενναίως, πρὸ ὀφθαλμῶν λαβόντας τὴν ἀνόμως εἰς τὸν ἅγιον τόπον 17 συντετελεσμένην ὑπ' αὐτῶν ὕβριν, καὶ τὸν τῆς ἐμπεπαιγμένης πόλεως αἰκισμὸν, ἔτι δὲ τὴν τῆς προγονικῆς πολιτείας κατάλυσιν. Οἱ μὲν γὰρ ὅπλοις πεποίθασιν ἅμα καὶ τόλμαις, ἔφησεν, 18 ἡμεῖς δὲ ἐπὶ τῷ παντοκράτορι Θεῷ δυναμένῳ καὶ τοὺς ἐρχομένους ἐφ' ἡμᾶς, καὶ τὸν ὅλον κόσμον ἐν ἑνὶ νεύματι καταβαλεῖν, πεποίθαμεν.

Προσαναλεξάμενος δὲ αὐτοῖς καὶ τὰς ἐπὶ τῶν προγόνων 19 γενομένας ἀντιλήψεις, καὶ τὴν ἐπὶ Σενναχηρεὶμ τῶν ἑκατὸν ὀγδοήκοντα πέντε χιλιάδων ὡς ἀπώλοντο. Καὶ τὴν ἐν τῇ 20 Βαβυλωνίᾳ τὴν πρὸς αὐτοὺς Γαλάτας παράταξιν γενομένην, ὡς οἱ πάντες ἐπὶ τὴν χρείαν ἦλθον ὀκτακισχίλιοι σὺν Μακεδόσι τετρακισχιλίοις, τῶν Μακεδόνων ἀπορουμένων, οἱ ὀκτακισχίλιοι τὰς δώδεκα μυριάδας ἀπώλεσαν διὰ τὴν γενομένην αὐτοῖς ἀπ' οὐρανοῦ βοήθειαν, καὶ ὠφέλειαν πολλὴν ἔλαβον.

Ἐφ' οἷς εὐθαρσεῖς αὐτοὺς παραστήσας, καὶ ἑτοίμους ὑπὲρ 21 τῶν νόμων καὶ τῆς πατρίδος ἀποθνήσκειν, τετραμερές τι τὸ στράτευμα ἐποίησε· τάξας καὶ τοὺς ἀδελφοὺς αὐτοῦ προη- 22 γουμένους ἑκατέρας τάξεως, Σίμωνα καὶ Ἰώσηφον καὶ Ἰωνάθαν, ὑποτάξας ἑκάστῳ χιλίους πρὸς τοῖς πεντακοσίοις, ἔτι δὲ καὶ 23 Ἐλεάζαρον, παραγνοὺς τὴν ἱερὰν βίβλον, καὶ δοὺς σύνθημα Θεοῦ βοηθείας, τῆς πρώτης σπείρας αὐτὸς προηγούμενος, συνέβαλε τῷ Νικάνορι.

Γενομένου δὲ αὐτοῖς τοῦ παντοκράτορος συμμάχου, κατέσ- 24 φαξαν τῶν πολεμίων ὑπὲρ τοὺς ἐννακισχιλίους, τραυματίας δὲ καὶ τοῖς μέλεσιν ἀναπήρους τὸ πλεῖστον μέρος τῆς τοῦ Νικάνορος στρατιᾶς ἐποίησαν, πάντας δὲ φυγεῖν ἠνάγκασαν. Τὰ 25 δὲ χρήματα τῶν παραγεγονότων ἐπὶ τὸν ἀγορασμὸν αὐτῶν ἔλαβον· συνδιώξαντες δὲ αὐτοὺς ἐφ' ἱκανὸν, ἀνέλυσαν ὑπὸ τῆς ὥρας συγκλειόμενοι. Ἦν γὰρ ἡ πρὸ τοῦ σαββάτου, δι' ἣν 26 αἰτίαν οὐκ ἐμακροθύμησαν κατατρέχοντες αὐτούς.

Ὁπλολογήσαντες δὲ αὐτοὺς, καὶ τὰ σκῦλα ἐκδύσαντες τῶν 27 πολεμίων, περὶ τὸ σάββατον ἐγίνοντο, περισσῶς εὐλογοῦντες, καὶ ἐξομολογούμενοι τῷ Κυρίῳ τῷ διασώσαντι αὐτοὺς εἰς τὴν ἡμέραν ταύτην, ἀρχὴν ἐλέους τάξαντος αὐτοῖς.

Μετὰ δὲ τὸ σάββατον τοῖς ἠκισμένοις, καὶ ταῖς χήραις, 28 καὶ ὀρφανοῖς, μερίσαντες ἀπὸ τῶν σκύλων, τὰ λοιπὰ αὐτοὶ καὶ τὰ παιδία ἐμερίσαντο. Ταῦτα δὲ διαπραξάμενοι, καὶ κοινὴν 29 ἱκετείαν ποιησάμενοι, τὸν ἐλεήμονα Κύριον ἠξίουν εἰς τέλος, καταλλαγῆναι τοῖς αὐτοῦ δούλοις.

Καὶ τῶν περὶ Τιμόθεον καὶ Βακχίδην συνεριζόντων, ὑπὲρ 30 τοὺς δισμυρίους αὐτῶν ἀνεῖλον, καὶ ὀχυρωμάτων ὑψηλῶν εὖ μάλα ἐγκρατεῖς ἐγένοντο· καὶ λάφυρα πλεῖστα ἐμερίσαντο, ἰσομοίρους ἑαυτοὺς καὶ τοῖς ἠκισμένοις, καὶ ὀρφανοῖς, καὶ χήραις, ἔτι δὲ καὶ πρεσβυτέροις ποιήσαντες. Ὁπλολογήσαν- 31 τες δὲ αὐτοὺς, ἐπιμελῶς πάντα συνέθηκαν εἰς τοὺς ἐπικαίρους τόπους, τὰ δὲ λοιπὰ τῶν σκύλων ἤνεγκαν εἰς Ἱεροσόλυμα.

32 Τὸν δὲ φυλάρχην τῶν περὶ Τιμόθεον ἀνεῖλον, ἀνοσιώτατον
33 ἄνδρα καὶ πολλὰ τοὺς Ἰουδαίους ἐπιλελυπηκότα. Ἐπινίκια
δὲ ἄγοντες ἐν τῇ πατρίδι, τοὺς ἐμπρήσαντας τοὺς ἱεροὺς
πυλῶνας, Καλλισθένην, καί τινας ἄλλους ὑφῆψαν εἰς ἐν
οἰκίδιον πεφευγότας, οἳ τινες ἄξιον τῆς δυσσεβείας ἐκομίσαντο
μισθόν.

34 Ὁ δὲ τρισαλιτήριος Νικάνωρ, ὁ τοὺς χιλίους ἐμπόρους ἐπὶ
35 τὴν πρᾶσιν τῶν Ἰουδαίων ἀγαγών, ταπεινωθεὶς ὑπὸ τῶν κατ'
αὐτὸν νομιζομένων ἐλαχίστων εἶναι, τῇ τοῦ Κυρίου βοηθείᾳ,
τὴν δοξικὴν ἀποθέμενος ἐσθῆτα, διὰ τῆς μεσογείου, δραπέτου
τρόπον ἔρημον ἑαυτὸν ποιήσας, ἧκεν εἰς Ἀντιόχειαν, ὑπεράγαν
36 δυσημερήσας ἐπὶ τῇ τοῦ στρατοῦ διαφθορᾷ. Καὶ ὁ τοῖς
Ῥωμαίοις ἀναδεξάμενος φόρον ἀπὸ τῆς τῶν ἐν Ἱεροσολύμοις
αἰχμαλωσίας κατορθώσασθαι, κατήγγελλεν ὑπέρμαχον ἔχειν
τὸν Θεὸν τοὺς Ἰουδαίους, καὶ διὰ τὸν τρόπον τοῦτον ἀτρώτους
εἶναι τοὺς Ἰουδαίους, διὰ τὸ ἀκολουθεῖν τοῖς ὑπ' αὐτοῦ προτε-
ταγμένοις νόμοις.

9 Περὶ δὲ τὸν καιρὸν ἐκεῖνον ἐτύγχανεν Ἀντίοχος ἀναλελυκὼς
2 ἀκόσμως ἐκ τῶν κατὰ τὴν Περσίδα τόπων. Εἰσεληλύθει γὰρ
εἰς τὴν λεγομένην Περσέπολιν, καὶ ἐπεχείρησεν ἱεροσυλεῖν,
καὶ τὴν πόλιν συνέχειν· διὸ δὴ τῶν πληθῶν ὁρμησάντων, ἐπὶ
τὴν τῶν ὅπλων βοήθειαν ἐτράπησαν· καὶ συνέβη τροπωθέντα
τὸν Ἀντίοχον ὑπὸ τῶν ἐγχωρίων, ἀσχήμονα τὴν ἀναζυγὴν
ποιήσασθαι.

3 Ὄντι δὲ αὐτῷ κατ' Ἐκβάτανα, προσέπεσε τὰ κατὰ Νικά-
4 νορα, καὶ τοὺς περὶ Τιμόθεον, γεγονότα. Ἐπαρθεὶς δὲ τῷ
θυμῷ, ᾤετο καὶ τὴν τῶν πεφυγαδευκότων αὐτὸν κακίαν εἰς
τοὺς Ἰουδαίους ἐναπερείσασθαι· διὸ συνέταξε τὸν ἁρματηλάτην
ἀδιαλείπτως ἐλαύνοντα κατανύειν τὴν πορείαν, τῆς ἐξ οὐρα-
νοῦ δὴ κρίσεως συνούσης αὐτῷ· οὕτω γὰρ ὑπερηφάνως εἶπε,
πολυάνδριον Ἰουδαίων Ἱεροσόλυμα ποιήσω παραγενόμενος
ἐκεῖ.

5 Ὁ δὲ πανεπόπτης Κύριος ὁ Θεὸς τοῦ Ἰσραὴλ ἐπάταξεν
αὐτὸν ἀνιάτῳ καὶ ἀοράτῳ πληγῇ· ἄρτι δὲ αὐτοῦ καταλήξαντος
τὸν λόγον, ἔλαβεν αὐτὸν ἀνήκεστος τῶν σπλάγχνων ἀλγηδὼν
6 καὶ πικραὶ τῶν ἔνδον βάσανοι, πάνυ δικαίως, τὸν πολλαῖς
καὶ ξενιζούσαις συμφοραῖς ἑτέρων σπλάγχνα βασανίσαντα.

7 Ὁ δ' οὐδαμῶς τῆς ἀγερωχίας ἔληγεν· ἔτι δὲ καὶ τῆς ὑπερη-
φανίας ἐπεπλήρωτο, πῦρ πνέων τοῖς θυμοῖς ἐπὶ τοὺς Ἰουδαί-
ους, καὶ κελεύων ἐποξύνειν τὴν πορείαν· συνέβη δὲ καὶ πεσεῖν
αὐτὸν ἀπὸ τοῦ ἅρματος φερομένου ῥοίζῳ, καὶ δυσχερεῖ πτώματι
περιπεσόντα, πάντα τὰ μέλη τοῦ σώματος ἀποστρεβλοῦσθαι.

8 Ὁ δ' ἄρτι δοκῶν τοῖς τῆς θαλάσσης κύμασιν ἐπιτάσσειν,
διὰ τὴν ὑπὲρ ἄνθρωπον ἀλαζονείαν, καὶ πλάστιγγι τὰ τῶν
ὀρέων οἰόμενος ὕψη στήσειν, κατὰ γῆν γενόμενος, ἐν φορείῳ
παρεκομίζετο, φανερὰν τοῦ Θεοῦ πᾶσι τὴν δύναμιν ἐνδεικνύ-
9 μενος· ὥστε καὶ ἐκ τοῦ σώματος τοῦ δυσσεβοῦς σκώληκας
ἀναζεῖν, καὶ ζῶντος ἐν ὀδύναις καὶ ἀλγηδόσι τὰς σάρκας αὐτοῦ
διαπίπτειν, ὑπὸ δὲ τῆς ὀσμῆς αὐτοῦ πᾶν τὸ στρατόπεδον βα-
10 ρύνεσθαι τῇ σαπρίᾳ. Καὶ τὸν μικρῷ πρότερον τῶν οὐρανίων

---

32 They slew also Philarches, that wicked person, who was with Timotheus, and had annoyed the Jews many ways. 33 Furthermore at such time as they kept the feast for the victory in their country they burnt Callisthenes, [and some others] that had set fire upon the holy gates, who had fled into a little house; and they received a reward meet for their wickedness.

34 As for that most ungracious Nicanor, who had brought a thousand merchants to buy the Jews, 35 he was through the help of the Lord brought down by them, of whom he made least account; and putting off his glorious apparel, and discharging his company, he came like a fugitive servant through the midland unto Antioch, having very great dishonour, for that his host was destroyed. 36 Thus he, that took upon him to make good to the Romans their tribute by means of the captives in Jerusalem, told abroad, that the Jews had God to fight for them, and therefore they could not be hurt, because they followed the laws that he gave them.

About that time came Antiochus with dishonour out of the country of Persia. 2 For he had entered the *city* called Perse-polis, and went about to rob the temple, and to hold the city; whereupon the multitude running to defend themselves with their weapons put them to flight; and so it happened, that Antiochus being put to flight of the inhabitants returned with shame.

3 Now when he came to Ecbatane, news was brought him what had happened unto Nicanor and Timotheus. 4 Then swelling with anger, he thought to avenge upon the Jews the disgrace done unto him by those that made him flee. Therefore commanded he his chariotman to drive without ceasing, and to dispatch the journey, the judgment of God now following him. For he had spoken proudly in this sort, That he would come to Jerusalem, and make it a common burying place of the Jews.

5 But the Lord Almighty, the God of Israel, smote him with an incurable and invisible plague: for as soon as had spoken these words, a pain of the bowels that was remediless came upon him, and sore torments of the inner parts; 6 and that most justly: for he had tormented other men's bowels with many and strange torments.

7 Howbeit he nothing at all ceased from his bragging, but still was filled with pride, breathing out fire in his rage against the Jews, and commanding to haste the journey: but it came to pass that he fell down from his chariot, carried violently; so that having a sore fall, all the members of his body were much pained.

8 And thus he that a little afore thought he might command the waves of the sea, (so proud was he beyond the condition of men) and weigh the high mountains in a balance, was now cast on the ground, and carried in an horselitter, shewing forth unto all the manifest power of God. 9 So that the worms rose up out of the body of this wicked man, and whiles he lived in sorrow and pain, his flesh fell away, and the filthiness of his smell was noisome to all his army. 10 And the man, that thought a little afore

he could reach to the stars of heaven, no man could endure to carry for his intolerable stink.

[11] Here therefore, being plagued, he began to leave off his great pride, and to come to the knowledge *of himself* by the scourge of God, his pain increasing every moment. [12] And when he himself could not abide his own smell, he said these words, It is meet to be subject unto God, and that a man that is mortal should not proudly think of himself, as if he were God.

[13] This wicked person vowed also unto the Lord, who now no more would have mercy upon him, saying thus, [14] That the holy city (to the which he was going in haste, to lay it even with the ground, and to make it a common burying place,) he would set at liberty: [15] and as touching the Jews, whom he had judged not worthy so much as to be buried, but to be cast out with their children to be devoured of the fowls and wild beasts, he would make them all equals to the citizens of Athens: [16] and the holy temple, which before he had spoiled, he would garnish with goodly gifts, and restore all the holy vessels with many more, and out of his own revenue defray the charges belonging to the sacrifices: [17] yea, and that also he would become a Jew himself, and go through all the world that was inhabited, and declare the power of God.

[18] But for all this his pains would not cease: for the just judgment of God was come upon him: therefore despairing of his health, he wrote unto the Jews the letter underwritten, containing the form of a supplication, after this manner:

[19] Antiochus, king and governor, to the good Jews his citizens wisheth much joy, health, and prosperity: [20] if ye and your children fare well, and your affairs be to your contentment, I give very great thanks to God, having my hope in heaven.

[21] As for me, I was weak, or else I would have remembered kindly your honour and good will. Returning out of Persia, and being taken with a grievous disease, I thought it necessary to care for the common safety of all: [22] not distrusting mine health, but having great hope to escape this sickness. [23] But considering that even my father, at what time he led an army into the high countries, appointed a successor, [24] to the end that, if any thing fell out contrary to expectation, or if any tidings were brought that were grievous, they of the land, knowing to whom the state was left, might not be troubled:

[25] Again, considering how that the princes that are borderers and neighbours unto my kingdom wait for opportunities, and expect what shall be the event, I have appointed my son Antiochus king, whom I often committed and commended unto many of you, when I went up into the high provinces; to whom I have written as followeth:

[26] Therefore I pray and request you to remember the benefits that I have done unto you generally, and in special, and that every man will be still faithful to me and my son. [27] For I am persuaded that he understanding my mind will favourably and graciously yield to your desires.

[28] Thus the murderer and blasphemer

ἄστρων ἅπτεσθαι δοκοῦντα, παρακομίζειν οὐδεὶς ἐδύνατο, διὰ τὸ τῆς ὀσμῆς ἀφόρητον βάρος.

Ἐνταῦθα οὖν ἤρξατο τὸ πολὺ τῆς ὑπερηφανίας λήγειν 11 ὑποτεθραυσμένος, καὶ εἰς ἐπίγνωσιν ἔρχεσθαι θείᾳ μάστιγι κατὰ στιγμὴν ἐπιτεινόμενος ταῖς ἀλγηδόσι. Καὶ μηδὲ τῆς 12 ὀσμῆς αὐτοῦ δυνάμενος ἀνέχεσθαι, ταῦτ' ἔφη, δίκαιον ὑποτάσσεσθαι τῷ Θεῷ, καὶ μὴ θνητὸν ὄντα ἰσόθεα φρονεῖν ὑπερηφανῶς.

Ηὔχετο δὲ ὁ μιαρὸς πρὸς τὸν οὐκέτι αὐτὸν ἐλεήσοντα δεσπό- 13 την, οὕτω λέγων, τὴν μὲν ἁγίαν πόλιν ἣν σπεύδων παρεγίνετο 14 ἰσόπεδον ποιῆσαι, καὶ πολυάνδριον οἰκοδομῆσαι, ἐλευθέραν ἀναδεῖξαι· τοὺς δὲ Ἰουδαίους οὓς διεγνώκει μηδὲ ταφῆς 15 ἀξιῶσαι, οἰωνοβρώτους δὲ σὺν τοῖς νηπίοις ἐκρίψειν θηρίοις, πάντας αὐτοὺς ἴσους Ἀθηναίοις ποιήσειν· ὃν δὲ πρότερον 16 ἐσκύλευσεν ἅγιον νεὼν, καλλίστοις ἀναθήμασι κοσμήσειν, καὶ τὰ ἱερὰ σκεύη πολυπλάσια πάντα ἀποδώσειν, τὰς δὲ ἐπιβαλλούσας πρὸς τὰς θυσίας συντάξεις ἐκ τῶν ἰδίων προσόδων χορηγήσειν· πρὸς δὲ τούτοις, καὶ Ἰουδαῖον ἔσεσθαι, καὶ 17 πάντα τόπον οἰκητὸν ἐπελεύσεσθαι καταγγέλλοντα τὸ τοῦ Θεοῦ κράτος.

Οὐδαμῶς δὲ ληγόντων τῶν πόνων, ἐπεληλύθει γὰρ ἐπ' αὐτὸν 18 δικαία ἡ τοῦ Θεοῦ κρίσις, τὰ κατ' αὐτὸν ἀπελπίσας, ἔγραψε πρὸς τοὺς Ἰουδαίους τὴν ὑπογεγραμμένην ἐπιστολὴν, ἱκετηρίας τάξιν ἔχουσαν, περιέχουσαν δὲ οὕτως·

Τοῖς χρηστοῖς Ἰουδαίοις τοῖς πολίταις πολλὰ χαίρειν, καὶ 19 ὑγιαίνειν, καὶ εὖ πράττειν, βασιλεὺς καὶ στρατηγὸς Ἀντίοχος. Εἰ ἔρρωσθε, καὶ τὰ τέκνα καὶ τὰ ἴδια κατὰ γνώμην ἐστὶν 20 ὑμῖν, εὔχομαι μὲν τῷ Θεῷ τὴν μεγίστην χάριν, εἰς οὐρανὸν τὴν ἐλπίδα ἔχων.

Κἀγὼ δὲ ἀσθενῶς διεκείμην, ὑμῶν τὴν τιμὴν καὶ τὴν 21 εὔνοιαν ἂν ἐμνημόνευον φιλοστόργως· ἐπανάγων ἐκ τῶν περὶ τὴν Περσίδα τόπων, καὶ περιπεσὼν ἀσθενείᾳ δυσχέρειαν ἐχούσῃ, ἀναγκαῖον ἡγησάμην φροντίσαι τῆς κοινῆς πάντων ἀσφαλείας. Οὐκ ἀπογινώσκων τὰ κατ' ἐμαυτόν, ἀλλὰ ἔχων 22 πολλὴν ἐλπίδα ἐκφεύξεσθαι τὴν ἀσθένειαν, θεωρῶν δὲ ὅτι καὶ 23 ὁ πατὴρ καθ' οὓς καιροὺς εἰς τοὺς ἄνω τόπους ἐστρατοπέδευσεν, ἀνέδειξε τὸν διαδεξόμενον, ὅπως ἐάν τι παράδοξον ἀπο- 24 βαίνῃ, ἢ καὶ προσαγγελθῇ τι δυσχερές, εἰδότες οἱ κατὰ τὴν χώραν ᾧ καταλέλειπται τὰ πράγματα, μὴ ἐπιταράσσωνται·

Πρὸς δὲ τούτοις κατανοῶν τοὺς παρακειμένους δυνάστας, 25 καὶ γειτνιῶντας τῇ βασιλείᾳ τοῖς καιροῖς ἐπέχοντας, προσδεχομένους τὸ ἀποβησόμενον, ἀναδέδειχα τὸν υἱόν μου Ἀντίοχον βασιλέα, ὃν πολλάκις ἀνατρέχων εἰς τὰς ἐπάνω σατραπείας τοῖς πλείστοις ὑμῶν παρακατετιθέμην καὶ συνίστων· γέγραφα δὲ πρὸς αὐτὸν τὰ ὑπογεγραμμένα·

Παρακαλῶ οὖν ὑμᾶς καὶ ἀξιῶ, μεμνημένους τῶν εὐεργεσιῶν 26 κοινῇ καὶ κατιδίαν, ἕκαστον συντηρεῖν τὴν οὖσαν εὔνοιαν εἰς ἐμὲ καὶ τὸν υἱόν μου. Πέπεισμαι γὰρ αὐτὸν ἐπιεικῶς καὶ 27 φιλανθρώπως παρακολουθοῦντα τῇ ἐμῇ προαιρέσει, συμπεριενεχθήσεσθαι ὑμῖν.

Ὁ μὲν οὖν ἀνδροφόνος καὶ βλάσφημος τὰ χείριστα παθών, 28

ὡς ἑτέρους διέθηκεν, ἐπὶ ξένης ἐν τοῖς ὄρεσιν οἰκτίστῳ μόρῳ
29 κατέστρεψε τὸν βίον. Παρεκομίζετο δὲ τὸ σῶμα Φίλιππος
ὁ σύντροφος αὐτοῦ· ὃς καὶ διευλαβηθεὶς τὸν υἱὸν Ἀντιόχου,
πρὸς Πτολεμαῖον τὸν Φιλομήτορα εἰς Αἴγυπτον διεκομίσθη.

10 Μακκαβαῖος δὲ καὶ οἱ σὺν αὐτῷ, τοῦ Κυρίου προάγοντος
2 αὐτούς, τὸ μὲν ἱερὸν ἐκομίσαντο καὶ τὴν πόλιν, τοὺς δὲ κατὰ
τὴν ἀγορὰν βωμοὺς ὑπὸ τῶν ἀλλοφύλων δεδημιουργημένους,
ἔτι δὲ τεμένη καθεῖλον.

3 Καὶ τὸν νεὼν καθαρίσαντες, ἕτερον θυσιαστήριον ἐποίησαν,
καὶ πυρώσαντες λίθους, καὶ πῦρ ἐκ τούτων λαβόντες, ἀνήνεγκαν
θυσίαν μετὰ διετῆ χρόνον, καὶ θυμίαμα καὶ λύχνους, καὶ τῶν
4 ἄρτων τὴν πρόθεσιν ἐποιήσαντο. Ταῦτα δὲ ποιήσαντες ἠξίω-
σαν τὸν Κύριον πεσόντες ἐπὶ κοιλίαν, μηκέτι περιπεσεῖν
τοιούτοις κακοῖς, ἀλλ' ἐάν ποτε καὶ ἁμάρτωσιν, ὑπ' αὐτοῦ μετ'
ἐπιεικείας παιδεύεσθαι, καὶ μὴ βλασφήμοις καὶ βαρβάροις
ἔθνεσι παραδίδοσθαι.

5 Ἐν ᾗ δὲ ἡμέρᾳ ὁ νεὼς ὑπὸ ἀλλοφύλων ἐβεβήλωτο, συνέβη
κατὰ τὴν αὐτὴν ἡμέραν τὸν καθαρισμὸν γενέσθαι τοῦ ναοῦ,
τῇ πέμπτῃ καὶ εἰκάδι τοῦ αὐτοῦ μηνός, ὅς ἐστι Χασελεύ.

6 Καὶ μετ' εὐφροσύνης ἦγον ἡμέρας ὀκτὼ σκηνωμάτων τρό-
πον, μνημονεύοντες ὡς πρὸ μικροῦ χρόνου τὴν τῶν σκηνῶν
ἑορτὴν ἐν τοῖς ὄρεσι καὶ ἐν τοῖς σπηλαίοις θηρίων τρόπον ἦσαν
7 νεμόμενοι. Διὸ θύρσους καὶ κλάδους ὡραίους, ἔτι δὲ φοίνικας
ἔχοντες, ὕμνους ἀνέφερον τῷ εὐοδώσαντι καθαρισθῆναι τὸν
8 ἑαυτοῦ τόπον. Ἐδογμάτισαν δὲ μετὰ κοινοῦ προστάγματος
καὶ ψηφίσματος παντὶ τῷ τῶν Ἰουδαίων ἔθνει κατ' ἐνιαυτὸν
ἄγειν τάσδε τὰς ἡμέρας.

9 Καὶ τὰ μὲν τῆς Ἀντιόχου τοῦ προσαγορευθέντος Ἐπιφανοῦς
τελευτῆς οὕτως εἶχε.

10 Νυνὶ δὲ τὰ κατὰ τὸν Εὐπάτορα Ἀντίοχον, υἱὸν δὲ τοῦ
ἀσεβοῦς γενόμενον, δηλώσομεν, αὐτὰ συντέμνοντες τὰ τῶν
11 πολέμων κακά. Αὐτὸς γὰρ παραλαβὼν βασιλείαν, ἀνέδειξεν
ἐπὶ τῶν πραγμάτων Λυσίαν τινά, κοίλης δὲ Συρίας καὶ Φοινίκης
στρατηγὸν πρώταρχον.

12 Πτολεμαῖος γὰρ ὁ καλούμενος Μάκρων τὸ δίκαιον συντηρεῖν
προηγούμενος εἰς τοὺς Ἰουδαίους διὰ τὴν γεγονυῖαν εἰς αὐτοὺς
ἀδικίαν, καὶ ἐπειρᾶτο τὰ πρὸς αὐτοὺς εἰρηνικῶς διεξάγειν.
13 Ὅθεν κατηγορούμενος ὑπὸ τῶν φίλων πρὸς τὸν Εὐπάτορα, καὶ
προδότης παρέκαστα ἀκούων, διὰ τὸ τὴν Κύπρον ἐμπιστευθέντα
ὑπὸ τοῦ Φιλομήτορος ἐκλιπεῖν, καὶ πρὸς Ἀντίοχον τὸν Ἐπιφανῆ
ἀναχωρῆσαι, μήτ' εὐγενῆ τὴν ἐξουσίαν ἔχων, ὑπ' ἀθυμίας
φαρμακεύσας ἑαυτὸν ἐξέλιπε τὸν βίον.

14 Γοργίας δὲ γενόμενος στρατηγὸς τῶν τόπων, ἐξενοτρόφει,
15 καὶ παρέκαστα πρὸς τοὺς Ἰουδαίους ἐπολεμοτρόφει. Ὁμοῦ
δὲ τούτῳ καὶ οἱ Ἰδουμαῖοι ἐγκρατεῖς ἐπικαίρων ὀχυρωμάτων
ὄντες, ἐγύμναζον τοὺς Ἰουδαίους, καὶ τοὺς φυγαδευθέντας ἀπὸ
Ἱεροσολύμων προσλαβόμενοι πολεμοτροφεῖν ἐπεχείρουν.

16 Οἱ δὲ περὶ τὸν Μακκαβαῖον ποιησάμενοι λιτανείαν, καὶ ἀξιώ-
σαντες τὸν Θεὸν σύμμαχον αὐτοῖς γενέσθαι, ἐπὶ τὰ τῶν Ἰδου-
17 μαίων ὀχυρώματα ὥρμησαν, οἷς καὶ προσβαλόντες εὐρώστως,

having suffered most grievously, as he en-
treated other men, so died he a miserable
death in a strange country in the moun-
tains. ²⁹And Philip, that was brought up
with him, carried away his body, who also
fearing the son of Antiochus went into
Egypt to Ptolemeus Philometor.

Now Maccabeus and his company, the
Lord guiding them, recovered the temple
and the city: ²but the altars which the
heathen had built in the open street, and
also the chapels, they pulled down.

³And having cleansed the temple they
made another altar, and striking stones
they took fire out of them, and offered a
sacrifice after two years, and set forth in-
cense, and lights, and shewbread. ⁴When
that was done, they fell flat down, and be-
sought the Lord that they might come no
more into such troubles; but if they sinned
any more against him, that he himself
would chasten them with mercy, and that
they might not be delivered unto the blas-
phemous and barbarous nations.

⁵Now upon the same day that the stran-
gers profaned the temple, on the very same
day it was cleansed again, even the five
and twentieth day of the same month,
which is Casleu.

⁶And they kept eight days with gladness,
as in the feast of the tabernacles, remem-
bering that not long afore they had held
the feast of the tabernacles, when as they
wandered in the mountains and dens like
beasts. ⁷Therefore they bare branches, and
fair boughs, and palms also, and sang psalms
unto him that had given them good success
in cleansing his place. ⁸They ordained also
by a common statute and decree, That
every year those days should be kept of the
whole nation of the Jews.

⁹And this was the end of Antiochus, called
Epiphanes.

¹⁰Now will we declare the acts of Antio-
chus Eupator, who was the son of this wicked
man, gathering briefly the calamities of the
wars. ¹¹So when he was come to the crown,
he set one Lysias over the affairs of his
realm, and *appointed him* chief governor of
Celosyria and Phenice.

¹²For Ptolemeus, that was called Macron,
choosing rather to do justice unto the Jews
for the wrong that had been done unto
them, endeavoured to continue peace with
them. ¹³Whereupon being accused of *the
king's* friends before Eupator, and called
traitor at every word, because he had left
Cyprus, that Philometor had committed
unto him, and departed to Antiochus Epi-
phanes, and seeing that he was in no honour-
able place, he was so discouraged, that he
poisoned himself and died.

¹⁴But when Gorgias was governor of the
holds, he hired soldiers, and nourished war
continually with the Jews; ¹⁵and there-
withal the Idumeans, having gotten into
their hands the most commodious holds,
kept the Jews occupied, and receiving those
that were banished from Jerusalem, they
went about to nourish war.

¹⁶Then they that were with Maccabeus
made supplication, and besought God that
he would be their helper; and so they ran
with violence upon the strong holds of the
Idumeans, ¹⁷and assaulting them strongly,

they won the holds, and kept off all that fought upon the wall, and slew all that fell into their hands, and killed no fewer than twenty thousand.

[18]And because certain, who were no less than nine thousand, were fled together into two very strong castles, having all manner of things convenient to *sustain* the siege, [19]Maccabeus left Simon and Joseph, and Zaccheus also, and them that were with him, who were enough to besiege them, and departed himself unto those places which more needed his help.

[20]Now they that were with Simon, being led with covetousness, were persuaded for money through certain of those that were in the castle, and took seventy thousand drachms, and let some of them escape. [21]But when it was told Maccabeus what was done, he called the governors of the people together, and accused those men, that they had sold their brethren for money, and set their enemies free to fight against them. [22]So he slew those that were found traitors, and immediately took the two castles. [23]And having good success with his weapons in all things he took in hand, he slew in the two holds more than twenty thousand.

[24]Now Timotheus, whom the Jews had overcome before, when he had gathered a great multitude of foreign forces, and horses out of Asia not a few, came as though he would take Jewry by force of arms. [25]But when he drew near, they that were with Maccabeus turned themselves to pray unto God, and sprinkled earth upon their heads, and girded their loins with sackcloth, [26]and fell down at the foot of the altar, and besought him to be merciful to them, and to be an enemy to their enemies, and an adversary to their adversaries, as the law declareth. [27]So after the prayer they took their weapons, and went on further from the city: and when they drew near to their enemies, they kept by themselves.

[28]Now the sun being newly risen, they joined both together; the one part having together with their virtue their refuge also unto the Lord for a pledge of their success and victory: the other side making their rage leader of their battle.

[29]But when the battle waxed strong, there appeared unto the enemies from heaven five comely men upon horses, with bridles of gold, and two of them led the Jews, [30]and took Maccabeus betwixt them, and covered him on every side with their weapons, and kept him safe, but shot arrows and lightnings against the enemies: so that being confounded with blindness, and full of trouble, they were killed. [31]And there were slain *of footmen* twenty thousand and five hundred, and six hundred horsemen.

[32]As for Timotheus himself, he fled into a very strong hold, called Gazara, where Chereas was governor.

[33]But they that were with Maccabeus laid siege against the fortress courageously four days. [34]And they that were within, trusting to the strength of the place, blasphemed exceedingly, and uttered wicked words.

[35]Nevertheless upon the fifth day early twenty young men of Maccabeus' company, inflamed with anger because of the blas-

ἐγκρατεῖς ἐγένοντο τῶν τόπων, πάντας τε τοὺς ἐπὶ τῷ τείχει μαχομένους ἠμύναντο· κατέσφαζον δὲ τοὺς ἐμπίπτοντας, ἀνεῖλον δὲ οὐχ ἧττον τῶν δισμυρίων.

18 Συμφυγόντων δὲ οὐκ ἔλαττον τῶν ἐννακισχιλίων εἰς δύο πύργους ὀχυροὺς εὖ μάλα, καὶ πάντα τὰ πρὸς πολιορκίαν 19 ἔχοντας, ὁ Μακκαβαῖος εἰς ἐπείγοντας τόπους ἀπολιπὼν Σίμωνα καὶ Ἰώσηφον, ἔτι δὲ καὶ Ζακχαῖον καὶ τοὺς σὺν αὐτῷ ἱκανοὺς πρὸς τὴν τούτων πολιορκίαν, αὐτὸς ἐχωρίσθη.

20 Οἱ δὲ περὶ τὸν Σίμωνα φιλαργυρήσαντες ὑπό τινων τῶν ἐν τοῖς πύργοις ἐπείσθησαν ἀργυρίῳ· ἑπτάκις δὲ μυριάδας δραχμὰς 21 λαβόντες, εἴασάν τινας διαρρυῆναι. Προσαγγελθέντος δὲ τῷ Μακκαβαίῳ περὶ τοῦ γεγονότος, συναγαγὼν τοὺς ἡγουμένους τοῦ λαοῦ, κατηγόρησεν ὡς ἀργυρίου πεπράκασι τοὺς ἀδελφούς, τοὺς πολεμίους κατ᾽ αὐτῶν ἀπολύσαντες. Τούτους μὲν οὖν 22 προδότας γενομένους ἀπέκτεινε, καὶ παραχρῆμα τοὺς δύο πύργους κατελάβετο. Τοῖς δὲ ὅπλοις τὰ πάντα ἐν ταῖς χερσὶν 23 εὐοδούμενος, ἀπώλεσεν ἐν τοῖς δυσὶν ὀχυρώμασι πλείους τῶν δισμυρίων.

24 Τιμόθεος δὲ ὁ πρότερον ἡττηθεὶς ὑπὸ τῶν Ἰουδαίων, συναγαγὼν ξένας δυνάμεις παμπληθεῖς, καὶ τοὺς τῆς Ἀσίας γενομένους ἵππους συναθροίσας οὐκ ὀλίγους, παρὴν ὡς δοριάλωτον 25 ληψόμενος τὴν Ἰουδαίαν. Οἱ δὲ περὶ τὸν Μακκαβαῖον, συνεγγίζοντος αὐτοῦ, πρὸς ἱκετείαν τοῦ Θεοῦ ἐτράπησαν, γῇ τὰς κεφαλὰς καταπάσαντες, καὶ τὰς ὀσφύας σάκκοις ζώσαντες, 26 ἐπὶ τὴν ἀπέναντι τοῦ θυσιαστηρίου κρηπῖδα προσπεσόντες, ἠξίουν ἵλεων αὐτοῖς γενόμενον ἐχθρεῦσαι τοῖς ἐχθροῖς αὐτῶν, καὶ ἀντικεῖσθαι τοῖς ἀντικειμένοις, καθὼς ὁ νόμος διασαφεῖ. 27 Γενόμενοι δὲ ἀπὸ τῆς δεήσεως, ἀναλαβόντες τὰ ὅπλα, προῆγον ἀπὸ τῆς πόλεως ἐπὶ πλεῖον· συνεγγίσαντες δὲ τοῖς πολεμίοις, ἐφ᾽ ἑαυτῶν ἦσαν.

28 Ἄρτι δὲ τῆς ἀνατολῆς διαδεχομένης, προσέβαλον ἑκάτεροι· οἱ μὲν ἔγγυον ἔχοντες εὐημερίας καὶ νίκης μετ᾽ ἀρετῆς τὴν ἐπὶ τὸν Κύριον καταφυγήν, οἱ δὲ καθηγεμόνα τῶν ἀγώνων ταττόμενοι τὸν θυμόν.

29 Γενομένης δὲ καρτερᾶς μάχης, ἐφάνησαν τοῖς ὑπεναντίοις ἐξ οὐρανοῦ ἐφ᾽ ἵππων χρυσοχαλίνων ἄνδρες πέντε διαπρεπεῖς, καὶ 30 ἀφηγούμενοι τῶν Ἰουδαίων οἱ δύο, καὶ τὸν Μακκαβαῖον μέσον λαβόντες, καὶ σκεπάζοντες ταῖς ἑαυτῶν πανοπλίαις, ἄτρωτον διεφύλαττον· εἰς δὲ τοὺς ὑπεναντίους τοξεύματα καὶ κεραυνοὺς ἐξερρίπτουν· διὸ συγχυθέντες ἀορασίᾳ, κατεκόπτοντο ταραχῆς πεπληρωμένοι. Κατεσφάγησαν δὲ δισμύριοι πρὸς τοῖς πεντα- 31 κοσίοις, ἱππεῖς δὲ ἑξακόσιοι.

32 Αὐτὸς δὲ ὁ Τιμόθεος συνέφυγεν εἰς Γάζαρα λεγόμενον ὀχύρωμα, εὖ μάλα φρούριον, στρατηγοῦντος ἐκεῖ Χαιρέου.

33 Οἱ δὲ περὶ τὸν Μακκαβαῖον ἄσμενοι περιεκάθισαν τὸ φρού- 34 ριον ἡμέρας τέσσαρας. Οἱ δὲ ἔνδον τῇ ἐρυμνότητι τοῦ τόπου πεποιθότες, ὑπεράγαν ἐβλασφήμουν, καὶ λόγους ἀθεμίτους προΐοντο.

35 Ὑποφαινούσης δὲ τῆς πέμπτης ἡμέρας, εἴκοσι νεανίαι τῶν περὶ τὸν Μακκαβαῖον πυρωθέντες τοῖς θυμοῖς διὰ τὰς βλασφη-

μίας, προσβαλόντες τῷ τείχει, ἀρρενωδῶς καὶ θηριώδει θυμῷ
36 τὸν ἐμπίπτοντα ἔκοπτον, ἕτεροι δὲ ὁμοίως προσαναβάντες ἐν
τῷ περισπασμῷ πρὸς τοὺς ἔνδον, ἐνεπίμπρων τοὺς πύργους, καὶ
πυρὰς ἀνάψαντες ζῶντας τοὺς βλασφήμους κατέκαιον· οἱ δὲ
τὰς πύλας διέκοπτον, εἰσδεξάμενοι δὲ τὴν λοιπὴν τάξιν, προ-
37 κατελάβοντο τὴν πόλιν, καὶ τὸν Τιμόθεον ἀποκεκρυμμένον ἔν
τινι λάκκῳ κατέσφαξαν, καὶ τὸν τούτου ἀδελφὸν Χαιρέαν, καὶ
τὸν Ἀπολλοφάνη.
38   Ταῦτα δὲ διαπραξάμενοι, μεθ᾽ ὕμνων καὶ ἐξομολογήσεων
εὐλόγουν τῷ Κυρίῳ τῷ μεγάλως εὐεργετοῦντι τὸν Ἰσραήλ, καὶ
τὸ νῖκος αὐτοῖς διδόντι.
11   Μετ᾽ ὀλίγον δὲ παντελῶς χρόνον Λυσίας ἐπίτροπος τοῦ
βασιλέως καὶ συγγενής, καὶ ἐπὶ τῶν πραγμάτων, λίαν βαρέως
2 φέρων ἐπὶ τοῖς γεγονόσι, συναθροίσας περὶ τὰς ὀκτὼ μυριάδας
καὶ τὴν ἵππον πᾶσαν, παρεγένετο ἐπὶ τοὺς Ἰουδαίους, λογιζό-
3 μενος τὴν μὲν πόλιν Ἕλλησιν οἰκητήριον ποιήσειν, τὸ δὲ ἱερὸν
ἀργυρολόγητον καθὼς τὰ λοιπὰ τῶν ἐθνῶν τεμένη, πρατὴν δὲ
4 τὴν ἀρχιερωσύνην κατ᾽ ἔτος ποιήσειν, οὐδαμῶς ἐπιλογιζόμενος
τὸ τοῦ Θεοῦ κράτος, πεφρενωμένος δὲ ταῖς μυριάσι τῶν πεζῶν
καὶ ταῖς χιλιάσι τῶν ἱππέων καὶ τοῖς ἐλέφασι τοῖς ὀγδοήκοντα.
5   Εἰσελθὼν δὲ εἰς τὴν Ἰουδαίαν, καὶ συνεγγίσας τῷ Βαιθ-
σούρᾳ, ὄντι μὲν ἐρυμνῷ χωρίῳ, ἀπὸ δὲ Ἱεροσολύμων ἀπέχοντι
ὡσεὶ σταδίους πέντε, τοῦτο ἔθλιβεν.
6   Ὡς δὲ μετέλαβον οἱ περὶ τὸν Μακκαβαῖον πολιορκοῦντα
αὐτὸν τὰ ὀχυρώματα, μετ᾽ ὀδυρμῶν καὶ δακρύων ἱκέτευον σὺν
τοῖς ὄχλοις τὸν Κύριον, ἀγαθὸν ἄγγελον ἀποστεῖλαι πρὸς
7 σωτηρίαν τῷ Ἰσραήλ. Αὐτὸς δὲ πρῶτος ὁ Μακκαβαῖος ἀνα-
λαβὼν τὰ ὅπλα προετρέψατο τοὺς ἄλλους, ἅμα αὐτῷ δια-
κινδυνεύοντας, ἐπιβοηθεῖν τοῖς ἀδελφοῖς αὐτῶν· ὁμοῦ δὲ καὶ
προθύμως ἐξώρμησαν.
8   Αὐτόθι δὲ καὶ πρὸς τοῖς Ἱεροσολύμοις ὄντων, ἐφάνη προ-
ηγούμενος αὐτῶν ἔφιππος ἐν λευκῇ ἐσθῆτι, πανοπλίαν χρυσῆν
9 κραδαίνων. Ὁμοῦ δὲ πάντες εὐλόγησαν τὸν ἐλεήμονα Θεόν,
καὶ ἐπερρώσθησαν ταῖς ψυχαῖς, οὐ μόνον ἀνθρώπους ἀλλὰ καὶ
θῆρας τοὺς ἀγριωτάτους, καὶ σιδηρᾶ τείχη τιτρώσκειν ὄντες
10 ἕτοιμοι. Προσῆγον ἐν διασκευῇ τὸν ἀπ᾽ οὐρανοῦ σύμμαχον
11 ἔχοντες, ἐλεήσαντος αὐτοὺς τοῦ Κυρίου. Λεοντηδὸν δὲ ἐντινά-
ξαντες εἰς τοὺς πολεμίους, κατέστρωσαν αὐτῶν χιλίους πρὸς
τοῖς μυρίοις, ἱππεῖς δὲ ἑξακοσίους πρὸς τοῖς χιλίοις· τοὺς δὲ
12 πάντας ἠνάγκασαν φυγεῖν. Οἱ πλείονες δὲ αὐτῶν τραυματίαι
γυμνοὶ διεσώθησαν· καὶ αὐτὸς δὲ ὁ Λυσίας αἰσχρῶς φεύγων
διεσώθη.
13   Οὐκ ἄνους δὲ ὑπάρχων, πρὸς ἑαυτὸν ἀντιβάλλων τὸ γεγονὸς
περὶ ἑαυτὸν ἐλάσσωμα, καὶ συννοήσας ἀνικήτους εἶναι τοὺς
Ἑβραίους, τοῦ πάντα δυναμένου Θεοῦ συμμαχοῦντος αὐτοῖς,
14 προσαποστείλας ἔπεισε συλλύσεσθαι ἐπὶ πᾶσι τοῖς δικαίοις·
καὶ διότι καὶ τὸν βασιλέα πείσειν φίλον αὐτοῖς ἀναγκάζειν
15 γενέσθαι. Ἐπένευσε δὲ ὁ Μακκαβαῖος ἐπὶ πᾶσιν οἷς ὁ Λυσίας
παρεκάλει τοῦ συμφέροντος φροντίζων· ὅσα γὰρ ὁ Μακκαβαῖος
ἐπέδωκε τῷ Λυσίᾳ διὰ γραπτῶν περὶ τῶν Ἰουδαίων, συνεχώρη-
σεν ὁ βασιλεύς.
16   Ἦσαν γὰρ αἱ γεγραμμέναι τοῖς Ἰουδαίοις ἐπιστολαὶ παρὰ

phemies, assaulted the wall manly, and with a fierce courage killed all that they met withal. [36] Others likewise ascending after them, whiles they were busied with them that were within, burnt the towers, and kindling fires burnt the blasphemers alive; and others broke open the gates, and, having received in the rest of the army, took the city, [37] and killed Timotheus, that was hid in a certain pit, and Chereas his brother, with Apollophanes.

[38] When this was done, they praised the Lord with psalms and thanksgiving, who had done so great things for Israel, and given them the victory.

Not long after this, Lysias the king's protector and cousin, who also managed the affairs, took sore displeasure for the things that were done. [2] And when he had gathered about fourscore thousand with all the horsemen, he came against the Jews, thinking to make the city an habitation of the Gentiles, [3] and to make a gain of the temple, as of the other chapels of the heathen, and to set the high priesthood to sale every year: [4] not at all considering the power of God, but puffed up with his ten thousands of footmen, and his thousands of horsemen, and his fourscore elephants.

[5] So he came to Judea, and drew near to Bethsura, which was a strong town, but distant from Jerusalem about five furlongs and he laid sore siege unto it.

[6] Now when they that were with Maccabeus heard that he besieged the holds, they and all the people with lamentation and tears besought the Lord that he would send a good angel to deliver Israel. [7] Then Maccabeus himself first of all took weapons, exhorting the other that they would jeopard themselves together with him to help their brethren: so they went forth together with a willing mind.

[8] And as they were at Jerusalem, there appeared before them on horseback one in white clothing, shaking his armour of gold. [9] Then they praised the merciful God all together, and took heart, insomuch that they were ready not only to fight with men, but with most cruel beasts, and to pierce through walls of iron. [10] Thus they marched forward in their armour, having an helper from heaven: for the Lord was merciful unto them. [11] And giving a charge upon their enemies like lions, they slew eleven thousand footmen, and sixteen hundred horsemen, and put all the other to flight. [12] Many of them also being wounded escaped naked; and Lysias himself fled away shamefully, and so escaped.

[13] Who, as he was a man of understanding, casting with himself what loss he had had, and considering that the Hebrews could not be overcome, because the Almighty God helped them, he sent unto them, [14] and persuaded them to agree to all reasonable conditions, and promised that he would persuade the king that he must needs be a friend unto them. [15] Then Maccabeus consented to all that Lysias desired, being careful of the common good; and whatsoever Maccabeus wrote unto Lysias concerning the Jews, the king granted it.

[16] For there were letters written unto the

Jews from Lysias to this effect: Lysias unto the people of the Jews *sendeth* greeting: 17 John and Absalon, who were sent from you, delivered me the petition subscribed, and made request for the performance of the contents thereof. 18 Therefore what things soever were meet to be reported to the king, I have declared them, and he hath granted as much as might be. 19 If then ye will keep yourselves loyal to the state, hereafter also will I endeavour to be a means of your good. 20 But of the particulars I have given order both to these, and the other that came from me, to commune with you. 21 Fare ye well. The hundred and eight and fortieth year, the four and twentieth day of *the month* Dioscorinthius.

22 Now the king's letter contained these words: King Antiochus unto his brother Lysias *sendeth* greeting: 23 since our father is translated unto the gods, our will is, that they that are in our realm live quietly, that every one may attend upon his own affairs. 24 We understand also that the Jews would not consent to our father, for to be brought unto the customs of the Gentiles, but had rather keep their own manner of living: for the which cause they require of us, that we should suffer them to live after their own laws. 25 Wherefore our mind is, that this nation shall be in rest, and we have determined to restore them their temple, that they may live according to the customs of their forefathers. 26 Thou shalt do well therefore to send unto them, and grant them peace, that when they are certified of our mind, they may be of good comfort, and ever go cheerfully about their own affairs.

27 And the letter of the king unto the nation of the Jews was after this manner: King Antiochus *sendeth* greeting unto the council, and the rest of the Jews: 28 If ye fare well, we have our desire; we are also in good health. 29 Menelaus declared unto us, that your desire was to return home, and to follow your own business: 30 wherefore they that will depart shall have safe conduct till the thirtieth day of Xanthicus with security. 31 And the Jews shall use their own kind of meats and laws, as before: and none of them any manner of ways shall be molested for things ignorantly done. 32 I have sent also Menelaus, that he may comfort you. 33 Fare ye well. In the hundred forty and eighth year, *and* the fifteenth *day* of *the month* Xanthicus.

34 The Romans also sent unto them a letter containing these words: Quintus Memmius and Titus Manlius, ambassadors of the Romans, *send* greeting unto the people of the Jews. 35 Whatsoever Lysias the king's cousin hath granted, therewith we also are well pleased. 36 But touching such things as he judged to be referred to the king, after ye have advised thereof, send one forthwith, that we may declare as it is convenient for you: for we are now going to Antioch. 37 Therefore send some with speed, that we may know what is your mind. 38 Farewell. This hundred and eight and fortieth year, the fifteenth day of *the month* Xanthicus.

When these covenants were made, Lysias went unto the king, and the Jews were about their husbandry. 2 But of the governors of several places, Timotheus, and Apol-

μὲν Λυσίου περιέχουσαι τὸν τρόπον τοῦτον· Λυσίας τῷ πλήθει τῶν Ἰουδαίων χαίρειν. Ἰωάννης καὶ Ἀβεσσαλὼμ οἱ πεμφθέν- 17 τες παρ' ὑμῶν, ἐπιδόντες τὸν ὑπογεγραμμένον χρηματισμὸν, ἠξίουν περὶ τῶν δι' αὐτοῦ σημαινομένων. Ὅσα μὲν οὖν 18 ἔδει καὶ τῷ βασιλεῖ προσενεχθῆναι διεσάφησα, ἃ δὲ ἦν ἐνδε-χόμενα, συνεχώρησεν. Ἐὰν μὲν οὖν συντηρήσητε τὴν εἰς τὰ 19 πράγματα εὔνοιαν, καὶ εἰς τὸ λοιπὸν πειράσομαι παραίτιος ὑμῖν ἀγαθῶν γενέσθαι. Ὑπὲρ δὲ τῶν κατὰ μέρος ἐντέταλμαι 20 τούτοις τε καὶ τοῖς παρ' ἐμοῦ διαλεχθῆναι ὑμῖν. Ἔρρωσθε· 21 ἔτους ἑκατοστοῦ τεσσαρακοστοῦ ὀγδόου, Διοσκορινθίου εἰκοστῇ τετάρτῃ.

Ἡ δὲ τοῦ βασιλέως ἐπιστολὴ περιεῖχεν οὕτως· βασιλεὺς 22 Ἀντίοχος τῷ ἀδελφῷ Λυσίᾳ χαίρειν. Τοῦ πατρὸς ἡμῶν εἰς 23 θεοὺς μεταστάντος, βουλόμενοι τοὺς ἐκ τῆς βασιλείας ἀταρά-χους ὄντας γενέσθαι πρὸς τὴν τῶν ἰδίων ἐπιμέλειαν, ἀκηκοότες 24 τοὺς Ἰουδαίους μὴ συνευδοκοῦντας τῇ τοῦ πατρὸς ἐπὶ τὰ Ἑλληνικὰ μεταθέσει, ἀλλὰ τὴν ἑαυτῶν ἀγωγὴν αἱρετίζοντας, καὶ διὰ τοῦτο ἀξιοῦντας συγχωρηθῆναι αὐτοῖς τὰ νόμιμα αὐτῶν· Αἱρούμενοι οὖν καὶ τοῦτο τὸ ἔθνος ἐκτὸς ταραχῆς εἶναι, κρίνο- 25 μεν τό, τε ἱερὸν αὐτοῖς ἀποκατασταθῆναι, καὶ πολιτεύεσθαι κατὰ τὰ ἐπὶ τῶν προγόνων αὐτῶν ἔθη. Εὖ οὖν ποιήσεις δια- 26 πεμψάμενος πρὸς αὐτοὺς καὶ δοὺς δεξιὰς, ὅπως εἰδότες τὴν ἡμετέραν προαίρεσιν, εὔθυμοί τε ὦσι, καὶ ἡδέως διαγίνωνται πρὸς τὴν τῶν ἰδίων ἀντίληψιν.

Πρὸς δὲ τὸ ἔθνος ἡ τοῦ βασιλέως ἐπιστολὴ τοιαύτη ἦν· 27 βασιλεὺς Ἀντίοχος τῇ γερουσίᾳ τῶν Ἰουδαίων καὶ τοῖς ἄλλοις Ἰουδαίοις χαίρειν. Εἰ ἔρρωσθε, εἴη ἂν ὡς βουλόμεθα· καὶ 28 αὐτοὶ δὲ ὑγιαίνομεν. Ἐνεφάνισεν ἡμῖν ὁ Μενέλαος βούλε- 29 σθαι κατελθόντας ὑμᾶς γίνεσθαι πρὸς τοῖς ἰδίοις. Τοῖς οὖν 30 καταπορευομένοις μέχρι τριακάδος Ξανθικοῦ ὑπάρξει δεξιὰ μετὰ τῆς ἀδείας, χρῆσθαι τοὺς Ἰουδαίους τοῖς ἑαυτῶν δαπανή- 31 μασι, καὶ νόμοις καθὰ καὶ τὸ πρότερον, καὶ οὐδεὶς αὐτῶν κατ' οὐδένα τρόπον παρενοχληθήσεται περὶ τῶν ἠγνοημένων. Πέ- 32 πομφα δὲ καὶ τὸν Μενέλαον παρακαλέσοντα ὑμᾶς. Ἔρρωσθε· 33 ἔτους ἑκατοστοῦ τεσσαρακοστοῦ ὀγδόου, Ξανθικοῦ πέμπτῃ καὶ δεκάτῃ.

Ἔπεμψαν δὲ καὶ οἱ Ῥωμαῖοι πρὸς αὐτοὺς ἐπιστολὴν ἔχου- 34 σαν οὕτως· Κόϊντος Μέμμιος, Τίτος Μάνλιος, πρεσβύται Ῥωμαίων, τῷ δήμῳ τῶν Ἰουδαίων χαίρειν. Ὑπὲρ ὧν Λυσίας 35 ὁ συγγενὴς τοῦ βασιλέως συνεχώρησεν ὑμῖν, καὶ ἡμεῖς συνευ-δοκοῦμεν. Ἃ δὲ ἔκρινε προσανενεχθῆναι τῷ βασιλεῖ, πέμψατέ 36 τινα παραχρῆμα ἐπισκεψάμενοι περὶ τούτων, ἵνα ἐκθῶμεν ὡς καθήκει ὑμῖν· ἡμεῖς γὰρ προσάγομεν πρὸς Ἀντιόχειαν. Διὸ 37 σπεύσατε, καὶ πέμψατέ τινας, ὅπως καὶ ἡμεῖς ἐπιγνῶμεν ὁποίας ἐστὲ γνώμης. Ὑγιαίνετε· ἔτους ἑκατοστοῦ τεσσαρακοστοῦ 38 ὀγδόου, Ξανθικοῦ πέμπτῃ καὶ δεκάτῃ.

Γενομένων τῶν συνθηκῶν τούτων, ὁ μὲν Λυσίας ἀπῄει πρὸς 12 τὸν βασιλέα, οἱ δὲ Ἰουδαῖοι περὶ τὴν γεωργίαν ἐγίνοντο. Τῶν 2 δὲ κατὰ τόπον στρατηγῶν Τιμόθεος καὶ Ἀπολλώνιος ὁ τοῦ

Γενναίου, ἔτι δὲ Ἱερώνυμος καὶ Δημοφῶν, πρὸς δὲ τούτοις Νικάνωρ ὁ Κυπριάρχης, οὐκ εἴων αὐτοὺς εὐσταθεῖς, καὶ τὰ τῆς ἡσυχίας ἄγειν.

3 Ἰοππῖται δὲ τηλικοῦτο συνετέλεσαν τὸ δυσσέβημα· παρακαλέσαντες τοὺς σὺν αὐτοῖς οἰκοῦντας Ἰουδαίους ἐμβῆναι εἰς τὰ παρασταθέντα ὑπ᾽ αὐτῶν σκάφη σὺν γυναιξὶ καὶ τέκνοις,
4 ὡς μηδεμιᾶς ἐνεστώσης πρὸς αὐτοὺς δυσμενείας, κατὰ δὲ τὸ κοινὸν τῆς πόλεως ψήφισμα, καὶ τούτων ἐπιδεξαμένων ὡς ἂν εἰρηνεύειν θελόντων, καὶ μηδὲν ὕποπτον ἐχόντων, ἐπαναχθέντας αὐτοὺς ἐβύθισαν, ὄντας οὐκ ἔλαττον τῶν διακοσίων.

5 Μεταλαβὼν δὲ Ἰούδας τὴν γεγονυῖαν εἰς τοὺς ὁμοεθνεῖς
6 ὠμότητα, παραγγείλας τοῖς περὶ αὐτὸν ἀνδράσι, καὶ ἐπικαλεσάμενος τὸν δίκαιον κριτὴν Θεόν, παρεγένετο ἐπὶ τοὺς μιαιφόνους τῶν ἀδελφῶν· καὶ τὸν μὲν λιμένα νύκτωρ ἐνέπρησε, καὶ τὰ σκάφη κατέφλεξε, τοὺς δὲ ἐκεῖ συμφυγόντας ἐξεκέντησε.
7 Τοῦ δὲ χωρίου συγκλεισθέντος, ἀνέλυσεν, ὡς πάλιν ἥξων καὶ τὸ σύμπαν τῶν Ἰοππιτῶν ἐκριζῶσαι πολίτευμα.

8 Μεταλαβὼν δὲ καὶ τοὺς ἐν Ἰαμνείᾳ τὸν αὐτὸν ἐπιτελεῖν
9 βουλομένους τρόπον τοῖς παροικοῦσιν Ἰουδαίοις, καὶ τοῖς Ἰαμνίταις νυκτὸς ἐπιβαλών, ὑφῆψε τὸν λιμένα σὺν τῷ στόλῳ, ὥστε φαίνεσθαι τὰς αὐγὰς τοῦ φέγγους εἰς τὰ Ἱεροσόλυμα, σταδίων ὄντων διακοσίων τεσσαράκοντα.

10 Ἐκεῖθεν δὲ ἀποσπασθέντων σταδίους ἐννέα, ποιουμένων τὴν πορείαν ἐπὶ τὸν Τιμόθεον, προσέβαλον Ἄραβες αὐτῷ οὐκ
11 ἐλάττους τῶν πεντακισχιλίων, ἱππεῖς δὲ πεντακόσιοι. Γενομένης δὲ καρτερᾶς μάχης, καὶ τῶν περὶ τὸν Ἰούδαν διὰ τὴν παρὰ τοῦ Θεοῦ βοήθειαν εὐημερησάντων, ἐλαττωθέντες οἱ Νομάδες Ἄραβες ἠξίουν δοῦναι τὸν Ἰούδαν δεξιὰν αὐτοῖς, ὑπισχνούμενοι καὶ βοσκήματα δώσειν, καὶ ἐν τοῖς λοιποῖς ὠφελήσειν αὐτούς.

12 Ἰούδας δὲ ὑπολαβὼν ὡς ἀληθῶς ἐν πολλοῖς αὐτοὺς χρησίμους, ἐπεχώρησεν εἰρήνην ἄξειν πρὸς αὐτούς· καὶ λαβόντες δεξιὰς, εἰς τὰς σκηνὰς αὐτῶν ἐχωρίσθησαν.

13 Ἐπέβαλε δὲ καὶ ἐπί τινα πόλιν γεφυροῦν ὀχυρὰν καὶ τείχεσι περιπεφραγμένην, καὶ παμμιγέσιν ἔθνεσι κατοικουμένην, ὄνομα
14 δὲ Κάσπιν. Οἱ δ᾽ ἔνδον πεποιθότες τῇ τῶν τειχέων ἐρυμνότητι, τῇ τε τῶν βρωμάτων παραθέσει, ἀναγωγότερον ἐχρῶντο, τοῖς περὶ τὸν Ἰούδαν λοιδοροῦντες, καὶ προσέτι βλασφημοῦντες,
15 καὶ λαλοῦντες ἃ μὴ θέμις. Οἱ δὲ περὶ τὸν Ἰούδαν ἐπικαλεσάμενοι τὸν μέγαν τοῦ κόσμου δυνάστην, τὸν ἄτερ κριῶν καὶ μηχανῶν ὀργανικῶν κατακρημνίσαντα τὴν Ἱεριχὼ κατὰ τοὺς
16 Ἰησοῦ χρόνους, ἐνέσεισαν θηριωδῶς τῷ τείχει. Καταλαβόμενοί τε τὴν πόλιν τῇ τοῦ Θεοῦ θελήσει, ἀμυθήτους ἐποιήσαντο σφαγάς, ὥστε τὴν παρακειμένην λίμνην τὸ πλάτος ἔχουσαν σταδίων δύο, κατάρρυτον αἵματι πεπληρωμένην φαίνεσθαι.

17 Ἐκεῖθεν δὲ ἀποσπάσαντες σταδίους ἑπτακοσίους πεντήκοντα διήνυσαν εἰς τὸν Χάρακα, πρὸς τοὺς λεγομένους Τουβιήνους
18 Ἰουδαίους. Καὶ Τιμόθεον μὲν ἐπὶ τῶν τόπων οὐ κατέλαβον, ἄπρακτόν τε ἀπὸ τῶν τόπων ἐκλελυκότα, καταλελοιπότα δὲ

lonius the *son* of Genneus, also Hieronymus, and Demophon, and beside them Nicanor the governor of Cyprus, would not suffer them to be quiet, and live in peace.
3 The men of Joppe also did such an ungodly deed: they prayed the Jews that dwelt among them to go with their wives and children into the boats which they had prepared, as though they had meant them no hurt. 4 Who accepted of it according to the common decree of the city, as being desirous to live in peace and suspecting nothing: but when they were gone forth into the deep, they drowned no less than two hundred of them.
5 When Judas heard of this cruelty done unto his countrymen, he commanded those that were with him *to make them ready.* 6 And calling upon God the righteous Judge, he came against those murderers of his brethren, and burnt the haven by night, and set the boats on fire, and those that fled thither he slew. 7 And when the town was shut up, he went backward, as if he would return to root out all them of the city of Joppe.
8 But when he heard that the Jamnites were minded to do in like manner unto the Jews that dwelt among them, 9 he came upon the Jamnites also by night, and set fire on the haven and the navy, so that the light of the fire was seen at Jerusalem two hundred and forty furlongs off.
10 Now when they were gone from thence nine furlongs in their journey toward Timotheus, no fewer than five thousand *men on foot* and five hundred horsemen of the Arabians set upon him. 11 Whereupon there was a very sore battle; but Judas' side by the help of God got the victory; so that the Nomades of Arabia, being overcome, besought Judas for peace, promising both to give him cattle, and to pleasure him otherwise.
12 Then Judas, thinking indeed that they would be profitable in many things, granted them peace: whereupon they shook hands, and so they departed to their tents.
13 He went also about to make a bridge to a certain strong city, which was fenced about with walls, and inhabited by people of divers countries; and the name of it was Caspis. 14 But they that were within it put such trust in the strength of the walls and provision of victuals, that they behaved themselves rudely toward them that were with Judas, railing and blaspheming, and uttering such words as were not to be spoken. 15 Wherefore Judas with his company, calling upon the great Lord of the world, who without any rams or engines of war did cast down Jericho in the time of Joshua, gave a fierce assault against the walls, 16 and took the city by the will of God, and made unspeakable slaughters, insomuch that a lake two furlongs broad near adjoining thereunto, being filled full, was seen running with blood.
17 Then departed they from thence seven hundred and fifty furlongs, and came to Characa unto the Jews that are called Tubieni. 18 But as for Timotheus, they found him not in the places: for before he had dispatched any thing, he departed from thence,

having left a very strong garrison in a certain hold. ¹⁹ Howbeit Dositheus and Sosipater, who were of Maccabeus' captains, went forth, and slew those that Timotheus had left in the fortress, above ten thousand men.

²⁰ And Maccabeus ranged his army by bands, and set them over the bands, and went against Timotheus, who had about him an hundred and twenty thousand men of foot, and two thousand and five hundred horsemen.

²¹ Now when Timotheus had knowledge of Judas' coming, he sent the women and children and the other baggage unto a fortress called Carnion: for the town was hard to besiege, and uneasy to come unto, by reason of the straitness of all the places.

²² But when Judas his first band came in sight, the enemies, being smitten with fear and terror through the appearing of him that seeth all things, fled amain, one running this way, another that way, so as that they were often hurt of their own men, and wounded with the points of their own swords. ²³ Judas also was very earnest in pursuing them, killing those wicked wretches, of whom he slew about thirty thousand men.

²⁴ Moreover Timotheus himself fell into the hands of Dositheus and Sosipater, whom he besought with much craft to let him go with his life, because he had many of the Jews' parents, and the brethren of some of them, who, if they put him to death, should not be regarded. ²⁵ So when he had assured them with many words that he would restore them without hurt, according to the agreement, they let him go for the saving of their brethren.

²⁶ Then Maccabeus marched forth to Carnion, and to the temple of Atargatis, and there he slew five and twenty thousand persons.

²⁷ And after he had put to flight and destroyed them, Judas removed the host toward Ephron, a strong city, wherein Lysias abode, and a great multitude of divers nations, and the strong young men kept the walls, and defended them mightily: wherein also was great provision of engines and darts. ²⁸ But when Judas and his company had called upon Almighty God, who with his power breaketh the strength of his enemies, they won the city, and slew twenty and five thousand of them that were within.

²⁹ From thence they departed to Scythopolis, which lieth six hundred furlongs from Jerusalem. ³⁰ But when the Jews that dwelt there had testified that the Scythopolitans dealt lovingly with them, and entreated them kindly in the time of their adversity; ³¹ they gave them thanks, desiring them to be friendly still unto them: and so they came to Jerusalem, the feast of the weeks approaching.

³² And after the *feast*, called Pentecost, they went forth against Gorgias the governor of Idumea, ³³ who came out with three thousand men of foot and four hundred horsemen. ³⁴ And it happened that in their fighting together a few of the Jews were slain. ³⁵ At which time Dositheus, one of Bacenor's company, who was on horseback, and a strong man, was still upon Gorgias,

---

φρουρὰν ἔν τινι τόπῳ, καὶ μάλα ὀχυράν. Δωσίθεος δὲ καὶ 19 Σωσίπατρος τῶν περὶ τὸν Μακκαβαῖον ἡγεμόνων, ἐξοδεύσαντες ἀπώλεσαν τοὺς ὑπὸ Τιμοθέου καταλειφθέντας ἐν τῷ ὀχυρώματι, πλείους τῶν μυρίων ἀνδρῶν.

Ὁ δὲ Μακκαβαῖος διατάξας τὴν ἑαυτοῦ στρατιὰν σπειρηδὸν, 20 κατέστησεν αὐτοὺς ἐπὶ τῶν σπείρων, καὶ ἐπὶ τὸν Τιμόθεον ὥρμησεν ἔχοντα περὶ αὐτὸν μυριάδας δώδεκα πεζῶν, ἱππεῖς δὲ χιλίους πρὸς τοῖς πεντακοσίοις.

Τὴν δὲ ἔφοδον μεταλαβὼν Ἰούδα, ὁ Τιμόθεος προεξαπέ- 21 στειλε τὰς γυναῖκας, καὶ τὰ τέκνα, καὶ τὴν ἄλλην ἀποσκευὴν εἰς τὸ λεγόμενον Καρνίον· ἦν γὰρ δυσπολιόρκητον καὶ δυσπρόσιτον τὸ χωρίον διὰ τὴν τῶν πάντων τῶν τόπων στενότητα.

Ἐπιφανείσης δὲ τῆς Ἰούδα σπείρας πρώτης, καὶ γενομένου 22 δέους ἐπὶ τοὺς πολεμίους, φόβου τε ἐκ τῆς τοῦ πάντα ἐφορῶντος ἐπιφανείας γενομένου ἐπ' αὐτοὺς, εἰς φυγὴν ὥρμησαν ἄλλος ἀλλαχῇ φερόμενος, ὥστε πολλάκις ὑπὸ τῶν ἰδίων βλάπτεσθαι, καὶ ταῖς τῶν ξιφῶν ἀκμαῖς ἀναπείρεσθαι. Ἐποιεῖτο δὲ τὸν διωγμὸν εὐτονώτερον Ἰούδας, συγκεντῶν τοὺς 23 ἀλιτηρίους, διέφθειρέ τε εἰς μυριάδας τρεῖς ἀνδρῶν.

Αὐτὸς δὲ ὁ Τιμόθεος ἐμπεσὼν τοῖς περὶ τὸν Δωσίθεον καὶ 24 Σωσίπατρον, ἠξίου μετὰ πολλῆς γοητείας ἐξαφεῖναι σῶον αὐτόν· διὰ τὸ πλειόνων μὲν γονεῖς, ὧν δὲ ἀδελφοὺς ἔχειν, καὶ τούτους ἀλογηθῆναι συμβήσεται, εἰ ἀποθάνοι. Πιστώσαντος 25 δὲ αὐτοῦ διὰ πλειόνων τὸν ὁρισμὸν ἀποκαταστήσειν τούτους ἀπημάντους, ἀπέλυσαν αὐτὸν ἕνεκα τῆς τῶν ἀδελφῶν σωτηρίας.

Ἐξελθὼν δὲ ἐπὶ τὸ Καρνίον καὶ τὸ Ἀταργατεῖον, κατέσφαξε 26 μυριάδας σωμάτων δύο καὶ πεντακισχιλίους.

Καὶ μετὰ τὴν τούτων τροπὴν καὶ ἀπώλειαν ἐπεστράτευσεν 27 Ἰούδας καὶ ἐπὶ Ἐφρὼν, πόλιν ὀχυρὰν, ἐν ᾗ κατῴκει Λυσίας, καὶ πάμφυλα πλήθη· νεανίαι δὲ πρὸ τῶν τειχῶν καθεστῶτες ῥωμαλέοι ἀπεμάχοντο εὐρώστως, ἐνθάδε ὀργάνων καὶ βελῶν πολλαὶ παραθέσεις ὑπῆρχον. Ἐπικαλεσάμενοι δὲ τὸν Δυ- 28 νάστην τὸν μετὰ κράτους συντρίβοντα τὰς τῶν πολεμίων ἀλκὰς, ἔλαβον τὴν πόλιν ὑποχείριον, καὶ κατέστρωσαν τῶν ἔνδον εἰς μυριάδας δύο καὶ πεντακισχιλίους.

Ἀναζεύξαντες δὲ ἐκεῖθεν, ὥρμησαν ἐπὶ Σκυθῶν πόλιν, ἀπ- 29 έχουσαν ἀπὸ Ἱεροσολύμων σταδίους ἑξακοσίους. Ἀπομαρτυ- 30 ρησάντων δὲ τῶν ἐκεῖ κατοικούντων Ἰουδαίων, ἣν οἱ Σκυθοπολῖται ἔσχον πρὸς αὐτοὺς εὔνοιαν, καὶ ἐν τοῖς τῆς ἀτυχίας καιροῖς ἥμερον ἀπάντησιν ἐποιοῦντο, εὐχαριστήσαντες αὐτοῖς, 31 καὶ προσπαρακαλέσαντες καὶ εἰς τὰ λοιπὰ πρὸς τὸ γένος εὐμενεῖς εἶναι, παρεγένοντο εἰς Ἱεροσόλυμα, τῆς τῶν ἑβδομάδων ἑορτῆς οὔσης ὑπογύου.

Μετὰ δὲ τὴν λεγομένην Πεντηκοστὴν, ὥρμησαν ἐπὶ Γοργίαν 32 τὸν τῆς Ἰδουμαίας στρατηγόν. Ἐξῆλθε δὲ μετὰ πεζῶν τρισχι- 33 λίων, ἱππέων δὲ τετρακοσίων. Καὶ παραταξαμένων συνέβη 34 πεσεῖν ὀλίγους τῶν Ἰουδαίων. Δωσίθεος δέ τις τῶν τοῦ 35 Βακήνορος, ἔφιππος ἀνὴρ καὶ καρτερὸς, εἴχετο τοῦ Γοργίου, καὶ λαβόμενος τῆς χλαμύδος, ἦγεν αὐτὸν εὐρώστως, καὶ βου-

λόμενος τὸν κατάρατον λαβεῖν ζωγρίαν, τῶν ἱππέων Θρακῶν τινὸς ἐπενεχθέντος αὐτῷ καὶ τὸν ὦμον καθελόντος, διέφυγεν ὁ Γοργίας εἰς Μαρισά.

36 Τῶν δὲ περὶ τὸν Ἔσδριν ἐπιπλεῖον μαχομένων, καὶ κατακόπων ὄντων, ἐπικαλεσάμενος ὁ Ἰούδας τὸν Κύριον σύμμαχον
37 φανῆναι καὶ προοδηγὸν τοῦ πολέμου, καταρξάμενος τῇ πατρίῳ φωνῇ τὴν μεθ᾽ ὑμνων κραυγήν, ἀναβοήσας, καὶ ἐνσείσας ἀπροσδοκήτως τοῖς περὶ τὸν Γοργίαν, τροπὴν αὐτῶν ἐποιήσατο.
38 Ἰούδας δὲ ἀναλαβὼν τὸ στράτευμα, ἦγεν εἰς Ὀδολλὰμ πόλιν· τῆς δὲ ἑβδομάδος ἐπιβαλλούσης, κατὰ τὸν ἐθισμὸν ἁγνισθέντες αὐτόθι τὸ σάββατον διήγαγον.

39 Τῇ δὲ ἐχομένῃ ἦλθον οἱ περὶ τὸν Ἰούδαν καθ᾽ ὃν τρόπον τὸ τῆς χρείας ἐγεγόνει, τὰ τῶν προπεπτωκότων σώματα ἀνακομίσασθαι, καὶ μετὰ τῶν συγγενῶν ἀποκαταστῆσαι εἰς τοὺς
40 πατρῴους τάφους. Εὗρον δὲ ἑκάστου τῶν τεθνηκότων ὑπὸ τοὺς χιτῶνας ἱερώματα τῶν ἀπὸ Ἰαμνείας εἰδώλων, ἀφ᾽ ὧν ὁ νόμος ἀπείργει τοὺς Ἰουδαίους· τοῖς δὲ πᾶσι σαφὲς ἐγένετο
41 διὰ τήνδε τὴν αἰτίαν τούσδε πεπτωκέναι. Πάντες οὖν εὐλογήσαντες τοῦ δικαιοκρίτου Κυρίου τοῦ τὰ κεκρυμμένα φανερὰ
42 ποιοῦντος, εἰς ἱκετείαν ἐτράπησαν, ἀξιώσαντες τὸ γεγονὸς ἁμάρτημα τελείως ἐξαλειφθῆναι· ὁ δὲ γενναῖος Ἰούδας παρεκάλεσε τὸ πλῆθος συντηρεῖν ἑαυτοὺς ἀναμαρτήτους εἶναι, ὑπ᾽ ὄψιν ἑωρακότας τὰ γεγονότα, διὰ τὴν τῶν προπεπτωκότων ἁμαρτίαν.

43 Ποιησάμενός τε κατ᾽ ἀνδραλογίαν κατασκευάσματα εἰς ἀργυρίου δραχμὰς δισχιλίας, ἀπέστειλεν εἰς Ἱεροσόλυμα προσαγαγεῖν περὶ ἁμαρτίας θυσίαν, πάνυ καλῶς καὶ ἀστείως
44 πράττων, ὑπὲρ ἀναστάσεως διαλογιζόμενος· εἰ γὰρ μὴ τοὺς προπεπτωκότας ἀναστῆναι προσεδόκα, περισσὸν ἂν ἦν καὶ
45 ληρῶδες ὑπὲρ νεκρῶν προσεύχεσθαι· εἶτ᾽ ἐμβλέπων τοῖς μετ᾽ εὐσεβείας κοιμωμένοις κάλλιστον ἀποκείμενον χαριστήριον· ὁσία καὶ εὐσεβὴς ἡ ἐπίνοια· ὅθεν περὶ τῶν τεθνηκότων τὸν ἐξιλασμὸν ἐποιήσατο, τῆς ἁμαρτίας ἀπολυθῆναι.

13 Τῷ δὲ ἐννάτῳ καὶ τεσσαρακοστῷ καὶ ἑκατοστῷ ἔτει προσέπεσε τοῖς περὶ τὸν Ἰούδαν, Ἀντίοχον τὸν Εὐπάτορα παραγενέσθαι
2 σὺν πλήθεσιν ἐπὶ τὴν Ἰουδαίαν, καὶ σὺν αὐτῷ Λυσίαν τὸν ἐπίτροπον καὶ ἐπὶ τῶν πραγμάτων, ἕκαστον ἔχοντα δύναμιν Ἑλληνικὴν πεζῶν μυριάδας ἕνδεκα, καὶ ἱππεῖς πεντακισχιλίους τριακοσίους, καὶ ἐλέφαντας εἰκοσιδύο, ἅρματα δὲ δρεπανηφόρα τριακόσια.

3 Καὶ Μενέλαος δὲ συνέμιξεν αὐτοῖς, καὶ παρεκάλει μετὰ πολλῆς εἰρωνείας τὸν Ἀντίοχον, οὐκ ἐπὶ σωτηρίᾳ τῆς πατρίδος,
4 οἰόμενος δὲ ἐπὶ τῆς ἀρχῆς κατασταθήσεσθαι. Ὁ δὲ βασιλεὺς τῶν βασιλέων ἐξήγειρε τὸν θυμὸν τοῦ Ἀντιόχου ἐπὶ τὸν ἀλιτήριον, καὶ Λυσίου ὑποδείξαντος τοῦτον αἴτιον εἶναι πάντων τῶν κακῶν, προσέταξεν, ὡς ἔθος ἐστὶν ἐν τῷ τόπῳ, προσαπολέσαι ἀγαγόντας αὐτὸν εἰς Βέροιαν.

5 Ἔστι δὲ ἐν τῷ τόπῳ πύργος πεντήκοντα πηχῶν πλήρης σποδοῦ· οὗτος δὲ ὄργανον εἶχε περιφερὲς πάντοθεν ἀπόκρημνον

and taking hold of his coat drew him by force; and when he would have taken that cursed man alive, a horseman of Thracia coming upon him smote off his shoulder, so that Gorgias fled unto Marisa. [36] Now when they that were with Gorgias had fought long, and were weary, Judas called upon the Lord, that he would shew himself to be their helper and leader of the battle. [37] And with that he began in his own language, and sung psalms with a loud voice, and rushing unawares upon Gorgias' men, he put them to flight. [38] So Judas gathered his host, and came into the city of Odollam. And when the seventh day came, they purified themselves, as the custom was, and kept the sabbath in the same place. [39] And upon the day following, as the use had been, Judas and his company came to take up the bodies of them that were slain, and to bury them with their kinsmen in their fathers' graves. [40] Now under the coats of every one that was slain they found things consecrated to the idols of the Jamnites, which is forbidden the Jews by the law. Then every man saw that this was the cause wherefore they were slain. [41] All men therefore praising the Lord, the righteous Judge, who had opened the things that were hid [42] betook themselves unto prayer, and besought him that the sin committed might wholly be put out of remembrance. Besides, that noble Judas exhorted the people to keep themselves from sin, forsomuch as they saw before their eyes the things that came to pass for the sins of those that were slain. [43] And when he had made a gathering throughout the company to the sum of two thousand drachms of silver, he sent it to Jerusalem to offer a sin offering, doing therein very well and honestly, in that he was mindful of the resurrection: [44] for if he had not hoped that they that were slain should have risen again, it had been superfluous and vain to pray for the dead. [45] And also in that he perceived that there was great favour laid up for those that died godly, it was an holy and good thought. Whereupon he made a reconciliation for the dead, that they might be delivered from sin.

In the hundred forty and ninth year it was told Judas, that Antiochus Eupator was coming with a great power into Judea, [2] and with him Lysias his protector, and ruler of his affairs, having either of them a Grecian power of footmen, an hundred and ten thousand, and horsemen five thousand and three hundred, and elephants two and twenty, and three hundred chariots armed with hooks. [3] Menelaus also joined himself with them, and with great dissimulation encouraged Antiochus, not for the safeguard of the country, but because he thought to have been made governor. [4] But the King of kings moved Antiochus' mind against this wicked wretch, and Lysias informed the king that this man was the cause of all mischief, so that the king commanded to bring him unto Berea, and to put him to death, as the manner is in that place. [5] Now there was in that place a tower of fifty cubits high, full of ashes, and it had a round instrument, which on every side

aanged down into the ashes. 6And who-
soever was condemned of sacrilege, or had
committed any other grievous crime, there
did all men thrust him unto death. 7Such
a death it happened that wicked man to
die, not having so much as burial in the
earth; and that most justly: 8for inasmuch
as he had committed many sins about the
altar, whose fire and ashes were holy, he
received his death in ashes.

9Now the king came with a barbarous
and haughty mind to do far worse to the
Jews, than had been done in his father's
time. 10 Which things when Judas per-
ceived, he commanded the multitude to call
upon the Lord night and day, that if ever
at any other time, he would now also help
them, being at the point to be put from
their law, from their country, and from
the holy temple: 11and that he would not
suffer the people, that had even now been
but a little refreshed, to be in subjection
to the blasphemous nations.

12So when they had all done this toge-
ther, and besought the merciful Lord with
weeping and fasting, and lying flat upon
the ground three days long, Judas, having
exhorted them, commanded they should be
in a readiness.

13And Judas, being apart with the elders,
determined, before the king's host should
enter into Judea, and get the city, to go
forth and try the matter *in fight* by the help
of the Lord.

14 So when he had committed *all* to the
Creator of the world, and exhorted his sol-
diers to fight manfully, even unto death,
for the laws, the temple, the city, the coun-
try, and the commonwealth, he camped by
Modin: 15 and having given the watchword
to them that were about him, Victory is of
God; with the most valiant and choice
young men he went in into the king's tent by
night, and slew in the camp about four thou-
sand men, and the chiefest of the elephants,
with all that were upon him. 16And at last
they filled the camp with fear and tumult,
and departed with good success. 17This was
done in the break of the day, because the
protection of the Lord did help him.

18Now when the king had taken a taste of
the manliness of the Jews, he went about to
take the holds by policy, 19and marched to-
ward Bethsura, which was a strong hold of
the Jews: but he was put to flight, failed,
and lost of his men: 20for Judas had con-
veyed unto them that were in it such things
as were necessary.

21But Rhodocus, who was in the Jews'
host, disclosed the secrets to the enemies;
therefore he was sought out, and when they
had gotten him, they put him in prison.

22The king treated with them in Beth-
sura the second time, gave his hand, took
their's, departed, fought with Judas, was
overcome: 23heard that Philip, who was
left over the affairs in Antioch, was desper-
ately bent, confounded, intreated the Jews,
submitted himself, and sware to all equal
conditions, agreed with them, and offered
sacrifice, honoured the temple, and dealt
kindly with the place, 24and accepted well
of Maccabeus, made him principal governor
from Ptolemais unto the Gerrhenians;
25came to Ptolemais: the people there were

εἰς τὴν σποδόν. Ἐνταῦθα τὸν ἱεροσυλίας ἔνοχον ὄντα, ἢ καὶ 6
τινων ἄλλων κακῶν ὑπεροχὴν πεποιημένον, ἅπαντες προσωθοῦ-
σιν εἰς ὄλεθρον. Τοιούτῳ μόρῳ τὸν παράνομον συνέβη θανεῖν, 7
μηδὲ τῆς γῆς τυχόντα Μενέλαον· πάνυ δικαίως. Ἐπεὶ γὰρ 8
συνετελέσατο πολλὰ περὶ τὸν βωμὸν ἁμαρτήματα, οὗ τὸ πῦρ,
ἁγνὸν ἦν καὶ ἡ σποδὸς, ἐν σποδῷ τὸν θάνατον ἐκομίσατο.

Τοῖς δὲ φρονήμασιν ὁ βασιλεὺς βεβαρβαρωμένος ἤρχετο, 9
τὰ χείριστα τῶν ἐπὶ τοῦ πατρὸς αὐτοῦ γεγονότων ἐνδειξόμενος
τοῖς Ἰουδαίοις. Μεταλαβὼν δὲ Ἰούδας ταῦτα, παρήγγειλε τῷ 10
πλήθει δι' ἡμέρας καὶ νυκτὸς ἐπικαλεῖσθαι τὸν Κύριον, εἴποτε
ἄλλοτε, καὶ νῦν ἐπιβοηθεῖν τοῖς τοῦ νόμου καὶ πατρίδος καὶ
ἱεροῦ ἁγίου στερεῖσθαι μέλλουσι, καὶ τὸν ἄρτι βραχέως ἀνε- 11
ψυχότα λαὸν μὴ ἐᾶσαι τοῖς δυσφήμοις ἔθνεσιν ὑποχειρίους
γενέσθαι.

Πάντων δὲ τὸ αὐτὸ ποιησάντων ὁμοῦ καὶ καταξιωσάντων 12
τὸν ἐλεήμονα Κύριον μετὰ κλαυθμοῦ καὶ νηστειῶν καὶ προπτώ-
σεως ἐφ' ἡμέρας τρεῖς ἀδιαλείπτως, παρακαλέσας αὐτοὺς ὁ
Ἰούδας ἐκέλευσε παραγίνεσθαι.

Καθ' ἑαυτὸν δὲ σὺν τοῖς πρεσβυτέροις γενόμενος, ἐβουλεύ- 13
σατο πρὶν εἰσβαλεῖν τοῦ βασιλέως τὸ στράτευμα εἰς τὴν
Ἰουδαίαν, καὶ γενέσθαι τῆς πόλεως ἐγκρατεῖς, ἐξελθόντας
κρῖναι τὰ πράγματα τῇ τοῦ Κυρίου βοηθείᾳ.

Δοὺς δὲ τὴν ἐπιτροπὴν τῷ κτίστῃ τοῦ κόσμου, παρακαλέσας 14
τοὺς σὺν αὐτῷ γενναίως ἀγωνίσασθαι μέχρι θανάτου περὶ νόμων,
περὶ ἱεροῦ, πόλεως, πατρίδος, πολιτείας, ἐποιήσατο περὶ Μωδεῖν
τὴν στρατοπεδείαν. Δοὺς δὲ τοῖς περὶ αὐτὸν σύνθημα Θεοῦ 15
νίκης, μετὰ νεανίσκων ἀρίστων κεκριμένων ἐπιβαλὼν νύκτωρ
ἐπὶ τὴν βασιλικὴν αὐλὴν, ἐν τῇ παρεμβολῇ ἀνεῖλεν εἰς ἄνδρας
τετρακισχιλίους, καὶ τὸν πρωτεύοντα τῶν ἐλεφάντων σὺν τῷ κατ'
οἰκίαν ὄχλῳ συνέθηκε, καὶ τὸ τέλος τὴν παρεμβολὴν δέους 16
καὶ ταραχῆς ἐπλήρωσαν, καὶ ἐξέλυσαν εὐημεροῦντες. Ὑπο- 17
φαινούσης δὲ ἤδη τῆς ἡμέρας τοῦτ' ἐγεγόνει, διὰ τὴν ἐπαρή-
γουσαν αὐτῷ τοῦ Κυρίου σκέπην.

Ὁ δὲ βασιλεὺς εἰληφὼς γεῦσιν τῆς τῶν Ἰουδαίων εὐτολμίας, 18
κατεπείρασε διὰ μεθόδων τοὺς τόπους. Καὶ ἐπὶ Βαιθσούρᾳ 19
φρούριον ὀχυρὸν τῶν Ἰουδαίων προσῆγεν· καὶ ἐτροποῦτο,
προσέκρουεν, ἠλαττονοῦτο. Τοῖς δὲ ἔνδον Ἰούδας τὰ δέοντα 20
εἰσέπεμψε.

Προσήγγειλε δὲ τὰ μυστήρια τοῖς πολεμίοις Ῥόδοκος ἐκ 21
τῆς Ἰουδαϊκῆς τάξεως· ἀνεζητήθη δὲ, καὶ κατελήφθη, καὶ
κατεκλείσθη.

Ἐδευτερολόγησεν ὁ βασιλεὺς τοῖς ἐν Βαιθσούρᾳ δεξιὰν 22
ἔδωκεν, ἔλαβεν, ἀπῄει, προσέβαλε τοῖς περὶ τὸν Ἰούδαν, ἥττων
ἐγένετο, μετέλαβεν ἀπονενοῆσθαι τὸν Φίλιππον ἐν Ἀντιοχείᾳ 23
τὸν ἀπολελειμμένον ἐπὶ τῶν πραγμάτων, συνεχύθη· τοὺς Ἰου-
δαίους παρεκάλεσεν, ὑπετάγη, καὶ ὤμοσεν ἐπὶ πᾶσι τοῖς δικαίοις·
συνελύθη καὶ θυσίαν προσήγαγεν, ἐτίμησε τὸν νεών, καὶ τὸν
τόπον ἐφιλανθρώπησε, καὶ τὸν Μακκαβαῖον ἀπεδέξατο· κατέ- 24
λιπε στρατηγὸν ἀπὸ Πτολεμαΐδος ἕως τῶν Γερρήνων ἡγεμονίδην,
ἦλθεν εἰς Πτολεμαΐδα· ἐδυσφόρουν περὶ τῶν συνθηκῶν αἱ 25

Πτολεμαεῖς, ἐδείναζον γὰρ ὑπὲρ ὧν ἠθέλησαν ἀθετεῖν τὰς διαστάλσεις.

26 Προσῆλθεν ἐπὶ τὸ βῆμα Λυσίας, ἀπελογήσατο ἐνδεχομένως, συνέπεισε, κατεπράϋνεν, εὐμενεῖς ἐποίησεν, ἀνέζευξεν εἰς Ἀντιόχειαν· οὕτω τὰ τοῦ βασιλέως τῆς ἐφόδου καὶ τῆς ἀναζυγῆς ἐχώρησε.

14 Μετὰ δὲ τριετῆ χρόνον προσέπεσε τοῖς περὶ τὸν Ἰούδαν, Δημήτριον τὸν τοῦ Σελεύκου διὰ τοῦ κατὰ Τρίπολιν λιμένος

2 εἰσπλεύσαντα μετὰ πλήθους ἰσχυροῦ καὶ στόλου, κεκρατηκέναι τῆς χώρας, ἐπανελόμενον Ἀντίοχον καὶ τὸν τούτου ἐπίτροπον Λυσίαν.

3 Ἄλκιμος δέ τις προγενόμενος ἀρχιερεύς, ἑκουσίως δὲ μεμολυμμένος ἐν τοῖς τῆς ἐπιμιξίας χρόνοις, συννοήσας ὅτι καθ' ὁντιναοῦν τρόπον οὐκ ἔστιν αὐτῷ σωτηρία, οὐδὲ πρὸς ἅγιον

4 θυσιαστήριον ἔτι πρόσοδος, ἧκε πρὸς τὸν βασιλέα Δημήτριον πρώτῳ καὶ πεντηκοστῷ καὶ ἑκατοστῷ ἔτει, προσάγων αὐτῷ στέφανον χρυσοῦν καὶ φοίνικα, πρὸς δὲ τούτοις τῶν νομιζομένων θαλλῶν τοῦ ἱεροῦ· καὶ τὴν ἡμέραν ἐκείνην ἡσυχίαν ἔσχε.

5 Καιρὸν δὲ λαβὼν τῆς ἰδίας ἀνοίας συνεργὸν, προσκληθεὶς εἰς συνέδριον ὑπὸ τοῦ Δημητρίου, καὶ ἐπερωτηθεὶς ἐν τίνι διαθέσει καὶ βουλῇ καθεστήκασιν οἱ Ἰουδαῖοι, πρὸς ταῦτα ἔφη,

6 οἱ λεγόμενοι τῶν Ἰουδαίων Ἀσιδαῖοι, ὧν ἀφηγεῖται Ἰούδας ὁ Μακκαβαῖος, πολεμοτροφοῦσι καὶ στασιάζουσιν, οὐκ ἐῶντες τὴν βασιλείαν εὐσταθείας τυχεῖν.

7 Ὅθεν ἀφελόμενος τὴν προγονικὴν δόξαν, λέγω δὴ τὴν

8 ἀρχιερωσύνην, δεῦρο νῦν ἐλήλυθα. Πρῶτον μὲν ὑπὲρ τῶν ἀνηκόντων τῷ βασιλεῖ γνησίως φρονῶν, δεύτερον δὲ καὶ τῶν ἰδίων πολιτῶν στοχαζόμενος· τῇ μὲν γὰρ τῶν προειρημένων ἀλογιστίᾳ τὸ σύμπαν ἡμῶν γένος οὐ μικρῶς ἀκληρεῖ.

9 Ἕκαστα δὲ τούτων ἐπεγνωκὼς σὺ βασιλεῦ, καὶ τῆς χώρας καὶ τοῦ περιϊσταμένου γένους ἡμῶν προνοήθητι, καθ' ἣν ἔχεις

10 πρὸς ἅπαντας εὐαπάντητον φιλανθρωπίαν. Ἄχρι γὰρ Ἰούδας

11 περίεστιν, ἀδύνατον εἰρήνης τυχεῖν τὰ πράγματα. Τοιούτων δὲ ῥηθέντων ὑπὸ τούτου, θᾶττον οἱ λοιποὶ φίλοι δυσμενῶς ἔχοντες τὰ πρὸς τὸν Ἰούδαν προσεπύρωσαν τὸν Δημήτριον.

12 Προσκαλεσάμενος δὲ εὐθέως, Νικάνορα τὸν γενόμενον ἐλεφαντάρχην, καὶ στρατηγὸν ἀναδείξας τῆς Ἰουδαίας, ἐξαπέ-

13 στειλε, δοὺς ἐντολὰς, αὐτὸν μὲν τὸν Ἰούδαν ἐπανελέσθαι, τοὺς δὲ σὺν αὐτῷ σκορπίσαι, καταστῆσαι δὲ Ἄλκιμον ἀρχιερέα τοῦ

14 μεγίστου ἱεροῦ. Τὰ δὲ ἐκ τῆς Ἰουδαίας πεφυγαδευκότα τὸν Ἰούδαν ἔθνη συνέμισγον ἀγεληδὸν τῷ Νικάνορι, τὰς τῶν Ἰουδαίων ἀτυχίας καὶ συμφορὰς, ἰδίας εὐημερίας δοκοῦντες ἔσεσθαι.

15 Ἀκούσαντες δὲ τὴν τοῦ Νικάνορος ἔφοδον καὶ τὴν ἐπίθεσιν τῶν ἐθνῶν, καταπασάμενοι γῆν ἐλιτάνευον τὸν ἄχρι αἰῶνος συστήσαντα τὸν ἑαυτοῦ λαὸν, ἀεὶ δὲ μετ' ἐπιφανείας ἀντιλαμ-

16 βανόμενον τῆς ἑαυτοῦ μερίδος. Προστάξαντος δὲ τοῦ ἡγουμένου, ἐκεῖθεν εὐθέως ἀνέζευξαν, καὶ συμμίσγουσιν αὐτοῖς ἐπὶ κώμην Δεσσαού.

17 Σίμων δὲ ὁ ἀδελφὸς Ἰούδα συμβεβληκὼς ἦν τῷ Νικάνορι, βραχέως δὲ διὰ τὴν αἰφνίδιον τῶν ἀντιπάλων ἀφασίαν

grieved for the covenants; for they stormed, because they would make their covenants void. [26] Lysias went up to the judgment seat, said as much as could be in defence of the cause, persuaded, pacified, made them well affected, returned to Antioch. Thus it went touching the king's coming and departing.

After three years was Judas informed, that Demetrius the *son* of Seleucus, having entered by the haven of Tripolis with a great power and navy, [2] had taken the country, and killed Antiochus, and Lysias his protector. [3] Now one Alcimus, who had been high priest, and had defiled himself wilfully in the times of their mingling *with the Gentiles*, seeing that by no means he could save himself, nor have any more access to the holy altar, [4] came to king Demetrius in the hundred and one and fiftieth year, presenting unto him a crown of gold, and a palm, and also of the boughs which were used solemnly in the temple: and so that day he held his peace. [5] Howbeit, having gotten opportunity to further his foolish enterprise, *and* being called into council by Demetrius, and asked how the Jews stood affected, and what they intended, he answered thereunto: [6] Those of the Jews that be called Assideans, whose captain is Judas Maccabeus, nourish war, and are seditious, and will not let the realm be in peace. [7] Therefore I, being deprived of mine ancestors' honour, I mean the high priesthood, am now come hither: [8] first, verily for the unfeigned care I have of things pertaining to the king; and secondly, even for that I intend the good of mine own citizens: for all our nation is in no small misery through the unadvised dealing of them aforesaid. [9] Wherefore, O king, seeing thou knowest all these things, be careful for the country, and our nation, which is pressed on every side, according to the clemency that thou readily shewest unto all. [10] For as long as Judas liveth, it is not possible that the state should be quiet. [11] This was no sooner spoken of him, but others of the king's friends, being maliciously set against Judas, did more incense Demetrius. [12] And forthwith calling Nicanor, who had been master of the elephants, and making him governor over Judea, he sent him forth, [13] commanding him to slay Judas, and to scatter them that were with him, and to make Alcimus high priest of the great temple. [14] Then the heathen, that had fled out of Judea from Judas, came to Nicanor by flocks, thinking the harm and calamities of the Jews to be their welfare. [15] Now when the Jews heard of Nicanor's coming, and that the heathen were up against them, they cast earth upon their heads, and made supplication to him that had established his people for ever, and who always helpeth his portion with manifestation of his presence. [16] So at the commandment of the captain they removed straightways from thence, and came near unto them at the town of Dessau. [17] Now Simon, Judas' brother, had joined battle with Nicanor, but was somewhat discomfited through the sudden silence of his

enemies. 18 Nevertheless Nicanor, hearing of the manliness of them that were with Judas, and the courageousness that they had to fight for their country, durst not try the matter by the sword. 19 Wherefore he sent Posidonius, and Theodotus, and Mattathias, to make peace.

20 So when they had taken long advisement thereupon, and the captain had made the multitude acquainted therewith, and it appeared that they were all of one mind, they consented to the covenants, 21 and appointed a day to meet in together by themselves: and when the day came, and stools were set for either of them, 22 Judas placed armed men ready in convenient places, lest some treachery should be suddenly practised by the enemies: so they made a peaceable conference.

23 Now Nicanor abode in Jerusalem, and did no hurt, but sent away the people that came flocking unto him. 24 And he would not willingly have Judas out of his sight: for he loved the man from his heart. 25 He prayed him also to take a wife, and to beget children: so he married, was quiet, and took part of this life.

26 But Alcimus, perceiving the love that was betwixt them, and considering the covenants that were made, came to Demetrius, and told him that Nicanor was not well affected toward the state: for that he had ordained Judas, a traitor to his realm, to be the king's successor. 27 Then the king being in a rage, and provoked with the accusations of the most wicked man, wrote to Nicanor, signifying that he was much displeased with the covenants, and commanding him that he should send Maccabeus prisoner in all haste unto Antioch.

28 When this came to Nicanor's hearing, he was much confounded in himself, and took it grievously that he should make void the articles which were agreed upon, the man being in no fault. 29 But because there was no dealing against the king, he watched his time to accomplish this thing by policy.

30 Notwithstanding, when Maccabeus saw that Nicanor began to be churlish unto him, and that he entreated him more roughly than he was wont, perceiving that such sour behaviour came not of good, he gathered together not a few of his men, and withdrew himself from Nicanor. 31 But the other, knowing that he was notably prevented by Judas' policy, came into the great and holy temple, and commanded the priests, that were offering their usual sacrifices, to deliver him the man. 32 And when they sware that they could not tell where the man was whom he sought, 33 he stretched out his right hand toward the temple, and made an oath in this manner: If ye will not deliver me Judas as a prisoner, I will lay this temple of God even with the ground, and I will break down the altar, and erect a notable temple unto Bacchus.

34 After these words, he departed. Then the priests lifted up their hands toward heaven, and besought him that was ever a defender of their nation, saying in this manner; 35 Thou, O Lord of all things, who hast need of nothing, wast pleased that the temple of thine habitation should be among us: 36 therefore now, O holy Lord of all holiness,

ἐπταικώς. Ὅμως δὲ ἀκούων ὁ Νικάνωρ ἦν εἶχον οἱ περὶ τὸν 18 Ἰούδαν ἀνδραγαθίαν, καὶ ἐν τοῖς ὑπὲρ τῆς πατρίδος ἀγῶσιν εὐψυχίαν, ἐπευλαβεῖτο τὴν κρίσιν δι' αἱμάτων ποιήσασθαι· Διόπερ ἔπεμψε Ποσιδώνιον καὶ Θεόδοτον καὶ Ματταθίαν, δοῦναι 19 καὶ λαβεῖν δεξιάς.

Πλείονος δὲ γενομένης περὶ τούτων ἐπισκέψεως, καὶ τοῦ 20 ἡγεμόνος τοῖς πλήθεσιν ἀνακοινωσαμένου, καὶ φανείσης ὁμοψήφου γνώμης, ἐπένευσαν ταῖς συνθήκαις· Ἐτάξαντο δὲ 21 ἡμέραν ἐν ᾗ κατ' ἰδίαν ἥξουσιν εἰς τὸ αὐτό· καὶ προῆλθε, καὶ παρ' ἑκάστου διαφόρους ἔθεσαν δίφρους. Διέταξεν Ἰούδας 22 ἐνόπλους ἑτοίμους ἐν τοῖς ἐπικαίροις τόποις, μήποτε ἐκ τῶν πολεμίων αἰφνιδίως κακουργία γένηται· τὴν ἁρμόζουσαν ἐποιήσαντο κοινολογίαν.

Διέτριβεν δὲ ὁ Νικάνωρ ἐν Ἱεροσολύμοις, καὶ ἔπραττεν 23 οὐθὲν ἄτοπον· τοὺς δὲ συναχθέντας ἀγελαίους ὄχλους ἀπέλυσε. Καὶ εἶχε τὸν Ἰούδαν διαπαντὸς ἐν προσώπῳ, ψυχικῶς τῷ ἀνδρὶ 24 προσεκέκλιτο. Παρεκάλεσεν αὐτὸν γῆμαι καὶ παιδοποιήσα- 25 σθαι· ἐγάμησεν, εὐστάθησεν, ἐκοινώνησε βίου.

Ὁ δὲ Ἄλκιμος συνιδὼν τὴν πρὸς ἀλλήλους εὔνοιαν καὶ τὰς 26 γενομένας συνθήκας, ἀναλαβὼν, ἧκε πρὸς τὸν Δημήτριον, καὶ ἔλεγε τὸν Νικάνορα ἀλλότρια φρονεῖν τῶν πραγμάτων· τὸν γὰρ ἐπίβουλον τῆς βασιλείας Ἰούδαν διάδοχον ἀναδέδειχεν ἑαυτοῦ. Ὁ δὲ βασιλεὺς ἔκθυμος γενόμενος, καὶ ταῖς τοῦ 27 παμπονήρου ἐρεθισθεὶς διαβολαῖς, ἔγραψε Νικάνορι φάσκων, ὑπὲρ μὲν τῶν συνθηκῶν βαρέως φέρειν, κελεύων δὲ τὸν Μακκαβαῖον δέσμιον ἐξαποστέλλειν ταχέως εἰς Ἀντιόχειαν.

Προσπεσόντων δὲ τούτων τῷ Νικάνορι, συνεκέχυτο καὶ 28 δυσφόρως ἔφερεν, εἰ τὰ διεσταλμένα ἀθετήσει μηδὲν τ' ἀνδρὸς ἠδικηκότος. Ἐπεὶ δὲ τῷ βασιλεῖ ἀντιπράττειν οὐκ ἦν, εὔκαιρον 29 ἐτήρει στρατηγήματι τοῦτ' ἐπιτελέσαι.

Ὁ δὲ Μακκαβαῖος αὐστηρότερον διεξάγοντα συνιδὼν τὸν 30 Νικάνορα πρὸς αὐτὸν, καὶ τὴν εἰθισμένην ἀπάντησιν ἀγριωτέραν ἐσχηκότα, νοήσας οὐκ ἀπὸ τοῦ βελτίστου τὴν αὐστηρίαν εἶναι, συστρέψας οὐκ ὀλίγους τῶν περὶ ἑαυτὸν, συνεκρύπτετο τὸν Νικάνορα. Συγγνοὺς δὲ ὁ ἕτερος ὅτι γενναίως ὑπὸ τοῦ 31 ἀνδρὸς ἐστρατήγηται, παραγενόμενος ἐπὶ τὸ μέγιστον καὶ ἅγιον ἱερὸν, τῶν ἱερέων τὰς καθηκούσας θυσίας προσαγόντων, ἐκέλευσε παραδιδόναι τὸν ἄνδρα. Τῶν δὲ μεθ' ὅρκων φασκόν- 32 των μὴ γινώσκειν ποῦ ποτ' ἐστὶν ὁ ζητούμενος, προτείνας 33 τὴν δεξιὰν εἰς τὸν νεὼν, ταῦτα ὤμοσεν, ἐὰν μὴ δέσμιόν μοι τὸν Ἰούδαν παραδῶτε, τόνδε τοῦ Θεοῦ σηκὸν εἰς πεδίον ποιήσω, καὶ τὸ θυσιαστήριον κατασκάφω, καὶ ἱερὸν ἐνταῦθα τῷ Διονύσῳ ἐπιφανὲς ἀναστήσω.

Τοσαῦτα δὲ εἰπὼν ἀπῆλθεν· οἱ δὲ ἱερεῖς προτείναντες τὰς 34 χεῖρας εἰς τὸν οὐρανὸν, ἐπεκαλοῦντο τὸν διαπαντὸς ὑπέρμαχον τοῦ ἔθνους ἡμῶν, ταῦτα λέγοντες, σὺ, Κύριε, τῶν ὅλων ἀπροσ- 35 δεὴς ὑπάρχων, εὐδόκησας ναὸν τῆς σῆς κατασκηνώσεως ἐν ἡμῖν γενέσθαι. Καὶ νῦν, ἅγιε παντὸς ἁγιασμοῦ Κύριε 36

διατήρησον εἰς αἰῶνα ἀμίαντον τόνδε τὸν προσφάτως κεκαθαρισμένον οἶκον.

37 Ῥαζὶς δέ τις τῶν ἀπὸ Ἱεροσολύμων πρεσβυτέρων, ἐμηνύθη τῷ Νικάνορι, ἀνὴρ φιλοπολίτης καὶ σφόδρα καλῶς ἀκούων, καὶ κατὰ τὴν εὔνοιαν πατὴρ τῶν Ἰουδαίων προσαγορευόμενος.

38 Ἦν γὰρ ἐν τοῖς ἔμπροσθεν χρόνοις τῆς ἀμιξίας κρίσιν εἰσενηνεγμένος Ἰουδαϊσμοῦ, καὶ σῶμα καὶ ψυχὴν ὑπὲρ τοῦ Ἰουδαϊσμοῦ παραβεβλημένος μετὰ πάσης ἐκτενίας.

39 Βουλόμενος δὲ Νικάνωρ πρόδηλον ποιῆσαι ἣν εἶχε πρὸς τοὺς Ἰουδαίους δυσμένειαν, ἀπέστειλε στρατιώτας ὑπὲρ τοὺς
40 πεντακοσίους συλλαβεῖν αὐτόν. Ἔδοξε γὰρ, ἐκεῖνον συλλα-
41 βὼν, τούτοις ἐργάσασθαι συμφοράν, Τῶν δὲ πληθῶν μελλόντων τὸν πύργον καταλαβέσθαι, καὶ τὴν αὐλαίαν θύραν βιαζομένων, καὶ κελευόντων πῦρ προσάγειν καὶ τὰς θύρας ὑφάπτειν,
42 περικατάληπτος γενόμενος ὑπέθηκεν ἑαυτῷ ξίφος, εὐγενῶς θέλων ἀποθανεῖν, ἤπερ τοῖς ἀλιτηρίοις ὑποχείριος γενέσθαι, καὶ
43 τῆς ἰδίας εὐγενείας ἀναξίως ὑβρισθῆναι. Τῇ δὲ πληγῇ μὴ κατευθικτήσας διὰ τὴν τοῦ ἀγῶνος σπουδήν, καὶ τῶν ὄχλων εἴσω τῶν θυρωμάτων εἰσβαλόντων, ἀναδραμὼν γενναίως ἐπὶ τὸ
44 τεῖχος, κατεκρήμνισεν ἑαυτὸν ἀνδρείως εἰς τοὺς ὄχλους. Τῶν δὲ ταχέως ἀναποδισάντων, γενομένου διαστήματος ἦλθε κατὰ μέσον τὸν κενεῶνα.

45 Ἔτι δὲ ἔμπνους ὑπάρχων καὶ πεπυρωμένος τοῖς θυμοῖς, ἐξαναστὰς φερομένων κρουνηδὸν τῶν αἱμάτων, καὶ δυσχερῶν ὄντων τῶν τραυμάτων, δρόμῳ τοὺς ὄχλους διελθών, καὶ στὰς
46 ἐπί τινος πέτρας ἀπορρῶγάδος, παντελῶς ἔξαιμος ἤδη γενόμενος, προβαλὼν τὰ ἔντερα, καὶ λαβὼν ἑκατέραις ταῖς χερσὶν, ἐνέσεισε τοῖς ὄχλοις· καὶ ἐπικαλεσάμενος τὸν δεσπόζοντα τῆς ζωῆς καὶ τοῦ πνεύματος, ταῦτα αὐτῷ πάλιν ἀποδοῦναι, τόνδε τὸν τρόπον μετήλλαξεν.

15 Ὁ δὲ Νικάνωρ μεταλαβὼν τοὺς περὶ τὸν Ἰούδαν ὄντας ἐν τοῖς κατὰ Σαμάρειαν τόποις, ἐβουλεύσατο τῇ τῆς καταπαύσεως ἡμέρᾳ μετὰ πάσης ἀσφαλείας αὐτοῖς ἐπιβαλεῖν.

2 Τῶν δὲ κατ' ἀνάγκην συνεπομένων αὐτῷ Ἰουδαίων, λεγόντων, μηδαμῶς οὕτως ἀγρίως καὶ βαρβάρως ἀπολέσῃς, δόξαν δὲ ἀπομέρισον τῇ προτετιμημένῃ ὑπὸ τοῦ πάντα ἐθορῶντος μεθ' ἁγιότητος ἡμέρᾳ.
3 Ὁ δὲ τρισαλιτήριος ἐπηρώτησεν, εἰ ἔστιν ἐν οὐρανῷ δυνά-
4 στης ὁ προστεταχὼς ἄγειν τὴν τῶν σαββάτων ἡμέραν; Τῶν δὲ ἀποφηναμένων, ἔστιν ὁ Κύριος ζῶν αὐτὸς ἐν οὐρανῷ δυνάστης,
5 ὁ κελεύσας ἀσκεῖν τὴν ἑβδομάδα. Ὁ δὲ ἕτερος, κἀγώ φησι, δυνάστης ἐπὶ τῆς γῆς ὁ προστάσσων αἴρειν ὅπλα, καὶ τὰς βασιλικὰς χρείας ἐπιτελεῖν· ὅμως οὐ κατέσχεν ἐπιτελέσαι τὸ
6 σχέτλιον αὐτοῦ βούλημα. Καὶ ὁ μὲν Νικάνωρ μετὰ πάσης ἀλαζονείας ὑψαυχενῶν, διεγνώκει κοινὸν τῶν περὶ τὸν Ἰούδαν συστήσασθαι τρόπαιον.

7 Ὁ δὲ Μακκαβαῖος ἦν ἀδιαλείπτως πεποιθὼς μετὰ πάσης
8 ἐλπίδος ἀντιλήψεως τεύξασθαι παρὰ τοῦ Κυρίου. Καὶ παρεκάλει τοὺς σὺν αὐτῷ μὴ δειλιᾷν τὴν τῶν ἐθνῶν ἔφοδον, ἔχοντας δὲ κατὰ νοῦν τὰ προγεγονότα αὐτοῖς ἀπ' οὐρανοῦ βοηθήματα, καὶ τανῦν προσδοκᾷν τὴν παρὰ τοῦ παντοκράτορος ἐσομένην

keep this house ever undefiled, which lately was cleansed, and stop every unrighteous mouth.
37 Now was there accused unto Nicanor one Razis, one of the elders of Jerusalem, a lover of his countrymen, and a man of very good report, who for his kindness was called a father of the Jews. 38 For in the former times, when they mingled not themselves with the Gentiles, he had been accused of Judaism, and did boldly jeopard his body and life with all vehemency for the religion of the Jews.

39 So Nicanor, willing to declare the hate that he bare unto the Jews, sent above five hundred men of war to take him: 40 for he thought by taking him to do the Jews much hurt. 41 Now when the multitude would have taken the tower, and violently broken into the outer door, and bade that fire should be brought to burn it, he being ready to be taken on every side fell upon his sword; 42 choosing rather to die manfully, than to come into the hands of the wicked, to be abused otherwise than beseemed his noble birth: 43 but missing his stroke through haste, the multitude also rushing within the doors, he ran boldly up to the wall, and cast himself down manfully among the thickest of them. 44 But they quickly giving back, and a space being made, he fell down into the midst of the void place.

45 Nevertheless, while there was yet breath within him, being inflamed with anger, he rose up; and though his blood gushed out like spouts of water, and his wounds were grievous, yet he ran through the midst of the throng; and standing upon a steep rock, 46 when as his blood was now quite gone, he plucked out his bowels, and taking them in both his hands, he cast them upon the throng, and calling upon the Lord of life and spirit to restore him those again, he thus died.

But Nicanor, hearing that Judas and his company were in the strong places about Samaria, resolved without any danger to set upon them on the sabbath day.
2 Nevertheless the Jews that were compelled to go with him said, O destroy not so cruelly and barbarously, but give honour to that day, which he, that seeth all things, hath honoured with holiness above other days.
3 Then the most ungracious wretch demanded, if there were a Mighty one in heaven, that had commanded the sabbath day to be kept. 4 And when they said, There is in heaven a living Lord, and mighty, who commanded the seventh day to be kept: 5 then said the other, And I also am mighty upon earth, and I command to take arms, and to do the king's business. Yet he obtained not to have his wicked will done.
6 So Nicanor in exceeding pride and haughtiness determined to set up a public monument of his victory over Judas and them that were with him.

7 But Maccabeus had ever sure confidence that the Lord would help him: 8 wherefore he exhorted his people not to fear the coming of the heathen against them, but to remember the help which in former times they had received from heaven, and now to expect the victory and aid, which should

come unto them from the Almighty. ⁹And so comforting them out of the law and the prophets, and withal putting them in mind of the battles that they won afore, he made them more cheerful.

¹⁰And when he had stirred up their minds, he gave them their charge, shewing them therewithal the falsehood of the law and the breach of oaths. ¹¹Thus he armed every one of them, not so much with defence of shields and spears, as with comfortable and good words: and beside that, he told them a dream worthy to be believed, as if it had been so indeed, which did not a little rejoice them.

¹²And this was his vision: That Onias, who had been high priest, a virtuous and a good man, reverend in conversation, gentle in condition, well spoken also, and exercised from a child in all points of virtue, holding up his hands prayed for the whole body of the Jews. ¹³This done, in like manner there appeared a man with gray hairs, and exceeding glorious, who was of a wonderful and excellent majesty. ¹⁴Then Onias answered, saying, This is a lover of the brethren, who prayeth much for the people, and for the holy city, to wit, Jeremias the prophet of God. ¹⁵Whereupon Jeremias holding forth his right hand gave to Judas a sword of gold, and in giving it spake thus, ¹⁶Take this holy sword, a gift from God, with the which thou shalt wound the adversaries.

¹⁷Thus being well comforted by the words of Judas, which were very good, and able to stir them up to valour, and to encourage the hearts of the young men, they determined not to pitch camp, but courageously to set upon them, and manfully to try the matter by conflict, because the city and the sanctuary and the temple were in danger. ¹⁸For the care that they took for their wives, and their children, their brethren, and kinsfolks, was in least account with them: but the greatest and principal fear was for the holy temple. ¹⁹Also they that were in the city took not the least care, being troubled for the conflict abroad.

²⁰And now, when as all looked what should be the trial, and the enemies were already come near, and the army was set in array, and the beasts conveniently placed, and the horsemen set in wings, ²¹Maccabeus seeing the coming of the multitude, and the divers preparations of armour, and the fierceness of the beasts, stretched out his hands toward heaven, and called upon the Lord that worketh wonders, knowing that victory cometh not by arms, but even as it seemeth good to him, he giveth it to such as are worthy: ²²therefore in his prayer he said after this manner: O Lord, thou didst send thine angel in the time of Ezekias king of Judea, and didst slay in the host of Sennacherib an hundred fourscore and five thousand: ²³wherefore now also, O Lord of heaven, send a good angel before us for a fear and dread unto them; ²⁴and through the might of thine arm let those be stricken with terror, that come against thy holy people to blaspheme. And he ended thus.

²⁵Then Nicanor and they that were with him came forward with trumpets and songs. ²⁶But Judas and his company encountered

αὐτοῖς νίκην καὶ βοήθειαν. Καὶ παραμυθούμενος αὐτοὺς ἐκ 9 τοῦ νόμου καὶ τῶν προφητῶν, προσυπομνήσας δὲ αὐτοὺς καὶ τοὺς ἀγῶνας οὓς ἦσαν ἐκτετελεκότες, προθυμοτέρους αὐτοὺς κατέστησε.

Καὶ τοῖς θυμοῖς διεγείρας αὐτούς, παρήγγειλεν, ἅμα παρεπι- 10 δεικνὺς τὴν τῶν ἐθνῶν ἀθεσίαν καὶ τὴν τῶν ὅρκων παράβασιν. Ἕκαστον δὲ αὐτῶν καθοπλίσας, οὐ τὴν ἀσπίδων καὶ λογχῶν 11 ἀσφάλειαν, ὡς τὴν ἐν τοῖς ἀγαθοῖς λόγοις παράκλησιν, καὶ προσεξηγησάμενος ὄνειρον ἀξιόπιστον ὕπαρ τι πάντας εὔφρανεν.

Ἦν δὲ ἡ τούτου θεωρία τοιάδε· Ὀνίαν τὸν γενόμενον 12 ἀρχιερέα, ἄνδρα καλὸν καὶ ἀγαθόν, αἰδήμονα μὲν τὴν ἀπάντησιν, πρᾷον δὲ τὸν τρόπον, καὶ λαλιὰν προϊέμενον πρεπόντως, καὶ ἐκ παιδὸς ἐκμεμελετηκότα πάντα τὰ τῆς ἀρετῆς οἰκεῖα, τοῦτον τὰς χεῖρας προτείναντα κατεύχεσθαι τῷ παντὶ τῶν Ἰουδαίων συστή- ματι. Εἶθ᾽ οὕτως ἐπιφανῆναι ἄνδρα πολιᾷ καὶ δόξῃ διαφέροντα, 13 θαυμαστὴν δέ τινα καὶ μεγαλοπρεπεστάτην εἶναι τὴν περὶ αὐτὸν ὑπεροχήν. Ἀποκριθέντα δὲ τὸν Ὀνίαν εἰπεῖν, ὁ φιλ- 14 άδελφος οὗτός ἐστιν ὁ πολλὰ προσευχόμενος περὶ τοῦ λαοῦ καὶ τῆς ἁγίας πόλεως, Ἱερεμίας ὁ τοῦ Θεοῦ προφήτης. Προτεί- 15 ναντα δὲ τὸν Ἱερεμίαν τὴν δεξιὰν παραδοῦναι τῷ Ἰούδᾳ ῥομ- φαίαν χρυσῆν, διδόντα δὲ προσφωνῆσαι τάδε, λάβε τὴν 16 ἁγίαν ῥομφαίαν δῶρον παρὰ τοῦ Θεοῦ, δι᾽ ἧς θραύσεις τοὺς ὑπεναντίους.

Παρακληθέντες δὲ τοῖς Ἰούδα λόγοις πάνυ καλοῖς καὶ δυνα- 17 μένοις ἐπ᾽ ἀρετὴν παρορμῆσαι, καὶ ψυχὰς νέων ἐπανορθῶσαι, διέγνωσαν μὴ στρατοπεδεύεσθαι, γενναίως δὲ ἐμφέρεσθαι, καὶ μετὰ πάσης εὐανδρίας ἐμπλακέντες κρῖναι τὰ πράγματα, διὰ τὸ καὶ τὴν πόλιν, καὶ τὰ ἅγια, καὶ τὸ ἱερὸν κινδυνεύειν. Ἦν 18 γὰρ ὁ περὶ γυναικῶν καὶ τέκνων, ἔτι δὲ ἀδελφῶν καὶ συγγενῶν ἐν ἥττονι μέρει κείμενος αὐτοῖς ἀγών, μέγιστος δὲ καὶ πρῶτος ὁ περὶ τοῦ καθηγιασμένου ναοῦ φόβος. Ἦν δὲ καὶ τοῖς ἐν τῇ 19 πόλει κατειλημμένοις οὐ πάρεργος ἀγωνία ταρασσομένοις τῆς ἐν ὑπαίθρῳ προσβολῆς.

Καὶ πάντων ἤδη προσδοκώντων τὴν ἐσομένην κρίσιν, καὶ 20 ἤδη συμμιξάντων τῶν πολεμίων, καὶ τῆς στρατιᾶς ἐκταγείσης, καὶ τῶν θηρίων ἐπὶ μέρος εὔκαιρον ἀποκατασταθέντων, τῆς τε ἵππου κατὰ κέρας τεταγμένης,

Συνιδὼν ὁ Μακκαβαῖος τὴν τῶν πληθῶν παρουσίαν, καὶ τῶν 21 ὅπλων τὴν ποικίλην παρασκευήν, τήν τε τῶν θηρίων ἀγριότητα, προτείνας τὰς χεῖρας εἰς τὸν οὐρανόν, ἐπεκαλέσατο τὸν τερατο- ποιὸν Κύριον τὸν κατόπτην, γινώσκων ὅτι οὐκ ἔστι δι᾽ ὅπλων ἡ νίκη, καθὼς δὲ ἂν αὐτῷ κριθείη, τοῖς ἀξίοις περιποιεῖται τὴν νίκην. Ἔλεγε δὲ ἐπικαλούμενος τόνδε τὸν τρόπον, σὺ, Δέσποτα, 22 ἀπέστειλας τὸν ἄγγελόν σου ἐπὶ Ἐζεκίου τοῦ βασιλέως τῆς Ἰουδαίας, καὶ ἀνεῖλες ἐκ τῆς παρεμβολῆς Σενναχηρεὶμ εἰς ἑκατὸν ὀγδοηκονταπέντε χιλιάδας. Καὶ νῦν, Δυνάστα τῶν 23 οὐρανῶν, ἀπόστειλον ἄγγελον ἀγαθὸν ἔμπροσθεν ἡμῶν εἰς δέος καὶ τρόμον. Μεγέθει βραχίονός σου καταπλαγείησαν οἱ μετὰ 24 βλασφημίας παραγενόμενοι ἐπὶ τὸν ἅγιόν σου λαόν· καὶ οὗτος μὲν ἐν τούτοις ἔληξεν.

Οἱ δὲ περὶ τὸν Νικάνορα μετὰ σαλπίγγων καὶ παιάνων 25 προσῆγον, οἱ δὲ περὶ τὸν Ἰούδαν μετ᾽ ἐπικλήσεως καὶ εὐχῶν 26

27 συνέμιξαν τοῖς πολεμίοις. Καὶ ταῖς μὲν χερσὶν ἀγωνιζόμενοι, ταῖς δὲ καρδίαις πρὸς τὸν Θεὸν εὐχόμενοι, κατέστρωσαν οὐδὲν ἧττον μυριάδων τριῶν καὶ πεντακισχιλίων, τῇ τοῦ Θεοῦ μεγάλως εὐφρανθέντες ἐπιφανείᾳ.

28 Γενόμενοι δὲ ἀπὸ τῆς χρείας, καὶ μετὰ χαρᾶς ἀναλύοντες,

29 ἐπέγνωσαν προπεπτωκότα Νικάνορα σὺν τῇ πανοπλίᾳ. Γενομένης δὲ κραυγῆς καὶ ταραχῆς, εὐλόγουν τὸν Δυνάστην τῇ πατρίῳ φωνῇ.

30 Καὶ προσέταξεν ὁ καθ' ἅπαν σώματι καὶ ψυχῇ πρωταγωνιστὴς ὑπὲρ τῶν πολιτῶν, ὁ τὴν τῆς ἡλικίας εὔνοιαν εἰς ὁμοεθνεῖς διαφυλάξας, τὴν τοῦ Νικάνορος κεφαλὴν ἀποτεμόντας, καὶ τὴν χεῖρα σὺν τῷ ὤμῳ φέρειν εἰς Ἱεροσόλυμα.

31 Παραγενόμενος δὲ ἐκεῖ, καὶ συγκαλέσας τοὺς ὁμοεθνεῖς, καὶ τοὺς ἱερεῖς πρὸ τοῦ θυσιαστηρίου στήσας, μετεπέμψατο τοὺς

32 ἐκ τῆς ἄκρας. Καὶ ἐπιδειξάμενος τὴν τοῦ μιαροῦ Νικάνορος κεφαλὴν, καὶ τὴν χεῖρα τοῦ δυσφήμου, ἣν ἐκτείνας ἐπὶ τὸν ἅγιον τοῦ παντοκράτορος οἶκον ἐμεγαλαύχησε.

33 Καὶ τὴν γλῶσσαν τοῦ δυσσεβοῦς Νικάνορος ἐκτεμὼν, ἔφη κατὰ μέρος δώσειν τοῖς ὀρνέοις, τὰ δὲ ἐπίχειρα τῆς ἀνοίας

34 κατέναντι τοῦ ναοῦ κρεμᾶσαι. Οἱ δὲ πάντες εἰς τὸν οὐρανὸν εὐλόγησαν τὸν ἐπιφανῆ Κύριον, λέγοντες, εὐλογητὸς ὁ δια-

35 τηρήσας τὸν ἑαυτοῦ τόπον ἀμίαντον. Ἐξέδησε δὲ τὴν τοῦ Νικάνορος κεφαλὴν ἐκ τῆς ἄκρας, ἐπίδηλον πᾶσι καὶ φανερὸν τῆς τοῦ Κυρίου βοηθείας σημεῖον.

36 Καὶ ἐδογμάτισαν πάντες μετὰ κοινοῦ ψηφίσματος μηδαμῶς ἐᾶσαι ἀπαρασήμαντον τήνδε τὴν ἡμέραν· ἔχειν δὲ ἐπίσημον τὴν τρισκαιδεκάτην τοῦ δωδεκάτου μηνὸς, Ἀδὰρ λέγεται τῇ Συριακῇ φωνῇ, πρὸ μιᾶς ἡμέρας τῆς Μαρδοχαϊκῆς ἡμέρας.

37 Τῶν οὖν κατὰ Νικάνορα χωρησάντων οὕτω, καὶ ἀπ' ἐκείνων τῶν καιρῶν κρατηθείσης τῆς πόλεως ὑπὸ τῶν Ἑβραίων. Καὶ αὐτὸς αὐτόθι καταπαύσω τὸν λόγον.

38 Καὶ εἰ μὲν καλῶς καὶ εὐθίκτως τῇ συντάξει, τοῦτο καὶ αὐτὸς ἤθελον· εἰ δὲ εὐτελῶς καὶ μετρίως, τοῦτο ἐφικτὸν ἦν μοι.

39 Καθάπερ γὰρ οἶνον καταμόνας πίνειν, ὡσαύτως δὲ καὶ ὕδωρ πάλιν, πολέμιον· ὃν δὲ τρόπον οἶνος ὕδατι συγκερασθεὶς ἡδὺς, καὶ ἐπιτερπῆ τὴν χάριν ἀποτελεῖ, οὕτω καὶ τὸ τῆς κατασκευῆς τοῦ λόγου τέρπει τὰς ἀκοὰς τῶν ἐντυγχανόντων τῇ συντάξει· ἐνταῦθα δὲ ἔσται ἡ τελευτή.

the enemies with invocation and prayer. [27] So that fighting with their hands, and praying unto God with their hearts, they slew no less than thirty and five thousand men: for through the appearance of God they were greatly cheered.

[28] Now when the battle was done, returning again with joy, they knew that Nicanor lay dead in his harness. [29] Then they made a great shout and a noise, praising the Almighty in their own language.

[30] And *Judas*, who was ever the chief defender of the citizens both in body and mind, and who continued his love toward his countrymen all his life, commanded to strike off Nicanor's head, and his hand with his shoulder, and bring them to Jerusalem.

[31] So when he was there, and had called them of his nation together, and set the priests before the altar, he sent for them that were of the tower, [32] and shewed them vile Nicanor's head, and the hand of that blasphemer, which with proud brags he had stretched out against the holy temple of the Almighty.

[33] And when he had cut out the tongue of that ungodly Nicanor, he commanded that they should give it by pieces unto the fowls, and hang up the reward of his madness before the temple. [34] So every man praised toward the heaven the glorious Lord, saying, Blessed be he that hath kept his own place undefiled. [35] He hanged also Nicanor's head upon the tower, an evident and manifest sign unto all of the help of the Lord.

[36] And they ordained all with a common decree in no case to let that day pass without solemnity, but to celebrate the thirteenth day of the twelfth month, which in the Syrian tongue is called Adar, the day before Mardocheus' day. [37] Thus went it with Nicanor: and from that time forth the Hebrews had the city in their power. And here will I make an end.

[38] And if *I have done* well, and as is fitting the story, it is that which I desired: but if slenderly and meanly, it is that which I could attain unto. [39] For as it is hurtful to drink wine or water alone; and as wine mingled with water is pleasant, and delighteth the taste: even so speech finely framed delighteth the ears of them that read the story. And here shall be an end.

ΜΑΚΚΑΒΑΙΩΝ Γ΄.

Now Philopater, on learning from those who came back that Antiochus had made himself master of the places which belonged to himself, sent orders to all his footmen and horsemen, took with him his sister Arsinoe, and marched out as far as the parts of Raphia, where Antiochus and his forces encamped.
²And one Theodotus, intending to carry out his design, took with him the bravest of the armed men who had been before committed to his trust by Ptolemy, and got through at night to the tent of Ptolemy, to kill him on his own responsibility, and so to end the war. ³But Dositheus, called the son of Drimulus, by birth a Jew, afterward a renegade from the laws and observances of his country, conveyed Ptolemy away, and made an obscure person lie down in his stead in the tent. It befel this man to receive the fate which was meant for the other.
⁴A fierce battle then took place ; and the men of Antiochus prevailing, Arsinoe continually went up and down the ranks, and with dishevelled hair, with tears and entreaties, begged the soldiers to fight manfully for themselves, their children, and wives ; and promised that if they proved conquerors, she would give them two minæ of gold apiece. ⁵It thus fell out that their enemies were defeated in hand-to-hand encounter, and that many of them were taken prisoners.
⁶Having vanquished this attempt, the king then decided to proceed to the neighbouring cities, and encourage them. ⁷By doing this, and by making donations to their temples, he inspired his subjects with confidence. ⁸The Jews also sent some of their council and of their elders to him. The greetings, guest-gifts, and congratulations on the past, bestowed by them, filled him with the greater eagerness to visit their city.
⁹Having arrived at Jerusalem, sacrificed, and offered thank-offerings to the Greatest God, and done whatever else was suitable to the sanctity of the place, and entered the inner court, ¹⁰he was so struck with the exact magnificence of the place, and so wondered at the orderly arrangements of the temple, that he conceived the purpose of entering the sanctuary itself.
¹¹And when they told him that this was not permissible, none of the nation, no, nor even the priests in general, but only the

Ὁ ΔΕ Φιλοπάτωρ μαθὼν παρὰ τῶν ἀνακομισθέντων τὴν γενομένην τῶν ὑπ᾽ αὐτοῦ κρατουμένων τόπων ἀφαίρεσιν ὑπὸ Ἀντιόχου, παραγγείλας ταῖς πάσαις δυνάμεσι πεζικαῖς τε καὶ ἱππικαῖς αὐτοῦ, καὶ τὴν ἀδελφὴν Ἀρσινόην συμπαραλαβὼν, ἐξώρμησε μέχρι τῶν κατὰ Ῥαφίαν τόπων, ὅπου παρεμβεβλήκεισαν οἱ περὶ Ἀντίοχον.

Θεόδοτος δέ τις ἐκπληρῶσαι τὴν ἐπιβουλὴν διανοηθεὶς, παρα- 2 λαβὼν τῶν προϋποτεταγμένων αὐτῷ ὅπλων Πτολεμαϊκῶν τὰ κράτιστα, διεκομίσθη νύκτωρ ἐπὶ τὴν τοῦ Πτολεμαίου σκηνὴν, ὡς μόνος κτεῖναι αὐτὸν, καὶ ἐν τούτῳ διαλῦσαι τὸν πόλεμον. Τοῦτον δὲ διαγαγὼν Δωσίθεος ὁ Δριμύλου λεγόμενος, τὸ γένος 3 Ἰουδαῖος, ὕστερον δὲ μεταβαλὼν τὰ νόμιμα, καὶ τῶν πατρίων δογμάτων ἀπηλλοτριωμένος, ἄσημόν τινα κατέκλινεν ἐν τῇ σκηνῇ, ὃν συνέβη κομίσασθαι τὴν ἐκείνου κόλασιν.

Γενομένης δὲ καρτερᾶς μάχης, καὶ τῶν πραγμάτων μᾶλλον 4 ἐρρωμένων τῷ Ἀντιόχῳ, ἱκανῶς ἡ Ἀρσινόη ἐπιπορευσαμένη τὰς δυνάμεις παρεκάλει, μετὰ οἴκτου καὶ δακρύων, τοὺς πλοκάμους λελυμένη, βοηθεῖν ἑαυτοῖς τε καὶ τοῖς τέκνοις καὶ γυναιξὶ θαρραλέως, ἐπαγγελλομένη δώσειν νικήσασιν ἑκάστῳ δύο μνᾶς χρυσίου. Καὶ οὕτω συνέβη τοὺς ἀντιπάλους ἐν χειρονομίαις 5 διαφθαρῆναι, πολλοὺς δὲ καὶ δορυαλώτους συλληφθῆναι.

Κατακρατήσας δὲ τῆς ἐπιβουλῆς ἔκρινε τὰς πλησίον πόλεις 6 ἐπελθὼν παρακαλέσαι. Ποιήσας δὲ τοῦτο, καὶ τοῖς τεμένεσι 7 δωρεὰς ἀπονείμας, εὐθαρσεῖς τοὺς ὑποτεταγμένους κατέστησε. Τῶν δὲ Ἰουδαίων διαπεμψαμένων πρὸς αὐτὸν ἀπὸ τῆς γερουσίας 8 καὶ τῶν πρεσβυτέρων τοὺς ἀσπασομένους αὐτὸν. Καὶ ξένια κομιοῦντας, καὶ ἐπὶ τοῖς συμβεβηκόσι συγχαρησομένους, συνέβη μᾶλλον αὐτὸν προθυμηθῆναι ὡς τάχιστα πρὸς αὐτοὺς παραγενέσθαι.

Διακομισθεὶς δὲ εἰς Ἱεροσόλυμα, καὶ θύσας τῷ μεγίστῳ 9 Θεῷ, καὶ χάριτας ἀποδιδοὺς, καὶ τῶν ἑξῆς τι τῷ τόπῳ ποιήσας, καὶ δὴ παραγενόμενος εἰς τὸν τόπον, καὶ τῇ σπουδαιότητι καὶ εὐπρεπείᾳ καταπλαγεὶς, θαυμάσας δὲ καὶ τὴν τοῦ ἱεροῦ εὐταξίαν, 10 ἐνεθυμήθη βουλεύσασθαι εἰσελθεῖν εἰς τὸν ναόν.

Τῶν δὲ εἰπόντων μὴ καθήκειν γίνεσθαι τοῦτο, διὰ τὸ μηδὲ 11 τοῖς ἐκ τοῦ ἔθνους ἐξεῖναι εἰσιέναι, μηδὲ πᾶσι τοῖς ἱερεῦσιν,

ἀλλ᾽ ἢ μόνῳ τῷ προηγουμένῳ πάντων ἀρχιερεῖ, καὶ τούτῳ ἅπαξ
12 κατ᾽ ἐνιαυτόν, οὐδαμῶς ἠβούλετο πείθεσθαι. Τοῦ τε νόμου
παραναγνωσθέντος, οὐδαμῶς ἀπέλιπε προφερόμενος ἑαυτὸν
δεῖν εἰσελθεῖν, λέγων, καὶ εἰ ἐκεῖνοι ἐστέρηνται ταύτης τῆς
13 τιμῆς, ἐμὲ οὐ δεῖ. Καὶ ἐπυνθάνετο, διὰ τίνα αἰτίαν εἰσερχό-
μενον αὐτὸν εἰς πᾶν τέμενος, οὐθεὶς ἐκώλυσε τῶν παρόντων.

14 Καί τις ἀπρονοήτως ἔφη κακῶς αὐτὸ τοῦτο τερατεύεσθαι.
15 Γενομένου δέ φησι τούτου διά τινα αἰτίαν, οὐχὶ πάντως εἰσ-
16 ελεύσεσθαι καὶ θελόντων αὐτῶν καὶ μή; Τῶν δὲ ἱερέων ἐν ταῖς
ἁγίαις ἐσθήσεσι προπεσόντων, καὶ δεομένων τοῦ μεγίστου Θεοῦ
βοηθεῖν τῇ ἐνεστώσῃ ἀνάγκῃ, καὶ τὴν ὁρμὴν τοῦ κακῶς ἐπι-
βαλλομένου μεταθεῖναι, κραυγῆς τε μετὰ δακρύων τὸ ἱερὸν
17 ἐμπλησάντων, οἱ κατὰ τὴν πόλιν ἀπολιπόμενοι, ταραχθέντες
ἐξεπήδησαν, ἄδηλον τιθέμενοι τὸ γινόμενον.

18 Αἵ τε κατάκλειστοι παρθένοι ἐν θαλάμοις σὺν ταῖς τεκούσαις
ἐξώρμησαν· καὶ σποδῷ καὶ κόνει τὰς κεφαλὰς πασάμεναι, γόων
19 τε καὶ στεναγμῶν τὰς πλατείας ἐνεπίμπλων. Αἱ δὲ καὶ προσ-
αρτίως ἐσταλμέναι, τοὺς πρὸς ἀπάντησιν διατεταγμένους
παστούς, καὶ τὴν ἁρμόζουσαν αἰδῶ παραλείπουσαι, δρόμον
20 ἄτακτον ἐν τῇ πόλει συνίσταντο. Τὰ δὲ νεογνὰ τῶν τέκνων, αἵ
τε πρὸς τούτοις μητέρες καὶ τιθηνοὶ παραλιποῦσαι ἄλλως καὶ
ἄλλως, αἱ μὲν κατ᾽ οἴκους, αἱ δὲ κατὰ τὰς ἀγυιὰς ἀνεπιτρέπτως
21 εἰς τὸ πανυπέρτατον ἱερὸν ἠθροίζοντο. Ποικίλη δὲ ἦν τῶν εἰς
τοῦτο συλλεγομένων ἡ δέησις ἐπὶ τοῖς ἀνοσίως ὑπ᾽ ἐκείνου
κατεγχειρουμένοις.

22 Σύν τε τούτοις οἱ τῶν πολιτῶν θρασυνθέντες οὐκ ἠνείχοντο
τέλεον αὐτοῦ ἐπικειμένου, καὶ τὸ τῆς προθέσεως αὐτοῦ ἐκπλη-
23 ροῦν διανοουμένου. Φωνήσαντες δὲ τὴν ὁρμὴν ἐπὶ τὰ ὅπλα
ποιήσασθαι, καὶ θαρραλέως ὑπὲρ τοῦ πατρῴου νόμου τελευτᾶν,
ἱκανὴν ἐποίησαν ἐν τῷ τόπῳ τραχύτητα, μόλις τε ὑπό τε τῶν
γεραιῶν καὶ τῶν πρεσβυτέρων ἀποτραπέντες ἐπὶ τὴν αὐτὴν τῆς
δεήσεως ἔστησαν στάσιν.

24 Καὶ τὸ μὲν πλῆθος, ὡς ἔμπροσθεν, ἐν τούτοις ἀνεστρέφετο
25 δεόμενον. Οἱ δὲ περὶ τὸν βασιλέα πρεσβύτεροι πολλαχῶς
ἐπειρῶντο τὸν ἀγέρωχον αὐτοῦ νοῦν ἐξιστάνειν τῆς ἐντεθυμη-
26 μένης βουλῆς. Θρασυνθεὶς δὲ καὶ πάντα παραπέμψας, ἤδη
καὶ πρόσβασιν ἐποιεῖτο, τέλος ἐπιθήσειν δοκῶν τῷ προειρη-
μένῳ.

27 Ταῦτ᾽ οὖν καὶ οἱ περὶ αὐτὸν ὄντες θεωροῦντες, ἐτράπησαν εἰς
τὸ σὺν τοῖς ἡμετέροις ἐπικαλεῖσθαι τὸν πᾶν κράτος ἔχοντα, τοῖς
παροῦσιν ἐπαμῦναι, μὴ παριδόντα τὴν ἄνομον καὶ ὑπερήφανον
28 πρᾶξιν. Ἐκ δὲ τῆς πυκνοτάτης τε καὶ ἐμπόνου τῶν ὄχλων
29 συναγομένης κραυγῆς, ἀνείκαστός τις ἦν βοή. Δοκεῖν γὰρ ἦν
μὴ μόνον τοὺς ἀνθρώπους, ἀλλὰ καὶ τὰ τείχη καὶ τὸ πᾶν ἔδαφος
ἠχεῖν, ἅτε δὴ τῶν πάντων τότε θάνατον ἀλλασσομένων ἀντὶ
τῆς τοῦ τόπου βεβηλώσεως.

2 Ὁ μὲν οὖν ἀρχιερεὺς Σίμων ἐξεναντίας τοῦ ναοῦ κάμψας τὰ
γόνατα, καὶ τὰς χεῖρας προτείνας εὐτάκτως, ἐποιήσατο τὴν
δέησιν τοιαύτην·

2 Κύριε Κύριε βασιλεῦ τῶν οὐρανῶν, καὶ Δέσποτα πάσης

---

supreme high priest of all, and he only once in a year, being allowed to go in, he would by no means give way. [12] Then they read the law to him ; but he persisted in obtruding himself, exclaiming, that he ought to be allowed : and saying, Be it that they were deprived of this honour, I ought not to be. [13] And he put the question, Why, when he entered all temples, none of the priests who were present forbad him?

[14] He was thoughtlessly answered by some one, That he did wrong to boast of this. [15] Well; since I have done this, said he, be the cause what it may, shall I not enter with or without your consent? [16] And when the priests fell down in their sacred vestments imploring the Greatest God to come and help in time of need, and to avert the violence of the fierce aggressor, and when they filled the temple with lamentations and tears, [17] then those who had been left behind in the city were scared, and rushed forth, uncertain of the event.

[18] Virgins, who had been shut up within their chambers, came out with their mothers, scattering dust and ashes on their heads, and filling the streets with outcries. [19] Women, but recently separated off, left their bridal chambers, left the reserve that befitted them, and ran about the city in a disorderly manner. [20] Newborn babes were deserted by the mothers or nurses who waited upon them; some here, some there, in houses, or in fields ; these now, with an ardour which could not be checked, swarmed into the Most High temple. [21] Various were the prayers offered up by those who assembled in this place, on account of the unholy attempt of the king.

[22] Along with these there were some of the citizens who took courage, and would not submit to his obstinacy, and his intention of carrying out his purpose. [23] Calling out to arms, and to die bravely in defence of the law of their fathers, they created a great uproar in the place, and were with difficulty brought back by the aged and the elders to the station of prayer which they had occupied before.

[24] During this time the multitude kept on praying. [25] The elders who surrounded the king strove in many ways to divert his haughty mind from the design which he had formed. [26] He, in his hardened mood, insensible to all persuasion, was going onwards, with the view of carrying out this design.

[27] Yet even his own officers, when they saw this, joined the Jews in an appeal to Him who has all power, to aid in the present crisis, and not wink at such overweening lawlessness. [28] Such was the frequency and the vehemence of the cry of the assembled crowd, that an indescribable noise ensued. [29] Not the men only, the very walls and floor seemed to sound forth ; all things preferring dissolution rather than to see the place defiled.

Now was it that the high priest Simon bowed his knees over against the holy place, and spread out his hands in reverent form, and uttered the following supplication:

[2] O Lord, Lord, King of the heavens, and

Ruler of the whole creation, Holy among the holy, sole Governor, Almighty, give ear to us who are oppressed by a wicked and profane one, who exulteth in his confidence and strength. ³It is thou, the Creator of all, the Lord of the universe, who art a righteous Governor, and judgest all who act with pride and insolence.

⁴ It was thou who didst destroy the former workers of unrighteousness, among whom were the giants, who trusted in their strength and hardihood, by covering them with a measureless flood. ⁵ It was thou who didst make the Sodomites, those workers of exceeding iniquity, men notorious for their vices, an example to after generations, when thou didst consume them with fire and brimstone.

⁶ Thou didst make known thy power when thou causedst the bold Pharaoh, the enslaver of thy people, to pass through the ordeal of many and diverse inflictions. ⁷And thou rolledst the depths of the sea over him, when he made pursuit with chariots, and with a multitude of followers, and gavest a safe passage to those who put their trust in thee, the Lord of the whole creation. ⁸These saw and felt the works of thine hands, and praised thee the Almighty.

⁹Thou, O King, when thou createdst the illimitable and measureless earth, didst choose out this city: thou didst make this place sacred to thy name, albeit thou needest nothing: thou didst glorify it with thy illustrious presence, after constructing it to the glory of thy great and honourable name.

¹⁰ And thou didst promise, out of love to the house of Israel, that should we fall away from thee, and become afflicted, and then come to this house and pray, thou wouldest hear our prayer. ¹¹Verily thou art faithful and true.

¹²And whereas thou didst often aid our fathers when hard pressed, and in low estate, and deliveredst them out of great dangers, ¹³see now, holy King, how through our many and great sins we are borne down, and made subject to our enemies, and are become weak and powerless. ¹⁴We being in this low condition, this bold and profane man seeks to dishonour this thy holy place, consecrated out of the earth to the name of thy Majesty.

¹⁵Thy dwelling-place, the heaven of heavens, is indeed unapproachable to men. ¹⁶But since it seemed good to thee to exhibit thy glory among thy people Israel, thou didst sanctify this place. ¹⁷Punish us not by means of the uncleanness of their men, nor chastise us by means of their profanity; lest the lawless ones should boast in their rage, and exult in exuberant pride of speech, and say, ¹⁸We have trampled upon the holy house, as idolatrous houses are trampled upon.

¹⁹Blot out our iniquities, and do away with our errors, and shew forth thy compassion in this hour. ²⁰Let thy mercies quickly go before us. Grant us peace, that the cast down and broken hearted may praise thee with their mouth.

²¹At that time God, who seeth all things, who is beyond all Holy among the holy, heard that prayer, so suitable; and scourged

κτίσεως, ἅγιε ἐν ἁγίοις, μόναρχε, παντοκράτωρ, πρόσχες ἡμῖν καταπονουμένοις ὑπὸ ἀνοσίου καὶ βεβήλου θράσει καὶ σθένει πεφρυαγμένου. Σὺ γὰρ ὁ κτίσας τὰ πάντα καὶ τῶν ὅλων 3 ἐπικρατῶν δυνάστης δίκαιος εἶ, καὶ τοὺς ὕβρει καὶ ἀγερωχίᾳ πράσσοντάς τι κρίνεις.

Σὺ τοὺς ἔμπροσθεν ἀδικίαν ποιήσαντας, ἐν οἷς καὶ γίγαντες 4 ἦσαν ῥώμῃ καὶ θράσει πεποιθότες, διέφθειρας, ἐπαγαγὼν αὐτοῖς ἀμέτρητον ὕδωρ. Σὺ τοὺς ὑπερηφανίαν ἐργαζομένους Σοδομί- 5 τας, διαδήλους ταῖς κακίαις γενομένους, πυρὶ καὶ θείῳ κατέφλε- ξας, παράδειγμα τοῖς ἐπιγινομένοις καταστήσας.

Σὺ τὸν θρασὺν Φαραὼ καταδουλωσάμενον τὸν λαόν σου τὸν 6 ἅγιον Ἰσραήλ, ποικίλαις καὶ πολλαῖς δοκιμάσας τιμωρίαις, ἐγνώρισας τὴν σὴν δυναστείαν· ἐφ᾽ αἷς ἐγνώρισας τὸ μέγα σου κράτος. Καὶ ἐπιδιώξαντα αὐτὸν σὺν ἅρμασι καὶ ὄχλων πλή- 7 θει, ἐπέκλυσας βάθει θαλάσσης, τοὺς δὲ ἐμπιστεύσαντας ἐπὶ σοὶ τῷ τῆς ἁπάσης κτίσεως δυναστεύοντι, σώους διεκόμισας. Οἳ καὶ συνειδότες ἔργα σῆς χειρός, ᾔνεσάν σε τὸν παντοκρά- 8 τορα.

Σὺ, βασιλεῦ, κτίσας τὴν ἀπέραντον καὶ ἀμέτρητον γῆν, 9 ἐξελέξω τὴν πόλιν ταύτην, καὶ ἁγιάσας τὸν τόπον τοῦτον εἰς ὄνομά σοι τῷ τῶν ἁπάντων ἀπροσδεεῖ, καὶ παρεδόξασας ἐν ἐπιφανείᾳ μεγαλοπρεπεῖ, σύστασιν ποιησάμενος αὐτοῦ πρὸς δόξαν τοῦ μεγάλου καὶ ἐντίμου ὀνόματός σου.

Καὶ ἀγαπῶν τὸν οἶκον τοῦ Ἰσραήλ, ἐπηγγείλω δὴ ὅτι ἐὰν 10 γένηται ἡμῶν ἀποστροφὴ, καὶ καταλάβῃ ἡμᾶς στενοχωρία, καὶ ἐλθόντες εἰς τὸν τόπον τοῦτον δεηθῶμεν, εἰσακούσῃ τῆς δεή- σεως ἡμῶν. Καὶ δὴ πιστὸς εἶ καὶ ἀληθινός. 11

Ἐπεὶ δὲ πλεονάκις θλιβέντων τῶν πατέρων ἡμῶν ἐβοήθησας 12 αὐτοῖς ἐν τῇ ταπεινώσει, καὶ ἐρρύσω αὐτοὺς ἐκ μεγάλων κιν- δύνων, ἰδοὺ δὴ νῦν, ἅγιε βασιλεῦ, διὰ τὰς πολλὰς καὶ μεγάλας 13 ἡμῶν ἁμαρτίας καταπονούμεθα, καὶ ὑπετάγημεν τοῖς ἐχθροῖς ἡμῶν, καὶ παρείμεθα ἐν ἀδυναμίαις. Ἐν δὲ τῇ ἡμετέρᾳ 14 καταπτώσει ὁ θρασὺς καὶ βέβηλος οὗτος ἐπιτηδεύει καθυβρίσαι τὸν ἐπὶ τῆς γῆς ἀναδεδειγμένον τῷ ὀνόματι τῆς δόξης σου ἅγιον τόπον.

Τὸ μὲν γὰρ οἰκητήριόν σου οὐρανὸς τοῦ οὐρανοῦ ἀνέφικτος 15 ἀνθρώποις ἐστίν. Ἀλλ᾽ ἐπεὶ εὐδόκησας τὴν δόξαν σου ἐν τῷ 16 λαῷ σου Ἰσραήλ, ἡγίασας τὸν τόπον τοῦτον. Μὴ ἐκδικήσῃς 17 ἡμᾶς ἐν τῇ τούτων ἀκαθαρσίᾳ, μηδὲ εὐθύνῃς ἡμᾶς ἐν βεβηλώσει· ἵνα μὴ καυχήσωνται οἱ παράνομοι ἐν θυμῷ αὐτῶν, μηδὲ ἀγαλ- λιάσωνται ἐν ὑπερηφανίᾳ γλώσσης αὐτῶν, λέγοντες, ἡμεῖς 18 κατεπατήσαμεν τὸν οἶκον τοῦ ἁγιασμοῦ, ὡς καταπατοῦνται οἱ οἶκοι τῶν προσοχθισμάτων.

Ἀπάλειψον τὰς ἁμαρτίας ἡμῶν, καὶ διασκέδασον τὰς ἀμπλα- 19 κίας ἡμῶν, καὶ ἐπίφανον τὸ ἔλεός σου κατὰ τὴν ὥραν ταύτην. Ταχὺ προκαταλαβέτωσαν ἡμᾶς οἱ οἰκτιρμοί σου· καὶ δὸς 20 αἰνέσεις ἐν στόματι τῶν καταπεπτωκότων καὶ συντετριμμένων τὰς ψυχὰς, ποιήσας ἡμῖν εἰρήνην.

Ἐνταῦθα ὁ πάντων ἐπόπτης Θεὸς, καὶ πρὸ πάντων ἅγιος 2 ἐν ἁγίοις, εἰσακούσας τῆς ἐνθέσμου λιτανείας, τὸν ὕβρει καὶ

22 θράσει μεγάλως ἐπηρμένον ἐμάστιξεν αὐτὸν, ἔνθεν καὶ ἔνθεν κραδάνας αὐτὸν ὡς κάλαμον ὑπὸ ἀνέμου, ὥστε κατ᾽ ἐδάφους ἄπρακτον ἔτι, καὶ τοῖς μέλεσι παραλελυμένον, μηδὲ φωνῆσαι δύνασθαι δικαίᾳ περιπεπλεγμένον κρίσει.

23 Ὅθεν οἵ τε φίλοι καὶ οἱ σωματοφύλακες αὐτοῦ ταχεῖαν καὶ ὀξεῖαν ἰδόντες τὴν καταλαβοῦσαν αὐτὸν εὐθύναν, φοβούμενοι μὴ καὶ τὸ ζῆν ἐκλείπῃ, ταχέως αὐτὸν ἐξείλκυσαν ὑπερβάλλοντι 24 καταπεπληγμένοι φόβῳ. Ἐν χρόνῳ δὲ ὕστερον ἀναλεξάμενος ἑαυτὸν, οὐδαμῶς εἰς μετάμελον ἦλθεν ἐπιτιμηθεὶς, μετ᾽ ἀπειλῆς 25 δὲ πικρᾶς ἀνέλυσε. Διακομισθεὶς δὲ εἰς τὴν Αἴγυπτον, καὶ τὰ τῆς κακίας ἐπαύξων, διὰ δὲ τῶν προαποδεδειγμένων συμπότων 26 καὶ ἑταίρων τοῦ παντὸς δικαίου κεχωρισμένων, οὐ μόνον ταῖς ἀναριθμήτοις ἀσελγείαις διηρκέσθη, ἀλλὰ καὶ ἐπὶ τοσοῦτον θράσους προῆλθεν, ὥστε δυσφημίας ἐν τοῖς τόποις συνίστασθαι, καὶ πολλοὺς τῶν φίλων ἀτενίζοντας εἰς τὴν τοῦ βασιλέως πρόθεσιν καὶ αὐτοὺς ἕπεσθαι τῇ ἐκείνου θελήσει.

27 Προέθετο δὲ δημοσίᾳ κατὰ τοῦ ἔθνους διαδοῦναι ψόγον· καὶ ἐπὶ τοῦ κατὰ τὴν αὐλὴν πύργου στήλην ἀναστήσας, ἐξεκόλαψε 28 γραφὴν, μηδένα τῶν μὴ θυόντων εἰς τὰ ἱερὰ αὐτῶν εἰσιέναι, πάντας δὲ τοὺς Ἰουδαίους εἰς λαογραφίαν καὶ οἰκετικὴν διάθεσιν ἀχθῆναι, τοὺς δὲ ἀντιλέγοντας βίᾳ φερομένους τοῦ ζῆν 29 μεταστῆσαι, τούτους τε ἀπογραφομένους χαράσσεσθαι καὶ διὰ πυρὸς εἰς τὸ σῶμα παρασήμῳ Διονύσου κισσοφύλλῳ, οὓς καὶ καταχωρίσαι εἰς τὴν προσυνεσταλμένην αὐθεντίαν.

30 Ἵνα δὲ μὴ τοῖς πᾶσιν ἀπεχθόμενος φαίνηται, ὑπέγραψεν, ἐὰν δέ τινες ἐξ αὐτῶν προαιρῶνται ἐν τοῖς κατὰ τὰς τελετὰς μεμυημένοις ἀναστρέφεσθαι, τούτους ἰσοπολίτας Ἀλεξανδρεῦσιν εἶναι.

31 Ἔνιοι μὲν οὖν ἐπὶ πόλεως τὰς τῆς πόλεως εὐσεβείας ἐπιβάθρας στυγοῦντες, εὐχερῶς ἑαυτοὺς ἐδίδοσαν, ὡς μεγάλης τινὸς κοινωνήσοντες εὐκλείας ἀπὸ τῆς ἐσομένης τῷ βασιλεῖ 32 συναναστροφῆς. Οἱ δὲ πλεῖστοι γενναίᾳ ψυχῇ ἐνίσχυσαν καὶ οὐ διέστησαν τῆς εὐσεβείας· τά τε χρήματα περὶ τοῦ ζῆν ἀντικαταλλασσόμενοι, ἀδεῶς ἐπειρῶντο ἑαυτοὺς ῥύσασθαι ἐκ 33 τῶν ἀπογραφῶν. Εὐέλπιδες δὲ καθεστήκεισαν ἀντιλήψεως τεύξεσθαι, καὶ τοὺς ἀποχωροῦντας ἐξ αὐτῶν ἐβδελύσσοντο, καὶ ὡς πολεμίους τοῦ ἔθνους ἔκρινον, καὶ τῆς κοινῆς συναναστροφῆς καὶ εὐχρηστίας ἐστέρουν.

3 Ἃ καὶ μεταλαμβάνων ὁ δυσσεβὴς ἐπὶ τοσοῦτον ἐχόλησεν, ὥστε οὐ μόνον τοῖς κατ᾽ Ἀλεξάνδρειαν διοργίζεσθαι, ἀλλὰ καὶ τοῖς ἐν τῇ χώρᾳ βαρυτέρως ἐναντιωθῆναι, καὶ προστάξαι σπεύσαντας συναγαγεῖν πάντας ἐπιτοαυτὸ, καὶ χειρίστῳ μόρῳ τοῦ ζῆν μεταστῆσαι.

2 Τούτων δὲ οἰκονομουμένων, φήμη δυσμενὴς ἐξηχεῖτο κατὰ τοῦ γένους ἀνθρώποις συμφρονοῦσιν εἰς κακοποίησιν, ἀφορμῆς διδομένης εἰς διάθεσιν, ὡς ἂν ἀπὸ τῶν νομίμων αὐτοὺς κωλυόν3 των. Οἱ δὲ Ἰουδαῖοι τὴν μὲν πρὸς τοὺς βασιλεῖς εὔνοιαν 4 καὶ πίστιν ἀδιάστροφον ἦσαν διαφυλάσσοντες· σεβόμενοι δὲ τὸν Θεὸν καὶ τῷ τούτου νόμῳ πολιτευόμενοι, χωρισμὸν ἐποίουν ἐπί τινων καὶ καταστροφάς· δι᾽ ἣν αἰτίαν ἐνίοις ἀπεχθεῖς

the man greatly uplifted with scorn and insolence. 22 Shaking him to and fro as a reed is shaken with the wind, he cast him upon the pavement, powerless, with limbs paralyzed; by a righteous judgment deprived of the faculty of speech. 23 His friends and body-guards, beholding the swift recompense which had suddenly overtaken him, struck with exceeding terror, and fearing that he would die, speedily removed him. 24 When in course of time he had come to himself, this severe check caused no repentance within him, but he departed with bitter threatenings. 25 He proceeded to Egypt, grew worse in wickedness through his beforementioned companions in wine, who were lost to all goodness; 26 and not satisfied with countless acts of impiety, his audacity so increased that he raised evil reports there, and many of his friends, watching his purpose attentively, joined in furthering his will.

27 His purpose was to inflict a public stigma upon our race; wherefore he erected a pillar at the tower-porch, and caused the following inscription to be engraven upon it: 28 That entrance to their own temple was to be refused to all those who would not sacrifice; that all the Jews were to be registered among the common people; that those who resisted were to be forcibly seized and put to death; 29 that those who were thus registered, were to be marked on their persons by the ivy-leaf symbol of Dionysus, and to be set apart with these limited rights.

30 To do away with the appearance of hating them all, he had it written underneath, that if any of them should elect to enter the community of those initiated in the rites, these should have equal rights with the Alexandrians.

31 Some of those who were over the city, therefore, abhorring any approach to the city of piety, unhesitatingly gave in to the king, and expected to derive some great honour from a future connection with him. 32 A nobler spirit, however, prompted the majority to cling to their religious observances, and by paying money that they might live unmolested, these sought to escape the registration: 33 cheerfully looking forward to future aid, they abhorred their own apostates, considering them to be national foes, and debarring them from the common usages of social intercourse.

On discovering this, so incensed was the wicked king, that he no longer confined his rage to the *Jews* in Alexandria. Laying his hand more heavily upon those who lived in the country, he gave orders that they should be quickly collected into one place, and most cruelly deprived of their lives.

2 While this was going on, an invidious rumour was uttered abroad by men who had banded together to injure the Jewish race. The purport of their charge was, that the Jews kept them away from the ordinances of the law. 3 Now, while the Jews always maintained a feeling of unswerving loyalty towards the kings, 4 yet, as they worshipped God, and observed his law, they made certain distinctions, and avoided certain things. Hence some persons held

them in odium ; [5]although, as they adorned their conversation with works of righteousness, they had established themselves in the good opinion of the world.

[6]What all the rest of mankind said, was, however, made of no account by the foreigners ; [7]who said much of the exclusiveness of the Jews with regard to their worship and meats ; they alleged that they were men unsociable, hostile to the king's interests, refusing to associate with him or his troops. By this way of speaking, they brought much odium upon them.

[8]Nor was this unexpected uproar and sudden conflux of people unobserved by the Greeks who lived in the city, concerning men whom they had never harmed them : yet to aid them was not in their power, since all was oppression around ; but they encouraged the Jews by sympathizing with them in their troubles, and expected a favourable turn of affairs : [9]He who knoweth all things, will not, *said they*, disregard so great a people. [10]Some of the neighbours, friends, and fellow dealers of the Jews, even called them secretly to an interview, pledged them their assistance, and promised to do their very utmost for them.

[11]Now the king, elated with his prosperous fortune, and not regarding the superior power of God, but thinking to persevere in his present purpose, wrote the following letter to the prejudice of the Jews.

[12]King Ptolemy Philopater, to the commanders and soldiers in Egypt, and in all places, health and happiness ! [13]I am right well ; and so, too, are my affairs. [14]Since our Asiatic campaign, the particulars of which ye know, and which by the aid of the gods, not lightly given, and by our own vigour, has been brought to a successful issue according to our expectation, [15]we resolved, not with strength of spear, but with gentleness and much humanity, as it were to nurse the inhabitants of Cœle-Syria and Phœnicia, and to be their willing benefactors.

[16]So, having bestowed considerable sums of money upon the temples of the several cities, we proceeded even as far as Jerusalem ; and went up to honour the temple of these wretched beings who never cease from their folly. [17]To outward appearance they received us willingly; but belied that appearance by their deeds. When we were eager to enter their temple, and to honour it with the most beautiful and exquisite gifts, [18]they were so carried away by their old arrogance, as to forbid us the entrance; while we, out of our forbearance toward all men, refrained from exercising our power upon them. [19]And thus, exhibiting their enmity against us, they alone among the nations lift up their heads against kings and benefactors, as men unwilling to submit to any thing reasonable.

[20]We then, having endeavoured to make allowance for the madness of these persons, and on our victorious return treating all people in Egypt courteously, acted in a manner which was befitting. [21]Accordingly, bearing no ill-will against their kinsmen [at Jerusalem], but rather remembering our connection with them, and the numerous matters with sincere heart from a remote period entrusted to them. we wished to venture a

ἐφαίνοντο. Τῇ δὲ τῶν δικαίων εὐπραξίᾳ κοσμοῦντες τὴν 5 συναναστροφὴν, ἅπασιν ἀνθρώποις εὐδόκιμοι καθειστήκεισαν.

Τὴν μὲν οὖν περὶ τοῦ γένους ἐν πᾶσι θρυλλουμένην εὐπρα- 6 ξίαν οἱ ἀλλόφυλοι οὐδαμῶς διηριθμήσαντο. Τὴν δὲ περὶ τῶν 7 προσκυνήσεων καὶ τροφῶν διάστασιν ἐθρύλλουν, φάσκοντες μήτε τῷ βασιλεῖ μήτε ταῖς δυνάμεσιν ὁμοσπόνδους τοὺς ἀνθρώπους γενέσθαι, δυσμενεῖς δὲ εἶναι καὶ μέγα τι τοῖς πράγμασιν ἐναντιουμένους· καὶ οὐ τῷ τυχόντι περιῆψαν ψόγῳ.

Οἱ δὲ κατὰ τὴν πόλιν Ἕλληνες οὐδὲν ἠδικημένοι, ταραχὴν 8 ἀπροσδόκητον περὶ τοὺς ἀνθρώπους θεωροῦντες, καὶ συνδρομὰς ἀπροσκόπους γινομένας βοηθεῖν μὲν οὐκ ἔσθενον· τυραννικὴ γὰρ ἦν ἡ διάθεσις· παρεκάλουν δὲ καὶ δυσφόρως εἶχον, καὶ μεταπεσεῖσθαι ταῦτα ὑπελάμβανον. Μὴ γὰρ οὕτως παροραθή- 9 σεται τηλικοῦτο σύστημα μηδὲν ἠγνοηκώς. Ἤδη δὲ καί τινες 10 γείτονές τε καὶ φίλοι καὶ συμπραγματευόμενοι, μυστικῶς τινας ἐπισπώμενοι, πίστεις ἐδίδουν συνασπιεῖν, καὶ πᾶν ἐκτενὲς προσοίσεσθαι πρὸς ἀντίληψιν.

Ἐκεῖνος μὲν οὖν τῇ κατὰ τὸ παρὸν εὐημερίᾳ γεγαυρωμένος, 11 καὶ οὐ καθορῶν τὸ τοῦ μεγίστου Θεοῦ κράτος, ὑπολαμβάνων δὲ διηνεκῶς ἐν τῇ αὐτῇ διαμένειν βουλῇ, ἔγραψε κατ᾽ αὐτῶν ἐπιστολὴν τήνδε.

Βασιλεὺς Πτολεμαῖος Φιλοπάτωρ τοῖς κατ᾽ Αἴγυπτον, καὶ 12 κατὰ τόπον στρατηγοῖς καὶ στρατιώταις, χαίρειν καὶ ἐρρῶσθαι. Ἔρρωμαι δὲ καὶ ἐγὼ αὐτὸς καὶ τὰ πράγματα ἡμῶν. Ἐκ 13, 14 τῆς εἰς τὴν Ἀσίαν γενομένης ἡμῖν ἐπιστρατείας, ἧς ἴστε καὶ αὐτοὶ, τῇ τῶν θεῶν πρὸς ἡμᾶς ἀπροπτώτῳ συμμαχίᾳ, καὶ τῇ ἡμετέρᾳ δὲ ῥώμῃ κατὰ λόγον ἐπ᾽ ἄριστον τέλος ἀχθείσης, ἡγησάμεθα μὴ βίᾳ δόρατος, ἐπιεικείᾳ δὲ καὶ πολλῇ φιλαν- 15 θρωπίᾳ τιθηνήσασθαι τὰ κατοικοῦντα κοίλην Συρίαν καὶ Φοινίκην ἔθνη, εὐποιῆσαί τε ἀσμένως.

Καὶ τοῖς κατὰ πόλεσιν ἱεροῖς ἀπονείμαντες προσόδους πλεί- 16 στας, προήχθημεν καὶ εἰς τὰ Ἱεροσόλυμα, ἀναβάντες τιμῆσαι τὸ ἱερὸν τῶν ἀλιτηρίων καὶ μηδέποτε ληγόντων τῆς ἀνοίας. Οἱ δὲ λόγῳ μὲν τὴν ἡμετέραν ἀποδεξάμενοι παρουσίαν, τῷ δὲ 17 πράγματι νόθως, προθυμηθέντων ἡμῶν εἰσελθεῖν εἰς τὸν ναὸν αὐτῶν, καὶ τοῖς ἐκπρεπέσι καὶ καλλίστοις ἀναθήμασι τιμῆσαι, τύφοις φερόμενοι παλαιοτέροις εἶρξαν ἡμᾶς τῆς εἰσόδου, ἀπο- 18 λειπόμενοι τῆς ἡμετέρας ἀλκῆς, δι᾽ ἣν ἔχομεν πρὸς ἅπαντας ἀνθρώπους φιλανθρωπίαν. Τὴν δὲ αὐτῶν εἰς ἡμᾶς δυσμένειαν 19 ἔκδηλον καθιστάντες, ὡς μονώτατοι τῶν ἐθνῶν βασιλεῦσι καὶ τοῖς ἑαυτῶν εὐεργέταις ὑψαυχενοῦντες, οὐδὲν γνήσιον βούλονται φέρειν.

Ἡμεῖς δὲ τῇ τούτων ἀνοίᾳ συμπεριενεχθέντες, καὶ μετὰ νίκης 20 διακομισθέντες, καὶ εἰς τὴν Αἴγυπτον τοῖς πᾶσιν ἔθνεσι φιλανθρώπως ἀπαντήσαντες, καθὼς ἔπρεπεν ἐποιήσαμεν. Ἐν δὲ 21 τούτοις πρὸς τοὺς ὁμοφύλους αὐτῶν ἀμνησικακίαν ἅπασι γνωρίζοντες, διά τε τὴν συμμαχίαν καὶ τὰ πεπιστευμένα μετὰ ἁπλότητος αὐτοῖς ἀρχῆθεν μύρια πράγματα τολμήσαντες

ἐξαλλοιῶσαι, ἐβουλήθημεν καὶ πολιτείας αὐτοὺς Ἀλεξανδρέων καταξιῶσαι, καὶ μετόχους τῶν ἀεὶ ἱερέων καταστῆσαι.

22 Οἱ δὲ τοὐναντίον ἐκδεχόμενοι, καὶ τῇ συμφύτῳ κακοηθείᾳ τὸ καλὸν ἀπωσάμενοι, διηνεκῶς δὲ εἰς τὸ φαῦλον ἐκνεύοντες,

23 οὐ μόνον ἀπεστρέψαντο τὴν ἀτίμητον πολιτείαν, ἀλλὰ καὶ βδελύσσονται λόγῳ τε καὶ σιγῇ τοὺς ἐν αὐτοῖς ὀλίγους πρὸς ἡμᾶς γνησίως διακειμένους, παρέκαστα ὑφορώμενοι διὰ τῆς δυσκλεεστάτης ἐμβιώσεως διὰ τάχους ἡμᾶς καταστρέψαι τὰ

24 κατορθώματα. Διὸ καὶ τεκμηρίοις καλῶς πεπεισμένοι τούτους κατὰ πάντα δυσνοεῖν ἡμῖν τρόπον, καὶ προνοούμενοι μήποτε αἰφνιδίου μετέπειτα ταραχῆς ἐνστάσης ἡμῖν, τοὺς δυσσεβεῖς τούτους κατὰ νώτου προδότας καὶ βαρβάρους ἔχωμεν πολεμίους.

25 Προστετάχαμεν ἅμα τῷ προσπεσεῖν τὴν ἐπιστολὴν τήνδε, αὐθωρὶ τοὺς ἐννεμωμένους σὺν γυναιξὶ καὶ τέκνοις μετὰ ὕβρεων καὶ σκυλμῶν ἀποστεῖλαι πρὸς ἡμᾶς ἐνδεσμοῖς σιδηροῖς πάντοθεν κατακεκλεισμένους, εἰς ἀνήκεστον καὶ δυσκλεῆ πρέποντα

26 δυσμενέσι φόνον. Τούτων γὰρ ὁμοῦ κολασθέντων, διειλήφαμεν εἰς τὸν ἐπίλοιπον χρόνον τελείως ἡμῖν τὰ πράγματα ἐν εὐσταθείᾳ καὶ βελτίστῃ διαθέσει καταστεθήσεσθαι.

27 Ὃς δ᾽ ἂν σκεπάσῃ τινὰ τῶν Ἰουδαίων ἀπὸ γεραιοῦ μέχρι νηπίου μέχρι τῶν ὑπομασθίων, αἰσχίστοις βασάνοις ἀποτυμπα-

28 νισθήσεται πανοικί. Μηνύειν δὲ τὸν βουλόμενον, ἐφ᾽ ᾧ τὴν οὐσίαν τοῦ ἐμπίπτοντος ὑπὸ τὴν εὐθύναν λήψεται, καὶ ἐκ τοῦ βασιλικοῦ ἀργυρίου δραχμὰς δισχιλίας, καὶ τῆς ἐλευθερίας τεύξεται καὶ στεφανωθήσεται.

29 Πᾶς δὲ τόπος οὗ ἐὰν φωραθῇ τὸ σύνοκον σκεπαζόμενος Ἰουδαῖος, ἄβατος καὶ πυριφλεγὴς γινέσθω, καὶ πάσῃ θνητῇ φύσει κατὰ πάντα ἄχρηστος φανήσεται εἰς τὸν ἀεὶ χρόνον.

30 Καὶ ὁ μὲν τῆς ἐπιστολῆς τύπος οὕτως ἐγέγραπτο.

4 Πάντῃ δὲ ὅπου προσέπιπτε τοῦτο τὸ πρόσταγμα, δημοτελὴς συνίστατο τοῖς ἔθνεσιν εὐωχία μετὰ ἀλαλαγμῶν καὶ χαρᾶς, ὡς ἂν τῆς προκατεσκιρρωμένης αὐτοῖς πάλαι κατὰ διάνοιαν, μετὰ παρρησίας συνεκφαινομένης ἀπεχθείας.

2 Τοῖς δὲ Ἰουδαίοις ἀνήκεστον πένθος ἦν καὶ πανόδυρτος μετὰ δακρύων βοή, στεναγμοῖς πεπυρωμένης τῆς αὐτῶν πάντοθεν καρδίας, ὀλοφυρομένων τὴν ἀπροσδόκητον ἐξαίφνης ἐπικριθεῖ-

3 σαν αὐτοῖς ὀλεθρίαν. Τίς νομὸς ἢ πόλις, ἢ τίς τὸ σύνολον οἰκητὸς τόπος, ἢ τίνες ἀγυιαὶ κοπετοῦ καὶ γόων ἐπ᾽ αὐτοῖς οὐκ ἐμπιπλῶντο;

4 Οὕτω γὰρ μετὰ πικρᾶς καὶ ἀνοίκτου ψυχῆς ὑπὸ τῶν κατὰ πόλιν στρατηγῶν ὁμοθυμαδὸν ἐξαπεστέλλοντο, ὥστε ἐπὶ ταῖς ἐξάλλοις τιμωρίαις καί τινας τῶν ἐχθρῶν, λαμβάνοντας πρὸ τῶν ὀφθαλμῶν τὸν κοινὸν ἔλεον, καὶ λογιζομένους τὴν ἄδηλον τοῦ βίου καταστροφήν, δακρύειν αὐτῶν τρισάθλιον ἐξαποστο-

5 λήν. Ἤγετο γὰρ γεραιῶν πλῆθος πολιᾷ πεπυκασμένων, τὴν ἐκ τοῦ γήρως νωθρότητα ποδῶν ἐπικύφων, ἀνατροπῆς ὁρμῇ βιαίας, ἀπάσης αἰδοῦς ἄνευ πρὸς ὀξεῖαν καταχρωμένων πορείαν.

6 Αἱ δὲ ἄρτι πρὸς βίου κοινωνίαν γαμικὸν ὑπεληλυθυῖαι παστὸν νεάνιδες, ἀντὶ τέρψεως μεταλαβοῦσαι γόους, καὶ κόνει τὴν μυρόβραχῇ πεφυρμέναι κόμην, ἀκαλύπτως δὲ ἀγόμεναι,

---

total alteration of their state, by bestowing upon them the rights of citizens of Alexandria, and to admit them to the everlasting rites of our solemnities. [22] All this, however, they have taken in a very different spirit. With their innate malignity, they have spurned the fair offer; and constantly inclining to evil, [23] have rejected the inestimable rights. Not only so, but by using speech, and by refraining from speech, they abhor the few among them who are heartily disposed towards us; ever deeming that their ignoble course of procedure will force us to do away with our reform. [24] Having then, received certain proofs that these *Jews* bear us every sort of ill-will, we must look forward to the possibility of some sudden tumult among ourselves, when these impious men may turn traitors and barbarous enemies. [25] As soon, therefore, as the contents of this letter become known to you, in that same hour we order those *Jews* who dwell among you, with wives and children, to be sent to us, vilified and abused, in chains of iron, to undergo a death, cruel and ignominious, suitable to men disaffected. [26] For by the punishment of them in one body we perceive that we have found the only means of establishing our affairs for the future on a firm and satisfactory basis. [27] Whoever shall shield a Jew, whether it be old man, child, or suckling, shall with his whole house be tortured to death. [28] Whoever shall inform against the *Jews*, besides receiving the property of the person charged, shall be presented with two thousand drachmæ from the royal treasury, shall be made free, and shall be crowned. [29] Whatever place shall shelter a Jew, shall, when he is hunted forth, be put under the ban of fire, and be for ever rendered useless to every living being for all time to come. [30] Such was the purport of the king's letter.

Wherever this decree was received, the people kept up a revelry of joy and shouting; as if their long-pent-up, hardened hatred, were now to shew itself openly. [2] The Jews suffered great throes of sorrow, and wept much; while their hearts, all things around being lamentable, were set on fire as they bewailed the sudden destruction which was decreed against them. [3] What home, or city, or place at all inhabited, or what streets were there, which their condition did not fill with wailing and lamentation? [4] They were sent out unanimously by the generals in the several cities, with such stern and pitiless feeling, that the exceptional nature of the infliction moved even some of their enemies. These, influenced by sentiments of common humanity, and reflecting upon the uncertain issue of life, shed tears at this their miserable expulsion. [5] A multitude of aged hoary-haired men, were driven along with halting bending feet, urged onward by the impulse of a violent, shameless force to quick speed. [6] Girls who had entered the bridal chamber quite lately, to enjoy the partnership of marriage, exchanged pleasure for misery; and with dust scattered upon their myrrh-anointed heads, were hurried along un-

veiled, and, in the midst of outlandish insults, set up with one accord a lamentable cry in lieu of the marriage hymn. ⁷Bound, and exposed to public gaze, they were hurried violently on board ship.

⁸The husbands of these, in the prime of their youthful vigour, instead of crowns wore halters round their necks; instead of feasting and youthful jollity, spent the rest of their nuptial days in wailings, and saw only the grave at hand. ⁹They were dragged along by unyielding chains, like wild beasts: of these, some had their necks thrust into the benches of the rowers; while the feet of others were enclosed in hard fetters. ¹⁰The planks of the deck above them barred out the light, and shut out the day on every side, so that they might be treated like traitors during the whole voyage.

¹¹They were conveyed accordingly in this vessel, and at the end of it arrived at Schedia. The king had ordered them to be cast into the vast hippodrome, which was built in front of the city. This place was well adapted by its situation to expose them to the gaze of all comers into the city, and of those who went from the city into the country. Thus they could hold no communication with his forces; nay, were deemed unworthy of any civilized accommodation.

¹²When this was done, the king, hearing that their brethren in the city often went out and lamented the melancholy distress of these victims, ¹³was full of rage, and commanded that they should be carefully subjected to the same (and not one whit milder) treatment. ¹⁴Every individual was to be specified by name; not for that hard servitude of labour which we have a little before mentioned, but that he might expose them to the before-mentioned tortures; and finally, in the short space of a day, might extirpate them by his cruelties. ¹⁵The registering of these men was carried on cruelly, zealously, assiduously, from the rising of the sun to its going down, and was not brought to an end in forty days.

¹⁶The king was filled with great and constant joy, and celebrated banquets before the temple idols. His erring heart, far from the truth, and his profane mouth, gave glory to idols, deaf and incapable of speaking or aiding, and uttered unworthy speech against the Greatest God.

¹⁷At the end of the above-mentioned interval of time, the registrars brought word to the king that the multitude of the Jews was too great for registration, ¹⁸inasmuch as there were many still left in the land, of whom some were in inhabited houses, and others were scattered about in various places; so that all the commanders in Egypt were insufficient for the work. ¹⁹The king threatened them, and charged them with taking bribes, in order to contrive the escape of the *Jews:* but was clearly convinced of the truth of what had been said. ²⁰They said, and proved, that paper and pens had failed them for the carrying out of their purpose. ²¹Now this was the active interference of the unconquerable Providence which assisted the Jews from heaven.

θρῆνον ἀνθ᾽ ὑμεναίων ὁμοθυμαδὸν ἐξῆρχον, ὡς ἐσπαραγμέναι σκυλμοῖς ἀλλοεθνέσι. Δέσμιαι δὲ δημόσιαι μέχρι τῆς εἰς τὸ 7 πλοῖον ἐμβολῆς εἵλκοντο μετὰ βίας.

Οἵ τε τούτων συζυγεῖς βρόχοις ἀντὶ στεφέων τοὺς αὐχένας 8 περιπεπλεγμένοι μετὰ ἀκμαίας καὶ νεανικῆς ἡλικίας, ἀντὶ εὐωχίας καὶ νεωτερικῆς ῥαθυμίας τὰς ἐπιλοίπους τῶν γάμων ἡμέρας ἐν θρήνοις διῆγον, παρὰ πόδας ἤδη τὸν ᾅδην ὁρῶντες κείμενον. Κατήχθησαν δὲ θηρίων τρόπον ἀγόμενοι σιδηρο- 9 δέσμοις ἀνάγκαις· οἱ μὲν τοῖς ζυγοῖς τῶν πλοίων προσηλωμένοι τοὺς τραχήλους, οἱ δὲ τοὺς πόδας ἀρρήκτοις κατησφαλισμένοι πέδαις, ἔτι καὶ τῷ καθύπερθε πυκνῷ σανιδώματι διακειμένῳ 10 τὸ φέγγος ἀποκλειόμενοι, ὅπως πάντοθεν ἐσκοτισμένοι τοὺς ὀφθαλμούς, ἀγωγὴν ἐπιβούλων· ἐν παντὶ τῷ κατάπλῳ λαμβάνωσι.

Τούτων δὲ ἐπὶ τὴν λεγομένην Σχεδίαν ἀχθέντων, καὶ τοῦ 11 παράπλου περανθέντος, καθὼς ἦν δεδογματισμένον τῷ βασιλεῖ, προσέταξεν αὐτοὺς ἐν τῷ πρὸ τῆς πόλεως ἱπποδρόμῳ παρεμβαλεῖν ἀπλέτῳ καθεστῶτι περιμέτρῳ, καὶ πρὸς παραδειγματισμὸν ἄγαν εὐκαιροτάτῳ καθεστῶτι πᾶσι τοῖς καταπορευομένοις εἰς τὴν πόλιν, καὶ τοῖς ἐκ τούτων εἰς τὴν χώραν στελλομένοις πρὸς ἐκδημίαν· πρὸς τὸ μηδὲ ταῖς δυνάμεσιν αὐτοῦ κοινωνεῖν, μηδὲ τὸ σύνολον καταξιῶσαι περιβόλων.

Ὡς δὲ τοῦτο ἐγενήθη, ἀκούσας τοὺς ἐκ τῆς πόλεως ὁμοεθνεῖς 12 κρυβῇ ἐκπορευομένους πυκνότερον ἀποδύρεσθαι τὴν ἀκλεᾶ τῶν ἀδελφῶν ταλαιπωρίαν, διοργισθεὶς προσέταξε καὶ τούτοις ὁμοῦ 13 τὸν αὐτὸν τρόπον ἐπιμελῶς ὡς ἐκείνοις ποιῆσαι, μὴ λειπομένοις κατὰ μηδένα τρόπον τῆς ἐκείνων τιμωρίας, Ἀπογραφῆναι δὲ πᾶν τὸ φῦλον ἐξ ὀνόματος· οὐ γὰρ τὴν ἔμπροσθε βραχεῖ 14 προδεδηλωμένην τῶν ἔργων κατάπονον λατρείαν, στρεβλωθέντας δὲ ταῖς παρηγγελμέναις αἰκίαις τὸ τέλος ἀφανίσαι μιᾶς ὑπὸ καιρὸν ἡμέρας. Ἐγίνετο μὲν οὖν ἡ τούτων ἀπογραφὴ 15 μετὰ πικρᾶς σπουδῆς καὶ φιλοτίμου προσεδρίας ἀπὸ ἀνατολῶν ἡλίου μέχρι δυσμῶν, ἀνήνυτον λαμβάνουσα τὸ τέλος ἐπὶ ἡμέρας τεσσαράκοντα.

Μεγάλως δὲ καὶ διηνεκῶς ὁ βασιλεὺς χαρᾷ πεπληρωμένος, 16 συμπόσια ἐπὶ πάντων τῶν εἰδώλων συνιστάμενος, πεπλανημένῃ πόρρω τῆς ἀληθείας φρενὶ καὶ βεβήλῳ στόματι, τὰ μὲν κωφὰ καὶ μὴ δυνάμενα αὐτοῖς λαλεῖν ἢ ἀρήγειν, ἐπαινῶν, εἰς δὲ τὸν μέγιστον Θεὸν τὰ μὴ καθήκοντα λαλῶν.

Μετὰ δὲ τὸ προειρημένον τοῦ χρόνου διάστημα προσηνέγ- 17 καντο οἱ γραμματεῖς τῷ βασιλεῖ, μηκέτι ἰσχύειν τὴν τῶν Ἰουδαίων ἀπογραφὴν ποιεῖσθαι διὰ τὴν ἀμέτρητον αὐτῶν πληθὺν, καί περ ὄντων κατὰ τὴν χώραν ἔτι τῶν πλειόνων, τῶν 18 μὲν κατὰ τὰς οἰκίας ἔτι συνεστηκότων, τῶν δὲ καὶ κατὰ τόπον, ὡς ἀδυνάτου καθεστῶτος πᾶσι τοῖς ἐπ᾽ Αἴγυπτον στρατηγοῖς, ἀπειλήσαντος δὲ αὐτοῖς σκληρότερον ὡς δεδωροκοπημένοις εἰς 19 μηχανὴν τῆς ἐκφυγῆς, συνέβη σαφῶς αὐτὸν περὶ τούτου πεισθῆναι, λεγόντων μετὰ ἀποδείξεως, καὶ τὴν χαρτηρίαν ἤδη 20 καὶ τοὺς γραφικοὺς καλάμους ἐν οἷς ἐχρῶντο ἐκλελοιπέναι. Τοῦτο δὲ ἦν ἐνέργεια τῆς τοῦ βοηθοῦντος τοῖς Ἰουδαίοις ἐξ 21 οὐρανοῦ προνοίας ἀνικήτου.

5 Τότε προσκαλεσάμενος Ἕρμωνα τὸν πρὸς τῇ τῶν ἐλεφάντων
ἐπιμελείᾳ, βαρείᾳ μεμεστωμένος ὀργῇ καὶ χόλῳ κατὰ πᾶν
2 ἀμετάθετος, ἐκέλευσεν ὑπὸ τὴν ἐπερχομένην ἡμέραν δαψιλέσι
δράκεσι λιβανωτοῦ καὶ οἴνῳ πλείονι ἀκράτῳ ἅπαντας τοὺς
ἐλέφαντας ποτίσαι, ὄντας τὸν ἀριθμὸν πεντακοσίους, καὶ ἀγριω-
3 θέντας τῇ τοῦ πόματος ἀφθόνῳ χορηγίᾳ, εἰσαγαγεῖν πρὸς
συνάντησιν τοῦ μόρου τῶν Ἰουδαίων. Ὁ μὲν τάδε προστάσ-
σων, ἐτρέπετο πρὸς τὴν εὐωχίαν, συναγαγὼν τοὺς μάλιστα τῶν
φίλων καὶ τῆς στρατιᾶς ἀπεχθῶς ἔχοντας πρὸς τοὺς Ἰουδαίους.

4 Ὁ δὲ ἐλεφαντάρχης τὸ προσταγὲν ἀραρότως Ἕρμων συν-
5 ετέλει. Οἵ τε πρὸς τούτοις λειτουργοὶ κατὰ τὴν ἑσπέραν
ἐξιόντες τὰς τῶν ταλαιπώρων ἐδέσμευον χεῖρας, τήν τε λοιπὴν
ἐμηχανῶντο περὶ αὐτοὺς ἀσφάλειαν, ἔννυχον δόξαντες ὁμοῦ
λήψεσθαι τὸ φῦλον πέρας τῆς ὀλεθρίας.

6 Οἱ δὲ πάσης σκέπης ἔρημοι δοκοῦντες εἶναι τοῖς ἔθνεσιν
Ἰουδαῖοι, διὰ τὴν πάντοθεν περιέχουσαν αὐτοὺς μετὰ δεσμῶν
7 ἀνάγκην, τὸν παντοκράτορα Κύριον καὶ πάσης δυνάμεως δυνα-
στεύοντα, ἐλεήμονα Θεὸν αὐτῶν καὶ πατέρα, δυσκαταπαύστῳ
8 βοῇ πάντες μετὰ δακρύων ἐπεκαλέσαντο δεόμενοι, τὴν κατ᾽
αὐτῶν μεταστρέψαι βουλὴν ἀνοσίαν, καὶ ῥύσασθαι αὐτοὺς μετὰ
μεγαλομεροῦς ἐπιφανείας ἐκ τοῦ παρὰ πόδας ἐν ἑτοίμῳ μόρου.
9 Τούτων μὲν οὖν ἐκτενῶς ἡ λιτανεία ἀνέβαινεν εἰς οὐρανόν.

10 Ὁ δὲ Ἕρμων τοὺς ἀνηλεεῖς ἐλέφαντας ποτίσας πεπληρωμέ-
νους τῆς τοῦ οἴνου πολλῆς χορηγίας, καὶ τοῦ λιβάνου μεμεστω-
μένους, ὄρθριος ἐπὶ τὴν αὐλὴν παρῆν περὶ τούτων προσαγγεῖλαι
11 τῷ βασιλεῖ. Τοῦτο δ᾽ ἀπ᾽ αἰῶνος χρόνου κτίσμα καλὸν ἐν
νυκτὶ καὶ ἡμέρᾳ ἐπιβαλλόμενον ὑπὸ τοῦ χαριζομένου πᾶσιν οἷς
ἂν αὐτὸς θελήσῃ, ὕπνου μέρος ἀπέστειλε πρὸς τὸν βασιλέα.
12 Καὶ ἡδίστῳ καὶ βαθεῖ κατεσχέθη τῇ ἐνεργείᾳ τοῦ Δεσπότου,
τῆς ἀθέσμου μὲν προθέσεως πολὺ διεσφαλμένος, τοῦ δὲ ἀμετα-
θέτου λογισμοῦ μεγάλως διεψευσμένος.
13 Οἱ δὲ Ἰουδαῖοι τὴν προσημανθεῖσαν ὥραν διαφυγόντες, τὸν
ἅγιον ᾔνουν Θεὸν αὐτῶν· καὶ πάλιν ἠξίουν τὸν εὐκατάλλακτον,
δεῖξαι τῆς μεγαλοσθενοῦς αὐτοῦ χειρὸς κράτος ἔθνεσιν ὑπερη-
14 φάνοις. Μεσούσης δὲ ἤδη τῆς δεκάτης ὥρας σχεδόν, ὁ πρὸς
ταῖς κλήσεσι τεταγμένος, ἀθρόους τοὺς κλητοὺς ἰδών, ἔνυξε
15 προσελθὼν τὸν βασιλέα. Καὶ μόλις διεγείρας, ὑπέδειξε τὸν
τῆς συμποσίας καιρὸν ἤδη παρατρέχοντα, τὸν περὶ τούτων
λόγον ποιούμενος.
16 Ὃν ὁ βασιλεὺς λογισάμενος, καὶ τραπεὶς εἰς τὸν πότον,
ἐκέλευσε τοὺς παραγεγονότας εἰς τὴν συμποσίαν ἄντικρυς ἀνα-
17 κλιθῆναι αὐτοῦ. Οὗ καὶ γενομένου, παρῄνει εἰς εὐωχίαν δόντας
ἑαυτοὺς, τὸ παρὸν τῆς συμποσίας ἐπιπολὺ γεραιρομένους εἰς
18 εὐφροσύνην καταθέσθαι μέρος. Ἐπιπλεῖον δὲ προβαινούσης τῆς
ὁμιλίας, τὸν Ἕρμωνα μεταπεμψάμενος ὁ βασιλεὺς, μετὰ πικρὰς
ἀπειλῆς ἐπυνθάνετο, τίνος ἕνεκεν αἰτίας εἰάθησαν οἱ Ἰουδαῖοι
19 τὴν παροῦσαν ἡμέραν περιβεβιωκότες. Τοῦ δὲ ὑποδείξαντος
νυκτὸς τὸ προσταγὲν ἐπὶ τέλος ἠγηοχέναι, καὶ τῶν φίλων αὐτῷ
20 προσμαρτυρησάντων, τὴν ὠμότητα χείρονα Φαλάριδος ἐσχηκὼς
ἔφη, τῷ τῆς σήμερον ὕπνῳ χάριν ἔχειν αὐτούς· ἀνυπερθέτως δὲ
εἰς τὴν ἐπιτέλλουσαν ἡμέραν κατὰ τὸ ὅμοιον ἑτοίμασον τοὺς
ἐλέφαντας ἐπὶ τὸν τῶν ἀθεμίτων Ἰουδαίων ἀφανισμόν.

Then he called Hermon, who had charge
of the elephants. Full of rage, altogether
fixed in his furious design, [2] he commanded
him, with a quantity of unmixed wine and
handfuls of incense [infused] to drug the
elephants early on the following day. These
five hundred elephants were, when infuriated
by the copious draughts of frankincense,
to be led up to the execution of death
upon the Jews. [3] The king, after issuing
these orders, went to his feasting, and
gathered together all those of his friends
and of the army who hated the Jews the
most.
[4] The master of the elephants, Hermon,
fulfilled his commission punctually. [5] The
underlings appointed for the purpose went
out about eventide and bound the hands
of the miserable victims, and took other
precautions for their security at night,
thinking that the whole race would perish
together.
[6] The heathen believed the Jews to be de-
stitute of all protection; for chains fettered
them about. [7] They invoked the Almighty
Lord, and ceaselessly besought with tears
their merciful God and Father, Ruler of all,
Lord of every power, [8] to overthrow the
evil purpose which was gone out against
them, and to deliver them by extraordinary
manifestation from that death which was
in store for them. [9] Their litany so earnest
went up to heaven.
[10] Then Hermon, who had filled his mer-
ciless elephants with copious draughts of
mingled wine and frankincense, came early
to the palace to certify the king thereof.
[11] He, however, who has sent his good crea-
ture sleep from all time, by night or by day
thus gratifying whom he wills, diffused a
portion thereof [now] upon the king. [12] By
this sweet and profound influence of the
Lord he was held fast, and thus his unjust
purpose was quite frustrated, and his un-
flinching resolve greatly falsified.
[13] But the Jews, having escaped the hour
which had been fixed, praised their holy
God, and again prayed him who is easily
reconciled to display the power of his power-
ful hand to the overweening Gentiles. [14] The
middle of the tenth hour had well nigh
arrived, when the master-bidder, seeing the
guests who were bidden collected, came and
shook the king. [15] He gained his attention
with difficulty, and hinting that the meal-
time was getting past, talked the matter
over with him.
[16] The king listened to this, and then turn-
ing aside to his potations, commanded the
guests to sit down before him. [17] This done,
he asked them to enjoy themselves, and to
indulge in mirth at this somewhat late hour
of the banquet. [18] Conversation grew on,
and the king sent for Hermon, and enquired
of him, with fierce denunciations, why the
Jews had been allowed to outlive that day.
[19] Hermon explained that he had done his
bidding over night; and in this he was con-
firmed by his friends. [20] The king, then, with
a barbarity exceeding that of Phalaris, said,
That they might thank his sleep of that
day. Lose no time, and get ready the
elephants against to-morrow, as you did
before, for the destruction of these accursed
Jews.

²¹ When the king said this, the company present were glad, and approved; and then each man went to his own home. ²² Nor did they employ the night in sleep, so much as in contriving cruel mockeries for those deemed miserable.

²³ The morning cock had just crowed, and Hermon, having harnessed the brutes, was stimulating them in the great colonnade. ²⁴ The city crowds were collected together to see the hideous spectacle, and waited impatiently for the dawn. ²⁵ The Jews, breathless with momentary suspense, stretched forth their hands, and prayed the Greatest God, in mournful strains, again to help them speedily.

²⁶ The sun's rays were not yet shed abroad, and the king was waiting for his friends, when Hermon came to him, calling him out, and saying, That his desires could now be realized. ²⁷ The king, receiving him, was astonished at his unwonted exit; and, overwhelmed with a spirit of oblivion about everything, enquired the object of this earnest preparation. ²⁸ But this was the working of that Almighty God who had made him forget all his purpose.

²⁹ Hermon, and all his friends, pointed out the preparation of the animals. They are ready, O king, according to your own strict injunction. ³⁰ The king was filled with fierce anger at these words; for, by the Providence of God regarding these things, his mind had become entirely confused. He looked hard at Hermon, and threatened him as follows: ³¹ Your parents, or your children, were they here, to these wild beasts a large repast they should have furnished; not these innocent Jews, who me and my forefathers loyally have served. ³² Had it not been for familiar friendship, and the claims of your office, your life should have gone for theirs.

³³ Hermon, being threatened in this unexpected and alarming manner, was troubled in visage. and depressed in countenance. ³⁴ The friends, too, stole out one by one, and dismissed the assembled multitudes to their occupations. ³⁵ The Jews, having heard of these events, praised the glorious God and King of kings, because they had obtained this help, too, from him.

³⁶ Now the king arranged another banquet after the same manner, and proclaimed an invitation to mirth. ³⁷ And he summoned Hermon to his presence, and said, with threats, How often, O wretch, must I repeat my orders to thee about these same persons? ³⁸ Once more, arm the elephants against the morrow for the extermination of the Jews.

³⁹ His kinsmen, who were reclining with him, wondered at his instability, and thus expressed themselves: ⁴⁰ O king, how long dost thou make trial of us, as of men bereft of reason? This is the third time that thou hast ordered their destruction. When the thing is to be done, thou changest thy mind, and recallest thy instructions. ⁴¹ For this cause the feeling of expectation causes tumult in the city: it swarms with factions; and is continually on the point of being plundered.

⁴² The king, just like another Phalaris, a prey to thoughtlessness, made no account of the changes which his own mind had

Εἰπόντος δὲ τοῦ βασιλέως, ἀσμένως πάντες μετὰ χαρᾶς οἱ 21 παρόντες ὁμοῦ συναινέσαντες, εἰς τὸν ἴδιον οἶκον ἕκαστος ἀνέλυσε. Καὶ οὐχ οὕτως εἰς ὕπνον κατεχρήσαντο τὸν χρόνον τῆς 22 νυκτός, ὡς εἰς τὸ παντοίους μηχανᾶσθαι τοῖς ταλαιπώροις δοκοῦσιν ἐμπαιγμούς.

Ἄρτι δὲ ἀλεκτρυὼν ἐκεκράγει ὄρθριος, καὶ τὰ θηρία καθ- 23 ωπλικῶς ὁ Ἕρμων ἐν τῷ μεγάλῳ περιστύλῳ διεκίνει. Τὰ δὲ 24 κατὰ τὴν πόλιν πλήθη συνήθροιστο πρὸς τὴν οἰκτροτάτην θεωρίαν, προσδοκῶντα τὴν πρωΐαν μετὰ σπουδῆς. Οἱ δὲ Ἰου- 25 δαῖοι κατὰ τὸν ἀμερῆ ψυχουλκούμενοι χρόνον, πολυδάκρυον ἱκετείαν ἐν μέλεσι γοεροῖς τείνοντες τὰς χεῖρας εἰς τὸν οὐρανόν, ἐδέοντο τοῦ μεγίστου Θεοῦ, πάλιν αὐτοῖς βοηθῆσαι συντόμως.

Οὔπω δὲ ἡλίου βολαὶ κατεσπείροντο, καὶ τοῦ βασιλέως τοὺς 26 φίλους ἐκδεχομένου, ὁ Ἕρμων παραστάς, ἐκάλει πρὸς τὴν ἔξοδον, ὑποδεικνύων τὸ πρόθυμον τοῦ βασιλέως ἐν ἑτοίμῳ κεῖσθαι. Τοῦ δὲ ἀποδεξαμένου καὶ καταπλαγέντος ἐπὶ τῇ 27 παρανόμῳ ἐξόδῳ, κατὰ πᾶν ἀγνωσίᾳ κεκρατημένος ἐπυνθάνετο, τί τὸ πρᾶγμα ἐφ᾽ οὗ τοῦτο αὐτῷ μετὰ σπουδῆς τετέλεσται. Τοῦτο δὲ ἦν ἡ ἐνέργεια τοῦ πάντα δεσποτεύοντος Θεοῦ, τῶν 28 πρὶν αὐτῷ μεμηχανημένων λήθην κατὰ διάνοιαν ἐντεθεικότος.

Ὁ δὲ Ἕρμων ὑπεδείκνυε καὶ πάντες οἱ φίλοι, τὰ θηρία καὶ 29 τὰς δυνάμεις ἡτοιμάσθαι, βασιλεῦ, κατὰ τὴν σὴν ἐκτενῆ πρόθεσιν. Ὁ δὲ ἐπὶ τοῖς ῥηθεῖσι πληρωθεὶς βαρεῖ χόλῳ, διὰ τὸ περὶ 30 τούτων προνοίᾳ Θεοῦ διεσκεδάσθαι πᾶν αὐτοῦ τὸ νόημα, ἐνατενίσας μετὰ ἀπειλῆς εἶπεν, εἴ σοι γονεῖς παρῆσαν ἢ παίδων 31 γοναί, τήνδε θηρσὶν ἀγρίοις ἐσκεύασαν ἂν δαψιλῆ θοίναν, ἀντὶ τῶν ἀνεγκλήτων ἐμοὶ καὶ προγόνοις ἐμοῖς ἀποδεδειγμένων ὁλοσχερῆ βεβαίαν πίστιν ἐξόχως, Ἰουδαίων. Καίπερ εἰ μὴ 32 διὰ τὴν τῆς συντροφίας στοργὴν καὶ τῆς χρείας, τὸ ζῆν ἀντὶ τούτων ἐστερήθης.

Οὕτως ὁ Ἕρμων ἀπροσδόκητον καὶ ἐπικίνδυνον ὑπήνεγκεν 33 ἀπειλήν, καὶ τῇ ὁράσει καὶ τῷ προσώπῳ συνεστάλη. Ὁ καθεὶς 34 δὲ τῶν φίλων σκυθρωπῶς ὑπεκρέων, τοὺς συνηθροισμένους ἀπέλυσαν ἕκαστον ἐπὶ τὴν ἰδίαν ἀσχολίαν. Οἵ τε Ἰουδαῖοι τὰ 35 παρὰ τοῦ βασιλέως ἀκούσαντες, τὸν ἐπιφανῆ Θεὸν καὶ βασιλέα τῶν βασιλέων ᾔνουν, καὶ τῆσδε τῆς βοηθείας αὐτοῦ τετευχότες.

Κατὰ δὲ τούτους τοὺς νόμους ὁ βασιλεὺς συστησάμενος 36 πάλιν τὸ συμπόσιον, εἰς εὐφροσύνην τραπῆναι παρεκάλει. Τὸν δὲ Ἕρμωνα προσκαλεσάμενος μετὰ ἀπειλῆς εἶπε, ποσάκις 37 σοι δεῖ περὶ τούτων αὐτῶν προστάττειν, ἀθλιώτατε; Τοὺς 38 ἐλέφαντας ἔτι καὶ νῦν καθόπλισον εἰς τὴν αὔριον ἐπὶ τὸν τῶν Ἰουδαίων ἀφανισμόν.

Οἱ δὲ συνανακείμενοι συγγενεῖς τὴν ἄστατον διάνοιαν αὐτοῦ 39 θαυμάζοντες, προεφέροντο τάδε, βασιλεῦ, μέχρι τίνος ὡς ἀλό- 40 γους ἡμᾶς διαπειράζεις, προστάσσων ἤδη τρίτον αὐτοὺς ἀφανίσαι, καὶ πάλιν ἐπὶ τῶν πραγμάτων ἐκ μεταβολῆς ἀναλύὼν τὸ σοὶ δεδογμένα; Ὧν χάριν ἡ πόλις διὰ τὴν προσδοκίαν ὀχλεῖ· 41 καὶ πληθύουσα συστροφαῖς, ἤδη καὶ κινδυνεύει πολλάκις διαρπασθῆναι.

Ὅθεν ὁ κατὰ πάντα Φάλαρις βασιλεὺς ἐμπληθυνθεὶς ἀλο- 42 γιστίας, καὶ τὰς γινομένας πρὸς ἐπισκοπὴν τῶν Ἰουδαίων ἐν

αὐτῷ μεταβολὰς τῆς ψυχῆς παρ' οὐδὲν ἡγούμενος, ἀτελέστατον ἐβεβαίωσεν ὅρκον, ὁρισάμενος τούτους μὲν ἀνυπερθέτως πέμψειν

43 εἰς ᾅδην, ἐν γόνασι καὶ ποσὶ θηρίων ᾐκισμένους, ἐπιστρατεύσαντα δὲ ἐπὶ τὴν Ἰουδαίαν, ἰσόπεδον πυρὶ καὶ δόρατι θήσεσθαι διατάχους, καὶ τὸν ἄβατον αὐτῶν ἡμῖν ναὸν πυρὶ πρηνέα ἐν τάχει, καὶ τῶν συντελούντων ἐκεῖ θυσίας ἔρημον τὸν ἅπαντα χρόνον καταστήσειν.

44 Τότε περιχαρεῖς ἀναλύσαντες οἱ φίλοι καὶ συγγενεῖς, μετὰ πίστεως διέτασσον τὰς δυνάμεις ἐπὶ τοὺς εὐκαιροτάτους

45 τόπους τῆς πόλεως πρὸς τήρησιν. Ὁ δὲ ἐλεφαντάρχης, τὰ θηρία σχεδὸν εἰπεῖν εἰς κατάστημα μανιῶδες ἀγηοχὼς, εὐωδεστάτοις πόμασιν οἴνου λελιβανωμένου φοβεραῖς κατεσκευασμένα σκευαῖς.

46 Περὶ τὴν ἕω, τῆς πόλεως ἤδη πλήθεσιν ἀναριθμήτοις κατὰ τοῦ ἱπποδρόμου καταμεμεστωμένης, εἰσελθὼν εἰς τὴν αὐλήν,

47 ἐπὶ τὸ προκείμενον ὤτρυνε τὸν βασιλέα. Ὁ δὲ ὀργῇ βαρείᾳ γεμίσας δυσσεβῆ φρένα, παντὶ τῷ βάρει σὺν τοῖς θηρίοις ἐξώρμησε, βουλόμενος ἀτρώτῳ καρδίᾳ καὶ κόραις ὀφθαλμῶν θεάσασθαι τὴν ἐπίπονον καὶ ταλαίπωρον τῶν προσεσημαμμένων καταστροφήν.

48 Ὡς δὲ τῶν ἐλεφάντων ἐξιόντων περὶ πύλην, καὶ τῆς συνεπομένης ἐνόπλου δυνάμεως, τῆς τε τοῦ πλήθους πορείας κονιορτὸν

49 ἰδόντες, καὶ βαρυηχῆ θόρυβον ἀκούσαντες οἱ Ἰουδαῖοι, ὑστάτην βίου ῥοπὴν αὐτοῖς ἐκείνην δόξαντες εἶναι τὸ τέλος τῆς ἀθλιωτάτης προσδοκίας, εἰς οἶκτον καὶ γόους τραπέντες, κατεφίλουν ἀλλήλους περιπλεκόμενοι τοῖς συγγενέσιν ἐπὶ τοὺς τραχήλους ἐπιπίπτοντες, γονεῖς παισὶ καὶ μητέρες νεάνισιν, ἕτεραι δὲ νεογνὰ πρὸς μαστοὺς ἔχουσαι βρέφη τελευταῖον ἕλκοντα γάλα.

50 Οὐ μὴν δὲ ἀλλὰ καὶ τὰς ἔμπροσθεν αὐτῶν γεγενημένας ἀντιλήψεις ἐξ οὐρανοῦ συνιδόντες, πρηνεῖς ὁμοθυμαδὸν ῥίψαντες

51 ἑαυτοὺς καὶ τὰ νήπια χωρίσαντες τῶν μαστῶν, ἀνεβόησαν φωνῇ μεγάλῃ σφόδρα, τὸν τῆς ἀπάσης δυνάμεως δυνάστην ἱκετεύοντες, οἰκτεῖραι μετὰ ἐπιφανείας αὐτοὺς ἤδη πρὸς πύλαις ᾅδου καθεστῶτας.

6 Ἐλεάζαρος δέ τις ἀνὴρ ἐπίσημος τῶν ἀπὸ τῆς χώρας ἱερέων, ἐν πρεσβείῳ τὴν ἡλικίαν ἤδη λελογχὼς, καὶ πάσῃ τῇ κατὰ τὸν βίον ἀρετῇ κεκοσμημένος, τοὺς περὶ αὐτὸν καταστείλας πρεσβυτέρους ἐπικαλεῖσθαι τὸν ἅγιον Θεὸν προσηύξατο τάδε·

2 Βασιλεῦ μεγαλοκράτωρ, ὕψιστε, παντοκράτωρ Θεὲ, τὴν

3 πᾶσαν διακυβερνῶν ἐν οἰκτιρμοῖς κτίσιν, ἔπιδε ἐπὶ Ἀβραὰμ σπέρμα, ἐπὶ ἡγιασμένου τέκνα Ἰακὼβ, μερίδος ἡγιασμένης σου λαὸν ἐν ξένῃ γῇ ξένον ἀδίκως ἀπολλύμενον, πάτερ.

4 Σὺ Φαραὼ πληθύνοντα ἄρμασι, τὸ πρὶν Αἰγύπτου ταύτης δυνάστην, ἐπαρθέντα ἀνόμῳ θράσει καὶ γλώσσῃ μεγαλορρήμονι, σὺν τῇ ὑπερηφάνῳ στρατιᾷ παντοβρόχους ἀπώλεσας. φέγγος

5 ἐπιφάνας ἐλέους Ἰσραὴλ γένει. Σὺ τὸν ἀναριθμήτοις δυνάμεσι γαυρωθέντα Σενναχηρεὶμ βαρὺν Ἀσσυρίων βασιλέα, δόρατι τὴν πᾶσαν ὑποχείριον ἤδη λαβόντα γῆν, καὶ μετεωρισθέντα ἐπὶ τὴν ἁγίαν σου πόλιν, βαρέα λαλοῦντα κόμπῳ καὶ θράσει,

---

undergone, issuing in the deliverance of the Jews. He swore a fruitless oath, and determined forthwith to send them to hades, crushed by the knees and feet of the elephants. [43] He would also invade Judea, and level its towns with fire and the sword ; and destroy that temple which the heathen might not enter, and prevent sacrifices ever after being offered up there.

[44] Joyfully his friends broke up, together with his kinsmen ; and, trusting in his determination, arranged their forces in guard at the most convenient places of the city. [45] And the master of the elephants urged the beasts into an almost maniacal state, drenched them with incense and wine, and decked them with frightful instruments.

[46] About early morning, when the city was now filled with an immense number of people at the hippodrome, he entered the palace, and called the king to the business in hand. [47] The king's heart teemed with impious rage ; and he rushed forth with the mass, along with the elephants. With feelings unsoftened, and eyes pitiless, he longed to gaze at the hard and wretched doom of the above-mentioned Jews.

[48] But the Jews, when the elephants went out at the gate, followed by the armed force ; and when they saw the dust raised by the throng, and heard the loud cries of the crowd, [49] thought that they had come to the last moment of their lives, to the end of what they had tremblingly expected. They gave way, therefore, to lamentations and moans : they kissed each other : those nearest of kin to each other hung about one another's necks : fathers about their sons, mothers their daughters : other women held their infants to their breasts, which drew what seemed their last milk.

[50] Nevertheless, when they reflected upon the succour before granted them from heaven, they prostrated themselves with one accord ; removed even the sucking children from the breast, and [51] sent up an exceeding great cry, entreating the Lord of all power to reveal himself, and have mercy upon those who now lay at the gates of hades.

And Eleazar, an illustrious priest of the country, who had attained to length of days, and whose life had been adorned with virtue, caused the presbyters who were about him to cease to cry out to the holy God, and prayed thus :

[2] O King, mighty in power, most high, Almighty God, who regulatest the whole creation with thy tender mercy, [3] look upon the seed of Abraham, upon the children of the sanctified Jacob, thy sanctified inheritance, O Father, now being wrongfully destroyed as strangers in a strange land.

[4] Thou destroyedst Pharaoh, with his host of chariots, when that lord of this same Egypt was uplifted with lawless hardihood and loud-sounding tongue. Shedding the beams of thy mercy upon the race of Israel, thou didst overwhelm him with his proud army. [5] When Sennacherim, the grievous king of the Assyrians, glorying in his countless hosts, had subdued the whole land with his spear, and was lifting himself against thy holy city, with boastings grievous to be endured, thou, O Lord, didst demolish him

and didst shew forth thy might to many nations. **6** When the three friends in the land of Babylon of their own will exposed their lives to the fire rather than serve vain things, thou didst send a dewy coolness through the fiery furnace, and bring the fire upon all their adversaries. **7** It was thou who, when Daniel was hurled, through slander and envy, as a prey to lions down below, didst bring him back again unhurt to light. **8** When Jonah was pining away in the belly of the sea-bred monster, thou didst look upon him, O Father, and recover him to the sight of his own.

9 And now, thou who hatest insolence; thou who dost abound in mercy; thou who art the protector of all things; appear quickly to those of the race of Israel, who are insulted by abhorred, lawless Gentiles. **10** If our life has during our exile been stained with iniquity, deliver us from the hand of the enemy, and destroy us, O Lord, by the death which thou preferrest.

11 Let not the vain-minded congratulate vain idols at the destruction of thy beloved, saying, Neither did their God deliver them. **12** Thou who art All-powerful and Almighty, O Eternal One, behold! have mercy upon us who are being withdrawn from life, like traitors, by the unreasoning insolence of lawless men. **13** Let the heathen cower before thy invincible might to-day, O glorious One, who hast all power to save the race of Jacob. **14** The whole band of infants and their parents with tears beseech thee. **15** Let it be shewn to all the nations that thou art with us, O Lord, and hast not turned thy face away from us; but as thou saidst that thou wouldst not forget them even in the land of their enemies, so do thou fulfil this saying, O Lord.

16 Now, at the time that Eleazar had ended his prayer, the king came along to the hippodrome, with the wild beasts, and with his tumultuous power. **17** When the Jews saw this, they uttered a loud cry to heaven, so that the adjacent valleys resounded, and caused an irrepressible lamentation throughout the army. **18** Then the all-glorious, all-powerful, and true God, displayed his holy countenance, and opened the gates of heaven, from which two angels, dreadful of form, came down, and were visible to all but the Jews. **19** And they stood opposite, and filled the enemies' host with confusion and cowardice; and bound them with immoveable fetters. **20** And a cold shudder came over the person of the king, and oblivion paralysed the vehemence of his spirit. **21** They turned back the animals upon the armed forces which followed them; and the animals trod them down, and destroyed them.

22 The king's wrath was converted into compassion; and he wept at his own machinations. **23** For when he heard the cry, and saw them all on the verge of destruction, with tears he angrily threatened his friends, saying, **24** Ye have governed badly; and have exceeded tyrants in cruelty; and me your benefactor ye have laboured to deprive at once of my dominion and my life, by secretly devising measures injurious to the kingdom. **25** Who has gathered here, unreasonably removing each from his home, those who, in fidelity to us, had held the

Δέσποτα, ἔθραυσας, ἔκδηλον δεικνὺς ἔθνεσι πολλοῖς τὸ σὸν κράτος. Σὺ τοὺς κατὰ τὴν Βαβυλωνίαν τρεῖς ἑταίρους πυρὶ **6** τὴν ψυχὴν αὐθαιρέτως δεδωκότας εἰς τὸ μὴ λατρεῦσαι τοῖς κενοῖς, διάπυρον δροσίσας κάμινον, ἐρρύσω μέχρι τριχὸς ἀπημάντους, φλόγα πᾶσιν ἐπιπέμψας τοῖς ὑπεναντίοις. Σὺ τὸν **7** διαβολαῖς φθόνου λέουσι κατὰ γῆς ῥιφέντα θηρσὶ βορὰν Δανιὴλ εἰς φῶς ἀνήγαγες ἀσινῆ. Τόν τε βυθοτρεφοῦς ἐν **8** γαστρὶ κήτους Ἰωνᾶν τηκόμενον ἀφειδῶς, ἀπήμαντον πᾶσιν οἰκείοις ἀνέδειξας, πάτερ.

Καὶ νῦν μισύβρι, πολυέλεε, τῶν ὅλων σκεπαστά, τὸ τάχος **9** ἐπιφάνηθι τοῖς ἀπὸ Ἰσραὴλ γένους, ὑπὸ δὲ ἐβδελυγμένων ἀνόμων ἐθνῶν ὑβριζομένοις. Εἰ δὲ ἀσεβείαις κατὰ τὴν ἀπ- **10** οικίαν ὁ βίος ἡμῶν ἐνέσχηται, ῥυσάμενος ἡμᾶς ἀπὸ ἐχθρῶν χειρός, ὡς προαιρῇ, Δέσποτα, ἀπόλεσον ἡμᾶς μόρῳ.

Μὴ τοῖς ματαίοις οἱ ματαιόφρονες εὐλογησάτωσαν ἐπὶ τῇ **11** τῶν ἠγαπημένων σου ἀπωλείᾳ, λέγοντες, οὐδὲ ὁ Θεὸς αὐτῶν ἐρρύσατο αὐτούς. Σὺ δὲ ὁ πᾶσαν ἀλκὴν καὶ δυναστείαν ἔχων **12** ἅπασαν, αἰώνιε, νῦν ἔπιδε· ἐλέησον ἡμᾶς τοὺς καθ᾽ ὕβριν ἀνόμων ἀλόγιστον ἐκ τοῦ ζῆν μεθιστανομένους ἐν ἐπιβούλων τρόπῳ. Πηξάτω δὲ ἔθνη σὴν δύναμιν ἀνίκητον σήμερον, **13** ἔντιμε, δύναμιν ἔχων, ἐπὶ σωτηρίᾳ Ἰακὼβ γένους. Ἱκετεύει **14** σε τὸ πᾶν πλῆθος τῶν νηπίων καὶ οἱ τούτων γονεῖς μετὰ δακρύων. Δειχθήτω πᾶσιν ἔθνεσιν ὅτι μεθ᾽ ἡμῶν εἶ Κύριε, καὶ **15** οὐκ ἀπέστρεψας τὸ πρόσωπόν σου ἀφ᾽ ἡμῶν· ἀλλὰ καθὼς εἶπας, ὅτι οὐδ᾽ ἐν τῇ γῇ τῶν ἐχθρῶν αὐτῶν ὄντων ὑπερεῖδες αὐτούς, οὕτως ἐπιτέλεσον, Κύριε.

Τοῦ δὲ Ἐλεαζάρου λήγοντος ἄρτι τῆς προσευχῆς, ὁ βασι- **16** λεὺς σὺν τοῖς θηρίοις καὶ παντὶ τῷ τῆς δυνάμεως φρυάγματι κατὰ τὸν ἱππόδρομον παρῆγε. Καὶ θεωρήσαντες οἱ Ἰουδαῖοι, **17** μέγα εἰς οὐρανὸν ἀνέκραξαν, ὥστε καὶ τοὺς παρακειμένους αὐλῶνας συνηχήσαντας, ἀκατάσχετον οἰμωγὴν ποιῆσαι παντὶ τῷ στρατοπέδῳ.

Τότε ὁ μεγαλόδοξος παντοκράτωρ καὶ ἀληθινὸς Θεὸς, ἐπι- **18** φάνας τὸ ἅγιον αὐτοῦ πρόσωπον, ἠνέωξε τὰς οὐρανίους πύλας, ἐξ ὧν δεδοξασμένοι δύο φοβεροειδεῖς ἄγγελοι κατέβησαν φανεροὶ πᾶσι πλὴν τοῖς Ἰουδαίοις, καὶ ἀντέστησαν, καὶ τὴν **19** δύναμιν τῶν ὑπεναντίων ἐπλήρωσαν ταραχῆς καὶ δειλίας, καὶ ἀκινήτοις ἔδησαν πέδαις. Καὶ ὑπόφρικον καὶ τὸ τοῦ βασι- **20** λέως σῶμα ἐγενήθη, καὶ λήθη τὸ θράσος αὐτοῦ τὸ βαρύθυμον ἔλαβε. Καὶ ἀπέστρεψαν τὰ θηρία ἐπὶ τὰς συνεπομένας ἐνόπ- **21** λους δυνάμεις, καὶ κατεπάτουν αὐτὰς καὶ ὠλόθρευον.

Καὶ μετεστράφη τοῦ βασιλέως ἡ ὀργὴ εἰς οἶκτον καὶ δάκρυα **22** ὑπὲρ τῶν ἔμπροσθεν αὐτῷ μεμηχανημένων. Ἀκούσας γὰρ **23** τῆς κραυγῆς, καὶ συνιδὼν πρηνεῖς ἅπαντας εἰς τὴν ἀπώ- λειαν, δακρύσας μετὰ ὀργῆς τοῖς φίλοις διηπειλεῖτο, λέγων, Παραβασιλεύετε, καὶ τυράννους ὑπερβεβήκατε ὠμότητι· καὶ **24** ἐμὲ αὐτὸν τὸν ὑμῶν εὐεργέτην ἐπιχειρεῖτε τῆς ἀρχῆς ἤδη καὶ τοῦ πνεύματος μεθιστᾶν, λάθρα μηχανώμενοι τὰ μὴ συμ- φέροντα τῇ βασιλείᾳ. Τίς τοὺς κρατήσαντας ἡμῶν ἐν πίστει **25** τὰ τῆς χώρας ὀχυρώματα, τῆς οἰκίας ἀποστήσας ἕκαστον

26 ἀλόγως ἤθροισεν ἐνθάδε; Τίς τοὺς ἐξ ἀρχῆς εὐνοίᾳ πρὸς ἡμᾶς κατὰ πάντα διαφέροντας πάντων ἐθνῶν, καὶ τοὺς χειρίστους πλεονάκις ἀνθρώπων ἐπιδεδεγμένους κινδύνους, οὕτως ἀθέσμοις περιέβαλεν αἰκίαις;

27 Λύσατε, ἐκλύσατε ἄδικα δεσμά· εἰς τὰ ἴδια μετ᾽ εἰρήνης

28 ἐξαποστείλατε, τὰ προπεπραγμένα παραιτησάμενοι. Ἀπολύσατε τοὺς υἱοὺς τοῦ παντοκράτορος ἐπουρανίου Θεοῦ ζῶντος, ὃς ἀφ᾽ ἡμετέρων μέχρι τοῦ νῦν προγόνων ἀπαραπόδιστον μετὰ δόξης εὐστάθειαν παρέχει τοῖς ἡμετέροις πράγμασιν.

29 Ὁ μὲν οὖν ταῦτα ἔλεξεν· οἱ δὲ ἐν ἀμερεῖ χρόνῳ λυθέντες, τὸν ἅγιον σωτῆρα Θεὸν αὐτῶν εὐλόγουν, ἄρτι τὸν θάνατον

30 ἐκπεφευγότες. Εἶτα ὁ βασιλεὺς εἰς τὴν πόλιν ἀπαλλαγείς, τὸν ἐπὶ τῶν προσόδων προσκαλεσάμενος, ἐκέλευσεν οἴνους τε καὶ τὰ λοιπὰ πρὸς εὐωχίαν ἐπιτήδεια τοῖς Ἰουδαίοις χορηγεῖν ἐπὶ ἡμέρας ἑπτά, κρίνας αὐτοὺς ἐν ᾧ τόπῳ ἔδοξαν τὸν ὄλεθρον ἀναλαμβάνειν, ἐν τούτῳ ἐν εὐφροσύνῃ πάσῃ σωτήρια ἄγειν.

31 Τότε οἱ πρὶν ἐπονείδιστοι καὶ πλησίον τοῦ ᾅδου, μᾶλλον δ᾽ ἐπ᾽ αὐτῷ βεβηκότες, ἀντὶ πικροῦ καὶ δυσαιάκτου μόρου, κώθωνα σωτήριον συστησάμενοι, τὸν εἰς πτῶσιν αὐτοῖς καὶ τάφον ἡτοιμασμένον τόπον κλισίαις κατεμέρισαν πλήρεις

32 χαρμονῆς. Καταλήξαντες δὲ θρήνου πανόδυρτον μέλος, ἀνέλαβον ᾠδὴν πάτριον, τὸν σωτῆρα καὶ τερατοποιὸν αἰνοῦντες Θεόν· οἰμωγήν τε πᾶσαν καὶ κωκυτὸν ἀπωσάμενοι, χοροὺς συνίσταντο εὐφροσύνης εἰρηνικῆς σημεῖον.

33 Ὡσαύτως δὲ καὶ ὁ βασιλεὺς περὶ τούτων συμπόσιον βαρὺ συναγαγών, ἀδιαλείπτως εἰς οὐρανὸν ἀνθωμολογεῖτο μεγαλο-

34 μερῶς ἐπὶ τῇ παραδόξῳ γενηθείσῃ αὐτῷ σωτηρίᾳ. Οἵ τε πρὶν εἰς ὄλεθρον καὶ οἰωνοβρώτους αὐτοὺς ἔσεσθαι τιθέμενοι, μετὰ χαρᾶς ἀπογραψάμενοι, κατεστέναξαν, αἰσχύνην ἐφ᾽ ἑαυτοῖς περιβαλλόμενοι, καὶ τὴν πυρίπνουν τόλμαν ἀκλεῶς ἐσβεσμένοι.

35 Οἵ τε Ἰουδαῖοι, καθὼς προειρήκαμεν, συστησάμενοι τὸν προειρημένον χορόν, μετ᾽ εὐωχίας ἐν ἐξομολογήσεσιν ἱλαραῖς

36 καὶ ψαλμοῖς διῆγον, καὶ κοινὸν ὁρισάμενοι περὶ τούτων θεσμὸν ἐπὶ πᾶσαν τὴν παροικίαν αὐτῶν εἰς γενεάς, τὰς προειρημένας ἡμέρας ἄγειν ἔστησαν εὐφροσύνους, οὐ πότου χάριν καὶ

37 λιχνείας, σωτηρίας δὲ τῆς διὰ Θεὸν γενομένης αὐτοῖς. Ἐνέτυχον δὲ τῷ βασιλεῖ, τὴν ἀπόλυσιν αὐτῶν εἰς τὰ ἴδια αἰτούμενοι.

38 Ἀπογράφονται δὲ αὐτοὺς ἀπὸ πέμπτης καὶ εἰκάδος τοῦ Παχὼν ἕως τῆς τετάρτης τοῦ Ἐπιφί, ἐπὶ ἡμέρας τεσσαράκοντα· συνίστανται δὲ αὐτῶν τὴν ἀπώλειαν ἀπὸ πέμπτης τοῦ Ἐπιφὶ

39 ἕως ἑβδόμης, ἡμέραις τρισίν. Ἐν αἷς καὶ μεγαλοδόξως ἐπιφάνας τὸ ἔλεος αὐτοῦ ὁ τῶν ὅλων δυνάστης, ἀπταίστους αὐτοὺς ἐρρύσατο ὁμοθυμαδόν.

40 Εὐωχοῦντο δὲ πάνθ᾽ ὑπὸ τοῦ βασιλέως χορηγούμενοι μέχρι τῆς τεσσαρεσκαιδεκάτης, ἐν ᾗ καὶ τὴν ἐντυχίαν ἐποιήσαντο

41 περὶ τῆς ἀπολύσεως αὐτῶν. Συναινέσας τε αὐτοὺς ὁ βασιλεύς, ἔγραψεν αὐτοῖς τὴν ὑπογεγραμμένην ἐπιστολὴν πρὸς τοὺς κατὰ πόλιν στρατηγοὺς μεγαλοψύχως τὴν ἐκτένειαν ἔχουσαν.

7 Βασιλεὺς Πτολεμαῖος ὁ Φιλοπάτωρ τοῖς κατ᾽ Αἴγυπτον στρατηγοῖς καὶ πᾶσι τοῖς τεταγμένοις ἐπὶ πραγμάτων, χαίρειν

2 καὶ ἐρρῶσθαι. Ἐρρώμεθα δὲ καὶ αὐτοὶ καὶ τὰ τέκνα ἡμῶν,

---

fortresses of the country? [26] Who has thus consigned to unmerited punishments those who in good will towards us from the beginning have in all things surpassed all nations, and who often have engaged in the most dangerous undertakings? [27] Loose, loose the unjust bonds; send them to their homes in peace, and deprecate what has been done. [28] Release the sons of the almighty living God of heaven, who from our ancestors' times until now has granted a glorious and uninterrupted prosperity to our affairs.

[29] These things he said: and they, released the same moment, having now escaped death, praised God their holy Saviour. [30] The king then departed to the city, and called his financier to him, and bade him provide a seven days' quantity of wine and other materials for feasting for the Jews. He decided that they should keep a gladsome festival of deliverance in the very place in which they expected to meet with their destruction.

[31] Then they who were before despised and nigh unto hades, yea, rather advanced into it, partook of the cup of salvation, instead of a grievous and lamentable death. Full of exultation, they parted out the place intended for their fall and burial into banqueting booths. [32] Ceasing their miserable strain of woe, they took up the subject of their fatherland, hymning in praise God their wonder-working Saviour. All groans, all wailing, were laid aside: they formed dances in token of serene joy.

[33] So, also, the king collected a number of guests for the occasion, and returned unceasing thanks with much magnificence for the unexpected deliverance afforded him. [34] Those who had marked them out as for death and for carrion, and had registered them with joy, howled aloud, and were clothed with shame, and had the fire of their rage ingloriously put out.

[35] But the Jews, as we just said, instituted a dance, and then gave themselves up to feasting, glad thanksgivings, and psalms. [36] They made a public ordinance to commemorate these things for generations to come, as long as they should be sojourners. They thus established these days as days of mirth, not for the purpose of drinking or luxury, but because God had saved them. [37] They requested the king to send them back to their homes.

[38] They were being enrolled from the twenty-fifth of Pachon to the fourth of Epiphi, a period of forty days: the measures taken for their destruction lasted from the fifth of Epiphi till the seventh, that is, three days. [39] The Ruler over all did during this time manifest forth his mercy gloriously, and did deliver them all together unharmed.

[40] They feasted upon the king's provision up to the fourteenth day, and then asked to be sent away. [41] The king commended them, and wrote the subjoined letter, of magnanimous import for them, to the commanders of every city.

King Ptolemy Philopator to the commanders throughout Egypt, and to all who are set over affairs, joy and strength. [2] We,

too, and our children are well; and God has directed our affairs as we wish.

³ Certain of our friends did of malice vehemently urge us to punish the Jews of our realm in a body, with the infliction of a monstrous punishment. ⁴ They pretended that our affairs would never be in a good state till this took place. Such, they said, was the hatred borne by the Jews to all other people. ⁵ They brought them fettered in grievous chains as slaves, nay, as traitors. Without enquiry or examination they endeavoured to annihilate them. They buckled themselves with a savage cruelty, worse than Scythian custom.

⁶ For this cause we severely threatened them ; yet, with the clemency which we are wont to extend to all men, we at length permitted them to live. Finding that the God of heaven cast a shield of protection over the Jews so as to preserve them, and that he fought for them as a father always fights for his sons ; ⁷ and taking into consideration their constancy and fidelity towards us and towards our ancestors, we have, as we ought, acquitted them of every sort of charge. ⁸ And we have dismissed them to their several homes ; bidding all men everywhere to do them no wrong, or unrighteously revile them about the past. ⁹ For know ye, that should we conceive any evil design against, or in any manner aggrieve them, we shall ever have as our opposite, not man, but the highest God, the ruler of all might. From Him there will be no escape, as the avenger of such deeds. Fare ye well.

¹⁰ When they had received this letter, they were not forward to depart immediately. They petitioned the king to be allowed to inflict fitting punishment upon those of their race who had willingly transgressed the holy God, and the law of God. ¹¹ They alleged that men who had for their bellies' sake transgressed the ordinances of God, would never be faithful to the interests of the king.

¹² The king admitted the truth of this reasoning, and commended them. Full power was given them, without warrant or special commission, to destroy those who had transgressed the law of God boldly in every part of the king's dominions. ¹³ Their priests, then, as it was meet, saluted him with good wishes, and all the people echoed with the Hallelujah. They then joyfully departed.

¹⁴ Then they punished and destroyed with ignominy every polluted Jew that fell in their way ; ¹⁵ slaying thus, in that day, above three hundred men, and esteeming this destruction of the wicked a season of joy. ¹⁶ They themselves having held fast their God unto death, and having enjoyed a full deliverance, departed from the city garlanded with sweet-flowered wreaths of every kind. Uttering exclamations of joy, with songs of praise, and melodious hymns, they thanked the God of their fathers, the eternal Saviour of Israel.

¹⁷ Having arrived at Ptolemais, called from the specialty of that district Rosebearing, where the fleet, in accordance with the general wish, waited for them seven days, ¹⁸ they partook of a banquet of deliver-

κατευθύναντος ἡμῖν τοῦ μεγάλου Θεοῦ τὰ πράγματα καθὼς προαιρούμεθα.

Τῶν φίλων τινὲς κακοηθείᾳ πυκνότερον ἡμῖν παρακείμενοι, 3 συνέπεισαν ἡμᾶς εἰς τὸ τοὺς ὑπὸ τὴν βασιλείαν Ἰουδαίους, συναθροίσαντας σύστημα, κολάσασθαι ξενιζούσαις ἀποστατῶν τιμωρίαις, προσφερόμενοι μήποτε εὐσταθήσειν τὰ πράγματα 4 ἡμῶν, δι᾿ ἣν ἔχουσιν οὗτοι πρὸς πάντα τὰ ἔθνη δυσμένειαν, μέχρις ἂν συντελεσθῇ τοῦτο. Οἳ καὶ δεσμίους καταγαγόντες 5 αὐτοὺς μετὰ σκυλμῶν ὡς ἀνδράποδα, μᾶλλον δὲ ὡς ἐπιβούλους, ἄνευ πάσης ἀνακρίσεως καὶ ἐξετάσεως ἐπεχείρησαν ἀνελεῖν, νόμου Σκυθῶν ἀγριωτέραν ἐμπεπορημένοι ὠμότητα.

Ἡμεῖς δὲ ἐπὶ τούτοις σκληρότερον διαπειλησάμενοι, καθ᾿ 6 ἣν ἔχομεν πρὸς ἅπαντας ἀνθρώπους ἐπιείκειαν, μόγις τὸ ζῆν αὐτοῖς χαρισάμενοι, καὶ τὸν ἐπουράνιον Θεὸν ἐγνωκότες ἀσφαλῶς ὑπερησπικότα τῶν Ἰουδαίων, ὡς πατέρα ὑπὲρ υἱῶν διαπαντὸς ὑπερμαχοῦντα, τήν τε τοῦ φίλου ἣν ἔχουσι πρὸς ἡμᾶς 7 βεβαίαν καὶ τοὺς προγόνους ἡμῶν εὔνοιαν ἀναλογισάμενοι, δικαίως ἀπολελύκαμεν πάσης καθ᾿ ὁντινοῦν αἰτίας τρόπον· καὶ 8 προστετάχαμεν ἑκάστῳ πάντας εἰς τὰ ἴδια ἐπιστρέφειν, ἐν παντὶ τόπῳ μηθενὸς αὐτοὺς τὸ σύνολον καταβλάπτοντος, μήτε ὀνειδίζειν περὶ τῶν γεγενημένων παρὰ λόγον. Γινώσκετε γὰρ ὅτι 9 κατὰ τούτων ἐάν τι κακοτεχνήσωμεν πονηρόν, ἢ ἐπιλυπήσωμεν αὐτοὺς τὸ σύνολον, οὐκ ἄνθρωπον, ἀλλὰ τὸν πάσης δεσπόζοντα δυνάμεως Θεὸν ὕψιστον ἀντικείμενον ἡμῖν ἐπ᾿ ἐκδικήσει τῶν πραγμάτων κατὰ πᾶν ἀφεύκτως διαπαντὸς ἕξομεν· ἔρρωσθε.

Λαβόντες δὲ τὴν ἐπιστολὴν ταύτην, οὐκ ἐσπούδασαν εὐθέως 10 γενέσθαι περὶ τὴν ἄφοδον, ἀλλὰ τὸν βασιλέα προσηξίωσαν τοὺς ἐκ τοῦ γένους τῶν Ἰουδαίων τὸν ἅγιον Θεὸν αὐθαιρέτως παραβεβηκότας καὶ τοῦ Θεοῦ τὸν νόμον, τυχεῖν δι᾿ αὐτῶν τῆς ὀφειλομένης κολάσεως, προφερόμενοι τοὺς γαστρὸς ἕνεκεν τὰ 11 θεῖα παραβεβηκότας προστάγματα, μηδέποτε εὐνοήσειν μηδὲ τοῖς τοῦ βασιλέως πράγμασιν.

Ὁ δὲ τ᾿ ἀληθὲς αὐτοὺς λέγειν παραδεξάμενος καὶ συναινέσας, 12 ἔδωκεν αὐτοῖς ἄδειαν πάντων, ὅπως τοὺς παραβεβηκότας τοῦ Θεοῦ τὸν νόμον ἐξολοθρεύσωσι κατὰ πάντα τὸν ὑπὸ τὴν βασιλείαν αὐτοῦ τόπον μετὰ παρρησίας ἄνευ πάσης βασιλικῆς ἐξουσίας ἢ ἐπισκέψεως. Τότε κατευφημήσαντες αὐτόν, ὡς 13 πρέπον ἦν, οἱ τούτων ἱερεῖς, καὶ πᾶν τὸ πλῆθος ἐπιφωνήσαντες τὸ ἀλληλούϊα, μετὰ χαρᾶς ἀνέλυσαν.

Τότε τὸν ἐμπεσόντα τῶν μεμιασμένων ὁμοεθνῆ κατὰ τὴν 14 ὁδὸν ἐκολάζοντο, καὶ μετὰ παραδειγματισμῶν ἀνῄρουν. Ἐκείνῃ 15 δὲ τῇ ἡμέρᾳ ἀνεῖλον ὑπὲρ τοὺς τριακοσίους ἄνδρας, καὶ ἦγον εὐφροσύνην μετὰ χαρᾶς τοὺς βεβήλους χειρωσάμενοι. Αὐτοὶ 16 δὲ οἱ μέχρι θανάτου τὸν Θεὸν ἐσχηκότες, παντελῆ σωτηρίας ἀπόλαυσιν εἰληφότες; ἀνέζευξαν ἐκ τῆς πόλεως παντοίοις εὐωδεστάτοις ἄνθεσι κατεστεμμένοι μετ᾿ εὐφροσύνης καὶ βοῆς, ἐν αἴνοις καὶ παμμελέσιν ὕμνοις εὐχαριστοῦντες τῷ Θεῷ τῶν πατέρων αὐτῶν αἰωνίῳ σωτῆρι τοῦ Ἰσραήλ.

Παραγενηθέντες δὲ εἰς Πτολεμαΐδα τὴν ὀνομαζομένην διὰ 17 τὴν τοῦ τόπου ἰδιότητα ῥοδοφόρον, ἐν ᾗ προσέμεινεν αὐτοὺς ὁ στόλος κατὰ κοινὴν αὐτῶν βουλὴν ἡμέρας ἑπτά, ἐκεῖ ἐποί- 18

ἦσαν πότον σωτήριον, τοῦ βασιλέως χορηγήσαντος αὐτοῖς εὐψύχως τὰ πρὸς τὴν ἄφιξιν πάντα ἑκάστῳ ἕως εἰς τὴν ἰδίαν
19 οἰκίαν. Καταχθέντες δὲ μετ᾿ εἰρήνης ἐν ταῖς πρεπούσαις ἐξομολογήσεσιν, ὡσαύτως κἀκεῖ ἔστησαν καὶ ταύτας ἄγειν τὰς
20 ἡμέρας ἐπὶ τὸν τῆς παροικίας αὐτῶν χρόνον εὐφροσύνους. Ἃς καὶ ἀνιερώσαντες ἐν στήλῃ κατὰ τὸν τῆς συμποσίας τόπον προσευχῆς καθιδρύσαντες, ἀνέλυσαν ἀσινεῖς, ἐλεύθεροι, ὑπερχαρεῖς, διά τε γῆς καὶ θαλάσσης καὶ ποταμοῦ ἀνασῳζόμενοι τῇ τοῦ βασιλέως ἐπιταγῇ, ἕκαστος εἰς τὴν ἰδίαν.
21 Καὶ πλείστην ἢ ἔμπροσθεν ἐν τοῖς ἐχθροῖς ἐξουσίαν ἐσχηκότες μετὰ δόξης καὶ φόβου, τὸ σύνολον ὑπὸ μηδενὸς δια-
22 σεισθέντες τῶν ὑπαρχόντων. Καὶ πάντα τὰ ἑαυτῶν πάντες ἐκομίσαντο ἐξ ἀπογραφῆς, ὥστε τοὺς ἔχοντάς τι, μετὰ φόβου μεγίστου ἀποδοῦναι αὐτοῖς, τὰ μεγαλεῖα τοῦ μεγίστου Θεοῦ
23 ποιήσαντος τελείως ἐπὶ σωτηρίᾳ αὐτῶν. Εὐλογητὸς ὁ ῥύστης Ἰσραὴλ εἰς τοὺς ἀεὶ χρόνους. Ἀμήν.

ance, for the king generously granted them severally the means of securing a return home. [19] They were accordingly brought back in peace, while they gave utterance to becoming thanks ; and they determined to keep these days during their sojourn as days of joyfulness. [20] These they registered as sacred upon a pillar, when they had dedicated the place of their festivity to be one of prayer. They departed unharmed, free, abundant in joy, preserved by the king's command, by land, by sea, and by river, each to his own home.
[21] They had more weight than before among their enemies ; and were honoured and feared, and no one in any way robbed them of their goods. [22] Every man received back his own, according to inventory ; those who had obtained their goods, giving them up with the greatest terror. For the greatest God wrought with perfectness wonders for their salvation. [23] Blessed be the Redeemer of Israel unto everlasting. Amen.

ΜΑΚΚΑΒΑΙΩΝ Δ'.

ΦΙΛΟΣΟΦΩΤΑΤΟΝ λόγον ἐπιδείκνυσθαι μέλλων, εἰ αὐτοδέσποτός ἐστιν τῶν παθῶν ὁ εὐσεβὴς λογισμός· συμβουλεύσαιμ᾿ ἂν ὑμῖν ὀρθῶς, ὅπως προθύμως προσέχητε τῇ
2 φιλοσοφίᾳ. Καὶ γὰρ ἀναγκαῖος εἰς ἐπιστήμην παντὶ ὁ λόγος, καὶ ἄλλως τῆς μεγίστης ἀρετῆς, λέγω δὴ φρονήσεως, περιέχει ἔπαινον·
3 Εἰ ἄρα τῶν σωφροσύνης κωλυτικῶν παθῶν ὁ λογισμὸς
4 φαίνεται ἐπικρατεῖν, γαστριμαργίας τε καὶ ἐπιθυμίας· ἀλλὰ καὶ τῶν τῆς δικαιοσύνης ἐμποδιστικῶν παθῶν κυριεύειν ἀναφαίνεται, οἷον κακοηθείας· καὶ τῶν τῆς ἀνδρείας ἐμποδιστικῶν
5 παθῶν, θυμοῦ τε, καὶ πόνου καὶ φόβου. Πῶς οὖν, ἴσως εἴποιεν ἄν τινες, εἰ τῶν παθῶν ὁ λογισμὸς κρατεῖ, λήθης καὶ
6 ἀγνοίας οὐ δεσπόζει; γελοῖον ἐπιχειροῦντες λέγειν· οὐ γὰρ τῶν ἑαυτοῦ παθῶν ὁ λογισμὸς κρατεῖ, ἀλλὰ τῶν τῆς δικαιοσύνης καὶ ἀνδρείας καὶ σωφροσύνης, καὶ φρονήσεως ἐναντίων· καὶ τούτων, οὐχ ὥστε αὐτὰ καταλῦσαι, ἀλλ᾿ ὥστε αὐτοῖς μὴ εἶξαι.
7 Πολλαχόθεν μὲν οὖν καὶ ἀλλαχόθεν ἔχοιμ᾿ ἂν ὑμῖν ἐπιδεῖξαι,
8 ὅτι αὐτοκράτωρ ἐστὶν τῶν παθῶν ὁ εὐσεβὴς λογισμός. Πολὺ δὲ πλέον τοῦτο ἀποδείξαιμι ἀπὸ τῆς ἀνδραγαθείας τῶν ὑπὲρ ἀρετὴν ἀποθανόντων, Ἐλεαζάρου τε καὶ ἑπτὰ ἀδελφῶν καὶ τῆς
9 τούτων μητρός. Ἅπαντες γὰρ οὗτοι τῶν ἕως θανάτου πόνων

As I am going to demonstrate a most philosophical proposition, namely, that religious reasoning is absolute master of the passions, I would willingly advise you to give the utmost heed to philosophy. [2] For reason is necessary to every one as a step to science : and more especially does it embrace the praise of prudence, the highest virtue.
[3] If, then, reasoning appears to hold the mastery over the passions which stand in the way of temperance, such as gluttony and lust, [4] it surely also and manifestly has the rule over the affections which are contrary to justice, such as malice ; and of those which are hindrances to manliness, as wrath, and pain, and fear. [5] How, then, is it, perhaps some may say, that reasoning, if it rule the affections, is not also master of forgetfulness and ignorance ? They attempt a ridiculous argument. [6] For reasoning does not rule over its own affections, but over such as are contrary to justice, and manliness, and temperance, and prudence ; and yet over these, so as to withstand, without destroying them.
[7] I might prove to you, from many other considerations, that religious reasoning is sole master of the passions ; [8] but I shall prove it with the greatest force from the fortitude of Eleazar, and seven brethren, and their mother, who suffered death in defence of virtue. [9] For all these, contemning pains

even unto death, by this contempt, demonstrated that reasoning has command over the passions. ¹⁰ For their virtues, then, it is right that I should commend those men who died with their mother at this time in behalf of rectitude; and for their honours, I may count them happy. ¹¹ For they, winning admiration not only from men in general, but even from their persecutors, for their manliness and endurance, became the means of the destruction of the tyranny against their nation, having conquered the tyrant by their endurance, so that by them their country was purified. ¹² But we may now at once enter upon the question, having commenced, as is our wont, with laying down the doctrine, and so proceed to the account of these persons, giving glory to the all wise God. ¹³ The question, therefore, is, whether reasoning be absolute master of the passions. ¹⁴ Let us determine, then, What is reasoning? and what passion? and how many forms of the passions? and whether reasoning bears sway over all of these? ¹⁵ Reasoning is, then, intellect accompanied by a life of rectitude, putting foremost the consideration of wisdom. ¹⁶ And wisdom is a knowledge of divine and human things, and of their causes. ¹⁷ And this is contained in the education of the law; by means of which we learn divine things reverently, and human things profitably. ¹⁸ And the forms of wisdom are prudence, and justice, and manliness, and temperance. ¹⁹ The leading one of these is prudence; by whose means, indeed, it is that reasoning bears rule over the passions. ²⁰ Of the passions, pleasure and pain are the two most comprehensive; and they also by nature refer to the soul. ²¹ And there are many attendant affections surrounding pleasure and pain. ²² Before pleasure is lust; and after pleasure, joy. ²³ And before pain is fear; and after pain, sorrow. ²⁴ Wrath is an affection, common to pleasure and to pain, if any one will pay attention when it comes upon him. ²⁵ And there exists in pleasure a malicious disposition, which is the most multiform of all the affections. ²⁶ In the soul it is arrogance, and love of money, and vaingloriousness, and contention, and faithlessness, and the evil eye. ²⁷ In the body it is greediness and gormandizing, and solitary gluttony. ²⁸ As pleasure and pain are, therefore, two growths of the body and the soul, so there are many offshoots of these passions. ²⁹ And reasoning, the universal husbandman, purging, and pruning these severally, and binding round, and watering, and transplanting, in every way improves the materials of the morals and affections. ³⁰ For reasoning is the leader of the virtues, but it is the sole ruler of the passions. Observe then first, through the very things which stand in the way of temperance, that reasoning is absolute ruler of the passions. ³¹ Now temperance consists of a command over the lusts. ³² But of the lusts, some belong to the soul, others to the body: and over each of these classes the reasoning appears to bear sway. ³³ For whence is it, otherwise, that when urged on to forbidden

ὑπεριδόντες, ὑπεριδόντες ἐπεδείξαντο ὅτι περικρατεῖ τῶν παθῶν ὁ λογισμός.

Τῶν μὲν οὖν ἀρετῶν, ἔπεστί μοι ἐπαινεῖν τοὺς κατὰ τοῦτον 10 τὸν καιρὸν ὑπὲρ τῆς καλοκαγαθίας ἀποθανόντας μετὰ τῆς μητρὸς ἄνδρας· τῶν δὲ τιμῶν μακαρίσαιμ' ἄν· θαυμασθέντες 11 γὰρ ἐκεῖνοι οὐ μόνον ὑπὸ πάντων ἀνθρώπων ἐπὶ τῇ ἀνδρείᾳ καὶ τῇ ὑπομονῇ, ἀλλὰ καὶ ὑπὸ τῶν αἰκισαμένων, αἴτιοι κατέστησαν τοῦ καταλυθῆναι τὴν κατὰ τοῦ ἔθνους τυραννίδα, νικήσαντες τὸν τύραννον τῇ ὑπομονῇ, ὥστε δι' αὐτῶν καθαρισθῆναι τὴν πατρίδα.

Ἀλλὰ καὶ περὶ τούτου νῦν αὐτίκα δὴ λέγειν ἐξέσται, ἀρ- 12 ξαμένων τῆς ὑποθέσεως, ὥσπερ εἴωθα ποιεῖν, καὶ οὕτως εἰς τὸν περὶ αὐτῶν τρέψομαι λόγον, δόξαν διδοὺς τῷ πανσόφῳ Θεῷ.

Ζητοῦμεν δὴ τοίνυν, εἰ αὐτοκράτωρ ἐστὶν παθῶν ὁ λογισμός. 13 Διακρίνομεν δέ, τί ποτέ ἐστι λογισμός; καὶ τί πάθος; καὶ 14 πόσαι παθῶν ἰδέαι; καὶ εἰ πάντων ἐπικρατεῖ τούτων ὁ λογισμός;

Λογισμὸς μὲν δὴ τοίνυν ἐστὶν νοῦς μετὰ ὀρθοῦς βίου 15 πρωτιμῶν τὸν σοφίας λόγον. Σοφία δὴ τοίνυν ἐστὶν γνῶσις 16 θείων καὶ ἀνθρωπίνων πραγμάτων, καὶ τῶν τούτων αἰτίων. Αὕτη δὴ τοίνυν ἐστὶν ἡ τοῦ νόμου παιδεία· δι' ἧς τὰ θεῖα 17 σεμνῶς, καὶ τὰ ἀνθρώπινα συμφερόντως μανθάνομεν.

Τῆς δὲ σοφίας ἰδέαι καθεστᾶσιν, φρόνησις καὶ δικαιοσύνη 18 καὶ ἀνδρεία καὶ σωφροσύνη. Κυριωτάτη πάντων ἡ φρόνησις· 19 ἐξ ἧς δὴ τῶν παθῶν ὁ λογισμὸς ἐπικρατεῖ. Παθῶν δὲ φύσεις 20 εἰσὶν αἱ περιεκτικώταται δύο, ἡδονή τε καὶ πόνος· τούτων δὲ ἑκάτερον καὶ περὶ τὴν ψυχὴν πέφυκεν. Πολλαὶ δὲ καὶ 21 περὶ τὴν ἡδονὴν καὶ τὸν πόνον παθῶν εἰσιν ἀκολουθίαι. Πρὸ 22 μὲν οὖν τῆς ἡδονῆς ἐστιν ἐπιθυμία· μετὰ δὲ τὴν ἡδονήν, χαρά. Πρὸ δὲ τοῦ πόνου ἐστιν φόβος· μετὰ δὲ τὸν πόνον, 23 λύπη.

Θυμὸς δὲ κοινὸν πάθος ἐστὶν ἡδονῆς καὶ πόνου, ἐὰν ἐννοηθῇ 24 τις ὅτε αὐτῷ περιέπεσεν. Ἐν δὲ τῇ ἡδονῇ ἐστιν καὶ ἡ κακο- 25 ήθης διάθεσις, πολυτροπωτάτη πάντων τῶν παθῶν οὖσα. Κατὰ 26 μὲν ψυχῆς ἀλαζονεία, καὶ φιλαργυρία, καὶ φιλοδοξία, καὶ φιλονεικία, ἀπιστία καὶ βασκανία· κατὰ δὲ τὸ σῶμα, παντο- 27 φαγία, καὶ λαιμαργία, καὶ νομοφαγία.

Καθάπερ οὖν δυοῖν τοῦ σώματος καὶ τῆς ψυχῆς φυτῶν ὄντων 28 ἡδονῆς τε καὶ πόνου, πολλαὶ τούτων τῶν παθῶν εἰσιν παρα- φυάδες. Ὧν ἕκαστος ὁ παγγέωργος λογισμὸς περικαθαίρων 29 τε καὶ ἀποκνίζων, καὶ περιπλέκων, καὶ ἐπάρδων, καὶ πάντα τρόπον μεταχέων, ἐξημεροῖ τὰς τῶν ἠθῶν καὶ παθῶν ὕλας. Ὁ γὰρ λογισμὸς τῶν μὲν ἀρετῶν ἐστιν ἡγεμών, τῶν δὲ παθῶν 30 αὐτοκράτωρ. Ἐπιθεωρεῖ γε τοίνυν πρῶτον δι' αὐτῶν κωλυτι- κῶν τῆς σωφροσύνης ἔργων, ὅτι αὐτοδέσποτός ἐστιν τῶν παθῶν ὁ λογισμός.

Σωφροσύνη δὴ τοίνυν ἐστὶν ἐπικράτεια τῶν ἐπιθυμιῶν. 31 Τῶν δὲ ἐπιθυμιῶν αἱ μέν εἰσιν ψυχικαί, αἱ δὲ σωματικαί· καὶ 32 τούτων ἀμφοτέρων ὁ λογισμὸς ἐπικρατεῖν φαίνεται. Ἐπεὶ 33 πόθεν κινούμενοι πρὸς τὰς ἀπειρημένας τροφάς, ἀποτρεπόμεθα

τὰς ἐξ ἑαυτῶν ἡδονάς; οὐχ ὅτι δύναται τῶν ὀρέξεων ἐπικρατεῖν
34 ὁ λογισμός; ἐγὼ μὲν οἶμαι. Τοιγαροῦν ἐνύδρων ἐπιθυμοῦντες
καὶ ὀρνέων καὶ τετραπόδων, παντοίων βρωμάτων τῶν ἀπη-
γορευμένων ἡμῖν κατὰ τὸν νόμον ἀπεχόμεθα διὰ τὴν τοῦ
35 λογισμοῦ ἐπικράτειαν. Ἀντέχεται γὰρ τὰ τῶν ὀρέξεων πάθη
ὑπὸ τοῦ σώφρονος νοὸς ἀνακαμπτόμενα· καὶ φιλοτιμοῦνται
πάντα τὰ τοῦ σώματος κινήματα ὑπὸ τοῦ λογισμοῦ.

2 Καὶ τί θαυμαστὸν; εἰ αἱ τῆς ψυχῆς ἐπιθυμίαι πρὸς τὴν τοῦ
2 κάλλους μετουσίαν ἀκυροῦνται. Ταύτῃ γοῦν ὁ σώφρων
Ἰωσὴφ ἐπαινεῖται, ὅτι τῷ λογισμῷ, διανοίᾳ περιεκράτησεν τῆς
3 ἡδυπαθείας. Νέος γὰρ ὢν καὶ ἀκμάζων πρὸς συνουσιασμὸν
ἠκύρωσεν τῷ λογισμῷ τὸν τῶν παθῶν οἶστρον.

4 Οὐ μόνον δὲ τὴν τῆς ἡδυπαθείας οἰστρηλασίαν ἐπικρατεῖν
5 ὁ λογισμὸς φαίνεται, ἀλλὰ καὶ πάσης ἐπιθυμίας. Λέγει γοῦν
ὁ νόμος· οὐκ ἐπιθυμήσεις τὴν γυναῖκα τοῦ πλησίον σου, οὐδὲ
6 ὅσα τῷ πλησίον σου ἐστίν. Καίτοι ὅτε μὴ ἐπιθυμεῖν εἴρηκεν
ἡμᾶς ὁ νόμος, πολὺ πλέον πείσαιμ' ἂν ὑμᾶς, ὅτι τῶν ἐπιθυμιῶν
κρατεῖν δύναται ὁ λογισμός, ὥσπερ καὶ τῶν κωλυτικῶν τῆς
7 δικαιοσύνης παθῶν. Ἐπεὶ τίνα τρόπον μονοφάγος τις ὢν τὸ
ἦθος, καὶ γαστρίμαργος, καὶ μέθυσος, μεταπαιδεύεται, εἰ μὴ
δῆλον, ὅτι κύριός ἐστιν τῶν παθῶν ὁ λογισμός;

8 Αὐτίκα γοῦν τῷ νόμῳ πολιτευόμενος, κἂν φιλάργυρός τις
εἴη, βιάζεται τὸν ἑαυτοῦ τρόπον, τοῖς δεομένοις δανείζων χωρὶς
τόκων, καὶ τὸ δάνειον τῶν ἑβδομάδων ἐντάσσων χρεοκοπού-
9 μενος. Κἂν φειδωλός τις ᾖ, ὑπὸ τοῦ νόμου κρατεῖται διὰ τὸν
λογισμόν, μήτε ἐπικαρπούμενος τοὺς ἀμητούς, μήτε ἐπιρρωγο-
λογούμενος τοὺς ἀμπελῶνας, καὶ ἐπὶ τῶν ἑτέρων ἔστιν ἐπιγνῶ-
ναι τοῦτο, ὅτι τῶν παθῶν ἐστιν ὁ λογισμὸς κρατῶν.

10 Ὁ γὰρ νόμος καὶ τῆς πρὸς γονεῖς εὐνοίας κρατεῖ, μὴ κατα-
11 προδιδοὺς τὴν ἀρετὴν δι' αὐτούς· καὶ τῆς προσγαμετῆς φιλίας
12 ἐπικρατεῖ, διὰ παρανομίαν αὐτὴν ἀπελέγχων. Καὶ τῆς τέκνων
φιλίας κυριεύει, διὰ κακίαν αὐτῶν κολάζων, καὶ τῆς φίλων
13 συνηθείας δεσπόζει, διὰ πονηρίας αὐτοὺς ἐξελέγχων. Καὶ μὴ
νομίσητε παράδοξον εἶναι, ὅπου καὶ ἔχθραν ὁ λογισμὸς ἐπι-
14 κρατεῖν δύναται διὰ τὸν νόμον, μηδὲ δενδροτομῶν τὰ ἥμερα τῶν
πολεμίων φυτά, τὰ δὲ τῶν ἐχθρῶν τοῖς ἀπολέσασιν διασώζων,
καὶ τὰ πεπτωκότα συνεγείρων.

15 Καὶ τῶν βιοτέρων δὲ παθῶν κρατεῖν ὁ λογισμὸς φαίνε-
ται, φιλαρχίας, καὶ κενοδοξίας, καὶ ἀλαζονείας, καὶ μεγαλαυ-
16 χίας, καὶ βασκανίας. Πάντα γὰρ ταῦτα τὰ κακοήθη πάθη ὁ
σώφρων νοῦς ἀπωθεῖται, ὥσπερ καὶ τὸν θυμόν· καὶ γὰρ τοῦτο
δεσπόζει.

17 Θυμούμενος γέ τοι Μωσῆς κατὰ Δαθὰν καὶ Ἀβειρών, οὐ
θυμῷ τι κατ' αὐτῶν ἐποίησεν, ἀλλὰ λογισμῷ τὸν θυμὸν διῴκη-
18 σεν. Δυνατὸς γὰρ ὁ σώφρων νοῦς, ὡς ἔφην, κατὰ τῶν παθῶν
ἀριστεῦσαι, καὶ τὰ μὲν αὐτῶν μεταθεῖναι, τὰ δὲ καὶ ἀκυρῶσαι.
19 Ἐπεὶ διατί ὁ πάνσοφος ἡμῶν πατὴρ Ἰακὼβ τοὺς περὶ Συμεὼν

meats, we reject the gratification which would ensue from them? Is it not because reasoning is able to command the appetites? I believe so. [31] Hence it is, then, that when lusting after water-animals and birds, and fourfooted beasts, and all kinds of food which are forbidden us by the law, we withhold ourselves through the mastery of reasoning. [35] For the affections of our appetites are resisted by the temperate understanding, and bent back again, and all the impulses of the body are reined in by reasoning.

And what wonder? if the lusts of the soul, after participation with what is beautiful, are frustrated, [2] on this ground, therefore, the temperate Joseph is praised in that by reasoning, he subdued, on reflection, the indulgence of sense. [3] For, although young, and ripe for sexual intercourse, he abrogated by reasoning the stimulus of his passions. [4] And it is not merely the stimulus of sensual indulgence, but that of every desire, that reasoning is able to master. [5] For instance, the law says, Thou shalt not covet thy neighbour's wife, nor anything that belongs to thy neighbour. [6] Now, then, since it is the law which has forbidden us to desire, I shall much the more easily persuade you, that reasoning is able to govern our lusts, just as it does the affections which are impediments to justice. [7] Since in what way is a solitary eater, and a glutton, and a drunkard reclaimed, unless it be clear that reasoning is lord of the passions?

[8] A man, therefore, who regulates his course by the law, even if he be a lover of money, straightway puts force upon his own disposition; lending to the needy without interest, and cancelling the debt of the incoming sabbath. [9] And should a man be parsimonious, he is ruled by the law acting through reasoning; so that he does not glean his harvest crops, nor vintage: and in reference to other points we may perceive that it is reasoning that conquers his passions.

[10] For the law conquers even affection toward parents, not surrendering virtue on their account. [11] And it prevails over marriage love, condemning it when transgressing law. [12] And it lords it over the love of parents toward their children, for they punish them for vice; and it domineers over the intimacy of friends, reproving them when wicked. [13] And think it not a strange assertion that reasoning can in behalf of the law conquer even enmity. [14] It alloweth not to cut down the cultivated herbage of an enemy, but preserveth it from the destroyers, and collecteth their fallen ruins.

[15] And reasoning appears to be master of the more violent passions, as love of empire and empty boasting, and arrogance, and loud boasting, and slander. [16] For the temperate understanding repels all these malignant passions, as it does wrath: for it masters even this.

[17] Thus Moses, when angered against Dathan and Abiram, did nothing to them in wrath, but regulated his anger by reasoning. [18] For the temperate mind is able, as I said, to be superior to the passions, and to transfer some, and destroy others. [19] For why, else, does our most wise father Jacob

blame Simeon and Levi for having irration-
ally slain the whole race of the Shechem-
ites, saying, Cursed be their anger. [20] For
if reasoning did not possess the power of
subduing angry affections, he would not
have spoken thus.

[21] For at the time when God created man,
He implanted within him his passions and
moral nature. [22] And at that time He en-
throned above all the holy leader mind,
through the medium of the senses. [23] And
He gave a law to this *mind*, by living ac-
cording to which it will maintain a temper-
ate, and just, and good, and manly reign.
[24] How, then, a man may say, if reasoning
be master of the passions, has it no control
over forgetfulness and ignorance?

The argument is exceedingly ridiculous:
for reasoning does not appear to bear sway
over its own affections, but over those of
the body, [2] in such a way as that any one of
you may not be able to root out desire, but
reasoning will enable you to avoid being en-
slaved to it.

[3] One may not be able to root out anger
from the soul, but it is possible to withstand
anger. [4] Any one of you may not be able to
eradicate malice, but reasoning has force to
work with you to prevent your yielding to
malice. [5] For reasoning is not an eradicator,
but an antagonist of the passions. [6] And
this may be more clearly comprehended
from the thirst of King David. [7] For after
David had been attacking the Philistines
the whole day, he with the soldiers of his
nation slew many of them; [8] then when
evening came, sweating and very weary, he
came to the royal tent, about which the
entire host of our ancestors was encamped.

[9] Now all the rest of them were at supper;
[10] but the king, being very much athirst,
although he had numerous springs, could
not by their means quench his thirst;
[11] but a certain irrational longing for the
water in the enemy's camp grew stronger
and fiercer upon him, and consumed him
with languish.

[12] Wherefore his body-guards being troub-
led at this longing of the king, two valiant
young soldiers, reverencing the desire of the
king, put on their panoplies, and taking a
pitcher, got over the ramparts of the ene-
mies: [13] and unperceived by the guardians
of the gate, they went throughout the whole
camp of the enemy in quest. [14] And having
boldly discovered the fountain, they filled
out of it the draught for the king.

[15] But he, though parched up with thirst,
reasoned that a draught reputed of equal
value to blood, would be terribly dangerous
to his soul. [16] Wherefore, setting up rea-
soning in opposition to his desire, he poured
out the draught to God. [17] For the temper-
ate mind has power to conquer the pressure
of the passions, and to quench the fires of
excitement, [18] and to wrestle down the
pains of the body, however excessive; and,
through the excellency of reasoning, to
abominate all the assaults of the passions.

[19] But the occasion now invites us to give
an illustration of temperate reasoning from
history. [20] For at a time when our fathers
were in possession of undisturbed peace
through obedience to the law, and were
prosperous, so that Seleucus Nicanor, the

καὶ Λευὶν αἰτιᾶται, μὴ λογισμῷ τοὺς Σικιμίτας ἐθνηδὸν ἀπο-
σφάξαντας, λέγων, ἐπικατάρατος ὁ θυμὸς αὐτῶν; Εἰ μὴ 20
γὰρ ἐδύνετο τῶν θυμῶν ὁ λογισμὸς κρατεῖν, οὐκ ἂν εἶπεν
οὕτως.

Ὁπηνίκα γὰρ ὁ Θεὸς τὸν ἄνθρωπον κατεσκεύαζεν, τὰ πάθη 21
αὐτοῦ καὶ τὰ ἤθη περιεφύτευσεν. Καὶ τηνικαῦτα δὲ περὶ 22
πάντων τὸν ἱερὸν ἡγεμόνα νοῦν διὰ τῶν αἰσθητηρίων ἐνεθρόνι-
σεν· καὶ τούτῳ νόμον ἔδωκεν, καθ᾽ ὃν πολιτευόμενος βασι- 23
λεύσει βασιλείαν σώφρονά τε, καὶ δικαίαν, καὶ ἀγαθήν, καὶ
ἀνδρείαν. Πῶς οὖν, εἴποι τις ἄν, εἰ τῶν παθῶν ὁ λογισμὸς 24
κρατεῖ, λήθης καὶ ἀγνοίας οὐ κρατεῖ;

Ἐστὶ δὲ κομιδῆ γελοῖος ὁ λογισμός· οὐ γὰρ τῶν ἑαυτοῦ 3
παθῶν ὁ λογισμὸς ἐπικρατεῖν φαίνεται, ἀλλὰ τῶν σωματικῶν.
Οἶον ἐπιθυμίαν τις ὑμῶν οὐ δύναται ἐκκόψαι, ἀλλὰ μὴ δουλω- 2
θῆναι τῇ ἐπιθυμίᾳ δύναται ὁ λογισμὸς παρασχέσθαι.

Θυμόν τις οὐ δύναται ἐκκόψαι ἡμῶν τῆς ψυχῆς, ἀλλὰ τῷ 3
θυμῷ δυνατὸν βοηθῆσαι. Κακοήθειάν τις ὑμῶν οὐ δύναται 4
ἐκκόψαι, ἀλλὰ τὸ μὴ καμφθῆναι τῇ κακοηθείᾳ δυνατὸν ὁ
λογισμὸς συμμαχῆσαι. Οὐ γὰρ ἐκριζωτὴς τῶν παθῶν ὁ 5
λογισμός ἐστιν, ἀλλ᾽ ἀνταγωνιστής. Ἔστιν γοῦν τοῦτο διὰ 6
τῆς Δαυείδ τοῦ βασιλέως δίψης σαφέστερον ἐπιλογίσασθαι.
Ἐπεὶ γὰρ δι᾽ ὅλης ἡμέρας προσβαλὼν τοῖς ἀλλοφύλοις ὁ 7
Δαυίδ, πολλοὺς αὐτῶν ἀπέκτεινεν μετὰ τῶν τοῦ ἔθνους στρα-
τιωτῶν· τότε δὲ γενομένης ἑσπέρας, ἱδρῶν καὶ σφόδρα κεκμη- 8
κὼς, ἐπὶ τὴν βασίλειον σκηνὴν ἦλθεν, περὶ ἣν ὁ πᾶς τῶν
προγόνων στρατὸς ἐστρατοπέδευκεν.

Οἱ μὲν οὖν ἄλλοι πάντες ἐπὶ τὸ δεῖπνον ἦσαν. Ὁ δὲ 9, 10
βασιλεὺς ὡς μάλιστα διψῶν, καίπερ ἀφθόνους ἔχων πηγάς,
οὐκ ἠδύνατο δι᾽ αὐτῶν ἰάσασθαι τὴν δίψαν· ἀλλά τις αὐτὸν 11
ἀλόγιστος ἐπιθυμία τοῦ παρὰ τοῖς πολεμίοις ὕδατος ἐπιτείνουσα
συνέφρυγεν, καὶ λύουσα κατέφλεγεν.

Ὅθεν τῶν ὑπερασπιστῶν ἐπὶ τῇ τοῦ βασιλέως ἐπιθυμίᾳ 12
σχετλιαζόντων, δύο νεανίσκοι στρατιῶται καρτεροὶ καταιδε-
σθέντες τὴν τοῦ βασιλέως ἐπιθυμίαν, τὰς πανοπλίας καθ-
ωπλίσαντο, καὶ κάλπην λαβόντες ὑπερέβησαν τοὺς τῶν πολεμίων
χάρακας· καὶ λαθόντες τοὺς τῶν πυλῶν ἀκροφύλακας, διεξ- 13
ῄεσαν εὐράμενοι κατὰ πᾶν τὸ τῶν πολεμίων στρατόπεδον. Καὶ 14
ἀνευράμενοι θαρραλέως τὴν πηγήν, ἐξ αὐτῆς ἐγέμισαν τῷ
βασιλεῖ τὸ ποτόν.

Ὁ δὲ καὶ περὶ τὴν δίψαν διαπυρούμενος, ἐλογίσατο πάν- 15
δεινον εἶναι κίνδυνον τῇ ψυχῇ λογισθὲν ἰσοδύναμον τὸ ποτὸν
αἵματι. Ὅθεν ἀντιθεὶς τῇ ἐπιθυμίᾳ τὸν λογισμόν, ἔσπεισεν 16
τὸ πόμα τῷ Θεῷ. Δυνατὸς γὰρ ὁ σώφρων νοῦς νικῆσαι τὰς 17
τῶν παθῶν ἀνάγκας, καὶ σβέσαι τὰς τῶν οἴστρων φλεγμονάς,
καὶ τὰς τῶν σωμάτων ἀλγηδόνας καθ᾽ ὑπερβολὴν οὔσας κατα- 18
παλαῖσαι, καὶ τῆς καλοκἀγαθίας τοῦ λογισμοῦ ἀποπτῦσαι
πάσας τὰς τῶν παθῶν ἐπικρατείας.

Ἤδη δὲ καὶ ὁ καιρὸς ἡμᾶς καλεῖ ἐπὶ τὴν ἀπόδειξιν τῆς 19
ἱστορίας τοῦ σώφρονος λογισμοῦ. Ἐπειδὴ γὰρ βαθεῖαν 20
εἰρήνην διὰ τὴν εὐνομίαν οἱ πατέρες ἡμῶν εἶχον, καὶ ἔπραττον
καλῶς, ὥστε καὶ τὸν τῆς Ἀσίας βασιλέα Σέλευκον τὸν Νικά-

νορα καὶ χρήματα εἰς τὴν ἱερουργίαν αὐτοῖς ἀποφορίσαι, καὶ
21 τὴν πολιτείαν αὐτῶν ἀποδέχεσθαι· τότε δή τινες πρὸς τὴν
κοινὴν νεωτερίσαντες ὁμόνοιαν, πολυτρόπως ἐχρήσαντο συμ-
φοραῖς.

4 Σίμων γάρ τις πρὸς Ὀνίαν ἀντιπολιτευόμενος τόν ποτε τὴν
ἀρχιερωσύνην ἔχοντα διὰ βίου, καλὸν καὶ ἀγαθὸν ἄνδρα, ἐπειδὴ
πάντα τρόπον διαβάλλων ὑπὲρ τοῦ ἔθνους οὐκ ἴσχυσεν κακῶ-
σαι, φυγὰς ᾤχετο, τὴν πατρίδα προδώσων.

2 Ὅθεν ἥκων πρὸς Ἀπολλώνιον, τὸν Συρίας τε καὶ Φοινίκης
3 καὶ Κιλικίας στρατηγόν, ἔλεγεν, εὔνους ὢν τοῖς τοῦ βασιλέως
πράγμασιν ἥκω, μηνύων πολλὰς ἰδιωτικῶν χρημάτων μυριάδας
ἐν τοῖς Ἱεροσολύμων γαζοφυλακίοις τεθησαύρισται, τῷ ἱερῷ
μὴ ἐπικοινωνούσας, ἀλλὰ προσήκειν ταῦτα Σελεύκῳ τῷ
βασιλεῖ.

4 Τούτων ἕκαστα γνοὺς ὁ Ἀπολλώνιος, τὸν μὲν Σίμωνα τῆς
εἰς τὸν βασιλέα κηδεμονίας ἐπαινεῖ, πρὸς δὲ τὸν Σέλευκον
5 ἀναβὰς κατεμήνυε τὸν τῶν χρημάτων θησαυρόν· καὶ λαβὼν
τὴν περὶ αὐτῶν ἐξουσίαν, ταχὺ εἰς τὴν πατρίδα ἡμῶν μετὰ τοῦ
6 καταράτου Σίμωνος καὶ βαρυτάτου στρατοῦ προσελθών, ταῖς
τοῦ βασιλέως ἐντολαῖς ἥκειν ἔλεγεν, ὅπως τὰ ἰδιωτικὰ τοῦ
7 γαζοφυλακίου λάβοι χρήματα. Καὶ τοῦ ἔθνους πρὸς τὸν
λόγον σχετλιάζοντος, ἀντιλέγοντός τε, πάνδεινον εἶναι νομί-
σαντες, εἰ οἱ τὰς παρακαταθήκας πιστεύσαντες τῷ ἱερῷ θησαυρῷ
8 στερηθήσονται, ὡς οἷόν τε ἦν ἐκώλυον. Μετὰ ἀπειλῆς δὲ
ὁ Ἀπολλώνιος ἀπῄει εἰς τὸ ἱερόν.

9 Τῶν δὲ ἱερέων μετὰ γυναικῶν καὶ παιδίων ἐν τῷ ἱερῷ
ἱκετευσάντων τὸν Θεὸν ὑπερασπίσαι τοῦ ἱεροῦ καταφρονου-
10 μένου τόπου. Ἀνιόντος τε μετὰ καθωπλισμένης τῆς στρατιᾶς
τοῦ Ἀπολλωνίου πρὸς τὴν τῶν χρημάτων ἁρπαγὴν οὐρανόθεν
ἔφιπποι προυφάνησαν ἄγγελοι περιαστράπτοντες τοῖς ὅπλοις,
11 καὶ πολὺν αὐτοῖς φόβον τε καὶ τρόμον ἐνιόντες. Καταπεσὼν
γέ τοι ἡμιθανὴς ὁ Ἀπολλώνιος ἐπὶ τὸν πάμφυλον τοῦ ἱεροῦ
περίβολον, τὰς χεῖρας ἐξέτεινεν εἰς τὸν οὐρανόν, μετὰ δακρύων
τοὺς Ἑβραίους παρεκάλει, ὅπως περὶ αὐτοῦ εὐξόμενοι, τὸν
12 ἐπουράνιον ἐξευμενίσωνται στρατόν. Ἔλεγεν γὰρ ἡμαρτηκώς,
ὥστε καὶ ἀποθανεῖν ἄξιος ὑπάρχειν, πᾶσίν τε ἀνθρώποις ὑμνή-
σειν σωθεὶς τὴν τοῦ ἱεροῦ τόπου μακαριότητα.

13 Τούτοις ἐπαχθεὶς τοῖς λόγοις Ὀνίας ὁ ἀρχιερεύς, καίπερ
ἄλλως εὐλαβηθείς, μή ποτε νομίσειεν ὁ βασιλεὺς Σέλευκος ἐξ
ἀνθρωπίνης ἐπιβουλῆς καὶ μὴ θείας δίκης ἀνῃρῆσθαι τὸν
14 Ἀπολλώνιον, ηὔξατο περὶ αὐτοῦ. Καὶ ὁ μὲν παραδόξως
διασωθεὶς ᾤχετο, δηλώσων τῷ βασιλεῖ τὰ συμβάντα αὐτῷ.

15 Τελευτήσαντος δὲ Σελεύκου τοῦ βασιλέως διαδέχεται τὴν
ἀρχὴν ὁ υἱὸς αὐτοῦ Ἀντίοχος Ἐπιφανής, ἀνὴρ ὑπερήφανος
16 καὶ δεινός. Ὃς καταλύσας τὸν Ὀνίαν τῆς ἀρχιερωσύνης,
17 Ἰάσονα τὸν ἀδελφὸν αὐτοῦ κατέστησεν ἀρχιερέα, συνθέμενον
δώσειν, εἰ ἐπιτρέψειεν αὐτῷ τὴν ἀρχήν, κατ᾽ ἐνιαυτὸν τρισχίλια
ἑξακόσια ἑξήκοντα τάλαντα.

18 Ὁ δὲ ἐπέτρεψεν αὐτῷ ἀρχιερᾶσθαι καὶ τοῦ ἔθνους ἀφη-
19 γεῖσθαι. Ὃς καὶ ἐξεζήτησεν τὸ ἔθνος, καὶ ἐξεπολίτευσεν ἐπὶ

king of Asia, both assigned them money for divine service, and accepted their form of government, [21] then certain persons, bringing in new things contrary to the general unanimity, in various ways fell into calamities.

For a certain man named Simon, who was in opposition to Onias, who once held the high priesthood for life, and was an honourable and good man, after that by slandering him in every way, he could not injure him with the people, went away as an exile, with the intention of betraying his country.

[2] Whence coming to Apollonius, the military governor of Syria, and Phœnicia, and Cilicia, he said, [3] Having good will to the king's affairs, I am come to inform thee that infinite private wealth is laid up in the treasuries of Jerusalem which do not belong to the temple, but pertain to king Seleucus.

[4] Apollonius, acquainting himself with the particulars of this, praised Simon for his care of the king's interests, and going up to Seleucus informed him of the treasure; [5] and getting authority about it, and quickly advancing into our country with the accursed Simon and a very heavy force, [6] he said that he came with the commands of the king that he should take the private money of the treasury. [7] And the nation, indignant at this proclamation, and replying to the effect that it was extremely unfair that those who had committed deposits to the sacred treasury should be deprived of them, resisted as well as they could. [8] But Apollonius went away with threats into the temple.

[9] And the priests, with the women and children, having supplicated God to throw his shield over the holy, despised place, [10] and Apollonius going up with his armed force to the seizure of the treasure,—there appeared from heaven angels riding on horseback, all radiant in armour, filling them with much fear and trembling. [11] And Apollonius fell down half dead upon the court which is open to all nations, and extended his hands to heaven, and implored the Hebrews, with tears, to pray for him, and propitiate the heavenly host. [12] For he said that he had sinned, so as to be consequently worthy of death; and that if he were saved, he would celebrate to all men the blessedness of the holy place.

[13] Onias the high priest, induced by these words, although for other reasons anxious that king Seleucus should not suppose that Apollonius was slain by human device and not by Divine punishment, prayed for him; [14] and he being thus unexpectedly saved, departed to manifest to the king what had happened to him.

[15] But on the death of Seleucus the king, his son Antiochus Epiphanes succeeds to the kingdom: a man of haughty pride and terrible. [16] Who having deposed Onias from the high priesthood, appointed his brother Jason to be high priest: [17] who had made a covenant, if he would give him this authority, to pay yearly three thousand six hundred and sixty talents.

[18] And he committed to him the high priesthood and rulership over the nation. [19] And he both changed the manner of living of the people, and perverted their civil cus-

toms into all lawlessness. ²⁰ So that he not only erected a gymnasium on the very citadel of our country, [but neglected] the guardianship of the temple. ²¹At which Divine vengeance being grieved, instigated Antiochus himself against them. ²² For being at war with Ptolemy in Egypt, he heard that on a report of his death being spread abroad, the inhabitants of Jerusalem had exceedingly rejoiced, and he quickly marched against them. ²³And having subdued them, he established a decree that if any of them lived according to the laws of his country, he should die.

²⁴And when he could by no means destroy by his decrees the obedience to the law of the nation, but saw all his threats and punishments without effect, ²⁵ for even women, because they continued to circumcise their children, were flung down a precipice along with them, knowing beforehand of the punishment. ²⁶ When, therefore, his decrees were disregarded by the people, he himself compelled by means of tortures every one of this race, by tasting forbidden meats, to abjure the Jewish religion.

The tyrant Antiochus, therefore, sitting in public state with his assessors upon a certain lofty place, with his armed troops standing in a circle round him, commanded his spearbearers to seize every one of the Hebrews, and to compel them to taste swine's flesh, and things offered to idols. ³And should any of them be unwilling to eat the accursed food, they were to be tortured on the wheel, and so killed.

⁴And when many had been seized, a foremost man of the assembly, a Hebrew, by name Eleazar, a priest by family, by profession a lawyer, and advanced in years, and for this reason known to many of the king's followers, was brought near to him.

⁵And Antiochus seeing him, said, ⁶I would counsel thee, old man, before thy tortures begin, to taste the swine's flesh, and save your life; for I feel respect for your age and hoary head, which since you have had so long, you appear to me to be no philosopher in retaining the superstition of the Jews. ⁷ For wherefore, since nature has conferred upon you the most excellent flesh of this animal, do you loathe it? ⁸ It seems senseless not to enjoy what is pleasant, yet not disgraceful; and from notions of sinfulness, to reject the boons of nature.

⁹And you will be acting, I think, still more senselessly, if you follow vain conceits about the truth. ¹⁰And you will, moreover, be despising me to your own punishment. ¹¹Will you not awake from your trifling philosophy? and give up the folly of your notions; and, regaining understanding worthy of your age, search into the truth of an expedient course? ¹²and, reverencing my kindly admonition, have pity upon your own years? ¹³For, bear in mind, that if there be any power which watches over this religion of yours, it will pardon you for all transgressions of the law which you commit through compulsion.

¹⁴While the tyrant incited him in this manner to the unlawful eating of flesh, Eleazar begged permission to speak. ¹⁵And having received power to speak, he began thus to deliver himself: ¹⁶We, O Antiochus,

πᾶσαν παρανομίαν. Ὥστε μὴ μόνον ἐπ᾽ αὐτῇ τῇ ἄκρᾳ τῆς 20 πατρίδος ἡμῶν γυμνάσιον κατασκευάσαι, τὴν τοῦ ἱεροῦ κηδεμονίαν. Ἐφ᾽ οἷς ἀγανακτήσασι ἡ θεία δίκη αὐτόν τοι τὸν 21 Ἀντίοχον ἐπολέμησεν. Ἐπειδὴ γὰρ πολεμῶν ἦν κατ᾽ Αἴγυπ- 22 τον Πτολεμαίῳ, ἤκουσέν τε, ὅτι φήμης διαδοθείσης περὶ τοῦ τεθνάναι αὐτὸν, ὡς ἔνι μάλιστα χαίροιεν οἱ Ἱεροσολυμῖται, ταχέως ἐπ᾽ αὐτοὺς ἀνέζευξεν. Καὶ ὡς ἐπόρθησεν αὐτοὺς, δόγμα 23 ἔθετο, ὅπως εἴ τινες αὐτῶν φάνοιεν τῷ πατρίῳ πολιτευόμενοι νόμῳ θάνοιεν.

Καὶ ἐπεὶ κατὰ μηδένα τρόπον ἴσχυεν καταλῦσαι διὰ τῶν 24 δογμάτων τὴν τοῦ ἔθνους εὔνοιαν, ἀλλὰ πάσας τὰς ἑαυτοῦ ἀπειλὰς καὶ τιμωρίας ἑώρα καταλυομένας, ὥστε καὶ γυναῖκας, 25 ὅτι περιέτεμον τὰ παιδία, μετὰ τῶν βρεφῶν κατακρημνισθῆναι, προειδυίας ὅτι τοῦτο πείσονται· ἐπεὶ οὖν τὰ δόγματα αὐτοῦ 26 κατεφρονεῖτο ὑπὸ τοῦ λαοῦ, αὐτὸς διὰ βασάνων ἕνα ἕκαστον τούτου ἔθνους ἠνάγκαζεν μικρῶν ἀπογευομένους τροφῶν, ἐξόμνυσθαι τὸν Ἰουδαϊσμόν.

Προκαθίσας γέ τοι μετὰ τῶν συνέδρων ὁ τύραννος Ἀντίοχος 5 ἐπί τινος ὑψηλοῦ τόπου, καὶ τῶν στρατευμάτων αὐτῶν ἐνόπλων κυκλόθεν παρεστηκότων παρεκέλευεν τοῖς δορυφόροις ἕνα ἕκαστον τῶν Ἑβραίων περισπᾶσθαι καὶ κρεῶν ὑείων καὶ εἰδωλοθύτων ἀναγκάζειν ἀπογεύεσθαι. Εἰ δέ τινες μὴ θέλοιεν 3 μιαροφαγῆσαι, τούτους τροχισθέντας ἀναιρεθῆναι.

Πολλῶν δὲ συναρπασθέντων, εἷς πρῶτος ἐκ τῆς ἀγέλης 4 Ἑβραῖος ὀνόματι Ἐλεάζαρος, τὸ γένος ἱερεὺς, τὴν ἐπιστήμην νομικὸς, καὶ τὴν ἡλικίαν προήκων, καὶ πολλοῖς τῶν περὶ τὸν τύραννον διὰ τὴν ἡλικίαν γνώριμος, παρήχθη πλησίον αὐτοῦ.

Καὶ αὐτὸν ἰδὼν ὁ Ἀντίοχος, ἔφη, ἐγὼ πρὶν ἄρξασθαι 5, 6 τῶν κατὰ σοῦ βασάνων, ὦ πρεσβῦτα, συμβουλεύσαιμ᾽ ἄν σοι ταῦτα ὅπως ἀπογευσάμενος τῶν ὑείων σώζοιο· αἰδοῦμαι γάρ σου τὴν ἡλικίαν καὶ τὴν πολιὰν, ἣν μετὰ τοσοῦτον ἔχων χρόνον, οὔ μοι δοκεῖς φιλοσοφεῖν, τῇ Ἰουδαίων χρώμενος θρησκείᾳ. Διατί γὰρ τῆς φύσεως κεχαρισμένης καλλίστην 7 τὴν τοῦδε τοῦ ζώου σαρκοφαγίαν βδελύττῃ; Καὶ γὰρ ἀνόη- 8 τον τοῦτο τὸ μὴ ἀπολαύειν τῶν χωρὶς ὀνείδους ἡδέων, καὶ δι᾽ ἄδικον ἀποστρέφεσθαι τὰς τῆς φύσεως χάριτας.

Σὺ δέ μοι καὶ ἀνοητότερον ποιήσειν δοκεῖς, εἰ κενοδοξῶν 9 περὶ τὸ ἀληθὲς, ἔτι κἀμοῦ καταφρονήσεις ἐπὶ τῇ ἰδίᾳ τιμωρίᾳ· 10 οὐκ ἐξυπνώσεις ἀπὸ τῆς φλυάρου φιλοσοφίας ὑμῶν; Καὶ 11 ἀποσκεδάσεις τῶν λογισμῶν σου τὸν λῆρον, καὶ ἄξιον τῆς ἡλικίας ἀναλαβὼν νοῦν φιλοσοφήσεις τὴν τοῦ συμφέροντος ἀλήθειαν; καὶ προσκυνήσας μου τὴν φιλάνθρωπον παρηγορίαν 12 οἰκτειρήσεις τὸ σεαυτοῦ γῆρας; καὶ γὰρ ἐνθυμήθητι, ὡς εἰ 13 καί τίς ἐστι τῆσδε τῆς θρησκείας ἐποπτικὴ δύναμις, συγνωμονήσειεν σοι ἐπὶ πᾶσιν δι᾽ ἀνάγκην παρανομίᾳ γεινομένῃ.

Τοῦτον τὸν τρόπον ᾽πὶ τὴν ἔκθεσμον σαρκοφαγίαν ἐποτρύ- 14 νοντος τοῦ τυράννου, λόγον ᾔτησεν ὁ Ἐλεάζαρος. Καὶ 15 λαβὼν τοῦ λέγειν ἐξουσίαν, ἤρξατο δημηγορεῖν οὕτως· ἡμεῖς, 16

Αντίοχε, θείῳ πεπεισμένοι νόμῳ πcλιτεύεσθαι, οὐδεμίαν
ἀνάγκην βιαιοτέραν εἶναι νομίζομεν τῆς πρὸς τὸν νόμον ἡμῶν
17 εὐπειθείας. Διὸ δὲ κατ' οὐδένα τρόπον παρανομεῖν ἀξιοῦμεν.
18 Καί τοι εἰ καὶ κατὰ ἀλήθειαν μὴ ἦν ὁ νόμος ἡμῶν, ὡς σὺ
ὑπολαμβάνεις, θεῖος, (ἄλλως δὲ νομίζομεν αὐτὸν εἶναι θεῖον)
οὐδὲ οὕτως ἐξὸν ἡμῖν ἦν τὴν ἐπὶ τῇ εὐσεβείᾳ δόκαν ἀκυρῶσαι.
19 Μὴ μικρὰν οὖν εἶναι νομίσῃς ταύτην, εἰ μιαροφαγήσαμεν,
20 ἁμαρτίαν. Τὸ γὰρ ἐν μικροῖς καὶ ἐν μεγάλοις παρανομεῖν
21 ἰσοδύναμόν ἐστιν· δι' ἑκατέρου γὰρ ὡς ὁμοίως ὁ νόμος ὑπερη-
φανεῖται.

22 Χλευάζεις δὲ ἡμῶν τὴν φιλοσοφίαν, ὥσπερ οὐ μετὰ εὐλο-
23 γιστίας ἐν αὐτῇ βιούντων. Σωφροσύνην τε γὰρ ἡμᾶς ἐκ-
διδάσκει, ὥστε πασῶν τῶν ἡδονῶν καὶ ἐπιθυμιῶν κρατεῖν, καὶ
ἀνδρείαν ἐξασκεῖν, ὥστε πάντα πόνον ἑκουσίως ὑπομένειν·
24 καὶ δικαιοσύνην παιδεύει, ὥστε διὰ πάντων τῶν ἠθῶν ἰσονομεῖν
καὶ εὐσέβειαν διδάσκειν, ὥστε μόνον τὸν ὄντα Θεὸν σέβειν
25 μεγαλοπρεπῶς. Διὸ οὐ μιαροφαγοῦμεν· πιστεύοντες γὰρ
Θεοῦ καθεστάναι τὸν νόμον, οἴδαμεν ὅτι καὶ κατὰ φύσιν
26 ἡμῖν συμπαθεῖ νομοθετῶν ὁ τοῦ κόσμου κτίστης· τὰ μὲν
οἰκειωθωσόμενα ἡμῶν ταῖς ψυχαῖς ἐπέτρεψεν ἐσθίειν, τὰ δὲ
ἐναντιωθησόμενα ἐκώλυσεν σαρκοφαγεῖν.

27 Τυραννικὸν δὲ, οὐ μόνον ἀναγκάζεις ἡμᾶς παρανομεῖν, ἀλλὰ
καὶ ἐσθίειν, ὅπως τῇ ἐχθίστῃ ἡμῶν μιαροφαγίᾳ ταύτῃ ἔτι
28 ἐγγελάσῃς. Ἀλλ' οὐ γελάσεις κατ' ἐμοῦ τοῦτον τὸν γέλωτα·
29 οὔτε τοὺς ἱεροὺς τῶν προγόνων περὶ τοῦ φυλάξαι τὸν νόμον
30 ὅρκους οὐ παρήσω. Οὐδ' ἂν ἐκκόψεις μου τὰ ὄμματα, καὶ
31 τὰ σπλάγχνα μου τήξεις. Οὐχ οὕτως εἰμὶ γέρων ἐγὼ καὶ
ἄνανδρος, ὥστε μοι διὰ τὴν εὐσέβειαν μὴ νεάζειν τὸν λο-
γισμόν.

32 Πρὸς ταῦτα τροχοὺς εὐτρέπιζε, καὶ τὸ πῦρ ἐκφύσα σφοδρό-
33 τερον. Οὐχ οὕτως οἰκτειρήσω τὸ ἐμαυτοῦ γῆρας, ὥστε με δι'
34 ἐμαυτοῦ τὸν πάτριον καταλῦσαι νόμον. Οὐ ψεύσομαί σε,
35 παιδευτὰ νόμε, οὐδὲ φεύξομαί σε, φίλη ἐγκράτεια. Οὐδὲ
καταισχυνῶ σε, φιλόσοφε λόγε, οὐδὲ ἐξαρνήσεμαί σε, ἱερω-
36 σύνη τιμία, καὶ νομοθεσίας ἐπιστήμη· οὐδὲ μιανεῖς μου τὸ
σεμνὸν γήρως στόμα, οὐδὲ νομίμου βίου ἡλικίαν.

37 Ἁγνόν με οἱ πατέρες προσδέξονται, μὴ φοβηθέντα σου τὰς
38 μέχρι θανάτου ἀνάγκας. Ἀσεβῶν μὲν γὰρ τυραννήσεις· τῶν
δὲ ἐμῶν περὶ τῆς εὐσεβείας λογισμῶν οὔτε λόγοις δεσπόσεις,
οὔτε δι' ἔργων.

6 Τοῦτον τὸν τρόπον ἀντιρητορεύσαντα ταῖς τοῦ τυράννου
παρηγορίαις, παραστάντες οἱ δορυφόροι πικρῶς ἔσυραν ἐπὶ τὰ
2 βασανιστήρια τὸν Ἐλεάζαρον. Καὶ πρῶτον μὲν περιέδυσαν
τὸν γηραιὸν ἐκκεκοσμημένον περὶ τὴν εὐσέβειαν εὐσχημοσύνην.
3 Ἔπειτα περιαγκωνίσαντες ἑκατέρωθεν, μάστιξιν κατήκιζον·
4 πείσθητι ταῖς τοῦ βασιλέως ἐντολαῖς, ἑτέρωθεν κήρυκος ἐπι-
βοῶντος.
5 Ὁ δὲ μεγαλόφρων καὶ εὐγενὴς ὡς ἀληθῶς Ἐλεάζαρος,
ὥσπερ ἐν ὀνείρῳ βασανιζόμενος κατ' οὐδένα τρόπον μετετρέ-
6 πετο. Ἀλλὰ ὑψηλοὺς ἀνατείνας εἰς τὸν οὐρανὸν τοὺς ὀφθαλ-
μοὺς, ἀπεξαίνετο ταῖς μάστιξιν τὰς σάρκας ὁ γέρων, καὶ

who are persuaded that we live under a divine law, consider no compulsion to be so forcible as obedience to that law; [17] wherefore we consider that we ought not in any point to transgress the law. [18] And indeed, were our law (as you suppose) not truly divine, and if we wrongly think it divine, we should have no right even in that case to destroy our sense of religion. [19] Think not eating the unclean, then, a trifling offence. [20] For transgression of the law, whether in small or great matters, is of equal moment; [21] for in either case the law is equally slighted.

[22] But thou deridest our philosophy, as though we lived irrationally in it. [23] Yet it instructs us in temperance, so that we are superior to all pleasures and lusts; and it exercises us in manliness, so that we cheerfully undergo every grievance. [24] And it instructs us in justice, so that in all our dealings we render what is due; and it teaches us piety, so that we worship the one only God becomingly. [25] Wherefore it is that we eat not the unclean; for believing that the law was established by God, we are convinced that the Creator of the world, in giving his laws, sympathises with our nature. [26] Those things which are convenient to our souls, he has directed us to eat; but those which are repugnant to them, he has interdicted.

[27] But, tyrant-like, thou not only forcest us to break the law, but also to eat, that thou mayest ridicule us as we thus profanely eat: [28] but thou shalt not have this cause of laughter against me; [29] nor will I transgress the sacred oaths of my forefathers to keep the law. [30] No, not if you pluck out my eyes, and consume my entrails. [31] I am not so old, and void of manliness, but that my rational powers are youthful in defence of my religion.

[32] Now then; prepare your wheels, and kindle a fiercer flame. [33] I will not so compassionate my old age, as on my account to break the law of my country. [34] I will not belie thee, O law, my instructor! or forsake thee, O beloved self-control. [35] I will not put thee to shame, O philosopher Reason; or deny thee, O honoured priesthood, and science of the law. [36] Mouth! thou shalt not pollute my old age, nor the full stature of a perfect life.

[37] My fathers shall receive me pure, not having quailed before your compulsion, though unto death. [38] For over the ungodly thou shalt tyrannize; but thou shalt not lord it over my thoughts about religion, either by thy arguments, or through deeds.

When Eleazar had in this manner answered the exhortations of the tyrant, the spearbearers came up, and rudely ha'ed Eleazar to the instruments of torture. [2] And first, they stripped the old man, adorned as he was with the comeliness of piety. [3] Then tying back his arms and hands, they disdainfully used him with stripes; [4] a herald opposite crying out, Obey the commands of the king.

[5] But Eleazar, the high-minded and truly noble, as one tortured in a dream, regarded it not at all. [6] But raising his eyes on high to heaven, the old man's flesh was stripped off by the scourges, and his blood streamed

down, and his sides were pierced through.
⁷And falling upon the ground, from his
body having no power to support the pains,
he yet kept his reasoning upright and un-
bending.   ⁸Then one of the harsh spear-
bearers leaped upon his belly as he was
falling, to force him upright.

⁹But he endured the pains, and despised
the cruelty, and persevered through the
indignities ; ¹⁰and like a noble athlete, the
old man, when struck, vanquished his tor-
turers.   ¹¹His countenance sweating, and he
panting for breath, he was admired by the
very torturers for his courage.

¹²Wherefore, partly in pity for his old
age, ¹³ partly from the sympathy of acquaint-
ance, and partly from admiration of his en-
durance, some of the attendants of the king
said, ¹⁴Why do you unreasonably destroy
yourself, O Eleazar, with these miseries ?
¹⁵We will bring you some meat cooked
by yourself, and do you save yourself by
pretending that you have eaten swine's
flesh.

¹⁶And Eleazar, as though the advice more
painfully tortured him, cried out, ¹⁷ Let
not us who are children of Abraham be so
evil advised as by giving way to make use
of an unbecoming pretence ; ¹⁸for it were
irrational, if having lived up to old age in
all truth, and having scrupulously guarded
our character for it, we should now turn
back, ¹⁹ and ourselves should become a pat-
tern of impiety to the young, as being an
example of pollution eating.   ²⁰It would
be disgraceful if we should live on some
short time, and that scorned by all men
for cowardice, ²¹and be condemned by
the tyrant for unmanliness, by not con-
tending to the death for our divine law.
²²Wherefore do you, O children of Abra-
ham, die nobly for your religion.   ²³Ye
spearbearers of the tyrant, why do ye
linger ?

²⁴Beholding him so high-minded against
misery, and not changing at their pity,
they led him to the fire : ²⁵then with their
wickedly-contrived instruments they burnt
him on the fire, and poured stinking fluids
down into his nostrils.

²⁶And he being at length burnt down to
the bones, and about to expire, raised his
eyes God-ward, and said, ²⁷ Thou knowest,
O God, that when I might have been
saved, I am slain for the sake of the law by
tortures of fire.   ²⁸Be merciful to thy peo-
ple, and be satisfied with the punishment
of me on their account.   ²⁹Let my blood be
a purification for them, and take my life
in recompense for theirs.   ³⁰Thus speak-
ing, the holy man departed, noble in his
torments, and even to the agonies of death
resisted in his reasoning for the sake of
the law.

³¹Confessedly, therefore, religious reason-
ing is master of the passions.   ³²For had
the passions been superior to reasoning, I
would have given them the witness of this
mastery.   ³³But now, since reasoning con-
quered the passions, we befittingly award
it the authority of first place.

³⁴And it is but fair that we should allow,
that the power belongs to reasoning, since
it masters external miseries.   ¹¹Ridiculous
would it be were it not so ; and I prove that

κατερρεῖτο τῷ αἵματι, καὶ τὰ πλευρὰ κατετιτρώσκετο, καὶ 7
πίπτων εἰς τὸ ἔδαφος, ἀπὸ τοῦ μὴ φέρειν τὸ σῶμα τὰς ἀλγη-
δόνας, ὀρθὸν εἶχεν καὶ ἀκλινῆ τὸν λογισμόν. Λὰξ γέ τοι 8
τῶν πικρῶν τις δορυφόρων, εἰς τοὺς κενεῶνας ἐναλλόμενος
ἔτυπτεν, ὅπως ἐξανίσταιτο πίπτων.

Ὁ δὲ ὑπέμενεν τοὺς πόνους, καὶ περιεφρόνει τῆς ἀνάγκης, 9
καὶ διεκαρτέρει τοὺς αἰκισμούς, καὶ καθάπερ γενναῖος ἀθλητὴς 10
τυπτόμενος ἐνίκα τοὺς βασανίζοντας ὁ γέρων. Ἱδρῶν γέ τοι 11
τὸ πρόσωπον, καὶ ἐπασθμαίνων σφοδρῶς, καὶ ὑπ᾽ αὐτῶν τῶν
βασανιζόντων ἐθαυμάζετο ἐπὶ τῇ εὐτυχίᾳ.

Ὅθεν τὰ μὲν ἐλεοῦντες τὰ τοῦ γήρως αὐτοῦ, τὰ δὲ ἐν 12, 13
συμπαθείᾳ τῆς συνηθείας ὄντες, τὰ δὲ ἐν θαυμαστῷ τῆς καρτε-
ρίας προσιόντες αὐτῷ τινὲς τῶν τοῦ βασιλέως ἔλεγον, τί τοῖς 14
κακοῖς τούτοις σεαυτὸν ἀλογίστως ἀπολλεῖς, Ἐλεάζαρ ; ἡμεῖς 15
μὲν τῶν ἡψημένων βρωμάτων παραθήσομεν· σὺ δὲ ὑποκρινό-
μενος τῶν ὑείων ἀπογεύσασθαι, σώθητι.

Καὶ ὁ Ἐλεάζαρος, ὥσπερ πικρότερον διὰ τῆς συμβουλίας 16
αἰκισθείς, ἀνεβόησεν, μὴ οὕτως κακῶς φρονήσαιμεν οἱ Ἀβραὰμ 17
παῖδες, ὥστε μαλακοψυχήσαντας ἀπρεπὲς ἡμῖν δρᾶμα ὑπο-
κρίνασθαι. Καὶ γὰρ ἀλόγιστον, εἰ πρὸς ἀλήθειαν ζήσαντες 18
τὸν μέχρι γήρως βίον, καὶ τὴν ἐπ᾽ αὐτῶν δόξαν νομίμως
φυλάσσοντες, νῦν μεταβαλοίμεθα, καὶ αὐτοὶ μὲν ἡμεῖς γενοί- 19
μεθα τοῖς νέοις ἀσεβείας τύπος, ἵνα παράδειγμα γενώμεθα τῆς
μιεροφαγίας. Αἰσχρὸν γὰρ εἰ ἐπιβιώσωμεν ὀλίγον χρόνον, 20
καὶ τοῦτον καταγελώμενοι πρὸς ἁπάντων ἐπὶ δειλίᾳ· καὶ ὑπὸ 21
μὲν τοῦ τυράννου καταφρονηθῶμεν ὡς ἄνανδροι, τὸν δὲ θεῖον
ἡμῶν νόμον μέχρι θανάτου μὴ προασπίσαιμεν. Πρὸς ταῦτα 22
ὑμεῖς μέν, ὦ Ἀβραὰμ παῖδες, εὐγενῶς ὑπὲρ τῆς εὐσεβείας
τελευτᾶτε. Οἱ δὲ τοῦ τυράννου δορυφόροι, τί μέλλετε ;   23

Πρὸς τὰς ἀνάγκας οὕτως μεγαλοφρονοῦντα αὐτὸν ἰδόντες, 24
καὶ μηδὲ πρὸς τὸν οἰκτιρμὸν αὐτῶν μεταβαλλόμενον, ἐπὶ ↗
πῦρ αὐτὸν ἤγαγον. Ἔνθα διὰ κακοτέχνων ὀργάνων καταφλέ- 25
γοντες αὐτὸν ὑπερέπτοσαν, καὶ δυσώδεις χυλοὺς εἰς τοὺς
μυκτῆρας αὐτοῦ κατέχεον.

Ὁ δὲ μέχρι τῶν ὀστέων ἤδη κατακεκαυμένος καὶ μέλλων 26
λιποθυμεῖν, ἀνέτεινεν τὰ ὄμματα πρὸς τὸν Θεόν, καὶ εἶπεν,
σὺ οἶσθα, Θεέ, παρόν μοι σώζεσθαι, βασάνοις καυστικαῖς 27
ἀποθνήσκω διὰ τὸν νόμον. Ἵλεως γενοῦ τῷ ἔθνει σου, ἀρκεσθεὶς 28
τῇ ἡμετέρᾳ περὶ αὐτῶν δίκῃ. Καθάρσιον αὐτῶν ποίησον τὸ 29
ἐμὸν αἷμα, καὶ ἀντίψυχον αὐτῶν λαβὲ τὴν ἐμὴν ψυχήν. Καὶ 30
ταῦτα εἰπὼν ὁ ἱερὸς ἀνὴρ εὐγενῶς ταῖς βασάνοις ἐναπέθανεν,
καὶ μέχρι τῶν τοῦ θανάτου βασάνων ἀντέστη τῷ λογισμῷ διὰ
τὸν νόμον.

Ὁμολογουμένως οὖν δεσπότης ἐστὶν τῶν παθῶν ὁ εὐσεβὴς 31
λογισμός. Εἰ γὰρ τὰ πάθη τοῦ λογισμοῦ κεκράτηκει, τούτοις 32
ἂν ἀπεδόμην τὴν τῆς ἐπικρατείας μαρτυρίαν. Νυνὶ δὲ τοῦ 33
λογισμοῦ τὰ πάθη νικήσαντος, αὐτῷ προσηκόντως τὴν τῆς
ἡγεμονίας προσνέμομεν ἐξουσίαν.

Καὶ δίκαιόν ἐστιν ὁμολογεῖν ἡμᾶς, τὸ κράτος εἶναι τοῦ 34
λογισμοῦ, ὅπου γε καὶ τῶν ἔξωθεν ἀλγηδόνων ἐπικρατεῖ.
Ἐπεὶ καὶ γελοῖον· καὶ οὐ μόνον τῶν ἀλγηδόνων ἐπιδείκνυμι 35

κεκρατηκέναι τὸν λογισμόν, ἀλλὰ καὶ τῶν ἡδονῶν κρατεῖν, μηδὲ αὐταῖς ὑπείκειν.

7 Ὥσπερ καὶ ἄριστος κυβερνήτης ὁ τοῦ πατρὸς ἡμῶν Ἐλεα-
ζάρου λογισμός, πηδαλιουεχῶν τὴν τῆς εὐσεβείας ναῦν ἐν τῷ
2 τῶν παθῶν πελάγει, καὶ καταικιζόμενος ταῖς τοῦ τυράννου
ἀπειλαῖς, καὶ καταντλούμενος ταῖς τῶν βασάνων τρικυμίαις,
3 κατ' οὐδένα τρόπον μετέτρεψεν τοὺς τῆς εὐσεβείας οἴακας, ἕως
οὗ ἔπλευσεν ἐπὶ τὸν τῆς θανάτου νίκης λιμένα.

4 Οὐχ οὕτως πόλις πολλοῖς καὶ ποικίλοις μηχανήμασιν ἀντ-
έσχεν ποτὲ πολιορκουμένη, ὡς ὁ πανάγιος ἐκεῖνος τὴν ἱερὰν
ψυχὴν αἰκισμοῖς τε καὶ στρέβλαις πυρπολούμενος, ἐκίνησεν
τοὺς πολιορκοῦντας, διὰ τὸν ὑπερασπίζοντα τῆς εὐσεβείας
5 λογισμόν. Ὥσπερ γὰρ πρόκρημνον ἄκραν, τὴν ἑαυτοῦ διά-
νοιαν ὁ πατὴρ Ἐλεάζαρος ἐκτείνας, περιέκλασεν τοὺς μαινο-
μένους τῶν παθῶν κλύδωνας.

6 Ὦ ἄξιε τῆς ἱερωσύνης ἱερεῦ, οὐκ ἐμίανας τοὺς ἱεροὺς ὀδόν-
τας, οὐδὲ τὴν θεοσέβειαν καὶ καθαρισμὸν χωρήσασαν γαστέρα
7 ἐκοινώνησας μιεροφαγίᾳ· Ὦ σύμφωνε νόμου, καὶ φιλόσοφε
8 θείου βίου. Τοιούτους δεῖ εἶναι τοὺς δημιουργοῦντας τὸν
νόμον ἰδίῳ αἵματι, καὶ γενναίῳ ἱδρῶτι τοῖς μέχρι θανάτου
πάθεσιν ὑπερασπίζοντας.

9 Σὺ πάτερ, τὴν εὐνομίαν ἡμῶν διὰ τῶν ὑπομονῶν εἰς δόξαν
ἐκύρωσας, καὶ τὴν ἁγιαστίαν σεμνολογήσας οὐ κατέλυσας, καὶ
διὰ τῶν ἔργων ἐπιστοποίησας τοὺς τῆς φιλοσοφίας λόγους.
10 Ὦ βασάνων βιότερε γέρον, πυρὸς εὐτονώτερε πρεσβύτα, καὶ
παθῶν μέγιστε βασιλεῦ Ἐλεάζαρ.

11 Ὥσπερ γὰρ ὁ πατὴρ Ἀαρὼν τῷ θυμιατηρίῳ καθωπλισμένος,
διὰ τοῦ ἐθνοπλήθους ἐπιτρέχων τὸν ἐμπυριστὴν ἐνίκησεν ἄγγε-
12 λον. Οὕτως ὁ Ἀαρωνίδης Ἐλεάζαρος διὰ τοῦ πυρὸς ὑπερτη-
13 κόμενος οὐ μετετράπη τὸν λογισμόν. Καίτοι τὸ θαυμασιώτατον,
γέρων ὤν, λελυμένων μὲν ἤδη τῶν τοῦ σώματος πόνων, καὶ
περιεχαλασμένων δὲ τῶν σαρκῶν, κεκμηκότων δὲ καὶ τῶν
14 νεύρων, ἀνενέασεν. Τῷ πνεύματι τοῦ λογισμοῦ, καὶ τῷ
15 Ἰσακείῳ λογισμῷ τὴν πολυκέφαλον στρέβλαν ἠκύρωσεν. Ὦ
μακαρίου γήρως, καὶ σεμνῆς πολιᾶς, καὶ βίου νομίμου, ὃν
16 πιστὴ θανάτου σφραγὶς ἐτελείωσεν. Εἰ δὲ τοίνυν γέρων τῶν
μέχρι θανάτου βασάνων περιεφρόνησεν δι' εὐσέβειαν, ὁμολο-
γουμένως ἡγεμών ἐστιν τῶν παθῶν ὁ εὐσεβὴς λογισμός.

17 Ἴσως δ' ἂν εἴποιέν τινες, τῶν παθῶν οὐ πάντες περικρατοῦ-
18 σιν, ὅτι οὐδὲ πάντες φρόνιμον ἔχουσιν τὸν λογισμόν. Ἀλλ'
ὅσοι εὐσεβείας προνοοῦσιν ἐξ ὅλης καρδίας, οὗτοι μόνοι δύναν-
19 ται κρατεῖν τῶν τῆς σαρκὸς παθῶν· οἱ πιστεύοντες, ὅτι Θεῷ
οὐκ ἀποθνήσκουσιν, ὥσπερ γὰρ οἱ πατριάρχαι ἡμῶν Ἀβραὰμ,
Ἰσαὰκ, Ἰακὼβ, ζῶσι τῷ Θεῷ.

20 Οὐδὲν οὖν ἐναντιοῦται τὸ φαίνεσθαί τινας παθοκρατεῖσθαι
21 διὰ τὸν ἀσθενῆ λογισμόν. Ἐπεὶ τίς πρὸς ὅλον τὸν τῆς
φιλοσοφίας κανόνα εὐσεβῶς φιλοσοφῶν, καὶ πεπιστευκὼς
22 Θεῷ, καὶ εἰδὼς ὅτι διὰ τὴν ἀρετὴν πάντα πόνον ὑπομένειν
μακάριόν ἐστιν, οὐκ ἂν περικρατήσειεν τῶν παθῶν διὰ τὴν
23 εὐσέβειαν; μόνος γὰρ ὁ σοφὸς καὶ σώφρων ἀνδρεῖός ἐστιν
24 τῶν παθῶν κύριος. Διὰ τοῦτο γέ τοι καὶ μειρακίσκοι τῷ τῆς

reasoning has not only mastered pains, but that it is also superior to the pleasures, and withstands them.

The reasoning of our father Eleazar, like a first-rate pilot, steering the vessel of piety in the sea of passions, [2] and flouted by the threats of the tyrant, and overwhelmed with the breakers of torture, [3] in no way shifted the rudder of piety till it sailed into the harbour of victory over death.

[4] Not so has ever a city, when besieged, held out against many and various machines, as did that holy man, when his pious soul was tried with the fiery trial of tortures and rackings, move his besiegers through the religious reasoning that shielded him. [5] For father Eleazar, projecting his disposition, broke the raging waves of the passions as with a jutting promontory.

[6] O priest, worthy of the priesthood! thou didst not pollute thy sacred teeth; nor make thy appetite, which had always embraced the clean and lawful, a partaker of profanity. [7] O harmonizer with the law, and sage devoted to a divine life! [8] Of such a character ought those to be who perform the duties of the law at the risk of their own blood, and defend it with generous sweat by sufferings even unto death.

[9] Thou, father, hast gloriously established our right government by thy endurance; and making of much account our service past, prevented its destruction, and, by thy deeds, hast made credible the words of philosophy. [10] O aged man of more power than tortures, elder more vigorous than fire, greatest king over the passions, Eleazar!

[11] For as father Aaron, armed with a censer, hastening through the consuming fire, vanquished the flame-bearing angel, [12] so Eleazar, the descendant of Aaron, wasted away by the fire, did not give up his reasoning. [13] And, what is most wonderful, though an old man, though the labours of his body were now spent, and his fibres were relaxed, and his sinews worn out, he recovered youth. [14] By the spirit of reasoning, and the reasoning of Isaac, he rendered powerless the many-headed instrument. [15] O blessed old age, and reverend hoar head, and life obedient to the law, which the faithful seal of death perfected. [16] If, then, an old man, through religion, despised tortures even unto death, confessedly religious reasoning is ruler of the passions.

[17] But perhaps some might say, It is not all who conquer passions, as all do not possess wise reasoning. [18] But they who have meditated upon religion with their whole heart, these alone can master the passions of the flesh: [19] they who believe that to God they die not; for, as our forefathers, Abraham, Isaac, Jacob, they live to God. [20] This circumstance, then, is by no means an objection, that some who have weak reasoning, are governed by their passions: [21] since what person, walking religiously by the whole rule of philosophy, and believing in God, [22] and knowing that it is a blessed thing to endure all kinds of hardships for virtue, would not, for the sake of religion, master his passion? [23] For the wise and brave man only is lord over his passions. [24] Whence it is, that even boys,

imbued with the philosophy of religious reasoning, have conquered still more bitter tortures: 25 for when the tyrant was manifestly vanquished in his first attempt, in being unable to force the old man to eat the unclean thing,—

Then, indeed, vehemently swayed with passion, he commanded to bring others of the adult Hebrews, and if they would eat of the unclean thing, to let them go when they had eaten; but if they objected, to torment them more grievously.

2 The tyrant having given this charge, seven brethren were brought into his presence, along with their aged mother, handsome, and modest, and well-born, and altogether comely. 3 Whom, when the tyrant beheld, encircling their mother as in a dance, he was pleased at them ; and being struck with their becoming and ingenuous mien, smiled upon them, and calling them near, said,

4 O youths, with favourable feelings, I admire the beauty of each of you; and greatly honouring so numerous a band of brethren, I not only counsel you not to share the madness of the old man who has been tortured before, 5 but I do beg you to yield, and to enjoy my friendship; for I possess the power, not only of punishing those who disobey my commands, but of doing good to those who obey them.

6 Put confidence in me, then, and you shall receive places of authority in my government, if you forsake your national ordinance, 7 and, conforming to the Greek mode of life, alter your rule, and revel in youth's delights. 8 For if you provoke me by your disobedience, you will compel me to destroy you, every one, with terrible punishments by tortures. 9 Have mercy, then, upon your own selves, whom I, although an enemy, compassionate for your age and comeliness. 10 Will you not reason upon this—that if you disobey, there will be nothing left for you but to die in tortures?

11 Thus speaking, he ordered the instruments of torture to be brought forward, that very fear might prevail upon them to eat unclean meat. 12 And when the spearman brought forward the wheels, and the racks, and hooks, and catapeltæ, and caldrons, pans, and finger-racks, and iron hands, and wedges, and bellows, the tyrant continued: 13 Fear, young men, and the Righteousness which ye worship will be merciful to you if you err from compulsion. 14 Now they having listened to these words of persuasion, and seeing the fearful instruments, not only were not afraid, but even answered the arguments of the tyrant, and through their good reasoning destroyed his power.

15 Now let us consider the matter: had any of them been weak-spirited and cowardly among them, what reasonings would they have employed but such as these? 16 O wretched that we are, and exceeding senseless! when the king exhorts us, and calls us to his bounty, should we not obey him? 17 Why do we cheer ourselves with vain counsels, and venture upon a disobedience bringing death? 18 Shall we not fear, O brethren, the instruments of torture, and weigh the threatenings of torment, and shun this vain-glory and destructive pride?

εὐσεβείας λογισμῷ φιλοσοφοῦντες χαλεπωτέρων βασανιστηρίων ἐπεκράτησαν. Ἐπειδὴ γὰρ κατὰ τὴν πρώτην πεῖραν 25 ἐνικήθη περιφανὴς ὁ τύραννος, μὴ δυνηθεὶς ἀναγκάσαι γέροντα μιαιροφαγῆσαι.

Τὸ δὲ δὴ σφόδρα περιπαθῶς ἐκέλευσεν ἄλλους ἐκ τῆς ἡλικίας 8 τῶν Ἑβραίων ἀγαγεῖν· καὶ εἰ μὲν μιεροφαγήσαιεν, ἀπολύειν φάγοντας· εἰ δὲ ἀντιλέγοιεν, πικρότερον βασανίζειν.

Ταῦτα διαδεξαμένου τοῦ τυράννου, παρῆσαν ἀγόμενοι μετὰ 2 γηραιᾶς μητρὸς ἑπτὰ ἀδελφοί, καλοί τε καὶ αἰδήμονες καὶ γενναῖοι καὶ ἐν παντὶ χαρίεντες. Οὓς ἰδὼν ὁ τύραννος καθά- 3 περ ἐν χορῷ περιέχοντας μέσην τὴν μητέρα, ἤσθετο ἐπ᾽ αὐτοῖς, καὶ τῆς εὐπρεπείας ἐκπλαγεὶς καὶ τῆς εὐγενείας προσεμειδίασεν αὐτοῖς, καὶ πλησίον καλέσας, ἔφη,

Ὦ νεανίαι φιλοφρόνως ἐγὼ καθ᾽ ἑνὸς ἑκάστου ὑμῶν θαυμάζω 4 τὸ κάλλος· καὶ τὸ πλῆθος τοσούτων ἀδελφῶν ὑπερτιμῶν, οὐ μόνον συμβουλεύω μὴ μανῆναι τὴν αὐτὴν τῷ προβασανισθέντι γέροντι μανίαν· ἀλλὰ καὶ παρακαλῶ συνείξαντας τῆς ἐμῆς 5 ἀπολαῦσαι φιλίας· δυναίμην γὰρ ὥσπερ κολάζειν τοὺς ἀπειθοῦντάς μου τοῖς ἐπιτάγμασιν, οὕτως καὶ εὐεργετεῖν τοὺς εὐπειθοῦντάς μοι.

Πιστεύσατε οὖν, καὶ ἀρχὰς ἐπὶ τῶν ἐμῶν πραγμάτων ἡγε- 6 μονικὰς λήψεσθε, ἀρνησάμενοι τὸν πάτριον ἡμῶν τῆς πολιτείας θεσμόν· καὶ μεταλαβόντες Ἑλληνικοῦ βίου, καὶ μεταδιαιτη- 7 θέντες ἐντρυφήσατε ταῖς νεότησιν ὑμῶν. Ἐπεὶ ἐὰν ὀργίλως 8 με διάθησθε διὰ τῆς ἀπειθείας ὑμῶν, ἀναγκάσετέ με ἐπὶ δειναῖς κολάσεσιν ἕνα ἕκαστον ὑμῶν διὰ τῶν βασάνων ἀπολέσαι. Κατελεήσατε οὖν ἑαυτούς, οὓς καὶ ὁ πολέμιος ἔγωγε καὶ τῆς 9 ἡλικίας καὶ τῆς εὐμορφίας οἰκτείρομαι. Οὐ διαλογιεῖσθε τοῦτο, 10 ὅτι οὐδὲν ὑμῖν ἀπειθήσασιν πλὴν τοῦ μετὰ στρεβλῶν ἀποθανεῖν ἀπόκειται;

Ταῦτα δὲ λέγων, ἐκέλευσεν εἰς τὸ ἔμπροσθεν προτεθῆναι τὰ 11 βασανιστήρια, ὅπως καὶ διὰ τοῦ φόβου πείσειεν αὐτοὺς μιεροφαγῆσαι. Ὡς δὲ τροχούς τε καὶ ἀρθενβόλους στρεβλωτήρια, 12 καὶ τροχαντῆρας καὶ καταπέλτας καὶ λέβητας, τήγανά τε καὶ δακτυλήθρας, καὶ χεῖρας σιδηρᾶς καὶ σφῆνας, καὶ τὰ ζώπυρα τοῦ πυρὸς οἱ δορυφόροι προέθησαν, ὑπολαβὼν δὲ ὁ τύραννος, ἔφη, μειράκια φοβήθητε, καὶ ἣν σέβεσθε δίκην, ἵλεως ὑμῖν 13 ἔσται δι᾽ ἀνάγκην παρανομήσασιν. Οἱ δὲ ἀκούσαντες ἐπαγωγά, 14 καὶ ὁρῶντες δεινά, οὐ μόνον οὐκ ἐφοβήθησαν, ἀλλὰ καὶ ἀντεφιλοσόφησαν τῷ τυράννῳ, καὶ διὰ τῆς εὐλογιστίας τὴν τυραννίδα αὐτοῦ κατέλυσαν.

Καί τοι λογισώμεθα· εἰ δειλόψυχοί τινες ἦσαν, καὶ ἄνανδροι 15 ἐν αὐτοῖς, ποίοις ἂν ἐχρήσαντο λόγοις; οὐχὶ τούτοις; Ὦ τάλανες ἡμεῖς, καὶ λίαν ἀνόητοι· βασιλέως ἡμᾶς παρακα- 16 λοῦντος, καὶ ἐπὶ εὐεργεσίᾳ φωνοῦντος, μὴ πεισθείημεν αὐτῷ; Τί βουλήμασιν κενοῖς ἑαυτοὺς εὐφραίνομεν, καὶ θανατηφόρον 17 ἀπείθειαν τολμῶμεν; Οὐ φοβησόμεθα, ἄνδρες ἀδελφοί, τὰ 18 βασανιστήρια, καὶ λογιούμεθα τὰς τῶν βασάνων ἀπειλάς, καὶ φευξόμεθα τὴν κενοδοξίαν ταύτην καὶ ὀλεθροφόρον ἀλαζονείαν;

19 Ἐλεήσωμεν τὰς ἑαυτῶν ἡλικίας, καὶ κατοικτειρήσωμεν τὸ τῆς
20 μητρὸς γῆρας· καὶ ἐνθυμηθῶμεν, ὅτι ἀπειθοῦντες τεθνηξόμεθα.
21 Συγγνώσεται δὲ ἡμῖν καὶ ἡ θεία δίκη δι᾽ ἀνάγκην τὸν βασιλέα
22 φοβηθεῖσιν. Τί ἐξάγομεν ἑαυτοὺς τοῦ ἡδίστου βίου, καὶ
23 ἐπιστεροῦμεν ἑαυτοὺς τοῦ γλυκέος κόσμου; Μὴ βιαζώμεθα τὴν
24 ἀνάγκην, μηδὲ κενοδοξήσωμεν ἐπὶ τῇ ἑαυτῶν στρέβλῃ. Οὐδὲ
   αὐτὸς ὁ ναὸς ἑκουσίως ἡμᾶς θανατοῖ φοβηθέντας τὰ βασανισ-
25 τήρια. Πόθεν ἡμῖν ἡ τοσαύτη ἐντέτηκεν φιλονεικία, καὶ ἡ
   θανατεφόρος ἀρέσκει καρτερία, παρὸν μετὰ ἀταραξίας χρὴ τῷ
   βασιλεῖ πεισθέντας ;
26 Ἀλλὰ τούτων οὐδὲν εἶπον οἱ νεανίαι βασανίζεσθαι μέλλον-
27 τες, οὐδὲ ἐνεθυμήθησαν. Ἦσαν γὰρ περίφρονες τῶν παθῶν,
   καὶ αὐτηκράτορες τῶν ἀλγηδόνων. Ὥστε ἅμα τῷ παύσασθαι
   τὸν τύραννον συμβουλεύοντα αὐτοῖς μιεροφαγῆσαι, πάντες διὰ
   μιᾶς φωνῆς ὁμοῦ, ὥσπερ ἀπὸ τῆς αὐτῆς ψυχῆς, εἶπον,

9 Τί μέλλεις, ὦ τύραννε ; ἕτοιμοι γάρ ἐσμεν ἀποθνήσκειν, ἢ
2 παραβαίνειν τὰς πατρίους ἡμῶν ἐντολάς. Καὶ αἰσχυνόμεθα
   γὰρ τοὺς προγόνους εἰκότως, εἰ μὴ τῇ τοῦ νόμου εὐπειθείᾳ καὶ
   συμβούλῳ γνώσει χρησαίμεθα.
3 Σύμβουλε τύραννε παρανομίας, μὴ ἡμᾶς μισῶν ὑπὲρ αὐτοὺς
4 ἡμᾶς ἐλέα. Χαλεπώτερον γὰρ αὐτοὺς τοῦ θανάτου νομίζομεν
5 εἶναί σου τὸν ἐπὶ τῇ παρανόμῳ σωτηρίᾳ ἡμῶν ἔλεον. Ἐκφο-
   βεῖς δὲ ἡμᾶς, τὸν διὰ τῶν βασάνων ἡμῖν θάνατον ἀπειλῶν,
6 ὥσπερ οὐχὶ πρὸ βραχέως παρὰ Ἐλεαζάρου μαθών. Εἰ δ᾽ οἱ
   γέροντες τῶν Ἑβραίων διὰ τὴν εὐσέβειαν καὶ βασανισμοὺς
   ὑπομείναντες ἀπέθανον, ἀποθάνοιμεν ἂν δικαιότερον ἡμεῖς οἱ
   νέοι, τὰς βασάνους τῶν σῶν ἀναγκῶν ὑπεριδόντες, ἃς καὶ ὁ
   παιδευτὴς γέρων ἐνίκησεν.
7 Πείραζε γαροῦν τύραννε· καὶ τὰς ἡμῶν ψυχὰς εἰ θανατώσεις
   διὰ τὴν εὐσέβειαν, μὴ νομίσῃς ἡμᾶς βλάπτειν βασανίζων.
8 Ἡμεῖς μὲν γὰρ διὰ τῆσδε τῆς κακοπαθείας καὶ ὑπομονῆς, τὰ
9 τῆς ἀρετῆς ἆθλα οἴσομεν. Σὺ δὲ διὰ τὴν ἡμῶν μιαροφονίαν
   αὐτάρχη καρτερήσεις περὶ τῆς θείας δίκης αἰώνιον βάσανον διὰ
   πυρός.
10 Ταῦτα αὐτῶν εἰπόντων, οὐ μόνον ὡς κατὰ ἀπειθούντων ἐχα-
   λέπαινεν ὁ τύραννος, ἀλλ᾽ ὡς καὶ κατὰ ἀχαρίστων ὠργίσθη.
11 Ὅθεν τὸν πρεσβύτατον αὐτῶν κελευθέντες παρήγαγον οἱ
   μαστισταὶ, καὶ διαρρήξαντες τὸν χιτῶνα διέδησαν τὰς χεῖρας
12 αὐτοῦ καὶ τοὺς βραχίονας ἱμᾶσιν ἑκατέρωθεν. Ὡς δὲ τύπτοντες
   ταῖς μάστιξιν ἐκοπίασαν, μηδὲν ἀνύοντες, ἀνέβαλον αὐτὸν ἐπὶ
13 τὸν τροχόν. Περὶ ὃν κατατεινόμενος ὁ εὐγενὴς νεανίας,
14 ἔξαρθρος ἐγίνετο. Καὶ κατὰ πᾶν μέλος κλώμενος κατηγόρει,
   λέγων,
15 Τύραννε μιαιρώτατε, καὶ τῆς οὐρανίου δίκης ἐχθρὲ, καὶ
   ὠμόφρον, οὐκ ἀνδροφονήσαντά με τοῦτον καταικίζεις τὸν
   τρόπον, οὐδὲ ἀσεβήσαντα, ἀλλὰ θείου νόμου προασπίζοντα.
16 Καὶ τῶν δορυφόρων λεγόντων, ὁμολόγησον φαγεῖν, ὅπως
17 ἀπαλλαγῆς τῶν βασάνων, ὁ δὲ εἶπεν, οὐχ οὕτως ἰσχυρὸς
   ὑμῶν ἐστιν ὁ τρόπος, ὦ μιαιροὶ διάκονοι, ὥστε μου τὸν λογισμὸν
   ἄξαι· τέμνετέ μου μέλη, καὶ πυροῦτε τὰς σάρκας, καὶ στρε-
18 βλοῦτε τὰ ἄρθρα. Διὰ πασῶν γὰρ ὑμᾶς πείσω τῶν βασάνων·
   ὅτι μόνοι παῖδες Ἑβραίων ὑπὲρ ἀρετῆς εἰσιν ἀνίκητοι.

19 Let us have compassion upon our age and relent over the years of our mother. 20 And let us bear in mind that we shall be dying as rebels. 21 And Divine Justice will pardon us if we fear the king through necessity. 22 Why withdraw ourselves from a most sweet life, and deprive ourselves of this pleasant world? 23 Let us not oppose necessity, nor seek vain-glory by our own excruciation. 24 The law itself is not forward to put us to death, if we dread torture. 25 Whence has such angry zeal taken root in us, and such fatal obstinacy approved itself to us, when we might live unmolested by giving ear to the king?

26 But nothing of this kind did the young men say or think when about to be tortured. 27 For they were well aware of the sufferings, and masters of the pains. So that as soon as the tyrant had ceased counselling them to eat the unclean, they altogether with one voice, as from the same heart, said :

Why delayest thou, O tyrant ? for we are readier to die than to transgress the injunctions of our fathers. 2 And we should be disgracing our fathers if we did not obey the law, and take knowledge for our guide.

3 O tyrant, counsellor of law-breaking, do not, hating us as thou dost, pity us more than we pity ourselves. 4 For we account your pity of us on the terms of unlawful escape to be worse than death. 5 And you think to scare us, by threatening us with death by tortures, as though thou hadst learned nothing by the death of Eleazar 6 But if aged men of the Hebrews have died in the cause of religion after enduring torture, more rightly should we younger men die, scorning your cruel tortures, which our aged instructor overcame.

7 Make the attempt, then, O tyrant; and if thou puttest us to death for our religion, think not that thou harmest us by torturing us. 8 For we through this ill-treatment and endurance shall bear off the rewards of virtue. 9 But you, for the wicked and despotic slaughter of us, shalt, from the Divine vengeance, endure eternal torture by fire.

10 When they had thus spoken, the tyrant was not only exasperated against them as being refractory, but enraged with them as being ungrateful. 11 So that, at his bidding, the torturers brought forth the eldest of them, and tearing through his tunic, bound his hands and arms on each side with thongs. 12 And when they had laboured hard without effect in scourging him, they hurled him upon the wheel. 13 And the noble youth, extended upon this, became dislocated. 14 And with every member disjointed, he exclaimed in expostulation,

15 O most accursed tyrant, and enemy of heavenly justice, and cruel-hearted, I am no murderer, nor sacrilegious man, whom thou thus ill-usest; but a defender of the Divine law. 16 And when the spearmen said, Consent to eat, that you may be released from your tortures,—17 he answered, Not so powerful, O accursed ministers, is your wheel, as to stifle my reasoning; cut my limbs, and burn my flesh, and twist my joints. 18 For through all my torments I will convince you that the children of the Hebrews are alone unconquered in behalf of virtue.

[19] While he was saying this, they heaped up fuel, and setting fire to it, strained him upon the wheel still more. [20] And the wheel was defiled all over with blood, and the hot ashes were quenched by the droppings of gore, and pieces of flesh were scattered about the axles of the machine. [21] And although the framework of his bones was now destroyed, the high-minded and Abrahamic youth did not groan. [22] But, as though transformed by fire into immortality, he nobly endured the rackings, saying, [23] Imitate me, O brethren, nor ever desert your station, nor abjure my brotherhood in courage: fight the holy and honourable fight of religion; [24] by which means our just and paternal Providence, becoming merciful to the nation, will punish the pestilent tyrant. [25] And saying this, the revered youth abruptly closed his life.

[26] And when all admired his courageous soul, the spearmen brought forward him who was second in point of age, and having put on iron hands, bound him with pointed hooks to the catapult. [27] And when, on enquiring whether he would eat before he was tortured, they heard his noble sentiment, [28] after they with the iron hands had violently dragged all the flesh from the neck to the chin, the panther-like beasts tore off the very skin of his head : but he, bearing with firmness this misery, said, [29] How sweet is every form of death for the religion of our fathers! and he said to the tyrant,

[30] Thinkest thou not, most cruel of all tyrants, that thou art now tortured more than I, finding thy overweening conception of tyranny conquered by our patience in behalf of our religion? [31] For I lighten my suffering by the pleasures which are connected with virtue. [32] But thou art tortured with threatenings for impiety; and thou shalt not escape, most corrupt tyrant, the vengeance of Divine wrath.

Now this one, having endured this praiseworthy death, the third was brought along, and exhorted by many to taste and save his life. [2] But he cried out and said, Know ye not, that the father of those who are dead, begat me also; and that the same mother bare me; and that I was brought up in the same tenets? [3] I abjure not the noble relationship of my brethren. [4] Now then, whatever instrument of vengeance ye have, apply it to my body, for ye are not able to touch, even if ye wish it, my soul.

[5] But they, highly incensed at his boldness of speech, dislocated his hands and feet with racking engines, and wrenching them from their sockets, dismembered him. [6] And they dragged round his fingers, and his arms, and his legs, and his ankles. [7] And not being able by any means to strangle him, they tore off his skin, together with the extreme tips of his fingers, flayed him, and then haled him to the wheel; [8] around which his vertebral joints were loosened, and he saw his own flesh torn to shreds, and streams of blood flowing from his entrails. [9] And when about to die, he said, [10] We, O accursed tyrant, suffer this for the sake of Divine education and virtue. [11] But thou, for thy impiety and blood-shedding, shalt endure indissoluble torments.

[12] And thus having died worthily of his

Ταῦτα λέγοντες εἰς πῦρ ἐπέτρωσαν, καὶ διερεθίζοντες, τὸν [19] τροχὸν προσεπικατέτεινον. Ἐμολύνετο δὲ πάντοθεν αἵματι [20] ὁ τρόχος, καὶ ὁ σωρὸς τῆς ἀνθρακιᾶς τοῖς τῶν ἰχώρων ἐσβέννυτο σταλαγμοῖς, καὶ περὶ τοὺς αὔξονας τοῦ ὀργάνου περιέρρεον αἱ σάρκες.

Καὶ περιτετηκὸς ἤδη ἔχων τὸ τῶν ὀστέων πῆγμα ὁ μεγα- [21] λόφρων καὶ Ἀβραμιαῖος νεανίας οὐκ ἐστέναξεν. Ἀλλ᾽ ὥσπερ [22] ἐν πυρὶ μετασχηματιζόμενος εἰς ἀφθαρσίαν, ὑπέμεινεν εὐγενῶς τὰς στρέβλας. Μιμήσασθέ με, ἀδελφοί, λέγων· μή μου τὸν [23] αἰῶνα λειποτακτήσητε, μηδ᾽ ἐξομόσησθέ μου τὴν τῆς εὐψυχίας ἀδελφότητα· ἱερὰν καὶ εὐγενῆ στρατείαν στρατεύσασθε περὶ τῆς εὐσεβείας. Δι᾽ ἧς ἵλεως ἡ δικαία καὶ πάτριος ἡμῶν πρόνοια [24] τῷ ἔθνει γενηθεῖσα τιμωρήσειεν τὸν ἀλάστορα τύραννον. Καὶ [25] ταῦτα εἰπὼν ὁ ἱεροπρεπὴς νεανίας, ἀπέρρηξεν τὴν ψυχήν.

Θαυμασάντων δὲ πάντων τὴν καρτεροψυχίαν αὐτοῦ, ἦγον οἱ [26] δορυφόροι τὸν καθ᾽ ἡλικίαν τοῦ προτέρου δεύτερον, καὶ σιδηρᾶς ἐναρμοσάμενοι χεῖρας, ὀξέσιν τοῖς ὄνυξιν, τοῖς ὀργάνοις κατα- πέλτῃ προσέδησαν αὐτόν. Ὡς δὲ, εἰ φαγεῖν βούλοιτο πρὶν [27] βασανίζεσθαι πυνθανόμενοι, τὴν εὐγενῆ γνώμην ἤκουσαν· ἀπὸ τῶν τενόντων ταῖς σιδηραῖς χερσὶν ἐπισπασάμενοι, μέχρι [28] γε τῶν γενείων τὴν σάρκα πᾶσαν καὶ τὴν τῆς κεφαλῆς δορὰν οἱ παρδάλειοι θῆρες ἀπέσυραν· ὁ δὲ ταύτην βαρέως τὴν ἀλγη- δόνα καρτερῶν, ἔλεγεν, Ὡς ἡδὺς πᾶς τρόπος θανάτου, διὰ [29] τὴν πάτριον ἡμῶν εὐσέβειαν· ἔφη τε πρὸς τὸν τύραννον,

Οὐ δοκεῖς, πάντων ὠμότατε τύραννε, πλεῖων ἐμοῦ σε νῦν [30] βασανίζεσθαι, ὁρῶν σου νικώμενον τὸν τῆς τυραννίδος ὑπερή- φανον λογισμὸν ὑπὸ τῆς διὰ τὴν εὐσέβειαν ἡμῶν ὑπομονῆς. Ἐγὼ μὲν γὰρ ταῖς διὰ τὴν ἀρετὴν ἡδοναῖς τὸν πόνον ἐπικουφί- [31] ζομαι. Σὺ δὲ ἐν ταῖς τῆς ἀσεβείας ἀπειλαῖς βασανίζῃ· οὐκ [32] ἐκφεύξῃ δὲ, μιαιρότατε τύραννε, τὰς τῆς θείας ὀργῆς δίκας.

Καὶ τούτου τὸν ἀοίδιμον θάνατον καρτερήσαντος, ὁ τρίτος [10] ἤγετο, παρακαλούμενος πολλὰ ὑπὸ πολλῶν ὅπως ἀπογευσάμενος σώζοιτο. Ὁ δὲ ἀναβοήσας, ἔφη, ἦ ἀγνοεῖτε, ὅτι αὐτός με τοῖς [2] ἀποθανοῦσιν ἔσπειρεν πατήρ, καὶ ἡ αὐτὴ μήτηρ ἐγέννησιν, καὶ ἐπὶ τοῖς αὐτοῖς ἀνετράφην δόγμασιν; Οὐκ ἐξόμνυμαι τὴν εὐγενῆ [3] τῆς ἀδελφότητος συγγένειαν. Πρὸς ταῦτα εἴ τι ἔχετε κολαστή- [4] ριον προσαγάγετε τῷ σώματί μου· τῆς γὰρ ψυχῆς μου, οὐδ᾽ ἂν θέλητε, ἅψασθαι δύνασθε.

Οἱ δὲ πικρῶς ἐνέγκαντες τὴν παρρησίαν τοῦ ἀνδρός, [5] ἀρθρεμβόλοις ὀργάνοις τὰς χεῖρας αὐτοῦ καὶ τοὺς πόδας ἐξήρ- θρουν, καὶ ἐξ ἁρμῶν ἀναμοχλεύοντες ἐξεμέλιζον· καὶ τοὺς [6] δακτύλους, καὶ τοὺς βραχίονας, καὶ τὰ σκέλη, καὶ τοὺς ἀγκῶνας περιέκλων. Καὶ κατὰ μηδένα τρόπον ἰσχύοντες αὐτὸν ἄγξαι, [7] περισύραντες τὸ δέρμα σὺν ἄκραις ταῖς τῶν δακτύλων κορυφαῖς ἀπεσκύθιζον, καὶ εὐθέως ἦγον ἐπὶ τὸν τροχόν. Περὶ ὃν ἐκ σφον- [8] δύλων ἐκμελιζόμενος ἑώρα τὰς ἑαυτοῦ σάρκας περιλακιζομένας καὶ κατὰ σπλάγχνων σταγόνας αἵματος ἀπορρεούσας. Μέλ- [9] λων δὲ ἀποθνήσκειν, ἔφη, ἡμεῖς μὲν ὦ μιαιρότατε τύραννε, [10] διὰ παιδείαν καὶ ἀρετὴν Θεοῦ ταῦτα πάσχομεν. Σὺ δὲ διὰ τὴν [11] ἀσέβειαν καὶ μιαιφονίαν, ἀκαταλύτους καρτερήσεις βασάνους.

Καὶ τούτου θανόντος ἀδελφοπρεπῶς, τὸν τέταρτον ἐπεσπῶντο, [12]

13 λέγοντες, Μὴ μανῇς καὶ σὺ τοῖς ἀδελφοῖς σου τὴν αὐτὴν
14 μανίαν· ἀλλὰ πεισθεὶς τῷ βασιλεῖ, σῶζε σεαυτόν. Ὁ δὲ αὐτοῖς
ἔφη, οὐχ οὕτως καυστικώτερον ἔχετε κατ' ἐμοῦ τὸ πῦρ, ὥστε με
15 δειλανδρῆσαι. Μὰ τὸν μακάριον τῶν ἀδελφῶν μου θάνατον,
καὶ τὸν αἰώνιον τοῦ τυράννου ὄλεθρον, καὶ τὸν ἀοίδιμον τῶν
16 εὐσεβῶν βίον, οὐκ ἀρνήσομαι τὴν εὐγενῆ ἀδελφότητα. Ἐπινόει,
τύραννε, βασάνους· ἵνα καὶ διὰ τούτων μάθῃς, ὅτι ἀδελφός εἰμι
τῶν προβεβανασισθέντων.

17 Ταῦτα ἀκούσας ὁ αἱμοβόρος καὶ φονώδης καὶ πανμιαιρώ-
τατος Ἀντίοχος, ἐκέλευσεν τὴν γλῶτταν αὐτοῦ ἐκτεμεῖν.
18 Ὁ δὲ ἔφη, κἂν ἀφέλῃς τὸ τῆς φωνῆς ὄργανον, καὶ σιωπώντων
19 ἀκούει ὁ Θεός. Ἰδοὺ κεχάλασται ἡ γλῶσσα· τέμνε· οὐ γὰρ παρὰ
20 τοῦτο τὸν λογισμὸν ἡμῶν γλωσσοτομήσεις. Ἡδέως ὑπὲρ τοῦ
21 Θεοῦ τὰ τοῦ σώματος μέλη ἀκρωτηριαζόμενα. Σὲ δὲ ταχέως
μετελεύσεται ὁ Θεός· τὴν γὰρ τῶν θείων ὕμνων μελῳδὸν γλῶτταν
ἐκτέμνεις.

11 Ὡς δὲ καὶ οὗτος ταῖς βασάνοις κατακισθεὶς ἐναπέθανεν, ὁ
πέμπτος παρεπήδησεν, λέγων,
2 Οὐ μέλλω, τύραννε, πρὸς τὸν ὑπὲρ τῆς ἀρετῆς βασανισμὸν
3 παραιτεῖσθαι. Αὐτὸς δ' ἀπ' ἐμαυτοῦ παρῆλθον, ὅπως κἀμὲ
κατακτείνας, περὶ πλειόνων ἀδικημάτων ὀφειλήσῃς τῇ οὐρανίῳ
4 δίκῃ τιμωρίαν. Ὦ μισάρετε καὶ μισάνθρωπε, τὶ δράσαντας ἡμᾶς
5 τοῦτον πορθεῖς τὸν τρόπον ; Ἢ κακόν σοι δοκεῖ, ὅτι τὸν πάντων
κτιστὴν εὐσεβοῦμεν, καὶ κατὰ τὸν ἐνάρετον αὐτοῦ ζῶμεν νόμον ;
6, 7 Ἀλλὰ ταῦτα τιμῶν, οὐ βασάνων ἐστὶν ἄξια. Εἴπερ ᾐσθάνου
ἀνθρώπου πόθων, καὶ ἐλπίδα εἶχες παρὰ Θεῷ σωτηρίου·
8 νῦν ἰδὲ ἀλλότριος ὢν Θεοῦ, πολεμεῖς τοὺς εὐσεβοῦντας εἰς τὸν
Θεόν.
9 Τοιαῦτα λέγοντα οἱ δορυφόροι δήσαντες, αὐτὸν εἷλκον ἐπὶ
10 τὸν καταπέλτην· ἐφ' ὃ δήσαντες αὐτὸν ἐπὶ τὰ γόνατα, καὶ
ταῦτα ποδάγραις σιδηραῖς ἐφορμάσαντες τὴν ὀσφὺν αὐτοῦ ἐπὶ
τὸν τροχιαῖον σφῆνα κατέκαμψαν· περὶ ὃν ὅλος ἐπὶ τὸν τρο-
11 χὸν σκορπίου τρόπον ἀνακλώμενος ἐξεμελίζετο. Κατὰ τοῦτον
τὸν τρόπον καὶ τὸ πνεῦμα στενοχωρούμενος, καὶ τὸ σῶμα
12 ἀγχόμενος, καλὰς, ἔλεγεν, ἄκων, ὦ τύραννε, χάριτας ἡμῖν
χαρίζῃ διὰ γενναιοτέρων πόνων ἐπιδείξασθαι παρέχων τὴν εἰς
τὸν νόμον ἡμῶν καρτερίαν.
13 Τελευτήσαντος δὲ καὶ τούτου, ὁ ἕκτος ἤγετο μειρακίσκος· ὃς
πυνθανομένου τοῦ τυράννου εἰ βούλοιτο φαγὼν ἀπολύεσθαι, ὁ
δὲ ἔφη,
14 Ἐγὼ τῇ μὲν ἡλικίᾳ τῶν ἀδελφῶν μου εἰμὶ νεώτερος, τῇ
15 δὲ διανοίᾳ ἡλικιώτης. Εἰς τὰ αὐτὰ γὰρ καὶ γεννηθέντες καὶ
τραφέντες, ὑπὲρ τῶν αὐτῶν καὶ ἀποθνήσκειν ὀφείλομεν ὁμοίως.
16 Ὥστε εἰ σοὶ δοκεῖ βασανίζειν, μὴ μιαιροφαγοῦντας βασάνιζε.
17, 18 Ταῦτα αὐτὸν εἰπόντα παρῆγον ἐπὶ τὸν τροχόν. Ἐφ' οὗ κατα-
τεινόμενος εὐμελῶς καὶ ἐκσφονδυλιζόμενος ὑπεκαίετο. Καὶ
19 ὀβελίσκους ὀξεῖς πυρώσαντες, τοῖς νότοις προσέφερον· καὶ τὰ
πλευρὰ διαπείραντες, ἀπ' αὐτοῦ σπλάγχνα διέκαιον.
20 Ὁ δὲ βασανιζόμενος, ὦ ἱεροπρεποῦς αἰῶνος, ἔλεγεν, ἐφ' ᾧ
διὰ τὴν εὐσέβειαν εἰς γυμνασίαν πόνων ἀδελφοὶ τοσοῦτοι
21 κληθέντες οὐκ ἐνικήθημεν. Ἀνίκητος γάρ ἐστιν, ὦ τύραννε,

brethren, they dragged forward the fourth, saying, [13]Do not thou share the madness of thy brethren: but give regard to the king, and save thyself. [14] But he said to them, You have not a fire so scorching as to make me play the coward. [15] By the blessed death of my brethren, and the eternal punishment of the tyrant, and the glorious life of the pious, I will not repudiate the noble brotherhood. [16] Invent, O tyrant, tortures; that you may learn, even through them, that I am the brother of those tormented before.

[17] When he had said this, the blood-thirsty, and murderous, and unhallowed Antiochus ordered his tongue to be cut out. [18] But he said, Even if you take away the organ of speech, yet God hears the silent. [19] Behold, my tongue is extended, cut it off; for not for that shalt thou extirpate our reasoning. [20] Gladly do we lose our limbs in behalf of God. [21] But God shall speedily find you, since you cut off the tongue, the instrument of divine melody.

And when he had died, disfigured in his torments, the fifth leaped forward, and said, [2] I intend not, O tyrant, to get excused from the torment which is in behalf of virtue. [3] But I have come of my own accord, that by the death of me, you may owe heavenly vengeance a punishment for more crimes. [4] O thou hater of virtue and of men, what have we done that thou thus revellest in our blood? [5] Does it seem evil to thee that we worship the Founder of all things, and live according to his surpassing law? [6] But this is worthy of honours, not of torments; [7] hadst thou been capable of the higher feelings of men, and possessed the hope of salvation from God. [8] Behold, now, being alien from God, thou makest war against those who are religious toward God.

[9] As he said this, the spearbearers bound him, and drew him to the catapelt: [10] to which binding him at his knees, and fastening them with iron fetters, they bent down his loins upon the wedge of the wheel; and his body was then dismembered, scorpion-fashion. [11] With his breath thus confined, and his body strangled, he said, [12] A great favour thou bestowest upon us, O tyrant, by enabling us to manifest our adherence to the law by means of nobler sufferings.

[13] He also being dead, the sixth, quite a youth, was brought out; and on the tyrant asking him whether he would eat and be delivered, he said, [14] I am indeed younger than my brothers, but in understanding I am as old; [15] for having been born and reared unto the same end, we are bound to die also in behalf of the same cause. [16] So that if you think proper to torment us for not eating the unclean;—torment!

[17] As he said this, they brought him to the wheel. [18] Extended upon which, with limbs racked and dislocated, he was gradually roasted from beneath. [19] And having heated sharp spits, they approached them to his back; and having transfixed his sides, they burned away his entrails. [20] And he, while tormented, said, O period good and holy, in which, for the sake of religion, we brothers have been called to the contest of pain, and have not been conquered. [21] For religious understanding,

O tyrant, is unconquered. ²²Armed with upright virtue, I also shall depart with my brethren. ²³ I, too, bearing with me a great avenger, O deviser of tortures, and enemy of the truly pious.

²⁴ We six youths have destroyed thy tyranny. ²⁵ For is not your inability to overrule our reasoning, and to compel us to eat the unclean, thy destruction ? ²⁶ Your fire is cold to us, your catapelts are painless, and your violence harmless. ²⁷ For the guards not of a tyrant but of a divine law are our defenders : through this we keep our reasoning unconquered.

When he, too, had undergone blessed martyrdom, and died in the caldron into which he had been thrown, the seventh, the youngest of all, came forward : ² whom the tyrant pitying, though he had been dreadfully reproached by his brethren, ³ seeing him already encompassed with chains, had him brought nearer, and endeavoured to counsel him, saying,

⁴ Thou seest the end of the madness of thy brethren : for they have died in torture through disobedience ; and you, if disobedient, having been miserably tormented, will yourself perish prematurely. ⁵ But if you obey, you shall be my friend, and have a charge over the affairs of the kingdom.

⁶ And having thus exhorted him, he sent for the mother of the boy ; that, by condoling with her for the loss of so many sons, he might incline her, through the hope of safety, to render the survivor obedient. ⁷ And he, after his mother had urged him on in the Hebrew tongue, (as we shall soon relate) says, ⁸ Release me, that I may speak to the king and all his friends. ⁹ And they, rejoicing exceedingly at the promise of the youth, quickly let him go.

¹⁰ And he, running up to the pans, said, ¹¹ Impious tyrant, and most blasphemous man, wert thou not ashamed, having received prosperity and a kingdom from God, to slay His servants, and to rack the doers of godliness ? ¹² Wherefore the divine vengeance is reserving you for eternal fire and torments, which shall cling to you for all time.

¹³ Wert thou not ashamed, man as thou art, yet most savage, to cut out the tongues of men of like feeling and origin, and having thus abused to torture them ? ¹⁴ But they, bravely dying, fulfilled their religion towards God. ¹⁵ But thou shalt groan according to thy deserts for having slain without cause the champions of virtue.

¹⁶ Wherefore, he continued, I myself, being about to die, ¹⁷ will not forsake the testimony of my brethren. ¹⁸ And I call upon the God of my fathers to be merciful to my race. ¹⁹ But thee, both living and dead, he will punish. ²⁰ Thus having prayed, he hurled himself into the pans ; and so expired.

If then, the seven brethren despised troubles even unto death, it is confessed on all sides that righteous reasoning is absolute master over the passions. ² For just as if, had they as slaves to the passions eaten of the unholy, we should have said that they had been conquered by them ; ³ now it is not so : but by means of the reasoning which is praised by God, they mastered their passions.

ἡ εὐσεβὴς ἐπιστήμη. Καλοκαγαθίᾳ καθωπλισμένος τεθνήξομαι 22 κἀγὼ μετὰ τῶν ἀδελφῶν μού. Μέγαν σοὶ προσβάλλων καὶ 23 αὐτὸς ἀλάστορα, καινουργὲ τῶν βασάνων, καὶ πολέμιε τῶν ἀληθῶς εὐσεβούντων.

Ἓξ μειράκια κατελύσαμέν σου τὴν τυραννίδα. Τὸ γὰρ 24, 25 μὴ δυνηθῆναί σε μεταπεῖσαι τὸν λογισμὸν ἡμῶν, μήτε βιάσασθαι πρὸς τὴν μιαιροφαγίαν, οὐ κατάλυσίς ἐστιν σου; Τὸ 26 πῦρ σου ψυχρὸν ἡμῖν, καὶ ἄπονοι οἱ καταπέλται, καὶ ἀδύνατος ἡ βία σου. Οὐ γὰρ τυράννου, ἀλλὰ θείου νόμου προεστήκασιν 27 ἡμῶν οἱ δορυφόροι· διὰ τοῦτο ἀνίκητον ἔχομεν τὸν λογισμόν.

Ὡς δὲ καὶ οὗτος μακαρίως ἐναπέθανεν καταβληθεὶς εἰς 12 λέβητα, ὁ ἕβδομος παρεγίνετο, πάντων νεώτερος. Ὃν κατοι- 2 κτειρήσας ὁ τύραννος, καίπερ δεινῶς ὑπὸ τῶν ἀδελφῶν αὐτοῦ κακισθείς, ὁρῶν ἤδη τὰ δεσμὰ περικείμενον, πλησιέστερον 3 αὐτὸν μετεπέμψατο, καὶ παρηγορεῖν ἐπειρᾶτο, λέγων,

Τῆς μὲν τῶν ἀδελφῶν σου ἀπονοίας τὸ τέλος ὁρᾶς· διὰ γὰρ 4 ἀπείθειαν στρεβλωθέντες τεθνήκασιν, σὺ, εἰ μὲν μὴ πεισθείης, τάλας βασανισθεὶς καὶ αὐτὸς τεθνήξῃ πρὸ ὥρας. Πεισθεὶς 5 δὲ φίλος ἔσῃ, καὶ τῶν ἐπὶ τῆς βασιλείας ἀφηγήσῃ πραγμάτων.

Καὶ ταῦτα παρακαλῶν, τὴν μητέρα τοῦ παιδὸς μετεπέμψατο, 6 ὅπως αὐτὴν ἐμεήσας τοσούτων υἱῶν στερηθεῖσαν παρορμήσειεν ἐπὶ τὴν σωτηρίαν, εὐπειθῆ ποιῆσαι τὸν περιλειπόμενον. Ὁ δὲ 7 τῆς μητρὸς τῇ Ἑβραΐδι φωνῇ προτρεψαμένης· αὐτόν, (ὡς ἐροῦμεν μετὰ μικρὸν ὕστερον,) ἀπολύσατέ με, φησίν· εἴπω 8 τῷ βασιλεῖ καὶ τοῖς σὺν αὐτῷ φίλοις πᾶσιν. Καὶ ἐπιχαρέντες 9 μάλιστα ἐπὶ τῇ ἐπαγγελίᾳ τοῦ παιδός, ταχέως ἔλυσαν αὐτόν.

Καὶ δραμὼν ἐπὶ πλησίον τῶν τηγάνων, ἔφη, ἀνόσιε, φησίν, 10, 11 καὶ πάντων τῶν πονηρῶν ἀσεβέστατε τύραννε, οὐκ ᾐδέσθης παρὰ τοῦ Θεοῦ λαβὼν τὰ ἀγαθὰ καὶ τὴν βασιλείαν, τοὺς θεράποντας αὐτοῦ κατακτεῖναι, καὶ τοὺς τῆς εὐσεβείας ἀσκητὰς στρεβλῶσαι; Ἀνθ' ὧν ταμιεύεταί σε ἡ θεία δίκη πυκνοτέρῳ 12 καὶ αἰωνίῳ πυρὶ καὶ βασάνοις, ἃ εἰς ὅλον τὸν αἰῶνα οὐκ ἀνήσουσίν σε.

Οὐκ ᾐδέσθης ἄνθρωπος ὤν, θηριωδέστατε, τοὺς ὁμοιοπαθεῖς 13 καὶ ἐκ τῶν αὐτῶν γεγονότας στοιχείων γλωττοτομῆσαι, καὶ τοῦτον κατακίσας τὸν τρόπον βασανίσαι; Ἀλλ' οἱ μὴν εὐγενῶς 14 ἀποθανόντες ἐπλήρωσαν τὴν εἰς τὸν Θεὸν εὐσέβειαν. Σὺ δὲ 15 κακὸς κακῶς οἰμώξεις, τοὺς τῆς ἀρετῆς ἀγωνιστὰς ἀναιτίως ἀποκτεῖναι.

Ὅθεν καὶ αὐτὸς ἀποθνήσκειν μέλλων, ἔφη, οὐκ ἀπαυ- 16, 17 τομολῶ τῆς τῶν ἀδελφῶν μου μαρτυρίας. Ἐπικαλοῦμαι δὲ 18 τὸν πατρῷον Θεόν, ὅπως ἵλεως γένηται τῷ γένει μου. Σὲ δὲ 19 καὶ ἐν τῷ νῦν βίῳ καὶ θανόντα τιμωρήσεται.

Καὶ ταῦτα κατευξάμενος, ἑαυτὸν ἔρριψεν κατὰ τῶν τηγάνων· 20 καὶ οὕτως ἀπέδωκεν.

Εἰ δὲ τοίνυν τῶν μέχρι θανάτου πόνων ὑπερεφρόνησαν οἱ 13 ἑπτὰ ἀδελφοί, συνομολογεῖται πανταχόθεν, ὅτι αὐτοδέσποτός ἐστιν τῶν παθῶν ὁ εὐσεβὴς λογισμός. Ὥσπερ γὰρ εἰ τοῖς 2 πάθεσιν δουλωθέντες ἡμεροφάγησαν, ἐλέγομεν γὰρ αὐτοὺς τούτοις νενικῆσθαι. Νυνὶ δὲ οὐχ οὕτως· ἀλλὰ τῷ ἐπαινουμένῳ 3 λογισμῷ παρὰ Θεῷ περιεγένοντο τῶν παθῶν.

4 Καὶ οὐκ ἐστὶν παριδεῖν τὴν ἡγεμονίαν τῆς διανοίας· ἐπεκρά-
5 τησεν γὰρ καὶ πάθους καὶ πόνων. Πῶς οὖν οὐκ ἐστὶν τούτοις
τὴν τῆς εὐλογιστίας παθοκράτειαν ὁμολογεῖν, οἱ τῶν μὲν διὰ
6 πυρὸς ἀλγηδόνων οὐκ ἐπεστράφησαν; Καθάπερ γὰρ προπλή-
ταις λιμένων πύργοις τὰς κυμάτων ἀπειλὰς ἀνακόπτοντες,
7 γαληνὸν παρέχουσιν τοῖς εἰσπλέουσιν τὸν ὅρμον. Οὗτος ἡ
ἑπτάπυργος τῶν νεανίσκων εὐλογιστία τὸν τῆς εὐσεβείας ὀχυ-
ρώσασα λιμένα τὴν τῶν παθῶν ἐνίκησεν ἀκολασίαν.

8 Ἱερὸν γὰρ εὐσεβείας στήσαντες χορὸν παρεθάρσυνον ἀλλή-
9 λους, λέγοντες, ἀδελφικῶς ἀποθάνοιμεν, ἀδελφοί, περὶ τοῦ
νόμου· μιμησώμεθα τοὺς τρεῖς τοὺς ἐπὶ τῆς Ἀσσυρίας νεανίσ-
10 κους, οἳ τῆς ἰσεπόλιδος καμίνου κατεφρόνησαν. Μὴ δειλανδρή-
11 σωμεν πρὸς τὴν τῆς εὐσεβείας ἀπόδειξιν. Καὶ ὁ μὲν, θάρρει
12 ἀδελφέ, ἔλεγεν, ὁ δὲ, εὐγενῶς καρτέρησον. Ὁ δὲ, ἔλεγεν,
μνήσθητε πόθεν ἐστέ, ἢ τίνος πατρὸς χειρὶ σφαγιασθῆναι διὰ
τὴν εὐσέβειαν ὑπέμεινεν ὁ Ἰσαάκ.

13 Εἷς δὲ ἕκαστος καὶ ἀλλήλους ὁμοῦ πάντες ἐφόρων φαιδροὶ
καὶ μάλα θαρραλέοι, ἑαυτοὺς, ἔλεγον, τῷ Θεῷ ἀφιερώσωμεν ἐξ
ὅλης τῆς καρδίας τῷ δόντι τὰς ψυχὰς, καὶ χρήσωμεν τῇ περὶ τὸν
14 νόμον φυλακῇ τὰ σώματα. Μὴ φοβηθῶμεν τὸν δοκοῦντα
15 ἀποκτενεῖν. Μέγας γὰρ ψυχῆς ἀγὼν καὶ κίνδυνος ἐν αἰωνίῳ
15 βασάνῳ κείμενος τοῖς παραβᾶσιν τὴν ἐντολὴν τοῦ Θεοῦ. Καθ-
οπλισώμεθα τοιγαροῦν τῇ τοῦ θείου λογισμοῦ παθοκρατείᾳ.
16 Οὕτως παθόντας ἡμᾶς Ἀβραὰμ καὶ Ἰσαὰκ καὶ Ἰακὼβ ὑποδέ-
17 ξονται, καὶ πάντες οἱ πατέρες ἐπαινέσουσιν. Καὶ ἑνὶ ἑκάστῳ
τῶν ἀποσπωμένων αὐτῶν ἀδελφῶν ἔλεγον οἱ περιλειπόμενοι, μὴ
καταισχύνῃς ἡμᾶς ἀδελφέ, μηδὲ ψεύσῃ τοὺς προαποθανόντας.

18 Οὐκ ἀγνοεῖτε δὲ τὰ τῆς ἀνθρωπότητος φίλτρα, ἅπερ ἡ θεία
19 καὶ πάνσοφος πρόνοια διὰ τῶν πατέρων τοῖς γεννωμένοις
ἐμέρισεν, καὶ διὰ τῆς μητρῴας φυτεύσασα γαστρός· ἐν ᾗ τὸν
ἴσον ἀδελφοὶ κατοικήσαντες χρόνον, καὶ ἐν τῷ αὐτῷ χρόνῳ
πλασθέντες, καὶ ἀπὸ τοῦ αὐτῷ αἵματος αὐξηθέντες, καὶ διὰ τῆς
20 αὐτῆς ψυχῆς τελεσφορηθέντες, καὶ διὰ τῶν ἴσων ἀποτεχθέν-
τες χρόνον, καὶ ἀπὸ τῶν αὐτῶν γαλακτοποτοῦντες πηγῶν, ἀφ'
21 οὗ συντρέφονται ἐν ἐναγκαλισμάτων φιλάδελφοι ψυχαί· καὶ
αὔξοντες σφοδρότερον διὰ συντροφίας, καὶ τῆς καθ' ἡμέραν
συνηθείας, καὶ τῆς ἄλλης παιδείας, καὶ τῆς ἡμετέρας ἐν νόμῳ
Θεοῦ ἀσκήσεως.

22 Οὕτως δὲ τοίνυν καθεστηκυίας τῆς φιλαδελφίας συμπα-
θούσης, οἱ ἑπτὰ ἀδελφοὶ συμπαθέστερον ἔσχον τὴν πρὸς ἀλλή-
23 λους ὁμόνοιαν. Νόμῳ γὰρ τῷ αὐτῷ παιδευθέντες, καὶ τὰς
αὐτὰς ἐξασκήσαντες ἀρετὰς, καὶ τῷ δικαίῳ συντραφέντες βίῳ,
24 μᾶλλον ἐπ' αὐτοὺς ἤγαγον. Ἡ γὰρ ὁμοζηλία τῆς καλοκἀγα-
25 θίας ἐπέτεινεν αὐτῶν τὴν πρὸς ἀλλήλους ὁμόνοιαν. Σὺν γὰρ
τῇ εὐσεβείᾳ ποθεινοτέραν αὐτοῖς κατεσκεύαζεν τὴν φιλαδελφίαν.

26 Ἀλλ' ὁμοίως καίπερ τῆς φύσεως καὶ τῆς συνηθείας καὶ τῶν
τῆς ἀρετῆς ἠθῶν τὰ τῆς ἀδελφότητος αὐτοῖς φίλτρα συν-
αυξόντων, ἀνέσχοντο διὰ τὴν εὐσέβειαν τοὺς ἀδελφοὺς οἱ
ὑπολελειμμένοι τοὺς κατακιζομένους, ὁρῶντες μέχρι θανάτου
βασανιζομένους.

---

[4] And it is impossible to overlook the leadership of reflection: for it gained the victory over both passions and troubles. [5] How, then, can we avoid according to these men mastery of passion through right reasoning, since they drew not back from the pains of fire? [6] For just as by means of towers projecting in front of harbours men break the threatening waves, and thus assure a still course to vessels entering port, [7] so that seven-towered right-reasoning of the young men, securing the harbour of religion, conquered the intemperance of passions.

[8] For having arranged a holy choir of piety, they encouraged one another, saying, [9] Brothers, may we die brotherly for the law. Let us imitate the three young men in Assyria who despised the equally afflicting furnace. [10] Let us not be cowards in the manifestation of piety. [11] And one said, Courage, brother; and another, Nobly endure. [12] And another, Remember of what stock ye are; and by the hand of what father Isaac endured to be slain for the sake of piety.

[13] And one and all, looking on each other serene and confident, said, Let us sacrifice with all our heart our souls to God who gave them, and employ our bodies for the keeping of the law. [14] Let us not fear him who thinketh he killeth; [15] for great is the trial of soul and danger of eternal torment laid up for those who transgress the commandment of God. [15] Let us arm ourselves, therefore, in the abnegation of the divine reasoning. [16] If we suffer thus, Abraham, and Isaac, and Jacob will receive us, and all the fathers will commend us. [17] And as each one of the brethren was haled away, the rest exclaimed, Disgrace us not, O brother, nor falsify those who have died before you.

[18] Now you are not ignorant of the charm of brotherhood, which the Divine and allwise Providence has imparted through fathers to children, and has engendered through the mother's womb. [19] In which these brothers having remained an equal time, and having been formed for the same period, and been increased by the same blood, and having been perfected through the same principle of life, [20] and having been brought forth at equal intervals, and having sucked milk from the same fountains, hence their brotherly souls are reared up lovingly together; [21] and increase the more powerfully by reason of this simultaneous rearing, and by daily intercourse, and by other education, and exercise in the law of God.

[22] Brotherly love being thus sympathetically constituted, the seven brethren had a more sympathetic mutual harmony. [23] For being educated in the same law, and practising the same virtues, and reared up in a just course of life, they increased this harmony with each other. [24] For a like ardour for what is right and honourable increased their fellow-feeling towards each other. [25] For it acting along with religion, made their brotherly feeling more desirable to them.

[26] And yet, although nature and intercourse and virtuous morals increased their brotherly love, those who were left endured to behold their brethren, who were illused for their religion, tortured even unto death.

And more than this, they even urged them on to this ill-treatment; so that they not only despised pains themselves, but they even got the better of their affections of brotherly love.

² O reasonings more royal than a king, and freer than freemen! ³ Sa d and harmonious concert of the seven brethren as concerning piety! ⁴ None of the seven youths turned cowardly, or shrank back from death. ⁵ But all of them, as though running the road to immortality, hastened on to death through tortures. ⁶ For just as hands and feet are moved sympathetically with the directions of the soul, so those holy youths agreed unto death for religion's sake, as through the immortal soul of religion.

⁷ O holy seven of harmonious brethren! for as the seven days of creation, about religion, ⁸ so the youths, circling around the number seven, annulled the fear of torments. ⁹ We now shudder at the recital of the affliction of those young men; but they not only beheld, and not only heard the immediate execution of the threat, but undergoing it, persevered; and that through the pains of fire. ¹⁰ And what could be more painful? for the power of fire, being sharp and quick, speedily dissolved their bodies.

¹¹ And think it not wonderful that reasoning bore rule over those men in their torments, when even a woman's mind despised more manifold pains. ¹² For the mother of those seven youths endured the rackings of each of her children.

¹³ And consider how comprehensive is the love of offspring, which draws every one to sympathy of affection, ¹⁴ where irrational animals possess a similar sympathy and love for their offspring with men. ¹⁵ The tame birds frequenting the roofs of our houses, defend their fledglings. ¹⁶ Others build their nests, and hatch their young, in the tops of mountains and in the precipices of valleys, and the holes and tops of trees, and keep off the intruder. ¹⁷ And if not able to do this, they fly circling round them in agony of affection, calling out in their own note, and save their offspring in whatever manner they are able.

¹⁸ But why should we point attention to the sympathy toward children shewn by irrational animals? ¹⁹ The very bees, at the season of honey-making, attack all who approach; and pierce with their sting, as with a sword, those who draw near their hive, and repel them even unto death.

²⁰ But sympathy with her children did not turn aside the mother of the young men, who had a spirit kindred with that of Abraham.

O reasoning of the sons, lord over the passions, and religion more desirable to a mother than progeny! ² The mother, when two things were set before her, religion and the safety of her seven sons for a time, on the conditional promise of a tyrant, ³ rather elected the religion which according to God preserves to eternal life.

⁴ O in what way can I describe ethically the affections of parents toward their children, the resemblance of soul and of form engrafted into the small type of a child in a wonderful manner, especially through the

Προσέτι καὶ ἐπὶ τὸν αἰκισμὸν ἐποτρύνοντες, ὡς μὴ μόνον 14 τῶν ἀλγηδόνων περιφρονῆσαι αὐτοὺς, ἀλλὰ καὶ τῆς τῶν ἀδελφῶν φιλαδελφίας παθῶν κρατῆσαι.

Ὦ βασιλέως λογισμοὶ βασιλικώτεροι καὶ ἐλευθέρων ἐλευθε- 2 ρώτεροι. Ἱερὰς καὶ ἐναρμόστους περὶ τῆς εὐσεβείας τῶν ἑπτὰ 3 ἀδελφῶν συμφωνίας. Οὐδεὶς ἐκ τῶν ἑπτὰ μειρακίων ἐδειλίασεν, 4 οὐδὲ πρὸς τὸν θάνατον ὤκνησεν. Ἀλλὰ πάντες, ὥσπερ ἐπ᾽ 5 ἀθανασίας ὁδὸν τρέχοντες, ἐπὶ τὸν διὰ τῶν βασάνων θάνατον ἔσπευδον. Καθάπερ γὰρ χεῖρες καὶ πόδες συμφώνως τοῖς τῆς 6 ψυχῆς ἀφηγήμασιν κινοῦνται· οὕτως οἱ ἱεροὶ μείρακες ἐκεῖνοι ὡς ὑπὸ ψυχῆς ἀθανάτου τῆς εὐσεβείας, πρὸς τὸν ὑπὲρ αὐτῆς συνεφώνησαν θάνατον.

Ὦ παναγία ἡ συμφώνων ἀδελφῶν ἑβδομάς· καθάπερ γὰρ 7 ἑπτὰ τῆς κοσμοποιίας ἡμέραι περὶ τὴν εὐσέβειαν, οὗτος περὶ 8 τὴν ἑβδομάδα χορεύοντες οἱ μείρακες ἐκύκλουν τὸν τῶν βασάνων φόβον καταλύοντες. Νῦν ἡμεῖς ἀκούοντες τὴν θλῖψιν τῶν 9 νεανίων ἐκείνων, φρίττομεν· οἱ δὲ οὐ μόνον ὁρῶντες, ἀλλ᾽ οὐδὲ μόνον ἀκούοντες τὸν παραχρῆμα ἀπειλῆς λόγον, ἀλλὰ καὶ πάσχοντες, ἐκαρτέρουν καὶ τοῦτο ταῖς διὰ πυρὸς ὀδύναις. Ὧν 10 τί γένοιτο ἐπαλγέστερον; ὀξεῖα γὰρ καὶ σύντομος ἡ τοῦ πυρὸς οὖσα δύναμις, ταχέως διέλυσε τὰ σώματα.

Καὶ μὴ θαυμαστὸν ἡγεῖσθε, εἰ ὁ λογισμὸς περιεκράτησεν τῶν 11 ἀνδρῶν ἐκείνων ἐν ταῖς βασάνοις, ὅπου γε καὶ γυναικὸς νοῦς πολυτροπώτερον ὑπερεφρόνησεν ἀλγηδόνων. Ἡ μήτηρ γὰρ 12 τῶν ἑπτὰ νεανίσκων ὑπήνεγκεν τὰς ἐφ᾽ ἑνὶ ἑκάστῳ τῶν τέκνων στρέβλας.

Θεωρεῖτε δὲ πῶς πολύπλοκός ἐστιν ἡ τῆς φιλοτεκνίας στοργὴ, 13 ἕλκουσα πάντα πρὸς τὴν τῶν σπλάγχνων συμπάθειαν. Ὅπου 14 γε καὶ τὰ ἄλογα ζῶα ὁμοίαν τὴν πρὸς τὰ ἐξ αὐτῶν γεννώμενα συμπάθειαν καὶ στοργὴν ἔχει τοῖς ἀνθρώποις. Καὶ γὰρ τῶν 15 πετεινῶν, τὰ μὲν ἥμερα κατὰ τὰς οἰκίας ὀροφοιτοῦντα προασπίζει τῶν νεοττῶν. Τὰ δὲ κατὰ τὰς κορυφὰς ὀρέων καὶ φαράγγων 16 ἀπορρῶγας καὶ δένδρων ὀπὰς καὶ τὰς τούτων ἄκρας νοσσοποιησάμενα ἀποτίκτει, καὶ τὸν προσιόντα κωλύει. Εἰ δὲ καὶ μὴ 17 δύναιντο κωλύειν, περιπτάμενα κυκλόθεν αὐτῶν ἀλγοῦντα τῇ στοργῇ, ἀνακαλούμενα τῇ ἰδίᾳ φωνῇ, καθ᾽ ὃν δύναται τρόπον βοηθεῖ τοῖς τέκνοις.

Καὶ τί δεῖ τὴν διὰ τῶν ἀλόγων ζώων ἐπιδεικνύναι τὴν πρὸς 18 τὰ τέκνα συμπάθειαν. Ὅπου γε καὶ μέλισσαι περὶ τὸν τῆς 19 κηρογονίας καιρὸν ἐπαμύνονται τοὺς προσιόντας, καὶ καθάπερ σιδήρῳ τῷ κέντρῳ πλήσσουσι τοὺς προσιόντας τῇ νοσσιᾷ αὐτῶν, καὶ ἐπαμύνονται ἕως θανάτου.

Ἀλλ᾽ οὐχὶ τὴν Ἀβραὰμ ὁμόψυχον τῶν νεανίων μητέρα 20 μετεκίνησεν συμπάθεια τῆς συμπαθείας τέκνων.

Ὦ λογισμὲ τέκνων, παθῶν τύραννε, καὶ εὐσέβεια μητρὶ 15 τέκνων ποθεινοτέρα. Μήτηρ δυοῖν προκειμένων εὐσεβείας, 2 καὶ τῆς ἑπτὰ υἱῶν σωτηρίας προκαίρους κατὰ τὴν τοῦ τυράννου ὑπόσχεσιν· τὴν εὐσέβειαν μᾶλλον ἠγάπησεν τὴν σώζουσαν 3 εἰς αἰώνιον ζωὴν κατὰ Θεόν.

Ὦ τίνα τρόπον ἠθολογήσαιμι φιλότεκνα γονέων πάθη, ψυχῆς 4 τε καὶ μορφῆς ὁμοιότητα εἰς μικρὸν παιδὸς χαρακτῆρα θαυμάσιον ἐναπεσφράγιζον, μάλιστα διὰ τὸν τῶν παθῶν τοῖς γεννηθεῖσιν

5 τὰς μητέρας καθεστάναι συμπαθεστέρας. Ὅσῳ γὰρ καὶ ἀσθε-
νόψυχοι καὶ πολυγονώτεραι ὑπάρχουσιν μητέρες, τοσούτῳ
6 μᾶλλόν εἰσιν φιλοτεκνότεραι. Πασῶν δὲ τῶν μητέρων ἐγένετο
ἡ τῶν ἑπτὰ μήτηρ φιλοτεκνοτέρα, ἥ τις ἑπτὰ κυοφορίαις τὴν
7 πρὸς αὐτοὺς ἐπιφυτευομένη φιλοστοργία, καὶ διὰ πολλὰς τὰς
καθ᾽ ἕκαστον αὐτῶν ὠδῖνας ἠναγκασμένην τὴν εἰς αὐτοὺς ἔχειν
8 συμπάθειαν, διὰ τὸν πρὸς τὸν Θεὸν φόβον ὑπερεῖδεν τὴν τῶν
τέκνων πρόσκαιρον σωτηρίαν.

9 Οὐ μὴν δὲ, ἀλλὰ καὶ διὰ τὴν καλοκαγαθίαν τῶν υἱῶν, καὶ τὴν
πρὸς τὸν νόμον αὐτῶν εὐπείθειαν, μείζων τὴν ἐν αὐτοῖς ἔσχεν
10 φιλοστοργίαν. Δίκαιοί τε γὰρ ἦσαν, καὶ σώφρονες, καὶ
ἀνδρεῖοι, καὶ μεγαλόψυχοι, καὶ φιλάδελφοι, καὶ φιλομήτορες
οὕτως, ὥστε καὶ μέχρι θανάτου τὰ νόμιμα φυλάσσοντες πεί-
θεσθαι αὐτῇ.

11 Ἀλλ᾽ ὅμως, καὶ ὑπὲρ τοσούτων ὄντων τῶν περὶ φιλοτεκνίαν
εἰς συμπάθειαν ἑλκόντων τὴν μητέρα, ἐπ᾽ οὐδενὸς αὐτῶν τὸν
12 λογισμὸν αὐτῆς αἱ παμποίκιλοι ἴσχυσαν μετατρέψαι. Ἀλλὰ
καὶ καθ᾽ ἕνα παῖδα καὶ ὁμοῦ πάντας ἡ μήτηρ ἐπὶ τὸν τῆς εὐσε-
13 βείας προετρέπετο θάνατον. Ὦ φύσις ἱερά, καὶ φίλτρα γονέων
καὶ γονεῦσιν φιλόστοργε, καὶ τροφεῖα, καὶ μητέρων ἀδάμαστα
πάθη.

14 Καθ᾽ ἕνα στρεβλούμενον καὶ φλεγόμενον ὁρῶσα μήτηρ,
15 οὐ μετεβάλετο διὰ τὴν εὐσέβειαν. Τὰς σάρκας τῶν τέκνων
ἑώρα περὶ τὸ πῦρ τηκομένας, καὶ τοὺς τῶν ποδῶν καὶ χειρῶν
δακτύλους ἐπὶ γῆς σπαίροντας, καὶ τὰς τῶν κεφαλῶν μέχρι τῶν
περὶ τὰ γένεια σάρκας, ὥσπερ προσωπεῖα προκειμένας.

16 Ὦ πικροτέρων μὲν νῦν μήτηρ πόνων πειρασθεῖσα, ἤπερ τῶν
17 ἐπ᾽ αὐτοῖς ὠδίνων. Ὦ μόνη γυνὴ τὴν εὐσέβειαν ὁλόκληρον
18 ἀποκυήσασα. Οὐ μετέτρεψέν σε πρωτότοκος ἀποπνέων· οὐδὲ
δεύτερον εἰς οἶκτρον βλέπων ἐν βασάνοις· οὐδὲ τρίτος ἀποψύχων.
19 Οὐδὲ τοὺς ὀφθαλμοὺς ἑνὸς ἑκάστου θεωροῦσα ταυρηδὸν ἐπὶ τῶν
βασάνων ὁρῶντας τὸν αὐτὸν αἰκισμόν, καὶ τοὺς μυκτῆρας
20 προσημειουμένους αὐτῶν τὸν θάνατον, οὐκ ἔκλαυσας. Ἐπὶ
σαρξὶν τέκνων ὁρῶσα σάρκας τέκνων ἀποκεκομμένας, καὶ
ἐπὶ χερσὶν χεῖρας ἀποτεμνομένας, καὶ ἐπὶ κεφαλαῖς κεφαλὰς
ἀποδειροτομουμένας, καὶ ἐπὶ νεκροῖς νεκροὺς πίπτοντας, καὶ
πολυάνδριον ὁρῶσα τῶν τέκνων χορεῖον διὰ τῶν βασάνων, οὐκ
ἐδάκρυσας.

21 Οὐχ οὕτως σειρήνιοι μελῳδίαι, οὐδὲ κύκνειοι πρὸς φιλη-
κόϊαν φωναὶ τοὺς ἀκούοντας ἐφέλκονται, ὦ τέκνων φωναὶ μετὰ
22 βασάνων μητέρα φωνούντων. Πηλίκαις καὶ πόσαις τότε ἡ
μήτηρ, τῶν υἱῶν βασανιζομένων τροχοῖς τε καὶ καυτηρίοις
ἐβασανίζετο βασάνοις;

23 Ἀλλὰ τὰ σπλάγχνα αὐτῆς ὁ εὐσεβὴς λογισμὸς ἐν αὐτοῖς
τοῖς πάθεσιν ἀνδρειώσας ἐπέτεινεν τὴν πρόσκαιρον φιλοτεκνίαν
24 παριδεῖν. Καίπερ ἑπτὰ τέκνων ὁρῶσα ἀπώλειαν· ἀσπάσασα
25 ἡ γενναία μήτηρ ἐξέδυσεν διὰ τὴν πρὸς Θεὸν πίστιν. Καθάπερ
γὰρ ἐν βουλευτηρίῳ τῇ ἑαυτῆς ψυχῇ δεινοὺς ὁρῶσα συμβού-
λους, φύσιν καὶ γένεσιν καὶ φιλοτεκνίαν καὶ τέκνων στρέβλαν.

---

greater sympathy of mothers with the feelings of those born of them! 5 for by how much mothers are by nature weak in disposition and prolific in offspring, by so much the fonder they are of children. 6 And of all mothers the mother of the seven was the fondest of children, who in seven child-births had deeply engendered love toward them; 7 and through her many pains undergone in connection with each one, was compelled to feel sympathy with them; 8 yet, through fear of God, she neglected the temporary salvation of her children. 9 Not but that, on account of the excellent disposition of her sons, and their obedience to the law, her maternal affection toward them was increased. 10 For they were both just and temperate, and manly, and high-minded, and fond of their brethren, and so fond of their mother that even unto death they obeyed her by observing the law. 11 And yet, though there were so many circumstances connected with love of children to draw on a mother to sympathy, in the case of none of them were the various tortures able to pervert her principle. 12 But she inclined each one separately and all together to death for religion. 13 O holy nature and parental feeling, and reward of bringing up children, and unconquerable maternal affection! 14 At the racking and roasting of each one of them, the observant mother was prevented by religion from changing. 15 She beheld her children's flesh dissolving around the fire; and their extremities quivering on the ground, and the flesh of their heads dropped forwards down to their beards, like masks.

16 O thou mother, who wast tried at this time with bitterer pangs than those of parturition! 17 O thou only woman who hast brought forth perfect holiness! 18 Thy first-born, expiring, turned thee not; nor the second, looking miserable in his torments; nor the third, breathing out his soul. 19 Nor when thou didst behold the eyes of each of them looking sternly upon their tortures, and their nostrils foreboding death, didst thou weep! 20 When thou didst see children's flesh heaped upon children's flesh that had been torn off, hands upon hands cut off, heads decapitated upon heads, dead falling upon the dead, and a choir of children turned through torture into a burying-ground, thou lamentedst not. 21 Not so do siren melodies, or songs of swans, attract the hearers to listening, O voices of children calling upon your mother in the midst of torments! 22 With what and what manner of torments was the mother herself tortured, as her sons were undergoing the wheel and the fires!

23 But religious reasoning, having strengthened her courage in the midst of sufferings, enabled her to forego, for the time, parental love. 24 Although beholding the destruction of seven children, the noble mother, after one embrace, stripped off [her feelings] through faith in God. 25 For just as in a council-room, beholding in her own soul vehement counsellors, nature and parentage and love of her children, and the racking

of her children, [26] she holding two votes, one for the death, the other for the preservation of her children, [27] did not lean to that which would have saved her children for the safety of a brief space. [28] But this daughter of Abraham remembered his holy fortitude.

[29] O mother of a nation, avenger of the law, and defender of religion, and prime bearer in the battle of the affections! [30] O thou nobler in endurance than males, and more manly than men in patience! [31] For as the ark of Noah, bearing the world in the world-filling flood, bore up against the waves, [32] so thou, the guardian of the law, when surrounded on every side by the flood of passions, and straitened by violent storms which were the torments of thy children, didst bear up nobly against the storms against religion.

If, then, even a woman, and that an aged one, and the mother of seven children, endured to see her children's torments even unto death, confessedly religious reasoning is master even of the passions.

[2] I have proved, then, that not only men have obtained the mastery of their passions, but also that a woman despised the greatest torments. [3] And not so fierce were the lions round Daniel, nor the furnace of Misael burning with most vehement fire, as that natural love of children burned within her, when she beheld her seven sons tortured. [4] But with the reasoning of religion the mother quenched passions so great and powerful.

[5] For we must consider also this: that, had the woman been faint-hearted, as being their mother, she would have lamented over them; and perhaps might have spoken thus:

[6] Ah! wretched I, and many times miserable; who having born seven sons, have become the mother of none. [7] O seven useless childbirths, and seven profitless periods of labour, and fruitless givings of suck, and miserable nursings at the breast. [8] Vainly, for your sakes, O sons, have I endured many pangs, and the more difficult anxieties of rearing. [9] Alas, of my children, some of you unmarried, and some who have married to no profit, I shall not see your children, nor be felicitated as a grandmother. [10] Ah, that I who had many and fair children, should be a lone widow full of sorrows! [11] Nor, should I die, shall I have a son to bury me.

But with such a lament as this the holy and God-fearing mother bewailed none of them. [12] Nor did she divert any of them from death, nor grieve for them as for the dead. [13] But as one possessed with an adamantine mind, and as one bringing forth again her full number of sons to immortality, she rather with supplications exhorted them to death in behalf of religion.

[14] O woman, soldier of God for religion, thou, aged and a female, hast conquered through endurance even a tyrant; and though but weak, hast been found more powerful in deeds and words. [15] For when thou wast seized along with thy children, thou stoodest looking upon Eleazar in torments, and saidst to thy sons in the Hebrew tongue,

Δύο ψήφους κρατοῦσα μήτηρ, θανατηφόρον τε καὶ σωτήριον 26 ὑπὲρ τέκνων· Οὐκ ἐπέγνω τὴν σώζουσαν ἑπτὰ υἱοὺς πρὸς ὀλίγον 27 χρόνον σωτηρίαν. Ἀλλὰ τῆς θεοσεβοῦς Ἀβραὰμ καρτερίας ἡ 28 θυγάτηρ ἐμνήσθη.

Ὦ μῆτερ ἔθνους, ἔκδικε τοῦ νόμου, καὶ ὑπερασπίστεια τῆς 29 εὐσεβείας, καὶ τοῦ διὰ σπλάγχνων ἀγῶνος ἀθλοφόρε. Ὦ 30 ἀῤῥένων πρὸς καρτερίαν γενναιοτέρα, καὶ ἀνδρῶν πρὸς ὑπομονὴν ἀνδρειοτέρα. Καθάπερ γὰρ ἡ Νῶε κιβωτὸς ἐν τῷ κοσμο- 31 πληθεῖ κατακλυσμῷ κοσμοφοροῦσα καρτερῶς ὑπήνεγκεν τοὺς κλύδωνας· οὕτως σὺ, ἡ νομοφύλαξ, πανταχόθεν ἐν τῷ τῶν 32 παθῶν περιαντλουμένη κατακλυσμῷ, καὶ καρτεροῖς ἂν λοιμοῖς ταῖς τῶν υἱῶν βασάνοις συνεχομένη, γενναίως ὑπέμεινας τοὺς τῆς εὐσεβείας χειμῶνας.

Εἰ δὲ τοίνυν καὶ γυνὴ, καὶ γηραιὰ, καὶ ἑπτὰ παίδων μήτηρ 16 ὑπέμεινε τὰς μέχρι θανάτου βασάνους ὁρῶσα τῶν τέκνων· ὁμολογουμένως αὐτοκράτωρ ἐστὶν τῶν παθῶν ὁ εὐσεβὴς λογισμός.

Ἀπέδειξα οὖν ὅτι οὐ μόνον τῶν παθῶν ἄνδρες ἐπεκράτησαν, 2 ἀλλὰ καὶ γυνὴ τῶν μεγίστων βασάνων ὑπερεφρόνησεν. Καὶ 3 οὐχ οὕτως οἱ περὶ Δανιὴλ λέοντες ἦσαν ἄγριοι, οὐδὲ Μισαὴλ ἐκφλεγομένη κάμινος λαβροτάτῳ πυρὶ, ὡς τῆς φιλοτεκνίας περιέκαιεν ἐκείνη φύσις, ὁρῶσα αὐτῆς τοὺς ἑπτὰ υἱοὺς βασανιζομένους. Ἀλλὰ τῷ λογισμῷ τῆς εὐσεβείας κατέσβεσε τοσ- 4 αῦτα καὶ τηλικαῦτα πάθη ἡ μήτηρ.

Καὶ γὰρ τοῦτο ἐπιλογίσασθαι, ὅτι εἰ δειλόψυχος ἦν ἡ 5 γυνὴ, καίπερ μήτηρ οὖσα, ὠλοφύρετο ἂν ἐπ᾿ αὐτοῖς· καὶ ἴσως ἂν ταῦτα οὕτως εἶπεν,

Ὦ μελέα ἔγωγε, καὶ πολλάκις τρισαθλία, ἥτις ἑπτὰ παίδας 6 τεκοῦσα, οὐδενὸς μήτηρ γεγένημαι. Ὦ μάταιοι ἑπτὰ κυοφορίαι, 7 καὶ ἀνόνητοι ἑπτὰ δεκάμηνοι, καὶ ἄκαρποι τιθηνίαι, καὶ ταλαίπωροι γαλακτοτροφίαι. Μάτην ἐφ᾿ ὑμῖν, ὦ παῖδες, πολλὰς 8 ὑπέμεινα ὠδῖνας καὶ χαλεπωτέρας φροντίδας ἀνατροφῆς. Ὦ 9 τῶν ἐμῶν παίδων, οἱ μὲν ἄγαμοι, οἱ δὲ γαμήσαντες ἀνόνητοι, οὐκ ὄψομαι ὑμῶν τέκνα, οὐδὲ μάμμη κληθεῖσα μακαρισθήσομαι. Ὦ ἡ πολύπαις καὶ καλλίπαις ἐγὼ γυνὴ χήρα καὶ 10 μόνη πολύθρηνος. Οὐδ᾿ ἂν ἀποθάνω, θάπτοντα τῶν υἱῶν 11 ἔξω τινά.

Ἀλλὰ τούτῳ τῷ θρήνῳ οὐδένα ὠλοφύρετο ἡ ἱερὰ καὶ θεοσεβὴς μήτηρ. Οὐδ᾿ ἵνα μὴ ἀποθάνωσιν ἀπέτρεπεν αὐτῶν 12 τινα, οὐδ᾿ ὡς ἀποθνησκόντων ἐλυπήθη. Ἀλλ᾿ ὥσπερ ἀδα- 13 μάντινον ἔχουσα τὸν νοῦν, καὶ εἰς ἀθανασίαν ἀνατίκτουσα τὸν τῶν υἱῶν ἀριθμὸν, μᾶλλον ὑπὲρ τῆς εὐσεβείας ἐπὶ τὸν θάνατον αὐτοὺς προετρέπετο ἱκετεύουσα.

Ὦ δι᾿ εὐσέβειαν Θεοῦ στρατιῶτι, πρεσβύτι καὶ γυνὴ διὰ 14 καρτερίαν καὶ τύραννον ἐνίκησας, καὶ ἔργοις δυνατωτέρα καὶ λόγοις εὑρέθης ἄνανδρος. Καὶ γὰρ ὅτε συνελήφθης μετὰ τῶν 15 παίδων, εἱστήκεις τὸν Ἐλεάζαρον ὁρῶσα βασανιζόμενον, καὶ ἔλεγες τοῖς παισὶν ἐν τῇ Ἑβραΐδι φωνῇ,

16 Ὦ παῖδες, γενναῖος ὁ ἀγών· ἐφ᾿ ὃν κληθέντες ὑπὲρ τῆς δια-
μαρτυρίας τοῦ ἔθνους, ἐναγωνίσασθε προθύμως ὑπὲρ τοῦ πατρίου
7 νόμου. Καὶ γὰρ αἰσχρὸν τὸν μὴν γέροντα τοῦτον ὑπομένειν
τὰς διὰ τὴν εὐσέβειαν ἀλγηδόνας, ὑμᾶς δὲ τοὺς νεωτέρους κατα-
πλαγῆναι τὰς βασάνους.

18 Ἀναμνήσθητε, ὅτι διὰ τὸν Θεὸν τοῦ κόσμου μετελάβετε, καὶ
19 τοῦ βίου ἀπελαύσατέ· καὶ διὰ τοῦτο ὀφείλετε πάντα πόνον
20 ὑπομένειν διὰ τὸν Θεόν. Δι᾿ ὃν καὶ ὁ πατὴρ ἡμῶν Ἀβραὰμ
ἔσπευδεν τὸν ἐθνοπάτορα υἱὸν σφαγιάσαι Ἰσαὰκ, καὶ τὴν πα-
τρῷαν χεῖρα ξιφηφόρον καταφερομένην ἐπ᾿ αὐτὸν ὁρῶν οὐκ
21 ἔπτηξεν. Καὶ Δανιὴλ ὁ δίκαιος εἰς λέοντας ἐβλήθη· καὶ
Ἀνανίας, καὶ Ἀζαρίας, καὶ Μισαὴλ εἰς κάμινον πυρὸς ἀπεσφεν-
22 δονήθησαν, καὶ ὑπέμειναν, διὰ τὸν Θεόν. Καὶ ὑμεῖς οὖν τὴν
23 αὐτὴν πίστιν πρὸς τὸν Θεὸν ἔχοντες, μὴ χαλεπαίνητε. Ἀλό-
γιστον γὰρ εἰδότας εὐσέβειαν μὴ ἀντιστασθαι τοῖς πόνοις.

24 Διὰ τούτων τῶν λόγων ἡ ἑπταμήτωρ ἕνα ἕκαστον τῶν υἱῶν
παρακαλοῦσα, ἔπεισε μᾶλλον, ἢ παραβῆναι τὴν ἐντολὴν τοῦ
25 Θεοῦ. Ἔτι δὲ καὶ ταῦτα ἰδόντες, ὅτι διὰ τὸν Θεὸν ἀποθανόντες
ζῶσιν τῷ Θεῷ, ὥσπερ Ἀβραὰμ καὶ Ἰσαὰκ καὶ Ἰακὼβ, καὶ
πάντες οἱ πατριάρχαι.

17 Ἔλεγον δὲ καὶ τῶν δορυφόρων τινὲς, ὡς ὅτε ἔμελλεν καὶ αὐτὴ
συλλαμβάνεσθαι πρὸς θάνατον, ἵνα μὴ ψαύσειέν τι τοῦ σώμα-
τος ἑαυτῆς, ἑαυτὴν ἔρριψεν κατὰ τῆς πυρᾶς.

2 Ὦ μῆτερ σὺν ἑπτὰ παισὶν καταλύσασα τὴν τοῦ τυράννου
βίαν, καὶ ἀκυρώσασα τὰς κακὰς ἐπινοίας αὐτοῦ, καὶ ἐπιδείξασα
3 τὴν τῆς πίστεως γενναιότητα. Καθάπερ γὰρ σὺ στέγη ἐπὶ τοῦ
στύλου τῶν παίδων γενναίως ἱδρυμένη, ἀκλινῶς ὑπήνεγκας τὸν
διὰ τῶν βασάνων σεισμόν.

4 Θάρρει τοιγαροῦν, ὦ μῆτερ ἱερόψυχε, τὴν ἐλπίδα τῆς ὑπο-
5 μονῆς γενναίως ἔχουσα πρὸς Θεόν. Οὐχ οὕτω σελήνη κατ᾿
οὐρανὸν σὺν ἄστροις σεμνὴ καθέστηκεν, ὡς σὺ τοὺς εἰς ἀστέρας
ἑπτὰ παῖδας φωταγωγήσασα πρὸς τὴν εὐσέβειαν ἔντιμος καθ-
6 έστηκας Θεῷ, καὶ ἐστήρισαι ἐν οὐρανῷ σὺν αὐτοῖς. Ἦν γὰρ ἡ
παιδοποιΐα σου ἀπὸ Ἀβραὰμ τοῦ παιδός.

7 Εἰ δὲ ἐξὸν ἡμῖν ἦν, ὥσπερ τινὸς ζωγραφῆσαι τὴν τῆς ἱστορίας
σου εὐσέβειαν, οὐκ ἂν ἔφριττον οἱ θεωροῦντες μητέρα ἑπτὰ
τέκνων δι᾿ εὐσέβειαν ποικίλας βασάνους μέχρι θανάτου ὑπο-
8 μείνασαν. Καὶ γὰρ ἄξιον ἦν καὶ ἐπὶ αὐτοῦ τοῦ ἐπιταφίου
ἀναγράψαι καὶ ταῦτα τοῖς ἀπὸ τοῦ ἔθνους εἰς μνείαν λεγόμενα.
9 Ἐνταῦθα γέρων ἱερεὺς, καὶ γυνὴ γεραιὰ, καὶ ἑπτὰ παῖδες
ἐγκεκήδευνται διὰ τυράννου βίαν, τὴν Ἑβραίων πολιτείαν κατα-
10 λῦσαι θέλοντος. Οἳ καὶ ἐξεδίκησαν τὸ ἔθνος εἰς Θεὸν ἀφ-
ορῶντες, καὶ μέχρι θανάτου τὰς βασάνους ὑπομείναντες.

11 Ἀληθῶς γὰρ ἦν ἀγὼν θεῖος ὁ δι᾿ αὐτῶν γεγενημένος.
12 Ἠθλόθει γὰρ τότε ἀρετὴ δι᾿ ὑπομονῆς δοκιμάζουσα τὸ νῖκος ἐν
13 ἀφθαρσίᾳ ἐν ζωῇ πολυχρονίῳ. Ἐλεάζαρ δὲ προηγωνίζετο· ἡ
δὲ μήτηρ τῶν ἑπτὰ παίδων ἐνήθλει· οἱ δὲ ἀδελφοὶ ἠγωνίζοντο·
14 ὁ τύραννος ἀντηγωνίζετο· ὁ δὲ κόσμος καὶ ὁ τῶν ἀνθρώπων

---

[16] O sons, noble is the contest; to which you being called as a witness for the nation, strive zealously for the laws of your country. [17] For it were disgraceful that this old man should endure pains for the sake of righteousness, and that you who are younger should be afraid of the tortures. [18] Remember that through God ye obtained existence, and have enjoyed it. [19] And on this account ye ought to bear every affliction because of God. [20] For whom also our father Abraham was forward to sacrifice Isaac our progenitor, and shuddered not at the sight of his own paternal hand descending down with the sword upon him. [21] And the righteous Daniel was cast unto the lions; and Ananias, and Azarias, and Misael, were slung out into a furnace of fire; yet they endured through God. [22] You, then, having the same faith towards God, be not troubled. [23] For it is unreasonable that they who know religion should not stand up against troubles.

[24] With these arguments, the mother of seven, exhorting each of her sons, over-persuaded them from transgressing the commandment of God. [25] And they saw this, too, that they who die for God, live to God; as Abraham, and Isaac, and Jacob, and all the patriarchs.

And some of the spearbearers said, that when she herself was about to be seized for the purpose of being put to death, she threw herself upon the pile, rather than that they should touch her person.

[2] O thou mother, who together with seven children didst destroy the violence of the tyrant, and render void his wicked intentions, and exhibit the nobleness of faith! [3] For thou, as a house bravely built upon the pillar of thy children, didst bear without swaying, the shock of tortures.

[4] Be of good cheer, therefore, O holy-minded mother! holding the firm [substance of the] hope of your steadfastness with God. [5] Not so gracious does the moon appear with the stars in heaven, as thou art established honourable before God, and fixed in the firmament with thy sons whom thou didst illuminate with religion to the stars. [6] For thy bearing of children was after the fashion of a child of Abraham.

[7] And, were it lawful for us to paint as on a tablet the religion of thy story, the spectators would not shudder at beholding the mother of seven children enduring for the sake of religion various tortures even unto death. [8] And it had been a worthy thing to have inscribed upon the tomb itself these words as a memorial to those of the nation, [9] Here an aged priest, and an aged woman, and seven sons, are buried through the violence of a tyrant, who wished to destroy the polity of the Hebrews. [10] These also avenged their nation, looking unto God. and enduring torments unto death.

[11] For it was a truly divine contest which was carried through by them. [12] For at that time virtue presided over the contest, approving the victory through endurance, namely, immortality, eternal life. [13] Eleazar was the first to contend: and the mother of the seven children entered the contest; and the brethren contended. [14] The tyrant was the opposite; and the world and living men

were the spectators. ¹⁵And reverence for God conquered, and crowned her own athletes.

¹⁶Who did not admire those champions of true legislation? who were not astonied? ¹⁷The tyrant himself, and all their council, admired their endurance; ¹⁸through which, also, they now stand beside the divine throne, and live a blessed life. ¹⁹For Moses saith, And all the saints are under thy hands.

²⁰These, therefore, having been sanctified through God, have been honoured not only with this honour, but that also by their means the enemy did not overcome our nation; ²¹and that the tyrant was punished, and their country purified. ²²For they became the antipoise to the sin of the nation; and the Divine Providence saved Israel, aforetime afflicted, by the blood of those pious ones, and their propitiatory death.

²³For the tyrant Antiochus, looking to their manly virtue, and to their endurance in torture, proclaimed that endurance as an example to his soldiers. ²⁴And they proved to be to him noble and brave for land battles and sieges; and he conquered and stormed the towns of all his enemies.

O Israelitish children, descendants of the seed of Abraham, obey this law, and in every way be religious. ²Knowing that religious reasoning is lord of the passions, and those not only inward but outward.

³Whence those persons giving up their bodies to pains for the sake of religion, were not only admired by men, but were deemed worthy of a divine portion. ⁴And the nation through them obtained peace, and having renewed the observance of the law in their country, drove the enemy out of the land. ⁵And the tyrant Antiochus was both punished upon earth, and is punished now he is dead; for when he was quite unable to compel the Israelites to adopt foreign customs, and to desert the manner of life of their fathers, ⁶then, departing from Jerusalem, he made war against the Persians.

⁷And the righteous mother of the seven children spake also as follows to her offspring: I was a pure virgin, and went not beyond my father's house; but I took care of the built-up rib. ⁸No destroyer of the desert, [or] ravisher of the plain, injured me; nor did the destructive, deceitful, snake, make spoil of my chaste virginity; and I remained with my husband during the period of my prime. ⁹And these my children, having arrived at maturity, their father died: blessed was he! for having sought out a life of fertility in children, he was not grieved with a period of loss of children. ¹⁰And he used to teach you, when yet with you, the law and the prophets.

¹¹He used to read to you the slaying of Abel by Cain, and the offering up of Isaac, and the imprisonment of Joseph. ¹²And he used to tell you of the zealous Phinehas; and informed you of Ananias and Azarias, and Misael in the fire. ¹³And he used to glorify Daniel, who was in the den of lions, and pronounce him blessed.

¹⁴And he used to put you in mind of the scripture of Esaias, which saith, Even if thou pass through the fire, it shall not burn thee. ¹⁵He chanted to you David, the

---

βίος ἐθεώρει.   Θεοσέβεια δὲ ἐνίκα, τοὺς ἑαυτῆς ἀθλητὰς στε- **15** φανοῦσα.

Τίνες οὐκ ἐθαύμασαν τοὺς τῆς ἀληθείας νομοθεσίας ἀθλητάς; **16** τίνες οὐκ ἐξεπλάγησαν; Αὐτός γέ τοι ὁ τύραννος καὶ ὅλον τὸν **17** συνέδριον αὐτῶν ἐξεθαύμασαν αὐτῶν τὴν ὑπομονήν. Δι' ἣν καὶ **18** τῷ θείῳ νῦν παρεστήκασιν θρόνῳ, καὶ τὸν μακάριον βιοῦσιν αἰῶνα. Καὶ γάρ φησιν ὁ Μωσῆς, καὶ πάντες οἱ ἡγιασμένοι **19** ὑπὸ τὰς χεῖράς σου.

Καὶ οὗτοι οὖν ἁγιασθέντες διὰ Θεὸν τετίμηνται οὐ μόνον οὖν **20** ταύτῃ τῇ τιμῇ, ἀλλὰ καὶ τῷ δι' αὐτοὺς τὸ ἔθνος ἡμῶν τοὺς πολε- μίους μὴ ἐπικρατῆσαι, καὶ τὸν τύραννον τιμωρηθῆναι, καὶ τὴν **21** πατρίδα καθαρισθῆναι, ὥσπερ ἀντίψυχον γεγονότας τῆς τοῦ **22** ἔθνους ἁμαρτίας, καὶ διὰ τοῦ αἵματος τῶν εὐσεβῶν ἐκείνων, καὶ τοῦ ἱλαστηρίου θανάτου αὐτῶν, ἡ θεία πρόνοια τὸν Ἰσραὴλ προκακωθέντα διέσωσεν.

Πρὸς γὰρ τὴν ἀνδρείαν αὐτῶν τῆς ἀρετῆς, καὶ τὴν ἐπὶ ταῖς **23** βασάνοις αὐτῶν ὑπομονὴν ὁ τύραννος ἀφιδὼν Ἀντίοχος ἀνε- κήρυξεν τοῖς στρατιώταις αὐτοῦ εἰς ὑπόδειγμα τὴν ἐκείνων ὑπομονήν. Ἔσχεν τε αὐτοὺς γενναίους καὶ ἀνδρείους εἰς **24** πεζομαχίαν καὶ πολιορκίαν· καὶ ἐκπορθήσας ἐνίκησεν πάντας τοὺς πολεμίους.

Ὦ τῶν Ἀβραμιαίων σπερμάτων ἀπόγονοι παῖδες Ἰσραηλῖται, **18** πείθεσθε τῷ νόμῳ τούτῳ, καὶ πάντα τρόπον εὐσεβεῖτε· γινώ- **2** σκοντες, ὅτι τῶν παθῶν δεσπότης ἐστὶν ὁ εὐσεβὴς λογισμός· καὶ οὐ μόνον τῶν ἔνδοθεν, ἀλλὰ καὶ τῶν ἔξωθεν πόνων·

Ἀνθ' ὧν διὰ τὴν εὐσέβειαν προϊέμενοι τὰ σώματα τοῖς πόνοις **3** ἐκεῖνοι, οὐ μόνον ὑπὸ τῶν ἀνθρώπων ἐθαυμάσθησαν, ἀλλὰ καὶ θείας μερίδος κατηξιώθησαν. Καὶ δι' αὐτοὺς εἰρήνευσεν τὸ **4** ἔθνος, καὶ τὴν εὐνομίαν τὴν ἐπὶ τῆς πατρίδος ἀνανεωσάμενος, ἐκπεπολιόρκηκε τοὺς πολεμίους. Καὶ ὁ τύραννος Ἀντίοχος καὶ **5** ἐπὶ γῆς τετιμώρηται, καὶ ἀποθανὼν κολάζεται· ὡς γὰρ οὐδὲν οὐδαμῶς ἴσχυσεν ἀναγκάσαι τοὺς Ἱεροσολυμίτας ἀλλοφυλῆσαι, καὶ τῶν πατρίων ἐθνῶν ἐκδιαιτηθῆναι· τότε δὴ ἀπάρας ἀπὸ τῶν **6** Ἱεροσολύμων ἐστρατοπέδευσεν ἐπὶ Πέρσας.

Ἔλεγεν δὲ ἡ μήτηρ τῶν ἑπτὰ παίδων καὶ ταῦτα ἡ δικαία τοῖς τέκνοις, ὅτι ἐγὼ ἐγενήθην παρθένος ἁγνή, καὶ οὐχ ὑπερέβην **7** πατρικὸν οἶκον· ἐφύλασσον δὲ τὴν ᾠκοδομουμένην πλευράν. Οὐ διέφθειρέν με λυμεὼν τῆς ἐρημίας φθορεὺς ἐν πεδίῳ· οὐδὲ **8** ἐλυμήνατό μου τὰ ἁγνὰ τῆς παρθενίας λυμεὼν ἀπατηλὸς ὄφις· ἔμεινα δὲ χρόνον ἀκμῆς σὺν ἀνδρί.

Τούτων δὲ ἐνελίκων γενομένων ἐτελεύτησεν ὁ πατήρ· μακά- **9** ριος μὲν ἐκεῖνος· τὸν γὰρ τῆς εὐτεκνίας βίον ἐπιζητήσας, τὸν τῆς ἀτεκνίας οὐκ ὠδυνήθη καιρόν. Ὃς ἐδίδασκεν ὑμᾶς, ἔτι ὢν **10** σὺν ὑμῖν, τὸν νόμον καὶ τοὺς προφήτας.

Τὸν ἀναιρεθέντα Ἀβὲλ ὑπὸ Κάϊν ἀνεγίνωσκεν δὲ ἡμῖν, καὶ **11** τὸν ὁλοκαρπούμενον Ἰσαὰκ, καὶ τὸν ἐν φυλακῇ Ἰωσήφ. Ἔλε- **12** γεν δὲ ἡμῖν τὸν ζηλωτὴν Φινεές· ἐδίδασκεν δὲ ὑμᾶς τοὺς ἐν πυρὶ Ἀνανίαν, καὶ Ἀζαρίαν, καὶ Μισαήλ. Ἐδόξαζεν δὲ καὶ τὸν ἐν **13** λάκκῳ λεόντων Δανιήλ, ὃν καὶ ἐμακάριζεν.

Ὑπεμίμνησκεν δὲ ὑμᾶς τὴν Ἡσαΐου γραφὴν τὴν λέγουσαν, **14** κἂν διὰ πυρὸς διέλθῃς, φλὸξ οὐ κατακαύσει σε. Τὸν ὑμνογρά- **15**

16 φον ἐμελῴδει ὑμῖν Δαβὶδ τὸν λέγοντα, πολλαὶ αἱ θλίψεις τῶν δικαίων. Τὸν Σαλομῶντα ἐπαροιμίαζεν ἡμῖν τὸν λέγοντα, ξύλον
17 ζωῆς ἐστιν πᾶσιν τοῖς ποιοῦσιν αὐτοῦ τὸ θέλημα. Τὸν Ἰεζεκιὴλ ἐπιστοποιεῖτο τὸν λέγοντα, εἰ ζήσεται τὰ ὀστᾶ τὰ ξηρὰ ταῦτα;
18 Ὠδὴν μὲν γὰρ ἣν ἐδίδαξεν Μωϋσῆς οὐκ ἐπελάθετο τὴν διδά-
19 σκουσαν, ἐγὼ ἀποκτενῶ καὶ ζῆν ποιήσω. Αὕτη ἡ ζωὴ ἡμῶν καὶ ἡ μακαριότης τῶν ἡμερῶν.

20 Ὢ πικρᾶς τῆς τότε ἡμέρας, καὶ οὐ πικρᾶς, ὅτε ὁ πικρὸς Ἑλλή-
νων τύραννος πῦρ φλέξας λέβησιν ὠμοῖς, καὶ ζέουσι θυμοῖς ἀγαγὼν ἐπὶ τὸν καταπέλτην καὶ πάλιν τὰς βασάνους αὐτοῦ τοὺς
21 ἑπτὰ παῖδας τῆς Ἀβρααμίτιδος. Τὰς τῶν ὀμμάτων κόρας ἐπή-
ρωσεν, καὶ γλώσσας ἐξέτεμεν, καὶ βασάνοις ποικίλαις ἀπέκτεινεν.
22 Ὑπὲρ ὧν ἡ θεία δίκη μετῆλθεν καὶ μετελεύσεται τὸν ἀλάστορα.

23 Οἱ δὲ Ἀβραμιαῖοι παῖδες σὺν τῇ ἀθλοφόρῳ μητρὶ, εἰς πατέρων χορὸν συναγελάζονται, ψυχὰς ἁγνὰς καὶ ἀθανάτους
24 ἀπειληφότες παρὰ τοῦ Θεοῦ. Ὢ ἡ δόξα εἰς τοὺς αἰῶνας τῶν αἰώνων. Ἀμήν.

hymn-writer, who saith, Many are the afflictions of the just. 16 He declared the proverbs of Solomon, who saith, He is a tree of life to all those who do His will. 17 He used to verify Ezekiel, who said, Shall these dry bones live? 18 For he did not forget the song which Moses taught, proclaiming, I will kill, and I will make to live. 19 This is our life, and the length of our days. 20 O that bitter, and yet not bitter, day when the bitter tyrant of the Greeks, quenching fire with fire in his cruel caldrons, brought with boiling rage the seven sons of the daughter of Abraham to the catapelt, and to all his torments! 21 He pierced the balls of their eyes, and cut out their tongues, and put them to death with varied tortures. 22 Wherefore divine retribution pursued and will pursue the pestilent wretch. 23 But the children of Abraham, with their victorious mother, are assembled together to the choir of their fathers; having received pure and immortal souls from God. 24 To whom be glory for ever and ever. Amen.

ΠΡΟΣΕΥΧΗ ΜΑΝΑΣΣΗ ΥΙΟΥ ΕΖΕΚΙΟΥ.

ΚΥΡΙΕ παντοκράτωρ, ὁ Θεὸς τῶν πατέρων ἡμῶν τοῦ Ἀβραὰμ καὶ Ἰσαὰκ καὶ Ἰακὼβ καὶ τοῦ σπέρματος αὐτῶν τοῦ δικαίου.
2 Ὁ ποιήσας τὸν οὐρανὸν καὶ τὴν γῆν σὺν παντὶ τῷ κόσμῳ
3 αὐτῶν. Ὁ πεδήσας τὴν θάλασσαν τῷ λόγῳ τοῦ προστάγματός σου, ὁ κλείσας τὴν ἄβυσσον καὶ σφραγισάμενος αὐτὴν τῷ
4 φοβερῷ καὶ ἐνδόξῳ ὀνόματί σου· ὃν πάντα φρίσσει καὶ τρέμει
5 ἀπὸ προσώπου δυνάμεώς σου, ὅτι ἄστεκτος ἡ μεγαλοπρέπεια τῆς δόξης σου, καὶ ἀνυπόστατος ἡ ὀργὴ τῆς ἐπὶ ἁμαρτωλοὺς
6 ἀπειλῆς σου· ἀμέτρητόν τε καὶ ἀνεξιχνίαστον τὸ ἔλεος τῆς
7 ἐπαγγελίας σου· σὺ γὰρ εἶ Κύριος ὕψιστος, εὔσπλαγχνος, μακρόθυμος καὶ πολυέλεος, μετανοῶν ἐπὶ κακίαις ἀνθρώπων.

O Lord Almighty, the God of our fathers Abraham and Isaac and Jacob and of their righteous seed; 2 that hast made the heaven and the earth with all their adornment; 3 that hast bound the sea with the word of thy commandment; that hast closed the abyss and sealed it with thy fearful and glorious name; 4 whom all things revere and tremble before the face of thy power, 5 because the magnificence of thy glory is unendurable and irresistible the wrath of thy threatening against sinners: 6 the mercy of thy promise is both immeasurable and inscrutable; 7 for thou art the Lord most high, compassionate, longsuffering, and most merciful, repenting of the evils of men.

Thou, Lord, according to the abundance of thy goodness, hast proclaimed repentance and forgiveness to those that have sinned against thee, and in the multitude of thy kindnesses thou hast decreed for sinners repentance unto salvation. ⁸Surely thou, O Lord, the God of the just, hast not appointed repentance for the just, for Abraham and Isaac and Jacob who have not sinned against thee; but thou hast appointed repentance for me a sinner: ⁹for I have sinned above the number of the sand of the sea. My transgressions are multiplied, O Lord, they are multiplied, and I am not worthy to look at or see the height of heaven, for the multitude of my iniquities, ¹⁰being bowed down by many iron bonds, so that I cannot uplift my head, and there is no release for me, because I have provoked thy anger, and have done evil before thee, not doing thy will, nor keeping thy commandments, but setting up abominations and multiplying offences. ¹¹And now I bend the knee of my heart, beseeching thy goodness: ¹²I have sinned, Lord, I have sinned, and I acknowledge my transgressions: ¹³but I pray and beseech thee, release me, Lord, release me, and destroy me not with my transgressions; keep not evils for me in anger for ever, nor condemn me to the lowest parts of the earth: because thou art God, the God of the repenting; ¹⁴and in me thou wilt shew all thy benevolence, for that me unworthy thou wilt save, according to thy great mercy: ¹⁵and I will praise thee continually all the days of my life: for all the host of the heavens sings to thee, and thine is the glory for ever and ever. Amen.

Σὺ, Κύριε, κατὰ τὸ πλῆθος τῆς χρηστότητός σου ἐπηγγείλω μετάνοιαν καὶ ἄφεσιν τοῖς ἡμαρτηκόσιν σοι, καὶ τῷ πλήθει τῶν οἰκτιρμῶν σου ὥρισας μετάνοιαν ἁμαρτωλοῖς εἰς σωτηρίαν. Σὺ οὖν, Κύριε, ὁ Θεὸς τῶν δικαίων, οὐκ ἔθου μετάνοιαν δικαίοις, 8 τῷ Ἀβραὰμ καὶ Ἰσαὰκ καὶ Ἰακὼβ, τοῖς οὐχ ἡμαρτηκόσιν σοι, ἀλλ' ἔθου μετάνοιαν ἐπ' ἐμοὶ τῷ ἁμαρτωλῷ, διότι ἥμαρτον 9 ὑπὲρ ἀριθμὸν ψάμμου θαλάσσης. Ἐπλήθυναν αἱ ἀνομίαι μου, Κύριε, ἐπλήθυναν, καὶ οὐκ εἰμὶ ἄξιος ἀτενίσαι καὶ ἰδεῖν τὸ ὕψος τοῦ οὐρανοῦ ἀπὸ πλήθους τῶν ἀδικιῶν μου, κατακαμπτό- 10 μενος πολλῷ δεσμῷ σιδηρῷ εἰς τὸ μὴ ἀνανεῦσαι τὴν κεφαλήν μου, καὶ οὐκ ἔστιν μοι ἄνεσις, διότι παρώργισα τὸν θυμόν σου, καὶ τὸ πονηρὸν ἐνώπιόν σου ἐποίησα, μὴ ποιήσας τὸ θέλημά σου καὶ μὴ φυλάξας τὰ προστάγματά σου, στήσας βδελύγματα καὶ πληθύνας προσοχθίσματα. Καὶ νῦν κλίνω 11 γόνυ καρδίας μου δεόμενος τῆς παρὰ σοῦ χρηστότητος· ἡμάρτηκα, Κύριε, ἡμάρτηκα, καὶ τὰς ἀνομίας μου ἐγὼ γινώσκω. 12 Ἀλλ' αἰτοῦμαι δεόμενός σου· ἄνες μοι, Κύριε, ἄνες μοι, καὶ 13 μὴ συναπολέσῃς με ταῖς ἀνομίαις μου, μηδὲ εἰς τὸν αἰῶνα μηνίσας τηρήσῃς τὰ κακά μοι, μηδὲ καταδικάσῃς με ἐν τοῖς κατωτάτοις τῆς γῆς, διότι σὺ εἶ Θεός, Θεὸς τῶν μετανοούντων. Καὶ ἐν ἐμοὶ δείξεις πᾶσαν τὴν ἀγαθωσύνην σου, ὅτι ἀνάξιον 14 ὄντα σώσεις με κατὰ τὸ πολὺ ἔλεός σου. Καὶ αἰνέσω σε 15 διὰ παντὸς ἐν ταῖς ἡμέραις τῆς ζωῆς μου, ὅτι σὲ ὑμνεῖ πᾶσα ἡ δύναμις τῶν οὐρανῶν, καὶ σοῦ ἐστιν ἡ δόξα εἰς τοὺς αἰῶνας. Ἀμήν